Noch Fragen?

Wie ein Puzzle ergänzen sich die einzelnen Hoppenstedt-Handbücher sowie die elektronischen Medien von Hoppenstedt zu einem umfassenden und fundierten Informationspool. Wenn Sie in diesem Handbuch trotz seiner Informationsvielfalt nicht alles finden, was Sie gerne wissen möchten, nutzen Sie die ergänzenden Angebote aus unserem Verlagsprogramm. Ein Beispiel stellen wir Ihnen hier kurz vor.

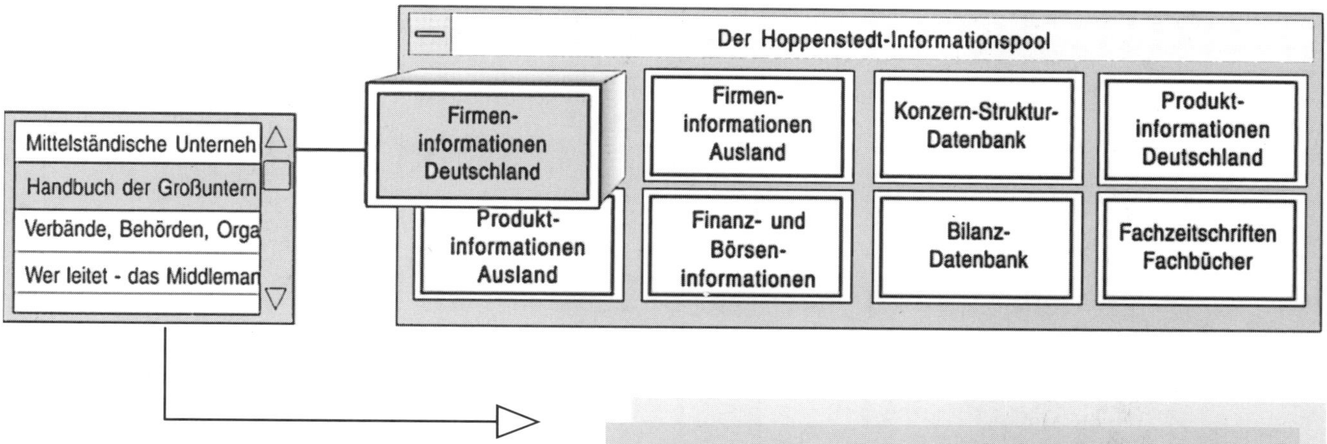

Der Hoppenstedt-Informationspool

- Mittelständische Unternehmen
- Handbuch der Großunternehmen
- Verbände, Behörden, Organisationen
- Wer leitet - das Middleman

- Firmeninformationen Deutschland
- Firmeninformationen Ausland
- Konzern-Struktur-Datenbank
- Produktinformationen Deutschland
- Produktinformationen Ausland
- Finanz- und Börseninformationen
- Bilanz-Datenbank
- Fachzeitschriften Fachbücher

Firmeninformationen Deutschland

Das Handbuch der Großunternehmen: Firmenportraits der 28.500 größten deutschen Unternehmen

- 28.500 deutsche Großunternehmen
- Firmen mit mehr als DM 20 Mio. Umsatz und/oder mehr als 150 Beschäftigten
- die Daten sind als Handbuch, CD und selektiert und aufbereitet für Marketingzwecke erhältlich
- erscheint jährlich im März, wahlweise als Handbuch oder CD
- zwei Bände, wahlweise fester oder flexibler Einband
- Format A4, mehr als 4.000 Seiten

Fordern Sie unter Fax 06151/380-406 oder telefonisch unter 06151/380-458 weitere Informationen oder ein Angebot an.

Verbände
Behörden
Organisationen
der Wirtschaft

Deutschland + Europa

2001

Hoppenstedt Firmeninformationen GmbH
Darmstadt

Impressum

Herausgeber und Verlag

Hoppenstedt Firmeninformationen GmbH
Postfach 10 01 39, 64201 Darmstadt
Havelstraße 9, 64295 Darmstadt
Telefon (0 61 51) 3 80 - 0, Telefax (0 61 51) 3 80 - 3 60
E-Mail: info@hopp.de
Internet: www.hoppenstedt.de

Redaktion

Bernd Schneider, Telefon (0 61 51) 3 80 - 2 86

Vertrieb

Detlef Tunnat, Telefon (0 61 51) 3 80 - 4 58

Anzeigen

Gerlinde Kuhn, Telefon (0 61 51) 3 80 - 2 84

Satz

Bonnier Informatik GmbH, Havelstraße 9, 64295 Darmstadt

Druck

Willmy PrintMedia GmbH, Vershofenstr. 10, D-90431 Nürnberg

51. Ausgabe

Redaktionsschluß: Mai 2001

Alle Angaben trotz sorgfältiger Bearbeitung ohne Gewähr.
Das Werk einschließlich aller seiner Teile ist urheberrechtlich
geschützt. Jede Verwertung außerhalb der engen Grenzen des
Urheberrechtsgesetzes ist ohne Zustimmung des Verlags
unzulässig und strafbar. Das gilt insbesondere für
Vervielfältigungen, Übersetzungen, Mikroverfilmungen und die
Einspeicherung und Verarbeitung in elektronischen Systemen.

© *Hoppenstedt Firmeninformationen GmbH, Darmstadt, 2001*

Printed in Germany

ISBN 3-8203-0594-7
ISBN 3-8203-0595-5 (CD)
ISSN 0171-4325

Beethovenhalle

Kongresse und Tagungen in jedem Falle

53111 Bonn, Wachsbleiche 16
Tel.: 0228/7222-0
Fax: 0228/7222-111

Inhalt

Vorwort	XIII
Hinweise für den Benutzer	XV
Inserentenverzeichnis	XVII
Allgemeine Abkürzungen	1
Abkürzungen deutscher Verbandsnamen	3
Suchwort-Verzeichnis	**25**

Behörden

A Bundes-Behörden

Bundespräsident und Bundesregierung	86
Bundestag und Bundesrat	92
Fraktionen des Deutschen Bundestages	94
Weitere Bundesbehörden und der Bundesregierung unterstehende Einrichtungen	97
Dem Bundeskanzleramt unterstehende Einrichtungen	97
Dem Auswärtigen Amt unterstehende Einrichtungen	98
Dem Bundesministerium für Arbeit und Soziales unterstehende Einrichtungen	98
Dem Bundesministerium für Bildung und Forschung unterstehende Einrichtungen	98
Dem Bundesministerium für Verbraucherschutz, Ernährung und Landwirtschaft unterstehende Einrichtungen	99
Dem Bundesministerium für Familie, Senioren, Frauen und Jugend unterstehende Einrichtungen	100
Dem Bundesministerium der Finanzen unterstehende Einrichtungen	100
Dem Bundesministerium für Gesundheit unterstehende Einrichtungen	102
Dem Bundesministerium des Innern unterstehende Einrichtungen	102
Dem Bundesministerium für Umwelt, Naturschutz und Reaktorsicherheit unterstehende Einrichtungen	105
Dem Bundesministerium für Verkehr, Bau- und Wohnungswesen unterstehende Einrichtungen	105
Dem Bundesministerium der Verteidigung unterstehende Einrichtungen	106
Dem Bundesministerium für Wirtschaft und Technologie unterstehende Einrichtungen	107
Bundesgerichte	108
Oberfinanzdirektionen	108

B Landes-Behörden

Landesregierungen	112
Landesvertretungen beim Bund	120
Regierungsbezirke	120
Landesauftragsstellen	122
Landesrechnungshöfe	122
Sonstige Dienststellen der Länder	123
Landeskriminalämter	123
Oberbergämter	124
Statistische Landesämter	124
Landtage und Bürgerschaften	125
Datenschutzbeauftragte der Länder	125
Gewerbeaufsichtsämter	126

Eichaufsichtsbehörden	130
Chemische Untersuchungsämter	133
Medizinaluntersuchungsämter	134
Landesvermessungsämter	135
Hauptstaatsarchive der Bundesländer	136
Landesämter für Denkmalpflege	136
Finanzgerichte	137
Landesarbeitsgerichte	138
Landessozialgerichte und Sozialgerichte	139
Oberlandesgerichte	141
Generalstaatsanwaltschaften	142
Oberverwaltungsgerichte	143
Anwaltsgerichtshöfe und Anwaltsgerichte	143
Ländergerichte und Staatsgerichtshöfe	144

C Botschaften und Konsulate

Deutsche Vertretungen im Ausland	148
Vertretungen bei zwischen- und überstaatlichen Organisationen	176
Ausländische diplomatische und konsularische Vertretungen in der Bundesrepublik Deutschland	177

Verbände und Organisationen der Wirtschaft

D Kommunale Verbände

Kommunale Spitzenverbände, Städte- und Landkreistag, Städte- und Gemeindebund	208
Großstädte	210
Verschiedene kommunale Verbände	213

E Handelskammern und Ländervereine

Gemeinschaftsausschuß	222
Industrie- und Handelskammern	222
Auslandshandelskammern und Delegiertenbüros	246
Ländervereine	254
Internationale und europäische Beziehungen	271

F Industrie

Bundesverband der Deutschen Industrie und Landesvertretungen	274
Industrie-Fachverbände	277

G Handwerk

Spitzenverbände des Handwerks	326
Landeshandwerksvertretungen	326
Handwerkskammern	327
Regionale Vereinigungen der Landesverbände des Handwerks	330
Bundes- und Landesinnungsverbände	331

H Handel
Groß- und Außenhandel 360
  Landesverbände 361
  Branchen und Funktionsverbände 361
  Sonstige Fachverbände des Groß- und Außenhandels 366
Einzelhandel 374
  Landes- und Regionalverbände des HDE 375
  Bundesfachverbände des HDE 375
  sonstige Einzelhandelsverbände 384
Handelsvertreter, Makler, Vermittler u. a. 390
Fachverbände der Vertreter, Makler, Auktionatoren u. a. 391
Schaustellervereine 394

I Banken und Börsen
Deutsche Bundesbank und Landeszentralbanken 398
DGZ DekaBank und Landesbanken 398
DG BANK, Genossenschaftliche Zentralbaanken und Spezialinstitute 399
Banken mit Sonderaufgaben 400
Verbände des Bankgewerbes 401
Börsen 404

K Versicherungswesen
Privatversicherung 410
  Private Krankenversicherung 412
Sozialversicherung 414
  Krankenversicherung 414
  Unfallversicherung 419
  Berufsgenossenschaften 419
  Unfallversicherungsträger der öffentlichen Hand 422
  Ausführungsbehörden des Bundes für Unfallversicherung 424
  Rentenversicherung 424
  Arbeitslosenversicherung 427
Weitere Versorgungseinrichtungen 427

L Energiewirtschaft
Elektrizitätsversorgung 434
Energieabnehmer 435
Wärme- und Kraftwirtschaft 435
Gas- und Wasserversorgung 436
Wasserwirtschaft 436

M Verkehrsgewerbe
Schienenverkehr 440
Fachverbände des Straßenverkehrsgewerbes 441
Landesverbände des Verkehrsgewerbes 446
Seeschiffahrt 449
Seehafenbetriebe, Spediteure und Lagerhalter 450
Binnenschiffahrt 450
Luftverkehr 451

N Gastronomie und Fremdenverkehr

Gaststätten- und Beherbergungsgewerbe	454
Bäder und Heilbrunnen	455
Fremdenverkehr	456
Reisebüros, Reiseveranstalter	465

O Kultur und Kommunikation

Theater, Musik	468
Filmwirtschaft	474
Rundfunk, Fernsehen	479
Verlagswesen	486
Werbewirtschaft	491
Ausstellungen und Messen	494
Verschiedene Gewerbe	496

P Genossenschaften

Genossenschaftliche Spitzenverbände	504
Genossenschaftliche Verbund- und Spezialinstitute der gewerblichen und ländlichen Genossenschaftsorganisationen	505
Regionale und fachliche Prüfungsverbände	505
Weitere genossenschaftliche Verbände	507

Q Landwirtschaft und Umweltschutz

Land- und Forstwirtschaft	510
Landwirtschaftskammern	512
Fachverbände der Land- und Forstwirtschaft	512
Milchwirtschaft	523
Natur-, Landschafts-, Tier- und Umweltschutz	524

R Sozialpolitische Organisationen

Arbeitgeberorganisationen	540
Regionale und fachliche Arbeitgeberverbände	540
Sonstige Arbeitgeber- und Unternehmer-Organisationen	549
Arbeitnehmerorganisationen	554
Beamten-Organisationen	567
Bundesbeamtenverbände	568
Bundesfachverbände	569
Sonstige Beamten-Organisationen	575

S Freie Berufe und andere Berufsverbände

Bundesverband der Freien Berufe	584
Ärzte, Zahnärzte, Tierärzte, Apotheker, Medizinische Hilfsberufe	585
Anwälte, Notare, Richter, Staatsanwälte, Rechtsbeistände u. a.	506
Wirtschaftsprüfer, Steuerberater und -bevollmächtigte, Buchprüfer u. a.	612
Unternehmens- und Wirtschaftsberater, Volks- und Betriebswirte, Marktforscher u. a.	615
Architekten, Ingenieure, Chemiker, Designer, Technische Sachverständige, Lotsen, Wissenschaftler u. a.	621
Bildende Künstler, Grafik-Designer, Schriftsteller, Komponisten, Kritiker, Journalisten, Dolmetscher, Übersetzer u. a.	636
Sonstige Berufsverbände	649

T Technisch-wissenschaftliche Vereinigungen

Forschungsvereinigungen	660
Universitäten und Hochschulen	677
Stiftungen	694
Technisch-wissenschaftliche Vereine, Gesellschaften und Institute	701
Technische Überwachungsvereine, Materialprüfungsämter, Vermessungsverwaltungen	753
Akkreditierte QM-Zertifizierer und Personalzertifizierer	759
Rationalisierungsgemeinschaften	760
Wirtschafts- und sozialwissenschaftliche Vereinigungen und Institute, Markt- und Meinungsforschung	762
Bank- und versicherungswissenschaftliche Vereinigungen und Institute	779
Ernährungs-, land- und forstwissenschaftliche Vereinigungen, Institute und Versuchsanstalten	780
Medizinisch-wissenschaftliche Vereinigungen und Institute, Gesundheitswesen, Veterinärmedizin	789
Rechtswissenschaftliche Vereinigungen und Institute	825
Verkehrswissenschaftliche Vereinigungen und Institute	829
Kommunikations- und zeitungswissenschaftliche Vereinigungen und Institute	831
Berufliche und fachliche Aus- und Fortbildung, Nachwuchsförderung	835

U Interessengemeinschaften und sonstige Zentralstellen und Organisationen

Beratungs- und Informationsstellen	858
Technologiegesellschaften, Gründer-, Innovations- und Technologiezentren	861
Wirtschaftsförderungsämter Städte und Kreise	867
Wirtschaftsförderungsgesellschaften	871
Wohnungs- und Siedlungswesen	875
Marken-, Zeichen- und Qualitätsverbände	879
Gütezeichen	881
Schutzverbände	887
Heimatvertriebene; Vertriebene; Kriegs- und Zivilbeschädigte u. a.	899
Verbraucher-Organisationen	904
Familien-, Frauen-, Jugendverbände u. a.	908
Wohlfahrtsverbände	926
Entwicklungshilfe-Institutionen	943
Im Bundestag vertretene Parteien	946
Kirchliche Gemeinschaften	954
Evangelische Kirche	954
Römisch-Katholische Kirche	956
Alt-Katholische Kirche	957
Jüdische Religionsgemeinschaft	957
Andere Religions- und Weltanschauungsgemeinschaften	958
Sportverbände	960
Sonstige Zentralstellen und Organisationen sowie kulturelle Einrichtungen	971

Inhalts-Verzeichnis internationaler und europäischer Organisationen 993

Abkürzungen internationaler und europäischer Organisationen 997

IZ Internationale und europäischer Organisationen

I. Staatliche Organisationen in Europa

IZ A Organisationen der Europäischen Union
Europäische Kommission	1016
Europäisches Parlament	1025
Behörden und Ämter der Europäischen Union	1025
Europäische Investitionsbank	1028
Rat der Europäischen Union	1028

IZ B Organisationen der Mitgliedsländer der Europäischen Union
Parlamente	1030
Regierungen	1030
Europarat	1039

IZ C Vertretungen
Ständige Vertretungen der EU-Mitglieder	1042

II. Internationale und europäische Organisationen

IZ E Handelskammern
Handelskammern	1044

IZ F Industrie
Industrie-Fachverbände	1048

IZ G Handwerk
Fachverbände des Handwerks	1162

IZ H Handel
Spitzenverbände des Handels	1172
Großhandel, Import, Export	1172
Einzelhandel	1187
Handelsvertreter, Makler, Auktionatoren	1194

IZ I Banken und Börsen
Spitzenverbände der Banken und Börsen	1198
Sparkassen, Raiffeisen, Volksbanken, Kreditgenossenschaften	1199
Bausparkassen, Hypothekenwesen	1200
Finanzen	1201
Kredit- und Exportversicherung	1202
Wertpapier- und Warenbörsen	1204

IZ K Versicherungswesen

Spitzenverbände des Versicherungswesens	1208
Sozialversicherung	1209
Privatversicherung	1210

IZ L Energiewirtschaft

Elektrizität	1214
Kernenergie	1214
Erdgas und Erdöl, Kohle	1216
Alternative Energie	1217
Sonstige Organisationen der Energiewirtschaft	1219

IZ M Verkehrsgewerbe

Schienenverkehr	1222
Straßenverkehr	1224
Schiffahrt	1229
Luftverkehr	1230
Sonstige Organisationen des Verkehrsgewerbes	1231

IZ N Gastronomie und Fremdenverkehr

Hotels, Restaurants und Hospize	1234
Tourismus	1235

IZ O Kultur und Kommunikation

Theater, Musik	1238
Filmwirtschaft	1239
Rundfunk, Fernsehen	1239
Presse- und Verlagswesen	1240
Werbewirtschaft	1243
Ausstellungen, Messen, Kongresse	1247
Verschiedene Gewerbe	1247

IZ P Genossenschaften

Genossenschaftliche Spitzenverbände	1250
Weitere genossenschaftliche Fachverbände	1250

IZ Q Landwirtschaft und Umweltschutz

Land- und Forstwirtschaft	1254
Milchwirtschaft	1259
Jagd und Fischerei	1260
Natur- und Umweltschutz	1261
Tier- und Pflanzenschutz	1263

IZ R Sozialpolitische Organisationen

Arbeitgeberorganisationen	1266
Arbeitnehmerorganisationen	1269
Beamten-Organisationen	1279

IZ S Freie Berufe und andere Berufsverbände

Freie Berufe	1282
Ärzte, Zahnärzte, Tierärzte, Apotheker, medizinische Hilfsberufe	1283
Anwälte, Notare, Richter, Staatsanwälte, Rechtsbeistände	1290
Wirtschaftsprüfer, Berater, Steuerberater, Buchprüfer u. a.	1291
Landwirtschaft, Fischerei, Ernährung, Gartenbau, Landespflege	1296

Architekten, Ingenieure, Chemiker, Designer, technische Sachverständige, Wissenschaftler u. a.	1298
Bildende Künstler, Grafik-Designer, Schriftsteller, Komponisten, Kritiker, Journalisten, Dolmetscher, Übersetzer u. a.	1308
Immobilienexperten und andere Berufsverbände	1310

IZ T Technisch-wissenschaftliche Vereinigungen

Forschungsvereinigungen	1314
Technisch-wissenschaftliche Vereinigungen	1323
Technische Überwachungsvereine, Materialprüfung, Vermessung, Normung	1330
Wirtschafts- und Sozialwissenschaft, Marketing- und Meinungsforschung	1338
Bank- und Versicherungswissenschaften	1341
Ernährungs-, land- und forstwissenschaftliche Vereinigungen, Institute, Umweltforschung	1342
Medizin, Gesundheitswesen, Veterinärmedizin	1346
Rechtswissenschaften	1352
Internationale Beziehungen, Europäische Fragen	1353
Kommunikation, Druck- und Zeitungswissenschaften	1355
Berufliche Aus- und Weiterbildung	1358

IZ U Interessengemeinschaften und sonstige Zentralstellen und Organisationen

Beratungs- und Informationsstellen, Wirtschaftsfördernde Gesellschaften	1362
Bau-, Wohnungs- und Siedlungswesen	1365
Schutzverbände	1366
Heimatvertriebene, Kriegsgeschädigte	1367
Verbraucherorganisationen	1367
Familien, Frauen, Jugend und Senioren	1369
Wohlfahrtsverbände	1375
Entwicklungshilfe	1377
Politisch-Ideologische, Philosophische und Religiöse Verbände	1377
Sport-, Freizeit- und Hobbyverbände	1382
Kulturverbände und sonstige Einrichtungen	1389

III. Bedeutende Internationale Organisationen

IZ V Supra-nationale Organisationen

Vereinte Nationen	1400
Vereinte Nationen, Regionalausschüsse	1400
Behörden und Ämter der Vereinten Nationen	1400
Internationaler Gerichtshof	1402

IZ W Internationale Organisationen

Sonstige internationale und interregionale staatliche Zusammenschlüsse	1404
Sonstige internationale und interregionale Ämter und Behörden	1404

Personen-Verzeichnis 1409

Vorwort

Auch für die 51. Ausgabe dieses Handbuches gelten wieder die gleichen Grundanliegen. Mit diesem Werk will der Verlag dem Nutzer eine Vielfalt an Daten von Institutionen in Deutschland und Europa an die Hand geben. Die Informationen aus der Wirtschaft für die Wirtschaft, sind so umfassend und ausführlich wie möglich.

Das Informationsangebot

Die Angaben für die ca. 27.000 Verbandsprofile reichen wieder vom Namen, der Anschrift, Telefon, Telefax und zunehmend Internet- und E-Mail-Adresse bis hin zu den Verbandszeitschriften.

Wir nennen Ihnen die neuesten Namen und Anschriften der Mitglieder des Präsidiums bzw. des Vorstandes und der Geschäftsführung. Sie enthalten aktuelle Daten zu Landesverbänden und Geschäftsstellen.

Neu aufgenommen wurden in diese Ausgabe rd. 300 Einträge.

Das Handbuch „Verbände, Behörden, Organisationen der Wirtschaft" hat sich bei den Nutzern ein Image für Aktualität und Zuverlässigkeit aufgebaut. Dazu trägt bei, dass aufgrund der kostenfreien Veröffentlichung der Verbandsprofile die Bereitschaft zur Mitarbeit bei den Institutionen sehr groß ist. Dies dient letztlich allen Beteiligten: den Institutionen selbst, natürlich auch dem Buch und der CD-ROM, vor allem aber den Nutzern.

Das weitere Ziel von Hoppenstedt ist es, Jahr für Jahr eine hohe Transparenz im Labyrinth der Institutionen zu schaffen. Dazu dient die einfache und klare Gliederung des Handbuches, die sich bei unseren Kunden mehr als bewährt hat. Nicht zu vergessen die elektronischen Medien, hier insbesondere die CD-ROM, die einen wesentlich schnelleren und komfortableren Zugriff auf die Daten zulässt.

Für Hinweise, Kritiken und Anregungen sind wir diesbezüglich dankbar.

Unser besonderer Dank gilt allen eingetragenen Institutionen für die rege Mitarbeit.

Firmendaten online?

Wie ein Puzzle ergänzen sich die einzelnen Hoppenstedt-Handbücher sowie die elektronischen Medien von Hoppenstedt zu einem umfassenden und fundierten Informationspool. Wenn Sie in diesem Handbuch trotz seiner Informationsvielfalt nicht alles finden, was Sie gerne wissen möchten, nutzen Sie die ergänzenden Angebote aus unserem Verlagsprogramm. Ein Beispiel stellen wir Ihnen hier kurz vor.

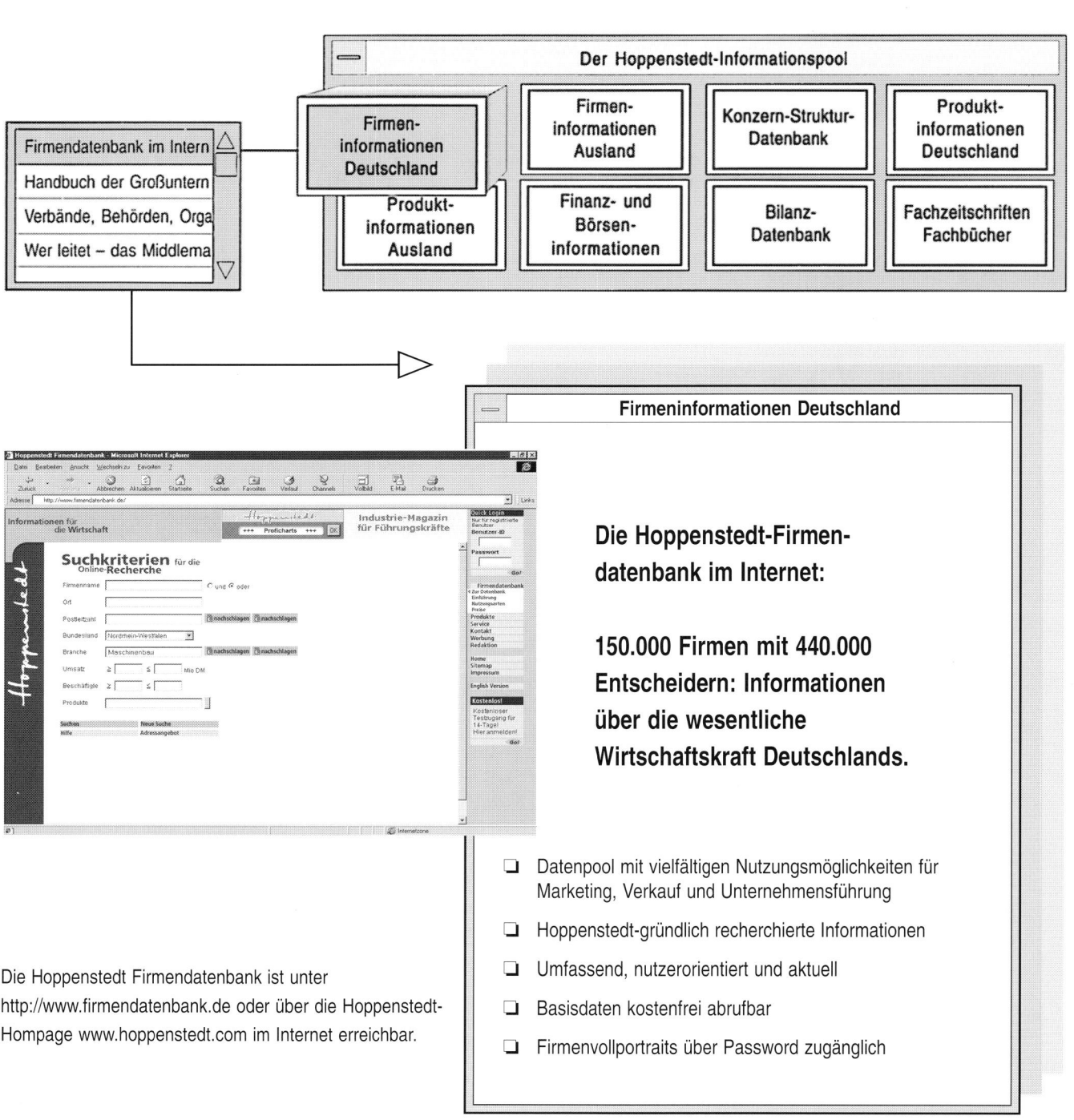

Die Hoppenstedt-Firmendatenbank im Internet:

150.000 Firmen mit 440.000 Entscheidern: Informationen über die wesentliche Wirtschaftskraft Deutschlands.

❏ Datenpool mit vielfältigen Nutzungsmöglichkeiten für Marketing, Verkauf und Unternehmensführung
❏ Hoppenstedt-gründlich recherchierte Informationen
❏ Umfassend, nutzerorientiert und aktuell
❏ Basisdaten kostenfrei abrufbar
❏ Firmenvollportraits über Password zugänglich

Die Hoppenstedt Firmendatenbank ist unter http://www.firmendatenbank.de oder über die Hoppenstedt-Hompage www.hoppenstedt.com im Internet erreichbar.

Hinweise für den Benutzer

**Das A und O für den Benutzer von Nachschlagewerken ist der schnelle Zugriff auf die gesuchten Informationen. Deshalb hier einige Hinweise, wie Ihnen „Verbände, Behörden, Organisationen der Wirtschaft" optimal hilft, die unterschiedlichen Fragestellungen zu beantworten.
Dazu gibt es vier Ansätze.**

Inhalts-Verzeichnis

Die erste Möglichkeit, Verbände bzw. Organisationen zu finden, ist die Benutzung des **Inhalts-Verzeichnisses.**

Das Buch ist nach Sachgebieten gegliedert und somit ist schnell erkennbar, wo die Profile bestimmter Verbände bzw. Organisationen zu finden sind. Der Blick in das Inhalts-Verzeichnis ist auch dann sinnvoll, wenn Sie sich an potentielle Informationsquellen herantasten wollen, sowohl im deutschen Teil als auch bei den internationalen und europäischen Organisationen.

Abkürzungen der Verbandsnamen

Das **Abkürzungs-Verzeichnis** ermöglicht das schnelle Auffinden der gesuchten Institution, wenn die Abkürzung des Namens dieser Institution bekannt ist. Dazu ein kurzes Beispiel: Bekannt ist die Abkürzung „BIP" für das „Bildungswerk Papier". Im Abkürzungs-Verzeichnis findet man den Verweis auf „T 4161". Das bedeutet: im Teil „Profile Deutscher Verbände" ist unter dem Buchstaben „T" und der fortlaufenden Nummer „4161" das Profil des „Bildungswerks Papier" eingetragen.

Gleiches gilt für den Teil „Internationale und europäischen Organisationen", der über ein eigenes Abkürzungs-Verzeichnis verfügt.

Suchwort-Verzeichnis

Die dritte Möglichkeit, einen Verband bzw. eine Organisation zu finden, bietet das **Suchwort-Verzeichnis.** Es beinhaltet alphabetisch sortiert die Sachbegriffe, die in den Namen der einzelnen Verbände bzw. Organisationen enthalten sind. So finden Sie z. B. den „Gesamtverband der kunststoffverarbeitenden Industrie e.V." unter dem Stichwort *Kunststoff* und unter dem Stichwort *Industrie*. Beide verweisen auf den Eintrag „F 596".

Personen-Verzeichnis

Alle in den Profilen aufgeführten Personennamen sind im **Personen-Verzeichnis** am Ende des Buches alphabetisch sortiert zusammengestellt. Wenn Sie z. B. Herrn Eduard Beischall suchen, dann finden Sie unter *Beischall, Eduard* den Verweis auf „R 711". Dort steht der Eintrag des „Deutschen Gerichtsvollzieher Bundes e.V.", dessen Vorsitzender Herr Beischall ist.

Noch Fragen offen?

Wie ein Puzzle ergänzen sich die einzelnen Hoppenstedt-Handbücher sowie die elektronischen Medien von Hoppenstedt zu einem umfassenden und fundierten Informationspool. Wenn Sie in diesem Handbuch trotz seiner Informationsvielfalt nicht alles finden, was Sie gerne wissen möchten, nutzen Sie die ergänzenden Angebote aus unserem Verlagsprogramm. Ein Beispiel stellen wir Ihnen hier kurz vor.

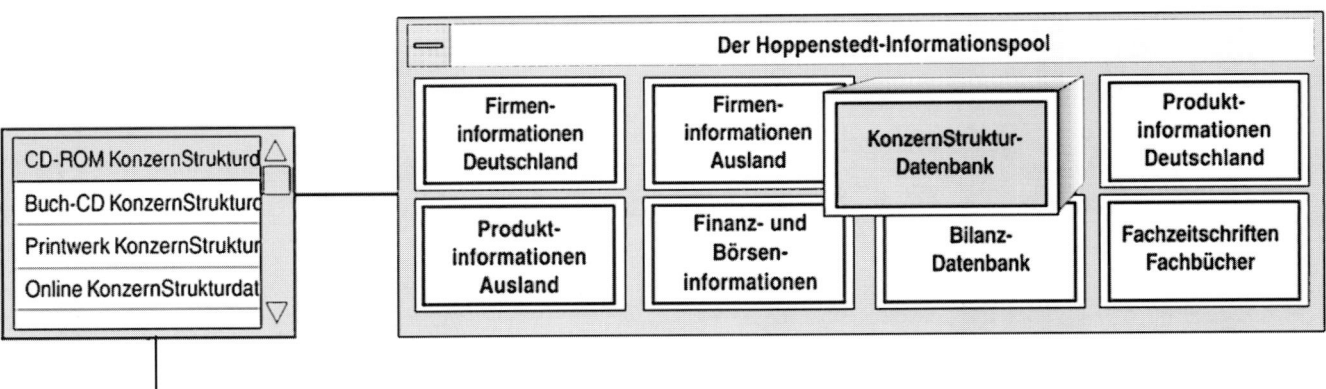

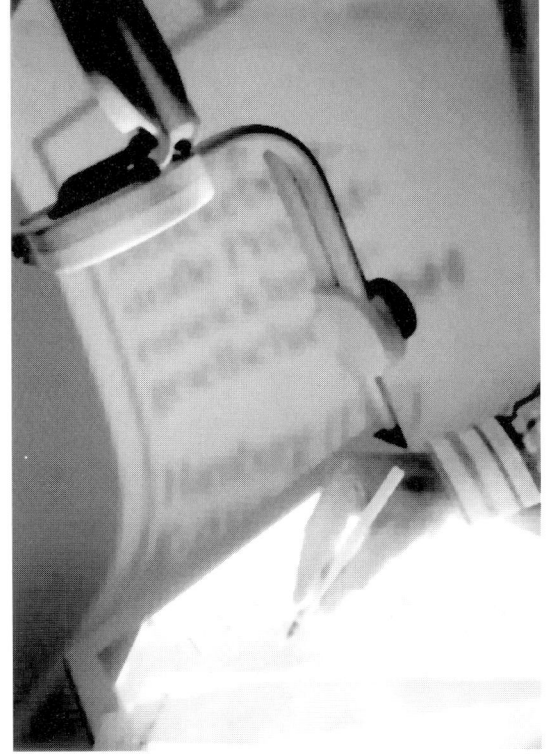

KonzernStruktur-Datenbank

Noch mehr Informationen über Großunternehmen:

Die KonzernStruktur-Datenbank zeigt die Besitz- und Beteiligungsverhältnisse von mehr als 500 Konzernen und deren Verflechungen mit über 90.000 deutschen und internationalen Beteiligungsfirmen

- ❏ Für die Vorbereitung von Mergers und Akquisitions-Entscheidungen, für Markt- und Wettbewerbsanalysen, für die Konzeption von Marketing-Strategien

- ❏ Hoppenstedt-gründlich recherchierte Informationen

- ❏ als Datenbank auf CD-ROM mit analyse-Software, als Buch-CD „KonzernStruktur-GRAFIKEN", als Printwerk „Konzerne in Schaubildern" oder auch online.

Die KonzernStruktur-Datenbank ist mit der Hoppenstedt-Firmendatenbank Deutschland (150.000 Firmen, weit über 440.000 Entscheider) verknüpfbar.

Fordern Sie unter Fax 06151/380-360 oder telefonisch unter 06151/380-0 weitere Informationen oder ein Angebot an.

Inserentenverzeichnis
Ortsalphabetische Zusammenstellung der Tagungsanbieter und GCB-Tagungsstätten

Aschaffenburg, Stadthalle am Schloß	XXII
Berchtesgaden, Kongresshaus Berchtesgaden	XXIII
Bonn, Beethovenhalle	IV
Frankfurt, German Convention Bureau GCB Deutsches Kongressbüro	XVIII + XIX
Frankfurt, Frankfurt Marriott Hotel	XX
Germersheim, BBK Ges. f. moderne Sprachen mbH	XXI
Hamburg/Barsbüttel, CPO Hanser Service	XXI
Hamburg, Congress Centrum Hamburg	XX
Heppenheim, Fremdenverkehrsamt	XXIII
Kiel, Tourist Information Kiel e.V.	XX
München, Fremdenverkehrsamt	XX
Rosenheim, Park-Hotel Crombach GmbH	XXIII
Rothenburg, Kultur- und Fremdenverkehrsamt	XXII
Siegen, Siegerlandhalle	XXIV
Wiesbaden, Kurbetriebe der Landeshauptstadt	XXI
B-Brüssel, Europ. Adreßbuchverleger-Verband EAVV	2. Vorsatz-Seite

German Convention Bureau (GCB)
Unsere Leistungen für Sie als Veranstalter von Tagungen und Kongressen

Was ist das GCB?

Das German Convention Bureau (GCB) – ist **die zentrale Interessenvertretung und Marketingorganisation** für den Kongressstandort Deutschland.

Wir wirken als Schnittstelle zwischen Ihnen, als Veranstalter von Tagungen, Kongressen und Incentives, und den Anbietern auf dem deutschen Tagungsmarkt.

Bereits seit 1973 vertritt das GCB die wichtigsten Anbieter aus allen Bereichen der deutschen Tagungs- und Kongressbranche. Zu unseren mehr als 200 Mitgliedern zählen führende Hotels, Kongresszentren und -städte, Kongressagenturen und viele Dienstleister aus der Meetingbranche. Hauptsponsoren sind die Deutsche Lufthansa AG, Deutsche Zentrale für Tourismus e.V. und die Deutsche Bahn AG.

Ihre Veranstaltung in Deutschland soll ein Erfolg werden. Das GCB und seine Mitglieder möchten Sie dabei unterstützen. Lernen Sie den Tagungsstandort Deutschland und seine Vorzüge kennen!

Was können Sie von uns erwarten?

Wir **beraten und unterstützen** Sie in allen Fragen der Kongressorganisation und vermitteln Ihnen gerne wichtige Ansprechpartner und Kontakte. Unsere Leistungen für Sie sind absolut **kostenfrei**, d. h. es fallen auch keine Vermittlungsgebühren oder Provisionen an. Wir finanzieren uns ausschließlich durch Mitgliedsbeiträge und die Unterstützung unserer Sponsoren.

Unsere Beratung ist **objektiv** und nur an Ihre Vorgaben gebunden. Unser Motto "Meetings made in Germany" steht dabei als Qualitätsanspruch für die professionelle Dienstleistung und die Kompetenz des GCB und seiner Mitglieder.

Wie können wir Ihnen konkret helfen?

- Wir helfen Ihnen bei der **Vorauswahl und Recherche** geeigneter Veranstaltungsorte und Dienstleister nach Ihren Vorgaben. Wenn wir auch nicht jede Ihrer Fragen selbst beantworten können, so finden wir für Sie im **Pool unserer Mitglieder** einen Ansprechpartner, der Ihnen bestimmt weiterhilft.

- Wir vermitteln Ihnen **qualifizierte Professional Congress Organizer**, die über lange Erfahrung bei der Kongressorganisation verfügen.

- Auf Wunsch leiten wir Ihren Anforderungskatalog gezielt an unsere Mitglieder weiter, die Ihnen ein **konkretes Angebot für Ihre Veranstaltung** erstellen. Egal, ob Sie eine geeignete Stadt, Räumlichkeiten, Rahmenprogramme, Konferenztechnik, Hostessen, Fachzeitschriften oder einen Official Carrier benötigen – eine aufwendige Suche können wir Ihnen ersparen.

- Bei uns erhalten Sie kostenlos den englischsprachigen **Convention Planner's Guide to Germany,** das Tagungshandbuch des GCB. Neben wertvollen Informationen zum Tagungsstandort Deutschland finden Sie darin ausführliche Beschreibungen der angeschlossenen Hotels, Kongresszentren und Dienstleister.

- Wir helfen Ihnen, mit **günstigen Rahmenverträgen** Ihre Veranstaltung so preiswert wie möglich zu gestalten. Dazu gehören Sonderkonditionen für die Bahnanreise innerhalb Deutschlands und Vorzugspreise für Mietwagen.

- Wir stellen für Sie den Kontakt zur Deutschen Lufthansa AG her, damit Sie für sich und Ihre Tagungsteilnehmer einen **attraktiven "Official Carrier"-Vertrag** vereinbaren können.
- Wir unterstützen Sie dabei, Ihre Tagungsorganisation zu einer sicheren Sache zu machen. Durch unseren Rahmenvertrag mit einer Versicherungsagentur können Sie eine **Ausfallgarantie für Ihre Veranstaltung** zu Sonderkonditionen abschließen.

Wo finden Sie aktuelle Informationen und Tipps zur Veranstaltungsplanung in Deutschland?

Besuchen Sie den Kongressstandort Deutschland im **Internet**.
Unter **http://www.gcb.de** finden Sie:

- übersichtliche Informationen zum Angebot unserer Mitglieder und den Vorzügen Deutschlands als Kongressdestination.
- Eine **interaktive Datenbank** in der Sie nach individuellen Kapazitäten von Tagungsräumlichkeiten recherchieren können.
- Aktuelle Branchenthemen, wie zum Beispiel die Mehrwertsteuer-Erstattung für ausländische Tagungsveranstalter.

Den besten Überblick über das Angebot unserer Mitglieder erhalten Sie beim **Kongressmarkt "Meetings made in Germany"**. In begleitenden **Vorträgen und Workshops** zu aktuellen Fachthemen erhalten Sie außerdem wertvolle Informationen zur Planung Ihrer Veranstaltung in Deutschland. Diese GCB Eigenveranstaltung hat sich als eine der führenden Fachmessen der Kongress- und Tagungsbranche etabliert.

Für Fragen oder Informationen wenden Sie sich gerne an:

German Convention Bureau (GCB)
Münchener Str. 48
60329 Frankfurt/Main
Germany
Tel.: +49 (0)69-24 29 30 0
Fax: +49 (0)69-24 29 30 26
E-Mail: info@gcb.de
Internet: http://www.gcb.de

Frankfurt

Frankfurt Marriott Hotel
Hamburger Allee 2–10, 60486 Frankfurt
Tel.: 0 69 / 79 55 - 0, Fax: 0 69 / 79 55 - 24 32
E-Mail: mhrs.fradt@marriott.com
Internet: www.marriotthotels.com

Das Frankfurt Marriott Hotel, direkt gegenüber der Festhalle und dem Messegelände gelegen, bietet mit seinen 588 Zimmern inklusive 24 Suiten alle Annehmlichkeiten eines 5 Sterne Hotels.
Beste Voraussetzungen für Meetings und Events bieten Ihnen der größte Ballsaal Frankfurts (bis 1.000 Personen), 9 weitere Tagungsräume und ein Business Center.

Hamburg

CCH – Congress Centrum Hamburg
Am Dammtor, 20355 Hamburg
Tel. 0 40 / 35 69 - 0
Telefax 0 40 / 35 69 - 21 83
Internet: www.cch.de
E-mail: info@cch.de

Angebot: Konzeption, Planung, Organisation und Durchführung von Kongressen, Tagungen, Ausstellungen, gesellschaftlichen und kulturellen Veranstaltungen. Fazilitäten: Das CCH verfügt über 19 Säle mit Kapazitäten zwischen 30 bis zu 3000 Teilnehmern (Gesamtkapazität: 10.250 Personen). Für begleitende Ausstellungen stehen im CCH 4.500 qm zur Verfügung, im gegenüberliegenden Messegelände 64.000 qm.

Kiel

Tourist Information Kiel e.V.
Andreas Gayk-Straße 31
Neues Rathaus
24103 Kiel

Fon: 0431 / 6 79 10-0
Fax: 0431 / 6 79 10-99
Email: info@kiel-tourist.de
Internet: www.kiel-tourist.de

Wenn Sie einen Kongress, eine Tagung oder eine Messe veranstalten möchten, haben Sie eine gute Wahl getroffen. Wir organisieren den Rahmen für Ihre Veranstaltung und die Zimmervermittlung, und Sie gewinnen Zeit für die wirklich wesentlichen Dinge.

München

Landeshauptstadt München
Referat für Arbeit und Wirtschaft
Fremdenverkehrsamt - Kongressbüro
Sendlinger Str. 1, 80331 München
Telefon (0 89) 233 - 30213 / -30216
Telefax (0 89) 233 - 30251
Email: convention-bureau@munich.btl.de
http://www.muenchen-tourist.de

Die bayerische Landeshauptstadt gehört zu Beginn des 3. Jahrtausends zu den führenden touristischen Destinationen Europas. Als bedeutende Wirtschaftsmetropole, Forschungs- und Wissenschaftszentrum, Stätte der Kunst, Kultur und – nicht zu vergessen – der Lebensfreude, ist sie ein Anziehungspunkt für Gäste aus aller Welt. Für Kongresse und Tagungen reicht die Palette der Tagungsräumlichkeiten vom Internationalen Congress Center München – ICM, der Olympiahalle, weltbekannten Kongresshotels über die neu entstandene Hallenkultur bis hin zu den berühmten Festsälen der Münchener Brauereien. 38.000 Hotelbetten von komfortabel bis luxuriös stehen zur Verfügung. Das Team des Kongressbüros – Ihr kompetenter und neutraler Ansprechpartner bei Veranstaltungen in München – berät Sie gerne!

Wiesbaden

Kurbetriebe der Landeshauptstadt Wiesbaden
DAS KURHAUS WIESBADEN
Abt.: Kongress Service
Kurhausplatz 1, D-65189 Wiesbaden
Postfach 38 40, D-65028 Wiesbaden
Tel. 06 11 / 17 29 - 2 90 - 2 92 - 2 93 - 2 94, Telefax 06 11 / 1 72 92 99

Wiesbaden: Landeshauptstadt von Hessen, in unmittelbarer Nähe und Anbindung zum internationalen Flughafen Frankfurt, ist das Tor zum Rheingau und liegt zwischen dem Rheinufer im Süden und den waldreichen Taunushöhen im Norden.
Eine Kongreß- und ehemals Weltkurstadt mit exklusivem Ambiente, Thermalquellen, modernen Rehabilitationskliniken, eleganten Einkaufsstraßen, Spielbank, historischen Prachtbauten und reichem kulturellem Angebot (Internationale Maifestspiele, Rheingau Musik Festival).
Das historische Kurhaus Wiesbaden bietet elegante Räumlichkeiten für Veranstaltungen und Kongresse für bis ca. 2.000 Personen, die modernen Rhein-Main-Hallen Kapazität für 3.800 Teilnehmer und ca. 20.000 qm Ausstellungsfläche.
Ca. 6.600 Betten bieten die rund 80 Hotels und Pensionen, davon ca. 2.400 in der First-Class-Kategorie.

BBK Gesellschaft für moderne Sprachen mbH
Postfach 15 60, D-76715 Germersheim
Tel. 0 72 74 / 10 94
Telefax 0 72 74 / 87 25
e-mail: bbkhelanguages@aol.com

Sprachendienst: Dolmetsch- und Konferenz-Hostessen, Konferenzdolmetscher nach AIIC-Konditionen. Fachübersetzungen. Hostessendienst auch ohne Spracheinsatz für Messen, Pressekonferenzen, Kongresse.
BBK – Deutschlands führender Dolmetsch-Hostessendienst.

CPO HANSER SERVICE ®

Büro Berlin:
Paulsborner Straße 44, D-14193 Berlin
Telefon 0 30 / 30 06 69-0
Telefax 0 30 / 3 05 73 91
e-mail: berlin@cpo-hanser.de, http://www.cpo-hanser.de

Büro Hamburg:
Zum Ehrenhain 34, D-22885 Barsbüttel
Telefon 0 40 / 67 08 82-0
Telefax 0 40 / 6 70 32 83
e-mail: hamburg@cpo-hanser.de, http://www.cpo-hanser.de

Büro Dresden:
Wilhelm-Wolf-Str. 3, D-01326 Dresden
Telefon 03 51 / 2 61 63 - 0
Telefax 03 51 / 2 61 05 10
e-mail: dresden@cpo-hanser.de, http://www.cpo-hanser.de

Veranstaltungsservice für Kongresse, Tagungen und Messen. Hotelreservierungen, Rahmenprogramme, Incentives.

Eine Übersicht aller in diesem Buch werbenden Tagungsanbieter und Dienstleistungsunternehmen finden Sie auf Seite XVII

Sie stellen Ansprüche?

Wir erfüllen Ansprüche!

Wir lassen uns gerne von Ihnen herausfordern!

Kongress- und Touristikbetriebe der Stadt Aschaffenburg

Schlossplatz 1 · D-63739 Aschaffenburg
Tel. (0 60 21) 395-6 · Fax (0 60 21) 395-777

E-Mail: stadthalle@info-aschaffenburg.de · Internet: info-aschaffenburg.de/html/kongressstadt

Insgesamt über 3000 qm Veranstaltungsfläche, individuell teil- und kombinierbar, für 10 bis über 1200 Personen, gastronomische Versorgung im ganzen Haus, rund 30 min. vom Rhein-Main-Flughafen, direkt an der BAB Frankfurt/Würzburg, mit IC-Anschluß, im Grünen zwischen Spessart und Odenwald.

Rothenburg
ob der Tauber

REICHSSTADTHALLE

- Kongresse, Tagungen, Seminare für 150 bis 500 Personen
- 2800 Betten aller Kategorien, gepflegte Gastronomie
- Ihr Partner bei Vorbereitung und Durchführung:

**Rothenburg Tourismus Service, Marktplatz, 91541 Rothenburg o. d. T.
Telefon 0 98 61 - 4 04 92, Fax 0 98 61 - 8 68 07**

MODERNE TAGUNGSSTÄTTE IM HISTORISCHEN RAHMEN

Der Watzmann ruft!

Beste Aussichten für Ihre Tagung

Kongresshaus Berchtesgaden
Postfach 2240 · 83463 Berchtesgaden
Tel. 0 86 52/967-330 · Fax 0 86 52/967-380
E-Mail: kongresshaus@berchtesgaden.de
Internet: www.berchtesgaden.de/kongresshaus

PARKHOTEL
Crombach
ROSENHEIM

Internet: www.parkhotel-crombach.de
83022 Rosenheim/OBB · Kufsteiner Straße 2
Telefon (0 80 31) 35 80 · Fax (0 80 31) 3 37 27
E-Mail: info@parkhotel-crombach.de

- Das Haus für Tagungen und Festlichkeiten
- Ruhige Lage am Stadtpark, gegenüber der Stadthalle, an der Fußgängerzone im Zentrum
- Zimmer mit allen Annehmlichkeiten moderner Wohnkultur
- Parkrestaurant / Weinstube
- Regionale und internationale Küche
- 4 Konferenzräume mit Klimaanlage für 10–140 Personen
- 63 Zimmer, 100 Betten mit Dusche / Bad / TV / Radio / Minibar.

Kreisstadt
Heppenheim
– Herz der Bergstraße –

- die romantische Wein- und Festspielstadt
- Kulturzentrum, Museen
- großes Freizeitangebot
- Sehenswürdigkeiten einer reichen Geschichte
- Ideal für Tagungen, Konferenzen und Betriebsausflüge

Auskünfte, Prospekte: Tourist-Information,
Postfach 18 08, 64636 Heppenheim, Tel. (0 62 52) 13 - 1 71 u. 1 72
FAX (0 62 52) 1 31 23, E-Mail: tourismus@stadt.heppenheim.de

Informationen über andere Bereiche?

Wie ein Puzzle ergänzen sich die einzelnen Hoppenstedt-Handbücher sowie die ele(ktro)nischen Medien von Hoppenstedt zu einem umfassenden und fundierten Informationspool. (Sollten) Sie in diesem Handbuch trotz seiner Informationsvielfalt nicht alles finden, was Sie gerne w(issen) möchten, nutzen Sie die ergänzenden Angebote aus unserem Verlagsprogramm. Ein Be(ispiel) stellen wir Ihnen hier kurz vor.

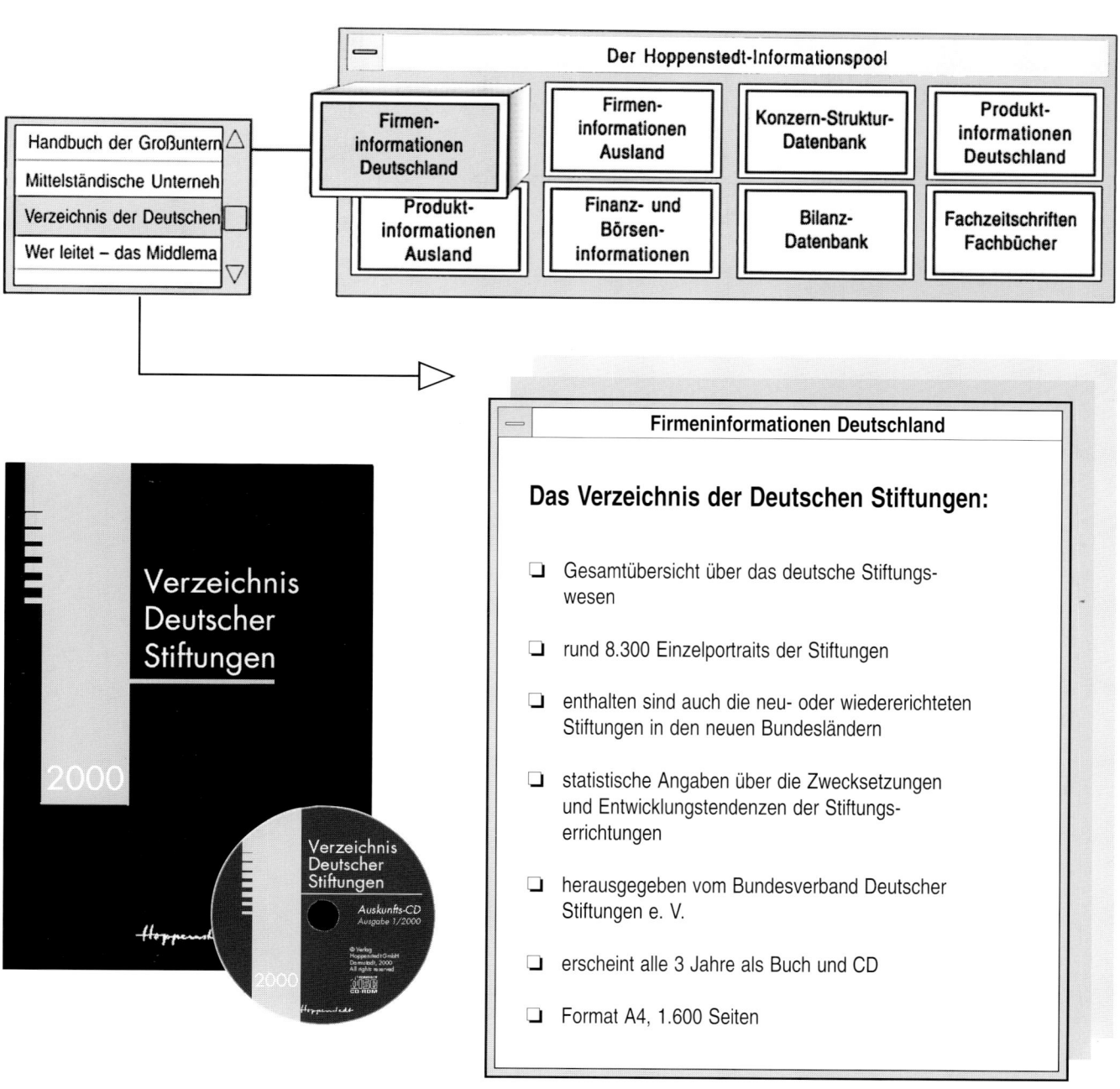

Fordern Sie unter Fax 06151/380-360 oder telefonisch unter 06151/380-0 weitere Informationen oder ein Angebot an.

Allgemeine Abkürzungen

Abg.	– Abgeordneter	Hdw.	– Handwerk (s)
Abt.	– Abteilung (s)	HGeschF	– Hauptgeschäftsführer
AbtPräs.	– Abteilungspräsident	HK	– Handelskammer
a. D.	– außer Dienst		
amt.	– amtierend		
App.	– Apparat	IHK	– Industrie- und Handels-
AR	– Amtsrat		kammer
AR	– Aufsichtsrat	Ind.	– Industrie, industriell
Arb.	– Arbeit (s)	Ing.	– Ingenieur
Ass.	– Assessor	Inh.	– Inhaber
		Insp.	– Inspektor
		Inst.	– Institut
BauR	– Baurat	i. R.	– im Ruhestand
BD	– Baudirektor	i. V.	– in Vertretung
BDir	– Baudirektor	IZ	– Internationaler Zusammen-
Bds.	– Bundes		schluß
Bergw.	– Bergwerk (s)		
Bevollm.	– Bevollmächtigter		
BM	– Bundesminister, -ministerium	JAR	– Justizamtsrat
BP	– Boite Postale (Postfach)	JOAR	– Justizoberamtsrat
BR	– Baurat	jr., jun.	– junior
		Jur.	– Jurist, juristisch
Chem.	– Chemiker, chemisch	Just.	– Justiz, Justitiar
Dipl.	– Diplom	Kath.	– katholisch
Dir.	– Direktor	Kfm.	– Kaufmann, kaufmännisch
Dirig.	– Dirigent	komm.	– kommissarisch
Doz.	– Dozent	Kpt.	– Kapitän
Dr.	– Doktor		
Dt.	– Deutsch		
		Ld.	– Land
e. h.	– ehrenhalber	Lds.	– Landes-
Evgl.	– evangelisch	Ldw.	– Landwirtschaft, Landwirt,
Ezhdl.	– Einzelhandel		landwirtschaftlich (e, er, es)
		Leg.-Rat	– Legationsrat
Fa.	– Firma	Lic.	– Licentiat, -in
Fin.	– Finanz-	LMedD	– Leitender Medizinaldirektor
Frhr.	– Freiherr	LR	– Legationsrat
		LR I	– Legationsrat Erster Klasse
		LRD	– Leitender Regierungsdirektor
Gen.	– General	Ltd.	– Leitender
GenLt	– Generalleutnant		
Gen-Maj	– Generalmajor		
GenOStArzt	– Generaloberstabsarzt	M.A.	– Magister
Ger.	– Gericht (s)	MD	– Ministerialdirektor
Ges.	– Gesellschaft	MdB	– Mitglied des Bundestages
GeschF	– Geschäftsführer	MdEP	– Mitglied des Europäischen
Gew.	– Gewerkschaft		Parlaments
GewDir	– Gewerbedirektor	m.d.F.d.G.b.	– mit der Führung der Geschäfte
gewerbl.	– gewerblich		beauftragt
Großhdl.	– Großhandel	MDg	– Ministerialdirigent
Gütez.	– Gütezeichen	MDgt	– Ministerialdirigent
		MDir	– Ministerialdirektor
habil.	– habilitatis (Vorlesungs-	MDirig	– Ministerialdirigent
	berechtigt)	MdL	– Mitglied des Landtages
h.c.	– honoris causa	m.d.L.b.	– mit der Leitung beauftragt
Hdl.	– Handel (s)	MDS	– Mitglied des Senats

Allgemeine Abkürzungen

m.d.W.d.G.b.	– mit der Wahrnehmung der Geschäfte beauftragt	RiLG	– Richter am Landgericht
Med.	– Medizin (isch)	RiOLG	– Richter am Oberlandesgericht
MedDir	– Medizinaldirektor	RiSG	– Richter am Sozialgericht
Min.	– Minister (ial, ium)	RLD	– Regierungslandwirtschafts-direktor
MinDir	– Ministerialdirektor	ROAR	– Regierungsoberamtsrat
MinDirig	– Ministerialdirigent	ROR	– Regierungsoberrat
MinR	– Ministerialrat	RP	– Regierungspräsident
MinRat	– Ministerialrat	RR	– Regierungsrat
MR	– Ministerialrat		
Mstr.	– Meister	S.	– Seite
		s.	– siehe
N	– Notar	SDgt	– Senatsdirigent
N.N.	– Nicht Nominiert	Sekr.	– Sekretär
		Sen.	– Senat (s), Senator
OAR	– Oberamtsrat	SenDir	– Senatsdirektor
Ob.	– Ober-	SenDirig	– Senatsdirigent
OBauR	– Oberbaurat	SenRat	– Senatsrat
OBM	– Oberbürgermeister	SR	– Senatsrat
O-Med.Rat	– Obermedizinalrat	StA	– Staatsanwalt
ORegR	– Oberregierungsrat	StB	– Steuerberater
ORR	– Oberregierungsrat	Stellv.	– Stellvertreter
Ökol.	– Ökolog (e, in, ie), ökologisch	StR	– Studienrat
Ökon.	– Ökonom (in, ie), ökonomisch	Synd.	– Syndikus
		T	– Telefon
PD	– Polizeidirektor	techn.	– technisch
PDir	– Postdirektor	TGR	– Telegramm
Pers.	– Persönlich (e, er)	TWV	– Technisch-Wissenschaftlicher-Verein
Phys.	– Physik (er, erin), physikalisch, physisch	TX	– Telex
P.O.B.	– Post Office Box (Postfach)		
POR	– Postoberrat	VA	– Verwaltungsangestellter
PostDir	– Postdirektor	VAdm	– Vizeadmiral
Postf.	– Postfach	VDir	– Verwaltungsdirektor
PR	– Postrat	Verb.	– Verband (s)
Präs.	– Präsident	Verm.	– Vermessung
Priv.	– Privat	Vers.	– Versicherung (s)
Prof.	– Professor	Vertr.	– Vertreter
Prov.	– Provinz (ial)	Verw.	– Verwaltung (s)
Psych.	– Psycholog (e, in, ie), psychologisch	VerwDir	– Verwaltungsdirektor
		VerwObRat	– Verwaltungsoberrat
		Vet.	– Veterinär
RA	– Rechtsanwalt	VLR	– Vortragender Legationsrat
RAuN	– Rechtsanwalt und Notar	VLR I	– Vortragender Legationsrat Erster Klasse
RD	– Regierungsdirektor	Vors.	– Vorsitzender
RDir	– Regierungsdirektor	Vorst.	– Vorstand
Ref.	– Referent	Vortr.	– Vortragender
Reg.	– Regierungs-		
RegAss.	– Regierungsassessor		
RegDir	– Regierungsdirektor		
RegGewDir	– Regierungsgewerbedirektor	W.Dir.	– Wissenschaftlicher Direktor
RegOR	– Regierungsoberrat	Wirtsch.	– Wirtschaft (s)
RegPräs	– Regierungspräsident	WOR	– Wissenschaftlicher Oberrat
RegR	– Regierungsrat	WP	– Wirtschaftsprüfer

Abkürzungen deutscher Verbandsnamen

Dieses Verzeichnis enthält die Abkürzungen und die Namen deutscher Verbände. Ein Abkürzungsverzeichnis der internationalen Verbände steht vor den Internationalen Zusammenschlüssen.

Die nach den Verbandsnamen stehenden Buchstaben und Kennziffern verweisen auf die jeweiligen Verbände, die im Hauptteil nach Gruppen und aufsteigenden Zahlen veröffentlicht sind.

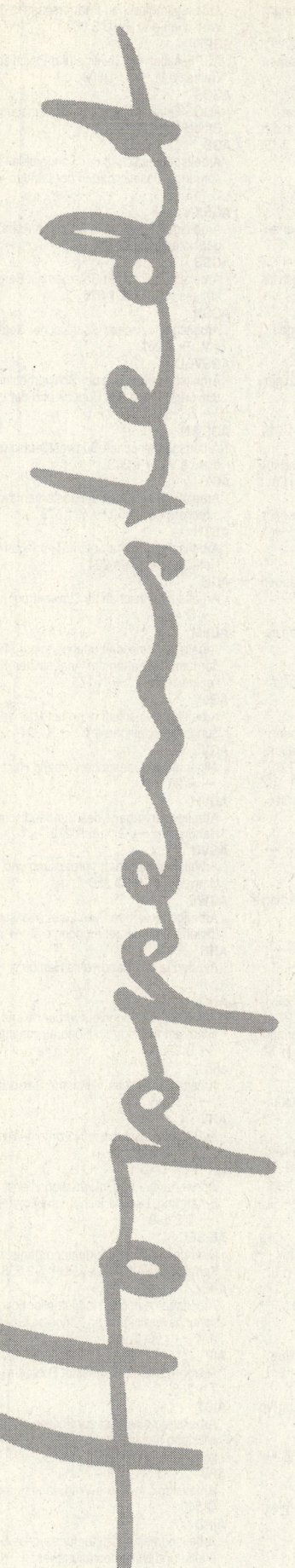

A

AA
Auswärtiges Amt → A 8
AAB
Afrika-Süd Aktions-Bündnis e.V. → U 935
AÄGP
Allgemeine Ärztliche Gesellschaft für Psychotherapie e.V. → T 3 389
AAI
Arbeitgeberverband freier Architekten und Ingenieure e.V. → R 30
AANB
Arbeitsgemeinschaft der Angehörigen psychisch Kranker in Niedersachsen und Bremen e.V. → t 2 933
AAT
Arbeitsgruppe Artenschutz Thüringen e.V. → Q 406
abekra
Verband arbeits- und berufsbedingt Erkrankter e.V. → T 2 749
ABG
Abwasserbiologische Gesellschaft e.V. → L 62
ABI
Aktion Bildungsinformation e.V. → T 3 803, u 1 127
AbL
Arbeitsgemeinschaft bäuerliche Landwirtschaft - Bauernblatt e.V. → Q 59
abp
Arbeitskreis Baufachpresse e.V. → O 461
A.B.U.
Aktionsgemeinschaft Bessere Umwelt e.V. Köln -A.B.U.- Brunhilde Hoch Stiftung → Q 389
ABV
Arbeitsgemeinschaft Baufachverlage → O 445
ABV
Arbeitsgemeinschaft berufsständischer Versorgungseinrichtungen e.V. → K 381, S 18
ABVP
Arbeitgeber- und BerufsVerband Privater Pflege e.V. → R 274
ACA
Arbeitsgemeinschaft christl. Arbeitnehmer-Organisationen in der Bundesrepublik Deutschland → R 451
ACA
Institut für Angewandte Chemie Berlin-Adlershof e.V. → T 1 917
ACD
Air Cargo Club Deutschland → M 278
ACE
Auto Club Europa e.V. → U 1 104
ACI
ACI Deutschland e.V. The Financial Markets Association → S 1 591
ACK
Arbeitsgemeinschaft Christlicher Kirchen in Deutschland e.V. → U 2 285
ACV
Allgemeiner Cäcilien-Verband für Deutschland → O 89, o 105
ADAC
Allgemeiner Deutscher Automobil-Club e.V. → U 1 074, u 2 504, U 2 646
ADB
ADB Arbeitsgemeinschaft Deutscher Bewährungshelferinnen und Bewährungshelfer eV → t 3 551
AdB
Arbeitskreis deutscher Bildungsstätten e.V. → T 3 809
ADB
VDI-Gesellschaft Produktionstechnik → T 1 330
ADC
Arbeitsgemeinschaft Deutscher Chorverbände e.V. → O 104, u 2 725
ADFC
Allgemeiner Deutscher Fahrrad-Club (Bundesverband) e.V. → q 664, U 1 108
ADG
Akademie Deutscher Genossenschaften → T 3 887
ADI
Arbeitskreis Dresdner Informationsvermittler e.V. → U 25
AdJ
Arbeitsgemeinschaft deutscher Junggärtner e.V. → Q 131
ADK
Arbeitsgemeinschaft der deutschen Kachelofenwirtschaft e.V. → F 895
ADKA
Bundesverband Deutscher Krankenhausapotheker e.V. → S 383
AdKV
Arbeitsgemeinschaft deutscher Kunstvereine e.V. → U 3 028
ADL
Arbeitskreis der Landschaftsanwälte → S 613
ADLAF
Arbeitsgemeinschaft Deutsche Lateinamerika-Forschung → E 745
ADM
ADM Arbeitskreis Deutscher Markt- und Sozialforschungsinstitute e.V. → T 2 470
ADM
Arbeitnehmerverband Deutscher Milchkontroll- und Tierzuchtbediensteter → r 422
AdP
Arbeitskreis der Pankreatektomierten e.V. → T 2 852, t 3 160
AdR
Arbeitsgemeinschaft der Restauratoren e.V. → S 1 513
ADS
Arbeitsgemeinschaft Deutscher Schwesternverbände und Pflegeorganisationen e.V. → R 539
ADT
ADT Arbeitsgemeinschaft Deutscher Technologie- und Gründerzentren e.V. → U 103
ADTV
Allgemeiner Deutscher Tanzlehrerverband e.V. → S 1 572
ADV
Akademie für Datenverarbeitung → T 1 354
AdV
Arbeitsgemeinschaft der Vermessungsverwaltungen der Länder der Bundesrepublik Deutschland → B 615
ADV
Arbeitsgemeinschaft Deutscher Verkehrsflughäfen e.V. → M 244
ADV
Arbeitsgemeinschaft Deutscher Viehzentralen → H 184
AEED
Arbeitsgemeinschaft Evangelischer Erzieher e.V. → R 427
AEI
Arbeitskreis Europäische Integration e.V. → T 2 352
AEK
Aktionsgemeinschaft für Energiesicherung und Kerntechnik e.V. → L 24
AEL
Arbeitsgemeinschaft für Elektrizitätsanwendung in der Landwirtschaft e.V. → L 20
ÄMM
Ärztevereinigung für Manuelle Medizin - Ärzteseminar Berlin e.V. → T 2 804
AEU
Arbeitskreis Evangelischer Unternehmer in Deutschland e.V. → R 239
AFB
Arbeitgeberverband Freier Berufe e.V. → S 20
AFB
Arbeitsstelle Friedensforschung Bonn → u 2 684
AfC
Arbeitsgemeinschaft freikirchlicher Chorwerke in Europa → O 112
AFES-PRESS e.V.
Arbeitsgemeinschaft Friedensforschung und Europäische Sicherheitspolitik e.V. → U 2 091
AFI
Arbeitskreis Finanzinformation → U 2
AFK
Arbeitsgemeinschaft Frankfurter Konferenzdolmetscher - AFK → S 1 413
afo
Akademie Führung + Organisation (afo) → T 3 982
AFS
Arbeitsgemeinschaft Freier Stillgruppen → U 1 445
AfW
Arbeitgeberverband der finanzdienstleistenden Wirtschaft e.V. → R 263
ag dok
Arbeitsgemeinschaft Dokumentarfilm e.V. → o 155, O 225
AG Song
Arbeitsgemeinschaft der Liedermacher aus der Bundesrepublik Deutschland → S 1 316
AGA
Arbeitsgemeinschaft Abonnentenwerbung e.V. → O 587
AGAF
Arbeitsgemeinschaft Amateurfunkfernsehen e.V. → O 402
AGAFE
Arbeitsgemeinschaft für angewandte Forschung und Entwicklung von Mitgliedern der Fachhochschule Wiesbaden e.V. → T 2 196
AGAH
Arbeitsgemeinschaft für Angewandte Humanpharmakologie e.V. → T 3 285
AGAV
Arbeitsgemeinschaft Deutscher Abstinenzverbände → U 1 941
AGB
Neue Arbeitsgemeinschaft Bewährungshilfe Baden-Württemberg → t 3 532
agbn
Arbeitsgemeinschaft der in Bayern tätigen Notärzte e.V. → s 194
AGBrN
Arbeitsgemeinschaft in Brandenburg tätiger Notärzte e.V. → s 196
AGD
Allianz deutscher Designer e.V. → S 1 219
A.G.D.
Unternehmens- und Arbeitgeberverband für Großhandel und Dienstleistungen → H 8
A.G.D.
Unternehmens- und Arbeitgeberverband für Großhandel und Dienstleistungen → R 76
AGDF
Aktionsgemeinschaft Dienst für den Frieden e.V. → U 2 686
AGEG
Arbeitsgemeinschaft Europäischer Grenzregionen → D 206
AGEH
Arbeitsgemeinschaft für Entwicklungshilfe e.V. → U 2 056
AGEV
Arbeitgebervereinigung für Unternehmen aus dem Bereich EDV und Kommunikationstechnologie e. V. -AGEV → R 199
AGF
Akademische Gesellschaft für Finanzwirtschaft e.V. → T 2 201
AGF
Arbeitsgemeinschaft Fernsehforschung → T 2 469
AGFÖ
Arbeitsgemeinschaft Flughafen und Ökologie Essen/Mülheim → Q 481
AGFW
Arbeitsgemeinschaft Fernwärme e.V. → L 36
AGH
Augsburger Gewerbehof GmbH → U 89
AGH
Verband Großhandel Außenhandel Verlage und Dienstleistungen Hessen e.V. → H 12, h 44
AG-HFSt
Arbeitsgemeinschaft der Deutschen Hauptfürsorgestellen → U 1 646
AGHN
Arbeitsgemeinschaft in Hessen tätiger Notärzte e.V. → s 197
AGJ
Arbeitsgemeinschaft für Jugendhilfe → U 1 572
AGL
Arbeitsgemeinschaft Luftwaffe (AGL) e.V. → M 279
AG.MA
Arbeitsgemeinschaft Media-Analyse e.V. → T 2 518
AGMM
Arbeitsgemeinschaft Mühlen- und Müllereimaschinenbau im VDMA → f 682
AGMN
Arbeitsgemeinschaft der in Mecklenburg-Vorpommern tätigen Notärzte → s 198
AGNB
Arbeitsgemeinschaft Notarzt Berlin e.V. → s 195
AGN-NW
Arbeitsgemeinschaft der in Nordrhein-Westfalen tätigen Notärzte → s 200
AGÖF
Arbeitsgemeinschaft ökologischer Forschungsinstitute e.V. → T 1 869
AGÖL
Arbeitsgemeinschaft Ökologischer Landbau → Q 173
AGP
Arbeitsgemeinschaft Partnerschaft in der Wirtschaft e.V. → U 3 060
AGPF
AGPF-Aktion für Geistige und Psychische Freiheit e.V. → U 1 606
AGQS
AGQS Qualitäts- und Umweltmanagement GmbH → T 2 135
AGS
Arbeitsgemeinschaft der Sonderabfall-Entsorgungs-Gesellschaften der Länder → O 715
AGSAN
Arbeitsgemeinschaft in Sachsen-Anhalt tätiger Notärzte → s 202
AGSB
Arbeitsgemeinschaft Solartechnik Bergstrasse e.V. → T 1 375
AGSN
Arbeitsgemeinschaft Sächsischer Notärzte e.V. → s 201
AGSVBL
Arbeitsgemeinschaft der Schwerbehindertenvertretungen des Bundes und der Länder → U 2 021
AGSWN
Arbeitsgemeinschaft Südwestdeutscher Notärzte e.V. → s 203
AGT
Arbeitsgemeinschaft der Testamentsvollstrecker (AGT) e.V → S 1 573
AGTN
Arbeitsgemeinschaft der in Thüringen tätigen Notärzte e.V. → s 204
AGU
Arbeitsgemeinschaft für Umweltfragen e.V. → Q 480
AGuM
Arbeitsgemeinschaft unabhängiger Mitgliedergemeinschaften der Angestellten-Krankenkassen e.V. → K 178
AGuV
Arbeitsgemeinschaft unabhängiger Versorgungseinrichtungen e.V. → K 384
AGV
Allgemeiner Arbeitgeberverband Harz e.V. → R 20
AGVH
Arbeitgeberverband des Saarländischen Handwerks → G 118, R 272
AGVU
Arbeitsgemeinschaft Verpackung und Umwelt e.V. → Q 358
AGWE
Arbeitgeberverband von Gas-, Wasser- und Elektrizitätsunternehmen e.V. → r 87
AHH
Akademie des Handwerks Hamburg → g 62
AHO
Ausschuß der Ingenieurverbände und Ingenieurkammern für die Honorarordnung e.V. → S 976
ahs
Arbeitsgemeinschaft Humane Sexualität e.V. → T 3 245
AHV
Außenhandelsverband Nordrhein-Westfalen e.V. → H 22, h 45
aid
Auswertungs- und Informationsdienst für Ernährung, Landwirtschaft und Forsten e.V. → T 2 698
AIESEC
Die Internationale Studentenorganisation Dt. Komitee der AIESEC e.V. → T 2 258
AiF
Arbeitsgemeinschaft industrieller Forschungsvereinigungen "Otto von Guericke" e.V. → t 90, T. 266
AIP
Astrophysikalisches Institut Potsdam → T 1 268
AIST
Arbeitsgemeinschaft zur Förderung und Entwicklung des internationalen Straßenverkehrs e.V. → T 3 668
AIW
Arbeitskreis Industrie-Werbeagenturen → O 540
AjBD
Arbeitsgemeinschaft für juristisches Bibliotheks- und Dokumentationswesen → T 979
AJuM
Arbeitsgemeinschaft Jugendliteratur und Medien in der Gewerkschaft Erziehung und Wissenschaft → S 1 398

AKA
Arbeitsgemeinschaft kommunale und kirchliche Altersversorgung (AKA) e.V. → K 386

AKAD
AKAD Hochschulen für Berufstätige GmbH → T 4 162

AKB
Arbeitskreis Baubeschlag im ZHH e.V. → H 92

AkdÄ
Arzneimittelkommission der deutschen Ärzteschaft → S 75

AKE
Arbeitskreis Ernährungswirtschaft in Baden-Württemberg → T 2 700

AKIK
Aktionskomitee KIND IM KRANKENHAUS e.V. → U 1 599

AKM
Arbeitsgruppe Kommunikationsforschung München → T 3 678

AKN
Aktionskonferenz Nordsee e.V. → Q 456

AkNZ
Akademie für Notfallplanung und Zivilschutz im Bundesverwaltungsamt → a 247

AKSB
Arbeitsgemeinschaft kath.-sozialer Bildungswerke in der Bundesrepublik Deutschland → T 3 807

AKUS
Arbeitskreis für Unternehmenssicherheit Berlin/Brandenburg → u 922

AKUT
AKUT e.V. - Aktion Kirche und Tiere → Q 587

AKW
Arbeitskreis Werbemittel e.V. → O 594

ALB-NRW
Arbeitsgemeinschaft für Landtechnik und ländliches Bauwesen Nordrhein-Westfalen e.V. → T 1 263

ALEB
Arbeitnehmerverband land- und ernährungswirtschaftlicher Berufe im CGB → R 417

ALEKI
Arbeitsstelle für Leseforschung und Kinder- und Jugendmedien → T 3 755

ALfA
Aktion Lebensrecht für Alle e.V. → U 1 637

ALG
Arbeitsgemeinschaft Literarischer Gesellschaften und Gedenkstätten e.V. → U 3 013

ALM
Arbeitsgemeinschaft der Landesmedienanstalten in der Bundesrepublik Deutschland → O 409

ALV
Arbeitslosenverband Deutschland e.V. → U 1 639

AMD
Antik Modellflugfreunde Deutschland e.V. → U 3 128

AMG
Arbeitskreis Moderne Getränkeverpackung (der Deutschen Erfrischungsgetränke-Industrie) e.V. → T 1 138

AMH
Arbeitsgemeinschaft der Medienzentren an Hochschulen e.V. → T 3 701

AMJ
Arbeitskreis Musik in der Jugend → O 75, o 106

AMK
Arbeitsgemeinschaft DIE MODERNE KÜCHE e.V. → F 578

AMK
Arzneimittelkommission der Deutschen Heilpraktiker → S 386

AMÖ
Bundesverband Möbelspedition (AMÖ) e.V. → M 81

AMP
Arbeitskreis mittelständischer Pharmaunternehmen e.V. → R 211

AMPF
Arbeitskreis Musikpädagogische Forschung e.V. → O 145

AMREF
AMREF Gesellschaft für Medizin und Forschung in Afrika e.V. → U 2 080

AMS
Aktionsgemeinschaft Marketing im Sanitätsfachhandel e.V. → U 77

AMU
Arbeitsgemeinschaft Mittelständischer Unternehmer e.V. → R 269

AMVB
Arbeitsgemeinschaft des mittleren vermessungstechnischen Dienstes bei der Deutschen Bahn AG → R 833

ANOG
Arbeitsgemeinschaft für naturnahen Obst-, Gemüse- und Feldfrucht-Anbau e.V. → Q 198

ANS
Arbeitskreis für die Nutzbarmachung von Siedlungsabfällen e.V. → T 1 369

ANW
Arbeitskreis Nordbayerischer Wirtschafsjournalist(inn)en → S 1 372

APA
Asien-Pazifik-Ausschuß der Deutschen Wirtschaft → E 397

APD
Aktionsgemeinschaft Privates Denkmaleigentum → U 698

APED
Arbeitsgemeinschaft privater Entwicklungsdienste e.V. → U 2 069

APHV
Bundesverband des Deutschen Briefmarkenhandels e.V. → H 326

APM
Aktionskreis Deutsche Wirtschaft gegen Produkt- und Markenpiraterie e.V. → U 1 164

APR
Arbeitsgemeinschaft Privater Rundfunk → O 407

APV
Arbeitsgemeinschaft für Pharmazeutische Verfahrenstechnik e.V. → T 2 846

AQS
Arbeitsgemeinschaft für die Entwicklung von Qualitätssystemen e.V. → F 859

ARA
Arbeitsgemeinschaft Regenwald und Artenschutz e.V. → Q 403

ARA
Arbeitsring Ausland für kulturelle Aufgaben e.V. → U 2 791

ARCD
Auto- und Reiseclub Deutschland e.V. → U 1 094

ARD
Arbeitsgemeinschaft der öffentlich-rechtlichen Rundfunkanstalten der Bundesrepublik Deutschland → O 272

ARDESA
Arbeitsgemeinschaft Deutsche Saxophonisten e.V. → O 116

ArGe
Arbeitsgemeinschaft von Versicherungsnehmern für Fragen der Kraftfahrtversicherung → K 4

ARGE Rhein
Arbeitsgemeinschaft der Länder zur Reinhaltung des Rheins → Q 641

ARGE Weser
Arbeitsgemeinschaft zur Reinhaltung der Weser → Q 638

ArgeBFinG
Arbeitsgemeinschaft der Beamten des gehobenen Dienstes bei den Finanzgerichten → R 806

ARGUS
Arbeitsgemeinschaft Umweltschutz und Stadtgestaltung e.V. → Q 339

ARKStat
Arbeitskreis Kulturstatistik e.V. → U 2 858

ARS
Steinbeis-Transferzentrum Angewandte Rechner- und Softwaretechnologie → t 1 808

ARV
ALLGEMEINER RETTUNGSVERBAND Bundesverband der Allgemeinen Rettungsverbände Deutschlands e.V. → U 1 910

ARW
Arbeitsgemeinschaft Rhein-Wasserwerke e.V. → L 58

ASbH
Arbeitsgemeinschaft Spina bifida und Hydrocephalus e.V. → T 2 910

ASEW
Arbeitsgemeinschaft für sparsame Energie- und Wasserverwendung im VKU → D 193

ASF
Aktion Sühnezeichen Friedensdienste e.V. → u 2 689

ASF
Arbeitsgemeinschaft Sozialdemokratischer Frauen → U 2 269

ASG
Agrarsoziale Gesellschaft e.V. → T 2 596

asg
Arbeitsgemeinschaft Staat und Gesellschaft e.V. → U 2 758

ASI
Arbeitsgemeinschaft Sozialwissenschaftlicher Institute e.V. → T 2 359

ASIA
Arbeitgeberverband Selbständiger Ingenieure und Architekten e.V. → R 31

ASID
Arbeitskreis Selbständige Industrie-Designer e.V. → S 1 066, s 1 212

AsKI
Arbeitskreis selbständiger Kultur-Institute e.V. → U 2 814

ASR
Arbeitskreis freier Sanitär-Röhrenhändler e.V. → H 274

asr
Bundesverband mittelständischer Reiseunternehmen e.V. → N 284

A.S.S.
Forschungsgemeinschaft Auto - Sicht - Sicherheit e.V. → T 3 660

ASST
Arbeitskreis Sudetendeutscher Studenten → u 1 009

ASU
Arbeitsgemeinschaft Selbständiger Unternehmer e.V. → R 191

ASUE
Arbeitsgemeinschaft für sparsamen und umweltfreundlichen Energieverbrauch e.V. → T 1 050

ASW
Aktionsgemeinschaft Solidarische Welt e.V. → U 2 058, u 2 688

ASW
Arbeitsgemeinschaft für Sicherheit der Wirtschaft e.V. → U 920

ASW
Arbeitsgemeinschaft für Sicherheit der Wirtschaft e.V. (ASW) Büro Bonn → u 921

ATIAD
Verband Türkischer Unternehmer und Industrieller in Europa e.V. → R 240

ATICOM
ATICOM - Fachverband der Berufsübersetzer und Berufsdolmetscher e.V. → S 1 412

ATV
ATV-DVWK Deutsche Vereinigung für Wasserwirtschaft, Abwasser und Abfall e.V. → T 871

AUB
Arbeitsgemeinschaft unabhängiger Betriebsangehöriger e.V. → R 581

AUBA
Arbeitssicherheit und Umweltschutz, Betriebsorganisation und Arbeitsstudium e.V. → T 3 999

A.U.G.E.
Aktionsgemeinschaft Umwelt, Gesundheit, Ernährung e.V. → Q 645

AUMA
Ausstellungs- und Messe-Ausschuss der Deutschen Wirtschaft e.V. → O 595

AUV
AUV-Arbeitsgemeinschaft Unabhängiger Versicherungsmakler e.V. → K 372

AVAD
Auskunftsstelle über Versicherungs- / Bausparkassenaußendienst und Versicherungsmakler in Deutschland e.V. → K 35

AvD
Automobilclub von Deutschland → U 1 093, u 2 505

AVE
Arbeitgebervereinigung energiewirtschaftlicher Unternehmen e.V. → r 84

AVE
Aussenhandelsvereinigung des Deutschen Einzelhandels e.V. → H 39

AVEU
Arbeitgeberverband energie- und versorgungswirtschaftlicher Unternehmen e.V. → r 89

A.V.G.
Arbeitsgemeinschaft der Hersteller und Verleger von Glückwunschkarten e.V. → f 783

AVI
Arbeitsgemeinschaft der Eisen und Metall verarbeitenden Industrie → F 320

AVK-TV
Arbeitsgemeinschaft Verstärkte Kunststoffe und Technische Vereinigung e.V. → f 601

AVN
Arbeitgebervereinigung öffentlicher Nahverkehrsunternehmen e.V. → r 88

AVV
Arbeitskreis Vertretervereinigungen der Deutschen Assekuranz → K 38

AVZT
Steinbeis-Transferzentrum Analytische Visualisierungstechniken und Zellchip-Technologien → t 1 691

AVZT
Steinbeis-Transferzentrum Zellchip-Technologien → t 1 635

AW produktplanung
Arbeitsgemeinschaft der Wirtschaft für Produktdesign und Produktplanung e.V. → T 1 331

AWF
Ausschuß für Wirtschaftliche Fertigung e.V. → T 1 071

AWG
Absatzwirtschaftliche Gesellschaft e.V. → T 2 182

AWI
Alfred-Wegener-Institut für Polar- und Meeresforschung → t 94, T 263

awig
Deutsche Agrarwissenschaftliche Gesellschaft e.V. → T 2 699

AWM
Aktionsgemeinschaft Wirtschaftlicher Mittelstand e.V. → R 258

AWMF
Arbeitsgemeinschaft der Wissenschaftlichen Medizinischen Fachgesellschaften → T 3 278

AWS
Alfred-Wegener-Stiftung zur Förderung der Geowissenschaften → T 846

AWSC
Arbeitsgemeinschaft Weiterbildende Seminare für Creative Berufe e.V. → s 1 213

AWT
Arbeitsgemeinschaft für Wirkstoffe in der Tierernährung e.V. → F 416

AWV
Arbeitsgemeinschaft für wirtschaftliche Verwaltung e.V. → T 2 239

AWW
Advent-Wohlfahrtswerk e.V. → U 1 744

AWWR
Arbeitsgemeinschaft der Wasserwerke an der Ruhr → L 59

AZV
Interessengemeinschaft der Anzeigenverwaltungen für IHK-Zeitschriften in Baden-Württemberg e.V. → E 13

B

BA
Bundesanstalt für Arbeit → K 349

BA
Bundesverband Automatenunternehmer e.V. → O 632, u 2 728

BAA
Bundesausgleichsamt → A 228

BAAK
Bundesarbeitsgemeinschaft für Arbeitskammern e.V. → R 455

bad e.V.
Bundesverband Ambulante Dienste e.V. → U 1 897

BADK
Bundesarbeitsgemeinschaft Deutscher Kommunalversicherer → D 147

BAF
Berliner Arbeitskreis Film e.V. → o 156, O 236

baf
Bund Altkatholischer Frauen Deutschlands → U 1 242

BAFA
Bundesamt für Wirtschaft und Ausfuhrkontrolle → A 352

BAG
Alt hilft Jung BAG e.V. Wirtschafts-Senioren beraten → U 1 345

BAG
BAG - Bundesarbeitsgemeinschaft der Sozialarbeiter im Vollzug → S 595, t 3 557

BAG
Bundesamt für Güterverkehr → A 306

BAG
Bundesarbeitsgemeinschaft der Erzeugergemeinschaften → P 58

BAG
Bundesarbeitsgemeinschaft für das Schlacht- und Viehhofwesen → D 177

BAG
Bundesarbeitsgemeinschaft Haus-Notruf → U 1 923

BAG
Bundesarbeitsgemeinschaft Spiel und Theater e.V. → O 55

BAG BBW
Bundesarbeitsgemeinschaft der Berufsbildungswerke → T 3 756

BAG cbf e.V.
Bundesarbeitsgemeinschaft der Clubs Behinderter und ihrer Freunde e.V. → U 2 018

BAG EJSA
Bundesarbeitsgemeinschaft Evangelische Jugendsozialarbeit e.V. → U 1 478

BAG JAW
Bundesarbeitsgemeinschaft Jugendsozialarbeit → U 1 576

BAGA
Bundesarbeitsgemeinschaft Überbetrieblicher Arbeitsmedizinischer Dienste → T 3 277

BAGFW
Bundesarbeitsgemeinschaft der Freien Wohlfahrtspflege e.V. → U 1 616

BAGH
Bundesarbeitsgemeinschaft Hilfe für Behinderte e.V. → T 2 892

BAG/HKV
Bundesarbeitsgemeinschaft der Höheren Kommunalverbände → D 50

BAGLJÄ
Bundesarbeitsgemeinschaft der Landesjugendämter → U 1 571

BAG-S
Bundesarbeitsgemeinschaft für Straffälligenhilfe e.V. → U 1 926

BAG-SB
Bundesarbeitsgemeinschaft Schuldnerberatung e.V. → U 1

BAGSO
Bundesarbeitsgemeinschaft der Senioren-Organisationen (BAGSO) e.V. → U 1 361

BAG/WfB
Bundesarbeitsgemeinschaft der Werkstätten für Behinderte e.V. → T 2 908

BAH
Biologische Anstalt Helgoland → A 148

BAH
Bundesfachverband der Arzneimittel-Hersteller e.V. → F 224

BAI
Berufsverband der Architekten und Ingenieure e.V. → s 901

BAI
Bundesverband der Agraringenieure e.V. → s 898, S 922

BAJ
Bundesarbeitsgemeinschaft Kinder- und Jugendschutz → U 1 575

BAK
Arbeitsgemeinschaft Deutscher Apothekerkammern - Bundesapothekerkammer → S 340

BAK
Bund alkoholfrei lebender Kraftfahrer e.V. → u 1 943

BAKA
Bundesarbeitskreis Altbauerneuerung e.V. → T 2 128

BAKred
Bundesaufsichtsamt für das Kreditwesen → A 204

BAkWVT
Bundesakademie für Wehrverwaltung und Wehrtechnik → T 1 872

BALK
Bundesarbeitsgemeinschaft Leitender Krankenpflegepersonen e.V. → R 533

BAM
Bundesanstalt für Materialforschung und -prüfung → A 356, t 2 029

BAND
Bundesvereinigung der Arbeitsgemeinschaften Notärzte Deutschlands → S 193

BAnst PT
Bundesanstalt für Post und Telekommunikation Deutsche Bundespost → A 212

BAO
Berufsakademie Ost-Friesland e.V. → t 4 070

BAPK
Bundesverband der Angehörigen psychisch Kranker e.V. → T 2 925

BApÖD
Bundesverband der Apotheker im Öffentlichen Dienst e.V. → S 385

BAR
Landesbergamt Brandenburg Außenstelle Rüdersdorf → b 304

BARIG
BARIG e.V. Bundesverband der in Deutschland tätigen Luftverkehrsgesellschaften → M 266

BAuA
Bundesanstalt für Arbeitsschutz und Arbeitsmedizin → A 135

B.A.U.C.H.
Beratung und Analyse Verein für Umweltchemie e.V. → T 2 678

B.A.U.M.
Bundesdeutscher Arbeitskreis für Umweltbewußtes Management e.V. → Q 643

BAV
Bundesaufsichtsamt für das Versicherungswesen → A 205

BAV
Bundesverband der Altholzaufbereiter und -verwerter e.V. → F 577

BAV
Bundesverband der Autovermieter Deutschlands e.V. → M 127

BAVF
Bundesarbeitsgemeinschaft Vieh und Fleisch → H 183

BAW
BAW Institut für Wirtschaftsforschung GmbH → t 2 278

BAW
Bayerische Akademie für Werbung und Marketing e.V. → o 548, O 570

BAZ
Bundesanstalt für Züchtungsforschung an Kulturpflanzen → A 168

BBA
Biologische Bundesanstalt für Land- und Forstwirtschaft → A 158

BBAL
Bundesverband der Betriebe der Allgemeinen Luftfahrt e.V. → M 274

BBauSV
Bundesverband Deutscher Bausachverständiger e.V. → S 1 091

BBD
Berufsverband Bayerischer Detektive e.V. → O 698

BBD
Biochemischer Bund Deutschlands e.V. → T 2 606

BBE
Berufs- und Betriebsförderungsstelle für den saarländischen Einzelhandel GmbH → T 3 913

BBG
Bayerische Botanische Gesellschaft e.V. → T 928

BBGes
Berliner Betrieb für Zentrale Gesundheitliche Aufgaben → B 548

BBI
Bundesverband Bekleidungsindustrie e.V. → f 20, F 96

BBI
Bundesverband der Baumaschinen-, Baugeräte- und Industriemaschinen-Firmen e.V. → H 225

BBK
Bund bildender Künstlerinnen Württembergs e.V. → S 1 175

BBKS
Bundesverband der Berufskraftfahrerschulen e.V. → T 4 035

BBN
Bundesverband beruflicher Naturschutz e.V. → Q 368

BBR
Bundesamt für Bauwesen und Raumordnung → A 303

BBS
Bundesverband Behälterschutz e.V. → U 688

BBT
Bundesverband Bürotechnik → G 526

BBU
BBU Verband Berlin-Brandenburgischer Wohnungsunternehmen e.V. → u 452

BBU
Bundesverband Bürgerinitiativen Umweltschutz e.V. → Q 337

BBU
Verband Berlin-Brandenburgischer Wohnungsunternehmen e.V. (BBU) → u 432

BBV
Bayreuther Börsenverein e.V. → I 139

BBW
Bundesausschuß Betriebswirtschaft → T 2 197

BBW
Bundesverband Bürowirtschaft e.V. → H 336

BBW
Bundesverband der Brand- und Wasserschadenbeseitiger e.V. → U 552

BCPD
Bund Christlicher Posaunenchöre Deutschlands e.V. → O 88

bcs
Bundesverband CarSharing e.V. → M 135

BCV
Brandenburgischer Chorverband e.V. → u 2 848

BD Holz-VDH
Gesamtverband Holzhandel (BD Holz-VDH) e.V. → H 82

BDA
Berufsverband der Allgemeinärzte Deutschlands - Hausärzteverband - e.V. → S 207

BdA
Berufsverband der Arzt-, Zahnarzt- und Tierarzthelferinnen e.V. → S 477

BDA
Bundesvereinigung der Deutschen Arbeitgeberverbände e.V. → R 1

BDÄ
Bundesvereinigung Deutscher Ärzteverbände e.V. → S 40

bdao
Bundesverband Deutscher Augenoptiker → G 123

BDAT
Bund Deutscher Amateurtheater e.V. → O 35

BDB
Bund Deutscher Baumeister, Architekten und Ingenieure e.V. → S 846, s 891

BDB
Bund Deutscher Baumschulen → Q 102

BDB
Bund Deutscher Buchkünstler e.V. → S 1 174

BDB
Bundesverband Deutsche Beton- und Fertigteilindustrie e.V. → F 865

BDB
Bundesverband Deutscher Baustoff-Fachhandel e.V. → H 25

BDB
Bundesvereinigung Deutscher Betriebswirte e.V. → S 748

BDB
Bundesvereinigung Deutscher Bibliotheksverbände e.V. → T 969

BDBA
Bundesverband Deutscher Berufsausbilder e.V. → R 846

BDBI
Bund deutscher Buchbinder-Innungen → G 240

BdBV
Bundesvereinigung der Berufskraftfahrer-Verbände e.V. → R 476

BDC
Bund deutscher Champignon- und Kulturpilzanbauer (BDC) e.V. → Q 120

BDD
Bundesverband der Dienstleistungsunternehmen e.V. → H 772

BDD
Bundesverband Deutscher Detektive e.V. → O 690

BDDP
Berufsverband Deutscher Diplom-Pädagogen und Diplom-Pädagoginnen e.V. → R 866

BdE
Bund für drogenfreie Erziehung e.V. → U 1 614, u 1 944

BDE
Bundesverband der Deutschen Entsorgungswirtschaft e.V. → f 26, R 195

BDEx
Bundesverband des Deutschen Exporthandels e.V. → H 40

BDF
Bund Deutscher Forstleute → R 662

BdF
Bund deutscher Friedhofsgärtner → Q 132

BDF
Bundesverband Deutscher Fertigbau e.V. → F 91, f 562

BDF
Bundesverband Deutscher Fleischrinderzüchter und -halter e.V. → Q 240

BDFA
Bund Deutscher Film- und Video-Amateure e.V. → O 226

BDFR
Bund Deutscher Finanzrichter → R 807

BDFWT
Bund Deutscher Feuerwerker und Wehrtechniker e.V. → S 1 451

BDG
Berufsverband Deutscher Geowissenschaftler e.V. → T 1 126

BDG
Bund Deutscher Grafik-Designer e.V. → s 1 214, S 1 221

BDG
Bundesverband Deutscher Gartenfreunde e.V. → Q 162, u 2 729

BDGL
Bundesverband der Diplom-Ingenieure Gartenbau und Landespflege e.V. → S 1 545

BDGS
Bundesverband Deutscher Grundstückssachverständiger e.V. → S 1 092

BDGW
Bundesvereinigung Deutscher Geld- und Wertdienste e.V. → R 181

BDH
BDH Bundesverband für Rehabilitation und Interessenvertretung Behinderter e.V. → U 1 636

BDH
BUND DEUTSCHER HEBAMMEN e.V. → S 85

BDH
Bund Deutscher Heilpraktiker e.V. → S 389

BDH
Bundesverband der Deutschen Heizungsindustrie e.V. → f 1 018, F 1 026

BDH
Bundesvereinigung Deutscher Handelsverbände → H 1

BDI
Berufsverband Deutscher Internisten e.V. → S 135

BDI
Bundesverband der Deutschen Industrie e.V. → F 1

BDIA
Bund Deutscher Innenarchitekten e.V. → S 877

BDIH
Bundesverband Deutscher Industrie- und Handelsunternehmen für Arzneimittel, Reformwaren, Nahrungsergänzungsmittel und Körperpflegemittel e.V. → F 223

BDIU
Bundesverband Deutscher Inkasso-Unternehmen e.V. → O 629

BDIVWA
Bund der Diplom-Inhaber der Verwaltungs- und Wirtschafts-Akademien-Bundesverband e.V. → S 783

BDK
Bund Deutscher Klavierbauer e.V. → G 482

BDK
Bund Deutscher Kriminalbeamter → R 809

BDK
Bund Deutscher Kriminalbeamter Büro Bonn → r 810

BDK
Bund Deutscher Kunsterzieher e.V. → U 2 793

BDK
Bundesverband Deutscher Kornbrenner e.V. → F 455, Q 163

BDK
Bundesverband Deutscher Kosmetikerinnen e.V. → G 450

BDK
Bundesverband Deutscher Kunstversteigerer e.V. → H 771

BDK
Bundesvereinigung der Deutschen Kartoffelwirtschaft → T 2 576

BDKA
Bundesverband des Deutschen Kunst- & Antiquitätenhandels e.V. → H 610

BdKEP
BdKEP Bundesverband der Kurier-Express-Post-Dienste e.V. → M 124

BdkF
Bund der kinderreichen Familien e.V. → U 1 277

BDKJ
Bund der Deutschen Katholischen Jugend → U 1 479

BdKJ
Bund diabetischer Kinder und Jugendlicher e.V. → T 2 757

BDKK
Bund Deutscher Kriegsopfer, Körperbehinderter u. Sozialrentner e.V. → U 1 032

BDL
Bund der Deutschen Landjugend im Deutschen Bauernverband e.V. → Q 165

BDL
Bundesverband der Lohnsteuerhilfevereine e.V. → S 679

BDL
Bundesverband des Lohngewerbes e.V. → F 1 003

BDL
Bundesverband Deutscher Leasing-Gesellschaften e.V. → O 703

BDLA
Bund Deutscher LandschaftsArchitekten e.V. → S 863, u 2 726

BDLI
Bundesverband der Deutschen Luft- und Raumfahrtindustrie e.V. → f 39, F 628

BDLV
Bund Deutscher Lohnsteuerzahlerverbände e.V. → U 907

BdN
Bund deutscher Nordschleswiger → U 989

BDO
Bund Deutscher Oenologen e.V. → S 1 051

BDO
Bundesverband der Organtransplantierten e.V. → T 2 958

BDO
Bundesverband Deutscher Omnibusunternehmer e.V. → M 60

BDP
Berufsverband Deutscher Psychologinnen und Psychologen e.V., Bonn → S 1 506

BDP
Bund Deutscher Pfadfinder/innen e.V. → U 1 480

BdP
Bundesverband der Pneumologen (Ärzte für Lungen- und Bronchialheilkunde) Dachverband der Landesverbände der Pneumologen Deutschlands → S 169

BDP
Bundesverband Deutscher Pflanzenzüchter e.V. → Q 204

BDR
Berufsverband der Deutschen Radiologen e.V. → S 228

BDR
Bund Deutscher Rechtspfleger e.V. → R 800, S 596

BDR
Bundesverband Deutscher Rechtsbeistände e.V. → S 576

BDRG
Bund Deutscher Rassegeflügelzüchter e.V. → Q 237

BDS
Berufsverband Deutscher Soziologen e.V. → S 1 117

BDS
Bund Deutscher Schauwerbegestalter/ Merchandiser e.V. → O 585

BDS
Bund Deutscher Schiedsmänner und Schiedsfrauen e.V. → U 761

BDS
Bundesarbeitsgemeinschaft Deutscher Spielotheken e.V. → U 2 761

BDS
BUNDESVERBAND DEUTSCHER STAHLHANDEL → H 151

BDS/DGV
Bundesverband der Selbständigen Deutscher Gewerbeverband e.V. → U 805

BDSF
Bundesverband Deutscher Sachverständiger und Fachgutachter e.V. → S 1 090

BDSI
Bundesverband der Deutschen Süßwarenindustrie e.V. - BDSI → F 483, r 142

BdSI
Bundesverband unabhängiger deutscher Sicherheitsberater und -Ingenieure e.V. → S 998

BDSP
Bundesverband Deutscher Samenkaufleute und Pflanzenzüchter e.V. → Q 210

BdSt
Bund der Steuerzahler → U 890

BDSU
Bundesverband Deutscher Studentischer Unternehmensberatungen e.V. → S 707

BDSV
BDSV - Bundesvereinigung Deutscher Stahlrecycling- und Entsorgungsunternehmen → H 300

BDT
Bundesverband deutscher Discotheken und Tanzbetriebe e.V. → N 27

BDTA
Bundesverband Deutscher Tabakwaren-Großhändler und Automatenaufsteller e.V. → H 101

BDÜ
Bundesverband der Dolmetscher und Übersetzer e.V. → S 1 399

BdV
Bund der Vertriebenen - Vereinigte Landsmannschaften und Landesverbände e.V. → U 968

BDV
Bundesverband Deutscher Verpflegungs- und Vending-Unternehmen e.V. → F 502

bdvb
Bundesverband Deutscher Volks- und Betriebswirte e.V. → S 749

BDVI
Bund der Öffentlich bestellten Vermessungsingenieure e.V. → S 1 019

BDVI
Bund Deutscher Verpackungsingenieure e.V. → S 971

BDVM
Bundesverband Deutscher Versicherungsmakler e.V. → K 34

BDVR
Bund Deutscher Verwaltungsrichter und Verwaltungsrichterinnen → S 568

BDVT
Berufsverband Deutscher Verkaufsförderer und Trainer e.V. → S 744

BdWi
Bund demokratischer Wissenschaftlerinnen und Wissenschaftler → T 2 220

BDWS
Bundesverband Deutscher Wach- und Sicherheitsunternehmen Wirtschafts- und Arbeitgeberverband e. V. → R 167

BDWV
Bundesfachvereinigung Deutscher Werbemittelverteiler e.V. → O 542

BDZ
Bund der Deutschen Zollbeamten - Gewerkschaft Zoll und Finanzen -im Deutschen Beamtenbund → R 616

BDZ
Bund Deutscher Zupfmusiker → O 115

BDZ
Bundesverband der Deutschen Zementindustrie e.V. → F 939

BdZ
Bundesverband der Zigarrenindustrie e.V. → F 1 053

BDZV
Bundesverband Deutscher Zeitungsverleger e.V. → O 449, R 186

BEE
Bundesverband Erneuerbare Energie → L 19

BEJ
Bundesarbeitsgemeinschaft Evangelischer Jugendferiendienste e.V. → N 61

BER
BER Bundeselternrat → U 1 176

bespo
Fachverband Berufs-, Sport- und Freizeitbekleidungsindustrie e.V. → f 107

BF
Bundesverband Flachglas Großhandel, Isolierglasherstellung, Veredlung e.V. → H 133

BFA
Bundesverband Fahrzeugaufbereitung e.V. → G 287

bfai
Bundesstelle für Außenhandelsinformation → A 353

BfArM
Bundesinstitut für Arzneimittel und Medizinprodukte → A 215

BFB
Bundesverband der Freien Berufe → S 1

B.F.B.M.
Bundesverband der Frau im freien Beruf und Management e.V. → S 21

BfD
Bundesberufsverband der Fachkosmetiker(innen) in Deutschland e.V. → S 80

BFE
Bundesforschungsanstalt für Ernährung → A 155

BFF
Bund der Freunde und Förderer junger Architekten e.V. → S 844

BFF
Bundesfachverband Fleisch e.V. → H 185

BFGD
Bund Freireligiöser Gemeinden Deutschlands K.d.ö.R. → u 2 426, U 2 436

BFH
Bundesvereinigung der Fachverbände des Deutschen Handwerks → G 5

BFHD
Bund freiberuflicher Hebammen Deutschlands e.V. → S 102

BFI
Bundesverband der Finanzintermediäre an den deutschen Wertpapierbörsen → H 755

BfN
Bundesamt für Naturschutz → A 302

BFP
Bundesverband Finanz-Planer e.V. → S 727

BfPP
Bundesvereinigung fliegendes Personal der Polizei e.V. → R 637

BfS
Bürgerbund faires Scheidungsrecht e.V. → U 1 612

BFS
Bund zur Förderung Sehbehinderter e.V. → T 3 011

BFS
Bundesverband der Filialbetriebe und Selbstbedienungs-Warenhäuser e.V. → H 548

B.F.S.
Bundesverband Filmschnitt Cutter e.V. → O 198

BFSI
Bundesverband freiberuflicher Sicherheitsingenieure und überbetrieblicher Dienste e.V. → S 996

bft
Bundesverband Freier Tankstellen und Unabhängiger Deutscher Mineralölhändler e.V. → H 649

BfT
Bundesverband für Tiergesundheit e.V. → Q 580

bfub
Bundesverband für Umweltberatung e.V. → S 1 095

BfV
Bundesverband firmenverbundener Versicherungsvermittler- und gesellschaften e.V. → K 32

BFW
Bundesfachverband Wohnungsverwalter e.V. → U 501

BFW
Bundesverband Freier Wohnungsunternehmen e.V. → u 424, U 438

bga
bga Beratungsstelle für Gußasphaltanwendung e.V. → U 11

BGA
Bundesverband des Deutschen Groß- und Außenhandels → H 2

BGDP
Bundesverband des Großhandels mit Dünge- und Pflanzenbehandlungsmitteln e.V. → H 37, h 73, h 624, h 628

BGI
Verband des Deutschen Blumen-Groß- und Importhandels e.V. → H 33

BGL
Bundesverband Garten-, Landschafts- und Sportplatzbau e.V. → Q 137

BGR
Bundesanstalt für Geowissenschaften und Rohstoffe → A 354, t 2 069

BGR
Bundesarbeitsgemeinschaft Gentechnologie und Recht → T 2 553

BGR
DGMK-Bezirksgruppe Hannover Bundesanstalt für Geowissenschaften und Rohstoffe → t 1 299

BGT
Bottroper Gründer- und Technologie-Zentrum GmbH → U 144

BGV
Bund Deutscher Geschäftsführer und Vorstandsmitglieder e.V. → S 1 526

bgv
Bundesgrenzschutz-Verband -Gewerkschaft der Polizei des Bundes → R 636

BgVV
Bundesinstitut für gesundheitlichen Verbraucherschutz und Veterinärmedizin → A 214

BGW
Bundesverband der deutschen Gas- und Wasserwirtschaft e.V. → L 41

BGW Landesgruppe Nordost
BGW/DVGW-Landesgruppen Nord → I 45

BGZ
Berufsgenossenschaftliche Zentrale für Sicherheit und Gesundheit → K 242

BgZ
Bund gegen das Zwangsmitrauchen e.V. → U 707

BHB
Bundesverband Deutscher Heimwerker-, Bau- und Gartenfachmärkte e.V. → H 666

BHE
Bundesverband der Hersteller und Errichterfirmen v. Sicherheitssystemen e.V. → F 692

bhf
Berufsverband hauswirtschaftlicher Fach- und Führungskräfte e.V. → S 1 501

BHKS
Bundesindustrieverband Heizungs-, Klima-, Sanitärtechnik/Technische Gebäudesysteme e.V. → f 1 019, F 1 034

BHP
Berufsverband der Heilpädagogen e.V. → S 426

BHSA
Bundesarbeitsgemeinschaft Hörbehinderter Studenten und Absolventen e.V. → T 2 913, t 3 054

BHU
Bund Heimat und Umwelt in Deutschland → U 945

BHV
Bundesverband der Hygieneinspektoren e.V. → S 230

BIB
Berufsverband Information Bibliothek e.V. → R 482

b.i.b.
Bildungszentrum für informationsverarbeitende Berufe e.V. → T 3 682

BiBB
Bundesinstitut für Berufsbildung → A 141, t 2 364

BIC Leipzig GmbH
BIC Gesellschaft für Innovations- und Technologietransfer Leipzig mbH → U 195

BID
Bund Internationaler Detektive e.V.® → O 689

BIEK
Bundesverband internationaler Express- und Kurierdienste e.V. → M 122

bifego
Betriebswirtschaftliches Institut für empirische Gründungs- und Organisationsforschung e.V. → T 2 514

BIG
Bund der Ingenieure des Gartenbaues und der Landespflege e.V. → Q 127, s 896, S 969

B.I.K.
Bundesverband der Internationalen KONTAKT-Gruppen e.V. → U 1 562

B.I.L.D.
Gesellschaft für übernationale Zusammenarbeit e.V. (G.ü.Z.) Bureau International de Liaison et de Documentation → E 466

BIM
Steinbeis-Transferzentrum Betriebliches Informations-Management → t 1 454

BIngK
Bundesingenieurkammer e.V. → S 942

BIP
Bildungswerk Papier → T 4 161

BISD
Bundesarbeitsgemeinschaft Internationale Soziale Dienste e.V. → U 1 420

BIT
Beratungszentrum Informations-Technik → U 36

BITKOM
BITKOM Bundesverband Informationswirtschaft, Telekommunikation und neue Medien e.V. → f 35, F 372

BITÖK
Bayreuther Institut für Terrestrische Ökosystemforschung → T 2 655

BIV
Bundesinnungsverband des Deutschen Kälteanlagenbauerhandwerks → G 525

BIV
Bundesinnungsverband des Gebäudereiniger-Handwerks → G 331

BIV
Bundesinnungsverband für Orthopädie-Technik → G 586

BIVA
Bundesinteressenvertretung der Altenheimbewohner e.V. → U 888

BIZ
Deutsches Buchinformationszentrum Bukarest → O 436

BJU
Bundesverband Junger Unternehmer der Arbeitsgemeinschaft Selbständiger Unternehmer e.V. → R 196

BK
Bundeskanzleramt → A 4

BKB
Baukammer Berlin Körperschaft des öffentlichen Rechts → S 946

bke
Bundeskonferenz für Erziehungsberatung e.V. → U 1 444

BKG
Bundesamt für Kartographie und Geodäsie → A 249

BKG
Bundesverband Kunstgewerbe Geschenkartikel und Wohndesign e.V. → G 468

BKJ
Bundesvereinigung Kulturelle Jugendbildung e.V. → U 1 560, u 2 730

BKK
Berufsverband Kinderkrankenpflege Deutschland e.V. → S 439

BKK®
Bundesverband der Betriebskrankenkassen (Bundesgebiet) → K 134

BKM
Beauftragter der Bundesregierung für Angelegenheiten der Kultur und der Medien → A 103

BKMF
Bundesverband Kleinwüchsige Menschen und ihre Familien e.V. → T 2 975

BKR
Bundesverband Keramische Rohstoffe e.V. → f 137, F 888

BKS
BKS - Bundesverband eigenständiger Rettungsdienste e.V. → U 1 922

BKTex
Bundesverband Konfektion Technischer Textilien e.V. → F 983

BKU
Bund Katholischer Unternehmer e.V. → R 238

BLAC
Bund/Länder-Ausschuß Chemikaliensicherheit → T 988

BLBS
Bundesverband der Lehrerinnen und Lehrer an beruflichen Schulen Landesverband Baden-Württemberg e.V. → r 783

BLC
Bundesverband der Lebensmittelchemiker/innen im öffentlichen Dienst e.V. → S 1 059

BLE
Bundesanstalt für Landwirtschaft und Ernährung → A 170

BLG
Bundesverband der gemeinnützigen Landgesellschaften → T 2 598

BLHV
Badischer Landwirtschaftlicher Hauptverband e.V. → q 5

BLK
Bundesverband der Hersteller von löslichem Kaffee e.V. → F 421

BLK
Bund-Länder-Kommission für Bildungsplanung und Forschungsförderung → A 101

BLL
Bund für Lebensmittelrecht und Lebensmittelkunde e.V. → T 2 560

BLM
Bayerische Landeszentrale für neue Medien → O 363

BLN
Berliner Landesarbeitsgemeinschaft Naturschutz e.V. → Q 348

BLU
Bundesverband Lohnunternehmen (BLU) e.V. → Q 87

BLZ
Bundesverband Leichtbetonzuschlag-Industrie e.V. → F 886

BMA
Bundesministerium für Arbeit und Sozialordnung → A 20

bmb+f
Bundesministerium für Bildung und Forschung → A 29

BME
Bundesverband Materialwirtschaft, Einkauf und Logistik e.V. → H 682

BMF
Bundesministerium der Finanzen → A 14

BMF
Bundesverband Mittelständischer Unternehmen und der Freien Berufe e.V. → R 192

BMFD
Bundesverband der Militärischen Flugsicherung Deutschlands → U 859

BMFSFJ
Bundesministerium für Familie, Senioren, Frauen und Jugend → A 23

BMG
Bundesministerium für Gesundheit → A 25

BMI
Bundesministerium des Innern → A 10

BMJ
Bundesministerium der Justiz → A 12

BMM
Bundesverband Material-Management e.V. → T 4 006

BMPT
Bundesverband der Mehrwertdienste-, Post- und Telekommunikationsnutzer Deutschland e.V. → U 772

BMR
Bundesverband der Maschinenringe e.V. → Q 85

BMU
Bundesministerium für Umwelt, Naturschutz und Reaktorsicherheit → A 33

BMVBW
Bundesministerium für Verkehr, Bau- und Wohnungswesen → A 27

BMVEL
Bundesministerium für Verbraucherschutz, Ernährung und Landwirtschaft → A 18

BMVEL
Bundesministerium für Verbraucherschutz, Ernährung und Landwirtschaft Dienstsitz Berlin → a 19

BMVg
Bundesministerium der Verteidigung → A 21

BMZ
Bundesministerium für wirtschaftliche Zusammenarbeit und Entwicklung → A 31

BNA
Bundesverband für fachgerechten Natur- und Artenschutz e.V. → Q 399

BND
Bundesnachrichtendienst → A 102

BNE
Bundesverband Neue Erziehung e.V. → U 1 446

BNZ
Bundesverband der naturheilkundlich tätigen Zahnärzte in Deutschland e.V. → S 317

BÖB
Bundesverband öffentlicher Binnenhäfen e.V. → M 233

BÖLA
Bundesverband für ökologisch-biologische Landprodukte e.V. → Q 656

BÖV
Bundesverband Ölfilterverwertung e.V. → H 299

BOK
Bundesverband Offene Kanäle e.V. → T 1 338

BOVB
Bundesverband der Obstverschlußbrenner e.V. → F 480

BOW
Bildungswerk der ostwestfälisch-lippischen Wirtschaft e.V. → T 4 149

BOW
Bundesverband ostdeutsche Wirtschaftsförderung e.V. → U 404

BPA
Bundesverband privater Alten- u. Pflegeheime und ambulanter Dienste e.V. → O 627

BPA
Presse- und Informationsamt der Bundesregierung → A 6

BPE
Bundesverband Psychiatrie-Erfahrener e.V. → T 3 017

BPI
Bundesverband der Pharmazeutischen Industrie e.V. → F 208

BPS
Bau-Prüfverband Südwest e.V. → U 447

BPV
Bundesverband Personalvermittlung e.V. → S 787

BPvL
Berufsverband Prüfer von Luftfahrtgerät e.V. → T 2 130

BRE
Bundesverband Rhythmische Erziehung e.V. → U 1 447

BRE
Fachverband Bauabfallverwertung, Recyclingbaustoffe und Entsorgung Nord e.V. → f 909

breko
(breko Bundesverband der regionalen und lokalen Telekommunikationsgesellschaften e.V. → F 373

BRH
Bund der Ruhestandsbeamten, Rentner und Hinterbliebenen im Deutschen Beamtenbund → R 661

BRIG
Bremerhavener Innovations- und Gründerzentrum (BRIG) GmbH → U 117

bSb
Bundesverband schlüsselfertiges Bauen e.V. → F 93

bSb
Bundesverband Sekretariat und Büromanagement e.V. → R 559

BSBD
Bund der Strafvollzugsbediensteten Deutschlands → R 710

BSD
Bundesverband Sicherungstechnik Deutschland e.V. → G 800

BSDG
Bundesarbeitsgemeinschaft Seelsorgerlich-Diakonischer Gefährdetenhilfe → U 1 927

BSF
Bundesverband Souvenir Festival e.V. → F 786

BSHL Hamburg
Bundesverband der See- und Hafenlotsen e.V. → S 1 112

BSI
Bundesamt für Sicherheit in der Informationstechnik → A 229

BSI
Bundesverband der Deutschen Spirituosen-Industrie und -Importeure e.V. → F 474

BSI
Bundesverband der Deutschen Sportartikelindustrie e.V. → F 832

BSK
Bundesfachgruppe Schwertransporte und Kranarbeiten → m 34, M 36

BSK
Bundesverband Selbsthilfe Körperbehinderter e.V. → T 2 991

BSK
Bundesverband Studentische Kulturarbeit e.V. → U 2 784

BSKZ
Bundesvereinigung sozio-kultureller Zentren e.V. → U 3 023

BSL
Bundesverband Spedition und Logistik e.V. → M 102

BSM
Bundesverband Deutscher Schausteller und Marktkaufleute e.V. → H 773

BSÖ
Bundes-Koordination Studentischer Ökogiearbeit e.V. → Q 472

BSR
Berliner Stadtreinigungsbetriebe Anstalt des öffentlichen Rechts → D 202

BSR
Bundesverband der vereidigten Sachverständigen für Raum und Ausstattung e.V. → S 709

BSV
Bund der Stalinistisch Verfolgten e.V. (BSV) Sachsen → U 1 029

BSVI
Bundesvereinigung der Straßenbau- und Verkehrsingenieure e.V. → S 1 001

bsw
Bundesverband Schwimmbad & Wellness e.V. → F 835

BTB
Bundesverband der Deutschen Transportbetonindustrie e.V. → F 950

BTB
Bundesverband der Tierzucht- und Besamungstechniker e.V. → R 584

BTB
Gewerkschaft Technik und Naturwissenschaft im öffentlichen Dienst im Deutschen Beamtenbund Bund der Technischen Beamten, Angestellten und Arbeiter → R 767

BTE
BTE Gewerkschaft Meß- und Eichwesen im Deutschen Beamtenbund Bund der Technischen Eichbeamten, Angestellten und Arbeiter → R 731

BTE
Bund Technischer Experten e.V. → S 1 069

BTE
Bundesverband des Deutschen Textileinzelhandels e.V. → H 528

BTK
Bundestierärztekammer e.V. → S 319

BTS
Bundesverband Türkischer Studierendenvereine e.V. → E 713

BTW
Bundesverband der Deutschen Tourismuswirtschaft e.V. → N 57

BTWE
Bundesverband des Tabakwaren-Einzelhandels e.V. → H 490

BTZ
BTZ Bremer Touristik-Zentrale Gesellschaft für Marketing und Service GmbH → n 71

BÜV
Bau-Überwachungsverein e.V. → T 2 082

BÜV KSS
Bundesüberwachungsverband Kies, Sand und Splitt e.V. → T 2 084

BÜV M
Bundesüberwachungsverband Mörtel e.V. → T 2 106

BÜV N
Baustoffüberwachungs- und Zertifizierungsverein Nord e.V. (Hamburg/Schleswig-Holstein) → t 2 090, t 2 111, t 2 120

BÜV NO
Baustoffüberwachungs- und Zertifizierungsverband Nord-Ost e.V. → t 2 088, t 2 110, t 2 119

BÜV NW
Baustoffüberwachungsverein NW e.V. → t 2 092, t 2 113, t 2 122

BÜV RB
Bundesüberwachungsverband Recycling-Baustoffe e.V. → T 2 097

BÜV S
Baustoffüberwachungs- und Zertifizierungsverein Sachsen e.V. → t 2 094, t 2 114, t 2 123

BÜV TB
Bundesüberwachungsverband Transportbeton e.V. → T 2 116

BÜV TSA
Baustoffüberwachungs- und Zertifizierungsverein Thüringen und Sachsen-Anhalt e.V. → t 2 095, t 2 115, t 2 124

BÜVZERT BaWü
Baustoffüberwachungs- u. Zertifizierungsverband Baden-Württemberg e.V. Abt. Kies und Sand → t 2 085

BÜVZERT BaWü
Baustoffüberwachungs- und Zertifizierungsverband Baden-Württemberg e.V. → t 2 107, t 2 117

BuFi
Bundesvereinigung des Deutschen Films e.V. → O 153

BUND
Bund für Umwelt und Naturschutz Deutschland e.V. → Q 407

Bundes-SGK
Sozialdemokratische Gemeinschaft für Kommunalpolitik in der Bundesrepublik Deutschland e.V. → D 240

BuPräA
Bundespräsidialamt → A 2

BUS
Betreuungsverbund für Unternehmer und Selbständige e.V. → R 194

buss
Bundesverband für stationäre Suchtkrankenhilfe e.V. ("buss") → T 3 493

BVA
Bahnversicherungsanstalt → K 327

BVA
Berufsverband der Augenärzte Deutschlands e.V. → S 77

BVA
Bundesverband Altöl e.V. → H 298

BVA
Bundesverband der Agrargewerblichen Wirtschaft e.V. → H 66, h 621, h 626

BVAB
Bundesverband Altlasten-Betroffener e.V. → Q 469

BVBC
Bundesverband der Bilanzbuchhalter und Controller e.V. → R 483

BVBK
Bundesverband Brandschutzfachbetriebe und -Kundendienste e.V. → F 293

BVCD
Bundesverband der Campingwirtschaft in Deutschland → N 87

BVD
Europaverband der Selbständigen Bundesverband Deutschland → U 774

BVDA
Bundesverband Deutscher Anzeigenblätter e.V. → O 444

BVDA
Bundesverband Deutscher Apotheker e.V. → S 381

BVDA
Bundesvereinigung Deutscher Autotelefonbesitzer e.V. → U 2 647

BVDG
Bundesverband Deutscher Galerien e.V. → H 617

BVDI
BundesVerband Deutscher Investmentberater e.V. → S 692

BVDM
Bundesverband der Motorradfahrer e.V. → U 2 606

BVDM
Bundesverband der Vorzugsmilcherzeuger und Direktvermarkter von Milch und Milchprodukten → q 319, Q 330

bvdm
Bundesverband Druck und Medien e.V. → f 24, F 230

BVDN
Berufsverband Deutscher Nervenärzte e.V. → T 2 836

BvDP
Bundesverband Deutscher Postdienstleister e.V. → U 773

BVdV
Bauernverband der Vertriebenen e.V. → U 966

BVE
Bundesvereinigung der Deutschen Ernährungsindustrie e.V. → f 28, F 379

BVEA
Bundesverband Evangelischer Arbeitnehmerorganisationen e.V. → R 449

BVF
Bundesverband Deutscher Fruchthandelsunternehmen e.V. → H 157

BVF
Bundesverband Flächenheizungen e.V. → F 517

BVF
Bundesvereinigung gegen Fluglärm e.V. → T 1 256

bvfa
Bundesverband Feuerlöschgeräte und -anlagen e.V. → F 292, f 856

BVFS
Bundesverband Freier Sachverständiger e.V. → S 1 084

BVG
Beratungs- und Verlagsgesellschaft des BDS mbH → h 152

BVGD
Bundesverband der Gästeführer in Deutschland e.V. → N 36

BVH
Bundesverband des Deutschen Versandhandels e.V. → H 677

BVHK
Bundesverband der Hersteller und Importeure von Krafträdern mit Beiwagen e.V. → F 505

BVI
Bundesverband Schnellgastronomie und Imbißbetriebe e.V. → N 34

BVJ
Bundesverband Jugendpresse e.V. → S 1 368

bvk
Bundesverband der bildgestaltenden Kameramänner und -frauen in der Bundesrepublik Deutschland e.V. → R 515

BVK
Bundesverband deutscher Kapitalbeteiligungsgesellschaften e.V. German Venture Capital Association e.V. → I 88

BVK
Bundesverband Deutscher Versicherungskaufleute e.V. → K 22, u 422

bvk
Bundesverband Kamera → R 514

BVK
Bundesverband Kraftwerksnebenprodukte e.V. → O 714

BVK
Bundesverband öffentlich bestellter und vereidigter Kfz-Sachverständiger e.V. → S 1 086

BVKA
Bundesverband krankenhausversorgender Apotheker e.V. → S 384

BVL
Bundesverband des Deutschen Lebensmittelhandels e.V. → H 391

BVL
Bundesverband Legasthenie e.V. → T 2 987

BVM
Berufsverband Deutscher Markt- und Sozialforscher e.V. → S 732

B'VM AG
B'VM Berater- und Service-Gruppe für Verbände und Nonprofit-Organisationen → S 733

BVMB
Bundesvereinigung Mittelständischer Bauunternehmen e.V. → F 89

BVMed
Bundesverband Medizintechnologie e.V. → F 993

BVMI
Berufsverband Medizinischer Informatiker e.V. → S 379

BVMKW
Bundesverband Motorkraftwerke e.V. → T 1 149

BVMW
Bundesverband mittelständische Wirtschaft Unternehmerverband Deutschlands e.V. → R 270

BVO
Berufsverband der Ärzte für Orthopädie e.V. → S 206

BVÖ
Bundesverband Ökologie e.V. → Q 462

BVOG
Bundesverband Energie Umwelt Feuerungen e.V. → F 694, f 1 024

BVPA
Bundesverband der Pressebild-Agenturen und Bildarchive e.V. → O 528

BVPPT
Berufsverband für Beratung, Pädagogik & Psychotherapie → S 442

BVPTA
Bundesverband Pharmazeutisch-technischer Assistenten e.V. → R 583

BVR
Bundesverband der Deutschen Volksbanken und Raiffeisenbanken e.V. → I 72, P 2, u 421

BVR
Bundesverband der Fernseh- und Filmregisseure in Deutschland e.V. → R 513

BvS
Bundesanstalt für vereinigungsbedingte Sonderaufgaben → A 202

BVS
Bundesverband der Stärkekartoffelerzeuger e.V. → F 454

BVS
Bundesverband des Sanitätsfachhandels e.V. → H 457

BVS
Bundesverband des Spielwaren-Einzelhandels e.V. → H 474

BVS
Bundesverband öffentlich bestellter und vereidigter sowie qualifizierter Sachverständiger e.V. → S 693

BVSI
Berufsverband Selbständige in der Informatik e.V. → S 1 114

BVSI
Bundesverband Sargindustrie e.V. → f 571

BVSK
Bundesverband der freiberuflichen und unabhängigen Sachverständigen für das Kraftfahrzeugwesen e.V. → S 1 087

BVSW
Bayerischer Verband für Sicherheit in der Wirtschaft e.V. → u 928

BVT
Bundesverband staatlich geprüfter Techniker e.V. → R 578

BVT
Bundesverband Technik des Einzelhandels e.V. → H 509

BVTA
Bundesverband Telearbeit e.V. → T 1 157

BVU
Bund versicherter Unternehmer e.V. → U 912

BVVN
Bundesverband der Versicherungsnehmer e.V. → K 3

BVZV
Arbeitsgemeinschaft der Verbraucherverbände e.V. → U 1 125

BVZV
Bundesverband der Verbraucherzentralen und Verbraucherverbände - Verbraucherzentrale Bundesverband e.V. → U 1 126

BWA
Bundesverband der Warenautomatenaufsteller e.V. → H 223

BWB
Bundesamt für Wehrtechnik und Beschaffung → A 350

BWE
Bundesverband WindEnergie e.V. → L 39

bwg
Bundesverband der Werbemittel-Berater und Großhändler → O 541

BWI-Bau
Betriebswirtschaftliches Institut der Bauindustrie GmbH → T 899

BWK
Bund der Ingenieure für Wasserwirtschaft, Abfallwirtschaft und Kulturbau e.V. → s 892, S 1 036

BWP
Baden-Württembergische Papierverbände → f 728

BwSW
Bundeswehr-Sozialwerk e.V. → U 1 928

BWV
Berufsbildungswerk der Deutschen Versicherungswirtschaft e.V. → T 3 757

BWV
Bundesverband Werkverkehr und Verlader e.V. → M 80

BWVS
Bundesverband Wassersportwirtschaft e.V. → U 2 558

BZA
Bundesverband Zeitarbeit Personal-Dienstleistungen e.V. → S 786

BZgA
Bundeszentrale für gesundheitliche Aufklärung → A 216

BZP
Deutscher Taxi- und Mietwagenverband e.V. → M 37

BZS
Bundesverwaltungsamt -Zentralstelle für Zivilschutz → a 246

C

caesar
caesar (center of advanced european studies and research) → T 865

CAI
Steinbeis-Transferzentrum Computer Aided Industry → t 1 466

CAMEXA
Deutsch-Mexikanische Industrie- und Handelskammer → E 309

CAS
Steinbeis-Transferzentrum Computergeführte Antriebs- und Steuerungssysteme → t 1 778

CATS
Steinbeis-Transferzentrum Computer Assisted Technical Simulations → t 1 816

CAVENAL
Deutsch-Venezolanische Industrie- und Handelskammer → E 352

CC
Coburger Convent der Landsmannschaften und Turnerschaften an deutschen Hochschulen → U 2 781

C.C.F.A.
Französische Industrie- und Handelskammer in Deutschland Chambre de Commerce et d'Industrie Française en Allemagne → E 271

CC-N
Claims Conference Nachfolgeorganisation → U 1 016

CDG
Carl Duisberg Gesellschaft e.V. → T 3 799

CDH
Centralvereinigung Deutscher Wirtschaftsverbände für Handelsvermittlung und Vertrieb → H 684

CDU
Christlich Demokratische Union - CDU → U 2 114

CFD
Christlicher Friedensdienst e.V. → u 2 695

CFI
Christliche Fachkräfte International e.V. → U 1 405

CGB
Christlicher Gewerkschaftsbund Deutschlands → R 399

CGBCE
Christliche Gewerkschaft Bergbau-Chemie-Energie → R 415

CGD
Christliche Gewerkschaft Deutschlands → R 418

CGDE
Christliche Gewerkschaft Deutscher Eisenbahner → R 425

CGM
Christliche Gewerkschaft Metall → R 414

CGPT
Christliche Gewerkschaft Postservice und Telekommunikation → R 426

CIC
Deutsche Delegation des Internationalen Jagdrates zur Erhaltung des Wildes → Q 585

CIM
Centrum für internationale Migration und Entwicklung → U 2 054

CIS
Christliches Initiativ- und Studienzentrum Dortmund e.V. → u 2 696

CIS
Steinbeis-Transferzentrum Customer Innovative Solutions → t 1 581

CJD
Christliches Jugenddorfwerk Deutschlands e.V. → U 1 399, u 1 414, u 2 732

CompGen
Verein für Computergenealogie e.V. - zur Förderung EDV-gestützter familienkundlicher Forschungen → T 1 348

CSI
Hoffnungszeichen Sign of Hope e.V. → U 2 096

CT
Corps Touristique Vereinigung ausländischer Vertreter für Fremdenverkehr und Eisenbahnen in Deutschland → N 205

CTA
Vereinigung der Seifen-, Parfüm- und Waschmittelfachleute e.V. Fachgruppe Chemisch-technische Anwendungen → f 196

CTJ
Vereinigung der Caravan- und Touristik-Journalisten e.V. → S 1 371

CTOUR
Club der Tourismus-Journalisten Berlin-Brandenburg → S 1 369

C.U.T.
Centrum für Umwelt und Technologie → U 138

CV
Cartellverband der katholischen deutschen Studentenverbindungen → U 1 403

D

DAA
Deutsche Angestellten-Akademie → T 4 157

DAAB
Deutscher Allergie- und Asthmabund e.V. → T 3 116

DAAD
Deutscher Akademischer Austauschdienst → T 3 780

DAB
Dachverband der Ausländerkulturvereine in Bremen e.V. → U 2 819

DAB
Deutscher Akademikerinnenbund e.V. → R 473

DABEI
Deutsche Aktionsgemeinschaft Bildung-Erfindung-Innovation e.V. → T 1 901

DAeC
Deutscher Aero Club e.V. → u 2 470

DÄVT
Deutsche Ärztliche Gesellschaft für Verhaltenstherapie e.V. → T 3 430

DÄZ
Deutsche Ärztegemeinschaft für medizinische Zusammenarbeit e.V. Anerkannte zentrale Beschaffungsstelle für Arzneimittel → S 252

DAF
Deutsch-Arabisches Friedenswerk e.V. → U 2 723

DAfA
Deutsche Akademie für Algesiologie - Institut für schmerztherapeutische Fort- und Weiterbildung → T 3 438

DAFG
Deutsch-Albanische Freundschaftsgesellschaft e.V. → E 382

DAGG
Deutscher Arbeitskreis für Gruppenpsychotherapie und Gruppendynamik → T 2 879

DAG-J
Jugend der Deutschen Angestellten-Gewerkschaft → U 1 500

DAGV
Deutsche Arbeitsgemeinschaft genealogischer Verbände → U 1 174

DAGV
Deutscher Automaten-Großhandels-Verband e.V. → H 23

DAH
Deutsche Medizinische Arbeitsgemeinschaft für Herd- und Regulationsforschung e.V. → T 2 767

DAHW
Deutsches Aussätzigen-Hilfswerk e.V. → T 2 890

DAI
Deutsches Aktieninstitut e.V. → I 141

DAJV
Deutsch-Amerikanische Juristen-Vereinigung e.V. → S 615

DAKfCBNF
Deutscher Arbeitskreis für CB- und Notfunk e.V. → U 3 107

DAL
Deutscher Arbeitsring für Lärmbekämpfung e.V. → T 1 257

DALV
Deutscher Akkordeonlehrer-Verband e.V. → S 1 317

DARC
Deutscher Amateur-Radio-Club e.V. → u 2 733, U 3 108

DAS
Deutscher Allgemeiner Sängerbund e.V. → o 707, U 2 849

DASL
Deutsche Akademie für Städtebau und Landesplanung → T 3 766

DASP
Deutsche Gesellschaft für die afrikanischen Staaten portugiesischer Sprache → E 381

DASt
Deutscher Ausschuß für Stahlbau → t 350, T 1 384

DAtF
Deutsches Atomforum e.V. → T 895

DAV
Deutsche Außenhandels- und Verkehrs-Akademie → T 3 896

DAV
Deutscher Alpenverein e.V. → Q 593, u 2 471

DAV
Deutscher Altphilologen-Verband → R 845

DAV
Deutscher Apothekerverband e.V. → S 360

DAV
Deutscher Arbeitgeber-Verband e.V. → R 16

DAV
Deutscher Arbeitnehmer-Verband → R 454

DAV
Deutscher Asphaltverband e.V. → F 88

DAV
Deutscher Automaten-Verband e.V. → o 640

DAV
DeutscherAnwaltVerein → S 509

DAVVL
Deutscher Ausschuß zur Verhütung von Vogelschlägen im Luftverkehr e.V. → U 865

DAW
Deutsch-Albanische Wirtschaftsgesellschaft e.V. → E 383

DBB
DBB-Beamtenbund und Tarifunion → R 597

DBBF
Deutscher Beamtenbund - Bundesfrauenvertretung - → R 802

DBBJ
Deutsche Beamtenbund-Jugend - Bundesjugendleitung → R 801, U 1 493

DBfK
Deutscher Berufsverband für Pflegeberufe e.V. → R 540

DBG
Deutsche Bodenkundliche Gesellschaft → t 2 646, T 2 693

DBH
DBH - Fachverband für Soziale Arbeit, Strafrecht und Kriminalpolitik → T 3 527, U 1 817

DBH
Deutsche Bewährungshilfe e.V. → S 565

DBJR
Deutscher Bundesjugendring → U 1 456

dbl
Deutscher Bundesverband für Logopädie e.V. → R 957

DBM
Deutsches Bergbau-Museum → U 3 047

DBMB
Deutscher Braumeister- und Malzmeister-Bund (Techn.-wissenschaftl. Vereinigung) e.V. → T 930

DBR
Deutscher Behindertenrat → T 2 891

DBSFS
Deutscher Bundesverband für Steuer-, Finanz- und Sozialpolitik e.V. → T 2 226

DBSH
Deutscher Berufsverband für Sozialarbeit, Sozialpädagogik, Heilpädagogik e.V. → r 431, R 560

DBSV
Deutscher Boots- und Schiffbauer-Verband → G 239

DBT
Deutscher Bundesverband Tanz e.V. → O 69

DBV
Deutscher Bauernverband e.V. → Q 4, q 309, u 2 734

DBV
Deutscher Beton- und Bautechnik-Verein E.V. → t 273, T 906

DBV
Deutscher Bibliotheksverband e.V. → T 952

DBVA
Deutscher Berufsverband für Altenpflege e.V. → S 103

DBVW
Deutscher Bund der verbandlichen Wasserwirtschaft e.V. → L 67

DBwV
Deutscher Bundeswehr-Verband e.V. → R 496

DCB
Deutsch-Chilenischer Bund → E 407

DCC
Deutscher Camping-Club e.V. → O 666

DCCV
Deutsche Morbus Crohn/Colitis ulcerosa Vereinigung Bundesverband für chronisch entzündliche Erkrankungen des Verdauungstraktes e.V. → T 3 075

DCHV
Deutscher Caravan Handels-Verband e.V. → H 507

DCTC
Steinbeis-Transferzentrum Dental Products-Clinical Testing/Certification → t 1 762

DCV
Deutscher Caritasverband e.V. → U 1 745

DCW
Deutsch-Chinesische Wirtschaftsvereinigung e.V. → E 411

DD
Dialysepatienten Deutschlands e.V. → T 3 201

DDA
Dachverband Deutscher Avifaunisten e.V. → Q 512

DDB
Deutscher Diabetiker-Bund e.V. → T 3 143

DDG
Deutsch-Dänische Gesellschaft → E 421

DDG
Deutsche Dermatologische Gesellschaft e.V. Vereinigung deutschsprachiger Dermatologen → T 3 293

DDG
Deutsche Diabetes-Gesellschaft → T 3 294

DDGI
Deutscher Dachverband für Geoinformation → T 378

DDI
Deutsches Diamant Institut, Stiftung → T 834

DDIV
Dachverband Deutscher Immobilienverwalter e.V. → S 1 488

DDO
Deutsche Disc-Jockey Organisation → S 1 429

DDU
Deutsche Diabetes Union e.V. → T 2 755

DDU
Deutsche Discotheken Unternehmer → S 1 428

DDV
Deutscher Dachgärtner Verband e.V. → Q 608

DDV
Deutscher Detektiv-Verband e.V. → O 691

ddv
Deutscher Didacta Verband e.V. → f 560, T 3 769

DDV
Deutscher Direktmarketing Verband e.V. → S 737

DEAE
Deutsche Evangelische Arbeitsgemeinschaft für Erwachsenenbildung e.V. → T 3 952

DEB
Deutscher Esperanto-Bund e.V. → R 859

DEBRIV
Deutscher Braunkohlen-Industrie-Verein e.V. → f 125, R 62

DEDIG
DEDIG Deutsche EC/EDI-Gesellschaft e.V. → T 3 676

DEFIMA
Deutscher Finanzdienstleistungsverband für Finanz- und Vermögensberater, Makler und Mehrfachagenten e.V → S 725

DEG
Deutsche Energie-Gesellschaft e.V. → T 1 049

DEGA
Deutsche Gesellschaft für Akustik e.V. → T 1 044

DEGAM
Deutsche Gesellschaft für Allgemeinmedizin und Familienmedizin e.V. → T 3 281

DeGefest
Deutsche Gesellschaft zur Förderung und Entwicklung des Seminar- und Tagungswesens e.V. → S 1 523

DegeM
Deutsche Gesellschaft für Elektroakustische Musik e.V. → O 73

DEGRO
Deutsche Gesellschaft für Radioonkologie → T 3 390

DEHOGA
Deutscher Hotel- und Gaststättenverband e.V. → N 1

DELAV
Deutscher Laienspielverband → S 1 288

DER
Deutscher Erfinderring e.V., Nürnberg → U 752

DESY
Deutsches Elektronen-Synchrotron → t 72, T 1 004

DEUVET
Bundesverband Deutscher Motorveteranen-Clubs e.V. → U 2 651

DEV
Deutscher Eisenbahn-Verein e.V. → U 3 090

DEV
Deutscher Email Verband e.V. → t 289, T 1 054

DEV
Deutscher Erfinderverband e.V. → U 751

DEVFP
DEVFP Deutscher Verband Financial Planners e.V. → S 728

d-extrakt
Informationsdienst für neuzeitliches Bauen e.V. → F 94

DF
Deutscher Frauenrat → U 1 278

DFA
Allgemeines CB-Funker-Forum/Deutsche Funk Allianz e.V. → U 3 106

DFAM
Deutsche Forschungsgesellschaft für die Anwendung der Mikroelektronik e.V. → t 332, T 1 162

dfb
Demokratischer Frauenbund e.V. → U 1 339

DFG
Deutsche FilmversicherungsGemeinschaft → K 11

DFGS
Deutscher Fachverband für Gehörlosen- und Schwerhörigenpädagogik → t 3 061

DFG-VK
Deutsche Friedensgesellschaft - Vereinigte KriegsdienstgegnerInnen e.V. → U 1 872

DFGWT
Deutsch-Französische Gesellschaft für Wissenschaft und Technologie e.V. → T 1 234

DFJW
Deutsch-Französisches Jugendwerk → U 1 567

DFK
Deutscher Verband für Freikörperkultur e.V. → u 2 537, u 2 744

DFMRS
Deutsche Forschungsvereinigung für Meß-, Regelungs- und Systemtechnik e.V. → t 329

DFMS
Deutscher Fachverband für Meister im Schwimmbad e.V. → S 1 504

DFNV
Deutscher Franchise-Nehmer-Verband e.V. → U 822

DFN-Verein
Deutsches Forschungsnetz Verein zur Förderung eines Deutschen Forschungsnetzes → T 373

DFO
Deutsche Forschungsgesellschaft für Oberflächenbehandlung e.V. → t 335, T 925

DFS
Deutscher Fachverband Solarenergie e.V. → F 838

DFÜ
Deutscher Freiwilligendienst in Übersee e.V. → U 2 070

DFV
Deutsche Flugdienstberater Vereinigung e.V. → M 250

DFV
Deutscher Fleischer-Verband e.V. → G 294

DFW
Dachverband Freier Weltanschauungsgemeinschaften e.V. → U 2 425

DfwG
Deutsche farbwissenschaftliche Gesellschaft → T 1 253

DFWR
Deutscher Forstwirtschaftsrat → Q 544

DGAH
Deutsche Gesellschaft für Arbeitshygiene e.V. → T 881

DGAP
Deutsche Gesellschaft für Auswärtige Politik e.V. → T 3 582

DGAR
Deutsche Gesellschaft für Agrarrecht Vereinigung für Agrar- und Umweltrecht e.V. → T 3 515

D.G.A.U.
Deutsche Gesellschaft für Agrar- und Umweltpolitik e.V. → T 2 188

DGB
Deutscher Gewerkschaftsbund → R 294

DGBMT
Deutsche Gesellschaft für Biomedizinische Technik e.V. → T 2 849

DGE
Deutsche Gesellschaft für Endokrinologie → T 3 310

DGE
Deutsche Gesellschaft für Ernährung e.V. → T 2 548

DGEE
OUTWARD BOUND-Deutsche Gesellschaft für Europäische Erziehung e.V. → T 4 174

DGEG
Deutsche Gesellschaft für Eisenbahngeschichte e.V. → U 3 089

DGES
Deutsche Gesellschaft für Elektrische Straßenfahrzeuge e.V. → M 79

DGF
Deutsche Gesellschaft für Fachkrankenpflege e.V. → R 549

DGF
Deutsche Gesellschaft für Freizeit e.V. → U 2 724

DGfA
Deutsche Gesellschaft für Algesiologie - Deutsche Gesellschaft für Schmerzforschung und Schmerztherapie e.V. → T 3 437

DGfA
Deutsche Gesellschaft für Amerikastudien e.V. → E 724

DGFCH
Deutsche Gesellschaft für Chirurgie → T 3 292

DGfG
Deutsche Gesellschaft für Geographie → T 1 112

DGfH
Deutsche Gesellschaft für Holzforschung e.V. → t 309, T 2 724

DGfK
Deutsche Gesellschaft für Kartographie → T 1 091

DGfM
Deutsche Gesellschaft für Mauerwerksbau e.V. → F 90

DGfM
Deutsche Gesellschaft für Mykologie e.V. → T 2 621

DGFP
Deutsche Gesellschaft für Personalführung e.V. → T 2 213, T 3 912

DGfR
Deutsche Gesellschaft für Reiserecht e.V. → T 3 586

DGFWI
Deutsche Gesellschaft der Freunde des Weizmann-Instituts e.V. → E 495

D.G.G.
Deutsche Geologische Gesellschaft → T 1 128

DGG
Deutsche Geophysikalische Gesellschaft e.V. → T 1 132

DGG
Deutsche Gesellschaft für Gesundheitsvorsorge e.V. → T 2 761

DGG
Deutsche Glastechnische Gesellschaft e.V. → T 1 143

DGG
Deutsche Gruppenpsychotherapeutische Gesellschaft e.V. → T 2 765

DGGL
Deutsche Gesellschaft für Gartenkunst und Landschaftskultur e.V. → Q 134

DGGT
Deutsche Gesellschaft für Geotechnik e.V. → T 1 056

DGH
Deutsche Gesellschaft für Hauswirtschaft e.V. → T 2 701

DGH
Deutsche Gesellschaft für Holografie e.V. → U 3 058

DGHM
Deutsche Gesellschaft für Hygiene und Mikrobiologie e.V. → T 3 324

DGHS
Deutsche Gesellschaft für Humanes Sterben (DGHS) e.V. → U 1 929

DGHT
Deutsche Gesellschaft für Herpetologie u. Terrarienkunde -Landesverband Berlin e.V. → Q 491

DGHT
Deutsche Gesellschaft für Herpetologie und Terrarienkunde e.V. → Q 490

DGI
Deutsche Gesellschaft für Immungenetik → T 3 327

DGI
Deutsche Gesellschaft für Informationswissenschaft und Informationspraxis → T 1 918

DGIM
Deutsche Gesellschaft für Innere Medizin e.V. → T 3 329

DGK
Deutsche Geodätische Kommission → T 1 111

DGK
Deutsche Gesellschaft für wissenschaftliche und angewandte Kosmetik e.V. → T 993

DGKK
Deutsche Gesellschaft für Kristallwachstum und Kristallzüchtung e.V. → T 261

DGLR
Deutsche Gesellschaft für Luft- und Raumfahrt - Lilienthal-Oberth e.V. → T 1 269

DGLRM
Deutsche Gesellschaft für Luft- und Raumfahrtmedizin e.V: → T 2 802

DGM
Deutsche Gesellschaft für Materialkunde e.V. → T 1 293

DGMK
Deutsche Wissenschaftliche Gesellschaft für Erdöl, Erdgas und Kohle e.V. → t 290, T 1 295

DGMP
Deutsche Gesellschaft für Medizinische Physik e.V. → T 3 350

DGMP
Deutsche Gesellschaft für Medizinische Psychologie → T 3 351

DGN
Deutsche Gesellschaft für Nuklearmedizin → T 3 367

DGNC
Berufsverband Deutscher Neurochirurgen e.V. → S 173

DGNR
Deutsche Gesellschaft für Neuroradiologie DGNR → T 3 366

DGO
Deutsche Gesellschaft für Galvano- und Oberflächentechnik e.V. → t 296, T 1 077

DGOT
Deutsche Gesellschaft für Orthopädie und Traumatologie → T 3 370

DGP
Deutsche Gesellschaft der Parfümeure in der SEPAWA → f 195

DGP
Deutsche Gesellschaft für Personalwesen e.V. → T 2 214

DGP
Deutsche Gesellschaft für Pflanzenernährung e.V. → T 2 637

DGPF
Deutsche Gesellschaft für Photogrammetrie und Fernerkundung e.V. → T 1 324

DGPFG
Deutsche Gesellschaft für Psychosomatische Frauenheilkunde und Geburtshilfe e.V. → T 3 386

DGPharMed
Deutsche Gesellschaft für Pharmazeutische Medizin e.V. → T 3 375

DGPM
Deutsche Gesellschaft für Psychosomatische Medizin e.V. → T 2 880

DGPM
Deutsche Gesellschaft für Psychotherapeutische Medizin (DGPM) e.V. → T 3 388

DGPPN
Deutsche Gesellschaft für Psychiatrie, Psychotherapie und Nervenheilkunde → T 3 384

DGPs
Deutsche Gesellschaft für Psychologie e.V. → T 2 878

DGPuK
Deutsche Gesellschaft für Publizistik- und Kommunikationswissenschaft → T 3 683

DGQ
Deutsche Gesellschaft für Qualität e.V. → T 1 332, T 2 153

DGQ
Deutsche Gesellschaft für Qualitätsforschung (Pflanzl. Nahrungsmittel) e.V. → T 2 559

DGRI
Deutsche Gesellschaft für Recht und Informatik e.V. → T 884

DGRV
Deutscher Genossenschafts- und Raiffeisenverband e.V. → P 1

DGS
Deutsche Gesellschaft für Sonnenenergie e.V. → T 1 372

DGS
Deutsche Gesellschaft für Soziologie → T 2 234

dgs
Deutsche Gesellschaft für Sprachheilpädagogik e.V. → R 956

DGS
Deutsche Gesellschaft für Stereoskopie e.V. → O 529

DGS
Deutsche Gesellschaft für Suizidprävention → T 3 267

DGSM
Deutsche Gesellschaft für Schlafforschung und Schlafmedizin → T 3 395

DGSP
Deutsche Gesellschaft für Soziale Psychiatrie e.V. → T 2 868

DGSS
Deutsche Gesellschaft für Sozialwissenschaftliche Sexualforschung e.V. → T 3 247

DGSS
Deutsche Gesellschaft für Sprechwissenschaft u. -erziehung e.V. → R 955

DGSS
Deutsche Gesellschaft zum Studium des Schmerzes e.V. → T 3 418

DG-Sucht
Deutsche Gesellschaft für Suchtforschung und Suchttherapie e.V. → T 3 419

DGSv
Deutsche Gesellschaft für Supervision e.V. → T 2 448

DGTA
Deutsche Gesellschaft für Transaktionsanalyse e.V → T 2 884

DGU
Deutsche Gesellschaft für Umwelterziehung e.V. → Q 651

DGU
Deutsche Gesellschaft für Urologie e.V. → T 3 427

DGUHT
Deutsche Gesellschaft für Umwelt- und Humantoxikologie e.V. → Q 636

DGV
Deutsche Gesellschaft für Verbrennungsmedizin → T 3 428

DGV
Deutsche Gesellschaft für Volkstanz e.V. → U 2 854

DGV
Deutsche Graphologische Vereinigung e.V. - Berufsverband gepr. Deutscher Graphologen → S 1 486

DGV
Deutscher Gießereiverband e.V. → f 30, F 520

DGVB
Deutscher Gerichtsvollzieher Bund e.V. im Deutschen Beamtenbund Sitz Berlin → R 711

DGVM
Deutsche Gesellschaft für Verbandsmanagement e.V. → T 3 932

DGVM
Deutsche Gesellschaft für Verhaltensmedizin und Verhaltensmodifikation e.V. → T 3 269

DGVM
Deutsche Gesellschaft für Versicherungsmathematik e.V. → T 2 536

DGVN
Deutsche Gesellschaft für die Vereinten Nationen → E 749

DGVP
Deutsche Gesellschaft für Versicherte und Patienten e.V. → U 705

DGVT
Deutsche Gesellschaft für Verhaltenstherapie e.V. → T 3 268

DGWT
Deutsche Gesellschaft für Warenkunde und Technologie e.V. → T 1 865

DGZ
Deutsche Gesellschaft für Zahnerhaltung e.V. → T 3 272

DGZ
Deutsche Gesellschaft für Zytologie → T 3 435

DGZfP
Deutsche Gesellschaft für Zerstörungsfreie Prüfung e.V. → T 866, t 2 072

DGzRS
Deutsche Gesellschaft zur Rettung Schiffbrüchiger → U 866

DHB
Deutscher Hausfrauen-Bund e.V. → S 1 508, u 1 132

DHG
Deutsche Hämophiliegesellschaft zur Bekämpfung von Blutungskrankheiten e.V. → T 3 068

dhg
dhg - Verband der Familienfrauen und -männer e.V. → R 434

DHI
Deutsches Handwerksinstitut → T 2 334

DHK
Deutsche Hilfe für Kinder von Arbeitslosen e.V. Bundesvereinigung → U 1 610

DHS
Deutsche Hauptstelle gegen die Suchtgefahren e.V. → T 3 489, u 1 856

(DHV)
DHV-Deutscher Handels- und Industrieangestellten-Verband im CGB → r 420, r 432

DIAG
Deutsch-Ibero-Amerikanische Gesellschaft e.V. → E 742

DIB
Deutsche Industrievereinigung Biotechnologie im Verband der Chemischen Industrie e.V → F 173

DIB
Deutscher Imkerbund e.V. → q 236

dib
deutscher ingenieurinnenbund e.V. → S 921

dib
Deutsches Institut für Betriebswirtschaft e.V. → T 2 200

DIBt
Deutsches Institut für Bautechnik → T 1 898

DIE
Deutsches Institut für Entwicklungspolitik gGmbH → U 2 068

D.I.E.T.
Deutsches Institut für Ernährungsmedizin und Diätetik (D.I.E.T.) e.V → T 3 313

DIF
Deutsches Filminstitut → O 178

difu
Deutsches Institut für Unternehmensberatung e.V. → S 688

Difu
Deutsches Institut für Urbanistik → T 2 242

DIG
Deutsch-Israelische Gesellschaft e.V. → E 491

DIGH
Deutsches Institut zum Schutz von geographischen Herkunftsangaben e.V. → U 694

dignitas
Deutsche Interessengemeinschaft für Verkehrsunfallopfer e.V. → U 2 026

DIHT
Deutscher Industrie- und Handelstag → E 2

DIK
Deutsches Institut für Kautschuktechnologie e.V. → T 1 241

DIMDI
Deutsches Institut für medizinische Dokumentation und Information → T 3 276

DIN
DIN Deutsches Institut für Normung e. V. → T 1 306

DIPR
Deutsches Institut für Public Relations e.V. → T 3 925

DIRK
Deutscher Investor Relations Kreis e.V. → I 142

DIS
Deutsche Institution für Schiedsgerichtsbarkeit e.V. → U 763

DITR
Deutsches Informationszentrum für technische Regeln → T 1 308, U 33

DIV
Deutsches Institut für Vormundschaftswesen e.V. → U 1 276

DIVI
Deutsche Interdisziplinäre Vereinigung für Intensiv- und Notfallmedizin → T 3 330

DIVS
Deutsche Interdisziplinäre Vereinigung für Schmerztherapie → T 3 396

DIW Berlin
Deutsches Institut für Wirtschaftsforschung → t 2 270, T 2 310

DJB
Deutscher Juristinnenbund (Vereinigung der Juristinnen, Volkswirtinnen und Betriebswirtinnen) e.V. → S 561

DJF
Deutsche Jazz-Föderation e.V. → O 123

DJF
Deutsche Jugendfeuerwehr → U 1 494

DJG
Deutsche Justiz-Gewerkschaft im Deutschen Beamtenbund → R 699

DJI
Deutsches Jugendinstitut e.V. → t 2 420

DJO
Deutsche Jugend in Europa - Bundesverband e.V. → U 1 495

DJPH
Demokratische Jugendpresse Hamburg o 496

DJRK
Deutsches Jugendrotkreuz → U 1 497

DJV
Deutscher Jagdschutz-Verband e.V. → Q 583

DJV
Deutscher Journalisten-Verband e.V. → S 1 322

DJW
Deutsch-Japanischer-Wirtschaftskreis → E 545

DK Rhein
Deutsche Kommission zur Reinhaltung des Rheins → Q 642

DKB
Deutscher Konditorenbund → G 430

DKE
Deutsche Elektrotechnische Kommission im DIN und VDE → T 1 307

DKF
Dokumentation Kraftfahrwesen e.V. → T 2 025

dkfz
Deutsches Krebsforschungszentrum → t 73

dkfz
Deutsches Krebsforschungszentrum Heidelberg → T 3 450

DKG
Deutsche Kautschuk-Gesellschaft e.V. → t 316, T 1 240

DKG
Deutsche Keramische Gesellschaft e.V. → t 317, T 1 242

DKG
Deutsche Krankenhausgesellschaft → T 3 481

DKI
Deutsche Kommission für Ingenieurausbildung → T 3 914

DKI
Deutsches Kupferinstitut e.V. → U 46

DKKV
Deutsches Komitee für Katastrophenvorsorge e.V. → Q 356

DKPM
Deutsches Kollegium für Psychosomatische Medizin e.V. → T 3 387

DKSB
Deutscher Kinderschutzbund Bundesverband e.V. → U 1 577

DKV
Deutscher Kälte- und Klimatechnischer Verein e.V. → T 1 237

DL
Deutscher Lehrerverband → R 838

DLG
Deutsche Landwirtschafts-Gesellschaft e.V. → Q 3, q 316, U 621

DLKG
Deutsche Landeskulturgesellschaft → T 2 696

DLLR
Deutsche Liga für Luft- und Raumfahrt e.V. → M 263

DLM
Direktorenkonferenz der Landesmedienanstalten in der Bundesrepublik Deutschland → O 378

DLRG-J
DLRG-Jugend → U 1 501

DLV
Deutscher Landfrauenverband e.V. → Q 164

DMB
Deutscher Mieterbund e.V. → U 871, u 1 133

DMB
Deutscher Mittelstands-Bund → R 271

DMB
Deutscher Museumsbund e.V. → U 3 030

DMFV
Deutscher Modellflieger Verband e.V. → U 3 111

DMG
Deutsche Maschinentechnische Gesellschaft → S 1 017

DMG
Deutsche Meteorologische Gesellschaft e.V. → T 1 294

DMG
Deutsch-Maltesische Gesellschaft e.V. → E 561

DMI
Deutsches Mode-Institut e.V. Düsseldorf-Frankfurt-Berlin → U 40

DMSB
DMSB - Deutscher Motor Sport Bund e.V. → u 2 503, U 2 603

DMT e.V.
Deutsche Montan Technologie für Rohstoff, Energie, Umwelt e.V. → T 900

DMV
Deutsche Mathematiker Vereinigung e.V. → T 1 942

DMV
Deutscher Mannequin- und Fotomodell-Verband e.V. → U 2 779

DMV
Deutscher Marketing-Verband e.V. → S 736

DMV
Deutscher Markscheider-Verein e.V. → T 1 284

DMV
Deutscher Motorsport Verband → u 2 506, U 2 602

DMV
Deutscher Musikverleger-Verband e.V. → O 442

DNK
Deutsches Nationales Komitee des Weltenergierates → L 81

DNK
Deutsches National-Komitee für die Welt-Erdöl-Kongresse → T 387

DNV
Deutscher Naturwerkstein-Verband e.V. → F 936

DOB
Verband der Damenoberbekleidungsindustrie e.V. → f 108

DOG
Deutsche Ocularistische Gesellschaft e.V. → S 1 263

DPB
Deutscher Psoriasis Bund e.V. → T 3 183

DPG
Deutsch Pazifische Gesellschaft e.V. → T 3 585

DPG
Deutsche Physikalische Gesellschaft e.V. → T 1 326

DPG
Deutsche Psychoanalytische Gesellschaft e.V. (gegr. 1910) → T 2 875

DPhG
Deutsche Pharmazeutische Gesellschaft e.V. → T 1 323

DPhV
Deutscher Philologenverband e.V. → r 839

DPhV
Deutscher Philologenverband e.V. im DBB → R 660

DPI
Deutsches Polen-Institut → E 653

DPJV
Deutsch-Polnische Juristen Vereinigung e.V. → E 654

DPJW
Deutsch-Polnisches Jugendwerk → E 655

DPolG
Deutsche Polizeigewerkschaft im DBB → R 679

DPRG
Deutsche Public Relations Gesellschaft e.V. → S 738

dPV
Deutsche Parkinson-Vereinigung -Bundesverband- e.V. → T 3 109

DPVKOM
Kommunikationsgewerkschaft DPV im DBB → R 615

DPZ
DGZfP-Personalzertifizierungsstelle → T 2 154

DRA
Stiftung Deutsches Rundfunkarchiv → O 381

DRA
Stiftung Deutsches Rundfunkarchiv (DRA) Standort Frankfurt/Main → o 382

DRK
Deutsches Rotes Kreuz e.V. → U 1 874

DRL
Deutscher Rat für Landespflege → Q 128

DRPR
Deutscher Rat für Public Relations → S 739

DRS
Deutscher Rollstuhl-Sportverband e.V. → U 2 556

DRV
Deutscher Raiffeisenverband e.V. → P 4, Q 2, q 310

DRV
Deutscher Reisebüro und Reiseveranstalter Verband e.V. → N 283

DRV
Deutscher Restauratoren Verband e.V. → S 1 514

DRV
Deutscher Romanistenverband → T 3 753

DSÄB
Deutsche Gesellschaft für Sportmedizin und Prävention (Deutscher Sportärztebund) e.V. → T 3 398, u 2 547

DSB
Deutscher Sängerbund → o 108, U 2 823

DSB
Deutscher Schaustellerbund e.V. → H 793, u 2 738

DSB
Deutscher Schwerhörigenbund e.V. Bundesverband der Schwerhörigen und Ertaubten → T 3 184

DSB
Deutscher Siedlerbund e.V. Gesamtverband für Haus- und Wohneigentum → u 425, U 467

DSB
Deutscher Sportbund → U 2 450, u 2 739

DSE
Deutsche Stiftung für internationale Entwicklung → U 2 042

DSEF
Deutsche Stiftung Edelsteinforschung → T 1 064

DSF
Deutsches Seminar für Fremdenverkehr Berlin e.V. → N 121

DSGV
Deutscher Sparkassen- und Giroverband e.V. → h 622, l 58

DSH
Aktion DAS SICHERE HAUS - Deutsches Kuratorium für Sicherheit in Heim und Freizeit e.V. → U 1 391

DSK
Deutsche Seniorenförderung und Krankenhilfe e.V. → U 1 349

DSK
Deutscher Sportfahrer Kreis e.V. → U 2 604

DSLG
Deutsche Sri Lanka Gesellschaft e.V. → E 692

DSLV
Deutscher Sportlehrerverband e.V. → R 901, u 2 548

DSM
Deutsches Schiffahrtsmuseum → U 3 043

DSSV
Deutscher Sportstudio Verband e.V. → U 2 554, u 2 740

DStB
Deutscher Stenografenbund E. V. → S 1 554

DSTG
Deutsche Steuer-Gewerkschaft → R 642

DStGB
Deutscher Städte- und Gemeindebund → D 33, u 2 742

DStI
Deutsches Steuerberaterinstitut e.V. → s 654

DSTV
Deutscher Stahlbau-Verband DSTV → F 849

DStV
Deutscher Steuerberaterverband e.V. → S 653

DSV
Deutscher Schädlingsbekämpfer-Verband e.V. → Q 560

DSW
Deutscher Schutzverband gegen Wirtschaftskriminalität e.V. Frankfurt/Main → U 766

DSW
Deutsches Sozialwerk (DSW) e.V. → U 1 930

DtA
Deutsche Ausgleichsbank → I 30

DTB
Dialog Textil-Bekleidung → F 992

DTHG
Deutsche Theatertechnische Gesellschaft e.V. → O 58

DTK
Deutsches TalsperrenKomitee → L 82

DTKV
Deutscher Tonkünstlerverband e.V. → S 1 139

DTL
Deutsche Tinnitus-Liga e.V. → T 3 113

DTschB
Deutscher Tierschutzbund e.V. → Q 578

DTSG
Deutsch-Tschechische und -Slowakische Gesellschaft e.V. → E 704

DTSW e.V.
Deutsch-Tschechische und Deutsch-Slowakische Wirtschaftsvereinigung → E 710

DTV
Deutscher Tarifeur-Verein e.V. → S 1 590

DTV
Deutscher Terminhandel Verband e.V. → S 1 568

DTV
Deutscher Textilreinigungs-Verband → G 729

DTV
Deutscher Tourismusverband e.V. → N 64

DUA
Deutsche Umwelt-Aktion e.V. → Q 355

DUD
Deutscher Umweltdienst e.V. → Q 644

DÜ
Dienste in Übersee gGmbH → U 2 071

DÜI
Deutsches Übersee-Institut → T 2 303

DULV
Deutscher Ultraleichtflugverband e.V. → M 273

DUV
Deutscher Unternehmensverband Vermögensberatung e.V. → R 198

DVAG
Deutscher Verband für Angewandte Geographie e.V. → S 1 454

DVB
Deutsche Volksgesundheitsbewegung e.V. → u 1 135

dvb
Deutscher Verband für Berufsberatung e.V. → S 1 417

DVBS
Deutscher Verein der Blinden und Sehbehinderten in Studium und Beruf e.V. → T 3 200

DVCK
Deutsche Vereinigung für eine Christliche Kultur (DVCK) e.V. → U 2 788

DVD
Deutsche Vereinigung für Datenschutz e.V. → U 691

DVFB
Deutscher Vieh- und Fleischhandelsbund e.V. → H 172

DVFG
Deutscher Verband Flüssiggas e.V. → H 52

DVfR
Deutsche Vereinigung für die Rehabilitation Behinderter e.V. → T 2 889

DVFR
Deutscher Verband freiberuflicher Restauratoren e.V. → S 1 510

DVG
Deutsche Vakuum-Gesellschaft e.V. → T 1 238

DVG
Deutsche Vereinigung für Gestalttherapie e.V. → S 440

DVG
Deutsche Verwaltungs-Gewerkschaft → R 712

DVG
Deutscher Verein für Gesundheitspflege e.V. → T 3 469, u 1 946

DVG
DVG Deutsche Verbundgesellschaft e.V. → f 50, L 21

DVI
Deutsches Verpackungsinstitut e.V. → T 1 137

DVJJ
Deutsche Vereinigung für Jugendgerichte und Jugendgerichtshilfen e.V. → S 577

DVK
Deutscher Verband Neutraler Klassifizierungs- und Kontrollunternehmen (DVK) e.V. → T 2 557

DVL
Deutscher Verband für Landschaftspflege e.V. → Q 135

DVLB
Deutscher Verband der Lehrer für Bürokommunikation e.V. → R 958, S 1 416

DVM
Deutscher Verband für Materialforschung und -prüfung e.V. → T 1 287

DVMB
Deutsche Vereinigung Morbus Bechterew e.V. → T 3 114

DVMD
Deutscher Verband Medizinischer Dokumentare e.V. → T 3 275

DVMT
Dachverband für Medizinische Technik → T 1 164

DVO
Deutscher Verband für Oberflächenveredlung e.V. → T 1 078
DVOST
Deutsche Vereinigung für Orthopädische Sporttraumatologie → T 2 839
DVP
Deutscher Verband der Projektsteuerer e.V. → S 977
DVPB
Deutsche Vereinigung für politische Bildung e.V. → T 3 810
DVPT
Deutscher Verband für Post und Telekommunikation e.V. → U 771
DVPW
Deutsche Vereinigung für Politische Wissenschaft → T 2 221
DVR
Deutsche Vereinigung für Raumenergie e.V. → T 1 053
DVR
Deutsche Vereinigung für Religionsfreiheit e.V. → T 3 525
DVR
Deutscher Verkehrssicherheitsrat e.V. → T 3 659
DVS
Deutsche Stiftung für Verbrechensverhütung und Straffälligenhilfe → T 796
DVS
DVS Deutscher Versicherungs-Schutzverband e.V. → U 911
DVS
Forschungsvereinigung Schweißen und verwandte Verfahren e.V. des DVS → t 347
DVSI
Deutscher Verband der Spielwaren-Industrie e.V. → F 831
DVT
Deutscher Verband technisch-wissenschaftlicher Vereine → t 91, T 852
DVT
Deutscher Verband Tiernahrung e.V. → F 413, r 135
dvta
Deutscher Verband Technischer Assistenten in der Medizin e.V. → R 582
DVÜ
Deutscher Verband unabhängiger Überwachungsgesellschaften e.V. für Umweltschutz e.V. → T 2 129
DVV
Deutsche Vereinigung zur Bekämpfung der Viruskrankheiten e.V. → T 2 784
DVV
Deutscher Volkshochschul-Verband e.V. → T 4 103
DVW
Deutsche Verkehrswacht e.V. Gemeinnütziger Verein → T 3 613
DVW
Deutscher Verein für Vermessungswesen e.V. → T 1 845
DVWG
Deutsche Verkehrswissenschaftliche Gesellschaft e.V. → T 3 630
DW
DEUTSCHE WELLE (DW) → O 282
DW
Deutscher Werberat → O 533
DWD
Deutscher Wetterdienst -Zentrale → A 333
DWG
Deutsche Weltwirtschaftliche Gesellschaft e.V. → T 2 246
DWG
Deutsche Werbewissenschaftliche Gesellschaft e.V. → T 2 247
dwif
Deutsches Wirtschaftswissenschaftliches Institut für Fremdenverkehr e.V. an der Universität München → T 2 324
DWJ
Deutsche Waldjugend Bundesverband e.V. → Q 532
DWJ
Deutsche Wanderjugend → U 1 498
DWT
Deutsche Gesellschaft für Wehrtechnik e.V. → T 1 871
DWV
Deutscher Wasserstoff-Verband e.V. → T 1 374
dwv
Deutscher Weinbauverband e.V. → Q 281
DZG
Deutsche Zoologische Gesellschaft → T 2 717

DZI
Deutsches Zentralinstitut für soziale Fragen/DZI (Archiv für Wohlfahrtspflege) → T 2 451
DZI
Deutsches Zigarren-Institut e.V. → F 1 054
DZM
Design Zentrum München → S 1 061
DZT
Deutsche Zentrale für Tourismus e.V. → N 56
DZV
Deutscher Zahntechniker Verband e.V. → R 516
DZVhÄ
Deutscher Zentralverein Homöopathischer Ärzte e.V. → T 2 768
DZzM
Dresdner Zentrum für zeitgenössische Musik → O 128

E

EAiD
Evangelische Akademikerschaft in Deutschland e.V. → U 1 259
EAK
Evangelische Arbeitsgemeinschaft zur Betreuung der Kriegsdienstverweigerer → U 1 864
EBA
Eisenbahn-Bundesamt → A 304
EBB/AEDE
Europäischer Bund für Bildung und Wissenschaft → T 2 353
EBZ
Europäisches Beratungs-Zentrum der Deutschen Wirtschaft → T 2 186
EDBI
Ehemaliges Deutsches Bibliotheksinstitut → T 970
EdDE
EdDE-Entsorgergemeinschaft der Deutschen Entsorgungswirtschaft e.V. → T 2 155
EFAV
Eltern für aktive Vaterschaft e.V. → U 1 177
EFD
Evangelische Frauenarbeit in Deutschland e.V. → U 1 304
EHI
EHI - EuroHandelsinstitut e.V. → T 2 342
E.I.S.
Eis Info Service → U 17
EITI
European Interconnect Technology Initiative e.V. → f 335
EKD
Diakonisches Werk der Evangelischen Kirche in Deutschland e.V. → u 1 136, U 1 820, u 2 331
EKD
Evangelische Kirche in Deutschland → U 2 286
ELSA
Wirtschaftsfördergesellschaft "ELBE-SAALE" e.V. → U 410
EMI
Fraunhofer-Institut für Kurzzeitdynamik EMI Institutsteil Efringen-Kirchen → t 228
EMPA
Eidgenössische Materialprüfungs- und Forschungsanstalt → t 2 051
EMPAS
Institut für Empirische und Angewandte Soziologie → t 2 374
EMW
Evangelisches Missionswerk in Deutschland e.V. → U 1 301, u 2 333
epd
Evangelischer Pressedienst - im Gemeinschaftswerk der Evangelischen Publizistik e.V. - Zentralredaktion - → O 471
EPiD
Evangelischer Posaunendienst in Deutschland e.V. → O 66
ERF
Evangeliums-Rundfunk Deutschland e.V. → O 379
ESB
Evangelischer Sängerbund e.V. → U 2 852
ETG
Energietechnische Gesellschaft im VDE → t 1 008
ETV
Elektrotechnische Vereinigung der Fachhochschule Köln E.V. → s 906

EWB
Euro-Wirtschaftsberatung → U 1 170
EZW
Evangelische Zentralstelle für Weltanschauungsfragen → u 2 336

F

FAH
Forschungsvereinigung der Arzneimittel-Hersteller e.V. → t 269, T 396
FAL
Bundesforschungsanstalt für Landwirtschaft → A 149
FAL
Institut für Marktanalyse und Agrarhandelspolitik der Bundesforschungsanstalt für Landwirtschaft → t 2 277, T 2 588
FAM
Fachausschuss Mineralöl- und Brennstoffnormung → T 1 924
FAMA
Fachverband Messen und Ausstellungen e.V. → o 598
FAMAB
Fachverband Messe- u. Ausstellungsbau e.V. → O 586
FASI
Fachvereinigung Arbeitssicherheit e.V. → T 880
FASPO
Fachverband für Sponsoring & Sonderwerbeformen e.V. → O 543
FAST
Forschungsgemeinschaft für Außenwirtschaft, Struktur- und Technologiepolitik e.V. → T 2 332
FAT
Forschungsvereinigung Automobiltechnik e.V. → t 271
FAW
FACHVERBAND AUSSENWERBUNG E.V. → O 588
FAW
Forschungsinstitut für anwendungsorientierte Wissensverarbeitung → T 850
FBB
Fachvereinigung Bauwerksbegrünung e.V. → T 2 669
FBN
Förderverein Bekleidungsfachschule Naila e.V. → T 3 772
fbr
Fachvereinigung Betriebs- und Regenwassernutzung e.V. → Q 457
FBS
Fachvereinigung Betonrohre und Stahlbetonrohre e.V. im BDB e.V. → f 877, F 881
FBS
Forschungsstelle für Betriebswirtschaft und Sozialpraxis e.V. → T 2 198
FBT
Fachverband der Bierteller-Industrie e.V. → F 784
FBW
Filmbewertungsstelle Wiesbaden → O 196
FDA
Freier Deutscher Autoren-Verband Schutzverband Deutscher Schriftsteller e.V. → S 1 269
FDB
Fachverband Deutscher Berufschorleiter e.V. → S 1 303
FDB
Fachvereinigung Deutscher Betonfertigteilbau e.V. → f 876
FDBR
Fachverband Dampfkessel-, Behälter- und Rohrleitungsbau e.V. → f 853
FDF
Fachverband der Flugsicherung-Deutschland e.V. → U 858
FDH
Fachverband Deutscher Hörgeräte-Akustiker e.V. → G 383
FDK
Fachverband der Krankenpflege e.V. → R 534
FdM
Fachverband der Medienberater e.V. → O 706
FDM
Fachverband des Deutschen Maschinen- und Werkzeug-Großhandels e.V. → H 89
F.D.P.
Freie Demokratische Partei → U 2 200

FDPW
Fachverband Deutscher Präzisions-Werkzeugschleifer e.V. → G 547
FDR
Fachverband Drogen und Rauschmittel e.V. → U 1 950
FDS
Fachverband des Deutschen Schrauben-Großhandels e.V. → H 272
FDTB
Fachverband des Deutschen Tapeten- und Bodenbelaghandels e.V. → H 667
FDTM
Freunde und Förderer des Deutschen Technikmuseums Berlin e.V. → U 3 048
FEH
Fachverband elektro- und informationstechnische Handwerke Hessen → g 272
FEI
Forschungskreis der Ernährungsindustrie e.V. → t 291, T 2 556
FEM
Forschungsinstitut für Edelmetalle und Metallchemie → T 1 922
FEM
Verein für das Forschungsinstitut für Edelmetalle und Metallchemie → t 285
FES
Forschungs- und Entwicklungszentrum Sondermüll (FES) → T 1 867
FEST
Forschungsstätte der Evangelischen Studiengemeinschaft → s 779, u 2 703
FFA
Filmförderungsanstalt → O 190
FFFZ
Film Funk Fernsehen Zentrum der Evangelischen Kirche im Rheinland → O 261
FFI
Fachverband Faltschachtel-Industrie e.V. → f 769
FFTF
Förderkreis für Regional- und Tourismusforschung e.V. Greifswald → T 2 321
FFU
Forschungsstelle für Umweltpolitik → T 2 218
FFW
Fachverband Freier Werbetexter → O 544
FGAN
Forschungsgesellschaft für Angewandte Naturwissenschaften e.V. → T 260
FGH
Forschungsgemeinschaft für Elektrische Anlagen und Stromwirtschaft e.V. → t 308, T 1 152
FGK
Fachinstitut Gebäude-Klima → U 44
FGL
Fördergemeinschaft Gutes Licht → f 361, U 75
FGR
Fachgemeinschaft Guß-Rohrsysteme → F 1 050
FGS
Forschungsgemeinschaft Schleifscheiben → F 884
FGSV
Forschungsgesellschaft für Straßen- und Verkehrswesen e.V. → T 353, T 3 655
FGV
Fichtelgebirgsverein e.V. → N 108
FGW
Fördergesellschaft Windenergie e.V. → T 1 380
FGW
Forschungsgemeinschaft Werkzeuge und Werkstoffe e.V. → t 367, T 1 884
FH
Freie Heilpraktiker e.V. → S 391
FHDW
Fachhochschule der Wirtschaft → T 410
FHDW
Fachhochschule für die Wirtschaft Hannover → T 527
FHH
Fachhochschule Hannover → T 525
FHÖBB
Fachhochschule für das öffentliche Bibliothekswesen Bonn → T 435
FHR
Fachvereinigung Hartpapierwaren und Rundgefäße → f 770
FHVR
Fachhochschule für Verwaltung und Rechtspflege Berlin → T 415
FIA
Forschungsstelle für internationale Agrar- und Wirtschaftsentwicklung e.V. → T 2 586

FIBEPA
Fachverband für imprägnierte und beschichtete Papiere → f 777

FiFa
Bundesverband Finanzdienstleistungen e.V. → S 712

FIFAS
Freiburger Institut für angewandte Sozialwissenschaft e.V. → t 2 382

FIFF
Forum InformatikerInnen für Frieden und Gesellschaftliche Verantwortung e.V. → T 1 358

FIGAWA
Bundesvereinigung der Firmen im Gas- und Wasserfach e.V. → T 1 089

FIW
Forschungsinstitut für Wärmeschutz e.V. München (FIW München) → T 366, T 1 979

FIZ
Fachinformationszentrum Karlsruhe Gesellschaft für wissenschaftlich- technische Information mbH → U 24

FIZ
Forschungsinstitut für Internationale Technische und Wirtschaftliche Zusammenarbeit der Rheinisch-Westfälischen Technischen Hochschule Aachen → T 3 697

FJK
FJK Fördergemeinschaft Junger Kunst e.V. → S 1 178

FKE
Forschungsinstitut für Kinderernährung Dortmund → T 2 562

FKM
Gesellschaft zur freiwilligen Kontrolle von Messe- und Ausstellungszahlen → o 596

FKN
Fachverband Kartonverpackungen für flüssige Nahrungsmittel e.V. → f 781

FKT
Fachvereinigung Krankenhaustechnik e.V. → F 294

FLL
Forschungsgesellschaft Landschaftsentwicklung - Landschaftsbau e.V. → T 2 668

FLT
Forschungsvereinigung für Luft- und Trocknungstechnik e.V. → t 326

FMF
Fachverband Moderne Fremdsprachen → R 904

f.m.p
Fachvereinigung Medizin Produkte e.V. → S 474

FMPA
Forschungs- und Materialprüfungsanstalt Baden-Württemberg → t 2 041

FN
Deutsche Reiterliche Vereinigung e.V. Hauptverband für Zucht und Prüfung deutscher Pferde → q 230, u 2 510, U 2 608

FNL
Fördergemeinschaft Nachhaltige Landwirtschaft → Q 58

FNR
FACHAGENTUR NACHWACHSENDE ROHSTOFFE e.V. → T 2 742

FNT
Forum Innovativer Technologieunternehmen → U 93

FOGI
Forschungsgemeinschaft Industrieofenbau e.V. → T 1 156

FoV
Forschungsvereinigung Leichtbeton e.V. → t 275

FPC
Frankfurter Presse-Club e.V. → O 489

FRF
Fachvereinigung Rohrleitungs-Formstücke e.V. → f 268

FRT
Forschungsgemeinschaft Reinigungs- und Pflegetechnologie e.V. → t 343

FS
Deutsch-Schweiz. Fachverband für Strahlenschutz e.V. → T 1 955

FSA
FSA Fachverband Seile und Anschlagmittel e.V. → H 283

F.S.K.
Fachverband Schaumkunststoffe e.V. → f 602

FSK
Freiwillige Selbstkontrolle der Filmwirtschaft → O 152

FSR
Fachverband Seenot-Rettungsmittel e.V. → F 804

FSR e.V.
Fachinstitut für Schulungen in der Reisebranche e.V. → T 3 779

FST
Freiwillige Selbstkontrolle Telefonmehrwertdienste e.V. → O 716

FSV
Forschungsgesellschaft Stahlverformung e.V. → F 840, t 351

FTB
Forschungsgemeinschaft Transportbeton e.V. → t 355

FTI
Verband Deutscher Flugsicherungs-Techniker und -Ingenieure e.V. → S 974

FTR
Forschungsstelle Textilreinigung e.V. → T 1 976

FUTUR
Forschungs- und Technologietransfer Universität Regensburg → T 1 904

FV
Freie Vereinigung von Fachleuten öffentlicher Verkehrsbetriebe → S 1 113

FVAS
Fachverband Verkehrssicherung an Arbeitsstellen auf Straßen e.V. → T 3 666

F.V.D.H.
Freier Verband Deutscher Heilpraktiker e.V. → S 390

FVL
Fachverband Lichtwerbung e.V. → O 591

FWG
Fachverband Werkzeug-Großhandel e.V. → H 117

FWI
Fachverband Werkzeugindustrie e.V. → f 280

FWI
Führungsakademie der Wohnungs- und Immobilienwirtschaft e.V. → T 3 879

FWSV
Fachverband Wasser- und Schiffahrtsverwaltung im Deutschen Beamtenbund e.V. → R 635

G

GA
Anonyme Spieler → T 3 494

GAA
Gesellschaft für Arzneimittelanwendungsforschung und Arzneimittelepidemiologie → T 3 288

GAA
Gütegemeinschaft Anodisiertes Aluminium e.V. → U 538

GABAL
Gesellschaft zur Förderung anwendungsorientierter Betriebswirtschaft und Aktiver Lehrmethoden in Hochschule und Praxis e.V. → T 2 190

GAD
Gesellschaft gegen Alkohol- und Drogengefahren e.V. → U 1 953

GADA
Gemeinschaft aktiver deutscher Apotheker und Apothekerinnen e.V. → S 380

GAM
Gesellschaft für Alte Musik e.V. → O 93

GAMM
Gesellschaft für Angewandte Mathematik und Mechanik → T 1 943

GAR
GRÜNE/Alternative in den Räten NRW e.V. → D 259

GAV
Gemeinschaftsausschuß Verzinken e.V. → t 364, T 1 860

GAWA
Deutsch-Amerikanische Westerners Vereinigung e.V. German American Westerners Association → E 729

GBA
Gütegemeinschaft Brandschutz im Ausbau e.V. → U 563

GBAA
German Business Aviation Association e.V. → N 285

GBDL
Gesellschaft für Bibliothekswesen und Dokumentation des Landbaues → Q 307

GBF
Deutsch-Britisches Forum → E 480

gbk
Gütegemeinschaft Buskomfort e.V. → U 654

GBM
Gesellschaft für Biochemie und Molekularbiologie e.V. → T 3 290

GbU
Gesellschaft für berufliche Umweltbildung e.V. → Q 369

GBW
Bundesverband Gesundes Bauen und Wohnen e.V. → Q 607

GCB
German Convention Bureau → H 86, N 58

GDA
Gesamtverband der Aluminiumindustrie e.V. → F 697

GdB
Gesellschaft des Bauwesens e.V. → T 2 176

GDBA
Genossenschaft Deutscher Bühnen-Angehöriger → S 1 196

GDBA
Verkehrsgewerkschaft → R 614

gdbm
Gesamtverband des Deutschen Brennstoff- und Mineralölhandels e.V. Berlin → H 587

GDCF
Gesellschaft für Deutsch-Chinesische Freundschaft e.V. → E 416, E 417

GdCh
Gesellschaft Deutscher Chemiker e.V. → T 984

GDD
Gesellschaft für Datenschutz und Datensicherung e.V. → U 690

GDE
Gesamtverband der Ehe- und Partnervermittlungen e.V. → U 1 178

GdE
Gesamtverband des Einzelhandels Land Berlin e.V. → H 313, h 375, h 442

GDE
Gesellschaft für dezentralisierte Energiewirtschaft e.V. → L 26

GdED
TRANSNET Gewerkschaft GdED → R 330

GDI
GDI Gesamtverband Dämmstoffindustrie → f 543, F 613

GDK
Gesamtverband Deutscher Konsumgenossenschaften → P 54

GDL
Gesamtverband Deutscher Lebensmitteltechnologen e.V. → S 1 516

GDL
Gewerkschaft Deutscher Lokomotivführer im Deutschen Beamtenbund → R 617

GDM
Gesamtverband Deutscher Metallgießereien e.V. → F 714

GDM
Gesamtverband Deutscher Musikfachgeschäfte e.V. → H 438

GdP
Gewerkschaft der Polizei → R 377

GDV
G D V Gütegemeinschaft Diät und Vollkost e.V. → U 620

GDV
Gesamtverband der Deutschen Versicherungswirtschaft e.V. → K 1

GdV
Gewerkschaft der Sozialverwaltung im DBB → R 698

GDZ
Gründer- und Dienstleistungszentrum Ahlen → U 139

GEDAG
Gesamtverband Deutscher Angestellten-Gewerkschaften → R 419

GEE
Gesellschaft für Energiewissenschaft und Energiepolitik e.V. → T 1 059

GEFIU
Gesellschaft für Finanzwirtschaft in der Unternehmensführung e.V. → T 2 202

GeK
Gesellschaft für elektronische Kunst e.V. → T 1 342

GeN
Gen-ethisches Netzwerk e.V. → T 2 554

GEOMAR
Forschungszentrum für marine Geowissenschaften der Christian-Albrechts-Universität Kiel → T 379

Gesamtmetall
Gesamtverband der metallindustriellen Arbeitgeberverbände e.V. (Gesamtmetall) → R 103

GESIS
Gesellschaft Sozialwissenschaftlicher Infrastruktureinrichtungen e.V. → T 2 439

GESOMED
Gesellschaft für sozialwissenschaftliche Forschung in der Medizin mbH → t 2 383

GEV
Gemeinschaft Emissionskontrollierte Verlegewerkstoffe e.V. → F 187

GEW
Gewerkschaft Erziehung und Wissenschaft → R 337

GEWISOLA
Gesellschaft für Wirtschafts- und Sozialwissenschaften des Landbaues e.V. → T 2 601

GEZ
Gebühreneinzugszentrale der öffentlich-rechtlichen Rundfunkanstalten in der Bundesrepublik Deutschland → O 411

GfA
Gesellschaft für Arbeitsmethodik e.V. → T 3 768

GFA
Gewerbeförderungsakademie → g 64

GFAV
Gesellschaft zur Förderung Angewandter Verbindungstechnik e.V. → T 1 929

GFB
Gemeinschaft Fachärztlicher Berufsverbände → S 83

GfC
Gesellschaft für Controlling e.V. → T 2 462

GFE
Gesellschaft für Fertigungstechnik und Entwicklung e.V. → T 382

- GFE -
Gesellschaft zur Förderung der Entbürokratisierung e.V. → T 2 211

GfG
Gesellschaft für Geburtsvorbereitung, Familienbildung und Frauengesundheit Bundesverband e.V. → U 1 188

GFG
Großhandelsverband für Floristen- und Gärtnerbedarf e.V. → H 51

GfH
Deutsche Gesellschaft für Humangenetik e.V. → T 3 323

GfIN
Gesellschaft für Instandhaltung e.V. → T 1 317

GFP
Gemeinschaft zur Förderung der privaten deutschen Pflanzenzüchtung e.V. → t 337

GFPF
Gesellschaft zur Förderung pädagogischer Forschung e.V. → T 394

GfS
Gesellschaft für Sicherheitswissenschaft → T 1 370

GFTN
Gesellschaft zur Förderung technischen Nachwuchses Darmstadt e.V. → T 3 923

GftW
Gesellschaft für technische Weiterbildung e.V. → T 3 924

GfürO
Gesellschaft für Organisation e.V. → T 1 316

GFW
Gesellschaft für Wertpapierinteressen e.V. → U 719

GfW
Gesellschaft für Wirtschaftsförderung Iserlohn mbH → U 376

GG
Gesundheitstechnische Gesellschaft e.V. Technisch-wissenschaftliche Vereinigung → T 869

GGA
Institut für Geowissenschaftliche Gemeinschaftsaufgaben → T 2 694

GGB
Gesellschaft für die Geschichte und Bibliographie des Brauwesens e.V. → T 2 582

GGB
Gesellschaft für Gesundheitsberatung → T 2 764

GG+F
Gesellschaft Gesundheit und Forschung e.V. → T 3 466

ggf
Gütegemeinschaft Flächenheizungen und Flächenkühlungen e.V. → U 682

GGMM
Gesamtdeutsche Gesellschaft für manuelle Medizin e.V. → T 2 803

GI
Gesellschaft für Informatik e.V. → T 1 353

GIF
Gütegemeinschaft Instandhaltung Feuerlöschgeräte e.V. → U 661

GIL
Gesellschaft für Informatik in der Land-, Forst- u. Ernährungswirtschaft → T 2 558

GIZ
Betriebsgesellschaft Gründer- und Innovationszentrum Köln mbH → U 162

GKL
Gesellschaft für Kunststoffe im Landbau e.V. → T 1 251

GKV
Gesamtverband kunststoffverarbeitende Industrie e.V. → f 38, F 596

GL
Germanischer Lloyd Aktiengesellschaft → t 2 063

GLB
Gesamtverband der Lehrerinnen und Lehrer an beruflichen Schulen in Hessen e.V. → r 757, r 789

GMA
VDI/VDE-Gesellschaft Mess- und Automatisierungstechnik → t 1 010, T 1 289

GMDS
Deutsche Gesellschaft für Medizinische Informatik, Biometrie und Epidemiologie e.V. (GMDS) → T 3 349

GMK
Gesellschaft für Medienpädagogik und Kommunikationskultur in der Bundesrepublik e.V. → O 260

GML
Gemeinschaft der Milchwirtschaftlichen Landesvereinigungen e.V. → q 311, Q 331

(GMM)
VDE/VDI - Gesellschaft Mikroelektronik, Mikro- und Feinwerktechnik → T 1 163

GMM
VDE/VDI-Gesellschaft Mikroelektronik, Mikro- und Feinwerktechnik → t 1 009

GMP/VMP
Gesellschaft für Musikpädagogik Verband der Musikpädagogen e.V. → O 129

GMVD
Golf Management Verband Deutschland e.V. → S 1 527

GMW
Gesellschaft für Medien in der Wissenschaft e.V. → T 3 738

GNM
Germanisches Nationalmuseum → U 3 042

GÖD
Gewerkschaft Öffentlicher Dienst und Dienstleistungen → r 433

GÖT
Gesellschaft für Ökologische Tierhaltung e.V. → Q 575

GÖW
Gesellschaft für öffentliche Wirtschaft e.V. → T 2 241

gpi
Gesellschaft für Pädagogik und Information e.V. → R 862

GPRA
Gesellschaft Public Relations Agenturen e.V. → S 741

GRE
Güteschutzgemeinschaft Reifenerneuerung → U 647

GRIBS
GRIBS, Gründer-, Innovations- und Beratungszentrum Schweinfurt Betriebs GmbH → U 97

GRM
Gütegemeinschaft für die Reinigung von Metallfassaden e.V. → U 675

GROFOR
Deutscher Verband des Großhandels mit Ölen, Fetten und Ölrohstoffen e.V. → H 230

GRV
Gesellschaft für rationale Verkehrspolitik e.V. → T 3 672

GSFP
Gesellschaft für Sozialwissenschaftliche Forschung und Publizistik mbH → t 2 366

GSG
GESAMTVERBAND SPIELWAREN-IMPORT UND GROSSVERTRIEB E.V. → H 100

GSI
Gesellschaft für Schwerionenforschung mbH → t 75

GSI
Gustav-Stresemann-Institut e.V. → T 3 951

GSK
Gütegemeinschaft Schwerer Korrosionsschutz von Armaturen und Formstücken durch Pulverbeschichtung e.V. → U 679

GSM
Gesellschaft zum Schutz der Meeressäugetiere e.V. → Q 591

GSP
Gesellschaft für Strategische Planung e.V. → T 2 236

GSV
Gesellschaft zur Förderung umweltgerechter Straßen- u. Verkehrsplanung e.V. → T 3 663

GT
Gütegemeinschaft Tankschutz e.V. → U 683

GTB
Gewerbe- und Technologiezentrum Bonn → U 142

GTCC
Deutsch-Thailändische Handelskammer German-Thai Chamber of Commerce → E 345

GTF
Gesellschaft für Tanzforschung e.V. → O 62

GTF
Gesellschaft für Technologiefolgenforschung e.V. → U 101

Gübet
Güteüberwachungsverein von Betonzuschlagstoffen e.V. → T 2 126

GÜBII
Güteüberwachung Beton BII-Baustellen E.V. → T 2 127

GUG
Gesellschaft für Unternehmensgeschichte e.V. → T 4 148

Guide
Bundesverband Ferienfahrschulen e.V. → S 1 450

GUS
Gesellschaft für Umweltsimulation e.V. → T 257

GUVU
Gesellschaft für Ursachenforschung bei Verkehrsunfällen e.V. → T 3 664

GVA
Gesamtverband Autoteile-Handel e.V. → H 24

GVC
Gießener Verein für Wirtschaftsstudien zu China e.V. → E 418

GVG
Gesellschaft für Versicherungswissenschaft und -gestaltung e.V. → T 2 538

GVN
Fachvereinigung Güterkraftverkehr und Entsorgung im Gesamtverband Verkehrsgewerbe Niedersachsen e.V. → m 26, m 169

GVN
Fachvereinigung Möbelspedition im Gesamtverband Verkehrsgewerbe Niedersachsen e.V. → m 171

GVN
Fachvereinigung Omnibus und Touristik im Gesamtverband Verkehrsgewerbe Niedersachsen e.V. → m 172

GVN
Fachvereinigung Spedition und Logistik im Gesamtverband Verkehrsgewerbe Niedersachsen e.V. → m 111, m 170

GVN
Fachvereinigung Taxi und Mietwagen im Gesamtverband Verkehrsgewerbe Niedersachsen e.V. → m 173

GVN
Gesamtverband Verkehrsgewerbe Niedersachsen e.V. → m 49, m 64, m 91, M 168

GVN
Groß- und Außenhandelsverband Niedersachsen e.V. → H 13

GVS
Gesamtverband für Suchtkrankenhilfe im Diakonischen Werk der EKD e.V. → T 3 492, u 1 857

GVS
Großhandelsverband Schreib-, Papierwaren- und Bürobedarf e.V. → H 99

GV-SOLAS
Gesellschaft für Versuchstierkunde/Society for Laboratory Animals Science → T 3 511

GVT
Forschungs-Gesellschaft Verfahrens-Technik e.V. → t 361

GVT
Gesamtverband des Deutschen Textilgroßhandels e.V. → H 110

GVU
Gesellschaft zur Verfolgung von Urheberrechtsverletzungen e.V. → O 200

GVW
Gesellschaft für Verantwortung in der Wissenschaft e.V. → T 854

GWA
Gesamtverband Werbeagenturen → O 539

GWFF
GWFF Gesellschaft zur Wahrnehmung von Film- und Fernsehrechten mbH → O 199

GwG
Gesellschaft für wissenschaftliche Gesprächspsychotherapie e.V. → T 2 760

GWI
Gaswärme-Institut Essen e.V. → t 298

GZM
Internationale Gesellschaft für Ganzheitliche Zahn-Medizin → T 3 273

H

HAB
Hessische Akademie für Bürowirtschaft e.V. → T 3 946

HAG
Hauptarbeitsgemeinschaft des Landmaschinen-Handels und -Handwerks → G 484

HAM
Hamburgische Anstalt für neue Medien → O 367

HDE
Hauptverband des Deutschen Einzelhandels e.V. → H 308, R 77

HDF
Föderation der Volksvereine türkischer Sozialdemokraten → R 537

HDF
Hauptverband Deutscher Filmtheater e.V. → O 175

HDH
Hauptverband der Deutschen Holz und Kunststoffe verarbeitenden Industrie und verwandter Industriezweige e.V. → f 32, F 547, R 94

HDI
HDI Haftpflichtverband der Deutschen Industrie V.a.G. → K 364

HDV
Hoteldirektorenvereinigung Deutschland e.V. → S 1 500

HEA
Fachverband für Energie-Marketing und -Anwendung (HEA) e.V. beim VDEW → L 17, U 20

HFF
Hannoversches Forschungsinstitut für Fertigungsfragen → T 1 926

HGF
Hermann von Helmholtz - Gemeinschaft Deutscher Forschungszentren → T 259

HLB
Hochschullehrerbund e.V., Bundesvereinigung → R 883, s 902

HLBS
Hauptverband der landwirtschaftlichen Buchstellen und Sachverständigen e.V. → Q 65, S 683

HLV
Hauptschul-Lehrer Verband → R 836

HPE
Bundesverband Holzpackmittel, Paletten, Exportverpackung e.V. → f 564

HPI
Heinrich-Pette-Institut für Experimentelle Virologie und Immunologie an der Universität Hamburg → T 1 909

hr
Hessischer Rundfunk → O 289

HRK
Hochschulrektorenkonferenz → T 398

HSFK
Hessische Stiftung Friedens- und Konfliktforschung → U 2 683

HSL
Hessisches Statistisches Landesamt → B 315

HSMA
HSMA Deutschland e.V. Hospitality Sales & Marketing Association → O 572

HTV
Hessischer Textilreinigungs-Verband e.V. → g 734

GVT
Gesamtverband des Deutschen Textilgroßhandels e.V. → H 110

HV des KDFB
Hausfrauenvereinigung des Katholischen Deutschen Frauenbundes e.V. → u 1 139

HVBG
Hauptverband der gewerblichen Berufsgenossenschaften → K 198

HVD
Humanistischer Verband Deutschlands (HVD) e.V. → U 2 786

HVG
Hüttentechnische Vereinigung der Deutschen Glasindustrie e.V. → t 302, T 1 144

HvL
Heimatverdrängtes Landvolk e.V. → U 967

HVS
Handelsverband Sachsen e.V. → H 323, h 351, h 402, h 503

I

IAB
Institut für Arbeitsmarkt- und Berufsforschung der Bundesanstalt für Arbeit → K 361, t 2 297, t 2 425

I.A.C.A.
Vereinigung der unabhängigen freiberuflichen Aktuare e.V. → S 1 578

IADM
Internationale Assoziation deutschsprachiger Medien e.V. → O 705

IAKS
Internationale Vereinigung Sport- und Freizeiteinrichtungen e.V. → U 2 557

IAO
Internationale Arbeitsorganisation → E 759

IAR
Deutsch-Französisches Institut für Automation und Robotik → T 375

IAW
Institut für Angewandte Wirtschaftsforschung → t 2 298

iaw
Institut für angewandte Wirtschaftswissenschaften e.V. → T 2 356

IB
Internationaler Bund - IB Freier Träger der Jugend-, Sozial- und Bildungsarbeit e.V. → U 1 933

IBAW
Interessengemeinschaft biologisch abbaubare Werkstoffe e.V. → F 625

IBF
Institut für Baustoffprüfung und Fußbodenforschung → T 1 897

IBK Darmstadt
Institut für das Bauen mit Kunststoffen e.V. (IBK Darmstadt) → T 1 895

IBU
Industrieverband Blechumformung e.V. → f 250, F 841

ibw
Informationszentrale der Bayerischen Wirtschaft → T 3 829

ICA
Internationale Congress Akademie → O 625

ICOM
Deutsches Nationalkomitee des Internationalen Museumsrates → U 3 099

IDAFLIEG
Interessengemeinschaft Deutscher Akademischer Fliegergruppen e.V. → M 251

IDB
Industrial Development Board for Northern Ireland → E 483

IDFA
Interessengemeinschaft Deutscher Fachmessen und Ausstellungsstädte → o 597

idje
Internationaler Diakonischer Jugendeinsatz der Evangelisch-methodistischen Kirche → u 2 710

IDL
Interessenverband Deutscher Leasing-Unternehmen e.V. → O 704

IDS
Industrieverband Deutscher Schmieden e.V. → f 270

IDS
Informationsstelle Schmiedestück-Verwendung im Industrieverband Deutscher Schmieden → U 38

IDS
Interessenverband Deutscher Schauspieler e.V. → O 220

IDUR
Informationsdienst Umweltrecht e.V. → T 3 519

IDV
Ingenieure der Versorgungstechnik e.V. → S 1 035

IDW
Institut der Wirtschaftsprüfer in Deutschland e.V. → S 630

IDZ
Institut der Deutschen Zahnärzte → S 314

IDZ Berlin
Internationales Design Zentrum Berlin e.V. → S 1 060

IER
Institut für Energiewirtschaft und Rationelle Energieanwendung → L 30

IES
Institut für Entwicklungsplanung und Strukturforschung GmbH → t 2 391

IFA
Internationale-Flug-Ambulanz e.V. Flight-Ambulance-International (Germany) → U 862

IfaA
Institut für angewandte Arbeitswissenschaft e.V. → T 2 193

IfAK
Institut für angewandte Kulturforschung e.V. → T 2 437

IFAM
Fraunhofer-Institut für Fertigungstechnik und Angewandte Materialforschung → t 221

IFAV
Institut für angewandte Verbraucherforschung e.V. → t 2 403, T 2 529, u 1 140

IFBS
Industrieverband zur Förderung des Bauens mit Stahlblech e.V. → F 282

IFC
Institut für Chemie-Information, Pharma, Umwelt, Patente → T 985

IfD
Institut für Demoskopie Allensbach Gesellschaft zum Studium der öffentlichen Meinung mbH → t 2 490

IFF
Institut für Finanzdienstleistungen e.V. → U 767

IfK
Institut für Kybernetik gemeinnütze Forschungs- und Entwicklungsgesellschaft mbH → R 860

IFKA
Institut für Freizeitwissenschaft und Kulturarbeit e.V. → U 2 787

IfKom
Ingenieure für Kommunikation e.V. → S 973

IflS
Institut für ländliche Strukturforschung an der Johann-Wolfgang Goethe-Universität → T 2 597

IfM
Institut für Meereskunde an der Universität Kiel → T 3 463

IFM
Institut zur Förderung von Wissenschaft und Ausbildung im Bereich der Neuen Medien e.V. → T 1 343

IFS
Institut für Schadenverhütung und Schadenforschung der öffentlichen Versicherer e.V. → U 915

IFS
Internationales Fachinstitut für Steuer- und Wirtschaftsrecht e.V. → T 2 344

IFSU
Internationaler Fachverband Show- und Unterhaltungskunst e.V. → O 63

IFUA
Institut für Umwelt-Analyse e.V. → T 2 677

IFW
Institut für Werkzeugforschung und Werkstoffe → T 1 885

IfZ
Institut für Zeitgeschichte → T 3 715

IG BAU
Industriegewerkschaft Bauen-Agrar-Umwelt → R 307, u 429

IG BCE
Industriegewerkschaft Bergbau, Chemie, Energie → R 320

IGA
Industrie-Gemeinschaft Aerosole e.V. → T 997

IGB
Fraunhofer-Institut für Grenzflächen- und Bioverfahrenstechnik → t 242

IGB
Institut für Gewässerökologie und Binnenfischerei → T 1 141

IGBK
Internationale Gesellschaft der Bildenden Künste - Sektion der Bundesrepublik Deutschland - S 1 135

IGD
Fraunhofer-Institut für Graphische Datenverarbeitung IGD → t 209

IGD
Fraunhofer-Institut für Graphische Datenverarbeitung IGD Institutsteil Rostock → t 211

IGdA
Interessengemeinschaft deutschsprachiger Autoren e.V. → S 1 266

IG-DDR
Interessengemeinschaft der DDR-Grundbesitzer e.V. → U 1 019

IGFM
Internationale Gesellschaft für Menschenrechte e.V. → U 938

IGH
Interessengemeinschaft Handweberei-Bundesfachverband e.V. → F 1 000

IGN
Interessengemeinschaft Normung → U 537

IGPC
Interessengemeinschaft Parfümerie-Cosmetik-Unternehmer e.V. → H 671

IGR
Interessengemeinschaft für Rundfunkschutzrechte e.V. → U 750

IGR-NRW
Interessenverein Gemeinnütziger Rundfunk in Nordrhein-Westfalen, Landesverband Gemeinnütziger Rundfunkfördervereine e.V. → O 358

IGUMED
Interdisziplinäre Gesellschaft für Umweltmedizin e.V. → T 2 848

IGZ
Innovations- und Gründerzentrum Magdeburg GmbH → U 200

IGZ Herne
Innovations- und Gründerzentren Herne GmbH → U 154

IHA
Hotelverband Deutschland e.V. → N 26

IHD
Kreditschutzverein für Industrie, Handel und Dienstleistung e.V. → U 733

IHG
Interessengemeinschaft der Holzschutzmittelgeschädigten e.V. → U 1 171

IHI
Internationales Hochschulinstitut Zittau → T 718

IHTK
Internationaler Herstellerverband gegen Tierversuche in der Kosmetik e.V. → Q 588

IIR
Deutsches Institut für Interne Revision e.V. → T 2 313

IK
Informations- und Kommunikationsring der Finanzdienstleister e.V. → T 2 534

IKB
Interdisziplinäre ArbeitsgruppeKabelkommunikation Berlin → T 1 352

IKE
Institut für Kernenergetik und Energiesysteme der Universität Stuttgart → T 1 248

IKF
Institut für Kredit- und Finanzwirtschaft → T 2 535

IKÖ
Institut für Informations- und Kommunikationsökologie e.V. → Q 470

IKS
Innovation & Kreislaufwirtschaft Sachsen e.V. → Q 660

IKTS
Fraunhofer-Institut Keramische Technologien und Sinterwerkstoffe → t 226

IKU
Institut für kommunale Wirtschaft und Umweltplanung → D 192

IKV
Institut für Kunststoffverarbeitung in Industrie und Handwerk an der Rheinisch-Westfl. Techn. Hochschule Aachen → T 1 938, t 2 335

IKW
Industrieverband Körperpflege- und Waschmittel e.V. → F 188

ILCO
Deutsche Ileostomie-Colostomie-Urostomie-Vereinigung e.V. → T 3 071

ILL
Internationale Luftverkehrsliga e.V. (ILL) und International Airtraffic League → U 861

IMA
Information• Medien• Agrar e.V. → Q 122

IMA
Interessengemeinschaft des Münz-Automatengewerbes im Gebiet der Bundesrepublik Deutschland e.V. → O 645

IME
Institut für Management-Entwicklung → T 3 934

IMIE
Steinbeis-Transferzentrum Informationsmärkte und Informations Engineering → t 1 596

IMU
Institut für Marktorientierte Unternehmensführung → T 2 520

INFRANEU
Hauptverband für den Ausbau der Infrastrukturen in den Neuen Bundesländern (INFRA-NEU) e.V. → T 2 440

IngKH
Ingenieurkammer des Landes Hessen → S 1 000

INIFES
Internationales Institut für Empirische Sozialökonomie → t 2 428

inkom
inkom. Bundesvereinigung für innerbetriebliche Kommunikation e.V. → T 3 725

INRIVER
Institut für Betriebswirtschaftliche Risikoforschung und Versicherungswirtschaft → T 2 547

INSTAND
Institut für Standardisierung und Dokumentation im Medizinischen Laboratorium e.V. → t 2 070, T 3 417

IN-UNNA
Innovations- und Technologiezentrum Unna → U 177

INZ
Interessengemeinschaft Nordbayerischer Zeitarbeitunternehmen e.V. → R 276

IOB
Interessengemeinschaft der in der Zone enteigneten Betriebe e.V. → U 944

I.O.G.T.
Deutscher Guttempler-Orden e.V. → U 1 618, u 1 947

IOM
Internationale Organisation für Migration → E 757

IPA
Fraunhofer-Institut für Produktionstechnik und Automatisierung → t 216

IPB
Leibniz-Institut für Pflanzenbiochemie → T 2 551

IPPNW
Deutsche Sektion der Internationalen Ärzte für die Verhütung des Atomkrieges Ärzte in sozialer Verantwortung e.V. → Q 360

IPTS
Landesinstitut Schleswig-Holstein für Praxis und Theorie der Schule Landesmedienzentrum → A 116

IPV
Industrie-Pensions-Verein e.V. Berlin - Varel → K 41

IPV
IPV Industrieverband Papier- und Folienverpackung e.V. → f 766

IQS NRW
Initiative Qualitätssicherung Nordrhein-Westfalen e.V. → D 201

IRC
Innovation Relay Centre Saxony → U 188

IRD
Institut für rationale Unternehmensführung in der Druckindustrie IRD e.V. → T 2 178

IRF
Interessengemeinschaft Rundfunk-Fernempfang e.V. Förderverein für blinde Radiohörer → O 386

ISAS
Institut für Spektrochemie und Angewandte Spektroskopie → T 1 382

ISET
Institut für Solare Energieversorgungstechnik e.V. → T 1 378

ISF
Institut für Sozialwissenschaftliche Forschung e.V. → t 2 421

ISI
Fraunhofer-Institut für Systemtechnik und Innovationsforschung → t 251, t 2 396

ISL
Deutsch-Französisches Forschungsinstitut Saint-Louis → T 1 236

ISL
Institut für Seeverkehrswirtschaft und Logistik → T 3 673

ISL
Interessenvertretung Selbstbestimmt Leben in Deutschland e.V. → U 2 019

ISO
Institut für Sozialforschung und Sozialwirtschaft e.V. → t 2 427

ISO
Institut zur Erforschung sozialer Chancen (Berufsforschungsinstitut) e.V. → t 2 404

ISS
Institut für Sozialarbeit und Sozialpädagogik e.V. → T 2 869

ISUV/VDU
Interessenverband Unterhalt und Familienrecht → U 908

isw
Institut für Strukturpolitik und Wirtschaftsförderung Halle-Leipzig e.V. → T 2 333

ISWA
Institut für Sozial- und Wirtschaftspolitische Ausbildung e.V. Berlin → T 4 004

ISZ
Industrieverband Schreiben, Zeichnen, Kreatives Gestalten e.V. → F 515

ITA
Fraunhofer-Institut für Toxikologie und Aerosolforschung, Pharmakologie und klinische Inhalation → t 248

itff
Informationsstelle für Theater-, Film- und Fernsehwissenschaft → T 3 689

ITG
Informationstechnische Gesellschaft im VDE → t 1 007, T 1 046

ITUT e.V.
Verein zur Förderung des Internationalen Transfers von Umwelttechnologie → T 2 189

ITV
ITV Institut für Textil- und Verfahrenstechnik Denkendorf → T 1 969

ITVA
Ingenieurtechnischer Verband Altlasten e.V. → S 1 050

ITVA
ITVA Deutschland e.V. Forum für Medien & Kommunikation → T 1 864

ITZ
Initiative Tageszeitung e.V. → T 3 918

itz
Verein regionaler Informationstechnik-Zentren e.V. → T 887

IUCT
Fraunhofer-Institut für Umweltchemie und Ökotoxikologie → t 249

IUTA
Institut für Energie- und Umwelttechnik e.V. → T 987

IUZ
Institut für Umwelt- und Zukunftsforschung e.V. → T 2 349

IVD
Interessenverband des Video- und Medien-Fachhandels in Deutschland e.V. → T 1 862

IVF
Industrieverband Friseurbedarf e.V. → F 1 016

IVG
Industrievereinigung Gartenbedarf e.V. → F 518

IVH
INDUSTRIEVERBAND HAMBURG E.V. → F 508

IVH
Industrieverband Hartschaum e.V. → F 228

IVK
Industrieverband Kunststoffbahnen → F 607

IVM
Industrie-Verband Motorrad Deutschland e.V. → F 503

IVPU
Industrieverband Polyurethan-Hartschaum e.V. → F 608

IVS
Industrieverband Stahlverarbeitung e.V. → f 277

IVS
Informatik-Verbund-Stuttgart → T 1 356

IVS
Institut der Versicherungsmathematischen Sachverständigen für Altersversorgung e.V. → K 373

IVW
Informationsgemeinschaft zur Feststellung der Verbreitung von Werbeträgern e.V. → O 535

IW
Institut der deutschen Wirtschaft e.V. → T 2 184, t 2 287, t 2 401

IWG-BONN
Institut für Wirtschaft und Gesellschaft Bonn e.V. → t 2 275, t 2 373

IWH
Institut für Wirtschaftsforschung Halle → t 2 282, T 2 300

IWO
Institut für wirtschaftliche Oelheizung → T 1 311

IWR
Internationales Wirtschaftsforum Regenerative Energien → T 1 062

IWSV
Ingenieurverband Wasser- und Schiffahrtsverwaltung e.V. → s 895

IWT
Steinbeis-Transferzentrum Innovative Werkstoffe Technologien, Nano- und Biotec-Werstoffe → t 1 502

IZA
Forschungsinstitut zur Zukunft der Arbeit → t 2 274, T 2 350

IZB
Informationszentrum Benchmarking → T 256

IZBM
Innovations-Zentrum Berlin Management GmbH → U 99

IZF
Institut für Ziegelforschung Essen e.V. → T 1 984

IZM
Fraunhofer Institut für Zuverlässigkeit und Mikrointegration IZM → t 200

IZM
Fraunhofer-Institut für Zuverlässigkeit und Mikrointegration IZM Qualifikations- und Prüfzentrum für elektronische Baugruppen → t 201

IZT
Institut für Zukunftsstudien und Technologiebewertung Gemeinnützige GmbH → T 2 348

IZW
Informations-Zentrum Weißblech e.V. → U 27

J

JANUN
BUNDjugend Niedersachsen → q 434

JAR
Journalistischer Arbeitsring e.V. → S 1 342

JBN
BUNDjugend Bayern → q 427

JCT
Junior Consulting Team e.V. → T 3 937

JDAV
Jugend des Deutschen Alpenvereins → U 1 502

JD-JL
Bundesverband der Jungdemokraten Junge Linke e.V. → U 1 546

JETRO
Japan External Trade Organization → E 547

JFB
Jüdischer Frauenbund in Deutschland → U 1 394

JFF
Institut für Medienpädagogik in Forschung und Praxis → O 258

JGHF
Johann-Gottfried-Herder-Forschungsrat → T 377

JPC
Jugendpresseclub e.V., Berufsvereinigung der jugendorientierten Fachjournalisten in Presse, Hörfunk und Fernsehen → O 494

JPN
Junge Presse Niedersachsen → o 498

JUH
Johanniter-Unfall-Hilfe e.V. → U 2 030

JW-AWO
Bundesjugendwerk der Arbeiterwohlfahrt → U 1 503

K

KAB
Bundesverband der Katholischen Arbeitnehmer-Bewegung Deutschlands → R 446, u 1 142

KAB/F
Katholische Arbeitnehmer-Bewegung / Frauen Westdeutschlands Verbandszentrale → R 447

KAD
Katholische Akademikerarbeit Deutschlands e.V. → U 2 375

KAST
Katholische Arbeitsgemeinschaft Spiel und Theater e.V. → O 67

KAT
Verein für kontrollierte alternative Tierhaltungsformen e.V. → Q 576

KATE
KATE Kontaktstelle für Umwelt und Entwicklung e.V. → Q 370

KAV NW
Kommunaler Arbeitgeberverband Nordrhein-Westfalen → r 287

KBA
Kraftfahrt-Bundesamt → A 305

KBE
Katholische Bundesarbeitsgemeinschaft für Erwachsenenbildung → T 3 953

KBfR
Koordinierungsbüro freier Rundfunk → O 387

KBI-RP
Ingenieurkammer Rheinland-Pfalz → S 953

KBI-S
Kammer der Beratenden Ingenieure des Saarlandes → S 954

KDS
Komitee Deutscher Seehafenspediteure (KDS) im BSL e.V. → M 219

KDV
Gütegemeinschaft Kunststoff-Dach- und Dichtungsbahnen-Verleger e.V. → U 666

KEF
Kommission zur Ermittlung des Finanzbedarfs der Rundfunkanstalten → O 359

KEP
Christlicher Medienverbund KEP (Konferenz Evangelikaler Publizisten e.V.) → O 470

kfd
Gemeinschaft Hausfrauen Berufsgemeinschaft in der Katholischen Frauengemeinschaft Deutschlands → U 1 389

kfd
Katholische Frauengemeinschaft Deutschlands Berufstätige Frauen → U 1 384

kfd
Katholische Frauengemeinschaft Deutschlands Bundesverband e.V. → U 1 243

KFG
Kraftfahrergewerkschaft → R 424

KFN
Kriminologisches Forschungsinstitut Niedersachsen e.V. → t 2 392

KfW
Kreditanstalt für Wiederaufbau → I 35

KGSt
Kommunale Gemeinschaftsstelle → D 194

K.I.B.
Arbeitskreis selbständiger Kunststoff-Ingenieure und -Berater e.V. → f 603, S 970

KIN
Lebensmittelinstitut-KIN e.V. → T 395

KIPSI
Klinisches Institut für Physiologie und Sportmedizin an der Med. Klinik St. Irmingard e.V. → T 3 441

KIT
Kontaktstelle für Information und Technologie → U 35

KJF
Kinder- und Jugendfilmzentrum in Deutschland → O 193

KKV
KKV-Bundesverband der Katholiken in Wirtschaft und Verwaltung e.V. → T 2 464

K-K-V
Kunstwissenschaftler und Kunstkritiker Verband e.V. → S 1 305

KMK
Ständige Konferenz der Kultusminister der Länder in der Bundesrepublik Deutschland → D 280

KMU
Steinbeis-Transferzentrum Innovatives Qualitäts- und Umweltmanagement für kleine und mittelständische Unternehmen → t 1 827

KMV
Katholischer Medienverband → H 575

KoWi
Koordinierungsstelle EG der Wissenschaftsorganisationen → t 182

KPV
Kommunalpolitische Vereinigung der CDU und CSU Deutschlands → D 224

KRdL
Kommission Reinhaltung der Luft (KRdL) im VDI und DIN - Normenausschuss → T 1 339

KrimZ
Kriminologische Zentralstelle e.V. → T 2 450

KRV
Kunststoffrohrverband e.V. → F 612

KS
Kraftfahrer-Schutz e.V. → U 1 105

KSA
Katholische Sozialethische Arbeitsstelle e.V. → U 2 378

KSD
Katholischer Siedlungsdienst e.V. Bundesverband für Wohnungswesen und Städtebau → u 430, U 487

KSL
Konferenz der Schwulen Landesnetzwerke → U 1 609

KSW
Künstlerhilfe-Sozialwerk e.V. → S 1 180

KTA
Kerntechnischer Ausschuß → T 1 246

KTBL
Kuratorium für Technik und Bauwesen in der Landwirtschaft e.V. → T 1 260, T 2 666

KTG
Kerntechnische Gesellschaft e.V. → T 894

KUD
Koordinierungs- und Beratungsstelle für Umweltschäden an Denkmälern → Q 619

KÜS
Kraftfahrzeug-Überwachungsorganisation freiberuflicher Kfz-Sachverständiger e.V. → S 1 088

KuPoGe
Kulturpolitische Gesellschaft e.V. → U 2 815

KVD
Kundendienst-Verband Deutschland e.V. → S 1 430

KVPM
Kommission für Verstöße der Psychiatrie gegen Menschenrechte e.V. → U 939

KWB
Koordinierungsstelle Weiterbildung und Beschäftigung e.V. → T 4 180

KWF
Kuratorium für Waldarbeit und Forsttechnik e.V. → T 2 715

KWS
KRAFTWERKSSCHULE E. V. → T 3 926

L

LAGetSi
Landesamt für Arbeitsschutz, Gesundheitsschutz und technische Sicherheit Berlin → B 363

LAI
Länderausschuß für Immissionsschutz → Q 486

LANA
Länderarbeitsgemeinschaft für Naturschutz, Landschaftspflege und Erholung → Q 654

LaUB
Landesverein der Umweltberater/-innen in Berlin/Brandenburg (LaUB) e.V. → s 1 099

LAV
Apothekerverband Rheinland-Pfalz e.V. → s 371

LAVES-CHEMIE
LAVES-CHEMIE Gesellschaft für Chemie-Marktforschung, Planung und Beratung mbH → T 2 516

LBA
Luftfahrt-Bundesamt → A 332

LBB
Landesbergamt Brandenburg → B 303

LBBV
Landesverband des Berliner und Brandenburger Verkehrsgewerbes e.V. → m 21, m 86, m 106

LBE
Landesverband des Bayerischen Einzelhandels e.V. → H 312, h 441

LBS
Bundesgeschäftsstelle Landesbausparkassen → I 78, u 420

LBT
Landesverband Bayerischer Transportunternehmen (LBT) e.V. → m 19, M 144

LBV
Landesbund für Vogelschutz in Bayern e.V. → q 509, Q 510

LBW
Landesverband Bürowirtschaft Saar e.V. → h 350

LCB
Landesverband der Campingplatzunternehmer in Bayern → n 88

LDS NRW
Landesamt für Datenverarbeitung und Statistik Nordrhein-Westfalen → B 318

LFi
Ludwig-Fröhler-Institut für Handwerkswissenschaften (LFi) - Abt. Handwerksrecht → t 2 340

LFi
Ludwig-Fröhler-Institut für Handwerkswissenschaften (LFi) - Abt. Handwerkswirtschaft → t 2 341

LfK
Landesanstalt für Kommunikation Baden-Württemberg → O 362

LfR
Landesanstalt für Rundfunk Nordrhein-Westfalen → O 371

LG
LAZARUS Gesellschaft e.V. → U 1 896

LGAD
Landesverband Groß-, Außenhandel und Dienstleistungen Thüringen e.V. → H 21, h 49

LGAD
Landesverband Groß- und Außenhandel, Vertrieb und Dienstleistungen Bayern (Unternehmer- und Arbeitgeberverband der intermediären Wirtschaft) e.V. → H 7, h 46

LGN
Landesvermessung + Geobasisinformation Niedersachsen → B 623

LHE
Landesverband des Hessischen Einzelhandels e.V. → H 316, h 445

LHG
Bundesverband Liberaler Hochschulgruppen → O 710

LHMV
Landesverband Hafenwirtschaft Mecklenburg-Vorpommern e.V. → m 218

LHO
Landesverband Hessischer Omnibusunternehmer e.V. → m 62, M 167

LHW
Lazarus-Hilfswerk in Deutschland e.V. → U 1 895

LiTG
Deutsche Lichttechnische Gesellschaft e.V. → T 1 264

LKD
Landesarbeitsgemeinschaft Kulturpädagogische Dienste/Jugendkunstschulen NRW e.V. (LKD) → u 2 804

LKVK
Landesamt für Kataster-, Vermessungs- und Kartenwesen → B 626

LMS
Landesmedienanstalt Saarland → O 373

LNS
Landesverband Niedersächsischer Schweineerzeuger e.V. → Q 245

LNU
Landesgemeinschaft Naturschutz und Umwelt Nordrhein-Westfalen → q 381, Q 384

LNV
Landesnaturschutzverband Schleswig-Holstein e.V. → Q 350

LPC
Luftfahrt-Presse-Club e.V. → S 1 360

LPR
Landeszentrale für private Rundfunkveranstalter Rheinland-Pfalz → O 372

LPR Hessen
Hessische Landesanstalt für privaten Rundfunk → O 368

LSH
Landesverband Straßenverkehrsgewerbe Hamburg e.V. → M 152

LSM Nordrhein
Landesverband Schausteller und Marktkaufleute Nordrhein e.V. → h 780

LStU
Der Landesbeauftragte für die Unterlagen des Staatssicherheitsdienstes der ehemaligen DDR des Landes Berlin → B 282

LSV
Landesverband des Sächsischen Verkehrsgewerbes (LSV) e.V. → M 189

LSVD
Lesben- und Schwulenverband in Deutschland e.V. → U 1 608

LTO
Landesverband Thüringer Omnibusunternehmer e.V. → m 73

LUFA
Untersuchungszentrum Münster -LUFA- der Landwirtschaftskammer Westfalen-Lippe → T 2 736

Lutherisches Kirchenamt
Lutherisches Kirchenamt der VELKD → u 2 322

LVB
Landesverband Verkehrsgewerbe Bremen (LVB) e.V. → m 22, M 148

LVGA
Landesverband Großhandel - Außenhandel - Dienstleistungen Sachsen-Anhalt e.V. → H 19, h 48

LVSA
Landesverband des Verkehrsgewerbes Sachsen-Anhalt e.V. → M 196

LVUB
Landesverband für Umweltberatung Schleswig-Holstein (LVUB) e.V. → s 1 102

LWL
Landschaftsverband Westfalen-Lippe → D 175

LWTW
Landesverband Nordrhein-Westfalen für Weiterbildung in Technik und Wirtschaft e.V. → T 4 024

LWV
Landeswohlfahrtsverband Hessen → U 1 741

LZV
Verband Deutscher Lesezirkel e.V. → H 578

M

MAF
Mission Aviation Fellowship Germany e.V. → M 276

MAGL
Münchener Arbeitsgemeinschaft für Luftschadstoffe → T 1 868

Marburger Bund
Verband der angestellten und beamteten Ärztinnen und Ärzte Deutschlands e.V. → S 60

mbw
Mediengesellschaft der Bayerischen Wirtschaft mbH → T 3 830

MdJE
Ministerium der Justiz und für Europaangelegenheiten des Landes Brandenburg → b 41

MDM
Steinbeis-Transferzentrum Marketing- und Dienstleistungsmanagement → t 1 621

MDR
Mitteldeutscher Rundfunk Gemeinnützige Anstalt des öffentlichen Rechts → O 300

MDZ
Mediendidaktisches Zentrum der Universität Dortmund → T 4 027

MFT
Medizinischer Fakultätentag der Bundesrepublik Deutschland → T 3 274

MGCC
Deutsch-Malaysische Industrie- und Handelskammer Malaysian-German Chamber of Commerce and Industry → E 307

mic
management information center → T 3 936

MIT
MIT: Meschede Innovations- und Technologiezentrum GmbH → U 167

MIT
Mittelstands- und Wirtschaftsvereinigung der CDU/CSU → R 241

MIT
Steinbeis-Transferzentrum Management-Innovation-Technologie → t 1 752

MIV
Milchindustrie-Verband e.V. → q 313, Q 326, r 136

MMA
Microcomputer Managers Association Germany e.V. → S 1 522

MMG
Messe München GmbH → o 613

MNU
Deutscher Verein zur Förderung des Mathematischen und Naturwissenschaftlichen Unterrichts e.V. → T 1 940

MPA
Materialprüfanstalt Eckernförde → t 2 053

MPA NRW
Materialprüfungsamt Nordrhein-Westfalen → t 2 038, T 2 144

MPC
Motor-Presse-Club e.V. → S 1 365

MPfK
Mehr Platz für Kinder e.V. → U 1 182

MTB
Fachverband Medien und Technik im Bildungsbereich e.V. → T 4 026

MTT
Musik- und Tanztherapie e.V. Forschungsstelle für Musik- und Tanztherapie → U 2 855

MTZ
MAFINEX Technologiezentrum GmbH → U 165

MWE
Deutsche Gesellschaft für Manuelle Medizin Dr. Karl-Sell-Ärzteseminar Neutrauchburg (MWE) e.V. → T 2 806

MWV
Mineralölwirtschaftsverband e.V. → f 42, F 693, H 226

MZS
Münchner Zentralstelle für Strafentlassenenhilfe → U 1 925

N

NAA
Nürnberger Akademie für Absatzwirtschaft e.V. → T 3 765

NABU
NABU - Naturschutzbund Deutschland e.V. → Q 492

NAJU
Naturschutzjugend → U 1 524

NAKOS
Nationale Kontakt- und Informationsstelle zur Anregung und Unterstützung von Selbsthilfegruppen → U 1 938

NAV
Norddeutscher Asbestsanierungsverband e.V. → F 997

NFE
Norddeutscher Fachverband Elektrotechnik e.V. → g 271

NFJD
Naturfreundejugend Deutschlands → U 1 504

NGG
Gewerkschaft Nahrung-Genuss-Gaststätten → R 363

NGL
Neue Gesellschaft für Literatur e.V. → S 1 397

NHV
Naturhistorischer Verein der Rheinlande und Westfalens e.V. → T 1 363

NID
Nichtraucher-Initiative Deutschland e.V. → T 3 497

NIMM
Nordwestdeutsches Institut für Möbel- und Materialprüfung → T 2 080

NKGG
Nationales Komitee für Geodäsie und Geophysik → T 1 134

NLI
Niedersächsisches Landesinstitut für Fortbildung und Weiterbildung im Schulwesen und Medienpädagogik → Ä 111

NLZSA
Niedersächsisches Landesamt für zentrale soziale Aufgaben - Hauptfürsorgestelle → u 1 672

NOK
Nationales Olympisches Komitee für Deutschland e.V. → U 2 552

NUA
Natur- und Umweltschutz-Akademie des Landes Nordrhein-Westfalen → Q 385

NUB
Landesverband für Umweltberatung in Niedersachsen und Bremen (NUB) e.V. → s 1 097

NUT
Frauen in Naturwissenschaft und Technik e.V. → T 1 130

NVL
Neuer Verband der Lohnsteuerhilfevereine e.V. → S 680

NVN
Naturschutzverband Niedersachsen e.V. → Q 349

NWHT
Nordrhein-Westfälischer Handwerkstag → G 17

NWO
Verband Nordrhein-Westfälischer Omnibusunternehmen e.V. → m 69, M 178

O

OAV
Ostasiatischer Verein e.V. → E 391

OeD
Oekumenischer Dienst im Konziliaren Prozeß e.V. → u 2 715

ÖIZ
Ökumenisches Informationszentrum für Frieden, Gerechtigkeit, Bewahrung der Schöpfung, In- und AusländerInnenarbeit e.V. → u 2 716

OEK
Verband Griechischer Gemeinden in der BRD → E 473

OIK
Organisation für Internationale Kontakte → U 3 061

ORB
Ostdeutscher Rundfunk Brandenburg Antenne Brandenburg → O 318

ORT
ORT-Deutschland e.V. Organistion - Reconstruction - Training → T 4 156

OSEC
Schweizerische Zentrale für Handelsförderung OSEC → E 684

OstLFR
Ostlandesfrauenräte → U 1 295

OTP
Arbeitskreis für Organisationskultur, Teamarbeit und Persönlichkeitsbildung e.V. → T 2 194

OTTI
OTTI - Ostbayerisches Technologie-Transfer-Institut e.V. → U 94

OWM
Organisation Werbungtreibende im Markenverband → O 538

P

PAN Germany
Pestizid Aktions-Netzwerk e.V. → H 277

PBS Industrie
PBS Industrie - Industrieverband Papier, Bürobedarf, Schreibwaren im FMI e.V. → F 830

PC
Presse-Club Osnabrück e.V. → O 492

PDS
Partei des Demokratischen Sozialismus → U 2 234

PdZ
Psychodiagnostisches Zentrum e.V. → T 2 845

PEI
Paul-Ehrlich-Institut → A 217

PEN
P.E.N.-Zentrum Deutschland → S 1 258

PETZ
Steinbeis-Transferzentrum Polymer Engineering → t 1 394

PFAD
PFAD - Bundesverband der Pflege- und Adoptivfamilien e.V. → U 1 233

PFI
PFI Prüf- und Forschungsinstitut Pirmasens - Innovation & Service Center → t 346, T 2 146

PHAGRO
Bundesverband des pharmazeutischen Großhandels → H 96

PHCG
Paint Horse Club Germany e.V. → U 2 629

PiC
Bundesverband Psychiatrie in der Caritas → U 2 023

PIER
Praxiswissenschaftliches Institut für erneuerbare Energie und Rohstoffe e.V. → T 2 741

PIK
Potsdam-Institut für Klimafolgenforschung e.V. → T 1 239

PKV
Verband der privaten Krankenversicherung e.V. → K 45

PLM
Pommersche Landsmannschaft - Zentralverband e.V. → U 1 014

PSD
Verband der PSD Banken e.V. → P 48

PTB
Physikalisch-Technische Bundesanstalt → A 357, t 81

PTS
PTS München → t 336, T 1 319

R

RB
Radio Bremen (RB) → O 319

RCDS
Ring Christlich-Demokratischer Studenten → U 1 425

RDB
RDB e.V. Ring Deutscher Bergingenieure → S 965

RDM
Ring Deutscher Makler Landesverband Nordrhein-Westfalen e.V. → h 725

RDM
Ring Deutscher Makler - RDM - Verband der Immobilienberufe und Hausverwalter Bundesverband e.V. → H 716

RDP
Ring Deutscher Pfadfinderinnenverbände → U 1 542

RdP
Ring deutscher Pfadfinderverbände → U 1 541

RDS
Ring Deutscher Siedler e.V. Bundesverband für Siedlung und Familienheim → U 485

RdT
Ring der Tonband- und Videofreunde e.V. → O 227

refo
Bundesfachverband Deutscher Reformhäuser e.V. → H 456

Reg TP
Regulierungsbehörde für Telekommunikation und Post → A 360

REMID
Religionswissenschaftlicher Medien- und Informationsdienst e.V. → U 22

RENO
Deutsche Vereinigung der Rechtsanwalts- und Notariatsangestellten e.V. → S 555

RFV
Restauratoren Fachverband e.V. → S 1 511

RGV
RG Verpackung (RGV) im Rationalisierungs- und Innovationszentrum der Deutschen Wirtschaft e.V. → T 2 173

RGZM
Römisch-Germanisches Zentralmuseum, Forschungsinstitut für Vor- und Frühgeschichte → T 3 710

RKI
Robert Koch-Institut → A 213

RRV
Rheinischer Rübenbauer-Verband e.V. → q 220, q 227

RTA
Runder Tisch Amateurfunk → U 3 105

RTS
Rat der türkeistämmigen Staatsbürger in Deutschland → E 712

Rufis
Ruhr-Forschungsinstitut für Innovations- und Strukturpolitik e.V. → D 176

RV
Ruhrverband → L 60

RVDL
Rheinischer Verein für Denkmalpflege und Landschaftsschutz e.V. → Q 620, u 956

RWB
Forschungsvereinigung Recycling und Wertstoffverwertung im Bauwesen e.V. → t 369

RWI
Rheinisch-Westfälisches Institut für Wirtschaftsforschung → t 2 280
RWTÜV
Rheinisch-Westfälischer Technischer Überwachungsverein e.V. → T 2 007
RZG
Rechenzentrum Garching → t 184

S

SADK
Südafrikanisch-Deutsche Kulturvereinigung → E 694
SAJM
Süddeutscher Arbeitskreis für Jugendmusik e.V. → O 85
sanum
Spitzenverband ambulante Nerven- und Muskelstimulation e.V. → T 3 048
SARIO
Slowakische Investitions- und Handelsförderungs-Agentur → E 687
SAT
Deutsch-Togolesische Gesellschaft e.V. → E 703
SATOUR
South African Tourism → E 695, n 266
SBB
Stiftung Begabtenförderungswerk berufliche Bildung (SBB) Gemeinnützige Gesellschaft mit beschränkter Haftung → T 3 929
SdJ
Sudetendeutsche Jugend - Bundesverband → u 1 008
SdK
Schutzgemeinschaft der Kleinaktionäre e.V. → U 721
SDN
Schutzgemeinschaft Deutsche Nordseeküste e.V. → Q 453
SDSt
Selbständige Design-Studios e.V. → S 1 064, s 1 216
SDV
Studienstiftung des deutschen Volkes → T 826
SDW
Schutzgemeinschaft Deutscher Wald e.V. Bund zur Förderung der Landespflege → Q 516
SEF
Stiftung Entwicklung und Frieden → U 2 721
SEPAWA
Vereinigung der Seifen-, Parfüm- und Waschmittelfachleute e.V. → F 189
SES
Senior-Experten Service Ehrenamtlicher Dienst der Deutschen Wirtschaft für internationale Zusammenarbeit GmbH → U 1 360
SET
Wirtschaftsverband Stahlbau und Energietechnik SET e.V. → f 47, F 852
SFB
Sender Freies Berlin (SFB) → O 321
SFDzV
Förderkreis Sozialer Friedensdienst zur Völkerverständigung mit Osteuropa e.V. → u 2 702
SFK
Verband der Szenenbildner, Filmarchitekten und Kostümbildner in Europa e.V. → O 218
SFV
Solarenergie-Förderverein e.V. → F 839
SG
Schmalenbach-Gesellschaft für Betriebswirtschaft e.V. → T 2 199, t 2 290
SGD
Struktur- und Genehmigungsdirektion (SGD) Nord → B 237
SGFO
Sächsische Gesellschaft zur Förderung des Osthandels e.V. → E 581
SGKV
Studiengesellschaft für den kombinierten Verkehr e.V. → T 1 843, T 3 637
SGVHT
Sparkassen- und Giroverband Hessen-Thüringen → I 64
SHW
Soziales Hilfswerk e.V. → U 1 385
SIB
Süddeutsche Immobilienbörse e.V. → I 136
SID
Gesellschaft für internationale Entwicklung e.V. → U 2 044

SIGU
Staatliches Institut für Gesundheit und Umwelt → B 578, B 609
S.I.S.
Stiftung für internationale Solidarität und Partnerschaft → U 2 088
SJD
Sozialistische Jugend Deutschlands Die Falken → U 1 544
SKZ
Süddeutsches Kunststoff-Zentrum → T 1 933, t 2 059
SLG
Fachvereinigung Betonprodukte für Straßen-, Landschafts- und Gartenbau (SLG) → f 878
SLM
Sächsische Landesanstalt für privaten Rundfunk und neue Medien → O 374
SLS
Bundesfachverband Sonnenlicht-Systeme e.V. → F 847
SLV
Schweisstechnische Lehr- und Versuchsanstalt Fellbach gemeinn. GmbH → T 1 362
SMM
Sicheres Material in der Medizin e.V. → H 679
SMW
Martin Ambulanz - St. Martins Werk e.V. → U 1 863
SNB
Stiftung Naturschutz Berlin → T 820
SNG
Forschungsinstitut u. Naturmuseum Senckenberg der Senckenbergischen Naturforschenden Gesellschaft → T 1 975
SÖSTRA
Institut für Sozialökonomische Strukturanalysen e.V. → T 1 906
SOFI
Soziologisches Forschungsinstitut Göttingen an der Georg-August-Universität Göttingen e.V. -Gemeinnütziger Verein → t 2 385
SoliJ
Solidaritätsjugend Deutschlands → U 1 543
SOWI
Sozialwissenschaftliches Institut der Bundeswehr → t 2 429
SPD
Sozialdemokratische Partei Deutschlands → U 2 251
SPIO
Spitzenorganisation der Filmwirtschaft e.V. → O 151
SR
Saarländischer Rundfunk → O 320
SRL
Vereinigung für Stadt-, Regional- und Landesplanung e.V. → S 1 106
SSK
Strahlenschutzkommission beim Bundesamt für Strahlenschutz → T 1 953
STA
Steinbeis-Transferzentrum Automatisierung → t 1 673
STAGU
Steinbeis-Transferzentrum Angewandte Geoinformatik und Umweltforschung → t 1 800
Stiftung ISG gem.
Stiftung zur Förderung der innovativen Systemergonomie und Gesundheit im Büro → T 802
STK
SCHMERZtherapeutisches Kolloquium e.V. → T 3 436
STU
Strategie Team Unternehmenssteuerung e.V. → S 706
STUVA
Studiengesellschaft für unterirdische Verkehrsanlagen e.V. → T 1 844, T 3 650
SVBW
Südwestdeutscher Verband für Binnenschiffahrt und Wasserstraßen e.V. → T 3 669
SVD
Schiefer-Fachverband in Deutschland e.V. → f 138, F 935
SVSW
Sächsischer Verband für Sicherheit in der Wirtschaft e.V. → u 930
SWP
Stiftung Wissenschaft und Politik (SWP) Deutsches Institut für internationale Politik und Sicherheit → T 803
SWR
Südwestrundfunk → O 322

T

TAD
Technische Vereinigung für Mineralöl-Additive in Deutschland e.V. → T 1 925
TAW
Technische Akademie Wuppertal e.V. Akademie für Fort- und Weiterbildung → T 4 029
TBB
Thüringer Beamtenbund → r 613
tbg
tbg Technologie-Beteiligungs-Gesellschaft mbH der Deutschen Ausgleichsbank → i 31
TBO
Steinbeis-Transferzentrum Betriebsorganisation → t 1 623
TCV
Technischer Cartell Verband e.V. → s 903
TEGEWA
Verband der Textilhilfsmittel-, Lederhilfsmittel-, Gerbstoff- und Waschrohstoff-Industrie e.V. → F 219
tekom
Gesellschaft für technische Kommunikation e.V. → T 3 695
telak
Telecommunication Akademie e.V. → T 1 350
TFH
Technische Fachhochschule Berlin → T 424
TFR
Technologie-Fabrik Remscheid Gesellschaft für Innovationsförderung und Technologieberatung mbH → U 172
THW
Bundesanstalt Technisches Hilfswerk → A 230
TIB
Steinbeis-Transferzentrum Technologiebewertung und Innovationsberatung → t 1 620
TIB
Technische Informationsbibliothek → T 948
T.I.D.
Tibet-Initiative Deutschland e.V. → U 937
TIF
Technologie- und Innovationszentrum Fürstenwalde GmbH → U 107
titan
titan e.V. Neubrandenburg Technologie- und Innovations-Transfer-Agentur → U 127
TLM
Thüringer Landesmedienanstalt → O 377
TMLVUA
Thüringer Medizinal-, Lebensmittel- und Veterinäruntersuchungsamt → B 614
TMS
Steinbeis-Transferzentrum Managementsysteme → t 1 788
TOP
Steinbeis-Transferzentrum Technologie - Organisation - Personal → t 1 515
TPG
TechnologieParkPaderborn GmbH → U 171
tpm
Team für Psychologisches Management Beratungsgesellschaft mbH → T 3 938
TPR
Tarifverband Privater Rundfunk e.V. → O 405
TQU
Steinbeis-Transferzentrum Qualität und Umwelt → t 1 786
TransFair
Verein zur Förderung des Fairen Handels mit der Dritten Welt e.V. → U 2 083
TSÄB
Thüringer Sportärztebund e.V. → t 3 414
TÜV CERT
TÜV-Zertifizierungsgemeinschaft e.V. → T 2 150
TuTech
TUHH-Technologie-GmbH → U 119
TVSW
Thüringer Verband für Sicherheit in der Wirtschaft e.V. → u 931
TVT
Tierärztliche Vereinigung für Tierschutz e.V. → Q 582
TZD
Technologiezentrum Delmenhorst → U 132
TZK
Technologiezentrum Konstanz e.V. → U 84

U

UBA
Umweltbundesamt → A 300
UDBio
Union Deutscher Biologischer Gesellschaften e.V. → T 924
UDU
Union Deutscher Unternehmensberater e.V. → S 687
U.D.W.V.
Union Deutscher Widerstandskämpfer- und Verfolgtenverbände e.V. → U 1 023
ÜGPU
Überwachungsgemeinschaft Polyurethan-Hartschaum e.V. → T 2 077
ÜHKS-TGA
Überwachungsgemeinschaft Heizung - Klima - Sanitär - Technische Gebäudeausrüstung e.V. → T 2 079
UEN
Unternehmerverband Einzelhandel Niedersachsen e.V. → h 380, h 446
ÜWG
Überwachungsgemeinschaft Kälte- und Klimatechnik e.V. → T 2 078
UFB
Union Freier Berufe → S 19
UFO
Unabhängige Flugbegleiter Organisation e.V. → S 1 452
UFOP
Union zur Förderung von Oel- und Proteinpflanzen e.V. → Q 671
UFS
Union Freier Sachverständiger e.V. → S 1 085
UfU
Unabhängiges Institut für Umweltfragen e.V. → Q 617
UGB
Verband für Unabhängige Gesundheitsberatung Deutschland e.V. → T 2 762
UHA
Union der Hörgeräte-Akustiker e.V. → G 384, T 1 153
UIL
Umweltinstitut Leipzig e.V. → T 1 836
ULA
Union der Leitenden Angestellten → R 467
ULR
Unabhängige Landesanstalt für das Rundfunkwesen → O 376
UMU
Union mittelständischer Unternehmen e.V. → R 268
UMW
Unternehmerverband mittelständische Wirtschaft e.V. → R 267
UOKG
Union der Opferverbände kommunistischer Gewaltherrschaft e.V. → U 1 028
USW
Verein zur Förderung des Universitätsseminars der Wirtschaft → T 4 153
UVE
Unternehmerverband Einzelhandel e.V. → H 318, h 345
UVR
Unternehmensverband Ratingen e.V. → R 212

V

VAA
Verband angestellter Akademiker und Leitender Angestellter der chemischen Industrie e.V. → r 468
VAAM
VAAM - Vereinigung für Allgemeine und Angewandte Mikrobiologie e. V. → T 2 571
VABS
Verband ambulanter Behandlungsstellen für Suchtkranke/Drogenabhängige e.V. → U 1 952
VAEU
Vereinigung der Arbeitgeberverbände energie- und versorgungswirtschaftlicher Unternehmungen → R 83
VAF
Bundesverband Telekommunikation e.V. → G 122, g 286
vaf
Verband alleinstehender Frauen e.V. → U 1 395

VAF
Verband angestellter Führungskräfte e.V. → r 470

VAFA
VAFA Verband Automaten Fachaufsteller e.V. → O 644

VAK
Verband der Arbeitsgeräte- und Kommunalfahrzeug-Industrie e.V. → F 66

VAKJP
Vereinigung Analytischer Kinder- und Jugendlichen-Psychotherapeuten e.V. → S 438

VAMV
Verband alleinerziehender Mütter und Väter e.V. → U 1 217

VAR
Verband der Aluminiumrecycling-Industrie e.V. → F 834

VATM
Verband der Anbieter von Telekommunikations- und Mehrwertdiensten e.V. → T 1 345

VBA
Verband der Bergungs- und Abschleppunternehmen e.V. → M 184

VBB
Verband der Beamten der Bundeswehr e.V. im Deutschen Beamtenbund → R 619

VBBA
Verband der Beamten der Bundesanstalt für Arbeit im Deutschen Beamtenbund → R 622

VBD
VBD - Europäisches Entwicklungszentrum für Binnen- und Küstenschiffahrt e.V. → t 276

VBE
Verband Bildung und Erziehung e.V. → R 713

VBGR
Verband der Beschäftigten des gewerblichen Rechtsschutzes im DBB → R 638

VBI
Verband Beratender Ingenieure e.V. → S 925

VBI
Verein Berliner Immobilienbörse e.V. → I 128

VBL
Verband Bayerischer Lokalrundfunk → O 390

VBLU
Versorgungsverband bundes- und landesgeförderter Unternehmen e.V. → K 374

VBOB
Verband der Beschäftigten der obersten und oberen Bundesbehörden e.V. im Deutschen Beamtenbund → R 620

VBU
Verband der Betriebsbeauftragten für Umweltschutz e.V. → S 1 070

VBV
Vereinigung beratender Betriebs- u. Volkswirte e.V. → S 757

VBW
Verein für europäische Binnenschiffahrt und Wasserstraßen e.V. → M 225

VCD
Verkehrsclub Deutschland VCD e.V. → U 2 631

VCFMV
Verband der Camping- und Freizeitbetriebe Mecklenburg-Vorpommern e.V. → n 90

VCH
Landesverband der Campingplatzunternehmer in Hessen e.V. → n 89

VCH
Verband Chemiehandel e.V. → H 35

VCI
Verband der Chemischen Industrie e.V. → f 22, F 162

VCN
Verband der Campingunternehmer in Niedersachsen e.V. → n 91

VCRP
Verband der Campingplatzhalter Rheinland-Pfalz → n 92

VCSH
Verband der Campingplatzunternehmer in Schleswig-Holstein e.V. → n 94

VDA
Verband der Automobilindustrie e.V. → f 17, F 67

VDA
Verband Deutscher Architekten e.V. → S 824

VDA
Verband Deutscher Vereine für Aquarien- und Terrarienkunde e.V. → Q 489

VDA
Verein für Deutsche Kulturbeziehungen im Ausland e.V. → U 2 821

VDAB
Verband Deutscher Alten- und Behindertenhilfe e.V. → U 1 998

VDÄA
Verband Deutscher Ärzte für Algesiologie, Berufsverband Deutscher Schmerztherapeuten e.V. → S 174

VDAI
Verband der Deutschen Automatenindustrie e.V. → O 631, u 2 749

VdAK
Verband der Angestellten-Krankenkassen e.V. → K 160

VDAT
Verband Deutscher Automobil-Tuner e.V. → U 2 648

VDAV
VDAV - Verband Deutscher Auskunfts- und Verzeichnismedien e.V. → O 448

VdAW
Verband der Agrargewerblichen Wirtschaft e.V. → H 619

VDB
Verband der Bahnindustrie in Deutschland e.V. → f 855

VDB
Verband deutscher Buchbindereien für Verlag und Industrie e.V. → f 768

VDB
Verband Deutscher Büchsenmacher und Waffenfachhändler e.V. → H 335

VDBI
Verband der Deutschen Bestattungswäsche-Industrie e.V. → F 119

VDBiol
Verband Deutscher Biologen und biowissenschaftlicher Fachgesellschaften e.V. → T 907

VDBUM
Verband der Baumaschinen-Ingenieure und -Meister e.V. → F 95

VDC
Verband Deutscher Chemotechniker und Chemisch-technischer Assistenten e.V. → S 1 056

VDC
Vereinigung Deutscher Yacht-Charterunternehmen → M 232

VDCW
Verband der deutschen Content Wirtschaft → O 584

VDD
Verband der Datenverarbeiter e.V. → T 1 337

VDD
Verband Deutscher Drogisten e.V. → H 355

VDDI
Verband der Deutschen Dental-Industrie e.V. → F 512

VDDW
Verband der Deutschen Wasserzählerindustrie e.V. → F 511

VDE
VDE Verband der Elektrotechnik Elektronik Informationstechnik e.V. → T 1 006

VdE
Verband der Eisenwarenhändler e.V. → H 271

VdE
Verband der Elektrologisten Deutschlands e.V. → S 479

VDEh
Verein Deutscher Eisenhüttenleute → T 999

VDEI
Verband Deutscher Eisenbahn-Ingenieure E.V. → s 893, S 968

VDEM
Verband Deutscher Energie-Manager e.V. → T 1 060

VDESB
Vereinigung Deutscher Executive-Search-Berater → S 1 524

VDEW
Verband der Elektrizitätswirtschaft - VDEW - e.V. → L 1

VDF
Bundesverband des Deutschen Fliesenfachhandels e.V. → H 134

VDF
Verband der Deutschen Faßverwertungsbetriebe e.V. VDF → g 292, H 232

VdF
Verband der deutschen Fruchtsaft-Industrie e.V. → F 437

VDF
Verband der Fleischwirtschaft e.V. → H 247

VDF
Verband der Friseurunternehmen e.V. → G 330

VDF
Verband Deutscher Führungskräfte e.V. → r 469

VDF
Verband Deutscher Fitness- & Freizeitunternehmen → U 2 764

VDF
Verband Deutscher Flugleiter e.V. → R 518

VDF
Vereinigung Deutscher Furnierwerke → G 801

VDFG
Vereinigung Deutsch-Französischer Gesellschaften in Deutschland und Frankreich e.V. → E 453

VDFI
Verband der Deutschen Daunen- und Federnindustrie e.V. → F 120

VDFI
Verband der Deutschen Federnindustrie → f 255, F 843

VdFM
Verband der Fachwirte Mittelhessen e.V. → S 1 577

VDFP
Verband Deutscher Fernmeldetechniker (VDFP) e.V. → S 1 115

VDFU
Verband Deutscher Freizeitunternehmen e.V. → u 2 750, U 2 763

VdFw
Verband der deutschen Fruchtwein- und Fruchtschaumwein-Industrie e.V. → F 444

VdG
Verband der deutschen Sozial-Kulturellen Gesellschaften in Polen → E 657

VDG
Vereinigung Deutscher Gewässerschutz e.V. → T 1 140

VDGH
Verband Deutscher Gewächshaushersteller e.V. → F 858

VDGN
Verband Deutscher Grundstücksnutzer e.V. → U 848

VDGWV
Verband Deutscher Gebirgs- und Wandervereine e.V. → Q 395, u 2 751

VdH
Verband der Heimkehrer, Kriegsgefangenen und Vermißtenangehörigen Deutschlands e.V. → U 1 027

VDHA
Verband Deutscher Haushüter-Agenturen e.V. → O 647

VdHRN
Verband der Hirn-, Rückenmark- und Nervenverletzten Arbeits-, Kriegs- und Verkehrsopfer e.V. → U 1 040

VDI
VDI Büro Berlin → t 1 232

VDI
Verein Deutscher Ingenieure e.V. → T 1 165

VDI-Bau
VDI-Gesellschaft Bautechnik → T 897

VDID
Verband Deutscher Industrie-Designer e.V. → S 1 063

VDI-EKV
VDI-Gesellschaft Entwicklung Konstruktion Vertrieb → T 1 249

VDI-FML
VDI-Gesellschaft Fördertechnik Materialfluss Logistik → T 1 286

VDI-FVT
VDI-Gesellschaft Fahrzeug- und Verkehrstechnik → T 1 067

VDI-GET
VDI-Gesellschaft Energietechnik → T 1 047

VDI-GVC
VDI-Gesellschaft Verfahrenstechnik und Chemieingenieurwesen → T 1 839

VDI-K
VDI-Gesellschaft Kunststofftechnik → T 1 252

VDIK
Verband der Importeure von Kraftfahrzeugen e.V. → H 273

VDI-MEG
Max-Eyth-Gesellschaft Agrartechnik im VDI → T 1 259

VDI-TGA
VDI-Gesellschaft Technische Gebäudeausrüstung → T 1 837

VDI-W
VDI-Gesellschaft Werkstofftechnik → T 1 883

VDJ
Vereinigung Demokratischer Juristinnen und Juristen e.V. → S 559

VdK
Sozialverband VdK - Verband der Kriegs- und Wehrdienstopfer, Behinderten und Rentner Deutschland e.V. → U 1 041

VdKB
Verband der Kurbeherbergungs-Betriebe Deutschlands e.V. → N 37

VDKC
Verband Deutscher KonzertChöre e.V. → O 96, o 110

VDKF
Verband Deutscher Kälte-Klima-Fachbetriebe e.V. → F 1 046

VDKL
Verband Deutscher Kühlhäuser und Kühllogistikunternehmen e.V. → H 163

VDKS
Verband Deutscher Kapitäne und Schiffsoffiziere e.V. → R 532

VdL
Verband der Lackindustrie e.V. → F 204

VdL
Verband der Luftfahrtsachverständigen e.V. (VdL) → U 1 160

VDL
Vereinigung Deutscher Landesschafzuchtverbände e.V. → q 233

VDLiA
Verband Deutscher Lehrer im Ausland → R 844

VDLUFA
Verband Deutscher Landwirtschaftlicher Untersuchungs- und Forschungsanstalten e.V. → T 2 604

VDM
Verband der Deutschen Milchwirtschaft e.V. → Q 308

VDM
Verband der Deutschen Möbelindustrie e.V. → f 568

VdM
Verband der Motorjournalisten e.V. → S 1 364

VDM
Verband Deutscher Makler für Grundbesitz, Hausverwaltung und Finanzierungen e.V. → H 733, u 435

VDM
Verband Deutscher Meteorologen e.V. → U 2 660

VDM
Verband Deutscher Mineralbrunnen e.V. → F 431, r 137

VDM
Verband Deutscher Musikschaffender → O 146

VdM
Verband deutscher Musikschulen e.V. → T 3 960

VDM
Verein Deutscher Metallhändler e.V. → H 90

VDMA
VDMA Verband Deutscher Maschinen- und Anlagenbau e.V. → f 40, F 629

VdMi
Verband der Mineralfarbenindustrie e.V. → F 206

VDMT
Verband Deutscher Museums- und Touristikbahnen e.V. → N 287

VDN
Verband des Deutschen Nahrungsmittelgroßhandels und anderer Vertriebsformen mit Waren des kurz- und mittelfristigen Bedarfs e.V. → H 95

VDN
Verband Deutscher Nähmaschinenhändler e.V. → H 439

VDN
Verband Deutscher Naturparke e.V. → Q 362

VDP
Bundesverband Deutscher Privatschulen → O 708

VDP
Verband Deutsche Puppentheater e.V. → O 149

VDP
Verband Deutscher Papierfabriken e.V. → f 43, F 727

VDP
Verband Deutscher Prädikats- und Qualitätsweingüter e.V. → Q 302

VDP
Verband Deutscher Präparatoren e.V. → S 115

VDPP
Verein demokratischer Pharmazeutinnen und Pharmazeuten → S 1 054

VDR
Verband Deutscher Realschullehrer → r 840

VDR
Verband Deutscher Realschullehrer im Deutschen Beamtenbund → R 730

VDR
Verband Deutscher Reeder e.V. → M 204, R 162

VDR
Verband Deutscher Rentenversicherungsträger e.V. → K 304

VDR
Verband Deutsches Reisemanagement e.V. → N 59

VdRBw
Verband der Reservisten der Deutschen Bundeswehr e.V. → R 502

VDRH
Vereinigung Deutscher Riechstoff-Hersteller e.V. → F 227

VDRJ
Vereinigung Deutscher Reisejournalisten e.V. → S 1 370

VDRS
Verband Deutscher Rettungsassistenten und -sanitäter e.V. → S 476

VdS
Verband der deutschen Sauerkonserven-Industrie e.V. → F 446

VDS
Verband Deutscher Schirmfachgeschäfte e.V. → h 547

VDS
Verband Deutscher Schulmusiker e.V. → R 938

VDS
Verband Deutscher Seilbahnen und Schlepplifte e.V. → U 3 114

VdS
Verband deutscher Soldaten e.V. → R 503

VDS
Verband Deutscher Sonderschulen e.V.- Fachverband für Behinderten-pädagogik → T 3 228

VDS
Verband Deutscher Sportfachhandel e.V. → H 489

VDS
Verband Deutscher Sportjournalisten e.V. → S 1 373

VDS
Verein der Deutschen Estlands → E 429

VDS
Vereinigung Deutsche Sanitärwirtschaft e.V. → U 76

VDS
Vereinigung Deutscher Sägewerksverbände e.V. → f 33, F 787

VDSÄ
Vereinigung Deutscher Strahlenschutzärzte e.V. → S 229

VDSF
Verband Deutscher Sportfischer e.V. → u 2 522, U 2 559

VDSG
Verband Deutscher Schulgeographen e.V. → R 921

VDSI
Verband Deutscher Sicherheitsingenieure e.V. → S 997

V.D.S.S.
Verband Deutscher Schiffahrts-Sachverständiger e.V. → S 1 109

VDStra
Verband Deutscher Straßenwärter e.V. → r 430, R 577

VdS-Zert
VdS Schadenverhütung GmbH → T 2 152

VDT
Verband der Deutschen Tapetenindustrie e.V. → f 774, r 160

VDT
Verband Deutscher Techniker → r 423

VDT
Verband Deutscher Tonmeister e.V. → S 1 313

VDT
Vereinigung Deutscher Tanzlehrer und Tanzschulen e.V. → S 1 318

VDTF
Verein Deutscher Textilveredlungsfachleute (in Gründung) → S 1 057

VDTT
Verband Deutscher Tierärztfrauen und Tierärztinnen e.V. → S 339

VdTÜV
Verband der Technischen Überwachungs-Vereine e.V. → T 1 985, t 2 058

VdU
Verband deutscher Unternehmerinnen e.V. → R 216

VDV
Verband Deutscher Verkehrsunternehmen → M 1

VDV
Verband Deutscher Vermessungsingenieure e.V. → s 894, S 1 018

VdV
Vereinigung der Vertragsfußballspieler → S 1 587

VdV
Vereinigung des Verkehrsgewerbes in Hessen e.V. → M 161

VDW
Verband der Wellpappen-Industrie e.V. → f 778

VDW
Verband Deutscher Werkbibliotheken e.V. → T 971

VDW
Verein Deutscher Werkzeugmaschinenfabriken e.V. → F 687, t 368

VDW
Vereinigung Deutscher Wissenschaftler → S 1 116

VDWF
Verband Deutscher Werkzeug- und Formenbauer → F 848

VDWH
Verband Deutscher Wohnwagen- und Wohnmobil-Hersteller e.V. → F 724, u 2 752

VDZ
Verband Deutscher Zeitschriftenverleger e.V. → O 509

VDZ
Verein Deutscher Zuckertechniker → T 1 888

VdZ
Vereinigung der deutschen Zentralheizungswirtschaft e.V. → F 1 017

VDZI
Verband Deutscher Zahntechniker-Innungen - Bundesinnungsverband → G 774

VEA
Bundesverband der Energie-Abnehmer e.V. → L 32

VEDA
Vereinigung Deutscher Autohöfe e.V. → U 2 649

VEG
Bundesverband des Elektro-Großhandels e.V. → H 119

VEJ
Vereinigung Europäischer Journalisten - Deutsche Gruppe e.V. → S 1 353

VELKD
Vereinigte Evangelisch-Lutherische Kirche Deutschlands → u 2 321

VEN
Verband Entwicklungspolitik Niedersachsen e.V. → U 2 052

VENRO
Verband Entwicklungspolitik deutscher Nicht-Regierungsorganisationen e.V. → U 2 046

ver.di
Deutsche Angestellten-Gewerkschaft → R 397

ver.di
Deutsche Postgewerkschaft → R 396

ver.di
Gewerkschaft Handel, Banken und Versicherungen → R 354

ver.di
Gewerkschaft öffentliche Dienste, Transport und Verkehr → R 371

ver.di
Industriegewerkschaft Medien Druck und Papier, Publizistik und Kunst → R 329

ver.di
ver.di - Vereinte Dienstleistungsgewerkschaft e.V. → R 398

VEU
Verein zur Förderung der Energie- und Umwelttechnik e.V. → t 357

VFA
Verband Forschender Arzneimittelhersteller e.V. → F 225

VfB
Verband freiberuflicher Betreuer/innen e.V. → S 478

VFD
Vereinigung der Freizeitreiter und Fahrer in Deutschland e.V. → U 2 628

VFDB
Verband der Funkamateure in Telekommunikation und Post (VFDB) e.V. → U 3 103

vfdb
Vereinigung zur Förderung des Deutschen Brandschutzes e.V. → U 854

VFDM
Verband Freier Deutscher Markenimporteure e.V. → S 1 517

VFED
Verein zur Förderungen der gesunden Ernährung und Diätetik e.V. → T 2 549

VFF
Verband der Fenster- und Fassadenhersteller e.V. → F 516, f 561

VFF
Verwertungsgesellschaft der Film- und Fernsehproduzenten mbH → O 270

VFFV
Verband der Fernseh-, Film- und Videowirtschaft Nordrhein-Westfalen e.V. → O 271

VFI
Verband der Fertigwarenimporteure e.V. → H 307

VfK
Verein für Kommunalwissenschaften e.V. → T 994

VFN
Verein zur Förderung des Naturschutzes e.V. → t 808

VFR
Verein zur Förderung der Raumfahrt in e.V. → T 1 271

VFSS
Verband der Fachgroßhändler der Schweiß- und Schneidtechnik e.V. → H 270

VfV
Verein für Verbraucher und Umweltschutz e.V. → U 1 162

VFW
Verband des Deutschen Faß- und Weinküfer-Handwerks e.V. (Bundesfachverband) → G 288

VfW
Verband für Wärmelieferung e.V. → L 37

VGA
Bundesverband der Assekuranzführungskräfte e.V. → K 37, r 472

VGCT
Verein für Gerberei-Chemie und -Technik e.V. → T 1 136

VGD
Verband der Geschichtslehrer Deutschlands e.V. → R 867

VGD
Verband der Grafik-Designer e.V. → s 1 217, s 1 312

VGG
Arbeitsgemeinschaft Gewerbliches Geschirrspülen → F 317

VGG
Verband der Hersteller von Gewerblichen Geschirrspülmaschinen e.V. → F 316

VGKL
Verband des Deutschen Groß- und Außenhandels für Krankenpflege- und Laborbedarf e.V. → H 88

VGL
Verband Güterkraftverkehr Logistik und Entsorgung Schleswig-Holstein e.V. → m 33, m 200

VGöD
Verband für Geoökologie in Deutschland e.V. → T 1 127

VGP
Vereinigung von Grossisten für Photo und Imaging e.V. → H 279

VGR
Verein gegen Rechtsmißbrauch e.V. → U 745

VGT
Gesamtverband Gebäudetechnik → F 1 044

VgtM
Verein gegen tierquälerische Massentierhaltung e.V. → Q 577

VHH
Verein Hamburger Hausmakler von 1897 e.V. → H 750

VHI
Verband der Deutschen Holzwerkstoffindustrie e.V. → f 566

VHM
Verein Hamburger Makler und Agenten für Schlachthaus- und Molkerei-Erzeugnisse → H 751

VHP
Vereinigung der höheren Führungskräfte der Deutschen Bundespost → R 808

VHT
Verein Bremer Seeversicherer e.V. → K 17

VHT
Verein Hanseatischer Transportversicherer e.V. → K 16

VhU
Vereinigung der hessischen Unternehmerverbände e.V. → r 7

vhw
Deutsches Volksheimstättenwerk e.V. Bundesverband für Wohneigentum, Wohnungsbau und Stadtentwicklung → U 488

VHW
Verband Hochschule und Wissenschaft im Deutschen Beamtenbund → R 749

VIF
Vereinigung Integrationsförderung e.V. → U 1 708

ViJ
Verein für Internationale Jugendarbeit Arbeitsgemeinschaft Christlicher Frauen Bundesverein → U 1 433

VIK
Verein für internationale Krankentransporte e.V. → U 1 918

VIK
VIK Verband der Industriellen Energie- und Kraftwirtschaft e.V. → L 35

VIMDE
VIMDE - Verbraucherinteressenverband motorisierter ZweiradfahrerInnen Deutschlands → U 1 106

VIP
Verband für internationale Politik und Völkerrecht e.V. → T 3 610

VIU
VERBAND INNOVATIVER UNTERNEHMEN E.V. → T 2 301

VIWA
Verband unabhängiger bayerischer Ingenieurbüros für Wasserwirtschaft e.V. → S 1 049

VjFM
Verband junger Film- und Medienschaffender e.V. → O 256

VJM
Verband junger Medienmacher Baden-Württemberg → O 255, o 499

VK
Völklinger Kreis e.V. - Bundesverband Gay Manager → T 3 935

VKA
Vereinigung der kommunalen Arbeitgeberverbände → R 277

VKD
Verband der Köche Deutschlands e.V. → N 35

VKD
Verband der Krankenhausdirektoren Deutschlands e.V. → S 76

VkdL
Verein katholischer deutscher Lehrerinnen e.V. → R 428

VKE
Verband der Vertriebsfirmen kosmetischer Erzeugnisse e.V. → H 87

VKE
Verband Kunststofferzeuge Industrie e.V. → F 203

VKS
Verband Kommunale Abfallwirtschaft und Stadtreinigung e.V. → D 136

VKU
Verband kommunaler Unternehmen e.V. → D 178

VKVD
Verband der Krankenversicherten Deutschlands e.V. → U 914

vlf
Bundesverband Landwirtschaftlicher Fachschulabsolventen e.V. → Q 66

VLK
Bundesvereinigung Liberaler Kommunalpolitiker e.V. → S 1 505

VLSF
Versuchs- und Lehranstalt für Spiritusfabrikation und Fermentationstechnologie in Berlin → t 348, T 2 640

VLW
Bundesverband der Lehrer an Wirtschaftsschulen e.V. → R 750, r 842

VMEG
Verein der Eigenheim- und Grundstücksbesitzer in Deutschland e.V. → U 850

VMI
Verband der Motoren-Instandsetzungsbetriebe e.V. → F 723

VMLP
Verband unabhängiger Medizin- und Labortechnik-Planer e.V. → S 918

VMPA
Verband der Materialprüfungsämter e.V. → T 2 028

VMU
Vereinigung Mittelständischer Unternehmer e.V. → R 264

VMV
Verband Metallverpackungen e.V. VMV → f 264, F 319

VMV
Versicherungs-Makler-Verband e.V. → S 1 576

VNP
Verein Naturschutzpark e.V. → Q 398

VOA
Verband für die Oberflächenveredelung von Aluminium e.V. → F 712

VOD
Verband der Osteopathen Deutschland e.V. → T 2 766

VÖB
Bundesverband Öffentlicher Banken Deutschlands e.V. → I 76

VÖW
Vereinigung für ökologische Wirtschaftsforschung e.V. → T 2 312

VOI
Verband Organisations- und Informationssysteme e.V. → T 1 313

VOP
Verband Ostdeutscher Papierfabriken e.V. → f 734

VOS
Gemeinschaft ehem. pol. Häftlinge → U 1 031

V.P.B.
Verband privater Bauherren e.V. → U 765

VPBF
Verband Privater Bayerischer Fernsehanbieter → O 355

VPD
Verband Papierverarbeitung und Druck Südbaden e.V. → f 232

VPHdS
Verband Politischer Häftlinge des Stalinismus → U 1 030

vpi
Bundesvereinigung der Prüfingenieure für Bautechnik e.V. → S 978

VPI
Verband der pyrotechnischen Industrie → F 290

VPLT
Verband für Professionelle Licht- und Tontechnik e.V. → S 1 314

VPP
VPP → S 975

VPRT
Verband Privater Rundfunk und Telekommunikation e.V. → O 406

VPT
Verband Physikalische Therapie - Vereinigung für die physiotherapeutischen Berufe (VPT) e.V. → S 444, T 2 853

VPU
Verband der Papier, Pappe und Kunststoffe verarbeitenden Unternehmen Sachsen, Thüringen und Sachsen-Anhalt e.V. → f 763

VPU
Verband Portugiesischer Unternehmer in Deutschland e.V. → E 660

VRB
Verein der Rechtspfleger im Bundesdienst e.V. → R 639, s 612

VRdS
Verband der Redenschreiber deutscher Sprache (VRdS) e.V. → S 1 261

VRFF
Vereinigung der Rundfunk-, Film- und Fernsehschaffenden → R 460

VRH
Verband der Reformwaren-Hersteller e.V. → F 226

VRKD
Verband Reisender Kaufleute Deutschlands e.V. → H 756

VRM
Vereinigung Rheinischer Molkereien GmbH & Co. KG → p 30

VRSp
Verein Rostocker Spediteure e.V. → m 114

VSA
Industrieverband Schornsteinbau und Abgastechnik e.V. → F 288

VSBI
Verband Scheidungsgeschädigter Bürgerinitiative gegen Kindesentzug und Unterhaltsmißbrauch e.V. → U 1 611

VSF
Verbund selbstverwalteter Fahrradbetriebe e.V. → U 2 652

VSG
Verband Selbständiger und Gewerbetreibender → U 821

VSH
Verband Straßengüterverkehr Hamburg e.V. → m 23, m 153

VSI
Verband der mitteldeutschen Spirituosen-Industrie e.V. → f 477

VSI
Verband der Softwareindustrie Deutschlands e.V. → F 374

VSI
Verband Selbständiger Ingenieure e.V. → S 908

VSIA
Verband Selbständiger Ingenieure und Architekten e.V. → S 917

VskE
Verband der Hersteller selbstklebender Etiketten e.V. → f 782

VSM
Verband für Schiffbau und Meerestechnik e.V. → f 45, F 802

VSOP
Verein für Sozialplanung e.V. → O 628

VSR
Verein Selbständiger Revisionsingenieure e.V. → S 995

VSR
Verein zum Schutze des Rheins und seiner Nebenflüsse e.V. → Q 640

VSV
Verband der Schaumstoff-Verarbeiter e.V. → F 614

VSVI
Vereinigung der Straßenbau- und Verkehrsingenieure in Berlin e.V. → s 900, s 1 004

VSW
Vereinigung der Sächsischen Wirtschaft e.V. → r 13

VSW
Vereinigung für die Sicherheit der Wirtschaft Hessen, Rheinland-Pfalz, Saarland e.V. → u 926

VSW NW
Verband für Sicherheit in der Wirtschaft Nordrhein-Westfalen e.V. → u 925

VSW-BW
Verband für Sicherheit in der Wirtschaft Baden-Württemberg e.V. → U 689, u 927

VSWN
Verband für Sicherheit in der Wirtschaft Norddeutschland e.V. → u 923

VSWNds
Verband für Sicherheit in der Wirtschaft Niedersachsen e.V. → u 924

VTDI
Verein Textildokumentation und -information e.V. → T 1 963

VTFF
Verband Technischer Betriebe für Film- und Fernsehen e.V. → O 176

VTG
Verband des Tankstellen- und Garagengewerbes in Deutschland e.V. → H 633

VTH
Verband der Teigwarenhersteller und Hartweizenmühlen Deutschlands e.V. → F 493

VTH
VTH Verband Technischer Handel e.V. → H 109

VTU
Vereinigung Trierer Unternehmer in der Region Trier e.V. → R 208

VUA
Verein für Umwelt- und Arbeitsschutz e.V. → Q 354

vub
Verband für Umweltberatung in Nordrhein-Westfalen (vub) e.V. → s 1 098

VUBD
Vereinigung umweltwissenschaftlicher Berufsverbände Deutschlands e.V. → S 1 552

VUBIC
Verband Unabhängig Beratender Ingenieure und Consultants e.V. → S 958

VUD
Verband der Unterhaltungssoftware Deutschland e.V. → F 375

VÜ
Verband der Übersetzungsbüros e.V. → S 1 415

V.U.E.
Verband unabhängiger Energie- und Umweltberater e.V. → S 923

VUP
Verein Unions-Presse e.V. → O 531

VVK
Verband Vollpappe-Kartonagen e.V. → f 776

VVL
Verein zur Förderung innovativer Verfahren in der Logistik e.V. → T 3 633

VVMD
Verband der Vertriebe von Musikinstrumenten und Musikelektronik in Deutschland e.V. → H 670

VV-Medien e.V.
Verbrauchervereinigung Medien e.V. → O 399

VVN-BdA
Vereinigung der Verfolgten des Naziregimes Bund der Antifaschisten → U 1 015

VVV
Verband Verbraucherorientierter Versicherungs- und Finanzmakler e.V. → S 1 579

VWA
Bundesverband Deutscher Verwaltungs- und Wirtschafts-Akademien e.V. → T 4 044

VWA
Verband der weiblichen Arbeitnehmer e.V. → R 456

VWA
Württembergische Verwaltungs- und Wirtschafts-Akademie → t 4 050

VWF
Verband der Wissenschaftler an Forschungsinstituten e.V. → T 392

VWG
Verband für Waffentechnik und -geschichte e.V. → U 3 088

VWI
Verband Deutscher Wirtschaftsingenieure e.V. → S 1 052

VWLZ
Verband Wohnraumleuchten-, Lampenschirm- und Zubehör-Industrie e.V. → f 772, r 161

VZBB
Verein der Zeitungsverleger in Berlin und Brandenburg e.V. → o 452, R 215

VZI
Verband der Zigarettenpapier verarbeitenden Industrie e.V. → f 779

W

wafg
Wirtschaftsvereinigung Alkoholfreie Getränke e.V. → F 385, r 134

WAK
Wirtschaftsakademie Schleswig-Holstein → T 4 125

wbz
Bundesverband des werbenden Buch- und Zeitschriftenhandels e.V. → H 567

W.D.K.
Wirtschaftsverband der deutschen Kautschukindustrie e.V. → f 36, F 583

WDR
Westdeutscher Rundfunk → o 273, O 323

WEG
Wirtschaftsverband Erdöl- und Erdgasgewinnung e.V. → f 27, F 376, R 90

WESTmbH
WESTmbH Wirtschaftsförderungs- und Entwicklungsgesellschaft Steinfurt mbH → U 383

WFD
Weltfriedensdienst e.V. → U 2 090, u 2 720

WFG
Wirtschaftsförderungsgesellschaft am Mittelrhein mbH → U 384

WFG
Wirtschaftsförderungsgesellschaft für den Kreis Coesfeld mbH → U 351

WFGW
Wirtschaftsförderungsgesellschaft für den Kreis Wesel mbH → U 417

WFV
Wirtschaftsförderverein „Märkisch-Oderland" e.V. → U 414

WGA
Wirtschaftsvereinigung Groß- und Außenhandel Hamburg e.V. → H 11

WGGT
Wissenschaftliche Gesellschaft für Gefahrguttransport e.V. → T 1 135

WGL
Wissenschaftsgemeinschaft Gottfried Wilhelm Leibniz e.V. → T 265

WGM
Wirtschaftsverband Großhandel Metallhalbzeug e.V. → H 91

WGP
Wissenschaftliche Gesellschaft für Produktionstechnik e.V., Berlin → T 1 074

WHL
Wirtschaftsverband Häute/Leder e.V. → H 80

WIdO
Wissenschaftliches Institut der AOK → T 868

WIFIS
Wissenschaftliches Forum für Internationale Sicherheit e.V. → T 1 371

WiGFaP
Wissenschaftliche Gesellschaft zur Förderung der Psychologie e.V. → T 2 446

WIK
Wissenschaftliches Institut für Kommunikationsdienste GmbH → T 3 680

WiSA
Wirtschaftsförderungsgesellschaft für das Land Sachsen-Anhalt mbH → U 393

WISEG
Wirtschaftsförderungs- und Strukturentwicklungsgesellschaft mbH → U 345

WJD
Wirtschaftsjunioren Deutschland → e 5

WKF
Wirtschaftsvereinigung Kräuter- und Früchtetee e.V. → F 443

WLAV
Arbeitgeberverband der Westfälisch-Lippischen Land- und Forstwirtschaft e.V. → q 31

WPC Deutschland
Wirtschaftspolitischer Club Deutschland e.V. → T 2 249

WPK
Wissenschafts-Pressekonferenz → O 432

WPV
Wirtschaftspublizistische Vereinigung → T 3 690

WSM
WSM Wirtschaftsverband Stahl- und Metallverarbeitung → f 48, F 244

WSMP
Wissenschaftliche Sozietät Musikpädagogik e.V. → O 144

WTB Hannover
Warenterminbörse Hannover Aktiengesellschaft → I 101

WUS
World University Service Deutsches Komitee e.V. → T 4 178

WVAO
Wissenschaftliche Vereinigung für Augenoptik und Optometrie e.V. → T 896

WVIB
Wirtschaftsverband Industrieller Unternehmen Baden e.V. → F 321

WVW
Wirtschaftsverband Windkraftwerke e.V. → L 31

WZB
Wissenschaftszentrum Berlin für Sozialforschung gGmbH → t 2 369

WZG
Wirtschaftszentrum Gronau → U 152

Z

ZAD
Zentralstelle für die Ausbildung im Detektivgewerbe → t 3 774

ZÄN
Zentralverband der Ärzte für Naturheilverfahren e.V. → S 171

ZAI
Zentrum für angewandte Informatik e.V. → T 886

ZALF
Zentrum für Agrarlandschafts- und Landnutzungsforschung (ZALF) e.V. → T 2 608

ZAV
Zentralstelle für Arbeitsvermittlung → k 360, U 3

zbb
Zentralstelle für Berufsbildung im Einzelhandel e.V. → h 310, T 3 898

zbb
Zentralstelle für Berufsbildung im Einzelhandel e.V. (zbb) Büro Köln → t 3 899

ZBF
Zentrale Bühnen-, Fernseh- und Filmvermittlung der Bundesanstalt für Arbeit → O 415

ZBI
Zentralverband der Ingenieurvereine e.V. → S 890

ZDAW
Zentralausschuß der Agrargewerblichen Wirtschaft → H 620

ZDB
Zentralverband des Deutschen Baugewerbe → G 161, u 437

ZDF
Zweites Deutsches Fernsehen → O 336

ZDG
Zentralverband der Deutschen Geflügelwirtschaft e.V. → q 234

ZDH
Zentralverband des Deutschen Handwerks → G 1

ZDI
Zentralverband Deutscher Ingenieure e.V. → S 915

ZdK
Zentralkomitee der deutschen Katholiken → U 2 379, u 2 754

ZDK
Zentralverband Deutsches Kraftfahrzeuggewerbe → H 594, R 100

zdm
Zentralverband Deutscher Milchwirtschaftler e.V. → q 315, Q 327

ZDNW
Zentralverband der Deutschen Naturwerkstein-Wirtschaft e.V. → F 937

ZDS
Zentralverband der Deutschen Schweineproduktion e.V. → q 232

ZDS
Zentralverband der deutschen Seehafenbetriebe e.V. → M 212

ZdS.
Zentralverband der Sozialversicherten - der Rentner und deren Hinterbliebenen Deutschlands e.V. → U 917

ZDS
Zentralverband Deutscher Schornsteinfeger e.V. Gewerkschaftlicher Fachverband → R 531

ZELLCHEMING
Verein der Zellstoff- und Papier-Chemiker und -Ingenieure e.V. → T 1 886

ZENAF
Zentrum für Nordamerikaforschung → E 723

ZEUT
Zentrum für Energie- und Umwelttechnik Wismar e.V. → T 1 052

ZEWU
Zentrum für Energie-, Wasser- und Umwelttechnik → g 63, T 1 051

ZeWW
Zentrum für Wissenschaftliche Weiterbildung → T 4 173

ZFD
Zentralverband der Medizinischen Fußpfleger / Podologen Deutschlands e.V. → S 460

ZFMK
Zoologisches Forschungsinstitut und Museum Alexander Koenig → T 2 719

ZFU
Staatliche Zentralstelle für Fernunterricht → T 2 244

ZGDV
Zentrum für Graphische Datenverarbeitung e.V. → T 3 891

ZGV
Zentralverband Gewerblicher Verbundgruppen e.V. → P 5

ZHH
Zentralverband Hartwarenhandel e.V. → H 651

ZiF
Zentrum für interdisziplinäre Forschung → T 4 177

ZIM
Zentrum für interaktive Medien e.V. → T 3 696

ZIV
Zweirad-Industrie-Verband e.V. → F 504

ZKA
Zollkriminalamt → A 194

ZKF
ZKF Zentralverband Karosserie- und Fahrzeugtechnik → G 414

ZMBH
Zentrum für Molekulare Biologie der Universität Heidelberg → T 1 910

ZMDI
Zentralstelle Medien, Daten und Informationen → A 110

ZMP
ZMP Zentrale Markt- und Preisberichtstelle für Erzeugnisse der Land-, Forst- und Ernährungswirtschaft GmbH → Q 304

ZMT
Zentralvereinigung medizin-technischer Fachhändler, Hersteller, Dienstleister und Berater e.V. → H 678

ZPID
Zentrum für Psychologische Information und Dokumentation → T 1 920

ZPO
Zentralverband politisch Ostgeschädigter e.V. → U 1 021

ZPT
Zentrale für Produktivität und Technologie Saar e.V. → U 186

ZPwN
Bund der Polen in Deutschland e.V. → E 656

ZSW
Zentrum für Sonnenenergie- und Wasserstoff-Forschung Baden-Württemberg → T 1 373

ZTG
Zentralverband des Tankstellen- und Garagengewerbes e.V. → H 635

ZUMA
Zentrum für Umfragen, Methoden und Analysen → t 2 414

ZVA
Zentralverband der Augenoptiker → G 130

ZVE
Zentralverband Eier e.V. → H 153

ZVEH
Zentralverband der Deutschen Elektrohandwerke → G 267

ZVEI
Zentralverband Elektrotechnik- und Elektronikindustrie (ZVEI) e.V. → f 25, F 333

ZVG
Zentralverband Gartenbau e.V. → Q 130

ZVI
Zentralverband der Ingenieure des Öffentlichen Dienstes in Deutschland e.V. → s 897

ZVK
Deutscher Verband für Physiotherapie - Zentralverband der Physiotherapeuten/Krankengymnasten (ZVK) e.V. → S 393

ZVK
Zentralverband des Kraftfahrzeughandwerks → G 451

ZVS
Zentralstelle für die Vergabe von Studienplätzen → U 2 680

ZVV
Zentralstelle für Video-Vermietung → S 1 170

Notizen

Suchwörter
Hinweise zur Benutzung des Suchwort-Verzeichnisses

1. Das Suchwort-Verzeichnis enthält **Sachbegriffe** und **Abkürzungen**.

   Beispiel: Der „Bundesverband Telekommunikation" ist unter dem Suchwort „Telekommunikation" zu finden.

2. Enthält die Bezeichnung einer Behörde oder Organisation mehrere Sachbegriffe, so wird an mehreren Stellen auf die Institutionen hingewiesen.

   Beispiel: Der Zweirad-Industrie-Verband e.V. (ZIV) ist sowohl unter dem Suchwort „Zweirad", als auch unter den Begriffen „Motorrad" und „Fahrrad" zu finden.

3. Die Bundes-Ministerien und -Behörden sind unter dem Suchwort „Bundes-" aufgeführt. Soweit erforderlich wird außerdem unter dem Sachbegriff auf sie hingewiesen.

   Beispiel: Hinweise auf das „Bundesministerium für Wirtschaft und Technologie" finden sich sowohl unter „Bundes-Ministerien" als auch unter „Technologie" und „Wirtschaft".

   Das „Bundeskartellamt" ist unter den Suchwörtern „Bundes-" und „Kartellamt" zu finden.

4. Die nach den Suchwörtern stehenden Buchstaben bzw. Kennziffern, verweisen auf die jeweiligen Verbände, die im Hauptteil nach Gruppen (A Bundes-Behörden bis IZ Internationale und europäische Zusammenschlüsse) und aufsteigenden Nummern veröffentlicht sind.

5. Vor den Kennziffern sind häufig Abkürzungen eingefügt (z. B. Hdw., Ind.). Diese Abkürzungen lassen erkennen, ob es sich bei der auf der angegebenen Seite aufgeführten Organisation um einen Industrie-, Handwerks-, Groß- oder Einzelhandelsverband oder um eine technisch-wissenschaftliche Vereinigung handelt.

6. Die Abkürzung IZ bedeutet, dass dort ein internationaler Zusammenschluß des betreffenden Wirtschafts- oder Berufszweiges aufgeführt ist.

Abkürzungen:

Ezhdl.	= Einzelhandel	Ind.	= Industrie
Großhdl.	= Großhandel	Inst.	= Institut
Hdl.	= Handel	IZ	= Internationaler Zusammenschluß
Hdw.	= Handwerk	TWV	= Technisch-Wissenschaftliche Vereinigung

A

AA → A 8
AAB → U 935
AÄGP → T 3 389
AAI → R 30
AAK → T 2 909
AAM → IZ F 2 134
Abbruch → Ind. F 54, Fachv. F 65
Abbruch-Verband, europ. → IZ F 883
ABDA → S 358
Abdichtungs-Technik → Hdw. G 249
Abdichtungsverband, intern. → IZ F 1 799
Abfall
– Entsorgung → D 136
– Technik → f 669
Abfallwirtschaft
– Bund der Ingenieure → s 892, S 1 036
– Europ. Föderation → IZ F 251
– Internationale Vereinigung → IZ F 1 753
– Kommunale Vereinigung → L 51
– Verband Kommunale → D 136
Abgas
– Sanierung, Güteschutz → U 678
– Technik u. Schornsteinbau → F 288
– Vorwärmer → Ind. f 853
ABI → T 3 803
AbL → Q 59
Abonnenten-Werbung → O 587
Abraham
– Inst., Karl → T 2 877
Absatz
– Förderungsfonds d. dt. Forstwirtschaft → H 306
– Förderungsfonds d. dt. Land- u. Ernährungswirtschaft → H 305
– Kreditbanken → I 80
– Wirtschaft → TWV T 2 182, Akad. T 3 765
Abschleppunternehmen → M 184, Int. Föderat. IZ M 157
Abstinenzverbände, Arb.-Gem. → U 1 941
A.B.U. → Q 389
ABV → O 445, S 914
ABVP → R 274
abw → F 836
Abwasser
– Biologische Gesellschaft → L 62
– Industrie → L 80
– Technik → T 871
ACA → R 451
ACD → M 278
ACE Auto Club Europa → U 1 104
ACEM → IZ F 2 164
ACI → S 1 591, IZ M 221
ACLI → R 446
ACME → IZ K 36
ACV Allg. Cäcilien-Verb. f. Deutschland → O 89
ACV Automobil-Club Verkehr → U 1 096
ACWW → IZ Q 125
ADAC → U 1 074, u 2 504
ADB → T 1 330, T 3 809
ADC → S 1 237, u 2 725
ADDE → IZ G 187
Adenauer-Stiftung → T 763
ADFC → U 1 108
ADG → T 3 887
ADI → U 25
Adipositas Dt. Ges. → T 3 279
AdJ → Q 131
ADK → F 895, R 97
AdKV → U 3 028
ADL → S 613
ADLAF Arbeitsgem. Deutsche Lateinamerika-Forsch. → E 745
ADM → O 532, T 2 470
Adolf-Grimme-Institut → t 4 105
Adoptiv- und Pflegefamilien, Bds.-Verb. → U 1 233
A.d.P. → T 2 852
AdR → S 1 513
ADRA → U 2 408
Adreßbuch
– Ausschuß → O 447
Adreßbuchverleger
– Verb. Dt. Auskunfts- u. Verzeichnismedien → O 448
Adressen-Verleger → O 532
ADS → R 539
ADTV → S 1 572
ADV → H 184, M 244
ADVENIAT-Aktion → U 2 073
Adventisten → U 2 408
Adventistische
– Entwicklungs- u. Katastrophenhilfe → U 2 408
Advent-Wohlfahrtswerk → U 1 744
AEAI → IZ K 43

AECMA → IZ F 2 058
AECNP/EANPC → IZ U 2
AEDT → IZ H 404
AEGRAFLEX → IZ G 73
AEH → U 1 338
AEI → T 2 352, IZ S 568
AEIAR → IZ Q 48
aej → U 1 477
AEK → L 24
AEL → L 20
AEMB → IZ H 191
ÄMM → T 2 804
AEROBAL → IZ F 628
Aeroclub
– Dt. → u 2 470
Aerodynamik, Inst. → T 1 266 ff
Aeroelastik, Inst. → T 1 266 ff
Aeronomie, Inst. → t 98
Aerosol
– Dosen - Hersteller IZ F 628
– Forschung → t 248
– Verband → IZ F 1 628, IZ F 1 817
Aerosole Industrie-Gemeinsch. → T 997
AERTEL → IZ F 764
Ärzte → IZ S 69, IZ S 83
– Afrika, fliegende v. → U 2 080
– Bund f. Umwelt- u. Lebensschutz → S 253
– Deutschlands → S 42
– Europäische → S 151
– gegen Tierversuche → Q 590
– Gemeinschaft f. med. Zusammenarbeit → S 252
– Gesellschaft f. Akupunktur, Dt. → S 175
– Gesundheitsdienst, öffentl. → R 732
– Homöopathische → T 2 768, T 2 781
– Kammern → S 22 ff
– f. Kinderheilkunde u. Jugendmedizin → S 164
– Kraftfahrverband → S 235
– d. Medizinaluntersuchungsämter → S 205
– Naturheilverfahren Zentralverb. S 171
– Notärzte, Arb.-Gem. → S 193
– öffentlicher Gesundheitsdienst → R 732
– Praktische u. fachliche → IZ S 69, IZ S 83
– Privatkrankenanstalten → S 226
– Recht, Arb.-Gem. → S 234
– Schaft, Arzneimittelkommission → S 75
– Schriftsteller- → S 1 259
– Seminar → Hamm-Boppard T 2 805, Neutrauchburg T 2 806
– soziale Verantwortung → Q 360
– u. Krankenkassen, Bundesausschuß → T 2 745
– Verbände, Bds.-Vereinig. → S 40
– Verbände d. besonderen Therapierichtungen → IZ S 68
– Verband, unabhängiger → S 233, IZ S 149
– Vereinigung f. Manuelle Medizin → T 2 804
– f. d. Verhütung d. Atomkrieges → Q 360
– Zahn- → IZ S 163
Ärztinnen, angestellte u. beamtete → S 60
Ärztinnenbund → S 59, IZ S 149
Ärztliche
– Fortbildung → S 251
– Ges. f. Verhaltenstherapie → T 3 430
– Hypnose → Dt. Ges. T 3 289
– Verrechnungsstelle (privatärztliche) → S 227
AESA → IZ R 309
AESCO → IZ T 971
AESGP → IZ F 948
AESOR → IZ R 308
AEU → R 239
AEV → K 179
AEVPC → IZ H 420
A.EX.E.A. → IZ S 648
AfAG → H 355
AFB → S 20, U 2 683
AfC → O 112
AFCASOLE → IZ F 2 483
AFECI → IZ F 2 390
AFECOR → IZ F 2 082
AFF → U 1 167
AFG → IZ F 2 135
AFG-Vereinigung → F 393
AFK → S 1 413
AFM → H 93
AFN → T 3 787
Afrika
– Arbeitskreis → E 377
– Forum → E 375
– Kollegium → E 378
– Kunde, Inst. → t 2 308
– Literatur, Ges. z. Förderung → S 1 202
– Süd Aktionsbündnis → U 935
– Verein → E 374
Afrikan. Staaten
– portugies. Sprache, Dt. Ges. → E 381
Afrikanische Kultur, Förderung → E 379

AFS → U 1 445
AFS-Interkulturelle Begegnungen → U 2 817
AfW → R 263
AG Song → S 1 316
AGA → O 587, R 197
AGAF → O 402
AGAFE → T 2 196
AGAH → T 3 285
AGAV → U 1 941
AGEG → D 206
AGEH → U 2 056
Agenten
– f. Schlachthaus- u. Molkerei-Erzeugnisse → H 751
Agentur(en)
– d. Atomenergie i. d. OECD → IZ W 4
– Energie, NRW → T 1 842
AGF → T 259, T 2 201
AGFW → L 36
AG-HFSt → U 1 646
AGJ
AG.MA → U 1 572
– → O 532, T 2 518
AGÖF → T 1 869
AGÖL → Q 173
AGP → H 185, U 3 060
AGPF → U 1 606
AGPLAN → T 2 219
AGQS → T 2 135
Agrar
– Alkoholerzeuger u. -bearbeiter → F 451
– Arbeiter → IZ R 312
– Bibliothekare u. Dokumentalisten → IZ R 270
– Diplom-Ingenieure → S 1 545
– Dokumentation u. Information → Q 125
– Entwicklung u. Internat. → T 2 586
– Erzeugnisse → Gütez. U 618
– Forschung, Arbeitsgem. → T 2 623
– Geschichte → T 2 652
– Gewerbliche Wirtschaft → H 619, Zentralausschuß H 620
– Hilfe (in Entwickl. Ländern) → U 2 065
– Industriegewerkschaft → R 307
– Industrieverband → F 177
– Information, Medien → Q 122
– Journalisten → S 1 354
– Landschaftsforschung → T 2 608
– Ökologie, ifta-CERT Inst. → T 2 141
– Ökologie, Pflanzenproduktion → T 2 624
– Ökonomie, Inst. → T 2 591, T 2 594
– Ordnung → Landesamt T 2 680
– Recht → T 3 515
– Soziale Ges. → T 2 596
– Technik → Bornim T 2 674, IZ T 681
– u. Umweltpolitik, Dt. Ges. → T 2 188
– Wirtschafter → IZ S 392
– Wissenschaftl. Gesellschaft → T 2 699
Agraringenieure → S 1 545
Agrikulturchemisches Inst. → T 2 670, T 2 671
AGS → O 715
AGSB → T 1 375
AGSVBL → U 2 021
AGSWN → S 193
AGU → Q 480
AGuM → K 178
AGVU → Q 358
AGWE → R 83
AHO → S 976
ahs → T 3 245
AHV → H 22
AIAG → IZ K 46
AIBI → IZ F 1 822, IZ F 1 823
AICA → IZ S 644
AICB → IZ U 312
AICCF → IZ M 36
AICV → IZ F 2 506
AID → T 2 698
AIDA → IZ T 873, IZ T 875
A.I.D.A.A. → IZ S 639
AIDS
– Aufklärung → T 2 747
– Beirat, Nationaler → T 2 746
– Hilfen → T 3 018
AIE → IZ F 1 775
AIECE → IZ T 573
AIEEA → IZ T 563
AIEP → IZ M 52
AiF → T 266
AIFLD → IZ F 2 478
AIG → f 678
AIH → IZ N 39
AIIC → IZ S 640
AIJA → IZ S 211
AIJP → IZ S 641
Aikido-Bund → u 2 533
AIK-Kohlhaas & Partner, Wirtschafts-Informationen → T 2 468

AIK-SH → S 790
AIM → IZ K 34, IZ U 92
AIOSP → IZ T 979
AIP → T 1 268
AIPCEE → IZ F 2 455
AIPCN → IZ M 195
AIPCR → T 3 657
AIPCR/PIARC → IZ M 120
AIPH → IZ Q 102
AIPPI → IZ U 116
Air Cargo Club Deutschland → M 278
Airtraffic League
– International → U 861
AIS → IZ F 1 707
AISAM → IZ K 38
AISP → IZ T 193
AIST → T 3 668
AIT → IZ N 43
AITA/IATA → IZ O 8
AIUFFAS → IZ F 1 830
AIW → O 540
AjBD → F 979
AJPAE → IZ S 647
AJuM → S 1 398
Akademie
– Absatzwirtschaft → Kassel O 567, T 3 765
– Allergologie u. Immunologie → IZ T 742
– Arbeit → TWV T 3 767
– Aussenhandels → T 3 895
– d. Bildenden Künste, Staatl. → S 1 171
– Bildungs- u. Sozialwerk e.V. → R 803
– Bürowirtschaft → T 3 946
– Chinesische Naturheilkunde → T 3 487
– Controller → S 784
– f. Datenverarbeitung → T 1 354
– Deutsche Angestellten → T 4 157, T 4 158
– Deutscher Genossenschaften → T 3 887
– f. Ernährungswissenschaften, Europ. → IZ T 629
– Europa → IZ T 879
– Export, Baden-Württemberg → T 4 124
– f. Arbeitsmedizin u. Gesundheitsschutz → T 3 942
– f. Technikfolgenabschätzung → T 864
– f. Finanz-Marketing → S 731
– Gastronomische → T 3 878
– f. Gestaltende Handwerke d. Handwerkskammer Aachen → T 4 142
– Gesundheitswesen → T 3 882
– Handwerk → G 85 ff
– Int. Congress → O 625
– Katholische, Leiterkreis → T 3 804
– f. Kinderheilkunde u. Jugendmedizin → T 2 783
– Klausenhof → T 4 182
– d. Künste → S 1 172, U 3 009
– f. Landeskunde, Dt. → T 3 739
– Landjugend → Ind. T 3 956
– Management → T 3 834
– f. Marketing + Medien → O 564
– Marketing-Kommunikation → O 562
– Natur- u. Umweltschutz → Q 447
– Naturschutz → u. Landschaftspflege T 3 980, T 3 981
– f. Neue Medien → T 3 693
– f.d. öffentl. Gesundheitswesen → T 3 883
– Phono → T 3 983
– Photographische → S 1 520
– Psychoanalyse → T 2 873
– Publizistik → T 3 686
– Raumforschung u. Landesplanung → T 3 801
– Rheinische → T 3 868
– d. Schönen Künste → T 4 141
– Sozial- u. Arbeitsmedizinische → T 4 031
– Sprache u. Dichtung → T 3 754
– steuerberatende Berufe → T 4 005
– d. Tanzes → U 2 853
– Telekommunikation → T 1 350
– Umwelt- u. Lebensschutz → T 4 159
– f. Weiterbildung → T 4 179
– Wissenschaften → Sächsische T 861, Nordrhein-Westf. T 863
– Wissenschaften u. Literatur → T 862
Akademien
– f. Kommunikation, Marketing u. Medien, Konferenz → O 545
– d. Wissenschaften, Konferenz → T 856
Akademiker → r 468
– Arbeit, kathol. → T 2 375
– Ges. f. Erwachsenenfortbildung → T 4 162
– weibliche → R 473, IZ S 564
Akademikerinnenbund (DAB) → R 473
Akademikerschaft i. Deutschl., Evangelische → U 1 259
Akademische
– Berufe, Hilfswerk → S 915 ff
AKAFRIK → E 377

AKFB → S 1 546
AKIK → U 1 599
Akkordeonlehrer-Verband → S 1 317
Akkreditierung intern. Betriebswirtschaftslehre → T 3 831
Akkumulatorenhersteller, Europ. → IZ F 2 416
AKN → G 469, Q 456
AKSB → T 3 807
Aktieninstitut, Deutsches → I 141
Aktion
– Bildungsinformation → u 1 127
– Biologische Medizin → T 2 850
– „Das sichere Haus" → U 1 391
– Funk und Fernsehen → U 1 167
– f. geistige u. psychische Freiheit → U 1 606
– Gemeinsinn → U 2 759
– Kirche u. Tiere → Q 587
– Lebensrecht f. Alle → U 1 637
– Mensch-Umwelt, Christl. → U 1 404
– Münsterland → D 205
– Psychisch Kranke → T 2 872
– Sonnenschein, Hilfe f. d. mehrfachbehinderte Kind → U 2 022
– Sorgenkind → U 1 743
– Sühnezeichen Friedensdienste → U 2 686
– zahnfreundlich → S 315
– zahnfreundlich International → IZ S 55
Aktionäre, Dachverband → U 722
Aktionär-Schutzgemeinschaft
Aktions → U 721
– Bündnis Afrika Süd → U 935
– Komitee Freier Verb., europ. → IZ U 669
– Komitee Kind im Krankenhaus → U 1 599
– Konferenz Nordsee → Q 456
– Kreis Eß- u. Magersucht, Cinderella → U 1 949
– Netzwerk, Pestizid → H 277
– Service Bürger in Europa → IZ U 591
– Tourismus → Europ. IZ U 591
– Werkstatt, -Jugend → Q 652
– Zentrum Umweltschutz Berlin → Q 482
Aktionsgemeinschaft
– Artenschutz → Q 405
– Bessere Umwelt → Q 389
– Dienst für den Frieden → U 2 686
– f. Energiesicherung u. Kerntechnik → L 24
– Evangelische → U 1 245
– Friedenswoche Minden → u 2 687
– luft- u. raumfahrtorientierter Unternehmen → F 688
– Marketing im Sanitätsfachhdl. → U 77
– Mut zur Selbständigkeit → R 200
– Solidarische Welt → U 2 058, u 2 688
– Umwelt, Gesundheit, Ernährung → Q 645
– Wirtschaftlicher Mittelstand → R 258
Aktive
– Apotheker u. Apothekerinnen → S 380
– Hausfrauen, Europ. Föderation → IZ U 177
– Vaterschaft → U 1 177
Aktiver Counter, Arb. Krs. → N 289
Aktives Alter, Verband → U 1 351
Aktivkohle, Hersteller → IZ F 2 136
Aktivspielplätze, Bund → U 2 762
Aktuare, Vereinigung d. unabh. u. freiberufl. → S 1 578
Aktuarverein → T 2 536
Aktuatoren, binäre → T 1 159
Akupunktur, Dt. Ärzteges. → S 175
Akustik
– Deutsche Ges. → T 1 044
– Normenausschuß VDI → T 1 258
Akustiker → TWV T 1 153
AKUT → Q 587
ALAI → IZ U 592
Al-Anon Familiengruppen → U 1 613
Alarmanlagen f. Brand, Einbruch u. Überfall → IZ F 2 453
Alateen Interessengemeinschaft → U 1 613
ALB-NRW → T 1 263
Albverein, Schwäbischer → Q 393
Alcide de Gasperi-Institut f. europ. Studien → IZ T 880
Alexander Koenig, Zoologisches Forschungsinst. u. Museum → T 2 719
AlfA → U 1 637
Alfons Goppel-Stiftung → T 739
Alfred Herrhausen Dt. Bank Stiftung → T 842
Alfred Toepfer Akademie
– f. Naturschutz → T 3 981
Alfred Toepfer Stiftung → T 737
Alfred-Wegener-Institut f. Polar- u. Meeresforschung → T 263
Alfred-Wegener-Stiftung → T 846
Alianza del Clima → Q 400
Alkohol
– u. Drogengefahren, Ges. gegen → U 1 953
– Hersteller → IZ F 466
– Vertriebsstellen → H 256

Alkoholfreie
– Getränke-Industrie → F 393
– Kultur, Dt. Frauenbund → U 1 303
alkoholhaltige
– Genußmittel, DIFA FORUM E.V. → U 3 120
Alkoholiker, Angehörige u. Freunde von → U 1 613
Alkoholiker, Anonyme → U 1 940
Alkoholismusvorsorge, Internat. Kommission → IZ U 308
Alkylbenzol, lineares, europ. Versuchszentrum → IZ F 1 585
Alleinerziehende, Hauptverband Selbsthilfeinitiative → U 1 209
– → U 1 217
Alleinerziehende Mütter und Väter
Alleinstehende
– Frauen → U 1 395
Allergie
– Diagnostik, Arbeits- u. Sozialmedizinische → T 2 748
– Forschung → T 3 280
Allergologie → IZ T 742
Allgäuer Emmentalerkäseverband → H 237, Q 308
Allgäuland-Käsereien → P 47
Allgemeine
– Geschäftsbedingungen, Gutachterausschuß → U 760
– Kreditsicherung Schutzgemeinschaften, deutsche → U 724
– Luftfahrt → M 243, Prüfverein T 2 130
– Lufttechnik → f 641
– Marktwirtschaft → Forschungsstelle t 2 295
– Rettungsverbände → U 1 910
– Überseeforsch. → Inst. t 2 304
– Verzinkung → IZ F 541
Allgemeiner
– Arbeitgeberverband Düsseldorf u. Umgebung → R 18
– Arbeitgeberverband Harz → R 20
– Ausschuß d. Ländl. Genossenschaftswesens d. EWG → IZ P 2
– Cäcilien-Verb. f. Deutschland → O 89
– Deutscher Automobil-Club ADAC → U 1 074, u 2 504
– Deutscher Fahrrad-Club → U 1 108
– Deutscher Hochschulsportverband → u 2 538
– Hilfsdienst → U 1 920
– Patienten-Verband → U 704
– Rettungsverband (ARV) → U 1 910
– Sängerbund, Dt. → U 2 849
– Verb. d. Int. Sportvereinigungen → IZ U 462
Allgemeinmedizin
– Ärzte, praktische → S 207
– Europ. Gesellschaft → IZ S 103
Allianz dt. Designer → S 1 219
ALM → O 409
Alpen, Schutzgem. → Q 592
Alpenländer, Arb.-Gem. → IZ Q 187
Alpenschutzkommission, Internationale → IZ Q 188
Alpenverein, Dt. → Q 593, u 2 471
Alpenverein, Dt., Jugend → U 1 502
ALPHA e.V. → T 1 930
ALPHA-Institut → t 2 471
Alpine-Moräne-Edelsplitt, Güteschutzgem. → t 2 086
Alpinistenvereine
– Int. Verb. → IZ U 568
ALR → G 635
ALROUND → F 688
Alt
– hilft Jung, Wirtschaft-Senioren → U 1 345
– Katholische Diakonie → U 2 386
– Katholische Frauen Deutschl. → U 1 242
– Katholische Kirche → U 2 380
– Lasten, Ingenieurtechn. Verband → S 1 050
– Lasten-Betroffene → Q 469
– Papier → Ind. F 727
– Papierverband, Europ. → IZ F 85
– Pfadfindergilden → U 3 127
– Philologen → R 845
Altbauerneuerung, Bundesarbeitskreis → T 2 128
Alte Musik, Ges. → O 93
Altenheimbewohner → U 888
Altenheime
– private → O 627
Altenhilfe → O 627, U 1 998
Altenpflege
– Dt. Berufsverband → S 103
Altershilfe, Deutsche, Kuratorium → T 823
Alterskasse-Gartenbau → K 331
Altersversorgung(s)
– Betriebliche → K 365
– Einrichtungen, öffentl.-rechtl. → K 365

Fortsetzung nächste Spalte

Altersversorgung(s) (Fortsetzung)
– Europ. Bund → IZ I 44
– Gartenbau → K 331
– Kommunale u. Kirchliche → K 386, K 389
– Landwirtsch. → K 331
– Versicherungspool → IZ K 93
Altertums
– Freunde im Rheinland → T 3 708
– Mommsen-Gesellschaft → T 3 711
– Verein, Württembergischer → T 3 712
– Vereine → T 3 746
Altherrenschaft d. Ingenieurakademie Hannover → s 905
Altholz
– Aufbereiter → F 577
Altöl, Bundesverband → H 298
Aluminium
– Aerosoldosen → Hersteller IZ F 628
– Anodisiertes → Gütegem. U 538
– Bauteile, stückbeschichtete, Gütegem. → U 660
– Fenster, -Fassaden u. -Haustüren → Gütez. U 568
– Hütten → F 697 ff
– Industrie → F 697
– Oberflächenveredelung → F 712
– Raffineure → IZ F 1 894
– Sekundärhütten → F 697
– Vereinigung, Europäische → IZ F 248
ALV → U 1 639
Alzheimer, Gesellschaft, Dt. → T 3 028
AMA → T 1 291
Amateur-Box-Verband → u 2 482
Amateurfotografen-Vereine → U 2 767
Amateurfunk, Runder Tisch → U 3 105
Amateurfunkfernsehen, Arbeitsgem. → O 402
Amateur-Radio-Club → U 3 108
Amateurrugby, Int. Vereinigung → IZ U 490
Amateurtheater
– Bund Dt. → O 35
– Internationale → IZ O 8
Ambulante
– Behandlungsstellen f. Suchtkranke/Drogenabhängige → U 1 952
– Dienste → U 1 897
AMD → U 3 128
American Chamber of Commerce in Germany → E 365
American Football Verband Deutschland → u 2 472
Amerika
– Gesellschaft e.V. → E 726
– Studien → Dt. Ges. E 724
Amerikanisch
– Europäischer Gemeinschaftsverband → IZ U 593
AMFEP → IZ F 2 139
AMG → T 1 138
AMH → T 3 701
Amino-Carboxylaten, Hersteller, europ. Ausschuß → IZ F 889
Aminoplastleimen, Hersteller → IZ F 2 137
AMK → Berlin o 599
amnesty international → U 1 816
AMÖ → M 81
AMP → R 211
AMS → U 77
Amtliche
– Spanische Handelskammer → E 341
– Veröffentlichungen der EG → IZ A 187
Amtsanwaltsverein, Dt. → R 799
AMU → R 269
AMVB → R 833
Anästhesiologie, Dt. Ges. → T 3 282, IZ S 164
Anästhesisten → S 41
Analysenmethoden
– Pflanzenschutzmittel → IZ T 299
Analytik u. Umweltforschung, Berliner Inst. → T 1 834
Analytische
– Chemie → TWV T 984
– Kinder- u. Jugendlichen-Psychotherapeuten → S 438
Anbaubalkone, Gütegem. → U 545
Anbieter
– v. Telekommunikations- u. Mehrwertdiensten → T 1 345
Andrologie → Dt. Ges. T 3 284
Anerkannte
– Berufsfachschulen für Gymnastik u. Sport → u 2 544
– Kfz-Sachverständige → S 1 089
– Sachverständige, Europ. → IZ S 648
ANGA → O 384
Angehörige u. Freunde von Alkoholikern → U 1 613
Angelegenheiten, Internationale → T 3 609

Angestellte(n)
– Ärztinnen u. Ärzte → S 60
– Akademie, Dt. → T 4 157, T 4 158
– Akademiker → r 468
– Bank → R 458
– Bundesversicherungsanstalt → A 133
– Chemiker → S 1 055
– Eisenindustrie → r 469
– Führungskräfte → r 470
– Gesamtverband Dt. Angestellten → R 419
– Gewerkschaft, Jugend → U 1 500
– Kammer Bremen → R 474
– Kraftwirtschaft, Leitende → r 470
– Krankenkassen → K 160, Arb.-Gem. unabhängiger Mitgliedergemeinsch. K 178
– Leitende → R 467
– Rechtsanwalt u. Notariat → S 555
– Rentenversicherung → K 329
– Schiffahrt → R 532
– Sozialversicherungs- → R 618
– Stahlind. → r 469
Angewandte
– Arbeitswissenschaft → T 2 193
– Botanik → T 927, T 2 618
– Chemie → T 1 917, IZ T 165
– Datentechnik → TWV T 1 266 ff
– Elektrochemie → T 984
– Festkörperphysik, Inst. → t 190
– Forschung u. Entwicklung u. Mitgl. d. FH Wiesbaden → T 2 196
– Humanpharmakologie → T 3 285
– Informatik → T 886, T 2 705
– Informationswissenschaften → T 1 919
– Kosmetik, Dt. Ges. → T 993
– Materialforschung, Inst. → t 221
– Mathematik u. Mechanik → T 1 943
– Mechanik → IZ T 168
– Mikrobiologie → T 2 570
– Naturwissenschaften → T 260
– Optik u. Feinmechanik → t 203
– Physik → T 166
– Polymerforschung → t 223
– Sozialforschung → t 2 402
– Sozialwissenschaft → t 2 382
– Soziologie → t 2 374
– Verbindungstechnik, Ges. → T 1 929
– Verbraucherforsch. → t 2 403, T 2 529
– Wirtschaftsforschung, Inst. → t 2 298
– Wirtschaftswissenschaften, Inst. → T 2 356
– Zoologie → T 2 718
Anglo-German Association → E 475
Angolanisch
– Deutsche Ges. → E 384
Anhänger, Ind. → IZ F 2 186
Animal Protein → IZ H 39
Animationsfilm
– Verb., Int. → IZ O 32
ANKRA → H 669
Anlage
– Beratung → S 729
– Vermögen, Europ. Gruppe d. Bewerter → IZ S 651
Anlagenbau → VDMA F 629
– Stiftung → T 742
Anlagensicherheit → T 1 951
Anlagentechnik
– TÜV Rheinland, Zertifizierungsstelle → T 2 151
Anodische Oxidation → Gütez. U 538
ANOG → Q 198
Anonyme
– Alkoholiker, Interessengem. → U 1 940
– Eßsüchtige Deutschland → U 1 948
– Spieler -GA- → T 3 494
ANS → T 1 369
Anschlagmittel-Fachverband → H 283
Anschlußgleise-Benützer → IZ M 52
Anstaltsleiter im Strafvollzug, Bundesvereinig. → S 594
Anstreicher → Hdw. G 503, IZ G 166
Anstrichstoffe → TWV Pigmente T 984
Anthropologie → biologische T 2 750
Anthropoökonomie
– Forschungsstelle → T 2 460
Anti-Apartheid-Bewegung i. d. BR Deutschl. u. West Bln. → U 935
Antifaschisten, Bund → U 1 015
Antik Modellflugfreunde Deutschland → U 3 128
Antiquare → H 573
Antiquariats-Buchhändler → IZ H 496
Antiquitäten → Ezhdl. H 610
Antriebe, Elektrische → f 348
Antriebs
– Elemente → IZ F 1 415
– Luftstrahl-, Inst. → T 1 266 ff
– Raketen-, chem., Inst. → T 1 266 ff
– Systeme (Luft- u. Raumfahrt) → T 1 266 ff
– Technik → f 642, TWV t 268

ANW → S 1 372
Anwälte → IZ S 209, IZ S 211
– Vereine → Republikanischer S 560, IZ S 209
Anwaltschaften, Rat d. EG → IZ S 213
Anwaltsgerichte → B 853 ff
Anwaltsgerichtshöfe → B 853 ff
Anwaltsverein, europ. → IZ S 208
Anwendung d. Mikroelektronik, Dt. Forschungsges. → t 332, T 1 162
Anwendungsorientierte
– Betriebswirtschaft → T 2 190
– Wissensverarbeitung → T 850
Anzeigenblätter → Bds. Verb. O 444, O 532
Anzeigenverwaltungen f. IHK-Zeitschriften i. Baden-Württemberg → E 13
AOK, Wissenschaftliches Inst. → T 868
AOK-Bundesverband und Landesverbände → K 78
AOPA-Germany Verband, Allg. Luftfahrt → M 243
APA → E 397
APEC → IZ T 899
APED → U 2 069
Apfelwein → Keltereien F 437
APFIC → IZ W 1
Aphasiker, Rehabilitation, Bundesverb. → T 2 959
APHV → H 326
API → IZ F 2 142
APIMONDIA → IZ Q 101
APM → U 1 164
APME → IZ F 2 322
Apotheken, Soziale → IZ T 837
Apotheker → S 340 ff, S 381
– Arzneimittelkommission → S 382
– Assistenten, Bds.-Verb. → U 919
– GADA-Gemeinschaft → S 380
– Krankenhaus → S 383, Europ. Vereinig. IZ S 102
– Krankenhausversorgende → S 384
– öffentl. Dienst → S 385
– Pharmaz. Ind. → IZ S 63
– Verbände, Bds.-Vereinigung → S 358
– Verband, Deutscher → S 360
– Wissenschaft, Ind. u. Verwaltungen → S 378
– Zusammenschluß in der EU → IZ S 183
Apparate
– Wesen chem. → t 281, Dt. Ges. T 991
APR → O 407
apT → U 2 442
APV → T 2 846
AQS → F 859
Aquarienkunde → Q 489
ARA → Q 403, U 2 791
Arabisch Deutsche Vereinig. GHORFA → E 386
Arabisches
– Friedenswerk, Deutsch- → U 2 723
Arbeiter
– d. audiovisuellen Ind., Internat. Gewerkschaftsausschuß → IZ R 283
– Bau- → IZ R 65
– Bewegung, Kath. → u 1 142
– Bildung → IZ U 809
– Christl. → IZ R 311
– Ersatzkassen → K 179
– Fotografie → U 2 766
– Holz- → IZ R 65
– Jugend, Internat. Christl. → IZ U 201
– Rentenversicherungen → K 305
– Samariter-Bund → U 1 876
– Samariter-Jugend Deutschland → U 1 473
– Schutzartikel → Ind. F 983
– Sozial- → IZ R 273
– Transport- → IZ R 269
– Wohlfahrt, Bds. Verb. → u 1 128, U 1 709
– Wohlfahrt, Bundesjugendwerk → U 1 503
Arbeitgeberverbände
– Banken (private) → R 32
– Bauind. → R 49
– Bekleidungsind. → R 49
– Bundesvereinigung → R 1 ff
– Cigarettenind. → R 75
– Düsseldorfer → R 19
– Eisen- und Metallind. → R 82, Bochum u. Umgebung R 118
– Eisen- und Stahlind. → R 78
– Eisenbahnen, Berg- u. Seilbahnen, Kraftverkehrsbetriebe → R 79
– Elektroindustrie → R 119
– Emscher-Lippe → R 21
– Energie- u. Versorgungsunternehmen → R 83
– Europäische Union → IZ F 1 949
– Fachverbände → r 2 ff
– Finanzdienstleistende Wirtschaft → R 263

Fortsetzung nächste Spalte

Arbeitgeberverbände (Fortsetzung)
– Freier Architekten u. Ingenieure → R 30
– Freier Berufe → S 20
– gärtnerische Unternehmen → R 92
– Genossenschaftl., Nieders./Bremen/Sachsen-Anh./Thüringen/Berlin/Brandenburg → R 99
– Genossenschaftliche → R 98
– Gesamttextil → R 182
– Glasindustrie → d. Dt. R 93
– Groß- u. Außenhandel → H 7 ff
– Internationale → IZ R 62
– Kalkind. → R 96
– Kautschukind. → R 97
– Kommunale → R 277 ff
– ländl. Genossensch. → R 91
– Land- u. Forstwirtschaftliche → Q 23
– Metallind. → R 103 ff, IZ R 64
– Mühlenindustrie → R 146
– Nahrung u. Genuß → R 122 ff
– Papierind. → R 148 ff
– Raiffeisenbanken → R 101
– Regionale Verbände → r 2 ff
– Schrott-Recycling-Wirtschaft → R 120
– Selbständiger Ingenieure u. Architekten → R 31
– Steine und Erden → R 96
– Tanklagerbetriebe → R 166
– Verkehrsbetriebe → R 183
– Verkehrsgewerbe Nordrhein → M 174
– d. Verlage u. Buchhandlungen Berlin-Brandenburg → R 185
– Versicherungen → R 184
– Volksbanken → R 101
Arbeitgeberverband
– Harz, Allg. → R 20
– u. Berufsverb. Privater Pflege → R 274
Arbeitnehmer
– Ausländische, Sprachverb. → U 1 421
– Bewegung, Christl. → u 1 142, kath. IZ R 311
– Bewegung, kath., Frauen Westdeutschl. → R 447
– d. Bundeswehr → R 641
– Lohnsteuerhilfeverein → U 910
– Organisation → IZ R 247, IZ R 313
– Organisationen, evang. → R 449
– Verband, Dt. → R 454
– Verband, land- u. ernährungswirtschaftl. Berufe im CGB → R 417
– Weibliche → R 456
– Weltverband → IZ R 313
Arbeitnehmerinnen in der Hauswirtschaft, Kath. → R 448
Arbeitnehmerschaft, Christl.-Demokratische → R 452
Arbeit(s)
– Amt → K 349, internat. IZ V 17
– Ausschuß Ausbauhandwerk → G 207
– Ausschuß Bauwirtschaft → G 160
– Bedingungen, Verbesserung, Europ. Stiftung → IZ A 193
– Bereich Medienforsch. → T 2 617
– Bundesanstalt → K 349, Beamte R 622
– Bundes-Minister → A 20
– Europ. Zentrum → IZ T 556
– Gemeinschaft (s. unten)
– Genossenschaften, Europ. Komitee → IZ P 24
– Gericht, Bds. → A 373
– Gerichte d. Länder → B 683 ff
– Gerichtsverband → T 3 521
– Gestaltung → REFA T 3 985
– Gruppe (s. unten)
– Hygiene → Dt. Ges. T 881, T 882
– Kammer d. Saarlandes → R 475
– Kreis (s. unten)
– Losen (s. unten)
– Markt- u. Berufsforschung → TWV t 2 297, t 2 425
– Mediziner → S 231
– Medizinische Akademie → T 4 031
– Medizinische Allergiediagnostik → T 2 748
– Medizinisches Zentrum, Berufsgenossenschaftl. → K 376
– Methodik, Ges. → T 3 768
– Organisation, Intern. → E 759, IZ V 17
– Physiologie u. Arbeitsschutz, Forschungsges. → T 1 242
– Platz, Gesundheitsschutz u. Sicherheit, Europ. Agentur → IZ A 190
– Rechtliche Vereinig. öffentl. Verwaltungen, Betriebe u. gemeinwirtschaftl. Unternehmungen in Berlin → R 277
– Ring Ausland f. kulturelle Aufgaben → U 2 791

Fortsetzung nächste Spalte

Arbeit(s) (Fortsetzung)
– Schutz → Verein Q 354, Landesanstalt T 1 073
– Sicherheit → T 3 999, Fachschule T 4 000
– Situation, Kommunikationszentrum f. Frauen → U 1 299
– Soziale → t 2 424
– Sozial-Kulturelle → U 2 811
– Staatsbürgerliche → T 2 204
– Studium → T 3 999
– Therapeuten → S 425
– Wirtschaft → u. Organisation, Inst. t 204
– Wissenschaft → Forstl. T 2 705, Forstl. T 2 706
– Wissenschaft, forstliche, Inst. → T 2 716
– Wissenschaften, Intern. Verb. → IZ T 194
– Zukunft, Forschungsinst. → T 2 350
Arbeitsgemeinschaft
– Abonnentenwerbung → O 587
– Alpenländer → IZ Q 187
– f. angewandte Forschung u. Entwicklung u. Mitgl. d. FH Wiesbaden → T 2 196
– d. Arbeitgebervereinigungen im ländl. Genossenschaftswesen → R 91
– d. ARD-Werbegesellschaften → O 590
– f. Arzneimittel-Sicherheit → T 3 636
– Außenhandel → T 3 702
– Außenwirtschaft d. Dt. Wirtschaft → H 170, T 3 702
– Außeruniversitärer historischer Forschungseinrichtungen i.d. BR Deutschland → T 3 702
– bäuerliche Landwirtschaft → Q 59
– Baufachverlage → O 445
– d. Beamten d. gehobenen Dienstes bei den Finanzzentren d. Bundes → R 806
– Behinderte i. d. Medien → U 2 017
– Berufstätiger Frauen i.d. Christl.-Demokrat. Arbeitnehmerschaft → R 453
– Biotechnologie → T 992
– d. Bischöfl. Pressereferenten → O 468
– Braugersten → Q 154
– d. Bundesautobahntankstellen → H 648
– Christl. Arbeitnehmer-Org. → R 451
– d. IHK in Thüringen → E 231
– d. öffentl.-rechtl. Rundfunkanstalten → O 272
– Demokratischer Bildungswerke → T 3 806
– d. Deutschen Zahnärztekammern → S 255
– Deutscher Abstinenzverbände → U 1 039
– Deutscher Agraralkoholerzeuger u. -bearbeiter → F 451
– Deutscher Chorverbände → O 104, u 2 725
– Deutscher Frauen- u. Kinderschutzhäuser → U 1 597
– Deutscher genealogischer Verb. → U 1 174
– Deutscher Junggärtner → Q 131
– Deutscher Luftfahrt-Unternehmen → M 242
– Deutscher Milchhandelsverbände → H 630
– Deutscher Patentinformationszentren → T 1 902
– Deutscher Rinderzüchter → Q 308
– Deutscher Rübenbauerverbände → Q 218
– Deutscher Schwesternverbände u. Pflegeorganisationen → R 539
– Deutscher Stenographie-Systeme → T 3 945
– Deutscher Tierzüchter → Q 229
– Deutscher Viehzentralen → H 184
– Deutscher Waldbesitzerverbände → Q 266
– „Die Moderne Küche" → F 578
– diözesanen AV-Medienstellen → O 267
– Dt. Kunstvereine → U 3 028
– Dt. Saxophonisten → O 116
– Elektronenoptik → T 1 003
– d. Elterninitiativen → U 1 606
– Energiebilanzen → T 1 310
– f.d. Entwicklung v. Qualitätssystemen → F 859
– f. Entwicklungshilfe → U 2 056
– Entwicklungsländer → U 2 045 → S 567
– erstinstanzliche Richter im Bundesdienst
– d. Europäischen Anerkannten Sachverständigen → IZ S 648
– Europäischer Grenzregionen → D 206, IZ U 594
– Europäischer Trocknungsbetriebe → IZ F 13
– f. biol.-dynam. Landbau → Q 83
– d. Fachverbände des Bad.-Württ. Handwerks → G 108
– Fernwärme → L 36
– Förderung u. Entwicklung d. internat. Straßenverkehrs → T 3 668
– z. Förderung d. Qualitätsgerstenbaues im Bundesgebiet → Q 158

Fortsetzung nächste Spalte

Arbeitsgemeinschaft (Fortsetzung)
– Frankfurter Konferenzdolmetscher → S 1 413
– Freier Architekten u. Ingenieure → R 30
– Freier Stillgruppen, Bdsverb. → U 1 445
– Freikirchlicher Chorwerke in Europa → O 112
– Friedhof u. Denkmal → U 3 056
– d. gärtnerischen Arbeitgeberverbände → R 92
– Gentechnik → S 2 552
– d. Geschäftsstellenleiter v. Verwaltungsgemeinschaften u. Einheitsgemeinden → S 1 586
– Gewerbliches Geschirrspülen → F 317
– Golden Toast → U 19
– Grundbesitzer → U 851
– d. Handwerkskammern → G 7 ff
– Hauptfürsorgestellen, Dt. → U 1 646
– d. Haushüter-Agenturen → O 648
– Heiz- und Wasserkostenverteilung → F 1 033
– d. Hersteller u. Verleger v. Glückwunschkarten → f 783
– Historischer Kommissionen u. Landesschichtlicher Institute → T 3 718
– humane Sexualität → T 3 245
– industrielle Forschungsvereinigungen → T 266
– Industriegruppe → BDI f 34
– Interparlamentarische → U 2 654
– Jugendhilfe → U 1 572
– Jugendliteratur u. Medien in der GEW → S 1 398
– Junggärtner → Q 131
– f. juristisches Bibliotheks- u. Dokumentationswesen → T 979
– Kartoffelforschung → T 2 574
– Katholischer Frauen-Verbände u. -gruppen → U 1 240
– kath.-soz. Bildungswerke i. d. BRD → T 3 807
– Keramischer Ind. → BDI f 37
– Kino → O 188
– komm. u. kirchl. Altersversorgung → K 389
– Komm. Versorgungsuntern. z. Förd. rationeller, sparsamer u. umweltschonender Energieverwendung → D 193
– d. Kriegsopfer u. Kriegsteilnehmerverbände → U 1 039
– d. Länder z. Reinhaltung d. Rheins → Q 641
– d. Landesmedienanst. i.d. BRD → O 409
– Lateinamerika, Verein z. Förderung d. Tourismus nach Lateinamerika → E 746
– d. Leiter musikpädagogischer Studiengänge i. d. BR Deutschl. → O 143
– Literarische Gesellschaften → U 3 013
– Luftschadstoffe, München → T 1 868
– Mauerziegel → F 948
– MBK → U 3 117
– Media-Analyse → O 532, T 2 518
– d. Medienzentren an Hochschulen → T 3 701
– d. mittleren vermessungstechn. Dienstes bei d. Deutschen Bahn AG → R 833
– f. Müttergenesung → U 1 274
– Musik i.d. evangel. Jugend → U 1 248
– d. Musikakademien, Konservatorien u. Hochschulinstitute → O 127
– Nachwuchsförderung in Film u. Fernsehen → O 414
– f. naturnahen Obst-, Gemüse- und Feldfrucht-Anbau → U 173
– Neuer Dt. Spielfilmproduzenten → O 224
– Nürnberg-Pyhrn-Adria → U 3 126
– Ökologischer Landbau → Q 173
– Ökologische Forschungsinstitute → T 1 869
– Parlaments- u. Behördenbibliotheken → T 978
– Partnerschaft i.d. Wirtschaft → U 3 060
– Pflasterklinker → F 949
– PhysioMedizin → T 2 568
– d. Polizeipräsidenten → R 830
– Private Entwicklungsdienste → U 2 069
– Privater Rundfunk → O 407
– Publikumsverlage → O 431
– PVC u. Umwelt → Q 610
– Rechts- u. Staatswissenschaftl. Verleger → O 517
– Regenwald u. Artenschutz → Q 403
– regionale deutsch-niederl. Rheingrenzgebietes → D 221
– regionaler Energieversorgungs-Unternehmen → L 18
– Reise- u. Versandbuchhandel → H 577
– d. Restauratoren → S 1 513

Fortsetzung nächste Seite

Arbeitsgemeinschaft (Fortsetzung)
– Schadenversicherer z. Schadenabwicklung → K 385
– Schiefer → f 131, F 143
– Schuhe/Leder → F 829
– Schwerbehindertenvertretungen d. Bundes u. d. Länder → U 2 021
– Selbständige Industrie-Designer → S 1 066
– Selbständiger Unternehmer → R 191
– Selbsthilfegruppen, Dt. → U 909
– Solartechnik Bergstraße → T 1 375
– d. Sonderabfall-Entsorgungs-Gesellschaften d. Länder → O 715
– d. Sozialdemokratinnen u. Sozialdemokraten im Gesundheitswesen → S 1 519
– Sozialdemokratischer Frauen → U 2 269
– Sozialwissenschaftlicher Institute → T 2 359
– sparsamer u. umweltfreundl. Energieverbrauch → T 1 050
– Spezialbibliotheken → T 980
– Spiel u. Theater, Kathol. → O 67
– Spina bifida und Hydrocephalus → T 2 910
– Stadtteilkultur → U 3 022
– Staub- u. Silikosebekämpfung → T 870
– Stiftungen → T 721
– d. Tierversicherungsvereine → K 8
– f. Tropische u. Subtrop. Agrarforschung → T 2 623
– f. Umwelt- u. Landschaftspflege → Q 653
– Umweltfragen → Q 480
– unabhängiger Betriebsangehöriger → R 581
– Unabhängiger Mitgliedergemeinsch. der Angestellten-Krankenkassen → K 178
– Unabhängiger Versicherungsmakler → K 372
– Unabhängiger Versorgungseinrichtungen → K 384
– Urlaub u. Freizeit a.d. Lande → N 63
– v. Jugendbuchverlagen → O 438
– d. Verbände d. Europ. Schloss- u. Baubeschlagind. → IZ F 24
– Verpackung u. Umwelt → Q 358
– von Versicherungsunternehmen f. Fragen d. Kraftfahrt-Versicherung → K 4
– d. Versicherungsvereine auf Gegenseitigkeit → K 6
– Wärmebehandlung u. Werkstofftechn. → T 1 150
– Wasserwerke Bodensee-Rhein → IZ Q 190
– d. Wasserwerke an der Ruhr → L 59
– f. Wirkstoffe i. d. Tierernährung → F 416
– f. wirtschaftl. Verwaltung → T 2 239
– wissenschaftl. Inst. d. Handwerks i. d. EG-Ländern → IZ T 237
– wissenschaftl. Literatur → U 3 017
– d. Wissenschaftl. Med. Fachgesellschaften → T 3 278
– Wissenschaftl. Sortimentsbuchhandlungen → H 574
– Wohnbau-Modernisierung → G 205
– Wohnberatung → U 21
– Woll-Kämmerei → F 980
– Zahntechnik, Pädagogische → R 517
– Zeitgemäßes Bauen → G 204
– Ziegeldach → F 946, T 3 678
– zur Reinhaltung der Weser → Q 638

Arbeitsgruppe
– Artenschutz Thüringen → Q 406
– strukturelle Molekularbiologie → t 142

Arbeitskreis
– Afrika → E 377
– Aktiver Counter → N 289
– Badewannen → F 836
– Berufsbildung → Ezhdl. H 528
– Bild- u. Kunstbuchverlage → O 433
– Bild u. Ton → O 412
– Bodenschutz → T 2 695
– Computer im Chemieunterricht → T 996
– deutscher Bildungsstätten → T 3 809
– Deutscher Forstbaumschulen → Q 99
– Deutscher Kunsthandelsverbände → H 618
– Deutscher Markt- und Sozialforschungsinstitute → T 2 470
– DOWN-SYNDROM → T 3 227
– Dresdner Informationsvermittler → U 25
– Elektronisches Publizieren → O 435
– Ernährungswirtsch. → T 2 700
– Europ. Integration → T 2 352
– Film, Berliner → O 236
– Finanzinformation → U 2
– z. Förderung v. Pflegekindern → U 1 574
– Forstliches Berufsbild → S 1 546
– freier Sanitär-Röhrenhändler → H 274
– gemeinsame Kulturarbeit bayer. Städte → U 3 025

Fortsetzung nächste Spalte

Arbeitskreis (Fortsetzung)
– Gruppenpsychotherapie u. Gruppendynamik → T 2 879
– Hauptschule, z. Förd. nichtgym. Bildungsgänge → T 2 191
– Industrie-Landwirtschaft Hessen → Q 124
– f. Jugendmusik, Süddt. → O 85
– Kulturstatistik → U 2 858
– d. Länder, Sparkassen, Girozentralen, Landesbausparkassen → T 2 533
– d. Landschaftsanwälte → S 613
– Lernen u. Helfen in Übersee → U 2 066
– Mittelständischer Pharmaunternehmen → R 211
– Moderne Getränkeverpackung → T 1 138
– Moderne Graphik → U 3 096
– Musik → O 120
– Musik i. d. Jugend → O 75
– Musikpädagogische Forschung → O 145
– Nordbayerischer Wirtschaftsjournalist(inn)en → S 1 372
– Norddeutscher Lebensversicherer → K 20
– Organspende → T 2 888
– d. Pankreatektomierten → T 2 852
– Prägefoliendruck → T 3 776
– Qualitätsdaune → U 534
– Rauchen u. Gesundheit → T 3 498
– Rundfunk-Empfangsanlagen → O 385
– Schulinformation Energie → L 23
– f. Schulmusik u. allgem. Musikpädagogik → O 131
– Selbständiger Kultur-Inst. → U 2 814
– f. Siebenbürgische Landeskunde → T 3 741
– Sternfreunde Lübeck → T 1 276
– Studiengesellschaft f. Holzschwellenoberbau → T 1 155
– Technologietransfer → U 190
– Textilunterricht → T 3 798
– Umwelt → Q 169
– Umweltpresse → Q 661
– f. Umweltrecht → T 3 518
– Verkehr u. Umwelt → Q 658
– Vertretervereinigungen d. Dt. Assekuranz → K 38
– Werbemittel → O 594
– d. Westdeutschen Lebensversicherer → K 21
– f. Zahnheilkunde → S 176
– Zentraler Jugendverbände → U 1 475

Arbeitslose, Dt. Hilfe für Kinder von → U 1 610
Arbeitslosenverband Deutschl. → U 1 639
Arbeitslosenversicherungen → K 349
Arbeitsmarkt
– u. Beschäftigungsentw., Brandenburg. Inst. → t 2 379
Arbeitssportverb., int. → IZ U 504
ARCD → U 1 094
Archäologen-Verband, Dt. → R 477
Archäologie, Dt. Inst. → A 118
Architekten
– Arbeitgeberverband → R 30
– Baugewerbliche → S 845
– Berufsorganisationen → S 790 ff
– Bund → S 807 ff
– Deutsche, Stiftung → T 832
– Dt. Verband → S 824
– Europäische Vereinigung → IZ S 652
– Freischaffende → S 832 ff
– Junge, Bund d. Freunde u. Förderer → S 844
– Selbständige → Arb.-Geberverb. R 31, S 917
– TWV → IZ S 565, IZ S 567
Architektur
– Forsch. Inst. → T 1 890
– Intern. Ges. → IZ O 11
– Materialforschungs- u. Prüfanstalt → t 2 052
Archiv
– Bds.- → A 218
– f. Christlich-Demokratische Politik → T 763
– d. dt. Jugendbewegung → U 1 573
– Film → T 904
– Frau u. Musik → O 74
– Geschichte d. Max-Planck-Gesellschaften → t 177
– Militär, Bds.-Amt → A 218
– Musikgeschichtliches → T 3 978
– Rat → IZ T 911
– Restauratoren, Intern. Arb.-Gem. → IZ G 149
– Zellcheming → T 1 886
Archivare → R 478
Archive
– Stiftung Europäische → IZ T 915

ARD
– Arb.-Gem. d. Rundfunkanst. → O 272
– Werbegesellschaft, Arb.-Gem. → O 590
ARDESA → O 116
ARE → L 18
ARGE → T 2 269, IZ F 24
ARGE ALP → IZ Q 187
ARGE Weser → Q 638
ArgeBFinG → R 806
ARGUS → Q 339
ARKStat → U 2 858
Armaturen → f 643
– Verband, Europ. → IZ F 1 014
Aromastoffe, Europ. Verband → IZ F 1 110
Aromastoffhandel, Intern. Vereinig. → IZ H 239
Aromen
– Industrie → IZ F 1 821
– Verbindungsbüro d. europ. Verbände → IZ F 1 110
Art Directors Club → O 532, S 1 237
Artenschutz
– Aktionsgemeinschaft → Q 405
– Arbeitsgemeinschaft → Q 403
– Arbeitsgruppe → Q 406
– Bundesverband → Q 399
– Verband → Q 510
Arteriosklereoseforschung → T 3 444
Arthroskopische Chirurgie → T 2 752
ARV → U 1 910
ARW → L 58
Arzneimittel → IZ F 1 706
– Beschaffungsstelle → S 252
– Beurteilung, Europ. Agentur → IZ A 189
– Bundesinstitut → A 215
– Importeure, Bds.-Verb. → H 278
– Ind. → F 223, F 224
– Inst. → B 548
– Kommission d. dt. Ärzteschaft → S 75
– Kommission d. Dt. Apotheker → S 382
– Kommission d. Dt. Heilpraktiker → S 386
– Recht u. Gesundheitsw. → H 355
– Sicherheit, Arbeits- u. Forschungsgemeinschaft → T 3 636
– Werbung → O 532
Arzneipflanzenforschung → T 2 625
Arzt (siehe auch Ärzte)
– Recht, Arb.-Gem. → S 234
– u. Seelsorger → T 2 882
– Zahnarzt- u. Tierarzthelferinnen, Berufsverb. → T 3 494
AS → T 3 494
ASB → Arbeiter-Samariter-Bund U 1 876
Asbest
– Sanierungsverband → Norddeutscher F 997
ASB-Management → T 2 195
ASEW → D 193
ASF → U 2 686, u 2 689
ASI → T 2 359
ASIA → R 31
Asia Pacific Ges., Deutsche → E 396
ASID → S 1 066
Asienkunde
– Dt. Gesellschaft → E 395
– Inst. → t 2 305
Asienliteratur, ges. z. Förderung → S 1 202
Asien-Pazifik-Ausschuß d. Dt. Wirtschaft → E 397
AS-International Association → T 1 159
ASK → t 2 473
AsKI → U 2 814
ASpB → T 982
ASPEC → IZ F 2 185
Asphalt
– Anwendung, Beratungsstelle → U 11
– Institut → T 258, t 270
– Kaltbauweisen z. Erhaltung von Strassen, Gütegem. → U 530
– Verband, Europ. → IZ F 1 120
ASPHER → IZ T 990
ASR → H 274, N 284
A.S.S. → T 3 660
ASSCO → IZ F 677
Assekuradeure → K 18, K 37
Assekuranz
– Vertretervereinigungen → K 38
ASSIFONTE → IZ Q 127
ASSINSEL → IZ T 688
Assistenten
– Apotheker, Bds.-Verb. → U 919
– Chemisch-technische → S 1 056
– Pharm.-techn. → R 583
– Technische → R 582
ASSITEJ → IZ O 13
Assoziation
– f.d. Europ. Währungsunion → I 88
ASSUC → IZ H 357

Astro
– Nautik → IZ T 155
– Physikalisches Inst. Potsdam → T 1 268
Astronomie → IZ T 31, IZ T 322
Astronomisches Rechen-Institut → T 1 283
ASU → R 191
ASUE → T 1 050
AsV → S 914
ASW → U 2 058, u 2 688
Asylangelegenheiten, Bundesbeauftragter → A 233
Atemlehrer/innen, Berufsverband → S 443
Athmosphäre Physik, Inst. → T 1 266 ff
Athmosphärische Umweltforschung → t 246
ATIAD → R 240
Atlantische
– Ges. → Dt. E 401, Verb. d. IZ U 352
Atom (siehe auch Kernenergie)
– Forum → Deutsches T 895, Europ. IZ L 5
– Kernenergie, Länderausschuß → T 1 247
Atomenergie
– Agentur, Int. → IZ V 20
Atomkraft, Mütter gegen → Q 649
ATSAF → T 2 623
ATT → U 190
ATV → T 871
AUB → R 581
AUBA → T 3 999
Audio
– Phonologie → IZ T 232
Audiovisuelle
– Autoren, Internat. Vereinig. → IZ S 639
– Industrie, Gewerkschaftsausschuß → IZ R 283
– Medien → IZ O 27
Aufbau
– Finanzierung, Bayer. Landesanstalt → I 37
– u. Geräte-Ind. f. komm. Zwecke → F 66
– Gesellschaften → U 365 ff
Aufbauten, Ind. → IZ F 2 186
Aufbereitungs-Ingenieure, Arb.-Gem. → S 967
Aufführungsrechte, musikalische → S 1 157
Aufklärung, gesundheitliche, Bds.-Zentr. → A 216
Auflagenkontrolleinrichtungen, Internat. Vereinig. → IZ U 115
Aufnahmemedien, Informationskreis → T 3 596
Auftragsberatungsstellen
– der Länder → B 246 ff
Auftragswesen
– öffentliches → U 934
Aufzüge
– Hersteller, europ. → IZ F 1 064
AuGala → Q 133
A.U.G.E. → Q 645
Augen
– Ärzte → S 77
– Optik → TWV, Optometrie T 896, Fachakademie T 3 771
– Optiker, Bds.-Verb. → G 123
Auktionatoren → H 716
– Friesische → H 770
AUMA → O 595
Ausbau
– Arb.-Ausschuß → Hdw. G 207
– Technik → Hdw. G 161
Ausbildung
– Gesellschaft → T 3 787
– d. Kinder von Berufsreisenden, europ. Verband → IZ T 969
– Medizinische → T 3 347
– Papiermacherzentrum Gernsbach → T 4 160
– Touristische → R 538
Ausbildungs
– Förderung, beruflich u. fachl. → IZ T 976
– Förderung (neue Medien) → Inst. T 1 343
– Förderungswerk Garten- und Landschaftsbau → Q 133
– Inst. f. Psychoanalyse → T 2 874
– Stätte f. Kurzschrift u. Textverarbeitung → T 3 944
Ausdruckstherapeutinnen, Berufsverband → S 1 319
Ausfuhr-Brauereien → F 145
Ausgleichs
– Bank, Deutsche → I 30
– Bundesamt → A 228
Auskunftei, Detektei- u. zugel. Inkasso-Unternehmer, Verb. → O 630
Auskunfts
– u. Verzeichnismedien, Verb. Dt. → O 448
Ausländer
– Verb. f. Interkulturelle Arbeit → U 936
Ausländerkulturvereine → U 2 819

Ausländische

Ausländische
– Arbeitnehmer, Sprachverband → U 1 421
– Banken, Vereinig. d. Repräsentanten → I 84
– Flüchtlinge, Bundesamt f. d. Anerkennung → A 232
– Investitionen, Tunesisches Förderungsamt → E 715
– Investitionen u. Handelsförderung, Slowakische Agentur → E 687
– Presse in der BRD → O 526
Ausländisches
– Patentrecht, Inst. → t 148
– Recht, Inst. → t 158, Völkerrecht t 171
– Sozialrecht, Inst. → t 166
– Strafrecht, Inst. → t 167
– Urheberrecht, Inst. → t 148
– Wettbewerbsrecht, Inst. → t 148
Auslands
– Banken → I 83
– Beamte → R 805
– Bergbau → f 134
– Beziehungen, Inst. → T 2 314
– Flüchtlinge → A 141
– Gesellschaft Nordrhein-Westfalen → T 2 317
– Grundbesitz, Schutzgemeinschaft → U 857
– Handelskammern → E 239 ff
– Investitionen, Schutz-Ges. → U 687
– Kirche, Russisch-Orthodoxe → U 2 423
– Schulen, Freundeskreis → T 3 777
Aussätzigen-Hilfswerk, Dt. → T 2 890
Ausschüsse
– Bundesrat → A 39 ff
– Dt. Bundestag → A 35 ff
Ausschuß
– d. Backhefehersteller d. EG → IZ F 56
– d. berufsständischen Landwirtschaftl. Organisationen d. EG → IZ Q 1
– d. Börsen i. d. EG → IZ I 167
– Europäische Filmindustrien → IZ O 22
– f. pharmazeut. Wirkstoffe → IZ F 84
– f. techn. Gebäudeausrüstung → IZ F 884
– d. Frucht- u. Gemüsesaft-Ind. i. d. EG → IZ F 69
– d. Glutaminsäurehersteller i. d. EG → IZ F 86
– f. Handel u. Industrie v. Wein, aromatisiertem Wein → IZ H 4
– d. Hopfenhandels im Gemeins. Markt → IZ H 22
– d. Hotel- u. Gaststättengewerbes i.d. EG u. d. EWR → IZ N 1
– d. Krankenhäuser d. EG → IZ T 715
– Ländlichen Genossenschaftswesens → IZ P 2
– d. Regionen d. EU → IZ A 188
– Schiedsgerichtswesen, dt. → U 762
– f. Stahlbau → TWV T 1 384
– z. Verhütung von Vogelschlägen i. Luftverkehr → U 865
– d. Vertreter v. Fluggesellschaften in Deutschl. → IZ M 216
– d. Weinhandelsunternehmen, Europ. → IZ H 139
– f. Wohnmedizin u. Bauhygiene d. Ges. f. Hygiene u. Umweltmed. → T 3 270
Außen
– Dienst, Versicherung, Bausparkassen → K 35
– Werbung → O 588, U 581
– Wirtschaft → Arbeitsgem. H 170, Forschungsgem. T 2 332
Außenhandel(s)
– Akademie → T 3 895, Dt. T 3 896
– Arbeitgeberverband → H 10, R 197
– Bildungszentrum Goslar → T 3 897
– Bundesbetriebsberatungsstelle → h 3
– Chemikalien → H 118
– Drogen → H 118
– Information, Bds. Stelle → A 353
– Krankenpflege u. Laborbedarf → H 88
– Mineralöl-Verb. → H 93
– Spielwaren → H 100
– Verbände → H 2 ff
– Verband → Nordrh.-Westf. H 22, Internat. IZ H 23
– Vereinigung d. Dt. Einzelhandels → H 39
– u. Verkehrsschule, Dt. → T 3 896
– Versicherungsstelle → h 5
– Wirtschaftsvereinigung → H 8 ff, R 76
Außeruniversitäre historische Forschungseinrichtungen → T 3 702
Ausstellerbeirat Hannover-Messe → O 622
Ausstellungs
– Bau → O 586
– Büro → IZ O 208
– Gesellschaften → O 595 ff

Ausstellungs (Fortsetzung)
– u. Messe-Ausschuß d. Dt. Wirtschaft → O 595
– Messegesellschaften → O 595 ff, IZ O 211
– Messe-Kongress Bln → o 599
– Unternehmen, Intern. Vereinig. → IZ O 205
– Zahlen, Kontrolle → o 596
Austauschdienst → akademischer T 3 780
Austauschschüler, Berliner → U 1 568
Australien-Neuseeland Verein → E 399
Auswärtige
– Politik, Dt. Ges. → T 3 582
– Presse → O 486
Auswärtiges Amt, Bds.-Min. → A 8
Autismus, Internat. Verb. → IZ U 317
Autistisches Kind, Hilfe für → T 2 974
Auto
– Bahn (s. unten)
– Clubs → U 1 104 ff
– Forschung → t 271
– Handel u. Reparaturgewerbe → Hdw. G 451, IZ H 520
– Höfe, Dt. → U 2 649
– Importeure → H 273
– Industrie → F 67, IZ F 1 947
– Lackierer → Hdw. G 503
– Mobil (s. unten)
– u. Reise Club Deutschland → U 1 094
– Sicht-Sicherheit, Forschungsgemeinschaft → T 3 660
– Telefonbesitzer → U 2 647
– u. Lastwagen-Vermietungs-Verband, europ. → IZ M 56
– Vereinigung → IZ U 491
– Vermieter → M 125, M 127
– Wäsche, gewerbl. → Bds.-Verb. H 506
Autobahn
– Ämter → M 141 ff
– Direktionen → M 141 ff
– Raststätten → N 1
– Tankstellen → H 648
Autogen
– Gasschweißgeräte → IZ F 1 243
– Technik → IZ T 311
Automaten
– Aufstellgewerbe → O 632, Verb. Aut. Fachaufst. O 644
– Großhandel → H 23
– Ind. → O 631
– Unternehmer → Bds.-Verb. O 632, Forum Junger S 1 592
– Verbände, Vereinig. → IZ N 37
– Wirtschaft → IZ F 497
Automation → f 660
– f. Haus + Gebäude, Fachverb. → f 654
– u. Robotik, Inst. → T 375
Automatisierung, Inst. → t 216
Automatisierungstechnik, VDI-Ges. → T 1 289, IZ T 309
Automobil
– Austauschteile, Vertriebsges. → IZ H 223
– Club (s. unten) → U 2 601
– Emissionsregelung mit Katalysator → IZ T 628
– Hersteller, europ. → IZ F 176
– Industrie → BDI f 17, F 67
– Messen, Internat. Organisationskomitee → IZ O 210
– Sachverständige, Internat. Vereinig. → IZ S 677
– Service-Ausrüstungen, Hersteller u. Importeure → F 68
– Technik → Forschungsvereinig. t 271
– Tuner → Verb. Dt. U 2 648
– u. Rallyes Deutschland → U 2 650
– Zulieferindustrie → IZ F 2 210
Automobilclub
– Auto- u. Reise Club Deutschland → U 1 094
– Deutscher → U 1 074, u 2 504
– von Deutschland → u 2 505
– Europa → U 1 104
– Kraftfahrerschutz → U 1 105
– Neuer → U 2 601
– Verkehr → U 1 096
Autoren
– Audiovisuelle, Internat. Vereinig. → IZ S 639
– Deutschsprachige → S 1 266
– Hamburger, Vereinig. → S 1 264
– Junge → S 1 284
– Niederdeutsche → S 1 265
– Verband → S 1 269
– Vereinigung Die Kogge → Europ. IZ S 635
Autoteile-Handel, Gesamtverband → H 24
AUV → K 372, K 384
AV
– Medienstellen, diözesane → O 267

AV (Fortsetzung)
– Medienzentrale Mainz → O 266
– Produzenten → O 222
AVAD → K 35
AVBM → R 103
AvD → u 2 505
AVE → H 39, R 83
Avec → IZ H 327
A.V.G. → f 783
AVI → F 320
Avifaunisten, Dt. → Q 512
avj → O 438
AVK → f 601
AVN → R 83
AW → T 1 331, U 1 709
AWBR → IZ Q 190
AWF → T 1 071
AWG → T 2 182
AWI → T 263
AwL → U 3 017
AWM → R 258
AWMF → T 3 278
AWS → H 574, T 846
AWT → F 416
AWV → T 2 239
AWW → U 1 744
AWWR → L 59
AzJ → U 1 475
AZV → E 13

B

BA → K 349, O 632
BAA → A 228
Babykleidung, Ezhdl. → H 528
Bachakademie Stuttgart → T 773
Bachgesellschaft, Neue → U 3 010
Back
– Grundstoffhersteller → T 2 561, IZ F 1 994
– Hefe → F 418, Hersteller d. EG IZ F 56
– Mittel → Inst. T 2 561, Hersteller IZ F 1 994
– Pulver → Ind. F 382
– Waren → Informationszentrale T 2 561, Ind. IZ F 1 822
– Warenindustrie, Zusatzversorgungskasse → K 133
bad → U 1 897
Bade
– Ärzte → S 78
– Bekleidung → Ind. f 113
– Kleidung → Ezhdl. H 528
– Meister, med. → T 2 853
– Öfen, Europ. Hersteller → IZ F 2 390
– Wannen, Arbeitskreis → F 836
– Wesen, Dt. Ges. → T 3 457
Baden-Württemb. Spirituosenhersteller, Verb. → H 222
Badischer
– Weinbauverband → U 626
– Winzerkeller → P 19
Badminton-Bund, int. → IZ U 539
Badminton-Verband → u 2 474
BAE → T 3 905
Bäcker
– Genossenschaften → P 50
– Handwerk → G 142
– Innungen → Hdw. G 142
– Prüfungsverband → P 50
– TWV → T 2 572, IZ F 1 994
Bäckerei
– Ausrüstung, europ. Hersteller → IZ F 2 064
– Grundstoff-Ind. → IZ F 1 994
– Technologie → TWV T 2 572
Bäder
– Dienst, Europ. → T 3 454 ff
– Kunde → T 2 323
– Öffentliche → Bundesfachverb. T 3 461
BÄKO
– Prüfungsverb. dt. Bäcker u. Konditorengen. → P 1, P 50
Bäuerliche Landwirtschaft, Arbeitsgem. → Q 59
BAF → O 236, U 1 242
BAFA → A 352
BAG → T 2 892, U 1 923
BAG BBW → T 3 756
BAG cbf → U 2 018
BAG EJSA → U 1 478
BAG JAW → U 1 576 *
BAGA → T 3 277
BAGFW → U 1 616
BAG-S → U 1 926
BAG/WfB → T 2 908
BAH
Bahn → F 224
– Ausführ. Behörde f. Unfallvers. → K 301

Bahn (Fortsetzung)
– Forum, europ. → IZ M 2
– Industrie, Verb. Dt. → T 855
– Polizeiämter → A 252 ff
– Technik, Inst. → T 1 158
– Versicherungsanstalt → K 327
Bahnen
– Kunststoff- → Ind. F 607
– a. Polymerbitumen u. Bitumen → U 556
– Bahnengolf-Verband → u 2 475
Bahnhofs
– Buchhandel → H 572
– Gaststätten → N 1
– Handel → N 33
– Mission, dt. evangel. → U 1 858
BAI → S 922, Bildungswerk S 924
BAJ → U 1 575
BAKA → T 2 128
BAK-Bundesapothekenkammer → S 340
Bakteriologie
– Fleisch, Inst. → A 250
– Land- u. Forstwirtschaft, Inst. → A 266
BAkWVT → T 1 872
BALK → R 533
Ballettrat → O 61
Ballspiele, Int. Vereinig. → IZ U 492
Balneologie → T 3 378
– Chemische → T 1 982
– Forschungsinstitut → T 2 322
BAM Bundesanst. f. Materialprüfung → A 356, t 2 029
Band
– Weber → F 985
Bandagisten → IZ G 168
Bandstahlkaltwalzenstudie, internat. Komitee → IZ T 1 855
Bank(en)
– Akademie → T 3 783
– Angestellte → R 458
– Arb. Geber → R 32
– Arb. Gem. von 1951 → I 80
– Auslands- → I 83, Repräsentanten I 84
– Berufsbildung → TWV T 3 784
– Berufsgenossenschaft → k 207
– Betriebsorganisationen → T 2 531
– Bundes-Beamte → R 621
– Bundesverband, Dt. → I 46
– Deutsche Bundes- → I
– Dienstleistungsgewerbe → H 752
– Fachverband → I 80
– Genossenschaftl. → P 2
– Historische Forschung → T 2 532
– Landeszentral- → I 1 ff
– Öffentliche, Bundesv. → I 76
– Öffentlich-rechtliche → I 76
– Organ Arb. Gem. d. WKV-Banken → I 80
– Personalverb. → Europ. IZ R 305
– Teilzahlungskredit → I 80
– Verbände → i 47 ff
– Vereinigung EURO → IZ I 1
– Volks- → P 2, R 101
– Werbung → O 532
– Wiederaufbau u. Entwicklung → I 35, IZ V 21
– Zahlungsausgleich → IZ W 13
Bankiers-Forum, Internat. → IZ I 25
BAnst PT → A 212
BAO Berl. Absatz-Org. → B 249
BApÖD → S 385
Baseball-Verband → u 2 476
Baseballvereinigung, int. → IZ U 471
Basi → T 883
BASISRESEARCH, Inst. → t 2 503
Basketball
– Bund → u 2 477
– Verband, Intern. → IZ U 540
Batterien → Ind. f 352
Batterietanks, Kunststoff → F 1 027
Bau
– Arb.-Geber → R 33 ff
– Architekten → IZ S 565, IZ S 567
– Bedarf → F 27, Hdls.-Vertr. H 684
– Berlin u. Brandenburg, Fachgemeinschaft → G 206
– Berufsförd. → TWV T 3 800
– Berufsgenossenschaft → k 208 ff
– Beschlagindustrie, Arb.-Gem. d. Verbände → IZ F 24
– Betriebswirtschaftl., Institut → T 899
– Biologie, Inst. → Q 172
– Chemie → F 178
– u. Diy, Herstellervereinig. → f 248
– Elemente (s. unten)
– Fachmärkte → H 666
– Fachpresse, Arb.-Kreis → O 461
– Fachverlage → O 445
– Finanzberater, unabhängige → S 726
– Finanzierung → U 757

Bau (Fortsetzung)
- Forschung → T 1 894, t 2 060
- Geräte → Großhdl. H 225
- Gewerbe → Hdw. G 161 ff
- Gewerbliche Architekten u. Ingenieure → S 845
- Halbzeug, Kunststoff → f 597
- Handwerk → G 161
- Haus-Archiv → T 1 890
- Haus-Universität Weimar → T 1 892
- Herren, Private → U 765
- Holzschwellenoberbau → TWV T 1 155
- Hygiene, Ausschuß → T 3 270
- Informationszentrum → t 252
- Ingenieure → S 846 ff, s 891
- Kalk → Gütez. U 558
- Kammer Berlin → S 946
- Maschinen → f 644
- Meister → S 846 ff, s 891
- Physik, Inst. → t 239
- Platten (Gips) → Ind. F 889
- Rationalisierung → T 2 172
- Recht → Forsch. Verb. T 391, Dt. Gesellschaft U 856
- Sachverständige → Dt. S 1 091
- Sachverständige, europ. Vereinigung → IZ S 404
- Schadensforschung, Inst. → U 853
- Sparkassenaußendienst, Auskunftsstelle → K 35
- Sparwesen, Inst. → U 419
- Stoff (s. unten)
- Systeme, Wirtsch.-Verein. Industrie- u. F 281
- Technik, Ingenieure → TWV T 1 260, T 1 898
- u. Holzarb., Int. Bund → IZ R 274
- u. Konstruktion, Internat. Rat → IZ T 912
- Überwachungsgemeinschaft → T 2 081
- Überwachungsverein → T 2 082
- Unternehmen, mittelständ. → F 89
- Unternehmer, europ. intern. → IZ F 318
- Weisen u. Konstruktionsforschung (Luft- u. Raumfahrt) Inst. → T 1 266 ff
- Werke, Gütegemeinschaft z. Erhaltung → U 695
- Werksbegrünung, Fachvereinigung → T 2 669
- Wesen (s. unten)
- Wirtschaft → Hdw. G 161 ff, europ. IZ F 2 021
- Zentren → IZ F 1 708

BAuA → A 135
B.A.U.CH. → T 2 678

Bauelemente
- Elektronik → Ind. f 334
- Elektronik → Hersteller IZ F 1 229
- f. Gas- u. Ölfeuerungen → Ind. F 287
- Stahlblech → Titanzink U 546, Gütez. U 557
- Technologie → t 195
- f. wärmetechn. Anlagen → Ind. F 287

Bauen
- mit Kunststoffen → Inst. T 1 895
- schlüsselfertig → F 93
- u. Wohnen → Bds.-Verb. G 607
- Zeitgemäßes → G 204

Bauen-Agrar-Umwelt, Industriegewerkschaft → R 307

Bauern
- Jugend → IZ Q 71
- Verbände → Q 4
- Vertriebene → U 966

B.A.U.M. → Q 643
Baumschulen → Q 97 ff, IZ Q 120

Baumwoll
- Ausschuß, Internat. Berat. → IZ F 1 818
- Börse → I 104
- Industrien, Komitee d. EG → IZ F 1 871

Baur-Institut → t 176

Baustoff
- Fachhandel → H 25
- Hersteller, europ. → IZ F 2 417
- Industrie → F 865, F 897
- kunde → t 2 036
- Maschinen → f 644
- Prüfung → T 1 897
- Recycling, Gütez. → U 598
- Technologie, Inst. → t 2 043
- Überwachung → Sachsen t 2 123, t 2 124

Baustoffe
- Entsorgung asbest- u. faserhaltiger → U 655
- Güteschutzvereinigung → t 2 093
- Polymere → t 2 066

Baustoffüberwachung
- Zertifizierungsverb. Bd.-Würt. → t 2 085

Baustoffüberwachungsstellen
- Nord-Ost → t 2 110, t 2 119
- Nordrhein-Westfalen → t 2 113, t 2 122

Bauteile
- stückbeschichtete, Gütegem. → U 660

Bautenschutzmittel → Ind. F 222

Bauwesen
- amtl. Materialprüfanstalt → t 2 036
- Bundesamt → A 303
- Gesellschaft → T 2 176
- in der Landwirtschaft → T 1 260
- Ingenieure, Europ. Rat → IZ S 447
- ländliches → T 1 263
- Materialforschungs- u. Prüfungsanstalt → t 2 052
- Materialprüfamt → t 2 057
- Materialprüfung → t 2 045, Sachsen t 2 054
- Rationalisierungs-Gemeinschaft → T 2 172
- Technisches Prüfinstitut → t 2 067
- Zertifizierungsstelle → T 2 143

BAV → M 127
BAVF → H 183
BAW → O 570

Bayerische
- Akademie d. Wissenschaften → T 859
- Akademie f. Naturschutz u. Landschaftspflege → T 3 980
- Akademie d. Schönen Künste → T 4 141
- Akademie f. Werbung u. Marketing → O 570
- Bezirke KdöR → D 163
- Botanische Gesellschaft → T 928
- Fernsehanbieter → O 355
- Ingenieurekammer-Bau → S 945
- Landesanstalt f. Aufbaufinanzierung → I 37
- Landesanstalt f. Weinbau u. Gartenbau → Q 299
- Landesstiftung → T 723
- Landeszentrale f. Neue Medien → O 363
- Rundfunkanbieter → O 393
- Städte, Arb.-Krs. f. gemeinsame Kulturarbeit → U 3 025
- Taxi- u. Mietwagen-Unternehmen → M 143
- Verlage u. Buchhandlungen → T 975
- Volkssternwarte → T 1 278
- Wachszieher → G 772
- Warenbörse → I 103
- Wirtschaft → Informationszentrale T 3 829, Mediengesellschaft T 3 830
- Wirtschaftsphilologen → T 3 786

Bayerischer
- Handel, Bildungszentrum → T 3 901
- Lokalrundfunk → O 390
- Mütterdienst d. Evangel.-Lutherischen Kirche → U 1 866
- Musikrat → O 114
- Rundfunk → O 276

Bayerisches
- Handwerk — Gesamtverb. G 109
- Ingenieurbüro f. Wasserwirtsch., Verb. → S 1 049

Bayreuther Inst. f. terrestrische Ökosystemforschung → T 2 655
BAZ → Ä 168
BBAL → M 274
BBauSV → S 1 091
BBD → O 698, T 2 606
BBE → H 308
BBE-Saarbrücken → T 3 913
BBG → h 3, T 928
BBI → F 96, H 225
BBK → S 1 118
BBN → O 368
BBR → A 303
BBS → U 688
BBU → O 337
BBW → T 3 834, T 3 835
BCPD → O 88
BCS → M 135
BD Holz-VDH → H 82
Bd KEP → M 124
BDA → S 477, S 807 ff
BDÄ → S 40
bdao → G 123
BDAT → O 35
BDB → s 891, S 1 174
BDBA → R 846
BDBI → G 240
BDD → O 240
BDE → F 385, R 195
BDEx → H 40
BDF → Q 240
BDFA → O 226
BDFR → R 807
BDFWT → S 1 451
BDG → S 1 221, T 1 126
BDGL → S 1 545
BDGS → S 1 092
BDH → S 389, U 1 636
BDI → F 1 ff, S 135
BDIA → S 877 ff

BDIH → F 223
BDIU → O 629
BDIVWA → S 783
BDK → T 2 576, U 2 793
BDKA → H 610
BdKF → U 1 277
BDKJ → T 2 757, U 1 479
BDKJ-Jugendferienwerk → U 1 398
BDKK → U 1 032
BDLA → S 863
BDLV → H 907
BdN → U 989
BDP → S 1 506, U 1 480
BDR → S 228, S 576
BDRG → Q 237
BdS → F 833, U 2 761
BDSF → S 1 090
BdSI → S 998, iz f 2 169
BDSP → Q 210
BDSU → S 707
BDSV → H 300
BDTA → H 101
BDU → S 685
BDÜ → S 1 399
BDV → H 699, U 968
BDVB → S 749
BDVI → S 1 019
BDVR → S 568
BDVT → S 744
BdWi → T 2 220
BDWS → R 167
BDWV → O 542
BDZ → F 1 053, R 616
BDZV → O 449

Beamte(n)
- Ärzte → S 60
- Bund, Deutscher → R 597 ff
- Bund-Jugend → DBB T 2 757, R 801
- Finanzgerichte → R 806
- gehobenen Dienstes → Finanzgerichte R 806
- Gewerkschaft, Intern. u. Europ. → IZ R 244
- höhere (Bundespost) → R 808
- Internationale Vereinigung → IZ T 893
- Kriminal → R 809
- Organisationen → R 597 ff
- Wirtschaftsring → R 835

Beamtete
- Ärztinnen u. Ärzte → S 60
- Tierärzte → S 337

Beauftragter d. Bundesregierung f. die Belange der Behinderten → A 140
Bedachungsbedarf → Ind. f 247
Bedarf, chirurg., europ. Handelsverband → IZ H 140

Bedarfsartikel
- Technische, Großhdl. H 109

Bedarfsgegenständeuntersuchungsamt Lüneburg, Staatl. → B 556
Bedienstete d. Techn. Überwachung → R 580
Bedrohte Völker, Ges. → U 2 041
BEE → L 19
BEF → IZ S 649
Befestigungselemente, techn., Europ. Inst. → IZ F 1 405
Befestigungstechnik → f 278
Begabtenförderung → T 763, berufl. Bildg., Stftg. T 3 929
Begabung%
- Bildung u. → T 3 805
Begutachtung d. gesamtwirtschaftl. Entwicklung, Sachverständigenrat → T 2 181

Behälter
- Bau → t 359, Europ. Komitee IZ F 1 425
- Büro → Internat. IZ M 233
- Glas → IZ F 249
- Glasindustrie, Fachvereinigung → f 534
- Lager → F 1 027
- Schutz → f 583

Behandlungsstellen f. Suchtkranke/Drogenabhängige → U 1 952
Beherbergungsgewerbe → N 1 ff

Behinderte
- Bundesarbeitsgemeinschaft d. Clubs → U 2 018
- Europäische Aktion → IZ U 300
- i. d. Medien, Arb.-Gem. → U 2 017
- Int. Sportverein. f. geist. → U 562
- Werkstätten, Bundesarbeitsgem. → T 2 908

Behinderten
- Beauftragter d. Bundesregierung → A 140
- Hilfe → Deutsche U 1 743, U 1 998
- Interessenvertretung → U 1 636
- Internat. Verb. → IZ U 310, IZ U 316
- Liga → U 2 016
- Pädagogik → T 3 228
- Rehabilitation → Stiftung T 841, T 2 889
- Sportverband → u 2 478

Behörden
- Bibliotheken → T 978
- Bundes- → A 1 ff
- Landes- → B 1 ff

Beilstein-Institut f. Literatur d. Organ. Chemie → U 3 014
Beim Halten Motor abschalten, Initiative → Q 488

Bekämpfung
- Lärm (DAL) → TWV T 1 257
- Schädlings- → Q 560
- Tuberkulose u. Lungenkrankheiten, Internat. Union → IZ U 311
- Unlauterer Wettbewerb → U 756

Bekleidung(s)
- Arbeitgeber → R 49 ff, R 182
- Bund → IZ F 1 819
- Fachgeschäfte, vorbildliche → U 770
- Fachschule → T 3 772
- Forschung → T 272
- Gewerkschaftsverband → IZ R 99
- Handels-Vertr. → H 684
- Handwerk → G 208
- Industrie → F 96, Forschungsgem. F 118
- Industrieverband → F 117
- Physiologisches Inst. → T 1 972
- Technik → f 645
- Technisches Inst. → T 1 973
- Textil u. Intern. IZ F 1 819

Beläge, Kunststoff f. Sportfreianlagen → Gütez. U 567

Beleuchtung(s)
- Technik → T 1 264

Benchmarking, Informationszentrum → T 256
BENELUX → IZ W 11

Beratende
- Betriebs- u. Volkswirte → S 757
- Ingenieure → S 925 ff, Union S 959

Berater
- Executive-Search → S 1 524
- Medien, Fachverb. → O 706
- medizin-techn. → H 678
- Pharma- → S 424
- Renten- → S 1 553
- Vereinigung, Europ. → IZ S 227
- Vermögens- → K 31
- Werbung, Bds.-Verb. → O 541
- Wirtschafts- → S 689

Berater u. Nonprofit-Organisationen
- gruppe f. Verbände u. Nonprofit-Organisationen → S 733

Beratung(s)
- Betriebswirtschaftliche → H 308
- Erziehung, Bds.-Konferenz → U 1 444
- Feuerverzinken → U 26
- Gruppe d. Versicherungsmathematikerverbände → IZ T 612
- Informations-Technik, Zentrum → U 36
- Ring ökol. Landbau → Q 655
- Technische, Europ. Vereinig. → IZ S 405
- f. Unternehmen → E 400
- Zentrum d. Dt. Wirtschaft, Europ. → T 2 186

Beratungstelle
- f. Gußasphaltanwendung e.V. → U 11

Beratungsstelle(n)
- f. Futter u. Fütterung → F 413
- Groß- u. Außenhdl. → h 3
- f. Umweltschäden an Baudenkmälern → Q 619

Berg- u. Seilbahnen, Arb. Geber → R 79
Bergamt siehe Oberbergämter → B 303
Bergbau → F 363
- Arbeitnehmer (DAG) → Führungskräfte r 470
- Arb.-Gewerkschaften → IZ R 266
- Auslands- → f 134
- Berufsgenossenschaft → k 215
- Betriebe, Arb. Gem. → f 136
- Freunde von Kunst u. Kultur → U 3 053
- Führungskräfte → r 469
- GDMB → T 1 292
- Geschädigte → U 852
- Gewerkschaftskasse → T 3 802
- Industrie → BDI f 21, F 122 ff
- Industriegewerkschaft → R 320
- Ingenieure → S 965
- Länderausschuß → T 898
- Maschinen → f 646
- Museum → U 3 047
- Spezialgesellschaften → f 129
- Verband → f 135, R 273
- Wirtschaftsvereinigung → f 21, F 122

Bergbauliche Interessen → T 904

Bergbaulicher
- Verband → f 133
- Verein → f 130

Berger, Roland
- Forschungs-Inst. → t 2 474

Bergisch-Märkischer Verkehrsverb. → D 203

Bergungs

Bergungs
- Betriebe → M 221
- Unternehmen → M 184
- Bergwelt, Verein zum Schutz → Q 605

Berlin
- Brandenb. Akad. d. Wiss. → T 857

Berliner
- Arbeitskreis Film → O 236
- Austauschschüler → U 1 568
- Handwerk → G 111
- Inst. f. Analytik u. Umweltforschung → T 1 834
- Künstler → S 1 176
- Kunstverein, Neuer → S 1 179
- Landesarbeitsgem. Naturschutz → Q 348
- Presse Club → O 524
- Pressekonferenz → O 522
- Spediteure → M 147
- Stadtreinigungsbetriebe → D 202
- Taxigewerbe → Innung M 146
- Wirtschaftsjournalisten → S 1 341

Bernhard-Nocht-Institut f. Tropenmedizin → T 3 452

Bertelsmann Stiftung → T 725

Bertha v. Suttner Stiftung → T 720

Berufe
- Freie → informationsverarb. T 3 682, Europ. Rat IZ S 1
- Physiotherapeutische → S 444
- Wirtschaftsberatende → S 691

Berufliche
- Bildung, Kathol. Bds.-Arb.-Gem. → T 3 954
- Bildungsträger, Europ. Verb. → IZ T 968
- u. fachliche Aus- u. Fortbildung → T 3 682
- Fortbildungszentren d. Bayer. Arbeitgeberverbände → T 3 902
- Orientierung, europ. Verein → IZ S 668
- Qualifizierung → T 3 770
- Rehabilitation Behinderter, Stiftung → T 841
- Umweltbildung → Q 369

Berufs
- Akademien → T 3 788 ff, T 3 791
- Aus- u. Fortbildung → IZ U 809
- Ausbilder → R 846
- Ausbildung → H 355
- Bekleidung → Ind. f 107
- Beratung → S 1 417, Internat. Vereinig. IZ T 979
- Bild, Forstliches → S 1 546
- Bildung (s. unten)
- Bildungsstelle Seeschiffahrt → M 210
- Bildungswerk → Versicherungen R 184, Graphisches T 3 894
- Bildungswerk d. Versicherungswirtsch. → T 4 043, Köln T 4 102
- Bildungswerk d. Versicherungswirtschaft Dortmund T 3 759, Hessen T 3 761
- Bildungswerke, Bds.-Arb.-Gem. → T 3 756
- Chorleiter, Dt. → S 1 303
- Fachschulen f. Gymnastik u. Sport → u 2 544
- Förderung-Bau-Ind. → TWV T 3 800, Inst. d. Hdls. T 3 913
- Forschung → d. Bds.-Anst. f. Arbeit K 361
- Forschung, Inst. → TWV t 2 404, t 2 425
- Fortbildung d. Versicherungswirtsch., Inst. → T 3 760
- Genossenschaften → Chem. Ind. k 217, landw. K 243
- Genossenschaftl. Arbeitsmedizinisches Zentrum → K 376
- Genossenschaftl. Forschungsinst. f. Arbeitsmedizin → k 215
- Genossenschaftl. Zentrale f. Sicherheit u. Gesundheit → K 242
- Geographen → S 1 454
- Kraftfahrer-Verbände → R 476, T 4 035
- Kraftfahrer-Vereinigung, Intern. → IZ R 265
- Organisation deutscher Ingenieure → S 925
- Photographen → Hdw. G 633
- ständisch orientierte Versicherungsges., Arb.-Gem. → K 7
- ständische Landwirtschaftl. Organisation d. EG → IZ Q 1
- Verbände → S 1 ff, Kinderärzte IZ S 65

Berufsbildung
- Bundesinstitut → A 141, t 2 364
- europ. Stiftung → IZ T 966
- Forschungsinstitut → t 2 339
- Forum → T 3 781
- Handwerk → G 49
- Hertie-Stiftung → T 2 834
- im Einzelhandel → T 3 898
- Intern. Institut → T 3 869
- Kuratorium d. Dt. Wirtschaft → T 3 785

Berufstätige
- AKAD Hochschulen f. → T 4 162

Berufsverband
- Ärzte f. Kinderheilkunde u. Jugendmedizin → S 164
- d. Arzt-, Zahnarzt- u. Tierarzthelferinnen → S 477
- d. Atem-, Sprech- u. Stimmlehrer/innen → S 443
- Beratung, Pädagog., Psychoth. → S 442
- d. Datenschutzbeauftragten Deutschl. → S 1 427
- Deutscher Radiologen e.V. → S 228
- Dt. Geowissenschaftler → T 1 126
- Dt. Hörgeschädigtenpädagogen → R 837
- Dt. Pathologen → S 168
- Dt. Sozialversicherungsärzte → S 225
- Handwerk Kunst Design → G 469
- d. Heilpädagogen → S 426
- Katholischer Arbeitnehmerinnen in der Hauswirtschaft → R 448
- f. Kinderkrankenschwestern u. -pfleger → S 439
- Medizinischer Informatiker → S 379
- Privater Pflege → R 274
- d. Tanz- u. Ausdruckstherapeutinnen Deutschland/Österreich → S 1 319
- f. Tanzpädagogik → S 1 321

Besamungstechniker → R 584

Beschäftigte
- d. gewerbl. Rechtsschutzes i. Dt. Beamtenbund → R 638

Beschäftigungsentwicklung
- u. Arbeitsmarkt, Brandenburg. Inst. → t 2 379

Beschäftigungstherapeuten → S 425

Beschaffung(s)
- Amt d. Bundeszollverwaltung → A 195
- Bds.-Amt f. Wehrtechnik → A 350
- Stelle Arzneimittel → S 252
- Stelle d. BM des Innern → A 250

Beschaffungswesen
- öffentlich → U 934

Beschichtung v. Metallrollen, Europ. Verb. → IZ F 1 140

Beschläge
- Sicherheitstechnik → t 345

Beschlagindustrie → f 269

bespo → f 107

Bessere Umwelt, Aktionsgemeinschaft → Q 389

Bestattungs
- Dienste, Europ. Vereinigung → IZ G 54
- Gewerbe → G 219
- Kultur, Dt. → G 235
- Unternehmen → G 236
- Wäsche → Ind. F 119

Besteck
- Ind., Föder. d. europ. → f 271, IZ F 1 621

Besucherdienst, Internationaler → U 1 400

Beteiligungskapital, Europ. Verband → IZ I 111

Beton
- Bauwerke, Instandsetzung → Bundesgütegem. U 662
- BII-Baustellen, Güteüberwachung → T 2 127
- Fertigteile → Schutzverb. U 518, Internat. Büro IZ F 1 838
- Förderer → Ind. F 950
- Gas- → Ind. F 885
- Industrie → F 865
- Rohre → F 865 ff, F 881
- Teilindustrie → t 274
- Transport → Ind. F 861, F 950
- Verein → t 273, TWV T 906
- Zuschlagstoffe, Güteüberwachung → T 2 126

Betreiber v. Nitrieranlagen, europ. → IZ F 1 065

Betreuung d. Kriegsdienstverweigerer, Evgl. Arb.-Gem. → U 1 864

Betreuungs
- Dienst f. Bund Dt. Kriminalbeamter → r 828
- Verbund f. Unternehmer u. Selbständige → R 194

Betriebe der Allgemeinen Luftfahrt → M 274

Betriebe, enteignete → U 944

Betriebliche Versorgungsanwartschaften → IZ K 35

Betriebs
- Ärzte → S 231
- Angehörige, unabhängige → R 581
- Beauftragte f. Umweltschutz → S 1 070
- Beratung, Inst. → S 711
- beratungsdienste → IZ S 268
- Beratungsstelle für den Dt. Groß- u. Außenhandel → h 3
- Einrichtungen → Gütez. U 589
- Festigkeit → TWV t 224

Fortsetzung nächste Spalte

Betriebs (Fortsetzung)
- Feuerwehren → U 855
- Förderung, Inst. d. Hdls. → T 3 913
- Führung → TWV T 2 195
- Gestaltung → TWV T 2 195
- Krankenkasse → K 134
- u. Regenwassernutzung → Q 457
- Rentner, Bds.-Verb. → U 918
- Sportverbände, Bund Dt. → u 2 534
- Technik → A 149
- Wirte → beratende S 757, Versicherungs- S 1 585
- Wirtinnen → S 561
- Wirtschaft → TWV t 2 290, Getränketechnologie T 2 636

Betriebsführung
- Institut f. Technik → t 2 338

Betriebswirtschaftl.
- Beratungsstelle → H 308
- Inst. d. Bauindustrie → T 899
- Institut d. Versicherungswirtschaft → K 2
- Risikoforschung u. Versicherungswirtschaft → T 2 547

Betriebswirtschaftslehre, Stiftung f.d. Akkreditierung → T 3 831

Bett(en)
- Federn → Internat. Büro IZ F 1 853
- Wäsche → Ezhdl. H 528
- Waren → Ezhdl. H 528

BEUC → IZ U 141

Beurteilung v. Arzneimitteln, Europ. Agentur → IZ A 189

Bevölkerungs
- Forschung, Bds. Inst. → A 243
- Wissenschaft, Dt. Ges. → T 3 584

Bewährungs
- Hilfe, Ständige Europ. Konferenz → IZ U 817

Bewegung, Int. Europ. → IZ U 306

Bewegung für das Leben e. V. → U 1 187

Bewerter von Anlagenvermögen, europ. Gruppe → IZ S 651

Beziehungen
- Europäische-Lateinamerikanische → IZ T 890

Bezirksärztekammer Koblenz → S 41

BF → H 133

bfai → n 353

BfArM → A 215

BFB → S 1

B.F.B.M. → S 21

BfD → S 80

BFE → A 155

BFF → S 844

BFGD → U 2 436

Bfh → R 495

BFHD → S 102

BfN → A 302

BFS → T 3 011, U 1 612

BFSI → S 996

BFSV → t 363

BFT → H 649, Q 580

bfub → S 1 095

BfV → K 32

BFW → T 2 438

bfz → T 3 902

BGA → A 213, H 2

BGDP → M 37

BGI → H 33

BGL → M 15

BGR → T 2 553

BGS → A 251 ff

bgv → R 636, S 1 526

bgv → R 214

BGW → L 41

BGZ → K 242, U 707

BHB → H 666

BHE → F 692

bhf → S 1 501

BHG → N 1

BHKS → F 1 017, F 1 034

BHP → S 426

B.I. → IZ T 965

BIAP → IZ T 232

Biaxial Verstreckter Polypropylen Folie, Verb. d. Herst. → IZ F 2 138

b.i.b. → T 3 682

Bibliographie d. Brauwesens → T 2 582

Bibliotheca Hertziana, Inst. → t 102

Bibliothekare → R 482

Bibliothek(en, s)
- Bundes-Anst. → T 949
- Bundesverb. Information → R 482
- d. Deutschen Patentamts → T 978
- Deutsches u. internat. Steuerrecht → T 3 606
- Institut, Dt. → T 970
- Jugend, internationale → U 1 570

Fortsetzung nächste Spalte

Bibliothek(en, s) (Fortsetzung)
- Juristische → IZ T 874
- Musik- → IZ T 910
- f. Rechtswissensch. → T 980
- Restauratoren, Internat. Arb.-Gem. → IZ G 149
- Techn. Univers. → IZ T 302
- Verbände → Bundesver. Dt. T 969, Europ. Büro d. IZ T 301
- Verband → T 952, Nordrhein-Westfalen T 973
- Wirtschaftswissenschaften → T 2 355

BIC → IZ M 233

BID → O 689

BIE → IZ O 208

BIEM → IZ U 120

Bienen
- Forsch. → IZ T 679
- Kunde, Inst. → T 2 659

Bier
- Konditionenkartell → U 753
- Teller → Ind. F 784
- Werbung → O 592

BIFAU → T 1 834

bifego → T 2 514

BIG → Q 127, s 896

B.I.K. → U 1 562

Bilanzaufsteller u. Prüfer f. kleine u. mittlere Unternehmen, Europ. Vereinigung → IZ S 653

Bilanzbuchhalter → R 483

BILC → IZ F 2 241

Bild
- Agentur, Europ. Presse → IZ O 53
- Archive → O 528
- Buchverlage → O 433
- Hauer → Bildungszentrum, Hdw. G 66, Hdw. G 711
- Technik, Europ. Organisation f. einen Unabhängigen Markt → IZ O 35
- u. Ton, Arb.-Krs. → O 412

Bildende
- Künste → Intern. Ges. S 1 135, Staatl. Akademie S 1 171
- Künstlerinnen → Bds.-Verb. S 1 118, Württembergs S 1 175

Bildgebende Verfahren → Dt. Ges. T 3 311

Bildung(s)
- Aktion in Europa → IZ T 964
- Arbeiter- → IZ U 809
- Austausch, Europ. → IZ U 271
- Austausch, Internat. → IZ T 983
- Beamte → R 713
- Berufliche, Kathol. Bds.-Arb.-Gem. → T 3 954
- Berufsberatung, Internat. Verband → IZ T 979
- Bundesministerium → A 29
- Dt. Akademie → U 3 008
- u. Erziehung (VBE) → R 713
- Europ. Inst. → IZ T 973
- Forschung → Inst. t 103, t 2 368
- Gänge, Arbeitskreis Hauptschule → T 2 191
- Gemeinschaft d. Schuhindustrie-Techniker → T 4 003
- Humboldt-Ges. f. → S 1 208
- Information → T 3 803
- Inst. → U 2 816, IZ T 883
- Internationale → IZ T 965
- Jugend, Arb.-Gem. → T 3 930
- Kuratorium d. Druckindustrie → T 3 890
- Medien, Inst. → T 1 900, Medien u. Technik T 4 026
- Organisation d. Vereinten Nationen → IZ V 40
- Planung u. Forschungsförderung → A 101
- politische → Inst. T 763, Dt. Vereinig. T 3 810
- Postgraduale, Europ. Inst. → IZ T 974
- Stätten → T 3 809
- Träger, berufl. → IZ T 968
- u. Begabung → T 3 805
- u. Sozialwerk → R 803
- Versicherungswesen → IZ T 975
- Werk d. Omnibusunternehmer → T 4 037
- Wesen, kfm. → IZ T 977
- Zentrum d. Bundesfinanzverwaltung Münster A 197, Plessow A 198
- Zentrum gewerbl. Wirtsch. d. pfälzischen Einzelhandels T 3 911
- Zentrum Groß- u. Außenhandel Goslar → T 3 897

Bildungswerk(e)
- BAI → S 924
- Berlin u. Brandenburg → T 3 835
- d. Hessischen Wirtschaft → T 3 837
- Demokratische → T 3 806

Fortsetzung nächste Seite

Bildungswerk(e) (Fortsetzung)
- f. Friedensarbeit → U 2 686
- Großhandel Niedersachsen → T 3 900
- Katholisch-Soziale → T 3 807
- Medien → O 465
- Norddeutsches → T 3 838
- d. ostwestfälisch-lippischen Wirtschaft → T 4 149
- Papier → T 4 161
- Rheinland-Pfälz. Wirtschaft → T 3 847
- Rhythmik → O 125
- Sächsische Wirtschaft → T 3 866
- VDI → T 1 165, T 3 915
- Westfalen-Mitte → T 3 867

Billard-Bund → u 2 479

Bims
- u. Betonindustrie → F 861, F 865
- Industrie → Forsch. t 275, U 547

Binäre Aktuatoren u. Sensoren, Verein z. Förderung busfähiger Interfaces → T 1 159
Bi-nationale Familien u. Partnerschaften → U 1 443
Bindfaden- u. Seilerwarenind., europ. → IZ F 1 066

Binnen
- Häfen → M 233, Arb.-Geber R 164
- Markt, Harmonisierung → IZ H 2
- Schiffbau, Versuchsanstalt → t 276

Bio
- Chemischer Bund Deutschlands → T 2 606
- Chemisches Inst. → t 104
- Klimatologie → T 2 711, T 3 378
- Medizinische Technik → t 247, T 2 849
- Physik → Inst. t 107, IZ T 164
- Physikalische Chemie, Max-Planck-Inst. → t 109
- Technologiepark → U 110
- Verfahrenstechnik, Inst. → t 242
- Wissenschaften u. Medizin, Zentrum → T 376

Biokreis e.V. → Q 191
Bioland → Q 182
Biologen → TWV T 907

Biologie
- Entwicklungsinst. → t 114
- Ernährungs- → TWV T 2 550
- Holz-, Inst. → A 244
- Immun-, Inst. → t 125
- Institut → t 106
- Kybernetik, Inst. → t 131
- Landwirtschaftl. Nutztiere → T 2 661
- Molekulare, Zentrum → T 1 910
- Pharmazeutische, Inst. → T 2 847
- Zell- → Inst. t 174

Biologische
- Anthropologie → T 2 750
- Bundesanstalt f. Land- u. Forstwirtschaft → A 158
- Dynam. Landbau, Arbsgem. → Q 83
- Gesellschaften, Union Dt. → T 924
- Krebsabwehr → T 2 789
- Landbau-Bewegungen, Internat. Vereinig. → IZ Q 73
- Landprodukte, Bds.-Verb. → Q 656
- Medizin → Aktion T 2 850
- Schädlingsbekämpfung, Inst. → A 158

Biomed
- Freiburg, Stiftung → T 837

Biometrie
- Dt. Gesellsch. → T 3 349

Biotopschutz → Q 510

biowissenschaftliche
- Fachges., Verb. Dt. Biol. → T 907

BIP → T 4 161
BIPAR → IZ K 48
BIPAVER → IZ F 1 763
B.I.R. → IZ F 173
BIS → IZ W 13

Bischöfliche(s)
- Aktion ADVENIAT → U 2 073
- Hilfswerk MISEREOR → U 2 085
- Pressereferenten → O 468

Bischofskonferenz → U 2 341
- Zentralstelle Medien → U 2 377

Bistümer → U 2 341
BIT → U 36
BITKOM → F 372
BITÖK → T 2 655

Bitumen
- Dach- u. Dichtungsbahnen → F 179
- Gütegemeinschaft Bahnen → U 556
- Ind. → F 377

Bituminöse Bau- u. Kunststoffe, Prüfamt → t 2 047
BIV → G 526, G 586
BIVA → U 888
BIW → S 1 051
BIZ → O 436
Björn-Steiger-Stiftung → U 2 025

BJU → R 196
BKB → S 946
bke → U 1 444
BKG → A 249, G 468
BKJ → U 1 560
BKK® → K 134
BKR → f 137
BKS → U 1 922
BKTex → F 983
BLAC → T 988
Blasmusikverbände → O 90, Bund Dt. O 91

Blaues Kreuz
- i.d. Evang. Kirche → U 1 855
- in Deutschland → U 1 951

BLC → S 1 059
BLE → H 408

Blech(e)
- Umformung, Industrieverband → F 841
- Verarbeitung → F 281, Forschungsges. t 277
- Verpackungsmittel → IZ F 1 574

Blei
- Beratungsstelle → U 13
- Förderung → IZ F 2 133
- Halbzeug → Ind. F 706 ff, Gütez. U 560

BLG → T 2 598

Blinde
- u. Sehbehinderte Kinder, Vereinig. d. Freunde → U 1 601

Blinden
- Bildung, Verein z. Förderung → T 3 871
- Handwerk → G 237
- Sport, Int. Vereinig. → IZ U 494
- Studienanst., Dt. → T 3 870
- Werkstätten → G 237

Blitzschutzanlagen, Gütegemeinschaft → U 561
Blitzschutzfirmen, Verb. Dt. → F 289
BLK → A 101, F 421
BLM → O 363
BLN → O 348
Blockhausbau, Gütegem. → U 562
BLU → Q 87

Blumen
- Bindereien → O 649 ff
- Importhandel → H 33
- Märkte, Vereinig. Dt. → Q 136
- Zwiebeln, Hdl. → IZ H 342

Blutdruck
- Dt. Liga z. Bekämpf. → T 3 326

BLZ → F 886
BMA → A 20
bmb+f → A 29
BME → H 682
BMF → A 14
BMFD → U 859
BMFJ → A 23
BMG → A 25
BMI → A 10
BMJ → A 12
BMM → T 4 006
BMR → Q 85
BMU → A 33
BMVBW → A 27
BMVg → A 21
BMZ → A 31
BND → A 102
BNE → U 1 446
BNU → Q 448
BNZ → S 317
Bob- und Schlittensportverband → u 2 480
Bob- und Schlitten-Vereinigung, int. → IZ U 472
Boccia-Verband → u 2 481

Boden
- Beläge → Ezhdl. 667, Gütez. U 567
- Beläge, Europ. Konföderation d. Handels → IZ H 61
- Biologie, Inst. → A 149, t 2 614
- Bundesverband → Q 342
- Fliesen → Ind. f 587
- Gesellschaft → Q 180
- Hygiene, Inst. → TWV T 1 866
- Kultur → TWV T 2 732
- Kundliche Ges., Dt. → T 2 693
- Landschaftsforschung → t 2 609
- Leger → Hdw. G 623
- Mechanik → Dt. Forsch.-Ges. T 1 057
- Ordnung → Landesanstalt T 2 680, Inst. T 2 697
- Pflegegeräte → Ind. f 357
- Schutz → Arbeitskreis T 2 695

Bodensee
- Messe, int. → o 607

Body-Builder-Verband → Intern. IZ U 541
BÖB → M 233
Böckler-Stiftung → T 766, T 2 206
Bölkow, Ludwig, Stiftung → T 726

Böll
- Stiftung, Heinrich → T 744

Börsen
- Baumwoll- → I 104
- Diamant- u. Edelsteine → I 106
- EG, Ausschuß → IZ I 167
- Hypotheken- → I 125
- Produkten → H 207 ff
- Schiffahrt → M 241
- Termin- → I 110
- Verein, Bayreuther → I 139
- Verein d. dt. Buchhandels → O 532, Messe o 606
- Vereine an dt. Hochschulen → T 3 917
- Wertpapier → I 91 ff, IZ I 165

Böttcher → Hdw. G 288
Bogenschießen, Int. Vereinig. → IZ U 493
Boiler → F 1 017
BOK → T 1 338
Bonding-studenteninitiative → T 2 259
Bonhoeffer-Institut → t 109

Bonner
- Geograph. Ges. → T 1 121

Bonsels, Waldemar, Stiftung → T 767
Bootsbauer → Hdw. G 239
Borgward-Interessengemeinschaft → U 2 607
Borromäus, Karl, hl. → T 974

Botanik
- Angewandte → T 929
- Gesellschaft, Dt. → T 927

Botanische Gesellschaft, Bayer. → T 928
Botanischer Verein zu Hamburg → A 352
Botschaften → i. Ausland C 1 ff, i. Inland C 606 ff
Boule-Verband → u 2 481
BOVB → F 480
BOW → T 4 149, U 147
Boxverband, Deutsche Amateure → u 2 482
BPI → F 208
BPV → S 787
BPvL → T 2 130
Brahms-Gesellschaft Baden-Baden → U 3 011

Branchenverband
- Plauener Spitze u. Stickereien → F 1 005

Brand, Alarmanlagen → IZ F 2 453

Brandberatung
- Europ. Rat → IZ K 44

Brandenburgische
- Akad. d. Wiss., Berlin- → T 857

Brandkatastrophen
- Mediterraner Club → IZ T 829

Brandschaden
- Beseitiger, Bundesverb. d. → U 552

Brandschutz → t 2 036
- Fachbetriebe u. -Kundendienste → F 293
- Förderung → U 854
- Geräte → IZ F 1 472, IZ T 315
- Gütegemeinschaft → U 563

Branntwein → Ind. F 466
- Monopolverwaltung → A 192

Brauerbund → Arb.-Geber R 122, T 930

Brauerei(en)
- Konditionenkartell → U 753
- Öffentlichkeitsarbeit → O 592
- Verband, europ. → IZ F 917
- Werbung → O 532
- Wissenschaftliche Station München → F 161

Brauerverbände → Europ. IZ F 2 323
Braugerstenstelle Südbaden → Q 157

Braunkohlen
- Bergwerke → F 140

Braunschweigische Wissenschaftl. Ges. → T 947

Brauwesen
- Geschichte u. Bibliographie → T 2 582

Brauwirtschaft, Wissenschaftsförderung → t 279
BRB → F 907
Bredow-Institut → T 1 957
Breitbandverteiltechnik → Ind. f 337

Bremer
- Brauer Societät → F 145
- Energie-Institut → D 158
- Presseclub → O 488
- Reederverein → M 150
- Spediteure → M 149
- Umweltinstitut → O 463

Bremische
- Landesmedienanstalt → O 366

Brennereien → F 452
- Bay. Landwirtschaftl. → F 463
- Klein → F 466
- Korn → F 455
- Landwirtschaftliche → F 465
- Obst → F 466
- Obstverschluß → F 480

Brennstoffe
- Europ. Ausschuß → IZ L 85
- Ezhdl. → H 587
- Normung → T 1 924

BRH → R 661

Briefmarken
- Handel → H 326
- Sammler → U 2 661

Briefumschläge → Ind. f 767

Briefumschlag
- Fabrikanten, Europ. Vereinigung → IZ F 751

Brillat Savarin-Stiftung → T 743

Britisches
- Forum, Deutsch- → E 480

British Chamber of Commerce in Germany → E 275

Brock
- Chisholm → IZ T 830

Bronchialheilkunde → S 169

Brot
- Feine Backwaren, Informationszentrale → T 2 561
- Industrie → Arb.-Geber R 122, Intern. Verb. IZ F 1 823
- Industrie, Zusatzversorgungskasse → K 133
- für die Welt → U 2 074

Brückenbau → IZ F 1 754
Brüsewitz-Zentrum → U 1 422
Brüsseler Zollrat → IZ A 221
BSB → F 93, F 559
BSD → G 800
BSF → F 786
BSFH → f 274
BSHL → S 1 112
BSI → A 229, F 832
BSKZ → U 3 023
BSL → M 102
BSM → H 773, U 1 932
BSVI → S 1 001
BTB → R 584, R 767
BTE → H 528, S 1 069
BTQ → Q 180
BTÜ → R 580
BuB → S 726

Buch
- Antiquare → H 573
- Archiv, Dt. → T 975
- Bahnhofshdl. → H 572
- Binderei → Hdw. G 240
- Ezhdl. → H 567, O 416
- führungshelfer → R 495
- Grossisten → H 34, IZ Q 225
- Händler → kath. H 575
- Händlervereinigung, europ. → IZ H 375
- Halter → R 483
- Haltungssachverständige → IZ S 323
- Handel → IZ H 493, Antiquariats IZ H 496
- Handels-Messe → o 606
- Handlungen, Arbeitgeberverb. Berlin-Brandenburg → R 185
- Informationszentrum Bukarest, Dt. → O 436
- Künstler, Bund Dt. → S 1 174
- macher, Dt. Verb. → F 785
- Messe → o 606
- Stellen, Ldw. → S 683, gewerbl. S 684
- Verlagshdl. → O 416
- Versandhandel → H 576
- Werbung → O 532
- Wissensch., Inst. → T 975, U 3 097

Bücher
- Revisoren → S 622

Bücherei, Evangel. → T 972
Büchsenmacher → G 537, Handel H 335

Bühnen
- Angehörige → S 1 196, Kartellverb. S 1 197
- Schriftsteller u. Komponisten → S 1 287
- Verein → O 11, O 71
- Vermittlung → O 415
- Versorgungsanstalt → K 438

Bündnis 90/Die Grünen → U 2 097
Bündnis 90/Die Grünen, Bundestagsfraktion → A 40
Bürger fragen Journalisten → U 2 657
Bürger in Europa, Aktionsservice → IZ U 591

Bürgerbund
- faires Scheidungsrecht → U 1 612

Bürgerinitiativen
- Umweltschutz → Q 337

Bürgerinitiativer
- gegen Kindesentzug u. Unterhaltsmißbrauch → U 1 611

Bürgerschaften → B 325 ff
Bürgervereine, Verb. Dt. → U 2 757

Bürgschafts
- Bank → Gemeinschaftsausschuß I 85 ff

Büro

Büro
- Audiophonologie → IZ T 232
- Kommunikation → VDI-Gemeinschaftsausschuß T 1 165 ff
- Management, Bundesverb. → R 559
- Möbel → Großhdl. IZ F 1 067, Stahl IZ F 2 022
- techn. Industrie, Europ. Vereinig. → IZ F 1 067
- Technik → Hdw. G 526, R 958
- Unternehmen, Deutschl. → S 789
- Wirtschaft → H 336, T 3 946
- Wirtschaftslehrer → R 958

Bürsten
- Hersteller → Hdw. G 248

BÜV M → t 2 106
BÜV NO → t 2 110, t 2 119
BÜV NW → t 2 113, t 2 122
BÜV S → t 2 123
BÜV TSA → t 2 124
BÜVZERT BaWü → t 2 085, t 2 117
BuFi → O 153
BUND → Q 407

Bund
- Altkatholischer Frauen Deutschl. → U 1 242
- d. Antifaschisten → U 1 015
- Architektur u. Baubiologie → T 1 891
- Bildender Künstlerinnen → S 1 175
- Biochemischer, Deutschlands → T 2 606
- Christlicher Posaunenchöre Deutschlands → O 88
- d. Kleinbetriebe, Europ. → IZ R 1
- demokratischer Wissenschaftlerinnen u. Wissenschaftler → T 2 220
- Deutscher Karneval → U 2 756
- Deutscher Kunsterzieher → U 2 793
- Deutscher Sportschützen → U 2 585
- diabetischer Kinder u. Jugendlicher → T 2 757
- d. Diplom-Inhaber d. Verwaltungs- u. Wirtschafts-Akademien → S 783
- d. Doemensianer → T 3 873
- f. drogenfreie Erziehung → U 1 614
- Dt. Amateurtheater → O 35
- Dt. Architekten → S 807
- Dt. Baumschulen → Q 102
- Dt. Betriebssportverbände → U 2 450
- Dt. Blasmusikverbände → O 91
- Dt. Buchbindereien → G 240
- Dt. Buchkünstler → S 1 174
- Dt. Champignonzüchter → Q 120
- Dt. Feuerwerker u. Wehrtechniker → S 1 451
- Dt. Film- u. Videoamateure → O 226
- Dt. Finanzrichter → R 807
- Dt. Forstleute → R 662
- Dt. Friedhofsgärtner → Q 132
- Dt. Geschäftsführer u. Vorstandsmitglieder → S 1 526
- Dt. Hebammen → S 85
- Dt. Heilpraktiker → S 389
- Dt. Innenarchitekten → S 877
- d. Dt. Kathol. Jugend → U 1 398
- Dt. Klavierbauer → G 482
- Dt. Kriegsopfer, Körperbehinderter u. Sozialrentner → U 1 032
- Dt. Kriminalbeamter → R 809
- d. Dt. Landjugend → Q 165
- Dt. Landschafts-Architekten → S 863
- Dt. Liebhaberorchester → S 1 186
- Dt. Lohnsteuerzahlerverbände → U 907
- Dt. Nordschleswiger → U 989
- Dt. Philatelisten → U 2 661
- Dt. Radfahrer → u 2 508 → Q 237
- Dt. Rassegeflügelzüchter
- Dt. Schauwerbegestalter → O 585
- Dt. Schiedsmänner u. Schiedsfrauen → U 761
- f. dt. Schrift u. Sprache → S 1 503
- Dt. Verwaltungsrichter und Verwaltungsrichterinnen → S 568
- d. Dt. Zollbeamten → R 616
- Dt. Zupfmusiker → O 115
- Energieverbraucher → L 34
- Europäischer Farbberater → IZ S 649
- Freiberuflicher Hebammen → S 102
- Freier Gewerkschaften → IZ R 277
- Freiheit d. Wissensch. → T 2 438
- Freireligiöser Gemeinden Deutschl. → U 2 436
- Freischaffender Foto-Designer → S 1 065
- d. Freunde u. Förderer junger Architekten → S 844
- gegen das Zwangsmitrauchen → U 707
- d. Historischen Dt. Schützenbruderschaften → U 2 599

Fortsetzung nächste Spalte

Bund (Fortsetzung)
- d. Hotel-, Restaurant- u. Café-Angestellten → R 416
- d. Jugendfarmen u. Aktivspielplätze → U 2 762
- d. Katholischer Unternehmer → R 238
- d. Kriegsblinden Deutschlands → U 1 025
- f. Lebenserneuerung → U 3 125
- f. Lebensmittelrecht u. Lebensmittelkunde → T 2 560
- f. Natur u. Umwelt → Q 448
- Niederdeutscher Autoren → S 1 265
- f. Orientierungslauf, int. → IZ U 542
- d. Ruhestandsbeamten, Rentner u. Hinterbliebenen → R 661
- Sport f. alle, Trimm u. Fitness Int. → IZ U 585
- d. Stalinistisch Verfolgten → U 1 029
- d. Steuerzahler → U 890
- d. Strafvollzugsbediensteten Deutschlands → R 710
- d. Techn. Beamten → R 767
- d. Theatergemeinden → O 1
- f. Umwelt u. Naturschutz → U 2 407
- d. Versicherten, Unternehmer → U 912, U 913
- d. Vertriebenen → U 968

Bundes
- Ämter (s. unten)
- Ärztekammer → S 22 ff
- Akademie, öffentl. Verwaltung → A 10
- Akademie f. Wehrverwaltung u. Wehrtechnik → T 1 872
- Anstalten (s. unten)
- Apothekerkammer → S 340 ff
- Arbeitgeberverb. Chemie → R 63
- Arbeitsgemeinschaft (s. unten)
- Arbeitsgericht → A 373
- Arbeitskreis Altbauerneuerung → T 2 128
- Architektenkammer → S 790 ff
- Archiv → A 218
- Ausfuhramt → A 352
- Ausgleichsamt → A 228
- Ausschüsse f. Sport → U 2 450
- Ausschuß d. Ärzte u. Krankenkassen → T 2 745
- Ausschuß d. Länderarbeitsgem. d. Lehrerinnen u. Lehrer f. Pflegeberufe → R 550
- Autobahntankstellen → H 648
- Bahn (s. unten)
- Bank, Dt. → I 1, Beamte R 621
- Beamte → R 614
- Beauftragte (s. unten)
- Behörden → A 1 ff
- Behörden, Beschäftigte d. obersten u. oberen → R 620
- Berufsverband d. Fachkosmetiker(-innen) in Deutschl. → S 80
- Betriebsberatungsstelle → h 3
- Bildstelle im Presse- u. Informationsamt d. Bundesregierung → A 105
- Disziplinaranwalt b. Bundesverwaltungsgericht → A 369
- Disziplinargericht → A 375
- Druckerei → A 209
- Elternrat → U 1 176
- Elternvereinigung f. anthroposophische Heilpädagogik u. Sozialtherapie → T 2 914
- Fachgemeinschaft Tanksicherung → U 933
- Fachverband Fleisch → H 185
- Fachverband öffentliche Bäder → T 3 461
- Finanzakademie → A 193
- Finanzhof → A 372
- Finanzverwaltung, Bildungszentrum → Münster A 197, Plessow A 198
- Forschungs-Anstalten (s. unten)
- Frauenvertretung im DBB → R 802
- Gemeinschaft d. dt. Ingenieurkammern → S 942
- Gerichte → A 361 ff
- Gerichtshof → A 362, A 364
- Gesundheitsamt → A 213
- Grenzschutz → A 251 ff
- Grenzschutz, Verb. → R 636
- Gütegemeinschaft Instandsetzung v. Betonbauwerken → U 662
- Gütegemeinschaft Kompost → U 625
- Gütegemeinschaft Montagebau u. Fertighäuser → U 575
- Heilpraktiker-Verband → S 389
- Industrieverband Heizungs-, Klima-, Sanitärtechnik → F 1 034
- Informationsamt → A 6
- Ingenieurkammer → S 942
- Innung f. d. Siebdrucker-Handwerk → G 502
- Innungsverband f.d. Stricker-, Sticker- u. Weber-Handwerk → G 742

Fortsetzung nächste Spalte

Bundes (Fortsetzung)
- Institut (s. unten)
- Interessenvertretung d. Altenheimbewohner → U 888
- Jugendkuratorium → U 1 545
- Jugendring → U 1 456
- Jugendwerk d. Arbeiterwohlfahrt → U 1 503
- Kanzler → A 3
- Kanzleramt → A 4
- Kartellamt → A 351
- Knappschaft → K 330
- Konferenz f. Erziehungsberatung → U 1 444
- Koordination Studentischer Ökologiearbeit → Q 472
- Kriminalamt → A 234
- u. Landesinnungsverbände → Hdw. G 122
- Marktverband d. Fischwirtschaft → F 398
- Marktverband f. Vieh u. Fleisch → H 246
- Ministerien → A 8 ff
- Monopolverwaltung f. Branntwein → A 192
- Nachrichtendienst → A 102
- Notarkammer → S 531
- Oberseeamt → A 331
- Patentgericht → A 299
- Polizei, Gewerkschaft → R 636
- Post (s. unten)
- Präsident → A 1
- Präsidialamt → A 2
- Presseamt → A 6
- Pressekonferenz → O 520
- Prüfstelle f. jugendgefährdende Schriften → A 171
- Rat → A 39
- Rechnungshof → A 99
- Rechtsanwaltskammer → S 480
- Regierung → A 1 ff
- SCHUFA → U 724
- Schuldenverwaltung → A 174
- Seniorenvertretung → U 1 363
- SGK → D 240
- Sortenamt → A 169
- Sozialgericht → A 374
- Sprachenamt → A 349
- Stelle f. Außenhandelsinformation → A 353
- Steuerberaterkammer → S 631
- Stiftung Mutter u. Kind → T 761
- Stiftung Umwelt → T 769
- Tag → A 35 ff
- Tagsfraktion Bündnis 90/Die Grünen → A 40
- Tierärztekammer → S 319
- Vereinigung (s. unten)
- Verfassungsgericht → A 361
- Verkehrs-Betr.-Krankenkasse → K 134
- Versicherungsamt → A 132
- Versicherungsanstalt f. Angestellte → A 133, K 329
- Versorgungsanstalt → A 234
- Verwaltung → A 245
- Verwaltungsgericht → A 367
- Verwaltungsakademie → K 134
- Wehr (s. unten)
- Wertpapiere → U 703
- Wettbewerb der Schulen Jugend trainiert für Olympia → U 2 555
- Zahnärztekammer → S 255
- Zentrale f. gesundh. Aufklärung → A 216
- Zentrale f. polit. Bildung → A 278
- Zentralregister → A 364
- Zentralverb. Personenverkehr, Taxi u. Mietwagen → M 37
- Zollverwaltung, Beschaffungsamt → A 195

Bundesamt
- Äussere Restitutionen → A 203
- Anerkennung ausländ. Flüchtlinge → A 232
- Aufsicht f. Kreditwesen → A 204
- Aufsicht f. d. Versicherungswesen → A 205
- Ausgleich → A 133
- Bevölkerungsforschung → A 154
- f. Bauwesen und Raumordnung → A 303
- Finanzen → A 199
- Güterverkehr → A 306
- Information → A 6
- Kraftfahrt → A 305
- Kriminal- → A 149
- Luftfahrt → A 332
- Presse- → A 6
- Regelung offener Vermögensfragen → A 176
- f. Seeschiffahrt u. Hydrographie → A 336
- f. Sera u. Impfstoffe → A 217
- f. Sicherheit i.d. Informationstechnik → A 229
- Statistik → A 238
- f. Strahlenschutz → A 301
- Umwelt → A 300
- Verfassungsschutz → A 244

Fortsetzung nächste Spalte

Bundesamt (Fortsetzung)
- Versicherungen → A 274
- Verwaltung → A 158
- Wehrtechnik u. Beschaffung → A 350
- Zivildienst → A 172

Bundesanstalt
- Arbeit → K 349, Beamte R 622
- f. Arbeitsmedizin u. Arbeitsmedizin → A 135
- Biologische, f. Land- u. Forstwirtschaft → A 266
- Fettforschung → A 151
- Fleischforschung → A 154
- Forstwirtschaft → A 158
- f. Geowissenschaften u. Rohstoffe → A 354, t 2 069
- Getreideforschung → A 151
- Gewässerkunde → A 320
- Kartoffelforschung → A 151
- Landschaftsökologie → A 302
- Landwirtschaft → A 158
- f. Landwirtschaft u. Ernährung → A 170
- Materialforschung → A 356, t 2 029
- Materialprüfung → A 353, t 2 029
- Milchforschung → A 157
- Naturschutz → A 245
- Physikalisch-Technische → A 357
- f. Post u. Telekommunikation → A 212
- Straßenwesen → A 319
- Techn. Hilfswerk → A 230
- f. vereinigungsbedingte Sonderaufgaben → A 202
- Wasserbau → A 322
- Zentrale Dienste, Straßenwesen → A 332

Bundesarbeitsgemeinschaft
- f. berufliche Bildung, Kathol. → T 3 954
- d. Berufsbildungswerke → T 3 756
- d. Clubs Behinderter u. ihrer Freunde → U 2 018
- Deutscher Kommunalversicherer → D 147
- Erste Hilfe → U 1 617
- f. Erwachsenenbildung → T 3 953
- Evangelische Jugendsozialarbeit → U 1 478
- Evangelische Familienbildungsstätten → U 1 249
- Evangelischer Jugendferiendienste → N 61
- d. Freien Wohlfahrtspflege → U 1 616
- d. Freundeskreise f. Suchtkrankenhilfe → T 3 491
- Gentechnologie u. Recht → T 2 553
- Haus-Notruf → U 1 923
- Hilfe f. Behinderte → T 2 892
- Höhere Kommunalverbände → D 50
- Internationale Soziale Dienste → U 1 406
- Jugendsozialarbeit → U 1 576
- Kath. Jugendsozialarbeit → N 62
- Kinder- u. Jugendschutz → U 1 575
- d. Landesjugendämter → U 1 571
- Leitender Krankenpflegepersonen → R 533
- d. Mittel- u. Großbetriebe d. Einzelhandels → H 549
- Schlacht- u. Viehhofwesen → D 177, U 1 249
- Schuldnerberatung → U 1
- Schule Wirtschaft → T 2 187
- d. Sozialarbeiter/Sozialpädagogen b.d. Justizvollzugsanstalten → S 595
- Sozialmarketing → U 1 932
- Spiel u. Theater → O 55
- f. Straffälligenhilfe → U 1 926
- Überbetr. Arbeitsmed. Dienste → T 3 277
- d. überörtlichen Träger d. Sozialhilfe → D 146
- Vieh u. Fleisch → H 183
- Werkstätten f. Behinderte → T 2 908
- Wohnungslosenhilfe → U 1 867

Bundesaufsichtsamt
- f.d. Kreditwesen → A 204
- f.d. Versicherungswesen → A 205
- f.d. Wertpapierhandel → A 208

Bundesbahn
- Beamte, Arbeiter u. Angestellte → R 614
- Betriebs-Krankenkassen → K 134
- Mittlerer Vermessungsdienst → R 833

Bundes-Beauftragter
- f. Asylangelegenheiten → A 233
- f.d. Behandlung von Zahlungen an die Konversionskasse → A 207
- f. den Datenschutz → A 237
- f.d. Unterlagen des Staatssicherheitsdienstes → A 242
- f.d. Zivildienst → A 173

Bundesforschungsanstalt
- f. Ernährung → A 155
- f. Fischerei → A 153
- Fleisch → A 250
- Forst- u. Holzwirtschaft → A 150
- Landwirtschaft → A 149

Fortsetzung nächste Seite

Bundesforschungsanstalt (Fortsetzung)
- Milchwirtschaft → A 263
- f. Naturschutz u. Landschaftsökologie → A 302
- f. Viruskrankheiten der Tiere → A 165

Bundesinstitut
- f. Arzneimittel u. Medizinprodukte → A 215
- f. Berufsbildung → A 141
- f. Bevölkerungsforschung b. Stat. Bundesamt → A 243
- f. gesundheitlichen Verbraucherschutz u. Veterinärmedizin → A 214
- f. Infektionskrankheiten u. nichtübertragbare Krankheiten → A 213
- f. Sportwissenschaft → A 297

Bundeskriminalamt → A 234
Bundesministerien → A 8 ff
Bundespost
- Betriebskrankenkassen → K 134
- höhere Beamte → R 808
- Kommunikationsdienste, Wissensch. → T 3 680
- Versorgungs-Anstalt → K 363

Bundesverband
- d. Hygieneinspektoren → S 230
- Direktvertrieb → R 237

Bundesvereinigung
- d. Anstaltsleiter i. Strafvollzug → S 594
- d. Deutschen Arbeitgeberverbände → R 1
- d. Deutschen Kartoffelwirtschaft → T 2 576
- Deutscher Ärzteverbände → S 40
- Deutscher Betriebswirte → S 748
- Deutscher Laienmusikverb. → O 92
- Dt. Blas- u. Volksmusikverbände → O 90
- d. Dt. Films → O 153
- d. Fachverbände d. Dt. Handwerks → G 5
- f. Gesundheit → T 3 465
- Liberale Frauen → U 1 296
- Sozio-kultureller Zentren → U 3 023

Bundeswehr
- Arbeitnehmer → R 641
- Beamte u. Angest. → R 496, R 619
- Forschungsanstalt f. Wasserschall u. Geophysik → T 1 133
- Reservisten → R 502, IZ R 245
- Sozialwerk → U 1 928
- Sozialwissenschaft, Inst. → t 2 429
- Verband → R 496

Bundjugend → Q 425
Bund-Länder-Kommission f. Bildungsplanung u. Forschungsförderung → A 101
Bunsengesellschaft → T 983
Burckhardthaus → U 1 275
Burgen
- vereinigung, Dt. → Q 621

Bus
- Komfort, Gütegemeinsch. → U 654
- Touristik, Internationale → F 217
BUS-Betreuungsverb. für Unternehmer und Selbständige → R 194
Busfähige Interfaces f. binäre Aktuatoren u. Sensoren → T 1 159
buss → T 3 493
Butter
- Börse, Südd. → I 118
- Einzelhandel → H 630
- Großhandel → H 164
- Verarbeitende Unternehmen → IZ F 1 082
BV Glas und Mineralfaser → F 533
BVAB → Q 469
BVBC → R 483
BVBK → F 293
BvD → S 1 427, U 774
BVDA → S 381, U 2 647
BVDG → H 617
BVDM → H 422, U 2 606
BVDN → T 2 836
BVE → F 379
BVEA → R 449
BVF → H 157, T 1 256
bvfa → F 292, f 856
BVFS → S 1 084
BVHK → F 505
BVI → I 87, N 34
BVJ → S 1 368
BVK → R 514, S 1 086
BVKA → S 384
BVL → T 2 987, T 3 632
BVM → O 532, S 732
BVMB → F 89
BVMI → S 379
BVMKW → T 1 149
BVMW → R 270
BVÖ → Q 462
BVOG → F 694
bvp → H 288
BVPA → O 528
BVPPT → S 442
BVPTA → R 583

BVR → P 2, R 513
BVSI → f 571
BVSK → S 1 087
BVT → H 509, R 578
BVTA → T 1 157
BVT-Verband Tore → F 283
BVU → U 912
BVW → S 689
BWA → H 223
BWB → A 350
BWE → L 39
bwg → O 541
BWI-Bau → T 899
BWK → s 892, S 1 036
BwSW → U 1 928
BWV → T 3 757, T 3 758
BZA → S 786
BZgA → A 216
BZP → M 37

C

C. u. O. Vogt-Inst. → T 3 448
CA → IZ F 174
CAAED → IZ U 824
Cadmium, Ind. → IZ F 174
CAE → IZ S 652
Cäcilien-Verb. f. Deutschland → O 89
CAEF → IZ F 2 433
Café (siehe Kaffee)
Caffeehandel beteiligte Firmen, Verein → H 249
Caffeeimport
- Agenten u. -Makler, Verein d. Hmb. → H 250
CAFIM → IZ G 186
CAJ Christl. Arbeiter-Jugend → R 446
California Association of Germany → U 3 122
Camping
- u. Caravaning, Int. Verb. → IZ U 570
- Club → O 666
- Wirtschaft, Bd. Verb. → N 87
Campus Espenhain gGmbH, Inst. → T 2 456
CANDLES → IZ F 812
CAOBISCO → IZ F 2 166
Čapek Gesellschaft f. Völkerverständig. u. Humanismus → U 2 062
Caravan Handels-Verband → H 507
Caravaning
- u. Camping, Int. Verb. → IZ U 570
Caravan-Journalisten → S 1 371
CARE Deutschland → U 1 818
Caritas
- Akademie f. Pflegeberufe → U 1 748
- Europa → IZ U 298
- Fachverband Psychiatrie → U 2 023
- Gemeinschaft f. Pflege- und Sozialberufe → U 1 747
- Konferenzen Deutschlands → U 1 746
- Verband → U 1 745
Carl Duisberg
- Gesellschaft → T 3 799
Carl Schurz Ges. → E 737
Carl-Cranz-Gesellschaft → T 1 905
CarSharing e.V., Bundesverband → M 135
Cartell Verband, Techn. → s 903
Cartellverband d. Katholischen dt. Studentenverbindungen → U 1 403
Cash and Carry-Großhandel → H 254
Catering → N 1 ff
- Vereinigung, Europ. → IZ F 250
Catholic Media Council → U 2 064
CB → IZ I 167
CBI → E 477
CBMC
- D. Europ. Brauer → IZ F 2 323
CCBE → IZ S 213
CCIVS → IZ V 29
CDA → R 452
CDG → T 3 799
CDH → H 684
CDU → U 2 114
- CSU-Fraktion i. Dt. Bundestag → A 52
- CSU-Mittelstands- u. Wirtschaftsvereinigung → R 241
- Deutschlands, Senioren Union → U 2 182
- Wirtschaftsrat → U 2 152
CE
CEAB → IZ B 256
CEC → S 667
CEC → IZ F 772
CECE → IZ F 1 402
CECED → IZ F 1 214
CECIMO → IZ F 1 448
CECIP → IZ F 901
CECODE → IZ H 530
CECOF → IZ F 1 493

CECOMAF → IZ F 1 505
CECOP → IZ P 24
CECRA → IZ H 474
CECSO → IZ L 85
CECT → IZ F 1 425
CED → IZ H 368, IZ T 151
CEDI Europaverband der Selbständigen → IZ R 10
CEDIGAZ → IZ L 98
CEDIM → IZ F 890
CEETB → IZ F 884
CEFACD → IZ F 888
CEFIC → IZ F 1 017
CEFS → IZ F 1 358
CEI → IZ H 538
CEI-BOIS → IZ F 2 583
CEISAL → IZ T 882
CEJA → IZ Q 68
CEL → IZ U 299
CELCAA → IZ H 205
CEMA → IZ F 207
CEMAFON → IZ F 1 486
CEMATEX → IZ F 1 516
CEMBUREAU → IZ F 1 375
CEMEP → IZ F 1 464
CEMT → IZ A 213
CEN → IZ T 495
CENELEC → IZ T 475
Center Werbung → P 17
Centrale
- f. Coorganisation → T 2 180
Centrum
- Industriekultur → U 3 027
- f. internat. Migration u. Entwicklung → U 2 054
CEO → IZ F 1 586
CEOC → IZ T 438
CEP → IZ U 817
CEPE → IZ F 813
CEPFAR → IZ T 976
CEPI → IZ S 655
C.E.P.L.I.S. → IZ S 1
CEPS → IZ T 881
CERAME-UNIE → IZ F 2 231
CERP → IZ S 269
CESA → IZ F 2 221
CESI → IZ F 67
CESIO → IZ F 1 435
CESP → IZ S 65
CEV → IZ U 345
CEZ → IZ T 975
CFD → u 2 695
CFE → IZ S 295
CFI → U 1 405
CF-Selbsthilfe Bundesverband → T 2 807
CGB → R 399
CGPT → R 426
Champignonzüchter → Q 120
Charterunternehmen, Vereinig. Dt. → M 232
CHCE → IZ T 715
Chef International - Rastatter Kreis → S 1 509
ChefBk → A 4
Chemie
- Analytische, Fettforsch. → Inst. T 1 911
- Angewandte, Inst. → T 1 911, T 1 917
- Arb.-Geber → R 63 ff
- Arb.-Gewerkschaften → IZ R 266
- Bio, Inst. → t 104
- biophysikalische, Inst. → t 109
- Bundesarbeitgeberverb. → R 63
- Deutscher Zentralausschuß → T 986
- EG-Ausschuß → T 817
- Europäisches Ökologie- u. Toxikologiezentrum → IZ T 817
- Fachbereich → T 1 911
- Fachinformationszentrum → U 29
- Fleisch, Inst. → A 250
- Gerberei → T 1 136
- Geschichte → TWV T 984
- Getreide- → TWV T 2 572, IZ T 680
- Gießerei- → Ind. F 184
- Handel → H 40, IZ H 84
- Handels-Vertr. → H 684
- Holz-, Inst. → A 150
- Industriegewerkschaft → R 320
- Information → T 984, T 985
- Informationszentrum → U 29
- Ingenieure → IZ T 30
- Ingenieurwesen → T 1 165 ff, T 1 839
- Inst. → t 104, T 1 911
- Klinische, Dt. Ges. T 3 337, Internat. Vereinig. IZ T 827
- Landwirtschaft → T 2 739
- Makromolekulare → T 1 911, Inst. T 1 915
- Marktforschung, Planung u. Beratung, Inst. → T 2 516
- Max-Planck-Inst. → t 108
- Medizinische → T 984

Fortsetzung nächste Spalte

Chemie (Fortsetzung)
- Metall, Inst. → t 285, T 1 922
- Milch-, Inst. → A 157
- Organische → Ind. F 207, T 1 911
- Physikalische → T 1 266 ff, T 1 911
- Reine u. angewandte → IZ T 165
- Spektro- → TWV T 1 381, T 1 382
- Strahlen-, Inst. → t 168
- Umwelt- → T 989
- Unterricht → TWV T 984
- Waschmittel, Inst. → T 984

Chemikalien
- Außenhandel → H 35, H 40
- Großhdl. → H 40, H 118
- Prüfung, Inst. → A 158
- Sicherheit, Bund/Länder-Ausschuß → T 988

Chemiker → S 1 053 ff, T 984
- Freiberufliche → TWV T 984
- Lebensmittel → S 1 059
- Nahrungsmittel → S 1 059
- Papier- u. Zellstoff- → T 1 886

Chemisch
- Reinigungsmaschinen → f 672
- Technische Assistenten → S 1 056

Chemische
- Antriebe, Inst. → T 1 266 ff
- Arb.-Nehmer, Leitende → r 468
- Balneologie → T 1 982
- Gesellschaften → IZ T 108
- Industrie, Verb. d. → F 162
- Löschanlagen → Ind. F 292
- Photo-Ind. → F 217
- Raketenantriebe, Inst. → T 1 266 ff
- Reinigungsmaschinen → IZ F 1 536
- Technik u. Biotechnologie → t 281, Dt. Ges. T 991
- Technologie → t 241
- Untersuchungsanstalten → B 542 ff

Chemisches
- Apparatewesen → t 281, Dt. Ges. T 991
- Inst. f. Umweltschutz d. Landeshauptstadt Stuttgart → T 990

Chemotechniker → S 1 056
Chemotherapeutisches Forsch.-Inst. → T 3 447

China
- Gesellschaft → Dt. E 410, E 412
- Gießener Verein f. Wirtschaftsstudien → E 418

Chinesische
- Ges., Dt. → E 409

Chirurgie → Dt. Ges. T 3 292, IZ T 819
- Arthroskopische → T 2 752
- Dt. Ges. d. Hand → T 3 322
- Instrumente → Ezhdl. H 632
- Nahtmaterial → F 581

Chirurgischer Bedarf, europ. → IZ H 140
Chisholm
- Brock → IZ T 830
Chöre, junge, europ. Föderation → IZ O 1
Chorgesang, deutschsprachiger → O 95
Chorjugend i. Dt. Sängerbund → U 2 850
Chormusik, Int. Föderation → IZ O 2
Chorverbände, Arb.-Gem. Dt. → O 104, u 2 725
Chorwerke in Europa, freikirchliche → O 112
Christengemeinschaft, Sozialwerke → U 1 931

Christlich
- Demokratische Arbeitnehmerschaft → R 452
- Demokratische Politik, Archiv → T 763
- Demokratische Studenten → U 1 425
- Demokratische Union → U 2 114
- Demokratischer Kinder- u. Jugendverband → U 1 476
- Paneuropäisches Studienwerk → U 1 422
- Soziale Union in Bayern → U 2 198

Christliche
- Aktion Mensch-Umwelt → U 1 404
- Angestellte → R 399 ff
- Arbeiterjugend → IZ U 201
- Arb.-Nehmer → R 399 ff, IZ R 311
- Fachkräfte International → U 1 405
- Frauen i. Europa, Ökumenisches Forum → IZ U 259
- Gesellschaftslehre → T 2 232
- Gewerkschaften → R 399 ff, R 426
- Hospize → Internat. Verb. IZ N 40
- Hotels → N 32
- Jugendbildung, Stiftung → T 774
- Kultur, Dt. Vereinigung → U 2 788
- Kunst → Dt. Ges. U 2 374
- Medienakademie → O 264
- Posaunenchöre → O 88
- Rundfunkgemeinschaft, Internat. → IZ O 48
- Sozialwissenschaften → Inst. t 2 422

Fortsetzung nächste Seite

Christliche

Christliche (Fortsetzung)
- Studenten, Weltverband → IZ T 991
- Unternehmer → IZ R 27
- Vereine junger Männer → IZ U 270

Christlicher
- Gewerkschaftsbund Deutschlands → R 399
- Jugendaustausch, Int. → IZ U 211
- Kirchen, Arb.-Gem. → U 2 285
- Sängerbund → U 2 851

Christliches Jugenddorfwerk Deutschlands → U 1 399
Chronometrie → Dt. Ges. T 998
Church and Pease → u 2 697
CIAA → IZ F 2 359
CIAPG → IZ U 122
CIATF → IZ T 313
CIBC → IZ G 182
CIBE → IZ Q 74
CIBEP → IZ H 342
CIBJO → IZ G 169
CIBP → IZ I 46
CIC → Q 585
C.I.C.A.E. → IZ O 28
CICCE → IZ O 22
CICIAMS → IZ R 288
CICILS → IZ T 313
CIDE → IZ F 13
CIDESCO → IZ S 64
CIDSE → IZ U 346
CIDSS → IZ T 564
CIEE → IZ T 983
CIEL → IZ F 175
CIES → IZ F 205
C.I.F. → IZ T 893
CIFE → IZ T 883
CIGR → IZ T 681
CIIA → IZ F 1 693
CILC → IZ F 362
CIM → U 2 054, IZ O 16
Cinderella → U 1 949
CINOA → IZ H 495
CIOMR → IZ R 246
CIOR → IZ T 245
CIPAC → IZ T 299
CIPCEL → IZ F 1 856
CIRCCE → IZ H 549
CIRET → IZ T 233
CIRIEC → IZ T 568
CISM → U 1 554
CISPR → IZ W 30
CIT → IZ M 54
CITA → IZ F 1 828
CITHA → IZ H 343
CITPA → IZ F 1 694
CITS → IZ T 682
CJD → U 1 399
C.L.A.I.U. → IZ S 616
Clara-Schumann-Musikschule → O 119
CLCCR → IZ F 2 186
CLD → IZ H 522
CLECAT → IZ M 228
CLEDIPA → IZ H 223
CLGE → IZ S 594
CLIMMAR → IZ H 518
CLITAM → IZ F 2 321
CLITRAVI → IZ F 2 292
CLPUE → IZ S 152

Club
- des Affaires de la Hesse → E 458
- des Affaires en Rhénanie du Nord-Westphalie → E 469
- des Affaires Sarrebruck → E 459
- Art Directors → O 532, S 1 237
- Berliner Wirtschaftsjournalisten → S 1 341
- d'affaires franco-allemand du Bade-Wurtemberg → E 457
- f. alte Automobile u. Rallyes → U 2 650
- d. Luftfahrt v. Deutschl. → M 245
- of Rome, Dt. Ges. → T 4 152
- d. Tourismus-Journalisten Berlin-Brandenburg → S 1 369
- Wirtschaftspresse München → O 519

CMI → IZ T 871
CN → IZ Q 222
CNE → IZ M 234
CNRS → t 117
CNUE → IZ S 214
Coburger Convent → U 2 781
Coca-Cola Konzessionäre → F 394
COCERAL → IZ H 281
COCIR → IZ F 984
Cockpit Vereinigung → R 519
C.O.E.S.S. → IZ G 130
COFACE → IZ U 175
COFAG → IZ F 86
COFALEC → IZ F 56
COGECA → IZ P 2
COLIPA → IZ S 178
COLIPED → IZ F 2 200

Collegium Humanum → T 4 159
Colloquium Humanum → U 2 059
Columbus Gesellschaft → E 733
Combi-Wollsiegel → Gütez. U 544
COMBOIS → IZ T 292
ComLink → T 3 681
Compagnon-Marktforschung, Inst.
Computer → t 2 478
- Gesteuerte Befragungen → t 2 497
- im Chemieunterricht → T 996
- Rechnungen → IZ T 304
CONCAWE → IZ Q 224
Confederation of British Industry → E 477

Conférence
- Européenne des Négociants en Combustibles et Carburants → IZ L 133
Confiseure, Intern. Verband → IZ G 183
Confédération d. Europ. Drogistenverbände → IZ H 368

Congress
- Akademie, Int. → O 625
Consulting-Firmen → S 958
Container, Gütegem. → U 631
Contergangeschädigte, Bundesverband → T 2 924
Continentale Valoren-Versicherungs-Gemeinschaft → K 380

Controller
- Akademie → S 784
- Bundesverband → R 483
- Verein → S 785
Controlling → T 2 462
Convent, Coburger → U 2 781
Coorganisation, Centrale → T 2 180
COPA → IZ Q 1
Copiloten Verb. → R 519
CORESTA → IZ T 692
Corps Touristique → N 205 ff
COSIACMS → IZ O 210
COSPAR → IZ T 1
Cottbuser Technologie- u. Entwicklungs-Centrum → U 109
Coubertin, Pierre, Int. Komitee → IZ U 581
CPIV → IZ F 1 918, IZ F 1 935
CPLRE → IZ B 258
CPS → U 1 422
Cranz, Carl, Gesellsch. → T 1 905
Creditoren-Verein Pforzheim → U 734
Creditreform, Vereine → H 36
CSC → IZ R 275
CSI → IZ W 19
CSU → U 2 198
- Frauen-Union → U 2 199
- Landesgruppe innerhalb d. CDU/CSU-Bundestagsfraktion → A 68
CTIF → IZ T 315
CTJ → S 1 371
CTOUR → S 1 369
Curling, Weltverb. → IZ U 589
Cusanuswerk → U 1 424
CV → U 1 403
CVJM-Gesamtverband in Deutschland → U 1 406
Cystische Fibrose → T 2 807, T 3 219
Czaja Marktforschung → t 2 479

D

DAAB → T 3 116
DAAD → T 3 780
DAB → R 473, U 2 819
DABEI Aktionsgemeinsch. Bildung, Erfindung, Innovation → T 1 901

Dach
- Abdichtungen → Hdw. G 249
- Bahnen → Ind. F 179, U 666
- Decker → Hdw. G 249, IZ G 150
- u. Dichtungsbahnen-Verleger → U 666
- Gärtner Verband, Dt. → Q 608
- Schiefer → Ind. f 131
- Ziegelindustrie, Europ. Verb. → IZ F 1 083

Dachorganisation
- d. int. Straßenkühlverkehrs → IZ M 75

Dachverband
- d. Ausländerkulturvereine → U 2 819
- Dt. Leukämie-Forschungshilfe-Aktion f. krebskranke Kinder → T 3 074
- europäische Parfümerie, Kosmetik u. Körperpflege-Industrie → IZ F 178
- Freier Weltanschauungsgemeinschaften → U 2 425
- d. Kritischen Aktionäre → U 722
DAeC → U 2 450, u 2 470
Dämmstoffe → Ind. F 613
Dänische Handelsdelegation → E 422
DÄVT → T 3 430
DÄZ → S 252

DAfA → T 3 438
DAFG → E 382
DAG-J → U 1 500
DAGV → H 23, U 1 174
DAH → T 2 767
DAHW → T 2 890
DAI → I 141, T 892
DAJV → S 615
DAL → T 1 257
DALV → S 1 317

Damen
- Bekleidung → Ind. f 108
- Hüte
- Dampf → Ezhdl. H 528
- Oberbekleidung → Ind. f 108, Ezhdl. H 528
- Erzeuger → Ind. f 853
- Kesselbau → t 359, Europ. Komitee IZ F 1 425
- Schnellerzeuger → Ind. f 853
Dance Alive Specialists, Interessengem. → T 3 480
Dansk Kirke i Sydslesvig → E 426
DAP → T 2 873
Darlehnsvereine → P 48

Darm
- Handel → IZ H 176
DAS → U 2 849
Das Ei → O 57
"Das Orchester", Zeitschrift → S 1 185
"Das sichere Haus" → U 1 391
DASA-Zert → T 2 132
DASL → T 3 766
DASP → E 381
DASt → t 350, T 1 384

Daten
- Sicherung Gesellschaft (GDD) → U 690
- Technik, Angewandte → TWV T 1 266 ff

Datenschutz
- Beauftragte der Länder → B 341 ff
- Beauftragte Deutschl., Berufsverb. → S 1 427
- Bundesbeauftragter → A 237
- Dt. Vereinigung → U 691
- Gesellschaft (GDD) → U 690

Datenverarbeitung(s)
- Akademie → M 1 354
- Automatische → P 40
- Elektronische, Kirchl. Gemeinschaftsstelle → U 3 116
- Gesellschaft → P 47
- Graphische → t 209, T 3 891
- Hessische Zentrale → D 161
- u. Informationszentrum, Milch → A 263
- Inst. → t 206, IZ T 907
- Landesamt Brandenburg → B 312
- Organisation des steuerberatenden Berufes → S 682
- Wissenschaft → t 181
- Zentrale → TWV T 1 266 ff
DATEV → S 682
DAtF → T 895
Dauerbackwaren, Ind. der EG → IZ F 2 166
Daune, Qualität, Arb.-Krs. → U 534
Daunenbüro, Internat. → IZ F 1 853
Daunenindustrie → F 120
DAV → S 509, T 3 896
- Deutscher Altphilologen-Verband → R 845
- Deutscher Apotheker-Verein → S 360
DAVVL → U 865
DBB → R 803, T 3 143
DBB Tarifunion → R 429
DBBJ → R 801
DBG → T 2 693
DBH → T 3 527
DBI → T 970
DBJR → U 1 456
DBM → U 3 047
DBS → R 560
DBSFS → T 2 226
DBSV → G 239
DBV → Q 4, T 906
DBVA → S 103
DBVW → L 67
DBwW → R 496
DCCV → T 3 075
DCS → T 2 131
DCV → U 1 745
DD → T 3 201
DDG → T 3 293, T 3 294
DDI → T 834
DDIV → S 1 488
DdJ → S 1 367
DDO → S 1 429
DDR-Grundbesitzer, Interessengemeinschaft → U 1 019
DDU → S 1 428, T 2 755
DDV → S 1 209, T 3 769
DEAE → T 3 952
DEB → R 859

debelux → E 244
DECHEMA → t 281, T 991
DEFIMA → S 725
DEG → T 1 049, U 2 043
DEGA → T 1 044
DeGefest → S 1 523
DegeM → O 73
DEGRO → T 3 390
Dehler, Thomas, Stiftung → T 776
DEHOGA → N 1
Deich, Friedrich, Stiftung → T 849
Dekan-Konferenz → T 3 513
Dekorateure → IZ G 53
DEKRA Certification Services → T 2 131
DEKRA-ETS → t 2 068
DEKRA-Prüfstellen → T 2 024 ff
DELAV → S 1 288

Delegation
- der deutschen Wirtschaft → Lettland E 303, Rußland E 327 ff

Delegierte
- der deutschen Wirtschaft → Ukraine E 349

Delegierter
- der deutschen Wirtschaft in China → Vereinigte Arabische Emirate E 353, Vietnam E 354
Delikatessen → Ezhdl. H 391
Delkrederestelle Stahl → f 330

Demokratische
- Bildungswerke → T 3 806
- Juristinnen u. Juristen → S 559
- Parteien → IZ U 434
- Pharmazeutinnen u. Pharmazeuten → S 1 054
- Studenten, Ring Christlicher → U 1 425
- Wissenschaftlerinnen u. Wissenschaftler → T 2 220

Demokratischer Sozialismus, Partei (PDS) → U 2 234
Demonstrationszentrum Leipzig → t 2 064
Demoskopie, Inst. → t 2 490
Dendrologische Gesellsch. → T 2 649
Denkmäler, Koordinierungs- u. Beratungsstelle f. Umweltschäden → Q 619

Denkmal
- Arbeitsgemeinschaft → U 3 056
- Pflege, Dt. Zentrum → T 3 876
- Pflege, Rheinischer Verein → Q 620
- Reinigung u. Schutz, Gütegem. → U 674
- Stiftung Baden-Württemberg → U 696

Dental
- Handel, Bds.-Verb. → H 233
- Ind., Hdls.-Vertr. → H 684
- Industrie → F 512
- Medizin. → IZ G 187
DER → U 752
Der Bundesbeauftragte f. d. Unterlagen des Staatssicherheitsdienstes → A 242
Der Delegierte d. dt. Wirtschaft
- in Hong Kong → E 262
Der Herold, Verein f. Heraldik, Genealogie u. verwandte Wissensch. → U 2 659
Der Mensch im Verkehr, Forschungsgemeinschaft → T 3 658
Der Oberbundesanwalt beim Bundesverwaltungsgericht → A 371
Der Übersee-Club → T 2 302

Dermatologen
- Deutsche → S 79
- Deutschsprachige → T 3 293
Dermatologie, Operat. u. Onkolog. → T 3 368

Design
- Beratung → T 1 927
- Berufsverband → G 469
- Center Stuttgart → S 1 068
- Studios, Selbständige → S 1 064
- Zentrum Berlin (IDZ) → S 1 060
- Zentrum München → S 1 061
- Zentrum, Nordrhein-Westfalen → S 1 067

Designer
- Deutsche → S 1 209, S 1 219
- Industrie → S 1 066
- Mode- u. Textil → S 1 210
- Tag, Dt. → S 1 211
- Verbände, Europäische → IZ S 619
Designforum Nürnberg → S 1 220
Desinfektionsmittel, Ldw. → Gütez. U 621
Dessertmischungen, Europ. Verb. d. Hersteller → IZ F 1 208
Dessertwein → IZ H 4
DESWOS → U 2 072
DESY → T 1 004
DETAF → E 696
Detektei-, Auskunftei- u. zugel. Inkasso-Unternehmer, Verb. → O 630
Detekteien → O 690 ff

Detektiv
- Verb., Dt. → O 691
Detektive → O 690, O 698

Detektivverbände
- Internationale Kommission → IZ O 230

Deutsch
- Albanische Freundschaftsges. → E 382
- Amerikan. Akademie f. präv. homöopat. Medizin → E 736
- Amerikanische Clubs, Verb. → E 727
- Amerikanische Gesellschaft → E 731
- Amerikanische Handelskammern → E 356 ff
- Amerikanische Juristenvereinigung → S 615 → E 738
- Amerikanische Vereinigung Steuben-Schurz
- Amerikanische Westerners Vereinigung → E 729
- Amerikanische Zusammenarbeit auf d. Gebiet d. Informatik u. ihrer Anwendungen → E 735
- Amerikanischer Freundeskreis → E 728
- Amerikanisches Institut → E 732
- Angolanische Ges. → E 384
- Arabische Gesellsch. e. V. → E 385
- Arabische Hdls.-Kammer → E 240
- Arabisches Friedenswerk → U 2 723
- Argentinische IHK → E 241
- Armenische Gesellschaft → E 387
- f. ausländische Arbeitnehmer → U 1 421
- Australische Industrie- u. Handelskammer → E 242
- Belgisch-Luxemburg. Ges. → E 404
- Belgisch-Luxemburg. Handelskammer → E 244
- Bolivianische IHK → E 247
- Brasilianische Ges. → E 405
- Brasilianische IHK → Rio de Janeiro E 254, Porto Alegre E 255
- Brasilianischer Industrie- u. Handelsrat → E 249
- Britische Industrie- u. Handelskammer → E 274
- Britische Juristenvereinigung → S 616
- Britische Stiftung f.d. Studium d. Industriegs. → E 478
- Britisches Forum → E 480
- Bulgarische Gesellschaft → E 406
- Chilenische IHK → E 257
- Chilenischer Bund → E 407
- Chilenischer Freundeskreis → E 408
- Chinesische Freundschaftsges. → E 416, E 417
- Chinesische Ges. → E 409
- Chinesische Industrie- und Handelskammer → E 258
- Chinesische Vereinigung → E 413
- Chinesische Wirtschaftsvereinigung → E 411
- Chinesische Zusammenarbeit → E 412
- Costaricanische Industrie- u. Handelskammer → E 263
- Dänische Ges. → E 431
- Dänische Handelskammer → E 264
- Ecuadorianische IHK → E 265
- Englische Ges. → E 479
- Finnische Beziehungen, Ges. z. Förd. → E 447
- Finnische Gesellschaft → E 431
- Finnische Handelskammer → E 269
- Finnische Vereinigung → E 430
- Französische Ges. → Schleswig-Holstein E 461, f. Wissensch. u. Technologie T 1 234
- Französische Industrie- u. Handelskammer → E 270
- Französische Vereinigung Konstanz → E 463
- Französischer Kreis → E 464
- Französischer Kulturrat → E 468
- Französisches Forschungsinstitut Saint-Louis → T 1 236
- Französisches Inst. → E 462
- Französisches Inst. f. Automation u. Robotik → T 375
- Französisches Jugendwerk → U 1 567
- Griechische Gesellschaften, Vereinig. → E 472
- Griechische IHK → Athen E 272, Thessaloniki E 273
- Griechische Juristenvereinigung → S 617
- Guatemaltekische IHK → E 276
- Hellenische Wirtschaftsvereinig. → E 474
- Honduranische Industrie- u. Handelskammer → E 277
- Ibero-Amerikanische Ges. → E 742
- Indische Ges. → E 428
- Indische Hdls.-Kammer → E 278
- Indonesische IHK → E 284
- Iranische Handelskammer → E 286
- Irische Industrie- und Handelskammer → E 287

Deutsch (Fortsetzung)
- Isländische Ges. → E 489
- Isländische Wirtschaftsbeziehungen, Ges. z. Förderung → E 490
- Israelische Gesellschaft → E 491
- Italienische Handelskammer → E 289
- Italienische Vereinigung → E 496
- Jamaikanische Ges. → E 499
- Japanische Gesellschaften → E 501
- Japanische Juristenvereinigung → S 618
- Japanischer Wirtschaftskreis → E 545
- Jemenitische Gesellschaft → E 551
- Jordanische Gesellschaft → E 552
- Kanadische Gesellschaft → E 553
- Kanadische Industrie- u. Handelskammer → E 297
- Kolumbianische IHK → E 301
- Koreanische Gesellschaft → E 556
- Koreanische IHK → E 302
- Malayische IHK → E 307
- Maltesische Gesellschaft → E 561
- Marokkanische Ges. → E 562
- Mexikanische IHK → E 309
- Namibische Gesellsch. → E 572
- Nicaraguanische Industrie- u. Handelskammer → E 311
- Niederländische Ges. → E 573
- Niederländische Handelskammer → E 312
- Niederländische Kulturagentur → E 574
- Niederländisches Rheingrenzgebiet, Arb.-Gem. f. d. regionale Entwicklung → D 221
- Norwegische Handelskammer → E 314
- Omanische Gesellschaft → E 576
- Panamaische Industrie- u. Handelskammer → E 318
- Paraguayische IHK → E 319
- Pazifische Ges. → T 3 585
- Peruanische IHK → E 320
- Polnische Gesellschaft → E 604
- Polnische Industrie- u. Handelskammer → E 323
- Polnische Juristen Vereinigung → E 654
- Polnisches Jugendwerk → E 655
- Portugiesische Gesellschaft → E 661
- Portugiesische Ind.- u. Hdls.-Kammer → E 324
- Regionale Industrie- u. Handelskammer Zentralamerika u. Karibik E 366
- Salvadorianische Industrie- u. Handelskammer → E 267
- Schwedische Handelskammer → E 333
- Schweiz. Fachverb. f. Strahlenschutz → T 1 955
- Schweizerische Ges. Hamburg → E 683
- Simbabwische Ges. → E 685
- Spanische Juristenvereinigung → S 620
- Sprachige Autoren → S 1 266
- Sprachige Bühnenangehörige, Kartellverband → S 1 197
- Sprachige Dermatologen → T 3 293
- Sprachige Flexodruck-Fachgruppe → IZ T 896
- Sprachiger Chorgesang i.d.Welt, Zentralst. → O 95
- Südafrikanische Juristenvereinigung → E 693
- Südafrikanische Kammer → E 342
- Tansanische Freundschaftsges → E 696
- Thailändische Gesellschaft → E 702
- Thailändische Hdls.-Kammer → E 345
- Togolesische Gesellsch. → E 703
- Tschechische Industrie- u. Handelskammer → E 346
- Tschechische u. -Slowakische Ges. → E 704
- Tschecho-Slowakische Wirtschaftsvereinigung → T 710
- Türkische IHK → E 347
- Türkische Juristenvereinigung → S 621
- Tunesische IHK → E 348
- Ungarische Gesellschaft → E 716
- Ungarische Industrie- u. Handelskammer → E 350
- Uruguayische Hdls.-Kammer → E 351
- Venezolanische IHK → E 352

Deutsche
- Ärztegemeinschaft f. med. Zusammenarbeit → S 252
- Ärztges. f. Akupunktur → S 175
- Ärzteverbände, Bds.-Vereinig. → S 40
- Afrika Stiftung → T 729
- Agrar- u. Umweltpolitik, Dt. Ges. → T 2 188
- Agraralkoholerzeuger und -bearbeiter → F 451
- Agrarhilfe → U 2 065
- Agrarjournalisten → S 1 354
- Agrarwissenschaftl. Gesellschaft → T 2 699
- AIDS-Hilfe → T 3 018

Deutsche (Fortsetzung)
- AIDS-Stiftung → T 2 744
- Akademie f. Bildung u. Kultur → U 3 008
- Akademie f. Entwicklungs-Rehabilitation → T 3 884
- Akademie f. Algesiologie → T 3 438
- Akademie f. Landeskunde → T 3 739
- Akademie f. Psychoanalyse → T 2 873
- Akademie f. Städtebau u. Landesplanung → T 3 766
- Akademie d. Tanzes → U 2 853
- Akademien, evang. → S 758
- Altershilfe, Kuratorium → T 823
- Altpfadfindergilden → U 3 127
- Amateurtheater → O 35
- Angestellten-Akademie → T 4 157, T 4 158
- Anzeigenblätter → O 444
- Apotheker → S 381
- Apothekerverbände → S 358
- Arbeitsgemeinschaft Selbsthilfegruppen → U 909
- Architekten, Bund → S 807
- Architekten- u. Ingenieurvereine → T 892
- Architekten, Stiftung → T 832
- Architekten, Verb. → S 824
- Asia Pacific Ges. → E 396
- Aufbereitungs-Ingenieure → S 967
- Ausgleichsbank → I 30
- Auslandsschulen → T 3 777
- Außenhandels- u. Verkehrsschule → T 3 896
- Auswärtige Politik, Ges. → T 3 582
- Autobusunternehmungen, Reise-Ring → M 126
- Automobil-Tuner → U 2 648
- Avifaunisten → Q 512
- Badeärzte → T 78
- Bahnen, Verb. d. Führungskräfte → R 466
- Bahninspektion → f 855
- Bank Stiftung Alfred Herrhausen "Hilfe zur Selbsthilfe" → T 842
- Bauindustrie, Hpt.-Verb. → F 69, R 33
- Bausachverständige → S 1 091
- Beamtenbund-Jugend → R 801
- Behindertenhilfe → U 1 743
- Bergingenieure → S 965
- Berufsberatung, Verb. → S 1 417
- Berufschorleiter → S 1 303
- Berufsphotographen → G 633
- Bestattungskultur, Kuratorium → G 235
- Betriebs- u. Werksärzte → S 231
- Betriebswirte → S 748
- Betriebswirtschaft, Ges. → T 2 199
- Bibliothek, Bds.-Anst. → T 949
- Bibliotheksverbände → T 969
- Billard-Union → u 2 479
- Binnenfischerei → Q 243
- Biologen, Verb. → T 907
- Biologische Gesellschaften, Union → T 924
- Bischofskonferenz → Publizistische Kommission U 2 376, Zentralstelle Medien U 2 377
- Blindenstudienanst. → T 3 870
- Blumenmärkte → Q 136
- Bodenkundliche Ges. → T 2 693
- Botanische Gesellschaft → T 927
- Buchkünstler, Bund → S 1 174
- Bühnenangehörige → S 1 196
- Bühnenverleger → O 60
- Bürgervereine, Verb. → U 2 757
- Bundesbank → I 1
- Bundespost → Versorgungsanstalt K 363
- Bundesstiftung Umwelt → T 769
- Bunsengesellschaft → T 983
- Burgenvereinigung → Q 621
- Chemiker → S 1 053, T 984
- Chorverbände → O 104, u 2 725
- Daunen- u. Federnindustrie → F 120
- Delegation d. Internat. Jagdrates z. Erhaltung d. Wildes → Q 585
- Dendrologische Gesellsch. → T 2 649
- Dermatologen → S 79
- Designer → S 1 219
- Diabetes Ges. → T 3 294
- Diabetes Union → T 2 755
- Diagnostika Gruppe → Ind. F 514
- Diakonissen-Mutterhäuser → U 1 865
- Disc-Jockey Organisation → S 1 429
- Discotheken Unternehmer → S 1 428
- Drehbuchautoren → O 233
- Druckingenieure, Verein → S 966
- Edelsteinkunde, Berufsfortbildungswerk → T 3 881
- Eisenbahn-Ingenieure → s 893, S 968
- Eisenhüttenleute → T 999
- Elektrohandwerke, Zentralverband → G 267
- Elektrotechnische Kommission i. DIN u. VDE → T 1 307

Deutsche (Fortsetzung)
- Energiegesellschaft → T 1 049
- Ensemble Akademie → O 126
- Entwicklungshilfe f. soziales Wohnungs- u. Siedlungswesen → U 2 072
- Erfinder-Akademie → T 3 874
- Ernährungsges. → T 2 548
- Europäische Erziehung, Ges. → T 4 174
- Evangelische Bahnhofsmission → U 1 858
- Executive-Search-Berater → S 1 524
- Exlibris-Gesellschaft → U 3 087
- Farbwissenschaftl. Ges. → T 1 253
- Faßverwertungsbetriebe → H 232
- Fernmeldetechniker → S 1 115
- Feuerwerker u. Wehrtechniker → S 1 451
- Filmtheater → O 175
- Film-VersicherungsGemeinschaft → K 11
- Finanzgilde → H 709
- Flugdienstberater Vereinigung → M 250
- Forschungsgemeinschaft → T 2
- Forschungsgesellschaft f. d. Anwendung d. Mikroelektronik → t 332, T 1 162
- Forschungsgesellschaft f. Blechverarb. → t 277
- Forschungsgesellschaft f. Bodenmechanik → T 1 057
- Forschungsgesellschaft f. Druck- u. Reproduktionstechn. → t 283
- Forschungsgesellschaft f. Oberflächenbehandlung → t 335, T 925
- Forstbaumschulen, Arbeitskreis → Q 99
- Forstleute, Bund → R 662
- Forstwirtschaft, Absatzförderungsfonds → H 306
- Fotofinisher, Bundesverb. → G 634
- Fotografische Akademie → S 1 520
- Frauenverbände u. Frauengruppen → U 1 278
- Freilichtbühnen → O 20
- Friedensgesellschaft → U 1 872
- Friedhofsgärtner, Bund → Q 132
- Fruchthandelsunternehmen, Bds.-Verb. → H 157
- Fürsorge, öffentl. u. private → U 1 690
- Furnierwerke, Vereinig. → G 801
- Gartenbauges. → T 2 647, T 2 648
- Geld- u. Wertdienste → R 181
- Gemmologische Ges. → T 1 063
- Genossenschafts-Revision → P 18
- Geodätische Kommission → T 1 111
- Geologische Ges. → T 1 128
- Geophysikalische Gesellschaft → T 1 132
- Gesellschaft f. Algesiologie → T 3 437
- Gesellschaft f. Medizin e.V. → T 3 375
- Gesellschaft f. Übersee-Kontakte → U 2 063
- Gesellschaft f. Handchirurgie → T 3 322
- Gesellschaft f. Reiserecht → T 3 586
- Gesellschaft f. Verbandsmanagement → T 3 932
- Gesellschaft f. Versicherte u. Patienten → U 705
- Giessereifachleute → t 300, T 1 142
- Glasindustrie → t 302
- Glastechnische Ges. → T 1 143
- Großbäckereien, Verb. → F 383
- Grundstücksnutzer → U 848
- Grundstückssachverständige, Bundesv. → S 1 092
- Gruppe d. Internat. Handelskammer → E 239
- Handelskammer → Österreich E 315, Spanien E 339
- Handschuhindustrie → F 617
- Handwerkspresse → S 1 356
- Hauptfürsorgestellen → U 1 646
- Hauswirtschaftsges. → T 2 701
- Heilpraktiker → S 389, S 392
- Heilpraktiker, Arzneimittelkommission → S 386
- Herzstiftung → T 2 799
- Hilfe f. Kinder von Arbeitslosen → U 1 610
- Hilfsgemeinschaft Hansestadt Hamburg → U 1 598
- Hochschullehrer d. Geographie → R 899
- Honorarberater → S 788
- Hospizhilfe → U 2 028
- Hydrographische Gesellschaft → T 2 692
- Hydrokultur, Ges. → T 2 679
- Industrie, Bds.-Verband → F 1
- Industrie- u. Handelskammer → Japan E 295, Marokko E 308
- Industrie-Designer → S 1 063
- Ingenieure, Zentralverb. → S 915
- Inkasso-Unternehmen, Bds.-Verband → O 629
- Innenarchitekten → S 877 ff

Deutsche

Deutsche (Fortsetzung)
- Institution f. Schiedsgerichtsbarkeit → S 877, U 763
- Internisten → S 135
- Jazz-Föderation → O 123
- Journalistenschule → T 3 919
- Journalisten-Union → S 1 343
- Jugendfeuerwehr → U 1 494
- Jugendkraft → u 2 539
- Jugendpresse, Bds.-Arbeitsgemeinsch. → O 495
- Junggärtner → Q 131
- Justiz-Gewerkschaft → Fachbereich Soziale Dienste R 700
- Kachelofenwirtschaft → F 895
- Kapitalbeteiligungsgesellschaften → Bds.-Verb. I 88
- Kartoffelwirtsch., Bds.-Vereinig. → T 2 576
- Katholiken, Familienbund → u 1 138
- Katholiken, Zentralkomitee → U 2 379
- Kautschuk Ges. → t 316
- Keramische Ges. → t 317
- Kernreaktor-Versicherungsgemeinschaft → K 14
- Klavierbauer, Bund → G 482
- Klaviere → Gütez. U 636
- Klavierindustrie, Fachverb. → F 726
- Kommission zur Reinhaltung d. Rheins → Q 642
- Kommunalversicherer, Bundesarbeitsgem. → D 147
- Konzert-Chöre → O 96
- Kraftwagen-Spediteure → M 101
- Krankenhausapotheker → S 383
- Krankenhausgesellschaft → T 3 481
- Krankenhilfe → U 1 349
- Krebsgesellschaft → T 3 342
- Krebshilfe → T 2 787
- Kriegsgräberfürsorge → U 1 057
- Kritiker → S 1 304
- Küchenmöbelindustrie → f 575
- Kühlhäuser, Verb. → H 163
- Kunsthandelsverbände, Arb.-Krs. → H 618
- Kunststiftung d. Wirtschaft → T 783
- Kunstvereine, Arbeitsgem. → U 3 028
- Kunstverleger, Bds.-Verb. → S 1 181
- Laborärzte, Berufsverb. → S 136
- Landerziehungsheime → T 3 957
- Landeskulturgesellschaft → T 2 696
- Landjugend-Akademie → T 3 956
- Landschafts-Architekten → S 863
- Landwirtschaftsges. → Q 3
- Lateinamerika-Forschung, Arb.-Gem. → E 745
- Latex, Forschungsgem. → Gütez. U 637
- Leasing-Unternehmen → Interessenverb. O 704
- Lebensmitteltechnologen → S 1 516
- Lebens-Rettungs-Gesellschaft → u 2 500
- Leberhilfe → T 3 073
- Lederindustrie → t 324
- Lichttechn. Gesellsch. → T 1 264
- Liebhaberorchester, Bund → S 1 186
- Liga für das Kind → T 2 782
- Liga, Luft- u. Raumfahrt → M 263
- Luftfahrtunternehmen → M 242
- Management-Ges. → T 3 933
- Maschinentechnische Gesellschaft → S 1 017
- Mathematiker Vereinigung → T 1 942
- Medizinische Fach- u. Standespresse, Vereinig. → S 1 362
- Messe u. Ausstellungs AG → o 608
- Metallhändler → H 90
- Meteorologische Ges. → T 1 294
- Milchhandelsverbände → H 630
- Mode- u. Textil-Designer → S 1 210
- Möbel → Gütez. U 643
- Möbelwirtschaft → T 3 943
- Montan Technologie GmbH → T 901
- Montan Technologie f. Rohstoffe, Energie, Umwelt → T 900
- Morgenländische Ges. → E 390
- Mozart-Gesellschaft → U 3 012
- Mühlen → F 432
- Münzvereine → U 3 083
- Multiple Sklerose Ges. → T 3 089
- Musikschaffende → O 146
- Musikschulen → T 3 960
- Muslim-Liga → U 2 444
- Myasthenie Gesellschaft → T 2 833
- Nahrungsmitteltechnologen → S 1 516
- Naturlandstiftungen → T 805
- Naturparke → Q 362
- Numismatische Gesellsch. → U 3 083
- Ocularistische Gesellsch. → S 1 263
- Öffentliche und private Fürsorge → U 1 690
- Olympische Gesellschaft → u 2 550

Fortsetzung nächste Spalte

Deutsche (Fortsetzung)
- Opern-Agenturen → O 121
- Ophthalmologische Gesellschaft → T 3 369
- Orchestervereinigung → S 1 184
- Orchideen-Gesellschaft → Q 208
- Orient-Stiftung → E 389
- Ornithologen-Gesellschaft → Q 514
- u. Osteuropäer, Zentralverb. → U 1 024
- Ostseeküste, Schutzgemeinschaft → Q 455
- Parlamentarische Ges. → A 38
- Patentanwälte → S 572
- Patentassessoren → S 975
- Patentinformationszentren → T 1 902
- Patent-Ingenieure → S 975
- Personalführung, Ges. → T 2 213, T 3 912
- Politische Wissenschaft → T 2 221
- Postgilde → R 831
- Prädikats- u. Qualitätsweingüter → Q 302
- Präparatoren → S 115
- Psychologinnen u. Psychologen → S 1 506
- Public Relations-Ges. → S 738
- Publizisten, kath. → S 1 358
- Publizistik- u. Kommunikationswissenschaft → T 3 683
- Putenerzeuger → H 243
- Qualitätsforschungsges. → T 2 559
- Quartärvereinigung → T 1 131
- Rasengesellschaft → T 2 656
- Rechtsbeistände → S 576
- Rechtspfleger → S 596
- Rechtspflegervereinigung → R 640
- Recycling-Baustoff-Industrie → F 907
- Reisejournalisten → S 1 370
- Reiterliche Vereinigung → u 2 510, U 2 608
- Restauratoren, freiberufliche → S 1 510
- Rettungsassistenten u. -sanitäter → S 476
- Rheologische Gesellschaft → T 1 305
- Rheuma-Liga → T 3 111
- Richterakademie → S 570
- Rinderzüchter → Q 308
- Rübenbauerverbände → Q 218
- Sacré-Coeur Vereinigung → U 1 387
- Schätzstelle f. Luftfahrzeuge → U 1 160
- Schallplattenkritik, Preis → O 150
- Schauspieler-Agenturen → O 219
- Schausteller u. Marktkaufleute → H 773
- Schiedsmänner u. Schiedsfrauen → U 761
- Schiffahrts-Sachverständige → S 1 109
- Schiffsbanken → I 75
- Schillergesellschaft → S 1 201
- Schlachtgeflügelwirtschaft → H 242
- Schlaganfall-Hilfe, Stiftung → T 756
- Schmerzhilfe, Bds.-Verb. → T 3 271
- Schmerzliga → T 3 439
- Schornsteinfeger, Zentralverb. → R 531
- Schreberjugend → U 1 496
- Schrift u. Sprache → S 1 503
- Schriftsteller-Ärzte → S 1 259
- Schulmusiker → R 938
- Schutzgemeinschaften → U 724
- Schutzvereinigung f. Wertpapierbesitz → U 709
- Schweineproduktion, Zentralverb. → q 232
- Schwesternverbände u. Pflegeorganisationen → R 539
- Seehafenspediteure, Komitee → M 219
- Seemannsmission → U 1 894
- Sektion d. Internat. Ärzte f. d. Verhütung d. Atomkrieges → Q 360
- Sektion d. Internat. Juristen-Kommission → T 3 514
- Sektion d. Internat. Liga gegen Epilepsie → T 2 800
- Seniorenförderung → U 1 349
- Sicherheitstechniker → R 579
- Soziologen → S 1 117
- Soziologie → T 2 234
- Speisezwiebel, Fachverband → F 449
- Sportjournalisten → S 1 373
- Sprache für → Inst. T 2 315, Gesellsch. für T 3 752
- Sprache u. Dichtung, Akademie → T 3 754
- Staatl. Gewerbeärzte → S 137
- Steuerjuristische Ges. → T 2 343
- Stftg. Weltbevölkerung → U 2 048
- Stiftung f. intern. Entwicklung → U 2 042
- Stiftung f. Internat. rechtl. Zusammenarbeit → T 724
- Stiftung Musikleben → T 760
- Stiftung f. Umweltpolitik → T 793
- Stiftung f. UNO-Flüchtlingshilfe → T 728
- Stiftung f. Verbrechensverhütung u. Straffälligenhilfe → T 796
- Stiftungen → Bds.-Verb. T 721
- Strafverteidiger → S 530
- Strahlenschutzärzte → S 229
- Strassenliga → T 3 652
- Suchtgefahren, Hauptstelle → T 3 489

Fortsetzung nächste Spalte

Deutsche (Fortsetzung)
- Taekwondo Union → u 2 525
- Tanzlehrer u. Tanzschulen → S 1 318
- Textil- u. Faserforschung → T 1 964
- Theatertechnische Gesellschaft → O 58
- Tierärztekammern u. tierärztl. Vereinigungen → S 319
- Tierzüchter → Q 229
- Tonmeister → S 1 313
- Tourismus-Zentrale → N 56
- Triathlon-Union → u 2 529
- TV-Plattform → O 177
- Umwelt-Aktion → Q 355
- Umwelthilfe → Q 611
- Umweltstiftung → Q 615
- UNESCO-Kommission → E 754
- Unitarier, Hilfswerk → U 2 449
- Unitarier Religionsgemeinschaft → U 2 448
- Unternehmensberater → S 685
- Urbanistik, Inst. → T 2 242
- Verbundgesellschaft → BDI f 50, L 21 → Q 489
- Vereine f. Aquarien- u. Terrarienkunde → C 1 ff
- Vereinigung d. Rechtsanwalts- u. Notariatsangestellten → S 555
- Vereinigung f. Christl. Kultur → U 2 788
- Vereinigung f. Raumenergie → T 1 053
- Vereinigung f. Parlamentsfragen → U 2 653
- Vereinigung f.d. Sozialdienst i. Krankenhaus → U 1 815
- Vereinigung f. Sportwissenschaft → u 2 549
- Verkaufsberater → S 747
- Verkaufsförderer u. Trainer → S 744
- Verkehrsmedizin → T 3 634
- Verkehrsunternehmen → M 1
- Verkehrswacht → T 3 613
- Verkehrswissenschaftliche, Ges. → T 3 630
- Vermessungsingenieure → s 894, S 1 018
- Versicherungs-Akademie München → T 4 043
- Vertretungen im Ausland → C 1 ff
- Verwaltungsrichter u. Verwaltungsrichterinnen → S 568
- Verwaltungsrichter/innen → S 569
- Viehzentralen, Arb.-Gem. → H 184
- Volksbühnen, Bund → O 71
- Volksgesundheits-Bewegung → u 1 135
- Waldbesitzerverbände → Q 266
- Waldjugend, Bds.-Verb. → Q 532
- Wanderjugend → U 1 498
- Wehrtechniker u. Feuerwerker → S 1 451
- Weinanalytiker → S 710
- Welle → O 282
- Welthungerhilfe → E 756
- Weltwirtschaftliche Ges. → T 2 246
- Werbemittelverteiler → O 542
- Werbewissenschaftliche Ges. → T 2 247
- Werkbibliotheken → T 971
- Winzer → P 15
- Wirtschaft i.d. Russ. Föderation, Verb. → E 680
- Wirtschaftsarchivare → R 479
- Wirtschaftsingenieure → S 1 052
- Wirtschaftsnachschlagewerke → O 434
- Wirtschaftsvereinigung Kenia → E 459
- Wissenschaftliche Kommission f. Meeresforsch. → A 156
- Wohnungsunternehmen, Bundesverb. → U 448
- Yacht-Charterunternehmen → M 232
- Yogalehrer, Berufsverb. → S 172
- Zahnärzte → S 296
- Zeitschrift, Orchesterkultur → S 1 185
- Zementwerke → t 370, T 1 887
- Zöliakie-Gesellschaft → T 3 115
- Zoologische Gesellschaft → T 2 717
- Zupfmusiker → O 115

Deutschen
- Münzenhändler, Verb. d. → U 3 084

Deutscher
- Abbruchverband → F 54
- Aero-Club → u 2 470
- Ärztinnenbund → S 59
- Aikido-Bund → u 2 533
- Akademikerinnenbund → R 473
- Akkordeonlehrer-Verband → S 1 317
- Allgemeiner Sängerbund → U 2 849
- Alpenverein → Q 593, u 2 471
- Altphilologen-Verb. → R 845
- Amateur-Box-Verband → u 2 482
- Amateurfotografen-Verband → U 2 767
- Amateur-Radio Club → U 3 108
- Amtsanwaltsverein → R 799
- Anästhesisten, Berufsverb. → S 41
- Anwaltverein → S 509, IZ S 209
- Apothekerverband → S 360
- Arbeitgeberverband → R 16
- Arbeitnehmerverband → R 454

Fortsetzung nächste Spalte

Deutscher (Fortsetzung)
- Arbeitsgerichtsverb. → T 3 521
- Arbeitskreis f. Zahnheilkunde → S 176
- Archäologen-Verband → R 477
- Asphaltverband → F 88
- Augenoptiker, BdsVerb. → G 123
- Ausschuß f. Stahlbau → t 350
- Austauschdienst, akademischer → T 3 780
- Automobil-Club → u 2 504
- Autoren-Verband → S 1 269
- Badminton-Verband → u 2 474
- Bahnengolf-Verband → u 2 475
- Ballettrat → O 61
- Baseball u. Softball Verband → u 2 476
- Basketball-Bund → u 2 477
- Bauernverband → Q 4
- Baustoff-Fachhandel, Bundesverb. → H 25
- Beamtenbund Verb. d. Besch. d. gewerbl. Rechtsschutzes → R 638
- Beamtenwirtschaftsring → R 835
- Behinderten-Sportverband → u 2 478
- Berufsverband f. Altenpflege → S 103
- Berufsverband f. Pflegeberufe → R 540
- Berufsverband f. Tanzpädagogik → S 1 321
- Beton-Verein → t 273, T 906
- Betriebssportverb. → u 2 534
- Bibliotheker-Verein → R 481
- Bibliotheksverband → T 952
- Blitzableiterfirmen, Verb. → F 289
- Bob- und Schlittensportverband → u 2 480
- Boccia-, Boule- u. Petanque-Verb. → u 2 481
- Brandschutz, Förderung → U 854
- Brauer-Bund → F 145
- Buchhandel, Schulen → O 437
- Buchhandel, Sozialwerk → O 430
- Buchmacherverband → F 785
- Bund d. verbandlichen Wasserwirtschaft → L 67
- Bundesjugendring → U 1 456
- Bundestag → A 35 ff, ehemalige Mitgl. A 37
- Bundesverband d. Spielmanns-, Fanfaren-, Hörner- u. Musikzüge → O 87
- Bundeswehr-Verband → R 496
- Camping-Club → O 666
- Caravan Handels-Verband → H 507
- Caritasverband → U 1 745
- Datenschutz → U 691
- Designertag → S 1 211
- Designer-Verband → S 1 209
- Detektiv-Verband → O 691
- Diabetiker-Bund → T 3 143
- Diabetiker-Verband → T 2 756
- Didacta-Verband → f 560, T 3 769
- Direktmarketing Verb. → S 737
- Duty Free Verband → H 253
- Eisenbahner-Sportvereine, Verb. → u 2 536
- Eisenbahn-Verein → U 3 090
- Eissport-Verband → u 2 483
- Email Verband → t 289, T 1 054
- Erfinderring → U 752
- Erfinderverband → U 751
- Esperanto-Bund → R 859
- Evangelischer Frauenbund → U 1 305
- Exporthandel, Bundesv. → H 40
- Factoring-Verband → H 50
- Fähr-Verband → M 230
- Fahrrad-Club → U 1 108
- Familienverb. → u 1 130, U 1 179
- Fantasy Club → U 3 015
- Fechter-Bund → u 2 489
- Fertigbau → Verb. F 92, Gütegem. U 577
- Feuerwehrverband → F 284
- Film, Bds.-Vereinig. → O 153
- Filmexporteure, Verb. → O 238
- Fischerei-Verband → Q 241
- Fleischer-Verband → G 294
- Fliesenfachhandel → H 134
- Flugbeobachtungsdienst → M 267
- Forschungsverbund Verpackungs-, Entsorgungs- u. Umwelttechnik → t 363
- Forstverein → Q 545
- Forstwirtschaftsrat → Q 544
- Franchise-Verband → H 683
- Frauenbund → f. alkoholfreie Kultur U 1 303, evang. U 1 305
- Frauenrat → U 1 278
- Frauenring → u 1 131
- Freiwilligendienst i. Übersee → U 2 070
- Freizeitunternehmerverband → U 2 763
- Fußball-Bund → u 2 490
- Gehörlosen-Sportverband → u 2 491
- Gemeindebund → D 33 ff
- Genossenschafts- u. Raiffeisenverb. → P 1
- Geowissenschaftler, Berufsverb. → T 1 126
- Gerichtsvollzieherbund → R 711
- Getränkefachgrosshandel, Deutscher → H 58

Fortsetzung nächste Seite

38 Verbände, Behörden, Organisationen der Wirtschaft 2001

Deutscher (Fortsetzung)
- Gewässerschutz → T 1 140
- Gewerbeverband → U 805
- Gießereiverband → F 520
- Golf-Verband → u 2 492
- Großhandelsverband Haustechnik → H 79
- Guttempler-Orden → U 1 618
- Handball-Bund → u 2 493
- Handwerkskammertag → G 3 ff
- Harmonika-Verband → O 65
- Hausfrauen-Bund → S 1 508, u 1 132
- Heimatbund → U 945
- Hochschulsportverband → u 2 538
- Hochschulverband → R 900
- Hochseesportverband Hansa → U 2 600
- Hockey-Bund → u 2 494
- Holzmastenverband → H 275
- Holzwirtschaftsrat → T 2 723
- Hopfenpflanzerverband → Q 160
- Hotel- u. Gaststättenverband → N 1
- Hubschrauberverband → M 269
- Imkerbund → q 236
- Industrie- u. Handelstag → E 2 ff
- Ingenieurinnenbund → S 921
- Investor Relations Kreis → I 142
- Jagdschutz-Verband → Q 583
- Journalisten-Verband → S 1 322
- Judo-Bund → u 2 495
- Ju-Jutsu Verband → u 2 496
- Juristen-Fakultätentag → T 3 513
- Juristentag → T 3 512
- Juristinnenbund → S 561
- Kanu-Verband → u 2 497
- Karate-Verband → u 2 498
- Karneval, Bund → u 2 756
- Kassenarztverband → S 162
- Keglerbund → u 2 499
- Kfz-Überwachungs-Verein → T 2 024
- Kinderfilm-, Förderverein → O 192
- Kinderschutzbund → u 1 577
- Komponisten-Interessenverband → S 1 290
- Korkverband → H 236
- Künstlerbund → U 1 135
- Kulturrat → U 2 857
- Kundendienst → S 1 430
- Kunst- u. Antiquitätenhandel → H 610
- Laienspielverband → S 1 288
- Landfrauenverband → Q 164
- Landkreistag → D 19 ff
- Lehrerverband → R 838
- Leichtathletik-Verband → u 2 501
- Lesezirkel → H 578
- Literaturfonds → S 1 396
- Luftfahrt-Unternehmen, Arb.-Gemeinsch. → M 242
- Luftpool → K 15
- Mannequin- u. Fotomodell-Verband → U 2 779
- Marketing-Verband e.V. → S 736
- Markscheider-Verein → T 1 284
- Markt- u. Sozialforscher, Berufsverb. → S 732
- Meteorologen Verb. → U 2 660
- Mieterbund → U 871, u 1 133
- Modellflieger Verband → U 3 111
- Motorsport-Verband → u 2 506, U 2 602
- Motoryachtverband → u 2 507
- Multimedia Verb. → O 581
- Museumsbund → U 3 030
- Musikrat → O 86
- Musikverleger-Verband → O 442
- Naturheilbund → T 3 484
- Naturschutzring → Q 361
- Naturwerksteinverband → F 936
- Nautischer Verein von 1868 → M 209
- NAVC → U 2 601
- Notarverein → S 553
- Paritätischer Wohlfahrtsverband → U 1 691
- Philologenverband → R 660, r 839
- Politologen-Verb. → T 2 222
- Präparatoren, Verb. → S 115
- Presse Verband → O 487
- Presseclub → O 518
- Presserat → O 463
- Public Relations Rat → S 739
- Radiologen e.V., Berufsv. → S 228
- Raiffeisenverband → P 4
- Rasenkraftsport-Verband → u 2 509
- Rat f. Landespflege → Q 128
- Reisebüro-Verband → N 283
- Reiter- u. Fahrer-Verb. → u 2 626
- Richterbund → S 566
- Ringer-Bund → u 2 511
- Rock & Popmusiker Verband → O 118
- Rollsport- u. Inline-Verb. → u 2 512
- Rollstuhl-Sportverband → U 2 556
- Romanistenverb. → T 3 753
- Ruderverband → u 2 513

Fortsetzung nächste Spalte

Deutscher (Fortsetzung)
- Rugby-Verband → u 2 514
- Sängerbund → U 2 823
- Sängerbund, Chorjugend → U 2 850
- Sauna-Bund → T 3 457, T 3 488
- Schachbund → u 2 515
- Schaustellerbund → H 793
- Schützenbund → u 2 516
- Schulschiff-Verein → M 211
- Schutzverband gegen Wirtschaftskriminalität → U 766
- Schwimm-Verband → T 3 456, u 2 517
- Seglerverband → u 2 518
- Seilbahnen u. Schlepplifte Verb. → U 3 114
- Siedlerbund → U 467
- Skibob-Verband → u 2 519
- Skiverband → u 2 520
- Sozialrechtsverband → T 3 605
- Sparkassen- u. Giroverband → I 58 ff
- Spendenrat → U 706
- Sport- u. Gymnastikschulen, Verb. → U 2 450
- Sportakrobatik-Bund → u 2 521
- Sportbund → U 2 524
- Sportfahrerkreis → U 2 604
- Sportfischer-Verband → u 2 522
- Sportlehrerverband → u 2 548
- Sportstudio-Verband → U 2 554
- Sporttaucher-Verband → u 2 523
- Sprachreise-Veranstalter, Fachverb. → N 286
- Sprengverband → S 1 589
- Squash Verband → u 2 524
- Staatsbürgerinnen-Verb. → u 1 136
- Städtebund, DStB → D 33 ff
- Städtetag → D 2 ff
- Stahlbau-Verb. → F 849
- Stenografenbund → S 1 554
- Sterbekassenverband → K 19
- Steuerberaterverband → S 653
- Tanzlehrerverband → S 1 572
- Tanzrat → O 61
- Tanzsportverband → u 2 526
- Tarifeur-Verein → S 1 590
- Tauzieh-Verband → U 2 450
- Teeverband → H 252
- Tennis Bund → u 2 527
- Terminhandel Verband → S 1 568
- Terminologie-Tag → S 1 567
- Textilhandel, Lehranstalt → T 4 033
- Tierschutzbund → Q 578
- Tisch-Tennis Bund → u 2 528
- Tonkünstlerverband → S 1 139
- Turner-Bund → u 2 530
- Unternehmensverband Vermögensberatung → R 198
- Verband Evang. Büchereien → T 972
- Verband f. Oberflächenvergütung → T 1 078
- Verband Frau u. Kultur → U 1 298
- Verband für Freikörperkultur → u 2 537
- Verband f. Mod. Fünfkampf → u 2 502
- Verband neutraler Klassifizierungsunternehmen f. Schlachttierkörper → T 2 557
- Verband d. Projektsteuerer → S 977
- Verband f. das Skilehrwesen → u 2 546
- Verband techn.-wissenschaftl. Vereine → T 852
- Verband unabhängiger Institute für Lebensmittelanalytik u. Qualitätssicherung → T 2 603
- Verein z. Förderung d. Mathemat. u. Naturwissenschaftl. Unterrichts → T 1 940
- Verein f. Gesundheitspflege → T 3 469
- Verein f. Vermessungswesen → T 1 845
- Verkehrssicherheitsrat → T 3 659
- Versicherungs-Schutzverband → U 911
- Vieh- u. Fleischhandelsbund → H 172
- Volkshochschul-Verband → T 4 103
- Volleyball-Verband → u 2 531
- Wasserski-Verband → u 2 532
- Wasserstraßen- u. Schiffahrtsverein Rhein-Main-Donau → M 227
- Weinbauverband → Q 281
- Weinfonds → Q 303
- Werbefachverband → O 532
- Werbe-Unterricht im J.-Iversen-Inst. → O 569
- Werkbund → T 1 873 ff
- Wetterdienst, Geschäftsfeld Medizin-Meteorologie → A 335
- Wetterdienst, Geschäftsfeld Seeschiffahrt → A 334
- Wetterdienst, Zentralamt → A 333
- Wissenschaftler, Vereinig. → S 1 116
- Wohlfahrtsverband, Paritätischen → U 1 691
- Zahntechniker Verb. → R 516
- Zentralausschuß für Chemie → T 986

Deutsches
- Aktieninstitut → I 141
- Anwaltsinstitut → S 564
- Archäologisches Inst. → A 118
- Asphaltinstitut → T 258, t 270
- Atomforum → T 895
- Aussätzigen-Hilfswerk → T 2 890
- Baurecht, Ges. → U 856
- Bergbau-Museum → U 3 047
- Bibliotheksinstitut → T 970
- Bucharchiv, Inst. f. Buchwissensch. → T 975
- Buchinformationszentrum Bukarest → O 436
- Diamant-Inst., Stiftung → T 834
- Elektronen-Synchrotron → T 1 004
- Farbenzentrum → T 1 254
- Filmmuseum Frankfurt → O 174
- Filmzentrum → O 173
- Forschungsnetz → T 373
- Gemmologisches Ausbildungszentrum → T 3 881
- Grünes Kreuz → T 2 763, U 1 873
- Handwerk — Zentralverb. G 1, Bds.-Vereinig. d. Fachverb. G 5
- Handwerksinstitut → T 2 334
- Herren-Mode-Inst. → U 39
- Hilfswerk, Stiftung → T 843
- Historisches Inst. → Rom A 144, Washington A 146
- Informationszentrum f. techn. Regeln → T 1 308
- Institut f. Bautechnik → T 1 898
- Institut f. Entwicklungspolitik → U 2 068
- Institut f. Ernährungsforschung → T 2 605
- Institut f. Ernährungsmedizin → T 3 313
- Institut f. Feuerfest u. Keramik → t 2 071
- Institut f. Interne Revision → T 2 313
- Institut f. Kautschuktechnologie → T 1 241
- Institut f. Normung → T 1 306 fr
- Institut f. Wirtschaftsforschung → t 2 270
- Internationales Recht → T 3 587
- Jugendherbergswerk → N 28
- Jugend-Institut → t 2 420
- Jugendrotkreuz → U 1 497
- Kfz-Gewerbe → H 594
- Kinderhilfswerk → U 1 180
- Komitee d. Internat. Hochspannungskonferenz beim VDE → T 1 045
- Komitee f. kulturelle Zusammenarbeit i. Europa → U 3 020
- Komitee f. d. Umweltprogramm d. Vereinten Nationen → E 755
- Komitee f. UNICEF → E 753
- Kongreßbüro → N 58
- Krawatten-Inst. → F 987
- Kunststoffinst. → T 1 931
- Kupferinstitut → U 46
- Kuratorium f. Sicherheit in Heim u. Freizeit → U 1 391
- Landwirtschafts-Museum Hohenheim → Q 306
- Lebensmitteltechnikinst. → T 2 563
- Literaturarchiv → U 1 204
- Maiskomitee → Q 212
- Mode-Institut → U 40
- Müttergenesungswerk, Elly-Heuss-Knapp-Stiftung → U 1 272
- Museum → U 3 040
- Musikgeschichtliches Archiv → T 3 978
- Nationalkomitee f. internat. Jugendarbeit → U 1 442
- Nationalkomitee d. Internat. Museumsrates → U 3 099
- National-Komitee f. d. Welt-Erdöl-Kongresse → T 387
- Orient-Inst. → t 2 306
- Pelz Institut → T 1 321
- Personalwesen, Ges. → T 2 214
- Plakat Museum → U 3 046
- Polen Institut → E 653
- Polizeisportkuratorium → u 2 542
- Rotes Kreuz → U 1 874, Schwesternschaften U 1 875
- Rundfunk-Museum → O 410
- Schiffahrtsmuseum → U 3 043
- Seminar für Fremdenverkehr → N 121
- Sozialwerk → U 1 930
- Studentenwerk → U 2 679
- Tapetenmuseum → U 3 101
- Teppich-Forschungsinst. → T 1 977
- Tiefkühlinstitut → F 423
- Übersee-Institut → T 2 303
- Verkehrsforum → M 13
- Volk, Studienstiftung → T 826
- Volksheimstättenwerk → U 488
- Weinsiegel → Gütez. U 627
- Werbemuseum → T 2 519

Fortsetzung nächste Spalte

Deutsches (Fortsetzung)
- Wild, Schutzgemeinschaft → Q 584
- Wirtschaftsbüro Taipei → E 343
- Wirtschaftsinst. → t 2 287, t 2 401
- Wirtschaftswissenschaftliches Inst. f. Fremdenverkehr → T 2 324
- Wollforschungsinstitut → T 1 968
- Youth for Understanding Komitee → E 734
- Zentrum f. Handwerk u. Denkmalpflege → T 3 876
- Zigarren-Institut → F 1 054
- Zinngießer-Hdw.-, Bds.-Verb. → G 522
- Zweiradmechaniker-Handwerk → G 523

Deutschland
- Club f. alte Automobile u. Rallyes → U 2 650
- Gemeinschaft d. Vinzenz-Konferenzen → U 1 749
- Jüdischer Frauenbund → U 1 394
- MarfanHilfe → T 2 743
- Stiftung → T 791
- Verb. d. Historiker → T 3 703

Deutschlands, Frauengemeinschaft, kath. → U 1 389
Deutschlands, Kath. Krankenhausverband → U 1 808
DEUVET → U 2 651
DEV → U 751, U 3 090
DEVFP → S 728
Devisenhändler
- ACI Deutschland e.V. → S 1 591

Dezentrale Energieversorgung → L 27
Dezentralisierte Energiewirtschaft → L 26
DFAM → T 1 162
DFG → K 11, T 2
DFG-VK → U 1 872
DFGWT → T 1 234
DFJW → U 1 567
DFK → U 2 450
DFMRS → t 329
DFMS → S 1 504
DFN → T 373
DFO → t 335, T 925
DFS → F 838
DFTA → IZ T 896
DFV → M 250
DFVLR → T 1 266
DFW → U 2 425
DfwG → T 1 253
DFWR → Q 544
DGAH → T 881
D.G.A.U. → T 2 188
DGB → R 294 ff
- Eisenbahner Deutschlands → R 330
- Erziehung und Wissenschaft (GEW) → R 337
- Gewerkschaft der Polizei → R 377
- Nahrung, Genuß, Gaststätten → R 363

DGBJ → U 1 499
DGE → T 2 548, T 3 310
DGEE → T 4 174
DGEG → U 3 089
DGES → M 79
DGF → R 549, U 2 724
DGfA → E 724, T 3 437
DGFCH → T 3 292
DGfG → T 1 112
DGfK → T 1 091
DGFP → T 2 213
DGfPs → T 2 878
DGfR → T 3 586
DGG → T 2 761, T 2 765
DGGL → Q 134
DGGT → T 1 056
DGH → T 2 701, U 3 058
DGHM → T 3 324
DGHT → Q 490, Q 491
DGI → T 1 918
DGIM → T 3 329
DGK → T 1 111
DGKT → S 441
DGLR → T 1 269
DGLRM → T 2 802
DGMP → T 3 350, T 3 351
DGN → T 3 367
DGO → t 296, T 1 077
DGP → T 2 214, T 2 637
DGPF → T 1 324
DGPM → T 2 880, T 3 388
DGPPN → T 3 384
DGRI → T 884
DGRV → P 1
DGS → T 2 234, T 3 267
DGSM → T 3 395
DGSP → T 2 868
DGSS → T 3 247, T 3 418
DG-Sucht → T 3 419
DGU → Q 651, T 3 427
DGUHT → Q 636

DGV → S 1 486, T 3 428
DGVM → T 3 269
DGVN → E 749
DGVP → U 705
DGVT → T 3 268
DGWT → T 1 865
DGZ → T 3 272, T 3 435
DGZfP → T 866, t 2 072
DGZfP-Personalzertifizierungsstelle → T 2 154
DGzRS → U 866
DHB → S 1 508, u 1 132
dhg → R 434, T 3 068
DHK → U 1 610
Diabetes → Dt. Ges. T 3 294
– Bund, Intern. → IZ U 315
– Union → T 2 755
Diabetiker
– Kinder u. Jugendliche → T 2 757
– Verband → T 2 756
Diät
– Assistenten → Europ. IZ S 378
– Assistenten, Dt. Bundesverband → R 504
– Lebensmittel → IZ F 2 006
– Verband → F 384
– Verpflegung → Gütez. U 620
Diätetik
– Dt. Inst. → T 3 313
DIAG → E 742
Diagnostica-Hersteller → Europ. IZ F 1 141
Diagnostica-Industrie → F 513
Diagnostik, med., Förderung → T 2 758
Diagnostika Gruppe, Dt. → F 514
Diakonie, Stiftung → T 730
Diakonieverein, Evangelischer → U 1 859
Diakonische Heime in Kästorf → U 1 860
Diakonisches Werk → U 1 820
Diakonissen-Mutterhäuser, Dt. → U 1 865
Dialog Textil-Bekleidung → F 992
Dialyse u. Nierentransplantation, Kuratorium → T 2 887
Dialysepatienten Deutschlands → T 3 201
Diamant
– Börsen → I 106
– Exporteure → F 805
– Importeure → F 805
– Inst., Dt., Stiftung → T 834
DIB → S 921, T 2 200
DIBt → T 1 898
Dichtung u. Sprache, Dt. → Akad. T 3 754
Dichtungen, Europ. Vereinig. → IZ F 1 600
Dichtungsbahnen
– Ind. → F 179
– Verleger → U 666
Dichtungshersteller, europ. → IZ F 1 600
Didacta
– Verband → f 560, Dt. T 3 769
DIE → t 4 106, U 2 068
Die Falken → U 1 544
Die Grünen
– Bundestagsfraktion → A 40
– Europ. Freie Allianz im Europ. Parlament → IZ J 350
– im Bundestag → U 2 097
Die Moderne Küche, Arb.-Gem. → F 578
"Die Naturfreunde", Touristenverein → N 60
Die SRH-Gruppe → T 840
Die Umwelt-Akademie → Q 646
Dienst
– am Menschen, Raphaels Werk → U 1 783
– f.d. Frieden, Aktionsgem. → U 2 686
– f.d. Rettungsdienst → S 475
Dienste
– Ambulante → U 1 897
– überbetrieblicher → S 996
Dienstleister, Europäische → IZ O 34
Dienstleister, medizin.-techn. → H 678
Dienstleistung
– Arbeitgeberverband → H 10, R 197
– Kreditschutzverein → U 733
Dienstleistungen
– Bdsverb. Zeitarbeit → S 786
– Finanzen → S 712
Dienstleistungsunternehmen
– Bdv. d. → H 772
Dienstleistungsverbände → H 2 ff
Dienstleistungszentren, Hessische Arbeitsgem. → U 122
D.I.E.T. → T 3 313
DIF → O 178
DIFA
– FORUM E.V. → U 3 120
DIfE → T 2 605
DIFK → t 2 071
difu → S 688, T 2 242
DIG → E 491
DIGH → U 694
DIHT → E 2 ff
DIK → T 1 241

D.I.L. → T 2 563
DIMDI → T 3 276
DIN
– GOST TÜV Berlin Brandenburg → T 2 137
DIN CERTCO → t 2 065
DIN-Normung → T 1 306 ff
Diözesane AV-Medienstellen, Arb.-Gem. → O 267
DIPR → T 3 925
Directorate-General f. Trade & Investment Promotion → E 476
Direkt
– Marketing Verband, Europ. → IZ O 135
– Versicherung → K 365
– Vertriebsverband → Europ. IZ H 447
Direktorenkonferenz d. Landesmedienanstalten → O 378
Direktvertrieb
– Deutschland Bundesverb. → R 237
DIS → U 763
Disc-Jockey Organisation, Dt. → S 1 429
Discotheken → N 1, N 27
– Unternehmer → S 1 428
Diskrete Mathematik, Forsch. → T 1 944
Dispacheure → M 222
Display
– Fachverband → H 284
Distributeure, EG → F 1 055
DITR → T 1 308
DIV → U 1 276
DIVI → T 3 330
DIVS → T 3 396
DIW → t 2 270, T 2 310
DJF → O 123, U 1 494
DJG → R 699
DJRK → U 1 497
DJV → Q 583, S 1 322
DJV-Fachausschuß Rundfunk → S 1 339
DJW → E 545
DK → Q 642
DK-CIGRE → T 1 045
DKE → T 1 307
DKF → T 2 025
DKFZ → T 3 450
DKG → T 1 240, T 3 481
DKI → T 3 914, U 46
DKPM → T 3 387
DKSB → U 1 577
DKV → T 1 237
DL → R 838
DLG → Q 3
DLKG → T 2 696
DLLR → M 263
DLM → O 378
DLRG → u 2 500
DLRG-J → U 1 501
DLV → Q 164
DMB → U 871, U 3 030
DMFV → U 3 111
DMG → S 1 017, T 1 294
DMR → O 86
DMT → T 900
DMT-Gesellschaft
– f. Lehre u. Bildung → T 902
DMV → U 2 602, U 2 779
DNR → Q 361
DNV → F 936
DOB → f 108
Doemens e.V. → T 3 872
Doemensianer
– Bund → T 3 873
DOG → S 1 263
Dokumentare
– Medizinische → T 3 275
Dokumentarfilm, Arbeitsgem. → O 225
Dokumentation(s)
– Agrar- → Q 125, IZ R 270
– u. Bibliothekswesen, jurist. → T 979
– Deutsches Institut für medizinische- → T 3 276
– Elektrotechnik i. Fachinformationszentrum Technik → U 37
– Forst- u. Holzwirtschaft → A 244
– Institut → T 1 921
– Intern. Verband → IZ T 914
– Kraftfahrwesen → T 2 025
– d. Landbaues, Ges. → Q 307
– Medizinische → T 3 275
– Psychologische → T 1 920
– Sozialwissenschaftl. → IZ T 564
– u. Standardisierung, Inst. → T 3 417
Dolmetschen u. Übersetzen, Inst. → T 979
Dolmit, Ind. → Arb.-Geber R 96
Donnersmarck-Stiftung → T 731
Dorfhelferinnen, kathol. → R 536
DOV - Dt. Orchestervereinigung → S 1 184

DOWN-SYNDROM, Arbeitskreis → T 227
Dozentenaustausch → U 1 402
DPG → T 2 875, T 3 585
DPhV → R 660, r 839
DPI → E 653
DPJV → E 654
DPJW → E 655
DPRG → S 738
DPWV → U 1 691
Dräger-Stiftung → T 839
Drähte
– u. Kabel, isolierte → IZ F 1 885
Dränrohre
– Flexible → U 584
– Kunststoff → Gütez. U 584
Draht
– Bundesverband → F 695
– Flechter → Ind. F 1 051
– Hütten → IZ F 363
– Ind., Internat. Verb. IZ F 1 824
– Isolierter → Ind. f 340
– Seil-Verband, Europ. → IZ F 942
– Zieherei, Europ. Komitee → IZ F 1 414
Dramatiker-Union → S 1 287
Drechsler → Hdw. G 266
Dreh
– Kippbeschläge → Gütez. U 601
Drehbuchautoren, Verb. Dt. → O 233
Dreher → Hdw. G 548
Dresdner
– Informationsvermittler → U 25
– Zentrum f. zeitgenössische Musik → O 128
DRG → T 1 305
Dritte Welt
– Inform.-Zentrum → U 2 082
– Terra Tech Förderproj. → U 2 051
– Verein z. Förd. d. fairen Handel → U 2 083
DRK → U 1 874
DRL → Q 128
Drogen → Großhdl. H 118
– Abhängige, ambul. Behandlungsstellen → U 1 952
– Abhängige Jugendliche, Bds.-Verb. d. Elternkreise → U 1 615
– u. Drogensucht, Europ. Beobachtungsstelle → IZ A 191
– Gefährdete Jugendliche, Bds.-Verb. d. Elternkreise → U 1 615
– Gefahren, Weg. gegen → U 1 953
– Handels-Vertr. → H 684
– u. Rauschmittel, Fachverb. → U 1 950
– Stelle Europol → IZ U 113
Drogenfreie Erziehung, Bund → U 1 614
Drogisten → H 355, IZ H 368
– Wirtschaftsförderungsges. → U 385
DRPR → S 739
DRS → U 2 556
Druck(erei)
– Bds. – Verband F 230 ff, O 532
– Behälter → F 1 017
– Berufsgenossenschaft → k 218
– Farben, Ind. → IZ F 813, IZ R 310
– Forschung → t 283, T 1 146
– Führungskräfte → R 505
– Guß (Zink) → Gütez. U 617
– Hochschule, Stuttg. → T 679
– Ingenieure, Dt. → S 966
– Kunst, Geschichte u. Gegenwart → U 3 093
– Luftwerkzeuge → IZ F 1 525
– Maschinen → Forschungsges. t 282, Hersteller IZ F 1 463
– Technik → f 647
– Technik, Berufl. Schulen → T 3 889
– Technologie u. Planung → T 1 147
Druckgastechnik → f 666
DSÄB → T 3 398
DSB → U 2 450, U 2 823
DSchrJ → U 1 496
DSE → U 2 042
DSEF → T 1 064
DSGV → I 58
DSH → U 1 391
DSK → U 2 604
DSL → U 1 160
DSLV → R 901
DSM
– Dt. Schiffahrtsmuseum → U 3 043
DSTB → S 1 554
DStG → R 642
DStGB → D 33 ff
DStl → s 654
DSTV → F 849, S 653
DSW → U 766, U 1 930
DtA → I 30
DTB → F 992
DTG → E 702
DTHG → O 58
DTK
– Deutsches TalsperrenKomitee → L 82

DTKV → S 1 139
DTSchB → Q 578
DTSG → E 704
DTSW → E 710
DUA → Q 355
Düngemittel
– Hersteller → Europ. IZ Q 69
Dünger
– Mischer, hofnahe → H 224
Düsseldorfer
– Akademie f. Marketing-Kommunikation → O 560
– Arbeitgeberverbände → R 19
Duftstoffe, Europ. Verband → IZ F 1 110
Duisberg-Gesellschaft → T 3 799
Duktiles Gußeisen → f 530
DULV → M 273
Durchlauf-Gas-Wasserheizern, Europ. Hersteller → IZ F 2 390
Durum-Ausschuß → TWV T 2 572
Duty Free Verband
DUV → H 253
→ R 198
DVAG → S 1 454
DVB → S 1 417, u 1 135
DVD → U 691
DVEU → t 363
DVFA → S 729
DVFB → H 172
DVFG → H 52
DVFR → S 1 510, T 2 889
DVGW → t 1, T 1 079
DVJJ → S 577
DVK → T 2 557
DVL → Q 135
DVMB → T 3 114
DVMD → T 3 275
DVO → T 1 078
DVOST → T 2 839
DVP → S 977
DVPB → T 3 810
DVPT → U 771
DVPW → T 2 221
DVQ → U 542
DVR → T 1 053, T 3 525
DVS → T 1 361, U 191
DVS Zert → T 2 134
DVT → T 852
dvta → R 582
DVÜ → T 2 129
DVV → T 2 784, T 4 103
DVW → T 1 845
DVWG → T 3 630
DVWK → T 871
DW → O 128
DWF → O 532
DWG → T 2 246, T 2 247
DWIF → T 2 324
DWJ → Q 532
DWT → T 1 871
dwv → Q 281, T 1 374
Dynamik
– Flugsysteme, Inst. → T 1 266 ff
– Gase, Inst. → T 1 266 ff
– Inst. → T 1 266 ff
DZG → T 2 717
DZI → F 1 054
DZT → N 56
DZzM → O 128

E

E & P Forum → IZ L 97
EA → IZ T 542
EAA → IZ F 248
EAAP → IZ Q 47
EACEM → IZ F 1 261
EADK → IZ S 635
E.A.E.A. → IZ T 970
EAF → U 1 245
EAID → U 1 259
EAK → U 1 864
EAL → IZ T 843
EAMDA → IZ U 301
EAMTM → IZ H 161
EANS → IZ T 629
EAO → IZ U 597
EAP → T 412
EAPA → IZ F 1 120
EAPR → IZ T 222
EASVO → IZ R 241
EATO → IZ O 3
EATP → IZ F 1 178
EAY → IZ U 270
EBA → IZ F 287
EBDD → IZ A 191
EBEN → IZ U 22

Ebert-Stiftung → t 2 273
EBM
– Wirtschaftsverband → F 244
EBP
– Europ. Business Press → IZ O 105
EBRD → IZ I 3
EBSM → IZ U 112
EBU → IZ O 47
EBV → IZ I 1
EBZ → T 2 186
eca → IZ F 250, IZ V 2
ECAC → IZ M 218
ECATRA → IZ M 56
ECB → IZ I 5
ECCA → IZ F 1 140
ECCC → IZ T 2
ECCS → IZ F 338
ECE → IZ V 11
ECerS → IZ F 336
ECETOC → IZ T 817
Eckert-Inst., Georg → T 1 959
ECMA → IZ F 2 379
eco Forum e.V. → T 3 677
ECOBA → IZ F 613
ECOSA → IZ U 140
ECOVIN → Q 202
ECPM → IZ S 68
ECSA → IZ M 172
E.C.S.P.A. → IZ F 2 393
ECTA → IZ F 972
ECTP → IZ S 433
ECU → IZ S 227
ECV → IZ U 345
ECWA → IZ V 10
EDEKA Verband → P 1, P 51
EDEKABANK → P 51
Edelmetall
– Berufsgenossenschaft → k 219
– Forsch., Inst. → t 285
– Industrie → F 713, F 816
– TWV → T 1 922
– Verband → F 816
Edelputz → Ind. F 861
Edelstahl
– Handel → H 261
– Rostfrei → U 16, U 536
– Vereinigung → f 328, H 260
Edelstein(e)
– Berufsfortbildungswerk → T 3 881
– Börsen → I 106
– Experten, intern. Gilde → T 1 065
– Forschung → TWV T 1 064
– Fortbildungszentrum → T 4 034
– Im- und Exporteure → F 805, H 38
– Kunde → TWV T 1 063, T 3 881
– Prüfungen → TWV T 1 064
EDMMA → IZ F 1 208
EDS → IZ U 676
EDV-Berater, Verband → S 1 521
EDV-Gestützte familienkundl. Forschungen → T 1 348
EEA → IZ A 194
EEC → IZ H 48
EECA → IZ F 1 229
EEMA → IZ T 898
EFAA → IZ S 653
EFAD → IZ S 378
EFAPIT → IZ H 39
EFAV → U 1 177
EFB → t 277, IZ T 29
E.F.B.H. → IZ R 65
EFC → IZ U 673
EFCA → IZ S 405
EFCI → IZ F 692
EFCIW → IZ T 30
EFCT → IZ O 202
EFD → U 1 304
EFEMA → IZ F 2 391
EFF → IZ H 473
EFFA → IZ F 1 110
EFFAS → IZ S 293
EFFC → IZ F 614
EFFS → IZ G 54
EFIL → IZ U 645
EFJC → IZ O 1
EFK → IZ T 239
EFLA → IZ F 1 403
EFMA → IZ Q 69
EFMD → IZ T 554
EFOMP → IZ T 744
EFPA → IZ F 1 172
EFPIA → IZ F 834
EFQM → IZ T 437
EFR → IZ F 1 040
EFTA → IZ W 2
EFU → IZ U 179
EFYC → IZ O 1

EG
– Ausschuß f. Chemie → IZ T 2
– Distributeure → F 1 055
– Gruppe d. Wein- u. Spirituosenimporteure → IZ H 48
EGGA → IZ F 541
EGI → IZ R 242
EGM → IZ F 249
EGS → IZ S 650
EGTA → IZ O 150
Ehe
– - u. Partnervermittlungen, Gesamtverb. → U 1 178
Ehemalige
– Kriegsgefangene, Intern. Verband → IZ U 122
– Mitgl. d. Dt. Bundestages u.d. Europ. Parlaments, Vereinig. → A 37
– Politische Häftlinge → Stiftung T 775
– Reifensteiner, Verein → T 3 955
EHG → IZ T 743
EHI → IZ T 972
EHIMA → IZ F 1 589
EHPM → IZ F 854
Ehrengerichtshöfe → B 853 ff
Ei (siehe auch Eier)
– Leistungsgemeinschaft Dt. → H 244
– Produkte → Ind. F 395
– Weiß, tierisches → IZ H 39
EIAJ → IZ F 2 143
EIB → IZ A 226
EIC → IZ F 318
Eich
– Ämter → B 460 ff
– Aufsichtsbehörden → B 460 ff
– Beamte, techn. → R 731
– Wesen → B 487 ff, Gewerkschaft R 731
Eichenkreuzsport i. CVJM-Gesamtverb. i. Deutschland → u 2 535
Eidgenössische Materialprüfungs- u. Forschungsanstalt → t 2 051
Eier
– Großhandel → H 164, IZ H 63
EIF → IZ I 4
EIGA → IZ F 982
Eigenbau von Luftfahrtgerät → Dt. Verein T 3 635
Eigenheim- u. Grundstücksbesitzer → U 850
Eigenheimer, Bds.-Verb. → U 486
Eigenständige Rettungsdienste → U 1 922
Eigentum, geistiges → IZ V 47
Einbruch, Alarmanlagen → IZ F 2 453
Eine-Welt
– Verein → T 2 682
Einfuhr
– Großhandel v. Harz, Terpentinöl u. Lackrohstoffen → H 135
– Handel, Nadelschnittholz → IZ H 356
Eingliederung u. Unterbringung, Europäische Organ. → IZ U 181
Einheitsgemeinden, Geschäftsstellenleiter → S 1 586
Einkauf(s)
– Bundesverband → H 682
– Verbände, Internat. Vereinig. → IZ P 41
Einkommen(s)
– Forschungsgemeinschaft → IZ T 560
– Einrichtungen z. Förd. d. wirtschaftsnahen Forsch. i.d. neuen Bundesländern → T 2 301
Einrichtungsfachhandel, Bds.-Verb. d. Dt. → H 422
Einweggeschirr, Europ. Verband → IZ F 1 172
Einzelhändler Europas, Union der Verbundgruppen → IZ P 42
Einzelhandel → H 308 ff, IZ H 530
– Außenhandelsvereinigung → H 39
– Berufs- u. Betriebsförderungsstelle → T 3 913
– Berufsakademie, Niedersachsen → T 3 905
– Berufsbildung → T 3 898
– Berufsgenossenschaft → k 220
– Buch → H 567
– Filialbetriebe → H 548
– Geflügel → IZ H 521
– Großunternehmen → H 549, IZ H 376
– Hauptverband → H 308
– Landesverbände → H 311 ff, IZ H 325
– Mittelunternehmen → H 549, IZ H 376
– Nordsee → H 320
– Parfümerie, Bundesfachschule → T 3 908
– Parfümerie, Europ. → IZ H 380
– Schuhe → H 473
– Spielwaren, Bds.-Verb. → H 474
– Technik, Bundesverband → H 509
– Verbände, Verbindungsausschuß → IZ H 522
– Werbung → O 532

Fortsetzung nächste Spalte

Einzelhandel (Fortsetzung)
– Wild → IZ H 521
– Zeitschriften → H 567
EIPA → IZ T 885
EIPOS → IZ F 974
Eirene → u 2 699
EIRMA → IZ T 262
E.I.S.
– Eis Info Service → U 17
Eis Info Service → U 17
Eisen
– Arb. Geber → R 78, R 103 ff
– Bahn (s. unten)
– Erzaufbereitung, Studienges. → T 1 000
– Erzbergbau → f 126
– Europäischer Recycling-Verband → IZ F 1 040
– Forschung, Inst. → t 112, t 286
– Guß → Ind. f 529
– Hüttenleute → TWV T 999
– Hüttenschlacken → F 890, U 565
– Industrie → Angestellte (Leitende) r 469, IZ F 874
– u. Metallind. → Arbeitgeberverband R 118, R 214
– u. Stahl → Internat. Inst. IZ T 310
– Verarbeitende Ind. → EBM F 244, F 320
– Waren (s. unten)
Eisenbahn
– Anschlußgleisebenutzer → IZ M 52
– Arb. Geber → R 79
– Arb.-Nehmer → R 330, R 617
– Berufsgenossenschaft → k 238
– DGB → R 330
– Geschichte → Dt. Ges. U 3 089
– Güterwagen → IZ M 55
– Industrie → IZ F 2 032
– Ingenieure → s 893, S 968
– Ingenieur-Verbände → IZ S 569
– Kongress → IZ M 36
– Material, Finanzierung → IZ M 1
– Reklame → O 532
– Transport → IZ M 54
– Unfallkasse → K 301
– Verein → u 3 090
– Verkehr → IZ M 53, IZ M 54
– Verkehr, Intern. → IZ W 41
– Vertreter, ausländisches → N 205
Eisenbahner-Sportvereine, Verb. Dt. → u 2 536
Eisenwaren
– Bedarf → H 684
– Großhandel → H 271
– Händler → H 271
– Handels-Vertr. → H 684
– Industrie → f 260
Eishockey Verb., int. → IZ U 543
Eiskrem → U 17
– Informations-Centrale
Eislauf-Verband, Int. → IZ U 544
Eissport-Verband → u 2 483
Eiszeitalter u. Steinzeit, Ges. z. Erforschung → T 3 724
EKD → U 2 286 ff
EKRPV → IZ U 351
ELA → IZ M 224
Elbstromgebiet, Verein z. Förderung → M 228
ELCA → IZ S 379
ELDR → IZ U 434
Electronic Commerce Forum e.V. → T 3 677
Electronic Mail, Europ. Verb. → IZ T 898
Elektrisch geschmolz. Minerale, europ. Produzenten → IZ F 464
Elektrische
– Anlagen, Intern. Vereinig. → IZ F 1 775
– Antriebe, Fachverb. → f 348
– Heizelemente → Ind. f 359
– Lampen → f 356
– Schaltgeräte → IZ F 222
– Straßenfahrzeuge, Dt. Ges. → M 79
Elektrizitäts
– Erzeuger → L 1, IZ L 4
– Versorgung → Arb.-Geber R 83, IZ L 4
– Werke → L 1
– Wirtschaft → Union d. IZ L 3
Elektro
– Akustische Musik → Dt. Ges. O 73
– Bahnen → Ind. f 346
– Chemie → TWV T 984
– Fahrzeuge → Ind. f 344
– Geräte → f 358
– Großhandel → H 119
– Handels-Vertr. → H 684
– Handwerk, Berufs- u. Nachwuchsförderung → T 3 875
– Handwerke, Zentralverband → G 267
– Haushalt-Großgeräte → Ind. f 358

Fortsetzung nächste Spalte

Elektro (Fortsetzung)
– Haushalt-Kleingeräte → Ind. f 357
– Hauswärmetechnik → Ind. f 359, F 1 017
– Heiz- u. Kochgeräte → Ind. f 359, IZ F 888
– Herde → Ind. f 358
– Kleingeräte → f 358
– Korund → Ind. F 180
– Leuchten → Ind. f 355
– Medizinische Industrie → IZ F 984
– Medizinische Technik → f 345
– Schweißgeräte → Ind. f 342
– Technik → IZ F 1 601, IZ T 270
– Technische Kommission i. DIN u. VDE → T 1 307
– Technische Vereinigung d. Fachhochschule Köln → s 906
– technischer Revisions-Verein → S 1 105
– Unternehmen → IZ F 1 775
– Verschlußeinrichtungen → Ind. F 692
– Wärmeanlagen → Ind. f 343
– Werkzeuge → Ind. f 347, Großhdl. H 89
– Werkzeug-Hersteller → IZ F 2 033
Elektronen
– Mikroskopie, Inst. → TWV T 1 002
– Optik → T 1 003
– Strahltechnik → t 225
– Synchrotron → TWV T 1 004
Elektronik
– Bauelemente → f 334
– Ind. → europ. IZ F 2 062, Japanische IZ F 2 143
– industrielle → IZ F 1 601
– Institut, TÜV Rheinl. → T 1 158
– Techn.-wissenschaftl. Verband → T 1 006
Elektronische
– Bauelemente, Hersteller → IZ F 1 229
– Datenverarbeitung, Kirchliche Gemeinschaftsstelle → U 3 116
– Kunst → T 1 342
Elektronisches Publizieren → O 435
ELF → IZ G 12
Elly-Heuss-Knapp-Stiftung → U 1 272
ELMA → IZ T 471
ELMO → IZ F 1 536
Eltern
– f. aktive Vaterschaft → U 1 177
– u. Freunde hörgeschädigter Kinder → Bds.-Gem. U 1 602
– Initiativen → Arb.-Gem. U 1 606
– f. Kinder → U 1 603
– Kreise drogengefährdeter u. drogenabhängiger Jugendliche → U 1 615
– f. unbelastete Nahrung → T 2 578
– Verein, Dt. → U 1 604
– Vereinigung, Europ. → IZ U 176
Email
– Farben → IZ R 310
– Techniker → IZ R 310
– Verband, Dt. → t 289, T 1 054
EMB → IZ R 223
EMBALPACK → IZ F 1 262
EMBL → IZ T 104
EMBO → IZ T 243
EMCY → IZ O 5
EMI → t 227
Emissionskontrollierte Verlegewerkstoffe → F 187
Emmentaler Käse Verb. → H 237
EMNID → t 2 480
EMOTA → IZ H 420
EMPA → t 2 051
EMPAS → t 2 374
Empfangsamateure, Berliner Rundfunk → U 3 115
Empfangsanlagen, Rundfunk → O 385
Empfangsantennen → Ind. f 337
Empirische
– Gründungs- u. Organisationsforsch. → T 2 514
– Sozialökonomie → t 2 428
– Sozialökonomik → t 2 400
– Soziologie, Inst. → T 2 374, T 2 443
– Soziologische Forschung → T 2 442
EMR → IZ T 846
EMS Schiffsmaklerverb. → H 757
Emscher Lippe Agentur → U 374
Emschergenossenschaft → L 61
EMW → U 1 301
EN → IZ U 596
Endokrinologie → Forsch. t 113, Dt. Ges. T 3 310
Endoskopie u. bildgebende Verfahren → Dt. Ges. T 3 311
Energetik → TWV T 1 266 ff
Energie
– Abnehmer → L 32
– Agentur → T 1 842, Internat. IZ L 141
– Anwendung, Rationelle → L 30

Fortsetzung nächste Seite

Energie

Energie (Fortsetzung)
- Arb.-Gewerkschaften → IZ R 266
- Arten, zwei, Europ. Verb. z. Förd. d. gleichzeitigen Nutzung → IZ L 132
- Bilanzen, Arb.-Gem. → T 1 310
- Erneuerbare → Bds.-Verb. L 19, T 2 741
- Feuerungen → F 694
- Fusions-Forum → T 1 048
- Gas-Ind. → IZ F 1 948
- Gesellschaft → L 34, Dt. T 1 049
- Großabnehmer → L 33
- Industriegewerkschaft → R 320
- Institut, Bremer → D 158
- Kostenabrechnung, Europ. Vereinigung → IZ L 1
- Kunde, praktische → T 1 058
- Manager, Verb. Dt. → T 1 060
- Nachwachsende → L 28
- Politik → T 1 059
- Recht an der Universität Köln, Inst. → L 22
- Schulinformation, Arbeitskreis → L 23
- Sicherung u. Kerntechnik, Arbeitsgemein. → L 24
- Solar → L 38
- Sonnen-, Dt. Ges. → T 1 372
- Systeme, Solare → t 245
- u. Umweltberater → S 923
- Verbrauch, Inst. → T 1 050
- Verbraucher → L 34, Europ. Verband IZ F 1 658
- Verfahrenstechn. Inst. → T 1 841
- Versorgung → Arb.-Geber R 83, IZ L 4
- Versorgungstechnik, Solare → T 1 378
- Verwendung, rationale, sparsame u. umweltschonende → D 193
- Verwendungs-Ges. → U 23
- Weltkonferenz → IZ U 595
- Wissenschaft → T 1 059
- Zeitalter, solares → IZ S 362
- Engler-Bunte-Inst. → T 1 923
- ENPA → IZ O 54
- ENS → IZ L 21
- Ensemble Akademie → O 126
- Entbürokratisierung, Ges. z. Förderung → T 2 211
- Entkoffeinierer, europ. → IZ F 1 108
- Entomologisches
  - Institut → T 1 055
- Entsorger
  - Gemeinschaft → T 2 155
- Entsorgung
  - asbest- u. faserhaltiger Baustoffe, Güteschutzgem. → U 655
  - Bdsvb. Güterkraftverkehr, Logistik u. → M 15
- Entsorgungs
  - Technik → Forschungsverbund t 363 → H 300
  - Unternehmen, Bundesvereinigung
- Entwässerungs
  - Genossenschaften → L 66
  - Kanäle u. -leitungen, Gütegemeinsch. Herstellung u. Instandhaltung → U 664
- Entwicklung(s)
  - Agenturen, Europ. Verb. → IZ U 344
  - Bezogene Filmarbeit, Evangel. Zentrum → O 263
  - Biologie, Inst. → t 114
  - Centrum, Cottbuser → U 109
  - auf dem PKW-Sektor, europ. Rat → IZ T 263
  - Ethnologie, Arb.-Gem. → U 2 047
  - Europäische Bank → IZ I 3
  - Forschung → T 2 251
  - Ges. f. internationale → U 2 044
  - Gesellschaft → T 382
  - Gesellschaft → U 348 ff, U 2 043
  - Gruppe Technologie → Fraunhofer t 220
  - Hilfe (s. unten)
  - Internat. → Arb. Gem. IZ U 346, Bank IZ V 21
  - Internat. Inst. → IZ Q 196
  - Kautschuk → IZ T 306
  - Konferenz UNO → IZ V 28
  - Länder (s. unten)
  - Landschaft → T 2 667
  - Landwirtschaftl. → T 2 589
  - Management, Europäische Stiftung → Inst. T 3 934, IZ T 554
  - Münchner Diskussionsforum → Q 452
  - Politik, Inst. → T 2 251, U 2 068
  - Politik Niedersachsen, Verb. → U 2 052
  - Qualitätssysteme → F 859
  - Rehabilitation, Dt. Akademie → T 3 884
  - Rurale → T 2 584
  - Transfer, FET&WW → T 1 903
  - u. Frieden, Stftg. → U 2 721
  - Wirtschaftl. u. Zusammenarbeit → IZ W 6
  - Zentrum Sondermüll → T 1 867

Entwicklungshilfe
- Adventistisch → U 2 408
- Arb.-Gem. → U 2 056
- f. soz. Wohnungs- u. Siedlungswesen → U 2 072
- Zentralstelle → U 2 075

Entwicklungsländer
- Agrarhilfe → U 2 065
- Arbeitsgem. → U 2 045
- Ernährungshilfe → U 2 065
- Institut → TWV T 2 330
- Publizistische Medienplanung → U 2 064

Entwicklungspolitik
- dt. Nichtreg.-Organis., Verb. → U 2 046

Enzyme f.d. Nahrungsmittelind., europ. Hersteller → IZ F 1 230

- EOA → IZ U 304
- EP → IZ A 183
- EPA → IZ O 214, IZ U 176
- EPAG → IZ S 654
- EPBA → IZ F 1 161
- EPiD → O 66

Epidemiologie
- Dt. Gesellsch. → T 3 349

Epilepsie
- Forsch. → T 2 759
- Internat. Liga → Dt. Sektion T 2 800
- EPMA → IZ F 597
- EPPO → IZ Q 226
- EPTA → IZ F 2 033
- EQ ZERT → T 2 136
- EQA → IZ F 1 015
- Equipment i. d. Zivilluftfahrt → IZ F 572
- ERA → IZ M 222, IZ T 844
- Erd- u. Völkerkunde → T 1 118

Erdbau
- Lehrstuhl u. Institut → T 3 651
- Maschinen → f 675

Erden (s. Steine u. Erden)

Erdgas
- betriebene Fahrzeuge, europ. → IZ F 1 142
- Gewinnung → BDI f 27, Ind. F 376
- Internationales Informationszentrum → IZ L 98
- Wirtschaft, Europ. Vereinig. → IZ L 63

Erdkunde-Gesellschaft → T 1 119, T 1 120

Erdöl (s. a. Mineralöl)
- Bevorratungsverband → H 229
- Exportierende Länder, Organisation → IZ W 37
- Gewinnung → F 693, IZ L 100
- Industrie → Intern. Förder- u. Produktionsforum IZ L 97, Vereinigung d. europ. IZ L 99
- Messanlagen, Europ. Komitee d. europ. Herst. → IZ F 96
- ERF → O 379
- Erfahrungen, Technische → IZ F 978
- Erfahrungsheilkunde, Natur u. Medizin → T 3 485

Erfinder
- Akademie, Dt. → T 3 874
- Ring, Dt. → U 752
- Verband, Dt. → U 751
- Zentrum Norddeutschland → U 134

Erfindung, Aktion in Europa → IZ T 964
Erfindung, Bildung, Innovation, Aktionsgemeinschaft → T 1 901

Erforschung
- d. Eiszeitalters u. d. Steinzeit → T 3 724
- des Markenwesens, Ges. → U 532
- d. Neueren Geschichte → U 3 091
- d. UFO-Phänomens, Ges. → U 1 908
- Wirtschaftssysteme → t 172

Erfrischungsgetränke
- Arb. Geber → R 122
- Ind. → F 385
- Erft-Verband → L 63
- Ergotherapeuten → S 425

Erhaltung
- Bauwerke, Gütegemeinschaft → U 695
- d. Natur u. d. natürlichen Hilfsquellen, Union → U 2 223
- d. Wildes, Dt. Delegation → Q 585
- v. Wind- u. Wassermühlen, Vereinig. → U 889
- Erhard, Ludwig, Stiftung → T 778

Erholung
- Evangelischer Arbeitskreis → U 1 337
- Länderarbeitsgemeinschaft → Q 654
- Erich-Bödeker-Ges. f. naive Kunst → S 1 173
- Erinnerungsstätte f. die Freiheitsbewegungen in der deutschen Geschichte → A 218

Ernährung(s)
- Aktionsgem. → Q 645
- Arb. Geber-Verband → R 122
- Arb. Nehmer → R 363
- Auswertungs- und Inform.-Dienst → TWV T 2 698

Fortsetzung nächste Spalte

Ernährung(s) (Fortsetzung)
- Biologie → T 2 550
- Bundesanstalt → A 170
- Bundes-Forschungsanstalt → A 155
- Bundesministerium → A 18
- u. Diätetik, Verein z. Förd. → T 2 549
- Dt. Ges. → T 2 548
- Forschung → T 2 607, IZ T 683
- Großhandel → IZ H 269
- Hessisches Landesamt → Q 344
- Hilfe f. Entw. Länder → U 2 065
- Industrie → IZ F 1 693, IZ F 2 359
- Medizin → Dt. Ges. T 3 312, Dt. Inst. T 3 313
- Org. d. Vereinten Nationen → IZ V 14
- Pflanzen → Dt. Ges. T 2 637
- Physiologie, Inst. → T 2 663
- Wirtschaft → Gesellschaft f. Informatik T 2 558, Arb.-Krs. T 2 700
- Wissenschaft, Inst. → T 2 565, IZ T 683
- Wissenschaften, Europ. Akademie → IZ T 629
- Wissenschaftl. Vereinig. → TWV T 2 548 ff
- Zwecke, besondere → F 384
- Erneuerbare Energie → L 19
- Erneuerbare Energie u. Rohstoffe → T 2 741
- Ernst-Mach-Inst. → t 227
- Ernst-Schneider-Preis → E 11
- Ernteschutz, Europ. Vereinigung → IZ F 555
- Erotik-Handel, Bds.-Verb. → H 680
- ERPA → IZ F 85
- Ersatzkassen → K 179

Ersatzteile
- Landwirtschaftl. → Ind. F 843
- Zweirad- → IZ F 2 200
- Erschließung v. Grauer Literatur, Europ. Vereinigung → U 628
- Erste Raucher Lobby → U 3 119
- Erste-Hilfe, Bds.-Arb.-Gem. → U 1 617
- Erster Dt. Fantasy Club → U 3 015
- Erster Versteigerungsring d. Riesling-Weingüter → Q 300

Erstes
- Theaterpädagogisches Zentrum Nbg. → O 57
- Erstinstanzliche Richter → S 567
- ERV → S 1 105

Erwachsenen
- Bildung → T 4 173, IZ T 970
- Fortbildung, AKAD → T 4 162
- Erwerbsgarten- u. Gemüsebau → IZ Q 102
- Erwin-Baur-Inst. → t 176
- Erzbergbau → f 128
- Erzbistümer → U 2 286 ff

Erzeuger
- Gemeinschaft, Bds.-Arbeitsgem. → P 58
- Gemeinschaften i.d. Europ. Gemeinschaft, Vereinigung → IZ Q 143
- Organisationen Obst und Gemüse → Q 153
- Ringe f. tierische Veredelung i. Bayern, Landeskuratorium → Q 265
- Stahl, europ. unabh. → IZ F 2 403

Erzeugnisse
- Feuerfeste → IZ F 629
- kosmetische → H 87
- Erzgebirgische Kunsthandwerker u. Spielzeughersteller → G 483
- Erzieher → Arb. Gem. Evangel. R 427, R 713
- Bund → Europ. T 2 353
- Erzieherinnen u. Sozialpädagoginnen, Evangel. → R 450

Erziehung
- Beratung, Bds.-Konferenz → U 1 444
- DGB → R 337
- Drogenfreie → U 1 614
- Europäische, Dt. Ges. → T 4 174
- Förderung, Hertie-Stiftung → T 2 834
- Musik- → IZ O 10
- Neue → U 1 446
- Rhytmische → U 1 447
- Erziehungswissenschaft → Dt. Ges. T 2 530
- ESA → IZ T 36, IZ T 106
- ESA-Europ. Weltraumorgan. → IZ T 33
- ESB → U 2 852
- ESCAP → IZ V 8
- ESF → IZ F 1 196
- ESK → t 191
- ESO → IZ S 395, IZ T 31
- ESOC → IZ T 106
- ESOTA → IZ H 125
- ESPA → IZ F 1 295
- Espenhain, Förderverein → T 2 455

Esperanto
- Bund, Dt. → R 859, Weltverb. IZ L 142
- Centro → R 861
- Jugend → R 864
- Nachwuchs, Weltverb. → IZ U 823
- Eß- u. Magersucht, Aktionskreis → U 1 949

Essener
- Jugendpresse → O 507
- Technologie- u. Entwicklungs-Zentrum → U 149
- Essenzen → Ind. F 481
- Essenzölstoffhandel, Intern. Vereinig. → IZ H 239
- Essig → Ind. F 396, Hersteller IZ F 1 935
- Säure Lebensmittelqualität, Fachvereinigung → F 181
- Eßsüchtige, Anonyme → U 1 948
- ESTA → IZ O 4, IZ U 624
- Bildungswerk → T 4 155
- Estland, Verein der Deutschen → E 429

Estrich
- u. Belag → Hdw. G 161, Hdw. G 238
- Gütez. → U 567
- ESV → IZ I 27
- ETA → IZ F 465
- ETAG → IZ N 42
- ETC-CET → IZ N 41
- ETEC → U 149
- ETF → IZ F 2 394
- Ethik u. Humanistik, Internat. Bund → IZ U 426
- Etiketten, selbstklebende → Ind. f 782
- ETMC → IZ M 226
- ETN → IZ F 1 573
- ETRTO → IZ T 317
- ETUC → IZ F 151
- EUCA → IZ F 737
- EUCAPA → IZ F 335
- EUCARPIA → IZ F 631
- EUCEPA → IZ F 1 195
- Eucken-Inst. → T 2 318
- EUCOFEL → IZ H 83
- EUCOMED → IZ F 337
- EuDA → IZ M 191
- EUDIX → IZ S 394
- Eugenik → T 2 750
- EUJS → IZ U 373
- EuLA → IZ F 983
- EULAR → IZ U 303
- EUMABOIS → IZ F 1 545
- EUMAPRINT → IZ F 1 463
- EUMETSAT → IZ T 245
- EuPR → IZ Q 194
- EURALARM → IZ F 2 453
- EURATOM-Versorgungs Agentur → IZ T 238
- EUREAU → IZ L 102
- Euregio → D 222, Salzburg-Berchtesgadener Land D 223
- Euregio Rhein-Waal → D 221
- Eureka → A 147
- EURELECTRIC → IZ L 3
- EURO Bankenvereinigung → IZ I 1
- Euro Chlor → IZ F 236
- Euro-Air → IZ F 678
- Euroalliages
  - Verb.-Kom. d. Ind. f. Ferrolegierungen → IZ F 237
- Euroavia → IZ T 985
- EUROBAT → IZ F 2 416
- EUROBIT → IZ F 1 067
- EUROCAE → IZ F 572
- EURO-CHAMBRES → IZ E 3
- Eurocinema
  - Verb. d. Herst. → IZ O 23
- EUROCONTROL → IZ M 217
- EUROCOOP → IZ U 125
- EUROCORD → IZ F 2 198
- EUROCOTON → IZ F 1 871
- EUROFEDOP → IZ R 316
- EUROFER → IZ F 874
- EUROFEU → IZ F 1 472
- EUROFIMA → IZ M 1
- EUROFINAS → IZ I 110
- EUROFORGE → IZ F 2 380
- EUROGAS → IZ L 63
- EUROGYPSUM → IZ F 1
- EuroHandelsinstitut → T 2 342
- Euro-Institut → IZ I 2
- EUROLACES → IZ F 2 531
- EUROM → IZ F 317
- EUROMAT → IZ F 497
- EUROMET → IZ T 235
- EUROMETAUX → IZ F 363
- EUROMETREC → IZ F 238
- EUROMIL → IZ R 66
- EUROMOT → IZ F 55
- EURO-orientation → IZ S 668
- EUR-OP → IZ A 187, IZ M 55

Europa
- Centrum, Stiftung → IZ T 895
- Häuser, Internat. Förderation → IZ U 685
- Institut, Saarland → T 2 319
- Kolleg Hamburg → T 732
- Kontakt → IZ U 675

Fortsetzung nächste Seite

Hoppenstedt
Europäischer

Europa (Fortsetzung)
- Nostra → IZ U 596
- Rat → IZ B 256
- Union Deutschland → U 3 064
- Verband d. Schausteller → IZ U 676
- Verband d. Selbständigen → U 774, IZ R 10

EuropaBio → IZ Q 191
EUROPACABLE → IZ F 1 885
Europäische
- Aerosol-Verbände → IZ F 1 628
- Akademie f. Ernährungswissenschaften → IZ T 629
- Akkumulatorenhersteller → IZ F 2 416
- Aktion d. Behinderten → IZ U 300
- Allianz d. christl. Vereine junger Männer → IZ U 270
- Allianz d. Verbände f. Muskelkrankheiten → IZ U 301
- Allianz d. Werbeselbstdisziplin → IZ O 106
- Aluminium-Aerosoldosen-Hersteller → IZ F 628
- Aluminium-Vereinigung → IZ F 248
- Anerkannte Sachverständige → IZ S 648
- Angelegenheiten → U 216
- Arbeitsgemeinschaft d. Theaterbesucherorganisationen → IZ O 3
- Arzneimittel-Hersteller → IZ F 948
- astronomische Forschung → IZ T 31
- Automatenverbände, Vereinig. → IZ N 37
- Autorenvereinigung Die Kogge → IZ S 635
- Bahnen, Gemeinschaft → IZ M 4
- Bank f. Wiederaufbau u. Entwicklung → IZ I 3
- Bausparkassen-Vereinigung → IZ I 49
- Baustoffhersteller → IZ F 2 417
- Beratervereinigung → IZ S 227
- Bewegung Deutschland → U 2 682
- Bier-Großhandels-Verbände → IZ H 47
- Binnenschiffahrt u. Wasserstraßen → M 225
- Buchhaltungssachverständige → IZ S 323
- Büromöbel-Hersteller → IZ F 2 022
- Catering Vereinigung → IZ F 250
- Designer Verbände → IZ S 619
- Dienstleister → IZ O 34
- Drogistenverbände → IZ H 368
- Druck- u. Papiermaschinenhersteller, Komitee → IZ F 1 463
- Einzelhandelsverbände Verbindungsausschuß → IZ H 522
- Eisenbahn-Industrie, Union → IZ F 2 032
- Eisenbahn-Ingenieur-Verbände → IZ S 569
- Elektrowerkzeug-Hersteller → IZ F 2 033
- Eltern-Vereinigung → IZ U 176
- Erwachsenenbildung, Büro → IZ T 970
- Erziehung, Dt. Ges. → T 4 174
- Farbberater, Bund → IZ S 649
- Filmindustrien → IZ O 22
- Filmregisseure, Verb. → IZ R 306
- Föderalisten, junge → IZ U 431
- Föderalisten, Union → IZ U 459
- Föderation d. aktiven Hausfrauen → IZ U 177
- Föderation Biotechnologie → IZ T 29
- Föderation junger Chöre → IZ O 1
- Föderation Korrosion → IZ T 239
- Föderation d. öffentl. Bediensteten → IZ R 316
- Forschungsges. f. Blechverarbeitung → t 277
- Frauenlobby → IZ U 178
- Freie Allianz i. Europ. Parlam., D. Grünen → IZ U 350
- Freihandelsassoziation → IZ W 2
- Fremdenverkehrs-Kommission → IZ N 41
- Gemeinschaft d. Köche → IZ F 644
- Gesellschaft f. Allgemeinmedizin → IZ S 103
- Gesellschaft f. d. Finanzierung v. Eisenbahnmaterial → IZ M 1
- Gesellschaft f. Freizeit in Deutschland → IZ U 467
- Gesellschaft f. Gesetzgebung → IZ T 843
- Gesellschaften, Chemische → IZ T 108
- Gesenkschmiedeindustrien → IZ F 2 380
- Gewässereinhaltung, Vereinig. → IZ T 632
- Gipsindustrien → IZ F 1
- Grafische Föderation → IZ U 598
- Grenzregionen, Arb.-Gem. → D 206
- Gruppe f. Fernsehwerbung → IZ O 150
- Heizkesselvereinig. → IZ F 287
- Hersteller v. Durchlauf-Gas-Wasserheizern u. -Badeöfen sowie Umlauf Gas-Wasserheizern → IZ F 2 390
- Hersteller v. Gas-Schweißgeräten u. -Maschinen → IZ F 1 243
- Hersteller v. Gaszählern, Vereinig. → IZ F 643

Fortsetzung nächste Spalte

Europäische (Fortsetzung)
- Hersteller v. Kunststoff- u. Gummimaschinen → IZ F 1 506
- Hersteller v. Reibbelägen → IZ F 2 392
- Hersteller v. Verbrennungsmotoren → IZ F 55
- Hippokrates Ges. → IZ T 743
- Holzindustrie → IZ F 2 583
- Industrie- u. Handelskammer d. Philippinen → E 321
- Industrie- u. Handelskammern, Vereinig. → IZ E 3
- Industrie Vereinigungen, Feinmechanik u. Optik → IZ F 317
- Industriegruppe verstärkte Kunststoffe/Verbundkunststoffe → IZ F 305
- Ingenieurvereinigungen, Verb. → IZ S 468
- Institution f. d. Neuordnung d. ländl. Raumes → IZ Q 48
- Integration → IZ U 675
- Integration, Arb.-Krs. → T 2 352
- intern. Bauunternehmer → IZ F 318
- Investitionsbank → IZ A 226
- Investmentvereinigung → IZ I 89
- Isolierunternehmen → IZ F 795
- Journalisten → S 1 353
- Kaffee-Vereinigung → IZ H 3
- Kalksandsteinindustrie → IZ F 2 393
- Kapsel-Vereinigung → IZ F 335
- Keramikfliesen-Hersteller → IZ F 2 394
- Keramik-Gesellschaft → IZ F 336
- Keramische Industrie → IZ F 2 231
- Klebstoffindustrien → IZ F 2 066
- Könföderation d. Handels mit Farben, Wand- u. Bodenbelägen → IZ H 61
- Kommission → IZ A 1
- Konföderation d. Spezialisten f. Kindermedizin → IZ S 65
- Konföderation d. Verb. f. Medical-Produkte → IZ F 337
- Konjunkturforschungsinstitute → IZ T 573
- Kontrollgerätehersteller → IZ F 2 082
- Konvention f. Stahlbau → IZ F 338
- Kulturstiftung → IZ U 599
- Kunststoffverarbeiter → IZ F 2 084
- Landwirtschaft → IZ Q 123
- Laryngektomierte → IZ U 299
- Liberale, Demokratische u. Reform Partei → IZ U 434
- Liga f. wirtschaftl. Zusammenarbeit → IZ U 1
- Logistik-Vereinigung → IZ M 224
- Luft- u. Raumfahrtstudenten → IZ T 985
- Luftverkehrsges. → IZ F 2 102
- Marketing Konföderation → IZ T 543
- Materialgesellschaften → IZ T 515
- Metallindustrie → IZ R 64
- Militärverbände, Organisation → IZ R 66
- Olympische Komitee → IZ U 464
- Organisation f. einen unabhängigen Markt i.d. Bild- u. Tontechnik → IZ O 35
- Organisation f.d. Eingliederung u. Unterbringung d. Jugend → IZ U 181
- Organisation f. Molekularbiologie → IZ T 243
- Organisation f. d. Nutzung v. Wettersatelliten → IZ T 245
- Organisation d. Sägewerke → IZ F 2 530
- Papiererzeugende Industrien → IZ F 107
- Parfümerie, Kosmetik u. Körperpflege-Industrie → IZ F 178
- Parlamentarische Gesellschaft → IZ A 192
- Pfadfinderbüro → IZ U 267
- Politik, Inst. → T 3 581
- Porenbetonindustrie → IZ F 2 061
- Presse-Bildagentur → IZ O 53
- Private Hafenumschlagbetriebe → IZ M 200
- Produktivitätsförderung → IZ T 264
- Pumpenhersteller → IZ F 721
- Rechtsakademie Trier → IZ T 844
- Rechtsgeschichte, Max-Planck-Inst. → t 165
- Reprografie-Verbände → IZ G 148
- Rheumaliga → IZ U 303
- Rösterverbände, Vereinig. → IZ F 737
- Rübenanbauer → IZ Q 74
- Rundfunk-Union → IZ O 47
- Sachverständigenkammer f. Kunstwerke → IZ U 623
- Schausteller-Union → IZ H 537
- Schiffer, Organisat. → IZ S 395
- Schloss- u. Baubeschlagindustrie → IZ F 24
- Schlosservereinig. → IZ G 12
- Schlüsselfachgeschäfte → IZ G 147
- Schmalweberei, Flechterei u. Elastische Gewebe → IZ F 764

Fortsetzung nächste Spalte

Europäische (Fortsetzung)
- Schneidwaren- u. Besteckindustrie → IZ F 1 621
- Schornsteinfegermeister → IZ G 24
- Selbstbau-Partner → IZ U 90
- Sicherheitsfachgeschäfte → IZ G 147
- Solidarität auf eine gleichmäßige Beteiligung d. Volkes → IZ U 321
- Sonnenenergie-Vereinigung → IZ L 101
- Soziale Apotheken → IZ T 837
- Spanplattenindustrie, Föd. → IZ F 271
- Sparkassenvereinigung → IZ I 27
- Sperrholzindustrie → IZ F 787
- Spitzenverbände d. Textileinzelhandels → IZ H 404
- Sportartikelindustrie → IZ F 1 602
- Sportpresse-Vereinigung → IZ S 636
- Sprach- u. Bildungszentren, Stiftung → T 799
- Sprachpolitik, Arbeitskreis → R 863
- Staatsbürger-Akademie → IZ U 624
- Steinzeugröhrenindustrie → IZ F 788
- Stiftung f. Entwicklung im Management → IZ T 554
- Stiftung f. Landschaftsgestaltung → IZ Q 31
- Stiftung z. Verbesserung d. Lebens- u. Arbeitsbedingungen → IZ A 193
- Stomavereinigung → IZ U 304
- Streichinstrumenten-Lehrer Ges. → IZ O 4
- Studien → IZ T 880
- Tourismus-Fachleute → IZ R 239
- Trocknungsbetriebe → IZ F 13
- Tuben Vereinigung → IZ F 465
- Umweltagentur → IZ A 194
- Union d. Alkoholhersteller → IZ F 466
- Union d. Veranstalter f. neue Musik → IZ O 7
- Union des Handwerks → IZ G 25
- Union d. Kartoffelgroßhandels → IZ H 66
- Union d. Musikwettbewerbe f.d. Jugend → IZ O 5
- Union d. Nationalen Vereinigungen d. Wasserversorger → IZ L 102
- Union d. Obst- u. Gemüse-Groß- u. Außenhandels → IZ H 83
- Union, Rat d. → IZ A 227
- Union d. Unabhängigen Gewerkschaften → IZ R 67
- Union d. Versicherungsmedizin u. d. sozialen Sicherung → IZ S 67
- Union d. Zahnärzte → IZ T 837
- Vegetarier Union → IZ U 825
- Verbände d. Automatenwirtschaft → IZ F 497
- Verbände d. Fernmeldekabelind. → IZ F 1 885
- Verbände d. Parfümerie- u. Kosmetik-Industrie → IZ F 178
- Verbrauchergenossenschaften → IZ U 125
- Vereinig. nat. Verb. v. Messlaboratorien → IZ T 361
- Vereinigung d. Ärzteverbände d. besonderen Therapierichtungen Brüssel → IZ S 68
- Vereinigung d. Architekten → IZ S 652
- Vereinigung f. Bestattungsdienste → IZ G 54
- Vereinigung d. Briefumschlagfabrikanten → IZ F 751
- Vereinigung f. Dichtungen → IZ F 1 600
- Vereinigung f. d. Erschließung v. Grauer Literatur → IZ U 628
- Vereinigung f. Medizinische Physik → IZ T 744
- Vereinigung d. Mittel- u. Großbetriebe d. Einzelhandels → IZ H 376
- Vereinigung d. Papierwarenfachgroßhandels- u. Bürobedarfs-Verb. → IZ H 125
- Vereinigung f. Pulvermetallurgie → IZ F 597
- Vereinigung d. Reformwarenhersteller → IZ F 854
- Vereinigung d. Spezialtiefbauunternehmen → IZ F 614
- Vereinigung f. techn. Beratung → IZ S 405
- Vereinigung f. Transportbeton → IZ F 573
- Vereinigung d. Verbände d. pharmaz. Ind. → IZ F 834
- Vereinigung f.d. Verwertung d. Nebenprodukte von Kohlekraftwerken → IZ F 613
- Verkaufs- u. Vertriebs- u. Marketingkräfte → IZ R 309
- Verkehrsminister-Konferenz → IZ A 213
- Vermessungsexperten → IZ S 594
- Verpackungs-Vereinigung → IZ F 872
- Versicherungs-Vereinig. → IZ K 1
- Vieh- u. Fleischhandels-Union → IZ H 138
- Viehmärkteverb. → IZ H 191
- Volkspartei d. Europ. Parlaments → IZ U 420

Fortsetzung nächste Spalte

Europäische (Fortsetzung)
- Volkspartei, Jugend der → IZ U 375
- Wälzlager-Hersteller, Komitee → IZ F 1 642
- Warenbörse → IZ I 164
- Weltraumorganisation (ESA) → IZ T 33
- Werkzeugindustrie, Interessenvertretung → IZ F 1 586
- Wirtschaftsauskunfteien → IZ O 96
- Wirtschaftshochschule Berlin → T 412
- Wissenschaftsstiftung → IZ F 1 196
- Zahntechniker, Selbständige → IZ G 112
- Zeitungsverleger-Vereinigung → IZ O 54
- Zentralbank → IZ I 5
- Zerspanungswerkzeuge, Komitee → IZ F 972
- Zivilluftfahrtkonferenz → IZ M 218
- Züchtungsforschung, Ges. → IZ T 631
- Zusammenarbeit im gesetzlichen Meßwesen → IZ T 241

Europäischer
- Adreßbuchverleger Verb. → IZ O 77
- Ausschuß f. techn. Gebäudeausrüstung → IZ F 884
- Ausschuß Lederwaren- u. Reiseartikel-Hersteller → IZ F 890
- Ausschuß d. Waagen-Hersteller → IZ F 901
- Ausschuß d. Weinhandelsunternehmen → IZ H 139
- Behälterglasindustrieverband → IZ F 916
- Bildungsaustausch, Youth for Understanding → IZ U 271
- Bund d. Kleinbetriebe → IZ R 1
- Chemiehandel → IZ H 84
- Chemieverband → IZ F 1 017
- Dachverband d. Automobilzulieferindustrie → IZ F 2 210
- Dachverband f. künstl. Therapien → IZ T 776
- Direktmarketing Verband → IZ O 135
- Direktvertriebsverband → IZ H 447
- Drahtseil-Verband → IZ F 942
- Dreierbund f. Werbeagenturen → IZ O 47
- Dreierverband f. Werbung → IZ O 149
- Erzieherbund → T 2 353
- Fachverband Spanende Werkzeuge → IZ F 972
- Fensterherstellerverb. → IZ F 1 604
- Franchise-Verb. → IZ H 473
- Genossenschaftlicher Versicherungsverband → IZ K 36
- Gewerkschaftsbund → IZ R 151
- Holzhandelsverband → IZ H 141
- Industrieanlagenbau, Komitee → IZ F 204
- Investmentfonds → IZ I 4
- Kalkverband → IZ F 983
- Koordinierungsausschuß d. Röntgen- u. Elektromedizinischen Industrie → IZ F 984
- Maklerverband → IZ H 538
- Markenverband → IZ U 92
- Metallgewerkschaftsbund i. d. Gemeinsch. → IZ R 223
- Metallverband → IZ F 363
- Molkerei-Produkte Verband → IZ F 386
- Nassbaggerverband → IZ M 191
- Naturdarmhandel → IZ H 176
- Parfümerie-Einzelhandel → IZ H 380
- Parkhaus Verband → IZ O 214
- Parkplatz Verband → IZ O 214
- Rat der freien Berufe → IZ S 1
- Rat d. Junglandwirte → IZ Q 68
- Rat f. Lateinamerika-Forsch. → IZ T 882
- Rat f. Optometrie u. Optik → IZ G 88
- Rat d. Stadtplaner → IZ S 433
- Rat f. Transportpflege → IZ M 226
- Rechnungshof → IZ A 222
- Recycling-Verband f. Eisen u. Stahl → IZ F 1 040
- Reederverband → IZ M 172
- Spielwaren-Detailhandel → IZ H 403
- Spielwaren-Groß- u. Außenhandel, Föd. → IZ H 46
- Tabakwaren-Großhandels-Verband → IZ H 152
- Tee-Ausschuß → IZ F 1 052
- Transfer industrieller Information → IZ T 246
- Unternehmensberater-Verb. → IZ S 244
- Verband f. Aroma- u. Duftstoffe → IZ F 1 110
- Verband Beruflicher Bildungsträger → IZ T 968
- Verband f. d. Beschichtung v. Metallrollen → IZ F 1 140
- Verband f. Beteiligungskapital → IZ I 111
- Verband d. Friseurhandwerks → IZ G 1
- Verband d. Führungskräfte → IZ R 224
- Verband d. Handels → IZ H 1

Fortsetzung nächste Seite

Verbände, Behörden, Organisationen der Wirtschaft 2001
43

Europäischer

Europäischer (Fortsetzung)
- Verband d. Hersteller v. Dessertmischungen → IZ F 1 208
- Verband d. Hersteller techn. Karamellen → IZ F 1 260
- Verband d. Hersteller v. Verpackungspapieren → IZ F 1 262
- Verband industrieller Energieverbraucher → IZ F 1 658
- Verband f. Kabelverbreitung → IZ T 899
- Verband f. Kraftfahrzeuggewerbes → IZ H 474
- Verband f. Lebensmittelverpackungen u. Einweggeschirr → IZ F 1 172
- Verband d. Salzhersteller → IZ F 1 295
- Verband f. textile Polyolefine → IZ F 1 178
- Verband f. Verbraucherschutz → IZ U 140
- Verband f. Werkzeugmaschinenhändler → IZ H 161
- Verband d. Zuckerindustrie → IZ F 1 358
- Verbraucherverband → IZ U 141
- Verein f. schulische u. berufl. Orientierung → IZ S 668
- Verein f. Werkzeugmaschinenhändler → IZ H 161
- Verleger-Verband → IZ O 78

Europäisches
- Atomforum → IZ L 5
- Bankpersonalverb., Union → IZ R 305
- Beratungszentrum d. Dt. Wirtschaft → T 2 186
- Büro f. Erwachsenenbildung → IZ T 970
- Büro f. Sprachminderheiten → IZ U 112
- Fernsehprogrammkontor → IZ O 51
- Gericht f. Kernenergie → IZ L 48
- Gesellschafts- u. Wirtschaftsrecht, Institut → T 3 600
- Gewerkschaftsinstitut → IZ R 242
- Hochschulinstitut → IZ T 972
- Hochschulstudium Nizza, intern. → IZ T 884
- Institut f. Bildung u. Sozialpolitik → IZ T 973
- Institut, Org. f. Int. Wirtschaftsbeziehungen → IZ T 889
- Institut f. postgraduale Bildung → IZ T 974
- Institut zur Zertifizierung von Managementsystemen u. Personal → T 2 136
- interuniversitäres Inst. f. soziale Massnahmen → IZ T 555
- Komitee d. Arbeits- u. Produktionsgenossenschaften → IZ P 24
- Komitee f. Dampfkessel-, Behälter- u. Rohrleitungsbau → IZ F 1 425
- Komitee f. elektrotechnische Normung → IZ T 475
- Komitee d. europ. Hersteller v. Erdölmess- u. Verteilanlagen → IZ L 96
- Komitee d. Hersteller v. elektrischen Maschinen u. Leistungselektronik → IZ F 1 464
- Komitee Hersteller v. Kältetechn. Erzeugnissen → IZ F 1 505
- Komitee d. Hersteller v. Wäscherei- u. Chemischreinigungsmaschinen → IZ F 1 536
- Komitee Landmaschinen-Hersteller → IZ F 207
- Komitee f. Tenside u. ihre organischen Zwischenstufen → IZ F 1 435
- Laboratorium - f. Molekularbiologie IZ T 104, f. Teilchenphysik IZ T 105
- Medieninstitut → IZ T 900
- Medienrecht → IZ T 846
- Naturerbe, Stiftung → T 798
- Netzwerk f. Textil → IZ F 1 573
- Netzwerk v. Frauen im Management → IZ R 243
- Netzwerk f. Wirtschafts- u. Unternehmensethik → IZ U 22
- Ökologie- und Toxikologiezentrum der Chemie → IZ T 817
- Operationszentrum f. Weltraumforschung → IZ T 106
- Parlament → IZ A 183, Sozialdemokratische Partei IZ U 424
- Patentamt → IZ A 214
- Recht → IZ T 848
- Textilnetzwerk f. Technologietransfer → IZ T 291
- Umweltbüro → IZ Q 193
- Verbindungscomite d. Speditions- u. Lagereigewerbes → IZ M 226
- Verbindungskomite f. d. Handel mit landwirtschaftl. Nahrungsmittel → IZ H 205
- Zentrum f. Arbeit u. Gesellschaft → IZ T 556
- Zentrum f.d. Bildung i. Versicherungswesen → IZ T 975
- Zentrum z. Förderung d. Aus- u. Fortbildung i. d. Landwirtschaft → IZ T 976
- Zentrum f. Stiftungen → IZ U 673

Europäisch-Lateinamerikanische Beziehungen → IZ T 890
EUROPANEL → IZ T 559
Europaverband wirtschaftsberatender Berufe → S 691
European
- Extruded Polystyren Insulation Board Association → IZ F 1 016
- Industrial Editors Association, Fed. of → IZ T 909

EUROPECHE → IZ Q 144
EUROPGEN → IZ F 1 886
EUROPLANT → IZ F 204
EUROPOL → IZ U 113
EUROPUMP → IZ F 721
EURORAD → IZ L 101
EURO-ROC → IZ F 1 662
EUROSAC → IZ F 720
EUROSOLAR → IZ S 362
EUROSPACE → IZ T 242
EURO-TOQUES → IZ F 644
EUROTRANS → IZ F 1 415
Euro-Wirtschaftsberatung → U 1 170
EUTDS → IZ G 53
EUTECA → IZ F 1 260
EUTELSAT → IZ T 897
EUTO → IZ R 239
EUVEPRO → IZ F 596
EVA → IZ N 37
Evangelikale Publizisten → O 470

Evangelikale
- Luth. Landeskirche Hannover, Medienzentrale → O 565

Evangelische
- Akademien in Deutschl., Leiterkreis → S 758
- Akademikerschaft i. Deutschl. → U 1 259
- Aktionsgemeinschaft → U 1 245
- Arbeitnehmerorganisationen in der BRD → R 449
- Arbeitsgemeinschaft z. Betreuung d. Kriegsdienstverweigerer → U 1 864
- Arbeitsgemeinschaft f. Erwachsenenbildung → T 3 952
- Arbeitsgemeinschaft f. kirchliche Zeitgeschichte → T 3 716
- Arbeitsgemeinschaft f. Müttergenesung → U 1 274
- Bahnhofsmission → U 1 858
- Büchereien → T 972
- Bundesarbeitsgem. im ländl. Raum → Q 168
- Diakonie, Zehlendorfer Verb. → U 1 273
- Erzieherinnen u. Sozialpädagoginnen → R 450
- Familienbildungsstätten → U 1 249
- Familienerholung → i. Diak. Werk d. EKD U 1 244
- Frauenarbeit → U 1 304
- Frauenhilfe i. Deutschl. → U 1 316
- Hausfrauen → u 1 129, U 1 338
- Jugend → Arb.-Gem. Musik U 1 248
- Jugend in der BRD, Arbeitsgem. → U 1 477
- Jugendferiendienste → N 61
- Jugendsozialarbeit → U 1 478
- Kirche → Sozialwissenschaftl. Inst. T 2 233, u 1 136
- Kirche, Diakonisches Werk → U 1 820
- Kirche in Deutschland → U 2 286
- Konferenz f. Familien- u. Lebensberatung → U 1 246
- Nachrichtenagentur → O 482
- Obdachlosenhilfe → U 1 869
- Presse → O 471
- Publizistik → O 469
- Schulbünde → O 711
- Unternehmer → R 239

Evangelischer
- Arbeitskreis Freizeit-Erholung-Tourismus → U 1 337
- Diakonieverein → U 1 859
- Fachverband f. Kranken- u. Sozialpflege → U 1 247
- Frauenbund, Dt. → U 1 305
- Posaunendienst i. Deutschl. → O 66
- Presseverband → Baden O 483, f. Bayern O 484
- Sängerbund → U 2 852

Evangelisches
- Institut f. Jugend-, Kultur- u. Sozialarbeit → U 1 275
- Missionswerk i. Deutschl. → U 1 301
- Rundfunkreferat d. norddt. Kirchen → O 380
- Siedlungswerk → U 484
- Studienwerk → U 1 423
- Zentrum f. entwicklungsbezogene Filmarbeit → O 263

Evangeliums-Rundfunk Internat. → O 379

EVBB → IZ T 968
EVCA → IZ I 111
EVKA → IZ S 102
EVU → IZ U 825
EVVC → IZ O 203
EVVE → IZ L 1
EWA → IZ N 36
EWIMA → IZ F 2 132
EWIV → IZ L 1
EWMD → IZ R 243
EWPCA → IZ T 632
EWRIS → IZ F 942
Executive-Search-Berater → S 1 524
EXIBA → IZ F 1 016
ExistenzGründer-Institut → U 100
Exlibris-Gesellschaft, Dt. → U 3 087
EXPERIMENT e.V. → U 2 077
Experimental-Physik, Inst. → T 1 948

Experimentelle
- Endokrinologie, Inst. → t 113
- Medizin, Inst. → t 135
- Pharmakologie u. Toxikologie → Dt. Ges. T 3 314

Experimentiertheater, Internat. Vereinig. → IZ O 28

Experten
- Eurobund → IZ S 394
- Kreis, Schlachthöfe u. Fleischmärkte → H 185
- Service, Senior → U 1 360
- Technische → S 1 069
- Union, internat. → IZ S 669

Export(eure)
- Akademie Baden Württemb. → T 4 124
- Ausschuß Keramik → H 303
- Beratung → Hdw. G 25
- Beratungsstellen → Hdw. G 35 ff
- Brauereien → F 160
- Club Bayern → H 302
- Edelsteine u. Perlen → Ind. F 805, H 38
- Förderung in Großbritannien → E 476
- Forschung, Inst. → T 2 320
- Gemüse → H 196
- Handel → H 40
- Kartoffel → H 196
- Kreditversicherung, Spezialversicherer IZ I 114
- Obst → H 196
- Unternehmen → H 228
- Verpackungen → Ind. f 564, Inst. t 363
- Wein → H 211, H 221

EXPORTRADET BERLIN → E 681

Express
- Dienste, Europ. Verband → IZ M 223

EZB → IZ I 5
EZMW → IZ T 678

F

Fabrik
- Arbeitergewerkschaften → IZ R 266
- Automatisierung → t 205
- Betrieb, Fraunhofer-Inst. → t 205

Fabrikanten
- Möbelstoff → IZ F 1 828

FAC → T 2 805

Fach
- Ärzte → IZ S 83
- Ärztl. Berufsverbände → S 83
- Anwälte f. Steuerrecht → S 563
- Aus- u. Fortbildung, Elektro-Hdw. → T 3 875, IZ U 809
- Gemeinschaft (s. unten)
- Geschäfte (Bekleidung), vorbildliche → U 770
- Gesellschaft f. Qualitätsmanagement → T 2 138
- Gesellschaften, wissensch.-medizin. → T 3 278
- Großhändler d. Schweiß- u. Schneidtechnik → H 270
- Großhandel, Getränke → H 58
- Gruppe (s.unten)
- Gutachter, Bds.-Verband Dt. → S 1 090
- Händler, medizin-techn. → H 678
- Hochschule (s. unten)
- Information Technik → U 31
- Informationsstelle Publizistik → T 3 679
- Informationszentren → Karlsruhe U 24, Chemie U 29
- Institut Gebäude-Klima → U 44
- Kosmetiker(-innen), Bds.-Berufsverb. → S 80
- Kräfte → hauswirtschaftliche S 1 501, Internat., Christl. U 1 405
- Krankenpflege → R 549

Fortsetzung nächste Spalte

Fach (Fortsetzung)
- Lehrer → R 865
- Messen → O 586, o 597
- Schulabsolventen, Ldw. → Q 4, Q 66 ff
- Schule f. Arbeitssicherheit → T 4 000
- Schule f. Bekleidung Naila → T 3 772
- Schulen für Kosmetik → U 3 121
- Schulen, Nahrungsmittel → T 3 958
- u. Standespresse, Dt. Medizinische → S 1 362
- Verbände (s. unten)
- Vereinigungen (s. unten)
- Wirte, Mittelhessen → S 1 577
- Zeitschriften → O 509

Fachgemeinschaft
- Bau Berlin u. Brandenburg → G 206

Fachgruppe
- Garten- u. Rasenpflegegeräte → F 519
- Spiel → U 2 760
- Vermessung im VBI → S 914

Fachhändler
- Ring grafischer → U 3 095

Fachhochschule(n) → T 399 ff
- d. Bundes f. öffentl. Verwaltung → FB Finanzen A 196, T 445
- f. Technik, Flugtechn. Arb.-Gem. → M 275
- Wirtschaft, Berlin → T 416

Fachverbände
- d. Dt. Handwerks, Bds.-Vereinig. → G 5
- d. Hamburger Einzelhandels → H 566
- Handwerk → Nordrhein-Westfalen G 115

Fachverband
- Abbruch, Recycling u. Umweltsanierung → F 65
- Deutsche Klavierindustrie → F 726
- Deutscher Heilpraktiker → S 388
- Dt. Berufschorleiter → S 1 303
- Eisenhüttenschlacken → F 890
- Elektrische Antriebe → f 348
- d. Flugsicherung-Deutschland → U 858
- Industrie verschiedener Eisen- und Stahlwaren → f 265
- Metallwaren- u. verwandte Industrien → f 265
- Pektin → F 501
- Schloß- u. Beschlagindustrie → f 269
- f. Sensorik → T 1 291
- Shop + Display → H 284
- Sonderzeugnisse Abt. Techn. Rollen → F 286
- Spanende Werkzeuge → IZ F 972
- Sponsoring u. Sonderwerbeformen → G 543
- Stahlblechverarbeitung → f 854
- f. Strahlenschutz, Dt.-Schweiz. → T 1 955
- Tabakwaren-Importeure u. EG-Distributeure → F 1 055
- Textilunterricht → T 1 971
- Touristische → Weiterbildung → R 538
- Verbindungs- u. Befestigungstechnik → f 278
- Verkehrssicherung → T 3 666
- Werkzeug-Großhandel → H 117
- Werkzeugindustrie → f 280
- Ziegelindustrie Nordost → F 940

Fachvereinigung
- Bauwerksbegrünung → T 2 669
- Essigsäure Lebensmittelqualität → F 181
- Mineralfaserindustrie → F 540
- Polystyrol-Extruderschaumstoff → F 610

facit Marketing-Forschung → t 2 482
FACOGAZ → IZ F 643
Factoring-Verb. → H 50
FAECF → IZ F 1 604
Fähr-Verband → M 230
FAFPAS → IZ F 1 630
FAGS → IZ T 322
FAH → t 269, T 396

Fahr
- Bahnmarkierungen → Gütegem. U 548
- Gerüstbauer, Verb. Dt. → F 691
- Lehrer → S 1 431
- Leitungsbau → Ind. f 346
- Schlepper-Freunde → U 3 113

Fahrer in Deutschland → U 2 628

Fahrrad
- Betriebe, selbstverwaltete → U 2 652
- Club, Deutscher → U 1 108
- Hersteller, europ. → IZ F 1 109
- Hersteller in der EU → IZ F 2 255
- Messen, Internat., Organisationskomitee → IZ O 210
- Teile → F 504

Fahrt
- Verkehr → IZ M 220

Fahrzeug(e)
- Bau → Hdw. G 414, IZ F 480
- erdgasbetriebene, europ. → IZ F 1 142

Fortsetzung nächste Seite

Fahrzeug(e) (Fortsetzung)
- Federn → Ind. F 843
- Haltung, Berufsgenossenschaft → k 223
- Lackierung → Inst. T 1 066
- Technik → VDI-Ges. T 1 067, Inst. T 1 069
FAIB → IZ U 820
FAIBP → IZ F 1 629
Faires Scheidungsrecht, Bürgerbund → U 1 612
Fair-Play-Komitee, Int. → IZ U 318
Faktorenbund → R 505
Fakultätentag
- Informatik → T 1 355
- Mediz. → T 3 274
- Wirtschafts- u. Sozialwissenschaftlicher → T 2 231
Falken Bewegung, Int. → IZ U 425
Faltschachteln → Ind. f 769, IZ F 2 379
FAM → T 1 924
FAMA → o 598
FAMAB → O 586
Familie, Bds. Min. → A 23
Familien
- Beratung, Evangel. Konferenz → U 1 246
- Bildungsstätten, Evangelische → U 1 249
- Bi-nationale → U 1 443
- Bund, Kath. → U 1 238
- Bundesministerium → A 23
- Erholung → Evangelische U 1 244, Kathol. Arbeitskreis U 1 810
- Forschung, Staatsinst. a.d. Uni Bamberg → t 2 362
- Fragen, Nationale u. Internationale → U 1 173
- Gärtner, Internat. Büro → IZ Q 104
- Heim → U 485
- Kinderreiche → U 1 277
- Kunde, Westdt. Gesellsch. → U 1 175
- Kundliche Forschungen, EDV-gestützte → T 1 348
- Medizin, Dt. Ges. → T 3 281
- Organisation → IZ U 175, IZ U 209
- Pflegerinnen, kathol → R 536
- Planung, Sexualpädagogik u. Sexualberatung → Dt. Ges. T 3 249
- Recht u. Unterhalt, Interessenverb. → U 908
- Verbände → Dt. u 1 130, U 1 179
Familienfrauen → R 434
Fanfarenzüge, Dt. Bds.-Verb. → O 87
Fangtechnik, Inst. → A 153
Fantasy Club, Erster Deutscher → U 3 015
FAO → IZ V 14
FAOPA → M 246
Farbberater, Bund Europ. → IZ S 649
Farben
- Großhdl. → H 81
- Handel, Bds.-Verb. → H 371
- Handel, europ. Konföderation → IZ H 61
- u. Sachwertschutz, Bds. Ausschuß → U 755
- Techniker → IZ R 310
- Werbung → U 755
- Wissenschaftl. Ges. → T 1 253
- Zentrum → T 1 254
FAREGAZ → IZ F 642
Farny Institut → T 2 583
FAS → F 996
Faser
- Forschung, Inst. → T 1 964
- Hart-, Großhdl. → Ind. IZ F 266, IZ F 2 198
- Holz → Ind. F 727
- Institut, Bremen → T 1 967
- Zementhersteller, Europ. Verband → IZ F 1 063
- Zement-Ind. → F 864
Fasern u. Haare → Großhdl. H 282
FASI → T 880
Faß
- Großhdl. → G 288
- Verwertungsbetriebe, Dt. → H 232
Fassadenhersteller → f 561, IZ F 1 604
Fassadentechnik → S 919, Unabhängige Berat. f. S 920
FAST → T 2 332
FAT → t 271
FATIPEC → IZ R 310
FATM → t 2 295
FAW → O 588, T 850
FBF → U 2 686
fbr → Q 457
FBS → F 881, T 2 198
FBT → F 784
FCEM → IZ R 60
FCI → IZ U 807
FDA → S 1 269
FDBR → f 853, t 359
FDF → U 858
FDH → G 383

FDI → R 505, IZ S 163
FDK → R 534
FdM → O 706
FDP → U 2 200
- Fraktion im Dt. Bundestag → A 69
FDPW → G 547
FdR → T 4 002, U 1 950
FDTB → H 667
FDTM → U 3 048
FDW → O 589
FEA → IZ F 1 628
FEACO → IZ S 244
FEAP → IZ Q 141
FEBIS → IZ O 96
FEBO → IZ H 141
FEC → IZ F 1 621
FECC → IZ H 84
Fechter-Bund → u 2 489
Fechtverb., int. → IZ U 545
FECS → IZ T 108
FEDEMAC → IZ M 103
Fédération Equestre Nationale → q 230
Federn → Ind. F 843
- Büro, Internat. → IZ F 1 853
- Industrie → F 120, Europ. Verb. IZ F 882
FEDIAF → IZ F 1 207
FEDMA → IZ O 135
FEDSA → IZ H 447
FEE → IZ S 323
FEFAF → IZ U 177
FEFCO → IZ F 285
FEFSI → IZ I 89
FEI → IZ I 4, IZ U 552
F.E.I.C. → IZ F 787
FEICA → IZ F 2 066
FEIEA
- Federation of European Industrial Editors Association → IZ T 909
Fein
- Keramik → Ind. f 588
- Kost → Ind. F 397
- Mechanik (s. unten)
- Pappe → Ind. f 741
- Werktechnik → T 1 165 ff
Feine Backwaren, Herstellung → T 2 561
Feinmechanik
- Angewandte → t 203
- Berufsgenossenschaft → k 224
- Forschung, Inst. → T 1 070
- Forschungsvereinigung → t 292
- Industrie → BDI f 29, F 506
Feinstblech
- Packungen u. Verschlüsse → IZ F 1 574
Feinwerktechnik → VDI-Ges. T 1 163
FEJC → IZ O 1
Feldfrucht-Anbau, naturnaher → Q 198
Feldsaatenerzeuger → Q 214
Felgen
- Hersteller, Europ. → IZ T 317
FEM → T 1 922, IZ R 223
FEM, Nationalkomitee, Deutsches → IZ F 526
FEMB → IZ F 2 022
F.E.M.F.M. → IZ F 2 392
F.E.M.G.E.D. → IZ H 376
FEMIB → IZ F 2 404
F.E.M.S. → IZ T 515
FEMTAA → IZ R 312
FENI → IZ F 692
Fenster → Ind. f 561
- Aluminium → Gütez. U 568
- Bau, Inst. → G 361
- u. Fassadenhersteller → Ind. F 516
- u. Haustüren → Gütem. U 568
- Herstellung → IZ F 1 604
- Profile → Gütegem. U 539
- Technik, Inst. → T 1 899
FEOST → IZ R 240
FEP → IZ F 1 620
- Fraunhofer-Inst. → t 225
FEPA → IZ F 517
FEPE → IZ F 751
FEPF → IZ F 1 287
FEPORT → IZ M 200
F.E.R.A. → IZ R 306
Ferdinand-Tönnies-Ges. → U 2 785
FERES → IZ F 156
Ferien-Fahrschulen → S 1 450
Fermentations
- Technolgie → Versuchs- u. Lehranstalt T 2 640
- Technologie → TWV t 348
Fernempfang, Rundfunk → O 386
Fernerkundung → Dt. Ges. T 1 324, IZ T 294
Fernheizung
- Int. Verband → IZ L 131
Fernmelde
- Ingenieure d. EG → IZ S 617
- Netze, öffentl., europ. Betreiber → IZ T 963

Fortsetzung nächste Spalte

Fernmelde (Fortsetzung)
- Techniker → Dt. S 1 115
- Union → Internat. IZ T 902
Fernseh(en)
- Anbieter, private bayer. → O 355
- u. Film, Hochschule → O 201
- u. Filmproduzenten, Verwertungsges. → O 270
- u. Filmrechteges. → O 199
- u. Funk, Aktion → U 1 167
- u. Kinotechn. Ges. → T 1 958
- Nachwuchsförderung → O 414
- Produzenten → R 512
- Programmkontor, Europ. → IZ O 51
- Recht, Inst. → T 3 594
- Regisseure, Bds.-Verb. → R 513
- Schaffende, Vereinig. → R 460
- Technische Betriebe → O 176
- Teilnehmer, Verb. → U 1 168
- Vereinigung d. europ. kommerziellen → IZ O 52
- Vermittlung → O 415
- Werbung → O 532, Europ. Gruppe IZ O 150
- Wesen, Internat. Verb. → IZ O 50
- Wirtschaft → O 271
- Wissenschaft → Inst. T 3 687
- Zentrum d. Ev. Kirche i. Rheinl. → O 261
- Zuschauer, Interessenvertretung → U 1 167
FernUniversität-Gesamthochschule → T 511
Fernunterricht → Staatl. Zentralst. T 2 244, Int. Rat IZ T 989
Fernwärme
- Anschluß- u. Kundenanlage → L 36
- Arb. Gemeinsch. → L 36
- Ausbildung, Fachausschuß → L 36
- Berufsgenossenschaft → k 226
- Forschungsinstitut → t 293
- Versorgung → L 36
- Wirtschaft → L 36
Ferrolegierungen → Ind. F 182
- Verbindungskomitee d. Industrien → IZ F 237
Fertig
- Bau → Studiengemeinschaft T 2 175, Gütegem. U 571
- Häuser → f 562, Bds.-Gütegem. U 575
- Häuser Bds. Verb. → F 91
- Keller, Gütegem. → U 571
- Teile → t 274, IZ F 1 838
- Waren-Importeure → H 307
Fertigung, Wirtschaftliche → TWV T 1 071
Fertigungs
- Fragen → TWV T 1 926
- Systeme → t 673
- Technik u. Entwicklung → T 382
- Technik, Materialprüfanst. → t 2 034
- Technik u. Werkzeugmaschinen → T 1 290
FES → T 1 867
FESI → IZ F 1 602
Festkörper
- Chemie, Inst. → T 984
- Forschung → t 117
- Physik → t 190
FESYP → IZ F 271
Fett
- Forschung, Bds.-Anst. → A 151
- Handel → EU IZ H 281
- Interessengemeinschaft → H 231
- Wissenschaft → Dt. Ges. T 1 072, Dt. Ges. T 2 566
Feuer
- Löschgeräte u. -anlagen → Ind. F 292, f 856
- Löschwesen → IZ T 315
- Überwachungsverb. → T 2 076
- Verzinken, Industrieverb. → F 229
- Wehr (s. unten)
- Werker → S 1 451
Feuerfest → Ind. F 144
- Forsch.-Gem. → t 294
- u. Keramik, Dt. Inst. → t 2 071
Feuerfeste
- Erzeugnisse → IZ F 629
- Rohstoffe → F 861
Feuerschutz
- Überwachungsverband → T 2 076
Feuerungen → Bds.-Verb. F 694, Ind. f 853
Feuerungstechnik → TWV T 1 923
Feuerwehr
- Betriebs- → U 855
- Fahrzeuge → f 648
- Geräte → f 648
- Verband, Dt. → F 284
- Werks- → U 855
F.E.U.P.F. → IZ O 212
FEVE → IZ F 916
FFB → t 2 411
FFTF → T 2 321

FFU → T 2 218
FFW → O 544, t 2 291
FGH → t 308, T 1 152
FGK → U 44
FGL → f 361, U 75
FGM → T 2 525
FGSV → t 353
FGV → N 108
FGW → T 1 380, T 1 884
FH → S 391
FhG → T 189
FHÖBB → T 435
FHR → f 770
FIA → T 1 840, IZ R 286
FIAF → IZ T 904
FIAN → U 940
FIAP → IZ U 810
F.I.A.P.A. → IZ U 208
FIAPF → IZ O 30
FIATA → IZ M 230
FIBA → IZ U 540
FIBAA → T 3 831
FIBEP → IZ O 98
FIBEPA → f 777
F.I.B.V. → IZ I 165
F.I.C. → IZ G 151
Fichtelgebirgsverein → N 108
FICPI → IZ S 212
FICS → IZ U 476
FICSA → IZ R 307
FID → IZ T 914
FIDEN → IZ F 1 682
FIDI → IZ M 229
FIDIC → IZ S 497
FIEA → IZ S 677
FIEC → IZ T 980
F.I.E.R. → IZ O 19
FIF → IZ F 1 765
FIFA → IZ U 546
FIFAS → t 2 382
FIFF → T 1 358
FIG → IZ S 563
FIGAWA → T 1 089
FIGIEFA → IZ H 240
FIIG → IZ U 821
FIJET → IZ S 642
Filialbetriebe
- Bundesverband → H 548
- Ezhdl. → H 391
FILK → t 325
Film
- Amateure, Bund dt. → O 226
- Arbeit, entwicklungsbezogene → O 263
- Architekten, Hochschule → O 218
- Archiv → IZ T 904
- Aufführungsrechteges. → O 197
- Berliner Arbeitskreis → O 236
- Bewertung → O 196
- Bundesverband → O 240
- Deutscher, Bds.-Vereinig. → O 153
- Dienste → O 202
- Exporteure, Verb. → O 238
- u. Fernsehen, Hochschule → O 201
- u. Fernsehproduzenten, Verwertungsges. → O 270
- u. Fernsehrechteges. → O 199
- Festspiele Berlin → O 182
- Förderung, kulturelle → O 191
- Funk Fernseh Zentrum d. Ev. Kirche i. Rheinl. → O 261
- Hochschule → O 201
- Initiative Würzburg → O 235
- Institut, Dt. → O 178
- Jugendarbeit → O 240
- junger deutscher → Kuratorium O 413
- Kunsttheater → dt. Gilde O 217, Internat. IZ O 28
- Medien, Kathol. → IZ O 27
- Museum Düsseldorf → O 180
- Museum Frankfurt → O 174
- Nachwuchsförderung → O 414
- Neuheiten → IZ O 29
- Organ., Kath. → IZ O 27
- Presse → IZ O 29, IZ O 100
- Produzenten → O 222, IZ O 30
- Recht, Inst. → T 3 594
- Regisseure → Bds.-Verb. R 513, Verb. Europ. IZ R 306
- Reklame → IZ O 152
- Schaffende, Vereinig. → R 460
- Schnitt Cutter → O 198
- Selbstkontrolle → IZ O 152
- Spiel-, Produzenten → O 223, O 224
- Technische Betriebe → O 176
- u. Medienschaffenden, Verband → O 256
- Verleih → O 172
- Vermittlung → O 415
- VersicherungsGemeinschaft → K 11

Fortsetzung nächste Seite

Film

Film (Fortsetzung)
- Werbung → O 532, IZ O 152
- Wirtschaft → O 151, O 271
- Wissenschaft, Inst. → T 3 687
- Zentrum → O 173

Filmladen Kassel → O 189

Filmvertrieb
- Inforfilm International → IZ O 31

FIMITIC → IZ U 316
FINA → IZ U 559
Financial Planners, Dt. Verb. → S 728

Finanz
- Analyse, Beratung → S 729
- Analysten, Europ. Verb. → IZ S 293
- Bedarf, Kommission z. Ermittlung d. Rundfunkanst. → O 359
- Berater, Finanzdienstleistungsverb. → S 725
- Corporation → IZ I 112
- Dienstleistende Wirtschaft → R 263
- Dienstleistungen → S 725, Inst. U 767
- Gerichte → d. Länder B 661 ff, Beamte R 806
- Gilde, Dt. → H 709
- Hof, Bds. → A 372
- Information, Arbeitskreis → U 2
- Kaufleute → H 708
- Makler → H 733
- Marketing, Akademie → S 731
- Personal, Union in Europa → IZ S 695
- Planer, Bundesverb. → S 727
- Politik → T 2 226
- Presse, Europ. → IZ O 105
- Recht → Senat B 668, Handwerksinstitut t 2 340
- Richter, Bund Dt. → R 807
- Vorstandsinstitute, Europ. Vereinigung → IZ I 109
- Wirtschaft → T 2 202, T 2 535
- Wissenschaften → T 2 202, IZ T 569

Finanzen
- Bds.-Min. → A 14 ff
- Bundesamt → A 199
- u. Steuern, Inst. → T 2 326

Finanzierung von Eisenbahnmaterial → IZ M 1

Finanzierungs
- Banken → IZ I 110

FINAT → IZ F 1 761
Finnisches Außenhandelsbüro → Hamburg E 450, München E 451
Finnland-Institut i. Deutschl. f. Kultur, Wissenschaft u. Wirtschaft → E 448
FIP → IZ F 1 706
FIPAGO → IZ F 1 827
FIPA-Tunisia → E 715
FIPLV → IZ R 282
FIPP → IZ O 102
FIPRESCI → IZ O 100
FIR → T 2 179
FIRM → IZ G 167
Firmenverbundene Versicherungsvermittler- u. gesellschaften, Bds.-Verb. → K 32
FIRS → IZ U 500
FIS → IZ H 272, IZ U 560

Fisch
- Einzelhandel → H 391
- Großhandel → Bds.-Verb. F 399, H 171
- Industrie → Arb.-Geber R 122, IZ F 2 455
- Mehl → Ind. F 402, Import H 245
- Öl → Ind. F 402
- u. Fischprodukte, Gütegem. → U 623
- Verarbeitung → F 399
- Wirtschaft → F 398
- Zucht im Meer, Europ. Ges. → IZ Q 140

Fischerei
- Bundesforschungsanst. → A 153
- Unternehmen → IZ Q 144
- Verband → Q 241, dt. Hochsee- Q 242

FIT → IZ S 638
F.I.T.C.E. → IZ S 617

Fitness
- u. Trimm Int., Bund Sport für alle → IZ U 585
- u. Freizeitunternehmen → U 2 764

FIW → t 366, T 1 979
FIZ → T 3 276, U 24
fiz - technik → U 31
FIZIT → U 28
FJK → S 1 178
FKE → T 2 562
FKM → o 596
FKN → f 781
FKR → F 1 017
FKTG → T 1 958

Flachglas → Großhdl. H 133
- Hersteller, Europ. → IZ F 1 401
- Industrie, Fachvereinigung → f 535

Flachwasser-Hydrodynamik, Inst. → t 276

Flammenhemmstoffe, Europ. Verband → IZ F 1 146

Flaschen
- Kasten (Kunststoff) → Gütez. U 638

Flechterei → Ind. F 985, IZ F 764
Flechthandwerk, Bundesinnungsverb. → G 447

Fleisch
- Bundesarbeitsgem. → H 183
- Bundesfachverband → H 185
- Bundesforschungsanstalt → A 250
- Bundes-Marktverb. → H 246
- Erzeugung, Inst. → A 154
- Forschung → A 154
- Genossenschaften → P 19 ff
- Handel → H 172, H 619
- Konserven → IZ H 138
- Rinderzüchter- u. Halter → Q 240
- Technologie → T 2 602
- Verwertungsind., Verbindungsstelle → IZ F 2 292
- Waren → F 403, Ind.-Arb. Geber R 122
- Wirtschaft → H 185
- Zentrale, Norddeutsche → P 38

Fleischer
- Verb. → Dt. G 294

Fleischerei
- Berufsgenossenschaft → k 225
- Handwerk → G 294

Flexible
- Dränrohre → U 584

Flexodruck-Fachgruppe, deutschspr. → IZ T 896
Flexografen → Hdw. G 310, IZ G 73
Flick, Friedrich, Förderungsstiftung → T 735
Fliegende Ärzte von Afrika → U 2 080
Fliegergruppen, dt. akad. → M 251

Fliesen
- Fachhandel → H 134
- Industrie → f 587
- Leger → Hdw. G 161
- Unfallopfer-Hilfswerk → U 2 024

Fliesen, keramische → Ind. F 894
FLL → T 2 668
Flocken → Ind. F 1 002
Flöte → Dt. Ges. O 113
Floristen → O 649 ff, IZ O 212
Floristisch-Soziologische Arbeitsgemeinschaft → T 2 658

Flüchtlinge, Hilfswerk d. UNO → IZ V 16

Flüchtlings
- Betreuung → IZ V 16
- Bundes-Amt f. d. Anerkennung ausl. Flüchtlinge A 232
- Hilfe, Dt. Stiftung → T 728

Flüssiggas
- Verband → H 52

Flüssiggase
- Europ. Verb. → IZ L 95

Flug
- Ambulanz, Internat. → U 862
- Begleiter Organisation → S 1 452
- Beobachtungsdienst, Dt. → M 267
- Betrieb → TWV T 1 266 ff
- Dienstberater Vereinigung → M 250
- Freunde Deutschland, Modell → U 3 128
- Führung, Inst. → T 1 266 ff
- Funk- u. Mikrowellen, Inst. → T 1 266 ff
- Gesellschaften i. Deutschl., Ausschuß → IZ M 216
- Häfen → M 244
- Historische Forschungsgem. → T 1 267
- Ingenieure → R 519
- Lärm, Gegner, Bundesvereinig. → T 1 256
- Leiter → R 518, IZ R 271
- Linien Europäischer Regionen → IZ M 222
- Mechanik, Inst. → T 1 266 ff
- Medizin → TWV T 1 266 ff
- Plankoordinator der BRD → M 268
- Sicherheit, Verhütung von Vogelschlägen → U 865
- Sicherung → U 859, IZ M 217
- Systeme, Dynamik, Inst. → T 1 266 ff
- Technische Arb.-Gem. a. d. Fachhochschule f. Technik → M 275
- Treib- u. Schmierstoffe, Inst. → T 1 266 ff
- Verkehrswissenschaft → TWV T 1 266 ff
- Versicherung → IZ K 45
- Wissenschaften → TWV T 1 266 ff

Flughäfen, Intern. Rat → IZ M 221

Flughafen
- Leipzig-Halle, Service-Station → U 862

Flugzeug
- Führer → IZ R 272
- Inst. → T 1 266

Fluidtechnik → f 649
Fluor Komitee, europ. techn. → IZ T 267
Fluorcarbon, europ. techn. Ausschuß → IZ F 1 051
FLUORSPAR → IZ F 1 603

Fluß, Schiffswerften → F 802
FMF → R 904
FMI → F 540, H 631
FMPA → t 2 041
FN → q 230, U 2 608
Föderalisten, Junge Europäische → IZ U 431
Föderalisten, Union Europäischer → IZ U 459

Föderation
- d. europ. Schneidwaren-, Besteck-, Tafelgeräte- u. Küchengeschirrind. → IZ F 1 621
- d. europ. Wirtschaftsauskunfteien → IZ O 96
- d. Tierärzte in Europa → IZ S 105
- d. Volksvereine türkischer Sozialdemokraten → R 537

Föderativer Zusammenschluß von Kulturgemeinschaften → O 71
Fördererkreis dt. Schriftsteller in Niedersachs. u. Bremen → S 1 267
Förderforum d. Erdölindustrie → IZ L 97

Fördergemeinschaft
- „Gutes Licht" → Ind. f 361, U 75
- Junge Kunst → S 1 178
- Kunst → U 3 029
- d. Querschnittgelähmten → U 2 020
- Süddt. Kunststoff-Zentrum → t 322

Fördergesellschaft
- Marketing → T 2 525
- Windenergie → T 1 380

Förderkreis
- d. Allgem. Luftfahrt in Deutschland → M 246
- d. angewandten Informatik → T 885
- f.d. Ausbau d. Mikroelektronik → U 3 059
- d. DPRG f. Öffentlichkeitsarbeit → S 740
- f. ein seniorengerechtes Wohnen → U 1 381
- Freizeit- und Tourismusforschung → T 2 321
- f. Krebskranke Kinder → T 2 798

Fördertechnik → VDI-Ges. T 1 286, IZ F 526

Förderung(s)
- Absatz- u. Werbeforschung → T 2 521
- Abwassertechnik → T 871
- Ämter, -Wirtschaft, Städte → U 216 ff, Kreise U 225 ff
- d. afrikanischen Kultur → E 379
- Amt f. Ausländischen Kultur, Tunesisches → E 715
- Angewandte Forschung → T 189
- Angewandter Informatik → t 311
- Angewandter Verbindungstechnik → T 1 929
- Aus- u. Fortbildung i. d. Landwirtschaft → IZ T 976
- Ausbildung (neue Medien) → T 1 343
- Autoren, Vereinig. → A 305
- d. Bauens mit Stahlblech, Industrieverb. F 282
- Betriebswirtschaftl. Forschung u. Praxis t 2 290
- d. Blindenbildung, Verein → T 3 871
- Brandschutz → TWV U 854
- busfähiger Interfaces f. binäre Aktuatoren u. Sensoren → T 1 159
- d. christlichen Gesellschaftslehre → T 2 232
- Deutscher Kinderfilm → O 192
- Drogisten → U 385
- d. dt. Uhren- u. Schmuckwarenfachgeschäfte → H 668
- d. Dt.-Finnischen Beziehungen → E 447
- d. Eigenbaues von Luftfahrtgerät → T 3 635
- d. Elbstromgebietes → M 228
- Entbürokratisierung → T 2 211
- d. Entwicklung des Seminar- u. Tagungswesens → Dt. Ges. S 1 523
- d. europ. Integration → IZ U 675
- Forschungsnetz, Dt. → T 373
- v. Frauen f. Führungspositionen → T 824
- d. Gehörlosen u. Schwerhörigen → Dt. Ges. T 3 050
- d. Genossenschaftsgedankens → T 2 329
- d. Geschichte d. Naturwissenschaften u. d. Technik → T 905
- d. gleichzeitigen Nutzung zweier Energiearten, Europ. Verb. → IZ L 132
- Heil- u. Gewürzpflanzenbau i. Bayern → T 2 627
- d. internationalen Straßenverkehrs → T 3 668
- junger Künstler, Jürgen Ponto-Stiftung → T 747
- Krebstherapie → T 2 788
- Kunststoffverarbeitung → t 321
- d. Literatur aus Afrika, Asien u. Lateinamerika → S 1 202

Fortsetzung nächste Spalte

Förderung(s) (Fortsetzung)
- Lufthygiene u. Silikoseforsch. → T 3 443
- Maschinenbau → TWV T 1 285
- Medienkommunikation → O 400
- Medizinische Diagnostik → T 2 758
- v. Mehrwegverpackungen → Q 391
- Menschenerkenntnis → T 1 288
- Metallforschung → t 331
- Mittelständischer Privatbrauereien → G 574
- v. Öl- und Proteinpflanzen → Q 671
- d. Osthandels, Sächs. Ges. → E 581
- Pädagogischer Forschung → T 394
- v. Pflegekindern → U 1 574
- d. privaten Internet Nutzung → T 3 675
- d. Psychologie, wissenschaftl. Ges. → T 2 446
- Public Relations-Forschung → S 742
- Publizistischer Nachwuchs, Inst. → T 3 922
- d. Qualitätsgerstenbaues → Q 158
- Soziokultur → U 3 024
- Stiftung, Friedrich Flick → T 735
- umweltgerechte Straßen u. Verkehrsplanung → T 3 663
- Umwelttechnologie u. Umweltanalytik → t 357
- Versicherungswissenschaft → T 2 544
- werk Königstein → T 4 034
- Wissenschaft, Erziehung, Volks- u. Berufsbildung → T 2 834
- Wissenschaft (neue Medien) → Inst. T 1 343
- Wissenschaft u. Praxis, Verein → T 867
- Wissenschaftsjournalismus → T 849
- d. Wohn- u. Umweltqualität, Grüne Solararchitektur → D 257
- wohnpolit. Initiativen, Wohnbund → U 517
- d. Zeppelin-Museums, Freundeskreis → M 277
- d. Zusammenarbeit mit der VR China → E 412

Förderverband nachwachsende Energien → L 28

Förderverein
- Espenhain → T 2 455
- Schulung von Reiseleitern → T 3 779
- Umweltschutz Unterelbe → Q 353

Foerster, Wilhelm, Sternwarte → T 1 281
FOGI → T 1 156
FOGRA → t 283, T 1 146
FONASBA → IZ H 575
Fonds f. Umweltstudien → Q 357
Food Editors Club → S 1 359
FORATOM → IZ L 5
Forellenproduzenten, Europ. Vereinigung → IZ Q 141
Forensische Schriftuntersuchung → S 1 502

Form
- Gebung → T 1 927, IZ S 566
- Formelfahrer, Europ. Verb. → IZ U 468
- Formenbauer, Dt. → F 848

FORSA → t 2 483
Forschende Arzneimittelhersteller → F 225

Forschung
- u. Innovation i. Bau u. Konstruktion → IZ T 912

Forschungsgesellschaft
- f. Kinder- u. Jugendliteratur, Int. → IZ T 157

Forschung(s)
- Aerosole, Inst. → t 248
- afrikanische Einheit, Kommission f. → IZ W 5
- Agrarpoltik → TWV T 2 592 ff
- Allergie, Dt. Ges. → T 3 280
- angewandte, von Mitgl. d. FH Wiesbaden → T 2 196
- Anstalt Baden-Württ. → t 2 041
- Anstalt d. Bundeswehr f. Wasserschall u. Geophysik → T 1 133
- Anstalt d. Stadt Wien → t 2 050
- Anstalten, Landwirtschaftl. → T 2 604, T 2 733
- Antriebstechnik → t 268
- Architektur → TWV T 1 890
- Asphalt-Ind. → T 258
- Bankhistorische → T 2 532
- Bau → TWV T 1 894
- Bauschaden- → U 853
- Bekleidungsind. → t 272
- Bergbau → T 900
- Bienen → IZ T 679
- Bodenmechanik → T 1 057
- Brot u. Feine Backwaren, Inst. → T 2 561
- Bundesministerium → A 29
- Druckmaschinen und -Technik → t 282
- Edelsteine, Dt. Stiftung → T 1 064
- Einrichtungen, außeruniversitäre historische → T 3 702
- Eisen, Inst. → t 112, t 286

Fortsetzung nächste Seite

Forschung(s) (Fortsetzung)
- Elektrotechnik → t 287
- Energiewirtschaft → T 1 058
- u. Entwicklung auf dem PKW-Sektor, europ. Rat → IZ T 263
- u. Entwicklungszentrum Sondermüll → T 1 867
- Epilepsie → T 2 759
- Ernährung, Dt. Inst. → T 2 605
- Feinmechanik → TWV t 292, Optik T 1 070
- Festkörper, Inst. → t 117
- Feuerfest → TWV t 294
- Förderung u. Bildungsplanung → A 101
- Forstliche → T 2 714
- Forstwirtschaft, Inst. → IZ T 687
- Frankfurter Institut → T 2 254
- Friedens- → U 2 683
- Friedrich-Ebert-Stiftung → t 2 273, t 2 371
- Futtermitteltechnik → TWV t 295
- Gemeinschaft (s. unten)
- Gemeinschaften → T 2 ff
- Gesellschaft (s.unten)
- Gesellschaft Gesundheit → T 3 466
- Gipsindustrie → t 301
- Gruppe Wahlen → t 2 412
- Gruppen, klinische → t 98 ff
- Heizung, Lüftung, Klimatechnik → t 307
- Hirn-, Inst. → t 124
- Hochspannungs- u. Hochstromtechn. → t 308, T 1 152
- Hohensteiner-Inst. → T 1 974
- Holz → T 2 724, T 2 726
- Hopfen → Dt. Ges. T 2 628
- Hydraul.- → IZ T 230
- Immobilien-, Hypotheken- u. Baurecht → T 391
- Immunität, Dt. Ges. → T 3 280
- Industrielle → T 266 ff, Welt-Verband IZ T 324
- Industrieöfen → T 1 156
- Innovation → t 2 396
- Institut (s.unten)
- Interdisziplinäre → T 4 177
- Interdisziplinäre Zyklen → IZ T 571
- Intern. Techn. u. Wirtschaftliche Zusammenarbeit, Inst. → T 3 697
- Jagdkundl. → TWV T 2 727
- Kalk u. Mörtel → TWV t 313
- Kalk-Sand → TWV t 314
- Kautschuk → IZ T 306
- Keramik → TWV T 1 242
- Kleintierzucht, Inst. → A 271
- Kohlen → Inst. t 129
- Kommunalwissenschaft → T 2 242
- Kommunikation → Inst. T 3 674, Münchner Kreis T 3 751
- Konflikt- → U 2 683
- Kreis Ernährungsindustrie → t 291
- Kriminologische, Inst. → t 2 392
- Kunststoffe → TWV t 320, T 1 250
- Lack → TWV T 1 255
- Land Nordrh.-Westf. → O 626
- Leder → TWV t 324
- Luft- u. Trocknungstechnik → t 326
- Luftfahrt → TWV T 1 266
- Marketing → t 2 508
- Maschinenbau → TWV t 328
- Mastitis, Inst. → A 263
- u. Materialprüfungsanst. → T 2 083
- Medizinische, Inst. → t 136
- Metall, Inst. → t 137, TWV t 331
- Minerva Gesellschaft → t 183
- Musikinstrumente → TWV t 333
- Musikpädagogische → O 145
- Nahrungsmittelchemie, Inst. → T 2 555
- Naturstein-Ind. → t 334
- Netz, Dt. → T 373
- Neurologische, Inst. → t 144
- Neuropsychologische → t 145
- Oberflächenbehandlung → t 335, T 925
- Ökologische → Ges. T 2 683
- Optik → TWV t 292, T 1 070
- Pädagogische → T 394
- Patentstelle → t 253
- Polar → Dt. Ges. T 264
- Polymer Inst. → t 157, T 1 916
- Programmiersprachen f. Fertigungseinrichtungen → TWV t 340
- u. Prüfung d. Textilökologie → IZ T 273
- Psychologische, Inst. → t 161
- Public Relations → S 742
- Rat, Johann-Gottfried-Herder → T 377
- Rat Kältetechnik → TWV t 312
- Rationalisierungen → TWV t 342
- Raumfahrt → TWV T 1 266
- Reproduktionstechnik → t 283
- Ring f. Biologisch-Dynamische Wirtschaftsweise → Q 179

Fortsetzung nächste Spalte

Forschung(s) (Fortsetzung)
- Schiffbau → TWV t 344
- Schweißen u. Schneiden → TWV t 347
- Sexual → T 3 246, T 3 247
- Silicat, Inst. → t 232
- Soziale → t 2 427, Studiengruppe T 2 445
- Sozialpolitik, Inst. → t 2 398
- Sozialwissenschaft, Inst. → t 2 421, t 2 426
- Soziologie, Inst. → T 2 399
- sportmedizinische, internat. → IZ T 823
- Sprachenprobleme → IZ T 151
- stätte f. Kurzschrift u. Textverarbeitung → T 3 944
- Stahlverformung → TWV t 351
- Staub, Berufsgenossensch. → K 198
- Steinzeugind. → t 352
- Stelle (s. unten)
- stiftung, VGB → t 304
- Strömungs-, Inst. → t 169
- Teppich-Inst. → T 1 977
- Textil → TWV T 1 960, T 1 964
- Textilveredlung → TWV T 1 972
- Tieftemperatur, Akademie → T 1 978
- Transfer Uni Regensburg → T 1 904
- Transportbeton → T 355
- Verbrennungs- → t 359
- Verbrennungskraftmaschinen → TWV t 360
- Verbund Verpackungs-, Entsorgungs- und Umwelttechnik → t 363
- Vereinigung (s.unten)
- Vereinigungen → T 2 ff, T 266 ff
- Verfahrenstechnik → TWV t 361
- Wärmeschutz → TWV t 366
- Weinbau u. Weinbehandlung → T 2 632
- Werk des DGB → T 2 206
- Werkzeuge u. Werkstoffe → t 367
- Wesen u. Bedeutung der Freien Berufe, Stiftung → T 801
- Wildbiologie → TWV T 2 727
- Wirtschaftspolitik, Frankfurter Inst. → T 2 254
- Wirtschaftsverfassung u. Wettbewerb, Inst. → T 2 248
- Zentren, Gemeinschaft Dt. → T 259
- Zentrum (s.unten)
- Ziegelindustrie
- Zink → TWV T 371, T 1 983 → t 372
- Zoonosen, Inst. → A 263
- Zuckerrüben, Inst. → T 2 643
- Züchtungs, Inst. → t.176

Forschungsgemeinschaft
- f. Arzneimittel-Sicherheit → T 3 636
- f. Außenwirtschaft, Struktur- u. Technologiepolitik → T 2 332
- Auto-Sicht-Sicherheit → T 3 660
- Bekleidungsindustrie → F 118
- Der Mensch im Verkehr → T 3 658
- Flughistorie → T 1 267
- Holzbearbeitungsmaschinen → T 386
- kosmetische, Ind. → t 319
- Meereresheilkunde → T 3 462
- Qualitätssicherung → t 341
- Schleifscheiben → F 884
- Technik und Glas → t 303
- Ultrapräzisionstechnik → T 374
- Werkzeuge u. Werkstoffe → T 1 884

Forschungsgesellschaft
- f. angewandte Naturwissenschaften → T 260
- f.d. Anwendung d. Mikroelektronik → t 332, IZ U 809
- f. Arbeitsphysiologie u. Arbeitsschutz → T 2 447
- Druck → t 283, T 1 146
- f. Meß- u. Sensortechnik → t 330
- Stahlverformung → t 351
- Straßen- u. Verkehrswesen → T 3 655

Forschungsinstitut
- f. Balneologie u. Kurortwissenschaft → T 2 322
- f.d. Biologie landwirtschaftl. Nutztiere → T 2 661
- Chemotherapeutisches → T 3 447
- Edelmetalle u. Metallchemie → t 285
- Hohenstein → T 1 974
- d. Internat. Wissenschaftl. Vereinig. Weltwirtsch. u. Unternehmensf. → U 271
- f. Kinderernährung → T 2 562
- Konrad-Adenauer-Stiftung → T 763
- f. polymere Baustoffe → t 2 066
- f. Psychoanalyse → T 2 874
- f. Rationalisierung → t 2 179
- Saint-Louis, Dt.-Franz. → T 1 236
- f.d. Schuhherstellung → T 2 146
- u. Naturmuseum → T 1 975
- Volks- u. Betriebswirte → S 750
- f. Vor- u. Frühgeschichte → T 3 710
- Wirtschaftspolitik → t 2 291

Forschungsstelle
- f. allgemeine u. textile Marktwirtschaft → t 295
- Anthropoökonomie → T 2 460
- Textilreinigung → T 1 976
- f. Umweltpolitik → T 2 218

Forschungsvereinigung
- Kommunikationswissenschaftliche → T 3 684
- d. Rheinischen Bimsindustrie → t 275
- Styropor → t 354

Forschungszentrum
- Borstel → T 376
- Deutsche unter anderen Völkern → U 2 792
- Informatik → T 1 357
- Konjunkturumfragen → IZ T 233
- öffentl. Wirtschaft u. Gemeinwirtschaft → IZ T 568
- Rossendorf → T 1 245
- Sprachenproblem → IZ T 151

Forst
- Baumschulen, Arbeitskreis Dt. → Q 99
- Berufsbild, Arbeitskreis → S 1 546
- Berufsverb. → Europ. IZ Q 122
- Forschung → T 2 607
- Genetik, Inst. → T 2 710
- Leute, Bund Dt. → R 662
- Ökonomie, Inst. → T 2 707
- Pflanzen → Bds.-Verband Q 97
- Pflanzenbetriebe
- Forsten → Niedersachsen Q 100
- Sachverständige → Arb.-Gem. S 1 546
- Samen → Bds.-Verband Q 97
- Samenbetriebe → Niedersachsen Q 100
- Technik → TWV T 2 715
- Verein, Deutscher → Q 545
- Wirtschaft (s. unten)
- Wissenschaftl. Fakultät → T 2 703
- Wissenschaftl. Vereinigungen → T 2 548 ff
- Auswertungs- u. Informationsdienst → T 2 698
- Landesanstalt → T 2 680

Forstliche
- Arbeitswissenschaft → Inst. T 2 706, T 2 716
- Forschungsanstalten → T 2 702
- Versuchs- u. Forschungsanst. → T 2 714
- Wirtschaftslehre → T 2 712

Forstwirtschaft → Q 23 ff, IZ T 687
- Absatzförderungsfonds → H 306
- Arb.-Geber → Q 23 ff
- Baumschulen → Q 97 ff, IZ Q 120
- Berufsgenossenschaft → K 129
- Biologische Bds.-Anstalt → A 158
- Bundesministerium → A 18
- Forschung → IZ T 687
- Gesellschaft f. Informatik → T 2 558
- Marktberichtstelle → Q 304
- Pflanzenbetriebe → Q 97 ff
- Pflanzenkrankheiten, Inst. → A 266
- Pflanzenzüchtung, Inst. → A 244
- Pflanzgut-Kontrolle → Q 217
- Preisberichtstelle → Q 304
- Rat, Dt. → Q 544
- Saat- u. Pflanzgut → Q 97 ff
- Saatgut-Kontrolle → Q 217
- Samenbetriebe → Q 97 ff

Fortbildung
- Akademie → T 4 029
- Förderung → Elektro-Hdw. T 3 875, IZ U 809
- Gesellschaft → T 3 787
- Landwirtschaft → Q 66 ff
- Lehrer → R 903
- Nieders. Landesinst. → A 111
- Soziale → t 2 424

Fortbildungs-
- Werk, Steuerberaterverband → T 4 005
- zentren d. Bayer. Wirtschaft → T 3 902

Fortbildungszentrum
- Uhren, Schmuck, Edelsteine → T 4 034

Fortschritt
- sozialer → TWV T 2 203

Forum
- Berufsbildung → T 3 781
- Deutsch-Britisches → E 480
- Informatikerinnen f. Frieden u. Gesellschaftl. Verantwortung → T 1 358
- Innovat. Technolog.-Untern. → U 93
- Junger Automatenunternehmer in Europa → S 1 592
- Luft- u. Raumfahrt → M 264
- sociale Mainz → T 3 808
- Sozialstation → U 1 388
- f. Zukunftsenergien → T 1 061

Fotofachlabore, Verb. d. → G 635

Fotografen u. Illustratoren, Interessenverband d. Repräsentanten → U 2 778

Fotomodell-Verband, Dt. → U 2 779

Foundries
- Comm. of Assoc. of Europ. → IZ F 2 433

Fourage, Hdl. → H 258

FPC → O 489

FPH → T 386

FQM → T 2 138

Frachtgut, Internat. Koordinationsverb. → IZ M 231

Fränkische Geographische Gesellschaft → T 1 122

Fränkischer Weinbauverband → U 628

Fränkisches Bildungswerk f. Friedensarbeit → U 2 686

Fraktion
- d. Europ. Volkspartei d. Europ. Parlaments → IZ U 420
- d. Sozialdemokratischen Partei Europas → IZ U 424

Franchise-Verb. → H 683, Europ. IZ H 473

Frankfurter
- Institut f. wirtschaftspol. Forschung → T 2 254
- Konferenzdolmetscher, Arb.-Gem. → S 1 413
- Presse-Club → O 489 ff
- Rauchwarenmesse → o 605
- Wertpapierbörse → I 96

Französisch-Deutsches Jugendwerk → U 1 567

Französische
- Handelsdelegation f. Berlin → E 455
- Handelsdelegation f. Hessen, Rheinland-Pfalz, Saarland → E 467
- Handelsdelegation f. Köln → E 456
- Industrie- u. Handelskammer → E 271
- Verwaltungsrichter/innen → S 569

Französisches Informations-Zentrum f. Ind. u. Technik → U 28

Französisches Institut f. Automation u. Robotik → T 375

Frau
- i. freien Beruf u. Management → S 21
- Kultur, Dt. Verb. → U 1 298
- u. Musik, Internat. Arb.-Krs., Archiv → O 74

Frauen
- Ärzte → S 84
- Alleinstehende → U 1 395
- Altkatholische → U 1 242
- Arbeit, Evangelische → U 1 304
- Arbeit u. Informatik, Fachausschuß → U 1 300
- Beamtenbund → R 802
- Bekleidung → Ind. f 108
- Bildungszentrum, ökotechn. → Q 467, Q 468
- Bund → evangel. U 1 316, Demokrat. U 1 339
- Bund i. Deutschland, Jüd. → U 1 394
- Bundes-Min. → A 23
- Christlich-Demokratischen Arbeitnehmerschaft, i.d. → R 453
- Europas → IZ U 200
- f. Führungspositionen, Helga-Stödter-Stiftung z. Förderung → T 824
- Gemeinschaft Deutschlands, kath. → U 1 243, U 1 389
- Gemeinschaft Deutschlands, kath., Berufstätige Frauen → U 1 384
- Gesundheit, Gesellschaft → U 1 188
- Gruppen → kathol. U 1 240, gemischte Verbände U 1 278
- Hilfe, Evangel. → U 1 305
- i. Naturwissensch. u. Technik → T 1 130
- i. Wirtschaft, Verb. kath. → U 1 386
- Internationaler Rat → IZ U 225
- Katholische im Heliand-Bund U 1 390, Sozialdienst U 1 809
- Kommunikationszentrum z. Arbeits- u. Lebenssituation → U 1 299
- Liberale → U 1 296
- Lobby, Europ. → U 1 178
- Management, Europäisches Netzwerk → IZ R 243
- MediaTurm, Stiftung → T 800
- Organisation, kath. → IZ U 268
- Rat → Dt. U 1 278, Ost- U 1 295
- Ring, Dt. → u 1 131
- Schutzbäuten, Arb.-Gem. → U 1 597
- Sozialistische, Int. → IZ U 178
- Union → d. CSU U 2 199, Europ. IZ U 179
- Verbände → IZ R 63, IZ U 179

Frauenförderung e.V. → U 1 341

Fraunhofer
- Gesellschaft → T 189
- Institute → t 190 ff

Frei
- Formschmiedestücke → F 706 ff

Fortsetzung nächste Seite

Frei

Frei (Fortsetzung)
- Gehege f. Tierforschung → U 2 765
- Handelsassoziation → IZ W 2
- Kirchliche Chorwerke in Europa → O 112
- Körperkultur-Verb. → u 2 537
- Leitungsbau → Ind. f 346
- Lichtbühnen → O 20
- Religiöse Gemeinden → U 2 436
- Schaffende Architekten → S 832
- Schaffende Foto-Designer → O 532, S 1 065

Freiballon, Kulturgesellschaft → U 3 026

Freiberufliche
- Chemiker → T 984
- Hebammen, Bund → S 102
- Ingenieure, Bds.-Verb. → S 959
- Kfz-Sachverständige, Kraftfahrzeug-Überwachungsorganisation → S 1 088
- Sicherheitsingenieure → S 996

Freiburger Inst. f. angewandte Sozialwissenschaft → t 2 382

Freie
- Akademie d. Künste → S 1 172
- Architekten u. Ingenieure, Arbeitgeberverband → R 30
- Berufe → Inst. T 2 444, Europ. Rat IZ S 1
- Demokratische Partei → U 2 200
- Heilpraktiker → Dt. Verb. S 390, S 391 → U 2 441
- Humanisten Niedersachsen
- öffentliche Sparkassen → I 60
- Sachverständige → Bds.-Verb. S 1 084, Union S 1 085
- Tankstellen, Bds.-Verb. → H 649
- Theater → O 23
- Verb., Europ. Aktionskomitee → IZ U 669
- Wählergemeinschaften, Bds.-Verb. → U 2 658
- Weltanschauungsgemeinschaften, Dachverband → U 2 425
- Werbetexter → O 544
- Wohlfahrtspflege → U 1 616, U 1 709
- Wohnungsunternehmen → Bds.-Verb. U 438, Europ. Union IZ U 73

Freier
- Deutscher Autoren-Verband → S 1 269
- Gewerkschaften, Bund → IZ R 277
- Rundfunk, Koordinierungsbüro → O 387

Freie(r)
- Schulen, Europ. Rat d. nat. Verein. → IZ T 967

Freier
- Zahnärzte, Verb. → S 296

Freiheit
- geistige u. psychische → U 1 606
- d. Presse → T 734
- d. Wissenschaft → T 2 438

Freiheitsbewegungen in der deutschen Geschichte, Bds.-Archiv → A 218

Freiherr-von-Stein-Ges. → U 2 656

Freiwillige
- Europ. Zentrum → IZ U 345

Freiwilligendienst → IZ V 29
- i. Übersee → Dt. U 2 070

Freiwilligenprogramm
- d. Vereinten Nationen → IZ V 49

Freizeit
- Anlagen-Hersteller → f 274
- Bekleidung → Ind. f 107
- Bund d. Hirngelähmten, int. → IZ U 561
- Dt. Ges. → U 2 724
- Dt. Kuratorium f. Sicherheit → U 1 391
- Einrichtungen, Intern. U 2 557, Intern. IZ U 463
- Evangelischer Arbeitskreis → U 1 337
- Forschung → Förderkreis T 2 321
- in Deutschland, Europ. Ges. → IZ U 467
- Katholische Arb.-Gem. → U 1 392
- a.d. Lande, Arb.-Gem. → N 63
- Reiter i. Deutschland → U 2 628
- Unternehmen → U 2 763
- Unternehmen, Verb. Dt. Fitness → U 2 764
- Wissenschaft → U 2 787

Fremdenverkehr → N 56 ff, IZ N 41
- Ausländ. Vertreter → N 205
- Corps offizieller ausl. Vertreter → N 205
- Deutsches Seminar für → N 121
- Oberlausitzer Bergland → N 181
- Wirtschaftswissenschaftl. Inst. → T 2 324

Fremdenverkehrs
- Büros, ausländische → N 205

Fremdsprachen
- Lehrer → IZ R 282
- Moderne → R 904
- Übersetzer → IZ S 638

Freunde
- blinder u. sehbehinderter Kinder → U 1 601
- d. Dt. Kinemathek → O 183

Fortsetzung nächste Spalte

Freunde (Fortsetzung)
- u. Förderer d. Berufsakademie Heidenheim → T 3 788
- u. Förderer d. Fachhochsch. f. Bibliothekswesen → T 981
- u. Förderer junger Architekten → S 844
- d. Geschichte d. Funkwesens → U 3 104
- d. Hebräischen Univ. Jerusalem in Deutschland → E 493
- d. Hochschule f. Bibliotheks- u. Informationswesen Stuttgart → T 981
- Kunst u. Kultur im Bergbau → U 3 053
- u. Förderer des Dt. Technikmuseums Berlin → U 3 048

Freundeskreis
- Deutsch-Chilenischer → E 408
- zur Förderung des Zeppelin-Museums → M 277
- internationaler Begegnungen → T 2 208

Freundeskreise f. Suchtkrankenhilfe → T 3 491

Freundschaft, Italienisch-Deutsche → E 497

Freundschaftsgesellschaft
- Deutsch-Albanische → E 382
- Dt.-Tansanische → E 696

Frieden(s)
- Arbeit, Fränk. Bildungswerk → U 2 686
- Arbeitsgemeinschaft → u 2 690
- Dienst
- Dienst, christl. → Welt U 2 090, Aktionsgemeinschaft U 2 686 → u 2 695
- Dienst d. Evang. Kirche d. Pfalz → u 2 692
- Dienst, intern. Christl. → u 2 699
- Dienst zur Völkerverständigung, Förderkreis → u 2 702
- Dienste, Aktion Sühnezeichen → u 2 689
- Dienste Lauerbach → u 2 691
- Forschung, Hess. Stiftung → U 2 683
- Forum Informatikerinnen → T 1 358
- Gesellschaft → U 1 872
- Naturwissenschaftler-Initiative → U 2 722
- Stftg. Entwicklung u. → U 2 721
- Werk, Deutsch-Arabisches → U 2 723
- Woche Minden, Aktionsgem. → u 2 687

Friedhof, Arb.-Gem. → U 3 056

Friedhofsgärtner, Bund Dt. → Q 132

Friedlandhilfe → U 1 819

Friedrich Bödecker-Kreise, Bds.-Verb. → S 1 285

Friedrich-Deich-Stiftung → T 849

Friedrich-Ebert-Gedenkstätte, Stiftung → T 815

Friedrich-Ebert-Stiftung → t 2 273, Forsch. Inst. t 2 371

Friedrich-Flick-Förderungsstiftung → T 735

Friedrich-Loeffler-Institute → A 165

Friedrich-Miescher-Laboratorium → t 118

Friedrich-Naumann-Stiftung → T 745

Friedrich-Schiller-Universität Jena → t 2 394

Friedrich-Wilhelm-Murnau-Stiftung → T 749

Friesische Auktionatoren → H 770

Frischluft e.V. → U 1 476

Frischobstimporteure, europ. → IZ H 314

Friseur
- Ausstell. u. Werbegemeinschaft → o 612
- Bedarf, Industrieverb. → F 1 016
- Handwerk → G 311, IZ G 1
- Innungsverbände → Hdw. G 311

Fritz-Haber-Institut → t 119

Frobenius-Institut → T 3 709

Frontinus-Gesellschaft → T 1 090

FRT → t 343

Frucht (siehe auch Obst)
- Handelsunternehmen, Bds.-Verb. → H 157
- Weinindustrie der EU → F 2 506

Früchte, Vereinig. d. Industrie → IZ F 2 493

Früchtetee, Wirtschaftsvereinigung → F 443

Frühgeschichte
- Forschungsinst. → T 3 710
- in Württemberg u. Hohenzollern → T 3 713

Frührehabilitation, medizinische → T 2 851

FRW → f 256

F.S.K. → f 602, O 152

FSR → F 804, T 3 779

FSV → t 351

FTA → IZ H 23

FTB → t 355

FTE → IZ M 2

FTG → h 640

FTI → S 974

FTR → T 1 976

Führungs
- Kräfte (s. unten)
- Nachwuchs, betriebl. u. industrieller → T 4 140, T 4 144

Führungskräfte
- Angestellte → r 470

Fortsetzung nächste Spalte

Führungskräfte (Fortsetzung)
- Bergbau u. Energiewirtschaft u. zugehörigem Umweltschutz → r 469
- Druck → R 505
- Dt. Bahnen, Union → R 466
- Europ. Verband → IZ R 224
- Faktoren → R 505
- Hauswirtschaftliche → S 1 501
- Informationsverarbeitung → R 505
- Wirtschaft → R 467

Fünfkampf
- Moderner, Int. Union → IZ U 489
- Moderner, Verb. → u 2 502

Fürsorge
- Öffentliche u. private, Deutsche → U 1 690
- Stellen, Arb.-Gemeinsch. → U 1 646

Fürst Donnersmarck-Stiftung → T 731

Fuhr
- Gewerbe → M 145
- Unternehmen → M 37

Fulbright-Kommission → U 1 402

Funk
- Amateur, Runder Tisch → U 3 105
- Amateure i. Telekommunikation → U 3 103
- u. Fernsehen, Aktion → U 1 167
- Taxi, Zentralen → M 37
- Wesen, Ges. d. Freunde d. Geschichte → U 3 104
- Zuschauer-Interessenvertretung → U 1 167

Furnier
- Industrie → F 787
- Werke, Vereinig. Dt. → G 801

Fusions-Energie-Forum → T 1 048

Fußball-Verband → u 2 490, int. IZ U 546

Fußboden
- Forschung → TWV T 1 897
- Parkett-Ind. → IZ F 1 620
- Technik → Hdw. G 623

Fußgängerschutzverein → IZ F 1 382

Fußpfleger, Zentralverb. → S 460

Futter
- Bau, Arb.-Gem. → T 2 626
- Misch- → IZ F 1 267
- Pflanzenforschung, Inst. → A 149
- Pflanzenkrankheiten, Inst. → A 266

Futtermittel
- Börse → I 105
- Bundeslehranstalt → T 2 575
- Großhdl. → H 206, H 245
- Handel → IZ H 238, EU IZ H 281
- Importeure → H 206
- Ind. → F 413, Arb.-Geber R 122
- Ind., internat. Vereinigung → IZ H 271
- Mineral- → F 413
- Rauhfutter- u. Fouragehandel → H 258
- Technik → Forsch. t 295
- tierische → H 245

FUTUR → T 1 904

FV → S 1 113

FVDH → S 390

FVE → IZ S 105

FVL → O 591

FWB → I 96

FWG → H 117

FWI → f 280, T 3 879

FZI → T 1 357

G

GABAL → T 2 190

Gablonzer Industrie → F 544, F 805

GAD → T 3 878, U 1 953

GADA → S 380

Gäa → Q 174

Gärtner → Q 131, R 92
- Alterskassen → K 331
- Arbeitgeber-Verbände → R 92
- Bedarf, Großhdl. H 51

Gärtnerische
- Fakultät d. Humboldt-Universität → T 2 587

Gärungs
- Gewerbe, Inst. → T 2 567
- Technologie → T 2 602

GAFTA → IZ H 238

Galanteriewaren → Ezhdl. H 408

Galerien, Bds. Verb. → H 617

Gallup International → IZ T 558

Galvaniseure → Hdw. G 380

Galvano
- Hdw. → G 380
- Technik → Dt. Ges. T 1 077, Gütez. U 657

GAM → O 93, IZ F 1 643

GAMM → T 1 943

Ganzheitliche
- Methodik → T 3 928
- Zahn-Medizin, Internat. Ges. → T 3 273

GAR → D 259

Garagen
- Förderungsschulen → T 3 877
- Gewerbe → H 634, H 635
- Häuser → O 646

Garantie
- u. Verkaufsgemeinschaft dt. Uhrenfachgeschäfte → H 669

Garching Innovation → t 180

Gardinen
- Einzelhandel → H 528, H 674

Garn
- Handels-Vertr. → H 684
- Industrie → F 975

Garten
- Bau (s. unten)
- Bedarf (s. unten)
- Center → O 665
- Fachmärkte → H 666
- Freunde, Bds.-Verb. → Q 162
- Kunst- u. Landschaftspflege → Q 134
- Pflegegeräte → F 519

Gartenbau
- Alterskasse → K 331
- Architekten → S 863
- Ausbildungsförderungswerk → Q 133
- Bayer. Landesanstalt → Q 299
- Erwerbs- → IZ Q 102
- Europ. → IZ S 379
- Europ. Verb. d. Jugend → IZ Q 70
- Forschung → T 2 636
- Freunde, Bds. Verb. → Q 162
- Gesellsch., Dt. → T 2 647
- Hess. Dienstleistungszentrum f. → T 2 738
- Ingenieure → s 896, S 969
- Kammer Bremen → Q 152
- Krankenkasse → K 96
- u. Landschaftsbau → Europ. IZ S 379
- Naturgemäßer → Schulungszentrum Q 84
- Ökologie, Bds.-Verb. → Q 180
- Ökonomie, Inst. → T 2 650
- Staatsschule → T 2 651
- TWV → T 2 636
- Virusforschung, Inst. → A 266
- Wissenschaftl. Ges. → Deutsch. T 2 648, Int. IZ T 689
- Zentralverband → Q 130

Gartenbedarf
- Ind. → F 518

GARTEUR → IZ T 152

Gas
- Druckregelgeräte → F 509, IZ F 642
- Dt. Vereinigung d. Gas- u. Wasserfaches → t 297, T 1 079
- Fach → T 1 089
- Feuerungen → F 1 017
- Heiz- u. Kochgeräte → IZ F 888
- Industrie, Ausrüstung → IZ F 1 948
- Leitungsbau → f 853
- Leitungsbedarf → H 79
- Mess- und Gasregelanlagen → F 509
- Schweißgeräte u. -maschinen → IZ F 1 243
- Versorgung → L 41, IZ F 1 760
- Wärme-Inst. → t 298, T 1 980
- Wärmetechnik → F 1 017
- Werke → K 242, Arb.-Geber R 83
- Wirtschaft → L 41, Union IZ F 1 948
- Zähler → Ind. F 510, IZ F 643

GASEUROSOUD → IZ F 1 243

Gastronomische Akademie → T 3 878

Gaststätten
- Berufsgenossenschaft → k 234
- DGB → R 363
- Gewerbe → N 1 ff, i.d. EG u. d. EWR IZ N 1
- Verbände → N 1 ff

GATT → IZ W 12

Gaucher Gesellschaft Deutschland → T 3 217

Gauck-Behörde → A 242

Gauß-Gesellschaft → T 1 945

GAV → t 364, T 1 860

Gay Manager, Völklinger Kreis → T 3 935

GBAA → N 285

GBA-Bayern → G 110

gbk → U 654

GBM → T 3 290

GBW → Q 607

GCAA → T 3 495

GCAAPCE → IZ T 612

GdB → T 2 176

GDBA → R 614, S 1 196

gdbm → H 587

GDCF → E 416, E 417

GDCh → S 1 053, T 984

GDD → U 690

GDE → L 26

GDI → F 613

GDL → R 617

G.D.M. → GP F 714, H 438

GDMB → T 1 292

GdS → R 618

GDV → K 1, R 698
GdW → U 448
GEA → IZ U 683
GEB → IZ M 4
Gebärdensprache u. Kommunikation Gehörloser → T 3 244
Gebäude
- Ausrüstung → VDI-Ges. T 1 837, Techn. T 2 079
- Ausrüstung, techn. → IZ F 884
- Automation + Management, Fachverb. → f 654
- Klima → Fachinst. U 44
- Reiniger u. Innungen G 331, Weltverb. IZ F 1 681
- Reinigung → Gütez. U 658
- Sachverständige, europ. → IZ S 404
- Technik, Instandhaltung → f 678
Gebietsgemeinschaft
- Oberlausitzer Bergland, Tour. → N 181
Gebirgs-Vereine → Q 395
Gebrauchs
- Güter → IZ H 269
- u. Spezialglasind. → f 536
Gebrauchtholz-Recycling, Gütegem. → U 599
Gebühreneinzugszentrale d. öffentl.-rechtl. Rundfunkanst. (GEZ)
Geburt an Behinderter → O 411
→ U 2 015
Geburtshilfe → Dt. Ges. T 3 319
- Psychosomatische → Dt. Ges. T 3 386
Geburtsvorbereitung, Bundesv. → U 1 188
GEDAG → R 419
Gedenkstätten, Arbeitsgem. Liter. Ges. → U 3 013
Gedenkstättenverband → U 2 782
GEDOK → S 1 135, S 1 177
Gedruckte Schaltungen, Europ. Vereinig. → IZ F 1 404
GEE → T 1 059
GEERS-Stiftung → T 738
Gefährdete Pflanzen, Stiftung zum Schutze → T 821
Gefährliche Güter, Gütegem. Kunststoffverpackungen → U 640
Gefahrenmeldeanlagen → Ind. F 692
Gefahrguttransport, Wiss. Gesellschaft → T 1 135
Gefahrstoffsanierungsverb. → U 551
GEFIU → T 2 202
Geflügel
- Außenhandel → IZ H 64
- Ein- u. Ausfuhr → IZ H 327
- Einzelhandel → H 391, IZ H 521
- Erzeuger, Leistungsgemeinschaft Dt. → H 239
- Großhandel → IZ H 63, IZ H 64
- Mäster → H 240, H 241
- Schlächter → IZ H 327
- Schlächtereien → H 238
- Wirtschaft → H 242, q 234
- Wissenschaft → IZ T 713
Gegen
- Vogelmord, Komitee → Q 513
Gegenwart d. Druck-Kunst, Intern. Vereinig. → U 3 093
GEGROBB → IZ H 47
Gehörlosen
- Förderung → Dt. Ges. T 3 050
- Kommunikation u. Gebärdensprache → T 3 244
- Sport, Int. Komitee → IZ U 577
- Sportverband → u 2 491
Geistesgeschichte, Gesellschaft → T 3 717
geistig
- Behinderte, Int. Sportvereinigung → IZ U 562
Geistige u. psychische Freiheit, Aktion → U 1 606
Gelatine → Ind. F 183
Geld
- Schränke → f 651
- Transporteure, Europ. Verb. → IZ M 227
- u. Wertdienste → R 181
Geldwäsche
- Arbeitsgruppe z. Bekämpfung → IZ W 14
GEMA → S 1 157
GEMA-Stiftung → T 759
Gemeinde
- Gottes → U 2 447
- Tag, Dt. → D 33 ff
- Verband → Intern. IZ W 21
Gemeinden
- u. Regionen Europas, Ständige Konferenz → IZ B 258
- u. Regionen Europ., Rat d. → IZ U 23

Gemeinnützige
- Forschungs- u. Entw.ges. Inst. f. Kybernetik → R 860
- Hertie-Stiftung → T 2 834
- Landsgesellschaften → T 2 598
Gemeinnütziger Rundfunk → O 358
Gemeinsame Dienste, Wissensch.-Zentrum → T 2 255
Gemeinschaft
- d. Vinzenz-Konferenzen Deutschland → U 1 749
- d. dt. Tierärztekammern u. tierärztl. Vereinigungen → S 319
- ehemaliger Lufthanseaten → U 3 080
- d. Europ. Bahnen → IZ M 4
Gemeinschafts
- Verpfleger → N 1
Gemeinschaftsausschuß
- d. dt. gewerbl. Wirtschaft → E 1
- Versicherungsaußendienst → K 36
- Verzinken → TWV T 1 860
Gemeinwirtschaft → IZ T 568
GEMM → IZ F 1 050
Gemmologische Ges. → T 1 063
Gemmologisches
- Ausbildungszentrum → T 3 881
- Institut → T 1 065
Gemüse
- Anbau, naturnaher → Q 198
- Erzeugerorganisationen → Q 153
- Export → H 196
- Großhandel → H 196, IZ H 83
- Import → H 196
- Importeure, europ. → IZ H 314
- Konserven → Ind. F 435
- Krankheiten, Inst. → A 266
- Pflanzenbau, Inst. → F 436
- Pflanzenschutz, Inst. → A 266
- Saft, Ind. → IZ F 69
- Trocknungsindustrie → IZ F 2 478
- Verarbeitung → F 435, IZ F 433
- Vereinigung der Industrie → IZ F 2 493
Genealogie, Verein → U 2 659
Genealogischer Verbände, Dt. Arbeitsgemeinschaft → U 1 174
General
- Agenten, Versicherungs- → K 42, S 1 575
- Bds. Anwalt beim Bds. Gerichtshof → A 364
- Staatsanwaltschaften → B 813 ff
Generika, europ. Verband → IZ T 790
Genesendenhilfe → T 2 785
Gen-ethisches Netzwerk → T 2 554
Genetik
- Dt. Ges. f. Immun- → T 3 327
GENO Leasing GmbH → P 47
Genossenschaft(en, s)
- Akademie Dt. → T 3 887
- Akademie, Westfälische → T 3 888
- Arb.-Geber, ländliche → R 91
- Bäcker-, Prüf.-Verb. → P 50
- Banken → Arb.-Geber R 101, IZ I 29
- Berufs Vers. → K 198
- Bühnenangehöriger, Dt. → S 1 196
- Center Werbung → P 17
- Entwässerungs- → L 66
- Erzeuger-Gemeinschaft → P 58
- Gedanken → Verein T 2 329
- Hypothekenbanken → I 28
- Konditoren, Prüf.-Verb. → P 50
- Kredit- und Spar- → IZ I 29
- Kreditbanken → P 2
- Landesverbände P 19 ff
- Molkerei → P 19 ff
- Öffentlichkeitsarbeit → K 198
- Post-, Spar- u. Darlehnsvereine → P 1
- Rehabilitation → K 198
- Teilzahlungsbanken → I 80
- Verbraucher (s. Konsumgen.) → IZ U 125
- Verkehrs- → P 1, P 53
- Zentralbanken → I 27
Genossenschaftliche
- Versicherungen → IZ K 39
Genossenschaftlicher
- Arbeitgeberverband → R 98, Nieders./Bremen/Sachsen-Anh./Thüringen/Berlin/Brandenburg R 99
- Versicherungsverband → IZ K 36
Gentechnik Darmstadt, Arb.-Gem. → T 2 552
Gentechnologie u. Recht, Bds.-Arb.-Gem. → T 2 553
Genußmittel (siehe auch Nahrungsmittel)
- alkoholhaltig, DIFA FORUM E.V. → U 3 120
Genussmittel
- Gewerkschaften → Europ. Föder. IZ R 98
Geodäsie
- Angewandte, Inst. → IZ T 171
- Bundesamt → A 249
- Nat. Komitee → T 1 134

Geodätische
- Kommission → T 1 111
Geographen → Dt. Hochschulen R 899, S 1 454
- Schul- → R 921
Geographie
- Dt. Ges. → T 1 112
Geographische
- Gesellschaften → Hannover T 1 124, Würzburg T 1 125
- Herkunftsangaben, Dt. Inst. z. Schutz → U 694
- Vereinigung → IZ T 158
Geographisches Wirtschafts- u. Sozialinst. → T 2 466
Geoinformation
- Europ. Dachverb. → IZ T 172
Geokunststoffe
- Industrieverb. → F 615
Geologie → IZ T 154, IZ T 169
Geologische
- Information, Europ. Dachverb. → IZ T 172
- Geologische Vereinigung → T 1 129
GEOMAR → T 379
Geoökologie in Deutschl. → T 1 127
Geophysik → IZ T 171, IZ T 322
- Forschungsanstalt d. Bundeswehr T 1 133
- Nationales Komitee → T 1 134
Georg von Opel-Freigehege f. Tierforschung → U 2 765
Georg-Agricola-Ges. z. Förd. d. Geschichte d. Naturwissenschaften u.d. Technik → T 905
Georg-Eckert-Institut → T 1 959
Geotechnik Dt. Ges. → T 1 056
Geothermische Vereinigung → T 381
Geowissenschaften
- Alfred-Wegener-Stiftung → T 846
- Bundesanstalt → A 354, t 2 069
- Marine → T 379
Geowissenschaftler, Berufsverb. Dt. T 1 126
Geowissenschaftliche Gemeinschaftsaufgaben → T 2 694
GEPVP → IZ F 1 401
Geräte
- Batterien, Europ. Verb. → IZ F 1 161
- Ind. f. Kommunalzwecke → F 66
- Landwirtschaftl. Großhdl. H 304
Gerber
- Ind. → IZ F 1 690
- u. Weißgerber in der EU → IZ F 2 615
Gerberei
- Chemie → TWV T 1 136
- Technik → TWV T 1 136
Gerberverinigung → IZ F 1 690
Gerbstoff-Industrie → F 219
Gerda Henkel Stiftung → T 740
Geriatrie → Dt. Ges. T 3 316, Dt. Ges. T 3 317
Gerichte
- Bundes- → A 374, A 375
- Jugend, Dt. Vereinig. → S 577
- Sozial, Länder → B 702 ff
Gerichtliche Chemie → T 984
Gerichtshof
- Bundes- → A 362
- Ehren → B 853 ff
- d. EU → IZ A 219
- Internat. → IZ V 50
Gerichtsvollzieher → R 711
Gerichtsvollzieher u. Gerichtsbeamte, Internat. → IZ S 210
German
- Business Aviation Association → N 285
- Canadian Business and Professional Association → E 554
- Council on Alcohol and Addiction → T 3 495
- Sweets Süßwarenexportförderung → F 491
- Venture Association → I 88
Germanischer Lloyd
- QS-Zertifizierung → T 2 140
Germanisches
- Nationalmuseum → U 3 042
Germanwatch, Initiative → T 1 114
Gerontologie → Dt. Ges. T 3 317, IZ T 826
Gerontopsychiatrie u. -psychotherapie → Dt. Ges. T 3 318
Gerüstbau → Hdw. G 347, Gütez. U 681
Gesamthochschule Kassel → T 3 916
GESAMTMASCHE → F 995
Gesamtmedizin, Hufeland-Gesellschaft → T 2 842
Gesamtmetall → Arb.-Geber R 103 ff
Gesamttextil → Arb.-Geber R 182, Forschungskuratorium t 299

Gesamtverband
- Autoteile-Handel → H 24
- d. Bayerischen Handwerks → G 109
- d. Dt. Aluminium Industrie → F 697
- d. Dt. Spielwaren Groß- u. Außenhandels → H 100
- d. Hamburger Handwerks → G 112
- d. Mühlenbetriebe d. EG-Länder → IZ F 1 643
- f. Suchtkrankenhilfe i. Diakonischen Werk d. EKD → T 3 492
- d. Werbeartikel-Wirtschaft → H 116 → T 3 746
Gesamtverein d. Dt. Geschichts- u. Altertumsvereine Gesamtwirtschaftliche Entwicklung, Sachverständigenrat z. Begutachtung → T 2 181
Geschäfts
- Frauen → IZ R 63
- Luftfahrt, Europ. Verb. → IZ M 219
Geschäftsführer
- Dt. Industrie- u. Handelskammern → S 1 529
- u. Vorstandsmitglieder → S 1 526
Geschenkartikel → Hdw. G 468
- Großhdl. → Ezhdl. H 474
Geschichte
- d. Brauwesens → T 2 582
- d. Chemie → T 984
- d. Druck-Kunst → U 3 093
- Eisenbahn → Dt. Ges. U 3 089
- d. Funkwesens, Ges. d. Freunde → U 3 104
- Institut → t 121
- d. Max-Planck-Gesellschaften → t 177
- d. Medizin, Inst. → T 3 446
- d. Naturwissenschaften u. d. Technik → T 905
- Neuere, Vereinig. z. Erforschung → U 3 091
- u. Rundfunk, Studienkreis → O 408
- Stiftung → T 825
- Unternehmens, Ges. → T 4 148
Geschichtliche
- Landeskunde → i. Bd.-Württ. T 3 740, a. Oberrhein T 3 743
Geschichts
- Kunde → Rheinische T 3 742
- Lehrer → R 867, Std. Konf. d. Europ. IZ U 826
- Vereine → T 3 744, T 3 746
Geschirr
- Ind. → IZ F 1 287
- Spülen, gewerbl. → F 317
- Spülmaschinen → F 316, f 358
Gesellschaft
- f. Agrargeschichte → T 2 652
- f. Alte Musik → O 93
- f. Angewandte Mathematik u. Mechanik → T 1 943
- f. Anlagen- u. Reaktorsicherheit → T 1 951
- f. Arterioskleroseforschung → T 3 444
- f. bedrohte Völker → U 2 041
- f. Bergbau, Metallurgie, Rohstoff- u. Umwelttechnik → T 1 292
- f. berufl. Umweltbildung → Q 369
- d. Bibliophilen → U 3 085
- f. Biochemie u. Molekularbiologie → T 3 290
- f. Biologische Krebsabwehr → T 2 789
- f. Boden, Technik, Qualität → Q 180
- Chemische → T 1 108
- f. Controlling → T 2 462
- Deutsch-Angolanisch → E 384
- f. Deutsch-Chinesische Freundschaft → E 416, E 417
- f. deutsche Sprache → T 3 752
- Deutscher Chemiker → S 1 053
- f. Dokumentation, Dt. → TWV T 1 918
- f. elektronische Kunst → T 1 342
- f. Erdkunde → T 1 119, T 1 120
- z. Erforschung d. UFO-Phänomens → T 1 908
- Europ. Zentrum → IZ T 556
- f. Internationale Kommunikation u. Kultur O 579
- f. Luftfahrtgeschichte → M 249
- f. Warenwissenschaften u. Technologie → IZ T 295
- f. Fertigungstechnik u. Entwicklung → T 382
- z. Förderung angewandter Informatik → t 311
- z. Förderung d. Deutsch-Finnischen Beziehungen → E 447
- z. Förderung d. Deutsch-Isländischen Wirtschaftsbeziehungen → E 490
- Förderung d. dt. Uhren- u. Schmuckwarenfachgeschäfte → H 668
- Förderung d. Krebstherapie → T 2 788

Fortsetzung nächste Seite

Gesellschaft

Gesellschaft (Fortsetzung)
- Förderung d. Kunst u. Medientechnologie → T 1 341
- Förderung pädagogischer Forschung → T 394
- d. Freunde d. Geschichte d. Funkwesens → U 3 104
- der Freunde Islands → E 488
- f. Gebärdensprache u. Kommunikation Gehörloser → T 3 244
- f. Geistesgeschichte → T 3 717
- f. Gesundheit u. Forschung → T 3 466
- f. Gesundheitsberatung → T 2 764
- f. Handchirurgie → T 3 322
- f. Informatik → T 1 353
- f. Instandhaltung → T 1 317
- Institut → t 2 373
- f. Konformitätsbewertung → t 2 065
- f. Korrosionsschutz → T 995
- f. Kreativität → IZ U 816
- f. Kunst u. Gestaltung → S 1 182
- f. Kunststoffe i.d. Landwirtschaft → T 1 251
- f. Lärmbekämpfung → Q 659
- Lazarus → U 1 896
- Medizin u. Forschung i. Afrika → U 2 080
- f. Medizin in der Wissenschaft → T 3 738
- f. Medizinische Psychologie → Dt. Ges. T 3 351
- f. Militärökonomie → T 1 870
- Mommsen, Verb. dt. Forscher d. Altertums → T 3 711
- f. Musikforschung → T 3 977
- f. Musikpädagogik → O 129
- f. Naturheilverfahren → S 166
- f. Naturkunde in Württemberg → T 2 722
- f. Naturschutz + Ornithologie → Q 386
- f. Neue Musik → O 94
- f. Ökologie → Q 461
- f. Ökologische Tierhaltung → Q 575
- f. Olbers, Bremen → T 3 931
- f. Organisation → T 1 316
- Physikalische → IZ T 32
- f. Primatologie → T 2 838
- Prüfung u. Zertifizierung v. Niederspannungsgeräten → T 1 930
- f. Rheinische Geschichtskunde → T 3 742
- f. Strahlenschutz → T 1 954
- f. Tanzforschung → O 62
- Technologiefolgenforschung → U 101
- f. Theatergeschichte → T 3 688
- f. Tierzuchtwissenschaften → T 2 662
- f. Übersee-Kontakte → t 2 063
- u. Umwelt, FB 7 → T 2 667
- f. Umweltschutz → Q 483
- f. Umweltsimulation → T 257
- f. Unternehmensplanung → T 4 145
- f. Verantwortung i.d. Wissenschaft → T 854
- f. Verbandsmanagement → T 3 932
- z. Verfolgung von Urheberrechtsverletzungen → O 200
- f. Verkehrsbetriebswirtschaft u. Logistik → t 362
- f. Vor- u. Frühgeschichte → T 3 713
- f. Wirtschafts- u. Innovationsförd. Plauen/Vogtland → U 405
- d. Wissenschaften, Joachim-Jungius- → T 848
- f. Zertifizierung v. Qualitätssicherungssystemen → T 2 147
- f. Zertifizierungen, SGS-ICS → T 2 148

Gesellschaften
- d. Freunde d. Hebräischen Univ. Jerusalem i. Deutschland → E 493
- Internat. Meeres-Forum → IZ Q 197
- Versicherungs- → K 32

Gesellschaftliche
- Kontakte → T 2 227
- Verantwortung, Forum Informatikerinnen → T 1 358

Gesellschafts
- Forschung, Max-Planck-Inst. → t 122, t 2 405
- Lehre, christliche → T 2 232
- Politik → Inst. t 2 275, t 2 406
- u. Wirtschaftsrecht, Institut → T 3 600
- Wissenschaft → Inst. t 2 416, T 2 453

Gesenkschmieden, Ind. → IZ F 2 380
Gesenkschmiedestücke → Ind. F 706 ff
Gesetzgebende Körperschaften → B 325 ff
Gesetzgebung
- Deutsche Gesellschaft → T 3 523
- Europäische Gesellschaft → IZ T 843
Gesetzliches Meßwesen, europ. Zusammenarbeit → IZ T 241
Gesichtschirurgie → S 170, Dt. Ges. T 3 357
GESIS → T 2 439
GESOMED → t 2 383
Gesprächspsychotherapie → T 2 760
Gestaltende Handwerke → Akad. T 4 142

→ S 440
Gestalttherapie
- Deutsche Vereinigung
Gestaltung, Ges. → S 1 182
Gestaltung, Zentralinstitut f. Farbe → T 1 254
Gesteinsaufbereitung → Ind. F 861
Gestrichene graphische Papiere → Ind. f 738
Gesunde Ernährung, Margarine-Inst. → T 2 577
Gesundes Bauen u. Wohnen → Bds.-Verb. Q 607
Gesundheit
- Aktionsgem. → Q 645
- bei der Arbeit → T 883
- Berufsgenossenschaftliche Zentrale → K 242
- Bundesministerium → A 25
- Bundesvereinigung → T 3 465
- u. Forschung, Ges. → T 3 466
- Gemeinnützige Stiftung → Q 396
- Internat., Dt. Tropenmedizin → T 3 425
- Seelische → T 2 881
- Stiftung z. Förderung d. Systemergonomie → T 802

Gesundheitliche
- Aufklärung, Bds.-Zentrale → A 216
Gesundheitlicher Verbraucherschutz u. Veterinärmedizin → A 214
Gesundheits
- Amt, Bds. → A 213
- Beratung, Ges. → T 2 764
- Beratung, Unabhängige → T 2 762
- Erziehung → IZ T 832
- Förderung → T 3 467, IZ T 832
- Forschung, Infratest → T 3 478
- Forschungszentrum → T 1 832
- Informationen u. -Büchereien, europ. Verband → IZ T 791
- Organisation, Welt- → IZ V 45
- Pflege → Dt. Verein T 3 469
- Prophylaxe u. Gesundheitsaufklärung → T 2 763
- Schutz → T 3 942
- Schutz u. Sicherheit am Arbeitsplatz, Europ. Agentur → IZ A 190
- Technik → F 1 034
- Technische Ges. → TWV T 869
- Vorsorge → T 2 761

Getränke
- Erfrischungs- → Ind. F 385
- Forschung, Inst. → T 2 636
- Obst → Ind. F 437
- Schankanlagen → G 662
- Technologie → S 1 051, Inst. T 2 636
- Verpackung → TWV T 1 138

Getränkekartons
- u. d. Umwelt, Bund → IZ F 172

Getreide
- Börsen → I 105 ff
- Brenner, mitteldeutsche → F 455
- Chemie → TWV T 2 572
- Forschung → T 2 528, TWV T 2 572
- Händler → H 39
- Handel → IZ H 238, EU IZ H 281
- Nährmittel, Europ. Verband → IZ F 1 147
- Nährmittelhersteller → F 434
- Stärke-Hersteller → IZ F 2 134
- Technologie → T 2 581, T 2 602
- Wissenschaft u. Technologie → IZ T 680

Getriebe
- Hersteller → IZ F 1 415
GEV → F 187
GEW → R 337
Gewächshaushersteller → Dt. F 858

Gewässer
- Kontrolle → IZ T 684
- Kunde → A 320
- Ökologie → T 1 141
- Reinhaltung → IZ T 632
- Schutz → TWV T 1 140, IZ T 684
Gewaltfrei leben lernen → U 2 686
Gewaltherrschaft, Union d. Opferverbände → U 1 028

Gewebe
- Elastische → IZ F 764

Gewerbe
- Aerzte, Staatl. → S 137
- aufsicht u. Lds. Amt f. Umweltschutz → Q 346
- Aufsichtsämter → B 357 ff
- Buchstellen → S 684
- Graph.- → IZ S 645
- Park Alsdorf, Industrie- u. → U 140
- Recht, Handwerksinstitut → t 2 340
- Treibende → Verb. U 821
- Union → IZ U 114
- Verband → U 805 ff

Gewerbehof
- Augsburger → U 89

Gewerbliche
- Berufsgenossenschaften → K 198
- Geschirrspülmaschinen → Ind. F 316
- Tanklagerbetriebe → R 166
- Wirtschaft → H 66, Hannover Q 101

Gewerblicher Rechtsschutz → U 737, IZ U 116
- Verb. d. Besch., i. Dt. Beamtenbund → R 638

Gewerkschaft(en)
- Beamte, Intern. u. Europ. → IZ R 244
- Christliche → R 399 ff
- d. Lebens-, Genussmittel- etc. -sektors → Europ. Föder. IZ R 98
- Deutsche Angestellte, Gesamtverband → R 419
- Deutsche Journalisten-Union → S 1 343
- Deutschlands, Christl. → R 418
- DGB → R 294 ff
- Eisenbahner Deutschlands → R 330
- Europäische → IZ R 151, Inst. IZ R 242
- Genussmittelarbeiter → IZ R 247
- Hausfrauen → R 434
- Hotelarbeiter → IZ R 247
- Int. Dienstleist. → IZ R 280
- Intern. Union d. Lebensmittel-, Landw.-, Hotel-, Restaurant-, Cafe- u. Genussmittelarbeiter → IZ R 247
- Kaffeearbeiter → IZ R 247
- Kraftfahrer → R 424
- Landwirtschaftsarbeiter → IZ R 247
- Lokomotivführer u. Anwärter → R 617
- Meß- und Eichwesen → R 731
- Metall → R 355
- Metall, christliche → R 414
- Nahrung, Genuss, Gaststätten → R 363
- Nahrungs- u. Genussmittelarbeiter → IZ R 247
- Pflege → R 372
- der Polizei → R 377
- d. Polizei d. Bundes → R 636
- Rentner u. Hinterbliebene → R 445
- Restaurantarbeiter → IZ R 247
- Schriftstellerverband → S 1 240
- d. Sozialversicherung → R 618
- d. Sozialverwaltung im DBB → R 698
- Technik u. Naturwissenschaft → R 767
- Unabhängige, Europ. Union → IZ R 67
- Union Network Intern. → IZ R 280
- Zoll u. Finanzen → R 616

Gewerkschaftsausschuß
- bei der OECD, berat. → IZ R 275
Gewerkschaftsausschuß d. Arbeiter d. audiovisuellen Industrie → IZ R 283

Gewerkschaftsbund
- Welt → IZ R 278
Gewerkschaftsjugend, DBG → U 1 499
Gewichte u. Maße → IZ W 33
Gewichtheber-Bund, int. → IZ U 547
GEWISOLA → T 2 601

Gewürz
- Handel → IZ H 114
- Industrie → F 417, Europ. Verb. IZ T 36
- Pflanzenanbau, Verein z. Förd. → T 2 627
GEZ → O 411
GFA → T 3 768
GFaI → t 311
GFAV → T 1 929
GFB → S 83
GfC → T 2 462
GFE → T 382, T 2 211
GFG → H 51, U 1 188
GFGF → U 3 104
GFHK → F 1 017
GfIN → T 1 317
GFP → t 337
GFS → S 1 502, T 1 370
GFTN → T 3 923
GftW → T 3 924
GfürO → T 1 316
GfW → U 376, U 719
GG → T 869
GGA → T 2 694
GGB → T 2 582, T 2 764
ggf → U 682
GHM-Handwerkmessen → o 614
GHORFA → E 386
GI → T 1 353, IZ T 558
GIE → T 1 065

Gießener Verein
- f. Wirtschaftsstudien zu China → E 418

Gießerei
- Ausrüstungen, Europ. Komitee → IZ F 1 486
- Chemie → Ind. F 184

Fortsetzung nächste Spalte

Gießerei (Fortsetzung)
- Fachleute → TWV t 300, T 1 142
- Industrie → IZ F 363, IZ F 2 433
- Maschinen → f 652
- Maschinen u. -zubehör → IZ F 1 486
- Metall → Ind. F 714
GIL → T 2 558
Gilde deutscher Filmkunsttheater → O 217

Gips
- Bauelemente → U 572
- Bauplatten → Ind. F 889
- Forschung → t 301
- Gütez. → U 572
- Ind. → F 889, IZ F 1
- Gipser → Hdw. G 161
Giroverbände → I 58 ff, O 532

Girozentralen
- Arbeitskreis d. Länder → T 2 533
- Gitterroste → Gütez. U 573
GIU → U 185
GKL → T 1 251
GKV → f 38, F 596
Gläubigerschutz → U 734, U 736

Glas
- Außenhandel → H 78
- Bearbeitungs- u. Veredelungsind. → f 537
- Berufsgenossenschaften → k 231
- Flach- → Großhdl. H 133
- u. Gebäudereinigung → Hdw. G 331
- Handels-Vertr. → H 684
- Ind. → Ausschuß IZ F 1 918, IZ T 297
- Knochen-Betroffene → Dt. Ges. T 3 049
- Meßgeräte, Eichamt → B 460
- Technik → T 1 143, IZ T 326
- Veredelungsindustrie → f 537
- Versicherungsvereine → K 12

Glaser
- Handwerk → G 361, europ. IZ F 940
- Innungen → G 361
Gleichmäßige Beteiligung d. Volkes, Europ. Solidarität → IZ U 321
Gleichzeitige Nutzung zweier Energiearten, Europ. Verb. z. Förd. → IZ L 132
Global Cooperation Council → U 2 084

Glocken
- Gießereien → G 381
Glucoseherteller in der EG → IZ F 2 135
Glückwunschkarten, Hersteller u. Verleger → f 783
Glutaminsäurehersteller in d. EG, Ausschuß → IZ F 86
GmbH-Geschäftsführer, Verb. → S 1 525
GMDS → T 3 349
Gmeiner-Fonds Deutschland → U 1 596
GMF → T 2 528
GMK → O 260
GML → Q 331
GMW → T 3 738
GÖT → Q 575
Goethe-Inst., Pflege d. dt. Sprache i. Ausland → U 2 859 ff

Gold
- Schmiede, Hdw. → G 385, TWV T 1 145
- Waren, Großhdl. → F 805, Ezhdl. H 388
Golden Toast, Arb.-Gem. → U 19
Golf-Verband → u 2 492
Goppel, Alfons, Stiftung → T 739
Gottfried-Wilhelm-Leibniz-Gesellschaft → T 2 223
Gottlieb Daimler- und Karl Benz-Stiftung → T 768
gpi → R 862
GPM → T 1 272
GPRA → S 741
Graf, Otto, Inst. → T 2 083

Grafik
- Arbeitskreis Moderne → U 3 096
- Berufl. Schulen → T 3 889
- Designer → O 532, S 1 221
- Restauratoren, Internat. Arb.-Gem. → IZ G 149
Grafiker-Verein → U 3 094
Grafische Föderation, Europ. → IZ U 598
Grafische Systemhäuser, Bdsv. → H 280
grafischer
- Fachhändler, Ring → U 3 095
Granit → Ind. F 861
Granulathersteller, europ. Union → IZ F 488

Graphische
- Datenverarbeitung → Arbeitsgruppe t 209, T 3 891
- Papiere → Ind. F 727
- Recyclingpapiere → f 739
Graphischer Bund Hamburg → O 462
Graphisches
- Berufsbildungswerk Hamburg → T 3 894
- Gewerbe, Makler → IZ G 645
Graue Literatur → Europ. Vereinig. IZ U 628
"Graue Panther" → U 1 350

Graveure → Hdw. G 380, IZ G 73
Gravitationsphysik, Max-Planck-Inst. → t 123
Greenpeace → Q 340
Greenpeace International → IZ Q 195
Grenz
- Flächen- u. Bioverfahrenstechnik, Inst. → t 242
- Flächenforschung → t 130
- Regionen, europäische, Arb.-Gem. → D 206, IZ U 594
- Schutz, Bds. → A 252 ff, U 2 286 ff
Grenzland-Filmtage → O 234
Griechische Gemeinden i.d. BRD → E 473
Grießhersteller in der EU → IZ F 1 979
GRM → U 675
GROFOR → Großhdl. H 230
Groß
- Abnehmer, Energie → L 33
- Anlagenbau → f 677
- u. Außenhandel → H 2 ff
- Bäckereien, Verb. Dt. → F 383
- Betriebe d. Ezhdl. → H 549
- Flächenwerbung → O 532
- Händler, Internationale → IZ H 240
- Handel (s. unten)
- Kraftwerksbetreiber → t 304, TWV T 1 148
- Küchen (s. unten)
- küchenbetreiber, europ. → IZ F 1 197
- Laboratorien, Photo- → F 801
- Messen → O 532
- Planetarium Bochum → T 1 273
- Städte → D 51 ff
- Unternehmen d. Einzelhandels → IZ H 376
- Wasserraumkessel → Ind. f 853
Großhandel(s)
- Arbeitgeberverband → R 197
- Berufsgen. → k 228
- Bier → IZ H 47
- Bild. Werk → T 3 897
- Blumen → H 33
- Bürobedarf → H 99
- Bundesbetriebsberatungsstelle → h 3
- Cash and Carry → H 254
- Chemikalien → H 118
- Drahtseile → H 283
- Drogen → H 118
- Dünge- u. Pflanzenbehandlungsmittel → H 37
- Elektro → H 119
- Fischmehl → H 245
- Floristenbedarf → H 51
- Gärtnerbedarf → H 51
- Geschenkartikel → H 100
- Hanfseile → H 283
- Heim u. Farbe → H 81
- Kartoffel → IZ H 66
- Kork Ind.-Untern. → H 235
- Krankenpflege- u. Laborbedarf → H 88
- Nahrungsmittel → H 95
- Papier, Pappe → H 150
- Papierwaren → H 99, IZ H 125
- Pharmazeutischer → H 96
- Rohtabak → H 97
- Schmuck → H 98
- Schrauben → H 272
- Schreibwaren → H 99
- Spielwaren → H 100, Europ. Föd. IZ H 46
- Tabakwaren → IZ H 152
- Tapeten → H 234
- Textil → H 110
- tierische Futtermittel → H 245
- Uhren → H 113
- Verband Haustechnik → H 79
- Versicherungsstelle → h 5
- Werkzeug → H 117
Grossisten
- Buch-, Zeitungs-, Zeitschriften- → H 34
- Photo u. Imaging, Vereinig. → H 279
GROUPISOL → IZ F 2 490
GRS → T 1 951
Gründerzentren → U 91 ff
Gründerzentren im Land Brandenburg → U 115
Gründerzentrum
- Hamm → U 153
- Hessische Arbeitsgem. → U 122
- Magdeburg → U 200
Gründungsforschung, empirische → T 2 514
Gründungsrausch e.V. → U 1 163
Grüne
- Alternative in den Räten → Baden-Württenberg D 258, Nordrhein-Westfalen D 259
- Europ. Freie Allianz im Europ. Parlament → IZ U 350
- Liga → Q 473
- Politische Partei → U 2 097
- Solararchitektur z. Förd. d. Wohn- u. Umweltqualität → D 257

Grünes
- Kreuz → U 1 873, Internat. IZ T 834
Grünland
- u. Futterbau, Arb.-Gem. → T 2 626
- Futterpflanzenforsch., Inst. → A 149
Grund
- Besitzer → U 851, IZ U 118
- Eigentümer → U 823, U 852
- Eigentümer i.d. neuen Bundesländern → U 849
Grundbucharchiv Barby → B 281
Grundig-Akademie f. Wirtschaft u. Technik → T 751
Grundstücks
- Besitzer → U 850
- Börsen → I 122 ff
- Eigentümer → U 823
- Geschädigte → U 852
- Makler → H 716, H 733
- Nutzer, Dt. → U 848
- Sachverständige, Bundesv. Dt. → S 1 092
Gruppenpsychotherapeutische Gesellsch. → T 2 765
Gruppenpsychotherapie
- Deutscher Arbeitskreis → T 2 879
- Internationale Gesellschaft → IZ T 821
GRV → T 3 672
GSB
- International → U 660
GSF-Forschungszentrum f. Umwelt u. Gesundheit → T 1 832
GSFP → t 2 366
GSG → H 100
GSK → U 679
GSP → T 2 236
GSV → T 3 663
GTB → U 142
GTF → U 101
GTÜ → T 2 075
GTZ → U 2 067
Gübet → T 2 126
GÜBII → T 2 127
GÜFA → O 197
Gürtel → Ind. F 121
Güte
- Schutz Kies und Sand → t 2 090
- Zeichen → U 630 ff
Gütegemeinschaft
- Aluminiumfenster, -Fassaden u. -Haustüren → U 568
- Anbaubalkone → U 545
- Anodisiertes Aluminium → U 538
- f. Asphalt-Kaltbauweisen z. Erhaltung von Strassen → U 530
- Bahnen aus Polymerbitumen u. Bitumen → U 556
- Bleihalbzeug → U 560
- f. Blitzschutzanlagen → U 561
- Blockhausbau → U 562
- Brandschutz im Ausbau → U 563
- Buskomfort → U 654
- Container → U 631
- Deutsche Klaviere → U 636
- Deutsche Möbel → U 643
- Deutscher Fertigbau → U 577
- Diätverpflegung → U 620
- Erhaltung v. Bauwerken → U 695
- f. Reinigung u. Schutz v. Steinfassaden u. Denkmalen → U 556
- Fahrbahnmarkierungen → U 548
- Fertigkeller → U 571
- Fisch u. Fischprodukte → U 623
- Galvanotechnik → U 657
- Gebrauchtholz-Recycling → U 599
- Gitterroste → U 573
- Heizkörper aus Stahl → U 574
- Herstellung u. Instandhaltung v. Entwässerungskanälen u. -leitungen → U 664
Güter
- Holzfenster u. -Haustüren → U 569
- Kalandrierte PVC Hart-Folien → U 634
- Kerzen → U 635
- Kunststoffbeläge i. Sportfreianlagen → U 583
- Kunststoff-Dach- u. Dichtungsbahnen-Verleger → U 666
- Kunststofffenster → U 570
- Kunststoff-Fensterprofile → U 539
- Kunststoff-Müllgroßbehälter → U 540
- Kunststoffrohre → U 587
- Kunststoff-Sitzmöbel → U 639
- Kunststoff-Verpackungen f. gefährliche Güter → U 640
- Kupferrohr → U 588
- Kureinrichtung → U 667
- Lagerbehälter → U 590
- Laminatfußboden → U 591
- Lederreinigung → U 668

Güter (Fortsetzung)
- Leitungstiefbau → U 663
- Matratzen → U 641
- Mehrscheiben-Isolierglas → U 592
- Motoreninstandsetzungsbetriebe → U 669
- Paletten → U 644
- Pharma-Verpackung → U 645
- Rauch- u. Wärmeabzugsanlagen → U 671
- Raumlufttechnische Geräte → U 597
- Reinigung Metallfassaden → U 675
- sachgemäße Wäschepflege → U 677
- Schalldämpfer → U 582
- schwerer Korrosionsschutz v. Armaturen u. Formstücken → U 679
- Sportgeräte → U 680
- Sporthallenböden → U 604
- Sportstätten → U 609
- Stahlblechverpackungen → U 543
- Stahlschutzplanken → U 606
- Substrate für Pflanzenbau → U 619
- Tapete → U 610
- Tennen- u. Naturrasenbaustoffe → U 611
- Torantriebe → U 612
- Tore-Türen-Zargen aus Stahl → U 596
- Trockenbau → U 684
- Umlaufregale → U 564
- ungereckte PET-Folien → U 648
- Verpackungen aus Vollpappe → U 651
- Wärmedämmung von Fassaden → U 613
- Weichstoff-Kompensatoren → U 614
- Wellpappe → U 650
- Whirlwannen → U 615
- Fernverkehr → M 136 ff
- Kraftverkehr → M 15, M 148
- Nahverkehr → M 136 ff
- Verkehr, Bundesamt → A 306
- Wagen → IZ M 55
Güteschutz
- Vereinigung Baustoffe Saar → t 2 093
- Vereinigung d. Bims- u. Leichtbetonindustrie → U 547
- Ziegel Nordost → U 554
Güteschutzgemeinschaft
- Alpine-Moräne-Edelsplitt → t 2 086
- Entsorgung asbest- u. faserhaltiger Baustoffe → U 655
- Gebäudereinigung → U 658
- Hartschaum → U 586
- Reifenerneuerung → U 647
- Steinzeugindustrie → U 608
Güteüberwachung
- Beton BII-Baustellen → T 2 127
- Betonzuschlagstoffe → T 2 126
Gütezeichengemeinschaft
- Medizinische Gummistrümpfe → U 642
- Zerstörungsfreie Werkstoffprüfung → T 2 028
Gummi
- Maschinen → f 653, IZ F 1 506
- Strümpfe → Gütez. U 642
Gummiertes Papier → IZ F 1 827
Gurken, Kons. → Ind. F 446
Guß
- Stahl → f 531
- Verwendung → F 520
- Verwendung, Zentrale f. → f 532
Gußeiserne
- Rohre → Ind. F 1 050
Gustav-Stresemann-Inst. → T 3 951
Gutachterausschuß
- f. Allgem. Geschäftsbedingungen → U 760
- f. Wettbewerbsfragen → U 759
Gutenberg
- Gesellschaft → U 3 093
- Museum → U 3 100
Gutes aus Hessen, Marketinggesellschaft → Q 305
„Gutes Licht", Fördergem. → f 361, U 75
Guttempler-Orden, Deutscher → U 1 618
GUVU-Ges. → T 3 664
GVA → H 24
GVB → t 362
GVC → E 418
GVG → T 2 538
GVN → H 13, M 168
GVS → H 99
GVT → H 110, t 361
GVU → O 200
GWA → O 539
GWF → L 41
GWFF → O 199
GwG → T 2 760
GWI → t 298, U 405
GWSaar → U 408
GWW → H 116
Gymnastikberufsfachschulen, Staatl. Anerkannte → u 2 544
Gymnastikschulen, priv. → O 708

Gynäkologie → Dt. Ges. T 3 319, Dt. Ges. T 3 386
GZM → T 3 273
GZP → T 2 028

H

Haager Konferenz, intern. Privatrecht → IZ V 15
Haare u. Fasern → Großhdl. H 282
HAB → T 3 946
Haber-Institut → t 119
HABRA → H 79
Hackfrucht-Krankheiten, Institut f. → A 266
Häftlinge
- ehemalige politische → Stiftung T 775, U 1 031
Hämatologie → Dt. Ges. T 3 320
Hämophilie, Weltbund → IZ U 320
Händler
- Hauselektronik, europ. → IZ H 162
Häute
- Schädenbekämpfung → TWV t 324
- Verwertung → O 702
Hafen
- Bautechnik → TWV T 1 151
- Betriebsvereine → m 214 ff
- Lotsen, Bds.-Verb. → S 1 112
- Schiffahrt → M 226
- Wirtschaft Mecklenburg-Vorpommern → m 218
Hafenbautechnische Gesellschaft → T 3 671
Haftpflicht
- Verband d. Dt. Industrie → K 364
- Versicherung → K 9
HAG → G 484
HAGOS → F 896
Hahn-Schickard-Gesellschaft f. angewandte Forschung → t 305
HAKA
- Handels-Vertr. → H 684
Halbamtliche Institutionen (Genf) → IZ U 821
Halbzeug
- Blei- → Gütez. U 560
- Kunststoff → Ind. f 597
Halbzeuge, Handels-Vertr. → H 684
Hallenbetriebe Neumünster → O 623
Hals
- Chirurgie → Dt. Ges. T 3 321
- Nasen- u. Ohrenärzte → S 116
Hamburger
- Assecuradeure → K 18
- Autorenvereinig. → S 1 264
- Caffeeimport-Agenten u. -Makler → H 250
- Einzelhandel, Fachverbände → H 566
- Fuhrherren von 1885 → M 160
- Handwerk → Gesamtverb. G 112
- Hausmakler → Verein H 750
- Makler u. Agenten f. Schlachthaus- u. Molkerei-Erzeugnisse → H 751
- Presseclub → O 490
- Spediteure → M 151
Hamburg-Gesellschaft → D 172
Hamburgische Anst. f. neue Medien → O 367
Hamburg-Messe → o 609
Hammer Technologie- u. Gründerzentrum → U 153
HAMTEC → U 153
Hand
- Arbeiten → Ezhdl. H 528
- Ball-Bund → u 2 493
- Maschinen → H 89
- Weberei, Interessengem. → F 1 000
- Werkzeuge → Großhdl. H 89
Handarbeits-Hersteller → F 977
Handel(s)
- Abkommen (GATT) → IZ W 12
- Bahnhof → N 33
- Berufsgenossenschaft → k 220
- Blumenzwiebeln u. Pflanzen → IZ H 342
- Chemiker → S 1 055
- Delegation, Französische → E 456, Hessen, Rheinland-Pfalz, Saarland E 467
- Einkaufsvereinigungen → IZ P 41
- Europäischer Verb. → IZ H 1
- m. Farben, Wand- u. Bodenbelägen, europ. Konföderation → IZ H 61
- Filialbetriebe → IZ F 205
- Forschung, Inst. → t 2 288
- hausverbände, intern. → IZ H 343
- Hochschule Leipzig → T 580
- Institut → Euro T 2 342
- Kammer Deutschland-Schweiz → E 335
- Kammern → internationale E 239, IZ E 1
- Konferenz, UNO → IZ V 28
- Kreditschutzverein → U 733

Handel(s)

Handel(s) (Fortsetzung)
- Kunst- → H 610, IZ H 495
- Makler → TWV T 2 205, IZ H 557
- m.d. Dritten Welt, Verein z. Förd. → U 2 083
- Mühlen → Arb.-Geber R 122
- Recht → Inst. T 3 593
- Tag, Dt. → E 2 ff
- u. Technologie, Irisches Zentrum → E 485
- Verbände → H 2 ff, IZ H 522
- Vereinigung SPAR → H 629
- Vertreter → Intern. Vereinigung IZ H 549, IZ H 557

Handelsförderung
- Agentur, Slowak. Invest. u. → E 687

Handschuhindustrie → F 617
Handschutz, Bds.-Verb. → U 932
Handwerkliche Unternehmerverbände Rheinl.-Pfalz → G 117

Handwerk(s)
- Akademie → G 85 ff
- Ausstellungen → o 614
- Bäcker → G 142
- Bds. und Lds.-Innungsverbände → G 122
- Bekleidung → G 208
- Berufsbildung, Inst. → t 2 339
- Berufsverband → G 469
- Betriebswirte → S 751
- Bildhauer → G 711
- Blinde → G 237
- Büchsenmacher → G 241
- Bundesvereinigung d. Fachverb. → G 5
- Dachdecker → IZ G 150
- Deutsches Zentrum → T 3 876
- Drechsler → G 266
- EG-Beratungsstelle → G 43
- Europäische Union → IZ G 25
- Exportberatungsstellen → G 25, G 35 ff
- Fachverbände → Hessen G 113, IZ G 150
- Faß → G 288
- Flecht → G 447
- Flexografen → G 310
- Gestaltendes, Akademie → T 4 142
- Glaser → G 361
- Goldschmiede → G 385
- Holzverarbeitung → G 743
- Inst. f. Kunststoffverarbeitung → t 2 335
- Institut München f. Handwerks-, Gewerbe-, Finanz- u. Steuerrecht → t 2 340
- Institute → T 2 334
- Juweliere → G 385
- Kälteanlagenbauer → G 525
- Kammern → G 25 ff
- Kammertag → G 3 ff
- Kraftfahrzeug → G 451
- Kürschner → G 467
- Kunst → G 469
- Kunstgewerbe Geschenkartikel → G 468
- Kunststoffverarbeitung → G 743, t 321
- Lackierer → G 503
- Landesvertretungen → G 6 ff
- Landtechnik → H 619
- Maler → G 503
- Messen → o 614
- Modellbauer → G 575
- Modisten → G 576
- → G 584
- Musikinstrumente
- Presse, Journalisten → S 1 356
- Raumausstatter → G 636
- Recht, Inst. → t 2 340
- Sattler → G 636
- Schornsteinfeger → G 678
- Schuhmacher → G 695
- Silberschmiede → G 385
- Steinbildhauer → G 711
- Steinmetz → G 711
- Technik, Inst. → t 2 337
- Tischler → G 743
- Unternehmensverbände Niedersachsen → G 114
- Weinküfer → G 288
- Wesen, Inst. → t 2 336
- wiss. Institute → IZ T 237
- Zentralverband → G 1
- Zinngießer → G 522
- Ziseleur → G 380

Hanf
- Vereinigung → Internat. IZ F 362

Hannover Messe, Ausstellerbeirat → O 622
Hannoversches Forschungsinstitut → TWV T 1 926
Hanns Martin Schleyer → Stiftung T 786
Hanns Seidel → Stiftung T 792
Hans-Bredow-Institut → T 1 957, t 2 390

Hanseatische
- Akademie für Marketing + Medien → O 564
- Transportversicherer, Verein → K 16

Hans-Sauer-Stiftung → T 785

Harmonika-Verband, Dt. → O 65
Harmonisierung d. Binnenmarktes → IZ H 2
Harnack-Haus → t 185

Hart
- Faser → Ind. IZ F 2 198
- Metall → f 770
- Warenhandel, Zentralv. → H 651

Hartmannbund → S 42

Hartweizenmühlen
- Verb. d. Teigwarenherst. u. → F 493

Harze, Einfuhr-Großhdl. → H 135
HAT → U 122
Hauptfürsorgestellen → U 1 646
Hauptschul Lehrer Verb. → R 836

Hauptverband
- d. Deutschen Bauindustrie → R 33
- d. Deutschen Einzelhandels → H 308
- f.d. Ausbau d. Infrastrukturen i.d. neuen Bundesländern → T 2 440

Haus
- Automation + Management, Fachverb. → f 654
- Bandweber → F 999
- Eigentümer → U 852, IZ U 118
- Eigentum, Dt. Siedlerbund → U 467
- Elektronik, Händler, europ. Verband → IZ H 162
- u. Grundeigentümer i.d. neuen Bundesländern → U 849
- d. Handels → T 3 906, T 3 910
- Hüter-Agenturen → Vereinig. O 647, Arb.-Gem. O 648
- Makler → H 733, Verein Hamburger H 750
- Notruf, Bds.-Arb.-Gem. → U 1 923
- Rat, Bundesverband → H 387
- Rissen → T 4 151
- Schornsteinbau → Hdw. G 161
- Technik → Dt. Großhandelsverband H 79, T 4 028
- Türen → Gütez. U 568, U 569
- Wirtschaft (s. unten)

Hausfrauen
- aktive, Europ. Föderation → IZ U 177
- Bund → S 1 508, u 1 132
- Evangelische → u 1 129
- Gewerkschaft → R 434

Haushalt(s)
- Bedarf → H 684
- Geräte → Ind. f 259, IZ H 498
- Geräte u. -maschinen → f 357, f 358
- Kältegeräte (elektr.) → Ind. f 358

Hauswirtschaft
- Dt. Ges. → T 2 701
- Kath. Arbeitnehmerinnen in der → R 448

Hauswirtschaftliche Fach- u. Führungskräfte → S 1 501

HDE → H 308
HDF → O 175, R 537
HDH → F 547
HDI → K 364
HdT → T 4 028
HDV → S 1 500
Hebammen → S 85, freiberufliche S 102
- Bund, Internat. → IZ R 284

Hebräische Univ. Jerusalem i. Deutschland, Ges. d. Freunde
Hefe → E 493
- Industrie u. d. melasseverarb. Brennereien → F 418
- Versuchsanstalt → t 306

Heidelberger Akademie d. Wissenschaften → T 860

Heil
- Bäder → N 38 ff
- Brunnen → F 431, N 39 ff
- Kunde → Dt. Ges. T 3 321
- Kunde f. Kinder → Dt. Ges. T 3 335
- Mittel → Großhdl. H 233
- Mittelindustrie, Weltverb. → IZ F 2 557
- Pädagogen → Berufsverband S 426
- Pflanzenanbau, Verein zur Förd. → T 2 627
- Wesen, Verein f. Anthoposophisches → T 2 843
- Praktiker → S 392, Stiftung Dt. T 3 440
- Arzneimittelkommission → S 386
- Fachverband Deutscher → S 388
- Freie → S 391
- Freier Verb., Dt. → S 390
- Internationale → IZ S 150
- Verbände → S 387

Heim
- u. Farbe, Bds.-Verb. → H 81
- u. Freizeit, Dt. Kuratorium f. Sicherheit → U 1 391

Heimatbund, Deutscher → U 945
Heimatpflege-Förderung → Q 396
Heimatpflege-Stiftung, Nordrhein-Westfalen → T 772
Heimatschutz, Sächsischer → U 2 783

Heimatverdrängtes Landvolk → U 967

Heimatvertriebene
- Bauern → U 966

Heimkehrer → U 1 027
- Stiftung → T 789

Heimstätten → U 502
Heimtierbedarf → Ind. F 546
Heimtier-Nahrungsindustrie → Europ. IZ F 1 207

Heimwerker
- Fachmärkte → H 666

Heinrich-Schütz-Gesellschaft, Internat. → IZ U 805
Heins, Peter, Inst. → T 2 527
Heinz Daemen-Stiftung f. Jugend- u. Erwachsenenbildung → T 750
Heinz-Naumann-Stiftung → T 746
Heinz-Piest-Inst. → t 2 337
Heißsiegelfähiges Papier u. Stoffe → F 1 761

Heiz
- Elemente → Ind. f 359
- Geräte → IZ F 888
- Kessel → F 1 017, Europ. Vereinig. IZ F 287
- Körper → Europ. Vereinig. d. Hersteller IZ L 101
- Körper aus Stahl → Gütegem. U 574
- Technik, Industrieverb. → F 1 045
- u. Wasserkostenverteilung → F 1 033

Heizung(s)
- Armaturen → Ind. F 1 017
- Bauer → IZ F 1 709
- Forschung, Verein → t 307
- Großhdl. → IZ H 270
- Hdw. → G 395
- Industrie → F 1 017, Bdsverb. F 1 026
- u. Klimaanlagen, europ. → IZ F 126
- Technik → Ind. F 1 034, Hdw. G 395
- Überwachungsgemeinschaft → T 2 079

Helfervereinigung, THW → A 231
Helga-Stödter-Stiftung z. Förderung v. Frauen für Führungspositionen → T 824
Heliand-Bund, Kreis Kathol. Frauen Vereinigung → U 1 390
HELP e.V. → U 1 022
Henkel, Gerda, Stiftung → T 740
Heraeus-Stiftung → T 787
Heraldik, Schutzgemeinsch. → Verein U 2 659

Herd(e)
- Elektro → Ind. f 358
- Forschung, med. → T 2 767

Herder, Johann-Gottfried, Forschungsrat → T 377
Herkunftsangaben, geograph., Dt. Inst. z. Schutz → U 694
Herkunftsgewährzeichen Lübecker Marzipan → U 693
Hermann von Helmholtz → T 259
Hermann-Gmeiner-Fonds Deutschland → U 1 596
Hermann-Lindrath-Ges. → T 2 207
Herpetologie → Dt. Ges. Q 490, Dt. Ges. Q 491

Herren
- Ausstatter → Ezhdl. H 528
- Bekleidung → Ind. f 109, Ezhdl. H 528
- Kopfbekleidung → Ezhdl. H 528
- Maßschneider → Hdw. G 208
- Mode, Beratungsstelle → U 39
- Oberbekleidung → Ind. f 109
- Schneider → Hdw. G 208

Herrhausen, Alfred, Dt. Bank Stiftung → T 842

Hersteller
- Aktivkohle → IZ F 2 136
- Alarmanlagen f. Brand, Einbruch, Überfall → IZ F 2 453
- Alkohol, Europ. Union → IZ F 466
- Amino-Carboxylaten, europ. Ausschuß → IZ F 889
- Aminoplastleimen → IZ F 2 137
- Aromen u. Riechstoffe → IZ F 1 110
- Aufzüge, europ. → IZ F 1 064
- Automobil → europ. IZ F 176, IZ F 1 947
- Automobil-Service-Ausrüstungen → IZ F 68
- Backmittel u. Backgrundstoffe im E.W.R. → IZ F 1 994
- Badeöfen → IZ F 2 390
- Bäckereiausrüstung, europ. → IZ F 2 064
- v. brominierten flammfesten Industrieplatten, europ. → IZ F 2 065
- Büromöbel, Europ. → IZ F 2 022
- Dessertmischungen → IZ F 1 208
- Druck- u. Papierverarbeitungsmaschinen → IZ F 1 463
- Druckluftwerkzeuge → IZ F 1 525

Fortsetzung nächste Spalte

Hersteller (Fortsetzung)
- Durchlauf-Gas-Wasserheizern → IZ F 2 390
- Elektrischer Maschinen → IZ F 1 464
- Elektrohausgeräte → IZ F 1 214
- elektronischer Bauelemente → IZ F 1 229
- Enzyme f.d. Nahrungsmittelind., europ. → IZ F 1 230
- Fahrrad, europ. → IZ F 1 109, IZ F 2 255
- Feuerfester Erzeugnisse → IZ F 629
- Gasdruckregler → IZ F 642
- Gas-Schweißgeräte- u. Maschinen → IZ F 1 243
- Getreidestärke, Verb. → IZ F 2 134
- v. Glückwunschkarten → f 783
- Grieß, europ. Verband → IZ F 1 979
- Gummierter Papiere → IZ F 1 827
- Handarbeit → F 977
- Heizkörper, Europ. Vereinig. → IZ L 101
- Holzbearbeitungsmaschinen → IZ F 1 545
- Holzschutzmittel, europ. Gruppe → IZ F 286
- Isocyanat, europ. → IZ F 1 264
- Isolationen, europ. → IZ F 1 265
- Katalysatoren, europ. → IZ F 1 266
- Kerzen → IZ F 812
- v. Kunststoffverpackungen u. -folien → F 604
- Lebensmittelphosphate, europ. → IZ F 1 244
- Lederhandschuh, europ. → IZ F 718
- Leitern- u. Fahrgerüste → F 691
- löslichem Kaffee d. EG-Länder → IZ F 2 483
- medizin-techn. → H 678
- Metallschlauch- u. Kompensatoren → F 722
- Nährmitteln aus Getreide u. Reis → F 434
- Nahrungsmittelemulgatoren, europ. → IZ F 2 391
- Phosphorsäure, europ. → IZ F 1 258
- Polyakohol, europ. → IZ F 1 286
- Polystyrolschaumstoff für Lebensmittelpackungen → IZ F 1 015
- Polyurethan-Weichschaumblöcke, Europ. Vereinigung → IZ F 658
- Reibbeläge, Europ. → IZ F 2 392
- Sanitärkeramik, Europ. Vereinigung → IZ F 670
- sauerstoffangereicherte Lösungsmittel → IZ F 2 140
- Schreib- u. Zeichengeräte, Europ. Verb. → IZ F 2 132
- Silizium → IZ F 2 141
- Sorbit in der EG → IZ F 2 185
- Spaltkatalysatoren, europ. → IZ F 1 259
- Spielplatzgeräte- u. Freizeitanlagen → f 274
- Spirituosen, europ. → IZ F 1 323
- Sprengmittel, europ. → IZ F 2 454
- Stahl f. Verpackungen, europ. → IZ F 2 039 → IZ F 981
- Styropor-Schaumstoff, europ. techn. Karamellen → IZ F 1 260
- Teigwaren, in der EU → IZ F 1 980
- Transformatoren i. d. EG → IZ F 1 436
- Umlauf Gas-Wasserheizern → IZ F 2 390
- Unterhaltungselektronik, Europ. Verb. → IZ F 1 261
- Vakuumpumpen → IZ F 1 525
- Verband gegen Tierversuche in der Kosmetik → U 588
- v. Verbrennungsmotoren, europ. Hersteller → IZ F 55
- Warmlufterzeuger, Europ. Vereinigung → IZ F 678
- Wellkisten, Verb. → IZ F 1 826
- Wellpappenpapieren → IZ F 1 263
- Zigaretten, europ. → IZ F 2 632
- Zitronensäure, europ. → IZ F 1 357

Herstellung
- Brot u. Feine Backwaren → T 2 561
- Entwässerungskanäle u. -leitungen → U 664

Hertie-Stiftung, Gemeinnützige → T 2 834
Hertziana, Bibliotheca → t 102

Herz
- Bund, Welt → IZ T 820
- Chirurgie → Dt. Ges. T 3 422
- u. Kreislaufforschung → Dt. Ges. T 3 332
- Stiftung → T 2 799

Hesse
- Stftg., Peter → U 2 049

Hessische
- Ingenieurkammer → S 1 000
- Landesanstalt f. privaten Rundfunk → O 368
- Omnibusunternehmer → M 167
- Stiftung Friedens- u. Konfliktforsch. → U 2 683
- Zentrale f. Datenverarbeitung → D 161

Hessischer
- Apothekerverband → S 360
- Ingenieurverb., Kuratorium → S 999
- Museumsverband → U 3 035
- Naturschutz, Stiftung → T 771
- Rundfunk → O 289
- Verb. f. Leistungs- u. Qualitätsprüfungen i.d. Tierzucht → Q 239

Hessisches
- Dienstleistungszentrum f. Landwirtschaft etc. Versuchsanstalt → T 2 738
- Landesamt f. Ernährung, Landwirtsch. u. Landentwicklung → Q 344
- Landesamt f. Umwelt u. Geol. → Q 343
- Literaturbüro → S 1 206

HFF → T 1 926
HGF → T 259
HHL → T 580
HighTechPark
- Innova Allgäu → U 92

Hilfe
- f. Behinderte, Bds.-Arb.-Gemeinsch. → T 2 892
- deutscher Katholiken f.d. Kirche in Lateinamerika → U 2 073
- f. Kinder von Arbeitslosen → U 1 610
- f. Kinder in Not → U 1 184
- f. d. mehrfachbehinderte Kind → U 2 022
- z. Selbsthilfe Suchtkranker u. -gefährdeter → T 3 490

Hilfsdienst, Allgemeiner → U 1 920
Hilfsfond
- Internationaler → U 1 638

Hilfsgemeinschaft Hansestadt Hamburg → U 1 598
Hilfsorganisation f.d. Opfer politischer Gewalt in Europa → U 1 022
Hilfsquellen, natürliche, Internat. Union → IZ Q 223

Hilfswerk
- akademischer Berufe → S 915
- f. Aussätzige → T 2 890
- Bundesanstalt → A 230
- d. dt. Lions → U 1 921
- Deutsche Unitarier → U 2 449
- MISEREOR → U 2 085
- Soziales → U 1 385

Hinterbliebenen-Bund → R 661
Hippokrates Ges, Europäische → IZ T 743
Hirn
- Forschung, Inst. → t 124, T 3 448
- Gelähmte, Int. Sport- u. Freizeitbund → IZ U 561
- Verletzte, Arbeits-, Kriegs- u. Verkehrsopfer → U 1 040

Histologie, Inst. → A 154
Historiker Deutschlands, Verb. → T 3 703
Historische
- Forschungseinrichtungen → T 3 702
- Kommission u. Landesgeschichtliche Institute → T 3 718
- Schützenbruderschaften → U 2 599
- Vereine → T 3 705 ff

Historisch-wissenschaftlicher Fachkreis - Freunde alter Uhren → T 998
HKI → F 1 045
HKT → f 259
HLB → R 883, s 902
HLBS → S 683
HLV → R 836
HNO-Heilkunde → Dt. Ges. T 3 321
Hobelwerke → F 787
Hoch
- Bau → IZ F 1 754
- Feld-Magnetlabor → t 117
- Frequenztechnik → Inst. T 1 266 ff
- Seesportverband Hansa → U 2 600
- Spannungstechn. → T 1 152
- Strom-Technik → TWV t 308, T 1 152

Hochschul
- Forschung, Institut → T 4 181
- Geographen → R 899
- Institut, Europ. → IZ T 972
- Konferenz Landschaft → T 4 175
- Kunde → T 4 176
- Lehrer → f. Betriebswirtschaft R 898, s 902
- Medienzentren → T 3 701
- Pressestellen → S 1 357
- Rektorenkonferenz → T 398
- Sportverband → u 2 538
- Studium → IZ T 884
- Verband → sozialliberaler O 710, R 900

Hochschule
- f. Architektur u. Bauwesen, Materialforschungs- u. Prüfanstalt → t 2 052
- f. Bibliotheks- u. Informationswesen → T 981
- f. Unternehmensführung, Stiftung → T 833

Fortsetzung nächste Spalte

Hochschule (Fortsetzung)
- f. Fernsehen u. Film → O 201
- Handel, Leipzig → T 580
- f. Verwaltungswissenschaften → T 675
- f. Wirtschaft u. Politik → T 520, Forschungsstelle t 2 389
- u. Wissenschaft i. DBB → R 749

Hochschulen → T 399 ff
- Börsenvereine → T 3 917

Hochspannungs
- Forschung → t 308
- Konferenz, Internat. → T 1 045
- Netze, Internat. Konferenz → IZ L 2
- Schaltanlagen u. -geräte → f 349
- Technik → TWV t 308

Hockey-Bund → u 2 494
Hockeyverb., int. → IZ U 548
Höhere
- Bundespost-Beamte → R 808
- Kommunalverbände, Bds.-Arb.-Gem. → D 50
- Verwaltungsbeamte → Oberprüfungsamt A 337, R 834

Hörbehinderte Studenten u. Absolventen, Bds.-Arb.-Gem. → T 2 913
Hörgeschädigte → T 3 184
- Kinder → U 1 602

Hörgeschädigtenpädagogen, Berufsverb. → R 837
Hörner- u. Musikzüge, Dt. Bds.-Verb. → O 87
Hofnahe Düngermischer → H 224
Hohensteiner Institute → T 1 972, T 1 974
Holografie → Dt. Ges. U 3 058
Holz
- Arbeiter → IZ R 65, Int. Bd. d. Bau u. IZ R 274
- Baugewerbe → Hdw. G 161
- u. Bautenschutz → Hdw. G 161
- Bearbeitung → Ind. F 787
- Bearbeitungsmaschinen → T 386, IZ F 1 545
- Bedarf → H 684
- Berufsgenossenschaft → k 229
- Bildhauer → Hdw. G 711
- Biologie, Inst. → A 150
- Chemie, Inst. → A 150
- Faserplatten → IZ F 266
- Fenster → Gütegem. U 569
- Fertigbau → Hdw. G 161
- Forschung → T 2 724, T 2 726
- Fragen, techn. → T 1 154, T 2 725
- freies Papier → Ind. f 736
- Großhändler → H 82, IZ H 315
- Handel → Bds.-Verb. H 82, Europ. IZ H 141
- Haustüren, Gütegem. → U 569
- Imprägnierung, westeurop. Inst. → IZ T 325
- Industrie → Sägewerke IZ F 2 530, IZ F 2 583
- Industrie i. Baubereich → Vereinigung d. Europ. Verb. IZ F 2 404
- Leimbau, Stud. Gem. → f 563, Gütez. U 549
- Leisten → Ind. f 574
- Masten → Großhdl. H 275
- Packmittel → Ind. f 564, IZ F 1 285
- Pflaster → Ind. f 565
- Physik, Inst. → A 150
- Rahmen → Ind. f 574
- Schutzmittel → Geschädigte U 1 171
- Schutzmittel, europ. Gruppe d. Hersteller → IZ F 286
- Silos → Hdw. G 288
- Spielzeugmacher, Handwerk → G 266
- Stoff → Ind. F 727
- Technologie → Inst. A 150, Transfer IZ T 292
- Tropen, Großhdl. → IZ H 315
- Überwachungsverband → T 2 076
- Verarbeitende Industrie → R 94
- Verarbeitung → Ind. F 547, Hdw. G 743
- Versuchsanstalt → t 2 044
- Waren f. Schuhbedarf → Ind. F 580
- Werkstoffe → Ind. f 566, Europ. Verb. IZ F 271
- Wirtschaft → Rosenheim T 3 886
- Wirtschaft, Bds.-Forsch.-Anstalt → A 150, IZ T 687

Homöopathische Ärzte → T 2 768
Homöopatische
- Vertragsärzte → T 2 781

Hong Kong Trade Development Council → E 419
Honig
- Handel → IZ H 114
- Verband BR Deutschland → H 83

Honorarberater, Dt. → S 788
Honorarordnung, Ausschuß d. Ingenieurverb. u. -kammern → S 976

Hopfen
- Handel, Ausschuß → IZ H 22
- Handel, Europ. Union → IZ H 65

Hosenträger → Ind. F 121
Hospize → Christl. IZ N 40
Hospizhilfe, Dt. → U 2 028
Hotel
- Arbeiter-Gewerkschaften → IZ R 247
- Christliche → N 32
- Direktorenvereinigung Deutschl. → S 1 500
- Gewerbe → N 1 ff, i.d. EG u. d. EWR IZ N 1
- Internationale Sektion → N 1, IZ N 39
- Top International Hotels → N 30
- Verbände → N 1 ff

Hotelier-Vereinigung, Internationale → IZ N 38
Hotelverband
- Deutschland → N 26

HOTREC → IZ N 1
HPE → f 564
HPV → F 755, R 159
HRI → t 2 340
HRK → T 398
HSFK → U 2 683
HSMA-Deutschland → O 572
Hubschrauber
- Zentrum → M 270

Hülsenfrüchte → Handel IZ H 313
Hüte, Damen → Ezhdl. H 528
Hütten
- Kalk → Ind. F 891
- Technik-Glasind. → TWV t 302, T 1 144
- Werke, Berufsgen. → k 230
- Werkseinrichtungen → f 656

Hufeland-Gesellschaft f. Gesamtmedizin → T 2 842
Hugo-Obermaier-Gesellschaft z. Erforschung d. Eiszeitalters u.d. Steinzeit → T 3 724
Human Help Network → U 2 060
Humane Sexualität → T 3 245
Humanes Sterben → Dt. Ges. U 1 929
Humanismus, Čapek Ges. → U 2 062
Humanisten Niedersachsen, Freie → U 2 441
Humanistik u. Ethik → Internat. Bund IZ U 426
Humanistische Union → U 1 924
Humanitär(e)
- Medizin, Int. Verb. f. → IZ T 830

Humanpharmakologie → T 3 285
Humantoxikologie → Dt. Ges. Q 636
Humar, Josef, Inst. → T 3 516
Humboldt Gesellschaft → S 1 208
Hundewesen → Q 246, IZ U 807
Hutindustrie → f 110
HVG → t 302, T 1 144
HWWA-Institut → t 2 283, T 2 311
Hydraulik
- Forschung → IZ T 230
- Wasserbau, Inst. → T 2 686

Hydro
- Geologie → Internat. Assoziation IZ T 154 → A 336
- Graphie, Bds.-Amt
- Graphische Ges. → T 2 692
- Kultur → Dt. Ges. T 2 676, Fachverb. T 2 679
- Mechanik → T 2 685

Hydrologie
- Inst. → t 2 610, T 2 689
- Intern. Vereinig. → IZ T 191

Hygiene
- Deutsche Ges. → T 3 324
- Industrieverband → F 202
- Inspektoren, Bds.-Verb. → S 230
- Institut → B 588, Cottbus B 590
- Institute → B 584 ff
- Papier → Ind. f 744, F 754
- Psychische → IZ T 838

Hypertonie → T 3 326
Hypnose, Ärztliche → Dt. Ges. T 3 289
Hypo-Kulturstiftung → T 753
Hypotheken
- Bank, Genossenschafts- → I 28
- Banken → I 29, IZ I 50
- Börsen → I 125
- Makler → H 733
- Recht, Forsch. Verb. → T 391
- Verband → IZ I 50

IAAE → IZ S 392, IZ U 317
IAALD → IZ R 270
IAB → K 361
I.A.C.A. → S 1 578
IADA → IZ G 149
IADM → O 705

IADS → IZ H 519
IAEA → IZ V 20
IAESTE → IZ T 978
IAF → t 190, IZ O 154
IAG → IZ T 826
IAGP → IZ T 821
IAH → T 154
IAHR → IZ T 230
IAHS → IZ T 191
IAIN → IZ M 197, IZ O 15
IAKS → IZ 2 557, IZ U 463
IAMCR → IZ T 908
IAML → IZ T 910
IAO → IZ V 17, IZ V 19
IAP → t 223
IAPRI → IZ T 303
IAR → T 375
IARF → IZ U 121
IARIW → IZ T 560
IAS → T 882
IASC → IZ F 1 820, IZ T 541
IASP → IZ T 305
IASS → IZ F 1 759
IATM → IZ S 646
IATUL → IZ T 302
IAW → t 2 298, T 2 356
IAWQ → IZ T 684
IB → U 1 933
IBA → IZ S 209, IZ U 471
ibac → t 2 060
IBBY → IZ U 811
Ibero
- Amerika Inst. f. Wirtsch.-Forschung → E 744
- Amerika-Kunde, Inst. → t 2 307
- Amerika-Verein → E 741
- Club Bonn e. V. → E 743

IBF → IZ H 493, IZ I 25
IBH → F 178
IBK → T 1 895
IBMT → t 247
IBP → t 239
IBR → Q 172
IBRA → IZ T 679
IBRD → IZ V 21
IBSA → IZ T 494
IBU → F 841
ibw → T 3 829
IBWF → S 711
ICA → IZ P 1, IZ T 911
ICAC → IZ F 1 818
ICAO → IZ F 1 797
ICAR → IZ T 691
ICAS → IZ T 307
ICBP → IZ Q 225
ICCA → IZ O 206, IZ O 207
ICCEES → IZ T 891
ICCP → IZ T 298
ICEM → IZ R 266
ICES/CIEM → IZ T 686
ICFTU → IZ R 277
ICG → IZ T 297
ICHCA → IZ M 231
ICHPERSD → IZ T 832
Ichthyologie Institut → A 153
ICICR → IZ T 571
ICJ → IZ T 869, IZ V 50
ICJA → U 933
ICM → IZ R 284, IZ W 17
ICMIF → IZ K 39
ICO → IZ T 160
ICOGRADA → IZ S 645
ICOM → U 3 099
ICOMIA → IZ H 494
ICPA → IZ U 308
ICR → IZ O 48
ICRU → IZ T 538
ICSTI → IZ T 308
ICSU → IZ T 34
ICT
- Fraunhofer-Inst. → t 241

ICW → IZ U 225
IDA → E 484
IDACE → IZ F 2 006
IDAFLIEG → M 251
IDB → E 483
IDDRG → IZ T 272
idea e.V. → O 482
IDF → IZ Q 126, IZ U 315
IDFA → o 597
IDI → IZ T 847
IDKV → S 1 289
IDUR → T 3 519
IDV → S 1 035
IDZ → S 314, S 1 060
IEA → IZ L 141, IZ T 194
IEACS → IZ F 1 406
IEEPS → IZ T 973
IEHEI → IZ T 884

IEIAS

IEIAS → IZ T 555
IER → L 30
IfaA → T 2 193
IFABC → IZ U 115
IFAC → IZ T 309
IFAK → t 2 485
IFALPA → IZ R 272
IFAM → t 221
IFAP → IZ Q 103
IfaS → T 2 402
IFATCA → IZ R 271
IFATSEA → IZ U 684
IFAV → u 1 140
IFB → T 3 869
IFBB → IZ U 541
IFBPW → IZ R 63
IFBS → F 282
IFBWW → IZ R 274
IFC → IZ G 151, IZ I 112
IFCC → IZ T 827
IFD → t 2 490, IZ G 150
IFEAT → IZ H 239
IFES → IZ O 205
IFF → t 205, U 767
IfH → t 2 288
IFHOH → IZ U 313
IFHP → IZ U 89
IFHT → IZ F 1 825
IFIEC Europe → IZ F 1 658
IFIP → IZ T 907
IFJ → IZ S 637
IfK → R 860
IFKA → U 2 787
IfKom → S 973
IFLA → IZ T 913
IfIS → T 2 597
IFMA → IZ F 1 757
IFOAM → IZ Q 73
IFoH → IZ S 150
IFO-Institut → t 2 293
IFPI → IZ F 206
IFPS → IZ S 148
IFRA → IZ T 268, IZ T 833
IFRRO → IZ U 117
IfS → U 915
IFSA → IZ U 575
IFSS → IZ U 574
IFSU → O 63
IFSW → IZ R 273
ifta-CERT → T 2 141
IFU → IZ F 1 680
– Fraunhofer-Inst. → t 246
IFUA → T 2 677
IFUW → IZ S 564
IfW → T 1 885, t 2 285
IFWEA → IZ U 809
IfZ → T 3 715
IG BAU → R 307
IG Metall → R 355
IG WKA → f 686
IGA → T 997
IGB → t 242
IGBK → S 1 135
IGC → IZ V 48, IZ W 32
IGD → t 209
IGdA → S 1 266
Igedo-Modemesse → o 602
IGFM → U 938
IGH → F 1 000
igi → t 2 073, IZ F 1 837
IGL-Bundesverband → U 860
IGM → R 355
IGP → IZ K 93
IGPC → H 671
IGR → U 750
IGR-NRW → O 358
IGU → IZ T 158
IGUMED → T 2 848
IGV → F 507
IGWT → IZ T 295
IGZ → U 91
IHA → N 1, IZ H 498
IHD → U 733
IHEU → IZ U 426
IHG → U 1 171
IHK
– Bildungszentrum Koblenz → T 4 150
– Geschäftsführer → S 1 529
– Industrie- u. Handelskammern → E 2 ff
– Technologieberatung Hessen → U 120
IHO → F 202, IZ W 15
IHTK → Q 588
IHV → IZ N 38
IIED → IZ Q 196
IIF → IZ W 34
IIR → T 2 313
IIRB → IZ T 690
IIS → t 192
– Bauelementetechnologie → t 195

IISI → IZ T 310
IITB → t 206
IIW → IZ T 311
IIZ → t 4 104
IJAN → IZ U 206
IJP → O 508
IK → T 2 534
IK Industrieverband Kunststoffverpackungen → F 604
IKB → T 1 352
IKE Inst. für Kernenergetik u. Energiesysteme → T 1 248
IKK → K 146
IKÖ → Q 470
IKRK → IZ T 835
IKTS
– Fraunhofer-Inst. → t 226
IKU → D 192
IKW → F 188
IL → IZ U 427
ILKA-Warenzeichenverband → U 533
ILL → U 861
Illinois Department of Commerce and Community Affairs → E 719
Illustratoren, Interessenverb. d. Repräsentanten → U 2 778
ILO → E 759
ILS → IZ U 495
ILSMH → IZ U 309
ILT → t 229
IM Leipzig → t 2 491
IMACE → IZ F 2 144
IMACS → IZ T 304
Imbißbetriebe → N 34
IME → T 3 934
IMEKO → IZ F 1 758
IMF → IZ R 285
IMH → B 588
IMI → IZ T 570
IMK → U 941
IML → t 213
Immissionsforschung, Lehrstuhl → T 2 711
Immissionsschutz
– Länderausschuß → Q 486
– Staatliche Ämter → B 357 ff
Immobilien
– Berufe → H 716, IZ H 574
– Kaufleute → H 708
– Makler → H 733
– Makler, europ. Vereinigung → IZ S 654
– Rat, Europ. → IZ S 655
– Recht, Forsch.-Verb. → T 391
– Verwalter, Dt. → S 1 488
Immobilienbörsen → I 120 ff
Immun
– Genetik, Dt. Ges. f. → T 3 327
– Hämatologie → Dt. Ges. T 3 424
Immunologie
– Inst. → Klin. IZ T 742
– a.d. Uni, Inst. f. Experimentelle Virologie → T 1 909
IMO → IZ M 194
Impfstoffe, Bds.-Amt → A 217
Import
– Blumen → H 33
– Edelsteine u. Perlen → Bds.-Verb. F 805
– Gemüse → H 196
– Kartoffel → H 196
– Obst- → H 157, H 196
– Rohtabak → H 97
– Spirituosen → H 220
– Vereinigung Nordwest-Bremen → H 169
– Wein → H 220
Importeure
– Arzneimittel, Bds.-Verb. → H 278
– Automobil-Service-Ausrüstungen → F 68
– Edelsteine u. Perlen → H 38
– Fertigwaren → H 307
– Fischmehl → H 245
– Kohle → H 259
– Kraftfahrzeuge → H 273
– Orientteppich, Bds.-Verb. → S 1 574
– Papier → H 281
– tierische Futtermittel → H 245
Imprägnierte Holzbauelemente → U 578, U 699
Impuls-Stiftung f.d. Maschinenbau, d. Anlagenbau u.d. Informationstechnik → T 742
IMS Dresden → t 197
IMS Duisburg → t 196
IMU → IZ T 161
IMV → IZ G 182
IN VIA Kath. Mädchensozialarbeit → U 1 750
INA → IZ O 29
Indische techn. Handelsberatung → E 481
Individual Network → T 3 698
Indo-Pazifische Fischerei Kommission → IZ W 1

Industrial Development Board for Northern Ireland Industrie → E 483
– Abwasser → L 80
– Aluminium, Gesamtverb. → F 697
– Anlagen → europ. Komitee IZ F 204
– Apotheker → S 378
– u. Arbeitgeberverb. Europas, Union → IZ F 1 949
– Ausrüstung → H 684
– Bekleidung → Bds.-Verb. F 96, Verb. F 117
– büro- u. informationstechnische → IZ F 1 067
– Bundesverband → F 1
– Chemische → Verb. F 162
– Designer → S 1 063, selbständige S 1 066
– Fachverbände → F 54
– Feuerfeste → F 144, F 861
– Förderungsgesellschaften → U 349 ff
– Form → S 1 067, T 1 890
– Formgebung → T 1 927
– Forschung → IZ T 262, IZ T 324
– Gaseverband → F 507
– Gaseverband, Europ. → IZ F 982
– Gesellschaft, Deutsch-Britische Stiftung f.d. Studium → E 478
– Gewerkschaft Bergbau, Chemie, Energie → R 320
– Gewerkschaft Metall → R 355
– Gewerkschaften → R 294 ff, IZ R 277
– Halbzeug, Kunststoff → f 597
– u. Handelsclub Südwestfalen → D 204
– u. Handelskammern → IZ E 1, IZ E 3
– u. Handelstag → E 2 ff
– Informations-Zentrum, Franz. → U 28
– Kreditbank → I 38
– Kreditschutzverein → U 733
– Küchenmöbel, Dt. → f 575
– Kultur → Centrum U 3 027
– Kunststoffverarbeitende → F 596, F 611
– Kunststoffverarbeitung → TWV t 321
– Landwirtschaft → Verbind.St. Q 123, Arbeitskreis Q 124
– Ledererzeugnisse → F 582, Ind. F 626
– Maschinen → Großhdl. H 225
– Meister → R 521
– Möbel → IZ F 2 059
– Öfen → TWV T 1 156, IZ F 1 493
– Pensionsvereine → K 41
– Platten, brominierte flammfeste, europ. Hersteller → F 2 065
– Recycling-Baustoff → F 907
– Reinigung, Europ. Dachverband → IZ F 692
– Service, Unternehmensverband → R 205
– Steuerungen → f 349
– u. Bau-Systeme, Wirtschaftsvereinigung → F 281
– u. Gewerbepark Alsdorf → U 140
– Verbände (s. unten)
– Wärmeanlagen → IZ F.1 493
– Werbung → O 532
Industrielle(r)
– Anwendung, Industrieverb. Hygiene u. Oberflächenschutz → F 202
– Arbeitgeberverband Osnabrück-Emsland → R 121
– Energieverbraucher, Europ. Verband → IZ F 1 658
– Formgebung u. -gestaltung → IZ S 566
– Forsch.-Vereinigung → T 266 ff
– Kraftwirtschaft → L 35
– Rekonditionierer → U 541
Industrien
– Kartoffelstärke → d. EU IZ F 1 978
– Union i. d. EG → IZ F 1 949
Industrieverband
– Agrar → F 177
– Bau- u. Bedachungsbedarf → f 247
– Blechumformung → F 841
– Feuerverzinken → F 229
– Friseurbedarf → F 1 016
– Geokunststoffe → F 615
– Hamburg → F 508
– Haus, Heiz- u. Küchentechnik → F 1 045
– Haushalt-, Küchen- u. Tafelgeräte → f 259
– Hygiene u. Oberflächenschutz f. industr. u. institutionelle Anwendung → F 202
– Kfz-Kennzeichenschilder → f 263
– Klebstoffe → F 186
– Kunststoffverpackungen → F 604
– Motorrad Deutschland → F 503
– Papier, Bürobedarf, Schreibwaren → F 830
→ f 271
– Schneidwaren u. Bestecke
INFA → IZ S 147
INFEDOP → IZ R 279
Infektiologie → Dt. Ges. T 3 328
Infektionsbiologie, Max-Planck → t 126

Infektionskrankheiten
– Bundesinstitut → A 213
– d. Tiere, Inst. → T 3 505
Inforfilm
– International → IZ O 31
Informatik
– Angewandte → T 886, Lehrstuhl T 2 705
– Deutsch-Amerikanische Zusammenarbeit → E 735
– Deutsche Ges. → T 884, T 3 349
– Fakultätentag → T 1 355
– Forschungszentrum → T 1 357
– Verbund Stuttgart → T 1 356
Informatiker, Berufsverb. Medizinischer → S 379
Informatikerinnen f. Frieden u. Gesellschaftliche Verantwortung → T 1 358
Information
– Medien, Agrar e.V. → Q 122
– Informationen u. Beratung f. Unternehmen → E 400
Information(s)
– Agrardokumentation → Q 125
– Amt d. Bds. Reg. → A 6
– Bibliothek, Techn. → T 948
– Brot u. Feine Backwaren, Zentrale → T 2 561
– Büros, Zeitungs-Ausschn. → IZ O 98
– Deutsches Institut für medizinische → T 3 276
– Dienst f. Neuzeitl. Bauen → F 94
– Gemeinschaft d. Nagelplattenverwender → U 594
– Gesellschaft f. Pädagogik → R 862
– Institut → T 1 921
– Internationales Versicherungsgeschäft → IZ K 32
– Kontaktstelle → U 35
– Kreis Aufnahmemedien → T 3 596
– Kreis, Kernenergie → L 40
– Ökologie → Q 470
– Psychologische → T 1 920
– Ring, Kreditwirtsch. → T 2 534
– Schmiedstück-Verwendung → U 38
– Stellen → EG G 43
– Systeme → Verb. Organis.- u. T 1 313
– techn. Ges. im VDE → T 1 046
– techn. Industrie, Europ. Verb. → IZ F 1 067
– Technik → T 1 006
– Technik, Stiftung → T 742
– u. Transferst. Werkzeuge u. Werkstoffe U 34
– verarbeitende Berufe → Führungskräfte R 505, Bild.-Zentrum T 3 682
– Verarbeitung → t 206, IZ T 907
– Verarbeitung, Int. Föd. → IZ U 804
– Verbreitung von Werbeträgern → O 535
– Vermittler, Dresdner → U 25
– Vermittlung, Inst. → T 1 344
– Weißblech, Zentrum → U 27
– Wesen, Hochschule → T 981
– Wirtschaft → BITKOM F 372
– Wissenschaft → u. Praxis T 1 918, angewandte T 1 919
– Wissenschaftl. u. techn. → IZ T 308
Informationszentrale
– f. Backmittel u. Backgrundstoffe z. Herstellen von Brot u. Feinen Backwaren → T 2 561
– d. Bayerischen Wirtschaft → T 3 829
Informationszentrum
– Benchmarking → T 256
– Dritte Welt → U 2 082
– f. Erdgas u. andere Kohlenwasserstoffgase → IZ L 98
– f. Gemeinwirtsch. → IZ T 568
– f. Ind. u. Technik, Franz. → U 28
– Milchforschung → A 263
– Raum u. Bau → t 252
– Sozialwissensch. → t 2 360
INFRANEU → T 2 440
Infrastrukturelle Einrichtungen, Sozialwissensch. → T 2 439
Infrastrukturen, Hauptverb. f.d. Ausbau i.d. neuen Bundesländern → T 2 440
Infratest Gesundheitsforschung → T 3 478
Ingenieur(e)
– Abfallwirtsch. → s 892, S 1 036
– Arbeitgeberverband → R 30
– Arbeitsgemeinschaft → S 914
– Aufbereitung, Arb.-Gem. → S 967
– Ausbildung → T 3 914
– Bau- → S 846 ff, s 891
– Baugewerbliche → S 845
– Baumaschinen → F 95
– Bautechnik → S 978, T 1 165 ff
– d. Bauwesens, Europ. Rat → IZ S 447
– Beratende → Union S 959, IZ S 497

Fortsetzung nächste Seite

Ingenieur(e) (Fortsetzung)
- Beruf u. Gesellschaft → T 1 165 ff
- Berufsverbände → IZ S 468
- Bildungswerk → T 1 165 ff
- Büros → Wasserwirtschaft, bayerische S 1 049
- Chemie → IZ T 30
- des öffentl. Dienstes in Deutschland → s 897
- Energietechnik → T 1 165 ff
- Fahrzeugtechnik → T 1 165 ff
- Feinwerktechnik → T 1 165 ff
- Firmen → S 958
- Flugsicherung → S 974
- Gartenbau → S 969, S 1 545
- Hilfe → T 1 165 ff
- Kammern → Saarland S 954, Hessische S 1 000
- Kammern f. d. Honorarordnung → S 976
- f. Kommunikation → S 973
- Konstruktion u. Entwicklung → T 1 165 ff
- Kulturbau- → s 892, S 1 036
- Kunststoff- → f 603, S 970
- Kunststofftechnik → T 1 165 ff
- Lärmminderung → T 1 165 ff
- Landtechnik → T 1 165 ff
- Landwirtschaft → Q 66 ff, S 922
- Luftfahrt, Internat. → IZ S 568
- Materialfluß u. Fördertechnik → T 1 165 ff
- Meß- u. Automatisierungstechnik → T 1 165 ff
- Papier → T 1 886
- Patent → S 975
- Produktionstechnik → T 1 165 ff
- Prüf-, f. Baustatik → S 978
- Reinhaltung der Luft → T 1 165 ff
- Selbständige → S 908, S 917
- Sicherheits- → S 997
- Straßenbau u. Verkehr → Berlin s 900, S 1 001
- Techn. Gebäudeausrüstung → T 1 165 ff
- Techn. Verband Altlasten → S 1 050
- Textil- u. Bekleidung → T 1 165 ff
- TWV → T 892, T 1 165
- u. Architekten, Berufsverband → s 901
- u. Experten, Eurobund → IZ S 394
- Verbände f. d. Honorarordnung → S 976
- Vereine → S 890 ff
- Vereinigung → Darmstadt s 904
- Vereinigungen graduierter bei der EU → IZ S 616
- Vereinigungen, nationale → IZ S 468
- Verfahrenstechnik → T 1 165 ff
- Verkehr u. Straßenbau → S 1 001
- Verlag → T 1 165 ff
- Vermessungs- → S 1 019, IZ S 563
- Versicherungsdienst → T 1 165 ff
- Versorgungstechnik → S 1 035
- Wasserwirtsch. → s 892, S 1 036
- Weinbau- → S 1 051
- Werkstofftechnik → T 1 165 ff
- Wirtschaft → S 1 052
- Zellstoff → T 1 886
- Zentralverband → S 915

Ingenieurinnenbund → S 921
INGEWA → S 958
IngKH → S 1 000
Inhaber optischer Geschäfte → S 1 528
Inhabergeführte Werbeagenturen → O 540
INIFES → t 2 428
Initiative
- Beim Halten Motor abschalten → Q 488
- Jugendpresse → O 508
- Nord-Süd, Germanwatch → T 1 114
- Tageszeitung → T 3 918
- Verbraucher → U 1 161
- Wohnbund → U 517

Initiativkreis Ruhrgebiet → D 173
Inkasso
- Verbände, Föderation europ. → IZ O 215
- Inkasso-, Detektei- u. Auskunftei-Unternehmer, Verb. → O 630
- Inkasso-Unternehmen, Deutsche, Bds.-Verband → O 629

inkom → T 3 725
INKOTA-Netzwerk → U 2 053, u 2 709
INMARSAT → IZ T 905
Innen
- Architekten → S 877 ff
- Minister, Bds. → A 10
- Türen → Gütez. U 579

Innere Medizin → Dt. Ges. T 3 329
Innova
- Allgäu HighTechPark → U 92

Innovation(s)
- Agentur → U 125
- Aktion in Europa → IZ T 964
- Aktionsgemeinschaft → T 1 901

Innovation(s) (Fortsetzung)
- Beratung → Uni Gesamthochschule Kassel U 123, IHK Bonn U 143
- Europ. Vereinig. f. d. Transfer → IZ T 246
- Förderung → Thüringer Agentur U 215
- Forschung, Inst. → T 1 907, Fraunhofer Inst. t 2 396
- Gesellschaft → U 185
- i.d. Keramik, Verein → T 1 244
- Park Jena → U 185
- Politik, Ruhr-Forschungsinst. → D 176

Innovations(s)
- u. Technologietransfer → U 195

Innovative
- Produktentwicklung → t 284
- Unternehmen u. Einrichtungen z. Förd. d. Forschung i.d. neuen Bundesländern → T 2 301
- Verfahren in der Logistik → T 3 633
- Zusammenarbeit in Europa, Verb. → IZ U 819

Innovativer
- Technolog.-Untern., Forum → U 93

Innungs-Krankenkassen → K 146
INPA → t 132
INQUA → IZ T 162
INRIVER → T 2 547
Insolvenzwesen → U 764
Installations
- Bedarf → Großhdl. H 79
- Geräte → Ind. f 341
- Handwerk → G 395
- Systeme → Ind. f 341

INSTAND → T 3 417
Instandhaltung
- Entwässerungskanäle u. -leitungen → U 664
- Gebäudetechnik → f 678
- Gesellschaft → T 1 317

Instandsetzung v. Betonbauwerken
- Bundesgütegem. → U 662

Instandsetzungsbetriebe, Motoren- → IZ G 167
Institut
- f. dt. u. europ. Gesellschafts- u. Wirtschaftsrecht → T 3 600
- d. Dt. Wirtschaft → T 2 184
- Entomologisches → T 1 055
- f. Experiment. Virologie u. Immunologie → T 1 909
- f. Energie- u. Umwelttechnik → T 987
- f. Ernährungsmedizin u. Diätetik → T 3 313
- f. Geowiss. Gemeinschaftsaufgaben → T 2 694
- f. Sozialwissenschaften → Humboldt-Uni. t 2 363
- , Frobenius → T 3 709
- f. Hochschulforschung Wittenberg → T 4 181
- f. Kybernetik → R 860
- f. Lebensmittel → T 395
- f. Markt- u. Verbraucherforschung T 2 526
- Missio, Missionswissenschaftl. → U 3 118
- f. Möbel- u. Materialprüfung → T 2 080
- f. Sozialforschung u. Gesellschaftspolitik → t 2 406
- f. Soziologie, Uni Leipzig → t 2 409
- f. Soziologie, Uni München → t 2 418
- f. Umweltwissenschaft u. Lebensrechte → Q 465

Institutionelle Anwendung, Industrieverb. Hygiene u. Oberflächenschutz → F 202
Institutionen (Genf) → IZ U 821
Instituto National de Pesquisas da Amazonia
- Schaltungen → t 132

Instrumentalgruppen, Dt. Föderation → O 75
INT → t 250
Integration, Europ. → T 2 352, IZ U 675
Integrationsförderung → T 1 708
Integrationsforschung d. Stiftung Europa-Kolleg Hamburg → T 733
Integrierte → t 192, Bauelementetechnologie t 195
- Umweltforschung u. -beratung → S 1 104

Integrierter
- Umweltschutz → Q 338

Intelsat → IZ T 901
Intensiv-Medizin → Dt. Ges. T 3 331, T 3 359
Interalliierte
- Reserveoffiziervereinigung → IZ R 245
- Vereinigung der Sanitätsoffiziere der Reserve → IZ R 246

INTERBOR → IZ G 168
Interdisziplinäre
- Arbeitsgruppe, Kabelkommunikation → T 1 352
- Forschung → T 4 177

Interdisziplinäre (Fortsetzung)
- Gesellschaft f. Umweltmedizin → T 2 848
- Studienges. f. praktische Psychologie T 2 885
- Zyklenforschung → IZ T 571

Interessengemeinschaft
- Anonyme Alkoholiker → U 1 940
- d. Anzeigenverwaltungen f. IHK-Zeitschriften i. Baden-Württemb. → E 13
- d. Dance Alive Specialists → T 3 480
- d. DDR-Grundbesitzer → U 1 019
- deutscher akad. Fliegergruppen → M 251
- deutschssprachiger Autoren → S 1 266
- Fett → H 231
- Geburt an Behinderter → U 2 015
- d. Haus- u. Grundeigentümer i.d. neuen Bundesl. → U 849
- d. Holzschutzmittelgeschädigten → U 1 171
- Kunstflug → M 271
- Luftverkehrssicherheit Deutschland → U 860
- Mittelständischer Mineralölverbände → H 227
- d. Münz-Automatengewerbes → O 645
- Nordbayerischer Zeitarbeitunternehmen → R 276
- Norddeutsche Schiffsversicherungs-Vereine → K 375
- Rundfunk-Fernempfang → O 386
- unabhängiger Videoproduzenten → O 269
- Unipor-Ziegel → F 947
- Windkraftanlagen → f 686
- Zone enteigneter Betriebe → U 944
- Zuckerrübenanbau Mitte → Q 224

Interessenverband
- Deutscher Leasing-Unternehmen → O 704
- Deutscher Schauspieler → O 220
- d. Repräsentanten f. Fotografen u. Illustratoren → U 2 778
- Selbständiger → U 820
- Unterhalt u. Familienrecht → U 908
- d. Videofachhandels → T 1 862

Interessenvereinigung Gemeinnütziger Rundfunk in Nordrh.-Westf. → O 358
Interessenvereinigung f. human. Jugendarbeit → U 1 426
Interessenvereinigung d. Senioren 83 → U 1 362
Interessenvertretung Behinderter → U 1 636
INTEREXPO → IZ O 209
INTERGRAF → IZ F 1 720
INTERGU → IZ T 868
interkey Fachverb. Europ. Sicherheits- u. Schlüsselfachgeschäfte → IZ G 147
INTERKEY I → IZ G 147
INTERKOM → O 579
Interkommunale Arb. Gem. f. Wirtschaftsförderung → U 225
Interkulturelle
- Arbeit, Verb. f. → U 936

Interkulturelle Begegnungen → U 2 817
Interkulturelles Lernen, Europ. Vereinig. → IZ U 645
Interlaine → IZ F 96
International
- Association of Law Libraries → T 979
- Law Association → T 3 587
- Organization for Migration → E 757, e 758
- Platinum Association → F 819
- School → O 712

Internationale
- Ärzte f. d. Verhütung d. Atomkrieges → Q 360
- Agrar- u. Wirtschaftsentwicklung → TWV T 2 586
- Agrar-Bibliothekare u. -Dokumentalisten → IZ R 270
- Agrarwirtschaftler-Vereinig. → IZ S 392
- Amateurtheater-Organisation → IZ O 8
- Angelegenheiten, Inst. → T 3 609
- Antiquariats-Buchhändler → IZ H 496
- Arbeiterbildung → T 1 708
- Arbeitsgemeinschaft d. Archiv-, Bibliotheks- u. Graphikrestauratoren → IZ G 149
- Arbeitsgemeinschaft d. Papierhistoriker → IZ T 153
- Arbeitsorganisation → E 759, IZ V 17
- Architekten, weibliche → IZ S 567
- Assoziation deutschsprachiger Medien → O 705
- Ausstellungsunternehmen → IZ O 205
- Automobil-, Fahrrad-, Motorrad- u. Sportmessen, Organisationskomitee → IZ O 210
- Automobile → IZ U 491
- Bachakademie Stuttgart → T 773
- Bank d. Wiederaufbau u. Entwicklung → IZ V 21
- Bau- u. Holzarbeiter → IZ R 274

Internationale (Fortsetzung)
- Bausparkassen → IZ I 87
- Begegnung, Service-Büro → N 31
- Begegnungen → Freundeskreis T 2 208
- Berufs- u. Geschäftsfrauen → IZ R 63
- Berufskraftfahrer-Vereinigung → IZ R 265
- bibliothekarische Vereine u. Institutionen → IZ T 913
- Bibliotheken Techn. Universitäten, Vereinig. → IZ T 302
- Bienenforschung → IZ T 679
- Binnenschiffahrts-Union → IZ M 192
- Bodenkundl. Gesellsch. → IZ T 269
- Bodensee-Messe → o 607
- Buchhändler-Vereinig. → IZ H 493
- Chirurgie, Unfallchirurgie u. Orthopädie, Ges. → IZ T 819
- Christliche Arbeiterjugend → IZ U 201
- Christliche Hospize, Verb. → IZ N 40
- Christliche Rundfunkgemeinschaft → IZ O 48
- Christliche Unternehmervereinigung → IZ R 27
- Congress Akadem. → O 625
- Detektive → O 689
- Dokumentation, Vereinigung → IZ T 914
- Drahtindustrie, Verb. → IZ F 1 824
- Druck-Industrie → IZ F 1 720
- Edelsteinexperten → TWV T 1 065
- Elektrotechn. Kommission → IZ T 270
- Energie-Agentur → IZ L 141
- Entwicklung → Stiftung U 2 042
- Entwicklung, Ges. → U 2 044
- Essenzen-Industrie → IZ F 1 821
- Europäische Bewegung → IZ U 306
- Europäische Vereinigung d. Naturwerksteinindustrie → IZ F 1 662
- Familienfragen → U 1 173
- Fernmelde-Union → IZ T 902
- Filmfestspiele Berlin → IZ O 182
- Filmpresse → IZ O 29, IZ O 100
- Flug-Ambulanz → U 862
- Flugleiterverb. → IZ R 271
- Flugsicherungs-Union → IZ K 45
- Föderation d. Rotkreuz- u. Rothalbmondgesellschaften → IZ T 818
- Föderation v. Chemie-, Energie-, Bergbau u. Fabrikarbeitergewerkschaften → IZ R 266
- Förderung d. Transfers v. Umwelttechnologie → T 2 189 → IZ T 560
- Forschungsgem. f. Einkommen u. Wohlstand – Forschungsgesellschaft f. Kinder- u. Jungendliteratur → IZ T 157
- Forschungsgruppe f. Tiefziehen → IZ T 272
- Forschungsinstitute f. Verpackung → IZ T 303
- Gasindustrie, Vereinig. → IZ F 1 760
- Geistige Behinderung → IZ U 309
- Gem. f. Forschung u. Prüfung → IZ T 273
- Gemeinschaft f. industrielle Formgebung u. -gestaltung → IZ S 566
- Geographische Union → IZ T 158
- Geologische Wissenschaften → IZ T 169
- Gerbervereinigung → IZ F 1 690
- Gerontologie → IZ T 826
- Ges. f. Warenwissenschaften → IZ T 295
- Ges. f. Gruppenpsychotherapie → IZ T 821
- Ges. f. Medien i. d. Wissenschaft → IZ O 25
- Ges. für Menschenrechte → U 938
- Ges. f. Musik i. d. Medizin → IZ T 822
- Ges. f. Musiktheater u. Architektur → IZ O 11
- Ges. f. Photogrammetrie → IZ T 294
- Ges. f. Solarenergie → IZ L 129
- Ges. f. Wissensorganisation → IZ T 159
- Gesundheit u. Liebeserziehung → IZ.T 832
- Getreidewissenschaften- u. Technologie → IZ T 680
- Gewerbe-Union → IZ U 114
- Glas Kommission → IZ T 297
- Großhandel → IZ H 240
- Häute-, Fell- u. Lederhändler-Verb. → IZ H 268
- Handelskammern → E 239 ff, IZ E 1
- Handelsvertreter-Vereinigung → IZ H 549
- Heinrich-Schütz-Gesellschaft → IZ U 805
- Hersteller Gummierte Papiere → IZ F 1 827
- Hersteller von Wellkisten, Verb. → IZ F 1 826
- Hochspannungskonferenz beim VDE, Dt. Komitee → T 1 045
- Hotelier-Vereinigung → IZ N 38
- Hotels → N 30, IZ N 39
- Hydraulische Forschung → IZ T 230
- Hydrogeologen, Assoz. → IZ T 154
- Information u. Dokumentation → IZ T 914

Internationale (Fortsetzung)
- Informationsverarbeitung, Förd. → IZ U 804
- Ingenieure, Beratende → IZ S 497
- Interdisziplinäre Zyklenforschung → IZ T 571
- Journalisten-Föd. → IZ S 637
- Jugendarbeit → U 1 433, Dt. Nationalkomitee U 1 442
- Jugendbibliothek → U 1 570
- Jugendgemeinschaftsdienste → T 3 782
- Juristen-Kommission → Dt. Sektion T 3 514, IZ T 869
- Kaffee-Organisation → IZ F 1 659
- Kakao-Organisation → IZ F 1 691
- Katholische Film- u. Audivisuelle Organ. → IZ O 27
- Katholische Studentenjugend u. -bewegung → IZ U 207
- Kautschuk-Forschung u. -Entwicklung → IZ T 306
- Kautschuk-Vereinigung → IZ F 1 692
- Kleingärtner u. Schrebergärtner, Büro → IZ Q 104
- klinische Chemie → IZ T 827
- Kommission f. Alkoholismusvorsorge → IZ U 308
- Kommission f. Kohlenpetrologie → IZ T 298
- Kommission f. Optik → IZ T 160
- Kommission zum Schutz des Rheins → Q 639
- Kommunikation u. Kultur, Ges. → O 579
- Konferenz f. große Hochspannungsnetze → IZ L 2
- Konferenz d. Landwirtschaftskammern → IZ Q 72
- Kontakte, Organisation → U 3 061
- Kontakt-Gruppen → U 1 562
- Kosmetikerinnen → IZ S 147
- Krankentransporte, Verein f. → U 1 918
- Krebsbekämpfung, Vereinig. → IZ U 314
- Kreditversicherungs-Vereinig. → IZ I 113 → U 2 859
- Kulturelle Zusammenarb., Goethe Inst.
- Kurierdienste → M 122
- Land- und Bauernjugendbewegung, katholische → IZ Q 71
- landwirtschaftl. Erzeuger → IZ Q 103
- Liberale → IZ U 427
- Limnologie, Vereinig. → IZ T 192
- Literatur u. Kunst → IZ U 592
- Luftverkehrsliga → U 861
- Malermeisterverb. → IZ G 166
- Margarine-Verb. → IZ F 1 757
- Marktstudien → IZ T 559
- Mathematik u. Computerrechnungen → IZ T 304
- Mathematische Vereinig. → IZ T 161
- Meinungsforschung → IZ T 908
- Menschenrechtsorganisation → U 940
- Meß- u. Automatisierungstechnik, Verb. → IZ T 309
- Migration u. Entwicklung → U 2 054
- Mittel- u. Großbetriebe d. Einzelhandels, Vereinig. → IZ H 376
- Möbelspediteure → IZ M 229
- Motor-Fachpresse → S 1 366
- Motorinstandsetzungsbetriebe → IZ G 167
- Musikbibliotheken, Musikarchive u. Musikdokumentationszentren → IZ T 910
- Musikervereinigung → IZ R 267
- Musikwettbewerbe → IZ U 573
- Navigationsinstitute → IZ M 197
- Öffentl. Finanzen → IZ T 569
- Olympische Sommerspielvereinigungen, Verb. → IZ U 586
- Organisation f. Normung → IZ T 539
- Organisation f. Senioren → IZ U 208
- Orthopädie-Schuhtechniker → IZ G 184
- Patentanwälte → IZ S 212
- Pharmazeutische Föd. → IZ F 1 706
- Photogrammetrie u. Fernerkundung, Ges. → IZ T 294
- Politik u. Sicherheit → T 803
- Politikberatung → IZ U 428
- Pressevereinigung f. d. Rennsport → IZ O 97
- Privatkrankenanstalten → IZ T 831
- Probleme, Sozialwissenschaftl. Studienkreis → IZ T 894
- Psychoanalytische Ges. → IZ S 148
- Quartärvereinigung → IZ T 162
- Raiffeisen-Union → IZ I 45
- rechtliche Zusammenarbeit, Dt. Stiftung → T 724
- Rehabilitation d. Behinderten, Ges. → IZ U 307
- Reisejournalisten u. -Schriftsteller → IZ S 642

Fortsetzung nächste Spalte

Internationale (Fortsetzung)
- Reis-Forschung → IZ T 314
- Röntgenologische Einheiten u. Maße → IZ T 538
- Saatenhandels Vereinig. → IZ H 272
- Saatgutprüfung → IZ T 685
- Sachverständigenorganisation → IZ S 670
- Satelliten-Mobilfunk-Organisation → IZ T 905
- Schalentragwerke → IZ F 1 759
- Schauspielervereinigung → IZ R 286
- Schiffsmakler- u. agenten-Verb. → IZ H 575
- Schulen, Vereinig. → IZ T 988
- Schweißtechnik → IZ T 311
- Schwerhörigen, Vereinig. → IZ U 313
- Seefahrt → IZ M 199
- Selbstbedienungs-Organ. → IZ H 497
- Softball-Vereinigung → IZ U 475
- Sozialarbeiter → IZ R 273
- Soziale Dienste → U 1 420
- Spediteurorganisationen → IZ M 230
- Spinnereiarbeiten → IZ F 1 765
- Sportbootindustrie → IZ H 494
- Sportvereinigungen, Allg. Verb. → IZ U 462
- Straßentransportunion → IZ M 116
- Technische u. Wirtschaftl. Zusammenarbeit, Inst. → T 3 697
- Telekommunikation in d. Luftfahrt → IZ T 906
- Telekommunikation Satelliten-Organisation → IZ T 901 → IZ R 268
- Textil-, Bekleidungs- u. Lederarbeiter-Vereinigung– Textilindustrie → IZ F 1 774
- Tischtennis-Bund → IZ U 466
- Tonjägerförderation → IZ U 476
- Transportarbeiter-Förd. → IZ R 269
- Treffen, Verb. → IZ O 207
- Übersetzer-Vereinigung → IZ S 638
- Union z. Bekämpfung v. Tuberkulose u. Lungenkrankheiten → IZ U 311
- Union z. Erhaltung d. Natur u. d. natürl. Hilfsquellen → IZ Q 223
- Union f. Elektrizitätsanwendungen → IZ T 321
- Union der Handelsvertreter u. Handelsmakler → IZ H 557
- Union f. Kristallographie → IZ T 163
- Union d. Lebensmittel-, Landwirtsch.-, Hotel-, Restaurant-, Cafe- u. Genußmittelarb.-Gewerkschaften → IZ R 247
- Vegetarier Union → IZ U 806
- Verbände → IZ U 818
- Verbände in Belgien → IZ U 820
- Vereinheitlichung des Privatrechts, Inst. → IZ T 876
- Vereinig. d. Hartwaren u. Haushaltsartikel → IZ H 498
- Vereinig. f. Weltspiele → IZ U 670
- Vereinigung d. Audiovisuellen Autoren → IZ S 639
- Vereinigung d. Auflagenkontrolleinrichtungen → IZ U 115
- Vereinigung d. Automobilsachverständigen → IZ S 677
- Vereinigung d. Beamten → IZ T 893
- Vereinigung Biologischer Landbau-Bewegungen → IZ Q 73
- Vereinigung Europ. Rübenanbauer → IZ Q 74
- Vereinigung d. Filmkunst- u. Experimentiertheater → IZ O 28
- Vereinigung d. graphischen Gewerbes → IZ S 645
- Vereinigung d. klassischen Studiums → IZ T 980
- Vereinigung d. liberalen u. radikalen Jugend → IZ U 429
- Vereinigung f. Meßtechnik → IZ F 1 758
- Vereinigung f. Soziale Sicherheit → IZ K 37
- Vereinigung f. d. Studium d. Versicherungswirtschaft → IZ T 563
- Vereinigung d. Theaters f. Kinder u. Jugendliche → IZ O 13
- Vereinigung f. Urheberrechts-Organisationen → IZ U 117
- Vereinigung f. Versicherungsrecht → IZ T 873
- Verkehrssicherheitsorganisation → IZ M 117
- Verleger-Union → IZ O 99
- Verwaltungswissenschaften → T 2 346, IZ T 892
- Warenhausvereinigung → IZ H 519
- Wasserski-Vereinigung → IZ U 502
- Wein- u. Spirituosen Ind. → IZ F 1 795
- Wirtschaftswissenschaften, Verb. → IZ T 567

Fortsetzung nächste Spalte

Internationale (Fortsetzung)
- Wirtsch.-Veranstaltungen → IZ O 209
- Wissenschaftl. Ges. → IZ T 34
- wissenschaftl. u. techn. Information → IZ T 308
- Wollvereinigung → IZ F 1 796
- Zeitungsausschnittbüros → IZ O 98
- Zusammenarbeit, Institut → t 4 104
- Zusammenarbeit, Vereinig. → U 3 123
- Zusammenschlüsse → IZ V 1 ff

Internationaler
- Aerosol Verb. → IZ F 1 817
- Ärztinnenbund → IZ S 149
- Akademikerinnen-Bund → IZ S 564
- Arbeitgeber-Verb. → IZ R 62
- Arbeitskreis, Archiv Frau u. Musik → O 74
- Arbeitskreis f. Musik → IZ O 15
- Architekten-Verb. → IZ S 565
- Archivrat → IZ T 911
- Ausschuß d. Essighersteller → IZ F 1 935
- Autismus in Europa, Verb. → IZ U 317
- Basketball-Verband → IZ U 540
- Behindertenverb. → IZ U 316
- Bildungsaustausch → IZ T 983
- Brückenbau u. Hochbau, Vereinig. → IZ F 1 754
- Bund Freier Gewerkschaften → IZ R 277
- Bund f. Humanistik u. Ethik → IZ U 426
- Bund f. Sozialarbeit → U 1 933
- Bustouristik Verband → M 126
- Christlicher Jugendaustausch → IZ U 211
- Club Hannover → T 2 208
- Diabetes-Bund → IZ U 315
- Einkaufsverb. → IZ P 41
- Eisenbahnverb. → IZ M 53
- Eisenbahnverkehr → IZ W 41
- Eislauf-Verband → IZ U 544
- Fremdsprachenlehrer-Verb. → IZ R 282
- Gemeinde-Verb. → IZ W 21
- Genossenschaftsbund → IZ P 1
- Gerichtshof → IZ V 50
- Gewässerschutz- u. Kontrolle → IZ T 684
- Gewerkschaftsausschuß d. Arbeiter d. audiovisuellen Ind. → IZ R 283
- Gläubigerschutzverb. → U 734
- Handel mit Blumenzwiebeln u. Pflanzen → IZ H 342
- Haus- u. Grundbesitz, Vereinig. → IZ U 118
- Hebammenbund → IZ R 284
- Heilpraktiker-Verband → IZ S 150
- Herstellerverband gegen Tierversuche in der Kosmetik → Q 588
- Hilfsfond → U 1 638
- Jugendaustausch- u. Besucherdienst d. BR Deutschl. → U 1 400
- Koordinationsverb. f. Frachtgut → IZ M 231
- Kunstkritikerverb. → IZ S 644
- Linien-Flugzeugführer-Verb. → IZ R 272
- Luftverkehrs-Verb. → IZ M 220
- Metallgewerkschaftsbund → IZ R 285
- Milchwirtschaftsverb. → IZ Q 126
- Museumsrat, Dt. Nationalkomitee → U 3 099
- Musikrat → DMR O 86, IMC IZ O 14
- Musikwettbewerb der ARD → O 124
- Ölmühlen-Verb. → IZ F 1 820
- Oenologenverb. → IZ S 393
- Pferdesport → IZ U 552
- Rat f. Forschung u. Innovation i.Bau u. Konstruktion → IZ T 912
- Rat d. Frauen → IZ U 225
- Rat f. Luftfahrtwissensch. → IZ T 307
- Rat f. Meeresforschung → IZ T 686
- Rat f. Mittel- u. Osteuropastudien → IZ T 891
- Rat f. Musik → IZ O 16
- Rat f. Sozialwissenschaften → IZ T 565
- Rat f. Vogelschutz → IZ Q 225
- Rat d. wissensch. Gesellschaften → IZ T 34
- Riechstoffverb. → IZ T 833
- Samenhandelsverband → IZ H 272
- Sanitär- u. Heizungsgroßhandel → IZ H 270
- Schiffahrtsverband → IZ M 195
- Schwimm-Verb. → IZ U 559
- Ski-Verband → IZ U 560
- Sozialdienst, Dt. Zweig → U 1 919
- Soziologischer Verb. → IZ T 566
- Straßenverband → IZ M 118
- Straßenverkehr, Arb.-Gem. z. Förd. u. Entwicklung → T 3 668
- Studentenaustausch → IZ T 978
- Suchdienst → IZ U 119
- Süßstoff-Verb. → IZ H 273
- Surf-Verband → IZ U 564
- Transport-Versicherungs-Verb. → IZ K 47
- Verband d. Backwaren-Ind. → IZ F 1 822
- Verband f. Fernheizung, Fernkühl. → IZ L 131

Fortsetzung nächste Spalte

Internationaler (Fortsetzung)
- Verband f. öffentl. Verkehrswesen → IZ M 225
- Verband d. Immobilienberufe → IZ H 574
- Verband d. Möbelstoff-Fabrikanten → IZ F 1 828
- Verband d. Verarbeiter v. Chemiefaserfilament u. Naturseidengarnen → IZ F 1 830
- Verband d. Versicherungs- und Rückversicherungs-Vermittler → IZ K 48
- Verband f. Wandbekleidungsherst. → IZ F 1 837
- Versicherungs-Pool f. Altersversorgung → IZ K 93
- Versicherungsrat → IZ K 33
- Währungs-Fonds → IZ I 26
- Zusammenschluß Hülsenfrucht-Handel u. d. Industrie → IZ H 313

Internationales
- Arbeitsamt → IZ V 17
- Bankiers-Forum → IZ I 25
- Behälter Büro → IZ M 233
- Büro d. Beton- u. Fertigteilindustrie → IZ F 1 838
- Büro f. Kakao, Schokolade u. Süßwaren → IZ H 274
- Büro d. Klein- u. Familiengärtner → IZ Q 104
- Büro f. Recycling → IZ F 173
- Dachdeckerhandwerk, Föd. → IZ G 150
- Daunen- und Federn-Büro → IZ F 1 853
- Design Zentrum → S 1 060
- Fachinst. f. Steuer- u. Wirtschaftsrecht → T 2 344
- Fair-Play-Komitee → IZ U 318
- Fertigbeton-Büro → IZ F 1 838
- Film-Archiv → IZ T 904
- Förder- u. Produktionsforum d. Erdölindustrie → IZ L 97
- Forschungszentrum f. Konjunkturumfragen → IZ T 233
- Gebäudereinigungsgewerbe → IZ F 1 682
- Grünes Kreuz → IZ T 834
- Hochschulstudium → IZ T 884
- Informationszentrum f. Erdgas u. andere Kohlenwasserstoffgase → IZ L 98
- Inst. f. Berufsbildung → T 3 869
- Inst., Konrad-Adenauer-Stiftung → T 763
- Inst. f. Umwelt u. Entwicklung → IZ Q 196
- Kali-Institut → IZ T 312
- Kaufmännisches Bildungswesen, Ges. → IZ T 977
- Komitee v. Roten Kreuz → IZ T 835
- Komitee d. Verarbeiter v. Papier u. Pappe → IZ F 1 694
- Kraftfahrzeuggewerbe → IZ H 520
- Kuratorium f. das Jugendbuch → IZ U 811
- Management-Inst. → IZ T 570
- Meeres-Forum d. Ölgesellschaften → IZ Q 197
- Netz selbst. Direct-Marketing-Agenturen → IZ O 153
- Patentrecht, Inst. → t 148
- Presseinstitut → IZ O 103
- Privat- und Wirtschaftsrecht, Inst. → T 3 602
- Privatrecht, Inst. → t 158
- Recht → Inst. T 3 597, IZ T 847
- Seebüro → IZ M 198
- Seerecht → T 3 578
- Sozialrecht → t 166
- Statistisches Inst. → IZ T 234
- Steuerrecht → T 3 580, T 3 606
- Strafrecht, Inst. → t 167
- Urheberrecht → Inst. t 148, IZ T 868
- Versicherungsgeschäft → IZ K 32
- Werbe-Festival → IZ O 154
- Wettbewerbsrecht, Inst. → t 148
- Wirtschaftsrecht → T 3 598

Internatsschulen → T 3 957

Interne Revision, Dt. Inst. → T 2 313

Internet Nutzung → T 3 675

Internisten → S 135

Internistische Intensivmedizin → Dt. Ges. T 3 331

Interparlamentarische Arb. Gem. → U 2 654, IZ W 36

INTERSTENO → IZ U 804

Interuniversitäres Inst. f. Soziale Massnahmen → IZ T 555

Invest in France Agency → E 465

Investitionen, Ausländische, Tunesisches Förderungsamt → E 715

Investitionen in Großbritannien → E 476

Investitions
- Gesellschaft, Dt. → U 2 043
- Güter-Marktforschung → T 2 523
- Kreditbanken, priv. → I 80

Investment
Investor
- Fonds, Europ. → IZ I 4
- Gesellschaften → I 87
- Promotion Agency Niedersachsen → U 370
- Vereinigung, Europ. → IZ I 89
- Versicherung, Spezialversicherer → IZ I 114
- Relations Kreis, Dt. → I 142
INZ → R 276
IOB → U 944
IOC
- anerkannten int. Sportvereine, Verb. → IZ U 503, IZ U 587
IOCCC → IZ H 274
IOF → t 203
IOFI → IZ F 1 821
IOM → e 758, IZ W 17
IOMTR → IZ H 520
IPA → U 370, IZ T 231
- Fraunhofer-Inst. → t 216
IPB → T 2 551, IZ U 428
IPH → IZ T 153
IPI → IZ O 103
IPK → t 214
IPM → Fraunhofer-Inst. t 215
IPM-Massenkommunikation → T 3 679
Ipsos Deutschland → t 2 493
IPT → t 230
IPTS → A 116
IPU → IZ W 36
IPV → f 766
IRA → IZ F 1 692
IRB → t 252
IRD → T 2 178
IRELA → IZ T 890
IRES Marketing → t 2 494
IRF → IZ M 118, IZ U 553
Irische
- Industrie-Entwicklungsbehörde → E 484
Irische(s)
- Zentrum f. Handel u. Technologie → E 485
IRPA → IZ O 97
IRRDB → IZ T 306
IRRI → IZ T 314
IRSG → IZ T 296
ISA → IZ T 988, IZ U 564
ISAF → IZ U 555
ISAS → T 1 382
ISB → I 39
ISBN-Agentur BR Deutschl. → O 440
ISC → t 232
ISD → IZ U 119
ISDA → t 2 367
ISE → IZ T 880
- Fraunhofer-Inst. → t 245
ISEB → T 1 158
ISEP → IZ U 228
ISES → IZ L 129
ISET → T 1 378
ISF → t 2 421
ISFA → IZ F 25
ISG → IZ U 805
ISI → t 2 396, IZ T 234
- Fraunhofer-Inst. → t 251
ISIT → t 199
ISKO → IZ T 159
ISL → T 3 673, U 2 019
Islamischer Weltkongreß → U 2 442
Islamrat → U 2 442
ISM → IZ S 496
ISME → IZ O 10
ISO → IZ G 153, Int. Normung IZ T 539
Isocyanathersteller, europ. → IZ F 1 264
Isoglucoseerzeuger d. EG → IZ F 2 142
Isolationshersteller, europ. → IZ F 1 265
Isolier
- Glas → Hersteller H 133, Mehrscheiben U 592
- Unternehmen → IZ F 795
Isolierte Drähte → Ind. f 340
ISPRS → IZ T 294
Israel Trade Center → E 492
Israelisch-Deutsche IHK → E 288
Israelitische Gemeinden → U 2 387 ff
ISS → T 2 869
ISSA → IZ K 37
ISSC → IZ T 565
ISSMFE → IZ T 293
ISSO → IZ H 497
ISSS → IZ T 269
ISST → T 1 217
IST → t 231
ISTA → IZ T 685
I.S.W.A. → IZ F 1 753
ISWA-Inst. → T 4 004
ISZ → F 515
ITA → t 248

Italienisch
- Deutsche Freundschaft → E 497
- Deutsches Kulturinstitut → E 498
- Kath. Arb.-Nehmer-Bewegung in Deutschland → R 446
Italienische
- Handelskammer → f. Deutschland E 291, München E 292
- Verwaltungsrichter/innen → S 569
ITALKAM → E 291
ITB → t 2 338
ITBLAV → IZ R 268
item → T 2 526
ITF → IZ R 269
ITG → T 1 046
ITI → IZ O 21
IT-Industrie
- Verb. d. Jap. Elektronik- u. → IZ F 2 143
ITMF → IZ F 1 774
ITPD → T 1 147
ITU → IZ T 902
ITUT → T 2 189
ITVA → T 1 864, IZ O 50
IUAI → IZ K 45
IUC → IZ T 163
IUCAB → IZ H 557
IUCII → IZ I 114
IUCN → IZ Q 223
IUCT → t 249
IUF → IZ R 247
IUFRO → IZ T 687
IUGG → IZ T 171
IUGS → IZ T 169
IULA → IZ W 21
IUMI → IZ K 47
IUMS → IZ T 170
IUNS → IZ T 683
IUPAB → IZ T 164
IUPAL → IZ T 165
IUPAP → IZ T 166
IUPsyS → IZ T 825
IUTA → T 987
IUTAM → IZ T 168
IV B+B → f 247
IVBH → IZ F 1 754
IVE → IZ P 41
IVEST → f 260
IVF → F 1 016
IVG → F 518
IVK → F 607
IVM → F 503, F 545
IVO → IZ G 184
IVSB → f 271
IVU → IZ O 99, IZ U 806
IVV → t 244
IVW → O 535
IWC → IZ W 20
IWF → IZ I 26
IWG → t 2 275
IWH → t 282, T 2 300
IWM → t 234, T 2 691
IWO → T 1 311
iwö → Q 466
IWS → t 236
IWSF → IZ U 502
IWTO → IZ F 1 796
IWU → Q 609
- Fraunhofer-Inst. → t 233
IYCW → IZ U 201
IYNF → IZ U 206
IZA → T 2 350
IZB → T 256
IZF → T 1 984
IZFP → t 237
IZM → t 200
IZT → T 2 348

J

JADE → IZ U 257
Jagd
- Aufseher, Bundesverb. Dt. → Q 559
- Kunde → T 2 713
- Schutz → Q 583
- Schutzverb. i.d. EU, Zusammenschluß → IZ Q 160
- Waffen, Europ. Inst. → IZ F 1 406
- Waffen, Groß- u. Außenhandel → H 84
Jahresringe, Verb. f. Vorruhestand u. aktives Alter → U 1 351
Jakob Wilhelm Mengler Stiftung → T 788
Jakob-Kaiser-Stiftung → T 781
Jalousienbau → Hdw. G 663
Japanisch
- Deutsches Zentrum Berlin → E 500
- External Trade Organisation → E 547

Japanische
- Elektronik-Industrie → IZ F 2 143
- Industrie- u. Handelskammer zu Düsseldorf → E 296
Japanstudien, Dt. Inst. → E 546
JAPS → Q 652
JAR → S 1 342
Jazz-Föderation, Dt. → O 123
Jazz-Institut Darmstadt → O 122
JCT → T 3 937
JDAV → U 1 502
JDW → S 630
JEF → IZ U 431
Jemenitische Ges., Dt. → E 551
JETRO → E 547
Jeunesses Musicales Deutschland → O 72
JGHF → T 377
Jiu-Jitsu-Bund, int. → IZ U 549
Joachim
- Jungius-Gesellschaft d. Wissenschaften → T 848
Johann-Gottfried-Herder-Forschungsrat → T 377
Johanniter
- Unfall-Hilfe → U 2 030
Johann-Wolfgang-Goethe-Universität
- WBE Methodologie → t 2 381
Josef-Humar-Institut → T 3 516
Journalisten → S 1 322, IZ S 637
- Agrar → S 1 354
- Bildungsarbeit, publizist., Inst. → T 3 921
- Europäische → S 1 353
- Gewerkschaft → S 1 322
- Handwerkspresse → S 1 356
- Kulinarische- → S 1 359
- Luft- u. Raumfahrt → IZ S 647
- Philatelie → IZ S 641
- Reise- → IZ S 642
- Schule → T 3 919, Axel Springer T 3 920
- Schule für Politik und Wirtschaft → T 3 685
- Sport- → S 1 373
- Tourismus → S 1 369
- Union (IG Druck u. Papier) → S 1 343
- Wissenschafts- → S 1 363
Journalistik, Inst. → O 404
Journalistinnenbund → S 1 340
Journalistischer Arbeitsring → S 1 342
JPC → O 494
JTFO → U 2 501
Juden in Deutschland → U 2 387 ff
Judo-Bund → u 2 495
Jüdische
- Gemeinden → U 2 387 ff
- Religionsgemeinschaft → Zentralwohlfahrtsstelle U 2 040
- Studenten, Europ. Union → IZ U 373
Jüdischer Frauenbund i. Deutschland → U 1 394
Jürgen Pegler Rettungsstiftung → T 780
Jürgen Ponto-Stiftung z. Förderung junger Künstler → T 747
Jugend
- Aktion f.d. Frieden → IZ U 430
- Aktions- u. Projektwerkstatt → Q 652
- Arbeit → internationale U 1 433, Dt. Nationalkomitee U 1 442
- Arbeit, Interessenvereinig. → U 1 426
- Arbeiter-Samariter → U 1 473
- d. Arbeiterwohlfahrt → U 1 503
- Austausch, Internation. → U 1 400, Christl. IZ U 211
- Beamtenbund → R 801
- Bewegung, Archiv d. dt. → U 1 573
- Bibliothek, internationale → U 1 570
- Buchverlage, Arbeitsgem. → O 438
- Bundes-Min. → A 23
- Bundesverband → O 240
- christl. demokratischer Verband → U 1 476
- Clubs, Europ. Vereinigung → IZ U 182
- d. europäischen Volkspartei → IZ U 375
- Deutsche Katholische, Bund → U 1 479
- d. Deutschen Alpenvereins → U 1 502
- d. Deutschen Angestellten-Gewerkschaft → U 1 500
- d. Deutschen Lebens-Rettungs-Gesellschaft → U 1 501
- Dienst-Organisationen, Europ. Verb. → IZ U 184
- Dorfwerk Deutschlands, Christl. → U 1 399
- Eingliederung u. Unterbringung, Europ. Organisation → IZ U 181
- Esperanto → R 864
- Evangelische, Arbeitsgem. → U 1 477
- Evangelische, Arb.-Gem. Musik → U 1 248
- f. Austausch u. Verständigung → IZ U 229
- Farmen u. Aktivspielplätze, Bund → U 2 762
- Feriendienste, Evangel. → N 61

Fortsetzung nächste Spalte

Jugend (Fortsetzung)
- Ferienwerk → U 1 566
- Feuerwehr, Deutsche → U 1 494
- Film u. Fernsehen, Inst. → O 258
- u. Film, Landesarbeitsgem. → O 257
- Filmzentrum → O 193
- forscht, Stiftung → Forsch. T 835
- Forum → IZ U 231
- gefährdende Schriften, Bds.-Prüfst. → A 171
- Gemeinschaftsdienste, Intern. → T 3 782
- Gerichte u. Gerichtshilfen → Dt. Vereinig. S 577
- Gewerkschaft, DGB → U 1 499
- Herbergswerk, Dt. → N 28
- Hilfe, Arb.-Gemeinsch. → U 1 572
- i. Gartenbau, Europ. Verb. → IZ Q 70
- Int. Union sozialistischer → IZ U 210
- Katholische, Bund → U 1 398, U 1 479
- Kraft, Deutsche → u 2 539
- Literatur → Landesarbeitsgem. U 1 561, Int. Forsch.-Ges. IZ T 157
- Medienwerk, Dt. → S 1 199
- Medienzentrum → S 1 200
- Medizin → Akademie T 2 783, T 2 870 → O 75
- Musik, Arb.-Krs. → U 1 524
- Musik, Südd. Arbeitskreis → O 85
- Musikwettbewerbe, Europ. Union → IZ O 5
- Naturschutz → U 1 524
- Netzwerk Lambda → U 1 474
- Organisation d. Bundes f. Umwelt- u. Naturschutz Deutschl. → Q 425
- Organisation Junge Liberale → U 2 217
- Presse (s. unten)
- Psychiatrie → Dt. Ges. T 3 336
- Rat i. Europa, Ökumenischer → IZ U 258
- Reisen u. internat. Begegnung, Service-Büro → N 31
- Ring, Bds. → U 1 456
- Rotkreuz, Deutsches → U 1 497
- Schutz, Bds. Arb. Gem. → U 1 575
- Sozialarbeit, Bundesarbeitsgem. → N 62, U 1 576
- Sozialarbeit, Evangelische → U 1 478
- Sozialistische → U 1 544
- Sozialwerk, Int. Bund f. Sozialarbeit → U 1 933
- trainiert f. Olympia → U 2 555
- u. Umwelt Europa → IZ U 230
- Verbände, Arb.-Krs. zentraler → U 1 475
- Werk, Deutsch-Französisches → U 1 567
- Werk, Deutsch-Polnisches → E 655
Jugendliche
- Diabetiker → T 2 757
- Drogengefährdete u. Drogenabhängige, Bds.-Verb. d. Elternkreise → U 1 615
- Theater → IZ O 13
Jugendlichen-Psychotherapeuten, analytische → S 438
Jugendpresse
- Bds.-Verb. → S 1 368
- Club → O 494
- Dachverband → S 1 367
- Deutschlands → O 495
- Essener → O 507
- Initiative → O 508
Ju-Jutso Verband, Dt. → u 2 496
Jung
- Bauernschaft → Q 165
- Demokraten → U 1 546
- Gärtner → Q 131
- Geflügelmäster → H 240, H 241
- Landwirte, Europ. Rat → IZ Q 68
- Sozialistinnen und Jungsozialisten → U 2 268
Junge
- Architekten, Bund d. Freunde u. Förderer → S 844
- Automatenunternehmer in Europa → S 1 592
- Autoren u. Autorinnen → S 1 284
- Chöre, Dt. Föderation → O 75
- Chöre, Europ. Föderation → IZ O 1
- Christl. Arbeitnehmer, CAJ → R 446
- Deutsche Philharmonie → O 64
- Europäische Föderalisten → IZ U 431
- Künstler, Jürgen Ponto-Stiftung → T 747
- Kunst → S 1 178
- Liberale → U 2 217
- Medienmacher → O 255
- Rechtsanwälte → IZ S 211
- Union Deutschlands → U 2 133
- Unternehmer Arb.-Gemeinsch. → R 196
- Unternehmer f. Europa → IZ U 812
Jungen Tempelherren, Europ. Vereinigung → IZ U 183
Junior Consulting Team → T 3 937

Junioren

Junioren
- d. Handwerks → G 159
- Junioren-Kreise d. dt. Wirtschaft → E 2

Juristen
- Demokratische → S 559
- Fakultätentag → T 3 513
- Intern. Kommission → Dt. Sektion T 3 514, IZ T 869
- Tag, Dt. → T 3 512
- Vereinigung → Dt.-Spanische S 620, Deutsch-Türkische S 621
- Vereinigung, Deutsch-Polnische → E 654
- Vereinigung, Deutsch-Südafrikanische → E 693
- Versicherungs- → IZ T 875

Juristinnenbund → S 561

Juristische
- Bibliotheken → IZ T 874

Juristisches Bibliotheks- u. Dokumentationswesen → T 979

Justiz
- Ärzte- → S 22 ff
- Bundesminister → A 12
- Gewerkschaft → R 699, Fachbereich Soziale Dienste R 700
- Pressekonferenz Karlsruhe → O 523
- Vollzugsanstalten, Bds.-Arb.-Gem. d. Sozialarbeiter/Sozialpädagogen → S 595

Jute-Erzeugnisse → F 983

Juwelen-Test-Institut → T 1 065

Juweliere → F 805
- Einzelhandel → H 388
- Handwerk → G 385

JW-AWO → U 1 503

K

KAB → R 446, u 1 142

Kabel
- Eur. Konföder. d. Herst. v. isol. Drähten u. → IZ F 1 885
- Netzbetreiber, Verb. Priv. → O 384
- u. isolierte Drähte, Fachv. → f 340
- Verbreitung, Europ. Verb. → IZ T 899

Kabelkommunikation
- Interdisziplinäre → T 1 352

KAB/F → R 447

Kachelofen → Gütez. U 580
- u. Luftheizungsbauerbetriebe, Verbund dt. → F 896
- Wirtschaft → F 895

Kadmium, Ind. → IZ F 174

Kälbermäster, Bundesverband → Q 244

Kälte
- Anlagenbauerhandwerk → G 525
- Anwendung → TWV T 1 237
- Geräte (elektr.) → Ind. f 358
- Institut → IZ W 34
- Klima Fachleute → F 1 046
- Maschinen → TWV T 1 237
- Mittelentsorgung, Qualitätssiegel → H 301
- Technik → TWV T 1 237, IZ F 1 505
- Technik, Überwachungsgem. → T 2 078

Kämmerei, Woll- → Ind. F 980

Käse
- Allg. Emmentaler, Verb. → H 237
- Börse, Süddt. → I 118
- Großhdl. → H 164, IZ H 62

Käserei
- Fachleute → Q 327
- Genossenschaften → IZ H 62

Kaffee
- Angestellte, Bund → R 416
- Arbeiter-Gewerkschaften → IZ R 247
- Börse → I 110
- löslicher → Ind. F 421, IZ F 2 483
- Mittel → Ind. F 420
- Organisation → Internat. IZ F 1 659
- Röster → IZ F 737
- Verein → H 248
- Vereinigung, europ. → IZ H 3

Kaiser, Jakob, Stiftung → T 781

Kaiserwerther Verband Deutscher Diakonissen-Mutterhäuser → U 1 865

Kakao
- Großhandel → H 251
- handel, EU → IZ H 275
- Intern. Büro → IZ H 274
- Organisation → Internat. IZ F 1 691

Kalandrierte PVC-Hart-Folien → Gütez. U 634

Kalender
- Ind. → f 771
- Werbung → O 532

Kali
- Inst. → IZ T 312
- Verein → f 127

Kalibration, Westeurop. u. Prüfung IZ T 542

Kalk
- Arbeitgeber-Verband → R 96
- Forschung → t 313
- Gütegemeinschaft → U 558
- Verband, Europ. → IZ F 983

Kalksandstein → Forschungsvereinigung Kalk-Sand t 314, Gütez. U 529
- Industrie, Europ. → IZ F 2 393

Kalt
- Fliesspressteile → F 860
- Formgebung → TWV t 315
- geformte Federn → Ind. F 843
- Walzen, Internat. Komitee → IZ F 1 854

Kamera, Bds.-Verb. → R 514

Kameramänner u. -frauen, freischaffende → R 515

Kammern
- Ärzte- → S 22 ff
- Angestellten, Bremen → R 474
- Apotheker- → S 340 ff
- Architekten- → S 790 ff
- Auslands- → E 239 ff
- beratende Ingenieure → S 953, S 954
- Gartenbau- → Q 48 ff
- Handwerks- → G 6 ff
- Industrie- u. Handels- → E 2 ff, IZ F 1
- Landwirtschafts- → Q 47 ff, Q 48 ff
- Notar- → S 531
- Patentanwalts- → S 574
- Rechtsanwalts- → S 480 ff
- Steuerberater- → S 631
- Wirtschaftsprüfer- → S 622
- Zahnärzte- → S 255 ff

Kanäle, Offene, Bds.-Verb. → T 1 338

Kanal
- Bau, Gütegemeinsch. → U 664
- Guß → Gütez. U 581
- Häfen → M 233
- Verein → Südwestdeutscher T 3 669

Kaninchenzüchter → Q 263

Kanu Föderation, int. → IZ U 473

Kanu-Verband → Q 2 497

Kaolin-Industrie → F 861

Kapitäne u. Schiffsoffiziere → R 532

Kapital
- Anleger → private, Bds.-Verb. U 701, U 702
- Beteiligungsgesellschaften → I 88

Kapsel-Vereinigung, Europ. IZ F 335

Karamellen, techn. → IZ F 1 260

Karate-Verband → u 2 498

Karate-Weltbund → IZ U 470

Kardiologie, Dt. Ges. T 3 332

Karl-Abraham-Institut → T 2 877

Karl-Friedrich-Bonhoeffer, Inst. → t 109

Karlsruher Kongreß- u. Ausstellungsges. → o 610

Karneval, Bund Dt. → U 2 756

Karosserie
- Bau → Hdw. G 414, IZ F 480
- Technik → Hdw. G 414

Karpatendeutscher
- Verein i.d. Slowakei → E 688

Kartellamt, Bds. → A 351

Kartellverband deutschsprachiger Bühnenangehöriger → S 1 197

Kartoffel
- Brenner → F 452
- Brennereien → F 453
- Export → H 196
- Forschung → T 2 574, IZ T 630
- Großhandel → T 2 575, IZ H 66
- Handel → H 196
- Import → H 196
- Kaufleute → H 196
- Stärke, Ind. → d. EU IZ F 1 978
- Wirtschaft → Bundesvereinigung T 2 576

Kartographie
- Bundesamt → A 249
- Dt. Ges. → T 1 091
- Verlage u. Inst. → O 441

Karton → Ind. F 727
- Verpackungen f. flüssige Nahrungsmittel → f 781

Kartonagen
- Faltschachteln → IZ F 2 379

Kassen
- Ärztl. Bundesvereinigung → S 138
- Arztverband → S 162
- Psychotherapeuten → S 163
- Verwalter, Kommunal → S 1 530
- Zahnärztl. Vereinigungen → S 273 ff

KAST → O 67

Katalysator, Automobil-Emissionsregelung → IZ T 628

Katalysatorhersteller, europ. → IZ F 1 266

Katalyse
- Inst. f. angewandte Umweltforschung → Q 635

Katastrophen
- Hilfe, adventistische → U 2 408
- Medizin → Dt. Ges. T 3 442

KATE → Q 370

Kath.
- Berufskolleg, Sozialpäd. Ausb. → T 3 828

Kathodischer Korrosionsschutz → F 1 032

Katholiken
- i. Wirtsch. u. Verwaltung, Bds.-Verb. → T 2 464

Katholische
- Akademien, Leiterkreis → T 3 804
- Akademikerarbeit → U 2 375
- Arb. Geber → R 238
- Arbeitnehmer-Bewegung → R 446, u 1 142
- Arbeitnehmer-Bewegung / Frauen Westdeutschl. → R 447
- Arbeitnehmerinnen in der Hauswirtschaft → R 448
- Arbeitsgemeinschaft f. Freizeit u. Tourismus → U 1 392
- Arbeitsgemeinschaft Spiel u. Theater → O 67
- Buchhändler → H 575
- Bundesarbeitsgemeinschaft f. berufliche Bildung → T 3 954
- Bundesarbeitsgemeinschaft f. Erwachsenenbildung → T 3 953
- Deutsche Studentenverbindungen, Cartellverb. → U 1 403
- Einrichtungen u. Dienste f. körperbehinderte Menschen → U 1 811
- Einrichtungen u. Dienste f. Lern- u. geistigbehinderte Menschen → U 1 812 → R 536
- Familienpflegerinnen u. Dorfhelferinnen → U 1 809, Organ. IZ U 268
- Frauen i. Wirtschaft u. Verwalt. → U 1 386
- Frauen im Heliand-Bund → U 1 390
- Frauengemeinschaft Deutschlands → U 1 243, U 1 389
- Frauengemeinschaft Deutschlands, Berufstätige Frauen → U 1 384
- Frauenverbände u. -gruppen → U 1 240
- Jugend, Bund → U 1 398, U 1 479
- Jugendsozialarbeit → N 62
- Land- u. Bauernjugend-Bewegung → IZ Q 71
- Landjugendbewegung Deutschl. → Q 166
- Lehrerinnen → R 428
- Mädchensozialarbeit → U 1 750
- Organisation f. Film- u. Audiovisuelle Medien → U 1 243
- Presse → O 466, IZ O 104
- Publizisten → S 1 358
- Studentengem. u. -bewegung, Int. → IZ U 207
- Unternehmer → R 238
- Verleger → H 575
- Zeitungen → IZ O 104
- Zentralstelle f. Entwicklungshilfe → U 2 075

Katholisches
- Arbeitskreis f. Familien-Erholung → U 1 810
- Erzieher-Verband → IZ R 314
- Familien-Bund → u 1 138, U 1 238
- Frauenbund → u 1 139, U 1 241
- Krankenhausverband Deutschlands → U 1 808
- Pressebund → O 467
- Siedlungsdienst → U 487
- Unterricht u. Erziehung, Europ. Komitee → IZ U 419
- Verb. f. soziale Dienste i. Deutschl. → U 1 807

Katholisches
- Bildungswerk → T 3 807
- Bistum der Alt-Katholiken → U 2 380
- Inst. f. Medieninformation → O 262
- Soziales Inst. → T 2 463

Kaufleute
- Reisende → H 756
- Sachsen-Anhalts → H 324
- Versicherungs- → K 22

Kaufmännisches Bildungswesen, Internat. Ges. → IZ T 977

Kaugummi-Verband → F 422

Kaukasisch-Europäischer Wirtschaftsverein → E 471

Kautabak → Ind. F 1 055

Kautschuk
- Arb. Geber → R 97
- Forschung u. Entwickl. → IZ T 306
- Gesellschaft → t 316
- Handel → H 276
- Industrie → F 583, IZ F 2 241

Fortsetzung nächste Spalte

Kautschuk (Fortsetzung)
- Studien Gruppe → IZ T 296
- Technologie, Dt. Inst. → T 1 241
- TWV → T 1 240
- Vereinigung → IZ F 1 692, IZ W 36

KBA → A 305

KBE → T 3 953

KBfR → O 387

KBI-RP → S 953

KBI-S → S 954

KDS → M 219

KDV → U 666

KEF → O 359

Keglerbund → u 2 499

Keitz-Krewel, Inst. f. Kommunikationsforschung → t 2 495

Keller
- Meister, Pfälzer, Int.-Gem. → Hdw. G 288
- Wirtschaft, Inst. → T 2 636

Kennzeichenschilder, Industrieverband → f 263

KEP → O 470

Keramik
- Außenhandel → H 78
- Berufsbildungszentrum → T 3 885
- Berufsgenossenschaft → k 231
- Exportausschuß → H 303
- u. Fachleute, Dt. Inst. → t 2 071
- Fliesen → Ind. F 894, Hersteller IZ F 2 394
- Forschung → TWV T 1 243
- Gesellschaft, Europ. → IZ F 336
- Handels-Vertr. → H 684
- Industrie → f 585, IZ F 2 231
- Rohstoffe → F 888
- Technische → IZ F 2 490
- TWV → T 1 317, T 1 244
- Verein z. Förd. v. Innovationen → T 1 244
- Zier-, Ind. → IZ F 1 287

Keramische
- Rohstoffe → f 137
- Technologien u. Sinterwerkstoffe → t 226

Kernbrennstoffkreislauf → F 593

Kernenergetik und Energiesysteme, Inst. → T 1 248

Kernenergie (s. auch Atom)
- Europäisches Gericht → IZ L 48
- Ges., Europ. → IZ L 21
- Informationskreis → L 40

Kernkraftwerksbetreiber, Weltverband → IZ L 49

Kernphysik, Inst. → t 128, T 1 949

Kernreaktor, Versicherungsgemeinschaft, Dt. → K 14

Kerntechnik u. Energiesicherung, Aktionsgem. → L 24

Kerntechnische
- Anlagen → Ind. f 853
- Ges. → T 894

Kerntechnischer Ausschuß → T 1 246

Kerschensteiner Kolleg i. Dt. Museum → U 3 041

Kerzen, Gütegem. → U 635

Kerzenindustrie → F 185, IZ F 812

Kessel
- Großwasserraum- → Ind. f 853
- Wasserrohr- → Ind. f 853

kfd → U 1 243, U 1 389

KfW → I 35

Kfz-Kennzeichenschilder, Industrieverb. → f 263

Kfz-Sachverständige, freiberufl. → S 1 088

Kfz-Sachverständige, öffentl. bestellte u. vereidigte → S 1 086

KGRE → IZ B 258

KGSt → D 194

KIB → f 603, S 970

Kiefer
- Chirurgie → S 170, Dt. Ges. T 3 357
- Heilkunde, Dt. Ges. → T 3 434
- Orthopädie, Dt. Ges. → T 3 333

Kiepenheuer-Inst. f. Sonnenphysik → T 1 947

Kies → Ind. F 861, F 897
- Baustoffüberwachung → t 2 091
- u. Sand Bundesüberwachungsverband → t 2 089
- Überwachungs- u. Zertifizierungsverein → Bayern t 2 087

KIM → O 262

KIN → T 395

Kind
- i. Krankenhaus, Aktionskomitee → U 1 599
- u. Jugend, Modekreis → U 42
- Komitee Sicherheit → U 1 594
- Leberkrankes → U 1 605
- Mehrfachbehindert → U 2 022

Kinder
- von Arbeitslosen, Dt. Hilfe → U 1 610
- Bekleidung → Ezhdl. H 528

Fortsetzung nächste Seite

Kinder (Fortsetzung)
- v. Berufsreisenden, Ausbildung, europ. Verband → IZ T 969
- Betreuung in Tagespflege → U 1 234
- Blinde u. Sehbehinderte, Vereinig. d. Freunde → U 1 601
- Bundesverb. Kath. Vorsorge- u. Rehabilit. Einrichtung → U 1 813
- Chirurgie → Dt. Ges. T 3 334
- christl. demokratischer Jugendverband → U 1 476
- Deutsche Liga → T 2 782
- Diabetiker → T 2 757
- Ernährung, Forsch.-Inst. → T 2 562
- Film-, Förderverein → O 192
- Heilkunde → Akademie T 2 783, Dt. Ges. T 3 335
- Hilfswerk → U 1 180, der UNO IZ V 25
- Hörgeschädigte → U 1 602
- in Not, Hilfe f. → U 1 184
- Kino München → O 195
- Krankenschwestern u. -pfleger, Berufsverb. → S 439
- Literatur → Int. Forsch.-Ges. IZ T 157
- Medizin, Spezialisten → IZ S 65
- Missionswerk → U 1 186
- Nothilfe → U 1 185
- Psychiatrie Dt. Ges. → Dt. Ges. T 3 336
- Psychotherapeuten, analytische → S 438
- Schutz, Bds.-Arb.-Gem. → U 1 575
- Schutzbund, Dt. → U 1 577
- Schutzhäuser, Arb.-Gem. → U 1 597
- Theater → IZ O 13
- Wagen → Ind. F 594, Ezhdl. H 474
Kinderreiche Familien → U 1 277
Kindesentzug u. Unterhaltsmißbrauch → U 1 611
Kindheit e.V. → U 1 183
Kinemathek → Dt. Stiftung O 181, O 183
Kino
- Arbeitsgemeinschaft → O 188
- Ezhdl. → H 372
- Techn. u. Fernsehges. → T 1 958
- Werbung → O 589, IZ O 152
KIPSI → T 3 441
Kirche
- Evangelische → u 1 136
- u. Ges., Europ. Ökumenische Kommission → IZ U 348
- u. Ges., Ökumenische Vereinig. → IZ U 433
- u. Tiere, Aktion → Q 587
Kirchen
- Arb.-Gem. Christl. → U 2 285
Kirchliche
- Ausbildungsstätten f. Kirchenmusik → U 2 340
- Gemeinschaften → U 2 286 ff
- Gemeinschaftsstelle f. elektronische Datenverarbeitung → U 3 116
- u. kommunale Altersversorgung → K 386
- Zeitgeschichte → T 3 716
Kisten-Ind. → IZ F 1 285, IZ F 1 826
KIT → U 35
KKV → T 2 464
Klassifizierungsunternehmen f. Schlachttierkörper → T 2 557
Klassisches Studium, Internat. Vereinig. → IZ T 980
Klauditz-Institut, Wilhelm- → t 243
Klauentiere → T 3 510
Klausenhof
- Akademie → T 4 182
Klavier
- Bauer → G 482
- Gütez. → U 636
- Industrie → f 567, Fachverband F 726
Klebstoffe → Ind. F 186, IZ F 2 066
Kleiderstoffe → Ind. F 988
Klein
- Aktionäre, Schutzgem. → U 721
- Betriebe, Europ. Bund → IZ R 1
- Brenner → F 466
- Eisen-Industrie-Berufsgenossenschaft → k 233
- Gärtner → Internat. Büro IZ Q 104
- Tierzucht → Inst. A 149
Kleng-Anstalten Waldsamen → Q 97
Klima
- Bedarf → F 1 017
- Bündnis → Q 400
- Fachinstitut → U 44
- Hdw. → G 395
- u. Kälte Fachleute → F 1 046
- Kunde, Vereinig. → T 2 323
- Technik → Forsch. t 307, TWV T 1 237
- Technik, Überwachungsgem. → T 2 078
- Überwachungsgemeinschaft → T 2 079

Klinische
- Chemie → Dt. Ges. T 3 337, Internat. Vereinigung IZ T 827
- Forschungsgruppen (Max-Planck-Institute) → t 98 ff
- Nephrologie, Dt. Arb.-Gem. → T 3 338
- Neurophysiologie → Dt. Ges. T 3 339
- Pharmakologie u. Therapie → Dt. Ges. T 3 340
- Pharmakologie u. Toxikologie → Dt. Ges. T 3 314
Klinisches
- Institut f. Physiologie u. Sportmedizin → T 3 441
Klöckner, Peter, Stiftung → T 741
KMK → B 280
Knabenbekleidung → Ezhdl. H 528
Knappschaften → K 330
Knappschaftsärzte → S 165
Kneipp
- Ärztebund → S 166
- Bund → T 3 467, u 2 540
- Heilbäder → N 55
- Kurorte → N 55
Kneipp, Sebastian, Inst. → T 3 468
Koch
- Geräte → IZ F 888
Koch, Robert, Institut → A 213
Köche → N 35, Europ. Gem. IZ F 644
Kölner
- Messe- u. Ausstellungsges. → o 611
Körber-Stiftung → T 782
Körper
- Behinderte, Bds.-Verb. → U 1 032
- Behinderte, Int. Rehabilitation → IZ U 307
- Behinderte, Menschen Verb. kath. Einrichtungen u. Dienste → U 1 811
- Behinderte, Selbsthilfe, Bds.-Verb. → T 2 991
- Pflege → H 355
- Pflege, Industrie, Europ. Dachverband IZ F 178
- Pflegemittel, Ind. → F 188, Bds.-Verb. F 223
KOFRA → U 1 299
Kohle
- Forschung, Inst. → t 129
- Gebiete, Zukunftsaktion → U 2 655
- Großhdl. → Ezhdl. H 587
- Kraftwerke, Verwertung d. Nebenprodukte → IZ F 613
Kohlen
- Importeure → H 259
- Petrologie, Internat. Kommission → IZ T 298
- Wasserstoffgase, Internat. Info-Zentrum → IZ L 98
- Wirtschaft, Statistik → F 141
Kohlhaas & Partner Wirtschafts-Informationen → T 2 468
Kolbenmaschinen, Inst. → T 4 025
Kolloidforschung → t 130
Kolloquium, Schmerztherapeut. → T 3 436
Kolpingwerk, Deutscher Zentralverb. → U 1 870
KOMBA → R 643
kombinierter
- Verkehr, Studienges. f. d. → T 1 843
Kombinierter Verkehr → T 3 637
Komitee
- Deutscher Seehafenspediteure → M 219
- gegen den Vogelmord → Q 513
- f. kulturelle Zusammenarbeit i. Europa → U 3 020
- d. Reeder-Verbände d. Europ. Gemeinsch. → IZ M 172
- Sicherheit f.d. Kind → U 1 594
- d. westeuropäischen metrologischen Staatsinstitute → IZ T 235
Kommerzielles Fernsehen
- Vereinigung d. europ. → IZ O 52
Kommission
- z. Ermittlung d. Finanzbedarfs d. Rundfunkanstalten → O 359
- Europäische → A 1
- f. Kirche u. Ges., Europ. Ökumenische → IZ U 348
Kommunal
- Kassenverwalter → S 1 530
- Politik, Sozialdem. Gem. → D 240
- Politiker → Liberale S 1 505, i.d.EG IZ U 460
- Politische Vereinig. f. CDU u. CSU Deutschl. → D 224
- Politische Vereinig., europ. → IZ U 351
- Verbände → D 1 ff
- Verband → Ruhrgebiet D 145, Großraum Hannover U 371

Fortsetzung nächste Spalte

Kommunal (Fortsetzung)
- Versicherer, Bundesarb. Dt. → D 147
- Wissenschaften, Verein → T 994
Kommunale
- Abfallwirtschaft → D 136, L 51
- Arbeitgeber → R 277 ff
- Energiewirtschaft → L 51
- Gemeinschaftsstelle → D 194
- Spitzenverbände, Bds.-Vereinigung → D 1 ff
- u. kirchl. Altersversorgung → K 386, K 389
- Umwelt-Aktion → D 195
- Versorgungsunternehmen z. Förd. rationeller, sparsamer u. umweltschonender Energieverwendung → D 193
- Wasserwirtschaft → L 51
- Wirtschaft u. Umweltplanung → D 192
- Wissenschaft, Inst. → T 763, TWV T 2 242
- Zwecke, Aufbau- u. Geräte f. → Ind. F 66
Kommunikation
- Forum für Medien, ITVA → T 1 864
Kommunikation(s)
- Akademie, Baden-Württ. → O 563
- Dienste d. Dt. Bundespost, Wissensch. Inst. → T 3 680
- Forsch. → Münchner Kreis T 3 751, IZ T 908
- Forum → T 2 519
- Gehörloser → S 1 287
- Ingenieure → S 973
- Internationale → O 579
- Konferenz d. Akademien → O 545
- Kultur u. Medienpädagogik, Ges. → O 260
- Landesanstalt → O 362
- Marketing → O 560, Akademie O 562
- u. neue Medien → T 3 691
- Ökologie → Q 470
- Organisation d. Vereinten Nationen IZ V 40
- Technik → T 3 692, digit., Ver. z. Förd. U 3 110
- Technische, Ges. → T 3 695
- Westdeutsche Akademie → O 568
- Wissenschaftliche Forschungsvereinigung → T 3 684
- Zentrum f. Frauen zur Arbeits- u. Lebenssituation → U 1 299
Kompensatoren-Hersteller, Verein → F 722
Komplexe
- Systeme, Max-Planck-Inst. f. Physik → t 151
Komponisten
- Bühne, Film, Funk, Fernsehen → S 1 287
- Interessenverband → S 1 290
- Verein → S 1 302
Kompost, Bundesgütegemeinschaft → U 625
Kompressoren → f 657, IZ F 1 525
Kondensatoren → Ind. f 353
Konditionenkartell
- Brauereien → U 753
Konditionsausschuß Handel → H 528
Konditoren
- Genossenschaften → P 1, Prüf. Verb. P 50
- Handwerk → Bundesfachschule G 66, G 430
- Prüfungsverband → P 50
- Verband, Internat. → IZ G 183
Kondome → Gütez. U 637
Konfektion Techn. Textilien → IZ F 983
Konfektions- u. Textilindustrie, Europ. Org. → IZ F 387
Konferenz → IZ O 7
- d. Akademien f. Kommunikation, Marketing u. Medien → O 545
- Dolmetscher → Arb.-Gem. S 1 413
- Evangelikaler Publizisten → O 470
- f. Familien- u. Lebensberatung → U 1 246
- Gemeinschaft d. Vinzenz-Konferenzen Deutschland → U 1 749
- d. Landwirtschaftskammern → Internat. IZ Q 72
- d. Leiter d. kirchl. u. staatl. Ausbildungsstätten f. Kirchenmusik → U 2 340
- Übersetzer → Europ. IZ S 640
Konfliktforschung, Hess. Stiftung → U 2 683
Konformitätsbewertung
- Ges. f. → t 2 065
Kongreß
- f. ärztliche Fortbildung → S 251
- Büro, Dt. → N 58
- Messe u. → o 609
- Städte → Europ. Vereinig. IZ O 202
- Weltbergbau → IZ T 323
Kongresse u. Tagungen → IZ O 206
Konjunktur
- Forschungsinstitute → T 573
- Umfragen → IZ T 233
Konrad-Adenauer-Stiftung → T 763
Konservatorien, Arb.-Gem. → O 127

Konserven
- Gurken- → Ind. F 446
- Handel → IZ H 114
- Sauer- → Ind. F 446
- Tomaten- → IZ F 450
Konstruktion u. Entwicklung, Ingenieure → T 1 165 ff, VDI-Ges. T 1 249
Konstruktions
- Forschung u. Bauweisen (Luft- u. Raumfahrt), Inst. → T 1 266 ff
- Technik, Inst. → t 214
Konsum
- Forschung → T 2 182, t 2 473
- Güter-Vermittlung für Bund Dt. Kriminalbeamter → r 828
- Waren, Kunststoff → f 598
Konsumgenossenschaft(en)
- Ges.-Verb. Dt. → P 54
Kontakte
- Internationale → U 3 061
- politische u. gesellschaftl. → T 2 227
Kontakt-Gruppen, Internationale → U 1 562
Kontaktstelle
- Anregung u. Unterstützung v. Selbsthilfegruppen → U 1 938
- Information u. Technologie → U 35
Kontaktstudium, Inst. → T 4 020
Kontroll
- Gerätehersteller, europ. → IZ F 2 082
- Verband → T 3 502, T 3 503
Kontrolleure, Lebensmittel, Bds.-Verb. → S 972
Konversionskasse, Bds.-Beauftragter von Zahlungen → A 207
Konzert
- Chöre, Verb. Dt. → O 96
- Direktionen → O 68
Kooperation
- Deutscher Heilpraktiker → S 387
- in Entwicklungsländern, Inst. → T 2 330
Koordinierungs
- Ausschuß d. röntgen- u. elektromedizinischen Ind. → IZ F 984
- Büro freier Rundfunk → O 387
Koordinierungsstelle
- Forschungsland Nordrh.-Westf. → O 626
- → Q 619
- f. Umweltschäden an Denkmälern
Kopf
- Bekleidung (s. Hut)
- Chirurgie → Dt. Ges. T 3 321
- Schmerzgesellschaft → Dt. T 3 355
Kopie & Medientechnik, Wirtschaftsverband → O 707
Korb
- Möbel → Ind. F 594
- Waren → Ind. F 594
Korbballbund, int. → IZ U 550
Korea
- Trade Center → Frankfurt E 557, Hamburg E 558
Kork
- Großhandel → H 235
- Industrie → H 235
- Verband → H 236
Korn
- Branntwein → Gütez. U 550
- Brenner → F 455
- "Kornkette" → Gütez. U 550
Korrosions
- Europ. Föderation → IZ T 239
- Schutz → T 995, Gütez. U 679
Korsettwaren
- Ezhdl. → H 528
Kosmetik
- Fachschulen → U 3 121
- Handels-Vertr. → H 684
- Industrie → IZ F 178
- Unternehmer, Interessengem. → H 671
- wissenschaftl. u. angewandte → T 993
Kosmetika (s. Körperpflegemittel)
Kosmetikerinnen → Hdw. G 450, IZ S 147
Kosmetikerinnen, Intern. Komitee → IZ S 64
Kosmetische
- Erzeugnisse, Vertriebsfirmen → H 87
- Industrie → Forschungsgem. t 319
Kostümbildner, Verb. → O 218
KPV → D 224
Kräuter- u. Früchtetee, Wirtschaftsvereinigung → F 443
Kräutertee, Europ. Verband → IZ F 1 162
Kraft
- Fahrer, selbständige → Bds.-Vereinig. R 476
- fahrerbund → u 2 543
- Fahrergewerkschaft → R 424
- Fahrschutz, Automobilclub → U 1 105
- Fahrschulen → S 1 431

Fortsetzung nächste Seite

Kraft

Kraft (Fortsetzung)
- Fahrt-Bds. Amt → A 305
- Fahrzeug (s. unten)
- Maschinen → f 658
- Stoffe → Ind. F 376
- Stoffe, sauerstoffangereicherte, europ. → IZ F 1 176
- Verkehr → Bds.-Verb. M 1
- Wagen-Spediteure → M 101
- wirtschaft → Führungskräfte r 470, IZ U 595

Kraftfahrzeug
- Brandschutz → IZ F 1 472
- Ezhdl. H 594, IZ H 520
- Großhandel → IZ H 520
- Haltung, Berufsgenossenschaft → k 223
- Handel → H 594
- Handwerk → G 451, IZ H 520
- Importeure → H 273
- Industrie → F 67
- Lehrer → S 1 431
- Sachverständige → S 1 087, S 1 089
- Überwachungsorganisation freiberufl. Kfz-Sachverständiger → S 1 088
- Vermieter → M 37, IZ M 56
- Versicherung → Fragen K 4

Kraftheber-Bund, int. → IZ U 551
Kraftteile-Industrie, Fachverb. → F 504

Kraftträder
- Import → F 505
- Ind. → F 505

Kraftwerks
- Betreiber → TWV T 1 148
- Nebenprodukte, Bds.-Verb. → O 714
- Schule → T 3 926

Kranarbeiten, Bds.-Fachgruppe → M 36

Kranken
- Anstalten, private → K 63, IZ T 831
- Gymnasten → T 2 853
- Gymnastik → S 393
- Haus (s. unten)
- Hilfe → U 1 349
- Kassen → Betriebs- K 134, Bundesausschuß T 2 745
- Pflegebedarf → Großhdl. H 88
- Pflegekräfte i. d. Psychiatrie, leitende → R 535
- Pflegepersonal → R 533
- Pfleger der EG → IZ R 289
- Schwestern → EG IZ R 289
- Transport → International, Verein U 1 918
- Versicherung, private → K 45

Krankenhäuser, Europ. Rat → IZ T 777

Krankenhaus
- Ärzte, leitende → S 167
- Apotheker → S 383, Europ. Vereinig. IZ S 102
- Ausschuß der EG → IZ T 715
- Direktoren Deutschl. → S 76
- Geschichte, Dt. Ges. → T 3 483
- Gesellsch., Dt. → T 3 481
- Hygiene → Dt. Ges. T 3 341
- Institut → T 3 449
- Sozialdienst → U 1 815
- Technik, Fachvereinig. → F 294
- Verband Deutschlands, Kath. → U 1 808
- Versorgende Apotheker → S 384

Krankheiten, nichtübertragbare → A 213
Krawatten → Ind. f 111, Inst., Dt. F 987
KRdL → T 1 339
Kreative Medien, Therapie → Dt. Ges. S 441

Kreativitäts
- Gesellschaft → IZ U 816

Krebs
- Abwehr, biologische → T 2 789
- Bekämpfung → IZ U 314
- Forschung → Stiftung, Dr. Mildred Scheel T 755
- Forschungszentrum → T 3 450
- Gesellschaft, Dt. → T 3 342
- Hilfe, Dt. → T 2 787
- Therapie, Ges. z. Förd. → T 2 788

Kredit
- Anstalt f. Wiederaufbau → I 35
- Banken → I 38
- Genossenschaftsbanken → P 2
- Hypothekenverb. → IZ I 50
- Institute → I 89, I 90
- Makler → H 752
- Teilzahlungsinst. → IZ I 110
- Versicherung → IZ I 113
- Wesen → Bds. Aufsichtsamt A 204
- Wirtschaft, Inst. → Informationsring T 2 534, T 2 535

Kreishandwerkerschaft
- Steinfurt → G 120
Kreislaufforschung → Dt. Ges. T 3 332
Kreuz, Grünes → U 1 873
Kreuzbund → U 1 751

Kriegs
- Blinde → U 1 025
- Dienstgegnerinnen → U 1 872
- Dienstopfer → U 1 041
- Dienstverweigerer, Evgl. Arb.-Gem. z. Betreuung → U 1 864
- Dienstverweigerer aus Gewissensgründen, Zentralstelle → U 1 871
- Gefangene → U 1 027, IZ U 122
- Gräberfürsorge → U 1 057
- Teilnehmer, Ehem. → U 1 123
- Teilnehmerverbände, Arb.-Gem. → U 1 039

Kriminal
- Ämter der Länder → B 287 ff
- Amt, Bundes- → A 234
- Beamte → R 809
- politik, DBH-Fachverb. → T 3 527

Kriminalitätsopfer Unterstützung → U 1 961
Kriminalpolizeiämter → Saarland B 298, Schleswig-Holstein B 301
Kriminologische Zentralstelle → T 2 450
Kriminologisches Forschungsinst. → t 2 392
KrimZ → T 2 450

Kristallglas
- Hersteller → f 538

Kristallographie → Internat. Union IZ T 163
Kristallwachstum u. Kristallzüchtung → Dt. Ges. T 261

Kritiker, Verb. Dt. → S 1 304
KRV → F 612
KSW → S 1 180
KTA → T 1 246
KTBL → T 1 260, T 2 666
KTG → T 894
KUD → Q 619
Küche, Die Moderne, Arbeitsgem. → F 578

Küchen
- Chefs u. Restaurateure, Rastatter Kreis → S 1 509
- Geräte → Ind. f 259
- Geschirrind., Föder. d. europ. → IZ F 1 621
- Möbelindustrie, Dt. → f 575
- Technik Industrieverb. → F 1 045

Küfer
- Hdw. → G 288
- Innungen → Hdw. G 288

Kühl
- Geräte, Möbel u. Schränke → Ind. f 358
- Häuser → H 163
- Haus- u. Logistik Unternehmen → IZ F 706
- Möbel → Ind. F 689
- Transport → IZ M 75

Künste
- Akademie d. → S 3 009
- Bildende → Intern. Ges. S 1 135, Staatl. Akademie S 1 171
- Freie Akademie → S 1 172

Künstler
- Berliner → S 1 176
- Bund, Deutscher → S 1 135
- Farben, Ind. → IZ F 813
- Hilfe-Sozialwerk → S 1 180
- Junge, Jürgen Ponto-Stiftung z. Förderung → T 747
- Sozialkasse → K 371

Künstlerinnen
- Bildende, Bds.-Verband → S 1 118
- u. Kunstfreunde → S 1 177
- Württembergs, bildende → S 1 175

Künstlerische
- Therapieformen → Dt. Ges. S 441
- Therapien, Europ. Dachverband → IZ T 776

Kürschner → Hdw. G 467
KÜS → S 1 088

Küsten
- Ingenieurwesen → T 2 685
- Schiffsmakler → H 757
- Schiffswerften → F 802

Kulinarische Fachjournalisten → S 1 359

Kultur
- Afrikanische, Förderung u. Medienarbeit → E 379
- Alkoholfreie, Dt. Frauenbund → U 1 303
- Arbeit → U 2 787, bayer. Städte e.V. U 3 025
- Bau → Ingenieure S 1 036
- Besitz, Stiftung Preußischer → T 830
- Beziehungen i. Ausland, Verein → U 2 821
- Christliche, Dt. Vereinigung → U 2 788
- Dt. Akademie → U 3 008
- Finnland-Institut → E 448
- Gemeinschaften, Föderativer Zusammenschluß → O 71
- Ges. f. Int. → O 579
- Gesellschaft Freiballon → U 3 026
- i. Bergbau → U 3 053
- Institut → Arbeitskreis U 2 814, U 2 816

Fortsetzung nächste Spalte

Kultur (Fortsetzung)
- Internat. Zusammenarbeit, Goethe Inst. → U 2 859
- Jugendbildung, Bds.-Vereinig. → U 1 560
- Kreis d. dt. Wirtschaft → T 53
- Orchester, Versorgungsanstalt → K 439
- Org. d. Vereinten Nationen → IZ V 40
- Pflege, Nordrhein-Westfalen-Stiftung → T 772
- Statistik, Arbeitskreis → U 2 858
- Stiftung → Dt. Bank T 752, Hypo T 753
- Stiftung, Europ. → U 2 599
- Technik, Inst. → T 2 697
- Verband, europ. → U 668
- Vereinigung, Südafrikanisch-Deutsche → E 694
- Werk Deutscher Schriftsteller → S 1 260
- Werk f. Südtirol → U 965

Kulturelle
- Filmförderung Schlesw.-Holstein → O 191
- Vereine, Bds.-Verb. → U 2 789
- Zusammenarbeit i. Europa, Dt. Komitee → U 3 020

Kultusminister der Länder, ständige Konferenz → B 280

Kunden
- Dienst Deutschland → S 1 430
- Dienste Brandschutz → F 293
- Zeitschrift, Werbung → O 532

Kunst
- u. Antiquitätenhandel → H 610
- -Bergbau → U 3 053
- Berufsverband → G 469
- Buchverlage → O 433
- Christliche → Dt. Ges. U 2 374
- Dünger (s. Düngemittel)
- Elektronica → T 1 342
- Erzieher → U 2 793
- Fasern → IZ F 1 661
- Flug, Interessengemeinschaft → M 271
- Fördergemeinschaft → U 3 029
- Freunde → S 1 177
- Geschichtliche Gesellschaft zu Berlin → T 3 745
- Gesellschaft → S 1 182, Ges. z. Förderung T 1 341
- Gewerbe → Ezhdl. H 408, Hdls.-Vertr. H 684
- Gießereien → F 720
- Händler → H 610, IZ H 495
- Handelsverbände, Arb.-Krs. Dt. → H 618
- Handwerk → G 468, G 469
- Handwerker, erzgebirgische → G 483
- Humboldt-Ges. f. → S 1 208
- Internationale → IZ U 592
- Junge → S 1 178
- Kritikerverband → S 1 305, Internat. IZ S 644
- Ledertechnologie → Verein zur Förderung t 325
- naive → S 1 173
- Pädagogik → TWV T 1 890
- Photographische → IZ U 810
- u. Psychopathologie des Ausdrucks → Dt. Ges. T 3 343
- Stiftung d. Wirtschaft → T 783
- Verein, Berliner → S 1 179
- Vereine, Arbeitsgem. → U 3 028
- Verleger, Dt., Bds.-Verb. → S 1 181
- Versteigerer → H 773
- Wissenschaft, Dt. Verein → S 1 183
- Wissenschaftler-Verband → S 1 305
- Zentrum Karlsruhe → T 1 340

Kunststoff
- Anwendung, Inst. → T 1 933
- Bahnen → Ind. F 607
- Batterietanks → F 1 027
- Bau, Inst. → T 1 895
- Beläge → Gütegem. U 583
- Berater → S 970
- Bodenbeläge → Gütez. U 567
- Dach- u. Dichtungsbahnen-Verleger → U 666
- Deutsches Inst. → T 1 931
- Dränrohre → Gütez. U 584
- Erzeugnisse → Bds.-Verb. F 619, Gütegem. U 539
- Erzeugung → U 585, IZ F 2 322
- Fenster → Gütez. U 570
- Fensterprofile, Gütegem. → U 539
- Flaschenkasten → Gütez. U 638
- Folien → Ind. F 604, IZ F 595
- Forschung → T 1 250, Thür. Inst. T 1 932
- Halbzeug → Ind. f 597
- Hartschaum → Gütez. U 586
- Industrie → F 203, F 595
- Ingenieure → u. Berater f 603, S 970
- Konsumwaren → f 598

Fortsetzung nächste Spalte

Kunststoff (Fortsetzung)
- Kunde, Inst. → t 2 061
- Maschinen → f 653, IZ F 1 506
- Müllgroßbehälter → Gütez. U 540
- Prüfung, Inst. → T 1 933, t 2 061
- Recycling → F 596
- Rohre → F 612, Gütez. U 587
- Sitzmöbel → Gütegem. U 639
- Technik → VDI-Ges. T 1 252, Rosenheim T 3 886
- Technologie u. Recycl., Inst. → T 1 939
- Tiefziehforsch. → IZ T 272
- Türen → Gütegem. U 570
- TWV → t 320, T 1 931
- Verarbeitende Ind. → R 94, Arb.-Geber R 159
- Verarbeiter, Europ. → IZ F 2 084
- Verarbeitung → Inst. T 1 933, T 1 938
- Verarbeitung in. Ind. u. Hdw. → T 2 335
- Verpackung → Ind. f 600, Ind. F 604
- Verpackungen → Gütegem. U 640
- Waren, f. Schuhbedarf → U 580
- Zentrum → Süddeutsches t 2 059, Leipzig t 2 064

Kunststoffe in der Landwirtschaft → T 1 251
Kunststoffe, Verstärkte → Ind. f 601, IZ F 305

Kunstwerke
- Europ. Sachverständigenkammer → IZ U 623

Kupfer
- Halbzeug → Ind. F 706 ff
- Institut → U 46
- Legierungen, Absatzförd. → F 706 ff
- Rohr → Gütez. U 588

Kur
- Einrichtung, Gütegem. → U 667
- Orte → N 39 ff
- Ortswissenschaft → T 2 322

Kuratorium
- Berufsbildung d. Dt. Wirtschaft → T 3 785
- Der Mensch im Weltraum → T 1 270
- Deutsche Altershilfe → T 1 580
- Deutsche Bestattungskultur → G 235
- des Deutschen Groß- u. Außenhandels → h 4
- f. Dialyse u. Nierentransplantation → T 2 887
- Hessischer Ingenieurverb. → S 999
- Jugendbuch → IZ U 811
- junger deutscher Film → O 413
- Landwirtsch., Rationalisierungen → T 2 174
- Mensch + Strasse + Verkehr → U 1 107
- Rationalisierungs-Gemeinschaft „Bauwesen" → T 2 172
- Rettungsfonds f. aktive Unfallhilfe → U 2 027
- Technik u. Bauwesen → T 2 666

Kurdische Studien, Zentr. → E 560
Kurierdienste, internat. → M 122
Kurier-Express-Paket-Dienste → M 124
Kursmakler → H 753
Kurs kammer → H 754
Kurzschrift (s. Stenographie)
Kurzzeitdynamik → t 227
KWF → T 2 715

Kybernetik
- Inst. → R 860, t 131

KZVB → S 278

L

Labor
- Bedarf → Groß- u. Außenhandel H 88
- Ind., Hdls.-Vertr. → H 684
- Selbständiges → IZ T 300

Laborärzte, Berufsverb., Dt. → S 136

Laboratorien
- Photo → F 801

Laboratorium
- f. Molekularbiologie → Europ. IZ T 104
- Pulvermetallurgisches → t 137
- Reinstoffanalytik → t 137
- f. Spektroskopische Methoden d. Umweltanalytik → T 1 382
- f. Teilchenphysik → IZ T 105

Laboratoriums
- Medizin → Inst. T 3 417, IZ T 842

Lack
- Industrie → F 204, IZ F 813
- Rohstoffe-Einfuhr → Großhdl. H 135
- Techniker → IZ R 310

Lackierer → Hdw. G 503
Ladegeräte, Stromversorg. → f 351

Laden
- Bau → Ind. f 573, Internat. Organisation IZ G 153

Länder
- Arbeitsgemeinschaft f. Naturschutz, Landschaftspflege u. Erholung → Q 654
- Arbeitsgemeinschaften d. Lehrerinnen u. Lehrer f. Pflegeberufe → R 550
- Auftragsstellen → B 246 ff
- Ausschuß f. Atomkernenergie → T 1 247
- Ausschuß Bergbau → T 898
- Ausschuß f. Immissionsschutz → Q 486
- Beratungsstellen → B 246 ff
- Gerichte → B 883 ff
- Kultusmin. d. → B 280
- Ministerien u. Behörden → B 1 ff
- Tarifgemeinschaft → R 275
- Vereine → E 239 ff

Ländliche Strukturforsch. → T 2 597
Ländliches
- Bauwesen → TWV T 1 263
- Genossenschaftswesen → T 2 331

Längenmeßtechnik, Europ. Verb. → IZ T 471
Lärm
- Bekämpfung, Gesellsch. → Q 659
- Bekämpfung, Vers. → TWV T 1 257, IZ U 312

Lärm%
- Bundesver. g. Fluglärm → T 1 256

Lärm
- Minderung, Ing. → T 1 165 ff, VDI-Komm. T 1 258

LAG → T 3 486
Lager
- Einrichtungen → Gütez. U 589
- Halter, Schiffahrt → M 212 ff

Lagerei
- Berufsgenossenschaft → k 228
- Gewerbe, Verbindungscomite → IZ M 228

LAI → Q 486
Laienmusikverb., Bundesvereinigung Dt. → O 92
Laienspielverband, Dt. → S 1 288
Lambda
- Jugendnetzwerk → U 1 474

Laminatfußboden, Gütegem. → U 591
Lampen
- Elektr. → Ind. f 356
- Zubehör → Ind. f 772

LANA → Q 654
Land
- bau (s. unten)
- u. ernährungswirtschaftl. Berufe, Arbeitnehmerverband → R 417
- Erziehungsheime → T 3 957
- u. Forstwirtschaft, Arbeitgeber → Q 23 ff
- Frauen → Q 164, Weltvereinigung IZ Q 125
- Gesellschaften, gemeinnützige → T 2 598
- Handel → Verb. H 196, H 619
- Jugendbewegung, Kath. → Q 166
- Krankenkassen → K 96
- Kreistag → D 19 ff
- Maschinen (s. unten)
- Nutzungsforschung, Zentrum → T 2 608
- Nutzungssysteme → t 2 612
- Produkte → Großhdl. H 196, ökologisch-biologische Q 656 → H 136, H 619
- schaft (s. unten)
- Techn. Handel
- u. Seeverkehr, Inst. f. → T 1 068
- Volk → Heimatvertriebene U 967
- Wirte → Q 4, IZ S 392
- Wirte im Nebenberuf Q 46
- Wirtschaft (s. unten)
- Wissenschaftliche Vereinigungen → T 2 548 ff

Landbau
- Arbsgem. f. biol.-dynam. Landbau → Q 83
- Bewegungen, biologische, Internat. Vereinig. → IZ Q 73
- Dokumentation → Q 307
- Naturgemäßer → Schulungszentrum Q 84, Q 192
- Ökologie, Bds.-Verb. → Q 180
- Ökologischer → Q 174, Versuchs- u. Beratungsring Q 655
- Organisch-Biologischer → Q 182
- Produkte, ökologische → Q 657
- Wirtschafts- und Sozialwissenschaften → T 2 587, T 2 601
- Wirtschaftslehre → T 2 600

Landes
- Ämter, Statistik → B 309 ff
- Ärztekammern → S 22 ff
- Amt f. Agrarordnung → T 2 680
- Amt f. Soziales u. Versorgung → B 589
- Amt f. Umweltschutz → Q 347, Bay. Q 606
- Anstalt (s. unten)
- Arbeitgeberverbände → r 2 ff
- Arbeitsämter → K 349 ff

Fortsetzung nächste Spalte

Landes (Fortsetzung)
- Arbeitsgemeinschaft Jugend & Film → Niedersachsen O 257
- Arbeitsgemeinschaft Jugend u. Literatur → U 1 561
- Arbeitsgemeinschaft Naturschutz → Q 348
- Arbeitsgerichte → B 683 ff
- Archäologen i.d. BR Deutschl., Verband → U 3 054
- Auftragsstellen → B 246 ff
- Banken → I 13 ff
- Behörden → B 1 ff
- Bildstellen der Länder → A 106 ff
- Büro d. Naturschutzverb. NW → Q 380
- Bund f. Vogelschutz → Q 510
- Denkmalpfleger → U 697
- Entwicklung, Hess. Landesamt → Q 344
- Entwicklungsgesellschaften u. Heimstätten → U 502
- Filmdienste → O 202
- Fremdenverkehrs-Verbände → N 56 ff
- Gas- u. Wasserwerke → L 41
- gemeinschaft Naturschutz u. Umwelt → Q 384
- Genossenschaftsverbände → P 19 ff
- Geschichtliche Institute, Arb.-Gem. → T 3 718
- Gesundheitsämter → B 584 ff
- Gewerbeförderungsstelle d. Nordrh.-Westf. Handwerks → G 116
- Hdw. Vertretungen → G 6 ff
- Hygieneinstitute → B 584 ff
- Jagdverbände → Q 583
- Jugendämter, Bds.-Arb.-Gem. → U 1 571
- Kirchenmusikdirektoren → U 2 340
- Kontrollverband → T 3 502, T 3 503
- Kontrollverband f. Milchwirtschaft → Q 336
- Kriminalämter → B 287 ff
- Kulturgesellschaft → Inst. T 2 696
- Kulturverbände → L 67
- Kuratorium d. Erzeugerringe f. tierische Veredelung in Bayern → Q 265
- Materialprüfamt Sachsen-Anhalt → t 2 035
- Medienanstalt → Thüringer O 377, AG i.d. BRD O 409
- Medienanstalten, Direktorenkonferenz → O 378
- Medienstellen → A 106 ff
- Medienzentrum → Hamburg A 109
- Ministerien u. Behörden → B 1 ff
- Naturschutzverband Schlesw.-Holstein → Q 350
- Pflege → Ingenieure Q 127, Deutscher Rat Q 128
- Pflege, Forsch.-Anstalt → T 2 636
- Pflege, Verein → Q 129
- Planer → S 1 106
- Planung → u. Städtebau, Dt. Akademie T 3 766, Akademie T 3 801
- Polizeidirektionen → Berlin B 290
- Rechnungshöfe → B 263 ff
- Regierungen → B 1 ff
- Rundfunkausschuß f. Sachsen-Anhalt → O 375
- Rundfunkzentrale Mecklenburg-Vorpommern → O 369
- Schafzucht → q 233
- Selbstverw. d. Ungarndeutschen → E 718
- Sozialgerichte → B 702 ff
- Sportverbände → U 2 450
- Sternwarte Heidelberg → T 1 282
- Stiftung, Bayer. → T 723
- Umweltamt Nordrh.-Westf. → Q 487
- Unternehmerverbände → r 7 ff
- Verbände
Landesamt → AOK K 78, Deutsche Umwelt-Aktion Q 355
- Verkehrsgewerbe → M 136 ff
- Verkehrswachten → T 3 613
- Vermessungsämter → B 616 ff
- Versammlung d. Deutschen i. Böhmen, Mähren u. Schlesien → E 709
- Versicherungsanstalten → K 305 ff
- Vertretungen beim Bund → B 195 ff
- Wohlfahrtsverband → Hessen U 1 741, Württemberg-Hohenzollern U 1 742
- Zahnärztekammern → S 256 ff
- Zentralbanken → I 1 ff
- Zentrale f. private Rundfunkveranstalter → O 372
- Zentralen f. politische Bildung → A 281 ff
- f. Denkmalpflege Sachsen → B 657
- f. Umwelt u. Geol., Hessisches → Q 343

Landesanstalt
- f. Arbeitsschutz Nordrh.-Westf. → T 1 073
- f. Kommunikation → O 362
- f. Ökologie, Bodenordnung u. Forsten → T 2 680

Fortsetzung nächste Spalte

Landesanstalt (Fortsetzung)
- f. privaten Rundfunk → O 368, Sächsische O 374
- f. Rundfunk → Nordrh.-Westf. O 371
- f. d. Rundfunkwesen → Schleswig-Holstein O 376
- f. Umweltschutz, Bd.-Württ. → Q 345
- f. Weinbau u. Gartenbau, Bayer. → Q 299

Landesmedienzentrum
- Rheinland-Pfalz → A 113

Landmaschinen
- Einzelhandel → Hdw. G 484
- Export → H 304
- Forschung → TWV T 1 260
- Handel → H 136, H 684
- Hersteller → EG-Ausschuß IZ F 207

Landschaft
- Hochschulkonferenz → T 4 175

Landschafts
- Anwälte, Arb.-Krs. → S 613
- Architekten → S 863
- Bau → Inst. T 2 636, Europ. IZ S 379
- Gestaltung, Europ. Stiftung → IZ Q 31
- Modellierung → t 2 611
- Ökologie → Bds.-Anst. A 302, Inst. T 2 690
- Pflege (s. unten)
- Schutz, Rhein. Verein → Q 620
- Verbände → Westfalen-Lippe D 175, Rheinland D 199

Landschaftskultur → Q 134
Landschaftspflege → Q 134, Dt. Verband Q 135
- Arbeitsgemeinschaft → Q 653
- Bundschuh-Verein → Q 387
- Länderarbeitsgemeinschaft → Q 654
- Naturschutz, Akademie → T 3 980

Landsmannschaft(en)
- Landesverbände → U 968
- d. Oberschlesier → U 987
- Pommersche, Zentralverb. → U 1 014
- Schlesien, Nieder- und Oberschlesien → U 988
- Siebenbürger Sachsen in Deutschland → U 990
- Sudetendeutsche, Bds.-Verb. → U 991

Landtage → Länder B 325 ff
Landwirtschaft → Q 1 ff
- bäuerliche → Q 59
- Biologische Bds. Anst. → A 158
- Bundesanstalt → A 170
- Gesellschaft → Q 308
- Gesellschaft f. Informatik → T 2 558
- Gewerbliche Grundstücke d. Hannover Q 101
- Heimatvertriebene → U 967
- Hess. Dienstleistungsinst. f. → T 2 738
- Hessisches Landesamt → Q 344
- Industrie, Verbindungsstelle → Q 123
- Institut f. Marktanalyse → T 2 588
- Lehr- u. Versuchsanstalt → T 2 635, T 2 733
- Marktberichtsstelle → Q 304
- Marktkunde → T 2 589
- Preisberichtsstelle → Q 304
- UNO → IZ V 14

Landwirtschaftliche
- Alterskassen → K 331 ff
- Arbeitgeber → Q 23 ff, R 91
- Arbeitswissenschaft → IZ T 681 → IZ T 976
- Aus- u. Fortbildung
- Ausbilder → Q 66 ff
- Bibliothekare u. Dokumentalisten → IZ R 270
- Brennereien → F 463, F 465
- Buchstellen → S 683
- Chemie → T 2 739
- Elektrizitätsanwendung → L 20
- Entwicklung → T 2 589
- Erwachsenenbildung → T 3 950
- Erzeuger → IZ Q 103
- Gärtnerische Fakultät d. Humboldt-Universität → T 2 587
- Geräte, Inst. → Export-Gem. H 304
- Haftpflichtversicher, Arb. Gem. → K 9
- Krankenkassen → K 96
- Lehranstalten → T 1 260
- Maschinen, Reparaturbetriebe → IZ H 518
- Nahrungsmittel → Hdl. IZ H 205
- Nutztiere → T 2 661
- Organisationen und Verbände → IZ Q 123, IZ V 14
- Pächter → Q 170
- Pflanzenzüchter → Q 204
- Produktionsmittel → Gütez. U 621
- Rationalisierung → T 2 174
- Rentenbank → I 36
- Saatgutprüf. → IZ T 685
- Sachverständige → S 683

Fortsetzung nächste Spalte

Landwirtschaftliche (Fortsetzung)
- Unfallverhütung → K 243
- Untersuchungs- u. Forsch.-Anst. → T 2 728 ff
- Untersuchungsanstalten → T 2 604
- Verfahrenstechnik, Inst. → T 2 675
- Verschlußbrennereien Rheinl.-Pfalz → F 464
- Versuchsanstalten → T 2 737 ff
- Virusforschung → A 266
- Werkzeuge → IZ T 293
- Zoologie, Inst. → A 266
- Zusatzversorgung → K 96

Landwirtschaftlicher
- Auswertungsdienst → TWV T 2 698
- Informationsdienst → T 2 698
- Vieh- u. Fleischhandel → H 172
- Wasserbau, Inst. → T 2 689
- Zentralausschuß → Q 1

Landwirtschaftliches Kuratorium f. Technik → T 1 260

Landwirtschafts
- Arbeiter-Gewerkschaften → IZ R 247
- Berater i. höheren Dienst → T 2 701
- Berufsgenossenschaft → K 243
- Betriebslehre → T 2 585
- Bundesministerium → A 18
- Fachschulabsolventen → Q 4, Q 66 ff
- Forschung → T 2 728 ff
- Gesellschaft → Q 3
- Gewerkschaften → Europ. Föder. IZ R 98
- Industrie → IZ F 1 693
- Ingenieure → u. Techniker Q 66 ff, S 922
- Kammern → Q 48 ff, Internat. Konferenz IZ Q 72
- Lohnunternehmer → H 619, Q 87
- Marktordnung (Bds.-Anst.) → A 165
- Museum Hohenheim → Q 306
- Staatsschule → T 2 651
- Technik → T 1 263, IZ T 293
- Werbung → O 532

Laryngektomierte, Europäische → IZ U 299
Laser
- f. d. Materialbearbeitung → f 681
- Technik → t 229
- Zentrum Hannover → U 135

Latein-Amerika
- Forschung → E 745, IZ T 882
- Hilfe f.d. Kirche → U 2 073
- Literatur, Ges. z. Förderung → S 1 202
- Verein z. Förderung d. Tourismus → E 746
- Zentrum → E 748

Lateinamerikanische Beziehungen → IZ T 890
Latex, Europ. Verband → IZ F 1 173
Latex, Forschungsgem. → Gütez. U 637
Lauterkeit im Wettbewerb → U 758
LAV → f 659
LAVES-CHEMIE → T 2 516
Lazarus
- Hilfswerk i. Deutschland → U 1 895

LBA → A 332
LBF → t 224
LBT → M 144
LBV → Q 510
LDA → IZ F 2 133
LEASEUROPE → IZ O 213
Leasing
- genossenschaftl. Zentralinst. → P 47
- Gesellschaften → Bds.-Verb. O 703, Europ. Vereinigung IZ O 213
- Unternehmen → Interessen-Verb. O 704

Lebens
- u. Arbeitsbedingungen, Verbesserung, Europ. Stiftung → IZ A 193
- Beratung → Inst. T 3 247, Evangel. Konferenz U 1 246
- Mittel (s. unten)
- recht f. Alle, Aktion → U 1 637
- rechte, Inst. → Q 465
- Rettungs-Gesellschaft → u 2 500
- Rettungs-Gesellschaft, Jugend → U 1 501
- Situation, Kommunikationszentrum f. Frauen → U 1 299
- u. Umweltschutz, Ärztebund → S 253, Akademie T 4 159

Lebensmittel
- Analytik u. Qualitätssicherung → T 2 603
- Chemiker i. öffentl. Dienst → S 1 059
- Einzelhandel → Hamburg H 407
- Institut → B 548, T 395
- Phosphate, europ. Hersteller → IZ F 1 244
- technolog. Getreidetechnol. TU Berlin → T 2 581
- Untersuchungsämter → B 542 ff, B 562

Leberhilfe → T 3 073
Leberkrankes Kind → U 1 605
LECE → IZ U 1

Leder

Leder
- Bekleidung → f 112
- Berufsgenossenschaft → k 232
- Forschung → t 324
- Gewerkschaftsverband → IZ R 99
- Häute, Wirtschaftsverb. → H 80
- Handschuhhersteller, europ. → IZ F 718
- Hilfsmittel → Ind. F 219
- Ind. → F 616, IZ F 1 690
- Reinigung → Gütez. U 668
- Technik → f 645
- Technologie → Verein zur Förderung t 325
- Verarbeitende Ind. → F 619
- Waren (s. unten)

Lederwaren
- Bundesverband → F 619
- Einzelhandel → F 408
- Handels-Vertr. → H 684
- Messe → o 617

LEH → T 3 957
Lehr- u. Beratungskräfte f. Haushalt → T 2 701

Lehranstalt
- f. Schweißtechnik → T 1 362
- f. Spiritusfabrikation u. Fermentationstechnologie → T 2 640
- Wein- u. Obstbau → T 2 639

Lehrer
- Berufliche Schulen, Bds.-Verb. → R 782, r 841
- Bildung in Europa → IZ T 987
- Bundesverband → R 782
- DGB → R 337
- Fremdsprachen- → IZ R 282
- Geschichts- → R 867
- Hauptschul-, Verb. → R 836
- Hochschul- → R 898, s 902
- u. Lehrerinnen → Verb. R 838, IZ R 315
- Realschul- → R 730, r 840
- f. rhytmischen Tanz → IZ O 19
- Sport- → R 901
- Taubstummen- → R 837
- Verband → R 838
- Vereinigung Schlaffhorst-Andersen → S 443
- Weltverb. → IZ R 315
- Wirtschaftsschulen → R 750, r 842

Lehrerinnen, Katholische → R 428
Lehrerinnen und Lehrer an beruflichen Schulen → R 782
Lehrmethoden, Förderung Aktiver → T 2 190
Lehrmittel
- Industrie → IZ F 2 582

Lehrstuhl
- f. Agrarpolitik d. TU München

Leibes → T 2 595
- f. Bioklimatologie u. Immissionsforschung → T 2 711
- f. Forstliche Wirtschaftslehre → T 2 712
- Gemüsebau → T 2 653
- öffentliches Recht → S 1 116
- f. Straßenwesen, Erd- u. Tunnelbau → T 3 651
- f. Volkswirtschaftslehre → T 2 465
- Erziehung → Weltrat IZ T 839, Int. Vereinigung IZ U 496

Leibniz, Gottfried-Wilhelm, Ges. → T 265, T 2 223
Leibniz-Institut
- f. Neurobiologie → T 2 569

Leicht
- Bauplatten → F 865, F 931
- Betonindustrie → F 887
- Beton-Naturbims → Gütez. U 547
- Beton-Zuschlag → Ind. F 886

Leichtathletik-Verband → u 2 501, Internat. IZ U 465
Leichtmetall
- Veredler → F 182

Leinen
- Industrie → F 979, IZ F 362
- Werbung → U 553

Leipziger
- Messe → O 624
- Leisten → Ind. f 574

Leistungs
- Elektronik, Hersteller → IZ F 1 464
- Elektronikkondensatoren → Ind. f 353
- Gem. Dt. Ei → H 244
- Gem. Dt. Geflügelerzeuger → H 239
- Kondensatoren → Ind. f 353
- Prüfung i.d. Tierzucht, Hess. Verb. → Q 239
- Prüfungen i.d. Tierproduktion → IZ T 691

Leitende
- Angestellte → R 467
- Krankenhausärzte → S 167
- Krankenpflegekräfte i. d. Psychiatrie → R 535
- Krankenpflegepersonen → R 533

Leiter
- d. kirchl. u. staatl. Ausbildungsstätten f. Kirchenmusik → U 2 340
- musikpädagogischer Studiengänge i. d. BR Deutschl. → O 143

Leiterkreis
- d. Evang. Akademien in Deutschl. → S 758
- d. Kathol. Akademien → T 3 804

Leitern
- Hersteller, Verb. Dt. → F 691

Leiterplattenindustrie → F 690
Leitmaterial → Ind. F 706 ff
Leitungstiefbau, Gütegem. → U 663
Lern- u. geistig-behinderte Menschen → U 1 812
Lernen und Helfen in Übersee → U 2 066
Lernen, interkulturell, Europ. Vereinig. → IZ U 645

Lese
- Zirkel Verb. → H 578, O 532
- Lesen, Stiftung → T 819

Leuchten
- Elektro- → Ind. f 355

Leuchtstofflampenkondensatoren → Ind. f 353
LfR → O 371
LGAD → H 21
LHMV → m 218
LHW → U 1 895

Liberale
- Europ. Sprachpolitik → R 863
- Frauen → U 1 296
- Internationale → IZ U 427
- Jugend, Int. Vereinig. → IZ U 429
- Kommunalpolitiker → S 1 505
- Parteien → IZ U 434

Licht
- Fördergemeinschaft → U 75
- Forschung → T 2 801
- Spieltheater → O 175
- Technik → Professionelle S 1 314, T 1 264
- Werbung → O 591, IZ O 152

LICROSS → IZ T 818
Liebhaberorchester, Bund Dt. → S 1 186
Liedermacher → S 1 316
Life → Q 467
LIFE Ökotechnisches Frauenbildungszentrum → Q 468
Lift-Gesellschaften, Europ. Forum → IZ F 1 403
Liga-Oeconomica → S 691
Limnologie → Inst. t 132, IZ T 192
Lindrath-Gesellschaft → TWV T 2 207
LINEG → L 66

Linien
- Fluggesellschaften i. Deutschl., Ausschuss → IZ M 216
- Flugzeugführer → IZ R 272

Lions
- Hilfswerk d. dt. → U 1 921
- Lions Clubs International → U 3 016
- LISS → IZ U 808
- List-Ges. → T 2 209
- Literarisch Technische Ges. → S 1 395

Literarische
- Gesellschaft Thüringen → U 3 018
- Gesellschaften, Arb.-Gem. → U 3 013

Literatur
- aus Afrika, Asien u. Lateinamerika, Ges. z. Förderung → S 1 202
- Archiv, Dt. → S 1 204
- Beilstein-Institut → U 3 014
- Büro → hessisches S 1 206
- Fonds, Dt. → S 1 396
- Gesellschaft → S 1 198
- Graue → Europ. Vereinig. IZ U 628
- Internationale → IZ U 592
- Konferenz → S 1 205
- Landesarbeitsgem. → U 1 561
- Neue Gesellschaft → S 1 397
- wissenschaftliche → U 3 017

LiTG → T 1 264
Lizenzwesen → TWV T 1 265
LKV → Q 336
LMS → O 373
LNU → Q 384
LNV → Q 350
Löffler, Friedrich, Institute → A 165
Lös-Kaffee → Ind. F 421
Lösungsmittel, Hersteller v. sauerstoffangereichertem → IZ F 2 140

Logistik
- Bundesverband → H 682
- Bundesvereinigung → T 3 632
- Europ. Vereinigung → IZ M 224
- Fraunhofer-Inst. → t 213
- Innovative Verfahren → T 3 633
- u. Güterkraftverkehr → M 15

Fortsetzung nächste Spalte

Logistik (Fortsetzung)
- u. Seeverkehrswirtschaft → T 3 673
- u. Spedition → M 102
- Verkehrsbetriebswirtschaft, Ges. → t 362

Lohn
- Gewerbe → Ind. F 1 003, Bayern F 1 004
- Unternehmer → Landw. Q 87

Lohnsteuer
- Beratung → S 679
- Hilfe → S 679, f. arbeitnehmer U 910
- Hilfevereine → S 680
- Zahler → U 907

Lokaler Kredit Europa → IZ I 47
Lokalpresse, Verband → O 464
Lokalrundfunk → Nordrh.-Westf. O 388, Bayerischer O 390

Lokomotiv
- führer u. Anwärter → R 617

Lotsen → S 1 111
LPC → S 1 360
LPR → O 372
LPR Hessen → O 368
LSH → M 152
LSMU → T 1 382
LSV → M 189
Ludwig-Bölkow-Stiftung → T 726
Ludwig-Delp-Stiftung → T 777
Ludwig-Erhard-Stiftung → T 778
Ludwig-Sievers-Stiftung → T 801
Lübecker Marzipan, Herkunftsgewährzeichen → U 693
Lübke, Wilhelmine, Stiftung → T 823

Lüftungs
- Bau → F 1 017, IZ F 1 709
- Forschung, Verein → t 307

Luft
- Fahrt (s. unten)
- Hanseaten, Gemeinschaft ehem. → U 3 080
- Heizungs- u. Kachelofenbauerbetriebe, Verbund dt. → F 896
- Hygiene → TWV T 1 866, u. Silikoseforsch. T 3 443
- Rettungsstaffel Bayern → M 267
- Schadstoffe, Münchner Arb.-Gem. → T 1 868
- Schutz (s. unten)
- u. Raumfahrt → Forum M 264, Parlamentsgruppe M 265
- Verkehr → Verhütung von Vogelschlägen U 865, schädliche Auswirkungen IZ U 305
- Verkehrsgesellschaften → Europ. IZ F 2 102
- Verkehrsliga → U 861
- Verkehrssicherheit Deutschland, Interessengem. → U 860

Luftfahrt
- Allgemeine in Deutschland, Förderkreis → M 246
- Antriebe, Inst. → T 1 266 ff
- AOPA-Germany Verband → M 243
- Betriebe der Allgemeinen → M 274
- Bundesamt → A 332
- Club → M 245
- Forschung → T 1 266, u. Technologie IZ T 152
- Gerät, Förderung des Eigenbaues → Dt. Verein T 3 635
- Gerät, Prüfer → T 2 130
- Geschichte, Gesellschaft → M 249
- Gesellschaft, Dt. → T 1 269
- Ingenieure International → IZ S 568
- Int. Vereinig. → IZ U 497
- Internationale Telekommunikation IZ T 906
- Journalisten → S 1 360, IZ S 647
- Liga → M 263
- Medizin, Dt. Ges. → T 2 802
- Organisation f. zivile → IZ F 1 797
- Orientierte Unternehmen, Aktionsgem. → F 688
- Presse → S 1 360
- Projektierung → TWV T 1 266 ff
- Recht, Inst. → T 3 598
- Sachverständige → U 1 160
- Sicherung → A 343
- Studenten, Europ. → IZ T 985
- Technologie u. Forschung → IZ T 152
- Unternehmen → M 242, m. Freiballonen M 280
- Vereinigung → R 520
- Versuchsanstalt → T 1 266
- Wissenschaft → TWV T 1 266 ff, Internat. Rat IZ T 307

Luftfahrzeuge, Dt. Schätzstelle → U 1 160
Luftpool, Deutscher → K 15
Luftverkehr(s)
- Gesellschaften, Bundesverb. d. i. Deutschland tätigen → M 266

Lungen
- Fachärzte → S 169
- Krankheiten, Bekämpfung, Internat. Union → IZ U 311

Lust auf Gesundheit → T 3 486
LVGA → H 19
LVSA → M 196
LWTW → T 4 024
LWV → U 1 741
Lymphologen → Dt. Ges. T 3 345
Lymphologie → Dt. Ges. T 2 754
LZV → H 578

M

Mach-Institut → t 227
Mädchensozialarbeit, Katholische → U 1 750
Mälzereien in der EU, Arbeitskomitee → IZ F 42

Männer
- Bekleidung → f 109
- Katholische → U 1 396

MAF → M 152
Mafo-Institut → t 2 499
Magersucht, Aktionskreis → U 1 949
MAGL → T 1 868
Magnetische Resonanzspektroskopie → TWV T 984
Magnetlabor Grenobel → t 117
Mainzer Rentnerbund → U 1 346

Mais
- Komitee, Dt. → Q 212
- Stärke → Ind. IZ F 2 134

Makkabi in Deutschland → u 2 541

Makler
- → H 684 ff, H 716
- Finanzdienstleistungsverband → S 725
- f. Grundbesitz, Hausverwaltung u. Finanzierungen → H 733
- Handels- → Forsch. T 2 205
- Schiffs- → IZ F 575
- f. Schlachthaus- u. Molkerei-Erzeugnisse → H 751
- Verband, Europ. → IZ H 538
- Versicherungs → K 34, K 372

Makromolekulare Chemie → TWV T 984, Inst. T 1 915

Maler
- Hdw. → G 503, IZ G 166

Malteser-Hilfsdienst → U 1 752
MAM → T 3 834

Management
- Akademie (MAM) → T 3 834
- Bundesverband d. Frau → S 21
- Entwicklung → Inst. T 3 934, Europ. Stiftung IZ T 554
- f. Haus + Gebäude, Fachverb. → f 654
- Gesellschaft, Dt. → T 3 933
- Ind.-Forschung → IZ T 262
- Informations-Center → T 3 936
- Material, Bds.-Verb. → T 4 006
- Psychologisches → T 3 938
- Qualitäts, Dt. Vereinigung → U 542
- Systeme, Zertifizierung → Europ. Inst. T 2 136
- Umweltbewußtes → Q 643

Mannequin- u. Fotomodell-Verb., Dt. → U 2 779
- Ärztevereinigung

Mannheimer Zentrum f. Europ. Sozialforschung → t 2 413

Manuelle Medizin → T 2 804
- Deutsche Ges. → T 2 805 ff, T 3 346

Marburger Bund → S 60
MARCOGAZ → IZ F 1 948
MarfanHilfe (Deutschland) → T 2 743

Margarine
- Industrie → F 430, IZ F 1 757
- Institut → T 2 577
- Verband, Intern. → IZ F 2 144

Marine
- Geowissenschaften, Forschungszentrum → T 379
- Mikrobiologie → t 139

Maritime Technik → t 327

Marken
- Amt u. Patentamt → U 47
- Artikel, europ. → IZ U 91
- Importeure → S 1 517
- Piraterie, Aktionskreis → U 1 164
- Verbände → U 518 ff, U 531
- Verband, Europ. → IZ F 2 144
- Wesen, Ges. z. Erforschung → U 532

Marketing → S 736
- Bayerische Akademie → O 570
- Beratung, mc markt-consult → t 2 501
- Business-Academy → S 745

Fortsetzung nächste Seite

Marketing (Fortsetzung)
- Fördergesellschaft → T 2 525
- Forum → T 2 519
- Ges. Gutes aus Hessen → Q 305
- Hanseatische Akademie → O 564
- Kommunikation, Akademie → Düsseldorfer O 560, O 562
- Konferenz d. Akademien → O 545
- Konföderation, Europ. → IZ T 543
- Kräfte, Vereinig. Europ. → IZ R 309
- Sanitätsfachhandel → U 77
- Service GmbH → B 249
- Verbände, Internat. Vereinig. → IZ P 41

Markisen → Ind. F 983
Markscheider → T 1 284
Markscheidewesen → IZ S 496

Markt
- Analyse → TWV t 2 505, Institut T 2 588
- Berichtsstelle d. Landwirtschaft → Q 304
- Forschung (s. unten)
- Gewerbe → H 773
- Kaufleute → H 773
- Methoden, moderne → T 2 515
- Motiv- u. Werbeforschung → TWV t 2 494
- Psychologie → t 2 471, t 2 478
- Reisende → H 793
- u. Sozialforscher, Berufsverb. → S 732
- Studien → IZ T 559
- Wirtschaft (s. unten)

Marktforschung(s)
- Arbeitskreis → T 2 470
- Czaia → t 2 479
- Institut, f. Verbraucher → T 2 526
- Psychologische → t 2 471, t 2 478
- Vereinigung → T 2 528

marktorientierte
- Unternehmensführung → Inst. T 2 520

Marktwirtschaft
- Allgemeine u. textile → Forschungsstelle t 2 295

Marmor
- Ind. → F 861

Martin Ambulanz - St. Martins Werk → U 1 863
Martin-Behaim-Gesellschaft → U 2 792
Martin-Luther-Universität Halle-Wittenberg → t 2 387
Maryland Business Center Europe → E 739

Marzipan
- Lübecker → U 693

Maschen → Ind. F 995, IZ F 87

Maschinen
- Bau (s. unten)
- Elektrische, Fachverb. d. Hersteller → IZ F 1 464
- Karton → Ind. f 740
- Konstruktion, Inst. → T 385
- Konstruktionslehre, Inst. → T 388
- Ringe → Bds.-Verb. Q 85, Q 86
- Technische Gesellschaft → S 1 017
- Textil → IZ F 1 516
- Werkzeuge → Metall H 89

Maschinenbau
- Berufsgenossenschaft → k 233
- Förderung → T 1 285
- Forschungskuratorium → t 328
- Ind. → IZ F 1 448, IZ F 2 267 → t 2 046
- Materialprüfung, Inst.
- Stiftung → T 742

Massenmedien → T 3 699
Massentierhaltung, Verein gegen tierquälerische → Q 577
Masseure → S 423, T 2 853
Massivbau, Inst. → t 2 036, t 2 043
Maßschneider → Hdw. G 208
Masten → Großhdl. H 275
Mastitisforschung, Inst. → A 157

Material
- fluß u. Fördertechnik, Ingenieure → T 1 165 ff
- fluss u. Logistik → Fraunhofer-Inst. t 213, VDI-Ges. T 1 286
- Forschung → T 1 287, Bds.-Anstalt t 2 029
- Forschungs- u. Prüfungsanstalt an der Bauhaus-Universität → T 2 125
- Forschungsanstalt f. Architektur u. Bauwesen → t 2 052
- Gesellschaften, Europ. → IZ T 515
- Kunde, Dt. Ges. → T 1 293
- Management, Bundesverb. → T 4 006
- Prüfamt Bauwesen → t 2 057
- Prüfamt Kaiserslautern, Univers. → t 2 040
- Prüfanstalt Eckernförde → t 2 053
- sicheres in der Medizin → H 679
- Wirtschaft, Bundesv. → H 682

Materialprüfung → t 2 036, Bad.-Württ. t 2 041

Fortsetzung nächste Spalte

Materialprüfung (Fortsetzung)
- Bauwesen → t 2 045
- Maschinenbau, Inst. → t 2 046
- TWV → T 1 287
- Wehrwissenschaftliches Inst. → t 2 048
- Werkstoffe, Inst. → t 2 032

Materialprüfungs
- Ämter → T 2 028 ff
- Anstalt → Bauwesen Sachsen t 2 054, Baden-Württemb. T 2 083
- Bundesanstalt → A 356, t 2 029

Mathematik
- Angewandte → T 1 943
- Diskrete, Forschungsinst. → T 1 944
- Forschung → TWV T 1 941
- Gesellschaft → IZ T 304
- in den Naturwissenschaften, Inst. → t 134
- Institut → t 133
- Sachverständige (Altersversorgung) → K 365, K 373
- Vereinigung → IZ T 161
- Versicherungs- → T 2 536

Mathematiker
- Vereinigung → T 1 942

Mathematischer Unterricht, Dt. Verein z. Förderung → T 1 940

Matratzen
- Gütegemeinschaft → U 641

Mauerwerksbau, Dt. Gesellsch. → F 90
Mauerziegel, Arbeitsgem. → F 948
Mauritius Informationsbüro → E 571

Max-Eyth-Gesellschaft
- Agrartechn. im VDI → T 1 259

Maximilian-Gesellschaft → U 3 086

Max-Planck
- Gesellschaften → T 97 ff
- Inst., Bildungsforsch. → t 2 368
- Institute → t 98 ff

mbw → T 3 830
mc markt-consult → t 2 501
MDR 1 → O 356
MDS → K 62
MDZ → T 4 027

Mechanik
- Angewandte → T 1 943
- Angewandte u. theoretische → IZ T 168
- Büromaschinen → G 526
- Flug- → TWV T 1 266 ff
- Strömungs- → TWV T 1 266 ff

Mechaniker
- Landmaschinen → Ezhdl. H 136

Mechanische
- Vervielfältigungsrechte → GEMA S 1 157, IZ U 120

Media
- Analyse → O 532, Arb.-Gemeinschaft T 2 518
- Markt Analysen → T 2 502

Mediävistenverband → T 2 316
MEDICA → T 2 758

Medical-Produkte
- Europ. Konföderation d. Verb. → IZ F 337

Medicmessen, Verband → F 982
Medico international → U 2 055

Medien
- Agrar, Information → Q 122
- Akademie, Christl. → O 264
- Akademie Marquardt → O 557
- Anstalt Berlin-Brandenburg → O 364
- Anstalt Saarland → O 373
- Anstalt Thüringen → O 377
- Arbeit → ökologische Q 662
- Arbeit, evang. → O 485
- Arbeitsgemeinschaft → S 1 398
- Audiovisuelle → IZ O 27
- Berater, Fachverb. → O 706
- Bildungswerk → O 465
- Büro Niedersachsen → O 396
- Deutschsprachige → O 705
- Didaktik → Zentrum T 4 027
- Dienst, Religionswissenschaftl. → U 22
- Erziehung → u. musische Bildung U 1 565
- Film → IZ O 27
- Forschung → t 2 493, Arbeitsbereich T 2 517
- Forum Kiel, Photo u. → T 3 984
- Gesellschaft d. Bayer. Wirtschaft → T 3 830
- Hanseatische Akademie → O 564
- Haus, evang. → O 485
- Initiative Babelsberg → O 265
- Institut, Europ. → IZ T 900
- Kommunikation → O 400
- Konferenz der Akademien → O 545
- Macher, junge → O 255, O 256
- Mitarbeiter, Vereinig. → O 490
- Mittelstand → O 259
- Neue → Sächs. Landesanstalt O 374, SHK-Industrie T 3 694

Fortsetzung nächste Spalte

Medien (Fortsetzung)
- Operative Berlin → T 1 863
- Pädagogik, Fort- u. Weiterbildung, Nieders. Landesinst. → A 111
- Pädagogik u. Kommunikationskultur, Ges. → O 260
- Planung f. Entwicklungsländer → U 2 064
- Recht → T 3 594, Europ. IZ T 846
- u. Technik im Bildungsbereich → T 4 026
- Technik, Wirtschaftsverband → O 707
- Technologie, Ges. z. Förderung → T 1 341
- Technologie, Zentrum → T 1 340
- u. Kommunikation, ITVA → T 1 864
- Verbrauchervereinigung → O 399
- Vertreter, Berufsverband → H 699
- Werkstatt Franken → O 403
- Wissenschaft → T 3 738, IZ O 25
- Zentrale d. Ev.-Luth. Landeskirche Hannovers → O 565
- Zentrale Mainz → O 266
- Zentralstelle d. Dt. Bischofskonferenz → U 2 377
- Zentren → A 106 ff, Zentr. f. interaktive Medien T 3 696
- Zentren an Hochschulen → T 3 701

Medienzentrum
- Rheinland → A 114

Medizin
- Afrika → U 2 080
- Biologische → Aktion T 2 850
- u. Biowissenschaften, Zentrum → T 376
- experimentelle, Inst. → t 135
- Flugraum- → TWV T 1 266 ff
- forensische → T 3 510
- Geschichte → T 3 348
- Handelsvertr. → H 684
- Innere → Dt. Ges. T 3 329
- Int. Verb. f. Humanitäre Med. → IZ T 830
- Manuelle → T 2 806, Dt. Ges. T 3 346
- Musik, Internat. Ges. → IZ T 822
- u. Natur, Fördergem. → T 2 395
- Pharmazeutische Gesellsch. → F 225, T 3 375
- Produkte → Bundesinst. A 215, Fachvereinigung S 474
- Psychotherapeutische → Dt. Ges. T 3 388
- Publizisten → S 1 363
- Recht → Dt. Ges. T 3 354
- Sicheres Material → H 679
- Sozialwissenschaftl. Forschung → t 2 383
- Technologie, Bundesverb. → F 993
- Verbrennung → T 3 428

Medizinaluntersuchungsämter → B 584 ff
- Ärzte → S 205

Medizinisch
- Techn. Assistenten → R 582
- Wissenschaftl. Fachgesellschaften → T 3 278
- wissenschaftl. Vereinigungen u. Institute → T 3 018

Medizinische
- Ausbildung → T 3 347
- Bademeister → T 2 853
- Chemie, Inst. → T 984
- Diagnostik, Förderung → T 2 758
- Dokumentare → T 3 275
- Dokumentation → u. Inform., Dt. Inst. T 3 276
- Fach- und Standespresse, Vereinig. → S 1 362
- Fachgesellschaften → T 3 278
- Forschung, Inst. → t 136
- Frührehabilitation → T 2 851
- Fußpfleger → S 460
- Gummistrümpfe → Gütez. U 642
- Informatik, Biometrie, Epidemiologie → Dt. Ges. T 3 349
- Informatiker, Berufsverb. → S 379
- Journalisten → S 1 361
- Physik → Dt. Ges. T 3 350, Europ. Vereinig. IZ T 744
- Soziologie → t 2 415, Dt. Ges. T 3 353
- Umwelthygiene, Inst. → T 3 443
- Zusammenarbeit, Ärztegemeinsch. → S 252

Medizinischer
- Dienst d. Spitzenverbände d. Krankenkassen → K 62
- Fakultätentag → T 3 274
- Großhandel → IZ G 187

Medizinisches
- Psychologisches Inst., TÜV → T 3 451
- Zentrum f. Psychosom. Med., Univ. Gießen → t 2 384

Meeres
- Algen, Verarbeitung → IZ F 2 321
- Forschung → Inst. T 263, IZ T 686
- Forum d. Ölgesellschaften → IZ Q 197

Fortsetzung nächste Spalte

Meeres (Fortsetzung)
- Heilkunde → Forsch.-Gem. T 3 462
- Kunde a.d. Uni Kiel → T 3 463
- Säugetiere, Schutz → Q 591
- Technik → Ind. F 802

Mehl → TWV T 2 575
Mehr Platz für Kinder → U 1 182
Mehrfachagenten, Finanzdienstleistungsverband → S 725
Mehrfachbehindertes Kind, Aktion Sonnenschein → U 2 022
Mehrscheiben-Isolierglas → Gütez. U 592
Mehrwegverpackungen, Verein z. Förderung → Q 391

Mehrwertdienste
- Nutzer → U 772

Mehrwertdienste, Anbieter → T 1 345
Meiereifachleute → Q 327

Meister
- Baumaschinen → F 95
- im Schwimmbad → S 1 504
- Industrie- → R 521

Membran
- Konstruktion-Überwachung → T 2 096

Mensa in Deutschland → U 3 081, Internat. IZ U 813
Mensch im Weltraum, Kuratorium → T 1 270
Mensch u. Natur, Inst. → T 3 445
Mensch, Programmgruppe → t 2 395
Mensch + Strasse + Verkehr, Kuratorium → U 1 107
Mensch u. Umwelt gegen Zerstörung d. Lebensgrundlagen, Saar-Aktion → Q 648

Menschen
- Erkenntnis → TWV T 1 288
- mit geistiger Behinderung → U 1 619, Internat. Liga IZ U 309
- Körperbehinderte, kath. Einrichtungen u. Dienste → U 1 811
- Lern- u. geistig-behinderte → U 1 812
- Rechte → Internat. Ges. U 938, U 939
- Rechte der Kurden → U 941
- Rechtsorganisation, Intern. → U 940
- f. Tierrechte → Q 586
- unterwegs e.V., Raphaels-Werk → U 1 783

Merchandiser
- Bd. Dt. Schauwerbegestalter → O 585

Meß
- u. Automatisierungstechnik, VDI-Ges. → T 1 289
- u. Regelungstechnik, Ing. → T 1 165 ff
- Technik → f 350, t 329
- Wesen → R 731, gesetzl. IZ W 16
- Wesen, gesetzl., europ. Zusammenarbeit → IZ T 241

Messe
- Ausschuß d. Dt. Wissenschaft → O 595
- Ausstellungsgesellschaften u. -verbände → IZ O 208, IZ O 211
- u. Ausstellungszahlen, Kontrolle → o 596
- Bau → O 586
- Düsseldorf → o 601
- Essen → o 603
- Frankfurt → o 604
- Gesellschaften → O 595 ff
- Kongreß → o 609
- Leipziger → O 624
- Leitung Nordbau → O 623
- Reisende → H 793

Messen
- Fach- → O 532, o 597
- Handwerks- → o 614

Meßtechnik → IZ T 309
- Forschungsgesellschaft → t 330
- Internationale Vereinig. → IZ F 1 758
- physikalische → Fraunhofer-Inst. t 215, textile T 1 960

Metall
- Arb.-Geber-Verband (Ind.) → R 103 ff
- Arb.-Nehmer → R 355, IZ R 285
- Bds.-Verband → G 548
- Berufsgenossenschaft → Norddeutsche k 221, k 222
- Chemie, Inst. → t 285, T 1 922
- christl. Gewerkschaft → R 414
- DGB → R 355
- Drücker → Hdw. G 380
- Erzbergbau → f 128, F 706 ff
- Fassaden, Reinigung → U 675
- Former → Hdw. G 548
- Forschung → t 331, T 1 304
- Gewerkschaftsbund i. d. EG → IZ R 223
- Gießereien → F 714, Hdw. G 548
- Händler, Dt. → H 90
- Händler, europ. Bund EUROMETAL → IZ H 85
- Handwerk → Bayern G 524, G 548

Fortsetzung nächste Seite

Metall

Metall (Fortsetzung)
- Rollen Beschichtung → Europ. Verb. IZ F 1 140
- Schlauch-Hersteller → F 722
- Stifterverband → T 1 304
- Tiefziehforsch. → IZ T 272
- Unternehmensverbände → R 214
- verarbeitende Ind. → F 320, IZ F 2 267
- Verband, Europ. → IZ F 363
- Verpackungen → f 264, F 319
- Waren (s. unten)
- Wirtschaftsvereinigung → F 696

Metallhalbzeug
- Wirtsch.-Verb. Großhandel → H 91

Metallurgie
- GDMB → T 1 292
- Pulver, indust. F 846, Europ. Vereinig. IZ F 597

Metallwaren
- Industrie → f 265, F 817

Metallzauntechnik
- Fachverb. → F 1 051

Meteorologen Verband, Dt. → U 2 660

Meteorologie → Inst. t 138, TWV T 1 294
- Weltorganisation → IZ W 39

Meteorologische Ges. → T 1 294, IZ T 244
Meterwaren → Ezhdl. H 528
- Handels-Vertr. → H 684
- Methodik, ganzheitliche → T 3 928

Methodologie
- J.-W.-Goethe-Univ. → t 2 381

Methylbromid-Verb., europ. → IZ F 995
Metrologische Staatsinstitute, westeurop. → IZ T 235
Metzger (s. Schlächter)
MFT → T 3 274
MI → IZ U 813
MIA → IZ K 35
MIC → T 3 936
Microcomputer Managers Association Germany → S 1 522
Mieder → Ind. f 113
Miescher-Laboratorium → t 118

Mieter
- Bund → U 871, Dt. u 1 133

Mietwagen
- Bundeszentralverb. → M 37
- Gewerbe → M 136 ff, Europ. Vereinig. IZ M 56
- Unternehmen → M 37, M 136 ff
- Verband → M 125

Migräne- u. Kopfschmerzgesellschaft → Dt. T 3 355
Migration u. Entwicklung → internat. U 2 054
Migration, Intern. Org. → e 758, IZ W 17
MIJARC → IZ Q 71

Mikro
- Biologie → A 266, T 2 636
- Elektronische Schaltungen u. Systeme, Inst. → t 196, t 197
- Filmarchiv, Presse → O 527
- Graphie u. Informationsverarbeitung → H 631
- Integration, Fraunhofer Einrichtung → t 200
- Strukturphysik → t 141

Mikrobielle Ökologie → t 2 614

Mikrobiologie
- angewandte, Inst. f. → T 2 570
- dt. Ges. f. Hygiene u. → T 3 324
- Intern. Union → IZ T 170
- marine, Inst. f. → t 139
- Seuchenmedizin d. Tiere, Inst. f. med. → T 3 505
- terrestrische, Max-Planck-Inst. f. → t 140
- u. Hygiene, Inst. f. → B 588

Mikrobische Nahrungsmittelenzyme → IZ F 2 139

Milch
- Betriebswirtschaft, Inst. → A 157
- Chemisches Inst. → A 157
- Einzelhandel → H 630
- Erzeugnisse → Außenhdl. IZ H 62
- Forschung → Inst. Q 308, TWV T 2 583
- Handelsverband, Arb.-Gem. → Q 308
- Hygiene, Inst. → A 157
- Kontrollverb. Osnabrück → Q 334
- Lehranstalt → TWV T 2 583
- Leistungsprüfungen → Q 328
- Marktforschung, Inst. → A 157
- Marktmolkereien → Q 308 ff
- Maschinenwesen → TWV T 2 580
- Mikrobiologie, Inst. → A 157
- Prüfring Baden-Württemb. → Q 333
- Technologie → T 2 602
- Versuchsstation, Inst. → A 157
- Vorzugs- → Q 308 ff, Q 330
- Wirtschaft → TWV T 2 580, IZ F 2 126
- Wirtschaft, Landeskontrollverband → Q 336

Fortsetzung nächste Spalte

Milch (Fortsetzung)
- Wirtschaftl. Kontrollverband Mittelweser → Q 335
- Wirtschaftl. Verein Baden-Württemb. → Q 329
- Wirtschaftl. Vereinigung → Q 331
- Wirtschaftler → Q 327

Milchprodukte
- Direktvermarkter → Q 330

Mildred Scheel Stiftung f. Krebsforschung → T 755

Militär
- Archiv, Bds. → A 218
- Berufsverbände → IZ R 66
- Ökonomie, Ges. → T 1 870
- Reservisten-Verbände → IZ R 308
- Res.-Offiziere → IZ R 245
- Seelsorge → U 2 286 ff
- Sport, Int. Rat → IZ U 554
- Militärische Flugsicherung → U 859
- Miller-Institut → T 1 981

Mineral
- Brunnen → Arb.-Geber R 122
- Brunnen u. Wasser → Ind. F 431
- Farben → Ind. F 206
- Faser-Ind. → f 539, F 540
- Futter → Ind. F 413
- Gewinnung → f 136
- Öl (s. unten)

Minerale, europ. Prod. elektr. geschmolz. → IZ F 464

Mineralöl
- Additive i. Deutschl., Techn. Vereinig. → T 1 925
- Außenhandelsverb. → H 93
- Bevorratungsverband → H 229
- Einzelhandel → H 649
- Großhandel → Europ. Vereinig. IZ L 52
- Handel → H 587
- Interessengemeinsch. mittelständischer Verbände → H 227
- Mittelständische Unternehmen → Großhdl. H 94
- Normung → T 1 924
- Unternehmen → Bds.-Verb. H 94, IZ L 52
- Verbände, mittelständische → H 227
- Wirtschaftsverband → BDI f 42, F 693

Mineralogie
- TWV → T 1 303

Minerva-Ges. f. Forschung → t 183

Ministerien
- Bundes- → A 8 ff
- Länder- → B 1 ff

Ministerpräsidenten, Rundfunkkommission → O 361
Mischfutter → IZ F 1 267
MISEREOR → U 2 085

Missio
- Missionswissenschaftliches Institut → U 3 118

Mission Aviation Fellowship Germany → M 276
Missionarisch-biblische Dienste unter Jugendl. u. Berufstätigen → U 3 117
Missionswerk in Deutschl., Evgl. → U 1 301

Missionswissenschaftliches
- Institut → U 3 118

Mitfahr-Zentralen in Deutschland u. Europa, Citynetz-Verb. → U 3 112
Mitgliedergemeinschaften der Angestellten-Krankenkassen, unabhängige → K 178

Mittel
- Betriebe → Ezhdl. H 549
- Deutscher (s. unten)
- Europa-Verein → E 580
- Meerspiele, Int. Komitee → IZ U 578
- u. Ostdeutsche → U 1 024
- u. Osteurpastudien, Int. Rat → IZ T 891
- Ostverein → E 388
- u. Osteuropa, Catholic Media Council → U 2 064
- u. Unternehmen d. Einzelhandel → IZ H 376

Mitteldeutsche
- Korn- u. Getreidebrenner → F 455
- Zentralverb. → U 1 024

Mitteldeutscher
- Kulturrat, Stiftung → T 831

Mittelständische
- Dienstleistungswirtschaft → R 258
- Lebensmittel-Filialbetriebe → H 391
- Mineralölunternehmen → H 94
- Mineralölverbände → H 227
- Personenschiffahrt → M 231
- Pharmaunternehmen → R 211
- Reiseunternehmen, Bds.-Verb. → N 284
- Unternehmen, Arbeitsgemeinschaft → R 269
- Unternehmen, Union → R 268

Fortsetzung nächste Spalte

Mittelständische (Fortsetzung)
- Wirtschaft, Bds.-Verb. → R 270
- Wirtschaft, Unternehmerverband → R 267

Mittelstand(s)
- Bauunternehmen → F 89
- Berufsverb. d. Frau → S 21
- Bund, Dt. → R 271
- Forschung → T 2 461
- Forum → T 3 736
- In den Medien → O 259
- Unternehmer, Arb.-Geber → R 264
- Vereinigung d. CDU/CSU → R 241
- wirtschaftlicher → R 258
- Mitternachtsmissionen → U 2 029
- Mittlerer Vermessungsdienst, Deutsche Bahn AG → R 833
- MitUnternehmerverband e.V. → P 59
- MMA → S 1 522, t 2 502
- MMC → T 4 006
- MMG-München → o 613
- MMTC → IZ R 311

Mobile
- Verkaufsstellen → Ezhdl. H 391

Mode
- Ausstellungen u. Messen → o 602
- Institut, Dt. → U 40
- Kreis Kind + Jugend → U 42
- Kreis München → U 41
- Messen → o 602

Modell
- Agenturen, lizenzierte → U 2 780
- Bauer → Hdw. G 575
- Flieger Verb. → U 3 111
- Flugfreunde Deutschland → U 3 128
- Modellschutz → U 754

Moderne
- Fremdsprachen (FMF) → R 904
- Graphik, Arbeitskreis → U 3 096
- Küche, Arb.-Gem. → F 578
- Marktmethoden → T 2 515

Moderner Fünfkampf, Dt. Verb. → u 2 502
Moderner Fünfkampf, Int. Union → IZ U 489
Modeurop → IZ F 1 892
Modisten → Hdw. G 576

Möbel
- Büro → Ezhdl. H 336
- Einzelhandel → H 422
- Gütezeichen → U 643
- Halbzeug, Kunststoff → f 597
- Handels-Vertr. → H 684
- Handwerk → G 636, Int. Union IZ G 72
- Industrie → Stahl IZ F 2 022, IZ F 2 059
- u. Materialprüfung, Nordwestdt. Institut → T 2 080
- Schlösser → Gütez. U 601
- Spediteure d. gemeins. Marktes → IZ M 103
- Spedition → M 81, M 180
- Stahl-, Verb. → IZ F 1 050
- Stahlbüro- → IZ F 2 022
- Stoffe → Ezhdl. H 528, Fabrikanten IZ F 1 828
- Zubehör → Ind. F 545

Mörtel
- Forschung → t 313
- Ind. → F 918, F 950

Molekular
- Biologie → Europ. Laboratorium IZ T 104, Europ. Organisation IZ T 243
- Genetik, Inst. → t 120
- Physiologie → t 154

Molekulare
- Pflanzenphysiologie → t 149

Molkerei
- Erzeugnisse, Hamburger Makler u. Agenten → H 751
- Fachleute → Q 327
- Produkte Verband, europ. → IZ F 386
- Molkereien → Q 308 ff
- Mommsen-Gesellschaft → T 3 711
- Monopolkommission → A 248
- Monopolverwaltung f. Branntwein → A 192
- Montag-Club → T 2 227

Montage
- Bau u. Fertighäuser → Gütez. U 575
- Ziegel → Gütez. U 616

Montan Technologie f. Rohstoffe, Energie, Umwelt → T 900

Moor
- Kunde → Dt. Ges. Q 213

Morbus Crohn/Colitis ulcerosa Vereinig → T 3 075
Morgenländische Gesellschaft → E 390
Morus, Thomas, Akademie → T 3 948
Mosaikleger → Hdw. G 161
Most, Süßmostindustrie → F 437

Motor
- Fachpresse, Internat. → S 1 366

Fortsetzung nächste Spalte

Motor (Fortsetzung)
- Journalisten → S 1 364
- Kondensatoren → Ind. f 353
- Kraftwerke, Bundesv. → T 1 149
- Presse → S 1 365
- Schleiferbetriebe → IZ G 167
- Sport-Verband → u 2 506, U 2 602
- Veteranen-Clubs → U 2 651
- Yachtverband → u 2 507

Motorboot
- Sport, Int. Union → IZ U 488

Motoren
- Instandsetzung → F 723, Gütez. U 669
- Instandsetzungsbetriebe → IZ G 167

Motorische Geräte → Ind. F 357

Motorrad
- Industrie-Verband → F 503, F 504
- Messen, Internat., Organisationskomitee → IZ O 210

Mozart-Gesellschaft, Dt. → U 3 012
MPA → t 2 042
MPA NRW → T 2 144
MPC → S 1 365
MPfK → U 1 182
MTB → T 4 026
MTT → U 2 855
Mucoviscidose, Selbsthilfe Bundesverband → T 2 807

Mühlen
- Arb.-Geber → R 146
- Betriebe, Gesamtverb. → IZ F 1 643
- Deutsche → F 432
- Industrie → IZ F 1 820
- Maschinenbau → f 682
- Öl- → Ind. IZ F 2 516
- Reis- → IZ F 2 547

Müll
- Großbehälter, Kunststoff → Gütez. U 540

Müllerei (s. auch Mühlen)
- Maschinenbau → f 682
- Technologie → T 2 572

Münchener Messe- u. Ausstellungsges. → o 613

Münchner
- Arbeitsgem. f. Luftschadstoffe → T 1 868
- Kreis → Forsch.-Kommunikation T 3 751
- Zentralstelle f. Strafentlassenenhilfe → U 1 925

Münchner Diskussionsforum → Q 452
Münker, Wilhelm-Stiftung → Q 396
Münsterland, Aktion → D 205
Münzautomaten → O 632

Münzen
- Gewerbe, Interessengem. → O 645

Münzenhändler
- Verb. d. Deutschen → U 3 084

Münzvereine → U 3 083

Mütter
- Alleinerziehende → U 1 217
- Aller Nationen, Welt-Organisation → IZ U 266
- Dienst d. Evangel.-Lutherischen Kirche → U 1 866
- gegen Atomkraft → Q 649
- Genesung, Evang. Arb.-Gem. → U 1 274
- Genesungswerk, Elly-Heuss-Knapp-Stiftung → U 1 272
- Zentren-Bundesverband → U 1 393

Mützen
- Einzelhandel → H 528
- Industrie → f 110

Mukoviszidose-Kranke, Christiane Herzog Stiftung → T 3 225
Multimediaverb., Dt. → O 581
Multinationale Versicherungsvermittlung → IZ K 35
Mund
- Chirurgie → Dt. Ges. T 3 357
- Heilkunde, Dt. Ges. → T 3 434
- u. Kieferchirurgie, Fachärzte → S 170

Murnau, Friedrich-Wilhelm, Stiftung → T 749
Museen, Rheinische → U 3 052

Museum(s)
- Bund, Dt. → U 3 030
- Bund, Sächsischer → U 3 038
- Germanisches, National → U 3 042
- f. Gestaltung → TWV T 1 890
- Pädagogische Gesellschaft → U 3 102
- Rat, Internationaler, Dt. Nationalkomitee → U 3 099
- f. Sepulkralkultur → U 3 056
- u. Touristikbahnen → N 287
- Zeppelin → U 3 051

Museumsverband
- Baden-Württemberg → U 3 033
- Brandenburg → U 3 034
- Hessen → U 3 035
- Mecklenburg-Vorpommern → U 3 036
- f. Niedersachsen u. Bremen → U 3 037
- Thüringen → U 3 039

Musik
- Akademien, Arb.-Gem. → O 127
- Alte, Ges. → f. Alte O 93
- Arbeitsgemeinschaft, Ev. Jugend → U 1 248
- Arbeitskreis → O 120
- Aufführungsrechte → S 1 157
- Bibliotheken → IZ T 910
- Bildungsstätten in der BRD → O 130
- Dokumentationszentren → IZ T 910
- Edition → O 443
- Elektroakustische → Dt. Ges. O 73
- Elektronik, Verb. d. Vertriebe → H 670
- Europ. Union d. Veranstalter f. neue Musik → IZ O 7
- Fachgeschäfte → Ezhdl. H 438
- Forschung, Ges. → T 3 977
- Ges. f. Neue → O 94
- Geschichtliches Archiv → T 3 978
- i. d. Jugend, Arbeitskreis → O 75
- in der Medizin, Internat. Ges. → IZ T 822
- Industrien, Europ. → IZ G 186
- Informations-Zentren → Intern. Vereinigung IZ O 12
- Instrumente → Vertrieb H 670, t 333
- Internationaler Arbeitskreis → IZ O 15
- Internationaler Rat → IZ O 16
- Neue → T 3 979
- Pädagogen → O 129
- Pädagogik → allgemeine O 131, Wissenschaftl. Sozietät O 144
- Pädagogische Forschung → O 145
- Pädagogische Studiengänge i. d. BR Deutschl. → O 143
- Rat → Int. IZ O 14, Europ. IZ O 17
- Schaffende, Dt. → O 146
- Schule, Clara-Schumann → O 119
- Schulen → T 3 960
- Theater u. Architektur, intern. Ges. → IZ O 11
- Therapie → Dt. Ges. T 3 479, U 2 855
- Veranstaltende Betriebe → N 1 ff
- Veranstalter → O 117
- Verleger → O 442
- Vervielfältigungsrechte → S 1 157
- Wettbewerb d. ARD → O 124
- Wettbewerbe f.d. Jugend → IZ O 5
- Wettbewerbe, Weltverband → IZ U 573
- Wissenschaft → T 3 737
- Wissenschaftler → S 1 302
- Zeitgenössische → O 128
- Züge, Bds. Verb. → O 87

Musikalische
- Jugend, Int. Verb. → IZ U 572

Musiker
- Europ. Union → IZ O 6

Musikervereinigung, Internat. → IZ R 267
Musikleben, Dt. Stiftung → T 760
Musische Bildung u- Medienerziehung → U 1 565
Muskelkranke → Dt. Ges. T 3 030
Muskelkrankheiten
- Europ. Allianz d. Verbände → IZ U 301
Muslim-Liga, Dt. → U 2 444
Musterschutz → U 754
MUT → t 2 395
Mutter u. Kind, Bundesstiftung → T 761
MWE → T 2 806
MWIA → IZ S 149
MWV → f 42, F 693
Myasthenie Gesellschaft → T 2 833
Mykologie → Dt. Ges. T 2 621, T 3 358
MZES → t 2 413
MZO → P 39

N

NAA → T 3 765
Nachbetreuung Krebskranker Kinder, junger Erwachsener und deren Sozialen Umfeld → T 757
Nachrichten
- Agentur, evangel. → O 482
- Bds.-Amt → A 102
Nachschulung, Gesellsch. → T 3 787
Nachwachsende Energien, Förderverband → L 28
Nadelschnittholz, Einfuhrhandel → IZ H 356
Nähmaschinen
- Einzelhandel → H 439
Nährmittel
- Getreide u. Reis → F 434
- Ind. → F 497, F 498
NAFO → IZ Q 142
Nagelplattenkonstruktionen → Gütez. U 594
Nah- u. Mittelostverein → E 388

Nahrung, europ. Verband für das Recht auf → IZ T 845
Nahrung, unbelastete → T 2 578
Nahrungsergänzungsmittel, Bundesverband → F 223
Nahrungsfette - Ind. → Arb.-Geber R 122
Nahrungsmittel
- Analytik u. Qualitätssicherung → T 2 603
- Arbeiter → Gewerkschaften IZ R 247, IZ R 312
- Arb.-Geber → R 122
- Arb.-Nehmer → R 363
- Berufsgenossenschaft → k 234
- Chemiker i. öffentl. Dienst, Bds.-Verb. → S 1 059
- DGB → R 363
- Diätische → IZ F 2 006
- Emulgatoren, europ. Hersteller → IZ F 2 391
- Enzyme, mikrobische → IZ F 2 139
- Ezhdl. → H 391
- Fachschulen, Bds. → T 3 958
- Forschung → TWV T 291
- Geflügelwissenschaft → IZ T 713
- Gewerkschaften → Europ. Föder. IZ R 98
- Großhandel → H 164, IZ H 269
- Handels-Vertr. → H 684
- Hersteller f. besondere Ernährungszwecke → F 384
- Kontrolleure, Bds.-Verb. → S 972
- Kunde → T 2 560
- Landwirtschaftl. Hdl. → IZ H 205
- Mikrobiologie → T 2 602
- Qualität → T 2 731
- Recht → TWV T 2 560
- Suppen-Ind. → IZ F 1 629
- Technik, Dt. Inst. → T 2 563
- Technologen → S 1 516
- Unternehmen → IZ F 205
- Verpackung → t 323, IZ F 1 172
- Verteilung → IZ H 269
- Wissenschaft und -Technologie, europ. Vereinigung → IZ T 662
- Zusätze u. -enzyme, europ. Ind. → IZ F 2 040
- Zusatzstoffe → Ind. F 205
Nahtmaterial, chirurgisches → F 581
Nahverkehr
- Güter → M 136 ff
Nahverkehrs
- Unternehmen → Arb.-Geber R 83
NAJU → U 1 524
NAKOS → U 1 938
NALS → T 1 258
Nasen
- Hals- u. Ohrenärzte → S 116
Naßbaggerunternehmungen → F 87
Nationale
- Familienfragen, Koordinierungsstelle → U 1 173
- Ingenieurvereinigungen → IZ S 468
- Kontakt- u. Informationsstelle z. Anregung u. Unterstützung v. Selbsthilfegruppen → U 1 938
- Produktivitätszentralen, Europ. Vereinig. → IZ U 2
- Verb. d. Reisebüros u. -Veranstalter → IZ N 44
- Vereinigungen d. Wasserversorger → IZ L 102
Nationaler
- AIDS-Beirat → T 2 746
Nationales
- Komitee d. BR Deutschland d. Weltstraßenverb. → T 3 657
- Komitee f. Geodäsie u. Geophysik → T 1 134
- Komitee d. Weltenergierates u. d. Intern. Kommission f. große Talsperren → L 81
- Olympisches Komitee f. Deutschl. → U 2 552
Nationalmuseum, Germanisches → U 3 042
NATO → IZ W 8
Natur
- Bims → Gütez. U 547
- Bund → Q 448
- Darm, Zentralverb. → H 285
- Darmhandel → IZ H 176
- Erbe, Europ., Stiftung → T 798
- Erhaltung → IZ Q 223
- Fasergarne → F 975
- Forschende Gesellschaft → T 1 365, Freiburg T 1 366
- Forscher → T 2 835
- Forschung → Verein Q 129, TWV T 1 364
- Freunde, Intern. → IZ Q 198
- Freunde, Touristenverein → N 60
- Freundejugend, Internationale → IZ U 206

Fortsetzung nächste Spalte

Natur (Fortsetzung)
- Gewaltfreie Aktionsgem. → Q 573
- Heilbund → T 3 484
- Heilkunde Akademie, Chin. → T 3 487
- heilkundlich tätige Zahnärzte → S 317
- Heilverfahren → S 166, Zentralverb. S 171
- Historische Ges. Nürnberg → T 3 719
- Historische Gesellschaft zu Hannover → T 3 720
- Historischer Verein d. Rheinlande u. Westfalens → T 1 363
- Kost, Bds.-Verb. → H 676
- Land, Verb. f. naturgemäßen Landbau → Q 192
- Landstiftungen, Dt. → T 805
- u. Medizin, Fördergem. → T 3 485
- Museum → T 1 364
- Museum u. Forschungsinstitut → T 1 975
- Parke, Verb. Dt. → Q 362
- Schutz, beruflicher → Q 368
- Seidengarne, Verarbeiter → IZ F 1 830
- Stein - Ind. F 933, Forsch. t 334
- Steinindustrie Hessen u. Thüringen F 934
- Warenzeichenhändler, Bds.-Verb. → H 676
- Werkstein → Wirtsch. F 937, IZ F 1 662
- Wissenschaft, Frauen → T 1 130
- Wissenschaften → Forschungsges. T 260
- Wissenschaftl. Verein f. Schwaben Q 511
- Wissenschaftl.-techn. Trendanalysen → t 250
Naturgemäßer Landbau → Schulungszentrum Q 84, Verb. Q 192
Naturkunde
- Verein → Deutscher T 2 720, T 2 721
- Württemberg → T 2 722
Naturopa-Zentrum → IZ Q 222
Naturschutz
- Berlin, Stiftung → T 820
- Berliner Landesarbeitsgem. → Q 348
- Bund → Jugendorganisation Q 425, Deutschland Q 492
- Gesellschaft → Q 386, Schutzstat. Wattenmeer Q 454
- Hess. Dienstleistungszentrum f. → T 2 738
- Jugend → U 1 524
- Länderarbeitsgemeinschaft → Q 654
- Nordrhein-Westfalen-Stiftung → T 772
- Park, Verein → Q 398
- Stiftung → T 822
- Verband Niedersachsen → Q 349
- Verein → Q 387
- Volksbund → Q 388
- Zentrum → Nordrh.-Westf. Q 385, Hessen Q 447
Naturwissenschaften
- Förderung d. Geschichte → T 905
Naturwissenschaftler-Initiative, Verantwortung f. d. Frieden → U 2 722
Naturwissenschaftlicher
- Verein zu Bremen → T 1 368
Naturwissenschaftlicher u. Historischer Verein f.d. Land Lippe → T 3 721
Naturwissenschaftlicher Unterricht → T 1 940
Naturwissenschaftlicher Verein in Hamburg → T 1 367
Naturwissenschaftlich-technische Schulen → O 708
Naumann-Stiftung → T 745, T 746
Nautischer Verein von 1868 → M 209
NAV → F 997
Navend → E 560
Navigation(s)
- Institute → IZ M 197
- TWV → T 1 318
Navigatoren → R 519
Naziregime, Vereinig. d. Verfolgten → U 1 015
NC-Gesellschaft Anwendung Neuer Technologien → U 87
NCL-Gruppe Deutschland → T 3 220
Nebenberufliche Landwirte → Q 46
Neckar-Rhein Dreieck → T 2 522
Nematologie, Inst. → A 158
Neonatologie u. Päd. Intensivmedizin → T 3 359
Nephrologie, Ges. → T 3 360
Nephrologie, Klinische, Dt. Arb.-Gem. → T 3 338
Nerven
- Ärzte → T 2 836
- Heilkunde, Dt. Ges. → T 3 384
- Verletzte, Arbeits-, Kriegs- u. Verkehrsopfer → U 1 040
Network, Individual → T 3 698
NETZ
- Selbstverwaltung- u. Organisation → T 2 256

Netzballverb., Int. Vereinig. → IZ U 498
Netzhautdegeneration, Selbsthilfevereinigung → T 3 110
Netzwerk
- Gen-ethisches → T 2 554
- Hamburg → U 2 079
- f. Textil, Europ. → IZ F 1 573
- f. Wirtschafts- u. Unternehmensethik → IZ U 22
Netzwerk Taijiquan und Qigong → U 2 630
Neue
- Bachgesellschaft → U 3 010
- Bundesländer, wirtschaftsnahe Forschung → T 2 301
- Dt. Spielfilmproduzenten → O 224, T 3 692
- Erziehung → U 1 446
- Gesellschaft f. Literatur → S 1 397
- Medien → Akademie T 3 693, SHK-Industrie T 3 694
- Musik → Ges. f. O 94, T 3 979
- Richtervereinigung → S 575
- Technische Form → TWV T 1 927
- Technologien → U 87, in Umwelt u. Verkehr U 182
- Urania, Bds.-Verb. → T 4 154
- Wirtschaft, Inst. → T 2 357
Neuer
- Automobil- u. Verkehrsclub → U 2 601
- Berliner Kunstverein → S 1 179
Neuere Geschichte, Vereinig. z. Erforschung → U 3 091
Neuro
- Anatomie → Dt. Ges. T 3 365
- Biologie, Leibniz-Institut → T 2 569
- Chirurgen, Berufsverband → S 173
- Pathologie → Dt. Ges. T 3 365
- Physiologie, Klinische → Dt. Ges. T 3 339
- Psychologische Forschung → t 145
- Radiologie → Dt. Ges. T 3 366
- Wissenschaftl. Ges. → T 3 361
Neurodermitiskranke, Bds.-Verb. → T 2 837
Neurologie → Dt. Ges. T 3 363
Neurologische Forschung, Inst. → t 144
Neutrale Klassifizierungsunternehmen f. Schlachttierkörper T 2 557
Neuzeitliche Textilpflege-Betriebe Deutschlands → F 1 006
Neuzeitliches
- Bauen, Informationsdienst → F 94
New-Zealand German Business Association, Australische IHK → E 310
NFJI → IZ U 206
NHV → T 1 363
Nichtmetallische Werkstoffe → t 2 037
Nichtraucher-Initiative Deutschland, Bds.-Verb. → T 3 497
Nichtregierungsorganisationen
- Verb. Entwicklungspolitik dt. → U 2 046
Nichtübertragbare Krankheiten, Bds.-Inst. → A 213
Nickelhalbzeug → Ind. F 706 ff
- Ärzte
Nicolaus Copernicus-Planetarium → T 1 275
Niederdeutsche Autoren → S 1 265
Niedergelassene → S 176
- Zahnärzte → Brandenburg S 318
Niedermeyer → Inst. t 2 073
Niederrheinischer Verkehrsverband Duisburg → M 179
Niedersächsische
- Landesmedienanstalt f. privaten Rundfunk → O 370
- Landeszentrale f. politische Bildung → A 289
- Staats- u. Universitätsbibliothek → T 3 749
Niedersächsischer
- Schweineerz., Landesverb. → Q 245
Niedersächsisches
- Institut f. Wirtschaftsforschung → t 2 284
- Landesamt, Statistik → B 317
- Landesinst. f. Fortbildung u. Weiterbildung im Schulwesen und Medienpädagogik → A 111
Niederspannungs
- Geräte, Prüfung u. Zertifizierung → T 1 930
- Schaltanlagen u. -Geräte → Ind. f 349
Nierentransplantation u. Dialyse → T 2 887
Niersverband → L 64
NIMM → T 2 080
NIS ZERT → T 2 145
Nitrieranlagen, Betreiber, europ. → IZ F 1 065
NKGG → T 1 134
NLI → A 111
NOK → T 1 363
Nonprofit-Organisationen, Berater- u. Service-Gruppe → S 733
Nord
- Amerikaforschung, Zentrum → E 723

Fortsetzung nächste Seite

Nord

Nord (Fortsetzung)
- Atlantik-Pakt-Organisation → IZ W 8
- Bayerische Wirtschaftsjournalist(inn)en → S 1 372
- Metall → R 103
- Ostsee Küstenschiffsmakler → H 757
- Schleswiger, Bund → U 989
- See (s. unten)
- -Süd-Brücken → U 2 050
- -Süd-Forum → U 2 084

Norddeutsche
- Bildungswerke d. Wirtschaft → Arb.-Geber T 3 838
- Fleischzentrale → P 38
- Industrie- u. Handelskammer, Arb.-Gem. → E 137
- Kirchen, Evangel. Rundfunkreferat → O 380
- Lebensversicherer → K 20
- Metall-Berufsgenossenschaft → k 221
- Schiffversicherungs-Vereine → K 375

Norddeutscher
- Asbestsanierungsverband → F 997
- Genossenschaftsverband Schleswig-Holstein u. Hamburg → P 38
- Rundfunk → O 301

Nordfriesisches Institut → U 2 818

Nordische
- Philologie → E 452

Nordrhein-Westfälische
- Akademie d. Wissenschaften → T 863

Nordrhein-Westfalen-Stiftung Naturschutz, Heimat- u. Kulturpflege → T 772

Nordsee
- Aktionskonferenz → Q 456
- Bäder Verband Schleswig-Holstein → N 39
- Einzelhandel → H 320
- Hafenspediteure → IZ M 234
- Küste, Schutzgemeinsch. → Q 453

Nordwest Atlantik Fischerei → IZ Q 142

Nordwestdeutsche
- Bekleidungsbetriebe → R 60

Nordwestdeutscher
- Verband f. Altertumsforschung → T 3 714

Nordwestdeutsches
- Institut f. Möbel- u. Materialprüfung → T 2 080

NORGRO → H 79

Normen
- Institut → T 1 306 ff
- Komitee → IZ T 495

Normung
- DIN Dt. Institut → T 1 306, Mineralöl u. Brennstoffe T 1 924
- Elektrotechnische → IZ T 475
- Interessengemeinschaft → U 537

Notärzte Deutschlands, Arb.-Gem. → S 193
Notare → S 531
- i. Hauptberuf → S 553
Notariate der EU, Ständige Konferenz
- Chemie → IZ S 214
Notariats- u. Rechtsanwaltsangestellte, Dt. Vereinig. → S 555
Notfallmedizin, Interdisziplinäre Vereinigung → T 3 330
Notrufsysteme → Ind. F 692
Nuklear → TWV T 984
- Medizin → Dt. Ges. T 3 367

Numismatische
- Gesellschaft, Dt. → U 3 083
- Kommission d. Länder i.d. BR Deutschl → U 3 082

NUT → T 1 130
Nutzbarmachung v. Siedlungsabfällen → T 1 369
Nutztiere, landwirtschaftl. → T 2 661
Nutztierwissenschaften, Institut → T 2 660
NVL → S 680
NVN → Q 349
NWO → M 178

O

OAV → E 391
Obdachlosenhilfe, Evang. → U 1 869

Ober
- Bekleidung → Ezhdl. H 528, Ezhdl. H 650
- Finanzdirektionen → A 376 ff
- Flächen (s. unten)
- Landesgerichte → B 788 ff
- Prüf. Amt. f. höhere techn. Verwalt. Beamte → A 337
- Seeamt, Bds. → A 331
- Verwaltungsgerichte → B 837 ff

Oberbergämter → B 303 ff

Oberflächen
- Behandlung → Forschung t 335, europ. Komitee IZ F 1 558
- Schutz, Industrieverband → F 202
- Technik → Dt. Ges. T 1 077, Zentr. f. T 4 030
- Veredelung v. Aluminium → F 712
- Veredlung → TWV T 925
- Vergütung, Dt. Verband → T 1 078

Oberschlesier, Landsmannschaft → U 987

Obst
- Anbau, naturnaher → Q 198
- Brenner → F 466
- Erzeugerorganisationen → Q 153
- Export → H 196
- Getränke → Ind. F 437
- Großhandel → H 196, IZ H 83
- Handelsunternehmen, Bds.-Verb. → H 157
- Import → H 53, H 196
- Keltereien → F 437
- Konserven → F 435
- Krankheiten, Inst. → A 266
- Pflanzenschutz, Inst. → A 266
- Schaumwein → Ind. F 444, F 445
- Trocknungsindustrie → IZ F 2 478
- u. Fruchtweinindustrie der EU → IZ F 2 506
- Verarbeitende Ind. → F 435, Europ. IZ F 433
- Verschlußbrenner → F 480
- Verwertung → Arb.-Geber R 122
- Wein → Ind. F 444

OCDE → C 602
OCEAN → IZ F 1 896
OCIC → IZ O 27
OCIMF → IZ Q 197
Ocularistische Gesellschaft → S 1 263
OEA → IZ F 1 894
OECDNEA → IZ W 4

Oecotrophologen
- Diplom → S 1 551
- Verband → T 2 701

Öffentlich
- Bedienstete, Europ. Föd. → IZ R 316
- bestellte u. vereidigte Kfz-Sachverständige → S 1 086
- bestellte Vermessungsingenieure → S 1 019
- Rechtl. Kreditinstitute i. Bayern → I 77
- Rechtliche Versicherer, Inst. für Schadenverhütung u. -forschung → U 915

Öffentliche
- Bäder, Bundesfachverb. → T 3 461
- Banken → I 76
- Binnenhäfen → M 233
- Finanzen → IZ T 569
- Meinung, Studium → t 2 490
- Postdienstbetreiber, europ. → IZ T 916
- Prüfstelle f. d. Textilwesen → T 1 962
- Verkehrsbetriebe → Fachleute S 1 113, IZ M 232
- Wirtschaft → T 2 241
- Wirtschaft, Europ. Zentralverband → IZ F 1 400

Öffentlicher
- Dienst in Deutschland, Ingenieure → s 897
- Gesundheitsdienst → d. Ärzte S 114, Zahnärzte S 316
- Versicherer, Verb. → K 10

Öffentliches
- Gesundheitswesen, Akademie → T 3 882, T 3 883
- Recht, Inst. → t 171, T 3 601
- Verkehrswesen, Intern. Verband → IZ M 225

Öffentlichkeitsarbeit
- Einzelhandel → H 308
- Förderkreis d. DPRG → S 740
- Stiftung → T 829

OEICTO → IZ F 450
OEIL → IZ U 181
OEITFL → IZ F 433
OEK → E 473
Öko-Institut → Q 459

ÖkoLöwe
- Umweltbund Leipzig → Q 450

Ökologie
- Arbeit, studentische → Q 472
- Bundesverband → Q 462
- Gesellschaft → Q 461
- Information- u. Kommunikation → Q 470
- Land- u. Gartenbau → Q 180
- u. Landbau, Stiftung → T 770
- Landesanstalt → T 2 680
- Mikrobielle → T 2 614
- Zentrum der Chemie, europäisches → IZ T 817

Ökologisch-Biologischer Landprodukte → Q 656

Ökologische
- Forschung, Ges. → T 2 683
- Forschungsinstitute, Arb.-Gem. → T 1 869
- Landbauprodukte, Prüfverein → Q 657
- Medienarbeit → Q 662
- Raumentwicklung → T 2 681
- Tierhaltung → Q 575
- Verbraucherberatung → Q 670

Ökologischer
- Landbau → Arb.-Gem. Q 173, Q 174
- Tourismus in Europa → Q 663
- Weinbau → Q 202

Ökomedia → Q 662

Ökonomie
- Agrar- → Inst. T 2 590
- Empirische → t 2 400, t 2 428
- Gartenbau- → T 2 650
- Militär- → T 1 870

ÖKORING NDS → Q 655
Öko-Sponsoring → Q 460
Ökosystemforschung, terrestrische → T 2 655
Ökotechnisches Frauenbildungsz. LIFE → Q 468
Ökotechnisches Frauenbildungszentrum → Q 467
ÖKO-TEX → IZ T 273
Ökotoxikologie, Inst. → t 249
Oekotrophologen → S 1 551
Ökowerk → K 377
Ökozentrum Bonn → Q 471

Ökumene
- Arb.-Gem. Christl. Kirchen → U 2 285

Ökumenische Vereinigung f. Kirche U. Gesellschaft → IZ U 433
Ökumenischer Jugendrat i. Europa → IZ U 258
Ökumenisches Forum Christl. Frauen in Europa → IZ U 259

Öl
- Chemische u. verwandte Produkte, europ. → IZ F 719
- Gesellschaften f. Umwelt-, Sicherheits- u. Gesundheitsschutz → Europ. IZ Q 224
- Gesellschaften, Meeres-Forum → Internat. IZ Q 197
- Heizung → Wirtschaftliche T 1 311
- Hydraulik u. Pneumatik, europ. Komitee → IZ F 1 572
- Mühlen → IZ F 1 820, IZ F 2 516
- u. Proteinpflanzen, Union zur Förderung → Q 671
- Rohstoffe → Großhdl. H 230
- Saatenhandel → EU IZ H 281

Oenologie → TWV T 2 636, Internat. Verb. IZ S 393

Österreichische(s)
- Gesellschaft Bonn → E 575
- Ö.T.E. → Q 663

Ofen
- Bau (Forschungsgemeinschaft) → TWV T 1 156
- Ind. → IZ F 1 493

Offenbacher Ledermesse, Int. → o 617

Offene
- Kanäle, Bds.-Verb. → T 1 338
- Vermögensfragen, Bundesamt → A 176

Offenes Radio → O 357

Offizielle
- Deutsch-Iranische IHK → E 285

Offshore-Zulieferindustrie
Ohren → f 683
- Hals- u. Nasenärzte → S 116
OICA → IZ F 1 947
OIE → IZ R 62
OIER → IZ T 889
OIK → U 3 061
OIML → IZ W 16
OIV → IZ W 35
Olbers-Gesellschaft, Bremen → T 3 931
Oldenburger-Botterbloom Milch e.G. → P 39

Olivenöl
- Handel → EU IZ H 281

Olympische
- Akademie, Int. → IZ U 474
- Gesellschaft → u 2 550
- Philatelisten, Int. → IZ U 499
- Sommerspielvereinigungen → IZ U 586

Olympisches
- Komitee, Europ. → IZ U 464
- Komitee, Int. → IZ U 579

Omnibus
- Unternehmen → M 60, M 136 ff
- Unternehmer, Bildungswerk → T 4 037

OMPI/WIPO → IZ V 47
ONGD-EU, Verbindungskomitee → IZ U 347
Onkologie → Dt. Ges. T 3 320
Onkologische Dermatologie → T 3 368
OPEC → IZ W 37
Operative Dermatologie → T 3 368

Opern-Agenturen, Verband Deutscher → O 121

Opfer
- politischer Gewalt in Europa, Hilfsorganisation → U 1 022
- d. Stalinismus, Vereinig. → U 1 031
- Verbände Kommunist. Gewaltherrschaft → U 1 028

Ophthalmologische Ges. → Dt. T 3 369
OPMA → IZ F 2 138

Optik
- Angewandte → t 203
- Einzelhandel → H 372
- Elektronen, Arb.-Gem. → T 1 003
- Europäischer Rat → IZ G 88
- Forschung, Inst. → T 1 070
- Forschungsvereinigung → t 292
- Industrie → F 506, IZ F 317
- Internat. Kommission → IZ T 160
- TWV → T 1 315, IZ T 160

Optiker
- Zentralverband → Hdw. G 130

Optisches Komitee → T 1 312
Optoelektronik, Inst. → T 1 266 ff

Optometrie
- → TWV T 896
- Europäischer Rat → IZ G 88
- Schulen u. Lehranstalten → IZ T 971
- Weltrat → IZ G 152

ORB → O 318
Orchestervereinigung, Dt. → S 1 184
Orchideen-Gesellschaft → Q 208
ORDINEX → IZ S 670
ORDO SOCIALIS → T 2 232
Oregon Alumni Association → U 1 569
ORGALIME → IZ F 2 267
Organ Arb. Gem. d. WKV-Banken → I 80

Organisation
- Erdölexportierender Länder → IZ W 37
- Flugsicherung, Europ. → IZ M 217
- Fraunhofer-Inst. → t 204
- f. Ladenbau → Internat. IZ G 153
- d. Vereinten Nationen f. Bildung, Wissenschaft, Kultur u. Kommunikation → IZ V 40

Organisations
- Forschung, empirische → T 2 514
- Forum → T 2 257
- Gesellschaft → TWV T 1 316
- Mittelhandel → Ezhdl. H 336
- u. Inform.-Syst., Verb. → T 1 313

Organisch-Biologischer Landbau → Q 182

Organische
- Chemie → Ind. F 207
- Chemie, Beilstein-Inst. → U 3 014

Organspende, Arbeitskreis → T 2 888

Orgel
- Baumeister → G 585
- Sachverständige → S 1 093

Orient
- Inst. → t 2 306
- Stiftung, dt. → E 389
- Teppich-Importeure, Bds.-Verb. → S 1 574

Orientierung, schulische u. berufl., europ. Verein → IZ S 668
Orientierungslauf, Int. Bund → IZ U 542
Ornithologen-Gesellschaft → Q 514
Ornithologen, Gesellschaft → Q 386
Ornithologische Gesellschaft in Bayern → Q 515
ORO VERDE → T 813
ORPLID → IZ O 11

Orthodoxe
- Jugendliche, Weltgemeinschaft → IZ U 265
Orthopädie → Dt. Ges. T 3 370, IZ T 819
- Fachärzte → S 206
- Mechaniker → IZ G 168
- Schuhtechnik → Hdw. G 607, Internat. Verb. IZ G 184
- Technik → Hdw. G 586

Orthopädische
- Sporttraumatologie → T 2 839

Orts
- Krankenkassen → K 78

Ortung → TWV T 1 318
OSEC → E 684
Oskar von Miller-Institut → T 1 981
Oskar-Ursinus-Vereinigung → T 3 635

Ost
- Asiatischer Verein → E 391
- Ausschuß d. dt. Wirtschaft → E 578
- Bayerisches Technologie-Transfer-Institut → U 94
- Deutscher Rundfunk Brandenburg → O 318
- Europa, Zusammenarbeit → U 1 024
- Europa-Institut → t 2 294
- Europakunde, Dt. Ges. f. → E 577
- Europastudien, Int. Rat → IZ T 891
- Europa-Verein → E 580

Fortsetzung nächste Seite

Ost (Fortsetzung)
- Geschädigter, Zentralverb. politisch → U 1 021
- Handel, Sächs. Ges. → E 581
- See (s. unten)
- West Wirtschaftsclub → E 579

Ostakademie Königstein → T 4 032

Ostdeutsche
- Wirtschaftsförderung, Bdsverb. → U 147

Osteogenesis imperfecta Betroffene → Dt. Ges. T 3 049

Osteologie, Dt. Ges. → T 3 371

Osteopathen Deutschland → T 2 766

Osteuropabank → IZ I 3

Ostsee
- Bäder → N 39 ff, Verb. Mecklenburgischer N 142
- Küste, Schutzgemeinschaft → Q 455
- Rat → IZ M 199

Ostseebad
- Prerow, Kurbetrieb → N 145

Ostwestfälisch-lippische Wirtschaft, Bildungswerk → T 4 149

OSZE → C 598

OTIF → IZ W 41

OTTI → U 94

Otto von Guericke-Gesellschaft → T 266

Otto-Beisheim-Hochschule → T 695

Otto-Graf-Institut → T 2 083

Otto-Hahn-Inst. → t 108

Outward Bound → T 4 174

OUV → T 3 635

OWM → O 538

OWWC → E 579

Oxidation, Anodische → Gütez. U 538

P

Packmittel
- Holz- → Ind. f 564
- Papp.-Säcke → IZ F 720

Packpapier → Ind. F 727, Ind. f 743

Pächter, Ldw. → Q 170

Pädagogen
- Hörgeschädigte, Berufsverb. → R 837

Pädagogik
- Berufsv. f. Beratung → S 442
- Ges. → R 862

Pädagogische
- Arbeitsgemeinschaft Zahntechnik → R 517
- Forschung → T 394

Pädiatrische
- Intensivmedizin → T 3 359
- Radiologie → T 3 372

Paket-Reiseveranstalter → Internat. N 288

PAKT → IZ Q 227

Paläontologie, Internat. Verb. → IZ T 231

Paläontologische Ges. → U 3 055

Palästina Flüchtlinge → IZ V 16

Paletten
- Gütezeichen → U 644
- Industrie → f 564, IZ F 1 285

Palliativmedizin → Dt. Ges. T 3 373

PAN → Germany H 277

Paneuropäisches Studienwerk → U 1 422
- Arb.-Geber

Paneuropa-Union Deutschl. → IZ U 814

Pankreatektomierte, Arbeitskreis → T 2 852

Papier → R 158
- Berufsgenossenschaft → k 218
- Bildungswerk → T 4 161
- Bürobedarf, Schreibwaren PBS Ind.-Verb. → F 830
- Chemiker u. Ingenieure → T 1 886
- Einzelhandel → H 336
- Erzeugende Industrien → IZ F 107
- Großhandel → H 150
- Gummiertes → IZ F 1 827
- Heißsiegelfähiges → IZ F 1 761
- Herstellung, Berufsgenossensch. → k 235
- Historiker, Internat. Arb.-Gem. → IZ F 153
- Importeure → H 281
- Imprägniert und beschichtet → Ind. f 777
- Industrie → IZ F 1 195, IZ F 1 827
- Macherzentrum Gernsbach → T 4 160
- Rohstoffe → H 288
- Säcke → Ind. f 773, IZ F 720
- Selbstklebendes → IZ F 1 761
- Technik → f 647, IZ F 1 195
- Verarbeitung (s. unten)
- Verpackung → Herst. IZ F 1 262, Forsch. IZ T 303
- Wachs- → Ind. f 777
- Waren (s. unten)
- Wellpappen-, Hersteller → IZ F 1 263

Papiere, Gestrichene Graphische- → Ind. f 738

Papierverarbeiter, Intern. Konföderation → IZ F 1 694

Papierverarbeitung → F 230, Arb. Geber R 157
- Arb.-Geber → R 159
- Berufsgenossenschaft → k 235
- Handels-Vertr. → H 684
- Industrie → F 755, Arb.-Geber R 158
- Maschinen → Europ. Komitee IZ F 1 463
- Sondererzeugnisse → f 780
- Technik → Europ. IZ F 1 195

Papierwaren
- Großhandel → H 99, IZ H 125
- Hart- → Ind. f 770
- Industrie → F 755

Pappe → Ind. F 727
- Arb.-Geber → R 158
- Erzeugung → Ind. F 727
- Großhandel → H 150
- Handels-Vertr. → H 684
- Industrie → R 148
- Verarbeiter, Intern. Konföderation → IZ F 1 694
- Verarbeitung Ind. → R 159, IZ F 285
- Voll- → Gütez. U 651, Herst. IZ F 677
- Well- → Ind. f 778, IZ F 285

Paralympisches Komitee, int. → IZ U 580

Parasitologie, Inst. → T 2 840, T 2 841

Parfümerie
- Bundesfachschule → T 3 908
- Cosmetik-Unternehmer → IZ H 671
- Einzelhandel → Bundesfachschule T 3 908, IZ H 380
- Industrie → IZ F 178

Parfümfachleute, Vereinig. → F 189

Paritätischer Wohlfahrtsverband → U 1 691

Parkett
- Industrie → f 569, IZ F 1 620
- Leger → Hdw. G 623
- Technik → Hdw. G 623

Parkhäuser → O 646

Parkhaus-Verband, Europ. → IZ O 214

Parlamentarische
- Gesellschaft, Dt. → A 38
- Gesellschaft, Europ. → IZ A 192

Parlamente → Länder B 325 ff, Europ. IZ A 183

Parlamente d. EU-Mitglieder → IZ B 1 ff

Parlaments
- u. Behördenbibliotheken → T 978
- Fragen, Dt. Vereinig. → U 2 653
- Gruppe Luft- u. Raumfahrt → M 265
- Stenografen → S 1 518

Partei d. Demokratischen Sozialismus (PDS) → U 2 234

Parteien, politische → U 2 234 ff

Partnerschaft
- in der Wirtschaft → U 3 060
- Partnerschaften, bi-nationale
- Anwaltskammer → U 1 443

Partnervermittlungen → U 1 178

Patent → S 574
- Assessoren → S 975
- Dienst Jakwerth, Detektei → S 573
- Gericht → A 299
- Informationszentren, Arb.-Gem. → T 1 902
- Ingenieure → S 975
- Recht, Inst. → t 148

Patente, Institut → T 985

Patentstelle
- f. d. Deutsche Forschung → t 253

Pathologen, Berufsverband → S 168

Pathologie
- Inst. f. Tiere → Welt-Vereinig. IZ T 842

Patienten
- Dt. Ges. f. Versicherte → U 705
- Verband → U 704

Pazifische Gesellschaft → T 3 585

PBS Industrie → F 830

PC → O 492

PDS → U 2 234

PDS-Fraktion → A 75

PEI → A 217

Pektin, Fachverband → F 501

Pelz
- Handwerk → G 467
- Institut, Dt. → T 1 321
- Tierzüchter, Zentralverb. → Q 264

Pensions
- Kassen → K 365
- Verein → Ind. K 41

P.E.N.-Zentrum Deutschland → S 1 258

Percussion Creativ → O 148

Perinatale Medizin, Dt. Ges. → T 2 844

Perlen
- Großhdl. → F 805, IZ G 169
- Im- u. Exporteure → F 805, H 38

PERLON Warenzeichenverb. → U 535

Perlwein → Ind. F 445, IZ H 4

Persönlichkeitsentwicklung, Förderung → T 1 288

Personal
- Dienstleistungen, Bdsvb. Zeitarbeit → S 786
- , fliegend. d. Polizei → R 637
- Führung → TWV T 2 213, Dt. Ges. T 3 912
- Verkehr, Gewerkschaften → IZ R 240
- Vermittlung, BdsVerb. → S 787
- Vertretungen → IZ R 307
- Wesen → TWV T 2 214
- Zertifizierungsstelle, DGZfP → T 2 154

Personenschiffahrt, Mittelständ. → M 231

Personenverkehr → M 37

Pestizid Aktions-Netzwerk → H 277

Pestizide, Bund d. europ. Vereinig. → IZ F 151

Petanque-Verband → u 2 481

Peter Heins, Inst. → T 2 527

Peter Klöckner-Stiftung → T 741

PET-Folien, ungereckte, Gütegem. → U 648

Petrochemie → TWV T 1 923

Petroleumindustrie → F 376

PFAD → U 1 233

Pfadfinder
- Bewegung, Weltorganisation → IZ U 267
- Innen, Bund Dt. → U 1 480
- Innen, Weltverb., Region Europa → IZ U 269
- Innenverbände, Ring Deutscher → U 1 542
- Verbände, Ring deutscher → U 1 541

Pfälzer Kellermeister, Int.-Gem. → Hdw. G 288

Pfälzischer Industrieverband → f 589

Pfand
- Kreditbetriebe → S 1 580
- Leihanstalten, private → S 1 580

Pfarrer & PC → T 1 347

Pfarrhaushälterinnen, Berufsgem. → U 1 383

Pferde
- Prüfung → q 230
- Sport → IZ U 552
- Zucht → q 230

PFI → T 2 146

Pflanzen
- Bau (s. unten)
- Bauwissenschaften, Grundlagen → Inst. T 2 630
- Behandlungsmittel → H 37, H 625
- Biochemie → T 2 551
- gefährdete, Stiftung zum Schutze → T 822
- Handel → IZ H 342
- Krankheiten, Inst. → T 2 657
- Physiologie, Max-Planck → t 149
- Produktion i. d. Tropen u. Subtropen → T 2 624
- Schutz (s. unten)
- Züchter → Q 210, IZ T 688
- Züchtung, Forstl. → T 2 710
- Züchtung, Gemeinschaft z. Förderung → t 337

Pflanzenbau → Inst. T 2 617
- Landesanstalt → T 2 631, Bay. T 2 732
- Substrate → Gütegem. U 619
- u. Tierproduktion → Inst. T 2 622
- Wissenschaft → T 2 734
- Wissenschaften → Inst. T 2 629

Pflanzenschutz
- Dienst, Hess. Landesamt → Q 344
- Inst. → T 2 636, T 2 659
- Landesanst. → T 2 740
- Mittel, Analysemethoden → IZ T 299
- Organisation → IZ Q 226

Pflanzliches Protein, Europ. Vereinig. → IZ F 596

Pflasterklinker, Arb.-Gem. → F 949

Pflege
- Arbeitgeberverb.-u. Berufsv. → R 274
- d. Dt. Sprache i. Ausland, Goethe Inst. → U 2 859
- Gewerkschaften → R 372
- Heime, private → O 627
- Kinder, Arbeitskreis → U 1 574
- Technologie → t 343
- u. Adoptivfamilien, Bds.-Verb. → U 1 233

Pflegekassen
- landwirtschaftliche → K 114

Pflegemittel
- Industrie, Internat. Vereinigung → IZ F 1 764

Pfleiderer-Inst. f. Strömungsmaschinen → T 390

PHAGRO → H 96

Pharma
- Berater → S 424
- Institut → T 985
- Unternehmen → mittelständische R 211
- Verpackung → Gütez. U 645

Pharmazeutik, Handelsvertreter → H 684

Pharmazeutika
- Chemie, Inst. → T 1 911
- Ind. → F 208
- Internat. → T 1 706
- Technologie, Inst. → T 1 911
- TWV → T 1 323, T 1 911

Pharmazeutinnen und Pharmazeuten, demokratische → S 1 054

Pharmazeutische
- Biologie, Inst. → T 2 847
- Medizin, Dt. Ges. → T 3 375
- Verfahrenstechnik, Arb.-Gem. → T 2 846
- Wirkstoffe, Ausschuß → IZ F 84

Pharmazeutischer Großhandel, Bds.-Verb. → H 96

Pharmazeutisch-techn. Assistenten → R 583

Philatelie-Journalisten → IZ S 641

Philatelisten, Bund Dt. → U 2 661

Philatelisten, olympische, Int. Vereinig. → IZ U 499

Philharmonie, Junge Dt. → O 64

Philokartisten Union Europas → IZ U 584

Philologen → R 660, r 839

Philologie, Nordische → E 452

Philosophie
- Inst. → t 2 416

Phonetik, Inst. → T 3 674

Phono
- Akademie → T 3 983
- Ind. → IZ F 206

Phonographische Erzeugnisse → Ind. F 798

Phosphorsäure, europ. Hersteller → IZ F 1 258

Phosphorsaure Salze → Ind. F 216

Photo
- Ausschuß, Zentraler → H 355
- Chemie → TWV T 984
- Chemikalien-Ind., europ. → IZ F 2 060
- Chemische Industrie → F 217
- Designer, freischaffende → O 532, S 1 065
- Einzelhandel → H 372
- Finisher → Bds.-Verb. G 634
- Grafen, Amateur → U 2 767
- Grafische Akademie → S 1 520
- Grammetrie → Dt. Ges. T 1 324, IZ T 294
- Graphie → TWV T 1 325
- Graphische Kunst → IZ U 810
- Großhandel → H 279
- Großlaboratorien → F 801
- Handels-Vertr. → H 684
- Industrie → F 799
- Material, Verarbeitung → Ind. F 800
- u. Medienforum Kiel → T 3 984

Physik
- d. Atmosphäre, Inst. → T 1 266 ff
- Bio-, Inst. → t 107, IZ T 164
- Experimental-, Inst. → T 1 948
- Festkörper, Inst. → t 190
- Geo- → TWV T 1 132, IZ T 322
- Holz-, Inst. → A 150
- Inst. → t 137
- Kern-, Inst. → t 128, T 1 949
- Komplexer Systeme → t 151
- Max-Planck Inst. → t 150
- medizinische → Dt. Ges. T 3 350, Europ. Vereinig. IZ T 744
- Plasma-, Inst. → t 156
- Reine u. angewandte → IZ T 166
- Strahlen-, Inst. → T 1 949

Physikalische
- Chemie, Inst. → TWV T 983, Inst. T 1 266 ff
- Gesellschaft → TWV T 1 326, IZ T 32
- Meßtechnik → t 215
- Technologien, VDI → T 1 165 ff
- Therapie, Verb. → S 444, T 2 853

Physikalischer Verein → T 1 946

Physikalisch-Technische Bundesanstalt → A 357

Physiologie
- Ernährung → T 2 663
- Inst. → t 170
- Klinisches Institut → T 3 441
- Molekulare → t 154
- Tier- → T 2 665

Physiologisches
- Bekleidungsinst. → T 1 972

Physiomedizin, Arbeitsgem. → T 2 568

Physiotherapeuten → S 393

PhysiotherapeutInnen, selbständige → S 459

Physiotherapeutische Berufe, Vereinig. → S 444

Physiotherapie, Ärztl. Ges. f. → Zentralverb. S 393

Phytomedizin, Inst. → T 2 636

PIA → IZ K 32

PIANC → IZ M 195

PIC → U 2 023

PIER → T 2 741

Pierre de Coubertin Komitee, Int. → IZ U 581

Pigmente
- TWV → T 984
Pilotinnen, Vereinigung Dt. → S 1 453
Pilzforschung u. Pilzverwertung, Zentralstelle → T 2 620
Ping → T 3 675
Pinsel
- Handwerk → G 248
- Hersteller → Hdw. G 248
Plakat Museum → U 3 046
Plan International Deutschland → U 2 076
Planen → Ind. F 983
Planer
- Bundesv. Finanz- → S 727
Planetarium
- Hamburg → T 1 277
- Richard-Fehrenbach → T 1 279
- Stuttgart → T 1 280
Planung
- Druck, Hochschule → T 1 147
- Gesellschaft → T 2 219
- Strategische, Ges. → T 2 236
Plasmatechnik → t 225
PLASTEUROFILM → IZ F 594
PLASTEUROPAC → IZ F 1 245
Plastic
- Verpackung → f 766, Europ. Herstellerverb. IZ F 1 245
Plastik
- Folien-Hersteller, Europ. Verband → IZ F 594
- Recycler → Europ. IZ Q 194
- Rohr- u. Armaturen-Verband, Europ. → IZ F 1 014
Platin Gilde International → IZ F 1 895
Platinium Association → F 819
Platten
- Keramische → Ind. F 894
- Leger → Hdw. G 161
Plauener Spitze u. Stickereien, Branchenverband → F 1 005
PML → t 137
Pneumologen → S 169
Pneumologie → Dt. Ges. T 3 383
PNEUROP → IZ F 1 525
Podologen d. EU, Verbindungsausschuß → IZ S 152
Polarforschung → T 263, Dt. Ges. T 264
Polier
- Material, textiles → F 981
Polio
- Initiative Europa → T 2 990
Poliomyelitis, Bundesverb. → T 2 989
polis → t 2 504
Politik
- Auswärtige → T 3 582
- Beratung, Internat. → IZ U 428
- Christlich-Demokratische, Archiv → T 763
- Europäische → T 3 581
- Forschung → t 2 504
- Inst. → T 3 601
- Intern. Institut → T 4 151
- Journalistenschule → T 3 685
- Stiftung → T 803
- Wissenschaft, Inst. → t 2 431, T 3 750
Politische
- Gewalt in Europa, Hilfsorganisation f.d. Opfer → U 1 022
- Häftlinge → d. Stalinismus U 1 030, Gemeinsch. ehem. U 1 031
- Jugendbildung, Stiftung → T 774
- Kontakte → T 2 227
- Parteien → U 2 097 ff
- Wissenschaft, Inst. → T 2 221, IZ T 193
Politischer
- Arbeitskreis f. Tierrechte in Europa → IZ Q 227
Politologen-Verband → T 2 222
Politische
- europäische Studien → IZ T 881
Polizei
- d. Bundes, Gewerkschaft → R 636
- fliegend. Personal, Bundesverb. → R 637
- Gewerkschaft (DGB) → R 377, (DBB) R 679
- Hamburg → B 292
- Präsidenten, Arb.-Gemeinsch. → R 830
- Seelsorge → U 2 286 ff
- Sportkuratorium → u 2 542
POLLICHIA, Verein f. Naturforschung u. Landespflege → Q 129
Polnische Ges., Dt. → E 604
Polnische Juristenvereinigung, Dt. → E 654
Polnisches Kulturinstitut → E 603
Polsterer
- Handwerk → G 636
Polstermöbel → Ind. f 570, Ind. f 570
Polyakohle Hersteller, europ. → IZ F 1 286

Polymerbitumen
- Gütegemeinschaft → Gütez. U 556
Polymerdispersion
- u. Latex, europ. Verband → IZ F 1 173
Polymere Baustoffe → t 2 066
Polymerforschung → Fraunhofer t 223, T 1 916
Polyolefine, textile, europ. Verband → IZ F 1 178
Polypropylen-Folie, Verb. d. Herst. → IZ F 2 138
Polystyrol-Extruderschaumstoff
- Fachvereinigung → F 610
Polystyrolschaumstoff
- für Lebensmittelverpackungen → IZ F 1 015
Polyurethan
- Weichschaumblöcke, Hersteller, Europ. Vereinigung → IZ F 658
- Weichschaum-Industrie → F 609
Popmusiker Verband, Dt. → O 118
Porenbetonindustrie
- Bundesverband → F 885
- Verband d. Europäischen → IZ F 2 061
Portugiesische Sprache, Dt. Ges. f. d. afrikan. Staaten → E 381
Portugiesisches Handels- u. Touristikbüro → E 658
Porzellan
- Außenhandel → H 78
- Großhdl. → H 78
- Industrie → IZ F 1 287
Posaunendienst, Evangelischer → O 66
Posaunenchöre Deutschlands, Bund Christl. → O 88
Post
- Ausführ. Behörde f. Unfallvers. → K 302
- Bundesanstalt → A 212
- Dienstbetreiber, europ. → IZ T 916
- Dienstleister, Bdvb. dt. → U 773
- Gilde → R 831
- Graduale Bildung, Europ. Inst. → IZ T 974
- Reklame → O 532
- Spar- u. Darlehnsvereine → P 1, P 48
- u. Telekommunikation, Dt. Verband → U 771
- u. Telekommunikationsnutzer → U 772
- Unfallkasse → K 302
- Verein, Welt- → V W 40
- Wertzeichen → H 326
PostEurop → IZ T 916
Prädikatsweingüter → Q 302
Prägefoliendruck, Arbeitskreis → T 3 776
Präparatoren, Verb. Dt. → S 115
Präsidialamt, Bundes- → A 2
Präventivorganisationen, Europ. → IZ T 438
Präzisions
- Werkzeuge → f 662
- Werkzeugschleifer → Fachverb. G 547
Praktische
- Ärzte u. Ärzte f. Allgemeinmedizin → S 207, IZ S 69
- Psychologie, Interdisziplinäre Studienges. → T 2 874
- Tierärzte → S 338, europ. IZ S 66
Praxis
- Beratung, soziale → t 2 424
- Wissenschaftliches Inst. f. erneuerbare Energie u. Rohstoffe → T 2 741
Preis d. dt. Schallplattenkritik → O 150
Preisberichtsstelle d. Landwirtschaft → Q 304
Presse
- Amt d. Bds. Reg. → A 6
- Ausländische → O 526
- Auswärtige → O 486
- Baufach, Arb.-Kreis → O 461
- Bild-, Agenturen → O 528, IZ O 53
- Bund, katholischer → O 467, O 528
- Club → Osnabrück O 492, Saar O 493
- Evangelische → O 471
- Film- → U 100
- Forum Brandenburg → O 525
- Freiheit → T 734
- Grosso-Verb. → H 34
- Handwerks- → S 1 356
- Jugend, Deutschl. → O 495, S 1 367
- Katholische → O 466, O 104
- Konferenz, Bundes- → O 520
- Luftfahrt- → S 1 360
- Mikrofilmarchiv → O 527
- Motor- → S 1 365
- Rat → O 463
- Referenten, bischöfl. → O 468
- Verband f. Bayern → O 484
- Verband, Dt. → O 487
- Verband, evangel. → O 483
- Vereinigung f. d. Rennsport → IZ O 97
- Zeitschriften- → IZ O 102
Preßteile-, Kaltfliess- → F 860

Preußischer Kulturbesitz, Stiftung → T 830
PRI → IZ M 117
Primatologie, Ges. → T 2 838
Privat
- Ärzte, leitende → S 226
- ärztliche Verrechnungsstellen → S 227
- Bankiers → I 46, Arb.-Geber R 32
- Brauereien, Förderung mittelst. → G 574
- Güterwagen-Interessenten → M 14
- Recht, Inst. → IZ T 876, IZ V 15
- Versicherung → K 1 ff
Private
- Alten- u. Pflegeheime → O 627
- Bauherren → U 765
- Bausparkassen → I 79
- Bayerische Fernsehanbieter → O 355
- Entwicklungsdienste → U 2 069
- Güterwagenbesitzer → IZ M 37
- Gymnastikschulen → O 708
- Hafenumschlagbetriebe → Europ. IZ M 200
- Institutionen → IZ U 821
- Internet Nutzung, Verein z. Förderung → T 3 675
- Kabelnetzbetreiber → O 384
- Kapitalanlager, Bds.-Verb. → U 701
- Konsumenten- u. Investitionskreditbanken → I 80
- Krankenanstalten → Ärzte S 226, IZ T 831
- Krankenversicherung → K 45
- Milchwirtschaft → Q 323
- Naturwissenschaftlich-technische Schulen → O 708
- Pfandkreditbetriebe u. -leihanstalten → S 1 580
- Rundfunkveranstalter → O 372
- Schulen → O 708
- Sprachenschulen → O 708
- Überspielungsrechte, Zentralstelle → S 1 169
- Wirtschaftsschulen → O 708
Privater Rundfunk
- Arb.-Gem. → O 407
- Landesanstalt Hessen → O 368
- Niedersächsische Landesmedienanstalt → O 370
- Sächsische Landesanstalt → O 374
- Tarifverband → O 405
- u. Telekommunikation → O 406
Pro
- Brandenburg → U 406
- Mehrweg → Q 391
- Retina Deutschland → T 3 110
- Ruhrgebiet → D 174
- Traubensaft → Q 121
PRO BAHN → T 3 640
PRO FAMILIA → T 3 249
PRO HONORE → U 768
PRO RIESLING → T 2 638
Produkt
- Design u. -planung → TWV T 1 331
- Entwicklung, innovative → t 284
- Marketing, Fördergesellschaft → T 3 939
- Planung → TWV T 1 331
- u. Markenpiraterie, Aktionskreis → U 1 164
Produkten
- Börsen → I 108 ff
- Handel → Braunschweig H 207
- Markt → I 111 ff
Produktioner-Club → T 3 940
Produktions
- Anlagen, Inst. → t 214
- Forum d. Erdölindustrie → IZ L 97
- Genossenschaften → Europ. Komitee IZ P 24
- Mittel, Ldw. → Gütez. U 621
- u. Ökotoxikologie → A 149
- Technik, Inst. → Ingenieure T 1 165 ff, VDI-Ges. T 1 330
- Technologie → t 230
Produktivität
- Förderung → IZ T 264
- u. Technologie Saar, Zentrale → U 186
- Zentralen, nationale → IZ U 2
Produzenten
- elektr. geschmolz. Minerale, europ. → IZ F 464
- Film u. Fernsehen → O 270
- Waschmittelzeolith → IZ F 2 165
Professionelle Licht- u. Tontechnik, Verb. → S 1 314
Profile
- Zylinder m. Bohrschutz → Gütez. U 601
Prognoseinstitut Heidelberg → Q 464
Programmanbieter Video, Bds.-Verb. → O 268
Programmgruppe Mensch, Umwelt, Technik → t 2 395
Programmiersprachen f. Fertigungseinrichtungen → TWV t 340

Projekt
- Management → Dt. Ges. T 1 272
- Steuerer → S 977
- Werkstatt, -Jugend → Q 652
Proteine, pflanzliche → IZ F 596
Proteinpflanzen, Union zur Förderung → Q 671
Prothetik, Zahnärztl. → Dt. Ges. G 799
Prozeß
- Automatisierung → Ind. f 350
- Technik → F 1 017
Prüf
- Anstalt f. Architektur u. Bauwesen → t 2 052
- Gemeinschaft Holzbearbeitungsmaschinen → T 386
- Ingenieure f. Bautechnik → S 978
- Institut, VDE → T 2 142
- Maschinen → f 663
- Organisationen, Europ. → IZ T 438
- u. Analyselaboratorien, Europ. Ver. → IZ T 361
- Verein Verarbeitung ökol. Landbauprodukte → Q 657
- Verfahren, zerstörungsfreie, Inst. → t 237
- Wesen, wirtschaftl. → S 622
- Zentrum Leipzig → IZ t 2 064
Prüfer f. kleine u. mittlere Unternehmen, Europ. Vereinigung → IZ S 653
Prüfer von Luftfahrtgerät → T 2 130
Prüfervereinigung, Mitgl. d.Dt. Patentamt → R 829
Prüfstelle
- b. d. GFE, Zertifizierungs- u. → T 2 139
- f.d. Textilwesen → T 1 962
Prüfung → S 1
- Dt. Inst. f.
- v. Niederspannungsgeräten → T 1 930
- Westeurop. → Kalibration IZ T 542
- Zerstörungsfreie → Dt. Ges. T 866, Dt. Ges. t 2 072
- u. Zulassung, europ. Org. → IZ T 362
Prüfungen
- f. Edelstahle, Dt. Stiftung → T 1 064
Prüfungsverband → P 60
PST → t 253
Psychiatrie → T 3 384
- i.d. Caritas → U 2 023
- Krankenpflegekräfte, leitende → R 535
- Soziale → Dt. Ges. T 2 868
Psychiatrie, Kinder u. Jugend. Ges. → Dt. Ges. T 3 336
Psychisch
- Kranke u. Behinderte → T 2 872
Psychische
- Freiheit, Aktion → U 1 606
- Hygiene → IZ T 838
Psychoanalyse
- Akademie → T 2 873
- Ausbildungs- u. Forschungsinstitut → T 2 874
Psychoanalytische
- Gesellschaft → T 2 875, Internat. Föderation IZ S 148
- Vereinigung → T 2 876
Psychoanalytisches
- Inst., Berliner → T 2 877
Psychodiagnostisches Zentrum → T 2 845
Psycholinguistik, Inst. → t 160
Psychologen → S 1 506
Psychologie
- Dt. Ges. → T 2 878
- Forschung, Inst. → t 161
- Management, Inst. → T 3 938
- Markt- → t 2 471
- Marktanalysen → TWV t 2 505
- Praktische → T 2 885
- Soziale → Inst. t 2 407
- Wiss. Ges. z. Förderung → T 2 446
- Wissenschaft, Union → IZ T 825
Psychologinnen → S 1 506
Psychologische
- Information u. Dokumentation → T 1 920
- Markt- u. Werbeforschung → t 2 478
Psychopathologie d. Ausdrucks, Dt. Ges. → T 3 343
Psychopathometrie → Dt. Ges. T 3 352
Psychosomatische
- Geburtshilfe u. Gynäkologie → Dt. Ges. T 3 386
Psychosoziale
- Hilfe u. Nachbetreuung krebskranker Kinder, junger Erwachsener und deren sozialen Umfeld → T 757
Psychotherapeuten
- Kinder- u. Jugendlichen → S 438
Psychotherapeutische Medizin → Dt. Ges. T 3 388

Psychotherapie
- Berufsverb. f. Beratung → S 442
- Gruppen → T 2 765
- d. Psychotherapeutischen Zentrums Stuttgart → T 2 883

psyma → t 2 505
PTB → A 357
PTS → T 1 319
Public Relations
- Gesellschaft → S 738
Public-Relations
- Agenturen → S 741
- Akademie → S 743
- Deutscher Rat → S 739
- Forschung → S 742
Publikumsverlage, Arbeitsgemeinschaft → O 431
Publizisten
- Evangelikale → O 470
- Kathol. → S 1 358
- Medizin → S 1 363
Publizistik
- Akademie → T 3 686
- Bildungsarbeit, Inst. → T 3 921
- Evangelische → O 469, O 485
- Fachinformationsstelle → T 3 679
- Sozialwissenschaftliche → t 2 366
Publizistische
- Kommission d. Dt. Bischofskonferenz → U 2 376
- Medienplanung f. Entwicklungsländer → U 2 064
Publizistischer Nachwuchs, Förderung, Inst. → T 3 922
Puddingpulver → Ind. F 382
PUE → IZ U 584
- Herst.
Pulvermetallurgisches Laboratorium → t 137
Pumpen → (VDMA) f 664
- → IZ F 721
- Ind. → f 664
Puppentheater → O 149
Putenerzeuger → H 243
Putz
- (Bau) → Hdw. G 161
PVC u. Umwelt, Arb.-Gem. → Q 610
PVC-Hart-Folien, Kalandrierte → Gütez. U 634
pvdp → P 60
Pyrotechnische
- Industrie → F 290

Q

Qualifizierung, Berufliche → T 3 770
Qualität
- Europ. Organisation → IZ T 374
Qualitäts
- Daune, Arb.-Krs. → U 534
- Forschung, Nahrungsmittel → T 2 559
- Gerstenanbau → Q 154
- Gerstenbau im Bundesgebiet → Q 158
- Gesellschaft → Q 180
- Kontrolle → U 518 ff
- Management, AGQS → T 2 135
- Management, Dt. Vereinigung → U 542
- Management, europ. Stiftung → IZ T 437
- Management, Fachges. → T 2 138
- Prüfung i.d. Tierzucht, Hess. Verb. → Q 239
- Sicherung → T 1 332, T 2 603
- Sicherungsgemeinschaft d. Industriellen Rekonditionierer v. Stahlblechfässern → U 541
- Sicherungsverband d. Hersteller v. Polystyrolschaumstoff f. Lebensmittelverpackungen → IZ F 1 015
- Siegel Kältemittelentsorgung → H 301
- Systeme, Arb.-Gem. f. d. Entwicklung → F 859
- Überwachung → TWV T 1 332
- Verbände → U 518 ff
- Weingüter → Q 302
Quantenoptik, Inst. → t 162
Quartärvereinigung
- Deutsche → T 1 131
- Internationale → IZ T 162
Querschnittgelähmte, Fördergemeinschaft → U 2 020
Q-Verband → T 3 770
Q-Zert → T 2 147

R

Racquetball-Verband → Intern. IZ U 553

Rad- und Kraftfahrerbund → u 2 543

Radfahrer
- Bund, Dt. → u 2 508
Radiatoren → Ind. F 1 017
Radikale
- Jugend, Int. Vereinig. → IZ U 429
Radio
- Amateur-Club → U 3 108
- Astronomie, Inst. → t 163
- Bremen → O 319
RADIO
- CAMPANILE Förderverein → O 389
Radio
- Großhdl. → H 119
- Offenes → O 357
- Thüringen → O 356
Radiologen → S 228
Radiologie
- Pädiatrische → T 3 372
Radioökologie der Gewässer → A 153
Radioonkologie, Dt. Ges. → T 3 390
Raffineure, Aluminium → IZ F 1 894
Rahmen → Ind. f 574
Raiffeisen
- Banken → P 2, Arb.-Geber R 101
- Landesverbände → P 19
- Rechenzentren → P 19 ff
- Union → IZ I 45
- Warenzentrale → P 14, P 19 ff
RAL
- Deutsches Inst. f. Gütesicherung u. Kennzeichnung → U 555
Randschichttechnik, Internat. Verb. → IZ F 1 825
Raphaels-Werk, Dienst am Menschen → U 1 783
Rasen
- Gesellschaft, TWV → T 2 656
- Kraftsport-Verband → u 2 509
- Pflegegeräte → F 519
Rassegeflügelzüchter → Q 237
Rastatter Kreis, Chef International → S 1 509
Raststätten, Autobahn- → N 1
Rat
- d. Anwaltschaften d. EG → IZ S 213
- d. Gemeinden u. Regionen Eur. → IZ U 23
- d. türkeistämmigen Staatsbürger i. Deutschland → E 712
- d. Europäischen Gemeinschaften → IZ A 227
- f. Forschung u. Innovation i. Bau u. Konstruktion → IZ T 912
- f. Formgebung → T 1 076
- d. Frauen, Internat. → IZ U 225
- f. Internationalen Bildungsaustausch → IZ T 983
- f. Landespflege → Q 128
- f. Meeresforschung → IZ T 686
- f. Militärsport, int. → IZ U 554
- d. Stadtplaner, Europ. → IZ S 433
- f. Vogelschutz → Internat. IZ Q 225
- f. wissenschaftl. u. techn. Information IZ T 308
- f. d. Zusammenarbeit d. Zollwesens → IZ A 221
Rationale
- Unternehmensführung i. d. Druckindustrie → T 2 178
- Verkehrspolitik → T 3 672
Rationalisierung
- Forschungsinstitut → T 2 179
Rationalisierungs
- Forschung → TWV t 342
- Ges., Hdl. u. Ind. → T 2 180
- Normung → T 1 306
- u. Innovationszentrum d. Dt. Wirtschaft → T 2 156
Rationelle
- Energieanwendung → L 30
Rauch
- Tabak → Ezhdl. H 490, europ. IZ F 1 174
- u. Wärmeabzugsanlagen, Gütegem. → U 671
- Waren (s. Pelz)
Rauchen u. Gesundheit, ärztl. Arbeitskreis → T 3 498
Raucher Lobby, Vereinig. → U 3 119
Rauchschutzabschlüsse, Gütegem. → U 596
Rauchwaren
- Messe → o 605
Rauhfutter, Händler → H 258
Raum
- Ausstatter → G 636, IZ G 53
- u. Ausstattung → vereidigte Sachverständigen S 709
- Entwicklung, ökologische → T 2 681
- Fahrt (s. unten)
- Flugbetrieb → TWV T 1 266 ff
- Forschung, Akademie → T 3 801, IZ T 1

Raum (Fortsetzung)
- Heizgeräte → Ind. f 359
- Informationszentrum → t 252
- Lufttechnische Geräte → Gütegem. U 597
- Ordnung, Bundesamt → A 303
- Simulation, Inst. → T 1 266 ff
Raumenergie
- Dt. Vereinigung f. → T 1 053
Raumfahrt
- Forschung → T 1 266 ff
- Forum → M 264
- Gesellschaft, Dt. → T 1 269
- Int. Vereinig. → IZ U 497
- Journalisten → IZ S 647
- Liga → M 263
- Medizin, Dt. Ges. → T 2 802
- Orientierte Unternehmen, Aktionsgem. → F 688
- Parlamentsgruppe → M 265
- Studenten, Europ. → IZ T 985
- TWV → T 1 266
Rauschmittel u. Drogen, Fachverb. → U 1 950
RB → O 319
RCDS → U 1 425
RDA → M 126
RDB → S 965
RDM → H 716
RDM Immobilienbörse Rheinland-Pfalz-Saar → I 131
RdP → U 1 541, U 1 542
RDS → U 485
RdT → O 227
Reaktor
- Sicherheitskomm. → T 1 952
- Reaktorsicherheit Bds.-Min. → A 33, T 1 951
- Realschullehrer → R 730, r 840
Reben
- Veredlung, Inst. → T 2 636
- Züchter → Q 204
Rechnungs
- Höfe → B 263 ff
- Hof → Bds. A 99, der EG IZ A 222
Recht
- Agrar- u. Umwelt → T 3 515
- Ausländisches, Inst. → T 3 602
- Bau-, Dt. Gesellschaft → U 856
- Deutsche Ges. → T 884
- Europäisches → IZ T 848
- Fernseh-, Inst. → T 3 594
- Film-, Inst. → T 3 594
- Handwerks-, Inst. → t 2 340
- Internationales → T 3 597, IZ T 847
- d. Kriegsdienstverweigerer aus Gewissensgründen → U 1 871
- Lebensmittel → TWV T 2 560 → IZ T 845
- auf Nahrung, europ. Verband
- Privat, Inst. → T 876, IZ V 15
- Rundfunk- → T 3 595
- See- → IZ T 871
- Sozial-, Inst. → T 3 591
- Steuer- → Anwälte S 563, S 564
- Transport- → T 3 579
- Urheber, Inst. → IZ T 868, Ausschuß IZ V 48
- Vervielfältigungs-, musik. und mechan. → S 1 157
- Wohnungs-, Inst. → T 3 612
Rechts
- Akademie, Europ. → IZ T 844
- Anwälte → IZ S 209, IZ S 211
- Anwalt-Kammern → S 480 ff
- Anwalts- u. Notariatsangestellte, Dt. Vereinig. → S 555
- Anwaltschaft f. Steuerrecht → S 564
- Anwalts-Kanzleien, Transeurop. Verband → IZ T 877
- Beistände → H 716, S 576
- Beistand, VELIDRO → U 735
- Geschichte, Inst. → t 165
- Mißbrauch, Verein gegen → U 745
- Pflegerverein → R 640
- Vergleichung → TWV T 3 526, T 3 603
- Völker-, Inst. → t 171
- Wissenschaft → Bibliothek T 980, T 3 524
- Wissenschaftliche Verleger → O 517
Recklinghausen-Ges., → T 3 224
Recycling
- Baustoffe, Gütez. → U 598
- Baustoffe, Überwachungs- u. Zertifizierungsverein → Bayern t 2 087
- Baustoff-Industrie → F 907
- Fachverband → F 65
- Gebrauchtholz, Gütegem. → U 599
- Internationales Büro → IZ F 173
- Papiere, Graphische → f 739
- Städteverband → IZ T 316
- Textil, Fachv. → H 297
- Verband f. Eisen u. Stahl → IZ F 1 040

Redenschreiber
- dt. Sprache → S 1 261
Reeder → M 204 ff, IZ M 172
Reedereiverein
- Bremer → M 150
REFA
- Bundesverband → T 890
- Institut → T 890
- Verband → Bayern T 3 985
refo-Bds.-Verb. Dt. Reformhäuser → H 456
Reform
- Häuser → H 456, IZ H 390
- Haus-Fach-Akademie → T 4 001
- Parteien → IZ U 434
- Versorgung psychisch Kranker u. Behinderter → T 2 872
Regatta-Bund, int. → IZ U 555
Regelungstechnik
- Deutsche Forschungsvereinigung → t 329
- Ingenieure → T 1 165 ff
Regen
- wälder, Klima-Bündnis → Q 400
- wald, Arb.-Gem. → Q 403
- wassernutzung → Q 457
Regierungen d. EU-Mitglieder → IZ B 23 ff
Regierungs
- Bezirke → B 213 ff
- Präsidenten → B 213 ff
Regional
- Entwicklung → T 2 599
- Kultur, Europ. Zentrum → IZ U 674
- Planung → S 1 106
- Politiker i. d. EG → IZ U 460
- Politische Vereinig., europ. → IZ U 351
Regionale
- Entwicklung d. dt.-niederl. Rheingrenzgebietes → D 221
Regionale Informationstechnik-Zentren, Verein → T 887
Regionen
- Europas, Rat d. Gemeinden u. → IZ U 23
- Europas, Versammlung → IZ U 822
Regisseure, Film- und Fernseh- → R 513
Registrieranlagen → Ind. F 692
Regulationsforschung → T 2 767
Regulierungsbehörde
- f. Telekommunikation u. Post → A 360
Rehabilitation
- d. Aphasiker, Bundesverband → T 2 959
- Behinderter, Stiftung d. Landes Niedersachsen → T 841
- Berufsgenossenschaft → K 198
- Bundesverband → U 1 636
- Dt. Ges. → T 3 378
- Einrichtung f. Kinder u. Jugendliche → U 1 813
- Körperbehinderter → IZ U 307
- Stiftung; Heidelberg → T 840
Reibbeläge, Vereinig. d. Europ. Hersteller → IZ F 2 392
Reibbelag-Ind. → F 322
Reichsbund, Sozialverband → U 1 026
Reifen
- Erneuerung → Gütez. U 647, IZ F 1 763
- Händler → IZ F 1 763
- Handel u. Vulkaniseurhdw., Bds.-Verb. → H 632
- Hersteller, Europ. → IZ T 317
- Spezialisten → IZ F 1 763
Reifensteiner-Verband → T 3 955
Reine
- Chemie → IZ T 165
- Physik → IZ T 166
Reinhaltung der Luft, Ing. → T 1 165 ff, VDI-Komm. T 1 339
Reinhaltung d. Rheins
- Arbeitsgemeinschaft der Länder → Q 641
- Deutsche Kommission → Q 642
Reinhaltung d. Weser, Arb.-Gem. d. Länder → Q 638
Reinigung
- Gebäude- → G 331
- Metallfassaden → U 675
- u. Schutz v. Steinfassaden und Denkmalen, Gütegem. → U 674
Reinigungs
- Industrie, Europ. Dachverband → IZ F 692
- Material, textiles → Ind. F 981
- Systeme, VDMA → f 665
- Technologie → t 343
- Unternehmen, Int. Verb. → IZ F 1 682
Reis
- Forschung → IZ T 314
- Mühlen → IZ F 2 547
- Nährmittelhersteller → F 434
Reise
- Artikel → Ind. IZ F 890
- Buchhandel, Arb.-Gem. → H 577

Reise

Reise (Fortsetzung)
- Büro u. Reiseveranstalter Verband → N 283
- Büro u. -Veranstalter, Vereinigung d. Nat. Verb. → IZ N 44
- Büromitarbeiter, Fachl. Vereinig. → N 289
- Büros → IZ N 62, IZ N 63
- Club Deutschland → U 1 094
- Gewerbe → H 773
- Journalisten → S 1 370, IZ S 642
- Leiter → Intern. Verb. IZ S 646
- Leiter, Förderverein zur Schulung → T 3 779
- Recht, Dt. Ges. → T 3 586
- Schriftsteller → IZ S 642
- Unternehmen, mittelständische → N 284

Reisen → Europ. IZ N 42
Reisende Kaufleute → H 756
Reiß-Spinnstoff → Ind. F 981
Reiter- u. Fahrer-Verb. → u 2 626
Reiterliche Vereinigung → u 2 510, U 2 608
Rekonditionierer, industrielle → U 541
Relais → Ind. f 349
Religiöse Freiheit, Weltbund → IZ U 461

Religions
- Freiheit, Dt. Vereinig. → T 3 525
- Gemeinschaft, Deutsche Unitarier → U 2 448
- Gemeinschaften → U 2 286 ff
- Soziologische Forschung, Inst. → IZ T 156
- Wissenschaftlicher Medien- u. Informationsdienst → U 22

Rennen u. Vollblutzucht → U 2 627
Rennsport, Internat. Pressevereinigung → IZ O 97
RENO → S 555

Renten
- Arbeiterversicherung → K 305
- Banken, landwirtschaftl. → I 36
- Berater, Bds.-Verb. → S 1 553
- Rentner, sozialversicherte, Zentralverb. → U 917
- Versicherungen → K 304
- Versicherungsträger → K 304

Rentner u. Hinterbliebene → Gewerkschaft R 445, Bund R 661
Rentnerbund → Mainzer U 1 346
Reparaturbetriebe f. Landwirtschaftl. Maschinen → IZ H 518
Repräsentanten f. Fotografen u. Illustratoren → U 2 778

Repräsentanz
- d. DIHT → Weißrußland E 355
- der deutschen Wirtschaft → Weißrußland E 355, Usbekistan E 364

Reprografie → IZ G 148
- Verbände, europ.

Republikanischer Anwältinnen- und Anwälteverein → S 560
Reserveoffiziervereinigung, Interalliierte → IZ R 245
Reservisten, Bds.-Wehr → R 502, IZ R 308
Resistenzgenetik, Inst. → A 158
Resonanzspektroskopie, magnetische → TWV T 984

Restaurant
- Arbeiter-Gewerkschaften → IZ R 247
- Gewerbe → N 1 ff

Restaurateure (Küchenchefs) → S 1 509

Restauratoren
- Arbeitsgemeinschaft → S 1 513
- Fachverband → S 1 511
- freiberufliche → S 1 510
- i. Zimmerhandwerk → S 1 512

Restitutionen
- Äußere, Bds. Amt → A 203
- Innere, Verw.-Amt → A 206

Rettet die Elefanten Afrikas → Q 401
Rettet den Regenwald → Q 402

Rettung
- Schiffbrüchiger, Dt. Ges. → U 866

Rettungs
- Assistenten → S 476
- Dienst, Berufsverb. → S 475
- Dienst Stiftung Björn Steiger → U 2 025
- Dienste, eigenständige → U 1 922
- Fonds f. aktive Unfallhilfe → U 2 027
- Mittel, -Seenot → F 804
- Sanitäter → S 476
- Stiftung Jürgen Pegler → T 780
- Verband, Allgemeiner → U 1 910

Revisionen, Interne, Dt. Inst. → T 2 313

Revisions
- Ingenieure → selbst. S 995
- Verein, Elektrotechn. → S 1 105

REWE
- Prüfungsverband → P 52
- Verband → P 1

RFA-Reformhaus-Fach-Akademie → T 4 001
RFI → U 2 778

RG-Bau → TWV T 2 172
RGV → T 2 173
RG-Verpackung, Rationalisierung → T 2 173
RGZM → T 3 710

Rhein
- Deutsche Kommission zur Reinhaltung → Q 642
- Hessenwein → Q 301
- Int. Komm. z. Schutz d. → Q 639
- Neckar-Dreieck → T 2 522
- Ruhr Hafenbetriebsverband → R 163
- Verein zum Schutz → Q 640
- Wasserwerke, Arb. Gem. → L 58

Rheinische
- Akademie Köln → T 3 868
- Museen → U 3 052
- Naturforschende Gesellschaft → T 1 365
- Vereinigung f. Volkskunde → T 1 117

Rheinischer Verein f. Denkmalpflege u. Landschaftsschutz → Q 620

Rheinisch-Westfälische(s)
- Inst. für Wirtschaftsforschung → t 2 280
- Wirtschaftsarchiv Köln → R 480

Rheinland-Pfälzisches
- Bildungswerk → T 3 867

Rheologische Gesellschaft → T 1 305
Rhythmik, Bildungswerk → O 125
Rhytmische Erziehung → U 1 447
Richard Wagner Verband International → IZ U 815
Richard-Fehrenbach-Planetarium → T 1 279
Richard-Wagner-Verband Bayreuth → U 2 822

Richter → S 566
- Akademie, Dt. → S 570
- Erstinstanzliche → S 567
- Verwaltungs- → S 568

Richterinnen → S 566, u. Richter, Zusammenschluß S 575
Riechstoffe → Hersteller IZ F 1 110, IZ T 833
Riesling-Weingüter, Versteigerungsring Q 300

Rinder
- Züchter → q 231, Arb.-Gem. Q 308

Ring
- Christl.-Demokratischer Studenten → U 1 425
- Deutscher Makler → H 716
- Deutscher Pfadfinderinnenverbände → U 1 542
- Deutscher Pfadfinderverbände → U 1 541
- Deutscher Siedler → U 485
- grafischer Fachhändler → U 3 095
- d. Tonband- u. Videofreunde → O 227

Ringerverb., int. → IZ U 557
Ringerbund → u 2 511
Ringerbund, int. → IZ U 557
Risikowirtschaft, Betriebswirtschaftliche → T 2 547
RKB → q 2 543
RKI → A 213
RKV → H 610
RKW → T 2 156
RMM - Dr. Müller
- Markt- u. Sozialforschung → t 2 508
Robert-Koch-Inst. → A 213
Robin Wood, Gewaltfreie Aktionsgem. f. Natur u. Umwelt → Q 573
Robotik → f 660
Robotik, Deutsch-Franz. Inst. → T 375
Rock & Popmusiker Verband, Dt. → O 118

Röhren
- Händler, europ. Bund EUROMETAL → IZ H 85

Röhrengroßhändler → H 274
Römisch-Germanisches Zentralmuseum → T 3 710

Röntgen
- Einheiten u. Maße → IZ T 538
- Medizinische Industrie → IZ F 984

Röster → IZ F 737

Roh
- Kakao → Hdl. H 251
- Stoffe (s. unten)
- Tabak, Import → H 97
- Teile → Hdls.-Vertr. H 684
- Tongruben → F 861

Rohr
- Leitungsbau → t 359, Europ. Komitee IZ F 1 425
- Rahmenschlösser → Gütez. U 601
- Werke → f 256

Rohre
- a. Gußeisen → F 1 050
- Kunststoff → F 612, U 587
- Stahlbeton → TWV F 865

Rohstoff(e)
- Bundesanstalt → A 354, t 2 069
- Erneuerbare → T 2 741

Fortsetzung nächste Spalte

Rohstoff(e) (Fortsetzung)
- Flecht- → Großhdl. H 282
- Keramische → f 137, F 888
- Lack, Einfuhrgroßhdl. → H 135
- Öl → H 230
- Papier → H 288
- Technik, GDMB → T 1 292
- Wasch- → Ind. F 219

Rolladen
- Bau → Hdw. G 663

Roller-Skating, Int. Vereinig. → IZ U 500

Rollsport
- u. Inline Verb. → u 2 512

Rollstuhl-Sportverband → U 2 556
Romanistenverband, Dt. → T 3 753
Rotary Deutschland Gemeindienst → U 2 681
Rotes Kreuz, Dt. → U 1 874, Internat. Komitee IZ T 835
Rothalbmondgesellschaften, Internat. Föderation → IZ T 818
Rotkreuzgesellschaften, Internat. Föderation → IZ T 818
Royal Academy of Dancing Deutschland/Österreich → O 70
RRV → q 220
RTA → U 3 105

Ruderverband → u 2 513, int. IZ U 558
Rübenbauer → Q 218 ff, IZ Q 74
Rübenforschung, Intern. Inst. → IZ T 690
Rückenmarkverletzte, Arbeits-, Kriegs- u. Verkehrsopfer → U 1 040

Rückgewinnung
- v. Ressourcen in Europa, Verb. → IZ T 265

Rückversicherungs-Vermittler → IZ K 48
RUEFACH-Stiftung → T 816

Rüstungs
- Ausschuß → IZ W 9
- Kontrolle (WEU) → IZ W 9

Rufis → D 176

Rugby, Amateur, Int. Vereinig. → IZ U 490
Rugby-Verband → u 2 514
Ruhestandsbeamte, Bund → R 661

Ruhr
- Forschungsinstitut f. Innovations- u. Strukturpolitik → D 176
- Verband → L 60

Rund
- Gefäße (Papier) → Ind. f 770

Rundfunk
- Anbieter → Bayerische O 393, Südwestdt. O 394
- Archiv, Stiftg. Dt. → O 381
- DJV-Fachausschuß → S 1 339
- Empfangsamateure → U 3 115
- Empfangsanlagen, Arb.-Krs. → O 385
- Fernempfang, Interessengem. → O 386
- Fördervereine → O 358
- Freier, Koordinierungsbüro → O 387
- Gemeinnütziger → O 358
- Gemeinschaft, Intern. Christliche → IZ O 48
- u. Geschichte, Studienkreis → O 408
- Hilfe → U 1 893
- Hörer, Verb. → U 1 168
- Kommission d. Ministerpräsidenten → O 361
- Landesanstalt → Nordrh.-Westf. O 371
- Lokaler, Nordrh.-Westf. → O 388
- Museum, Dt. → O 410
- Ostdeutscher → O 318
- Privater Thüringer Landesanst. → Telekommunikation O 406, Arb.-Gem. O 407
- Recht → T 3 595
- Schaffende, Vereinig. → R 460
- Schutzrechte → U 750
- Stationen, Verb. europ. → IZ O 36
- Technik, Schule → O 391
- Union, Europ. → IZ O 47
- Veranstalter, private → O 372
- Verkehr, Sonderausschuß f. Störungen → IZ W 30
- Wesen, Landesanst. → O 376
- Zentrale Mecklenburg-Vorpommern, Landes- → O 369

Rurale Entwicklung, Inst. → T 2 584

Russische Föderation
- Verb. d. Dt. Wirtsch. i.d. → E 680

Russisch-Orthodoxe Diözese → U 2 423
RV → L 60
RVDL → Q 620
RWHB → G 17
RWTÜV → T 2 007
RWVI → IZ U 815

S

S + B → f 269
Saar-Aktion Mensch u. Umwelt gegen Zerstörung d. Lebensgrundlagen → Q 648
Saarhütten, Fach- u. Arbeitgeberverband → f 326

Saarländische
- Unternehmensverbände → r 12

Saarländischer
- Anwaltsgerichtshof → B 879
- Rundfunk → O 320

Saarmesse → o 619
Saarwald-Verein → Q 394

Saat
- Getreide-Erzeuger → Q 216
- Kartoffel-Erzeuger → Q 215

Saatgut
- Erzeuger → Q 209
- Kontrollvereinig. → Q 217
- Prüfung → IZ T 685
- Technologie → IZ T 685
- Untersuchung, Inst. → T 2 659
- Wissenschaft → IZ T 685

Sachgemäße Wäschepflege, Gütegem. → U 677

Sachverständige
- Anerkannte → IZ S 648
- u. Fachgutachter, Bundesv. Dt. → S 1 090
- Forst- → S 1 546
- Freie → Bds.-Verb. S 1 084
- Kfz, öffentl. bestellte u. vereidigte → S 1 086
- Kraftfahrzeug- → S 1 087, anerkannte freiberufliche S 1 089
- Landwirtschaftl. → S 683
- Luftfahrt → U 1 160
- Mathematische → K 365, K 373
- Schiffahrts- → S 1 109
- Technische → S 1 069
- Union Freier → S 1 085
- Vereidigte → Bds.-Verb. S 709

Sachverständigen
- Kammer f. Kunstwerke, europ. → IZ U 623
- Organisation → T 2 024
- Rat z. Begutachtung d. gesamtwirtschaftl. Entwicklung → T 2 181
- Rat f. Umweltfragen → S 1 094
- Wesen, Inst. → T 2 224

Sachwertschutz, Bds.-Ausschuß → U 755
Sackwaren → F 983, IZ F 720
Sacré-Coeur Vereinigung, Dt. → U 1 387
SADK → E 694

Sächsische
- Akademie d. Wissenschaften → T 861
- Gesellschaft zur Förderung d. Osthandels → E 581
- Landesanstalt f. privaten Rundfunk u. neue Medien → O 374
- Landeszentrale f. politische Bildung → A 293
- Wirtschaft, Bildungswerk → T 3 866

Sächsischer
- Heilbäderverband → N 38
- Heimatschutz → U 2 783
- Museumsbund → U 3 038

Sächsisches
- Landesamt f. Meß- u. Eichwesen → B 534
- Textilforschungsinstitut → T 1 965
- Verkehrsgewerbe → M 189

Säcke → Ind. F 983

Säge
- Werke → F 787 ff, IZ F 2 530

Sängerbund
- Christlicher → U 2 851
- Deutscher → U 2 823
- Deutscher Allgemeiner → U 2 849
- Evangelischer → U 2 852

Säugetierkunde → T 1 359
Säurefliesner-Vereinigung → T 397
SAJM → O 85

Salz
- Großhandel → H 168
- Hersteller, Europ. Verb. → IZ F 1 295
- Industrie → f 132

Salze, Phosphorsaure → F 216

Samen
- Händler → Q 210
- Handel → H 224, IZ H 272
- Kaufleute → Q 210
- Züchter → Q 210

Samt → Ind. F 986

Sand
- Baustoffüberwachung → t 2 091
- Industrie → F 897
- Überwachungs- u. Zertifizierungsverein → Bayern t 2 087

Sander, Wilhelm, Stiftung → T 784

Sanierung
- Gefahrstoffe, Verb. → U 551
- Schornstein → U 678

Sanitär
- Großhdl. → IZ H 270
- Hdw. → G 395
- Installation, Internat. Union → IZ G 154
- Keramik → Ind. f 586
- Keramik, Hersteller, Europ. Vereinigung → IZ F 670
- Röhrenhändler → Großhdl. H 274
- Technik → Ind. F 1 034, Hdw. G 395
- Überwachungsgemeinschaft → T 2 079
- Wirtschaft, Beratungsstelle → U 76

Sanitärer Installations-, Gas- u. Wasserleitungsbedarf → Großhdl. H 79

Sanitäts
- Fachhandel → H 457, Marketing U 77
- Offiziere, interalliierte → IZ R 246

Sankt Martins Werk → U 1 863
Sarg Industrie → f 571
SAT 1, Werbung → O 532

Satelliten
- Mobilfunk → IZ T 905
- Organisation → IZ T 901

SATOUR → E 695

Sattler
- Europ. Union → IZ G 53
- Handwerk → G 636

Sauer
- Konserven → Ind. F 446
- Kraut → Ind. F 446, Ind.-Vereinigung i. d. EG IZ F 2 504

Sauerstoffangereicherte Kraftstoffe, europ. → IZ F 1 176

Sauna
- Bund → T 3 457, T 3 488
- Technik → Bds.-Verb. F 835

SAWA → IZ O 152
Saxophonisten, Arb.-Gem. Dt. → O 116
SB → U 1 564
Schachbund → u 2 515

Schaden
- Forschung d. öffentl.-rechtl. Versicherer → U 915
- Verhütung GmbH, Zertifiz. → T 2 152
- Verhütung d. öffentl.-rechtl. Versicherer → U 915
- Versicherer z. Schadenabwicklung → K 385

Schadstoffsanierung, Fachverband → F 996
Schädelbasis
- Chirurgie → Dt. Ges. T 3 394

Schädliche Auswirkungen d. Luftverkehrs → IZ U 305

Schädlingsbekämpfung(s) → Q 560
- biologische, Inst. → A 158

Schäffler → Hdw. G 288
Schätzstelle f. Luftfahrzeuge → U 1 160
Schafzucht → q 233

Schalenobst, Handel → IZ H 114
Schalentragwerke → IZ F 1 759
Schalindustrie → f 111
Schalldämpfer, Gütegem. → U 582
Schallplattenkritik, Preis → O 150
Schaltanlagen u. -geräte → Ind. f 349
Schaltgeräte, Hersteller → IZ F 222

Schaltungen
- gedruckte → IZ F 1 404
- Integrierte → t 192, Bauelementetechnologie t 195
- Mikroelektronische, Inst. → t 196, Dresden t 197

Schankanlagen, Getränke → G 662

Schau
- Steller → H 793, IZ H 537
- Steller, Europaverband → IZ U 676
- Werbegestalter, Bund Dt. → O 585
- Werber → O 532

Schaum, Kunststoffe → Ind. f 602

Schaumstoff
- Verarbeiter → f 602, F 614

Schauspieler
- Agenturen → O 219
- Interessenverband → O 220
- Internationale Vereinigung → IZ R 286

Scheel, Mildred, Stiftung f. Krebsforsch. → T 755
Scheel, Walter, Stiftung → T 790

Scheidungs
- Geschädigte → U 1 611
- Recht, faires → U 1 612

Schichttechnik, Fraunhofer-Inst. → t 231
Schiedsgerichtsbarkeit, Dt. Inst. → U 763
Schiedsgerichtswesen → U 762, U 764
Schiedsmänner u. Schiedsfrauen, Bund Dt. → U 761
Schiefer → f 131, Arb.-Gem. F 143
Schiefer-Fachverband in Deutschl. → f 138, F 935

Schienenverkehr → M 1 ff

Schiff
- Brüchige, Rettungsges. → U 866

Schiffahrt
- Int. Verb. → IZ M 195
- Küsten- → M 204 ff
- Sachverständige → S 1 109
- See- → M 204 ff

Schiffahrts
- Angestellte → R 532
- Arb. Geber → R 164
- Bergungsbetriebe → M 221
- Berufsgenossenschaften → k 216
- Börse → M 241
- Direktionen → A 323 ff
- Dispacheure → M 222
- Kapitäne u. Schiffsoffiziere → R 532
- Lagerhalter → M 212 ff
- Museum, Deutsches → U 3 043
- Seehafenbetriebe → M 212 ff
- Spediteure → M 212 ff
- Taucherbetriebe → M 221
- Verein Rhein-Main-Donau → M 227
- Vermessung, Bds.-Amt → A 341
- Verwaltung, Ingenieurverband → s 895

Schiffbau
- Forschungszentrum → t 344
- Handwerk → G 239
- Industrie → BDI f 45, F 802
- Technik → T 1 360
- Verbindungsausschuß d. EG → IZ F 2 221
- Versuchsanstalt → t 276
- Zulieferindustrie → f 683

Schiffer Organisat. → Europ. IZ S 395
Schifferbörse zu Duisburg-Ruhrort → M 241

Schiffs
- Agenten → H 757, IZ H 575
- Ausrüster → F 803, IZ F 1 896
- Banken → I 75
- Makler → H 757, IZ H 575
- Offiziere → R 532
- Versicherungs-Vereine, norddt. → K 375
- Werften → F 802

Schillergesellschaft, Dt. → S 1 201
Schirme, Einzelhandel → H 528

Schlacht
- Geflügelwirtschaft → H 242
- Haus-Erzeugnisse, Hamburger Makler u. Agenten → H 751
- Höfe u. Viehhöfe D 177, H 185
- Tierkörper, neutrale Klassifizierungsunternehmen → T 2 557

Schlacke, Eisenhütten → Ind. F 890

Schlächter
- Geflügel- → H 238, H 242
- Handwerk → IZ G 182
- Meister → IZ G 182
- Versand- → H 247

Schlafforschung u. Schlafmedizin → Dt. Ges. T 3 395

Schlaganfall-Hilfe, Stiftung → T 756

Schlauch
- Webereien → F 984

Schleif
- Mittel → F 883, Fabrikanten IZ F 517
- Technik, Bds.-Verb. → G 537

Schleyer, Hanns Martin, Stiftung → T 786
Schlitten- und Bob-Vereinigung, int. → IZ U 472
Schlittenhunde-Sport, Intern. Vereinigung → IZ U 574
Schlittensportverband, Deutscher → u 2 480

Schlösser
- u. Beschläge, Sicherheitstechnik → t 345, Gütez. U 601

Schloß
- Ind. → f 269, IZ F 24

Schlosser → Hdw. G 548
- Vereinigung, Europ. → IZ G 12

Schlüssel
- Fachgeschäfte → IZ G 147
- Fertiges Bauen → F 93

Schmalenbach-Gesellschaft → T 2 199, Inst. t 2 290
Schmalwebereien → IZ F 764

Schmelz
- Hütten → Ind. F 834
- Käseindustrie d. EG → IZ Q 127

Schmerz
- Dt. Ges. z. Studium → T 3 418
- Forschung, Dt. Ges. → T 3 437
- Hilfe, Dt. → T 3 271
- Liga, Dt. → T 3 439
- Therapeutische Fort- u. Weiterbild. → T 3 438
- therapeutisches Kolloquium → T 3 436
- Therapie, Dt. Interdisziplinäre Ver. → T 3 396

Schmiede
- Handwerk → G 548
- Stück-Verwendung, Informationsstelle → U 38

Schmier
- Stoffe → IZ F 489
- Stoff-Industrie → F 378

Schmuck
- Fortbildungszentrum → T 4 034
- Großhandel → H 98

Schmuckwaren → Ind. F 817
- Einzelhandel → F 805, H 388
- Fachgeschäfte, Ges. z. Förd. → H 668
- Handwerk → F 805, Bayern S 524
- Industrie → F 582
- Königsteiner Schule → T 4 034
- Zentralverband → Hdw. G 759

Schneider
- Handwerk → G 208

Schneidtechnik → Bds.-Verb. G 537, Fachgroßhdl. H 270

Schneidwaren
- Industrie, Föder. d. europ. → f 271, IZ F 1 621

Schnell
- Dampferzeuger → Ind. f 853
- Gastronomie u. Imbißbetriebe → N 34

Schnupftabak → Ind. F 1 055
Schöne Künste, Bayer. Akademie → T 4 141

Schokolade(n)
- Einzelhandel → H 391
- Industrie d. EU → IZ F 2 166
- Intern. Büro → IZ F 2 166

School, The Frankfurt International → O 712

Schornstein(e)
- Bau → Hdw. G 161
- Bau u. Abgastechnik → F 288
- Sanierung → U 678

Schornsteinfeger
- Dt. Zentralverb. → R 531
- Handwerk → G 678
- Meister → IZ G 24

Schraub
- zwingen → Schrebergärten, Internat. Büro IZ Q 104

Schrauben
- Großh. → H 272

Schreberjugend, Deutsche → U 1 496

Schreib
- Geräteherstler, europ. → IZ F 2 132
- Waren → Großhdl. H 99, Ezhdl. H 336
- u. Zeichengeräte → Ind. F 515

Schreiner → Hdw. G 743

Schrift
- Expertise → IZ S 650
- Psychologie → IZ S 650
- u. Sprache, Bund → S 1 503
- Untersuchung, Forensische → S 1 502

Schriften, Bds.-Prüfstelle f. jugendgefährdende → A 171

Schriftsteller → S 1 240, S 1 268
- Ärzte, Bds.-Verb. → S 1 259
- Assoziation Dresden → S 1 286
- Bühne, Film, Funk, Fernsehen → S 1 287
- Fördererkreis → Niedersachs. u. Bremen S 1 267
- Kulturwerk → S 1 260
- Reise- → S 1 642
- Schutzverband → S 1 269

Schrott
- Recycling-Wirtschaft → Arbeitgeberverb. R 120

Schütz, Heinrich, Internat. Ges. → IZ U 805
Schützenbruderschaften, Bund → U 2 599
Schützenbund → u 2 516
SCHUFA → U 724

Schuh
- Bedarf → H 458
- Fabrikanten → Ind. F 821
- Handels-Vertr. → H 684
- Herstellung, Prüf- u. Forschungsinst. → T 2 146
- Industrie → F 821, IZ F 772
- Industrie-Techniker, Bildungsgem. → T 4 003
- Macher (s. unten)
- Orthopädie → Hdw. G 607
- Technik, Orthopädie → G 607
- Techniker, Intern. Verb. → IZ G 184

Schuhe, Leder, Arb.-Gem. → F 829

Schuhmacher
- Handwerk → G 695

Schul
- Buchforschung, Inst. → T 1 959
- Buchverleger → O 446
- Bünde, Evangelische → O 711
- Geographen → R 921
- Gesundheitswesen → IZ T 990

Fortsetzung nächste Spalte

Schul (Fortsetzung)
- Information Energie Arbeitskreis → L 23
- Landheime → N 29
- Musik u. allgem. Musikpädagogik → O 131
- Musiker → R 938
- Schiff-Verein → M 211
- Sport, Landesinst. → R 902

Schuldenverwaltung d. Bds. → A 174
Schuldnerberatung, Bundesarbeitsgemeinschaft → U 1

Schule
- Berufsberatung → Internat. Verb. IZ T 979
- Bundesarbeitsgemeinschaft → T 2 187
- d. Manager (siehe RKW Nordrhein-Westfalen)– f. Rundfunktechnik → O 391
- Wirtschaft, Studienkreis → T 3 846

Schulen
- d. dt. Buchhandels → O 437
- Europ. Rat d. nat. Verein. freier → IZ T 967
- f. Drucktechnik und Grafik → T 3 889
- Internationale → IZ T 988
- Private → O 708

Schulische u. berufliche Orientierung, europ. Verein. → IZ S 668
Schulung von Reiseleitern, Förderverein → T 3 779
Schulungszentrum f. Naturgemäßen Land- u. Gartenbau → Q 84
Schulwesen, Fort- u. Weiterbildung, Nieders. Landesinst. → A 111
Schurz, Carl, Gesellschaft → E 737

Schutz
- Anlagen f. Umwelt → Ind. f 853
- d. Bergwelt → Q 605
- Beschichtungen, europ. techn. Verband → IZ T 470
- d. Rheins, Int. Komm. z. → Q 639
- Gemeinschaft (s. unten)
- geographische Herkunftsangaben, Dt. Inst. → U 694
- Kriegsdienstverweigerer aus Gewissensgründen → U 1 871
- d. Meeressäugetiere → Q 591
- Pflanzenzüchtungen → IZ T 688
- Planken, Stahl → TWV T 1 385
- Rechte Rundfunk → U 750
- d. Rheins u. seiner Nebenflüsse → Q 640
- Selbsthilfeorganisation der Selbständigen → U 821
- d. Ungeborenen, Dachverb. → U 1 187
- Verbände → U 687 ff
- Verband (s. unten)
- Verein dt. Reeder → M 208

Schutzgemeinschaft
- Alpen → Q 592
- Auslandsgrundbesitz → U 857
- Deutsche Ostseeküste → Q 455
- Dt. Nordseeküste → Q 453
- Dt. Wald → Q 516
- Dt. Wild → Q 584
- d. Fruchtsaft-Industrie → U 720
- Fußgänger → U 1 382
- Kleinaktionäre → U 721
- Mittelständische Versicherungsnehmer → U 912
- Muster & Modelle → U 754

Schutzverband
- Deutscher Schriftsteller → S 1 269
- gegen Wirtschaftskriminalität → U 766
- f. Impfgeschädigte → T 3 223

Schwäbischer Albverein → Q 393
Schwarzburgbund → U 1 564
Schwarzwaldverein → Q 397
Schwedische Hdls.-Kammer → E 334
Schwedischer Aussenwirtschaftsrat → E 681

Schweineerzeuger
- Landesverb. Niedersächsischer → Q 245

Schweineproduktion, Zentralverb. → q 232

Schweiß
- Forschung, TWV → t 347
- Geräte → Elektro f 342
- International → T 311
- Technik → t 347, t 2 062
- Technische Lehr- u. Versuchsanstalt → T 1 362

Schweißen, Europäischer Verb. → IZ G 55
Schweißen u. verwandte Verfahren, Dt. Verband → T 1 361

Schweizerische
- Zentrale f. Handelsförderung → E 684

Schwerbehinderte
- Vertretungen d. Bundes u. d. Länder → Arbeitsgem. → U 2 021

Schwerer Korrosionsschutz v. Armaturen u. Formstücken → Gütez. U 679

Schwerhörigen
- Förderung → Dt. Ges. T 3 050
- Internat. Vereinig. → IZ U 313

Schwermetall

Schwermetall
- Erzeugung → F 706 ff
- Halbzeug → F 706 ff
- Hütten → F 706 ff
- Industrie → F 706 ff
- Schmelzhütten → F 706 ff

Schwertransporte, Bundesfachgruppe → M 36

Schwesternschaften vom Dt. Roten Kreuz → U 1 875

Schwesternverbände u. Pflegeorganisationen → R 539

Schwimm
- Verband → u 2 517, IZ U 559

Schwimmbad
- Technik → u. Wellness, Bds.-Verb. F 835

Schwimmbad, Meister im → U 1 504

Schwingungstechnik, Normenausschuß VDI → T 1 258

Schwulenverband in Deutschland → U 1 608

Schwurhand-Zeichenverb. → U 553

SDN → Q 453

SDW → Q 516

Sebastian-Kneipp-Institut, Forschungsanstalt → T 3 468

SEC → IZ T 895

See
- Amt, Bundesober- → A 331
- Bäder → N 39 ff
- Berufsgenossenschaft → k 236
- Büro, Internat. → IZ M 198
- Fahrt, Internationale → IZ M 199
- Hafenbetriebe → M 212 ff
- Hafenspediteure → Komitee M 219, IZ M 234
- Krankenkasse → k 236
- Lotsen, Bds.-Verb. → S 1 112
- Lotsen, europ. → IZ S 467
- Pflegekasse → k 236
- Recht, intern. → TWV T 3 578, IZ T 871
- Reedereiagenten → H 757
- Schiffahrt → Berufsbildungsstelle M 210, IZ M 194
- Unternehmen, internat. Verband → IZ F 1 829
- Verkehrswirtschaft, Inst. → T 3 673
- Versicherer → K 17

Seelische Gesundheit, Zentralinst. → T 2 881

Seemannskasse → k 236

Seemannsmission, Dt. → U 1 894

Seenot
- Rettungsmittel → F 804

Seeverkehr
- Inst. f. Land u. → T 1 068

SEFEL → IZ F 1 574

Segel
- Tuchwaren → Ind. F 983

Seglerverband → u 2 518

Sehbehinderte
- Kinder, Vereinig. d. Freunde → U 1 601

Seidel, Hanns → Stiftung T 792

Seiden
- Bau-Kommission → IZ W 19
- Industrie → F 986, IZ F 1 707

Seifen
- Fachleute, Vereinig. → F 189
- Industrie, Internat. Vereinigung → IZ F 1 764

Seilbahnen → Arb.-Geb. R 79
- u. Schlepplifte, Dt. Verb. → U 3 114

Seile-Fachverband → H 283

Seiler
- Hdw. → IZ G 151
- Waren → Großhdl. H 283
- Warenind., europ. → IZ F 1 066

Sekretariat u. Büromanagement, Bundesverb. → R 559

Sektkellereien → F 450

Selbst
- Bau-Partner, Verb. Europ. → IZ U 90
- Bedienung, Warenhäuser → H 548, IZ H 497
- Hilfe (s. unten)
- Klebende Papiere u. Stoffe → IZ F 1 761
- Kontrolle d. Filmwirtsch. → O 152
- Verwaltung- u. Organisation NETZ → T 2 256

Selbständige
- Bundesverb. → U 805
- Design-Studios → S 1 064
- Direct-Marketing-Agenturen → IZ O 153
- Einzelhändler Europas → IZ P 42
- Industrie-Designer → S 1 066
- Ingenieur → S 908
- Ingenieure und Architekten → Arbeitgeberverb. R 31, S 917
- PhysiotherapeutInnen → S 459
- Revisionsingenieure → S 995

Fortsetzung nächste Spalte

Selbständige (Fortsetzung)
- Verband → U 821
- Zahntechniker → IZ G 112

Selbständiger
- Bds.-Verb. → U 774 ff
- Betreuungsverbund → R 194
- Europaverband → U 774, IZ R 10
- Interessenverb. → U 820
- Kultur-Institute, Arb.-Kreis → U 2 814

Selbständiges Labor → IZ T 300

Selbsthilfe
- Gruppen → Dt. Arb.-Gem. U 909, Kontakt- u. Informationsstelle U 1 938
- u. Helfergemeinschaft f. Suchtkranke → U 1 751
- Initiative Alleinerziehender → U 1 209
- Organisation → Selbständige U 821, Intern. Verb. IZ U 310
- Stotterer → T 3 010
- Suchtkranker u. Suchtgefährdeter → T 3 490

Seminar
- f. Soziologie, Uni Bonn → t 2 372

Seminar- u. Tagungswesen, Förderung u. Entwicklung → Dt. Ges. S 1 523

Senckenberg, Inst. → T 1 364

Sender Freies Berlin → O 321

Senior Experten Service → U 1 360

Senioren
- Bundesministerium → A 23
- Förderung → U 1 349
- Gerechtes Wohnen, Förderkreis → U 1 381
- Interessenvereinigung → U 1 362
- Internationale Organisation → IZ U 208
- Kreis Wirtschaft Braunschweig → T 2 351
- Union d. CDU Deutschl. → U 2 182
- Vertretung → U 1 363

Sensoren, binäre → T 1 159

Sensorik, Fachverband → T 1 291

Sensortechnik, Forschungsges. → t 330

SEPAWA → F 189

Sepulkralkultur → U 3 056

Serien
- Möbel → Hdw. f 572

Service
- Büro f. Internat. Begegnung, Jugendreisen, Anders Reisen → N 31
- Civil International, Dt. Zweig → U 1 563
- Gruppe f. Verbände u. Nonprofit Organisationen → S 733
- Station Flughafen Leipzig-Halle → U 862
- Unternehmen, Deutschl. → S 789

SET → f 47, F 852

Seuchenmedizin, Inst. → T 3 505

Sexual
- Beratung → Inst. T 3 247, Dt. Ges. T 3 249
- Forschung → T 3 246, sozialwissenschaftl. T 3 247
- Pädagogik → Dt. Ges. T 3 249

Sexualität, humane → T 3 245

SfC → IZ U 816

S.F.I.E. → IZ R 244

SFK → O 218

SFZ → t 2 426

SGKV → T 3 637

SGS-ICS → T 2 148

SGZ Bank → I 26

Shakespeare-Gesellschaft → U 3 010

SHAPE → IZ W 3

SHIA → U 1 209

SHK
- Industrie, ARGE Neue Medien → T 3 694
- Shop, Fachverband → H 284

Show
- u. Unterhaltungskunst e.V. → O 63

SHW → U 1 385

SI → IZ U 260

SIB → I 136

Sicheres Material in der Medizin → H 679

Sicherheit
- am Arbeitsplatz, Europ. Agentur → IZ A 190
- Berufsgenossenschaftliche Zentrale → K 242
- i. Heim u. Freizeit → U 1 391
- i.d. Wirtschaft Baden.-Württ. → U 689
- Informationstechnik → A 229
- f.d. Kind → U 1 594
- Skisport, Stiftung → u 2 551
- Soziale- → IZ K 37
- Straßenverkehr → T 3 661
- Technik u. Fertigung, Wirtschaftliche → Forschung t 345
- Technische → t 2 068
- Türschildgarnituren → Gütez. U 601
- u. Gesundheit bei der Arbeit → T 883
- Wirtschaft → Arb.-Gem. U 920
- Wiss. Forum f. Internationale → T 1 371
- Zweirad, Inst. → T 1 889

Sicherheits
- Berater und -Ingenieure, unabhängige → S 998
- Beratung → IZ G 147, Europ. Rat IZ K 44
- Beschläge → IZ G 147
- Dienste, europ. → IZ G 130
- Dienste, Gütegem. → U 685
- Fachgeschäfte → IZ G 147
- Ingenieure, Freiberufliche → S 996, S 997
- Rat → Verkehr T 3 659
- Schlösser → Gütez. U 601
- Systeme → Ind. F 692
- Technik, Staatl. Ämter → B 357 ff
- Techniker, Dt. → R 579
- Unternehmen → R 167
- Wissenschaft → T 1 370

Sicherungstechnik Deutschland, Bds-Verband → G 800

SID → U 2 044

Siebdrucker-Handwerk, Bundesinnung → G 502

Siebenbürgische Landeskunde → T 3 741

Siebenten-Tags-Adventisten → U 2 408

Siebtuch-Industrie, Treuhandstelle → F 721

Siedler → U 485, U 486
- bund, Dt. → U 467

Siedlungs
- Abfälle, Nutzbarmachung → T 1 369
- Dienst, katholischer → U 487
- Werk, evang. → U 484
- Wesen → U 418 ff, Dt. Entwicklungshilfe U 2 072

Siemens, Werner von → Stiftung T 817

SIGLE → IZ U 628

Sigmund-Freud-Institut → T 2 874

SIL → IZ T 192

Silberschmiede → Hdw. G 385

Silberwaren
- Ezhdl. → F 805, H 388
- Großhandel → F 805, IZ G 169
- Handwerk → F 805
- Industrie → F 582

Silicat-Forschung, Inst. → IZ F 1 588

Silikate, Studien, europ. Zentrum → IZ F 1 587

Silikone, europ. Zentrum → IZ F 1 587

Silikosebekämpfung, Arb.-Gem. → T 870

Silikoseforschung u. Lufthygiene → T 3 443

Silizium, Hersteller → IZ F 2 141

Siliziumkarbid-Ind. → F 180

Siliziumtechnolgie → t 199

Silo
- Holz → Hdw. G 288

Simon Bolivar Ges. → E 747

Singapore Economic Development Board → E 686

Sinterwerkstoffe, Fraunhofer → t 226

Sinus-Sozialwissenschaftl. Inst. → t 2 510

SITA → IZ T 906

SIW → IZ U 180

SJD → U 1 544

Ski
- Bob-Verband → u 2 519
- Lehrwesen, Dt. Verb. → u 2 546
- Sport, Stiftung Sicherheit → u 2 551
- Verb., Internationaler → IZ U 560
- Verband, Deutscher → u 2 520

SKM → U 1 807, U 1 807

SKZ → T 1 933, T 2 149

SLH → O 710

Slowakische
- Invest. u. Handelsförd.-Agentur → E 687

SLV → T 1 362

SMIPC Europe Office → E 559

SMM → H 679

SMW → U 1 863

Snacksherteller → IZ F 1 313

SNPI → IZ H 538

Soda → Ind. F 218

SÖL → T 770

Softball-Verband → u 2 476

Softball-Vereinigung, Intern. → IZ U 475

Software
- Industrie Deutschlands → F 374
- Institut, TÜV Rheinl. → T 1 158
- Technik → t 217, T 1 158
- Unterhaltungs- → F 375

Sokratische Gesellschaft → U 3 124

Solar
- Architektur z. Förd. d. Wohn- u. Umweltqualität → D 257
- Energie → Bds.-Verb. L 38, Internat. IZ L 129
- Energiesysteme → t 245
- Energie-Zeitalter → IZ S 362
- Mobil, Bundesverb. → T 1 377
- Stuttgart → T 1 376
- Technik Bergstraße → T 1 375

Solare Energieversorgungstechnik, Inst. → T 1 378

Soldaten
- Berufsverbände → IZ R 66
- Verband → R 503

SOLIDAR → IZ U 319

Solidarische Welt, Aktionsgem. → U 2 058, u 2 688

Solidarität
- Beteiligung d. Volkes, Europ. → IZ U 321
- Int. Arb.-Gem. → IZ U 346
- Jugend Deutschlands → U 1 543

SoliJ → U 1 543

Sommelier-Union Deutschland → S 1 515

Sommerspielvereinigungen, Verb. d. Int. Olymp. → IZ U 586

Sonder
- Abfall-Entsorgungs-Ges. d. Länder → O 715
- Aufgaben, vereinigungsbedingte, Bds.-Anst. → A 202
- Schulen → T 3 228
- Werbeformen u. Sponsoring, Fachverb. → O 543

Sondermüll
- Forschungs- u. Entwicklungszentrum → T 1 867

Sonnen
- Energie → Zentrum T 1 373, IZ L 101
- Lichtsysteme, Bds.-Verb. → F 847
- Physik, Kiepenheuer-Inst. → T 1 947
- Schutz → Hdw. G 663

Sorbithersteller in der EG → IZ F 2 185

Sorgenkind, Aktion → U 1 743 → IZ U 260

Soroptimist International
- Dt. Union → S 1 507

Sortenamt, Bds. → A 169

Sortenamt, Gemeinschaftl., Brüssel → IZ A 218

Sortimentsbuchhandlungen, wissenschaftl. → H 574

SOS-Kinderdorf → U 1 595

SOUTH AFRICAN TOURISM BOARD → E 695

Souvenir Festival → F 786

SOVT → U 30

SOWI → t 2 429

Sozial
- Arbeit → Inst. T 2 869, Evgl. Inst. U 1 275
- Arbeiter → Bds.-Arb.-Gem. S 595, IZ R 273
- Ausschuß d. EU → IZ A 225
- Berufe, Caritasgemeinsch. → U 1 747
- Datenanalyse, Inst. → t 2 367
- Demokraten, türkische → R 537
- Demokratinnen u. Demokraten im Gesundheitswesen → S 1 519
- Demokratische (s. unten)
- Dienst im Krankenhaus → U 1 815
- Dienst, Internationaler, Dt. Zweig → U 1 919
- Dienst, kath. → U 1 809
- Forschungsinstitute, Arbeitskreis → T 2 470
- Gerichte → B 702 ff
- Gerichte, Bund → A 374
- Geschichte → T 2 459
- Hilfe, Bds.-Arb.-Gem. d. überörtlichen Träger → D 146
- Hygiene → T 882
- Kulturelle Arbeit → U 2 811
- Liberaler Hochschulverband → O 710
- Marketing, Bundesarbeitsgem. → U 1 932
- Medizinische Akademie → T 4 031
- Medizinische Allergiediagnostik → T 2 748
- Ökonomik → TWV t 2 400
- Ökonomische Strukturanalysen → T 1 906
- Pädagogen → R 560, Bds.-Arb.-Gem. S 595
- Pädagogik → Inst. T 2 869, T 3 828
- Pädagoginnen, Evangel. → R 450
- Pädagogisches Inst. Berlin → T 758
- Pädiatrie → T 2 870
- Pflege, Evangel. Fachverb. → U 1 247
- Planung → Ö 628
- Politische Organisation → R 1 ff, T 4 004
- Rat d. UN → IZ V 46
- Rechtsverband, Dt. → T 3 605
- Station, Forum → U 1 388
- Verband Deutschland → U 1 026
- Versicherte → U 916
- Versicherten-Rentner u. deren Hinterbliebenen → U 917
- Versicherungen → K 78, Gewerkschaft R 618
- Versicherungsärzte, Berufsverband → S 225
- Verträgliche Technikgestaltung → U 30
- Verwaltung, Gewerkschaft → R 698

Fortsetzung nächste Seite

Sozial (Fortsetzung)
- Werk, Dt. → U 1 930
- Werke d. Christengemeinschaft → U 1 931
- Wirtschaft, Inst. → t 2 427
- Wissenschaft (s. unten)

Sozialdemokratische
- Frauen, Arb.-Gem. → U 2 269
- Gemeinsch. f. Kommunalpolitik i.d. BR Deutschland → D 240
- Partei Deutschlands → U 2 251
- Partei Europas → IZ U 424

Soziale
- Apotheken, Europ. → IZ T 837
- Arbeit → Inst. t 2 424, Int. Bund U 1 933
- Arbeit, Strafrecht u. Kriminalpolitik → T 3 527
- Dienste i. Deutschland, Kath. Verb. → U 1 807
- Dienste, Internat. → U 1 420
- Forschung → Studiengruppe T 2 445, t 2 493
- Forschung, angewandte, Inst. → t 2 402
- Forschung, empirische, Inst. → Zentralarchiv t 2 408
- Fortbildung → t 2 424
- Fragen, Inst. → T 2 451
- Gemeinschaftsverpflegung → IZ F 250
- Kommission f. Asien → IZ V 8
- u. Marktforscher, Berufsverb. → S 732
- Massnahmen, interuniversitäres Inst. → IZ T 555
- Ordnung, BM für → A 20
- Praxis u. Betriebswirtsch. → T 2 198
- Praxisberatung → t 2 424
- Psychiatrie → Dt. Ges. T 2 868
- Sicherheit, Internat. Vereinigung → IZ K 37
- Sicherung → IZ S 67

Sozialer
- Vereine, spanische → U 2 789
- Wirtschaftsgeschichte, Ges. → T 2 458
- Fortschritt → TWV T 2 203

Soziales
- Berufsforschungsinst. → t 2 404
- Geograph. Inst. → T 2 466
- Hilfswerk → U 1 385
- Katholisches Bildungswerk, Arb.-Gem. → T 3 807
- u. Versorgung, Landesamt → B 589
- Wohnungs- u. Siedlungswesen, Dt. Entwicklungshilfe → U 2 072

Sozialismus, Demokratischer, Partei (PDS) → U 2 234

Sozialistische
- Erziehungsint., Int. Falken → IZ U 425
- Frauen International → IZ U 180
- Jugend Deutschlands → U 1 544
- Jugend, intern. Union → IZ U 210

Sozialwissenschaft
- Angewandte → t 2 382
- Bibliothek → t 2 388
- Bundeswehr, Inst. → t 2 429
- Christliche → t 2 422
- Informationszentrum → t 2 360
- Infrastruktur, Ges. → T 2 439
- Intern. Rat → IZ T 565
- d. Landbaues → t 2 601
- Sexualforschung → T 3 247
- Studienkreis f. internat. Probleme → IZ T 894

Sozialwissenschaftliche
- Forschung u. Publizistik → t 2 366

Sozialwissenschaftlicher Fakultätentag → T 2 231

Sozialwissenschaftliches Inst. der Evangel. Kirche → T 2 233

Soziokultur, Verein z. Förderung → U 3 024
Sozio-kulturelle Zentren → U 3 023
Soziologen-Berufsverband → S 1 117
Soziologie → t 2 416, t 2 432
- Empirische, Inst. → t 2 443
- Forschung, Inst. → t 2 385, t 2 399
- Medizinische → t 2 415, Dt. Ges. T 3 353
- Soziologische Forschung → T 2 442
Sozioökonomie → t 2 613
Spaltkatalysatoren, europ. Hersteller → IZ F 1 259

Span
- Platten → Gütez. U 602, Ind. IZ F 271

Spanende Werkzeuge, Europ. Fachverb. → IZ F 972
Spanisch Deutsche Juristenverein. → S 620
Spanische soziale u. kulturelle Vereine → U 2 789
Spanischer Lehrerverband → R 904

Spann
- Betonschwellen → Ind. F 865

SPAR
- Dt. Handelsvereinigung → H 629

Sparda-Banken → P 1, P 49

Sparkassen → I 58 ff
- Arbeitskreis d. Länder → T 2 533
- Freie öffentliche → I 60
- Verband, Werbung → O 532
- Vereinigung → IZ I 27
- Weltinstitut d. → IZ I 28

Sparsame Energieverwendung → D 193
Sparsamer u. umweltfreundlicher Energieverbrauch → T 1 050
SparVereine → P 48
SPD → U 2 251
- Fraktion i. Dt. Bundestag → A 82
- Jungsozialistinnen u. Jungsozialisten → U 2 268

Spediteur
- Gewerbe → IZ M 229, IZ M 230

Spediteure
- Berlin u. Brandenburg → M 147
- Berufsbildungswerk → m 109
- Landes- u. Fachverbände → m 103 ff
- Schiffahrt → M 212 ff

Spedition, Bundesverb. → M 102

Speditions
- Gewerbe, Lds.-Verbände → M 136 ff

Speise
- Zwiebel, Fachverband → F 449

Speiseeis
- Hersteller, Intern. Verb. → IZ G 183
- Ind. d. EG → IZ F 2 531

Spektrochemie → TWV T 1 381, T 1 382
Spenglerei, Internat. Union → IZ G 154

Sperrholz
- Gütez. → U 603
- Industrie → Europ. IZ F 787

Spezial
- Bibliotheken → T 982
- Gesellschaften, bergbauliche → f 129
- Glas- u. Gebrauchsind. → f 536
- Tiefbauunternehmen, europ. → IZ F 614
- Versicherer f. Exportkredit- u. Investmentversicherung → T 1 114

Spezialisten d. Kindermedizin, Europ. Konföderation → IZ S 65

Spiel, Fachgruppe → U 2 760
Spiel u. Hobby → Ind. F 831

Spiel u. Theater
- BAG → O 55
- Kath. Arbeitsgemeinschaft → O 67

Spiele, Int. Vereinig. → IZ U 670
Spieler, Anonyme → T 3 494
Spielfilm, Prod. → O 223, O 224
Spielotheken, Bundesarbeitsgem. → U 2 761
Spielmannszüge, Dt. Bds.-Verb. → O 87
Spielplatzgeräte-Hersteller → f 274

Spielwaren
- Einzelhandel → H 474, IZ H 403
- Groß- u. Außenhandel → H 100, IZ H 46
- Industrie → F 831
- Messe → o 616

Spielzeug
- Hersteller, erzgebirgische → G 483
- Hersteller in Europa → IZ F 1 909

Spinnereien → IZ F 1 765
Spinnstoffe → Ind. F 981
SPIO → O 151

Spirituosen
- Handels-Vertr. → H 684
- Hersteller, europ. → IZ F 1 323
- Hersteller, Verb. d. Baden-Württemb. → H 222
- Import → H 220
- Importeure, EG-Gruppe → IZ H 48
- Industrie → U 708, IZ F 1 795
- Schutzverband → U 708

Spiritus
- Fabrikation, Versuchs- u. Lehranstalt → T 2 640
- TWV → t 348

Spitzenindustrie, internat. Verbindungsstelle → IZ F 1 710

Spitzenverbände
- d. Krankenkassen, Mediz. Dienst → K 62
- d. Sports → U 2 450

Splitt
- Bundesüberwachungs- u. Zertifizierungsverband → T 2 084
- Überwachungs- u. Zertifizierungsverein Bayern → T 2 087

Sponsoring & Sonderwerbeformen, Fachband → O 543

Sport
- Abt., Europarat, Generaldirektion IV → IZ U 582
- Akrobatik, Intern. Verband → IZ U 575
- Akrobatik-Bund → u 2 521
- Artikel → Ind. F 832, H 489
- Artikelind., europ. → IZ F 1 602
- Ausschüsse → U 2 450

Fortsetzung nächste Spalte

Sport (Fortsetzung)
- Bekleidung → Ind. f 107
- Bootsindustrie → IZ H 494
- Bund (dsb) → U 2 450
- Bund d. Hirngelähmten, int. → IZ U 561
- Fachhandel → H 489
- Fahrerkreis, Dt. → U 2 604
- Fischer, Verb. Dt. → u 2 522
- Förderverbände → U 2 450
- Freianlagen, Gütegem. Kunststoffbeläge → U 583
- Freizeitanlagen → T 3 454
- u. Freizeiteinrichtungen → Intern. U 2 557, Intern. IZ U 463
- Geräte, Gütegem. → U 680
- und Gymnastikschulen → u 2 544
- Hallenböden, Gütez. U 604
- Journalisten → S 1 373
- Landesverbände → U 2 450
- Lehrer → R 901, u 2 548
- medizinische Forschung, intern. → IZ T 823
- Messen, Organisationskomitee → IZ O 210
- Platzbau → Q 137, Europ. IZ S 379
- Presse-Vereinigung → IZ S 636
- Schützen, Bund → U 2 585
- Schwimmverbd. → IZ U 559
- Spitzenverbände → U 2 450
- Stätten, Gütegem. → U 609
- Stätten, Verb.-ausschuß → T 3 456
- Stättenbau, Beratungsstelle → T 3 453 ff
- Studio Verb. → U 2 554
- Taucher, Verb. Dt. → u 2 523
- Traumatologie → T 2 839
- Verbände → U 2 450
- Verein. f. geist. Behind. → IZ U 562
- Vereine, Verb. d. von d. IOC anerkannten int. → IZ U 587
- Vereinigungen, Allg. Verb. d. Int. → IZ U 462
- Waffen, Europ. Inst. → IZ F 1 406
- Waffen, Groß- u. Außenhandel → H 84
- Waren → H 684
- Wissenschaft, Bds.Inst. → A 297, Dt. Vereinigung u 2 549
- Wissenschaft, Weltrat → IZ T 839

Sportmedizin
- Dt. Gesellsch. → T 3 398

Sprach
- Minderheiten, Europ. Büro → IZ U 112
- Reise-Veranstalter, Fachverb. Dt. → N 286
- Verband - Deutsch f. ausländische Arbeitnehmer → u 1 421
- Vermittlung → S 638
- Zentren, Stiftung → T 799

Sprache, dt. → S 1 503, T 2 315

Sprachen
- u. Dichtung, Dt. Akademie → T 3 754
- Dt. Ges. → T 3 752, T 3 753
- Fragen → IZ T 151
- Politik, europäische → R 863
- Schulen, priv. → O 708

Sprech
- Lehrer/innen → S 443
- Wissenschaft u. -Erziehung → R 955

Sprengmittelhersteller, europ. → IZ F 2 454
Spreng-Verband, Dt. → S 1 589
Sprinkler-Anlagen → Ind. F 292
Squash Verband → u 2 524, Welt IZ U 588
SRL → S 1 106
SRT → O 391
SSiP → IZ T 894
SSK → T 1 953

Staatlich
- Anerkannte Berufsfachschulen f. Gymnastik u. Sport → u 2 544
- Anerkannte Fachschule f. Arbeitssicherheit → T 4 000
- geprüfte Techniker → R 578

Staatliche
- Ämter f. Arbeitsschutz → B 357 ff
- Akademie d. Bildenden Künste → S 1 171
- Ausbildungsstätten f. Kirchenmusik → U 2 340
- Chemische Untersuchungsämter → B 542 ff
- Gewerbeärzte, Dt. → S 137
- Lehr- u. Versuchsanstalt f. Landwirtschaft etc. → T 2 635, T 2 733
- Materialprüfungsanstalt → t 2 039
- Studienakademien → T 3 788 ff
- Umweltämter → B 357 ff
- Veterinärbeamte, Europ. → IZ R 241
- Zentralst. f. Fernunterricht → T 2 244

Staatliches
- Bedarfsgegenständeuntersuchungsamt → B 556
- Verkehrsbüro d. Republ. Kenia → E 555
- Weinbauinst., Versuchs- u. Forschungsanst. f. Weinbau u. Weinhandl. → T 2 632

Staats
- Anwälte → S 566
- Anwältinnen u. -Anwälte, Zusammenschl. → S 575
- Anwaltschaften → B 813 ff
- Bibliothek, Niedersächs. → T 3 749
- Bürger-Akademie → Europ. IZ U 624
- Bürgerinnen → u 1 134
- Bürgerliche Arbeit, Studienkreis → T 2 204
- Bürgerliche Gesinnung, Europ. Zentrum → IZ U 672
- Gerichtshöfe → B 883 ff
- Institut f. Familienforschung a.d. Uni Bamberg → t 2 362
- Politische Gesellschaft → T 3 949
- Sicherheitsdienst, Der Bundesbeauftragte f. d. Unterlagen → A 242
- Wirtschaft → TWV T 2 239
- Wissenschaft → T 3 524
- Wissenschaftliche Verleger → O 517

Staatsanwältinnen → S 566

Stadt
- Gestaltung, Arbeitsgem. → Q 339
- Kultur → U 3 024
- u. Land e.V. in Nordrh.-Westf. → D 200
- Planer, Europ. Rat → IZ S 433
- Planung → S 1 106
- Reinigungsbetriebe, Berliner → D 202
- Teilkultur → U 3 022

Städte → D 51 ff
- Bau (s. unten)
- Bund → D 33 ff
- Reinigung → D 136 ff, Internat. Vereinig. IZ F 1 753
- Statistiker → R 832
- Tag → D 2 ff
- Verbände → D 2 ff
- Wirtschaftsförderungsämter → U 216 ff, Kreise U 225 ff

Städtebau
- Bds.-Verband → U 487
- Dt. Verband → U 418
- Inst. → U 419, IZ U 89
- u. Landesplanung, Dt. Akademie → T 3 766

Städtische
- Clara-Schumann-Musikschule → O 119

Ständige
- Konferenz d. Notariate der EU → IZ S 214
- Konferenz d. Gemeinden u. Regionen Europas → IZ B 258
- Konferenz der Kultusminister der Länder → B 280
- Vertretungen d. BR Deutschland → C 594 ff
- Vertretungen der EU-Mitglieder → IZ C 1 ff

Stärke
- Ind. → F 482, Arb. Geber R 122
- Kartoffelerzeuger, Bds.-Verb. → F 454
- Kartoffel-Ind. → d. EU IZ F 1 978
- TWV → T 2 572

Stahl
- Angestellte, Leitende → r 469
- Anwendung, Studienges. → t 349, T 1 001
- Anwendungsforschung, Stiftung → T 795
- Arb. Geber → R 78
- Bau (s. unten)
- Behälter, zylindrische → F 1 027
- Beratungsstelle → U 10
- Beton-Fertigteile → U 518
- Beton-Rohre → TWV T 865, F 881
- Betriebswirtsch. Institut → f 329
- Blech (s. unten)
- Büromöbel → Herst. IZ F 2 022
- Delkrederestelle → t 330
- u. Eisen → Anwendungstechn. T 1 001, Internat. Inst. IZ T 310
- Erzeuger, europ. unabh. → IZ F 2 403
- Gerüstbau → Gütez. U 681
- Großhandel → H 151
- Guß → Ind. f 531
- Händler → H 151
- Händler, europ. Bund EUROMETAL → IZ H 85
- Heizkessel → Ind. F 1 017
- Heizkörper → Ind. F 1 017, Gütegem. U 574
- Industrieangestellte, Leitende → r 469
- Informations-Zentrum → f 331
- Möbel, Verbd. → F 1 050
- Recycling → H 300, IZ F 1 040
- Rohr (s. unten)
- Schutzplanken → TWV T 1 385, Gütez. U 606
- Türen u. Tore → Gütez. U 596
- Veredler → Ind. F 182
- Verformung → Verb. F 840, TWV t 351
- Verpackung, europ. Hersteller → IZ F 2 039
- Versuchsanstalt → t 2 044
- Verwendung, Beratungsstelle → U 10

Fortsetzung nächste Seite

Stahl

Stahl (Fortsetzung)
- Waren → Ind. f 260
- Wirtschaftsvereinigung → f 46, F 323

Stahlbau → Ind. F 849
- Europ. Konvention → IZ F 338
- Ind. → BDI f 47, F 852
- TWV → t 350, T 1 384
- Vereinigung → Ost F 849, Bad.-Württ. F 857

Stahlblech
- Bauelemente → Gütez. U 557
- Ind.-Verb. z. Förd. d. Bauens mit → F 282
- Verarbeitung → Ind. F 281, f 854
- Verpackung → Gütez. U 543

Stahlrohr
- Europ. Vereinigung → IZ F 598
- Verband → F 285

Stalinismus
- Verband Politischer Häftlinge → U 1 030
- Vereinig. d. Opfer → U 1 031

Stalinistisch Verfolgte, Bund → U 1 029

Standardisierung
- i. Rechnungswesen, Internat. Ausschuß → IZ T 541

Standes- u. Fachpresse, Dt. Medizinische → S 1 362

Standort
- gefertigte, Tanks → Gütez. U 607

Starkstrom
- Kondensatoren → Ind. f 353

State
- of Arkansas → E 740
- of Iowa, Departm. of Economic Development, Europ. Office → E 720
- of Missouri → E 722
- of North Carolina → E 721
- of Victoria/Australia, European Office → E 400

Stationäre Suchtkrankenhilfe, Bds.-Verb. → T 3 493

Statistik
- Bundesamt → A 238, t 2 299
- Fernwärme → L 36
- Int. Inst. → IZ T 234
- Landesämter → B 309 ff
- Nieders. Landesverwaltungsamt → A 153
- Städte → R 832
- TWV → T 2 235

Statistische Analysen, Ges. → t 2 483
Statistisches Bundesamt → A 238
Staubbekämpfung, Arb.-Gem. → T 870
Staureibetriebe → m 215
Stein
- Bildhauer → Hdw. G 711
- Bruch, Berufsgenossensch. → k 237
- Fassaden, Reinigung u. Schutz, Gütegem. → U 674
- Freiherr-von, Gesellsch. → U 2 656
- Gut → IZ F 1 287
- Kohlenbergbau → TWV F 139, T 900
- Zeugind., Gütesschutz → U 608

Steinbeis-Stiftung → T 1 386 ff

Steine u. Erden
- Arb. Geber → F 861, R 165
- Berufsgenossensch. → k 237
- Industrie → BDI f 19, F 861
- Industrieverband Sachsen → F 882
- Rhein. Unternehmerverb. → f 590

Steine, Versuchsanstalt → t 2 044
Steinmetze → Hdw. G 711
Steinzeit, Ges. z. Erforschung → T 3 724
Stenografenverb. Stolze-Schrey → S 1 569
Stenographie
- Stenografen → S 1 518, S 1 554
- Systeme, Arb.-Gem. → T 3 945

Sterbekassen → K 19
Sterben, Humanes → Dt. Ges. U 1 929
Stereoskopie → Dt. Ges. O 529
Sterilisation u. Verpackung, europ. → IZ F 1 177

Sternfreunde
- Lübeck → T 1 276

Sternwarte
- Heidelberg → T 1 282
- Nürnberg → T 1 274
- d. Stadt Bochum → T 1 273
- Wilhelm-Foerster- → T 1 281

Steuer
- Akademie → T 4 005
- Anwälte → S 563
- Beamte → R 642
- Beraterinstitut → Dt. s 654
- Beraterkammer, Bds. → S 631
- Buchhalter u. Buchführungshelfer → R 495
- Gewerkschaft, Deutsche → R 642
- Inst. → T 2 326
- Juristische, Dt.-Ges. → T 2 343
- Politik → T 2 226

Fortsetzung nächste Spalte

Steuer (Fortsetzung)
- Recht, Internationales → T 3 580
- Zahler, Bund → U 890 ff

Stickerei
- Branchenverband → F 1 005
- Gardinen, internat. Verbindungsstelle → IZ F 1 710

Stickereihandwerk, Bundesinnungsverb. → G 742

Stifterverband
- Deutsche Wissenschaft → T 95
- Metalle → t 331, T 1 304

Stiftung → T 721 ff
- f.d. Akkreditierung intern. Betriebswirtschaftslehre → T 3 831
- Alfons Goppel → T 739
- Alfred Toepfer → T 737
- Alfred-Wegener → T 846
- f. d. behinderte Kind → T 3 464
- Bertelsmann → T 725
- Bertha v. Suttner → T 720
- Berufliche Rehabilitation Behinderter → T 841
- Björn Steiger → U 2 025
- Brillat-Savarin → T 743
- Buchkunst → T 797
- Deutsch-Britische f.d. Studium d. Industrieges. → E 478
- Deutsche Afrika → T 729
- Deutsche Bank Alfred Herrhausen "Hilfe zur Selbsthilfe" → T 842
- Deutsche Schlaganfall-Hilfe → T 756
- Deutscher Architekten → T 832
- Deutsches Hilfswerk → T 843
- Deutsches Rundfunkarchiv → O 381
- Deutsches-Diamant-Inst. → T 834
- Diakonie → T 730
- Dräger- → T 839
- f. ehemalige politische Häftlinge → T 775
- Elly-Heuss-Knapp → U 1 272
- Entw. u. Frieden → U 2 721
- Europa Centrum → IZ T 895
- f. europäische Sprach- u. Bildungszentren → T 799
- Europäisches Naturerbe → T 798
- Europa-Kolleg → T 732, Integrationsforsch. T 733
- z. Förd. d. wissenschaftl. Forschung über Wesen u. Bedeutung der Freien Berufe → T 801
- z. Förderung d. Systemgonomie → T 802
- FrauenMediaTurm → T 800
- Friedrich Ebert → Forsch. t 2 371
- Friedrich Flick → T 735
- Friedrich Naumann → T 745
- Friedrich-Wilhelm-Murnau → T 749
- Fürst Donnersmarck → T 731
- F.V.S. → T 737
- GEERS → T 738
- Gerda Henkel → T 740
- Gesellschaft & Recht → T 3 773
- Gottlieb Daimler- u. Karl Benz → T 768
- Hanns Martin Schleyer → T 786
- Hanns Seidel → T 792
- Hans Böckler → T 766
- Hans Sauer → T 785
- Haus d. Geschichte d. BRD → T 825
- Heinz Daemen f. Jugend- u. Erwachsenenbildung → T 750
- Heinz-Naumann → T 746
- Helga Stödter → T 824
- Heraeus → T 787
- Hessischer Naturschutz → T 771
- Hilfe zur Selbsthilfe Suchtkranker u. Suchtgefährdeter → T 3 490
- Hilfswerk Berlin → T 845
- f. Internat. rechtliche Zusammenarbeit → T 724
- Internationale Entwicklung → U 2 042
- Jakob Wilhelm Mengler → T 788
- Jakob-Kaiser → T 781
- Jürgen Pegler → T 780
- Jugend forscht → T 835
- Konrad Adenauer → T 763
- Kuratorium junger deutscher Film → O 413
- Lesen → T 819
- Ludwig Delp → T 777
- Ludwig Erhard → T 778
- Ludwig Sievers → T 801
- f.d. Maschinenbau, d. Anlagenbau u.d. Informationstechnik → T 742
- Mildred Scheel/Krebsforsch. → T 755
- Mitarbeit → T 818
- Mitteldeutscher Kulturrat → T 831
- Musikleben, Dt. → T 760
- Mutter u. Kind → T 761
- Naturschutz Berlin → T 820

Fortsetzung nächste Spalte

Stiftung (Fortsetzung)
- Naturschutz Hamburg u. Stiftung z. Schutze gefährdeter Pflanzen → T 822
- Naturschutz, Heimat- u. Kulturpflege → T 772
- Niedersachsen → T 821
- Nord-Süd-Brücken → U 2 050
- Öffentlichkeitsarbeit f. d. Wissensch. → T 829
- Ökologie u. Landbau → T 770
- Papiertechnische → T 1 319
- Peter Klöckner → T 741
- Peter-Hesse- → U 2 049
- Phönikks → T 757
- politische u. christl. Jugendbildung → T 774
- Preußischer Kulturbesitz → T 830
- Prix Jeunesse → T 736
- Rehabilitation Heidelberg → T 840
- Reichspräsident Friedrich-Ebert-Gedenkstätte → T 815
- Rudolf-Walther → U 2 095
- RUEFACH → T 816
- Schleswig-Holstein, Technologie → T 838
- Schutz gefährdeter Pflanzen → T 822
- Sicherheit im Skisport → u 2 551
- Stahlanwendungsforschung → T 795
- Steinbeis, f. Wirtschaftsförderung → T 1 386
- Studien des dt. Volkes → T 826
- Synanon → U 1 939
- f. techn. u. wirtschaftl. Kommunikationsforsch. → T 794
- Technologiezentrum Freiburg → T 836
- Thomas-Dehler → T 776
- Umwelt, Dt. → Q 615
- f. Umweltpolitik, Dt. → T 793
- f. UNO-Flüchtlingshilfe → T 728
- f. Verbrechensverhütung u. Straffälligenhilfe → T 796
- Volkswagenwerk → T 828
- Wald in Not → T 812
- Waldemar-Bonsels → T 767
- Walter-Scheel → T 790
- Warentest → U 1 169
- Werkstofftechnik → T 1 928
- Werner-von-Siemens-Ring → T 817
- Wilhelmine-Lübke → T 823
- Wilhelm-Münker → Q 396
- Wilhelm-Sander → T 784
- Wirtschaft hilft Hungernden → T 726
- Wissenschaft u. Politik, Forschungsinst. f. internat. Politik u. Sicherheit → T 803
- Wissenschaftliche Hochschule für Unternehmensführung → T 833
- zum Wohle der Hörbehinderten → T 738

Stiftungen
- Bundesverband Dt. → T 721
- Europäisches Zentrum → IZ U 673
- Wohltätigkeits- → T 727

Stiftungs
- Akademie, Dt. → T 722

Stillgruppen, Bdsverb. → U 1 445
Stimmlehrer/innen → S 443
Stödter, Helga, Stiftung → T 824
Stoff
- Einzelhandel → H 528

Stoffwechselkrankheiten → Dt. Ges. T 3 429
Stoke Mandeville Webelchair Sportverb., int. → IZ U 563
Stolze-Schrey, Stenografenverband → S 1 569
Stomavereinig. → Europäische IZ U 304
Straf
- Entlassenenhilfe → U 1 925
- Recht, Inst. → t 167
- Recht u. Kriminalpolitik, DBH → T 3 527
- Verteidiger, Dt. → S 530
- Verteidigervereinigungen → S 529
- Vollzug, Bundesvereinig. → S 594
- Vollzugsbedienstete → R 710

Straffälligenhilfe
- Bds.-Arb.-Gem. → U 1 926
- Dt. Stiftung → T 796
- Ständige Europ. Konferenz → IZ U 817

Straftaten, Verhütung → U 1 961

Strahlen
- Belastung, industr., internat. Vereinigung → IZ F 1 762
- Chemie, Inst. → t 168, t 236
- Physik, Inst. → T 1 949

Strahlenschutz
- Ärzte → S 229
- Bundesamt → A 301
- Deutsch-Schweiz. Fachverb. → T 1 955
- Gesellschaft → T 1 954
- Kommission beim Bds. Min. f. Umwelt, Naturschutz u. Reaktorsicherheit → T 1 953
- Staatl. Ämter → B 357 ff

Straßen
- Bahnen, Berufsgen. → k 238
- Bau (s. unten)
- Fahrzeuge → Elektrische M 79
- Liga → T 3 652
- Transport → IZ M 116
- Unfallforschung, Bds.-Anst. → A 332
- Verband → Nat. Komitee d. BRD T 3 657, IZ M 118
- u. Verkehrsplanung, umweltgerechte → T 3 663
- Verkehrssicherheit → A 332
- Verkehrstechnik → A 319
- u. Verkehrswesen, Vereinig. → T 3 652
- Wärter → R 577
- Weltorganisation → IZ M 120

Straßenbau
- Handwerk → G 161
- Ingenieure → Berlin s 900, S 1 001
- Technik → A 332

Strategie Team Unternehmenssteuerung → S 706
Strategische Planung, Ges. → T 2 236
Streichinstrumenten-Lehrer Ges., Europ. → IZ O 4
Streitkräfte, alliierte → IZ W 3
Stresemann, Gustav, Inst. → T 3 951
Strick
- Waren → Ezhdl. H 528, Hdls.-Vertr. H 684

Strickerei
- Fachvereinigung → F 1 001

Strickerhandwerk, Bundesinnungsverb. → G 742

Strömungs
- Forschung, Inst. → t 169
- Maschinen, Pfleiderer-Inst. → T 390
- Mechanik → TWV T 1 266 ff

Strohindustrie, internat. Vereinigung → IZ H 271

Strom
- Erzeuger in Europa → IZ F 1 886
- Erzeugung u. Übertragung → IZ L 4
- Erzeugung, verbrauchsnahe → L 29
- Versorgungen → f 351

Struktur
- Analysen, Sozialökonomische → T 1 906
- Entwicklung u. Wirtschaftsförderung → Uckermark U 411
- Förderung → T 225 ff
- Forschung → mc markt-consult t 2 501, T 2 597
- Mechanik (Luft- u. Raumfahrt), Inst. → T 1 266 ff
- Politik → Forschungsgemeinschaft T 2 332, T 2 333
- Politische Fragen → TWV T 2 238

Strukturelle
- Molekularbiologie → t 142

Strumpfwaren → Ezhdl. H 528
Stuck, internat. Vereinigung → IZ G 170

Studenten
- Austausch → U 1 402, IZ T 978
- Austausch Programm → Intern. IZ U 228
- christl., Weltverband → IZ T 991
- Hörbehinderte → T 2 913
- Internat. Vereinigung → IZ T 981
- Jüdische, EU → IZ U 373
- Jugend u. -bewegung, Int. kath. → IZ U 207
- Luft- u. Raumfahrt → IZ T 985
- Ring Christl.-Demokratischer → U 1 425
- schaft, europ. → IZ T 986
- Verbindungen → Kathol.-Deutsche U 1 403
- Vereinigungen in Europa → IZ T 982
- Werk, Dt. → U 2 679
- Wohnheime → U 516

Studentische
- Kulturarbeit → U 2 784
- Unternehmensberatungen → S 707, Europ. Dachverband IZ U 257

Studentische Ökologiearbeit, Bundes-Koordination → Q 472

Studien
- Europäische → IZ T 881
- Förderungswerk des DGB → T 2 206
- Gesellschaft (s. unten)
- Gruppe (s. unten)
- Kreis (s. unten)
- Plätze, Vergabe → U 2 680
- v. Silikaten, europ. Zentrum → IZ F 1 588
- Stiftung d. dt. Volkes → T 826
- Werk → Christl.-Paneuropäisches U 1 422, U 1 423
- Zentrum (s. unten)

Studiengesellschaft
- f. d. kombin. Verkehr → T 1 843
- f. Holzschwellenoberbau in der DGfH → T 1 155
- f. praktische Psychologie → T 2 885

Fortsetzung nächste Seite

Studiengesellschaft (Fortsetzung)
- Stahlanwendung → t 349, T 1 001
- f. verbrauchsnahe Stromerzeugung → L 29

Studiengruppe
- Sozialrecht → T 2 445
- d. Wirtschaftsprüfungsfachleute d. EG → IZ S 323

Studienkreis
- f. internat. Probleme → IZ T 894
- Schule/Wirtschaft Nordrh.-Westf. → T 3 846
- f. Staatsbürgerliche Arbeit → T 2 204

Studium
- Klassisches, Internat. Vereinig. → IZ T 980
- d. Schmerzes, Dt. Ges. T 3 418
- d. Versicherungswirtschaft → IZ T 563

Stukkateure → Hdw. G 161
Stuttgarter Messe- u. Kongressges. → o 620
STUVA → T 3 650
STUVA-Studiengesellschaft unterirdische Verkehrsanlagen → T 1 844
Styropor, Forschungsvereinigung → t 354
Styropor-Schaumstoff, europ. Hersteller → IZ F 981
Substrate für Pflanzenbau → Gütegem. U 619

Subtropen
- Pflanzenbau → T 2 622
- Pflanzenproduktion → T 2 624

Suchdienst, Intern. → IZ U 119

Sucht
- Forschung → Dt. Ges. T 3 419
- Gefahren, Inst. → T 3 489, Fachverb. T 3 495
- Kranke, ambul. Behandlungsstellen → U 1 952
- Kranke, Selbsthilfe- u. Helfergemeinschaft → U 1 751
- Kranke u. Suchtgefährdete, Selbsthilfe T 3 490
- Krankenhilfe → Diakonisches Werk T 3 492, T 3 493
- Therapie → Dt. Ges. T 3 419, T 3 496

Sudetendeutsche
- Landsmannschaft, Bds.-Verb. → U 991

Südafrikanisch-Deutsche Kulturvereinigung → E 694
Südafrikanische Juristenvereinigung, Dt. → E 693
Südasien-Inst. d. Uni Heidelberg → E 398

Süddeutsche
- Butter- u. Käse-Börse → I 118
- Metall-Berufsgenossenschaft → k 222

Süddeutscher
- Arbeitskreis f. Jugendmusik → O 85

Süddeutsches Kunststoff-Zentrum → t 322, t 2 059
Südfrüchte (s. Obst)
Südost-Europa-Ges. → E 582
Südtirol, Kulturwerk → U 965

Südwestdeutsche
- Genossenschafts-Zentralbank → I 26
- Rundfunkanbieter → O 394
- Warenbörsen → I 119
- Wirtschaftsforschung → T 2 347

Südwestrundfunk → O 322
Sühnezeichen Friedensdienste, Aktion → U 2 686, u 2 689
Süßmost → Ind. F 437
Süßstoff → H 255
- Internationaler Verband → IZ H 273

Süßwaren
- Außenhandel → H 209
- Exportförderung → F 491
- Großhandel → H 209
- Ind. → Hdls.-Vert. H 684, Arb. Geber R 122
- Intern. Büro → IZ H 274
- Wirtschaft, Zentralfachschule → T 3 959

Suizidprävention → Dt. Ges. T 3 267
Supervision
- Dt. Ges. f. → T 2 448
Suppenindustrie → F 492, IZ F 1 629
SUPPORT AFRICA → E 380

Surf
- Industrie, Bds.-Verb. → F 833
- Verband, Intern. → IZ U 564

SVD → F 935, U 1 608
SWR → O 322
Sydslesvigsk Forening → E 427
Synagogen Gemeinden → U 2 387 ff
Synanon, Stiftung → U 1 939

Synchrotron
- Elektronen → T 1 004

SYNDESMOS → IZ U 265

System
- Forschung, Inst. → t 2 474
- Häuser, Bdsv. → H 280
- Technik → t 329, Fraunhofer Inst. T 2 396

Systeme
- d. Kommunikationstechnik → t 191

Fortsetzung nächste Spalte

Systeme (Fortsetzung)
- Mikroelektronische, Inst. → t 196, Dresden t 197
- Szenenbildner, Verb. → O 218

T

Tabak
- Erzeugnisse → H 684
- Europ. Verband → IZ F 1 174
- Forschung → IZ T 692
- Großhandel → H 101
- Industrie → F 1 055
- Pflanzer → Q 228
- Roh-, Imp. u. Großhdl. → H 97
- Waren (s. unten)
- Wissenschaft → IZ T 692

Tabakwaren
- Automatenaufsteller → H 101
- Einzelhandel → H 490, Europ. Bund IZ H 439
- Großhandel → H 101, IZ H 152
- Importeure → Ind. F 1 055

TAD → T 1 925
Taekwondo Union, Dt. → u 2 525

Tafel
- Geräte → Ind. f 259, Ind., Föder. d. europ. IZ F 1 621

Tagesmütter, Bundesverband → U 1 234
Tageszeitung, Initiative → T 3 918

Tagungen
- u. Kongreße, Internat. Verb. → IZ O 206

Tagungs-, Kongreß- u. Messewirtschaft → O 625
- Komitee, Deutsches
Tagungs- u. Seminarwesen, Förderung u. Entwicklung → Dt. Ges. S 1 523
Tagungsstätten Max-Planck → Schloß Ringberg t 198
Taijiquan u. Qigong, Netzwerk U 2 630
Taiwan Trade Service → E 700
Talsperren → L 82
Talsperren, Intern. Kommission → L 81

Tank
- Lagerbetriebe → R 166
- Schutz → Gütez. U 683
- Sicherung, Bundesfachgem. U 933
- Standortgefertigte, Gütez. U 607
- Stellengewerbe, Fachverband h 640

Tankstellen
- Gewerbe → H 633

Tanz
- Betriebe → N 1 ff, N 27
- Deutsche Akademie → U 2 853
- Dt. Bds.-Verb. → O 69
- Forschung → O 62
- Lehrer → Vereinig. Dt. S 1 318, Verb. S 1 572
- Pädagogik, Dt. Berufsverb. → S 1 321
- Rat, Dt. → O 61
- Rythm., Lehrer für, Internat. Verband → IZ O 19
- Schulen, Vereinig. Dt. → S 1 318
- Sport-Bund, Int. → IZ U 565
- Sportverband → u 2 526
- TherapeutInnen, Berufsverband → S 1 319
- Therapie → S 1 320, U 2 855

Tapeten
- Einzelhandel → H 667
- Großhdl. → H 234
- Gütegem. → U 610
- Industrie → t 774
- Museum → U 3 101

Tapezierer → IZ G 53

Tarif
- Gemeinschaft dt. Länder → R 275
- Verband Privater Rundfunk → O 405
Tarifeur-Verein, Dt. → S 1 590

Tarifunion
- d. DBB → R 429

Taubstummenlehrer → R 837

Tauch
- u. Überdruckmedizin, Dt. Ges. → T 3 420
- Tauchereibetriebe → M 221
- Tauchtechnologie, europ. Komitee → IZ T 266

Tauwerkindustrie → F 978, IZ F 2 198
Tauzieh-Verband → u 2 509
TAW → T 4 029
Taxameter u. Mietwagenverkehr, Fachvereinig. → M 188

Taxi
- Auto-Ruf-Zentrale → M 37
- Gewerbe → M 136 ff
- Unternehmen → M 136 ff
- Zentralen → M 37

TBE → IZ F 1 083
TCV → s 903

Technik
- Afrikan. Einheit, Kommission f. → IZ W 5
- Automobil → t 271
- Biomedizinische → t 247, T 2 849
- d. Einzelhandels → H 509
- Elektromedizinische → f 345
- Fachhochschule, Flugtechn. Arb.-Gem. → M 275
- Fachinformation → U 31
- Förderung d. Geschichte → T 905
- Gesellschaft → Q 180
- Gestaltung, sozialverträgliche → U 30
- Hafenbau → TWV T 1 151
- Hochstrom → T 1 152
- Informations-Zentrum, Franz. → U 28
- Konstruktion u. Produktionsanl., Inst. → t 214
- Kuratorium → T 2 666
- Landbau- → IZ T 293
- Landwirtschaft, Bauwesen → TWV T 1 260, T 1 263
- Maritime → t 327
- u. Medien → TWV T 4 026
- moderne in der Landwirtschaft der EU → IZ T 693
- Museum, Freunde u. Förderer → U 3 048
- Produktion u. Automatisierung, Inst. → t 216
- Programmgruppe → t 2 395
- Textil, Inst. → T 1 969
- u. Glas, Forschungsgem. → t 303
- Weiterbildung → T 4 020, T 4 024
- Zentrum → Lübeck U 207, Raisdorf U 208

Techniker
- Flugsicherung → S 974
- staatl. gepr. → R 578

Technikfolgenabschätzung
- Akademie f. → T 864

Technisch
- physikalische Bds.-Anstalt → A 357
- Wissenschaftliche Vereinigungen u. Institute → T 2 ff, IZ T 319

Technische
- Assistentinnen und Assistenten → R 582
- Bds.-Anstalt, Fettforschung → A 151
- Beamte → R 731, BTB R 767
- Bedarfsartikel → Hdls.-Vertr. H 684
- Befestigungselemente, Europ. Inst. → IZ F 1 405
- Beratung, Europ. Vereinig. → IZ S 405
- Betriebe f. Film u. Fernsehen → O 176
- Biochemie, Inst. → T 2 602
- Eichbeamte → R 731
- Erfahrungen → IZ T 978
- Experten → S 1 069
- Garne → F 978
- Gebäudeausrüstung → Überwachungsgem. T 2 079, Europ. Ausschuß IZ F 884
- Händler → H 109
- Holzfragen → TWV T 1 154, T 2 725
- Informationsbibliothek → T 948
- Karamellen, Hersteller → IZ F 1 260
- Keramik → IZ F 2 490
- Kino- u. Fernsehges. → T 1 958
- Kommunikation, Ges. → T 3 695
- Kommunikationsforsch. → T 794
- Konfektion → Ind. F 983
- Literarisches → S 1 395
- Nachwuchs, Ges. → T 3 923
- Optik → TWV T 1 315
- Physik, Inst. → T 1 266 ff
- Regeln, Informationszentrum → T 1 308
- Rollen, Fachverb. → F 286
- Sicherheit → t 2 068
- Teile → Kunststoff 599
- Textilien, Konfektion → F 983
- Thermodynamik → T 1 266 ff
- Trendanalysen, Inst. → t 250
- Überwachung, Ges. → T 2 075
- Überwachungsvereine → T 1 985 ff
- Vereinigung f. Mineralöl-Additive i. Deutschl. → T 1 925
- Verwaltungsbeamte, Oberprüf-Amt → A 337
- Weiterbildung → T 3 924
- u. Wisschenschaftl. Information, Internat. Rat → IZ T 308
- Zulassungen, europ. Org. → IZ T 407
- Zusammenarbeit → Dt. Ges. U 2 067

Technischer
- Ausschuß → H 355

Technisches
- Form, Inst. → T 1 927
- Hilfswerk, Bundesanst. → A 230

Technologie
- Bauelemente → t 195
- Bewertung u. Zukunftsstudien, Inst. → T 2 348
- Bundesministerium → A 16

Fortsetzung nächste Spalte

Technologie (Fortsetzung)
- Chemische → t 241
- Dt.-Franz. Ges. → T 1 234
- Entwicklungsgruppe → Fraunhofer t 220
- Europ. Vereinig. f. d. Transfer → IZ T 246
- Fabrik → Karlsruhe U 82, Ulm U 88
- Fleisch-, Inst. → A 250
- Förderung → U 146
- Folgenforschung, Ges. → U 101
- Getränke, Inst. → T 2 636
- GmbH, Deutsche MontAN → M 901
- u. Gründerzentrum → U 78 ff
- Holz-, Chem. Inst. → A 150
- u. Innovationsberatung d. Gesamthochschule Kassel → U 123
- Int. Ges. f. Warenwissenschaften → IZ T 295
- Irisches Zentrum → E 485
- Keramische → t 226
- Kontaktstelle → U 35
- mechanische, Holz, Inst. → A 150
- Medien, Ges. z. Förderung → T 1 341
- Nahrungsmittel u. Verpackung → t 323
- Neue → U 87, i. Umwelt u. Verkehr U 182
- Parks → Nordhorn U 170, Jena U 212
- u. Planung Druck, Inst. → T 1 147
- Politik, Forschungsgemeinschaft → T 2 332
- u. Produktivität Saar, Zentrale → U 186
- Stiftung Schleswig-Holstein → T 838
- Transfer-Inst. → T 926, Ostbayerisches U 94
- Umwelt → T 2 189
- Untern., Forum Innov. Technol. → U 93
- Warenkunde → T 1 865
- Zucker → IZ T 682

Technologietransfer
- Innovations- → U 195

Technologische
- Zusammenarbeit in Europa → A 147

Technomar - Investitionsgütermarktforschung u. Unternehmensberatung → T 2 523

Tee
- Europ. Ausschuß → IZ F 1 052
- Internat. Ausschuß → IZ W 31
- Kräuter- u. Früchte- → F 443
- Verband, Deutscher → H 252

TEG → t 220
TEG The Entrepreneurial Group → T 4 147
TEGEWA → F 219

Teigwaren → TWV T 2 572
- Herst. u. Hartweizenmühlen → F 493
- Teigwaren, Hersteller in der EU → IZ F 1 980

Teilchenphysik → IZ T 105
Teilzahlungsbanken → I 80
Teilzeitarbeitsvermittler, internat. Vereinigung → IZ F 1 773
tekom → T 3 695
telak-Telecommunication Akademie → T 1 350

Telearbeit
- Bundesverband → T 1 157

TELECOM → T 1 349
Telehaus → T 1 351

Telekom
- Unfallkasse → K 302

Telekommunikation
- Bundesanstalt → A 212
- Bundesverband → region. + lok. Telekomm.-ges. F 373, Hdw. G 122
- Christl. Gewerkschaft → R 426
- Dt. Verband → U 771
- u. Elektronikind., europ. → IZ F 2 062
- geschäftl. Anwender → T 1 349, Akad. T 1 350
- Luftfahrt → IZ T 906
- Nutzer → U 772
- Privater Rundfunk → O 406
- Satelliten-Organisation → IZ T 901
- u. Post der Funkamateure → U 3 103
- u. Post, Regulierungsbehörde → A 360
- Zentrum Oberfranken → T 1 351

Telekommunikationsdienste, Anbieter → T 1 345
TELEPOOL → IZ O 51
TELI → S 1 395
Tempelherren, Europ. Vereinigung d. jungen → IZ U 183

Tennen
- u. Naturrasenbaustoffe → U 611

Tennis Bund → u 2 527
Tennis Verb., Int. → IZ U 567
Tenside u. ihre organ. Zwischenstufen, Europ. Komitee → IZ F 1 435
TEPPFA → IZ F 1 014

Teppich
- Einzelhandel → H 674
- Forschungsinst. → T 1 977
- Großhandel → Ezdhl. H 528
- Importeure → S 1 574

Terminhandel

Terminhandel Verband, Dt. → S 1 568
Terminologie-Tag → S 1 567
Terpentinöl, Einfuhrgroßhandel → H 135
Terra
– Tech, Förderproj. Dritte Welt → U 2 051
Terrarienkunde → Dt. Ges. Q 490, Dt. Ges. Q 491
Terre des Femmes → U 1 297
terre des hommes → U 1 184
Terrestrische
– Mikrobiologie, Max-Planck-Inst. → t 140
– Ökosystemforschung → T 2 655
Testamentsvollstrecker
– Arbeitsgemeinschaft der → S 1 573
Textil
– Arb.-Geber → R 49 ff, R 182
– Bekleidung, Dialog → F 992
– Bund → IZ F 1 819
– Designer → S 1 210
– Dienstleister → Europ. IZ F 2 063
– Dokumentation u. -Information → T 1 963
– Einzelhandel → H 675, IZ H 404
– Erzeugnisse → H 684
– Fasern → IZ F 1 661
– Forschung → T 1 960, T 1 964
– Forschungsinstitut, Sächs. → T 1 965
– Forschungsinstitut, Thüringen-Vogtland → T 1 966
– Gewerkschaftsverband → IZ R 99
– Großhandel → H 110
– Hilfsmittel → Ind. F 219
– Information u. -Dokumentation → T 1 963
– Inst. → IZ T 318
– Institut u. öffentl. Prüfstelle → TWV T 1 961
– Intern. Bund → IZ F 1 819
– Lehranstalten, Ezhdl. → T 4 033
– Maschinen → f 668, IZ F 1 516
– Mittel- u. Großbetriebe, Arb.-Kreis → H 650
– Netzwerk, Europ. → IZ F 1 573
– Netzwerk f. Technologietransfer → IZ T 291
– Ökologie, Intern. Gemeinschaft → IZ T 273
– Pflege, Forschungsgem. → F 1 006
– Pflege, neuzeitl. → F 1 006
– Prüfstelle, öffentl. → TWV T 1 961
– Recycling, Fachv. → T 297
– Reinigung, Forschungsstelle → T 1 976
– Technik, Inst. → T 1 969, T 1 970
– Unterricht → Fachverband T 1 971, Arbeitskreis T 3 798
– Veredelungsindustrie i.d. EU → IZ F 1 857
– Veredlung → Fachleute, Verein Dt. S 1 057, Forsch. T 1 972
– Vertragsforschung → TWV T 1 961
– Wesen, öffentl. Prüfstelle → T 1 962
Textile
– Marktwirtschaft → Forschungsstelle t 2 295
– Meßtechnik → T 1 960, T 1 960
Textiles
– Poliermaterial → Ind. F 981
– Reinigungsmaterial → Ind. F 981
Textilien
– Technische, Konfektion → F 983
TFU → U 88
Thai Trade Center Hamburg → Frankfurt E 701
THATI → U 215
The California Association of Germany → U 3 122
The Entrepreneurial Group → T 4 147
The Frankfurt International School → O 712
Theater → O 11
– Besucher, Organ. → IZ O 3
– Freie → O 23
– Gemeinden → O 1
– Geschichte → T 3 688
– Institut → IZ O 21
– f. Kinder u. Jugendliche → IZ O 13
– Pädagogisches Zentrum Nbg. → O 57
– Puppen → O 149
– u. Spiel, BAG → O 55
– Technische Gesellschaft, Dt. → O 58
– Wissenschaft → T 3 687
Theoretische
– Mechanik → IZ T 168
Therapeuten → S 444
Therapie
– Formen, künstl. → Dt. Ges. S 441
– Klinische → Dt. Ges. T 3 340
– Künstlerische → T 776
– Musik → Dt. Ges. T 3 479
– Physikalische- → S 444
– Richtungen, besondere → IZ S 68
Thermische
– Geräte → f 357
Thermo
– Dynamik, Inst. → T 389, T 1 266 ff
– Prozess Technik → f 669, F 1 017
Thomas-Dehler-Stiftung → T 776

Thomas-Morus-Akademie Bensberg → T 3 948
Thoraxchirurgie → Dt. Ges. T 3 421, Dt. Ges. T 3 422
Thüringer
– Agentur f. Technologietransfer u. Innovationsförderung → U 215
– Verfahrenstechn. Inst. f. Umwelt u. Energie → T 1 841
Thüringisches
– Inst. f. Textil- u. Kunstst.-Forsch. → T 1 932
– Umweltzentrum → Q 485
THW → A 230
THW-Bundeshelfervereinigung → A 231
Tibet Initiative Deutschland → U 937
T.I.D. → U 937
Tief
– Bau, Berufsgenossenschaft → k 240
– Kühl, Inst. → F 423
– Temperaturforschung, Akademie → T 1 978
– Ziehen, Forschung → IZ T 272
Tiefkühlprodukten-Hersteller, Europ. → IZ F 1 630
Tieftemperatur, Verfahrenstechnik → TWV T 1 237
Tier
– Ärztinnen → S 339
– Ärztl. Einrichtungen, Inst. → T 3 508
– Ärztl. Untersuchungen, Inst. → T 3 504
– Ärztl. Vereinigungen → S 319
– Arztfrauen → S 339
– Arzthelferinnen, Berufsverb. → S 477
– Eiweiß → IZ H 39
– Ernährung, Arb.-Gem. → T 2 665, IZ F 1 184
– Forschung, Freigehege → U 2 765
– Gesundheit → ifta-CERT T 2 141, T 2 731
– Haltung → Ökologische Q 575
– Körperbeseitigung → Q 589
– Mehl → Ind. F 220
– Ökologie → A 302
– Physiologie, Inst. → T 2 665
– Produktion → IZ Q 47, Leistungsprüfungen IZ T 691
– Rechte in Europa → IZ Q 227
– Schutz, Bds.-Verb. → Q 579
– Schutzbund, Dt. → Q 578
– Seuchen, Inst. → B 548
– Verhalten, Inst. → A 149
– Versicherungsvereine, Arb. Gem. → K 8
– Versuche in der Kosmetik → Q 588
– Versuche, Verein. Ärzte gegen → Q 590
– Versuchsgegner, Bds.-Verb. → Q 586
– Zucht, Hess. Verb. f. Leistungs- u. Qualitätsprüfung → Q 239
– Zucht u. Vererbungsforschung, Inst. → T 3 506
– Zuchtwissenschaften → T 2 662
– Züchter → Arb.-Gem. Q 229
Tierische
– Futtermittel → H 245
– Veredelung in Bayern, Landeskuratorium d. Erzeugerringe f. → Q 265
Tiernahrung
– Dt. Verb → F 413
Tierquälerische Massentierhaltung, Verein gegen → Q 577
TII → IZ T 246
Tisch, gedeckter, Bundesverband → H 387
Tischler → Hdw. G 743
Tisch-Tennis Bund → u 2 528
Tischtennis-Bund, int. → IZ U 466
Titanzink → Gütez. U 546
TLM → O 377
Toast, Arb.-Gemeinsch. → U 19
Toepfer, Alfred, Akademie
– f. Naturschutz → T 3 981
Toepfer, Alfred, Stiftung → T 737
Tomaten-Konserven, Ind. → IZ F 450
Ton
– Bandfreunde, Ring → O 227
– Ind. → F 861
– Jägerföderation, Internat. → IZ U 476
– Künstlerverband → S 1 139
– Meister, Verb. Dt. → S 1 313
– Technik, Europ. Organisation f. einen unabhängigen Markt → IZ O 35
– Technik, Professionelle → S 1 314
Top International Hotels → N 30
Torantriebe, Gütegem. → U 612
Tore
– BVT-Verband → F 283
– Stahl → Gütegemeinsch. U 596
Torf
– Händler → H 258
– Industrie, internat. Vereinigung → IZ H 271
– Kunde → Dt. Ges. Q 213
Touring
– Verband → Tourismus IZ N 61

Tourismus
– Evangelischer Arbeitskreis → U 1 337
– Fachleute → IZ R 239
– Forschung → T 2 321
– Journalisten Berlin-Brandenburg → S 1 369
– Katholische Arb.-Gem. → U 1 392
– Lateinamerika-Förderung → E 746
– Ökologischer → Q 663
– Sektor, Gewerkschaften → Europ. Föder. IZ R 98
– Verbände → N 56 ff
– Verband, Dt. → N 64
– Wirtschaftsfachschule → T 3 778
Touristenverein Naturfreunde → N 60
Touristik
– Bahnen, Dt. → N 287
– Corps → N 205 ff
– Journalisten → S 1 371
– Reisebüros → IZ N 62
Touristische
– Gebietsgem. Oberlaus. Bergl. → N 181
Touristische Aus- u. Weiterbildung → R 538
Toxikologie
– Zentrum der Chemie, europäisches → IZ T 817
tpm-Inst. → T 3 938
Traditionelle
– Kultur, Europ. Zentrum → IZ U 674
Transaktionsanalyse
– Dt. Gesellschaft → T 2 884
TRANSBEUROP → IZ F 1 082
Transfer
– Forsch. u. Entw. FET&WW → T 1 903
transfer e.V. → N 31
Transfer industrieller Information, Europ. Vereinigung → IZ T 246
Transferstelle
– Werkzeuge, Werkstoffe, Informationsstelle → U 34
Transformatoren → Ind. f 351
– Hersteller → IZ F 1 436
Transfusionsmedizin → Dt. Ges. T 3 424
Transnet
– Gewerkschaft GdED → R 330
Transport
– Arbeiter → IZ R 269
– Beton (s. unten)
– Fördertechnik → IZ F 526
– Gewerbe → Lds.-Verb. M 136 ff, IZ M 230
– Institute, Europ. Vereinigung → IZ M 3
– Pflege, Europ. Rat → IZ M 226
– Recht, Dt. Ges. → T 3 579
– Überwachungsverb. → t 2 117
– Versicherer, Verein Hanseat. → K 16
– Versicherung → Dt. Ges. IZ K 47
Transportbeton → F 950, t 355
– Baustoffüberwachung → t 2 124
– Europ. Vereinigung → IZ F 573
– Industrie → F 950
– Überwachungsverein → t 2 118
Transurane → IZ L 140
Traubensaft → Q 121
Traumatologie
– Sport → T 2 839
Treffen
– Internationale, Verb. → IZ O 207
Trendanalysen, naturwissenschaftlich u. technisch → t 250
Tresoranlagen → f 651
Treu u. Glauben im Geschäftsleben, PRO HONORE → U 768
Treuhandstelle
– Dt. Ind.- u. Handelstag → E 2
– d. Siebtuch-Industrie → F 721
Triathlon-Union → u 2 529
Tribologie → TWV T 1 838
Trickfilm → ASIFA IZ O 32
Trimm
– u. Fitness Int., Bund Sport für alle → IZ U 585
Trinkwassertalsperren, Arb. Gem. → L 75
Trocken
– Bau, Gütegemeinsch. → U 684
– Baugewerbe → G 161
– Bauunternehmen, internat. Vereinigung → IZ G 170
– Früchte → Handel IZ H 114
– Mörtel → Ind. F 897, U 581
Trocknungs
– Betriebe → IZ F 13
– Technik → TWV t 326
Tropen
– Medizin → Dt. Ges. T 3 425, Bernhard-Nocht-Inst. T 3 452
– Pflanzenproduktion → T 2 624
Tropenwaldstiftung → T 813
ttz → Gütez. U 596
Tuben
– Vereinigung → Europ. IZ F 465

Tuberkulose
– Bekämpfung → Zentr. Komitee T 3 266, Internat. Union IZ U 311
Tuch-Industrie → F 988
Türen-Stahl → Gütegemeinsch. U 596
Türkeistämmige
– Staatsbürger in Deutschland, Rat d. → E 712
Türkisch(e, es)
– Sozialdemokraten, Föderation d. Volksvereine → R 537
– Unternehmer u. Industrielle in Europa → R 240
TÜV → T 1 985 ff
– Akademie → Westfalen T 903
– CERT → T 2 150
– Nord → T 1 988
– Rheinland, Anlagentechnik, Zertifizierungsstelle → T 2 151
Tunesisches
– Förderungsamt f. Ausländische Investitionen → E 715
Tunnelbau → Lehrstuhl T 3 651
Turner-Bund → u 2 530, IZ U 571
TVI-Verband → F 991
Type Directors Club of New York → S 1 239
Typographische Gesellsch. München → U 3 098
TZK → U 84, U 180
TZKL → U 179
tzm → U 182
TZT → U 183

U

UAE → IZ S 208
UAI → IZ U 818
U.A.N. → D 195
UARCEE → IZ F 2 547
UATI → IZ T 319
UBA → A 300
U-Bahnen, Berufsgenossenschaft → k 238
U.B.I.-D. → S 959
UCBT → IZ H 315
UCPTE → IZ L 4
UDBio → T 924
UDU → S 687
U.D.W.V. → U 1 023
UEA → IZ F 2 059, IZ U 595
UEAPME → IZ G 25
UEB → IZ R 305
Überdruck
– Medizin, Dt. Ges. → T 3 420
Überfall, Alarmanlagen → IZ F 2 453
Überörtliche Träger d. Sozialhilfe, Bds.-Arb.-Gem. → D 146
Übersee
– Club → T 2 302
– Forschung → Inst. t 2 304
– Freiwilligendienst → U 2 070
– Institut → T 2 303
– Kontakte, Dt. Ges. → U 2 063
Übersetzen u. Dolmetschen, Inst. → S 1 414
Übersetzer → ATICOM Fachverb. d. Berufsübers. S 1 412, IZ S 638
Übersetzungs
– Büros → S 1 415
– Zentrum f.d. Einrichtungen d. EU → IZ A 224
Überspielungsrechte, private → S 1 169
Überwachung
– Technische → T 2 075
– d. Umweltradioaktivität → T 1 956
Überwachungs
– Agenturen, intern. Vereinigung → IZ T 540
– Anlagen → Ind. F 692
– Gesellschaften, Intern. Bund → IZ U 808
– Gesellschaften f. Umweltschutz → T 2 129
– Organisationen, Europ. → IZ T 438
– Verband, Holz- u. Feuerschutz → T 2 076
– Vereine → t 2 058, Transportbeton t 2 118
– u. Zertifizierungsverein Sand, Kies, Splitt u. Recycling-Baust. → Bayern t 2 087
Überwachungsgemeinschaft
– Bau → T 2 081
– Heizung-Klima-Sanitär-Technische Gebäudeausrüstung → T 2 079
– Kälte- u. Klimatechnik → T 2 078
– Polyurethan-Hartschaum → T 2 077
UECBV → IZ H 138
UEEIV → IZ S 569
UEF → IZ Q 122, IZ U 459
ÜGPU → T 2 077
ÜHKS-TGA → T 2 079
UEIL → IZ F 489
UEMASS → IZ S 67
UEMO → IZ S 69

UEMS → IZ S 83
UEPA → IZ F 466
U.E.P.C. → IZ U 73
UEPS → IZ S 636, IZ T 837
UEVH → IZ S 104
ÜWG → T 2 078
UFB → S 19
UFE → IZ S 695
UFI → IZ O 211
UFO → S 1 452
UFÖP → Q 671
UFS → S 1 085
UFTAA → IZ N 63
UGAL → IZ P 42
UGB → T 2 762
UHA → G 384, T 1 153
Uhren
– Einzelhandel → H 388
– Fachgeschäfte, Verkaufs- u. Garantiegemeinschaft → H 669
– Fortbildungszentrum → T 4 034
– Großhandel → H 113
– Handwerk → F 805, G 759
– Techn. Bedarf → Großhdl. H 113
– Warenfachgeschäfte, Ges. z. Förd. H 668
Uhrmacher → Hdw. G 759
Uhrmacherei, europ. → IZ G 185
UIA → IZ S 565
UIAPME → IZ U 114
UIC → IZ M 53
UICB → IZ F 1 708
UICC → IZ U 314
UICP → IZ G 154
UICR → IZ R 265
UICTMR → IZ U 311
UIFA → IZ S 567
UIHJ → IZ S 210
UIHP → IZ T 831
UIIG → IZ F 1 760
UILI → IZ T 300
UINF → IZ M 192
UIO → IZ S 393
UIOF → IZ U 209
UIP → IZ M 37
UIPCG → IZ G 183
UIPES → IZ T 824
UIPI → IZ U 118
UITP → IZ M 232
UKW-TV-Arbeitskreis der AGDX → O 392
ULA → R 467
ULR → O 376
Ultraleichtflugverband, Dt. → M 273
UMEC → IZ R 314
Umformtechnik, Fraunhofer → t 233
Umfragen, Methoden u. Analysen, Zentrum f. → t 2 414
Umkehr → Q 658
Umlauf
– Einrichtungs-Systeme → U 564
– Gas-Wasserheizer, Europ. Hersteller → IZ F 2 390
– Regale → Gütegemeinschaft U 564
Umschlagbetriebe → M 220
Umschmelzer, Europ. Ges. → IZ F 1 894
Umschmelzwerke → IZ F 363
UMU → R 268
UMW → R 267
Umwelt
– Ämter, Staatliche → B 357 ff
– Agentur, Europ. → IZ A 194
– u. Agrarpolitik → T 2 188
– Akademie → Q 646, Rheinl. Pfalz Q 647
– Aktion → kommunale D 195, Q 355
– Aktionsgem. → Q 645
– Analyse, Inst. → T 2 677
– Arbeitsgemeinschaft → Q 358, PVC Q 610
– Arbeitskreis → Q 169
– Bds.-Min. → A 33
– Berater → S 923
– Beratung → S 1 095, integrierte S 1 104
– Bildung berufliche → Q 369
– Büro, europ. → IZ Q 193
– Bundesamt → A 300
– Chemie → T 989, T 2 678
– Deutsche Bundesstiftung → T 769
– Dokumentations- u. Informationszentrum → IZ Q 222
– Erziehung → Zentralstelle Q 650, Dt. Ges. Q 651
– Feuerungen → F 694
– Forschung, Atmosphärische → t 246
– Forschung, europ. Netz d. Organisationen → IZ T 663
– Forschung, ifeu-Inst. → T 1 832
– Forschungszentrum → T 1 832
– Freundlicher u. Sparsamer Energieverbrauch → T 1 050

Fortsetzung nächste Spalte

Umwelt (Fortsetzung)
– gerechte Straßen- u. Verkehrsplanung → T 3 663
– Geschichte → T 2 599
– u. Gesellschaft, FB 7 → T 2 667
– Gewaltfreie Aktionsgem. → Q 573
– Hilfe → Q 611
– u. Humantoxikologie → Dt. Ges. Q 636
– Hygiene, Inst. → Medizinisches T 3 443
– Industriegewerkschaft → R 307
– Informationssysteme → Q 126
– Institut (s. unten)
– Internat. Inst. → IZ Q 196
– Jugend Europa → IZ U 230
– Krankheiten, Inst. → Q 359
– Management u. Qualität → T 2 135
– u. Naturschutz Lds. Gem. → Q 384
– Pflege, Arb.-Gem. → Q 653
– Politik, Dt. Ges. → T 2 188
– Presse, Arb.-Krs. → Q 661
– Programm → Vereinte Nationen E 755, UNO IZ V 43
– Programmgruppe → t 2 395
– Qualität, Förderung → D 257
– Radioaktivität, Überwachung → T 1 956
– Recht → Arb.-Krs. T 3 518, Informationsdienst T 3 519
– Sanierung, Fachverband → F 65
– Schäden an Denkmälern → Q 619
– Schonende Energieverwendung → D 193
– Schutz (s. unten)
– Simulation → T 257
– Stiftung, Dt. → Q 615
– Stiftung, WWF-Deutschland → Q 392
– Studien, Fonds → Q 357
– Technik → Zentrum T 1 051, Zentrum T 1 052 → T 1 292
– Technik, GDMB
– Technologie → t 357, T 2 189
– Technologie- u. Gründerzentrum → U 155
– u. Entwicklung, Kontaktstelle → Q 370
– u. Geologie, Hess. Landesamt → Q 343
– Verband → f 135, R 273
– Verbandsausschuß → T 3 456
– Verfahrenstechnisches inst. → T 1 841
– u. Verkehr, Arb.-Krs. → Q 658
– u. Verkehr, Europ. Verb. → IZ Q 192
– u. Verpackung, Europ. Vereinigung → IZ F 612
– Verträgliche Verw. v. Ressourcen i. Europa → IZ T 265
– Verträglichkeitsprüfung, Förderverein → Q 371
– Wissenschaft, Inst. → Q 465
– Wissenschaftl. Berufsverbände Deutschl. → S 1 552
– Zentrum → Thüring. Q 485
Umweltbewußtes Management, Arbeitskreis → Q 643
Umweltinstitut → T 985
– Heidelberg → Q 464
– Leipzig → T 1 836
– München → Q 451
Umweltschutz
– Akademie → Q 447
– anlagen → Ind. → t 853
– Arbeitsgem. → Q 339
– Berlin → Q 482
– Betriebsbeauftragte → S 1 070
– Bürgerinitiativer → Q 337
– Bund → Q 407
– Chemisches Inst. d. Landeshauptstadt Stuttgart → T 990
– Dachverb. → Q 361
– Gesellschaft → Q 483
– Integrierter → Q 338
– künstlerische Aspekte → IZ U 824
– Landes-Amt → Q 347, Bayerisches Q 606
– Landes-Anst. → Q 345
– u. Lebensschutz, Ärztebund → S 253, Akad. T 4 159
– Überwachungsgesellschaften → T 2 129
– Unterelbe, Förderverein → Q 353
– Unternehmensverband → R 205
– Verein → Q 387, T 3 999
– Wissenschaftliche Gesellsch. → Q 484
UN (Verein. Nationen) → IZ V 1 ff
Unabhängige
– Baufinanzberater → S 726
– Bayerische Ingenieurbüros f. Wasserwirtsch. → S 1 049
– Beratende Ingenieurfirmen → S 958
– Betriebsangehörige → R 581
– Dt. Mineralölhändler → H 649
– Dt. Sachverheitsberater u. -Ingenieure → S 998
– Flugbegleiter Organisation → S 1 452

Fortsetzung nächste Spalte

Unabhängige (Fortsetzung)
– Gesundheitsberatung Deutschland → T 2 762
– Gewerkschaft, Europ. Union → IZ R 67
– Institute f. Lebensmittelanalytik u. Qualitätssicherung → T 2 603
– Landesanst. f. d. Rundfunkwesen → O 376
– Mineralölunternehmen → IZ L 52
– Mitgliedergemeinschaften d. Angestellten-Krankenkassen → K 178
– Schmierstoff-Verb. → IZ F 489
– Schriftsteller Assoziation Dresden → S 1 286
– Überwachungsgesellschaften f. Umweltschutz → T 2 129
– Versicherungsmakler → K 372
– Versorgungseinrichtungen → K 384
– Videoproduzenten → O 269
Unabhängiger
– Ärzteverband Deutschlands → S 233
– Energie- u. Umweltberater → S 923
– Markt i.d. Bild- u. Tontechnik, Europ. Organisation → IZ O 35
Unbelastete Nahrung → T 2 578
UNCTAD → IZ V 28
Unedelmetall, Berufsgen. → k 219
UNEP → IZ V 43
UNESCO → C 599, IZ V 40
– Kommission, Dt. → E 754
Unfall
– Chirurgie → Dt. Ges. T 3 426, IZ T 819
– Forschung, Inst. → T 3 665
– Hilfe, Rettungsfonds → U 2 027
– Ursachenforschung u. Verhütung (Verkehr) → T 3 664
– Verhütung → K 198, landwirtschaftl. K 243
Unfallkassen → K 262 ff
– Bundesverband → K 262
Unfallversicherung → K 198
Ungarisches Außenhandelsbüro → Berlin E 717
Ungeborenen-Schutz, Dachverb. → U 1 187
UNI
– Union Network Intern. → IZ R 280
UNIAPAC → IZ R 27
UNICE → IZ F 1 949
UNICEF → Deutsches Komitee E 753, IZ V 25
UNICHAL → IZ L 131
UNIDROIT → IZ T 876
UNIFE → IZ F 2 032
Union
– Beratender Ingenieure → S 959
– d. dt. Akademien d. Wissenschaften T 856
– d. Elektrizitätswirtschaft → IZ L 3
– d. Veranstalter f. neue Musik → IZ O 7
– Deutsche Fotofinisher → G 634
– Deutscher Biologischer Gesellschaften → T 924
– Deutscher Unternehmensberater → S 687
– Deutscher Widerstandskämpfer- u. Verfolgtenverbände → U 1 023
– Europ. Föderalisten → IZ U 459
– Europ. Forstberufsverb. → IZ Q 122
– d. Europ. Wirtschafts- u. Finanzpresse → IZ O 105
– Europäischer Eisenbahn-Ingenieur-Verbände → IZ S 569
– f. Elektrizitätsanwendungen → IZ T 321
– d. Finanzpersonals in Europa → IZ S 695
– Freier Berufe → S 19
– Freier Sachverständiger → S 1 085
– Gerichtsvollzieher u. Gerichtsbeamte → IZ S 210
– Hörgeräte-Akustiker → G 384
– Mittelständ. Unternehmen → R 268
– d. Nationalen Vereinigungen d. Wasserversorger → IZ L 102
– d. Opferverbände kommunist. Gewaltherrschaft → U 1 028
Unions-Presse, Verein → O 531
UNIPEDE → IZ L 3
unipor-Ziegel
– Interessengemeinschaft → F 947
Unitarier, Hilfswerk → U 2 449
Unitarier Religionsgemeinschaft, Dt. → U 2 448
United
– Nations Volunteers → IZ V 49
UNITI → H 94
Universelles Leben, religiöse Gem. → U 2 424
Universitäre Erwachsenenbild., Kontaktstelle → T 4 173
Universität
– Frankfurt → Akademie d. Arbeit T 3 767
– Kaiserslautern → t 2 040
– Potsdam → T 649

Universitäten → T 2 ff, T 399 ff
Universitäts
– Bibliothek, Niedersächs. → T 3 749
– Bibliotheken → IZ T 302
– Seminar d. Wirtschaft (USW) → T 4 153
– Sport, Int. Vereinig. → IZ U 501
Unlautere Baufinanzierung → U 757
Unlauterer Wettbewerb → U 756
UNO-Flüchtlingshilfe, Dt. Stiftung → T 728
UNRWA → IZ V 16
Unterbringung d. Jugend, Europ. Organisation → IZ U 181
Unterhalt
– u. Familienrecht, Interessenverb. → U 908
Unterhaltung
– Elektronik, Europ. Hersteller → IZ F 1 261
– Software Verband → F 375
– u. Show, Int. Fachverb. → O 63
Unterirdische
– Verkehrsanlagen → STUVA T 1 844, T 3 650
Unterirdisches Bauen → TWV T 1 844
Unterlagen d. Staatssicherheitsdienstes
– Bundesbeauftragter → A 242
Unternehmen
– Bundes- u. landesgeförderte, Versorg.-Verband → K 374
– Butterverarbeitende, Europ. Verband → IZ F 1 082
– f. elektrische Anlagen → IZ F 1 775
– Exportierende → H 228
– industrielle WVIB → F 321
– Innovative, z. Förd. d. wirtschaftsnahen Forsch. i.d. neuen Bundesländern → T 2 301
– luft- u. raumfahrtorientierte → F 688 → R 269
– Mittelständische, Arbeitsgemeinschaft → T 358
– Mittelständische, Union → R 268
– Verpflegungs u. Vending, Bds.-Verb. → F 502
– Wach- u. Sicherheits → R 167
Unternehmens
– Berater → S 685, IZ S 244
– Berater, Union Dt. → S 687
– Beratungen, studentische → S 707, Europ. Dachverband IZ U 257
– Entwicklung → REFA T 3 985
– Ethik, Europ. Netzwerk → IZ U 22
– Förderung → U 185, U 225 ff
– Führung, Stiftung → T 833
– Geschichte, Ges. → T 4 148
– Kybernetik, Inst. → T 358
– Planung, Ges. → T 4 145
– Politik, Inst. → T 4 146
– Service u. Büro → S 789
– Steuerung, Strategie Team → S 706
– Verbände → Steinkohlenbergbau F 139, Saarländische r 12
– Verbände Handwerk Niedersachsen → G 114
Unternehmensverband
– Berlin u. Brandenburg → r 4
– Bremen → r 5
– Hafen Hamburg → m 213
– Mecklenburg-Vorpommern → r 8
– Ratingen → R 212
– Umweltschutz u. Industrieservice → R 205
– Vermögensberatung → R 198
– Westfalen-Mitte → R 209
– Westfalen-Nordwest → R 213
Unternehmer
– Betreuungsverbund → R 194
– Christliche → IZ R 27
– Discotheken → S 1 428
– EG-Beratungsstelle → G 43
– f. Europa, junge → IZ U 812
– Evangelische → R 239
– Junger, Bds.-Verb. → R 196
– Katholische → R 238
– Landesverbände → r 2 ff
– Mineralöl → IZ L 52
– Mittelstand → R 264
– Nachwuchsförderung → T 4 144
– Selbständige → R 191 ff
– Trierer, im Regierungsbezirk Trier → R 208
– Türkische in Europa → R 240
– Verb., Steine u. Erden → f 590
– Verbände → R 191 ff, Sachsen R 206
– Verband mittelständische Wirtschaft → R 267
– Versicherte, Bund → U 912
Unternehmerinnen → Verb. Dt. R 216, IZ R 60
Unternehmerschaft
– Bekleidungsind. → R 22
– Chemie → R 22
– Düsseldorf u. Umgebung → R 17

Fortsetzung nächste Seite

Unternehmerschaft

Unternehmerschaft (Fortsetzung)
- Metall- u. Elektroind. → R 22
- Nahrungs- u. Genußmittelind. → R 22
- Niederrhein → R 22
- Papierverarbeitung → R 22
- Unternehmerschaften → R 22
Unteroffiziere → IZ R 308
Unterricht(s)
- Mathemat. u. Naturwissenschaftl. → T 1 940
- Technik, Arb. Gem. → f 361
Untersuchungs
- Amt → Medizinal B 584 ff, tierärztliches, Aulendorf T 3 504
- Anstalten, Chemische → B 542 ff
- Zentrum Münster → T 2 736
Unterwäsche, Einzelhandel → H 528
Unterwasseraktivitäten, Weltverb. → IZ U 590
UOKG → U 1 028
U.P.E.F.E. → IZ O 105
UPEI → IZ L 52
UPI → Q 464
UPU → IZ W 40
Urania
- Neue, Bds.-Verb. → T 4 154
Urbanistik, Inst. → T 2 242
Urgewald → Q 404
Urheber
- u. Medienrecht → T 3 594
- Recht → gewerbliches T 3 522
- Recht, Inst. → IZ T 868, Ausschuß IZ V 48
- Rechts-Organisationen, Internat. → IZ U 117
- Rechtsverletzungen, Ges. z. Verfolgung → O 200
Urlaub u. Freizeit a.d. Lande, Arbeitsgem. → N 63
Urologie
- Dt. Gesellschaft → T 3 427
Ursachenforschung b. Verkehrsunfällen → T 3 664
Ursinus, Oskar, Vereinigung → T 3 635
USCV → IZ T 326
USIP → IZ T 831
USUMA → t 2 513
USW → T 4 153
UVP-Gesellschaft e.V. → Q 371
UWI → Q 465

V

VAA → r 468
Väter
- Alleinerziehende → U 1 217
- f. Kinder → U 1 181
VAEU → R 83
VAF → r 470, U 1 395
VAK → F 66
Vakuumpumpen → f 657, IZ F 1 525
Valoren-Versicherungs-Gemeinschaft, Continentale → K 380
VAMV → U 1 217
Vaterschaft, Aktive → U 1 177
VATM → T 1 345
VBA → M 184
VBB → R 619
vbb Vereinig. f. Bankberufsbildung → T 3 784
VBE → R 713, U 3 115
VBGR → R 638
VBI → S 925 ff
VBL → O 390
VBLU → K 374
VBOB → R 620
VBP → F 755, R 159
VBT → f 278
VBU → S 1 070
VBV → S 757
VBW → M 225
VCH → N 32, IZ N 40
VCI → F 162
VCM → T 1 861
VDA → S 824, U 2 821
VDAB → U 1 998
VDAI → O 631
VDAJ → S 1 354
VdAK → K 160
VDAT → U 2 648
vdav → U 2 767
VdAW → R 619
VDBF → f 767
VDBI → F 119
VDB-Physiotherapieverband → S 409
VDC → M 232
VDD → R 504, T 1 337
VdDB → R 482
VDE → H 271, T 1 006 ff
VDE Prüf- u. Zertifizierungsinstitut → T 2 142

VDEB → S 1 521
VDEI → s 893, S 968
VDEM → T 1 060
VDESB → S 1 524
VDE/VDI-GMM → T 1 163
VDEW → L 1
VDF → R 518, U 2 764
VdFM → S 1 577
VDFP → S 1 115
VDFU → U 2 763
VdFw → F 444
VDG → T 1 140, T 1 142
VDGA → H 6
VDGH → F 513, F 858
VDGN → U 848
VDGWV → Q 395
VdHRN → U 1 040
VDI → T 1 839, T 3 915
VDI-Bau → T 897
VDID → S 1 063
VDI-EKV → T 1 249
VDI-FML → T 1 286
VDI-FVT → T 1 067
VDI-Gesellschaften → T 1 165 ff
- Bautechnik → T 897, T 1 165 ff
- Bildungswerk → T 1 165 ff
- Energietechnik → T 1 047, T 1 165 ff
- Fahrzeugtechnik → T 1 067, T 1 165 ff
- Fördertechn., Materialfluß u. Logistik → T 1 286
- Ingenieurhilfe → T 1 165 ff
- Konstruktion u. Entwicklung → T 1 165 ff, T 1 249
- Koordinierungsstelle Umwelttechnik → T 1 165 ff
- Kunststofftechnik → T 1 165 ff, T 1 252
- Materialfluß u. Fördertechnik → T 1 165 ff
- Meß- u. Automatisierungstechnik → T 1 165 ff, T 1 289
- Mikroelektronik → T 1 163, T 1 165 ff
- Produktionstechnik
VDI-GET → T 1 165 ff, T 1 330
- Techn. Gebäudeausrüstung → T 1 165 ff, T 1 837
- Technologiezentrum → T 1 165 ff, T 1 859
- Verfahrenstechn. u. Chemieingenieurwesen → T 1 165 ff
- Verlag → O 530
- Versicherungsdienst → T 1 165 ff, T 2 546
- Werkstofftechnik → T 1 165 ff, T 1 883 → T 1 047
VDI-GMA → T 1 289
VDI-GVC → T 1 839
VDIK → H 273, T 1 252
VDI-Kommissionen
- Lärmminderung → T 1 165 ff
- Reinhaltung der Luft → T 1 165 ff, T 1 339
VDI-MEG → T 1 259
VDI-TGA → T 1 837
VDI-W → T 1 883
VDJ → S 559
VDK-Allgäuland-Käsereien → P 47
VDKC → O 96
VDKF → F 1 046
VDKL → H 163
VDKS → R 532
VdL → F 690, q 233
VDLUFA → T 2 604
VDM → T 3 960, U 2 660
VDMA → f 40, F 629
VDMD → S 1 210
VdMI → F 206
VDMT → N 287
VDN → H 439, Q 362
VDP → Q 302, S 115
VDPI → S 973
VDP-Nahe → Q 300
VDPP → S 1 054
VDR → R 730, r 840
VdRBw → R 502
VDRH → F 227
VDRJS → S 1 370
VDS → U 76, U 3 114
VDSF → u 2 522
VDSG → S 137
VDSI → S 997
V.D.S.S. → S 1 109
VdS-Zert → T 2 152
VDT → f 774, S 1 318
VdTT → S 339
VdTÜV → T 1 985
VDV → S 1 018, S 1 587
VDW → S 1 116, t 368
VDWF → F 668
VDWH → F 724
VDZ → T 1 887, T 1 888
VDZI → G 774
VEA → L 32
VEDA → U 2 649

VEDEWA → L 51
VEG → H 119
Vegetarier
- Bund Deutschl. → U 3 125
- Union, Europ. → IZ U 825
- Union, Internat. → IZ U 806
Vegetationskunde, Inst. → A 302
VELIDRO → U 735
VELMA e.V. → U 2 780
Vending-Unternehmen, Bds.-Verb. → F 502
Venen, Dt. Ges. → T 2 753
Venture Capital Club → S 730
VEPA → F 755, R 159
Veranstalter, Europ. Union f. neue Musik → IZ O 7
Veranstaltungs-Centren, Europ. Verband → IZ O 203
Veranstaltungswirtschaft → S 1 289
Verantwortung i.d. Wissenschaft, Ges. → T 854
Verarbeiter
- v. Chemiefaserfilament u. Naturseidengarnen → IZ F 1 830
- v. Papier u. Pappe → IZ F 1 694
Verarbeitung
- Kunststoff → T 1 938
- v. Meeresalgen i. d. EG → IZ F 2 321
Verbände, Berater- u. Service-Gruppe → S 733
Verband
- d. Europ. Papiererzeugenden Ind. → IZ F 107
- Dt. Bühnenverleger → O 60
- Dt. Leitern- u. Fahrgerüstehersteller → F 691
- d. Dt. Wirtsch. i.d. Russ. Föderation → E 680
- d. EDV-Berater → S 1 521
- d. Führungskräfte Dt. Bahnen → R 466
- Gedenkstätten → U 2 782
- Gefahrstoffsanierung → U 551
- f. Geoökologie in Deutschl. → T 1 127
- d. GmbH-Geschäftsführer → S 1 525
- d. von der IOC anerkannten int. Sportvereine → U 2 127
- d. Krankenhausdirektoren Deutschl. → S 76
- Management, Dt. Ges. → T 3 932
- obere Donau → M 229
- öffentl. Versicherer → K 10
- d. Softwareindustrie Deutschlands → F 374
- d. Techn. Überwachungsvereine → T 1 985, t 2 058
- d. Video-Anwender → T 1 861
Verbandliche Wasserwirtschaft → L 67
Verbandsausschuß
- Sportstätten u. Umwelt → T 3 456
Verbindungs
- Büro d. europäischen Keramischen Industrie → IZ F 2 231
- Komitee ONGD-EU → IZ U 347
- Komittees d. I.R.U. bei d. EU → IZ M 121
- Technik → t 278, angewandte T 1 929
Verbindungsausschuß
- d. Aufbauten- u. Anhänger Ind. → IZ F 2 186
- f. europäische Vermessungsexperten → IZ S 594
- europäischer Einzelhandelsverbände → IZ H 522
- Hersteller v. Teilen u. Zubehör f. Zweiräder → IZ F 2 200
- d. Schiffbaus d. EG → IZ F 2 221
- d. Zahnärzte d. EG → IZ S 165
Verbindungsstelle
- Fleischverwertungs Ind. d.EG → IZ F 2 292
- d. Industrie, Verarbeitung v. Meeresalgen → IZ F 2 321
- Landwirtschaft-Gewerbliche Wirtschaft → Hannover Q 101
- Landwirtschaft/Industrie → Q 123
Verbraucher
- Arb.-Gemeinsch. → AGV U 1 125
- Beratung, ökologische → Q 670
- Forschung → angewandte T 2 529, u 1 140
- Genossenschaften (s. Konsumgen.)
- Initiative → U 1 161
- Schutz → gesundheitlicher A 214, Europ. Verb. IZ U 140
- Verbände → AGV U 1 125, Bds.-Verb. U 1 126
- Verband, Europ. → IZ U 141
- Vereinigung Medien → O 399
- Zentralen → Bds.-Verb. U 1 126, u 1 144 N
Verbrauchsabhängige Energiekostenabrechnung, Europ. Vereinigung → IZ L 1
Verbrauchsnahe Stromerzeugung, Studienges. → L 29
Verbrechensverhütung, Dt. Stiftung → T 796
Verbrennung, Physik. Chemie → T 1 266 ff

Verbrennungs
- Forschung → t 359
- Kraftmaschinen → Forschung t 360, Inst. T 2 027
- Medizin → Dt. Ges. T 3 428
- Motoren → T 2 026
Verbund
- Dt. Kachelofen- u. Luftheizungsbauerbetriebe → F 896
- Gesellschaft, Dt. → BDI f 50, L 21
- Kunststoffe → F 305
Verbundgruppen von selbständigen Einzelhändlern Europas → IZ F 42
Verdauungskrankheiten → Dt. Ges. T 3 429
Verdauungstrakt, Erkrankungen → T 3 075
Verdichter → IZ F 1 525
Veredlung, Glas → H 133
Vereidigte
- Buchprüfer → S 681
- Chemiker → S 1 055
- Sachverständige f. Raum u. Ausstattung → S 709
Verein
- Altertumsfreunde im Rheinland → T 3 708
- f. bergbauliche Interessen → T 904
- Berliner Austauschschüler → U 1 568
- Bremer Seeversicherer → K 17
- der am Caffeehandel beteiligten Firmen → H 249
- Creditreform → H 36
- Deutscher Handarbeits-Hersteller → F 977
- Deutscher Ingeniere → T 1 165 ff
- Ehemaliger Reifensteiner → T 3 955
- f. Anthroposophisches Heilwesen → T 2 843
- f. Deutsche Kulturbeziehungen → U 2 821
- f. faires Weinrecht → T 3 520
- z. Förd. d. fairen Handel m.d. Dritten Welt → U 2 083
- z. Förderung d. Blindenbildung → T 3 871
- Förderung d. Dt.-Amerikanischen Zusammenarbeit auf d. Gebiet d. Informatik u. ihrer Anwendungen → E 735
- z. Förderung v. Innovationen i.d. Keramik → T 1 244
- Förderung d. Mathemat. u. Naturwissenschaftl. Unterrichts → T 1 940
- z. Förderung d. privaten Internet Nutzung → T 3 675
- gegen Rechtsmißbrauch → U 745
- d. Hamburger Caffeeimport-Agenten u. Makler → H 250
- Hamburger Hausmakler von 1897 → H 750
- f. Lauteren Wettbewerb → U 758
- f. Naturkunde → T 2 721
- f. Naturschutz, Umweltschutz u. Landschaftspflege → Q 387
- Naturschutzpark → Q 398
- Naturwissenschaftlicher zu Bremen → T 1 368
- "pro Ruhrgebiet" → D 174
- d. Rechtspfleger i. Bundesd. → R 639
- regionaler Informationstechnik-Zentren → T 887
- Schutz d. Bergwelt → Q 605
- f. Umweltrecht → T 3 517
- Verkehrsopferhilfe → K 43
- vom hl. Karl Borromäus → T 974
- d. Zeitungsverleger Berlin u. Brandenburg → R 215
Vereine, spanische, soziale u. kulturelle → U 2 789
Vereinigte
- Inhaber optischer Geschäfte → S 1 528
- Kriegsdienstgegnerinnen → U 1 872
Vereinigung
- f. Bäder- u. Klimakunde → T 2 323
- Bayerischer Rundfunkanbieter → Q 393
- Berliner Empfangsamateure → U 3 115
- d. unabh. u. freiberufl. Aktuare → S 1 578
- Dt. Executive-Search-Berater → S 1 524
- Dt. Furnierwerke → G 801
- dt., ital. und franz. Verwaltungsrichter/innen → S 569
- Dt. Strahlenschutzärzte → S 229
- Dt. Tanzlehrer u. Tanzschulen → S 1 318
- d. Dt.-Griechischen Gesellschaften → E 472
- von Erzeugergem. i.d. Europ. Gemeinschaft → IZ Q 143
- d. europ. Erdölind. → IZ L 99
- d. europ. kommerziellen Fernsehens → IZ O 52
- d. Europ. Verb. d. Holzind. im Baubereich → IZ F 2 404
- d. europäischen Keramikfliesen-Hersteller → IZ F 2 394

Fortsetzung nächste Seite

Vereinigung (Fortsetzung)
- Europäischer Unteroffiziere d. Reserve → IZ R 308
- d. Fernmeldeingenieure d. EG → IZ S 617
- d. Fischindustrie i. d. EG → IZ F 2 455
- d. Freunde von Kunst u. Kultur im Bergbau → U 3 053
- d. Industrie- u. Handelskammern i. Schlesw.-Holstein → E 221
- d. Internationalen Schulen → IZ T 988
- d. Kassenpsychotherapeuten → S 163
- d. Landesdenkmalpfleger → U 697
- d. Nationalen Verb. d. Reisebüros u. -Veranstalter → IZ N 44
- d. Orgelsachverständigen Deutschlands → S 1 093
- d. Privatgüterwagen-Interessenten → M 14
- Rechtsschutz u. Urheberrecht → T 3 522
- d. Rundfunk-, Film- u. Fernsehschaffenden → R 460
- Säurefliesner → T 397
- Südwestdeutscher Rundfunkanbieter → O 394
- Umweltwissenschaftl. Berufsverbände Deutschl. → S 1 552
- Wirtschaftl. Bergedorf → T 2 240

Vereinigungsbedingte Sonderaufgaben, Bds.-Anst. → A 202

Vereinte Nationen → IZ V 1 ff
- Amt d. Vertreters, Bundesrep. Deutschl. → IZ V 12
- Dt. Gesellschaft → E 749
- Freiwilligenprogramm → IZ V 49
- Gesellschaften → IZ W 38
- Organisation f. Bildung, Wissenschaft, Kultur u. Kommunikation → IZ V 40
- Umweltprogramm → E 755
- Wirtschafts- u. Sozialrat → IZ V 46

Vererbungsforschung
- u. Tierzucht, Inst. → T 3 506

Verfahrenstechnik
- Anlagen → Ind. f 853
- u. Chemie-Ingenieurwesen → T 1 165 ff
- Chemische, Inst. → T 1 266 ff
- Inst. → T 1 969, landwirtschaftl. T 2 675
- Pharmazeutische, Arb.-Gem. → T 2 846
- TWV → t 361, T 1 839
- u. Verpackung, Fraunhofer-Inst. → t 244
- Wissenschaftlich-technische Ges. → T 1 840

Verfahrenstechnische Maschinen und Apparate → f 670

Verfahrenstechnisches Inst. f. Umwelt u. Energie → T 1 841

Verfahrenstechnologie, Inst. → T 2 716

Verfassungs
- Gericht, Bds. → A 361
- Gerichtshöfe → B 884 ff
- Schutz, Bds. Amt → A 244

Verfolgte des Naziregimes, Vereinig. → U 1 015

Verfolgtenverbände, Union Dt. → U 1 023

Verfolgung
- von Urheberrechtsverletzungen, Ges. → O 200

Vergabe von Studienplätzen, Zentralstelle → U 2 680

Verglasungstechnik, Inst. → G 361

Verhaltens
- Forschung → T 2 750
- Medizin → Dt. Ges. T 3 269
- Modifikation → Dt. Ges. T 3 269
- Physiologie, Inst. → t 170
- Therapie → Dt. Ges. T 3 268, T 3 430

Verhandlungs-Stenographen → U 1 518

Verhütung d. Atomkrieges, Dt. Sektion d. Internat. Ärzte → Q 360

Verhütung von Vogelschlägen i. Luftverkehr, Ausschuß → U 865

Verkaufs
- Förderer u. -Trainer → S 744
- Forschung, Inst. → T 2 182
- u. Garantiegemeinschaft dt. Uhrenfachgeschäfte → H 669
- Kräfte → S 747, Europ. IZ R 309
- Stellen, mobile → Ezhdl. H 391

Verkehr
- Bau- u. Wohnungswesen, Bds.-Ministerium → A 27
- kombinierter, Studienges. → T 3 637
- Studienges. f. d. kombin. → T 1 843
- u. Umwelt → neue Technologien U 182, Europ. Verb. IZ Q 192

Verkehrs
- Anlagen, unterirdische → TWV T 1 844, T 3 650
- Außenhandelsakademie, Dt. → T 3 896
- Betriebe öffentl. → Fachleute S 1 113

Fortsetzung nächste Spalte

Verkehrs (Fortsetzung)
- Betriebswirtschaft → t 362
- Club → Neuer U 2 601, Deutschl. U 2 631
- Einrichtungen → Gütez. U 649
- Erziehung → T 3 661
- Flughäfen → M 244
- Forum, Dt. → M 13
- Genossenschaften-Prüfungsverband → P 53
- Gewerbe → M 185 ff, Bildungswerk T 4 036
- Gewerbe Nordrhein, Arbeitgeberverb. → M 174
- Ingenieure → Berlin s 900, S 1 001
- Institut → T 3 661
- Kühltransp. → IZ M 75
- Min. Konferenz → IZ A 213
- Opferhilfe → K 43
- Politik, rationale → T 3 672
- Sicherheitsorganisation → IZ M 117
- Sicherheitsrat, Dt. → T 3 659
- Sicherheitstechnik → T 3 662
- Sicherung, Fachverband → T 3 666
- u. Straßenplanung, umweltgerechte → T 3 663
- Technik, VDI-Ges. → T 1 067
- Unfälle, Ursachenforschung → T 3 664
- Unfallforschung → T 3 664
- Unternehmen, Dt. → M 1
- Verbände, kommunale → D 203 ff
- Wacht, Dt. → T 3 613
- wesen, Int. Verb. → IZ M 225
- Wirtschaft → T 3 653
- Zeichen → Ind. F 318, Gütez. U 649

Verlader u. Werkverkehr → M 80

Verlag
- Ingenieure → T 1 165 ff

Verlage
- Bild- u. Kunstbuch → O 433
- u. Buchhandlungen, Arbeitgeberverb. Berlin-Brandenburg → R 185
- Kartographische → O 441

Verlags
- Wesen → O 416

Verleger
- f. Bodenbeläge → Hdw. G 623
- v. Glückwunschkarten → f 783
- Rechts- und Staatswissenschaftliche → O 517
- Schulbücher → O 446
- Union → Internat. IZ O 99
- Verband, Europ. → IZ O 78
- Zeitschriften- → O 509
- Zeitungen → O 449

Verlegewerkstoffe, Emissionskontrollierte → F 187

Verleih, Film- → O 172

Vermessungs
- Dienst, Deutsche Bahn AG → R 833
- Experten, Europ. → IZ S 594
- Ingenieure → S 1 019, IZ S 563
- Verwaltung, Arb. Gemeinsch. → B 615
- Wesen → TWV T 1 284, T 1 845

Vermietung, Kraftfahrzeuge → M 127

Vermietungsgewerbe → IZ O 213

Vermißtenangehörige → U 1 027

Vermittler
- Hdls. → H 684 ff
- Versicherungs- → K 32

Vermögens
- Berater → Bds.-Verb. K 31, Finanzdienstleistungsverband S 725
- Beratung → Dt. Unternehmensverb. R 198
- Fragen, Bundesamt → A 176
- Verwalter, europ. → IZ S 667
- Veröffentlichungen d. EG → IZ A 187

Verpackung(s)
- Arbeitsgemeinschaft → Q 358
- Blech- → IZ F 1 574
- Faltschachteln → IZ F 2 379
- flexible, Europ. Vereinigung → IZ F 679
- Folien (Kunststoff) → Ind. f 600
- Forschung → T 303
- Getränke- → TWV T 1 138
- Inst., Dt. → T 1 137
- Kunststoff → Ind. f 600
- Lebensmittel- → t 323, T 2 564
- Leichtmetall → IZ F 1 574
- Mittel → H 114
- Papier- u. Pappe- → F 285, IZ F 677
- Papier-Herst. → IZ F 1 262
- Plastik, Europ. Verb. d. Hersteller → IZ F 1 245
- Rationalisierung → T 2 173
- u. Sterilisation, europ. → IZ F 1 177
- Technik, Forschungsverbund → t 363
- Technologie → t 323
- u. Verfahrenstechnik → t 244
- u. Umwelt, Europ. Vereinigung → IZ F 612

Fortsetzung nächste Spalte

Verpackung(s) (Fortsetzung)
- Vereinig. → IZ F 872
- Vollpappe- → U 651, IZ F 677

Verpflegungs- u. Vending-Unternehmen → F 502

Verrechnungs
- Stellen, privatärztliche → S 227

Versammlung
- der Regionen Europas → IZ U 822

Versand
- Brauereien → F 160
- Buchhandel → H 576, Arb.-Gem. H 577
- Handel → H 677, IZ H 420
- Schlachtereien → H 247
- Spezialhandel → H 680

Verschlußbrennereien
- Rheinl.-Pfalz, landwirtschaftl. → F 464

Verschlußeinrichtungen → Ind. F 692

Verschnürungsmittel → H 114

Versicherer, Verb. öffentl. → K 10

Versicherte, Unternehmer → U 912, Bund der U 913

Versicherung
- Genossenschaftl. u. Wechselseitige → IZ K 39
- Kranken-, (private) → K 78
- Transport- → IZ K 47

Versicherungs
- Amt, Bds. → A 132
- Anstalt f. Angestellte → A 133, Bds.-Bahn K 327
- Arbeitgeber-Verband → R 184
- Assekuradeure → K 37
- Außendienst → K 35, K 36
- Berufsbildungswerk → R 184
- Berufsgenossenschaft → k 207
- Betriebswirte → S 1 585
- Dienst → VDI-Ges. T 2 546
- Flug- → IZ K 45
- Fragen der Kfz.-Versicherung → U 913
- Generalagenten → K 42, S 1 575
- Geschäft, Information → IZ K 32
- Gesellschaften, firmenverbundene K 32, auf Gegenseitigkeit IZ K 38
- Gestaltung → T 2 538
- Ingenieure → T 1 165 ff
- Juristen → IZ T 875
- Kommissionen → K 22
- Kredit- → IZ I 113
- Luftverkehrs- → IZ K 45
- Makler-Verband → S 1 576
- Mathematik → T 2 536
- Mathematikerverbände, Beratungsgruppe → IZ T 612
- mathematische Sachverständige f. Altersversorgung, Inst. → K 373
- Medizin → IZ S 67
- nehmer → K 3, i.d. Industrie, Europ. IZ K 43
- Pool f. Altersversorgung → IZ K 93
- Rat, Internat. IZ K 33
- Recht, Internat. → IZ T 873
- Schutzverband → T 1 781
- Sozial- → K 78, Arb.-Nehmer U 916
- Stelle, Groß- u. Außenhandel → h 5
- Unternehmen i. Bayern, Arb.-Gemeinsch. → K 5
- Verband, Europ. Genossenschaftl. → IZ K 36
- Verein auf Gegenseitigkeit → K 364
- Vereine, Arb. Gem. → K 6, K 33
- Vereinigung, Europ. → IZ K 1
- Vermittler → firmenverbundene K 32, IZ K 48
- Vermittlung, Multinationale → IZ K 35
- Werbung → O 532
- Wesen → Inst. T 4 042, Europ. Zentrum f.d. Bildung IZ T 975
- Wirtschaft, Berufsbildungswerk → Dortmund T 759, Hessen T 3 761

Versorgung psychisch Kranker u. Behinderter → T 2 872

Versorgungs
- Agentur (EURATOM) → IZ T 238
- Anstalt d. Bds.-Post → K 362
- Anstalt d. Bundes u. d. Länder → K 362
- Anstalt d. dt. Bühnen → K 438, d. dt. Kulturorchester K 439
- Anwartschaften, Betriebl. → IZ K 35
- Einrichtungen → berufsständische K 381, Unabhängige K 384
- Landesamt → B 589
- Technik → Ind. F 1 034, S 1 035
- Unternehmen z. Förd. rationaler, sparsamer u. umweltschonender Energieverwendung → D 193
- Verbände → K 365 ff
- Werk d. Verb. d. Bayer. Erfrischungsgetränkeind. → K 379

Verstärkte Kunststoffe → Ind. f 601, IZ F 305

Versteigerungsring d. Riesling-Weingüter → Q 300

Versuchs
- Anstalt (s. unten)
- Forschungsanst., Forstl. → T 2 714
- Ring ökologischer Landbau → Q 655

Versuchsanstalt
- f. Binnenschiffbau → t 276
- f. Hefeindustrie → t 306
- f. Landwirt., Weinbau u. Gartenbau etc. → T 2 634, T 2 635
- f. Luft- u. Raumfahrt → T 1 266
- f. Milchwirtschaft → T 2 580
- f. Spiritusfabrikation u. Fermentationstechnologie → T 2 640
- d. Stadt Wien → T 2 050
- f. Wasserbau u. Wasserwirtschaft → T 1 981

Verteidigung
- Bds. Min. → A 21

Verteilanlagen
- Europ. Komitee d. europ. Herst. → IZ L 96

Vertragsspieler, Verband → S 1 587

Vertrauensmänner d. Schwerbehinderten, Arb.-Gem. → U 2 021

Vertreter
- f. Fremdenverkehr u. Eisenbahnen in Deutschl. → N 205
- Handels- → H 684, TWV T 2 205
- Vereinigungen d. Dt. Assekuranz → K 38
- Verlags- → H 699

Vertretung
- d. Berliner Handwerks → G 111

Vertretungen
- d. EU-Mitglieder in Brüssel → IZ C 1

Vertriebe von Musikinstrumenten u. Musikelektronik, Verb. → H 670

Vertriebene
- Bauernverband → U 966
- Landsmannschaften → U 968

Vertriebs
- Firmen → kosmet. Erzeugnisse H 87, H 681
- Gesellschaften f. Automobilaustauschteile u. -ausrüstung → IZ H 223
- Kräfte → Bds.-Verb. S 747, Europ. IZ R 309
- Stellen f. Alkohol → K 256

Vervielfältigungsrechte → GEMA S 1 157, IZ U 120

Verwaltung(s)
- Akademien → S 783, T 4 044
- Amt, Bds. → A 245
- Amt f. innere Restitutionen → A 206
- Apotheker → S 78
- Berufsgenossenschaft → k 207
- Gemeinschaften u. Einheitsgemeinden, Geschäftsstellenleiter → S 1 586
- Gericht, Bds. → A 367
- Gerichtshof → R 712
- Katholiken, Bds.-Verb. → T 2 464
- Öffentliche → Fachhochschule d. Bundes T 445, Europ. IZ T 885
- Richter u. Richterinnen → S 568
- Richter/innen, Vereinig. → S 569
- Wirtschaftlichkeit → TWV T 2 239
- Wissenschaft → T 2 346, IZ T 892
- Wissenschaften, Hochschule → T 675

Verwertungs
- Gesellsch. d. Film- u. Fernsehproduzenten → O 270
- d. Nebenprodukte von Kohlekraftwerken → IZ F 613

Verzeichnismedien
- Verb. Dt. Auskunfts- u. → O 448

Verzinken → TWV T 1 860

Verzinkung, Allgemeine → IZ F 541

V.E.S. → IZ U 90

Veteranen-Club → U 2 651

Veterinär
- Ämter, Staatl. → B 542 ff
- Beamte, staatl. → Europ. IZ R 241
- Forschung → TWV T 2 607
- Hygieniker, Europ. Union → IZ S 104
- Medizin → Bundesinstitut A 214, T 3 018 ff
- Medizin, Inst. → T 3 508
- Physiologisch-Chemisches Institut → T 3 509

VEXU → H 228
VFA → F 225, S 832
VFD → U 2 628
VFDB → U 854, U 3 103
VFDM → S 1 517
VFED → T 2 549
VFF → O 270
VFFV → O 271
VFSS → H 270
VFT → S 919
VFW → G 288
VG Musikedition → O 443

VGB

VGB
- Verb. d. Führungskräfte Dt. Bahnen → R 466

VGB Techn. Vereinigung Großkraftwerke → T 1 148
VGB-Forschungsstiftung → t 304
VGBW → L 41
VGCT → T 1 136
VGG → F 316
VGKL → H 88
VGöD → T 1 127
VGP → H 279
VGR → U 745
VgtM → Q 577
VGW → L 41
VHI → f 566
VHM → H 751
VHP → R 808
VHR → F 226
VHW → R 749, U 488

Video
- Amateure, Bund Dt. → O 226
- Anlagen → IZ F 206
- Anwender → T 1 861
- Bundesverband → O 268
- Fachhandel, Interessenverb. → T 1 862
- Freunde, Ring → O 227
- Produzenten, unabhängige → O 269
- Programmanbieter, Bds.-Verb. → O 268
- Vermietung, Zentralstelle → S 1 170
- Wirtschaft → O 271

Videovertrieb
- Inforfilm International → IZ O 31

Vieh
- u. Fleisch, Bds.-Arbeitsgem. → H 183
- Genossenschaften → P 19 ff
- Handel → H 619, IZ H 138
- Hofwesen → D 177
- Marktverband → H 246, europ. IZ H 191
- Zentralen, Arb.-Gem. → H 184
- Zucht, Arb. Gem. → q 231

VIF → U 1 708
VIK → L 35
Virologie → T 3 431
- u. Immunologie, Institut → T 1 909

Virus
- Krankheiten → Forsch. T 2 784
- Tierkrankheiten, Bds. Forsch.-Anst. → A 165

VIWA → S 1 049
VjFM → O 256
VJM → O 255
VK → T 3 935
VKD → S 76
VkdL → R 428
VKE → F 203, H 87
VKM → S 1 302
vlf → Q 66
VLK → S 1 505
VLSF → T 2 640
VLW → R 750, r 842
VMI → F 723
VMPA → T 2 028
VMU → R 264
VMV → F 319, S 1 576
VNP → Q 398
VOA → F 712
VOD → T 2 766
VÖB → I 76
Völker, bedrohte, Ges. → U 2 041
Völkerkunde → T 1 116, T 1 118
Völkerrecht → t 171, Dt. Ges. T 3 583
- Inst. → Inst. T 3 607, T 3 608
Völkerverständigung u. Humanismus, Čapek Ges. → U 2 062
Völklinger Kreis, Bdsverb. Gay Manager → T 3 935
VÖW → T 2 312
VO-Firmen → Bundesverb. H 715
Vogelmord, Komitee gegen → Q 513
Vogelschläge im Luftverkehr, Verhütung → U 865

Vogelschutz
- Internat. Rat → IZ Q 225
- Landesbund → Q 510
Vogelwarte Radolfzell → t 170
Vogt-Institut, Hirnforschung → T 3 448

Volks
- Banken → Bds.-Verb. P 2, Arb.-Geber R 101
- Bankenvereinigung, Intern. → IZ I 46
- Bildung → Hertie-Stiftung T 2 834
- Bühnen, Bund dt. → O 71
- Bund Dt. Kriegsgräberfürsorge → U 1 057
- Bund Naturschutz → Q 388
- Gesundheitsbewegung → u 1 135
- Heimstättenwerke → U 488
- Hochschulverband → T 4 103

Fortsetzung nächste Spalte

Volks (Fortsetzung)
- Kunde → Dt. Ges. T 1 113, Rhein. Vereinig. T 1 117
- Solidarität i. Brandenburg → U 1 380
- Sternwarte → Bay. T 1 278
- Tanz, Dt. Ges. f. → U 2 854
- Wagenwerk-Stiftung → T 828
- Wirte, Bds.-Verb. → S 750, beratende S 757
- Wirtinnen → S 561
- Wirtschaft → T 2 245
- Wirtschaftslehre, Lehrstuhl → T 2 465

Volkspartei
- Europäischen, Jugend der → IZ U 375
Volkssolidarität → Bds.-Verb. U 1 347, Landesverb. Sachsen U 1 348

Voll
- Pappe → Gütez. U 651
- Pappe-Kartonagen → f 776, IZ F 677
Vollblutzucht → U 2 627

Volleyball
- Verband → Europ. IZ U 469, int. IZ U 576

Volunteers
- United Nations → IZ V 49
Vorbildliche Bekleidungsfachgeschäfte → U 770
Vorgeschichte, Forschungsinstitut → T 3 710
Vorgeschichte in Württemberg u. Hohenzollern → T 3 713
Vormundschaftswesen, Dt. Inst. → U 1 276
Vorruhestand u. aktives Alter → U 1 351
Vorsorge- u. Rehabilitationseinrichtungen f. Kinder → U 1 813
Vorstandsmitglieder, Bund Dt. → S 1 526
Vorzugsmilcherzeuger → Q 308 ff, Q 330
VPBF → O 355
VPD → F 755
VPHdS → U 1 030
VPI → R 159, S 978
VPIN → F 755, R 159
VPLT → S 1 314
VPP → S 975
VPRT → O 406
VPV → F 755, R 159
VRE → IZ U 822
VRFF → R 460
VRI → F 322
VRKD → H 756
VS → S 1 240
VSBI → U 1 611
VSF → U 2 652
VSG → U 821
VSHG → IZ H 270
VSI → F 374, S 908
VSIA → S 917
VskE → f 782
VSM → F 802
VSOP → O 628
VSR → S 995
VSV → f 602, F 614
VSVI → s 900
VSW → r 13
VSW-BW → U 689
VTDI → T 1 963
VTFF → O 176
VTH → H 109
VTI → T 1 841
VTU → R 208
VUBD → S 1 552
VUBI → S 958
VUBIC → S 958
V.U.E. → S 923
Vulkaniseure → H 632
VUP → O 531
V.V. Württemberg → M 140
VVK → f 776
VVL → T 3 633
VVMD → H 670
VvU → R 216
VWA → T 4 044
VWF → T 392
VWG → f 279
VWI → F 609, S 1 052
VWLZ → f 772
VZBB → R 215
VZI → f 779

W

Waagen
- Hersteller Ausschuß → IZ F 901

WACA → IZ Q 72

Wach- u. Sicherheitsunternehmen → R 167

Wach u. Sicherheitsdienste, Gütegem. → U 685

Fortsetzung nächste Spalte

Wachs
- Papier → Ind. f 777
- Vereinigung, europ. → IZ F 873
- Zieher → Hdw. G 772

Wählergemeinschaften, Freie → U 2 658

Währungs
- Fonds → Internat. IZ I 26
- Union, Assoziation f.d. europ. → IZ I 88
Wälzlager → Föderation (europ.) IZ F 1 642

Wärme
- Abzugsanlagen, Gütegem. → U 671
- Anlagen → f 343, IZ F 1 493
- Behandlung → T 1 150, IZ F 1 825
- Dämmung von Fassaden, Gütegem. → U 613
- Erzeugung → L 36
- Industrie → F 1 034
- Kleingeräte (elektr.) → Ind. f 357
- Kopplung, Int.Verb. → IZ L 131
- Lieferung → L 37
- Pumpen, Anwendung → TWV T 1 237
- Schutz → Forsch. t 366, TWV T 1 979
- Technik → T 389
- Verrechnung → L 36
- Verteilung → L 36
- Wirtsch. → L 36

Wäsche
- Einzelhandel → H 528
- Pflege → Gütez. U 677

Wäscherei
- Forschung → T 1 960
- Maschinen → f 672, IZ F 1 536
- Verbände → G 729

Waffen
- Fachhändler → H 335
- Geschichte → U 3 088
- Handwerk → G 241
- Technik → U 3 088
Wagenbau (s. Karosseriebau)
Wagner- u. Karosseriebauer → Hdw. G 414
Wagner, Richard, Internat. Verband → IZ U 815
Wagner, Richard, Verband → U 2 822
Wahlanalysen, Inst. → t 2 412
WAI → IZ F 1 824
WAITRO → IZ T 324
WAK → O 568, T 4 125

Wald
- Arbeit → TWV T 2 715
- Besitzer → Q 266
- Jugend, Dt. → Q 532
- Not, Stiftung → T 812
- Samen-Kleanstalten → Q 97
- Schutzgemeinschaft, Dt. → Q 516
- Wachstumskunde → T 2 704
Waldemar-Bonsels-Stiftung → T 767
Waldstadt Wünsdorf

Walfang
- Entwicklungsgesellschaft → U 515 → IZ W 20
Walter-Eucken-Institut → T 2 318
Walter-Scheel-Stiftung → T 790

Walther
- Stftg., Rudolf → U 2 095
Walther-Meissner-Institut f. Tieftemperaturforschung → T 1 978
Walther-Schücking-Inst. f. Int. Recht → T 3 597
Walzstahl → Ind. f 327

Walzwerke
- Berufsgenossenschaft → k 230
Walzwerkeinrichtung → f 656

Wand
- Abdichtungen → Hdw. G 249
- Bekleidungshersteller → IZ F 1 837
- u. Bödenbeläge, Europ. Konföderation des Handels → IZ H 61
- Fliesen → Ind. f 587
Wanderjugend, Dt. → U 1 498
Wandern, Förderung → Q 396
Wander-Vereine → Q 395
WANO → IZ L 49

Waren
- Automatenaufsteller, Bds.-Verb. → H 223
- Börsen → I 117 ff
- Börsen Türkische Union → IZ I 164
- Häuser → H 548, IZ H 519
- Kunde, Dt. Ges. → T 1 865
- Raiffeisen-Zentrale → P 14
- Terminbörsen → I 110
- Test, Stiftung → U 1 169
- Zeichenverbände → U 518 ff

Warm
- Lufterzeuger, Hersteller, Europ. Vereinigung → IZ F 678
- Wassergeräte → f 357, f 359

Wasch
- Center-Betreiber → G 773

Fortsetzung nächste Spalte

Wasch (Fortsetzung)
- Geräte u. Maschinen → f 358, IZ F 1 536
- Mittelindustrie, Internat. Vereinigung → IZ F 1 764
- Mittelzeolith, Produzenten → IZ F 2 165
- Rohstoffe → Ind. F 219

Wasser
- Bau (s. unten)
- Berlin Kongress u. Ausstellung → O 621
- Chemie → IZ F 1 373
- Dt. Vereinigung d. Gas- u. Wasserfaches → t 297, T 1 079
- Fach → T 1 089
- Forschung → TWV T 1 981
- Hygiene, Inst. → TWV T 1 866
- Kostenverteilung → F 1 033
- Landesämter → L 76 f
- Lebensrettung, Intern. Federation → IZ U 495
- Leitungsbedarf → Großhdl. H 79
- Mengenwirtschaft, Inst. → T 1 981
- Rohrkessel → Ind. f 853
- Schall, Forschungsanstalt d. Bundeswehr → T 1 133
- Ski-Verband → u 2 532
- Ski-Vereinigung, Intern. → IZ U 502
- Stoff-Forschung → T 1 373
- Straßen- u. Schiffahrtsverein Rhein-Main-Donau → M 227
- Talsperren, Arb.-Gem. → L 75
- Technik → Zentrum T 1 051
- Techniker → Hdw. G 85
- u. Schiffahrtsdirektionen → A 323 ff
- u. Schiffahrtsverwaltung, Ingenieurverband → s 895
- Verband, Westdeutsche Kanäle → L 79
- Verbandstag → L 67
- Versorger, Europ. Union → IZ L 102
- Versorgung → L 51, Arb. Geber R 83
- Verwendung, rationelle → D 193
- Vogelreservat → Q 492
- u. Windmühlen, Erhaltung → U 889
- Wirtschaft, Inst. → T 2 691
- Zähler → Ind. F 511

Wasserbau
- Bds.-Anst. → A 322
- Inst. → T 2 686, T 2 687
- Landwirtschaftl. → T 2 689
- Lehrstuhl → T 2 684
- Versuchsanstalt → T 1 981

Wasserschaden
- Beseitiger, Bundesverb. d. Brand- u. → U 552

WATA → IZ N 62
WBCA → R 446, IZ R 311
WBE Methodologie
- J.-W.-Goethe-Univ. → t 2 381
WBO → M 142
wbz → H 567
WCL → IZ R 313
WCO → IZ G 152
WCO/OMD → IZ A 221
W.d.K. → f 36, F 583
WDR → O 323
WDW → O 532
WEB → IZ L 142
Weberhandwerk, Bundesinnungsverb. → G 742
WEC → IZ L 142
Wechselseitige Versicherungen → IZ K 39
Wechselseitiger Versicherungsverband → IZ K 36
WEG → F 376
Wegener-Stiftung, Alfred → T 846

Wehr
- Beauftragter d. Bundestages → A 36
- Bereichskommandos u. -verwaltungen → A 338 ff
- Dienstsenat im Bundesverwaltungsgericht → A 367
- Medizin → Dt. Ges. T 3 432
- Pflichtigen-Org., europ. Rat → IZ S 656
- Pharmazie → Dt. Ges. T 3 432
- Technik → Dt. Ges. T 1 871, T 1 872
- Techniker u. Feuerwerker → S 1 451
- technisches Gerät → f 279
- Verwaltung u. Wehrtechnik → T 1 872

Weibliche
- Arbeitnehmer → R 456
Weichschaum-Industrie, Polyurethan → F 609
Weichstoff-Kompensatoren, Gütegem. → U 614

Wein
- Amt → Intern. IZ W 35
- Analytiker → S 710
- aromatisiert → IZ H 4

Fortsetzung nächste Seite

Wein (Fortsetzung)
- Bau (s. unten)
- Behandlung, Versuchs- u. Forschungsanst. → T 2 632
- Chemie → Inst. T 2 636
- Exporteure → H 221
- Fachhändler → H 211
- Fachleute - Die Sommelier-Union Deutschlands → S 1 515
- Fonds, Dt. → Q 303
- Forschung → TWV T 2 636
- Großhandel → H 211, IZ H 4
- Handelsunternehmen, Europ. Ausschuß → IZ H 139
- Hdls.-Vertr. → H 684
- Import → H 220
- Importeure, EG-Gruppe → IZ H 48
- Industrie → IZ H 4
- Ingenieure → S 1 051
- Kellereien → H 625, P 19 ff
- Kommissionäre → H 710
- Küfer → Hdw. G 288
- u. Recht, Verein f. faires Weinrecht → T 3 520
- Siegel, Dt. Ges. → U 627

Weinbau
- Bayer. Landesanstalt → Q 299
- Diplom-Ingenieure → S 1 051
- Forschung, Inst. → T 2 636
- Gütezeichen → Badischer U 626, U 628
- Inst. → T 2 632
- Lohnunternehmer → Q 87
- Ökologischer → Q 202
- Pflanzenschutz, Inst. → A 158
- Verbände → Q 281 ff
- Versuchs- u. Forschungsanst. → T 2 632, T 2 639

Weißer Ring → U 1 961

Weiterbildung
- Akademie → T 4 029, a.d. Univ. Heidelberg u. Mannheim T 4 179
- Nieders. Landesinst. → A 111
- technische → T 3 924
- Touristische → R 538
- u. Wissenstransfer, Zentrum → T 4 023
- Wissenschaftl. FET&WW → T 1 903

Weiterbildungszentrum Ingelheim → T 3 826

Weizen
- Rat → IZ W 32

Wellkisten → IZ F 1 826

Wellness
- Bundesverb. Schwimmbad u. → F 835

Wellpappe(n)
- Gütegemeinschaft → U 650
- Ind. → f 778
- Papiere → Ind. f 743
- Papierhersteller → Europ. Verb. IZ F 1 263

WELMEC → IZ T 241

Welt
- Anschauungsgemeinschaften, freie → Dachverband U 2 425, U 2 436
- Bank → IZ V 21
- Bergbau-Kongress → IZ T 323
- Bevölkerung, Dt. Stftg. → U 2 048
- Bund (s. unten)
- Erdöl-Kongresse → Dt. National-Komitee T 387, IZ L 100
- Esperanto-Bund → IZ U 595, IZ W 38
- Föderation d. Agrar- u. Lebensmittelarbeiter → IZ R 312
- Forstwirtschaft, Inst. → A 150
- Friedensdienst → U 2 090
- Gemeinschaft orthodoxer Jugendlicher → IZ U 265
- Gesundheits-Org. → IZ V 45
- Gewerkschaftsbund → IZ R 278
- Herzbund → IZ T 820
- Hungerhilfe → E 756
- Kongreß, Islamischer → U 2 442
- Landfrauen-Verband → IZ Q 125
- Naturschutzbund → IZ Q 223
- Netzwerk Hamburg → U 2 079
- Organisation f. geistiges Eigentum → IZ V 47
- Organisation f. Meteorologie → IZ W 39
- Organisation d. Mütter aller Nationen → IZ U 266
- Organisation d. Pfadfinderbewegung → IZ U 267
- Organisation, Straßen → IZ M 120
- Organisation d. Zahnärzte → IZ S 163
- Politik, Vereinig. → t 2 271
- Post-Verein → IZ W 40
- Raum (s. unten)
- Schutzbund-Bundesverband → Q 581
- Spiele, Int. Vereinig. → IZ U 670
- Squash-Verb. → IZ U 588

Fortsetzung nächste Spalte

Welt (Fortsetzung)
- Straßenverband, Nat. Komitee der BRD → T 3 657
- Tierschutz-Ges. → IZ Q 228
- Tourismus Organisation → IZ N 61
- Verband → H 211
- Verein, Eine- → T 2 682
- Wirtschaft → Vereinig. t 2 271, Inst. t 2 285

Weltbund
- f. Hämophilie → IZ U 320
- f. religiöse Freiheit → IZ U 461

Weltinstitut
- d. Sparkassen → IZ I 28

Weltrat
- d. Optometrie → IZ G 152

Weltraum
- Kuratorium → TWV T 1 270
- Rechtsfragen, Inst. → T 3 598

Weltverband
- f. Ehem. Kriegsteilnehmer → IZ U 123
- f. int. Musikwettbewerbe → IZ U 573
- d. Heilmittelindustrie → IZ F 2 557
- d. Kernkraftwerksbetreiber → IZ L 49
- d. Pfadfinderinnen → Region Europa IZ U 269
- d. Werbungstreibenden → IZ O 155

WEM → IZ R 64

WEMA im VDMA → f 685

Werbe
- Agenturen → O 540, Europ. Vereinigung IZ O 151
- Akademie Marquardt → O 557
- Artikel, Kunststoff → f 771
- Artikel-Wirtschaft, Gesamtverb. → H 116
- Berater → O 532
- Berufe → O 532
- Durchführende → O 532
- Fachschule Niedersachsen → O 566
- Fachverbände → O 532
- Festival, Internat. → IZ O 154
- Film → O 237
- Filmproduzenten → O 237, O 532
- Forschung → t 2 494, Förderung T 2 521
- Gemeinschaft Friseurhandwerk → o 612
- Gesellschaften, Arb.-Gem. d. ARD → O 590
- Leiter → O 532
- Mittel (s. unten)
- Museum, Dt. → T 2 519
- Selbstdisziplin, Europ. Allianz → IZ O 106
- Technik, Zentralverb. → O 593
- Texter, Freie → O 544
- Träger → O 532
- Träger, Informationsges. z. Feststellung d. Verbreitung von → O 535
- Treibende → O 532
- Unterricht, Dt. → O 569
- Vertrieb → O 537
- Wirtschaft → O 532, IZ O 152
- Wissenschaft → TWV T 2 247

Werbefachl.
- Zentrum Ruhr → O 561

Werbegemeinschaft Bergstraße → N 134

Werbejunioren
- Verb. Deutscher → O 534

Werbemittel
- Arbeitskreis → O 594
- Berater u. Großhdl. → O 541
- Hersteller → O 532
- Verteiler, Dt. → O 542

Werbung
- Europ. Dreierverb. → IZ O 149
- Kino → O 589
- Treibende im Markenverband → O 538
- Werbungstreibende, Weltverb. → IZ O 155

Werften → F 802

Werk
- Bibliotheken, Deutsche → T 971
- Bund → TWV T 1 873
- Diakonisches → u 1 136
- Feuerwehrverband Deutschland → U 855
- Frischmörtel → t 2 118
- Verkehr → M 80

Werkhof
- Darmstadt → U 2 093

Werks
- Ärzte → S 231, S 232

Werkstoff(e)
- Forschungsgem. → t 367, T 1 884

Werkstoffe
- Inform.- u. Transferstelle Werkzeuge u. → U 34

Werkstoff(e)
- Institut → T 1 885
- Kunde → Ges. G 799, t 2 032
- Kunde u. Forschung → T 1 931, t 2 030
- Mechanik → Inst. t 234
- Nichtmetallische → t 2 037
- Physik u. Schichttechnologie → t 236

Fortsetzung nächste Spalte

Werkstoff(e) (Fortsetzung)
- Prüfung → T 1 931
- Technik → VDI-Ges. T 1 883, Stiftung T 1 928
- Wissenschaften → t 137

Werkzeug(e)
- amtl. Materialprüfanstalt → t 2 034
- Elektro → Ind. f 347
- u. Formenbauer → F 848
- Forschung → T 1 884, Inst. T 1 885
- Großhandel → H 89, H 117
- Industrie → Ind., Europ. IZ F 1 586
- Macher → Hdw. G 548
- Maschinen (s. unten)
- Schleifer, Fachverb. Dt. → G 547
- Spanende, Europ. Fachverb. → IZ F 972

Werkzeuge
- u. Werkstoffe, Inform.- u. Transferstelle → U 34

Werkzeugmaschinen
- amtl. Materialprüfanstalt → t 2 034
- Fabriken (VDW) → Ind. F 687
- u. Fertigungssyteme → f 673
- Fraunhofer → t 233
- Großhdl. → H 89
- Händler, Europ. → IZ H 161
- Ind. → IZ F 1 448
- Materialprüfung → t 2 044
- u. Fertigungstechnik → T 1 290
- Verein, Dt. → t 368

Werner-Heisenberg-Institut für Physik → t 150
Werner-von-Siemens-Ring, Stiftung → T 817

Wertdienste
- Bundesverein. Dt. Geld- u. → R 181

Wertpapier
- Besitzer → U 709
- Börsen → Frankfurt I 96, IZ I 165
- Handel, Bundesaufsichtsamt → A 208
- Informationsdienst → U 703
- Interessen, Ges. → U 719
- Makler → H 754
- Schutzgemeinschaft → U 709

Wertsachen
- Transporteure, Europ. Verb. → IZ M 227

Werttransporte → R 181

Weserbund → T 3 670

West
- Bayerisches Technologie-Transfer-Inst. → T 926

Westdeutsche
- Akademie f. Kommunikation → O 568
- Genossenschafts-Zentralbank → I 27
- Ges. f. Familienkunde → U 1 175
- Kanäle → Wasserverb. L 79
- Lebensversicherer → K 21

Westeuropäische
- Kalibration → u. Prüfung IZ T 542
- Metrologische Staatsinstitute → IZ T 235
- Union → IZ W 9

Westfälische Genossenschaftsakademie → T 3 888

Westfalenhalle → o 600

Wettbewerb
- Lauterkeit, Verein → U 758
- u. Wirtschaftsverfassung, Forsch.-Inst. → T 2 248

Wettbewerbs
- Fragen → U 759
- Recht, Inst. → t 148

Wetter
- Dienst, Dt. → A 333
- dienst, Geschäftsfeld Medizin-Meteorologie → A 335
- dienst, Geschäftsfeld Seeschiffahrt → A 334
- Satelliten, Europ. Organisat. → IZ T 245
- Vorhersage, Europ. Zentrum → IZ T 678

WETTI → T 926
WEU → IZ W 9
WFA/FMA → IZ O 155
WFH → IZ U 320
WFMH → IZ T 838
WFPMM → IZ F 2 557
WFSW → IZ S 618
WFUNA → IZ W 38
WGA → H 11 ff
WGGT → T 1 135
WGP → T 1 074

Whirlwannen, Gütegem. → U 615
WHL → H 80
WHO → IZ V 45
WHU Koblenz → T 695
Wickelpappe → Ind. f 741

Widerstandskämpferverbände, Union → U 1 023

WIdO → T 868

Wiederaufbau
- Europäische Bank → IZ I 3
- Kreditanstalt → I 35, IZ V 21

Fortsetzung nächste Spalte

Wiesbadener
- Vereinigung → K 44

WIFIS → T 1 371
WIGFAP → T 2 446

Wild
- Außenhandel → IZ H 64
- Einzelhandel → H 391, IZ H 521
- Erhaltung, Dt. Delegation d. Internat. Jagdrates → Q 585
- Großhandel → IZ H 63, IZ H 64
- Schutzgemeinschaft → Q 584

Wilhelm-Foerster-Sternwarte → T 1 281
Wilhelmine-Lübke-Stiftung → T 823
Wilhelm-Klauditz-Inst. → t 243, T 2 726
Wilhelm-Münker-Stiftung → Q 396
Wilhelm-Sander-Stiftung → T 784

Wind
- Energie, Bundesverb. → L 39
- Energie, Dt. Ges. → Förderges. T 1 380
- Kanäle → TWV T 1 266 ff
- Kraftanlagen, Interessengemeinschaft → f 686
- u. Wassermühlen, Erhaltung → U 889
- Winzer → Dt. P 15, Q 4
- Genossenschaften → P 19 ff
- Verbände → Q 281 ff

Wirbelsäulen
- Forschung → T 3 433

Wirbelsäulengeschädigte, Interessengem. → T 2 992

Wirbeltierkunde, Inst. → A 158

Wirkerei
- Fachvereinigung → F 1 001

Wirkstoffe, Ausschuß f. Pharmazeutisch. → IZ F 84

Wirkstoffe, Tierernährung → F 416, Ind. IZ F 1 184

Wirkwaren
- Einzelhandel → H 528
- Handels-Vertr. → H 684

Wirtschaft
- u. Gesellschaft Bonn → t 2 275, t 2 373
- Mittelständische, Unternehmerverband → R 267
- öffentliche, Europ. Zentralverband → IZ F 1 400

Wirtschaftliche
- Fakultät → T 2 358
- Fertigung → TWV T 1 071
- Ges. f. Westf. u. Lippe → R 210
- Kommunikationsforschung → T 794
- Ölheizung, Inst. → T 1 311
- Vereinigung Bergedorf → T 2 240
- Vereinigung Zucker → F 495
- Verwaltung → TWV T 2 239

Wirtschaftlicher
- Mittelstand → R 258

Wirtschaft(s)
- Agrargewerbliche → H 619, Zentralausschuß H 620
- Arbeitgeberverbände → R 1 ff
- Archiv Baden-Württemberg → T 3 734
- Archiv Hessen → e 90
- Archivare → R 479, R 480
- Auskunfteien, Föderation → IZ O 96
- Beratende Berufe, Europaverb. → S 691
- Berater → S 689
- Beziehungen, Intern. → T 7 889
- Bildungswerke → T 3 765 ff, T 3 837
- Bundesarbeitsgemeinschaft → T 2 187
- Bundesministerium → A 16
- Club, Ost-West → E 579
- Club Rhein-Main → U 45
- Deutsche Kunststiftung → T 783
- Entwicklung, Internat. → T 2 586
- Ethik, Europ. Netzwerk → IZ U 22
- Fachhochschule Berlin → T 416
- Fachschule f. Tourismus → T 3 778
- Finnland-Institut → E 448
- Förderung (s. unten)
- Forschung (s. unten) → E 1
- Gemeinschaftsausschuß
- Geograph. Inst. → T 2 466
- Glashersteller → f 538
- Groß- u. Außenhandel → H 8 ff, R 76
- Informationen Kohlhaas & Partner → T 2 468
- Ingenieure → S 1 052
- Integration, Inst. → T 2 252
- Journalisten → Berliner S 1 341
- Journalistenschule → T 3 665
- Journalist(inn)en, Nordbayer. → S 1 372
- Juniorenkreise → E 2
- Katholiken, Bds.-Verb. → T 2 464
- Kommissionen → IZ V 2 ff, Europa IZ V 11
- Kommunale → D 192
- Kongress Organ.-Forum → T 2 257
- Kreis → Dt.-Japanischer E 545

Fortsetzung nächste Seite

Wirtschaft(s)

Wirtschaft(s) (Fortsetzung)
- Kriminalitäts-Bekämpfung → U 766
- Lehre d. Landbaus → T 2 600
- Lehrer → r 842, Büro R 958
- Messe-Ausschuß → O 595
- Ministerkonferenz d. Länder → T 2 183
- mittelständische → R 270
- Nachschlagewerke → O 434
- Neue- → Inst. T 2 357
- Norddeutsche Bildungswerke, Arb.-Gem. → T 3 838
- Ordnung u. Sozialpolitik → T 2 465
- Organisationen, Versorgungs-Verband → K 378
- Partnerschaft, Arbeitsgemeinschaft → U 3 060
- Philologen, Bayer. → T 3 786
- Politik → t 2 289, t 2 291
- politische Ausbildung → T 4 004
- Politischer Club Berlin/Bonn → T 2 249
- Presse → München O 519, Europ. IZ O 105
- Presse-Forum Brandenburg → O 525
- Prüfungsfachleute d. EG, Studiengruppe → IZ S 323
- Prüfungsges. → P 18
- Rat d. CDU → U 2 152
- Rationalisierungs-Kuratorium → T 2 156 ff
- Recht, Inst.f. dt. u. europ. Gesellschaftsrecht → T 3 600
- Sächsische, Bildungswerk → T 3 866
- Schulen → priv. O 708, Lehrer r 842
- Sicherheit → Arb.-Gem. U 920
- u. Sozialausschuß d. EU → IZ A 225
- Soziale, Inst. → t 2 427
- Sozialgeschichte, Ges. → T 2 458
- u. Sozialrat d. UN → IZ V 46
- u. Sozialwissenschaften, Uni Lüneburg → t 2 411
- Staats- → TWV T 2 239
- Studien zu China, Gießener Verein → E 418
- Systeme, Max-Planck-Inst. zur Erforschung → t 172
- Thüringen, Verb. → r 15
- Union BENELUX → IZ W 11
- Universitätsseminar → T 4 153
- Unternehmensberater → IZ S 244
- Veranstaltungen → Internat. IZ O 209
- Verband, Handwerk → Schlesw.-Holstein G 121
- Vereinigung (s. unten)
- Verfassung u. Wettbewerb, Forsch.-Inst. → T 2 248
- Weiterbildung → T 4 020, T 4 024
- Wissenschaft (s. unten)
- Wissenschaften, Inst. → T 2 356
- Zentrum Gronau → U 152

Wirtschaftsabteilung%
- d. Côte d'Ivoire → E 428

Wirtschaft-Senioren - Alt hilft Jung → U 1 345

Wirtschaftsförderung
- Bundesverb. ostdt. → U 147

Wirtschaftsförderung(s)
- → Lothringen E 470
- Ämter → Städte U 216 ff, Kreise U 225 ff
- Drogisten → U 385
- u. Forschung → Inst. S 711
- Gesellschaften → Kreise U 336 ff
- Lothringen → E 470
- Steinbeis-Stiftung → T 1 386
- Unternehmensansiedlung → U 216 ff
- Zentrum → Hdw. G 49 ff

Wirtschaftsforschung(s)
- angewandte → t 2 298
- Bremer Ges. → T 2 309
- Deutsches Institut → Berlin T 2 310
- Halle → T 2 282, T 2 300
- ifo-Institut → t 2 293
- Institut → Hamburg t 2 283, T 2 311
- Niedersächs. Inst. → T 2 284
- Südwestdeutsche → T 2 347

Wirtschaftsnahe Forschung i.d. neuen Bundesländern, Verb. Innovativer Unternehmen → T 2 301

Wirtschaftsverband
- Großhandel Metallhalbzeug → H 91

Wirtschaftsvereinigung
- Bergbau → f 21, F 122
- d. CDU/CSU → R 241
- Deutsch-Chinesische → E 411
- Deutsch-Hellenische → E 474
- Deutsch-Tschecho-Slowakische → E 710
- d. Ernährungsindustrie Berlin u. Brandenburg → F 496
- Groß- u. Außenhandel → H 8 ff, R 76
- Ind.- u. Bau-Systeme → F 281
- Metalle → BDI f 41
- Stahl → f 46, F 323

Wirtschaftswissenschaft → T 2 225, IZ T 567

Fortsetzung nächste Spalte

Wirtschaftswissenschaft (Fortsetzung)
- Bibliothek → T 2 355
- Fakultät → T 2 358
- Forschung → T 2 269
- d. Landbaues → T 2 601
- Ökonometrie → IZ T 572

Wirtschaftswissenschaftlicher Fakultätentag → T 2 231

Wirtschaftswissenschaftliches Inst. f. Fremdenverkehr → T 2 324

Wissenschaft, Ges. f. Verantwortung → T 854

Wissenschaften, Joachim-Jungius-Gesellschaft → T 848

Wissenschaftler → S 1 116, IZ S 618

Wissenschaftlerinnen u. Wissenschaftler, Bund demokratischer → T 2 220

Wissenschaftliche
- Forschungsinstitute → T 392
- Gesellschaft z. Förderung d. Psychologie → T 2 446
- Gesellschaft Freiburg → T 851
- Gesellschaft f. Gefahrguttransport → T 1 135
- Gesellschaft an d. Johann Wolfgang Goethe-Universität → T 1 075
- Gesellschaften → Arthroskopische Chirurgie T 2 752, IZ T 34
- Hochschule für Unternehmensführung, Stiftung → T 833
- Kommunikationsdienste d. Dt. Bundespost → T 3 680
- Kosmetik, Dt. Ges. → T 993
- Literatur, Arbeitsgem. → U 3 017
- Medizinische Fachgesellschaften → T 3 278
- Sortimentsbuchhandlungen → H 574
- Sozietät Musikpädagogik → O 144
- Station f. Brauerei → München F 161
- u. techn. Information → U 24, Internat. Rat IZ T 308
- Vereinigung z. Förderung d. christl. Gesellschaftslehre → T 2 232
- Zentren, Intern. Vereinig. → IZ T 305

Wissenschaftliches
- Forum f. Intern. Sicherheit → T 1 371
- Institut d. AOK → T 868

Wissenschaftlich-technische
- Gesellschaft f. Verfahrenstechnik → T 1 840

Wissenschaft(s)
- Afrikan. Einheit, Kommission f. → IZ W 5
- Akademien → T 2 ff
- Apotheker → S 378
- Datenverarbeitung → t 181
- DGB → R 337
- Erziehung → Dt. Ges. T 2 530
- Film → O 239
- Finnland-Institut → E 448
- Förderung d. Dt. Brauwirtschaft → t 279
- Forschung, Inst. → T 2 269
- Freiheit, Bund → T 2 438
- Gemeinschaft Gottfried Wilhelm Leibniz → T 265
- Gesprächspsychotherapie → T 2 760
- Hochschulen i. DBB → R 749, T 2 ff
- Humboldt-Ges. f. → S 1 208
- Institut → Arb.-Gem. IZ T 237
- Journalismus, Förderung → T 849
- Journalisten → S 1 363
- Kolleg zu Berlin → T 262
- Kommission f. Meeresforsch. → A 156
- Luftfahrt → TWV T 1 266 ff, Intern. Rat IZ T 307
- Medien → T 3 738, IZ O 25
- Org. d. Vereinten Nationen → IZ V 40
- Politik, Inst. → t 2 431
- Politische → TWV T 2 221, IZ T 193
- u. Praxis, Zusammenarbeit → T 867
- Pressekonferenz → O 432
- Psychologische → IZ T 825
- Rat → T 1
- Sicherheit → T 1 370
- Statistik → T 96
- Stiftung → T 803, Europ. IZ F 1 196
- Technologie, Dt.-Franz. Ges. → T 1 234
- Tierzucht → T 3 507
- Verbände → T 2 ff
- Verkehr, Inst. → T 3 638
- Verwaltungs- → IZ T 892
- u. Wirtschaft Stifterverb. → T 95
- Zentralinstitut f. Farbe → T 1 254
- Zentrum → Gemeinsame Dienste T 2 255, Sozialforsch. t 2 369

Wissensorganisation, Internat. Ges. → IZ T 159

Wissenstransfer → Zentrum T 4 023

Wissensverarbeitung, Anwendungsorientierte → T 850

WISSPRAX → T 867

Wizo-Föderation Deutschland → U 1 302

WKF → F 443
WKI → Fraunhofer t 243, T 2 726
WMC → IZ T 323
WMO → IZ W 39
WOCCU → IZ I 48

Wohlfahrt(s)
- Pflege → U 1 616, U 1 709
- Verbände → U 1 616 ff

Wohlstand, Forschungsgemeinschaft → IZ T 560

Wohltätigkeits-Stiftungen → T 727

Wohn
- Bau-Modernisierung, Arbeitsgem. → G 205
- Beratung, Arb.-Gemeinsch. → U 21
- Bund, Verein z. Förderung wohnpol. Initiativen → U 517
- Design, Bds.-Verb. → G 468
- Eigentum, Dt. Siedlerbund → U 467
- Kultur, Bundesverband → H 387
- Medizin, Ausschuß → T 3 270
- Qualität, Förderung → D 257
- Wagen (s. unten)

Wohnen
- u. Bauen → Bds.-Verb. Q 607
- Seniorengerechtes, Förderkreis → U 1 381
- u. Umwelt → Q 609

Wohnmobil-Hersteller, Verb. Dt. → F 724

Wohnungs
- Eigentümer → U 823
- Losenhilfe, Bds.-Arb.-Gem. → U 1 867
- Recht → T 3 611, T 3 612
- Unternehmen (s. unten)
- Unternehmen, dt. → U 448
- Wesen, Bds.-Ministerium → A 27

Wohnungsunternehmen
- Freie → U 438, IZ U 73

Wohnwagen
- Handelsverband → H 507
- Hersteller → F 724, Europ. IZ F 177

Woll
- Forschungsinstitut → T 1 968
- Gütezeichen → U 544
- Ind. → F 96
- Kämmerei → F 980
- Siegel-Verband → U 544
- Vereinigung → IZ F 1 796
- Wäscherei → F 980

W.O.M.A.N. → IZ U 266
Woolmark (Europe) Limited → F 1 015
World Fuel Cell Council → F 820
World University Service, Dt. Komitee → T 4 178
World Vision Deutschland → U 2 089
WORLD-DIDAC → IZ F 2 582
Wort Verwertungsgesellschaft → U 746
WPC → T 2 249
WPK → O 432
WPSA → IZ T 713
WPV → T 3 690
WSMI → IZ F 2 557
WSMP → O 144
WSPA → IZ Q 228
WTO → IZ W 12

Württembergischer
- Genossenschaftsverband Raiffeisen/Schulze-Delitzsch → P 47
- Geschichts- u. Altertumsverein → T 3 712

Wuppertaler Kreis → T 4 140
Wupperverband → L 65
Wurstwaren (s. Fleischwaren)

WVA → IZ F 1 819
WVAO → T 896
WVF → IZ U 123
WVIB → F 321
WVL → IZ R 315
WVO → O 537
WWF-Deutschland, Umweltstiftung → Q 392
WZB → t 2 369

Y

Yacht-Charterunternehmen, Vereinig. Dt. → M 232
YEE → IZ U 230
YEU → IZ U 229
YMCA → IZ U 270
Yogalehrer, Berufsverband → S 172
Youth for Understanding, Europ. Bildungsaustausch → IZ U 271
Youth for Understanding Komitee → E 734

Z

ZAD → P 47, T 3 773
ZADI → Q 125

Zähler
- Gas- → Ind. F 510
- Wasser → Ind. F 511

Zahlungen an die Konversionkasse, Bds.-Beauftragter → A 207

Zahlungs
- Ausgleich → Intern. IZ W 13

Zahn
- Ärzte → IZ S 163, Europ. Union IZ T 837
- Ärzte, Institut → S 314
- Ärzte, naturheilkundlich tätige → S 317
- Ärztliche Prothetik u. Werkstoffkunde → Dt. Ges. G 799
- ärztlicher Verbindungs-Ausschuß → IZ S 165
- Arzt- u. Tierarzthelferinnen, Berufsverb. → S 477
- Erhaltung, Dt. Ges. → T 3 272
- Freundlich International, Aktion → IZ S 55
- Gesundheit → Aktion S 315
- Heilkunde → Dt. Arbeitskreis S 176, Dt. Ges. T 3 434
- Hygiene, europ. Verbindungsausschuß → IZ T 806
- Medizin, Ganzheitliche → T 3 273
- Technik, Pädagogische → R 517
- Techniker → Verb., Dt. R 516, IZ G 112

ZAI → T 886
ZAK → U 2 655
ZALF → T 2 608

Zargen
- aus Stahl, Gütegemeinsch. → U 596

Zaunbauer → F 1 051
ZAV → K 349 ff, U 3
ZAW → O 532
ZBF → O 415
ZBI → S 890
ZDAW → H 620
ZDB → G 161
ZDF → O 336, O 532
ZDG → q 234
ZDH → G 1
ZDI → S 915
ZDK → H 594, U 2 379
zdm → Q 327
ZDS → T 3 959, U 917
Zehlendorfer Verband f. Evangel. Diakonie → U 1 273

Zeichen
- Geräte → F 515, Hersteller IZ F 2 132
- Trickfilm, Europ. Vereinigung → IZ O 24
- Verbände → U 518 ff

Zeit
- Arbeit (BZA) → S 786
- Arbeitunternehmen, Nordbayer. → R 276
- Genössische Musik → O 128
- Geschichte → Inst. T 3 715, kirchliche T 3 716
- Meßtechnik → Hdw. G 759

Zeitschriften
- Einzelhandel → H 567
- Grossisten → H 34
- Orchesterkunde → S 1 185
- Presse, Internat. Verb. → IZ O 102
- Verlage → O 509
- Verleger → O 509
- Werbung → O 532

Zeitung(s)
- Ausschnittbüros → IZ O 98
- Forschung, Inst. → T 3 735
- Grossisten → H 34
- Verleger → O 532, Berlin u. Brandenburg R 215
- Werbung → O 532
- Wissenschaften → T 3 747

Zell
- Glas-Komitee → IZ F 1 856

Zellstoff
- Chemiker → T 1 886
- Erzeugung → F 727
- Forschung → F 1 195
- Ind. → F 727
- Ingenieure → T 1 886
- Packpapier → f 742
- Verbraucher → F 727

Zelte → Ind. F 983

Zement
- u. Kalkwerke → Arb.-Geber R 96
- Werke → t 370, TWV T 1 887

ZENAF → E 723
ZENIT → IZ U 168

Zentral
- Bank, Europäische → IZ I 5
- Banken, Genossenschafts- → i 27
- Fachausschuß f. d. Druckindustrie → F 243
- Fachschule d. Dt. Süßwarenwirtschaft → T 3 959

Fortsetzung nächste Seite

Zentral (Fortsetzung)
- Heizung (s. unten)
- Institut (s. unten)
- Käserei Oldenburg → P 39
- Komitee der Dt. Katholiken → U 2 379
- Museum, Römisch-Germanisches → T 3 710
- Rat der Juden in Deutschland → U 2 387
- Stelle (s. unten)
- Verband (s. unten)
- Verwaltung d. Umweltschutzes unter künstl. Aspekten → IZ U 824
- Wohlfahrtsstelle der Juden → U 2 040

Zentrale
- Informationsstelle f. Verkehr → T 3 630
- Jugendverbände, Arb.-Krs. → U 1 475
- Markt- u. Preisberichtsstelle für Erzeugnisse der Land-, Forst- u. Ernährungswirtschaft GmbH → Q 304
- Produktivität u. Technologie Saar → U 186

Zentralheizungs
- Geräte → Ind. f 359
- Industrie → F 1 017

Zentralinstitut
- f. Farbe in Wissenschaft u. Gestaltung → T 1 254
- f. Sepulkralkultur → U 3 056

Zentralstelle
- f. Arbeitsvermittlung → K 349 ff, U 3
- Berufsbildung im Einzelhandel → T 3 898
- d. Bundes f. Überwachung d. Umweltradioaktivität → T 1 956
- f.d. deutschsprachigen Chorgesang i.d. Welt → O 95
- Dokumentation Elektrotechnik i. Fachinformationszentrum Technik → U 37
- f. Entwicklungshilfe → U 2 075
- f. Forsch. u. Entwickl.-Transfer FET&WW → T 1 903
- Medien, Daten und Informationen → A 110
- Medien d. Dt. Bischofskonferenz → U 2 377
- f. Pilzforschung u. Pilzverwertung → T 2 620
- f. private Überspielungsrechte → S 1 169
- f. Psychologische Information u. Dokumentation → T 1 920
- Umwelterziehung → Q 650
- f. d. Vergabe v. Studienplätzen → U 2 680
- f. Video-Vermietung → S 1 170

Zentralverband
- d. Deutschen Handwerks → G 1
- d. Deutschen Werbewirtschaft → O 532
- Deutscher u. Osteuropäer → U 1 024
- Deutscher Schornsteinfeger → R 531
- d. Hartwarenhandels → H 651
- politisch Ostgeschädigter → U 1 021
- Pommersche Landsmannschaft → U 1 014

Zentrum
- f. Agrarlandschafts- u. Landnutzungsforschung → T 2 608
- f. Energie- u. Umwelttechnik an der TH Wismar → T 1 052
- f. Energie-, Wasser- u. Umwelttechnik → T 1 051

Fortsetzung nächste Spalte

Zentrum (Fortsetzung)
- Graphische Datenverarbeitung → T 3 891
- f. Innovation u. Technik Nordrh.-Westf. → U 168
- f. integrierten Umweltschutz → Q 338
- f. interdisziplinäre Forschung → T 4 177
- f. Kunst u. Medientechnologie Karlsruhe → T 1 340
- f. Molekulare Biologie → T 1 910
- f. Naturschutz Hessen → Q 447
- Nordamerikaforschung → E 723
- f. Sonnenenergie u. Wasserstoff-Forschung → T 1 373
- f. staatsbürgerliche Gesinnung, europ. → IZ U 672
- f. Traditionelle- u. Regionalkultur → IZ U 674
- Umfragen, Methoden u. Analysen → t 2 414

Zeppelin-Kameradschaft Zeppelinheim → U 3 051
Zeppelin-Museum, Freundeskreis zur Förderung → M 277

Zerstörungsfreie
- Prüfung → Dt. Ges. T 866, Dt. Ges. t 2 072
- Prüfverfahren → t 237

Zertifizierte u. Anerkannte hauptberufl. Kfz-Sachverständige → S 1 089

Zertifizierung
- d. Daimler-Chrysler → T 2 132
- Germanischer Lloyd → T 2 140
- i. Europa, DIN GOST TÜV → T 2 137
- Institut, VDE → T 2 142
- von Managementsystemen u. Personal → DQS Dt. Ges. T 2 133, Europ. Inst. T 2 136
- v. Niederspannungsgeräten → T 1 930
- SGS-ICS Gesellschaft → T 2 148
- Stelle, Schadenverhütung → T 2 152
- TÜV-Rheinland → T 2 151
- v. QMS u. UMS → T 2 149
- Verband, Baustoffüberw. Bd.Würt. → t 2 085

Zertifizierung(s)
- u. Prüfst. b. d. GFE → T 2 139

Zertifizierungsgesellschaft
- NIS → T 2 145

Zertifizierungsverein
- Nord-Ost → t 2 110, t 2 119

ZEUT → T 1 052
ZeWW → T 4 173
ZFMK → T 2 719
ZFU → T 2 244
ZHH → AK Baubeschlag H 92, H 651

Ziegel
- Dach, Arb.-Gem. → F 946
- Forschung → t 371, T 1 984
- Forum → F 945
- Ind. → Bds.-Verb. F 940, IZ F 1 083
- Industrie, Forschungsstelle → T 1 983
- Montagebau → Gütez. U 616
- Nordost, Güteschutz → U 554

Zierpflanzen
- Bau, Inst. → F 436, T 2 641
- Inst. → T 2 636, T 2 641
- Krankheiten, Inst. → A 266
- Züchtung → T 2 642

ZiF → T 4 177

Zigaretten
- Arbeitgeber-Verband → R 75 ff
- Hersteller d. EU → IZ F 2 632
- Industrie → Arbeitnehmerverband R 75 ff, Arb. Geber R 122
- Papier → Ind. f 779

Zigarren
- Industrie → F 1 053
- Institut → F 1 054

Zimmerer → G 161
Zimmerhandwerk, Restauratoren → S 1 512

Zink
- Beratung → U 14
- Druckguß → U 617
- Forschung → t 372
- Halbzeug → Ind. F 706 ff

Zinn
- Gießer-Hdw., Dt. Bds.-Verb. → G 522

Ziseleur → Hdw. G 380
Zitronensäure-Hersteller, europ. → IZ F 1 357
ZIV → T 3 630

Zivil
- Luftfahrtkonferenz → IZ M 218

Zivile
- Luftfahrt → Equipment, Europ. IZ F 572, IZ F 1 797

ZKA → A 194
ZKF → G 414
ZKM → T 1 340
ZMBH → T 1 910
ZMDI
- Ztrlst. Medien, Daten u. Informationen → A 110

ZMP → Q 304
ZMT → H 678
ZOA → O 632

Zoll
- Beamte → R 616
- Kriminalamt → A 194
- Wesen → IZ A 221

Zone, Enteignete Betriebe → U 944

Zoologie
- angewandte → TWV T 2 718
- Fachbetriebe → H 672

Zoologische Gesellschaft → T 2 717
Zoologisches Forschungsinst. u. Museum Alexander Koenig → T 2 719
Zoonosen-Forschung, Inst. → A 157

ZPhA → H 355
ZPID → T 1 920
ZPO → U 1 021
ZPT → U 186
ZPÜ → S 1 169
ZSW → T 1 373
ZTG → H 635

Zucker
- Berufsgenossenschaft → k 241
- Großhandel → H 208
- Handelsverb. f. d. EG-Länder → IZ H 357
- Ind. → Arb. Geber R 122, IZ F 1 358
- Industrie, Verein d. → R 187
- Techniker → TWV T 1 888
- Technologie → IZ T 682
- Waren, Ind. → IZ F 2 166
- Wirtschaftl. Vereinigung → F 495

Zuckerrüben
- Anbau Mitte → Q 224
- Anbauer → q 221, Q 224 ff
- Bauer → Q 218 ff
- Forschung, Inst. → T 2 643

Züchtungs
- Forschung an Kulturpflanzen, Bundesanstalt → A 168
- Kunde, Dt. Ges. → T 2 616

Zukunft der Arbeit, Forschungsinst. → T 2 350
Zukunftsaktion Kohlegebiete → U 2 655
Zukunftsenergien, Forum → T 1 061
Zukunftsforschung → T 2 349
Zukunftsstudien u. Technologiebewertung, Inst. → T 2 348

Zulassung
- Europ. Organisation → IZ T 362

Zulassungen
- Technische, europ. Org. → IZ T 407

ZUMA → t 2 414
Zupfmusiker, Bund Dt. → O 115
Zuricher u. Zulieferbetriebe → Hdw. G 248

Zusammenarbeit
- Dt. Stiftung → T 724
- Hersteller von Transformatoren → IZ F 1 436
- im gesetzlichen Meßwesen → IZ T 241
- in Europa, Verb. f. innovative → IZ U 819
- Internationale, Institut → t 4 104
- mit Osteuropa → U 1 024
- Technische → Dt. Ges. U 2 067
- Technologische, in Europa → A 147
- Wirtschaft → IZ U 1
- Wirtschaftl. → Bds.-Min. A 31, IZ W 6
- Wissensch. u. Praxis, Verein → T 867

Zusammenschluß
- d. Jagdschutzverb. i.d. EU → IZ Q 160
- v. Richterinnen u. Richtern, Staatsanwältinnen u. Staatsanwälten → S 575

Zusatzversorgung(s)
- Land- u. Forstwirtsch. → K 132 ff

Zuverlässigkeit u. Mikrointegration, Fraunh. Einrichtung → t 200

ZVE → H 153
ZVEH → G 267
ZVEI → F 333, t 287
ZVG → Q 130
ZVI → s 897
ZVK → G 451, S 393
ZVS → U 2 680
ZVSHK → F 1 017
ZVV → S 1 170

Zwangsmitrauchen, Bund gegen → U 707
Zweckverband f. Tierkörperbeseitigung → Q 589

Zweirad
- Ezhdl. → H 508
- Industrie-Verband → F 504
- Sicherheit, Inst. → T 1 889

Zweites Deutsches Fernsehen → O 336, O 532
Zwischenstaatliche Gesellschaften → E 239 ff
Zyklenforschung, interdisziplinäre → IZ T 571
Zylindrische Stahlbehälter → F 1 027
Zytologie, Deutsche Gesellschaft → T 3 435

Notizen

Was möchten Sie noch wissen?

Wie ein Puzzle ergänzen sich die einzelnen Hoppenstedt-Handbücher sowie die elektronischen Medien von Hoppenstedt zu einem umfassenden und fundierten Informationspool. Wenn Sie in diesem Handbuch trotz seiner Informationsvielfalt nicht alles finden, was Sie gerne wissen möchten, nutzen Sie die ergänzenden Angebote aus unserem Verlagsprogramm. Ein Beispiel stellen wir Ihnen hier kurz vor.

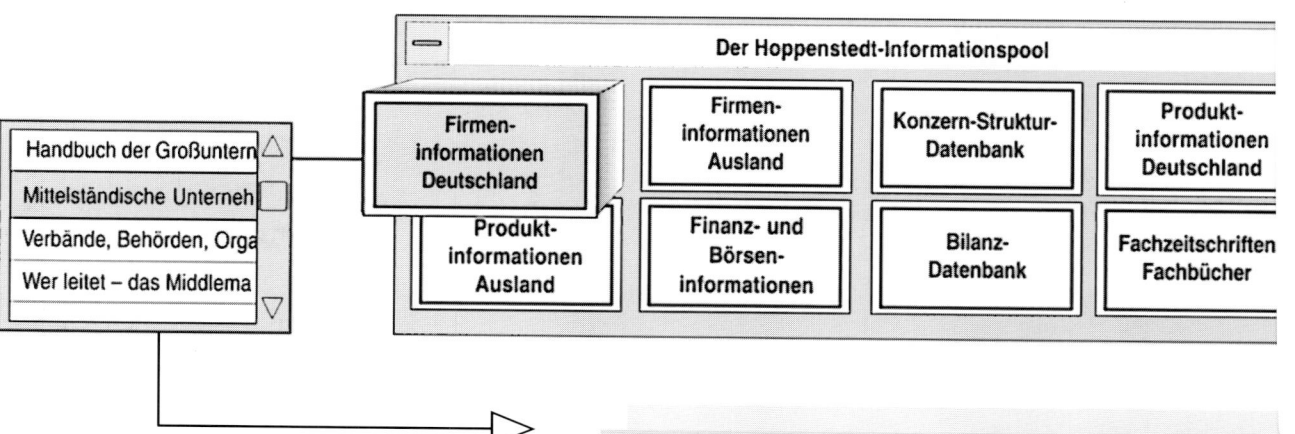

Firmeninformationen Deutschland

Mittelständische Unternehmen:
Der deutsche Mittelstand auf einen Blick

- 53.000 mittelständische Unternehmen in Gesamtdeutschland

- Firmen mit DM 2–20 Mio. Umsatz und/oder 20–150 Beschäftigten

- gleicher Aufbau und Struktur wie Firmen der neuen Bundesländer

- die Daten sind als Handbuch, als CD, selektiert und aufbereitet für Marketingzwecke erhältlich.

- erscheint jährlich im August

- drei Bände, flexibler Einband

- Format A4, mehr als 5.000 Seiten

Fordern Sie unter Fax 06151/380-406 oder telefonisch unter 06151/380-458 weitere Informationen oder ein Angebot an.

A Bundes-Behörden

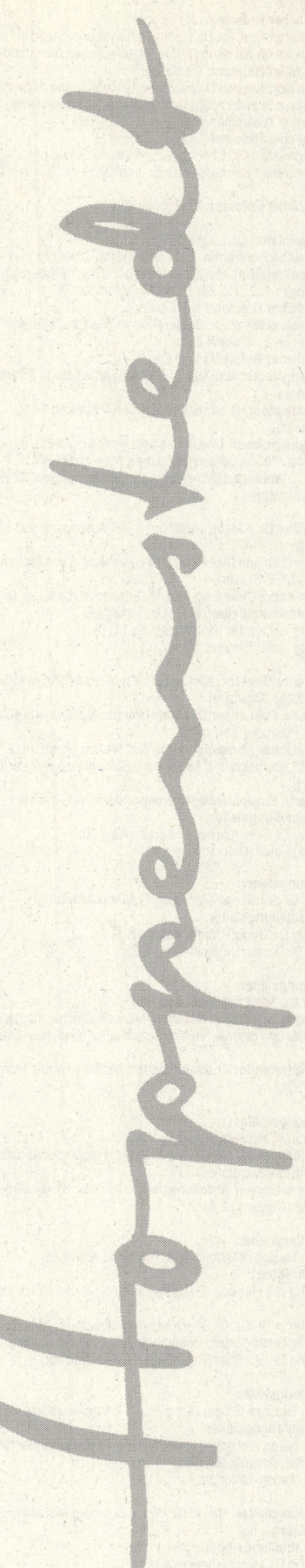

Zum Auffinden einer bestimmten Dienststelle oder Organisation dient das Suchwortverzeichnis, eines Personennamens das Personenverzeichnis.

Bundespräsident und Bundesregierung

Bundestag und Bundesrat

Fraktionen des Deutschen Bundestages

Weitere Bundesbehörden und der Bundesregierung unterstehende Einrichtungen

  Dem Bundeskanzleramt unterstehende Einrichtungen

  Dem Auswärtigen Amt unterstehende Einrichtungen

  Dem Bundesministerium für Arbeit und Sozialordnung unterstehende Einrichtungen

  Dem Bundesministerium für Bildung und Forschung unterstehende Einrichtungen

  Dem Bundesministerium für Verbraucherschutz, Ernährung und Landwirtschaft unterstehende Einrichtungen

  Dem Bundesministerium für Familie, Senioren, Frauen und Jugend unterstehende Einrichtungen

  Dem Bundesministerium der Finanzen unterstehende Einrichtungen

  Dem Bundesministerium für Gesundheit unterstehende Einrichtungen

  Dem Bundesministerium des Innern unterstehende Einrichtungen

  Dem Bundesministerium für Umwelt, Naturschutz und Reaktorsicherheit unterstehende Einrichtungen

  Dem Bundesministerium für Verkehr, Bau- und Wohnungswesen unterstehende Einrichtungen

  Dem Bundesministerium der Verteidigung unterstehende Einrichtungen

  Dem Bundesministerium für Wirtschaft und Technologie unterstehende Einrichtungen

Bundesgerichte

Oberfinanzdirektionen

Bundespräsident und Bundesregierung

● A 1
Der Bundespräsident
Postanschrift: 11010 Berlin
Spreeweg 1, 10557 Berlin
T: (030) 20 00-0 **Fax:** 20 00-1999
Internet: http://www.bundespraesident.de
Internationaler Zusammenschluß: siehe unter IZB 58
Bundespräsident:
Johannes Rau
Staatssekretär(in): Rüdiger Frohn
Pressesprecher: Dr. Kerstin Kießler
Mitarbeiter: ca. 150

● A 2
Bundespräsidialamt (BuPräA)
Spreeweg 1, 10557 Berlin
T: (030) 20 00-0 **Fax:** 20 00-1999
Internet: http://www.bundespraesident.de
E-Mail: poststelle@bpa.bund.de
Bundespräsident: Johannes Rau
Verbindungsoffizier: Kapitän zur See Schmitz
Persönliches Büro: MinR von Mettenheim
VA'e Höbig
VA Adler
Olt. z.S. Hillmer
Chef des Bundespräsidialamtes: Sts Rüdiger Frohn
Stellv. Chef des Bundespräsidialamtes: MinDir Christoph Habermann
Pressesprecherin/Öffentlichkeitsarbeit: MinR'in Dr. Kerstin Kießler
Abteilungsleiter: MinDir Karschies (Abteilung Z)
MinDir Habermann (Abteilung 1; Inland)
MinDir Schmiegelow (Abteilung 2; Ausland)

● A 3
Der Bundeskanzler
Willy-Brandt-Str. 1, 10557 Berlin
T: (030) 40 00-0 **Fax:** 40 00-2357
Internet: http://www.bundeskanzler.de
E-Mail: bundeskanzler@bundeskanzler.de
Bundeskanzler:
Gerhard Schröder
Leiterin Kanzlerbüro: VAe Sigrid Krampitz

● A 4
Bundeskanzleramt (BK)
Willy-Brandt-Str. 1, 10557 Berlin
T: (030) 40 00-0 **Fax:** 40 00-2357
Internet: http://www.bundeskanzler.de
E-Mail: bundeskanzler@bundeskanzler.de

Bundeskanzler:
Gerhard Schröder
Leiterin Kanzlerbüro: VAe Sigrid Krampitz
Pers. Referent: VA Guido Schmitz
Chef des Bundeskanzleramtes:
Staatssekretär Dr. Frank-Walter Steinmeier (Beauftragter für die Nachrichtendienste des Bundes)
Büroleiter: VA Dr. Ewold Seeba
Pers. Referent: MR Dr. Gabriel Kühne
Staatsminister:
Rolf Schwanitz (Beauftragter der Bundesregierung für Angelegenheiten der neuen Länder)
Büroleiterin: MR'in Pia Ritter
Pers. Referent: RD Andreas Wessel-Terharn
Staatsminister:
Prof. Dr. Julian Nida-Rümelin (Beauftragter der Bundesregierung für Angelegenheiten der Kultur und der Medien)
Büroleiterin: VAe Sabine Haack
Staatsminister:
Hans Martin Bury
Büroleiter: VA Thomas Schmidt
Pers. Referent: VA Dietmar Horn

Arbeitsstab Beraterin des Bundeskanzlers für deutsch-französische Beziehungen:
VAe Brigitte Sauzay

Arbeitsstab Angelegenheiten der neuen Länder:
MinDgt Detlev Biedermann

Abteilungsleiter:
MinDir Ernst-H. Hüper (Abt. 1)
(Zentralabteilung; Innen und Recht; Bund-Länder-Verhältnis)

MinDir Michael Steiner (Abt. 2)
(Auswärtige Beziehungen; Entwicklungspolitik, äußere Sicherheit)

MinDir Heinrich Tiemann (Abt. 3)
(Soziales; Bildung; Forschung; Umwelt; Verkehr; Landwirtschaft)
MinDir Dr. Bernd Pfaffenbach (Abt. 4)
(Wirtschafts- und Finanzpolitik)
MinDir Wolfgang Nowak (Abt. 5)
(Politische Analysen und Grundsatzfragen)

MinDir Ernst Uhrlau (Abt. 6)
(Bundesnachrichtendienst; Koordinierung der Nachrichtendienste des Bundes)

a 5
Bundeskanzleramt
Dienststelle Bonn
Adenauerallee 139-141, 53113 Bonn
T: (0228) 56-0 **Fax:** 56-1800

● A 6
Presse- und Informationsamt der Bundesregierung (BPA)
11044 Berlin
Dorotheenstr. 84, 10117 Berlin
T: (01888) 2 72-0 **Fax:** 2 72-2555
Internet: http://www.bundesregierung.de
E-Mail: posteingang@bpa.bund.de

Chef des Presse- und Informationsamtes der Bundesregierung:
Staatssekretär Uwe-Karsten Heye
Büroleiter: RD Gunthart Gerke
Stellv. Chef des Presse- und Informationsamtes der Bundesregierung: MinDir Peter Ruhenstroth-Bauer
Stellv. Sprecherin der Bundesregierung: Charima Reinhardt
Stellv. Sprecher d. Bundesregierung: Bela Anda

Abteilungsleiter: MD Dr. Herbert Mandelartz (Abteilung 1) (Verwaltung/Agentur)
Gruppenleitung:
MDg Joachim Goeres (Gruppe 10, zugl. Vertreter L 1)
Dr. Ingeborg Ludewigs (Gruppe 11)
Abteilungsleiter:
Dr. Werner Bruns (Abteilung 2, Nachrichten/Informationstechnik)
Gruppenleitung:
MR Bernhard Vogt (Gruppe 20)
MR Dieter Witte (Gruppe 21)
Abteilungsleiter:
Ingeborg Kaiser-Bauer (M.A) (Abteilung 3, Inland)
Gruppenleitung: MR Dr. Jörg Merkel (Gruppe 30)
(zugl. Koordinator für die ÖA Neue Länder)
Gruppenleitung: MR Dr. Frank (Gruppe 31)
(zugl. Vertreter L'in 3, zugl. Koordinator für die ÖA zum Bündnis für Arbeit)
Gruppenleitung: Peter Röhrig (Gruppe 32)
(zugl. Koordinator für die ÖA in den Angelegenheiten der Kultur und der Medien)
Abteilungsleiter:
MinDir Hans-Henning Horstmann (Abteilung 4, Ausland)
Gruppenleitung:
Dr. R. Schwarzer (m.d.W.d.G.b.) (Gruppe 40)
Dr. Reinhard Schwarzer (Gruppe 41, zugl. Vertreter L 4)
MR Dr. Gerhard Kutzner (Gruppe 42)

a 7
Presse- und Informationsamt der Bundesregierung
Dienststelle Bonn
Welckerstr. 11, 53113 Bonn
T: (01888) 2 72-0 **Fax:** 2 72-2555

● A 8
Auswärtiges Amt (AA)
11013 Berlin
Werderscher Markt 1, 10117 Berlin
T: (01888) 17-0 **Fax:** 17-3402
Internet: http://www.auswaertiges-amt.de
E-Mail: poststelle@auswaertiges-amt.de

Bundesminister(in): Joseph Fischer
Persönlicher Referent: VLR Dr. von Goetze
Leitungsstab: VLR I Kobler (Leiter Ministerbüro)
VLR'in Schmid (Stellvertretende Leiterin Ministerbüro)
VLR Zenner (Öffentlichkeitsarbeit, Politische Kontakte)
VLR Dr. Heidorn (Stellvertretender Leiter Öffentlichkeitsarbeit, Politische Kontakte)
VLR I Michaelis (Leiter Pressereferat)
VLR'in Sparwasser (Stellvertretende Leiterin Pressereferat)
Planungsstab:
VA Schmillen (Leiter Planungsstab)
VLR I Weigel (Stellvertretender Leiter Planungsstab)
Krisenbeauftragter: BR I Lindner

Beauftragter für Menschenrechte und Humanitäre Hilfe:
Gerd Poppe
Persönlicher Referent: LR I Duppel
Koordinator: Prof. Dr. Dr. h.c. mult. Rudolf von Thadden (Koordinator für die deutsch-französische Zusammenarbeit)
Persönlicher Referent: LR Hasper
Koordinator: Karsten D. Voigt (Koordinator für die deutsch-amerikanische zwischengesellschaftliche, kultur- und informationspol. Zusammenarbeit)
Persönlicher Referent: VLR Dr. Schmitt
Staatsminister: Dr. Christoph Zöpel (Vorsitzender des Staatssekretärsausschusses für Europafragen der Bundesregierung)
Persönlicher Referent: VLR Klöckner

Staatsminister: Dr. Ludger Volmer
Persönliche Referentin: VLR'in Nibbeling-Wrießnig
Staatssekretär(in): Wolfgang Ischinger (Geschäftsbereich: Abteilungen 1, 2, VN, 2A, 3 und Arbeitseinheit 7)
Persönlicher Referent: OAR Koch
Staatssekretär(in): Dr. Gunter Pleuger (Geschäftsbereich: Abteilungen E, 4, 5 und 6)
Persönlicher Referent: VLR Clauß
Abteilungsleiter: MinDirig S. Rudolph (Abteilung 1, Zentralabteilung)
Chefinspekteur: Botschafter Dr. Kruse (Abteilung 1-I, Inspekteure)
Sonderinspekteur: MinDir Paschke (Abteilung 1-EU, Sonderinspekteur für die deutschen Vertretungen in der EU)
VLR I Dr. Weishaupt (Abteilung 1-S, Ansprechpartner für Korruptionsvorsorge)
Leiter:
Botschafter Dr. Kliesow (Abteilung 1-AF, Ausbildung und Fortbildung)
VLR Dr. Gutmann (Abteilung 1-DA, Ausbildung von Diplomaten aus MOE-Staaten)
LR I Dr. Kricke (Abteilung 1-DSB, Datenschutzbeauftragter)
Unterabteilungsleiter: VLR I Dr. Schultheiß
MinDirig von Kunow (Unterabteilung 11)
MinDirig Ziefer (Unterabteilung 12)

Politischer Direktor: MinDirig Dr. Klaus Scharioth (Abteilung 2, Politische Abteilung)
Stellvertr. Politischer Direktor: Botschafter Neubert (Abteilung 2, Politische Abteilung)
Europäischer Korrespondent: VLR I Adam (Abteilung 2 EU-KOR, Gemeinsame Außen- und Sicherheitspolitik der EU (GASP))
Stellvertr. Europäischer Korrespondent: VLR Mafael
Unterabteilungsleiter:
MinDirig Dr. Schumacher (Unterabteilung 20)
MinDirig Pauls (Unterabteilung 21)

Abteilungsleiter:
MinDir Dr. Schweppe (Abteilung E, Europaabteilung)
Unterabteilungsleiter:
MinDirig Dr. Cuntz (Unterabteilung E 1)
VLR I Dr. Jesse (Unterabteilung E 2)

Abteilungsleiter:
MinDir Dr. Altenburg (Abteilung VN)
(Abteilung für Vereinte Nationen, Menschenrechte, humanitäre Hilfe und globale Fragen, Beauftragter für globale Fragen)
Stellvertretender Abteilungsleiter: MinDirig Gerdts (Abteilung VN)

Abteilungsleiter:
Botschafter Neubert (Abteilung 2 A)
(Beauftragter der Bundesregierung für Fragen der Abrüstung und Rüstungskontrolle)
Stellvertretender Abteilungsleiter: BR I Dr. Walter Jürgen Schmid (Abteilung 2 A)

Abteilungsleiter:
MinDir Matussek (Abteilung 3, Politische Abteilung)
Beauftragte(r):
MinDirig von Hoessle (Beauftragter für Nah- und Mittelostpolitik)
MinDirig'in Dr. Gräfin Strachwitz (Beauftragte für Afrikapolitik)
MinDirig Boomgarden (Beauftragter für Lateinamerikapolitik)
MinDir Dr. Sommer (Beauftragter für Asienpolitik)

Abteilungsleiter:
MinDir Broudré-Gröger (Abteilung 4, Wirtschaftsabteilung)
Unterabteilungsleiter:
MinDir von Stechow (Unterabteilung 40, Beauftragter für Nord-Süd-Angelegenheiten)
VLR I Mauch (Unterabteilung 41)

Abteilungsleiter: MinDir Dr. Westdickenberg (Abteilung 5, Rechtsabteilung)
Unterabteilungsleiter:
MinDirig Dr. Hilger (Unterabteilung 50)
MinDirig Lohkamp (Unterabteilung 51)

Abteilungsleiter:
MinDir Dr. Spiegel (Abteilung 6)
(Kulturabteilung; Beauftragter für intern. Medienpolitik)

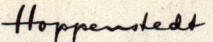

Stellvertretende Abteilungsleiterin: MinDirig'in Dr. von Malsen-Tilborch (Abteilung 6)

Abteilungsleiter: Botschafter von Alvensleben (Abteilung 7, Protokoll)
Stellvertretender Abteilungsleiter: Gesandter Steltzer

a 9

Auswärtiges Amt
Dienststelle Bonn
53105 Bonn
Postf. 11 48, 53001 Bonn
Adenauerallee 99-103, 53113 Bonn
T: (0228) 17-0 **Fax:** 17-3402

● A 10
Bundesministerium des Innern (BMI)
Alt-Moabit 101d, 10559 Berlin
T: (01888) 6 81-0 **Fax:** 6 81-2926
Internet: http://www.bmi.bund.de
E-Mail: poststelle@bmi.bund400.de

Bundesminister(in):
Otto Schily
Parlamentarische(r) Staatssekretär(in):
Fritz Rudolf Körper
Pers. Referent: VA Andreas Ziegler
Parlamentarische(r) Staatssekretär(in):
Dr. Cornelie Sonntag-Wolgast
Pers. Referent: RR Georgios Tsapanos
Staatssekretär(in):
Claus Henning Schapper
Pers. Referent: RD Dr. Hans-Georg Maaßen
Staatssekretär(in):
Brigitte Zypries
Pers. Referent: VA Martin Schallbruch
Ltg. Presserefеrat: VA Rainer Lingenthal

Abteilungsleiter: MinDir Joachim Steig (Abteilung Z, Zentralabteilung)
Abteilungsleiter: MinDir. Dr. Joachim Henkel (Abteilung LG; Leitungsbereich, Grundsatzfragen der Innenpolitik)
Abteilungsleiter: MinDir Dr. Hans-Bernhard Beus (Abteilung D, Öffentlicher Dienst)
Abteilungsleiter: MinDir Klaus-Henning Rosen (Abteilung O; Verwaltungsorganisation, KBSt, Protokoll, Kommunalwesen, Statistik, Zivile Verteidigung)
Abteilungsleiter: MinDir. Dr. Klaus-Dieter Schnapauff (Abteilung V; Verfassungs-, Verwaltungs- und Staatsrecht; Europaangelegenheiten)
Abteilungsleiter: MinDir Günter Krause (Abteilung P, Polizeiangelegenheiten)
Abteilungsleiter: MinDir. Dr. Rüdiger Kass (Abteilung BGS, Bundesgrenzschutz)
Abteilungsleiter: MinDir Werner Müller (Abteilung IS, Innere Sicherheit)
Abteilungsleiter: MinDir Dr. Gerold Lehnguth (Abteilung A, Ausländer- und Asylangelegenheiten)
Abteilungsleiter: MinDir Klaus Pöhle (Abteilung SH; Sport, Spätaussiedler, Hilfen für deutsche Minderheiten)
Beauftragter der Bundesregierung für Aussiedlerfragen: MdB Jochen Welt

a 11

Bundesministerium des Innern
Dienststelle Bonn
Graurheindorfer Str. 198, 53117 Bonn
T: (01888) 5 81-0 **Fax:** 5 81-4665

● A 12
Bundesministerium der Justiz (BMJ)
11015 Berlin
Jerusalemer Str. 27, 10117 Berlin
T: (01888) 5 80-0, (030) 20 25-70 **Fax:** (01888) 5 80-9525, (030) 20 25-9525
Internet: http://www.bmj.bund.de
E-Mail: poststelle@bmj.bund.de

Minister(in):
Prof. Dr. Herta Däubler-Gmelin (MdB)
Persönlicher Referent: RiVG Rothfuß
Parlamentarische(r) Staatssekretär(in):
Prof. Dr. Eckhart Pick (MdB)
Persönliche Referentin: RDn Dr. Kemper
Staatssekretär(in):
Dr. Hansjörg Geiger
Persönlicher Referent: RD Dr. Bartodziej
Ministerbüro: RD Blöink (m.d.W.d.G.b.)
Presse- und Öffentlichkeitsarbeit: RAng Dr. Weber

Abteilungsleiter:
MDgt Dr. Schmitt-Wellbrock (Abteilung Z, Justizverwaltung)
Unterabteilungsleiter:
MDgt Prof. Viehmann (Unterabteilung Z A)
MDgt Dr. Bernhardt (Unterabteilung Z B)

Abteilungsleiter:
MD Netzer (Abteilung R, Rechtspflege)
Unterabteilungsleiter:
MDgt Nettersheim (Unterabteilung R A)
MDgt Siegismund (Unterabteilung R B)

Abteilungsleiter:
MD Stein (Abteilung I, Bürgerliches Recht)
Unterabteilungsleiter:
MDgtn Adlerstein (Unterabteilung I A)
MDgt Dr. Weis (Unterabteilung I B)

Abteilungsleiter:
MD Wilkitzki (Abteilung II, Strafrecht)
Unterabteilungsleiter:
MDgt Dr. Weingärtner (Unterabteilung II A)
MDgt C. Lehmann (Unterabteilung II B)

Abteilungsleiter:
MD Dr. Hucko (Abteilung III, Handels- und Wirtschaftsrecht)
Unterabteilungsleiter:
MDgt Schmid-Dwertmann (Unterabteilung III A)
MR Lutz (Unterabteilung III B)

Abteilungsleiter:
MD Dr. Gusseck (Abteilung IV; Verfassung, Verwaltungsrecht, Rechtsprüfung)
Unterabteilungsleiter:
MDgtn Dr. Lange-Klein (Unterabteilung IV A)
MDgt Güther (Unterabteilung IV B; Dienststellenleiter Bonn)
Beauftragter für Menschenrechtsfragen: MDgt Stoltenberg (IV M)

Abteilungsleiter:
MD Dr. Jekewitz (Abteilung E; Europarecht, Völkerrecht)
Ständiger Vertreter: N. N.

a 13

Bundesministerium der Justiz
Dienststelle Bonn
Postf. 20 03 65, 53133 Bonn
Heinemannstr. 6, 53175 Bonn
T: (01888) 5 82-0, (0228) 58-0 **Fax:** (01888) 5 82-4525, (0228) 58-4525

● A 14
Bundesministerium der Finanzen (BMF)
10107 Berlin
Wilhelmstr. 97, 10117 Berlin
T: (030) 22 42-0 **Fax:** 22 42-3260
Internet: http://www.bundesfinanzministerium.de
E-Mail: poststelle@bmf.bund.de

Bundesminister(in):
Hans Eichel
Persönlicher Referent: RegDir Asmussen (Ministerbüro)
Leitungsstab: VA Halsch
MinR Albig (Presse- und Information)

Parlamentarische(r) Staatssekretär(in):
Karl Diller (Unterstützung des Ministers bei der Erfüllung seiner Regierungsaufgaben, insbesondere in Angelegenheiten des Bundeshaushaltes)
Persönlicher Referent: N.N.
Parlamentarische(r) Staatssekretär(in):
Dr. Barbara Hendricks (Unterstützung des Ministers bei der Erfüllung seiner Regierungsaufgaben, insbesondere auf dem Gebiet der Steuerpolitik)
Persönlicher Referent: RegDir Dr. Eckhardt
Staatssekretär(in):
Dr. Manfred Overhaus (Geschäftsbereich: Abteilungen II, III, VI und VIII)
Persönlicher Referent: RegDir Löbach
Staatssekretär(in):
Prof. Dr. Heribert Zitzelsberger (Geschäftsbereich: Abteilungen Z, I, IV und V)
Persönlicher Referent: RegDir Czakert
Staatssekretär(in):
Caio Koch-Weser (Geschäftsbereich: Abteilungen VII, IX und E)
Persönlicher Referent: RegDir Westphal

Abteilungsleiter:
MinDir Kühn (Abteilung Z)
(Zentralabteilung (Organisation und Personalien, Allgemeine Verwaltung))
Unterabteilungsleiter: MinDirig Stähr (Unterabteilung Z A; Organisation und Personalien des Ministeriums, Neue Steuerungsinstrumente, Haushalt der Bundesfinanzverwaltung, Berufl. Bildungswesen in der Finanzverwaltung, Sprachendienst, einschl. Sprachausbildung, Innerer Dienst, Umzugsbeauftragter des BMF)
Unterabteilungsleiter: VAe Aschenbrenner (Unterabteilung Z B; Angelegenheiten des öffentlichen Dienstes und der Arbeitnehmer bei den ausländischen Streitkräften)
Unterabteilungsleiter: MinDirig Dr. Fiedler (Unterabteilung Z C; Organisation der Bundesfinanzverwaltung (außer Ministerium, Zoll und BV); Bundesfinanzakademie; Elektronische Datenverarbeitung; Fürsorge und soziale Betreuung; Fachaufsicht Personalkostenabrechnungsverfahren; Datenschutz; Geheimschutz)

Abteilungsleiter:
MinDir Engelmann (Abteilung I)
(Grundsatzfragen der Finanz- und Wirtschaftspolitik)
Unterabteilungsleiter: MinDirig Dr. Otremba (Unterabteilung I A; Grundsatzfragen der Finanzpolitik)
Unterabteilungsleiter: MinDirig Dr. Koll (Unterabteilung I B; Grundsatzfragen der Wirtschaftspolitik und Wirtschaftsentwicklung)
Unterabteilungsleiter: MinDirig Krüger (Unterabteilung I C; Finanzpolitische Fragen einzelner Bereiche, Wirtschaftsförderung)

Abteilungsleiter:
MinDir Ehlers (Abteilung II, Bundeshaushalt)
Unterabteilungsleiter: MinR Gatzer (Unterabteilung II A; Allgemeines Haushaltswesen, Teile des Bundeshaushalts, insbesondere Epl. 20, 32, 33 und 60; Finanzplanung des Bundes)
Unterabteilungsleiter: MinR Dr. Schuy (Unterabteilung II B; Teile des Bundeshaushalts, insbesondere Epl. 06, 08, 09 und 12)
Unterabteilungsleiter: MinDirig Sievers (Unterabteilung II C; Teile des Bundeshaushalts, insbesondere Epl. 01-05, 07, 11, 15, 17 und 19)
Unterabteilungsleiter: MinDirig Tschentke (Unterabteilung II D; Teile des Bundeshaushalts, insbesondere Epl. 10, 14, 16, 23 und 30)

Abteilungsleiter:
MinDir Meny (Abteilung III)
(Zölle, Verbrauchsteuern, Branntweinmonopol, Organisation und Personalien der Zollverwaltung, des ZKA und der Bundesmonopolverwaltung für Branntwein)
Unterabteilungsleiter: MinDirig Drees (Unterabteilung III A; Verbrauchsteuern, Organisation und Personalien der Zollverwaltung, des ZKA und der Bundesmonopolverwaltung für Branntwein)
Unterabteilungsleiter: MinDirig Sohn (Unterabteilung III B; Zölle, Durchführung des Außenwirtschaftsrechts (Warenverkehr), Durchführung der Agrarmarktordnungen, Verbote und Beschränkungen, internationale Zollbeziehungen, Zollfahndung, IT-Fachverfahren in der Zollverwaltung)

Abteilungsleiter:
MinDir Juchum (Abteilung IV)
(Besitz- und Verkehrsteuern, Verbrauchsteuern im Zusammenhang mit ökolog. Steuerreform)
Unterabteilungsleiter: MinDirig Dr. Peters (Unterabteilung IV A; Steuerpolitik, Steuerreform, Grundsatzfragen des Steuerrechts, Koordinierung Steuergesetzgebung, Schwerpunktangelegenheiten des Steuerverfahrensrechts und der Steuern vom Einkommen, Zuschlagsteuern, Steuerberatung, Steuervereinfachung)
Unterabteilungsleiter: MinDirig Dr. Stuhrmann (Unterabteilung IV B; Internationales Steuerrecht, EU-Steuerharmonisierung, Verkehrsteuern, Umsatzsteuer-Kontrolle, Grundsatzfragen der Umsatzsteuer, Verbrauchsteuern im Zusammenhang mit ökolog. Steuerreform)
Unterabteilungsleiter: MinDirig Sarrazin (Unterabteilung IV C; Einzelne Steuern vom Einkommen und Ertrag, Erbschaftsteuer, Grundsteuer, Bewertung)
Unterabteilungsleiter: MinDirig Christmann (Unterabteilung IV D; Umsatzsteuer (soweit nicht UA IV B), Doppelbesteuerungsabkommen (soweit nicht UA IV B), Organisation und Automation, Steuerverfahrensrecht (soweit nicht UA IV A), Steuerstrafrecht, KAS)

Abteilungsleiter:
MinDir Türmer (Abteilung V)
(Finanzbeziehungen zu den Ländern und Gemeinden, Rechtsangelegenheiten, Abwicklung der finanziellen Auswirkungen des Krieges, offene Vermögensfragen)
Unterabteilungsleiter: MinDirig Meyer-Sebastian (Unterabteilung V A; Finanzbeziehungen zu den Ländern und Gemeinden, Staatsrecht)
Unterabteilungsleiter: MinDirig Dr. Bley (Unterabteilung V B; Rechtsangelegenheiten (ohne Staatsrecht), Abwicklung der finanziellen Auswirkungen des Krieges (einschl. Wiedergutmachung) und der vermögensrechtlichen Folgen der Vereinigung Deutschlands)

Abteilungsleiter:
MinDir Kühnau (Abteilung VI)
(Bundesliegenschaften, bewegl. Bundesvermögen; Liegenschaftsangelegenheiten der ausländischen Streitkräfte; Organisation und Personalien der Bundesvermögensverwaltung)
Unterabteilungsleiter: MinDirig'in Roschig (Unterabteilung VI A; Allgemeines Grundvermögen sowie Liegenschaften des

A 14

Finanzvermögens (Grundsatzfragen), Organisation und Personalien der Bundesvermögensverwaltung, IT-Projektorganisation Vermögenszuordnung; Forstverwaltung)
Unterabteilungsleiter: MinDirig'in Braunhöler (Unterabteilung VI B; Liegenschaftsangelegenheiten in den neuen Bundesländern und Berlin; Abgeltung von Truppen- und Belegungsschäden)
Unterabteilungsleiter: MinDirig Kampmann (Unterabteilung VI C; Liegenschaftsangelegenheiten in den alten Bundesländern; Liegenschaftsangelegenheiten der ausländischen Streitkräfte)

Abteilungsleiter:
MinDir Dr. Nawrath (Abteilung VII; Geld und Kredit; Internationale Finanz- und Währungspolitik)
Unterabteilungsleiter: MinDirig Dr. Jabcke (Unterabteilung VII A; Geld- und Währungspolitik, Kapitalmarktpolitik, Finanzplatz Deutschland, Kreditaufnahme, Münzwesen, Altlasten, Wiedervereinigung)
Unterabteilungsleiter: MinDirig Caspari (Unterabteilung VII B; Banken-, Versicherungs-, Investment-, Börsen- und Wertpapierwesen)
Unterabteilungsleiter: MinDirig Röskau (Unterabteilung VII C; Internationale Finanz- und Währungspolitik)
Stabsleiter: MinDirig Röskau (Arbeitsstab »Europäische Wirtschafts- und Währungsunion (AS WWU)«, St K unmittelbar unterstellt)

Abteilungsleiter:
MinDir Dr. Rolle (Abteilung VIII)
(Privatisierung- und Beteiligungspolitik, Bundesanstalt für Post und Telekommunikation, Treuhand-Nachfolgeorganisationen)
Unterabteilungsleiter: MinDirig Dr. Ehrig (Unterabteilung VIII A; Bundesanstalt für vereinigungsbedingte Sonderaufgaben (Vertragsmanagement, Abwicklung), Bundesanstalt für Post und Telekommunikation, Privatisierungen)
Unterabteilungsleiter: MinDirig Bierwirth (Unterabteilung VIII B; Rechtsangelegenheiten, Finanzen, Sondervermögen, Reprivatisierung, Liegenschafts- und Umweltpolitik, der Treuhand-Nachfolgeorganisationen)
Unterabteilungsleiter: MinDirig Dr. Siewert (Unterabteilung VIII C; Privatisierungs- und Beteiligungspolitik; Privatisierungsaufgaben und Beteiligungsführung in den Bereichen Post und Telekommunikation, Verkehrsbeteiligungen)

Abteilungsleiter:
MinDir'in Selz (Abteilung E, Europapolitik)
Unterabteilungsleiter: MinDirig Dr. Saupe (Unterabteilung E A; Finanzbeziehungen zu der EU; Finanzielle Grundsatzfragen der europäischen Politiken)
Unterabteilungsleiter: N.N. (Unterabteilung E B; Grundsatzfragen der Europapolitik; Ost-Erweiterung der EU; Außenbeziehungen, Wirtschafts- und Währungsunion)
Unterabteilungsleiter: MinR Dr. Kruse (Unterabteilung E C; Europarecht, Beihilfekontrolle, Europäische Kohäsionspolitik, Beziehungen Bund-Länder bei Vorhaben der EU)

a 15
Bundesministerium der Finanzen
Dienstsitz Bonn
Postf. 13 08, 53003 Bonn
Graurheindorfer Str. 108, 53117 Bonn
T: (0228) 6 82-0   **Fax:** 6 82-4420

● A 16
Bundesministerium für Wirtschaft und Technologie
11019 Berlin
Scharnhorststr. 34-37, 10115 Berlin
T: (01888) 6 15-0   **Fax:** (030) 20 14-7010
Internet: http://www.bmwi.de
E-Mail: info@bmwi.bund.de

Bundesminister(in):
Dr. Werner Müller
Leitungsstab: RegDir'n Sobczale (Ministerbüro M)
Pressesprecherin: MinR'in Wierig (Referat LP) (Pressereferat)
Leitungsstab: RegDir'in Dr. Kern (Referat LI) (Öffentlichkeitsarbeit)

Staatssekretär(in):
Dr. Axel Gerlach (Geschäftsbereich: Abteilungen Z, IV, und V; Koordinator für die maritime Wirtschaft)
Pers. Referent: RegDir H.-W. Busch
Parlamentarische(r) Staatssekretär(in):
Siegmar Mosdorf (Unterstützung des Ministers bei der Erfüllung seiner politischen und fachlichen Aufgaben Koordinator für die Deutsche Luft- Raumfahrt)
Pers. Referent: Schaal
Parlamentarische(r) Staatssekretär(in): Margareta Wolf (Unterstützung des Ministers bei der Erfüllung seiner politischen und fachlichen Aufgaben; Beauftragte der Bundesregierung für den Mittelstand)
Pers. Referent: N.N.
Staatssekretär(in):

Dr. Alfred Tacke (Abteilungen I, II, VI und VII; Persönl. Beauftragter des Bundeskanzlers zur Vorbereitung des Weltwirtschaftsgipfels)
Pers. Referentin: RR'in z.A. A. Nikolay

Abteilungsleiter:
MinDir M. Müller (Abteilung Z, Zentralabteilung)
Unterabteilungsleiter: MinDirig Dr. Brauner (Unterabteilung Z A; Personal, Organisation, Informationstechnik (IT); Umzugsbeauftragter)

Abteilungsleiter:
MinDir Dr. Schürgers (Abteilung I, Wirtschaftspolitik)
Unterabteilungsleiter: MinDirig Claßen (Unterabteilung I A; Grundsatzfragen der Wirtschaftspolitik)
Unterabteilungsleiter: MinR Dr. Marx (Unterabteilung I B; Wettbewerbs- und Preispolitik)
Unterabteilungsleiter: MinDirig Dr. Funkschmidt (Unterabteilung I C; Regionale Wirtschaftspolitik, Sozialpolitik)

Abteilungsleiter:
MinDir Dr. Homann (Abteilung II)
(Mittelstandspolitik, Handwerk, Dienstleistungen, Freie Berufe, Bildungspolitik)
Unterabteilungsleiterin: MinDirig'in Hammers-Strizek (Unterabteilung II A; Mittelstandspolitik, Dienstleistungswirtschaft, Freie Berufe)
Unterabteilungsleiter: MinDirig Dr. Ter-Nedden (Unterabteilung II B; Handwerk, Gewerberecht, Bildungspolitik)

Abteilungsleiterin:
Dr. Möller (Abteilung III)
(Energie - unmittelbar dem Minster unterstellt -)
Unterabteilungsleiterin: MinDirig Dr. Brandes (Unterabteilung III A; Energie und Umwelt, Energieforschung)
Unterabteilungsleiter: MinR'in Dr. Mühl (Unterabteilung III B; Elektrizitäts- und Gaswirtschaft)
Unterabteilungsleiter: MinR Schneider

Abteilungsleiter:
MinDir Dr. Schuseil (Abteilung IV)
(Gewerbliche Wirtschaft, Industrie; Umweltschutz)
Unterabteilungsleiter: MinDirig Dr. Günther (Unterabteilungsleiter IV A; Außenwirtschaftsfragen d. Industrie, Luft- und Raumfahrt, Textil- u. Stahlindustrie, Maschinen und Anlagenbau, NE-Metalle)
Unterabteilungsleiter: MinDirig Dr. Heitzer (Unterabteilung IV B; Industriepolitik, Bauwirtschaft, Chemie-, Elektro-, Möbel-, Druckindustrie, Fahrzeug- u. Schiffbau)
Unterabteilungsleiter: MinDirig Dr. Pieper (Unterabteilung IV C; Ökologische Wirtschaftspolitik)

Abteilungsleiter:
MinDir von Dewitz (Abteilung V)
(Außenwirtschafts- und Europapolitik)
Unterabteilungsleiter: MinR Brünjes (Unterabteilung V A; Außenwirtschaftspolitik, Handelspolitik, Standortwerbung)
Unterabteilungsleiter: MinDirig Hahn (Unterabteilung V B; Außenwirtschaftskontrollen und Außenwirtschaftsrecht, wirtschaftliche Zusammenarbeit, entwicklungspolitische Fragen)
Unterabteilungsleiter: MinDirig Dr. Burkhardt (Unterabteilung V C; Wirtschaftliche Zusammenarbeit, Finanzierungen)
Unterabteilungsleiter: MinDirig Dr. Witt (Unterabteilung V D; Europapolitik)

Abteilungsleiter:
MinDir Dr. Röhling (Abteilung VI)
(Technologie- und Innovationspolitik; Neue Bundesländer)
Unterabteilungsleiter: MinDirig Dr. Lorenzen (Unterabteilung VI A; Technologie- und Innovationspolitik, Projektmanagement/Strategische Planung)
Unterabteilungsleiter: MinDirig Cronenberg (Unterabteilung VI B; Informationsgesellschaft, Medienrecht)

Abteilungsleiter:
MinDir Ehrnsperger (Abteilung VII)
(Telekommunikation und Post - Leiter des Dienstbereiches Bonn -)
Unterabteilungsleiter: MinDirig Mannherz (Unterabteilung VII A; Telekommunikations- und Postpolitik, Regulierung)
Unterabteilungsleiter: MinDirig Dr. Berger (Unterabteilung VII B; Telekommunikation und Post - Recht/Frequenzen/Standardisierung -)

a 17
Bundesministerium für Wirtschaft und Technologie
Dienstbereich Bonn
Villemombler Str. 76, 53123 Bonn
T: (0228) 6 15-0   **Fax:** 6 15-4436

● A 18
Bundesministerium für Verbraucherschutz, Ernährung und Landwirtschaft (BMVEL)
Postf. 14 02 70, 53107 Bonn
Rochusstr. 1, 53123 Bonn
T: (0228) 5 29-0   **Fax:** 5 29-4262

Teletex: 886 844
Internet: http://www.bml.de
E-Mail: poststelle@bmvel.bund.de

Bundesminister(in): Renate Künast (B90/Die Grünen)
Pers. Referentin: Swantje Helbing
Leitungsbereich: Farcke
Ministerbüro: MinR Wolkenhauer
Sigrun Neuwerth (L 1, Pressestelle)
MinR Dr. Bieler (L 2, Kabinett, Parlaments- und Protokollangelegenheiten)

Parlamentarische(r) Staatssekretär(in):
Matthias Berninger
Pers. Referent: RegDir Jungehülsing
Parlamentarische(r) Staatssekretär(in):
Dr. Gerald Thalheim
Pers. Referent: RegDir Dr. Neubauer
Staatssekretär(in): Alexander Müller
Pers. Referent: RegDir Bauer
Staatssekretär(in):
Dr. Martin Wille
Pers. Referent: ORR'in Dr. Böttcher

Abteilungsleiter:
MinDir Dr. Lohmann (Abteilung 1, Zentralabteilung)
Unterabteilungsleiter: MinDirig Johannes (Unterabteilung 11, Verwaltung I)
Unterabteilungsleiter: MinR Dr. Jikeli (Unterabteilung 12, Verwaltung II)

Abteilungsleiter:
MinDir Dr. Seegers (Abteilung G, Grundsatzangelegenheiten, Koordination und Kommunikation, Umweltangelegenheiten)

MinDir Dr. Breloh (Abteilung 2, Verbraucher- und Ernährungspolitik, Forschung, Bio- und Gentechnik)
Unterabteilungsleiterin: MinDirig'n Dopatka (Unterabteilung 21, Verbraucherschutz, Verbraucherkommunikation, Lebensmittelkennzeichnung)
Unterabteilungsleiter: MinDirig Dr. Lückemeyer (Unterabteilungsleiter 22, Ernährung, Forschung, Bio- und Gentechnik)

Abteilungsleiter:
Kühnle (Abteilung 3, Lebensmittelsicherheit, Veterinärwesen)
Unterabteilungsleiter: MinDirig Dr. Hölzel (Unterabteilung 31, Sicherheit der Lebensmittel nichttierischer Herkunft)
Unterabteilungsleiter: MinDirig Prof. Dr. Kothmann (Unterabteilung 32, Sicherheit der Lebensmittel tierischer Herkunft)
Unterabteilungsleiter: MinDirig Prof. Dr. Zwingmann (Unterabteilung 33, Tierschutz, Tierische Erzeugung, Veterinärwesen, Tierseuchenbekämpfung, Nationales Krisenzentrum)

Abteilungsleiter:
MinDir Schwinne (Abteilung 4, Marktpolitik)
Unterabteilungsleiter: MinDirig Dr. Willer (Unterabteilung 41, Grundsätzliche Marktangelegenheiten, Märkte für pflanzliche Erzeugnisse)
Unterabteilungsleiter: MinR Dr. R. Kloos (Unterabteilung 42, Märkte für tierische Erzeugnisse, Planungsgrundlagen)

Abteilungsleiter:
MinDir Prof. Dr. Schlagheck (Abteilung 5, Ländlicher Raum, Sozialpolitik, Pflanzliche Erzeugung, Forstpolitik)
Unterabteilungsleiter: MinDirig Hermelingmeier (Unterabteilung 51, Gesellschafts- und Sozialpolitik im ländlichen Raum)
Unterabteilungsleiter: MinDirig Schulze-Weslarn (Unterabteilung 51, Pflanzliche Erzeugung, Ökologischer Landbau, Nachwachsende Rohstoffe)
Unterabteilungsleiter: MinDirig Dr. Schopen (Unterabteilung 52, Strukturpolitik)
Unterabteilungsleiter: MinDirig Wermann (Unterabteilung 53, Forstwirtschaft, Holzwirtschaft, Jagd)

Abteilungsleiter:
MinDir Detken (Abteilung 6, EU-Angelegenheiten, Internationale Angelegenheiten, Fischereipolitik)
Unterabteilungsleiter:
MinR Dr. Heynen (Unterabteilung 61, EU-Angelegenheiten, Internationale Angelegenheiten)
Unterabteilungsleiter: MinDirig Dr. Wendisch (Unterabteilung 62, Fischereipolitik, Außenwirtschaftspolitik)

a 19
Bundesministerium für Verbraucherschutz, Ernährung und Landwirtschaft
Dienstsitz Berlin
11055 Berlin
Wilhelmstr. 54, 10117 Berlin
T: (030) 20 06-0   **Fax:** 20 06-4262

● A 20
Bundesministerium für Arbeit und Sozialordnung (BMA)
11017 Berlin

Wilhelmstr. 49, 10117 Berlin
T: (01888) 5 27-0, (030) 20 07-0   Fax: (01888) 5 27-1922, (030) 20 07-1922
Internet: http://www.bma.bund.de
E-Mail: bmail@bma.bund.de

Dienstsitz Bonn
Abteilungen Z, I, V und VII: Rochusstr. 1, 53123 Bonn-Duisdorf
Abteilungen II, III, IV und VI: Lengsdorfer Hauptstr. 78-82, Bonn-Lengsdorf
Postf. 14 02 80, 53107 Bonn
T: (01888) 5 27-0, (0228) 5 27-0 Fax: (01888) 5 27-2965, (0228) 5 27-2965

Minister(in):
Walter Riester (T: (01888) 5 27-2192)
Persönlicher Referent:
OAR Hartmut Baltrusch (T: (01888) 5 27-2140)
Leitungsstab:
MinDirig Rudolf Anzinger (LS, T: (01888) 5 27-2191)
Leitungsstab:
MinDirig Rudolf Anzinger (LS 1, Ministerbüro; T: (01888) 5 27-2191)
Ulrich Tilly (LS 2, Parlaments- und Kabinettsangelegenheiten, Bündnis für Arbeit; T: (01888) 5 27-2378)
Klaus Vater (LS 3; Pressesprecher; Presse, Reden; T: (01888) 5 27-2224)
Susanne Gasde (LS 4, Öffentlichkeitsarbeit und Kommunikation; T: (01888) 5 27-2312)

Parlamentarische(r) Staatssekretär(in):
Gerd Andres (T: (01888) 5 27-2185)
(Unterstützung des Ministers im Bereich der Abteilungen I, II, III und Unterabteilung VIIa)
Persönlicher Referent: RegDir Jürgen Warnken (L 2, T: (01888) 5 27-2238)
Parlamentarische(r) Staatssekretär(in):
Ulrike Mascher (T: (01888) 5 27-2939)
(Unterstützung des Ministers im Bereich der Abteilungen IV, V, VI und Unterabteilung VIIb)
Persönliche Referentin: RegDir'in Maria Britta Loskamp (L 3, T: (01888) 5 27-2941)
Staatssekretär(in):
Dr. Werner Tegtmeier (T: (01888) 5 27-2195)
(Geschäftsbereich: Abteilungen I, II, III und VII)
Persönlicher Referent: RegDir Andreas Henkes (L 4, T: (01888) 5 27-2228)
Staatssekretär(in):
Dr. Klaus Achenbach (T: (01888) 5 27-1160)
(Geschäftsbereich: Abteilungen Z, IV, V und VI)
Persönlicher Referent: RegDir Peter Görgen (L 5, T: (01888) 5 27-1162)
Bundeswahlbeauftragter für die Sozialversicherungswahlen:
Otto Zink (T: (01888) 5 27-2551)
Beauftragter der Bundesregierung für die Belange der Behinderten:
Karl Hermann Haack (T: (01888) 5 27-2944)
AS 1 Interministerieller Arbeitsstab:
MinR Bernhard Schneider (T: (01888) 5 27-2682)
Beauftragte der Bundesregierung für Ausländerfragen:
Marieluise Beck (T: (01888) 5 27-2937)
AS 2 Interministerieller Arbeitsstab:
MinR Bernd Geiß (T: (01888) 5 27-2257)
AS 2 Interministerieller Arbeitsstab:
MinR Dr. Volker Klepp (T: (01888) 5 27-1781)

Abteilungsleiter:
MinDir Dr. Peter Rosenberg (T: (01888) 5 27-2501)
(Abt. I, Grundsatz- und Planungsabteilung)
Unterabteilungsleiter: MinDirig Dr. Gerhard Gröbner (T: (01888) 5 27-2540; Unterabteilung Ia; Gesellschafts-, wirtschafts- und finanzpolitische Fragen der Sozialpolitik)
Unterabteilungsleiter: MinDirig Bernhard Knoblich (T: (01888) 5 27-2109; Unterabteilung Ib; Mathematische und finanzielle Fragen der Sozialpolitik, Sozialbudget)

Abteilungsleiter:
MinDir Bernd Buchfink (T: (01888) 5 27-2152)
(Abt. II; Arbeitsmarktpolitik, Arbeitslosenversicherung)
Unterabteilung IIa:
MinDirig'in Christiane Voß-Gundlach (T: (01888) 5 27-2317; Unterabteilung IIa; Arbeitsmarktpolitik)
MinDirig Rainer Irlenkaeuser (T: (01888) 5 27-2720; Unterabteilung IIb; Arbeitsförderung, Arbeitslosenversicherung)

Abteilungsleiter:
MinDir'in Dr. Cornelia Fischer (T: (01888) 5 27-2629)
(Abt. III; Arbeitsrecht, Arbeitsschutz)
Unterabteilungsleiter:
MinDirig Wolfgang Koberski (T: (01888) 5 27-2669; Unterteilung IIIa, Arbeitsrecht)
MinDirig Wolfgang Heller (T: (01888) 5 27-2324; Unterabteilung IIIb, Grundsatzfragen des Arbeitsschutzes, Arbeitsmedizin)
MinDirig Ulrich Becker (T: (01888) 5 27-2645; Unterabteilung IIIc, Technischer Arbeitsschutz)

Abteilungsleiter:
MinDir Georg Recht (T: (01888) 5 27-2506)
(Abt. IV; Sozialversicherung, Sozialgesetzbuch)
Unterabteilungsleiter: MinDirig Thomas Vielhaber (T: (01888) 5 27-2595; Unterabteilung IVa; Grundsatzfragen der Sozialversicherung, Unfallversicherung)
Unterabteilungsleiter: MinDirig Achim Wittrock (T: (01888) 5 27-2597; Unterabteilung IVb; Rentenversicherung)

Abteilungsleiter:
MinDir Rainer Wilmerstadt (T: (01888) 5 27-1000)
(Abt. V; Prävention, Rehabilitation, Behindertenpolitik)
Unterabteilungsleiter: MinDirig Dr. Ludwig Volz (T: (01888) 5 27-1004; Unterabteilung Va; Prävention, Rehabilitation und Behindertenpolitik)
Unterabteilungsleiter: MinDirig Hans Joachim Maaßen (T: (01888) 5 27-1050; Unterabteilung Vb; Institutionelle Förderung von Rehabilitationseinrichtungen, Ausgleichsfonds, Medizinische Fragen)

Abteilungsleiter:
MinDir Dr. h.c. (TR) Helmut Heyden (T: (01888) 5 27-1776)
(Abt. VI; Kriegsopferversorgung und sonstiges soziales Entschädigungsrecht, Versorgungsmedizin)
Unterabteilungsleiter: MinDirig Jürgen Becker (T: (01888) 5 27-2685; Unterabteilung VIa; Kriegsopferversorgung und sonstiges soziales Entschädigungsrecht, Versorgungsmedizin)
Unterabteilungsleiter: MinDirig Dieter Hanz (T: (01888) 5 27-1002; Unterabteilung VIb; Sozialhilfe)

Abteilungsleiter:
MinDir Dr. Wolfgang Ohndorf (T: (01888) 5 27-2800)
(Abt. VII; Europäische und internationale Sozialpolitik)
Unterabteilung VIIa: Klaus Schmitz (T: (01888) 5 27-1133; Unterabteilung VIIa; Europäische Union, Europäische Sozialpolitik)
Unterabteilung VIIb: N. N. (T: (01888) 5 27-1135; Unterabteilung VIIb; Internationale Sozialpolitik)

Abteilungsleiter:
MinDir Dr. Rüdiger Wirth (T: (01888) 5 27-1600)
(Zentralabteilung; Personal, Verwaltung, Haushalt; Informationsverarbeitung)
Unterabteilungsleiter: MinDirig Dieter Eickhoff (T: (01888) 5 27-2335; Unterabteilung Za; Personal, Innerer Dienst, Recht)
Unterabteilungsleiter: MinR Hans-Jürgen Steinmann (T: (01888) 5 27-1602; Unterabteilung Zb; Haushalt, Organisation)
Gruppe Koordinierung der Dienstsitze Bonn und Berlin:
MinDirig Norbert Paland (T: (01888) 5 27-2120; Umzugsbeauftragter)

● **A 21**
Bundesministerium der Verteidigung (BMVg)
Postf. 13 28, 53003 Bonn
T: (0228) 12-00   Fax: 12-5357, 12-5368
Internet: http://www.bundeswehr.de
E-Mail: poststelle@bmvg.bund400.de

Bundesminister(in):
Rudolf Scharping
Ministerbüro: Thießen
Adjutantur: Oberst i.G. Mertens

Parlamentarische(r) Staatssekretär(in):
Brigitte Schulte
Büro der Parl. Staatssekretärin: Oberst i.G. Roland Schneider
Parlamentarische(r) Staatssekretär(in):
Walter Kolbow
Büro des Parl. Staatssekretärs: Oberst i.G. Barth

Staatssekretär(in):
Klaus-Günther Biederbick
Büro des Staatssekretärs:
Kapitän z.S. Nielson
Staatssekretär(in):
Dr. rer. pol. Walther Stützle
Büro des Staatssekretärs: Oberst i.G. Thomas Rosche

Parlament- und Kabinettreferat: Lindner
Protokoll: Oberst Gerhard Leymann
Sonderbeauftragter für Rationalisierung (SfR): N.N.
Presse- und Informationsstab; Sprecher des Bundesministeriums der Verteidigung: Dr. Detlef Puhl
Planungsstab: GenLt Wolfgang Schneiderhan
Stab Leitungscontrolling: N.N.
Organisationsstab: MinR Dipl.-Ing. Reinhard Schütte
IT-Direktor:
MinDirig Dipl.-Ing. Dipl.-Wirtsch.-Ing. Univ. Klaus Hahnenfeld

Abteilungsleiter:
GenLt Walter Rasimowitz (Abteilung Personal-, Sozial- und Zentralangelegenheiten)
Stellvertretender Abteilungsleiter: MinDirig Dr. Hartenstein
Personalmarketing (PM); Beauftragter für Personalgewinnung (mil) und Ausbildungszusammenarbeit mit der Wirtschaft: BrigGen Gubematis
Unterabteilungsleiter:
Dr. Wilmers (PSZ II - Ziviles Personal)
FltlAdm Eberle (Unterabteilung PSZ III) (Grundsatzangelegenheiten des militärischen Personals)
BrigGen Otto (Unterabteilung PSZ IV) (Personalangelegenheiten der Offiziere; Zentrale Aufgaben der Abteilung PSZ)
MinDirig Birkenheier (Unterabteilung PSZ V - Sozialangelegenheiten)

Abteilungsleiter:
MinDir Hanspeter Oelmeier (Abteilung Haushalt (H))
Unterabteilungsleiter:
MinDirig Volck (Unterabteilung H I) (Haushalts-, Kassen- und Rechnungswesen sowie Finanzplanung Epl 14, Personalhaushalt)
MinDirig Wolf (Unterabteilung H II) (Materialhaushalt, Internationale Haushaltsangelegenheiten, BRH-Angelegenheiten)

Abteilungsleiter:
MinDir Streffer (Abteilung Recht (R))
Unterabteilungsleiter:
MinDirig Dr. Malina (Unterabteilung R I) (Besondere Rechtsangelegenheiten, Rechtspflege, Militärseelsorge)
MinDirig Dr. Schwierkus (Unterabteilung R II - Allgemeine Rechtsangelegenheiten)

Abteilungsleiter:
N.N. (Abteilung Wehrverwaltung, Infrastruktur und Umweltschutz (WV))
Unterabteilungsleiter:
MinDirig Leckel (Unterabteilung WV I - Wehrverwaltung; Wehrersatzwesen)
MinDirig Büscher (Unterabteilung WV II) (Zentrale und Grundsatzangelegenheiten der Infrastruktur)
MinDirig Dölle (Unterabteilung WV III - Einrichtung und Betrieb der Infrastruktur)
MinDirig Dr. Wichter (Unterabteilung WV IV - Umweltschutz der Bundeswehr)

Generalinspekteur der Bundeswehr:
General Harald Kujat (Führungsstab der Streitkräfte (Fü S))
Stellvertreter des Generalinspekteurs:
VAdm Rainer Feist
Chef des Stabes des Führungsstabes der Streitkräfte:
GenMaj Egon Ramms
Stabsabteilungsleiter:
BrigGen Sohst (Stabsabteilung Fü S I - Innere Führung; Personal; Ausbildung)
BrigGen Röhrs (Stabsabteilung Fü S II - Militärisches Nachrichtenwesen)
GenMaj Ploeger (Stabsabteilung Fü S III - Militärpolitik und Rüstungskontrolle)
FltlAdm Hirtz (Stabsabteilung Fü S IV - Organisation; Führungsdienste)
BrigGen Hogrefe (Stabsabteilung Fü S V - Einsatz Bundeswehr)
BrigGen Lange (Stabsabteilung Fü S VI - Planung)

Inspekteur des Heeres:
GenLt Gert Gudera (Führungsstab des Heeres (Fü H))
Stellvertreter des Inspekteurs: GenLt Gert Dietrich
Chef des Stabes des Führungsstabes des Heeres: GenMaj Rolf Bernd
Stabsabteilungsleiter:
BrigGen Clauß (Stabsabteilung Fü H I - Personal; Ausbildung; Organisation)
BrigGen Münzner (Stabsabteilung Fü H II) (Planung; Rüstung und Nutzung; Logistik; Sanitätsdienst)
BrigGen Glatz (Stabsabteilung Fü H III - Führung; Konzeption; Einsatzgrundsätze)

Inspekteur der Luftwaffe:
GenLt Gerhard Back (Führungsstab der Luftwaffe (Fü L))
Stellvertreter des Inspekteurs: GenLt Hans Werner Jarosch
Chef des Stabes des Führungsstabes der Luftwaffe: GenMaj Hans-Günter Schröfel
Stabsabteilungsleiter:
BrigGen Born (Stabsabteilung Fü L I - Personal; Ausbildung; Organisation)
BrigGen Gericke (Stabsabteilung Fü L II - Logistik; Rüstung; Planung)
BrigGen Kreuzinger-Janik (Stabsabteilung Fü L III - Konzeption; Führung; Einsatzgrundsätze)

Inspekteur der Marine:
VAdm Hans Lüssow (Führungsstab der Marine (Fü M))
Stellvertreter des Inspekteurs und Chef des Stabes des Führungsstabes der Marine: KAdm Jörg Auer
Stabsabteilungsleiter:
FltlAdm Fritz (Stabsabteilung Fü M I - Personal; Ausbildung; Organisation)
FltlAdm Rosberg (Stabsabteilung Fü M II - Logistik; Material; Rüstung)
FltlAdm Kempf (Stabsabteilung Fü M III - Konzeption; Pla-

A 21

nung; Führung)

Inspekteur des Sanitätsdienstes der Bundeswehr:
GenOStArzt Dr. Karl W. Demmer (Inspektion des Sanitätsdienstes der Bundeswehr (InSan))
Stellvertreter des Inspekteurs und Chef des Stabes der Inspektion des Sanitätsdienstes: GenStArzt Dr. Bernhard Häfner
Unterabteilungsleiter:
GenArzt Dr. Manfred Neuburger (Unterabteilung InSan I - Gesundheitswesen)
GenArzt Dr. Hartmut Sierbertz (Unterabteilung InSan II - Sanitätswesen)

Inspekteur der Streitkräftebasis:
VAdm Bernd Heise (SKB)
Stellvertreter des Inspekteurs und Chef des Stabes des Führungsstabes der Streitkräftebasis: GenMaj Hans-Heinrich Dieter
Stabsabteilungsleiter:
O i.G. Broekelschen (Stabsabteilung Fü SKB I - Führung)
BG Mössinger (Stabsabteilung Fü SKB II)
(Logistik; Infrastruktur; ABC- und Schutzangelegenheiten)

Hauptabteilungsleiter:
MinDir Dr. Jörg Kaempf (Hauptabteilung Rüstung (Rü))
Abteilungsleiter: MinDir Dr. Hans-Heinrich Weise (Hauptabteilung Rüstung (Rü))
Geschäftsführender Beamter: MinDirig Dipl.-Ing. Stein (Hauptabteilung Rüstung (Rü))
Unterabteilungsleiter:
MinDirig Stolp (Unterabteilung Rü I - Rüstungsplanung und Zentralaufgaben)
MinDirig Lohmann (Unterabteilung Rü II)
(Wirtschaftliche und rechtliche Angelegenheiten der Rüstung, Verwertung)
MinDirig Dr. Linnenkamp (Unterabteilung Rü III - Internationale Rüstungsangelegenheiten)
MinDirig Dipl.-Phys. Ellinger (Unterabteilung Rü IV - Forschung und Technologie; Allgemeine Wehrtechnik)
BrigGen Kuhn (Unterabteilung Rü V - Ausrüstung und Technologie Land)
MinDirig Dipl.-Ing. Schreiber (Unterabteilung Rü VI - Ausrüstung und Technologie Luft)
FltlAdm Liche (Unterabteilung Rü VII - Ausrüstung und Technologie See)

a 22
Bundesministerium der Verteidigung zweiter Dienstsitz
11055 Berlin
T: (030) 20 04 00, (01888) 24 00 Fax: (030) 20 04-8333, (01888) 24 83 33
Internet: http://www.bundeswehr.de, http://www.bundeswehr.de/kontakt/gaestebuch.htm

● A 23
Bundesministerium für Familie, Senioren, Frauen und Jugend (BMFSFJ)
11018 Berlin
Taubenstr. 42/43, 10117 Berlin
T: (030) 2 06 55-0 Fax: 2 06 55-1145
Internet: http://www.bmfsfj.de
E-Mail: poststelle@bmfsfj.bund.de

Bundesminister(in):
Dr. Christine Bergmann
Persönliche Referentin: RegR'n z. A. Miriam Saati
Leiterin Ministerbüro: Nicole Elping
Pressesprecherin: Beate Moser

Parlamentarische(r) Staatssekretär(in):
Dr. Edith Niehuis
Persönliche Referentin: Ilse Petry
Staatssekretär(in):
Peter Haupt
Persönliche Referentin: Nicole Rauhut
Personalrat: Achim Schmidt
Hauptpersonalrat: Bernhard Schmidt
Vertrauensmann der Schwerbehinderten: Paul Weiland

Abteilungsleiter:
MinR Johannes-Wilhelm Rörig (Zentrale Verwaltung)
Frauenbeauftragte: Kristin Rose-Möhring
Personal: RegDir Dr. Martin Neubauer
Haushalt: RegDir Willi Nücken
Organisation, Bibliothek: MinR Peter Mohns
Innerer Dienst: MinR Peter Eiden
Informationstechnik:
MinR Hans-Joachim Neese
Justitiariat:
MinR Dr. Hans Peter Reichel
MinR'n Susanne Engeland
Verwaltungsmodernisierung: Silvia Kornwolf
Aufgabenkritik: MinR Dr. Joachim Golla (dem Abteilungsleitung unmittelbar unterstellt)

Abteilungsleiter:
Dr. Gabriele Conen (Abteilung Familie)
Stellvertretende(r) Abteilungsleiter(in):
MinR'n Elisabeth Haines (Abteilung Familie)
MinDirig Heinrich Sudmann (Abteilung Familie)
Allgemeine und Grundsatzangelegenheiten der Familienpolitik, Rechtsfragen, internationale Angelegenheiten: Dr. Thomas Metker
Familienberatung, Familien in besonderen Belastungssituationen, Familienbildung und -erholung:
MinR Wolfgang Meincke
Karin-Renate Quessel
Wirtschaftliche Lebensverhältnisse der Familien, Einkommens- und Vermögensentwicklung, Steuerrecht:
Angelika Engstler
Bundeserziehungsgeldgesetz, Mutterschutzgesetz: RegDir'n Jutta Struck
Kindergeldgesetz, Unterhaltsvorschußgesetz: MinR Hans Joachim Helmke
Ressortforschung und Forschungskoordinierung, Familienforschung, demographischer Wandel, Statistik: Jürgen Fuchs
Sekten und Psychogruppen:
MinR Peter Streichan

Abteilungsleiter:
MinDir Eduard Tack (Abteilung Ältere Menschen)
Stellvertretende(r) Abteilungsleiter(in):
Dr. Beate Fachinger (Abteilung Ältere Menschen)
MinR Rudolf Herweck (Abteilung Ältere Menschen)
Allgemeine und Grundsatzangelegenheiten der Altenpolitik, internationale Angelegenheiten: Norbert Feith
Heimgesetz, Rechtsfragen der Altenhilfe: MinR Volker Berger
Rahmenbedingungen für Selbständigkeit und Aktivität im Alter, Altenplan des Bundes: MinR'n Dr. Gertrud Zimmermann
Strukturfragen der Altenhilfe und -pflege, Gesetzgebung: RegDir'n Ulrike von Keyserlingk
Gesundheit im Alter, Hilfen bei Demenz, Altenpflegeausbildung, Recht der Sozialen Berufe:
MinDir'n Petra Weritz-Hanf
RegDir'n Christiane Viere
Soziale Sicherung, Absicherung gegen Armut: MinR Dr. Hans-Werner Kammann

Abteilungsleiter:
Brigitte Unger-Soyka (Abteilung Gleichstellung)
Stellvertretende(r) Abteilungsleiter(in): Dr. Marion Thielenhaus (Abteilung Gleichstellung)
MinR'n Renate Augstein (Abteilung Gleichstellung)
Allgemeine und Grundsatzangelegenheiten der Gleichstellungspolitik: Gertraude Schmidt
Gleichberechtigungsgesetz, Rechtsfragen, Internationale Angelegenheiten:
MinR'n Dr. Heide Gölz
Gleichstellung von Frauen und Männern im Beruf, Vereinbarkeit von Familie und Erwerbsarbeit, berufliche Wiedereingliederung von Frauen, Arbeitsmarktpolitik:
MinR'n Beate Hesse
Annette Niewöhner
Frauen und Mädchen in besonderen Lebenslagen:
Angela Icken
Schutz von Frauen vor Gewalt, sexuellen Übergriffen; Menschenrechtsverletzungen: MinR'n Renate Augstein
Schwangerschaftsberatung, Sexualaufklärung; Frauen und Gesundheit: Dr. Doris Jansen-Tang

Abteilungsleiter:
MinDir Dr. Peter Fricke (Abteilung Kinder und Jugend)
Stellvertretende(r) Abteilungsleiter(in):
Ingrid Barbara Simon (Abteilung Kinder und Jugend)
MinDirig Jochen Weitzel (Abteilung Kinder und Jugend)
Allgemeine und Grundsatzangelegenheiten der Kinder- und Jugendpolitik: RegDir'n Dr. Annette Niederfranke
Kinder- und Jugendhilfe, Kinder- und Jugendhilfegesetz, Tageseinrichtungen:
MinR Dr. Reinhard Wiesner
MinR'n Dorothee Engelhard
Außerschulische Jugendbildung, Kinder- u. Jugendförderung:
Hans Peter Bergner
Kinder und Jugendliche in besonderen Lebenslagen, Jugendsozialarbeit, Integration:
Peter Kupferschmid
RegDir'n Angelika von Heinz
Jugendhilfe in der Wissensgesellschaft, Kinder- und Jugendplan des Bundes, Gewaltprävention, Bekämpfung von Rechtsextremismus und Fremdenfeindlichkeit: Dr. Sven-Olaf Obst
MinR Wilhelm Teuber
Kinder- und Jugendschutz, Medienkompetenz; Bekämpfung des sexuellen Mißbrauchs: RegDir Ulrich Paschold
MinR'n Susanne Schuster
Internationale Jugendpolitik und Jugendarbeit: Alwin Proost
MinR'n Sybille von Stocki
Information und Kommunikation in der Kinder- und

Jugendpolitik: Hartwig Möbes

Leitungsgruppe: RegDir Thomas Wieseler
Allgemeine und grundsätzliche Internationale Angelegenheiten, Europabeauftragter: Christoph Linzbach
Öffentlichkeitsarbeit, Besucherbetreuung: Dr. Petra Rosenbaum
Presse: Beate Moser
Kabinett-, Parlaments- und Protokollangelegenheiten:
Bärbel Hinz
Bundesbeauftragter für den Zivildienst: Dieter Hackler

Gruppe Zivildienst: MinR Otto Kringe
Gesetzgebung, soziale Belange des Zivildienstes: MinR Dr. Bernd Kemper

MinR Rudolf Thiel

Heranziehung zum Zivildienst, Beschäftigungsbereiche, Einführung, Einweisung, Kostenplanung: RegDir Peter Fuchs
RegDir'n Kristin Rose-Möhring
Wohlfahrtspflege, Bürgerschaftliches Engagement: MinR Dr. Wolfgang Linckelmann
Vertretung und Sonderaufgaben: Udo Kollenberg
Wohlfahrtspflege, soziale Infrastruktur: MinR Wolfgang Hesse
Gesellschaftliche Teilhabe, freiwilliges Engagement, Ehrenamt:
Gertrud Casel
MinR Manfred Weimann
Freiwilligenprogramme, Freiwilligengesetz: RegDir Thomas Thomer

a 24
Bundesministerium für Familie, Senioren, Frauen und Jugend
Dienstbereich Bonn
Rochusstr. 8-10, 53123 Bonn
T: (0228) 9 30-0 Fax: 9 30-2221
TX: 885437

● A 25
Bundesministerium für Gesundheit (BMG)
53108 Bonn
Am Propsthof 78a, 53121 Bonn
T: (0228) 9 41-0, (01888) 4 41-0 Fax: (0228) 9 41-49 00
Internet: http://www.bmgesundheit.de

Bundesminister(in): Ulla Schmidt (SPD)
Persönliche Referentin: Birte Langbein
Leiterin des Büros der Ministerin: Dr. Petra Drohsel
Presse: Annelies-Ilona Klug
Öffentlichkeitsarbeit: N. N.

Parlamentarische(r) Staatssekretär(in): Gudrun Schaich-Walch
Persönlicher Referent: Michael Meier
Staatssekretär(in): Dr. Klaus Theo Schröder
Persönliche Referentin: Dr. Roswitha Voigt
Drogenbeauftragte der Bundesregierung: Marion Caspers-Merck

Abteilungsleiter:
Eberhard Luithlen (Abteilung Z)
(Zentrale Verwaltung, internationale Beziehungen)
Unterabteilungsleiter:
Arnold Schreiber (Unterabteilung Z 1, Verwaltung)
Helmut Voigtländer (Unterabteilung Z 2; Angelegenheiten der EU, internationale Zusammenarbeit)

Abteilungsleiter:
Dr. Erhard Schmidt (Abteilung 1)
(Arzneimittel, Pflegesicherung)
Unterabteilungsleiter:
Dr. Hermann Pabel (Unterabteilung 11; Arzneimittel, Apothekenwesen, Medizinprodukte)
Dr. Rudolf Vollmer (Unterabteilung 12, Pflegesicherung)

Abteilungsleiter:
Dr. Edwin Smigielski (Abteilung 2)
(Gesundheitsversorgung, Krankenversicherung)
Unterabteilungsleiter:
Georg Baum (Unterabteilung 21, Gesundheitsversorgung)
Dr. Ulrich Orlowski (Unterabteilung 22, Krankenversicherung)

Abteilungsleiter:
Dr. Stefan Winter (Abteilung 3)
(Gesundheitsvorsorge, Krankheitsbekämpfung)
Unterabteilungsleiter: Dr. Volker Grigutsch (Unterabteilung 31; Allgemeine Gesundheitsvorsorge, Berufe)
Franz-Josef Bindert (Unterabteilung 32, Übertragbare Krankheiten, AIDS, Gentechnik)

a 26
Bundesministerium für Gesundheit
Dienstsitz Berlin
Postf. 08 01 63, 10001 Berlin
Mohrenstr. 62, 10117 Berlin
T: (01888) 4 41-0 **Fax:** 4 41-4974
Internet: http://www.bmgesundheit.de

● A 27
Bundesministerium für Verkehr, Bau- und Wohnungswesen (BMVBW)
10107 Berlin
Krausenstr. 17-20, 10117 Berlin
T: (030) 20 08-0 **Fax:** 20 08-1920
TX: 305567
Internet: http://www.bmvbw.de
E-Mail: buergerinfo@bmvbw.bund.de, poststelle@bmvbw.bund.de, vorz2b@bmv2.berlin.de
11030 Berlin
Invalidenstr. 44, 10115 Berlin

Bundesminister(in):
Kurt Bodewig
Leitungsstab:
von Randow (Ministerbüro)
Persönlicher Referent des Ministers: Pung-Jakobsen (Protokoll, Int. Konferenzen)
Presse: Stenschke
Öffentlichkeitsarbeit: Löw

Parlamentarische(r) Staatssekretär(in):
Stephan Hilsberg
Persönlicher Referent: Wien
Parlamentarische(r) Staatssekretär(in):
Angelika Mertens
Persönlicher Referent: Wehrmann
Parlamentarische(r) Staatssekretär(in):
Achim Großmann
Persönlicher Referent: Heck
Staatssekretär(in): Wittling
Staatssekretär(in): Henner
Persönlicher Referent: ORR Lüttjohann
Staatssekretär(in):
Ralf Nagel
Persönlicher Referent: ORR Vogel

Abteilungsleiter:
MDir Keidel (Zentralabteilung)
Unterabteilungsleiter:
MDirig Dr. Zumpe (Unterabteilung Z 1; Personal/Haushalt BMVBW, Beteiligungen, Rechtsangelegenheiten)
MDirig Eckhardt (Unterabteilung Z 2; Organisation, IT u. Innere Dienste, BMVBW, KLR)
MDirig Scholl (Unterabteilung Z 3; Dienstsitz Bonn, Angelegenheiten BVBW)

Abteilungsleiter:
MDir Schüller (Grundsatzabteilung)
Unterabteilungsleiter:
MDirig Gröger (Unterabteilung A 1; Verkehrpol., Ordnungspol. im Verkehr, Internat. Bezieh.)
MDirig Lohrberg (Unterabteilung A 2; Invest.pol., Infrastrukturpol., Telematik, Verkehrstechnol.)
MR Sinz (Unterabteilung A 3; Raumentwicklung und Strukturpolitik)
MDirig Dr. Borkenstein (Unterabteilung A 4; Strukturdaten, Umweltschutz, Forschung, Raumordnungsr.)

Abteilungsleiter:
MDir Dr. Lüers (Wohnungswesen)
Unterabteilungsleiter:
MDirig Dr. Söfker (Unterabteilung W 1; Recht des Wohnungswesens)
MDirig Berkefeld (Unterabteilung W 2; Wohnungsbauförderung)
MDirig Janicki (Unterabteilung W 3; Wohnungswirtschaft, Steuerpolitik)

Abteilungsleiter:
MDir Kohl (Eisenbahn, Wasserstraßen)
Unterabteilungsleiter:
MDirig Harting (Unterabteilung EW 1, Eisenbahnen)
MDirig Krause (Unterabteilung EW 2, Wasserstraßen)

Abteilungsleiter:
MDir Dr. Froböse (Luft- und Raumfahrt, Schiffahrt)
Unterabteilungsleiter:
MDirig Schmidt (Unterabteilung LS 1, Luft- und Raumfahrt)
MDirig Stamm (Unterabteilung LS 2, Schiffahrt)

Abteilungsleiter:
MDir Dr.-Ing., Dr.-Ing. E.h. Huber (Straßenbau, Straßenverkehr)
Unterabteilungsleiter:
MDirig Stolle (Unterabteilung S 1; Straßenbauhaushalt, -planung, Straßenbaurecht)
MDirig Will (Unterabteilung S 2; Gebietsaufgaben, Technik des Straßenwesens)
MDirig Burgmann (Unterabteilung S 3; Straßenverkehr)

Abteilungsleiter:
MDir Prof. Dr. Krautzberger (Bauwesen und Städtebau)
Unterabteilungsleiter:
MDirig Dr. Runkel (Unterabteilung BS 1, Baurecht)
MDirig Dr. Klimke (Unterabteilung BS 2, Städtebau)
MDirig Rettig (Unterabteilung BS 3, Bauwesen)
MDirig Dr. Neusüß (Unterabteilung BS 4, Bundesbauten)

a 28
Bundesministerium für Verkehr, Bau- und Wohnungswesen (BMVBW)
Dienstsitz Bonn
53170 Bonn
Robert-Schuman-Platz 1, 53175 Bonn
T: (0228) 3 00-0 **Fax:** 3 00-3428, 3 00-3429
TX: 885700

● A 29
Bundesministerium für Bildung und Forschung (bmb+f)
53170 Bonn
Heinemannstr. 2, 53175 Bonn
T: (01888) 57-0 **Fax:** 57-83601
Internet: http://www.bmbf.de/
E-Mail: bmbf@bmbf.bund400.de

Bundesminister(in):
Edelgard Bulmahn
Persönliche Referentin: RD'in Rebekka Kötting
Leitungsstab:
MinR Peter Ketsch (Ministerbüro Berlin)
Irina Ehrhardt (Öffentlichkeitsarbeit)

Parlamentarische(r) Staatssekretär(in):
Wolf-Michael Catenhusen
Persönliche Referentin: Antje Fahning
Staatssekretär(in):
Dr.-Ing. E.h. Uwe Thomas
Persönlicher Referent: ORR Jürgen Mennemeier

Abteilungsleiter:
MinDir Dr. Wolf-Dieter Dudenhausen (Abteilung Z) (Zentralabteilung Grundsatzfragen)
Unterabteilungsleiter:
MinDirig Dr. Uwe Bake (Unterabteilung Z 1, Zentrale Aufgaben)
MinDirig Dr. Christian D. Uhlhorn (Unterabteilung Z 2, Strategie)
MinDirig Reinhart Botterbusch (Unterabteilung Z 3; Forschungseinrichtungen, Wissenschaftsrat)

Abteilungsleiter:
MinDir Karsten Brenner (Abteilung 1) (Europäische und internationale Zusammenarbeit)
Unterabteilungsleiter:
MinDirig Reinhard Junker (Unterabteilung 11, Europäische Zusammenarbeit)
MinR Dr. Hermann Müller-Solger (Unterabteilung 12; Internationales, Vergleichende Analysen)

Abteilungsleiter:
Veronika Pahl (Abteilung 2)
(Allgemeine Bildung; Berufliche Bildung)
Unterabteilungsleiter:
MinDirig Dr. Werner Boppel (Unterabteilung 21; Allgemeine Bildung, Lebenslanges Lernen)
MinDirig Dr. Ulrich Haase (Unterabteilung 21; Allgemeine Bildung, Lebenslanges Lernen)
MinDirig Dr.-Ing. Peter Braun (Unterabteilung 22, Berufliche Bildung)

Abteilungsleiter:
MinDir Prof. Hans Rainer Friedrich (Abteilung 3, Hochschulen)
Unterabteilungsleiter:
MinDirig Dr. Reimund Scheuermann (Unterabteilung 31; Hochschulpolitik, Ausbildungsförderung)
MinDirig Wedig von Heyden (Unterabteilung 32, Hochschulstrukturen und Rahmenplanung)

Abteilungsleiter: MinDir Dr. Hermann Schunck (Abteilung 4) (Forschung, Umwelt)
Unterabteilungsleiter: MinDirig Dr. Werner Raeder (Grundlagenforschung, wissenschaftl. Nachwuchs)
MinDirig Hansvolker Ziegler (Unterabteilung 42; Umweltschung, Sozialwissenschaften)

Abteilungsleiter:
MinDir Dr. Knut Bauer (Abteilung 5)
(Neue Technologien, Informationstechnologie)
Unterabteilungsleiter:
MinDirig Dr. Hans C. Eschelbacher (Unterabteilung 51; Neue Technologien, Elektronik)
MinDirig Dr. Klaus Rupf (Unterabteilung 52; Informationstechnologie, innovative Dienstleistungen)

Abteilungsleiter:
MinDir Dr. Ludwig Baumgarten (Abteilung 6)
(Gesundheit, Biowissenschaften; Verkehr, Raumfahrt)
Unterabteilungsleiter:
MinDirig Dr. Walter Döllinger (Unterabteilung 61; Gesundheit, Biowissenschaften)
MinDirig Dr. Herbert Diehl (Unterabteilung 62; Verkehr, Raumfahrt)

a 30
Bundesministerium für Bildung und Forschung
Dienstsitz Berlin
Hannoversche Str. 28-30, 10115 Berlin
T: (01888) 57-0 **Fax:** 57-83601

● A 31
Bundesministerium für wirtschaftliche Zusammenarbeit und Entwicklung (BMZ)
Postf. 12 03 22, 53045 Bonn
Friedrich-Ebert-Allee 40, 53113 Bonn
T: (0228) 5 35-0, (01888) 5 35-0 **Fax:** (0228) 5 35-3500, (01888) 5 35-3500
Internet: http://www.bmz.de
E-Mail: poststelle@bmz.bund.de

Bundesminister(in):
Heidemarie Wieczorek-Zeul
Leiter des Ministerinbüros: VA Gehlen
Pers. Referentin: RAFr Paßlick

Parlamentarische(r) Staatssekretär(in):
Dr. Uschi Eid
Pers. Referent: VA Steffen Heizmann
Staatssekretär(in):
Erich Stather
Pers. Referentin: RR'in Dorasil

Presse- und Öffentlichkeitsarbeit: VA Dunnzlaff
Parlaments- u. Kabinettsangelegenheiten: RegDir'in Dr. Geier
Grundsätze, Konzeption und politische Planung der Entwicklungspolitik: RegDir Beimdiek
Protokoll, Sprachendienst: RegDir Ohme

Abteilungsleiter:
MinDir H.-D. Lehmann (Abteilung 1)
(Dienstsitz Berlin; Verwaltung; Qualitätssicherung)
Unterabteilungsleiter: MinDirig von Leuckart (Unterabteilung 11 (Z); Allgemeine Verwaltung)

Abteilungsleiter:
MinDir Prof. Dr. Bohnet (Abteilung 2)
(Entwicklungspolitik mit Ländern und Regionen)
Unterabteilungsleiter: MinDirig Dr. Goerdeler (Unterabteilung 20; Beauftragter für Asien, Mittel- und Osteuropa, zugleich Sonderbeauftragter für Südosteuropa)
Unterabteilungsleiter: MinDirig'in D'Hondt (Unterabteilung 21; Beauftragte für Afrika südlich der Sahara)
Unterabteilungsleiter: MinDirig Dr. Ducklau (Unterabteilung 22; Beauftragter für den Mittelmeerraum, den Nahen Osten und Lateinamerika)

Abteilungsleiter:
MinDirig'in Dr. Schäfer-Preuss (Abteilung 3)
(Instrumente der bilateralen Entwicklungszusammenarbeit)
Unterabteilungsleiter: MinDirig Dr. Popp (Unterabteilung 30-1; Instrumente der staatlichen Zusammenarbeit)
Unterabteilungsleiter: MinDirig Oehler (Unterabteilung 30-2; Zusammenarbeit mit gesellschaftlichen Kräften)

Abteilungsleiter:
MinDir Dr. Hofmann (Abteilung 4)
(Globale und sektorale Aufgaben; Europäische und multilaterale Entwicklungszusammenarbeit)
Unterabteilungsleiter: MinR Hinrichs (Unterabteilung 40; Multilaterale und europäische Entwicklungszusammenarbeit; Governance-Fragen)
Unterabteilungsleiter: MinR Dr. Schipulle (Unterabteilung 41; Globale und sektorale Aufgaben)

a 32
Bundesministerium für wirtschaftliche Zusammenarbeit und Entwicklung
Dienstsitz Berlin
Hausanschrift:
11055 Berlin
Stresemannstr. 92 Europahaus, 10963 Berlin
T: (01888) 5 35-0 **Fax:** 5 35-2501

● A 33
Bundesministerium für Umwelt, Naturschutz und Reaktorsicherheit (BMU)
Postf. 12 06 29, 53048 Bonn
Heinrich-von-Stephan-Str. 1, 53175 Bonn
T: (01888) 3 05-0 Fax: 3 05-3225
Internet: http://www.bmu.de/

Bundesminister(in):
Jürgen Trittin
Leiterin Ministerbüro: Ang'e Müller
Pers. Referentin: ORR'in Dr. Lottermoser
Presse: Ang. Schroeren (Referat P)

Parlamentarische(r) Staatssekretär(in):
Gila Altmann
Persönliche Referentin: Ang'e Meyer
Staatssekretär(in):
Rainer Baake
Pers. Referent: Ang. Mathias Samson
Parlamentarische(r) Staatssekretär(in):
Simone Probst
Persönliche Referentin: Ang'e Hoth

Abteilungsleiter:
Ang. Hinrichs-Rahlwes (Abteilung Z, Zentralabteilung)
Unterabteilungsleiter: MinDirig Dr. Müller (Unterabteilung Z I, Verwaltung)
Unterabteilungsleiter: Ang. Kaiser (Unterabteilung Z II; Planung und Koordinierung, Umwelt und Energie)

Abteilungsleiter:
MinDir Dr. Gallas (Abteilung G; Grundsätzliche und wirtschaftliche Fragen der Umweltpolitik, fachübergreifendes Umweltrecht, internationale Zusammenarbeit)
Unterabteilungsleiter: MinDirig'in Quennet-Thielen (Unterabteilung G I; Grundsätzliche und wirtschaftliche Fragen der Umweltpolitik fachübergreifendes Umweltrecht)
Unterabteilungsleiter: MinDirig Dr. Vygen (Unterabteilung G II; Internationale Zusammenarbeit)

Abteilungsleiter:
MinDir Dr.-Ing. E.h. Ruchay (Abteilung WA; Wasserwirtschaft, Abfallwirtschaft, Bodenschutz, Altlasten)
Unterabteilungsleiter: MinDirig Dr. Holzwarth (Unterabteilung WA I; Wasserwirtschaft, Bodenschutz, Altlasten)
Unterabteilungsleiter: MinDirig Dr. Schnurer (Unterabteilung WA II; Abfallwirtschaft)

Abteilungsleiter:
MinDir Dr. Westheide (Abteilung IG; Umwelt und Gesundheit, Immissionsschutz, Anlagensicherheit und Verkehr, Chemikaliensicherheit)
Unterabteilungsleiter: MinDirig Steinkemper (Unterabteilung IG I; Immissionsschutz, Anlagensicherheit und Verkehr)
Unterabteilungsleiter: MinDirig Dr. Mahlmann (Unterabteilung IG II; Umwelt und Gesundheit, Chemikaliensicherheit)

Abteilungsleiter:
MinDir'in Dr. Schuster (Abteilung N; Naturschutz und nachhaltige Naturnutzung)
Unterabteilungsleiter:
MinDirig Dr. von Websky (Unterabteilung N I; Naturschutz)
MinDirig'in N.N. (Unterabteilung N II; Nachhaltige Naturnutzung)

Abteilungsleiter:
MinDir Renneberg (Abteilung RS; Sicherheit kerntechnischer Einrichtungen, Strahlenschutz, nukleare Ver- und Entsorgung)
Unterabteilungsleiter: MinDirig Dr. Matting (Unterabteilung RS I; Sicherheit kerntechnischer Einrichtungen)
Unterabteilungsleiter: MinDirig Dr. Huthmacher (Unterabteilung RS II; Strahlenschutz)
Unterabteilungsleiter: MinDirig Spinczyk-Rauch (Unterabteilung RS III; Nukleare Ver- und Entsorgung)

a 34
Bundesministerium für Umwelt, Naturschutz und Reaktorsicherheit zweiter Dienstsitz
Alexanderplatz 6, 10178 Berlin
T: (01888) 3 05-0 Fax: (0188) 3 05-4375
Internet: http://www.bmu.de
E-Mail: oea-1000@bmu.de

Bundestag und Bundesrat

● A 35
Deutscher Bundestag
Platz der Republik 1, 10557 Berlin
T: (030) 2 27-0
Internet: http://www.bundestag.de/

Internationaler Zusammenschluß: siehe unter IZB 4

Präsident des Deutschen Bundestages: Wolfgang Thierse
Präsidialbüro: MR Dr. Ulrich Schöler
Leitung Pressezentrum: VA Wolfgang Wiemer
Referenten des Bundestagspräsidenten:
VA Sven Vollrath
VAe Sabine Loeper

Vizepräsident(in):
Rudolf Seiters (CDU)
Anke Fuchs (Köln) (SPD)
Dr. Antje Vollmer (Bündnis 90/DIE GRÜNEN)
Dr. Hermann Otto Solms (F.D.P.)
Petra Bläss (PDS)

Dem Ältestenrat gehören an:
Der Präsident und die fünf Vizepräsidenten des Deutschen Bundestages sowie weitere Abgeordnete

Verwaltung:
Der Direktor beim Deutschen Bundestag: Dr. Peter Eikenboom

Abteilungsleiter:
Min.-Dir. Prof. Dr. Wolfgang Zeh (Abteilung P, Parlamentarische Dienste)
Unterabteilungsleiter: Min.-Dirig. Hermann-Josef Schreiner (Unterabteilung PD, Parlamentsdienste)
Unterabteilungsleiter: Min.-Dirig. Everhard A. Voss (Unterabteilung PB, Parlamentarische Beziehungen)
Unterabteilungsleiter: Min.-Dirig. Dr. Volker Geginat (Unterabteilung PI, Parlamentarische Information)

Abteilungsleiter:
Min.-Dir. Friedhelm Maier (Abteilung W, Wissenschaftliche Dienste)
Unterabteilungsleiterin: VAe Dr. Erika Lieser (Unterabteilung 1. WF, Wissenschaftlicher Fachdienst)
Unterabteilungsleiterin: Min.-Dirig'n Gerburg Trommsdorff-Gerlich (Unterabteilung 2. WF, Wissenschaftlicher Fachdienst)
Unterabteilungsleiterin: Min.-Dirig'n Dr. Frauke von Welck (Unterabteilung Pet, Petitionen und Eingaben)
Unterabteilungsleiter: VA Hans Leptien (Unterabteilung WD, Wissenschaftliche Dokumentation)

Abteilungsleiter:
Min.-Dir. Dr. Hans-Joachim Stelzl (Abteilung Z, Zentrale Dienste)
Unterabteilungsleiterin: Min.-Dirig'n Beatrix Kühl-Meyer (Unterabteilung ZV, Zentrale Verwaltung)
Unterabteilungsleiter: Min.-Dirig. Harro Semmler (Unterabteilung ZA, Zentrale Dienste für Abgeordnete)
Unterabteilungsleiter: Min.-Dirig. Klaus Dams (Unterabteilung ZT, Zentrale Technische Dienste, Allgemeine Verwaltung)
Unterabteilungsleiterin: Min.-Dirig'n Erdmute Rebhan (Unterabteilung ZI, Zentrale Informationstechnik)
Wehrbeauftragter: Leitender Beamter, Min.-Dirig. Dr. Harald Seidel

Ausschüsse

Ausschuss für Wahlprüfung, Immunität und Geschäftsordnung
Ausschussvorsitzende(r): Erika Simm (SPD; Wahlprüfung, Immunität und Geschäftsordnung)
Stellv. Ausschussvorsitzende(r): Dr. Wolfgang Freiherr von Stetten (CDU/CSU; Wahlprüfung, Immunität und Geschäftsordnung)

Petitionsausschuss
Ausschussvorsitzende(r): Heidemarie Lüth (PDS; Petitionsausschuss)
Stellv. Ausschussvorsitzende(r): Jutta Müller (SPD; Petitionsausschuss), Völklingen

Auswärtiger Ausschuss
Ausschussvorsitzende(r): Hans-Ulrich Klose (SPD; Auswärtiger Ausschuss)
Stellv. Ausschussvorsitzende(r): Carl-Dieter Spranger (CDU/CSU; Auswärtiger Ausschuss)

Innenausschuss
Ausschussvorsitzende(r): Ute Vogt (SPD; Innenausschuss), Pforzheim
Stellv. Ausschussvorsitzende(r): Hartmut Büttner (CDU/CSU; Innenausschuss), Schönebeck

Sportausschuss
Ausschussvorsitzende(r): Friedhelm Julius Beucher (SPD; Sportausschuss)
Stellv. Ausschussvorsitzende(r): Dr. Klaus Rose (CDU/CSU; Sportausschuss)

Rechtsausschuss
Ausschussvorsitzende(r): Dr. Rupert Scholz (CDU/CSU; Rechtsausschuss)

Stellv. Ausschussvorsitzende(r): Hermann Bachmaier (SPD; Rechtsausschuss)

Finanzausschuss
Ausschussvorsitzende(r): Christine Scheel (Bündnis 90/DIE GRÜNEN; Finanzausschuss)
Stellv. Ausschussvorsitzende(r): Carl-Ludwig Thiele (F.D.P.; Finanzausschuss)

Haushaltsausschuss
Ausschussvorsitzende(r): Adolf Roth (CDU/CSU; Haushaltsausschuss), Gießen
Stellv. Ausschussvorsitzende(r): Manfred Hampel (SPD; Haushaltsausschuss)

Ausschuss für Wirtschaft und Technologie
Ausschussvorsitzende(r): Matthias Wissmann (CDU/CSU; Wirtschaft und Technologie)
Stellv. Ausschussvorsitzende(r): Christian Müller (SPD; Wirtschaft und Technologie), Zittau

Ausschuss für Ernährung, Landwirtschaft und Forsten
Ausschussvorsitzende(r): Peter Harry Carstensen (CDU/CSU; Ernährung, Landwirtschaft und Forsten), Nordstrand
Stellv. Ausschussvorsitzende(r): Ulrike Höfken (Bündnis 90/DIE GRÜNEN; Ernährung, Landwirtschaft und Forsten)

Ausschuss für Arbeit und Sozialordnung
Ausschussvorsitzende(r): Doris Barnett (SPD; Arbeit und Sozialordnung)
Stellv. Ausschussvorsitzende(r): Dr. Heidi Knake-Werner (PDS; Arbeit und Sozialordnung)

Verteidigungsausschuss
Ausschussvorsitzende(r): Helmut Wieczorek (SPD; Verteidigungsausschuss), Duisburg
Stellv. Ausschussvorsitzende(r): Thomas Kossendey (CDU/CSU; Verteidigungsausschuss)

Ausschuss für Familie, Senioren, Frauen und Jugend
Ausschussvorsitzende(r): Christel Hanewinckel (SPD; Familie, Senioren, Frauen und Jugend)
Stellv. Ausschussvorsitzende(r): Anke Eymer (CDU/CSU; Familie, Senioren, Frauen und Jugend), Lübeck

Ausschuss für Gesundheit
Ausschussvorsitzende(r): Klaus Kirschner (SPD; Gesundheit)
Stellv. Ausschussvorsitzende(r): Wolfgang Zöller (CDU/CSU; Gesundheit)

Ausschuss für Verkehr, Bau- und Wohnungswesen
Ausschussvorsitzende(r): Eduard Oswald (CDU/CSU; Verkehr, Bau- und Wohnungswesen)
Stellv. Ausschussvorsitzende(r): Klaus Hasenfratz (SPD; Verkehr, Bau- und Wohnungswesen)

Ausschuss für Umwelt, Naturschutz und Reaktorsicherheit
Ausschussvorsitzende(r): Christoph Matschie (SPD; Umwelt, Naturschutz und Reaktorsicherheit)
Stellv. Ausschussvorsitzende(r): Winfried Hermann (Bündnis 90/DIE GRÜNEN; Umwelt, Naturschutz und Reaktorsicherheit)

Ausschuss für die Angelegenheiten der neuen Länder
Ausschussvorsitzende(r): Dr. Paul Krüger (CDU/CSU; Angelegenheiten der neuen Länder)
Stellv. Ausschussvorsitzende(r): Dr. Peter Eckardt (SPD; Angelegenheiten der neuen Länder)

Ausschuss für Menschenrechte und humanitäre Hilfe
Ausschussvorsitzende(r): Claudia Roth (Bündnis 90/DIE GRÜNEN; Menschenrechte und humanitäre Hilfe)
Stellv. Ausschussvorsitzende(r): Dr. Christian Schwarz-Schilling (CDU/CSU; Menschenrechte und humanitäre Hilfe)

Ausschuss für Bildung, Forschung und Technikfolgenabschätzung
Ausschussvorsitzende(r): Ulrike Flach (F.D.P.; Bildung, Forschung und Technikfolgenabschätzung)
Stellv. Ausschussvorsitzende(r): Ursula Burchardt (SPD; Bildung, Forschung und Technikfolgenabschätzung)

Ausschuss für wirtschaftliche Zusammenarbeit und Entwicklung
Ausschussvorsitzende(r): Rudolf Kraus (CDU/CSU; wirtschaftliche Zusammenarbeit und Entwicklung)
Stellv. Ausschussvorsitzende(r): Brigitte Adler (SPD; wirtschaftliche Zusammenarbeit und Entwicklung)

Ausschuss für Tourismus
Ausschussvorsitzende(r): Ernst Hinsken (CDU/CSU; Tourismus)
Stellv. Ausschussvorsitzende(r): Jann-Peter Janssen (SPD; Tourismus)

Ausschuss für die Angelegenheiten der Europäischen Union

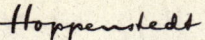

Ausschussvorsitzende(r): Dr. Friedbert Pflüger (CDU/CSU; Angelegenheiten der Europäischen Union)
Stellv. Ausschussvorsitzende(r): Dr. Jürgen Meyer (SPD; Angelegenheiten der Europäischen Union), Ulm

Ausschuss für Kultur und Medien
Ausschussvorsitzende(r): Monika Griefahn (SPD; Kultur und Medien)
Stellv. Ausschussvorsitzende(r): Margarete Späte (CDU/CSU; Kultur und Medien)

● A 36

Der Wehrbeauftragte des Deutschen Bundestages
11011 Berlin
Platz der Republik 1, 10557 Berlin
T: (030) 72 61 60-0 **Fax:** 7 26 16 02 83
E-Mail: wehrbeauftragter@bundestag.de
Wehrbeauftragter(in): Dr. Willfried Penner
Pers. Referent: RD Hilgers
Leitender Beamter: MinDirig Dr. Seidel
Referatsleiter: MR Maahs (Referat WB 1; Grundsatzangelegenheiten/ Grundsätze der Inneren Führung/ Innerer Dienst)
Referatsleiter: MR Mühlen (Referat WB 2; Menschenführung in der Bundeswehr/ Soldaten im Ausland)
Referatsleiterin:
RDn Konrad (Referat WB 3)
Referatsleiterin: RDn Schornack (Referat WB 3; Personalangelegenheiten der Wehrpflichtigen und Angelegenheiten der Reservisten)
Referatsleiter: MR Wilke (Referat WB 4; Personalangelegenheiten der Berufssoldaten und Soldaten auf Zeit)
Referatsleiter: MR Weiß (Referat WB 5; Fürsorgeangelegenheiten/ Soldat und Familie)

● A 37

Vereinigung ehemaliger Mitglieder des Deutschen Bundestages und des Europäischen Parlaments e.V.
Friedrich-Ebert-Platz 2, 10117 Berlin
Gründung: 1977 (3. Mai)
Präsident(in): Dr. Dorothee Wilms (Bundesministerin a.D.)
Vizepräsident(in): Dr. h.c. Helmuth Becker (Bundestagsvizepräsident a.D.)
Dr. Wolf-Dieter Zumpfort
Mitglieder: 620

● A 38

Deutsche Parlamentarische Gesellschaft e.V.
Friedrich-Ebert-Platz 2, 10117 Berlin
T: (030) 2 27-92050
Gründung: 1951 (01. April)
Präsident(in): Dr. Elke Leonhard (MdB)
1. Stellvertretende(r) Vorsitzende(r): Reinhard Freiherr von Schorlemer (MdB)
2. Stellvertretende(r) Vorsitzende(r): Ulrich Irmer (MdB)
Geschäftsführer(in): Dr. Heinke Sudhoff
Mitglieder: ca. 940

● A 39

Sekretariat des Bundesrates
11055 Berlin
Leipziger Str. 3-4, 10117 Berlin
T: (01888) 91 00-0 **Fax:** 91 00-400
Internet: http://www.bundesrat.de
E-Mail: pressestelle@bundesrat.de
Präsident(in): Kurt Beck (Ministerpräsident des Landes Rheinland-Pfalz)
Erster Vizepräsident: Prof. Dr. Kurt Biedenkopf (Ministerpräsident des Freistaates Sachsen)
Zweiter Vizepräsident: Dr. Edmund Stoiber (Ministerpräsident des Freistaates Bayern)
Dritter Vizepräsident: Wolfgang Clement (Ministerpräsident des Landes Nordrhein-Westfalen)
Vors. der Europakammer: Staatsminister Gernot Mittler (Rheinland-Pfalz)
1. Stellv. Vors.: Staatsminister Stanislaw Tillich (Sachsen)
2. Stellv. Vors.: Staatsminister Reinhold Bocklet (Bayern)
3. Stellv. Vors.: N. N. (Nordrhein-Westfalen)
Schriftführer(in): Staatsminister Dr. Manfred Weiß (Bayern)
Ministerin Karin Schubert (Sachsen-Anhalt)
Direktor(in): Prof. Georg-Berndt Oschatz
Leitung Presseabteilung: RegDir Dr. Michael Wisser

Ausschüsse

Agrarausschuss
Vorsitzende(r): Staatsminister Hans-Artur Bauckhage (Rheinland-Pfalz)
Stellvertretende(r) Vorsitzende(r): Ministerin Bärbel Höhn (Nordrhein-Westfalen)
Sekretär des Ausschusses: MinDirg Dr. Konrad Reuter

Ausschuss für Arbeit und Sozialpolitik
Vorsitzende(r): Staatsministerin Marlies Mosiek-Urbahn (Hessen)
Stellvertretende(r) Vorsitzende(r): Christa Stewens (Bayern)
Sekretär des Ausschusses: MinR Dr. Wilhelm Opfermann

FAusschuss für Auswärtige Angelegenheiten
Vorsitzende(r): Ministerpräsident Prof. Dr. Kurt H. Biedenkopf (Sachsen)
Sekretär des Ausschusses: MinDirg Wolfgang Fischer

Ausschuss für Fragen der Europäischen Union
Vorsitzende(r): Staatssekretär Willi Stächele (Baden-Württemberg)
1. Stellv. Vors.: Minister Wolfgang Senff (Niedersachsen)
2. Stellv. Vors.: Staatsrat Erik Bettermann (Bremen)
Sekretär des Ausschusses: MinDirg Wolfgang Fischer

Ausschuss für Familie und Senioren
Vorsitzende(r): Bürgermeister und Senator Klaus Böger (Berlin)
Stellvertretende(r) Vorsitzende(r): Staatsminister Dr. Hans Geisler (Sachsen)
Sekretär des Ausschusses: MinR Dr. Wilhelm Opfermann

Finanzausschuss
Vorsitzende(r): Minister Peer Steinbrück (Nordrhein-Westfalen)
Stellvertretende(r) Vorsitzende(r): Minister Andreas Trautvetter (Thüringen)
Sekretär des Ausschusses: MinR Gerhard Sennlaub

Ausschuss für Frauen und Jugend
Vorsitzende(r): Ministerin Dr.rer.nat.habil. Gerlinde Kuppe (Sachsen-Anhalt)
Stellvertretende(r) Vorsitzende(r): Ministerin Angelika Birk (Schleswig-Holstein)
Sekretärin des Ausschusses: MinR'in Beate Schmidt

Gesundheitsausschuss
Vorsitzende(r): Ministerin Dr. Regina Görner (Saarland)
Stellvertretende(r) Vorsitzende(r): Senatorin Hilde Adolf (Bremen)
Sekretärin des Ausschusses: MinR'in Beate Schmidt

Ausschuss für Innere Angelegenheiten
Vorsitzende(r): Minister Klaus Buß (Schleswig-Holstein)
Stellvertretende(r) Vorsitzende(r): Minister Dr. Fritz Behrens (Nordrhein-Westfalen)
Sekretär des Ausschusses: MinR Ulrich Raderschall

Ausschuss für Kulturfragen
Vorsitzende(r): Ministerin Prof. Dr. Dagmar Schipanski (Thüringen)
1. Stellv. Vors.: Minister Wilfried Lemke (Bremen)
2. Stellv. Vors.: Ministerin Dr. Annette Schavan (Baden-Württemberg)
Sekretär des Ausschusses: MinR Ulrich Raderschall

Rechtsausschuss
Vorsitzende(r): Senatorin Dr. Lore Maria Peschel-Gutzeit (Hamburg)
Stellvertretende(r) Vorsitzende(r): Ministerin Inge Spoerhase-Eisel (Saarland)
Sekretär des Ausschusses: N.N.

Ausschuss für Städtebau, Wohnungswesen und Raumordnung
Vorsitzende(r): Minister Hartmut Meyer (Brandenburg)
Stellvertretende(r) Vorsitzende(r): Senator Eugen Wagner (Hamburg)
Sekretärin des Ausschusses: MinR'in Beate Schmidt

Ausschuss für Umwelt, Naturschutz und Reaktorsicherheit
Vorsitzende(r): Minister Wolfgang Jüttner (Niedersachsen)
Stellvertretende(r) Vorsitzende(r): Staatsminister Steffen Flath (Sachsen)
Sekretär des Ausschusses: MinDirg Dr. Konrad Reuter

Verkehrsausschuss
Vorsitzende(r): Senator Josef Hattig (Bremen)
Stellvertretende(r) Vorsitzende(r): Staatsminister Dr. Otto Wiesheu (Bayern)
Sekretär des Ausschusses: MinR Dr. Horst Risse

Ausschuss für Verteidigung
Vorsitzende(r): Minister Prof. Dr. Rolf Eggert (Mecklenburg-Vorpommern)
Stellvertretende(r) Vorsitzende(r): Staatsminister Florian Gerster (Rheinland-Pfalz)
Sekretär des Ausschusses: MinDirg Wolfgang Fischer

Wirtschaftsausschuss
Vorsitzende(r): Staatsminister Dr. Otto Wiesheu (Bayern)
Stellvertretende(r) Vorsitzende(r): Minister Ernst Schwanhold (Nordrhein-Westfalen)
Sekretär des Ausschusses: MinR Dr. Horst Risse

Gemeinsamer Ausschuss (Art. 53a GG)
Vorsitzende(r): Wolfgang Thierse (Präsident des Deutschen Bundestages)
Stellvertretende(r) Vorsitzende(r): N. N.
Sekretariat: T: (030) 2 27-39303

Vermittlungsausschuss des Deutschen Bundestages und des Bundesrates
Vorsitzende(r): Präsident des Senats, Erster Bgm. Ortwin Runde (Vermittlungsausschuss), Hamburg
Bundestagsabgeordneter Dr. Heribert Blens (Vermittlungsausschuss)
im vierteljährlichen Wechsel
Geschäftsführer(in): N.N. (T: (01888) 91 00-250, Fax: (01888) 91 00-268)

Mitglieder des Vermittlungsausschusses

Bundestag
Mitglied: Ludwig Stiegler
Vertreter: Dieter Wiefelspütz
Mitglied: Dr. Norbert Wieczorek
Vertreterin: Anke Fuchs (Köln)
Mitglied: Franz Thönnes
Vertreter: Olaf Scholz
Mitglied: Hildegard Wester
Vertreterin: Regina Schmidt-Zadel
Mitglied: Michael Müller (Düsseldorf)
Vertreterin: Ulrike Mehl
Mitglied: Joachim Poß
Vertreter: Jörg-Otto Spiller
Mitglied: Sabine Kaspereit
Vertreterin: Iris Gleicke
Mitglied: Wilhelm Schmidt (Salzgitter)
Vertreter: Dr. Uwe Küster
Mitglied: Dr. Heribert Blens
Vertreter: Erwin Marschewski
Mitglied: Eckardt von Klaeden
Vertreter: Friedrich Merz
Mitglied: Günter Nooke
Vertreterin: Dr. Maria Böhmer
Mitglied: Hans-Peter Repnik
Vertreter: Dr.Ing. Joachim Schmidt (Halsbrücke)
Mitglied: Michael Glos
Vertreterin: Gerda Hasselfeldt
Mitglied: Karl-Josef Laumann
Vertreter: Peter Rauen
Mitglied: Kerstin Müller (Köln)
Vertreterin: Kristin Heyne
Mitglied: Dr. Irmgard Schwaezer
Vertreter: Carl-Ludwig Thiele

Mitglieder des Vermittlungsausschusses

Bundesrat
Mitglied: Minister Gerhard Stratthaus (Baden-Württemberg)
Vertreter: Minister Dr. Walter Döring (Baden-Württemberg)
Mitglied: Staatsminister Reinhold Bocklet (Bayern)
Vertreter: Staatsminister Erwin Huber (Bayern)
Mitglied: Senator Dr. Eckart Werthebach (Berlin)
Vertreter: Senator Klaus Böger (Berlin)
Mitglied: Ministerpräsident Dr. Manfred Stolpe (Brandenburg)
Vertreter: Minister Prof. Dr. Kurt Schelter (Brandenburg)
Mitglied: Staatsrat Erik Bettermann (Bremen)
Vertreter: Staatsrat Reinhard Metz (Bremen)
Mitglied: Präsident des Senats, Erster Bürgermeister Ortwin Runde (Hamburg)
Vertreter: Senator Dr. Willfried Maier (Hamburg)
Mitglied: Ministerpräsident Roland Koch (Hessen)
Vertreter: Staatsminister Dr. Christean Wagner (Hessen)
Mitglied: Minister Dr. Gottfried Timm (Mecklenburg-Vorpommern)
Vertreterin: Ministerin Dr. Martina Bunge (Mecklenburg-Vorpommern)
Mitglied: Ministerpräsident Sigmar Gabriel (Niedersachsen)
Vertreter: Minister Heinrich Aller (Niedersachsen)
Mitglied: Minister Peer Steinbrück (Nordrhein-Westfalen)
Vertreter: Minister Dr. Michael Vesper (Nordrhein-Westfalen)
Mitglied: Staatsminister Gernot Mittler (Rheinland-Pfalz)
Vertreter: Staatsminister Hans-Artur Bauckhage (Rheinland-Pfalz)
Mitglied: Ministerpräsident Peter Müller (Saarland)
Vertreter: Minister Peter Jacoby (Saarland)
Mitglied: Staatsminister Dr. Thomas de Maizière (Sachsen)
Vertreter: Staatsminister Stanislaw Tillich (Sachsen)
Mitglied: Ministerpräsident Dr. Reinhard Höppner (Sachsen-Anhalt)
Vertreterin: Ministerin Karin Schubert (Sachsen-Anhalt)
Mitglied: Minister Claus Möller (Schleswig-Holstein)
Vertreter: Minister Klaus Müller (Schleswig-Holstein)
Mitglied: Ministerpräsident Dr. Bernhard Vogel (Thüringen)
Vertreter: Minister Dr. Andreas Birkmann (Thüringen)

Fraktionen des Deutschen Bundestages

A 40
Bundestagsfraktion Bündnis 90/Die Grünen
Luisenstr. 32-34, 10117 Berlin
T: (030) 2 27-55518   Fax: 2 27-56552
Internet: http://www.gruene-fraktion.de
E-Mail: info@gruene-fraktion.de

Geschäftsführender Fraktionsvorstand:
Vorsitzende(r): Kerstin Müller
Vorsitzende(r): Rezzo Schlauch
1. Parl. Geschäftsführerin: Kristin Heyne
Parl. GeschäftsführerInnen: Katrin Göring-Eckardt
Steffi Lemke

Fraktionsvorstand:
Vizepräsident(in): Dr. Antje Vollmer
Arbeitskreis-KoordinatorInnen: Margareta Wolf (AK I)
Franziska Eichstädt-Bohlig (AK II)
Volker Beck (AK III)
Christian Sterzing (AK IV)
Fraktionsgeschäftsführer: Lukas Beckmann
Justitiarin: Birgit Laubach
Pressesprecherin: Dorothee Winden
Pressesprecher: Dietmar Huber

Arbeitskreis I
(Wirtschaft, Arbeit, Soziales, Finanzen)
Politische Koordination: Margareta Wolf (AK I)
Stellvertretung: Thea Dückert (AK I)
Wissenschaftliche Koordination: Karin Robinet (AK I)

Arbeitskreis II
(Umwelt, Infrastruktur, Ernährung, Bildung, Fremdenverkehr und Sport)
Politische Koordination: Franziska Eichstädt-Bohlig (AK II)
Stellvertretung: Ali Schmidt (AK II)
Wissenschaftliche Koordination: Markus Kurdziel (AK II)

Arbeitskreis III
(Innen, Recht, Frauen, Jugend, Familie, Petitionen und Geschäftsordnung)
Politische Koordination: Volker Beck (AK III)
Stellvertretung: Cem Özdemir (AK III)
Wissenschaftliche Koordination: Günter Saathoff (AK III)

Arbeitskreis IV
(Außenpolitik, Menschenrechte, Abrüstung)
Politische Koordination: Christian Sterzing (AK IV)
Stellvertretung: Helmut Lippelt (AK IV)
Wissenschaftliche Koordination: Jörn Böhme (AK IV)

Landtagsfraktionen

a 41
**BÜNDNIS 90/DIE GRÜNEN
im Landtag von Baden-Württemberg**
Konrad-Adenauer-Str. 12, 70173 Stuttgart
T: (0711) 20 63-683   Fax: 20 63-660
Internet: http://www.gruene.landtag-bw.de
E-Mail: post@gruene.landtag-bw.de
Vorsitzende(r): Dieter Salomon

a 42
**BÜNDNIS 90/DIE GRÜNEN
im Bayerischen Landtag**
Maximilianeum, 81627 München
Max-Planck-Str. 1, 81675 München
T: (089) 41 26-2493   Fax: 41 26-1494
Internet: http://www.gruene.landtag-bayern.de/home.htm
E-Mail: gruene@bayern-landtag.de
Fraktionsvorsitzende(r): Christine Stahl
Dr. Josef Dürr
Parlamentarische(r) Geschäftsführer(in): Elisabeth Köhler

a 43
Bündnis 90/Die Grünen im Abgeordnetenhaus von Berlin
Niederkirchnerstr. 5, 10117 Berlin
T: (030) 23 25 24 00   Fax: 23 25 24 09
Internet: http://www.parlament-berlin.de/gruene.nsf
E-Mail: gruene@gruene.parlament-berlin.de
Fraktionsvorsitzende: Sibyll Klotz

a 44
**Bündnis 90/DIE GRÜNEN
in der Bremischen Bürgerschaft**
Schlachte 19-20, 28195 Bremen
T: (0421) 30 11-0   Fax: 30 11-250
Internet: http://www.gruene-bremen.de
E-Mail: fraktion.gruene@brainlift.de

a 45
GAL Bürgerschaftsfraktion
Rathausmarkt 1, 20095 Hamburg
T: (040) 4 28 31-1397   Fax: 4 28 31-2556
Internet: http://www.hamburg.de/StadtPol/BrgSchft/GAL-Fr/gal_home.htm
E-Mail: info@gal-fraktion.de, galinfo@gal-fraktion.hamburg.de
Fraktionsvorsitzende: Antje Möller

a 46
BÜNDNIS 90/DIE GRÜNEN im Landtag Hessen
Schloßplatz 1-3, 65183 Wiesbaden
T: (0611) 35 05 82/4   Fax: 3 50-6 00
Internet: http://www.gruene-hessen.de
E-Mail: gruene@ltg.hessen.de
Vorsitzende(r): Tarek Al-Wazir

a 47
**BÜNDNIS 90/DIE GRÜNEN
im Landtag Niedersachsen**
Hinrich-Wilhelm-Kopf-Platz 1, 30159 Hannover
T: (0511) 30 30-4201, 30 30-4202   Fax: 32 98 29
Internet: http://www.nds.gruene.de/ltf/
E-Mail: landtag.nds@gruene.de
Vorsitzende(r): Harms (MdL)

a 48
**Bündnis 90/Die Grünen
im Landtag Nordrhein-Westfalen**
Platz des Landtags 1, 40221 Düsseldorf
T: (0211) 8 84-2861   Fax: 8 84-2870
Internet: http://www.gruene.landtag.nrw.de
E-Mail: gruene-fgf@Landtag.nrw.de
Roland Appel

a 49
**Bündnis 90/Die Grünen
im Landtag Rheinland-Pfalz**
Postf. 30 06, 55020 Mainz
Kaiser-Friedrich-Str. 3, 55116 Mainz
T: (06131) 2 08-3124, 2 08-3125   Fax: 2 08-4129
Internet: http://www.gruene-rlp.de/ltf/
E-Mail: gruene@landtag.rlp.de

a 50
**Bündnis 90/DIE GRÜNEN
im Saarländischen Landtag**
Franz-Josef-Röder-Str. 7, 66119 Saarbrücken
T: (0681) 50 02-203, 50 02-272   Fax: 50 02-350
Internet: http://www.gruene-saar.de/fraktion.htm
E-Mail: gruenelv@saarlink.de

a 51
**BÜNDNIS 90/DIE GRÜNEN
im Landtag Schleswig-Holstein**
Landeshaus
Düsternbrooker Weg 70, 24105 Kiel
T: (0431) 98 81-500   Fax: 98 81-501
Internet: http://www.landtag-sh.gruene.de
E-Mail: B90-GRUENE-LANDTAG-SH@t-online.de

A 52
CDU/CSU-Fraktion im Deutschen Bundestag
11011 Berlin
T: (030) 2 27-52682, 2 27-52267   Fax: 2 27-56864
Internet: http://www.cducsu.bundestag.de/
E-Mail: fraktion@cducsu.bundestag.de

Geschäftsführender Fraktionsvorstand
Vorsitzende(r): Friedrich Merz (MdB)

1. Stellv. Vors.: Michael Glos (Vorsitzender der CSU-Landesgruppe, MdB)

Stellvertretende(r) Vorsitzende(r):
Volker Rühe (Außen-, Verteidigungs- und Sicherheitspolitik; MdB)
Wolfgang Bosbach (Rechts- und Innenpolitik; MdB)
Peter Rauen (Finanz- und Wirtschaftspolitik; MdB)
Günter Nooke (Ostdeutschland; MdB)
Dr. Klaus Lippold (Infrastrukturpolitik (Bauwesen, Verkehr, Umwelt, Landwirtschaft); MdB)
Horst Seehofer (Sozialpolitik; MdB)
Dr. Maria Böhmer (Familien-, Bildungs- und Gesellschaftspolitik; MdB)

1. Parlamentarischer Geschäftsführer: Hans-Peter Repnik (MdB)
Stellvertreter: Dr. Peter Ramsauer (MdB)
Parlamentarische(r) Geschäftsführer:
Birgit Schnieber-Jastram (MdB)
Eckart von Klaeden (MdB)
Manfred Grund (MdB)

Justitiare:
Andreas Schmidt
Dr. Wolfgang Bötsch (MdB)

Landtagsfraktionen

A 53
**CDU-Landtagsfraktion
Baden-Württemberg**
Haus der Abgeordneten, 70173 Stuttgart
T: (0711) 20 63-820   Fax: 20 63-810
Internet: http://www.cdu.org/landtagsfraktion
E-Mail: mdl@mail.cdu.org
Fraktionsvorsitzende(r): Günther H. Oettinger
Fraktionsgeschäftsführer(in): Ulrich Lochmann

A 54
CDU-Fraktion des Abgeordnetenhauses von Berlin
Preußischer Landtag, 10111 Berlin
T: (030) 23 25-2115   Fax: 23 25-2765
Internet: http://www.parlament-berlin.de/cdu-fraktion
E-Mail: cdu-fraktion@cdu.parlament-berlin.de
Fraktionsvorsitzende(r): Frank Steffel
Parlamentarische(r) Geschäftsführer:
Giesela Greiner
Roland Gewalt
Uwe Goetze
Alexander Kaczmarek
Nicolas Zimmer
Pressesprecher: Markus Kauffmann

A 55
CDU-Fraktion im Landtag Brandenburg
Am Havelblick 8, 14473 Potsdam
T: (0331) 9 66-1450   Fax: 9 66-1407
Internet: http://www.brandenburg.de/cdu-fraktion/
Fraktionsvorsitzende(r): Beate Blechinger (MdL)
Parlamentarische(r) Geschäftsführer(in): Dierk Homeyer (MdL)

A 56
CDU-Fraktion der Bremischen Bürgerschaft
Am Wall 135, 28195 Bremen
T: (0421) 3 08 94-0   Fax: 3 08 94-44
E-Mail: info@cdu-bremen.de
Fraktionsvorsitzende(r): Jens Eckhoff (MdBB)
Fraktionsgeschäftsführer: Dr. Thomas vom Bruch

A 57
CDU-Bürgerschaftsfraktion
Poststr. 11, 20354 Hamburg
T: (040) 4 28 31-1372, 4 28 31-1377, 4 28 31-1373
Fax: 4 28 31-2527
E-Mail: info@cdu-hamburg.de
Fraktionsvorsitzende(r): Ole von Beust
Geschäftsführer(in): Dr. Volkmar Schön

A 58
CDU-Fraktion im Hessischen Landtag
Postf. 32 40, 65022 Wiesbaden
Schloßplatz 1-3, 65183 Wiesbaden
T: (0611) 3 50-534   Fax: 3 50-551
Internet: http://www.landtag.hessen.de/cdu-fraktion-hessen
E-Mail: cdu-fraktion@ltg.hessen.de
Fraktionsvorsitzende(r): Norbert Kartmann
Parlamentarische(r) Geschäftsführer(in): Stefan Grüttner

A 59
CDU-Landtagsfraktion Mecklenburg-Vorpommern
Schloß Schwerin
Lennéstr. 1, 19053 Schwerin

T: (0385) 5 25-2207, 5 25-2208   **Fax:** 5 25-2275
Internet: http://www.cdu-fraktion.de
E-Mail: info@cdu-fraktion.de
Fraktionsvorsitzende(r): Eckhardt Rehberg
Parlamentarische(r) Geschäftsführer(in): Lorenz Caffier

● **A 60**
CDU-Fraktion im Niedersächsischen Landtag
Hinrich-Wilhelm-Kopf-Platz 1, 30159 Hannover
T: (0511) 30 30-0   **Fax:** 30 61 92
Internet: http://www.cdu-niedersachsen.de/fraktion
E-Mail: fraktion@cdu-niedersachsen.de
Fraktionsvorsitzender: Christian Wulff
Parlamentarische(r) Geschäftsführer(in): Uwe Schünemann

● **A 61**
CDU-Landtagsfraktion Nordrhein-Westfalen
Platz des Landtags 1, 40221 Düsseldorf
T: (0211) 8 84-2216   **Fax:** 8 84-2367
Internet: http://www.nrwcdu-fraktion.de
E-Mail: e-post@nrwcdu-fraktion.de
Fraktionsvorsitzende(r): Jürgen Rüttgers
Parlamentarische(r) Geschäftsführer(in): Heinz Hardt

● **A 62**
CDU-Landtagsfraktion Rheinland-Pfalz
Kaiser-Friedrich-Str. 3, 55116 Mainz
T: (06131) 2 08-3309   **Fax:** 2 08-4309
Internet: http://www.cdu-rlp.de/fraktion/index-u.htm
Fraktionsvorsitzende(r): Christoph Böhr
Parlamentarische(r) Geschäftsführer(in): Franz-Josef Bischel

● **A 63**
CDU-Fraktion im Landtag des Saarlandes
Franz-Josef-Röder-Str. 7, 66119 Saarbrücken
T: (0681) 50 02-0   **Fax:** 50 02-390
Internet: http://www.cdu-saar.de/fraktion.jsp
E-Mail: info@cdu-saar.de
Fraktionsvorsitzende(r): Peter Hans
Parlamentarische(r) Geschäftsführer(in): Stephan Toscani

● **A 64**
CDU-Fraktion des Sächsischen Landtages
Bernhard-von-Lindenau-Platz 1, 01067 Dresden
T: (0351) 4 93-5501   **Fax:** 4 93-5441
Internet: http://www.cdu-sachsen.de/fraktion
E-Mail: cduinfo@cdu-sachsen.de
Fraktionsvorsitzende(r): Dr. Fritz Hähle
Parlamentarische(r) Geschäftsführer(in): Klaus Leroff

● **A 65**
CDU-Fraktion im Landtag von Sachsen-Anhalt
Domplatz 6-9, 39104 Magdeburg
T: (0391) 5 60 20 05   **Fax:** 5 60 20 28
Internet: http://www.cdu-sachsenanhalt.de/landtagsfraktion
Fraktionsvorsitzende(r): Dr. Christoph Bergner
Parlamentarische(r) Geschäftsführer(in): Jürgen Scharf

● **A 66**
CDU-Landtagsfraktion Schleswig-Holstein
Düsternbrooker Weg, 24105 Kiel
T: (0431) 9 88-1400   **Fax:** 9 88-1444
Internet: http://www.cdu.ltsh.de
E-Mail: info@cdu.ltsh.de
Fraktionsvorsitzende(r): Dipl.-Kaufm. Martin Kayenburg
Parlamentarische(r) Geschäftsführer(in): Heinz Maurus
Pressesprecher(in): Bernd Sanders

● **A 67**
CDU-Fraktion im Thüringer Landtag
Arnstädter Str. 51, 99096 Erfurt
T: (0361) 37-72201   **Fax:** 37-72520
Internet: http://www.thl-cdu.de
Fraktionsvorsitzende(r): Dieter Althaus
Parlamentarische(r) Geschäftsführer(in): Harald Stauch
Pressesprecher(in): Anja Hofmann

● **A 68**
CSU-Landesgruppe der CDU/CSU-Bundestagsfraktion
11011 Berlin
Platz der Republik 1, 10557 Berlin
T: (030) 2 27-72239 Büro Dr. Ramsauer, 2 27-72240 Büro Dr. Ramsauer, 2 27-73049 Büro Glos, 2 27-73089 Büro Glos   **Fax:** 2 27-76350 Büro Dr. Ramsauer, 2 27-76911 Büro Glos
Internet: http://www.cducsu.bundestag.de/csu
E-Mail: csu.landesgruppe@cducsu.bundestag.de

Vorstand
Vorsitzende(r): Michael Glos (MdB)
Stellvertretende(r) Vorsitzende(r): Hansgeorg Hauser (MdB)
Dr. Bernd Protzner (MdB)

Parl.GF: Dr. Peter Ramsauer (MdB)
Justitiar: Dr. Wolfgang Bötsch (MdB)
Stellv. Vorsitzender d. CDU/CSU Bundestagsfraktion: Horst Seehofer (MdB)

Arbeitskreis I
Recht (einschl. Wahlprüfung, Immunität und Geschäftsordnung); Innen und Sport; Umwelt
Vorsitzende(r): Wolfgang Zeitlmann (MdB)

Arbeitskreis II
Wirtschaft und Technologie; Tourismus; Ernährung, Landwirtschaft und Forsten, Verkehr, Bau- und Wohnungswesen
Vorsitzende(r): Dagmar Wöhrl (MdB)

Arbeitskreis III
Finanzen und Haushalt
Vorsitzende(r): Bartholomäus Kalb (MdB)

Arbeitskreis IV
Arbeit u. Soziales; Gesundheit; Familie und Senioren, Frauen und Jugend
Vorsitzende(r): Johannes Singhammer (MdB)

Arbeitskreis V
Außen-, Verteidigungs- und Entwicklungspolitik; Europäische Union
Vorsitzende(r): Christian Schmidt (MdB)

Arbeitskreis VI
Bildung, Wissenschaft, Forschung; Kultur; Medien und Kommunikation
Vorsitzende(r): Dr. Martin Mayer (MdB)

● **A 69**
F.D.P.-Fraktion im Deutschen Bundestag
11011 Berlin
Platz der Republik, 10557 Berlin
T: (030) 22 75 23 78   **Fax:** 22 75 67 78
Internet: http://www.liberale.de/fdp-fraktion/
E-Mail: pressestelle@fdp-bundestag.de
Dienstgebäude: Dorotheenstr. 93

Fraktionsvorstand
Vorsitzende(r): Dr. Wolfgang Gerhardt (MdB)

Stellvertretende(r) Vorsitzende(r): Dr. Klaus Kinkel (MdB)
Rainer Brüderle (MdB)
Cornelia Pieper (MdB)
Walter Hirche (MdB)

Parl. Geschäftsführer: Jörg van Essen (MdB)
Ulrich Heinrich (MdB)
Jürgen Koppelin (MdB)
Fraktionsgeschäftsführer: Manfred R. Eisenbach (Leiter der Fraktionsverwaltung)
Pressesprecher: Martin Kothé

Arbeitskreis I
Außen-, Sicherheits-, Europa- und Entwicklungspolitik
Vorsitzende(r): Dr. Helmut Haussmann (MdB)

Arbeitskreis II
Wirtschafts-, Finanz- und Agrarpolitik
Vorsitzende(r): Rainer Brüderle (MdB)

Arbeitskreis III
Arbeits- und Sozialpolitik, Gesundheitspolitik und Familien-, Senioren-, Frauen- und Jugendpolitik
Vorsitzende(r): Dr. Irmgard Schwaetzer (MdB)

Arbeitskreis IV
Innen- und Rechtspolitik
Vorsitzende(r): Prof. Dr. Edzard Schmidt-Jortzig (MdB)

Arbeitskreis V
Umwelt-, Verkehrs-, Wohnungsbau-, Bildungs- und Forschungspolitik
Vorsitzende(r): Horst Friedrich (MdB)

Landtagsfraktionen

a 70
F.D.P. Landtagsfraktion Baden-Württemberg
Konrad-Adenauer-Str. 12, 70173 Stuttgart
T: (0711) 20 63-625, 20 63-627   **Fax:** 20 63-610
Internet: http://www.fdp.landtag-bw.de
E-Mail: post@fdp.landtag-bw.de
Vorsitzende(r): Ernst Pfister

a 71
F.D.P. Landtagsfraktion Hessen
Schloßplatz 2, 65183 Wiesbaden
T: (0611) 3 50-563, 3 50-564   **Fax:** 3 50-570
Vorsitzende(r): Jörg-Uwe Hahn

a 72
F.D.P. Landtagsfraktion Nordrhein-Westfalen
Platz des Landtags 1, 40221 Düsseldorf
T: (0211) 8 84 22 71   **Fax:** 8 84 36 32
Internet: http://www.nrwbrauchttempo.de
E-Mail: fdp-pressestelle@landtag.nrw.de
Fraktionsvorsitzende(r): Jürgen W. Möllemann
Parlamentarische(r) Geschäftsführer(in): Marianne Thomann-Stahl

a 73
F.D.P. Landtagsfraktion Rheinland-Pfalz
Deutschhausplatz 12, 55116 Mainz
T: (06131) 2 08-425, 2 08-438   **Fax:** 22 68 48
Vorsitzende(r): Werner Kuhn

a 74
F.D.P. Landtagsfraktion Schleswig-Holstein
Düsternbrooker Weg 70, 24105 Kiel
T: (0431) 9 88-1480   **Fax:** 9 88-1495
Vorsitzende(r): Wolfgang Kubicki

● **A 75**
PDS-Fraktion im Deutschen Bundestag
11011 Berlin
Platz der Republik, 10557 Berlin
T: (030) 2 27-57002   **Fax:** 2 27-56543
Internet: http://www.pds-im-bundestag.de
E-Mail: fraktion@bt.pds-online.de

Vorsitzende(r): Roland Claus

Stellvertretende(r) Vorsitzende(r): Prof. Dr. Christa Luft
Wolfgang Gehrcke
Petra Pau
Frauenpolitische Sprecherin: Petra Bläss
Parlamentarische(r) Geschäftsführer(in): Dr. Heidi Knake-Werner
Geschäftsführer(in): André Nowak
Pressesprecher: Reiner Oschmann

Landtagsfraktionen

a 76
Fraktion der PDS im Abgeordnetenhaus von Berlin
10111 Berlin
Niederkirchnerstr. 5, 10117 Berlin
T: (030) 23 25-2500, 23 25-2510   **Fax:** 23 25-2505, 23 25-2515
Internet: http://www.parlament-berlin.de/pds-fraktion
E-Mail: pds-fraktion.kontakt@pds.parlament-berlin.de
Gleichberechtigte Vorsitzende: Carola Freundl
Harald Wolf
Parlamentarischer Geschäftsführer: Uwe Doering
Pressesprecher: Günter Kolodziej

a 77
PDS-Fraktion im Landtag Brandenburg
Am Havelblick 8, 14473 Potsdam
T: (0331) 9 66 15 01, 9 66 15 00, 9 66 15 37 (Presse)
Fax: 9 66 15 05, 9 66 15 40 (Presse)
Internet: http://www.brandenburg.de/pds_fraktion
Vorsitzende(r): Prof. Dr. Lothar Bisky
Parlamentarischer Geschäftsführer: Heinz Vietze

a 78
PDS-Landtagsfraktion Mecklenburg-Vorpommern
Lennestr. 1a, 19053 Schwerin
T: (0385) 5 25 25 00   **Fax:** 5 25 25 09
Internet: http://www.mv-pds-ltf.de
E-Mail: pds-pressemv@t-online.de, pds.fr.mvp@t-online.de
Fraktionsvorsitzende: Angelika Gramkow
Parlamentarischer Geschäftsführer: Dr. Arnold Schoenenburg

a 79
PDS-Fraktion im Sächsischen Landtag
Bernhard-von-Lindenau-Platz 1, 01067 Dresden
T: (0351) 4 93-5800 (Sekretariat)   **Fax:** 4 93-5460
Internet: http://www.pds-sachsen.de/lfs
Fraktionsvorsitzender: Prof. Dr. Peter Porsch
Stellvertretende Fraktionsvorsitzende: Andrea Roth
Regina Schulz
Steffen Tippach
Parlamentarischer Geschäftsführer: Dr. André Hahn
Schatzmeisterin: Maria Gangloff
Fraktionsgeschäftsführer: Andreas Graff
Pressesprecher: Marcel Braumann

a 80
Landtag von Sachsen-Anhalt
Fraktion der PDS
Domplatz 6-9, 39104 Magdeburg
T: (0391) 5 60 50 03   **Fax:** 5 60 50 08
Internet: http://home.t-online.de/home/pdslsa-lt/
E-Mail: fraktion.pds@lt.lsa-gw.lsa-net.de
Fraktionsvorsitzende: Dr. Petra Sitte
Parlamentarischer Geschäftsführer: Wulf Gallert
Stellvertretende Fraktionsvorsitzende: Birke Bull
Matthias Gärtner
Fraktionsgeschäftsführer: Rüdiger Ettingshausen
Pressesprecher: Dr. Thomas Drzisga

a 81
Fraktion der PDS im Thüringer Landtag
Arnstädter Str. 51, 99096 Erfurt
T: (0361) 3 77 22 95   **Fax:** 3 77 24 16
Internet: http://www.pds-fraktion-thueringen.de
E-Mail: pds.thl@t-online.de
Fraktionsvorsitzender: Werner Buse
Stellvertretende Fraktionsvorsitzende: Christiane Neudert
Bodo Ramelow
Parlamentarische(r) Geschäftsführer(in): Cornelia Nitzpon

• A 82
SPD-Bundestagsfraktion
11011 Berlin
Platz der Republik, 10557 Berlin
T: (030) 2 27-55066, 2 27-52103   **Fax:** 2 27-56085
Internet: http://www.spdfraktion.de
E-Mail: frabuero@spdfraktion.de

Geschäftsführender Fraktionsvorstand
Fraktionsvorsitzender: Dr. Peter Struck (MdB)

Stellvertretende Fraktionsvorsitzende: Gudrun Schaich-Walch (MdB; Zuständigkeit: Gesundheit, Pflege)
Gernot Erler (MdB; Außen, Sicherheit, Entwicklung, Menschenrechte, Verteidigung)
Iris Gleicke (MdB; Infrastruktur, Bau, Verkehr)
Sabine Kaspereit (MdB; Aufbau Ost)
Michael Müller (MdB; Umwelt, Bildung, Forschung)
Joachim Poß (MdB; Haushalt, Steuern)
Ulla Schmidt (MdB; Soziales, Arbeit, Frauen, Jugend)
Dr. Norbert Wieczorek (MdB; Wirtschaft, Technologie, Landwirtschaft)
Ludwig Stiegler (MdB; Innen, Kultur, Sport)

Parlamentarische Geschäftsführer(innen): Wilhelm Schmidt (MdB; Erster parlamentarischer Geschäftsführer)
Ilse Janz (MdB)
Susanne Kastner (MdB)
Dr. Uwe Küster (MdB)
Dr. Angelica Schwall-Düren (MdB)
Pressesprecher: Norbert Bicher

Landtagsfraktionen

a 83
SPD-Landtagsfraktion Baden-Württemberg
Konrad-Adenauer-Str. 12 Haus der Abgeordneten, 70173 Stuttgart
T: (0711) 20 63-0   **Fax:** 20 63-710
Internet: http://www.spd.landtag-bw.de
E-Mail: blk-bw@spd.landtag-bw.de
Vorsitzende(r): Ulrich Maurer (MdL, T: (0711) 20 63-731/729)
Parl. Geschäftsführer: Rainer Brechtken (MdL, T: (0711) 20 63-715/719)
Fraktionsgeschäftsführer: Dr. Horst Glück

a 84
Bayern SPD Landtagsfraktion
Maximilianeum, 81627 München
Max-Planck-Str. 1, 81675 München
T: (089) 41 26-0   **Fax:** 41 26-1351, 41 26-1168 Pressestelle
Internet: http://www.spd.bayern.landtag.de
E-Mail: blk-bayern@bayern-landtag.de
Vorsitzende(r): Franz Maget (MdL, T: (089) 4126-2637 Fax: (089) 4126-1801)
Parl. Geschäftsführer: Herbert Müller (MdL, T: (089) 41 26-2260)

a 85
SPD-Fraktion des Abgeordnetenhauses von Berlin
Niederkirchnerstr., 10111 Berlin
T: (030) 23 25-0   **Fax:** 23 25-2209, 23 25-2249 Pressestelle
Internet: http://www.spd-berlin.de
E-Mail: spd-fraktion@spd.parlament-berlin.de
Vorsitzende(r): Klaus Wowereit (MdA, T: (030) 23 25-22 00, -22 01)
Parl. Geschäftsführerin: Petra Merkel (MdA, T: (030) 23-22 21)

a 86
SPD-Landtagsfraktion Brandenburg
Postf. 60 10 64, 14410 Potsdam
Am Havelblick 8, 14473 Potsdam
T: (0331) 9 66-0   **Fax:** 9 66-1307, 9 66-1363
E-Mail: blk-brandenburg@lt.spd-fraktion.brandenburg.de
Vorsitzende(r): Gunter Fritsch (MdL, T: (0331) 966-1300/1301, Fax: (0331) 9 66-1307)
Parl. Geschäftsführer: Wolfgang Klein (MdL, T: (0331) 966-1302/1331)
Fraktionsgeschäftsführer: Gernot Schmidt (T: (0331) 9 66-1302)

a 87
SPD-Bürgerschaftsfraktion Bremen
Postf. 10 13 66, 28013 Bremen
Altenwall 15-16, 28195 Bremen
T: (0421) 3 36 77-0   **Fax:** 32 11 20
Internet: http://www.spd-bremen.de/bs
E-Mail: spd-fraktion@spd-bremen.de
Vorsitzende(r): Jens Böhrnsen (MdBB, T: (0421) 3 36 77-33/26)
Fraktionsgeschäftsführerin: Karin Röpke (T: (0421) 3 36 77-32/28)

a 88
SPD-Bürgerschaftsfraktion Hamburg
Rathausmarkt 1, 20095 Hamburg
T: (040) 4 28 31-0   **Fax:** 4 28 31-2435
Internet: http://www.spdfrak-hamburg.de
E-Mail: blk-hamburg@spd-fraktion-hamburg.de
Vorsitzende(r): Dr. Holger Christier (MdHB, T: (040) 4 28 31-1555)
Parl. Geschäftsführer: Dr. Andrea Hilgers (MdHB, T: (040) 4 28 31-1335)
Fraktionsgeschäftsführer: Thomas Völsch

a 89
SPD-Landtagsfraktion Hessen
Postf. 32 40, 65022 Wiesbaden
Schloßplatz 1, 65183 Wiesbaden
T: (0611) 3 50-0   **Fax:** 3 50-511
Internet: http://www.landtag.hessen.de/spd-fraktion-hessen
E-Mail: presse-spd@ltg.hessen.de
Vorsitzende(r): Armin Clauss (MdL, T: (0611) 3 50-500/501)
Parl. Geschäftsführer: Manfred Schaub (MdL, T: (0611) 3 50-503)
Fraktionsgeschäftsführer: Hiltrud Wall (T: (0611) 3 50-516/510)

a 90
SPD-Landtagsfraktion Mecklenburg-Vorpommern
Lennestr. 1a, 19053 Schwerin
T: (0385) 5 25-0   **Fax:** 5 25-2601
Internet: http://www.spd-fraktion-mv.de
E-Mail: blk-mecklenburg-vorpommern@spd.landtag-mv.de
Vorsitzende(r): Volker Schlotmann (MdL, T: (0385) 525-2306)
Parl. Geschäftsführer: Reinhard Dankert (MdL, T: (0385) 5 25-2355)
Fraktionsgeschäftsführer: Torsten Eichler (T: (0385) 5 25-2342)

a 91
SPD-Landtagsfraktion Niedersachsen
Hinrich-Wilhelm-Kopf-Platz 1, 30159 Hannover
T: (0511) 30 30-0   **Fax:** 30 30-4811
Internet: http://www.spd-landtag-nds.de
E-Mail: spditnds@lt.niedersachsen.de
Vorsitzende(r): Axel Plaue (MdL, T: (0511) 30 30-4035)
Parl. Geschäftsführer: Dieter Möhrmann (MdL, T: (0511) 30 30-4036)
Fraktionsgeschäftsführer: Dirk-Ulrich Mende (T: (0511) 30 30-4037)

a 92
SPD-Landtagsfraktion Nordrhein-Westfalen
Postf. 10 11 43, 40002 Düsseldorf
Platz des Landtags, 40221 Düsseldorf
T: (0211) 8 84-0   **Fax:** 8 84-2290, 8 84-2232 Pressestelle
Internet: http://www.fraktion.nrwspd.de
E-Mail: spd-fraktion@landtag.nrw.de
Vorsitzende(r): Edgar Moron (MdL, T: (0211) 8 84-2220/2225, Fax: (0211) 8 84-2056)
Parl. Geschäftsführer: Carina Gödecke (MdL, T: (0211) 8 84-2221/2228)

a 93
SPD-Landtagsfraktion Rheinland-Pfalz
Postf. 30 06, 55020 Mainz
Kaiser-Friedrich-Str. 3, 55116 Mainz
T: (06131) 2 08-1   **Fax:** 2 08-4225
Internet: http://www.spd-rlp.de/fraktion
E-Mail: blk@spd-rlp.de
Vorsitzende(r): Joachim Mertes (MdL, T: (06131) 2 08-3223/3224, Fax: 2 08/4224)
Parl. Geschäftsführer: Karl Peter Bruch (MdL, T: (06131) 2 08-3225/3226, Fax: (06131) 2 08-4225)
Fraktionsgeschäftsführer: Joachim Laux (T: (06131) 2 08-3228, Fax: (06131) 2 08-4229)

a 94
SPD-Fraktion im Landtag des Saarlandes
Postf. 11 88, 66018 Saarbrücken
Postf. 10 18 33, 66018 Saarbrücken
Franz-Josef-Röder-Str. 7, 66119 Saarbrücken
T: (0681) 50 02-0   **Fax:** 50 02-387
Internet: http://www2.spd-saar.de/fraktion
E-Mail: fraktion@spd-saar.de
Vorsitzende(r): Heiko Maass (MdL, T: (0681) 50 02-248/282, Fax: (0681) 50 02-387)
Parl. Geschäftsführer: Dr. Rainer Tabillion (MdL, T: (0681) 50 02-280/282/299)
Fraktionsgeschäftsführer: Thomas Kühn-Sehn (T: (0681) 50 02-280)

a 95
SPD-Landtagsfraktion Sachsen
Bernhard-von-Lindenau-Platz 2, 01067 Dresden
T: (0351) 49 35-0   **Fax:** 49 35-451
Internet: http://www.spd-sachsen.de/fraktion
E-Mail: spdfraktion@slt.sachsen.de
Vorsitzende(r): Thomas Jurk (MdL, T: (0351) 49 35-703/702, Fax: (0351) 49 35-450)
Parl. Geschäftsführer: Barbara Ludwig (MdL, T: (0351) 49 35-700)
Fraktionsgeschäftsführer: Leo Stefan Schmitt (T: (0351) 49 35-708)

a 96
SPD-Landtagsfraktion Sachsen-Anhalt
39094 Magdeburg
Postf. 19 69, 39009 Magdeburg
Domplatz 6 -9, 39104 Magdeburg
T: (0391) 5 60-0   **Fax:** 5 60-3020
Internet: http://www.spd-lsa.de
E-Mail: blk-lsa@spd-lsa.de
Vorsitzende(r): Dr. Rüdiger Fikentscher (MdL, T: (0391) 5 60-3000)
Parl. Geschäftsführer: Jens Bullerjahn (MdL, T: (0391) 5 60-3004)
Fraktionsgeschäftsführer: Heike Meier (T: (0391) 5 60-3005)

a 97
SPD-Landtagsfraktion Schleswig-Holstein
Düsternbrooker Weg 70 Landeshaus, 24105 Kiel
T: (0431) 9 88-0 **Fax:** 9 88-1313
Internet: http://www.spd.ltsh.de
E-Mail: blk-sh@spd.ltsh.de
Vorsitzende(r): Lothar Hay (MdL, T: (0431) 9 88-1300/1301, Fax: (0431) 9 88-1333)
Parl. Geschäftsführer: Holger Astrup (MdL, T: (0431) 9 88-1303/1304)
Fraktionsgeschäftsführer: Hartwig Bratek (T: (0431) 9 88-1312)

a 98
SPD-Landtagsfraktion Thüringen
Arnstädter Str. 51 Landtag, 99096 Erfurt
T: (0361) 3 77-2331/32 **Fax:** 3 77-2417
Internet: http://www.spd-thl.de
E-Mail: info@spd-thl.de
Vorsitzende(r): Heiko Gentzel (MdL, T: (0361) 3 77-2331/32)
Parlamentarischer Geschäftsführer: Dr. Werner Pidde (MdL, T: (0361) 3 77-2337)
Fraktionsgeschäftsführerin: Eveline Heider (T: (0361) 3 77-2336/2900)

Weitere Bundesbehörden und der Bundesregierung unterstehende Einrichtungen

● A 99
Der Bundesrechnungshof
Postf. 12 06 03, 53048 Bonn
Adenauerallee 81, 53113 Bonn
T: (01888) 7 21-0 **Fax:** 7 21-2990
Präsidentin: Dr. Hedda von Wedel
Vizepräsident: Dr. Dieter Engels
Ltg. Pressereferat: MR Friedrich Rienhardt
Präsidialabteilung:
Organisation, Personal, Haushalt, Innerer Dienst, Informationstechnik, Öffentlichkeitsarbeit, Internationale Angelegenheiten, Rechtsangelegenheiten

Abteilung I:
Grundsatzaufgaben, Teile des Bundeshaushalts

Abteilung II:
Teile des Bundeshaushalts, Angelegenheiten der EU

Abteilung III:
Bundesvermögen, Bahn, Post, Beteiligungen Nachfolgeorganisationen der Treuhand

Abteilung IV:
Verteidigung, Verteidigungslasten, Sicherheit, Dienste

Abteilung V:
Verkehr, Bauangelegenheiten Informationstechnik und -verarbeitung

Abteilung VI:
Bundesanstalt für Arbeit, Teile des Bundeshaushalts Sozialleistungen (Querschnittsfragen)

Abteilung VII:
Organisation, Personalwesen, Teile des Bundeshaushalts

Abteilung VIII:
Finanzen, Wirtschaft, Banken

Abteilung IX:
Rentenversicherung, Soziales Teile des Bundeshaushalts Lastenausgleich

a 100
Bundesrechnungshof Außenstelle Potsdam
Dortustr. 30-34, 14467 Potsdam
T: (01888) 7 21-0 **Fax:** 7 21-2991

● A 101
Bund-Länder-Kommission für Bildungsplanung und Forschungsförderung (BLK)
Hermann-Ehlers-Str. 10, 53113 Bonn
T: (0228) 54 02-0 **Fax:** 54 02-150
Internet: http://www.blk-bonn.de
E-Mail: blk@blk-bonn.de
Gründung: 1970 (25. Juni)
Die Vorsitzenden der BLK werden jeweils für ein Jahr abwechselnd aus dem Kreis der Vertreter der Bundesregierung und der Landesregierungen bestellt.
Generalsekretär(in): MinDirig Schlegel (T: (0228) 54 02-1 12)
Stellv. Generalsekretär: MR Bock (T: (0228) 54 02-1 22)
Allgem. Angelegenheiten der Kommission:
MR Brand (T: (0228) 54 02-1 16)
Innerer Dienst, Personal, Haushaltsangel.: OAR Klaassen (T: (0228) 54 02-1 20)
Presse- und Öffentlichkeitsarbeit: MR Bock (T: (0228) 54 02-1 22)
Forum Bildung: (Besteht aus Vertretern der staatlichen Seite - Bund und Länder, der Wissenschaft, der Tarifpartner, der Studierenden, der Auszubildenden und der Kirchen) Von Bund und Ländern Mitte 1999 bei der BLK auf die Dauer von 2 1/2 Jahren eingerichtet. Leitung des Arbeitsstabes: MR Koch T: (0228) 54 02-1 27, I-Net: www.forumbildung.de
Mitglieder: 8 Vertreter der Bundesregierung und je 1, bei Angelegenheiten der Forschungsförderung, je 2 Vertreter der Landesregierungen
Mitarbeiter: 24 Planstellen/Stellen

Dem Bundeskanzleramt unterstehende Einrichtungen

● A 102
Bundesnachrichtendienst (BND)
Heilmannstr. 30, 82049 Pullach
T: (089) 7 93 15 67
Internet: http://www.bundesnachrichtendienst.de
Präsident(in): Dr. August Hanning

● A 103
Beauftragter der Bundesregierung für Angelegenheiten der Kultur und der Medien (BKM)
Postf. 17 02 90, 53108 Bonn
Graurheindorfer Str. 198, 53117 Bonn
T: (0188) 6 81-0 **Fax:** 6 81-3821
E-Mail: BKM@bkm.bmi.bund.de
Gründung: 1998
Leiter(in): Staatsminister beim Bundeskanzler Prof. Dr. Julian Nida-Rümelin
Mitarbeiter: ca. 190
Jahresetat: DM 1753,6 Mio, € 896,6 Mio (im Jahre 2001)

a 104
Beauftragter der Bundesregierung für Angelegenheiten der Kultur und der Medien Ministerbüro Berlin
11012 Berlin
Schloßplatz 1, 10178 Berlin
T: (0188) 4 00-2061 **Fax:** 4 00-1808
Internet: http://www.bundesregierung.de
E-Mail: BKM@bk.bund400.de

● A 105
Bundesbildstelle im Presse- und Informationsamt der Bundesregierung
11044 Berlin
Dorotheenstr. 84, 10117 Berlin
T: (01888) 2 72-2330 **Fax:** 2 72-2305
Internet: http://www.bundesregierung.de
Leitung Bundesbildstelle: Arvid Brunnemann

Landesbildstellen

● A 106
**Landesbildstelle Baden
Zentrum für audiovisuelle Medien**
Anstalt des öffentl. Rechts
Moltkestr. 64, 76133 Karlsruhe
T: (0721) 88 08-0 **Fax:** 88 08-68, -69
Internet: http://www.lbb.bw.schule.de
E-Mail: lbb@lbb.bw.schule.de

● A 107
Landesbildstelle Württemberg
Rotenbergstr. 111, 70190 Stuttgart
T: (0711) 28 50-6 **Fax:** 28 50-780
Internet: http://www.lbw.bwue.de
E-Mail: lbw@lbw.bwue.de

● A 108
Landesinstitut für Schule
Medien/Landesbildstelle
Uhlandstr. 53, 28211 Bremen
T: (0421) 3 61 31 78 **Fax:** 3 61 31 15
E-Mail: lbstd@zfn.uni-bremen.de

● A 109
Landesmedienzentrum Hamburg
Kieler Str. 171, 22525 Hamburg
T: (040) 4 28 01-5290 **Fax:** 4 28 01-5505
Internet: http://www.hh.schule.de/lmz
E-Mail: lmz@lmz.hh.schule.de
Leiter(in): Dr. Joachim Paschen

● A 110
Zentralstelle Medien, Daten und Informationen (ZMDI)
Gutleutstr. 8-14, 60329 Frankfurt
T: (069) 25 68-0 **Fax:** 25 68-237
Internet: http://www.bildung.hessen.de
E-Mail: zmdi@mdi.f.he.schule.de

● A 111
Niedersächsisches Landesinstitut für Fortbildung und Weiterbildung im Schulwesen und Medienpädagogik (NLI)
Keßlerstr. 52, 31134 Hildesheim
T: (05121) 16 95-0 **Fax:** 16 95-296
Internet: http://www.nibis.ni.schule.de

● A 112
**ISB Institut für Schulpädagogik und Bildungsforschung
Abteilung Medien**
Am Stadtpark 20, 81243 München
T: (089) 12 65-25 00 **Fax:** 12 65-25 05
E-Mail: vilgertshofer@labi01.rz.fh-muenchen.de
Abteilungsleiter: Dr. Rainer Vilgertshofer

● A 113
Landesmedienzentrum Rheinland-Pfalz
Hofstr. 257c, 56077 Koblenz
T: (0261) 97 02-0 **Fax:** 97 02-2 00
Internet: http://www.bildung-rp.de
E-Mail: lmz@lmz.bildung-rp.de
Leiter(in): Dr. Dieter Kerber

● A 114
**Medienzentrum Rheinland
Landes- und Stadtbildstelle**
Bertha-von-Suttner-Platz 3, 40227 Düsseldorf
T: (0211) 8 99 81 01 **Fax:** 8 92 92 64
Internet: http://www.lvr.de/dez9/amt91/mzr/mzr-welcome.htm

● A 115
**Landschaftsverband Westfalen-Lippe
Landesbildstelle Westfalen**
48133 Münster
Warendorfer Str. 24, 48145 Münster
T: (0251) 5 91-3902 **Fax:** 5 91-3982
Internet: http://www.lwl.org/labi/index.htm
E-Mail: lwl-labi@lwl.org
Komm. Leiter: Dr. Hermann-Josef Höper

● A 116
**Landesinstitut Schleswig-Holstein für Praxis und Theorie der Schule
Landesmedienzentrum (IPTS)**
Landesmedienzentrum
Schreberweg 5, 24119 Kronshagen
T: (0431) 54 03-176 **Fax:** 54 03-177
Internet: http://www.lmz.org/
E-Mail: lmz.sh@schule.comcity.de
Leiter(in): OStudDir. Dipl.-Ing. Roderich Felsberg

● A 117
Landesbildstelle Saarland
Beethovenstr. 26, 66125 Saarbrücken
T: (06897) 79 08 20 **Fax:** 79 08 22
E-Mail: Labi@Pegasus.Lpm.uni-SB.DE

A 118

Dem Auswärtigen Amt unterstehende Einrichtungen

● A 118

Deutsches Archäologisches Institut
Podbielskiallee 69-71, 14195 Berlin
T: (01888) 77 11-0 **Fax:** 77 11-168
Internet: http://www.dainst.de
E-Mail: info@dainst.de
Präsident(in): Prof. Dr. phil. Dr.h.c. Helmut Kyrieleis
Vertr. d. Präs: Dr. phil. Walter Trillmich
Ltg. Architekturreferat: Dr.-Ing. Ernst-Ludwig Schwandner

Forschungsinstitut des Bundes im Geschäftsbereich des Auswärtigen Amtes. Forschungen und Veröffentlichungen auf dem Gebiet der Archäologie und ihrer Nachbarwissenschaften, vorwiegend im Bereich der antiken Kulturen. Außer der Zentrale, der Orient- und der Eurasien-Abteilung in Berlin und drei Kommissionen (Frankfurt, München und Bonn) fünf Auslandsabteilungen (Rom, Athen, Kairo, Istanbul, Madrid) sowie vier Außenstellen (Damaskus, Bagdad, Teheran und Sanaa).

a 119
Deutsches Archäologisches Institut
Eurasien-Abteilung
Im Dol 2-6 Haus II, 14195 Berlin
T: (01888) 77 11-0 **Fax:** 77 11-313
E-Mail: eurasien@dainst.de
1. Dir.: Prof. Dr. phil. Hermann Parzinger
2. Dir.: Dr. phil. Mayke Wagner

a 120
Deutsches Archäologisches Institut
Orient-Abteilung
Podbielskiallee 69-71, 14195 Berlin
T: (01888) 77 11-0 **Fax:** 77 11-189
E-Mail: orient@dainst.de
1. Dir.: Prof. Dr. phil. Ricardo Eichmann
2. Dir.: Dr. phil. Margarete van Ess

a 121
Deutsches Archäologisches Institut
Römisch-Germanische Kommission
Palmengartenstr. 10-12, 60325 Frankfurt
T: (069) 97 58 18-0 **Fax:** 97 58 18 38
E-Mail: info@rgk.dainst.de
1. Dir.: Prof. Dr. phil. Siegmar Freiherr von Schnurbein
2. Dir.: Dr.phil. Susanne Sievers

a 122
Deutsches Archäologisches Institut
Forschungsstelle der RGK
Jesuitenstr. 3, 85049 Ingolstadt
T: (0841) 93 11-404 **Fax:** 93 11-428

a 123
Deutsches Archäologisches Institut
Kommission für Alte Geschichte und Epigraphik
Amalienstr. 73b, 80799 München
T: (089) 28 67 67 60 **Fax:** 28 67 67 80
E-Mail: info@aek.dainst.de
1. Dir.: Dr. phil. Michael Wörrle
2. Dir.: Prof. Dr.phil. Dieter Hennig

a 124
Deutsches Archäologisches Institut
Kommission für Allgemeine und Vergleichende Archäologie
Endenicher Str. 41, 53115 Bonn
T: (0228) 98 20 70 **Fax:** 9 82 07 49
E-Mail: info@kava.dainst.de
1. Dir.: Dr. Burkhard Vogt
2. Dir.: Dr.phil. Josef Eiwanger

a 125
Deutsches Archäologisches Institut
Abteilung Rom
Via Sardegna 79, I-00187 Rom
T: (003906) 48 88 14-1 **Fax:** 4 88 49 73
E-Mail: dairsekr@librs6k.vatlib.it
1. Dir.: Prof. Dr.phil. Paul Zanker
2. Dir.: Dr.-Ing. Dieter Mertens

a 126
Deutsches Archäologisches Institut
Abteilung Athen
Fidiou 1, GR-10678 Athen
T: (00301) 3 82 02 70, 3 82 00 92 **Fax:** 3 81 47 62
E-Mail: daiath@otenet.gr
1. Dir.: Prof. Dr.phil. Klaus Fittschen
2. Dir.: Dr.-Ing. Hermann Kienast

a 127
Deutsches Archäologisches Institut
Abteilung Kairo
31, Abu El Feda, ET- Kairo-Zamalek
T: (00202) 7 35 14 60, 7 35 23 21 **Fax:** 7 37 07 70
E-Mail: daik@soficom.com.eg
1. Dir.: Dr. phil. Günter Dreyer
2. Dir.: Dr. phil. Daniel Polz

a 128
Deutsches Archäologisches Institut
Abteilung Istanbul
Gümüşsuyu
Ayazpaşa Camii Sk. 48, TR-80090 Istanbul
T: (0090212) 2 44 07 14, 2 52 34 90 **Fax:** 2 52 34 91
E-Mail: daiist@attglobal.net
1. Dir.: Prof. Dr.phil. Harald Hauptmann
2. Dir.: Dr.phil. Wolfgang Radt

a 129
Deutsches Archäologisches Institut
Abteilung Madrid
Serrano 159, E-28002 Madrid
T: (003491) 5 61 09 04, 4 11 02 59 **Fax:** 5 64 00 54
E-Mail: sekretariat@dainst-madrid.es
1. Dir.: Prof. Dr.phil. Tilo Ulbert
2. Dir.: Dr. phil. Thomas Schattner

a 130
Deutsches Archäologisches Institut
Außenstelle Sanaa
c/o Deutsche Botschaft Sanaa/Jemen
11013 Berlin
T: (09671) 21 84 74 **Fax:** 20 32 26
Leiter(in): Dr. phil. Iris Gerlach
POB 2562, Sana'a Republik Yemen

a 131
Deutsches Archäologisches Institut
Außenstelle Damaskus
Postfach 1 18 70, SYR- Damaskus
8, Malki Street, SYR- Damaskus
T: (0096311) 3 31 76 86-0 **Fax:** 3 31 76 86-9
E-Mail: daidam@net.sy
Leiter(in): Prof. Dr. phil. Klaus St. Freyberger

Dem BM für Arbeit und Sozialordnung unterstehende Einrichtungen

● A 132
Bundesversicherungsamt
Villemombler Str. 76, 53123 Bonn
T: (0228) 6 19-0 **Fax:** 6 19-1876
E-Mail: referatz2@bva.de
Gründung: 1956
Präsident(in): Dr. Rainer Daubenbüchel
Vizepräsident(in): Eckhart Eitner
Leitung Presseabteilung: Theo Eberenz
Mitarbeiter: ca. 440

Obere Bundesbehörde, Aufsichtsbehörde über die bundesunmittelbaren Sozialversicherungsträger.

● A 133
Bundesversicherungsanstalt für Angestellte
Ruhrstr. 2, 10709 Berlin
T: (030) 8 65-1 **Fax:** 86 52 72 40
TX: 183 366 BfA
T-Online: ✱4 5065#
Internet: http://www.bfa-berlin.de/
Gründung: 1913 (RfA); 1953 (BfA)

Vorsitzende(r) des Vorstandes: Hans Dieter Richardt
Stellv. Vors. d. Vorstandes: Christian Zahn
(im jährlichen Wechsel)
Geschäftsführer(in): Präs. Dr. Herbert Rische
Dir. Dr. Anne Meurer
Dir. Klaus Michaelis
Ltg. Pressedez.: Helbing
Verbandszeitschrift: Die Angestelltenversicherung

Träger der gesetzlichen Rentenversicherung der Angestellten.

● A 134
Bundesausführungsbehörde für Unfallversicherung
siehe K 300

● A 135
Bundesanstalt für Arbeitsschutz und Arbeitsmedizin (BAuA)
Hauptsitz Dortmund
Postf. 17 02 02, 44061 Dortmund
Friedrich-Henkel-Weg 1-25, 44149 Dortmund
T: (0231) 90 71-0 **Fax:** 90 71-4 54
Internet: http://www.baua.de
Gründung: 1996 (1. Juli)
Präsident(in): Präs. u. Prof. Dipl.-Ing. Hans-Jürgen Bieneck
Ständiger Vertreter: Dir. und Prof.: Dr.rer.nat. Fritz Kochan, Berlin
Leiter Öffentlichkeitsarbeit und Presse: RD Friedrich Sonderkötter
Mitarbeiter: 567 (1. Januar 2000)

a 136
Bundesanstalt für Arbeitsschutz und Arbeitsmedizin
Sitz Berlin
Nöldnerstr. 40-42, 10317 Berlin
T: (030) 5 15 48-0 **Fax:** 5 15 48-170
Leiter Öffentlichkeitsarbeit und Presse: RD Dr.sc.nat. Dieter Wolff

a 137
Bundesanstalt für Arbeitsschutz und Arbeitsmedizin
Außenstelle Dresden
Postf. 10 02 43, 01072 Dresden
Proschhübelstr. 8, 01099 Dresden
T: (0351) 80 62-0 **Fax:** 80 62-2 10
Abteilungsleiter: Dr.-Ing. Dieter Uhlig (Abteilung AS 4)

a 138
Bundesanstalt für Arbeitsschutz und Arbeitsmedizin
Außenstelle Chemnitz
Jagdschänkenstr. 33, 09117 Chemnitz
T: (0371) 81 47-0 **Fax:** 81 47-222

a 139
Bundesanstalt für Arbeitsschutz und Arbeitsmedizin
Außenstelle Bremen
Parkstr. 58, 28209 Bremen
T: (0421) 3 47 96 34 **Fax:** 3 49 81 60

● A 140
Beauftragter der Bundesregierung für die Belange der Behinderten
11017 Berlin
T: (01888) 5 27-2944 **Fax:** 5 27-1871
Internet: http://www.behindertenbeauftragter.de
E-Mail: info@behindertenbeauftragter.de
Gründung: 1981
Beauftragter der Bundesregierung für die Belange der Behinderten: Karl Hermann Haack
Mitarbeiter: 14, davon 6 Mitarb. im Büro Bonn

Dem BM für Bildung und Forschung unterstehende Einrichtungen

● A 141
Bundesinstitut für Berufsbildung (BiBB)
Hermann-Ehlers-Str. 10, 53113 Bonn
T: (0228) 1 07-0
Internet: http://www.bibb.de
E-Mail: zentrale@bibb.de
Gründung: 1970
Generalsekretär(in): Prof. Dr. Helmut Pütz
Stellv. Gen.s., Ltr. d. Forschungsbereichs: Walter Brosi
Leitung Presseabteilung: Dr. Ilona Zeuch-Wiese

● **A 142**
Deutsches Historisches Institut London
German Historical Institute
17, Bloomsbury Square, GB- London WC1A 2NJ
T: (004420) 7404-5486   Fax: 7404-5573
Internet: http://www.ghil.co.uk
E-Mail: ghil@ghil.co.uk
Gründung: 1976
Leiter(in): Prof. Dr. Hagen Schulze
Verbandszeitschrift: Bulletin of the German Historical Institute London
Wiss. Mitarbeiter: 7

● **A 143**
Deutsches Historisches Institut Paris
8, Rue du Parc-Royal, F-75003 Paris
T: (00331) 42 71 56 16   Fax: 42 71 56 43
Internet: http://www.dhi-paris.fr
E-Mail: direktor@dhi-paris.fr
Gründung: 1958 / 1964
Direktor(in): Prof. Dr. Werner Paravicini
Mitglieder: ca. 30 (und ca. 25 Stipendiaten)

● **A 144**
Deutsches Historisches Institut Rom
Via Aurelia Antica, 391, I-00165 Rom
T: (003906) 66 04 92-1   Fax: 6 62 38 38
Internet: http://www.dhi-roma.it
E-Mail: post@dhi-roma.it
Gründung: 1888
Direktor(in): Prof. Dr. Arnold Esch

● **A 145**
Deutsches Historisches Institut Warschau
Niemiecki Instytut Historyczny w Warszawie
Palac Kultury i Nauki (17.Stock)
Plac Defilad 1, skr.33, PL-00-901 Warschau
T: (004822) 6 56-7181   Fax: 6 93 70 06
E-Mail: dhi@dhi.waw.pl
Gründung: 1993
Direktor(in): Prof. Dr. Klaus Ziemer (E-Mail: ziemer@dhi.waw.pl)

● **A 146**
Deutsches Historisches Institut
German Historical Institute
1607 New Hampshire Ave. NW, USA- Washington, DC 20009
T: (001202) 387-3355   Fax: 483-3430
Internet: http://www.ghi-dc.org
E-Mail: library@ghi-dc.org
Gründung: 1987
Direktor(in): PD Dr. Christof Mauch
Verbandszeitschrift: Bulletin, Reference guides, occasional papers
Mitarbeiter: 22

● **A 147**
EUREKA (Europäische Forschungsinitiative zur technologischen Zusammenarbeit)
Informationsstelle: EUREKA/COST-Büro, DLR
Postf. 30 03 64, 53183 Bonn
T: (0228) 4 49 22 50   Fax: 4 49 22 33
Gründung: 1985
Hoher Repräsentant für Deutschland: Reinhard Junker (BMBF)
Mitglieder: 29 Mitgliedsstaaten u. Europäische Kommission

● **A 148**
Biologische Anstalt Helgoland (BAH)
in der Stiftung Alfred-Wegener-Institut für Polar- und Meeresforschung
Postf. 12 01 61, 27515 Bremerhaven
T: (0471) 48 31-0   Fax: 48 31-149
Internet: http://www.awi.bremerhaven.de
Gründung: 1892
Leiter: Prof. Dr. Friedrich Buchholz (Meeresstation Helgoland)
Dr. Karsten Reise (Wattenmeerstation Sylt)
Verbandszeitschrift: Helgoland Marine Research
Redaktion: Dr. Heinz-Dieter Franke
Verlag: Biologische Anstalt Helgoland in der Stiftung Alfred-Wegener-Institut für Polar- und Meeresforschung
Mitarbeiter: ca. 170
Jahresetat: ca. DM 20 Mio, € 10,23 Mio (s. Stiftung Alfred-Wegener-Institut für Polar- und Meeresforschung)

Dem BM für Verbraucherschutz, Ernährung und Landwirtschaft unterstehende Einrichtungen

● **A 149**
Bundesforschungsanstalt für Landwirtschaft (FAL)
Bundesallee 50, 38116 Braunschweig
T: (0531) 5 96-0   Fax: 5 96-1099
Internet: http://www.fal.de
E-Mail: info@fal.de
Gründung: 1947
Präsident(in): Dir u. Prof. PD Dr.-Ing Claus Sommer (T: (0531) 5 96-1001, Fax: (0531) 5 96-1099)
Vizepräsident(in): Dir u. Prof. Professor Dr. Gerhard Flachowsky (T: (0531) 5 96-3101, Fax: (0531) 5 96-3199)
Verwaltungsleiter: Ltd. RD Horst Gottfried (Tel. (0531) 5 96-1201, Fax: (0531) 5 96-1299)
Ltr. Präsidialbüro u. Öffentlichkeitsarbeit: WOR Dipl.-Biol. Christopher Otto (T: (0531) 59 6-1003, Fax: (0531) 59 6-1099)
Besucher- und Pressedienst: Ing. agr. F. Frhr. von Elverfeldt (T: (0531) 59 6-1005, Fax: (0531) 59 6-1099)
Mitarbeiter: rd. 820 davon rd. 320 Wissenschaftler

● **A 150**
Bundesforschungsanstalt für Forst- und Holzwirtschaft
Leuschnerstr. 91, 21031 Hamburg
T: (040) 7 39 62-0   Fax: 7 39 62-4 80
Internet: http://www.dainet.de/bfh
E-Mail: bfafh@holz.uni-hamburg.de
Leiter(in): Univ. Prof. Dr. D. Eckstein
Verwaltungsleitung: RAR Rainer Mucha

● **A 151**
Bundesanstalt für Getreide-, Kartoffel- und Fettforschung in Detmold und Münster
Standort Detmold (Hauptsitz)
Postf. 13 54, 32703 Detmold
Schützenberg 12, 32756 Detmold
T: (05231) 7 41-0   Fax: 74 11 00
Internet: http://www.bagkf.de
E-Mail: BAGKF@t-online.de
Gründung: 1907
Leiter der Bundesanstalt: Dir. u. Prof. Prof. Dr. Siegfried Warwel
Vertreter des Anstaltsleiters: Dir. u. Prof. Dr. Meinolf G. Lindhauer
Verwaltungsleiterin: RA Kerstin Burmeister
Mitarbeiter: 150 Detmold u. Münster
Wissenschaftler auf Planstellen: 27

a 152
Bundesanstalt für Getreide-, Kartoffel- und Fettforschung
Standort Münster
Piusallee 68 /76, 48147 Münster
T: (0251) 4 35.10   Fax: 51 92 75

● **A 153**
Bundesforschungsanstalt für Fischerei
Palmaille 9, 22767 Hamburg
T: (040) 3 89 05-0   Fax: 3 89 05-200
Internet: http://www.dainet.de/bfafi
E-Mail: 100565.1223@compuserve.com
Leiter(in): Dir. u. Prof. Dr. Hans-Stephan Jenke
Stellvertretender Leiter: Dir. u. Prof. Dr. Otto Gabriel
Verwaltungsleiter: ORR Dipl.-Verww. Lothar Kraft

● **A 154**
Bundesanstalt für Fleischforschung
E.-C.-Baumann-Str. 20, 95326 Kulmbach
T: (09221) 80 31   Fax: 8 03-2 44
E-Mail: BAFF@compuserve.com
Gründung: 1938
Leiter(in): Dir. u. Prof. Dr. Karl Otto Honikel
Presseabteilung: Dir. u. Prof. Dr. Wolfgang Branscheid
Verbandszeitschrift: Mitteilungsblatt der Bundesanstalt für Fleischforschung
Redaktion: Dr. L. Kröckel
Verlag: Bundesanstalt für Fleischforschung, E.-C.-Baumannstr. 20, 95326 Kulmbach
Mitarbeiter: 135
Jahresetat: DM 14 Mio, € 7,16 Mio

● **A 155**
Bundesforschungsanstalt für Ernährung (BFE)
Haid-und-Neu-Str. 9, 76131 Karlsruhe
T: (0721) 66 25-0   Fax: 66 25-1 11
Internet: http://www.dainet.de/bfe
E-Mail: al.bfe@bfe.uni-karlsruhe.de
Anstaltsleiter: Prof. Dr. rer. nat. habil. B. Tauscher

● **A 156**
Deutsche Wissenschaftliche Kommission für Meeresforschung
Palmaille 9, 22767 Hamburg
T: (040) 38 90 50, App. 168   Fax: 3 89 05-2 63
Gründung: 1901
Wiss. Vors: Prof. Dr. Dietrich Schnack (Institut für Meereskunde an der Universität Kiel, Düsternbrooker Weg 20, 24105 Kiel, Tel: (0431) 5 97-39 10)
Geschäftss.Sekr.: Dir. u. Prof. Dr. Alfred Post
Verbandszeitschrift: Archiv für Meeresforschung
Redaktion: BFA Fischerei
Verlag: Gustav Fischer, Stuttgart
Mitglieder: 50

● **A 157**
Bundesanstalt für Milchforschung
Postf. 60 69, 24121 Kiel
Hermann-Weigmann-Str. 1, 24103 Kiel
T: (0431) 60 91   Fax: 6 09-22 22
Internet: http://www.bafm.de
E-Mail: bafm@bafm.de
Leiter(in): Dir. u. Prof. Dr. P. Teufel

● **A 158**
Biologische Bundesanstalt für Land- und Forstwirtschaft (BBA)
Berlin und Braunschweig
Messeweg 11-12, 38104 Braunschweig
T: (0531) 2 99-5   Fax: 2 99-3000
Internet: http://www.bba.de
E-Mail: Pressestelle@bba.de
Gründung: 1898 (28. Januar)
Präsident(in): Prof. Dr. Fred Klingauf
Vizepräsident(in): Dr. Gerhard Gündermann
Leitung Presseabteilung: Dr. Wohlert Wohlers
Verwaltungsleiter: Klaus Kasprzyk
Mitarbeiter: ca. 850

a 159
Biologische Bundesanstalt für Land- und Forstwirtschaft
Institute in Berlin
14191 Berlin
Königin-Luise-Str. 19, 14195 Berlin
T: (030) 83 04-1   Fax: 83 04-2503
E-Mail: c.reichmuth@bba.de
Leitung: Prof. Dr. Fred Klingauf
Ständ.Vertr.d.Präs.in Berlin: Dr. Christoph Reichmuth

a 160
Biologische Bundesanstalt für Land- und Forstwirtschaft
Außenstelle Kleinmachnow
Stahnsdorfer Damm 81, 14532 Kleinmachnow
T: (033203) 4 80   Fax: 4 84 25
Leiter: Prof. Dr. Ulrich Burth (033203-48204)

Institute in Kleinmachnow
Institut für Folgenabschätzung im Pflanzenschutz Dr. Vokmar Gutsche (033203-48265)
Institut für integrierten Pflanzenschutz Prof. Dr. Ulrich Burth (033203-48204)
Institut für Ökotoxikologie im Pflanzenschutz Dr. Hans Becker (033203-48350)

Außeninstitute:

a 161
Biologische Bundesanstalt für Land- und Forstwirtschaft
Institut für biologischen Pflanzenschutz
Heinrichstr. 243, 64287 Darmstadt
T: (06151) 40 70   Fax: 40 72 90
E-Mail: biocontrol.bba@t-online.de
Leiter(in): Dr. Jürg Huber

a 162
Biologische Bundesanstalt für Land- und Forstwirtschaft
Institut für Nematologie und Wirbeltierkunde
Toppheideweg 88, 48161 Münster
T: (0251) 8 71 06-0   Fax: 8 71 06-33
T-Online: *0251 871060#
E-Mail: bba.muenster@t-online.de
Leiter(in): Dr. Joachim Müller
mit Außenstelle Elsdorf:
Dürener Str. 71, 50189 Elsdorf/Rhld., T: (02274) 64 46, Fax: (02274) 8 26 05

a 163

Biologische Bundesanstalt für Land- und Forstwirtschaft
Institut für Pflanzenschutz im Obstbau
Schwabenheimer Str. 101, 69221 Dossenheim
T: (06221) 8 68 05-00   Fax: 8 68 05-15
E-Mail: bba.dossenheim@t-online.de
Leiter(in): Dr. Erich Dickler

a 164

Biologische Bundesanstalt für Land- und Forstwirtschaft
Institut für Pflanzenschutz im Weinbau
Brueningstr. 84, 54470 Bernkastel-Kues
T: (06531) 97 18-0   Fax: 49 36
T-Online: *06531/2704#
E-Mail: BBA-BKS@t-online.de
Leiter(in): Dr. Wolf Dieter Englert

● A 165

Bundesforschungsanstalt für Viruskrankheiten der Tiere
(Friedrich-Loeffler-Institute)
Hauptstandort Insel Riems
Boddenblick 5a, 17498 Insel Riems
T: (038351) 7-0   Fax: 7-151
Internet: http://www.bfav.de
Leiter(in): Präs. u. Prof. Dr. Thomas C. Mettenleiter
Stellv. Leiter: Dir. und Prof. PD Dr. F. Conraths
Verwaltungsleiter: Dietrich Herpel (Oberregierungsrat)

a 166

Bundesforschungsanstalt für Viruskrankheiten der Tiere
Standort Tübingen
Postf. 11 49, 72001 Tübingen
Paul-Ehrlich-Str. 28, 72076 Tübingen
T: (07071) 9 67-0   Fax: 9 67-105, 9 67-303, 9 67-305

a 167

Bundesforschungsanstalt für Viruskrankheiten der Tiere
Standort Wusterhausen
Seestr. 55, 16868 Wusterhausen
T: (033979) 8 00   Fax: 8 02 00

● A 168

Bundesanstalt für Züchtungsforschung an Kulturpflanzen (BAZ)
Neuer Weg 22-23, 06484 Quedlinburg
T: (03946) 47-201   Fax: 4 72-202
Internet: http://www.bafz.de
E-Mail: bafz-al@bafz.de
Gründung: 1992 (01. Januar)
Leiter(in): Dir. u. Prof. Dr. Manfred Neumann
Pressereferent: Wiss. Dir. Dr. Klaus Peter
Verbandszeitschrift: Beiträge zur Züchtungsforschung
Redaktion: BAZ
Verlag: BAZ, Neuer Weg 22/23, 06484 Quedlinburg
Mitarbeiter: 441
Jahresetat: DM 42 Mio, € 21,47 Mio

● A 169

Bundessortenamt
Postf. 61 04 40, 30604 Hannover
Osterfelddamm 80, 30627 Hannover
T: (0511) 95 66-5   Fax: 56 33 62
Internet: http://www.bundessortenamt.de
E-Mail: bsa@bundessortenamt.de
Präsident(in): Udo von Kröcher

● A 170

Bundesanstalt für Landwirtschaft und Ernährung (BLE)
Postf. 18 02 03, 60083 Frankfurt
Adickesallee 40, 60322 Frankfurt
T: (069) 15 64-0   Fax: 15 64-444
Internet: http://www.dainet.de/ble
E-Mail: poststelle@ffm.ble.bund400.de
Gründung: 1995 (1. Januar)
Präsident(in): Dr. G. Drexelius
Vizepräsident(in): Barbara Heymann

Dem BM für Familie, Senioren, Frauen und Jugend unterstehende Einrichtungen

● A 171

Bundesprüfstelle für jugendgefährdende Schriften
Postf. 26 01 21, 53153 Bonn
Kennedyallee 105-107, 53175 Bonn
T: (0228) 37 66 31   Fax: 37 90 14
Internet: http://www.bpjs.bmfsfj.de
E-Mail: bpjs.bonn@t-online.de
Vorsitzende(r): Ltd.Reg.Dir.'in Elke Monssen-Engberding

● A 172

Bundesamt für den Zivildienst
Sibille-Hartmann-Str. 2-8, 50969 Köln
T: (0221) 36 73-0   Fax: 36 73-4661, 36 73-4662
Internet: http://www.zivildienst.de
E-Mail: zivimagazin@t-online.de
Leiter(in): Präs. Wolfgang Kehm
Mitarbeiter: 1151

● A 173

Bundesbeauftragter für den Zivildienst im Bundesministerium für Familie, Senioren, Frauen und Jugend
53107 Bonn
T: (0228) 9 30-2722 (Bonn), (030) 2 06 55-2722 (Berlin)
Fax: (0228) 9 30-4905
Internet: http://www.bmfsfj.de
E-Mail: poststelle@bmfsfj.bund.de
Bundesbeauftragter für den Zivildienst: Dieter Hackler

Dem BM der Finanzen unterstehende Einrichtungen

● A 174

Bundesschuldenverwaltung
Postf. 12 45, 61282 Bad Homburg
Bahnhofstr. 16-18, 61352 Bad Homburg
T: (06172) 1 08-0   Fax: 1 08-4 50
Internet: http://www.bsv.de
Telefon-Computer: 1 08-930
Service-Center: 1 08-222
Präsident(in): Dr. Knut Kage
Vizepräsident(in): Dr. Thomas Dress (m.d.W.d.G.b.)

a 175

Bundesschuldenverwaltung
Dienststelle Berlin
Postf. 42 08 07, 12068 Berlin
Platz der Luftbrücke 2, 12101 Berlin
T: (030) 69 03 40   Fax: 6 90 34-1 05

● A 176

Bundesamt zur Regelung offener Vermögensfragen
Mauerstr. 39-40, 10117 Berlin
T: (030) 2 23 10-0, (01888) 70 20-0   Fax: (030) 2 23 10-260, (01888) 70 20-260
Internet: http://www.barov.bund.de
E-Mail: poststelle@barov.bund.de
Präsident(in): Dr. Horst-Dieter Kittke
Vizepräsident(in): N.N.
Leitung Presseabteilung: Dr. Ellen Händler

Oberste Fachaufsichtsbehörden der Länder für den Bereich offene Vermögensfragen

Berlin

a 177

Senatsverwaltung für Finanzen
-StS-B2-
Rungestr. 22-24, 10179 Berlin
T: (030) 90 20 65 14   Fax: 90 20 61 54

Brandenburg

a 178

Ministerium der Finanzen des Landes Brandenburg
Steinstr. 104-106, 14480 Potsdam
T: (0331) 8 66-0, 8 66-6440   Fax: 8 66-6888, 8 66-6889

Mecklenburg-Vorpommern

a 179

Finanzministerium des Landes Mecklenburg-Vorpommern
19048 Schwerin
Schloßstr. 9-11, 19053 Schwerin
T: (0385) 5 88-0, 5 88-4440   Fax: 5 88-4585, 5 88-4584
Internet: http://www.mv-regierung.de/fm/

a 180

Sächsisches Staatsministerium des Innern
01095 Dresden
Wilhelm-Buck-Str. 2, 01097 Dresden
T: (0351) 5 64 0   Fax: 5 64 3289

Sachsen-Anhalt

a 181

Ministerium des Innern
des Landes Sachsen-Anhalt
Referat 33
Halberstädter Str. 2, 39112 Magdeburg
T: (0391) 5 67-01   Fax: 5 67-5290
Internet: http://www.mi.sachsen-anhalt.de
E-Mail: pressestelle@min.mi.lsa-net.de

Thüringen

a 182

Thüringer Finanzministerium
Postf. 4 70, 99009 Erfurt
Jenaer Str. 37, 99099 Erfurt
T: (0361) 3 79 00   Fax: 3 79 66 59

Landesämter zur Regelung offener Vermögensfragen

Berlin

a 183

Landesamt zur Regelung offener Vermögensfragen/Landesausgleichsamt
Rungestr. 22-24, 10179 Berlin
T: (030) 90 20-1111, 90 20-6511   Fax: 90 20-6439

Brandenburg

a 184

Landesamt zur Regelung offener Vermögensfragen des Landes Brandenburg
Magdeburger Str. 51, 14770 Brandenburg
T: (03381) 39 82-00   Fax: 39 82-66

a 185

Landesamt zur Regelung offener Vermögensfragen des Landes Brandenburg
Außenstelle Frankfurt/O.
Karl-Ritter-Platz 10, 15230 Frankfurt
T: (0335) 68 38-0   Fax: 68 38-150, 68 38-100

a 186

Landesamt zur Regelung offener Vermögensfragen des Landes Brandenburg
Außenstelle Potsdam
im Verwaltungszentrum Wünsdorf - Teilbereich B -
Hauptallee 116 /4, 15838 Wünsdorf
T: (033702) 7 25 03   Fax: 7 25 72, 7 25 04

Mecklenburg-Vorpommern

a 187

Landesamt zur Regelung offener Vermögensfragen des Landes Mecklenburg-Vorpommern
Markt 20/21, 17489 Greifswald
T: (03834) 57 11-0 **Fax:** 39 22, 57 11 65

a 188

Landesamt zur Regelung offener Vermögensfragen des Landes Mecklenburg-Vorpommern Außenstelle Schwerin
Hopfenbruchweg 4, 19059 Schwerin
T: (0385) 74 30-0 **Fax:** 74 30-1 75
E-Mail: poststelle@sn.larov-mv.de

Sachsen

a 189

Sächsisches Landesamt zur Regelung offener Vermögensfragen
Olbrichtplatz 1, 01099 Dresden
T: (0351) 81 35-01 **Fax:** 81 35-101, 81 35-102, 81 35-103

Sachsen-Anhalt

a 190

Regierungspräsidium Halle Landesamt zur Regelung offener Vermögensfragen des Landes Sachsen-Anhalt
An der Fliederwegkaserne 13, 06130 Halle
T: (0345) 5 14-0, 5 14-3501 **Fax:** 5 14-3988, 5 14-3989

Thüringen

a 191

Thüringer Landesamt zur Regelung offener Vermögensfragen
Ernst-Toller-Str. 14, 07545 Gera
T: (0365) 8 23 70, 8 23 71 01 **Fax:** 8 23 71 11

● **A 192**

Bundesmonopolverwaltung für Branntwein
Postf. 10 03 62, 63003 Offenbach
Friedrichsring 35, 63069 Offenbach
T: (069) 83 02-1 **Fax:** 83 02-2 41
Internet: http://www.bfb-bund.de
Leiter bzw. Vertreter:
Behörde:
Präsident: Kurt Teichner
Vertreter: Dir. Gerhard Groß
Bundesmonopolamt: Dir. Gerhard Groß
Verwertungsstelle: Dir. Gerhard Groß
Presse- und Öffentlichkeitsarbeit: Dipl.-Volksw. Willi Arnold

Bundesoberbehörde im Bereich des Bundesministeriums der Finanzen. Verwaltung des Branntweinmonopols.

● **A 193**

Bundesfinanzakademie
Willy-Brandt-Str. 10, 50321 Brühl
T: (0228) 6 82-5999 **Fax:** 6 82-5185
Internet: http://www.bundesfinanzakademie.de
E-Mail: poststelle@bfa.bfinv.bund400.de
Gründung: 1951
Präsident(in): Detlef Roland
Mitarbeiter: 40

● **A 194**

Zollkriminalamt (ZKA)
Postf. 85 05 62, 51030 Köln
Bergisch Gladbacher Str. 837, 51069 Köln
T: (0221) 6 72-0 **Fax:** 6 72-4500
Internet: http://www.zollkriminalamt.de
E-Mail: Redaktion@zollkriminalamt.de

Gründung: 1992 (15. Juli)
Leitung Presseabteilung: Leonhard Bierl
Mitarbeiter: ca. 580

● **A 195**

Beschaffungsamt der Bundeszollverwaltung
Frankfurter Str. 91, 63067 Offenbach
T: (069) 80 07 23-0 **Fax:** 80 07 23-80

● **A 196**

Fachhochschule des Bundes für öffentliche Verwaltung Fachbereich Finanzen
Postf. 15 49, 48004 Münster
Gescherweg 100, 48161 Münster
T: (0251) 86 70-0 **Fax:** 86 70-6 66
E-Mail: poststelle@bzms.bfinv.bund400.de

● **A 197**

Bildungszentrum der Bundesfinanzverwaltung Münster
Postf. 15 49, 48004 Münster
Gescherweg 100, 48161 Münster
T: (0251) 86 70-0 **Fax:** 86 70-6 66
E-Mail: poststelle@bzms.bfinv.bund400.de

● **A 198**

Bildungszentrum der Bundesfinanzverwaltung Plessow
Hauptstr. 17, 14542 Plessow
T: (03327) 4 67-0 **Fax:** 4 67-2 88, 4 67-2 99
E-Mail: poststelle@bzm.bfinv.bund400.de

● **A 199**

Bundesamt für Finanzen
Friedhofstr. 1, 53225 Bonn
T: (0228) 4 06-0 **Fax:** 4 06-2661
Internet: http://www.bff-online.de
E-Mail: poststelle@bff-online.de
Präsident(in): Jochen Wendelstorf

a 200

Bundesamt für Finanzen Außenstelle Berlin
Bundesbesoldungsstelle (Gruppe III)
Gruppe Währungsumstellung
Krausenstr. 17, 10117 Berlin
T: (030) 20 08-0 **Fax:** 20 08-8807

a 201

Bundesamt für Finanzen Außenstelle Saarlouis:
Industriestr. 6, 66740 Saarlouis
T: (06831) 4 56-0 **Fax:** 4 56-120

● **A 202**

Bundesanstalt für vereinigungsbedingte Sonderaufgaben (BvS)
10100 Berlin
Markgrafenstr. 47, 10117 Berlin
T: (030) 24 51-1020 **Fax:** 24 51-1012
Präsident(in): Hans Hinrich Schroeder-Hohenwarth
Verwaltungsrat:
Dr. Manfred Schüler (Vors.)
Prof. Dr. Otto Gellert (stellv. Vors., Wirtschaftsprüfer + Steuerberater)
Dr. Manfred Balz (Chefsyndikus der Deutschen Telekom AG, Zentrale)
Detlev Biedermann (Ministerialdirigent im Bundeskanzleramt, Leiter Arbeitsstab neue Länder)
Wilhelm Burke (Staatssekretär im Wirtschaftsministerium des Landes Mecklenburg-Vorpommern)
Dr. Wolfgang Fürniß (Minister für Wirtschaft, Mittelstand und Technologie des Landes Brandenburg)
Dr. Dieter Hockel (Leiter der Abteilung Wirtschaftspolitik - Industriegruppen beim Hauptvorstand der IG Bergbau, Chemie, Energie)
Stephan Illert (Staatssekretär im Ministerium für Landwirtschaft, Naturschutz und Umwelt des Landes Thüringen)
Roland Issen (Vorsitzender der Deutschen Angestellten-Gewerkschaft)
Wolfgang Krug (Mitglied des Vorstandes der Deutschen Kreditbank AG)
Volker Liepelt (Staatssekretär in der Senatsverwaltung für Wirtschaft und Technologie des Landes Berlin)
Manfred Maas (Staatssekretär im Ministerium für Wirtschaft und Technologie des Landes Sachsen-Anhalt)
Prof. Dr. Hannes Rehm (Stellv. Vorsitzender des Vorstandes der Norddeutschen Landesbank)
Dr. Eike Röhling (Ministerialdirektor im Bundesministerium für Wirtschaft und Technologie)
Dr. Eberhardt Rolle (Ministerialdirektor im Bundesministerium der Finanzen)
Jörg Rommerskirchen (Mitglied des Vorstandes der Berliner Gaswerke AG)
Joachim Töppel (Beauftragter der Industriegewerkschaft Metall für die neuen Bundesländer und Osteuropa)
Dr. Wolfgang Uellenberg-van Dawen (Bundesvorstandssekretär im Vorstandsbereich Vorsitzender des Deutschen Gewerkschaftsbundes)
Dr. Wolfgang Vehse (Staatssekretär im Ministerium für Wirtschaft und Arbeit des Freistaates Sachsen)
Reinhold Wagner (Executive Vice President Alcan Aluminium LTD, Europe i.R.)
Joachim Wunderlich (Leitender Geschäftsführer der IHK Südwestsachsen, RK Plauen)
Leitung Pressestelle: Eva Hertzfeldt

● **A 203**

Bundesamt für äußere Restitutionen
Schloß Hauptgebäude, 56068 Koblenz
T: (0261) 39 08-164 **Fax:** 39 08-202
Leiter(in): Cloeren

● **A 204**

Bundesaufsichtsamt für das Kreditwesen
Graurheindorfer Str. 108, 53117 Bonn
T: (0228) 2 07-0 **Fax:** 2 07-1550
Internet: http://www.bakred.de
Gründung: 1962 (1. Januar)
Präsident(in): Jochen Sanio
Vizepräsident(in): Dr. Burkhard Lehmann
Pressereferentin: RR'in Sabine Lautenschläger-Peiter

● **A 205**

Bundesaufsichtsamt für das Versicherungswesen
Graurheindorfer Str. 108, 53117 Bonn
T: (0228) 4 22-80
Internet: http://www.bav.bund.de
E-Mail: info@bav.bund.de
Gründung: 1901 (1. Juli)
Präsident(in): Dr. Helmut Müller
Vizepräsident(in): Detlef Kaulbach
Pressesprecherin: Elke Washausen-Richter
Verbandszeitschrift: Veröffentlichungen d. Bundesaufsichtsamtes f. d. Versicherungswesen (VerBAV); Jahres-Geschäftsbericht (GB BAV - Teile A + B)
Mitarbeiter: 310
Jahresetat: ca. DM 27 Mio, € 13,8 Mio

● **A 206**

Verwaltungsamt für innere Restitutionen in Hannover
Postf. 11 09 02, 30103 Hannover
Möckernstr. 30, 30163 Hannover
T: (0511) 67 44-277 (Herr Becker), 67 44-257 (Frau Galler)
Fax: 67 44-250
Leiter: Oberregierungsrat Becker

● **A 207**

Bundesbeauftragter für die Behandlung von Zahlungen an die Konversionskasse
Fasanenstr. 87, 10623 Berlin
T: (030) 31 81-0 **Fax:** 31 81-1460
Bundesbeauftragter: Ltd. RegDir Jörgen Brieger-Lutter

● **A 208**

Bundesaufsichtsamt für den Wertpapierhandel
Postf. 50 01 54, 60391 Frankfurt
Lurgiallee 12, 60439 Frankfurt
T: (069) 9 59 52-0 **Fax:** 9 59 52-123
Internet: http://www.bawe.de
E-Mail: mail@bawe.de
Gründung: 1995 (1. Januar)
Präsident(in): Georg Wittich
Vizepräsident(in): Georg Dreyling
Leitung Pressereferat: Regina Nößner

● **A 209**

Bundesdruckerei GmbH
10958 Berlin
Oranienstr. 91, 10969 Berlin
T: (030) 25 98-0 **Fax:** 25 98-2205
Internet: http://www.bundesdruckerei.de
E-Mail: information@bdr.de
Gründung: 1879
Geschäftsführer(in): Ernst-Theodor Menke
Harald Wendel
Leitung Presseabteilung: Anja Tomic

a 210

Bundesdruckerei GmbH Zweigniederlassung Bonn
Südstr. 119, 53175 Bonn

a 210

T: (0228) 3 82 02-0   Fax: 3 82 02-45
E-Mail: sieber@bdr.de
Niederlassungsleiter: Jürgen Sieber

a 211

Bundesdruckerei GmbH
Zweigniederlassung Neu-Isenburg
Rathenaustr. 53, 63263 Neu-Isenburg
T: (06102) 24 22 00   Fax: 24 22 07
E-Mail: ni.bdr@t-online.de
Niederlassungsleiter: Georg Friedrich

● **A 212**

Bundesanstalt für Post und Telekommunikation Deutsche Bundespost (BAnst PT)
Anstalt des öffentlichen Rechts
53222 Bonn
Heinrich-Konen-Str. 1, 53227 Bonn
T: (0228) 97 44-0   Fax: 97 44-8 70
Internet: http://www.banst-pt.de
E-Mail: dietmar.kuppe@banst-pt.de
Gründung: 1995 (1. Januar)
Vorstand: Helmut Rötzel (Vors.)
Leitung Presseabteilung: Peter Kohlhaase
Mitarbeiter: ca. 2000

Dem BM für Gesundheit unterstehende Einrichtungen

● **A 213**

Robert Koch-Institut (RKI)
Nordufer 20, 13353 Berlin
T: (01888) 7 54-0   Fax: 7 54-2328
Internet: http://www.rki.de
E-Mail: info@rki.de
Gründung: 1891
Leiter(in): Prof. Dr.med. Reinhard Kurth
Mitarbeiter: 620

● **A 214**

Bundesinstitut für gesundheitlichen Verbraucherschutz und Veterinärmedizin (BgVV)
Thielallee 88-92, 14195 Berlin
T: (01888) 4 12-0   Fax: 4 12-4741
Pressestelle des BgW:
Leiter(in): Dr. Irene Lukassowitz

● **A 215**

Bundesinstitut für Arzneimittel und Medizinprodukte (BfArM)
Friedrich-Ebert-Allee 38, 53113 Bonn
T: (0228) 2 07-30   Fax: 2 07-5207
Internet: http://www.bfarm.de
E-Mail: poststelle@bfarm.de
Institutsleiter: Prof. Dr. rer. nat. habil. Harald G. Schweim (kommissarisch)
Öffentlichkeitsarbeit, Pressestelle: Ulrich Heier

● **A 216**

Bundeszentrale für gesundheitliche Aufklärung (BZgA)
Postf. 91 01 52, 51071 Köln
Ostmerheimer Str. 220, 51109 Köln
T: (0221) 89 92-0   Fax: 89 92-300
Internet: http://www.bzga.de
E-Mail: order@bzga.de
Gründung: 1967 (20. Juli)
Direktorin: Dr.med. Elisabeth Pott
Leitung Presseabteilung: Dr. Marita Völker-Albert

● **A 217**

Paul-Ehrlich-Institut (PEI)
- Bundesamt für Sera und Impfstoffe -
Paul-Ehrlich-Str. 51-59, 63225 Langen
T: (06103) 77-0   Fax: 77-1234
Internet: http://www.pei.de
Gründung: 1896 Institut
Mit dem Errichtungsgesetz vom 01.11.1972 wird das PEI - als Bundesamt für Sera und Impfstoffe - eine selbständige Bundesoberbehörde
Kommissarischer Leiter: Prof. Dr. Johannes Löwer
Öffentlichkeitsarbeit: Dr. Susanne Stöcker
Mitarbeiter: ca. 600
Jahresetat: ca. DM 85 Mio, € 43,46 Mio

Dem BM des Innern unterstehende Einrichtungen

● **A 218**

Bundesarchiv
Hauptdienststelle:
56064 Koblenz
Potsdamer Str. 1, 56075 Koblenz
T: (01888) 77 70-0   Fax: 77 70-111
Internet: http://www.bundesarchiv.de
E-Mail: koblenz@barch-bund.de
Gründung: 1952 (3. Juni)
Pressereferentin: Gisela Müller
Mitarbeiter: 819
Jahresetat: ca. DM 84 Mio, € 42,95 Mio

Abteilungen und Außenstellen:

a 219

Bundesarchiv Abteilungen Reich und DDR
sowie Stiftung Archiv der Parteien und Massenorganisationen der DDR
Postf. 45 05 69, 12175 Berlin
Finckensteinallee 63, 12205 Berlin
T: (030) 84 35 00   Fax: 84 35 02 46

a 220

Bundesarchiv
Abt. Militärarchiv
Postf. !, 79024 Freiburg
Wiesentalstr. 10, 79115 Freiburg
T: (0761) 4 78 17-0   Fax: 4 78 17-900

a 221

Bundesarchiv Abt. Filmarchiv
Postf. 31 06 67, 10636 Berlin
Fehrbelliner Platz 3, 10707 Berlin
T: (01888) 77 70-0   Fax: 77 70-999
E-Mail: filmarchiv@barch.bund.de

a 222

Bundesarchiv
Zentralnachweisstelle
Abteigarten 6, 52076 Aachen
T: (02408) 1 47-0   Fax: 1 47 37

a 223

Bundesarchiv Lastenausgleichsarchiv
Postf. 50 25, 95424 Bayreuth
Dr.-Franz-Str. 1, 95445 Bayreuth
T: (0921) 46 01-0   Fax: 46 01-111
E-Mail: laa@barch.bund.de

a 224

Bundesarchiv
Außenstelle Ludwigsburg
Postf. 11 44, 71611 Ludwigsburg
Schorndorfer Str. 58, 71638 Ludwigsburg
T: (07141) 89 92 14   Fax: 89 92 12

a 225

Bundesarchiv
Zwischenarchiv St. Augustin-Hangelar
Bundesgrenzschutzstr. 100, 53757 St Augustin
T: (01888) 7 40 00-0   Fax: 7 40 00 33

a 226

Bundesarchiv
Zwischenarchiv Dahlwitz-Hoppegarten
Lindenallee 55-57, 15366 Dahlwitz-Hoppegarten
T: (03342) 2 36 80   Fax: 30 06 28

a 227

Bundesarchiv
Erinnerungsstätte für die Freiheitsbewegungen in der deutschen Geschichte
Postf. 12 35, 76402 Rastatt
Herrenstr. 18 Schloß, 76437 Rastatt
T: (07222) 77 13 90   Fax: 77 13 97

● **A 228**

Bundesausgleichsamt (BAA)
Norsk-Data-Str. 1, 61352 Bad Homburg
T: (06172) 1 05-0   Fax: 1 05-347

E-Mail: bundesausgleichsamt@bva.bund.de
Präsident(in): Dr. Jürgen Hensen
Vizepräsident(in): Andreas Kretschmar

● **A 229**

Bundesamt für Sicherheit in der Informationstechnik (BSI)
Postf. 20 03 63, 53133 Bonn
Godesberger Allee 183, 53175 Bonn
T: (0228) 95 82-0   Fax: 9 58 24 00
Internet: http://www.bsi.bund.de
E-Mail: Dickopf@bsi.de
Präsident(in): Dr. Dirk Henze
Leitung Presseabteilung: Michael Dickopf

● **A 230**

Bundesanstalt Technisches Hilfswerk (THW)
Postf. 20 03 51, 53133 Bonn
Deutschherrenstr. 93-95, 53177 Bonn
T: (0228) 9 40-0, 9 40-1801   Fax: 9 40-1144
Internet: http://www.thw.de
E-Mail: referat.f5@thw.de
Gründung: 1950 (22. August) als Technisches Hilfswerk, seit dem 25.08.1953 Bundesanstalt Technisches Hilfswerk
Direktor(in): Gerd Jürgen Henkel
Leitung Pressereferat: Wolfgang Weber
Bundeszeitschrift: Technisches Hilfswerk
Mitglieder: ca. 44000 aktive Helfer, 17000 Reserve und 10000 Junghelfer
Mitarbeiter: 850 hauptamtliche bundesweit
Jahresetat: rund DM 200 Mio, € 102,26 Mio
8 Landes-/Länderverbände, 66 Geschäftsführerbereiche, 665 Ortsverbände

Technische Hilfe im Zivilschutz und im Rahmen der humanitären Auslandshilfe sowie in der allg. Gefahrenabwehr auf Anforderung der zuständigen Stellen

● **A 231**

Bundesvereinigung der Helfer und Förderer des THW e.V.
Bundesgeschäftsstelle:
Geschäftsführer: Bernhard Groß
Deutschherrenstr. 93-95, 53177 Bonn
T: (0228) 9 40-2715   Fax: 9 40-2765
Internet: http://www.thw-bv-bonn.de
E-Mail: THW-BHV.bonn@t-online.de
Präsident(in): Hans-Joachim Fuchtel (MdB, Abgeordnetenbüro Berlin: Platz der Republik 1, 11011 Berlin, T: (030) 22 77 90 77 oder 22 77 56 48, Fax: 22 77 61 78, E-Mail: hans-joachim.fuchtel@bundestag.de; Wahlkreisbüro Altensteig: Ginsterweg 5, 72213 Altensteig, T: (07453) 9 13 23, Fax: 9 13 56, E-Mail: hans-joachim.fuchtel@wk.bundestag.de)
Vizepräsident(in): Uta Titze-Stecher (MdB, Abgeordnetenbüro Berlin: Platz der Republik 1, 11011 Berlin, T: (030) 22 77 32 43, Fax: 22 77 61 64, E-Mail: uta.titze-stecher@bundestag.de; Wahlkreisbüro Fürstenfeldbruck: Dachauer Straße 9/I, 82256 Fürstenfeldbruck, T: (08141) 51 70 63, Fax: 61 39 04, E-Mail: uta.titze-stecher@wk.bundestag.de)
Geschäftsf. Vizepräsident: Frank Schulze (Barbarossastr. 23, 53489 Sinzig a. Rhein, T: (02642) 4 10 14, Fax: 4 36 11, privat T: (02642) 4 11 05, E-Mail: Frschulze@aol.com)
Bundesschatzmeister: Peter Weiler (Ophoffstr. 19, 45768 Marl, T: (030) 20 20 83 05, Fax: 20 20 82 57, privat T: (02365) 5 62 46, Fax: 51 81 39, E-Mail: PeterF-A.weiler@t-online.de)
Beauftragte für Öffentlichkeitsarbeit: Siglinde Schneider-Fuchs (Schönbornstr. 19, 91330 Bammersdorf-Eggolsheim, T: privat: (09191) 58 00, Fax: 1 57 39, E-Mail: thwfuchs@t-online.de)
Mitglieder: ca. 75000
Anzahl der mittelbar angeschlossenen Organisationen: 14

Der Zweck des Vereins ist die Förderung des Zivil- und Katastrophenschutzes sowie der Förderung der Jugendpflege. Beschaffung von Geld- und Sachmitteln zur Förderung der oben genannten Aufgaben.

● A 232
Bundesamt für die Anerkennung ausländischer Flüchtlinge
Frankenstr. 210, 90461 Nürnberg
T: (0911) 9 43-0   **Fax:** 9 43-4000
Internet: http://www.bafl.de
E-Mail: info@bafl.de
Gründung: 1953
Leiter(in): Dr. Albert Schmid
Leitung Presseabteilung: Marlene Kerpal
Mitarbeiter: ca. 2300

● A 233
Bundesbeauftragter für Asylangelegenheiten beim Bundesamt für die Anerkennung ausländischer Flüchtlinge
Rothenburger Str. 29, 90513 Zirndorf
T: (0911) 9 43-1061   **Fax:** 9 43-1062
Beauftragter für Asylangelegenheiten: Klaus Blumentritt

● A 234
Bundeskriminalamt
65173 Wiesbaden
Thaerstr. 11, 65193 Wiesbaden
T: (0611) 55-0   **Fax:** 55-12141
Internet: http://www.bka.de
E-Mail: poststelle@bka.bund400.de, info@bka.de
Präsident(in): Dr. Klaus Ulrich Kersten
Vizepräsident(in): Bernhard Falk
Leitung Presseabteilung: Norbert Unger
Mitarbeiter: 4800

a 235
Bundeskriminalamt
53338 Meckenheim
Paul-Dickopf-Str. 2, 53340 Meckenheim
T: (02225) 89-0   **Fax:** 89-22095

a 236
Bundeskriminalamt
Postf. 44 06 60, 12006 Berlin
T: (030) 53 61-0   **Fax:** 53 61-29053

● A 237
Der Bundesbeauftragte für den Datenschutz
Postf. 20 01 12, 53131 Bonn
Friedrich-Ebert-Str. 1, 53173 Bonn
T: (0228) 8 19 95-0   **Fax:** 81 99 55 50
Internet: http://www.bfd.bund.de
E-Mail: poststelle@bfd.bund400.de
Leiter(in): Dr. Joachim-W. Jacob

● A 238

Statistisches Bundesamt
65180 Wiesbaden
Gustav-Stresemann-Ring 11, 65189 Wiesbaden
T: (0611) 75-1 (Zentrale), 75-2405 (Info Allgemein), 75-3444 (Info Presse)   **Fax:** 72-4000
Internet: http://www.statistik-bund.de
E-Mail: pressestelle@statistik-bund.de
Präsident(in): Johann Hahlen
Pressestelle: Angela Schaff
Mitarbeiter: 2857

a 239
Statistisches Bundesamt Zweigstelle Bonn
Graurheindorfer Str. 198, 53117 Bonn
T: (01888) 6 43-0   **Fax:** 6 43-8990

a 240
Statistisches Bundesamt i-Punkt Berlin
Otto-Braun-Str. 70-72, 10178 Berlin
T: (030) 23 24-6434   **Fax:** 23 24-6440
E-Mail: i-punkt@statistik-bund.de

a 241
Statistisches Bundesamt Eurostat Data Shop
Otto-Braun-Str. 70-72, 10178 Berlin
T: (030) 23 24-6427, 23 24-6428   **Fax:** 23 24-6430
Internet: http://www.europa.eu.int/eurostat.html,
http://www.statistik-bund.de
E-Mail: stba-berlin.datashop@t-online.de

● A 242
Der Bundesbeauftragte für die Unterlagen des Staatssicherheitsdienstes der ehemaligen Deutschen Demokratischen Republik
Glinkastr. 35, 10117 Berlin
T: (01888) 6 64-0   **Fax:** 6 64-7762
Internet: http://www.bstu.de
E-Mail: post@bstu.de
Bundesbeauftragte(r): Marianne Birthler
Ltg. Pressestelle: Christian Booß
Mitarbeiter: 2500

● A 243

BiB

Bundesinstitut für Bevölkerungsforschung beim Statistischen Bundesamt
Postf. 55 28, 65180 Wiesbaden
Friedrich-Ebert-Allee 4, 65185 Wiesbaden
T: (0611) 75 22 35   **Fax:** 75 39 60
Teletex: 612 186=StBA
Internet: http://www.bib-demographie.de
E-Mail: bib@statistik-bund.de
Gründung: 1973 (12. Februar)
Geschäftsführende Direktorin: Prof. Dr. Charlotte Höhn
Verbandszeitschrift: Zeitschrift für Bevölkerungswissenschaft
Redaktion: Dr. Charlotte Höhn
Verlag: Leske + Budrich, Postf. 30 05 51, 51334 Leverkusen, Gerhart-Hauptmann-Str. 27, 51379 Leverkusen
Verbandszeitschrift: BIB-Mitteilungen
Redaktion: Rolf M. Moenikes
Verlag: Eigenverlag
Mitarbeiter: 20
Jahresetat: DM 2,6 Mio, € 1,33 Mio

Das Bundesinstitut für Bevölkerungsforschung hat die Aufgabe
- wissenschaftliche Forschungen über Bevölkerungs- und damit zusammenhängende Familienfragen als Grundlage für die Arbeit der Bundesregierung zu betreiben
- wissenschaftliche Erkenntnisse in diesem Bereich zu sammeln, nutzbar zu machen und zu veröffentlichen
- die Bundesregierung über wichtige Vorgänge und Untersuchungsergebnisse in diesem Bereich zu unterrichten und sie in Einzelfragen zu beraten
- das Bundesministerium des Innern bei der internationalen Zusammenarbeit in Bevölkerungsfragen, insbesondere im Rahmen der Vereinten Nationen und des Europarates, zu unterstützen.

● A 244
Bundesamt für Verfassungsschutz
Merianstr. 100, 50765 Köln
T: (0221) 7 92-0   **Fax:** 79 83 65
Internet: http://www.verfassungsschutz.de
E-Mail: bfvinfo@verfassungsschutz.de
Präsident(in): Heinz Fromm
Vizepräsident(in): Klaus-Dieter Fritsche
Pressesprecher: Dr. Hans-Gert Lange

● A 245
Bundesverwaltungsamt
50728 Köln
Barbarastr. 1, 50735 Köln
T: (01888) 3 58-0   **Fax:** 3 58-2823
Internet: http://www.bundesverwaltungsamt.de
E-Mail: bva-poststelle@bva.bund.de
Gründung: 1960 (14. Januar)
Präsident(in): Dr. Jürgen Hensen
Vizepräsident(in): Giso Schütz
Pressesprecher: Meinolf Dieckmann
Mitarbeiter: ca. 2500

a 246
Bundesverwaltungsamt -Zentralstelle für Zivilschutz- (BZS)
Postf. 20 03 51, 53133 Bonn
Deutschherrenstr. 93-95, 53177 Bonn
T: (0228) 9 40-0   **Fax:** 9 40-14 24
Internet: http://www.bzs.bund.de
E-Mail: poststelle@bzs.bund400.de

a 247
Akademie für Notfallplanung und Zivilschutz im Bundesverwaltungsamt (AkNZ)
Postf. 15 20, 53460 Bad Neuenahr-Ahrweiler
Ramersbacher Str. 95, 53474 Bad Neuenahr-Ahrweiler
T: (02641) 3 81-0   **Fax:** 3 81-218
E-Mail: aknz-ahrweiler@t-online.de

● A 248
Monopolkommission
Adenauerallee 133, 53113 Bonn
T: (0228) 94 99-262, 94 99-263   **Fax:** 94 99-179
Internet: http://www.monopolkommission.de
E-Mail: sekretariat@monopolkommission.de
Vorsitzende(r): Prof. Martin Hellwig (Ph. D.)
Generalsekretär(in): Dr. Horst Greiffenberg

● A 249
Bundesamt für Kartographie und Geodäsie (BKG)
Bundesbehörde im Geschäftsbereich des Bundesministeriums des Innern
Richard-Strauß-Allee 11, 60598 Frankfurt
T: (069) 63 33-1   **Fax:** 63 33-235
Internet: http://www.ifag.de
E-Mail: kart@ifag.de
Gründung: 1952
Leiter(in): Prof. Dr.-Ing. Dietmar Grünreich
Verbandszeitschrift: Mitteilungen des Bundesamtes für Kartographie und Geodäsie, Offizielle und Spezielle Veröffentlichungen der OEEPE
Mitarbeiter: ca. 340

Aufbau und Aktualisierung der amtlichen digitalen topographisch-kartographischen Informationssysteme einschließlich der zugehörigen digitalen kartographischen Modelle und Kartenwerke; Fortentwicklung der dafür erforderlichen Verfahren und Methoden.
Bereitstellung und Laufendhaltung der Geodätischen Referenzsysteme (für Lage, Höhe und Schwere) der Bundesrepublik Deutschland unter Einschluß der dafür erforderlichen vermessungstechnischen und theoretischen Leistungen zur Gewinnung und Aufbereitung der Meßdaten, der Mitwirkung an bi- und multilateralen Arbeiten zur Bestimmung globaler Referenzsysteme; Fortentwicklung der verwendeten Meß- und Beobachtungstechnologien.

● A 250
Beschaffungsamt des Bundesministeriums des Innern
Postf. 30 01 55, 53181 Bonn
Sankt Augustiner Str. 86, 53225 Bonn
T: (0228) 6 10-0, (01888) 61 00-0   **Fax:** (0228) 6 10-610
Leiter(in): LRD Roderich Egeler

● A 251
Bundesministerium des Innern Abteilung Bundesgrenzschutz
Alt-Moabit 101d, 10559 Berlin
T: (01888) 6 81-0   **Fax:** 6 81-2926
Gründung: 1951 (16. März)
Inspekteur: Udo Burkholder
Verbandszeitschrift: Zeitschrift des Bundesgrenzschutzes
Verlag: A. Bernecker Verlag GmbH, Unter dem Schöneberg 1, 34212 Melsungen
Mitarbeiter: rd. 39000
Jahresetat: DM 3100 Mio, € 1585 Mio

Unterbehörden des BGS

● A 252
Grenzschutzpräsidium Nord
Postf. 11 24, 24569 Bad Bramstedt
Raaberg 6, 24576 Bad Bramstedt
T: (04192) 5 02-0   **Fax:** 89 96 98

● A 253
Bundesgrenzschutzamt Flensburg
Postf. 16 53, 24906 Flensburg
Schleswiger Str. 42, 24941 Flensburg
T: (0461) 1 46 06-0   **Fax:** 1 46 06-66

● A 254
Bundesgrenzschutzamt Hamburg
Postf. 11 24, 24569 Bad Bramstedt
Raaberg 6, 24576 Bad Bramstedt
T: (04192) 5 02-0   **Fax:** 89 97 71

● A 255
Bundesgrenzschutzamt Hannover
Möckernstr. 30, 30163 Hannover
T: (0511) 6 76 75-0   **Fax:** 6 76 75-119

● A 256
Bundesgrenzschutzamt Rostock
Postf. 10 20 69, 18004 Rostock
Gewettstr. 10, 18057 Rostock
T: (0381) 20 83-0   **Fax:** 2 00 20 55

● A 257
Bundesgrenzschutzamt See
Wieksbergstr. 54 .0, 23730 Neustadt
T: (04561) 40 71-0   **Fax:** 1 64 47

● A 258
Grenzschutzpräsidium Ost
Schnellerstr. 139a, 12439 Berlin
T: (030) 6 39 81-0   **Fax:** 6 39 81-4 46, -4 47

● A 259
Bundesgrenzschutzamt Berlin
Schnellerstr. 139a, 12439 Berlin
T: (030) 6 39 81-0   **Fax:** 6 39 81-633, 6 39 81-556

● A 260
Bundesgrenzschutzamt Frankfurt/Oder
Kopernikusstr. 71, 15236 Frankfurt
T: (0335) 56 24-50   **Fax:** 54 22 87

● A 261
Bundesgrenzschutzamt Pirna
Rottwerndorfer Str. 22, 01796 Pirna
T: (03501) 7 95-60   **Fax:** 78 29 15

● A 262
Bundesgrenzschutzamt Chemnitz
Bornaer Str. 205, 09114 Chemnitz
T: (0371) 46 15-0   **Fax:** 4 79 27 82

● A 263
Grenzschutzpräsidium Mitte
Postf. 12 22, 34227 Fuldatal
Niedervellmarsche Str. 50, 34233 Fuldatal
T: (0561) 93 67-0   **Fax:** 93 67-163

● A 264
Bundesgrenzschutzamt Flughafen Frankfurt/Main
Postf. 75 02 64, 60532 Frankfurt
Flughafen Frankfurt am Main, 60549 Frankfurt
T: (069) 69 50 9-0   **Fax:** 69 30 75

● A 265
Bundesgrenzschutzamt Frankfurt/Main
Postf. 51 07, 65726 Eschborn
Mergenthalerallee 14-24, 65760 Eschborn
T: (06196) 50 90-0   **Fax:** 4 55 60

● A 266
Bundesgrenzschutzamt Halle
Merseburger Str. 196 (Haus 11), 06116 Halle
T: (0345) 13 02-0   **Fax:** 1 20 65 00

● A 267
Grenzschutzpräsidium Süd
Postf. 40 07 12, 80707 München
Infanteriestr. 6, 80797 München
T: (089) 1 21 49-0   **Fax:** 1 21 49-1 63

● A 268
Bundesgrenzschutzamt München
Postf. 40 03 29, 80703 München
Domagkstr. 33, 80807 München
T: (089) 32 46 30   **Fax:** 3 23 48 05

● A 269
Bundesgrenzschutzamt Schwandorf
92419 Schwandorf
Weinbergstr. 47, 92421 Schwandorf
T: (09431) 8 81-0   **Fax:** 8 81-117

● A 270
Bundesgrenzschutzamt Stuttgart
Sindelfinger Allee 52, 71034 Böblingen
T: (07031) 21 28-0   **Fax:** 21 28-117

● A 271
Bundesgrenzschutzamt Weil am Rhein
Postf. 14 68, 79549 Weil am Rhein
Basler Str. 5, 79576 Weil am Rhein
T: (07621) 9 56 59-0   **Fax:** 7 79 83

● A 272
Grenzschutzpräsidium West
Bundesgrenzschutzstr. 100, 53757 St Augustin
T: (02241) 2 38-0

● A 273
Bundesgrenzschutzamt Kleve
Emmericher Str. 92-94, 47533 Kleve
T: (02821) 74 51-197   **Fax:** 74 51-199

● A 274
Bundesgrenzschutzamt Köln
Postf. 10 06 65, 50446 Köln
Tel-Aviv-Str. 1, 50676 Köln
T: (0221) 9 68 56-0   **Fax:** 9 68 11 10

● A 275
Bundesgrenzschutzamt Saarbrücken
Postf. 10 12 41, 66012 Saarbrücken
Hindenburgstr. 59, 66119 Saarbrücken
T: (0681) 5 50 92   **Fax:** 5 50 75

● A 276
Grenzschutzdirektion
Postf. 20 06 38, 56006 Koblenz
Roonstr. 13, 56068 Koblenz
T: (0261) 3 99-0   **Fax:** 39 92 18

● A 277
Grenzschutzschule
Postf. 16 81, 23505 Lübeck
Ratzeburger Landstr. 4, 23562 Lübeck
T: (0451) 50 67-0   **Fax:** 50 67-504

● A 278

Bundeszentrale für politische Bildung
Postf. 23 25, 53013 Bonn
Berliner Freiheit 7, 53111 Bonn
T: (01888) 5 15-0, 5 15-115 (Servicetelefon)   **Fax:** 5 15-113
Internet: http://www.bpb.de
E-Mail: info@bpb.bund.de
Gründung: 1952
Präsident(in): Thomas Krüger
Verbandszeitschrift: Verzeichnis der Publikationen
Mitarbeiter: 200
Jahresetat: DM 71,2 Mio, € 36,4 Mio

Die Bundeszentrale für politische Bildung hat die Aufgabe, durch Maßnahmen der politischen Bildung in der Bevölkerung der Bundesrepublik Deutschland Verständnis für politische Sachverhalte zu fördern, das demokratische Bewusstsein zu festigen und die Bereitschaft zur politischen Mitarbeit zu stärken. Ein besonderes Anliegen ist ihr dabei die Werbung für die Grundwerte der parlamentarischen Demokratie.

Außenstelle

a 279
Ost-West-Kolleg der Bundeszentrale für politische Bildung
Willy-Brandt-Str. 1, 50321 Brühl
T: (02232) 9 29-8240, 9 29-8250   **Fax:** 9 29-9020
E-Mail: owk@fhbund.de
Leiter(in): Dr. Horst Müller

a 280
Bundeszentrale für politische Bildung Informations- und Kontaktstelle Berlin
Stresemannstr. 90, 10963 Berlin
T: (030) 25 45 04-0   **Fax:** 25 45 04-22

Landeszentralen

● A 281
Landeszentrale für politische Bildung Baden-Württemberg
Stafflenbergstr. 38, 70184 Stuttgart
T: (0711) 16 40 99-0   **Fax:** 16 40 99-77
Internet: http://www.lpb.bwue.de
E-Mail: lpb@lpb.bwue.de
Gründung: 1972
Stabsstelle Marketing: Werner Fichter
Öffentlichkeitsarbeit: Joachim Lauk
Verbandszeitschrift: zwei Buchreihen, drei Abo-Zeitschriften, Arbeitshilfen u. Spiele zur politischen Allgemeinbildung, für Lehrende zur Unterrichtsgestaltung
Mitarbeiter: 80

Seminare, Studienreisen, Tagungen, Publikationen, Aktionen. Außenstellen und Shops in Stuttgart, Freiburg, Heidelberg, Tübingen; Tagungsstätte in Bad Urach.

● A 282
Bayerische Landeszentrale für politische Bildungsarbeit
Brienner Str. 41, 80333 München
T: (089) 21 86-0   **Fax:** 21 86-2180
Internet: http://www.stmukwk.bayern.de

● A 283
Landeszentrale für politische Bildungsarbeit Berlin
An der Urania 4-10, 10787 Berlin
T: (030) 90 16 25 52
Internet: http://www.berlin.de/landeszentrale-politische-bildung
E-Mail: landeszentrale@skzl.verwalt-berlin.de
Leiter(in): N. N.

● A 284
Landeszentrale für politische Bildung Brandenburg
Heinrich-Mann-Allee 107, 14473 Potsdam
T: (0331) 8 66 12 56   **Fax:** 8 66 13 64
Internet: http://www.brandenburg.de/netpol
E-Mail: blzpb@mbjs.brandenburg.de

● A 285
Landeszentrale für politische Bildung Bremen
Osterdeich 6, 28203 Bremen
T: (0421) 3 61 29 22   **Fax:** 3 61 44 53

● A 286
Landeszentrale für politische Bildung Hamburg
Große Bleichen 23, 20354 Hamburg
T: (040) 4 28 31-2142   **Fax:** 4 28 31-20 50
Leiterin: Dr. Helga Kutz-Bauer

● A 287
Hessische Landeszentrale für politische Bildung
Postf. 32 20, 65022 Wiesbaden
Rheinbahnstr. 2, 65185 Wiesbaden
T: (0611) 99 19 70   **Fax:** 9 91 97 44
E-Mail: hlz@hlz.hessen.de
Direktor(in): Klaus Böhme

● A 288
Landeszentrale für politische Bildung Mecklenburg-Vorpommern
Jägerweg 2, 19053 Schwerin
T: (0385) 30 20 90   Fax: 3 02 09 22
E-Mail: lpbmv@t-online.de

● A 289
Niedersächsische Landeszentrale für politische Bildung
Hohenzollernstr. 46, 30161 Hannover
T: (0511) 39 01-0   Fax: 39 01-290
Internet: http://www.nlpb.de
E-Mail: info@nlpb.de

● A 290
Landeszentrale für politische Bildung Nordrhein-Westfalen
Neanderstr. 6, 40233 Düsseldorf
T: (0211) 6 79 77 10   Fax: 6 79 77 33
Leiter(in): Dr. Hans Walter Schulten

● A 291
Landeszentrale für politische Bildung Rheinland-Pfalz
Am Kronberger Hof 6, 55116 Mainz
T: (06131) 16 29 70   Fax: 16 29 80
E-Mail: lpb.zentrale@politische-bildung-rlp.de
Leitung Presseabteilung: Peter Malzkorn

● A 292
Landeszentrale für politische Bildung Saarland
Beethovenstr. 26, 66125 Saarbrücken
T: (06897) 79 08-44   Fax: 79 08-77
Leiter(in): Dr. Burkhard Jellonnek

● A 293
Sächsische Landeszentrale für politische Bildung
Schützenhofstr. 36, 01129 Dresden
T: (0351) 8 53 18-0   Fax: 8 53 18 55
Internet: http://www.slpb.de
Direktor(in): Dr. Wolf-Dieter Legall

● A 294
Landeszentrale für politische Bildung Sachsen-Anhalt
Schleinufer 12, 39104 Magdeburg
T: (0391) 5 65 34-0   Fax: 5 65 34-13
Internet: http://www.lpb.sachsen-anhalt.de
E-Mail: lpblsa.sekretariat@stk.sachsen-anhalt.de
Direktor(in): Bernd Lüdkemeier

● A 295
Landeszentrale für politische Bildung Schleswig-Holstein
Hohenbergstr. 4, 24105 Kiel
T: (0431) 9 88-5937   Fax: 9 88-5942
E-Mail: info@landeszentrale-polbil.landsh.de
Direktor(in): Dr. Karl-Heinz Harbeck

● A 296
Landeszentrale für politische Bildung Thüringen
Bergstr. 4, 99092 Erfurt
T: (0361) 3 79 27 01   Fax: 3 79 27 02
Internet: http://www.thueringen.de/lzt

● A 297
Bundesinstitut für Sportwissenschaft
Postf. 45 02 49, 50877 Köln
Carl-Diem-Weg 4, 50933 Köln
T: (0221) 49 79-0   Fax: 49 51 64
Internet: http://www.bisp.de
E-Mail: info@bisp.de
Gründung: 1970 (10. Oktober)
Direktor(in): Dr. Martin-Peter Büch
Leitung Presseabteilung: Wolfgang Hartmann
Verbandszeitschrift: Informationen des Bundesinstituts für Sportwissenschaft
Redaktion: Wolfgang Hartmann
Verlag: Eigenverlag
Mitarbeiter: 25
Jahresetat: DM 12,185 Mio, € 6,23 Mio (2001)

● A 298
Deutsches Patent- und Markenamt
siehe U 47

● A 299
Bundespatentgericht
Cincinnatistr. 64, 81549 München
T: (089) 6 99 37-0   Fax: 6 99 37-100
Gründung: 1961 (1. Juli)
Präsident(in): N. N.
Leitung Presseabteilung: Marianne Grabrucker
Mitarbeiter: 300

Dem BM für Umwelt, Naturschutz und Reaktorsicherheit unterstehende Einrichtungen

● A 300
Umweltbundesamt (UBA)
Postf. 33 00 22, 14191 Berlin
Bismarckplatz 1, 14193 Berlin
T: (030) 89 03-0   Fax: 89 03-2285
Internet: http://www.umweltbundesamt.de
Weitere Dienstgebäude:
Seecktstr. 6-10, 13581 Berlin
Telefax: (030) 89 03-3232
Corrensplatz 1, 14195 Berlin (Dahlem), T: (030) 89 03-0,
Telefax: (030) 89 03-1830
Schichauweg 58, 12307 Berlin-Marienfelde
Gründung: 1974
Internationaler Zusammenschluß: siehe unter iza 197
Präsident(in): Prof. Dr. Andreas Troge
Vizepräsident(in): Dr. Kurt Schmidt
Präsidialbereich/Pressestelle: WissA Klenner
Pressesprecher: WissA Klenner
Geschäftsstelle SRU: N. N.
Abteilungsleiter: DirUBA Dr. Holzmann (Zentralabteilung)
Abteilungsleiter: DirProf. Dr. Nantke (FB I Umweltplanung und Umweltstrategien)
Abteilungsleiter: EDirProf. UBA Schenkel (FB II Umwelt und Gesundheit, Wasser-, Boden-, Lufthygiene, Ökologie)
Abteilungsleiter: N. N. (FB III Umweltverträgliche Technik - Verfahren und Produkte)
Abteilungsleiter: N. N. (FB IV Chemikaliensicherheit und Gentechnik)

● A 301
Bundesamt für Strahlenschutz
Postf. 10 01 49, 38201 Salzgitter
Willy-Brandt-Str. 5, 38226 Salzgitter
T: (05341) 8 85-0   Fax: 8 85-885
Internet: http://www.bfs.de/
Gründung: 1989 (1. November)
Präsident(in): Wolfram König
Vizepräsident(in): Henning Rösel
Pressesprecher: Dr. Dirk Daiber
Mitarbeiter: 670

● A 302
Bundesamt für Naturschutz (BfN)
Konstantinstr. 110, 53179 Bonn
T: (0228) 84 91-0   Fax: 84 91-200
Internet: http://www.BFN.DE
E-Mail: pbox-bfn@bfn.de
Gründung: 1993 (15. August)
Präsident(in): Prof. Dr. Hartmut Vogtmann
Leitung Presseabteilung: Franz August Emde (Sprecher)
Verbandszeitschrift: Natur und Landschaft
Verlag: Kohlhammer, Postf. 40 02 63, 50832 Köln
Mitarbeiter: 250

Dem BM für Verkehr, Bau- und Wohnungswesen unterstehende Einrichtungen

● A 303
Bundesamt für Bauwesen und Raumordnung (BBR)
Zentrale
Deichmanns Aue 31-37, 53179 Bonn
T: (01888) 4 01-0   Fax: 4 01-1380
Internet: http://www.bbr.bund.de
Gründung: 1998
Präsident(in): Dipl.-Ing. Florian Mausbach
Vizepräsident(in): Prof. Dr. Wendelin Strubelt
Koordinierungsbüro: RA Michael Ahresmann
Presse- und Öffentlichkeitsarbeit: M.A. Andreas Kübler
Abteilungsleiter: LRD Harald Herrmann (Abt. Z; Zentralabteilung)
Abteilungsleiter: LWD Dr. Hans-Peter Gatzweiler (Abt. I; Raumordnung und Städtebau)
Abteilungsleiter: BD Dr. Robert Kaltenbrunner (Abt. II; Bauen, Wohnen und Architektur)
Abteilungsleiter: LBD Hans-Joachim Runkel (Abt. III; Bundesbauten in Bonn)
Abteilungsleiter: LBD Gerd Löffler (Abt. IV; Bundesbauten Ausland)
Abteilungsleiter: LBD Gerhard Zodtner (Abt. V; Bundesbauten Berlin)
Mitarbeiter: 733 (Stand Januar 2001)

● A 304
Eisenbahn-Bundesamt (EBA)
Vorgebirgsstr. 49, 53119 Bonn
T: (0228) 98 26-0   Fax: 98 26-199
Internet: http://www.eisenbahn-bundesamt.de
Präsident(in): Dipl.-Ing Horst Stuchly
Leitung Presseabteilung: Mark Wille
Vizepräsident(in): Ralf Schweinsberg

● A 305
Kraftfahrt-Bundesamt (KBA)
24932 Flensburg
Fördestr. 16, 24944 Flensburg
T: (0461) 3 16-0   Fax: 3 16-16 50, 3 16-14 95
Internet: http://www.kba.de
Präsident: Dipl.-Ing. Wolfgang Barth
Pressesprecher: Angela Bartholmae

● A 306
Bundesamt für Güterverkehr (BAG)
Postf. 19 01 80, 50498 Köln
Werderstr. 34, 50672 Köln
T: (0221) 57 76-0   Fax: 57 76-444
Internet: http://www.bag.bund.de
E-Mail: bagpress@compuserve.com
Präsident(in): Ernst Vorrath
Vizepräsident(in): Rolf Kreienhop
Presse- und Öffentlichkeitsarbeit: RDir Joachim Drab
Abteilung 1, Marktzugang, Überwachung:
Leitender RDir Wolfgang Winkler
Referatsleiter: ORR Michael Hohmann (Referat Ordnungsrecht)
Robert Maiworm (Referat Straßenkontrollen)
RDir Hans-Georg Seeböck (Referat Ordnungswidrigkeiten, Marktzugangsverfahren)
Leitender RDir Dr. Jochen Cieslak (Referat Autobahnbenutzungsgebühr)
Abteilung 2, Marktbeobachtung, Statistik, zivile Verteidigung
Vizepräsident Rolf Kreienhop
Referatsleiter: RDir Jochaim Drab (Referat Marktbeobachtung, Beförderungsentgelte im Luftverkehr)
RDir Wolfgang Raff (Referat Statistik)
RDir Eike Fischer (Referat Zivile Verteidigung)
Abteilung 3, Zentrale Dienste: Leitender RDir Dr. Michael Bley
Referatsleiter: RDir Wolfgang Wiedemann (Referat Personal)
Wolfgang Böttcher (Referat Organisation, Informationstechnik)
RDir Rudolf Marx (Referat Haushalt, Kassen- und Rechnungswesen)
Alfons Schlenker (Referat Innere Dienste)

Außenstellen

a 307
Bundesamt für Güterverkehr Außenstelle Bremen
Postf. 10 68 49, 28068 Bremen
Bürgermeister-Smidt-Str. 55-61, 28195 Bremen
T: (0421) 1 60 82-0   Fax: 1 60 82 55
Leiter: ORR Klaus-Albert Pingel

a 308
Bundesamt für Güterverkehr Außenstelle Dresden
Postf. 12 01 54, 01002 Dresden
Bernhardstr. 62, 01187 Dresden
T: (0351) 8 79 96-0   Fax: 8 79 96-90
Leiter(in): Hans-Joachim Sichler

a 309
Bundesamt für Güterverkehr Außenstelle Erfurt
Postf. 10 04 53, 99004 Erfurt
Bahnhofstr. 37, 99084 Erfurt
T: (0361) 6 64 89-0   Fax: 6 64 89-66
Leiter(in): Bernd Rupert Hübner

a 310
Bundesamt für Güterverkehr Außenstelle Hannover
Postf. 11 46, 30011 Hannover
Goseriede 6, 30159 Hannover

T: (0511) 12 60 74-0   Fax: 12 60 74-66
Leiter(in): RDir Berndt Houben

a 311
**Bundesamt für Güterverkehr
Außenstelle Kiel**
Postf. 16 40, 24015 Kiel
Willestr. 5-7, 24103 Kiel
T: (0431) 9 82 77-0   Fax: 9 82 77-88, 9 82 77-89
Leiter(in): RDir Karl-Helmut Struwe

a 312
**Bundesamt für Güterverkehr
Außenstelle Mainz**
Postf. 15 48, 55005 Mainz
Rheinstr. 4b, 55116 Mainz
T: (06131) 1 46 72-0   Fax: 1 46 72 75
Leiter(in): RDir Eckhard Eschenbach

a 313
**Bundesamt für Güterverkehr
Außenstelle München**
Postf. 43 02 62, 80732 München
Winzererstr. 52, 80797 München
T: (089) 1 26 03-0   Fax: 1 26 03-321
Leiter(in): LRDir Dr. Dieter Windisch

a 314
**Bundesamt für Güterverkehr
Außenstelle Münster**
Postf. 19 20, 48007 Münster
Mauritzstr. 4-6, 48143 Münster
T: (0251) 4 04 24   Fax: 4 71 83
Leiter: RDir Friedhelm Klappert

a 315
**Bundesamt für Güterverkehr
Außenstelle Saarbrücken**
Postf. 10 03 41, 66003 Saarbrücken
Mainzer Str. 32-34, 66111 Saarbrücken
T: (0681) 9 67 02-0   Fax: 9 67 02-90
Leiter(in): ORR Dr. Heinz Schürholt

a 316
**Bundesamt für Güterverkehr
Außenstelle Schwerin**
Bleicherufer 11, 19053 Schwerin
T: (0385) 5 91 41-0   Fax: 5 91 41-290
Leiter(in): RDir Heinrich Baumann

a 317
**Bundesamt für Güterverkehr
Außenstelle Stuttgart**
Postf. 10 07 43, 70006 Stuttgart
Rotebühlstr. 59, 70178 Stuttgart
T: (0711) 61 55 57-0   Fax: 61 55 57-88
Leiter(in): RDir Johannes von der Lieck

a 318
**Bundesamt für Güterverkehr
Nebenstelle Berlin/Brandenburg**
10108 Berlin
Schiffbauerdamm 13, 10117 Berlin
T: (030) 2 80 89 00-05   Fax: 2 82 92-62
Leiter(in): RDir Heinrich Baumann

● A 319
Bundesanstalt für Straßenwesen
Postf. 10 01 50, 51401 Bergisch Gladbach
Brüderstr. 53, 51427 Bergisch Gladbach
T: (02204) 4 30   Fax: 4 36 73
Internet: http://www.bast.de
E-Mail: info@bast.de
Gründung: 1951
Präs. u. Prof.: Dr.-Ing. Karl-Heinz Lenz
Dir. u. Prof.: Dr. Reichelt (Vertreter des Präsidenten)
Leitung Presseabteilung: BDir Axel Kuchenbecker
Verbandszeitschrift: Reihe "Berichte der Bundesanstalt für Straßenwesen"
Redaktion: Referat Öffentlichkeitsarbeit
Verlag: Wirtschaftsverlag NW GmbH, Postf. 10 11 10, 27511 Bremerhaven
Mitarbeiter: 395
Jahresetat: DM 62 Mio, € 31,7 Mio

● A 320
Bundesanstalt für Gewässerkunde
Postf. 20 02 53, 56002 Koblenz

Kaiserin-Augusta-Anlagen 15-17, 56068 Koblenz
T: (0261) 13 06-0   Fax: 13 06-5302
E-Mail: posteingang@bafg.de
Gründung: 1948 (1. Januar)
Leiter(in): Dir. u. Prof. Dipl.-Ing. V. Wetzel
Sekretariat für das IHP der UNESCO und das OHP der WMO: Prof. Dr. Hofius
Leitung Presseabteilung: ORR Dr. Thomas Lüllwitz
Verbandszeitschrift: Hydrologie und Wasserbewirtschaftung (Versg. i. Auftr. v. Bund u. Ländern)
Redaktion: Referat C im Haus
Mitarbeiter: 370
Jahresetat: DM 48,2 Mio, € 24,64 Mio

a 321
**Bundesanstalt für Gewässerkunde
Außenstelle Berlin**
Schnellerstr. 140, 12439 Berlin
T: (030) 6 39 86-0   Fax: 6 39 86-226
Leiter(in): Dr. Winiarski

● A 322
Bundesanstalt für Wasserbau
Kußmaulstr. 17, 76187 Karlsruhe
T: (0721) 97 26-0   Fax: 97 26-4 540
Internet: http://www.baw.de
E-Mail: info.karlsruhe@baw.de
Leiter(in): Dir. u. Prof. Dr.-Ing. Hans-Heinrich Witte

Wasser- und Schiffahrtsdirektionen

● A 323
Wasser- und Schifffahrtsdirektion Nord
Hindenburgufer 247, 24106 Kiel
T: (0431) 33 94-0   Fax: 33 94-3 48
Präsident: Dr.-Ing. Hans Gerhard Knieß
Öffentlichkeitsarbeit: Weber (Leitender Baudirektor)

● A 324
Wasser- und Schifffahrtsdirektion Nordwest
Schloßplatz 9, 26603 Aurich
T: (04941) 6 02-0   Fax: 6 02-3 78
E-Mail: wsd-nordwest@aur.wsdnw.de
Präsident(in): Klaus Frerichs

● A 325
Wasser- und Schifffahrtsdirektion Mitte
Postf. 63 07, 30063 Hannover
Am Waterlooplatz 5, 30169 Hannover
T: (0511) 91 15-0   Fax: 91 15-4 00
Präsident(in): Prof. Dipl.-Ing. Dierk Schröder

● A 326
Wasser- und Schifffahrtsdirekton Ost
Stresemannstr. 92, 10963 Berlin
T: (030) 2 69 90-20   Fax: 26 99 02 70
Präsident(in): A. Pohlman

● A 327
Wasser- und Schifffahrtsdirektion West
Cheruskerring 11, 48147 Münster
T: (0251) 27 08-0   Fax: 27 08-115
Präsident(in): Ulrich Machens

● A 328
Wasser- und Schifffahrtsdirektion Südwest
Postf. 31 01 60, 55062 Mainz
Brucknerstr. 2, 55127 Mainz
T: (06131) 9 79-0   Fax: 9 79-1 55
E-Mail: poststelle@wsd-sw.wsv.de
Präsident(in): Fritz Guercke

● A 329
Wasser- und Schifffahrtsamt Freiburg
Stefan-Meier-Str. 4-6, 79104 Freiburg
T: (0761) 27 18-0   Fax: 27 18-1 55
Leiter(in): BDir. Klose

● A 330
Wasser- und Schifffahrtsdirektion Süd
Postf. 68 09, 97018 Würzburg
Wörthstr. 19, 97082 Würzburg
T: (0931) 41 05-0   Fax: 41 05-3 80
E-Mail: poststelle@wsd-s.wsv.de
Leiter(in): Dipl.-Ing. Wolfgang Paul (Präsident)
Vertreter: Wolfgang Hülsen (Abt. Präsident)
Pressesprecher: BDir. Dirk Eujen

● A 331
Bundesoberseeamt
Bernhard-Nocht-Str. 78, 20359 Hamburg
T: (040) 31 90-83 21   Fax: 31 90 50 00
Vorsitzende(r): Ass. Bodo Schwarzenberg
Stellvertretende(r) Vorsitzende(r): Dr. Fritz Frantzioch (Richter am Hanseatischen Oberlandesgericht Hamburg)
Prof. Dr. Werner von Unruh (Dozent am Fachbereich Seefahrt der Fachhochschule Oldenburg)
Ständiger Beisitzer: ORR Kpt. Horst Nowak

● A 332
Luftfahrt-Bundesamt (LBA)
Postf. 30 54, 38020 Braunschweig
Hermann-Blenk-Str. 26, 38108 Braunschweig
T: (0531) 23 55-0   Fax: 23 55-710
Internet: http://www.lba.de/
E-Mail: info@lba.de
Gründung: 1955
Leiter(in): Dipl.-Ing. Ulrich Schwierczinski
Pressesprecherin: Cornelia Eichhorn
Mitarbeiter: ca. 400

● A 333

Deutscher Wetterdienst
Postf. 10 04 65, 63004 Offenbach
Frankfurter Str. 135, 63067 Offenbach
T: (069) 80 62-0   Fax: 80 62-4193
Internet: http://www.dwd.de
E-Mail: info@dwd.de
Präsident(in): Dipl.-Met. Udo Gärtner
Leitung Presseabteilung: Dipl.-Met. Uwe Wesp
Mitarbeiter: rd. 2700

Alle Fragen rund um Wetter, Klima sowie met. Forschung.

● A 334
**Deutscher Wetterdienst
Geschäftsfeld Seeschiffahrt**
Postf. 70 04 21, 22004 Hamburg
Jenfelder Allee 70a, 22043 Hamburg
T: (040) 66 90-0, 66 90-1851   Fax: 66 90-1952
Internet: http://www.dwd.de
E-Mail: gf.see@dwd.de
Leiter(in): Dipl.-Phys. Andreas Kresling
Marketing u. Vertrieb: Dipl.-Met. Heinz Hill

● A 335
**Deutscher Wetterdienst
Geschäftsfeld Medizin-Meteorologie**
Stefan-Meier-Str. 4, 79104 Freiburg
T: (0761) 2 82 02-0   Fax: 2 82 02-90
E-Mail: gerd.jendritzky@dwd.de
Leiter: Prof. Dr. Gerd Jendritzky

● A 336
Bundesamt für Seeschiffahrt und Hydrographie
Postf. 30 12 20, 20305 Hamburg
Bernhard-Nocht-Str. 78, 20359 Hamburg
T: (040) 31 90-0   Fax: 31 90-50 00
TGR: Hydrodienst Hamburg
Internet: http://www.bsh.de
E-Mail: posteingang-HH@bsh.d400.de
Dierkower Damm 45, 18146 Rostock, T: (0381) 45 63-5 (Vermittlung), TX: 398 352 bsh ro d, Fax: 45 63-948, E-Mail: posteingang-HRO@bsh.d400.de
Gründung: 1990
PräsProf: Dr. Peter Ehlers
Leitung Öffentlichkeitsarbeit: Gudrun Finke
Mitarbeiter: 925
Jahresetat: DM 126 Mio, € 64,42 Mio

● A 337
Oberprüfungsamt für die höheren technischen Verwaltungsbeamten
Hahnstr. 70, 60528 Frankfurt
T: (069) 66 07 66-0   Fax: 66 07 66 29
Gründung: 1946 (8.Oktober), Vorläufer 1770 in Preußen
Präsident(in): Dipl.-Ing. Klaus Neven

Dem BM der Verteidigung unterstehende Einrichtungen

● A 338
Wehrbereichskommando I - Küste
Niemannsweg 220, 24106 Kiel

T: (0431) 3 84-0 **Fax:** 3 84-6149
Gründung: 1956
Befehlshaber: Konteradmiral Dieter Leder
Presseoffizier: Oberstleutnant Wolf v. der Osten

● **A 339**
Wehrbereichskommando II/
1. Panzerdivision
Hans-Böckler-Allee 18, 30173 Hannover
T: (0511) 2 84-20 00 **Fax:** 2 84-20 88
Befehlshaber u. Kommandeur: GenMaj Horst Förster

● **A 340**
Wehrbereichskommando III / 7. Panzerdivision
Lenaustr. 29, 40470 Düsseldorf
T: (0211) 6 19-2111 **Fax:** 6 19-2550
Befehlshaber u. Kommandeur: Brigadegeneral Jürgen Ruwe
Leitung Presseabteilung: Oberstleutnant Löbbering

● **A 341**
Wehrbereichskommando IV / 5. Panzerdivision
Freiligrathstr. 6 GFZ-Kaserne, 55131 Mainz
T: (06131) 56 22 30 **Fax:** 56 21 29
Befehlshaber u. Kommandeur: Generalmajor Axel Bürgener

● **A 342**
Wehrbereichskommando V / 10. Panzerdivision
Binder Str. 28, 72483 Sigmaringen
T: (07571) 76-0 **Fax:** 76-1658
Gründung: 1994 (15. März)
Befehlshaber u. Kommandeur: Generalmajor Karl-Heinz Lather
Brigadegeneral: Jan Oerding
Leitung Presseabteilung: Oberstleutnant Peter Wozniak
Mitarbeiter: 22000 (gesamte Division)

● **A 343**
Wehrbereichskommando VI
1. Gebirgsdivision
Postf. 45 06 61, 80906 München
Heidemannstr. 50, 80939 München
T: (089) 31 68-1 **Fax:** 31 68-6144
E-Mail: pressesprecher.wbkVI-1.gebdiv@t-online.de
Befehlshaber: GenMaj Dieter Henninger
Leitung Presseabteilung: OTL Heinz-Dieter Wiengarten

Bundeswehrverwaltung

● **A 344**
Wehrbereichsverwaltung I
Feldstr. 234, 24106 Kiel
T: (0431) 3 84-0 **Fax:** 3 84-5440
Präsident(in): Dierk Schröder
Pressesprecher: Eckart Meyer-Höper

● **A 345**
Wehrbereichsverwaltung II
Hans-Böckler-Allee 16, 30173 Hannover
T: (0511) 2 84-30 00 **Fax:** 2 84-40 73
Präsident(in): Hartwig Kuhnert

● **A 346**
Wehrbereichsverwaltung III
Postf. 30 10 54, 40410 Düsseldorf
Wilhelm-Raabe-Str. 46, 40470 Düsseldorf
T: (0211) 9 59-0 **Fax:** 9 59-2187
E-Mail: wbv.duesseldorf@t-online.de
Präsident(in): Rainer-Georg Großkraumbach
Ltg. Presse- und Öffentlichkeitsarbeit: Andrea Beesten

● **A 347**
Wehrbereichsverwaltung V
Löwentorzentrum
Postf. 10 52 61, 70045 Stuttgart
Heilbronner Str. 186, 70191 Stuttgart
T: (0711) 25 40-0 **Fax:** 25 40-2188
Pressesprecherin: Dietlind Hennemann

● **A 348**
Wehrbereichsverwaltung VI
I2 - Pressesprecher
Dachauer Str. 128, 80637 München
T: (089) 12 49-0 **Fax:** 12 49-2628
Amtierender Präsident: Jakob Geltinger
Leitung Presseabteilung: Christina Döring (T: 12 49-21 00)

● **A 349**
Bundessprachenamt
Horbeller Str. 52, 50354 Hürth
T: (02233) 5 93-5309 **Fax:** 5 93-5616
Internet: http://www.bundessprachenamt.de
Präsident(in): Hans Maurer
Vertreter: Jeweils anwesender dienstältester Abteilungsleiter
Pressereferent: Michael Caßon
Mitarbeiter: 1100 (einschl. Lehrgangsteilnehmern)

● **A 350**
Bundesamt für Wehrtechnik und Beschaffung (BWB)
Ferdinand-Sauerbruch-Str. 1, 56073 Koblenz
T: (0261) 4 00-0 **Fax:** 4 00-7630
Teletex: 261 842 BWB
Internet: http://www.bwb.org
E-Mail: BWB@BWB.org
Präsident(in): Detlev Petry
Vizepräs. f. Wirtschaft: Dr. Knut Schloenbach
Vizepräs. f. Technik: Dr. Manfred Schober
Pressesprecher: Jan Gesau

Dem BM für Wirtschaft und Technologie unterstehende Einrichtungen

● **A 351**
Bundeskartellamt
Kaiser-Friedrich-Str. 16, 53113 Bonn
T: (0228) 94 99-0 **Fax:** 94 99-400
E-Mail: info@bundeskartellamtbund.de
Präsident(in): Dr. Ulf Böge
Vizepräsident(in): Dr. Kurt Stockmann
Presse: Stefan Siebert

● **A 352**
Bundesamt für Wirtschaft und Ausfuhrkontrolle (BAFA)
Postf. 51 60, 65726 Eschborn
Frankfurter Str. 29-35, 65760 Eschborn
T: (06196) 9 08-0 **Fax:** 9 08-800
TX: 4072666 bafa d
Internet: http://www.bafa.de
E-Mail: poststelle@bafa.de, bundesamt@bafa.de
Präsident(in): Dr. jur. Wolfgang Danner
Leiter(in) Presse- und Öffentlichkeitsarbeit: Oberregierungsrat Holger Beutel
Mitglieder: ca. 650

● **A 353**

Bundesstelle für Außenhandelsinformation (bfai)
Postf. 10 05 22, 50445 Köln
Agrippastr. 87-93, 50676 Köln
T: (0221) 20 57-0 **Fax:** 20 57-212, -262 u. -275
Internet: http://www.bfai.com
E-Mail: info@bfai.com
Gründung: 1951
Leiter(in): Dir. Hanns Diether Dammann
Abteilung I:
LtdRegDir Friedbert Schönfeld (Grundsatzfragen der Außenwirtschaftsinformation, gfai-Geschäftsführung, Redaktion)
Abteilung II:
RegDir'in Angela Bley (Auslandsmärkte, Wirtschaftsdaten, Außenhandelsvorschriften, gfai-Geschäftsführung)
Abteilung III:
LtdRegDir Dr. Gerhard Prasch (Geschäftskontakte, Projekte, Recht und Zoll, gfai-Geschäftsführung)
Abteilung Z:
RegDir Hans Walter Goergen (Zentrale Dienste)

Leitung Presseabteilung: ORR'in Stephanie Kage
Mitarbeiter: ca. 240

Die Bundesstelle für Außenhandelsinformation (bfai) - eine Servicestelle des Bundesministeriums für Wirtschaft und Technologie - informiert aktuell über Wirtschaftsentwicklung, Branchentrends, Rechts- und Zollregelungen in über 150 Ländern der Welt. Sie veröffentlicht Geschäftswünsche ausländischer Unternehmen, Investitions- und Finanzierungsprojekte großer internationaler Organisationen (z.B. Weltbank), Ausschreibungen öffentlicher Stellen v.a. außerhalb Europas, bis zu Auskunfts- und Kontaktstellen in aller Welt. Neben einem Auskunftsservice bietet sie rd. 1.000 neue Publikationen pro Jahr und Zeitschriften zu einzelnen Regionen (z.B. bfai-Info Osteuropa), zu Projekten oder zu Geschäftswünschen ausländischer Unternehmen. Das gesamte bfai-Angebot, über 60.000 Einzelinformationen, findet sich außerdem auf CD-ROM und im Internet (http://www.bfai.com).

● **A 354**
Bundesanstalt für Geowissenschaften und Rohstoffe (BGR)
Postf. 51 01 53, 30631 Hannover
Stilleweg 2, 30655 Hannover
T: (0511) 6 43-0 **Fax:** 6 43-2304
Internet: http://www.bgr.de
E-Mail: info@bgr.de
Gründung: 1958
Präsident(in): Prof. Dr.-Ing. Dr.h.c. Friedrich-Wilhelm Wellmer
Vizepräsident(in): Prof. Dr. J. D. Becker-Platen
Zentrale Angelegenheiten: Abt.-Dir. J. Hammann
Leitung Presseabteilung: Geol. Dir. Dr. Arnt Müller
Mitarbeiter: 729

a 355
Bundesanstalt für Geowissenschaften und Rohstoffe (BGR)
Dienstbereich Berlin
Wilhelmstr. 25-30, 13593 Berlin
T: (030) 3 69 93-0 **Fax:** 3 69 93-100

● **A 356**
Bundesanstalt für Materialforschung und -prüfung (BAM)
Unter den Eichen 87, 12205 Berlin
T: (030) 81 04-0 **Fax:** 8 11 20 29
Internet: http://www.bam.de/
E-Mail: info@bam.de
Ursprung im Jahre 1870
Gründung: 1870
Präsident(in): Prof. Dr.-Ing. Dr.h.c. Horst Czichos
Vizepräsident(in): Prof. Dr.rer.nat. Manfred Hennecke
Mitglied des Präsidiums: Prof. Dr.-Ing. Karl-Heinz Habig
Strategische Planung; Controlling: N.N.
Öffentlichkeitsarbeit u. Marketing: Reg. Dir. Dr.-Ing. Jürgen Lexow
Verbandszeitschrift: BAM-Zulassungen Amts- und Mitteilungsblatt; Zeitschrift Materialprüfung
Mitarbeiter: ca. 1700
Jahresetat: ca. DM 180 Mio, € 92,03 Mio

● **A 357**
Physikalisch-Technische Bundesanstalt (PTB)
Braunschweig
Postf. 33 45, 38023 Braunschweig
Bundesallee 100, 38116 Braunschweig
T: (0531) 5 92-3005 **Fax:** 5 92-3008
Internet: http://www.ptb.de
E-Mail: presse@ptb.de
Gründung: 1887
Präsident(in): Prof. Dr. Ernst O. Göbel
Leitung Presseabteilung: Dr. Dr. Jens Simon
Verbandszeitschrift: PTB-Mitteilungen
Redaktion: PTB Braunschweig
Verlag: Wirtschaftsverlage WV Verlag für neue Wissenschaft GmbH, Bgm.-Schmidt-Str. 74-76, 27568 Bremerhaven
Mitarbeiter: ca. 1600
Jahresetat: DM 234,7 Mio, € 120 Mio

Anschriften in Berlin:

a 358
Physikalisch-Technische Bundesanstalt
Berlin
Abbestr. 2-12, 10587 Berlin
T: (030) 34 81-1 **Fax:** 34 81-4 90

a 359
Physikalisch-Technische Bundesanstalt
Fürstenwalder Damm 388, 12587 Berlin
T: (030) 64 41-0 **Fax:** 64 41-348
Vertreter des Präsidenten in Berlin: Dir. und Prof. Prof. Dr. Burkhard Wende

● **A 360**
Regulierungsbehörde für Telekommunikation und Post (Reg TP)
Tulpenfeld 4, 53113 Bonn
T: (0228) 14-0 **Fax:** 14-8872
Internet: http://www.regtp.de

A 360

E-Mail: poststelle@regtp.de
Präsident(in): Matthias Kurth
Vizepräsident(in): Dr. Jörg Sander
Gerhard Harms

Bundesgerichte

● A 361
Bundesverfassungsgericht
Postf. 17 71, 76006 Karlsruhe
Schloßbezirk 3, 76131 Karlsruhe
T: (0721) 91 01-0   Fax: 91 01-3 82
Internet: http://www.bundesverfassungsgericht.de
E-Mail: bverfg@bundesverfassungsgericht.de
Präs. u. Vors. d. Zweiten Senats: Prof. Dr. Jutta Limbach
Vizepräs. u. Vors. d. Ersten Senats: Prof. Dr. Hans-Jürgen Papier
Verwaltung:
Direktorin b. Bundesverfassungsgericht: Dr. Elke Luise Barnstedt

● A 362
Bundesgerichtshof
Herrenstr. 45a, 76133 Karlsruhe
T: (0721) 1 59-0   Fax: 1 59-830, 1 59-831, 1 59-606
Internet: http://www.bundesgerichtshof.de
Präsident(in): Prof. Dr. Günter Hirsch
Vizepräsident(in): Dr. Burkhard Jähnke
Vorsitzende Richter am Bundesgerichtshof:
Prof. Dr. Erdmann (I. Zivilsenat)
Dr. h.c. Röhricht (II. Zivilsenat)
Dr. Rinne (III. Zivilsenat)
Dr. Schmitz (IV. Zivilsenat)
Dr. Wenzel (V. Zivilsenat und Landwirtschaftssenat)
Dr. G. Müller (VI. Zivilsenat)
Prof. Dr. Ullmann (VII. Zivilsenat)
Dr. Deppert (VIII. Zivilsenat)
Dr. Kreft (IX. Zivilsenat)
Rogge (X. Zivilsenat)
Nobbe (XI. Zivilsenat)
Dr. Blumenröhr (XII. Zivilsenat)
Dr. Schäfer (1. Strafsenat)
Dr. Jähnke (2. Strafsenat)
Kutzer (3. Strafsenat)
Prof. Dr. Meyer-Goßner (4. Strafsenat)
Harms (5. Strafsenat)

a 363
Dienststellen des Bundesgerichtshofes und der Bundesanwaltschaft in Leipzig
Karl-Heine-Str. 12, 04229 Leipzig
T: (0341) 48 73 70   Fax: 4 87 37 98 BGH,
4 87 37 97 Bundesanwaltschaft

● A 364
Der Generalbundesanwalt beim Bundesgerichtshof
Postf. 27 20, 76014 Karlsruhe
Brauerstr. 30, 76135 Karlsruhe
T: (0721) 81 91-0   Fax: 81 91-590
Generalbundesanwalt: Kay Nehm
Leiter der Verwaltung: Regierungsdirektor Heinrich Hopf

a 365
Der Generalbundesanwalt beim Bundesgerichtshof Dienststelle Leipzig
Karl-Heine-Str. 12, 04229 Leipzig
T: (0341) 4 87 37-0   Fax: 4 87 37-97

a 366
Der Generalbundesanwalt beim Bundesgerichtshof - Dienststelle Bundeszentralregister -
Heinemannstr. 6, 53175 Bonn
T: (01888) 5 83-0 (Inland), (0228) 58-0 (Ausland)
Fax: (01888) 5 83-4810 (Inland), (0228) 58-4810 (Ausland)
Leiter des Bundeszentralregisters: Oberstaatsanwalt b. BGH Peter Christensen

● A 367
Bundesverwaltungsgericht
Hardenbergstr. 31, 10623 Berlin
T: (030) 31 97-1   Fax: 3 12 30 21
Internet: http://www.bverwg.de/
Präsident(in): Dr. Everhardt Franßen

a 368
Wehrdienstsenate des Bundesverwaltungsgerichts
Schwere-Reiter-Str. 37, 80797 München
T: (089) 30 79 35-0   Fax: 30 79 35-15
E-Mail: wd-senate@bverwg.bund.de

● A 369
Der Bundesdisziplinaranwalt beim Bundesverwaltungsgericht
Gervinusstr. 5-7, 60322 Frankfurt
T: (069) 15 30 00 02   Fax: 15 30 00 82
E-Mail: poststelle@bdia.bund.de
Bundesdisziplinaranwalt: Wolfgang Zeisig
Vertr.: LRD Ernst-Albrecht Schwandt

a 370
Außenstelle Berlin des Bundesdisziplinaranwalts
Bundesallee 216-218, 10719 Berlin

● A 371
Der Oberbundesanwalt beim Bundesverwaltungsgericht
Bundesallee 216-218, 10719 Berlin
T: (0188) 86 81-4100
Oberbundesanwalt: Dr. Hansjörg Dellmann

● A 372
Bundesfinanzhof
Postf. 86 02 40, 81629 München
Ismaninger Str. 109, 81675 München
T: (089) 9 23 10   Fax: 9 23 12 01
E-Mail: bundesfinanzhof@bfh.bund.de
Präsident(in): Dr. Iris Ebling
Vizepräsident(in): Wolfgang Spindler
Präsidialrichter: Reinhart Rüsken
Pressereferent: Ulrich Hutter

● A 373
Bundesarbeitsgericht
Hugo-Preuß-Platz 1, 99084 Erfurt
T: (0361) 26 36-0   Fax: 26 36-2000
Internet: http://www.bundesarbeitsgericht.de
E-Mail: pressestelle@bundesarbeitsgericht.de
Präsident(in): Dr. Hellmut Wißmann
Leitung Presseabteilung: Friedrich Hauck
Mitarbeiter: 168

● A 374
Bundessozialgericht
34114 Kassel
Graf-Bernadotte-Platz 5, 34119 Kassel
T: (0561) 31 07-1   Fax: 3 10 74 75
Internet: http://www.bundessozialgericht.de
E-Mail: presse@bsg.bund.de
Präsident(in): Matthias von Wulffen
Leitung Presseabteilung: Richter am BSG Dr. Steinwedel

● A 375
Bundesdisziplinargericht
Postf. 18 01 26, 60082 Frankfurt
Gervinusstr. 5-7, 60322 Frankfurt
T: (069) 15 30 00-01   Fax: 15 30 00-99
E-Mail: praesident@bdig.bund.de
Präsident(in): Dr. Hans-Dieter Schmachtenberg

Oberfinanzdirektionen

● A 376
Oberfinanzdirektion Berlin
Kurfürstendamm 193-194, 10707 Berlin
T: (030) 88 07-0   Fax: 8 82 48 65, 88 07 22 57
OFPräs.: Ingo Trendelenburg

● A 377
Oberfinanzdirektion Chemnitz
Postf. 2 34, 09002 Chemnitz
Brückenstr. 10, 09111 Chemnitz
T: (0371) 4 57-0   Fax: 4 57-22 34
E-Mail: poststelle@ofd.smf.sachsen.de

● A 378
Oberfinanzdirektion Cottbus
Postf. 10 09 61, 03009 Cottbus
Am Nordrand 45, 03044 Cottbus
T: (0355) 865-0   Fax: 865-23 50, -23 51
Internet: http://www.brandenburg.de/land/mdf/ofd/index.htm
E-Mail: ofdcb-pb@t-online.de

● A 379
Oberfinanzdirektion Düsseldorf
Postf. 10 11 14, 40002 Düsseldorf
Jürgensplatz 1, 40219 Düsseldorf
T: (0211) 82 22-0   Fax: 82 22-818 (Steuer), 82 22-896 (Bauabt.), 82 22-688 (Landeszentralabt.)
Außenstelle Köln, Riehler Platz 2, 50668 Köln, T: (0221) 97 78-0, Fax: 97 78-39 83 (Steuer), -39 84 (Bauabt.), -39 85 (Landeszentralabt.)
OFPräs.: Dr. Peter Meyer
Leitung Presseabteilung: ORR Eder

● A 380
Oberfinanzdirektion Erfurt
Jenaer Str. 37, 99099 Erfurt
T: (0361) 3 78 71 10   Fax: 3 78 71 11
E-Mail: poststelle@ofdst.thueringen.de

● A 381
Oberfinanzdirektion Frankfurt am Main
Postf. 11 14 31, 60049 Frankfurt
Adickesallee 32, 60322 Frankfurt
T: (069) 15 60-0   Fax: 15 60-1 52
E-Mail: poststelle@ofd.hessen.de
Gründung: 1950 (1. Oktober)
Oberfinanzpräsident: Hermann Clemm
Landesbauabt.: Finanzpräsident Dietrich Elies
Steuerabt.: Finanzpräsident Albrecht Pfister
Leitung Presseabteilung: Regierungsdirektor Rainer Thessinga
Mitarbeiter: ca. 400

● A 382
Oberfinanzdirektion Hamburg
Postf. 11 32 44, 20432 Hamburg
Rödingsmarkt 2, 20459 Hamburg
T: (040) 4 28 20-0   Fax: 4 28 20-25 47
OFPräs.: Horst Kallenbach

● A 383
Oberfinanzdirektion Hannover
Waterloostr. 5, 30169 Hannover
T: (0511) 1 01-0   Fax: 1 01-21 11
OFP: Dr. Gerhard Zeller
Pers. Referent: RD Pohlmann
Pressereferent: ORR'in Ute Stamm

● A 384
Oberfinanzdirektion Karlsruhe
Postf. 10 02 65, 76232 Karlsruhe
Moltkestr. 50, 76133 Karlsruhe
T: (0721) 9 26-0   Fax: 9 26-27 25
Teletex: 721 357=OFDKA
OFPräs.: Dr. Walz
Leitung Presseabteilung: ORR Merz

● A 385
Oberfinanzdirektion Kiel
Adolfstr. 14-28, 24105 Kiel
T: (0431) 5 95-0   Fax: 5 95 25 51
OFPin: Inge Carlsen
Leitung Presseabteilung: N.N.

● A 386
Oberfinanzdirektion Koblenz
Ferdinand-Sauerbruch-Str. 17, 56073 Koblenz
T: (0261) 4 93-0   Fax: 4 93-11 99
E-Mail: poststelle@ofd-ko.fin-rlp.de
OFPräs.: Alfred Basenau

● A 387
Oberfinanzdirektion Köln
Riehler Platz 2, 50668 Köln
T: (0221) 97 78-0   Fax: 97 78-3970
Oberfinanzpräsident: Dr. Klaus Manke
Pressereferat: ZOAR Erich Schlautmann

● A 388
Oberfinanzdirektion Magdeburg
Postf. 38 20, 39013 Magdeburg
Otto-von-Guericke-Str. 4, 39104 Magdeburg
T: (0391) 5 45-0   Fax: 5 45-1500
Leiter(in): OFP Dr. Jürgen Nolte

● A 389
Oberfinanzdirektion München
Sophienstr. 6, 80333 München
T: (089) 59 95-00   Fax: 59 95-18 88 (alle Abt.), -55 22 (Bauabt.), -12 77 (Bundeskasse der OFD Nürnberg)
OFPräs.: Robert Seizinger
Leitung Presseabteilung: Johann Schüller

● A 390
Oberfinanzdirektion Münster
Andreas-Hofer-Str. 50, 48145 Münster
T: (0251) 9 34-0   **Fax:** 9 34-25 81
OFPräs.: Rudolf Stadermann
Pressereferat: StOÄR'in Gudrun Wiegmann

● A 391
Oberfinanzdirektion Nürnberg
Krelingstr. 50, 90408 Nürnberg
T: (0911) 3 76-0   **Fax:** 3 76-2270 (Zoll), 3 76-2449 (BV), 3 76-2993 (Steuerberatungsrecht), 3 76-2788 (Bundeskasse Weiden -Sitz Nürnberg-), 3 76-2234 (Land-Steuer), 3 76-2776 (Land-Bau), 3 76-2526 (Land-Verteidigungslasten)
Internet: http://www.ofd-nuernberg.de
E-Mail: poststelle@ofdn.bfinv.de (für d. Bundesabt.), poststelle@ofd-n.bayern.de (für d. Steuerabt.), poststelle@shbon.bayern.de (für d. Landesbauabt.)
OFPräs.: Dr. Horst Seelig
Pressebeauftragte: AD Walter Lengert (Z 11, Medienstelle d. ZuV-Abt. Nürnberg, T: -3300)
LRD Dr. Erik Sayler (BV 12, Medienstelle d. BV-Abt. mit Sitz in München, T: (089) 59 95-3120)
LRD Heinz Walker (BV 4, Medienstelle d. BV-Abt. -Außenstelle Nürnberg-, T: -3810)
FD Lothar Schmid (BV 54, Medienstelle d. Forstinspektion Süd, T: -3940)
ORR Heinz-Gerd Horlemann (St 22b, Medienstelle d. Steuerabt., T: -3003)
BD Klaus Gerstendorff (LB 1, Medienstelle d. LB-Abt., T: -4810)

● A 392
Oberfinanzdirektion Rostock
Wallstr. 2, 18055 Rostock
T: (0381) 46 9-0   **Fax:** 4 69-4900

● A 393
Oberfinanzdirektion Saarbrücken
Präsident-Baltz-Str. 5, 66119 Saarbrücken
T: (0681) 5 01-00   **Fax:** 5 01-6644
OFPräs.: N. N.

● A 394
Oberfinanzdirektion Stuttgart
Postf. 10 36 41, 70031 Stuttgart
Rotebühlplatz 30, 70173 Stuttgart
T: (0711) 66 73-0   **Fax:** 66 73-3355
OFPräs.: Dieter Riempp

Notizen

B Landes-Behörden

Zum Auffinden einer bestimmten Dienststelle oder Organisation dient das Suchwortverzeichnis, eines Personennamens das Personenverzeichnis.

Landesregierungen
Landesvertretungen beim Bund
Regierungsbezirke
Landesauftragsstellen
Landesrechnungshöfe
Sonstige Dienststellen der Länder
Landeskriminalämter
Oberbergämter
Statistische Landesämter
Landtage und Bürgerschaften
Datenschutzbeauftragte der Länder
Gewerbeaufsichtsämter
Eichaufsichtsbehörden
Chemische Untersuchungsämter
Medizinaluntersuchungsämter
Landesvermessungsämter
Hauptstaatsarchive der Bundesländer
Landesämter für Denkmalpflege
Finanzgerichte
Landesarbeitsgerichte
Landessozialgerichte und Sozialgerichte
Oberlandesgerichte
Generalstaatsanwaltschaften
Oberverwaltungsgerichte
Anwaltsgerichtshöfe und Anwaltsgerichte
Ländergerichte und Staatsgerichtshöfe

Landesregierungen

Baden-Württemberg

● B 1

Ministerpräsident des Landes Baden-Württemberg
Richard-Wagner-Str. 15, 70184 Stuttgart
T: (0711) 21 53-0 **Fax:** 21 53-3 40
Internet: http://www.baden-wuerttemberg.de
E-Mail: posteingang.poststelle@stm.bwl.de
Ministerpräsident: Erwin Teufel (MdL)
Sprecher d. Landesregierung: Hans Georg Koch

b 2

Staatsministerium Baden-Württemberg
Richard-Wagner-Str. 15, 70184 Stuttgart
T: (0711) 21 53-0 **Fax:** 21 53-340
E-Mail: poststelle@stm.bwl.de
Staatsrat: Prof. Dr. Konrad Beyreuther (Lebens- und Gesundheitsschutz)
Minister(in): Dr. Christoph-E. Palmer (MdL)
Chef der Staatskanzlei: MinDir. Rudolf Böhmler
Minister und Bevollmächtigter beim Bund: Staatssekretär Rudolf Köberle (MdL)

b 3

Vertretung des Landes Baden-Württemberg beim Bund und in europäischen Angelegenheiten
Tiergartenstr. 15, 10785 Berlin
T: (030) 2 54 56-0 **Fax:** 2 54 56-499
E-Mail: poststelle@lvtberlin.bwl.de
Minister und Bevollmächtigter beim Bund: Staatssekretär Rudolf Köberle (MdL)
Dienststellenleiter: Dr. Freudenberg

b 4

Vertretung des Landes Baden-Württemberg bei der Europäischen Union
Square Vergote 9, B-1200 Brüssel
T: (00322) 7 41 77 11 **Fax:** 7 41 77 99
E-Mail: poststelle@bruessel.bwl.de
Gründung: 1987
Leiter: MR Richard Arnold

b 5

Innenministerium des Landes Baden-Württemberg
Postf. 10 24 43, 70020 Stuttgart
Dorotheenstr. 6, 70173 Stuttgart
T: (0711) 2 31-4 **Fax:** 2 31-5000
Internet: http://www.im.baden-wuerttemberg.de
E-Mail: poststelle@im.bwl.de
Minister(in): Dr. Thomas Schäuble (MdL)
Staatssekretär(in): Heribert Rech (MdL)
Min.-Dir.: Roland Eckert

b 6

Ministerium für Kultus, Jugend und Sport des Landes Baden-Württemberg
Postf. 10 34 42, 70029 Stuttgart
Schloßplatz 4, 70173 Stuttgart
T: (0711) 2 79-0 **Fax:** 2 79-28 10
Minister(in): Dr. Annette Schavan (MdL)
Staatssekretär(in): Helmut Rau (MdL)
Min.-Dir.: Walter Mäck
Leitung Presseabteilung: MinRat Martin Böninger
Verbandszeitschrift: Schulintern, Schulzeit

b 7

Ministerium für Wissenschaft, Forschung und Kunst des Landes Baden-Württemberg
(Mittnachtbau)
Königstr. 46, 70173 Stuttgart
T: (0711) 2 79-0 **Fax:** 2 79-3080
E-Mail: wissenschaftsministerium@mwk-bw.de
Minister(in): Prof. Dr. Peter Frankenberg
Staatssekretär: Michael Sieber (MdL)
Ministerialdirektor: Wolfgang Fröhlich

b 8

Justizministerium Baden-Württemberg
Schillerplatz 4, 70173 Stuttgart
T: (0711) 2 79-0 **Fax:** 2 79-2264
E-Mail: poststelle@jum.bwl.de
Minister(in): Prof. Dr. Ulrich Goll
Min.-Dir.: Michael Steindorfner

b 9

Finanzministerium des Landes Baden-Württemberg
Neues Schloß
Schloßplatz 4, 70173 Stuttgart
T: (0711) 2 79-0 **Fax:** 2 79-38 93
E-Mail: poststelle@fmstu.bwlfv.bwl.de
Minister(in): Gerhard Stratthaus (MdL)
Staatssekretär: Wolfgang Rückert (MdL)
Min.-Dir.: Klaus Fischer

b 10

Wirtschaftministerium des Landes Baden-Württemberg
Postf. 10 34 51, 70029 Stuttgart
Theodor-Heuss-Str. 4, 70174 Stuttgart
T: (0711) 1 23-0 **Fax:** 1 23-21 26
Internet: http://www.wm.baden-wuerttemberg.de
E-Mail: poststelle@wm.bwl.de
Minister(in): Dr. Walter Döring (MdL)
Staatssekretär: Dr. Horst Mehrländer
Min.-Dir.: Dr. Karl Epple

b 11

Ministerium Ländlicher Raum Baden-Württemberg
Kernerplatz 10, 70182 Stuttgart
T: (0711) 1 26-0 **Fax:** 1 26 22 55
Internet: http://www.mlr.baden-wuerttemberg.de
E-Mail: posteingangsstelle@bwlmlr.bwl.de
Minister(in): Willi Stächele (MdL)
Min.-Dir.: Rainer Arnold

b 12

Sozialministerium Baden-Württemberg
Postf. 10 34 43, 70029 Stuttgart
Schellingstr. 15, 70174 Stuttgart
T: (0711) 1 23-0 **Fax:** 1 23-3999
E-Mail: poststelle@smbw.bwl.de
Minister: Dr. Friedhelm Repnik (MdL)
Staatssekretärin: Johanna Lichy (MdL)
Ministerialdirektor: Bernhard Bauer

b 13

Ministerium für Umwelt und Verkehr des Landes Baden-Württemberg
Hauptstätter Str. 67, 70178 Stuttgart
T: (0711) 6 44-0 **Fax:** 6 44-21 99
E-Mail: poststelle@uvm.bwl.de
Minister(in): Ulrich Müller (MdL)
Staatssekretär: Stefan Mappus (MdL)
Min.-Dir.: Otto Finkenbeiner

Bayern

● B 14

Ministerpräsident des Freistaates Bayern
Bayerische Staatskanzlei
Franz-Josef-Strauß-Ring 1, 80539 München
T: (089) 21 65-0 **Fax:** 29 40 44
Internet: http://www.bayern.de
E-Mail: staatskanzlei@stk.bayern.de
Ministerpräsident: Dr. Edmund Stoiber (CSU)
Staatsminister u. Leiter d. Staatskanzlei: Erwin Huber (CSU)
Amtschef: MD Dr. Walter Schön
Pressesprecher d. Bayerischen Staatsregierung und des Ministerpräsidenten: MDirig. Ulrich Wilhelm
Pressesprecher der StK: MR Martin Neumeyer
Vertreter: MR Karl Michael Scheufele
ORR Dr. Bernhard Schwab

b 15

Bayerischer Staatsminister für Bundes- und Europaangelegenheiten in der Staatskanzlei
Franz-Josef-Strauß-Ring 1, 80539 München
T: (089) 21 65-0 **Fax:** 29 40 44
E-Mail: poststelle@stk.bayern.de
Dienststelle Berlin:
Behrenstr. 21/22, 10117 Berlin
T: (030) 2 02 65-500, Fax: 2 02 65-980
Staatsminister: Reinhold Bocklet (CSU)
Amtschef: MD Klaus Weigert

b 16

Vertretung des Freistaates Bayern bei der Europäischen Union
Bd. Clovis 18, B-1000 Brüssel
T: (00322) 743 04 40 **Fax:** 732 32 25

b 17

Bayerisches Staatsministerium des Innern
Odeonsplatz 3, 80539 München
T: (089) 21 92-01 **Fax:** 28 20 90
Internet: http://www.innenministerium.bayern.de
E-Mail: poststelle@stmi.bayern.de
Staatsminister und Stellvertreter des Ministerpräsidenten: Dr. Günther Beckstein (CSU)
Staatssekretär(in): Hermann Regensburger (CSU)
Amtschef: MD Dr. Georg Waltner
MD Hans Hermann Schneider
Pressereferent: MR Christoph Hillenbrand
Vertreter: RD Michael Ziegler

b 18

Bayerisches Staatsministerium der Justiz
Prielmayerstr. 7 Justizpalast, 80335 München
T: (089) 55 97-01 **Fax:** 55 97-23 22
Internet: http://www.justiz.bayern.de
E-Mail: poststelle@stmj.bayern.de
Staatsminister: Dr. Manfred Weiß (CSU)
Amtschef: MD Wolfgang Held
Pressereferent: MR Gerhard Zierl
Vertreter: ORR Michael Grauel

b 19

Bayerisches Staatsministerium für Unterricht und Kultus
80327 München
Salvatorstr. 2, 80333 München
T: (089) 21 86-0 **Fax:** 21 86-28 00
Internet: http://www.stmukwk.bayern.de
E-Mail: poststelle@stmukwk.bayern.de
Staatsministerin: Monika Hohlmeier (CSU)
Staatssekretär(in): Karl Freller (CSU)
Amtschef: MD Josef Erhard
Pressereferent: Claudia Piatzer
Vertreter: OStR'in Brigitte Waltenberger-Klimesch

b 20

Bayerisches Staatsministerium für Wissenschaft, Forschung und Kunst
Salvatorplatz 2, 80333 München
T: (089) 21 86-0 **Fax:** 21 86-2800
Internet: http://www.stmukwk.bayern.de
E-Mail: poststelle@stmukwk.bayern.de
Staatsminister: Hans Zehetmair (CSU)
Amtschef: MD Dr. Wolfgang Quint
Pressereferentin: ORR'in Angelika Kaus
Vertreter: LMR Toni Schmid

b 21

Bayerisches Staatsministerium der Finanzen
Postf. 22 00 03, 80535 München
Odeonsplatz 4, 80539 München
T: (089) 23 06-0 **Fax:** 23 06-2808
Internet: http://www.bayern.de/stmf
E-Mail: poststelle@stmf.bayern.de
Staatsminister: Prof. Dr. Kurt Faltlhauser (CDU)
Amtschef: MD Gerhard Flaig
MD Helmut Gropper
Pressereferent: MR Bernd Schreiber
Vertreter: RR Jochen Holdmann

b 22

Bayerisches Staatsministerium für Wirtschaft, Verkehr und Technologie
80525 München
Prinzregentenstr. 28, 80538 München
T: (089) 21 62-01 **Fax:** 21 62-2760
Internet: http://www.stmwvt.bayern.de
E-Mail: poststelle@stmwvt.bayern.de
Staatsminister: Dr. Otto Wiesheu (CSU)
Staatssekretär(in): Hans Spitzner (CSU)
Amtschef: MD Dr. Joachim Kormann
Pressereferent: RD Reinhard Pfeiffer
Vertreter: RR Stefan Schell

b 23

Bayerisches Staatsministerium für Landwirtschaft und Forsten
Postf. 22 00 12, 80535 München

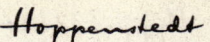

Ludwigstr. 2, 80539 München
T: (089) 21 82-0 **Fax:** 21 82-2677
Internet: http://www.stmelf.bayern.de
E-Mail: info@stmelf.bayern.de
Staatsminister: Josef Miller (CSU)
Amtschef: MD Anton Adelhardt
MD Dr. Gerhard Schreyer
Pressereferent: RD Alfons Kraus
Vertreter: FOR Hubertus Wörner
LR Dr. Stephan Niederleitner

b 24

Bayerisches Staatsministerium für Arbeit und Sozialordnung, Familien und Frauen

80792 München
Winzererstr. 9, 80797 München
T: (089) 12 61-01 **Fax:** 12 61 11 22
Internet: http://www.stmas.bayern.de
E-Mail: poststelle@stmas.bayern.de
Staatsminister(in): Christa Stewens (CSU)
Staatssekretär(in): Georg Schmid (CSU)
Amtschef: MD Alfred Müller
Pressereferent: RD Anton Haußmann
Vertreter: VetOR Dr. Hans Werner Merk
ORRin Carolin Harbers

b 25

Bayerisches Staatsministerium für Landesentwicklung und Umweltfragen

Rosenkavalierplatz 2, 81925 München
T: (089) 92 14-0 **Fax:** 92 14 22 66
Internet: http://www.bayern.de/stmlu
E-Mail: poststelle@stmlu.bayern.de
Staatsminister(in): Dr. Werner Schnappauf (CSU)
Amtschef: MD Dr. Heinz Fischer-Heidlberger
Pressereferent: RD Peter Frei
Vertreter: ORR Robert Schneider

b 26

Bayerisches Staatsministerium für Gesundheit, Ernährung und Verbraucherschutz

80792 München
Kardinal-Döpfner-Str. 4, 80333 München
T: (089) 21 65-0 **Fax:** 21 65-2973
E-Mail: presse@stmgev.bayern.de
Staatsminister(in): Eberhard Sinner (CSU)
Staatssekretär(in): Erika Görlitz (CSU)
Amtschef: MD Klaus Weigert
Pressereferent: MR Christoph Hillebrand
Vertreter: MR Karl-Michael Scheufele

Berlin

● **B 27**

Der Senat von Berlin

Berliner Rathaus
10173 Berlin
T: (030) 90 26-0 **Fax:** 90 26-3003
Regierender Bürgermeister: Eberhard Diepgen (CDU)
Chef der Senatskanzlei: Volker Kähne
Sprecher des Senats: Dr. Michael-Andreas Butz (Presse- und Informationsamt des Landes Berlin)
Stellvertretender Sprecher des Senats: Helmut Lölhöffel
Bürgermeister: Klaus Böger
Dr. Eckart Werthebach

b 28

Bevollmächtigter des Landes Berlin beim Bund

Landesvertretung:
Wilhelmstr. 67, 10117 Berlin
T: (030) 9 02 73-100 **Fax:** 9 02 73-116
Bevollmächtigte(r): Staatssekretär Gerd Wartenberg

b 29

Europabeauftragte des Landes Berlin

StS Dr. Hildegard Boucsein
Dienststelle Berlin
Berliner Rathaus
10173 Berlin
T: (030) 90 26-2571 **Fax:** 90 26-2574

b 30

Senatsverwaltung für Finanzen

Klosterstr. 59, 10179 Berlin
T: (030) 90 20-0 **Fax:** 90 20-2624
Senator: Peter Kurth (CDU)
Staatssekretär(in): Dr. Robert Heller
Hugo Holzinger
Pressesprecher: Klaus Dittko (T: (030) 90 20-4172)

b 31

Senatsverwaltung für Arbeit, Soziales und Frauen

Oranienstr. 106, 10969 Berlin
T: (030) 90 28-2700 **Fax:** 90 28-2050
Senatorin: Gabriele Schöttler (SPD)
Staatssekretär(in): Ingeborg Junge-Reyer (Frauen und Soziales)
Fritz Dopatka (Arbeit, Berufliche Bildung und Gesundheit)
Pressesprecher: Dr. Klaus-Peter Florian (T: (030) 90 28-2743)

b 32

Senatsverwaltung für Inneres

Klosterstr. 47, 10179 Berlin
T: (030) 90 27-1 **Fax:** 90 27-2715
Senator: Dr. Eckart Werthebach
Staatssekretär(in): Mathilde Koller
Rüdiger Jakesch
Pressesprecherin: Isabelle Kalbitzer (T: (030) 90 27-2730)

b 33

Senatsverwaltung für Justiz

Salzburger Str. 21-25, 10825 Berlin
T: (030) 90 13-0 **Fax:** 90 13-2000
Senator: Eberhard Diepgen (CDU); (Die Aufgaben werden in Personalunion durch den Regierenden Bürgermeister von Berlin wahrgenommen)
Staatssekretär(in): Diethard Rauskolb
Pressesprecher: Karsten Ziegler
Pressesprecherin (Moabit): Michaela Blume (T: (030) 90 14-2280, Fax: 90 14-2477)

b 34

Senatsverwaltung für Schule, Jugend und Sport

Beuthstr. 6-8, 10117 Berlin
T: (030) 90 26-7 **Fax:** 90 26-5001
Senator: Klaus Böger
Staatssekretär(in): Thomas Härtel
Frank Ebel
Pressesprecherin: Rita Hermanns (T: (030) 90 26-5843)

b 35

Senatsverwaltung für Stadtentwicklung

10173 Berlin
Am Köllnischen Park 3, 10179 Berlin
T: (030) 90 25-0 **Fax:** 90 25-1004
Senator: Peter Strieder (SPD)
Staatssekretär(in): Dr. Hans Stimmann
Maria Krautzberger
Pressesprecher: Joachim Günther (T: (030) 90 25-1077/74, Fax: (030) 90 25-1076)

b 36

Senatsverwaltung für Wirtschaft und Technologie

10820 Berlin
Martin-Luther-Str. 105, 10825 Berlin
T: (030) 90 13-0 **Fax:** 90 13-8455
Internet: http://www.berlin.de/wirtschaftssenat
Senator: Wolfgang Branoner (T: (030) 90 13-8100/01, Fax: 90 13-7541, e-mail: wolfgang.branoner@senwitech.verwalt-berlin.de)
Staatssekretär(in): Dr. Gisela Meister-Scheufelen (T: (030) 90 13-8104/05, Fax: 90 13-7566, e-mail:gisela.meister-scheufelen@senwitech.verwalt-berlin.de)
Volker Liepelt (T: (030) 90 13-7431/34, Fax: 90 13-8170, e-mail: volker.liepelt@senwitech.verwalt-berlin.de)
Pressestelle: (T: (030) 90 13-7418, Fax: 90 13-8218, e-mail: pressestelle@senwitech.verwalt-berlin.de)

b 37

Senatsverwaltung für Wissenschaft, Forschung und Kultur

Brunnenstr. 188-190, 10119 Berlin
T: (030) 9 02 28-0 **Fax:** 9 02 28-459, 9 02 28-451
Senator: Dr. Christoph Stölzl
Staatssekretär(in): Dr. Josef Lange (Wissenschaft)
Dr. Hans-Martin Hinz (Kultur)
Pressesprecherin: Kerstin Schneider (Wissenschaft, T: (030) 9 02 28-208)

Brandenburg

● **B 38**

Ministerpräsident des Landes Brandenburg

Postf. 60 10 51, 14410 Potsdam
Heinrich-Mann-Allee 107, 14473 Potsdam
T: (0331) 8 66-0 **Fax:** 8 66-14 18
Ministerpräsident: Dr. Manfred Stolpe (T: (0331) 8 66-1201, Fax: 8 66-1400, E-mail:manfred.stolpe@stk.brandenburg.de)
Chef der Staatskanzlei: Rainer Speer (T: (0331) 8 66-1204, Fax: 8 66-1302, E-mail: rainer.speer@stk.brandenburg.de)
Regierungssprecher: Staatssekretär Erhard Thomas (T: (0331) 8 66-1208, Fax: 8 66-1415)
Stellv. Regierungssprecher: Manfred Füger (T: (0331) 8 66-1227, Fax: (0331) 8 66-1415)
Manfred Krohe (T: (0331) 8 66-1356)
Michael Ellsäßer (T: (0331) 8 66-1251)
Frank Gorges (T: (0331) 8 66-1359, Fax: 8 66-1416)
Presse- und Information: RL Dr. Winfried Muder (T: (0331) 8 66-1250)
Leiter Presse- und Informationsamt: Manfred Krohe (T: (0331) 8 66-1356)
Pressearchiv: Dietrich Bohm (T: (0331) 8 66-1322)
Öffentlichkeitsarbeit: Marita Goga (T: (0331) 8 66-1223, Fax: 8 66-1414)

b 39

Staatskanzlei Vertretung des Landes Brandenburg beim Bund

Landesvertretung
Albrechtstr. 9-10, 10117 Berlin
T: (030) 2 78 90-0
Staatssekretär(in): Dirk Brouër
Presseangelegenheiten: Roswitha Bourguignon (T: (030) 2 78 90-124, Fax: (030) 2 78 90-135)

b 40

Ministerium des Innern des Landes Brandenburg

Henning-von-Tresckow-Str. 9-13, 14467 Potsdam
T: (0331) 8 66-20 00 **Fax:** 8 66-2626
Minister(in): Jörg Schönbohm (Stellv. Ministerpräsident)
Staatssekretär(in): Eike Lancelle (T: (0331) 8 66-2010)
Pressesprecher: Heiko Homburg (T: (0331) 8 66-2060, Fax: (0331) 8 66-2666)

b 41

Ministerium der Justiz und für Europaangelegenheiten des Landes Brandenburg (MdJE)

Heinrich-Mann-Allee 107, 14473 Potsdam
T: (0331) 8 66-30 00 **Fax:** 8 66-30 83
Minister(in): Prof. Dr. Kurt Schelter
Staatssekretär: Gustav-Adolf Stange (T: (0331) 8 66-3010)
Pressesprecher: Rolf Hellmert (T: (0331) 8 66-3006, Fax: (0331) 8 66-3083)
Öffentlichkeitsarbeit: Sylvia Zeising (T: (0331) 8 66-3007)
Europapolitische Öffentlichkeitsarbeit: Detlev Groß (T: (0331) 8 66-3386, Fax: (0331) 33 99)

b 42

Ministerium der Finanzen des Landes Brandenburg

Steinstr. 104-106, 14480 Potsdam
T: (0331) 8 66-0, 8 66-6440 **Fax:** 8 66-6888, 8 66-6889
Ministerin: Dagmar Ziegler (SPD)
Staatssekretär(in): Dr. Klaus-Peter Schackmann-Fallis
Pressesprecher(in): Katrin Beck (T: (0331) 8 66-6004, Fax: (0331) 8 66-6880)
Öffentlichkeitsarbeit: N.N. (T: (0331) 8 66-6005, Fax: 8 66-6888)

b 43

Ministerium für Wirtschaft des Landes Brandenburg

Heinrich-Mann-Allee 107, 14473 Potsdam
T: (0331) 8 66-15 00 **Fax:** 8 66-17 24
E-Mail: poststelle@mwmt.brandenburg.de

b 43

Minister(in): Dr. Wolfgang Fürniß
Staatssekretär(in): Dr. C. Wolfgang Vogel (T: (0331) 8 66-1510)
Pressesprecher: Dirk Reitemeier (T: (0331) 8 66-1509, Fax: (0331) 8 66-1726)
Öffentlichkeitsarbeit: Michael Gumbert (T: (0331) 8 66-1507)

b 44

Ministerium für Arbeit, Soziales, Gesundheit und Frauen des Landes Brandenburg
Heinrich-Mann-Allee 103, 14473 Potsdam
T: (0331) 8 66-5000/50 12   Fax: 8 66-51 99
Minister(in): Alwin Ziel
Staatssekretär(in): N.N. (T: (0331) 8 66-5001)
Margret Schlüter (T: (0331) 8 66-5002)
Pressesprecher(in): Dr. Francine Jobatey (T: (0331) 8 66-5040/5044, Fax: 8 66-5198)
Öffentlichkeitsarbeit: Carola Mahncke (T: (0331) 8 66-5025)

b 45

Ministerium für Landwirtschaft, Umweltschutz und Raumordnung des Landes Brandenburg
Postf. 60 11 50, 14411 Potsdam
Heinrich-Mann-Allee 103, 14473 Potsdam
T: (0331) 8 66-0 (Vermittlung)
Minister(in): Wolfgang Birthler (T: (0331) 8 66-40 00)
Staatssekretär(in): Dietmar Schulze (T: (0331) 8 66-4004)
Friedhelm Schmitz-Jersch (T: (0331) 8 66-7205)
Pressesprecher: Florian Engels (T: (0331) 8 66-4009, Fax: (0331) 8 66-4018/4003)

b 46

Ministerium für Bildung, Jugend und Sport des Landes Brandenburg
Steinstr. 104-106, 14480 Potsdam
T: (0331) 8 66-35 00   Fax: 8 66-35 07
E-Mail: poststelle@mbjs.brandenburg.de
Minister(in): Steffen Reiche
Staatssekretär(in): Frank Szymanski
Pressesprecher/Öffentlichkeitsarbeit: Martin Gorholt (T: (0331) 8 66-3504, Fax: (0331) 8 66-3507)

b 47

Ministerium für Wissenschaft, Forschung und Kultur des Landes Brandenburg
Dortustr. 36, 14467 Potsdam
T: (0331) 8 66-4503   Fax: 8 66-4565
Minister(in): Prof. Dr. Johanna Wanka
Staatssekretär(in): Prof. Dr. Christoph Helm
Pressesprecher/Öffentlichkeitsarbeit: Holger Drews (T: (0331) 8 66-4566, Fax: (0331) 8 66-4545)

b 48

Ministerium für Stadtentwicklung, Wohnen und Verkehr des Landes Brandenburg
Henning-von-Tresckow-Str. 2-8, 14467 Potsdam
T: (0331) 8 66-0   Fax: 8 66-8368
Minister(in): Hartmut Meyer (T: (0331) 8 66-8000)
Staatssekretär(in): Clemens Appel (T: (0331) 8 66-8100)
Pressesprecherin: Ruth Singer (T: (0331) 8 66-8006, Fax: (0331) 8 66-8358)
Öffentlichkeitsarbeit: Jan Drews (T: (0331) 8 66-8020)

Freie Hansestadt Bremen

● B 49

Senat der Freien Hansestadt Bremen
Der Präsident des Senats
Der Senator für kirchliche Angelegenheiten
Postf. 10 25 20, 28025 Bremen
Am Markt 1 Rathaus, 28195 Bremen
T: (0421) 3 61-0   Fax: 3 61-6363
Internet: http://www.bremen.de/
E-Mail: office@sk.bremen.de
Präs. d. Senats: Bürgermeister Dr. Henning Scherf (SPD)
Senatskanzlei
Chef: StR Prof. Dr. Reinhard Hoffmann
Pressestelle des Senats
Leiter(in): Klaus Schloesser (Sprecher des Senats)

b 50

Der Senator für Finanzen
Postf. 10 15 40, 28015 Bremen
Rudolf-Hilferding-Platz 1, 28195 Bremen
T: (0421) 3 61-0   Fax: 3 61-2965

Senator: Bürgermeister Hartmut Perschau (CDU, stellv. Senatspräsident)
Staatsrat: Dr. Günter Dannemann
Reinhard Metz
Pressereferent: N.N.

b 51

Der Senator für Justiz und Verfassung
Richtweg 16-22, 28195 Bremen
T: (0421) 3 61-0   Fax: 3 61-25 84, 1 74 77
E-Mail: office@justiz.bremen.de
Senator: Bürgermeister Dr. Henning Scherf (SPD)
Staatsrat: Ulrich Mäurer
Pressereferentin: Lisa Lutzebäck

b 52

Der Senator für Inneres, Kultur und Sport
Postf. 10 15 05, 28015 Bremen
Contrescarpe 22-24, 28203 Bremen
T: (0421) 3 61-0   Fax: 3 61-9009
Senator: Dr. Bernt Schulte (CDU)
Staatsrat: Wolfgang Goehler
Staatsrätin: Elisabeth Motschmann
Pressereferent: Dr. Hartmut Spiesecke

b 53

Der Senator für Bildung und Wissenschaft
Rembertiring 8-12, 28195 Bremen
T: (0421) 36 1-0   Fax: 3 61-4176
Senator: Willi Lemke (SPD)
Staatsrat: Rainer Köttgen
Pressereferent: Rainer Gausepohl

b 54

Der Senator für Arbeit, Frauen, Gesundheit, Jugend und Soziales
Postf. 10 78 67, 28078 Bremen
Contrescarpe 73, 28195 Bremen
T: (0421) 3 61-0   Fax: 3 61-6687
Senatorin: Hilde Adolf (SPD)
Staatsrat: Dr. Arnold Knigge
Pressereferent(in): Heidrun Ide

b 55

Der Senator für Bau und Umwelt
Ansgaritorstr. 2, 28195 Bremen
T: (0421) 3 61-0   Fax: 3 61-4565
Internet: http://www.umwelt.bremen.de
Senatorin: Christine Wischer (SPD)
Staatsrat: Fritz Logemann
Pressereferent: Holger Bruns (T: (0421) 3 61-6012, Fax: (0421) 3 61-6171, E-Mail: hbruns@bau.bremen.de)

b 56

Der Senator für Wirtschaft und Häfen
Postf. 10 15 29, 28015 Bremen
Zweite Schlachtpforte 3, 28195 Bremen
T: (0421) 3 61-8808   Fax: 3 61-8586
E-Mail: office@wirtschaft.bremen.de
Senator: Josef Hattig (CDU)
Staatsrat: Dr. Uwe Färber
Staatsrätin: Sibylle Winther
Pressereferent: Thorsten Groth (T: (0421) 3 61-8748, Fax: (0421) 3 61-96669)

b 57

Der Bevollmächtigte der Freien Hansestadt Bremen beim Bund, für Europa und Entwicklungszusammenarbeit
Hiroshimastr. 24, 10785 Berlin
T: (030) 2 69 30-0 (Zentrale)   Fax: 2 69 30-100
E-Mail: office@lvhb.bremen.de
Staatsrat: Erik Bettermann (SPD)
Pressereferent: Jutta Wagner

b 58

Verbindungsbüro der Freien Hansestadt Bremen bei der Europäischen Union
Avenue Palmerston 22, B-1000 Brüssel
T: (00322) 2 30 27 65   Fax: 2 30 36 58
Leiter(in): Christian Bruns

Freie und Hansestadt Hamburg

● B 59

Präsident des Senats der Freien und Hansestadt Hamburg
Rathausmarkt 1, 20095 Hamburg
T: (040) 4 28 31-0   Fax: 4 28 31-2596, -13 79
Internet: http://www.hamburg.de/
Erster Bürgermeister: Ortwin Runde
Zweite Bürgermeisterin: Krista Sager

b 60

Senatskanzlei/Staatliche Pressestelle der Freien und Hansestadt Hamburg
Rathausmarkt 1, 20095 Hamburg
T: (040) 4 28 31-0   Fax: 4 28 31-21 80
Leitung Presseabteilung: Ludwig Rademacher (T: (040) 36 81-22 43/44, E-mail: pressestelle@sk.hamburg.de)
Stellv.: Rainer Scheppelmann (T: (040) 4 28 31-22 41/42)

b 61

Hamburgisches Verfassungsgericht
Sievekingplatz 2, 20355 Hamburg
T: (040) 4 28 43-0   Fax: 4 28 43-4097
Präsident(in): Wilhelm Rapp
Geschäftsleiterin: Bärbel Kneile

b 62

Rechnungshof der Freien und Hansestadt Hamburg
Gänsemarkt 36, 20354 Hamburg
T: (040) 4 28 23-0   Fax: 4 28 23-1538
E-Mail: rechnungshof@rh.hamburg.de
Präsident(in): Dr. Rudolf Dieckmann

b 63

Hamburgischer Datenschutzbeauftragter
Baumwall 7, 20459 Hamburg
T: (040) 4 28 41-2044, 4 28 41-2045   Fax: 4 28 41-2372
Internet: http://www.hamburg.datenschutz.de
E-Mail: mailbox@datenschutz.hamburg.de
Datenschutzbeauftragter: Dr. Hans-Hermann Schrader

Senatsämter

b 64

Senatskanzlei
Rathaus
Rathausmarkt 1, 20095 Hamburg
T: (040) 4 28 31-0   Fax: 4 28 31-2180, 4 28 31-2555
Senator: Erster Bürgermeister Ortwin Runde
Chef der Senatskanzlei: Hubert Schulte

b 65

Vertretung der Freien und Hansestadt Hamburg beim Bund
11056 Berlin
Jägerstr. 1-3, 10117 Berlin
T: (030) 2 06 46-0
Bevollmächtigter: Senator Dr. Willfried Maier

b 66

Senatsamt für die Gleichstellung
Alter Steinweg 4, 20459 Hamburg
T: (040) 4 28 41-0   Fax: 4 28 41-33 41
Senatorin: Krista Sager
Staatsrätin: Prof. Dr. Marlis Dürkop

b 67

Personalamt
Steckelhörn 12, 20457 Hamburg
T: (040) 4 28 31-0   Fax: 4 28 31-22 26
Senator: Hartmut Wrocklage
Staatsrat: Wolfgang Prill

b 68

Senatsamt für Bezirksangelegenheiten
Klosterwall 6, 20095 Hamburg
T: (040) 4 28 54-0   Fax: 4 28 54-2797, 4 28 54-4848
Senatorin: Dr. Lore Maria Peschel-Gutzeit
Staatsrat: Hans-Peter Strenge

b 69
Staatsarchiv Hamburg
Kattunbleiche 19, 22041 Hamburg
T: (040) 4 28 31-3200   **Fax:** 4 28 31-3201
Internet: http://www.hamburg.de/Behoerden/Staatsarchiv/
E-Mail: poststelle@staatsarchiv.hamburg.de
Senator: Dr. Willfried Maier
Staatsrat: Hubert Schulte

Fachbehörden

b 70
Behörde für Arbeit, Gesundheit und Soziales
Postf. 76 01 06, 22051 Hamburg
Hamburger Str. 47, 22083 Hamburg
T: (040) 4 28 63-0   **Fax:** 4 28 63-2286
Senatorin: Karin Roth
Staatsrat: Dr. Peter Lippert

b 71
Baubehörde
Postf. 30 05 80, 20302 Hamburg
Stadthausbrücke 8, 20355 Hamburg
T: (040) 4 28 40-0   **Fax:** 4 28 40-31 96
Senator: Eugen Wagner
Staatsrat: Dr. Knut Gustafsson

b 72
Finanzbehörde
Gänsemarkt 36, 20354 Hamburg
T: (040) 4 28 23-0   **Fax:** 4 28 23-1402
Senatorin: Dr. Ingrid Nümann-Seidewinkel
Staatsrat: Dirk Reimers

b 73
Behörde für Inneres
Johanniswall 4, 20095 Hamburg
T: (040) 4 28 39-0   **Fax:** 4 28 39-1908
Senator: Hartmut Wrocklage
Staatsrat: Wolfgang Prill

b 74
Justizbehörde
Drehbahn 36, 20354 Hamburg
T: (040) 4 28 43-0   **Fax:** 4 28 43-42 90
Senatorin: Dr. Lore Maria Peschel-Gutzeit
Staatsrat: Hans-Peter Strenge

b 75
Kulturbehörde
Hohe Bleichen 22, 20354 Hamburg
T: (040) 4 28 24-0   **Fax:** 4 28 24-244, 4 28 24-209
Senatorin: Dr. Christina Weiss
Staatsrat: Gert Hinnerk Behlmer

b 76
Behörde für Schule, Jugend und Berufsbildung
Hamburger Str. 31, 22083 Hamburg
T: (040) 4 28 63-0   **Fax:** 4 28 63-4132
Senatorin: Ute Pape
Staatsrat: Hermann Lange

b 77
Stadtentwicklungsbehörde der Freien und Hansestadt Hamburg
Alter Steinweg 4, 20459 Hamburg
T: (040) 4 28 41-0   **Fax:** 4 28 41-30 10
Senator: Dr. Willfried Maier
Staatsrätin: Barbara Maier-Reimer

b 78
Umweltbehörde
Billstr. 84, 20539 Hamburg
T: (040) 4 28 45-0   **Fax:** 4 28 45-3293
Senator: Alexander Porschke
Staatsrat: Michael Pollmann
Umwelttelefon: (040) 34 35 36

b 79
Wirtschaftsbehörde
Postf. 11 21 09, 20421 Hamburg
Alter Steinweg 4, 20459 Hamburg
T: (040) 4 28 41-0   **Fax:** 4 28 41-16 20
Internet: http://www.hamburg.de
E-Mail: wirtschaftsbehoerde@wb.hamburg.de, vorname.nachname@wb.hamburg.de
Senator: Dr. Thomas Mirow
Staatsrat: Prof. Dr. Heinz Giszas

b 80
Behörde für Wissenschaft und Forschung
Hamburger Str. 37, 22083 Hamburg
T: (040) 4 28 63-0   **Fax:** 4 28 63-2411
Senatorin: Krista Sager
Staatsrätin: Prof. Dr. Marlis Dürkop

b 81
HANSE-OFFICE
20, Avenue Palmerston, B-1000 Brüssel
T: (00322) 2854640   **Fax:** 2854657

Hessen

● B 82
Hessische Staatskanzlei
Postf. 31 47, 65021 Wiesbaden
Bierstadter Str. 2, 65189 Wiesbaden
T: (0611) 32-3800, 32-3801
Internet: http://www.hessen.de/Staatskanzlei/homepage.htm
E-Mail: poststelle@stk.hessen.de
Ministerpräsident: Roland Koch (CDU)
Minister für Bundes- und Europaangelegenheiten in der Staatskanzlei: Jochen Riebel (CDU)
Staatssekretär(in): Dirk Metz (Sprecher der Landesregierung)
Staatssekretär(in): Dr. Karl Johannes Beermann (Bevollm.d.Landes Hessen beim Bund)

b 83
Hessische Landesvertretung
Dienststelle in Bonn:
In den Ministergärten 5, 10117 Berlin

b 84
Hessische Landesvertretung Büro Berlin
Voßstr. 10, 10117 Berlin
T: (030) 22 65 82-0   **Fax:** 22 65 82-29

b 85
Bevollmächtigter des Landes Hessen beim Bund
Bierstadter Str. 2, 65189 Wiesbaden
T: (0611) 32-0
Staatssekretär(in): Dr. Karl Johannes Beermann

b 86
Vertretung des Landes Hessen bei der Europäischen Union
19, Avenue de l'Yser, B-1040 Brüssel
T: (00322) 7 32 42 20   **Fax:** 7 32 48 13
Leiter(in): MinR Dr. Hanns-Martin Bachmann

b 87
Hessisches Ministerium des Innern und für Sport
Postf. 31 67, 65021 Wiesbaden
Friedrich-Ebert-Allee 12, 65185 Wiesbaden
T: (0611) 3 53-0   **Fax:** 3 53-1766
E-Mail: poststelle@hmdi.hessen.de
Staatsminister: Volker Bouffier (CDU)
Staatssekretär(in): Udo Corts
Pressereferent: Michael Bußer

b 88
Hessisches Ministerium der Finanzen
Postf. 31 80, 65021 Wiesbaden
Friedrich-Ebert-Allee 8, 65185 Wiesbaden
T: (0611) 32-0   **Fax:** 32 24 71
Staatsminister: Karlheinz Weimar (CDU)
Staatssekretär: Bernd Abeln (CDU)
Pressereferentin: Susanne Rothenhöfer

b 89
Hessisches Ministerium der Justiz
Postf. 31 69, 65021 Wiesbaden
Luisenstr. 13, 65185 Wiesbaden
T: (0611) 32-0   **Fax:** 32 27 63
E-Mail: poststelle@hmdj.hessen.de
Staatsminister: Dr. Christean Wagner (CDU)
Staatssekretär(in): Herbert Landau
Pressereferent: Martin W. Huff

b 90
Hessisches Kultusministerium
Postf. 31 60, 65021 Wiesbaden
Luisenplatz 10, 65185 Wiesbaden
T: (0611) 3 68-0   **Fax:** 3 68-20 99
Staatsministerin: Karin Wolff (CDU)
Staatssekretär(in): Dr. Hartmut Müller-Kinet
Pressereferent: Ralf Hörnig

b 91
Hessisches Ministerium für Wissenschaft und Kunst
Postf. 32 60, 65022 Wiesbaden
Rheinstr. 23-25, 65185 Wiesbaden
T: (0611) 32-0   **Fax:** 32-3550
T-Online: *0611165221#
Staatsministerin: Ruth Wagner (FDP)
Staatssekretär(in): Frank Edgar Portz
Pressereferentin: Birgit Maske-Dernand

b 92
Hessisches Ministerium für Wirtschaft, Verkehr und Landesentwicklung
Postf. 31 29, 65021 Wiesbaden
Kaiser-Friedrich-Ring 75 Landeshaus, 65185 Wiesbaden
T: (0611) 8 15-0   **Fax:** 8 15-2225, 8 15-2226, 8 15-2227
Teletex: 126 119 850 370 ISDN
Staatsminister: Dieter Posch (FDP)
Staatssekretär(in): Dr. Herbert Hirschler
Pressereferent: Thomas Uber

b 93
Hessisches Ministerium für Umwelt, Landwirtschaft und Forsten
Postf. 31 09, 65021 Wiesbaden
Mainzer Str. 80 u. 98-102, 65189 Wiesbaden
T: (0611) 8 15-0   **Fax:** 8 15 19 40, 8 15 19 41
Internet: http://www.mulf.hessen.de
Staatsminister: Wilhelm Dietzel (CDU)
Staatssekretärin: Dr. Herlind Gundelach
Staatssekretär(in): Ulrich Thurmann
Pressereferentin: Birgitt Wagner

b 94
Hessisches Sozialministerium
Postf. 31 40, 65021 Wiesbaden
Dostojewskistr. 4, 65187 Wiesbaden
T: (0611) 8 17-0   **Fax:** 80 93 99
E-Mail: poststelle@hsm.hessen.de
Staatsministerin: Marlies Mosiek-Urbahn (CDU)
Staatssekretär(in): Karl-Winfried Seif
Pressereferent: Petra Müller-Klepper

Mecklenburg-Vorpommern

● B 95
Ministerpräsident des Landes Mecklenburg-Vorpommern
19048 Schwerin
Schloßstr. 2-4, 19053 Schwerin
T: (0385) 5 88-0   **Fax:** 56 51 44
Internet: http://www.mv-regierung.de/stk/
Ministerpräsident: Dr. Harald Ringstorff (MdL)
Chef der Staatskanzlei: Staatssekretär Dr. Frank Tidick
Regierungssprecher: Dr. Thomas Freund
Stellv. Regierungssprecherin: Dr. Barbara Syrbe
Leiter der Pressestelle der Landesregierung:
Dr. Barbara Syrbe
Frauen- und Gleichstellungsbeauftragte:
Parl. Staatssekretärin Karla Staszak (MdL)
Leiter: Landeszentrale für Politische Bildung: Regine Marquardt

b 96
Justizministerium Mecklenburg-Vorpommern
19048 Schwerin
Demmlerplatz 14, 19053 Schwerin
T: (0385) 5 88-0   **Fax:** 5 88-3450
Internet: http://www.jm.mv-regierung.de
E-Mail: poststelle@jm.mv-regierung.de
Minister(in): Erwin Sellering
Staatssekretär(in): Joachim Babendreyer
Pressesprecherin: Babette Bohlen

b 97
Ministerium für Arbeit und Bau Mecklenburg-Vorpommern
19048 Schwerin
Schloßstr. 6-8, 19053 Schwerin
T: (0385) 5 88-0 **Fax:** 5 88-3982
Internet: http://www.mv-regierung.de/am/
Minister(in): Helmut Holter
Staatssekretär(in): Dr. Joachim Wegrad
Pressesprecherin: Helfried Liebsch

b 98
Innenministerium Mecklenburg-Vorpommern
Arsenal am Pfaffenteich
19048 Schwerin
Karl-Marx-Str. 1, 19055 Schwerin
T: (0385) 5 88-0 **Fax:** 5 88-2974, 5 88-2972
Internet: http://www.mv-regierung.de/im/
E-Mail: innenministerium@mvnet.de
Minister(in): Dr. Gottfried Timm
Staatssekretär(in): Hartmut Bosch
Pressesprecher: Christian Lorenz

b 99
Finanzministerium des Landes Mecklenburg-Vorpommern
19048 Schwerin
Schloßstr. 9-11, 19053 Schwerin
T: (0385) 5 88-0, 5 88-4440 **Fax:** 5 88-4585, 5 88-4584
Internet: http://www.mv-regierung.de/fm/
Minister(in): Sigrid Keler
Staatssekretär(in): Dr. Jost Mediger
Pressesprecher: Julius Geise

b 100
Wirtschaftsministerium Mecklenburg-Vorpommern
19048 Schwerin
Johannes-Stelling-Str. 14, 19053 Schwerin
T: (0385) 5 88-0 **Fax:** 5 88-5861, 5 88-5862
Internet: http://www.mv-regierung.de/wm/
Minister(in): Dr. Otto Ebnet
Staatssekretär(in): Wilhelm Burke
Pressesprecher: Gerhard Reichert

b 101
Ministerium für Ernährung, Landwirtschaft, Forsten und Fischerei Mecklenburg-Vorpommern
19048 Schwerin
Paulshöher Weg 1, 19061 Schwerin
T: (0385) 5 88-0 **Fax:** 5 88-6024
Internet: http://www.mv-regierung.de/lm/
Minister(in): Till Backhaus
Staatssekretär(in): Dr. Frank Tidick
Pressesprecherin: Marion Zinke

b 102
Ministerium für Bildung, Wissenschaft und Kultur Mecklenburg-Vorpommern
19048 Schwerin
Werderstr. 124, 19055 Schwerin
T: (0385) 5 88-0 **Fax:** 5 88-7082
Internet: http://www.kultus-mv.de/
Minister(in): Prof. Dr. Peter Kauffold
Staatssekretär(in): Dr. Manfred Hiltner
Pressereferent: Georg Fürböck

b 103
Umweltministerium Mecklenburg-Vorpommern
Schloßstr. 6-8, 19053 Schwerin
T: (0385) 5 88-0 **Fax:** 5 88-8717
Internet: http://www.mv-regierung.de/um
Minister(in): Prof. Dr. Wolfgang Methling
Staatssekretär(in): Dietmar Glitz
Pressesprecher(in): Ilona Stadler

b 104
Sozialministerium Mecklenburg-Vorpommern
19048 Schwerin
Werderstr. 124, 19055 Schwerin
T: (0385) 5 88-0 **Fax:** 5 88-9009
Internet: http://www.sozial-mv.de/
Minister(in): Dr. Martina Bunge
Staatssekretär(in): Fredy Drozd
Pressesprecherin: Claudia Schreyer

Niedersachsen

● B 105
Niedersächsische Staatskanzlei
Planckstr. 2, 30169 Hannover
T: (0511) 1 20-0 **Fax:** 1 20-6830
Internet: http://www.niedersachsen.de/
E-Mail: poststelle@stk.niedersachsen.de
Ministerpräsident: Sigmar Gabriel
Leiter der Staatskanzlei: Staatssekretär Peter-Jürgen Schneider
Leiter der Presse und Informationsstelle und Sprecher der Landesregierung: Michael Linkersdörfer
Minister für Bundes- und Europaangelegenheiten in der Staatskanzlei: Wolfgang Senff

b 106
Vertretung des Landes Niedersachsen beim Bund
11056 Berlin
In den Ministergärten 10, 10117 Berlin
T: (030) 7 26 29-1500
Bevollmächtigter: Staatssekretär Dr. Helmut Holl
Dienststellenleiterin: MinDirigentin Gabriele Witt

b 107
Vertretung des Landes Niedersachsen bei der Europäischen Union in Brüssel
Av. Palmerston 24, B-1000 Brüssel
T: (00322) 2 30 00 17 **Fax:** 2 30 13 20
Leiter(in): Michael Bertram

b 108
Niedersächsisches Innenministerium
Lavesallee 6, 30169 Hannover
T: (0511) 12 01 **Fax:** 1 20-6550
E-Mail: poststelle@mi.niedersachsen.de
Innenminister: Heiner Bartling
Staatssekretär(in): Werner Lichtenberg

b 109
Niedersächsisches Finanzministerium
Schiffgraben 10, 30159 Hannover
T: (0511) 1 20-0 **Fax:** 1 20-8068
Internet: http://www.niedersachsen.de/
E-Mail: poststelle@mf.niedersachsen.de
Finanzminister: Heinrich Aller
Staatssekretär(in): Dr. Klaus-Henning Lemme

b 110
Niedersächsisches Ministerium für Frauen, Arbeit und Soziales
Postf. 1 41, 30001 Hannover
Hinrich-Wilhelm-Kopf-Platz 2, 30159 Hannover
T: (0511) 1 20-0 **Fax:** 1 20-4297
E-Mail: poststelle@mfas.niedersachsen.de
Minister(in): Dr. Gitta Trauernicht-Jordan
Staatssekretär(in): Heinz-Hermann Witte
Leitung Presseabteilung: Uta Kreutzenbach
Mitarbeiter: 320

b 111
Niedersächsisches Kultusministerium
Schiffgraben 12, 30159 Hannover
T: (0511) 1 20-0 **Fax:** 1 20-7450
E-Mail: poststelle@mk.niederdsachsen.de
Kultusministerin: Renate Jürgens-Pieper
Staatssekretär(in): Dr. Göttrik Wewer

b 112
Niedersächsisches Ministerium für Wirtschaft, Technologie und Verkehr
Postf. 1 01, 30001 Hannover
Friedrichswall 1, 30159 Hannover
T: (0511) 1 20-0 **Fax:** 1 20-5770
E-Mail: poststelle@mw.niedersachsen.de
Minister(in) für Wirtschaft, Technologie und Verkehr: Dr. Susanne Knorre
Staatssekretär(in): Dr. Birgit Grote

b 113
Niedersächsisches Ministerium für Ernährung, Landwirtschaft und Forsten
Calenberger Str. 2, 30169 Hannover
T: (0511) 12 00 **Fax:** 1 20-2385
E-Mail: poststelle@ml.niedersachsen.de
Minister für Ernährung, Landwirtschaft und Forsten: Uwe Bartels
Staatssekretär(in): Dietmar Schulz

b 114
Niedersächsisches Justizministerium
Postf. 2 01, 30002 Hannover
Am Waterlooplatz 1, 30169 Hannover
T: (0511) 1 20-0 **Fax:** 1 20-5170
E-Mail: poststelle@mj.niedersachsen.de
Minister(in): Prof. Dr. Christian Pfeiffer
Staatssekretär: Dr. Rainer Litten

b 115
Niedersächsisches Ministerium für Wissenschaft und Kultur
Leibnizufer 9, 30169 Hannover
T: (0511) 12 01 **Fax:** 1 20-23 93 (Allgemein), 1 20-26 01 (Presse)
E-Mail: poststelle@mwk.niedersachsen.de
Minister(in): Thomas Oppermann
Staatssekretär: Dr. Uwe Reinhardt

b 116
Niedersächsisches Umweltministerium
Postf. 41 07, 30041 Hannover
Archivstr. 2, 30169 Hannover
T: (0511) 1 20-0 (Durchwahl 120-)
E-Mail: poststelle@mu.niedersachsen.de
Umweltminister: Wolfgang Jüttner
Staatssekretär(in): Friederike Witte

Nordrhein-Westfalen

● B 117
Ministerpräsident des Landes Nordrhein-Westfalen
40190 Düsseldorf
Postf. 10 11 03, 40002 Düsseldorf
Stadttor 1, 40219 Düsseldorf
T: (0211) 8 37-01 **Fax:** 8 37-1150
Internet: http://www.nrw.de
E-Mail: poststelle@stk.nrw.de
Ministerpräsident: Wolfgang Clement
Minister(in): Hannelore Kraft (Bundes- und Europaangelegenheiten)
Staatssekretär(in): Werner Kindsmüller (Bundes- und Europaangelegenheiten)
Regierungssprecher(in): Staatssekretärin Prof. Dr. Miriam Meckel

b 118
Staatskanzlei des Landes Nordrhein-Westfalen
40190 Düsseldorf
Postf. 10 11 03, 40002 Düsseldorf
Stadttor 1, 40219 Düsseldorf
T: (0211) 8 37-01 **Fax:** 8 37-1150
E-Mail: poststelle@stk.nrw.de
Staatssekretär(in): Georg Wilhelm Adamowitsch
Landespresse- und Informationsamt
Regierungssprecher: Staatssekretär Dr. Klaus Klenke

b 119
Finanzministerium des Landes Nordrhein-Westfalen
40190 Düsseldorf
Jägerhofstr. 6, 40479 Düsseldorf
T: (0211) 49 72-0 **Fax:** 49 72-2750
Internet: http://www.fm.nrw.de
E-Mail: poststelle@fm.nrw.de
Minister(in): Peer Steinbrück
Staatssekretär(in): Ernst Gerlach
Staatssekretär(in): Dr. jur. Harald Noack

b 120
Innenministerium des Landes Nordrhein-Westfalen
40190 Düsseldorf
Postf. 10 11 03, 40002 Düsseldorf
Haroldstr. 5, 40213 Düsseldorf
T: (0211) 8 71-01 **Fax:** 8 71-2266
Internet: http://www.im.nrw.de
E-Mail: poststelle@im.nrw.de
Minister(in): Dr. Fritz Behrens
Staatssekretär(in): Wolfgang Riotte

b 121
Justizministerium des Landes Nordrhein-Westfalen
40190 Düsseldorf
Postf. 10 11 03, 40002 Düsseldorf
Martin-Luther-Platz 40, 40212 Düsseldorf
T: (0211) 87 92-0 **Fax:** 87 92-456
E-Mail: poststelle@jm.nrw.de
Minister(in): Jochen Dieckmann
Staatssekretär(in): Dr. Ernst Hasso Ritter

b 122
Ministerium für Wirtschaft und Mittelstand, Technologie und Verkehr des Landes Nordrhein-Westfalen
40190 Düsseldorf
Postf. 10 11 03, 40002 Düsseldorf
Haroldstr. 4, 40213 Düsseldorf
T: (0211) 8 37-02 **Fax:** 8 37-2200
Internet: http://www.mwmtv.nrw.de
E-Mail: poststelle@mwmtv.nrw.de
Minister(in): Ernst Schwanhold
Staatssekretär(in): Jörg Bickenbach
Jörg Hennerkes

b 123
Ministerium für Arbeit und Soziales, Qualifikation und Technologie des Landes Nordrhein-Westfalen
40190 Düsseldorf
Postf. 10 11 03, 40002 Düsseldorf
Breite Str. 31, 40213 Düsseldorf
T: (0211) 86 18-50 (Zentrale), 86 18-4340 (Pressstelle)
Fax: 86 18-54444, 86 18-4566
Internet: http://www.massks.nrw.de
Dienststelle: Fürstenwall 25, 40219 Düsseldorf, T: (0211) 8 55-5, Fax: 8 55-36 83
Minister(in): Harald Schartau
Staatssekretär(in): Dr. Josef Fischer

b 124
Ministerium für Schule und Wissenschaft und Forschung des Landes Nordrhein-Westfalen
40190 Düsseldorf
Postf. 10 11 03, 40002 Düsseldorf
Völklinger Str. 49, 40221 Düsseldorf
T: (0211) 8 96-03, 8 96-04 **Fax:** 8 96-4555, 8 96-3220
Internet: http://www.mswwf.nrw.de
E-Mail: poststelle@mswwf.nrw.de
Minister(in): Gabriele Behler
Staatssekretär(in): Hartmut Krebs
Dr. Wolfgang Meyer-Hesemann

b 125
Ministerium für Städtebau und Wohnen, Kultur und Sport des Landes Nordrhein-Westfalen
40190 Düsseldorf
Postf. 10 11 03, 40002 Düsseldorf
Elisabethstr. 5-11, 40217 Düsseldorf
T: (0211) 38 43-0 **Fax:** 90 88-601
Internet: http://www.mbw.nrw.de
Minister(in): Dr. Michael Vesper
Staatssekretär(in): Manfred Morgenstern

b 126
Ministerium für Umwelt und Naturschutz, Landwirtschaft und Verbraucherschutz des Landes Nordrhein-Westfalen
40190 Düsseldorf
Postf. 10 11 03, 40002 Düsseldorf
Schwannstr. 3, 40476 Düsseldorf
T: (0211) 45 66-0 **Fax:** 45 66-388
Internet: http://www.murl.nrw.de
Ministerin: Bärbel Höhn
Staatssekretär(in): Christiane Friedrich
Dr. Thomas Griese

Rheinland-Pfalz

● B 127
Ministerpräsident des Landes Rheinland-Pfalz
- Staatskanzlei -
Peter-Altmeier-Allee 1, 55116 Mainz
T: (06131) 16-0 **Fax:** 16 47 71
Internet: http://www.stk.rlp.de/
E-Mail: poststelle@stk.rlp.de
Ministerpräsident: Kurt Beck
Chef der Staatskanzlei: Staatssekretär Klaus Rüter

b 128
Landespressestelle Rheinland-Pfalz
Peter-Altmeier-Allee 1, 55116 Mainz
T: (06131) 16-0 **Fax:** 16-4091
Sprecher d. Landesregierung u. Ständiger Vertreter des Chefs der Staatskanzlei: Ministerialdirektor Walter Schumacher (T: (06131) 16 47 20, Fax: (06131) 16 40 91, E-Mail: walter.schumacher@stk.rlp.de)
Stellv. Regierungssprecher: Ltd. Min.-Rat. Wolfgang K. Lembach (T: (06131) 16 46 77, Fax: (06131) 16 46 66, E-Mail: wolfgangk.lembach@stk.rlp.de)

b 129
Vertretung des Landes Rheinland-Pfalz beim Bund
In den Ministergärten 6, 10117 Berlin
T: (030) 7 26 29-1000 **Fax:** 7 26 29-1289
Internet: http://www.landesvertretung.rlp.de
E-Mail: poststelle@lv.rlp.de
Staatssekretär: Dr. Karl-Heinz Klär
Pressesprecher(in): Michaela Veith (T: (030) 7 26 29-1105, Fax: 7 26 29-1205)

b 130
Vertretung des Landes Rheinland-Pfalz
60, avenue de Tervuren, B-1040 Brüssel
T: (02) 7 36 97 29 **Fax:** 7 37 13 33

b 131
Ministerium des Innern und für Sport des Landes Rheinland-Pfalz
Postf. 32 80, 55022 Mainz
Schillerplatz 3-5, 55116 Mainz
T: (06131) 16-0 **Fax:** 16-35 95 und 16-36 00
Teletex: 6131 287 4801 (ISDN)
Internet: http://www.ism.rlp.de
E-Mail: poststelle@ism.rlp.de
Minister(in): Walter Zuber
Amtschef: Staatssekretär Dr. Ernst Theilen
Pressesprecher: Michael Hartmann (T: (06131) 16 32 20, Fax: 16 37 20)

b 132
Ministerium der Finanzen des Landes Rheinland-Pfalz
Kaiser-Friedrich-Str. 5, 55116 Mainz
T: (06131) 16-0 **Fax:** 16-4331
E-Mail: poststelle@fm.rlp.de
Minister(in): Gernot Mittler
Amtschef: Staatssekretär Dr. Ingolf Deubel
Pressesprecherin: Dorothea Rimbach (T: (06131) 16 43 79, Fax: (06131) 16 41 41)

b 133
Ministerium der Justiz des Landes Rheinland-Pfalz
Ernst-Ludwig-Str. 3, 55116 Mainz
T: (06131) 16-0 **Fax:** 16 48 87
Teletex: 6 13 19 63 stmzd
Minister(in): Herbert Mertin
Amtschefin: Staatssekretärin Erika Reischauer-Kirchner
Pressesprecher: Stefan Schnorr (T: (06131) 16 48 32, Fax: (06131) 16 58 75, Privat: T: (06131) 61 26 26)

b 134
Ministerium für Arbeit, Soziales und Gesundheit des Landes Rheinland-Pfalz
Postf. 31 80, 55021 Mainz
Bauhofstr. 9, 55116 Mainz
T: (06131) 16-0 **Fax:** 16 24 52
E-Mail: poststelle@masg.rlp.de
Minister(in): Florian Gerster
Amtschef: Staatssekretär Dr. Richard Auernheimer
Pressesprecherin: Beate Fasbender-Döring (T: (06131) 16 23 77, Fax: 16 23 73)

b 135
Ministerium für Wirtschaft, Verkehr, Landwirtschaft und Weinbau des Landes Rheinland-Pfalz
Postf. 32 69, 55022 Mainz
Stiftsstr. 9, 55116 Mainz
T: (06131) 16-0 **Fax:** 16-2100
Teletex: 6 131 626 MWVRP
E-Mail: poststelle@mwvlw.rlp.de
Minister(in): Hans-Artur Bauckhage
Amtschef: Staatssekretär Ernst Eggers
Staatssekretär(in): Günter Eymael
Pressesprecher: Jörg Wagner (T: (06131) 16 25 49, Fax: (06131) 16 26 48)
Frank Ißleib (T: (06131) 16 22 58, Fax: (06131) 16 26 48)

b 136
Ministerium für Kultur, Jugend, Familie und Frauen des Landes Rheinland-Pfalz
Mittlere Bleiche 61, 55116 Mainz
T: (06131) 16-0 **Fax:** 16-28 78
Ministerin: Dr. Rose Götte
Amtschef: Staatssekretär Dr. Joachim Hofmann-Göttig
Pressesprecher(in): Dr. Rüdeger Schlaga (T: (06131) 16 28 29, Fax: 16 29 57)

b 137
Ministerium für Bildung, Wissenschaft und Weiterbildung des Landes Rheinland-Pfalz
Mittlere Bleiche 61, 55116 Mainz
T: (06131) 16-0 **Fax:** 16 29 97
E-Mail: poststelle@mbww.rp.dbp.de
Minister(in): Prof. Dr. E. Jürgen Zöllner
Amtschefin: Staatssekretärin Doris Ahnen
Pressesprecher: Harald Glahn
Pressesprecherin: Vera Reiß-Jung (T: (06131) 16 27 26, Fax: (06131) 16 29 94)

b 138
Ministerium für Umwelt und Forsten des Landes Rheinland-Pfalz
Postf. 31 60, 55021 Mainz
Kaiser-Friedrich-Str. 1, 55116 Mainz
T: (06131) 16-0 **Fax:** 16 46 46
Teletex: 61 31 972
E-Mail: poststelle@muf.rlp.de
Ministerin: Klaudia Martini
Amtschef: Staatssekretär Roland Härtel
Pressesprecher: Torsten Kram (T: (06131) 16 46 45, Fax: (06131) 16 46 49, Privat: T: (06133) 30 57)

b 139
Landtag Rheinland-Pfalz
Postf. 30 40, 55020 Mainz
Deutschhausplatz 12, 55116 Mainz
T: (06131) 2 08-0 **Fax:** 2 08-2447
Teletex: 6 131 962
Internet: http://www.landtag.rheinland-pfalz.de
E-Mail: presse@landtag.rlp.de
Landtagspräsident: Christoph Grimm (bis 17. Mai 2001)
Pressereferent: Dieter Lang
Öffentlichkeitsarbeit: Hans-Peter Hexemer

Saarland

● B 140
Ministerpräsident des Saarlandes
Am Ludwigsplatz 14, 66117 Saarbrücken
T: (0681) 5 01-00 **Fax:** 5 01-11 59
Internet: http://www.saarland.de
Ministerpräsident: Peter Müller (E-Mail: p.mueller@staatskanzlei.saarland.de)
Chef der Staatskanzlei: Staatssekretär Karl Rauber (Europabeauftragter, E-Mail: k.rauber@staatskanzlei.saarland.de)
Regierungssprecher: Udo Recktenwald (T: (0681) 5 01-1126/1127, Presse-Fax: (0681) 5 01-1222, E-Mail: presse@staatskanzlei.saarland.de)
Stellv. Regierungssprecher: Peter Meyer (T: (0681) 5 01-2102, 2103)
Marlene Mühe-Martin (T: (0681) 5 01-1138)
Bevollmächtigte beim Bund: Staatssekretärin Monika Beck (Friedrichsstr. 231, 10969 Berlin, T: (030) 25 37 12 41, Fax: (030) 25 37 12 99, E-Mail: lv.saarland@t-online.de)

b 141
Ministerium für Finanzen und Bundesangelegenheiten
Am Stadtgraben 6-8, 66111 Saarbrücken
T: (0681) 5 01-00 **Fax:** 5 01-1590, 5 01-4293
E-Mail: presse@finanzen.saarland.de
Minister(in): Peter Jacoby (Stellv. Ministerpräsident, E-Mail: p.jacoby@finanzen.saarland.de)
Staatssekretär(in): Gerhard Wack (E-Mail: g.wack@finanzen.saarland.de)
Pressesprecher u. Persönlicher Referent: Hanno Thewes

b 142
Ministerium für Inneres und Sport
Franz-Josef-Röder-Str. 21, 66119 Saarbrücken
T: (0681) 5 01-00 **Fax:** 5 01-2234
E-Mail: presse@innen.saarland.de
Minister(in): Annegret Kramp-Karrenbauer (E-Mail: a.kramp-karrenbauer@innen.saarland.de)
Staatssekretär(in): Gerd Müllenbach (E-Mail: g.muellen-

b 142

bach@innen.saarland.de)
Persönlicher Referent: Jörg Kohl
Pressesprecher: Peter Meyer (T: (0681) 5 01-21-02, E-Mail: p.meyer@innen.saarland.de)

b 143

Ministerium für Wirtschaft
Am Stadtgraben 6-8, 66111 Saarbrücken
T: (0681) 5 01-00   **Fax:** 5 01-1620
Internet: http://www.wirtschaft.saarland.de
E-Mail: presse@wirtschaft.saarland.de
Minister(in): Dr. Hanspeter Georgi (E-Mail: h.georgi@wirtschaft.saarland.de)
Staatssekretär(in): Albert Hettrich (E-Mail: a.hettrich@wirtschaft.saarland.de)
Daniela Schlegel-Friedrich (E-Mail: d.schlegel-friedrich@wirtschaft.saarland.de)
Pressesprecher: Armin Gehl
Persönlicher Referent: Christoph Schröder

b 144

Ministerium der Justiz
Zähringerstr. 12, 66119 Saarbrücken
T: (0681) 5 01-00   **Fax:** 5 01-5868
E-Mail: presse@justiz.saarland.de
Ministerin: Ingeborg Spoerhase-Eisel (E-Mail: i.spoerhase-eisel@justiz.saarland.de)
Staatssekretär(in): Wolfgang Schild (E-Mail: w.schild@justiz.saarland.de)
Pressesprecher u. Persönlicher Referent: Christian Seel

b 145

Ministerium für Bildung, Kultur und Wissenschaft
Hohenzollernstr. 60, 66117 Saarbrücken
T: (0681) 5 03-0   **Fax:** 5 03-550
E-Mail: presse@bildung.saarland.de
Minister(in): Jürgen Schreier (E-Mail: j.schreier@bildung.saarland.de)
Staatssekretär(in): Hansgünter Lang (E-Mail: h.lang@bildung.saarland.de)
Pressesprecher: Ludwig Geiser
Persönliche(r) Referent(in): Cecile Thurner

b 146

Ministerium für Frauen, Arbeit, Gesundheit und Soziales
Franz-Josef-Röder-Str. 23, 66119 Saarbrücken
T: (0681) 5 01-00   **Fax:** 5 01-3335
E-Mail: presse@soziales.saarland.de
Ministerin: Dr. Regina Görner (E-Mail: r.goerner@soziales.saarland.de)
Staatssekretär(in): Josef Hecken (E-Mail: j.hecken@soziales.saarland.de)
Pressesprecherin: Martina Stabel-Franz

b 147

Ministerium für Umwelt
Postfach 10 24 61, 66024 Saarbrücken
Keplerstr. 18, 66117 Saarbrücken
T: (0681) 5 01-00   **Fax:** 5 01-4521
E-Mail: presse@umwelt.saarland.de
Minister(in): Stefan Mörsdorf (E-Mail: s.moersdorf@umwelt.saarland.de)
Staatssekretär(in): Rainer Grün (E-Mail: r.gruen@umwelt.saarland.de)
Pressesprecher: Martin von Hohnhorst
Persönlicher Referent: Klaus Dieter Uhrhan

b 148

Die Bevollmächtigte des Saarlandes beim Bund
In den Ministergärten 4, 10117 Berlin
T: (030) 26 29-0200   **Fax:** 26 29-0099
Bevollmächtigte: Staatssekretärin Monika Beck
Dienststellenleiter: Henry Bren d'Amour

b 149

Der Landesbeauftragte für Datenschutz des Saarlandes
Fritz-Dobisch-Str. 12, 66111 Saarbrücken
T: (0681) 9 47 81-0   **Fax:** 9 47 81-29
Internet: http://www.lfd.saarland.de
E-Mail: lfd-saar@t-online.de
Landesbeauftragter: Bernd Dannemann

b 150

Verbindungsbüro des Saarlandes bei der Europäischen Union
Av. de la Renaissance 46, B-1000 Brüssel
T: (00322) 7 43 07 90   **Fax:** 7 32 73 70
E-Mail: bxl@euronet.be
Leiterin: Herta Adam

Sachsen

● B 151

Sächsische Staatskanzlei
01095 Dresden
Archivstr. 1, 01097 Dresden
T: (0351) 5 64-0   **Fax:** 5 64-1199
Internet: http://www.sachsen.de
E-Mail: poststelle@dd.sk.sachsen.de
Ministerpräsident: Prof. Dr. Kurt H. Biedenkopf (CDU)
Chef der Staatskanzlei: Staatsminister Georg Brüggen
Staatsminister für Bundes- und Europaangelegenheiten: Stanislaw Tillich (CDU)
Staatsministerin für Gleichstellung von Frau und Mann: Christine Weber (CDU)
Regierungssprecher: Staatssekretär Michael Sagurna

b 152

Vertretung des Freistaates Sachsen beim Bund
Brüderstr. 11 /12, 10178 Berlin
T: (030) 2 06 06-0   **Fax:** 2 06 06-419
Internet: http://www.sachsen.de
E-Mail: poststelle@bln.sk.sachsen.de
Staatsminister für Bundes- und Europaangelegenheiten: Stanislaw Tillich

b 153

Sächsisches Staatsministerium des Innern
01095 Dresden
Wilhelm-Buck-Str. 2, 01097 Dresden
T: (0351) 5 64-0   **Fax:** 5 64-3199
Internet: http://www.sachsen.de
E-Mail: poststelle@smi.sachsen.de
Staatsminister: Klaus Hardraht (CDU)
Staatssekretär(in): Hartmut Ulbricht
Dr. Albrecht Buttolo
Pressesprecher(in): Thomas Uslaub

b 154

Staatsministerium der Finanzen
Postfach 10 09 08, 01079 Dresden
Carolaplatz 1, 01097 Dresden
T: (0351) 5 64-0   **Fax:** 5 64-4029
Internet: http://www.sachsen.de
E-Mail: post@smf.sachsen.de
Staatsminister: Thomas de Maizière (CDU)
Staatssekretär(in): Dr. Wolfgang Voß
Pressesprecherin: Dr. Vera Kretschmer

b 155

Staatsministerium der Justiz
01095 Dresden
Hospitalstr. 7, 01097 Dresden
T: (0351) 5 64-0   **Fax:** 5 64-1599
Internet: http://www.sachsen.de
E-Mail: presse@smj.sachsen.de
Staatsminister: Manfred Kolbe (CDU)
Staatssekretär(in): Dr. Stefan Franke
Pressesprecher: Wolfram Jena

b 156

Staatsministerium für Kultus
Postfach 10 09 10, 01079 Dresden
Carolaplatz 1 Westflügel, 01097 Dresden
T: (0351) 5 64-0   **Fax:** 5 64-2887
Internet: http://www.sachsen.de
E-Mail: poststelle@smk.sachsen.de
Staatsminister: Dr. Matthias Rößler (CDU)
Staatssekretär(in): Günther Portune
Pressesprecher: Steffen Große

b 157

Staatsministerium für Wissenschaft und Kunst
Postfach 10 09 20, 01079 Dresden
Wigardstr. 17, 01097 Dresden
T: (0351) 5 64-0   **Fax:** 5 64-6406000
Internet: http://www.sachsen.de
E-Mail: presse@smwk.sachsen.de

Staatsminister: Prof. Dr. Hans Joachim Meyer (CDU)
Staatssekretär(in): Eckhard Noack
Pressesprecher: Dr. Dieter Herz

b 158

Staatsministerium für Wirtschaft und Arbeit
Postfach 10 03 29, 01073 Dresden
Wilhelm-Buck-Str. 2, 01097 Dresden
T: (0351) 5 64-0   **Fax:** 5 64-3289
Internet: http://www.sachsen.de
E-Mail: poststelle@smwa.sachsen.de
Staatsminister: Dr. Kajo Schommer (CDU)
Staatssekretär(in): Dr. Wolfgang Vehse
Staatssekretär(in): Dr. Wolfgang Zeller
Pressesprecher: Burkhard Zeischler

b 159

Staatsministerium für Soziales, Gesundheit, Jugend und Familie
Postfach 10 09 41, 01079 Dresden
Albertstr. 10, 01097 Dresden
T: (0351) 5 64-0   **Fax:** 5 64-5850
Internet: http://www.sachsen.de
E-Mail: poststelle@sms.sachsen.de
Staatsminister: Dr. Hans Geisler (Stellv. des Ministerpräsidenten, (CDU))
Staatssekretär(in): Dr. Albin Nees
Pressesprecher: Karltheodor Huttner

b 160

Staatsministerium für Umwelt und Landwirtschaft
Postfach 10 05 50, 01075 Dresden
Archivstr. 1, 01097 Dresden
T: (0351) 5 64-0   **Fax:** 5 64-6947
Internet: http://www.sachsen.de
E-Mail: poststelle@smul.sachsen.de
Staatsminister: Steffen Flath (CDU)
Amtschef: MinDirig Wolf-Eberhard Kuhl
Pressesprecher: Dirk Reelfs

Sachsen-Anhalt

● B 161

Staatskanzlei des Landes Sachsen-Anhalt
Postfach 41 60, 39016 Magdeburg
Domplatz 4, 39104 Magdeburg
T: (0391) 5 67-01   **Fax:** 5 67-6506
Ministerpräsident: Dr. Reinhard Höppner
Chef der Staatskanzlei, Staatssekretär: Niels Jonas (T: (0391) 5 67-01, Fax: (0391) 5 67-65 28)

b 162

Presse- und Informationsamt der Landesregierung Sachsen-Anhalt
Domplatz 4, 39104 Magdeburg
T: (0391) 5 67-01, -6660   **Fax:** 5 67-6677, -6667
E-Mail: staatskanzlei@stk.sachsen-anhalt.de
Regierungssprecher: Franz Stänner
Stellv. Regierungssprecher: Theo Struhkamp (T: (0391) 5 67-66 65, Fax: (0391) 5 67- 66 77, -66 67)

b 163

Ministerium für Arbeit, Frauen, Gesundheit und Soziales
Seepark 5-7, 39116 Magdeburg
T: (0391) 5 67-01, -4607, -4608   **Fax:** 5 67-4622
E-Mail: ms-presse@ms.lsq-net.de
Minister(in): Dr.rer.nat.habil. Gerlinde Kuppe
Staatssekretär(in): Prof. Dr. Dieter Schimanke
Pressesprecher: Holger Paech

b 164

Kultusministerium
Turmschanzenstr. 32, 39114 Magdeburg
T: (0391) 5 67-01, 5 67-3638   **Fax:** 5 67-3775
E-Mail: Brigitte.Deckstein@MK.Uni-Magdeburg.de
Minister(in): Dr. Gerd Harms
Staatssekretär(in): Dr. Wolfgang Eichler
Dr. Bodo Richter
Pressesprecherin: Dr. Brigitte Deckstein

b 165

Ministerium der Finanzen
Editharing 40, 39108 Magdeburg
T: (0391) 5 67-01, -1105   **Fax:** 5 67-1390
E-Mail: marotzke@mf.lsa-net.de

Minister(in): Wolfgang Gerhards
Staatssekretär(in): Rainet Elze
Pressesprecher: Stefan Marotzke

b 166
Ministerium des Innern
Halberstädter Str. 2, 39112 Magdeburg
T: (0391) 5 67-01 **Fax:** 5 67-5290
Internet: http://www.mi.sachsen-anhalt.de
E-Mail: pressestelle@min.mi.lsa-net.de
Minister(in): Dr. Manfred Püchel
Staatssekretär(in): Dr. Rainer Holtschneider
Pressesprecher: Dr. Matthias Schuppe

b 167
Ministerium des Justiz
Hegelstr. 40-42, 39104 Magdeburg
T: (0391) 5 67-01 **Fax:** 5 67-6187
E-Mail: presse@mj.sachsen-anhalt.de
Minister(in): Karin Schubert
Staatssekretär(in): Mathilde Diederich
Pressesprecher: Marion van der Kraats

b 168
Ministerium für Wirtschaft und Technologie
Wilhelm-Höpfner-Ring 4, 39116 Magdeburg
T: (0391) 5 67-01 **Fax:** 44 43
E-Mail: hagen@mw.lsa-net.de
Minister(in): N.N.
Staatssekretär(in): Manfred Maas
Pressesprecher(in): Beate Hagen

b 169
Ministerium für Raumordnung, Landwirtschaft und Umwelt
Olvenstedter Str. 4, 39108 Magdeburg
T: (0391) 5 67-01, 5 67-1951, 5 67-1950 **Fax:** 5 67-1964
E-Mail: franke@mrlu.lsa-net.de
Minister: Johann Konrad Keller
Staatssekretär(in): Dr. Aloys Altmann
Dr. Lutz Trümper
Pressesprecherin: Annett Schütz

b 170
Ministerium für Wohnungswesen, Städtebau und Verkehr
Postfach 36 25, 39011 Magdeburg
Turmschanzenstr. 30, 39114 Magdeburg
T: (0391) 5 67-01, -7504 **Fax:** 5 67-7509
E-Mail: presse@mwv.lsa-net.de
Minister(in): Dr. Jürgen Heyer
Staatssekretär(in): Ines Fröhlich
Pressesprecher: Martin Krems

b 171
Vertretung des Landes Sachsen-Anhalt
Reinhardtstr. 12, 10117 Berlin
T: (030) 24 34 58-0 **Fax:** 24 34 58-37
Internet: http://www.sachsen-anhalt.de
E-Mail: poststelle@lv.stk.sachsen-anhalt.de
Staatssekretär: Werner Ballhausen
Leiter des Büros: Dr. Christian Sundermann

Schleswig-Holstein

● B 172
Die Ministerpräsidentin des Landes Schleswig-Holstein
24100 Kiel
Düsternbrooker Weg 70, 24105 Kiel
T: (0431) 9 88-0 **Fax:** 9 88-1960
Internet: http://www.schleswig-holstein.de/landsh
E-Mail: presse.landesregierung@landsh.de
Ministerpräsidentin: Heide Simonis (SPD)

b 173
Der Chef der Staatskanzlei des Landes Schleswig-Holstein
24100 Kiel
Düsternbrooker Weg 70, 24105 Kiel
T: (0431) 9 88-0 **Fax:** 9 88-1969
E-Mail: klaus.gaertner@stk.landsh.de
Staatssekretär(in): Klaus Gärtner

b 174
Regierungspressestelle des Landes Schleswig-Holstein
24100 Kiel
Düsternbrooker Weg 70, 24105 Kiel
T: (0431) 9 88-1704 **Fax:** 9 88-1964
Internet: http://www.schleswig-holstein.de/landsh
E-Mail: presse.landesregierung@landsh.de
Regierungssprecher: Gerhard Hildenbrand
Stellvertreterin: Susanne Bieler-Seelhoff

b 175
Ministerium für Justiz, Frauen, Jugend und Familie des Landes Schleswig-Holstein
Lorentzendamm 25, 24103 Kiel
T: (0431) 9 88-0 **Fax:** 9 88-3704
E-Mail: pressestelle.mjbe@landsh.de
Minister(in): Anne Lütkes (B90/Die Grünen)
Staatssekretär(in): Wulf Jöhnk (T.: (0431) 9 88-3801)
Pressereferent: Christian Koch (T.: (0431) 9 88-3706)

b 176
Ministerium für Bildung, Wissenschaft, Forschung und Kultur des Landes Schleswig-Holstein
Brunswiker Str. 16-22, 24105 Kiel
T: (0431) 9 88-0 **Fax:** 9 88-5815
E-Mail: pressestelle.mfjws@landsh.de
Ministerin: Ute Erdsiek-Rave (SPD)
Staatssekretär(in): Dr. Ralf Stegner

b 177
Innenministerium des Landes Schleswig-Holstein
24100 Kiel
Düsternbrooker Weg 92, 24105 Kiel
T: (0431) 9 88-0 **Fax:** 9 88-2833
E-Mail: poststelle@im.landsh.de
Minister(in): Klaus Buß (SPD)
Staatssekretär(in): Hartmut Wegener

b 178
Ministerium für Finanzen und Energie des Landes Schleswig-Holstein
Postfach 20 09, 24019 Kiel
Düsternbrooker Weg 64, 24105 Kiel
T: (0431) 9 88-0 **Fax:** 9 88-4176
E-Mail: pressestelle.mfe@landsh.de
Minister(in): Claus Möller (SPD)
Staatssekretär(in): Uwe Döring (Finanzen)
Wilfried Voigt (Energie)

b 179
Ministerium für Wirtschaft, Technologie und Verkehr des Landes Schleswig-Holstein
24100 Kiel
Düsternbrooker Weg 94, 24105 Kiel
T: (0431) 9 88-0 **Fax:** 9 88-4705
E-Mail: pressestelle.mwtv@landsh.de
Minister(in): Dr. Bernd Rohwer (SPD)
Staatssekretär(in): Michael Rocca

b 180
Ministerium für ländliche Räume, Landwirtschaft, Ernährung und Tourismus des Landes Schleswig-Holstein
24100 Kiel
Düsternbrooker Weg 104, 24105 Kiel
T: (0431) 9 88-0 **Fax:** 9 88-5101
E-Mail: pressestelle.mlr@landsh.de
Minister(in): Ingrid Franzen (SPD)
Staatssekretär(in): Rüdiger von Plüskow

b 181
Ministerium für Arbeit, Gesundheit und Soziales des Landes Schleswig-Holstein
24100 Kiel
Adolf-Westphal-Str. 4, 24143 Kiel
T: (0431) 9 88-0 **Fax:** 9 88-5474
E-Mail: baerbel.krauskopf@landsh.de
Ministerin: Heide Moser (SPD)
Staatssekretär(in): Heinrich Alt

b 182
Ministerium für Umwelt, Natur und Forsten des Landes Schleswig-Holstein
Postfach 50 09, 24062 Kiel
Mercatorstr. 3, 24106 Kiel
T: (0431) 9 88-0 **Fax:** 9 88-7209
E-Mail: pressestelle.munf@landsh.de
Minister(in): Klaus Müller (Bündnis 90/Die Grünen)
Staatssekretärin: Henriette Berg

b 183
Unabhängiges Landeszentrum für Datenschutz Schleswig-Holstein
Postf. 71 21, 24171 Kiel
Düsternbrooker Weg 82, 24105 Kiel
T: (0431) 9 88-1200 **Fax:** 9 88-1223
Internet: http://www.datenschutzzentrum.de
E-Mail: mail@datenschutzzentrum.de
Ab dem 01.06.2001:
Postf. 71 16, 24171 Kiel, Holstenstr. 98, 24103 Kiel
Leiter: Dr. Helmut Bäumler

Thüringen

● B 184
Thüringer Staatskanzlei
Postf. 10 21 51, 99021 Erfurt
Regierungsstr. 73, 99084 Erfurt
T: (0361) 3 79 00 **Fax:** 3 79 21 07
Internet: http://www.thueringen.de
E-Mail: tsk@thueringen.de
Ministerpräsident: Dr. Bernhard Vogel (Regierungsstr. 73, 99084 Erfurt, Postf. 10 21 51, 99021 Erfurt, T: (0361) 3 79 28 01, Fax: 3 79 28 05)
Minister für Bundes- und Europaangelegenheiten in der Staatskanzlei: Jürgen Gnauck (Regierungsstr. 73, 99084 Erfurt, T: (0361) 3 79 28 31, Fax: 3 79 28 32)
Bevollmächtigter des Freistaats Thüringen beim Bund, Staatssekretär: Hans Kaiser (Regierungsstr. 73, 99084 Erfurt, T: (0361) 3 79 28 20, (0361) 3 79 28 22, Berlin, T: (030) 2 03 45-121, Fax: (030) 2 03 45-129)
Frauenbeauftragte, Staatssekretärin: Dr. Birgit Bauer (Bergstr. 4, 99092 Erfurt, T: (0361) 3 79 28 50, Fax: 3 79 28 52)
Regierungssprecher: Uwe Spindeldreier (Regierungsstr. 73, 99084 Erfurt, T: (0361) 3 79 24 00, Fax: 3 79 24 02)

b 185
Vertretung des Freistaats Thüringen beim Bund
Mohrenstr. 64, 10117 Berlin
T: (030) 2 03 45-0 **Fax:** 2 03 45-279

b 186
Thüringen-Büro Brüssel
111, Rue Pelletier, B-1030 Brüssel
T: (00322) 7 36 20 60 **Fax:** 7 36 53 79

b 187
Finanzministerium
Postf. 4 70, 99009 Erfurt
Jenaer Str. 37, 99099 Erfurt
T: (0361) 3 79 00 **Fax:** 3 79 66 50
E-Mail: poststelle@tfm.thueringen.de
Finanzminister, Stellvertretender Ministerpräsident:
Andreas Trautvetter (T: (0361) 3 79 66 01, Fax: 3 79 66 50)
Staatssekretär(in): Birgit Diezel (T: (0361) 3 79 66 03, Fax: 3 79 66 50)

b 188
Innenministerium
Postf. 90 01 31, 99104 Erfurt
Steigerstr. 24, 99096 Erfurt
T: (0361) 3 79 00 **Fax:** 3 79 31 11
E-Mail: poststelle@tim.thueringen.de
Innenminister: Christian Köckert (T: (0361) 3 79 31 00, Fax: 3 79 31 08)
Staatssekretär(in): Manfred Scherer (T: (0361) 3 79 32 00, Fax: 3 79 32 08)

b 189
Ministerium für Wirtschaft, Arbeit und Infrastruktur
Postf. 2 42, 99005 Erfurt
Max-Reger-Str. 4-8, 99096 Erfurt
T: (0361) 3 79 79 99 **Fax:** 3 79 79 90
E-Mail: mailbox@th-online.de
Minister(in): Franz Schuster (T: (0361) 3 79 70 02, Fax: 3 79 70 09)
Staatssekretär(in): Roland Richwien (T: (0361) 3 79 70 10, Fax: 3 79 70 19)

b 190
Ministerium für Wissenschaft, Forschung und Kunst
Postf. 10 13 59, 99013 Erfurt
Juri-Gagarin-Ring 158, 99084 Erfurt
T: (0361) 3 79 10 00   **Fax:** 3 79 11 99
E-Mail: post@tmwfk.thueringen.de
Ministerin für Wissenschaft, Forschung und Kunst: Prof. Dr. Dagmar Schipanski (Tel: (0361) 3 79 11 00, Fax: 3 79 11 09)
Staatssekretär(in): Dr. Jürgen Aretz (T: (0361) 3 79 11 10, Fax: 3 79 11 19)

b 191
Ministerium für Soziales, Familie und Gesundheit
Postf. 6 12, 99012 Erfurt
Werner-Seelenbinder-Str. 6, 99096 Erfurt
T: (0361) 3 79 00   **Fax:** 3 79 88 00
E-Mail: poststelle@tmsfg-thueringen.de
Minister für Soziales, Familie und Gesundheit: Dr. Frank-Michael Pietzsch (Tel: (0361) 3 79 87 01, Fax: 3 79 88 70)
Staatssekretär(in): Heinz-Günther Maaßen (T: (0361) 3 79 87 03, Fax: 3 79 88 71)

b 192
Kultusministerium
Postf. 10 04 52, 99004 Erfurt
Werner-Seelenbinder-Str. 1, 99096 Erfurt
T: (0361) 3 79 00   **Fax:** 3 79 46 90
E-Mail: poststelle@tkm@thueringen.de
Kultusminister: Dr. Michael Krapp (T: (0361) 3 79 46 00, Fax: 3 45 96 52)
Staatssekretär(in): Hermann Ströbel (T: (0361) 3 79 46 50, Fax: 3 79 46 53)

b 193
Ministerium für Landwirtschaft, Naturschutz und Umwelt
Postf. 10 21 53, 99021 Erfurt
Beethovenplatz 3, 99096 Erfurt
T: (0361) 3 79 00   **Fax:** 3 79 99 50
E-Mail: poststelle@tmlnu.thueringen.de
Minister f. Landwirtschaft, Naturschutz u. Umwelt: Dr. Volker Sklenar (T: (0361) 3 79 99 01, Fax: 3 79 99 50)
Staatssekretär(in): Stephan Illert (T: (0361) 3 79 99 11, Fax: 3 79 99 19)

b 194
Justizministerium
Postf. 11, 99001 Erfurt
Alfred-Hess-Str. 8, 99094 Erfurt
T: (0361) 3 79 52 00   **Fax:** 3 79 51 55
E-Mail: e.hornig@tmj.thueringen.de
Justizminister: Dr. Andreas Birkmann (Tel: (0361) 3 79 53 01, Fax: 3 79 51 99)
Staatssekretär(in): Arndt Koeppen (T: (0361) 3 79 53 42, Fax: 3 79 53 50)

Landesvertretungen beim Bund

● B 195
Vertretung des Landes Baden-Württemberg beim Bund und in europäischen Angelegenheiten
Tiergartenstr. 15, 10785 Berlin
T: (030) 2 54 56-0   **Fax:** 2 54 56-499
E-Mail: poststelle@lvtberlin.bwl.de
Minister und Bevollmächtigter beim Bund: Staatssekretär Rudolf Köberle (MdL)

b 196
Vertretung des Landes Baden-Württemberg beim Bund und in europäischen Angelegenheiten - Büro Stuttgart -
Hauptstätter Str. 67, 70178 Stuttgart
T: (0711) 21 53-0   **Fax:** 21 53-508
E-Mail: brunhilde.steinmetz@stm.bwl.de

b 197
Vertretung des Landes Baden-Württemberg bei der Europäischen Union
Square Vergote 9, B-1200 Brüssel
T: (00322) 7 41 77 11   **Fax:** 7 41 77 99
E-Mail: poststelle@bruessel.bwl.de
Leiter(in): MR Arnold

● B 198
Bayerischer Staatsminister für Bundes- und Europaangelegenheiten in der Staatskanzlei
Bevollmächtigter des Freistaates Bayern beim Bund
Franz-Josef-Strauß-Ring 1, 80539 München
T: (089) 21 65-0   **Fax:** 29 40 44
E-Mail: poststelle@stk.bayern.de
Dienststelle Berlin:
Behrendstr. 21/22, 10117 Berlin
T: (030) 2 02 65-500, Fax: 2 02 65-980
Staatsminister: Reinhold Bocklet (CSU)
Amtschef: MinDir. Klaus Weigert

● B 199
Der Regierende Bürgermeister von Berlin - Senatskanzlei
Vertretung des Landes Berlin beim Bund
Bevollmächtigter des Landes Berlin beim Bund
11056 Berlin
Wilhelmstr. 67, 10117 Berlin
T: (030) 9 02 73-100   **Fax:** 9 02 73-116
Bevollmächtigter: Staatssekretär Gerd Wartenberg
Europabeauftragte des Landes: Staatssekretärin Dr. Hildegard Boucsein
Leiterin des Büros Brüssel: SRin Marie-Luise Löper (EU-Büro Brüssel, 71, Av. Michel-Ange, B-1000 Brüssel, T:(00322) 7 38 00 70, Fax: (00322) 7 32 47 46)

● B 200
Staatskanzlei Vertretung des Landes Brandenburg beim Bund
Albrechtstr. 9-10, 10117 Berlin
T: (030) 2 78 90-0
Bevollmächtigter: Staatssekretär Dirk Brouër
Leiter der Dienststelle: Hans-Joachim Pfaff (MDgt)

● B 201
Der Bevollmächtigte der Freien Hansestadt Bremen beim Bund, für Europa und Entwicklungszusammenarbeit
Hiroshimastr. 24, 10785 Berlin
T: (030) 2 69 30-0 (Zentrale)   **Fax:** 2 69 30-100
E-Mail: office@lvhb.bremen.de
Bevollm.: Staatsrat Erik Bettermann
Dienststellenleiter: N.N.

● B 202
Vertretung der Freien und Hansestadt Hamburg beim Bund
11056 Berlin
Jägerstr. 1-3, 10117 Berlin
T: (030) 2 06 46-0
Bevollmächtigter: Senator Dr. Willfried Maier
Leitung Presseabteilung: Dr. Burkhard Muschner

● B 203
Hessische Landesvertretung
Büro Berlin
In den Ministergärten 5, 10117 Berlin
Staatssekretär(in): Dr. Johannes Beermann

● B 204
Vertretung des Landes Mecklenburg-Vorpommern beim Bund
Mohrenstr. 66, 10117 Berlin
T: (030) 22 07 95-0
Bevollmächtigter: Staatssekretär Tilo Braune
Dienststellenleiter: MinDirig. Dr. Guido Dannenberg
Mitarbeiter: 29

● B 205
Vertretung des Landes Niedersachsen beim Bund
11056 Berlin
In den Ministergärten 10, 10117 Berlin
T: (030) 7 26 29-1500
Bevollmächtigter: Staatssekretär Dr. Helmut Holl
Dienststellenleiterin: MinDirigentin Gabriele Witt

● B 206
Vertretung des Landes Nordrhein-Westfalen beim Bund
11056 Berlin
Einemstr. 11 /Kurfürstenstr.130, 10787 Berlin
T: (030) 2 75 75-0   **Fax:** 2 75 75-221
E-Mail: poststelle@lv-bund.nrw.de
Minister für Bundes- und Europaangelegenheiten im Geschäftsbereich des Ministerpräsidenten und Bevollmächtigter des Landes beim Bund: Detlev Samland
Leitung Pressereferat: Thomas Wiltberger
Mitarbeiter: 45

● B 207
Bevollmächtigter des Landes Rheinland-Pfalz beim Bund und für Europa
In den Ministergärten 6, 10117 Berlin
T: (030) 7 26 29-1000   **Fax:** 7 26 29-1289
Internet: http://www.landesvertretung.rlp.de
E-Mail: poststelle@lv.rlp.de
Staatssekretär(in): Dr. Karl-Heinz Klär
Ständiger Vertreter: Reg.Angest. Martin Stadelmaier

● B 208
Die Bevollmächtigte des Saarlandes beim Bund
In den Ministergärten 4, 10117 Berlin
T: (030) 26 29-0200   **Fax:** 26 29-0099
Bevollmächtigte: Staatssekretärin Monika Beck
Dienststellenleiter: Henry Brend'Amour

● B 209
Vertretung des Freistaates Sachsen beim Bund
Brüderstr. 11 /12, 10178 Berlin
T: (030) 2 06 06-0   **Fax:** 2 06 06-419
Internet: http://www.sachsen.de
E-Mail: poststelle@bln.sk.sachsen.de
Staatsminister für Bundes- und Europaangelegenheiten: Stanislaw Tillich

● B 210
Landesvertretung Sachsen-Anhalt beim Bund
Reinhardtstr. 12, 10117 Berlin
T: (030) 24 34 58-0   **Fax:** 24 34 58-37
Internet: http://www.sachsen-anhalt.de
E-Mail: poststelle@lv.stk.sachsen-anhalt.de
Bevollmächtigter beim Bund: Staatssekretär Werner Ballhausen
Dienststellenleiter u. Pressesprecher: Ministerialdirigent Dr. Christian Sundermann

● B 211
Die Ministerpräsidentin des Landes Schleswig-Holstein Vertretung des Landes Schleswig-Holstein beim Bund
Marienstr. 19, 10117 Berlin
T: (030) 2 84 82-134   **Fax:** 2 84 82-133
Adresse ab 01.06.2001:
In den Ministergärten 8, 10117 Berlin
T: (030) 72 62 90-500 Fax: 72 62 90-505
Bevollmächtigter des Landes: Klaus Gärtner (T: (030) 2 84 82-127)
Ltr. d. Landesvertretung Schleswig-Holstein: MDgt Werner Schönborn (T: (030) 2 84 82-127)
Pressereferentin: Beate Krüger (T: (030) 2 84 82-125)

● B 212
Vertretung des Freistaats Thüringen beim Bund
Mohrenstr. 64, 10117 Berlin
T: (030) 2 03 45-0   **Fax:** 2 03 45-279
Bevollmächtigter des Freistaats: Staatssekretär Hans Kaiser
Presse: Dr. Axel Hartmann

Regierungsbezirke

Baden-Württemberg

● B 213
Regierungspräsidium Stuttgart, Baden-Württemberg
Postf. 80 07 09, 70507 Stuttgart
T: (0711) 9 04-0   **Fax:** 9 04-2408
Internet: http://www.rpbaden-wuerttemberg.de
E-Mail: poststelle@rps.bwl.de
Besucheranschrift: Ruppmannstr. 21, 70565 Stuttgart
RegPräs: Dr. Udo Andriof
Mitarbeiter: 700

● B 214
Regierungspräsidium Karlsruhe
Schloßplatz 1-3, 76131 Karlsruhe

T: (0721) 9 26-0   Fax: 9 26-62 11
RegPräs.: Gerlinde Hämmerle
Presse- und Bürgerreferentin: ORR'in Mühlstädt-Grimm

● B 215

Regierungspräsidium Freiburg
Kaiser-Joseph-Str. 167, 79098 Freiburg
T: (0761) 2 08-0 (Zentrale)   Fax: 3 89 96 20
E-Mail: poststelle@rpf.bwl.de
RegPräs.: Dr. Sven von Ungern-Sternberg

● B 216

Regierungspräsidium Tübingen
Konrad-Adenauer-Str. 20, 72072 Tübingen
T: (07071) 7 57-0   Fax: 7 57-31 90
E-Mail: poststelle@rpt.bwl.de
Regierungspräsident: Hubert Wicker
Pressesprecher und Koordinierungsreferent: ORR'in Grit Puchan
Mitarbeiter: 375 ohne angegliederte Dienststellen

Bayern

● B 217

Regierung von Oberbayern
Maximilianstr. 39, 80538 München
T: (089) 21 76-0   Fax: 21 76-29 14
Internet: http://www.regierung.oberbayern.bayern.de
E-Mail: poststelle@reg-ob.bayern.de
RegPräs.: Werner-Hans Böhm

● B 218

Regierung von Niederbayern
84023 Landshut
Regierungsplatz 540, 84028 Landshut
T: (0871) 8 08-01   Fax: 8 08-1002
Internet: http://www.regierung.niederbayern.bayern.de
E-Mail: poststelle@reg-nb.bayern.de
RegPräs: Dr. Walter Zitzelsberger

● B 219

Regierung von Oberfranken
Ludwigstr. 20, 95444 Bayreuth
T: (0921) 6 04-0   Fax: 6 04-1258
Internet: http://www.regierung.oberfranken.bayern.de/
E-Mail: poststelle@reg-ofr.bayern.de
RegPräs.: Hans Angerer

● B 220

Regierung von Mittelfranken
91511 Ansbach
Promenade 27, 91522 Ansbach
T: (0981) 53-0   Fax: 53-206
E-Mail: poststelle@reg-mfr.bayern.de
RegPräs.: Karl Inhofer
Pressereferent: RD Rainer Riedl

b 221

**Regierung von Mittelfranken
Luftamt Nordbayern**
Flughafenstr. 100, 90411 Nürnberg
T: (0911) 5 27 00-0   Fax: 36 44 46
Regierungsdirektor: Klaus Kreitinger

● B 222

Regierung von Unterfranken
97064 Würzburg
Peterplatz 9, 97070 Würzburg
T: (0931) 3 80-00   Fax: 3 80-2222
Internet: http://www.regierung.unterfranken.bayern.de
E-Mail: poststelle@reg-ufr.bayern.de
RegPräs.: Dr. Paul Beinhofer
Leitung Presseabteilung: RRin Birgit Rappelt
Leiter der Hauptfürsorgestelle: RD Reinhold Kuhn (Tel.: (0931) 3 80-1063)
Stellv. Leiter: LRD Fley (Tel.: (0931) 3 80-1187)
Mitarbeiter: ca. 600

● B 223

Regierung von Schwaben
86145 Augsburg
Fronhof 10, 86152 Augsburg
T: (0821) 3 27-01   Fax: 3 27-2289
Internet: http://www.regierung.schwaben.bayern.de

E-Mail: poststelle@reg-schw.bayern.de
RegPräs.: Ludwig Schmid

● B 224

Regierung der Oberpfalz
93039 Regensburg
Emmeramsplatz 8, 93047 Regensburg
T: (0941) 56 80-0   Fax: 56 80-188
T-Online: *5680-299#
E-Mail: poststelle@reg-opf.bayern.de
RegPräs.: Dr. Wilhelm Weidinger
Leitung Presseabteilung: RAR Joseph Karl

Hessen

● B 225

Regierungspräsidium Kassel
Steinweg 6, 34117 Kassel
T: (0561) 1 06-0   Fax: 1 06-1611
Internet: http://www.rp-kassel.de
E-Mail: pressestelle@rpks.hessen.de
RegPräs: Oda Scheibelhuber
Ltg. Pressestelle: Manfred Merz

● B 226

Regierungspräsidium Darmstadt
Luisenplatz 2, 64283 Darmstadt
T: (06151) 12-0   Fax: 12 60 05 (Gruppe 3/A)
RegPräs: Gerold Dieke

● B 227

Regierungspräsidium Gießen
Postf. 10 08 51, 35338 Gießen
Landgraf-Philipp-Platz 1-7, 35390 Gießen
T: (0641) 3 03-0   Fax: 3 03-2197
Internet: http://www.rp-giessen.de
E-Mail: rp-giessen@rpgi.hessen.de
RegPräs: Wilfried Schmied

Niedersachsen

● B 228

Bezirksregierung Hannover
Am Waterlooplatz 11, 30169 Hannover
T: (0511) 10 60   Fax: 1 06-24 84
Internet: http://www.BezReg-Hannover.Niedersachsen.de
E-Mail: poststelle@br-hannover.niedersachsen.de
RegPräs: Gertraude Kruse

● B 229

Bezirksregierung Lüneburg
21332 Lüneburg
Auf der Hude 2, 21339 Lüneburg
T: (04131) 15-0   Fax: 15 29 02
Internet: http://www.bezirksregierung-lueneburg.de
E-Mail: Bezirksregierung.Lueneburg@Luenecom.de
Leitung Presseabteilung: Anja Penk

● B 230

Bezirksregierung Braunschweig
Postf. 32 47, 38022 Braunschweig
Bohlweg 38, 38100 Braunschweig
T: (0531) 4 84-0   Fax: 4 84-3216
Internet: http://www.bezirksregierung-braunschweig.de
E-Mail: poststelle@br-bs.niedersachsen.de
RegPräs: Dr. Axel Saipa
Leitung Presseabteilung: Jens-Thilo Schulze

● B 231

Bezirksregierung Weser-Ems
26106 Oldenburg
Theodor-Tantzen-Platz 8, 26122 Oldenburg
T: (0441) 7 99-0   Fax: 7 99-20 04
Internet: http://www.weser-ems.de
E-Mail: poststelle@br-we.niedersachsen.de
RegPräs.: Bernd Theilen

Nordrhein-Westfalen

● B 232

Bezirksregierung Köln
50606 Köln
Zeughausstr. 2-10, 50667 Köln

T: (0221) 1 47-0
Internet: http://www.bezreg-koeln.nrw.de
E-Mail: poststelle@bezreg-koeln.nrw.de
RegPräs.: Jürgen Roters

● B 233

Bezirksregierung Düsseldorf
Postf. 30 08 65, 40408 Düsseldorf
Cecilienallee 2, 40474 Düsseldorf
T: (0211) 4 75-0   Fax: 4 75-2671 (Ce), 4 75-5975 (Fi), 4 75-3914 (Bo), 4 75-9252 (Ta)
Internet: http://www.bezreg-duesseldorf.nrw.de
E-Mail: pressestelle@bezreg-duesseldorf.nrw.de
RegPräs.: Jürgen Büssow

● B 234

Bezirksregierung Münster
Domplatz 1-3, 48143 Münster
T: (0251) 4 11-0   Fax: 4 11-25 25
Internet: http://www.bezreg-muenster.nrw.de
E-Mail: poststelle@bezreg-muenster.nrw.de
RegPräs.: Dr. Jörg Twenhöven
Leitung Presseabteilung: RAng. Witkowski

● B 235

Bezirksregierung Arnsberg
Seibertzstr. 1, 59821 Arnsberg
T: (02931) 8 20   Fax: 82 25 20
Regierungspräsident: Wolfram Kuschke
Leitung Presseabteilung: Christoph Söbbeler (T: (02931) 82 21 20)

● B 236

Bezirksregierung Detmold
Leopoldstr. 15, 32756 Detmold
T: (05231) 71-0   Fax: 71 12 95/97
Internet: http://www.bezreg-detmold.nrw.de
E-Mail: poststelle@bezreg-detmold.nrw.de
RegPräs'in: Christa Vennegerts

Rheinland-Pfalz

● B 237

Struktur- und Genehmigungsdirektion (SGD) Nord
Postf. 20 03 16, 56003 Koblenz
Stresemannstr. 3-5, 56068 Koblenz
T: (0261) 1 20-0   Fax: 1 20-2200
Internet: http://www.sgdnord.rlp.de
E-Mail: poststelle@sgdnord.rlp.de
Präsident(in): Hans-Dieter Gassen (T: -2035)
Vizepräsidentin: Elke Starke (T: -2140)
Pressestelle: Scheel-Krieg (T: -2028, Fax: -2033, E-Mail: pressestelle@sgdnord.de)
Abteilung 1 Zentrale Aufgaben
Leiter(in): Abteilungsdirektor Herm (T: -2039)
Abteilung 2 Gewerbeaufsicht
Leiter(in): Ltd. Gewerbedirektor Drabner (T: -2172)
Abteilung 3 Wasserwirtschaft, Abfallwirtschaft, Bodenschutz
Leiter(in): Abteilungsdirektor Voigt (T: -2521)
Abteilung 4 Raumordnung, Landespflege, Bauwesen
Leiter(in): Vizepräsidentin Starke (T: -2140)

● B 238

Aufsichts- und Dienstleistungsdirektion
Willy-Brandt-Platz 3, 54290 Trier
T: (0651) 94 94-0   Fax: 94 94-170
Präsident(in): Dr. Josef Peter Mertes

● B 239

Struktur- und Genehmigungsdirektion Süd
Friedrich-Ebert-Str. 14, 67433 Neustadt
T: (06321) 99-0   Fax: 99-29 00
E-Mail: poststelle@sgdsued.rln.de
Präsident(in): Dr. Klaus Weichel

Sachsen

● B 240

Regierungspräsidium Chemnitz
09105 Chemnitz
Altchemnitzer Str. 41, 09120 Chemnitz
T: (0371) 5 32-0   Fax: 5 32-19 29
Regierungspräsident: Karl Noltze

● B 241

Regierungspräsidium Dresden
Postf. 10 06 53, 01076 Dresden
Stauffenbergallee 2, 01099 Dresden
T: (0351) 8 25-0   **Fax:** 8 25-9999
Internet: http://www.rp-dresden.de
E-Mail: info@rpdd.sachsen.de
Regierungspräsident: Dr. Henry Hasenpflug

● B 242

Regierungspräsidium Leipzig
Braustr. 2, 04107 Leipzig
T: (0341) 9 77-0   **Fax:** 9 77-1199
Internet: http://www.rpl.sachsen.de
E-Mail: poststelle@rpl.sachsen.de
Regierungspräsident: Walter Christian Steinbach

Sachsen-Anhalt

● B 243

Regierungspräsidium Dessau
Kühnauer Str. 161, 06846 Dessau
T: (0340) 65 06-0   **Fax:** 65 06-4 50
Internet: http://www.mi.sachsen-anhalt.de/rpd/
E-Mail: poststelle@rpd.mi.lsa-net.de
Präsident(in): Friedrich Kolbitz

● B 244

Regierungspräsidium Halle
Willy-Lohmann-Str. 7, 06114 Halle
T: (0345) 5 14-0   **Fax:** 5 14 14 44
Internet: http://www.mi.sachsen-anhalt.de/rph/rph.htm
Regierungspräsident: Dr. Jens Holger Göttner
Regierungsvizepräsident: Alexander Nissle
Pressesprecherin: Dr. Petra Schmid

● B 245

Regierungspräsidium Magdeburg
Postf. 19 60, 39009 Magdeburg
Olvenstedter Str. 1-2, 39108 Magdeburg
T: (0391) 5 67-2000   **Fax:** 5 67-2686
Internet: http://www.mi.schsen-anhalt.de/rpm/
E-Mail: presse@rpm.mi.lsa-net.de
RP: Gerhard Miesterfeldt
Pressesprecherin: Ankristin Wegener

Landesauftragsstellen

● B 246

Ständige Konferenz der Auftragsberatungsstellen
Sekretariat
c/o Auftragsberatungsstelle Mecklenburg-Vorpommern
Hagenower Str. 73, 19061 Schwerin
T: (0385) 3 99 32 50   **Fax:** 3 99 32 52
E-Mail: abst@abst-mv.de
Sprecher: Dipl.-Ing. (FH) Ulf Böttcher

● B 247

**IHK Region Stuttgart
Industrie und Verkehr**
Jägerstr. 30, 70174 Stuttgart
T: (0711) 20 05-328   **Fax:** 20 05-528
E-Mail: martin.priebe@stuttgart.ihk.de
Ansprechpartner: Martin Priebe

● B 248

**Landesauftragsstelle Bayern e.V.
-Beratungsstelle für das öffentliche Auftragswesen-**
Joseph-Dollinger-Bogen 26, 80807 München
T: (089) 32 29 89-0   **Fax:** 32 29 89-22
Internet: http://www.landesauftragsstelle-bayern.de
E-Mail: LAST.Bayern@t-online.de, info@landesauftragsstelle-bayern.de
Geschäftsführer(in): Dr. Hans Bauer
Mitglieder: 17
Aufgabe: Beratung der an öffentlichen Aufträgen über Lieferungen und Leistungen -nicht Bauleistungen nach VOB- interessierten bayerischen Unternehmen der gewerblichen Wirtschaft über in diesem Zusammenhang auftretende Fragen einschl. Hinweise auf nationale und internationale öffentliche Ausschreibungen sowie Beratung und Information der öffentliche Aufträge vergebenden Stellen und Benennung geeigneter Unternehmen.

● B 249

BAO BERLIN INTERNATIONAL GMBH

Fasanenstr. 85, 10623 Berlin
T: (030) 3 15 10-669   **Fax:** 3 15 10-316
TGR: ihaka
T-Online: *4 0750#
Internet: http://www.baoberlin.de
E-Mail: bao@berlin.ihk.de
Geschäftsführer(in): Dipl.-Volksw. Jörg Schlegel (Sprecher)
Monika Schulz-Strelow
Leiter Bereich: Dipl.-Ing. Burkhard Kühn
Beratung zu Fragen des öffentlichen Auftragswesens für öffentliche Auftraggeber und Unternehmen, Durchführung von Seminaren und Inhouseschulungen zum öffentlichen Auftragswesen

● B 250

Auftragsberatungsstelle Brandenburg e.V.
Burgstr. 10, 03046 Cottbus
T: (0355) 3 81 32 11-14   **Fax:** 3 81 32 21
Gründung: 1991 (Oktober)
Geschäftsführerin: Christine Loeben
Mitglieder: 7 (3 IHK, 3 HWK)
Mitarbeiter: 3

● B 251

**Handelskammer Bremen
Auftragsberatungsstelle im Lande Bremen**
Haus Schütting
Postf. 10 51 07, 28051 Bremen
T: (0421) 36 37-236   **Fax:** 36 37-326
Internet: http://www.handelskammer-bremen.de
E-Mail: neubauer@handelskammer-bremen.de
Geschäftsführer(in): Dr. Jens Schröder
Referent: Gerd Neubauer
Verbandszeitschrift: Wirtschaft in Bremen WiB
Mitglieder: 28500
Mitarbeiter: 86

● B 252

Auftragsberatungsstelle der Handelskammer Hamburg
Adolphsplatz 1, 20457 Hamburg
T: (040) 3 61 38-265   **Fax:** 3 61 38-535
Leiter(in): Peter Cordes
Maren Semisch

● B 253

**Auftragsberatungsstelle Hessen e.V.
(Beratungsstelle für das öffentliche Auftragswesen)**
Wilhelmstr. 24, 65183 Wiesbaden
T: (0611) 37 20 88/89   **Fax:** 9 10 03 91
Internet: http://www.absthessen.de, http://www.had.de
E-Mail: info@absthessen.de, info@had.de
Geschäftsführer(in): Dipl.-Volksw. Siegfried Stockhorst

● B 254

Auftragsberatungsstelle Mecklenburg-Vorpommern e.V.
Hagenower Str. 73, 19061 Schwerin
T: (0385) 39 93-250   **Fax:** 39 93-252
Internet: http://www.abst-mv.de
E-Mail: abst@abst-mv.de
Gründung: 1991 (1. Februar)
1. Vorsitzende(r): Ass. Klaus-Uwe Scheifler
Geschäftsführer(in): Dipl.-Ing. (FH) Ulf Böttcher
Mitglieder: 3 IHK'n, 2 HWK'n, 1 Ingenieurkammer, 1 Architektenkammer aus M-V
Mitarbeiter: 3

● B 255

Beratungsstelle für öffentliches Auftragswesen (Auftragstelle) Niedersachsen e.V.
Postf. 4 25, 30004 Hannover
Schiffgraben 49, 30175 Hannover
T: (0511) 3 10 73 95   **Fax:** 3 10 73 69
Gründung: 1955
Mitglieder: 14

● B 256

IBP IHK-Beratungs- und Projektgesellschaft mbH
Beratungsstelle für das öffentliche Auftragswesen
Postf. 24 01 28, 40090 Düsseldorf
Goltsteinstr. 31, 40211 Düsseldorf
T: (0211) 3 67 02-18   **Fax:** 3 67 02-22
Geschäftsführer(in): Ass. Hans Georg Crone-Erdmann
Handlungsbevollmächtigte: Silke Schwörbel

● B 257

Auftragsberatungsstelle Rheinland-Pfalz
Schloßstr. 2 (IHK), 56068 Koblenz
T: (0261) 1 06-2 16   **Fax:** 1 60-292
Geschäftsführer(in): Dipl.-Betriebsw. (FH) Peter Holl

● B 258

**Auftrags-Beratungsstelle des Saarlandes
-Beratungsstelle für das öffentliche Auftragswesen-**
Franz-Josef-Röder-Str. 9, 66119 Saarbrücken
T: (0681) 95 20-400   **Fax:** 95 20-488
Geschäftsführer(in): Gerd Litzenberger (T: (0681) 95 20-414, E-mail: litzenberger@saarland.ihk.de)

● B 259

**Auftragsberatungsstelle Sachsen e.V.
Beratungsstelle für das öffentliche Auftragswesen**
Niedersedlitzer Str. 63, 01257 Dresden
T: (0351) 28 02-4 02   **Fax:** 28 02-4 04
Internet: http://www.abstsachsen.de
E-Mail: post@abstsachsen.de
Geschäftsführer(in): Dipl.-Ing. Peter Gerlach

● B 260

Auftragsberatungsstelle Sachsen-Anhalt
Ulrichplatz 2, 39104 Magdeburg
T: (0391) 6 23 04 46   **Fax:** 6 23 04 47
Internet: http://www.sachsen-anhalt.abst.de
E-Mail: info@abst.sachsen-anhalt.de
Geschäftsführer(in): Dipl.-Ing. Dieter Dutschke

● B 261

Auftragsberatungsstelle Schleswig-Holstein e.V.
Lorentzendamm 22, 24103 Kiel
T: (0431) 5 18 54   **Fax:** 55 22 22
E-Mail: abst24103@aol.com
Geschäftsführer(in): Dipl.-Volksw. Volker Romeike

● B 262

Auftragsberatungsstelle Thüringen e.V.
Sitz:
Postf. 90 01 55, 99104 Erfurt
Weimarische Str. 45, 99099 Erfurt
T: (0361) 34 84-112, 34 84-114, 34 84-116   **Fax:** 34 84-188
Internet: http://www.erfurt.ihk.de
E-Mail: absthuer@erfurt.ihk.de
Geschäftsführer(in): Dipl.-Ing. Jürgen Peinelt

Landesrechnungshöfe

● B 263

Rechnungshof Baden-Württemberg
Stabelstr. 12, 76133 Karlsruhe
T: (0721) 9 26-3104   **Fax:** 9 26-21 73
Präsident(in): Martin Frank

● B 264

Bayerischer Oberster Rechnungshof
Kaulbachstr. 9, 80539 München
T: (089) 2 86 26-0   **Fax:** 2 86 26-2 77
E-Mail: poststelle@orh.bayern.de
Präsident(in): Alfons Metzger

● B 265

Rechnungshof von Berlin
Knesebeckstr. 59-60, 10719 Berlin
T: (030) 8 86 13-0   **Fax:** 8 82 46 41
E-Mail: rhvb@rhvb.verwalt-berlin.de
Präsident(in): N. N.

● B 266

Landesrechnungshof Brandenburg
Dortustr. 30-34, 14467 Potsdam
T: (0331) 8 66-85 00   **Fax:** 8 66-85 18
Internet: http://www.brandenburg.de/landesrechnungshof

E-Mail: poststelle@lrh.brandenburg.de
Präsident(in): Gisela von der Aue

● **B 267**

Rechnungshof der Freien Hansestadt Bremen
Kohlhökerstr. 29, 28203 Bremen
T: (0421) 3 61 34 34 **Fax:** 3 61 39 10
Präsident(in): Lothar Spielhoff

● **B 268**

Rechnungshof der Freien und Hansestadt Hamburg
Gänsemarkt 36, 20354 Hamburg
T: (040) 4 28 23-0 **Fax:** 4 28 23-1538
E-Mail: rechnungshof@rh.hamburg.de
Präsident(in): Dr. Rudolf Dieckmann

● **B 269**

Hessischer Rechnungshof
Postfach 10 11 08, 64211 Darmstadt
Eschollbrücker Str. 27, 64295 Darmstadt
T: (06151) 3 81-0 **Fax:** 3 81-200, 3 81-201
E-Mail: poststelle@rechnungshof.hessen.de

● **B 270**

Landesrechnungshof Mecklenburg-Vorpommern
Beseritzer Str. 11, 17034 Neubrandenburg
T: (0395) 45 24-0 **Fax:** 4 22 54 85
E-Mail: poststelle@lrh-mv.de
Präsident(in): Uwe Tanneberg

● **B 271**

Niedersächsischer Landesrechnungshof
Laubaner Str. 1, 31139 Hildesheim
T: (05121) 9 38-5 **Fax:** 9 38-6 00

● **B 272**

Landesrechnungshof Nordrhein-Westfalen
Konrad-Adenauer-Platz 13, 40210 Düsseldorf
T: (0211) 38 96-0 **Fax:** 38 96-3 67
Präsidentin: Ute Scholle

● **B 273**

Rechnungshof Rheinland-Pfalz
Gerhart-Hauptmann-Str. 4, 67346 Speyer
T: (06232) 6 17-0 **Fax:** 61 71 00
Internet: http://www.rechnungshof-rlp.de
E-Mail: poststelle@rechnungshof.rlp.de
Präsident(in): Dr. Paul Georg Schneider

● **B 274**

Rechnungshof des Saarlandes
Bismarckstr. 39-41, 66121 Saarbrücken
T: (0681) 5 01 57 94 **Fax:** 5 01 57 99
E-Mail: poststelle@rechnungshof.saarland.de
Präsident(in): Norbert Jungfleisch

● **B 275**

Rechnungshof des Freistaates Sachsen
Postfach 10 10 50, 04010 Leipzig
Schongauerstr. 3, 04329 Leipzig
T: (0341) 2 55-6000 **Fax:** 2 55-6120
Internet: http://www.sachsen.de/de/bf/verwaltung/rechnungshof
E-Mail: poststelle@srh.sachsen.de
Präsident(in): Dr. Hans-Günther Koehn
Vizepräsident(in): Udo Theobald

● **B 276**

Landesrechnungshof Sachsen-Anhalt
Kavalierstr. 31, 06844 Dessau
T: (0340) 25 10-0 **Fax:** 25 10-1 10
E-Mail: poststelle@lrh.lsa-net.de
Präsident(in): Horst Schröder

b 277

Landesrechnungshof Sachsen-Anhalt Außenstelle Magdeburg
Sitz des Präsidenten des Rechnungshofes
Ernst-Reuter-Allee 34-36, 39104 Magdeburg
T: (0391) 5 67-7001 **Fax:** 5 67-7005
E-Mail: poststelle@lrh.lsa-net.de

● **B 278**

Landesrechnungshof Schleswig-Holstein
Postfach 31 80, 24030 Kiel
Hopfenstr. 30, 24103 Kiel

T: (0431) 66 41-3 **Fax:** 66 41-4 38
Internet: http://www.lrh.schleswig-holstein.de
E-Mail: poststelle@lrh.landsh.de
Präsident(in): Dr. Gernot Korthals

● **B 279**

Thüringer Rechnungshof
Postf. 10 01 37, 07391 Rudolstadt
Burgstr. 1, 07407 Rudolstadt
T: (03672) 4 46-0 **Fax:** 4 46-998
E-Mail: poststelle@trh.thueringen.de
Präsident(in): Dr. Dr. Heinrich Dietz

Sonstige Dienststellen der Länder

● **B 280**

Ständige Konferenz der Kultusminister der Länder in der Bundesrepublik Deutschland (KMK)
Postf. 22 40, 53012 Bonn
Lennestr. 6, 53113 Bonn
T: (0228) 5 01-0 **Fax:** 5 01-777
Internet: http://www.kmk.org
Gründung: 1948
Präsident(in): Dr. Annette Schavan (Ministerin für Kultus, Jugend und Sport (Baden-Württemberg))
1. Vizepräsidentin: Prof. Dr. Dagmar Schipanski (Ministerin für Wissenschaft, Forschung und Kunst des Freistaates Thüringen)
2. Vizepräsidentin: Karin Wolff (Hessische Kultusministerin)
3. Vizepräsidentin: Willi Lemke (Senator für Bildung und Wissenschaft der Freien Hansestadt Bremen)
Kooptierte Präsidiumsmitglieder:
Präsidiumsmitglied(er): Prof. Dr. Jürgen Zöllner (Staatsminister für Bildung, Wissenschaft und Weiterbildung (Rheinland-Pfalz))
Hans Zehetmair (Staatsminister für Unterricht, Kultur, Wissenschaft und Kunst (Bayern))
Generalsekretär(in): Min.-Dir. Prof. Dr. Erich Thies
Ständiger Vertreter des Generalsekretärs: Senatsdirigent Dr. Christian Thieme
Presseabteilung: Dr. Martin Pott

● **B 281**

Grundbucharchiv Barby
Zentrale Grundbuchdatenstelle des Landes Sachsen-Anhalt
Schloßstr. 31, 39249 Barby
T: (039298) 62-0 **Fax:** 62-184
Leiter(in): Manfred Kottke

● **B 282**

Der Landesbeauftragte für die Unterlagen des Staatssicherheitsdienstes der ehemaligen DDR des Landes Berlin (LStU)
Scharrenstr. 17, 10178 Berlin
T: (030) 24 07 92-0 **Fax:** 24 07 92-99
E-Mail: lstu-berlin@t-online.de
Gründung: 1993 (06. Januar)
Landesbeauftragter: Martin Gutzeit
Stellv. Landesbeauftragter: Dr. Falco Werkentin
Beratung der Verwaltung: Dr. Gebhard Klenz
Bürgerberatung: Wolfgang Kitzig
Beratung zu Renten und Nomenklatur: Peter Eisenfeld
Pressereferent: Dr. Falco Werkentin
Politische Bildung: Elena Demke
Mitarbeiter: 10

● **B 283**

Landesbeauftragter für Mecklenburg-Vorpommern für die Unterlagen des Staatssicherheitsdienstes der ehemaligen DDR
Jägerweg 2, 19053 Schwerin
T: (0385) 73 40 06 **Fax:** 73 40 07
Internet: http://www.mvnet.de/landesbeauftragter
E-Mail: lstu-mv@t-online.de
Landesbeauftragter: Jörn Mothes

● **B 284**

Sächsischer Landesbeauftragter für die Unterlagen des Staatssicherheitsdienstes der ehemaligen DDR
Archivstr. 6, 01097 Dresden
T: (0351) 5 64 93 73 **Fax:** 5 64 93 93
E-Mail: lsbstu@t-online.de
Leiter der Behörde: Michael Beleites

● **B 285**

Landesbeauftragte für die Unterlagen des Staatssicherheitsdienstes der ehemaligen DDR des Landes Sachsen-Anhalt
Klewitzstr. 4, 39112 Magdeburg
T: (0391) 5 67 50 51 **Fax:** 5 67 50 60
Internet: http://www.landesbeauftragte.de

E-Mail: info@landesbeauftragte.de
Landesbeauftragte: Edda Ahrberg

● **B 286**

Landesbeauftragter des Freistaates Thüringen für die Unterlagen des Staatssicherheitsdienstes der ehemaligen DDR
Johann-Sebastian-Bach-Str. 1, 99096 Erfurt
T: (0361) 3 77 19 50 **Fax:** 3 77 19 52
Internet: http://www.thueringen.de/tlstu
E-Mail: tlstualle@tlstu.thueringen.de
Landesbeauftragter: Jürgen Haschke

Landeskriminalämter

● **B 287**

Landeskriminalamt Baden-Württemberg
Taubenheimstr. 85, 70372 Stuttgart
T: (0711) 54 01-0 **Fax:** 54 01-3355
E-Mail: FLZ@LKA.polizei.bw.de
Präsident(in): Franz-Hellmut Schürholz
Leiter der Pressestelle: KHK Horst Haug (T: (0711) 54 01-2020, Fax: (0711) 54 01-2025)

● **B 288**

Bayerisches Landeskriminalamt
Postf. 19 02 62, 80602 München
Maillingerstr. 15, 80636 München
T: (089) 12 12-0 **Fax:** 12 12-23 56
Internet: http://www.polizei.bayern.de
E-Mail: blka@polizei.bayern.de
Präsident(in): Heinz Haumer

● **B 289**

Landeskriminalamt Brandenburg
Prenzlauer Str. 66-70, 16352 Basdorf
T: (033397) 4-02 **Fax:** 4 25 09

● **B 290**

**Der Polizeipräsident in Berlin
Landeskriminalamt**
12096 Berlin
Platz der Luftbrücke 6, 12101 Berlin
T: (030) 6 99-5 **Fax:** 6 99-37858
Internet: http://www.polizei.berlin.de
E-Mail: ppr.berlin-lka1@snafu.de
Leiter(in): Landeskriminalpolizeidirektor Hans-Ulrich Voß
Vertreter: N. N.

● **B 291**

**Senator für Inneres
Landeskriminalamt**
c/o Polizei Bremen
Landeskriminalamt
In der Vahr 76, 28329 Bremen
T: (0421) 3 62-3800 **Fax:** 3 62-3809
Leiter(in): LKD Eckhard Mordkorst

● **B 292**

Polizei Hamburg
Postf. 60 02 80, 22202 Hamburg
T: (040) 42 86-50 **Fax:** 42 86-69179

● **B 293**

Hessisches Landeskriminalamt
Hölderlinstr. 5, 65187 Wiesbaden
T: (0611) 8 30
Präsident(in): Klaus Timm

● **B 294**

Landeskriminalamt (LKA) Mecklenburg-Vorpommern
obere Landesbehörde der Polizei
Retgendorfer Str. 2, 19067 Rampe

B 294
T: (03866) 64-0   Fax: 64-2 24, -2 25
E-Mail: lka-mv.presse@t-online.de
Gründung: 1992 (1. Januar)
Amtsleiter: Ingmar Weitemeier
Stellv. Amtsleiter: Ralph-Detlef Schubert
Leitung Presseabteilung: Bernd Fritsch

B 295
Landeskriminalamt Niedersachsen
Schützenstr. 25, 30161 Hannover
T: (0511) 3 30-0   Fax: 3 30-1250
Direktor(in): Rüdiger Butte

B 296
Landeskriminalamt Nordrhein-Westfalen
Postf. 10 34 52, 40025 Düsseldorf
Völklinger Str. 49, 40221 Düsseldorf
T: (0211) 9 39-0   Fax: 9 39-69 41
Teletex: 8 582 819
Internet: http://www.lka.nrw.de
Leitung Presseabteilung: Fredrick Holtkamp

B 297
Landeskriminalamt Rheinland-Pfalz
Postf. 29 40, 55019 Mainz
Valenciaplatz 1-7, 55118 Mainz
T: (06131) 65-0   Fax: 65-24 80
Präsident(in): Hans-Heinrich Preußinger

B 298
Landeskriminalamt Saarland
Hellwigstr. 14, 66121 Saarbrücken
T: (0681) 9 62-0   Fax: 9 62-3008
Leitender Kriminaldirektor: Harald Weiland

B 299
Landeskriminalamt Sachsen
Postf. 23 01 22, 01111 Dresden
Neuländer Str. 60, 01129 Dresden
T: (0351) 8 55-2020   Fax: 8 55-2095
Internet: http://www.lka.sachsen.de
Leitung Presseabteilung: Lothar Hofner

B 300
Landeskriminalamt Sachsen-Anhalt
Lübecker Str. 53-63, 39124 Magdeburg
T: (0391) 2 50-0   Fax: 2 50-2650

B 301
Innenministerium des Landes Schleswig-Holstein
-Landeskriminalamt-
Mühlenweg 166, 24116 Kiel
T: (0431) 1 60-0   Fax: 1 60-50 29
Internet: http://www.polizei.schleswig-holstein.de
E-Mail: lkash.presse@t-online.de

B 302
Landeskriminalamt Thüringen
Am Schwemmbach 69, 99099 Erfurt
T: (0361) 3 41-09   Fax: 3 41-14 50
Internet: http://www.polizei.thueringen.de
E-Mail: lka@polizei.thueringen.de

Oberbergämter

B 303
Landesbergamt Brandenburg (LBB)
gleichzeitig:
Landesbergamt für das Land Berlin
Postf. 10 09 33, 03009 Cottbus
Vom-Stein-Str. 30, 03050 Cottbus
T: (0355) 49 91-7100   Fax: 49 91-7253
E-Mail: landesbergamt@lbb.brandenburg.de
Gründung: 2001 (01. Januar)
Präsident(in): Dr.-Ing. Wolfgang Liersch (m. d. W. d. G. b.)
Vizepräsident(in): N. N.
Mitarbeiter: 35

b 304
Landesbergamt Brandenburg
Außenstelle Rüdersdorf
Postf. 5, 15558 Rüdersdorf
Heinitzstr. 41, 15562 Rüdersdorf
T: (033638) 7 50-0   Fax: 7 50-0

B 305
Oberbergamt für die Länder Niedersachsen, Schleswig-Holstein, Hamburg, Bremen
Hindenburgplatz 9, 38678 Clausthal-Zellerfeld
T: (05323) 72 32 00   Fax: 72 32 58
E-Mail: poststelle@oba.niedersachsen.de

B 306
Bezirksregierung Arnsberg Abteilung 8
(Bergbau und Energie in NRW)
Goebenstr. 25, 44135 Dortmund
T: (0231) 54 10-0   Fax: 54 10-137
Abteilungsdirektor: Ekhart Maatz

B 307
Oberbergamt für das Saarland
und das Land Rheinland-Pfalz
Am Staden 17, 66121 Saarbrücken
T: (0681) 5 01-00   Fax: 5 01-4876
Gründung: 1942 (01. Januar)
Leiter(in): Leitender Bergdir. Dipl.-Ing. Roland Boettcher
Verbandszeitschrift: Jahresbericht
Verlag: Eigenverlag
Mitarbeiter: ca. 30

B 308
Sächsisches Oberbergamt
Postf. 13 64, 09583 Freiberg
Kirchgasse 11, 09599 Freiberg
T: (03731) 3 72-0   Fax: 3 72-1179
E-Mail: poststelle@obafg.smwa.sachsen.de
Präsident(in): Prof. Reinhard Schmidt

Statistische Landesämter

B 309
Statistisches Landesamt Baden-Württemberg
Postf. 10 60 33, 70049 Stuttgart
Böblinger Str. 68, 70199 Stuttgart
T: (0711) 6 41-0   Fax: 6 41-24 40
Internet: http://www.statistik.baden-wuerttemberg.de
E-Mail: poststelle@stala.bwl.de
Präsident(in): Dr. Eberhard Leibing
Ständiger Vertreter: AD Dr. Hans Loreth
Statistische Daten und Analysen zu allen Bereichen des Lebens in Baden-Württemberg

B 310
Bayerisches Landesamt für Statistik und Datenverarbeitung
80288 München
Neuhauser Str. 8, 80331 München
T: (089) 2 11 90   Fax: 2 11 94 10
Internet: http://www.bayern.de/lfstad
E-Mail: pressestelle@statistik.bayern.de
Gründung: 1833
Präsident(in): Wolfgang Kupfahl
Leitung Presseabteilung: Peter Englitz
Zeitschrift: Bayern in Zahlen
Redaktion: s.o.
Verlag: s.o.
Mitarbeiter: ca. 1000

B 311
Statistisches Landesamt Berlin
Alt-Friedrichsfelde 60, 10315 Berlin
T: (030) 90 21-3434   Fax: 90 21-3655
Internet: http://www.statistik-berlin.de
E-Mail: info@statistik-berlin.de
Direktor(in): N.N.
Presse: Dr. Gisela Kröger

B 312
Landesbetrieb für Datenverarbeitung und Statistik
Postf. 60 10 52, 14410 Potsdam
Dortustr. 46, 14467 Potsdam
T: (0331) 3 94 05   Fax: 3 94 18
Internet: http://www.brandenburg.de/lds/
E-Mail: antje.leutholf@lds.brandenburg.de, info@lds.brandenburg.de
Gründung: 2001 (01. Januar)
Geschäftsführer(in): Arend Steenken
Leitung Pressestelle: Antje Leutholf

B 313
Statistisches Landesamt Bremen
Postf. 10 13 09, 28013 Bremen
An der Weide 14-16, 28195 Bremen
T: (0421) 3 61-2501   Fax: 3 61-4310
Internet: http://www.bremen.de/info/statistik
E-Mail: office@statistikland.bremen.de
Leiter(in): Ltd. Reg.-Dir. Jürgen Dinse

B 314
Statistisches Landesamt der
Freien und Hansestadt Hamburg
Steckelhörn 12, 20457 Hamburg
T: (040) 4 28 31-1766   Fax: 4 28 31-1700
Internet: http://www.statistik-hamburg.de
E-Mail: poststelle@statistik.hamburg.de
Leiter(in): Senatsdirektor Dr. Wolfgang Bick

B 315

HESSISCHES STATISTISCHES LANDESAMT

Hessisches Statistisches Landesamt (HSL)
65175 Wiesbaden
Rheinstr. 35-37, 65185 Wiesbaden
T: (0611) 38 02-0   Fax: 38 02-990
Internet: http://www.hsl.de
E-Mail: poststelle@hsl.de
Präsident(in): Eckart Hohmann
Zentraler Auskunftsdienst u. Öffentlichkeitsarbeit: Carsten Beck
Mitarbeiter: ca. 520
Monatszeitschrift: „Staat und Wirtschaft in Hessen"
Redaktion: Siegfried Bayer
Verlag: Eigenverlag

B 316
Statistisches Landesamt Mecklenburg-Vorpommern
Lübecker Str. 287, 19059 Schwerin
T: (0385) 48 01-0   Fax: 4 80 11 23
Internet: http://www.statistik-mv.de
E-Mail: poststelle@statistik-mv.de
Gründung: 1991 (01. Januar)
Leitung Presseabteilung: Loretta Siegmann

B 317
Niedersächsisches Landesamt
für Statistik
Postf. 91 07 64, 30427 Hannover
Göttinger Chaussee 76, 30453 Hannover
T: (0511) 98 98-0, 98 98-1132   Fax: 98 98-4000, 98 98-4132
Internet: http://www.nls.niedersachsen.de
E-Mail: lothar.eichhorn@nls.niedersachsen.de
Leitung Presseabteilung: Lothar Eichhorn
Zeitschrift: Statistische Monatshefte Niedersachsen

B 318
Landesamt für Datenverarbeitung und Statistik
Nordrhein-Westfalen (LDS NRW)
Postf. 10 11 05, 40002 Düsseldorf
Mauerstr. 51, 40476 Düsseldorf
T: (0211) 94 49-01   Fax: 44 20 06
Internet: http://www.lds.nrw.de
E-Mail: poststelle@lds.nrw.de
Präsident(in): Jochen Kehlenbach
Leitung Presseabteilung: Hans Lohmann

B 319
Statistisches Landesamt Rheinland-Pfalz
56128 Bad Ems
Mainzer Str. 14-16, 56130 Bad Ems
T: (02603) 71-0   Fax: 71-3 15
Internet: http://www.statistik-rp.de
E-Mail: poststelle@statistik-rp.de
Gründung: 1948 (16. Februar)
Präsident(in): Klaus Maxeiner
Leitung Presseabteilung: Hans Libowitzky
Mitarbeiter: 427

B 320
Statistisches Landesamt Saarland
Postf. 10 30 44, 66030 Saarbrücken
Virchowstr. 7, 66119 Saarbrücken
T: (0681) 5 01-00   Fax: 5 01-59 21
TGR: STALA Saar, Saarbrücken
Internet: http://www.statistik.saarland.de
E-Mail: statistik@stala.saarland.de
Leiter(in): Direktor Michael Sossong
Presse- und Informationsdienst: W.Dir. Dieter Schütz

B 321
Statistisches Landesamt des Freistaates Sachsen
Macherstr. 63, 01917 Kamenz
T: (03578) 33 19 13 **Fax:** 33 19 21
Internet: http://www.statistik.sachsen.de
E-Mail: presse@statistik.sachsen.de
Gründung: 1992
Präsident(in): Hartmut Biele
Leitung Presseabteilung: Manfred Jakoby
Quartalzeitschrift „Statistik in Sachsen"
Informationsbüro Dresden: „i-Punkt Statistik", Rampische Straße 4, 01067 Dresden, T: (0351) 4 83 31 80, Fax: (0351) 4 83 31 84, E-Mail: iPunkt@Statistik.Sachsen.de

B 322
Statistisches Landesamt Sachsen-Anhalt
Postfr. 20 11 56, 06012 Halle
T: (0345) 23 18-702 **Fax:** 23 18-913
Internet: http://www.statistik.sachsen-anhalt.de
E-Mail: pressestelle@stala.mi.lsa-net.de
Direktor(in): Manfred Scherschinski
Ltg. Öffentlichkeitsarbeit: Renate Tewes (Pressesprecherin)

B 323
Statistisches Landesamt Schleswig-Holstein
Fröbelstr. 15-17, 24113 Kiel
T: (0431) 6 89 50 **Fax:** 68 95 498
Internet: http://www.statistik-sh.de
E-Mail: statistik-sh@t-online.de
Direktor(in): Dr. Hans-Peter Kirschner
Leitung Presseabteilung: Dr. Anke Saebetzki

B 324
Thüringer Landesamt für Statistik
Postfr. 90 01 63, 99104 Erfurt
Europaplatz 3, 99091 Erfurt
T: (0361) 37-900 **Fax:** 37 84-6 99
Internet: http://www.tls.thueringen.de
E-Mail: poststelle@tls.thueringen.de
Gründung: 1992 (1. Januar)
Präsident(in): Gerhard Scheuerer
Mitarbeiter: 300

Landtage und Bürgerschaften

B 325
Landtag von Baden-Württemberg
Konrad-Adenauer-Str. 3, 70173 Stuttgart
T: (0711) 20 63-0 **Fax:** 20 63-2 99
Internet: http://www.landtag-bw.de
E-Mail: post@landtag-bw.de
Präsident(in): Peter Straub
Direktor(in): Dr. Winfried Grupp

B 326
Der Bayerische Landtag
Max-Planck-Str. 1 Maximilianeum, 81675 München
T: (089) 41 26-0 **Fax:** 41 26-13 92
Internet: http://www.bayern.landtag.de
E-Mail: landtag@bayern.landtag.de
Präsident(in): Johann Böhm
Direktor(in): MD Peter Maicher
Pressestelle: Ltd. MR Kurt Müller

B 327
Abgeordnetenhaus von Berlin
10111 Berlin
T: (030) 23 25-0 **Fax:** 23 25-1058
Internet: http://www.parlament-berlin.de
Präsident(in): Reinhard Führer (CDU)
Vizepräsident(in): Walter Momper (SPD)
Vizepräsident(in): Dr. Peter Luther (CDU)
Direktor: Werner Gohmert
Leiter des Präsidialbüros: Ulrike Steinmetz (M.A.)
Pressereferat: Lutz-Rainer Düsing
Öffentlichkeitsarbeit: René Rögner-Francke
Protokoll: N.N.

B 328
Landtag Brandenburg
Am Havelblick 8, 14473 Potsdam
T: (0331) 9 66-0 **Fax:** 9 66-1210
Internet: http://www.landtag.brandenburg.de
E-Mail: poststelle@landtag.brandenburg.de
Präsident(in): Dr. Herbert Knoblich
Vizepräsident(in): Martin Habermann
Direktor: Malte Kupas

B 329
Bremische Bürgerschaft (Landtag)
Haus der Bürgerschaft
Postfr. 10 69 09, 28069 Bremen
T: (0421) 3 61-4555 **Fax:** 3 61-12432
Internet: http://www.bremische-buergerschaft.de
E-Mail: geschaeftsstelle@buergerschaft.bremen.de
Präsident(in): Christian Weber
Vizepräsident(in): Dr. Hermann Kuhn
Bernd Ravens
Direktor(in): Rainer Oellerich
Leitung Presseabteilung: Dr. Anja Eckhardt

B 330
Bürgerschaft der Freien und Hansestadt Hamburg
Bürgerschaftskanzlei
Rathaus
Postfr. 10 09 02, 20006 Hamburg
Rathausmarkt 1, 20095 Hamburg
T: (040) 4 28 31-0 **Fax:** 4 28 31-2467
Internet: http://www.hamburg.de/buergerschaft
E-Mail: info@buergerschaft-hh.de
Präsident(in): Dr. Dorothee Stapelfeldt
Direktor(in): Ulrike Hoffmann-Riem
Leitung Presseabteilung: Frank Fechner

B 331
Hessischer Landtag
Postfr. 32 40, 65022 Wiesbaden
Schloßplatz 1-3, 65183 Wiesbaden
T: (0611) 3 50-0 **Fax:** 35 04 34
Internet: http://www.landtag.hessen.de
E-Mail: oeffentlichkeitsarbeit@ltg.hessen.de
Präsident(in): Klaus Peter Möller (CDU)
Vizepräsidentin: Veronika Winterstein (SPD)
Direktor(in): Dr. Dietrich Schnellbach

B 332
Landtag Mecklenburg-Vorpommern
Schloß Schwerin
Lennestr. 1, 19053 Schwerin
T: (0385) 5 25-0 **Fax:** 5 25-2121
Internet: http://www.landtag-mv.de
E-Mail: landtag@mvnet.de
Präsident(in): Hinrich Kuessner (SPD)
Vizepräsidentin: Renate Holznagel (CDU)
Vizepräsident(in): Kerstin Kassner (PDS)
Pressesprecher: Hendrik de Boer

B 333
Niedersächsischer Landtag
Hinrich-Wilhelm-Kopf-Platz 1, 30159 Hannover
T: (0511) 30 30-0 **Fax:** 30 30-2806
Internet: http://www.landtag-niedersachsen.de
E-Mail: pressestelle@landtag-niedersachsen.de
Präsident(in): Prof. Rolf Wernstedt
Direktor(in): Prof. Dr. Albert Janssen

B 334
Landtag Nordrhein-Westfalen
Platz des Landtags 1, 40221 Düsseldorf
T: (0211) 8 84-0 **Fax:** 8 84 22 58
TX: 210581 =LTNW D
Internet: http://www.landtag.nrw.de
Präsident(in): Ulrich Schmidt
1. Vizepräsident: Dr. Helmut Linssen
2. Vizepräsidentin: Edith Müller
3. Vizepräsident: Jan Söffing
Direktor(in): Peter Jeromin

B 335
Landtag Rheinland-Pfalz
Landtagsgebäude
Postfr. 30 40, 55020 Mainz
Deutschhausplatz 12, 55116 Mainz
T: (06131) 2 08-0 **Fax:** 2 08-2447
Teletex: 6 131 962
Internet: http://www.landtag.rheinland-pfalz.de
E-Mail: presse@landtag.rlp.de
Präsident(in): Christoph Grimm (bis 17. Mai 2001)
Vizepräsident(in): Peter Schuler (bis 17. Mai 2001)
Hans-Günther Heinz (bis 17. Mai 2001)
Direktor(in): Günter Diehl
Pressestelle: Dieter Lang

B 336
Landtag des Saarlandes
Franz-Josef-Röder-Str. 7, 66119 Saarbrücken
T: (0681) 50 02-0 **Fax:** 50 02-3 92
Präsident(in): Hans Ley
Vizepräsidentin: Roswitha Hollinger
Vizpräsident: Kurt Schoenen
Direktor(in): Bernhard Stollhof

B 337
Sächsischer Landtag
Bernhard-von-Lindenau-Platz 1, 01067 Dresden
T: (0351) 4 93 50 **Fax:** 4 93 59 00
Internet: http://www.landtag.sachsen.de
E-Mail: post@slt.sachsen.de
Präsident(in): Erich Iltgen

B 338
Landtag von Sachsen-Anhalt
Domplatz 6-9, 39104 Magdeburg
T: (0391) 5 60-0 **Fax:** 5 60-1123
Internet: http://www.landtag.sachsen-anhalt.de
E-Mail: landtag@lt.lsa-gw.lsa-net.de
Präsident(in): Wolfgang Schaefer (SPD)
Vizepräsident(in): Prof. Dr. Wolfgang Böhmer (CDU)
Roswitha Stolfa (PDS)
Direktor(in): Lutz Gieseler
Pressesprecher: Peter Kirschbaum

B 339
Schleswig-Holsteinischer Landtag
Landeshaus
Postfr. 71 21, 24171 Kiel
Düsternbrooker Weg 70, 24105 Kiel
T: (0431) 9 88-0 **Fax:** 9 88-1119
Internet: http://www.sh-landtag.de
E-Mail: Joachim.Koehler@ltsh.landsh.de
Präsident(in): Heinz-Werner Arens
Direktor(in): Dr. Jürgen Schöning
Leitung Presseabteilung: Dr. Joachim Köhler

B 340
Thüringer Landtag
Arnstädter Str. 51, 99096 Erfurt
T: (0361) 3 77 00 **Fax:** 3 77 20 16
Gründung: 1990 (25. Oktober) Konstituierung
Präsident(in): Christine Lieberknecht
Vizepräsident(in): Dr. Birgit Klaubert
Vizepräsident(in): Irene Ellenberger
Direktor(in): Dr. Joachim Linck
Pressesprecher: Dr. Karl-Eckhard Hahn
Mitglieder: 88 Abgeordnete

Datenschutzbeauftragte der Länder

Baden-Württemberg

B 341
Der Landesbeauftragte für den Datenschutz Baden-Württemberg
Marienstr. 12, 70178 Stuttgart
T: (0711) 61 55 41-0 **Fax:** 61 55 41-15
Internet: http://www.baden-wuerttemberg.datenschutz.de
E-Mail: poststelle@lfd.bwl.de
Datenschutzbeauftragter: Werner Schneider

Bayern

B 342
Der Bayerische Landesbeauftragte für den Datenschutz
Postfr. 22 12 19, 80502 München
Wagmüllerstr. 18, 80538 München
T: (089) 21 26 72-0 **Fax:** 21 26 72-50
Internet: http://www.datenschutz-bayern.de
E-Mail: poststelle@datenschutz-bayern.de
Datenschutzbeauftragter: Reinhard Vetter

Berlin

B 343
Berliner Beauftragter für Datenschutz und das Recht auf Akteneinsicht
Pallasstr. 25, 10781 Berlin
T: (030) 78 76-8844 **Fax:** 2 15 50 50
Internet: http://www.datenschutz-berlin.de
E-Mail: mail@datenschutz-berlin.de
Gründung: 1979 (01. November)
Beauftragter:
Prof. Dr. Hansjürgen Garstka
Leitung Presseabteilung: Claudia Schmid

Brandenburg

● **B 344**

Der Landesbeauftragte für den Datenschutz und für das Recht auf Akteneinsicht
Stahnsdorfer Damm 77 Haus 2, 14532 Kleinmachnow
T: (033203) 3 56-0   **Fax:** 3 56-49
Internet: http://www.lda.brandenburg.de
E-Mail: Poststelle@LDA.Brandenburg.de
Landesbeauftragter: Dr. Alexander Dix
Mitarbeiter: 16

Bremen

● **B 345**

Landesbeauftragter für den Datenschutz Bremen
Arndtstr. 1, 27570 Bremerhaven
T: (0471) 9 24 61-0   **Fax:** 9 24 61-31
T-Online: ✳9 2461-29#
E-Mail: office@datenschutz.bremen.de
Datenschutzbeauftragter: Sven Holst

Hamburg

● **B 346**

Hamburgischer Datenschutzbeauftragter
Baumwall 7, 20459 Hamburg
T: (040) 4 28 41-2044, 4 28 41-2045   **Fax:** 4 28 41-2372
Internet: http://www.hamburg.datenschutz.de
E-Mail: mailbox@datenschutz.hamburg.de
Datenschutzbeauftragter: Dr. Hans-Hermann Schrader

Hessen

● **B 347**

Der Hessische Datenschutzbeauftragte
Postf. 31 63, 65021 Wiesbaden
Uhlandstr. 4, 65189 Wiesbaden
T: (0611) 14 08-0   **Fax:** 14 08-900, 14 08-901
Internet: http://www.datenschutz.hessen.de
E-Mail: poststelle@datenschutz.hessen.de
Datenschutzbeauftragter: Prof. Dr. Friedrich von Zezschwitz

Mecklenburg-Vorpommern

● **B 348**

Der Landesbeauftragte für den Datenschutz Mecklenburg-Vorpommern
Lennestr. 1a Schloß Schwerin, 19053 Schwerin
T: (0385) 5 94 94-0   **Fax:** 5 94 94 58
Internet: http://www.lfd.m-v.de
E-Mail: datenschutz@mvnet.de
Datenschutzbeauftragter: Dr. Werner Kessel

Niedersachsen

● **B 349**

Der Landesbeauftragte für den Datenschutz Niedersachsen
Postf. 2 21, 30002 Hannover
Brühlstr. 9, 30169 Hannover
T: (0511) 1 20-4552   **Fax:** 1 20-4591
Internet: http://www.lfd.niedersachsen.de
E-Mail: poststelle@lfd.niedersachsen.de
Datenschutzbeauftragter: Burckhard Nedden

Nordrhein-Westfalen

● **B 350**

Die Landesbeauftragte für den Datenschutz Nordrhein-Westfalen
Postf. 20 04 44, 40102 Düsseldorf
Reichsstr. 43, 40217 Düsseldorf
T: (0211) 38 42 40   **Fax:** 3 84 24 10
Internet: http://www.lfd.nrw.de
E-Mail: datenschutz@lfd.nrw.de
Landesbeauftragte: Bettina Sokol

Rheinland-Pfalz

● **B 351**

Der Landesbeauftragte für den Datenschutz Rheinland-Pfalz
Postf. 30 40, 55020 Mainz
Deutschhausplatz 12, 55116 Mainz
T: (06131) 2 08-2449   **Fax:** 2 08-2497
Internet: http://www.datenschutz.rlp.de
E-Mail: poststelle@datenschutz.rlp.de
Datenschutzbeauftragter: Prof. Dr. Walter Rudolf

Saarland

● **B 352**

Der Landesbeauftragte für Datenschutz des Saarlandes
Postf. 10 26 31, 66026 Saarbrücken
Fritz-Dobisch-Str. 12, 66111 Saarbrücken
T: (0681) 9 47 81-0   **Fax:** 9 47 81-29
Internet: http://www.lfd.saarland.de
E-Mail: lfd-saar@t-online.de
Landesbeauftragter: Bernd Dannemann

Sachsen

● **B 353**

Der Sächsische Datenschutzbeauftragte
Postf. 12 09 05, 01010 Dresden
Bernhard-von-Lindenau-Platz 1, 01067 Dresden
T: (0351) 4 93 54 01   **Fax:** 4 93 54 90
Datenschutzbeauftragter: Dr. Thomas Giesen

Sachsen-Anhalt

● **B 354**

Landesbeauftragter für den Datenschutz Sachsen-Anhalt
Postf. 19 47, 39009 Magdeburg
Berliner Chaussee 9, 39114 Magdeburg
T: (0391) 8 18 03-0   **Fax:** 8 18 03-33
Datenschutzbeauftragter: Klaus-Rainer Kalk

Schleswig-Holstein

● **B 355**

Unabhängiges Landeszentrum für Datenschutz Schleswig-Holstein
Postf. 71 21, 24171 Kiel
Düsternbrooker Weg 82, 24105 Kiel
T: (0431) 9 88-1200   **Fax:** 9 88-1223
Internet: http://www.datenschutzzentrum.de
E-Mail: mail@datenschutzzentrum.de
Ab dem 01.06.2001:
Postf. 71 16, 24171 Kiel, Holstenstr. 98, 24103 Kiel
Leiter: Min.-Dirig. Dr. Helmut Bäumler

Thüringen

● **B 356**

Der Thüringer Landesbeauftragte für den Datenschutz
Postf. 10 19 51, 99019 Erfurt
Johann-Sebastian-Bach-Str. 1, 99096 Erfurt
T: (0361) 3 77 19 00   **Fax:** 3 77 19 04
Internet: http://www.datenschutz.thueringen.de
E-Mail: poststelle@datenschutz.thueringen.de
Landesbeauftragte: Silvia Liebaug

Gewerbeaufsichtsämter

● **B 357**

Staatliches Amt für Arbeitsschutz Aachen
Borchersstr. 20, 52072 Aachen
T: (0241) 88 73-0 Anrufb.   **Fax:** 88 73-555
E-Mail: poststelle@stafa-ac.nrw.de
für die kreisfreie Stadt Aachen und die Kreise Aachen, Düren, Euskirchen, Heinsberg
Leiter(in): Ltd. Regierungsgewerbedir. Dipl.-Ing. Karl Smeetz

● **B 358**

Staatliches Umweltamt Aachen
Franzstr. 49, 52064 Aachen
T: (0241) 4 57-0   **Fax:** 45 72 91
für die kreisfreie Stadt Aachen und die Kreise Aachen, Düren, Euskirchen, Heinsberg
Leiter(in): Ltd. RBD Wilfried Soddemann

● **B 359**

Staatl. Amt für Arbeitsschutz Arnsberg
Königstr. 22, 59821 Arnsberg
T: (02931) 5 55-00   **Fax:** 5 55-2 99
für den Hochsauerlandkreis: Kreis Soest, Kreis Unna und Stadt Hamm
Leiter(in): LRGD Dipl.-Ing. Dietmar Scheidler

● **B 360**

Gewerbeaufsichtsamt Augsburg
86136 Augsburg
Morellstr. 30d, 86159 Augsburg
T: (0821) 57 09-02   **Fax:** 57 09-501
für den Regierungsbezirk Schwaben
Leiter(in): LtD. GD Dipl.-Ing. Peter Biebach

● **B 361**

Staatliches Gewerbeaufsichtsamt Bautzen
Postf. 11 30, 02601 Bautzen
Käthe-Kollwitz-Str. 17, Haus 3, 02625 Bautzen
T: (03591) 2 73-400   **Fax:** 2 73-460
Leiterin: Dr. Ilka Fritzsche

● **B 362**

Gewerbeaufsichtsamt Coburg
Außenstelle Bayreuth
Hegelstr. 2, 95447 Bayreuth
T: (0921) 6 05-02   **Fax:** 6 05-4900
für die kreisfreien Städte Bayreuth und Hof sowie die Landkreise Bayreuth, Hof, Kulmbach, Wunsiedel
Leiter(in): Ltd. GewDir. Dipl.-Ing. Klaus Eckenberger

● **B 363**

Landesamt für Arbeitsschutz, Gesundheitsschutz und technische Sicherheit Berlin (LAGetSi)
Alt-Friedrichsfelde 60, 10315 Berlin
T: (030) 90 21-5000   **Fax:** 90 21-5301
Internet: http://www.lagetsi.berlin.de
Gründung: 1998 (1.Jan.)
Direktorin: Dr. Zuschneid-Bertram
Leitung Presseabteilung: Dr. Robert Rath
Mitarbeiter: 350

● **B 364**

Staatliches Umweltamt Bielefeld
Postf. 10 03 29, 33503 Bielefeld
Kammeratsheide 66, 33609 Bielefeld
T: (0521) 97 15-0   **Fax:** 97 15-450
E-Mail: poststelle@stua-bi.nrw.de
für die kreisfreie Stadt Bielefeld und die Kreise Gütersloh, Paderborn und Höxter
Leiter(in): Ltd. RegGewDir. Dipl.-Ing. Klaus Runte

● **B 365**

Staatliches Gewerbeaufsichtsamt Braunschweig
Petzvalstr. 18, 38104 Braunschweig
T: (0531) 3 70 06-0   **Fax:** 3 70 06-80
Ltd. GewD: Dipl.-Phys. Jürgen Reif
für die Städte Braunschweig, Salzgitter, Wolfsburg und die Landkreise Goslar, Wolfenbüttel, Helmstedt, Gifhorn, Peine

● **B 366**

Gewerbeaufsichtsamt Bremen
Parkstr. 58-60, 28209 Bremen
T: (0421) 3 61 62 60   **Fax:** 3 61 65 22
für die Stadtgemeinde Bremen
Leiter(in): Detlef Klingemann

● **B 367**

Gewerbeaufsichtsamt Bremerhaven
Lange Str. 119, 27580 Bremerhaven
T: (0471) 9 52 56-0   **Fax:** 9 52 56-38
E-Mail: office@gewaufsichtbrhv.bremen.de
für die Stadtgemeinde Bremerhaven und das stadtbremische Überseehafengebiet Bremerhaven
Leiter(in): OGewR Rudolf Jagsch

● **B 368**

Staatliches Gewerbeaufsichtsamt Celle
Im Werder 9, 29221 Celle
T: (05141) 75 50   **Fax:** 7 55 88
Leiterin: GD'in Birgit Lensch
für die Landkreise Celle, Soltau-Fallingbostel und Verden

● **B 369**

Sächsisches Landesinstitut für Arbeitsschutz und Arbeitsmedizin
Reichsstr. 39, 09112 Chemnitz
T: (0371) 36 85-0   **Fax:** 3 68 51 00
E-Mail: poststelle@liaache.smwa.sachsen.de
Direktor(in): Prof. Dr.-Ing. habil. Jörg Tannenhauer

B 370
Staatliches Gewerbeaufsichtsamt Chemnitz
Reichsstr. 39, 09112 Chemnitz
T: (0371) 36 85-0   **Fax:** 36 85-1 00
E-Mail: poststelle@gaache.smwa.sachsen.de
Gründung: 1991 (November)
Leiter(in): Dr.-Ing. Wolfgang Werner
Mitarbeiter: 58

B 371
Gewerbeaufsichtsamt Coburg
Oberer Bürglaß 32-36, 96450 Coburg
T: (09561) 74 19-0   **Fax:** 74 19-100
E-Mail: gaa@bnv-coburg.de
Regierungsbezirk Oberfranken
Leiter(in): LGD Dipl.-Ing. Eckenberger
Mitarbeiter: 43

B 372
Staatliches Amt für Arbeitsschutz Coesfeld
Leisweg 12, 48653 Coesfeld
T: (02541) 9 11-0   **Fax:** 9 11-6 44
für die Kreise Coesfeld, Steinfurt, Warendorf und für die Stadt Münster, Heimarbeitsschutz im Regierungsbezirk Münster
Leiter: LRGD Tentrop

B 373
**Amt für Arbeitsschutz und Sicherheitstechnik
Staatliche Gewerbeaufsicht des Landes Brandenburg**
Thiemstr. 105a, 03050 Cottbus
T: (0355) 49 93-0   **Fax:** 4 99 32 20
Gründung: 1991 (1. Januar)
Amtsleiter: Berthold Langer
Mitarbeiter: 63

B 374
Staatliches Gewerbeaufsichtsamt Cuxhaven
Behördenhaus
Elfenweg 15, 27474 Cuxhaven
T: (04721) 5 06-200   **Fax:** 5 06-2 60
für die Landkreise Cuxhaven, Osterholz, Rotenburg und Stade
Leiter(in): N. N.

B 375
Staatliches Amt für Arbeitsschutz und Sicherheitstechnik
Holzhofallee 17a, 64295 Darmstadt
T: (06151) 38 96-0   **Fax:** 38 96-1 00
E-Mail: poststelle@afas-da.hessen.de
für Stadt Darmstadt und die Landkreise Darmstadt-Dieburg, Bergstraße, Groß-Gerau, Offenbach und Odenwaldkreis
Leiter(in): Ltd. GewDir. Dr. Axel Walter
Mitarbeiter: 44

B 376
**Landesamt für Arbeitsschutz
des Landes Sachsen-Anhalt**
Postf. 18 02, 06815 Dessau
Kühnauer Str. 70, 06846 Dessau
T: (0340) 65 01-0   **Fax:** 65 01-2 94
Gründung: 1991 (11. Juni)
Dienst- und Fachaufsicht über die Staatlichen Gewerbeaufsichtsämter des Landes Sachsen-Anhalt, Beratung, Genehmigungen, Erlaubnisse zum Arbeitsschutz und zur technischen Sicherheit
Direktor(in): Dr.-Ing. Jost Melchior
Abteilung 1 (Zentrale Aufgaben)
Leiter(in): Dr. rer. nat. habil. Jürgen Neubert
Abteilung 2 (Arbeitsschutz)
Leiter(in): Dipl.-Ing. Ltd. GD Günter Laux
Abteilung 3 (Technische Sicherheit)
Leiter(in): Prof. Dr.-Ing. habil. Heinz Schuster
Abteilung 4 (Gefahrstoffe, Physikalische Schadfaktoren)
Leiter(in): Dr.rer.nat. GD Georg Hamm
Abteilung 5 (Arbeitsförderung)
Leiter(in): Dr.-Ing. Ltd. GD Bernd Ginzkey
Abteilung 6 (Medizinischer Arbeitsschutz)
Leiter(in): Dr.med. Ltd. MD Jürgen Otto (Landesgewerbearzt)

B 377
Staatliches Gewerbeaufsichtsamt Dessau
Johann-Meier-Str. 12, 06844 Dessau
T: (0340) 7 91 04 03   **Fax:** 7 91 04 04
E-Mail: gaa.dessau@gaade.las.ms.lsa-net.de
Amtsleiter: Gilke

B 378
Staatliches Amt für Arbeitsschutz Detmold
Postf. 27 62, 32717 Detmold
Willi-Hofmann-Str. 33A, 32756 Detmold
T: (05231) 7 03-0   **Fax:** 7 03-299
für die Kreise Herford, Lippe und Minden-Lübbecke
Leiter(in): Reg.GewDir Hans-Jürgen Klein
Leitung Presseabteilung: ORegGewR Helmut Schimmelpfennig
Mitarbeiter: 57

B 379
Staatliches Amt für Arbeitsschutz Dortmund
Ruhrallee 1-3, 44139 Dortmund
T: (0231) 5 41 51   **Fax:** 5 41 53 84
E-Mail: poststelle@stafa-do.nrw.de
Leiter(in): Ltd. RGD Dipl.-Ing. Friedrich Lorenz
Vertreter: RGD Dipl.-Ing. Borringo
zuständig für die kreisfreien Städte Bochum, Dortmund, Hagen und Herne, den Ennepe-Ruhr-Kreis und den Märkischen Kreis sowie für den Bereich und für den Bereich Heimarbeitsschutz im Regierungsbezirk Arnsberg

B 380
Staatliches Gewerbeaufsichtsamt Dresden
Postf. 20 09 22, 01194 Dresden
Reicker Str. 51a, 01219 Dresden
T: (0351) 81 90-0   **Fax:** 81 90-229
Leiter(in): Dr. Winfried Böcker

B 381
Staatliches Umweltamt Düsseldorf
Postf. 11 11 20, 40511 Düsseldorf
Schanzenstr. 90, 40549 Düsseldorf
T: (0211) 57 78-0   **Fax:** 57 78-1 34
E-Mail: Poststelle@StUA-d.nrw.de
für die kreisfreien Städte Düsseldorf, Wuppertal, Solingen, Remscheid und den Kreis Mettmann
Leiterin: Ltd. Regierungsdir. Dr. Diana Hein

B 382
Staatliches Umweltamt Duisburg
Am Freischütz 10-12, 47058 Duisburg
T: (0203) 30 52-0   **Fax:** 30 52-2 00, -4 00
für die kreisfreien Städte Duisburg, Oberhausen, Essen, Mühlheim a.d.R. und den Kreis Wesel
Leiter(in): Ltd. RegGewDir. Burckhard Ziegler

B 383
**Amt für Arbeitsschutz und Sicherheitstechnik
Eberswalde (Staatliches Gewerbeaufsichtsamt)**
Postf. 10 01 33, 16201 Eberswalde
Schleusenstr. 31, 16225 Eberswalde
T: (03334) 25 46 00   **Fax:** 25 46 02
Amtsleiter: Lutz Marquart

B 384
Staatliches Gewerbeaufsichtsamt Emden
Postf. 23 62, 26703 Emden
Brückstr. 38, 26725 Emden
T: (04921) 92 17-0   **Fax:** 92 17-58/59
E-Mail: poststelle@gaa-emd.niedersachsen.de
vom Regierungsbezirk Weser-Ems die kreisfreie Stadt Emden und die Landkreise Aurich, Leer, Wittmund sowie aus dem Landkreis Emsland die Gemeinden der Altkreise Aschendorf-Hümmling und Meppen

B 385
Amt für Arbeitsschutz Erfurt
Behördenhaus
Linderbacher Weg 30, 99099 Erfurt
T: (0361) 37-88300   **Fax:** 37-88380
Leiter(in): Dipl.-Ing. Volker Schenk

B 386
Staatliches Amt für Arbeitsschutz Essen
Ruhrallee 55, 45138 Essen
T: (0201) 27 67-0   **Fax:** 27 67-323, 27 67-166 (Faxabruf aktuelle Info)
E-Mail: poststelle@stafa-e.nrw.de
Leiter(in): Ltd. RegGewDir. Peter Leding
Amtsbezirk: Duisburg, Essen, Mülheim a.d. Ruhr, Oberhausen und Kreis Wesel

B 387
Staatliches Amt für Arbeitsschutz und Sicherheitstechnik Frankfurt
Rudolfstr. 22-24, 60327 Frankfurt
T: (069) 27 21 10   **Fax:** 2 72 11-1 11
Aufsichtsbezirke:
Stadt Frankfurt a.M., Stadt Offenbach a.M. und Main-Kinzig-Kreis

B 388
**Amt für Arbeitsschutz und Sicherheitstechnik
(Staatliche Gewerbeaufsicht)**
Postf. 13 45, 15203 Frankfurt
Robert-Havemann-Str. 4, 15236 Frankfurt
T: (0335) 55 82-601   **Fax:** 55 82-602
Gründung: Wiedergründung 1991 (1. Januar)
Amtsleiter: Jürgen Briest
Mitarbeiter: 38

B 389
**Staatliches Gewerbeaufsichtsamt Freiburg
- Amt für Arbeits- und Umweltschutz -**
Schwendistr. 12, 79102 Freiburg
T: (0761) 38 72-0   **Fax:** 38 72-100
E-Mail: poststelle@gaafr.gaa.bwl.de
für den Stadtkreis Freiburg und die Landkreise Breisgau-Hochschwarzwald, Emmendingen, Ortenau, Lörrach, Waldshut
Leiter(in): Ltd.Gew.Dir. Wolfgang Goebel
Stellvertr. Leiter: Gew.Dir. Dr. Claus Degel

B 390
Amt für Arbeitsschutz Gera
Otto-Dix-Str. 9, 07548 Gera
T: (0365) 82 11-0   **Fax:** 82 11-1 04
Gründung: 1991 (1. April)
Leiter(in): GwDir. Dr.-Ing. Wolfgang Weinrich
Mitarbeiter: 50

B 391
Staatliches Amt für Arbeitsschutz und Sicherheitstechnik Gießen
Postf. 11 11 46, 35356 Gießen
Südanlage 17, 35390 Gießen
T: (0641) 79 53-0   **Fax:** 79 53 79
E-Mail: afas-giessen@t-online.de
zuständig für: Landkreise Gießen und Universitätsstadt Gießen, Marburg-Biedenkopf und Vogelsberg

b 392
**Staatliches Amt für Arbeitsschutz und Sicherheitstechnik Gießen
Außenstelle Limburg in Hadamar**
Postf. 12 40, 65584 Hadamar
Gymnasiumstr. 4, 65589 Hadamar
T: (06433) 86-0   **Fax:** 86 11
zuständig für: Landkreise-Limburg-Weilburg und Lahn-Dill
Leiter(in): Klaus Schäfer
Stellv. Leiterin: Dr. GD´in Hilde Weigand
Außenstellenleiter: GD Volker Walter

B 393
Staatliches Gewerbeaufsichtsamt Göttingen
Alva-Myrdal-Weg 1, 37085 Göttingen
T: (0551) 50 70-01   **Fax:** 50 70-2 50
E-Mail: poststelle@gaa-goe.niedersachsen.de
für die Landkreise Göttingen, Northeim, Osterode

B 394
Staatliches Umweltamt Hagen
Dienstgebäude:
Feithstr. 150b, 58097 Hagen
T: (02331) 80 05-0   **Fax:** 80 05-100
für die kreisfreien Städte Dortmund, Bochum, Hagen, Herne, Ennepe-Ruhr-Kreis, Märkischer Kreis

B 395
Staatliches Gewerbeaufsichtsamt Halberstadt
Postf. 11 41, 38801 Halberstadt
Klusstr. 18, 38820 Halberstadt
T: (03941) 5 86-402   **Fax:** 5 86-454
E-Mail: gaa.halberstadt@gaahbs.las.ms.lsa-net.de
Amtsleiter: GewD Dr. Heuck

B 396
Staatliches Gewerbeaufsichtsamt Halle
Postf. 11 04 34, 06018 Halle
Dessauer Str. 104, 06118 Halle
T: (0345) 52 43-0   **Fax:** 52 43-214
Amtsleiter: Dr. Räbel

B 397
Amt für Arbeitsschutz Hamburg
Behörde für Arbeit, Gesundheit und Soziales
Postf. 76 01 06, 22051 Hamburg
Adolph-Schönfelder-Str. 5, 22083 Hamburg
T: (040) 4 28 63-0   **Fax:** 4 28 63-3370
E-Mail: wolfgang.nickel@bags.hamburg.de

für die Freie und Hansestadt Hamburg
Leiter(in): d. Abt. Arbeitnehmerschutz: Ltd. GewDir. Wolfgang Nickel

● **B 398**

Staatliches Gewerbeaufsichtsamt Hannover
Behörde für Arbeits- und Umweltschutz
Am Listholze 74, 30177 Hannover
T: (0511) 90 96-0   Fax: 90 96-199
für die Stadt Hannover und die Landkreise Hannover, Diepholz, Nienburg
Leiter(in): Leitender Gewerbedirektor Dipl.-Ing. Bernhard Klockow

● **B 399**

Staatliches Gewerbeaufsichtsamt Heilbronn
- Amt für Arbeits- und Umweltschutz -
Postf. 18 63, 74008 Heilbronn
Rollwagstr. 16, 74072 Heilbronn
T: (07131) 64-1   Fax: 64-3840
für die Region Franken (Stadtkreis Heilbronn und die Landkreise Heilbronn, Hohenlohekreis, Schwäbisch Hall, Main-Tauberkreis)
Leiter(in): GD Walter Machata

● **B 400**

Staatliches Umweltamt Herten
Gartenstr. 27, 45699 Herten
T: (02366) 80 70   Fax: 80 74 99
E-Mail: poststelle@stua-he.nrw.de

● **B 401**

Staatliches Gewerbeaufsichtsamt Hildesheim
Hindenburgplatz 20, 31134 Hildesheim
T: (05121) 16 00-0   Fax: 16 00-10, 16 00-92
E-Mail: Poststelle@gaa-hi.land-ni.dbp.de
Leiter(in): Dr.rer.nat. Bernd Wiener
für die Kreise Hameln-Pyrmont, Hildesheim, Holzminden und Schaumburg

● **B 402**

Struktur- und Genehmigungsdirektion Nord Regionalstelle Gewerbeaufsicht Idar-Oberstein
Hauptstr. 238, 55743 Idar-Oberstein
T: (06781) 5 65-0   Fax: 5 65-150
für die Landkreise Birkenfeld, Bad Kreuznach und Kusel sowie die Verbandsgemeinden Zell vom Landkreis Cochem-Zell und die Verbandsgemeinden Kastellaun, Kirchberg, Rheinböllen und Simmern vom Rhein-Hunsrück-Kreis sowie die Verbandsgemeinden Alsenz-Obermoschel und Rockenhausen vom Donnersbergkreis
Leiter(in): Gewerbedirektor Norbert Faber

● **B 403**

Staatliches Umweltamt Itzehoe
Oelixdorfer Str. 2, 25524 Itzehoe
T: (04821) 66-0   Fax: 66 28 98 (Oelixdorfer Straße), 66 22 23 (Breitenburger Straße)
E-Mail: staatliches.umweltamt.itzehoe@stua-iz.landsh.de
Immissionsschutz: Oelixdorfer Str. 2, 25524 Itzehoe
Wasserwirtschaft und Naturschutz: Breitenburger Str. 25, 25524 Itzehoe
Gründung: 1998 (1. Januar)
Amtsleiter: Heinz-Dieter Hartwig (T: (04821) 66 21 00)
Vertreterin Immissionsschutz und Verwaltung: Dr. Maria Parensen (T: (04821) 66 28 10)
Vertreterin Wasserwirtschaft und Naturschutz: Ines Wittmüß (T: (04821) 66 21 80)
Leitung Presseabteilung: Susanne Ziegler
Mitarbeiter: 154

b 404

Staatliches Umweltamt Itzehoe Außenstelle Lübeck
Schwartauer Landstr. 11, 23554 Lübeck
T: (0451) 47 06-02   Fax: 4 70 62 10
Leiter: Hans-Jürgen Seifert (T: (0451) 4 70 62 20)

● **B 405**

Staatliches Gewerbeaufsichtsamt Karlsruhe
- Amt für Arbeits- und Umweltschutz -
Postf. 28 20, 76015 Karlsruhe
Hebelstr. 1-3, 76133 Karlsruhe
T: (0721) 9 26-41 22   Fax: 9 26-46 82
Internet: http://www.gaa.baden-wuerttemberg.de
E-Mail: poststelle@gaaka.gaa.bwl.de
Leiter(in): Ltd. Gew. Dir. Dipl.-Ing. Eckhart Ibach
Mitarbeiter: 117
zuständig für die Regionen Mittlerer Oberrhein, Nordschwarzwald (Stadtkreise Baden-Baden, Karlsruhe, Pforzheim und die Landkreise Calw, Enzkreis, Freudenstadt, Karlsruhe, Rastatt)

● **B 406**

Staatliches Amt für Arbeitsschutz und Sicherheitstechnik
Knorrstr. 34, 34121 Kassel
T: (0561) 20 04-0   Fax: 20 04-145
für den Regierungsbezirk Kassel
Leiter(in): Gewerbedirektor Anton Kny

b 407

Staatliches Amt für Arbeitsschutz und Sicherheitstechnik Kassel Außenstelle Fulda
Am Rosengarten 26, 36037 Fulda
T: (0661) 9 28 64 10   Fax: 9 28 64 11
Außenstellenleiter: N.N.

● **B 408**

Landesamt für Gesundheit und Arbeitssicherheit des Landes Schleswig-Holstein
Adolf-Westphal-Str. 4, 24143 Kiel
T: (0431) 9 88-5381   Fax: 9 88-5416
E-Mail: gudrunnolte-wacker@lgash-ki.landsh.de
Gründung: 1998 (1. Januar)
Direktor(in): N. N.
Leitung Presseabteilung: Gudrun Nolte-Wacker
Mitarbeiter: 134

● **B 409**

Struktur- und Genehmigungsdirektion Nord Regionalstelle Gewerbeaufsicht Koblenz
Stresemannstr. 3-5, 56068 Koblenz
T: (0261) 1 20-0   Fax: 1 20 29 75
Leiter(in): Ltd. Gewerbedirektor Bernhard Drabner (T: -2172)

● **B 410**

Staatliches Umweltamt Köln
Blumenthalstr. 33, 50670 Köln
T: (0221) 77 40-0   Fax: 77 40-288
Gründung: 1994 (1. April)
Leiterin: LRBD'in Dorothea Delpino
Leitung Presseabteilung: Rudolf Riede
Mitarbeiter: 270
für die kreisfreien Städte Köln, Bonn und Leverkusen und die Kreise Erftkreis, Oberbergischer Kreis, Rheinisch-Bergischer Kreis, Rhein-Sieg-Kreis

● **B 411**

Staatliches Amt für Arbeitsschutz Köln
Schanzenstr. 38, 51063 Köln
T: (0221) 9 62 77-0   Fax: 9 62 77-455
E-Mail: poststelle@stafa-k.nrw.de
für die kreisfreien Städte Bonn, Köln und Leverkusen und die Kreise Erftkreis, Oberbergischer Kreis, Rheinisch-Bergischer Kreis und Rhein-Sieg-Kreis
Leiter(in): LRGD Dieter Hanke

● **B 412**

Staatliches Umweltamt Krefeld
St.-Töniser Str. 60, 47803 Krefeld
T: (02151) 8 44-0   Fax: 8 44-444
für die kreisfreien Städte Krefeld und Mönchengladbach sowie die Kreise Kleve, Viersen und Neuss
Leiterin: LRGD'in Stulgies
Stellvertretender Leiter: RBD Dr. Kolder

● **B 413**

Gewerbeaufsichtsamt Landshut
Postf. 24 40, 84008 Landshut
Neustadt 480, 84028 Landshut
T: (0871) 8 04-0   Fax: 8 04-2 19
E-Mail: gaa.landshut@t-online.de
Leiter(in): Ltd. GewDir. Dipl.-Ing. Siegfried Petz
Leitung Presseabteilung: Georg Mayerhofer
Mitarbeiter: 66
für den Regierungsbezirk Niederbayern

● **B 414**

Staatliches Gewerbeaufsichtsamt Leipzig
Oststr. 13, 04317 Leipzig
T: (0341) 69 73-1 00   Fax: 69 73-1 10
Leiter(in): Dipl.-Phys. Karlheinz Fischer

● **B 415**

Staatliches Umweltamt Lippstadt
Postf. 25 80, 59535 Lippstadt
Lipperoder Str. 8, 59555 Lippstadt
T: (02941) 9 86-0   Fax: 9 86-3 50
für die kreisfreie Stadt Hamm, den Hochsauerlandkreis und die Kreise Soest und Unna
Leiter(in): LRBD Ehrlich

● **B 416**

Landesamt für Gesundheit und Arbeitssicherheit des Landes Schleswig-Holstein
Außenstelle Lübeck
Schwartauer Landstr. 11, 23554 Lübeck
T: (0451) 47 06 02   Fax: 4 70 62 10
für die Hansestadt Lübeck sowie die Kreise Lauenburg, Ostholstein, Segeberg, Stormarn

● **B 417**

Staatliches Gewerbeaufsichtsamt Lüneburg
Adolph-Kolping-Str. 14, 21337 Lüneburg
T: (04131) 8 54 52 99   Fax: 8 54 52 00
für die Landkreise Harburg, Lüchow-Dannenberg, Lüneburg, Uelzen

● **B 418**

Staatliches Gewerbeaufsichtsamt Magdeburg
Postf. 39 80, 39014 Magdeburg
Saalestr. 32, 39126 Magdeburg
T: (0391) 25 64-0   Fax: 25 64-2 02
E-Mail: gaa.magdeburg@gaamdl.las.ms.lsa-net.de
für die kreisfreie Stadt Magdeburg und die Landkreise Bördekreis, Ohre-Kreis und Schönebeck
Gründung: 1991 (1. Januar)
Amtsleiter: Orschmann
Mitarbeiter: 63

Aufsicht über die Einhaltung der geltenden Rechtsvorschriften zum Arbeits- und Gesundheitsschutz.

● **B 419**

Struktur- und Genehmigungsdirektion Süd - Regionalstelle Gewerbeaufsicht -
Kaiserstr. 31, 55116 Mainz
T: (06131) 9 60 30-0   Fax: 9 60 30 99
für die Städte Mainz und Worms und die Landkreise Mainz-Bingen, Alzey-Worms
Leiter(in): Ltd.GewDir. Dipl.-Ing. Fritz Bachmann

● **B 420**

Staatliches Gewerbeaufsichtsamt Mannheim
Amt für Arbeits- und Umweltschutz
Postf. 10 12 38, 68012 Mannheim
Augustaanlage 22-24, 68165 Mannheim
T: (0621) 2 92 43 01   Fax: 2 92-46 17
für die Region Unterer Neckar (Stadtkreise Heidelberg, Mannheim und die Landkreise Neckar-Odenwaldkreis, Rhein-Neckar-Kreis)
Leiter(in): Leitender Bau-Dir. Dr. Fred Dietzel
Mitarbeiter: 90

● **B 421**

Regierungspräsidium Gießen Abteilung Staatliches Umweltamt Marburg
Postf. 23 25, 35011 Marburg
Robert-Koch-Str. 15 + 17, 35037 Marburg
T: (06421) 6 16-600   Fax: 6 16-161
E-Mail: dez41-mr@rpu-mr.hessen.de
Leiter(in): Abteilungsdir. Erwin Spöhrer

● **B 422**

Staatliches Umweltamt Minden
Postf. 31 07, 32388 Minden
Büntestr. 1, 32427 Minden
T: (0571) 8 08-0   Fax: 80 84 47 u. 80 82 39
E-Mail: poststelle@Stua-mi.nrw.de
Leiter(in): Ltd. Regierungsbaudir. Frank Tiedtke
Zuständig für den Immissionsschutz, die Wasser- und Abfallwirtschaft in den Kreisen Herford, Lippe und Minden-Lübbecke

● **B 423**

Staatliches Amt für Arbeitsschutz Mönchengladbach
Viktoriastr. 52, 41061 Mönchengladbach
T: (02161) 8 15-0   Fax: 8 15-199
E-Mail: poststelle@stafa-mg.nrw.de
Fernsprecher außerhalb der Dienstzeit: (02161) 8 15-0 (Anrufbeantworter)
Zuständig für die kreisfreien Städte Krefeld und Mönchengladbach, die Kreise Kleve, Neuss und Viersen
Leiter(in): Ltd. RegGew. Dir. Dipl.-Phys. Wolfgang Dierschke

● **B 424**

Gewerbeaufsichtsamt München-Stadt
Amt für Arbeitsschutz, Arbeitsmedizin und sichere Technik
Postf. 40 07 44, 80707 München
Winzererstr. 9, 80797 München

T: (089) 12 61-03 Fax: 12 61-24 00
E-Mail: poststelle@gaa-m-s-bayern.de
für die kreisfreie Stadt München und den Landkreis München
Leiter(in): Leit.Gew.-Dir. Dipl.-Ing. Günther Janisch
Leitung Presseabteilung: Dipl.-Ing. (FH) Horst Schneider

● B 425

Gewerbeaufsichtsamt München-Land
Tegernseer Landstr. 222, 81549 München
T: (089) 6 99 38-0 Fax: 6 99 38-3 00
Internet: http://www.gaamuenchen-land.de
E-Mail: root@gaamuenchen-land.de
für den Regierungsbezirk Oberbayern ohne Stadt und Landkreis München
Leiter(in): Ltd. Gewerbedirektor Dipl.-Ing. Peter Biebach

● B 426

Bayerisches Landesamt für Arbeitsschutz, Arbeitsmedizin und Sicherheitstechnik
Pfarrstr. 3, 80538 München
T: (089) 21 84-0 Fax: 21 84-2 97
Internet: http://www.lfas.bayern.de
E-Mail: bay-lfas@t-online.de

● B 427

Staatliches Gewerbeaufsichtsamt Naumburg
Jenaer Str. 29, 06618 Naumburg
T: (03445) 71 42-0
Amtsleiter: Zorn (M.d.W.a.G.b.)

● B 428

Amt für Arbeitsschutz und technische Sicherheit Neubrandenburg
- Gewerbeaufsicht -
Neustrelitzer Str. 120, 17033 Neubrandenburg
T: (0395) 4 52 70 Fax: 4 52 71 50

● B 429

Amt für Arbeitsschutz und Sicherheitstechnik Neuruppin
Postf. 12 61, 16801 Neuruppin
Fehrbelliner Str. 4a, 16816 Neuruppin
T: (03391) 8 38-401 Fax: 8 38-409
E-Mail: aas-nrp@t-online.de
Gründung: 1991 (Januar)
Amtsleiter: Helmut Lankau
Mitarbeiter: 40

● B 430

Struktur- und Genehmigungsdirektion Süd
- Regionalstelle Gewerbeaufsicht -
Karl-Helfferich-Str. 2, 67433 Neustadt
T: (06321) 9 31-0 Fax: 3 33 98
E-Mail: poststelle@sgdsued.rlp.de, gaa.nw@t-online.de
Leiter(in): Ltd. Gew. Dir. Dipl.-Chem. Rüdiger Sehr
Amtsbezirk:
Kreisfreie Städte: Frankenthal; Kaiserslautern; Landau; Ludwigshafen; Neustadt; Pirmasens; Speyer und Zweibrücken
Landkreise: Bad Dürkheim; Germersheim; Kaiserslautern; Ludwigshafen; Südwestpfalz; Südliche Weinstraße und Donnersbergkreis mit Ausnahme der Verbandsgemeinden Alsenz-Obermoschel und Rockenhausen

● B 431

Amt für Arbeitsschutz Nordhausen
Gerhart-Hauptmann-Str. 3, 99734 Nordhausen
T: (03631) 61 33-0 Fax: 61 33-61
E-Mail: afasnordhausenpoststelle@lasf-thueringen.de
Leiter(in): Dipl.-Phys. Horst Schröter

● B 432

Gewerbeaufsichtsamt Nürnberg
Roonstr. 20, 90429 Nürnberg
T: (0911) 9 28-0 Fax: 9 28-29 99
Internet: http://www.gaa-n.bayern.de
E-Mail: gaa.nbg@fen.net.de
für den Regierungsbezirk Mittelfranken
Leiter(in): Ltd. GewDir. Dipl.-Ing. Robert Gundermann

● B 433

Staatliches Gewerbeaufsichtsamt Oldenburg
Postf. 45 49, 26035 Oldenburg
Rosenstr. 13b, 26122 Oldenburg
T: (0441) 92 22-0 Fax: 92 22-1 52
E-Mail: poststelle@gaa-ol.niedersachsen.de
Aufsichtsbezirk: Vom Regierungsbezirk Weser-Ems die kreisfreien Städte Delmenhorst, Oldenburg (Oldbg.), Wilhelmshaven und die Landkreise Ammerland, Cloppenburg, Friesland, Oldenburg (Oldbg.), Vechta, Wesermarsch
Leiter(in): Dipl.-Ing. Uwe Rottmann

● B 434

Staatliches Gewerbeaufsichtsamt Osnabrück
Postf. 20 03, 49010 Osnabrück
T: (0541) 50 35 00 Fax: 50 35 01
für die kreisfreie Stadt Osnabrück und die Landkreise Osnabrück, Grafschaft Bentheim und vom Landkreis Emsland die Gemeinden des Altkreises Lingen
Behördenleiterin: Gewerbedirektorin Dipl.-Ing. Gesche Saathoff-Schiche

● B 435

Staatliches Amt für Arbeitsschutz
Postf. 24 40, 33054 Paderborn
Am Turnplatz 31, 33098 Paderborn
T: (05251) 2 87-0 Fax: 2 87-1 99
Internet: http://www.stafa-paderborn.nrw.de
E-Mail: poststelle@stafa-pb.nrw.de
für die Kreise Paderborn, Höxter, Gütersloh und die kreisfreie Stadt Bielefeld
Stellv. Leiter: RGD Dr. Karl-Heinz Kruse

● B 436

Struktur- und Genehmigungsdirektion Süd Entgeltüberwachung
Bahnhofstr. 24, 66953 Pirmasens
T: (06331) 87 12 70 Fax: 87 12 95

● B 437

Landesinstitut für Arbeitsschutz und Arbeitsmedizin
Horstweg 57, 14478 Potsdam
Postf. 90 02 36, 14438 Potsdam
T: (0331) 86 83-0 Fax: 86 43 35
Internet: http://bb.osha.de
E-Mail: liaa.office@liaa.brandenburg.de
Direktor(in): Dr. Detlev Mohr

● B 438

Amt für Arbeitsschutz und Sicherheitstechnik Potsdam
Max-Eyth-Allee 22, 14469 Potsdam
T: (0331) 2 88 91-0 Fax: 2 88 91 99
Amtsleiter: Dipl.-Ing. Karl-Heinz Mandla

● B 439

Staatliches Amt für Arbeitsschutz Recklinghausen
Hubertusstr. 13, 45657 Recklinghausen
T: (02361) 5 81-0 Fax: 1 61 59
Leiter(in): Ltd. RegGewDir Heiner Vollmar
zuständig für die kreisfreien Städte Bottrop und Gelsenkirchen und für die Kreise Recklinghausen und Borken

● B 440

Gewerbeaufsichtsamt Regensburg
Bertoldstr. 2, 93047 Regensburg
T: (0941) 50 25-0 Fax: 5 02 51 14
E-Mail: gaa.regensburg@t-online.de
Leiter(in): Ltd. GewDir. Dipl.-Ing. Joseph Waas
für den Regierungsbezirk Oberpfalz

● B 441

Amt für Arbeitsschutz und technische Sicherheit Rostock
- Gewerbeaufsicht -
Postf. 16 12 63, 18025 Rostock
Erich-Schlesinger-Str. 35, 18059 Rostock
T: (0381) 1 22-1000 Fax: 1 22-1001

● B 442

Landesamt für Arbeitssicherheit, Immissionsschutz und Gesundheit
Don-Bosco-Str. 1, 66119 Saarbrücken
T: (0681) 85 00-0 Fax: 85 00-284
E-Mail: poststelle@laig.x400.saarland.de
Regierungsdirektor: Thiemo Burgard

● B 443

Staatliches Umweltamt - Schleswig-
Flensburger Str. 134, 24837 Schleswig
T: (04621) 3 84-0 Fax: 3 84-440
für die Stadt Flensburg sowie die Kreise Nordfriesland, Schleswig-Flensburg und Dithmarschen
Leiter(in): Dr.rer.nat. Gisela Holzgraefe
Büroleitung: Dieter Ribitzki
Mitarbeiter: 85

● B 444

Amt für Arbeitsschutz und technische Sicherheit Schwerin
- Gewerbeaufsicht -
Lankower Str. 11-15, 19057 Schwerin
T: (0385) 74 14-0 Fax: 4 84 40 39
E-Mail: afats-schwerin@t-online.de

● B 445

Staatliches Amt für Arbeitsschutz Siegen
Leimbachstr. 230, 57074 Siegen
T: (0271) 33 87-6 Fax: 33 87-777
für die Kreise Olpe und Siegen-Wittgenstein
Leiter(in): RGD Dipl.-Ing. Dreisbach
Mitarbeiter: 33

● B 446

Staatliches Umweltamt Siegen
Unteres Schloß, 57072 Siegen
T: (0271) 5 85-0 Fax: 5 85-201
E-Mail: poststelle@stua-si.nrw.de
Leiter(in): RD Dr. Horst Büther
für die Kreise Olpe und Siegen-Wittgenstein

● B 447

Staatliches Gewerbeaufsichtsamt Sigmaringen
- Amt für Arbeits- und Umweltschutz -
Postf. 12 64, 72481 Sigmaringen
Fidelis-Graf-Str. 2, 72488 Sigmaringen
T: (07571) 7 32-5 00 Fax: 7 32-5 05
Internet: http://www.gaa.baden-wuerttemberg.de
E-Mail: poststelle@gaasig.gaa.bwl.de
für die Landkreise Biberach, Bodenseekreis, Ravensburg, Sigmaringen
Leiter(in): Ltd.Gew.Direktor Dr. Volker Langlotz

● B 448

Staatliches Gewerbeaufsichtsamt Stendal
Stadtseeallee 1, 39576 Stendal
T: (03931) 4 94-0 Fax: 21 20 18
Gründung: 1991 (1. Januar)
Amtsleiter: Gerhard Wilcke (GAA Stendal)
Stellv. Amtsleiter: Jens Döhler (GAA Stendal)
Mitarbeiter: 37

● B 449

Amt für Arbeitsschutz und technische Sicherheit Stralsund
- Gewerbeaufsicht -
Heinrich-Mann-Str. 62, 18435 Stralsund
T: (03831) 37 98-0 Fax: 37 98-50
E-Mail: afats.stralsund@t-online.de
Gründung: 1991 (1. Januar)
Amtsleiter: Dipl.-Ing. Volker Zaremba
Stellv. Amtsleiter: Dipl.phys. Hans-Gerd Buchholz
Mitarbeiter: 46

Aufsicht über den Vollzug der Rechtsvorschriften hinsichtlich des sozialen, technischen und medizinischen Arbeitsschutzes sowie der überwachungsbedürftigen Anlagen in den gewerblichen Unternehmen, im öffentlichen Dienst und in der Landwirtschaft.

● B 450

Staatliches Gewerbeaufsichtsamt Stuttgart
- Amt für Arbeits- und Umweltschutz -
Jägerstr. 22, 70174 Stuttgart
T: (0711) 18 69-0 Fax: 2 26 34 34
E-Mail: poststelle@gaas.gaa.bwl.de
Stadtkreis Stuttgart, Landkreise Böblingen, Esslingen und Ludwigsburg
Leiter(in): Ltd. Gew.Dir. Herbert F. Rading
Mitarbeiter: 160

● B 451

Thüringer Landesamt für Soziales und Familie
Abt. 2: Landesamt für Arbeitsschutz und Arbeitsmedizin (LAfAS)
Postf. 10 01 41, 98490 Suhl
Schleusinger Str. 30, 98527 Suhl
T: (03681) 73 54 00 Fax: 73 52 09
E-Mail: lafaspoststelle@lasf.thueringen.de
Leiter(in): Dipl.-Ing. Gerald Riehm

● B 452

Amt für Arbeitsschutz Suhl
Postf. 51 51, 98511 Suhl
Neuer Friedberg 9, 98527 Suhl
T: (03681) 8 80-0 Fax: 8 80-1 00

E-Mail: afas-suhl@t-online.de
Leiter(in): GwOR Dr.-Ing. Dietrich Weiß

● **B 453**
Struktur- und Genehmigungsdirektion Nord Regionalstelle Gewerbeaufsicht Trier
Postf. 34 30, 54224 Trier
Ostallee 31, 54290 Trier
T: (0651) 94 81-0   **Fax:** 94 81-200
für Stadt Trier, Kreis Trier-Saarburg, Bernkastel-Wittlich, Bitburg-Prüm, Daun
Leiter(in): Gewerbedirektorin Dr. Hirsch

● **B 454**
Staatliches Gewerbeaufsichtsamt Tübingen
- Amt für Arbeits- und Umweltschutz -
Bismarckstr. 96, 72072 Tübingen
T: (07071) 9 12-0   **Fax:** 9 12-1 88
Leiter: LBD Hans Neifer
für den Stadtkreis Ulm und die Landkreise Alb-Donau-Kreis, Reutlingen, Tübingen, Zollernalbkreis

● **B 455**
Staatliches Gewerbeaufsichtsamt Villingen-Schwenningen
- Amt für Arbeits- und Umweltschutz -
Am Hoptbühl 5, 78048 Villingen-Schwenningen
T: (07721) 9 14-0   **Fax:** 9 14-100
für die Landkreise Schwarzwald-Baar-Kreis, Rottweil, Tuttlingen, Konstanz

● **B 456**
Staatliches Amt für Arbeitsschutz und Sicherheitstechnik Wiesbaden
Simone-Veil-Str. 5, 65197 Wiesbaden
T: (0611) 41 19-0   **Fax:** 41 19-37
Gründung: 1892 (1. April)
Leiter(in): Ltd. Gewerbedir. Dipl.-Ing. Wolf-Jürgen Hader
Mitarbeiter: 50
für Hochtaunuskreis, Maintaunuskreis, Rheingautaunuskreis, Wetteraukreis und Wiesbaden

● **B 457**
Gewerbeaufsichtsamt Würzburg
Postf. 56 09, 97006 Würzburg
Georg-Eydel-Str. 13, 97082 Würzburg
T: (0931) 41 07-02   **Fax:** 41 07-503
E-Mail: gaa-wue@t-online.de
Leiter(in): Ltd.Gew.Dir. Dipl.-Ing. Günter Hentschel
für den Regierungsbezirk Unterfranken

● **B 458**
Staatliches Amt für Arbeitsschutz Wuppertal
Postf. 20 18 62, 42218 Wuppertal
Alter Markt 9-13, 42275 Wuppertal
T: (0202) 57 44-0   **Fax:** 57 44-1 50
Amtsbezirk: Kreisfreie Städte Düsseldorf, Remscheid, Solingen, Wuppertal, Kreis Mettmann
Amtsleiter: LRGD Dipl.-Ing. Günter Leßwing

● **B 459**
Staatliches Gewerbeaufsichtsamt Zwickau
Lothar-Streit-Str. 24, 08056 Zwickau
T: (0375) 39 03 20   **Fax:** 3 90 32 20
E-Mail: poststelle@gaazwi.smwa.sachsen.de
Leiter(in): Dipl.-Phys. Klaus Neumerkel

| **Eichaufsichtsbehörden** |

Baden-Württemberg

● **B 460**
Mess- und Eichwesen Baden-Württemberg (Landesbetrieb)
Landesgewerbeamt-Eichdirektion
Ulmer Str. 227B, 70327 Stuttgart
T: (0711) 40 71-242, 40 71-248
Internet: http://www.edbw.de
Leiter d. Eichdirektion: Direktor Volk

nachgeordnete Eichämter

b 461
Eichamt Albstadt
Schillerstr. 83, 72458 Albstadt
T: (07431) 9 22-0

Leiter(in): OBauR Haag
Landkreise Reutlingen, Rottweil, Tuttlingen, Schwarzwald-Baar-Kreis, Tübingen, Zollernalbkreis

b 462
Eichamt Fellbach
Stuttgarter Str. 86, 70736 Fellbach
T: (0711) 95 79 61-0
Leiter(in): OAR Schneider
Stadtkreis Stuttgart, Landkreise Böblingen, Esslingen, Göppingen, Ludwigsburg, Rems-Murr-Kreis

b 463
Eichamt Freiburg
Elsässer Str. 2, 79110 Freiburg
T: (0761) 89 46 21
Leiter: OAR Conzelmann
Stadtkreis Freiburg, Landkreise Breisgau-Hochschwarzwald, Emmendingen, Konstanz, Lörrach, Ortenaukreis, Waldshut

b 464
Eichamt Heilbronn
Brüggemannstr. 45, 74076 Heilbronn
T: (07131) 9 82 32-0
Leiter(in): OAR Reichle
Stadtkreis Heilbronn, Landkreise Heilbronn, Hohenlohekreis, Schwäbisch Hall, Main-Tauber-Kreis

b 465
Eichamt Karlsruhe
Stephanienstr. 51, 76133 Karlsruhe
T: (0721) 9 12 06-0
Leiter(in): OBauR Götz
Stadtkreise Baden-Baden, Karlsruhe, Pforzheim, Landkreise Calw, Enzkreis, Freudenstadt, Karlsruhe, Rastatt

b 466
Eichamt Mannheim
Fahrlachstr. 46-48, 68165 Mannheim
T: (0621) 44 00 60
Leiter(in): OAR Vogel
Stadtkreise Heidelberg, Mannheim, Landkreise Neckar-Odenwald-Kreis, Rhein-Neckar-Kreis

b 467
Eichamt Ravensburg
Kanalstr. 45, 88214 Ravensburg
T: (0751) 36 36 21-0
Leiter(in): AR Wagner
Landkreise Bodenseekreis, Ravensburg, Sigmaringen

b 468
Eichamt Ulm
Elisabethenstr. 18, 89077 Ulm
T: (0731) 9 35 43-0
Leiter(in): OAR Tonnier
Stadtkreis Ulm, Landkreise Alb-Donau-Kreis, Biberach, Heidenheim, Ostalbkreis

b 469
Eichamt für Glasmessgeräte
Am Eichamt Nr. 2, 97877 Wertheim
T: (09342) 96 12-0
Leiter(in): OAR Schwind
zuständig für die Eichung von Messgeräten aus Glas

Bayern

● **B 470**
Bayerisches Landesamt für Maß und Gewicht
Franz-Schrank-Str. 9, 80638 München
T: (089) 1 79 01-0   **Fax:** 1 79 01-3 36
Leiter(in): Dietmar Breuer (Direktor des Landesamtes für Maß und Gewicht)

nachgeordnete Eichämter

b 471
Eichamt Augsburg - Kempten
Dienststelle Augsburg
Weddigenstr. 30, 86179 Augsburg
T: (0821) 8 08 79-0   **Fax:** 8 08 79-13
Leiter(in): TOAR Rainer Giesler

b 472
Eichamt Augsburg - Kempten
Dienststelle Kempten
Dieselstr. 10, 87437 Kempten
T: (0831) 69 72 40   **Fax:** 7 91 46
Leiter(in): TAR Dipl.-Ing. (FH) Uwe Schmid

b 473
Eichamt Bayreuth - Bamberg - Hof
Dienststelle Bayreuth
Leuschnerstr. 51, 95447 Bayreuth
T: (0921) 6 55 44   **Fax:** 51 12 09
Leiter(in): TOAR Herbert Egelkraut

b 474
Eichamt Bayreuth - Bamberg - Hof
Dienststelle Bamberg
Gutenbergstr. 7, 96050 Bamberg
T: (0951) 1 60 60   **Fax:** 1 66 75
Leiter(in): TAR Günther Jeschke

b 475
Eichamt Bayreuth - Bamberg - Hof
Dienststelle Hof
An der Hohensaas 2, 95030 Hof
T: (09281) 68 35   **Fax:** 6 13 58
Leiter(in): TAR Karl Hug

b 476
Eichamt Landshut - Passau
Dienststelle Landshut
Röntgenstr. 1, 84030 Landshut
T: (0871) 7 72 36   **Fax:** 7 49 70
Leiter(in): TOAR Georg Meßner

b 477
Eichamt Landshut - Passau
Dienststelle Passau
Bischof-Wolfger-Str. 13, 94032 Passau
T: (0851) 76 05   **Fax:** 7 28 62
Leiter(in): TAR Richard Huber

b 478
Eichamt München - Traunstein
Dienststelle München
Franz-Schrank-Str. 11, 80638 München
T: (089) 1 79 01-0   **Fax:** 1 79 01-2 33
Leiter(in): EOR Wolfgang Märkl

b 479
Eichamt München - Traunstein
Dienststelle Traunstein
Kotzingerstr. 20, 83278 Traunstein
T: (0861) 80 14   **Fax:** 1 52 01
Leiter(in): TOAR Robert Simmerlein

b 480
Eichamt Nürnberg
Elbinger Str. 21, 90491 Nürnberg
T: (0911) 5 19 79-0   **Fax:** 5 19 79-44
Leiter(in): EOR Gerhard Scheuerer

b 481
Eichamt Regensburg - Ingolstadt
Dienststelle Regensburg
Hornstr. 2, 93053 Regensburg
T: (0941) 70 06 47, 7 27 12   **Fax:** 70 19 87
Leiter(in): TAR Ingo Halbig

b 482
Eichamt Regensburg - Ingolstadt
Dienststelle Ingolstadt
Postfl. 10 03 40, 85003 Ingolstadt
Gerhart-Hauptmann-Str. 69, 85055 Ingolstadt
T: (0841) 9 54 76-0   **Fax:** 9 54 76-34
Leiter(in): TOAR, Dipl.-Ing. (FH) Horst Krumpholz

b 483
Eichamt Würzburg
Rottendorfer Str. 7, 97072 Würzburg
T: (0931) 5 36 02   **Fax:** 1 60 28
Leiter(in): EOR Max Schwägerl

b 484

Beschußamt München
Franz-Schrank-Str. 9, 80638 München
T: (089) 1 79 01-339 **Fax:** 1 79 01-260
Leiter(in): TAR Josef Seidl

b 485

Beschußamt Mellrichstadt
Lohstr. 5, 97638 Mellrichstadt
T: (09776) 98 89 **Fax:** 54 57
Leiter(in): TOAR Joachim Baumart

Berlin

● **B 486**

Landesamt für das Mess- und Eichwesen
Lentzeallee 100, 14195 Berlin
T: (030) 9 02 59-5 **Fax:** 9 02 59-619
Leiter(in): Ltd. EichDir. Prof. Dr. Dieter Baumgarten

Brandenburg

● **B 487**

Landesamt für Meß- und Eichwesen Brandenburg
Stahnsdorfer Damm 81, 14532 Kleinmachnow
T: (033203) 30 79-10 **Fax:** 30 79-90
Direktor(in): Rainer Hahnewald

Bremen

● **B 488**

Der Senator für Arbeit, Frauen, Gesundheit, Jugend und Soziales
- Landeseichdirektion -
Faulenstr. 69, 28195 Bremen
T: (0421) 3 61-2437 **Fax:** 3 61-16638
E-Mail: office@arbeit-gwa.bremen.de
Leiter(in): EichDir. Dipl.-Ing. Dieter Buer

nachgeordnete Eichämter

b 489

Eichamt Bremen
Häschenstr. 14, 28199 Bremen
T: (0421) 3 61 82 44 **Fax:** 3 61 82 48
Internet: http://www.eichamt.bremen.de
E-Mail: office@eichamt.bremen.de
Leiter(in): Eichrat Dipl.-Ing. Ewald Schmidt

b 490

Eichamt Bremerhaven
Lange Str. 119, 27580 Bremerhaven
T: (0471) 9 52 56-0 **Fax:** 9 52 56-38
Internet: http://www.eichamt.bremen.de
E-Mail: office@eichamtbrhv.bremen.de
Leiter(in): Amtsrat Dipl.-Ing. Hans-Joachim Miehe

Hamburg

● **B 491**

Eichdirektion Hamburg
Nordkanalstr. 50, 20097 Hamburg
T: (040) 4 28 54-2794 **Fax:** 4 28 54-2684
E-Mail: Eichdirektion@wb.hamburg.de
Leiter(in): Johann Remlein

Hessen

● **B 492**

Hessische Eichdirektion
Holzhofallee 3, 64283 Darmstadt
T: (06151) 12 55 53 **Fax:** 12 59 23
E-Mail: hessische-eichdirektion@t-online.de
Leiter(in): Ministerialrat Claus Harman

nachgeordnete Eichämter

b 493

Eichamt Kassel
Karthäuserstr. 21, 34117 Kassel
T: (0561) 1 30 11 **Fax:** 10 32 19
Leiter(in): Techn. Oberamtsrat Gerlach
Amtsbezirk: Stadt Kassel, Landkreis Kassel, Schwalm-Eder-Kreis, Werra-Meißner-Kreis, Landkreis Waldeck-Frankenberg

b 494

Eichamt Fulda
Buttlarstr. 51, 36039 Fulda
T: (0661) 7 29 87 **Fax:** 24 07 06
Leiter(in): Techn. Amtsrat Bernhard
Amtsbezirk: Landkreis Fulda, Landkreis Hersfeld-Rotenburg, Vogelsbergkreis

b 495

Eichamt Hanau
Am Freiheitsplatz 2, 63450 Hanau
T: (06181) 10 12 77 **Fax:** 10 13 84
Leiter(in): Techn. Oberamtsrat Roßkopf
Amtsbezirk: Stadt Offenbach, Landkreis Offenbach, Main-Kinzig-Kreis, Wetteraukreis

b 496

Eichamt Darmstadt
Holzhofallee 3, 64283 Darmstadt
T: (06151) 12 55 58 **Fax:** 12 50 69
Leiter(in): Techn. Oberamtsrat Steuernagel
Amtsbezirk: Stadt Darmstadt, Landkreis Darmstadt-Dieburg, Landkreis Bergstraße, Landkreis Groß-Gerau, Odenwaldkreis

b 497

Eichamt für Glasmeßgeräte Darmstadt
Holzhofallee 3, 64283 Darmstadt
T: (06151) 12 58 82 **Fax:** 12 59 23
Leiter(in): Techn. Amtmann Feuerbach
- Land Hessen

b 498

Eichamt Frankfurt
Battonnstr. 26-28, 60311 Frankfurt
T: (069) 28 37 74 **Fax:** 29 17 15
Leiter(in): Techn. Oberamtsrat Herter
Amtsbezirk: Stadt Frankfurt, Hochtaunuskreis, Main-Taunus-Kreis

b 499

Eichamt Gießen
Dammstr. 47, 35390 Gießen
T: (0641) 9 30 31 23 **Fax:** 9 30 31 24
Leiter(in): Techn. Oberamtsrat Schloßbauer
Amtsbezirk: Landkreis Gießen, Lahn-Dill-Kreis, Landkreis Marburg-Biedenkopf, Landkreis Limburg-Weilburg

b 500

Eichamt Wiesbaden
Hasengartenstr. 26, 65189 Wiesbaden
T: (0611) 76 13 96 **Fax:** 9 74 04 50
Leiter(in): Techn. Amtsrat Hardt
Amtsbezirk: Stadt Wiesbaden, Rheingau-Taunus-Kreis

Mecklenburg-Vorpommern

● **B 501**

Wirtschaftsministerium Mecklenburg-Vorpommern
- Landeseichbehörde -
Johannes-Stelling-Str. 14, 19053 Schwerin
T: (0385) 5 88 53 46 **Fax:** 5 88 58 75
Leiter(in): Rainer Rades

nachgeordnete Eichämter

b 502

Eichamt Rostock
Am Güterbahnhof 23, 18055 Rostock
T: (0381) 4 93 44 19 **Fax:** 4 93 44 18
Leiter(in): Harald Mahnke

b 503

Eichamt Schwerin
Johannes-Stelling-Str. 14, 19053 Schwerin
T: (0385) 5 88 58 82 **Fax:** 5 88 58 72
Leiter(in): René Assmann

b 504

Eichamt Neubrandenburg
Sponholzer Str. 10a, 17034 Neubrandenburg
T: (0395) 4 22 64 77 **Fax:** 4 22 64 79
Heinz Milhahn

b 505

Eichamt Stralsund
Greifswalder Chaussee 63a, 18439 Stralsund

T: (03831) 27 23 10 **Fax:** 27 23 15
Manfred Aben

Niedersachsen

● **B 506**

Mess- und Eichwesen Niedersachsen
Goethestr. 44, 30169 Hannover
T: (0511) 12 66-233 **Fax:** 12 66-300
Leiter(in): Ltd. EichDir. Dr. Dieter Ullrich

nachgeordnete Eichämter

b 507

Eichamt Hannover
Goethestr. 44, 30169 Hannover
T: (0511) 12 66-413 **Fax:** 12 66-422
Leiter(in): EichAR Weber

b 508

Eichamt Nienburg
Bismarckstr. 26, 31582 Nienburg
T: (05021) 97 15-0 **Fax:** 97 15-20
Leiter(in): N. N.

b 509

Eichamt Braunschweig
Betriebsstelle im MEN Mess- und Eichwesen Niedersachsen
Haeckelstr. 12a, 38114 Braunschweig
T: (0531) 5 80 02-0 **Fax:** 5 80 02-49
Leiter(in): EichOAR Köhler

b 510

Eichamt Lüneburg
Betriebsstelle im MEN
Mess- und Eichwesen Niedersachsen
Konrad-Zuse-Allee 25, 21337 Lüneburg
T: (04131) 88 01-0 **Fax:** 88 01-12
Leiter(in): EichOAR Lohmar

b 511

Eichamt Stade
Betriebsstelle 07 im MEN Mess- und Eichwesen Niedersachsen
Am Tennisplatz 6, 21684 Stade
T: (04141) 98 96-0 **Fax:** 98 96-49
Leiter(in): EichOAR Muche

b 512

Eichamt Osnabrück
Betriebsstelle im MEN
Frankenstr. 11, 49082 Osnabrück
T: (0541) 9 57 36-0 **Fax:** 9 57 36 14
Leiter(in): EichOAR Torlage

b 513

Eichamt Emden
Große Str. 93, 26721 Emden
T: (04921) 93 35-0 **Fax:** 93 35 15
Leiter(in): EichAR Natelberg

b 514

Eichamt Oldenburg
Betriebsstelle im MEN Mess- und Eichwesen Niedersachsen
Artillerieweg 55, 26129 Oldenburg
T: (0441) 9 71 78-0 **Fax:** 9 71 78-15
Leiter(in): EichOAR Meier

Nordrhein-Westfalen

● **B 515**

Landesbetrieb Mess- und Eichwesen Nordrhein Westfalen
Direktion
Postf. 30 08 33, 50778 Köln
Hugo-Eckener-Str. 14, 50829 Köln
T: (0221) 5 97 78-0 **Fax:** 5 97 78-144
Internet: http://www.lbme.nrw.de
E-Mail: poststelle@lbme.nrw.de
Leiter(in): Dr.-Ing. E. Petit

nachgeordnete Eichämter

b 516

Betriebsstelle Eichamt Aachen
Am Gut Wolf 7a, 52070 Aachen
T: (0241) 9 18 18-0   **Fax:** 9 18 18-44
E-Mail: poststelle@lbme-ac.nrw.de
Leiter(in): OER Dipl.-Ing. Piechullek
Verwaltungsbezirk:
Kreisfreie Stadt Aachen
Kreise Aachen, Düren, Euskirchen, Heinsberg

b 517

Betriebsstelle Eichamt Arnsberg
Bahnhofstr. 173, 59759 Arnsberg
T: (02932) 49 01-3   **Fax:** 49 01-40
E-Mail: poststelle@lbme-ar.nrw.de
Leiter(in): EOR Dipl.-Ing. Klein
Verwaltungsbezirk:
Kreisfreie Stadt Hamm
Kreise Hochsauerlandkreis, Soest, Unna

b 518

Betriebsstelle Eichamt Bielefeld
Detmolder Str. 513, 33605 Bielefeld
T: (0521) 20 50 64   **Fax:** 20 50 65
E-Mail: poststelle@lbme-bi.nrw.de
Leiter(in): OER Pahde
Verwaltungsbezirk:
Kreisfreie Stadt Bielefeld
Kreise Gütersloh, Herford, Höxter, Lippe, Minden-Lübbecke, Paderborn

b 519

Sonderbetriebsstelle Eichamt Dortmund
Kronprinzenstr. 51, 44135 Dortmund
T: (0231) 95 20 41-0   **Fax:** 95 20 41-44
E-Mail: poststelle@lbme-do.nrw.de
Leiter(in): ED Dipl.-Ing. Behrendt
zuständig für überregionale Aufgaben in NRW
- Eichlabor für Strahlenschutzmessgeräte
- Zulassungsstelle für Ausnahmen nach Paragraph 5 Gefahrengutverordnung Straße (GGVS), von Baumustern, von Gefahrguttankwagen, von Containern (CSC-Gesetz)
- Messstelle für Umweltradioaktivität für den Regierungsbezirk Arnsberg

b 520

Betriebsstelle Eichamt Düsseldorf
Werftstr. 33, 40549 Düsseldorf
T: (0211) 95 68-0   **Fax:** 95 68-144
E-Mail: poststelle@lbme-d.nrw.de
Leiter(in): OER Dipl.-Ing. Krüger
Verwaltungsbezirk:
Kreisfreie Städte Düsseldorf, Krefeld, Mönchengladbach, Remscheid, Solingen, Wuppertal
Kreise Mettmann, Neuss, Viersen

b 521

Betriebsstelle Eichamt Duisburg
Konrad-Adenauer-Ring 19, 47167 Duisburg
T: (0203) 58 15 14   **Fax:** 58 21 88
E-Mail: poststelle@lbme-du.nrw.de
Leiter(in): OER Dipl.-Ing. Schubert
Verwaltungsbezirk:
Kreisfreie Städte Duisburg, Essen, Mülheim a. d. Ruhr, Oberhausen
Kreise Kleve, Wesel

b 522

Betriebsstelle Eichamt Hagen
Pappelstr. 3, 58099 Hagen
T: (02331) 96 91-0   **Fax:** 96 91-44
E-Mail: poststelle@lbme-ha.nrw.de
Leiter(in): OER Dipl.-Ing. Kollmann
Verwaltungsbezirk:
Kreisfreie Städte Dortmund, Hagen
Kreise Ennepe-Ruhr-Kreis, Märkischer Kreis, Olpe, Siegen

b 523

Betriebsstelle Eichamt Köln
Hugo-Eckener-Str. 14, 50829 Köln
T: (0221) 5 97 78-0   **Fax:** 5 97 78-205
E-Mail: poststelle@lbme-k.nrw.de
Leiter(in): ED Dipl.-Ing. Matschke
Verwaltungsbezirk:
Kreisfreie Städte Bonn, Köln, Leverkusen
Kreise Erftkreis, Oberbergischer Kreis, Rheinisch-Bergischer Kreis, Rhein-Sieg-Kreis

b 524

Betriebsstelle Eichamt Münster
Nieberdingstr. 14-16, 48155 Münster
T: (0251) 6 09 52-00   **Fax:** 6 09 52-14
E-Mail: poststelle@lbme-ms.nrw.de
Leiter(in): OER Dipl.-Ing. Broja
Verwaltungsbezirk:
Kreisfreie Stadt Münster
Kreise Borken, Coesfeld, Steinfurt, Warendorf

b 525

Betriebsstelle Eichamt Recklinghausen
Kölner Str. 17, 45661 Recklinghausen
T: (02361) 3 75 87-0   **Fax:** 3 75 87-14
E-Mail: poststelle@lbme-re.nrw.de
Leiter(in): N. N.
Verwaltungsbezirk:
Kreisfreie Städte Bochum, Bottrop, Gelsenkirchen, Herne
Kreis Recklinghausen

Rheinland-Pfalz

● **B 526**

Eichdirektion Rheinland-Pfalz
Steinkaut 3, 55543 Bad Kreuznach
T: (0671) 7 94 86-0   **Fax:** 7 34 75
E-Mail: eichdirektion.rpl@t-online.de
Leiter(in): Ltd. EichDir. Dipl.-Ing. Wolfhard Gögge
Eichaufsichtsbehörde für das Land Rheinland-Pfalz

nachgeordnete Eichämter

b 527

Eichamt Bad Kreuznach
Steinkaut 3, 55543 Bad Kreuznach
T: (0671) 7 94 86-0   **Fax:** 7 34 75
Leiter(in): Eichamtsrat Bernhard Bredel
Verwaltungsbezirk: Kreisfreie Stadt Mainz und die Landkreise Alzey-Worms und Mainz-Bingen, Bad Kreuznach, Birkenfeld und Rhein-Hunsrück-Kreis

b 528

Eichamt Kaiserslautern
Pariser Str. 289, 67663 Kaiserslautern
T: (0631) 9 10 21/22   **Fax:** 9 81 03
Leiter(in): Eichamtsrat Karl Burger
Verwaltungsbezirk:
Kreisfreie Städte: Kaiserslautern, Landau i.d. Pfalz, Neustadt a.d.Weinstr., Pirmasens und Zweibrücken.
Landkreise: Bad Dürkheim, Donnersbergkreis, Kaiserslautern, Kusel, Pirmasens und Südliche Weinstraße

b 529

Eichamt Koblenz
Diesterwegstr. 2-4, 56073 Koblenz
T: (0261) 9 47-150   **Fax:** 9 47-1555
Leiter(in): Eichamtsrat Ernst Redelbach
Verwaltungsbezirk: Kreisfreie Stadt Koblenz
Landkreise: Ahrweiler, Altenkirchen (Westerwald), Cochem-Zell, Mayen-Koblenz, Neuwied, Rhein-Lahn-Kreis und Westerwaldkreis

b 530

Eichamt Ludwigshafen
Schanzstr. 27, 67063 Ludwigshafen
T: (0621) 5 95 02-0   **Fax:** 5 95 02-26
Leiter(in): Eichoberamtsrat Erich Brendel
Verwaltungsbezirk:
Kreisfreie Städte: Frankenthal (Pfalz), Ludwigshafen a. Rhein, Speyer und Worms.
Landkreise: Germersheim und Ludwigshafen

b 531

Eichamt Trier
Irminenfreihof 5, 54290 Trier
T: (0651) 9 75-920   **Fax:** 9 75-9218
Leiter(in): Eichoberamtsrat Edwin Schmitt
Verwaltungsbezirk: Kreisfreie Stadt Trier
Landkreis: Bernkastel-Wittlich, Bitburg-Prüm, Daun und Trier-Saarburg

Saarland

● **B 532**

Ministerium für Wirtschaft
- **Eichaufsichtsbehörde -**
Postfl. 10 09 41, 66009 Saarbrücken
Am Stadtgraben 6-8, 66111 Saarbrücken
T: (0681) 5 01-4126, 5 01-4146   **Fax:** 5 01-4293
Leiter(in): Dipl.-Ing. Robert Schwindling

nachgeordnetes Eichamt

b 533

Eichamt Saarbrücken
Am Tummelplatz 5, 66117 Saarbrücken
T: (0681) 5 01-3640   **Fax:** 5 01-3637
Leiter(in): Eichoberamtsrat Hartmut Piltz

Sachsen

● **B 534**

Sächsisches Landesamt für Meß- und Eichwesen
Hohe Str. 11, 01069 Dresden
T: (0351) 47 80-30   **Fax:** 47 80-499
E-Mail: Eichbehoerde.Sachsen@T-Online.de
Kontaktperson: Dr. Ulrich Warmuth

Sachsen-Anhalt

● **B 535**

Landeseichamt Sachsen-Anhalt
Postf. 20 08 36, 06009 Halle
Merseburger Str. 1-3, 06112 Halle
T: (0345) 21 11-3   **Fax:** 21 11-499
Gründung: 1990 (19. Dezember)
Leiter(in): N. N.
Mitarbeiter: 55

Schleswig-Holstein

● **B 536**

Ministerium für Wirtschaft, Technologie und Verkehr des Landes Schleswig-Holstein
- Amt für das Eichwesen -
Düppelstr. 63, 24105 Kiel
T: (0431) 9 88-4450   **Fax:** 9 88-4459
E-Mail: eichverwaltung@landsh.de
Leiter(in): Eckehard Liebthal

nachgeordnete Eichämter

b 537

Eichamt Kiel
Düppelstr. 63, 24105 Kiel
T: (0431) 9 88-4480   **Fax:** 9 88-4486
E-Mail: eichamt-kiel@landsh.de
Leiter(in): Oberamtsrat Klaus Dreise
Eichamtsbezirk: Kiel, Neumünster, sowie Kreise Rendsburg-Eckernförde und Plön

b 538

Eichamt Lübeck
Glashüttenweg 44-48, 23568 Lübeck
T: (0451) 37 07-1 11   **Fax:** 37 07-1 23
E-Mail: eichamt-luebeck@t-online.de
Leiter(in): Oberamtsrat Achim Holz
Eichamtsbezirk: Hansestadt Lübeck, Kreise Ostholstein, Segeberg, Stormarn, Herzogtum Lauenburg

b 539

Eichamt Flensburg
Karlstr. 6, 24937 Flensburg
T: (0461) 2 45 98   **Fax:** 1 74 60
E-Mail: eichamt-flensburg@t-online.de
Leiter(in): Amtsrat Martin Reese
Eichamtsbezirk: Flensburg, Kreise Nordfriesland und Schleswig-Flensburg

b 540

Eichamt Elmshorn
Kaltenweide 76, 25335 Elmshorn
T: (04121) 4 86 50   **Fax:** 48 65 30
E-Mail: eichamt-elmshorn@t-online.de
Leiter(in): Oberamtsrat Gerald Hempel
Eichamtsbezirk: Kreise Dithmarschen, Steinburg und Pinneberg

Thüringen

● **B 541**

Landesamt für Mess- und Eichwesen Thüringen
Unterpörlitzer Str. 2, 98693 Ilmenau

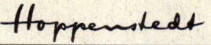

T: (03677) 8 50-0   Fax: 8 50-400, 8 50-410
Gründung: 1991 (1. Januar)
Direktor(in): Dr.-Ing. Klaus-Dieter Sommer

Chemische Untersuchungsämter

Baden-Württemberg

● B 542

Chemisches und Veterinäruntersuchungsamt
Weißenburger Str. 3, 76187 Karlsruhe
T: (0721) 9 26-3611   Fax: 9 26-3549
Leiter: Ltd. VetD Dr. Geßler

● B 543

Chemisches und Veterinäruntersuchungsamt Freiburg
Postf. 10 04 62, 79123 Freiburg
Bissierstr. 5, 79114 Freiburg
T: (0761) 88 55-0   Fax: 88 55-100
E-Mail: poststelle@clua.cvuafr.bwl.de
Am Moosweiher 2, 79108 Freiburg, T: (0761) 15 02-0, Fax: 15 02-299
Leiter: Lt.Chem.Dir. Dr. W. Hörtig
Mitarbeiter: 130

● B 544

Chemisches Untersuchungsamt
Schulberg 17, 75175 Pforzheim
T: (07231) 39 24 44   Fax: 39 21 08
E-Mail: cua@stadt-pforzheim.de

● B 545

Chemisches und Veterinäruntersuchungsamt Sigmaringen
Hedingerstr. 2 /1, 72488 Sigmaringen
T: (07571) 7 32-601   Fax: 7 32-602
Leiter(in): Ltd. ChemDir. Dr. Wilmar Hörtig

● B 546

Chemisches und Veterinäruntersuchungsamt Stuttgart
Postf. 12 06, 70702 Fellbach
Schaflandstr. 3 /2, 70736 Fellbach
T: (0711) 9 57-12 34   Fax: 58 81 76
Leiter(in): Chemiedirektorin Roth
Mitarbeiter: 180

Bayern

● B 547

Chemisches Untersuchungsamt der Stadt Nürnberg
90317 Nürnberg
Adolf-Braun-Str. 55, 90429 Nürnberg
T: (0911) 2 31-2152   Fax: 2 31-2989
Teletex: 9 118 692 hvan
E-Mail: ua@stadt.nuernberg.de
Gründung: 1884
Leiter(in): Dir. Dr. Peter Pluschke
Stellv. Leiter: Dr. Werner Balzer
Verbandszeitschrift: Daten zur Nürnberger Umwelt
Redaktion: Dr. Werner Balzer, Chemisches Untersuchungsamt
Verlag: Eigenverlag
Mitarbeiter: 80

Berlin

● B 548

Berliner Betrieb für Zentrale Gesundheitliche Aufgaben (BBGes)
Invalidenstr. 60, 10557 Berlin
T: (030) 3 97 84-30   Fax: 3 97 84-380
Internet: http://bbges.de
E-Mail: gerschler@bbges.de
Geschäftsführer(in): Barbara Gerschler

Brandenburg

● B 549

Staatliches Veterinär- und Lebensmitteluntersuchungsamt
Postf. 14 69, 15204 Frankfurt
Ringstr. 1030, 15236 Frankfurt
T: (0335) 5 21 71 00   Fax: 5 21 71 20

E-Mail: svla_ffo@t-online.de
Direktor(in): Dr. Claudia Possardt

● B 550

Staatliches Veterinär- und Lebensmitteluntersuchungsamt
Pappelallee 20, 14469 Potsdam
T: (0331) 5 68 80, 5 68 82 49   Fax: 5 68 83 46, 5 68 82 26
E-Mail: bert.schlatterer@svia.brandenburg.de
Gründung: 1921
Direktor(in): Prof. Dr. Dr. Bert Schlatterer
Mitarbeiter: 160

Bremen

● B 551

Landesuntersuchungsamt für Chemie, Hygiene und Veterinärmedizin
St.-Jürgen-Str. 1, 28205 Bremen
T: (0421) 3 61-6129   Fax: 3 61-15238
E-Mail: lua@lua.bremen.de
Leiter(in): Dr. Franz-Christian Lenz

Hessen

● B 552

Staatliches Medizinal-, Lebensmittel- und Veterinäruntersuchungsamt Nordhessen
siehe B 593

● B 553

Staatliches Medizinal-, Lebensmittel- und Veterinäruntersuchungsamt Mittelhessen
siehe B 595

Mecklenburg-Vorpommern

● B 554

Landesveterinär- und Lebensmitteluntersuchungsamt Rostock
Thierfelderstr. 18, 18059 Rostock
T: (0381) 40 35-0   Fax: 4 00 15 10
E-Mail: LVLMU@t-online.de
Direktor(in): Dr. Hartmut Kiupel

Niedersachsen

● B 555

Staatliches Lebensmitteluntersuchungsamt Braunschweig
Postf. 45 18, 38035 Braunschweig
Dresdenstr. 2 u. 6, 38124 Braunschweig
T: (0531) 68 04-0   Fax: 68 04-101
Leiter(in): Ltd. ChemDir. Dr. Hans-Joachim Kleinau (LmCh.)

● B 556

Staatliches Bedarfsgegenständeuntersuchungsamt Lüneburg
Am Alten Eisenwerk 2A, 21339 Lüneburg
T: (04131) 15 10 00   Fax: 15 10 03
Leiter(in): Dr. Hans-Jürgen Prehn (auch Ltg. Presseabt.)
Mitarbeiter: 65

● B 557

Staatliches Lebensmitteluntersuchungsamt Oldenburg
Kranbergstr. 55, 26123 Oldenburg
T: (0441) 98 03-0   Fax: 9 80 31 21
E-Mail: poststelle@lua-ol.niedersachsen.de
Leiter(in): Dr. Manfred Ende

Nordrhein-Westfalen

● B 558

Chemisches- und Lebensmitteluntersuchungsamt der Stadt Aachen
52058 Aachen
Blücherplatz 43, 52068 Aachen
T: (0241) 5 10 21 00   Fax: 50 52 96
Leiter(in): Ltd.Chem.Dir. Eckart Goldschmidt
Mitarbeiter: ca. 41

● B 559

Chemisches Untersuchungsamt der Stadt Bielefeld
Oststr. 55, 33604 Bielefeld
T: (0521) 51-26 56   Fax: 51-33 86
Leiter(in): Dr. Wilfried Hackmann

● B 560

Chemisches Untersuchungsamt der Stadt Bochum
Carolinenglückstr. 27, 44793 Bochum
T: (0234) 9 10-87 12, 9 10-87 23   Fax: 9 10-87 35
Leiter(in): Ltd. StChemDir. Dr. Ralf Turley

● B 561

**Stadt Bonn
Amt für Umweltschutz und Lebensmitteluntersuchung**
53103 Bonn
Engeltalstr. 4, 53111 Bonn
T: (0228) 77 24 38   Fax: 77 39 56
Leiter(in): Ltd. ChemDir. Prof. Dr. Ulrich Bauer

● B 562

Chemisches und Lebensmitteluntersuchungsamt der Stadt Dortmund
Hövelstr. 8, 44137 Dortmund
T: (0231) 50-23646   Fax: 50-23651
Institutsleiter: Hennig

● B 563

Chemisches Untersuchungsinstitut der Stadt Duisburg
-im Amt für kommunalen Umweltschutz-
47049 Duisburg
Wörthstr. 120, 47053 Duisburg
T: (0203) 2 83 59 09   Fax: 2 83 79 99
Fachgebietsltr: Norbert Vreden

● B 564

Chemisches und Geowissenschaftliches Institut der Städte Essen und Oberhausen
Lichtstr. 3, 45127 Essen
T: (0201) 88-59300, 23 55 67   Fax: 88-59320
E-Mail: cgi@bob.essen.de
Leiter(in): LtdStChemDir. Dr. Joachim Schwermann

● B 565

Chemisches Untersuchungsamt der Stadt Hagen
Postf. 42 49, 58042 Hagen
Pappelstr. 1, 58099 Hagen
T: (02331) 2 07 47 15-16   Fax: 2 07-24 54
E-Mail: cua@stadt-hagen.de
Leiter(in): Ltd. ChemDir. Dr. Jürgen Hild

● B 566

Chemisches Untersuchungsamt der Stadt Hamm
Sachsenweg 6, 59073 Hamm
T: (02381) 17-85 00   Fax: 17-22 53
T-Online-Teilnehmer: (02381) 17
E-Mail: brockmann@stadt.hamm.de
Zuständigkeitsbereich: Stadt Hamm, Hochsauerlandkreis und die Kreise Soest und Unna
Leiterin: Ltd. städt. Chemiedirektorin Anneliese Brockmann

● B 567

Chemisches Untersuchungsinstitut
Düsseldorfer Str. 153, 51379 Leverkusen
T: (0214) 4 06-32 61   Fax: 4 06-32 62
E-Mail: cui@stadt.leverkusen.de
Leiter(in): Dagmar Pauly-Mundegar

● B 568

Veterinär- und Lebensmittelüberwachungsamt des Kreises Mettmann
Düsseldorfer Str. 26, 40822 Mettmann
T: (02104) 99-0
Leiter(in): Franke

● B 569

Chemisches Landes- und Staatliches Veterinäruntersuchungsamt
Postf. 19 80, 48007 Münster
Sperlichstr. 19, 48151 Münster
T: (0251) 98 21-0   Fax: 98 21-2 50
E-Mail: poststelle@cvua.nrw.de
Leiter(in): Ltd.Reg.Chem.Dir. Dr. Axel Preuß

B 570
Chemisches Untersuchungsamt des Kreises Viersen
Postf. 20 44, 41307 Nettetal
Königspfad 7, 41334 Nettetal
T: (02157) 60 13   **Fax:** 13 22 51
Leiter(in): KrChemDir. Klaus Fanslau

B 571
Chemisches und Lebensmittel-Untersuchungsamt für die Stadt Mönchengladbach und den Kreis Neuss
Königstr. 32-34, 41460 Neuss
T: (02131) 9 28-5700   **Fax:** 9 28-5799
E-Mail: gerald.fricke@kreis.kdvz-neuss.de
Leiter(in): Ltd. ChemDir. Nikolaus Henrichs

B 572
Chem.- u. Lebensmittel-Untersuchungsamt des Kreises Paderborn
Postf. 19 40, 33049 Paderborn
Aldegreverstr. 10-14, 33102 Paderborn
T: (05251) 30 83 59   **Fax:** 3 08-3 88
Gründung: 1970
Leiter(in): Dr. Ditmar Stauff
Mitarbeiter: 25 + 6 Auszub.

B 573
Staatliches Amt für Arbeitsschutz Recklinghausen
Hubertusstr. 13, 45657 Recklinghausen
T: (02361) 5 81-0   **Fax:** 1 61 59

Rheinland-Pfalz

B 574
Landesuntersuchungsamt Rheinland-Pfalz
Institut für Lebensmittelchemie
Neversstr. 4-6, 56068 Koblenz
T: (0261) 3 91-1   **Fax:** 3 91-2 65
Leiter(in): Chemiedirektor Kurt Breitbach

B 575
Landesuntersuchungsamt Rheinland-Pfalz
Institut für Lebensmittelchemie und Arzneiprüfung
Emy-Roeder-Str. 1, 55129 Mainz
T: (06131) 55 78-0   **Fax:** 55 78-950
Leiter(in): Ltd. Chemiedirektor Klaus Dunkel

B 576
Landesuntersuchungsamt
Institut für Lebensmittelchemie
Postf. 12 06, 67322 Speyer
Nikolaus-von-Weis-Str. 1, 67346 Speyer
T: (06232) 65 21-0   **Fax:** 65 21-95
Leiter(in): N.N.

B 577
Landesuntersuchungsamt
Institut für Lebensmittelchemie
Maximineracht 11a, 54295 Trier
T: (0651) 14 46-211   **Fax:** 2 10 28
Leiter(in): Ltd.ChemDir. Dr. Herbert Otteneder
Mitarbeiter: 64

Saarland

B 578
Staatliches Institut für Gesundheit und Umwelt (SIGU)
Abt. G. Lebensmittelchemie, Arzneimittel
Postf. 10 24 21, 66024 Saarbrücken
Charlottenstr. 7, 66119 Saarbrücken
T: (0681) 58 65-7 01   **Fax:** 58 65-7 27
Abt.Leiter: Chemiedir. Dr. Peter Collet

Sachsen-Anhalt

B 579
Landesveterinär- und Lebensmitteluntersuchungsamt Halle
Postf. 20 08 57, 06009 Halle
Freiimfelder Str. 66-68, 06112 Halle
T: (0345) 56 43-0   **Fax:** 56 43-439
E-Mail: Poststelle@lvluahal.mllsa-net.de
Leiter: Dr. habil. Roland Körber

B 580
Landesveterinär- und Lebensmitteluntersuchungsamt Sachsen-Anhalt
Außenstelle Stendal
Postf. 10 14 61, 39554 Stendal
Haferbreiter Weg 132 -135, 39576 Stendal
T: (03931) 6 31-0   **Fax:** 6 31-153
E-Mail: poststelle@lvluasdl.ml.lsa-net.de
Leiter(in): Dr. habil. Roland Körber

Schleswig-Holstein

B 581
Lebensmittel- und Veterinäruntersuchungsamt des Landes Schleswig-Holstein
Max-Eyth-Str. 5, 24537 Neumünster
T: (04321) 9 04-600   **Fax:** 9 04-619

b 582
Lebensmittel- und Veterinäruntersuchungsamt des Landes Schleswig-Holstein
Außenstelle Lübeck
Katharinenstr. 35, 23554 Lübeck
T: (0451) 4 84 70-11   **Fax:** 4 84 70-34

b 583
Lebensmittel- und Veterinäruntersuchungsamt des Landes Schleswig-Holstein
Außenstelle Kiel
Eckernförder Str. 421, 24107 Kiel
T: (0431) 31 93 70   **Fax:** 3 19 37 21

Medizinaluntersuchungsämter

Baden-Württemberg

B 584
Landesgesundheitsamt Baden-Württemberg
Wiederholdstr. 15, 70174 Stuttgart
T: (0711) 18 49-247   **Fax:** 18 49-2 42
Internet: http://www.landesgesundheitsamt.de
E-Mail: poststelle@lga.bwl.de
Gründung: 1898
Leiter(in): Prof. Dr.med.habil. Volker Hingst (Präsident)
Mitarbeiter: ca. 200

Bayern

B 585
Landesuntersuchungsamt für das Gesundheitswesen Nordbayern
Postf. 25 09, 91013 Erlangen
Eggenreuther Weg 43, 91058 Erlangen
T: (09131) 7 64-0   **Fax:** 7 64-102
Internet: http://www.lua-nordbayern.de
E-Mail: poststelle@lua-nordbayern.de
Präsident(in): Dr. Helge Burow

B 586
Landesuntersuchungsamt für das Gesundheitswesen Südbayern
Veterinärstr. 2, 85762 Oberschleißheim
T: (089) 3 15 60-1   **Fax:** 3 15 60-4 25
Präsident(in): Dr. Dr. Peter Moritz

B 587
Landesuntersuchungsamt für das Gesundheitswesen Nordbayern
Keplerstr. 16, 93047 Regensburg
T: (0941) 5 85 10 30   **Fax:** 58 51 03 20
Leiter(in): ChemDir. Böttger

Berlin

B 588
Berliner Betrieb für Zentrale Gesundheitliche Aufgaben (BBGes)
Zentrum für Infektions-Diagnostik
IMH Institut für Mikrobiologie und Hygiene
Invalidenstr. 60, 10557 Berlin
T: (030) 3 97 84-30   **Fax:** 3 97 84-380
E-Mail: mail@bbges.de
Gründung: 1960

Direktor: Dr. med. Manfred Wundschock
Mitarbeiter: 100
Jahresetat: DM 13,0 Mio, € 6,65 Mio

Brandenburg

B 589
Landesamt für Soziales und Versorgung -Landesgesundheitsamt Brandenburg-
Wünsdorfer Platz, 15838 Wünsdorf
T: (033702) 7-1100
Leiter(in): Dr. Gabriele Ellsäßer

B 590
Hygieneinstitut Cottbus GmbH
Thiemstr. 104, 03050 Cottbus
T: (0355) 5 85 07-0   **Fax:** 5 85 07-52
Internet: http://members.aol.com/hyginstcb/index.htm
E-Mail: hyginstcb@aol.com
Gründung: 1999 (06. Dezember)

Bremen

B 591
Landesuntersuchungsamt für Chemie, Hygiene und Veterinärmedizin
siehe B 551

Hamburg

B 592
Hygiene Institut Hamburg
Marckmannstr. 129a, 20539 Hamburg
T: (040) 4 28 37-0   **Fax:** 4 28 37-274
Internet: http://www.hygiene-institut-hamburg.de
E-Mail: hyginsthh@vossnet.de
Gründung: 1892
Geschäftsführer(in): Hans-Joachim Breetz
Wissenschaftl. Sprecher: Dr. Thomas Kühn
Leitung Presseabteilung: Regina Link
Mitarbeiter: 230 + 12 Lebensmittelchemiker-Praktikanten

Hessen

B 593
Staatliches Medizinal-, Lebensmittel- und Veterinäruntersuchungsamt Nordhessen
Abt. Humanmedizin, Seuchen- und Umwelthygiene
34114 Kassel
Druselstalstr. 67, 34131 Kassel
T: (0561) 31 01-0   **Fax:** 31 01-242
Leiter(in): Med.Direktor Thomas Böhm

B 594
Staatliches Medizinal-, Lebensmittel- und Veterinäruntersuchungsamt Mittelhessen
Abt. I (Humanmedizin)
Wolframstr. 33, 35683 Dillenburg
T: (02771) 3 20 60   **Fax:** 3 66 71
Leiter(in): Prof. Dr. E. Rauterberg

B 595
Staatliches Medizinal-, Lebensmittel- und Veterinäruntersuchungsamt Mittelhessen
Postf. 10 08 55, 35338 Gießen
Marburger Str. 54, 35396 Gießen
T: (0641) 30 06-0   **Fax:** 30 06-18
E-Mail: mittel.hess@uamt.gi.shuttle.de
Leiter(in): Chem.-Dir. Prof. Dr. Hubertus Brunn

B 596
Staatliches Medizinal-, Lebensmittel- und Veterinäruntersuchungsamt Südhessen
Postf. 55 45, 65045 Wiesbaden
Hasengartenstr. 24, 65189 Wiesbaden
T: (0611) 76 08-0   **Fax:** 71 35 15
Leiter(in): Ltd. VetDir. Dr. Friedrich Bert
Stellv. Leiter: N. N.

Außenstellen:

b 597

Staatliches Medizinal-, Lebensmittel- und Veterinäruntersuchungsamt Südhessen
Außenstelle Darmstadt
Wilhelminenstr. 2, 64283 Darmstadt
T: (06151) 12-56 25 Fax: 12-62 44
Leiter(in): N. N.

b 598

Staatliches Medizinal-, Lebensmittel- und Veterinäruntersuchungsamt Südhessen
Außenstelle Frankfurt
Deutschordenstr. 48, 60528 Frankfurt
T: (069) 67 80 20 Fax: 6 78 02 11
Leiter(in): VetDir. Dr. J. Frost

● **B 599**

Landeshygieneinstitut Rostock
Postf. 10 11 85, 18002 Rostock
Gertrudenstr. 11, 18057 Rostock
T: (0381) 4 95 53 00 Fax: 4 95 53 14
Direktor(in): Prof. Dr.med. Christel Hülße

● **B 600**

Landeshygieneinstitut Mecklenburg-Vorpommern
- Außenstelle Schwerin -
Bornhövedstr. 78, 19055 Schwerin
T: (0385) 50 01-0 Fax: 50 01-118
Außenstellenleiter: Dr.rer.nat. Wilfried Puchert

Niedersachsen

● **B 601**

Niedersächsisches Landesgesundheitsamt
Außenstelle Aurich
Postf. 17 40, 26587 Aurich
Lüchtenburger Weg 24, 26603 Aurich
T: (04941) 91 71-0 Fax: 91 71-10
Internet: http://homepages.emsnet.de/nlga-aur
E-Mail: nlga-aur@emsnet.de
Leiter(in): Dr.rer.nat. Ernst-August Heinemeyer

● **B 602**

Niedersächsisches Landesgesundheitsamt
Postf. 91 07 61, 30427 Hannover
Roesebeckstr. 4-6, 30449 Hannover
T: (0511) 45 05-0 Fax: 45 05-1 40
Leiter(in): Präsident Prof. Dr.med. Adolf Windorfer

● **B 603**

Landesinstitut für den Öffentlichen Gesundheitsdienst des Landes Nordrhein-Westfalen
Postf. 20 10 12, 33548 Bielefeld
Westerfeldstr. 35-37, 33611 Bielefeld
T: (0521) 80 07-0 Fax: 80 07-2 00
Internet: http://www.loegd.nrw.de
Institutsdirektor: Dr. Helmut Brand
Mitarbeiter: 170

b 604

Landesinstitut für den Öffentlichen Gesundheitsdienst des Landes Nordrhein-Westfalen
Standort Münster
Postf. 38 09, 48021 Münster
Von-Stauffenberg-Str. 36, 48151 Münster
T: (0251) 77 93-0 Fax: 77 93-220

● **B 605**

Hygiene-Institut des Ruhrgebiets
Postf. 10 12 45, 45812 Gelsenkirchen
Rotthauser Str. 19, 45879 Gelsenkirchen
T: (0209) 15 86-0 Fax: 1 58 61 06
Internet: http://www.hyg.de
E-Mail: direktion@hyg.de
Geschäftsführender Direktor: Prof. Dr. L. Dunemann (E-Mail: Dunemann@hyg.de)

Rheinland-Pfalz

● **B 606**

Landesuntersuchungsamt
Institut für Hygiene und Infektionsschutz Koblenz
Postf. 20 11 62, 56011 Koblenz
Neversstr. 4-6, 56068 Koblenz
T: (0261) 39 12 80 Fax: 39 13 20
Leiter(in): Ltd. Medizinaldirektorin Dr. med. Ursula Massenkeil

● **B 607**

Landesuntersuchungsamt
Institut für Hygiene und Infektionsschutz Landau
Bodelschwinghstr. 19, 76829 Landau
T: (06341) 8 63 80, 4 33 10-0 Fax: 8 53 99
Leiter(in): Ltd. MedDir. Dr. med. Wolf Rottmann

● **B 608**

Landesuntersuchungsamt Rheinland-Pfalz
Institut für Hygiene und Infektionsschutz
Maximineracht 11b, 54295 Trier
T: (0651) 14 46-0 Fax: 2 44 95
E-Mail: Mua.Trier@t-online.de
Leiterin: Dr. Maria M. Schmitt (Ärztin f. Mikrobiologie u. Infektionsepidemiologie)

Saarland

● **B 609**

Staatliches Institut für Gesundheit und Umwelt (SIGU)
Malstatter Str. 17, 66117 Saarbrücken
T: (0681) 58 65-0 Fax: 5 84 84 52
Internet: http://www.umwelt.saarland.de
E-Mail: poststelle@sigu.x400.saarland.de
Leiter(in): Dr.rer.nat. Gerhard Luther

Sachsen

● **B 610**

Landesuntersuchungsanstalt für das Gesundheits- und Veterinärwesen Sachsen
Postf. 20 02 74, 01192 Dresden
Reichenbachstr. 71-73, 01217 Dresden
T: (0351) 81 44-0 Fax: 81 44-4 97
Gründung: 1992 (1. Januar)
Präsident(in): Dr.rer.nat. Bernd Schlegel (Standorte: Chemnitz, Dresden, Leipzig)
Mitarbeiter: 642

Sachsen-Anhalt

● **B 611**

Hygieneinstitut Sachsen-Anhalt
Postf. 17 48, 39007 Magdeburg
Wallonerberg 2-3, 39104 Magdeburg
T: (0391) 53 77-0 Fax: 53 77-103
Gründung: 1906
Direktor(in): Doz. Dr.med.habil. Bernd Thriene
Mitarbeiter: 150

Schleswig-Holstein

● **B 612**

Medizinaluntersuchungsamt Kiel
Brunswiker Str. 4, 24105 Kiel
T: (0431) 5 97-3270, 5 97-3300 Fax: 5 97-3328, 5 97-2216
Leiter(in): Prof. Dr. Knut-Olaf Gundermann
Prof. Dr. Uwe Ullmann

● **B 613**

Medizinaluntersuchungsamt bei der Med. Universität zu Lübeck
Ratzeburger Allee 160, 23562 Lübeck
T: (0451) 5 00-2800 Fax: 5 00-2749
Internet: http://www.hygiene.mu-luebeck.de
E-Mail: solbach@hygiene.mu-luebeck.de
Prof. Dr.med. Werner Solbach (Institut f. Med. Mikrobiologie und Hygiene, Med. Universität zu Lübeck, Ratzeburger Allee 160, 23538 Lübeck, T: (0451) 5 00-28 00, Fax: (0451) 5 00-27 49)

Thüringen

● **B 614**

Thüringer Medizinal-, Lebensmittel- und Veterinäruntersuchungsamt (TMLVUA)
Sitz: Bad Langensalza
Postf. 10 21 16, 99021 Erfurt
Juri-Gagarin-Ring 124, 99084 Erfurt
T: (0361) 3 78-00 (Behördenzentrale), 3 78-8800 (Zentrale)
Fax: 3 78-8801
E-Mail: tmlvua.erfurt@t-online.de
Direktor(in): Dr.med. habil. Wolfgang Hühn

Landesvermessungsämter

● **B 615**

Arbeitsgemeinschaft der Vermessungsverwaltungen der Länder der Bundesrepublik Deutschland (AdV)
Podbielskistr. 331, 30659 Hannover
T: (0511) 6 46 09-0 Fax: 6 46 09-162
Internet: http://www.adv-online.de
Vorsitzende(r): Heinrich Tilly (Ministerium des Innern des Landes Brandenburg, Referate III/2 u. III/3, Henning-von-Tresckow-Str. 9-13, 14467 Potsdam)
Geschäftsführer(in): Peter Creuzer (Landesvermessung + Geobasisinformation Niedersachsen LGN, Podbielskistr. 331, 30659 Hannover)

Baden-Württemberg

● **B 616**

Landesvermessungsamt Baden-Württemberg
Postf. 10 29 62, 70025 Stuttgart
Büchsenstr. 54, 70174 Stuttgart
Internet: http://www.lv-bw.de

Bayern

● **B 617**

Bayerisches Landesvermessungsamt
Postf. 22 00 04, 80535 München
Alexandrastr. 4, 80538 München
T: (089) 21 29-0 Fax: 21 29-1537
Internet: http://212.34.183
E-Mail: poststelle@blva.bayern.de

Berlin

● **B 618**

Senatsverwaltung für Stadtentwicklung
Abt. III Geoinformation und Vermessung
Mansfelder Str. 16, 10713 Berlin
T: (030) 90 12-5594 Fax: 90 12-3117

Bremen

● **B 619**

Kataster und Vermessungsverwaltung Bremen
Wilhelm-Kaisen-Brücke 4, 28199 Bremen
T: (0421) 3 61-4653 Fax: 3 61-4947
E-Mail: bl-kv@kv.bremen.de
Leiter(in): Dipl.-Ing. Anngret Brandt-Wehner

Hamburg

● **B 620**

Baubehörde
Amt für Geoinformation und Vermessung
Postf. 10 05 04, 20003 Hamburg
Sachsenkamp 4, 20097 Hamburg
T: (040) 4 28 26-0 Fax: 4 28 26-5966
Internet: http://www.geoinfo.hamburg.de
E-Mail: poststelle@gv.hamburg.de

Hessen

● **B 621**

Hessisches Landesvermessungsamt
Postf. 32 49, 65022 Wiesbaden
Schaperstr. 16, 65195 Wiesbaden
T: (0611) 5 35-0 Fax: 5 35-5309
Internet: http://www.hkvv.hessen.de
E-Mail: info.hlva@hkvv.hessen.de

Mecklenburg-Vorpommern

● **B 622**

Landesvermessungsamt Mecklenburg-Vorpommern
Postf. 12 01 34, 19018 Schwerin
Lübecker Str. 289, 19059 Schwerin
T: (0385) 74 44-0 Fax: 74 44-398

Internet: http://www.lverma-mv.de
E-Mail: poststelle@lverma-mv.de

Niedersachsen

● **B 623**

Landesvermessung + Geobasisinformation Niedersachsen (LGN)
Podbielskistr. 331, 30659 Hannover
T: (0511) 6 46 09-555   **Fax:** 6 46 09-165
Internet: http://www.lgn.de
E-Mail: info@lgn.niedersachsen.de

Nordrhein-Westfalen

● **B 624**

Landesvermessungsamt Nordrhein-Westfalen
Muffendorfer Str. 19-21, 53177 Bonn
T: (0228) 8 46 46 46   **Fax:** 8 46 46 48
Internet: http://www.lverma.nrw.de
E-Mail: shop@lverma.nrw.de
Gründung: 1949 (1. April); seit 2001 (1. Januar) Landesbetrieb
Direktor(in): Dipl.-Ing. Barwinski
Stellvertretender Direktor: Dipl.-Ing. Harbeck
Leitung Presseabteilung: Dipl.-Ing. Jürgen Kremers
Mitarbeiter: 420
Jahresetat: DM 44 Mio, € 22,5 Mio
Sammlung, Aktualisierung und Verwaltung von Geodaten, deren Abbildung bzw. Darstellung in analogen Karten oder digital auf Datenträger.

Rheinland-Pfalz

● **B 625**

Landesamt für Vermessung und Geobasisinformation Rheinland-Pfalz
Postf. 30 05 20, 56028 Koblenz
Ferdinand-Sauerbruch-Str. 15, 56073 Koblenz
T: (0261) 4 92-1   **Fax:** 49 24 92
Internet: http://www.lverma.rlp.de
E-Mail: poststelle@lverma.rlp.de
Präsident(in): Dipl.-Ing. Emil Schenk
Vizepräsident(in): Dipl.-Ing. Hans-Michael Kerst

Saarland

● **B 626**

Landesamt für Kataster-, Vermessungs- und Kartenwesen (LKVK)
Von-der-Heydt 22, 66115 Saarbrücken
T: (0681) 97 12-03   **Fax:** 97 12-200
Internet: http://www.lkvk.saarland.de
E-Mail: poststelle@lkvk.x400.saarland.de

Sachsen

● **B 627**

Landesvermessungsamt Sachsen
Postf. 10 02 44, 01072 Dresden
Olbrichtplatz 3, 01099 Dresden
T: (0351) 82 83-0   **Fax:** 82 83-202
Internet: http://www.lverma.smi.sachsen.de
E-Mail: verkauf@lvsn.smi.sachsen.de

Sachsen-Anhalt

● **B 628**

Landesamt für Landesvermessung und Datenverarbeitung Sachsen-Anhalt
Postf. 20 08 53, 06009 Halle
Barbarastr. 2, 06110 Halle
T: (0345) 13 04-50   **Fax:** 13 04-997
E-Mail: LVermD@lverm.mi.lsa-net.de

Schleswig-Holstein

● **B 629**

Landesvermessungsamt Schleswig-Holstein
Mercatorstr. 1, 24106 Kiel
T: (0431) 3 83-0   **Fax:** 3 83-2099
Internet: http://www.schleswig-holstein.de/lverma
E-Mail: Poststelle@LVermA-SH.landsh.de

Hauptstaatsarchive der Bundesländer

Baden-Württemberg

● **B 630**

Hauptstaatsarchiv Stuttgart
Konrad-Adenauer-Str. 4, 70173 Stuttgart
T: (0711) 2 12 43 35   **Fax:** 2 12 43 60
Internet: http://www.lad-bw.de/hstas
E-Mail: hauptstaatsarchiv@S.lad-bw.de
Leiter(in): Archivdirektor Dr. Robert Kretzschmar

Bayern

● **B 631**

Bayerisches Hauptstaatsarchiv
Postf. 22 11 52, 80501 München
Schönfeldstr. 5-11, 80539 München
T: (089) 2 86 38-2535   **Fax:** 2 86 38-2954
E-Mail: poststelle@bayhsta.bayern.de
Leiter(in): Direktor Prof. Dr. Joachim Wild

Brandenburg

● **B 632**

Brandenburgisches Landeshauptarchiv
Postf. 60 04 49, 14404 Potsdam
An der Orangerie 3, 14469 Potsdam
T: (0331) 56 74-120   **Fax:** 56 74-112
Leiter(in): Direktor Dr. Klaus Neitmann

Bremen

● **B 633**

Staatsarchiv Bremen
Am Staatsarchiv 1, 28203 Bremen
T: (0421) 3 61 62 21   **Fax:** 36 11 02 47
Internet: http://www.bremen.de/info/staatsarchiv
E-Mail: zentrale@staatsarchiv.bremen.de
Leiter(in): Archivdirektor Dr. Adolf Hofmeister (Kommissarisch)

Hamburg

● **B 634**

Staatsarchiv Hamburg
Kattunbleiche 19, 22041 Hamburg
T: (040) 4 28 31-3200   **Fax:** 4 28 31-3201
Internet: http://www.hamburg.de/Behoerden/Staatsarchiv/
E-Mail: poststelle@staatsarchiv.hamburg.de
Leiter: Dr. Udo Schäfer

Hessen

● **B 635**

Hessisches Hauptstaatsarchiv
Mosbacher Str. 55, 65187 Wiesbaden
T: (0611) 8 81-0   **Fax:** 8 81-145
Internet: http://www.archive.hessen.de
E-Mail: poststelle@hhstaw.hessen.de
Leiter(in): Ltd. Archivdirektor Dr. Klaus Eiler
Archivdirektor Dr. Volker Eichler (Vertreter)

Mecklenburg-Vorpommern

● **B 636**

Landeshauptarchiv Schwerin
Graf-Schack-Allee 4, 19053 Schwerin
T: (0385) 5 92 96-0   **Fax:** 5 92 96-12
Internet: http://www.landeshauptarchiv-schwerin.de
E-Mail: lha.schwerin@t-online.de
Leiter(in): Dr. Andreas Röpcke

Niedersachsen

● **B 637**

Niedersächsisches Hauptstaatsarchiv
Am Archiv 1, 30169 Hannover
T: (0511) 1 20-6601   **Fax:** 1 20-6699
E-Mail: poststelle@staatsarchiv-h.niedersachsen.de
Leiter(in): Ltd. Archivdirektor Dr. Dieter Brosius

Nordrhein-Westfalen

● **B 638**

Nordrhein-Westfälisches Hauptstaatsarchiv
Mauerstr. 55, 40476 Düsseldorf
T: (0211) 94 49-02   **Fax:** 94 49-7002
Leiter(in): Prof. Dr. Ottfried Dascher

Rheinland-Pfalz

● **B 639**

Landeshauptarchiv Koblenz
Landesarchivverwaltung Rheinland-Pfalz
Postf. 20 10 47, 56010 Koblenz
Karmeliterstr. 1-3, 56068 Koblenz
T: (0261) 9 12 90   **Fax:** 9 12 91 12
Internet: http://www.landeshauptarchiv.de
E-Mail: info@landeshauptarchiv.de
Leiter(in): Dr. Heinz-Günther Borck

Saarland

● **B 640**

Landesarchiv Saarbrücken
Dudweilerstr. 1, 66133 Saarbrücken
T: (0681) 9 80 39-0   **Fax:** 9 80 39-133
E-Mail: landesarchiv@landesarchiv.saarland.de
Leiter(in): Direktor Dr. Wolfgang Laufer

Sachsen

● **B 641**

Sächsisches Hauptstaatsarchiv
Postf. 10 04 50, 01074 Dresden
Archivstr. 14, 01097 Dresden
T: (0351) 80 06-0   **Fax:** 8 02 12 74
E-Mail: hstadd@hsta.smi.sachsen.de
Leiter(in): Dr. Guntram Martin

Sachsen-Anhalt

● **B 642**

Landeshauptarchiv Sachsen-Anhalt
Postf. 40 23, 39015 Magdeburg
Hegelstr. 25, 39104 Magdeburg
T: (0391) 56 64-3   **Fax:** 56 64-440
Leiter(in): Dr. Karlotto Bogumil

Schleswig-Holstein

● **B 643**

Landesarchiv Schleswig-Holstein
Gottorfstr. 6, 24837 Schleswig
T: (04621) 86 18 00   **Fax:** 86 18 01
Internet: http://www.schleswig-holstein.de/archive/lash
E-Mail: landesarchiv@la.landsh.de
Leiter: Prof. Dr. Reimer Witt

Thüringen

● **B 644**

Thüringisches Hauptstaatsarchiv
Postf. 27 26, 99408 Weimar
Marstallstr. 2, 99423 Weimar
T: (03643) 8 70-0   **Fax:** 8 70-100
Internet: http://www.thueringen.de/staatsarchive
E-Mail: thhstaweimar@thueringen.de
Leiter(in): Direktor Dr. Volker Wahl

Landesämter für Denkmalpflege

Baden-Württemberg

● **B 645**

Landesdenkmalamt Baden-Württemberg
Mörikestr. 12, 70178 Stuttgart
T: (0711) 16 94-9   **Fax:** 16 94-513
Präsident(in): Prof. Dr. Dieter Planck
Leitung Presseabteilung: Dr. Sabine Leutheußer-Holz
Verbandszeitschrift: Denkmalpflege in Baden-Württemberg
Redaktion u. Verlag: Landesdenkmalamt Baden-Württemberg

Berlin

● **B 646**

Landesdenkmalamt Berlin
Krausenstr. 38-39, 10117 Berlin
T: (030) 2 03 59-0   Fax: 2 03 59-551
Internet: http://www.stadtentwicklung.berlin.de
E-Mail: landesdenkmalamt@senstadt.verwalt-berlin.de
Leiter(in): Landeskonservator Dipl.-Ing. Dr. Jörg Haspel
Mitarbeiter: ca. 50

Brandenburg

● **B 647**

Brandenburgisches Landesamt für Denkmalpflege
Wünsdorfer Platz 4-5, 15838 Waldstadt
T: (033702) 7 12 00 (Baudenkmalpflege),
7 14 00 (Bodendenkmalpflege)
Fax: (003702) 7 12 02 (Baudenkmalpflege),
7 14 01 (Bodendenkmalpflege)
E-Mail: poststelle@bldam.brandenburg.de
Landeskonservator: Prof. Dr. Detlef Karg

Bremen

● **B 648**

Landesamt für Denkmalpflege Bremen
Sandstr. 3, 28195 Bremen
T: (0421) 3 61-2502   Fax: 3 61-6452
Leiter(in): N.N.

Hamburg

● **B 649**

Denkmalschutzamt Hamburg
Postf. 76 06 68, 22056 Hamburg
Imstedt 18-20, 22083 Hamburg
T: (040) 4 28 63-0   Fax: 4 28 63-3900
Internet: http://www.hamburg.de/Behoerden/Kulturbehoerde/denkmal.htm
E-Mail: denkmalschutzamt@kb.hamburg.de
Leiter: Prof. Dr. Eckart Hannmann

Hessen

● **B 650**

Landesamt für Denkmalpflege Hessen
Schloß Biebrich, 65203 Wiesbaden
T: (0611) 69 06-0   Fax: 69 06-40
Internet: http://www.denkmalpflege-hessen.de
E-Mail: denkmalamt.hessen@denkmalpflege-hessen.de
Präsident(in): Dr. Gerd Weiß
Vertreter: Dr. Fritz-Rudolf Herrmann
Mitarbeiter: ca. 120

Mecklenburg-Vorpommern

● **B 651**

Landesamt für Denkmalpflege Mecklenburg-Vorpommern
Domhof 4/5, 19055 Schwerin
T: (0385) 5 58 70-0   Fax: 56 29 05
Leiter: Dipl.-Ing. Dieter Zander

Niedersachsen

● **B 652**

Niedersächsisches Landesamt für Denkmalpflege
Scharnhorststr. 1, 30175 Hannover
T: (0511) 9 25-0   Fax: 9 25-5328
Internet: http://www.denkmalpflege-niedersachsen.de
E-Mail: bibliothek@denkmalpflege-niedersachsen.de
Präsident(in): Dr.-Ing. Christiane Segers-Glocke

Nordrhein-Westfalen

● **B 653**

**Landschaftsverband Rheinland
Rheinisches Amt für Denkmalpflege**
Abtei Brauweiler
Postf. 21 40, 50250 Pulheim
Ehrenfriedstr. 19, 50259 Pulheim
T: (02234) 98 54-500, 98 54-202
Internet: http://www.lvr.de/dez9/Amt91/rad
Leiter(in): Prof. Dr. Udo Mainzer

● **B 654**

**Landschaftsverband Westfalen-Lippe
Westfälisches Amt für Denkmalpflege**
48133 Münster
Salzstr. 38 Erbdrostenhof, 48143 Münster
T: (0251) 5 91-4036   Fax: 5 91-4024
Internet: http://www.lwl.org/HTML/KULTUR/wafd/wafd01.htm
E-Mail: b.stumpe@lwl.org
Leiter(in): Prof. Dr. Eberhard Grunsky

Rheinland-Pfalz

● **B 655**

Landesamt für Denkmalpflege Rheinland-Pfalz
Schillerstr. 44, 55116 Mainz
T: (06131) 20 16-0   Fax: 20 16-111
Direktor(in): Prof. Dr. Wolfgang Brönner
Stellvertretende(r) Direktor(en): Kurt Frein

Saarland

● **B 656**

Staatliches Konservatoramt
- Denkmalfachbehörde für das Saarland -
Postf. 10 24 52, 66024 Saarbrücken
Schloßplatz 16, 66119 Saarbrücken
T: (0681) 5 01-00   Fax: 5 01-2478
Internet: http://www.denkmal-saarland.de
Amtsleiter: Landeskonservator Dipl.-Ing. Johann Peter Lüth
Stellv. Amtsleiter: Dr. Georg Skalecki (kommiss)

Sachsen

● **B 657**

Landesamt für Denkmalpflege Sachsen
Augustusstr. 2, 01067 Dresden
T: (0351) 49 14-400   Fax: 49 14-477
E-Mail: post@lfd.smwk.sachsen.de
Sächsischer Landeskonservator: Prof. Dr.-Ing. Gerhard Glaser

Sachsen-Anhalt

● **B 658**

Landesamt für Denkmalpflege Sachsen-Anhalt
Alter Markt 27, 06108 Halle
T: (0345) 2 31 00-0   Fax: 2 31 00-15
Leiter(in): Dipl.-Ing. Gotthard Voß

Schleswig-Holstein

● **B 659**

Landesamt für Denkmalpflege Schleswig-Holstein
Wall 74 Schloß, 24103 Kiel
T: (0431) 90 67-120   Fax: 90 67-246
Internet: http://www.schleswig-holstein.de/denkmal
E-Mail: denkmalamt.sh@t-online.de
Leiter(in): Dr. Michael Paarmann

Thüringen

● **B 660**

Thüringisches Landesamt für Denkmalpflege
Petersberg Haus 12, 99084 Erfurt
T: (0361) 3 78 13 00   Fax: 3 78 13 90
Internet: http://www.thueringen.de/denkmalpflege
E-Mail: TLD.Erfurt@t-online.de
Leiter(in): Landeskonservator Dr. Werner von Trützschler

Finanzgerichte

Baden-Württemberg

● **B 661**

Finanzgericht Baden-Württemberg
Postf. 10 01 08, 76231 Karlsruhe
Moltkestr. 80, 76133 Karlsruhe
T: (0721) 9 26-0   Fax: 9 26 35 59
Präsident(in): Dr. Kopei

b 662

**Finanzgericht Baden-Württemberg
Außensenate Freiburg**
Postf. 52 80, 79019 Freiburg
Gresserstr. 21, 79102 Freiburg
T: (0761) 2 07 24-0   Fax: 2 07 24-200

b 663

**Finanzgericht Baden-Württemberg
Außensenate Stuttgart**
Postf. 10 14 16, 70013 Stuttgart
Gutenbergstr. 109, 70197 Stuttgart
T: (0711) 66 85-0   Fax: 66 85-166

Bayern

● **B 664**

Finanzgericht München
Postf. 86 03 60, 81630 München
Ismaninger Str. 95, 81675 München
T: (089) 9 29 89-0   Fax: 9 29 89-300, 45 50 46 00
TGR: Finanzgericht München
Präsident(in): Dr. Michael Wolf

b 665

**Finanzgericht München
Außensenate Augsburg**
Postf. 10 16 61, 86006 Augsburg
Frohsinnstr. 21, 86150 Augsburg
T: (0821) 3 46 27-0   Fax: 3 46 27-100

● **B 666**

Finanzgericht Nürnberg
Deutschherrnstr. 8, 90429 Nürnberg
T: (0911) 2 70 76-0   Fax: 2 70 76-24
Präsident(in): Dr. Peter Glanegger

Berlin

● **B 667**

Finanzgericht Berlin
Schönstedtstr. 5, 13357 Berlin
T: (030) 90 15 60   Fax: 90 15 63 46
Präsident(in): Dr. Herbert Bültmann

Brandenburg

● **B 668**

Finanzgericht des Landes Brandenburg
Postf. 10 04 65, 03004 Cottbus
Von-Schön-Str. 10, 03050 Cottbus
T: (0355) 49 91-6100   Fax: 49 91-6199
Präsident(in): Wolfram Hartig

Bremen

● **B 669**

Finanzgericht Bremen
Schillerstr. 10, 28195 Bremen
T: (0421) 3 61 22 97   Fax: 36 11 00 29
Präsident(in): Hans-Jürgen Ziemann
Mitglieder: 6

Hamburg

● **B 670**

Finanzgericht Hamburg
Oberstr. 18D 1. Stock (Hochhaus), 20144 Hamburg
T: (040) 4 28 01-0   Fax: 4 28 01-2750
TGR: Finanzgericht Hamburg, Oberstr. 18 d
Präsident(in): Dr. Jan Grotheer

Hessen

● **B 671**

Hessisches Finanzgericht
Postf. 10 17 40, 34017 Kassel
Königstor 35, 34117 Kassel
T: (0561) 72 06-0   Fax: 72 06-1 11
Präsident(in): Manfred Stremplat

B 672

Mecklenburg-Vorpommern

● B 672

Finanzgericht Mecklenburg-Vorpommern
Lange Str. 2a, 17489 Greifswald
T: (03834) 7 95-0   **Fax:** 7 95-228, 7 95-213
Präsident(in): N. N.

Niedersachsen

● B 673

Niedersächsisches Finanzgericht
Hermann-Guthe-Str. 3, 30519 Hannover
T: (0511) 84 08-0   **Fax:** 84 08-4 99
Präsident(in): Prof. Dr. Siegbert F. Seeger

Nordrhein-Westfalen

● B 674

Finanzgericht Düsseldorf
Postf. 10 23 53, 40014 Düsseldorf
Ludwig-Erhard-Allee 21, 40227 Düsseldorf
T: (0211) 77 70-0   **Fax:** 77 70-2600
Präsident(in): Helmut Plücker
Pressesprecher: Dr. von Beckerath (Vorsitzender Richter am Finanzgericht)
Mitarbeiter: ca. 150

● B 675

Finanzgericht Köln
Appellhofplatz, 50667 Köln
T: (0221) 20 66-0   **Fax:** 20 66-420
Präsident(in): Dr. Jürgen Schmidt-Troje
Leitung Presseabteilung: Vizepräsidentin des FG Dr. Schaumburg

● B 676

Finanzgericht Münster
Postf. 27 69, 48014 Münster
Warendorfer Str. 70, 48145 Münster
T: (0251) 3 78 40   **Fax:** 3 78 41 00
Präsident(in): Hartmut Reim
Leitung Presseabteilung: VorsRaFG Prof. Dr. Torsten Ehmcke

Rheinland-Pfalz

● B 677

Finanzgericht Rheinland-Pfalz
Robert-Stolz-Str. 20, 67433 Neustadt
T: (06321) 40 10   **Fax:** 40 13 55
Präsident(in): Dr. Horst Kröger
Geschäftsleiter: Oberregierungsrat Becker
Presseabteilung: Richter am Finanzgericht Lind

Saarland

● B 678

Finanzgericht des Saarlandes
Hardenbergstr. 3, 66119 Saarbrücken
T: (0681) 5 01-55 42   **Fax:** 5 01-55 95
Präsident(in): Hansjürgen Schwarz
Vizepräsident(in): Dr. Axel Schmidt-Liebig
Geschäftsstellenleiter: Walter Jost

Sachsen

● B 679

Sächsisches Finanzgericht
Käthe-Kollwitz-Str. 1, 04109 Leipzig
T: (0341) 7 02 30-0   **Fax:** 7 02 30-99
Präsident(in): Dr. Thomas Pfeiffer

Sachsen-Anhalt

● B 680

Finanzgericht des Landes Sachsen-Anhalt
Postf. 18 07, 06815 Dessau
Antoinettenstr. 37, 06844 Dessau
T: (0340) 2 02-0   **Fax:** 2 02-23 04
Präsident(in): Detlef Schröder

Schleswig-Holstein

● B 681

Schleswig-Holsteinisches Finanzgericht
Beselerallee 39-41, 24105 Kiel
T: (0431) 9 88-0   **Fax:** 9 88-3846
Präsident(in): Christian Schulze-Anné

Thüringen

● B 682

Thüringer Finanzgericht
Postf. 10 05 64, 99855 Gotha
Bahnhofstr. 3a, 99867 Gotha
T: (03621) 43 20   **Fax:** 4 32-299
Internet: http://www.thueringerfinanzgericht.de
E-Mail: poststelle@tfggth.thueringen.de
Präsident(in): Elmar Schuler

Landesarbeitsgerichte

Baden-Württemberg

● B 683

Landesarbeitsgericht Baden-Württemberg
Rosenbergstr. 16, 70174 Stuttgart
T: (0711) 1 23-0   **Fax:** 1 23-3950
Internet: http://www.lagbw.de
E-Mail: poststelle@lag.bwl.de
Präsident(in): Manfred Baur
Geschäftsleiter: Oberregierungsrat Roland Schiffner

Bayern

● B 684

Landesarbeitsgericht München
Postf. 40 01 80, 80701 München
Winzererstr. 104, 80797 München
T: (089) 3 06 19-0   **Fax:** 3 06 19-2 11
Präsident(in): Peter Mayer

● B 685

Landesarbeitsgericht Nürnberg
Postf. 81 04 80, 90249 Nürnberg
Roonstr. 20, 90429 Nürnberg
T: (0911) 9 28-0   **Fax:** 9 28 27 50
Internet: http://www.arbg.bayern.de/lagn
Präsident(in): Engelbert Heider

Berlin

● B 686

Landesarbeitsgericht Berlin
Magdeburger Platz 1, 10785 Berlin
T: (030) 9 01 71-0   **Fax:** 9 01 71-2 22/-3 33
Präsident(in): Karin Aust-Dodenhoff

Brandenburg

● B 687

Landesarbeitsgericht Brandenburg
Zeppelinstr. 136, 14471 Potsdam
T: (0331) 98 17-0   **Fax:** 98 17-2 50

Bremen

● B 688

Landesarbeitsgericht Bremen
Parkallee 79, 28209 Bremen
T: (0421) 3 61 63 71   **Fax:** 3 61 65 79
E-Mail: office@lag.bremen.de
Präsident(in): Martin Bertzbach

Hamburg

● B 689

Landesarbeitsgericht Hamburg
Postf. 76 07 20, 22057 Hamburg
Osterbekstr. 96, 22083 Hamburg
T: (040) 4 28 63-5704   **Fax:** 4 28 63-5845
Präsident(in): Henning Kirsch

Hessen

● B 690

Hessisches Landesarbeitsgericht
Postf. 18 03 20, 60084 Frankfurt
Adickesallee 36, 60322 Frankfurt
T: (069) 15 35-0   **Fax:** 15 35-5 38
Präsident(in): Hilger Keil

Mecklenburg-Vorpommern

● B 691

Landesarbeitsgericht Mecklenburg-Vorpommern
August-Bebel-Str. 15, 18055 Rostock
T: (0381) 24 11 01   **Fax:** 24 11 23

Niedersachsen

● B 692

Landesarbeitsgericht Niedersachsen
Siemensstr. 10, 30173 Hannover
T: (0511) 80 70 80   **Fax:** 8 07 08 25
Präsident(in): Prof. Dr. Gert-Albert Lipke

Nordrhein-Westfalen

● B 693

Landesarbeitsgericht Düsseldorf
Postf. 10 34 44, 40025 Düsseldorf
Ludwig-Erhard-Allee 21, 40227 Düsseldorf
T: (0211) 77 70-0   **Fax:** 77 70-2199
Präsidentin: Angela Lemppenau-Krüger
Geschäftsleiterin: ORR'in Johanna Pascha

● B 694

Landesarbeitsgericht Hamm
Marker Allee 94, 59071 Hamm
T: (02381) 8 91-1   **Fax:** 8 91-2 83
Präsident(in): Alfons Pieper
Geschäftsleiter: ROAR Leckelt
Pressesprecher: VRLAG Schulte (Tel.-Durchwahl: 89 1-382)

● B 695

Landesarbeitsgericht Köln
Blumenthalstr. 33, 50670 Köln
T: (0221) 77 40-0   **Fax:** 77 40-3 56
Präsident(in): Dr. Udo Isenhardt

Rheinland-Pfalz

● B 696

Landesarbeitsgericht Rheinland-Pfalz
Postf. 30 30, 55020 Mainz
Ernst-Ludwig-Str. 1, 55116 Mainz
T: (06131) 1 41-0   **Fax:** 1 41-9506
Internet: http://www.justiz.rlp.de
Präsident(in): Prof. Dr. Klaus Schmidt
Leitung Presseabteilung: Vors. Richter a. LAG Schäfer
Vors. Richter a. LAG Carlé

Saarland

● B 697

Landesarbeitsgericht Saarland
Obere Lauerfahrt 10, 66121 Saarbrücken
T: (0681) 5 01-36 03, 5 01-36 04   **Fax:** 50 1-36 07
Präsident(in): Volker Degel

Sachsen

● B 698

Sächsisches Landesarbeitsgericht
Zwickauer Str. 54, 09112 Chemnitz
T: (0371) 91 12-0   **Fax:** 91 12-222
Gründung: 1992 (1. Juli)
Leitung Presseabteilung: Dr. Andreas Spilger

Sachsen-Anhalt

● **B 699**
Landesarbeitsgericht Sachsen-Anhalt
Justizzentrum Halle:
Hausanschrift
Thüringer Str. 16, 06112 Halle
T: (0345) 2 22-0   Fax: 2 20-2239, 2 20-2240

Schleswig-Holstein

● **B 700**
Landesarbeitsgericht Schleswig-Holstein
Deliusstr. 22, 24114 Kiel
T: (0431) 6 04-0   Fax: 6 04-41 00
E-Mail: monika.kleyer@lagsh.landsh.de
Präsident(in): N. N.

Thüringen

● **B 701**
Thüringer Landesarbeitsgericht
Walkmühlstr. 1a, 99084 Erfurt
T: (0361) 37 75-300   Fax: 37 75-208

Landessozialgerichte und Sozialgerichte

Landessozialgerichte

● **B 702**
Landessozialgericht Baden-Württemberg
Postf. 10 29 44, 70025 Stuttgart
Hauffstr. 5, 70190 Stuttgart
T: (0711) 9 21-0   Fax: 9 21-20 00
Präsident: Rank
Geschäftsleiter: Scholl

● **B 703**
Bayerisches Landessozialgericht
Ludwigstr. 15, 80539 München
T: (089) 23 67-1   Fax: 23 67-290
Internet: http://www.baylsg.de
Präsident(in): Klaus Brödl
Vizepräsident(in): Dr. Helmut Göppel
Geschäftsltd. Beamtin: Monika Bäuerlein
Leitung Presseabteilung: VRiBayLSG Rainer Rühling

b 704
Bayerisches Landessozialgericht Zweigstelle Schweinfurt
Rusterberg 2, 97421 Schweinfurt
T: (09721) 7 30 87-0   Fax: 7 30 87-60

● **B 705**
Landessozialgericht Berlin
Invalidenstr. 52, 10557 Berlin
T: (030) 9 01 65-0   Fax: 9 01 65-248
Präsident(in): Adelheid Harthun-Kindl
Geschäftsleiter: Peter Klinke

● **B 706**
Landessozialgericht für das Land Brandenburg
Zeppelinstr. 136, 14471 Potsdam
T: (0331) 9 81 85   Fax: 9 81 84 50
Internet: http://www.sozialgerichtsbarkeit.de
E-Mail: poststelle.lsg@lsg.brandenburg.de

● **B 707**
Landessozialgericht Bremen
Contrescarpe 32, 28203 Bremen
T: (0421) 3 61 43 05   Fax: 3 61 43 07
E-Mail: office@lsg.bremen.de
Präsident(in): N.N.
Geschäftsleiter: Manfred Hindenburg

● **B 708**
Landessozialgericht Hamburg
Kapstadtring 1, 22297 Hamburg
T: (040) 4 28 40-0   Fax: 4 28 40-5770
Internet: www.sozialgerichtsbarkeit.de,
http://www.hamburg.de/behoerden/bags/lsg/welcome.htm
Präsident(in): Dr. Anke Schafft-Stegemann (Ltg. Presseabt.)
Geschäftsleiter: Stephan Wehner

● **B 709**
Hessisches Landessozialgericht
Steubenplatz 14, 64293 Darmstadt
T: (06151) 8 04-01   Fax: 8 04-3 50
Präsident(in): Bernd Wiegand
Verw.-Dezernent: ROR Körting

● **B 710**
Landessozialgericht Mecklenburg-Vorpommern
Postf. 19 23, 17009 Neubrandenburg
Hauerweg 4, 17036 Neubrandenburg
T: (0395) 7 69 77-0   Fax: 7 69 77-88
Präsident(in): Dr. Siegfried Wiesner
Leitung Presseabteilung: Axel Wagner

● **B 711**
Landessozialgericht Niedersachsen
Georg-Wilhelm-Str. 1, 29223 Celle
T: (05141) 96 20   Fax: 96 22 00
Internet: http://www.landessozialgericht.niedersachsen.de
E-Mail: lsg.nds@t-online.de
Präsident(in): Monika Paulat
Geschäftsl. Beamter: Justizoberamtsrat Horst Heyer
Pressedezernent: Richter am LSG J. M. Walter

● **B 712**
Landessozialgericht Nordrhein-Westfalen
Postf. 10 24 43, 45024 Essen
Zweigertstr. 54, 45130 Essen
T: (0201) 79 92-1   Fax: 79 92-354, 79 92-302
Internet: http://www.lsg.nrw.de
Präsident(in): Dr. Jürgen Brand
Geschäftsleiter: RARat Fliese

● **B 713**
Landessozialgericht Rheinland-Pfalz
Postf. 30 30, 55020 Mainz
Ernst-Ludwig-Str. 1, 55116 Mainz
T: (06131) 1 41-0   Fax: 1 41-5000
Präsident(in): Ralf Bartz
Leitung Presseabteilung: Gudrun Büchel

● **B 714**
Landessozialgericht für das Saarland
Egon-Reinert-Str. 4-6, 66111 Saarbrücken
T: (0681) 90 63-0   Fax: 90 63-2 00
Präsident(in): Jürgen Bender
Geschäftsleiter: Koch

● **B 715**
Sächsisches Landessozialgericht
Parkstr. 28, 09120 Chemnitz
T: (0371) 23 95-0   Fax: 23 95-2 66
Präsident(in): Karl Ludwig Hierl

● **B 716**
Landessozialgericht Sachsen-Anhalt
Justizzentrum Halle
Thüringer Str. 16, 06112 Halle
T: (0345) 2 20-0   Fax: 2 20 21 03, 2 20 21 04
Präsidentin: Winkler

● **B 717**
Schleswig-Holsteinisches Landessozialgericht
Gottorfstr. 2, 24837 Schleswig
T: (04621) 86-0   Fax: 86 10 25
Präsident(in): Dr. Wolfgang Noftz
Geschäftsleiter: Regierungsrat Jürgensen

● **B 718**
Thüringer Landessozialgericht
Karl-Marx-Platz 3, 99084 Erfurt
T: (0361) 3 77 54-00   Fax: 3 77 54-01
Präsident(in): Gunter Becker

Sozialgerichte

● **B 719**
Sozialgericht Aachen
Franzstr. 49, 52064 Aachen
T: (0241) 45 70   Fax: 45 72 01
Präsidentin: Irene Kornelia Kriebel

● **B 720**
Sozialgericht Altenburg
Postf. 16 62, 04590 Altenburg
T: (03447) 55 36-0   Fax: 55 36-11

E-Mail: poststelle@szgabg.thueringen.de
Kommissarischer Direktor: Bernhard Fischbach

● **B 721**
Sozialgericht Augsburg
Postf. 10 23 52, 86013 Augsburg
Holbeinstr. 12, 86150 Augsburg
T: (0821) 34 44-0   Fax: 34 44-200
Präsident(in): N.N.

● **B 722**
Sozialgericht Aurich
Kirchstr. 15, 26603 Aurich
T: (04941) 95 38-0   Fax: 95 38 95
Dir. d. Sozialgerichts: Frank
Geschäftsleiter: Justizamtmann Jordan

● **B 723**
Sozialgericht Bayreuth
Ludwig-Thoma-Str. 7, 95447 Bayreuth
T: (0921) 5 93-0   Fax: 59 33 33
Präsident(in): Bernd Linstädt
Geschäftsleiter: Reg.-Amtsrat Thurn

● **B 724**
Sozialgericht Berlin
Invalidenstr. 52, 10557 Berlin
T: (030) 9 01 65-0   Fax: 9 01 65-248
Präsident(in): Klaus-Peter Wagner
Geschäftsleiter: Peter Klinke

● **B 725**
Sozialgericht Braunschweig
Postf. 42 65, 38032 Braunschweig
Wolfenbütteler Str. 2, 38102 Braunschweig
T: (0531) 4 88 15 00   Fax: 4 88 15 40
Teletex: 5 318 200
Direktor(in): DSG Hasenpusch
Geschäftsleiterin: Justizamtsrätin Fricke

● **B 726**
Sozialgericht Bremen
Contrescarpe 33, 28203 Bremen
T: (0421) 3 61 46 85   Fax: 3 61 69 11
E-Mail: office@sozialgericht.bremen.de
Direktor(in): Barbara Buhl
Geschäftsleiter: Manfred Hindenburg

● **B 727**
Sozialgericht Chemnitz
Parkstr. 28, 09120 Chemnitz
T: (0371) 23 95-0   Fax: 23 95-143, 23 95-150 (Verwaltung)
E-Mail: richard.eichmayr@sgc.justiz.sachsen.de

● **B 728**
Sozialgericht Cottbus
im Landesbehörden- und Gerichtszentrum
Postf. 10 12 42, 03012 Cottbus
Vom-Stein-Str. 28, 03050 Cottbus
T: (0355) 49 91-3120   Fax: 49 91-3113

● **B 729**
Sozialgericht Darmstadt
Steubenplatz 14, 64293 Darmstadt
T: (06151) 8 04-02   Fax: 8 04-1 99
Direktor(in): Wolfgang Endres

● **B 730**
Sozialgericht Dessau
Leopold-Carré
Postf. 17 72, 06815 Dessau
Antoinettenstr. 37, 06844 Dessau
T: (0340) 2 02-0   Fax: 2 02-1720

● **B 731**
Sozialgericht Detmold
Postf. 25 65, 32715 Detmold
Richthofenstr. 3, 32756 Detmold
T: (05231) 70 40   Fax: 70 42 04
Präsident(in): Martin Wienkenjohann

● **B 732**
Sozialgericht Dortmund
Ruhrallee 1-3, 44139 Dortmund
T: (0231) 5 41 51   Fax: 54 15-5 09

B 732

Gründung: 1954
Präsident(in): Löns
Mitarbeiter: 187

● B 733
Sozialgericht Dresden
Löbtauer Str. 4, 01067 Dresden
T: (0351) 4 46-50 Fax: 4 46-5399
E-Mail: poststelle.sgd@sgdd.justiz.sachsen.de
Präsident(in): Stefan Gasser

● B 734
Sozialgericht Düsseldorf
Ludwig-Erhard-Allee 21, 40227 Düsseldorf
T: (0211) 77 70-0 Fax: 77 70-2373
Präsident: Dr. Schäfer

● B 735
Sozialgericht Duisburg
Postf. 10 11 62, 47011 Duisburg
Mülheimer Str. 54, 47057 Duisburg
T: (0203) 30 05-0 Fax: 30 05-313
Präsident(in): Albert Stürmer

● B 736
Sozialgericht Frankfurt
- Gebäude C -
Adickesallee 36, 60322 Frankfurt
T: (069) 15 35-0 Fax: 15 35-6 66
Präsident(in): Dr. Klaus Brückner
Geschäftsleiter: N.N.

● B 737
Sozialgericht Frankfurt (Oder)
Eisenhüttenstädter Chaussee 48, 15236 Frankfurt
T: (0335) 5 53 82 50 Fax: 5 53 82 54

● B 738
Sozialgericht Freiburg
Postf. 51 49, 79018 Freiburg
Habsburgerstr. 127 (Zähringer Tor), 79104 Freiburg
T: (0761) 2 07 13-0
Präsident(in): Siegfried Köble
Vizepräsident(in): Peter Fleiner
Geschäftsleiter: Oberamtsrat Schwan

● B 739
Sozialgericht Fulda
Heinrich-von-Bibra-Platz 3, 36037 Fulda
T: (0661) 2 92-100 Fax: 2 92-111
Direktorin: Hedwig Vogel

● B 740
Sozialgericht Gelsenkirchen
Ahstr. 22, 45879 Gelsenkirchen
T: (0209) 17 88-0 Fax: 1 78 81 77
Präsident(in): Dr. Peter Lange

● B 741
Sozialgericht Gießen
Ostanlage 19, 35390 Gießen
T: (0641) 39 91-0 Fax: 39 91-50
Direktor(in): Peter Becker

● B 742
Sozialgericht Gotha
Bahnhofstr. 3a, 99867 Gotha
T: (03621) 43 20 Fax: 43 21 55
E-Mail: poststelle@szggotha.thueringen.de
Direktor(in): Rudolf Bals-Rust

● B 743
Sozialgericht Halle
im Justizzentrum Halle
Postf. 10 02 55, 06141 Halle
Thüringer Str. 16, 06112 Halle
T: (0345) 2 20-0 Fax: 2 20-4000
Direktor(in): Ulrich

● B 744
Sozialgericht Hamburg
Kapstadtring 1, 22297 Hamburg
T: (040) 4 28 40-0 Fax: 4 28 40-5770
Internet: http://www.sozialgerichtsbarkeit.de,
http://www.hamburg.de/behoerden/bags/lsg/welcome.htm
Präsident(in): Marianne Schulze (Ltg. Presseabt.)
Geschäftsleiter: Stephan Wehner

● B 745
Sozialgericht Hannover
Calenberger Esplanade 8, 30169 Hannover
T: (0511) 12 16-6 Fax: 1 21 67 01

● B 746
Sozialgericht Heilbronn
Postf. 31 62, 74021 Heilbronn
Erhardgasse 1, 74072 Heilbronn
T: (07131) 78 17-0 Fax: 78 17-11
Präsident(in): Dieterich
Geschäftsleiterin: Bauer

● B 747
Sozialgericht Hildesheim
Postf. 10 11 53, 31111 Hildesheim
Kreuzstr. 8, 31134 Hildesheim
T: (05121) 3 04-0 Fax: 3 04-5 12
Geschäftsleiter: Justizamtsrat Frerichs

● B 748
Sozialgericht Itzehoe
Bergstr. 3, 25524 Itzehoe
T: (04821) 66-0 Fax: 66-2352
Direktor(in): Hengelhaupt

● B 749
Sozialgericht Karlsruhe
Postf. 56 29, 76038 Karlsruhe
Karl-Friedrich-Str. 13, 76133 Karlsruhe
T: (0721) 9 26 41 67 Fax: 9 26 41 68
Präsident(in): Heike Haseloff-Grupp

● B 750
Sozialgericht Kassel
Postf. 10 32 26, 34032 Kassel
Ständeplatz 23, 34117 Kassel
T: (0561) 7 09 36-0 Fax: 7 09 36-10
Direktor(in): Dieter Schäfer

● B 751
Sozialgericht Koblenz
Gerichtsstr. 5, 56068 Koblenz
T: (0261) 91 30-0 Fax: 91 30-45
Präsident(in): Ernst Merz

● B 752
Sozialgericht Köln
An den Dominikanern 2, 50668 Köln
T: (0221) 16 17-0 Fax: 16 17-1 60
Internet: http://www.lsg.nrw.de
Präsident(in): Martin Löns

● B 753
Sozialgericht Kiel
Deliusstr. 22, 24114 Kiel
T: (0431) 60 40 Fax: 6 04-42 16
Direktorin: R. Boockhoff
Geschäftsleiter: Raimund Zielinski

● B 754
Sozialgericht Konstanz
Webersteig 5, 78462 Konstanz
T: (07531) 2 07-0 Fax: 20 71 99
Direktor(in): Dr. Walter Bauer
Geschäftsleiter: AR Norbert Menkhaus

● B 755
Sozialgericht Landshut
Seligenthaler Str. 10, 84034 Landshut
T: (0871) 85 28-02 Fax: 85 28-172
Präsident(in): Walter Zieglmeier

● B 756
Sozialgericht Leipzig
Berliner Str. 11, 04105 Leipzig
T: (0341) 5 95-70 Fax: 5 95-7111
Präsident(in): Franz-Josef Heigl

● B 757
Sozialgericht Lübeck
Eschenburgstr. 2, 23568 Lübeck
T: (0451) 3 71-0 Fax: 3 71-13 50/1359
Gerichtsleiter: Direktor Horst-Dieter Heye
Geschäftsleiter: Justizamtsrat Günter Dünow

● B 758
Sozialgericht Lüneburg
Postf. 26 60, 21316 Lüneburg
Lessingstr. 1, 21335 Lüneburg
T: (04131) 7 89 66-3 Fax: 7 89 66-40
E-Mail: poststelle@sg-lg.land-ni.dbp.de
Direktorin: Brinkmann
Geschäftsleiterin: Schütte

● B 759
Sozialgericht Magdeburg
Postf. 39 11 25, 39135 Magdeburg
Liebknechtstr. 65-91, 39110 Magdeburg
T: (0391) 6 06-5602 Fax: 6 06-5606
Präsident(in): Eckhard Krüger

● B 760
Sozialgericht Mainz
Postf. 30 30, 55020 Mainz
Ernst-Ludwig-Str. 1, 55116 Mainz
T: (06131) 14 10
Vizepräsident(in): Höllein (Leitung Presseabteilung)
Geschäftsleiter: Justizamtsrat Steinmetz

● B 761
Sozialgericht Mannheim
P 6 20-21, 68161 Mannheim
T: (0621) 2 92-0 Fax: 2 92-29 33
Präsidentin: Gabriele Wolpert-Kilian
Geschäftsleiterin: Sigrid Wyrwoll

● B 762
Sozialgericht Marburg
Gutenbergstr. 29, 35037 Marburg
T: (06421) 17 08-0 Fax: 17 08 50
Direktor(in): Hörterer
Geschäftsleiter: Amtmann Opper

● B 763
Sozialgericht München
Richelstr. 11, 80634 München
T: (089) 1 30 62-0 Fax: 1 30 62-223
Präsident(in): Orgler
Leitung Presseabteilung: RiSG Lejeune

● B 764
Sozialgericht Münster
Postf. 71 20, 48038 Münster
Alter Steinweg 45, 48143 Münster
T: (0251) 5 10 23-0 Fax: 5 10 23-74
Internet: http://www.lsg.nrw.de
Präsident(in): Heinrich Stratmann

● B 765
Sozialgericht Neubrandenburg
Postf. 19 23, 17009 Neubrandenburg
Hauerweg 4, 17036 Neubrandenburg
T: (0395) 7 69 77-0 Fax: 7 69 77-88
Direktor(in): Birgit Freund

● B 766
Sozialgericht Neuruppin
Postf. 13 65, 16802 Neuruppin
Fehrbelliner Str. 40, 16816 Neuruppin
T: (03391) 83 83-00 Fax: 83 83-70
Direktor(in): Uwe-Jens Krah

● B 767
Sozialgericht Nordhausen
Am Alten Tor 8, 99734 Nordhausen
T: (03631) 6 12 20 Fax: 61 22 99
Direktor(in): Jürgen Fuchs

● B 768
Sozialgericht Nürnberg
Weintraubengasse 1, 90403 Nürnberg
T: (0911) 2 05 83-0 Fax: 2 41 93 03
Präsident(in): Artur Emmert
Vizepräsident(in): Rüdiger Hehl

● B 769
Sozialgericht Oldenburg
Schloßwall 16, 26122 Oldenburg
T: (0441) 2 20-6701 Fax: 2 20-6702

● B 770
Sozialgericht Osnabrück
Postf. 37 07, 49027 Osnabrück
An der Petersburg 6, 49082 Osnabrück
T: (0541) 95 72 50   Fax: 9 57 25 55
Direktor(in): Ruff
Geschäftsleiter: Justizamtsrat Pröhl

● B 771
Sozialgericht Potsdam
Rubensstr. 8, 14467 Potsdam
T: (0331) 2 71 88-0   Fax: 29 11 68
Direktor(in): R. Schmitt-Wenkebach

● B 772
Sozialgericht Regensburg
Safferlingstr. 23, 93053 Regensburg
T: (0941) 78 09-01   Fax: 78 09-5 35
Präsident(in): Kobler

● B 773
Sozialgericht Reutlingen
Postf. 25 42, 72715 Reutlingen
Schulstr. 11, 72764 Reutlingen
T: (07121) 9 40-0   Fax: 9 40-3300
Präsident(in): N. N.
Vizepräsident(in): Dettweiler
Geschäftsleiter: Rasen

● B 774
Sozialgericht Rostock
August-Bebel-Str. 15-20, 18055 Rostock
T: (0381) 2 41-0   Fax: 2 41-155
Direktor(in): Carla Gosch

● B 775
Sozialgericht für das Saarland
Postf. 10 18 63, 66018 Saarbrücken
Egon-Reinert-Str. 4-6, 66111 Saarbrücken
T: (0681) 90 63-0   Fax: 90 63-2 00
E-Mail: poststelle@sgfds.x400saarland.de
Leitung Presseabteilung: Steffen Dick-Küstenmacher
Mitarbeiter: 40

● B 776
Sozialgericht Schleswig
Gottorfstr. 2, 24837 Schleswig
T: (04621) 86-0   Fax: 86-1022
Direktor(in): Dr. Michael Neumann
Geschäftsleiterin: W. Dockhorn

● B 777
Sozialgericht Schwerin
Postf. 01 10 35, 19010 Schwerin
Wismarsche Str. 323, 19055 Schwerin
T: (0385) 54 04-0   Fax: 5 40 41 15

● B 778
Sozialgericht Speyer
Schubertstr. 2, 67346 Speyer
T: (06232) 6 60-0   Fax: 6 60-222
Präsident(in): Helmut Peter Koch

● B 779
Sozialgericht Stade
Postf. 31 70, 21670 Stade
Am Sande 4a, 21682 Stade
T: (04141) 4 06-04   Fax: 4 06-2 92
Direktor(in): Rudolf Overlach

● B 780
Sozialgericht Stendal
Postf. 10 12 41, 39552 Stendal
Am Dom 19, 39576 Stendal
T: (03931) 58-0   Fax: 58-1318
Direktor(in): Jürgen Jansen

● B 781
Sozialgericht Stralsund
Frankendamm 17, 18439 Stralsund
T: (03831) 2 05-0   Fax: 20 57 99

● B 782
Sozialgericht Stuttgart
Senefelderstr. 48, 70176 Stuttgart
T: (0711) 66 73-0   Fax: 66 73 78 61
Präsident(in): Denzinger
Geschäftsleiter: OAR Knaus

● B 783
Sozialgericht Suhl
Postf. 20 01 04, 98506 Suhl
Rimbachstr. 30, 98527 Suhl
T: (03681) 3 75-0   Fax: 37 51 18
E-Mail: poststelle@szgshl.thueringen.de
Direktor(in): Lutz Wehrhahn (Mit der Wahrnehmung der Geschäfte beauftragt)

● B 784
Sozialgericht Trier
Dietrichstr. 13, 54290 Trier
T: (0651) 4 66-00   Fax: 4 66-853
Präsident(in): J. Rautert
Leitung Presseabteilung: Dr. Jürgen Olk
Mitarbeiter: 20

● B 785
Sozialgericht Ulm
Zeughausgasse 12, 89073 Ulm
T: (0731) 18 90   Fax: 1 89 24 19
Präsident(in): Gabriele Wurst

● B 786
Sozialgericht Wiesbaden
Frankfurter Str. 12, 65189 Wiesbaden
T: (0611) 3 90 25-28   Fax: 37 72 68
Direktor(in): Rolf Urbahn

● B 787
Sozialgericht Würzburg
Ludwigstr. 33, 97070 Würzburg
T: (0931) 30 87-0   Fax: 30 87-300
Präsident(in): G. Mathein
Vizepräsident(in): N.N.
Geschäftsführer(in): Reg. Amtsrat Mathiasch

Oberlandesgerichte

Baden-Württemberg

● B 788
Oberlandesgericht Karlsruhe
Hoffstr. 10, 76133 Karlsruhe
T: (0721) 9 26-0   Fax: 9 26-5003
Internet: http://www.olg-karlsruhe.de
Präsident(in): Dr. Werner Münchbach

● B 789
Oberlandesgericht Stuttgart
Postf. 10 36 53, 70031 Stuttgart
Ulrichstr. 10, 70182 Stuttgart
T: (0711) 2 12-0   Fax: 2 12-30 24
Präsident(in): Eberhard Stilz

Bayern

● B 790
Bayerisches Oberstes Landesgericht
Justizgebäude
Schleißheimer Str. 139, 80797 München
T: (089) 55 97-01   Fax: 55 97-1480
Präsident: Peter Gummer
Geschäftsleiter: ORR Günter Kramer

● B 791
Oberlandesgericht Bamberg
Wilhelmsplatz 1, 96047 Bamberg
T: (0951) 8 33-0   Fax: 8 33-1230
Internet: http://www.justiz.bayern.de/olg-ba
E-Mail: poststelle@olg-ba.bayern.de
Präsident(in): Prof. Dr. Reinhard Böttcher

● B 792
Oberlandesgericht München
Prielmayerstr. 5, 80335 München
T: (089) 55 97 02   Fax: 55 97 35 70 + 55 97 35 75
Präsident(in): Hildegund Holzheid

● B 793
Oberlandesgericht Nürnberg
Fürther Str. 110, 90429 Nürnberg
T: (0911) 3 21-01   Fax: 3 21-25 60
Teletex: 9 118 255 stanbg
Internet: http://www.justiz.bayern.de/olgn
E-Mail: justiz.nue@t-online.de
Präsident(in): Heinz Neusinger

Berlin

● B 794
Kammergericht
Elßholzstr. 30-33, 10781 Berlin
T: (030) 90 15-0   Fax: 90 15-2200
Präsidentin: Gisela Knobloch

Brandenburg

● B 795
Brandenburgisches Oberlandesgericht
Gertrud-Piter-Platz 11, 14770 Brandenburg
Präsident(in): Dr. Peter Macke

Bremen

● B 796
Hanseatisches Oberlandesgericht in Bremen
Sögestr. 62-64, 28195 Bremen
T: (0421) 3 61-0   Fax: 3 61-44 51
E-Mail: verwaltung@oberlandesgericht.bremen.de, prozessabteilung@oberlandesgericht.bremen.de
Präsident(in): Dr. Jörg Bewersdorf

Hamburg

● B 797
Hanseatisches Oberlandesgericht, Hamburg
Präsidialabteilung
Sievekingplatz 2, 20355 Hamburg
T: (040) 4 28 43-2007   Fax: 4 28 43-4097
Präsident(in): Wilhelm Rapp
Geschäftsleiterin: JOAR'in Bärbel Kneile

Hessen

● B 798
Oberlandesgericht Frankfurt
Friedrich-Ebert-Anlage 35, 60327 Frankfurt
T: (069) 13 67-01   Fax: 13 67-2340
Präsident(in): Brigitte Tilmann
Leitung Presseabteilung: Wolfgang Frank

Mecklenburg-Vorpommern

● B 799
Oberlandesgericht Rostock
- Ständehaus -
Wallstr. 3, 18055 Rostock
T: (0381) 3 31-0   Fax: 4 59 09 91, 4 59 09 92

Niedersachsen

● B 800
Oberlandesgericht Braunschweig
Postf. 36 27, 38026 Braunschweig
Bankplatz 6, 38100 Braunschweig
T: (0531) 48 80   Fax: 4 88-26 64
Präsident(in): Manfred Flotho

● B 801
Oberlandesgericht Celle
Schloßplatz 2, 29221 Celle
T: (05141) 20 60   Fax: 20 62 08

● B 802
Oberlandesgericht Oldenburg
Postf. 24 51, 26014 Oldenburg
Richard-Wagner-Platz 1, 26135 Oldenburg
T: (0441) 2 20-0   Fax: 2 20-11 55
Internet: http://www.olg-oldenburg.de
E-Mail: poststelle@olg-ol.niedersachsen.de

Nordrhein-Westfalen

● **B 803**
Oberlandesgericht Düsseldorf
Cecilienallee 3, 40474 Düsseldorf
T: (0211) 49 71-0   **Fax:** 49 71-5 48
Präsident: Dr. Dr. h.c. Klaus Bilda

● **B 804**
Oberlandesgericht Hamm
59061 Hamm
Postf. 21 03, 59011 Hamm
Heßlerstr. 53, 59065 Hamm
T: (02381) 27 20   **Fax:** 27 25 18
Präsident(in): Gero Debusmann
Geschäftsleiter: Regierungsdirektor Rudolf Brilla

● **B 805**
Oberlandesgericht Köln
Reichenspergerplatz 1, 50670 Köln
T: (0221) 77 11-0   **Fax:** 77 11-7 00
Internet: http://www.olg-koeln.nrw.de
Präsident(in): Dr. Armin Lünterbusch

Rheinland-Pfalz

● **B 806**
Oberlandesgericht Koblenz
Bibliothek
Stresemannstr. 1, 56068 Koblenz
T: (0261) 1 02-0   **Fax:** 1 02-2905
Präsident(in): Dr. Heinz Georg Bamberger

Saarland

● **B 807**
Saarländisches Oberlandesgericht
Franz-Josef-Röder-Str. 15, 66119 Saarbrücken
T: (0681) 5 01-05   **Fax:** 5 01 52 56
E-Mail: poststelle@solg.x400.saarland.de
Präsident(in): Prof. Dr. Roland Rixecker

● **B 808**
Pfälzisches Oberlandesgericht Zweibrücken
Schloßplatz 7, 66482 Zweibrücken
T: (06332) 8 05-0   **Fax:** 8 05-302
Präsident(in): Walter Dury

Sachsen

● **B 809**
Oberlandesgericht Dresden
Postf. 12 07 32, 01008 Dresden
Lothringer Str. 1, 01069 Dresden
T: (0351) 4 46-0   **Fax:** 4 46-3070
Internet: http://www.justiz.sachsen.de

Sachsen-Anhalt

● **B 810**
Oberlandesgericht Naumburg
Domplatz 10, 06618 Naumburg
T: (03445) 2 80   **Fax:** 28 20 00
Präsident(in): Gertrud Neuwirth
Vizepräsident(in): Werner Zink
Leitung Presseabteilung: Dr. Günther Zettel

Schleswig-Holstein

● **B 811**
Schleswig-Holsteinisches Oberlandesgericht
Gottorfstr. 2, 24837 Schleswig
T: (04621) 8 60   **Fax:** 86 13 72
Präsident(in): Dietrich Mett

Thüringen

● **B 812**
Thüringer Oberlandesgericht
Postf. 10 01 38, 07701 Jena
Leutragraben 2-4, 07743 Jena
T: (03641) 3 07-0   **Fax:** 3 07-2 00, -5 00
Präsident(in): Dr. h.c. Hans-Joachim Bauer

Generalstaatsanwaltschaften

Baden-Württemberg

● **B 813**
Generalstaatsanwaltschaft Karlsruhe
Hoffstr. 10, 76133 Karlsruhe
T: (0721) 9 26-0   **Fax:** 9 26-5004
E-Mail: zug@gskarlsruhe.justiz.bwl.de
Generalstaatsanwalt: Günter Hertweck

● **B 814**
Generalstaatsanwaltschaft Stuttgart
Urbanstr. 20, 70182 Stuttgart
T: (0711) 2 12-0   **Fax:** 2 12-3383
Generalstaatsanwalt: N.N.

Bayern

● **B 815**
Staatsanwaltschaft bei dem Oberlandesgericht Bamberg
Wilhelmsplatz 1, 96047 Bamberg
T: (0951) 8 33-0   **Fax:** 8 33-1440
Internet: http://www.justiz.bayern.de/sta-olg-ba
Generalstaatsanwalt: Dr. Roland Helgerth

● **B 816**
Staatsanwaltschaft bei dem Oberlandesgericht München
Nymphenburger Str. 16, 80335 München
T: (089) 55 97-08   **Fax:** 55 97-4125
Generalstaatsanwalt: Hermann Froschauer

● **B 817**
Staatsanwaltschaft bei dem Oberlandesgericht Nürnberg
Fürther Str. 110, 90429 Nürnberg
T: (0911) 3 21-0   **Fax:** 3 21-28 73
Generalstaatsanwalt: Prof. Dr. Heinz Stöckel
Vertreter: Ltd. Oberstaatsanwalt Konrad Beirle

Berlin

● **B 818**
Generalstaatsanwaltschaft Berlin
Elßholzstr. 30-33, 10781 Berlin
T: (030) 90 15-0   **Fax:** 90 15-2727
Generalstaatsanwalt: Dieter Neumann

Brandenburg

● **B 819**
Generalstaatsanwaltschaft des Landes Brandenburg
Kirchhofstr. 1-2, 14776 Brandenburg
T: (03381) 2 95-2 00   **Fax:** 2 95-2 10
Generalstaatsanwalt: Dr. Erardo Cristoforo Rautenberg
Leitung Presseabteilung: Dr. Rolf Grünebaum
Mitarbeiter: 48

Bremen

● **B 820**
Generalstaatsanwaltschaft Bremen
Richtweg 16-22, 28195 Bremen
T: (0421) 3 61-0   **Fax:** 3 61-40 81
Generalstaatsanwalt: Dr. Hans Jänknecht

Hamburg

● **B 821**
Staatsanwaltschaft bei dem Hanseatischen Oberlandesgericht Hamburg
Gorch-Fock-Wall 15, 20355 Hamburg
T: (040) 4 28 43-0   **Fax:** 4 28 43-8 63
Generalstaatsanwalt: Dr. Arno Weinert

Hessen

● **B 822**
Staatsanwaltschaft bei dem Oberlandesgericht Frankfurt
60256 Frankfurt
Friedrich-Ebert-Anlage 35, 60327 Frankfurt
T: (069) 13 67-01   **Fax:** 13 67-84 68
Generalstaatsanwalt: Dieter Anders
Ständiger Vertreter d. Generalstaatsanwalts: Ltd. Oberstaatsanwalt Schroers
Leitung Presseabteilung: Hildegard Becker-Toussaint (Leitende Oberstaatsanwältin)

Mecklenburg-Vorpommern

● **B 823**
Der Generalstaatsanwalt
Postf. 10 62 40, 18010 Rostock
Patriotischer Weg 120a, 18057 Rostock
T: (0381) 4 56 05-0   **Fax:** 4 56 05-13
GenStaAnw: Uwe Martensen

Niedersachsen

● **B 824**
Generalstaatsanwaltschaft Braunschweig
Postf. 21 20, 38011 Braunschweig
Domplatz 1, 38100 Braunschweig
T: (0531) 4 88-0   **Fax:** 4 88-14 14
Generalstaatsanwalt: Jürgen Dehn

● **B 825**
Generalstaatsanwaltschaft Celle
Postf. 12 67, 29202 Celle
Schloßplatz 2, 29221 Celle
T: (05141) 2 06-0   **Fax:** 2 06-328

● **B 826**
Generalstaatsanwaltschaft Oldenburg
Mozartstr. 5, 26135 Oldenburg
T: (0441) 2 20-0   **Fax:** 2 20-4886
Generalstaatsanwalt: Horst Rudolf Finger

Nordrhein-Westfalen

● **B 827**
Generalstaatsanwaltschaft Düsseldorf
Sternwartstr. 31, 40223 Düsseldorf
T: (0211) 90 16-0   **Fax:** 90 16-200
Generalstaatsanwalt: Sent

● **B 828**
Generalstaatsanwaltschaft Hamm
Postf. 15 71, 59005 Hamm
Heßlerstr. 53, 59065 Hamm
T: (02381) 27 20   **Fax:** 27 24 03
Generalstaatsanwalt: Leitender Oberstaatsanwalt Proyer (m.d.W.d.G.b.)

● **B 829**
Generalstaatsanwaltschaft Köln
Postf. 10 28 45, 50468 Köln
Reichenspergerplatz 1, 50670 Köln
T: (0221) 7 71 10   **Fax:** 77 11-4 18
Generalstaatsanwalt: Dr. Siegfried Coenen

Rheinland-Pfalz

● **B 830**
Generalstaatsanwaltschaft Koblenz
Josef-Görres-Platz 5-7, 56068 Koblenz
T: (0261) 3 04 48-0   **Fax:** 3 04 48-10
E-Mail: gstko@justiz.rlp.de
Generalstaatsanwalt: Norbert Weise

● **B 831**
Generalstaatsanwaltschaft Zweibrücken
Schloßplatz 7, 66482 Zweibrücken
T: (06332) 8 05-0   **Fax:** 8 05-3 52
Generalstaatsanwältin: Ursula Reichling

Saarland

● **B 832**
Generalstaatsanwaltschaft Saarbrücken
Zähringerstr. 8, 66119 Saarbrücken
T: (0681) 5 01-55 08   Fax: 5 01-55 37
Generalstaatsanwalt: Wolfgang Stephan
Ralf-Dieter Sahm
Leitender Oberstaatsanwalt: Peter Hirschmann
Geschäftsleiter: Justizamtsrat Fritz Kluge
Mitarbeiter: 8

Sachsen

● **B 833**
Generalstaatsanwaltschaft Dresden
Der Generalstaatsanwalt des Freistaates Sachsen
Albertstr. 4, 01097 Dresden
T: (0351) 4 46-29 00   Fax: 4 46-29 70
Generalstaatsanwalt: Dr. Jörg Schwalm
Geschäftsleiterin: M. Baum

Sachsen-Anhalt

● **B 834**
Generalstaatsanwaltschaft Naumburg
Theaterplatz 6, 06618 Naumburg
T: (03445) 2 80   Fax: 28 17 00
Generalstaatsanwalt: N.N.

Schleswig-Holstein

● **B 835**
Staatsanwaltschaft bei dem Schleswig-Holsteinischen Oberlandesgericht
Gottorfstr. 2, 24837 Schleswig
T: (04621) 86-0   Fax: 86-13 41
Generalstaatsanwalt: Erhard Rex

Thüringen

● **B 836**
Generalstaatsanwaltschaft Jena
Postf. 10 01 38, 07701 Jena
Leutragraben 2-4, 07743 Jena
T: (03641) 3 07-0   Fax: 3 07-4 44
Internet: http://www.thueringen.de/thgsta
E-Mail: thgsta@t-online.de
GStA: Winfried Schubert

Oberverwaltungsgerichte

● **B 837**
Verwaltungsgerichtshof Baden-Württemberg
Postf. 10 32 64, 68032 Mannheim
Schubertstr. 11, 68165 Mannheim
T: (0621) 2 92-0   Fax: 2 92-4444
Internet: http://www.justiz.baden-wuerttemberg.de
Präsident(in): Prof. Dr. Claus Meissner
Geschäftsleiter: Regierungsrat Peter Herzog
Leitung Presseabteilung: Dr. Günter Schnebelt
Stellvertreterin: Gudrun Schraft-Huber

● **B 838**
Bayerischer Verwaltungsgerichtshof
Postf. 34 01 48, 80098 München
Ludwigstr. 23, 80539 München
T: (089) 21 30-0   Fax: 21 30-320
Internet: http://www.vgh.bayern.de
Präsident(in): Prof. Dr. Johann Wittmann

● **B 839**
Oberverwaltungsgericht Berlin
Kirchstr. 7, 10557 Berlin
T: (030) 90 14-0   Fax: 90 14-88 08

● **B 840**
Oberverwaltungsgericht für das Land Brandenburg
Logenstr. 6, 15230 Frankfurt
T: (0335) 55 68-6   Fax: 55 68-888, 54 98 40
Präsident(in): Dieter Liebert

● **B 841**
Oberverwaltungsgericht der Freien Hansestadt Bremen
Osterdeich 17, 28203 Bremen
T: (0421) 3 61 21 90   Fax: 3 61-41 72
Präsident(in): Prof. Günter Pottschmidt

● **B 842**
Hamburgisches Oberverwaltungsgericht
Nagelsweg 37, 20097 Hamburg
T: (040) 4 28 54-0   Fax: 4 28 54-4086

● **B 843**
Hessischer Verwaltungsgerichtshof
Brüder-Grimm-Platz 1, 34117 Kassel
T: (0561) 1 00 70   Fax: 10 07-2 64
Präsident(in): Dr. Bernhard Heitsch
Verwaltungsleitung: Amtsrätin Jutta Fülle

● **B 844**
Oberverwaltungsgericht Mecklenburg-Vorpommern
Postf. 31 61, 17461 Greifswald
Domstr. 7, 17489 Greifswald
T: (03834) 89 05-0   Fax: 89 05-39
Präsidentin: Hannelore Kohl
Vizepräsident(in): Helmut Wolf
Geschäftsleiter: ORegRat Niels D. Müller
Pressereferent: VRiVG Eckart Corsmeyer

● **B 845**
Niedersächsisches Oberverwaltungsgericht
Postf. 23 71, 21313 Lüneburg
Uelzener Str. 40, 21335 Lüneburg
T: (04131) 7 18-0   Fax: 7 18-2 08
Präsident(in): Dr. Herwig van Nieuwland

● **B 846**
Oberverwaltungsgericht für das Land Nordrhein-Westfalen
Postf. 63 09, 48033 Münster
Aegidiikirchplatz 5, 48143 Münster
T: (0251) 5 05-0   Fax: 5 05-3 52
Internet: http://www.ovg.nrw.de
Präsident(in): Dr. Michael Bertrams

● **B 847**
Oberverwaltungsgericht Rheinland-Pfalz
Deinhardplatz 4, 56068 Koblenz
T: (0261) 13 07-0   Fax: 1 30 73 50
E-Mail: ovgk@justiz.rlp.de
Präsident(in): Prof. Dr. Karl-Friedrich Meyer
Geschäftsleiter: Justizoberamtsrat Dany
Leitung Presseabteilung: ROVG Dr. Bier

● **B 848**
Oberverwaltungsgericht des Saarlandes
Postf. 20 06, 66720 Saarlouis
Prälat-Subtil-Ring 22, 66740 Saarlouis
T: (06831) 94 23-0   Fax: 94 23-144
Präsident(in): Karl-Heinz Friese

● **B 849**
Sächsisches Oberverwaltungsgericht
Postf. 17 28, 02607 Bautzen
Dr.-Peter-Jordan-Str. 19, 02625 Bautzen
T: (03591) 21 75-0   Fax: 21 75-50
E-Mail: ovg@ovg.justiz.sachsen.de
Gründung: 1992 (30. Juni)
Präsident(in): Siegfried Reich
Leitung Presseabteilung: Michael Raden
Verbandszeitschrift: Jahrbücher des Sächsischen Oberverw.-G.
Redaktion: Georg Häring, Susanne Dahlke-Piel
Verlag: R. Boorberg
Mitarbeiter: 37

● **B 850**
Oberverwaltungsgericht des Landes Sachsen-Anhalt
Postf. 39 11 31, 39135 Magdeburg
Schönebecker Str. 67a, 39104 Magdeburg
T: (0391) 6 06-0   Fax: 6 06-70 32
Präsident(in): Dr. Gerd-Heinrich Kemper

● **B 851**
Schleswig-Holsteinisches Oberverwaltungsgericht
Brockdorff-Rantzau-Str. 13, 24837 Schleswig
T: (04621) 86 10   Fax: 86 12 77

Präsident(in): Hans-Joachim Schmalz
Geschäftsleiter: Udo Schmarje
Pressestelle: Manfred Voswinkel

● **B 852**
Thüringer Oberverwaltungsgericht
Postf. 23 62, 99404 Weimar
Kaufstr. 2-4, 99423 Weimar
T: (03643) 2 06-0   Fax: 2 06-1 00
E-Mail: poststelle@thovg.thueringen.de
Präsident(in): Dr. Hans-Joachim Strauch
Vizepräsident(in): Harald Graef

Anwaltsgerichtshöfe und Anwaltsgerichte

● **B 853**
Anwaltsgerichtshof Baden-Württemberg
Ulrichstr. 10 (OLG), 70182 Stuttgart
T: (0711) 2 12-0   Fax: 2 12-3024
Präsident(in): RA Gerhard von Schroeter

b 854
Anwaltsgericht für den Bezirk der Rechtsanwaltskammer Freiburg
Gartenstr. 21, 79098 Freiburg
Geschäftsl. Vors: RA Dr. Klaus Graner

b 855
Anwaltsgericht für den Bezirk der Rechtsanwaltskammer Karlsruhe
Reinhold-Frank-Str. 72, 76133 Karlsruhe
Geschäftsl. Vors.: RA Dr. Roland Schibel

b 856
Anwaltsgericht für den Bezirk der Rechtsanwaltskammer Stuttgart
Gaisburgstr. 27, 70182 Stuttgart
Geschäftsl. Vors.: RA Dr. Roland Schmid

b 857
Anwaltsgericht für den Bezirk der Rechtsanwaltskammer Tübingen
Kirchplatz 12, 72379 Hechingen
Geschäftsl. Vors.: Dr. Kofler

● **B 858**
Bayerischer Anwaltsgerichtshof
Prielmayerstr. 5, 80335 München
T: (089) 55 97 24 64   Fax: 55 97 35 70
Präsident(in): RA Dr. Herbert Sernetz

b 859
Anwaltsgericht für den Bezirk der Rechtsanwaltskammer München
Justizpalast
Karlsplatz, 80335 München
T: (089) 59 83 80
Vorsitzende(r): RA Wolfgang Radmann (Geschäftsleitender Vorsitzender)

b 860
Anwaltsgericht für den Bezirk der Rechtsanwaltskammer Nürnberg
Fürther Str. 115 III, 90429 Nürnberg
T: (0911) 9 26 33-16   Fax: 9 26 33-46
Geschäftsl. Vors.: RA Dr. Hans Grohmann

b 861
Anwaltsgericht für den Bezirk der Rechtsanwaltskammer Bamberg
Friedrichstr. 7, 96047 Bamberg

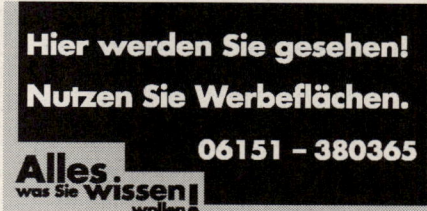

B 861

T: (0951) 98 62 00
Vorsitzende(r): RA Hanno Stock

● **B 862**
Anwaltsgericht Berlin
Tegeler Weg 17-21, 10589 Berlin
T: (030) 3 44 20 37
Geschäftsl. Vors.: RA und Notar Wolfgang Trautmann

1. Kammer
Geschäftsleitung: RAinN Renate Elze (Vors.)
RA Dr. Thomas Baumeyer
RAin Margret Diwell
RA Dr. Axel Görg
RA, Notar Norbert Sixtus

2. Kammer
Geschäftsleitung: RA, Notar Nikolaus Ley (Vors.)
RAu.N Claus-Dieter Conrad
RA Georg Miggel
RAin Marion Ruhl
RA Notar Thomas Schmidt

3. Kammer
Geschäftsleitung: RA Notar Wolfgang Trautmann (Vors.)
RAu.N Jens Bock
RA Dr. Carl-Friedrich Wendt
RA Notar Wolf-Dieter Lewerenz
RAin Jutta Wagner

● **B 863**
Anwaltsgerichtshof der Freien Hansestadt Bremen
Sögestr. 62-64, 28195 Bremen
T: (0421) 3 61 45 22   Fax: 3 61-44 51
E-Mail: prozessabteilung@oberlandesgericht.bremen.de
Präsident(in): RAuN Dr. Herbert Müffelmann

b 864
Anwaltsgericht für den Bezirk der Hanseatischen Rechtsanwaltskammer Bremen
Knochenhauerstr. 36-37, 28195 Bremen
T: (0421) 1 51 30
Geschäftsl. Vors.: RAuN Dr. Dieter Schröder
RAuN Dr. Manfred Ernst

● **B 865**
Anwaltsgerichtshof in der Freien und Hansestadt Hamburg
Sievekingplatz 2, 20355 Hamburg
T: (040) 4 28 43-2007   Fax: 4 28 43-4097
Präsident(in): RA Dr. Jost Neubauer

b 866
Hamburgisches Anwaltsgericht
Sievekingplatz 1, 20355 Hamburg
T: (040) 34 67 54
Geschäftsl. Vors.: RA Dr. Dirk Harten

● **B 867**
Hessischer Anwaltsgerichtshof
Friedrich-Ebert-Anlage 35, 60327 Frankfurt
T: (069) 13 67-2598   Fax: 13 67-2924
Präsident(in): RA u. Notar Dr. Wolfgang Matschke (Mainzer Landstr. 16, 60325 Frankfurt)
Vizepräsident(in): RA Ingo Senger (Christophstr. 18, 34123 Kassel)

b 868
Anwaltsgericht für den Bezirk der Rechtsanwaltskammer Frankfurt
Bockenheimer Anlage 36, 60322 Frankfurt
T: (069) 17 00 98-01   Fax: 17 00 98-50
Gesch.-Ltd. Vors: RA u. Notar Heinrich Lohmann

b 869
Anwaltsgericht für den Bezirk der Rechtsanwaltskammer Kassel
Karthäuserstr. 5a, 34117 Kassel
Gesch.-Ltd. Vors: RA u. Notar Peter Lipphardt

● **B 870**
Niedersächsischer Anwaltsgerichtshof in Celle
Schloßplatz 2, 29221 Celle
T: (05141) 20 65 99   Fax: 20 62 08

b 871
Anwaltsgericht für den Bezirk der Rechtsanwaltskammer Braunschweig
Kurt-Schumacher-Str. 21, 38102 Braunschweig

T: (0531) 24 36 80   Fax: 24 36 83 14
Vorsitzende(r): RA u. Notar Ulrich Laubenheimer

b 872
Anwaltsgericht für den Bezirk der Rechtsanwaltskammer Celle
Postf. 12 11, 29202 Celle
Bahnhofstr. 6, 29221 Celle
T: (05141) 92 82 12   Fax: 92 82 42
Vorsitzende(r): RA u. Notar Bertram Börner (I. Kammer)
RA und Notar Hans Goeldel (II. Kammer)

b 873
Anwaltsgericht für den Bezirk der Rechtsanwaltskammer Oldenburg
Staugraben 5, 26122 Oldenburg
T: (0441) 9 25 43-0   Fax: 9 25 43-29
Vorsitzende(r): RA und Notar Dirk Wilken (1. Kammer)
RA und Notar Frank Schuhr (2. Kammer)

● **B 874**
Anwaltsgerichtshof des Landes Nordrhein-Westfalen
Postf. 21 03, 59011 Hamm
Heßlerstr. 53, 59065 Hamm
T: (02381) 27 20, 9 55 92 30   Fax: 27 25 18, 9 55 92 33
Präsident(in): RA Hans Gerhard Ingenkamp (Feldstr. 61, 40479 Düsseldorf (Praxisanschrift))

b 875
Anwaltsgericht für den Bezirk der Rechtsanwaltskammer Düsseldorf
Cecilienallee 3, 40474 Düsseldorf
Vorsitzende(r): RA Klaus Steffens (1. Kammer)
RA Dr. Gerd Niehoff (2. Kammer)

b 876
Anwaltsgericht für den Bezirk der Rechtsanwaltskammer Hamm
Postf. 21 89, 59011 Hamm
Ostenallee 18, 59063 Hamm
T: (02381) 98 50 56   Fax: 98 50 56
Vorsitzende(r): RA Dr. Heinrich Brückmann (1. Kammer)
Vorsitzende(r): RA Klaus Bödding (2. Kammer)

b 877
Anwaltsgericht für den Bezirk der Rechtsanwaltskammer Köln
Reichenspergerplatz 1, 50670 Köln
T: (0221) 72 59 60   Fax: 1 39 63 38
Vorsitzende(r): RA Dr. Adolf Andörfer

● **B 878**
Anwaltsgerichtshof Rheinland-Pfalz
Stresemannstr. 1, 56068 Koblenz
T: (0261) 1 02-2831   Fax: 1 02-2900
Präsident(in): RA Justizrat Dr. Dieter Hess

● **B 879**
Saarländischer Anwaltsgerichtshof
Franz-Josef-Röder-Str. 15, 66119 Saarbrücken
T: (0681) 5 01-53 50   Fax: 5 01-53 51
Präsident(in): RA Dr. Gerd Sonntag

b 880
Anwaltsgericht im Bezirk der Rechtsanwaltskammer des Saarlandes
Am Schloßberg 5, 66119 Saarbrücken
T: (0681) 58 82 80
Vorsitzende(r): RA JR Rudolf Eckstein

● **B 881**
Schleswig-Holsteinischer Anwaltsgerichtshof
Gottorfstr. 2, 24837 Schleswig
Präsident(in): RA u. Notar Michael Kohlhaas, Kiel

b 882
Schleswig-Holsteinisches Anwaltsgericht
Gottorfstr. 13, 24837 Schleswig
Vorsitzende(r): RA u. Notar Dr. Gerhard Lund

Ländergerichte und Staatsgerichtshöfe

● **B 883**
Staatsgerichtshof für das Land Baden-Württemberg
Postf. 10 36 53, 70031 Stuttgart
Ulrichstr. 10, 70182 Stuttgart
T: (0711) 2 12-0   Fax: 2 12-30 24

● **B 884**
Bayerischer Verfassungsgerichtshof
Prielmayerstr. 5, 80335 München
T: (089) 55 97 31 78   Fax: 55 97 39 86
Präsidentin: Hildegund Holzheid

● **B 885**
Verfassungsgerichtshof des Landes Berlin
Elßholzstr. 30-33, 10781 Berlin
T: (030) 90 15-26 52   Fax: 90 15-26 66
Gründung: 1992
Präsident(in): Prof. Dr. Helge Sodan

● **B 886**
Verfassungsgericht des Landes Brandenburg
Postf. 60 15 52, 14415 Potsdam
Allee nach Sanssouci 6, 14471 Potsdam
T: (0331) 9 83 81 02   Fax: 9 67 93 18
Internet: http://www.verfassungsgericht.brandenburg.de
E-Mail: lverfg@brandenburg.de
Präsident(in): Dr. Peter Macke
Vizepräsident(in): Dr. Wolfgang Knippel

● **B 887**
Staatsgerichtshof der Freien Hansestadt Bremen
Osterdeich 17, 28203 Bremen
T: (0421) 3 61 21 90   Fax: 3 61 41 72
Präsident(in): Prof. Günter Pottschmidt

● **B 888**
Hamburgisches Verfassungsgericht
Sievekingplatz 2, 20355 Hamburg
T: (040) 4 28 43-0   Fax: 4 28 43-4097
Präsident(in): Wilhelm Rapp
Geschäftsleiterin: JOAR'in Bärbel Kneile

● **B 889**
Staatsgerichtshof des Landes Hessen
Postf. 31 69, 65021 Wiesbaden
Mühlgasse 2, 65183 Wiesbaden
T: (0611) 32 27 38   Fax: 32 26 17
Gründung: 1948 (10. Januar)
Präsident(in): Prof. Dr. Klaus Lange
Vizepräsident(in): Dr. Wolfgang Teufel
Geschäftsleiter: Berthold Riehl
Wiss. Mitarbeiter: Dirk Schönstädt
Wiss. Mitarbeiter: Andrea Wilke

● **B 890**
Niedersächsischer Staatsgerichtshof
Herminenstr. 31, 31675 Bückeburg
T: (05722) 2 90-218   Fax: 2 90-2 17
Internet: http://www.staatsgerichtshof.niedersachsen.de
E-Mail: geschaeftsstelle@stgh.niedersachsen.de
Präsident(in): Prof. Dr. Manfred-Carl Schinkel

● **B 891**
Verfassungsgerichtshof für das Land Nordrhein-Westfalen
Postf. 63 09, 48033 Münster
Aegidiikirchplatz 5, 48143 Münster
T: (0251) 5 05-0   Fax: 5 05-3 52
Internet: http://www.vgh.nrw.de
Präsident(in): Dr. Michael Bertrams

● **B 892**
Verfassungsgerichtshof Rheinland-Pfalz
Deinhardplatz 4, 56068 Koblenz
T: (0261) 13 07-0   Fax: 13 07-3 50
Präsident(in): Prof. Dr. Karl-Friedrich Meyer

● **B 893**
Verfassungsgerichtshof des Saarlandes
Postf. 10 15 52, 66015 Saarbrücken
Franz-Josef-Röder-Str. 15, 66119 Saarbrücken
T: (0681) 5 01-05   Fax: 5 01-53 51

E-Mail: poststelle@verfgh.x400.saarland.de
Präsident(in): Prof. Dr. Roland Rixecker
Vizepräsident(in): Prof. Dr. Elmar Wadle

● **B 894**
Verfassungsgerichtshof des Freistaates Sachsen
Harkortstr. 9, 04107 Leipzig
T: (0341) 21 41-236, 21 41-233   **Fax:** 21 41-250
Präsident(in): Dr. Thomas Pfeiffer

● **B 895**
Landesverfassungsgericht Sachsen-Anhalt
Willy-Lohmann-Str. 29, 06844 Dessau
T: (0340) 2 02 14 52   **Fax:** 2 02 15 60
Gründung: 1993 (28. Oktober)
Präsident(in): Dr. Gerd-Heinrich Kemper
Vizepräsident(in): Erhard Köhler

Geschäftsleiter: Karl-Heinz Leitis
Leitung Presseabteilung: Dr. Tiemann
Mitarbeiter: 18

● **B 896**
Thüringer Verfassungsgerichtshof
Kaufstr. 2-4, 99423 Weimar
T: (03643) 2 06-206   **Fax:** 2 06-224
Präsident(in): Dr. Hans-Joachim Bauer

Notizen

C Botschaften und Konsulate

Zum Auffinden einer bestimmten Dienststelle oder Organisation dient das Suchwortverzeichnis, eines Personennamens das Personenverzeichnis.

Deutsche Vertretungen im Ausland

Vertretungen bei zwischen- und überstaatlichen Organisationen

Ausländische diplomatische und konsularische Vertretungen in der Bundesrepublik

Deutsche Vertretungen im Ausland

Ägypten

● C 1

Botschaft der Bundesrepublik Deutschland Kairo
Embassy of the Federal Republic of Germany
8 B, Sharia Hassan Sabri, ET- Cairo Zamalek
T: (00202) 7 39 96 00 (Sammelruf) **Fax:** 7 36 05 30
Internet: http://www.german-embassy.org.eg
Botschafter: Paul Freiherr von Maltzahn
Amtsbezirk: Ägypten
Konsularischer Amtsbezirk: Ägypten mit Ausnahme des dem Generalkonsulat Alexandria zugewiesenen Amtsbezirks

Äquatorialguinea

● C 2

Botschaft Jaunde (Kamerun)
siehe C 256

Äthiopien

● C 3

Botschaft der Bundesrepublik Deutschland Addis Abeba
Embassy of the Federal Republic of Germany
Postfach 660, ETH- Addis Abeba
T: (002511) 55 04 33 **Fax:** 55 13 11
Botschafter: Herbert Honsowitz
Amtsbezirk: Äthiopien

Albanien

● C 4

Botschaft der Bundesrepublik Deutschland Albanien
Rruga Skènderbeu Nr 8, AL- Tirana
T: (003554) 23 20 48, 23 20 50, 23 34 99 **Fax:** 23 34 97
Botschafter: Peter Kiewitt
Amtsbezirk: Albanien

Algerien

● C 5

Botschaft der Bundesrepublik Deutschland Algier
Ambassade de la République fédérale d'Allemagne
Postfach 664, DZ-16000 Algier
165, Chemin Sfindja (ex Laperlier), DZ- Algier
T: (00213) 21 74 19 41, 21 74 19 56, 21 74 20 47
Fax: 21 74 05 21
Botschafter: Hans-Peter Schiff
Amtsbezirk: Algerien

Andorra

● C 6

Botschaft Madrid
und Generalkonsulat Barcelona (Spanien), siehe C 455

Angola

● C 7

Botschaft der Bundesrepublik Deutschland Luanda
Embaixada da República Federal de Alemanha
Postfach 12 95, AO- Luanda
Avenida 4 de Fevereiro 120, AO- Luanda
T: (002442) 33 47 73, 33 45 16 **Fax:** 33 45 16
E-Mail: germanembassy.luanda@netangola.com
Botschafter: Christian Kraemer
Amtsbezirk: Angola

Antigua und Barbuda

● C 8

Honorarkonsul der Bundesrepublik Deutschland in St. John's
Honorary Consul of the Federal Republic of Germany
Postfach 1259, AG- St. Johns W.I.
Ocean View, Hodges Bay, AG- St. Johns W.I.
T: (001268) 462 31 74 **Fax:** 462 34 96
Honorarkonsul: Carsten Biel
Amtsbezirk: Antigua und Barbuda
Übergeordnete Auslandsvertretung: Botschaft Port-of-Spain

Argentinien

● C 9

Botschaft der Bundesrepublik Deutschland Buenos Aires
Embajada de la República Federal de Alemania
Villanueva 1055, RA-C1426BMC Buenos Aires
T: (005411) 47 78-2500 **Fax:** 47 78-2550
E-Mail: embalem@infovia.com.ar
Botschafter: Dr. Hans Ulrich Spohn
Konsul: Sven Krauspe
Amtsbezirk: Argentinien

c 10

Honorarkonsul der Bundesrepublik Deutschland in Córdoba
Cónsul Honorario de la República Federal de Alemania
Eliseo Canton 1870 Barrio Villa Paez, RA-X5003AHB Córdoba
T: (0054351) 489-0900 **Fax:** 489-0809
E-Mail: consul@oechsle.com.ar
Honorarkonsul: Carlos Oechsle
Amtsbezirk: Provinz Córdoba
Übergeordnete Auslandsvertretung: Botschaft Buenos Aires

c 11

Honorarkonsulin der Bundesrepublik Deutschland in Eldorado/Provinz Misiones
Cónsul Honoraria de la República Federal de Alemania
Av. San Martín 1666, 1°, RA-N3380ABQ Eldorado
Casilla de Correo 301, RA-N3380WAD Eldorado
T: (00543751) 4 23-214 **Fax:** 424-077
E-Mail: wachnitz@ceel.com.ar
Honorarkonsul: Renate Elisabeth Wachnitz
Amtsbezirk: In der Provinz Misiones die Departamentos Eldorado, Guaraní, Iguazú, General Manuel Belgrano, Montecarlo, San Pedro

c 12

Honorarkonsul der Bundesrepublik Deutschland in Mar del Plata/Provinz Buenos Aires
Cónsul Honorario de la República Federal de Alemania
Córdoba 3318, B7602CAP Mar del Plata
Casilla de Correo 1375, RA-B7600WAO Mar del Plata
T: (0054223) 4 92-2552 **Fax:** 4 92-2552
E-Mail: konsulwerner@topmail.com.ar
Honorarkonsul: Dr. Joachim Werner
Amtsbezirk: Von der Provinz Buenos Aires: Partidos Ayacucho, Azul, Bahia Blanca, Balcarce, Coronel de Marina Leonardo Rosales, Coronel Dorrego, Coronel Pringles, Dolores, General Alvarado, General Guido, General Juan Madariaga, General Lavalle, General Pueyrredón, Gonzales Chaves, Juárez, Laprida, Lobería, Maipú, Mar Chiquita, Necochea, Patagones, Rauch, San Cayetano, Tandil, Tordillo, Tornquist, Tres Arroyos, Villarino
Übergeordnete Auslandsvertretung: Botschaft Buenos Aires

c 13

Honorarkonsul der Bundesrepublik Deutschland in Mendoza/Provinz Mendoza
Cónsul Honorario de la República Federal de Alemania
Motevideo 127 piso 2, Dep. 1, RA-M5500GGC Mendoza
T: (0054261) 4 29-6539 **Fax:** 4 29-6609
Honorarkonsul: Federico Werner Hilbing
Amtsbezirk: Provinzen Mendoza, San Juan, San Luis
Übergeordnete Auslandsvertretung: Botschaft Buenos Aires

c 14

Honorarkonsul der Bundesrepublik Deutschland in Posadas/Provinz Misiones
Cónsul Honorario de la República Federal de Alemania
Junin 1811 piso 1, of. 1, RA-N3300MRM Posadas
T: (00543752) 4 35-508, 4 30-570 (Büro) **Fax:** 4 30-570 (Büro)
Honorarkonsul: Dr. Rolando Kegler
Amtsbezirk: Von der Provinz Misiones: Departamentos Apóstoles, Cainguás, Candelaria, Capital, Concepción, Leandro N. Alem, Libertador General San Martin, Oberá, San Ignacio, San Javier, 25 de Mayo; von der Provinz Corrientes: Departamentos General Alvear, Ituzaingó, Paso de los Libres, San Martin, Santo Tomé
Übergeordnete Auslandsvertretung: Botschaft Buenos Aires

c 15

Honorarkonsulin der Bundesrepublik Deutschland in Resistencia/Provinz Chaco
Cónsul Honoraria de la República Federal de Alemania
Puyerredón 270, RA-H3500BNF Resistencia /Prov.Chaco
T: (00543722) 4 23-406
E-Mail: omalemana@hotmail.com
Honorarkonsulin: Haydée Hüwel
Amtsbezirk: Provinz Chaco, Provinz Formosa, Provinz Corrientes: Departamentos Bella Vista, Berón de Astrada, Capital, Concepción, Empedrado, General Paz, Itatí, Lavalle, Mercedes, Mburucuyá, Saladas, San Cosmé, San Luis de Palmar, San Miguel, San Roque
Übergeordnete Auslandsvertretung: Botschaft Buenos Aires

c 16

Honorarkonsul der Bundesrepublik Deutschland in Salta
Cónsul Honorario de la República Federal de Alemania
Gral. Justo José de Urquiza 409, RA-A4402AYI Salta
T: (0054387) 4 21-6525 **Fax:** 4 21-6525
Honorarkonsul: Juan Cristobal Kühl
Amtsbezirk: Provinzen Jujuy und Salta
Übergeordnete Auslandsvertretung: Botschaft Buenos Aires

c 17

Honorarkonsul der Bundesrepublik Deutschland in San Carlos de Bariloche/Provinz Río Negro
Cónsul Honorario de la República Federal de Alemania
Emilio Morales 460, RA-R8400GHJ San Carlos de Bariloche
T: (00542944) 4 25-695 **Fax:** 4 48-007 (Büro)
E-Mail: jorlin@cybersnet.com.ar
Honorarkonsul: Jürgen Linder
Amtsbezirk: Provinz Chubut: Departamentos Cushamen, Futaleufú, Gastres, Languiñeo, Paso de Indios, Tehuelches, Provinz Neuquén, Provinz Rio Negro: Departamentos Bariloche, El Cuy, General Roca, 9 de Julio, Ñorquinco, Pilcaniyeu, 25 de Mayo
Übergeordnete Auslandsvertretung: Botschaft Buenos Aires

c 18

Honorarkonsul der Bundesrepublik Deutschland in Santa Fé/Provinz Santa Fé
Cónsul Honorario de la República Federal de Alemania
Juan de Garay 2957, RA-S3000CRK Santa Fé
T: (0054342) 459-7544 **Fax:** 4 55-1476
Honorarkonsul: Carlos Enrique Meissner
Amtsbezirk: Provinz Corrientes: Departamentos Curuzú Cuatiá, Esquina, Goya, Monte Caseros, Sauce; Provinz Entre Ríos, Provinz Santa Fé: Departamentos Castellanos, Garay, General Obligado, La Capital, Las Colonias, San Cristóbal, San Javier, San Justo, Vera, 9 de Julio
Übergeordnete Auslandsvertretung: Botschaft Buenos Aires

c 19

Honorarkonsul der Bundesrepublik Deutschland in Tucumán/Provinz Tucumán
Cónsul Honorario de la República Federal de Alemania
9 de Julio 1051, AR-T4002IPC Tucumán
Casilla de Correo 44, RA-T4000WAE Tucumán
T: (0054381) 4 24-2000, 4 24-2730, 4 24-2819, 4 24-2658
Fax: 4 24-6620
E-Mail: imsa@arnet.com.ar
Honorarkonsul: José Krautmann
Amtsbezirk: Provinz Tucumán, Provinz Catamarca

c 20
Honorarkonsul der Bundesrepublik Deutschland in Ushuaia/Provinz Tierra del Fuego
Cónsul Honorario de la República Federal de Alemania
Bdier. Gral. Juan Manuel de Rosas 516, RA-V9410DAL Ushuaia
T: (00542901) 422-778 **Fax:** 430-768
E-Mail: rodolfowantz@infovia.com.ar
Honorarkonsul: Rodolfo Luciano Wantz
Amtsbezirk: Provinz Tierra del Fuego, Provinz Santa Cruz: Departamentos Güer Aike, Lago Argentino, Carpen Aike, Magallanes
Übergeordnete Auslandsvertretung: Botschaft Buenos Aires

Armenien

● C 21
Botschaft der Bundesrepublik Deutschland Eriwan
Tscharenzstr. 29, AM-375025 Yerewan
T: (003741) 151 709, 523 279 **Fax:** 151 112
E-Mail: germemb@arminco.com
Botschafter: Volker Seitz
Amtsbezirk: Armenien

Aserbaidschan

● C 22
Botschaft der Bundesrepublik Deutschland Baku
Postfach N. 28, N 29, AZ-370000 Baku Zentrum
Ul. Mamedalieva 15, AZ-370005 Baku
T: (0099412) 98 78 19, 98 82 38, 98 79 18 **Fax:** 98 54 19
E-Mail: ger_emb_baku@azeri.com
Botschafter: Dr. Christian Siebeck
Amtsbezirk: Aserbaidschan

Australien

● C 23
Botschaft der Bundesrepublik Deutschland Canberra
Embassy of the Federal Republic of Germany
119 Empire Circuit, Yarralumla, AUS- Canberra A.C.T. 2600
T: (00612) 62 70 19 11 **Fax:** 62 70 19 51
Botschafter: Dr. Horst Bächmann
Amtsbezirk: Australischer Bund einschließlich der australischen Außengebiete, Salomonen und Vanuatu
Konsularischer Amtsbezirk: Das Gebiet der australischen Bundeshauptstadt (Australian Capital Territory - A.C.T.) sowie das Northern Territory und die australischen Außengebiete, Nauru
Der Leiter der Vertretung ist zugleich als Botschafter in Nauru, Papua-Neuguinea, Salomonen und Vanuatu mit Sitz in Canberra akkreditiert

c 24
Generalkonsulat der Bundesrepublik Deutschland in Melbourne
Consulate General of the Federal Republic of Germany
Postfach 76, AUS- South Yarra, Vic. 31 41
480 Punt Road, AUS- South Yarra, Vic. 31 41
T: (00613) 98 64-6888 **Fax:** 98 20-2414
Generalkonsul: Hans-Michael Schwandt
Amtsbezirk: Bundesstaaten Südaustralien, Tasmanien, Victoria, Westaustralien

c 25
Generalkonsulat der Bundesrepublik Deutschland in Sydney
Consulate General of the Federal Republic of Germany
13, Trelawney Street, AUS- Woollahra NSW 2025
T: (00612) 93 28-7733 **Fax:** 93 27 96 49
Generalkonsul: Dr. Matthias Wentzel
Amtsbezirk: Bundesstaaten New South Wales und Queensland

c 26
Honorarkonsul der Bundesrepublik Deutschland in Adelaide
Honorary Consul of the Federal Republic of Germany
Postfach 81 31 Station Arcade, AUS- Adelaide SA 5000
23 Peel Street 1.fl, Peel Chambers, AUS- Adelaide SA 5000
T: (00618) 82 31 63 20 **Fax:** 82 31 63 20
Honorarkonsul: James R. Porter
Amtsbezirk: Bundesstaat Südaustralien
Übergeordnete Auslandsvertretung: Generalkonsulat Melbourne

c 27
Honorarkonsul der Bundesrepublik Deutschland in Brisbane
Honorary Consul of the Federal Republic of Germany
32nd Floor, AMP Place, 10 Eagle St., AUS- Brisbane QLD 4000
T: (00617) 32 21-7819 **Fax:** 32 21-7335
Honorarkonsul: Eric Finger (AO)
Amtsbezirk: Southern Queensland
Übergeordnete Auslandsvertretung: Generalkonsulat Sydney

c 28
Honorarkonsulin der Bundesrepublik Deutschland in Cairns
105/2 Keem Street, AUS-4879 Queensland Trinity Beach
T: (00617) 4057-8299 **Fax:** 4057-8909
Honorarkonsulin: Iris Raymond
Amtsbezirk: Northern Queensland
Übergeordnete Auslandsvertretung: Generalkonsulat Sydney

c 29
Honorarkonsul der Bundesrepublik Deutschland in Darwin
Honorary Consul of the Federal Republic of Germany
Postfach 38995, AUS- Winnellie 0821
T: (00618) 89 84-3770, 89 84 37 69 **Fax:** 89 47-0037
Honorarkonsul: Harry Maschke
Amtsbezirk: Gebiet des Northern Territory nördlich des 15. Grades südlicher Breite
Übergeordnete Auslandsvertretung: Botschaft Canberra

c 30
Honorarkonsulat der Bundesrepublik Deutschland in Hobart
Honorary Consul of the Federal Republic of Germany
Sandy Bay Road 348, AUS- Hobart/Sandy Bay Tas 7005
T: (00613) 62 23 18 14 **Fax:** 62 25 07 52
Honorarkonsul: Barry Darrell Hedley Fisher
Amtsbezirk: Bundesstaat Tasmanien
Übergeordnete Auslandsvertretung: Generalkonsulat Melbourne

c 31
Honorarkonsul der Bundesrepublik Deutschland in Honiara/Salomonen Inseln
Postfach 1 14, SB- Honiara
T: (00677) 2 14 02 **Fax:** 2 38 87
Honorarkonsul: Gerald Stenzel
Amtsbezirk: Provinzen Guadalcanal, Central und Malaita
Übergeordnete Auslandsvertretung: Deutsche Botschaft Canberra

c 32
Honorarkonsul der Bundesrepublik Deutschland in Perth
Honorary Consul of the Federal Republic of Germany
16 St. George's Terrace, AUS- Perth WA 6000
T: (00618) 93 25-8851 **Fax:** 92 21-3200
Honorarkonsul: William R. B. Hassell
Amtsbezirk: Bundesstaat Westaustralien
Übergeordnete Auslandsvertretung: Generalkonsulat Melbourne

c 33
Honorarkonsul der Bundesrepublik Deutschland in Port Moresby/Papua
Postfach 4278, PG- Port Moresby Boroco, NCD
T: (00675) 3 25-7879, 3 25-2808 **Fax:** 3 25-7879
Honorarkonsul: Eberhard Pfeiffer
Amtsbezirk: Papua-Neuguinea
Übergeordnete Auslandsvertretung: Deutsche Botschaft Canberra

Australische Außengebiete in Australien/Südpazifik

Austr. Antarktis-Territorium, Heard- u. McDonaldinseln, Kokosinseln, Norfolkinsel, Weihnachtsinseln

● C 34
Botschaft Canberra (Australien)
siehe C 23

Bahamas

● C 35
Honorarkonsul der Bundesrepublik Deutschland in Nassau
Honorary Consul of the Federal Republic of Germany
Postfach N-1724, BS- Nassau
T: (001242) 394 61 61 **Fax:** 394 62 62
Honorarkonsul: Hermann-Josef Hermanns
Amtsbezirk: Bahamas
Übergeordnete Auslandsvertretung: Botschaft Kingston

Bahrain

● C 36
Botschaft der Bundesrepublik Deutschland Manama
Embassy of the Federal Republic of Germany
Postfach 10306, BRN- Manama
T: (00973) 53 02 10 **Fax:** 53 62 82
Botschafter: Norbert Heinze
Amtsbezirk: Staat Bahrain

Bangladesch

● C 37
Botschaft der Bundesrepublik Deutschland Dhaka
Embassy of the Federal Republic of Germany
Postfach 108, BD- Dhaka 2
Gulshan Avenue 178, BD- Dhaka 1212
T: (008802) 882 47 34/35 /36 /37 **Fax:** 882 31 41
E-Mail: aadhaka@citechco.net
Botschafter: Uwe Schramm
Amtsbezirk: Bangladesch

Barbados

● C 38
Honorarkonsul der Bundesrepublik Deutschland in Bridgetown
Honorary Consul of the Federal Republic of Germany
Postfach 17 B, Brittons Hill, BDS- St. Michael Barbados W.I.
T: (001246) 4 27 18 76 **Fax:** 4 27 81 27
E-Mail: uwerharrs@caribsurf.com
Honorarkonsul: Uwe Harrs
Amtsbezirk: Barbados, West Indies
Übergeordnete Auslandsvertretung: Botschaft Port-of-Spain

Belgien

● C 39
Botschaft der Bundesrepublik Deutschland Brüssel
190, Avenue de Tervueren, B-1150 Brüssel
T: (00322) 7 74 19 11 **Fax:** 7 72 36 92
E-Mail: zreg@bruedip.auswaertiges-amt.de
Botschafter: Peter von Butler
Amtsbezirk: Belgien

c 40
Honorarkonsul der Bundesrepublik Deutschland in Lüttich
Rue de Chênée 53, B-4031 Angleur
T: (00324) 3 61 24 84 **Fax:** 3 61 24 85
Honorarkonsul: Michel Hahn
Amtsbezirk: Provinz Lüttich
Übergeordnete Auslandsvertretung: Botschaft Brüssel

c 41

Honrarkonsul der Bundesrepublik Deutschland in Antwerpen
Scheldelaan 420 Haven 507, B-2040 Antwerpen
T: (00323) 5 44 89 67   Fax: 5 40 36 00
E-Mail: ingrid.faes@bayant.bayer.be
Honorarkonsul: Dr. René Loix
Amtsbezirk: Provinz Antwerpen
Übergeordnete Auslandsvertretung: Botschaft Brüssel

c 42

Honorarkonsul der Bundesrepublik Deutschland in Hasselt
Gouverneur Verwilghensingel 100, B-3500 Hasselt
T: (003211) 24 05 10   Fax: 24 15 59
Honorarkonsul: Vincent Kun
Amtsbezirk: Provinz Limburg
Übergeordnete Auslandsvertretung: Botschaft Brüssel

c 43

Honorarkonsul der Bundesrepublik Deutschland in Ostende
Orteliuslaan 8, B-8420 De Haan
T: (003259) 32 63 34   Fax: 32 63 34
Honorarkonsul: Philippe Decrop
Amtsbezirk: Provinz Westflandern
Übergeordnete Auslandsvertretung: Botschaft Brüssel

Belize

● C 44

Honorarkonsul der Bundesrepublik Deutschland in Belize-Stadt
Honorary Consul of the Federal Republic of Germany
Southern Foreshore 57, BH- Belize City
T: (005012) 7 72 82   Fax: 2 43 75
Honorarkonsul: Arsenio Burgos
Amtsbezirk: Belize
Übergeordnete Auslandsvertretung: Botschaft Kingston

Benin, Republik

● C 45

Botschaft der Bundesrepublik Deutschland Cotonou
Ambassade de la République Fédérale d'Allemagne
Postfach 5 04, DY- Cotonou
Av. Jean Paul II 7, DY- Cotonou
T: (00229) 31 29 67-68   Fax: 31 29 62
TX: (0972) 5 224 aactnou ben
Botschafter: Hans-Burkhard Sauerteig
Amtsbezirk: Benin

Bhutan

● C 46

Botschaft Neu Delhi (Indien)
siehe C 205

Bolivien

● C 47

Botschaft der Bundesrepublik Deutschland La Paz
Embajada de la Republica Federal de Alemania
Postfach 5265, BOL- La Paz
Avenida Arce 2395, BOL- La Paz
T: (005912) 44 00 66, 44 11 66   Fax: 44 14 41
E-Mail: germany@ceibo.entelnet.bo
Botschafter: Joachim Merten Kausch
Amtsbezirk: Bolivien

c 48

Honorarkonsulat der Bundesrepublik Deutschland in Cochabamba
Cónsul Honorario de la República Federal de Alemania
Postfach 708, BOL- Cochabamba
Calle España, BOL- Cochabamba
T: (0059142) 5 40 23, 5 40 24   Fax: 5 40 23
TGR: Berodt Cochabamba
Honorarkonsul: Jürgen Berodt
Amtsbezirk: Departamento Cochabamba
Übergeordnete Auslandsvertretung: Botschaft La Paz

c 49

Honorarkonsulat der Bundesrepublik Deutschland in Santa Cruz
Cónsul Honorario de la República Federal de Alemania
Postfach 2101, BOL- Santa Cruz de la Sierra
Av. de las Américas 241, BOL- Santa Cruz de la Sierra
T: (005913) 32 48 25   Fax: 36 75 85
Honorarkonsul: Peter Klatt
Amtsbezirk: Departamento Santa Cruz
Übergeordnete Auslandsvertretung: Botschaft La Paz

c 50

Honorarkonsulat der Bundesrepublik Deutschland in Sucre
Cónsul Honorario de la República Federal de Alemania
Postfach 191, BOL- Sucre
Calle Rosendo Villa 54, BOL- Sucre
T: (0059164) 5 13 69
Honorarkonsulin: Eva Marianne Vilar
Amtsbezirk: Departamento Chuquisaca, Potosi
Übergeordnete Auslandsvertretung: Botschaft La Paz

c 51

Honorarkonsulat der Bundesrepublik Deutschland in Tarija
Cónsul Honorario de la República Federal de Alemania
Postfach 139, BOL- Tarija
Sucre No. 665, BOL- Tarija
T: (0059166) 4 20 62, 4 31 26   Fax: 3 08 26
TGR: „Methfessel"-Tarija
Honorarkonsul: Karl-Heinz Methfessel
Amtsbezirk: Departamento Tarija
Übergeordnete Auslandsvertretung: Botschaft La Paz

Bosnien und Herzegowina

● C 52

Botschaft der Bundesrepublik Deutschland Sarajewo
c/o UNIS-Holding Company
ul. Buka bb, BA-71000 Sarajewo
T: (0038733) 27 50 00   Fax: 65 29 78
E-Mail: debosara@bih.net.ba
Botschafter: Jochen Peters
Amtsbezirk: Bosnien und Herzegowina

c 53

Botschaft der Bundesrepublik Deutschland in Sarajewo Außenstelle Banja Luka
Kralja P. I. Karadjordjevica 103, BA-78000 Banja Luka
T: (0038778) 1 70 68, 21 19 49   Fax: 1 71 13
E-Mail: dboastbl@inecco.net
Leiter: Dr. Ingrid Baudouin

Botsuana

● C 54

Botschaft der Bundesrepublik Deutschland Gaborone
Embassy of the Federal Republic of Germany
Postfach 315, RB- Gaborone
Professional House, Broadhurst, RB- Gaborone
T: (00267) 35 31 43, 35 38 06   Fax: 35 30 38
E-Mail: germanembassy@info.bw
Botschafter: Dr. Irene Hinrichsen
Amtsbezirk: Botsuana

Brasilien

● C 55

Botschaft der Bundesrepublik Deutschland Brasilia-DF
Embaixada da República Federal da Alemanha
Postfach 030, BR-70359-970 Brasilia-DF
Avenida das Nações, Quadra 807, BR-70415-900 Brasilia-DF
T: (05561) 443-7330   Fax: (005561) 443-7508
Internet: http://www.embaixada.org.br
E-Mail: germanembassy@zaz.com.br
Leiter(in): Dr. Hans-Bodo Bertram
Amtsbezirk: Brasilien
Konsularischer Amtsbezirk: Bundesdistrikt, Staaten Goiás, Tocantins, Mato Grosso, Acre, Amapá, Amazonas, Pará, Rondonia, Roraima

c 56

Generalkonsulat der Bundesrepublik Deutschland in Recife
Consulado Geral da República Federal da Alemanha
Postfach 1604, BR-50001-970 Recife-PE
Av. Dantas Barreto, 191, Edf. Sto. Ant.-4° andar, BR-50010-360 Recife-PE
T: (005581) 34 25-3288   Fax: 34 24-26 66
TGR: Consugerma Recife
E-Mail: alemanha-cons@hotlink.com.br
Generalkonsul: Thomas Meister
Amtsbezirk: Staaten Alagoas, Bahia, Ceará, Maranhão, Paraiba, Piaui, Rio Grande de Norte, Sergipe, Pernambuco

c 57

Generalkonsulat der Bundesrepublik Deutschland in Rio de Janeiro
Consulado Geral da República Federal da Alemanha
Postfach 64, BR-20.001-970 Rio de Janeiro-RJ
Rua Presidente Carlos de Campos 417, BR-22.231-080 Rio de Janeiro-RJ
T: (005521) 553-6777   Fax: 553-0184
TGR: Consgerm Rio de Janeiro
Generalkonsul: Dr. Klaus Platz
Amtsbezirk: Staaten Espírito Santo, Mineas Gerais, Rio de Janeiro

c 58

Generalkonsulat der Bundesrepublik Deutschland in São Paulo
Consulado Geral da República Federal da Alemanha
Postfach 41662, BR-05422-970 São Paulo-SP
Av. Brig. Faria Lima, 2092, 12° andar Jardin Paulistano, BR-01451-000 São Paulo-SP
T: (005511) 3814-6644   Fax: 3815-7538
Generalkonsul: Dr. Dieter Hubedrtus Zeisler
Amtsbezirk: Staaten São Paulo, Mato Grosso do Sul, Paraná

c 59

Generalkonsulat der Bundesrepublik Deutschland in Porto Alegre
Consulado Geral da República Federal da Alemanha
Postfach 25 52, BR-90001-970 Porto Alegre
Rue Professor Annes Dias 112-11° andar, BR-90001-970 Porto Alegre
T: (005551) 2 24-9255, 2 24-9592   Fax: 2 26-4909
Generalkonsul: Reinhard Thurner
Amtsbezirk: Staat Rio Grande do Sul, Santa Catarina

c 60

Honorarkonsul der Bundesrepublik Deutschland in Belem
Cónsul Honorário da República Federal da Alemanha
Postfach 2, BR-66017-970 Belém PA
Rua Tiradeutes 67, Sala 204, Bairro do Reduto, BR-66053-330 Belém PA
T: (005591) 2 12 83 66   Fax: 2 12 83 66
E-Mail: hsteffen.bel@zaz.com.br
Honorarkonsul: Helena Steffen
Amtsbezirk: Staaten Pará und Amapá
Übergeordnete Auslandsvertretung: Botschaft Brasilia

c 61

Honorarkonsul der Bundesrepublik Deutschland in Belo Horizonte
Cónsul Honorário da República Federal da Alemanha
Rua Timbiras, 8000, 1200-5 ° andar, BR-30140-060 Belo Horizonte MG
T: (005531) 3213-1568   Fax: 3213-1567
E-Mail: toscana@bis.com.br
Honorarkonsul: Georg Johannes Kampik
Amtsbezirk: Minas Gerais
Übergeordnete Auslandsvertretung: Generalkonsulat Rio de Janeiro

c 62

Honorarkonsul der Bundesrepublik Deutschland in Blumenau
Consul Honorário da República Federal da Alemanha
Cónsul Honorário da República Federal da Alemanha
Postfach 1002, BR-89010-971 Blumenau-sc
Rua Caetano Deeke 20, Edif. Hering, 11° andar, salas 1005/1006, BR-89010-040 Blumenau-sc
T: (005547) 3 21-3302   Fax: 3 21-3450
Honorarkonsul: Hans Prayon
Amtsbezirk: Munizipien, Blumenau, Pomerode, Luiz Alves, Picarras, Penha, Navegantes, Itajai, Camboriú, Itapema, Brusque, Gaspar, Ilhota, Guabiruba, Botuverá, Indaial, Vidal

Ramos, Presidente Nereu, Ascurra, Florianópolis, Massaranduba, Rodeio, Benedito Novo, Rio dos Cedros und Timbó
Übergeordnete Auslandsvertretung: Generalkonsulat, Porto Alegre

c 63

Honorarkonsulat der Bundesrepublik Deutschland in Curibata (PR)
Rua Semeador 702 Cidade Industrial, BR-81270-050 Curibata-PR
T: (041) 341-5450   **Fax:** 341-5451
E-Mail: schorer@siemens.com.br
Honorarkonsul: Hans Gerhard Schorer

c 64

Honorarkonsul der Bundesrepublik Deutschland in Fortaleza
Consul Honorario da Republica Federal da Alemanha
Cónsul Honorário da República Federal da Alemanha
Postfach 1115, BR-60001-970 Fortaleza-CE
Rua Pedro Borges, 33, Ed. Palácio Progresso, cj 1135, BR-60055-110 Fortaleza-CE
T: (005585) 2 46-43 66   **Fax:** 2 46 70 99
Honorarkonsul: Dieter Gerding
Amtsbezirk: Staat Ceará
Übergeordnete Auslandsvertretung: Generalkonsulat Recife

c 65

Honorarkonsul der Bundesrepublik Deutschland in Joinville
Consul Honorario da Republica Federal da Alemanha
Cónsul Honorário da República Federal da Alemanha
Postfach 1197, BR-89201-972 Joinville-SC
Rua Alexandre Döhler 78, BR-89201-260 Joinville-SC
T: (005547) 4 33-8679   **Fax:** 4 22-3552
Internet: http://www.consul-rfa-joinville.com.br
E-Mail: konsul@dohler.com.br
Honorarkonsul: Udo Döhler
Amtsbezirk: Munizipien Joinville, São Francisco do Sul, Garuva, Campo Alegre, Jaraguá do Sul, Corupá, São Bento do Sul, Schroeder, Guaramirin, Araquari_1, Barra Velha, Itaiópolis, Rio Negrinho und Mafra
Übergeordnete Auslandsvertretung: Generalkonsulat Porto Alegre

c 66

Honorarkonsul der Bundesrepublik Deutschland in Manaus
Cónsul Honorário da República Federal da Alemanha
Rua 24 de Maio 220 Ed. Rio Negro Center, Sala 812, BR-69010-080 Manaus-AM
T: (005592) 6 22-8800   **Fax:** 6 22-8700
Honorarkonsul: Martin Klenke
Amtsbezirk: Staaten Amazonas, Acre, Rondônia, Roraima
Übergeordnete Auslandsvertretung: Botschaft Brasilia

c 67

Honorarkonsul der Bundesrepublik Deutschland in Paranaguá
Cónsul Honorário da República Federal da Alemanha
Postfach 6 94, BR-83209-340 Paranaguá PR
Rua Domingos Peneda 3699 Jardim Guaraituba, BR-83209-510 Paranaguá-PR
T: (005541) 423 68 46   **Fax:** 423 68 46
Honorarkonsul: Werner Bohling
Amtsbezirk: Hafenstadt Paranaguá
Übergeordnete Auslandsvertretung: Generalkonsulat São Paulo

c 68

Honorarkonsul der Bundesrepublik Deutschland in Riberão Preto
Cónsul Honorário da República Federal da Alemanha
Rua Campas Salles 658, BR-14015-110 Riberão Preto -SP
T: (005516) 6 35 27 25   **Fax:** 6 23 13 38
Honorarkonsul: Rudolf Schallenmüller
Amtsbezirk: Barretos, São Joaquim da Barra, Franca, Riberão Preto, Araquara, São Carlos
Übergeordnete Auslandsvertretung: Generalkonsulat São Paulo

c 69

Honorarkonsul der Bundesrepublik Deutschland in Rolandia
Cónsul Honorário da República Federal da Alemanha
Postfach 70, BR-86.600-000 Rolândia PR
Av. Presidente Vargas 1745, BR-86.600-000 Rolândia PR
T: (005543) 2 56-1931   **Fax:** 2 56-3374
E-Mail: adrian@onda.com.br
Honorarkonsul: Adrian von Treuenfels
Amtsbezirk: Munizipien Andirá, Apucarana, Bandeirantes, Barbosa Ferraz, Cambará, Cambira, Campina da Lagoa, Cândido Rondon, Cornélio Procopio, Fenix, Formosa, Goio Erê, Ibiporã, Iretama, Jataizinho, Kaloré, Londrina, Nova Cantú, Roncador, S. Pedro do Ivai, Santa Amélia, Toledo, Ubiratá, Urai und alle Munizipien nördlich von den obengenannten, und zwar bis zu den Grenzen von Paraguay und den brasilianischen Staaten Mato Grosso und São Paulo
Übergeordnete Auslandsvertretung: Generalkonsulat Curitiba, São Paulo

c 70

Honorarkonsul der Bundesrepublik Deutschland in Salvador
Consul Honorario da Republica Federal da Alemanha
Cónsul Honorário da República Federal da Alemanha
Rua Lucaia, 281, Ed. "WM", 2° andar, BR-41940-660 Salvador-BA
T: (005571) 3 34-7106, 3 34-29 29   **Fax:** 2 46-85 42
Honorarkonsul: Wolfgang Roddewig
Amtsbezirk: Staaten Bahia und Sergipe
Übergeordnete Auslandsvertretung: Generalkonsulat Recife

c 71

Honorarkonsul der Bundesrepublik Deutschland in Santos
Cónsul Honorário da República Federal da Alemanha
Postfach 9 78, BR-11001-909 Santos-SP
Rua Frei Gaspar 22, 10 andar, Sala 104, BR-11010-907 Santos-SP
T: (005513) 2 19-5902   **Fax:** 2 19-5092
Honorarkonsul: Joachim Robert August Stuth-Timm
Amtsbezirk: Munizipien Cananea, Santos, Iguape, Xiririca
Übergeordnete Auslandsvertretung: Generalkonsulat São Paulo

c 72

Honorarkonsul der Bundesrepublik Deutschland in Sao Luis
Cónsul Honorário da República Federal da Alemanha
Postfach 234, BR-65020-240 São Luis-MA
Praça Gonçalves Dias 301, BR-65020-240 São Luis-MA
T: (005598) 2 32-7766   **Fax:** 2 21-2233
Honorarkonsul: Ernst Otto Pflüger
Amtsbezirk: Staat Maranhão
Übergeordnete Auslandsvertretung: Generalkonsulat Recife

c 73

Honorarkonsul der Bundesrepublik Deutschland in Vitória
Cónsul Honorário da República Federal da Alemanha
Postfach 1 27, BR-29001-970 Vitória-ES
Praça Meyerfreund 1, BR-29122-900 Vila Velha-ES
T: (005527) 2 29 52 91
Honorarkonsul: Helmut Meyerfreund
Amtsbezirk: Staat Espirito Santo
Übergeordnete Auslandsvertretung: Generalkonsulat Rio de Janeiro

Brunei

● C 74

Botschaft der Bundesrepublik Deutschland
Embassy of the Federal Republic of Germany
Postfach 30 50, BRU-1930 Bandar Seri Begawan BS8675
Jalan Pretty, BRU- Bandar Seri Begawan BS8711
T: (006732) 22 55 47, 22 55 74   **Fax:** 22 55 83
E-Mail: prgerman@brunet.bn
Botschafter: Klaus-Peter Brandes

Bulgarien

● C 75

Botschaft der Bundesrepublik Deutschland Sofia
Postfach 869, BG- Sofia
Ulica Joliot Curie 25, BG- Sofia
T: (003592) 91 83 80, 9 63 41 01   **Fax:** 9 63 16 58, 9 63 08 92
Internet: http://www.german-embassy.bg
E-Mail: gemb@vilmat.com
Botschafter: Ursula Seiler-Albring
Amtsbezirk: Bulgarien

Burkina Faso

● C 76

Botschaft der Bundesrepublik Deutschland Burkina Faso
Ambassade de la République fédérale d'Allemagne
Postfach 6 00, HV- Ouagadougou 01
Avenue Joseph Badoua 399, HV- Ouagadougou
T: (00226) 30 67 31, 30 67 32   **Fax:** 31 39 91
E-Mail: amb.allemagne@fasonet.bf
Botschafter: Dr. Helmut Rau
Amtsbezirk: Burkina Faso

Burundi

● C 77

Botschaft Nairobi (Kenia)
siehe C 273

Chile

● C 78

Botschaft der Bundesrepublik Deutschland Santiago de Chile
Embajada de la República Federal de Alemania
Postfach 9949, RCH- Santiago de Chile
Calle Agustinas 785 7. Stock, RCH- Santiago de Chile
T: (00562) 46 32 500   **Fax:** 46 32 525
Internet: http://www.embajadadealamania.cl
E-Mail: emb.alemana.stgo@bellsouth.cl
Botschafter: Georg Clemens Dick
Amtsbezirk: Chile

c 79

Honorarkonsul der Bundesrepublik Deutschland in Antofagasta
Cónsul Honorario de la República Federal de Alemania
Postfach 454, RCH- Antofagasta
Av. Edmundo Pérez Zújovic 4940, RCH- Antofagasta
T: (005655) 25 16 91   **Fax:** 26 67 91
Honorarkonsul: Hans Schaefer
Amtsbezirk: Regionen Antofagasta und Atacama
Übergeordnete Auslandsvertretung: Santiago de Chile

c 80

Honorarkonsul der Bundesrepublik Deutschland in Arica
Cónsul Honorario de la República Federal de Alemania
Postfach Casilla 16, RCH- Arica
Arturo Prat 391, Piso 10, Of. 101, RCH- Arica
T: (005658) 23 16 57   **Fax:** 22 72 66
Honorarkonsul: Ulrich Pribnow
Amtsbezirk: Region Tarapacá
Übergeordnete Auslandsvertretung: Santiago de Chile

c 81

Honorarkonsul der Bundesrepublik Deutschland in Concepción
Cónsul Honorario de la República Federal de Alemania
Postfach 41-C, RCH- Concepción
Chacabuco 556, RCH- Concepción
T: (005641) 24 25 91   **Fax:** 23 06 21
E-Mail: siller@ctcreuna.cl
Honorarkonsul: Herbert Siller
Amtsbezirk: Region Bio-Bio
Übergeordnete Auslandsvertretung: Santiago de Chile

c 82

Honorarkonsul der Bundesrepublik Deutschland in Osorno
Cónsul Honorario de la República Federal de Alemania
Postfach 23-O, RCH- Osorno
M. A. Matta 549 of.406, RCH- Osorno
T: (005664) 23 21 51   **Fax:** 23 21 51
Honorarkonsul: Hans Joachim Schmitz
Amtsbezirk: Provinz Osorno der Region Los Lagos
Übergeordnete Auslandsvertretung: Santiago de Chile

c 83
Honorarkonsul der Bundesrepublik Deutschland in Puerto Montt
Cónsul Honorario de la República Federal de Alemania
Postfach 2, CL- Puerto Montt
Antonio Varas 525 of. 306, RCH- Puerto Montt
T: (005665) 25 28 28   **Fax:** 25 28 28
Honorarkonsul: René Ernesto Schmidt-Gebauer
Amtsbezirk: Provinzen Llanquíhue, Chiloé und Palena der Region Los Lagos, Region Aisén del General Carlos Ibañez del Campo
Übergeordnete Auslandsvertretung: Santiago de Chile

c 84
Honorarkonsul der Bundesrepublik Deutschland in Temuco
Cónsul Honorario de la República Federal de Alemania
Caupolicán 648, RCH- Temuco
T: (005645) 21 23 87   **Fax:** 21 33 96
Honorarkonsul: Oswald Frindt
Amtsbezirk: Region La Araucania
Übergeordnete Auslandsvertretung: Santiago de Chile

c 85
Honorarkonsul der Bundesrepbulik Deutschland in Valdivia
Cónsul Honorario de la República Federal de Alemania
Arauco 159, of. 204, RCH- Valdivia
T: (005663) 21 88 21, 20 37 91   **Fax:** 21 30 46
Honorarkonsul: Eduardo Schild
Amtsbezirk: Provinz Valdivia der Region Los Lagos
Übergeordnete Auslandsvertretung: Santiago de Chile

c 86
Honorarkonsul der Bundesrepublik Deutschland in Valparaiso
Cónsul Honorario de la República Federal de Alemania
Postfach 167, RCH- Valparaiso
Blanco 1215 11° piso, of. 1102, RCH- Valparaiso
T: (005632) 25 67 49
Honorarkonsul: Günther Körver
Amtsbezirk: Region Valparaiso
Übergeordnete Auslandsvertretung: Santiago de Chile

China

● C 87
Botschaft der Bundesrepublik Deutschland Peking
Embassy of the Federal Republic of Germany
17, Dong Zhi Men Wai Da Jie, Chaoyang District, CN- Peking 100 600
T: (008610) 65 32 21 61   **Fax:** 65 32 53 36
Internet: http://www.dtbotschaftpeki.org.cn
E-Mail: germassy@public.gb.com.cn
Botschafter: Dr. Hans-Christian Ueberschaer
Amtsbezirk: Volksrepublik China
Konsularischer Amtsbezirk: Volksrepublik China mit Ausnahme der den Generalkonsulaten Kouton und Shanghai zugewiesenen Amtsbezirke.

c 88
Generalkonsulat der Bundesrepublik Deutschland in Hongkong
Consulate General of the Federal Republic of Germany
United Centre, 21st Floor
95 Queensway, Central, G.P.O. Box 250, CN- Hongkong
T: (00852) 21 05 87 77, 21 05 87 88   **Fax:** 28 65 20 33
E-Mail: germancg@netvigator.com
Generalkonsul: Wolfgang Gerz
Amtsbezirk: SVR Hongkong (Sonderverwaltungsregion der VR China) sowie Macau
Der Leiter der Vertretung ist zugleich Generalkonsul für SVR Macau mit Sitz in Hongkong

c 89
Generalkonsulat der Bundesrepublik Deutschland in Kanton
Consulate General of the Federal Republic of Germany
19 F/GITIC Hotel
339 Huanshi Dorg Road, CN- Guangzhou 510098
T: (008620) 83 30 65 33   **Fax:** 83 31 70 33
E-Mail: gkkanton@gitic.com.cn
Generalkonsulin: Irene Kohlhaas

c 90
Generalkonsulat der Bundesrepublik Deutschland Shanghai
Consulate General of the Federal Republic of Germany
Yong Fu Lu 181, CN- Shanghai 20 00 31
T: (008621) 64 33 69 53   **Fax:** 64 71 44 48
E-Mail: gkshang@prodigycn.com
Generalkonsul: Kurt Leonberger
Amtsbezirk: Die regierungsunmittelbare Stadt Schanghai sowie die Provinzen Jiangsu, Zhejiang und Anhui

Cookinseln

● C 91
Botschaft Wellington (Neuseeland)
siehe C 340

● C 92
Honorarkonsul der Bundesrepublik Deutschland in Rarotonga
Honorary Consul of the Federal Republic of Germany
Banana Court, CK- Avarua /Rarotonga
T: (00682) 233 06   **Fax:** 233 05
Honorarkonsul: Dr. Wolfgang Losacker
Amtsbezirk: Cookinseln
Übergeordnete Auslandsvertretung: Botschaft Wellington

Costa Rica

● C 93
Botschaft der Bundesrepublik Deutschland San José
Embajada de la República Federal de Alemania
Postfach 40 17-1000, CR- San José
T: (00506) 232 55 33   **Fax:** 231 64 03
Internet: http://www.embajada-alemana.org
E-Mail: info@embajada-alemana.org
Botschafter: Friedrich Gröning
Amtsbezirk: Costa Rica
Der Leiter der Vertretung ist zugleich Beobachter bei dem Interamerikanischen Institut für Agrarwissenschaften (IICA) mit Sitz in San José

Côte d'Ivoire

● C 94
Botschaft der Bundesrepublik Deutschland Abidjan
Ambassade de la République fédérale d'Allemagne
Postfach 1900, CI- Abidjan 01
Boulevard Hassan II 39, CI- Abidjan
T: (00225) 22 44 20 30   **Fax:** 22 44 20 41
Internet: http://www.allemagne.ci
E-Mail: d.bo.abj@africaonline.co.ci
Botschafterin: Karin-Elsa Blumberger-Sauerteig
Amtsbezirk: Côte d'Ivoire, Liberia, Niger

Dänemark

● C 95
Botschaft der Bundesrepublik Deutschland Kopenhagen
Postfach 2712, DK-2100 Kopenhagen
Stockholmsgade 57, DK-2100 Kopenhagen
T: (0045) 35 45 99 00, 35 45 99 11   **Fax:** 35 26 71 05
Internet: http://www.tyske-ambassade.dk
E-Mail: tyskeamba@email.dk
Botschafter: Johann Georg Dreher
Amtsbezirk: Dänemark

c 96
Honorarkonsul der Bundesrepublik Deutschland
Rings Møbler
Danmarksgade 58-64, DK-9000 Åalborg
T: (0045) 98 12 56 33   **Fax:** 98 12 41 03
E-Mail: rings@rings.dk
Honorarkonsul: Jørn Astrup Bertelsen
Amtsbezirk: Nordjyllands Amtskommune
Übergeordnete Auslandsvertretung: Botschaft Kopenhagen

c 97
Honorarkonsul der Bundesrepublik Deutschland
Havnegade 4, DK-8000 Århus C
T: (0045) 86 18 25 88   **Fax:** 86 18 25 22
Honorarkonsul: Finn Prang-Andersen
Amtsbezirk: Århus Amtskommune, Viborg Amtskommune
Übergeordnete Auslandsvertretung: Botschaft Kopenhagen

c 98
Honorarkonsulin der Bundesrepublik Deutschland
Greenland Tours
P.O.B. 160, DK-3952 Ilulissat /Grønland
T: (00299) 94 44 11   **Fax:** 94 45 11
Internet: http://www.iserrt.greenact.gl
E-Mail: greenland.tours@greennet.gl
Honorarkonsulin: Elke Meissner
Amtsbezirk: Grønland
Übergeordnete Auslandsvertretung: Botschaft Kopenhagen

c 99
Honorarkonsul der Bundesrepublik Deutschland
A/S Dan-Bunkering Ltd.
Postfach 71, DK-5500 Middelfart
Strandvejen 5, DK-5500 Middelfart
T: (0045) 64 41 54 01   **Fax:** 64 41 53 01
Internet: http://www.dan-bunkering.dk
E-Mail: middelfart@dan-bunkering.dk
Honorarkonsul: Torben Østergaard Nielsen
Amtsbezirk: Gemeinden Middelfart, Ejby, Noerre Aaby und Assens
Übergeordnete Auslandsvertretung: Botschaft Kopenhagen

c 100
Honorarkonsul der Bundesrepublik Deutschland
A/S Induperm
Vestre Kaj 6, DK-4700 Naestved
T: (0045) 55 72 20 00   **Fax:** 55 77 17 05
E-Mail: indupern@induperm.dk
Honorarkonsul: Peter Mønsted
Amtsbezirk: Kommunen Stevns, Fakse, Rønnede, Holmegård, Susâ Naestved, Fladså, Praestø, Vordingborg, Langebaek, Møn
Übergeordnete Auslandsvertretung: Botschaft Kopenhagen

c 101
Honorarkonsul der Bundesrepublik Deutschland
Københavnsvej 1, DK-4800 Nykøbing/Falster
T: (0045) 54 86 02 00   **Fax:** 54 86 03 89
E-Mail: chatering@monsted.com.dk
Honorarkonsul: Ole Lund-Hermansen
Amtsbezirk: Inseln Lolland und Falster mit Nebeninseln
Übergeordnete Auslandsvertretung: Botschaft Kopenhagen

c 102
Honorarkonsul der Bundesrepublik Deutschland
A/S Fehr & Co
Svendborgvej 90, DK-5260 Odense S
T: (0045) 66 14 14 14   **Fax:** 66 14 80 14
Internet: http://www.fehr.dk
E-Mail: fehr@fehr.dk
Honorarkonsul: Knud Thybo
Amtsbezirk: Nordteil der Insel Fünen bis einschließlich der Kommunen Assens, Glamsbjerg, Broby, Ringe, Ryslinge, Ørbaek, Nyborg
Übergeordnete Auslandsvertretung: Botschaft Kopenhagen

c 103
Honorarkonsulin der Bundesrepublik Deutschland
Postfach 1, FR-100 Torshavn
P/F Jákup á Dul, FR-100 Torshavn
T: (0298) 31 49 49   **Fax:** 31 13 30
E-Mail: hthdul@post.olivant.fo
Honorarkonsul: Asa áDul Jacobson
Amtsbezirk: Färöer
Übergeordnete Auslandsvertretung: Botschaft Kopenhagen

Dominica

● C 104
Botschaft Port-of-Spain (Trinidad und Tobago)
siehe C 499

Dominikanische Republik

● C 105
Botschaft der Bundesrepublik Deutschland Santo Domingo
Postfach 1235, DOM- Santo Domingo

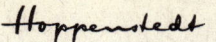

Condominio Plaza Intercaribe,
5 to. Piso Esq. Lope de Vega Con Rafael Aug. Sanchez,
Ensanche Naco, DOM- Santo Domingo
T: (001809) 5 65-88 11/12, 5 66-52 89 Fax: 5 67-50 14
E-Mail: embal@cedetel.net.do
Botschafterin: Eva Alexandra Gräfin Kendeffy
Amtsbezirk: Dominikanische Republik

c 106

Honorarkonsul der Bundesrepublik Deutschland in Puerto Plata

Postfach Aptdo. 535, DOM- Puerto Plata
Calle Beller 51, DOM- Puerto Plata
T: (001809) 15 86-6995 Fax: 15 86-4249
Honorarkonsul: Heinz Meder
Amtsbezirk: Provinzen Monte Cristi, Puerto Plata, Espaillat, Maria Trinidad Sanchez und Samana

Dschibuti

● C 107

Botschaft Sanaa (Jemen)
siehe C 250

Ecuador

● C 108

Botschaft der Bundesrepublik Deutschland Quito

Embajada de la República Federal de Alemania
Postfach 17-17-536, EC- Quito
Avenida Naciones Unidas Edificio "Citiplaza", EC- Quito
T: (005932) 97 08 20 Fax: 97 08 15
E-Mail: alemania@interactive.net.ec
Botschafter: N.N.
Amtsbezirk: Ecuador

c 109

Honorargeneralkonsul der Bundesrepublik Deutschland in Guayaquil

Cónsul General Honorario de la República Federal de Alemania
Edificio Berlín, 1er piso
Postfach 09-06-2003, EC- Guayaquil
Av. Carlos Julio Arosemena, km 2,5 Edif. Berlin, 2 ° piso, EC- Guayaquil
T: (005934) 20 68 67, 20 68 68 Fax: 20 68 69
Honorargeneralkonsul: Burchard von Campe
Amtsbezirk: Provinzen El Oro, Guayas und Los Rios
Übergeordnete Auslandsvertretung: Botschaft Quito

c 110

Honorarkonsulin der Bundesrepublik Deutschland in Cuenca

Cónsul Honorario de la República Federal de Alemania
Postfach 01 01 00 2, EC- Cuenca
Bolivar 9-18, EC- Cuenca
T: (005937) 82 27 83 Fax: 83 14 79
E-Mail: evak@etapa.com.ec
Honorarkonsulin: Eva Klinkicht de Tamariz
Amtsbezirk: Provinz Azuay, Cañar und Loja
Übergeordnete Auslandsvertretung: Botschaft Quito

c 111

Honorarkonsul der Bundesrepublik Deutschland in Manta

Cónsul Honorario de la República Federal de Alemania
c/o Seafman C.A.
Postfach 13-05-4872, EC- Manta
T: (005935) 62 01 76, 62 08 16 Fax: 62 03 64
Honorarkonsul: Wolf-Rüdiger Harten
Amtsbezirk: Provinz Manabi
Übergeordnete Auslandsvertretung: Botschaft Quito

El Salvador

● C 112

Botschaft der Bundesrepublik Deutschland San Salvador

Embajada de la República Federal de Alemania
Postfach 693, SV- San Salvador
7a, Calle Poniente 3972 Colonia Escalón, SV- San Salvador
T: (00503) 263 20 88, 263 20 89 Fax: 263 20 91
E-Mail: embajadaalemana@netcomsa.com
Botschafter: Sepp Wölker
Amtsbezirk: El Salvador
Der Leiter der Vertretung ist zugleich Beobachter bei der Organisation der Zentralamerikanischen Staaten (ODECA) mit Sitz in San Salvador

Eritrea

● C 113

Botschaft der Bundesrepublik Deutschland Asmara

Embassy of the Federal Republic of Germany Asmara
Postfach 49 74, ER- Asmara
Andinet Street, ER- Asmara
T: (002911) 18 26 70 Fax: 18 29 00
E-Mail: germemb@eol.com.er
Botschafter: Hubert Kolb
Amtsbezirk: Eritrea

Estland

● C 114

Botschaft der Bundesrepublik Deutschland Tallinn

Toom-Kuninga 11, EW-15048 Tallinn
T: (00372) 6275 300, 6275 303 (Visastelle)
Fax: 6275 304, 6275 305 (Visastelle)
Internet: http://www.germany.ee
E-Mail: saksasaa@online.ee
Botschafter: Dr. Gerhard-Enver Schrömbgens
Amtsbezirk: Estland

Fidschi

● C 115

Honorarkonsulat der Bundesrepublik Deutschland in Suva

Honorary Consul of the Federal Republic of Germany
Dominion House, 4th Floor
Postfach 12007, FJI- Suva
Thomson Street, FJI- Suva
T: (00679) 30 22 60 Fax: 30 38 20
Honorarkonsul: Daryl Valentine Tarte
Amtsbezirk: Fidschi
Übergeordnete Auslandsvertretung: Botschaft Wellington

Finnland

● C 116

Botschaft der Bundesrepublik Deutschland Helsinki

Postfach 5, FIN-00331 Helsinki
Krogiuksentie 4b, FIN-00340 Helsinki
T: (003589) 45 85 80 Fax: 458 5 82 58
Internet: http://www.germanembassy.fi
E-Mail: saksa@germanembassy.fi
Botschafter: Henning von Wistinghausen
Amtsbezirk: Finnland

c 117

Honorarkonsul der Bundesrepublik Deutschland in Joensuu

Broman Group Oy
Tulliportinkatu 50, FIN-80130 Joensuu
T: (0035813) 2 54 41 21 Fax: 2 54 41 99
E-Mail: väinö.broman@bromangroup.fi
Honorarkonsul: Hartmut Zimmermann (E-Mail: hartmut.zimmermann@ko.ste.steveco.fi)
Amtsbezirk: Region Pohjob-Karjala
Übergeordnete Auslandsvertretung: Botschaft Helsinki

c 118

Honorarkonsul der Bundesrepublik Deutschland

Postfach 44, FIN-48100 Kotka
Kirkkokatu 1, FIN-48100 Kotka
T: (003585) 2 32 31, 2 32 32 98 (direkt) Fax: 2 32 33 60
E-Mail: hartmut.zimmermann@steveco.fi
Honorarkonsul: Hartmut Zimmermann
Amtsbezirk: Regionen Kymenlaakso und Etelä-Karjala
Übergeordnete Auslandsvertretung: Botschaft Helsinki

c 119

Honorarkonsul der Bundesrepublik Deutschland in Kuopio

Suomen Ovi Oy
Postfach 10 16, FIN-70501 Kuopio
Sammonkatu 4, FIN-70500 Kuopio
T: (0035817) 24 81 11 Fax: 2 61 67 56
E-Mail: paavo.lampinen@suomenovi.inet.fi
Honorarkonsul: Paavo Lampinen
Amtsbezirk: Region Savo
Übergeordnete Auslandsvertretung: Botschaft Helsinki

c 120

Honorarkonsul der Bundesrepublik Deutschland

Postfach 49, FIN-22101 Mariehamn
Norra Esplanadgatan 4B, FIN-22100 Mariehamn
T: (0035818) 2 70 70, 2 71 10 (direkt) Fax: 1 26 70
TX: 63 112 geson fi
E-Mail: gustaf.erikson@co.inet.fi
Honorarkonsul: Markku Lehtola (T: (003583) 2 60 28 60)
Amtsbezirk: Åland-Inseln
Übergeordnete Auslandsvertretung: Botschaft Helsinki

c 121

Honorarkonsul der Bundesrepublik Deutschland Mikkeli

Schaumann Wood Oy, FIN-52420 Pellosniemi
T: (0035820) 415 173 Fax: 415 172
Honorarkonsul: Kari Mennander (T: (0035815) 16 12 17, Handy: 0400682821)
Amtsbezirk: Regionen Päijät-Häme und Etelä-Savo
Übergeordnete Auslandsvertretung: Botschaft Helsinki

c 122

Honorarkonsul der Bundesrepublik Deutschland

Pörhön Autoliike Oy
Nuottasaarentie 6, FIN-90400 Oulu
T: (003588) 8 86 61 00 Fax: 8 86 61 98
E-Mail: matti.porho@porhonautoliike.fi
Honorarkonsul: Pekka Niemi (T: (003582) 44 54 501-03)
Amtsbezirk: Regionen Pohjois-Pohjanmaa und Kainuu
Übergeordnete Auslandsvertretung: Botschaft Helsinki

c 123

Honorarkonsul der Bundesrepublik Deutschland in Rovaniemi

Asionajotoimisto
Postfach 22 13, FIN-96201 Rovaniemi
Pekankatu 4 B 16, FIN-96200 Rovaniemi
T: (0035816) 34 79 09 Fax: 34 43 06
E-Mail: fraunberg@aatsto2.pp.fi
Honorarkonsul: Seppo von und zu Fraunberg (T: (0035816) 34 42 91 (privat), E-Mail: fraunbergjaylisuvantooy@aatsto2.pp.fi)
Amtsbezirk: Region Lappi
Übergeordnete Auslandsvertretung: Botschaft Helsinki

c 124

Honorarkonsul der Bundesrepublik Deutschland

Asianajotoimisto
Markku Lehtola Ky
Näsilinnankatu 24 C 15, FIN-33210 Tampere
T: (003583) 2 60 28 60 Fax: 2 60 28 80
E-Mail: lehtola@sci.fi
Honorarkonsul: Markku Lehtola
Amtsbezirk: Regionen Häme und Pirkanmaa
Übergeordnete Auslandsvertretung: Botschaft Helsinki

c 125

Honorarkonsul der Bundesrepublik Deutschland

Kuntoutusyhtymä-Rehab Group Oy
Eerikinkatu 7b B, FIN-20100 Turku
T: (003582) 44 54 55 01-03 Fax: 4 45 45 20
E-Mail: pekka.niemi@pp.kolumbus.fi
Honorarkonsul: Pekka Juhani Niemi
Amtsbezirk: Regionen Varsinars-Suomi und Satakunta
Übergeordnete Auslandsvertretung: Botschaft Helsinki

c 126

Honorarkonsul der Bundesrepublik Deutschland

Vaasa Oy
Postfach 37, FIN-65100 Vasa
Sanomalehti Pohjalainen, FIN-65100 Vasa
T: (003586) 3 24 91 11 Fax: 3 24 93 56
E-Mail: martti.koski@pohjalainen.fi
Honorarkonsul: Väinö H. Broman (T: (0035813) 22 49 24)

Amtsbezirk: Regionen Etelä-Pohjanmaa, Ponjanmaa und Keski-Ponjanmaa
Übergeordnete Auslandsvertretung: Botschaft Helsinki

Frankreich

● **C 127**
Botschaft der Bundesrepublik Deutschland Paris
Ambassade de la République Fédérale d'Allemagne
13/15 Avenue Franklin D. Roosevelt, F-75008 Paris
T: (00331) 53 83 45 00   Fax: 43 59 74 18
Internet: http://www.amb-allemagne.fr
E-Mail: info@amb-allemagne.fr
Botschafter: Dr. Peter Hartmann

c 128
Generalkonsulat der Bundesrepublik Deutschland in Bordeaux
Consulat Général de la République fédéral d'Allemagne
Postfach 226, F-33021 Bordeaux CEDEX
377, Boulevard du Président Wilson, F-33200 Bordeaux - Caudéran
T: (00335) 56 17 12 22   Fax: 56 42 32 65
Generalkonsul: Erwin Starnitzky
Amtsbezirk: Départements Ariège, Aveyron, Charente, Charente-Maritime, Corrèze, Creuse, Deux-Sèvres, Dordogne, Gers, Gironde, Haute-Garonne, Hautes-Pyrénées, Haute-Vienne, Landes, Lot, Lot-et-Garonne, Pyrénées-Atlantiques, Tarn, Tarn-et-Garonne, Vienne

c 129
Generalkonsulat der Bundesrepublik Deutschland in Lyon
Consulat Général de la République fédérale d'Allemagne
33, Boulevard des Belges, F-69458 Lyon CEDEX 06
T: (00334) 72 69 98 98   Fax: 72 43 06 94
E-Mail: consualyon@aol.com
Generalkonsulin: Rose Lässing
Amtsbezirk: Départements Ain, Allier, Ardèche, Territoire de Belfort, Cantal, Côte-d'Or, Doubs, Drôme, Haute-Loire, Haute-Saône, Haute-Savoie, Isère, Jura, Loire, Nièvre, Puyde-Dôme, Rhône, Saône-et-Loire, Savoie, Yonne

c 130
Generalkonsulat der Bundesrepublik Deutschland in Marseille
Consulat Général de la République fédérale d'Allemagne
338, Avenue du Prado, F-13295 Marseille CEDEX 8
T: (00334) 91 16 75 20   Fax: 91 16 75 28
Generalkonsul: Wolfgang Moser
Amtsbezirk: Départements Alpes-de-Haute-Provence, Alpes-Maritimes, Aude, Bouches-du-Rhône, Corse-du-Sud, Gard, Hautes-Alpes, Haute-Corse, Hérault, Lozère, Pyrénées-Orientales, Var, Vaucluse
Der Leiter der Vertretung ist zugleich Generalkonsul für das Fürstentum Monaco mit Sitz in Marseille

c 131
Generalkonsulat der Bundesrepublik Deutschland in Straßburg
Consulat Général de la République fédérale d'Allemagne
15, rue des Francs Bourgeois, F-67081 Straßbourg CEDEX
T: (00333) 88 15 03 40   Fax: 88 75 79 82
E-Mail: consulatallemagne.strasbourg@wanadoo.fr
Generalkonsul: Dr. Klaus Aurisch
Amtsbezirk: Départements Ardennes, Aube, Bas-Rhin, Haute-Marne, Haut-Rhin, Marne, Meurthe-et-Moselle, Meuse, Moselle, Vosges

c 132
Honorarkonsul der Bundesrepublik Deutschland in Avignon
Consul Honoraire de la République Fédérale d'Allemagne
Postfach 1000, F-84095 Avignon
184, Route des Rémouleurs, Z.I. La Courtine Ouest, F-84095 Avignon
T: (00334) 90 86 28 71   Fax: 90 27 14 29
Honorarkonsul: Heinz Honisch
Amtsbezirk: Départements Vaucluse und Gard
Übergeordnete Auslandsvertretung: Generalkonsulat Marseille

c 133
Honorarkonsul der Bundesrepublik Deutschland in Bastia
Consul Honoraire de la République Fédérale d'Allemagne
Konsulat der BRD
c/o Socodipha
Zone Industrielle RN 193, F-20200 Bastia
T: (0034) 95 33 03 56   Fax: (00334) 95 33 88 89
Honorarkonsul: Jean-Jacques Bozzano
Amtsbezirk: Insel Korsika (Départents Corse-du-Sud und Haute-Corse)
Übergeordnete Auslandsvertretung: Generalkonsulat Marseille

c 134
Honorarkonsul der Bundesrepublik Deutschland in Boulogne-sur-Mer
Consul Honoraire de la République Fédérale d'Allemagne
Grande Rue 127, F-62200 Boulogne-sur-Mer
T: (00333) 21 31 52 41   Fax: 21 30 48 06
Honorarkonsul: Philippe Delpierre
Amtsbezirk: Stadt und Arrondissement Boulogne-sur-Mer
Übergeordnete Auslandsvertretung: Botschaft Paris

c 135
Honorarkonsul der Bundesrepublik Deutschland in Brest
Consul Honoraire de la République Fédérale d'Allemagne
9, Square Commandant l'Herminier, F-29200 Brest
T: (00332) 98 44 35 59
Honorarkonsul: Wolfgang Barfuss
Amtsbezirk: Département Finistère
Übergeordnete Auslandsvertretung: Botschaft Paris

c 136
Honorarkonsul der Bundesrepublik Deutschland in Dijon
Consul Honoraire de la République Fédérale d'Allemagne
Postfach 32415, F-21024 Dijon Cedex
29, rue Buffon, F-21000 Dijon
T: (00333) 80 68 06 98   Fax: 80 68 07 04
Honorarkonsul: Till Meyer
Amtsbezirk: Départements Côte-d'Or, Nièvre, Saône-et-Loire und Yonne
Übergeordnete Auslandsvertretung: Generalkonsulat Lyon

c 137
Honorarkonsul der Bundesrepublik Deutschland in Le Havre
Consul Honoraire de la République Fédérale d'Allemagne
7, rue Pierre-Brossolette, F-76600 Le Havre CEDEX
T: (00332) 35 21 11 22   Fax: 35 21 13 54
Honorarkonsul: Alexis Lobadowsky
Amtsbezirk: Départements Calvados, Manche, Seine-Maritime mit Ausnahme des Arrondissement Rouen
Übergeordnete Auslandsvertretung: Botschaft Paris

c 138
Honorarkonsul der Bundesrepublik Deutschland in Lille
Consul Honoraire de la République Fédérale d'Allemagne
rue des Stations 98, F-59800 Lille
T: (00333) 20 85 81 17   Fax: 20 85 81 17
Honorarkonsulin: Catherine Coulier-We_rneau
Amtsbezirk: Départements Nord und Pas-de-Calais (außer Stadt und Hafen Dünkirchen und Stadt und Arrondissement Boulogne-sur-Mer)
Übergeordnete Auslandsvertretung: Botschaft Paris

c 139
Honorarkonsulin der Bundesrepublik Deutschland in Lorient
Consul Honoraire de la République Fédérale d'Allemagne
c/o Maison d'Allemagne
rue Marie Dorval 6 bis, F-56100 Lorient
T: (00332) 97 64 28 64   Fax: 97 97 64 28 64
Honorarkonsulin: Geneviève Mazé
Amtsbezirk: Département Morbihan
Übergeordnete Auslandsvertretung: Botschaft Paris

c 140
Honorarkonsul der Bundesrepublik Deutschland in Montpellier
Consul Honoraire de la République Fédérale d'Allemagne
Esplanade Charles de Gaulle, F-34000 Montpellier
T: (00334) 67 60 75 46   Fax: 67 64 29 77
Honorarkonsul: Martin Andersch

Amtsbezirk: Département Hérault
Übergeordnete Auslandsvertretung: Generalkonsulat Marseille

c 141
Honorarkonsul der Bundesrepublik Deutschland in Nancy
Consul Honoraire de la République Fédérale d'Allemagne
Avenue de la Butte, F-54210 Saint-Nicolas-de-Port
T: (00333) 83 48 43 01   Fax: 83 46 81 44
Honorarkonsul: Stanislas Marzloff
Amtsbezirk: Département Meurthe-et-Moselle
Übergeordnete Auslandsvertretung: Botschaft Paris

c 142
Honorarkonsul der Bundesrepublik Deutschland in Nantes
Consul Honoraire de la République Fédérale d'Allemagne
Postfach 53274, F-44332 Nantes CEDEX 03
24, rue du Marché Commun, F-44332 Nantes
T: (00332) 51 890 05 34   Fax: 40 52 18 90
Honorarkonsul: Dominique Houitte de la Chesnais
Amtsbezirk: Départements Loire-Atlantique, Maine-et-Loire und Vendée
Übergeordnete Auslandsvertretung: Botschaft Paris

c 143
Honorarkonsul der Bundesrepublik Deutschland in Nizza
Consul Honoraire de la République Fédérale d'Allemagne
"Le Minotaure", 5e étage
34, Avenue Henri Matisse, F-06200 Nice
T: (00334) 93 83 55 25   Fax: 93 83 05 50
Honorarkonsul: Gerd Ziegenfeuter
Amtsbezirk: Département Alpes-Maritimes
Übergeordnete Auslandsvertretung: Generalkonsulat Marseille

c 144
Honorarkonsul der Bundesrepublik Deutschland in Perpignan
Consul Honoraire de la République Fédérale d'Allemagne
Postfach 123, F-66001 Perpignan Cedex
48, rue Claude Bernard, F-66000 Perpignan
T: (00334) 68 35 60 84   Fax: 68 51 03 35
Honorarkonsulin: Brigitte Planès
Amtsbezirk: Département Pyrénées-Orientales
Übergeordnete Auslandsvertretung: Generalkonsulat Marseille

c 145
Honorarkonsul der Bundesrepublik Deutschland in Reims
Consul Honoraire de la République Fédérale d'Allemagne
rue des Capucins, F-51100 Reims 42ter
T: (00333) 26 47 12 34   Fax: 26 88 42 56
Honorarkonsul: Christian Lefebvre
Amtsbezirk: Départements Marne und Aube
Übergeordnete Auslandsvertretung: Generalkonsulat Straßburg

c 146
Honorarkonsul der Bundesrepublik Deutschland in Rouen
Consul Honoraire de la République Fédérale d'Allemagne
43, Rue Jean Lecanuet, F-76000 Rouen
T: (00332) 35 88 16 52   Fax: 35 88 79 78
E-Mail: renaud.delubac@wanadoo.fr
Honorarkonsul: Dr. Renaud Delubac
Amtsbezirk: Arrondissement Rouen sowie Département Eure
Übergeordnete Auslandsvertretung: Botschaft Paris

c 147
Honorarkonsul der Bundesrepublik Deutschland in Toulouse
Consul Honoraire de la République Fédérale d'Allemagne
24 rue de Metz, F-31000 Toulouse
T: (00335) 61 52 35 56   Fax: 61 52 35 56
Honorarkonsul: Nicolas Morvilliers
Amtsbezirk: Départements: Ariège, Aveyron, Gers, Haute-Garonne, Haute-Pyrénées, Lot, Tarn-et-Garonne
Übergeordnete Auslandsvertretung: Generalkonsulat Bordeaux

Französische Übersee-Départements in Afrika

Réunion

● C 148

Honorarkonsul der Bundesrepublik Deutschland in St. Denis
Consul Honoraire de la République Fédérale d'Allemagne
rue de Lorraine 9c, RE-97400 St. Denis
T: (00262) 216206 Fax: 21 74 55
E-Mail: jf.mellano@wanadoo.fr
Honorarkonsulin: Hannelore Mellano
Amtsbezirk: Übersee-Département Réunion
Übergeordnete Auslandsvertretung: Botschaft Paris

Gebietskörperschaft der Französischen Republik Mayotte

● C 149

Botschaft Paris (Frankreich)
siehe C 127

Französische Übersee-Departments und Übersee-Territorien in Amerika

Französisch-Guayana

● C 150

Botschaft Paris (Frankreich)
siehe C 127

Guadeloupe

● C 151

Zweigstelle Pointe-à-Pitre des Konsuls der Bundesrepublik Deutschland
c/o BAmy-Bricolage, Petit Pérou, 97139 Les Abymes
Postfach 290, -97182 Abymes Cedex
T: (00590) 21 22 12 Fax: 21 28 48

Martinique

● C 152

Honorarkonsul der Bundesrepublik Deutschland Fort-de-France
Consul Honoraire de la République fédérale d'Allemagne
Postfach 423, -97292 Le Lamentin Cedex 2-Martinique Acajou, 97232 Le Lamentin
T: (00596) 50 38 39 Fax: 50 38 75
Zweigstelle in Guadeloupe: c/o Bamy Bricolage-Zone Petit-Pérou, Postfach 290-97182 Abymes Cedex/Guadeloupe, T: (00590) 21 22 12, Fax: (00590) 21 28 48
Honorarkonsul: Bernard Hayot
Amtsbezirk: Martinique und Guadeloupe
Übergeordnete Auslandsvertretung: Botschaft Paris

Gebietskörperschaft der Französischen Republik St. Pierre und Miquelon

● C 153

Botschaft Paris (Frankreich)
siehe C 127; Zuständige Visabehörde: Generalkonsulat Montreal (Kanada) c 258

Französische Übersee-Territorien in Australien/Südpazifik

Französisch-Polynesien

● C 154

Botschaft Paris (Frankreich)
siehe C 127,
Honorarkonsul in Papeete C 155
Zuständige Visabehörde: Botschaft Wellington (Neuseeland) C 340

Tahiti

● C 155

Honorarkonsul der Bundesrepublik Deutschland in Papeete/Tahiti
Consul Honoraire de la République fédérale d'Allemagne
Postfach 452, Papeete
T: (00689) 42 99 94, priv. 48 80 84 Fax: 42 96 89
Honorarkonsulin: Claude-Eliane Weinmann
Amtsbezirk: Französisch-Polynesien
Übergeordnete Auslandsvertretung: Botschaft Paris
Zuständige Visabehörde: Botschaft Wellington

Neukaledonien

● C 156

Honorarkonsul der Bundesrepublik Deutschland in Nouméa
Consul Honoraire de la République fédérale d'Allemagne
Rue de la Gazelle 19 Magenta B.P. 15122, NC-98804 Nouméa
T: (00687) 26 16 81 Fax: 26 16 81
Honorarkonsul: Wolfgang Förster
Amtsbezirk: Neukaledonien
Übergeordnete Auslandsvertretung: Botschaft Paris,
Zuständige Visabehörde: Botschaft Wellington (Neuseeland)

Wallis und Futuna

● C 157

Botschaft Paris (Frankreich)
siehe C 127
Zuständige Visabehörde: Botschaft Wellington (Neuseeland) C 340

Gabun

● C 158

Botschaft der Bundesrepublik Deutschland Libreville
Ambassade de la République Fédérale d'Allemagne
Postfach 2 99, GA- Libreville
T: (00241) 76 01 88, 74 27 90 Fax: 72 40 12
E-Mail: amb-allemagne@inet.ga
Botschafter: Adalbert Rittmüller
Amtsbezirk: Gabun, São Tomé und Principe und Republik Kongo (Brazzaville)
Der Leiter der Vertretung ist zugleich als Botschafter in São Tomé und Principe und in der Republik Kongo mit Sitz in Libreville akkreditiert

Gambia

● C 159

Botschaft Dakar (Senegal)
siehe C 447

Georgien

● C 160

Botschaft der Bundesrepublik Deutschland Tiflis
David Agmashenebeli Prospekt 166, GE-380012 Tbilissi
T: (0099532) 00 11 30 (Sat-Tel.), 95 33 26, 94 14 62
Fax: 00 11 31 (Sat-Faxnr.), 95 89 10
E-Mail: deut.bot.tbilissi@access.sanet.ge
Botschafter: Wolfdietrich Vogel
Amtsbezirk: Georgien

Ghana

● C 161

Botschaft der Bundesrepublik Deutschland Accra
Embassy of the Federal Republic of Germany
Postfach 1757, GH- Accra
No. 6, Ridge Street, North Ridge, GH- Accra
T: (0023321) 24 10 82, 22 13 11, 22 13 26 Fax: 22 13 47
Internet: http://members.aol.com/GhanaGeEmb
E-Mail: geremb@ghana.com
Botschafter: Christian Nakonz
Amtsbezirk: Ghana

Grenada

● C 162

Botschaft Port-of-Spain (Trinidad und Tobago)
siehe C 499

Griechenland

● C 163

Botschaft der Bundesrepublik Deutschland Athen
Postfach 1175, GR-10110 Athen
Karaoli & Dimitriou 3, GR-10675 Athen
T: (00301) 7 28 51 11 Fax: 7 25 12 05
E-Mail: boathens@compulink.gr
Botschafter: Dr. Karl Heinz Kuhna
Amtsbezirk: Griechenland
Konsularischer Amtsbezirk: Griechenland außer Mazedonien und Thrazien

c 164

Generalkonsulat der Bundesrepublik Deutschland in Thessaloniki
Postfach 10515, GR-54110 Thessaloniki
Odos Karolou Diehl 4 a, GR-54623 Thessaloniki
T: (003031) 251120, 251130 Fax: 240393
Generalkonsul: Dr. Bernd Morast
Amtsbezirk: Mazedonien und Thrazien

c 165

Honorarkonsul der Bundesrepublik Deutschland in Chania/Kreta
Paraliaki_1, Stassi Nr. 13, GR-73014 Chania Agia Marina/ Kreta
T: (0030821) 6 88 76 Fax: 6 88 76
Honorarkonsul: Michael Kaitatzidis
Amtsbezirk: Präfekturen Chania und Rethymnon
Übergeordnete Auslandsvertretung: Deutsche Botschaft Athen

c 166

Honorarkonsulin der Bundesrepublik Deutschland in Iraklion/Kreta
Postfach 1083, GR-711 10 Iraklion / Kreta
Odos Zografou 7, GR-711 00 Iraklion / Kreta
T: (00381) 22 62 88 Fax: 22 21 41
Honorarkonsulin: Marianna Zouridaki
Amtsbezirk: Präfekturen Iraklion und Lassithi
Übergeordnete Auslandsvertretung: Botschaft Athen

c 167

c 167
Honorarkonsul der Bundesrepublik Deutschland in Komotini
Mitropolitou Paisiou 17, GR-69100 Komotini
T: (0030531) 2 69 85, 2 48 10   **Fax:** 2 71 62
Honorarkonsul: Joannis Kaldirimtzis
Amtsbezirk: Präfekturen Xanthi, Rodopi und Evros,
Übergeordnete Auslandsvertretung: Generalkonsulat Thessaloniki

c 168
Honorarkonsul der Bundesrepublik Deutschland in Korfu
Guilford 57, GR-49100 Korfu
T: (0030661) 3 14 53   **Fax:** 3 14 50
Honorarkonsul: Dimitrios Zervos
Amtsbezirk: Insel Korfu
Übergeordnete Auslandsvertretung: Botschaft Athen

c 169
Honorarkonsul der Bundesrepublik Deutschland in Patras
Odos Mesonos 98, GR-26221 Patras
T: (003061) 22 19 43   **Fax:** 62 10 76
Honorarkonsul: Georgios Abatzis
Amtsbezirk: Peloponnes und die Ionischen Inseln, ausschließlich Korfu
Übergeordnete Auslandsvertretung: Botschaft Athen

c 170
Honorarkonsul der Bundesrepublik Deutschland in Rhodos
Parodos Isiodou 12, GR-85100 Rhodos
T: (0030241) 6 37 30   **Fax:** 6 37 30
Honorarkonsul: Athanasios Dilanas
Amtsbezirk: Insel Rhodos
Übergeordnete Auslandsvertretung: Botschaft Athen

c 171
Honorarkonsul der Bundesrepbulik Deutschland in Samos
Odos Themistoklis Sofoulis 73, GR-83100 Samos
T: (0030273) 2 52 70   **Fax:** 2 72 60
Honorarkonsul: Christos Capnoulas
Amtsbezirk: Präfektur Samos
Übergeordnete Auslandsvertretung: Botschaft Athen

c 172
Honorarkonsul der Bundesrepublik Deutschland in Volos
Postfach 1030, GR-38110 Volos
Leoforos Dimitriados 253, GR-38221 Volos
T: (0030421) 2 84 41, 2 84 42, 2 41 16   **Fax:** 3 50 12
Honorarkonsul: Günter Scheffel
Amtsbezirk: Präfekturen Karditsa, Larissa, Magnesia, Phthiotis und Trikala
Übergeordnete Auslandsvertretung: Botschaft Athen

Grossbritannien und Nordirland

● C 173
Botschaft der Bundesrepublik Deutschland London
Embassy of the Federal Republic of Germany
23, Belgrave Square, GB- London, SW1 X8PZ
T: (004420) 78241-300   **Fax:** 78241-435
TGR: Diplogerma London
Internet: http://www.german-embassy.org.uk
E-Mail: mail@german-embassy.org.uk
Botschafter: Dr. Hans-Friedrich von Ploetz
Amtsbezirk: England (mit Ausnahme von Cumbria, Durham, Northumberland, Newcastle upon Tyne, Gateshead, Sunderland, North Tyneside, South Tyneside), Wales, Nordirland, Britische Kanalinseln, Gibraltar.

c 174
Generalkonsulat der Bundesrepublik Deutschland in Edinburgh
Consulate General of the Federal Republic of Germany
16 Eglinton Crescent, GB- Edinburgh EH12 5DG
T: (0044131) 3 37 23 23   **Fax:** 3 46 15 78
E-Mail: german-consulate@ukgateway.net
Generalkonsul: Hans Mondorf
Amtsbezirk: Schottland, Cumbria, Durham, Northumberland, Newcastle upon Tyne, Gateshead, Sunderland, Nord Tyneside, South Tyneside.

c 175
Honorarkonsul der Bundesrepublik Deutschland in Aberdeen
Honorary Consul of the Federal Republic of Germany
12, Albert Street, GB- Aberdeen AB25 1XQ
T: (00441330) 84 44 14   **Fax:** 84 44 86
Honorarkonsul: Andrew D.F. Lewis
Amtsbezirk: Stadt und Hafen Aberdeen
Übergeordnete Auslandsvertretung: Generalkonsulat Edinburgh

c 176
Honorarkonsul der Bundesrepublik Deutschland in Birmingham
Honorary Consul of the Federal Republic of Germany
c/o Wragge & Co.
55 Colmore Row, GB- Birmingham B3 2 AS
T: (00441211) 6 85 29 92   **Fax:** 2 14 10 99
Honorarkonsulin: Kirin Kalsi
Amtsbezirk: West Midlands (Staffordshire, Shropshire, Warwickshire, Herefordshire & Worcestershire, West Midlands County
Übergeordnete Auslandsvertretung: Botschaft London

c 177
Honorarkonsul der Bundesrepublik Deutschland in Bristol
Honorary Consul of the Federal Republic of Germany
c/o Laytons Solicitors
Saint Bartholomews, Lewins Mead, GB- Bristol BS1 2NH
T: (00441117) 9 29 16 26   **Fax:** 9 29 33 69
E-Mail: laytons@laytons.com
Honorarkonsulin: Ann Newby (Rechtsanwältin und Partnerin bei der Rechtsanwaltsfirma Laytons)
Amtsbezirk: Gloucestershire, Somerset, North Sommerset, Bath, North-East Sommerset, Bristol, South Gloucestershire
Übergeordnete Auslandsvertretung: Botschaft London

c 178
Honorarkonsul der Bundesrepublik Deutschland in Cardiff
Honorary Consul of the Federal Republic of Germany
c/o Berry Smith, Solicitors
Haywood House, Dumfries Place, GB- Cardiff CFIO 3 GA
T: (0044129) 20345-511   **Fax:** 20345-945
E-Mail: hrohtersimmonds@aol.com
Honorarkonsulin: Helga Rother-Simmonds
Amtsbezirk: Cardiff, The Vale of Glamorgan, Camarthenshire, Pembrokeshire, Swansea, Neath, Port Talbot, Bridgend, Rhondaa Cynon Taff, Caerphilly, Tafaen, Newport, Monmonthshire, District Brecknock der Grafschaft Powys, Ceredigion, Unitaries: Blaenau Gwent, Merthyr Tydfil
Übergeordnete Auslandsvertretung: Botschaft London

c 179
Honorarkonsul der Bundesrepublik Deutschland in Dover
Honorary Consul of the Federal Republic of Germany
Limekiln Street, GB- Dover, Kent CT17 9EE
T: (00441304) 20 12 01   **Fax:** 24 03 74
Honorarkonsul: David C. Ryeland
Amtsbezirk: Essex, Kent, East- und West Sussex
Übergeordnete Auslandsvertretung: Botschaft London

c 180
Honorarkonsul der Bundesrepublik Deutschland in Falmouth
Honorary Consul of the Federal Republic of Germany
c/o G.C. Fox & Co.
48 Arwenack Street, GB- Falmouth, TR11 3SA Cornwall
T: (00441326) 31 13 00   **Fax:** 31 79 13
Honorarkonsul: Charles L. Fox
Amtsbezirk: Cornwall westlich der Linie Padstow - St. Austell unter Einschluß beider Städte
übergeordnete Auslandsvertretung: Botschaft London

c 181
Honorarkonsul der Bundesrepublik Deutschland in Glasgow
Honorary Consul of the Federal Republic of Germany
c/o GLS Languages Services, The Pentagon Centre, Suite 215
36 Washington Street, GB- Glasgow G3 8AZ
T: (0044141) 2 26 84 43   **Fax:** 2 26 84 41
Honorarkonsul: Dagmar Förtsch
Übergeordnete Auslandsvertretung: Generalkonsulat Edinburgh

c 182
Honorarkonsul der Bundesrepublik Deutschland in Hull (Humberside)
Honorary Consul of the Federal Republic of Germany
Premier House, Ferensway, GB- Hull HU1 3UF
T: (00441482) 58 87 88   **Fax:** 21 19 20
Honorarkonsul: John Andrew Good
Amtsbezirk: Humberside, Lincolnshire und Nottinghamshire
Übergeordnete Auslandsvertretung: Generalkonsulat Manchester

c 183
Honorarkonsul der Bundesrepublik Deutschland in Ipswich
Honorary Consul of the Federal Republic of Germany
c/o Birketts Solicitors
Museum Street 24-26, GB- Ipswich IP1 1HZ
T: (00441473) 40 63 63   **Fax:** 40 63 84
E-Mail: john-winn@birketts.co.uk
Honorarkonsul: John Philip Winn
Amtsbezirk: Grafschaft Suffolk, von der Grafschaft Essex der nördlich der (gedachten) Linie Malden-Saffron-Walden gelegene Teil, jedoch ohne Einschluß dieser Städte,
Übergeordnete Auslandsvertretung: Botschaft London

c 184
Honorarkonsul der Bundesrepublik Deutschland in King's Lynn (Norfolk)
Honorary Consul of the Federal Republic of Germany
11 New Conduit Street, GB- King's Lynn, Norfolk PE30 1DG
T: (00441553) 69 22 33   **Fax:** 76 73 18
Honorarkonsul: David Hume
Amtsbezirk: Norfolk
Übergeordnete Auslandsvertretung: Botschaft London

c 185
Honorarkonsul der Bundesrepublik Deutschland in Kirkwall
Honorary Consul of the Federal Republic of Germany
Shore Street, GB- Kirkwall KW15 1LQ, Orkney
T: (00441856) 872961   **Fax:** 87 50 43
Honorarkonsul: John D.M. Robertson
Amtsbezirk: Orkney-Inseln
Übergeordnete Auslandsvertretung: Generalkonsulat Edinburgh

c 186
Honorarkonsul der Bundesrepublik Deutschland in Larne
Honorary Consul of the Federal Republic of Germany
c/o AVX Ltd.
1 Ballyhampton Road, GB- Larne, BT40 2ST Northern Ireland
T: (004428) 70 34 41 88   **Fax:** 70 34 26 26
Honorarkonsul: Douglas Getty
Amtsbezirk: Nordirland
Übergeordnete Auslandsvertretung: Botschaft London

c 187
Honorarkonsul der Bundesrepublik Deutschland in Leeds
Honorary Consul of the Federal Republic of Germany
c/o Read Hind Steward
Trafalgar House
29 Park Place West Yorkshire, GB- Leeds LS1 2SP
E-Mail: mgreen@rhs-law.co.uk
Honorarkonsul: Mark Green
Amtsbezirk: York, Bradford, Leeds, Calderdale, Kirkklees, Wakefield, doncaster, Barnsley, Sheffield, Rotherham Distrikte: Craven, Harrogate, Rydale und Selby von North Yorkshire
Übergeordnete Auslandsvertretung: Botschaft London

c 188
Honorarkonsul der Bundesrepublik Deutschland in Lerwick (Shetland)
Honorary Consul of the Federal Republic of Germany
c/o Shearer Shipping Services Ltd.
Garthspool, GB- Lerwick, Shetland ZE1 0NP
T: (00441595) 69 25 56   **Fax:** 69 59 49
Honorarkonsul: Laurence John Smith
Amtsbezirk: Shetland-Inseln
Übergeordnete Auslandsvertretung: Generalkonsulat Edinburgh

c 189

Honorarkonsul der Bundesrepublik Deutschland in Liverpool
Honorary Consul of the Federal Republic of Germany
c/o McIntyre & King Ltd.
Harrington Dock, GB- Liverpool L70 1AX
T: (0044151) 7 02 88 70 **Fax:** 7 08 88 03
E-Mail: robert.bischof@mcintyre-king.com
Honorarkonsul: Robert Bischof
Amtsbezirk: Lancashire, Blackpool, Blackburn, Bolton, Bury, Rochdale, Oldham, Tameside, Manchester, Stockport, trafford, Warrington, Wigan, Salford, Cheshire, Derbyshire, derby City, Sefton, Knowsley, St. Helens, Liverpool, Halton, Wirral, Flintshire, Wrexham, Denbigshire, Conwy, Gwynedd, Isle of Man, Isle of Anglesey
Übergeordnete Auslandsvertretung: Botschaft London

c 190

Honorarkonsul der Bundesrepublik Deutschland in Middlesbrough
Honorary Consul of the Federal Republic of Germany
15, Bridge Street East, GB- Middlesbrough, Cleveland TS2 1NA
T: (00441642) 23 01 11 **Fax:** 23 16 51
Honorarkonsul: John Michael Knight
Amtsbezirk: Hartlepool, Stockton on Tees, Darlington, Middesbrough, Redcar & Cleveland, Distrikte: Richmondshire, Hambleton, Scarborough von North Yorkshire
Übergeordnete Auslandsvertretung: Botschaft London

c 191

Honorarkonsul der Bundesrepublik Deutschland in Newcastle upon Tyne
Honorary Consul of the Federal Republic of Germany
One Northeast, Great North House, Sandyford Road, GB- Newcastle upon Tyne NE1 8ND
T: (0044191) 2 61 20 00 **Fax:** 2 32 90 69
E-Mail: jo.chexal@onenortheast.co.uk
Honorarkonsulin: Jopsephine von Chexal
Amtsbezirk: Cumbria, Northumberland, Newcastle upon Tyne, North Tyneside, South Tyneside, Gateshead, Sunderland, Durham
Übergeordnete Auslandsvertretung: Generalkonsulat Edinburgh

c 192

Honorarkonsul der Bundesrepublik Deutschland in Plymouth
Honorary Consul of the Federal Republic of Germany
c/o Escombe Lambert Ltd.
Victoria Wharves, GB- Plymouth PL4 ORF
T: (00441752) 66 31 75 **Fax:** 2 23 20 29
Honorarkonsul: Michael G. East
Amtsbezirk: Devon und Cornwall östlich der Linie Padstow-St. Austell ohne diese beiden Städte
Übergeordnete Auslandsvertretung: Botschaft London

c 193

Honorarkonsul der Bundesrepublik Deutschland in Southampton
Honorary Consul of the Federal Republic of Germany
Bowling Green House, 1 Orchard Place, GB- Southampton, Hants., SO14 3BR
T: (004423) 80 22 36 71 **Fax:** 80 33 08 80
Honorarkonsul: Roger V. Thornton
Amtsbezirk: Dorset, Hampshire, Isle of Wight und Wiltshire
Übergeordnete Auslandsvertretung: Botschaft London

c 194

Honorarkonsul der Bundesrepublik Deutschland in St. Helier, Jersey
Honorary Consul of the Federal Republic of Germany
c/o Commodore Express
Postfach 25, GB- St. Helier Jersey C.I, JE4 9NL
Route du Port Elizabeth, GB- St. Helier Jersey C.I., JE2 3NW
T: (00441534) 87 12 63 **Fax:** 5 81 94
Honorarkonsul: Robert A. Norman
Amtsbezirk: Insel Jersey (Bailiwick of Jersey)
Übergeordnete Auslandsvertretung: Botschaft London

c 195

Honorarkonsul der Bundesrepublik Deutschland in St. Peter Port/Guernsey
Honorary Consul of the Federal Republic of Germany
c/o Isle of Sark Shipping Company Ltd.
White Rock, GB- St. Peter Port Guernsey C.I. GY1 2LN
T: (00441481) 72 40 59 **Fax:** 71 39 99
Honorarkonsul: Peter S.F. Drake
Amtsbezirk: Autonomes Gebiet Guernsey (Bailiwick of Guernsey)
Übergeordnete Auslandsvertretung: Botschaft London

Guatemala

● C 196

Botschaft der Bundesrepublik Deutschland Guatemala
Embajada de la República Federal de Alemania
Postfach 87a, GCA- Ciudad de Guatemala
20 Calle 6-20, Edificio Plaza Marítima Zona 10, GCA- Ciudad de Guatemala
T: (00502) 3 37 00 28, 3 37 00 29, 3 37 28 59
Fax: 333 69 06 333 69 08
E-Mail: embalemana@intelnet.net.gt
Botschafter: Dr. Walter Eickhoff
Amtsbezirk: Guatemala

Republik Guinea

● C 197

Botschaft der Bundesrepublik Deutschland Conakry
Ambassade de la République fédérale d'Allemagne
Postfach 5 40, GN- Conakry
T: (00224) 41 15 06, 44 15 08 **Fax:** 41 22 17
TX: 22 479 aacy gui
Internet: http://www.amb-allemagne.org.gn
E-Mail: diplogerma@eti.net.gn
Botschafter: Pius Fischer
Amtsbezirk: Guinea, Konsularisch zuständig auch für Sierra Leone

Guinea-Bissau

● C 198

Botschaft Dakar (Senegal)
siehe C 447

Guyana

● C 199

Honorarkonsul der Bundesrepublik Deutschland Georgetown
Honorary Consul of the Federal Republic of Germany
Postfach 1 06 47, GY- Georgetown
Quamina & Mn Sts 70, GY- Georgetown
T: (00115922) 26 10 89 **Fax:** 27 55 52
E-Mail: winfries@solutions2000.net
Honorarkonsul: Winfried Fries
Amtsbezirk: Guyana
Übergeordnete Auslandsvertretung: Botschaft Port-of-Spain

Haiti

● C 200

Botschaft der Bundesrepublik Deutschland Port-au-Prince
Ambassade de la République Fédérale d'Allemagne
Postfach 1147, RH- Port-au-Prince
2, Impasse Claudinette Bois Moquette, RH- Pétionville
T: (00509) 2 57 72 80, 2 57 61 31, 2 56 41 31
Fax: 2 57 41 31
E-Mail: germanem@haitiworld.com
Botschafter: Julius-Georg Luy
Amtsbezirk: Haiti

c 201

Honorarkonsulat der Bundesrepublik Deutschland in Cap Haitien
Consul Honoraire de la République fédérale d'Allemagne
Postfach 10, RH- Cap Haitien
11, Rue A, RH- Cap Haitien
T: (00509) 62 03 81, 62 23 44 **Fax:** 62 07 99
Honorarkonsul: Broder Schütt
Amtsbezirk: Département Nord
Übergeordnete Auslandsvertretung: Botschaft Port-au-Prince

Heiliger Stuhl

● C 202

Botschaft der Bundesrepublik Deutschland beim Heiligen Stuhl Rom
Via di Villa Sacchetti 4-6, I-00197 Roma
T: (00396) 80 95 11 **Fax:** 80 95 12 27
Botschafter: Theodor Wallau
Amtsbezirk: Vatikanstadt-Rom

Honduras

● C 203

Botschaft der Bundesrepublik Deutschland Tegucigalpa
Embajada de la República Federal de Alemania
Contiguo al Edificio Los Jarros
Postfach 3145, HN- Tegucigalpa D.C.
Boulevard Morazán, HN- Tegucigalpa
T: (00504) 232 31 61, 232 31 62 **Fax:** 232 95 18
E-Mail: embalema@netsys.hn
Botschafter: Andreas M. Kuligk
Amtsbezirk: Honduras

c 204

Honorarkonsul der Bundesrepublik Deutschland in San Pedro Sula
Cónsul Honorario de la República Federal de Alemania
Postfach 5 88, HN- San Pedro Sula
6 y 7 Avenida No, Circunvalación Local Nº 10, HN- San Pedro Sula
T: (00504) 553 12 44 **Fax:** 553 18 68
E-Mail: rberkling@netsys.hn
Honorarkonsulin: Ruth Berkling
Amtsbezirk: Departamentos Altlántida, Colón, Copán, Cortés, Gracias a Diós, Santa Bárbara und Yoro.
Übergeordnete Auslandsvertretung: Botschaft Tegucigalpa

Indien

● C 205

Botschaft der Bundesrepublik Deutschland New Delhi
Embassy of the Federal Republic of Germany
Postfach 6 13, IND-110001 New Delhi
No. 6/50G, Shanti Path, Chanakyapuri, IND- New Delhi 110021
T: (009111) 6 87 18 31-37, 6 87 18 89-91 (Konsularreferat und Visastelle) **Fax:** 6 87 31 17, 6 87 77 06 (Wirtschaftsabt.), 6 87 28 49 (Presse-Referat), 6 87 76 23 (Konsularreferat und Visastelle)
TX: 3 172 101 aasv in
Internet: http://www.germanembassy-india.org
E-Mail: german@del3.vsnl.net.in
Botschafter: Heimo Richter
Amtsbezirk: Indien
Konsularischer Amtsbezirk: Staaten Haryana, Himachal Pradesh, Jammu und Kashmir, Punjab, Rajasthan, Sikkim, Uttar Pradesh sowie die Unionsterritorien Chandigarh, Delhi, Andamanen und Nikobaren, Lakkadiven, Minikoi und Amindiven, Bhutan

c 206

Generalkonsulat der Bundesrepublik Deutschland in Chennai
Consulate General of the Federal Republic of Germany
Postfach 6801, IND-600 008 Chennai
49, Ethiraj Road, IND-600 008 Chennai
T: (009144) 8 27 17 47, 8 27 35 93, 8 27 76 37
Fax: 8 27 35 42
TX: 418 214 aams in
E-Mail: gercons@md3.vsnl.net.in
Generalkonsul: Ulf Hanel
Amtsbezirk: Staaten Andhra Pradesh, Karnataka, Kerala, Tamil Nadu und Unionsterritorium Pondicherry

c 207

Generalkonsulat der Bundesrepublik Deutschland in Kalkutta
Consulate General of the Federal Republic of Germany
Postfach 1 67 11, IND-700027 Kalkutta
Hastings Park Road 1 Alipore, IND- Kalkutta
T: (009133) 4 79 11 41, 4 79 11 42, 4 79 21 50
Fax: 4 79 30 28
E-Mail: gerconsu@vsnl.com
Generalkonsul: Dr. Wolfgang Seiwert

c 207

Amtsbezirk: Staaten Arunachal Pradesh, Assam, Bihar, Manipur, Meghalaya, Mizoram, Nagaland, Orissa, Tripura, West Bengal

c 208

Generalkonsulat der Bundesrepublik Deutschland in Mumbai
Consulate General of the Federal Republic of Germany
"Hoechst House", 10th Floor,
Nariman Point
193 Backbay Reclamation, IND- Mumbai 400 021
T: (009122) 2 83 24 22, 2 83 15 17, 2 83 26 61, 2 83 98 34 (Visastelle), 2 83 98 35 (Visastelle)
Fax: 2 02 54 93, 2 84 21 84 (Visastelle)
E-Mail: germanconsulmumbai@vsnl.com
Generalkonsul: Klaus Ranner
Amtsbezirk: Staaten Goa, Gujarat, Madhya Pradesh, Maharashtra sowie das Unionsterritorium Daman und Diu

c 209

Honorarkonsul der Bundesrepublik Deutschland in Goa
Honorary Consul of the Federal Republic of Germany
c/o Cosme Matias Menezes Ltd.
Rua de Ourem, IND-403001 Panjim-Goa
T: (0091832) 23 55 26, 22 32 61, 22 32 63, 22 32 64
Fax: 22 34 41
E-Mail: menezes@goa1.dot.net.in
Honorarkonsulin: Cecilia Menezes
Amtsbezirk: Goa
Übergeordnete Auslandsvertretung: Generalkonsulat Mumbai

Indonesien

● C 210

Botschaft der Bundesrepublik Deutschland Jakarta
Embassy of the Federal Republic of Germany
Jl. M.H. Thamrin 1, RI- Jakarta 10310
T: (006221) 3 90 17 50   Fax: 3 90 17 57
Internet: http://www.germanembjak.or.id
E-Mail: germany@rad.net.id
Botschafter: Dr. Gerhard Fulda
Amtsbezirk: Indonesien

c 211

Honorarkonsul der Bundesrepublik Deutschland Medan
Honorary Consul of the Federal Republic of Germany
Jl. Karim MS 4, RI- Medan 20152
T: (006261) 4 53 71 08   Fax: 4 53 71 08
Honorarkonsul: Karl Schneider
Amtsbezirk: Aceh und Nordsumatra einschl. der Mentawai-Inseln
Übergeordnete Auslandsvertretung: Botschaft Jakarta

c 212

Honorarkonsul der Bundesrepublik Deutschland Sanur
Honorary Consul of the Federal Republic of Germany
Postfach 100, RI- Denpasar /Bali
Jalan Pantai Karang 17, RI- Batujimbar-Sanur /Bali
T: (062361) 28 85 35   Fax: 28 88 26
E-Mail: dtkonsbali@denpasar.wasantara.net.id
Honorarkonsul: Reinhold Jantzen
Amtsbezirk: Inseln Bali und Lombok
Übergeordnete Auslandsvertretung: Botschaft Jakarta

c 213

Honorarkonsul der Bundesrepublik Deutschland Surabaya
Honorary Consul of the Federal Republic of Germany
JL Dr. Wahidin Nr. 27-29, RI- Surabaya 60264
T: (006231) 563 18 71   Fax: 563 18 72
E-Mail: germany@sby.dnet.net.id
Honorarkonsul: Dipl.-Ing. Harjanto Tjokrosetio
Amtsbezirk: Ost-Java
Übergeordnete Auslandsvertretung: Botschaft Jakarta

Irak

● C 214

Botschaft der Bundesrepublik Deutschland Bagdad
Embassy of the Federal Republic of Germany
Postfach 2036, IRQ- Bagdad
Mahala 929, Zuqaq 2, Hay Babil, House No. 40, IRQ- Bagdad
T: (009641) 7 19 20 38/39
TGR: Diplogerma Bagdad
Geschäftsträger a.i.: Dr. Claude Robert Ellner
Amtsbezirk: Irak

Iran

● C 215

Botschaft der Bundesrepublik Deutschland Teheran
Embassy of the Federal Republic of Germany
Postfach 11365-179, IR- Teheran
Avenue Ferdowsi 324, IR- Teheran
T: (009821) 3 11 41 11-14, 3 91 33 29 (Visastelle)
Fax: 3 90 84 74, 3 90 11 44 (Visastelle)
Botschafter: Dr. Rüdiger Reyels
Amtsbezirk: Iran

Irland

● C 216

Botschaft der Bundesrepublik Deutschland Dublin
Embassy of the Federal Republic of Germany
31 Trimleston Avenue, IRL- Dublin Booterstown
T: (003531) 2 69 30 11, 2 69 31 23, 2 69 37 72, 2 69 33 81
   Fax: 2 69 39 46
E-Mail: germany@indigo.ie
Botschafter: Dr. Gottfried Haas
Amtsbezirk: Irland (Republik)

c 217

Honorarkonsul der Bundesrepublik Deutschland in Cork
Honorary Consul of the Federal Republic of Germany
Camden House, Camden Quay, IRL- Cork
T: (0035321) 2 50 93 67   Fax: 2 50 59 78
Honorarkonsul: Michael Corkery
Amtsbezirk: Grafschaften Cork, Kilkenny, Waterford, Wexford und Tipperary
Übergeordnete Auslandsvertretung: Botschaft Dublin

c 218

Honorarkonsul der Bundesrepublik Deutschland in Galway
Honorary Consul of the Federal Republic of Germany
Kilroe West, Inverin, Co, IRL- Galway
T: (0035391) 59 32 23   Fax: 59 34 27
Honorarkonsul: Philipp Hergett
Amtsbezirk Grafschaften Galway, Roscommon und Clare
Übergeordnete Auslandsvertretung: Botschaft Dublin

c 219

Honorarkonsul der Bundesrepublik Deutschland in Killarney
Honorary Consul of the Federal Republic of Germany
Crohane-Fossa, Killarney County Kerry, IRL- Killarney
T: (0035364) 3 15 11   Fax: 3 40 41
Honorarkonsul: Klaus Nölke
Amtsbezirk: County Kerry
Auslandvertretung: Botschaft Dublin übergeordnete

Island

● C 220

Botschaft der Bundesrepublik Deutschland Reykjavik
Embassy of the Federal Republic of Germany
Postfach 400, IS-121 Reykjavik
Laufásvegur 31, IS-101 Reykjavik
T: (00354) 5 30 11 00   Fax: 5 30 11 01
E-Mail: germanembassy@islandia.is
Botschafter: Dr. Reinhard W. Ehni
Amtsbezirk: Island

c 221

Honorarkonsul der Bundesrepublik Deutschland Akureyri
Honorary Consul of the Federal Republic of Germany
Hofsból 4, 3rd floor, IS-600 Akureyri
T: (00354) 4 62 45 10 (Büro), 8 96 22 39 (Mobiltel), 4 62 53 38 (privat)   Fax: 4 62 45 10 (Büro)
Honorarkonsul: Svanur Eiriksson
Amtsbezirk: Akureyri, Eyjafjardarsýsla, Sudur-Thingeyrarsýsla
Übergeordnete Auslandsvertretung: Botschaft Reykjavik

c 222

Honorarkonsul der Bundesrepublik Deutschland Isafjördur
Honorary Consul of the Federal Republic of Germany
Seljalandsvegur 73, IS-400 Isafjördur
T: (00354) 8 97 67 49 (Büro)   Fax: 4 56 45 22 (Büro)
Honorarkonsul: Dr. Thorsteinn Jóhannesson
Amtsbezirk: Nordur- und Vestur-Ísafjardarsýsla, Vestur- und Austur-Bardastrandarsýsla
Übergeordnete Auslandsvertretung: Botschaft Reykjavik

c 223

Honorarkonsul der Bundesrepublik Deutschland Seydisfjördur
Honorary Consul of the Federal Republic of Germany
Langitangi 5, IS-710 Seydisfjördur
T: (00354) 4 72 14 02 (Büro), 4 72 13 39 (privat)
Fax: 4 72 12 41
Honorarkonsul: Adolf Gudmundsson
Amtsbezirk: Austur-Skaftlafellssýsla, Nordur- und Sudur-Múlasýsla
Übergeordnete Auslandsvertretung: Botschaft Reykjavik

Israel

● C 224

Botschaft der Bundesrepublik Deutschland Tel Aviv
Embassy of the Federal Republic of Germany
Postfach 16038, IL- Tel Aviv 61160
3, Daniel Frisch St., IL- Tel Aviv 64731
T: (009723) 6 93 13 13, 6 93 13 12   Fax: 6 96 92 17, 6 95 06 08 (Presse), 6 96 24 62 (Wirtschaft), 6 93 13 08 (Rechts- u. Konsularreferat)
Internet: http://www.germanemb.org.il
E-Mail: ger_emb@netvision.net.il
Botschafter: Rudolf Dreßler
Amtsbezirk: Israel

c 225

Honorargeneralkonsul der Bundesrepublik Deutschland in Haifa
Honorary Consul General of the Federal Republic of Germany
Postfach 6240, IL- Haifa 34455
105, Ha'Tishbi St., IL- Haifa 34455
T: (009724) 8 38 14 08   Fax: 8 37 13 53
Honorargeneralkonsul: Michael Pappe
Amtsbezirk: Stadt und Hafen Haifa
Übergeordnete Auslandsvertretung: Botschaft Tel Aviv

c 226

Honorarkonsul der Bundesrepublik Deutschland in Eilat
Honorary Consul of the Federal Republic of Germany
Postfach 590, IL-88100 Eilat
1153, Los Angeles Str., Desert House, Flat 14, IL-88100 Eilat
T: (009727) 6 33 42 77   Fax: 6 33 04 91
TGR: Svensk Eilat
Honorarkonsul: Ya'acov Pri-Gal
Amtsbezirk: Gemeinde Eilat und Kreis (Regional Council) Eilat
Übergeordnete Auslandsvertretung: Botschaft Tel Aviv

Italien

● C 227

Botschaft der Bundesrepublik Deutschland Rom
Ambasciata della Repubblica Federale di Germania
Via San Martino della Battaglia 4, I-00185 Roma
T: (00396) 4 92 13-1   Fax: 44 52-672, 4 92 13-320 (Rechts- und Konsularreferat)
TGR: Diplogerma Rom
Internet: http://www.ambgermania.it

E-Mail: germanembassy.roma@pronet.it
Botschafter: Fritjof von Nordenskjöld
Amtsbezirk: Italien
Konsularischer Amtsbezirk: Provinzen: Ancona (AN), Arezzo (AR), Ascoli Piceno (AP), Cagliari (CA), Chieti (CH), Florenz (FI), Frosinone (FR), Grosseto (GR) (mit dazugehörigen Inseln des Toskanischen Archipels), L'Aquila (AQ), Latina (LT), Livorno (LI) (mit dazugehörigen Inseln des Toskanischen Archipels, u.a. Elba), Lucca (LU), Macerata (MC), Massa-Carrara (MS), Nuoro (NU), Oristano (OR), Perugia (PG), Pesaro e Urbino (PS), Pescara (PE), Pisa (PI), Pistoia (PT), Prato (PO), Rieti (RI), Sassari (SS), Siena (SI), Teramo (TE), Terni (TR), Viterbo (VT)

c 228
Generalkonsulat der Bundesrepublik Deutschland in Mailand
Consolato Generale della Repubblica Federale di Germania
Consolato Generale della Repubblica Federale di Germania
Via Solferino, 40, I-20121 Milano
T: (00392) 6 23 11 01   **Fax:** 6 55 42 13
Generalkonsulin: Uta-Maria Mayer-Schalburg
Amtsbezirk: San Marino, und die Provinzen Alessandria (AL), Asti (AT), Belluno (BL), Bergamo (BG), Biella (BI), Bologna (BO), Bozen (BZ), Brescia (BS), Como (CO), Cremona (CR), Cuneo (CN), Ferrara (FE), Forlì (FO), Genova (GE), Görz/Gorizia (GO), Imperia (IM), La Spezia (SP), Lecco (LC), Lodi (LO), Mantova (MN), Modena (MO), Novara (NO), Padova (PD), Parma (PR), Pavia (PV), Piacenza (PC), Pordenone (PN), Ravenna (RA), Reggio-Emilia (RE), Rimini (RN), Rovigo (RO), Savona (SV), Sondrio (SO), Trento (TN), Treviso (TV), Trieste (TS), Turin (TO), Udine (UD), Varese (VA), Venedig (VE), Verbano-Cusio-Ossola (VCO), Vercelli (VC), Verona (VR), Vicenza (VI)

c 229
Generalkonsulat der Bundesrepublik Deutschland in Neapel
Consolato Generale della Repubblica Federale di Germania
Consolato Generale della Repubblica Federale di Germania
Via Crispi 69, I-80121 Napoli
T: (003981) 2 48 85 11, 66 46 47   **Fax:** 7 61 46 87
Generalkonsul: Hans-Jürgen Bubendey
Amtsbezirk: Provinzen Agrigento (AG), Avellino (AV), Bari (BA), Benevento (BN), Brindisi (BR), Caltanissetta (CL), Campobasso (CB), Caserta (CE), Catania (CT), Catanzaro (CZ), Cosenza (CS), Crotone (KR), Enna (EN), Foggia (FG), Isernia (IS), Lecce (LE), Matera (MT), Messina (ME), Palermo (PA), Ragusa (RG), Reggio-Calabria (RC), Salerno (SA), Siracusa (SR), Taranto (TA), Trapani (TP), Vibo Valentia (VV)

c 230
Honorarkonsul der Bundesrepublik Deutschland in Arezzo
Console Onorario della Repubblica Federale di Germania
Case Nuove di Ceciliano 49, I-52100 Arezzo
T: (0039575) 32 10 00   **Fax:** 32 29 26
TGR: Duranti, Corso Italia 205, Arezzo
Honorarkonsul: Gianfranco Duranti
Amtsbezirk: Provinz Arezzo
Übergeordnete Auslandsvertretung: Botschaft Rom

c 231
Honorarkonsul der Bundesrepublik Deutschland in Bari
Console Onorario della Repubblica Federale di Germania
Piazza Umberto I, 40 (V. Stock), I-70121 Bari
T: (003980) 5 24 40 59   **Fax:** 5 24 40 59
Honorarkonsul: Dr. Francesco Pignataro
Amtsbezirk: Provinzen Bari, Brindisi, Foggia, Lecce und Taranto
Übergeordnete Auslandsvertretung: Generalkonsulat Neapel

c 232
Honorarkonsul der Bundesrepublik Deutschland in Bologna
Console Onorario della Repubblica Federale di Germania
Viale Risorgimento 7, I-40136 Bologna
T: (003951) 3 39 90 14   **Fax:** 3 39 50 56
Honorarkonsulin: Dr. Beate Westrick
Amtsbezirk: Bologna
Übergeordnete Auslandsvertretung: Generalkonsulat Mailand

c 233
Honorarkonsul der Bundesrepublik Deutschland in Bolzano
Console Onorario della Repubblica Federale di Germania
Dr.-Streiter-Gasse 12, I-39100 Bozen
T: (0039471) 97 21 18   **Fax:** 97 57 79
Honorarkonsul: Dr. Gerhard Brandstätter
Amtsbezirk: Bozen, Trient
Übergeordnete Auslandsvertretung: Generalkonsulat Mailand

c 234
Honorarkonsul der Bundesrepublik Deutschland in Cagliari
Console Onorario della Repubblica Federale di Germania
Via R. Garzia 9, I-09126 Cagliari
T: (003970) 30 72 29   **Fax:** 30 72 29
Honorarkonsul: Dr. Leopold Bruder
Amtsbezirk: Insel Sardinien, die Provinzen Cagliari (CA), Nuoro (NU), Oristano (OR), Sassari (SS)
Übergeordnete Auslandsvertretung: Botschaft Rom

c 235
Honorarkonsul der Bundesrepublik Deutschland in Catania
Console Onorario della Repubblica Federale di Germania
Via Milano 10/A, I-95127 Catania
T: (003995) 38 69 28   **Fax:** 38 69 28
Honorarkonsul: Ronald Seifert
Amtsbezirk: Provinz Catania, Siracusa, Ragusa
Übergeordnete Auslandsvertretung: Generalkonsulat Neapel

c 236
Honorarkonsul der Bundesrepublik Deutschland in Florenz
Console Onorario della Repubblica Federale di Germania
Lungarno Vespucci 30, I-50123 Firenze
T: (003955) 29 47 22   **Fax:** 28 17 89
Honorarkonsul: Horst Dedecke
Amtsbezirk: Firenze, Pistoia, Siena, Prato
Übergeordnete Auslandsvertretung: Botschaft Rom

c 237
Honorarkonsul der Bundesrepublik Deutschland in Messina
Console Onorario della Repubblica Federale di Germania
Via S. Sebastiano 13, I-98122 Messina
T: (003990) 67 17 80   **Fax:** 67 17 80
Honorarkonsul: Dr. Paolo Turiaco
Amtsbezirk: Provinz Messina, Enna, Caltanissetta
Übergeordnete Auslandsvertretung: Generalkonsulat Neapel

c 238
Honorarkonsul der Bundesrepublik Deutschland in Palermo
Console Onorario della Repubblica Federale di Germania
Viale Francesco Scaduto 2D, I-90144 Palermo
T: (003991) 6 25 46 60   **Fax:** 34 70 34
Honorarkonsul: Prof. Dr. Filippo Tortorici
Amtsbezirk: Palermo, Trapani, Agrigento
Übergeordnete Auslandsvertretung: Generalkonsulat Neapel

c 239
Honorarkonsul der Bundesrepublik Deutschland in Rimini
Console Onorario della Repubblica Federale di Germania
Viale Trieste 3 El, I-47037 Rimini /Provinz Forlì
T: (0039541) 2 77 84   **Fax:** 5 44 44
Honorarkonsul: Mario Imola
Amtsbezirk: Forlì, Ravenna (GK Mailand), Pesaro e Urbino (Bot. Rom)
Übergeordnete Auslandsvertretung: Generalkonsulat Mailand

c 240
Honorarkonsul der Bundesrepublik Deutschland in Triest
Console Onorario della Repubblica Federale di Germania
Via Beccaria, 8-III. Stock, I-34133 Trieste
T: (0039940) 36 90 71   **Fax:** 36 34 96
Honorarkonsul: Dr. Roberto Hausbrandt jun.
Amtsbezirk: Gorizia, Pordenone, Triest, Udine
Übergeordnete Auslandsvertretung: Generalkonsulat Mailand

c 241
Honorarkonsulin der Bundesrepublik Deutschland in Turin
Console Onorario della Repubblica Federale di Germania
Corso Vittorio Emanuele II n. 98, I-10121 Torino
T: (003911) 53 10 88   **Fax:** 53 10 88
Honorarkonsulin: Uta Ponte
Amtsbezirk: Provinzen Alessandria, Asti, Biella, Cuneo, Novara, Torino, Verbano-Cusio-Ossola, Vercelli, autonomes Gebiet des Aosta-Tales
Übergeordnete Auslandsvertretung: Generalkonsulat Mailand

c 242
Honorarkonsul der Bundesrepublik Deutschland in Venedig
Console Onorario della Repubblica Federale di Germania
Campo S. Sofia, Canareggio 4201, I-30131 Venezia
T: (003941) 5 23 76 75   **Fax:** 5 22 76 55
Honorarkonsul: Dr. Bruno Permutti
Amtsbezirk: Belluno, Treviso, Venedig, Padova
Übergeordnete Auslandsvertretung: Generalkonsulat Mailand

Jamaika

● C 243
Botschaft der Bundesrepublik Deutschland Kingston/Jamaika
Embassy of the Federal Republic of Germany
Postfach 4 44, JA- Kingston
10 Waterloo RD, JA- Kingston 10
T: (001876) 9 26 67 28, 9 26 56 65, 9 26 67 29
Fax: 9 29 82 82
E-Mail: germanemb@cwjamaica.com
Botschafter: Dr. Christian Hausmann
Amtsbezirk: Jamaika sowie die Bahamas, Belize, die Kaimaninseln, die Turks- u. Caicosinseln.
Der Leiter der Vertretung ist zugleich als Botschafter in den Bahamas und in Belize mit Sitz in Kingston akkreditiert.
Der Leiter der Vertretung ist zugleich Generalkonsul für die britischen Überseegebiete Kaimaninseln, Turks- und Caicosinseln mit Sitz in Kingston.

Japan

● C 244
Botschaft der Bundesrepublik Deutschland Tokyo
Embassy of the Federal Republic of Germany
4-5-10, Minami-Azabu, Minato-Ku, J- Tokyo 106-0047
T: (0813) 57 91-7700   **Fax:** 34 73 42-44
Internet: http://www.germanembassy-japan.org
E-Mail: germtoky@ma.rosenet.ne.jp
Botschafter: Dr. Kurt Uwe Kaestner
Amtsbezirk: Japan
Konsularischer Amtsbezirk: Präfekturen Akita, Aomori, Chiba, Fukushima, Hokkaido, Ibaraki, Iwate, Gumma, Kanagawa, Miyagi, Nagano, Niigata, Saitama, Shizuoka, Tochigi, Tokyo mit Ogasawara-Inseln, Yamagata, Yamanashi

c 245
Generalkonsulat der Bundesrepublik Deutschland in Osaka-Kobe
Consulate General of the Federal Republic of Germany
Umeda Sky Building, Tower East, 35F
1-1-88-3501 Oyodo-naka
Kita-ku, J- Osaka 531-6035
T: (00816) 64 40 50 70   **Fax:** 64 40 50 80
E-Mail: germangk@gol.com
Generalkonsul: Dr. Johannes Preisinger
Amtsbezirk: Präfekturen Aichi, Ehime, Fukuoka, Fukui, Gifu, Hiroshima, Hyogo, Ishikawa, Kagawa, Kagoshima, Kochi, Kumamoto, Kyoto, Mie, Miyazaki, Nagasaki, Nara, Oita, Okayama, Okinawa, Osaka, Saga, Shiga, Shimane, Tokushima, Tottori, Toyama, Yamaguchi, Wakayama

c 246
Honorarkonsul der Bundesrepublik Deutschland in Fukuoka
Honorary Consul of the Federal Republic of Germany
c/o Saibu Gas Kabushiki Kaisha 812-91
Postfach 41, J- Fukuoka-Shi 812-0044
T: (008192) 6 33-22 11   **Fax:** 6 33-22 91

c 246

Honorarkonsul: Goro Wachi
Amtsbezirk: Präfekturen Fukuoka, Saga, Nagasaki, Kumamoto, Oita, Miyazaki, Kagoshima
Übergeordnete Auslandsvertretung: Generalkonsulat Osaka-Kobe

c 247

Honorarkonsul der Bundesrepublik Deutschland in Nagoya
Honorary Consul of the Federal Republic of Germany
c/o Chubu Denryoku K.K.
Postfach 158, J- Nagoya 461-8680
Higashi-Ku, Toshin-Cho 1, J- Nagoya 461-8680
T: (008152) 9 51-82 11   Fax: 9 73 31 83
Honorarkonsul: Kohei Abe
Amtsbezirk: Präfektur Aichi
Übergeordnete Auslandsvertretung: Generalkonsulat Osaka-Kobe

c 248

Honorarkonsul der Bundesrepublik Deutschland in Sapporo
Honorary Consul of the Federal Republic of Germany
c/o Hokkaido Electric Power Co.
(Hokkaido Denryoku Kabushiki Gaisha)
2-banchi, Odori Higashi 1-chome
Chuo-ku, J- Sapporo 060-8677
T: (008111) 2 51-11 11   Fax: 2 51-26 03
E-Mail: germany-hk@epmail.hepco.co.jp
Honorarkonsul: Tomoo Nakano
Amtsbezirk: Präfektur Hokkaido
Übergeordnete Auslandsvertretung: Botschaft Tokyo

c 249

Honorarkonsul der Bundesrepublik Deutschland in Kobe
Honorary Consul of the Federal Republic of Germany
Chou-ku, Goko-dori 8-1-6, Kobe Kokusai, Kaikan 17 F, J-651-0087 Kobe
T: (008178) 2 30 81 50   Fax: 2 30 81 50
Honorarkonsul: Isamu Kurosaki
Amtsbezirk: Präfektur Hyogo
Übergeordnete Auslandsvertretung: Generalkonsulat Osaka-Kobe

Jemen

● C 250

Botschaft der Bundesrepublik Deutschland Sanaa
Embassy of the Federal Republic of Germany
Postfach 25 62, Y- Sana'a
Near Hadda Road, Outer Ring Road, Y- Sana'a
T: (009671) 41 31 74, 41 31 77, 41 31 78   Fax: 41 31 79
Botschafter: Dr. Werner Zimprich
Amtsbezirk: Republik Jemen und Republik Dschibuti
Die Leiterin der Vertretung ist zugleich als Botschafterin in der Republik Dschibuti mit Sitz in Sanaa akkreditiert

Jordanien

● C 251

Botschaft der Bundesrepublik Deutschland Amman
Embassy of the Federal Republic of Germany
Postfach 183, JOR- Amman
Bengazi Street 31, JOR-11118 Jabal Amman
T: (009626) 59 30 351, 59 31 379, 59 30 367
Fax: 59 30 481
E-Mail: germaemb@go.com.jo
Botschafter: Dr. Martin Schneller
Amtsbezirk: Jordanien

c 252

Honorarkonsul der Bundesrepublik Deutschland Aquaba
Honorary Consul of the Federal Republic of Germany
c/o Coral Beach Hotel
Postfach 71, JOR- Aqaba
T: (009623) 31 35 21   Fax: 31 36 14
Honorarkonsul: Abdulaziz Kabariti
Amtsbezirk: Gouvernorate Aqaba und Ma'an
Übergeordnete Auslandsvertretung: Botschaft Amman

Jugoslawien

● C 253

Botschaft der Bundesrepublik Deutschland Belgrad
Postfach 304, YU-11001 Belgrad
Ulica Kneza Milosa 74-76, YU-11000 Belgrad
T: (0038111) 3 61 42 55   Fax: 3 61 42 81
E-Mail: germemba@eunet.yu
Botschafter: Joachim Schmidt
Amtsbezirk: Bundesrepublik Jugoslawien

c 254

Büro des zivilen Koordinators für Kosovo-Soforthilfe Pristina
Xhemal Kada 65 /Stojana Novakovica 6, YU-3800 Priština
T: (00873) 7 62 12 40 54   Fax: 7 62 12 40 55
Leiter(in): Michael Schmunk

Kambodscha

● C 255

Botschaft der Bundesrepublik Deutschland Phnom Penh
Embassy of the Federal Republic of Germany
Postfach 60, K- Phnom Penh
76-78, Rue Yougoslavie 214, Sangkat Boeung Pralit, Khan 7 Makara, K- Phnom Penh
T: (0085523) 21 61 93, 216381   Fax: 42 77 46
E-Mail: germ.emb.phnomph@bigpond.com.k.h.
Botschafter: Dr.Dr. Harald Loeschner
Amtsbezirk: Königreich Kambodscha

Kamerun

● C 256

Botschaft der Bundesrepublik Deutschland Jaunde
Ambassade de la République Fédérale d'Allemagne
Postfach 11 60, RFC- Yaoundé
Nouvelle Route Bastos, Bastos-Usine, RFC- Yaoundé
T: (00237) 21 00 56, 20 05 66   Fax: 20 73 13
TX: 8238 aayde kn
Botschafter: Jürgen Dröge
Amtsbezirk: Kamerun, Äquatorialguinea und ZAR
Der Leiter der Vertretung ist zugleich als Botschafter in Äquatorialguinea und in der ZAR mit Sitz in Yaoundé akkreditiert

Kanada

● C 257

Botschaft der Bundesrepublik Deutschland Ottawa
Embassy of the Federal Republic of Germany
1 Waverley Street, CDN- Ottawa, Ont. K2P OT8
T: (001613) 2 32 11 01   Fax: 5 94 93 30
Internet: http://www.germanembassyottawa.org
E-Mail: 100566.2620@compuserve.com
Botschafter: Dr. Ernst Jürgen Pöhlmann
Amtsbezirk: Kanada
Konsularischer Amtsbezirk: Region "Communauté Urbaine de l'Outaouais" der Provinz Quebec sowie 6 Grafschaften der Provinz Ontario: Grafschaft Carleton, Grafschaft Prescott and Russell, Grafschaft Stormont, Dundas and Glengary, Grafschaft Renfrew, Grafschaft Lanark sowie Grafschaft Leeds and Grenville, Territorium Nunavut

c 258

Generalkonsulat der Bundesrepublik Deutschland in Montreal
Consulat Générale de la République Fédérale d'Allemagne
1250 Blvd. René Lévesque West Suite 4315, CDN- Montreal QC
T: (001514) 931-2277   Fax: 931-7239
E-Mail: 106167.425@compuserve.com
Generalkonsul: Dr. Helmut Göckel
Amtsbezirk: Provinzen New Brunswick, Newfoundland, Nova Scotia, Prinz-Eduard-Insel, Quebec (mit Ausnahme der Region "Communauté Urbaine de l'Outaouais")

c 259

Generalkonsulat der Bundesrepublik Deutschland in Toronto
Consulate General of the Federal Republic of Germany
Postfach 523, CDN- Toronto Ontario M5S 2T1
Admiral Road 77, CDN- Toronto Ontario M5R 2L4
T: (001416) 9 25 28 13, 9 25 70 21, 9 25 60 50
Fax: 9 25 28 18
E-Mail: germanconsulatetoronto@netcom.ca
Generalkonsulin: Christiane Geißler-Kuß
Amtsbezirk: Provinzen Manitoba, Ontario (mit Ausnahme der Grafschaft Carleton, der Grafschaft Prescott and Russell, der Grafschaft Stormont, Dundas and Glengary, der Grafschaft Renfrew, der Grafschaft Lanark und der Grafschaft Leeds and Grenville)

c 260

Generalkonsulat der Bundesrepublik Deutschland in Vancouver
Consulate General of the Federal Republic of Germany
Suite 704-World Trade Centre, 999 Canada Place, CDN- Vancouver B.C., Canada V6C 3E1
T: (001604) 6 84-83 77   Fax: 6 84-83 34
E-Mail: germanconsulatevancouver@netcom.ca
Generalkonsul: Klaus Kröger
Amtsbezirk: Provinzen Alberta, British Columbia, Saskatchewan sowie die North-West Territories (NWT) und das Yukon Territory

c 261

Honorarkonsul der Bundesrepublik Deutschland in Calgary
Honorary Consul of the Federal Republic of Germany
Euro-Canadian Cultural Centre
3127 Bowwood Drive N.W., CDN- Calgary Alberta T3B 2E7
T: (001403) 247-3357   Fax: 247-8662
Honorarkonsul: George H. Cook
Amtsbezirk: Provinz Alberta, südlich des 52. Breitengrades
Übergeordnete Auslandsvertretung: Generalkonsulat Vancouver

c 262

Honorarkonsul der Bundesrepublik Deutschland in Edmonton
Honorary Consul of the Federal Republic of Germany
8003-102 Street 201, CDN- Edmonton T6E 4A2,AB
T: (001780) 4 34-0430   Fax: 4 36-1485
E-Mail: fwkoenig@home.com
Honorarkonsul: Friedrich Wilhelm König
Amtsbezirk: Provinz Alberta nördlich des 52. Breitengrades

c 263

Honorarkonsul der Bundesrepublik Deutschland in Halifax
Honorary Consul of the Federal Republic of Germany
c/o Cox, Hanson, O'Reilly, Matheson
1959 Upper Water Street 1100 Purdy's Wharf Tower One, CDN- Halifax NS B3J 3E5
T: (001902) 4 20-1599   Fax: 4 21-3130
E-Mail: achapman@coxhanson.ca
Honorarkonsul: Anthony L. Chapman
Amtsbezirk: Provinzen Nova Scotia, New Brunswick und Prince Edward Island
Übergeordnete Auslandsvertretung: Generalkonsulat Montreal

c 264

Honorarkonsul der Bundesrepublik Deutschland in Kitchener
Honorary Consul of the Federal Republic of Germany
385 Frederick Street, CDN- Kitchener Ontario N2H 2P2
T: (001519) 7 45-6149
Honorarkonsul: Peter D. Kruse
Amtsbezirk: Grafschaften Brant, Norfolk, Oxford, Perth, Waterloo und Wellington
Übergeordnete Auslandsvertretung: Generalkonsulat Toronto

c 265

Honorarkonsul der Bundesrepublik Deutschland in London, Ontario
Honorary Consul of the Federal Republic of Germany
71 Wharncliffe Road South, CDN- London Ontario N6J 2J8
T: (001519) 4 32-4133   Fax: 6 67-5187
Honorarkonsul: Barbara Weis
Amtsbezirk: Grafschaften Elgin, Essex, Kent, Lambton und Middlesex
Übergeordnete Auslandsvertretung: Generalkonsulat Toronto

c 266

Honorarkonsul der Bundesrepublik Deutschland in Prince George
Honorary Consul of the Federal Republic of Germany
1177-3rd. Avenue, CDN- Prince George British Columbia V2L-3E4
T: (001250) 9 64 46 75   **Fax:** 9 64 46 73
E-Mail: eschlick@mag-net.com
Honorarkonsul: Egon Schlick (German-Canadian Club, 1177-3rd. Avenue, Prince George, B.C., V2L-3E4, T: (250) 5 64-9575)
Amtsbezirk: Provinz British Columbia nördlich des 53. Breitengrades
Übergeordnete Auslandsvertretung: Generalkonsulat Vancouver

c 267

Honorarkonsul der Bundesrepublik Deutschland in Regina
Honorary Consul of the Federal Republic of Germany
3534 Argyle Road, CDN- Regina Saskatchewan S4S 2B8
T: (001306) 5 86-8762   **Fax:** 5 86-3531
Honorarkonsul: Dr. Günter Kocks
Amtsbezirk: Provinz Saskatchewan
Übergeordnete Auslandsvertretung: Generalkonsulat Vancouver

c 268

Honorarkonsul der Bundesrepublik Deutschland in St. John's Newfoundland
Honorary Consul of the Federal Republic of Germany
22 Poplar Ave., CDN- St. John's Newfoundland A1B 1C8
T: (001709) 7 53-7777   **Fax:** 7 39-6666
Honorarkonsul: Guenter K. Sann
Amtsbezirk: Provinz Neufundland
Übergeordnete Auslandsvertretung: Generalkonsulat Montreal

c 269

Honorarkonsul der Bundesrepublik Deutschland in Winnipeg
Honorary Consul of the Federal Republic of Germany
101 - 1200 Pembina Highway, CDN- Winnipeg Manitoba R3T 2 A7
T: (001204) 4 75-3088   **Fax:** 4 75-3089
Honorarkonsul: Gerhard Spindler
Amtsbezirk: Provinz Manitoba
Übergeordnete Auslandsvertretung: Generalkonsulat Toronto

Kap Verde

● C 270

Botschaft der Bundesrepublik Deutschland Praia
Embaixada da República Federal da Alemanha
Postfach 649, CV- Praia
Caixa, CV- Praia
T: (00238) 61 20 76, 61 46 86   **Fax:** 61 12 85
Botschafter: Dr. Rainald Steck (a.o. und bev. Botschafter, mit Sitz in Dakar)
Geschäftsträger a.i.: Peter Schaller
Amtsbezirk: Kap Verde

Kasachstan

● C 271

Botschaft der Bundesrepublik Deutschland Almaty
Furmanova 173, KZ-480091 Almaty
T: (0073272) 50 61 55, 50 61 57, 50 61 60, 50 70 43
Fax: 50 62 76
E-Mail: german_embassy_almaty@nursat.kz
Botschafter: Dr. Michael Libal
Amtsbezirk: Kasachstan

Katar

● C 272

Botschaft der Bundesrepublik Deutschland Doha
Embassy of the Federal Republic of Germany
Postfach 30 64, Q- Doha
No. 6, Al Jazira al Arabiya Street Fareej Kholaib Area, Q- Doha
T: (00974) 48 76 959   **Fax:** 48 76 949
E-Mail: germany@qatar.net.qa
Botschafter: Rolf Meyer-Olden (T:(00974) 4 87 69 59, Fax: (00974) 4 87 69 49)
Leitung Presseabteilung: Martin Lötzer
Mitarbeiter: 16
Amtsbezirk: Katar

Kenia

● C 273

Botschaft der Bundesrepublik Deutschland Nairobi
Embassy of the Federal Republic of Germany
Williamson House
Postfach 30180, EAK- Nairobi
4th Ngong Avenue, EAK- Nairobi
T: (002542) 71 25 27   **Fax:** 71 48 86
E-Mail: ger-emb@form-net.com
Botschafter: Jürgen Weerth
Consular/Visa Section (1st floor)
T: (002542) 71 93 86, Telefax: (002542) 71 54 99
Konsularische Zuständigkeit auch für Somalia.
Der Leiter der Vertretung ist zugleich als Botschafter in den Seychellen und Burundi, sowie als ständiger Vertreter beim Umweltprogramm der Vereinten Nationen (UNEP) sowie dem Zentrum der Vereinten Nationen für menschliche Siedlungen (UNCHS/HABITAT) mit Sitz in Nairobi akkreditiert

Kirgistan

● C 274

Botschaft der Bundesrepublik Deutschland Bischkek
Ul. Razzakowa 28, Bischkek
T: (00996312) 22 48 03, 22 48 11, 66 34 24
Fax: 62 02 07
Internet: http://www.german.embassy.elcat.kg
E-Mail: gerembi@elcat.kg
Botschafter: Dr. Peter Wienand
Amtsbezirk: Kirgistan

Kiribati

● C 275

Botschaft Wellington (Neuseeland)
siehe C 340

Kolumbien

● C 276

Botschaft der Bundesrepublik Deutschland Santafé de Bogotá
Embajada de la República Federal de Alemania
Carrera 4 No. 72-35 Piso 6°, CO- Santafé de Bogotá
T: (00571) 3 48 40 40, 3 48 42 52   **Fax:** 3 26 10 50
Botschafter: Peter von Jagow (a.o. u. bev. Botschafter)
Amtsbezirk: Kolumbien

c 277

Honorarkonsul der Bundesrepublik Deutschland Barranquilla
Cónsul Honorario de la República Federal de Alemania
Calle 80. No. 78B-251 Edificio Tealco, CO- Barranquilla
T: (00575) 3 53 20 78   **Fax:** 3 53 20 78
Honorarkonsul: Dierk Schnabel
Amtsbezirk: Departamentos Atlántico, Guajira y Magdalena
Übergeordnete Auslandsvetretung: Botschaft Bogotá

c 278

Honorarkonsul der Bundesrepublik Deutschland Cali
Cónsul Honorario de la República Federal de Alemania
Avenida Américas No. 19-08, CO- Cali
T: (00572) 6 61 11 35   **Fax:** 8 83 16 39
Honorarkonsul: Peter Niessen
Amtsbezirk: Departamentos Valle del Cauca, Cauca, Nariño y Comisaria del Putumayo
Übergeordnete Auslandsvetretung: Botschaft Bogotá

c 279

Honorarkonsul der Bundesrepublik Deutschland Cartagena
Cónsul Honorario de la República Federal de Alemania
Carrera 2, No. 43-58, CO- Cartagena
T: (00575) 6 64 81 27, 6 64 08 48, 6 64 77 86
Fax: 6 64 42 10
Honorarkonsul: Frank Bolle
Amtsbezirk: Departamentos Bolivar, Sucre und Córdoba, así como San Andrés y Providencia
Übergeordnete Auslandsvetretung: Botschaft Bogotá

c 280

Honorarkonsul der Bundesrepublik Deutschland Cúcuta
Cónsul Honorario de la República Federal de Alemania
Avenida 4 No. 7N-117, Zona Industrial, CO- Cúcuta
T: (005775) 78 08 94, 75 17 76   **Fax:** 78 08 94
Honorarkonsul: Peter Zahn
Amtsbezirk: Departamento Norte de Santander
Übergeordnete Auslandsvetretung: Botschaft Bogotá

c 281

Honorarkonsul der Bundesrepublik Deutschland Manizales
Cónsul Honorario de la República Federal de Alemania
Edificio ANDI, Via al Magdalena No. 74-71, Piso 10, CO- Manizales
T: (005768) 87 29 28   **Fax:** 87 30 63
Honorarkonsul: Guillermo Sanint Botero
Amtsbezirk: Departamentos Caldas, Risaralda y Quindio
Übergeordnete Auslandsvetretung: Botschaft Bogotá

c 282

Honorarkonsul der Bundesrepublik Deutschland Medellín
Cónsul Honorario de la República Federal de Alemania
Carrera 43 F Nr. 17-419, CO- Medellín
T: (00574) 2 62 17 56   **Fax:** 2 32 82 74
Honorarkonsul: Hellmuth E. Lücker
Amtsbezirk: Departamentos Antioquia und Chocó
Übergeordnete Auslandsvetretung: Botschaft Bogotá

Komoren

● C 283

Botschaft Antananarivo (Madagaskar)
siehe C 304

Kongo, Demokratische Republik

● C 284

Botschaft der Bundesrepublik Deutschland Kinshasa
Ambassade de la République Fédérale d'Allemagne
Postfach 84 00, CGO- Kinshasa 1
82, Avenue Roi Baudouin, CGO- Kinshasa
T: (0024312) 3 33 99, (00243) 8 84 53 18
Fax: (00871) 68 26 23-227 oder -454
E-Mail: amballemagne@ic.cd
Botschafter: Dr. Helmut Ohlraun
Amtsbezirk: Demokratische Republik Kongo

c 285

Honorarkonsul der Bundesrepublik Deutschland in Lubumbashi
Consul Honoraire de la République fédérale d'Allemagne
Postfach 960, CGO- Lubumbashi
Avenue Mpale, CGO- Lubumbashi
T: (00243222) 4 75 00, 22 23 92, 22 40 66, 22 42 63, 22 23 92 (FONDAF), 22 40 66   **Fax:** (00377) 97 02 52
Honorarkonsulin: Claudia Somville
Amtsbezirk: Region Katanga
Übergeordnete Auslandsvertretung: Botschaft Kinshasa

c 286

Honorarkonsul der Bundesrepublik Deutschland in Bukavu
Consul Honoraire de la République fédérale d´Allemagne
Postfach 2338, RCB- Bukavu, Dem. Rep. Kongo
N°35, Avenue de Kabare, RCB- Bukavu, Dem. Rep. Kongo
T: (0024388) 8 70 10   **Fax:** (00871) 1 12 22 37-2240 (Inmarsat)
Honorarkonsul: Achim Manfred Meisenberg
Amtsbezirk: Region Kivu
Übergeordnete Auslandsvertretung: Botschaft Kinshasa

● C 287

Honorarkonsul der Bundesrepublik Deutschland in Pointe-Noire
Consul Honoraire de la République fédérale d'Allemagne
Postfach 11 62, RCB- Pointe Noire
Avenue Denis Loemba, RCB- Pointe Noire
T: (00242) 94 13 14   **Fax:** 94 11 12
E-Mail: consulatrfaco@aol.com
Honorarkonsul: Axel Schwaan
Amtsbezirk: Provinz Kouilou
Übergeordnete Auslandsvertretung: Botschaft Libreville (Gabun)

Korea, Republik

● C 288

Botschaft der Bundesrepublik Deutschland
Seoul
Embassy of the Federal Republic of Germany
Postfach 1289, ROC- Seoul 100-612
Yongsan-Gu, Tongbingo-Dong 308-5, ROC- Seoul 140-230
T: (00822) 7 48 41 14   **Fax:** 7 48 41 61
Internet: http://germany.kofa.org
E-Mail: dboSeoul@mail.shinbiro.com
Botschafter: Dr. Hubertus von Morr
Amtsbezirk: Republik Korea

c 289

Honorarkonsulat der Bundesrepublik Deutschland
Pusan
Honorary Consul of the Federal Republic of Germany
Postfach 44, ROC-612-600 Pusan Haeundae
U-I-Dong 956-45, Haeundae-KU, ROC-612-
021 Pusan Haeundae
T: (008251) 7 42 59 29   **Fax:** 7 41 59 20
Honorarkonsul: Kurt-Karl Schmidtke
Amtsbezirk: Special City Pusan und Provinz Kyongsangnam-Do, Stadtbezirke Taegu und Pohang
Übergeordnete Auslandsvertretung: Botschaft Seoul

Korea, Demokratische Volksrepublik

● C 290

Botschaft der Bundesrepublik Deutschland
Pjöngjang
Munsudong District, KP- Pyongyang
T: (008502) 3 81 73 85   **Fax:** 3 81 73 97
Botschaftsrat: Thomas Wülfing
Amtsbezirk: Demokratische Volksrepublik Korea

Kroatien

● C 291

Botschaft der Bundesrepublik Deutschland
Zagreb
Postfach 2 07, HR-10000 Zagreb
Ulica Grada Vukovara 64, HR-10000 Zagreb
T: (003851) 6 15 81 00, 6 15 81 01, 6 15 81 02, 6 15 81 05
Fax: 6 15 81 03
Botschafter: N.N.
Amtsbezirk: Republik Kroatien

c 292

Honorarkonsul der Bundesrepublik Deutschland in Split
Obala Hrvatskog narodnog preporoda 10, HR-21000 Split
T: (0038521) 36 21 14   **Fax:** 36 21 15
Honorarkonsul: Karlo Grenc
Amtsbezirk: Gemeinden Split, Solin, Kastela, Trogir, Brac, Hvar, Vis, Lastovo, Omis, Makarska, Imotski, Vrgorac, Sinj, Ploce, Sibinik, Biograd na moru, Zadar, Drnis, Knin, Benkovac, Obrovac und Graca

Kuba

● C 293

Botschaft der Bundesrepublik Deutschland
Havanna
Embajada de la República Federal de Alemania
Postfach 6610, C- La Habana
Calle B No. 652 esq. a 13, C- La Habana
T: (00537) 33 25 69, 33 25 39, 33 24 60   **Fax:** 33 15 86
E-Mail: alemania@ip.etecsa.cu
Botschafter: Dr. Bernd Wulffen
Amtsbezirk: Kuba

Kuwait

● C 294

Botschaft der Bundesrepublik Deutschland
Kuwait
Embassy of the Federal Republic of Germany
Postfach 805, KT-13009 Safat
Street 14, Villa 13, KT-13009 Safat
T: (00965) 2 52 08 57, 2 52 08 27, 2 52 07 56
Fax: 2 52 07 63, 2 57 43 91 (Wirtschaftsreferat)
Botschafter: Werner Krebs
Leitung Presseabteilung: Roland Herrmann
Amtsbezirk: Kuwait

Laos

● C 295

Botschaft der Bundesrepublik Deutschland
Vientiane
Ambassade de la République Fédérale d'Allemagne
Postfach 3 14, LAO- Vientiane
Rue Sokpalouang 26 (Sisattanek), LAO- Vientiane
T: (0085621) 31 21 10, 31 21 11   **Fax:** 31 43 22
Botschafter: Christian Berger
Amtsbezirk: Laos

Lesotho

● C 296

Honorarkonsul der Bundesrepublik Deutschland in Maseru
Honorary Consul of the Federal Republic of Germany
Postfach 75, LS-100 Maseru 100
Maluti Road 40c, LS- Maseru West
T: (00266) 32 419 8, 31 33 12   **Fax:** 31 00 58
Honorarkonsul: Heinz Fiebig
Amtsbezirk: Lesotho
Übergeordnete Auslandsvertretung: Botschaft Pretoria (Südafrika)

Lettland

● C 297

Botschaft der Bundesrepublik Deutschland
Riga
Postfach 11 83, LV-1050 Riga
Raina Bulv. 13, LV-1050 Riga
T: (003717) 22 90 96, 22 48 56, 24 34 45, 22 97 64, 22 55 32   **Fax:** 82 02 23
Botschafter: Reinhart Kraus
Amtsbezirk: Lettland

Libanon

● C 298

Botschaft der Bundesrepublik Deutschland
Beirut
Ambassade de la République Fédérale d'Allemagne
Postfach 11-2820 Riad El Solh Beirut, LIB- Beirut Rabiyé/Mtaileb
T: (009614) 91 44 44   **Fax:** 91 44 50
Internet: http://www.germanembassy.org.lb
Botschafterin: Gisela Kaempffe-Sikora
Amtsbezirk: Libanon

Liberia

● C 299

Botschaft Abidjan (Côte d'Ivoire)
siehe C 94

Libyen

● C 300

Botschaft der Bundesrepublik Deutschland
Tripolis
Embassy of the Federal Republic of Germany
Postfach 302, LAR- Tripolis
Sharia Hassan el Mashai, LAR- Tripolis
T: (0021821) 4 44 85 52, 3 33 05 54, 3 33 38 27
Fax: 4 44 89 68
Botschafter: Dietmar Greineder
Amtsbezirk: Libyen

Liechtenstein

● C 301

Botschaft Bern (Schweiz)
siehe C 442

Litauen

● C 302

Botschaft der Bundesrepublik Deutschland
Wilna
Sierakausko Gatve 24 /8, LT-2600 Wilna
T: (003702) 26 36 27, 65 02 72, 23 18 15, 65 01 82
Fax: 23 18 12, 25 17 51
E-Mail: germ.emb@takas.lt
Botschafter: Dr. Detlof von Berg
Amtsbezirk: Litauen

Luxemburg

● C 303

Botschaft der Bundesrepublik Deutschland
Luxemburg
Postfach 95, L-2010 Luxemburg
20-22, Avenue Emile Reuter, L-2420 Luxemburg
T: (00352) 45 34 45-1   **Fax:** 45 56 04
Internet: http://webplaza.pt.lu/public/dtbotlux
Botschafter: Horst Pakowski
Amtsbezirk: Großherzogtum Luxemburg

Madagaskar

● C 304

Botschaft der Bundesrepublik Deutschland
Antananarivo
Ambassade de la République Fédérale d'Allemagne
Postfach 516, MAD- Antananarivo
101, Rue du Pasteur Rabeony Hans (Ambodirotra), MAD- Antananarivo
T: (0026120) 2 22 38 02, 2 22 38 03, 2 22 16 91
Fax: 2 22 66 27
Botschafter: Dr. Heinz-Peter Behr
Amtsbezirk: Madagaskar sowie die Komoren und Mauritius Der Leiter der Vertretung ist zugleich als Botschafter in den Komoren und in Mauritius mit Sitz in Antananarivo akkreditiert.

Malawi

● C 305

Botschaft der Bundesrepublik Deutschland
Lilongwe
Embassy of the Federal Republic of Germany
Postfach 3 00 46, MW- Lilongwe 3 3
Convention Drive (Capital City), MW- Lilongwe
T: (00265) 77 25 55   **Fax:** 77 02 50
E-Mail: germanemb@malawi.net
Botschafter: Franz Ring
Amtsbezirk: Malawi

Malaysia

● C 306

Botschaft der Bundesrepublik Deutschland
Kuala Lumpur
Embassy of the Federal Republic of Germany
Postfach 10023, MAL-50700 Kuala Lumpur
No. 3, Jalan U. Thant, MAL-55000 Kuala Lumpur
T: (00603) 2 42 96 66, 242 98 25, 2 42 98 25, 2 42 99 59, 2 42 97 30   **Fax:** 2 41 39 43
Internet: http://www.german-embassy.org.my
E-Mail: contact@german-embassy.org.my
Botschafter: Jürgen A.R. Staks
Amtsbezirk: Malaysia

c 307

Honorarkonsul der Bundesrepublik Deutschland in Penang
Honorary Consul of the Federal Republic of Germany
c/o OE Design Sdn. Bhd.
Bayan Lepas Free Free Trade Zone 3, MAL-11900 Penang
T: (00604) 6 41 57 07, 6 41 57 10, 6 41 57 11, 6 41 57 12
Fax: 6 41 57 16
Honorarkonsul: Herbert Anton Weiler
Amtsbezirk: Bundesstaaten Penang, Kedah und Perlis
Übergeordnete Auslandsvertretung: Botschaft Kuala Lumpur

Malediven

● C 308

Honorarkonsul der Bundesrepublik Deutschland in Malé
Honorary Consul of the Federal Republic of Germany
Ochid Magu 38, Malé 20-02
T: (00960) 32 30 80, 32 35 12, 32 29 71   **Fax:** 32 26 78
Honorarkonsul: Dr. Ibrahim U. Maniku
Amtsbezirk: Republik Malediven
Übergeordnete Auslandsvertretung: Colombo (Sri Lanka)

Mali

● C 309

Botschaft der Bundesrepublik Deutschland Bamako
Ambassade de la République fédérale d'Allemagne
Postfach 100, RM- Bamako
Badalabougou Est, rue 14, RM- Bamako
T: (00223) 22 32 99, 22 37 15   **Fax:** 22 96 50
E-Mail: allemagne.presse@afribone.net.ml
Botschafter: Karl Prinz
Amtsbezirk: Mali

Malta

● C 310

Botschaft der Bundesrepublik Deutschland Valletta
Embassy of the Federal Republic of Germany
Postfach 48, GBY- Valetta Marsa GPO 01
IL-PIAZZETTA, Tower Road, Entrance B, 1st Floor, GBY- Valetta SLM 16
T: (00356) 33 65 20, 33 65 31   **Fax:** 33 39 76
E-Mail: germanembassy@waldonet.net.mt
Botschafter: Gerhard Kunz
Amtsbezirk: Malta

Marokko

● C 311

Botschaft der Bundesrepublik Deutschland Rabat
Ambassade de la République Fédérale d'Allemagne
Postfach 235, MA-10.000 Rabat
7, Zankat Madnine, MA- Rabat
T: (0021237) 70 96 62/85, 20 56 25, 20 54 24, 20 54 54, 68 92 00   **Fax:** 70 68 51
Rechts- und Konsularreferat: **T:** (0021237) 65 36 05, 65 23 84, 63 70 00, Fax: (0021237) 65 36 49
Botschafter: Dr. Hans-Dieter Scheel
Amtsbezirk: Marokko

c 312

Honorarkonsul der Bundesrepublik Deutschland in Agadir
Consul Honoraire de la République fédérale d'Allemagne
19, Rue Moussa Ibn Noussair, MA- Agadir
T: (0021244) 84 10 25, 84 08 26   **Fax:** 84 09 26
Honorarkonsul: Hamza Choufani
Amtsbezirk: Provinzen: Agadir, Taroudant, Tiznit und Guelmin
Übergeordnete Auslandsvertretung: Botschaft Rabat

Marshallinseln

● C 313

Botschaft Manila (Philippinen)
siehe C 394

Mauretanien

● C 314

Botschaft der Bundesrepublik Deutschland Nouakchott
Ambassade de la République Fédérale d'Allemagne
Postfach 372, RIM- Nouakchott
T: (00222) 25 17 29, 25 10 32   **Fax:** 25 17 22
E-Mail: allemagne@toptechnology.mr
Botschafter: Dr. Stephan Alexander Krier
Amtsbezirk: Mauretanien

Mauritius

● C 315

Honorargeneralkonsul der Bundesrepublik Deutschland in Port Louis
Honorary Consul General of the Federal Republic of Germany
32 BIS, Rue Saint Georges, MS- Port Louis
T: (00230) 21 24 100   **Fax:** 21 14 111
Honorargeneralkonsul: Wilhelm Wolfgang Rieth
Amtsbezirk: Mauritius
Übergeordnete Auslandsvertretung: Botschaft Antananarivo (Madagaskar)

Mazedonien, ehemalige jugoslawische Republik

● C 316

Botschaft der Bundesrepublik Deutschland Skopje
Dimitrija Cupovski 26, 1000 Skopje
T: (0038991) 11 05 07, 11 77 99 (Visastelle)
Fax: 11 77 13
E-Mail: dtboskop@unet.com.mk
Botschafter: Werner Burkart
Amtsbezirk: ehemalige jugoslawische Republik Mazedonien

Mexiko

● C 317

Botschaft der Bundesrepublik Deutschland Mexiko-Stadt
Embajada de la República Federal de Alemania
Calle Lord Byron 737, Col. Polanco, MEX-11560 México
T: (00525) 2 83 22 00   **Fax:** 2 81 25 88
Internet: http://www.embajada-alemana.org.mx
E-Mail: embal@mail.internet.com.mx
Botschafter: Dr. Wolf-Ruthart Born
Amtsbezirk: Mexiko

c 318

Botschaft der Bundesrepublik Deutschland Mexiko Presse und Kulturreferat
Embajada de la República Federal de Alemania
Secciones de Prensa y de Cultura
Calle Molière No. 118, Col. Polanco, MEX-11560 México D.F.
T: (00525) 52 80 74 19, 52 80 75 44   **Fax:** 52 80 78 50
E-Mail: prensa@embajada-alemana.org.mx, cultura@embajada-alemana.org.mx

c 319

Honorarkonsul der Bundesrepublik Deutschland in Acapulco
Cónsul Honorario de la República Federal de Alemania
Postfach C-46, MEX-39850 Acapulco, Gro.
Anton de Alaminos No. 26 Casa Tres Fuen.,Col.Costa Azul, MEX-39850 Acapulco, Gro.
T: (005274) 84 18 60, 84 38 01, 84 96 80   **Fax:** 84 38 10
Honorarkonsul: Mario Wichtendahl
Amtsbezirk: Bundesstaat Guerrero
Übergeordnete Auslandsvertretung: Botschaft Mexiko-Stadt

c 320

Honorarkonsul der Bundesrepublik Deutschland in Cancún/Quintana Roo
Cónsul Honorario de la República Federal de Alemania
Agencia Maya de Viajes Turisticos S.A. de C.V.
Postfach 100, MEX-77500 Cancún Quintana Roo
Punta Conoco No. 36, SM24, MEX-77500 Cancún Quintana Roo
T: (005298) 84 15 98, 84 18 98   **Fax:** 84 53 74, 87 12 83
Honorarkonsul: Rudolf Bittorf
Amtsbezirk: Bundesstaat Quintana Roo
Übergeordnete Auslandsvertretung: Botschaft Mexiko-Stadt

c 321

Honorarkonsul der Bundesrepublik Deutschland in Chihuahua
Cónsul Honorario de la República Federal de Alemania
Postfach 4-40, MEX-31040 Chihuahua, Chih.
Boulevard Fuentes Mares 8804, MEX-31040 Chihuahua, Chih.
T: (005214) 20 20 30, 20 03 57, 20 06 57   **Fax:** 20 09 45
Honorarkonsul: Klaus Herbert Kientzle
Amtsbezirk: Bundesstaat Chihuahua
Übergeordnete Auslandsvertretung: Botschaft Mexiko-Stadt

c 322

Honorarkonsulin der Bundesrepublik Deutschland in Guadalajara
Cónsul Honorario de la República Federal de Alemania
Casa Wagner de Guadalajara, S.A.
Postfach 1-107, MEX-44100 Guadalajara, Jal.
Ave. Ramón Corona 202, MEX-44100 Guadalajara, Jal.
T: (00523) 6 13 14 14, 6 13 96 23   **Fax:** 6 13 26 09
Honorarkonsulin: Gisela Tiessen
Amtsbezirk: Bundesstaaten Aguascalientes, Guanajuato, Jalisco, Michoacán, Nayarit, San Luis Potosí, Zacatecas
Übergeordnete Auslandsvertretung: Botschaft Mexiko-Stadt

c 323

Honorarkonsul der Bundesrepublik Deutschland in Mazatlán
Cónsul Honorario de la República Federal de Alemania
Jacaranda 10, Loma Linda, MEX-82000 Mazatlán /Sinaloa
T: (005269) 82 28 09, 82 38 78, 82 28 65, 13 51 00
Fax: 14 34 22
Honorarkonsul: Guillermo Heimpel
Amtsbezirk: Bundesstaat Sinaloa
Übergeordnete Auslandsvertretung: Botschaft Mexiko-Stadt

c 324

Honorarkonsulin der Bundesrepublik Deutschland in Mérida
Cónsul Honorario de la República Federal de Alemania
Calle 7 No 217, Entre 20 y 20a,Juan B. Sosa-Chuburna, MEX-97200 Mérida Yuc.
T: (005299) 81 29 76   **Fax:** 81 29 76
Honorarkonsulin: Karin Tautorat de Chnaid
Amtsbezirk: Bundesstaaten Yucatán, Campeche
Übergeordnete Auslandsvertretung: Botschaft Mexiko-Stadt

c 325

Honorarkonsul der Bundesrepublik Deutschland in Monterrey
Cónsul Honorario de la República Federal de Alemania
Postfach 436, MEX-66250 Col. del Valle N.L.
Calzada del Valle 400-Local 77, MEX-66220 Col. del Valle N.L.
T: (00528) 3 35 17 84   **Fax:** 3 35 54 38
Honorarkonsul: Ing. Carlos Ross Scheede
Amtsbezirk: Bundesstaaten Coahuila (ausschließlich Lagunengebiet), Nuevo León und nördlicher Teil von Tamaulipas
Übergeordnete Auslandsvertretung: Botschaft Mexiko-Stadt

c 326

Honorarkonsul der Bundesrepublik Deutschland in Puebla
Cónsul Honorario de la República Federal de Alemania
Club de Golf Las Fuentes
Distribuidura O'Farril Puebla S.A. de C.U.
Av. Hermanos Serdan 231 Col. Aquilos Serdan, MEX-72140 Puebla
T: (005222) 48 16 33, 48 18 80   Fax: 30 34 58
Honorarkonsul: Michael Korenyi
Amtsbezirk: Bundesstaaten Puebla und Tlaxcala
Übergeordnete Auslandsvertretung: Botschaft Mexiko-Stadt

c 327

Honorarkonsul der Bundesrepublik Deutschland in Tampico
Cónsul Honorario de la República Federal de Alemania
c/o Agencia Naviera de México, S.A. de C.V.
2 de enero 102-A Sur, MEX-89000 Tampico Tamps
T: (005212) 12 98 17, 12 97 84   Fax: 14 11 47
Honorarkonsul: Dieter Schulze
Amtsbezirk: Gebiet des Bundesstaates Tamaulipas südlich des Wendekreis des Krebses
Übergeordnete Auslandsvertretung: Botschaft Mexiko-Stadt

c 328

Honorarkonsul der Bundesrepublik Deutschland in Tijuana
Cónsul Honorario de la República Federal de Alemania
Cantera 400/304, Edificio Ole Secc. Terrazas de Mendoza, MEX-22209 Playas de Tijuana, B.C.
T: (005266) 80 18 30, 80 25 12   Fax: 80 18 30
Honorarkonsul: Dr. Fernando Barona Sobrino
Amtsbezirk: Bundesstaaten Baja California Norte, Baja California Sur, Sonora
Übergeordnete Auslandsvertretung: Botschaft Mexiko-Stadt

c 329

Honorarkonsul der Bundesrepublik Deutschland in Veracruz
Distribuidora Volkswagen de Veracruz, S.A. de C.V.
Postfach 185, MEX-91910 Veracruz
Av. Salvador Di_1áz Mirón No. 1500, Cal. Zaragoza, MEX-91910 Veracruz
T: (005229) 37 56 11, 37 57 00   Fax: 37 53 21
Honorarkonsul: Edgar Wenzel Villalobos
Amtsbezirk: Mittlere Zone des Bundesstaates Veracruz mit der Munizipalgrenze nördlich Nautia als nördliche und den Munizipalgrenzen südlich des Papaloapan-Flusses als südliche Begrenzung
Übergeordnete Auslandsvertretung: Botschaft Mexiko Stadt

c 330

Honorarkonsulin der Bundesrepublik Deutschland in Villahermosa
Cósul Honoraria de la República Federal de Alemania
Mango 17 Residencial Framboyanes, MEX-86020 Villahermosa, Tab.
T: (005293) 12 53 40   Fax: 14 15 87
Honorarkonsulin: Elke Mallitz de Garcia
Amtsbezirk: Bundesstaaten Tabasco und Chiapas
Übergeordnete Auslandsvertretung: Botschaft Mexiko-Stadt

Mikronesien

● C 331

Botschaft Manila (Philippinen)
siehe C 394

Moldau, Republik

● C 332

Botschaft der Bundesrepublik Deutschland Chisinau
Maria Cibotari 35, 2012 Chisinau
T: (003732) 23 46 07, 23 73 63, 23 28 72   Fax: 23 46 80
E-Mail: chisinau@deutsche.botschaft.riscom.md
Botschafter: Dr. Michael Zickerick
Amtsbezirk: Republik Moldau

Monaco

● C 333

Honorarkonsul der Bundesrepublik Deutschland Monte Carlo
Consul Honoraire de la République fédérale d'Allemagne
"Villa Les Fleurs"
Postfach 287, MC-98005 Monaco Cedex
27, Boulevard Princesse Charlotte, MC-98000 Monte Carlo
T: (00377) 97 97 49 65   Fax: 93 15 92 73
Honorarkonsul: Dr. Dieter Spaethe
Amtsbezirk: Fürstentum Monaco
Übergeordnete Auslandsvertretung: Generalkonsulat Marseille

Mongolei

● C 334

Botschaft der Bundesrepublik Deutschland Ulan Bator
Postfach 708, MN-210613 Ulan Bator
Straße der Vereinten Nationen, MN-210613 Ulan Bator
T: (0097611) 32 33 25, 32 19 15, 32 09 08   Fax: 32 39 05
E-Mail: germanemb_ulanbator@mongol.net
Botschafter: Klaus Schröder
Amtsbezirk: Mongolei

Mosambik, Republik

● C 335

Botschaft der Bundesrepublik Deutschland Maputo
Embaixada da República Federal da Alemanha
Postfach 1595, MZ- Maputo
Rua Damião de Góis 506, MZ- Maputo
T: (002581) 49 27 14, 49 29 96   Fax: 49 28 88
E-Mail: germanemb@isl.co.mz
Botschafter: Dr. Rolf-Rüdiger Zirpel
Amtsbezirk: Mosambik und Swasiland
Der Leiter der Vertretung ist zugleich als Botschafter in Swasiland mit Sitz in Maputo akkreditiert.

Myanmar

● C 336

Botschaft der Bundesrepublik Deutschland Rangun (Yangon)
Embassy of the Federal Republic of Germany
Postfach 12, BUR- Rangun
Nat Mauk Street 32, BUR- Rangun Myanmar
T: (00951) 54 89 51, 54 89 52, 54 89 53   Fax: 54 88 99
Botschafter: Dr. Marius Haas
Amtsbezirk: Myanmar

Namibia

● C 337

Botschaft der Bundesrepublik Deutschland Windhuk
Sanlam Centre, 6th Floor
Postfach 231, NA- Windhoek
Independence Avenue 154, NA- Windhoek
T: (0026461) 27 31 00, 27 31 33   Fax: 22 29 81, 27 31 18 (Presserefererat)
Internet: http://www.german-embassy-windhoek.org
E-Mail: info@german-embassy-windhoek.org
Botschafter: Harald-Norbert Nestroy
Amtsbezirk: Namibia

Nauru

● C 338

Botschaft Canberra (Australien)
siehe C 23

Nepal

● C 339

Botschaft der Bundesrepublik Deutschland Kathmandu
Embassy of the Federal Republic of Germany
Postfach 226, NP- Kathmandu
Gyaneshwar, NP- Kathmandu
T: (009771) 41 27 86, 41 65 27, 41 68 32, 41 66 55
Fax: 41 68 99
E-Mail: gerembnp@mos.com.np
Botschafter: Rüdiger Lemp
Amtsbezirk: Nepal

Neuseeland

● C 340

Botschaft der Bundesrepublik Deutschland Wellington
Embassy of the Federal Republic of Germany
Postfach 1687, NZ- Wellington
90-92 Hobson Street, NZ- Wellington
T: (00644) 4 73 60 63   Fax: 4 73 60 69
E-Mail: germanembassywellington@xtra.co.nz
Botschafter: Guido Heymer
Amtsbezirk: Neuseeland, Neuseeländische Überseegebiete, Cookinseln, Niue, Fidschi, Kiribati, Samoa, Tonga, Tuvalu, das amerikanische Außengebiet Amerikanisch-Samoa und das britische Überseegebiet Pitcairn
Der Leiter der Vertretung ist zugleich Botschafter in Tonga, Samoa, Fidschi, Kiribati und Tuvalu sowie Konsul für Amerikanisch Samoa

c 341

Honorarkonsul der Bundesrepublik Deutschland in Auckland
Honorary Consul of the Federal Republic of Germany
Postfach 3551, NZ- Auckland
Columbus House, 5th Floor, 52 Symonds Street, NZ- Auckland 1
T: (00649) 913 36 74   Fax: 309 30 03
TGR: Colmar
Honorarkonsul: David Rex Brown
Amtsbezirk: Nord- und Süd-Auckland
Übergeordnete Auslandsvertretung: Botschaft Wellington

c 342

Honorarkonsul der Bundesrepublik Deutschland in Christchurch
Honorary Consul of the Federal Republic of Germany
Postfach 1915, NZ- Christchurch
Floor 2, Harley Chambers, 137 Cambridge Terrace, NZ- Christchurch
T: (00643) 3 79 31 93   Fax: 3 79 31 93
TGR: TNL Christchurch
Honorarkonsul: Allan G. Williams
Amtsbezirk: Nelson-Marlborough, Canterbury, West Coast, Otago, Southland
Übergeordnete Auslandsvertretung: Botschaft Wellington

Neuseeländisches Überseegebiet in Australien/Südpazifik

Tokelauinseln

● C 343

Botschaft Wellington (Neuseeland)
siehe C 340

Nicaragua

● C 344

Botschaft der Bundesrepublik Deutschland Managua
Embajada de la República Federal de Alemania
Postfach 29, NIC- Managua
T: (00505) 2 66 39 17, 2 66 39 18, 2 66 75 00, 2 66 79 44
Fax: 2 66 76 67
E-Mail: diploger@tmx.com.ni
Botschafter: Dr. Hans Petersmann
Amtsbezirk: Nicaragua

Niederlande

● C 345

Botschaft der Bundesrepublik Deutschland Den Haag
Groot Hertoginnelaan 18-20, NL-2517 EG Den Haag
T: (003170) 3 42 06 00   Fax: 3 65 19 57
E-Mail: ambduits@euronet.nl
Botschafter: Eberhard von Puttkamer

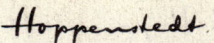

Amtsbezirk: Niederlande, Aruba, Niederländische Antillen
Zum konsularischen Amtsbezirk s. Angaben bei Generalkonsulat Amsterdam

c 346
Generalkonsulat der Bundesrepublik Deutschland in Amsterdam
Postfach 7 55 00, NL-1070 AM Amsterdam
de Lairessestraat 172, NL-1075 HM Amsterdam
T: (003120) 6 73 62 45   **Fax:** 6 76 69 51
E-Mail: duitscon@euronet.nl
Generalkonsul: Jürgen Friesel
Amtsbezirk: Das Generalkonsulat (in seiner Aufgabenstellung als Konsularreferat der Botschaft Den Haag) ist in konsularischen Angelegenheiten für die gesamten Niederlande sowie für Aruba und die Niederländischen Antillen zuständig

c 347
Honorargeneralkonsul der Bundesrepublik Deutschland Rotterdam
Postfach 8 93, NL-3000 AG Rotterdam
Jufferstraat 9, NL-3011 XL Rotterdam
T: (003110) 2 82 33 33   **Fax:** 4 12 38 92
E-Mail: jppeterson@peterson.nl
Honorargeneralkonsul: Jan Peter Peterson
Amtsbezirk: Provinz Südholland (südlich der Bahnlinie Katwijk-Leiden-Alphen-Woerden)
Übergeordnete Auslandsvertretung: Botschaft Den Haag

c 348
Honorarkonsul der Bundesrepublik Deutschland Arnhem
Postfach 3045, NL-6802 DA Arnheim
Velperweg 26, NL-6824 BJ Arnheim
T: (003126) 3 53 83 00   **Fax:** 3 51 07 93
Honorarkonsul: Albert Walter Otto Jansen
Amtsbezirk: Provinz Gelderland
Übergeordnete Auslandsvertretung: Botschaft Den Haag

c 349
Honorarkonsul der Bundesrepublik Deutschland Eindhoven
c/o Banning, van Kemenade & Holland, Rechtsanwälte u. Notare
Postfach 3, NL-5600 AA Eindhoven
Begijnenhof 35, NL-5611 EK Eindhoven
T: (003140) 2 37 96 33   **Fax:** 2 45 43˙55
E-Mail: l.deterink@banning.nl
Honorarkonsul: Aloysius Antonius Maria Deterink
Amtsbezirk: Provinz Nordbrabant
Übergeordnete Auslandsvertretung: Botschaft Den Haag

c 350
Honorarkonsul der Bundesrepublik Deutschland Enschede
Hengelosestraat 585, NL-7521 AG Enschede
T: (003153) 4 84 98 49   **Fax:** 4 84 98 99
Honorarkonsul: Antonie Gijsbertus van Leersum
Amtsbezirk: Provinz Overijssel
Übergeordnete Auslandsvertretung: Botschaft Den Haag

c 351
Honorarkonsul der Bundesrepublik Deutschland Groningen
Postfach 134, NL-9700 AC Groningen
Leonard Springerlaan 15, NL-9727 KG Groningen
T: (003150) 5 20 58 63   **Fax:** 5 26 48 52
Honorarkonsul: Pieter Eeltje van der Zee
Amtsbezirk: Provinzen Groningen und Drenthe
Übergeordnete Auslandsvertretung: Botschaft Den Haag

c 352
Honorarkonsul der Bundesrepublik Deutschland Maastricht
Postfach 57 70, NL-6202 MH Maastricht
Parkweg 20, NL-6212 XN Maastricht
T: (003143) 3 26 33 03   **Fax:** 3 25 69 89
Honorarkonsul: Gerardus Jacobus Beijer
Amtsbezirk: Provinz Limburg
Übergeordnete Auslandsvertretung: Botschaft Den Haag

c 353
Honorarkonsul der Bundesrepublik Deutschland in Middelburg
Seissingel 12 A, NL-4333 GV Middelburg
T: (0031118) 62 44 06, (0031113) 37 43 79
Fax: (0031113) 37 34 69

Honorarkonsul: Hendrik Johannes van Koevringe
Amtsbezirk: Provinz Zeeland
Übergeordnete Auslandsvertretung: Botschaft Den Haag

c 354
Honrarkonsul der Bundesrepublik Deutschland Aruba
Honorary Consul of the Federal Republic of Germany
Postfach 1020, NA- Oranjestad-Aruba
Lloyd G. Smith Boulevard 58, NA- Oranjestad-Aruba
T: (00297) 83 29 29, 83 26 22   **Fax:** 83 55 00
Honorarkonsul: Evelina Cohen Henriquez
Amtsbezirk: Aruba
Übergeordnete Auslandsvertretung: Botschaft Den Haag

c 355
Honorarkonsul der Bundesrepublik Deutschland Curaçao
Honorary Consul of the Federal Republic of Germany
Postfach 3062, NA- Willemstad-Curaçao
Kaya Kooyman 48, NA- Willemstad-Curaçao
T: (005999) 4 61 33 33   **Fax:** 4 61 50 86
Honorarkonsul: Bastiaan Kooijman
Amtsbezirk: Niederländische Antillen
Übergeordnete Auslandsvertretung: Botschaft Den Haag

Niger

● **C 356**
Botschaft Abidjan (Côte d'Ivoire)
siehe C 94

Nigeria

● **C 357**
Botschaft der Bundesrepublik Deutschland Lagos
Embassy of the Federal Republic of Germany
Postfach 728, WAN- Lagos
15, Walter Carrington Crescent, Victoria Island, WAN- Lagos
T: (002341) 2 61 10 11   **Fax:** 2 61 11 73
E-Mail: gembassylagos@micro.com.ng
Botschafter: Dr. Armin Hiller
Amtsbezirk: Nigeria

c 358
Botschaft der Bundesrepublik Deutschland in Lagos - Außenstelle Abuja
Embassy of the Federal Republic of Germany in Lagos - Embassy Office in Abuja
Postfach 280, WAN- Abuja FCT
Plot 433, Yakubu Gowon Crescent 1st floor, WAN- Abuja FCT
T: (002349) 3 14 73 23, 3 14 80 05   **Fax:** 3 14 80 06
Leiter: Botschaftsrat Karlfried Bergner
Amtsbezirk: Bundesstaat Federal Capital Territory
Übergeordnete Auslandsvertretung: Botschaft Lagos

Niue

● **C 359**
Botschaft Wellington (Neuseeland)
siehe C 340

Norwegen

● **C 360**
Botschaft der Bundesrepublik Deutschland Oslo
Oscarsgate 45, N-0258 Oslo
T: (0047) 23 27 54 00   **Fax:** 22 44 76 72
Internet: http://home.c2i.net/germanembassy/start.htm
E-Mail: tyske.ambassade@c2i.net
Botschafter: Peter Metzger
Amtsbezirk: Norwegen

c 361
Honorarkonsul der Bundesrepublik Deutschland in Ålesund
Postfach 563 Sentrum, N-6001 Ålesund
Einarvikgaten 8, N-6001 Ålesund
T: (0047) 70 10 09 70   **Fax:** 70 13 78 04
Honorarkonsul: Kjell Standal

Amtsbezirk: Der südlich des Romsdalfjordes gelegene Teil des Moøre und Romsdal Fylke
Übergeordnete Auslandsvertretung: Botschaft Oslo

c 362
Honorarkonsul der Bundesrepublik Deutschland in Bergen
Vetrlidsalm. 11, N-5014 Bergen
T: (0047) 55 31 67 67   **Fax:** 55 31 89 48
Honorarkonsul: Tor Teige
Amtsbezirk: Fylke Hordaland mit Ausnahme des südlich des Boømlafjords und des Åkrafiords gelegenen Teils sowie Fylke Sogn und Fjoroane
Übergeordnete Auslandsvertretung: Botschaft Oslo

c 363
Honorarkonsul der Bundesrepublik Deutschland in Bodø
Postfach 394, N-8000 Bodø
Sjøgaten 21, N-8000 Bodø
T: (0047) 75 52 88 55, 75 52 05 20   **Fax:** 75 52 84 85
Honorarkonsul: Dr. Kjell Fredrik Alst
Amtsbezirk: Der südlich des Sørfolda-Fjords gelegene Teil des Nordland Fylke
Übergeordnete Auslandsvertretung: Botschaft Oslo

c 364
Honorarkonsul der Bundesrepublik Deutschland in Haugesund
Postfach 263, N-5501 Haugesund
Haraldsgate 140, N-5501 Haugesund
T: (0047) 52 71 20 89   **Fax:** 52 73 67 52
Honorarkonsul: Sigurd Haavik jun. (T: (0047) 52 71 76 52 priv.)
Amtsbezirk: Nördlicher Teil des Rogaland Fylke zuzüglich eines unmittelbar daran anschließenden Teiles des Hordaland Fylke einschließlich der Südküste des Boømlafjords und des Aakra-Fjords
Übergeordnete Auslandsvertretung: Botschaft Oslo

c 365
Honorarkonsul der Bundesrepublik Deutschland in Kirkenes
Postfach 13, N-9901 Kirkenes
Dr. Wesselsgate 8, N-9915 Kirkenes
T: (0047) 78 99 12 44, 78 99 12 45   **Fax:** 78 99 16 44
Honorarkonsul: Eva Margarethe Saue
Amtsbezirk: Fylke Finnmark
Übergeordnete Auslandsvertretung: Botschaft Oslo

c 366
Honorarkonsul der Bundesrepublik Deutschland in Kristiansund
Strandgatan 78, N-6500 Kristiansund N.
T: (0047) 71 58 41 00   **Fax:** 71 58 41 01
Honorarkonsul: Halfdan Loennechen Backer (T: (0047) 71 67 47 85 priv.)
Amtsbezirk: Der nördlich des Romsdalfjordes gelegene Teil des Møre und Romsdal Fylke
Übergeordnete Auslandsvertretung: Botschaft Oslo

c 367
Honorarkonsul der Bundesrepublik Deutschland in Stavanger
Postfach 80, N-4001 Stavanger
Nedre Strandgate 27, N-4005 Stavanger
T: (0047) 51 52 20 00   **Fax:** 51 52 27 36
E-Mail: th@hemico.com
Honorarkonsul: Tore Helliesen (T: (0047) 51 52 61 86 priv.)
Amtsbezirk: Südlicher und mittlerer Teil des Rogaland Fylke, insbesondere die Hafenstädte Engersund und Stavanger
Übergeordnete Auslandsvertretung: Botschaft Oslo

c 368
Honorarkonsul der Bundesrepublik Deutschland in Svolvaer
Postfach 140, N-8301 Svolvaer
Storgate 73, N-8300 Svolvaer
T: (0047) 76 07 09 63   **Fax:** 76 07 28 50,
Mobil: 94 89 16 89
Honorarkonsul: Karl Malfred Johansen
Amtsbezirk: der nördlich des Sørfolda-Fjords gelegene Teil des Nordland Fylke sowie die gesamte Insel Hinnøya und die Inselgruppen Lofoten und Vesteralen
Übergeordnete Auslandsvertretung: Botschaft Oslo

c 369
Honorarkonsul der Bundesrepublik Deutschland in Tromsø
c/o H.R. Sea Products
Stakkevollveien 7, N-9005 Tromsø
T: (0047) 77 66 23 30   **Fax:** 77 68 79 69
Honorarkonsul: Helge Gørrissen (T: (0047) 77 65 72 95 priv.)
Amtsbezirk: Fylke Troms mit Ausnahme des zu Troms gehörenden Teiles der Insel Hinnøy

c 370
Honorarkonsul der Bundesrepublik Deutschland in Trondheim
c/o Siemens AS
Bratsbergveien 5, N-7037 Trondheim
T: (0047) 73 95 93 09   **Fax:** 73 95 91 60
Honorarkonsul: Kare Ytre-Eide
Amtsbezirk: Fylke Sor-Trøndelag
Übergeordnete Auslandsvertretung: Botschaft Oslo

Österreich

● C 371
Botschaft der Bundesrepublik Deutschland Wien
Postfach 160, A-1037 Wien
T: (00431) 7 11 54   **Fax:** 7 13 83 66
E-Mail: deubowien@magnet.at
Botschafter: Wiltrud Holik
Amtsbezirk: Österreich

c 372
Honorarkonsul der Bundesrepublik Deutschland in Eisenstadt
Rusterstr. 149, A-7000 Eisenstadt
T: (00432682) 6 31 80   **Fax:** 7 33 77
Honorarkonsul: Eduard Ehrenhöfler
Amtsbezirk: Bundesland Burgenland
Übergeordnete Auslandsvertretung: Botschaft Wien

c 373
Honorarkonsul der Bundesrepublik Deutschland in Linz
Hauptplatz 11, A-4010 Linz
T: (0043732) 79 77 01   **Fax:** 79 52 72
Honorarkonsul: Kommerzialrat Generaldirektor Dr. Hermann Bell
Amtsbezirk: Bundesland Oberösterreich
Übergeordnete Auslandsvertretung: Botschaft Wien

c 374
Honorarkonsul der Bundesrepublik Deutschland in Bregenz
Postfach 77, A-6901 Bregenz
Belruptstr. 59, A-6900 Bregenz
T: (00435574) 4 31 80   **Fax:** 4 70 83
Honorarkonsul: Walter Heinz Rhomberg
Amtsbezirk: Bundesland Vorarlberg
Übergeordnete Auslandsvertretung: Deutsche Botschaft in Wien

c 375
Honorarkonsul der Bundesrepublik Deutschland in Klagenfurt
Mießtaler Str. 14, A-9020 Klagenfurt
T: (0043463) 56 1 60   **Fax:** 50 32 38
Honorarkonsul: Dieter Kern
Amtsbezirk: Bundesland Kärnten
Übergeordnete Auslandsvertretung: Deutsche Botschaft Wien

c 376
Honorarkonsul der Bundesrepublik Deutschland in Salzburg
Bürgerspitalplatz 1, A-5020 Salzburg
T: (0043662) 8 41 59 10   **Fax:** 84 15 91 85
Honorarkonsul: Alfons Schneider
Amtsbezirk: Bundesland Salzburg
Übergeordnete Auslandsvertretung: Botschaft Wien

Oman (Sultanat Oman)

● C 377
Botschaft der Bundesrepublik Deutschland Maskat/Oman
Embassy of the Federal Republic of Germany
Postfach 128, OM- Ruwi P.C. 112 Sultanate of Oman
T: (0968) 773 24 82, (00968) 773 21 64
Fax: (0968) 773 56 90
E-Mail: diplofrg@omantel.net.om
Botschafter: S.E. Wolfgang Erck
Amtsbezirk: Sultanat Oman

Pakistan

● C 378
Botschaft der Bundesrepublik Deutschland Islamabad
Embassy of the Federal Republic of Germany
Postfach 1027, PAK- Islamabad
Diplomatic Enclave Ramna 5, PAK- Islamabad
T: (009251) 227 94 30 bis 35   **Fax:** 227 94 36
Botschafter: Hans-Joachim Daerr
Amtsbezirk: Pakistan
Konsularischer Amtsbezirk: Provinz Punjab und North-West Frontier Province

c 379
Generalkonsulat der Bundesrepublik Deutschland in Karachi
Consulate General of the Federal Republic of Germany
Postfach 3701, PAK- Karachi
92-A/7, Block 5, Clifton, PAK- Karachi
T: (009221) 5 87 37 82, 5 87 37 83, 5 87 02 34
Fax: 5 87 40 09
Generalkonsul: Ingmar Brentle
Amtsbezirke: Provinz Sind und Baluchistan

c 380
Honorarkonsul der Bundesrepublik Deutschland in Lahore
Honorary Consul of the Federal Republic of Germany
Postfach 3151, PAK- Lahore Gulberg Post Office
36-C/3, Gulberg III, PAK- Lahore
T: (009242) 575 19 77, 571 09 76   **Fax:** 576 06 95
E-Mail: hkl@nexlinx.net.pk
Honorarkonsul: Waldemar Kroders
Amtsbezirk: Verwaltungsbezirke Lahore und Sargodha
Übergeordnete Auslandsvertretung: Botschaft Islamabad

Palau

● C 381
Botschaft Manila (Philippinen)
siehe C 394

Panama

● C 382
Botschaft der Bundesrepublik Deutschland Panama
Embajada de la República Federal de Alemania
World Trade Center
Postfach 0832-0536, PA- Panamá
T: (00507) 2 63 77 33   **Fax:** 2 23 66 64
E-Mail: germpanama@cwp.net.pa
Botschafter: Georg Heinrich von Neubronner
Amtsbezirk: Republik Panama

c 383
Honorarkonsul der Bundesrepublik Deutschland in Colón
Cónsul Honorario de la República Federal de Alemania
c/o Boyd Steamship Corporation
Postfach 5077, PA- Cristobal R.P.
T: (00507) 4 45 33 44   **Fax:** 4 41 48 47
TGR: Boydbros, Cristobal
Honorarkonsul: Jürgen Dorfmeier
Amtsbezirk: Provinz und Stadt Colón
Übergeordnete Auslandsvertretung: Botschaft Panama

Papua-Neuguinea

● C 384
Botschaft Canberra (Australien)
siehe C 23

Paraguay

● C 385
Botschaft der Bundesrepublik Deutschland Asunción
Postfach 471, PY- Asunción
Avda. Venezuela 241, PY- Asunción
T: (0059521) 21 40 09/10/11/57   **Fax:** 21 28 63
Internet: http://www.pla.net.py/embalem
E-Mail: aaasun@pla.net.py
Botschafter: Dr. Josef Rusnak

c 386
Honorarkonsul der Bundesrepublik Deutschland in Encarnación
Cónsul Honorario de la República Federal de Alemania
Calle Jorge Memmel 631, PY- Encarnación
T: (0059571) 20 40 41, 20 33 35   **Fax:** 20 26 82
Honorarkonsul: Carlos Memmel
Amtsbezirk: Departamento de Itapúa
Übergeordnete Auslandsvertretung: Botschaft Asunción

c 387
Honorarkonsul der Bundesrepublik Deutschland in Neu-Halbstadt
Consul Honorario de la República Federal de Alemania
Postfach 11 53, PY- Colonia Neuland/Chaco
Avenida Primero de Febrero, PY- Neu-Halbstadt
T: (00595951) 319, 276
Honorarkonsul: Heinrich Braun
Amtsbezirk: Departamento de Boquerón
Übergeordnete Auslandsvertretung: Botschaft Asunción

Peru

● C 388
Botschaft der Bundesrepublik Deutschland Lima
Embajada de la República Federal de Alemania
Postfach 18-0504, PE- Lima 18
Avenida Arequipa 4202-4210, PE- Lima 18
T: (00511) 4 22 49 19, 4 22 46 87   **Fax:** 4 22 64 75
Botschafter: Herbert Beyer
Amtsbezirk: Peru

c 389
Visastelle der Botschaft der Bundesrepublik Deutschland in Peru
Edificio Pacifico Washington, 4. Stock
Calle Natalio Sánchez 125, PE- Lima
T: (00511) 4 24-0161   **Fax:** 4 24-0782

c 390
Honorarkonsul der Bundesrepublik Deutschland in Arequipa
Cónsul Honorario de la República Federal de Alemania
Büro: Colegio Peruano-Alemán Max Uhle
Postfach 743, PE- Arequipa
Sachaca, PE- Arequipa
T: (005154) 23 29 21, 23 41 36 (Büro)   **Fax:** 23 18 60, 28 83 67
Honorarkonsul: Ulrich Gocht
Amtsbezirk: Departamentos Arequipa, Moquegua, Puno und Tacna einschließlich Städte und Häfen Matarani und Mollendo
Übergeordnete Auslandsvertretung: Botschaft Lima

c 391
Honorarkonsul der Bundesrepublik Deutschland in Cusco
Cónsul Honorario de la República Federal de Alemania
San Agustin 307, Apartado 1128, PE- Cusco
T: (005184) 23 54 59   **Fax:** 23 54 59
Honorarkonsulin: Maria-Sophia Jürgens de Hermoza
Amtsbezirk: Departamentos Apurimac, Ayacucho, Cusco, Madre de Dios
Übergeordnete Auslandsvertretung: Botschaft Lima

c 392

Honorarkonsul der Bundesrepublik Deutschland in Iquitos
Cónsul Honorario de la República Federal de Alemania
Postfach 475, PE- Iquitos
Yavari 660, PE- Iquitos
T: (005194) 23 26 41, 23 27 63   **Fax:** 23 63 64
Honorarkonsul: Max Axel Georg Druschke
Amtsbezirk: Departamento Loreto
Übergeordnete Auslandsvertretung: Botschaft Lima

c 393

Honorarkonsul der Bundesrepublik Deutschland in Piura
Cónsul Honorario de la República Federal de Alemania
Postfach 78, PE- Piura
Las Amapolas K-6, Urb. Miraflores, PE- Piura
T: (005174) 33 29 20   **Fax:** 34 29 79
Honorarkonsulin: Jutta Moritz de Irazola
Amtsbezirk: Departamentos Piura und Tumbes

Philippinen

● **C 394**

Botschaft der Bundesrepublik Deutschland Manila
Embassy of the Federal Republic of Germany
Postfach 2190, PI-1261 Makati CPO, Metro-Manila
6/F Solid Bank Building, 777 Paseo de Roxas, PI-1226 Makati CPO, Metro-Manila
T: (00632) 8 92 49 06 bis 8 92 49 10, 8 92 10 01, 8 92 10 02
   Fax: 8 10 47 03, 8 92 93 65 Visa-Stelle
E-Mail: germanembassymanila@surfshop.net.ph
Botschafter: Herbert E. Jess
Amtsbezirk: Philippinen, Marshallinseln, Föderierte Staaten von Mikronesien und Palau
Der Leiter der Vertretung ist zugleich als Botschafter in der Republik Marshallinseln in den Föderierten Staaten von Mikronesien und der Republik Palau mit Sitz in Manila akkreditiert. Ein Beamter der Vertretung ist zugleich Konsul für die amerikanischen Außengebiete Guam und Wake, für die mit einem Commonwealth-Pakt mit den USA verbundenen Nördlichen Marianen.

Polen

● **C 395**

Botschaft der Bundesrepublik Deutschland Warschau
Ambasada Republiki Federalnej Niemiec
ul. Dabrowiecka 30, PL-03-932 Warszawa
T: (004822) 6 17 30 11 bis 6 17 30 15   **Fax:** 6 17 35 82
Internet: http://www.ambasadaniemiec.pl
E-Mail: germ.emb@zigzag.pl, mail@ambasadaniemier.pl
Botschafter: Frank Elbe
Stellvertretender Botschafter: Gesandter Dr. Thomas Läufer
Amtsbezirk: Polen
Konsularischer Amtsbezirk: Woiwodschaften Masowien (Mazowieckie), Podlachien (Podlaskie), Lodsch (Lódzkie), Lublin (Lubelskie)

c 396

Botschaft der Bundesrepublik Deutschland Wirtschafts-, Rechts- und Konsularabteilung
ul. Jazdów 12b, PL-00-467 Warszawa
T: (004822) 6 21 92 31-36   **Fax:** 6 29 05 20

c 397

Generalkonsulat der Bundesrepublik Deutschland in Krakau
ul. Stolarska 7, PL-31-043 Kraków
T: (004812) 421 84 73, 421 89 80, 421 80 88
Fax: 421 76 28
Generalkonsul: Dr. Gottfried Zeitz
Amtsbezirk: Woiwodschaften: Heiligkreuz Świętokrzyskie, Vorkarpaten (Podkarpackie), Kleinpolen (Malopolskie)

c 398

Generalkonsulat der Bundesrepublik Deutschland in Breslau
ul. Podwale 76, PL-50-449 Breslau
T: (004871) 342 52 52, 342 41 22   **Fax:** 342 41 14
Generalkonsul: Dr. Peter Ohr
Amtsbezirk: Woiwodschaften Niederschlesien (Dolnośląskie), Oppeln (Opolskie), Schlesien (Śląskie), Lebuser Land (Lubuskie) Großpolen (Wielkopolskie) außer den Landkreisen Flatów, Schneidemühl (Pita), Chodziez_2, Czarnków, Wagrowiec

c 399

Visastelle des Generalkonsulates Breslau
ul. Dworcowa 16, PL-50-456 Wroclaw
T: (004871) 3 72 46 10, 3 72 46 12   **Fax:** 3 72 46 16

c 400

Vizekonsulat als Außenstelle des Generalkonsulats Breslau in Oppeln
ul. Strzelców Bytomskich 11, PL-45-084 Opole
T: (004877) 4 54 21 84   **Fax:** 4 53 19 63
Leiter: Oberamtsrat Rolf Papenberg
Amtsbezirk: Woiwodschaften Oppeln (Opolskie), Schlesien (Śląskie)

c 401

Generalkonsulat der Bundesrepublik Deutschland in Danzig
Aleja Zwyciestwa 23, PL-80-219 Gdańsk
T: (004858) 3 41 43 66   **Fax:** 3 41 60 14
Generalkonsul: Roland Fournes
Amtsbezirk: Woiwodschaften: Pommern (Pomorskie), Ermland-Masuren (Warmińsko-Mazurskie), Kujawien-Pommern (Kujawsko-Pomorskie), Westpommern (Zachodnio-Pomorskie) und aus der Woiwodschaft Großpolen (Wielkopolskie) die Kreise Kolmar, Scharnikau, Schneidemühl, Wongrowitz und Faltow

c 402

Honorarkonsulin der Bundesrepublik Deutschland in Lodz
c/o LOGOS s.c.
ul. Piotrowska 111, PL-90-417 Lodz
T: (004842) 6 32 73 36   **Fax:** 6 32 73 36
Honorarkonsulin: Ewa Goczek
Amtsbezirk: Woiwodschaft Lodz
Übergeordnete Auslandsvertretung: Generalkonsulat Breslau

c 403

Honorarkonsul der Bundesrepublik Deutschland in Posen
ul. Ignacego Paderewskiego 7, PL-61-770 Poznan
T: (004861) 8 52 24-3321   **Fax:** 8 52 94 28
Honorarkonsul: Krszysztof Twardowski
Amtsbezirk: Woiwodschaft Großpolen, außer den Kreisen Flatow, Gostyn, Jarotschin, Kalisch, Kempen, Krotoschin, Lissa, Ostrowo, Pleschen, Rawitsch, Schildberg, Schneidemühl und Wollstein
Übergeordnete Auslandsvertretung: Generalkonsulat Breslau

c 404

Honorarkonsul der Bundesrepublik Deutschland in Stettin
ul Jana Karola Chodkiewicza 2a, PL-70344 Stettin
T: (004891) 4 85 06 57-60
Honorarkonsul: Bartolomiej Sochański
Amtsbezirk: Westpommern (Zachodniopomorskie) Übergeordnete Auslandvertretung: Generalkonsulat Danzig

Portugal

● **C 405**

Botschaft der Bundesrepublik Deutschland Lissabon
Embaixada da República Federal da Alemanha
Postfach 10 46, P-1051-001 Lisboa Codex CODEX
Campo dos Mártires da Pátria 38, P-1169-043 Lisboa
T: (0035121) 8 81 02 10   **Fax:** 8 85 38 46
Internet: http://www.embaixada-alemanha.pt
Botschafter: Wilfried Richter
Amtsbezirk: Portugal
Konsularischer Amtsbezirk: Distritos (Bezirke) Beja, Castelo Branco, Évora, Faro, Leiria, Lissabon, Portalegre, Santarém, Setúbal sowie die autonomen Regionen Azoren und Madeira

c 406

Konsulat der Bundesrepublik Deutschland in Porto
Avenida de Franca, 20-6 Andar, P-4050-275 Porto
T: (0035122) 6 05 28 10   **Fax:** 6 05 28 19
Internet: http://www.consulado-alemanha.pt
Leiter: OAR Jürgen Kurzhals
Amtsbezirk: Distritos (Bezirke) Aveiro, Braga, Bragança, Coimbra, Guarda, Porto, Viana do Castelo, Vila Real, Viseu

c 407

Honorarkonsul der Bundesrepublik Deutschland in Faro
Cónsul Honorário da República Federal da Alemanha
Postfach 406, P-8001-905 Faro
Av. da República, 166, 4°, P-8000-080 Faro
T: (00351289) 80 31 48, 80 31 81   **Fax:** 80 13 46
Honorarkonsul: Enzio Frhr. Baselli von Süssenberg
Amtsbezirk: Distritos (Bezirke) Beja, Faro, Évora Portalegre, Setúbal
Übergeordnete Auslandsvertretung: Botschaft Lissabon

c 408

Honorarkonsul der Bundesrepublik Deutschland in Funchal (Madeira)
Cónsul Honorário da República Federal da Alemanha
Postfach 300, P-9001-904 Funchal (Madeira)
Largo do Phelps, 6, 1°, P-9050-025 Funchal (Madeira)
T: (00351291) 22 03 38   **Fax:** 23 01 08
Honorarkonsul: Ricardo Dumont dos Santos
Amtsbezirk: Madeira
Übergeordnete Auslandsvertretung: Botschaft Lissabon

c 409

Honorarkonsul der Bundesrepublik Deutschland in Ponta Delgada (Azoren)
Cónsul Honorário da República Federal da Alemanha
Postfach 17 16, P-9501-805 Ponta Delgada (Azoren)
Rua Dr. João Francisco de Sousa 25, P-9500-177 Ponta Delgada São Miguel (Açores)
T: (00351296) 28 74 10   **Fax:** 28 74 10
Honorarkonsul: Alexander Luitpold Acker
Amtsbezirk: Azoren
Übergeordnete Auslandsvertretung: Botschaft Lissabon

Ruanda

● **C 410**

Botschaft der Bundesrepublik Deutschland Kigali
Ambassade de la République Fédérale d'Allemagne
Postfach 355, RWA- Kigali
8, Rue de Bugarama, RWA- Kigali
T: (00250) 7 52 22, 7 51 41   **Fax:** 7 72 67
E-Mail: amball@rwanda1.com
Botschafter: Hans-Dieter Steinbach
Amtsbezirk: Ruanda

Rumänien

● **C 411**

Botschaft der Bundesrepublik Deutschland Bukarest
Strada Rabat 21, R-71272 Bukarest
T: (00401) 230 25 80, 230 26 80, 230 27 80, 230 26 45, 230 27 45, 230 28 30   **Fax:** 230 58 46
E-Mail: germanembassy-bucharest@ines.ro
Botschafter: Dr. Wolf-Dietrich Schilling
Kunsularischer Amtsbezirk: Rumänien mit Ausnahme der dem Generalkonsulat Hermannstadt und dem Konsulat Temesvar zugewiesenen Amtsbezirke

c 412

Generalkonsulat der Bundesrepublik Deutschland in Hermannstadt
Consulatul General al Republicii Federale Germania
Postfach 117, R-2400 Sibiu (Hermannstadt)
Strada Lucian Blaya 15-17, R-2400 Sibiu (Hermannstadt)
T: (004069) 21 11 33, 21 12 41, 21 24 42 Visastelle
Fax: 21 41 80, 21 47 77 Visastelle
Internet: http://www.germanconsulsibiu.ro
E-Mail: consulatgerman.sibiu@verena.ro
Generalkonsul: Harald Gehrig
Amtsbezirk: Kreise Alba, Bistritz (Bistrita-Năsăud), Covasna, Harghita, Hermannstadt (Sibiu), Hunedoara, Klausenburg (Cluj), Kronstadt (Brașov), Maramures, Mureș, Sălaj

c 413

Konsulat der Bundesrepublik Deutschland Temesvar
Postfach 402, R-1900 Timisoara
T: (004056) 19 04 95   **Fax:** 19 04 87
Konsul: Karsten Erdmann

Russland

● C 414

Botschaft der Bundesrepublik Deutschland Moskau
Mosfilmowskaja 56, RUS-119 285 Moskau
T: (007095) 937 95 00   Fax: 938 23 54
TX: 413 411 aamsk ru
Internet: http://www.germany.org.ru
E-Mail: germanmo@aha.ru, germania@dol.ru
Botschafter: Dr. Ernst-Jörg von Studnitz
Amtsbezirk: Rußland
Konsularischer Amtsbezirk: Rußland mit Ausnahme der den Generalkonsulaten Nowosibirsk, Saratow und St. Petersburg zugewiesenen Amtsbezirke.

c 415

Generalkonsulat der Bundesrepublik Deutschland in Nowosibirsk
Krasnij Prospekt 28, RUS-630099 Nowosibirsk
T: (0073832) 23 14 11, 23 22 56, 23 34 54, 23 19 92
Fax: 23 44 17
E-Mail: gk_nowo@mail.cis.ru
Generalkonsul: Frank Meyke
Amtsbezirk: Republiken Altai, Burjatien, Chakassien, Tuwa, Autonomer Bezirk Ust-Ordinsk,, die Regionen Altai und Krasnojarsk sowie die Gebiete Irkutsk, Kemerowo, Nowosibirsk, Omsk, Tomsk und Tjumen

c 416

Generalkonsulat der Bundesrepublik Deutschland in Saratow
Postfach 37-37, RUS-410601 Saratow
Uliza Nemezkaja 34 (Hotel Wolga), RUS-410600 Saratow
T: (0078452) 24 27 49, 51 06 99, 24 05 01, 24 04 75, 73 43 14 Visastelle   Fax: 24 49 39, 73 42 75 Visastelle
E-Mail: visasaratow@germany.ru
Generalkonsul: Karl-Albrecht Wokalek
Amtsbezirk: Republiken Inguschetien, Kalmückien-Chalm-Tangtsch, Karatschai-Tscherkessien und Nord-Ossetien, die Region Stawropol sowie die Gebiete Astrachan, Lipezk, Orenburg, Samara, Saratow, Tambow, Uljanowsk und Wolgograd

c 417

Generalkonsulat der Bundesrepublik Deutschland in St. Petersburg
ul. Furschtadtskaja Nr. 39, RUS-191123 St. Petersburg
T: (007812) 320 24 00   Fax: 327 31 17
Internet: http://www.german-consulate.spb.ru
E-Mail: mail@german-consulate.spb.ru
Generalkonsul: Ulrich Schöning
Amtsbezirk: Stadt St. Petersburg, Verwaltungsgebiete Archangelsk, Leningrad, Murmansk, Nowgorod, Pskow, Republik Karelien

c 418

Honorarkonsul der Bundesrepublik Deutschland in Wladiwostok
ul. Svetlanskaja 10 (Hotel Versailles), RUS-690000 Wladiwostok
T: (0074232) 41 18 53, 41 18 53
E-Mail: deutschkonsul@mail.primorye.ru
Honorarkonsul: Propst Manfred Brockmann
Amtsbezirk: Primorje

Salomonen

● C 419

Honorarkonsul der Bundesrepublik Deutschland in Honiara/Salomonen Inseln
siehe Australien c 31

Sambia

● C 420

Botschaft der Bundesrepublik Deutschland Lusaka
Embassy of the Federal Republic of Germany
Postfach 50120, Z- Lusaka 15101 Ridgeway
United Nations Ave., Stand 5209, Z- Lusaka
T: (002601) 25 06 44, 25 12 59, 25 12 62   Fax: 25 40 14
E-Mail: germany@zamnet.zm
Botschafter: Helmuth Schröder
Amtsbezirk: Sambia

Samoa

● C 421

Botschaft Wellington (Neuseeland)
siehe C 340

● C 422

Honorarkonsul der Bundesrepublik Deutschland in Apia
Honorary Consul of the Federal Republic of Germany
Postfach 27 07, WS- Apia
Hospital Rd., WS- Apia Motootuo
T: (00685) 2 49 81   Fax: 2 41 39
Honorarkonsul: Werner Schreckenberg
Amtsbezirk: Samoa
Übergeordnete Auslandsvertretung: Botschaft Wellington

San Marino

● C 423

Botschaft Rom (Italien)
siehe C 227 und Generalkonsulat Mailand (konsularische Zuständigkeit) c 228

Sao Tomé und Principe

● C 424

Botschaft Libreville (Gabun)
siehe C 158

Saudi-Arabien

● C 425

Botschaft der Bundesrepublik Deutschland (Riyadh) Riad
Embassy of the Federal Republic of Germany
Postfach 94001, SA- Riyadh 11693
Diplomatic Quarter, SA- Riyadh 11693
T: (009661) 4 88 07 00   Fax: 4 88 06 60, 4 88 02 79 Visa-Stelle
E-Mail: germanembassyriyadh@shabakah.net.sa
Botschafter: Dr. Harald Kindermann
Amtsbezirk: Saudi Arabien
Konsularischer Amtsbezirk: Provinzen Qurayyat, Jawf, Northern Frontier, Eastern Province, Hail, Gasim, Riyadh

c 426

Außenstelle der Botschaft der Bundesrepublik Deutschland in Djidda
Postfach 126, SA- Jeddah 21411
Al Hamra'a Dist/6 N, 17 W 5 Sector, Al Ibtehal Street (49)2, SA- Jeddah 21411
T: (009662) 6 65 33 44, 6 65 35 45, 6 65 72 25, 6 65 72 26
Fax: 6 67 59 64
Amtsbezirk: Provinzen Tabuk, Medina, Mecca, Baha, Asir, Najran und Jaizan

Schweden

● C 427

Botschaft der Bundesrepublik Deutschland Stockholm
Tyska Ambassaden
Postfach 27832, S-11593 Stockholm
Skarpögatan 9, S-11527 Stockholm
T: (004768) 6 70 15-00   Fax: 6 70 15-72
Internet: http://www.german-embassy.se
E-Mail: german.embassy@ebox.tninet.se, info@german-embassy.se
Botschafter: Klaus-Hellmuth Ackermann
Amtsbezirk: Schweden

c 428

Honorarkonsulat der Bundesrepublik Deutschland in Halmstad
Postfach 209, S-30106 Halmstad
Stationsgatan 74, S-30104 Halmstad
T: (004635) 18 07 00   Fax: 18 07 40
Honorarkonsul: Erik Brolén
Amtsbezirk: Hallands Län
Übergeordnete Auslandsvertretung: Botschaft Stockholm

c 429

Honorarkonsulat der Bundesrepublik Deutschland in Göteborg
Nils Ericssonsgatan 17, S-41103 Göteborg
T: (004631) 7 22 36 00   Fax: 77 22 37 00
Honorarkonsul: Frederik Vinge
Amtsbezirk: Kommunen Göteborg, Orust, Tjörn, Stenungs-und, Lilla Edet, Ale, Kungälv, Öckerö, Lerum, Partille, Härryda, Mölndal, Gullspång, Mariestad, Töre Boda, Karlsborg, Lidköping, Götene, Skövde, Tibro, Grästorp, Vara, Skora, Hjo, Essunge, Falköping, Tidaholm, Alinsås, Vår Gårda, Herr Ljunga, Bollebygd, Borås, Ulricehamn, Mark, Sven Ljunga und Tranemo in Västra Götalands Län
Übergeordnete Auslandsvertretung: Botschaft Stockholm

c 430

Honorarkonsulat der Bundesrepublik Deutschland in Jönköping
c/o Handelskammaren i Jönköpinngs Län
Elmiavägen, S-55454 Jönköping
T: (004636) 30 14 39   Fax: 12 95 79
Honorarkonsul: Göran Kinnander
Amtsbezirk: Jönköpings Län.
Übergeordnete Auslandsvertretung: Botschaft Stockholm

c 431

Honorarkonsulat der Bundesrepublik Deutschland in Kalmar
Postfach 23, S-39120 Kalmar
Larmgatan 6, S-39232 Kalmar Turistbyrå
T: (0046480) 15350   Fax: 17453
Honorarkonsulin: Wiola Hägglöf
Amtsbezirk: Kalmar Län.
Übergeordnete Auslandsvertretung: Botschaft Stockholm

c 432

Honorarkonsulat der Bundesrepublik Deutschland in Karlstad
c/o Advokaterna Carlström & Linderberg
Postfach 95, S-65103 Karlstad
Östra Torggatan 16, S-65224 Karlstad
T: (004654) 18 90 50   Fax: 15 38 47
Honorarkonsul: Mats Carlström
Amtsbezirk: Värmlands Län.
Übergeordnete Auslandsvertretung: Botschaft Stockholm

c 433

Honorarkonsulat der Bundesrepublik Deutschland in Kristianstad
UULAS Architektkontor AB
Östra Storgatan 32, S-29132 Kristianstad
T: (004644) 20 46 00   Fax: 20 46 19
Honorarkonsul: Gräfin Märta Wachtmeister
Amtsbezirk: Kommunen Östra Göinge, Ökelljunga, Bromölla, Osby, Perstorp, Klippan, Åstorp, Båstad, Kristianstad, Tommellila, Simrishamn, Ängelholm und Hässleholm in Skåne län.
Übergeordnete Auslandsvertretung: Botschaft Stockholm

c 434

Honorarkonsulat der Bundesrepublik Deutschland in Luleå
Timotejstigen 7, S-95435 Luleå
T: (0046920) 5 38 52, 25 38 52
Honorarkonsul: Werner Jansen
Amtsbezirk: Norrbottens Län.
Übergeordnete Auslandsvertretung: Botschaft Stockholm

c 435

Honorarkonsulat der Bundesrepublik Deutschland in Linköping
Postfach 1084, S-58110 Linköping
Låsblecksgatan 3 (Hackefors), S-58110 Linköping Rystadt, Vreta Norrgård
T: (004613) 28 85 00   Fax: 16 16 15
Honorarkonsul: Per Folke Lindberg
Amtsbezirk: Östergötlands län
Übergeordnete Auslandsvertretung: Botschaft Stockholm

c 436

Honorarkonsulat der Bundesrepublik Deutschland in Malmö
c/o G L Beijer AB
Postfach 3 25, S-20123 Malmö
Norra Vallgatan 70, S-20123 Malmö
T: (004640) 6 11 85 95   Fax: 23 51 65
Honorarkonsul: Joen Magnusson

Amtsbezirk: Kommunen Svalöv, Steffanstorp, Burlöv, Vellinge, Bjuv, Kävlinge, Lomma, Svedala, Skurup, Sjöbö, Hörby, Malmö, Lund, Landskrona, Helsingborg, Höganäs, Höör, Eslov, Ystad, Trelleborg (ausser Stadt und Hafen Trelleborg) in Skåne län.
Übergeordnete Auslandsvertretung: Botschaft Stockholm

c 437

Honorarkonsulat der Bundesrepublik Deutschland in Norrköping
Persgatan, S-60186 Norrköping
T: (004611) 26 40 74, 26 41 22   **Fax:** 264073
Honorarkonsul: Jan Jaldeland
Amtsbezirk: Kommunen Finspång, Norrköping, Söderköping und Valdemarsvik in Österötlands Län., Nyköping und Oxelösund in Södermanlands Län.
Übergeordnete Auslandsvertretung: Botschaft Stockholm

c 438

Honorarkonsulat der Bundesrepublik Deutschland Sundsvall
Büro Margareta Lindström
c/o SCA Forest and Timber
Postfach 846, S-85123 Sundsvall
Skepparplatsen 1, S-85183 Sundsvall
T: (004660) 19 43 40   **Fax:** 15 24 50
Honorarkonsul: Börje Nordenö
Amtsbezirk: Västernorrlands Län.
Übergeordnete Auslandsvertretung: Botschaft Stockholm

c 439

Honorarkonsulat der Bundesrepublik Deutschland Trelleborg
Postfach 94, S-23122 Trelleborg
Travemünde bron, S-23122 Trelleborg
T: (0046410) 1 80 50   **Fax:** 5 62 90
E-Mail: bjorn.boklund@ttline.se, birgitta.christensson@ttline.se
Honorarkonsul: Björn Boklund
Amtsbezirk: Stadt und Hafen Trelleborg in Skåne län
Übergeordnete Auslandsvertretung: Botschaft Stockholm

c 440

Honorarkonsul der Bundesrepublik Deutschland in Uddevalla
Postfach 667, S-45124 Uddevalla
Mattssonföretagen i Udevalla AB Långhagsgatan, S-45124 Uddevalla
T: (0046522) 9 80 10, 9 80 81   **Fax:** 3 74 20
Honorarkonsul: Stefan Mattsson
Amtsbezirk: Kommunen Uddevalla, Lysekil, Vänersborg, Trollhättan, Strömstadt, Dals-Ed, Bengtfors, Åmal, Tanum, Sotenäs, Munkedal, Färgelanda, Mellerud in Västra Götalands län
Übergeordnete Auslandsvertretung: Botschaft Stockholm

c 441

Honorarkonsulat der Bundesrepublik Deutschland Visby
Strandgatan 18, S-82156 Visby (Gotland)
T: (0046498) 21 77 98   **Fax:** 26 33 60
Honorarkonsul: Åke Sjöberg
Amtsbezirk: Gotlands Län.
Übergeordnete Auslandsvertretung: Botschaft Stockholm

Schweiz

● C 442

Botschaft der Bundesrepublik Deutschland Bern
Postfach 2 50, CH-3000 Bern 16
Willadingweg 83, CH-3000 Bern 16
T: (004131) 3 59 81 11   **Fax:** 3 59 44 44, 3 52 11 04 (Paß/Visastelle)
Botschafter: Klaus Bald
Amtsbezirk: Schweiz und Liechtenstein
Konsularischer Amtsbezirk (nur Visa-Angelegenheiten): Kantone Aargau, Appenzell Ausserrhoden, Appenzell Innerrhoden, Basel-Land, Basel-Stadt, Bern, Freiburg, Glarus, Graubünden, Jura, Luzern, Neuenburg, Nidwalden, Obwalden, Schaffhausen, Schwyz, St. Gallen, Solothurn, Tessin, Thurgau, Uri, Zürich und Zug sowie Fürstentum Liechtenstein

c 443

Generalkonsulat der Bundesrepublik Deutschland Genf
Consulat Général de la République fédérale d'Allemagne
Postfach 191, CH-1211 Genf 19
28 C, chemin du Petit-Saconnex, CH-1211 Genf 19
T: (004122) 730 13 70   **Fax:** 730 13 90
Internet: http://missions.itu.int/germany
E-Mail: mission.germany@ties.itu.int
Generalkonsul: Karl Flittner
Amtsbezirk: Kantone Genf, Waadt und Wallis

c 444

Honorargeneralkonsul der Bundesrepublik Deutschland Basel
c/o UBS AG
Postfach 2 32, CH-4016 Basel
Schwarzwaldallee 200, CH-4058 Basel
T: (004161) 693 33 03, 693 33 05   **Fax:** 693 33 06
Honorargeneralkonsul: Max Kühne
Amtsbezirk: Kantone Basel Stadt und Basel-Land
Übergeordnete Auslandsvertretung: Botschaft Bern

c 445

Honorarkonsulin der Bundesrepublik Deutschland in Lugano
Via Soave 9, CH-6900 Lugano
T: (004191) 922 78 82
Honorarkonsulin: Bianca Maria Brenni-Wicki
Amtsbezirk: Kanton Tessin
Übergeordnete Auslandsvertretung: Botschaft Bern

c 446

Honorarkonsul der Bundesrepublik Deutschland in Zürich
Freigutstr. 15, CH-8002 Zürich
T: (00411) 2 01 72 22   **Fax:** 2 01 72 29
Honorarkonsul: Dr. Michael Gotthelf
Amtsbezirk: Kantone Schwyz und Zürich
Übergeordnete Auslandsvertretung: Botschaft Bern

Senegal

● C 447

Botschaft der Bundesrepublik Deutschland Dakar
Ambassade de la République Fédérale d'Allemagne
Postfach 2100, SN- Dakar
Avenue Pasteur 20 Angle Rue Mermoz, SN- Dakar
T: (00221) 8 23 48 84, 8 23 25 19   **Fax:** 8 22 52 99
Botschafter: Dr. Rainald Steck
Amtsbezirk: Senegal, Gambia und Guinea-Bissau
Der Leiter der Vertretung ist zugleich als Botschafterin in Gambia, Guinea-Bissau und Kap Verde mit Sitz in Dakar akkreditiert

Seychellen

● C 448

Honorarkonsul der Bundesrepublik Deutschland Victoria
Honorary Consul of the Federal Republic of Germany
Postfach 1 32, SY- Victoria
Mont Fleuri, SY- Victoria /Mahé
T: (002482) 6 12 22   **Fax:** 6 12 23
E-Mail: northolm@seychelles.net
Honorarkonsulin: Maryse Eichler-Jorre de Saint Jorre
Amtsbezirk: Seychellen
Übergeordnete Auslandsvertretung: Botschaft Nairobi

Sierra Leone

● C 449

Botschaft Conakry (Guinea)
siehe C 197

Simbabwe

● C 450

Botschaft der Bundesrepublik Deutschland Harare
Embassy of the Federal Republic of Germany
Postfach 2168, RSR- Harare
14, Samora Machel Avenue, RSR- Harare
T: (002634) 70 52 31   **Fax:** 70 86 13
E-Mail: germemb@internet.co.zw
Botschafter: Fritz Hermann Flimm
Amtsbezirk: Simbabwe

Singapur

● C 451

Botschaft der Bundesrepublik Deutschland Singapur
Embassy of the Federal Republic of Germany
Postfach 94, SGP- Singapore 91 24 04
545 Orchard Road, Far East Shopping Centre, No. 14 01, SGP- Singapore 23 88 82
T: (0065) 7 37 13 55   **Fax:** 7 37 26 53
Internet: http://www.germany.org.sg
E-Mail: germany@singnet.com.sg
Botschafter: Volker Schlegel
Amtsbezirk: Singapur

Slowakische Republik

● C 452

Botschaft der Bundesrepublik Deutschland Preßburg
Hviezdoslavovo nám. 10, SK-813 03 Bratislava
T: (004217) 54 41 96 40   **Fax:** 54 41 96 34
Internet: http://www.germanembassy.org
E-Mail: public@germanembassy.org
Botschafter: Dr. Frank Lambach
Amtsbezirk: Slowakische Republik

Slowenien

● C 453

Botschaft der Bundesrepublik Deutschland Laibach
Postfach 1521, SLO-1001 Ljubljana
Presernova 27, SLO-1000 Ljubljana
T: (003861) 479 03 00   **Fax:** 425 08 99
E-Mail: germanembassy-slovenia@siol.net
Botschafter: Heike Zenker
Amtsbezirk: Republik Slowenien

Somalia

● C 454

Botschaft Nairobi (Kenia)
siehe C 273

Spanien

● C 455

Botschaft der Bundesrepublik Deutschland Madrid
Embajada de la República Federal de Alemania
Calle Fortuny 8, E-28010 Madrid
T: (003491) 5 57 90 00   **Fax:** 3 10 21 04
Internet: http://www.embajada-alemania.es
Botschafter: Joachim Bitterlich
Amtsbezirk: Spanien und Andorra

c 456

Außenstelle der Botschaft der Bundesrepublik Deutschland in Las Palmas
Consulado de la República Federal de Alemania
Calle Franchy y Roca, 5-2°, E-35007 Las Palmas
T: (0034928) 49 18 80, 49 18 71, 49 18 70   **Fax:** 26 27 31
Leiter(in): Franz Xaver Kramlinger
Amtsbezirk: Provinz Las Palmas de Gran Canaria (Inseln Alegranza, Fuerteventura, Graciosa, Gran Canaria, Lanzarote, Lobos, Montaña Clara)

c 457

Außenstelle der Botschaft der Bundesrepublik Deutschland in Santa Cruz de Tenerife
Consulado de la República Federal de Alemania
Avenida Francisco la Roche, 45, E-38001 Santa Cruz de Tenerife
T: (0034922) 28 48 12, 28 48 16   **Fax:** 24 70 49

c 457

Leiter(in): Martin Duczynski
Amtsbezirk: Provinz Santa Cruz de Tenerife (Inseln Gomera, Hierro, La Palma, Tenerife)

c 458

Generalkonsulat der Bundesrepublik Deutschland in Barcelona
Consulado General de la República Federal de Alemania
Postfach 389, E-08080 Barcelona
Paseig de Gracia, 111, E-08080 Barcelona
T: (003493) 2 92 10 00   Fax: 2 92 10 02
Generalkonsul: Irmela Gonzalez-Schmitz
Amtsbezirk: Provinzen Albacete, Alicante, Barcelona, Balearen, Castellón, Gerona, Huesca, Lérida, Murcia, Tarragona, Teruel, Valencia, Zaragoza, Fürstentum Andorra

c 459

Konsulat der Bundesrepublik Deutschland in Palma de Mallorca
Consulado de la República Federal de Alemania
Postfach 183, E-07080 Palma de Mallorca
C./Porto Pi 8, E-07080 Palma de Mallorca
T: (0034971) 72 29 97, 72 23 71   Fax: 72 80 89
Leiter(in): Peter-Christian Haucke
Amtsbezirk: Balearen

c 460

Honorarkonsul der Bundesrepublik Deutschland in Bilbao
Cónsul Honorario de la República Federal de Alemania
Edif. Albia, planta 13, num. 3 San Vicente, 8, E-48001 Bilbao
T: (003494) 4 23 85 85   Fax: 4 24 39 76
Honorarkonsul: Horst José Boogen-Heudorf

c 461

Generalkonsulat der Bundesrepublik Deutschland in Sevilla
Consulado General de la República Federal de Alemania
Postfach 855, E-41080 Sevilla
Avda. de la Palmera 19-2 Edificio Winterthur, E-41013 Sevilla
T: (003495) 4 23 02 04, 4 23 04 90, 4 23 02 62
Fax: 4 23 95 52
Generalkonsul: Klaus Ringwald
Amtsbezirk: Die autonome Region Andalusien mit den Provinzen Almeria, Cádiz, Granada, Cordoba, Huelva, Jaén, Malaga, Sevilla, Provinz Badajoz, Ceuta und Melilla

c 462

Konsulat der Bundesrepublik Deutschland in Málaga
Consulado de la República Federal de Alemania
Paseo del Limonar 26, Villa Ibis, E-29016 Málaga
T: (003495) 2 22 78 66, 2 21 24 42   Fax: 2 30 97 00
Leiter(in): Jürgen Lubezyk
Amtsbezirk: Provinzen Granada, Jaén, Málaga
Übergeordnete Auslandsvertretung: Generalkonsulat Sevilla

c 463

Honorargeneralkonsul der Bundesrepublik Deutschland in Santander/Muriedas
Cónsul Honorario de la República Federal de Alemania
Postfach 27, E-39600 Muriedas
Avenida de Bilbao, 39, E- Muriedas
T: (0034942) 25 05 43   Fax: 25 05 43
Honorarkonsul: Hans Roever jr.
Amtsbezirk: Autonome Region Kantabrien (Cantabria), Asturien
Übergeordnete Auslandsvertretung: Botschaft Madrid

c 464

Honorarkonsul der Bundesrepublik Deutschland in Alicante
Cónsul Honorario de la República Federal de Alemania
Plaza Calvo Sotelo 1-2, 5. Stock, E-03001 Alicante
T: (003496) 5 21 70 60   Fax: 5 21 52 34
Honorarkonsul: Dieter Fahnebrock
Amtsbezirk: Provinzen Alicante, Murcia, Albacete
Übergeordnete Auslandsvertretung: Generalkonsulat Barcelona

c 465

Honorarkonsul der Bundesrepublik Deutschland in Almeria
Cónsul Honorario de la República Federal de Alemania
Centro Comercial NEPTUNO
Avda-Carlos III 401, E-04720 Aguadulce
T: (0034950) 34 05 55   Fax: 34 18 13
Honorarkonsul: Joachim Prinzen
Amtsbezirk: Provinz Almería
Übergeordnete Auslandsvertretung: Generalkonsulat Sevilla

c 466

Honorarkonsul der Bundesrepublik Deutschland in Ibiza
Cónsul Honorario de la República Federal de Alemania
Postfach 437, E-07800 Ibiza
Carrer d'Antoni Jaume 2-2°-9 a, E-07800 Ibiza
T: (0034971) 31 57 63   Fax: 31 57 63
Honorarkonsul: Ekkehardt Boxberger
Amtsbezirk: Ibiza und Formentera
Übergeordnete Auslandsvertretung: Generalkonsulat Barcelona

c 467

Honorarkonsul der Bundesrepublik Deutschland in Jerez de la Frontera
Cónsul Honorario de la República Federal de Alemania
Hnos. Sandemann & Cia.
c/Pizarro, 10, E-11402 Jerez de la Frontera/Cádiz
T: (0034956) 30 69 17   Fax: 31 40 54
Honorarkonsul: Jürgen Mundt
Amtsbezirk: Provinz Cádiz
Übergeordnete Auslandsvertretung: Generalkonsulat Sevilla

c 468

Honorarkonsul der Bundesrepublik Deutschland in Mahón/Menorca
Cónsul Honorario de la República Federal de Alemania
Carrer d'es Negres, 32, E-07703 Mahón/Menorca
T: (0034971) 36 16 68   Fax: 36 90 12
Honorarkonsul: Matthias Roters
Amtsbezirk: Insel Menorca
Übergeordnete Auslandsvertretung: Generalkonsulat Barcelona

c 469

Honorarkonsul der Bundesrepublik Deutschland in San Sebastian
Cónsul Honorario de la República Federal de Alemania
c/Fuenterrabia 15, 3. Stock, E-20003 San Sebastián (Guipuzcoa)
T: (0034943) 42 10 10   Fax: 33 55 11
Honorarkonsul: Dr. Pablo Schröder
Amtsbezirk: Guipúzcoa und Navarra
Übergeordnete Auslandsvertretung: Botschaft Madrid

c 470

Honorarkonsul der Bundesrepublik Deutschland in Santa Cruz de la Palma
Cónsul Honorario de la República Federal de Alemania
Oficina Inmb. PALMASOL
Calle O'Daly 39, E-38700 Santa Cruz de la Palma
T: (0034922) 42 06 89   Fax: 41 32 78
Honorarkonsul: José Francisco Pérez Bravo
Amtsbezirk: Insel La Palma
Übergeordnete Auslandsvertretung: Botschaft Madrid

c 471

Honorarkonsul der Bundesrepublik Deutschland in Tarragona
Cónsul Honorario de la República Federal de Alemania
Avda. President Lluis Companys, 14-1°-3a, E-43005 Tarragona
T: (0034977) 25 23 85   Fax: 25 06 59
Honorarkonsul: Erich Büchen
Amtsbezirk: Provinzen Castellón und Tarragona
Übergeordnete Auslandsvertretung: Generalkonsulat Barcelona

c 472

Honorarkonsul der Bundesrepublik Deutschland in Valencia
Cónsul Honorario de la República Federal de Alemania
Avenida Primado Reig 70-10°-40a, E-46010 Valencia
T: (003496) 3 61 43 54   Fax: 3 60 92 59
Honorarkonsul: Wolfgang Buch
Amtsbezirk: Provinz Valencia
Übergeordnete Auslandsvertretung: Generalkonsulat Barcelona

c 473

Honorarkonsul der Bundesrepublik Deutschland in Vigo
Cónsul Honorario de la República Federal de Alemania
Postfach 95, E-36001 Vigo
Avenida Garcia Barbón 1, E-36201 Vigo
T: (0034986) 43 78 79   Fax: 43 49 43
Honorarkonsul: Martin Esser
Amtsbezirk: Provinzen La Coruña, Lugo, Orense, Pontevedra
Übergeordnete Auslandsvertretung: Botschaft Madrid

c 474

Honorarkonsul der Bundesrepublik Deutschland Zaragoza
Cónsul Honorario de la República Federal de Alemania
Rothe Erde Ibérica, S.A.
Carretera Castillon, Km 7, E-50720 La Cartuja Baja-Zaragoza
T: (0034976) 50 00 34   Fax: 50 08 30
Honorarkonsul: Hans Joachim Helmrich
Amtsbezirk: Provinzen Zaragoza, Huesca und Teruel
Übergeordnete Auslandsvertretung: Generalkonsulat Barcelona

c 475

Honorarkonsul der Bundesrepublik Deutschland in Andorra
Cónsul Honorario de la República Federal de Alemania
c./Dr. Vilanova 9-3 ° B- Edif Thais, AND- Andorra la Vella
T: (0376) 86 28 60   Fax: 80 43 21
Honorarkonsul: Dietram von Schilcher
Amtsbezirk: Andorra
Übergeordnete Auslandsvertretung: Generalkonsulat Barcelona

Sri Lanka

● C 476

Botschaft der Bundesrepublik Deutschland Colombo
Embassy of the Federal Republic of Germany
Postfach 658, CL- Colombo 3
40, Alfred House Avenue, CL- Colombo 3
T: (00941) 58 04 31 bis 58 04 34   Fax: 58 04 40
Internet: http://www.germanembassy.lk
E-Mail: germaemb@sltnet.lk
Botschafter: Jürgen Elias
Amtsbezirk: Sri Lanka sowie die Malediven
Der Leiter der Vertretung ist zugleich als Botschafter in den Malediven mit Sitz in Colombo akkreditiert

St. Kitts und Nevis

● C 477

Honorarkonsul der Bundesrepublik Deutschland in Charlestown
Honorary Consul of the Federal Republic of Germany
Court Yard Bank of Nevis Building, KN- Charlestown Nevis, W.I.
T: (001869) 4 69 18 19   Fax: 4 69 54 46
Honorarkonsul: Reginald L. Kawaja
Amtsbezirk: St. Kitts und Nevis
Übergeordnete Auslandsvertretung: Botschaft Port of Spain

St. Lucia

● C 478

Honorarkonsul der Bundesrepublik Deutschland in Gros Islet
Honorary Consul of the Federal Republic of Germany
Postfach 2025, WL- Gros Islet

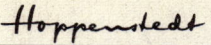

Care Service Building, Massade Industrial Estate, WL- Gros Islet
T: (001758) 450 80 50 Fax: 450 02 55
E-Mail: karencave@candw.lc
Honorarkonsulin: Karen Cave
Amtsbezirk: St. Lucia
Übergeordnete Auslandsvertretung: Botschaft Port-of-Spain

St. Vincent und die Grenadinen

● C 479

Honorarkonsul der Bundesrepublik Deutschland in Indian Bay/St. Vincent und die Grenadinen
Honorary Consul of the Federal Republic of Germany
Postfach 848, WV- Indian Bay
T: (001784) 4 58 40 92 Fax: 4 57 48 87
Honorarkonsulin: Gisela Balcombe
Amtsbezirk: St. Vincent und die Grenadinen
Übergeordnete Auslandsvertretung: Botschaft Port-of-Spain

Sudan

● C 480

Botschaft der Bundesrepublik Deutschland Khartum
Embassy of the Federal Republic of Germany
Postfach 970, SD- Khartoum
Baladia Street 53 Block No. 8 D.Plot No. 2, SD- Khartoum
T: (0024911) 77 79 90, 77 79 95, 77 79 79 Fax: 77 76 22
Botschafter: Matthias Meyer
Amtsbezirk: Sudan

Südafrika

● C 481

Botschaft der Bundesrepublik Deutschland Pretoria
Embassy of the Federal Republic of Germany
Postfach 2023, ZA- Pretoria 0001
180 Blackwood Street, Arcadia, ZA- Pretoria 0083
T: (002712) 4 27 89 00 Fax: 3 43 94 01
E-Mail: GermanEmbassyPretoria@gonet.co.za
Botschafterin: Anna-Margareta Peters
Amtsbezirk: Südafrika, Lesotho
Konsularishcer Amtsbezirk: Provinzen Free State, Gauteng, Kwa Zulu/Natal, Northern Province, North West und Mpumalanga sowie Königreich Lestho
Der Leiter der Vertretung ist zugleich als Botschafter in Lesotho mit Sitz in Pretoria bzw. Kapstadt akkreditiert

c 482

Dienststelle Kapstadt der Botschaft der Bundesrepublik Deutschland
Branch Office Cape Town of the Embassy of the Federal Republic of Germany
Postfach 4273, ZA- Cape Town 8000
825, St. Martini Gardens, 74 Queen Victoria Street, ZA- Cape Town 8001
T: (002721) 4 24 24 10 Fax: 4 64 30 45
E-Mail: info@germanconsulate.capetown.ca.za

c 483

Rechts- und Konsularreferat
Postfach 20 23, ZA-0001 Pretoria 0001-RSA
Hadefields Building, 1st F., 1267 Pretorius Street, ZA- Hatfield
T: (002712) 4 27 89 99 Fax: 4 27 89 82
E-Mail: germanembassypretoria@gonet.co.za

c 484

Generalkonsulat der Bundesrepublik Deutschland in Kapstadt
Consulate General of the Federal Republic of Germany
Postfach 4273, ZA- Cape Town 8000
825, St. Martini Gardens, 74, Queen Victoria Street, ZA- Cape Town 8001
T: (002721) 4 64 30 00, 4 24 24 10 Fax: 4 24 94 03
E-Mail: info@germanconsulatecapetown.co.za
Generalkonsul: Dr. Elke Schmitz
Amtsbezirk: Provinzen Eastern Cape, Northern Cape und Western Cape sowie St. Helena und Nebengebiete.
Der Leiter der Vertretung ist zugleich Konsul für die brit. Kronkolonie St. Helena

c 485

Honorarkonsul der Bundesrepublik Deutschland in Durban
Honorary Consul of the Federal Republic of Germany
Postfach 80, ZA-4000 Durban
Devonshire Place 2 4th Floor, ZA-4001 Durban
T: (002731) 3 05 56 77 Fax: 3 05 56 79
Honorarkonsul: Hermann Hans-Heinrich Beier
Amtsbezirk: KwaZulu-Natal
Übergeordnete Auslandsvertretung: Botschaft Pretoria

c 486

Honorarkonsul der Bundesrepublik Deutschland in Port Elizabeth
Honorary Consul of the Federal Republic of Germany
Postfach 2159, ZA- Port Elizabeth 6056
Maritime House, Uitenhage Road, ZA- Port Elizabeth 6001
T: (002741) 57 28 40 Fax: 57 31 46, 54 79 08
E-Mail: stucken@iafrica.com
Honorarkonsul: Philip Stucken
Amtsbezirk: Magistratsbezirke Aberdeen, Albany, Alexandria, Bathurst, Bedford, Colesberg, Cradock, Graaff-Reinet, Hankey, Humansdorp, Jansenville, Joubertina, Kirkwood, Knysna, Maraisburg, Middelburg, Noupoort, Pearston, Port Elizabeth, Reinet, Sommerset East, Steynsburg, Steytlertville, Uitenhage, Uniondale, Venterstad, Willowmore
Übergeordnete Auslandsvertretung: Generalkonsulat Kapstadt

Suriname

● C 487

Honorarkonsul der Bundesrepublik Deutschland in Paramaribo (Suriname)
Honorary Consul of the Federal Republic of Germany
c/o N.V. Katwijk, Kantoor & Direktie
Postfach 466, SME- Paramaribo
Maagdenstraat 46 bov, SME- Paramaribo
T: (0011597) 74 43 80 Fax: 47 15 07
Honorarkonsul: Nagib Nouh-Chaia
Amtsbezirk: Suriname
Übergeordnete Auslandsvertretung: Botschaft Port-of-Spain

Swasiland

● C 488

Botschaft Maputo (Mosambik)
siehe C 335

Syrien

● C 489

Botschaft der Bundesrepublik Deutschland Damaskus
Ambassade de la République Fédérale d'Allemagne
Postfach 2237, SYR- Damaskus
Abdulmunem Al-Riad Str./Ebla Str., Malki, SYR- Damaskus
T: (0096311) 33 23 800, 33 23 801, 33 23 802
Fax: 33 23 812
Botschafter: Dr. Gunter Mulack
Amtsbezirk: Syrien

c 490

Honorarkonsulat der Bundesrepublik Deutschland in Aleppo
Consul Honoraire de la République fédérale d'Allemagne
Postfach 6325, SYR- Aleppo
Sa'adalah al-Jabri Square al-Shabarek Building,1st floor, SYR- Aleppo
T: (0096321) 222 50 88 Fax: 224 20 13
Honorarkonsul: Mohamad Zafer Sadaoui
Amtsbezirk: Mouhafazet (Regierungsbezirk) Aleppo
Übergeordnete Auslandsvertretung: Botschaft Damaskus

Tadschikistan

● C 491

Botschaft der Bundesrepublik Deutschland Duschanbe
Warsobskaja 16, TJ-734017 Duschanbe
T: (00992372) 21 21 89, 21 21 98 Fax: 21 22 45, 21 22 75
E-Mail: deutschebotschaftduschanbe@tajnet.com
Botschafter: Wolfgang Neuen
Amtsbezirk: Tadschikistan

Tansania

● C 492

Botschaft der Bundesrepublik Deutschland Dar-es-Salaam
Embassy of the Federal Republic of Germany

NIC Investment House
Postfach 95 41, EAT- Dar-es-Salaam
Samora Avenue, EAT- Dar-es-Salaam
T: (0025522) 2 11 74 09 bis 2 11 74 15 Fax: 2 11 29 44
Internet: http://www.german-embassy-daressalam.de
E-Mail: german.emb.dar@raha.com
Botschafter: Dr. Enno Barker
Amtsbezirk: Tansania

c 493

Honorarkonsul der Bundesrepublik Deutschland in Sansibar
Postfach 38 03, EAT- Sansibar
Kenyatta Road, Hs. Nr. 71, EAT- Sansibar
T: (0025524) 2 23 26 72 Fax: 2 23 26 72
Honorarkonsul: Prof. Dr. Erich Meffert
Amtsbezirk: Sansibar
Übergeordnete Auslandsvertretung: Botschaft Daressalam

Thailand

● C 494

Botschaft der Bundesrepublik Deutschland Bangkok
Embassy of the Federal Republic of Germany
Postfach 2595, T- Bangkok 10500
9, South Sathorn Road, T- Bangkok 10120
T: (00662) 2 87 90 00 Fax: 2 87 17 76
Internet: http://www.german-embassy.or.th
E-Mail: info@german-embassy.or.th
Botschafter: Hermann Erath
Amtsbezirk: Thailand

c 495

Honorarkonsul der Bundesrepublik Deutschland in Chiang Mai
Honorary Consul of the Federal Republic of Germany
199/163 Moo 3, Baan Nai Fun 2, Kan Klong Chonpratan Road, Tambon Mae Hia Amphoe Muan, T- Chiang Mai
T: (006653) 83 87 35 Fax: 83 87 35
E-Mail: dekonsul@loxinfo.co.th
Honorarkonsul: Hagen e. W. Dirksen
Amtsbezirk: Provinzen Chiang Mai, Chiang Rai, Mae Hong Son, Lamphun, Lampang, Prae, Nan und Payao

Togo

● C 496

Botschaft der Bundesrepublik Deutschland Lomé
Ambassade de la République fédérale d'Allemagne
Postfach 1175, TG- Lomé
Boulevard de la République, TG- Lomé
T: (00228) 21 23 70, 21 23 38 Fax: 22 18 88
E-Mail: amballmtogo@bibway.com
Botschafter: Dr. Dieter Papenfuß
Amtsbezirk: Togo

Tonga

● C 497

Botschaft Wellington (Neuseeland)
siehe C 340

● C 498

Honorarkonsul der Bundesrepublik Deutschland in Nuku'alofa
Honorary Consul of the Federal Republic of Germany
Postfach 32, TO- Nukualofa
T: (00676) 2 34 77 Fax: 2 31 54
E-Mail: sanft@candw.to

C 498

Honorarkonsul: Ralph W. Sanft
Amtsbezirk: Tonga
Übergeordnete Auslandsvertretung: Botschaft Wellington

Trinidad und Tobago

● C 499

Botschaft der Bundesrepublik Deutschland Port-of-Spain
Embassy of the Federal Republic of Germany
Postfach 828, TT- Port of Spain
7-9 Marli Street, TT- Port of Spain
T: (001868) 6 28 16 30 bis 6 28 16 32, 6 28 85 31
Fax: 6 28 52 78
E-Mail: germanemb@carib-link.net
Botschafter: Ulrich Nitzschke
Amtsbezirk: Trinidad und Tobago sowie Antigua und Barbuda, Barbados, Dominica, Grenada, Guyana, Suriname, St. Kitts und Nevis, St. Lucia, St. Vincent und die Grenadinen, Anguilla, Britische Jungferninseln, Montserrat
Der Leiter der Botschaft ist zugleich als Botschafter in Antigua und Barbuda, Barbados, Dominica, Grenada, Guyana, St. Lucia, St. Vincent und die Grenadinen, St. Christopher-Nevis und Suriname mit Sitz in Port-of-Spain akkreditiert. Er ist ferner der Generalkonsul für die britischen Kronkolonien Anguilla, Britische Jungferninseln und Montserrat.

Tschad

● C 500

Botschaft Jaunde (Kamerun)
Siehe C 256

Tschechische Republik

● C 501

Botschaft der Bundesrepublik Deutschland Prag
Velvyslanectví Spolkové republiky Německo
Postfach 88, CZ-11801 Prag 1
Vlašská 19, Malá Strana, CZ- Prag 1
T: (004202) 57 11 31 11, 57 53 14 81   Fax: 57 53 40 56
Internet: http://www.german-embassy.cz
Botschafter: Hagen von der Wenge Graf Lambsdorff
Amtsbezirk: Tschechische Republik

Türkei

● C 502

Botschaft der Bundesrepublik Deutschland Ankara
Almanya Federal Cumhuriyeti Büyükelçiliöi
Postfach 54, TR-06552 Çankaya-Ankara
114 Atatürk Bulvari, TR-06540 Kavaklidere-Ankara
T: (0090312) 4 26 54 65, 4 26 54 51 bis 4 26 54 53
Fax: 4 26 69 59, 4 67 90 70 Visastelle
Internet: http://www.germanembassyank.com
E-Mail: infomail@germanembassyank.com
Botschafter: Dr. Rudolf Schmidt
Amtsbezirk: Türkei, Konsularischer Amtsbezirk: Vilayets (Provinzen): Adiyaman, Agri, Aksaray, Amasya, Ankara, Ardahan, Artvin, Batman, Bartin Bayburt, Bingöl, Bitlis, Çankiri, Çorum, Diyarbakir, Elazig, Erzincan, Erzurum, Giresun, Gümüshane, Hakkari, Hatay (Antakya), Içel (Mersin), Igdir, Karabürek, Kahramanmaras, Karaman, Kars, Kastamonu, Kayseri, Kilis, Kirikkale, Kirsehir, Konya, Malatya, Mardin, Mus, Nevsehir, Nigde, Ordu, Osmaniye, Rize, Samsun, Sanliurfa, Siirt, Sinop, Sirnak, Sivas, Tokat, Trabzon, Tunceli, Van, Yozgat

c 503

Generalkonsulat der Bundesrepublik Deutschland in Istanbul
Almanya Federal Cumhuriyeti Baskonsoloslugu
Postfach 355, TR-60073 Istanbul Beyoglu
Inönü Caddesi 16-18, TR- Istanbul Beyoglu
T: (0090212) 2 51 54 04-06   Fax: 2 49 99 20, 2 45 26 24 Visastelle
E-Mail: gk.istanbul@sim.net.tr
Generalkonsul: Dr. Herbert Heinz W. Hoffmann-Loß
Amtsbezirk: Vilayets (Provinzen) Balikesir, Bilecek, Bolu, Bursa, Çanakkale, Edirne, Eskisehir, Kirklareli, Kocaeli (Izmit), Istanbul, Sakarya (Adapazari), Tekirdag

c 504

Generalkonsulat der Bundesrepublik Deutschland in Izmir
Almanya Federal Cumhuriyeti Baskonsoloslugu
Postfach 156, TR-35212 Izmir
Atatürk Caddesi 260, TR-35220 Izmir
T: (0090232) 4 21 69 95, 4 21 69 96   Fax: 4 63 79 90, 4 63 40 23 Visastelle
Generalkonsul: Manfred Unger
Amtsbezirk: Vilayets (Provinzen) Afyon, Antalya, Aydin, Burdur, Denizli, Isparta, Izmir, Kütahya, Manisa, Mugla, Usak

c 505

Vizekonsulat der Bundesrepublik Deutschland in Antalya
Almanya Federal Cumhuriyeti Muavin Konsoloslugu
Yesilbahce Mahallesi
1447 Sokak, B. Gürkanlar, Apt. 5. Kat No. 14, TR-07050 Antalya
T: (0090242) 3 22 94 66, 3 12 25 35   Fax: 3 21 69 14
Leiter(in): OAR Wolfgang Einsiedler
Amtsbezirk: Vilayets (Provinzen) Antalya, Burdur, Isparta

c 506

Honorarkonsul der Bundesrepublik Deutschland in Adana
Almanya Federal Cumhuriyeti Fahri Konsolu
Kisacik apt. Nr. 13, Kat 1 Daire 3, Gazi Pasa blvr, TR-01120 Adana
T: (0090322) 4 53 67 43, 4 59 04 76   Fax: 4 54 07 76
Honorarkonsul: Dr. Teyfik Kisacik
Amtsbezirk: Vilayets (Regierungsbezirke) Adana, Hatay, Icel
Übergeordnete Auslandsvertretung: Botschaft Ankara

c 507

Honorarkonsul der Bundesrepublik Deutschland in Bursa
Almanya Federal Cumhuriyeti Fahri Konsolu
Cemal Nadir Cad. 8/2, TR-16371 Bursa
T: (0090224) 2 22 20 97 bzw. 2 21 00 99   Fax: 2 21 89 48
Honorarkonsul: Halit Davut Cura
Amtsbezirk: Vilayets (Regierungsbezirke) Bursa, Balikesir, Bilecik, Canakkale und Eskisehir
Übergeordnete Auslandsvertretung: Generalkonsulat Istanbul

c 508

Honorarkonsulat der Bundesrepublik Deutschland in Edirne
Almanya Federal Cumhuriyeti Fahri Konsolu
Cavus Bey Mahallesi, Arif Pasa Cad. 3/3, TR-22020 Edirne
T: (0090284) 2 25 31 58
Honorarkonsul: Rifat Culha
Amtsbezirk: Vilayets (Regierungsbezirke) Edirne, Kirklareli und Tekirdag
Übergeordnete Auslandsvertretung: Generalkonsulat Istanbul

c 509

Honorarkonsul der Bundesrepublik Deutschland in Sivas
Almanya Federal Cumhuriyeti Fahri Konsolu
Sirer Cad., Saglik Sitesi Kat 1 No 5, TR-58030 Sivas
T: (0090346) 2 21 14 04, 2 21 61 41   Fax: 2 24 37 95
Honorarkonsul: Turhan Akça
Amtsbezirk: Vilayets (Provinzen) Sivas, Tokat, Yozgat, Erzincan, Kayseri, Malatya
Übergeordnete Auslandsvertretung: Botschaft Ankara

Tunesien

● C 510

Botschaft der Bundesrepublik Deutschland Tunis
Ambassade de la République Fédérale d'Allemagne
Postfach 35, TN- Tunis-Belvédère
1, Rue el Hamra, Mutuelleville, TN-1002 Tunis-Belvedere
T: (02161) 78 64 55   Fax: (002161) 78 82 42
TX: 15 463 aatuns tn
Botschafter: Dr. Dietmar J. Kreusel
Amtsbezirk: Tunesien

Turkmenistan

● C 511

Botschaft der Bundesrepublik Deutschland in Aschgabad
Posolstwo Federativnoi Respubliki Germanija
c/o Hotel Ak Altin Plaza, Office Building, 1.Stock
Magtum Guli Avenue, Pobedy Park, Hydyr Derjajew Street, 744000 Aschgabad
T: (0099312) 51 21 44 bis 51 21 48   Fax: 51 09 23
E-Mail: grembtkm@online.tm
Botschafter: Hans Günther Mattern
Amtsbezirk: Turkmenistan

Tuvalu

● C 512

Botschaft Wellington (Neuseeland)
siehe C 340

Uganda

● C 513

Botschaft der Bundesrepublik Deutschland Kampala
Embassy of the Federal Republic of Germany
Postfach 7016, EAU- Kampala
15, Philip Road Kololo, EAU- Kampala
T: (0025641) 25 67 67, 25 67 68, 23 64 21, 23 64 22
Fax: 34 31 36
Botschafter: Klaus Holderbaum
Amtsbezirk: Uganda

Ukraine

● C 514

Botschaft der Bundesrepublik Deutschland in Kiew
Wul. Olesja Hontschara 84, UA-01901 Kiew
T: (0038044) 2 16 74 98, 2 16 95 83, 2 16 92 33
Fax: 2 46 81 00, 2 46 99 87 (Wi.-Abt.)
TX: 131 122 aakie uks
Internet: http://www.german-embassy.kiev.ua
E-Mail: wi@german-embassy.kiev.ua
Botschafter: Dietmar Stüdemann
Amtsbezirk: Ukraine

c 515

Honorarkonsulin der Bundesrepublik Deutschland in Lemberg
Wuliza Wynnytschenka 6, UA-79008 Lwiw
T: (00380322) 75 71 02, 75 33 14, 75 33 24
Fax: 75 71 02, 75 33 14, 75 33 24
Honorarkonsulin: Myroslawa Djakowytsch
Amtsbezirk: Oblasten Wolynien (Luzk), Transkarpatien (Ushgorod), Iwano-Frankiwsk, Riwno, Ternopil, Chmelnizkij, Tschernowitz und Lemberg
Übergeordnete Auslandsvertretung: Botschaft Kiew

Ungarn

● C 516

Botschaft der Bundesrepublik Deutschland Budapest
Postfach 40, H-1440 Budapest
Stefánia út 101-103, H-1143 Budapest
T: (00361) 4 67 35 00   Fax: 4 67 35 05
Botschafter: Wilfried Gruber
Amtsbezirk: Ungarn

c 517

Honorarkonsul der Bundesrepublik Deutschland in Fünfkirchen
Király utca 33, H-7621 Pécs
T: (003672) 21 27 00   Fax: 21 27 77
Honorarkonsul: László Korinek
Amtsbezirk: Komitate Baranya, Tolna und Somog sowie die Gemeinden Baja Bacsalmás, Bácsbokod, Bácsborsod, Bácsszentgyörgy, Bátmonostor, Csátalja, Csávoly, Dávod, Ésekcsanád, Felsöszentiván, Gara, Hercegszánto, Katymar, Maðaras, Mátételke, Nagybaracska, Nemesnádudvar, Sükösd, Szeremle, Taháza und Vaskut
Übergeordnete Auslandsvertretung: Botschaft Budapest

Uruguay

● C 518

Botschaft der Bundesrepublik Deutschland Montevideo
Embajada de la República Federal de Alemania
Postfach 20014, U-11200 Montevideo
La Cumparsita 1417/1435, Plaza Alemania, U-11200 Montevideo
T: (005982) 902 52 22 **Fax:** 902 34 22
Internet: http://www.emb-alemania.com
E-Mail: deubot@montevideo.com.uy
Botschafter: Dr. Horst Heubaum
Amtsbezirk: Uruguay

Usbekistan

● C 519

Botschaft der Bundesrepublik Deutschland Taschkent
Postfach 4337, - Taschkent
Scharaf-Raschidow-Kutschasi 15, 700000 Taschkent
T: (00998712) 34 47 25, 34 66 96
Fax: (0099871) 120 66 93
E-Mail: gerembuz@online.ru
Botschafter: Dr. Martin Hecker
Amtsbezirk: Usbekistan

Vanuatu

● C 520

Botschaft Canberra (Australien)
siehe C 23

Vatikanstadt

● C 521

Botschaft beim Heiligen Stuhl
siehe C 202

Venezuela

● C 522

Botschaft der Bundesrepublik Deutschland Carácas
Embajada de la República Federal de Alemania
Postfach 2078, YV- Caracas 1010 A
T: (0058212) 2 61 01 81, 2 61 12 05, 2 61 22 29, 2 61 32 53, 2 61 42 77 **Fax:** 2 61 06 41
E-Mail: diplogermacara@cantv.net
Botschafter: Dr. Edmund Duckwitz
Amtsbezirk: Venezuela

c 523

Honorarkonsul der Bundesrepublik Deutschland in Ciudad Guayana
Cónsul Honorario de la República Federal de Alemania
Edificio Amazonás
Mezzanina, Local 4, Av. Las Americás, YV- Puerto Ordaz Estado Boli_1var
T: (005886) 23 13 61 **Fax:** 22 77 74
Honorarkonsul: Wilfried Eisenfeller
Amtsbezirk: Staat Boli_1var
Übergeordnete Auslandsvertretung: Botschaft Caracas

c 524

Honorarkonsul der Bundesrepublik Deutschland in San Cristóbal
Cónsul Honorario de la República Federal de Alemania
Edificio Torovega
Postfach 358, YV- San Cristóbal /Edo. Táchira
Carrera 3-con Calle 4, Centro Colonial Dr. Toto Gonzáles Piso 1, Oficina 7, YV-5001a San Cristóbal /Edo. Táchira
T: (005876) 43 62 18, 44 19 06 **Fax:** 44 19 06
Honorarkonsul: Klaus Margeit
Amtsbezirk: Staaten Táchira und Mérida
Übergeordnete Auslandsvertretung: Botschaft Caracas

Vereinigte Arabische Emirate

● C 525

Botschaft der Bundesrepublik Deutschland Abu Dhabi
Embassy of the Federal Republic of Germany
Postfach 25 91, AE- Abu Dhabi
Al Nahyan-Street, AE- Abu Dhabi
T: (009712) 443 56 30 **Fax:** 443 56 25
Internet: http://www.germemb.org.ae
E-Mail: germemb@emirates.net.ae
Botschafter: Dr. Alexander Mühlen
Amtsbezirk: Vereinigte Arabische Emirate

c 526

Generalkonsulat der Bundesrepublik Deutschland in Dubai
Consulate General of the Federal Republic of Germany
Postfach 22 47, AE- Dubai
Khalid Bin Al Waleed Road, New Sharaf Building, Near Bur Juman Center, AE- Dubai
T: (009714) 397 23 33 **Fax:** 397 22 25
E-Mail: aadubai@emirates.net.ae
Generalkonsul: Conrad Capell
Amtsbezirk: Dubai, Schardscha, Adscharah, Umm al Kaiwan, Ras al Chaima, Fudschaira

Britische Überseegebiete in Afrika

St. Helena und Nebengebiete

● C 527

Generalkonsulat Kapstadt (Südafrika)
siehe c 484

Britische Überseegebiete in Amerika

Bermuda

● C 528

Generalkonsulat New York (Vereinigte Staaten von Amerika)
siehe c 544

Anguilla

● C 529

Botschaft Port-of-Spain (Trinidad und Tobago)
siehe C 499

Britische Jungferninseln

● C 530

Botschaft Port-of-Spain (Trinidad und Tobago)
siehe C 499

Kaimaninseln

● C 531

Botschaft Kingston (Jamaika)
siehe C 243

Montserrat

● C 532

Botschaft Port-of-Spain (Trinidad und Tobago)
siehe C 499

Turks- und Calcoinseln

● C 533

Botschaft Kingston (Jamaika)
siehe C 243

Britische Überseegebiete in Australien (Südpazifik)

Pitcairn

● C 534

Botschaft Wellington (Neuseeland)
siehe Botschaft Wellington (Neuseeland) C 340

Vereinigte Staaten von Amerika

● C 535

Botschaft der Bundesrepublik Deutschland Washington
Embassy of the Federal Republic of Germany
4645 Reservoir Road, N.W., USA- Washington D.C. 20007-1998
T: (001202) 2 98 81 41 (Telefonzentrale) **Fax:** 2 98 42 49, 3 33 26 53
Internet: http://www.germany-info.org
E-Mail: ge-embus@ix.netcom.com
Botschafter: Jürgen Chrobog
Amtsbezirk: Vereinigte Staaten von Amerika.
Konsularischer Amtsbezirk: District of Columbia, Delaware, Maryland, Virginia, West Virginia

c 536

Informationsbüro New York
German Information Center
871 United Nations Plaza, USA- New York N.Y. 10017
T: (001212) 610-9800 **Fax:** 610-9802
Internet: http://www.german-info.org
E-Mail: gic1@german-info.org
Generalkonsul: Dr. Günther König

c 537

Ständige Vertretung Deutschlands bei den Vereinten Nationen (New York)
Permanent Mission of Germany to the United Nations
871 United Nations Plaza, USA- New York, N.Y. 10017
T: (001212) 940 0400 **Fax:** 940 0402
TGR: Unogerma New York
Internet: http://www.germany-info.org/UN/
E-Mail: germany@un.int
Botschafter: Dr. Dieter Kastrup

c 538

Generalkonsulat der Bundesrepublik Deutschland in Atlanta
Consulate General of the Federal Republic of Germany
Marquis Two Tower, Suite 901
285 Peachtree Center Avenue, N.E., USA- Atlanta GA 30303-1221
T: (001404) 6 59-4760, 6 59-4761, 6 59-4762 **Fax:** 6 59-1280
E-Mail: atlanta@germanconsulate.com
Generalkonsul: Heinrich Peter Rothmann
Amtsbezirk: Staaten Alabama, Georgia, Mississippi, North Carolina, South Carolina, Tennessee

c 539

Generalkonsulat der Bundesrepublik Deutschland in Boston
Consulate General of the Federal Republic of Germany
3 Copley Place, Suite 500, USA- Boston MA 02116
T: (001617) 5 36-4414 **Fax:** 5 36-8573
E-Mail: boston@germanconsulate.org
Generalkonsul: Dr. Peter Christian Hauswedell
Amtsbezirk: Staaten Connecticut (mit Ausnahme des Fairfield County), Maine, Massachusetts, New Hampshire, Rhode Island, Vermont

c 540

Generalkonsulat der Bundesrepublik Deutschland in Chicago
Consulate General of the Federal Republic of Germany
676 North Michigan Avenue, Suite 3200, USA- Chicago IL 60611
T: (001312) 5 80-1199 **Fax:** 5 80-0099
E-Mail: chicago@germanconsulate.org
Generalkonsul: Michel Engelhard
Amtsbezirk: Staaten Illinois, Indiana, Iowa, Kansas, Kentucky, Michigan, Minnesota, Missouri, Nebraska, North Dakota, Ohio, South Dakota, Wisconsin

c 541
Generalkonsulat der Bundesrepublik Deutschland in Houston
Consulate General of the Federal Republic of Germany
1330 Post Oak Blvd., Suite 1850, USA- Houston TX 77056-3057
T: (001713) 6 27-7770   **Fax:** 6 27-0506
E-Mail: info@germanconsulatehouston.org
Generalkonsul: Hanno von Graevenitz
Amtsbezirk: Staaten Arkansas, Louisiana, New Mexico, Oklahoma, Texas

c 542
Generalkonsulat der Bundesrepublik Deutschland in Los Angeles
Consulate General of the Federal Republic of Germany
6222 Wilshire Blvd., Suite 500, USA- Los Angeles CA 90048
T: (001323) 9 30-2703   **Fax:** 9 30-2805
E-Mail: LosAngeles@GermanConsulate.org
Generalkonsul: Wolfgang Rudolph
Amtsbezirk: Counties Imperial Kern, Los Angeles, Orange, Riverside, San Bernardino, San Diego, San Luis Obispo, Santa Barbara und Ventura des Staates California sowie die Staaten Arizona, Colorado, Nevada und Utah

c 543
Generalkonsulat der Bundesrepublik Deutschland in Miami
Consulate General of the Federal Republic of Germany
100 N. Biscayne Blvd., Suite 2200, USA- Miami FL 33132-2381
T: (001305) 3 58-0290   **Fax:** 3 58-0307
Internet: http://www.gkmiami.de
E-Mail: gk@gkmiami.de
Generalkonsul: Fritz von Rottenburg
Amtsbezirk: Staat Florida sowie Puerto Rico und die U.S. Virgin Islands

c 544
Generalkonsulat der Bundesrepublik Deutschland in New York
Consulate General of the Federal Republic of Germany
871 United Nations Plaza, USA- New York NY 10017
T: (001212) 610-9700   **Fax:** 940-0402
E-Mail: german-mission-consulate-gic-1@netlink1.net
Generalkonsul: Bernhard Edler von der Planitz
Amtsbezirk: Staaten New York, New Jersey und Pennsylvania sowie Fairfield County des Staates Connecticut, Bermuda

c 545
Generalkonsulat der Bundesrepublik Deutschland in San Francisco
Consulate General of the Federal Republic of Germany
1960 Jackson Street, USA- San Francisco CA 94109
T: (001415) 7 75-1061   **Fax:** 7 75-0187
Generalkonsul: Ruprecht Henatsch
Amtsbezirk: Staaten Alaska, California (mit Ausnahme der Counties Imperial Kern, Los Angeles, Orange, Riverside, San Bernardino, San Diego, San Luis Obispo, Santa Barbara und Ventura), Colorado, Hawai, Idaho, Montana, Nevada, Oregon, Washington, Wyoming sowie die US territories of Baker, Howland, Jarvis, Johnston Islands, Midway und Palmyra Island

c 546
Honorarkonsul der Bundesrepublik Deutschland in Albuquerque
Honorary Consul of the Federal Republic of Germany
Postfach 90640, USA- Albuquerque NM 87109
4300 San Mateo Blvd., NE, Suite B-380, USA- Albuquerque NM 87110
T: (001505) 8 72-0800   **Fax:** 8 72-0900
Honorarkonsul: Lanny D. Messersmith
Amtsbezirk: New Mexico
Übergeordnete Auslandsvertretung: Generalkonsulat Houston

c 547
Honorarkonsul der Bundesrepublik Deutschland in Anchorage
Honorary Consul of the Federal Republic of Germany
Suite 650, 425 G Street, USA- Anchorage AL 99501
T: (001907) 2 74-6537   **Fax:** 2 74-8798
Honorarkonsul: Bernd C. Guetschow
Amtsbezirk: Staat Alaska
Übergeordnete Auslandsvertretung: Generalkonsulat San Francisco

c 548
Honorarkonsul der Bundesrepublik Deutschland in Buffalo
Honorary Consul of the Federal Republic of Germany
11 Summer Street, USA- Buffalo NY 14209
T: (001716) 881-5778   **Fax:** 883-4954
Honorarkonsul: Michael Alexander Barrell
Amtsbezirk: New York counties Allegany, Cattaraugus, Chautauqua, Erie, Genesee, Niagara, Orleans, Wyoming
Übergeordnete Auslandsvertretung: Generalkonsulat New York

c 549
Honorarkonsul der Bundesrepublik Deutschland in Cape Coral
Honorary Consul of the Federal Republic of Germany
5081 Sorrento Court, USA- Cape Coral FL 33904-9499
T: (001941) 9 45-1174   **Fax:** 9 45-1174
E-Mail: hkcapecoral@gkmiami.de
Honorarkonsul: Gerd Schroeder
Amtsbezirk: Florida counties of Citrus, De Soto, Hardee, Hernando, Hillsborough, Lake, Manatee, Marion, Orange, Osceola, Pasco, Pinellas, Polk, Sarasota, Seminole, Sumter
Übergeordnete Auslandsvertretung: Generalkonsulat Miami

c 550
Honorarkonsul der Bundesrepublik Deutschland in Charlotte
Honorary Consul of the Federal Republic of Germany
3824 Wellington Court, USA- Charlotte N.C. 28211
T: (001704) 3 73 07 74   **Fax:** (001419) 8 28 15 46
E-Mail: eckartg@hotmail.com
Honorarkonsul: Dr. Eckart Goette
Amtsbezirk: North Carolina counties Alexander Anson, Cabarrus, Catawba, Davidson, Davie, Forsyth, Gaston, Guilford, Iredell, Lincoln, Mecklenburg, Montgomery, Randolph, Richmond, Rowan, Stanly, Union, Yadkin
Übergeordnete Auslandsvertretung: Generalkonsulat Atlanta

c 551
Honorarkonsul der Bundesrepublik Deutschland in Charleston
Honorary Consul of the Federal Republic of Germany
Postfach 2 06 35, USA- Charleston SC 29401
20 Burns Lane, USA- Charleston, SC 29401
T: (001803) 7 22 39 69   **Fax:** 8 53 69 01
Honorarkonsulin: Mary Dean Turner Richards
Amtsbezirk: Staat South Carolina
Übergeordnete Auslandsvertretung: Generalkonsulat Atlanta

c 552
Honorarkonsul der Bundesrepublik Deutschland in Cincinnati
Honorary Consul of the Federal Republic of Germany
University of Cincinnati Germanic Languages and Literature
Postfach 21 03 72, USA- Cincinnati OH 45221-0372
Old Chemistry Building 734, Clifton Avenue, USA- Cincinnati OH 45221-0372
T: (001513) 5 56 27 52   **Fax:** 5 56 19 91
Honorarkonsul: Richard Erich Schade
Amtsbezirk: Ohio counties Adams, Brown, Butler, Clermont, Clinton, Fayette, Greene, Hamilton, Highland, Montgomery, Preble, Warren; Kentucky counties Boone, Campbell, Kenton; Indiana county Dearborn
Übergeordnete Auslandsvertretung: Generalkonsulat Chicago

c 553
Honorarkonsul der Bundesrepublik Deutschland in Cleveland
Honorary Consul of the Federal Republic of Germany
1100 Huntington Building, 925 Euclid Ave., USA- Cleveland OH 44115-1475
T: (001216) 6 96-1100   **Fax:** 6 96-2645
E-Mail: dthimmig@arterhadden.com
Honorarkonsulin: Diana Marie Thimmig
Amtsbezirk: Ohio counties Ashland, Ashtabula, Belmont, Carroll, Columbiana, Cuyahoga, Erie, Geauga, Harrison, Holmes, Huron, Jefferson, Lake, Lorain, Mahoning, Medina, Portage, Sandusky, Seneca, Summit, Stark, Tuscarawas, Trumbull, Wayne
Übergeordnete Auslandsvertretung: Generalkonsulat Chicago

c 554
Honorarkonsul der Bundesrepublik Deutschland in Columbus
Honorary Consul of the Federal Republic of Germany
c/o Huntington National Bank
41 South High Street, USA- Columbus OH 43287
T: (001614) 4 80 36 23   **Fax:** 4 80 54 85
Honorarkonsul: Frank G. Wobst
Amtsbezirk: Ohio counties Athens, Champaign, Clark, Delaware, Fairfield, Franklin, Hocking, Knox, Licking, Logan, Madison, Marion, Morrow, Perry, Pickaway, Ross, Union
Übergeordnete Auslandsvertretung: Generalkonsulat Chicago

c 555
Honorarkonsul der Bundesrepublik Deutschland in Corpus Christi
Honorary Consul of the Federal Republic of Germany
Postfach 71149, USA- Corpus Christi TX 78467
5440 Old Brownsville Rd., USA- Corpus Christi TX 78469
T: (001512) 2 89-2416   **Fax:** 2 89-7824
Honorarkonsul: Erich Wendl
Amtsbezirk: Texas counties Victoria, Calhoun, Goliad, Bee, Duval, Webb, Jim Wells, San Patricio, Nueces, Kleberg, Kenedy, Wallacy, Cameron, Hidalgo, Starr, Brooks, Jim Hogg, Zapata, Refugio, Aransas Pass
Übergeordnete Auslandsvertretung: Generalkonsulat Houston

c 556
Honorarkonsul der Bundesrepublik Deutschland in Dallas
Honorary Consul of the Federal Republic of Germany
5580 Peterson Lane, Suite 160, USA- Dallas TX 75240
T: (001972) 2 39 07 88   **Fax:** 7 88 42 47
Honorarkonsul: Daniel Tomlin
Amtsbezirk: Texas counties Collin, Dallas, Denton, Ellis, Hood, Hunt, Johnson, Kaufmann, Parker, Rockwell, Tarant, Wise
Übergeordnete Auslandsvertretung: Generalkonsulat Houston

c 557
Honorarkonsul der Bundesrepublik Deutschland in Denver
Honorary Consul of the Federal Republic of Germany
6th Avenue West Office Building
350 Indiana Street, Suite 400, USA- Golden CO 80401
T: (001303) 2 79-1551   **Fax:** 670-0972
Honorarkonsul: Hans Wiprecht von Barby
Amtsbezirk: Staaten Colorado, Wyoming
Übergeordnete Auslandsvertretung: Generalkonsulat Los Angeles

c 558
Honorarkonsul der Bundesrepublik Deutschland in Des Moines
Honorary Consul of the Federal Republic of Germany
Postfach 357, USA- Indianola IA 50125-0357
115 S. Howard Street, USA-50125 Indianola
T: (001515) 9 61-2509   **Fax:** 9 61-5970
Honorarkonsul: Mark Frederick Schlenker
Amtsbezirk: Iowa, Nebraska
Übergeordnete Auslandsvertretung: Generalkonsulat Chicago

c 559
Honorarkonsul der Bundesrepublik Deutschland in Honolulu
Honorary Consul of the Federal Republic of Germany
252 Paoa Place, Suite 4-1, USA- Honolulu HI 96815
T: (001808) 9 46-3819   **Fax:** 9 49-3221
Honorarkonsul: Peter Heinrich Schall
Amtsbezirk: Staat Hawaii
Übergeordnete Auslandsvertretung: Generalkonsulat San Francisco

c 560
Honorarkonsul der Bundesrepublik Deutschland in Indianapolis
Honorary Consul of the Federal Republic of Germany
3900 East 96th Street, USA- Indianapolis IN 46240
T: (001317) 5 80-6800, 9 24-5321   **Fax:** 9 20-3219, 5 80-6808
Honorarkonsul: Horst F. Winkler
Amtsbezirk: Indiana counties Boone, Brown, Clinton, Hamilton, Hancock, Hendricks, Johnson, Marion, Monroe, Montgo-

mery, Morgan, Putnam, Shelby, Tippecanoe
Übergeordnete Auslandsvertretung: Generalkonsulat Chicago

c 561

Honorarkonsul der Bundesrepublik Deutschland in Jackson
Honorary Consul of the Federal Republic of Germany
c/o Deposit Guaranty National Bank
Postfach 1200, USA- Jackson MS 39215-1200
210 East Capitol, USA- Jackson, MI 39205
T: (001601) 3 54-8281 **Fax:** 3 54-8192
Honorarkonsul: Emerson Barney Robinson (Jr.)
Amtsbezirk: Mississippi
Übergeordnete Auslandsvertretung: Generalkonsulat Atlanta

c 562

Honorarkonsul der Bundesrepublik Deutschland in Kansas City
Honorary Consul of the Federal Republic of Germany
Postfach 1250, USA- Kansas City KS 66117
8014 State Line, USA- Leawood KS 66208
T: (001913) 6 42-5134 **Fax:** 6 42-5348
Honorarkonsul: Willard B. Snyder
Amtsbezirk: Staat Kansas sowie die Missouri counties Buchanan, Cass, Clay, Jackson, Platte
Übergeordnete Auslandsvertretung: Generalkonsulat Chicago

c 563

Honorarkonsul der Bundesrepublik Deutschland in Las Vegas
Honorary Consul of the Federal Republic of Germany
900 E. Desert Inn Road, Suite 103, USA-
Las Vegas NV 89109
T: (001702) 7 34-9700 **Fax:** 7 35-4692
Honorarkonsulin: Sigrid Sommer
Amtsbezirk: Süd-Nevada d.h. die Counties Clark, Nye, Lincoln, White Pine, Esmeralda
Übergeordnete Auslandsvertretung: Generalkonsulat Los Angeles

c 564

Honorarkonsul der Bundesrepublik Deutschland in Louisville
Honorary Consul of the Federal Republic of Germany
The Starks Building - Suite 546
455 South Fourth Avenue, USA- Louisville KY 40202-2509
T: (001502) 5 61-7911 **Fax:** 5 61-7912
E-Mail: fredzopp@aol.com
Honorarkonsul: E. Frederick Zopp
Amtsbezirk: Kentucky counties Anderson, Bullitt, Fayette, Franklin, Hardin, Jefferson, Nelson, Oldham, Scott, Shelby, Spencer, Woodford
Übergeordnete Auslandsvertretung: Generalkonsulat Chicago

c 565

Honorarkonsul der Bundesrepublik Deutschland in Minneapolis
Honorary Consul of the Federal Republic of Germany
c/o University of St.Thomas
1000 LaSalle Ave., 25H425, USA- Minneapolis MN 55403-2205
T: (001334) 9 62-4081 **Fax:** 9 62-4810
E-Mail: h9beckmann@stthomas.edu
Honorarkonsul: Dr. Heino A. P. Beckmann
Amtsbezirk: Staaten Minnesota, North Dakota, South Dakota sowie die Wisconsin counties Pierce, St. Croix, Polk
Übergeordnete Auslandsvertretung: Generalkonsulat Chicago

c 566

Honorarkonsul der Bundesrepublik Deutschland in Mobile
Honorary Consul of the Federal Republic of Germany
c/o Degussa Corporation
Postfach 606, USA- Theodore AL 36580
4201 Degussa Road, USA- Theodore AL 36590
T: (001205) 4 43-1608 **Fax:** 4 43-1609
Honorarkonsul: Dr. Sven-Peter Mannsfeld
Amtsbezirk: Staat Alabama
Übergeordnete Auslandsvertretung: Generalkonsulat Atlanta

c 567

Honorarkonsul der Bundesrepublik Deutschland in Nashville
Honorary Consul of the Federal Republic of Germany
2700 First American Center, USA- Nashville TN 37238
T: (001615) 2 44-5370 **Fax:** 7 42-6293
Honorarkonsul: Edwin Warner Bass
Amtsbezirk: Staat Tennessee
Übergeordnete Auslandsvertretung: Generalkonsulat Atlanta

c 568

Honorarkonsul der Bundesrepublik Deutschland in New Orleans
Honorary Consul of the Federal Republic of Germany
c/o Leake, Andersson & Mann
1100 Poydras Street, Suite 1700, USA-
New Orleans LA 70163-1701
T: (001504) 5 85-7500 **Fax:** 5 85-7775
E-Mail: pandersson@leakeandersson.com
Honorarkonsul: W. Paul Andersson
Amtsbezirk: Staat Louisiana
Übergeordnete Auslandsvertretung: Generalkonsulat Houston

c 569

Honorarkonsul der Bundesrepublik Deutschland in Oklahoma City
Honorary Consul of the Federal Republic of Germany
5801 North Broadway, Suite 120, USA- Oklahoma City OK 73118
T: (001405) 8 42-0100 **Fax:** 8 48-8248
E-Mail: wigginprop@earthlink.net
Honorarkonsul: Charles E. Wiggin
Amtsbezirk: Staat Oklahoma
Übergeordnete Auslandsvertretung: Generalkonsulat Houston

c 570

Honorarkonsul der Bundesrepublik Deutschland in Phoenix
Honorary Consul of the Federal Republic of Germany
1130 East Missouri Ave., Suite 200, USA- Phoenix AZ 85014
T: (001602) 2 64-2545 **Fax:** 2 85-0296
Honorarkonsul: William F. Behrens
Amtsbezirk: Staat Arizona
Übergeordnete Auslandsvertretung: Generalkonsulat Los Angeles

c 571

Honorarkonsul der Bundesrepublik Deutschland in Pittsburgh
Honorary Consul of the Federal Republic of Germany
c/o Mannesmann Demag Corporation Airport Office Park, Bldg. No. 5
345 Rouser Road, USA- Coraopolis PA 15108-4744
T: (001412) 604-0135 **Fax:** 269-5478
Honorarkonsul: Michael Edmund Gerlach
Amtsbezirk: Pennsylvania county Allegheny, Stadt Pittsburgh
Übergeordnete Auslandsvertretung: Generalkonsulat New York

c 572

Honorarkonsul der Bundesrepublik Deutschland in Portland
Honorary Consul of the Federal Republic of Germany
200 SW Market Street, Suite 1695, USA- Portland OR 97201
T: (001503) 2 22-0490 **Fax:** 2 48-0138
Honorarkonsul: Günther H. Hoffmann
Amtsbezirk: Staat Oregon
Übergeordnete Auslandsvertretung: Generalkonsulat San Francisco

c 573

Honorarkonsul der Bundesrepublik Deutschland in Salt Lake City
Honorary Consul of the Federal Republic of Germany
c/o Kirton & Mc Conkie
Postfach 45120, USA- Salt Lake City UT 84145-0120
60 East South Temple, 1800, USA- Salt Lake City UT 84145-0120
T: (001801) 321-4807 **Fax:** 3 21-4893
E-Mail: cdahlquist@kmclaw.com
Honorarkonsul: Charles W. Dahlquist (II)
Amtsbezirk: Utah
Übergeordnete Auslandsvertretung: Generalkonsulat Houston

c 574

Honorarkonsul der Bundesrepublik Deutschland in San Antonio
Honorary Consul of the Federal Republic of Germany
1500 Alamo Building
310 S. St.Mary's, 2201 Tower Life Bldg., USA- San Antonio TX 78205
T: (001210) 2 26-1788
Honorarkonsul: Bernard Buecker
Amtsbezirk: Texas counties Atacosa, Bandera, Bastrop, Bexar, Blanco, Caldwell, Comal, Dewitt, Dimmit, Edwards, Frio, Gillespie, Gonzales, Guadalupe, Hays, Karnes, Kendall, Kerr, Kinney, LaSalle, Live Oak, Maverick, McMullen, Medina, Real, Travis, Uvalde, Val Verd, Wilson, Zavala

c 575

Honorarkonsul der Bundesrepublik Deutschland in San Diego
Honorary Consul of the Federal Republic of Germany
West Village Center
162 S. Rancho Fe Rd, B-55, USA- Encinitas CA 92024
T: (001760) 6 34-3328 **Fax:** 6 34-5558
Honorarkonsul: Hermann Zillgens
Amtsbezirk: California counties of San Diego, Imperial
Übergeordnete Auslandsvertretung: Generalkonsulat Houston

c 576

Honorarkonsul der Bundesrepublik Deutschland in St. Louis
Honorary Consul of the Federal Republic of Germany
49 Orange Hills Drive, USA- Chesterfield MO 63017
T: (001314) 5 76-4786 **Fax:** 5 76-6956
Honorarkonsul: Anne Mayer Beck
Amtsbezirk: Staat Missouri ausschließlich der Counties Buchanan, Cass, Clay, Jackson und Platte sowie East St. Louis und County St. Clair des Staates Illinois
Übergeordnete Auslandsvertretung: Generalkonsulat Chicago

c 577

Honorarkonsul der Bundesrepublik Deutschland in Savannah
Honorary Consul of the Federal Republic of Germany
Postfach 2253, USA- Savannah GA 31402
1 Harbor Street, USA- Savannah GA 31402
T: (001912) 2 32-5581 **Fax:** 2 38-5524
Honorarkonsul: Frank Kohler Peeples
Amtsbezirk: Counties Bryan, Chatnam, Effingham, Liberty des Staates Illinois
Übergeordnete Auslandsvertretung: Generalkonsulat Atlanta

c 578

Honorarkonsul der Bundesrepublik Deutschland in Spokane
Honorary Consul of the Federal Republic of Germany
S 123rd. Post, USA- Spokane WA 99204
T: (001509) 6 24-5242
Honorarkonsul: Hubertus P. E. Guenther
Amtsbezirk: Counties Adams, Asotin, Columbia, Franklin, Garfield, Lincoln, Pend/Oreille, Spokane, Stevens, Walla Walla, Whitman des Staates Washington; Staat Idaho; Counties Missoula, Sanders des Staates Montana
Übergeordnete Auslandsvertretung: Generalkonsulat San Francisco

c 579

Honorarkonsul der Bundesrepublik Deutschland in Virginia Beach
Honorary Consul of the Federal Republic of Germany
536 Viking Drive, USA-23452 Virginia Beach
T: (001757) 4 86 84 44 **Fax:** 4 86 93 56
Honorarkonsul: Manfred W. Schwarz
Amtsbezirk: Counties oder Städte Accomack, Cheasapeake (Norfolk), Gloucester, Isle of Wight, James, Lancaster Mathews, Middlesex, Newport News, Northampton, Northumberland, Southampton, Suffolk, Surry, Sussex, Virginia Beach, York des Staates Virginia
Übergeordnete Auslandsvertretung: Botschaft Washington

Amerikanische Außengebiete

Amerikanische Jungferninseln

● **C 580**

Generalkonsulat Miami (Vereinigte Staaten von Amerika)
siehe c 543

Puerto Rico

● **C 581**

Generalkonsulat Miami (Vereinigte Staaten von Amerika)
siehe c 543

● **C 582**

Honorarkonsul der Bundesrepublik Deutschland San Juan
Cónsul Honorario de la República Federal de Alemania
Calle Geranio 1674 Urb. San Francisco, PR- San Juan 00927
T: (001787) 7 71-9725   Fax: 2 82-8511
E-Mail: hcsanjuan@gmx.de
Honorarkonsulin: Gisela M. Carreras
Amtsbezirk: Puerto Rico

Amerikanische Außengebiete in Australien/Südpazifik

Amerikanisch-Samoa

● **C 583**

Botschaft Wellington (Neuseeland)
siehe Botschaft Wellington (Neuseeland) C 340

Guam

● **C 584**

Botschaft Manila (Philippinen)
siehe C 394

Baker-, Howland-, Jarvis-, Johnstoninsel, Midway und Palmyrainsel

● **C 585**

Generalkonsulat San Francisco (Vereinigte Staaten von Amerika)
siehe c 545

Wake

● **C 586**

Botschaft Manila (Philippinen)
siehe C 394

Marianen

● **C 587**

Botschaft Manila (Philippinen)
(durch einen Commonwealth-Pakt mit den USA verbunden)
siehe C 394

Vietnam

● **C 588**

Botschaft der Bundesrepublik Deutschland Hanoi
Ambassade de la République fédérale d'Allemagne
Postfach 39, VN- Hanoi
29, Tran Phu, VN- Hanoi
T: (00844) 845-3836, 843-0245   Fax: 845-3838, 843-9969
Internet: http://www.germanembhanoi.org.vn
E-Mail: germanemb.hanoi@fpt.vn
Botschafter: Dr. Wolfgang Massing
Amtsbezirk: Vietnam außer den dem Generalkonsulat Ho-Chi-Minh-Stadt zugewiesenen Provinzen und Ho-Chi-Minh-Stadt

c 589

Generalkonsulat der Bundesrepublik Deutschland in Ho-Chi-Minh-Stadt
Consulat Général de la République fédérale d'Allemagne
126 Nguyen Dinh Chieu - Q.3, VN- Ho-Chi-Minh-Stadt
T: (00848) 8 29 24 55, 8 22 43 85   Fax: 8 23 19 19
E-Mail: gk-hochiminh@hcm.fpt.vn
Generalkonsul: Alfred Simms-Protz
Amtsbezirk: Innenstadt und ländliche Umgebung von Ho-Chi-Minh-Stadt

Weissrussland

● **C 590**

Botschaft der Bundesrepublik Deutschland Minsk
Uliza Sacharowa 26, Minsk 220034
T: (00375172) 84 42 17, 13 33 57, 13 37 52, 84 87 14
Fax: 36 85 52
TX: (0681) 252 273 aamin by
Botschafter: Dr. Horst Winkelmann
Amtsbezirk: Belarus

Zypern

● **C 591**

Botschaft der Bundesrepublik Deutschland Nikosia
Embassy of the Federal Republic of Germany
Postfach 25705, CY-1311 Nicosia
10, Nikitaras Street, CY-1080 Nicosia
T: (003572) 45 11 45   Fax: 66 56 94
E-Mail: germembassy@cytanet.com.cy
Botschafter: Dr. Peter Wittig
Amtsbezirk: Zypern

c 592

Honorarkonsul der Bundesrepublik Deutschland in Larnaka
Honorary Consul of the Federal Republic of Germany
Postfach 4 02 50, CY-6302 Larnaka
Georgios Seferis Street 20 Seaview Court Office 302, CY-6017 Larnaka
T: (003574) 66 55 00   Fax: 66 55 11
Honorarkonsul: Dr. Phytos Poetis
Amtsbezirk: Verwaltungsdistrikt Larnaka und Famagusta
Übergeordnete Auslandsvertretung: Botschaft Nikosia

c 593

Honorarkonsul der Bundesrepublik Deutschland in Limassol
Honorary Consul of the Federal Republic of Germany
Postfach 5 03 36, CY-3603 Limassol
Archbishop Kyprianos Street 21, CY-3036 Limassol
T: (003575) 36 62 30   Fax: 34 13 61
Honorarkonsul: Costas Lanitis
Amtsbezirk: Verwaltungsdistrikt Limassol und Paphos
Übergeordnete Auslandsvertretung: Botschaft Nikosia

Vertretungen bei zwischen- und überstaatlichen Organisationen

● **C 594**

Ständige Vertretung Deutschlands bei den Vereinten Nationen (New York)
Permanent Mission of Germany to the United Nations
871 United Nations Plaza, USA- New York, N.Y. 10017
T: (001212) 940 0400   Fax: 940 0402
TGR: Unogerma New York
Internet: http://www.germany-info.org/UN/
E-Mail: germany@un.int
Botschafter: Dr. Dieter Kastrup

● **C 595**

Ständige Vertretung der Bundesrepublik Deutschland bei dem Büro der Vereinten Nationen und bei den anderen internationalen Organisationen in Genf
Représentation permanente de la République fédérale d'Allemagne auprès de l'Office des Nations Unies et des autres organisations internationales
Postfach 171, CH-1211 Genf 19
28 C chemin du Petit Saconnex, CH-1209 Genf
T: (004122) 7 30 11 11   Fax: 7 34 30 43
Internet: http://missions.itu.int/germany
E-Mail: mission.germany@ties.itu.int
Leiter: Botschafter Karl Walter Lewalter

● **C 596**

Ständige Vertretung der Bundesrepublik Deutschland bei der Abrüstungskonferenz (CD)
Représentation permanente de la République fédérale d'Allemagne auprès de la Conférence du Désarmement
Postfach 1 71, CH-1211 Genf 19
Rue de Moillebeau 47, CH-1209 Genf
T: (004122) 7 30 13 70   Fax: 7 30 13 90
Internet: http://missions.itu.int/germany
Leiter: Botschafter Dr. Günther Seibert

● **C 597**

Ständige Vertretung der Bundesrepublik Deutschland bei dem Büro der Vereinten Nationen und bei den anderen internationalen Organisationen, Wien
Wagramer Str. 14, A-1220 Wien
T: (00431) 2 63 33 75   Fax: 2 63 33 75-6
E-Mail: inter@deubowien.at
Leiter(in): Botschafter Dr. Karl Borchard

● **C 598**

Ständige Vertretung der Bundesrepublik Deutschland bei der Organisation für Sicherheit und Zusammenarbeit in Europa (OSZE), Wien
Postfach 1 60, A-1037 Wien
Metternichgasse 3, A-1030 Wien
T: (00431) 7 11 54-0   Fax: 7 12 17 00
E-Mail: polz@wienaszeauswaertiges-amt.de
Leiter(in): Botschafter reinhard Bettzuege

● **C 599**

Ständige Vertretung der Bundesrepublik Deutschland bei der Organisation der Vereinten Nationen für Erziehung, Wissenschaft und Kultur (UNESCO), Paris
Délégation permanente de la République fédérale d'Allemagne auprès de l'Organisation des Nations Unies pour l'éducation, la science et la culture
13/15 av. Franklin Roosevelt, F-75008 Paris
T: (00331) 53 83 46 63   Fax: 53 83 46 67
TGR: UNESCOVERTRETER DIPLOGERMA
E-Mail: unesco@amb-allemagne.fr
Botschafter: Dr. Norbert Klingler

● **C 600**

Ständige Vertretung der Bundesrepublik Deutschland bei der Ernährungs- und Landwirtschaftsorganisation der Vereinten Nationen (FAO) und anderen internationalen Organisationen
Permanent Representation of the Federal Republic of Germany to FAO
Via San Martino della Battaglia 4, I-00185 Rom
T: (00396) 49 21 31   Fax: 49 21 32 81
E-Mail: germreprfao.rome@pronet.it
Leiter: Botschafter Dr. Guntram Freiherr von Schenck

● **C 601**

Ständige Vertretung der Bundesrepublik Deutschland beim Europarat (Straßburg)
Anschrift der Kanzlei:
12. Blvd. du Prés. Edwards, F-67000 Strasbourg
Postf. 11 70, 77671 Kehl
T: (0033) 03 88.37.85.50   Fax: 03 88.25.50.41
Leiter(in): Johannes Dohmes

• C 602
Ständige Vertretung der Bundesrepublik Deutschland bei der Organisation für wirtschaftliche Zusammenarbeit u. Entwicklung (OECD) Paris
Mission permanente de la République fédérale d'Allemagne auprès de l'Organisation de coopération et de développement économiques (OCDE)
9, rue Maspéro, F-75116 Paris
T: (0033155) 74 57 00 **Fax:** 74 57 40
Gründung: 1949 (1. November)
Leitung Presseabteilung: Peter Kreutzberger

• C 603
Ständige Vertretung der Bundesrepublik Deutschland bei der Nordatlantikpakt-Organisation in Brüssel
Délégation permanente de la République fédérale d'Allemagne auprès de l'Organisation du Traité de l'Atlantique Nord
39, Boulevard Léopold III, B-1110 Bruxelles
T: (00322) 7 27 76 11 **Fax:** 7 26 49 48
TGR: NATOGERMA BRUXELLES
Internet: http://www.nato.int/germany/
Botschafter: Gebhardt von Moltke

• C 604
Ständige Vertretung der Bundesrepublik Deutschland bei der Europäischen Union
Représentation permanente de la République fédérale d'Allemagne auprès de l'Union européenne
19-21, rue Jacques de Lalaing, B-1040 Brüssel
T: (00322) 2 38 18 11, 2 85 63 71 (Delegationsbüro)
Fax: 2 38 19 78, 2 85 63 67 (Delegationsbüro)
Leiter: Botschafter Dr. Wilhelm Schönfelder

• C 605
Ständige Vertretung der Bundesrepublik Deutschland bei der Westeuropäischen Union
Représentation permanente de la République fédérale d'Allemagne auprès de l'Union de l'Europe occidentale
Rue Jacques de Lalaing 21, B-1040 Brüssel
T: (00322) 2 38 18 11 **Fax:** 2 38 19 78
Leiter: Botschafter Reinhard Schäfers

Ausländische diplomatische und konsularische Vertretungen in der Bundesrepublik Deutschland

Ägypten
Arabische Republik Ägypten

• C 606
Botschaft der Arabischen Republik Ägypten
Waldstr. 15, 13156 Berlin
T: (030) 4 77 54 70 **Fax:** 4 77 10 49
E-Mail: egembassy@hotmail.com
Botschafter: S.E. Mahmoud Mubarak
Leitung Presseabteilung: Dr. Ahmed Reda Mohamed Sheta
Konsularabteilung:
Konsularbezirk: Länder Berlin, Neue Bundesländer
Waldstr. 16, 13156 Berlin,
Tel.: (030) 47 90 18 80, Fax: (030) 4 77 40 00
Handels- und Wirtschaftsbüro:
Friedrichstr. 60, 10117 Berlin
Tel: (030) 2 06 41-13, Fax: (030) 2 06 41-140
Kulturabteilung und Studienmission:
Charlottenstr. 81, 10969 Berlin,
Tel.: (030) 25 93 76-0, Fax: (030) 25 93 76-10
Presseabteilung:
Kurfürstendamm 151, 10709 Berlin,
Tel: (030) 89 54 19 03, Fax: (030) 89 54 19 11
Militaerabteilung:
Kennedyallee 43, 53175 Bonn
Tel: (0228) 3 08 93-0, Fax: (0228) 3 08 93-14
Ägyptisches Fremdenverkehrsamt:
Kaiserstr. 64, 60329 Frankfurt
Tel.: (069) 25 23 19, 25 21 33, Fax: (069) 23 98 76

c 607
Generalkonsulat der Arabischen Republik Ägypten in Frankfurt
Eysseneckstr. 34, 60322 Frankfurt
T: (069) 9 55 13 40 **Fax:** 5 97 21 31
Generalkonsulin: Zainab Shukry
Konsularbezirk: Länder Hessen, Bayern, Baden-Württemberg, Rheinland-Pfalz, Saarland, Nordrhein-Westfalen

c 608
Generalkonsulat der Arabischen Republik Ägypten in Hamburg
Harvestehuder Weg 47, 20149 Hamburg
T: (040) 4 10 10-31, 4 13 32 60 **Fax:** 4 10 61 15
E-Mail: gen-kons-et-hh@gmx.de
Generalkonsulin: Mona Seoudy
Konsularbezirk: Länder Hamburg, Bremen, Niedersachsen und Schleswig-Holstein

Äquatorialguinea

• C 609
Honorarkonsulat der Republik Äquatorialguinea
Flinger Richtweg 60, 40235 Düsseldorf
T: (0211) 2 30 51 99, (02104) 80 52 42
Fax: (02104) 5 37 48
Botschafter: Klaus Jürgen Maraldo
Konsularbezirk: Bundesgebiet

Äthiopien

• C 610
Botschaft der Demokratischen Bundesrepublik Äthiopien
Boothstr. 20a, 12207 Berlin
T: (030) 7 72 06-0
Botschafter: S.E. Dr. Berhane Tensay Woldesenbet
Konsularbezirk: Bundesgebiet

c 611
Honorarkonsulat der Demokratischen Bundesrepublik Äthiopien
Kasernenstr. 1b, 40213 Düsseldorf
T: (0211) 8 48 00 **Fax:** 32 90 00
Honorarkonsul: Michael Renka
Konsularbezirk: Länder Nordrhein-Westfalen, Hessen, Rheinland-Pfalz und Saarland

Afghanistan

• C 612
Botschaft des Islamischen Staates Afghanistan
Wilhelmstr. 65, 10117 Berlin
T: (030) 2 29 26 12 **Fax:** 2 29 15 10
Geschäftsträger a.i.: Amanullah Jayhoon
Konsularbezirk: gesamtes Bundesgebiet

c 613
Generalkonsulat des Islamischen Staates Afghanistan in Bonn
Liebfrauenweg 1a, 53125 Bonn
T: (0228) 25 19 27, 25 67 97 **Fax:** 25 53 10
Generalkonsul: Fazlurrahman Fazil
Konsularbezirk: Länder Nordrhein-Westfalen, Baden-Württemberg, Hessen, Niedersachsen, Rheinland-Pfalz und Saarland

Albanien

• C 614
Botschaft der Republik Albanien
Friedrichstr. 231, 10969 Berlin
T: (030) 25 93 05-0
Botschafter: S.E. Bashkim Zeneli

Algerien

• C 615
Botschaft der Demokratischen Volksrepublik Algerien
Görschstr. 45-46, 13187 Berlin
T: (030) 48 09 87 24, 48 09 87 26 **Fax:** 48 09 87 16
Botschafter: S.E. Mourad Bencheikh
Amtsbezirk: Berlin, Brandenburg, Hamburg, Mecklenburg-Vorpommern, Sachsen, Sachsen-Anhalt, Schleswig-Holstein

c 616
Generalkonsulat der Demokratischen Volksrepublik Algerien in Berlin
Rheinallee 32-34, 53173 Bonn
T: (0228) 94 37 60 **Fax:** 3 69 86 61
Generalkonsul: Mohamed-Ziane Hasseni
Amtsbezirk: Baden-Württemberg, Bayern, Bremen, Hessen, Niedersachsen, Nordrhein-Westfalen, Rheinland-Pfalz, Saarland, Thüringen

Amerika, Vereinigte Staaten von

• C 617
Botschaft der Vereinigten Staaten von Amerika
Neustädtische Kirchstr. 4-5, 10117 Berlin
T: (030) 83 05-0, 2 38 51 74 **Fax:** 2 38 62 90
Internet: http://www.us-botschaft.de
Gesandter: Terry A. Snell (Geschäftsträger a. i.)

c 618
Generalkonsulat der Vereinigten Staaten von Amerika in Düsseldorf
Willi-Becker-Allee 10, 40227 Düsseldorf
T: (0211) 7 88 89 27
Generalkonsul: Daniel E. Harris
Konsularbezirk: Land Nordrhein-Westfalen

c 619
Generalkonsulat der Vereinigten Staaten von Amerika in Frankfurt
Siesmayerstr. 21, 60323 Frankfurt
T: (069) 75 35-0 **Fax:** 75 35-23 00
Generalkonsul: Edward O'Donnell
Konsularbezirk: Länder Hessen, Baden-Württemberg, Rheinland-Pfalz und Saarland

c 620
Generalkonsulat der Vereinigten Staaten von Amerika in Hamburg
Alsterufer 27-28, 20354 Hamburg
T: (040) 41 17 10 **Fax:** 41 76 65, 44 25 27
Generalkonsul: Christopher F. Lynch
Konsularbezirk: Länder Hamburg, Bremen, Schleswig-Holstein und Niedersachsen

c 621
Generalkonsulat der Vereinigten Staaten von Amerika in Leipzig
Wilhelm-Seyfferth-Str. 4, 04107 Leipzig
T: (0341) 2 13 84-10 **Fax:** 2 13 84-71
Generalkonsulin: Patrick Truhn
Konsularbezirk: Länder Sachsen und Thüringen

c 622
Generalkonsulat der Vereinigten Staaten von Amerika in München
Königinstr. 5, 80539 München
T: (089) 28 88-0 **Fax:** 2 80 99 88
Generalkonsul: Robert W. Boehme
Konsularbezirk: Land Bayern

Angola

• C 623
Botschaft der Republik Angola
Kaiser-Karl-Ring 20c, 53111 Bonn
T: (0228) 55 57-0 **Fax:** 69 06 61
E-Mail: botschaftangola@t-online.de
Botschafter: Dipl.-Ing. Alberto do Carmo Bento Ribeiro
Konsularbezirk: gesamtes BRD

Antigua und Barbuda

• C 624
Honorargeneralkonsulat von Antigua und Barbuda
Van-der-Smissen-Str. 2, 22767 Hamburg
T: (040) 38 99 89 11 **Fax:** (0441) 3 04 62 09
Honorargeneralkonsul: Captain Eike F. Malling (Commissioner of Maritime Affairs for Antigua & Barbuda, Hopfenweg 14, 26125 Oldenburg, T: (0441) 30 22 92, Telefax: 3 04 62 09)
Konsularbezirk: Länder Hamburg, Berlin, Brandenburg, Bremen, Mecklenburg-Vorpommern, Niedersachsen, Sachsen-Anhalt und Schleswig-Holstein

c 625
Honorarkonsulat von Antigua und Barbuda
Postf. 16 36, 61286 Bad Homburg
Mayrhofener Weg 22, 61352 Bad Homburg
T: (06172) 48 85 00   **Fax:** 2 15 13
Honorarkonsul: Dr. Werner Giersch
Konsularbezirk: Baden-Württemberg, Bayern, Hessen, Nordrhein-Westfalen, Rheinland-Pfalz, Saarland, Sachsen, Thüringen

Argentinien

● C 626
Botschaft der Argentinischen Republik
Dorotheenstr. 89, 10117 Berlin
T: (030) 2 26 68 90   **Fax:** 2 29 14 00
Botschafter: S.E. Enrique José Alejandro Candioti
Konsularbezirk: Berlin, Brandenburg, Sachsen, Sachsen-Anhalt und Thüringen

c 627
Außenstelle der Botschaft der Argentinischen Republik
Adenauerallee 50-52, 53113 Bonn
T: (0228) 22 80 10   **Fax:** 2 28 01-30
Konsularbezirk: Berlin, Brandenburg, Sachsen, Sachsen-Anhalt und Thüringen

c 628
Argentinisches Generalkonsulat in Frankfurt
Mainzer Landstr. 46 XIX, 60325 Frankfurt
T: (069) 9 72 00 30   **Fax:** 71 03 23
Generalkonsul: Alberto Moschini
Konsularbezirk: Länder Baden-Württemberg, Bayern, Hessen, Rheinland-Pfalz und Saarland

c 629
Argentinisches Generalkonsulat in Hamburg
Mittelweg 141 II, 20148 Hamburg
T: (040) 44 18 46-0   **Fax:** 4 10 51 03
TGR: CONSARGENTINA HAMBURG
Generalkonsul: Sergio Rafael Bocanegra
Konsularbezirk: Länder Hamburg, Bremen, Mecklenburg-Vorpommern, Schleswig-Holstein, Niedersachsen

Aserbaidschan

● C 630
Botschaft der Aserbaidschanischen Republik
Axel-Springer-Str. 54a, 10117 Berlin
T: (030) 2 06 24 66   **Fax:** 20 62 46 82
E-Mail: 100526.1670@compuserve.com
Botschafter: S.E. Hüssein-aga Sadigov
Mitarbeiter: 10

Australien

● C 631
Australische Botschaft
Friedrichstr. 200, 10117 Berlin
T: (030) 8 80 88-0   **Fax:** 88 00 88-310
Internet: http://www.australian-embassy.de
Botschafter: S. E. Paul O'Sullivan
Konsularbezirk: Länder Nordrhein-Westfalen, Baden-Württemberg, Bayern, Bremen, Hamburg, Niedersachsen und Schleswig-Holstein

c 632
Australisches Generalkonsulat in Frankfurt
Grüneburgweg 58-62, 60322 Frankfurt
T: (069) 9 05 58-0   **Fax:** 9 05 58-109
Generalkonsul: Peter Frank
Konsularbezirk: Länder Hessen, Rheinland-Pfalz und Saarland

Bahamas

● C 633
Botschaft des Commonwealth der Bahamas
10 Chesterfield Street, GB- London WIJ 5JI
T: (004420) 714 08 44 88   **Fax:** 714 99 99 37
E-Mail: bahamas.hicom.lon@cableinet.co.uk
Botschafter: S.E. Basil G. O'Brien

c 634
Honorarkonsul des Commonwealth der Bahamas
Flottenstr. 14-20, 13407 Berlin
T: (030) 40 90 04-107   **Fax:** 40 90 04-105
E-Mail: bahamas@piepenbrock.de
Honorarkonsul: Prof. Hartwig Piepenbrock
Konsularbezirk: Die Bundesländer Berlin, Brandenburg, Bremen, Hamburg, Mecklenburg-Vorpommern, Niedersachsen, Sachsen, Sachsen-Anhalt, Schleswig-Holstein

Bahrain

● C 635
Botschaft des Staates Bahrain
Plittersdorfer Str. 91, 53173 Bonn
T: (0228) 95 76 10   **Fax:** 9 57 61 99
Konsularbezirk: Bundesgebiet

Bangladesh

● C 636
Botschaft der Volksrepublik von Bangladesh
Dovestr. 1, 10587 Berlin
T: (030) 3 98 97 50
Botschafter: S.E. Kazi Anwarul Masud
Konsularbezirk: Bundesrepublik

c 637
Honorargeneralkonsulat der Volksrepublik von Bangladesh in Bremen
Martinistr. 58, 28195 Bremen
T: (0421) 1 76 02 44   **Fax:** 1 45 06
Honorargeneralkonsul: Karl-Hillard Geuther
Konsularbezirk: Länder Bremen und Niedersachsen

c 638
Honorargeneralkonsulat der Volksrepublik von Bangladesh in Frankfurt
Friedrich-Ebert-Anlage 49 Messeturm, 19. Etage, 60327 Frankfurt
T: (069) 97 54 80   **Fax:** 97 54 82 99
Honorargeneralkonsul: Dr. Horstmar Stauber
Konsularbezirk: Länder Hessen und Nordrhein-Westfalen

c 639
Honorargeneralkonsulat der Volksrepublik von Bangladesh in München
Wittelsbacherplatz 1, 80333 München
T: (089) 28 64 00   **Fax:** 2 80 94 32
Honorargeneralkonsul: Dr. Michael Brauch
Konsularbezirk: Länder Bayern und Baden-Württemberg

Belarus

● C 640
Botschaft der Republik Belarus
Am Treptower Park, 12435 Berlin
T: (030) 53 63 59-0, 53 63 59-33 (Konsularabteilung)
Fax: 53 63 59-23, 53 63 59-24 (Konsularabteilung)
Botschafter: Wladimir Skworzow

c 641
Botschaft der Republik Belarus Außenstelle Bonn
Fritz-Schäffer-Str. 20, 53113 Bonn
T: (0228) 2 01 13 10, 2 01 13 31 (Konsularabteilung)
Fax: 2 01 13 19, 2 01 13 39 (Konsularabteilung)

Belgien

● C 642
Königlich Belgische Botschaft
Friedrichstr. 95, 10117 Berlin
T: (030) 20 35 20   **Fax:** 20 35 22 00
Internet: http://www.diplobel.org/deutschland
E-Mail: berlin@diplobel.org
Botschafter: S.E. Dominicus Struye de Swielande
Gesandter: Robert Gernay (Politik)
Gesandter: Willem Van de Voorde (Wirtschafts- und Europäische Angelegenheiten)

c 643
Königlich Belgische Botschaft Außenstelle Bonn
Rheinweg 31, 53113 Bonn
T: (0228) 21 39 03   **Fax:** 21 47 57
Botschaftsrat: Jean Lekeu (Landwirtschaftsabteilung)

c 644
Belgisches Generalkonsulat Köln
Cäcilienstr. 46, 50667 Köln
T: (0221) 20 51 10   **Fax:** 2 57 54 37
E-Mail: cologne@diplobel.org
Generalkonsul: Walter Lion
Konsularbezirke: Länder Nordrhein-Westfalen, Rheinland-Pfalz und Saarland

c 645
Belgisches Generalkonsulat in München
Brienner Str. 14, 80333 München
T: (089) 28 66 09-0   **Fax:** 28 20 18
E-Mail: munich@diplobel.org
Generalkonsul: Hugo Van Dijck
Konsularbezirk: Länder Bayern u. Baden-Württemberg

c 646
Belgisches Honorarkonsulat in Aachen
Eupener Str. 386 Gut Grenzhof, 52076 Aachen
T: (0241) 6 10 70   **Fax:** 6 11 66
Honorarkonsulin: Carlita Grass-Talbot
Konsularbezirk: Stadt Aachen, Kreise Aachen, Düren und Heinsberg

c 647
Belgisches Honorarkonsulat in Bremen
Herrlichkeit 5, 28199 Bremen
T: (0421) 5 90 71 34   **Fax:** 5 90 71 36
Honorarkonsul: Michael Grobien
Konsularbezirk: Land Bremen

c 648
Belgisches Honorarkonsulat in Dresden
Devrientstr. 3, 01067 Dresden
T: (0351) 4 84 93 04   **Fax:** 4 84 91 11
Honorarkonsul: Wilhelm von Carlowitz
Konsularbezirk: Land Sachsen

c 649
Belgisches Honorarkonsulat in Duisburg
Schifferstr. 26, 47059 Duisburg
T: (0203) 31 43 99   **Fax:** 3 18 84 44
Honorarkonsul: Dipl.-Volksw. Heribert Becker
Konsularbezirk: Städte Duisburg, Mülheim, Oberhausen sowie die Kreise Kleve und Wesel

c 650
Belgisches Honorarkonsulat in Frankfurt am Main
Kettenhofweg 29, 60325 Frankfurt
T: (069) 97 10 54 10   **Fax:** 97 10 55 10
Honorarkonsul: Dr. Paul Wieandt
Konsularbezirk: Land Hessen

c 651
Belgisches Honorarkonsulat in Hamburg
Vorsetzen 32, 20459 Hamburg
T: (040) 3 61 49 37 00   **Fax:** 36 14 96 28
Honorarkonsul: Rainer Schöndube
Konsularbezirk: Hansestadt Hamburg

c 652
Belgisches Honorarkonsulat in Hannover
c/o Solvay Deutschland GmbH
Hans-Böckler-Allee 20, 30173 Hannover
T: (0511) 8 57 25 54   **Fax:** 85 52 79
Honorarkonsul: Dipl.-Ing. Jacques Thoelen
Konsularbezirk: Land Niedersachsen

c 653
Belgisches Honorarkonsulat in Kiel
Alter Markt 11, 24103 Kiel
T: (0431) 9 74 57 12, 9 74 57 18   **Fax:** 9 74 57 45
Honorarkonsul: Dr. Hans-Jochen Rüdel
Konsularbezirk: Land Schleswig-Holstein

c 654
Belgisches Honorarkonsulat in Nürnberg
Lina-Ammon-Str. 10, 90471 Nürnberg
T: (0911) 81 21-428 **Fax:** 81 21-405
Honorarkonsul: Gerhard Wöhrl
Konsularbezirk: Mittel-, Ober-, Unterfranken und Oberpfalz im Land Bayern

c 655
Belgisches Honorarkonsulat in Stuttgart
Büchsenstr. 28, 70174 Stuttgart
T: (0711) 29 62 88 2 09 62 14 **Fax:** 2 09 63 57 2 09 64 19
Honorarkonsul: Dr. Jürgen Blumer
Konsularbezirk: Land Baden-Württemberg

Belize

● C 656
Honorarkonsulat von Belize
und Belize Tourist Board
Bopserwaldstr. 40G, 70184 Stuttgart
T: (0711) 23 39 47 **Fax:** 23 39 47
E-Mail: wolfkahles@t-online.de
Honorarkonsul: Wolfgang Kahles
Konsularbezirk: Bundesgebiet

Benin

● C 657
Botschaft der Republik Benin
Postf. 20 02 54, 53132 Bonn
Rüdigerstr. 10, 53179 Bonn
T: (0228) 9 43 87-0 **Fax:** 85 71 92
TGR: Benin Bonn
Botschafter: S.E. Corneille Mehissou
Konsularbezirk: Bundesgebiet

c 658
Honorarkonsulat der Republik Benin in Berlin
Richardplatz 24, 12055 Berlin
T: (030) 6 87 07 09 **Fax:** 6 86 75 24
Honorarkonsul: Dr. Eckhard Stegenwallner
Konsularbezirk: Länder Berlin, Brandenburg, Sachsen und Thüringen

c 659
Honorarkonsulat der Republik Benin in München
Tengstr. 27, 80798 München
T: (089) 2 72 93 25 **Fax:** 27 29 31 20
Honorarkonsul: Dr. Wilhelm Bezold
Konsularbezirk: Land Bayern

c 660
Honorarkonsulat der Republik Benin in Saarbrücken
Puccinistr. 2, 66119 Saarbrücken
T: (0681) 5 86 06 06-11 **Fax:** 5 86 06 06-67
Honorarkonsul: Klaus-Dieter Hartmann
Konsularbezirk: Saarland, Rheinland-Pfalz

Birma

● C 661
siehe Myanmar

Bolivien

● C 662
Botschaft der Republik Bolivien
Wichmannstr. 6, 10787 Berlin
T: (030) 26 39 15-0 **Fax:** 26 39 15-15
Internet: http://www.bolivia.de
E-Mail: embolberlin@t-online.de
Botschafter: S.E. Dr. Ernesto Schilling
Amtsbezirk: Bundesgebiet

c 663
Honorargeneralkonsulat der Republik Bolivien in Hamburg
Heimhuder Str. 33a, 20148 Hamburg
T: (040) 3 58 97 53 **Fax:** 34 28 56, Mo.-Fr. 10.00h-13.00h
Honorargeneralkonsulin: Hortensia Rocabado de Viets
Konsularbezirk: Hamburg, Mecklenburg-Vorpommern, Schleswig-Holstein

c 664
Honorarkonsul der Republik Bolivien in Bremen
Ludwig-Erhard-Str. 7, 28197 Bremen
T: (0421) 5 22 32 10 **Fax:** 5 22 32 15
Honorarkonsul: Jost Hellmann
Konsularbezirk: Niedersachsen, Nordrhein-Westfalen

c 665
Honorarkonsul der Republik Bolivien in Frankfurt
c/o Telebridge
Schillerstr. 19-21, 60313 Frankfurt
T: (069) 70 79 39 94 **Fax:** 70 79 39 96
Honorarkonsul: Stephanus van Bergerem
Konsularbezirk: Länder Hessen und Thüringen

c 666
Honorarkonsul der Republik Bolivien in München
Maximilianstr. 29, 80539 München
T: (089) 22 06 95 **Fax:** 22 06 98
Honorarkonsul: Yorck Otto
Konsularbezirk: Länder Bayern und Baden-Württemberg

Bosnien und Herzegowina

● C 667
Botschaft von Bosnien und Herzegowina
Ibsenstr. 14, 10439 Berlin
T: (030) 81 47 12 10 **Fax:** 81 47 12 11
Botschafter: S.E. MAG.SCI. Anton Balkovic

c 668
Generalkonsulat von Bosnien und Herzegowina in Bonn
Friedrich-Wilhelm-Str. 2, 53113 Bonn
T: (0228) 35 00 60 **Fax:** 3 50 06 98
Generalkonsul: Fuad Sabeta
Konsularbezirk: Länder Nordrhein-Westfalen, Bremen und Niedersachsen

c 669
Generalkonsulat von Bosnien und Herzegowina in München
Redwitzstr. 4, 81925 München
T: (089) 9 82 87 04, 9 82 87 05 **Fax:** 9 82 80 79
Generalkonsul: Josko Lupi
Konsularbezirk: Länder Bayern, Sachsen und Thüringen

c 670
Generalkonsulat von Bosnien und Herzegowina in Stuttgart
Olgastr. 97b, 70180 Stuttgart
T: (0711) 6 07 50 32, 6 07 52 36, 6 07 44 30
Fax: 6 07 54 33
Generalkonsul: Lazo Tomic
Konsularbezirk: Länder Baden-Württemberg, Hessen, Rheinland-Pfalz, Saarland,

Botsuana

● C 671
Honorarkonsulat der Republik Botsuana
Berzeliusstr. 45, 22113 Hamburg
T: (040) 7 32 61 91 **Fax:** 7 32 85 06
Honorarkonsul: Paul Eckler
Konsularbezirk: Länder Hamburg, Bremen, Mecklenburg-Vorpommern, Niedersachsen und Schleswig-Holstein

c 672
Honorarkonsulat von Botsuana in Ratingen
Kieselei 42, 40883 Ratingen
T: (02102) 89 64 34 **Fax:** 96 64 26
Honorarkonsul: Wolf von Bila
Konsularbezirk: Länder Nordrhein-Westfalen, Baden-Württemberg, Bayern, Berlin, Brandenburg, Hessen, Rheinland-Pfalz, Saarland, Sachsen, Sachsen-Anhalt und Thüringen

Brasilien

● C 673
Brasilianische Botschaft
Wallstr. 57, 10179 Berlin
T: (030) 7 26 28-0 **Fax:** 7 26 28-320
Internet: http://www.brasilianische-botschaft.de
E-Mail: brasil@brasemberlim.de
Botschafter: S.E. Roberto Abdenur
Konsularbezirk: Länder Berlin, Brandenburg, Mecklenburg-Vorpommern, Sachsen, Sachsen-Anhalt, Thüringen, Hamburg, Bremen, Niedersachsen und Schleswig-Holstein

c 674
Brasilianisches Generalkonsulat in Frankfurt
Stephanstr. 3 . Stock, 60313 Frankfurt
T: (069) 29 07 08/09 **Fax:** 29 05 21
E-Mail: consbrasfrankfurt@t-online.de
Generalkonsul: Ney do Prado Dieguez
Konsularbezirk: Länder Hessen, Rheinland-Pfalz, Saarland, Nordrhein-Westfalen, Thüringen

c 675
Brasilianisches Generalkonsulat in München
Widenmayerstr. 47, 80538 München
T: (089) 2 10 37 60 **Fax:** 29 16 07 68
E-Mail: 101465.3454@compuserve.com
Generalkonsul: Eduardo Monteiro de Barros Roxo
Konsularbezirk: Länder Bayern und Baden-Württemberg

c 676
Brasilianisches Honorarkonsulat in Aachen
Reichsweg 19-42, 52068 Aachen
T: (0241) 5 10 91 78 **Fax:** 5 10 91 05
Honorarkonsul: Klaus Peter Pavel
Konsularbezirk: Regierungsbezirk Köln im Land Nordrhein-Westfalen

c 677
Brasilianisches Honorarkonsulat in Bremen
Außer der Schleifmühle 39-43, 28203 Bremen
T: (0421) 3 66 42 33 **Fax:** 3 66 42 39
Honorarkonsul: Detlef Hegemann
Konsularbezirk: Land Bremen

c 678
Brasilianisches Honorarkonsulat in Hannover
c/o Deutsche Messe AG
Messegelände, 30521 Hannover
T: (0511) 8 93 20 00 **Fax:** 8 93 20 04
E-Mail: sepp.heckmann@x.400.messe.de
Honorarkonsul: Dr. Sepp Dieter Heckmann
Konsularbezirk: Land Niedersachsen

c 679
Brasilianisches Honorarkonsulat in Mainz
Kapellenstr. 30, 55124 Mainz
T: (06131) 4 12 34 **Fax:** 4 24 93
Honorarkonsul: Reinhard L. Jagdt
Konsularbezirk: Land Rheinland-Pfalz

c 680
Brasilianisches Honorarkonsulat in Nürnberg
90546 Stein
Nürnberger Str. 2, 90547 Stein
T: (0911) 9 96 50 **Fax:** 99 65 30
Honorarkonsul: Anton Wolfgang Graf von Faber-Castell
Konsularbezirk: Regierungsbezirk Mittel-, Ober-, und Unterfranken im Land Bayern

c 681
Brasilianisches Honorarkonsulat in Stuttgart
Postf. 10 07 33, 70006 Stuttgart
Königstr. 5, 70173 Stuttgart
T: (0711) 1 24-332 **Fax:** 1 24-237
Honorarkonsul: Dr. Thomas R. Fischer
Konsularbezirk: Land Baden-Württemberg

Brunei Darussalam

● C 682
Botschaft des Staates Brunei Darussalam
Kronenstr. 55-58, 10117 Berlin
T: (030) 20 60 76 00 **Fax:** 20 60 76 66

C 682

E-Mail: bruneiembassy@hotmail.com
Botschafter: S.E. Dato Paduka Haji Awang Mohd. Adnan bin Buntar

Bulgarien

● **C 683**

Botschaft der Republik Bulgarien
Mauerstr. 11, 10117 Berlin
T: (030) 2 01 09 22   **Fax:** 2 08 68 38
Botschafter: S.E. Nikolay Apostoloff
Konsularbezirk: Bundesgebiet

c 684

Botschaft der Republik Bulgarien Außenstelle Bonn
Auf der Hostert 6, 53173 Bonn
T: (0228) 36 30 61   **Fax:** 35 82 15
Leiterin: Elena Schekerletova
für die Länder Berlin, Brandenburg, Mecklenburg-Vorpommern, Sachsen, Sachsen-Anhalt und Thüringen)

c 685

Generalhonorarkonsulat der Botschaft der Republik Bulgarien in Hamburg
Neue Rabenstr. 28, 20354 Hamburg
T: (040) 4 10 44 62   **Fax:** 41 19 37 64
Honorargeneralkonsul: Dr. Gerd-Winand Imeyer
Konsularbezirk: Länder Hamburg, Schleswig-Holstein und Niedersachsen

c 686

Generalkonsulat der Botschaft der Republik Bulgarien in München
Walhallastr., 80639 München
T: (089) 15 50 26-29   **Fax:** 15 50 06
Generalkonsulin: Tanja Grandinarova
Konsularbezirk: Länder Bayern und Baden-Württemberg

Burkina Faso

● **C 687**

Botschaft von Burkina Faso
Karolingerplatz 10-11, 14052 Berlin
T: (030) 3 01 05 99-0   **Fax:** 3 01 05 99-20
Botschafter: S.E. Jean-Baptiste Ilboudo
Konsularbezirk: Bundesgebiet

c 688

Honorarkonsulat von Burkina Faso in Berlin
Goethestr. 24c, 14163 Berlin
T: (030) 8 01 81 87   **Fax:** 8 02 10 92
Honorarkonsulin: Helga Exner
Konsularbezirk: Länder Berlin, Brandenburg, Mecklenburg-Vorpommern

c 689

Honorarkonsulat von Burkina Faso in Hannover
Hildesheimer Str. 9, 30169 Hannover
T: (0511) 2 84 55 10   **Fax:** 2 84 55 11
Honorarkonsul: Klaus Dieter Wolf
Konsularbezirk: Land Niedersachsen

c 690

Honorarkonsulat von Burkina Faso in Düsseldorf
Kohlenkamp 14, 45468 Mülheim
T: (0208) 44 51 51   **Fax:** 44 51 53
TX: 856 522
Honorarkonsul: Helmut Troitzsch
Konsularbezirk: Land Nordrhein-Westfalen

c 691

Honorargeneralkonsulat von Burkina Faso in München
St.-Anna-Str. 15, 80538 München
T: (089) 2 90 45 20   **Fax:** 29 31 69
Honorargeneralkonsul: Walter Heubl
Konsularbezirk: Länder Bayern, Hessen und Saarland

c 692

Honorarkonsulat von Burkina Faso in Stuttgart
Vaihinger Landstr. 48, 70195 Stuttgart
T: (0711) 69 69 10
TX: 07 255 656
Honorarkonsul: Hellmut Niethammer
Konsularbezirk: Land Baden-Württemberg

Burundi

● **C 693**

Botschaft der Republik Burundi
Mainzer Str. 174, 53179 Bonn
T: (0228) 34 50 32   **Fax:** 4 92 28, 34 01 48
Botschafter: Aloys Mbonayo
Konsularbezirk: Bundesgebiet

c 694

Honorarkonsulat der Republik Burundi in Stuttgart
Gaisburgstr. 7-9, 70182 Stuttgart
T: (0711) 24 34 06   **Fax:** 2 36 12 38
Honorarkonsul: Dietrich von Berg
Konsularbezirk: Länder Baden-Württemberg und Bayern

Ceylon

● **C 695**

siehe Sri Lanka

Chile

● **C 696**

Botschaft der Republik Chile
Mohrenstr. 42, 10117 Berlin
T: (030) 72 62 03-5   **Fax:** 72 62 03-603
Konsulat der Republik Chile in Berlin: **T:** (030) 2 04 49 90, Fax: (030) 2 04 43 12
Botschafter: Antonio Skármeta
Konsul: Eleodoro Pempelfort
Konsularbezirk: Länder Berlin, Brandenburg, Sachsen und Sachsen-Anhalt

c 697

Botschaft der Republik Chile Außenstelle Bonn
Habsburgerstr. 2, 53173 Bonn
T: (0228) 94 37 70   **Fax:** 9 43 77 20
Konsulat der Republik Chile in Bonn: **T:** (0228) 9 43 77 13
Konsul: José Fernández
Konsularbezirk: Land Nordrhein-Westfalen

c 698

Generalkonsulat der Republik Chile in Frankfurt
Humboldtstr. 94, 60318 Frankfurt
T: (069) 55 01 95   **Fax:** 5 96 45 16
Generalkonsul: Mario Lizana
Konsularbezirk: Länder Hessen, Rheinland-Pfalz, Saarland und Thüringen

c 699

Generalkonsulat der Republik Chile in Hamburg
Harvestehuder Weg 7-11, 20148 Hamburg
T: (040) 45 75 85   **Fax:** 45 46 05
Generalkonsul: Alberto Ruiz
Konsularbezirk: Länder Hamburg, Bremen, Mecklenburg-Vorpommern, Niedersachsen und Schleswig-Holstein

c 700

Generalkonsulat der Republik Chile in München
Mariannenstr. 5, 80538 München
T: (089) 22 20 11   **Fax:** 22 20 12
Generalkonsul: Marcelo Aguirre
Konsularbezirk: Länder Bayern und Baden-Württemberg

c 701

Honorargeneralkonsulat der Republik Chile in Frankfurt
Wendelsweg 64, 60599 Frankfurt
T: (069) 6 06 32 03   **Fax:** 62 54 59
Honorargeneralkonsul: Bruno H. Schubert

c 702

Honorarkonsulat der Republik Chile in Bremen
Wilhelm-Kaisen-Brücke 1, 28195 Bremen
T: (0421) 32 37 31   **Fax:** (0451) 3 60 55 04
Honorarkonsul: Klaus E. Momm
Konsularbezirk: Land Bremen

c 703

Honorarkonsulat der Republik Chile in Stuttgart
Etzelstr. 9, 70180 Stuttgart
T: (0711) 60 47 22   **Fax:** 60 55 79
Honorarkonsul: Georg Kieferle
Konsularbezirk: Land Baden-Württemberg

c 704

Honorarkonsulat der Republik Chile in Kiel
Uferstr. 72, 24106 Kiel
T: (0431) 33 78 79   **Fax:** 3 05 55 20
Honorarkonsul: Peter Frank
Konsularbezirk: Länder Schleswig Holstein und Mecklenburg-Vorpommern

China

● **C 705**

Botschaft der Volksrepublik China
Märkisches Ufer 54, 10179 Berlin
T: (030) 2 75 88-0   **Fax:** 2 75 88-221
Botschafter: S.E. LU Qiutian

c 706

Botschaft der Volksrepublik China Außenstelle Bonn
Kurfürstenallee 12, 53177 Bonn
T: (0228) 9 55 97-0   **Fax:** 36 16 35
Botschaftsrat: Lu Wenjie

c 707

Generalkonsulat der Volksrepublik China in Hamburg
Elbchaussee 268, 22605 Hamburg
T: (040) 82 27 60-0, 82 27 60 11-18, 82 27 60-18 (Visaabt.)
Fax: 8 22 62 31
Generalkonsul: Chen Jianfu
Konsularbezirk: Länder Hamburg, Bremen, Niedersachsen und Schleswig-Holstein

c 708

Generalkonsulat der Volksrepublik China in München
Romanstr. 107, 80639 München
T: (089) 17 30 16-25   **Fax:** 17 30 16-19, 17 30 16-23
Generalkonsul: Liu Guangyao
Konsularbezirk: Bundesland Bayern

Costa Rica

● **C 709**

Botschaft von Costa Rica
Dessauer Str. 28-29, 10963 Berlin
T: (030) 26 39 89 90   **Fax:** 26 55 72 10
E-Mail: 100730.1020@compuserve.com
Botschafter: S.E. Prof.Dr. Rafael Ángel Herra Rodriguez
Konsularbezirk: Bundesgebiet

c 710

Honorargeneralkonsulat von Costa Rica in Hamburg
Meyerhofstr. 8, 22609 Hamburg
T: (040) 80 13 95   **Fax:** 80 99 59 43, 66 96 19 10
E-Mail: rica@drab.de
Honorargeneralkonsul: Joachim F.W. Ulrich
Konsularbezirk: Länder Hamburg und Schleswig-Holstein

c 711

Honorargeneralkonsulat von Costa Rica in München
Neuhauser Str. 27, 80331 München
T: (089) 26 66 46   **Fax:** 23 11 84 29
Honorargeneralkonsul: Dr. Hans Inselkammer
Konsularbezirk: Land Bayern und Sachsen

c 712

Honorarkonsulat von Costa Rica in Frankfurt am Main
Nordendstr. 30b, 60318 Frankfurt
T: (069) 5 97 81 25   **Fax:** 5 97 87 07
Honorarkonsul: Edmund Weber
Konsularbezirk: Länder Hessen und Rheinland Pfalz

c 713

Honorarkonsulat von Costa Rica in Hannover
Marienstr. 8, 30171 Hannover
T: (0511) 28 11 27   **Fax:** 2 83 41 11
Honorarkonsul: Prof.Dr. Hans-Wolf Sievert
Konsularbezirk: Land Niedersachsen

Côte d'Ivoire

● C 714

Botschaft der Republik Côte d'Ivoire
Königstr. 93, 53115 Bonn
T: (0228) 21 20-90, 21 20-98, 2120-99, 26 72 67 (Wirtschaftsabteilung)   **Fax:** 21 73 13, 2 67 26 67 (Wirtschaftsabteilung)
Geschäftsträger: Assémian Kouame
Konsularbezirk: Bundesgebiet

c 715

Außenstelle der Botschaft der Republik Côte d'Ivoire
Kurfürstendamm 43, 10719 Berlin
T: (030) 20 26 67 61   **Fax:** 20 26 67 77
Leiter: Botschaftsrat Pascal Mahan

c 716

Honorarkonsulat der Republik Côte d'Ivoire
Leipziger Str. 50, 10117 Berlin
T: (030) 2 29 16 40   **Fax:** 6 09 35 37
Honorarkonsul: Dr. Winfried Anton Elm
Konsularbezirk: Länder Berlin, Brandenburg, Sachsen, Sachsen-Anhalt, Thüringen

c 717

Honorarkonsulat der Republik Cote d'Ivoire in München
Fürstenrieder Str. 276, 81377 München
T: (089) 7 14 10 63   **Fax:** 71 64 02
Honorarkonsul: Ludwig Bauer
Konsularbezirk: Land Bayern

Cypern

● C 718
siehe Zypern

Dänemark

● C 719

Königlich Dänische Botschaft
Rauchstr. 1, 10787 Berlin
T: (030) 50 50-2000   **Fax:** 50 50-2050
Internet: http://www.daenemark.org
E-Mail: berlin@daenemark.org
Botschafter: S.E. Bent Haakonsen
Konsularbezirk: Bundesgebiet

c 720

Königlich Dänisches Honorarkonsulat in Bremen
Postf. 10 75 09, 28075 Bremen
Schlachte 15-18, 28195 Bremen
T: (0421) 1 69 01 42   **Fax:** 1 69 01 36
Honorarkonsulin: Rita Dubbers-Albrecht
Konsularbezirk: Land Bremen

c 721

Königlich Dänisches Honorarvizekonsulat in Cuxhaven
c/o Cuxhavener Schiffahrtskontor Uwe Trulsen
Baudirektor-Hahn-Str. 20, 27472 Cuxhaven
T: (04721) 5 60 00   **Fax:** 56 00 40
Honorarvizekonsulin: Yvonne Trulsen
Konsularbezirk: Landkreise Cuxhaven und Stade im Reg.-Bezirk Lüneburg

c 722

Königlich Dänisches Honorarkonsulat in Dresden
Königstr. 1, 01097 Dresden
T: (0351) 8 02 42 04   **Fax:** 8 02 02 79
Honorarkonsul: Dr. Axel Bauer
Konsularbezirk: Land Sachsen

c 723

Königlich Dänisches Generalkonsulat
Postf. 20 02 20, 40100 Düsseldorf
Benrather Str. 8, 40213 Düsseldorf
T: (0211) 82 89 30-0   **Fax:** 82 89 30-10
Internet: http://www.dan-konsulat-dus.dk
E-Mail: info@dan-konsulat-dus.dk
Generalkonsul: Poul Laursen
Konsularbezirk: Land Nordrhein-Westfalen

c 724

Königlich Dänisches Generalkonsulat in Flensburg
Postf. 20 28, 24910 Flensburg
Nordergraben 19, 24937 Flensburg
T: (0461) 1 44 00-0   **Fax:** 1 79 28
Generalkonsul: Dr. Henrik Becker-Christensen
Konsularbezirk: Stadt Flensburg, die Kreise Nordfriesland und Schleswig-Flensburg sowie der nördlich des Nord-Ostseekanals gelegene Teil des Kreises Rendsburg-Eckernförde im Land Schleswig-Holstein

c 725

Königlich Dänisches Generalkonsulat in Frankfurt
Am Leonhardsbrunn 20, 60487 Frankfurt
T: (069) 97 09 00-0   **Fax:** 7 07 18 76
E-Mail: info@gkl-frankfurt.org
Konsularbezirk: Länder Hessen, Rheinland-Pfalz, Saarland und Thüringen

c 726

Königlich Dänisches Generalkonsulat in Hamburg
Postf. 13 06 13, 20106 Hamburg
Heimhuder Str. 77, 20148 Hamburg
T: (040) 4 14 00 50   **Fax:** 4 10 40 57
Internet: http://www.dk-hamburg.de
E-Mail: dkconshamb@aol.com
Generalkonsul: Niels Julius Lassen
Konsularbezirk: Länder Bremen, Hamburg, Mecklenburg-Vorpommern, Niedersachsen und Schleswig-Holstein mit Ausnahme der Stadt Flensburg, der Kreise Nordfriesland und Schleswig-Flensburg sowie des nördlich des Nord-Ostseekanals gelegenen Teils des Kreises Rendsburg-Eckernförde im Land Schleswig-Holstein

c 727

Königlich Dänisches Honorarkonsulat in Hannover
c/o Norddeutsche Landesbank
Georgsplatz 1, 30159 Hannover
T: (0511) 3 61-22 20   **Fax:** 3 61-22 61
Honorarkonsul: Dr. h.c. Manfred Bodin
Konsularbezirk: Land Niedersachsen mit Ausnahme der Landkreise Cuxhaven und Stade

c 728

Königlich Dänisches Honorarkonsulat in Kiel
c/o Provinzial Brandkasse Versicherungsanstalt Schleswig-Holstein
Postf., 24097 Kiel
Sophienblatt 33, 24114 Kiel
T: (0431) 6 03-20 11   **Fax:** 6 03-13 71
Honorarkonsul: Klaus R. Uschkoreit
Konsularbezirk: Stadt Kiel, Kreis Plön, Stadtkreis Neumünster sowie die südlich des Nord-Ostsee-Kanals gelegenen Teile des Kreises Rendsburg-Eckernförde im Land Schleswig-Holstein

c 729

Königlich Dänisches Honorarkonsulat in Lübeck
Im Gleisdreieck 17, 23566 Lübeck
T: (0451) 6 10 53 13   **Fax:** 6 43 74
Honorarkonsul: Carsten Bliddal
Konsularbezirk: Hansestadt Lübeck sowie die Kreise Lauenburg, Ostholstein, Bad Segeberg und Stormarn im Land Schleswig-Holstein

c 730

Königlich Dänisches Generalkonsulat in München
Postf. 33 05 68, 80065 München
Sendlinger-Tor-Platz 10 IV, 80336 München
T: (089) 54 58 54-0   **Fax:** 59 78 15

Internet: http://www.daenemark.org/muenchen
E-Mail: dk-muenchen@t-online.de
Generalkonsul: Dan Larsen
Konsularbezirk: Länder Bayern und Baden-Württemberg

c 731

Königlich Dänisches Honorarkonsulat in Nürnberg
Bischof-Meiser-Str. 2, 90403 Nürnberg
T: (0911) 20 15-500   **Fax:** 20 15-600
Honorarkonsul: Dr.jur. Klaus Walter
Konsularbezirk: Regierungsbezirke Ober-, Unter- und Mittelfranken im Land Bayern

c 732

Königlich Dänisches Honorarkonsulat in Rostock
c/o Dresdner Bank AG, Filiale Rostock
Postf. 10 60 30, 18010 Rostock
Dierkower Damm 38d, 18146 Rostock
T: (0385) 5 43 10 01   **Fax:** 5 43 10 09
Honorarkonsul: Bernd Schuster
Konsularbezirk: Mecklenburg-Vorpommern

c 733

Königlich Dänisches Honorarkonsulat in Stuttgart
Postf. 10 27 22, 70023 Stuttgart
Bolzstr. 6, 70173 Stuttgart
T: (0711) 29 01 37   **Fax:** 1 85 40 19
Honorarkonsul: Dipl.-Kfm. Dietrich Weller
Konsularbezirk: Land Baden-Württemberg

Dominikanische Republik

● C 734

Botschaft der Dominikanischen Republik
Burgstr. 87, 53177 Bonn
T: (0228) 36 49 56, 3 67 01 39   **Fax:** 35 25 76
E-Mail: embajadomal@t-online.de
Gesandter: Botschaftsrat Vicente Camacho Peralta (Geschäftsträger a.i.)

c 735

Generalkonsulat der Dominikanischen Republik in Frankfurt a. M.
Mainzer Landstr. 82-84, 60327 Frankfurt
T: (069) 74 38 77 81, 74 38 77 83   **Fax:** 74 38 26 40
Generalkonsul: Willians de Jesus Salvador
Konsularbezirk: Länder Hessen und Rheinland-Pfalz

c 736

Generalkonsulat der Dominikanischen Republik in Hamburg
Heilwigstr. 125, 20249 Hamburg
T: (040) 47 40 84   **Fax:** 4 60 51 97
E-Mail: embajadomal@t-online.de
Generalkonsulin: Maria A. de los Angeles Pena Pena
Konsularbezirk: Bundesgebiet ohne die Länder Hessen und Rheinland-Pfalz

c 737

Honorargeneralkonsulat der Dominikanischen Republik in München
Maximiliansplatz 5, 80333 München
T: (089) 54 58 77 70   **Fax:** 54 58 78 11
Honorargeneralkonsul: Hans Schubert
Konsularbezirk: Land Bayern

c 738

Honorarkonsulat der Dominikanischen Republik in Stuttgart
Waiblinger Str. 11, 70372 Stuttgart
T: (0711) 55 20 04   **Fax:** 5 09 42 59
Honorarkonsul: RA Alexander Gläser
Konsularbezirk: Land Baden-Württemberg

Ecuador

● C 739

Botschaft von Ecuador
Kaiser-Friedrich-Str. 90 I. OG., 10585 Berlin
T: (030) 2 38 62 17, 2 38 62 95, 34 78 71 27
Fax: 34 78 71 26
E-Mail: mecuadoral@t-online.de

c 739
Botschafter: S. E. Dr. h. c. Werner Moeller-Freile
Konsularbezirk: Länder Berlin, Brandenburg, Mecklenburg-Vorpommern, Sachsen-Anhalt und Brandenburg

c 740
Honorargeneralkonsulat von Ecuador in Bremen
Breitenweg 29, 28195 Bremen
T: (0421) 3 09 23 20 **Fax:** 1 81 76
Honorarkonsul: Bernd-Artin Wessels
Konsularbezirk: Länder Bremen und Niedersachsen

c 741
Honorargeneralkonsulat von Ecuador in Frankfurt
Berliner Str. 56-58, 60311 Frankfurt
T: (069) 1 33 22 95 **Fax:** 1 33 27 26
Honorargeneralkonsul: Dr. jur. Wolfgang Kuhn
Konsularbezirk: Länder Hessen, Rheinland-Pfalz, Saarland

c 742
Generalkonsulat von Ecuador in Hamburg
Rothenbaumchaussee 221, 20149 Hamburg
T: (040) 44 31 35 **Fax:** 4 10 31 35
Generalkonsul: Dr. Jaime Barberis Martínez
Konsularbezirk: Länder Hamburg, Niedersachsen und Schleswig-Holstein

c 743
Honorargeneralkonsulat von Ecuador in München
Fraunhoferstr. 2, 80469 München
T: (089) 26 56 58 **Fax:** 23 70 12 88
Honorarkonsul: Thomas Schlereth
Konsularbezirk: Länder Baden-Württemberg und Bayern

El Salvador

● C 744
Botschaft von El Salvador
Kanzlei der Botschaft
Joachim-Karnatz-Allee 47, 10557 Berlin
T: (030) 20 60 46 60 **Fax:** 22 48 82 44
Botschafter: S.E. Dipl.-Ing Edgardo Carlos Suárez Mallagray
Konsularbezirk: Bundesgebiet, Österreich, Tschechei, Russland, Polen, Türkei

c 745
Honorarkonsulat von El Salvador in Hamburg
Pickhuben 6, 20457 Hamburg
T: (040) 3 78 51 40 **Fax:** 37 50 08 80
Honorarkonsul: Bernhard J. Benecke

c 746
Honorarkonsulat von El Salvador in Neuss
Elisenstr. 17, 41460 Neuss
T: (02131) 27 89 71 **Fax:** 27 42 67
Honorarkonsul: Karlheinz Wolfgang
Konsularbezirk: Länder Nordrhein-Westfalen, Rheinland-Pfalz und Saarland

c 747
Honorarkonsulat von El Salvador in München
Reichenbachstr. 2, 80469 München
T: (089) 2 35 00 70 **Fax:** 23 50 07 31
Honorarkonsul: Dr. Peter Gassner
Konsularbezirk: Bayern

c 748
Honorarkonsulat von El Salvador in Stuttgart
Jägerstr. 40, 70174 Stuttgart
T: (0711) 2 29 48 38 **Fax:** 6 99 90 21
Honorarkonsul: Heinz Wilderer
Konsularbezirk: Land Baden-Württemberg

Eritrea

● C 749
Botschaft des Staates Eritrea
Stavanger Str. 18, 10439 Berlin
T: (030) 4 46 74 60 **Fax:** 44 67 46 21
E-Mail: er.embassy@freenet.de
Botschafter: S.E. Beraky Gebreselassie

Konsularbezirk: Bundesgebiet ohne die Länder Baden-Württemberg, Bayern, Hessen, Rheinland-Pfalz, Saarland und Thüringen

c 750
Konsulat des Staates Eritrea in Frankfurt
Hanauer Landstr. 129, 60314 Frankfurt
T: (069) 43 64 96 **Fax:** 43 87 48
Konsul: Bisrat Yemane Amine
Konsularbezirk: Länder Hessen, Baden-Württemberg, Bayern, Rheinland-Pfalz, Saarland und Thüringen

Estland

● C 751
Botschaft der Republik Estland
Kurfürstendamm 56, 10707 Berlin
T: (030) 32 70-5355 **Fax:** 32 70-7263
E-Mail: embassy.berlin@mfa.ee
Botschafter: S.E. Margus Laidre

c 752
Honorarkonsulat der Republik Estland in Hamburg
Badestr. 38, 20148 Hamburg
T: (040) 4 50 40-26 **Fax:** 4 50 40-515
Honorarkonsul: Dr.jur. Ulf Lange
Konsularbezirk: Land Hamburg

c 753
Honorarkonsulat der Republik Estland in Nordrhein-Westfalen
Uerdinger Str. 58, 40474 Düsseldorf
T: (0211) 43 22 37 **Fax:** 43 23 11 (Konsulatsbüro)
Honorarkonsul: Dr.-Ing. Jochen Kirchhoff
Konsularbezirk: Nordrhein-Westfalen

c 754
Honorarkonsulat der Republik Estland in Schleswig-Holstein
Dänische Str. 3-5, 24103 Kiel
T: (0431) 5 13 23 **Fax:** 5 13 27
Honorarkonsul: Hans Wilhelm Berger
Konsularbezirk: Land Schleswig-Holstein

Fidschi-Inseln

● C 755
Botschaft der Republik Fidschi-Inseln
34, Hyde Park Gate, GB- London SW7 5DN
T: (004420) 75 84 36 61 **Fax:** 75 84 28 38
E-Mail: fijirepuk@compuserve.com
Botschafter: S.E. Filimone Jitoko

Finnland

● C 756
Botschaft der Republik Finnland
Rauchstr. 1, 10787 Berlin
T: (030) 50 50 30 **Fax:** 50 50 33 33
Internet: http://www.finlandemb.de
E-Mail: sanomat.ber@formin.fi
Botschafter: S.E. Arto Olavi Mansala
Konsularbezirk: Bundesgebiet

c 757
Generalkonsulat von Finnland in Hamburg
Postf. 30 17 26, 20306 Hamburg
Esplanade 41, 20354 Hamburg
T: (040) 3 50 80 70 **Fax:** 3 48 01 16
TGR: FINLANDIA Hamburg
Generalkonsul: Pekka Säilä
Konsularbezirk: Länder Hamburg, Bremen, Niedersachsen, Schleswig-Holstein, Mecklenburg-Vorpommern

c 758
Honorargeneralkonsulat von Finnland
Immermannstr. 13, 40210 Düsseldorf
T: (0211) 9 35 01 18 **Fax:** 9 35 01 50
E-Mail: finnkons-dus@t-online.de
Honorargeneralkonsul: Detmar Grolman
Konsularbezirk: Land Nordrhein-Westfalen

c 759
Honorargeneralkonsulat der Republik Finnland
Arabellastr. 33, 81925 München
T: (089) 91 07 22 57 **Fax:** 91 07 28 35
Honorargeneralkonsul: Roland Berger
Konsularbezirk: Land Bayern und Thüringen

c 760
Finnisches Honorarkonsulat
Hafenhochhaus, Überseehafen
Hafenstr. 55, 28217 Bremen
T: (0421) 3 98-33 30 **Fax:** 3 98-3318
TGR: Finlandia Bremen
E-Mail: finn_konsulat@compuserve.com
Honorarkonsul: Hans-Heinrich Pöhl
Konsularbezirk: Land Bremen

c 761
Finnisches Honorarkonsulat in Kiel
Wall 49-51, 24103 Kiel
T: (0431) 98 10 **Fax:** 9 61 08
TGR: FINLANDIA Kiel
Honorarkonsul: Volkert Knudsen
Konsularbezirk: Land Schleswig-Holstein, ausgenommen Stadt Lübeck und Kreise Herzogtum Lauenburg, Ostholstein, Bad Segeberg und Stormarn

c 762
Honorarkonsulat der Republik Finnland in Niedersachsen
Mühlenfeld 18, 30853 Langenhagen
T: (0511) 72 23 32 **Fax:** 77 18 41 85
E-Mail: finkonhan@aol.com
Honorarkonsul: Klaus-Jürgen Batsch
Konsularbezirk: Im Land Niedersachsen die Reg.-Bez. Braunschweig, Hannover und Lüneburg sowie im Reg.-Bez. Weser-Ems die Landkreise Osnabrück und Vechta, und die kreisfreie Stadt Osnabrück

c 763
Finnisches Honorarkonsulat in Lübeck
Große Altefähre 20-22, 23552 Lübeck
T: (0451) 15 07-0 **Fax:** 15 07-570
Honorarkonsul: Claus-Achim Eschke
Konsularbezirk: Stadt Lübeck und die Kreise Herzogtum Lauenburg, Ostholstein, Segeberg und Stormarn im Land Schleswig-Holstein

c 764
Honorarkonsulat der Republik Finnland in Rostock
Am Seehafen 1, 18147 Rostock
T: (0381) 4 58 40 00 **Fax:** 4 58 40 01
Honorarkonsul: Horst Rahe
Konsularbezirk: Land Mecklenburg-Vorpommern

c 765
Finnisches Honorarkonsulat in Stuttgart
Postf. 10 04 63, 70003 Stuttgart
Torstr. 15, 70173 Stuttgart
T: (0711) 21 48-2 18 **Fax:** 21 48-2 20
Honorarkonsul: Dr. Friedrich-Wilhelm Hofmann
Konsularbezirk: Land Baden-Württemberg

c 766
Finnisches Honorarkonsulat in Wilhelmshaven
Friedrich-Paffrath-Str. 116, 26389 Wilhelmshaven
T: (04421) 8 77 09 **Fax:** 8 77 70
Honorarkonsul: Friedrich August Meyer
Konsularbezirk: Landkreise Ammerland, Cloppenburg, Friesland, Oldenburg, Wesermarsch und Wittmund sowie die kreisfreien Städte Delmenhorst, Oldenburg und Wilhelmshaven im Land Niedersachsen

Frankreich

● C 767
Botschaft der Französischen Republik
Kochstr. 6-7, 10969 Berlin
T: (030) 20 63 90 00 **Fax:** 20 63 90 10
Internet: http://www.botschaft-frankreich.de

ab September 2002 Pariser Platz 5, 10117 Berlin
Konsularabteilung: Kurfürstendamm 211, 10719 Berlin, T: (030) 88 59 02 43, Fax: 8 82 52 95
Botschafter: S.E. Claude Martin

Konsularbezirk: Land Berlin, Land Brandenburg, Freistaat Sachsen, Land Sachsen-Anhalt, Land Mecklenburg-Vorpommern und Freistaat Thüringen

c 768
Französisches Honorarkonsulat in Aachen
Borchersstr. 20, 52072 Aachen
T: (0241) 87 89 66   Fax: 87 89 66
Honorarkonsul: Dr. Cornelius Renfert
Konsularbezirk: Kreisfreie Stadt Aachen sowie die Landkreise Aachen und Heinsberg im Land Nordrhein-Westfalen

c 769
Französisches Honorarkonsulat in Bremen
Töferbohmstr. 8, 28195 Bremen
T: (0421) 3 05 30   Fax: 3 05 31 10
Honorarkonsul: Wilhelm Meier
Konsularbezirk: Land Bremen

c 770
Französisches Generalkonsulat in Düsseldorf
Cecilienallee 10, 40474 Düsseldorf
T: (0211) 49 77 30   Fax: 4 91 22 40
Generalkonsulin: Nicole Thevenin
Konsularbezirk: Land Nordrhein-Westfalen

c 771
Französisches Generalkonsulat in Düsseldorf Handelsabteilung
Königsallee 53-55, 40212 Düsseldorf
T: (0211) 30 04 10   Fax: 30 04 11 77
Konsul: Francis Widmer (Handelsrat)

c 772
Französisches Generalkonsulat in Frankfurt a. M.
Ludolfusstr. 13, 60487 Frankfurt
T: (069) 7 95 09 60   Fax: 79 50 96 46
Generalkonsul: Daniel Labrosse
Konsularbezirk: Land Hessen und Rheinland-Pfalz

c 773
Französisches Generalkonsulat in Frankfurt a. M. Handelsabteilung
Walter-Kolb-Str. 9-11, 60594 Frankfurt
T: (069) 60 91 92-0   Fax: 60 91 92 43
Konsul: Daniel Paret (Handelsrat)

c 774
Französisches Honorarkonsulat in Frankfurt/Oder
Nuhnenstr. 23, 15234 Frankfurt
T: (0336) 0 24 58 58   Fax: (0335) 4 01 47 40
Honorarkonsul: Hans-Henning Fahrenkamp
Konsularbezirk: Kreisfreie Stadt Frankfurt/Oder sowie die Landkreise Märkisch Oderland und Oder-Spree im Land Brandenburg

c 775
Französisches Honorarkonsulat in Freiburg i.Br.
Wallstr. 15, 79098 Freiburg
T: (0761) 3 13 23, 28 28 50   Fax: 2 34 00
Honorarkonsul: Dr. Hartmut Luebbert
Konsularbezirk: Reg.-Bez. Freiburg i. Br. und Tübingen im Land Baden-Württemberg

c 776
Französisches Generalkonsulat in Hamburg
Pöseldorfer Weg 32, 20148 Hamburg
T: (040) 41 41 06-0   Fax: 41 41 06-60
Internet: http://www.consulfrance-hamburg.de
E-Mail: cgf-hambourg@attglobal.net
Generalkonsul: Samy Hofmann
Konsularbezirk: Freie und Hansestadt Hamburg, Freie Hansestadt Bremen, Land Schleswig-Holstein, Land Niedersachsen

c 777
Französisches Generalkonsulat in Hamburg Handelsabteilung
Domstr. 19, 20095 Hamburg
T: (040) 30 96 12-0   Fax: 30 96 12-30
Konsul: Jean-François Dathie (Handelsrat)

c 778
Französisches Honorarkonsulat in Hannover
Kabelkamp 20, 30179 Hannover
T: (0511) 6 76 32 71   Fax: 6 76 33 11
Honorarkonsul: Dr. Wolfgang G. Plinke
Konsularbezirk: Land Niedersachsen

c 779
Französisches Honorarkonsulat in Mannheim
c/o Dresdner Bank AG
P 2 12, 68161 Mannheim
T: (0621) 1 79-2602   Fax: 1 79-2847
Honorarkonsul: Michael Fritzsche
Konsularbezirk: Reg.-Bez. Karlsruhe und Stuttgart im Land Baden-Württemberg

c 780
Französisches Generalkonsulat in München
Möhlstr. 5, 81675 München
T: (089) 4 19 41 10   Fax: 41 94 11
Generalkonsul: Antoine Grassin
Konsularbezirk: Freistadt Bayern

c 781
Französisches Generalkonsulat in München Handelsabteilung
Pettenkoferstr. 24, 80336 München
T: (069) 6 09 19 20   Fax: 6 09 12 43
Konsul: Christian Benoit (Handelsrat)

c 782
Französisches Honorarkonsulat in Nürnberg
90334 Nürnberg
Ostendstr. 100, 90482 Nürnberg
T: (0911) 5 31-2541   Fax: 5 31-3990
Honorarkonsul: Dr. Georg Bayer
Konsularbezirk: Reg.-Bez. Mittel- Ober- und Unterfranken im Freistaat Bayern

c 783
Französisches Generalkonsulat in Saarbrücken
Johannisstr. 2, 66111 Saarbrücken
T: (0681) 93 67 50   Fax: 3 10 28
Generalkonsulin: Jacqueline Séjean-Carabelli
Konsularbezirk: Saarland

c 784
Französische Honorarkonsulat in Saarlouis
Rathaus, Pavillon Str., 66740 Saarlouis
T: (06831) 29 36   Fax: 6 91 03
Honorarkonsulin: Odile Villeroy de Galhau
Konsularbezirk: Kreis Saarlouis und Merzig-Wadern im Land Saarland

c 785
Französisches Generalkonsulat in Stuttgart
Richard-Wagner-Str. 53, 70184 Stuttgart
T: (0711) 23 74 70   Fax: 2 36 05 37
Generalkonsul: Francis Etienne
Konsularbezirk: Land Baden-Württemberg

c 786
Französisches Generalkonsulat in Stuttgart Handelabteilung
Richard-Wagner-Str. 53, 70184 Stuttgart
T: (0711) 2 36 54 56   Fax: 2 34 91 66
Konsul: Dominique Simon (Handelsrat)

Gabun

● C 787
Botschaft der Gabunischen Republik
Kronprinzenstr. 52, 53173 Bonn
T: (0228) 35 92 86, 36 58 44   Fax: 35 91 95, 36 56 22
Internet: http://www.africaweb.de/gabun
E-Mail: ambgabon@bigfoot.de
Botschafter: Budunku Latha
Konsularbezirk: Bundesgebiet

c 788
Honorarkonsulat der Gabunischen Republik in Berlin
Scabellstr. 12, 14109 Berlin
T: (030) 8 03 70 82   Fax: 8 03 72 96
Honorarkonsul: Wolfgang Brosch
Konsularbezirk: Länder Berlin und Brandenburg

c 789
Honorarkonsulat der Gabunischen Republik in Düsseldorf
Mahirstr. 8, 81925 München
T: (089) 9 98 90 30   Fax: 9 82 72 10
Honorarkonsul: Paul Ruprecht Röver
Konsularbezirk: Freistaat Bayern

c 790
Honorarkonsulat der Gabunischen Republik in Hamburg
Sellhopsweg 1, 22459 Hamburg
T: (040) 55 90 51 16   Fax: 55 90 51 00
Honorarkonsul: Dr. Detlef Strathmann
Konsularbezirk: Länder Hamburg, Bremen, Mecklenburg-Vorpommern, Niedersachsen und Schleswig-Holstein

Gambia

● C 791
Honorarkonsulat der Republik Gambia in Berlin
Kurfürstendamm 103, 10711 Berlin
T: (030) 89 68 98 01   Fax: 89 68 98 11
Honorarkonsul: Gerhard Bartels
KOnsularbezirk: Länder Berlin, Brandenburg, Mecklenburg-Vorpommern, Sachsen, Sachsen-Anhalt und Thüringen

c 792
Honorarkonsulat der Republik Gambia in Frankfurt
Guiollettstr. 19, 60325 Frankfurt
T: (069) 97 12 00 30   Fax: 97 12 00 12
Honorarkonsul: Jan Klimitz
Konsularbezirk: Länder Hessen, Rheinland-Pfalz und Saarland

c 793
Honorarkonsulat der Republik Gambia in Köln
Gladbacher Str. 25, 50672 Köln
T: (0221) 92 58 61 13   Fax: 92 58 61 16
Honorarkonsul: Rolf Becker
Konsularbezirk: Land Nordrhein-Westfalen

c 794
Honorarkonsulat der Republik Gambia in München
Postf. 22 12 49, 80502 München
An der Tuchbleiche 6, 81927 München
T: (089) 22 80 25 66   Fax: 22 80 25 67
Honorarkonsul: Jörg E. Ulte
Konsularbezirk: Länder Bayern und Baden-Württemberg

Georgien

● C 795
Botschaft von Georgien
Heinrich-Mann-Str. 32, 13156 Berlin
T: (030) 48 49 07-0   Fax: 48 49 07-20
E-Mail: geobotger@aol.com
Botschafter: S.E. Dr. Konstantin Gabaschwill

Ghana

● C 796
Botschaft der Republik Ghana
Rheinallee 58, 53173 Bonn
T: (0228) 3 67 96-0   Fax: 36 34 98
Botschafter: S.E. George Robert Nipah
Konsularbezirk: Bundesgebiet

c 797
Botschaft der Republik Ghana Außenstelle Berlin
Stavanger Str. 19, 10439 Berlin
T: (030) 4 47 90 52, 4 47 90 46
1. Secretary: A. Grant Ntrakwah

c 798
Honorargeneralkonsulat der Republik Ghana in Dortmund
Ziethenstr. 15, 44141 Dortmund
T: (0231) 43 60 78
Honorargeneralkonsul: Manfred O. Schroeder
Konsularbezirk: Länder Nordrhein-Westfalen und Rheinland-Pfalz mit Ausnahme des Reg.-Bez. Rheinhessen-Pfalz

c 799
Honorargeneralkonsulat der Republik Ghana in Frankfurt
Große Eschenheimer Str. 13a, 60313 Frankfurt
T: (069) 28 40 18, 28 40 19   Fax: 28 40 33
Honorargeneralkonsul: Dr. Joachim Bromkamp
Konsularbezirk: Länder Hessen, Rheinland-Pfalz (Reg. Bez. Rheinhessen-Pfalz) und Saarland

c 800
Honorargeneralkonsulat der Republik Ghana in Hamburg
Deichstr. 48-50, 20459 Hamburg
T: (040) 37 22 66, (0172) 4 07 20 11
Honorarkonsul: Stephan Buhrich

c 801
Honorargeneralkonsulat der Republik Ghana in Hannover
Schwarzer Bär 2, 30449 Hannover
T: (0511) 44 50 51/2   Fax: 44 17 32
Honorarkonsul: Bernd Hager

Griechenland

● C 802
Botschaft der Griechischen Republik
Jägerstr. 54-55, 10117 Berlin
T: (030) 2 06 26-0   Fax: 2 06 26-444
Botschafter: S.E. Dimitrios Nezeritis

c 803
Botschaft der Griechischen Republik Konsularabteilung
U-Bhf Wittenbergplatz 3a, 10789 Berlin
T: (030) 2 13 70 33/34   Fax: 2 18 26 63
Konsul: Evangelos Sekeris
Konsularbezirk: Länder Berlin, Brandenburg, Mecklenburg-Vorpommern

c 804
Generalkonsulat der Griechischen Republik in Düsseldorf
Grafenberger Allee 128a, 40237 Düsseldorf
T: (0211) 68 78 50-0, 68 78 50-50   Fax: 68 78 50 33
Generalkonsul: Karlolus Gadis
Konsularbezirk: Reg.-Bez. Düsseldorf im Land Nordrhein-Westfalen

c 805
Generalkonsulat der Griechischen Republik in Frankfurt
Zeppelinallee 43, 60325 Frankfurt
T: (069) 9 79 91 20   Fax: 97 99 12 33
Generalkonsul: Ioannis Christofilis
Konsularbezirk: Länder Hessen, Rheinland-Pfalz, Saarland u. Reg.-Bez. Unterfranken des Landes Bayern

c 806
Generalkonsulat der Griechischen Republik in Hamburg
Neue ABC-Str. 10, 20354 Hamburg
T: (040) 41 32 43-0
Generalkonsulin: Helene Yerocostopoulou-Theodoracopoulos
Konsularbezirk: Länder Bremen, Hamburg und Schleswig-Holstein sowie im Reg.-Bez. Lüneburg des Landes Niedersachsen die Landkreise Cuxhaven, Osterholz, Rotenburg (Wümme), Stade, Harburg und Lüneburg

c 807
Generalkonsulat der Griechischen Republik in Hannover
Gellertstr. 43, 30175 Hannover
T: (0511) 2 81 91 10   Fax: 2 82 97 07
Generalkonsul: N.N.
Konsularbezirk: Land Niedersachsen, ausgenommen im Reg.-Bez. Lüneburg und Detmold, Landkreise Cuxhaven, Osterholz, Rotenburg (Wümme), Stade, Harburg und Lüneburg, Städte Cuxhaven und Lüneburg, selbständige Gemeinden Stadt Buxtehude, Stadt Stade und Gemeinde Seevetal, Landkreis Minden-Lübbecke des Reg.-Bez. Detmold im Land Nordrhein-Westfalen

c 808
Generalkonsulat der Griechischen Republik in Köln
Universitätsstr. 45, 50931 Köln
T: (0221) 94 20 39-0, 94 20 39-45   Fax: 94 20 39-25
Generalkonsul: Leonidas Rovanas
Konsularbezirk: Reg.-Bez. Köln im Land Nordrhein-Westfalen, Kreis Olpe und Kreis Siegen-Wittgenstein des Regierungsbezirks Arnsberg, Märkischer Kreis, Hochsauerlandkreis

c 809
Generalkonsulat der Griechischen Republik in Leipzig
Kommandant-Trufanow-Str. 29, 04105 Leipzig
T: (0341) 5 64 80 90   Fax: 5 64 56 28
Generalkonsul: Michalis Koukakis
Konsularbezirk: Länder Sachsen, Sachsen-Anhalt und Thüringen

c 810
Generalkonsulat der Griechischen Republik in München
Möhlstr. 22, 81675 München
T: (089) 99 88 67 23, (0789) 99 88 67 21
Fax: (089) 40 96 26
Generalkonsul: Dr. Anastassios Petrowas
Konsularbezirk: Land Bayern mit Ausnahme der Reg.-Bez. Unterfranken

c 811
Generalkonsulat der Griechischen Republik in Stuttgart
Hauptstätter Str. 54, 70178 Stuttgart
T: (0711) 22 29 87-0   Fax: 22 29 87-40
Generalkonsulin: Cleopatre Liouni
Konsularbezirk: Land Baden-Württemberg

c 812
Honorarkonsulat der Griechischen Republik in Nürnberg
Königstr. 34, 90402 Nürnberg
T: (0911) 22 12 32, 20 46 55   Fax: 24 38 73
Honorarkonsulin: Elisabeth Christa Madeleine Schickedanz
Konsularbezirk: Reg.-Bez. Mittelfranken, Oberfranken und Oberpfalz im Land Bayern

Großbritannien

● C 813
Botschaft des Vereinigten Königreichs Großbritannien und Nordirland
Wilhelmstr. 70-71, 10117 Berlin
T: (030) 2 04 57-0   Fax: 2 04 57-594
Internet: http://www.britischebotschaft.de
E-Mail: info@britischebotschaft.de
Botschafter: Sir Paul Lever (KCMG)

c 814
Außenstelle der Botschaft des Vereinigten Königreichs
Argelanderstr. 108a, 53115 Bonn
T: (0228) 9 16 70   Fax: 9 16 72 00
Leiter: Gareth Steel
Zuständiger Amtsbezirk: Deutschland (nur Landwirtschaft & Wissenschaft)

c 815
Honorarkonsulat des Vereinigten Königreichs in Bremen
Postf. 10 38 60, 28038 Bremen
Herrlichkeit 6, 28199 Bremen
T: (0421) 59 09-0   Fax: 5 90 91 60
Honorarkonsul: Dr. Hans-Joachim Enge
Konsularbezirk: Land Bremen und Bremerhaven

c 816
Generalkonsulat des Vereinigten Königreichs in Düsseldorf
Yorckstr. 19, 40476 Düsseldorf
T: (0211) 94 48-0   Fax: 48 81 90
TGR: BRITAIN Duesseldorf
Generalkonsul: Boyd McCleary
Konsularbezirk: Land Nordrhein-Westfalen

c 817
Generalkonsulat des Vereinigten Königreichs in Frankfurt
Trition Haus
Bockenheimer Landstr. 42, 60323 Frankfurt
T: (069) 17 00 02-0   Fax: 72 95 53
TGR: BRITAIN Frankfurt
Generalkonsul: Eric W. Callway
Konsularbezirk: Länder Hessen, Rheinland-Pfalz, Saarland

c 818
Generalkonsulat des Vereinigten Königreichs in Hamburg
Harvestehuder Weg 8a, 20148 Hamburg
T: (040) 44 80 32-0   Fax: 4 10 72 59
TGR: BRITAIN Hamburg
Generalkonsul: Douglas B. McAdam
Konsularbezirk: Länder Hamburg, Bremen, Schleswig-Holstein und Niedersachsen

c 819
Honorarkonsulat des Vereinigten Königreichs in Hannover
c/o Hannover Rückversicherungs AG
Karl-Wiechert-Allee 50, 30625 Hannover
T: (0511) 3 88 38 08   Fax: 5 60 46 90
Honorarkonsul: Wilhelm Zeller
Konsularbezirk: Land Niedersachsen

c 820
Honorarkonsulat des Vereinigten Königreichs in Kiel
c/o United Canal Agency GmbH
Schleuse
Maklerstr. 11-14, 24159 Kiel
T: (0431) 33 19 71   Fax: 3 05 37 46
Honorarkonsul: Jann Petersen
Konsularbezirk: Land Schleswig-Holstein

c 821
Generalkonsulat des Vereinigten Königreichs in München
Bürkleinstr. 10, 80538 München
T: (089) 2 11 09-0   Fax: 2 11 09-1 66
Generalkonsul: Julian Farrell
Konsularbezirk: Land Bayern

c 822
Honorarkonsulat des Vereinigten Königreichs in Nürnberg
c/o M. Schmitt & Sohn GmbH & Co.
Hadermühle 9-15, 90402 Nürnberg
T: (0911) 24 04-303   Fax: 24 04-111
Honorarkonsul: Dr. Johannes Schmitt
Konsularbezirk: Ober-, Mittel- und Unterfranken im Land Bayern

c 823
Generalkonsulat des Vereinigten Königreichs in Stuttgart
Breite Str. 2, 70173 Stuttgart
T: (0711) 16 26 90   Fax: 1 62 69 30
Generalkonsul: Neil Carlton Paterson
Konsularbezirk: Land Baden-Württemberg

Guatemala

● C 824
Botschaft der Republik Guatemala
Joachim-Karnatz-Allee 45-47, 10557 Berlin
T: (030) 20 64 36-3   Fax: 20 64 36-59

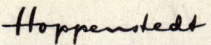

E-Mail: embaguate.alemania@t-online.de
Botschafter: S.E. José Francisco Villagrán de Léon
Konsularbezirk: Länder Baden-Württemberg, Bayern, Berlin, Brandenburg, Hessen, Mecklenburg-Vorpommern, Nordrhein-Westfalen, Rheinland-Pfalz, Saarland, Sachsen, Sachsen-Anhalt, Thüringen

c 825

Generalkonsulat der Republik Guatemala in Hamburg
Fruchtallee 17, 20259 Hamburg
T: (040) 4 30 60 51   Fax: 4 30 42 74
Generalkonsul: Dr. Juan José Dardón Castillo
Konsularbezirk: Länder Hamburg, Bremen, Niedersachsen und Schleswig-Holstein

c 826

Außenhandelsbüro von Guatemala in Hamburg
Fruchtallee 17, 20259 Hamburg
T: (040) 4 30 80 43, 4 30 80 44   Fax: 4 30 80 42

c 827

Honorarkonsulat der Republik Guatemala in Düsseldorf
Achenbachstr. 43, 40237 Düsseldorf
T: (0211) 67 06 45 90, 62 68 96   Fax: 67 06 45 99, 62 25 18
E-Mail: knaak@nehm.coll.de
Honorarkonsul: Dr. Thomas Knaak
Konsularbezirk: Land Nordrhein-Westfalen

c 828

Honorarkonsulat der Republik Guatemala in München
Grafinger Str. 2, 81671 München
T: (089) 40 62 14   Fax: 4 13 22 00
Honorarkonsul: Otto Eckart
Konsularbezirk: Land Bayern

Guinea

● C 829

Botschaft der Republik Guinea
Rochusweg 50, 53129 Bonn
T: (0228) 23 10 98   Fax: 23 10 97
TGR: AMBAGUINEE Bonn
Botschafter: S.E. Abraham Doukouré
Konsularbezirk: Bundesgebiet

c 830

Honorargeneralkonsulat der Republik Guinea in Duisburg
Krausstr. 1a, 47119 Duisburg
T: (0203) 80 42 09
Honorarkonsul: Heinrich Stomberg
Konsularbezirk: Bundesgebiet ohne Länder Bayern, Baden-Württemberg, Hamburg, Niedersachsen und Schleswig-Holstein

c 831

Honorargeneralkonsulat Republik Guinea in Hamburg
Alsterufer 38, 20354 Hamburg
T: (040) 41 87 80   Fax: 44 83 56
Honorarkonsul: Lothar Golgert
Konsularbezirk: Länder Hamburg, Niedersachsen und Schleswig-Holstein

c 832

Honorargeneralkonsulat Republik Guinea in München
Amalienstr. 87, 80799 München
T: (089) 28 61 13   Fax: 28 61 13
Honorargeneralkonsul: Paul Böhringer
Konsularbezirk: Länder Bayern und Baden-Württemberg

Guinea-Bissau

● C 833

Honorarkonsulat von Guinea-Bissau in Bremen
Sögestr. 18-20, 28195 Bremen
T: (0421) 1 60 96 26   Fax: 1 60 96 11
Honorarkonsul: Karsten-Uwe Koepke
Konsularbezirk: Bundesgebiet

Guyana

● C 834

Botschaft der Kooperativen Republik Guyana
12, Avenue du Brésil, B-1050 Brüssel
T: (00322) 6 75 62 16   Fax: 6 72 55 98
Leiter(in): Gale Lee (Geschäftsträgerin a.i.)

Haiti

● C 835

Botschaft der Republik Haiti
Meinekestr. 5, 10719 Berlin
T: (030) 88 55 41 34   Fax: 88 55 41 35
E-Mail: haitbot@aol.com
Botschafter: Dr. Alrich Nicolas

c 836

Honorarkonsulat von Haiti in Aidlingen/Stuttgart
Keplerstr. 31, 71134 Aidlingen
T: (07056) 9 20 21   Fax: 47 51
Honorarkonsul: Dr. Edgar Scherer
Konsularbezirk: Land Baden-Württemberg

c 837

Honorarkonsulat von Haiti in Bremen
Retbergweg 8, 28355 Bremen
T: (0421) 25 95 88   Fax: 25 05 27
Honorarkonsul: Dipl.-Kfm. Günther Brinkmann
Konsularbezirk: Land Bremen

c 838

Honorarkonsulat von Haiti in Frankfurt
Hynspergstr. 4, 60322 Frankfurt
T: (069) 55 15 86   Fax: 5 96 42 95
Honorarkonsul: Karl Heinz Arnold
Konsularbezirk: Land Hessen

c 839

Honorarkonsulat von Haiti in Mainz
Mandelring 35, 67433 Neustadt
T: (06321) 21 68, 3 00 54   Fax: 21 68, 3 00 54
Honorarkonsul: Horst Sobirey
Konsularbezirk: Länder Rheinland-Pfalz und Saarland

Heiliger Stuhl

● C 840

Apostolische Nuntiatur
Lilienthalstr. 3a, 10965 Berlin
T: (030) 61 62 40   Fax: 61 62 43 00
E-Mail: apostolische●untiatur@t-online.de
Apostolischer Nuntius: S.E. Erzbischof Dr. Giovanni Lajolo

Honduras

● C 841

Botschaft von Honduras
Cuxhavener Str. 14, 10555 Berlin
T: (030) 39 74 97 10   Fax: 39 74 97 12
E-Mail: informacion@embahonduras.de
Geschäftsträgerin, a.i.: Sonia Carpio Mendoza

c 842

Generalkonsulat der Republik Honduras in Hamburg
An der Alster 21, 20099 Hamburg
T: (040) 2 80 22 05   Fax: 24 64 70
E-Mail: consulhamb@aol.com
Konsularbezirk: Bundesgebiet

c 843

Honorarkonsulat von Honduras in Essen
Neckarstr. 16-18, 45219 Essen
T: (02054) 87 16 72   Fax: 87 16 73
Honorarkonsul: Erich Kreusch
Konsularbezirk: Rheinland-Pfalz, Nordrhein-Westfalen, Hessen

c 844

Honorarkonsulat der Republik Honduras in München
Blütenstr. 15, 80799 München
T: (089) 2 78 26 30
Honorarkonsul: Carl-Peter Söhnges
Konsularbezirk: Land Bayern

Indien

● C 845

Botschaft der Republik Indien
Embassy of India
Tiergartenstr. 17, 10785 Berlin
T: (030) 25 79 50   Fax: 25 79 51 02
E-Mail: info@indianembassy.de
Botschafter: S.E. Ronen Sen (außerordentlicher und bevollmächtigter Botschafter)
Konsularbezirke: Brandenburg, Thüringen, Mecklenburg-Vorpommern, Sachsen, Sachsen-Anhalt

c 846

Botschaft der Republik Indien Außenstelle Bonn
Willy-Brandt-Allee 16, 53113 Bonn
T: (0228) 54 05-0   Fax: 54 05-154
Leiter(in): Rakesh Bushan

c 847

Indisches Generalkonsulat in Frankfurt
Friedrich-Ebert-Anlage 26, 60325 Frankfurt
T: (069) 1 53 00 50   Fax: 55 41 25
Generalkonsul: Tsewang Topden
Konsularbezirk: Hessen, Rheinland-Pfalz, Saarland und Baden-Württemberg

c 848

Indisches Generalkonsulat in Hamburg
Raboisen 6, 20095 Hamburg
T: (040) 33 80 36, 33 05 57, 32 47 44   Fax: 32 37 57
Generalkonsul: Arun Kumar Goel
Konsularbezirk: Länder Hamburg, Bremen, Niedersachsen und Schleswig-Holstein

c 849

Indisches Honorarkonsulat in Stuttgart
Schulze-Delitzsch-Str. 25, 70565 Stuttgart
T: (0711) 7 83 82 11   Fax: 7 83 89 69
Honorarkonsul: Andreas Lapp
Konsularbezirk: Baden-Württemberg und Rheinland-Pfalz

c 850

Indisches Honorarkonsulat in Essen
Boehnertweg 9, 45359 Essen
T: (0201) 86 76-00   Fax: 86 76-120
Honorarkonsul: Dr. Heinz Horst Deichmann
Konsularbezirk: Nordrhein-Westfalen

Indonesien

● C 851

Botschaft der Republik Indonesien
Lehrter Str. 16-17, 10557 Berlin
T: (030) 47 80 70   Fax: 44 73 71 42
Gesandter: Maddolangeng Mansjur (Geschäftsträger a.i.)

c 852

Generalkonsulat der Republik Indonesien in Hamburg
Bebelallee 15, 22299 Hamburg
T: (040) 5 14 40 60   Fax: 5 11 35 11
Generalkonsul: Ida Bagus Putu Djendra
Konsularbezirk: Länder Hamburg, Bremen, Schleswig-Holstein und Niedersachsen

c 853

Generalkonsulat der Republik Indonesien in Frankfurt a.M.
Zeppelinallee 23, 60325 Frankfurt
Generalkonsul: Otto Sidharto Soeria Atmadja
Konsularbezirk: Länder Hessen, Baden-Württemberg, Bayern, Nordrhein-Westfalen, Rheinland-Pfalz und Saarland

Verbände, Behörden, Organisationen der Wirtschaft 2001

c 854

Honorargeneralkonsulat der Republik Indonesien in Baden-Baden und Stuttgart
Flughafen Dienstl. Geb. E 5, Raum 5.045, 70629 Stuttgart
T: (0711) 7 97 07 88 **Fax:** 7 97 07 69
medien centrum, Augustaplatz 8, 76530 Baden-Baden, T: (07221) 36 65 11, Fax: (36 65 19)
Honorargeneralkonsul: Karlheinz Kögel
Konsularbezirk: Länder Baden-Württemberg und Saarland

c 855

Honorarkonsulat der Republik Indonesien in Bremen
Friedrich-Klippert-Str. 1, 28759 Bremen
T: (0421) 6 60 44 00 **Fax:** 6 60 43 95
Honorarkonsul: Friedrich Lürssen
Konsularbezirk: Land Bremen

c 856

Honorarkonsulat der Republik Indonesien in Hannover
Georgsplatz 1, 30159 Hannover
T: (0511) 3 61 21 50 **Fax:** 3 61 86 68
Honorarkonsul: Günter Karl Willi Nerlich
Konsularbezirk: Land Niedersachsen

c 857

Honorarkonsulat der Republik Indonesien in Kiel
Brauner Berg 15, 24159 Kiel
T: (0431) 39 40 20 **Fax:** 39 40 25
Honorarkonsul: Dr.-Ing. Dieter Murmann
Konsularbezirk: Land Schleswig-Holstein

c 858

Honorarkonsulat der Republik Indonesien in München
Widenmayerstr. 24, 80538 München
T: (089) 29 46 09 **Fax:** 29 46 09
Honorarkonsul: Wolfgang Schoeller
Konsularbezirk: Land Bayern

Irak

● **C 859**

Botschaft der Republik Irak
Annaberger Str. 289, 53175 Bonn
T: (0228) 95 02 40 **Fax:** 9 50 24 30
I. Sekretär: Shamil A. Mohammed (Geschäftsträger a.i.)
Konsularbezirk: Bundesgebiet

Iran

● **C 860**

Botschaft der Islamischen Republik Iran
Podbielskiallee 65-67, 14195 Berlin
T: (030) 84 35 30 **Fax:** 84 35 35 35
E-Mail: iran.botschaft@t-online.de
Botschafter: S.E. Ahmad Azizi
Konsularbezirk: Länder Berlin, Brandenburg, Mecklenburg-Vorpommern, Sachsen, Sachsen-Anhalt und Thüringen

c 861

Generalkonsulat der Islamischen Republik Iran in Frankfurt
Eichendorffstr. 54, 60320 Frankfurt
T: (069) 56 00 07 39, 56 00 07 40 **Fax:** 56 00 07 13, 56 00 07 28
Generalkonsul: Mahmoud Khoshrou
Konsularbezirk: Länder Hessen, Baden-Württemberg, Bayern, Rheinland-Pfalz, Saarland und Nordrhein-Westfalen (ausgenommen die Verwaltungsbez. Münster und Detmold)

c 862

Generalkonsulat der Islamischen Republik Iran in Hamburg
Bebelallee 18, 22299 Hamburg
T: (040) 5 14 40 60 **Fax:** 5 11 35 11
Generalkonsul: Yazdan moghadam Hossein
Konsularbezirk: Länder Hamburg, Bremen, Niedersachsen, Schleswig-Holstein, Münster

Irland

● **C 863**

Botschaft von Irland
Friedrichstr. 200, 10117 Berlin
T: (030) 2 20 72-0 **Fax:** 2 20 72-299
Botschafter: S.E. Noel Fahey
Konsularbezirk: Bundesgebiet

c 864

Honorarkonsulat von Irland in Hamburg
Feldbrunnenstr. 43, 20148 Hamburg
T: (040) 44 18 61 13 **Fax:** 44 18 65 51
Honorarkonsul: Dr. Michael Fisser
Konsularbezirk: Hamburg und Schleswig-Holstein

c 865

Honorargeneralkonsulat von Irland in München
Possartstr. 12, 81679 München
T: (089) 98 57 23 **Fax:** 9 82 73 42
Honorargeneralkonsulin: Liselotte Linnebach
Konsularbezirk: Länder Bayern und Baden-Württemberg

Island

● **C 866**

Botschaft von Island
Rauchstr. 1, 10787 Berlin
T: (030) 50 50-4000 **Fax:** 50 50-4300
Internet: http://www.botschaft-island.de
E-Mail: icemb.berlin@utn.stjr.is
Botschafter: S.E. Ingimundur Sigfússon

c 867

Konsulat von Island in Bremerhaven
Postf. 29 01 62, 27531 Bremerhaven
Lengstr. 5, 27572 Bremerhaven
T: (0471) 97 32-1 00 **Fax:** 97 32-2 15
Konsul: Reinhard Meiners
Konsularbezirk: Land Bremen

c 868

Honorarkonsulat von Island in Cuxhaven
Leuchtturmweg 5, 27472 Cuxhaven
T: (04721) 5 71 30 **Fax:** 3 77 65
Honorarkonsul: Wolf-Rüdiger Dick
Konsularbezirk: Stadt und Landkreis Cuxhaven im Land Niedersachsen

c 869

Honorarkonsulat von Island in Düsseldorf
Otto-Hahn-Str. 2, 40699 Erkrath
T: (0211) 2 50 94 40-41 **Fax:** 2 50 94 97
Honorarkonsul: Peter J. Hesse
Konsularbezirk: Reg.-Bez. Düsseldorf, Detmold und Münster im Land Nordrhein-Westfalen

c 870

Honorarkonsulat von Island in Frankfurt
Roßmarkt 10, 60311 Frankfurt
T: (069) 2 99 97 24 **Fax:** 28 38 72, 29 05 57
Honorarkonsul: Helmut K. Holz
Konsularbezirk: Länder Hessen, Rheinland-Pfalz und Saarland

c 871

Honorarkonsulat von Island in Hamburg
Raboisen 5, 1. Eimbcke-Haus, 20095 Hamburg
T: (040) 33 66 96 **Fax:** 33 13 47
Honorarkonsul: Oswald Dreyer-Eimbcke
Konsularbezirk: Land Hamburg

c 872

Honorarkonsulat der Republik Island in Hannover
c/o Druckerei Grütter GmbH & Co. KG
Lägenfeldstr. 8, 30952 Ronnenberg
T: (0511) 46 09-0 **Fax:** 46 09-120
Honorarkonsul: Wolf Grütter
Konsularbezirk: Land Niedersachsen mit Ausn. d. Krs. Cuxhaven

c 873

Honorarkonsulat von Island in Köln
Spitzwegstr. 16, 50933 Köln
T: (0221) 48 78 78
Honorarkonsul: Oberstadtdir. a.D. Dr. Max Adenauer
Konsularbezirk: Reg.-Bez. Arnsberg und Köln

c 874

Honorarkonsulat von Island in Lübeck
Postf. 19 38, 23507 Lübeck
Körnerstr. 18, 23564 Lübeck
T: (0451) 5 40 75 **Fax:** 5 13 37
Honorarkonsul: Jörg Hübner
Konsularbezirk: Land Schleswig-Holstein

c 875

Honorarkonsulat von Island in München
Mühldorfstr. 15, 81671 München
T: (089) 41 29-22 14 **Fax:** 41 29-22 13
Honorarkonsul: Friedrich Nikolaus Schwarz
Konsularbezirk: Land Bayern

c 876

Honorarkonsulat von Island in Stuttgart
Uhlandstr. 30, 71665 Vaihingen
T: (07042) 9 72 60 **Fax:** 97 26 99
Honorarkonsul: Emilia Hartmann
Konsularbezirk: Land Baden-Württemberg

c 877

Konsulat von Island in Warnemünde
Am Strom 12 (Warnemünde), 18119 Rostock
T: (0381) 54 81 50 **Fax:** 5 48 15 30
Konsul: Detlef Thomaneck
Konsularbezirk: Mecklenburg-Vorpommern

Israel

● **C 878**

Botschaft des Staates Israel
Auguste-Viktoria-Str. 74, 14193 Berlin
T: (030) 8 90 45-500 **Fax:** 8 90 45-129
Internet: http://www.israel.de
E-Mail: botschaft@israel.de
Botschafter: Shimon Stein
Konsul: Giora Shimron
Konsularbezirk: gesamte Bundesrepublik

Italien

● **C 879**

Italienische Botschaft
Dessauer Str. 28-29, 10963 Berlin
T: (030) 2 54 40-0 **Fax:** 2 54 40-100
Internet: http://www.botschaft-italien.de
Gesandter: Vittorio Tedeschi

c 880

Italienisches Konsulat in Dortmund
Goebenstr. 14, 44135 Dortmund
T: (0231) 57 79 60 **Fax:** 55 13 79
TGR: ITALCONSUL Dortmund
E-Mail: italia.consolato.dortmund@t-online.de
Konsul: Enrico De Agostini
Konsularbezirk: Reg.-Bez. Detmold und Münster sowie Reg.-Bez. Arnsberg mit Ausnahme des Hochsauerlandkreises (ohne das Gebiet des früheren Kreises Arnsberg), des Märkischen Kreises (ohne das Gebiet des früheren Kreises Iserlohn), der Kreise Olpe und Siegen-Wittgenstein im Land Nordrhein-Westfalen

c 881

Italienisches Generalkonsulat in Frankfurt
Beethovenstr. 17, 60325 Frankfurt
T: (069) 7 53 10 **Fax:** 7 53 11 43
E-Mail: italia.consolato.francoforte@t-online.de
Gesandter: Sandro Maria Sigga
Konsularbezirk: Länder Hessen und Rheinland-Pfalz

c 882

Italienisches Konsulat in Freiburg
Schreiberstr. 4, 79098 Freiburg
T: (0761) 38 66 10 **Fax:** 3 86 61 61
E-Mail: italia.consolato.friburgo@t-online.de

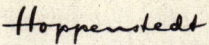

Konsul: Sergio Martes
Konsularbezirk: Reg.-Bez. Freiburg im Land Baden-Württemberg

c 883
Italienisches Generalkonsulat in Hamburg
Feldbrunnenstr. 54, 20148 Hamburg
T: (040) 4 14 00 70   **Fax:** 41 40 07 39
TGR: ITALCONSUL Hamburg
E-Mail: italconsul_hamburg@compuserve.com
Generalkonsul: Massimo Bernardinelli
Botschaftsrat: Antonio Gardelli
Konsularbezirk: Länder Hamburg, Bremen, Schleswig-Holstein

c 884
Italienisches Generalkonsulat in Hannover
Freundallee 27, 30173 Hannover
T: (0511) 28 37 90 /9   **Fax:** 2 83 79 30
E-Mail: italia.consolato.hannover@t-online.de
Generalkonsul: Renzo Pennacchioni
Konsularbezirk: Land Niedersachsen

c 885
Italienisches Generalkonsulat in Köln
Universitätsstr. 81, 50931 Köln
T: (0221) 4 00 87-0   **Fax:** 4 06 03 50
TGR: ITALCONSUL Köln
E-Mail: italcons.colonia@t-online.de
Generalkonsul: N. N.
Botschaftsrat: Gianfrance Colognato
Konsularbezirk: Reg.-Bez. Köln mit Ausnahme der Stadt Bonn, Reg.-Bez. Düsseldorf sowie Hochsauerland (ohne das Gebiet des früheren Kreises Arnsberg), Märkischer Kreis (ohne das Gebiet des früheren Kreises Iserlohn), Kreise Olpe und Siegen des Reg.-Bez. Arnsberg

c 886
Italienisches Generalkonsulat in Leipzig
Löhrstr. 17, 04105 Leipzig
T: (0341) 98 42 70   **Fax:** 2 11 58 23
E-Mail: italia.consolato.lipsia@t-online.de
Generalkonsul: Legationsrat Fausto Brunetti
Konsularbezirk: Länder Sachsen, Sachsen-Anhalt und Thüringen

c 887
Italienische Konsularagentur in Mannheim
M 1 5, 68161 Mannheim
T: (0621) 1 78 90 90   **Fax:** 2 09 65
E-Mail: italconsul.mannheim@t-online.de
Leiter(in): Salvatore Bonaventuza (Konsularagent)
Konsularbezirk: Kreise Mannheim, Heidelberg und Rhein-Neckar im Land Baden-Württemberg

c 888
Italienisches Generalkonsulat in München
Möhlstr. 3, 81675 München
T: (089) 4 18 00 30   **Fax:** 47 79 99
E-Mail: italcons.monaco@t-online.de
Adjunkt-Konsul: Sergio Pagano
Konsularbezirk: Land Bayern (mit Ausnahme der Reg.-Bez. Unter-, Mittel- und Oberfranken)

c 889
Italienisches Konsulat in Nürnberg
Gleißbühlstr. 10, 90402 Nürnberg
T: (0911) 20 53 60   **Fax:** 24 38 33
TGR: ITALCONSUL Nürnberg
E-Mail: ital.konsulat.nbg@t-online.de
Konsul: Lagationsrat Antimo Camppnile
Konsularbezirk: Reg.-Bez. Unter-, Mittel- und Oberfranken im Land Bayern

c 890
Italienisches Konsulat in Saarbrücken
Preußenstr. 19, 66111 Saarbrücken
T: (0681) 66 83 30   **Fax:** 6 68 33 35
E-Mail: italia.consolato.saarbruecken@t-online.de
Konsul: Salvatore Sciuto
Konsularbezirk: Saarland

c 891
Italienisches Generalkonsulat in Stuttgart
Lenzhalde 46, 70192 Stuttgart
T: (0711) 2 56 30   **Fax:** 2 56 31 36
E-Mail: italia.consolato.stoccarda@t-online.de
Generalkonsul: Botschaftsrat Bernardo Carloni
Konsul: N. N.
Konsularbezirk: Land Baden-Württemberg (mit Ausnahme des Reg.-Bez. Freiburg)

c 892
Italienische Konsularagentur in Wolfsburg
Porschestr. 74, 38440 Wolfsburg
T: (05361) 23 07 78   **Fax:** 2 13 58
E-Mail: agenzia-consolaze-italia-wob@t-online
Leiter(in): Felice Zagaglia (Konsularagent)
Konsularbezirk: Städte Wolfsburg, Gifhorn und Helmstedt im Reg.-Bez. Braunschweig des Landes Niedersachsen
Die Konsularagentur ist dem Generalkonsulat in Hannover unterstellt

Jamaica

● C 893
Botschaft von Jamaika
Schmargendorfer Str. 32, 12159 Berlin
T: (030) 85 99 45-0   **Fax:** 85 99 45-40
Botschafter: S.E. Peter C. Black
Konsularbezirk: Bundesgebiet

c 894
Honorarkonsulat von Jamaica in Hamburg
Ballindamm 1, 20095 Hamburg
T: (040) 30 29 90   **Fax:** 30 29 92 80
TGR: CLEOPATRA Hamburg
Honorarkonsul: Jens Kellinghusen
Konsularbezirk: Länder Hamburg, Bremen, Niedersachsen, Schleswig-Holstein und Mecklenburg-Vorpommern

c 895
Honorarkonsulat von Jamaika in München
Münchner Str. 16, 85774 Unterföhring
T: (089) 9 29 59 09
E-Mail: info@fje-film.com
Honorarkonsulin: Gloria Elmendorff
Konsularbezirk: Länder Bayern und Baden-Württemberg

Japan

● C 896
Japanische Botschaft
Hiroshimastr. 6, 10785 Berlin
T: (030) 2 10 94-0   **Fax:** 2 10 94-222
Internet: http://www.embjapan.de
E-Mail: info@embjapan.de
Botschafter: Kunisada Kume
Konsularbezirke: Berlin, Brandenburg, Mecklenburg-Vorpommern, Sachsen, Sachsen-Anhalt, Thüringen

c 897
Japanische Botschaft Außenstelle Bonn
Godesberger Allee 102-104, 53175 Bonn
T: (0228) 81 91-0   **Fax:** 81 91-207
Leiter: Gesandter Toshio Kunikata
Konsularbezirk: Köln

c 898
Japanisches Generalkonsulat in Düsseldorf
Immermannstr. 45, 40210 Düsseldorf
T: (0211) 1 64 82-0   **Fax:** 35 76 50
TGR: RYOJI Duesseldorf
Generalkonsul: Kenji Tanaka
Konsularbezirk: Land Nordrhein-Westfalen mit Ausnahme des Reg.-Bez. Köln

c 899
Japanisches Generalkonsulat in Frankfurt
Taunustor 2 23. OG, 60311 Frankfurt
T: (069) 2 38 57 30   **Fax:** 23 05 31
Generalkonsul: Akio Tanaka
Konsularbezirk: Hessen

c 900
Japanisches Generalkonsulat in Hamburg
Rathausmarkt 5, 20095 Hamburg
T: (040) 3 33 01 70   **Fax:** 30 39 99 15
Generalkonsul: Akira Wakabayashi
Konsularbezirk: Länder Bremen, Hamburg, Niedersachsen und Schleswig-Holstein

c 901
Japanisches Generalkonsulat in München
Prinzregentplatz 10, 81675 München
T: (089) 47 10 43-45   **Fax:** 4 70 57 10
TGR: RYOJI MUENCHEN
Generalkonsul: Yoshinori Katori
Konsularbezirk: Länder Bayern und Baden-Württemberg

c 902
Japanisches Honorarkonsulat in Stuttgart
Am Hauptbahnhof 2, 70173 Stuttgart
T: (0711) 1 27-7799   **Fax:** 1 27-7800
Honorarkonsul: Werner Schmidt
Konsularbezirk: Land Baden-Württemberg

Jemen

● C 903
Botschaft der Republik Jemen
Rheinbabenallee 18, 14199 Berlin
T: (030) 89 73 05-0   **Fax:** 89 73 05-62
E-Mail: botschaft-jemen@freenet.de
Botschafter: S.E. Mohy A. Al-Dhabbi
Konsularbezirk: Bundesgebiet
T: (0228) 21 25 63, Fax: 21 25 84

Jordanien

● C 904
Botschaft des Haschemitischen Königreichs Jordanien
Heerstr. 201, 13595 Berlin
T: (030) 36 99 60-0   **Fax:** 36 99 60-11
Botschafter: S.E. Farouk Ahmad Kasrawi
Konsularbezirk: Bundesgebiet

c 905
Honorarkonsulat des Haschemitischen Königreichs Jordanien in Düsseldorf
Postf. 20 03 20, 40101 Düsseldorf
Poststr. 7, 40213 Düsseldorf
T: (0211) 1 38 06 02   **Fax:** 3 23 68 30
Honorarkonsul: Claus Gielisch
Konsularbezirk: Land Nordrhein-Westfalen

c 906
Honorarkonsulat des Haschemitischen Königreichs Jordanien in Hannover
Andreaestr. 1, 30159 Hannover
T: (0511) 32 38 34   **Fax:** 32 15 38
Honorarkonsul: Kurt Uihlein
Konsularbezirk: Land Niedersachsen

c 907
Honorarkonsulat des Haschemitischen Königreichs Jordanien in München
Barer Str. 37, 80799 München
T: (089) 28 29 53   **Fax:** 23 17 10 55
Honorarkonsul: Rudolf Neumeister
Konsularbezirk: Land Bayern

c 908
Honorarkonsulat des Haschemitischen Königreichs Jordanien in Wiesbaden
An der Ringkirche 6, 65197 Wiesbaden
T: (0611) 45 07 79 00   **Fax:** 45 07 77 50
Honorarkonsul: Helmut Hildebrand
Konsularbezirk: Land Hessen

Kambodscha

● C 909
Botschaft des Königreichs Kambodscha
Benjamin-Vogelsdorff-Str. 2, 13187 Berlin
T: (030) 48 63 79 01   **Fax:** 48 63 79 73
Botschafter: S.E. Khek Lerang

Kamerun

● C 910
Botschaft der Republik Kamerun
Rheinallee 76, 53173 Bonn
T: (0228) 35 60 38   **Fax:** 35 90 58
Botschafter: S.E. Jean Melaga
Konsularbezirk: Bundesgebiet

c 911
Honorarkonsulat der Republik Kamerun in Düsseldorf
Postf. 10 48 30, 40039 Düsseldorf
Erkrather Str. 306, 40231 Düsseldorf
T: (0211) 7 30 82 30   **Fax:** 7 37 02 20
Honorarkonsul: Dr.-Ing. Hans Walter
Konsularbezirk: Land Nordrhein-Westfalen

c 912
Honorarkonsulat der Republik Kamerun in Frankfurt a. M.
Hostatostr. 13, 65929 Frankfurt
T: (069) 3 10 22 21   **Fax:** 3 10 22 21
Honorarkonsul: Dr. Walter Ebbinghaus
Konsularbezirk: Hessen und Thüringen

Kanada

● C 913
Kanadische Botschaft
Friedrichstr. 95, 10117 Berlin
T: (030) 20 31 20   **Fax:** 2 03 12-590
Internet: http://www.kanada-info.de
Botschafterin: Marie Bernard-Meunier
Konsularbezirk: Berlin, Brandenburg, Mecklenburg-Vorpommern, Sachsen, Sachsen-Anhalt und Thüringen
Visa und Einwanderungsabteilung:
Telefonisch täglich zwischen 14.00 - 15.00 Uhr T: (030) 2 03 12-4 47, Fax: (030) 2 03 12-1 34, E-Mail: brlin-im@dfait-maeci.gc.ca

c 914
Kanadisches Konsulat in Düsseldorf
Benrather Str. 8, 40213 Düsseldorf
T: (0211) 1 72 17-0   **Fax:** 35 91 65
TGR: CANADIAN DUESSELDORF
Konsul: John Schofield
Konsularbezirk: Land Nordrhein-Westfalen

c 915
Kanadisches Konsulat in Hamburg
ABC-Str. 45, 20354 Hamburg
T: (040) 3 55 56-293   **Fax:** 3 55 56-294
Konsul: Harold McNairnay
Konsularbezirk: Hamburg, Schleswig-Holstein

c 916
Kanadisches Konsulat in München
Tal 29, 80331 München
T: (089) 21 99 57-0   **Fax:** 21 99 57-57
Konsul: Jon Scott
Konsularbezirk: Länder Bayern, Baden-Württemberg

Kap Verde

● C 917
Botschaft der Republik Kap Verde
Dorotheenstr. 43, 10117 Berlin
T: (030) 20 45 09 55   **Fax:** 20 45 09 66
Internet: http://www.capverde.com
E-Mail: embassy.capverde@knuut.de
Botschafter: S.E. Victor A.G. Fidalgo

c 918
Honorarkonsulat der Republik Kap Verde in Saarbrücken
Saargemünder Str. 136, 66119 Saarbrücken
T: (0681) 39 80 98   **Fax:** 3 90 50 60
Honorarkonsul: Dipl.-Ing. Rollf Dieter Müller
Konsularbezirk: Saarland

c 919
Honorarkonsulat der Republik Kap Verde in Stuttgart
Marienstr. 43, 70178 Stuttgart
T: (0711) 6 07 15 58   **Fax:** 60 66 10-50
Honorarkonsul: Helmut W. Schweimler
Konsularbezirk: Länder Baden-Württemberg und Bayern

Kasachstan

● C 920
Botschaft der Republik Kasachstan
Nordendstr. 14, 13156 Berlin
T: (030) 47 00 70, 4 70 01 40 Konsularabteilung
Fax: 47 00 71 25
E-Mail: kasger@ndh.net
Botschafter: S.E. Vyacheslav Hamenovich Gizzatov
Konsularbezirk: Länder Berlin, Brandenburg, Mecklenburg-Vorpommern, Sachsen-Anhalt und Sachsen

c 921
Außenstelle der Botschaft der Republik Kasachstan
Elsa-Brändström-Str. 15, 53225 Bonn
T: (0228) 40 38 70   **Fax:** (0288) 4 03 87 20
Botschaftsrätin: Gauhar Beyseyeva

c 922
Generalkonsulat von Kasachstan in Frankfurt a.M.
Untermainkai 44, 60329 Frankfurt
T: (069) 97 14 67-16/21   **Fax:** 9 71 46 70
Generalkonsul: Murat Atanov
Konsularbezirk: Länder Hessen, Baden-Württemberg, Bayern und Thüringen

c 923
Konsulat von Kasachstan in Hannover
Königstr. 55, 30175 Hannover
T: (0511) 30 18 68-80/88   **Fax:** 30 18 68 88
Honorarkonsul: Dieter Kindermann
Konsul: Yerlan Mukashev
Konsularbezirk: Länder Niedersachsen, Bremen, Hamburg und Sachsen-Anhalt

c 924
Honorarkonsulat von Kasachstan in Düsseldorf
Moerser Str. 85, 40667 Meerbusch
T: (02132) 93 16 40/41   **Fax:** 93 16 42
Honorarkonsul: Eugen Warkentin
Konsul: Isbastin Temirtai
Konsularbezirk: Land Nordrhein-Westfalen, Rheinland-Pfalz und Saarland

Katar

● C 925
Botschaft des Staates Katar
Brunnenallee 6, 53177 Bonn
T: (0228) 95 75 20   **Fax:** 9 57 52-55
Botschafter: S.E. Mohamed Hassan Al-Jaber
Konsularbezirk: Bundesgebiet

Kenia

● C 926
Botschaft der Republik Kenia
Markgrafenstr. 63, 10969 Berlin
T: (030) 25 92 66-0   **Fax:** 25 92 66-50
Botschafter: S.E. Frost Otieno Josiah
Konsularbezirk: Bundesgebiet mit Ausnahme der Länder Baden-Württemberg, Hessen, Rheinland-Pfalz und Saarland

c 927
Honorarkonsulat der Republik Kenia in Hamburg
Rathausstr. 6, 20095 Hamburg
T: (040) 30 30 42 29   **Fax:** 30 30 43 33
Honorarkonsul: Dr. Jens Peter Breitengroß
Konsularbezirk: Länder Hamburg, Bremen, Mecklenburg-Vorpommern, Niedersachsen und Schleswig-Holstein

Kiribati

● C 928
Honorarkonsulat der Republik Kiribati
Rödingsmarkt 16, 20459 Hamburg
T: (040) 3 61 46-0   **Fax:** 3 61 46-1 23
Honorarkonsul: Frank Leonhardt (T: (040) 3 61 46-112)
Konsularbezirk: Bundesgebiet

Kirgisistan

● C 929
Botschaft der Kirgisischen Republik
Otto-Suhr-Allee 146, 10585 Berlin
T: (030) 34 78 13 37   **Fax:** 34 78 13 37
Botschafter: S.E. Apas Dschumagulow

c 930
Außenstelle der Botschaft Kirgisistan in Bonn
Friesdorfer Str. 194a, 53175 Bonn
T: (0228) 36 52 30   **Fax:** 36 52 30
Leiter(in): Nurlan Beruev

c 931
Konsulat der Kirgisischen Republik in Frankfurt a.M.
Große Eschenheimer Str. 43, 60313 Frankfurt
T: (069) 95 40 39 26   **Fax:** 95 40 39 26
Konsul: Ermek Ibraimov
Konsularbezirk: Länder Hessen, Baden-Württemberg, Rheinland-Pfalz, Saarland

c 932
Honorarkonsul der Kirgisischen Republik in Hamburg
Am Sandtorkai 77, 20457 Hamburg
T: (040) 37 50 09 26, 37 50 09 27   **Fax:** 3 74 32 14
Honorarkonsul: Karl Hugo Ernst Ehlerding
Konsularbezirk: Land Hamburg

Kolumbien

● C 933
Botschaft der Republik Kolumbien
Kurfürstenstr. 84, 10787 Berlin
T: (030) 26 39 61-0   **Fax:** 26 39 61-25
E-Mail: emcol@t-online.de
Botschafter: S.E. Hernán Beltz Peralta
Konsularbezirk: Land Nordrhein-Westfalen

c 934
Honorarkonsulat der Republik Kolumbien in Bremen
Parkallee 32, 28209 Bremen
T: (0421) 34 95 31, 3 49 80 95   **Fax:** 3 49 80 51
Honorarkonsul: Klaus Müller-Leiendecker
Konsularbezirk: Bremen

c 935
Generalkonsulat der Republik Kolumbien in Frankfurt
Fürstenbergerstr. 223, 60323 Frankfurt
T: (069) 5 96 30 50   **Fax:** 5 96 20 80
Generalkonsulin: Teresita Garcia Romero
Konsularbezirk: Länder Hessen, Rheinland-Pfalz und Saarland

c 936
Generalkonsulat der Republik Kolumbien in Hamburg
Hochallee 89, 20149 Hamburg
T: (040) 45 72 31, 45 28 12   **Fax:** 4 10 84 62
TGR: CONSULBIA Hamburg
Generalkonsulin: Lucella Osman de Duque
Konsularbezirk: Länder Hamburg, Bremen, Niedersachsen und Schleswig-Holstein

c 937
Generalkonsulat der Republik Kolumbien in München
Tal 14, 80331 München

T: (089) 29 16 00 20   Fax: 29 16 06 24
Generalkonsulin: Maria-Victoria Diaz
Konsularbezirk: Land Bayern

Demokratische Republik Kongo

● **C 938**
Botschaft der Demokratischen Republik Kongo
Im Meisengarten 133, 53179 Bonn
T: (0228) 85 81 60   Fax: 34 99 89
Geschäftsträger a.i.: Lhelo Boloto
Konsularbezirk: Bundesgebiet

c 939
Honorargeneralkonsulat der Demokratischen Republik Kongo in Bremen
Bornstr. 16-17, 28195 Bremen
T: (0421) 1 58 20   Fax: 3 04 22 09
Honorargeneralkonsul: Ansgar Werner
Konsularbezirk: Länder Bremen, Hamburg, Niedersachsen und Schleswig-Holstein

Kongo

● **C 940**
Botschaft der Republik Kongo
Postf. 20 02 52, 53132 Bonn
Rheinallee 45, 53173 Bonn
T: (0228) 35 83 55   Fax: 3 69 86 23
E-Mail: botschaft.kongobrz@t-online.de
Geschäftsträger a.i.: Serge-Michel Odzocki

Korea

● **C 941**
Botschaft der Republik Korea
Schöneberger Ufer 89-91, 10785 Berlin
T: (030) 26 06 50   Fax: 26 06 55
Konsularabteilung: Kurfürstenstr. 72-74, 10787 Berlin, T: (030) 2 60-654 32/33/34, Fax: 2 60-6557
Botschafter: S.E. Hwang Won-Tak
Konsularbezirk: Berlin, Brandenburg, Sachsen-Anhalt, Sachsen, Mecklenburg-Vorpommern, Hamburg, Bremen, Niedersachsen, Schleswig-Holstein, Thueringen

c 942
Honorarkonsulat der Republik Korea in Düsseldorf
Grunerstr. 74, 40239 Düsseldorf
T: (0211) 63 46 36   Fax: 62 24 45
Honorarkonsul: Michael Storm
Konsularbezirk: Länder Nordrhein-Westfalen und Rheinland-Pfalz

c 943
Generalkonsulat der Republik Korea in Frankfurt
Eschersheimer Landstr. 327, 60320 Frankfurt
T: (069) 95 67 52-0   Fax: 56 98 14
Generalkonsul: Young-Chul Choi
Konsularbezirk: Länder Hessen, Baden-Württemberg und Bayern

c 944
Honorarkonsulat der Republik Korea in Stuttgart
Sigmaringer Str. 107, 70567 Stuttgart
T: (0711) 7 18 91 55   Fax: 16 14-464
Honorarkonsul: Wolfram Göhring
Konsularbezirk: Baden-Württemberg

Kroatien

● **C 945**
Botschaft der Republik Kroatien
Ahornstr. 4, 10787 Berlin
T: (030) 23 62 89 51   Fax: 23 62 89 65
Geschäftsträger a.i.: Zarko Plevnik

c 946
Außenstelle der Botschaft von Kroatien in Bonn
Rolandstr. 52, 53179 Bonn
T: (0228) 95 29 20   Fax: 33 21 54
Leiter: Hrvoje Sagrak
Konsularbezirk: Land Nordrhein-Westfalen

c 947
Generalkonsulat der Republik Kroatien in Frankfurt
Am Weingarten 25, 60487 Frankfurt
T: (069) 7 07 10 12   Fax: 7 07 10 16
Generalkonsul: Mladen Juričić
Konsularbezirk: Länder Hessen, Rheinland-Pfalz und Saarland

c 948
Generalkonsulat der Republik Kroatien in Hamburg
Ludwig-Erhard-Str. 37, 20459 Hamburg
T: (040) 3 17 41 39   Fax: 3 17 50 38
Generalkonsul: Mirjana Vidović
Konsularbezirk: Länder Hamburg, Bremen, Schleswig-Holstein und Mecklenburg-Vorpommern

c 949
Generalkonsulat der Republik Kroatien in München
Oberföhringer Str. 6, 81679 München
T: (089) 98 25 21   Fax: 2 60 87 51
Geschäftsträger a.i.: Vinko Jubićić
Konsularbezirk: Land Bayern

c 950
Generalkonsulat der Republik Kroatien in Stuttgart
Liebenzeller Str. 5, 70372 Stuttgart
T: (0711) 95 57 10   Fax: 55 60 49
Geschäftsträger a.i.: Vedran Konjevod
Konsularbezirk: Land Baden-Württemberg

Kuba

● **C 951**
Botschaft der Republik Kuba
Stavanger Str. 20, 10439 Berlin
T: (030) 91 61 18 11   Fax: 9 16 45 53
Botschafter: S.E. Marcelino Medina Gonzáles

c 952
Botschaft der Republik Kuba Außenstelle Bonn
Kennedyallee 22-24, 53175 Bonn
T: (0228) 3 09-0   Fax: 3 09-244
Leiter: Gesandter Julio Alvarez Dortas

Kuwait

● **C 953**
Botschaft des Staates Kuwait
Griegstr. 5-7, 14193 Berlin
T: (030) 8 97 30 00, 89 73 00-57 Konsularabteilung
Fax: 89 73 00 10, 89 73 00-56 Konsuarabteilung
Botschafter: S.E. Faisal Rashed Al-Ghais
Konsularbezirk: Bundesgebiet

c 954
Außenstelle der Botschaft Kuwait
Godesberger Allee 77-81, 53175 Bonn
T: (0228) 37 20 65   Fax: 37 61 82
Leiter: Saleh Al-Rayrs (Attaché)

Laos

● **C 955**
Botschaft der Demokratischen Volksrepublik Laos
Bismarckallee 2a, 14193 Berlin
T: (030) 89 06 06 47   Fax: 89 06 06 48
Botschafter: S.E. Phanthong Phommahaxay
Konsularbezirk: Bundesgebiet

Lesotho

● **C 956**
Botschaft des Königreichs Lesotho
Godesberger Allee 50, 53175 Bonn
T: (0228) 30 84 30   Fax: 3 08 43 22
Internet: http://www.lesombgerataol.com
E-Mail: lesotho.gov.ls
Botschafterin: S.E. Lebohang Nts'Inyi
Konsularbezirk: Bundesgebiet

c 957
Honorarkonsulat des Königreichs Lesotho in Flörsheim
Schieferstein 6, 65439 Flörsheim
T: (06145) 70 75   Fax: 78 95
Honorarkonsul: Jürgen Lorenz
Konsularbezirk: Land Hessen

c 958
Honorarkonsulat des Königreichs Lesotho in Hannover
Leinstr. 8, 30159 Hannover
T: (0511) 32 66 74   Fax: 32 66 76
Honorarkonsul: Abraham David Grojnowski
Konsularbezirk: Land Niedersachsen, Berlin, Brandenburg, Bremen und Sachsen-Anhalt

c 959
Honorarkonsulat des Königreichs Lesotho in München
Ottostr. 5, 80333 München
Honorarkonsul: Dr. Jochen Conradi
Konsularbezirk: Land Bayern

Lettland

● **C 960**
Botschaft der Republik Lettland
Reinerzstr. 40, 14193 Berlin
T: (030) 82 60 02-0, 82 60 02-11 (Konsularabteilung)
Fax: 82 60 02-33
Botschafter: S. E. Andris Teikmanis

c 961
Honorarkonsulat der Republik Lettland in Düsseldorf
Vogelsanger Weg 6, 40470 Düsseldorf
T: (0211) 6 35 42 71   Fax: 6 35 42 77
Honorarkonsul: Prof. Dr.-Ing. habil. Bruno Braun
Konsularbezirk: Länder Nordrhein-Westfalen und Rheinland-Pfalz

c 962
Honorarkonsulat der Republik Lettland in Rostock
Lise-Meitner-Ring 2, 18059 Rostock
T: (0381) 4 05 58 55   Fax: 4 05 58 55
Honorarkonsul: Dr. Fritz Schulze
Konsularbezirk: Länder Mecklenburg-Vorpommern und Schleswig-Holstein

c 963
Honorarkonsulat der Republik Lettland in Frankfurt
Guiollettstr. 50, 60325 Frankfurt
T: (069) 97 10 10-0   Fax: 97 10 10-30
Honorarkonsul: Prof. Dr. Manfred Meier-Preschany
Konsularbezirk: Hessen

c 964
Honorarkonsulat der Republik Lettland in Hamburg
Neuer Wall 72, 20354 Hamburg
T: (040) 36 55 33   Fax: 36 96 56 56, 6 07 27 89
Honorarkonsulin: Dr. Sabine Sommerkamp-Homann
Konsularbezirk: Hamburg

c 965
Honorarkonsulat der Republik Lettland in München
Brienner Str. 20, 80333 München
T: (089) 21 71 55 00   Fax: 21 71 56 00
Honorarkonsul: Dr. Dietrich Wolf
Konsularbezirk: Bayern

Libanon

● **C 966**
Botschaft der Libanesischen Republik
Berliner Str. 127, 13187 Berlin
T: (030) 47 49 86-0   Fax: 47 48 78 58
E-Mail: lubnan@t-online.de
Botschafter: S.E. Dr. Issa Mohamad
Konsularbezirk: Bundesgebiet

c 967
Honorarkonsulat der Libanesischen Republik in Frankfurt
Mainzer Landstr. 268, 60326 Frankfurt
T: (069) 7 39 22 44 **Fax:** 7 30 61 65
Honorarkonsul: Marwan Kallab
Konsularbezirk: Land Hessen

Liberia

● C 968
Botschaft der Republik Liberia
Mainzer Str. 259, 53179 Bonn
T: (0228) 34 08 22 **Fax:** 34 08 22
Botschafter: S.E. Rufus Webster Simpson
Konsularbezirk: Bundesgebiet

c 969
Honorargeneralkonsulat der Republik Liberia in Frankfurt
Bernusstr. 7, 60487 Frankfurt
T: (069) 7 07 24 09 **Fax:** 77 80 87
Honorargeneralkonsul: Dr. Gerhard Holland
Konsularbezirk: Länder Hessen, Rheinland-Pfalz und Saarland

c 970
Honorarkonsulat der Republik Liberia in Berlin
Pücklerstr. 8, 14195 Berlin
T: (030) 84 10 90 07 **Fax:** 84 10 90 08
E-Mail: JFMBERLIN@aol.com
Honorarkonsul: Joachim F. Meier
Konsularbezirk: Länder Berlin und Brandenburg

c 971
Honorarkonsulat der Republik Liberia in Bremen
Martinistr. 29, 28195 Bremen
T: (0421) 3 39 46-0 **Fax:** 3 37 82 88
Honorarkonsul: Bernd Hansing
Konsularbezirk: Land Bremen

c 972
Honorarkonsulat der Republik Liberia in Freiburg/Stegen
Am Schloßpark 21, 79252 Stegen
T: (07661) 70 10 **Fax:** 16 25
Honorarkonsul: Dr.h.c. Hellmuth Dettinger
Konsularbezirk: Land Baden-Württemberg

Libyen

● C 973
Volksbüro der Großen Sozialistischen Libysch-Arabischen Volksjamahiria
(Diplomatische Mission)
Beethovenallee 12A, 53173 Bonn
T: (0228) 8 20 09-0 **Fax:** 36 42 60
E-Mail: libysch.arab.volksbuero@t-online.de
Geschäftsträger a.i.: Mohamed Omar Albarani
Leitung Presseabteilung: Embarka M. Adala
Konsularbezirk: Bundesgebiet

Liechtenstein

● C 974
Liechtenstein
Wird im Ausland durch die schweizerischen Missionen vertreten, siehe C 1223

Litauen

● C 975
Botschaft der Republik Litauen
Katharinenstr. 9, 10711 Berlin
T: (030) 89 06 81-0, 89 06 81-19 (Konsularabteilung)
Fax: 89 06 81-15, 89 06 81-26 (Konsularabteilung)
Internet: http://www.botschaft.lt
E-Mail: botschaftlitauen@t-online.de
Botschafter: S.E. Prof. Dr. habil. Vaidievutis Geralavicius

c 976
Botschaft der Republik Litauen Außenstelle Bonn
Konstantinstr. 25a, 53179 Bonn
T: (0228) 9 14 91-0 **Fax:** 9 14 91-15
Leiter: Nerijus Žukas

c 977
Honorarkonsulat der Republik Litauen in Dortmund
Friedenstr. 41-43, 44139 Dortmund
T: (0231) 56 40 70 **Fax:** 5 64 07 13
Honorarkonsul: Prof. Dr. Jürgen Gramke
Konsularbezirk: Länder Nordrhein-Westfalen, Niedersachsen und Bremen

c 978
Honorarkonsulat der Republik Litauen in Frankfurt
Gutleutstr. 163-167, 60327 Frankfurt
T: (069) 23 23 33 **Fax:** 23 91 63
Honorarkonsul: Karl Rothenberger
Konsularbezirk: Länder Hessen, Rheinland-Pfalz und Saarland

c 979
Honorarkonsulat der Republik Litauen in Köln
Kaiser-Wilhelm-Ring 20, 50672 Köln
T: (0221) 9 12 34 94 **Fax:** 9 12 34 96
Honorarkonsul: Prof. Dr. Jürgen Gramke
Konsularbezirk: Länder Nordrhein-Westfalen, Bremen und Niedersachsen

c 980
Honorarkonsulat der Republik Litauen in Hamburg
Brodschrangen 4, 20457 Hamburg
T: (040) 37 50 17 70 **Fax:** 37 65 53 34
Honorarkonsul: Hans-Friedrich Saure
Konsularbezirk: Länder Hamburg, Schleswig-Holstein u. Mecklenburg-Vorpommern

Luxemburg

● C 981
Botschaft des Großherzogtums Luxemburg
Klingelhöferstr. 7, 10785 Berlin
T: (030) 20 25 31 33, 20 25 31 35 **Fax:** 20 25 33 04
Botschafter: S.E. Dr. Julien Alex
Konsularbezirk: Bundesgebiet

c 982
Honorarkonsulat des Großherzogtums Luxemburg in Aachen
Borngasse 34, 52064 Aachen
T: (0241) 40 36 56 **Fax:** 17 56 04
Honorarkonsul: Ottomar Braun
Konsularbezirk: Stadt und Kreis Aachen sowie die Kreise Düren und Heinsberg im Land Nordrhein-Westfalen

c 983
Honorarkonsulat des Großherzogtums Luxemburg in Berlin
Charlottenstr. 57, 10117 Berlin
T: (030) 20 94-5295 **Fax:** 20 94-5492
Honorarkonsul: Werner Gegenbauer
Konsularbezirk: Land Brandenburg

c 984
Honorarkonsulat des Großherzogtums Luxemburg in Bremen
Börsenhof C
Marktstr. 3, 28195 Bremen
T: (0421) 36 60 01 33 **Fax:** 36 60 03 33
Honorarkonsul: Dr. Joachim Theye
Konsularbezirk: Land Bremen

c 985
Honorarkonsulat des Großherzogtums Luxemburg in Dresden
Hohe Str. 12, 01069 Dresden
T: (0351) 4 70 09 16 **Fax:** 4 70 09 17
Honorarkonsul: Dr. Heribert Heckschen
Konsularbezirk: Land Sachsen

c 986
Honorarkonsulat des Großherzogtums Luxemburg in Düsseldorf
Jägerhofstr. 10, 40479 Düsseldorf
T: (0211) 4 98 13 36 **Fax:** 4 97 64 76
Honorarkonsul: Christian von Bassewitz
Konsularbezirk: Land Nordrhein-Westfalen mit Ausnahme der Stadt Aachen, sowie der Kreise Aachen, Düren und Heinsberg

c 987
Honorarkonsulat des Großherzogtums Luxemburg in Frankfurt
Bockenheimer Landstr. 2-8, 60323 Frankfurt
T: (069) 97 20 47 47 **Fax:** 97 20 47 48
Honorarkonsul: Dr. Heinrich Focke
Konsularbezirk: Länder Hessen und Rheinland-Pfalz mit Ausnahme der Regierungsbezirke Trier und Koblenz

c 988
Honorarkonsulat des Großherzogtums Luxemburg in Hamburg
Elbchaussee 249, 22605 Hamburg
T: (040) 82 30 32 **Fax:** 82 89 87
Honorarkonsul: Dr. Volker Neumann-Schniedewind
Konsularbezirk: Länder Hamburg, Mecklenburg-Vorpommern und Schleswig-Holstein

c 989
Honorarkonsulat des Großherzogtums Luxemburg in Hannover
Riethorst 2, 30659 Hannover
T: (0511) 64 91 75 **Fax:** 6 45 44 95
Honorarkonsul: Dr. Erwin Möller
Konsularbezirk: Länder Niedersachsen und Sachsen-Anhalt

c 990
Honorargeneralkonsulat des Großherzogtums Luxemburg in München
Klenzestr. 101, 80469 München
T: (089) 20 24 22 02 **Fax:** 20 24 22 27
Honorargeneralkonsul: Dr. Hanns Maier
Konsularbezirk: Länder Bayern und Thüringen

c 991
Honorarkonsulat des Großherzogtums Luxemburg in Saarbrücken
Bismarckstr. 57, 66333 Völklingen
T: (06898) 10-34 98 **Fax:** 10-40 01
Honorarkonsul: Michel Obertin
Konsularbezirk: Land Saarland

c 992
Honorarkonsulat des Großherzogtums Luxemburg in Stuttgart
Uhlandstr. 2, 70182 Stuttgart
T: (0711) 24 55 91 **Fax:** 2 36 14 34
Honorarkonsul: Dr.jur. Peter Adolff
Konsularbezirk: Land Baden-Württemberg

c 993
Honorarkonsulat des Grossherzogtums Luxemburg in Trier
Herzogenbuscher Str. 12, 54292 Trier
T: (0651) 9 77 79 00 **Fax:** 9 77 79 05
Honorarkonsul: Horst Langes
Konsularbezirk: Reg.-Bez. Trier und Koblenz im Land Rheinland-Pfalz

Madagaskar

● C 994
Botschaft der Republik Madagaskar
Postf. 20 02 51, 53132 Bonn
Rolandstr. 48, 53179 Bonn
T: (0228) 95 35 90 **Fax:** 33 46 28
Botschafter: Zafera A. Rabesa

c 995
Honorarkonsul der Republik Madagaskar in Berlin
Preußenallee 14, 14052 Berlin
T: (030) 3 05 82 11, 2 13 32 90 **Fax:** 3 05 74 21

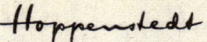

Honorarkonsul: Harry Wollenschläger
Konsularbezirk: Länder Berlin, Brandenburg, Sachsen, Sachsen-Anhalt

c 996
Honorargeneralkonsulat der Republik Madagaskar in Düsseldorf
Wilhelm-Busch-Str. 5, 40474 Düsseldorf
T: (0211) 43 26 43
Honorargeneralkonsul: Dr. Hans B. Heil
Konsularbezirk: Nordrhein-Westfalen und Rheinland-Pfalz

c 997
Honorarkonsulat der Republik Madagaskar in Freiburg
Alte Str. 83, 79249 Merzhausen
T: (0761) 2 50 31
Honorarkonsul: Dipl.rer.pol. Helmut W. Dyllick-Brenzinger
Konsularbezirk: Land Baden-Württemberg

c 998
Honorargeneralkonsulat der Republik Madagaskar in Hamburg
c/o Holsten-Brauerei AG
Holstenplatz 18, 22765 Hamburg
T: (040) 3 81 01-9 89   **Fax:** 3 81 01-6 77
Honorargeneralkonsul: Eckhard Koll
Konsularbezirk: Länder Hamburg, Bremen, Schleswig-Holstein, Niedersachsen, Mecklenburg-Vorpommern

c 999
Honorarkonsulat der Republik Madagaskar in München
Akademiestr. 7-8, 80799 München
T: (089) 38 19 02-0   **Fax:** 38 19 02-36
Leiter(in): Ingo Wallner
Konsularbezirk: Land Bayern

c 1 000
Honorarkonsulat der Republik Madagaskar in Völklingen
Straße des 13. Januar 273, 66333 Völklingen
T: (06898) 8 11 00
Honorarkonsul: Dr. Eric Ruffing
Konsularbezirk: Saarland

Malawi

● C 1 001
Botschaft der Republik Malawi
Mainzer Str. 124, 53179 Bonn
T: (0228) 94 33 50   **Fax:** 9 43 35 37
E-Mail: malawibonn@aol.com
Botschafter: S.E. Dr. S. S. Ncozana
Konsularbezirk: Bundesgebiet

c 1 002
Honorarkonsulat der Republik Malawi in Eßlingen
Butzenmannweg 7 /1, 73733 Esslingen
T: (0711) 37 41 64   **Fax:** 3 70 53 08
Honorarkonsul: Rudi Ernst Karl Bieller
Konsularbezirk: Land Baden-Württemberg, Hessen, Rheinland-Pfalz und Saarland

c 1 003
Honorarkonsulat der Republik Malawi in Hamburg
Elbchaussee 211, 22605 Hamburg
T: (040) 8 81 01 00   **Fax:** 88 91 32 23
Honorarkonsul: Manfred Mehr
Konsularbezirk: Länder Hamburg, Bremen, Schleswig-Holstein und Niedersachsen

c 1 004
Honorarkonsulat der Republik Malawi in Icking bei München
Ulrichstr. 68, 82057 Icking
T: (08178) 74 92   **Fax:** 83 98
Honorarkonsul: Dipl.-Ing. Hanns Reich
Konsularbezirk: Land Bayern

c 1 005
Honorarkonsulat der Republik Malawi in Leipzig
Erich-Zeigner-Allee 64, 04229 Leipzig
T: (0341) 4 78 19 62   **Fax:** 4 78 19 62
Honorarkonsul: Bernd Berger
Konsularbezirk: Länder Sachsen, Berlin, Brandenburg, Mecklenburg-Vorpommern, Sachsen-Anhalt und Thüringen

Malaysia

● C 1 006
Botschaft von Malaysia
Klingelhöferstr. 6, 10785 Berlin
T: (030) 88 57 49-0   **Fax:** 88 57 49-50
E-Mail: mwberlin@compuserve.de
Botschafter: Kadir Deen
Konsularbezirk: Bundesgebiet

c 1 007
Honorargeneralkonsulat von Malaysia in Hamburg
Kajen 2, 20459 Hamburg
T: (040) 37 21 72   **Fax:** 3 68 72 49
Honorargeneralkonsul: Edgar E. Nordmann
Konsularbezirk: Länder Hamburg, Bremen, Niedersachsen und Schleswig-Holstein

c 1 008
Honorarkonsulat von Malaysia in München
Leopoldstr. 236, 80807 München
T: (089) 35 06 51 37   **Fax:** 35 06 53 74
Honorarkonsul: Dr. Jürgen Heidemann
Konsularbezirk: Land Bayern

c 1 009
Honorargeneralkonsulat von Malaysia in Stuttgart
Mörikestr. 34, 70178 Stuttgart
T: (0711) 6 07 10 15   **Fax:** 6 07 10 15
Honorargeneralkonsul: Dr. Helmut Baur
Konsularbezirk: Baden-Württemberg, Rheinland-Pfalz, Saarland

Malediven

● C 1 010
Honorargeneralkonsulat der Republik Malediven
Immanuel-Kant-Str. 16, 61350 Bad Homburg
T: (06172) 86 78 33   **Fax:** 8 58 33, (069) 69 21 02
E-Mail: ccmaldives@aol.com
Honorargeneralkonsul: Dipl.-Ing. Gottfried Mücke
Konsularbezirk: Bundesgebiet

Mali

● C 1 011
Botschaft der Republik Mali
Basteistr. 86, 53173 Bonn
T: (0228) 35 70 48   **Fax:** 36 19 22
Botschafterin: I.E. Aminata Sidibe Soumare
Konsularbezirk: Bundesgebiet

c 1 012
Honorargeneralkonsulat der Republik Mali in Hamburg
Hamburger Str. 11, 22083 Hamburg
T: (040) 2 27 80 39   **Fax:** 2 27 98 69
Honorargeneralkonsul: Dr. Hans-Georg Graichen
Konsularbezirk: Länder Hamburg, Bremen, Mecklenburg-Vorpommern, Niedersachsen und Schleswig-Holstein

c 1 013
Honorarkonsul der Republik Mali in Berlin
Griegstr. 14a, 14193 Berlin
T: (030) 8 95 99 70   **Fax:** 89 59 97 32
Honorarkonsul: Erich Groenewold
Konsularbezirk: Länder Berlin und Brandenburg

c 1 014
Honorarkonsul der Republik Mali in Düsseldorf
Erkrather Str. 306, 40231 Düsseldorf
T: (0211) 7 30 82 30   **Fax:** 7 37 02 20
Honorarkonsul: Bernd Schulz
Konsularbezirk: Land Nordrhein-Westfalen

c 1 015
Honorarkonsul der Republik Mali in Erfurt
Kettenstr. 6, 99084 Erfurt
T: (0361) 5 66 96 60   **Fax:** 5 66 96 62
Honorarkonsul: Volker Heitland
Konsularbezirk: Länder Thüringen, Sachsen und Sachsen-Anhalt

c 1 016
Honorarkonsul der Republik Mali in Frankfurt a.M.
Esperantostr. 61, 60598 Frankfurt
T: (069) 63 86 57   **Fax:** 63 86 57
Honorarkonsul: Reinhold Joest
Konsularbezirk: Länder Hessen und Rheinland-Pfalz

Malta

● C 1 017
Botschaft von Malta
Klingelhöferstr. 7, 10785 Berlin
T: (030) 26 39 11-0   **Fax:** 26 39 11 23
Botschafter: H.E. W. C. Spiteri

c 1 018
Honorarkonsulat der Republik Malta in Brandenburg
Potsdamer Centrum für Technologie
Includis Software GmbH
Dennis-Gabor-Str. 2, 14469 Potsdam
T: (030) 8 81 38 13   **Fax:** 8 81 38 13
Honorarkonsul: Ingrid Christine Möbus
Konsularbezirk: Brandenburg

c 1 019
Honorarkonsulat der Republik Malta in Bremen
Westerstr. 17, 28199 Bremen
T: (0421) 50 52 50   **Fax:** 5 98 03 68, 59 10 59
Honorarkonsul: Dr. Thomas Stöcker
Konsularbezirk: Land Bremen

c 1 020
Honorargeneralkonsulat der Republik Malta in Köln
Postf. 25 02 60, 50518 Köln
Friedrichstr. 5, 50676 Köln
T: (0221) 2 08 09 48   **Fax:** 2 08 09 48
Honorarkonsul: Paul R. Kraemer
Konsularbezirk: Länder Nordrhein-Westfalen und Hessen

c 1 021
Honorargeneralkonsulat der Republik Malta in Hamburg
Wandsbeker Marktstr. 75, 22041 Hamburg
T: (040) 68 10 10   **Fax:** 6 89 08 09
Honorarkonsul: Otto Techau
Konsularbezirk: Länder Hamburg, Schleswig-Holstein und Niedersachsen

c 1 022
Honorargeneralkonsulat der Republik Malta in Mainz
Orchideenweg 3, 55126 Mainz
T: (06131) 47 82 82   **Fax:** 47 03 67
Honorargeneralkonsul: Senatorin Hannetraud Schultheiß
Konsularbezirk: Länder Rheinland-Pfalz und Saarland

c 1 023
Honorargeneralkonsulat der Republik Malta in München
Adamstr. 4, 80636 München
T: (089) 18 45 22   **Fax:** 18 42 71
Honorargeneralkonsul: Dr.-Ing. Joachim Hietzig
Konsularbezirk: Länder Bayern und Sachsen

c 1 024
Honorarkonsulat der Republik Malta in Heidelberg
Im Schuhmachergewann 7, 69123 Heidelberg
T: (06221) 84 08 00
Honorargeneralkonsul: Prof.Dr.h.c. Viktor Dulger
Konsularbezirk: Land Baden-Württemberg

Marokko

● C 1 025
Botschaft des Königreiches Marokko
Niederwallstr. 39, 10117 Berlin
T: (030) 20 61 24-0   **Fax:** 20 61 24-20
E-Mail: botschaft@marokko.com
Botschafter: Abdeladim Lhafi
Konsularbezirk: Schleswig Holstein, Mecklenburg Vorpommern, Brandenburg, Berlin, Hamburg, Bremen, Sachsen, Sachsen Anhalt, Thüringen, Niedersachsen

c 1 026
Honorarkonsulat des Königreichs Marokko in Bremen
Wegesende 3, 28195 Bremen
T: (0421) 1 65 47 00   **Fax:** 1 39 78
Honorarkonsul: Prof. Dr. Walter Franke
Konsularbezirk: Land Bremen

c 1 027
Generalkonsulat des Königreiches Marokko in Düsseldorf
Cecilienallee 14, 40474 Düsseldorf
T: (0211) 45 10 41   **Fax:** 43 98 29
Generalkonsul: Abderrahim Sassi
Konsularbezirk: Land Nordrhein-Westfalen

c 1 028
Generalkonsulat des Königreiches Marokko in Frankfurt
Adickesallee 65, 60322 Frankfurt
T: (069) 55 98 87   **Fax:** 5 97 55 35
Generalkonsul: Driss Chabi
Konsularbezirk: Länder Hessen, Bayern, Baden-Württemberg, Rheinland-Pfalz und Saarland

c 1 029
Honorarkonsulat des Königreiches Marokko in München
Elektrastr. 6, 81925 München
T: (089) 92 82-1360   **Fax:** 88 13 70
Honorarkonsul: Dr. Schmidt
Konsularbezirk: Land Bayern

Mauretanien

● C 1 030
Botschaft der Islamischen Republik Mauretanien
Bonner Str. 48, 53173 Bonn
T: (0228) 36 40 25, 36 40 24   **Fax:** 36 17 88
E-Mail: ambarimbonn@aol.com
Botschafter: S.E. Hamoud Ould Ely
Konsularbezirk: Bundesgebiet

c 1 031
Honorarkonsulat der Islamischen Republik Mauretanien in Berlin
c/o Anwalts-Kanzlei Dr. Stephan & Coll.
Kurfürstendamm 216 (Ecke Fasanenstr.), 10719 Berlin
T: (030) 88 67 26-0   **Fax:** 88 55 47 13
Internet: http://www.consulconsultdrstephan.com
E-Mail: lawoffices@consulconsultdrstephan.com
Honorarkonsul: RA Dr. Bodo Stephan
Honorarbezirk: Berlin und Neue Bundesländer

c 1 032
Honorarkonsulat der Islamischen Republik Mauretanien in Düsseldorf
Graf-Adolf-Str. 60 (Rema-Hotel Concorde), 40210 Düsseldorf
T: (0211) 3 85 87 23, 3 85 87 24, 3 85 87 25
Fax: (05251) 16 66 40
E-Mail: mauretanienkons@aol.com
Honorarkonsul: Hubertus Spieker
Konsularbezirk: Land Nordrhein-Westfalen

Republik Mauritius

● C 1 033
Botschaft der Republik Mauritius
Embassy of the Republic of Mauritius
Kurfürstenstr. 84, 10787 Berlin
T: (030) 2 63 93 60   **Fax:** 26 55 83 23
E-Mail: mu.embln.3@t-online.de
Honorargeneralkonsul: Herbert Gottlieb
Konsularbezirk: Länder Nordrhein-Westfalen, Bremen, Hamburg, Niedersachsen und Schleswig-Holstein

c 1 034
Honorargeneralkonsulat der Republik Mauritius in München
Landwehrstr. 10, 80336 München
T: (089) 55 55 15   **Fax:** 55 55 04
Honorargeneralkonsul: Dr. Johannes Kneifel
Konsularkezirk: Länder Bayern, Baden-Württemberg, Hessen, Rheinland-Pfalz, Saarland

c 1 035
Honorarkonsulat der Republik Mauritius in Düsseldorf
Wasserstr. 3, 40213 Düsseldorf
T: (0211) 1 36 29-62   **Fax:** 13 25 04
Honorarkonsul: Dipl.-Kfm. Claus C. Securs
Konsularbezirk: Länder Nordrhein-Westfalen, Bremen, Hamburg, Niedersachsen, Schleswig-Holstein

Mazedonien

● C 1 036
Botschaft der Republik Mazedonien
Hubertusallee 5, 14193 Berlin
T: (030) 8 93 87 30, 8 90 69 50   **Fax:** 8 90 09 41 41, 89 54 11 94
Botschafter: N.N.
Konsularbezirk: Bundesgebiet

Mexiko

● C 1 037
Mexikanische Botschaft
Klingelhöferstr. 3, 10785 Berlin
T: (030) 26 93 23-0, 26 93 23-332 (Konsularabt.)
Fax: 26 96 23-700
Internet: http://www.embamex.de
E-Mail: mail@embamexale.de
Botschafterin: Patricia Espinosa Cantellano
Konsularbezirk: Länder Berlin, Brandenburg, Nordrhein-Westfalen, Sachsen, Sachsen-Anhalt, Thüringen

c 1 038
Mexikanisches Generalkonsulat in Frankfurt
Taunusanlage 21, 60325 Frankfurt
T: (069) 29 98 75-0   **Fax:** 29 98 75-75
E-Mail: consulmex_fPcompuserve.com
Generalkonsul: Rolf Schlettwein
Konsularbezirk: Länder Hessen, Rheinland-Pfalz, Saarland, Baden-Württemberg und Bayern

c 1 039
Mexikanisches Generalkonsulat in Hamburg
Hallerstr. 76 I., 20146 Hamburg
T: (040) 4 50 15 80   **Fax:** 45 01 58 20
TGR: Consulmex Hamburgo
Generalkonsulin: Tamara Kitain
Konsularbezirk: Länder Hamburg, Bremen, Mecklenburg-Vorpommern, Niedersachsen und Schleswig-Holstein

c 1 040
Mexikanisches Honorarkonsulat in Bremen
Präsident-Kennedy-Platz 1, 28203 Bremen
T: (0421) 3 67 80   **Fax:** 36 78 23
Honorarkonsul: Peter Lampke
Konsularbezirk: Länder Bremen, Bremerhaven

c 1 041
Mexikanische Handelsmission
ab 01.05.2000
Rüsterstr. 1, 60325 Frankfurt
T: (069) 97 26 98-0   **Fax:** 97 26 98-11
E-Mail: frankfurt@bancomext.de
Leiter: Handelsrätin Gabriela Gándara

c 1 042
Mexikanisches Honorarkonsulat in Hannover
Landschaftstr. 6, 30159 Hannover
T: (0511) 32 81 88   **Fax:** 32 81 89
Honorarkonsul: Dr. Ulrich von Jeinsen
Konsularbezirk: Land Niedersachsen

c 1 043
Mexikanisches Honorarkonsulat in München
Herzog-Heinrich-Str. 13, 80336 München
T: (089) 54 88 38-77   **Fax:** 54 88 38-79
Honorarkonsul: Dr. Manfred Scholz
Konsularbezirk: Land Bayern

c 1 044
Mexikanisches Honorarkonsulat in Stuttgart
Am Hauptbahnhof 2, 70173 Stuttgart
T: (0711) 1 27 47 31   **Fax:** 1 27 47 32
Honorarkonsul: Dr. Siegfried Jaschinski
Konsularbezirk: Baden-Württemberg

Moldau

● C 1 045
Botschaft der Republik Moldau
Gotlandstr. 16, 10439 Berlin
T: (030) 44 65 29 70   **Fax:** 44 65 29 72
Botschafter: Nicolae Tabacaru
1. Sekretär: Dr. Igor Corman
2. Sekretär: Julian Grigorita

c 1 046
Botschaft der Republik Moldau Außenstelle Bonn
Adenauerallee 13b, 53111 Bonn
T: (0228) 2 42 35 30   **Fax:** 2 42 35 30
1. Sekretär: Radu Plamadeala

Monaco

● C 1 047
Botschaft des Fürstentums Monaco
Zitelmannstr. 16, 53113 Bonn
T: (0228) 23 20 07/08   **Fax:** 23 62 82

c 1 048
Honorarkonsul des Fürstentums Monaco in Berlin
Kurfürstenstr. 72-74, 10787 Berlin
T: (030) 26 47 11 10   **Fax:** 26 47 11 00
Honorarkonsul: Dr. Wolf Wegener
Konsularbezirk: Länder Berlin, Brandenburg, Mecklenburg-Vorpommern, Sachsen-Anhalt, Thüringen

c 1 049
Honorarkonsulat des Fürstentums Monaco in Düsseldorf
Freiligrathstr. 1, 40479 Düsseldorf
T: (0211) 4 98 05 22   **Fax:** 4 97 91 77
TGR: CONSULAT MONACO DUESSELDORF
Honorarkonsul: Dr. Bernd Kunth
Konsularbezirk: Land Nordrhein-Westfalen

c 1 050
Honorarkonsulat des Fürstentums von Monaco in Frankfurt
Frauenlobstr. 86, 60487 Frankfurt
T: (069) 7 07 46 63   **Fax:** 70 47 90
Honorarkonsul: Prof. Dr. Gerhard Eisenbach
Konsularbezirk: Länder Hessen, Rheinland-Pfalz und Saarland

c 1 051
Honorarkonsulat des Fürstentums Monaco in Hamburg
Neuer Jungfernstieg 20, 20354 Hamburg
T: (040) 3 50 60-207, 35 21 35
Honorarkonsul: Joachim Baron von Berenberg-Consbruch

c 1 052
Honorarkonsulat des Fürstentums Monaco in München
Brienner Str. 28, 80333 München
T: (089) 28 62 81 09   **Fax:** 28 27 18
Honorarkonsul: Dr. Alexander Liegl
Konsularbezirk: Länder Bayern und Sachsen

c 1 053

Honorarkonsulat des Fürstentums Monaco in Stuttgart
Uhlandstr. 13, 70182 Stuttgart
T: (0711) 2 36 45 91   **Fax:** 2 36 45 91
Honorarkonsul: Simon van Kempen
Konsularbezirk: Land Baden-Württemberg

Mongolei

● **C 1 054**

Botschaft der Mongolei
Gotlandstr. 12, 10439 Berlin
T: (030) 44 73 51 22, 4 46 93 20, 44 71 47 37
Fax: 4 46 93 21
E-Mail: mongolbot@aol.com
Botschafter: S.E. Bazarragachaa Bayarsaikhan
Konsularbezirk: Bundesgebiet

c 1 055

Honorarkonsulat der Mongolei
Schlachte 39-40, 28195 Bremen
T: (0421) 1 76 92 30   **Fax:** 1 76 93 15
Honorarkonsul: Henning Melchers
Konsularbezirk: Länder Bremen, Hamburg, Niedersachsen und Schleswig-Holstein

c 1 056

Honorarkonsulat der Mongolei
Eschersheimer Landstr. 60-62, 60322 Frankfurt
T: (069) 15 30 96 10   **Fax:** 15 30 96 66
Honorarkonsul: Dirk Pfeil
Konsularbezirk: Länder Hessen, Rheinland-Pfalz und Thüringen

c 1 057

Honorarkonsulat der Mongolei in München
Reitmorstr. 13, 80538 München
T: (089) 23 36 16   **Fax:** 98 10 56 09
E-Mail: mongolia@pitum.de
Honorarkonsul: Dr. Andreas Pitum
Konsularbezirk: Länder Bayern und Baden-Württemberg

Mosambik

● **C 1 058**

Botschaft der Republik Mosambik
Stromstr. 47, 10551 Berlin
T: (030) 39 87 65 00   **Fax:** 39 87 65 03
E-Mail: emoza@aol.com
Botschafter: S.E. Manuel Tomás Lubisse
Konsularbezirk: Bundesgebiet

c 1 059

Honorarkonsulat der Republik Mosambik in München
Bayerstr. 33, 80335 München
T: (089) 55 15 05 25   **Fax:** 55 15 05 28
Honorarkonsul: Siegfried Anton Lingel
Konsularbezirk: Länder Bayern, Sachsen, Sachsen-Anhalt und Thüringen

Myanmar

● **C 1 060**

Botschaft der Union Myanmar
Zimmerstr. 56 6. Etage, 10117 Berlin
T: (030) 20 61 57 10   **Fax:** 20 64 97 57
E-Mail: emb.my.berlin@t-online.de
Botschafter: S.E. U San Thein
Konsularbezirk: Bundesgebiet

Namibia

● **C 1 061**

Botschaft der Republik Namibia
Wichmannstr. 5, 10787 Berlin
T: (030) 2 63 90 00   **Fax:** 25 40 95 55
E-Mail: namibia.commerce.germany@t-online.de
Botschafter: Hinyangerwa P. Asheeke
Wirtschaftsdienst: BR Dagmar Honsbein

Nepal

● **C 1 062**

Botschaft des Königreiches Nepal
Guerickestr. 27, 10587 Berlin
T: (030) 34 35 99-20, 34 35 99-22   **Fax:** 34 35 99-06
Botschafter: Singh Malla Balram

c 1 063

Honorarkonsulat des Königsreichs Nepal in Frankfurt
Johanna-Melber-Weg 4, 60599 Frankfurt
T: (069) 62 70 06-08   **Fax:** 62 70 06-11
Honorarkonsul: Bodo Krüger
Konsularbezirk: Land Hessen

c 1 064

Honorarkonsulat des Königreiches Nepal in Hamburg
Große Theaterstr. 7, 20354 Hamburg
T: (040) 35 71 33 40   **Fax:** 35 71 33 41
Honorarkonsul: Dr. Peter Breiholdt
Konsularbezirk: Hamburg, Bremen, Niedersachsen, Schleswig-Holstein

c 1 065

Honorarkonsulat des Königreiches Nepal in München
Ehrenbreitsteiner Str. 44, 80993 München
T: (089) 14 36 52 60
Honorarkonsul: Ludwig-Alexander Greissl
Konsularbezirk: Land Bayern

c 1 066

Honorarkonsulat des Königreiches Nepal in Stuttgart
c/o Stuttgarter Bank
Schloßstr. 21, 70174 Stuttgart
T: (0711) 18 12 68 34   **Fax:** 1 81 26 85
Honorarkonsulin: Ann-Katrin Bauknecht
Konsularbezirk: Land Baden-Württemberg

Neuseeland

● **C 1 067**

Neuseeländische Botschaft
New Zealand Embassy
Friedrichstr. 60, 10117 Berlin
T: (030) 20 62 10   **Fax:** 20 62 11 14
Internet: http://www.nzembassy.com/germany
E-Mail: nzemb@t-online.de
Botschafter: S.E. Winston Alexander Cochrane
Konsularbezirk: Bundesgebiet ohne Länder Bremen, Hamburg, Schleswig-Holstein und Niedersachsen

c 1 068

Neuseeländisches Generalkonsulat in Hamburg
New Zealand Consulate General
Zürich Haus
Domstr. 17-21, 20095 Hamburg
T: (040) 44 25 55-0   **Fax:** 44 25 55-49
Generalkonsul: Phillip Klap
Konsularbezirk: Länder Hamburg, Bremen, Schleswig-Holstein, Niedersachsen

Nicaragua

● **C 1 069**

Botschaft der Republik Nicaragua
Joachim-Karnatz-Allee 45 2. OG., 10557 Berlin
T: (030) 2 06 43 80   **Fax:** 22 48 78 91
E-Mail: embanic-berlin@t-online.de
Botschafter: I.E. Suyapa Indiana Padilla Tercero
Konsularbezirk: Bundesgebiet

c 1 070

Honorarkonsulin der Republik Nicaragua in Frankfurt a.M.
Bertha-von-Suttner-Ring 20, 60598 Frankfurt
T: (069) 68 60 89 31   **Fax:** 68 60 89 32
Honorarkonsulin: Martha Lucia Albir Buhl
Konsularbezirk: Land Hessen

c 1 071

Honorarkonsul der Republik Nicaragua in Hamburg
Wolferskamp 25, 22559 Hamburg
T: (040) 81 75 77, 36 71 05   **Fax:** 81 75 96
E-Mail: senator.gobrecht@t-online.de
Honorarkonsul: Horst Gobrecht
Konsularbezirk: Land Hamburg

c 1 072

Honorarkonsul der Republik Nicaragua in Potsdam
Friedrich-Ebert-Str. 57, 14469 Potsdam
T: (0331) 2 37 01 07   **Fax:** 2 70 57 47
Honorarkonsul: Dr. Andreas Gerl
Konsularbezirk: Länder Berlin, Brandenburg und Sachsen-Anhalt

Niederlande

● **C 1 073**

Königlich Niederländische Botschaft
Friedrichstr. 95, 10117 Berlin
T: (030) 2 09 56-0   **Fax:** 2 09 56-441
Internet: http://www.dutchembassy.de
E-Mail: nlgovbln@bln.nlamb.de
Botschafter: S.E. Dr. N. van Dam

c 1 074

Außenstelle der Königlich Niederländischen Botschaft
Gotenstr. 7-9, 53175 Bonn
T: (0228) 53 05-0   **Fax:** 23 86 21
E-Mail: nlgovbon@myokay.net
Leiter: E. Hofland

c 1 075

Honorarkonsulat der Niederlande in Aachen
c/o Industrie und Handelskammer zu Aachen
Theaterstr. 6-8, 52062 Aachen
T: (0241) 3 32 53   **Fax:** 4 46 02 59, 4 46 02 01
E-Mail: oeschwei@aachen.ihk.de
Honorarkonsul: Prof. Dr. Otto Eschweiler
Konsularbezirk: Stadt Aachen, Kreise Aachen, Düren und Heinsberg im Land Nordrhein-Westfalen

c 1 076

Honorarkonsulat der Niederlande in Bremen
Domshof 17, 28195 Bremen
T: (0421) 32 37 26   **Fax:** 3 60 92 65
E-Mail: konsulat@schiffsbank.com
Honorarkonsul: H. H. Boerstra
Konsularbezirk: Land Bremen sowie im Reg.-Bez. Weser-Ems des Landes Niedersachsen Landkreis Wesermarsch, kreisfreie Stadt Delmenhorst, selbständige Gemeinde Stadt Nordenham und im Reg.-Bez. Lüneburg des Landes Niedersachsen Landkreise Osterholz und Cuxhaven, Stadt Cuxhaven

c 1 077

Honorarkonsulat der Niederlande in Dresden
Palaisplatz 3, 01097 Dresden
T: (0351) 8 04 05 20   **Fax:** 4 71 84 19
Honorarkonsul: Dr. G. Prinz zur Lippe-Weissenfeld
Konsularbezirk: Sachsen

c 1 078

Generalkonsulat der Niederlande in Düsseldorf
Postf. 10 39 43, 40030 Düsseldorf
Oststr. 10 (Wehrhahn-Center), 40211 Düsseldorf
T: (0211) 17 93 01-0, 17 93 01-40 (Konsularabteilung)
Fax: 35 90 40
E-Mail: nlgovdus@t-online.de
Generalkonsul: Dr. C.G.J. van Honk
Konsularbezirk: Land Nordrhein-Westfalen mit Ausnahme der Stadt Bonn und des Rhein-Sieg-Kreises

c 1 079

Honorarkonsulat der Niederlande in Duisburg
Mülheimer Str. 100, 47057 Duisburg
T: (0203) 35 10 91   **Fax:** 36 28 18
Honorarkonsul: Prof. Dr. Gerd W. Hulsman
Konsularbezirk: Städte Duisburg und Oberhausen sowie aus dem Kreis Wesel die Städte Dinslaken, Kamp-Lintfort, Moers, Rheinberg, Neukirchen-Vluyn und Voerde

Verbände, Behörden, Organisationen der Wirtschaft 2001

c 1 080
Konsulat der Niederlande in Emden
Postf. 20 29, 26700 Emden
Zu den Hafenbecken 14, 26723 Emden
T: (04921) 2 14 04 **Fax:** 3 44 92
Honorarkonsul: Johannes Riepma
Konsularbezirk: Im Regierungsbezirk Weser-Ems des Landes Niedersachsen die Landkreise Aurich, Wittmund, Friesland, Ammerland, Leer, Vechta, Cloppenburg und Oldenburg, die Städte Oldenburg, Wilhelmshaven und Emden sowie die selbständigen Gemeinden Stadt Leer, Stadt Aurich und Stadt Norden

c 1 081
Generalkonsulat der Niederlande in Frankfurt am Main
Bockenheimer Landstr. 39, 60325 Frankfurt
T: (069) 97 12 01-0 **Fax:** 97 12 01-55
Internet: http://www.dutchconsulate.de
E-Mail: nlgovfra@t-online.de
Generalkonsul: J. M. Corijn
Konsularbezirk: Länder Hessen, Rheinland-Pfalz, Saarland

c 1 082
Generalkonsulat der Niederlande in Hamburg
Postf. 30 20 66, 20307 Hamburg
Alsterufer 10, 20354 Hamburg
T: (040) 4 50 33 80 **Fax:** 45 03 50 73
Internet: http://www.hollandinhamburg.de
E-Mail: nlgovham@t-online.de
Generalkonsul: R. G. J. Sterneberg
Konsularbezirk: Länder Hamburg, Bremen, Schleswig-Holstein und Niedersachsen

c 1 083
Honorarkonsulat der Niederlande in Hannover
Vahrenwalder Str. 9, 30165 Hannover
T: (0511) 9 38-14026 **Fax:** 9 38-14011
Honorarkonsul: Dr. Peter Haverbeck
Konsularbezirk: Land Niedersachsen mit Ausnahme des Regierungsbezirks Weser-Ems und der Landkreise Osterholz und Cuxhaven sowie der Stadt Cuxhaven im Regierungsbezirk Lüneburg

c 1 084
Honorarkonsulat der Niederlande in Kleve
Große Str. 47, 47533 Kleve
T: (02821) 2 40 06 **Fax:** 5 07 58
Honorarkonsul: Hermann von Ameln
Konsularbezirk: Kreis Kleve sowie aus dem Kreis Wesel die Städte Wesel, Xanten und Hamminkeln und die Gemeinden Alpen, Hünxe, Schermbeck und Sonsbeck

c 1 085
Honorarkonsulat der Niederlande in Koblenz
Carl-Spaeter-Str. 10, 56070 Koblenz
T: (0261) 89 18 80 **Fax:** 80 06 88
E-Mail: g.buddenbaum@hoogovens.com
Honorarkonsul: G. R. Buddenbaum

c 1 086
Honorarkonsulat der Niederlande in Köln
Richard-Strauss-Str. 2, 50931 Köln
T: (0221) 40 08 43 00 **Fax:** 40 08 41 48
Honorarkonsul: Paul Bauwens-Adenauer
Konsularbezirk: Reg.-Bez. Köln mit Ausnahme der Städte Aachen und Bonn sowie der Kreise Aachen, Düren, Heinsberg und des Rhein-Sieg-Kreises

c 1 087
Generalkonsulat der Niederlande in Bayern
Nymphenburger Str. 1, 80335 München
T: (089) 54 59 67-0 **Fax:** 54 59 67-67
Internet: http://www.nlgovmun.de
E-Mail: nlgovmun@onlinehome.de
Generalkonsul: J. Zaadhof
Konsularbezirk: Bayern

c 1 088
Honorarkonsulat der Niederlande in Münster
Prinzipalmarkt 13-14, 48143 Münster
T: (0251) 4 52 60 **Fax:** 4 36 99
Honorarkonsul: Dr. Paul Hüffer
Konsularbezirk: Reg.-Bez. Münster

c 1 089
Honorarkonsulat der Niederlande in Nürnberg
Gustav-Adolf-Str. 18, 90513 Zirndorf
T: (0911) 9 96 00-40 **Fax:** 9 96 00-21
Honorarkonsul: Dr. Wolfgang Bühler
Konsularbezirk: Reg.-Bez. Mittel-, Ober- und Unterfranken sowie Oberpfalz im Land Bayern

c 1 090
Honorarkonsulat der Niederlande in Osnabrück
Neuer Graben 38, 49074 Osnabrück
T: (0541) 2 43 63 **Fax:** 35 31 22
Honorarkonsul: Dipl.-Kfm. Gerd-Christian Titgemeyer
Konsularbezirk: Landkreise Grafschaft Bentheim, Emsland und Osnabrück, kreisfreie Stadt Osnabrück, Städte Lingen, Georgsmarienhütte, Melle und Nordhorn des Regierungsbezirkes Weser-Ems des Landes Niedersachsen

c 1 091
Honorarkonsulat der Niederlande in Rendsburg
Kieler Str. 10, 24790 Schacht-Audorf Rendsburg
T: (04331) 9 22 05 **Fax:** 9 11 47
Honorarkonsul: Dr. E. J. Fürsen
Konsularbezirk: Landkreise Dithmarschen und Rendsburg-Eckernförde sowie die Stadt Kiel im Land Schleswig-Holstein

c 1 092
Honorarkonsulat der Niederlande in Saarbrücken
Landwehrplatz 6-7, 66111 Saarbrücken
T: (0681) 9 33 82 70 **Fax:** 9 33 81 80
Honorarkonsul: Hans Joachim Jacobi
Konsularbezirk: Saarland

c 1 093
Honorargeneralkonsulat der Niederlande in Stuttgart
Herdweg 60, 70174 Stuttgart
T: (0711) 29 70 80 **Fax:** 2 26 48 20
Honorargeneralkonsul: Dr. Manfred Prechtl
Konsularbezirk: Land Baden-Württemberg

Niger

● C 1 094
Botschaft der Republik Niger
Dürenstr. 9, 53173 Bonn
T: (0177) 7 20 77 45, (0178) 5 55 01 69, (02241) 31 50 01
Leiter(in): Botschaftsrat Adamou Oumarou
Konsularbezirk: Bundesgebiet

c 1 095
Honorarkonsulat der Republik Niger in Kiel
Bertha-von-Suttner-Weg 8, 24340 Eckernförde
T: (04351) 61 81 **Fax:** 61 81
Honorarkonsul: Dr. Joachim Krumhoff
Konsularbezirk: Länder Schleswig-Holstein, Bremen, Hamburg, Niedersachsen und Nordrhein-Westfalen

c 1 096
Honorarkonsulat der Republik Niger in München
Ludwig-Thoma-Str. 13, 82031 Grünwald
T: (089) 6 49 20 82 **Fax:** 6 49 23 46
Honorarkonsul: Carl Wiedmeier
Konsularbezirk: Länder Bayern und Hessen

c 1 097
Honorarkonsulat der Republik Niger in Hamburg
Chile-Haus Portal A, IV. OG., 20095 Hamburg
T: (040) 3 39 79-116 **Fax:** 3 39 79-118
Honorarkonsul: Dr. Joachim Krumhoff

c 1 098
Honorarkonsulat der Republik Niger in Mannheim
Gottlieb-Daimler-Str. 12a, 68165 Mannheim
T: (0621) 40 39 74 **Fax:** 4 00 62 03
Honorarkonsul: Dr.-Ing. Heinz B. Braun
Konsularbezirk: Länder Baden-Württemberg, Rheinland-Pfalz und Saarland

Nigeria

● C 1 099
Botschaft der Bundesrepublik Nigeria
Goldbergweg 13, 53177 Bonn
T: (0228) 32 20 71-75 **Fax:** 32 80 88
TGR: NIGERIAN BONN 2
E-Mail: nigerianembassy@compuserve.com
Botschafter: S.E. Senator Emeka Patrick Echeruo
Konsularbezirk: Bundesgebiet ohne Länder Berlin, Brandenburg, Hamburg, Mecklenburg-Vorpommern, Sachsen, Sachsen-Anhalt und Thüringen

c 1 100
Außenstelle der Bundesrepublik Nigeria in Berlin
Platanenstr. 98a, 13156 Berlin
T: (030) 4 77-2300/01 **Fax:** 47 25 55
Konsularbezirk: Länder Berlin, Brandenburg, Hamburg, Mecklenburg-Vorpommern, Sachsen, Sachsen-Anhalt und Thüringen

Norwegen

● C 1 101
Königlich Norwegische Botschaft
Rauchstr. 1, 10787 Berlin
T: (030) 50 50 50 **Fax:** 50 50 55
Internet: http://www.norwegen.org
E-Mail: emb.berlin@mfa.no
Botschafter: S.E. Morten Wetland
Konsularbezirk: Berlin, Brandenburg

c 1 102
Generalkonsulat des Königreichs Norwegen in Hamburg
Neuer Jungfernstieg 7-8, 20354 Hamburg
T: (040) 34 34 55-57 **Fax:** 34 29 98
TGR: NORKONS
E-Mail: gkham@ud.dep.telemax.no
Generalkonsul: Nils Olav Stava
Konsularbezirk: Länder Hamburg, Bremen, Schleswig-Holstein, Niedersachsen

c 1 103
Honorargeneralkonsulat des Königreichs Norwegen in Düsseldorf
Bennigsen-Platz 1, 40474 Düsseldorf
T: (0211) 4 57 94 49 **Fax:** 4 57 95 01
TGR: VEBA
Honorargeneralkonsul: Ulrich Hartmann
Konsularbezirk: Länder Nordrhein-Westfalen, Rheinland-Pfalz und Saarland

c 1 104
Honorargeneralkonsulat des Königreichs Norwegen in Jena
Carl-Zeiss-Str. 1, 07743 Jena
T: (03641) 65 22 02 **Fax:** 65 24 83/65 24 70
Honorargeneralkonsul: Dr.h.c. Lothar Späth
Konsularbezirk: Länder Thüringen und Sachsen-Anhalt

c 1 105
Honrargeneralkonsulat des Königreichs Norwegen in Stuttgart
Nordbahnhofstr. 41, 70191 Stuttgart
T: (0711) 2 56 89 49 **Fax:** 2 57 86 61
Generalkonsul: Hans Joachim Schmidtgen
Konsularbezirk: Land Baden-Württemberg

c 1 106
Honorarkonsulat des Königreichs Norwegen in Bremen
Faulenstr. 2-12, 28195 Bremen
T: (0421) 3 03 42 93 **Fax:** 3 03 42 90
TGR: NORKONS BREMEN
Honorarkonsul: Hans Specht
Konsularbezirk: Land Bremen sowie im Reg.-Bez. Weser-Ems des Landes Niedersachsen die Städte Delmenhorst, Emden, Oldenburg, Osnabrück und Wilhelmshaven sowie die Landkreise Ammerland, Aurich, Emsland, Friesland, Grafschaft Bentheim, Leer, Oldenburg, Osnabrück, Wesermarsch und Wittmund

c 1 107
Honorarkonsulat des Königreichs Norwegen in Frankfurt
Bethmannstr. 56, 60311 Frankfurt
T: (069) 1 31 08 15   **Fax:** 29 90 81 08
TGR: MG ZENTRAL FRANKFURTMAIN
Honorarkonsul: Dr. Karl Ludwig Koenen
Konsularbezirk: Land Hessen

c 1 108
Honorarkonsulat des Königreichs Norwegen in Hannover
Herrenhäuser Str. 83, 30419 Hannover
T: (0511) 7 90 70   **Fax:** 2 79 57 33
Honorarkonsul: Jürgen Middendorff
Konsularbezirk: Im Land Niedersachsen die Regierungsbezirke Hannover, Braunschweig und Lüneburg sowie im Regierungsbezirk Weser-Ems die Landkreise Cloppenburg und Vechta

c 1 109
Honorarkonsulat des Königreichs Norwegen in Kiel
Lorentzendamm 28, 24103 Kiel
T: (0431) 5 92 10 50   **Fax:** 5 92 10 51
Honorarkonsul: Thieß Beiderwieden
Konsularbezirk: Land Schleswig-Holstein mit Ausnahme der Hansestadt Lübeck und der Kreise Lauenburg, Stormarn, Segeberg und Eutin

c 1 110
Honorarkonsulat des Königreichs Norwegen in Leipzig
Braunstr. 7, 04347 Leipzig
T: (0341) 4 43 20 60   **Fax:** 4 43 20 09
E-Mail: nor.konsulat.lpz@t-online.de
Honorarkonsul: Dr. Klaus Ewald Holst
Konsularbezirk: Freistaat Sachsen

c 1 111
Honorarkonsulat des Königreichs Norwegen in Lübeck
Geniner Str. 249, 23560 Lübeck
T: (0451) 5 30 22 11   **Fax:** 5 30 24 90
Honorarkonsulin: Petra Baader
Konsularbezirk: Hansestadt Lübeck und die Bezirke Lauenburg, Ostholstein, Stormarn, Segeberg

c 1 112
Honorarkonsulat des Königreichs Norwegen in München
Promenadeplatz 7, 80333 München
T: (089) 22 41 70   **Fax:** 21 39 28 91
Honorarkonsul: Prof. Dr. Christian Seidel
Konsularbezirk: Land Bayern

c 1 113
Honorarkonsulat des Königreichs Norwegen in Rostock
Dierkower Damm 38d, 18146 Rostock
T: (0381) 6 43 10 11   **Fax:** 6 43 10 09
E-Mail: nor.konsulat.hro@web.de
Honorarkonsul: Detlef Hesse
Konsularbezirk: Land Mecklenburg-Vorpommern

Österreich

● C 1 114
Österreichische Botschaft
Atrium-Gebäude
Friedrichstr. 60, 10117 Berlin
T: (030) 2 02 87-0   **Fax:** 2 29 05 69
Internet: http://www.oesterreichische-botschaft.de
E-Mail: austria.berlin@t-online.de
Botschafter: S.E. Dr. Markus Lutterotti
Konsularbezirk: Berlin, Brandenburg, Mecklenburg-Vorpommern, Sachsen, Sachsen-Anhalt und Thüringen

c 1 115
Österreichische Botschaft Außenstelle Bonn
Johanniterstr. 2, 53113 Bonn
T: (0228) 5 30 06-0, (0170) 2 14 25 39 (Mobiltelefon/Rufbereitschaft)   **Fax:** (0228) 54 90 40
Internet: http://www.oesterreichische-botschaft.de
E-Mail: austria.bonn@t-online.de

Leiter(in): Ges. Dr. Senta Wessely-Steiner
Konsularbezirk: Länder Nordrhein-Westfalen, Hessen, Rheinland-Pfalz, Saarland

c 1 116
Österreichisches Honorarkonsulat in Bremen
Postf. 10 10 44, 28010 Bremen
Auf dem Dreieck 5, 28197 Bremen
T: (0421) 5 36 86 79   **Fax:** 5 36 86 78
E-Mail: oesterr.konsulat@thb-bremen.de
Honorarkonsul: Robert O. Drewes (Tel.: (0421) 53 68 68 (THB), (04795) 2 38 (privat))
Konsularbezirk: Land Bremen

c 1 117
Österreichisches Honorarkonsulat in Dortmund
Königswall 21, 44137 Dortmund
T: (0231) 90 56-101   **Fax:** 90 56-112
Honorarkonsul: Bodo Harenberg
Konsularbezirk: Regierungsbezirk Arnsberg im Land Nordrhein-Westfalen

c 1 118
Österreichisches Honorarkonsulat in Frankfurt
Lyoner Str. 16, 60528 Frankfurt
T: (069) 66 06-196   **Fax:** 66 06-197
E-Mail: email@austroko.ffm.de
Honorarkonsul: Adalbert Lhota
Konsularbezirk: Hessen

c 1 119
Österreichisches Generalkonsulat in Hamburg
Alsterufer 37, 20354 Hamburg
T: (040) 41 32 95-0 (Sekretariat: -15), (0171) 1 21 09 31 (Mobil)   **Fax:** (040) 45 29 07
E-Mail: austgkhh@cntmail.de
Generalkonsul: Adolf Klement (Tel.: (040) 44 76 36, privat: (040) 45 58 43)
Vizekonsul: Christian Helbig
Konsularbezirk: Länder Bremen, Hamburg, Niedersachsen und Schleswig-Holstein

c 1 120
Österreichisches Honorarkonsulat in Hannover
Constantinstr. 40, 30177 Hannover
T: (0511) 9 07-4870   **Fax:** 9 07-4812
Honorarkonsul: Dr. Heinrich Dickmann (Tel./ Fax: (05139) 41 14 (privat))
Konsularbezirk: Land Niedersachsen

c 1 121
Österreichisches Honorarkonsulat in Kiel
Lorentzendamm 22, 24103 Kiel
T: (0431) 55 25 05   **Fax:** 5 19 27 36
Honorarkonsul: Dr. Fritz Süverkrüp (Tel.: (0431) 1 69 09 37 (privat))
Konsularbezirk: Schleswig-Holstein mit Ausnahme der Stadt Lübeck und der Landkreise Herzogtum Lauenburg, Stormarn u. Ostholstein

c 1 122
Österreichisches Honorarkonsulat in Lübeck
Gertrudenstr. 15, 23568 Lübeck
T: (0451) 3 10 01 50   **Fax:** 3 10 01 42
Honorarkonsul: Joachim Brüggen (Tel.: (0451) 3 10 01 51 (privat))
Konsularbezirk: Stadt Lübeck sowie Kreise Herzogtum Lauenburg, Stormarn und Ostholstein im Land Schleswig-Holstein

c 1 123
Österreichisches Honorarkonsulat in Mainz
Südring 347, 55128 Mainz
T: (06131) 33 10 10   **Fax:** 33 10 10
Honorarkonsul: Dr. Hans-Herbert Gartner (Tel.: (06131) 33 11 00 (privat))
Konsularbezirk: Land Rheinland-Pfalz

c 1 124
Österreichisches Generalkonsulat in München
Ismaninger Str. 136, 81675 München
T: (089) 9 98 15-0 (Generalkonsul: -21)   **Fax:** 9 81 02 25
E-Mail: outinfo@oegkmuenchen.de
Generalkonsul: Ges. Dr. Christian Lassmann (privat Tel.: (089) 99 83 79-0)
Konsul: Richard Schwarz (privat Tel.: (089) 9 61 38 29)
Konsularbezirk: Länder Bayern und Baden-Württemberg

c 1 125
Österreichisches Honorarkonsulat in Rostock
August-Bebel-Str. 11-12, 18055 Rostock
Honorarkonsul: Wolfgang Grieger

c 1 126
Österreichisches Honorarkonsulat in Saarbrücken
Im Rotfeld 1, 66115 Saarbrücken
T: (0681) 9 48 37-11   **Fax:** 4 95 83
TGR: AUSTROKO Saarbrücken
Honorarkonsul: Alexander Rugge (Tel.: (0681) 5 71 47 (privat))
Konsularbezirk: Saarland

c 1 127
Österreichisches Honorargeneralkonsulat in Stuttgart
Augustenstr. 4, 70178 Stuttgart
T: (0711) 62 62 60   **Fax:** 62 82 64
Honorargeneralkonsul: Dr. Alexander Grupp (Tel.: (07162) 22 44 (privat, (07162) 90 00-13/11 (Büro); Fax: (07162) 90 00-50 (Büro))
Konsularbezirk: Land Baden-Württemberg

Außenhandelsstellen der Wirtschaftskammer Österreich

● C 1 128
Österreichische Botschaft Handelsabteilung
Wilhelmstr. 65, 10117 Berlin
T: (030) 2 38 62 00   **Fax:** 3 91 36 01
Internet: http://www.oesterreich.org
E-Mail: berlin@wko.at
Leiter: Botschaftsrat für Handelsangelegenheiten Dr. Alfred Schragl

c 1 129
Österreichisches Konsulat Handelsabteilung
Bahnstr. 9, 40212 Düsseldorf
T: (0211) 32 40 36   **Fax:** 32 64 01
Internet: http://www.oesterreich.org
E-Mail: duesseldorf@wko.at
Leiter(in): Konsul Dipl.-Kfm. Klaus H. Janschek (zuständig für Nordrhein-Westfalen)

c 1 130
Österreichisches Konsulat Handelsabteilung
Zürich Haus, 18.Stock
Unterlindau 21-29, 60323 Frankfurt
T: (069) 97 10 12-0   **Fax:** 97 10 12-29
Internet: http://www.oesterreich.org
E-Mail: frankfurt@wko.at
Leiter(in): Dipl.-Kfm. Friedrich Kuen

c 1 131
Österreichisches Generalkonsulat Handelsabteilung
(Hanse-Viertel)
Poststr. 23, 20354 Hamburg
T: (040) 34 06 39   **Fax:** 35 44 28
Internet: http://www.oesterreich.org
E-Mail: hamburg@wko.at
Leiter: Konsul Dr. Walter Larcher (zuständig für Hamburg, Bremen, Niedersachsen, Schleswig-Holstein)

c 1 132
Österreichisches Generalkonsulat Handelsabteilung
Promenadeplatz 12, 80333 München
T: (089) 22 52 88   **Fax:** 22 58 87
Internet: http://www.oesterreich.org
E-Mail: muenchen@wko.at
Leiter(in): Konsul Ing. Mag. Gerhard Meschke (zuständig für Bayern)

Oman

● C 1 133
Botschaft des Sultanats Oman
Lindenallee 11, 53173 Bonn
T: (0228) 35 70 31-34/44   **Fax:** 35 70 45
Konsularbezirk: Bundesgebiet

c 1 134
Honorargeneralkonsulat des Sultanat Oman in Frankfurt
Neue Mainzer Str. 57, 60311 Frankfurt
T: (069) 17 00 79-0   **Fax:** 17 00 79-125
E-Mail: hgkoman@t-online.de
Honorargeneralkonsul: Friedhelm Jost
Konsularbezirk: Länder Hessen, Baden-Württemberg, Bayern, Rheinland-Pfalz und Saarland

Pakistan

● C 1 135
Botschaft der Islamischen Republik Pakistan
Schaperstr. 29, 10719 Berlin
T: (030) 2 12 44-0   **Fax:** 2 12 44-210
Gesandte: Humaira Hasan (Geschäftsträgerin a.i.)
Konsularbezirk: Berlin, Brandenburg, Bremen, Hamburg, Mecklenburg-Vorp., Niedersachsen, Sachsen, Sachsen-Anhalt, Schleswig-Holstein

c 1 136
Generalkonsulat von Pakistan
Lerchesbergring 23, 60598 Frankfurt
T: (069) 42 10 12   **Fax:** 42 10 17
Generalkonsul: Rab Nawaz Khan
Konsularbezirk: Hessen, Rheinland-Pfalz, Saarland, Nordrhein Westfalen, Bayern, Baden-Württemberg, Thüringen

c 1 137
Honorargeneralkonsulat der Islamischen Republik Pakistan in Hamburg
Honorary Consulate General of Pakistan
Warburgstr. 50, 20354 Hamburg
T: (040) 44 11 13-15   **Fax:** 44 11 13 13
Honorargeneralkonsul: Prof. Dr.h.c. Hermann Schnabel
Konsularbezirk: Länder Hamburg und Schleswig-Holstein

c 1 138
Honorargeneralkonsulat der Islamischen Republik von Pakistan in München
Lindenschmitstr. 37, 81371 München
T: (089) 53 48 80   **Fax:** 53 48 80
Honorargeneralkonsulin: Sieglinde Heckelmann
Konsularbezirk: Länder Bayern und Baden-Württemberg

c 1 139
Honorarkonsulat der Islamischen Republik von Pakistan in Bremen
Präsident-Kennedy-Platz 1, 28203 Bremen
T: (0421) 32 36 10   **Fax:** 3 67 82 32
Honorarkonsul: Peter Koopmann
Konsularbezirk: Land Bremen

Panama

● C 1 140
Botschaft der Republik Panama
Lützowstr. 1, 53173 Bonn
T: (0228) 36 10 36   **Fax:** 36 35 58
Botschafter: S.E. Enrique Alberto Thayer Galindo
Konsularbezirk: Bundesgebiet

c 1 141
Honorargeneralkonsulat der Republik Panama in Frankfurt
Hochstädter Landstr. 21, 63454 Hanau
T: (06181) 8 20 91   **Fax:** 68 50
Honorargeneralkonsul: Peter Michael Stoll
Konsularbezirk: Länder Hessen und Niedersachsen, Thüringen

c 1 142
Generalkonsulat der Republik Panama in Hamburg
Gänsemarkt 44V, 20354 Hamburg
T: (040) 3 43 63 16, 34 02 18   **Fax:** 35 37 71
Generalkonsul: Manuel Aizpurua
Konsularbezirk: Länder Hamburg, Bremen, Schleswig-Holstein, Niedersachsen und Mecklenburg-Vorpommern

c 1 143
Honorargeneralkonsulat der Republik Panama in Mainz
Viermorgenweg 4, 55124 Mainz
T: (06131) 47 68 72   **Fax:** 47 75 80
Honorargeneralkonsul: Hans-Dieter Klenk
Konsularbezirk: Länder Rheinland-Pfalz und Saarland

c 1 144
Honorarkonsulat der Republik Panama in Kiel
Schloßgarten 7, 24103 Kiel
T: (0431) 5 57 94 62   **Fax:** 5 93 65 22
Honorarkonsul: Hermann Rothert

c 1 145
Honorarkonsulat der Republik Panama in München
Nördliche Münchener Str. 31-33, 82031 Grünwald
T: (089) 6 49 32 05-06   **Fax:** 6 49 27 89
Honorarkonsul: Michael Häckel

Papua-Neuguinea

● C 1 146
Botschaft des Unabhängigen Staates Papua-Neuguinea
Moltkestr. 44-46, 53173 Bonn
T: (0228) 93 56 10   **Fax:** 37 51 03
E-Mail: 106555.326@compuserve.com
Gesandter: Peter Raka (Geschäftsträger a.i.)
Konsularbezirk: Bundesgebiet

c 1 147
Honorarkonsulat von Papua-Neuguinea in Hamburg
Brandstwiete 4, 20457 Hamburg
T: (040) 30 38 02 43   **Fax:** 30 38 02 45
E-Mail: hoertelmann@t-online.de
Honorarkonsul: Horst J. Hörtelmann
Konsularbezirk: Land Hamburg

Paraguay

● C 1 148
Botschaft der Republik Paraguay
Hardenbergstr. 12, 10623 Berlin
T: (030) 31 80 27 25   **Fax:** 31 80 27 45
Botschafter: S.E. Lic. José Martinez Lezcano

c 1 149
Generalkonsulat der Republik Paraguay in Hamburg
Heilwigstr. 123, 20249 Hamburg
T: (040) 47 47 41   **Fax:** 4 80 23 37
Konsularbezirk: Bundesgebiet

c 1 150
Honorarkonsulat der Republik Paraguay in Brandenburg
Heinrich-von-Kleist-Str. 8, 14482 Potsdam
T: (0331) 7 04 75 78
Honorarkonsulin: Sylva Franke
Konsularbezirk: Brandenburg

c 1 151
Honorargeneralkonsulat der Republik Paraguay in München
Linprunstr. 2 Ecke Sandstraße, 80335 München
T: (089) 5 23 11 12
Honorargeneralkonsul: Rechtsanwalt Alexander Grunder-Culemann
Konsularbezirk: Länder Bayern und Baden-Württemberg mit Ausnahme des Reg.-Bez. Stuttgart

c 1 152
Honorargeneralkonsulat der Republik Paraguay in Wiesbaden
Wandersmannstr. 68, 65205 Wiesbaden
T: (0611) 71 13 61, 71 90 47   **Fax:** 71 24 90
Honorargeneralkonsul: Rudolf Justus Hambach
Konsularbezirk: Länder Hessen und Rheinland-Pfalz

Peru

● C 1 153
Botschaft von Peru
Godesberger Allee 125, 53175 Bonn
T: (0228) 37 30 45, 3 08 45 70   **Fax:** 37 94 75, 37 19 97
Internet: http://members.aol.com/perusipan
E-Mail: eprfa@aol.com
Geschäftsträger a.i.: Hubert Wieland Conroy

c 1 154
Generalkonsulat der Republik Peru in Berlin
Schadowstr. 6, 10117 Berlin
T: (030) 2 29 14 55, 2 29 15 87   **Fax:** 2 29 28 57
Generalkonsul: Dr. Félix Calderón Urtecho
Konsularbezirk: Länder Berlin, Brandenburg, Mecklenburg-Vorpommern, Sachsen, Sachsen-Anhalt und Thüringen

c 1 155
Honorarkonsulat der Republik Peru in Bremen
Martinistr. 58, 28195 Bremen
T: (0421) 1 56 29   **Fax:** 1 45 06
Honorarkonsul: Artur Schnitger
Konsularbezirk: Land Bremen

c 1 156
Peruanisches Generalkonsulat
Roßmarkt 14 /V, 60311 Frankfurt
T: (069) 1 33 09 26   **Fax:** 29 57 40
Generalkonsul: Elmer Schialer Salcedo
Konsularbezirk: Länder Hessen, Baden-Württemberg, Bayern, Rheinland-Pfalz und Saarland

c 1 157
Generalkonsulat der Republik Peru in Hamburg
Blumenstr. 28, 22301 Hamburg
T: (040) 47 67 45, 4 60 12 23   **Fax:** 48 18 54
Generalkonsul: Dr. Mario Lovón Ruiz-Caro
Konsularbezirk: Länder Hamburg, Bremen, Niedersachsen, Nordrhein-Westfalen und Schleswig-Holstein

c 1 158
Honorarkonsulat der Republik Peru in Hannover
c/o Dt. Messe AG
Messegelände D 3000, 30521 Hannover
T: (0511) 8 93 10 00, 8 93 10 04   **Fax:** 8 93 26 47
Honorarkonsul: Prof. Dr. Dr.h.c. Klaus E. Goehrmann
Konsularbezirk: Land Niedersachsen

c 1 159
Honorarkonsulat der Republik Peru in Stuttgart
Leuschnerstr. 41-47, 70176 Stuttgart
T: (0711) 6 66 51 03, 6 66 51 00   **Fax:** 6 66 52 77
Honorarkonsul: Dipl.-Ing. Hans Wolfgang Fein
Konsularbezirk: Land Baden-Württemberg

Philippinen

● C 1 160
Botschaft der Republik der Philippinen
Uhlandstr. 97, 10715 Berlin
T: (030) 8 64 95 00   **Fax:** 8 73 25 51
E-Mail: berlinpe@t-online.de
Botschafter: S.E. José Abeto Zaide

c 1 161
Botschaft der Philippinen Außenstelle Berlin
Maximilianstr. 28b, 53111 Bonn
T: (0228) 2 67 99 11, 26 79 90   **Fax:** 22 19 68
E-Mail: philembassy@compuserve.com
Leiter: Melita S. Sta. Maria

c 1 162
Generalkonsulat der Republik der Philippinen in Hamburg
Jungfrauenthal 13, 20149 Hamburg
T: (040) 44 29 52-53   **Fax:** 45 99 87
Generalkonsulin: Ophelia A. Gonzales
Konsularbezirk: Länder Bremen, Hamburg, Niedersachsen, Schleswig-Holstein, Mecklenburg-Vorpommern

c 1 163
Honorargeneralkonsulat der Republik der Philippinen in Düsseldorf
Elisabethstr. 52a, 40217 Düsseldorf
T: (0211) 99 49 50   **Fax:** 38 32 01
Honorargeneralkonsul: Karl-Heinz Stockheim (Jr.)
Konsularbezirk: Länder Nordrhein-Westfalen, Rheinland-Pfalz und Saarland

c 1 164
Honorarkonsulat der Republik der Philippinen in Frankfurt
Dreieichstr. 59 4. Stock, 60594 Frankfurt
T: (069) 62 75 38   **Fax:** 6 03 17 95
Honorarkonsul: Peter Merck
Konsularbezirk: Land Hessen

c 1 165
Honorarkonsulat der Republik der Philippinen in Thüringen
Am Nützleber Feld 2, 99867 Gotha
T: (03621) 89 22 11   **Fax:** 89 22 12
Honorarkonsul: Josef H. Wiedeler
Konsularbezirk: Land Thüringen

c 1 166
Honorarkonsulat der Republik der Philippinen in Leipzig
Lange Reihe 2-8, 04299 Leipzig
T: (0341) 8 68 27-15   **Fax:** 8 61 65 84
Honorarkonsul: Dr. Wolfgang Krüpfer
Konsularbezirk: Land Sachsen

c 1 167
Honorarkonsulat der Republik der Philippinen in München
Pienzenauerstr. 88, 81925 München
T: (089) 9 82-2 69   **Fax:** 98 17 48
Honorarkonsul: Friedrich Karl Eugen Haberl
Konsularbezirk: Land Bayern

c 1 168
Honorarkonsulat der Republik der Philippinen in Potsdam
Hans-Thoma-Str. 9, 14467 Potsdam
T: (0331) 2 80 57 28   **Fax:** (033708) 3 18 43
Honorarkonsul: Manfred Hans Schnell
Konsularbezirk: Land Brandenburg

Polen

● **C 1 169**
Botschaft der Republik Polen in der Bundesrepublik Deutschland
Lassenstr. 19-21, 14193 Berlin
T: (030) 2 23 13-0   **Fax:** 2 23 13-155
Internet: http://www.botschaft-polen.de
E-Mail: post@botschaft-polen.de
Botschafter: Dr. Jerzy Kranz
Stellvertreterin: Gesandte Urszula Pallasz

c 1 170
Botschaft der Republik Polen Konsularabteilung
Richard-Strauss-Str. 11, 14193 Berlin
T: (030) 2 23 13-0   **Fax:** 2 23 13-212
Gesandter: Jan Turski

c 1 171
Wirtschafts- und Handelsabteilung der Botschaft Republik Polen
Glinkastr. 5-7, 10117 Berlin
T: (030) 2 29 27 39   **Fax:** 2 29 24 51
Internet: http://www.weh-berlin.de
E-Mail: ambasada@weh-berlin.de
Handelsrat: Zenon Kosiniak-Kamysz

c 1 172
Botschaft der Republik Polen Außenstelle Köln
Lindenallee 7, 50968 Köln
T: (0221) 9 37 30-0   **Fax:** 34 30 89
Gesandter: Andrzej Szynka

c 1 173
Botschaft der Republik Polen Außenstelle Köln Konsularabteilung
Leyboldstr. 74, 50968 Köln
T: (0221) 9 37 30-0   **Fax:** 34 50 74
Gesandter: Andrzej Szynka
Konsularbezirk: Länder Hessen, Nordrhein-Westfalen, Rheinland-Pfalz, Saarland und Baden-Württemberg

c 1 174
Botschaft der Republik Polen Außenstelle Köln Wirtschafts- und Handelsabteilung
An der Alteburger Mühle 6, 50968 Köln
T: (0221) 34 99-0   **Fax:** 34 99-10
Internet: http://www.brh-koeln.com
E-Mail: 106741.3171@compuserve.com
Handelsrat: Jan Wawrzyniak

c 1 175
Generalkonsulat der Republik Polen in Hamburg
Gründgensstr. 20, 22309 Hamburg
T: (040) 6 31 11 81, 6 31 20 91, 6 32 50 29 (Handelsabteilung)   **Fax:** 6 32 50 30
Generalkonsul: Mieczyslaw Sokolowski
Konsul: Jerzy Jędrzejewski (Leiter der Handelsabteilung)
Konsularbezirk: Länder Bremen, Hamburg, Niedersachsen, Schleswig-Holstein

c 1 176
Generalkonsulat der Republik Polen in Leipzig
Kommandant-Trufanow-Str. 25, 04105 Leipzig
T: (0341) 56 23 30-0   **Fax:** 5 62 33 33
Generalkonsul: Jan Granat
Konsularbezirk: Freistaat Sachsen und Freistaat Thüringen

c 1 177
Generalkonsulat der Republik Polen in Leipzig Handelsabteilung
Gerberstr. 14, 04105 Leipzig
T: (0341) 9 80 02 81   **Fax:** 9 80 20 43 41
Konsulin: Wanda Galicz-Ostrowska

c 1 178
Generalkonsulat der Republik Polen in München
Ismaninger Str. 62a, 81675 München
T: (089) 41 86 08-0, 41 86 08-46 (Handelsabteilung)
Fax: 47 13 18
Generalkonsulin: Jolanta Róza Kozlowska
Konsul: Rafal Wolski
Konsularbezirk: Länder Baden-Württemberg, Bayern
Handelsabteilung: T: (089) 41 86 08 42

Portugal

● **C 1 179**
Portugiesische Botschaft
Zimmerstr. 56, 10117 Berlin
T: (030) 5 90 06 35 00   **Fax:** 5 90 06 36 00
Botschafter: S.E. Dr. João Diogo Nunes Barate

c 1 180
Portugiesisches Generalkonsulat in Düsseldorf
Graf-Adolf-Str. 16 IV, 40212 Düsseldorf
T: (0211) 13 87 80   **Fax:** 32 33 57
TGR: PORTCONSUL DUESSELDORF
Generalkonsul: Dr. Manuel Grainha do Vale
Konsularbezirk: Land Nordrhein-Westfalen mit Ausnahme der Reg.-Bez. Detmold und Münster

c 1 181
Portugiesisches Generalkonsulat in Frankfurt
Zeppelinallee 15, 60325 Frankfurt
T: (069) 97 98 80-0   **Fax:** 97 98 80-22
Generalkonsul: Dr. Silvino Moreira Ribeiro
Konsularbezirk: Länder Hessen, Rheinland-Pfalz und Saarland

c 1 182
Portugiesisches Generalkonsulat in Hamburg
Gänsemarkt 21-23, 20354 Hamburg
T: (040) 35 53 48-4   **Fax:** 35 53 48-60
TGR: PORTCONSUL HAMBURG
Generalkonsul: Dr. Fernando de Gouveia Ara_újo
Konsularbezirk: Länder Hamburg und Schleswig-Holstein sowie Reg.-Bez. Lüneburg im Land Niedersachsen

c 1 183
Portugiesisches Generalkonsulat in Osnabrück
Schloßwall 2, 49080 Osnabrück
T: (0541) 4 80 46, 4 80 47   **Fax:** 43 17 12
Generalkonsul: Dr. Filipa Cordeiro
Vize-Konsul: Paulo Poças
Konsularbezirk: Land Bremen sowie die Reg.-Bez. Braunschweig, Hannover und Weser-Ems im Land Niedersachsen und die Reg.-Bez. Detmold und Münster im Land Nordrhein-Westfalen

c 1 184
Portugiesisches Generalkonsulat in Stuttgart
Königstr. 20, 70173 Stuttgart
T: (0711) 22 73 96   **Fax:** 2 27 39 89
TGR: PORTCONSUL STUTTGART
Generalkonsul: Dr. Rogério Lopes
Konsularbezirk: Länder Baden-Württemberg und Bayern

c 1 185
Portugiesisches Honorarkonsulat in München
Maximiliansplatz 15, 80333 München
T: (089) 29 16 31-25   **Fax:** 29 16 31-26
Honorarkonsul: Dr. Jürgen Adolff
Konsularbezirk: Land Bayern
Übergeordnet ist das Generalkonsulat Stuttgart

Ruanda

● **C 1 186**
Botschaft der Republik Ruanda
Beethovenallee 72, 53173 Bonn
T: (0228) 3 67 02 36   **Fax:** 35 19 22
Botschafter: S.E. Laurien Ngirabanzi (T: (0228) 3 67 02 38, Telefax: (0228) 35 19 22)

c 1 187
Honorarkonsulat der Republik Ruanda in Stuttgart
Lenzhalde 38, 70192 Stuttgart
T: (0711) 2 50 60   **Fax:** 2 50 63 00
Honorarkonsul: Dr. Hans-Peter Andrä
Konsularbezirk: Land Baden-Württemberg

c 1 188
Honorarkonsulat der Republik Ruanda im Freistaat Bayern
Pienzenauerstr. 48, 81679 München
T: (089) 99 89 42 99   **Fax:** 9 82 73 30
Honorarkonsul: Franz Maximilian Schmid-Preissler

c 1 189
Honorarkonsulat der Republik Ruanda in Hamburg
Am Sandtorkai 4, 20457 Hamburg
T: (040) 36 11 56, 37 33 67-9   **Fax:** 37 31 23
Honorarkonsul: Michael Thimo Drews

Rumänien

● **C 1 190**
Botschaft von Rumänien
Matterhornstr. 79, 14129 Berlin
T: (030) 8 03 30 18 (Kanzlei), 8 03 30 19 (Konsularabteilung)   **Fax:** 8 03 16 84
Geschäftsträger a.i.: Alexander Irimia
Konsularbezirk: Berlin, Brandenburg, Mecklenburg-Vorpommern, Sachsen, Sachsen-Anhalt, Thüringen

c 1 191

Botschaft von Rumänien Außenstelle Bonn
Legionsweg 14, 53117 Bonn
T: (0228) 68 38-0   Fax: 68 02 47
Leiter(in): Gabrielă Folfa
Konsularbezirk: Nordrhein-Westfalen, Bremen, Hamburg, Hessen, Niedersachsen, Rheinland-Pfalz, Saarland und Schleswig-Holstein

c 1 192

Generalkonsulat von Rumänien
Dachauer Str. 17, 80335 München
T: (089) 55 33 07, 55 33 08   Fax: 55 33 48
Generalkonsul: Dr. Vlad Vasiliu
Konsularbezirk: Bayern, Baden-Württemberg

c 1 193

Honorarkonsulat von Rumänien in Alpen
Weseler Str. 7, 46519 Alpen
T: (02802) 8 12 01   Fax: 8 12 20
Honorarkonsul: Dr. Franz Georg von Busse
Konsularbezirk: Nordrhein-Westfalen

c 1 194

Honorarkonsulat von Rumänien in Bad Kreuznach
Mannheimer Str. 230, 55543 Bad Kreuznach
T: (0671) 8 96 01 07   Fax: 8 96 01 07
Honorarkonsul: Alex Jacob
Konsularbezirk: Land Rheinland-Pfalz

c 1 195

Honorargeneralkonsulat von Rumänien in Hamburg
Schopenstehl 23, 20095 Hamburg
T: (040) 30 96 80-0   Fax: 30 96 80 30
Honorargeneralkonsul: Hasso Kornemann
Konsularbezirk: Bremen, Hamburg, Niedersachsen, Mecklenburg-Vorpommern, Schleswig-Holstein

c 1 196

Honorarkonsulat von Rumänien in Leipzig
Karl-Tauchnitz-Str. 2, 04107 Leipzig
T: (0341) 2 12-7611   Fax: 2 12-7611
Honorarkonsul: Karlheinz Eichler
Konsularbezirk: Sachsen, Thüringen, Sachsen Anhalt

c 1 197

Honorarkonsulat von Rumänien in Stuttgart
Schellingstr. 9, 70174 Stuttgart
T: (0711) 1 22 27 91   Fax: 1 22 27 99
Honorarkonsul: Dr. Dietmar Sauer
Konsularbezirk: Land Baden-Württemberg

Russische Föderation

● C 1 198

Botschaft der Russischen Föderation
Unter den Linden 63-65, 10117 Berlin
T: (030) 2 29 11 10-29, 22 48 71 35   Fax: 2 29 93 97
Botschafter: S.E. Sergej B. Krylow
Konsularbezirk: Länder Berlin, Brandenburg, Mecklenburg-Vorpommern und Sachsen-Anhalt

c 1 199

Generalkonsulat der Russischen Föderation in Bonn
Waldstr. 42, 53177 Bonn
T: (0228) 31 25 36, 31 25 32   Fax: 31 15 63
Generalkonsul: Sergej J. Netschajew (ernannt)
Konsularbezirk: Nordrhein-Westfalen, Baden-Württemberg, Hessen, Rheinland-Pfalz und Saarland

c 1 200

Generalkonsulat der Russischen Föderation in Hamburg
Am Feenteich 20, 22085 Hamburg
T: (040) 2 29 53 01   Fax: 2 29 77 27
Generalkonsul: Sergej W. Schtscherbakow (ernannt)
Konsularbezirk: Bundesländer Hamburg, Bremen, Niedersachsen und Schleswig-Holstein

c 1 201

Generalkonsulat der Russischen Föderation in Leipzig
Kickerlingsberg 18, 04105 Leipzig
T: (0341) 5 85 18 76   Fax: 5 64 95 89
Generalkonsul: Nikolaj R. Sirota (ernannt)
Konsularbezirk: Bundesländer Sachsen und Thüringen

c 1 202

Generalkonsulat der Russischen Föderation in München
Seidlstr. 28, 80335 München
T: (089) 59 25 28   Fax: 5 50 38 28
Generalkonsul: Dr. Lev N. Klepatsky (ernannt)
Konsularbezirk: Land Bayern

c 1 203

Honorarkonsulat der Russischen Föderation
Rudolphstr. 28, 90489 Nürnberg
T: (0911) 5 30 77 62   Fax: 5 31 77 63
Honorarkonsul: Nikolaus Wilhelm Knauf
Konsularbezirk: Mittel-, Ober- und Unterfranken im Land Bayern

Salomonen

● C 1 204

Botschaft der Salomonen
Bld. Saint Michel 28, B-1040 Brüssel
T: (00322) 7 32 70 85   Fax: 7 32-68 85
Botschafter: S.E. Robert Sisilo

Sambia

● C 1 205

Botschaft der Republik Sambia
Mittelstr. 39, 53175 Bonn
T: (0228) 37 68 13, 37 90 34   Fax: 37 95 36
TGR: ZAMBIANS BONN 2
Botschafter: S.E. GenLt. Francis Gershom Sibamba
Konsularbezirk: Bundesgebiet

Samoa

● C 1 206

Honorarkonsulat von Samoa
Koetschaustr. 4, 40474 Düsseldorf
T: (0211) 43 45 85 (Behörden), (0190) 16 10 20 (Tourismus)
Fax: (0211) 4 70 71 85
Internet: http://www.samoa-offshore.de
E-Mail: consulate@samoa-offshore.de
Honorarkonsul: Claus Wessing
Konsularbezirk: Länder Nordrhein-Westfalen, Baden-Württemberg, Bayern, Berlin, Brandenburg, Hessen, Rheinland-Pfalz, Saarland, Sachsen-Anhalt und Thüringen

San Marino

● C 1 207

Honorarkonsulat von San Marino
Arndtstr. 12, 60325 Frankfurt
T: (069) 7 41 04 40   Fax: 7 41 04 40
Honorarkonsul: Dietrich Herbst
Konsularbezirk: Länder Hessen, Baden-Württemberg, Bayern, Bremen, Hamburg, Niedersachsen, Nordrhein-Westfalen, Rheinland-Pfalz, Saarland und Schleswig-Holstein

São Tomé und Principe

● C 1 208

Botschaft der Demokratischen Republik São Tomé und Principe
Square Montgomery 175 Av. de Tervuren, B-1150 Brüssel
T: (00322) 7 34 89 66   Fax: 7 34 88 15
Geschäftsträger: Armindo Fernandes

Saudi-Arabien

● C 1 209

Botschaft des Königreichs Saudi-Arabien
Kurfürstendamm 63, 10707 Berlin
T: (030) 88 92 50   Fax: 88 92 51 76
Botschafter: S.E. Abbas Faig Ghazzawi
Konsularbezirk: Bundesgebiet

c 1 210

Außenstelle der Botschaft des Königreichs Saudi-Arabien
Hohle Gasse 85, 53177 Bonn
T: (0228) 37 66 66   Fax: 37 66 67
Leiter(in): Abdelrahman Al-Blehed

Schweden

● C 1 211

Schwedische Botschaft
Rauchstr. 1, 10787 Berlin
T: (030) 50 50 60   Fax: 50 50 67 89
Internet: http://www.schweden.org
E-Mail: ambassaden.berlin@foreign.ministry.se
Botschafter: S.E. Mats Hellström

c 1 212

Schwedisches Honorarkonsulat in Bremen
Fahrenheitstr. 6, 28359 Bremen
T: (0421) 2 02 91 15, 2 23 93 54   Fax: 2 23 99 58
Honorarkonsul: Klaus Hollweg
Konsularbezirk: Land Bremen, Reg.-Bez. Weser-Ems des Landes Niedersachsen mit Ausnahme der Landkreise Osnabrück (einschl. der selbständigen Gemeinden Städte Georgsmarienhütte und Melle) und Vechta sowie der kreisfreien Stadt Osnabrück

c 1 213

Schwedisches Honorarkonsulat in Düsseldorf
Berliner Allee 32, 40212 Düsseldorf
T: (0211) 3 23 84 57, 3 23 84 58   Fax: 3 23 97 52
Honorarkonsul: Dr. Roland Schulz
Konsularbezirk: Land Nordrhein-Westfalen mit Ausnahme der Städte Köln und Bonn

c 1 214

Schwedisches Honorarkonsulat in Frankfurt
Wildunger Str. 9, 60487 Frankfurt
T: (069) 79 40 26 15   Fax: 79 40 26 16
Honorarkonsul: Dr. Christian Bloth
Konsularbezirk: Länder Hessen, Rheinland-Pfalz und Saarland

c 1 215

Schwedisches Generalkonsulat in Hamburg
Postf. 30 49 50, 20316 Hamburg
Alsterufer 15, 20354 Hamburg
T: (040) 45 01 45-0   Fax: 45 01 45-14
Generalkonsul: Leit H. Sjöström
Konsularbezirk: Das gesamte Bundesgebiet mit Ausnahme der Städte Köln, Bonn und des Landes Berlin

c 1 216

Schwedisches Honorarkonsulat in Hannover
Postf. 71 04 30, 30544 Hannover
Tresckowstr. 5, 30457 Hannover
T: (0511) 4 39-2561   Fax: 4 39-2565
Honorarkonsul: Hans-Dieter Harig
Konsularbezirk: Im Land Niedersachsen: Reg.-Bez. Braunschweig, Hannover und Lüneburg sowie im Reg.-Bez. Weser-Ems die Landkreise Osnabrück (einschl. der selbständigen Gemeinden Städte Georgsmarienhütte und Melle) und Vechta sowie die kreisfreie Stadt Osnabrück

c 1 217

Schwedisches Honorarkonsulat in Kiel
Hopfenstr. 29, 24103 Kiel
T: (0431) 66 07-875   Fax: 66 07-777
Honorarkonsul: Ernst Johannsen
Konsularbezirk: Die kreisfreien Städte Flensburg, Kiel und Neumünster sowie die Landkreise Dithmarschen, Nordfriesland, Pinneberg, Plön, Rendsburg-Eckernförde, Schleswig-Flensburg und Steinburg im Land Schleswig-Holstein

c 1 218

Schwedisches Honorarkonsulat in Leipzig
Messe-Allee 2, 04356 Leipzig
T: (0341) 6 09 66-20, 6 09 66-11   **Fax:** 6 09 66-1, 6 09 66-50
Honorarkonsul: Rudolf von Sandersleben
Konsularbezirk: Land Sachsen

c 1 219

Schwedisches Honorarkonsulat in Lübeck
Beckergrube 38-52, 23552 Lübeck
T: (0451) 7 80 99   **Fax:** 14 82 55
Honorarkonsul: Dr. Dietrich Schulz
Konsularbezirk: Im Land Schleswig-Holstein die Stadt Lübeck sowie die Kreise Lauenburg, Ostholstein, Segeberg und Stormarn

c 1 220

Schwedisches Honorarkonsulat in München
Brienner Str. 9, 80333 München
T: (089) 54 52 12 15   **Fax:** 54 52 11 09
Honorarkonsul: Dr. Klaus Werner
Konsularbezirk: Land Bayern

c 1 221

Schwedisches Honorarkonsulat in Rostock
Altkarlshof 6, 18146 Rostock
T: (0381) 65 86-600, 65 86-751   **Fax:** 65 86-610
Honorarkonsul: Axel Erdmann
Konsularbezirk: Land Mecklenburg-Vorpommern

c 1 222

Schwedisches Honorarkonsulat in Stuttgart
Rotebühlstr. 77, 70178 Stuttgart
T: (0711) 66 72 19 99   **Fax:** 66 72 20 14
Honorarkonsul: Michael Klett
Konsularbezirk: Land Baden-Württemberg

Schweiz

● C 1 223

Botschaft der Schweizerischen Eidgenossenschaft
Haus am Wasser
Otto-von-Bismarck-Allee 4a, 10557 Berlin
T: (030) 3 90 40 00   **Fax:** 3 91 10 30
E-Mail: vertretung@ber.rep.admin.ch
Botschafter: S.E. Dr. Thomas Borer-Fielding

c 1 224

Außenstelle der Botschaft der Schweizerischen Eidgenossenschaft
Konsularisches Dienstleistungszentrum der Schweiz
Peter-Hensen-Str. 1, 53175 Bonn
T: (0228) 8 16 62 70 (Auskunft und Verwaltung), 8 16 62 00 (Konsularisches), 8 16 62 50 (Soziales), 8 16 61 00 (Visa/Einreise)   **Fax:** 8 16 62 71, 8 16 62 01 (Konsularisches), 8 16 62 51 (Soziales), 8 16 61 01 (Visa/Einreise)
Leiter(in): Hans-Jürg Dové
Zentrale Stelle für sämtliche konsularisch-administrative Aufgaben in Deutschland

c 1 225

Generalkonsulat der Schweizerischen Eidgenossenschaft in Dresden
Leipziger Str. 116, 01127 Dresden
T: (0351) 8 94 44-0   **Fax:** 8 94 44-20
Generalkonsul: Walter Kägi
Konsularbezirk: Länder Sachsen, Thüringen und Sachsen-Anhalt

c 1 226

Generalkonsulat der Schweizerischen Eidgenossenschaft in Düsseldorf
Ernst-Gnoß-Str. 25, 40219 Düsseldorf
T: (0211) 45 88 70-0   **Fax:** 4 38 09 51
E-Mail: 14513.1374@compuserve
Generalkonsul: Beat Heuss
Konsularbezirk: Land Nordrhein-Westfalen

c 1 227

Generalkonsulat der Schweizerischen Eidgenossenschaft in Frankfurt
Zürich-Hochhaus am Opernplatz
Zeil 5 5. OG., 60313 Frankfurt
T: (069) 17 00 28-0   **Fax:** 17 33 89
Generalkonsul: Christian Schmed
Konsularbezirk: Länder Hessen, Rheinland-Pfalz und Saarland

c 1 228

Generalkonsulat der Schweizerischen Eidgenossenschaft in Hamburg
Rathausmarkt 5, 20095 Hamburg
T: (040) 30 97 82-0   **Fax:** 32 36 16
Generalkonsul: Robert Wenger
Konsularbezirk: Länder Hamburg, Bremen, Schleswig-Holstein und Niedersachsen

c 1 229

Generalkonsulat der Schweizerischen Eidgenossenschaft in München
Postf. 34 02 56, 80099 München
Brienner Str. 14, 80333 München
T: (089) 28 66 20-0   **Fax:** 28 05 79 61
Generalkonsul: Friedrich Vogel
Konsularbezirk: Land Bayern

c 1 230

Generalkonsulat der Schweizerischen Eidgenossenschaft in Stuttgart
Hirschstr. 22, 70173 Stuttgart
T: (0711) 22 29 43-10   **Fax:** 22 29 43-22
E-Mail: vertretung@stu.rep.admin.ch
Generalkonsul: Pius Bucher
Konsularbezirk: Land Baden-Württemberg

c 1 231

Honorarkonsul der Schweizerischen Eidgenossenschaft
Theodor-Ludwig-Str. 26, 79312 Emmendingen
T: (07641) 92 41 12   **Fax:** 92 41 20
Honorarkonsul: Gerhard Lochmann
Konsularbezirk: Land Baden-Württemberg

Senegal

● C 1 232

Botschaft der Republik Senegal
Argelanderstr. 3, 53115 Bonn
T: (0228) 21 80 08   **Fax:** 21 78 15
Botschafter: Mouhamadou Keita
Konsularbezirk: Bundesgebiet

c 1 233

Generalhonorarkonsulat der Republik Senegal in Berlin
Sächsische Str. 39, 10713 Berlin
T: (030) 8 61 01 24   **Fax:** 8 83 76 84, 8 61 02 31
Teletex: 17-308 268 NovaTEL
Generalhonorarkonsul: Otto Meissner
Konsularbezirk: Länder Berlin, Brandenburg, Mecklenburg-Vorpommern und Sachsen-Anhalt

c 1 234

Generalhonorarkonsulat der Republik Senegal in Düsseldorf
Postf. 10 30 54, 40021 Düsseldorf
Grafenberger Allee 87, 40237 Düsseldorf
T: (0211) 61 43 61, 61 10 00   **Fax:** 61 44 00
Honorarkonsulin: Ute Henriette Ohoven
Konsularbezirk: Land Nordrhein-Westfalen, Niedersachsen

c 1 235

Generalhonorarkonsulat der Republik Senegal in Stuttgart
Ehrenhalde 11, 70192 Stuttgart
T: (0711) 2 56 92 15   **Fax:** 2 56 79 09
Generalhonorarkonsulin: Margarethe Ulmer
Konsularbezirk: Länder Baden-Württemberg und Rheinland-Pfalz

c 1 236

Honorarkonsulat der Republik Senegal in Frankfurt
Oeder Weg 1, 60318 Frankfurt
T: (069) 55 65 04   **Fax:** 55 65 96
Honorarkonsul: Gunther A. Luedecke
Konsularbezirk: Land Hessen

c 1 237

Honorarkonsulat der Republik Senegal in Hamburg
Waitzstr. 52, 22607 Hamburg
T: (040) 82 11 99   **Fax:** 82 10 50
Honorarkonsul: Dieter Härthe
Konsularbezirk: Land Hamburg

c 1 238

Honorarkonsulat der Republik Senegal in München
Franz-Joseph-Str. 15 /Rckg., 80801 München
T: (089) 34 51 02   **Fax:** 34 51 14
Honorarkonsul: Max Gierke
Konsularbezirk: Land Bayern, Thüringen, Sachsen

Seychellen

● C 1 239

Honorargeneralkonsulat der Republik Seychellen
Alter Wall 40, 20457 Hamburg
T: (040) 34 66 06   **Fax:** 35 08 94 50
Honorargeneralkonsul: Hans-Joachim Worms
Konsularbezirk: Länder Hamburg, Bremen, Mecklenburg-Vorpommern, Niedersachsen und Schleswig-Holstein

c 1 240

Honorarkonsulat der Republik Seychellen
Frankfurter Str. 63-69, 65760 Eschborn
T: (06169) 96 03 90   **Fax:** 96 03 99
E-Mail: hunzinger@m-i-t.de
Honorarkonsul: Maximilian Hunzinger
Konsularbezirk: Länder Nordrhein-Westfalen, Rheinland Pfalz, Saarland, Hessen, Sachsen-Anhalt, Thüringen

c 1 241

Honorarkonsulat der Seychellen in Herrsching
Summerstr. 8, 82211 Herrsching
T: (08152) 56 94   **Fax:** 53 67
E-Mail: INFO@TRAUMINSELREISEN.DE
Honorarkonsul: Wolfgang Därr
Konsularbezirk: Länder Bayern, Baden-Württemberg und Sachsen

Sierra Leone

● C 1 242

Botschaft der Republik Sierra Leone
Rheinallee 20, 53173 Bonn
T: (0228) 35 20 01   **Fax:** 36 42 69
Botschafter: S.E. Dr. Umaru Bundu Wurie
Konsularbezirk: Bundesgebiet

c 1 243

Honorargeneralkonsulat der Republik Sierra Leone in Frankfurt
Am Bächelchen 35, 60388 Frankfurt
T: (06109) 3 32 77   **Fax:** 3 40 55
Honorargeneralkonsul: Walther M. Bessler
Konsularbezirk: Länder Hessen, Thüringen und Sachsen-Anhalt

c 1 244

Honorarkonsulat der Republik Sierra Leone in Düsseldorf
Mendelssohnstr. 36, 40670 Meerbusch
T: (02159) 17 07   **Fax:** 5 11 49
Honorarkonsul: Ralf Lienenkämper
Konsularbezirk: Länder Nordrhein-Westfalen, Rheinland-Pfalz und Saarland

Simbabwe

● C 1 245

Botschaft der Republik Simbabwe
Kommandantenstr. 80, 10117 Berlin

C 1 245
T: (030) 2 06 22 63   Fax: 20 45 50 62
Botschafter: S.E. Gift Punungwe
Konsularbezirk: Bundesgebiet

Singapur

● C 1 246
Botschaft der Republik Singapur
Friedrichstr. 200, 10117 Berlin
T: (030) 22 63 43 18   Fax: 22 63 43 55
Botschafter: S.E. Prof. Walter Woon
Konsularbezirk: Bundesgebiet

c 1 247
Honorargeneralkonsulat der Republik Singapur
Postf. 10 44 20, 20030 Hamburg
Ballindamm 1, 20095 Hamburg
T: (040) 30 29 90, 30 29 92 92   Fax: 30 29 92 29
Honorargeneralkonsul: Dr. Dieter Lorenz-Meyer
Konsularbezirk: Länder Hamburg, Bremen, Mecklenburg-Vorpommern, Niedersachsen und Schleswig-Holstein

Slowakische Republik

● C 1 248
Botschaft der Slowakischen Republik
Leipziger Str. 36, 10117 Berlin
T: (030) 2 04 45 38, 2 04 42 48, 2 04 44 50
Fax: 2 08 24 59
Generalkonsul: Ivan Horský
Konsularbezirk: Länder Berlin, Brandenburg, Bremen, Hamburg, Mecklenburg-Vorpommern, Niedersachsen, Sachsen, Sachsen-Anhalt, Schleswig-Holstein und Thüringen

c 1 249
Generalkonsulat der Botschaft der Slowakischen Republik in Bonn
August-Bier-Str. 31, 53129 Bonn
T: (0228) 91 45 50   Fax: 9 14 55 38
Generalkonsul: Ivan Horsky
Konsularbezirk: Länder Nordrhein-Westfalen, Hessen, Rheinland-Pfalz und Saarland

c 1 250
Generalkonsulat der Slowakischen Republik in München
Vollmannstr. 25d, 81925 München
T: (089) 92 33 49 00   Fax: 92 33 49 54
Generalkonsul: Dipl.-Ing. Frantisek Zemanovic
Konsularbezirk: Länder Bayern und Baden-Württemberg

c 1 251
Honorarkonsulin der Slowakischen Republik in Hamburg
Neuer Wall 13, 20354 Hamburg
T: (040) 34 07 67   Fax: 3 58 99 86
Honorarkonsulin: Ursula Meyer-Waarden
Konsularbezirk: Länder Hamburg, Mecklenburg-Vorpommern, Schleswig-Holstein

c 1 252
Honorarkonsul der Slowakischen Republik in Hannover
Eichstr. 19, 30161 Hannover
T: (0511) 3 48 34 41, 3 48 34 42   Fax: 3 48 34 43
E-Mail: honorarkonsulat@bauindustrie-nds.de
Honorarkonsul: Dirk Bettels
Konsularbezirk: Länder Niedersachsen und Sachsen-Anhalt

c 1 253
Honorarkonsul der Slowakischen Republik in Wuppertal
Gustavstr. 3a, 42329 Wuppertal
T: (0202) 2 95 36 21
Honorarkonsul: Ivan Koval
Konsularbezirk: Land Nordrhein-Westfalen

Slowenien

● C 1 254
Botschaft der Republik Slowenien
Hausvogteiplatz 3-4, 10117 Berlin
T: (030) 20 61 45-0   Fax: 20 61 45-70
Botschafter: S.E. Alfonz Naberžnik

c 1 255
Generalkonsulat der Republik Slowenien
Lindwurmstr. 14,
80337 München
Postfach, 80045 München
T: (089) 5 43 98 19   Fax: 5 43 94 83
Generalkonsul: N.N.
Konsularbezirk: Länder Bayern und Baden-Württemberg

c 1 256
Honorarkonsulat der Republik Slowenien
Rothenbaumchaussee 3, 20148 Hamburg
T: (040) 38 03-1226   Fax: 38 03-1341
Honorarkonsul: Kai Wünsche

c 1 257
Honorarkonsulat der Republik Slowenien
Grashoffstr. 7, 27570 Bremerhaven
T: (0471) 9 54-9020   Fax: 9 54-9089
Honorarkonsul: Friedrich Dieckell

c 1 258
Honorarkonsulat der Republik Slowenien
Stengelstr. 12, 66117 Saarbrücken
T: (0681) 9 26 75 64   Fax: 9 26 75 65
Honorarkonsul: Dr. Leon Brumen

c 1 259
Honorarkonsulat der Republik Slowenien
Gerlachstr. 14, 14480 Potsdam
T: (033) 6 00 49 43   Fax: 88 80 01 30
Generalkonsul: Eckehart Behncke

Spanien

● C 1 260
Königlich Spanische Botschaft
Kanzlei:
Schöneberger Ufer 89 6. Stock, 10785 Berlin
T: (030) 2 54 00 70   Fax: 25 79 95 57
E-Mail: botschaft.spanien@t-online.de
Botschafter: S.E. José-Pedro Sebastián de Erice

c 1 261
Königlich Spanische Botschaft Konsularabteilung
Steinplatz 1, 10623 Berlin
T: (030) 3 15 09-251, 3 15 09-252, 3 15 09-253
Fax: 3 15 09-962

c 1 262
Spanisches Generalkonsulat in Düsseldorf
Homberger Str. 16, 40474 Düsseldorf
T: (0211) 43 90 80   Fax: 45 37 68
Generalkonsul: Miguel Arias Estébez
Konsularbezirk: Land Nordrhein-Westfalen

c 1 263
Spanisches Generalkonsulat in Frankfurt
Nibelungenplatz 3, 60318 Frankfurt
T: (069) 9 59 16 60   Fax: 5 96 47 42
Generalkonsul: Luis Calvo Merino
Konsularbezirk: Länder Hessen, Rheinland-Pfalz und Saarland

c 1 264
Spanisches Generalkonsulat in Hamburg
Mittelweg 37, 20148 Hamburg
T: (040) 44 36 20, 45 24 16, 4 14 64 60   Fax: 41 74 49
Generalkonsul: Fernando Sánchez Rau
Konsularbezirk: Länder Hamburg, Bremen, Mecklenburg-Vorpommern, im Reg.-Bez. Hannover des Landes Niedersachsen den Landkreis Diepholz, im Reg.-Bez. Lüneburg die Landkreise Cuxhaven, Harburg, Lüneburg, Osterholz, Rotenburg (Wümme), Stade und Verden sowie den Reg.-Bez. Weser-Ems und das Land Schleswig-Holstein

c 1 265
Spanisches Generalkonsulat in Hannover
Bödekerstr. 22, 30161 Hannover
T: (0511) 31 10 85-86   Fax: 31 62 30
Generalkonsul: José Maria Muriel Palomino
Konsularbezirk: Im Land Niedersachsen der Reg.-Bez. Braunschweig, der Reg.-Bez. Hannover mit Ausnahme des Landkreises Diepholz, im Reg.-Bez. Lüneburg die Landkreise Celle, Soltau-Fallingbostel und Lüchow-Dannenberg und Uelzen.

c 1 266
Spanisches Generalkonsulat in München
Oberföhringer Str. 45, 81925 München
T: (089) 9 98 47 90   Fax: 9 81 02 06
Generalkonsul: Enrique Iranzo Arques
Konsularbezirk: Land Bayern

c 1 267
Spanisches Generalkonsulat in Stuttgart
Lenzhalde 61, 70192 Stuttgart
T: (0711) 2 26 20-01, -03, -04   Fax: 2 26 59 27
Generalkonsul: Diego Maria Sanchez Bustamante
Konsularbezirk: Land Baden-Württemberg

Sri Lanka

● C 1 268
Botschaft der Demokratischen Sozialistischen Republik Sri Lanka
Niklasstr. 19, 14163 Berlin
T: (030) 80 90 97 43   Fax: 80 90 97 57
E-Mail: info@srilanka-botschaft
Botschafter: S.E. Satharatilaka Banda Atugoda
Konsularbezirk: Bundesgebiet

c 1 269
Generalkonsulat von Sri Lanka
Mainzer Str. 47, 53179 Bonn
T: (0228) 69 89 46   Fax: 96 36 52 92
Generalkonsulin: G. Asirwatham
Konsularbezirk: Bundesgebiet

c 1 270
Honorarkonsulat der Republik Sri Lanka in Bremen
Birkenstr. 15, 28195 Bremen
T: (0421) 1 65 45 27   Fax: 36 14 31 15
Honorarkonsul: Klaus Dames-Willers
Konsularbezirk: Länder Bremen und Niedersachsen

c 1 271
Honorargeneralkonsulat von Sri Lanka in Hamburg
Pickhuben 9, 20457 Hamburg
T: (040) 36 71 40   Fax: 36 14 31 15
Honorargeneralkonsul: Carl Olav Ellerbrock
Konsularbezirk: Länder Hamburg und Schleswig-Holstein

c 1 272
Honorargeneralkonsulat der Republik Sri Lanka in München
Sylvensteinstr. 2, 81369 München
T: (089) 72 01 20   Fax: 7 20 12 90
Stellv. Leiter des Honorargeneralkonsulats: Dipl.-Ing. Hans Hammer (MBA Insead)
Konsularbezirk: Länder Bayern und Hessen

c 1 273
Honorarkonsulat der Republik Sri Lanka in Stuttgart
Willy-Brandt-Str. 50-54, 70173 Stuttgart
T: (0711) 2 23 79 63   Fax: 22 29 97 77
Honorarkonsul: Norbert Quack
Konsularbezirk: Länder Baden-Württemberg, Rheinland-Pfalz und Saarland

St. Kitts und Nevis

● C 1 274
Botschaft der Föderation St. Kitts und Nevis
(High Commission for S. Christopher and Nevis)
10 Kensington Court, GB- London W8 5DL
T: (004420) 7460-6500   Fax: 7460-6505
Botschafter: N. N.

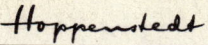

Amtbezirk: St. Kitts und Nevis
Übergeordnete Auslandsvertretung: Botschaft Port-of-Spain

St. Lucia

● C 1 275
Honorarkonsulat von Saint Lucia
Postf. 23 04, 61293 Bad Homburg
T: (06172) 30 23 24   **Fax:** 30 53 14
Honorarkonsul: Bernd O. Ludwig
Konsularbezirk: Bundesgebiet

St. Vincent und die Grenadinen

● C 1 276
Botschaft von St. Vincent und die Grenadinen
(High Commission for Saint Vincent and the Grenadines)
10 Kensington Court, GB- London W8 5DL
T: (04420) 75 65 28 74   **Fax:** 79 37 60 40
E-Mail: highcommission.svg.uk@cwcom.net
Hoher Kommissar: H.E. Carlyle Dougan (QC)

● C 1 277
Honorarkonsulat von St. Vincent und die Grenadinen in München
Flüggenstr. 5, 80639 München
T: (089) 17 80 35-20   **Fax:** 17 64 81
Honorarkonsul: Johann Ulrich Schlamp
Konsularbezirk: Bundesgebiet

Südafrika

● C 1 278
Botschaft der Republik Südafrika
Friedrichstr. 60, 10117 Berlin
T: (030) 2 20 73-0   **Fax:** 2 20 73-190
Internet: http://www.suedafrika.org
E-Mail: botschaft@suedafrika.org
Botschafter: S.E. Prof. Dr. Sibusiso M.E. Bengu
Konsularbezirk: Bundesgebiet

c 1 279
Generalkonsulat der Republik Südafrika in München
Sendlinger-Tor-Platz 5, 80336 München
T: (089) 2 31 16 30   **Fax:** 23 11 63 63
Generalkonsul: Rapulane Sydney Molekane
Konsularbezirk: Länder Bayern und Baden-Württemberg

c 1 280
Honorargeneralkonsulat der Republik Südafrika in Stuttgart
Plieninger Str. 148b, 70567 Stuttgart
T: (0711) 7 22 21 75   **Fax:** 7 22 21 80
Honorargeneralkonsul: Dipl.-Ing. Jürgen E. Schrempp
Konsularbezirk: Länder Baden-Württemberg, Rheinland-Pfalz und Saarland

c 1 281
Honorarkonsulat der Republik Südafrika in Bremen
Sonneberger Str. 18, 28329 Bremen
T: (0421) 43 62 20   **Fax:** 4 67 70 87
Honorarkonsul: August Jaekel
Konsularbezirk: Land Bremen

c 1 282
Honorarkonsul der Republik Südafrika in Dortmund
Klönnestr. 99, 44143 Dortmund
T: (0231) 5 64 00 11   **Fax:** 51 63 13
Honorarkonsul: Hans-Jörg Hübner
Konsularbezirk: Land Nordrhein-Westfalen

c 1 283
Honorarkonsulat der Republik Südafrika in Hannover
Heisterholzwinkel 10, 30559 Hannover
T: (0511) 5 17 95 24   **Fax:** 5 17 95 24
Honorarkonsul: Dr. Gerhard Syrbius
Konsularbezirk: Land Niedersachsen

Sudan

● C 1 284
Botschaft der Republik Sudan
Kurfürstendamm 151, 10709 Berlin
T: (030) 8 90 69 80   **Fax:** 89 40 96 93
Internet: http://www.sudan-embassy.de
E-Mail: info@sudan-embassy.de
Botschafter: S.E. Ahmed Gaafar Abdelkarim
Konsularbezirk: Bundesgebiet

Suriname

● C 1 285
Honorargeneralkonsulat von Suriname
Adolf-Kolping-Str. 16, 80336 München
T: (089) 59 43 69, 55 50 33, 55 33 63   **Fax:** 59 70 64
E-Mail: matte@t-online.de
Honorargeneralkonsul: Edwin Matt
Konsularbezirk: Bundesgebiet

Swasiland (Königreich)

● C 1 286
Honorargeneralkonsulat des Königreichs Swasiland
Postf. 10 29 01, 40020 Düsseldorf
Worringer Str. 59, 40211 Düsseldorf
T: (0211) 35 08 66   **Fax:** (02133) 77 01-78
Honorargeneralkonsul: Hermann Josef Raths
Konsularbezirk: Bundesgebiet, außer Bayern, Berlin, Baden-Württemberg, Hessen, Rheinland-Pfalz, Brandenburg und Sachsen

Syrien

● C 1 287
Botschaft der Arabischen Republik Syrien
Andreas-Hermes-Str. 5, 53175 Bonn
T: (0228) 8 19 92 20   **Fax:** 8 19 92 99
Botschafter: Mohamed Walid Hezbor
Konsularbezirk: Bundesgebiet

c 1 288
Honorarkonsulat der Arabischen Republik Syrien
Brooktor 11, 20457 Hamburg
T: (040) 32 18 61   **Fax:** 32 70 86
Honorarkonsul: Hani Nasri
Konsularbezirk: Länder Hamburg, Bremen, Niedersachsen und Schleswig-Holstein

Tadschikistan

● C 1 289
Botschaft der Republik Tadschikistan
Otto-Suhr-Allee 84, 10585 Berlin
T: (030) 3 47 93 00   **Fax:** 34 79 30 29
Botschafter: S.E. Akbar Mirzoev
Konsularbezirk: Bundesgebiet

Taiwan (Republik China)

● C 1 290
Taipeh Vertretung in der Bundesrepublik Deutschland
Markgrafenstr. 35, 10117 Berlin
T: (030) 20 36 10   **Fax:** 20 36 11 01
Internet: http://www.roc-taiwan.de
Zuständig für: Berlin, Brandenburg, Hessen, Nordrhein-Westfalen, Rheinland-Pfalz, Saarland, Sachsen, Sachsen-Anhalt und Thüringen

c 1 291
Taipeh Vertretung in der Bundesrepublik Deutschland
Wirtschaftsabteilung
Markgrafenstr. 35, 10117 Berlin
T: (030) 2 03 61-300   **Fax:** 2 03 61-303
E-Mail: economic-division@taipeh-vertretung.de
Zuständig für: Berlin, Brandenburg, Nordrhein-Westfalen, Rheinland-Pfalz, Saarland, Sachsen, Sachsen-Anhalt und Thüringen

c 1 292
Taipeh Vertretung in der Bundesrepublik Deutschland
Büro Hamburg
Handelsabteilung
Mittelweg 144, 20148 Hamburg
T: (040) 45 03 80-45/-55   **Fax:** 45 03 80-56
E-Mail: TaipeiTrade.Hamburg@t-online.de
Direktor(in): Yin
Zuständig für: Bremen, Hamburg, Mecklenburg-Vorpommern, Niedersachsen, Schleswig-Holstein

c 1 293
Taipeh Vertretung in der Bundesrepublik Deutschland
Büro München Handelsabteilung (Frankfurt)
Rheinstr. 29, 60325 Frankfurt
T: (069) 7 45-720, 7 45-734 (Visa-Abteilung), 7 45-737 (Visa-Abteilung)   **Fax:** 7 45-751, 7 45-745 (Visa-Abteilung)
E-Mail: tto.frankfurt@t-online.de
Direktor(in): Yi-Cheh Chiu
Zuständig für: Hessen, Baden-Württemberg, Bayern

Tansania

● C 1 294
Botschaft der Vereinigten Republik von Tansania
Theaterplatz 26, 53177 Bonn
T: (0228) 35 80 51, 35 80 54   **Fax:** 35 82 26
E-Mail: tzbonn.habari@t-online.de
Botschafter: S.E. Andrew Mhando Daraja
Konsularbezirk: Bundesgebiet

c 1 295
Honorarkonsulat der Vereinigten Republik von Tansania in Frankfurt
Bettinaplatz 2, 60325 Frankfurt
T: (069) 74 59 89
Honorarkonsul: Dr. Ludwig C. Fritz
Konsularbezirk: Länder Baden-Württemberg und Hessen

c 1 296
Honorarkonsulat der Vereinigten Republik von Tansania in Hamburg
Normannenweg 17-21, 20537 Hamburg
T: (040) 2 50 79 36   **Fax:** 25 31 36 66
Honorarkonsul: Jürgen Gotthardt
Konsularbezirk: Land Hamburg

● C 1 297
Königlich-Thailändische Botschaft
Lepsiusstr. 64-66, 12163 Berlin
T: (030) 7 94 81-0   **Fax:** 7 94 81-511
Gesandte: S.E. Kasit Piromya
Konsularbezirk: Bundesrepublik Deutschland

Thailand

c 1 298
Königlich Thailändische Botschaft Außenstelle Bonn
Ubierstr. 65, 53173 Bonn
T: (0228) 9 56 86-0, 9 56 86-35   **Fax:** 36 37 02
Botschafter: Saksinee Supachanya
Konsularbezirk: Bundesrepublik Deutschland

c 1 299
Königlich Thailändisches Honorargeneralkonsulat in Frankfurt
Roßmarkt 14, 60311 Frankfurt
T: (069) 2 01 10   **Fax:** 2 01 10
Honorargeneralkonsul: Dr. Günter Langer
Konsularbezirk: Länder Hessen, Rheinland-Pfalz und Saarland

c 1 300
Königlich Thailändisches Honorargeneralkonsulat in Hamburg
An der Alster 85, 20099 Hamburg
T: (040) 24 83 91 18-19   **Fax:** 24 83 91 15
Honorarkonsul: Wolfgang Krohn
Konsularbezirk: Länder Hamburg, Bremen und Schleswig-Holstein

c 1 301
Königlich Thailändisches Honorargeneralkonsulat in München
Prinzenstr. 13, 80639 München
T: (089) 1 68 97 88-9 **Fax:** 13 07 11 80
Honorargeneralkonsulin: Barbara Steinle
Konsularbezirk: Länder Bayern und Sachsen

c 1 302
Königlich Thailändisches Honorargeneralkonsulat in Düsseldorf
Cecilienallee 9, 40474 Düsseldorf
T: (0211) 4 91 26 32 **Fax:** 4 91 26 39
Honorargeneralkonsul: Dr. Stephan J. Holthoff-Pförtner
Konsularbezirk: Niedersachsen und Nordrhein-Westfalen

c 1 303
Königlich Thailändisches Honorargeneralkonsulat in Stuttgart
Huberstr. 4, 70174 Stuttgart
T: (0711) 2 26 48 44 **Fax:** 2 26 48 56
Honorargeneralkonsul: Karl Zorn
Konsularbezirk: Baden-Württemberg und Baden-Baden

Togo

● C 1 304
Botschaft der Republik Togo
Beethovenallee 13, 53173 Bonn
T: (0173) 7 47 94 73
Botschafter: S.E. Sogoyou K. Keguewe
Konsularbezirk: Bundesgebiet

c 1 305
Honorargeneralkonsulat der Republik Togo in Burgwedel
Raiffeisenstr. 2, 30938 Burgwedel
T: (05139) 80 88 82 **Fax:** 80 88 88
Internet: http://www.togo.de
Honorargeneralkonsul: Gerd Nelke
Konsularbezirk: Länder Niedersachsen, Thüringen und Sachsen-Anhalt

c 1 306
Honorarkonsulin der Republik Togo in Bremen
Geeren 66-68, 28195 Bremen
T: (0421) 16 65 50 83 **Fax:** 30 20 49
Honorarkonsulin: Ilse Fliege
Konsularbezirk: Land Bremen

c 1 307
Honorarkonsul der Republik Togo in Düsseldorf
Lindemannstr. 35, 40237 Düsseldorf
T: (0211) 68 10 14 **Fax:** 68 55 89
Honorarkonsul: Hans Imhoff
Konsularbezirk: Land Nordrhein-Westfalen

c 1 308
Honorarkonsul der Republik Togo in Mainz
Kaiserstr. 88, 55116 Mainz
T: (06131) 23 82 12 **Fax:** (06328) 75 81
Honorarkonsul: Helmut Adolf Fohs
Konsularbezirk: Länder Rheinland-Pfalz und Saarland

c 1 309
Honorarkonsul der Republik Togo in München
Reitmorstr. 14, 80538 München
T: (089) 22 41 88 **Fax:** 22 41 88
Honorarkonsul: Dr. Joseph Kastenbauer
Konsularbezirk: Länder Bayern, Baden-Württemberg und Sachsen

Tonga

● C 1 310
Honorargeneralkonsulat des Königreichs Tonga
Angermunder Str. 64, 40489 Düsseldorf
T: (0203) 74 12 11 **Fax:** 74 28 52
Honorarkonsul: Dr. h.c. Alexander Müller
Konsularbezirk: Länder Baden-Württemberg, Hessen, Nordrhein-Westfalen, Saarland, Rheinland-Pfalz und Bayern, Brandenburg, Berlin

c 1 311
Honorarkonsulat des Königreichs Tonga in Hamburg
Osterbekstr. 90a, 22083 Hamburg
T: (040) 27 83 93 50 **Fax:** 2 79 00 77
Honorarkonsul: Erwin M. Ludewig
Konsularbezirk: Länder Hamburg, Bremen, Niedersachsen und Schleswig-Holstein

Trinidad und Tobago

● C 1 312
Botschaft der Republik Trinidad und Tobago
High Commission of the Republic Trinidad and Tobago
42 Belgrave Square, GB- London SW1X 8NT
T: (004420) 72 45 93 51 **Fax:** 78 23 10 65
Internet: http://www.tidco.co.tt
E-Mail: tthe.info@virgin.net
Botschafter: N.N.
Honorarkonsul: Howard Kroch, Hamburg
Bernd Listner, Koeln
Konsularbezirk: Bundesgebiet

● C 1 313
Honorarkonsulat der Republik Trinidad und Tobago in Hamburg
Raboisen 3, 20095 Hamburg
T: (040) 2 20 03 96 **Fax:** 2 20 67 56
Honorarkonsul: Howard M.S. Kroch
Konsularbezirk: Länder Hamburg, Berlin, Brandenburg, Mecklenburg-Vorpommern, Sachsen, Sachsen-Anhalt, Schleswig-Holstein, Bremen und Niedersachsen

Tschad

● C 1 314
Botschaft der Republik Tschad
Basteistr. 80, 53173 Bonn
T: (0228) 35 60 26 **Fax:** 35 58 87
Botschafterin: Bintou Malloum
Konsularbezirk: Bundesgebiet

c 1 315
Honorarkonsulat der Republik Tschad
Bachstr. 45, 53498 Bad Breisig
T: (02633) 9 76 63, 9 56 56
Honorarkonsul: Walter Tauffenbach
Konsularbezirk: Land Rheinland-Pfalz

Tschechische Republik

● C 1 316
Botschaft der Tschechischen Republik
Wilhelmstr. 44, 10117 Berlin
T: (030) 22 63 80 **Fax:** 2 29 40 33
Internet: http://www.czech.cz
E-Mail: berlin@embassy.mzv.cz
Botschafter: František Cerný
Konsularbezirk: Berlin, Brandenburg, Mecklenburg-Vorpommern, Niedersachsen, Schleswig-Holstein, Bremen, Hamburg

c 1 317
Botschaft der Tschechischen Republik Außenstelle Bonn
Ferdinandstr. 27, 53127 Bonn
T: (0228) 91 97-0 **Fax:** 28 40 27
E-Mail: bonn@embassy.mzv.cz
Leiter: Jaroslava Jesli_1nková
Konsularbezirk: NRW, Rheinland-Pfalz, Hessen, Saarland

c 1 318
Generalkonsulat der Tschechischen Republik in Unterföhring
Siedlerstr. 2, 85774 Unterföhring
T: (089) 95 83 72 32 **Fax:** 9 50 36 88
E-Mail: munich@embassy.mzv.cz
Generalkonsul: Dr. Milan Beránek
Konsularbezirk: Länder Bayern und Baden-Württemberg

c 1 319
Generalkonsulat der Tschechischen Republik in Dresden
Erna-Berger-Str. 1, 01097 Dresden
T: (0351) 8 03 25 01-03 **Fax:** 8 03 25 00
E-Mail: dresden@embassy.mzv.cz
Generalkonsulin: Jur. Dr. Milan Dufek
Konsularbezirk: Länder Sachsen, Sachsen-Anhalt, Thüringen

c 1 320
Honorargeneralkonsulat der Tschechischen Republik in Hamburg
Alsterufer 38, 20354 Hamburg
T: (040) 45 05 26 23 **Fax:** 4 50 52 64
E-Mail: czvogel@aol.com
Honorargeneralkonsul: Robert Vogel
Konsularbezirk: Länder Hamburg, Bremen, Niedersachsen, Schleswig-Holstein

c 1 321
Honorarkonsulat der Tschechischen Republik in Nürnberg
Karlstr. 9, 90403 Nürnberg
T: (0911) 2 05 95 19 **Fax:** 22 14 93
Honorarkonsul: Günther Hertel
Konsularbezirk: Reg.-Bezirke Mittelfranken, Oberfranken und Oberpfalz im Land Bayern, Unterfranken

c 1 322
Honorarkonsulat der Tschechischen Republik in Stuttgart
Kernerstr. 50, 70182 Stuttgart
T: (0711) 2 24 17-0 **Fax:** 2 24 17-11
Honorarkonsul: Rüdiger Mocker
Konsularbezirk: die Länder Baden-Württemberg, Rheinland-Pfalz, Saarland

c 1 323
Honorarkonsulat der Tschechischen Republik in Frankfurt
Jürgen-Ponto-Platz 2, 60329 Frankfurt
T: (069) 2 42 67 00 **Fax:** 24 26 70 70
Honorarkonsul: Joachim von Harbou
Konsularbezirk: Hessen

Türkei

● C 1 324
Türkische Botschaft
Rungestr. 9, 10179 Berlin
T: (030) 2 75 85-0 **Fax:** 27 59 09 15
Botschafter: Osman Korutürk

c 1 325
Türkisches Honorarkonsulat
Friedrich-Wilhelm-Platz 5-6, 52062 Aachen
T: (0241) 70 30-193 **Fax:** 4 78 14 00
Honorarkonsul: Hans-Josef Thouet
Konsularbezirk: Stadt Aachen, Kreise Aachen, Düren und Heinsberg

c 1 326
Generalkonsulat der Republik Türkei in Berlin
Johann-Georg-Str. 12, 10709 Berlin
T: (030) 8 92 50 33-34 **Fax:** 8 93 18 98
Generalkonsul: Asim Temizgil
Konsularbezirk: Länder Berlin, Brandenburg und Mecklenburg-Vorpommern

c 1 327
Honorargeneralkonsulat der Republik Türkei in Bremen
Postf. 61 02 24, 28262 Bremen
Ahlker Dorfstr. 9, 28279 Bremen
T: (0421) 84 11 28 **Fax:** 84 11 15
Honorargeneralkonsul: Karl H. Grabbe
Konsularbezirk: Land Bremen und Reg.-Bez. Weser-Ems im Land Niedersachsen

c 1 328
Türkisches Generalkonsulat in Düsseldorf
Cecilienallee 41, 40474 Düsseldorf
T: (0211) 45 47 80 **Fax:** 4 54 78 22
Generalkonsul: Fatih Ceylan
Konsularbezirk: Reg.-Bez. Düsseldorf mit Ausnahme der Städte Essen und Mülheim

c 1 329
Türkisches Generalkonsulat in Essen
Alfredstr. 307, 45133 Essen
T: (0201) 84 21 60   **Fax:** 42 38 67
Generalkonsul: Osman Ulukan
Konsularbezirk: Reg.-Bez. Arnsberg sowie die Städte Essen und Mülheim des Reg.-Bez. Düsseldorf im Lande Nordrhein-Westfalen

c 1 330
Türkisches Generalkonsulat in Frankfurt
Zeppelinallee 17, 60325 Frankfurt
T: (069) 70 79 09 59   **Fax:** 70 90 32
Generalkonsul: Safak Göktürk
Konsularbezirk: Land Hessen

c 1 331
Türkisches Generalkonsulat in Hamburg
Tesdorpfstr. 18, 20148 Hamburg
T: (040) 44 80 33-0   **Fax:** 44 52 58
TGR: TÜRKISCHES GENERALKONSULAT HAMBURG
Generalkonsul: Kasif Eryalcin
Konsularbezirk: Länder Hamburg und Schleswig-Holstein

c 1 332
Türkisches Generalkonsulat in Hannover
An der Christuskirche 3, 30167 Hannover
T: (0511) 76 86 50   **Fax:** 1 77 00
Generalkonsul: Ahmet Akses
Konsularbezirk: Länder Niedersachsen und Bremen

c 1 333
Türkisches Generalkonsulat in Hürth
Luxemburger Str. 285, 50354 Hürth
T: (02233) 97 41 80   **Fax:** 7 55 72
Generalkonsul: Mehmet Dönmez
Konsularbezirk: Reg.-Bez. Köln im Land Nordrhein-Westfalen

c 1 334
Türkisches Generalkonsulat in Karlsruhe
Kriegsstr. 123, 76135 Karlsruhe
T: (0721) 98 44 00   **Fax:** 85 60 13
E-Mail: karlsruheturkgenkon@t-online.de
Büro des Arbeits- und Sozialattachés: Kriegstr. 216, 76135 Karlsruhe, **T:** (0721) 85 77 87, Fax: 8 47 19
Generalkonsul: Hazim Gürsu Okurer
Konsularattaché: Fuat Boztepe
Konsularbezirk: Reg.-Bez. Karlsruhe und Freiburg im Land Baden-Württemberg

c 1 335
Türkisches Generalkonsulat in Leipzig
Rosmarinweg 16a, 04318 Leipzig
T: (0341) 2 31 29 26   **Fax:** 2 32 75 16
Generalkonsul: Izettin Güçyener
Konsularbezirk: Länder Sachsen, Sachsen-Anhalt und Thüringen

c 1 336
Türkisches Generalkonsulat in Mainz
An der Karlsschanze 7, 55131 Mainz
T: (06131) 98 26 00   **Fax:** 83 51 19
E-Mail: tgk@tap.de
Generalkonsul: Ali Naci Koru
Konsularbezirk: Länder Rheinland-Pfalz und Saarland

c 1 337
Türkisches Generalkonsulat in München
Menzinger Str. 3, 80638 München
T: (089) 17 80-31-0   **Fax:** 1 78 56 60
E-Mail: TRKONMUNC@AOL.COM
Generalkonsul: Ali Yakital
Konsularbezirk: Ober- und Niederbayern und Schwaben

c 1 338
Türkisches Generalkonsulat in Münster
Lotharingerstr. 25-27, 48147 Münster
T: (0251) 4 70 07   **Fax:** 4 33 27
Generalkonsul: Ergül Bakáy
Konsularbezirk: Reg.-Bez. Detmold und Münster im Land Nordrhein-Westfalen

c 1 339
Türkisches Generalkonsulat in Nürnberg
Regensburger Str. 69, 90478 Nürnberg
T: (0911) 94 67 60   **Fax:** 46 89 62
TGR: TUERKKON NUERNBERG
Generalkonsul: Sakir Fakili
Konsularbezirk: Reg.-Bez. Unter-, Mittel-, Oberfranken und Oberpfalz im Land Bayern

c 1 340
Türkisches Generalkonsulat in Stuttgart
Kernerstr. 19B, 70182 Stuttgart
T: (0711) 16 66 70   **Fax:** 2 62 21 02
TGR: TÜRKKON STUTTGART
Generalkonsul: Duray Polat
Konsularbezirk: Reg.-Bez. Stuttgart und Tübingen im Land Baden-Württemberg

Tunesien

● **C 1 341**
Tunesische Botschaft
Lindenallee 16, 14050 Berlin
T: (030) 30 82 06-73/74   **Fax:** 30 82 06 83
Botschafter: S.E. Anouar Berraies

c 1 342
Tunesisches Generalkonsulat in Düsseldorf
Jürgensplatz 36-38, 40219 Düsseldorf
T: (0211) 3 00 68 74, 3 00 68 76   **Fax:** 39 21 06
Generalkonsul: Zouhaier Dhaouadi
Konsularbezirk: Länder Nordrhein-Westfalen, Hessen, Saarland und Rheinland-Pfalz

c 1 343
Tunesisches Konsulat in Hamburg
Overbeckstr. 19, 22085 Hamburg
T: (040) 2 20 17 56   **Fax:** 2 27 97 86
Konsul: Mohamed Belkafi
Konsularbezirk: Länder Hamburg, Bremen, Niedersachsen, Schleswig-Holstein und Mecklenburg-Vorpommern

c 1 344
Tunesisches Konsulat in München
Seidlstr. 28, 80335 München
T: (089) 55 46 35   **Fax:** 5 50 25 17
Konsul: Mahjoub Lamti
Konsularbezirk: Länder Bayern und Baden-Württemberg

Tuvalu

● **C 1 345**
Honorargeneralkonsulat von Tuvalu
Klövensteenweg 115A, 22559 Hamburg
T: (040) 81 05 80   **Fax:** 81 10 16
Honorargeneralkonsul: Peter Feist
Konsularbezirk: Bundesgebiet

c 1 346
Honorarkonsul von Tuvalu in Kastorf bei Lübeck
Hauptstr. 96d, 23847 Kastorf
T: (04501) 82 26 57   **Fax:** 82 26 58
E-Mail: tuvaluconsulate@web.de
Honorarkonsul: Stefan Schmidt
Konsularbezirk: Bundesgebiet

Uganda

● **C 1 347**
Botschaft der Republik Uganda
Dürenstr. 44, 53173 Bonn
T: (0228) 35 50 27   **Fax:** 35 16 92
E-Mail: 106231.3406@compuserve.com
Botschafter: S.E. Dr. Tibamanya Mwene Mushanga
Konsularbezirk: Bundesgebiet

c 1 348
Honorarkonsulat der Republik Uganda in Hamburg
Pickhuben 6, 20457 Hamburg
T: (040) 36 98 87 87   **Fax:** 36 98 87 90
Honorarkonsul: Heinz W. Bonacker
Konsularbezirk: Länder Hamburg, Bremen, Niedersachsen und Schleswig-Holstein

c 1 349
Honorarkonsulat der Republik Uganda in Mainz
Verbindungsbüro:
Rheinstr. 21, 56368 Katzenelnbogen
T: (06486) 75 35   **Fax:** 14 07
Am Fort Josef 7, 55131 Mainz
Honorarkonsul: Alfred L. Weiss
Konsularbezirk: Länder Rheinland-Pfalz, Hessen und Saarland

c 1 350
Honorarkonsulat der Republik Uganda in München
Franz-Joseph-Str. 38, 80801 München
T: (089) 33 15 44   **Fax:** 34 68 66
Honorarkonsul: Dr. Wolfgang Wiedmann
Konsularbezirk: Länder Bayern und Baden-Württemberg

Ukraine

● **C 1 351**

Botschaft der Ukraine
Albrechtstr. 26, 10117 Berlin
T: (030) 2 88 87-0   **Fax:** 2 88 87-163
Internet: http://www.botschaft-ukraine.de
E-Mail: ukremb@t-online.de
Botschafter: S.E. Dr. Anatolij Ponomarenko
Konsularbezirk: Bundesrepublik Deutschland (für Visaangelegenheiten)

c 1 352
Botschaft der Ukraine Außenstelle Bonn
Rheinhöhenweg 101, 53424 Remagen
T: (0228) 94 18 12   **Fax:** 94 18 63
Konsularbezirk: Nordrhein-Westfalen, Rheinland-Pfalz, Hessen, Saarland

c 1 353
Generalkonsulat der Ukraine in München
Oskar-von-Miller-Ring 33, 80333 München
T: (089) 28 20 64, 28 20 65, 28 20 66   **Fax:** 28 13 17
Generalkonsul: Georgii Kosykh
Konsularbezirk: Land Bayern + Baden Württemberg

Ungarn

● **C 1 354**
Botschaft der Republik Ungarn
Markgrafenstr. 36, 10117 Berlin
T: (030) 20 31 00   **Fax:** 20 31 01 05
Konsularabteilung:
Taubenstr. 20 (ab Juli 2001: Unter den Linden 74-76, 10117 Berlin), T: (030) 2 29 16 66, Fax: (030) 3 94 13 85
Botschafter: S.E. Gergely Pröhle
Konsularbezirk: Länder Berlin, Bremen, Brandenburg, Hamburg, Mecklenburg-Vorpommern, Niedersachsen, Sachsen, Sachsen-Anhalt, Schleswig-Holstein, Thüringen

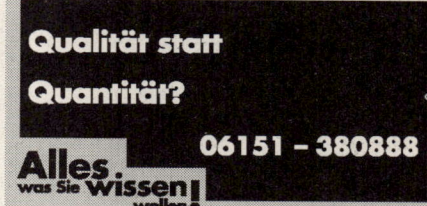

c 1 355
Botschaft der Republik Ungarn Außenstelle Bonn
Turmstr. 30, 53175 Bonn
T: (0228) 37 11 12 **Fax:** 37 10 25
Gesandter: János Wolfart
Konsularbezirk: Länder Nordrhein-Westfalen, Hessen, Rheinland-Pfalz, Saarland

c 1 356
Generalkonsulat der Republik Ungarn in München
Vollmannstr. 2, 81927 München
T: (089) 91 10 32 **Fax:** 9 10 18 53
Generalkonsul: György Gyarmathy
Konsularbezirk: Land Bayern

c 1 357
Generalkonsulat der Republik Ungarn in Stuttgart
Haußmannstr. 22, 70188 Stuttgart
T: (0711) 2 38 93-0 **Fax:** 2 59 96 49
Generalkonsul: Tamás Mydlo
Konsularbezirk: Land Baden-Württemberg

c 1 358
Honorargeneralkonsulat der Republik Ungarn in Hamburg
Alsterufer 45, 20354 Hamburg
T: (040) 45 29 56
Honorargeneralkonsul: Prof. Dr. Helmut Paul Greve
Konsularbezirk: Länder Hamburg und Schleswig-Holstein

c 1 359
Honorarkonsul der Republik Ungarn in Bremerhaven
Am Lunedeich 110b, 27572 Bremerhaven
T: (0471) 9 74 40 46 **Fax:** 9 74 40 41
Honorarkonsul: Dr. Axel F. Schultze-Petzold
Konsularbezirk: Land Bremen

c 1 360
Honorarkonsulat der Republik Ungarn in Erfurt
Neuwerkstr. 42a, 99084 Erfurt
T: (0361) 3 45 55 90 **Fax:** 3 45 55 95
Honorarkonsul: Dr. Jürgen Bohn
Konsularbezirk: Land Thüringen

c 1 361
Honorarkonsulat der Republik Ungarn in Nürnberg
Matthiasstr. 10-12, 90431 Nürnberg
T: (0911) 3 26 46 68 **Fax:** 3 26 46 69
Honorarkonsul: Günter Späth
Konsularbezirk: Im Land Bayern die Reg. Bez. Oberpfalz, Mittel- und Oberfranken

c 1 362
Honorarkonsulat der Republik Ungarn in Schwerin
Heinrich-Mann-Str. 19, 19053 Schwerin
T: (0385) 5 55 71 10 **Fax:** 5 55 71 74
Honorarkonsul: Günter Marten
Konsularbezirk: Land Mecklenburg-Vorpommern

Uruguay

● C 1 363
Botschaft der Republik Östlich des Uruguay
Dorotheenstr. 97, 10117 Berlin
T: (030) 2 29 14 24 **Fax:** 2 29 28 39
E-Mail: botschaft@uruguay.b.uunet.de
Geschäftsträgerin, a.i.: Botschaftsrätin Lilian Silveira

c 1 364
Generalkonsulat der Republik Östlich des Uruguay in Hamburg
Hochallee 76, 20149 Hamburg
T: (040) 4 10 65 42 **Fax:** 4 10 84 01
Generalkonsul: Alvaro Fernando Barba Garci_1a
Konsularbezirk: Bundesgebiet mit Ausnahme des Landes Berlin

c 1 365
Honorarkonsulat der Republik Östlich des Uruguay in Düsseldorf
Königsallee 92a, 40212 Düsseldorf
T: (0211) 32 06 83 **Fax:** 32 36 16
Honorarkonsul: Wolfgang Ch. von Meibom
Konsularbezirk: Land Nordrhein-Westfalen

c 1 366
Honorarkonsulat der Republik Östlich des Uruguay in Frankfurt a.M.
Eschersheimer Landstr. 563, 60431 Frankfurt
T: (069) 51 85 10 **Fax:** 53 86 43
Honorarkonsul: Hans Brummermann
Konsularbezirk: Länder Hessen, Rheinland-Pfalz, Saarland

c 1 367
Honorarkonsulat der Republik Östlich des Uruguay in München
Sendlinger-Tor-Platz 8, 80336 München
T: (089) 59 13 61 **Fax:** 59 13 62
Honorarkonsul: Dr. Peter Schmalisch
Konsularbezirk: Land Bayern

c 1 368
Honorarkonsulat der Republik Östlich des Uruguay in Potsdam
Drewitzer Str. 50, 14478 Potsdam
T: (0331) 50 24 96, (030) 8 24 66 28 (Berlin)
Fax: (030) 8 23 12 71 (Berlin)
Honorarkonsul: Kurt Rabau
Konsularbezirk: Land Brandenburg

c 1 369
Honorarkonsulat von Uruguay in Rostock
Rosa-Luxemburg-Str. 1, 18055 Rostock
T: (0381) 4 96 24 62 **Fax:** 4 96 24 25
Honorarkonsul: Dr. Heinrich Graf von Bassewitz
Konsularbezirk: Land Mecklenburg-Vorpommern

c 1 370
Honorarkonsulat von Uruguay in Stuttgart
Böblinger Str. 104, 70199 Stuttgart
T: (0711) 64 88-4 91 **Fax:** 64 88-4 89
Honorarkonsul: Peter May
Konsularbezirk: Land Baden-Württemberg

Usbekistan

● C 1 371
Botschaft der Republik Usbekistan
Mauerstr. 83-84, 10117 Berlin
T: (030) 22 48 74 57 **Fax:** 22 67 99 63
Internet: http://www.uzbekistan.de
E-Mail: botschaft@uzbekistan.de
Botschafter: S.E. Vladimir Imanowitsch Norov
Konsularbezirk: Länder Berlin, Brandenburg, Bremen, Hamburg, Mecklenburg-Vorpommern, Niedersachsen, Sachsen, Sachsen-Anhalt, Schleswig-Holstein und Thüringen

c 1 372
Außenstelle der Botschaft der Republik Usbekistan in Bonn
Deutschherrenstr. 7, 53177 Bonn
T: (0228) 9 53 57 15 **Fax:** 9 53 57 99
Leiter(in): Machtumkuli Mallaev

c 1 373
Generalkonsulat der Republik Usbekistan in Frankfurt a.M.
Jahnstr. 15, 60318 Frankfurt
T: (069) 74 05 54 **Fax:** 74 05 41
Generalkonsul: Alischer Rafikov
Konsularbezirk: Länder Hessen, Baden-Württemberg, Bayern, Nordrhein-Westfalen, Rheinland-Pfalz und Saarland

Vatikan

● C 1 374
siehe Heiliger Stuhl
siehe C 840

Venezuela

● C 1 375
Botschaft von Venezuela
Kanzlei:
Große Weinmeisterstr. 53, 14469 Potsdam
T: (0331) 23 10 90 **Fax:** 2 31 09 77
Botschafter: S.E. Dr. Erik Becker-Becker
Konsularbezirk: Länder Berlin, Brandenburg, Mecklenburg-Vorpommern, Sachsen, Sachsen-Anhalt und Thüringen

c 1 376
Generalkonsulat von Venezuela in Frankfurt
Brönnerstr. 17, 60313 Frankfurt
T: (069) 28 72 84-85 **Fax:** 29 23 70
Generalkonsulin: Guillermina da Silva-Suniaga
Konsularbezirk: Länder Hessen, Bayern, Baden-Württemberg, Rheinland-Pfalz, Saarland und Nordrhein-Westfalen

c 1 377
Generalkonsulat von Venezuela in Hamburg
Rothenbaumchaussee 30, 20148 Hamburg
T: (040) 4 10 12 41, 4 10 12 71 **Fax:** 4 10 81 03
TGR: consulvene Hamburg
Generalkonsul: Dr. Francisco Alvarez Gorsira
Konsularbezirk: Länder Hamburg, Bremen, Niedersachsen und Schleswig-Holstein

c 1 378
Honorarkonsulat von Venezuela in Endingen
Kenzinger Str. 28, 79346 Endingen
T: (07642) 92 21 30 **Fax:** 92 21 32
Honorarkonsul: Helmut Eitenbenz
Konsularbezirk: Regierungsbezirke Freiburg i.Br. und Karlsruhe im Land Baden-Württemberg

c 1 379
Honorarkonsulat von Venezuela in Gelsenkirchen
Alexander-von-Humboldt-Str., 45896 Gelsenkirchen
T: (0209) 6 06 81 00 **Fax:** 6 06 76 00
Honorarkonsul: Dipl.-Ing. Wilhelm Bonse-Geuking
Konsularbezirk: Land Nordrhein-Westfalen

c 1 380
Honorarkonsulat von Venezuela in Kiel
Martensdamm 2, 24103 Kiel
T: (0431) 97 83 75 **Fax:** 97 83 95
Honorarkonsul: Dr. Hans-Heinrich Driftmann
Konsularbezirk: Land Schleswig-Holstein

c 1 381
Honorarkonsulat von Venezuela in München
Prinzregentenstr. 54 (Eingang Reitmorstrasse), 80538 München
T: (089) 22 14 40/49 **Fax:** 29 16 24 80
TGR: CONSULVENE Muenchen
Honorarkonsulin: Marianna Schulz
Konsularbezirk: Land Bayern

Vereinigte Arabische Emirate

● C 1 382
Botschaft der Vereinigten Arabischen Emirate
Erste Fährgasse 6, 53113 Bonn
T: (0228) 26 70 70 **Fax:** 2 67 07 14
Botschafter: S.E. Ali Mohammed Al-Zarauni
Konsularbezirk: Bundesgebiet

c 1 383
Generalkonsulat der Vereinigten Arabischen Emirate in München
Ismaninger Str. 21, 81675 München
T: (089) 41 97 70 **Fax:** 41 97 71 77
Konsularbezirk: Länder Bayern und Baden-Württemberg

Vereinigte Staaten von Amerika

● C 1 384

siehe Amerika, Vereinigte Staaten von
siehe C 617

Vietnam

● C 1 385

Botschaft der Sozialistischen Republik Vietnam
Elsenstr. 3, 12435 Berlin
T: (030) 5 36 30-108 (Zentrale), 5 36 30-101 (Konsularabt.), 5 36 30-102 (Konsularabt.) **Fax:** 5 36 30-200, 5 36 30-100 (Konsularabt.)
E-Mail: sqvnberlin@t-online.de
Botschafter: S.E. Le Kinh Tai
Konsularbezirk: Bayern, Berlin, Brandenburg, Bremen, Hamburg, Mecklenburg-Vorpommern, Niedersachsen, Sachsen, Sachsen-Anhalt, Schleswig-Holstein, Thüringen

c 1 386

Handelsvertretung der Botschaft der S. R. Vietnam
Elsenstr. 3, 12435 Berlin
T: (030) 2 29 81 98, 2 29 23 74   **Fax:** 2 29 18 12, 2 29 23 74

Zentralafrikanische Republik

● C 1 387

Botschaft der Zentralafrikanischen Republik
Johanniterstr. 19, 53113 Bonn
T: (0228) 23 35 64   **Fax:** 23 35 64
Botschafter: S.E. Martin-Gérard Tebiro
Konsularbezirk: Bundesgebiet-Schweiz-Lichtenstein-Österreich-Finnland-Schweden-Dänemark-Türkei

c 1 388

Honorarkonsulat der Zentralafrikanischen Republik in Hamburg
Gemeinweide 10, 22393 Hamburg
T: (040) 4 13 45 53-0   **Fax:** 4 13 45 53-90
Honorarkonsul: Walter Harms
Konsularbezirk: Land Hamburg

c 1 389

Honorarkonsulat der Zentralafrikanischen Republik in Karlsruhe
Hangstr. 2, 76228 Karlsruhe
T: (0721) 47 54 47   **Fax:** 47 54 54
Honorarkonsul: Dr. Hans Gottfried Ernst Graf von Rothenburg-Kellermann
Konsularbezirk: Länder Baden-Württemberg, Hessen, Rheinland-Pfalz und Saarland

Zypern

● C 1 390

Botschaft der Republik Zypern
Wallstr. 27, 10179 Berlin
T: (030) 3 08 68 30, 27 59 12 70   **Fax:** 27 59 14 54
Botschafter: Dr. Christos N. Psilogenis
Konsularbezirk: Bundesgebiet mit Ausnahme der Länder Bremen, Hamburg, Niedersachsen und Schleswig-Holstein

c 1 391

Honorargeneralkonsulat der Republik Zypern in Frankfurt
Wiesenstr. 17, 65843 Sulzbach
T: (06196) 7 27 10   **Fax:** 70 14 85
Honorargeneralkonsul: Gotthard Häcker
Konsularbezirk: Länder Hessen, Saarland, Rheinland-Pfalz, Thüringen, Sachsen

c 1 392

Generalkonsulat der Republik Zypern in Hamburg
Rothenbaumchaussee 3, 20148 Hamburg
T: (040) 4 10 74 97, 4 10 74 98   **Fax:** 4 10 72 46
Generalkonsul: Nearchos Palas
Konsularbezirk: Länder Hamburg, Bremen, Niedersachsen und Schleswig-Holstein

c 1 393

Honorarkonsulat der Republik Zypern in München
Orleansplatz 3, 81667 München
T: (089) 48 57 64   **Fax:** 4 48 98 90
Honorarkonsul: Karlheinz Horn
Konsularbezirk: Land Bayern

Notizen

D Kommunale Verbände

Zum Auffinden einer bestimmten Dienststelle oder Organisation dient das Suchwortverzeichnis, eines Personennamens das Personenverzeichnis.

Kommunale Spitzenverbände, Städte- und Landkreistag,
 Städte- und Gemeindebund
Großstädte
Verschiedene kommunale Verbände

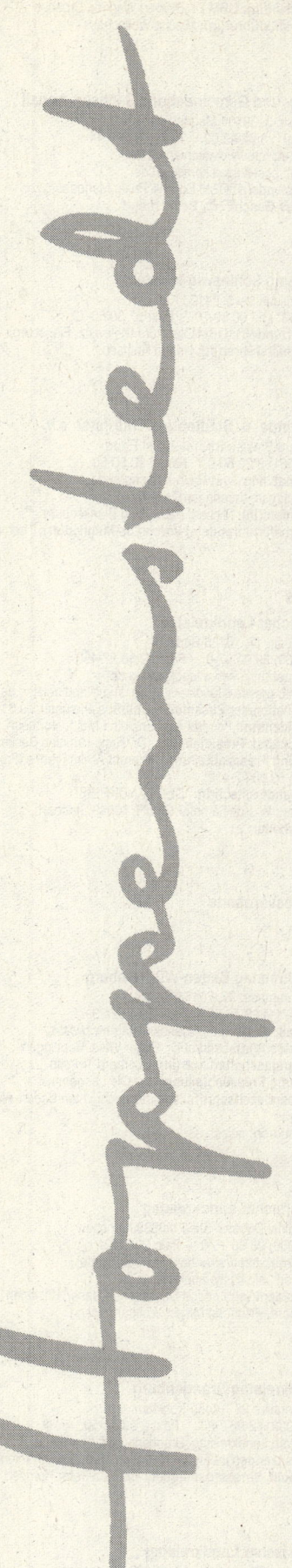

Kommunale Spitzenverbände
Städte- und Landkreistag
Städte- und Gemeindebund

● D 1
Bundesvereinigung der kommunalen Spitzenverbände
Postf. 51 06 20, 50942 Köln
Lindenallee 13-17, 50968 Köln
T: (0221) 37 71-0   Fax: 37 71-1 28
Ernst-Reuter-Haus,
Straße des 17. Juni 112, 10623 Berlin
Postf. 12 03 15, 10593 Berlin
T: (030) 3 77 11-0, Fax: 3 77 11-999
Internet: http://www.staedtetag.de
E-Mail: post@staedtetag.de
Federführung: Deutscher Städtetag
Lindenallee 13-17, 50968 Köln
Postf. 51 06 20, 50942 Köln
T: (0221) 37 71-0, Fax: 37 71-128
Ernst-Reuter-Haus,
Straße des 17. Juni 112, 10623 Berlin
Postf. 12 03 15, 10593 Berlin
T: (030) 3 77 11-0, Fax: 3 77 11-999

Angeschlossene Verbände

● D 2
Deutscher Städtetag
Postf. 51 06 20, 50942 Köln
Lindenallee 13-17, 50968 Köln
T: (0221) 37 71-0   Fax: 37 71-1 28
Postf. 12 03 15, 10593 Berlin
Ernst-Reuter-Haus, Straße des 17. Juni 112, 10623 Berlin
T: (030) 3 77 11-0, Fax: (030) 3 77 11-999
Internet: http://www.staedtetag.de
E-Mail: staedtetag@t-online.de
Gründung: 1905
Internationaler Zusammenschluß: siehe unter izu 29
Präsident(in): OBM Hajo Hoffmann, Saarbrücken
Vizepräsident(in): OBM Petra Roth, Frankfurt/Main
Stellv. d. Präs.: OBM Josef Deimer (MdS), Landshut
OBM Dr. habil. Peter Röhlinger, Jena
OBM Herbert Schmalstieg, Hannover
OBM Dr. Herbert Wagner, Dresden
BM Dr. Rosemarie Wilcken, Wismar
Geschäftsf. Präsidialmitgl.: Dr. Stephan Articus
Leitung Presseabteilung: Volker Bästlein
Mitglieder: 246 unmittelbare Mitgliedsstädte; 15 Landesverbände mit über 4800 mittelbaren Mitgliedsstädten

Landesverbände

d 3
Städtetag Baden-Württemberg
Relenbergstr. 12, 70174 Stuttgart
T: (0711) 2 29 21-0   Fax: 2 29 21 27
Vorsitzende(r): OBM Bernd Doll, Bruchsal
Geschäftsf. Vorst.-Mitgl.: OBM a.D. Dr. Erhard Klotz

d 4
Bayerischer Städtetag
Postf. 10 02 54, 80076 München
Prannerstr. 7, 80333 München
T: (089) 29 00 87-0   Fax: 29 00 87-70
Internet: http://www.bay-staedtetag.de
E-Mail: post@bay-staedtetag.de
Vorsitzende(r): OBM Josef Deimer, Landshut
Geschf. Vorst.-Mitgl.: Dr. Helmut Schwinghammer

d 5
Deutscher Städtetag
Landesgeschäftsstelle Berlin
Berliner Rathaus
10173 Berlin
T: (030) 90 26-0   Fax: 90 26-2328
Landes-GeschF: Senatsdirig. Norbert Kaczmarek

d 6
Städte- und Gemeindebund Brandenburg
Postf. 90 03 09, 14439 Potsdam
Stephensonstr. 4, 14482 Potsdam
T: (0331) 74 35 10   Fax: 7 43 51 33
Internet: http://www.stgb-brandenburg.de
E-Mail: mail@stgb-brandenburg.de
Präsident(in): OBM Waldemar Kleinschmidt, Cottbus
Geschäftsführer(in): BM a.D. Karl-Ludwig Böttcher

d 7
Deutscher Städtetag
Landesverband Bremen
Senatskanzlei
Rathaus
Postf. 10 25 20, 28025 Bremen
T: (0421) 3 61-2371   Fax: 3 61-6363
E-Mail: evmaurich@sk.bremen.de
Landes-GeschF: RegDir Erich von Maurich

d 8
Deutscher Städtetag
Landesgeschäftsstelle Hamburg
Senatskanzlei
Postf. 10 55 20, 20038 Hamburg
Rathausmarkt 1, 20095 Hamburg
T: (040) 4 28 31-13/14   Fax: 4 28 31-2596
Landes-GeschF: Ltd. RegDir. Hartmut Lubomierski

d 9
Hessischer Städtetag
Frankfurter Str. 10, 65189 Wiesbaden
T: (0611) 17 02-0   Fax: 17 02-17
Internet: http://www.hess-staedtetag.de
E-Mail: hessischer-staedtetag@t-online.de
Präsident(in): Oberbürgermeister Georg Lewandowski, Kassel
Geschäftsführender Direktor: Dieter Schlempp

d 10
Städte- und Gemeindetag Mecklenburg-Vorpommern (StGT MV)
Bertha-von-Suttner-Str. 5, 19061 Schwerin
T: (0385) 3 03 12 10   Fax: 3 03 12 44
Internet: http://www.mvnet.de/inmv/stgt
E-Mail: sgt@mvnet.de
Vorsitzende(r): Bürgermeister Dr. Reinhard Dettmann, Teterow
Geschäftsführer(in): Michael Thomalla
Mitglieder: 950 Städte und Gemeinden, 6 kreisfreie Städte
Mitarbeiter: 11

d 11
Niedersächsischer Städtetag
Prinzenstr. 23, 30159 Hannover
T: (0511) 3 68 94-0   Fax: 3 68 94-30
Internet: http://www.nst.de
E-Mail: post@nst.de
Präsident(in): OBM Ulrich Mädge, Lüneburg
Hauptgeschäftsführer(in): Dr. Wolfgang Schrödter

d 12
Städtetag Nordrhein-Westfalen
Postf. 51 06 20, 50942 Köln
Lindenallee 13-17, 50968 Köln
T: (0221) 37 71-0   Fax: 37 71-1 28
Vorsitzende(r): OBM, MdB Dieter Pützhofen, Krefeld
Geschäftsf. Vorst.-Mitgl.: Dr. Stephan Articus

d 13
Städtetag Rheinland-Pfalz
Deutschhausplatz 1, 55116 Mainz
T: (06131) 2 86 44-0   Fax: 2 86 44 80
Internet: http://www.staedtetag-rlp.de
E-Mail: info@staedtetag-rlp.de
Vorsitzende(r): OBM Dr. Christof Wolff, Landau
Geschäftsführer(in): Dr. Gunnar Schwarting

d 14
Saarländischer Städte- und Gemeindetag
Talstr. 9, 66119 Saarbrücken
T: (0681) 9 26 43-0   Fax: 9 26 43-15
E-Mail: mail@ssgt.de
Präsident(in): Oberbürgermeister Friedrich Decker, Neunkirchen
Geschäftsführer(in): Prof. Dr. Wolfgang Knapp

d 15
Sächsischer Städte- und Gemeindetag (SSG)
Glacisstr. 3, 01099 Dresden
T: (0351) 81 92-0   Fax: 81 92-222
Internet: http://www.ssg.kin-sachsen.de
E-Mail: post.ssg@kin-sachsen.de
Präsident(in): OBM Dr. Herbert Wagner, Dresden
Geschäftsführer(in): Mischa Woitscheck

d 16
Städte- und Gemeindebund Sachsen-Anhalt
Sternstr. 3, 39104 Magdeburg
T: (0391) 5 92 43 00   Fax: 5 92 44 44
Internet: http://www.komsanet.de
E-Mail: post@sgsa.komsanet.de
Vorsitzende(r): OBM Dr. Willi Polte, Magdeburg
Landes-GeschF: Dr. Bernd Kregel

d 17
Städtetag Schleswig-Holstein
Reventlouallee 6, 24105 Kiel
T: (0431) 57 00 50-70   Fax: 57 00 50-79
Vorsitzende(r): OBM Olaf Cord Dielewicz, Flensburg
Geschäftsführer(in): Harald Rentsch

d 18
Gemeinde- u. Städtebund Thüringen e.V.
Richard-Breslau-Str. 14, 99094 Erfurt
T: (0361) 2 20 50-0   Fax: 2 20 50-50
Internet: http://www.gstb-thueringen.de
E-Mail: gstb-thueringen@t-online.de
Präsident(in): Michael Pabst, Bad Blankenburg
Geschäftsführende(s) Vorstands-Mitglied(er): Thomas Lenz

● D 19
Deutscher Landkreistag
Lennestr. 17, 10785 Berlin
T: (030) 59 00 97-0   Fax: 59 00 97-450
Internet: http://www.landkreistag.de
E-Mail: presse@landkreistag.de, info@landkreistag.de
Internationaler Zusammenschluß: siehe unter izu 31
Präsident(in): Landrat Axel Endlein (MdL), Northeim
Geschäftsf. Präsidialmitgl.: Dr. Hans-Henning Becker-Birck
Leitung Presseabteilung: Referent Arnim Franke (Fax: (030) 59 00 97-412)
Verbandszeitschrift: "DER LANDKREIS"
Verlag: W. Kohlhammer GmbH, 70549 Stuttgart
Mitarbeiter: 21

Landesverbände

d 20
Landkreistag Baden-Württemberg
Panoramastr. 37, 70174 Stuttgart
T: (0711) 22 46 20   Fax: 2 24 62 23
E-Mail: posteingang@landkreistag-bw.bwl.de
Präsident(in): Landrat Dr. Edgar Wais, Reutlingen
Hauptgeschäftsführer(in): Eberhard Trumpp
Leitung Presseabteilung: Jan-Ole Langemack
Verbandszeitschrift: Landkreisnachrichten Baden-Württemberg
Redaktion: selbst

d 21
Bayerischer Landkreistag
Kardinal-Döpfner-Str. 8, 80333 München
T: (089) 28 66 15-0   Fax: 28 28 21
Internet: http://www.bay-landkreistag.de
E-Mail: info@bay-landkreistag.de
Präsident(in): Landrat Dr. Siegfried Naser, Kitzingen
Geschf. Präsidial.Mitgl.: Wolfgang Magg

d 22
Landkreistag Brandenburg
Jägerallee 25, 14469 Potsdam
T: (0331) 2 98 74-0   Fax: 2 98 74-50
E-Mail: Landkreistag_Brandenburg@t-online.de
Vorsitzende(r): Landrat Karl-Heinz Schröter, Oranienburg
Geschf. Vorstandsmitglied: Dr. Paul-Peter Humpert

d 23
Hessischer Landkreistag
Gertrud-Bäumer-Str. 28, 65189 Wiesbaden
T: (0611) 1 70 60   Fax: 17 06 27
E-Mail: geschaeftsstelle@hessischerlandkreistag.de
Präsident(in): Landrat Jürgen Hasheider, Schwalm-Eder-Kreis
Geschäftsführer(in): Gernt Kaiser

d 24
Landkreistag Mecklenburg-Vorpommern
Bertha-von-Suttner-Str. 5, 19061 Schwerin
T: (0385) 30 31-300 **Fax:** 30 31-303
E-Mail: landkreistag@mvnet.de
Vorsitzende(r): Landrat Dr. Udo Drefahl, Nordwestmecklenburg
Geschf. Vorstandsmitglied: Dr. Hubert Meyer

d 25
Niedersächsischer Landkreistag
Am Mittelfelde 169, 30519 Hannover
T: (0511) 87 95 30 **Fax:** 8 79 53 50
Internet: http://www.nlt.de
E-Mail: geschaeftsstelle@nlt.de
Vorsitzende(r): Landrat Axel Endlein (MdL), Northeim
Geschäftsf. Vorstandsmitgl.: Dr. Gernot Schlebusch

d 26
Landkreistag Nordrhein-Westfalen
Postf. 33 03 30, 40436 Düsseldorf
Liliencronstr. 14, 40472 Düsseldorf
T: (0211) 9 65 08-0 **Fax:** 9 65 08-55
E-Mail: post@lkt-nw.de
Gründung: 1947
Präsident(in): Landrat Franz-Josef Leikop (Hochsauerlandkreis)
Hauptgeschäftsführer(in): Dr. Alexander Schink
Verbandszeitschrift: EILDIENST des Landkreistages
Mitglieder: 31 Kreise, Landschaftsverband Rheinland, Landschaftsverband Westfalen-Lippe, Kommunalverband Ruhrgebiet
Mitarbeiter: 24
Jahresetat: DM 4,89 Mio, € 2,5 Mio

d 27
Landkreistag Rheinland-Pfalz
Postf. 29 45, 55019 Mainz
Deutschhausplatz 1, 55116 Mainz
T: (06131) 2 86 55-0 **Fax:** 2 86 55-28
Vorsitzende(r): Landrat Hans Jörg Duppré, Pirmasens
Geschf. Dir.: Heinz Dreibus

d 28
Landkreistag Saarland
Obertorstr. 1, 66111 Saarbrücken
T: (0681) 95 04 45-0 **Fax:** 3 92 64
Vorsitzende(r): Landrat Franz-Josef Schumann, St. Wendel
Geschäftsführer(in): Martin Luckas

d 29
Sächsischer Landkreistag
Käthe-Kollwitz-Ufer 88, 01309 Dresden
T: (0351) 3 18 01 20 **Fax:** 3 18 01 88
Präsident(in): Landrat Dr. Andreas Schramm, Mittweida
Geschäftsf. Präsidialmitgl: Landrat a.D. Georg Hamburger

d 30
Landkreistag Sachsen-Anhalt
Postf. 36 63, 39011 Magdeburg
Albrechtstr. 7, 39104 Magdeburg
T: (0391) 5 65 31-0 **Fax:** 5 65 31 90
E-Mail: landkreistag-sachsen-anhalt@lkt.komsanet.de
Geschäftf. Präsidialmitglied: Karl Gertler
Präsident(in): Landrat Dr. Michael Ermrich, Wernigerode

d 31
Schleswig-Holsteinischer Landkreistag
Reventloualle 6, 24105 Kiel
T: (0431) 57 00 50 10 **Fax:** 57 00 50 20
Internet: http://www.sh-landkreistag.de
E-Mail: info@sh-landkreistag.de
Vorsitzende(r): Landrat Berend Harms, Pinneberg
Geschäftsf. Vorstandsmitgl.: Jan-Christian Erps

d 32
Thüringischer Landkreistag
Richard-Breslau-Str. 13, 99094 Erfurt
T: (0361) 22 06 40 **Fax:** 2 20 64 30
Präsident(in): Landrat Dr. Dieter Reinholz, Gotha
Geschäftsführer(in): Klaus Vetzberger

● D 33
Deutscher Städte- und Gemeindebund (DStGB)
Hauptgeschäftsstelle
Postf. 45 01 40, 12171 Berlin
Marienstr. 6, 12207 Berlin
T: (030) 7 73 07-0 **Fax:** 7 73 07-200
Internet: http://www.dstgb.de
E-Mail: dstgb@dstgb.de
Gründung: 1973 (Vereinigung des Deutschen Städtebundes von 1910 und des Deutschen Gemeindetages von 1922)
Internationaler Zusammenschluß: siehe unter izu 30
Präsident(in): Bürgermeister Roland Schäfer, Bergkamen
1. Vizepräsident: 1. Bürgermeister Heribert Thallmair, Starnberg
Geschäftsf. Präsidialmitgl.: Dr. Gerd Landsberg
Pressesprecher: Franz-Reinhard Habbel
Verbandszeitschrift: Stadt und Gemeinde
Verlag: Winkler & Stenzel, Burgwedel
Mitglieder: 16 Mitgliedsverbände mit rd. 40 Mio. Einwohnern
Mitarbeiter: 27

Mitgliedsverbände

d 34
Gemeindetag Baden-Württemberg
Panoramastr. 33, 70174 Stuttgart
T: (0711) 2 25 72-0 **Fax:** 2 25 72 47
Internet: http://www.gemeindetag-bw.de
E-Mail: zentrale@gemeindetag-bw.de
Präsident(in): Bürgermeister Otwin Brucker, Pliezhausen
Hauptgeschäftsführer(in): Dr. Christian O. Steger
Leitung Presseabteilung: Silke Gerboth-Sahm
Verbandszeitschrift: Die Gemeinde (BWGZ)
Redaktion: Silke Gerboth-Sahm, Ruth Rehbock
Verlag: Panoramastr. 33, 70174 Stuttgart
Mitglieder: 1056 Städte u. Gemeinden

d 35
Bayerischer Gemeindetag
Dreschstr. 8, 80805 München
T: (089) 3 60 00 90 **Fax:** 36 56 03
Internet: http://www.bay-gemeindetag.de
E-Mail: baygt@bay-gemeindetag.de
Präsident(in): 1. Bürgermeister Heribert Thallmair, Starnberg
Geschäftsf. Präsidialmitgl.: Dr. Jürgen Busse

d 36
Städte- und Gemeindebund Brandenburg
Stephensonstr. 4, 14482 Potsdam
T: (0331) 74 35 10 **Fax:** 7 43 51 33
Internet: http://www.stgb-brandenburg.de
E-Mail: mail@stgb-brandenburg.de
Präsident(in): Oberbürgermeister Waldemar Kleinschmidt, Cottbus
Geschäftsführer(in): Karl-Ludwig Böttcher

d 37
Hessischer Städte- und Gemeindebund
Postf. 13 51, 63153 Mühlheim
Henri-Dunant-Str. 13, 63165 Mühlheim
T: (06108) 60 01-0 **Fax:** 60 01 57
Internet: http://www.hsgb.de
E-Mail: hsgb@hessennet.de
Präsident(in): Bürgermeister Bernhard Brehl, Mörfelden-Walldorf
Geschäftsführender Direktor: Karl-Christian Schelzke

d 38
Hessischer Städtetag
Frankfurter Str. 10, 65189 Wiesbaden
T: (0611) 17 02-0 **Fax:** 17 02-17
Internet: http://www.hess-staedtetag.de
E-Mail: hessischer-staedtetag@t-online.de
Präsident(in): Oberbürgermeister Georg Lewandowski, Kassel
Geschäftsführender Direktor: Dieter Schlempp (E-Mail: Schlemp@hess-staedtetag.de)
Verbandszeitschrift: Informationen
Redaktion: Hessischer Städtetag, Frankfurter Str. 10, 65189 Wiesbaden

d 39
Städte- und Gemeindetag Mecklenburg-Vorpommern (StGT MV)
Bertha-von-Suttner-Str. 5, 19061 Schwerin
T: (0385) 3 03 12 10 **Fax:** 3 03 12 44
Internet: http://www.mvnet.de/inmv/stgt
E-Mail: sgt@mvnet.de
Präsident(in): Bürgermeister Dr. Reinhard Dettmann, Teterow
Geschäftsführer(in): Michael Thomalla
Verbandszeitschrift: Der Überblick
Redaktion: Geschäftsstelle d. Städte- und Gemeindetages Mecklenburg-Vorpommern, Schwerin
Mitglieder: 950 Städte und Gemeinden, 6 kreisfreie Städte
Mitarbeiter: 11

d 40
Niedersächsischer Städte- und Gemeindebund
Arnswaldtstr. 28, 30159 Hannover
T: (0511) 3 02 85-0 **Fax:** 3 02 85-30
Internet: http://www.nsgb.de
E-Mail: nsgb@nsgb.de
Präsident(in): Ratsherr Hans Eveslage (MdL), Barßel
LandesGeschF: Dr. Wulf Haack

d 41
Städte- und Gemeindebund Nordrhein-Westfalen
Postf. 10 39 52, 40030 Düsseldorf
Kaiserswerther Str. 199-201, 40474 Düsseldorf
T: (0211) 45 87-0 **Fax:** 45 87-211
Internet: http://www.nwstgb.de
E-Mail: info@nwstgb.de
Präsident(in): Ratsmitglied Albert Leifert, Drensteinfurt
Geschäftsf. Präsidialmitgl.: Friedrich Wilhelm Heinrichs
Verbandszeitschrift: Städte- und Gemeinderat
Redaktion: Geschäftsstelle

d 42
Gemeinde- und Städtebund Rheinland-Pfalz
Deutschhausplatz 1, 55116 Mainz
T: (06131) 2 39 80 **Fax:** 23 98 39
Internet: http://www.gstbrp.de
E-Mail: info@gstbrp.de
1. Vorsitzende(r): Bürgermeister Ernst Walter Görisch, Alzey
VerbandsDir: Reimer Steenbock
Leitung Presseabteilung: Dr. Stefan Schaefer
Mitarbeiter: z. Zt. 21
Veröffentlichungen: Gemeinde und Stadt, GStB-Nachrichten, GStB-Umwelt-Nachrichten, Kommunalbrevier, Schriftenreihe des GStB Rheinland-Pfalz, Arbeitshilfen für die Praxis

d 43
Städtetag Rheinland-Pfalz
Deutschhausplatz 1, 55116 Mainz
T: (06131) 2 86 44-0 **Fax:** 2 86 44 80
Internet: http://www.staedtetag-rlp.de
E-Mail: info@staedtetag-rlp.de
Vorsitzende(r): Oberbürgermeister Gernot Fischer, Worms
Geschäftsführer(in): Dr. Gunnar Schwarting

d 44
Saarländischer Städte- und Gemeindetag
Talstr. 9, 66119 Saarbrücken
T: (0681) 9 26 43-0 **Fax:** 9 26 43-15
E-Mail: info@ssgt.de
Präsident(in): Bürgermeister Rudolf Müller, Puttlingen
Geschäftsführende(s) Vorstands-Mitglied(er): Prof. Dr. Wolfgang Knapp

d 45
Sächsischer Städte- und Gemeindetag (SSG)
Glacisstr. 3, 01099 Dresden
T: (0351) 81 92-0 **Fax:** 81 92-222
Internet: http://www.ssg.kin-sachsen.de
E-Mail: post.ssg@kin-sachsen.de
Präsident(in): Oberbürgermeister Dr. Herbert Wagner, Dresden
Geschäftsführer(in): Mischa Woitscheck

d 46
Städte- und Gemeindebund Sachsen-Anhalt
Sternstr. 3, 39104 Magdeburg
T: (0391) 5 92 43 00 **Fax:** 5 92 44 44
Internet: http://www.komsanet.de
E-Mail: post@sgsa.komsanet.de
Präsident(in): Oberbürgermeister Dr. Willi Polte, Magdeburg
LandesGeschF: Dr. Bernd Kregel

d 47
Schleswig-Holsteinischer Gemeindetag
Reventloualle 6, 24105 Kiel
T: (0431) 57 00 50 50 **Fax:** 57 00 50 54
Internet: http://www.shgt.de
E-Mail: info@shgt.de
1. Vorsitzende(r): Bürgermeister Volker Dornquast, Henstedt-Ulzburg
Geschäftsführende(s) Vorstands-Mitglied(er): Dr. Hartmut Borchert

Verbandszeitschrift: Die Gemeinde
Verlag: Deutscher Gemeindeverlag, Stuttgart
Mitglieder: 1073 Gemeinden, 119 Ämter

d 48
Städtebund Schleswig-Holstein
Reventlouallee 6, 24105 Kiel
T: (0431) 57 00 50 30   **Fax:** 57 00 50 53
Internet: http://www.staedteverband-sh.de
E-Mail: info@staedteverband-sh.de
Vorsitzende(r): Bürgermeister Klaus Nielsky, Schleswig
Geschäftsführende(s) Vorstands-Mitglied(er): Harald Rentsch

d 49
Gemeinde- u. Städtebund Thüringen e.V.
Richard-Breslau-Str. 14, 99094 Erfurt
T: (0361) 2 20 50-0   **Fax:** 2 20 50-50
Internet: http://www.gstb-thueringen.de
E-Mail: gstb-thueringen@t-online.de
Präsident(in): Bürgermeister Michael Pabst, Bad Blankenburg
Geschäftsführer(in): Thomas Lenz

● D 50
Bundesarbeitsgemeinschaft der Höheren Kommunalverbände (BAG/HKV)
c/o Landschaftsverband Rheinland
50663 Köln
T: (0221) 8 09-2606   **Fax:** 8 09-2009
Amt. Vors.: Landesdirektor Udo Molsberger

Großstädte

● D 51
Stadt Aachen
52058 Aachen
Markt, 52062 Aachen
T: (0241) 4 32-0   **Fax:** 2 81 21
Internet: http://www.aachen.de
E-Mail: info@presseamt.aachen.de
Oberbürgermeister: Dr. Jürgen Linden
Presseamtsleiter: Hans Poth

● D 52
Stadt Augsburg
Postf. 11 19 60, 86044 Augsburg
Maximilianstr. 4, 86150 Augsburg
T: (0821) 3 24-0   **Fax:** 3 24-2224
Internet: http://www.augsburg.de
Oberbürgermeister: Dr. Peter Menacher
Pressesprecher: Ulrich Müllegger

● D 53
Stadt Bergisch Gladbach
Konrad-Adenauer-Platz 1, 51465 Bergisch Gladbach
T: (02202) 14-0   **Fax:** 14-2810
Internet: http://www.bergischgladbach.de
E-Mail: info@bergischgladbach.de
Bürgermeisterin: Maria Theresia Opladen
Ltg. Pressebüro: Peter Schlösser

● D 54
Hauptstadt Berlin
10173 Berlin
Jüdenstr., 10178 Berlin
T: (030) 90 26-0   **Fax:** 90 26-2013
Internet: http://www.berlin.de
E-Mail: Der-Regierende-Bürgermeister-@skzl-verwalt-berlin-de
Regierender Bürgermeister: Eberhard Diepgen (MdA)
Sprecher des Senats: StS Dr. Michael-Andreas Butz

● D 55
Stadt Bielefeld
33597 Bielefeld
Niederwall 23, 33602 Bielefeld
T: (0521) 51-0   **Fax:** 51-6599
Internet: http://www.bielefeld.de
Oberbürgermeister: Eberhard David
Pressereferentin: Gisela Bockermann

● D 56
Stadt Bochum
44777 Bochum
Willy-Brandt-Platz 2-8, 44787 Bochum
T: (0234) 9 10-0   **Fax:** 1 61 11
Internet: http://www.bochum.de
E-Mail: info@bochum.de
Oberbürgermeister: Ernst-Otto Stüber
Pressereferent: Manfred Gutzmer

● D 57
Bundesstadt Bonn
53103 Bonn
Berliner Platz 2, 53111 Bonn
T: (0228) 77-0   **Fax:** 77-4646
Internet: http://www.bonn.de
E-Mail: stadtverwaltung@bonn.de
Oberbürgermeisterin: Bärbel Dieckmann
Pressereferent: Friedel Frechen

● D 58
Stadt Bottrop
Postf. 10 15 54, 46215 Bottrop
Ernst-Wilczok-Platz 1, 46236 Bottrop
T: (02041) 70-30   **Fax:** 70-3280
Internet: http://www.bottrop.de
E-Mail: presse@bottrop.de
Oberbürgermeister: Ernst Löchelt
Pressereferent: Andreas Pläsken

● D 59
Stadt Braunschweig
Postf. 33 09, 38023 Braunschweig
Langer Hof 1, 38100 Braunschweig
T: (0531) 4 70-1   **Fax:** 1 51 12
Internet: http://www.braunschweig.de
E-Mail: stadt@braunschweig.de
Oberbürgermeister: Werner Steffens
Pressereferent: Jürgen Sperber

● D 60
Stadt Bremen
Postf. 10 25 20, 28025 Bremen
Am Markt 21, 28195 Bremen
T: (0421) 3 61-0   **Fax:** 3 61-6363
Bürgermeister: Dr. Henning Scherf
Leitung Presseabteilung: Klaus Schloesser (Fax: (0421) 3 61-4301, 3 61-68 67)

● D 61
Stadt Bremerhaven
Postf. 21 03 60, 27524 Bremerhaven
Hinrich-Schmalfeldt-Str. 15, 27576 Bremerhaven
T: (0471) 5 90-0   **Fax:** 5 90-2400
Internet: http://www.bremerhaven.de
E-Mail: stadtverwaltung@bremerhaven.de
Oberbürgermeister: Jörg Schulz
Pressesprecher: Wilfried Moritz

● D 62
Stadt Chemnitz
09106 Chemnitz
Markt 1, 09111 Chemnitz
T: (0371) 4 88-0   **Fax:** 4 88-2222
E-Mail: buergermeisteramt@stadt-chemnitz.de
Oberbürgermeister: Dr. Peter Seifert
Pressesprecher: Andreas Bochmann

● D 63
Stadt Cottbus
Postf. 10 12 35, 03012 Cottbus
Neumarkt 5, 03046 Cottbus
T: (0355) 6 12-0   **Fax:** 6 12-2504, 2 35 64
Oberbürgermeister: Waldemar Kleinschmidt
Pressereferent: Dr. Peter Lewandrowski

● D 64
Wissenschaftsstadt Darmstadt
Luisenplatz 5a, 64283 Darmstadt
T: (06151) 13-1, 13-2020   **Fax:** 13-2024
E-Mail: presseamt@stadt.darmstadt.de
Oberbürgermeister: Peter Benz
Pressesprecherin: Lisette Nichtweiss

● D 65
Stadt Dortmund
44122 Dortmund
Friedensplatz 1, 44135 Dortmund
T: (0231) 50-22130   **Fax:** 50-22167, 50-26597
Internet: http://www.dortmund.de
Oberbürgermeister: Dr. Gerhard Langemeyer
Leitung Presseamt: Gerd Kolbe

● D 66
Landeshauptstadt Dresden
Postf. 12 00 20, 01001 Dresden
Dr.-Külz-Ring 19, 01067 Dresden
T: (0351) 4 88-0   **Fax:** 4 88-2231
Internet: http://www.dresden.de
Leitung Presseabteilung: Dr. Ulrich Höver

● D 67
Landeshauptstadt Düsseldorf
Rathaus
40200 Düsseldorf
Marktplatz 1, 40213 Düsseldorf
T: (0211) 89-92000   **Fax:** 89-29002
Internet: http://www.duesseldorf.de
E-Mail: objoachimerwin@duesseldorf.de
Oberbürgermeister: Joachim Erwin
Presseamt: Hans-Joachim Neisser (T: (0211) 89-9 31 31, Fax: 89-9 41 79, E-mail: hans-joachim.neisser@stadt.duesseldorf.de)

● D 68
Stadt Duisburg
Burgplatz 19, 47051 Duisburg
T: (0203) 2 83-0   **Fax:** 2 83-4395
Internet: http://www.duisburg.de
E-Mail: presseamt@duisburg.de
Oberbürgermeisterin: Bärbel Zieling
Presseamtsleiter: Frank Kopatschek

● D 69
Landeshauptstadt Erfurt
Postf. 10 05 53, 99005 Erfurt
Fischmarkt 1, 99084 Erfurt
T: (0361) 6 55-00   **Fax:** 6 55-1029, 6 55-2129
Internet: http://www.erfurt.de
E-Mail: stadtverwaltung@erfurt.de
Oberbürgermeister: Manfred O. Ruge
Pressesprecher: Torsten Jäger (presse@erfurt.de)

● D 70
Stadt Erlangen
Postf. 31 60, 91051 Erlangen
Rathausplatz 1, 91052 Erlangen
T: (09131) 86-0   **Fax:** 86-2692
Internet: http://www.erlangen.de
E-Mail: stadt@stadt.erlangen.de
Oberbürgermeister: Dr. Siegfried Balleis (E-mail: ob@stadt.erlangen.de)
Pressesprecher: Peter Gertenbach (E-mail: peter.gertenbach@stadt.erlangen.de)

● D 71
Stadt Essen
45121 Essen
Porscheplatz 1, 45127 Essen
T: (0201) 88-0, 88-88011   **Fax:** 88-88160, 88-88010, 88-88019 (Pressebüro)
Oberbürgermeister: Dr. Wolfgang Reiniger
Pressesprecher: Detlef Feige

● D 72
Stadt Frankfurt am Main
60275 Frankfurt
Römerberg 23, 60311 Frankfurt
T: (069) 2 12-01   **Fax:** 2 12-38766
Oberbürgermeisterin: Petra Roth
Presse- und Informationsamt: Herbert Schmidt

● D 73
Stadt Freiburg im Breisgau
79095 Freiburg
Rathausplatz 2-4, 79098 Freiburg
T: (0761) 2 01-0   **Fax:** 2 01-1199
Internet: http://www.freiburg.de
E-Mail: info@freiburg.de

Oberbürgermeister: Dr. Rolf Böhme
Erster Bürgermeister: Hansjörg Seeh
Pressereferent: Walter Preker

● D 74
Stadt Fürth
90744 Fürth
Königstr. 88, 90762 Fürth
T: (0911) 9 74-1201 **Fax:** 9 74-1205
Internet: http://www.fuerth.de
E-Mail: bmpa@fuerth.de
Oberbürgermeister: Wilhelm Wenning
Pressesprecherin: Susanne Kramer

● D 75
Stadt Gelsenkirchen
Referat für Presse- und Öffentlichkeitsarbeit
45875 Gelsenkirchen
Ebertstr. 15 Hans Sachs Haus, 45879 Gelsenkirchen
T: (0209) 1 69-2388 **Fax:** 1 69-2381
Oberbürgermeister: Oliver Wittke
Pressesprecher: Hermann Henkel (Referatsleiter)

● D 76
Stadt Gera
Postf. 11 64, 07501 Gera
Kornmarkt 12, 07545 Gera
T: (0365) 8 38-0 **Fax:** 8 38-1107
Internet: http://www.gera.de
E-Mail: ha@gera.de
Oberbürgermeister: Ralf Rauch
Pressesprecher: Dr. Frank Rühling

● D 77
Stadt Göttingen
37070 Göttingen
Hiroshimaplatz 1-4, 37083 Göttingen
T: (0551) 4 00-0 **Fax:** 4 00-2298
Internet: http://www.goettingen.de
E-Mail: oeffentlichkeitsarbeit@goettingen.de
Oberbürgermeister: Jürgen Danielowski
Pressereferent: Detlef Johannson

● D 78
Stadt Hagen
Postf. 42 49, 58042 Hagen
Friedrich-Ebert-Platz, 58095 Hagen
T: (02331) 2 07-0 **Fax:** 2 07-2400
Internet: http://www.stadt-hagen.de
E-Mail: info@stadt-hagen.de
Oberbürgermeister: Wilfried Horn
Ltr. Presse- u. Informationsamt: Hubertus Kramer

● D 79
Stadt Halle (Saale)
06100 Halle
Marktplatz 1, 06108 Halle
T: (0345) 2 21-0 **Fax:** 2 21-4250, 2 21-4251
Internet: http://www.halle.de
E-Mail: presseamt@halle.de
Oberbürgermeisterin: Ingrid Häußler
Ltg. Presse- u. Werbeamt: Dr. Dirk Furchert (T: (0345) 2 21-41 20, Fax: (0345) 2 21-41 22)

● D 80
Freie und Hansestadt Hamburg
Postf. 10 55 20, 20038 Hamburg
Rathausmarkt 1, 20095 Hamburg
T: (040) 4 28 31-0 **Fax:** 4 28 31-2180
Erster Bürgermeister: Ortwin Runde
Leiter Staatl. Pressestelle: Ludwig Rademacher

● D 81
Stadt Hamm
Postf. 24 49, 59061 Hamm
Theodor-Heuss-Platz 16, 59065 Hamm
T: (02381) 17-0 **Fax:** 17-2971
Internet: http://www.hamm.de
E-Mail: info@stadt.hamm.de
Oberbürgermeister: Thomas Hunsteger-Petermann
Pressesprecher: Christian Strasen

● D 82
Landeshauptstadt Hannover
Postf. 1 25, 30001 Hannover
Trammplatz 2, 30159 Hannover
T: (0511) 1 68-0 **Fax:** 1 68-45351
E-Mail: 13@hannover-stadt.de
Oberbürgermeister: Herbert Schmalstieg
Pressereferent: Dieter Sagolla

● D 83
Stadt Heidelberg
Postf. 10 55 20, 69045 Heidelberg
Marktplatz 10, 69117 Heidelberg
T: (06221) 58-1200 **Fax:** 58-1290
Oberbürgermeisterin: Beate Weber
Kommissarischer Amtsleiter: Herbert Braun

● D 84
Stadt Heilbronn
Postf. 34 40, 74024 Heilbronn
Marktplatz 7, 74072 Heilbronn
T: (07131) 56-1 **Fax:** 56-2999
Oberbürgermeister: Helmut Himmelsbach
Pressereferent: Britzke

● D 85
Stadt Herne
Friedrich-Ebert-Platz 2, 44623 Herne
T: (02323) 16-0 **Fax:** 16-2100
Internet: http://www.herne.de
E-Mail: info@herne.de
Oberbürgermeister: Wolfgang Becker
Pressereferent: Jutta Daniel

● D 86
Stadt Hildesheim
Markt 1, 31134 Hildesheim
T: (05121) 3 01-0 **Fax:** 3 01-100
Oberbürgermeister: Kurt Machens
Oberstadtdirektor: Dr. Konrad Deufel
Pressereferent: Horst Richter

● D 87
Stadt Ingolstadt
Rathausplatz 4, 85049 Ingolstadt
T: (0841) 3 05-1090 **Fax:** 3 05-1089
Internet: http://www.ingolstadt.de
E-Mail: pressestelle@ingolstadt.de
Oberbürgermeister: Peter Schnell
Pressereferent: Dr. Gerd Treffer

● D 88
Stadt Iserlohn
Schillerplatz 7, 58636 Iserlohn
T: (02371) 2 17-0 **Fax:** 2 17-2990
Internet: http://www.iserlohn.de
E-Mail: info@iserlohn.de
Bürgermeister: Klaus Müller

● D 89
Stadt Jena
Postf. 10 03 38, 07703 Jena
Am Anger 15, 07743 Jena
T: (03641) 49-0 **Fax:** 44 30 94
E-Mail: buero-ob@jena.de
Oberbürgermeister: Dr. habil. Peter Röhlinger
Leitung Büro OB: Olaf Schroth

● D 90
Stadt Kaiserslautern
67653 Kaiserslautern
Willy-Brandt-Platz 1, 67657 Kaiserslautern
T: (0631) 3 65-0 **Fax:** 3 65-2553
Oberbürgermeister: Bernhard J. Deubig
Pressereferentin: Susanne Kraus

● D 91
Stadt Karlsruhe
76124 Karlsruhe
Marktplatz, 76133 Karlsruhe
T: (0721) 1 33-0 **Fax:** 1 33-1509
Internet: http://www.karlsruhe.de
E-Mail: stadt@karlsruhe.de
Oberbürgermeister: Heinz Fenrich
Pressereferent: Bernd Wnuck

● D 92
Stadt Kassel
34112 Kassel
Obere Königstr. 8, 34117 Kassel
T: (0561) 7 87-0 **Fax:** 7 87-2258
Internet: http://www.kassel.de/rathaus
E-Mail: info@rathaus.kassel.de
Oberbürgermeister: Georg Lewandowski
Pressesprecher: Hans-Jürgen Schweinsberg
Pressesprecherin: Petra Bohnenkamp

● D 93
Landeshauptstadt Kiel
Postf. 11 52, 24099 Kiel
Fleethörn 9-17, 24103 Kiel
T: (0431) 9 01-0 **Fax:** 9 01-62422
Internet: http://www.kiel.de, http://www.kieler-woche.de
E-Mail: presseamt1@LHstadt.kiel.de
Oberbürgermeister: Norbert Gansel
Bürgermeisterin: Annegret Bommelmann
Pressereferent: Gerd Müller

● D 94
Stadt Koblenz
Postf. 20 15 51, 56015 Koblenz
Gymnasialstr. 1-3, 56068 Koblenz
T: (0261) 1 29-0 **Fax:** 1 29-1300
Internet: http://www.koblenz.de
E-Mail: pressestelle@koblenz.de
Oberbürgermeister: Dr. Eberhard Schulte-Wissermann
Pressereferat: Thomas Knaak

● D 95
Stadt Köln
Rathausplatz, 50667 Köln
T: (0221) 2 21-0 **Fax:** 2 21-22211
Oberbürgermeister: Fritz Schramma (CDU)
Pressesprecher: des OB Karl-Heinz Merfeld

● D 96
Stadt Krefeld
47792 Krefeld
Von-der-Leyen-Platz 1, 47798 Krefeld
T: (02151) 86-0 **Fax:** 86-1410
Oberbürgermeister: Dieter Pützhofen
Pressereferent: Hans-Joachim Mathias

● D 97
Stadt Leipzig
Neues Rathaus
04092 Leipzig
Martin-Luther-Ring 4-6, 04109 Leipzig
T: (0341) 1 23-0 **Fax:** 9 60 05 90
Internet: http://www.leipzig.de
E-Mail: info@leipzig.de
Oberbürgermeister: Wolfgang Tiefensee
Bürgermeister: Peter Kaminski
Holger Tschense
Pressesprecher: Kerstin Kirmes (Referat Presse, T: (0341) 1 23-20 40, Fax: 1 23-20 45, e-mail: pressereferat@leipzig.de)
Referatsleiterin: Sylke Lein (Referat Kommunikation und Stadtbüro, T: (0341) 1 23-2030, Fax: 1 23-2035, E-Mail: stadtbuero@t-online.de)

● D 98
Stadt Leverkusen
Postf. 10 11 40, 51311 Leverkusen
Friedrich-Ebert-Platz 1, 51373 Leverkusen
T: (0214) 4 06-0 (Zentrale), 4 06-61 (Vorzimmer Pressestelle) **Fax:** 4 06-62 (Vorzimmer Pressestelle)
Oberbürgermeister: Paul Hebbel
Pressereferent: Michael Wilde

● D 99
Stadt Ludwigshafen am Rhein
Postf. 21 12 25, 67012 Ludwigshafen
Rathausplatz 20, 67059 Ludwigshafen
T: (0621) 5 04-1 **Fax:** 5 04-3781
Internet: http://www.ludwigshafen.de
E-Mail: info@ludwigshafen.de
Oberbürgermeister(in): Eva Lohse
Pressereferentin: Sigrid Karck

● D 100
Hansestadt Lübeck
23539 Lübeck
Breite Str. 62 Rathaus, 23552 Lübeck
T: (0451) 1 22-0 **Fax:** 1 22-1331
Internet: http://www.luebeck.de
Bürgermeister: Bernd Saxe
Leitung Presseabteilung: Matthias Erz

● D 101
Landeshauptstadt Magdeburg
39090 Magdeburg
Alter Markt, 39104 Magdeburg
T: (0391) 5 40-2769, 5 40-2717   **Fax:** 5 40-2127
Internet: http://www.magdeburg.de
E-Mail: info@magdeburg.de
Oberbürgermeister: Dr. Wilhelm Polte
Bürgermeister: Bernhard Czogalla
Pressesprecherin: Dr. Cornelia Poenicke

● D 102
Stadt Mainz
Postf. 38 20, 55028 Mainz
T: (06131) 12-2056   **Fax:** 12-3567
Internet: http://www.mainz.de
E-Mail: oeffentlichkeitsarbeit@stadt.mainz.de
Oberbürgermeister: Jens Beutel
Pressesprecher: Markus Biagioni

● D 103
Stadt Mannheim
E 5, 68159 Mannheim
T: (0621) 2 93-0   **Fax:** 10 58 82
Internet: http://www.mannheim.de
Oberbürgermeister: Gerhard Widder
Leitung des Amtes für Rats- u. Öffentlichkeitsarbeit: Jörg Blumenthal

● D 104
Stadt Mönchengladbach
41050 Mönchengladbach
Rathausstr. 22, 41061 Mönchengladbach
T: (02161) 25-0   **Fax:** 25-2509
Internet: http://www.moenchengladbach.de
E-Mail: info.stadt@moenchengladbach.de
Oberbürgermeisterin: Monika Bartsch
Pressereferent: Wolfgang Speen

● D 105
Stadt Moers
Postf. 10 21 20, 47411 Moers
Meerstr. 2, 47441 Moers
T: (02841) 2 01-0   **Fax:** 2 01-888
Internet: http://www.moers.de
Bürgermeister: Rafael Hofmann
Pressereferentinnen: Constanze C. Rauert
Heidi Kreutzer

● D 106
Stadt Mülheim an der Ruhr
45466 Mülheim
Ruhrstr. 32, 45468 Mülheim
T: (0208) 4 55-0   **Fax:** 4 55-9999
Internet: http://www.muelheim-ruhr.de
Oberbürgermeister: Dr. Jens Baganz

● D 107
Stadt München
80313 München
Marienplatz 8, 80331 München
T: (089) 2 33-00   **Fax:** 2 33-26458
Internet: http://www.muenchen.de
Oberbürgermeister: Christian Ude
Leitung Presseamt: Florian Sattler
Verbandszeitschrift: tägliche Rathaus-Umschau (Werktag)

● D 108
Stadt Münster
48127 Münster
Klemensstr. 10, 48143 Münster
T: (0251) 4 92-0   **Fax:** 4 92 77 00
Internet: http://www.muenster.de
E-Mail: stadtverwaltung@stadt-muenster.de
Oberbürgermeister: Dr. Berthold Tillmann
Leiter des Presse- und Informationsamtes: Joachim Schiek

● D 109
Stadt Neuss
41456 Neuss
Postf. 10 14 52, 41414 Neuss
Markt 2, 41460 Neuss
T: (02131) 90-01   **Fax:** 90-2488
Internet: http://www.neuss.de
E-Mail: presseamt@neuss.de
Bürgermeister: Herbert Napp (hauptamtl.)
Leitung Presseabteilung: Hans Mietzen

● D 110
Stadt Nürnberg
90317 Nürnberg
T: (0911) 2 31-0   **Fax:** 2 31-4144
Oberbürgermeister: Ludwig Scholz
Pressereferent: Dr. Wolfgang Stöckel

● D 111
Stadt Oberhausen
46042 Oberhausen
Schwartzstr. 72, 46045 Oberhausen
T: (0208) 8 25-2116   **Fax:** 8 25-5130
Internet: http://www.oberhausen.de
E-Mail: pr@oberhausen.de
Oberbürgermeister: Burkhard Drescher
Leitung Öffentlichkeitsarbeit: Dietmar Wolf

● D 112
Stadt Offenbach am Main
Berliner Str. 100, 63065 Offenbach
T: (069) 80 65-1   **Fax:** 80 65-3197
Internet: http://www.offenbach.de
E-Mail: info@offenbach.de
Oberbürgermeister: Gerhard Grandke
Pressereferent: Matthias Müller

● D 113
Stadt Oldenburg (Oldb.)
26105 Oldenburg
Markt 1, 26122 Oldenburg
T: (0441) 2 35-0   **Fax:** 2 35-2878
Internet: http://www.oldenburg.de
E-Mail: info@oldenburg.de
Gründung: 1108
Oberbürgermeister: Dr. Jürgen Poeschel
Pressesprecher: Jürgen Krogmann
Mitglieder: 155000 Bürgerinnen und Bürger
Mitarbeiter: ca. 2000 (Stadtverwaltung) ca. 5 (Pressebüro)
Jahresetat: DM 630 Mio, € 322,11 Mio (städtischer Haushalt)

● D 114
Stadt Osnabrück
Postf. 44 60, 49034 Osnabrück
Bierstr. 28, 49074 Osnabrück
T: (0541) 3 23-0   **Fax:** 3 23-4201
Oberbürgermeister: Hans-Jürgen Fip
Pressereferent: Dr. Sven Jürgensen

● D 115
Stadt Paderborn
33095 Paderborn
Am Abdinghof 11, 33098 Paderborn
T: (05251) 88-0   **Fax:** 88-2000
Internet: http://www.paderborn.de
E-Mail: info@paderborn.de
Bürgermeister: Heinz Paus
Pressereferent: Willi Lünz

● D 116
Stadt Pforzheim
Marktplatz 1, 75175 Pforzheim
T: (07231) 39-0   **Fax:** 39-2303
Internet: http://www.stadt-pforzheim.de
E-Mail: presse@stadt-pforzheim.de
Oberbürgermeister: Dr. Joachim Becker
Pressereferent: Michael Strohmayer

● D 117
Landeshauptstadt Potsdam
14461 Potsdam
Friedrich-Ebert-Str. 79-81, 14469 Potsdam
T: (0331) 2 89-0   **Fax:** 2 89-1171
Internet: http://www.potsdam.de
E-Mail: poststelle@rathaus.potsdam.de
Oberbürgermeister: Matthias Platzeck
Bürgermeister: Jann Jakobs
Vorsitzende der Stadtverordnetenversammlung: Birgit Müller
Pressesprecherin: Regina Thielemann

● D 118
Stadt Recklinghausen
45655 Recklinghausen
Rathausplatz 3, 45657 Recklinghausen
T: (02361) 50-0   **Fax:** 50-1234
Internet: http://www.recklinghausen.de
Bürgermeister: Wolfgang Pantförder
Pressereferent: Reinhold Hegemann

● D 119
Stadt Regensburg
Postf. 11 06 43, 93019 Regensburg
Rathausplatz 1, 93047 Regensburg
T: (0941) 5 07-0   **Fax:** 5 07-4109
Internet: http://www.regensburg.de
E-Mail: oberbuergermeister@regensburg.de, pr_buero@regensburg.de
Oberbürgermeister: Hans Schaidinger (E-Mail: schaidinger.hans@regensburg.de)
Pressereferentin: Margit Adamek

● D 120
Stadt Remscheid
42849 Remscheid
Theodor-Heuss-Platz 1, 42853 Remscheid
T: (02191) 16-00   **Fax:** 16-2748
Internet: http://www.remscheid.de
Oberbürgermeister: Fred Schulz
Pressereferent: Thomas Grieger

● D 121
Stadt Reutlingen
Marktplatz 22, 72764 Reutlingen
T: (07121) 3 03-0   **Fax:** 3 03-2821
Internet: http://www.reutlingen.de
E-Mail: presse@reutlingen.de
Oberbürgermeister: Dr. Stefan Schultes
Pressereferentin: Gisela Schäfer

● D 122
Hansestadt Rostock
18050 Rostock
Neuer Markt 1, 18055 Rostock
T: (0381) 3 81-0   **Fax:** 3 81-1902
Internet: http://www.rostock.de
E-Mail: info@rostock.de
Oberbürgermeister: Arno Pöker
Pressestelle: Ulrich Kunze

● D 123
Landeshauptstadt Saarbrücken
66104 Saarbrücken
Rathausplatz, 66111 Saarbrücken
T: (0681) 9 05-0   **Fax:** 9 05-1536
Internet: http://www.saarbruecken.de
E-Mail: Pressestelle@saarbruecken.de
Oberbürgermeister: Hajo Hoffmann (Rathaus St. Johann, 66104 Saarbrücken)
Pressereferent: Mark Diening

● D 124
Stadt Salzgitter
Postf. 10 06 80, 38206 Salzgitter
Joachim-Campe-Str. 6-8, 38226 Salzgitter
T: (05341) 8 39-0   **Fax:** 8 39-4900
Internet: http://www.salzgitter.de
E-Mail: oeffentlichkeitsarbeit@stadt.salzgitter.de
Oberbürgermeister: Rudolf Rückert
Oberstadtdirektor: Detlef Engster
Referat f. Öffentlichkeitsarbeit: Norbert Uhde

● D 125
Landeshauptstadt Schwerin
Postf. 11 10 42, 19010 Schwerin
Am Packhof 2-6, 19053 Schwerin
T: (0385) 5 45-0   **Fax:** 5 45-1009
E-Mail: pressestelle@schwerin.de
Oberbürgermeister: Johannes Kwaschik
Referent für Öffentlichkeitsarbeit und Pressesprecher: Andreas Ruhl

● D 126
Stadt Siegen
Postf. 10 03 52, 57003 Siegen
Markt 2, 57072 Siegen
T: (0271) 4 04-0   **Fax:** 2 16 84

Internet: http://www.siegen.de
Bürgermeister: Ulf Stötzel
Pressereferentin: Astrid Schneider

● **D 127**
Stadt Solingen
42648 Solingen
Cronenberger Str. 59-61, 42651 Solingen
T: (0212) 2 90-0   **Fax:** 2 90-2209
Oberbürgermeister: Franz Haug
Pressereferent: Hansjörg Laute

● **D 128**
Landeshauptstadt Stuttgart
70161 Stuttgart
Marktplatz 1, 70173 Stuttgart
T: (0711) 2 16-0   **Fax:** 2 16-7705
Oberbürgermeister: Dr. Wolfgang Schuster
Pressereferentin: Susanne Wetterich

● **D 129**
Stadt Ulm
89070 Ulm
Marktplatz 1, 89073 Ulm
T: (0731) 1 61-0, 1 61-1000   **Fax:** 1 61-1620
E-Mail: stadt_ulm@ulm.de
Oberbürgermeister: Ivo Gönner
Pressereferentin: Marlies Gildehaus

● **D 130**
Landeshauptstadt Wiesbaden
Postf. 39 20, 65029 Wiesbaden
Schloßplatz 6, 65183 Wiesbaden
T: (0611) 31-3200   **Fax:** 31-3903
Internet: http://www.wiesbaden.de
E-Mail: pressereferat@wiesbaden.de
Oberbürgermeister: Hildebrand Diehl
Pressereferentin: Ilka Gilbert-Rolke

● **D 131**
Stadt Witten
58449 Witten
Marktstr. 16, 58452 Witten
T: (02302) 5 81-0   **Fax:** 5 55 54
Bürgermeister: Klaus Lohmann
Pressesprecher: Jochen Kompernaß

● **D 132**
Stadt Wolfsburg
Postf. 10 09 44, 38409 Wolfsburg
Porschestr. 49, 38440 Wolfsburg
T: (05361) 28-0   **Fax:** 28-2500
Internet: http://www.wolfsburg.de
E-Mail: stadt@stadt.wolfsburg.de
Oberbürgermeister: Rolf Schnellecke
Pressereferentin: Helga Müller-Bertram

● **D 133**
Stadt Würzburg
97067 Würzburg
Rückermainstr. 2, 97070 Würzburg
T: (0931) 37-0   **Fax:** 37-3373
Internet: http://www.wuerzburg.de
E-Mail: info@wuerzburg.de
Oberbürgermeister: Jürgen Weber

● **D 134**
Stadt Wuppertal
42269 Wuppertal
Wegnerstr. 7, 42275 Wuppertal
T: (0202) 5 63-1   **Fax:** 5 63-8066
Oberbürgermeister: Dr. Hans Kremendahl
Pressereferent: Dr. h.c. (SK) Ernst-Andreas Ziegler

● **D 135**
Stadt Zwickau
Postf. 20 09 33, 08009 Zwickau
Hauptmarkt 1, 08056 Zwickau
T: (0375) 83-0   **Fax:** 83-8383
Internet: http://www.zwickau.de
E-Mail: stadt@zwickau.de
Oberbürgermeister: Rainer Eichhorn (bis 31.07.2001)
Pressesprecherin: Angelika Michaelis

Verschiedene kommunale Verbände

● **D 136**
Verband Kommunale Abfallwirtschaft und Stadtreinigung e.V. (VKS)
Brohler Str. 13, 50968 Köln
T: (0221) 37 70-385, 37 70-395   **Fax:** 37 70-371
E-Mail: vks-verband@vks-koeln.de
Gründung: 1912
Präsident(in): HGeschF Karl-Joachim Neuhaus (Entsorgung Dortmund GmbH (EDG) - Präsident des VKS -, Sunderweg 98, 44147 Dortmund, T: (0231) 9 11 12 01, Telefax: (0231) 9 11 12 00)
Geschäftsführer(in): Dipl.-Geogr. Gert Krüger
Verbandszeitschrift: VKS-NEWS
Mitglieder: 620

Landesgruppen

d 137
Verband Kommunale Abfallwirtschaft u. Stadtreinigung
Landesgruppe Baden-Württemberg
c/o Amt für Abfallwirtschaft und Stadtreinigung
Ottostr. 21, 76227 Karlsruhe
T: (0721) 1 33 70 00   **Fax:** 1 33 70 09
E-Mail: blank@afa.karlsruhe.de
Vors. u. Vizepräs. des VKS: Stadtdirektor Dipl.-Ing. Peter Blank (Amt für Abfallwirtschaft der Stadt Karlsruhe)

d 138
Verband Kommunale Abfallwirtschaft u. Stadtreinigung e.V. (VKS)
Landesgruppe Bayern
c/o ASN Abfallwirtschaft- und Stadtreinigungsbetrieb
Großreuther Str. 117, 90425 Nürnberg
T: (0911) 2 31 40 15   **Fax:** 2 31 83 60
Vorsitzende(r): Stadtdirektor Dipl.-Ing. Klaus Endreß

d 139
Verband Kommunale Abfallwirtschaft und Stadtreinigung e.V.
Landesgruppe Berlin
Ringbahnstr. 96, 12103 Berlin
T: (030) 75 92-2731   **Fax:** 75 92-2715
Vors. u. Vizepräs. des VKS: Dr. Peter von Dierkes
Abfallsammlung, Abfallumschlag, Abfallverbrennung, Annahme von Altstoffen auf Recyclinghöfen, Annahme von Sonderabfällen aus Privathaushalten, Straßenreinigung, Straßenwinterdienst, Sperrmüllbeseitigung, Laubabfuhr, Gullyreinigung

d 140
Verband Kommunale Abfallwirtschaft u. Stadtreinigung e.V.
VKS Landesgruppe Küstenländer
Bullerdeich 19, 20537 Hamburg
T: (040) 25 76-1002   **Fax:** 25 76-1000
Leiter(in): Dr. Rüdiger Siechau (Stadtreinigung Hamburg, Bullerdeich 19, 20537 Hamburg, T: (040) 25 76-1002, Fax: 25 76-1000, E-Mail: r.siechau@srhh.de)

d 141
Verband Kommunale Abfallwirtschaft und Stadtreinigung e.V.
Landesgruppe Hessen/Rheinland-Pfalz/Saarland
c/o Die Stadtreiniger
Am Lossewerk 15, 34123 Kassel
T: (0561) 5 00-3410   **Fax:** 5 00-3411
Vorsitzende(r): Dipl.-Ing. Gerhard Halm

d 142
Verband Kommunale Abfallwirtschaft und Stadtreinigung
Landesgruppe Nordrhein-Westfalen
Am Fuhrpark 14, 58507 Lüdenscheid
T: (02351) 36 52-100   **Fax:** 36 52-110
Vorsitzende(r): Wolfgang Klose (Werksleiter STL Stadtreinigungs-, Transport- und Baubetrieb Lüdenscheid)

d 143
Verband Kommunale Abfallwirtschaft und Stadtreinigung
Landesgruppe Mecklenburg-Vorpommern/Brandenburg
c/o Stadtentsorgung Rostock GmbH
Petridamm 26-27, 18146 Rostock
T: (0381) 45 93-0   **Fax:** 45 93-115
Geschäftsführer(in): Dipl.-Ing. Hans Bolzmann

d 144
Verband Kommunale Abfallwirtschaft und Stadtreinigung
Landesgruppe "Süd-Ost" Sachsen/Sachsen-Anhalt/Thüringen
c/o SWE Stadtwirtschaft Erfurt GmbH
Apoldaer Str. 1-2, 99091 Erfurt
T: (0361) 7 48 02 02   **Fax:** 7 48 02 40
Geschäftsführer(in): Dipl.-Ing. Wolfgang Reisen

● **D 145**

Kommunalverband Ruhrgebiet
Postf. 10 32 64, 45032 Essen
Kronprinzenstr. 35, 45128 Essen
T: (0201) 2 06 90   **Fax:** 2 06 95 00
Gründung: 1920 (5. Mai)
Vorsitzende(r): Hanslothar Kranz
1. Stellv. Vors.: Prof. Theo Uhlmann
2. Stellv. Vors.: Heinz Niemczyk
Verbandsdir.: Dr. Gerd Willamowski
Leitung Presseabteilung: Frank Levermann
Verbandszeitschrift: "idr"
Mitglieder: 74 (46 Vertreter aus den Stadtparlamenten und Kreistagen mit vollem Stimmrecht und 28 beratende Mitglieder, davon je 5 Vertreter der Arbeitgeber- und Arbeitnehmer-Organisationen im Ruhrgebiet; 3 Vertreter der Regionalräte und 15 Hauptverwaltungsbeamte)
Mitarbeiter: 370
Der Verband ist zugleich Gemeindeverband u. Körperschaft des öffentlichen Rechts. Er hat 15 Mitgliedskörperschaften - 11 kreisfreie Städte u. 4 Kreise.

Gesetzliche Aufgaben und Tätigkeiten: Sicherung von Grün-, Wasser-, Wald und sonstigen von der Bebauung freizuhaltenden Flächen mit überörtlicher Bedeutung für die Erholung und zur Erhaltung eines ausgewogenen Naturhaushalts (Verbandsgrünflächen) nebst Führung eines Verbandsverzeichnisses; Beteiligung an der Errichtung und dem Betrieb von öffentlichen Freizeitanlagen mit überörtlicher Bedeutung; Öffentlichkeitsarbeit für das Verbandsgebiet; Durchführung von vermessungstechnischen und kartographischen Arbeiten für das Verbandsgebiet; Planerische Dienstleistungen; Behandeln, Lagern und Ablagern von Abfällen und Sonderabfallstoffen nebst Errichtung entsprechender Anlagen; Ausarbeitung von Landschaftsplänen; Durchführung von Maßnahmen zur Entwicklung, Pflege und Erschließung der Landschaft; Betreuung von Naturschutz- und Landschaftsschutzflächen sowie weitere Tätigkeiten auf Antrag.

● **D 146**
Bundesarbeitsgemeinschaft der überörtlichen Träger der Sozialhilfe
c/o Landschaftsverband Westfalen-Lippe
48133 Münster
Warendorfer Str. 26-28, 48145 Münster
T: (0251) 5 91-6530, 5 91-6531   **Fax:** 5 91-6539
E-Mail: bag@lwl.org
Gründung: 1953
Vorsitzende(r): Dr. Fritz Baur, Münster
Stellvertretende(r) Vorsitzende(r): Uwe Lorenzen, Schwerin
Vorsitzender Fachausschuss I: Dr. Fritz Baur
Vorsitzender Fachausschuss II: Franz Schmeller, Stuttgart
Vorsitzender Fachausschuß III: Uwe Lorenzen, Schwerin
Vorsitzender Fachausschuß IV: Horst Rauh, Ansbach
Geschäftsführer(in): Bernd Finke
Mitglieder: 24 überörtliche Träger der Sozialhilfe

● **D 147**
Bundesarbeitsgemeinschaft Deutscher Kommunalversicherer (BADK)
Postf. 40 01 54, 50831 Köln
Aachener Str. 1040, 50858 Köln

T: (0221) 4 89 07-0   **Fax:** 4 89 07-77
E-Mail: badkkoeln@t-online.de
Vorsitzende(r): Geschäftsf. Direktor Günter Oschmann (KSA westdt. Städte Bochum)
Stellvertretende(r) Vorsitzende(r): Dr. Egon Plümer (Vorstandsvorsitzender der GVV-Kommunalversicherung VVaG, Köln)
Geschäftsführer(in): Dr. Jürgen Meier (BADK)
Stellvertretende(r) Geschäftsführer(in): Walter Brensing (BADK)
Verbandszeitschrift: BADK-Information
Redaktion: Bernhard Wolf
Verlag: Eigenvertrieb
Mitglieder: 10
Wahrnehmung, Förderung und Koordination der gemeinsamen Interessen der deutschen Kommunalversicherer; Vertretung und Beratung der deutschen Kommunalversicherer in allen fachlichen, wirtschaftlichen, wirtschaftspolitischen, rechtlichen, rechtspolitischen, technischen und organisatorischen Fragen.

d 148
Badischer Gemeinde-Versicherungs-Verband
Postf. 15 49, 76004 Karlsruhe
Durlacher Allee 56, 76131 Karlsruhe
T: (0721) 6 60-0   **Fax:** 6 60-1688
Internet: http://www.bgv.de
E-Mail: ksc@bgv.de

d 149
Haftpflichtschadenausgleich der Deutschen Großstädte
Rathaus
44777 Bochum
T: (0234) 9 10-3585   **Fax:** 9 10-3074

d 150
Kommunaler Schadenausgleich der Länder Brandenburg, Mecklenburg-Vorpommern, Sachsen, Sachsen-Anhalt und Thüringen
Konrad-Wolf-Str. 91/92, 13055 Berlin
T: (030) 4 21 52-0   **Fax:** 4 21 52-111
Internet: http://www.ksa.de
E-Mail: info@ksa.de

d 151
Kommunaler Schadenausgleich Hannover
Marienstr. 11, 30171 Hannover
T: (0511) 3 04 01-0   **Fax:** 3 04 01-99
Internet: http://www.ksahannover.de
E-Mail: ksa_hannover@t-online.de

d 152
Kommunaler Schadenausgleich Schleswig-Holstein
Reventlouallee 6, 24105 Kiel
T: (0431) 5 79 25-0   **Fax:** 5 79 25-30
Internet: http://www.ksa-kiel.de
E-Mail: info@ksa-kiel.de

d 153
Kommunaler Schadenausgleich westdeutscher Städte
Rathaus
44777 Bochum
T: (0234) 9 10-3585   **Fax:** 9 10-3074

d 154
OKV-Ostdeutsche Kommunalversicherung auf Gegenseitigkeit
Konrad-Wolf-Str. 91/92, 13055 Berlin
T: (030) 4 21 52-0   **Fax:** 4 21 52-600
Internet: http://www.ksa.de
E-Mail: info@ksa.de

d 155
**Versicherungskammer Bayern
Versicherungsanstalt des öffentlichen Rechts**
80530 München
Maximilianstr. 53, 80538 München
T: (089) 21 60-0   **Fax:** 21 60-2714
Internet: http://www.vkb.de
E-Mail: service@vkb.de

d 156
GVV-Kommunalversicherung, Versicherungsverein auf Gegenseitigkeit
Postf. 40 06 51, 50836 Köln
Aachener Str. 1040, 50858 Köln
T: (0221) 48 93-0   **Fax:** 48 93-777
Internet: http://www.gvv.de
E-Mail: info@gvv.de

d 157
Württembergische Gemeinde-Versicherung a.G.
70164 Stuttgart
Tübinger Str. 43, 70178 Stuttgart
T: (0711) 16 95-0   **Fax:** 16 95-5201, 16 95-4941, 16 95-5991
Internet: http://www.wgv-online.de

● D 158
bremer energie institut
Fahrenheitstr. 8, 28359 Bremen
T: (0421) 2 01 43-0   **Fax:** 21 99 86
Internet: http://www.uni-bremen.de
E-Mail: bei@uni-bremen.de
Gründung: 1990
Leiter(in): Prof. Dr. Wolfgang Pfaffenberger

● D 159
Planungsverband Frankfurt
Am Hauptbahnhof 18, 60329 Frankfurt
T: (069) 25 77-0   **Fax:** 25 77 12 04
Internet: http://www.pvfrm.de
E-Mail: info@pvfrm.de
Gründung: 2001 (01. April)
Verb. Dir: Alfons Faust

d 160
Wirtschaftsförderung Region Frankfurt RheinMain e.V.
Geschäftsstelle:
c/o Planungsverband Frankfurt
Am Hauptbahnhof 18, 60329 Frankfurt
T: (069) 25 77-1330   **Fax:** 25 77-1339
Internet: http://www.region-frankfurt-rheinmain.de
E-Mail: info@region-frankfurt-rheinmain.de

● D 161
Hessische Zentrale für Datenverarbeitung
Postf. 31 64, 65021 Wiesbaden
Mainzer Str. 29, 65185 Wiesbaden
T: (0611) 3 40-0   **Fax:** 3 40-150
Internet: http://www.hessen.de/hzd
E-Mail: info@hzd.hessen.de
Direktor: Leonhard Ermer
Leitung Presseabteilung: Gabriele Walther
Verbandszeitschrift: inform
Redaktion: Gabriele Walther
Mitarbeiter: 500

● D 162
Datenzentrale Schleswig-Holstein
Postf. 17 80, 24016 Kiel
Altenholzer Str. 10-14, 24161 Altenholz
T: (0431) 32 95-0   **Fax:** 32 95-410
Internet: http://www.dzsh.de
E-Mail: info@dzsh.de
Gründung: 1968
Leitung Presseabteilung: Holger Förster
Mitarbeiter: 520

*Die Datenzentrale Schleswig-Holstein (DZ-SH) wurde 1968 als Anstalt des Öffentlichen Rechts gegründet. Sie bietet der staatlichen und kommunalen Verwaltung umfassende IT-Dienstleistungen an. Dazu gehören Standardverfahren für alle Verwaltungsaufgaben, Büroprodukte, Netzbereitstellung sowie Beratungs- und Schulungsangebote. Den Kunden steht ein hoch gesichertes Rechenzentrum zur Verfügung. Hier werden neben Großrechnern auch die Server dezentraler Anwendungen betreut.
Die DZ-SH ist direkt und über Partner im gesamten Bundesgebiet im freien Wettbewerb aktiv. Mit 520 Mitarbeitern wurde 1999 ein Jahresumsatz von 110 Mio. DM erzielt.*

● D 163
Verband der Bayerischen Bezirke KdöR
Knöbelstr. 10, 80538 München
T: (089) 21 23 89-0   **Fax:** 29 67 06
Internet: http://www.bay-bezirke.de
E-Mail: info@bay-bezirke.de
Gründung: 1979
Präsident(in): Dr. Georg Simnacher
1. Vizepräs: Edgar Sitzmann
2. Vizepräs., Schatzmeister: Fritz Körber
Geschf.Präsidiumsmitgl: Dieter Draf
Leitung Presseabteilung: Dr. Siglinde Stiel
Mitglieder: 7 Bayer. Bezirke
Mitarbeiter: 15

Bayerische Bezirke

d 164
Bezirk Oberbayern
Prinzregentenstr. 14, 80538 München
T: (089) 21 98-01   **Fax:** 21 98-1190
Bezirkstagspräs: Franz Jungwirth

d 165
Bezirk Niederbayern
84023 Landshut
Maximilianstr. 15, 84028 Landshut
T: (0871) 80 80-1   **Fax:** (089) 8 08 19 06
Bezirkstagspräs: Manfred Hölzlein

d 166
Bezirk Oberpfalz
Postf. 10 08 41, 93039 Regensburg
Emmeramsplatz 8, 93047 Regensburg
T: (0941) 56 80-0   **Fax:** 56 80-5 45
Bezirkstagspräs: Rupert Schmid

d 167
Bezirk Oberfranken
Postf. 11 01 65, 95420 Bayreuth
Ludwigstr. 20, 95444 Bayreuth
T: (0921) 6 04-1   **Fax:** 6 04-6 67
Bezirkstagspräs: Edgar Sitzmann

d 168
Bezirk Mittelfranken
Bischof-Meiser-Str. 2, 91522 Ansbach
T: (0981) 53-0   **Fax:** 5 35 85
Bezirkstagspräs: Gerd Lohwasser

d 169
Bezirk Unterfranken
Postf. 51 20, 97001 Würzburg
Silcherstr. 5, 97074 Würzburg
T: (0931) 79 59-0   **Fax:** 79 59-6 99
Bezirkstagspräs: Raymund Schmitt

d 170
Bezirk Schwaben
Postf. 11 02 40, 86027 Augsburg
Hafnerberg 10, 86152 Augsburg
T: (0821) 31 01-0   **Fax:** 31 01-2 00
Bezirkstagspräs: Dr. Georg Simnacher

● D 171
Bezirksverband Pfalz
Bismarckstr. 17, 67655 Kaiserslautern
T: (0631) 36 47-0   **Fax:** 36 47-153
Internet: http://www.bv-pfalz.de
E-Mail: info@bv-pfalz.de
Vorstand: Joachim Stöckle (Vorsitzender des Bezirkstags Pfalz)
Mitarbeiter: rd. 2000

● D 172
Hamburg-Gesellschaft e.V.
-gemeinnützig-
Erikastr. 155, 20251 Hamburg
T: (040) 48 48 49
Gründung: 1935 (als Vereinigung Niederdeutsches Hamburg)
Vorsitzende(r): Rita Gramm-Wauschkuhn
Stellvertretende(r) Vorsitzende(r): Gerlach Fiedler
Mitglieder: 100 plus Sponsoren
Mitarbeiter: 5

● D 173
Initiativkreis Ruhrgebiet
Geschäftsstelle
Postf. 10 17 41, 45017 Essen
Schinkelstr. 30-32, 45138 Essen
T: (0201) 89 66-61   **Fax:** 89 66-670
internet: http://www.i-r.de
E-Mail: info@i-r.de

Gründung: 1988 (Herbst)
Moderator: Dr. Jochen Melchior (Vorsitzender des Vorstandes STEAG AG)
Stellvertretender Moderator: Dr. Henner Puppel (Sprecher des Vorstandes der National Bank AG)
Geschäftsführer(in): Dr. Eckhard Albrecht

● D 174
Verein "pro Ruhrgebiet e.V."
Semperstr. 51, 45138 Essen
T: (0201) 89 41 50   Fax: 8 94 15 10
Internet: http://www.proruhrgebiet.de
E-Mail: info@proruhrgebiet.de
Gründung: 1981 (Februar)
Vorsitzende(r): Dr. Herbert Krämer
Stellvertretende(r) Vorsitzende(r): Ralf E. Wechtenbruch
Dr. Andreas Altmeyer
Geschäftsführer(in): Dr. Roland Kirchhof
Pressesprecher: 1000 Volt Gesellschaft für innovative Medienkommunikation GmbH
Verbandszeitschrift: pro Ruhrgebiet

● D 175
Landschaftsverband Westfalen-Lippe (LWL)
48133 Münster
Freiherr-v.-Stein-Platz 1, 48147 Münster
T: (0251) 5 91-01   Fax: 5 91-3300
Internet: http://www.lwl.org
E-Mail: lwl@lwl.org
LdsDir.: Wolfgang Schäfer
Presseref.: Frank Tafertshofer

● D 176
Ruhr-Forschungsinstitut für Innovations- und Strukturpolitik e.V. (Rufis)
Geschäftsstelle
Postf. 10 21 48, 44721 Bochum
Universitätsstr. 150, 44801 Bochum
T: (0234) 70 77 16   Fax: 70 77 16
Internet: http://www.ruhr-uni-bochum.de/www-public/radembu/rufis
E-Mail: rufis@ruhr-uni-bochum.de
Gründung: 1979
Vorsitzende(r): Prof. Dr. Paul Klemmer
Stellvertretende(r) Vorsitzende(r): Prof. Dr. Helmut Karl

● D 177
Bundesarbeitsgemeinschaft für das Schlacht- und Viehhofwesen (BAG)
Schlachthof Nordhorn
Schlachthofstr. 12, 48527 Nordhorn
T: (05921) 82 26 18   Fax: 82 26 57
E-Mail: schlachthof@eure.de
Vorsitzende(r): Dr. Hermann Kramer
Stellvertretende(r) Vorsitzende(r): Dr. Meiler, Hof

● D 178
Verband kommunaler Unternehmen e.V. (VKU)
Brohler Str. 13, 50968 Köln
T: (0221) 37 70-0   Fax: 37 70-255, 37 70-265, 37 70-266
Internet: http://www.vku.de
E-Mail: info@vku.de
Gründung: 1949 (11. März)
Präsident(in): Oberbürgermeister Gerhard Widder, Mannheim
Geschäftsf. Präsidialmitgl. u. HGeschF: Michael Schöneich
Stellv. d. HGeschF: Volker Jung
Leitung Presseabteilung: Hauptreferent Wolfgang Prangenberg
Verbandszeitschrift: ZfK - Zeitung für kommunale Wirtschaft
Redaktion: Neumarkter Str. 87, 81673 München
Verlag: Sigillum-Verlag GmbH, Brohler Str. 13, 50968 Köln
Mitglieder: 970
Mitarbeiter: 62
Jahresetat: DM 10 Mio, € 5,11 Mio

Landesgruppen

d 179
**Verband kommunaler Unternehmen e.V.
Landesgruppe Baden-Württemberg**
Hauptstr. 163, 70563 Stuttgart

d 180
**Verband kommunaler Unternehmen e.V.
Landesgruppe Bayern**
80287 München
Blumenstr. 19, 80331 München

d 181
**Verband kommunaler Unternehmen e.V.
Landesgruppe Berlin**
Hausvogteiplatz 3-4, 10117 Berlin

d 182
**Verband kommunaler Unternehmen e.V.
Landesgruppe Brandenburg**
Karl-Liebknecht-Str. 130, 03046 Cottbus

d 183
**Verband kommunaler Unternehmen e.V.
Landesgruppe Hessen**
Solmsstr. 38, 60486 Frankfurt am Main

d 184
**Verband kommunaler Unternehmen e.V.
Landesgruppe Niedersachsen/Bremen**
Ihmeplatz 2, 30449 Hannover

d 185
**Verband kommunaler Unternehmen e.V.
Landesgruppe Nordrhein-Westfalen**
Brohler Str. 13, 50968 Köln

d 186
**Verband kommunaler Unternehmen e.V.
Landesgruppe Rheinland-Pfalz**
Georg-Peter-Süß-Str. 2, 67346 Speyer

d 187
**Verband kommunaler Unternehmen e.V.
Landesgruppe Saarland**
Hohenzollernstr. 104-106, 66117 Saarbrücken

d 188
**Verband kommunaler Unternehmen e.V.
Landesgruppe Sachsen**
Eutritzscher Str. 17-19, 04105 Leipzig

d 189
**Verband kommunaler Unternehmen e.V.
Landesgruppe Sachsen-Anhalt**
Bornknechtstr. 5, 06108 Halle

d 190
**Verband kommunaler Unternehmen e.V.
Landesgruppe Schleswig-Holstein / Hamburg / Mecklenburg-Vorpommern**
Knooper Weg 75, 24116 Kiel

d 191
**Verband kommunaler Unternehmen e.V.
Landesgruppe Thüringen**
Magdeburger Allee 34-36, 99086 Erfurt

● D 192

Institut für kommunale Wirtschaft und Umweltplanung (IKU)
Bertramstr. 27, 65185 Wiesbaden
T: (0611) 1 80 87-0   Fax: 1 80 87-22
Internet: http://www.iku.fh-darmstadt.de
E-Mail: info@iku.fh-darmstadt.de
Gründung: 1987
Geschäftsführer(in): Dr. Dieter Wittmann
Stellvertretende(r) Geschäftsführer(in): Dipl.-Sow. Helmut C. Büscher (Ltg. Presseabt.)
Mitarbeiter: 5
Jahresetat: ca. DM 0,7 Mio, € 0,36 Mio

● D 193

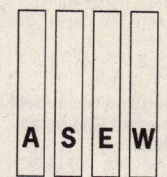

Arbeitsgemeinschaft für sparsame Energie- und Wasserverwendung im VKU (ASEW)
Volksgartenstr. 22, 50677 Köln
T: (0221) 93 18 19-0   Fax: 93 18 19-9
Internet: http://www.asew.de
E-Mail: info@asew.de
Gründung: 1989 (14. September)
Vors. des Leitausschusses: Dipl.-Ing. Alfons Bröker (Stadtwerke Soest GmbH)
Geschäftsführer(in): Dipl.-Ing. Peter Jörg Heinzelmann
Stellvertretende(r) Geschäftsführer(in): Dipl.-Geogr. Rosa Hemmers (Presse- und Öffentlichkeitsarbeit)
Verbandszeitschrift: ASEW-Aktuell
Verlag: ASEW, Volksgartenstr. 22, 50677 Köln
Mitglieder: ca. 230 Kommunale Unternehmen
Mitarbeiter: 10
Jahresetat: DM 2,5 Mio, € 1,28 Mio

Förderung und Unterstützung aller Maßnahmen zur rationellen, sparsamen und umweltschonenden Energieverwendung und rationellen Wasserverwendung im Rahmen der versorgungswirtschaftlichen Aufgaben der Mitgliedsunternehmen; Weiterbildung; Marketingkonzepte für Dienstleistungen; Produktentwicklung, z.B. Ökostrommarke energreen

● D 194
Kommunale Gemeinschaftsstelle (KGSt)
Postf. 51 07 20, 50943 Köln
Lindenallee 13-17, 50968 Köln
T: (0221) 37 68 90   Fax: 3 76 89 59
Internet: http://www.kgst.de
E-Mail: Peter.Klander@kgst.de
Gründung: 1949
Geschäfts-Leitung: Karl-Ludwig Schmiing
Verbandszeitschrift: KGSt-Info
Redaktion: Dipl.-Kfm. Peter Klander
Verlag: KGSt, Köln
Herausgeber: Dr. Peter Blönnigen, Dr. Hans Hack, Karl-Ludwig Schmiing
Mitglieder: 1500 Gemeinden/Städte/Kreise in Deutschland
Mitarbeiter: 80

Zentralinstitut der deutschen Kommunalverwaltung in Fragen der Wirtschaftlichkeit, Rationalisierung, inneren Organisation, Verwaltungssteuerung, des Personalmanagements, der Informations- und Bürotechnologie.

● D 195
Kommunale Umwelt-AktioN U.A.N.
Arnswaldtstr. 28, 30159 Hannover
T: (0511) 3 02 85-0   Fax: 3 02 85-56
Internet: http://www.nsgb.de
E-Mail: uan@nsgb.de
Gründung: 1985 (25. September)
Sprecher: Dr. Wulf Haack
Geschäftsführer(in): Joachim Vollmer
Verbandszeitschrift: Informationsdienst "Rathaus & Umwelt"
Redaktion: Kommunale Umwelt-AktioN U.A.N., Arnswaldtstr. 28, 30159 Hannover
Mitglieder: 315 Kommunen
Mitarbeiter: 10

● D 196
Raumordnungsverband Rhein-Neckar
Postf. 10 26 36, 68026 Mannheim
P 7 20-21, 68161 Mannheim
T: (0621) 1 07 08-0   Fax: 1 07 08 34
Gründung: 1970 (22. Mai)
Vorsitzende(r): Wolfgang Pföhler
Dir. Christian Specht
Leitung Presseabteilung: Klaus Mandel
Verbandszeitschrift: Rhein-Neckar-Info
Redaktion: P 7 20-21, Mannheim
Verlag: P 7, 20-21, Mannheim
Mitglieder: 3
Mitarbeiter: 25
Jahresetat: ca. DM 4 Mio, € 2,05 Mio

d 197
**Raumordnungsverband Rhein-Neckar
Regionalverband Unterer Neckar**
P 7 20-21, 68161 Mannheim

T: (0621) 1 07 08-0   **Fax:** 1 07 08 34
Vorsitzende(r): OB Dr. Horst Sieber
Dir. Christian Specht

d 198

Raumordnungsverband Rhein-Neckar
Planungsgemeinschaft Rheinpfalz
P 7 20-21, 68161 Mannheim
T: (0621) 1 07 08-0   **Fax:** 1 07 08 34
Leitender Planer: Dir. Christian Specht
Vorsitzende(r): Landrat Dr. Ernst Bartholomé

● D 199

Landschaftsverband Rheinland
50663 Köln
Kennedy-Ufer 2, 50679 Köln
T: (0221) 8 09-0   **Fax:** 8 09-2200
Internet: http://www.lvr.de
Gründung: 1953
Vorsitzende(r): Winfried Schittges (MdL)
LdsDir.: Udo Molsberger
Pressespr.: Renate Kerstin
Verbandszeitschrift: LVR-Report
Redaktion: Klaus Jacobi
Verlag: Eigenverlag
Mitarbeiter: 16000
Jugendhilfe, Behinderten-Schulwesen, Behinderten-Fürsorge, Sozialhilfe, Gesundheitswesen (Psychiatrie), Kulturpflege.

● D 200

STADT UND LAND e.V.
in Nordrhein-Westfalen
Liebigstr. 20, 40479 Düsseldorf
T: (0211) 48 70 21   **Fax:** 48 74 28
E-Mail: stadtundland.nrw@t-online.de
Gründung: 1959 (1. Oktober)
Vorsitzende(r): Dr. Reinhold Meisterjahn (Direktor der Deutschen Landjugendakademie Fredeburg/Bonn Röttgen)
Stellvertretende(r) Vorsitzende(r): Gisela Kokemoor
Geschäftsführer(in): Ingrid Gertz-Rotermund (Ltg. Presseabt.)
Mitglieder: 23
Mitarbeiter: 3
Jahresetat: DM 0,27 Mio, € 0,14 Mio (Landesmittel NRW)

● D 201

Initiative Qualitätssicherung Nordrhein-Westfalen
e.V. (IQS NRW)
Joseph-von-Fraunhofer-Str. 20, 44227 Dortmund
T: (0231) 97 00-111   **Fax:** 97 00-463
Internet: http://www.iqsnrw.de
E-Mail: info@iqsnrw.de
Gründung: 1994 (Februar)
Vorstand: Dr. Greif (Vors.; GF der Dr. Reinhold Hagen Stiftung, Bonn)
Stausberg (Unternehmensberatung für integrierte Managementsysteme, Haan)
Dipl.-Kfm. Karlheinz Kemminer (Geschäftsführer des Fachverbandes Schloß- und Beschlagindustrie e.V., Velbert)
Geschäftsführer(in): Dr. Bischoff
Verbandszeitschrift: IQS-Aktiv
Mitglieder: 53
Mitarbeiter: 5

● D 202

Berliner Stadtreinigungsbetriebe
Anstalt des öffentlichen Rechts (BSR)
Ringbahnstr. 96, 12103 Berlin
T: (030) 75 92-0   **Fax:** 75 92-2262
Vorsitzende(r) des Vorstandes: Dr. Peter v. Dierkes
Dr. Christoph Landerer
Dr. Arnold W. Guski
Lutz Jochen Storbeck

● D 203

Bergisch-Märkischer Verkehrsverband e.V.
Postf. 13 19 37, 42046 Wuppertal
Heinrich-Kamp-Platz 2, 42103 Wuppertal
T: (0202) 24 90 6 01   **Fax:** 24 90-6 99
Vorsitzende(r): Bernhard Coblenz
Geschäftsführer(in): Dipl.-Volksw. Theo Beer

● D 204

Industrie- und Handelsclub Südwestfalen e.V.
57069 Siegen

Koblenzer Str. 121, 57072 Siegen
T: (0271) 3 30 23 02   **Fax:** 3 30 24 00
Gründung: 1989 (20. April)
Präsident(in): Veronika Bischopink (Fischer & Kaufmann, Finnentrop)
Vizepräsident(in): Joachim Herbst (demig Prozessautomatisierung GmbH, Siegen)
Betreuer: Dipl.-Kfm. Franz J. Mockenhaupt (IHK, Siegen)
Mitglieder: 59

● D 205

Aktion Münsterland e.V.
Verein zur Förderung des Münsterlandes
Postf. 11 27, 48001 Münster
An den Loddenbüschen 81a, 48155 Münster
T: (0251) 6 09 32-0   **Fax:** 6 09 32-10
Internet: http://www.muensterland.com
E-Mail: aktion@muensterland.com, kultur@muensterland.com
Gründung: 1990 (15. Juni)
Vorsitzende(r): Dr. Dieter Offergeld
Geschäftsführer(in): N.N.
Mitglieder: 554
Mitarbeiter: 5

Aufwertung des Regionalimages und Verbesserung der Standortattraktivität des Münsterlandes; Profilierung der Region auf nationaler, europäischer und internationaler Ebene als leistungsfähigem Wirtschafts- und Lebensraum.

Europäisch-Deutsche Grenzregionen (Euregio)

● D 206

Arbeitsgemeinschaft Europäischer
Grenzregionen (AGEG)
Association of European Border Regions (AEBR)
Association des régions frontalières européennes (ARFE)
c/o EUREGIO
Enscheder Str. 362, 48599 Gronau
T: (02562) 7 02 22, 7 02 32   **Fax:** 7 02 59
Internet: http://www.aebr-ageg.de
E-Mail: c.pandary@aebr-ageg.de, m.perou@aebr-ageg.de
Gründung: 1971
Internationaler Zusammenschluß: siehe unter IZU 594
Präsident(in): Joan Vallvé i Ribera
Generalsekretär(in): Dipl.-Volksw. Jens Gabbe
Mitglieder: 79 Regionen
Mitarbeiter: 7

● D 207

Euregio Bayerischer Wald - Böhmerwald - Sumava
Sektion Bayern
Wolfkerstr. 3, 94078 Freyung
T: (08551) 5 71 00   **Fax:** 5 71 90
Internet: http://www.euregio.at
E-Mail: info@euregio-wald.com
Vorsitzende(r): Landrat Alfons Urban (Hauptausschuß Bayern)
Geschäftsführer(in): Kaspar Sammer

d 208

Euregio Bayerischer Wald - Böhmerwald - Sumava
Sektion Mühlviertel
Industriestr. 6, A-4240 Freistadt
T: (00437942) 7 71 88   **Fax:** 7 71 88-10
Internet: http://www.euregio.at
E-Mail: freistadt@euregio.at
Vorsitzende(r): Bgm. Alfred Obermüller (Hauptausschuß Österreich)
Geschäftsführer(in): Wilhelm Patri (E-Mail: patri@euregio.at)

d 209

Euregio Bayerischer Wald - Böhmerwald - Sumava
Sektion Tschechien
Denisova 178i, CZ-33901 Klatovy
Vorsitzende(r): Ing. Frantisek Vlcek (Hauptausschuß Tschechien)
Geschäftsführer(in): Bohumil Knotek

● D 210

EUREGIO EGRENSIS
Arbeitsgemeinschaft Bayern e.V.
Fikentscherstr. 24, 95615 Marktredwitz
T: (09231) 66 92-0   **Fax:** 66 92-29
Internet: http://www.euregio-egrensis.de
E-Mail: info@euregio-egrensis.de
Präsident(in): Dr. Birgit Seelbinder (Oberbürgermeisterin der Stadt Marktredwitz)
Geschäftsführer(in): Dipl. Geograph Harald Ehm (Univ.)

d 211

Euregio Egrensis
Arbeitsgemeinschaft Vogtland/Westerzgebirge e.V.
Friedensstr. 32, 08523 Plauen
T: (03741) 21 42 24   **Fax:** 21 42 22
Internet: http://www.euregioegrensis.de
E-Mail: ee-vw@tzv.de
1. Vorsitzende(r): Dr. Tassilo Lenk (Landrat des Vogtlandkreis)
Geschäftsführer(in): Friedrich Tillmann

d 212

Euregio Egrensis
Arbeitsgemeinschaft Böhmen
Regionale Entwicklungsagentur
Uvalska, CZ-36009 Karlovy vary
T: (0042017) 3 58 53 87   **Fax:** 3 58 53 87
E-Mail: euregensis@iol.cz
1. Vorsitzende(r): Ing. Jan Horník (Bürgermeister der Gemeinde Boží Dar)
Geschäftsführer(in): Dipl.-Ing. Lubomír Kovář

● D 213

EUROREGION ELBE/LABE
c/o Kommunalgemeinschaft Euroregion Oberes Elbtal/ Osteruzgebirge e.V.
Emil-Schlegel-Str. 11, 01796 Pirna
T: (03501) 52 00 13   **Fax:** 52 74 57
Internet: http://www.oberelbe.de/euroregion
E-Mail: euroregion.elbe-labe@t-online.de
Geschäftsführer(in): Christian Preußcher

d 214

EUROREGION ELBE/LABE
regionální dobrovolné sdružení
Velká Hradební 8, CZ-4001 Usti nad Labem
T: (0042047) 5 24 14 37   **Fax:** 5 21 16 03
E-Mail: euroregion-labe@mag-ul.cz
Geschäftsführer(in): Vladimí Lipský

● D 215

Ems Dollart Region
Postfach 43, NL-9693 ZG Nieuweschans
T: (0031597) 52 15 10   **Fax:** 52 25 11
Internet: http://www.edr.org
E-Mail: edr@edr.org
Vorstand: Hans J. H. van der Laan (Vors.; Burgemeester Gemeente Eemsmond)
Reinhold Kolck (stellv. Vors.; Hauptgeschäftsführer Industrie- und Handelskammer für Ostfriesland und Papenburg, Emden)

● D 216

Inn-Salzach-Euregio
Geschäftsstelle Bayern
c/o Landratsamt Rottal-Inn
Ringstr. 4-7, 84347 Pfarrkirchen
T: (08561) 20-158   **Fax:** 20-165
E-Mail: inn-salzach-euregio@rottal-inn.de
Vorsitzende(r): Bruni Mayer (Landrätin Rottal-Inn)
Geschäftsführer(in): Anton Ober
Alfons Sittinger
Verbandszeitschrift: Grenzenlos
Mitglieder: 93 (Mitgliedsgemeinden, Fördermitglieder)
Mitarbeiter: 3

d 217

Inn-Salzach-Euregio
Geschäftsstelle Oberösterreich
Industriezeile 54, A-5280 Braunau
T: (00437722) 6 51 00   **Fax:** 6 51 00-4
Obmann: Albert Ortig (Bürgermeister Ried i. I.)
Geschäftsführer(in): Silke Sickinger (E-Mail: silke.sickinger@innsalz.at)

● D 218

Euroregion POMERANIA
c/o Kommunalgemeinschaft Europaregion Pomerania e.V.
Ernst-Thälmann-Str. 4, 17321 Löcknitz
T: (039754) 2 05 80   **Fax:** 2 10 53

Internet: http://www.pomerania.net
Gründung: 1995 (15. Dezember)
Mitglieder: 4

Die Mitglieder sind:

1. Kommunalgemeinschaft Europaregion Pomerania e.V.
(2 kreisfreie Städte und 6 Landkreise der Länder Mecklenburg-Vorpommern und Brandenburg)
Ernst-Thälmann-Str. 4, 17321 Löcknitz, Deutschland
T: (039754) 2 05 80, Fax: 2 10 53
Präsident: Dr. Joachim Benthin (Landrat des Landkreises Uckermark, T: (03984) 70 10 01)
Geschäftsführer: Peter Heise (E-Mail: peter.heise@pomerania.net)

2. Kommunaler Zweckverband der Gemeinden Westpommerns „Pomerania"
(z.Z. 92 Gemeinden und Städte der Wojewodschaft Westpommern)
Al. Wojska Polskiego 164, 71335 Szczecin, Polen
T: (0048 91) 4 86 07 38, Fax: 4 86 08 25,
E-Mail: kzcgpz@poczta.onet.pl
Geschäftsführerin: Urszula Berlinska

3. Stadt Stettin
Pl. Armii Krajowej, 70456 Szczecin, Polen

Präsident der polnischen Partner: Prof. Zygmunt Meyer (T: (0048 91) 4 23 33 11/4 49 43 71)

4. Gemeindeverband Skane (seit 26. Februar 1998 Mitglied der Euroregion)
(33 schwedische Kommunen)
Baravägen 1, Box 53, 22100 Lund, Schweden
T: (0046 46) 71 99 39, ax: 471 99 30,
E-Mail: lilian.persson@komforb.se
Präsidentin: Margareta Palsson (T: (0046 46) 71 99 39)
Geschäftsführer: Stig Alund (T: (0046 46) 71 99 40, Fax: 71 99 30, E-Mail: alund@komforb.se)

● **D 219**

Euregio Maas Rhein
Euregio Meuse-Rhin
Euregio Maas-Rijn
Postfach 57 00, NL-6202 MA Maastricht
Limburglaan 10 Gouvernement, NL-6229 GA Maastricht
T: (003143) 3 89-7492   Fax: 3 89-7287
Internet: http://www.euregio-mr.org
E-Mail: euregio.maas.rijn@wxs.nl
Vorstand: Berend-Jan Baron van Voorst tot Voorst (Gouverneur van de Provincie Limburg, Postbus 5700, 6202 MA Maastricht, Niederlande, Tel.: (0031(0)43) 389-7002, Fax: (0031(0)43) 3 61 85 75)
Vorstand: Jürgen Roters (Regierungspräsident Köln und Vorsitzender des Regio Aachen eV, 50606 Köln, Tel.: (0221) 1 47 21 80, Fax: (0221) 1 47 33 99)
Vorstand: Paul Bolland (Gouverneur de la Province de Liège, Place Notger 2, 4000 Liège, Belgien, Tel.: (0032(0)42) 32 33 34, Fax: (0032(0)42) 23 79 44)
Vorstand: Hilde Houben-Bertrand (Gouverneur Provinz Limburg, Provinciehuis, Universiteitslaan 1, 3500 Hasselt, Belgien, Tel.: (0032(0)11) 23 70 14, FAx: (0032(0)11) 23 70 11, E-Mail: kabgouv@limburg.be)
Vorstand: Karl-Heinz Lambertz (Minister-Präsident der Deutschsprachigen Gemeinschaft in Belgien, Klötzerbahn 32, 4700 Eupen, Belgien, Tel.: (0032(0)87) 59 64 00, Fax: (0032(0)87) 55 45 38, E-Mail: Kab.Lambertz@dgov.be)

● **D 220**

euregio rhein-maas-nord
41050 Mönchengladbach
Harmoniestr. 25, 41236 Mönchengladbach
T: (02161) 25-9230   Fax: 25-9239
Internet: http://www.euregio-rmn.de
E-Mail: info@euregio-rmn.de
Präsident(in) des Regio-Rates: Monika Bartsch (Oberbürgermeisterin, Stadt Mönchengladbach, Postfach 85, 41050 Mönchengladbach)
Stellvertretende(r) Präsident(in) des Regio-Rates: H. J. Kaiser (Burgemeester Gemeente Roermond, Postbus 900, NL-6040 AX Roermond)
Geschäftsführer(in): Dr. Wulf H. Reuter
Geschäftsstellenleiter(in): Wolfgang Koch
Mitglieder: Gemeinde Brüggen, Stadt Geldern, Stadt Kevelaer, Kreis Kleve, Stadt Krefeld, Stadt Mönchengladbach, Kreis Neuss, Stadt Nettetal, Gemeinde Niederkrüchten, Stadt Straelen, Kreis Viersen, Gemeinde Weeze, Industrie- und Handelskammer Mittlerer Niederrhein Krefeld-Mönchengladbach-Neuss, Niederrheinische Industrie- und Handelskammer Duisburg-Wesel-Kleve zu Duisburg, Gewest Midden-Limburg, Gewest Noord-Limburg, Kamer van Koophandel en Fabrieken voor Noord- en Midden-Limburg te Venlo

● **D 221**

Euregio Rhein-Waal
Emmericher Str. 24, 47533 Kleve
T: (02821) 7 93 00   Fax: 79 30 30
Internet: http://www.euregio.org
E-Mail: info@euregio.org
Gründung: 1963
Vors.d.Rates: Rudolf Lange
Geschäftsführer(in): Erwin Schmitz
Mitglieder: mehr als 50 deutsche und niederländische Städte, Gemeinden, Kreise, IHK's
Mitarbeiter: 13 hauptamtliche
Jahresetat: DM 10 Mio, € 5,11 Mio
Förderung der grenzüberschreitenden Zusammenarbeit in den Bereichen: Wirtschaft, Ausbildung, Verkehr, Raumordnung, Kultur, Sport, Tourismus, Soziales, Natur, Umwelt, Gesundheit, Katastrophenschutz, Öffentliche Sicherheit, Kommunikation

● **D 222**

EUREGIO Grenzüberschreitende kommunale Zusammenarbeit im deutsch-niederländischen Grenzraum
Postf. 11 64, 48572 Gronau
Enscheder Str. 362, 48599 Gronau
T: (02562) 70 20   Fax: 7 02 59
Internet: http://www.euregio.nl, http://www.euregio.de
E-Mail: info@euregio.nl, info@euregio.de
Präsident(in): R. Cyprian
Geschäftsführer(in): H. Krebs

● **D 223**

EuRegio Salzburg - Berchtesgadener Land - Traunstein
Geschäftsstelle
Sägewerkstr. 3, 83395 Freilassing
T: (08654) 49 71 80   F: (18654) 49 71 89
Internet: http://www.euregio.sbg.at
E-Mail: office.euregio@tzf.de
Präsident(in): Mag. Matthias Hemetsberger (Bürgermeister der Gemeinde Seeham, Vorsitzender der Flachgauer Bürgermeisterkonferenz)
Vizepräsident(in): Martin Seidl (Landrat des Landkreises Berchtesgadener Land)
Geschäftsführer(in): Dipl.-Kfm. Steffen Rubach

Kommunalpolitische Vereinigungen der Parteien

● **D 224**

Kommunalpolitische Vereinigung der CDU und CSU Deutschlands (KPV)
Klingelhöferstr. 8, 10785 Berlin
T: (030) 2 20 70-470   Fax: 2 20 70-479
Internet: http://www.cdu.de/kpv
E-Mail: kpv@cdu.de
Bundesvorsitzende(r): Peter Götz (MdB)
Hauptgeschäftsführer(in): Tim-Rainer Bornholt
Verbandszeitschrift: Kommunalpolitische Blätter - Fachorgan der KPV

Bayern

d 225

Kommunalpolitische Vereinigung der CDU und CSU Deutschlands
Landesverband Bayern
Nymphenburger Str. 64, 80335 München
T: (089) 12 43-203   Fax: 12 43-307
E-Mail: schuster@csu-bayern.de
Vorsitzende(r): Landrat Luitpold Braun, Schongau
Geschäftsführer(in): Hildegard Schuster
Verbandszeitschrift: Bayerische Gemeindezeitung

Berlin

d 226

Kommunalpolitische Vereinigung der CDU und CSU Deutschlands
Landesverband Berlin
Wallstr. 14a, 10179 Berlin
T: (030) 26 48 44 60
Vorsitzende(r): Joachim Zeller (Beuirks Bgm), Berlin-Mitte
Geschäftsführer(in): Dr. Peter Gerull, Berlin

Brandenburg

d 227

Kommunalpolitische Vereinigung der CDU und CSU Deutschlands
Landesverband Brandenburg
Hoher Weg 144, 14542 Werder
T: (03327) 66 93-16
Vorsitzende(r): Werner Große (Bürgermeister)
Geschäftsführer(in): Helmut Gahsche, Potsdam

d 228

Kommunalpolitische Vereinigung der CDU und CSU Deutschlands
Landesverband Bremen
Am Wall 135, 28195 Bremen
T: (0421) 30 89 41
Vorsitzende(r): Günter Niederbremer, Bremen
Geschäftsführer(in): Karl Uwe Oppermann (MdBB), Bremen

Hamburg

d 229

Kommunalpolitische Vereinigung der CDU und CSU Deutschlands
Landesverband Hamburg
Haldesdorfer Str. 130, 22179 Hamburg
T: (040) 5 50 22 20   Fax: 5 59 58 95
Vorsitzende(r): Heinrich Otto Leopold (Bez.Abg Hamburg-Eimsbüttel)
Geschäftsführer(in): Michael Hahn, Hamburg

Hessen

d 230

Kommunalpolitische Vereinigung der CDU und CSU Deutschlands
Landesverband Hessen
Frankfurter Str. 6, 65189 Wiesbaden
T: (0611) 8 60 61
Vorsitzende(r): Dr. Christean Wagner (MdL)
Geschäftsführer(in): Walter Siebert, Wiesbaden

Mecklenburg-Vorpommern

d 231

Kommunalpolitische Vereinigung der CDU und CSU Deutschlands
Landesverband Mecklenburg-Vorpommern
Wismarsche Str. 173, 19053 Schwerin
T: (0385) 5 90 04 17
Vorsitzende(r): Harry Glawe (MdL), Grimmen
Geschäftsführer(in): Joachim Naumann

d 232

Kommunalpolitische Vereinigung der CDU und CSU Deutschlands
Landesverband Niedersachsen
Böttcherstr. 7, 30419 Hannover
T: (0511) 77 62 14
Vorsitzende(r): Jochen-Konrad Fromme, Haverlah
Geschäftsführer(in): Hans Leveling, Hannover

Nordrhein-Westfalen

d 233

Kommunalpolitische Vereinigung der CDU und CSU Deutschlands
Landesverband Nordrhein-Westfalen
Limperstr. 40, 45657 Recklinghausen
T: (02361) 58 99-0
Vorsitzende(r): Heinrich Niehaves, Wermelskirchen
Geschäftsführer(in): Ulrich Weller, Recklinghausen

Rheinland-Pfalz

d 234

Kommunalpolitische Vereinigung der CDU und CSU Deutschlands
Landesverband Rheinland-Pfalz
Kaiser-Friedrich-Str. 3, 55116 Mainz
T: (06131) 28 47 17
Vorsitzende(r): Heinz-Hermann Schnabel (MdL), Erbes-Büdesheim
Geschäftsführer(in): Hans-Erich Au, Mainz

d 235

Kommunalpolitische Vereinigung nder CDU und CSU Deutschlands
Landesverband Saarland
Stengelstr. 5, 66117 Saarbrücken
T: (0681) 5 40 41
Vorsitzende(r): Dr. Heribert Gisch, Nohfelden
Geschäftsführer(in): Franz-Josef Berg, Saarbrücken

Sachsen

d 236

Kommunalpolitische Vereinigung der CDU und CSU Deutschlands
Landesverband Sachsen
Friedrichstr. 4, 02977 Hoyerswerda
T: (03571) 40 72 17
Vorsitzende(r): Peter Schowtka (MdL), Wittichenau
Geschäftsführer(in): Martin Schmidt

Sachsen-Anhalt

d 237

Kommunalpolitische Vereinigung der CDU und CSU Deutschlands
Landesverband Sachsen-Anhalt
KDV Bildungswerk
Schloßstr. 17, 06406 Bernburg
T: (03471) 31 63-24   **Fax:** 31 63-41
Vorsitzende(r): Roland Halang, Bernburg
Geschäftsführer(in): N.N.

Schleswig-Holstein

d 238

Kommunalpolitische Vereinigung der CDU und CSU Deutschlands
Landesverband Schleswig-Holstein
Sophienblatt 44-46, 24114 Kiel
T: (0431) 6 60 99-22
Vorsitzende(r): Reimer Struve, Bordesholm
Geschäftsführer(in): Jörg Hollmann

Thüringen

d 239

Kommunalpolitische Vereinigung der CDU und CSU Deutschlands
Landesverband Thüringen
Heinrich-Mann-Str. 22, 99096 Erfurt
T: (0361) 34 49-230
Vorsitzende(r): Willibald Böck (MdL), Bernterode
Geschäftsführer(in): Rolf Bärwolf, Erfurt

● **D 240**

Sozialdemokratische Gemeinschaft für Kommunalpolitik in der Bundesrepublik Deutschland e.V. (Bundes-SGK)
Geschäftsstelle
Stresemannstr. 30, 10963 Berlin
T: (030) 25 99 39 60   **Fax:** 25 99 39 70
Internet: http://www.bundes-sgk.de
E-Mail: info@bundes-sgk.de
Vorsitzende(r): Oberbürgermeister Hajo Hoffmann
Geschäftsführende(s) Vorstands-Mitglied(er): Detlef Raphael

Sozialdemokratische Gemeinschaften für Kommunalpolitik in den Bundesländern (Landes-SGKs)

d 241

SGK Baden-Württemberg e.V.
Postf. 10 42 63, 70037 Stuttgart
Wilhelmsplatz 10, 70182 Stuttgart
T: (0711) 6 19 36 23   **Fax:** 6 19 36 48
E-Mail: wernersixt.sgk@t-online.de
Vorsitzende(r): Oberbürgermeisterin Beate Weber (Postfach 10 55 20, 69045 Heidelberg, T: (06221) 58-20 10)
Geschäftsführer(in): Werner Sixt

d 242

SGK Bayern e.V.
c/o SPD-Landesverband Bayern
Oberanger 38 II, 80331 München
T: (089) 23 17 11 25   **Fax:** 23 17 11 38
E-Mail: helmut.bertig_lg-muenchen@spd.de
Vorsitzende(r): Dr. Ivo Holzinger (Oberbürgermeister, Rathaus, Marktplatz, 87700 Memmingen, T: (08331) 8 50-1 00)
Geschäftsführer(in): Helmut Bertig

d 243

SGK Berlin e.V.
Müllerstr. 163, 13353 Berlin
T: (030) 46 92-134   **Fax:** 46 92-124
Vorsitzende(r): Horst Porath (Bochumer Str. 25, 10555 Berlin, T: (030) 39 05 22 60)
Geschäftsführer(in): Karin Seidel-Kalmutzki

d 244

SGK Brandenburg e.V.
Otto-Wels-Haus
Friedrich-Ebert-Str. 61, 14469 Potsdam
T: (0331) 2 70 02 53   **Fax:** 2 70 96 05
E-Mail: sgk-potsdam@t-online.de
Vorsitzende(r): Hans-Joachim Laesicke (Bürgermeister, Schloß, 16501 Oranienburg, T: (03301) 60 06 01)
Geschäftsführer(in): Dietrich Hohmann

d 245

SGK Bremen e.V.
c/o SPD-Bürgerschaftsfraktion
Altenwall 15-16, 28195 Bremen
T: (0421) 3 36 77-28   **Fax:** 32 11 20
E-Mail: spd-fraktion@spd-bremen.de
Vorsitzende(r): Jens Böhrnsen (MdBB, c/o SPD-Bürgerschaftsfraktion, Altenwall 15-16, 28195 Bremen, T: (0421) 3 36 77-26)
Geschäftsführer(in): Karin Röpke

d 246

SGK-Ansprechpartner in Hamburg
Raawisch 29, 22043 Hamburg
T: (040) 68 63 32
Kontaktperson: Barbara Duden (MdBü)

d 247

SGK Hessen e.V.
Rößlerstr. 7, 65193 Wiesbaden
T: (0611) 52 30 44   **Fax:** 52 07 40
Internet: http://www.sgk-hessen.de
E-Mail: info@sgk-hessen.de
Vorsitzende(r): Peter Benz (Oberbürgermeister der Stadt Darmstadt, Rathaus, Luisenplatz 5, 64285 Darmstadt, T: (06151) 13-2201)
Geschäftsführer(in): Dipl.-Sozialw. Achim Moeller

d 248

SGK Mecklenburg-Vorpommern e.V.
Wismarsche Str. 152, 19053 Schwerin
T: (0385) 55 57 28 50   **Fax:** 55 57 28 52
E-Mail: sgk.mv@t-online.de
Vorsitzende(r): Jürgen Kanehl (Bürgermeister der Stadt Wolgast, Burgstr. 6, 17438 Wolgast, T: (03836) 25 11 31, Fax: (03836) 25 11 29)
Geschäftsführer(in): Heinz Müller (MdL)

d 249

SGK Niedersachsen e.V.
c/o SPD-Landesverband
Odeonstr. 15 /16, 30159 Hannover
T: (0511) 1 67 42 19   **Fax:** 1 67 42 11
Vorsitzende(r): Ulrich Mädge (Oberbürgermeister, Rathaus, Am Ochsenmarkt, 21335 Lüneburg, T: (04131) 3 09-111)
Geschäftsführer(in): Harry Dißner (Odeonstr. 15/16, 30159 Hannover, T: (0511) 16 74-231, Fax: 16 74-211)

d 250

SGK Nordrhein-Westfalen e.V.
Postf. 20 07 04, 40104 Düsseldorf
Elisabethstr. 16, 40217 Düsseldorf
T: (0211) 87 67 47-0   **Fax:** 87 67 47-27
Internet: http://www.sgk-nw.de
E-Mail: sgk@sgk-nw.de
Vorsitzende(r): Dr. Gerhard Langemeyer (Oberbürgermeister, Rathaus, Friedensplatz 1, 44122 Dortmund, T: (0231) 50-22030)
Geschäftsführer(in): Friedrich Pritzkoleit

d 251

SGK Rheinland-Pfalz e.V.
Postf. 30 08, 55020 Mainz
T: (06131) 22 64 60   **Fax:** 22 64 78
Internet: http://www.spd-rlp.de/sgk
E-Mail: sgk-rlp@t-online.de
Vorsitzende(r): Michael Reitzel (Tränkgasse 8, 55278 Selzen)
Geschäftsführer(in): Harald Schweitzer (MdL)

d 252

Saar-SGK e.V.
Krumme Längt 10, 66793 Saarwellingen
T: (0171) 4 38 76 72   **Fax:** (06838) 9 90 16
Internet: http://www.spd-saar.de/ag/sgk/
E-Mail: sgk@spd-saar.de
Vorsitzende(r): Richard Nospers (Oberbürgermeister a.D., Wiesenstr. 4, 66740 Saarlouis)
Geschäftsführer(in): Jörg Aumann

d 253

SGK Sachsen e.V.
Kamenzer Str. 12, 01099 Dresden
T: (0351) 2 16 70 91   **Fax:** 8 04 02 22
E-Mail: sgk@wehnerwerk.de
Gründung: 1991 (01. Februar)
Vorsitzende(r): Renate Schwarze (Clara-Zetkin-Str. 15, 02977 Hoyerswerda, T: (03571) 45 64 01 d., Telefax: (03571) 45 64 05 d.)
Geschäftsführer(in): Karin Thiele

d 254

SGK Sachsen-Anhalt e.V.
Bürgerstr. 1, 39104 Magdeburg
T: (0391) 5 61 16 09   **Fax:** 5 61 16 09
E-Mail: sgklsa@t-online.de
Vorsitzende(r): Dr. Eckbert Flämig
Geschäftsführer(in): Dr.sc.oec. Margot Wucherpfennig

d 255

SGK Schleswig-Holstein e.V.
Kleiner Kuhberg 28-30, 24103 Kiel
T: (0431) 90 60-6 28   **Fax:** 90 60-6 41 (SPD-LV SH)
E-Mail: sgk-landesverband-sh@spd.de
Vorsitzende(r): Klaus Plöger (Landrat des Kreises Stormarn, Blöcken 10C, 22885 Barsbüttel)
Geschäftsführer(in): Annegret Bruns (kommissarisch)

d 256

SGK Thüringen e.V.
Dalbergsweg 8, 99084 Erfurt
T: (0361) 2 28 44 20   **Fax:** 2 28 44 21
Vorsitzende(r): Heike Taubert (Stellv. Landrätin Kreis Greiz, Brunnenstr. 63, 07580 Ronneburg, T: (03661) 87 63 00)
Geschäftsführer(in): Peter Schnotale

● **D 257**

Verein für Grüne Solararchitektur e.V. zur Förderung der Wohn- und Umweltqualität
Sindelfingerstr. 85, 72070 Tübingen
T: (07071) 4 29 18   **Fax:** 94 83 50
Gründung: 1982
Vorsitzende(r): Prof. Dieter Schempp (Ltg. Presseabt.)
Stellvertretende(r) Vorsitzende(r): Prof. Dr. Martin Krampen
Thomas Seidel
Mitglieder: 60

● **D 258**

Grüne und Alternative in den Räten von Baden-Württemberg
Forststr. 93, 70176 Stuttgart
T: (0711) 9 93 59 90   **Fax:** 9 93 59 99
Internet: http://www.ba-wue.gruene.de/gar
E-Mail: gar@ba-wue.gruene.de

● **D 259**

GRÜNE/Alternative in den Räten NRW e.V. (GAR)
Jahnstr. 52, 40215 Düsseldorf
T: (0211) 3 84 76-0   **Fax:** 3 84 76-19
Internet: http://www.gar-nrw.de
E-Mail: info@gar-nrw.de
Gründung: 1985 (13. Januar)
Geschäftsführer(in): Volker Wilke
Leitung Presseabteilung: Sabine Drewes

Verbandszeitschrift: Forum Kommunalpolitik
Redaktion: Sabine Drewes
Mitglieder: ca. 260 Fraktionen in NRW-Kommunen
Mitarbeiter: 5

Notizen

Verbände, Behörden, Organisationen der Wirtschaft 2001

E Handelskammern und Ländervereine

Zum Auffinden einer bestimmten Dienststelle oder Organisation dient das Suchwortverzeichnis, eines Personennamens das Personenverzeichnis.

Gemeinschaftsausschuß
Industrie- und Handelskammern
Auslandshandelskammern und Delegiertenbüros
Ländervereine
Internationale und europäische Beziehungen

Gemeinschaftsausschuß

● E 1

Gemeinschaftsausschuß der Deutschen Gewerblichen Wirtschaft
Geschäftsführung: Zentralverband des Deutschen Handwerks e.V.
Mohrenstr. 20, 10117 Berlin
T: (030) 2 06 19-0   **Fax:** 20 28-460
Vorsitzende(r): Dieter Philipp
Geschäftsführer(in): Hanns-Eberhard Schleyer
Mitglieder:
Bundesverband der Deutschen Industrie
Deutscher Industrie- und Handelstag,
Bundesverband deutscher Banken e.V.,
Bundesverband des Deutschen
Groß- und Außenhandels e.V. (BGA),
Bundesvereinigung der Deutschen
Arbeitgeberverbände e.V. (BDA),
Bundesverband der Deutschen Volksbanken und Raiffeisenbanken e.V.,
Bundesverband Deutscher Zeitungsverleger e.V.
Centralvereinigung Deutscher Handelsvertreter- und Handelsmaklerverbände (CDH),
Deutscher Hotel-und Gaststättenverband e.V.,
Deutscher Sparkassen- und Giroverband e.V.,
Gesamtverband der Deutschen
Versicherungswirtschaft e.V. (GDV),
Hauptverband des Deutschen Einzelhandels e.V. (HDE) Zentralverband Gewerblicher Verbundgruppen e.V. (ZGV),
Verband Deutscher Reeder e.V.
Gastmitglied:
Deutscher Bauernverband, Bundesverband der Freien Berufe

Industrie- und Handelskammern

● E 2

Deutscher Industrie- und Handelstag (DIHT)
11052 Berlin
Breite Str. 29, 10178 Berlin
T: (030) 2 03 08-0   **Fax:** 2 03 08-1000
T-Online: *69010 /Anwahl KIT#
Internet: http://www.diht.de
E-Mail: diht@berlin.diht.de
Internationaler Zusammenschluß: siehe unter ize 6
Präsident(in): Ludwig Georg Braun (Fa. B. Braun Melsungen AG, Carl-Braun-Str. 1, 34212 Melsungen)
Vizepräsident(in): Niels Lund Chrestensen (Präsident der Industrie- und Handelskammer Erfurt, Postf. 2 25, 99005 Erfurt)
Vizepräsident(in): Dr. Claus Hipp (Präsident der Industrie- und Handelskammer für München und Oberbayern, 80323 München)
Vizepräsident(in): Alfred Freiherr v. Oppenheim (Präsident der Industrie- und Handelskammer zu Köln, 50606 Köln)
Vizepräsident(in): Nikolaus W. Schües (Präses der Handelskammer Hamburg, Postf. 11 14 49, 20414 Hamburg)
Ehrenpräsident: Prof. Dr.h.c. Otto Wolff von Amerongen (Marienburger Str. 19, 50968 Köln)
Ehrenpräsident: Hans Peter Stihl (Andreas Stihl AG & Co., Badstr. 115, 71336 Waiblingen)
Vorstand:
Till Casper (Präsident der Industrie- und Handelskammer Nordschwarzwald, Postf. 9 20, 75109 Pforzheim)
Dr. Karl-Joachim Dreyer (Vizepräses der Handelskammer Hamburg, Postf. 11 14 49, 20414 Hamburg)
Dr. Gerd Eckelmann (Präsident der Industrie- und Handelskammer Wiesbaden, Postf. 34 60, 65024 Wiesbaden)
Dr. Hannes Frank (Präsident der Industrie- und Handelskammer Lippe zu Detmold, Postf. 19 61, 32709 Detmold)
Werner Gegenbauer (Präsident der Industrie- und Handelskammer zu Berlin, Fasanenstr. 85, 10623 Berlin)
Konsul Prof. Dr. Dr. h.c. Klaus E. Goehrmann (Präsident der Industrie- und Handelskammer Hannover-Hildesheim, Postf. 30 29, 30030 Hannover)
Dipl.-Ing. Dieter Henrici (Präsident der Industrie- und Handelskammer für das Südöstliche Westfalen zu Arnsberg, Postf. 53 45, 59818 Arnsberg)
Dr. Klaus Hieckmann (Präsident der Industrie- und Handelskammer Magdeburg, Postf. 18 40, 39008 Magdeburg)
Martin Karren (Bundesvorsitzender der Wirtschaftsjunioren Deutschland, Hofbrunnstr. 9, 66131 Saarbrücken)
Norbert Keller (Präsident der Industrie- und Handelskammer Karlsruhe, Postf. 34 40, 76020 Karlsruhe)
Dr. Wolf Klinz (Präsident der Industrie- und Handelskammer Frankfurt am Main, 60284 Frankfurt/Main)
Jürgen Kothe (Präsident der Industrie- und Handelskammer Cottbus, Postf. 10 06 51, 03006 Cottbus)
Peter Kürn (Präsident der Industrie- und Handelskammer Lindau-Bodensee, Postf. 13 65, 88103 Lindau)
Michael Lohse (Präsident der Industrie- und Handelskammer Südwestsachsen Chemnitz-Plauen-Zwickau, Postf. 4 64, 09004 Chemnitz)
Wolfgang Natus (Präsident der Industrie- und Handelskammer Trier, Postf. 22 40, 54212 Trier)
Dipl.-Kfm. Gerd Pieper (Präsident der Industrie- und Handelskammer im Mittleren Ruhrgebiet zu Bochum, 44782 Bochum)
Dr. Dirk Plump (Präses der Handelskammer Bremen, Postf. 10 51 07, 28051 Bremen)
Eberhard Reiff (Präsident der Industrie- und Handelskammer Reutlingen, Postf. 19 44, 72709 Reutlingen)
Hans Georg Rieckmann (Präses der Industrie- und Handelskammer zu Lübeck, Postfach, 23547 Lübeck)
Manfred Ruprecht (Präsident der Industrie- und Handelskammer zu Neubrandenburg, Postf. 20 07, 17010 Neubrandenburg)
Dieter Schlecht (Präsident der Oldenburgischen Industrie- und Handelskammer, Postf. 25 45, 26015 Oldenburg)
Florian Schuffner (Geschäftsführer der Koran German Chamber of Commerce and Industry, C.P.O. Box 49 63, Seoul 100-649, KOREA)
Dr. Wolfgang Wagner (Präsident der Industrie- und Handelskammer für Oberfranken Bayreuth, 95440 Bayreuth)
Dr. Richard Weber (Präsident der Industrie- und Handelskammer des Saarlandes, 66104 Saarbrücken)
Vorsitzender der Etatkommission: Dr. Jost Prüm (Mitgl. d. Aufsichtsrates der Deutschen Bank Saar AG, Habichtsweg 33, 66123 Saarbrücken)
AHK-Weltsprecher: Florian Schuffner (Geschäftsführer der Korean-German Chamber of Commerce and Industry, C.P.O.Box 49 63, Seoul 100-6497 Korea, T: (00822) 37 80 46 00)
WJD-Vorsitzender: Franz-Jürgen Preis (Geschäftsführer der GPS Netzwerk Service GmbH, Mombacher Str. 93, 55122 Mainz)
Hauptgeschäftsführer(in): Dr. Franz Schoser (T: dienstl. Durchwahl (030) 2 03 08-1102)
Pers. Referentin der HGF: Maike Bielfeldt (T: dienstl. Durchwahl (030) 2 03 08-1104)
Referat Präsidialangelegenheiten, Politische Grundsatzfragen, Koordination: Dr. Stefan Caspari (T: dienstl. Durchwahl (030) 2 03 08-1108)
Referat Intern. Kontakte, Politik, Protokoll: RA Philipp Graf von Walderdorff (T: dienstl. Durchwahl: (030) 2 03 08-1106)
Referat Datenverarbeitung: Dieter Schimmel (T: dienstl. Durchwahl: (0228) 104-1255)
Leiter Zentrale Aufgaben: RA Reiner Odenthal (T: dienstl. Durchwahl (030) 2 03 08-1200)
Referat Personal DIHT und AHK: Karl-Heinz Franzen (T: dienstl. Durchwahl (030) 2 03 08-1170)
Abteilungsleiter: Dipl.-Vw. Axel Nitschke (komm. Leiter; Übergreifender Bereich 4: Volkswirtschaft; T: dienstl. Durchwahl (030) 2 03 08-1500)
Dr. Kurt Fleckenstein (Fachbereich 2: Industrie, Strukturpolitik, Umweltschutz; T: dienstl. Durchwahl (0228) 1 04-2200)
Dr. Johannes von Thadden (Fachbereich 4: Auslandshandelskammern; T: dienstl. Durchwahl (030) 2 03 08-2400)
RA Dr. Jürgen Möllering (Fachbereich 7: Recht; T: dienstl. Durchwahl (030) 2 03 08-2700)
Dr. Walter Kaiser (Übergreifender Bereich 3: Information; T: dienstl. Durchwahl (030) 2 03 08-1600)
RA Alfons Kühn (Fachbereich 6: Finanzen und Steuern; T: dienstl. Durchwahl (030) 2 03 08-2600)
Dr. August Ortmeyer (Fachbereich 1: Handel, Verkehr, Telekommunikation, Dienstleistungen; T: dienstl. Durchwahl (030) 2 03 08-2100)
Dipl.-Volksw. Michael Pfeiffer (Fachbereich 3: Außenwirtschaft; T: dienstl. Durchwahl (030) 2 03 08-2300)
Dipl.-Volksw. Geerd Woortmann (Fachbereich 5: Berufliche Bildung, Bildungspolitik; T: dienstl. Durchwahl (0228) 1 04-2500)

● e 3

DIHT - Euro-Info-Centre
Breite Str. 29, 10178 Berlin
T: (030) 2 03 08-2310   **Fax:** 2 03 08-2333
Kontaktperson: Dr. Anette Fuhr

● e 4

DIHT Gesellschaft für berufliche Bildung
- Organisation zur Förderung der IHK-Weiterbildung mbH -
Postf. 14 46, 53004 Bonn
Adenauerallee 148, 53113 Bonn
T: (0228) 1 04-603, 1 04-2540   **Fax:** 1 04-2570
Geschäftsführer(in): Dr. Franz Schoser (T: (030) 2 03 08-1102)
Dipl.-Volksw. Geerd Woortmann (T: (0228) 1 04-2500)

● e 5

Wirtschaftsjunioren Deutschland (WJD)
Breite Str. 29, 10178 Berlin
T: (030) 2 03 08-1515
Bundesvorsitzender: Martin Karren
Bundesgeschäftsführerin: Ass. jur. Maren Schellschmidt
Pressesprecherin: Berit Heintz

● e 6

IHK Gesellschaft für Informationsverarbeitung mbH
Adenauerallee 148, 53113 Bonn
T: (0228) 1 04-1256   **Fax:** 1 04-1255
Internet: http://www.ihk.de/ihk-gfi
Breite Str. 29, 10178 Berlin
T: (030) 2 03 08-4020, Fax: (030) 2 03 08-4030
Geschäftsführer(in): Dipl.-Kfm. Matthias Ritter, Dortmund

● e 7

IHK Gesellschaft für Informationsverarbeitung mbH Geschäftsstelle Dortmund
Emil-Figge-Str. 86, 44227 Dortmund
T: (0231) 9 74 61 00   **Fax:** 9 74 61-280

● e 8

Deutscher Industrie- und Handelstag Vertretung des DIHT bei den Europäischen Gemeinschaften
49 A Boulevard Clovis, B-1000 Bruxelles
T: (00322) 2 86 16 11   **Fax:** 2 86 16 05
E-Mail: diht@bruessel.diht.de
Internationaler Zusammenschluß: siehe unter ize 7
Kontakt: Dipl.-Volksw. Peter Korn

● e 9

DIHT - Treuhandstelle
(gemäß Paragraph 61 G 131)
Adenauerallee 148, 53113 Bonn
T: (0228) 1 04 12 25 dienstl. Durchwahl
Kontaktperson: Doris Dresbach

● e 10

Rechnungsprüfungsstelle für die Industrie- und Handelskammern
Alfred-Bozi-Str. 18, 33602 Bielefeld
T: (0521) 6 40 90
komm. Leiter: Ass. Manfred Geißler

● E 11

Ernst-Schneider-Preis der deutschen Industrie- und Handelskammern
50606 Köln
Unter Sachsenhausen 10-26, 50667 Köln
T: (0221) 1 64 01 57-8   **Fax:** 16 40-4 99
Geschäftsführer(in): Christian Knull
Mitglieder: Alle Industrie- und Handelskammern in der Bundesrepublik Deutschland

Baden-Württemberg

● E 12

Baden-Württembergischer Industrie- und Handelskammertag
Jägerstr. 40, 70174 Stuttgart
T: (0711) 22 55 00-60   **Fax:** 22 55 00-77
Internet: http://www.baden-wuerttemberg.ihk.de
E-Mail: ihktag@baden-wuerttemberg.ihk.de
Kammern: Industrie- und Handelskammer
-Bodensee-Oberschwaben Sitz Weingarten,
-Hochrhein-Bodensee Sitz Konstanz (mit einer Hauptgeschäftsstelle in Schopfheim),
-Karlsruhe (mit einer Hauptgeschäftsstelle in Baden-Baden),
-Nordschwarzwald Sitz Pforzheim,
-Ostwürttemberg Sitz Heidenheim,
-Reutlingen,
-Rhein-Neckar Sitz Mannheim (mit einer Hauptgeschäftsstelle in Heidelberg),
-Schwarzwald-Baar-Heuberg Sitz Villingen-Schwenningen,
-Südlicher Oberrhein Sitz und Hauptstelle Freiburg (mit einer Hauptgeschäftsstelle in Lahr),
-Ulm
Präsident(in): Dipl.-Ing. Till Casper (IHK Nordschwarzwald)
Vizepräsident(in): Dietrich H. Boesken (IHK Hochrhein-Bodensee)
Geschäftsführer(in): Dipl.-Volksw. Andreas Kempff
Repräsentation der baden-württembergischen Industrie- und Handelskammern auf Landes-

ebene. Durch diese Koordinierungsfunktion wird die örtliche Zuständigkeit der Kammern nicht berührt.

● E 13
Interessengemeinschaft der Anzeigenverwaltungen für IHK-Zeitschriften in Baden-Württemberg e.V. (AZV)
Lichtentaler Str. 33, 76530 Baden-Baden
T: (07221) 21 19 21   Fax: 21 19 15
Internet: http://www.ihk-zeitschriften.de
E-Mail: werbeagentur@pruefer.com
Vors. u. HGeschF: Wolfrüdiger W. Endriß
Stellvertretende(r) Vorsitzende(r): Peter G. Schambier

Kammern

● E 14
Industrie- und Handelskammer Südlicher Oberrhein
Sitz und Hauptstelle:
Postf. 8 60, 79008 Freiburg
Schnewlinstr. 11-13, 79098 Freiburg
T: (0761) 38 58-0   Fax: 38 58-2 22
Internet: http://www.suedlicher-oberrhein.ihk.de
E-Mail: ihk@freiburg.ihk.de (Freiburg), ihk@lr.freiburg.ihk.de (Lahr)
Bezirk: Stadtkreis Freiburg i. Br., Landkreis Breisgau-Hochschwarzwald, Emmendingen, Ortenaukreis
Ehrenpräs.: Heinz Quester (Privatanschrift: Riedbergstr. 11, 79100 Freiburg, T: (0761) 29 05 10)
Ehrenpräs.: Peter Fuchs (Privatanschrift: Max-Reger-Str. 7, 79104 Freiburg, T: (0761) 55 44 40, Fax: (0761) 55 40 00)
Ehrenpräs.: Georg Dietrich (Georg Dietrich G.b.R., Bühler Str. 40, 77652 Offenburg-Bühl, T: (0781) 2 36 13, Fax: (0781) 2 36 90)
Ehrenpräs.: Günther Junk (Albert Köhler GmbH & Co KG, Grünstr. 4, 77723 Gengenbach, Postf. 11 88, 77717 Gengenbach, T: (07803) 80 90, Fax: (07803) 8 09 60)
Ehrenpräs.: Eugen Martin (Marco Chemie Eugen Martin KG, Liebigstr. 2-4, 79108 Freiburg, T: (0761) 55 94 40, Fax: (0761) 50 62 35)
Ehrenpräs.: Dipl.-Volksw. Hermann Frese (PSSST Franchise System Frese & Hasslinger OHG, Rathausgasse 10, 79098 Freiburg, T: (0761) 3 86 72-23, Fax: (0761) 3 86 72-20, Privatanschrift: Adelhauser Str. 12, 79098 Freiburg, T: (0761) 3 86 72-0)
Präsident(in): Georg Fröhner (Pfeiffer & May Offenburg KG, Carl-Zeiss-Str. 11, 77656 Offenburg-Elgersweier, T: (0781) 5 01-1 10, Fax: (0781) 5 01-1 09
Privatanschrift: Brandeckstr. 25, 77749 Hohberg, T: (07808) 23 02)
Vizepräsident(in): Oskar J. Braun (Allianz-Versicherungs AG, Bertoldstr. 65, 79098 Freiburg, T: (0761) 36 84-0 17, Fax: (0761) 36 84-1 19, Privatanschrift: Wiggishagweg 1A, 79286 Glottertal, T: (07684) 90 85 76)
Vizepräsident(in): Karlhubert Dischinger (Fachspedition Karl Dischinger GmbH, Gewerbepark Niedermatten, 79238 Ehrenkirchen, T: (07633) 80 08-11, Fax: (07633) 80 08-20, Privatanschrift: Offnadinger Str. 2, 79238 Ehrenkirchen, T: (07633) 95 25 25)
Vizepräsident(in): Dr. Karlheinz Hillenbrand (Hafenverwaltung Kehl, Hafenstr. 19, 77694 Kehl, T: (07851) 8 97-20, Fax: (07851) 8 97-66, Privatanschrift: Gerenottstr. 4, 77694 Kehl, T: (07851) 7 29 75)
Vizepräsident(in): Dr. Karl-Heinz Schiefer (Carl Leipold Metallwarenfabrik, Postf. 12 09, 77709 Wolfach, T: (07834) 83 95-22, Fax: (07834) 83 95-55, Privatanschrift: Vorstadtstr. 69, 77709 Wolfach, T: (07834) 83 95-0)
Stellv. Präs: Volker Steinberg (Wehrle-Werk AG, Bismarckstr. 1-11, 79312 Emmendingen, T: (07641) 5 85-1 04, Fax: (07641) 5 85-1 06)
Hauptgeschäftsführer(in): Dr. Norbert Euba (Hauptstelle Freiburg, T: (0761) 38 58-1 10, Fax: (0761) 38 58-1 15)

e 15
IHK Südlicher Oberrhein Hauptgeschäftsstelle
Postf. 15 47, 77905 Lahr
Lotzbeckstr. 31, 77933 Lahr
T: (07821) 27 03-0   Fax: 27 03-777
TGR: handelskammer lahrschwarzwald

● E 16
Industrie- und Handelskammer Ostwürttemberg
Postf. 14 60, 89504 Heidenheim
Ludwig-Erhard-Str. 1, 89520 Heidenheim
T: (07321) 3 24-0   Fax: 3 24-1 69
TGR: Handelskammer-Heidenheimbrenz
Internet: http://www.ostwuerttemberg.ihk.de
E-Mail: zentrale@heidenheim.ihk.de
Bezirk: Ostalbkreis und Kreis Heidenheim
Ehrenpräsident: Dr. Hansjörg Rieger (geschäftsführender Gesellschafter RUD-Kettenfabrik Rieger & Dietz GmbH & Co., Postf. 16 50, 73406 Aalen)
Ehrenmitgl. d. Präsidiums: Dr. Waldemar Ernst (69126 Heidelberg)
Präsident(in): Dipl.-Kfm. Helmut Althammer (geschäftsführender Gesellschafter Althammer GmbH & Co. KG, In den Seewiesen 50, 89520 Heidenheim, T: (07321) 35 03-0)
Vizepräsident(in): Dr. Dieter Brucklacher (Vorsitzender der Geschäftsführung Leitz GmbH & Co. KG, Leitzstr. 2, 73447 Oberkochen, T: (07364) 9 50-0)
Vizepräsident(in): Dipl.-Ing. Joachim W. Dziallas (Geschäftsführer Carl Edelmann GmbH & Co. KG, Postf. 12 45, 89502 Heidenheim, T: (07321) 3 40-0)
Vizepräsident(in): Gerd Eberle (Eberle GmbH Werbeagentur GWA, Goethestr. 115-117, 73525 Schwäbisch Gmünd, T: (07171) 9 25 29-0)
Vizepräsident(in): Dipl.-Oec. Michael Geiger (geschäftsführender Gesellschafter, Karl-Heinz Geiger Papiergroßhandlung GmbH & Co., Schulze-Delitzsch-Str. 7, 73434 Aalen, T: (07361) 5 99-0)
Vizepräsident(in): Brigitte Wagenblast (geschäftsführende Gesellschafterin, Autohaus Josef Wagenblast GmbH & Co. KG, Lorcher Str. 35, 73525 Schwäbisch Gmünd, T: (07171) 35 04-0)
Hauptgeschäftsführer(in): Dipl.-Volksw. Klaus Moser (Postf. 14 60, 89504 Heidenheim, T: (07321) 3 24-1 11, Privatanschrift: Brenzstr. 26, 89518 Heidenheim, T: (07321) 2 41 86)
Verbandszeitschrift: Wirtschaft in Ostwürttemberg

e 17
IHK-Bildungszentrum
Blezingerstr. 15, 73430 Aalen
T: (07361) 56 92-0   Fax: 56 92-29

● E 18
Industrie- und Handelskammer Heilbronn-Franken
Postf. 22 09, 74012 Heilbronn
Rosenbergstr. 8, 74072 Heilbronn
T: (07131) 96 77-0   Fax: 96 77-1 99
Internet: http://www.heilbronn.ihk.de
E-Mail: info@heilbronn.ihk.de
Bezirk: Stadtkreis Heilbronn, Landkreis Heilbronn und die Landkreise Hohenlohe, Main-Tauber, Schwäbisch Hall
Präsident(in): Günter Steffen (Vorstandsvorsitzender, TDS Informationstechnologie AG, Konrad-Zuse-Str. 16, 74172 Neckarsulm, T: (07132) 3 66-01)
Vizepräsident(in): Hans Firnkorn (Geschäftsführer, Löwenbrauerei Hall Fr. Erhard GmbH & Co., Ackeranlagen 7, 74523 Schwäbisch Hall)
Vizepräsident(in): Hans-Dieter Küpper (Geschäftsführer der Horten Galeria GmbH, Filiale Heilbronn der KAUFHOF Warenhaus AG, Fleiner Str. 15, 74072 Heilbronn)
Vizepräsident(in): Adolf Oppermann (Vorstandssprecher, Volksbank Heilbronn eG, Allee 20, 74072 Heilbronn)
Vizepräsident(in): Manfred Wittenstein (Geschäftsführender Gesellschafter der Wittenstein GmbH & Co. KG, Herrenwiesenstr. 4, 97999 Igersheim)
Vizepräsident(in): Bettina Würth (Prokuristin, Adolf Würth GmbH & Co. KG, Reinhold-Würth-Str. 12-16, 74653 Künzelsau)
Ehrenpräsidenten: Ehrensenator Otto Christ, Heilbronn
Ehrensenator Heinz Ziehl, Künzelsau
Hauptgeschäftsführer(in): Heinrich Metzger (Rosenbergstr. 8, 74072 Heilbronn, T: (07131) 96 77-100, E-Mail: metzger@heilbronn.ihk.de)
Stellv. HGeschF: Harald Augenstein (Bildung und Innovation; Rosenbergstr. 8, 74072 Heilbronn, T: (07131) 96 77-51, E-Mail: augenstein@heilbronn.ihk.de)
Geschäftsführer(in): Dipl.-Volksw. Dr. Helmut Kessler (Wirtschaft und Politik; Rosenbergstr. 8, 74072 Heilbronn, T: (07131) 96 77-1 11, E-Mail: kessler@heilbronn.ihk.de)
Geschäftsführer(in): Klaus Könninger (Public Relations; Rosenbergstr. 8, 74072 Heilbronn, T: (07131) 96 77-106, E-Mail: koenninger@heilbronn.ihk.de)
Geschäftsführer(in): Ass. Armin Behringer (Recht und Steuern; Rosenbergstr. 8, 74072 Heilbronn, T: (07131) 96 77-41, E-Mail: behringer@heilbronn.ihk.de)
Geschäftsführer(in): Dipl.-Ing. (FH) Peter Schweiker (Industrie; Rosenbergstr. 8, 74072 Heilbronn, T: (07131) 96 77-31, E-Mail: schweiker@heilbronn.ihk.de)
Geschäftsführer(in): Dipl.-Betrw. (FH) Paul Zsebedits (Interne Dienste; Rosenbergstr. 8, 74072 Heilbronn, T: (07131) 96 77-14, E-Mail: zsebedits@heilbronn.ihk.de)
Geschäftsführer(in): Dipl.-Betrw. (FH) Bernadette Brasch (Außenwirtschaft; Rosenbergstr. 8, 74072 Heilbronn, T: (07131) 96 77-1 20, E-Mail: brasch@heilbronn.ihk.de)
Geschäftsführer(in): Dipl.-Ing. Thomas Krüger (Service und Information; Rosenbergstr. 8, 74072 Heilbronn, T: (07131) 96 77-1 50)
Kammerzeitschrift: w-news (Auflage 33.000 Exemplare)

e 19
Industrie- und Handelskammer Heilbronn-Franken Geschäftsstelle Bad Mergentheim
Johann-Hammer-Str. 8, 97980 Bad Mergentheim
T: (07931) 60 05   Fax: 60 07
E-Mail: schaffert@heilbronn.ihk.de
Leiter(in): Dipl.-Volksw. Peter Schaffert (E-Mail: schaffert@heilbronn.ihk.de)

e 20
Industrie- und Handelskammer Heilbronn-Franken Geschäftsstelle Schwäbisch Hall
Stauffenbergstr. 35-37, 74523 Schwäbisch Hall
T: (0791) 9 50 52-40   Fax: 9 50 52-10
E-Mail: henschel@heilbronn.ihk.de
Leiter(in): Franz Henschel (E-Mail: henschel@heilbronn.ihk.de)

● E 21
Industrie- und Handelskammer Karlsruhe
Postf. 34 40, 76020 Karlsruhe
Lammstr. 13-17, 76133 Karlsruhe
T: (0721) 1 74-0   Fax: 17 42 90
Bezirk: Stadtkreise Karlsruhe und Baden-Baden, Landkreise Karlsruhe und Rastatt
Präsident(in): Norbert Keller (Vorsitzender der Geschäftsführung der Fa. Willmar Schwabe GmbH & Co., Willmar-Schwabe-Str. 4, 76227 Karlsruhe, T: (0721) 40 05-0)
1. Vizepräs.: Richard Schmitz (Bevollmächtigter Brenner's Park-Hotel & Spa, Schillerstr. 4-6, 76530 Baden-Baden, T: (07221) 90 00)
Vizepräsident(in): Bernd Bechtold (Geschäftsf. Gesellschafter der b.i.g. bechtold Ingenieurgesellschaft mbH, Ehrmannstraße, 76135 Karlsruhe, T: (0721) 82 06 120)
Vizepräsident(in): Dr. Gerhard Bischoff (Geschäftsführer der BGT Bischoff Glastechnik GmbH & Co. KG, Alexanderstr. 2, 75015 Bretten)
Vizepräsident(in): Gerhard Kammerer (Geschäftsf. Gesellschafter der Kammerer Fachgroßhandel GmbH & Co. KG, John-Deere-Str. 13, 76646 Bruchsal, T: (07251) 782 131)
Vizepräsident(in): Edgar Kipper (Vorstandsvors. der Volksbank Karlsruhe e.G., Am Marktplatz, 76133 Karlsruhe, T: (0721) 9 35 00)
Vizepräsident(in): Rainer Peter (Geschäftsführer der Tensid-Chemie G. Maier GmbH, Heinkelstraße 32, 76461 Muggensturm, T: (07222) 9 59 50)
Vizepräsident(in): Dr. Sabine Röser (Geschäftsführerin Multi Media Rudolf Röser Verwaltungsgesellschaft mbH, Fritz-Erler-Str. 25, 76133 Karlsruhe)
Vizepräsident(in): Detlef Wilser (Pers.haft. Gesellschafter der Fa. Hammer & Helbling KG, Kaiserstr. 187, 76133 Karlsruhe, T: (0721) 2 35 25)
Ehrenmitglied d. Präsidiums: Kurt Beuscher (Rathausstr. 20, 76287 Rheinstetten)
Ehrenmitgl. d. Präsidiums: Prof. Dr. Ralf Winnes (Lachenäcker Weg 4, 76593 Gernsbach-Scheuern)
Hauptgeschäftsführer(in): Hans-Peter Mengele
Stellv. Hauptgeschäftsführer: Dipl.-Wirt.-Ing. Gert Adler (Abt. VII, Verwaltung)
Stellv. Hauptgeschäftsführer: Dr. Peter Weber (Abt. I, TechnologieRegion, Öffentlichkeitsarbeit, Kammergremien)
Geschäftsführer(in): Thomas Bruder (Abt. II, Industrie, Verkehr, Volkswirtschaft)
Geschäftsführer(in): Dipl.-Ing. Jörg Orlemann (Abt. III, Technologie, Medien- und Informationswirtschaft)
Geschäftsführer(in): Matthias Kruse (Abt. IV, Einzelhandel, Großhandel, Außenwirtschaft)
Geschäftsführer(in): Ass. Lothar Müller (Abt. V, Recht und Steuern, Banken, Versicherungen)
Geschäftsführer(in): Eike Brüggemann (Abt. VI, Berufsbildung)

e 22
IHK Karlsruhe Hauptgeschäftsstelle Baden-Baden
Lichtentaler Str. 92, 76530 Baden-Baden
T: (07221) 97 79-0   Fax: 97 79-23

e 23
IHK Karlsruhe Geschäftsstelle Bruchsal
Bahnhofstr. 2a, 76646 Bruchsal
T: (07251) 8 99 41   Fax: 8 99 41

● E 24
Industrie- und Handelskammer Hochrhein-Bodensee
Sitz Konstanz - Hauptgeschäftsstelle Schopfheim
Postf. 10 09 43, 78409 Konstanz
Schützenstr. 8, 78462 Konstanz
T: (07531) 28 60-0   Fax: 28 60-165
Internet: http://www.Konstanz.ihk.de
E-Mail: info@Konstanz.ihk.de

Bezirk: Landkreise Konstanz, Lörrach, Waldshut
Gründung: 1828
Präsident(in): Dietrich H. Boesken (i. Fa. Boesken GmbH, 78224 Singen, T: (07731) 95 34-46)
Stellv. Präs.: Kurt Grieshaber (i. Fa. Grieshaber AG, Trottäker 51, 79713 Bad Säckingen, T: (07761) 92 15-30)
Vizepräsident(in): Ingrid Hempel (i. Fa. Okle GmbH, 78224 Singen, T: (07731) 8 29-2 16)
Vizepräsident(in): Ass. Henry Rauter (i. Fa. Vita Zahnfabrik H. Rauter GmbH & Co. KG, 79713 Bad Säckingen, T: (07761) 5 62-0)
Vizepräsident(in): Hans-Peter Schmidt (i. Fa. HPS Competence GmbH, 78224 Singen, T: (07731) 18 21 71)
Vizepräsident(in): Horst Seipp (i. Fa. Seipp Wohnen GmbH, 79761 Waldshut-Tiengen, T: (07751) 8 36-0)
Hauptgeschäftsführer(in): Dr. Haro Eden
Geschäftsführer: Ass. Manfred Goossens (Ref. Verkehr, Finanzen, Steuern)
Leitung Öffentlichkeitsarbeit: Betriebswirtin (VWA) Susanna Biskup
Verbandszeitschrift: Wirtschaft im Südwesten
Redaktion: Pressestelle der IHK'n im Regierungsbezirk Freiburg e.V., Schnewlinstr. 11-13, 79098 Freiburg
Mitglieder: ca. 26000
Mitarbeiter: 52

e 25

IHK Hochrhein-Bodensee
Hauptgeschäftsstelle Schopfheim
Postf. 12 24, 79642 Schopfheim
Gottschalkweg 1, 79650 Schopfheim
T: (07622) 39 07-0 **Fax:** 39 07-250
Internet: http://www.konstanz.ihk.de
E-Mail: info@konstanz.ihk.de
Geschäftsführer(in): Dipl.-Volksw. Immo Leisinger (Ref. Industrie, Wirtschaftsförderung, Volkswirtschaft, Technologie und Innovation, EDV)
Geschäftsführer(in): Dr. Winfried Lausberg (Ref. Außenwirtschaft, EU-Markt, Messen)

• E 26

IHK Industrie- und Handelskammer Rhein-Neckar

Industrie- und Handelskammer Rhein-Neckar
Sitz Mannheim
Postf. 10 16 61, 68016 Mannheim
L 1,2, 68161 Mannheim
T: (0621) 17 09-0 **Fax:** 17 09-1 00
TGR: IHK Rhein-Neckar Mannheim
E-Mail: ihk@mannheim.ihk.de
Gründung: 1728
Ehrenpräs.: Dr. Hans K. Göhringer (Titiseestr. 14, 68163 Mannheim, T: (0621) 81 22 58)
Ehrenpräs.: Dr.jur. Hans J. Reuther (Mollstr. 41 a, 68165 Mannheim, T: (0621) 41 48 03)
Präsident(in): Dipl.-Ing. Hubert Eirich (Geschäftsf. Gesellschafter der Fa. Maschinenfabrik Gustav Eirich GmbH & Co. KG, Postf. 11 60, 74732 Hardheim, T: (06283) 51-2 20)
Erster Vizepräsident: Prof. Dr. Friedrich Reutner (Philosophenweg 20, 69120 Heidelberg, T: (06221) 41 38 96)
Vizepräsident(in): Dipl.-Betriebsw. Alfred Dosch (Geschäftsführer der Fa. G. Bernhardt GmbH, Hebelstr. 7, 69115 Heidelberg, T: (06221) 5 35-1 02)
Vizepräsident(in): Dr. Manfred Fuchs (Vorsitzender des Vorstands der Fa. Fuchs Petrolub AG, Postf. 10 11 62, 68145 Mannheim, T: (0621) 38 02-1 00)
Vizepräsident(in): Bankdirektor Dr. Karl Heidenreich (Stv. Vorstandsvorsitzender der Südwestdeutsche Landesbank, Postf. 10 03 52, 68003 Mannheim, T: (0621) 4 28-22 10)
Vizepräsident(in): Hans-Werner Lindgens (Geschäftsf. Gesellschafter der ACADEMIA-PRESS/STUDENTEN-PRESSE, Internationale Presseauslieferung GmbH, Postf. 10 55 66, 69045 Heidelberg, T: (06221) 90 40-1 10)
Vizepräsident(in): Jörg Müller (Geschäftsführer der Fa. KM Zündholz International Karl Müller GmbH, Postf. 70, 74907 Meckesheim, T: (06226) 92 02-22)
Vizepräsident(in): Normann Stassen (Vorstand der Fa. Rixius AG, Otto-Hahn-Str. 19, 68169 Mannheim, T: (0621) 3 22 72-42)
Vizepräsident(in): Günter Stoll (Pers. haft. Gesellschafter der Marta Stoll KG, Postf. 19 65, 68709 Schwetzingen, T: (06202) 47 62)
Hauptgeschäftsführer(in): Prof. Dr. Franz J. Luzius (T: dienstl. Durchwahl (0621) (17 09...) 2 01)
Geschäftsführer(in): Dr. Hans Peter Fischer (Handel, T: dienstl. Durchwahl (17 09...) 1 60)
Geschäftsführer(in): Dr. Hubert Klein (Recht, Zentrale Dienste, T: dienstl. Durchwahl (17 09...) 2 70)
Geschäftsführer(in): Dipl.-Hdl. Bernhard Kraft (Leiter der Geschäftsstelle Mosbach, T: dienstl. (06261) 92 49-22)
Geschäftsführer(in): Dr. Wolfgang Niopek (Leiter der Hauptgeschäftsstelle Heidelberg, T: dienstl. (06221) 90 17-10)
Geschäftsführer(in): Dipl.-Volksw. Michael Neuerburg (Außenwirtschaft, EG-Markt, Messen, T: dienstl. Durchwahl (17 09...) 2 20)
Geschäftsführer(in): Dipl.-Verw.-Wiss. Carl Thiel (Handel, Verkehr, Dienstleistungsgewerbe, T: dienstl. Durchwahl (17 09...) 2 30)
Geschäftsführer(in): Dr. Gerd Georg Waldecker (Berufsbildung, T : dienstl. Durchwahl (17 09...) 1 80)
Wiss. Mitarbeiter: Ass. Artin Adjemian (Dienstleistungsgewerbe, T: dienstl. Durchwahl (17 09...) 2 12)
Dipl.-Vw. Dagmar Bross (Verkehr, T: dienstl. Durchwahl (17 09...) 2 32)
Dipl.-Biol. Hans-Peter Engel (Umweltberatung, T: dienstl. Durchwahl (06221) 90 17-93)
Dr. Ernst-Jürgen Giersberg (Technologie-, Umweltberatung, T: dienstl. Durchwahl (06221) 90 17-90)
Dr. Gerhard Gumbel (Technologie-, Umweltberatung, T: dienstl. Durchwahl (06221) 90 17-92)
Ass. Joachim Förster (Recht, T: dienstl. Durchwahl (17 09...) 2 43)
Andrea Kiefer (M.A., Öffentlichkeitsarbeit, T: dienstl. Durchwahl (17 09...) 2 10)
Dr. Gunther Quidde (Information und Kommunikation, T: dienstl. Durchwahl (17 09...) 2 05)
Dipl.-Verw.-Wiss. Thomas Schmitz-Mertens (Abschluß- und Zwischenprüfungen, T: dienstl. Durchwahl (17 09...) 2 52)
Mathias Grimm (Industrie, T: dienstl. Durchwahl (06221) 90 17-80)
Dipl.-Volksw. Heinz Schorr (Raumordnung, Statistik, T: dienstl. Durchwahl (06221) 90 17-47)
Dipl.-Volksw. Wolfgang Striehl (Außenwirtschaftsrecht, Zoll, Bescheinigungsdienst T: dienstl. Durchwahl (17 09...) 2 22)
Dr. Jelena Möbus (Außenwirtschaft, GUS, T: dienstl. Durchwahl (1709...) 142)
Ass. Joachim Kampf (Euro Info Center, T. dienstl. Durchwahl (1709...) 227)
Leitung Presseabteilung: Andrea Kiefer (M.A.)
Verbandszeitschrift: Wirtschaftsmagazin Rhein-Neckar
Mitglieder: 50000
Bezirk: Stadtkreise Mannheim und Heidelberg, Landkreise Rhein-Neckar und Neckar-Odenwald

• E 27

Industrie- und Handelskammer
Nordschwarzwald
Postf. 9 20, 75109 Pforzheim
Dr.-Brandenburg-Str. 6, 75173 Pforzheim
T: (07231) 20 10 **Fax:** 20 11 58
Internet: http://www.nordschwarzwald.ihk.de
E-Mail: ihk@pforzheim.ihk.de
Bezirk: Stadtkreis Pforzheim, Landkreise Calw, Enzkreis, Freudenstadt
Präsident(in): Dipl.-Ing. Till Casper (Fa. Karl Casper KG, Tullastr. 14-22, 75196 Remchingen-Nöttingen, T: (07232) 36 69-0)
Vizepräsident(in): Hans Digel (Fa. Gustav Digel Kleiderfabriken GmbH & Co., Calwer Str. 81, 72202 Nagold, T: (07452) 6 04-0)
Vizepräsident(in): Dr. Norbert Händle (IHK Nordschwarzwald, Pforzheim)
Vizepräsident(in): Kurt Klumpp (IHK Nordschwarzwald, Pforzheim)
Vizepräsident(in): Axel Kohlhammer (Fa. Eugen Schofer GmbH & Co. KG, Freiburger Str. 3. 75179 Pforzheim, T:(07231) 91 03-0)
Vizepräsident(in): Dipl.-Kfm. Andreas Kohm (Fa. Robert Klingel GmbH + Co., Verwaltung, Blücherstr. 32, 75177 Pforzheim, T: (07231) 9 58 94-0)
Vizepräsident(in): Horst Lenk (Fa. Horst Lenk, Lammstr. 4, 75172 Pforzheim, T: (07231) 3 37 45)
Hauptgeschäftsführer(in): Dipl.-oec. Achim Rummel
Verbandszeitschrift: Informationen für die Wirtschaft

e 28

IHK Nordschwarzwald
Geschäftsstelle Nagold
Postf. 13 61, 72193 Nagold
Bahnhofstr. 19, 72202 Nagold
T: (07452) 93 01-0 **Fax:** 93 01-99

e 29

IHK Nordschwarzwald
Geschäftsstelle Freudenstadt
Umwelt-Akademie der Industrie- und Handelskammer
Nordschwarzwald in Freudenstadt
Marie-Curie-Str. 2, 72250 Freudenstadt
T: (07441) 8 60 52-0 **Fax:** 8 60 52-10

• E 30

IHK INDUSTRIE- UND HANDELSKAMMER REUTLINGEN

Industrie- und Handelskammer
Reutlingen
Postf. 19 44, 72709 Reutlingen
Hindenburgstr. 54, 72762 Reutlingen
T: (07121) 2 01-0 **Fax:** 2 01-4120
TGR: haka
Internet: http://www.reutlingen.ihk.de
E-Mail: ihk@reutlingen.ihk.de
Bezirk: Region Neckar-Alb: Landkreise Reutlingen, Tübingen, Zollernalbkreis
Ehrenpräsident: Dr. Eberhard Benz
Dr.jur. Uwe Jens Jasper
Präsident(in): Eberhard Reiff (REIFF-Reifen- und Autotechnik GmbH, Tübinger Str. 2-6, 72762 Reutlingen)
Vizepräsident(in): Olof Freiherr von Gagern (Danzer Furnierwerke GmbH, Storlachstr. 1, 72760 Reutlingen)
Vizepräsident(in): Dr. Thomas Lindner (Groz-Beckert KG, Parkweg 2, 72458 Albstadt)
Vizepräsident(in): Franco Mambretti (WALTER AG, Derendinger Str. 53, 72072 Tübingen)
Vizepräsident(in): Albrecht Wandel (Wandel Holding GmbH & Co. KG, Sandwiesenstr. 7, 72793 Pfullingen)
Vizepräsident(in): Dr. Herrmann Wundt (RWT Reutlinger Wirtschaftstreuhand GmbH, Charlottenstr. 45-51, 72764 Reutlingen)
Hauptgeschäftsführer(in): Prof. Dieter Barth
Leitung Presseabteilung: Ulrike Fleischle (M.A.)
Verbandszeitschrift: "Wirtschaft-Neckar-Alb" Magazin der Industrie- und Handelskammer Reutlingen
Redaktion: Ulrike Fleischle M.A.

• E 31

Industrie- und Handelskammer
Region Stuttgart
Bezirkskammern in: Böblingen, Esslingen, Göppingen, Ludwigsburg, Nürtingen sowie im Rems-Murr-Kreis
Postf. 10 24 44, 70020 Stuttgart
Jägerstr. 30, 70174 Stuttgart
T: (0711) 20 05-0 **Fax:** 20 05-354
Internet: http://www.stuttgart.ihk.de
E-Mail: info@stuttgart.ihk.de
Gründung: 1855
Präsidium:
Ehrenpräs.: Senator E.h. Roland Klett (Ernst Klett Aktiengesellschaft, Rotebühlstr. 77, 70178 Stuttgart, T: (0711) 6 67 20)
Senator Prof. Dr.-Ing. E.h. Berthold Leibinger (Geschäftsführender Gesellschafter der Trumpf GmbH + Co., Postf. 14 50, 71243 Ditzingen, T: (07156) 3 03-0)
Dipl.-Ing. Hans Peter Stihl (Persönl. haftender Gesellschafter und Vorsitzender des Vorstands der Andreas Stihl AG & Co., Badstr. 115, 71336 Waiblingen, T: (07151) 26-0)
Präsident(in): Dr.-Ing. Günter Baumann (Präs. d. IHK Reg. Stgt., Bezirkskammer Esslingen; Geschäftsf. Gesellschafter d. J. Eberspächer GmbH & Co., Eberspächerstr. 24, 73730 Esslingen, T: (0711) 939-00)
Stellv. Präsidenten: Hansjörg Braun (Geschäftsführender Gesellschafter der Schuh-Braun GmbH & Co.KG, 70713 Stuttgart, Schulstr. 7, T.(0711) 22 15 08)
Dr. Klaus-Georg Hengstberger (Präsident der IHK Reg. Stgt., Bezirkskammer Böblingen, Consult Invest GmbH, 71034 Böblingen, Hanns-Klemm-Str. 5, T:(07031) 22 34 77)
Weitere Mitglieder des Präsidiums:
Dipl.-Volksw. Günter W. Bosch (Präsident der IHK Reg. Stgt., Bezirkskammer Nürtingen; Geschäftsf. Gesellschafter d. Schrott-Bosch GmbH, Kirchheimer Str. 202-206, 73265 Dettingen, T: (07021) 9 50 45-0)
Prof. Dr. Reinhold Braschel (Vors. des Vorstands IFB Dr. Braschel AG, Schwieberdinger Str. 5, 70435 Stuttgart, T: (0711) 13 64-0)
Dr. h.c. Dietrich Dörner (Vorsitzender des Vorstands Ernst & Young AG, Mittlerer Pfad 15, 70499 Stuttgart, T: (0711) 9 88-0)
Dipl.-Ing. Wilfried Ensinger (Mitglied der Geschäftsführung Ensinger GmbH, Rudolf-Diesel-Str. 8, 71154 Nufringen, T: (07032) 8 19-0)
Georg Fichtner (Geschäftsf. Gesellschafter Fichtner GmbH & Co. KG, Sarweystr. 3, 70191 Stuttgart, T: (0711) 89 95-0)
Dipl.-Volksw. Günther Fleig (Mitglied des Vorstands DaimlerChrysler AG, Epplestr. 225, 70567 Stuttgart, T: (0711) 17-0)
Dr. Gert Haller (Sprecher des Vorstands der Wüstenrot und Württembergische AG, 71630 Ludwigsburg, T: (07141) 1 64-0)
Harro Höfliger (Geschäftsführer Harro Höfliger Verpackungsmaschinen GmbH, Helmholtzstr. 4, 71573 Allmersbach, T: (07191) 5 01-0)
Dipl.-Kfm. Friedrich Kögel (Geschäftsführender Gesellschafter der Friedrich Kögel KG, Zehentgasse 1, 73728 Esslingen, T: (0711) 3 90 08-0)
Karl Horst Krämer (Geschäftsführender Gesellschafter Karl Krämer GmbH & Co. Fachbuchhandlung und Verlag, Rotebühlstr. 40, 70178 Stuttgart, T: (0711) 7 84 96-0)
Dr.-Ing. Dieter Meyer-Keller (Geschäftsführender Gesellschafter Keller-Bau Beteiligungs-GmbH, Kuntzestr. 72, 73079 Süßen, T: (07162) 12-1)
Hermann Nagel (Mitglied des Vorstands der Volksbank Nürtingen eG, Schillerplatz 7, 72622 Nürtingen, T: (07022) 707-0)
Dipl.-Ing. Ulrich Ruetz (Präsident der IHK Reg. Stgt. Bezirkskammer Ludwigsburg, Vorsitzender des Vorstands BERU AG, Mörikestr. 155, 71636 Ludwigsburg, T: (07141) 132-0)
Dipl.-Ing.(FH) Walter Scholz (Präs. d. IHK Reg. Stgt. Bezirkskammer Rems-Murr, Geschäftsführender Gesellschafter der SAB Scholz Anlagenverw. u. Beteiligungsgesellschaft mbH, Stuttgarter Str. 60, 73614 Schorndorf, T: (07181) 40 08-0)
Werner Schmidt (Landesbank Baden-Württemberg, Am Hauptbahnhof 2, 70173 Stuttgart, T: (0711) 127-0)
Günter Schwarz (Präsident der IHK Reg. Stgt. Bezirkskammer Göppingen, Geschäftsführender Gesellschafter der L. Wackler Wwe. Nachf. GmbH, Louis-Wackler-Str. 2, 73037

Göppingen, T: (07161) 8 06-0)
Tilman Todenhöfer (Stv. Vorsitzender der Geschäftsführung Robert Bosch GmbH, Robert-Bosch-Platz 1, 70839 Gerlingen, T: (0711) 8 11-0)
Geschäftsführung:
Hauptgeschäftsführer(in): Dipl.-Volksw. Andreas Richter (T: (0711) 20 05-2 85)
Stellv. HGeschF: Bernd Engelhardt (Abt. Information, T: (0711) 20 05-2 73)
Ass. Walter Vaas (Bezirkskammer Böblingen, T: (07031) 62 01-0)
Geschäftsführer(in): Dipl.-Volksw. Hilde Cost (Abt. Volkswirtschaft und Datenverarbeitung, T: (0711) 20 05-2 52)
Dr. Martin Frädrich (Abt. Berufsbildung, T: (0711) 20 05-2 46)
Ass. Walter Kübler (Abt. Handel und Dienstleistungen, T:(0711) 20 05-2 71)
Dipl.-oec. Sabine Novak (Abt. Verwaltung und Personal, T: (0711) 20 05-3 03)
Dr. Hans-Jürgen Reichardt (Abt. Industrie und Verkehr, T: (0711) 20 05-2 80)
Ass. Dieter Zwernemann (Abt. Recht und Steuern, T: (0711) 20 05-2 88)
Dipl.-Betriebswirt (FH) Tassilo Zywietz (Abt. Außenwirtschaft, T: (0711) 20 05-2 31)
Verbandszeitschrift: Magazin Wirtschaft
Mitglieder: ca. 120000 kammerzugehörige Unternehmen
Bezirk: Stadtkreis Stuttgart sowie die Landkreise Böblingen, Esslingen, Göppingen, Ludwigsburg und Rems-Murr-Kreis

Bezirkskammern

Böblingen

● e 32

Industrie- und Handelskammer Region Stuttgart Bezirkskammer Böblingen
Steinbeisstr. 11, 71034 Böblingen
T: (07031) 62 01-0   **Fax:** 62 01-60
E-Mail: info.bb@stuttgart.ihk.de
Präsident: Dr. Klaus-Georg Hengstberger (Consult Invest GmbH, Hanns-Klemm-Str. 5, 71034 Böblingen, T: (07031) 22 34 77)
Ltd. Geschäftsführer: Ass. Walter Vaas (T: (07031) 62 01-0)

Esslingen

● e 33

Industrie- und Handelskammer Region Stuttgart Bezirkskammer Esslingen
Postf. 10 03 47, 73703 Esslingen
Fabrikstr. 1, 73728 Esslingen
T: (0711) 3 90 07-0   **Fax:** 3 90 07-30, 3 90 07-48
Präsident(in): Dr.-Ing. Günter Baumann (Geschäftsführender Gesellschafter der J. Eberspächer GmbH & Co., Eberspächerstraße 24, 73730 Esslingen, T: (0711) 93 90-0)
Ltd. GeschF: Wolfgang Oettle (T: (0711) 3 90 07-20)

Göppingen

● e 34

Industrie- und Handelskammer Region Stuttgart Bezirkskammer Göppingen
Postf. 6 23, 73006 Göppingen
Franklinstr. 4, 73033 Göppingen
T: (07161) 67 15-0   **Fax:** 6 95 85
Präsident(in): Günter Schwarz (Geschäftsführender Gesellschafter L. Wackler Wwe. Nachf. GmbH, Louis-Wackler-Str. 2, 73037 Göppingen, T: (07161) 8 06-0)
Ltd. GeschF: Dr. Peter Saile (T: (07161) 67 15-11, Telefax: (07161) 67 15-12)

Ludwigsburg

● e 35

Industrie- und Handelskammer Region Stuttgart Bezirkskammer Ludwigsburg
Postf. 6 09, 71606 Ludwigsburg
Kurfürstenstr. 4, 71636 Ludwigsburg
T: (07141) 1 22-0   **Fax:** 12 22 35
E-Mail: info.lb@stuttgart.ihk.de
Präsident(in): Dipl.-Ing. Ulrich Ruetz (Vorsitzender des Vorstandes BERU AG, Mörikestr. 155, 71636 Ludwigsburg, T: (07141) 1 32-0)
Ltd. GeschF: Jochen Haller (T: (07141) 1 22-2 01)

Nürtingen

● e 36

Industrie- und Handelskammer Region Stuttgart Bezirkskammer Nürtingen
Postf. 14 20, 72604 Nürtingen
Bismarckstr. 8-12, 72622 Nürtingen

T: (07022) 30 08-0   **Fax:** 30 08-30
E-Mail: info@nt.stuttgart.ihk.de
Präsident(in): Dipl.-Volksw. Günter Bosch (Geschäftsführender Gesellschafter der Schrott Bosch GmbH, 73265 Dettingen/Teck, Kircheimer Str. 202-206, T: (07021) 9 50 45-0)
Ltd. GeschF: Ass. Friedrich Kettner

Rems-Murr-Kreis

● e 37

Industrie- und Handelskammer Region Stuttgart Bezirkskammer Rems-Murr
Kappelbergstr. 1, 71332 Waiblingen
T: (07151) 9 59 69-0   **Fax:** 9 59 69-26
Präsident: Dipl.-Ing. (FH) Walter Schloz (Geschäftsführender Gesellschafter der SAB Schloz Anlagenverw. u. Beteiligungsgesellschaft mbH, Stuttgarter Str. 60, 73614 Schorndorf, T: (07181) 4 00 80)
Ltd. GeschF: Ass. Hans-Martin Gayer (T: (07151) 9 59 69-23)

● E 38

Industrie- und Handelskammer Ulm
Postf. 24 60, 89014 Ulm
Olgastr. 101, 89073 Ulm
T: (0731) 1 73-0   **Fax:** 1 73-1 73
TGR: Handelskammer
Internet: http://www.ulm.ihk.de
Bezirk: Stadtkreis Ulm, Landkreis Biberach, Alb-Donau-Kreis
Gründung: 1855
Ehrenpräs.: Hermann Glässel (Biberach, T: (07351) 54 23 01)
Präsident(in): Dipl.-Ing. Siegfried Weishaupt (Geschf.d. Fa. Max Weishaupt GmbH, Schwendi, T: (07353) 83-0)
Vizepräsident(in): Dr. Jörg Hanisch (Mitglied d. Vorstandes d. Wieland-Werke AG, Ulm, T: (0731) 9 44-0)
Vizepräsident(in): Dipl.-Kfm. Friedrich Kolesch (Geschäftsführer der Fa. Kolesch Textilhandels GmbH, Biberach, T: (07531) 1 24 30)
Vizepräsident(in): Dr. Julius Rohm (Pers. haft. Gesellschafter d. Fa. Seeberger KG, Ulm, T: (0731) 40 93-0)
Vizepräsident(in): Harald Seifert (Geschäftsführer Seifert Spedition-Logistik GmbH, Ulm, T: (0731) 4000-0)
Hauptgeschäftsführer(in): Otto Sälzle
Geschäftsführer(in): Dipl.-Ing. Dietrich Engmann
Geschäftsführer(in): Ass. jur. Andreas Dzionara
Leitung Presseabteilung: Dr. Wolfgang Heine
Mitglieder: 17000
Regionales Wirtschaftsmagazin: Wirtschaft zwischen Alb und Bodensee

● E 39

Industrie- und Handelskammer Schwarzwald-Baar-Heuberg Villingen-Schwenningen
Postf. 15 60, 78005 Villingen-Schwenningen
Romäusring 4, 78050 Villingen-Schwenningen
T: (07721) 9 22-0   **Fax:** 9 22-1 66
Internet: http://www.schwarzwald-baar-heuberg.ihk.de
E-Mail: info@villingen-schwenningen.ihk.de
Bezirk: Landkreise Rottweil, Schwarzwald-Baar, Tuttlingen
Ehrenpräs.: Alfred Liebetrau (Am Doniswald 4, 78126 Königsfeld, T: (07725) 71 98)
Ehrenpräs.: Dr. Rüdiger Stursberg (Schauinslandstr. 2, 78532 Tuttlingen, T + Fax: (07462) 12 91)
Präsident(in): Dieter Teufel (Teufel Steuerberatungsgesellschaft mbH, Moltkestr. 41, 78532 Tuttlingen, T: (07461) 9 66 12-0, Fax: (07461) 9 66 12-25; Privatanschrift: Hohentwielstr. 6, 78532 Tuttlingen, T: (07461) 9 66 12-12)
Vizepräsident(in): Dr. Roland Ballier (TÜV Bau- und Betriebstechnik GmbH, Unternehmensgruppe TÜV Süddeutschland, Daimler Str. 17, T: (07461) 9 65 79-14, Fax: 9 65 79-16; Privatanschrift: Am Solberg 14, 78583 Böttingen, T: (07429) 5 67)
Vizepräsident(in): Joachim Dohms (Geschäftsführer der Multimatic Vertriebs GmbH, Raiffeisenstr. 8, 78658 Zimmern o.R., T: (0741) 92 92-0, Fax: (0741) 92 92-22; Privatanschrift: Forchenweg 8, 78658 Horgen, T: (0741) 3 24 84)
Vizepräsident(in): Karl-Heinz Glowalla (Geschäftsführer der Werner Biemer Werkzeuge-Maschinen GmbH, Mönchweiler Str. 18, 78048 Villingen-Schwenningen, T: (07721) 84 62-0, Fax: (07721) 84 62-11; Privatanschrift: Wiesenstr. 5, 78652 Deißlingen, T: (07420) 12 12)
Vizepräsident(in): Karl Müller (Geschäftsführer der Holz-Müller GmbH, Kirchstr. 23, 78199 Bräunlingen, T: (0771) 6 10 67, Fax: (0771) 6 41 42; Privatanschrift: Kirchstr. 23, 78199 Bräunlingen, T: (0771) 6 10 67)
Vizepräsident(in): Lothar Reinhardt (Geschäftsführer der Vollmer Dornhan GmbH & Co. KG Maschinenbau, Balmerstr. 1, 72175 Dornhan, T: (07455) 94 65-0, Fax: (07455) 10 15; Privatanschrift: Möricke str. 20, 72175 Dornhan, T: (07455) 81

77)
Vizepräsident(in): Peter Staller (Geschäftsführer der Julius Mayer GmbH Internationale Spedition, In Stetten 4, 78199 Bräunlingen, T: (0771) 6 44 44, Fax: (0771) 6 42 92; Privatanschrift: Goethestr. 7, 78199 Bräunlingen, T: (0771) 6 19 74)
Hauptgeschäftsführer(in): Dr.iur. Rudolf Kubach (T: (07721) 9 22-1 51, Fax: (07721) 9 22-1 98, privat: Schanzenweg 16, 78050 Villingen-Schwenningen, T: (07721) 5 12 06)
Geschäftsführer(in): Ass. jur. Stephen Gutberlet (Recht und Berufsbildung, T: (07721) 9 22-155, Fax: (07721) 9 22-197, privat: Karlstr. 51, 78073 Bad Dürrheim, T: (07726) 78 51)
Geschäftsführer(in): Mag.rer.publ. Franz Nienhaus (M.A., Standort- und Unternehmensförderung, T: (07721) 9 22-1 37, Fax: (07721) 9 22-193, privat: Am Wald 5, 78089 Unterkirnach, T: (07721) 5 93 96)
Verwaltungsleitung, Zentrale Aufgaben: Kurt Schmidt (Staatl. gepr. Betriebswirt, T: (07721) 9 22-1 47, Fax: (07721) 9 22-333, privat: Friedrich-Ebert-Str. 13, 78166 Donaueschingen, T: (0771) 55 15)
Stabstelle Presse, Öffentlichkeitsarbeit, Volkswirtschaft: Dipl.-Volkswirt Christian Beck (T: (07721) 9 22-1 74, Fax: (07721) 9 22-198, privat: Hochstr. 39, 78048 Villingen-Schwenningen, T: (07721) 2 70 21)

● E 40

Industrie- und Handelskammer Bodensee-Oberschwaben
Postf. 40 64, 88219 Weingarten
Lindenstr. 2, 88250 Weingarten
T: (0751) 4 09-0   **Fax:** 4 09-1 59
TGR: Handelskammer Ravensburg
T-Online: *0751409#
Internet: http://www.weingarten.ihk.de
E-Mail: ihk@weingarten.ihk.de
Bezirk: Bodenseekreis, Landkreis Ravensburg, Landkreis Sigmaringen
Präsident(in): Jürgen Winterhalter (Fa. Winterhalter Gastronom GmbH, Postf. 11 52, 88070 Meckenbeuren, T: (07542) 40 20)
Vizepräsident(in): Gerhard Drescher (Fa. Carl Platz GmbH + Co., Postf. 14 53, 88343 Saulgau, T: (07581) 20 11 19)
Vizepräsident(in): Dr. Franz-Georg Grenz (Fa. Moosmann GmbH & Co. Ravensburg Papiere-Verpackungen-Verarbeitung, Postf. 18 49, 88188 Ravensburg, T: (0751) 37 06-0)
Vizepräsident(in): Peter Hüni (Fa. Hüni & Co., Eckenerstr. 65, 88046 Friedrichshafen, T: (07541) 3 81 20)
Vizepräsident(in): Joachim Rohwedder (Fa. Rohwedder AG, Kesselbachstr. 1, 88697 Bermatingen, T: (07544) 5 02-200)
Vizepräsident(in): Dir Jürgen Schmidt (Fa. Dresdner Bank AG, Fil. Ravensburg, Postf. 13 20, 88183 Ravensburg, T: (0751) 37 02-21)
Vizepräsident(in): Egon Zimmermann (Fa. Autohaus Josef Zimmermann GmbH + Co. KG, Postf. 4 27, 72482 Sigmaringen, T: (07571) 7 20 00)
Ehrenpräsident: Otto Julius Maier (Fa. Ravensburger AG, Postf. 18 05, 88188 Ravensburg, T: (0751) 86-1)
Ehrenmitgl. d. Präsidiums: Dir. i.R. Wolf von Pannwitz (Säntisweg 62, 88289 Waldburg, T: (07529) 17 37)
Hauptgeschäftsführer(in): Ass. Helmut Schnell (Mühlbachweg 35, 88250 Weingarten, T: (0751) 5 19 06)
Geschäftsführer(in): Ass. Wolfgang Bohnert (Haydnweg 14, 88339 Bad Waldsee, T: (07524) 79 59)

Bayern

● E 41

Bayerischer Industrie- und Handelskammertag
80323 München
Max-Joseph-Str. 2, 80333 München
T: (089) 51 16-0   **Fax:** 51 16-2 40, 51 16-3 06
TGR: über „Handelskammer München"
Kammern: Aschaffenburg, Augsburg, Bayreuth, Coburg, Lindau/B., München, Nürnberg, Passau, Regensburg, Würzburg
Geschäftsführung: Industrie- und Handelskammer für München und Oberbayern
Präsident(in): Dr. Claus Hipp (Pers.haft.Gesellschafter HIPP KG)
Hauptgeschäftsführer(in): Dr. Reinhard Dörfler (Hauptgeschäftsführer der IHK für München und Oberbayern)

Kammern

● E 42

Industrie- und Handelskammer Aschaffenburg
Postf. 10 01 17, 63701 Aschaffenburg
Kerschensteinerstr. 9, 63741 Aschaffenburg
T: (06021) 8 80-0   **Fax:** 8 80-110
Internet: http://www.aschaffenburg.ihk.de
E-Mail: ihk@aschaffenburg.ihk.de
Bezirk: Stadt Aschaffenburg und Landkreise Aschaffenburg und Miltenberg
Ehrenpräs.: Fritz Eder (Ludwigsallee 34, 63739 Aschaffenburg, T: (06021) 9 12 00)
Ehrenpräs.: Dipl.-Kfm. Horst Michaels (Vorstandsvorsitzender der Fa. Heinrich Kopp AG, Alzenauer Str. 66-72, 63796 Kahl, Postf. 63793 Kahl, T: (06188) 40-223, Privat: Tulpenweg 13, 63755 Alzenau, T: (06023) 24 54)
Präsident(in): Dipl.-Betriebsw. Martin Suffel (Geschäftsf.

Gesellschafter der Suffel Fördertechnik GmbH & Co. KG, Wailandtstr. 11, 63741 Aschaffenburg, T: (06021) 8 61-2 11; Privat: Schneebergstr. 22, 63743 Aschaffenburg, T: (06021) 97 01 30)
Vizepräsident(in): Dipl.-Betriebsw. Heijo Desch (Geschäftsführer der DESCH .for men. GmbH, Aschaffenburger Str. 10, 63773 Goldbach, T: (06021) 59 79-21, Privat: Yorckstr. 38, 63739 Aschaffenburg, T: (06021) 59 79-99)
Vizepräsident(in): Helmut Haun (Vorstandsvorsitzender der Raiffeisenbank Aschaffenburg e.G., Glattbacher Überfahrt 18, 63741 Aschaffenburg, Postf. 2 75, 63704 Aschaffenburg, T: (06021) 4 97-228, Privat: Ymosstr. 7, 63857 Waldaschaff, T: (06095) 22 94)
Vizepräsident(in): Theo Kahl (Geschäftsführer der Fa. Ernst Kahl GmbH, Herstallstr. 16, 63739 Aschaffenburg, T: (06021) 3 04 70, Privat: Herstallstr. 16, 63739 Aschaffenburg, T: (06021) 30 47 13)
Vizepräsident(in): Dipl.-Volksw. Friedbert Eder (Geschäftsführer der Eder's Familien-Brauerei GmbH & Co.KG, Aschaffenburger Str. 3-5, 63762 Großostheim, Postfach 1220, 63757 Großostheim, T:(06026) 5 09-124, Privat: Bessenbacher Weg 66, 63739 Aschaffenburg, T: (06021) 9 83 48)
Vizepräsident(in): Dipl.-Ing. Jürgen Funk (Inhaber Fa. Wilhelm Zeier, Großheubacher Str. 18, 63897 Miltenberg, Postfach 1849, 63888 Miltenberg, T: (09371) 60 38, Privat: Großheubacher Str. 18, 63897 Miltenberg, T: (09371) 60 238)
Vizepräsident(in): Dipl.-Ing. Dirk Rogge (Geschäftsf. Gesellschafter der Odenwald Faserplattenwerke GmbH, Dr.-Freund-Str. 3, 63916 Amorbach, T: (09373) 2 01-107, Privat: Panoramastr. 4, 63916 Amorbach, T: (09373) 2 01-106)
Hauptgeschäftsführer(in): Dipl.-Volksw. Horst Dommermuth (Gesamtleitung der Dienstgeschäfte u. Dienstaufsicht, Grundsatzfragen der IHK-Arbeit u. der Wirtschaftspolitik, T: (06021) 8 80-1 11, Privat: Enzlinger Berg 29, 63864 Glattbach, T: (06021) 42 58 45)
Stellv. HGeschF: Ass. Armin Eisert (Handel, Steuern und Tourismus, Tel. (06021) 8 80-1 14, Privat: Grubenweg 19, 63743 Aschaffenburg, T: (06021) 98 04 44)
Geschäftsführer(in): Dipl.-Volksw. Reinhard Engelmann (Industrie und Verkehr, Tel.: (06021) 8 80-1 12, Privat: Birkenweg 11, 63741 Aschaffenburg, T: (06021) 8 89 90)
Geschäftsführer(in): Dipl.-Ing. Dieter Schwager (Berufsbildung, Tel.: (06021) 8 80-1 16, Privat: Prälat-Heckelmann-Str. 7, 63741 Aschaffenburg, T: (06021) 8 77 59)
Verwaltungsdirektor: Günter Staudt (Tel.: (06021) 8 80-1 18, Privat: Oberschurer Str. 3, 63829 Krombach, T: (06024) 33 23)
Abteilungsleiter: Heinz Babilon (Außenwirtschaft, Tel.: (06021) 8 80-1 13, Privat: Sanddornweg 5, 63811 Stockstadt, T: (06027) 40 02 54)
Stellvertretende(r) Geschäftsführer(in): Ass. Silke Heinbücher (Allgemeines Recht und Wirtschaftsrecht, Tel.: (06021) 8 80-115)
Referentin: Dipl.-oec. Ulrike Leut (Information, Öffentlichkeitsarbeit, Wirtschaftsbeobachtung, T: (06021) 8 80-1 17)
Referent: Udo Gries (Berufsbildung, Tel.: (06021) 8 80-1 43)
Referent: Fridolin Stadler (Berufsbildung, Tel.: (06021) 8 80-1 42)
IHK-Zeitschrift: Wirtschaft am bayerischen Untermain

• E 43

IHK

Industrie- und Handelskammer für Augsburg und Schwaben

Postanschrift:
86136 Augsburg
Stettenstr. 1 u. 3, 86150 Augsburg
T: (0821) 31 62-0 **Fax:** 31 62-3 23
Internet: http://www.augsburg.ihk.de
E-Mail: info@augsburg.ihk.de
Bezirk: Regierungsbezirk Schwaben (ohne Landkreis Lindau)
Gründung: 1843
Ehrenpräsident: Hans Haibel (Friedberg)
Präsident(in): Hannelore Leimer (Geschäftsf. d. Fa. Erhardt + Leimer GmbH, Stadtbergen)
Vizepräsident(in): Bernd Nill (Geschäftsführer der Kröll + Nill GmbH & Co., Augsburg)
Vizepräsident(in): Gottfried Selmair (Vorstandsvors. der Stadtsparkasse Augsburg, Augsburg)
Vizepräsident(in): Dipl.-Ing. Siegfried Scheeff (Geschäftsführer d. Aluminiumschmelzwerk Oetinger GmbH, Weißenhorn)
Vizepräsident(in): Dipl.-Ing. Wolfgang E. Schulz (Geschäftsführer der Magnet-Schultz GmbH & Co., Fabrikations- und Vertrieb KG, Memmingen)
Vizepräsident(in): Dipl.-Kfm. Dipl.-Ing. Karl Johann Zimmermann (Geschäftsführer der Märker Holding GmbH, Harburg)
Vizepräsident(in): Dr. Sebastian Priller (Pers. haft. Ges. d. Brauerei Riegele S., Augsburg)
Vizepräsident(in): Anton Wachter (Geschäftsf. d. BAYOSAN Wachter GmbH & Co. KG, Hindelang)
Hauptgeschäftsführer(in): Dr. Peter Saalfrank (T: dienstl. Durchwahl (0821) 31 62-2 00)
Dr. Josef Amann (Bereich Berufsbildung, T: dienstl. Durchwahl (0821) 31 62-3 16)
Dr. Wolfgang Epp (Bereich Außenwirtschaft und Messen, T: dienstl. Durchwahl (0821) 31 62-2 05)
Dipl.-Volksw. Helmut Grohmann (Bereich Handel, Gastgewerbe, Dienstleistungen, T: dienstl. Durchwahl (0821) 31 62-2 02)
Dr. Rudolf Hägele (Bereich Verkehr und Tourismus, T: dienstl. Durchwahl (0821) 31 62-2 06)
Dr. Peter Lintner (Bereich Volkswirtschaft, Bauleitplanung, kommunale Finanzen, T: dienstl. Durchwahl (0821) 31 62-2 79)
Dipl.-Betriebsw. (FH) Klaus Meder (Bereich Personal, Finanzen, Organisation, T: dienstl. Durchwahl (0821) 31 62-2 11)
Dr. Hans-Ulrich Rohde (Bereich Öffentlichkeitsarbeit, Medienpolitik, IHK-Zeitschrift, T: dienstl. Durchwahl (0821) 31 62-2 01)
Ass. Peter Saalfrank (Bereich Industrie, Finanzwirtschaft, Umwelt und Technologie, T: dienstl. Durchwahl (0821) 31 62-2 03)
Ass. Klaus Thilo (Bereich Recht, T: dienstl. Durchwahl (0821) 31 62-2 04)
Heinz Müllenbeck (Bereich Weiterbildung, T: dienstl. Durchwahl (0821) 31 62-209)

Gremien

Industrie- und Handelsgremium Aichach-Friedberg
Vorsitzende(r): Herbert Scheel (Geschäftsführer des Ingenieurbüros Dipl.-Ing. Herbert Scheel VDI Planungsges. f. Haustechnik mbH, Friedberg)

Industrie- und Handelsgremium Augsburg - Stadt
Vorsitzende(r): Dieter R. Kirchmair (Prokurist d. Deutsche Bank AG, Filiale Augsburg, Augsburg)

Industrie- und Handelsgremium Augsburg-Land
Vorsitzende(r): Dipl.-Ing. Ernst Holme (Geschäftsführer der FANIBI Handelsgesellschaft und Systemzentrale mbH, Königsbrunn)

Industrie- und Handelsgremium Dillingen
Vorsitzende(r): Dipl.-Kfm. Winfried Seitz (Leiter d. BSH Bosch und Siemens Hausgeräte GmbH, Dillingen)
Regionalgeschäftsstelle Nordschwaben:
Große Allee 24, 89407 Dillingen, T: (09071) 58 71-0
RegionalGeschF: Dieter Birnmann

Industrie- und Handelsgremium Donau-Ries
Vorsitzende(r): Dipl.-Wirtsch.-Ing. Dieter von Hummel (Prokurist der Eurocopter Deutschland GmbH, Donauwörth)
Regionalgeschäftsstelle Nordschwaben:
Berger Vorstadt 33, 86609 Donauwörth, T: (0906) 7 06 41-0
RegionalGeschF: Dieter Birnmann

Industrie- und Handelsgremium Günzburg
Vorsitzende(r): Harald Schmidt (Pers.haft. Ges. d. Fa. Josef Schmidt, Tonwerk-Ichenhausen, Ichenhausen)
Regionalgeschäftsstelle Westschwaben:
Ichenhauser Str. 42 b, 89312 Günzburg, T: (08221) 90 12-0
RegionalGeschF: Horst Helbich

Industrie- und Handelsgremium Kaufbeuren und Ostallgäu
Vorsitzende(r): Dipl.-Braumeister, Dipl.-Kfm. Erwin Weiß (Vorstandsmitglied d. Aktienbrauerei Kaufbeuren AG, Kaufbeuren)
Regionalgeschäftsstelle Allgäu:
Innovapark 20, 87600 Kaufbeuren, T: (08341) 91 50 20
RegionalGeschF: Alexander Gundling

Industrie- und Handelsgremium Kempten und Oberallgäu
Vorsitzende(r): Mario Trunzer (Geschäftsführer der Liebherr Verzahntechnik GmbH, Kempten)
Regionalgeschäftsstelle Allgäu:
Heisinger Str. 12, 87435 Kempten
T: (0831) 5 75 86-0
RegionalGeschF: Alexander Gundling

Industrie- und Handelsgremium Memmingen und Unterallgäu
Vorsitzende(r): Dipl.-Ing. (FH) Bruno Fritz (Inhaber der Fa. Komplettbau Fritz, Erkheim)
Regionalgeschäftsstelle Memmingen u. Unterallgäu:
Am Galgenberg 1, 87700 Memmingen
T: (08331) 83 61-0
RegionalGeschF: Manfred Schilder

Industrie- und Handelsgremium Neu-Ulm
Vorsitzende(r): Hans-Heiner Honold (Geschäftsführer der Honold GmbH & Co. KG, Neu-Ulm)
Regionalgeschäftsstelle Wertschwaben:
Ludwigstr. 18, 89231 Neu-Ulm
T: (0731) 7 70 35
RegionalGeschF: Horst Helbich
Leitung Presseabteilung: Dr. Hans-Ulrich Rohde
Verbandszeitschrift: Bayerisch-Schwäbische Wirtschaft
Verlag: Vmm Verlag, Ulmer Str. 249, 86391 Stadtbergen
Mitglieder: 85000
Mitarbeiter: 180

• E 44

Industrie- und Handelskammer für Oberfranken Bayreuth

95440 Bayreuth
Bahnhofstr. 25-27, 95444 Bayreuth
T: (0921) 8 86-0 **Fax:** 1 27 78
Internet: http://www.bayreuth.ihk.de
E-Mail: ihk.bt@bayreuth.ihk.de
Bezirk: Bayerischer Regierungsbezirk Oberfranken mit Ausnahme der kreisfreien Stadt Coburg und des Landkreises Coburg
Präsident(in): Dr. Wolfgang Wagner (Firma Frenzelit-Werke GmbH & Co. KG, Frankenhammer 7, 95460 Bad Berneck)
Vizepräsident(in): Dipl.-Wirtsch.-Ing. (FH) Walter Bach (Firma Technische Federn Sigmund Scherdel GmbH, Scherdelstr. 2, 95615 Marktredwitz)
Vizepräsident(in): Dipl.-Kfm. Peter Eberl (Firma Eberl OHG, Lichtenfelser Str. 3, 96231 Staffelstein (Haushalts- und Schuheinzelhandel))
Vizepräsident(in): Dipl.-Ing. Werner Rupp (Firma Rupp + Hubrach Optik GmbH, v.-Ketteler-Str. 1, 96050 Bamberg)
Vizepräsident(in): Dipl.-Brau-Ing. Peter Scherdel (Firma Privatbrauerei Scherdel Hof, Unterkotzauer Weg 14, 95028 Hof)
Hauptgeschäftsführer(in): Dipl.-Ing. Joachim Hunger
Stellv. HGeschF: Dr. Hans F. Trunzer (Abt. Industrie, Technologie, Umwelt)
Verwaltungsleitung: Dipl.-Kfm. Walter Steck

Gremien:

Industrie- und Handelsgremium Bamberg
Vorsitzende(r): Dipl.-Ing. Werner Rupp (Fa. Rupp + Hubrach Optik GmbH, Von-Ketteler-Str. 86, 96050 Bamberg, T:(0951) 1 86-0)
Geschäftsführer(in): Dipl.-Soz. Konrad Bastian (Ohmstr. 15, 96050 Bamberg, T: (0951) 9 18 20 50)

Industrie- und Handelsgremium Bayreuth
Vorsitzende(r): Dipl.-Ing. (FH), Dipl.-Bw. (FH) Rudolf Meyer (Fa. Erste Bayreuther Porzellanfabrik „Wallküre" Siegmund Paul Meyer GmbH, Gravenreuther Str. 5, 95445 Bayreuth, T: (0921) 7 89 30-0)
Geschäftsführer(in): Dipl.-Volksw. Diethard Dulleck (Bahnhofstr. 25/27, 95444 Bayreuth, T:(0921) 8 86-1 50)

Industrie- und Handelsgremium Forchheim
Vorsitzende(r): Dipl.-Wirtsch.-Ing. (FH) Christian Waasner (Fa. Gebr. Waasner Elektrotechnische Fabrik GmbH, Bamberger Str. 85, 91301 Forchheim, T: (09191) 61 20)

Industrie- und Handelsgremium Hof/Saale
Vorsitzende(r): Dipl.-Brau-Ing. Peter Scherdel (Fa. Privatbrauerei Scherdel Hof, Unterkotzauer Weg 14, 95028 Hof, T: (09281) 8 96-0)
Geschäftsführer(in): Jutta Otto (Moritz-Steinhäuser-Weg 2, 95030 Hof, T: (09281) 70 83 30)

Industrie- und Handelsgremium Kronach
Vorsitzende(r): Dipl.-Wirtsch.-Ing. Dr. Rainer Hecker (Fa. Loewe Opta GmbH, Industriestr. 11, 96317 Kronach (Elektroindustrie - Unterhaltungselektronik))

Industrie- und Handelsgremium Kulmbach
Vorsitzende(r): Dipl.-Ing. Agr. Dr. Philipp Saffer (Fa. Dr. Saffer Qualitätsfutter GmbH, Postf. 19 46, 95311 Kulmbach)

Industrie- und Handelsgremium Lichtenfels
Vorsitzende(r): Wilhelm Wasikowski (Wasikowski GmbH & Co. KG, Thiersteinstr. 35, 96215 Lichtenfels)

Industrie- und Handelsgremium Marktredwitz/Selb
Vorsitzende(r): Dipl.-Wirtsch.-Ing. (FH) Walter Bach (Fa. Technische Federn Sigmund Scherdel GmbH, Scherdel-Str. 2, 95615 Marktredwitz)
Leitung Presseabteilung: Dipl.-Vw. Tanja Wagner
Verbandszeitschrift: Oberfränkische Wirtschaft
Redaktion: Dipl. Geogr. Michael Zeisel

• E 45

Industrie- und Handelskammer zu Coburg

Postf. 20 43, 96409 Coburg
Schloßplatz 5, 96450 Coburg
T: (09561) 74 26-0 **Fax:** 74 26 50
TGR: Handelskammer Coburg
Internet: http://www.coburg.ihk.de
E-Mail: ihk@coburg.ihk.de
Bezirk: Stadt und Landkreis Coburg
Ehrenpräs.: Heinrich G. Bender (Rosenauer Str. 113, 96450 Coburg, T: (09561) 86 50)
Ehrenpräs.: Dr. Hans-Jürgen Drews (Oberer Pelzhügel 10, 96450 Coburg, T: (09561) 2 60 09)
Ehrenpräs.: Dipl.-Ing. Peter Jühling (Obere Klinge 9a, 96450 Coburg, T: (09561) 9 46 10)
Ehrenpräs.: Dr. Günter Kammerscheid (Lange Gasse 40, 96450 Coburg, T: (09561) 1 01 76)
Ehrenmitgl. d. Präsidiums: Dr. Dipl.-Ing. (FH) Ludwig Satzger (Veit-Stoß-Weg 16a, 96450 Coburg)
Präsident(in): Dipl.-Ing. (FH) Gerd Dahle (Gesellschafter u. Geschäftsführer der Firma Wilhelm Dahle Büro-Technik GmbH & Co.KG, Karchestr. 3-7, 96450 Coburg, T: (09561) 2 78-0)
Vizepräsident(in): Fritz Carl (Inh. der Kunstmühle Scherneck Fritz Carl, Uferstr. 4, 96253 Untersiemau, T: (09565) 8 88)
Rolf-Peter Hoenen (Vorstandssprecher der HUK Versicherungsgruppe, Bahnhofsplatz, 96450 Coburg, T: (09561) 96-0)
Theo Kiesewetter (Inh. der Firma Kiesewetter Import GmbH, Liebigstr. 7, 96465 Neustadt, T: (09568) 80 90)
Hauptgeschäftsführer(in): Dr. Wolf-Ingo Seidelmann
Verbandszeitschrift: Unsere Wirtschaft

● E 46
Industrie- und Handelskammer Lindau-Bodensee
Postf. 13 65, 88103 Lindau
Maximilianstr. 1, 88131 Lindau
T: (08382) 93 83-0 **Fax:** 93 83-73
TGR: Handelskammer Lindau (B)
Internet: http://www.lindau.ihk.de
Bezirk: Landkreis Lindau (B)
Ehrenpräs.: Dr. Anton Bambula
Präsident(in): Peter Kürn (Vermögensberatung Peter Kürn GmbH)
Vizepräsident(in): Hansjörg Holderried (Bevollmächtigter der Fa. Demmel GmbH & Co., Grüntenweg 14, 88175 Scheidegg)
Vizepräsident(in): Peter Rösler (Geschäftsführer rose-plastic GmbH, Rupolzer Str. 54, 88138 Hergensweiler)
Vizepräsident(in): Sighard Thomann (Geschäftsführer Eisen-Thomann GmbH, Heurieder 36, 88131 Lindau)
Hauptgeschäftsführer(in): Dr.-Ing. Rainer Heitmeier
Geschäftsführer(in): Jürgen Hero
Ass. Markus Anselment
Verbandszeitschrift: Wirtschaft und Verkehr
Mitglieder: ca. 4000

● E 47
Industrie- und Handelskammer für München und Oberbayern
80323 München
Max-Joseph-Str. 2, 80333 München
T: (089) 51 16-0 **Fax:** 51 16-3 06
TGR: Handelskammer München
Internet: http://www.muenchen.ihk.de
Bezirk: Reg.-Bezirk Oberbayern
Ehrenpräsident: Dr.-Ing. Dieter Soltmann (Vorsitzender der Aufsichtsräte Löwenbräu Aktiengesellschaft, Spaten-Franziskaner-Bräu KGaA, Marsstr. 46-48, 80335 München, T: (089) 51 22-2 16)
Präsident(in): Dr. Claus Hipp (Pers. haft. Gesellschafter, Hipp KG, Münchener Str. 58, 85276 Pfaffenhofen a.d. Ilm, T: (08441) 7 57-0, Fax: (08441) 7 57-640)
Vizepräsidentin: Heidrun Brugger (Inhaberin, Apotheke St. Pölten, Pöltner Str. 32, 82362 Weilheim, T: (0881) 43 37, Fax: (0881) 6 91 55)
Vizepräsident(in): Prof. Dr. Erich Greipl (Mitglied der Geschäftsleitung der Metro-Vermögensverwaltungsgesellschaft mbH, Helene-Wessel-Bogen 39, 80939 München, T: (089) 3 16 91-3 15, Fax: (089) 3 16 91-3 17)
Vizepräsidentin: Dipl.-Hdl. Renate Herrmann (Geschäftsführerin, Ludwig Hunger Werkzeug- und Maschinenfabrik GmbH, Gräfelfinger Str. 146, 81375 München, T: (089) 70 91-18, Fax: (089) 70 91 26)
Vizepräsident(in): Dr. Volker Jung (Mitglied des Vorstandes, Siemens AG, Wittelsbacherplatz 2, 80333 München, T: (089) 2 34-33900, Fax: 2 34-33908)
Vizepräsident(in): Prof. Dr. Anton Kathrein (Pers. haft. Gesellschafter, Kathrein-Werke KG, Anton-Kathrein-Str. 1-3, 83022 Rosenheim, T: (08031) 1 84-2 90, Fax: (08031) 1 84-6 61)
Vizepräsident(in): Christian Klotz (Inhaber, Fa. Haus Klotz (vormals Geschäftshaus Alois Klotz, Ludwigstr. 14, 83435 Bad Reichenhall, T: (08651) 21 63, Fax: (08651) 6 48 73)
Vizepräsident(in): Alfred H. Lehner (Vorsitzender des Vorstands, Bayerische Landesbank Girozentrale, Brienner Str. 22-24, 80333 München, T: (089) 21 71-1040, Fax: (089) 21 71-1227)
Vizepräsident(in): Günter Neumann (Gesellschafter, Fa. Franz Neumann, Elektro-Apparatefabrik, Ettinger Str. 62, 85057 Ingolstadt, T: (0841) 8 16 20, Fax: (0841) 4 65 01)
Vizepräsident(in): Dieter M. Putz (Inhaber, Fa. Dieter M. Putz Textil-Agentur, Brecherspitzstr. 7, 81541 München, T: (089) 6 91 56 78, Fax: (089) 6 91 56 40)
Vizepräsident(in): Dipl.-Ing. Karlfried Winklhofer (Geschäftsführender Gesellschafter, Fa. Joh. Winklhofer & Söhne GmbH & Co. KG, Albert-Roßhaupter-Str. 53, 81369 München, T: (089) 7 69 09-1 10, Fax: (089) 7 69 09-1 03)
Hauptgeschäftsführer(in): Dr. Reinhard Dörfler (T: (089) 51 16-2 33)
Stellv. HGeschF: Dipl.-Volksw. Helgo Alberts (zugleich Leiter der Abteilung Außenwirtschaft, T: (089) 51 16-3 68)
Stellv. HGeschF: Dipl.-Volksw. Peter Driessen (zugleich Leiter der Abteilung Technologie, Neue Medien, Umweltschutz, T: (089) 51 16-3 21)
Geschäftsführer(in): Ass. Bernhard Sperr (Abteilung Recht, Steuern, T: (089) 51 16-2 56)
Dipl.-Volksw. Karl Kürzinger (Abteilung Volkswirtschaft, Handel, Industrie, Dienstleistungen, T: (089) 51 16-2 44)
Dr. Manfred Rothkopf (Abteilung Verkehr, T: (089) 51 16-2 37)
Dipl.-Ing. (FH) Franz Schropp (Abteilung Berufsbildung, T: (089) 51 16-3 29)
Dipl.-Kfm. Helmut Paulik (Abteilung Weiterbildung, T: (089) 51 16-2 82)
Dr. Anton Ganslmayer (Abteilung Zentrale Aufgaben, Personal, T: (089) 51 16-267)
Dipl.-Kfm. Reinhard Geppert (Abteilung Haushalt, Beitrag, T: (089) 51 16-3 32)
Presse: Sibylle Bauer (T: (089) 51 16-226)
Zeitschrift: Wirtschaft • Das IHK-Magazin für München und Oberbayern

IHK. Weiterbildung: IHK-Akademie München-Westerham

Orleansstr. 10-12, 81669 München, T: (089) 51 16-570
Von-Adrian-Str. 5, 83620 Feldkirchen-Westerham, T: (08063) 9 12 74

Gremien:

e 48
IHK-Gremium Altötting-Mühldorf
Kaiser-Ludwig-Str. 14, 84453 Mühldorf
T: (08631) 74 00 u. 62 35
Vorsitzende(r): Franz Obermeier (Geschäftsführer, Franz Obermeier GmbH, Mühldorfer Str. 59, 84419 Schwindegg, T: (08082) 12 36, 12 37)

e 49
IHK-Gremium Bad Tölz-Wolfratshausen-Miesbach
Rathausplatz 5, 83684 Tegernsee
T: (08022) 1 84 19
Vorsitzende(r): Michael Kühne (Geschäftsführer, Karl Kühne GmbH; Betonwerk Kühne GmbH & Co. KG, Sudetenstr. 70, 82538 Geretsried, T: (08171) 9 39 66)

e 50
IHK-Gremium Berchtesgadener Land
Postf. 16 73, 83383 Freilassing
Münchener Str. 1, 83395 Freilassing
T: (08654) 60 10 50
Vorsitzende(r): Dr. Manfred Brosche (Geschäftsführer, Siebro Beteiligungs-GmbH; Heinrich Sieber & Co.-GmbH & Co. KG, Am Kraftwerk 5, 83435 Bad Reichenhall, T: (08651) 60 00-11)

e 51
IHK-Gremium Dachau-Fürstenfeldbruck
Friedrich-Ebert-Str. 10, 85221 Dachau
T: (08131) 1 23 16
Vorsitzende(r): Max Walch (Geschäftsführer, Flugplatz Jesenwang GmbH,
Kirchstr. 8, 82287 Jesenwang, T: (08146) 9 50 03)

e 52
IHK-Gremium Ebersberg
Postf. 26, 85568 Markt Schwaben
Marktplatz 2, 85570 Markt Schwaben
T: (08121) 47 71 12
Vorsitzende(r): Helmut Schulz (Vorsitzender des Vorstands, Kreissparkasse Ebersberg, Sparkassenplatz, 85560 Ebersberg, T: (08092) 2 31-2 10)

e 53
IHK-Gremium Eichstätt
Postf. 12 07, 85066 Eichstätt
Richard-Strauß-Str. 23, 85072 Eichstätt
T: (08421) 43 95
Vorsitzende(r): Karl Jägle (Geschäftsführer, Jägle GmbH, Industriestr. 32, 85072 Eichstätt, T: (08421) 97 21-0)

e 54
IHK-Gremium Erding-Freising
Holzgartenstr. 6 d, 85354 Freising
T: (08161) 6 10 31
Vorsitzende(r): Peter Reisch (Vorsitzender des Vorstands, Sparkasse Freising, Untere Hauptstr. 29, 85354 Freising, T: (08161) 5 61 04)

e 55
IHK-Gremium Garmisch-Partenkirchen
Postf. 12 61, 82452 Garmisch-Partenkirchen
Am Kurpark 13, 82467 Garmisch-Partenkirchen
T: (08821) 7 08-1 68
Vorsitzende(r): Dr.-Ing. Peter Hirt (Vorsitzender des Vorstands, Bayerische Zugspitzbahn AG, Olympiastr. 27, 82467 Garmisch-Partenkirchen, T: (08821) 7 97-9 10)

e 56
IHK-Gremium Ingolstadt-Pfaffenhofen
Jesuitenstr. 1, 85049 Ingolstadt
T: (0841) 9 38 71-0
Vorsitzende(r): Vizepräsident Günter Neumann (Gesellschafter, Fa. Franz Neumann Elektro-Apparatebau, Ettinger Str. 62, 85057 Ingolstadt, T: (0841) 8 16 20)

e 57
IHK-Gremium Landsberg-Weilheim-Schongau
Marienplatz 6, 82362 Weilheim
T: (0881) 6 41-6 66
Vorsitzende(r): Vizepräsidentin Heidrun Brugger (Inhaberin Apotheke St. Pölten, Pöltner Str. 32, 82362 Weilheim, T: (0881) 43 37)

e 58
IHK-Gremium Neuburg-Schrobenhausen
Pettenkoferring 12, 86633 Neuburg
T: (08431) 67 45 11
Vorsitzende(r): Dipl.-Kfm. Hans-Joachim Frankenberger (Industrieberatung, Birkenweg 2, 86633 Neuburg a.d. Donau, T: (08431) 85 03)

e 59
IHK-Gremium Rosenheim
Hechtseestr. 16, 83022 Rosenheim
T: (08031) 38 00-79
Vorsitzende(r): Alfred Fischbacher (Geschäftsführender Gesellschafter, MEFRO Metallwarenfabrik Fischbacher GmbH, Ludwig-Thoma-Str. 29, 83101 Rohrdorf, T: (08032) 1 81-0)

e 60
IHK-Gremium Starnberg
Postf. 14 20, 82317 Starnberg
Wittelsbacherstr. 9, 82319 Starnberg
T: (08151) 14 72 02
Vorsitzende(r): Dipl.-Ing., Dipl.-Wirtsch.-Ing. Walter Essler (Geschäftsführer, Frei & Essler Wohnbau GmbH, Maximilianstr. 17, 82319 Starnberg, T: (08151) 9 05 10)

e 61
IHK-Gremium Traunstein
Rosenheimer Str. 1, 83278 Traunstein
T: (0861) 6 62 21
Vorsitzende(r): Werner Linhardt (Vorsitzender des Vorstands, Kreissparkasse Traunstein-Trostberg, Rosenheimer Str. 1, 83278 Traunstein, T: (0861) 6 62 12)

● E 62

Industrie- und Handelskammer Nürnberg für Mittelfranken
Hauptmarkt 25-27, 90403 Nürnberg
T: (0911) 13 35-0 **Fax:** 13 35-200
TGR: IHK Nürnberg
Bezirk: Bayer. Reg.-Bez. Mittelfranken
Präsident(in): Hans-Peter Schmidt (NÜRNBERGER Versicherungsgruppe, Ostendstr. 100, 90482 Nürnberg, T: (0911) 5 31-24 71, (0911) 5 31-33 60)
Vizepräsident(in): Dipl.-Ing., Dr. Günter Baumüller (Baumüller Nürnberg GmbH, Ostendstr. 80, 90482 Nürnberg, T: (0911) 54 32-104, Fax: (0911) 54 32-461)
Vizepräsident(in): Georg Bernet (Franz Bernet, Fische, Wild, Geflügel, Inh. Georg Bernet KG, Vordere Ledergasse 2, 90403 Nürnberg, T: (0911) 20 35 36, Fax: (0911) 22 14 64)
Vizepräsident(in): Dr. Ingo Riedel (Schickedanz-Holding AG & Co. KG, Nürnberger Str. 91-95, 90762 Fürth, T: (0911) 1 42 89-89, Fax: (0911) 1 42 89-91)
Vizepräsident(in): Dr. Bernd Rödl (Dr. Rödl & Partner GmbH, Wirtschaftsprüfungsgesellschaft, Steuerberatungsgesellschaft, Äußere Sulzbacher Str. 100, 90491 Nürnberg, T: (0911) 91 93-100/101, Fax: (0911) 91 93-906)
Vizepräsident(in): Maria-Elisabeth Schaeffler (INA-Wälzlager Schaeffler oHG, Industriestr. 1-3, 91074 Herzogenaurach, T: (09132) 8 22-302, -400, Fax: (09132) 82-4942)
Vizepräsident(in): Harald R. Schmauser (Drei-S-Werk Präzisionswerkzeuge GmbH & Co. Fertigungs KG, Nördliche Ringstr. 14, 91126 Schwabach, T: (09122) 15 05-59, Fax: (09122) 15 05-54)
Vizepräsident(in): Dipl.-Kfm. Dieter Streng (BU Holding GmbH & Co. KG, Leyher Str. 123, 90431 Nürnberg, T: (0911) 32 01-710, Fax: (0911) 32 01-714)
Vizepräsident(in): Dirk von Vopelius (Schuster & Walther GmbH & Co. KG, Schwabacher Str. 3, 90439 Nürnberg, T: (0911) 92 64-110, Fax: (0911) 92 64-204)
Vizepräsident(in): Dr. Klaus L. Wübbenhorst (GfK Aktiengesellschaft, Nordwestring 101, 90419 Nürnberg, T: (0911) 3 95-2572, Fax: (0911) 3 95-4031)
Hauptgeschäftsführer(in): Dr. Dieter Riesterer (dienstl. Durchwahl 13 35-3 72/3 73)
Stellv. HGeschF: Dipl.-Kfm. Albrecht Buchwald (Abt. Außenwirtschaft, T: dienstl. Durchwahl 1 33 53 94)
Abteilungsleiter: RA Dieter Gößner (Abteilung Recht, T: dienstl. Durchwahl 1 33 53 88)

Abteilungsleiter: Dr. Hans-Joachim Lindstadt (Abteilung Volkswirtschaft und Verkehr, T: dienstl. Durchwahl 1 33 53 83)
Abteilungsleiter: Dr. Norbert Müller (Geschäftsführer der AkA-Aufgabenstelle für kaufmännische Abschluss- und Zwischenprüfungen, T: dienstl. Durchwahl 1 33 54 72)
Abteilungsleiter: Dr. Kurt Hesse (Abteilung Kommunikation, T: dienstl. Durchwahl 1 33 53 79)
Abteilungsleiter: Dr. Robert Schmidt (Abteilung Innovation und Umweltschutz, T: dienstl. Durchwahl 13 35-2 99)
Abteilungsleiter: Dipl.-Vw. Otto Dietrich Knapp (Abteilung Berufsbildung, T: dienstl. Durchwahl 13 35-2 54)
Abteilungsleiterin: Dipl.-Vw. Brigitte Lipinski (Verwaltungsdirektorin, Abteilung Zentrale Aufgaben, T: dienstl. Durchwahl 1 33 54 08)

Gremien:

Industrie- und Handelsgremium Altdorf
Vorsitzende(r): Horst Ellenberger (E-T-A Elektrotechnische Apparate GmbH, Industriestr. 2-8, 90518 Altdorf, T: (09187) 10-215, Fax: (09187) 10-217)

Industrie- und Handelsgremium Ansbach
Geschäftsstelle: Kanalstr. 2-12, 91522 Ansbach
T: (0981) 97 11 16, Fax: (0981) 9 71 11 79
Vorsitzende(r): Dr. Wolf-Christian Willisch (Willisch & Sohn GmbH, Stahlstr. 43, 91522 Ansbach, T: (0981) 46 54-0, Fax: (0981) 46 54-163)
Geschäftsführer(in): Gerhard Fuchs

Industrie- und Handelsgremium Bad Windsheim
Vorsitzende(r): Alois Zimmermann (Im Grünen Winkel 12, 91438 Bad Windsheim, T: (09843) 98 08 60, Fax: (09843) 98 08 10)

Industrie- und Handelsgremium Dinkelsbühl
Vorsitzende(r): Dr. Christoph Glenk (Volksbank Dinkelsbühl eG, Weinmarkt 14, 91550 Dinkelsbühl, T: (09851) 5 80-420 od. 421, Fax: (09851) 5 80-425)

Industrie- und Handelsgremium Erlangen
Geschäftsstelle: Äußere Brucker Str. 51, 91052 Erlangen, T: (09131) 2 60 96, Fax: (09131) 2 60 95
Vorsitzende(r): Reiner Reinhardt (Stadt- und Kreissparkasse, Hugenottenplatz 5, 91054 Erlangen, T: (09131) 8 24-205, Fax: (09131) 8 24-228)
Geschäftsführer(in): RA Wolfgang Minet

Industrie- und Handelsgremium Fürth
Geschäftsstelle: Alexanderstr. 15, 90762 Fürth, T: (0911) 77 07 75, Fax: (0911) 77 07 78
Vorsitzende(r): Gert Rohrseitz (Eckart-Werke Standard Bronzepulver-Werke Carl Eckart GmbH & Co., Kaiserstr. 30, 90763 Fürth, T: (0911) 9 97 82 08, Fax: (0911) 9 97 83 65)
Geschäftsführer(in): RA Christian Nowak

Industrie- und Handelsgremium Gunzenhausen
Vorsitzende(r): Matthias Böhlein (Vereinigte Sparkassen Gunzenhausen, Marktplatz 43, 91710 Gunzenhausen, T: (09831) 57-103, Fax: (09831) 57-119)

Industrie- und Handelsgremium Hersbruck
Vorsitzende(r): Norbert Fackelmann (Fackelmann GmbH & Co., Werner-von-Siemens-Str. 6, 91217 Hersbruck, T: (09151) 8 11-113, Fax: (09151) 8 11-294)

Industrie- und Handelsgremium Herzogenaurach
Vorsitzende(r): Hermann F. Weiler (G.D.W. Werkzeugmaschinen Herzogenaurach GmbH, Würzburger Str. 17 c, 91074 Herzogenaurach, T: (09132) 78 29-0, Fax: (09132) 78 29-30)

Industrie- und Handelsgremium Hilpoltstein
Vorsitzende(r): Hans Jürgen Rohmer (Sparkasse Roth-Schwabach, Christoph-Sturm-Str. 25-29, 91161 Hilpoltstein, T: (09174) 98-0, (09171) 82 19 93, Fax: (09171) 82 19 99)

Industrie- und Handelsgremium Lauf (Pegnitz)
Vorsitzende(r): Siegfried Zottmann (Raiffeisen Spar + Kreditbank e.G., Bahnhofstr. 8, 91207 Lauf, T: (09123) 1 89-12, Fax: (09123) 1 89-53)

Industrie- und Handelsgremium Neustadt/Aisch
Vorsitzende(r): Erich Asche (Sparkasse im Landkreis Neustadt/Aisch-Bad Windsheim, Sparkassenplatz 1, 91413 Neustadt, T: (09161) 91-105, Fax: (09161) 91-333)

Industrie- und Handelsgremium Roth
Vorsitzende(r): Georg Bär (Georg Bär Alu-Stahlbau GmbH, Flugplatzstr. 8, 91186 Büchenbach-Gauchsdorf, T: (09178) 9 83 00, Fax: (09178) 98 30 30)

Industrie- und Handelsgremium Rothenburg o.d.T.
Vorsitzende(r): Hannes Reingruber (Fa. Wilhelm Reingruber, Georgengasse 5-7, 91541 Rothenburg o.d.T., T: (09861) 9 49 30, Fax: (09861) 20 74)

Industrie- und Handelsgremium Schwabach
Vorsitzende(r): Harald R. Schmauser (DREI-S-WERK Präzisionswerkzeuge GmbH & Co. Fertigungs KG, Nördliche Ringstr. 14, 91126 Schwabach, T: (09122) 15 05 59, Fax: (09122) 15 05 54)

Industrie- und Handelsgremium Weißenburg
Vorsitzende(r): Dr. Karl-Friedrich Ossberger (Ossberger GmbH + Co, Otto-Rieder-Str. 7, 91781 Weißenburg, T: (09141) 9 77-0, Fax: (09141) 9 77-20)
Verbandszeitschrift: Wirtschaft in Mittelfranken
Redaktion: Dr. Kurt Hesse (verantw.), Hartmut Beck, Ursula Gruber
Verlag: Hofmann Druck Nürnberg GmbH & Co. KG, Postf. 12 02 60, 90109 Nürnberg, Emmericher Str. 10, 90411 Nürnberg, T: (0911) 52 03-0, Fax: 52 03-148

• E 63

Industrie- und Handelskammer für Niederbayern in Passau

Postf. 17 27, 94030 Passau
Nibelungenstr. 15, 94032 Passau
T: (0851) 5 07-0 **Fax:** 5 07-2 80
TGR: Handelskammer Passau
Internet: http://www.passau.ihk.de
E-Mail: ihk@passau.ihk.de
Fax-Abruf: (0851) 5 07-41 00
Bezirk: Regierungsbezirk Niederbayern (mit Ausnahme des Landkreises Kelheim)
Ehrenpräs.: Dr. Eberhard Zizlsperger (Hochstr. 9 d, 94032 Passau, T: (0851) 69 06)
Ehrenpräs.: Dipl.-Kfm. Wolfram Hatz (Römerstr. 12, 94099 Ruhstorf, T: (08531) 3 19-2 03)
Präsident(in): Gerhard Thiele (Fa. Bayer.Wald Granitwerke K.A. Thiele & Co., Am Bahnhof 12, 94538 Fürstenstein, T: (08504) 91 19-0, Privat: Drosselweg 4, 94538 Fürstenstein, T: (08504) 91 19 23)
Vizepräsident(in): Renate Braun (Sparkasse Passau, Nikolastr. 1, 94032 Passau, T: (0851) 39 8-1259, Privatanschrift: Schärdinger Str. 93, 94032 Passau, T: (0851) 93 11 85)
Vizepräsident(in): Gerhard Hennig (Fa. Ludwig Hafner GmbH, Ludwigsplatz 42, 94315 Straubing, T: (09421) 8 00 30, Privatanschrift: Ringstr. 9, 94315 Straubing, T: (09421) 8 00 30)
Vizepräsident(in): Karlheinz Lühmann (Fa. Kermi GmbH, Pankofen-Bahnhof 1, 94447 Plattling, T: (09931) 50 13 01, Privatanschrift: Stockerpointstr. 13, 94560 Neuhausen, T: (0991) 9 03 29)
Vizepräsident(in): Helmut Weber (Fa. Papierwerk Landshut Mittler GmbH & Co, Siemensstr. 4, 84109 Wörth, T: (08702) 92 21 21, Privat: Brühfeldweg 16, 84036 Landshut, T: (0871) 4 41 95)
Hauptgeschäftsführer(in): Ass. Walter Keilbart (Bergstr. 19, 94081 Fürstenzell, T: (08502) 92 28 53)
Stellv. HGeschF: Dipl.-Volksw. Jürgen Karl (Schillerstr. 5, 94032 Passau, T: (0851) 5 56 10)
Abteilungsdirektor: Ass. Martin Frank (Kringeller Str. 19, 94116 Hutthurm, T: (08505) 9 00 90)
Abteilungsdirektor: Dipl.-Kfm. Josef Hochleitner (Mozartstr. 11, 94575 Windorf, T: (08541) 66 74)
Abteilungsdirektor: Anton Hüttenberger (Haibach 32, 94032 Passau, T: (0851) 3 43 46)
Abteilungsdirektor: Ass. Peter Möller (Hans-Carossa-Str. 11, 94081 Fürstenzell, T: (08502) 86 45)
Abteilungsdirektor: Ass. Manfred Schoppe (Anton-Sickenberger-Str. 16, 94036 Passau, T: (0851) 8 87 09)

Gremien:

Industrie- und Handelsgremium Deggendorf
Vorsitzende(r): Karlheinz Lühmann (Fa. Kermi GmbH, Pankofen-Bahnhof 1, 94447 Plattling, T: (09931) 50 13 01)

Industrie- und Handelsgremium Dingolfing-Landau
Vorsitzende(r): Siegfried Moßandl (Fa. Karl Mossandl GmbH & Co., Schwaiger Str. 64, 84130 Dingolfing, T: (08731) 7 09-22)

Industrie- und Handelsgremium Freyung-Grafenau
Vorsitzende(r): Hans Hilz (Fa. Johann Hilz, Neuhütte 6, 94151 Mauth, T: (08557) 2 51)

Industrie- und Handelsgremium Landshut
Vorsitzende(r): Helmut Weber (Fa. Papierwerk Landshut Mittler GmbH & Co, Siemensstr. 4, 84109 Wörth, T: (08702) 92 21 21)

Industrie- und Handelsgremium Regen
Vorsitzende(r): Stephan Freiherr Poschinger von Frauenau (Fa. Freiherr von Poschinger Glashütte, Inhaber Stephan Freiherr Poschinger von Frauenau, Postf. 80, 94258 Frauenau, T: (09926) 9 40 10)

Industrie- und Handelsgremium Rottal-Inn
Vorsitzende(r): Hans Lindner (Fa. Lindner AG Decken-, Boden-, Trennwandsysteme, Bahnhofstr. 29, 94424 Arnstorf, T: (08723) 20 21 12)

Industrie- und Handelsgremium Straubing
Vorsitzende(r): Gerhard Hennig (Fa. Ludwig Hafner GmbH, Ludwigsplatz 42, 94315 Straubing, T: (09421) 8 00-30)
Verbandszeitschrift: Niederbayerische Wirtschaft

• E 64

IHK REGENSBURG

Industrie- und Handelskammer Regensburg

Postf. 11 03 55, 93016 Regensburg
D.-Martin-Luther-Str. 12, 93047 Regensburg
T: (0941) 56 94-0 **Fax:** 56 94-2 79
TGR: IHK Regensburg
Internet: http://www.ihk-regensburg.de
E-Mail: info@regensburg.ihk.de
Bezirk: Reg.-Bezirk Oberpfalz und vom Reg.-Bez. Niederbayern der Landkreis Kelheim
Gründung: 1843
Ehrenpräsident: Willy Lersch (Am Petersberg 10, 92521 Schwarzenfeld)
Präsident(in): Dipl.-Kaufmann Helmut Heene (Mitinhaber der Fa. Streit & Co. International Spedition GmbH & Co., Wiener Str. 20, 93055 Regensburg, T: (0941) 79 88 40)
Vizepräsident(in): Dipl.-Ingenieur (TU) Bernd Arbogast (Mitinhaber der Fa. Alfred Arbogast Bauunternehmung GmbH & Co. KG, Katharinenfriedhofstr. 48, 92224 Amberg, T: (09621) 30 20)
Vizepräsident(in): Dr. Lothar Bäumler (Vorstand der Fa. Erste Bayerische Basaltstein AG, Steinmühle 20, 95666 Mitterteich, T: (09633) 92 16-0)
Vizepräsident(in): Dr. Franz Ehrnsperger (Inhaber der Fa. Neumarkter Lammsbräu Gebr. Ehrnsperger e.K., Amberger Str. 1, 92318 Neumarkt, T: (09181) 40 40)
Vizepräsident(in): Dipl.-Kaufmann Volker Jakobitz (Mitinhaber der Fa. Textilhaus Wolfrum KG, Friedrich-Ebert-Str. 12, 92421 Schwandorf, T: (09431) 71 63-0)
Vizepräsident(in): Dipl.-Ingenieur Werner Josef Riepl (Geschäftsführender Gesellschafter der Fa. Josef Riepl Unternehmen für Hoch- und Tiefbau GmbH, Hallergasse 6, 93047 Regensburg, T: (0941) 5 68 20)
Hauptgeschäftsführer(in): Dipl.-Volkswirt Georg Raum (D.-Martin-Luther-Str. 12, 93047 Regensburg, T: (0941) 56 94-2 12)
Stellv. HGeschF: Ass.jur. Werner Schlosser (Recht und Berufsbildung)
Geschäftsführer(in): Dipl.-Volkswirt Josef Beimler (Industrie, Regionalpolitik, Kammerverwaltung)
Geschäftsführer(in): Dr. Alfred Brunnbauer (Außenwirtschaft, Verkehr)
Geschäftsführer(in): Dipl.-Pädagoge Winfried Mellar (Weiterbildung)
Geschäftsführer(in): Dr. Reinhard Rieger (Handel, Dienstleistungen, Steuern)

Gremien:

Industrie- und Handelsgremium Amberg-Sulzbach
Vorsitzende(r): Dipl.-Ingenieur (TU) Bernd Arbogast (Mitinhaber der Fa. Alfred Arbogast Bauunternehmung GmbH & Co. KG, Katharinenfriedhofstr. 48, 92224 Amberg, T: (09621) 30 20)
Geschäftsführer(in): Dipl.-Betriebswirt (FH) Johann Schmalzl (St.-Anna-Str. 4, 92237 Sulzbach-Rosenberg, T: (09661) 87 77-10)

Industrie- und Handelsgremium Cham
Vorsitzende(r): Dr. Alois Plößl (Geschäftsführender Gesellschafter der Fa. Rhanerbräu Vertriebs Verwaltungs-GmbH, Rhan 9, 93488 Schönthal, T: (09978) 2 12)
Geschäftsführer(in): RA Josef Böhm (D.-Martin-Luther-Str. 12, 93047 Regensburg, T: (0941) 56 94-2 15)

Industrie- und Handelsgremium Kelheim
Vorsitzende(r): Dietmar Slonek (Inhaber der Fa. Mylon Slonek GmbH & Co. KG, Ringweg 20, 93342 Saal, T: (09441) 8 10 30)
Geschäftsführer(in): Dr. Alfred Brunnbauer (D.-Martin-Luther-Str. 12, 93047 Regensburg, T: (0941) 56 94-2 31)

Industrie- und Handelsgremium Neumarkt
Vorsitzende(r): Dr. Franz Ehrnsperger (Inhaber der Fa. Neumarkter Lammsbräu Gebr. Ehrnsperger e.K., Amberger Str. 1, 92318 Neumarkt, T: (09181) 40 40)
Geschäftsführer(in): Dipl.-Betriebswirt (FH) Johann Schmalzl (St.-Anna-Str. 4, 92237 Sulzbach-Rosenberg, T: (09661) 87 77-10)

Industrie- und Handelsgremium Schwandorf
Vorsitzende(r): Dipl.-Ingenieur Klaus Peter Donhauser (Mitinhaber der Fa. Gebr. Donhauser, Schwandorf i. B., Hoch- & Tiefbau-Unternehmung GmbH & Co Betriebs-KG, Ettmannsdorfer Str. 47, 92421 Schwandorf, T: (09431) 72 20)
Geschäftsführer(in): Dipl.-Volksw. Josef Beimler (D.-Martin-Luther-Str. 12, 93047 Regensburg, T: (0941) 56 94-2 41)

Industrie- und Handelsgremium Weiden
Vorsitzende(r): Dipl.-Kfm. Harald Mártin (Geschäftsführer der Fa. Langner Maschinenbau GmbH, Turnhalle-Siedlung 7, 92708 Mantel, T: (09605) 92 13-0)
Geschäftsführer(in): Wolfgang Eck (Brenner-Schäffer-Str. 26, 92637 Weiden, T: (0961) 48 19 51-0)

Industrie- und Handelskammer-Ausschuß Raum Regensburg
Vorsitzende(r): Dipl.-Ingenieur Werner Josef Riepl (Geschäftsführer der Fa. Josef Riepl Unternehmen für Hoch- und Tiefbau GmbH, Hallergasse 6, 93047 Regensburg, T: (0941) 5 68 20)
Geschäftsführer(in): Dr. Reinhard Rieger (D.-Martin-Luther-Str. 12, 93047 Regensburg, T: (0941) 56 94-2 17)
Verbandszeitschrift: Wirtschaftsmagazin-Mitteilungen der IHK Regensburg
Redaktion: Dipl.-Betriebswirtin (FH) Herta Schröder, D.-Martin-Luther-Str. 12, 93047 Regensburg, T: (0941) 56 94-2 24
Verlag: Rotaplan Offset Kammann Druck GmbH, Hofer Str. 1, 93057 Regensburg, T: (0941) 6 96 95-0
Mitarbeiter: 105

● **E 65**

Industrie- und Handelskammer Würzburg-Schweinfurt

Postf. 58 40, 97064 Würzburg
Mainaustr. 33, 97082 Würzburg
T: (0931) 41 94-0   **Fax:** 41 94-1 00
Internet: http://www.wuerzburg.ihk.de
E-Mail: info@wuerzburg.ihk.de
Gründung: 1843
Ehrenpräs.: Dr. h.c. Otto Schäfer (Deutschfeldstr. 2, 97422 Schweinfurt)
Präsident(in): Dipl.-Ing. Gert Riedel (geschäftsf. Gesellschafter der Fa. Riedel Bau GmbH Holding, Silbersteinstr. 4, 97424 Schweinfurt)
Präsidialmitgl.: Dipl.-Ing. Claus Bolza-Schünemann (Mitglied d. Vorstands der Fa. KOENIG & BAUER AG, Friedrich-Koenig-Str. 4, 97080 Würzburg)
Dipl.-Kfm. Edgar Duttenhofer (geschäftsf. Gesellschafter der Fa. Duttenhofer. GmbH & Co., Domstr. 5, 97070 Würzburg)
Dr. Kurt Eckernkamp (Vorsitzender des Aufsichtsrats der Fa. Vogel Medien GmbH & Co. KG, Max-Planck-Str. 7-9, 97082 Würzburg)
Wilfried Grampp (geschäftsf. Gesellschafter der Fa. Autohaus Grampp GmbH, Rechtenbacher Str. 17, 97816 Lohr)
Erika Heimrich (Inhaberin Erika Heimrich Damenmoden, Zehntstr. 11, 97421 Schweinfurt)
Dipl.-Ing. Helmut Kirchner (geschäftsf. Gesellschafter der Fa. Fränkische Rohrwerke Gebr. Kirchner GmbH & Co., Hellinger Str. 1, 97486 Königsberg)
Dipl.-Kfm. Baldwin Knauf (geschäftsf. Gesellschafter der Fa. Gebr. Knauf Westdeutsche Gipswerke, Am Bahnhof 7, 97346 Iphofen)
Dr. Erwin Kohorst (Vorsitzender des Vorstandes Sparkasse Mainfranken Würzburg, Hofstr. 9, 97070 Würzburg)
Dr.-Ing. Uwe Loos (Vorsitzender des Vorstandes der Fa. FAG Kugelfischer Georg Schäfer AG, Georg-Schäfer-Str. 30, 97421 Schweinfurt)
Eugen Münch (Vorsitzender des Vorstandes der Fa. Rhön - Klinikum AG, Salzburger Leite 1, 97616 Bad Neustadt)
Dipl.-Kfm. Gerhard Öhring (Geschäftsf. Gesellschafter der Fa. IBB Informationssysteme Beratungs- u. Betriebsgesellschaft mbH, Georg-Schäfer-Str. 30, 97421 Schweinfurt)
Karl-Heinz Schäflein (geschäftsf. Gesellschafter der Fa. Alfons Schäflein GmbH Internationale Spedition, Silbersteinstr. 16, 97424 Schweinfurt)
Dipl.-Ing. Dr. Rainer Schum (geschäftsf. Gesellschafter der Fa. J. E. Schum GmbH & Co., Am Stein 2, 97080 Würzburg)
Dipl.-Ing. Winfried Witte (Vorsitzender des Vorstandes der Fa. Mannesmann Rexroth AG, Jahnstr. 3-5, 97816 Lohr)
Hauptgeschäftsführer(in): Dr. Lando Lotter (Würzburg, T: (0931) 41 94-3 20)
Stellv HGeschF: Dr. Ralf Jahn (T: (0931) 41 94-3 18)
Ass. Ulrich Schwädt (Geschäftsstelle Schweinfurt, Karl-Götz-Str. 7, 97424 Schweinfurt, T: (09721) 78 48-21)
Geschäftsführer(in): Dipl.-Bw. (FH) Werner Pfeiffer (T: (0931) 41 94-353)
Dipl.-Kfm. Rudolf Trunk (T: (0931) 41 94-265)
Dipl.-Bw. Jürgen Bode (T: (0931) 41 94-290)
Renate Bieger (T: (0931) 41 94-280)
Dipl.-Ing. Siegfried Werter (IHK-Zentrum für Weiterbildung, Mainaustr. 35, 97082 Würzburg, T: (0931) 41 94-2 52)
Leitung Presseabteilung: Radu Ferendino (T: (0931) 41 94-319)
Verbandszeitschrift: Wirtschaft in Mainfranken
Redaktion: Radu Ferendino
Verlag: vmm Verlag, Sedanstr. 27, 97082 Würzburg
Mitglieder: ca. 41300
Mitarbeiter: 80
Bezirk: Im Regierungsbezirk Unterfranken die Stadt- und Landkreise Würzburg und Schweinfurt sowie die Landkreise Bad Kissingen, Haßberge, Kitzingen, Main-Spessart und Rhön-Grabfeld

e 66

IHK Würzburg-Schweinfurt Geschäftsstelle Schweinfurt

Karl-Götz-Str. 7, 97424 Schweinfurt
T: (09721) 78 48-0   **Fax:** 78 48-50
Stellv.HGeschF: Ass. Ulrich Schwädt (Geschäftsstelle Schweinfurt)

Gremien:

Industrie- und Handelsgremium Bad Kissingen
Vorsitzende(r): Gerald Kelz (Direktor der Raiffeisenbank Bad Kissingen und Umgebung, Münchner Str. 2, 97688 Bad Kissingen, T: (0971) 80 46-0)

Industrie- und Handelsgremium Hassberge
Vorsitzende(r): Dipl.-Ing. Helmut Kirchner (Geschäftsf. Gesellschafter d. Fa. Fränkische Rohrwerke Gebr. Kirchner GmbH & Co. KG, Hellinger Str. 1, 97486 Königsberg i. Bay., T: (09525) 88-214)

Industrie- und Handelsgremium Kitzingen
Vorsitzende(r): Dipl.-Kfm. Hans-Christian Meuschel (geschäftsf. Gesellschafter der Fa. Wilh. Meuschel jr. OHG, Innere Sulzfelder Str. 17, 97318 Kitzingen, T: (09321) 43 78)

Industrie- und Handelsgremium Main-Spessart
Vorsitzende(r): Wilfried Grampp (geschäftsf. Gesellschafter der Fa. Autohaus Grampp GmbH, Rechtenbacher Str. 17, 97816 Lohr, T: (09352) 50 03-31)

Industrie- und Handelsgremium Rhön-Grabfeld
Vorsitzende(r): Dipl.-Ing. Karl-Jürgen Bittorf (pers. haftender Gesellschafter der Fa. Bittorf & Co., Industriestr. 17, 97638 Mellrichstadt, T: (09771) 41-0)

Berlin

● **E 67**

IHK

Industrie- und Handelskammer zu Berlin

Fasanenstr. 85, 10623 Berlin
T: (030) 3 15 10-0   **Fax:** 3 15 10-278
TX: 1 83 663
TGR: IHAKA
T-Online: ✱969006#
E-Mail: st@berlin.ihk.de
Gründung: 1950 (1. Juli)
Ehrenpräsident: Horst Elfe (OBE)
Präsident(in): Werner Gegenbauer
Vizepräsidenten: Dr. Manfred Gentz (Vorstandsmitglied Daimler Chrysler AG)
Udo Pape (Geschäftsführer Spreeblick Beteiligungs GmbH & Co. Gastro KG)
Bernd Rückert (Inhaber Firma Blumen B.Rückert)
Dr. Wolfgang Rupf (Vorstandsvors. Bankgesellschaft Berlin AG)
Präsidialmitglieder: Dieter E. Beuermann (Pers. Haft. Gesellschafter Otto Meißnern Verl. & Co.)
Dr. Hubertus Erlen (Vorstandsmitgl. Schering AG)
Dr. Michael Wegner (Inh.Central-Hotels Walter Wegner)
Dipl.-Kfm. Arnd Krogmann (Geschäftsführer R & W Immobilienanlagen GmbH)
Rainer Welz (Geschäftsführer Rainer Welz GmbH)
Jürgen Krüger (Vorstandsmitgl. Karstadt AG)
Hauptgeschäftsführer(in): Dr. Thomas Hertz
Stellvertretende Hauptgeschäftsführer: Dipl.-Volksw. Jörg Schlegel (GF der BAO Berlin Marketing-Service GmbH)
Dr. Manfred Kern-Nelle (Stabsbereich Volkswirtschaft)
Gerhard Buchholz (Stabsbereich Öffentlichkeitsarbeit)
Sybille von Obernitz (Stabsstelle Kammergremien, Organisationen)
Geschäftsbereiche
Bereichsleiter: Dipl.-Volksw. Jörg Schlegel (Außenwirtschaft und Absatzförderung)
Roland Engels (Zentrale Funktionen)
Dipl.-Volksw. Rita Neise (Industrie, Dienstleistungen)
Dipl.-Volksw. Christian Wiesenhütter (Handel, Verkehr, Tourismus, Gastgewerbe)
Ass. Volkmar Strauch (Planung, Umwelt, Recht, Finanzen)
Jan Eder (Bildung und Berufsausbildung)
Dipl.-Kfm. Hartmut Scholz (Wirtschaftsförderung und -beratung)
Bereiche
Bereichsleiter: Thomas Kratzenberger (Zentrale Verwaltung)
Frank Niehardt (Industrie, Produktionsnahe Dienstleistungen)
Jochen Brückmann (Einzelhandel, Großhandel, Handelsvermittlung)
N.N. (Stadtentwicklung, Bau- und Grundstückswirtschaft, Öffentliche Finanzen)
Heike Pfaff (Zentrales Beratungs- und Servicezentrum)
Dr. Ahner (Datenverarbeitung)
Dr. Schmid (Informationstechnologie, Medienwirtschaft)
Sabine Gehrig (Verkehr, Verkehrsplanung)
Rainer Schöne (Berufsausbildung)
Klaus Behrmann (Steuern, Gewerberecht, Sachverständigenwesen)
Erich Piotrowski (Firmendatenverwaltung und Beitrag)
Dr. Marion Haß (Banken, Versicherungen, Dienstleistungen)
Claus Labonté (Tourismus, Gastgewerbe)
Eleonore Bausch (Rechtspolitik, Justitiariat)
Bernhard Skrodzki (Weiterbildung, Recht der Berufsbildung)
Gerd Woweries (Handelsregister und Unternehmenrecht)
Madeleine Heldt (Haushalt und Personal)
Johann Behrends (Umwelt und Energie)
Susanne Schmitt-Wollschläger (Gewerbeförderung, Existenzgründungsberatung)
Verbandszeitschrift: Berliner Wirtschaft
Mitglieder: 125000
Geschäftsstelle Berlin des Deutschen Industrie- und Handelstages, Hardenbergstr. 16-18, 10623 Berlin, T: (030) 31 80-1

Brandenburg

● **E 68**

Landesarbeitsgemeinschaft der Industrie- und Handelskammern (IHK) Land Brandenburg

Große Weinmeisterstr. 59, 14469 Potsdam
T: (0331) 27 86-207   **Fax:** 27 86-231
Internet: http://www.ihk.de/potsdam
E-Mail: name@potsdam.ihk.de
Präsident(in): Dr.-Ing. Victor Stimming
Sprecher: Peter Egenter (Hauptgeschäftsführer der IHK Potsdam)
Verbandszeitschrift: FORUM
Mitglieder: rund 120000

Kammern

● **E 69**

Industrie- und Handelskammer Cottbus

Goethestr. 1, 03046 Cottbus
T: (0355) 36 50   **Fax:** 36 52 66
Region: Cottbus-Stadt und die Großkreise Spree-Neiße, Oberspreewald-Lausitz, Elbe-Elster und Dahme-Spreewald
Gründung: 1990 (26. Januar)
Präsident(in): Jürgen Kothe (Geschäftsführender Gesellschafter der BZ Bau Generalunternehmen Cottbus, Gesellschaft für schlüsselfertiges Bauen mbH, Bahnhofstr. 60, 03046 Cottbus, T: (0355) 47 00 94)
Vizepräsident(in): Helmut Hoffmann (Geschäftsführer Uebigauer Elektro- und Schaltanlagenbau - UESA GmbH, Doberluger Str. 52, 04938 Uebigau, T: (035365) 4 90)
Vizepräsident(in): Peter Schiemann (ABB Automation Systems GmbH, Gaglower Str. 17/18, 03048 Gaglow, T: (0355) 59 60)
Vizepräsident(in): Dipl.-Kfm. Hubert Marbach (Lausitzer Braunkohle AG, Knappenstr. 1, 01968 Senftenberg, T: (03573) 78 31 00)
Vizepräsident(in): Jürgen Gypser (Geschäftsführer Niederlausitzer Kraftverkehrs GmbH, Stadtring 3, 03042 Cottbus, T: (0355) 73 53 02, Fax: (0355) 73 54 00)
Vizepräsident(in): Peter Krieger (Geschäftsführer METRO Großhandelsgesellschaft mbH, Am Rondell 9, 15732 Waltersdorf, T: (033762) 5 92 18, Fax: (033762) 5 92 19)
Vizepräsident(in): Dr. Wilfried Berg (Geschäftsführer GfP Gesellschaft für Projektplanung und -steuerung mbH, Mittelstr. 9, 12529 Schönefeld, T: (030) 63 49 95 17, Fax: (030) 6 33 85 15)
Vizepräsident(in): Ulrich Lepsch (Vors. d. Vorstandes, Sparkasse Spree-Neiße, Breitscheidplatz 3, 03046 Cottbus, T: (0355) 6 10-119, Fax: (0355) 6 10-111)
Hauptgeschäftsführer(in): Dr. Joachim Linstedt (T: (0355) 36 51 00)
Stellv. HGeschF: Dr. Andreas Kotzorek (T: (0355) 36 51 10)
Anke Schuldt (T: (0355) 36 51 20)
Dezernenten/Leiter:
Dezernat Wirtschaftsförderung: Dr. Andreas Kotzorek (T: (0355) 36 51 10)
Betriebswirtschaft/Mittelstandsförderung: Bernd Hahn, T: (0355) 36 51 80
Regionale Wirtschaftsentwicklung: Klaus Junghanns, T: (0355) 36 51 86
Verkehr/Raumplanung/Handelspolitik: Hans-Dieter Harnath (T: (0355) 36 51 90)
Stabsbereich Recht/Steuern: Barbara Fichte (T: (0355) 36 52 20)
Dezernat Berufsbildung: Anke Schuldt (T: (0355) 36 51 20)
Stabsbereich Organisation/EDV: Peter Prokop (T: (0355) 36 51 40)
Stabsbereich Finanzen: Gudrun Knothe (T: (0355) 36 51 42)
Stabsbereich Öffentlichkeitsarbeit/Ausländerbeauftragter: Dr. Boris Trelle (T: (0355) 36 51 70)
Verbandszeitschrift: FORUM
Redaktion: IHK Cottbus
Verlag: vmm Wirtschaftsverlag GmbH, Ulmer Str. 249, 86391 Stadtbergen
Mitglieder: 34000 (Stand Oktober 1999)

e 70

IHK Bildungszentrum Cottbus GmbH

Goethestr. 1a, 03046 Cottbus
T: (0355) 36 54 00   **Fax:** 36 54 99
Geschäftsführer(in): Dr. Joachim Linstedt
Jörg Fabiunke

● **E 71**

Industrie- und Handelskammer Frankfurt (Oder)

Postf. 13 66, 15203 Frankfurt
Puschkinstr. 12b, 15236 Frankfurt
T: (0335) 56 21-0   **Fax:** 5 62 12 54
Internet: http://www.ihk-ffo.de
E-Mail: info@ihk-ffo.de
Kammerbezirk:
Stadt: Frankfurt (Oder)
Landkreise: Uckermark, Märkisch-Oderland, Barnim, Oder-Spree
Gründung: 1990 (14. Februar)
Präsident(in): Gerhard Thien

Vizepräsident(in): Werner Schilli
Peter Kehl
Hauptgeschäftsführer(in): Gundolf Schülke
Stellv. HGeschF: Andreas Zintzsch
Öffentlichkeitsarbeit: Thilo Kunze
Verbandszeitschrift: FORUM
Redaktion: Elvira Minack, IHK Frankfurt (Oder)
Mitglieder: 29000
Mitarbeiter: 78

Geschäftsstellen

e 72

IHK Frankfurt (Oder)
Geschäftsstelle Eberswalde
(Gelände Kranbau GmbH, Haus 36)
Heegermühler Str. 64, 16225 Eberswalde
T: (03334) 25 37-0
Leiter(in): Heiner Fellmer

e 73

IHK Frankfurt (Oder)
Geschäftsstelle Fürstenwalde
Mühlenstr. 26, 15517 Fürstenwalde
T: (03361) 24 42
Leiter(in): Brigitte Butze

● E 74

Industrie- und Handelskammer Potsdam
Große Weinmeisterstr. 59, 14469 Potsdam
T: (0331) 2 78 60   Fax: 2 78 61 11
Internet: http://www.ihk.de/potsdam
Gründung: 1990 (15. Februar)
Präsident(in): Dr.-Ing. Victor Stimming (Hoch- u. Ingenieurbau GmbH Brandenburg (HIB), Carl-Reichstein-Str. 20, 14770 Brandenburg a.d. Havel, T: (03381) 3 37 00, Fax: (03381) 33 70 33)
Vizepräsident(in): Holger Appel (Deutsche Bank AG, Filiale Potsdam, Charlottenstr. 40, 14467 Potsdam, T: (0331) 2 84 81 01)
Vizepräsident(in): Bernd Belger (Geschäftsführer, Biochemie Kleinmachnow, Heinrich-Mann-Str. 11, 14532 Kleinmachnow, T: (033203) 2 26 31)
Vizepräsident(in): Bert Krsynowski (Hotel "Märkischer Hof", Karl-Marx-Str. 51-52, 16816 Neuruppin, T: (03391) 28 01, Fax: (03391) 25 66)
Vizepräsident(in): Uwe Hacker (Uwe Hacker Antennen- TV-Hifi-Video, Rostocker Str. 5, 16928 Pritzwalk)
Vizepräsident(in): Jürgen Jacob (Jacob Möbelwerk GmbH & Co.KG, Am Bohldamm 2, 14959 Trebbin)
Hauptgeschäftsführer(in): Peter Egenter (Große Weinmeisterstr. 59, 14469 Potsdam, T: (0331) 2 78 62 07, Fax: (0331) 27 86-2 31)
Abt. Leiter: Abteilung Aus- und Weiterbildung: Jörg Teich (T: (0331) 2 78 66 08)
Abt. Leiter: Presse/Öffentlichkeitsarbeit: Kenneth Frisse (T: (0331) 2 78 61 52, Fax: (0331) 2 78 61 11)
Chefredakteur: Presse/Öffentlichkeitsarbeit: Bernd Schenke (T: (0331) 27 86-1 51, Fax: (0331) 27 86-1 11)
Abt. Leiter: Abteilung Recht und Steuern: Peter Klein (T: (0331) 2 78 62 14)
Abt. Leiter: Abteilung Wirtschaftsförderung Wolfgang Schütt (T: (0331) 2 78 62 09)
Abt.-Leiter: Abteilung Außenwirtschaft Jens Ullmann (T: (0331) 2 78 62 51)
Informations- und Service-Zentrum: Leiter: Dieter Weinert (T: (0331) 27 86-2 12, Fax: (0331) 27 86-1 11)
Abteilung Verwaltung/Datenverarbeitung: Verwaltungsleiterin: Gundula Stelzner (T: (0331) 2 78 61 02)
Existenzgründung und Firmenberatung: Wolfgang Zeuschner (T: (0331) 2 78 62 05)
Technologie und Innovation: Dr. Dietrich Gertenbach (T: (0331) 2 78 61 61)
Umwelt und Energie: Marianne Oppermann (T: (0331) 2 78 61 62)
Verkehr: Sabine Bettin (T: (0331) 2 78 62 60)
Handel/Dienstleistungen/Gastgewerbe: Henri Weiss (T: (0331) 2 78 66 07)
Existenzberatung u. Kredite: Marion Ahrendt (T: (0331) 2 78 63 06); Geschäftsführung Wirtschaftsjuniorenkreis Potsdam)
Tourismus, Existenzberatung u. Kredite: Beate Hohmann (T: (0331) 2 78 63 17)
Ortsplanung u. Regionalentwicklung: Bettina Kuberka (T: (0331) 27 86-3 07)
Außenwirtschaft: Anette Eisentraut (T: (0331) 2 78 62 53)
Dokumentenbearbeitung: Brigitte Enders (T: (0331) 2 78 62 54)
Ausbildungsberatung und Prüfungswesen: Udo Sobota
Weiterbildung/Fortbildung: Wolfgang Spiess (T: (0331) 7 43 23 31)
Verzeichnis: Karin Göricke (T: (0331) 2 78 64 04)
Bildungszentrum: Leiter: Wolfgang Spieß (Wichgrafstr. 2, 14482 Potsdam, T: (0331) 7 43 23 11)
Ausbildungsverbund Teltow e.V.: Geschäftsführer: Karl-Heinz Ganzleben (Oderstr. 73, 14513 Teltow, T: (03328) 47 51 20)
Ausbildungsring e.V.: Geschäftsführer: Dr. Fritz Wegner (T: (0331) 29 86 50)

Datenverarbeitung: Bernd Seidel (T: (0331) 2 78 61 07)
Haushalt und Finanzen: Dagmar Haseloff (T: (0331) 2 78 61 04)
Beitragswesen: Karola Knäsel (T: (0331) 2 78 61 08)
Veranstaltungen: Helmut Puchert (T: (0331) 2 78 62 34)
Bibliothek: Kerstin Neujahr (T: (0331) 2 78 65 10)
Verbandszeitschrift: FORUM-Ein Brandenburger Wirtschaftsmagazin; "Aussenwirtschafts-Magazin"
Verlag: vmm Wirtschaftsverlag GmbH, Ülmer Straße 249, 86391 Stadtbergen, T: (0821) 44 05-0, Fax: 44 05-409
Mitglieder: rund 51000

RegionalCenter

e 75

IHK Potsdam
RegionalCenter Brandenburg a.d.H.
RegionalCenter Havelland
Jacobstr. 7, 14776 Brandenburg
T: (03381) 52 91 13   Fax: 52 91 18
Leiter(in): Wilfried Meier

e 76

IHK Potsdam
RegionalCenter Teltow-Fläming
Poststr. 8, 14943 Luckenwalde
T: (03371) 62 92 12   Fax: 62 92 22
Leiter(in): Dr. Manfred Wäsche

e 77

IHK Potsdam
RegionalCenter Ostprignitz-Ruppin
Fehrbelliner Str. 138, 16816 Neuruppin
T: (03391) 84 00 20   Fax: 50 56 60
Leiter(in): Dr. Hansjochen Scheffter

e 78

IHK Potsdam
RegionalCenter Oberhavel
Lehnitzstr. 21b, 16515 Oranienburg
T: (03301) 59 69 21   Fax: 59 69 11
Leiterin: Christa Giese

e 79

IHK Potsdam
RegionalCenter Prignitz
Hagenstr. 16, 16928 Pritzwalk
T: (03395) 31 17 80   Fax: 30 21 93
Leiterin: Marion Talkowski

Bremen

● E 80

Handelskammer Bremen
Haus Schütting
Postf. 10 51 07, 28051 Bremen
Am Markt 13, 28195 Bremen
T: (0421) 36 37-0   Fax: 36 37-299
Internet: http://www.handelskammer-bremen.de
E-Mail: service@bremen.handelskammer.de
Bezirk: Gebiet der Stadtgemeinde Bremen sowie das Gebiet der stadtbremischen Häfen in Bremerhaven
Präses: Dr. Dirk Plump (W. Tiemann GmbH & Co., Postfach 10 10 67, 28010 Bremen, Neuenlander Str. 41/43, 28199 Bremen, T: (0421) 59 00 30)
Vizepräses: Bernd Hockemeyer (Gebrüder Thiele GmbH & Co. Kommanditgesellschaft, Bremen, Postfach 77 01 70, 28701 Bremen, Schönebecker Kirchweg 45, 28757 Bremen, T: (0421) 69 36 90)
Peter Lürßen (Fr. Lürssen Werft GmbH & Co., Friedrich-Klippert-Str. 1, 28759 Bremen, T: (0421) 6 60 43 14)
Jürgen Roggemann (Enno Roggemann GmbH & Co. KG, Postfach 10 21 66, 28021 Bremen, Ahrensstr. 4, 28197 Bremen, T: (0421) 51 85 50)
Stefan Storch (Friedrich Henseler GmbH & Co. KG, Postfach 10 48 46, 28048 Bremen, Sögestr. 56, 28195 Bremen, T: (0421) 17 35 35)
Dr. Patrick Wendisch (Lampe & Schwartze KG, Postfach 10 68 47, 28068 Bremen, Herrlichkeit 5-6, 28199 Bremen, T: (0421) 5 90 90)
Bernd-Artin Wessels (Scipio GmbH & Co., Postfach 10 75 47, 28075 Bremen, Breitenweg 29-33, 28195 Bremen, T: (0421) 3 09 21)

Hauptgeschäftsführer und I. Syndicus: Dr. Matthias Fonger (Grundsatzfragen der Wirtschafts- und Finanzpolitik, T: (0421) 36 37-210, Fax: (0421) 36 37-258 (dienstl.), Alberstr. 9, 28209 Bremen, T: (0421) 44 50 93 (privat))
Abteilungsleiter: Uwe A. Nullmeyer (Geschäftsführer (Mittelstand, Stadtentwicklung, T: (0421) 36 37-204, Fax: (0421) 36 37-226 (dienstl.), Bulthauptstr. 39, 28209 Bremen, T: (0421) 3 49 85 08 (privat))
Dr. Jens Schröder (Geschäftsführer (Industrie, Umwelt, Volkswirtschaft), T: (0421) 36 37-321, Fax: (0421) 36 37-326 (dienstl.), Bürgerwohlsweg 118, 28215 Bremen, T: (0421) 3 78 08 56 (privat))
Wolfram Klein (Geschäftsführer (Außenwirtschaft, Messen und Europa-Angelegenheiten), T: (0421) 36 37-240, Fax: (0421) 36 37-246 (dienstl.), Fittger Str. 11, 28209 Bremen, T: (0421) 3 47 82 04 (privat))
Dr. Torsten Adam Slink (Geschäftsführer (Handel, Recht, Dienstleistungen), T: (0421) 36 37-410, Fax: (0421) 36 37-400)
Dr. Andreas Otto (Syndicus (Häfen, Regionalplanung, Verkehr), T: (0421) 36 37-270, Fax: (0421) 36 37-274 (dienstl.), Kleiner Fährhof 21, 27367 Sottrum, T: (04264) 20 43 (privat))
Dr. Horst Meyer (Geschäftsführer (Aus- und Weiterbildung), T: (0421) 36 37-280, Fax: (0421) 36 37-324 (dienstl.), Warfer Landstr. 11a, 28357 Bremen, T: (0421) 27 22 95 (privat))
Günther Lübbe (Geschäftsführer (Zentrale Dienste), T: (0421) 36 37-220, Fax: (0421) 36 37-303 (dienstl.), Dechant-Hackmann-Str. 5, 49661 Cloppenburg, T: (04471) 8 21 02 (privat))
Leiter Presse- und Öffentlichkeitsarbeit: Dr. Stefan Offenhäuser (T: (0421) 36 37-245, Fax: (0421) 36 37-226 (dienstl.), Liebensteinerstr. 34, 28205 Bremen, T: (0421) 1 63 43 77)

● E 81

Industrie- und Handelskammer Bremerhaven
Postf. 10 05 40, 27505 Bremerhaven
Friedrich-Ebert-Str. 6, 27570 Bremerhaven
T: (0471) 9 24 60-0   Fax: 9 24 60-90
TGR: Handelskammer
Internet: http://www.bremerhaven.ihk.de
E-Mail: ihk@Bremerhaven.ihk.de
Gründung: 1867
Präsident(in): Dipl.-Wirtsch.-Ing. Ingo Kramer
Vizepräsident(in): N. N.
Hauptgeschäftsführer(in): Michael Stark (T: dienstl. Durchw. 9 24 60-22)
Geschäftsführer(in): Assessor Martin Johannsen (T: dienstl. Durchwahl 9 24 60-33)
Verbandszeitschrift: Wirtschaft an Strom und Meer
Mitglieder: 4000
Bezirk: Stadt Bremerhaven

Hamburg

● E 82

Handelskammer Hamburg
Postf. 11 14 49, 20414 Hamburg
Adolphsplatz 1, 20457 Hamburg
T: (040) 36 13 80   Fax: 36 13 84 01
Internet: http://www.handelskammer.de/hamburg
E-Mail: service@hamburg.handelskammer.de
Bezirk: Staatsgebiet Hamburg
Präses: Nikolaus W. Schües (Geschäftsführer der Reederei F. Laeisz Schiffahrtsgesellschaft m.b.H.)
Vizepräses: Volker Bremkamp (Vorsitzender des Vorstandes der ALBINGIA Lebensversicherungs-Aktiengesellschaft)
Vizepräses: Dr.jur. Karl-Joachim Dreyer (Vorstandsmitglied der Hamburger Sparkasse)
Vizepräses: Dr. Peter von Foerster (Vorsitzender des Vorstandes der Alsen Aktiengesellschaft)
Vizepräses: Anette Gehrke (Geschäftsführerin der Fahrzeug-Marcks GmbH & Co.)
Vizepräses: Dr. Michael Otto (Geschäftsführer der Verwaltungsgesellschaft Otto Versand mbH)
Vizepräses: Dr. Martin Willich (Geschäftsführer der STUDIO HAMBURG Atelier GmbH)
Hauptgeschäftsführer(in): Dr. Hans-Jörg Schmidt-Trenz (T: dienstl. Durchwahl 2 11)
Pers. Ref. d. HGeschF: Dr. Hariolf Wenzler (stellv. Geschäftsführer, T: dienstl. Durchwahl 2 14)
Bereichsleiter: Dr. Roland Rückel (Syndikus, Stabsbereich S-I-Öffentlichkeitsarbeit: Informationen für Medien, Kammerpublikationen; T: dienstl. Durchwahl 3 01)
Bereichsleiter: Dr. Günther Klemm (Syndikus, Stabsbereich S-II-Volkswirtschaft: Grundsatzfragen der Wirtschaftspolitik, Standort- und Regionalentwicklung, Steuern und Finanzen, Commerzbibliothek, T: dienstl. Durchwahl 3 61)
Bereichsleiter: Dr. Hanspeter Vogel (Syndikus, Stabsbereich S-III-Recht: Rechtspolitik/Schiedsgerichtsbarkeit, Sachverständigen- und Firmenrecht, Rechtsanwendung Wirtschaftsrecht, T: dienstl. Durchwahl 3 44)
Bereichsleiter: Dipl.-Volksw. Peter Cordes (Syndikus, Geschäftsbereich G-I-Industrie: Industrie/Forschung und Entwicklung, Umweltschutz/Energie, IPC Innovations- und Patentcentrum, Stadtentwicklung/Wirtschaftsschutz, T: dienstl. Durchwahl 3 81)
Bereichsleiter: Ass. Bernd Reichhardt (Syndikus, Geschäftsbereich G-II-Handel u. Dienstleistungen: Handel, Medienwirtschaft, Dienstleistungen u. Finanzwirtschaft, Mittelstandspolitik und Gewerbeförderung, T: dienstl. Durchwahl 71)
Bereichsleiter: Dr. Herbert Flohr (stellv. Hauptgeschäftsfüh-

rer, Geschäftsbereich G-III-Außenwirtschaft: Außenhandel, Außenwirtschaftsrecht, Auswärtige Vertretungen, T: dienstl. Durchwahl 2 91)
Bereichsleiter: Reinhard Wolf (Syndikus, Geschäftsbereich G-IV-Verkehr- und Tourismus: Europäische Verkehrsfragen,Stadtverkehr/Schiffahrt und Hafen, Tourismus und Verkehrsgewerbe, T: dienstl. Durchwahl 3 11)
Bereichsleiter: Dipl.-Ing. Hubert Grimm (Geschäftsführer, Geschäftsbereich G-V-Berufsbildung: Kaufmännische Berufsbildung, Technische Berufsbildung, Besondere Fortbildungsprüfung, T: dienstl. Durchwahl 3 21)
Bereichsleiterin: Dipl.-Geographin Margret Sitzler (Geschäftsführerin, Geschäftsbereich G-VI-Bildungs-Service: Weiterbildung, Wirtschaftsakademie, Bildungspolitik, T: dienstl. Durchwahl 5 38)
Bereichsleiter: Dipl.-Volksw. Andreas Westermeier (Geschäftsführer, Geschäftsbereich Z-Zentrale Aufgaben: Personal, Rechnungswesen/Interne Dienste, Organisation/ EDV, Service-Center, T: dienstl. Durchwahl 2 21)
AbtLeiter: Dipl.-Betriebsw. Günter Dorigoni (Geschäftsführer, Abteilung Tourismus und Verkehrsgewerbe, T. dienstl. Durchwahl 3 10)
AbtLeiter: Bernd Glodek (stellv. Geschäftsführer, Abteilung Wirtschaftsakademie, T: dienstl. Durchwahl 3 56)
AbtLeiter: Dr. Andreas Fuhrhop (Geschäftsführer, Abteilung Sachverständigen- und Firmenrecht, T: dienstl. Durchwahl 3 07)
AbtLeiter: Assessor Christian Graf (stellv. Geschäftsführer, Abteilung Rechtsanwendung Wirtschaftsrecht, T: dienstl. Durchwahl 365)
AbtLeiter: Dr. Klaus Harbs (Geschäftsführer, Abteilung Stadtentwicklung/Wirtschaftsschutz, T: dienstl. Durchwahl 4 31)
AbtLeiter: Dipl.-Volksw. Rolf Jenkel (Geschäftsführer, Abteilung Standort- und Regionalentwicklung, T: dienstl. Durchwahl 3 53)
AbtLeiterin: Dipl.-Ing. Andrea Koch (Geschäftsführerin, Abteilung Medienwirtschaft, T: dienstl. Durchwahl 4 44)
AbtLeiter: Dr. Christina Beine (stellv. Geschäftsführerin, Schiffahrt und Hafen, T: dienstl. Durchwahl 314)
AbtLeiter: Dr. Michael Kuckartz (stellv. Geschäftsführer, Abteilung IPC Innovations- und Patentcentrum, T: dienstl. Durchwahl 2 49)
AbtLeiterin: Dipl.-Pol. Corinna Nienstedt (stellv. Geschäftsführerin, Abteilung Außenhandel, T: dienstl. Durchwahl 2 53)
AbtLeiter: Werner Pahl (stellv. Geschäftsführer, Abteilung Personal, T: dienstl. Durchwahl 4 14)
AbtLeiter: Dipl.-Volksw. Hartwig Plath (Geschäftsführer, Abteilung Kammerpublikationen, T: dienstl. Durchwahl 3 05)
AbtLeiter: Dipl.-Volksw. Arne Rössel (stellv. Geschäftsführer, Abteilung Industrie/Forschung und Entwicklung, T: dienstl. Durchwahl 2 61)
AbtLeiter: Dipl.-Ing. Klaus Rohwedder (stellv. Geschäftsführer, Abteilung Organisation/EDV, T: dienstl. Durchwahl 2 39)
AbtLeiter: Dr. Uwe Samuels (Abteilung Technische Berufsbildung, T: dienstl. Durchwahl 455)
AbtLeiter: Dipl.-Volksw. Thomas Schierbecker (stellv. Geschäftsführer, Abteilung Kaufmännische Berufsbildung, T: dienstl. Durchwahl 4 63)
AbtLeiter: Dipl.-Volksw. Jörn Schüßler (stellv. Geschäftsführer, Abteilung Mittelstandspolitik und Gewerbeförderung, T: dienstl. Durchwahl 275)
AbtLeiter: Manfred Schütze (stellv. Geschäftsführer, Abteilung Außenwirtschaftsrecht, T.dienstl. Durchwahl 293)
AbtLeiter: Dipl.-Kfm. Jutta Thormann (Geschäftsführerin, Abteilung Steuern und Finanzen und Commerzbibliothek, T: dienstl. Durchwahl 3 51)
AbtLeiter: Holger Weber (stellv. Geschäftsführer, Abteilung Service-Center, T: dienstl. Durchwahl 3 23)
AbtLeiter: Dr. Gerald Wogatzki (Abteilung Dienstleistungen und Finanzwirtschaft, T: dienstl. Durchwahl 286)
Verbandszeitschrift: Hamburger Wirtschaft

e 83

Handelskammer Hamburg
Vertretung in Berlin:
Breite Str. 29, 10178 Berlin
T: (030) 22 67 95 13 **Fax:** 22 67 95 14
Leiter(in): Dipl.-Volksw. Birgit Edener (stellv. GeschF)

e 84

Handelskammer Hamburg
Vertretung in Brüssel:
Boulevard Clovis 49 A, B-1000 Bruxelles
T: (00322) 2 86 16 84
Leiter(in): Ass. Volkmar Herr (stellv. GeschF)

e 85

Handelskammer Hamburg
Vertretung in St. Petersburg:
Haus der Deutschen Wirtschaft
W. O. Bolschoj-Prospekt 10, RUS-199034 St. Petersburg
T: (007812) 3 23 04 45 **Fax:** 3 25 60 54
TX: 064-121510 hddtw
Leiter(in): Stephan Stein

e 86

Handelskammer Hamburg
Vertretung in Kaliningrad:
Pl.Pobeby 4, RUS-236000 Kaliningrad
T: (0070112) 21 15 38 **Fax:** 55 42 36
Leiter(in): Stephan Stein

Hessen

• **E 87**

Arbeitsgemeinschaft Hessischer Industrie- und Handelskammern
60284 Frankfurt
Börsenplatz 4, 60313 Frankfurt
T: (069) 2 19 70 **Fax:** 21 97-14 24
Internet: http://www.arbeitsgemeinschaft-hessischer-ihk.de
E-Mail: info@frankfurt-main.ihk.de
Kammern: Darmstadt, Dillenburg, Frankfurt a.M., Fulda, Giessen-Friedberg, Hanau, Kassel, Limburg, Offenbach, Wetzlar, Wiesbaden
Vorsitzende(r): Dr. Wolf Klinz (Präsident der IHK Frankfurt, T: (069) 2 19 70)
Geschäftsführer(in): Dr. Wolfgang Lindstaedt (Hauptgeschäftsführer der IHK Frankfurt a.M., 60284 Frankfurt, T: (069) 21 97-0)
Stellv. Geschäftsführerin: Barbara Ulreich (M.A., Büro der Arbeitsgemeinschaft, T: (069) 21 97-1384)

Aufgabenstellen für Zwischen- und Abschlußprüfungen:
Geschäftsführer(in): Dipl.-Betriebsw. Rudolf Mäusle (T: (069) 21 97-1223/1226, Fax: 21 97-1542)
Referent: Robert Röder (Industriell-technische Berufe, T: (069) 21 97-1235)
Referent: Frank M. Ziemer (Kaufmännische Berufe, T: (069) 21 97-12 27)

e 88

IHK Technologieberatung Hessen
Börsenplatz 4, 60313 Frankfurt
Leiter(in): Dr.-Ing. Hermann Bertram (T: (069) 21 97-14 28)

e 89

Auftragsberatungsstelle Hessen e.V. (Beratungsstelle für das öffentliche Auftragswesen)
Wilhelmstr. 24, 65183 Wiesbaden
T: (0611) 37 20 88/89 **Fax:** 9 10 03 91
Internet: http://www.abshessen.de, http://www.had.de
E-Mail: info@abshessen.de, had@had.de
Vorstandsvorsitzender: Ernst Renninger
stellv. Vorstandsvorsitzender: Ass. Zsolt Gheczy
Geschäftsführer(in): Dipl.-Volksw. Siegfried Stockhorst

e 90

Hessisches Wirtschaftsarchiv e.V.
Karolinenplatz 3, 64289 Darmstadt
T: (06151) 16 50 00 **Fax:** 16 50 03
Vorstandsvorsitzender: Dipl.-Kfm. Walter Behning (IHK Hanau - Gelnhausen - Schlüchtern)
1. stellv. Vorstandsvorsitzender: Dr. Volker Merx (IHK Darmstadt)
2. stellv. Vorstandsvorsitzender: Dr. Wolfgang Lindstaedt (IHK Frankfurt am Main)
Geschäftsführer(in): Dr. Ulrich Eisenbach

Kammern

• **E 91**

Industrie- und Handelskammer Darmstadt
Postf. 10 07 05, 64207 Darmstadt
Rheinstr. 89, 64295 Darmstadt
T: (06151) 87 10 **Fax:** 87 12 81
Internet: http://ihk.darmstadt.de
Gründung: 1862 (30. April)
Präsident(in): Dr. Michael Römer (Stellv. Vors. der Geschleitung der Merck KGaA, Darmstadt)
Vizepräsident(in): Otto Gebhardt (VorsdVorst der Sparkasse Bensheim)
Dr. Jochen Klein (Geschäftsführender Gesellschafter Döhler-Gruppe, Darmstadt)
Joachim F. Krahl (Geschäftsführer der MMS Marketing und Management Systeme GmbH, Bad König)
Dipl.-Ing. Rainer Müller-Donges (Geschäftsführer der Donges Stahlbau GmbH, Darmstadt)
Roland Repp (Sprecher der Geschäftsführung, Verlag Hoppenstedt GmbH, Darmstadt)
Hauptgeschäftsführer(in): Dr. Volker Merx (dienstl. Durchwahl: (06151) 87 12 02)
Geschäftsbereichsleiter: Ass. Susanne Jung (Abt. Standortpolitik, dienstl. Durchwahl (06151) 87 12 82)
Geschäftsbereichsleiter: Ass. Rolf Beckers (Abt. Recht und Fair Play, dienstl. Durchwahl (06151) 87 12 16)
Geschäftsbereichsleiter: Dipl.-Volksw. Claus Gilke (Abt. International, dienstl. Durchwahl (06151) 87 12 08)
Geschäftsbereichsleiter: Dipl.-Hdl. Ferdinand Rosenbauer (Abt. Aus- und Weiterbildung, dienstl. Durchwahl (06151) 87 12 41)
Geschäftsbereichsleiter: Dipl.-Kfm. Martin Proba (Abt. Unternehmensförderung und Starthilfe, dienstl. Durchwahl (06151) 87 12 34)
Geschäftsbereichsleiter: Dr. Roland Lentz (Abt. Innovation, dienstl. Durchwahl (06151) 8 71-199)
Geschäftsbereichsleiter: Ass. Hans-Heinrich Benda (Abt. Zentrale Dienste, dienstl. Durchwahl (06151) 8 71-260)
Leitung Presse- und Öffentlichkeitsarbeit: M.A. Barbara Becker
Verbandszeitschrift: IHK-Report Südhessen, Nachrichten der IHK Darmstadt
Redaktion: Barbara Becker
Verlag: Druck- und Verlagshaus Zarbock GmbH & Co. KG, Sontraer Str. 6, 60386 Frankfurt, T: (069) 42 09 030
Mitglieder: rd. 55000 gewerbliche Unternehmen
Mitarbeiter: 85
Jahresetat: DM 20,2 Mio, € 10,33 Mio
Bezirk: Stadt Darmstadt und Landkreise Bergstraße, Darmstadt-Dieburg, Groß-Gerau und Odenwaldkreis

• **E 92**

Industrie- und Handelskammer zu Dillenburg
Postf. 14 63, 35664 Dillenburg
Am Nebelsberg 1, 35685 Dillenburg
T: (02771) 8 42-0 **Fax:** 8 42-199
Internet: http://www.ihk-dillenburg.de
E-Mail: info@dillenburg.ihk.de
Bezirk: Dill/obere Lahn
Ehrenpräs.: Karl-Heinz Bräunche (Gierlichstr. 22, 35683 Dillenburg)
Präsident(in): Dipl.-Vw. Manfred Roth (Geschäftsführer der Roth-Werke GmbH, Postf. 21 66, 35230 Dautphetal)
Vizepräsident(in): Dipl.-Wi. Fritz Weg (Geschäftsführer der Firma Fritz Weg GmbH & Co.KG Werkzeuge + Maschinen, Ahornweg 41, 35713 Eschenburg)
Vizepräsident(in): Dipl.-Wirtschafts-Ing. Hans-Joachim Selzer (Geschäftsführer der Selzer Fertigungstechnik GmbH & Co. KG, Am Bahnhof Roth, 35759 Driedorf)
Vizepräsident(in): Uwe Hainbach (Geschäftsführer der Fa. Christmann u. Pfeifer u. Co.KG, Postfach, 35233 Breidenbach)
Hauptgeschäftsführer(in): Dipl.-Wirtsch.-Ing. Andreas Tielmann (Hegebachweg 28, 35619 Braunfels)
Geschäftsführer(in): Martin Kreck (Beilsteinstr. 36, 35683 Dillenburg, T: (02771) 4 13 33)
Geschäftsführer(in): Dipl.-Betriebsw. Burghard Loewe (Im Welzebach 2, 35043 Marburg, T: (06421) 70 63)
Verbandszeitschrift: Wirtschaft an Lahn & Dill

• **E 93**

Industrie- und Handelskammer Frankfurt am Main
60284 Frankfurt
Börsenplatz 4, 60313 Frankfurt
T: (069) 21 97-0 **Fax:** 21 97-1424
TGR: Handelskammer Frankfurtmain
Internet: http://www.frankfurt-main.ihk.de
E-Mail: info@frankfurt-main.ihk.de
Bezirk: Frankfurt am Main und die Landkreise Hochtaunus und Main-Taunus (ausgenommen Hochheim)
Präsident(in): Dr. Wolf Klinz (Vorsitzender d. Vorstands, AGJV Aktiengesellschaft, Wöhlerstr. 10, 60323 Frankfurt, T: (069) 1 70 80-6 10)
Ehrenpräsident: Dr. Frank Niethammer (Niethammer Unternehmensbeteiligungs GmbH, Altkönigstr. 34, 61462 Königstein, T: (06174) 70 50)
Vizepräsident(in): Frank Albrecht (Geschäftsf. Gesellschafter Drogerie-Parfümerie Albrecht GmbH, Goethestr. 27, 60313 Frankfurt, T: (069) 28 74 72)
Vizepräsident(in): Dipl.-Ing. Dagmar Bollin-Flade (Geschäftsf. Gesellschafterin Christian Bollin Armaturenfabrik GmbH, Westerbachstr. 290-294, 65936 Frankfurt, T: (069) 34 10 21)
Vizepräsident(in): Hans-Jürgen Breidenstein (Geschäftsführer Umschau Zeitschriftenverlag Breidenstein GmbH, Stuttgarter Str. 18-24, 60329 Frankfurt, T: (069) 26 00-2 01, Fax: (069) 26 00-2 09)
Vizepräsident(in): Dr. Harald Dombrowski (Geschäftsführer, EKF Einkaufskontor Frankfurt GmbH, Johannes-Gutenberg-Str. 12-14, 65719 Hofheim-Wallau, T: (06122) 9 98-114)
Vizepräsident(in): Dietrich-Kurt Frowein (Vors. d. Aufsichtsrats, Commerzbank AG, Kaiserplatz, 60261 Frankfurt, T: (069) 13 62-1)
Vizepräsident(in): Norbert Hopf (Geschäftsführer Werner Hopf GmbH & Co., Frankfurter Str. 7-11, 65760 Eschborn, T: (06196) 4 93-2 01)
Vizepräsident(in): Michael G. König (Geschäftsf. Gesellschafter August L. König GmbH Spedition und Logistik, Westhafen - Zollhof, 60327 Frankfurt, T: (069) 27 40 12-10)
Vizepräsident(in): Horst Platz (Inhaber Firma Horst Platz, Elektro-Industrievertretungen, Ludwigstr. 10, 61348 Bad Homburg, T: (06172) 92 71-0)
Vizepräsident(in): Dr. Carl Voigt (Mitglied des Vorstands Degussa-Hüls Aktiengesellschaft, Weißfrauenstr. 9, 60311 Frankfurt, T: (069) 2 18-31 00, Fax: (069) 2 18-20 68)
Hauptgeschäftsführer(in): Dr. Wolfgang Lindstaedt (T: dienstl. Durchwahl 21 97-1283)
Stellv. HGeschF: Dr. Wolfgang Weber (T: dienstl. Durchwahl 21 97-1288)
Geschäftsführer(in): Dr.-Ing. Hermann Bertram (Industrie, Energie und Umweltschutz, T: dienstl. Durchwahl 21 97-1218)

Geschäftsführer(in): Dr. Hans-Peter Debling (Handel, Verkehr und Raumordnung, T: dienstl. Durchwahl 21 97-1332)
Geschäftsführer(in): Dr. Karin Zeni (Außenwirtschaft und Großhandel, T: dienstl. Durchwahl 21 97-1211)
Geschäftsführer(in): Dipl.-Betriebsw. Rudolf Mäusle (Berufsbildung, T: dienstl. Durchwahl 21 97-1223)
Geschäftsführer(in): Dr. Hans-Joachim Otto (Information, Organisation und Wirtschaftsberatung, T: dienstl. Durchwahl 21 97-1370)
Geschäftsführer(in): Ass. Hans Petermann (Recht und Immobilienwirtschaft, T: dienstl. Durchwahl 21 97-13 37)
Geschäftsführer(in): Dipl.-Kfm. Dieter Schwab (Banken, Versicherungen und Steuern, T: dienstl. Durchwahl 21 97-13 27)
Geschäftsführer(in): Matthias W. Send (Öffentlichkeitsarbeit und Informationswirtschaft, T: dienstl. Durchwahl 21 97-12 54)
Stellvertretende(r) Geschäftsführer(in): Dipl.-Volksw. Walter Engelmann (Außenwirtschaft und Großhandel, T: dienstl. Durchwahl 21 97-1216)
Stellvertretende(r) Geschäftsführer(in): Dorothea Gutsch (Präsidialbüro, T: dienstl. Durchwahl 21 97-1285)
Stellvertretende(r) Geschäftsführer(in): Dipl.-Kfm. Peter Niere (Handel, Verkehr und Raumordnung, T: dienstl. Durchwahl 21 97-1336)
Stellvertretende(r) Geschäftsführer(in): Ass. Detlef Osterloh (Recht und Immobilienwirtschaft, T: dienstl. Durchwahl 21 97-13 11)
Stellvertretende(r) Geschäftsführer(in): Dipl.-Betriebsw. H.-J. Reinhardt (Information, Organisation und Wirtschaftsberatung, T: dienstl. Durchwahl 21 97-1372)
Stellvertretende(r) Geschäftsführer(in): Dipl.-Volksw. Michael Höppner (Handel, Verkehr und Raumordnung, T: dienstl. Durchwahl 21 97-1277)
Stellvertretende(r) Geschäftsführer(in): Ingrid Sebald-Ganzmann (Berufsbildung, T: dienstl. Durchwahl 21 97-1223)
Stellvertretende(r) Geschäftsführer(in): Dipl.-Volksw. Alfred Siegl (Banken, Versicherungen und Steuern, T: dienstl. Durchwahl 21 97-13 27)
Stellvertretende(r) Geschäftsführer(in): Dipl.-Kfm. Günter Staab (Finanzdienstleistungen und Haushalt, T: dienstl. Durchwahl 21 97-1262)
Stellvertretende(r) Geschäftsführer(in): Dipl.-Volksw. Dipl.-Ing. Johannes Wagner (Industrie, Energie und Umweltschutz, T: dienstl. Durchwahl 21 97-1293)
Verbandszeitschrift: IHK WirtschaftsForum

e 94

IHK-Service-Center

Schillerstr. 11, 60313 Frankfurt
T: (069) 21 97-0 **Fax:** 21 97-1424
Geschäftsführer(in): Dr. Brigitte Scheuerle-Wagner

e 95

IHK Frankfurt am Main Geschäftsstelle Bad Homburg v.d.H.

(für den Landkreis Hochtaunus)
Louisenstr. 80-82, 61348 Bad Homburg
T: (06172) 12 10-0 **Fax:** 2 26 12
E-Mail: homburg@frankfurt-main.ihk.de
Geschäftsführer(in): Dr. Brigitte Scheuerle-Wagner
Stellvertretende(r) Geschäftsführer(in): Udo Schweickhardt

e 96

IHK Frankfurt am Main Geschäftsstelle Hofheim

(für den Landkreis Main-Taunus, ausgenommen Hochheim)
Kirschgartenstr. 6, 65719 Hofheim
T: (06192) 96 47-0 **Fax:** 2 88 94
E-Mail: hofheim@frankfurt-main.ihk.de
Geschäftsführer(in): Dr. Brigitte Scheuerle-Wagner
Stellvertretende(r) Geschäftsführer(in): Dipl.-Vw. Ernst Ries

• E 97

Industrie- und Handelskammer Fulda

Postf. 6 29, 36006 Fulda
Heinrichstr. 8, 36037 Fulda
T: (0661) 28 40 **Fax:** 2 84 44
Internet: http://www.ihk.fulda.net
E-Mail: info@fulda.ihk.de
Bezirk: Landkreis Fulda
Ehrenpräsident: Erich Deinhardt (Vorsitzender des Aufsichtsrates der Gummiwerke Fulda GmbH, Künzeller Str. 59/61, 36043 Fulda, T: (0661) 1 40, Privatanschrift: Kohlgrunder Str. 31, 36093 Künzell, T: (0661) 3 38 56)
Präsident(in): Dipl.-Kfm. Helmut Sorg (Geschf. Ges. der Fa. Edmund Sorg GmbH, Kreuzbergstr. 44, 36043 Fulda, T: (0661) 4 95 00, Privatanschrift: Am Berg 34, 36041 Fulda, T: (0661) 5 28 22)
Vizepräsident(in): Dr. Walter Arnold (Geschf. der Fa. Zement- und Kalkwerke Otterbein GmbH & Co. KG, Hauptstr. 50, 36137 Großenlüder, T: (06648) 68-0)
Vizepräsident(in): Dr. Christian Gebhardt (geschf. Gesellschafter der Fa. Dr. Gebhardt & Moritz Steuerberatungsgesellschaft mbH, Heinrichstr. 79, 36037 Fulda, T: (0661) 9 77 90)
Vizepräsident(in): Wolfgang Gutberlet (Vorsitzender des Stiftungsvorstandes der Fa. tegut... Theo Gutberlet Stiftung & Co., Gerloser Weg 72, 36039 Fulda, T: (0661) 1 04-7 00)
Vizepräsident(in): Wolfgang Wehner (geschf. Gesellschafter der Fa. Wehner Lebensmittel GmbH & Co. KG, Kreuzbergstr. 37, 36043 Fulda, T: (0661) 4 95 80, Privatanschrift: Hainzeller Str. 14, 36041 Fulda, T: (0661) 7 66 72)
Hauptgeschäftsführer(in): Dipl.-Volksw. Stefan Schunck (Umwelt, Volkswirtschaft, T: dienstl. Durchwahl (0661) 2 84 16, Privatanschrift: Marienstr. 49, 36039 Fulda, T: (0661) 7 59 15)
Geschäftsführer(in): Assessor Hermann Vogt (Recht, Handel, Dienstleistungen, Steuern, T: dienstl. Durchwahl (0661) 2 84-20, Privatanschrift: Eichendorffstr. 47, 36100 Petersberg, T: (0661) 6 13 61)
Abteilungsleiter: Dipl.-Betriebsw. Martin Räth (Außenwirtschaft, Verkehr, Wirtschaftsförderung, Raumordnung, Industrie, T: dienstl. Durchwahl (0661) 2 84-14)
Abteilungsleiter: Dipl.-Ing. Armin Gerbeth (Berufsbildung, Weiterbildung, T: dienstl. Durchwahl (0661) 2 84-32)
Abteilungsleiter: Dipl.-Volksw. Stephane Budenz (Tourismus, Umwelt, Statistik, Öffentlichkeitsarbeit, Leitung des Informationszentrums, Kammerzeitung, T: dienstl. Durchwahl (0661) 2 84-30)
Abteilungsleiterin: Magdalena Zyzik (Verwaltung, Finanzen, Firmenregister, T: dienstl. Durchwahl (0661) 2 84-10)
Verbandszeitschrift: Wirtschaft Region Fulda

• E 98

Industrie- und Handelskammer Giessen-Friedberg

Sitz und Hauptgeschäftsstelle Giessen
Postf. 11 12 20, 35357 Gießen
T: (0641) 7 95 40 **Fax:** 7 59 14
Internet: http://www.giessen-friedberg.ihk.de
E-Mail: zentrale@giessen-friedberg.ihk.de
Bezirk: Kreis Gießen, Vogelsbergkreis und Wetteraukreis
Gründung: 1999 (Vorgängerinstitutionen IHK Friedberg 1898, IHK Gießen 1872
Ehrenpräsident: Senator E.h. Franz Vogt (Vorstandsvors. u. Gesellschafter der VOKO-Gruppe; Am Pfahlgraben 4-10, 35415 Pohlheim, T: (06404) 92 92 15)
Präsident(in): Dipl.-Kfm. Fritz Hartmut Ulrich (Fa. Schwarz & Ulrich KG, Fauerbacher Str. 5-27, 61169 Friedberg, T: (06031) 4 8-150)
1. Vizepräsident: Dr. Wolfgang Maaß (Fa. Brühlsche Universitätsdruckerei Verlag des Gießener Anzeigers GmbH & Co. KG, Am Urnenfeld 12, 35396 Gießen-Wieseck, T: (0641) 95 04-1 11)
Vizepräsident(in): Kaufm. Gert Ebert (Fa. Schuhhaus Edmund Darré, Seltersweg 67, 35390 Gießen, T: (0641) 7 10 41)
Vizepräsident(in): Dipl.-Kfm. Hagen Kirchner (Industrievertretungen, Sudetenring 9, 61200 Wölfersheim, T: (06036) 20 41)
Vizepräsident(in): Ernst-Walter Krause (Fa. CEKA-Büromöbelwerke C. Krause & Sohn GmbH & Co. KG, Beethovenstr. 9, 36304 Alsfeld, T: (06631) 18 60)
Vizepräsident(in): Thomas Lupp (Adolf Lupp GmbH & Co. KG, Alois-Thums-Str. 1-3, 63667 Nidda, T: (06043) 8 07-1 44)
Vizepräsident(in): Rudolf Röser (Volksbank Gießen eG, Goethestr. 7, 35390 Gießen, T: (06403) 51 81)
Vizepräsident(in): Rainer Schmidt (i. Fa. K.L. Schmidt Baugesellschaft für Hoch- und Industriebau mbH, Rodheimer Str. 15, 61118 Bad Vilbel, T: (06101) 4 09 20)
Hauptgeschäftsführer(in): Dr. Uwe Schubert (Regional- und Strukturpolitik, Königsberger Str. 15, 35444 Biebertal, T: (06409) 90 09)
Geschäftsführer(in): Dipl.-Volksw. Hans Jürgen Pohl (Außenwirtschaft, Messen, EU, Fröbelstr. 59, 35394 Gießen, T: (0641) 49 11 91)
Geschäftsführer(in): Michael Wenge (Öffentlichkeitsarbeit, Verkehr, Multimedia, Finkenweg 23, 35440 Linden, T: (06403) 16 80)
Leitung Presseabteilung: Michael Wenge
VerwLtr.: Horst Schwarz (Finanzen und Haushalt, Erfurter Str. 9, 35239 Steffenberg, T: (06464) 81 37)
Verbandszeitschrift: Wirtschaft - Magazin der Industrie- und Handelskammer Giessen-Friedberg
Mitglieder: 31700

e 99

Hauptgeschäftsstelle Friedberg

Goetheplatz 3, 61169 Friedberg
T: (06031) 6 09-0 **Fax:** 6 09-180
Stellv. HGeschF: Dipl.-Kfm. Elke Ehlen (Berufsausbildung, Berufliche Weiterbildung, Wirtschaftsjunioren, Brunnenstr. 31 a, 61191 Rosbach, T: (06003) 9 21 36)
Geschäftsführer(in): Gisela Gabriele Stadler (Personal, Verwaltung, Blücherstr. 32, 61231 Bad Nauheim, T: (06032) 3 25 27)
Dezernatsleiter: Dipl.-Volksw. Robert Malzacher (Raumordnung, Wirtschaftsförderung, Infrastruktur, Breslauer Str. 23, 35789 Weilmünster, T: (06472) 73 62)
Dezernatsleiter: Dr. Peter Schlichting (Recht, Handel, Dienstleistungen, Taunusstr. 10, 63619 Bad Orb, T: (06052) 52 35)
Dezernatsleiter: Dipl.-Volksw. Kurt Schmitt (Information, Volkswirtschaft, Qualitätsmanagement, Frankenweg 4, 64579 Gernsheim, T: (06258) 5 19 64)

• E 100

Industrie- und Handelskammer Hanau-Gelnhausen-Schlüchtern

Postf. 16 51, 63406 Hanau
Am Pedro-Jung-Park 14, 63450 Hanau
T: (06181) 92 90-0 **Fax:** 92 90-77
TGR: Handelskammer Hanau
Internet: http://www.ihk-hanau.main-kinzig.net
E-Mail: info@hanau.ihk.de
Bezirk: Main-Kinzig-Kreis im Regierungsbezirk Darmstadt
Präsident(in): Dipl.-Kfm. Walter Behning (Geschf. AGOMET KLEBSTOFFE GMBH, Rodenbacher Chaussee 4, 63457 Hanau, Privatanschrift: Mittl. Schafhofweg 83, 60598 Frankfurt, T: (069) 63 51 53)
Vizepräsident(in): Klaus Traxel (Fa. G.D. Bracker Söhne Maschinenbau-GmbH, Fischerstr. 5, 63450 Hanau, T: (06181) 92 54-21; privat: Hinter dem Hain 13, 63454 Hanau, T: (06181) 78 06 69)
Vizepräsident(in): Dipl.-Volksw. Jürgen Krebaum (Vorstandsvorsitzender der Veritas Gummiwerke AG, Stettiner Str. 1-9, 63571 Gelnhausen, T: (06051) 8 21-0, privat: Deutschorderstr. 26, 63571 Gelnhausen, T: (06051) 39 43)
Vizepräsident(in): Dr. Georg Roth (Ulrich v. Hutten Apotheke, Krämerstr. 7-9, 36381 Schlüchtern, T: (06661) 96 17-0, privat: Brückenauer Str. 31, 36381 Schlüchtern, T: (06661) 50 69)
Vizepräsident(in): Volker Viel (Direktor der Raiffeisenbank Bruchköbel e.G., Bahnhofstr. 4, 63486 Bruchköbel, T: (06181) 97 31 10, privat: Büdinger Str. 41, 63546 Hammersbach, T: (06185) 25 10)
Vizepräsident(in): Reinhard Franz (Geschäftsführer W. Franz GmbH Bauunternehmen, Kinzigheimer Weg 4, 63450 Hanau, T: (06181) 3 10 67-0, Privatanschrift: Dammstr. 10, 63450 Hanau, T: (06181) 3 10 69)
Hauptgeschäftsführer(in): Hartwig Rohde (Kreisstr. 65, 61118 Bad Vilbel, T: (06101) 52 33 52)
Ständiger Vertreter des HGF: Dipl.-Ing. Andreas Kunz (Abt. Berufsbildung, Birkenhainer Str. 19a, 63450 Hanau, T: (06181) 3 23 44)
Referent: Karl-Heinz Amrhein (Abt. Verkehr, Brentanostr. 5, 63579 Freigericht, T: (06055) 33 47)
Referent: Ass. Matthias Eckes (Abt. Recht, Handel, Gustav-Hoch-Str. 58, 63452 Hanau, T: (06181) 98 94 36)
Referent: Andreas Ewald (Abt. Verwaltung, Steuer, Bussardweg 5, 35428 Langgöns-Espa, T: (06033) 78 31)
Referent: Dipl.-VW Arne Olbrisch (Abt. Außenhandel, Existenzgründung, Breitscheidstr. 11, 63452 Hanau, T: (06181) 18 41 40)
Referent: Dr. Achim Knips (Abt. Öffentlichkeitsarbeit, Volkswirtschaft, Statistik, Jahnstr. 28, 63450 Hanau, T: (06181) 39 91 50)
Referentin: Dr. Ute Lemke ((Abt. Industrie, Umwelt), Donnersbergring 24 D, 64295 Darmstadt, T: (06151) 31 94 17)
Referentin: Ass. Martina Winkelmann (Sonderaufgaben IHK-Rhein-Main-Forum, Riemenschneiderstr. 5a, 63322 Rödermark, T: (06074) 96 06 99)
Verbandszeitschrift: "Wirtschaftsraum Hanau - Kinzigtal"

• E 101

Industrie- und Handelskammer Kassel

Kurfürstenstr. 9, 34117 Kassel
T: (0561) 78 91-0 **Fax:** 7 89 12 90
TGR: Handelskammer Kassel
Internet: http://www.ihk-kassel.de
Bezirk: Stadt Kassel, Landkreise Hersfeld-Rotenburg, Kassel, Schwalm-Eder-Kreis, Waldeck-Frankenberg, Werra-Meißner-Kreis und Landkreis Marburg-Biedenkopf mit Ausnahme der Städte Biedenkopf und Gladenbach sowie der Gemeinden Angelburg, Breidenbach, Dautphetal, Bad Endbach und Steffenberg
Präsident(in): Ludwig Georg Braun (Vorstandsvors. der Fa. B. Braun Melsungen AG, Carl-Braun-Str. 1, 34212 Melsungen, T: (05661) 71-12 66, Telefax: (05661) 71-15 51)
Vizepräsident(in): Jörg L. Jordan (W. & L. Jordan Großhandelsgesellschaft mbH, Töpfenhofweg 41-44, 34134 Kassel, T: (0561) 9 41 77-0, Fax: (0561) 9 41 77-40)
Vizepräsident(in): Dr. Martin Viessmann (Viessmann Werke, Industriestraße, 35107 Allendorf/Eder, T: (06452) 7 02-3 99, Telefax: (06452) 7 02-1 30)
Hauptgeschäftsführer(in): Dr. Walter Lohmeier (T: 78 91-2 13)
Technik: Dipl.-Ing. Hans-Dieter Schwabe (T: 78 91-2 84)
Strukturpolitik, Kommunikation: Dipl.-Geogr. Ulrich Spengler (T: 78 91-2 72)
Industrie, Außenwirtschaft: stv. Hauptgeschäftsf. Dr. Ruprecht Bardt (T: (06421) 96 54-20)
Handel, Verkehr, Dienstleistungen: Dipl.-Kfm. Uwe Schön (T: 78 91-2 87)
Berufsbildung: Dr. Herbert Marschelke (T: 78 91-2 14)
Justitiar: Ass. Oskar Edelmann (T: 78 91-2 11)
Personal, Organisation: Dipl.-Kfm. Jürgen Peters (T: 78 91-2 19)
Kammerzeitschrift: Wirtschaft Nordhessen

e 102

IHK Kassel Service-Zentrum Hersfeld-Rotenburg

Leinenweberstr. 1, 36251 Bad Hersfeld
T: (06621) 9 44-130 **Fax:** 9 44-210
Leiter(in): Dieter Mertelmeyer

e 103
IHK Kassel
Service-Zentrum Werra-Meissner
Niederhoner Str. 54, 37269 Eschwege
T: (05651) 74 49-50   **Fax:** 74 49-51
Leiter: Dr. Peter Sacher

e 104
IHK Kassel
Service-Zentrum Marburg/L.
Software Center 3, 35037 Marburg
T: (06421) 9 65 40   **Fax:** 96 54-55
Leiter(in): Dipl.-Volksw. Henner Geil

e 105
IHK Kassel
Service-Zentrum Waldeck-Frankenberg
Bahnhofstr. 15, 34497 Korbach
T: (05631) 9 50 30   **Fax:** 95 03 90
Leiter(in): Dipl.-oec. Werner Grötecke

e 106
IHK Kassel
Service-Zentrum Schwalm-Eder
Parkstr. 6, 34576 Homberg
T: (05681) 77 55 29   **Fax:** 77 55 35
Leiter(in): Hans Georg Korell

● **E 107**
Industrie- und Handelskammer Limburg
Postf. 12 63, 65532 Limburg
Walderdorffstr. 7, 65549 Limburg
T: (06431) 2 10-0   **Fax:** 2 10-205
TGR: Handelskammer
E-Mail: info@limburg.ihk.de
Gründung: 1864
Präsident(in): Paul-Friedhelm Scheu (i. Fa. SCHEU Fahrzeugeinrichtungen GmbH, 35781 Weilburg, T: (06471) 3 10 20, Telefax: (06471) 31 02 10)
Vizepräsident(in): Dipl.-oec. Petra Häuser (i. Fa. Eisen-Fischer G.m.b.H. & Co. KG, Postf. 13 52, 65533 Limburg, T: (06431) 50 20)
Vizepräsident(in): Dr. Bernhard Sammel (i.Fa. IDAS Informations- Daten- und Automationssysteme GmbH, Holzheimer Str. 96, 65549 Limburg, Tel: (06431) 40 40, Fax 4 04 10)
Vizepräsident(in): Günther Schmidt (i. Fa. Stephan Schmidt KG, Langendernbach, 65599 Dornburg, T: (06436) 60 90, Telefax: (06436) 6 09-49)
Hauptgeschäftsführer(in): Dipl.-Päd. Norbert Oestreicher (Hauptgeschäftsführung, Grundsatzfragen, Öffentlichkeitsarbeit, Wirtschaftspolitik)
Ständiger Vertreter: Dipl.-Volksw. Norbert Neßlang (Abt. Industrie und Wirtschaftsförderung, Handel/Dienstleistungen)
Dezernent: Dipl.-Volksw. Eckhard Gella (Abt. Berufsbildung)
Dezernent: Dipl.-Betriebswirt Michael Müller (Abt. Verwaltung und EDV)
Dezernent: Dipl.-oec. Alfred Jung (Abt. Verkehr, Außenwirtschaft, Regional- und Bauleitplanung)
Leitung Presseabteilung: Dipl.-Päd. Norbert Oestreicher
Verbandszeitschrift: Wirtschaft in Mittelnassau
Redaktion: Industrie- und Handelskammer Limburg (auch Verlag), Walderdorffstr. 7, 65549 Limburg
Mitglieder: ca. 10500
Mitarbeiter: 22
Bezirk: Kreis Limburg-Weilburg

● **E 108**
Industrie- und Handelskammer Offenbach am Main
Postf. 10 08 53, 63008 Offenbach
Frankfurter Str. 90, 63067 Offenbach
T: (069) 82 07- 0   **Fax:** 8 20 71 99
TGR: Handelskammer
Internet: http://www.offenbach.ihk.de
E-Mail: service@offenbach.ihk.de
Bezirk: Stadt Offenbach am Main, Kreis Offenbach
Präsident(in): Ingo Mayer (KARL MAYER Textilmaschinenfabrik GmbH, Brühlstr. 25, 63179 Obertshausen, T: (06104) 4 02-0, Fax: 4 02-222)
1. Vizepräsident: Senator E.h. Carlo Giersch (Sperle Electronic Handelsgesellschaft mbH & Co., Schaumainkai 85, 60596 Frankfurt, T: (069) 6 33 04-0, Fax: 6 33 04-111)
Vizepräsident(in): Alfred Clouth (Alfred Clouth Lackfabrik GmbH & Co., Otto-Scheugenpflug-Str. 2, 63073 Offenbach, T: (069) 8 90 07-0, Fax: 8 90 07-143)
Vizepräsident(in): Helma Fischer (Th. Steinmetz'sche Buchhandlung, Lothar Franck, Frankfurter Str. 37, 63065 Offenbach, T: (069) 88 47 00, Fax: 81 03 98)
Vizepräsident(in): Edwin Heinecke (Vectorsoft Gesellschaft für Datentechnik mbH, Seligenstädter Grund 2, 63150 Heusenstamm, T: (06104) 6 60-0, Fax: 6 60-590)
Vizepräsident(in): Wolf Matthias Mang (Arno Arnold GmbH, Biebererstr. 161, 63179 Obertshausen, T: (06104) 40 00-0, Fax: 40 00-11)
Vizepräsident(in): Dr. Rainer Opferkuch (MAN Roland Druckmaschinen AG, Mühlheimer Str. 341, 63075 Offenbach,

T: (069) 83 05-0, Fax: 83 05-1061)
Hauptgeschäftsführer(in): Dr. Bernhard Mohr (stellv.; Wirtschafts- und Regionalpolitik, Umwelt u. Technik, Wirtschaftsjunioren)
Geschäftsführer(in): Friedrich Rixecker (Berufsausbildung, Weiterbildung)
Geschäftsführer(in): Markus Weinbrenner (Außenwirtschaft und Messen, Existenzgründung und Betriebsberatung, Service-Zentrum)
Syndikus: Dr. Martin Gegenwart (Recht, Steuern, Telekommunikation)
Verbandszeitschrift: Offenbacher Wirtschaft

● **E 109**
Industrie- und Handelskammer Wetzlar
Postf. 18 40, 35528 Wetzlar
Friedenstr. 2, 35578 Wetzlar
T: (06441) 94 48-0   **Fax:** 94 48-33
Internet: http://www.ihk-wetzlar.de
E-Mail: info@wetzlar.ihk.de
Bezirk: Stadt und ehemaliger Kreis Wetzlar
Gründung: 1900
Ehrenpräs.: Dr.jur. Friedemann Pitzer (Inselstr. 1, 35576 Wetzlar, T: (06441) 40 04-0)
Präsident(in): Dipl.-Phys. Karl-Heinz Lust (Geschäftsf. der Fa. Lust Antriebstechnik GmbH, Gewerbestr. 2, 35633 Lahnau, T: (06441) 9 66-0)
Vizepräsident(in): Dipl.-Kfm. Friedhelm Asbach (Vorstandsmitglied der Edelstahlwerke Buderus AG, Buderusstr. 29, 35576 Wetzlar, T: (06441) 3 74-0)
Vizepräsident(in): Karl-Günther Cloos (Geschäftsf. Gesellschafter der Fa. Baubedarf Wetzlar GmbH, Gabelsbergerstr. 33, 35576 Wetzlar, T: (06441) 37 77-0)
Vizepräsident(in): Dipl.-Ing. Helmut Hund (Geschäftsf. Gesellschafter der Firma Helmut Hund GmbH, Stadtgrenze, Wetzlar, T: (06441) 20 04-0)
Hauptgeschäftsführer(in): Dipl.-Wirtsch.-Ing. Andreas Tielmann
Geschäftsführer(in): Assessor Josef Durnwalder (Recht, Handel)
Referent: Detlef Haaske (Berufsbildung)
Referent: Dipl.-Volksw. Wolfgang Moser (Volkswirtschaft, Verkehr, Wirtschaftsjunioren)
Referent N: Gerd Kaulich (Verwaltung)
Leitung Presseabteilung: Dipl.-Wirtsch.-Ing. Andreas Tielmann
Verbandszeitschrift: Wirtschaft an Lahn & Dill
Redaktion: IHK Wetzlar
Verlag: IHK Wetzlar
Mitglieder: 8500
Mitarbeiter: 17

● **E 110**
Industrie- und Handelskammer Wiesbaden
Postf. 34 60, 65024 Wiesbaden
Wilhelmstr. 24-26, 65183 Wiesbaden
T: (0611) 15 00-0   **Fax:** 15 00-222
Internet: http://www.ihk-wiesbaden.de
E-Mail: info@wiesbaden.ihk.de
Bezirk: Stadt Wiesbaden, Rheingau-Taunus-Kreis und vom Main-Taunus-Kreis die Stadt Hochheim
Präsident(in): Dr.-Ing. Gerd Eckelmann (Geschäftsführender Gesellschafter d. Fa. Eckelmann Automatisierungstechnik GmbH, Berliner Str. 161, 65205 Wiesbaden, T: (0611) 71 03-0)
Vizepräsident(in): Rolf Hildner (Vorstandsvorsitzender d. Wiesbadener Volksbank e.G., Friedrichstr. 20, 65185 Wiesbaden, T: (0611) 36 71-2 28)
Vizepräsident(in): Dr. Hans Meinhardt (Aufsichtsratsvorsitzender der Linde AG, Abraham-Lincoln-Str. 21, 65189 Wiesbaden, T: (0611) 77 03 06)
Vizepräsident(in): Karl Nüser (Pers. haft. Dir. Hotel Nassauer Hof GmbH, Kaiser-Friedr.-Platz 3-4, 65183 Wiesbaden, T: (0611) 1 33-6 00)
Vizepräsident(in): Stefan Ress (Pers. haft. Gesellschafter d. Fa. Stefan B. Ress KG Weinkellerei, Rheinallee 7, 65347 Eltville, T: (06723) 9 19 50)
Vizepräsident(in): Gerhard Schaefer (Geschäftsf. Ges. d. Fa. Schuh-Schaefer GmbH, Neugasse 11, 65183 Wiesbaden, T: (0611) 30 44 74)
Hauptgeschäftsführer(in): Assessor Zsolt Gheczy (T: dienstl. Durchwahl 15 00-138)
Stellv. HGeschF: Assessor Joachim Nolde (Bereich Handel, Tourismus, Recht, T: dienstl. Durchwahl 15 00-156)
Bereichsleiter: Dipl.-Volksw. Dr. Klaus Schröter (Bereich Industrie, Dienstleistung, Volkswirtschaft, T: dienstl. Durchwahl 15 00-133)
Bereichsleiter: Dipl.-Ing. Wolfgang Sonnek (Bereich Aus- und Weiterbildung, T: dienstl. Durchwahl 15 00-164)
Bereichsleiter: Ass. Olaf Flietner (Bereich Steuern, Finanzen, Zentrale Aufgaben, T: dienstl. Durchwahl 15 00-141)
Abteilungsleiter: Bw. Gustel Bamberger (Abteilung Aussenwirtschaft, T: dienstl. Durchwahl 15 00-148)
Abteilungsleiter: Dipl.-Wirtsch.-Ing. Frank Höhn (Abteilung Umwelt, Technologie, Medienwirtschaft, T: dienstl. Durchwahl 15 00-150)
Abteilungsleiter: Dipl.-Bw. Sabine Köth (Abteilung Handel, Tourismus, T: dienstl. Durchwahl 15 00-159)
Abteilungsleiter: Dipl.-Bw. Christian Ritter (Abteilung Finanzen, Steuern, Verwaltung, T: dienstl. Durchwahl 15 00-153)
Kammerzeitschrift: Hessische Wirtschaft

Mecklenburg-Vorpommern

● **E 111**
Arbeitsgemeinschaft der Industrie- und Handelskammern in Mecklenburg-Vorpommern
Postf. 11 10 41, 19010 Schwerin
Schloßstr. 17, 19053 Schwerin
T: (0385) 5 10 30   **Fax:** 51 03-1 36

Kammern

● **E 112**
Industrie- und Handelskammer zu Neubrandenburg
Postf. 11 02 53, 17042 Neubrandenburg
Katharinenstr. 48, 17033 Neubrandenburg
T: (0395) 55 97-0   **Fax:** 5 66 50 46
Gründung: 1990 (7. März)
Präsident(in): Manfred Ruprecht (Haff-Trans-GmbH Ueckermünde-Vorpommern, Am Gewerbegebiet, 17373 Ueckermünde, T: (039771) 2 92 12, Fax: (039771) 2 92 17)
Ehrenpräs.: Julius Kessow (Große Wollweberstr. 38, 17033 Neubrandenburg, T: (0395) 5 82 56 52, Fax: (0395) 5 82 21 09)
Vizepräsident(in): Peter Bassler (Flughafen Neubrandenburg - Trollenhagen GmbH, Flughafenstraße, 17039 Trollenhagen, T: (0395) 45 54-100, Fax: (0395) 45 54-200)
Hans Dornbusch (Baltic Sport- und Ferienhotel GmbH & Co. KG, Dünenstr. 1, 17454 Zinnowitz, T: (038377) 7 07 37, Fax: (038377) 7 01 00)
Walter Kienast (Greifen-Fleisch GmbH, Wolgaster Str. 113-115, 17489 Greifswald, T: (03834) 5 71 40, Fax: (03834) 50 28 67)
Karl Reschke (Zoologie, Bahnhofstr. 21, 17192 Waren, T: (03991) 12 54 97, Fax: (03991) 16 50 44)
Juliane Schulz (Einzelhandel Bürobedarf, Kleine Wollweberstr. 19, 17033 Neubrandenburg, T: (0395) 5 66 52 35, Fax: (0395) 5 66 52 25)
Bernhard Wähling (Kreissparkasse Demmin, Rudolf-Breitscheid-Str. 11-12, 17109 Demmin, T: (03998) 44 01 07, Fax: (03998) 44 04 40)
Hauptgeschäftsführer(in): Petra Hintze (T: dienstl: (0395) 5 82 27 92)
GeschF Unternehmensservice: Torsten Haasch (T: dienstl: (0395) 55 97-3 01)
GeschF Grundsatzangelegenheiten: Ralf Pfoth (T: dienstl: (0395) 55 97-2 01)
GeschF Aus- und Weiterbildung: Dr. Ulrich Hoffmeister (T: dienstl. (0395) 55 97-4 01)
Pressereferent: Eckhard Behr
Verbandszeitschrift: faktor wirtschaft
Redaktion: IHK zu Neubrandenburg, Katharinenstr. 48, 17033 Neubrandenburg, T: (0395) 55 97-1 03
Verlag: Verlag Aschendorff, Soester Str. 13, 48155 Münster
Mitglieder: 18000
Mitarbeiter: 60

● **E 113**
Industrie- und Handelskammer Rostock
Postf. 10 52 40, 18010 Rostock
Ernst-Barlach-Str. 1-3, 18055 Rostock
T: (0381) 3 38-0   **Fax:** 3 38-617
Internet: http://www.rostock.ihk.de
E-Mail: info@rostock.ihk.de
Kammerbezirk: Landkreise Bad Doberan, Güstrow, Nordvorpommern, Rügen, kreisfreie Hansestädte Rostock und Stralsund
Gründung: 1990
Präsident: Rolf Paarmann (T: (0381) 33 89 01)
Hauptgeschäftsführer: Claus Weitendorf
Industrie, Außenwirtschaft, Euro-Info-Center: Dr. Dieter Pfliegensdörfer (T: (0381) 3 38-100)
Recht, Steuern, Handelsregisterwesen: Jens Rademacher (T: (0381) 33 84 00)
Berufliche Bildung: Helga Rusin (T: (0381) 33 85 00)
Handel, Dienstleistungen, Tourismus, Volkswirtschaft: Peter Schumann (T: (0381) 3 38-2 00)
Presse- und Öffentlichkeitsarbeit: Anette Müller (T: (0381) 3 38-700)
Verwaltung: Bodo Schlensog (T: (0381) 3 38-600)
Verbandszeitschrift: Wirtschaft im IHK-Bezirk Rostock (WIR)
Mitglieder: 29085 (März 1999)

e 114
IHK Rostock
Geschäftsstelle Nordvorpommern/Rügen
Mönchstr. 8a, 18439 Stralsund
T: (03831) 26 04-0   **Fax:** 29 72 77
Leiter: N.N.

● **E 115**
Industrie- und Handelskammer zu Schwerin
Postf. 11 10 40, 19010 Schwerin
Schloßstr. 17, 19053 Schwerin
T: (0385) 51 03-0   **Fax:** 51 03-136
Internet: http://www.ihk.de/schwerin
E-Mail: info@schwerin.ihk.de

Gründung: 1990 (20. Februar)
Präsident(in): Hansheinrich Liesberg (Inhaber Schweriner Kunstgewerbehaus Liesberg, Schmiedestr.13, 19053 Schwerin, T: (0385) 51 21 88)
Vizepräsident(in): Ralf Biege (Geschäftsführer der Mecklenburgischen Sero-Recycling GmbH, Ziegeleiweg 12, 19057 Schwerin, T: (0385) 74 32-0)
Vizepräsident(in): Günter Würfel (Sparkassendirektor d. Sparkasse Mecklenburg-Nordwest, Am Markt 15, 23966 Wismar, T: (03841) 24 01 52)
Vizepräsident(in): Karl-Friedrich Kruse (Geschäftsf. Ges. d. Friedrich Kruse Möbelspedition GmbH, Friedensstr. 28, 19053 Schwerin, T: (0385) 71 30 18)
Vizepräsident(in): Jürgen Schoewe (Vorstandsvorsitzender KAPPEL-BAU-UNION Schwerin AG, Pampower Str. 54, 19061 Schwerin, T: (0385) 6 41 04 01)
Hauptgeschäftsführer(in): Ass. Klaus-Michael Rothe (T: dienstl. Durchwahl 51 03-112)
Abteilungsleiter:
Industrie: Klaus Uwe Scheifler (T: dienstl. Durchwahl 51 03-131)
Berufsbildung: Jürgen Mundt (T: dienstl. Durchwahl 51 03-161)
Handel, Außenwirtschaft, Fremdenverkehr: Angela Preuß (T: dienstl. Durchwahl 51 03-121)
Raumordnung/Verkehr: Ulrich Unger (T: dienstl. Durchwahl 51 03-141)
Recht: Ass. Siegbert Eisenach (T: dienstl. Durchwahl 51 03-151)
Verwaltung: Ass. Dietmar Henning (T: dienstl. Durchwahl 51 03-181)
Verbandszeitschrift: Wirtschafts-Kompaß - Wirtschaftsmagazin der IHK zu Schwerin
Redaktion: Andreas Kraus, T: (0385) 51 03-114, Telefax: 51 03-148
Verlag: IHK zu Schwerin

Niedersachsen

• E 116

Vereinigung der Niedersächsischen Industrie- und Handelskammern

Postf. 30 29, 30030 Hannover
Schiffgraben 49, 30175 Hannover
T: (0511) 31 07-2 89 **Fax:** 31 07-3 83
Kammern: Braunschweig, Emden, Hannover-Hildesheim, Lüneburg-Wolfsburg, Oldenburg, Osnabrück-Emsland, Stade
Vorsitzende(r): Dieter Schlecht (Präsident der Oldenburgischen IHK, Sprecher der Geschäftsführung der Nordwestdeutschen Kapitalbeteiligungsgesellschaft mit beschränkter Haftung), (T: (0441) 2 30-627)
Hauptgeschäftsführer(in): Dr. Wilfried Prewo (I. Syndikus der IHK Hannover-Hildesheim), T: (0511) 31 07-2 38 (dienstl.), An der Trift 2, 30559 Hannover (privat)
Geschäftsführer(in): Dipl.-Volkswirt Martin Wrede (T: (0511) 31 07-290, E-Mail: wrede@hannover.ihk.de)

Kammern

• E 117

Industrie- und Handelskammer Braunschweig

Postf. 32 69, 38022 Braunschweig
Brabandtstr. 11, 38100 Braunschweig
T: (0531) 47 15-0 **Fax:** 47 15-299
Internet: http://www.braunschweig.ihk.de
E-Mail: postmaster@braunschweig.ihk.de
Bezirk: Kreisfreie Städte Braunschweig und Salzgitter sowie die Landkreise Goslar, Helmstedt, Peine und Wolfenbüttel
Ehrenpräs.: Heinrich Besserer
Dr.-Ing. e.h. Horst Münzner
Präsidium:
Präsident(in): Dr. Klaus Schuberth (Vorstandsmitglied Feldschlößchen AG, Postf. 16 24, 38006 Braunschweig, T: (0531) 7 00 32 32)
1. Stellv.: Dr. Wolf-Michael Schmid (Geschäftsführer Dr. W.-M. Schmid GmbH, Postf. 12 45, 38332 Helmstedt, T: (05351) 5 86 19)
2. Stellv.: Adalbert Wandt (Geschäftsführender Gesellschafter Wandt Spedition Transportberatung GmbH, Postf. 93 53, 38133 Braunschweig, T: (0531) 3 10 13 33)
Vizepräsident(in): Dr. Jürgen Allerkamp (Vorstandsmitglied Norddeutsche Landesbank Girozentrale, Friedrich-Wilhelm-Platz, 38100 Braunschweig, T: (0531) 4 87-3340)
Vizepräsident(in): Assessorin Ulrike Brandes-Peitmann (Geschäftsführerin Heinrich Brandes GmbH & Co. Brenn- und Baustoffhandlung Peine, Dieselstr. 1, 31228 Peine, T: (05171) 70 09 42)
Vizepräsident(in): Dipl.-Kfm. Wolfgang Hirschbold (Kaufm. Geschäftsführer Fels-Werke GmbH, Geheimrat-Ebert-Str. 12, 38640 Goslar, T: (05321) 70 32 15)
Vizepräsident(in): Dipl.-Volksw. Paul-Werner Huppert (Geschäftsführender Gesellschafter Maschinenfabrik Kurt Neubauer GmbH & Co., Halberstädter Str. 2 A, 38300 Wolfenbüttel, T: (05331) 8 92 16)
Vizepräsident(in): Assessor Carl Peter Langerfeldt (Inhaber der Firma Carl Langerfeldt und der Firma C.L. Gustav Langerfeldt, Großhandel mit Textilien und Bekleidung, Postf. 36 04, 38023 Braunschweig, T: (0531) 48 00 80)
Vizepräsident(in): Wolfgang Leese (Vorstandsvorsitzender Salzgitter AG Stahl und Technologie, Eisenhüttenstr. 99, 38239 Salzgitter, T: (05341) 21 88 96)
Vizepräsident(in): Dipl.-Ing. Helmut Streiff (Geschäftsführender Gesellschafter Streiff & Helmold GmbH, Pippelweg 44, 38120 Braunschweig, T: (0531) 8 01 01 26)
Vizepräsident(in): Harald Tenzer (Geschäftsführender Gesellschafter Tenzer GmbH & Co. KG, Büchnerstr. 3, 38118 Braunschweig, T: (0531) 89 51 51)
Hauptgeschäftsführer(in): Dr.rer.pol. Rüdiger Sors (T: dienstl. Durchwahl 47 15-2 15)
Stellv. HGeschF: Dr.rer.pol. Bernd Meier (Industrie, Verkehr, Raumplanung, Innovationsförderung, T: dienstl. Durchwahl 47 15-2 16)
Abteilungsleiter: Dipl.-Geograph Roland Neugebauer (Berufsbildung, Berufliche Weiterbildung, T: dienstl. Durchwahl 47 15-2 31)
Abteilungsleiter: Dr. rer. pol. Klaus Hüttinger (Handel, Dienstleistungen, Außenwirtschaft, Öffentliche Finanzierungshilfen, T: dienstl. Durchwahl 47 15-2 47)
Abteilungsleiter: Dipl.-Betriebsw. Georg Druwe (Organisation, T: dienstl. Durchwahl 47 15-2 17)
Abteilungsleiter: Assessor Ernst-Arno Schmutzler (Recht, T: dienstl. Durchwahl 47 15-2 26)
Ltr. Öffentlichkeitsarbeit: Ass. Dipl.-Kfm. Jochen Hotop (T: dienstl. Durchwahl 47 15-2 09)
Ltr. Innovationsberatungsstelle: Dipl.-Ing., Dipl.-Wirtschaftsing. Peter Peckedrath (T: dienstl. Durchwahl 47 15-2 81)
Verbandszeitschrift: wirtschaft IHK Braunschweig
Redaktion: Jochen Hotop, IHK Braunschweig
Verlag: Limbach Druck und Verlag GmbH & Co. KG, 38112 Braunschweig

e 118

IHK Braunschweig Geschäftsstelle Goslar

Marktstr. 45, 38640 Goslar
T: (05321) 2 32 31, 2 37 43 **Fax:** 2 43 41
Geschäftsführer(in): Uwe Heinze

e 119

IHK Braunschweig Geschäftsstelle Peine

Postf. 14 29, 31204 Peine
Kantstr. 33, 31224 Peine
T: (05171) 77 71-0 **Fax:** 77 71-35
Geschäftsführer(in): Assessor Erwin Günter

• E 120

Industrie- und Handelskammer für Ostfriesland und Papenburg

Postf. 17 52, 26697 Emden
Ringstr. 4, 26721 Emden
T: (04921) 89 01-0 **Fax:** 89 01-33
Internet: http://www.ihk-emden.de
E-Mail: ihk@emden.ihk.de
Gründung: 1866
Präsident(in): Dr.jur. Carl Ulfert Stegmann (Vorstand der AG Reederei Norden-Frisia, Postf. 11 60, 26501 Norden, T: (04931) 9 87-1 11, Fax: (04931) 9 87-1 12, Privatanschrift: Am Markt 27, 26506 Norden, T: (04931) 21 87, E-Mail: dr.stegmann@reederei-frisia.de)
Vizepräsident(in): Dipl.-Ing. Peter Feustell (i. Fa. Phillips Petroleum Norsk A/S Zweigniederlassung Emden, Postf. 21 64, 26701 Emden, T: (04927) 9 14-1 10, Fax: (04927) 9 14-1 60, Privatanschrift: Graf-Edzard-Str. 14, 26603 Aurich, T: (04941) 6 47 57, E-Mail: pfeuste@ppco.com)
Vizepräsident(in): Wolfgang Mönkemeier (i. Fa. Gerhard Silomon GmbH, Postf. 17 26, 26587 Aurich, T: (04941) 99 00-0, Fax: (04941) 99 00-66, Privatanschrift: Grüner Weg 24, 26605 Aurich, T: (04941) 99 00-0, E-Mail: silomon.aurich@t-online.de)
Vizepräsident(in): Günter Gerhard Prahm (i. Fa. Backring Nordwest Gerhard Prahm GmbH, Postf. 18 80, 26768 Leer, T: (0491) 9 78 81-0, Fax: (0491) 9 78 81-29, Privatanschrift: Kobusweg 12, 26789 Leer, T: (0491) 6 46 54)
Vizepräsident(in): Klaus Wulf (i. Fa. ADO Gardinenwerke GmbH & Co., Postf. 20 00, 26884 Aschendorf, T: (04962) 50 50, Fax: (04962) 63 92, Privatanschrift: Hüntestr. 68, 26871 Aschendorf, T: (04962) 14 56 o. 5 05-149, E-Mail: info@ado-international.de)
Mitgl. d. Präsidiums: Dipl.-Kfm. Wilhelm Behrends (Kaufhaus Behrends OHG, Postf. 12 24, 26634 Wiesmoor, T: (04944) 91 09-0, Fax: (04944) 91 09-91, Privatanschrift: Schulstr. 36, 26639 Wiesmoor, T: (04944) 39 48, E-Mail: moin.moin@kaufhaus-behrends.de)
Mitgl. d. Präsidiums: Dr. Bernhard Brons (Alleinvorstand d. Aktiengesellschaft „EMS", Postf. 11 54, 26691 Emden, T: (04921) 89 07-200, Fax: (04921) 89 07-205, Privatanschrift: Bollwerkstr. 31, 26725 Emden, T: (04921) 2 35 18, E-Mail: bernhard.brons@ag-ems.de)
Mitgl. d. Präsidiums: Hermann Kröger (Krögers Hotel Inh. Hermann Kröger, Bahnhofstr. 18, 26427 Esens, T: (04971) 30 65, Fax: (04971) 42 65, Privatanschrift: Jahnstr. 9, 26427 Esens, T: (04971) 30 65)
Mitgl. d. Präsidiums: Herbert Meinberg (Hotel Deutsches Haus Inhaber Herbert Meinberg, Postf. 2 74, 26492 Norden, T: (04931) 18 91-0, Fax: (04931) 18 91-30, Privatanschrift: Neuer Weg 26, 26506 Norden, T: (04931) 18 91-0)
Mitgl. d. Präsidiums: Dipl.-Ing. Dipl.-Wirtsch.-Ing. Folkmar Ukena (Leda-Werk GmbH & Co. KG Boekhoff & Co., Postf. 11 60, 26761 Leer, T: (0491) 60 99-1 01, Fax: (0491) 60 99-2 90, Privatanschrift: Lindenweg 16, 26789 Leer, T: (0491) 7 10 87, E-Mail: folkmar.ukena@leda.de)
Mitgl. d. Präsidiums: Dipl.-Kfm. Josef Wittrock (i. Fa. Jos. Wittrock Stahl GmbH & Co. KG, Postf. 18 64, 26858 Papenburg, T: (04961) 9 40-0, Fax: (04961) 9 40-2 25, Privatanschrift: Rostocker Str. 8, 26871 Papenburg, E-Mail: info@wittrock-stahl.de)
Hauptgeschäftsführer(in): Dipl.-Volksw. Dr.rer.pol. Reinhold Kolck (Auricher Str. 3a, 26721 Emden, T: (04921) 4 22 57, E-Mail: kolck@emden.ihk.de)
Stellv. HGeschF: Dipl.-Volksw. Erhard Hövelbernd (Abt. Berufl. Bildung, Allgemeine Bildungsfragen, Frankfurter Str. 9, 26721 Emden, T: (04921) 4 39 21, E-Mail: hoevelbe@emden.ihk.de)
AbtLeiter: Dr.jur. Jan Amelsbarg (Abt. Industrie, Umweltschutz, Recht, Sachverständigenwesen, Wirtschaftsjunioren, Schmackweg 8, 26723 Emden, T: (04921) 2 04 01, E-Mail: amelsbarg@emden.ihk.de)
AbtLeiter: Dipl.-Volksw. Helmut Klug (Abt. Verkehr, Fremdenverkehr, Gaststättengewerbe, Raumordnung und Gewerbeförderung, Uphuser Str. 153, 26725 Emden, T: (04921) 3 14 24, E-Mail: klug@emden.ihk.de)
AbtLeiter: Dipl.-Volksw. Peter Kriszun (Abt. Außenhandel, Messen und Ausstellungen, Wirtschaftsschutz und Verteidigungswirtschaft, öffentliches Auftragswesen, Uphuser Str. 143, 26725 Emden, T: (04921) 2 03 92, E-Mail: kriszun@emden.ihk.de)
AbtLeiter: Dipl.-Kfm. Reinhard Hegewald (Abt. Handel, Dienstleistungen, Wirtschaftsbeobachtung, Statistik, Steuern und Finanzen, Korvettenweg 8, 26723 Emden, T: (04921) 6 18 87, E-Mail: hegewald@emden.ihk.de)
AbtLeiter: Dipl.-Ing., Dipl.-Wirtsch.-Ing. Heinrich Behrens (Abt. Verwaltung, Weener Weg 7, 26632 Ihlow, T: (04941) 6 49 97, E-Mail: behrens@emden.ihk.de)
Leitung Presseabteilung: Dipl.-Volksw. Dr.rer.pol. Reinhold Kolck
Verbandszeitschrift: Wirtschaft Ostfriesland und Papenburg
Redaktion: Dirk Lüerßen, Wolthuser Str. 49, 26725 Emden, T: (04921) 91 64 40, E-Mail: lueerssen@emden.ihk.de
Verlag: Wirtschafts-Medien-Verlags GmbH, Postf. 51 07, 26041 Oldenburg, E-Mail: ihk@emden.ihk.de
Mitglieder: rd. 5500 HR-Firmen, rund 12500 Kleingewerbebetreibende
Mitarbeiter: 45
Jahresetat: DM 9,52 Mio, € 4,87 Mio
Bezirk: Die Landkreise Aurich, Leer und Wittmund, die kreisfreie Stadt Emden und aus dem Gebiet des Landkreises Emsland die Stadt Papenburg

• E 121

Industrie- und Handelskammer Hannover-Hildesheim

Sitz Hannover
Postf. 30 29, 30030 Hannover
Schiffgraben 49, 30175 Hannover
T: (0511) 31 07-0 **Fax:** 31 07-3 33
Internet: http://www.hannover.ihk.de
Bezirk: Landeshauptstadt Hannover und Landkreise Diepholz, Göttingen, Hameln-Pyrmont, Hannover-Land, Hildesheim, Holzminden, Nienburg, Northeim, Osterode am Harz, Schaumburg
Ehrenpräs: Dr. Gerhard Barner (Winzigerodeweg 9, 30559 Hannover, T: (0511) 51 48 00)
Ehrenpräs: Dr. Steffen Lorenz (Forbacher Str. 19, 30559 Hannover, T: (0511) 52 36 26)
Präsident(in): Konsul Prof. Dr.Dr.h.c. Klaus E. Goehrmann (Vorsitzender des Vorstandes Deutsche Messe AG, Messegelände, 30521 Hannover, T: (0511) 8 93 10 00)
Vizepräsident(in): Konsul Dipl.-Kfm. Dirk Bettels (Mitglied der Geschäftsleitung Hermann Bettels GmbH & Co. KG, Lavesstr. 8-12, 31137 Hildesheim, T: (05121) 5 04-1 22)
Vizepräsident(in): Konsul Dr. h.c. Manfred Bodin (Vorsitzender des Vorstandes Norddeutsche Landesbank, Girozentrale, Georgsplatz 1, 30159 Hannover, T: (0511) 3 61-0)
Vizepräsident(in): Dipl.-Kfm. Rainer Feuerhake (Mitglied des Vorstandes PREUSSAG AG, Karl-Wiechert-Allee 4, 30625 Hannover, T: (0511) 5 66-12 33)
Vizepräsident(in): Robert Hesse (Geschäftsführer Möbel Hesse GmbH, Robert-Hesse-Str. 3, 30827 Garbsen, T: (0511) 2 79 78-21)
Vizepräsident(in): Dipl.-Betriebsw. Reinhold Sauer (Vorstandssprecher EINBECKER BRAUHAUS AG, Papenstr. 4-7, 37574 Einbeck, T: (05561) 7 97-2 01)
Vizepräsident(in): Dipl.-Bw. Klaus Schattner (Geschäftsführer era Beschichtung GmbH & Co. KG, Große Brinkstr. 12, 31592 Stolzenau, T: (05761) 9 30-1 01)
Vizepräsident(in): Dr. Günter Schmidt (Vorsitzender des Vorstandes VGH Versicherungsgruppe Hannover, Schiffgraben 4, 30159 Hannover, T: (0511) 3 62-21 00)
Vizepräsident(in): Dr. Winfried Seeringer (Sigma Laborzentrifugen GmbH, Osterode, An der Unteren Söse 50, 37520 Osterode, T: (05522) 50 07-19)
Vizepräsident(in): Dipl.-Kfm. Hermann Stoevesandt (Prokurist BSN GLASSPACK GmbH & Co. KG, Glashütte Stoevesandt, Stoevesandtstr. 17, 31737 Rinteln, T: (05751) 7 03-0)
Vizepräsident(in): Ullrich Thiemann (Geschäftsführer Schmelz GmbH & Co. KG, Zeißstr. 63, 30519 Hannover, T: (0511) 9 84 79 70)
Hauptgeschäftsführer(in): I. Syndikus Dr. Wilfried Prewo (T: dienstl. Durchwahl (0511) 31 07-2 38)
Abteilungsleiter: Bernd Johannknecht (Recht, Hannover, T: dienstl. Durchwahl (0511) 31 07-234)
Stellv. HGeschF: Dr. Manfred Bahlburg (Abteilungsleiter Industrie/Verkehr, Hannover, T: dienstl. Durchwahl (0511) 31 07-2 80)
Abteilungsleiter: Thorsten Tillner (Personal, Organisation

und Finanzen, Hannover, T: dienstl. Durchwahl (0511) 31 07-225)
Stellv. HGeschF: Dr. Horst Schrage (Abteilungsleiter Außenwirtschaft, Hannover, T: dienstl. Durchwahl (0511) 31 07-201)
Stellv. HGeschF: Heinz Orlob (Berufsbildung, T: dienstl. Durchwahl (0511) 31 07-2 46)
Abteilungsleiterin: Dr. Bärbel Burmester (Abt. Handel und Dienstleistungen, T: dienstl. Durchwahl (0511) 31 07-316)
Abteilungsleiter: Dr. Martin Rudolph (Abt. Volkswirtschaft und Öffentlichkeitsarbeit, T: dienstl. Durchwahl (0511) 31 07-2 31)
Kammerzeitschrift: Niedersächsische Wirtschaft

Geschäftsstellen

Göttingen

e 122

IHK Hannover-Hildesheim
Geschäftsstelle Göttingen
Bürgerstr. 21, 37073 Göttingen
T: (0551) 7 07 10-0   **Fax:** 7 07 10-22
Geschäftsstellen-Ltr: Dipl.-Ök. Christian Bebek

Hameln

e 123

IHK Hannover-Hildesheim
Geschäftsstelle Hameln
Bürenstr. 15, 31785 Hameln
T: (05151) 9 36 96   **Fax:** 93 69 78
Geschäftsstellen-Ltr.: Dipl.-Kfm. Hagen Koch

Hildesheim

e 124

IHK Hannover-Hildesheim
Geschäftsstelle Hildesheim
Hindenburgplatz 20, 31134 Hildesheim
T: (05121) 1 05-0   **Fax:** 1 05-18
Geschäftsstellen-Ltr: Gerald Frank

Nienburg

e 125

IHK Hannover-Hildesheim
Geschäftsstelle Nienburg
Hafenstr. 6, 31582 Nienburg
T: (05021) 6 02 30   **Fax:** 60 23 10
Geschäftsstellen-Ltr: Dipl.-Volksw. Bernd Roddewig

Osterode

e 126

IHK Hannover-Hildesheim
Geschäftsstelle Osterode
Postfl. 13 70, 37503 Osterode
Königsplatz 5, 37520 Osterode
T: (05522) 90 30-0   **Fax:** 90 30-10
Geschäftsstellen-Ltr: Dieter Ehrhardt

Stadthagen

e 127

IHK Hannover-Hildesheim
Geschäftsstelle Stadthagen
Bahnhofstr. 31, 31655 Stadthagen
T: (05721) 97 20-0   **Fax:** 7 29 67
Geschäftsstellen-Ltr: Reinhard Winter

Syke

e 128

IHK Hannover-Hildesheim
Geschäftsstelle Syke
Hauptstr. 47, 28857 Syke
T: (04242) 6 03 73   **Fax:** 6 05 21
Geschäftsstellen-Ltr: Bernd Elberskirchen

● E 129

Industrie- und Handelskammer Lüneburg-Wolfsburg

Hauptgeschäftsstelle
21332 Lüneburg
Am Sande 1, 21335 Lüneburg
T: (04131) 7 42-0   **Fax:** 74 21 80
E-Mail: zentrale@lueneburg.ihk.de
Bezirk: Kreisfreie Stadt Wolfsburg und die Landkreise Lüneburg, Celle, Gifhorn, Harburg, Lüchow-Dannenberg, Soltau-Fallingbostel und Uelzen
Präsident(in): Dipl.-Kfm. Bernd Hansmann (Heinrich Hansmann Spedition-Transporte GmbH + Co. KG, Mörser Str. 67, 38442 Wolfsburg, T: (05362) 1 51 33, Fax: 1 51 38)
Vizepräsident(in): Tristan Bötnagel (Tristan Bötnagel e.K., Veerßer Str. 90, 29525 Uelzen, T: (0581) 97 60 00, Fax: 9 76 00 10)
Vizepräsident(in): Klaus Derboven (Fa. Adolf Derboven, Neue Str. 19, 21244 Buchholz/Nordheide, T: (04181) 77 64, Fax: 3 95 17)
Vizepräsident(in): Paul Drews (Werner Achilles GmbH & Co. KG, Glanzfolienkaschieranstalt, Burgstr. 4-10, 29221 Celle, T: (05141) 75 30, Fax: 75 31 86)
Vizepräsident(in): Dipl.-Ing. Peter H. Holm (Fa. Drewsen Spezialpapiere GmbH & Co. KG, Georg-Drewsen-Weg 2, 29331 Lachendorf, T: (05145) 8 81 12, Fax: 8 91 91)
Vizepräsident(in): Niels-Peter Kolthammer (Fa. Georg Kolthammer, Rothenburger Str. 2/4, 29640 Schneverdingen, T: (05193) 9 82 25, Fax: 98 22 33)
Vizepräsident(in): Dr. Jens Neumann (Vorstandsmitglied der Volkswagen Aktiengesellschaft, Berliner Ring 2, 38446 Wolfsburg, T: (05361) 97 50 23, Fax: 97 50 25)
Vizepräsident(in): Dipl.-Volksw. Eberhard Manzke (Manzke GmbH & Co.KG., Gewerbegebiet 1, 21397 Vastorf, T: (04137) 81 43 25, Fax: 81 43 01)
Vizepräsident(in): Hermann Riegelmeyer (Vorstandsvorsitzender der Volksbank eG Wolfsburg, Am Mühlengraben 1, 38440 Wolfsburg, T: (05361) 20 13 05, Fax: 20 16 00)
Hauptgeschäftsführer(in): Dipl.-Volksw. Jens Petersen (An der Ratsforst 15, 21335 Lüneburg, T: (04131) 4 66 31)
Stellv HGeschF: Betriebsw. Hartmut Schöberl (Abt. Handel, Verkehr, Tourismus, Dienstleistungen, Ahlbergstr. 7, 21442 Toppenstedt, T: (04172) 76 68)
Stellv. HGeschF: Dipl.-Volksw. Roland Schulz (Abt. Industrie, Außenwirtschaft, Umweltschutz, Posener Str. 39, 21391 Reppenstedt, T: (04131) 6 16 13)
Geschäftsführer(in): RA Martin Exner (Abt. Kommunikation u. Öffentlichkeitsarbeit, Gerstenkamp 4, 21335 Lüneburg)
Geschäftsführerin: Dipl.-Volksw. Renate von Rockenthien (Verwaltungsleiterin, Wandrahmstr. 15, 21335 Lüneburg)
Geschäftsführer(in): Dipl.-Volksw. Volker Linde (Abt. Berufsbildung, Drosselweg 5, 21376 Salzhausen)
Verbandszeitschrift: Unsere Wirtschaft

Celle

e 130

IHK Lüneburg-Wolfsburg
Geschäftsstelle Celle
Südwall 26, 29221 Celle
T: (05141) 91 96-0   **Fax:** 91 96-54
E-Mail: daum@lueneburg.ihk.de
Geschäftsführer(in): Dipl.-Kfm. Gunnar Jungclaus (August-Sagebiel-Str. 17, 29221 Celle)

Wolfsburg

e 131

IHK Lüneburg-Wolfsburg
Geschäftsstelle Wolfsburg
Am Mühlengraben 22-24, 38440 Wolfsburg
T: (05361) 29 54-0   **Fax:** 29 54-54
E-Mail: voellner@lueneburg.ihk.de
Geschäftsführer(in): Dipl.-Volksw. Siegfried Kayser (Köhlerbergstr. 27, 38440 Wolfsburg, T: (05361) 6 21 69)

● E 132

Oldenburgische Industrie- und Handelskammer

Postfl. 25 45, 26015 Oldenburg
Moslestr. 6, 26122 Oldenburg
T: (0441) 22 20-0   **Fax:** 22 20-1 11
Internet: http://www.ihk-oldenburg.de
E-Mail: info@oldenburg.ihk.de
Gründung: 1900 (1. Mai)
Ehrenpräsident: Peter Waskönig (Sudhoff, Ummehof 1, 26683 Saterland, T: (04498) 27 27)
Präsident(in): Dieter Schlecht (Nordwestdeutsche Kapitalbeteiligungsgesellschaft mit beschränkter Haftung, Markt 13, 26122 Oldenburg, T: (0441) 2 30-0)
Vizepräsident(in): Rita Broweleit (studio am wall inneneinrichtungen rita broweleit, Wallstraße 8, 26122 Oldenburg, T: (0441) 2 66 23)
Vizepräsident(in): Claus Haferkamp (Druckerei Haferkamp GmbH + Co. KG, Schlagbaumweg 25, 26131 Oldenburg, T: (0441) 95 55-0)
Vizepräsident(in): Dr. Karl Friedrich Harms (Karl Harms Handels GmbH & Co. Kommanditgesellschaft, St.-Annenstr. 17-21, 26441 Jever, T: (04461) 30 77)
Vizepräsident(in): Hans-Peter Kramer (ICI Wilhelmshaven GmbH, Kutterstr. 3, 26386 Wilhelmshaven, T: (04421) 91 32-311)
Vizepräsident(in): Clemens-August Krapp (Krapp Eisen GmbH & Co. Kommanditgesellschaft, Lindenstr. 106, 49393 Lohne, T: (04442) 9 40-0)
Vizepräsident(in): Christian Rauffus (Carl Müller GmbH & Co. KG Rügenwalder Wurstfabrik, Industriestr. 5, 26160 Bad Zwischenahn, T: (04403) 66-0)
Vizepräsident(in): Dieter Schnitger (VS Steuerberatungsgesellschaft mit beschränkter Haftung, Ammerländer Heerstr. 231, 26129 Oldenburg, T: (0441) 97 16-259)
Hauptgeschäftsführer(in): Dr. jur. Christian-Albert Fricke (Grundsatzfragen, Öffentlichkeitsarbeit, Bussardweg 6, 26203 Wardenburg-Hundsmühlen, T: (0441) 50 53 65)
Stellv. HGeschF: Dr. rer. pol. Joachim Peters (Industrie, Statistik, Wirtschaftsförderung, Finanzen und Steuern, Insolvenzen, Weiterbildung, Umweltschutz, Wirtschaftsjunioren, Hermann-Allmers-Weg 23, 26160 Bad Zwischenahn)
Geschäftsführer(in): Dr.-Ing. Michael Ahrens (Verkehr, Nieders. Hafenvertretung, Innovationsförderung, Post und Telekommunikation, EU-Binnenmarkt, Margarete-Gramberg-Str. 16, 26131 Oldenburg, T: (0441) 50 42 30)
Geschäftsführer(in): Techn. Dipl.-Volksw. Udo Fiebig (Berufsbildung, Fortbildungsprüfungen, Hochhauser Str. 10, 26131 Oldenburg, T: (0441) 8 73 43)
Geschäftsführer(in): Dipl.-Volksw. Uwe Horstmann (Handel, Dienstleistungen, Tourismus, Verteidigungswirtschaft, Außenwirtschaft, Brummerforth 40 e, 26160 Bad Zwischenahn, T: (04403) 31 40)
Geschäftsführer(in): Ass. Theo Hünnekens (Wirtschaftsrecht, Sachverständigenwesen, Handelsregister, Raumordnung, Bauleitplanung, Am Sportplatz 7, 26209 Hatten-Sandkrug, T: (04481) 9 82 87)
Verwaltungsltr.: Betriebsw. (VWA) Ralf Kohfeldt (Innere Verwaltung, Personalwesen, Haushalt, Mitgliederverwaltung, Bürokommunikation, Luise-Uhlhorn-Str. 7, 26188 Edewecht-Friedrichsfehn, T: (04486) 23 55)
Leitung Presseabteilung: Michael Bruns
Verbandszeitschrift: Oldenburgische Wirtschaft
Redaktion: Michael Bruns
Verlag: WM Wirtschafts-Medien-Verlags-GmbH, Wilhelmshavener Heerstr. 244, 26125 Oldenburg
Mitglieder: 47000
Mitarbeiter: 90
Bezirk: Kreisfreie Städte Delmenhorst, Oldenburg, Wilhelmshaven, Landkreise Ammerland, Cloppenburg, Friesland, Oldenburg, Vechta, Wesermarsch

● E 133

Industrie- und Handelskammer Osnabrück-Emsland

Postfl. 30 80, 49020 Osnabrück
Neuer Graben 38, 49074 Osnabrück
T: (0541) 35 30   **Fax:** 3 53-122
TGR: Handelskammer Osnabrück
Internet: http://www.ihk-osnabrueck.de
E-Mail: ihk@osnabrueck.ihk.de
Bezirk: Stadt Osnabrück und Landkreise Emsland (mit Ausnahme der Stadt Papenburg), Grafschaft Bentheim und Osnabrück
Ehrenpräs.: Dr. Hans Berentzen (Im Fehn 11, 49740 Haselünne, T: (05961) 4 46)
Präsident(in): Hermann Elstermann (Meinders & Elstermann GmbH & Co. KG, Große Str. 17/19, 49074 Osnabrück, T: (0541) 3 25-0)
Vizepräsident(in): Georg Boll (Georg Boll GmbH & Co. Kommanditgesellschaft, Schützenhof 40 - 56, 49716 Meppen, T: (05931) 4 02-0)
Vizepräsident(in): Dr. Hans-Ulrich Günther (Deilmann Montan GmbH, Osterberg 8, 48455 Bad Bentheim, T: (05922) 7 78-0, privat: Hilgenstiege 70, 48455 Bad Bentheim, T: (05922) 7 78-62)
Vizepräsident(in): Thomas Nülle (Leffers GmbH & Co., Johannisstr. 41 - 44, 49074 Osnabrück, T: (0541) 35 80-1 54, privat: Gut Uhlenbrook, 49179 Ostercappeln, T: (05473) 19 85)
Vizepräsident(in): Konsul Dipl.-Kfm. Gerd-Christian Titgemeyer (Gebr. Titgemeyer GmbH & Co. KG, Hannoversche Str. 97, 49084 Osnabrück, T: (0541) 58 22-0, Privatanschrift: Schledehauser Weg 55, 49086 Osnabrück, T: (0541) 57 28 92)

Mitglieder des Präsidiums

Uwe Beckmann (F. Wilhelm Beckmann GmbH & Co. KG, Rheinstr. 82, 49090 Osnabrück, T: (0541) 60 21 12, privat: Otto-von-Guericke-Str. 5, 49076 Osnabrück, T: (0541) 4 50 05)
Hans-Michael Gallenkamp (Felix Schoeller jr Foto- und Spezialpapiere GmbH & Co. KG., Burg Gretesch, 49086 Osnabrück, T: (0541) 38 00-2 07, privat: Waldstr. 22, 49086 Osnabrück, T: (0541) 38 49 45)
Ferdinand Hilbers (Schuhhaus Franz Hilbers, Hauptstr. 30, 48529 Nordhorn, T: (05921) 63 36, privat: Hauptstr. 30, 48529 Nordhorn, T: (05921) 63 36)

Hans Klute (Hans Klute KG, Lotter Str. 30, 49078 Osnabrück, T: (0541) 4 50 01, privat: Lotter Str. 30, 49078 Osnabrück, T: (0541) 4 50 01)
Harald Müller (Erwin Müller GmbH & Co., Breslauer Str. 34 - 38, 49808 Lingen, T: (0591) 91 40-1 01, privat: Birghuhnstr. 2, 49809 Lingen, T: (0591) 6 21 17)
Hauptgeschäftsführer(in): Dipl.-Volksw. Hubert Dinger (Hofbreede 118, 49078 Osnabrück, T: (0541) 44 35 44)
Stellv. HGeschF: Dipl.-Volksw. Hans-Jürgen Falkenstein (Abteilungsleiter für Information, Volkswirtschaft, Außenwirtschaft, Hubertushöhe 1 A, 49082 Osnabrück)
Geschäftsführer(in): Dipl.-Kfm. Heiko Glaeseker (Abteilungsleiter für Verwaltung, Recht, Steuern, Richard-Wagner-Str. 77, 49078 Osnabrück, T: (0541) 43 34 03)
Geschäftsführer(in): Dipl.-Volksw. Eckhard Lammers (Abteilungsleiter für Dienstleistungen und Infrastruktur, Handel, Verkehr, Tourismus, Raumordnung, Bückelstraße 1 a, 46286 Dorsten, T: (02369) 56 99)
Geschäftsführer(in): Dr. Jürgen Helmes (Abteilungsleiter für Berufliche Bildung, Aus- und Weiterbildung, Haydnstr. 6, 49124 Georgsmarienhütte, T: (05401) 83 48 01)
Geschäftsführer(in): Dr. Markus Pieper (Abteilungsleiter für Industrie und Umwelt, Technologie, Wirtschaftsförderung, Wirtschaftsschutz, Im Heselen 31, 49504 Lotte, T: (05404) 16 25)
Verbandszeitschrift: Wirtschaft Osnabrück-Emsland

● **E 134**

Industrie- und Handelskammer Stade für den Elbe-Weser-Raum
Postf. 14 29, 21654 Stade
Am Schäferstieg 2, 21680 Stade
T: (04141) 5 24-0 **Fax:** 5 24-111
TGR: Handelskammer Stade
Internet: http://www.stade.ihk.de
E-Mail: info@stade.ihk.de
Bezirk: Landkreise Cuxhaven, Osterholz, Rotenburg (Wümme), Stade und Verden
Gründung: 1866 (7. April)
Ehrenpräsident: Gustav G. Hebold (Catharinenstr. 42, 27474 Cuxhaven)
Hinrich Heineke (Fa. Borco-Höhns Fahrzeugwerk GmbH, Industriestr. 1-3, 27356 Rotenburg)
Präsident(in): Dr. Hans Peter Kolzen
Vizepräsident(in): Henry Breuer (Reeder, Henry Breuer KG MS "Catharina", Flethweg 6, 21683 Stade, T: (04146) 54 48, Telefax: (04146) 10 92)
Vizepräsident(in): Gerd Hillebrandt (Immobilienmakler, An der Burg 4, 27624 Bad Bederkesa, T: (04745) 9 30 40, Fax: 9 30 42)
Vizepräsident(in): Heinrich-Friedrich Melloh (Geschäftsf. Gesellschafter Melloh GmbH & Co. Grundstücksverwaltungs & Handels KG, Viehlander Str. 4, 27726 Worpswede, T: (04792) 37 52, Telefax: (04792) 9 60 66)
Vizepräsident(in): Gerhard Mohr (Geschäftsführer, Mohr GmbH & Co. KG, Am Buschteich 26, 21739 Dollern, T: (04163) 80 60, Telefax: (04163) 80 61 90)
Vizepräsident(in): Gerd Stäcker (Geschäftsf. Gesellschafter, Norka Nordd. Kunststoff- u. Elektro-Ges. Stäcker & Co. mbH, Lange Str. 1, 27313 Dörverden-Hülsen, T: (04239) 93 00 99, Telefax: (04239) 93 00 99)
Vizepräsident(in): Dipl.-Kfm. Dr. Manfred W. Tag (geschäftsf. Vorstandsmitglied, Nordmilch eG, Industriestr. 1, 27404 Zeven, T: (04281) 7 21, Telefax: (04281) 7 22 97)
Ehrenmitgl. d. Vollvers.: Dipl.-Volksw. Heinz Vossmann (Im Horn 65, 21710 Neuland/Engelschoff, T: (04775) 3 44)
Ehrenmitgl. d. Vollvers.: Fritz Stelzer (Geschäftsf. Gesellschafter, Hansa-Druckerei Stelzer GmbH, Hansestr. 24, 21682 Stade, T: (04141) 24 65, Telefax: (04141) 4 51 50)
Ehrenmitgl. d. Vollvers.: Ferdinand Lühmann (geschf. Gesellschafter, Spedition Lühmann GmbH & Co. KG, Grodener Chaussee 61, 27472 Cuxhaven, T: (04721) 2 30 93)
Ehrenmitgl. d. Vollvers.: Dipl.-Ökon., Dipl.-Ing. Conrad Naber (geschf. Gesellschafter, Nabertherm GmbH + Co. Industrieofenbau KG, Bahnhofstr. 20, 28865 Lilienthal, T: (04298) 27 09-0)
Hauptgeschäftsführer(in): Dipl.-Volksw. Gerd Jochim (Abt-Albert-Str. 31, 21680 Stade, T: (04141) 52 41 25)
Stellv. HGeschf.: Dipl.-Volksw. Christian Freiherr von Bredow (Industrie, Innovation, Verkehr u. Außenwirtschaft, Wöhrden 8 b, 21723 Hollern-Twielenfleth, T: (04141) 7 01 00)
Geschäftsführer(in): Dipl.-Volksw. Jürgen Lutz (Handel und Dienstleistungen, Tourismus, Karlshamnweg 13, 21682 Stade, T: (04141) 8 69 48)
Geschäftsführer(in): Dr. phil. Bodo Stange (Berufsbildung, Greifswalder Str. 7, 21680 Stade, T: (04141) 60 09 41)
Geschäftsführer(in): Dipl.-Volksw. Ulfried Weißer (Volkswirtschaft, Mittelstand, Europapolitik, Verteidigungswirtschaft, Wirtschaftsschutz, Kirchenpauerstr. 16, 27472 Cuxhaven, T: (04721) 5 11 52)
Verwaltungsleitung: Dipl.-Volksw. Rolf Lühmann (Verwaltung, Personalwesen, Steinweg 14, 21635 Jork, T: (04162) 16 24)
Justitiar: Assessor Holger Bartsch (Recht, Sachverständigenwesen, Handelsregister, öffentliche Finanzierungshilfen,
Poststr. 8, 21684 Agathenburg, T: (04141) 6 61 15)
Pressereferent(in): Kirsten Kronberg (Redaktion der Kammerpublikationen, Presse)
Verbandszeitschrift: Wirtschaft Elbe-Weser
Redaktion: Kirsten Kronberg
Verlag: Maxsell Werbeagentur & Partner GmbH, Soltauer Str. 160, 27356 Rotenburg
Mitglieder: 31000
Mitarbeiter: 65
Jahresetat: DM 12,8 Mio, € 6,54 Mio

Verden

● e 135
IHK Stade für den Elbe-Weser-Raum Geschäftsstelle Verden
Johanniswall 17, 27283 Verden
T: (04231) 9 24 60 **Fax:** 92 46 11
Geschäftsführer(in): Ass. Gebhard Rosenthal (Goethestr. 33, 27283 Verden, T: (04231) 28 24)

Cuxhaven

● e 136
IHK Stade für den Elbe-Weser-Raum Geschäftsstelle Cuxhaven
Altenwalder Chaussee 7, 27474 Cuxhaven
T: (04721) 7 21 60 **Fax:** 72 16 11
Geschäftsführer(in): Dipl.-Wirt.-Ing. Jochen Werwath (Thuner Mühle 11 d, 21680 Stade, T: (04141) 6 56 71)

Norddeutschland

● **E 137**
Arbeitsgemeinschaft der norddeutschen Industrie- und Handelskammern in den Ländern Bremen, Hamburg, Mecklenburg-Vorpommern, Niedersachsen, Schleswig-Holstein
- Arbeitsgemeinschaft Öffentlichkeitsarbeit
- Kammergemeinschaft Ausbildung und Bildungsbörse
Adolphsplatz 1, 20457 Hamburg
T: (040) 36 63 82 **Fax:** 36 13 84 01
Gründung: 1956
Vorsitzende(r): Vizepräs. Dr. Martin Willich (Vors. d. Geschäftsführung der STUDIO HAMBURG Atelier GmbH, Jenfelder Allee 80, 22045 Hamburg)
Geschäftsführer(in): Dr. Uwe Christiansen
Mitarbeiter: 5

Nordrhein-Westfalen

● **E 138**

Vereinigung der Industrie- und Handelskammern in Nordrhein-Westfalen
Postf. 24 01 20, 40090 Düsseldorf
Goltsteinstr. 31, 40211 Düsseldorf
T: (0211) 36 70 20 **Fax:** 3 67 02 21
Kammern: Aachen, Arnsberg, Bielefeld, Bochum, Bonn, Detmold, Dortmund, Düsseldorf, Duisburg, Essen, Hagen, Köln, Krefeld, Münster, Siegen, Wuppertal
Präsident(in): Dipl.-Kfm. Gerd Pieper (Präsident der Industrie- und Handelskammer im mittleren Ruhrgebiet zu Bochum)
Hauptgeschäftsführer(in): Ass. Hans Georg Crone-Erdmann

Kammern

● **E 139**
Industrie- und Handelskammer zu Aachen
Postf. 6 50, 52007 Aachen
Theaterstr. 6-10, 52062 Aachen
T: (0241) 4 46 00 **Fax:** 4 46 02 59
Internet: http://www.aachen.ihk.de
E-Mail: info@aachen.ihk.de
Bezirk: Die Kammer hat ihren Sitz in Aachen und umfaßt die Stadt Aachen sowie die Kreise Aachen, Düren, Euskirchen, Heinsberg
Präsident(in): Dipl.-Kfm. Michael Wirtz (Geschäftsführender Gesellschafter der Grünenthal GmbH, Steinfeldstr. 2, 52222 Stolberg, T: (02402) 10 13 29)
Vizepräsident(in): Harald Breme (Maarweg 16, 52076 Aachen, T: (02408) 38 92)
Vizepräsident(in): Rolf-Rainer Brinkmann (Hub. Krementz
Wwe. GmbH & Co. KG., Neustr. 18-22, 53879 Euskirchen, T: (02251) 7 00 70)
Vizepräsident(in): Dr. Stephan A. Kufferath-Kaßner (GKD Gebr. Kufferath GmbH & Co., KG., Metallweberstr. 46, 52353 Düren, T: (02421) 80 30)
Vizepräsident(in): Petra Neudenberger (Hotel-Restaurant Friedrichs, Alte Bahnhofstr. 16, 53937 Schleiden, T: (02444) 95 09 50)
Vizepräsident(in): Prof. Dr. e.h. Franz Pischinger (FEV Motorentechnik GmbH, Neuenhofstr. 181, 52078 Aachen, T: (0241) 5 68 90)
Vizepräsident(in): Dipl.-Ing. Heinz August Schüssler (Bauunternehmung Hans Lamers G.m.b.H. & Co. Kommanditgesellschaft, Mühlenstr. 14, 52428 Jülich, T: (02461) 68 80)
Hauptgeschäftsführer(in): Ass. Jürgen Drewes
Geschäftsführer(in): M.A. Fritz Rötting (Dienstleistungsunternehmen, Wirtschaftsförderung und Öffentlichkeitsarbeit)
Geschäftsführer(in): Dipl.-Ing. Dipl.-Wirtsch.-Ing. Volker Hepple (Industrie, Technologie und Umweltschutz)
Geschäftsführer(in): Ass. Heinz Gehlen (Abteilung Berufsbildung)
Geschäftsführer(in): Dipl.-Volksw. Frank Malis (Außenwirtschaft und Verkehr, Euro Info Centre)
Geschäftsführer(in): Ass. Christoph Schönberger (Handel, Recht, Finanzen und Steuern)
Geschäftsführer(in): Dipl.-Volksw. Hendrik Pauge (Organisation und Personal)
Geschäftsführer(in): Wilhelm Siemons (Weiterbildung und Informationstechnologien)
Verbandszeitschrift: Wirtschaftliche Nachrichten

● **E 140**
Industrie- und Handelskammer für das südöstliche Westfalen zu Arnsberg
Postf. 53 45, 59818 Arnsberg
Königstr. 18-20, 59821 Arnsberg
T: (02931) 8 78-0 **Fax:** 8 78-100
TGR: Handelskammer Arnsberg
Internet: http://www.ihk-arnsberg.de
E-Mail: info@arnsberg.ihk.de
Bezirk: Hochsauerlandkreis, Kreis Soest
Gründung: 1851
Ehrenpräs.: Walter Kaiser (Werler Str. 91, 59755 Arnsberg, T: (02932) 2 88 82)
Präsident(in): Dipl.-Ing. Dieter Henrici (Geschäftsf. Gesellschafter der Fa. BJB GmbH & Co. KG, Werler Str. 1, 59755 Arnsberg, T: (02932) 9 82-0)
Vizepräsident(in): Hans Albrecht (Geschäftsf. der Fa. Hella KG Hueck & Co., Rixbecker Str. 75, 59552 Lippstadt, T: (02941) 3 86 10)
Vizepräsident(in): Paul Habbel (Geschäftsf. der Fa. Padberg GmbH, An der Halle 4, 59889 Eslohe, T: (02973) 97 010)
Vizepräsident(in): Dipl.-Ing. Edward Kersting (Geschäftsf. Gesellschafter der Fa. Olsberg Hermann Everken GmbH, Hüttenstr. 38, 59939 Olsberg, T: (02962) 8 05-0)
Vizepräsident(in): Hans-Edgar Hans (Geschäftsf. Ges. der Fa. Hans und Lenze Bauunternehmung GmbH & Co. KG, Bönninghauser Str. 13-15, 59590 Geseke, T: (02942) 5 06-0)
Vizepräsident(in): Egbert Neuhaus (Geschäftsführer der Fa. M. Westermann & Co. GmbH, Bahnhofstr. 205, 59759 Arnsberg, T: (02932) 4 76-0)
Vizepräsident(in): Dr. jur. Carl Heinz Torley (Geschäftsf. Ges. der Fa. CARL TORLEY GmbH & Co. KG, Seidenstückerweg 6, 59494 Soest, T: (02921) 9 65 00)

Hauptgeschäftsführung
Hauptgeschäftsführer(in): Dipl.-Ökonom Dr. Jürgen Huppert (T: (02931) 8 78-1 57)

Abteilung: Volkswirtschaft, Information, Außenwirtschaft, Finanzwirtschaft
Stellv. HGeschF: Dipl.-Volksw. Dr. Ralf A. Hueß (T: (02931) 8 78-1 54)

Abteilung: Berufsbildung, Prüfungswesen, Wirtschaftsschutz, IJK-Stellungen
Geschäftsführer(in): Hans-Jürgen Ramm (T: (02931) 8 78-1 21)

Abteilung: Industrie, Handel, Raumordnung, Verkehr, Fremdenverkehr, Technologie- u. Umweltberatung
Geschäftsführer(in): Dipl.-Ökonom Werner von Buchwald (T: (02931) 8 78-1 61)

Abteilung: Wirtschaftsrecht, Sachverständigenwesen, Zentrale Dienste
Verwaltungsdir. Dipl.-Betriebsw. Johannes Glose (T: (02931) 8 78-1 29)

Abteilung: Berufliche Weiterbildung
Bildungsinstitut Arnsberg-Lippstadt GmbH
Geschäftsführer(in): Stud.-Ass. Franz-Josef Hinkelmann (T: (02931) 8 78-1 71)
Leitung Presseabteilung: Dipl.-Volksw. Dr. Ralf A. Hueß
Verbandszeitschrift: Wirtschaft im Südöstlichen Westfalen
Verlag: R&G Werbeagentur und Verlag GmbH, Brückenstr. 6, 59519 Möhnesee-Körbecke
Mitglieder: 22000
Mitarbeiter: 63
Jahresetat: DM 13,9 Mio, € 7,11 Mio

e 141

IHK für das südöstliche Westfalen zu Arnsberg Geschäftsstelle Lippstadt
Lippertor 1, 59555 Lippstadt
T: (02941) 97 47-0 **Fax:** 97 47-99

● **E 142**

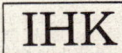

Industrie- und Handelskammer Ostwestfalen zu Bielefeld
Postf. 10 03 63, 33503 Bielefeld
Elsa-Brändström-Str. 1-3, 33602 Bielefeld
T: (0521) 5 54-0 **Fax:** 5 54-2 19
Internet: http://www.bielefeld.ihk.de
E-Mail: info@bielefeld.ihk.de
Bezirk: Stadt Bielefeld und die Kreise Gütersloh, Herford, Höxter, Minden-Lübbecke, Paderborn
Ehrenpräs.: Dr. Peter von Möller (i. Fa. Möller Werke GmbH, Kupferhammer 26, 33649 Bielefeld, T: (0521) 44 77-5 01)
Präsident(in): Dipl.-Ing. Fritz-Wilhelm Pahl (i. Fa. Bette GmbH & Co. KG, Heinrich-Bette-Str. 1, 33129 Delbrück, T: (05250) 5 11-1 00)
Vizepräsident(in): Dr. Wolfgang Böllhoff (i. Fa. Wilhelm Böllhoff Beteiligungsgesellschaft mbH & Co.KG, Archimedesstr. 1-4, 33649 Bielefeld, T: (0521) 44 82-2 00)
Vizepräsident(in): Karl-Wilhelm Deerberg (i. Fa. Kaufhaus DEERBERG GmbH & Co. KG, Lange Str. 10, 32312 Lübbecke, T: (05741) 33 33)
Vizepräsident(in): Dipl.-Wirtsch.-Ing. Dirk-Walter Frommholz (i. Fa. Frommholz Polstermöbel GmbH & Co.KG, Industriezentrum 14-20, 32139 Spenge, T: (05225) 87 75-0)
Vizepräsident(in): Ferdinand Klingenthal (i. Fa. Textilhäuser F. Klingenthal Gesellschaft mit beschränkter Haftung, Westernstr. 22-24, 33098 Paderborn, T: (05251) 2 86-0)
Vizepräsident(in): Dr. Rudolf Lödige (i.Fa. Lödige Fördertechnik GmbH, Friedrich-Böhlen-Str. 30, 34414 Warburg, T: (05642) 70 22 16)
Vizepräsident(in): Konsul Rudolf Miele (i. Fa. Miele & Cie. GmbH & Co., Carl-Miele-Str. 29, 33332 Gütersloh, T: (05241) 89 11 41)
Vizepräsident(in): August Oetker (i. Fa. Oetker International GmbH, Lutterstr. 14, 33617 Bielefeld, T: (0521) 1 55 27 33)
Vizepräsident(in): Dipl.-Volksw. Ernst Peter Rauch (i. Fa. Tonindustrie Heisterholz Ernst Rauch GmbH & Co. KG, Heisterholzstr. 1, 32469 Petershagen, T: (05707) 8 11-1 14)
Vizepräsident(in): Herbert Sommer (i. Fa. Sommer Fahrzeugbau GmbH & Co., Rembrandtstr. 1-3, 33649 Bielefeld, T: (0521) 45 98-0)
Hauptgeschäftsführer(in): N.N. (T: (0521) 5 54-200)
Stellv. HGeschF: Dipl.-Soz. Thomas F. Niehoff (Abt. Industrie, Öffentlichkeitsarbeit, Volkswirtschaft, T: 5 54-2 20)
Stellv. HGeschF: Dipl.-Volksw. Thomas Herold (Leiter der Zweigstelle Paderborn, T: (05251) 15 59-11)
Geschäftsführer(in): Dipl.-Kfm. Thomas Albiez (Abt. Verwaltung, Recht, Steuern, T: (0521) 55 42 70)
Geschäftsführer(in): Dipl.-Volksw. Harald Grefe (Abt. Außenwirtschaft, Handel, Verkehr, T: (0521) 5 54-2 30)
Geschäftsführer(in): Dipl.-Kfm. Swen Binner (Abt. Berufliche Ausbildung, T: (0521) 5 54-2 40)
Verbandszeitschrift: Ostwestfälische Wirtschaft

e 143

IHK Ostwestfalen zu Bielefeld Zweigstelle Paderborn
Postf. 18 07, 33048 Paderborn
Gierswall 4, 33102 Paderborn
T: (05251) 15 59-0
Leiter, Stellv. HGeschF: Dipl.-Volksw. Thomas Herold

e 144

IHK Ostwestfalen zu Bielefeld Zweigstelle Minden-Lübbecke
Portastr. 32, 32423 Minden
T: (0571) 9 41 95-0
Leiter: Dipl.-Ing. Karl-Ernst Hunting

● **E 145**

Industrie- und Handelskammer im mittleren Ruhrgebiet zu Bochum
44782 Bochum
Ostring 30-32, 44787 Bochum
T: (0234) 91 13-0 **Fax:** 91 13-1 10
TGR: Handelskammer Bochum
Internet: http://www.bochum.ihk.de
E-Mail: ihk@bochum.ihk.de
Bezirk: Kreisfreie Städte Bochum und Herne, sowie aus dem Ennepe-Ruhr-Kreis die Städte Hattingen und Witten
Ehrenpräs.: Dr.-Ing. Franz Schulenberg (Charlottenstr. 73, 44799 Bochum, T: (0234) 77 19 95)
Präsident(in): Dipl.-Kfm. Gerd Pieper (Geschäftsführender Gesellschafter der Stadtparfümerie Pieper GmbH, Hauptstr. 249, 44649 Herne, T: (02325) 98 11 00)
Vizepräsident(in): Dipl.-Kfm. Jürgen Fiege (Geschäftsführender Gesellschafter der Privatbrauerei Moritz Fiege GmbH & Co. KG, Scharnhorststr. 21-25, 44787 Bochum, T: (0234) 6 89 81 01)
Vizepräsident(in): Kfm. Rolf Flasche (Inhaber der Fa. Flasche, Inh. Rolf Flasche, Steinring 45, 44789 Bochum, T: (0234) 9 33 90)
Vizepräsident(in): Dr.-Ing. Jürgen Harnisch (Stellvertretender Vorsitzender des Vorstandes der Thyssen Krupp Automotive AG, Alleestr. 165, 44793 Bochum, T: (0234) 9 13-51 00)
Vizepräsident(in): Prof. Dr.rer.pol. Dr.-Ing. Engelbert Heitkamp (Vorsitzender des Aufsichtsrates der Bauunternehmung E. Heitkamp GmbH, Langekampstr. 36, 44652 Herne, T: (02325) 57 00)
Vizepräsident(in): Dipl.-Betriebsw. Karl Jochem Kretschmer (Sparkassendirektor, Vorstandsmitglied der Sparkasse Bochum, Dr.-Ruer-Platz 25-35, 44787 Bochum, T: (0234) 6 11 10 02)
Vizepräsident(in): Kaufmann Rolf Ostermann (Geschäftsführender Gesellschafter der Einrichtungshaus Ostermann GmbH & Co. KG, Annenstr. 118-122, 58453 Witten, T: (02302) 96 80 12 02)
Vizepräsident(in): Dipl.-Kfm. Gerhard Schwing (Geschäftsführender Gesellschafter der Schwing GmbH, Heerstr. 9-29, 44653 Herne, T: (02325) 9 87-0)
Hauptgeschäftsführer(in): Dipl.-Kfm. Tillmann Neinhaus (T: dienstl. Durchwahl 91 13-1 16)
Stellv. HGeschF: Dipl.-Volksw. Christoph Burghaus (Geschäftsbereich 4, Volkswirtschaft, Öffentlichkeitsarbeit, T: dienstl. Durchwahl 91 13-1 60)
Geschäftsführer(in): Ass. Ulrich Ernst (Geschäftsbereich 1, Berufliche Bildung, T: dienstl. Durchwahl 91 13-1 39)
Geschäftsführer(in): Dipl.-Betriebsw. Werner-Georg Kölling (Geschäftsbereich 3, Handel, Verkehr (Stellv. Leiter), T: dienstl. Durchwahl 91 13-1 41)
Geschäftsführer(in): Dr. Hans-Peter Merz (Geschäftsbereich 2, Industrie, Außenwirtschaft (Stellv. Leiter), T: dienstl. Durchwahl 91 13-1 33)
Geschäftsführer(in): Ass. Hans-Joachim Panne (Geschäftsbereich 3, Handel, Verkehr (Leiter), T: dienstl. Durchwahl 91 13-1 35)
Geschäftsführer(in): Verwaltungsdir. Dipl.-Komm. Dieter Wieczorek (Stabsbereich Interne Dienste, T: dienstl. Durchwahl 91 13-1 11)
Geschäftsführer(in): Dipl.-Ökonom Klaus Wüllner (Geschäftsbereich 2, Industrie, Außenwirtschaft (Leiter), T: dienstl. Durchwahl 91 13-1 62)
Verbandszeitschrift: Wirtschaft im Revier

● **E 146**

Industrie- und Handelskammer Bonn/Rhein-Sieg
Postf. 18 20, 53008 Bonn
Bonner Talweg 17, 53113 Bonn
T: (0228) 22 84-0 **Fax:** 22 84-1 70
Internet: http://www.ihk-bonn.de
E-Mail: ihkbonn@bonn.ihk.de
Bezirk: Kreisfreie Stadt Bonn und Rhein-Sieg-Kreis
Präsident(in): Dr. Klaus Stammen (SIEGWERK DRUCKFARBEN GmbH + Co. KG, 53719 Siegburg)
Vizepräsident(in): Dr. Heinz Kröber (Wilhelm Kröber GmbH + Co. KG, Sternstr. 73, 53111 Bonn, T: (0228) 63 60 09)
Vizepräsident(in): Hans Brunemund (Kaufhausbetriebe Hohage GmbH & Co. KG, Bahnhofstr. 16, 53721 Siegburg, T: (02241) 9 68 90)
Vizepräsident(in): Fritz Georg Dreesen (Rheinhotel Dreesen GmbH, Rheinstr. 45-49, 53179 Bonn, T: (0228) 8 20 20)
Vizepräsident(in): Dr. Ernst Franceschini (Grafschafter Krautfabrik KG, Wormersdorfer Str. 22-24, 53340 Meckenheim, T: (02225) 91 90 10)
Vizepräsident(in): Michael Kranz (Sparkasse Bonn, Friedensplatz 1, 53111 Bonn, T: (0228) 6 06 10 01)
Vizepräsident(in): Ulrich Wilhelm Pago (BDO Deutsche Warentreuhand AG, Potsdamer Platz 5, 53119 Bonn, T: (0228) 9 84 93 01)
Vizepräsident(in): Heinz Stephan (Spedition Stephan GmbH, Hohe Str. 97, 53119 Bonn, T: (0228) 98 85 90)
Hauptgeschäftsführer(in): Michael Swoboda (T: dienstl. Durchwahl 22 84-102)
Stellv. Hauptgeschäftsführer: Dipl.-Volksw. Wolfgang Brunswig (Berufsbildung, T: dienstl. Durchwahl 22 84-1 46)
Geschäftsführer(in): Ass. Kurt Schmitz-Temming (Handel, Verkehr, T: dienstl. Durchwahl 22 84-1 42)
Geschäftsführer(in): Dr. Ingrid König (Öffentlichkeitsarbeit, T: dienstl. Durchwahl 22 84-1 40)
Geschäftsführer(in): Ass. Lutz von Pape (Recht und Steuern, T: dienstl. Durchwahl 22 84-1 34)
Geschäftsführer(in): Dipl.-Volksw. Karsten Wietbrock (Industrie, Planung, Umweltschutz, T: dienstl. Durchwahl 22 84-1 30)
Verwaltungsltr.: Dipl.-Betriebsw. Manfred Heimann (T: dienstl. Durchwahl 22 84-1 10)
Verbandszeitschrift: Die Wirtschaft

● **E 147**

Industrie- und Handelskammer Lippe zu Detmold
Postf. 19 61, 32709 Detmold
Leonardo-da-Vinci-Weg 2, 32760 Detmold
T: (05231) 76 01-0 **Fax:** 76 01-57
Internet: http://www.detmold.ihk.de
E-Mail: ihk@detmold.ihk.de
Bezirk: Kreis Lippe
Ehrenpräsident: Dipl.-Holzw. Bernhard Hausmann (Mitinh. d. Fa. Blomberger Holzindustrie B. Hausmann GmbH & Co. KG, Königswinkel 2, 32825 Blomberg, T: (0535) 9 66-0, Privatanschrift: Ulmenallee 30, 32825 Blomberg, T: (05235) 9 66-1 66)
Präsident(in): Dr. Hannes Frank (i. Fa. JOWAT Lobers u. Frank GmbH & Co. KG, Postf. 19 53, 32709 Detmold, T: (05231) 74 91 10, Privatanschrift: Am Waldsaum 9, 32760 Detmold, T: (05231) 8 86 60)
Vizepräsident(in): Horst Mengedoht (i. Fa. Schuhhaus Mengedoht GmbH & Co. KG, Mittelst. 82, 32657 Lemgo, T: (05261) 45 58 Privat: Puckewese 10, 32657 Lemgo, T: (05261) 45 58)
Vizepräsident(in): Busso Freise (i. Fa. Textilhaus Wiese GmbH & Co. KG, Lange Str. 20, 32756 Detmold, T: (05231) 2 53 81, Privatanschrift: Alter Postweg 24, 32756 Detmold, T: (05231) 2 52 83)
Vizepräsident(in): Ernst-Michael Hasse (i. Fa. Schwering & Hasse Elektrodraht GmbH & Co. KG, Postf. 12 42, 32670 Lügde, T: (05281) 78 80, Privatanschrift: Bahnhofstr. 9, 32812 Bad Pyrmont, T: (05281) 64 04)
Vizepräsident(in): Helmut Kruse (Sparkasse Detmold, Paulinenstr. 34, 32756 Detmold, T: (05231) 7 42-2 00, Privatanschrift: Ehrenbergweg 11, 62760 Detmold, T: (05231) 8 80 65)
Vizepräsident(in): Siegfried Haverkamp (i. Fa. Gebr. Brasseler GmbH & Co. KG, Postfach 1 60, 32631 Lemgo, T: (05261) 7 01-0, Privat: Berliner Allee 24, 32756 Detmold, T: (05231) 2 84 85)
Hauptgeschäftsführer(in): Dipl.-Vw. Axel Martens (Mittelstr. 55, 32758 Detmold)
Verwaltungsltr.: Manfred Landowski (Parkstr. 4, 32816 Schieder-Schwalenberg)
Verbandszeitschrift: IHK-LIPPE INFO
Redaktion: Andreas Henkel

● **E 148**

Postf. 10 50 35, 44047 Dortmund
Märkische Str. 120, 44141 Dortmund
T: (0231) 54 17-0 **Fax:** 5 41 71 09
TGR: Handelskammer Dortmund
T-Online: ✻969017#
Internet: http://www.ihk.de/dortmund
E-Mail: info@dortmund.ihk.de
Bezirk: Städte Dortmund, Hamm sowie der Kreis Unna
Gründung: 1863
Ehrenpräsidenten: Rudolf Brickenstein (Geschäftsf. Gesellschafter der W. Brügmann GmbH, Dortmund)
Dr. Dr.h.c. Alfred Voßschulte (Inhaber der Firmengruppe Huchtemeier/Transpapier, Dortmund)
Präsident(in): Dr. Winfried Materna (Geschäftsf. Gesellschafter der Dr. Materna GmbH Systeme Software Beratungen, Dortmund)
Vizepräsident(in): Versicherungskaufmann Rolf-Dieter Beyersdorf, Unna
Dipl.-Kfm. Udo Dolezych (Geschäftsf. Gesellschafter der Westdeutsche Drahtseil-Verkauf Dolezych GmbH & Co., Dortmund)
Dr. Horst Hoffmann (Vorstandsvors. der Continentale Krankenversicherung a.G., Dortmund)
Wilhelm Holtmann (Vorstandssprecher der Dachdecker-Einkauf West eG, Hamm)
Dipl.-Kfm. Fritz Jaeger (Geschäftsführer der MBG Mittelstand Beteiligung Verwaltung GmbH, Dortmund)
Dr.-Ing. Albrecht Knauf (Geschäftsf. Gesellschafter der Deutsche Perlite GmbH, Dortmund)
Dr.-Ing. Jochen Kühner (Geschäftsf. Gesellschafter der Heinrich Klostermann GmbH & Co. KG, Hamm)
Dr. Gerhard Kummer (Geschäftsf. Gesellschafter der Zahnradfabrik Unna GmbH, Unna)
Ass. Jürgen Rossberg (Vorstandsmitgl. der Thyssen Krupp AG, Düsseldorf)
Gerhard Rüschenbeck (Juwelier Rüschenbeck KG, Dortmund)
Hauptgeschäftsführer(in): Dipl.-Kfm. Klaus Günzel
Stellv. Hauptgeschäftsführer: Dipl.-Volksw. Reinhard Schulz (Wirtschafts- und Strukturförderung-Dienstleistung/Handel/Industrie, T: dienstl. Durchwahl 5 41 74 10, privat: Schorlemmerskamp 1, 44319 Dortmund, T: (0231) 27 14 04)
Geschäftsführer(in): Gerhard Eifler (Wirtschafts- und Technologiepolitik, T: dienstl. Durchwahl 54 17-273, privat: Am Knappenberg 109, 44139 Dortmund, T: (0231) 73 40 63)
Ass. Gerd-Rüdiger Opitz (Abt. Recht/Steuern/Zentrale Dienste, T: dienstl. 54 17-2 76; privat: Volmehang 16, 44287 Dortmund, T: (0231) 48 60 87)
Georg Schulte (Abt. Information, Marketing, Wirtschaftsbeobachtung, T: dienstl. Durchwahl 5 41 72 58, privat: Heiliger Weg 42, 44135 Dortmund, T: (0231) 57 71 50)
Dipl.-Volksw. Claus-Dieter Weibert (Abt. Berufliche Bildung, T: dienstl. Durchwahl 5 41 72 60, privat: Egerstr. 106, 44225 Dortmund, T: (0231) 71 33 91)
Dipl.-Ing. Ulf Wollrath (Wirtschafts- und Strukturförderung, Dienstleistung/Handel/Industrie, T: dienst. (0231) 54 17-280, privat: Bodieckstraße 107, 44289 Dortmund, T: (0231) 40 29 17)
Zeitschrift: Ruhrwirtschaft
Verlag: Märkische Str. 120, 44141 Dortmund
Mitglieder: 40000
Mitarbeiter: 117
Körperschaft des öffentlichen Rechts; Organ der wirtschaftlichen Selbstverwaltung; Wahr-

nehmung des Gesamtinteresses der gewerblichen Wirtschaft im östlichen Ruhrgebiet; Beratung und Betreuung der Industrie-, Handels- und Dienstleistungsbetriebe; hoheitliche Aufgaben; Gutachten für Gerichte und Behörden; Erarbeitung von Vorschlägen zur Verbesserung der wirtschaftlichen Situation; Existenzgründung; Schulungsangebote; Weiterbildungsangebote; Fortbildungsmaßnahmen; Qualitätssicherung

e 149

IHK zu Dortmund
Zweigstelle Hamm
Postf. 17 07, 59007 Hamm
Südstr. 29, 59065 Hamm
T: (02381) 92 14 10 **Fax:** 9 21 41 23
Leiter: Dipl.-Ing. Ulf Wollrath (Geschäftsführer; privat: Bodieckstr. 107, 44289 Dortmund, T:(0231) 40 29 17)

e 150

Stiftung Westfälisches Wirtschaftsarchiv (WWA)
Märkische Str. 120, 44141 Dortmund
T: (0231) 54 17-2 97 **Fax:** 54 17-117
Internet: http://www.archive.nrw.de
E-Mail: wwado@dortmund.ihk.de, ellerbro@dortmund.ihk.de
Leiter: Archivdirektor Dr. Karl-Peter Ellerbrock (privat: Frohenort 58, 44267 Dortmund, T: (0231) 47 97 09)

• E 151

Niederrheinische Industrie- und Handelskammer Duisburg-Wesel-Kleve zu Duisburg
Hauptgeschäftsstelle:
Postf. 10 15 08, 47015 Duisburg
Mercatorstr. 22-24, 47051 Duisburg
T: (0203) 28 21-0 **Fax:** 2 65 33
Internet: http://www.ihkduisburg.de
E-Mail: ihk@duisburg.ihk.de
Das Gebiet der Kammer umfaßt: Kreisfreie Stadt Duisburg, Kreis Kleve, Kreis Wesel
Ehrenpräsidenten: Dr.-Ing. Wolf Aengeneyndt (Fa. J. H. Schmitz Söhne GmbH & Co., Königstr. 47, 47198 Duisburg, Postf. 17 04 55, 47184 Duisburg, T: (02066) 20 10, TX: 855 800, Fax: (02066) 2 01-1 63)
Prof. Dr. Hans Georg Willers (Freytagstr. 28, 40237 Düsseldorf, T: (0211) 66 96-9 60, Fax: (0211) 66 96-96 10)
Präsident(in): Dipl.-Volksw. Heribert Becker (Konsul des Königreichs Belgien, Mitglied des Aufsichtsrats, Fa. VTG-Lehnkering AG, Schifferstr. 26, 47059 Duisburg, Postf. 10 09 51, 47009 Duisburg, T: (0203) 31 88-0, Fax: (0203) 31 88-2 13)
Vizepräsident(in): Dr. rer. oec. Paul Bösken-Diebels (Sprecher der Geschäftsführung, Fa. Privatbrauerei Diebels GmbH & Co. KG, Brauerei-Diebels-Str. 1, 47661 Issum, Postf. 11 61, 47653 Issum, T: (02835) 3 01 01, Fax: (02835) 3 03 05, E-Mail: boeskenp@diebels.de, Internet: http://www.diebels.de)
Vizepräsident(in): Physiking. Paul K. Friedhoff (MdB, Tiergartenstr. 38, 47533 Kleve, T: (02821) 2 39 61, Fax: (02821) 1 45 72, E-Mail: paul.friedhoff@mdb.bundestag.dbn.de)
Vizepräsident(in): Dipl.-Kfm. Karl-Eduard Hitzbleck (Fa. Karl Hitzbleck GmbH & Co. KG, Hedwigstr. 1, 47058 Duisburg, Postf. 10 06 64, 47006 Duisburg, T: (0203) 3 05 17-13, TX: 8 551 485, Fax: (0203) 3 05 17-99)
Vizepräsident(in): Dr. Karl Friedrich Jakob (Stellv. Vorstandsvorsitzender, Fa. RAG Coal International AG, Postanschrift: Rellinghauser Str. 1-11, 45128 Essen, T: (0201) 1 77-31 30, Fax: (0201) 1 77-31 33, E-Mail: kf.jakob@rag-coalinter.de)
Vizepräsident(in): Dipl.-Kfm., Dr. Doris König (Fa. König-Brauerei GmbH & Co. KG, Friedrich-Ebert-Str. 259-263, 47139 Duisburg, Postf. 66 01 40, 47130 Duisburg, T: (0203) 4 55-23 45, Fax: (0203) 4 55-24 46, E-Mail: gf@koenig.de, Internet: http://www.koenig.de)
Vizepräsident(in): Kurt Küppers (Geschäftsführender Gesellschafter, Fa. Hülskens GmbH & Co. KG, Hülskensstr. 4-6, 46483 Wesel, Postf. 10 02 02, 46462 Wesel, T: (0281) 20 40, Fax: (0281) 2 04-2 04)
Vizepräsident(in): Heinz Pelzer (Geschäftsführer, Fa. Pelzer GmbH, Sonnenwall 14-20, 47051 Duisburg, Postf. 10 10 26, 47010 Duisburg, T: (0203) 29 59 40, TX: 855 309, Fax: (0203) 2 95 94 40)
Vizepräsident(in): Dr. Dieter Schadt (Vorsitzender des Vorstands, Fa. Franz Haniel & Cie. GmbH, Franz-Haniel-Platz 1, 47119 Duisburg, 47118 Duisburg, T: (0203) 8 06-2 51, -3 79, -4 79, Fax: (0203) 8 06-6 60, E-Mail: dieter-schadt.fhc@haniel.de, Internet: http://www.haniel.de)
Vizepräsident(in): Michael Schenkel (Geschäftsführer, Fa. Sittardsberg Hotel- und Reisebetriebs GmbH, Sittardsberger Allee 10, 47249 Duisburg, T: (0203) 70 00 01 and (0211) 4 08 90 17, Fax: (0203) 70 11 25, E-Mail: hotel@sittardsberg.de, Internet: http://www.sittardsberg.de)
Vizepräsident(in): Prof. Dr.-Ing. Ekkehard Schulz (Vorsitzender des Vorstands, Fa. Thyssen Krupp AG, Kaiser-Wilhelm-Str. 100, 47166 Duisburg, 47161 Duisburg, T: (0203) 52-2 66 80, Fax: (0203) 55 80 93)
Vizepräsident(in): Dr.-Ing. Ernst J. Trapp (Vorstandsmitglied, Fa. F. C. Trapp AG Bauunternehmung, Trappstr. 6-8, 46483 Wesel, Postf. 10 06 59, 46466 Wesel, T: (0281) 20 92 17, TX: 812 850, Fax: (0281) 20 94 06, E-Mail: ejt.trapp@cityweb.de, Internet: http://www.trapp.de)
Vollversammlung: Matthias Bannemer (Kastellstr. 12-16, 47564 Kalkar, T: (02824) 20 31, Fax: (02824) 47 31)
Dipl.-Volksw. Heribert Becker (Konsul des Königreichs Belgien, Präsident der Kammer, Mitgl. d. Aufsichtsrats, Fa. VTG-Lehnkering AG, Schifferstr. 26, 47059 Duisburg, Postf. 10 09 51, 47009 Duisburg, T: (0203) 31 88-0, Fax: (0203) 31 88-2 13)
Dr. Jochen Beckord (Geschäftsführer, Fa. Dr. Beckord GmbH, Holtener Str. 24, 46539 Dinslaken, T: (02064) 9 07 40, Fax: (02064) 9 04 00, E-Mail: beckord.gmbh@t-online.de)
Dr. Edmund Bercker (Geschäftsführer, Fa. Butzon und Bercker GmbH, Hoogeweg 71, 47623 Kevelaer, Postf. 2 15, 47613 Kevelaer, T: (02832) 92 90, Fax: (02832) 4 03 21, E-Mail: edmund.bercker@butzonbercker.de, Internet: http://www.butzonbercker.de)
Manfred Berns (Tankstellenpächter, Reeser Landstr. 20, 46483 Wesel, T: (0281) 33 14 02, Fax: (0281) 33 14 01)
Rainer Bies (- Marketingberatung -, Ackerstr. 57, 47533 Kleve, T: (02821) 2 41 93)
Dr. Uwe Bilstein (Geschäftsführer, Fa. NBV+UGA Handels-GmbH, Hans-Tenhaeff-Str. 44, 47638 Straelen, Postf. 13 62, 47630 Straelen, T: (02834) 9 10-1 13, Fax: (02834) 9 10-1 70)
Dr. Paul Bösken-Diebels (Vizepräsident der Kammer, Sprecher der Geschäftsführung, Fa. Privatbrauerei Diebels GmbH & Co. KG, Brauerei-Diebels-Str. 1, 47661 Issum, Postf. 11 61, 47653 Issum, T: (02835) 3 01 01, Fax: (02835) 3 03 05, E-Mail: boeskenp@diebels.de, Internet: http://www.diebels.de)
Dipl.-Ing. Jobst Brehe (Mitglied des Vorstands, Fa. "KERAMAG" Keramische Werke AG, Abelstr. 12, 46483 Wesel, Postf. 10 02 25, 46462 Wesel, T: (0281) 2 02 11, Fax: (0281) 2 02 30)
Theo Convent (Geschäftsführender Gesellschafter, Fa. CONVENT SPEDITION + TRANSPORT GMBH, Duisburger Str. 80, 46446 Emmerich, Postf. 10 02 47, 46422 Emmerich, T: (02822) 6 08-30, Fax: (02822) 6 08-38, E-Mail: info@conventgmbh.de, Internet: http://www.conventgmbh.de)
Apotheker Jürgen Dorenburg (Schwanenapotheke Jürgen Dorenburg, Brückstr. 14, 46483 Wesel, T: (0281) 2 13 50, Fax: (0281) 2 70 88)
Rudolf Eck (Rudi Eck - Immobilien -, Markt 40, 47608 Geldern, T: (02831) 13 01 30, E-Mail: info@eck.de, Internet: http://www.eck.de)
Dr. Klaus Eckert (Vorsitzender der Geschäftsführung, Fa. Carl Spaeter GmbH, Am Buchenbaum 4-6, 47051 Duisburg, Postf. 10 11 63, 47011 Duisburg, T: (0203) 28 18-4 34, Fax: (0203) 2 78 04)
Ludger Erfurt (Geschäftsführer, Fa. Kaufhof Warenhaus AG, Düsseldorfer Str. 32-36, 47051 Duisburg, Postf. 10 07 51, 47007 Duisburg, T: (0203) 28 66-2 11, Fax: (0203) 2 79 56)
Physiking. Paul K. Friedhoff (MdB, Vizepräsident der Kammer, Tiergartenstr. 38, 47533 Kleve, T: (02821) 2 39 61, Fax: (02821) 1 45 72, E-Mail: paul.friedhoff@mdb.bundestag.dbn.de)
Walter Frings (Geschäftsführer, Fa. Ketzer + Frings GmbH, Koloniestr. 107-109, 47057 Duisburg, T: (0203) 35 10 33, Fax: (0203) 36 16 71)
Günther Gallrein (Fa. Günther Gallrein, Oderstr. 58, 47445 Moers, T: (02841) 4 29 79)
Ernst Hermann Gehnen (Sparkassendirektor, Vorsitzender des Vorstands, Fa. Sparkasse Rheinberg, 47493 Rheinberg, T: (02843) 1 77-1 01, Fax: (02843) 1 77-1 96)
Jürgen Gembler (- Datenverarbeitung -, In der Gemeinde 27, 47559 Kranenburg, T: (02826) 91 78 82, Fax: (02826) 91 78 83)
Hubert Gerwinn (Bankdirektor, Fa. COMMERZBANK AG, Filiale Duisburg, Königstr. 15-19, 47051 Duisburg, Postf. 10 02 61, 47002 Duisburg, T: (0203) 28 23-3 62, Fax: (0203) 28 23-3 92)
Andreas Goedecke (Fa. Andreas Goedecke -Immobilien-, Neustr. 50, 46483 Wesel, T: (0281) 3 38 52-0, Fax: (0281) 3 38 52-15, E-Mail: goedecke-wesel@t-online.de)
Rainer Gossmann (Fa. ISS-NWG Holding GmbH, Keniastr. 24, 47269 Duisburg, T: (0203) 3 06-27 70, Fax: (0203) 3 06-27 77, E-Mail: jseroka.d@iss.euro.com)
Dr. Wolf-Dieter Griebler (Vorsitzender der Geschäftsführung, Fa. Sachtleben Chemie GmbH, Dr.-Rudolf-Sachtleben-Str. 4, 47198 Duisburg, Postf. 17 04 54, 47184 Duisburg, T: (02066) 22 22-01, Fax: (02066) 22 22-14, E-Mail: wgrieble@sachtleben.de)
Gabriela Grillo (Mitglied des Vorstands, Fa. Grillo-Werke AG, Weseler Str. 1; 47169 Duisburg, Postf. 11 02 65, 47142 Duisburg, T: (0203) 55 57-2 13, Fax: (0203) 40 66-1 45, E-Mail: grillo-g.schmitt@t-online.de, Internet: http://www.grillo.de)
Egbert Groterhorst (Geschäftsführer, Fa. Commedia Gastronomie-Betriebs GmbH, Stauffenbergstr. 35, 47608 Geldern, T: (02831) 40 40, 40 97, Fax: (02831) 8 86 89)
Dipl.-Ing. Christian Heinrich (Geschäftsführer, Fa. Thyssengas GmbH, Duisburger Str. 277, 47166 Duisburg, T: (0203) 55 55-28 93, Fax: (0203) 55 55-27 88, E-Mail: christian.heinrich@thyssengas.de)
Dipl.-Ing. Udo-Jürgen Hennig (Vorsitzender der Geschäftsführung, Fa. Unichema Chemie GmbH, Steintor 9, 46446 Emmerich, Postf. 10 09 63, 46429 Emmerich, T: (02822) 72-2 47, Fax: (02822) 72-2 04, E-Mail: udo-juergen.hennig@unichema.com)
Alfred Herbers (- Schuheinzelhandel -, Bruchweg 85, 46485 Wesel, T: (0281) 5 31 13, Fax: (0281) 8 33 75)
Dipl.-Kfm. Karl-Eduard Hitzbleck (Vizepräsident der Kammer, Fa. Karl Hitzbleck GmbH & Co. KG, Hedwigstr. 1, 47058 Duisburg, Postf. 10 06 64, 47006 Duisburg, T: (0203) 3 05 17-13, Tx: 8 551 485, Fax: (0203) 3 05 17-99)
Dipl.-Ök. Alexander Höfkens (Geschäftsführender Gesellschafter, Fa. Worldwide Analytical Systems GmbH, Tiergartenstr. 27, 47533 Kleve, T: (02821) 75 60-0, Fax: (02821) 72 41-41, E-Mail: ach@worldwide-analytical.com, Internet: http://www.worldwide-analytical.com)
RA Thomas Hüttemann (Geschäftsführender Gesellschafter, Fa. Frachtenkontor GmbH, Zweigniederlassung Rheinhausen, Friedrich-Ebert-Str. 22, 47226 Duisburg, Postf. 14 13 40, 47203 Duisburg, T: (02065) 9 09-1 15, Fax: (02065) 9 09-2 61, E-Mail: th.huettemann@frachtenkontor.de, Internet: http://www.frachtenkontor.de)
Gisela Hunck (Geschäftsführerin, Fa. Mensing GmbH & Co. KG, Hohe Str. 1 a, 46483 Wesel, T: (0281) 2 30 64, 2 30 65, Fax: (0281) 2 98 01)
Gerd-Hermann Hussmann (Geschäftsführer, Fa. Hussmann Baustoffzentrum Verwaltungs GmbH, Bönninger Str. 102, 46519 Alpen, T: (02802) 8 30, Fax: (02802) 83 39, E-Mail: bauzentrum@t-online.de, Internet: http://www.hussmann.de)
Dr. Karl Friedrich Jakob (Vizepräsident der Kammer, Stellv. Vorstandsvorsitzender, Fa. RAG Coal International AG, Postanschrift: Rellinghauser Str. 1 - 11, 45128 Essen, T: (0201) 1 77-31 30, Fax: (0201) 1 77-31 33, E-Mail: kf.jakob@rag-coal-inter.de)
Dipl.-Betriebsw. Heinz Jammers (Geschäftsführer, Fa. PROBAT-WERKE von Gimborn Maschinenfabrik GmbH, Reeser Str. 94, 46446 Emmerich, Postf. 10 07 52, 46427 Emmerich, T: (02822) 9 12-0, Fax: (02822) 9 12-6 05, E-Mail: info@probat.com, Internet: http://www.probat.com)
Dr. Wolf-Dieter Jurgeleit (Bankdirektor, Vorsitzender des Vorstands, Fa. Volksbank Rhein-Ruhr eG, Düsseldorfer Str. 11-13, 47051 Duisburg, Postf. 10 13 65, 47013 Duisburg, T: (0203) 28 67-2 32, Fax: (0203) 28 47 26, E-Mail: wd.jurgeleit@voba-rhein-ruhr.de, Internet: http://www.voba-rhein-ruhr.de)
Tilo Karrer (Geschäftsführer, Fa. Promochem GmbH Handelsgesellschaft für chemische Produkte, Mercatorstr. 51, 46485 Wesel, Postf. 10 09 55, 46469 Wesel, T: (0281) 9 88 70, TX: 812 741, Fax: (0281) 8 99 94, E-Mail: de@promochem.com, Internet: http://www.promochem.com)
Dipl.-Betriebsw. Kurt Kemper (Fa. Friedrich Kemper GmbH & Co. KG Kupfer- und Drahtwerk, Düsseldorfer Str. 387, 47055 Duisburg, Postf. 10 07 46, 47007 Duisburg, T: (0203) 7 78 58-0, Fax: (0203) 7 78 58 58)
Hermann Kilders (Geschäftsführer, Fa. Schönmackers Umweltdienste GmbH & Co. KG, Siemensstr. 75, 47574 Goch, T: (02823) 1 00 20, Fax: (02823) 10 02 90)
Dipl.-Kfm. Henner Kipphardt (Fa. Kipphardt GmbH - Bau- u. Industriemaschinen -, Koloniestr. 52-56, 47057 Duisburg, Postf. 10 07 62, 47007 Duisburg, T: (0203) 3 78 08-11, Fax: (0203) 3 78 08 88, E-Mail: kipphardt@gmx.net)
Dr. RA Ulrich F. Kleier (Geschäftsführer, Fa. Möbelhaus Friedrich Kleier GmbH & Co. KG, Repelener Str. 2, 47441 Moers, T: (02841) 2 52 23, Fax: (02841) 2 66 52)
Dipl.-Kfm., Dr. Doris König (Vizepräsidentin der Kammer, Fa. König-Brauerei GmbH & Co. KG, Friedrich-Ebert-Str. 259-263, 47139 Duisburg, Postf. 66 01 40, 47130 Duisburg, T: (0203) 4 55-23 45, Fax: (0203) 4 55-24 46, E-Mail: gf@koenig.de, Internet: http://www.koenig.de)
Georg Küppers (Geschäftsführender Gesellschafter, Fa. Küppers Tiefkühlkost GmbH, An het Hagelkruys 65, 47608 Geldern, Postf. 21 51, 47598 Geldern, T: (02838) 91 55-0, Fax: (02838) 91 55-34, E-Mail: info@kueppers.de, Internet: http://www.kueppers.de)
Kurt Küppers (Vizepräsident der Kammer, Geschäftsführender Gesellschafter, Fa. Hülskens GmbH & Co. KG, Hülskensstr. 4-6, 46483 Wesel, Postf. 10 02 02, 46462 Wesel, T: (0281) 20 40, TX: 812 871, Fax: (0281) 2 04-2 04)
Erika Lamers (Kauffrau, Ziegelstr. 90, 47533 Kleve, T: (02821) 73 23-0)
Dr. h.c. Siegfried Landers (Geschäftsführender Gesellschafter, Fa. Landers GmbH, Am Lippeglacis 16, 46483 Wesel, Postf. 10 08 57, 46468 Wesel, T: (0281) 1 09 50, Fax: (0281) 1 09 78, E-Mail: b.landers@landers.de, Internet: http://www.landers.de)
Dr. Peter Langenbach (Geschäftsführer, Fa. Reederei- und Assekuranz-Kontor J. M. Wesselman & Co. GmbH, Hülskensstr. 4-6, 46483 Wesel, T: (0281) 2 04-4 50, Fax: (0281) 2 04-4 46)
Ullrich Langhoff (Geschäftsführer, Fa. Lippeschlößchen Langhoff GmbH - Restaurant Lippeschlößchen -, Hindenburgstr. 2, 46485 Wesel, T: (0281) 44 88, Fax: (0281) 47 33, E-Mail: lippeschloesschen@t-online.de, Internet: http://www.lippeschloesschen.de)
Dr. Wolf Lanzer (Mitgl. d. Geschäftsführung, Fa. Hüttenwerke Krupp Mannesmann GmbH, Ehinger Str. 200, 47259 Duisburg, Postf. 25 11 24, 47251 Duisburg, T: (0203) 9 99-26 87, Fax: (0203) 9 99-44 23)
Norbert Lechtenböhmer (Geschäftsführer, Fa. Legi GmbH, Im Meerfeld 83-89, 47445 Moers, T: (02841) 7 89-0, Fax: (02841) 7 89 23)
Viktor Lemken (Persönl. haftender Gesellschafter, Fa. LEMKEN GmbH & Co. KG, Weseler Str. 5, 46519 Alpen, Postf. 11 60, 46515 Alpen, T: (02802) 8 10, Fax: (02802) 8 12 20)
Benno Lensdorf (Geschäftsführer, Fa. benno Vertriebsgesellschaft für technischen Bedarf mbH, Kasteelstr. 6-8, 47119 Duisburg, Postf. 13 05 15, 47105 Duisburg, T: (0203) 8 00 07-20 und (0172) 2 61 41 30, Fax: (0203) 8 00 07-45, E-Mail: benno-duisburg@t-online.de, Internet: http://www.benno.de)
Bernd Linssen (Fa. Heinrich Linssen GmbH & Co. KG, Mühlenweg 12, 47608 Geldern, Postf. 13 53, 47593 Geldern, T: (02831) 12 40, TX: 812 218)
Alois Lünendonk (Geschäftsführer, Fa. Radio, Fernsehen, Elektro Alois Lünendonk, Großer Markt 25, 47533 Kleve, T: (02821) 2 50 21, Fax: (02821) 1 43 77)
Klaus-Dieter Maaß (Geschäftsführer, Fa. Maaß Anlagen- und Schornsteintechnologie GmbH, Industriestr. 18 a, 46499 Hamminkeln, T: (02852) 92 22-0, Fax: (02852) 92 22-22, E-Mail: maass@maass.de, Internet: http://www.maass.de)
Werner Maaß (Bankdirektor, Mitglied des Vorstands, Fa. Volksbank Dinslaken eG, Am Neutor 23, 46535 Dinslaken,

Postf. 10 05 30, 46525 Dinslaken, T: (02064) 6 26-5 03, Fax: (02064) 6 26-29)
Dr. Uwe Martens (Geschäftsführer, Fa. Krohne Meßtechnik GmbH & Co. KG, Ludwig-Krohne-Str. 5, 47058 Duisburg, Postf. 10 08 62, 47008 Duisburg, T: (0203) 3 01-2 01, -4 04, Fax: (0203) 3 01-3 80)
Apotheker Karl-Rudolf Mattenklotz (Apotheke Mattenklotz Inh. Apotheker Karl-Rudolf Mattenklotz, Friedrich-Ebert-Str. 16, 47179 Duisburg, T: (0203) 40 06 55, Fax: (0203) 40 08 22)
Dipl.-Ing. Nicolas-Paul Neu (Geschäftsführer, Fa. Solvin GmbH & Co. KG, Xantener Str. 237, 47495 Rheinberg, Postf. 10 13 61, 47493 Rheinberg, T: (02843) 73 21 29, Fax: (02843) 73 21 46, E-Mail: nicolas.neu@solvay.com, Internet: http://www.solvay.com/de)
Dr. Günter Okon (Sprecher des Vorstands, Fa. B. U. S. Berzelius Umwelt-Service AG, Stresemannstr. 80, 47051 Duisburg, Postf. 10 01 53, 47001 Duisburg, T: (0203) 80 93-2 00, Fax: (0203) 80 93-2 99, E-Mail: ialthaus@bus-ag.de, Internet: http://www.bus-ag.de)
Heinz Pelzer (Geschäftsführer, Vizepräsident der Kammer, Fa. Pelzer GmbH, Sonnenwall 14-20, 47051 Duisburg, Postf. 10 10 26, 47010 Duisburg, T: (0203) 29 59 40, TX: 855 309, Fax: (0203) 2 95 94 40)
Alfred Reifenberg (Sparkassendirektor, Vorsitzender des Vorstands, Fa. Stadtsparkasse Duisburg, Königstr. 23-25, 47051 Duisburg, Postf. 10 15 11, 47015 Duisburg, T: (0203) 28 15-2 13, TX: 855 785, Fax: (0203) 2 81 58 88)
Hans Saager (Geschäftsführer, Fa. Röchling & Eicker GmbH, Auf der Höhe 47, 47059 Duisburg, Postf. 10 11 53, 47011 Duisburg, T: (0203) 31 80-2 52, Fax: (0203) 31 80-22 10, E-Mail: hauptbetrieb@auto-roechling.de, Internet: http://www.auto-roechling.de)
Theo Sausen (Geschäftsführender Gesellschafter, Fa. WOMA Apparatebau GmbH, Werthauser Str. 77-79, 47226 Duisburg, Postf. 14 18 20, 47208 Duisburg, T: (02065) 3 04-2 12, Fax: (02065) 3 04-2 13, E-Mail: theo.sausen@woma.de, Internet: http://www.woma.de)
Dr. Dieter Schadt (Vizepräsident der Kammer, Vorsitzender des Vorstands, Fa. Franz Haniel & Cie. GmbH, Franz-Haniel-Platz 1, 47119 Duisburg, 47118 Duisburg, T: (0203) 8 06-2 51, -3 79, -4 79, Fax: (0203) 8 06-6 60, E-Mail: dieter-schadt.fhc@haniel.de, Internet: http://www.haniel.de)
Michael Schenkel (Geschäftsführer, Vizepräsident der Kammer, Fa. Sittardsberg Hotel- und Reisebetriebs GmbH, Sittardsberger Allee 10, 47249 Duisburg, T: (0203) 70 00 01 und (0211) 4 08 90 17, Fax: (0203) 70 11 25, E-Mail: hotel@sittardsberg.de, Internet: http://www.sittardsberg.de)
Reiner Herbert Schippers (Fa. KREFA Immobilien GmbH & Co Vertriebs KG, Gärtnerstr. 22, 47199 Duisburg, T: (02841) 8 73 80, Fax: (02841) 8 04 22, E-Mail: krefa.immobilien@t-online.de)
Michael Schnetzke (Textileinzelhändler, Friedrich-Alfred-Str. 77, 47226 Duisburg, T: (02065) 5 83 54 und 5 66 89, Fax: (02065) 8 12 76)
Dr. Gerhard Schuh (Vorsitzender des Vorstands, Fa. Rhenus PartnerShip AG & Co. KG, August-Hirsch-Str. 3, 47119 Duisburg, 47118 Duisburg, T: (0203) 80 09-3 38, Fax: (0203) 80 09-2 23, E-Mail: gschuh@rhenus.de, Internet: http://www.rs-partnership.de)
Prof. Dr.-Ing. Ekkehard Schulz (Vizepräsident der Kammer, Vorsitzender des Vorstands, Fa. Thyssen Krupp AG, Kaiser-Wilhelm-Str. 100, 47166 Duisburg, 47161 Duisburg, T: (0203) 52-2 66 80, Fax: (0203) 55 80 93)
Hans Egon Schwarz (Mitglied des Vorstands, Fa. DEUTSCHE TRANSPORT-GENOSSENSCHAFT BINNENSCHIFFFAHRT EG, Rheinallee 3, 47119 Duisburg, Postf. 13 07 54, 47107 Duisburg, T: (0203) 8 00 04-41, Fax: (0203) 8 00 04-43, E-Mail: duisburg@dtg-eg.de, Internet: http://www.dtg-eg.de)
Ewald Schwing (Vorsitzender des Vorstands, Fa. Schwing Fluid Technik AG, Oderstr. 7, 47506 Neukirchen-Vluyn, Postf. 10 12 52, 47497 Neukirchen-Vluyn, T: (02845) 9 30-1 11, Fax: (02845) 9 30-1 00, E-Mail: schwing-neuka@t-online.de, Internet: http://www.schwing-ag.de)
Dipl.-Volksw. Dieter Stahmann (Geschäftsführer, Fa. Corus Aluminium Voerde GmbH, Schleusenstraße, 46562 Voerde, Postf. 10 11 54, 46549 Voerde, T: (0281) 9 42 10, E-Mail: dieter.stahmann@hoogovens.com)
Wilhelm Stoelk (Geschäftsführer, Fa. Bekleidungshaus Indefrey GmbH, Voßstr. 40, 47574 Goch, Postf. 10 03 42, 47563 Goch, T: (02823) 73 71, Fax: (02823) 82 91)
Willy Thünnesen (Geschäftsführer, Fa. Thünnesen GmbH Bäckereimaschinen, Industriestr. 30, 47652 Weeze, T: (02837) 10 97, Fax: (02837) 10 90, E-Mail: thuennesen.baekereimaschinen@t-online.de)
Friedrich Tonscheidt (Fa. Friedrich Tonscheidt KG, Masurenallee 253, 47279 Duisburg, T: (0203) 9 97 55-20, Fax: (0203) 9 97 55 50)
Dr.-Ing. Ernst J. Trapp (Vizepräsident der Kammer, Vorstandsmitglied, Fa. F. C. Trapp AG Bauunternehmung, Trappstr. 6-8, 46483 Wesel, Postf. 10 06 59, 46466 Wesel, T: (0281) 20 92 17, TX: 812 850, Fax: (0281) 20 94 06, E-Mail: ejt.trapp@cityweb.de, Internet: http://www.trapp.de)
Dipl.-Ing., Dipl.-Wirtsch.-Ing. Heinz Trox (Vorsitzender der Geschäftsführung, Fa. Gebrüder Trox GmbH, Heinrich-Trox-Platz, 47506 Neukirchen-Vluyn, Postf. 12 63, 47504 Neukirchen-Vluyn, T: (02845) 20 22 14, Fax: (02845) 20 24 44, E-Mail: heinz.trox@troxtechnik.de, Internet: http://www.troxtechnik.com/de)
Bernhard Vogel (Fa. Gebr. Vogel Meßwerkzeugfabrik, Ossenpaß 4, 47623 Kevelaer, Postf. 1 76, 47613 Kevelaer, T: (02832) 92 39-12, Fax: (02832) 36 21, E-Mail: vogel-germany@t-online.de, Internet: http://www.vogel-germany.de)
Dipl.-Ing. Hans-Jürgen Walzer (Geschäftsführer, Fa. Meidericher Schiffswerft GmbH & Co. KG, Schlickstr. 21, 47138 Duisburg, Postf. 12 04 54, 47124 Duisburg, T: (0203) 4 49 06-20, Fax: (0203) 4 49 06-50)
Helmut Wanner (Geschäftsführender Gesellschafter, Fa. SPIEKERMANN GmbH & Co. - Beratende Ingenieure -, Ruhrorter Str. 187, 47119 Duisburg, T: (0203) 8 00 28-1 00, Fax: (0203) 8 00 28-1 90, E-Mail: h.wanner@spiekermann.de, Internet: http://www.spiekermann.de)
Elmar Welling (Geschäftsführer, Fa. Welling GmbH, An der Linde 2, 47445 Moers, T: (02841) 97 60, Fax: (02841) 9 76 66, E-Mail: info@hotel-zur-linde.de, Internet: http://www.hotel-zur-linde.de)
RA Stefan Michael Werner (Fa. Fritz Tesch GmbH & Co. KG, Rheinberger Str. 2, 47441 Moers, Postf. 23 60, 47413 Moers, T: (02841) 2 52 25, TX: 8 121 191)
Dipl.-Kfm. Frank Wohlfarth (Geschäftsführer, Fa. Gert Wohlfarth GmbH Verlag Fachtechnik + Mercator Verlag, Stresemannstr. 20-22, 47051 Duisburg, Postf. 10 14 61, 47014 Duisburg, T: (0203) 3 05 27-12, Fax: (0203) 33 77 65, E-Mail: g.wohlfarth@t-online.de, g.wohlfarth@wohlfarth.de, Internet: http://www.wohlfarth.de)
Dipl.-Kfm. Hans Wolters (Persönl. haftender Gesellschafter, Fa. Creditreform Emmerich Wolters KG, 's-Heerenberger Str. 172, 46446 Emmerich, Postf. 10 02 48, 46422 Emmerich, T: (02822) 50 06, 50 07, Fax: (02822) 65 03, E-Mail: creditreform-emmerich@t-online.de)
Ehrenmitglieder: Carl Hans von Gimborn (Vorsitzender des Beirats, Fa. Probat-Werke von Gimborn GmbH & Co. KG, Reeser Str. 94, 46446 Emmerich, Postf. 10 07 52, 46427 Emmerich, T: (02822) 7 00 61, Fax: (02822) 1 82 90)
Klaus Schaffrath (Am Mühlenturm 9, 47608 Geldern, T: (02831) 8 62 84)
Hauptgeschäftsführer(in): Dipl.-Volksw. Hans-Jürgen Reitzig
Stellv. Hauptgeschäftsführer: Dipl.-Ök. Theodor Friedhoff
Leiter der Geschäftsbereiche: Interne Dienste: Hans Ehrenboger (Verw.Dir)
Gesamt- und Regionalwirtschaft, Industrie, Verkehr und Logistik: Dipl.-Ök. Theodor Friedhoff (Stv. Hgf.)
Bildung und Technologie: Dr.-Ing. Eberhard Reiff (GF)
Handel, Dienstleistungen, Mittelstand, Außenwirtschaft: Dipl.-Ök. Astrid Schulte (GF)
Abteilungsleiter: NRW-Registrierstelle „Öko-Audit": Winfried Ballmann
Presse- und Öffentlichkeitsarbeit: Alfred Kilian (M.A.)

Zweigstellen der Kammer:

e 152

Niederrheinische IHK Duisburg-Wesel-Kleve zu Duisburg
Zweigstelle Kleve
Boschstr. 16, 47533 Kleve
T: (02821) 2 22 33 **Fax:** 1 25 71
Leiter(in): Mario Peter Goedhart

e 153

Niederrheinische IHK Duisburg-Wesel-Kleve zu Duisburg
Zweigstelle Wesel
Postf. 10 11 48, 46471 Wesel
Großer Markt 7, 46483 Wesel
T: (0281) 2 20 48 **Fax:** 1 57 37
Leiter(in): Assessor Michael Pieper (GF)

• E 154

Industrie- und Handelskammer zu Düsseldorf
Postf. 10 10 17, 40001 Düsseldorf
Ernst-Schneider-Platz 1, 40212 Düsseldorf
T: (0211) 35 57-0 **Fax:** 3 55 74 00
TGR: Düsselkammer
T-Online: *935571#
Internet: http://www.duesseldorf.ihk.de
E-Mail: IHKDUS@duesseldorf.ihk.de
Bezirk: Kreisfreie Stadt Düsseldorf und Kreis Mettmann
Gründung: 1831
Ehrenpräs.: Dr.h.c. Friedrich G. Conzen (Fa. F. G. Conzen, Bilker Str. 5, 40213 Düsseldorf, T: (0211) 86 68 10)
Ehrenpräs.: Dr. h.c. Rolf Schwarz-Schütte (Schwarz Pharma AG, Alfred-Nobel-Str. 10, 40789 Monheim, T: (02173) 4 80)
Ehrenpräs.: Dipl.-Ing. Albrecht Woeste (Henkel KGaA, Henkelstr. 67, 40589 Düsseldorf, T: (0211) 7 97-89 68)
Präsident(in): Hermann Franzen (Hermann Franzen KG, Königsallee 42, 40212 Düsseldorf, T: (0211) 13 07 80)
Vizepräsident(in): Hartmut Haubrich (ElectronicPartner Handel GmbH, Mündelheimer Weg 40, 40472 Düsseldorf, T: (0211) 4 15 63 06)
Vizepräsident(in): Christine Jülicher (Jülicher Marketing & Werbung, Schumannstr. 1, 42549 Velbert, T: (02051) 96 70 08)
Vizepräsident(in): Manfred Kronen (Igedo International Company, Stockumer Kirchstr. 61, 40474 Düsseldorf, T: (0211) 4 39 63 00)
Vizepräsident(in): Dr. Ulrich Lehner (Henkel KGaA, Henkelstr. 67, 40191 Düsseldorf, T: (0211) 7 97 47 28)
Vizepräsident(in): Dr. Horst Werner Sterzenbach (Kiekert AG, Kettwiger Str. 12-24, 42579 Heiligenhaus, T: (02056) 1 50)
Vizepräsident(in): Dr. Alexander von Tippelskirch (IKB Deutsche Industriebank AG, Karl-Theodor-Str. 6, 40213 Düsseldorf, T: (0211) 82 21 43 84)
Hauptgeschäftsführer(in): Dr. Udo Siepmann (T: Durchwahl 3 55 72 00)
Stellv. Hauptgeschäftsführer: Ass. Gerhard Meyer (Abt. Handel und Dienstleistungen, Regionalwirtschaft und Verkehr, T: Durchwahl 3 55 72 30)
Stellv. Hauptgeschäftsführer: Dr. Wulfhard Hischebeth (Leiter der Zweigstelle Velbert, T: Durchwahl 02051/92 00 10)
Geschäftsführer(in): Jens Hüper (Abt. Recht und Steuern, T: Durchwahl 3 55 72 40)
Geschäftsführer(in): Verw. Dir. Dipl.-Kfm. Hans Werner Knecht (Abt. Verwaltung, Datenverarbeitung, T: Durchwahl 3 55 73 10)
Geschäftsführer(in): Ass. Rudolf Tillmann (Abt. Berufsbildung, Prüfungen, T: Durchwahl 3 55 72 80)
Geschäftsführer(in): Dipl.-Pädagogin Mechthild Teupen (Abt. Berufliche Weiterbildung, T: Durchwahl 1 72 43 33)
Geschäftsführer(in): Dr. Gerhard Eschenbaum (Abt. Außenwirtschaft, T: Durchwahl 3 55 72 20)
Geschäftsführer(in): Klaus Zimmermann (Abt. Industrie und Umweltschutz, T: Durchwahl 3 55 72 65)
Leitung Presseabteilung: Antje Mahn (T: Durchwahl 3 55 72 05)
Verbandszeitschrift: IHK-Zeitung (IZ)
Redaktion: Antje Mahn, Jens van Helden
Verlag: Bergische Verlagsgesellschaft Menzel GmbH & Co. KG, Fouriersgasse 12, 40213 Wuppertal
Mitglieder: 64000
Mitarbeiter: 133

e 155

IHK zu Düsseldorf
Zweigstelle Velbert
Nedderstr. 6, 42551 Velbert
T: (02051) 9 20 00 **Fax:** 92 00 30
Stellv. Hauptgeschäftsführer: Dr. Wulfhard Hischebeth

• E 156

IHK

Industrie- und Handelskammer für Essen, Mülheim an der Ruhr, Oberhausen zu Essen
45117 Essen
Am Waldthausenpark 2, 45127 Essen
T: (0201) 18 92-0 **Fax:** 18 92-172, 20 78 66
Internet: http://www.ihk.de
E-Mail: ihkessen@essen.ihk.de
Bezirk: Essen, Mülheim an der Ruhr und Oberhausen
Ehrenpräsident: Dr. Hans Singer (T: (0201) 18 92-2 58 (IHK), Fax: (0201) 20 78 66 und (0201) 18 92-1 72 (IHK))
Präsident(in): Dirk Grünewald (geschäftsf. Gesellschafter der Heinrich Grünewald GmbH & Co. KG, Bauunternehmung, Postf. 12 02 54, 46102 Oberhausen, Bottroper Str. 208, 46117 Oberhausen, T: (0208) 89 40-1 27, Fax: (0208) 89 40-1 26)
2. Stellv. Präs.: Dipl.-Betriebsw. Heinz Lison (geschäftsf. Gesellschafter der Neumann Elektronik GmbH, Mainstr. 1, 45478 Mülheim an der Ruhr, T: (0208) 59 95-2 40, Fax: (0208) 59 95-1 05)
3. Stellv. Präs.: Franz-Josef Nüsse (Inhaber der Fa. Lederwaren Peter Sonntag, Inh. Franz-Josef Nüsse, Dahnstr. 1, 45144 Essen, T: (0201) 76 36 18, Fax: (0201) 76 28 39)
Vizepräsident(in): Dr. Gerhard Cromme (Vorsitzender des Vorstandes der Thyssen Krupp AG, Postf. 10 10 10, 40001 Düsseldorf, August-Thyssen-Str. 1, 40211 Düsseldorf T: (0211) 8 24-3 62 12 und (0211) 8 24-3 62 15/16 (Büro), Fax: (0211) 8 24-3 62 20)
Vizepräsidentin: Dr. Dagmar Gaßdorf (geschäftsf. Gesellschafterin der Commedia Gesellschaft für Werbung und Öffentlichkeitsarbeit mbH, Dreilindenstr. 75-77, 45128 Essen, T: (0201) 8 79 57-0, Fax: (0201) 8 79 57-77)
Vizepräsident(in): Dr.-Ing. Werner Hackenberg (geschäftsf. Gesellschafter der Schauenburg GmbH, Postf. 10 18 32, 45418 Mülheim an der Ruhr, Weseler Str. 35, 45478 Mülheim an der Ruhr, T: (0208) 99 91-2 02, Fax: (0208) 5 41 10)
Vizepräsidentin: Marianne Kaimer (geschäftsf. Gesellschafterin der SANHA Kaimer GmbH & Co. KG, Postf. 18 53 69, 45203 Essen, Im Teelbruch 80, 45219 Essen, T: (02054) 9 25-1 11, Fax: (02054) 9 25-1 15)
Vizepräsident(in): Dr. jur. Dietmar Kuhnt (Vorsitzender des Vorstandes der RWE AG, 45117 Essen, Opernplatz 1, 45128 Essen, T: (0201) 12-1 50 01, Fax: (0201) 12-1 50 05)
Vizepräsident(in): Kurt Löwenthal (Generalbevollmächtigter der Bürometropole Löwenthal GmbH Oberhausen, Seilerstr. 23-29, 46047 Oberhausen, T: (0208) 8 80 85-14, Fax: (0208) 8 80 85-35)
Vizepräsident(in): Dr. Henning Osthues-Albrecht (Vorsitzender des Vorstandes der Sparkasse Essen, Büropark Bredeney, 45117 Essen, Theodor-Althoff-Str. 47, 45133 Essen, T: (0201) 1 03-20 00, Fax: (0201) 1 03-29 01)
Vizepräsident(in): Friedrich Späth (Vorsitzender des Vorstandes der Ruhrgas AG, 45117 Essen, Huttropstr. 60, 45138 Essen, T: (0201) 1 84-35 88, Fax: (0201) 1 84-33 05)
Hauptgeschäftsführer(in): Ass. Dipl.-Kfm. Rolf H. Nienaber (T: dienstl. Durchwahl 18 92-2 11)

Stellv. HGeschF: Ass. Klaus Beckmann (Geschäftsbereich Handel, Dienstleistungen, T: dienstl. Durchwahl 18 92-2 20)
Geschäftsbereichsleitung: Betriebsw. (VWA) Heinz-Jürgen Hacks (Geschäftsbereich Industrie-Technologie-Umweltschutz, T: dienstl. Durchwahl 18 92-224)
Geschäftsbereichsleitung: Dipl.-Kfm. Veronika Lühl (Geschäftsbereich Außenwirtschaft, T: dienstl. Durchwahl 18 92-243)
Geschäftsbereichsleitung: Ass. Hans Michaelsen (Geschäftsbereich Bildung, T: dienstl. Durchwahl 18 92-250)
Geschäftsbereichsleitung: Dipl.-Volksw. Hans Pawellek (Geschäftsbereich Raumordnung-Verkehr, T: dienstl. Durchwahl 18 92-267)
Geschäftsbereichsleitung: Dipl.-Verwaltungsw. Paul Thiele (Geschäftsbereich Interne Dienste, T: dienstl. Durchwahl 18 92-262)
Stellvertretende Geschäftsbereichsleitung: Ass. Kurt-Ernst Böshagen (Referat Recht-Handelsregister, T: dienstl. Durchwahl 18 92-217)
Stellvertretende Geschäftsbereichsleitung: Dipl.-Volksw. Heinz-Jürgen Guß (Geschäftsbereich Bildung, T: dienstl. Durchwahl 18 92-251)
Stellvertretende Geschäftsbereichsleitung: Betriebswirt (VWA) Gerhard Hammer (Geschäftsbereich Raumordnung-Verkehr, T: dienstl. Durchwahl 18 92-281)
Referenten: Lic. rer. pol. Susanne Herrmann (Referat Marketing-Vollversammlungsangelegenheiten, T: dienstl. Durchwahl 18 92-270)
Ass. Andreas Zaunbrecher (Referat Recht-Handelsregister, T: dienstl. Durchwahl 18 92-208)
Wissenschaftl. Mitarb.: Dr. jur. Ass. Friedrich Schreiber (T: dienstl. Durchwahl 18 92-2 38)
Verbandszeitschrift: MEO-Magazin

● E 157

Südwestfälische Industrie- und Handelskammer zu Hagen
Postf. 42 65, 58042 Hagen
Bahnhofstr. 18, 58095 Hagen
T: (02331) 3 90-0   **Fax:** 1 35 86
TGR: Handelskammer Hagen
Internet: http://www.sihk.de/hagen
E-Mail: sihk@hagensihk.de
Gründung: 1844
Präsident(in): Harald Korte (i. Fa. Schöneweiss & Co. GmbH, Postf. 33 49, 58033 Hagen, T: (02331) 7 86-0, Privatanschrift: Krägeloh 2, 58339 Breckerfeld, T: (02338) 7 26)
Vizepräsident(in): Dipl.-Betriebsw. Dietrich Alberts (i. Fa. Gust. Alberts GmbH & Co. KG, Postf. 20, 58849 Herscheid, T: (02357) 90 70, Privatanschrift: Oberdorfstr. 14, 58849 Herscheid, T: (02357) 13 78)
Dr. Klaus Otto Berning (i. Fa. Astor-Werk Otto Berning & Co., Markgrafenstr. 6, 58332 Schwelm, T: (02336) 4 12 15, Privatanschrift: Windmühlenstr. 15, 58332 Schwelm, T: (02336) 8 35 10)
Friedrich Wilhelm Kraus (i. Fa. Kraus & Opitz oHG, Lüdenscheider Str. 4, 58762 Altena, T: (02352) 28 88, Privatanschrift: Martin-Luther-Str. 1, 58762 Altena, T: (02352) 97 29 99)
Dr. Jörn Kreke (i. Fa. Douglas Holding AG, Kabeler Str. 36, 58099 Hagen, T: (02331) 69 02 14, Privatanschrift: Weißensteinstr. 1 a, 58093 Hagen, T: (02334) 27 46)
Friedhelm Lori (i. Fa. Reformhaus Bodenhausen, Kampstr. 11, 58095 Hagen, T: (02331) 2 55 63, Privatanschrift: Rosenstr. 66, 58095 Hagen, T: (02331) 5 24 45)
Senator Dr. Sigurd Pütter (i. Fa. Medice Chem.-Pharm. Fabrik Pütter GmbH & Co., Kuhloweg 37-39, 58638 Iserlohn, T: (02371) 93 72 38, Privatanschrift: Kuhloweg 46, 58638 Iserlohn, T: (02371) 93 75 15)
Dr.-Ing. Kaspar Vieregge (i. Fa. Kampwerk Vieregge u. Pickardt GmbH & Co., Postf. 51 43, 58828 Plettenberg, T: (02391) 8 18 90, Privatanschrift: Auf der Lied 12 A, 58840 Plettenberg, T: (02391) 81 89 81)
Hauptgeschäftsführer(in): Ass. Hans-Peter Rapp-Frick (T: dienstl. Durchwahl 3 90-2 13, Stirnband 46, 58093 Hagen, T: (02331) 58 90 68)
Geschäftsbereich 1 Außenwirtschaft
Geschäftsführer(in): Dipl.-Volksw. Horst Schuster (T: dienstl. Durchwahl 3 90-2 20, Am Waldesrand 95, 58093 Hagen, T: (02331) 5 20 44)
Geschäftsbereich 2 Bildung
Geschäftsführer(in): Ass. Andreas Lux (T: dienstl. Durchwahl 3 90-2 50, An der Quelle 7, 58339 Breckerfeld, T: (02338) 29 49)
Stellvertretende(r) Geschäftsführer(in): Manfred-Paul Ihde (T: dienstl. Durchwahl 3 90-2 26, Winterberger Str. 64, 58332 Schwelm, T: (02336) 1 34 89)
Geschäftsbereich 3 Kommunikation und Verkehr
Hauptgeschäftsführer(in): Ass. Hans-Peter Rapp-Frick
Stellvertretende(r) Geschäftsführer(in): Dipl.-Volksw. Jan Tornow (T: dienstl. Durchwahl 3 90-2 87, Böcklerstr. 17, 58099 Hagen, T: (02331) 6 45 81)
Geschäftsbereich 4 Staatliche und Kommunale Planung
Geschäftsführer(in): Dipl.-Ing. Manfred Rahmede (T: dienstl. Durchwahl (02351) 90 94 16, Im Grund 26, 58513 Lüdenscheid, T: (02351) 95 29 70)
Geschäftsbereich 5 Strukturpolitik u. Wirtschaftsförderung
Stellv. Hauptgeschäftsführer: Dipl.-Volksw. Jochen Renard (T: dienstl. Durchwahl 3 90-2 80, Gillicher Str. 38, 42699 Solingen, T: (0212) 65 37 51)
Geschäftsbereich 6 Technologie u. Umwelt
Geschäftsführer(in): Dr. Wolfgang Willmann (T: dienstl. Durchwahl (02371) 80 92 12, Waldesruh 40, 58579 Schalksmühle, T: (02355) 90 31 79)
Geschäftsbereich 7 Zentrale Dienste
Geschäftsführer(in): Dipl.-Verwaltungsw. Jürgen Poppek (T: dienstl. Durchwahl 3 90-2 30, Feldmarkring 200, 58640 Iserlohn, T: (02371) 4 41 83)
Verbandszeitschrift: Südwestfälische Wirtschaft
Bezirk: Stadt Hagen, Ennepe-Ruhr-Kreis (ohne Hattingen und Witten), Märkischer Kreis

Iserlohn

e 158

Südwestfälische IHK zu Hagen
Geschäftsstelle Iserlohn
Gartenstr. 15-19, 58636 Iserlohn
T: (02371) 80 92-0   **Fax:** 80 92-80
Leiter(in): Geschäftsführer Dr. Wolfgang Willmann

Lüdenscheid

e 159

Südwestfälische IHK zu Hagen
Geschäftsstelle Lüdenscheid
Staberger Str. 5, 58511 Lüdenscheid
T: (02351) 90 94-0   **Fax:** 2 81 76
Leiter(in): Geschäftsführer Dipl.-Ing. Manfred Rahmede

Schwelm

e 160

Südwestfälische IHK zu Hagen
Geschäftsstelle Schwelm
Engelbertstr. 3, 58332 Schwelm
T: (02336) 92 95-0   **Fax:** 92 95-31
Leiter(in): Stellv. Geschäftsführer Dipl.-Volksw. Jan Tornow

e 161

Gemeinsames Außenhandelsbüro der Industrie- und Handelskammern Arnsberg, Detmold, Dortmund, Hagen und Siegen
Postf. 42 65, 58042 Hagen
Bahnhofstr. 18, 58095 Hagen
T: (02331) 3 90-2 20

● E 162

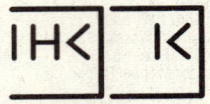

Industrie- und Handelskammer zu Köln
Unter Sachsenhausen 10-26, 50667 Köln
T: (0221) 16 40-0   **Fax:** 16 40-129
Internet: http://www.ihk-koeln.de
Bezirk: Kreisfreie Städte Köln und Leverkusen sowie Erftkreis, Rheinisch-Bergischer Kreis und Oberbergischer Kreis
Ehrenpräs.: Otto Wolff von Amerongen (Marienburger Str. 19, 50968 Köln)
Ehrenpräs.: Alfred Neven DuMont (M. DuMont Schauberg Expedition der Kölnischen Zeitung GmbH & Co. KG, Neven DuMont Haus, 50590 Köln)
Präsident: Alfred Freiherr von Oppenheim (Sal. Oppenheim jr. & Cie. KGaA, Unter Sachsenhausen 4, 50667 Köln)
Vizepräsident: Paul Bauwens-Adenauer (Geschäftsführender Gesellschafter der Bauwens GmbH, Richard-Strauss-Str. 2, 50931 Köln, T: (0221) 4 00 84-1 21)
Vizepräsident: Herbert Blank (REWE-Center Beteiligungs GmbH, Rewestr. 8, 50354 Hürth, T: (02204) 8 19 29)
Vizepräsident: Bernd Jobst Breloer (Mitglied des Vorstandes der Rheinbraun AG, Stüttgenweg 2, 50935 Köln,. T: (0221) 4 80-14 20)
Vizepräsident: Theodor J. Greif (Geschäftsführer der Greif & Contzen Immobilienmakler GmbH, Pferdmengesstr. 42, 50968 Köln, T: (0221) 93 77 93-14)
Vizepräsident: Claas Kleyboldt (Vorsitzender des Aufsichtsrates der AXA Colonia Konzern AG, Gereonsdriesch 9-11, 50670 Köln, T: (0221) 14 83 23 15)
Vizepräsident: Christian Peter Kotz (pers. haft. Gesellschafter der BPW Bergische Achsen KG, Postf. 12 80, 51656 Wiehl, T: (02262) 78-13 69)
Vizepräsident: Dirk Malmedé (Geschäftsführer der KMT Kölnische Mode- und Textilhandelsgesellschaft mbH, Sachsenring 67, 50677 Köln, T: (0221) 33 85-106)
Vizepräsident: Manfred Maus (Aufsichtsratsvorsitzender der Deutsche Heimwerkermarkt Holding GmbH, Albert-Einstein-Str. 7, 42929 Wermelskirchen, T: (02196) 76-15 01)
Vizepräsident: Werner Wenning (Mitglied des Vorstandes der Bayer Aktiengesellschaft, 51368 Leverkusen, T: (0214) 30 71-2 66)
Hauptgeschäftsführer(in): Dr. Herbert Ferger (T: dienstl. Durchwahl 16 40-110, privat: Raschdorffstr. 10, 50933 Köln)
Stellv. Hauptgeschäftsführerin: Isolde Hübner (T: dienstl. Durchwahl 16 40-950, privat: Holunderweg 77, 50858 Köln, T: (0221) 48 23 43)
Geschäftsführer: Dr. Gert Ammermann (Recht, T: dienstl. Durchwahl 16 40-3 10)
Geschäftsführer: Dipl.-Volksw. Hans Philipp Kommer (Finanzen und Steuern T: dienstl. Durchwahl 16 40-3 00, privat: Rurstr. 33, 50259 Pulheim, T: (02238) 5 66 44)
Geschäftsführer: Dr. Gerald Püchel (Berufsbildung, T: dienstl. Durchwahl 16 40-6 00)
Geschäftsführer: Dipl.-Volksw. Detlev Sachse (Volkswirtschaft, Industrie- und Umweltschutz, T: dienstl. Durchwahl 16 40-5 00, privat: Nesselrodestr. 18 c, 50735 Köln, T: (0221) 7 12 69 45)
Geschäftsführerin: Ass. Elisabeth Slapio (Informations- und Kommunikationstechnik/Datenverarbeitung, T: dienstl. Durchwahl 16 40-7 00)
Geschäftsführer: Dr. Uwe Vetterlein (Handel, Wirtschaftsförderung und Planung, Verkehr, T: dienstl. Durchwahl 16 40-4 00)
Geschäftsführer: Dipl.-Volksw. Victor Vogt (Außenwirtschaft, T: dienstl. Durchwahl 16 40-5 50, privat: Im Brunnenhof 44, 50999 Köln, T: (02236) 6 24 60)
Verwaltungsdir.: Katharina Bilstein (Personal und Verwaltung T: dienstl. Durchwahl 16 40-2 00)
Geschäftsbereichsleiter(in): Dipl.-Vw. Sabina Janssen (Medien, Presse und Öffentlichkeitsarbeit, T: dienstl. Durchwahl 16 40-160, privat: Meisenweg 81, 50829 Köln, T: (0221) 95 89 97 5)

e 163

IHK zu Köln
Zweigstelle Leverkusen
An der Schusterinsel 2, 51379 Leverkusen
T: (02171) 49 08-0   **Fax:** 49 08-909
Leiterin: Ass. Eva Babatz (dienstl. Durchwahl 49 08-900, privat: Pastor-Willems-Str. 19, 53842 Troisdorf, T: (02241) 39 13 24)

e 164

IHK zu Köln
Zweigstelle Oberberg
Postf. 10 04 64, 51604 Gummersbach
Talstr. 11, 51643 Gummersbach
T: (02261) 81 01-0   **Fax:** 81 01-969
Leiter(in): Isolde Hübner (T: dienstl. Durchwahl (02261) 81 01-9 50, privat: Holunderweg 77, 50858 Köln, T: (0221) 48 23 43)

e 165

Rheinische Warenbörse zu Köln und Krefeld
Unter Sachsenhausen 10-26, 50667 Köln
T: (0221) 16 40-351, freitags von 14-16 Uhr   **Fax:** 16 40-359
Geschäftsführerin: Ass. Hedwig Wohlfahrt (T: (0221) 16 40-3 50)

e 166

Stiftung
Rheinisch-Westfälisches
Wirtschaftsarchiv zu Köln
Unter Sachsenhausen 10-26, 50667 Köln
T: (0221) 16 40-800   **Fax:** 16 40-829
E-Mail: vwwa@koeln.ihk.de
Direktor: Dr. Ulrich S. Soénius (privat: Hermülheimer Str. 3, 50969 Köln, T: (0221) 36 37 77)

● E 167

Industrie- und Handelskammer
Mittlerer Niederrhein Krefeld - Mönchengladbach - Neuss
Hauptgeschäftsstellen: Mönchengladbach, Neuss
Postf. 10 10 62, 47710 Krefeld
Nordwall 39, 47798 Krefeld
T: (02151) 6 35-0   **Fax:** 6 35-338
Internet: http://www.mittlerer-niederrhein.ihk.de
Bezirk: Die kreisfreien Städte Krefeld und Mönchengladbach sowie die Kreise Neuss und Viersen.
Gründung: 1804
Präsident: Mathias Schek (TAG Textilausrüstungs-Gesellschaft Schroers GmbH & Co. KG, Gladbacher Str. 469, 47805 Krefeld, T: (02151) 6 35-3 01)
Vizepräsident: Franz-Joseph Greve (i. Fa. Greve Moden GmbH, Hochstr. 96-100, 47798 Krefeld, T: (02151) 8 56 30)
Vizepräsident: Dr. Joachim Hank (ERFTCARBON GmbH & Co. KG, Aluminiumstr. 4, 41515 Grevenbroich, T: (02181) 66-22 33)

Vizepräsident: Hans-Wilhelm Laumanns (Rübartsch + Reiners Pressegroßvertrieb GmbH & Co. oHG, Oppelner Str. 6, 41199 Mönchengladbach, T: (02166) 6 08-1 11)
Vizepräsident: Jan Wellem Maurenbrecher (Faser- und Vliesstoffwerk Maurenbrecher GmbH & Co, Kaiserstr. 206a, 47800 Krefeld, T: (02151) 59 40 55)
Vizepräsident: Clemens-August Monforts von Hohe (Inhaber der Unternehmen Monforts, Schwalmstr. 301, 41238 Mönchengladbach, T: (02161) 40 12 05)
Vizepräsident: Heinz Schmidt (Heinrich Schmidt OHG, Duvenstr. 294-304, 41238 Mönchengladbach, T: (02166) 9 18-0)
Vizepräsident: Heinz Welter (Sparkasse Neuss, Oberstr. 114-124, 41460 Neuss, T: (02131) 97-10 01)
Vizepräsident: Wilhelm Werhahn (Fa. Wilh. Werhahn, Königstr. 1, 41460 Neuss, T: (02131) 9 16-0)
Hauptgeschäftsführer: Dr.rer.pol. Dieter Porschen
Geschäftsführer: Dipl.-Verwaltungswirt Gerhard Canzler (Verwaltungsdirektor, Innere Dienste, Organisation, Personal, Haushalt, Datenverarbeitung, GeschF: IHK-Ausbildungs GmbH, T: dienstl. Durchwahl (02151) 6 35-3 02)
Geschäftsführer: Dipl.-Geograph Bernd Neffgen (Raumordnung, Verkehr und Telekommunikation, T: dienstl. Durchwahl (02151) 6 35-3 40)
Geschäftsführer: Dipl.-Volksw. Rainer Növer (Regionalwirtschaft und Öffentlichkeitsarbeit, T: dienstl. Durchwahl (02151) 6 35-3 50)
Leitung Presseabteilung: Manfred Meis
Verbandszeitschrift: Die Kammer
Mitglieder: 60500
Mitarbeiter: 110

Hauptgeschäftsstellen:

Mönchengladbach

e 168

Industrie- und Handelskammer Mittlerer Niederrhein Krefeld - Mönchengladbach - Neuss
Hauptgeschäftsstelle Mönchengladbach
Postf. 10 06 53, 41006 Mönchengladbach
Bismarckstr. 109, 41061 Mönchengladbach
T: (02161) 2 41-0 **Fax:** 24 11 05
Stellv. HGeschF: Dipl.-Kfm., Dipl.-Vw. Dieter Payenberg (Industrie, Technologie u. Umweltschutz, Außenwirtschaft, T: dienstl. Durchwahl (02161) 2 41-1 10)
Geschäftsführer(in): Dr. Ulrich Biedendorf (Handel u. Dienstleistungen, Wirtschaftsjunioren, T: dienstl. Durchwahl (02161) 2 41-1 30)

Neuss

e 169

Industrie- und Handelskammer Mittlerer Niederrhein Krefeld - Mönchengladbach - Neuss
Hauptgeschäftsstelle Neuss
Postf. 10 07 53, 41407 Neuss
Friedrichstr. 40, 41460 Neuss
T: (02131) 92 68-0 **Fax:** 92 68-529
Geschäftsführer(in): Ass. Georg B. Ficke (Recht u. Mittelstand, Wirtschaftsjunioren, T: dienstl. Durchwahl (02131) 92 68 520)
Geschäftsführer(in): Dr. Stefan Dietzfelbinger (Berufsausbildung u. Weiterbildung, Geschf: IHK-Ausbildungs GmbH, Junge Unternehmer, Krefeld, T: dienstl. (02131) 92 68-5 40)

• E 170

Industrie- und Handelskammer zu Münster
Postf. 40 24, 48022 Münster
Sentmaringer Weg 61, 48151 Münster
T: (0251) 7 07-0 **Fax:** 70 73 25
TGR: Handelskammer
Internet: http://www.ihk.de/muenster
E-Mail: muenster@muenster.ihk.de
Bezirk: Kreisfreie Städte Bottrop, Gelsenkirchen, Münster; Kreise Borken, Coesfeld, Recklinghausen, Steinfurt und Warendorf
Gründung: 1854
Ehrenpräs: Dipl.rer.pol. Hans Günter Borgmann (Hans-Böckler-Str. 13, 46236 Bottrop, T: (02045) 9 51-605)
Ehrenpräs.: Carl-Hinderich Schmitz (Isendorf 19, 48282 Emsdetten, T: (02572) 9 27-0)
Präsident(in): Hubert Ruthmann (IHK Münster, Postf. 40 24, 48022 Münster)
Vizepräsident(in): Ass. Frank-Wilhelm Becker (Geschäftsf. Gesellschafter, Becker & Bläser Draht GmbH, August-Bekker-Str. 10, 45711 Datteln)
Vizepräsident(in): Gustav Deiters (Geschäftsführer, Crespel & Deiters GmbH & Co., Groner Allee 74-76, 49479 Ibbenbüren)
Vizepräsident(in): Hermann Grewer (Geschäftsf. Gesellschafter, Hermann Grewer Spedition GmbH & Co. KG, Dieselstr. 12, 45891 Gelsenkirchen)
Vizepräsident(in): Dipl.-Ing. Werner Lanwehr (Geschäftsf. Gesellschafter, Lanwehr Bau GmbH, Südstr. 16, 48231 Warendorf)
Vizepräsident(in): Dr. Dieter Pietsch (Geschäftsf. Gesellschafter, Kurt Pietsch GmbH & Co. KG, Von-Braun-Str. 17/19, 48683 Ahaus)
Vizepräsident(in): Ulrich Rehrmann (Geschäftsf. Gesellschafter, Rehrmann Print & Medien GmbH, Johanniterstr. 9, 45879 Gelsenkirchen)
Vizepräsident(in): Lutz Stroetmann (Geschäftsführer, L. Stroetmann GmbH & Co., Untietheide 30, 48163 Münster)
Vizepräsident(in): Dipl.-Ing. Klaus Vollenbröker (Geschäftsf. Gesellschafter, ELVO-Werke Vollenbröker GmbH & Co., Am Wasserturm 16, 48653 Coesfeld)
Vizepräsident(in): Udo Weischede (Geschäftsf. Gesellschafter, Friedr. H. Weischede Formenbau GmbH, Essener Str. 259-261, 46242 Bottrop)
Vizepräsident(in): Dr. Heiko Winkler (Vorstandsvorsitzender, Westf. Provinzial-Feuersozietät Vers. der Sparkassen, Provinzial-Allee 1, 48159 Münster)
Hauptgeschäftsführer(in): Dr. Christian Brehmer (IHK Münster, Postf. 40 24, 48022 Münster, T: dienstl. Durchwahl 70 72 01)
Stellv. HGeschF: Dipl.-Kfm. Rolf Schemann (Verkehr, Raumordnung, Telekommunikation, Tourismus, T: dienstl. Durchwahl 70 72 09)
Geschäftsführer(in): Dipl.-Volksw. Wieland Pieper (Industrie, Technologie, Wirtschaftsförderung, T: dienstl. Durchwahl 70 72 23)
Geschäftsführer(in): Prof. Dr. Bodo Risch (Außenwirtschaft, EG-Binnenmarkt, Volkswirtschaft, T: dienstl. Durchwahl 70 72 98)
Geschäftsführer(in): Dipl.-Geogr. Peter Schnepper (Handel und Dienstleistungen, Öffentlichkeitsarbeit, T: dienstl. Durchwahl 70 72 24)
Geschäftsführer(in): Dipl.-Volksw. Wolfgang Verst (Bildung, T: dienstl. Durchwahl 70 72 60)
Stellvertretende(r) Geschäftsführer(in): Dr. Christoph Asmacher (Luftverkehr, Raumordnung, Telekommunikation, Tourismus, Aktion Münsterland, T: dienstl. Durchwahl 70 72 04)
Stellvertretende(r) Geschäftsführer(in): Dipl.-Geogr. Joachim Brendel (Verkehrspolitik, Regionale Verkehrsinfrastruktur, Planfeststellungsverfahren, Kommunale Verkehrsplanung, ÖPNV/SPNV, Schienenverkehr, T: dienstl. Durchwahl 70 73 61)
Stellvertretende(r) Geschäftsführer(in): Dr. Detlef Reeker (Leiter Weiterbildung, T: dienstl. Durchwahl 70 73 10)
Geschäftsbereichsleiter: Dr. Jochen Grütters (Recht, Umwelt, Steuern, T: dienstl. Durchwahl 70 72 37)
Verwaltungsleiter: Willi Wieskötter (Verwaltung, Finanzen, Personal, T: dienstl. Durchwahl 70 72 16)
Leitung Presseabteilung: Guido Krüdewagen
Verbandszeitschrift: Wirtschaftsspiegel
Mitglieder: 93500
Mitarbeiter: 214

Geschäftsstellen:

e 171

Vestische Gruppe der Industrie- und Handelskammer zu Münster
45877 Gelsenkirchen
Rathausplatz 7, 45894 Gelsenkirchen
T: (0209) 3 88-0 **Fax:** 38 81 01
E-Mail: gelsenkirchen@muenster.ihk.de
Bezirk: Kreisfreie Städte Bottrop, Gelsenkirchen; Kreis Recklinghausen
Leitender Geschäftsführer: Dipl.-Oec. Karl-Friedrich Schulte-Uebbing (Stellv. Hauptgeschäftsführer, T: dienstl. Durchwahl 38 82 00)
Geschäftsführer(in): Dr. Ingo Holland (T: dienstl. Durchwahl 38 82 06)
Geschäftsführer(in): Dipl.-Volksw. Christoph Pieper (T: dienstl. Durchwahl 38 82 08)
Stellvertretende(r) Geschäftsführer(in): Dr. Eckhard Göske (T: dienstl. Durchwahl 38 81 02)
Stellvertretende(r) Geschäftsführer(in): Hans-Michael Vornweg (T: dienstl. Durchwahl 38 82 04)
Verwaltungsleiter: Lothar Lerche (T: dienstl. Durchwahl 38 83 12)

e 172

Geschäftsstelle Westmünsterland der Industrie- und Handelskammer zu Münster
Postf. 16 54, 46366 Bocholt
Willy-Brandt-Str. 3, 46395 Bocholt
T: (02871) 99 03-0 **Fax:** 99 03 30, 99 03 40
E-Mail: bocholt@muenster.ihk.de
Bezirk: Kreis Borken
Leitender Geschäftsführer: Dipl.-Volksw. Richard Michel (T: dienstl. Durchwahl 99 03 20)
Geschäftsführer(in): Dipl.-Volksw. Hans-Bernd Felken (T: dienstl. Durchwahl 99 03 17)

• E 173

Industrie- und Handelskammer Siegen
57069 Siegen
Koblenzer Str. 121, 57072 Siegen
T: (0271) 33 02-0 **Fax:** 33 02-400
Internet: http://www.ihk-siegen.de
E-Mail: si@siegen.ihk.de
Bezirk: Kreise Siegen-Wittgenstein und Olpe
Gründung: 1849
Ehrenpräsident: Dr. Henning Schleifenbaum (Brucknerweg 9, 57076 Siegen, T: (0271) 7 34 76)
Ehrenpräsident: Rolf Hofmann (i. Fa. Carl Hortmann GmbH & Co., Am Eichenhang 25-33, 57076 Siegen, T: (0271) 70 02-0)
Präsident(in): Dipl.-Ing. Manfred Dango (Dango & Dienenthal Maschinenbau GmbH, Hagener Str. 103, 57072 Siegen, T: (0271) 4 01-0)
Vizepräsident(in): Dipl.-Volksw. Franz Becker (RHG Kaiser + Kellermann oHG, Industriestr. 1, 57399 Kirchhundem, T: (02764) 9 33-0)
Vizepräsident(in): Dr. Fritz Berg (Bergrohr GmbH Siegen, Postf. 21 01 53, 57023 Siegen, T: (0271) 70 70)
Vizepräsident(in): Dipl.-Volksw. Wolfgang Weber (Weber Maschinentechnik GmbH, Postf. 21 53, 57329 Bad Laasphe, T: (02754) 39 80)
Hauptgeschäftsführer(in): Ass. Dieter Höhne (Laaspher Str. 17, 57072 Siegen, T: (0271) 4 33 12)
Stellv. HGeschF: Dipl.-Kfm. Franz-J. Mockenhaupt (Geschäftsbereich: Strukturpolitik, Dienstleistungen, Verkehr, Entwicklungskonzepte, Glatteneichener Weg 12, 57537 Wissen, T: (02742) 16 13)
Geschäftsführer(in): Ass. Rudolf König gen. Kersting (Geschäftsbereich: Standortförderung, Industrie, Recht, Am Wolfshain 5, 57250 Netphen, T: (02738) 67 63)
Geschäftsführer(in): Dipl.-Volksw. Dr. Ernst Helmut Wilms (Geschäftsbereich: Außenwirtschaft, Servicezentrum, Seminare, Vorträge, Graf-Luckner-Str. 78, 57072 Siegen, T: (0271) 4 20 98)
Geschäftsführer(in): Dipl.-Verw.-wiss. Klaus Gräbener (Geschäftsbereich: Berufliche Bildung, Bildungspol. Grundsatzfragen, reg. Arbeitsmarktinitiativen, Kreuzbergstr. 51, 57250 Netphen, T: (02738) 28 38)
Presse- und Öffentlichkeitsarbeit: Siegrid Schwengber
Verbandszeitschrift: Wirtschaftsreport
Redaktion: Siegrid Schwengber
Verlag: Vorländer GmbH & Co., Obergraben 39, 57072 Siegen
Mitglieder: ca. 18000
Mitarbeiter: 60

e 174

IHK Siegen Geschäftsstelle Olpe
Postf. 14 46, 57444 Olpe
Seminarstr. 36, 57462 Olpe
T: (02761) 9 44 50 **Fax:** 94 45 40
E-Mail: oe@siegen.ihk.de

• E 175

IHK

Industrie- und Handelskammer Wuppertal - Solingen - Remscheid
Hauptgeschäftsstelle Wuppertal
Postf. 13 01 52, 42028 Wuppertal
Heinrich-Kamp-Platz 2, 42103 Wuppertal
T: (0202) 24 90-0 **Fax:** 24 90-999, 24 90-119
Internet: http://www.wuppertal.ihk.de
E-Mail: ihk@wuppertal.ihk.de
Bezirk: Kreisfreie Städte Remscheid, Solingen, Wuppertal
Präsident(in): Friedhelm Sträter (Geschäftsführender Gesellschafter der Fa. Sträter Stanzerei GmbH, An den Eichen 8, 42699 Solingen, T: (0212) 65 89 01)
Vizepräsident(in): Dipl.-Wirtschaftsing. Johann Wilhelm Arntz (Inhaber der Fa. ARNTZ GmbH & Co. KG, Lenneper Str. 35, 42855 Remscheid, T: (02191) 99 86-01)
Vizepräsident(in): Bernhard Grunau (Prokurist der Fa. Bernhard Grunau, Markt 16, 42853 Remscheid, T: (02191) 29 22 70)
Vizepräsident(in): Peter H. Jung (Persönlich haftender Gesellschafter der P. Hermann Jung KG, Küllenhahner Str. 157, 42349 Wuppertal, T: (0202) 40 93 90)
Vizepräsident(in): Hans-Alfred Kaut (Geschäftsführender Gesellschafter der Alfred Kaut GmbH & Co., Windhukstr. 88, 42277 Wuppertal, T: (0202) 26 81-0)
Vizepräsident(in): Dr. Jean-Pierre Lacoste (Geschäftsführer der Vorwerk Elektrowerke GmbH & Co. KG, Blombacher Bach 3, 42270 Wuppertal, T: (0202) 5 64-0)
Vizepräsident(in): Dipl.-Ing. Hans Christian Leonhards (Inhaber und Geschäftsführer der Jakob Leonhards Söhne GmbH & Co., Düsseldorfer Str. 255, 42327 Wuppertal, T: (0202) 2 71 40-0)
Vizepräsident(in): Curt Mertens (Geschäftsführer der Carl Mertens CMS-Grasoli Besteckfabrik GmbH & Co. KG, Krahenhöher Weg 8, 42659 Solingen, T: (0212) 2 42 25-0)
Hauptgeschäftsführer(in): Dipl.-Volksw. Jürgen Schade
Abteilung II Verwaltung/Bürokommunikation/Datenverarbeitung:
Geschäftsführer(in): Dipl.-Verwaltungsw. Bernhard Carstensen
Abteilung III Industrie/Technologie/Umweltschutz:
Geschäftsführer(in): Dipl.-Kfm. Manfred Kranenberg
Abteilung IV Recht:
Geschäftsführer(in): Ass. Manfred Rink
Abteilung V Handel/Dienstleistungen/Außenwirtschaft:
Geschäftsführer(in): Assessor Hugo Sattler

Abteilung VI Verkehr/Raumordnung:
Stellv. Hauptgeschäftsführer: Dipl.-Volksw. Theo Beer
Abteilung VII Volkswirtschaft/Finanzen und Steuern:
Geschäftsführer(in): Dr. Matthias Leder
Abteilung VIII Berufsbildung/Weiterbildung:
Geschäftsführer(in): Dr. Horst-Dieter Hurlebaus
Gesamtwirtschaftliche Vertretung von rund 29 000 kammerzugehörigen Gewerbetrieben in den Städten Wuppertal, Solingen und Remscheid.

e 176

**IHK Wuppertal-Solingen-Remscheid
Geschäftsstelle Solingen**
Postf. 10 07 85, 42607 Solingen
Kölner Str. 8, 42651 Solingen
T: (0212) 22 03-0   **Fax:** 22 03-389
Geschäftsstellenleiter: Ass. Manfred Rink (Geschf.)

e 177

**IHK Wuppertal-Solingen-Remscheid
Geschäftsstelle Remscheid**
Postf. 10 04 62, 42804 Remscheid
Elberfelder Str. 49, 42853 Remscheid
T: (02191) 3 68-0   **Fax:** 3 68-489
Geschäftsstellenleiter: Dipl.-Kfm. Manfred Kranenberg (Geschf.)

Rheinland-Pfalz

● E 178

Arbeitsgemeinschaft der Industrie- und Handelskammern Rheinland-Pfalz
Postf. 22 40, 54212 Trier
Herzogenbuscher Str. 12, 54292 Trier
T: (0651) 97 77-102   **Fax:** 97 77-105
Kammern: Industrie- und Handelskammer zu Koblenz, Koblenz; Industrie- und Handelskammer für die Pfalz, Ludwigshafen; Industrie- und Handelskammer für Rheinhessen, Mainz; Industrie- und Handelskammer Trier, Trier
Vorsitzende(r): Wolfgang Natus (Präsident der Industrie- und Handelskammer Trier)
Geschäftsführer(in): Arne Rössel (Hauptgeschäftsführer der Industrie- und Handelskammer Trier)

Kammern

● E 179

Industrie- und Handelskammer zu Koblenz
Postf. 20 08 62, 56008 Koblenz
Schloßstr. 2, 56068 Koblenz
T: (0261) 10 60   **Fax:** 10 62 34
TGR: Handelskammer Koblenz
Internet: http://www.ihk-koblenz.de
E-Mail: service@koblenz.ihk.de
Bezirk: Koblenz-Stadt, Kreise Ahrweiler, Altenkirchen, Birkenfeld, Cochem-Zell, Bad Kreuznach, Mayen-Koblenz, Neuwied, Rhein-Hunsrück, Rhein-Lahn, Westerwald
Präsident(in): Heinz Michael Schmitz (i.Fa. F.J. Meyer GmbH, August-Horch-Str. 7, 56070 Koblenz, T: (0261) 80 80-5 43, privat: Von-Cohausen-Str. 7, 56076 Koblenz, T: (0261) 70 14 30)
Vizepräsident(in): Dr. Peter Barth (i.Fa. Lohmann GmbH & Co. KG, Irlicher Str. 55, 56567 Neuwied, T: (02631) 99 63 85, privat: Johann-Gottfried-Herderstr. 6, 56567 Neuwied, T: (02631) 99 62 86)
Peter Greisler (Generaldirektor Debeka-Versicherungen, Ferdinand-Sauerbruch-Str. 18, 56073 Koblenz, T: (0261) 4 98-1000)
Jürgen Hahn (Ph. Karl Hahn & Co., Hauptstr. 151, 55743 Idar-Oberstein, T: (06781) 4 39 09)
Hildegard Kaefer (Kaefer GmbH, Eckstr. 1, 55487 Sohren, T: (06543) 40 88)
Hans Kallinowsky (i.Fa. Allit AG Kunststofftechnik, Rotlay-Mühle, 55545 Bad Kreuznach, T: (0671) 2 91 01, privat: Rotlay-Mühle, 55545 Bad Kreuznach, T: (0671) 29 11 44)
Dipl.-Ing. Tilman Kerstiens (Privatbrunnen Tönissteiner Sprudel Dr. C. Kerstiens Mineralbrunnen und Erfrischungsgetränke, Postf. 82, 56654 Brohl-Lützing, T: (02633) 4 23-223)
Christoph Luithlen (Luithlenwerke GmbH & Co. KG Bausysteme Rhemo Bausysteme, Koblenzer Str. 58, 56626 Andernach, T: (02632) 40 00-15)
Dipl.-Ing., Dipl.-Wirtsch.-Ing. Uwe Reifenhäuser (Treif-Maschinenbau GmbH, Postf. 22, 57641 Oberlahr, T: (02685) 9 44-101)
Bernhold Zorn (Geschäftsführer Erlenbach GmbH, Am Rödchen 1-2, 56355 Laudert, T: (06772) 80 10)
Hauptgeschäftsführer(in): Hans-Jürgen Podzun (T: dienstl. Durchwahl 10 62 13, privat: Im Litzerling 5, 56075 Koblenz, T: (0261) 5 64 00)

Stellv. HGeschF: Dipl.-Ing. (FH), Betriebswirt (VWA) Dr. Edelbert Dold (Industrie, Energie, Umweltschutz, Technologie, BITT, dienstl. Durchwahl 10 62 79, privat: Goethe-Str. 28, 56179 Vallendar, T: (0261) 6 45 23)
Geschäftsführer(in): Dipl.-Kfm. Martin Neudecker (Leiter Personal und Verwaltung, T: dienstl. Durchwahl 10 62 21, privat: Roentgenstr. 21, 56564 Neuwied)
Manfred Göbel (Berufsbildung, privat: Konrad-Adenauer-Str. 2, 56179 Vallendar, T: dienstl. Durchwahl 10 62 65)
Ass. Bertram Weirich (Rechtsfragen, Fremdenverkehr, Verteidigungswirtschaft, T: dienstl. Durchwahl 1 06-250, privat: Kleine Hohl 13, 56112 Lahnstein, T: (02621) 6 14 77)
Dipl.-Oec. Regina Rosenberg (Presse- und Öffentlichkeitsarbeit, T: dienstl. Durchwahl 1 06-217, privat: Frongasse 11, 53424 Remagen, T: (02642) 90 19 51)
Dipl.-Hdl. Frank Beilstein (Handel, Dienstleistungen, Außenwirtschaft, Verkehr, T: dienstl. Durchwahl 1 06-260, privat: Juchaczstr. 39, 56203 Höhr-Grenzhausen, T: (02624) 52 51)
Achim Drewes (Stabsstelle Ordnungs- und Mittelstandspolitik, T: dienstl. Durchwahl 1 06-2 58, privat: Ritterweg 41, 56170 Bendorf T: (02622) 90 57 11)

Bad Kreuznach

e 180

**IHK zu Koblenz
Bezirksstelle Bad Kreuznach**
Postf. 5 85, 55529 Bad Kreuznach
Hochstr. 5-7, 55545 Bad Kreuznach
T: (0671) 8 43 21-0   **Fax:** 8 43 21-10
Geschäftsführer(in): Jörg Lenger (Rotenfelsblick 1, 55583 Bad Münster am Stein-Ebernburg, T: (06708) 61 68 88)

Bad Neuenahr-Ahrweiler

e 181

**IHK zu Koblenz
Bezirksstelle Bad Neuenahr-Ahrweiler**
Postf. 13 50, 53458 Bad Neuenahr-Ahrweiler
St.-Pius-Str. 7, 53474 Bad Neuenahr-Ahrweiler
T: (02641) 3 40 42   **Fax:** 46 29
Geschäftsführer(in): Betriebsw. (VWA) Gerd Distelrath (Von Brule-Str. 37, 56659 Burgbrohl, T: (02636) 21 84)

Betzdorf

e 182

**IHK zu Koblenz
Bezirksstelle Betzdorf**
Postf. 90, 57541 Kirchen
Auf dem Molzberg 2, 57548 Kirchen
T: (02741) 95 90-0   **Fax:** 95 90-26
Geschäftsführer(in): Dipl.-Kfm. Manfred Schell (Am Ottoturm 4, 57548 Kirchen, T: (02741) 6 14 25)

Idar-Oberstein

e 183

**IHK zu Koblenz
Bezirksstelle Idar-Oberstein**
Postf. 12 24 40, 55716 Idar-Oberstein
Hauptstr. 161, 55743 Idar-Oberstein
T: (06781) 94 91-0   **Fax:** 94 91-20
Geschäftsführer(in): Dipl.-Kfm. Thomas Wild (Höckelböschstr. 9, 55743 Idar-Oberstein, T: (06781) 4 32 32)

Montabaur

e 184

**IHK zu Koblenz
Bezirksstelle Montabaur**
Postf. 12 61, 56402 Montabaur
Kaiserstr. 1, 56410 Montabaur
T: (02602) 15 63-0   **Fax:** 15 63-20
E-Mail: mt@koblenz.ihk.de
Geschäftsführer(in): Dipl.-Volksw. Richard Hover (Parkstraße, 28, 56203 Höhr-Grenzhausen)

Neuwied

e 185

**IHK zu Koblenz
Bezirksstelle Neuwied**
Andernacher Str. 17, 56564 Neuwied
T: (02631) 91 76-0   **Fax:** 91 76-48
Geschäftsführer(in): Dipl.-Volksw. Eckart Suhrcke (Stifterstr. 83, 56626 Andernach, T: (02632) 4 89 16)

Simmern

e 186

**IHK zu Koblenz
Bezirksstelle Simmern**
Jakob-Kneip-Str. 1, 55469 Simmern
T: (06761) 93 30-0   **Fax:** 93 30-40
Geschäftsführer(in): Ass. Eberhard Noll (Fustenbrugstr. 11, 55469 Simmern, T: (06761) 1 32 89)

e 187

**IHK zu Koblenz
Büro Cochem**
Endertplatz 2 (Kreishaus), 56812 Cochem
T: (02671) 91 57 96   **Fax:** 91 57 99

● E 188

Industrie- und Handelskammer für die Pfalz in Ludwigshafen am Rhein
Postf. 21 07 44, 67007 Ludwigshafen
Ludwigsplatz 2-4, 67059 Ludwigshafen
T: (0621) 59 04-0   **Fax:** 59 04-166
TGR: Handelskammer
Internet: http://www.ihk.de/ludwigshafen/
Gründung: 1843
Präsident(in): Dr. Axel Wiesenhütter (persönlich haftender Gesellschafter der Schuster & Sohn Kommanditgesellschaft, Kohlenhofstr. 6-12, 67663 Kaiserslautern, T: (0631) 20 14-0)
Vizepräsident(in): Dipl.-Phys. Helmut Becks (Mitglied des Vorstandes der BASF Aktiengesellschaft, Carl-Bosch-Str. 38, 67056 Ludwigshafen, T: (0621) 60-0)
Vizepräsident(in): Otmar Hornbach (Vorsitzender des Vorstandes der Hornbach Holding Aktiengesellschaft, Hornbachstraße, 76878 Bornheim, T: (06348) 60-00)
Vizepräsident(in): Hans Mayer (Geschäftsführer der Gumasol-Werke Dr. Mayer GmbH & Co. KG, Postf. 12 20, 76712 Germersheim, T: (07274) 5 01-0)
Vizepräsident(in): Birgit Neuhardt (Inhaberin der Firma Sport-Franck, Inh. Birgit Neuhardt, Postf. 13 51, 66463 Zweibrücken, T: (06332) 9 25 60)
Vizepräsident(in): Wolfgang F. Rempel (Prokurist der Spedition Hans Rempel GmbH & Co., Eisenberger Str. 2, 67310 Hettenleidelheim, T: (06351) 80 51)
Vizepräsident(in): Dr. Alois Wittmann (Mitgl. des Vorstandes der KSB Aktiengesellschaft, Johann-Klein-Str. 9-12, 67227 Frankenthal, T: (06233) 86-0)
Hauptgeschäftsführer(in): Dr. Andreas Herting
Geschäftsführer u. Abteilungsleiter: Dr. Rainer Abstein (Industrie und Umwelt, Verkehr und Raumordnung, T: dienstl. Durchwahl 5 90 41 11)
Geschäftsführer u. Abteilungsleiter: Dr. Rüdiger Beyer (Handel, Dienstleistungen, Mittelstandsberatung, Wirtschaftsbeobachtung, Öffentlichkeitsarbeit, T: dienstl. Durchwahl 5 90 41 19)
Geschäftsführer u. Abteilungsleiter: Ass. Dr. Manfred Hofmann (Weiterbildung und Steuern, T: dienstl. Durchwahl 5 90 41 12)
Geschäftsführer u. Abteilungsleiter: Dr. Gerd Philippsen (Recht und Sachverständigenwesen, T: dienstl. Durchwahl 5 90 41 17)
Geschäftsführer u. Abteilungsleiter: Dr. Hans Riemann (Außenwirtschaft und Messen, T: dienstl. Durchwahl 5 90 42 58)
Geschäftsführer u. Abteilungsleiter: Ass. jur. Helmut Winter (Berufsbildung, T: dienstl. Durchwahl 5 90 41 13)
AbtLeiter: Dipl.-Volksw. Helmut Müller-Hirtz (Information und Dokumentation, T: dienstl. Durchwahl 5 90 41 15)
AbtLeiterin: Dipl.-Bw. (FH) Edeltraud Rumpf (Verwaltung T: dienstl. Durchwahl 5 90 42 18)
Verbandszeitschrift: Wirtschaftsmagazin Pfalz
Bezirk: Pfalz des Regierungsbezirkes Rheinhessen-Pfalz

e 189

**IHK Pfalz
Dienstleistungszentrum Kaiserslautern**
Postf. 26 65, 67614 Kaiserslautern
Europaallee 14, 67657 Kaiserslautern
T: (0631) 3 03 12-10   **Fax:** 3 03 12-70
Leiter(in): Ass. Michael Schaum

e 190

**IHK Pfalz
Dienstleistungszentrum Südpfalz in Landau**
Postf. 16 20, 76806 Landau
Im Grein 5, 76829 Landau
T: (06341) 9 71-110   **Fax:** 9 71-210
Geschäftsführer(in): Dipl. rer. pol. (techn.) Dr.-Ing. Theo Koffler

e 191

**IHK Pfalz
Dienstleistungszentrum Pirmasens**
Postf. 20 61, 66928 Pirmasens
Adam-Müller-Str. 6, 66954 Pirmasens

T: (06331) 5 23-110 **Fax:** 5 23-120
Leiter(in): Dipl.-Ing. (TH) Andreas Knüpfer

● E 192

Industrie- und Handelskammer für Rheinhessen
Postf. 25 09, 55015 Mainz
Schillerplatz 7, 55116 Mainz
T: (06131) 2 62-0 **Fax:** 2 62-1113
TGR: Handelskammer Mainz
Internet: http://www.ihk.de/mainz
E-Mail: ihkmainz@mainz.ihk.de
Bezirk: ehem. Regierungsbezirk Rheinhessen, umfassend die Städte Mainz und Worms und die Kreise Mainz-Bingen und Alzey-Worms
Präsident(in): Dr. Harald Augter (Sprecher der Gesch-Ltg. HDI Haftpflichtverband der Deutschen Industrie, Hauptniederlassung Mainz)
Vizepräsident(in): Dipl.-Kfm. Birger Schwaab (Geschäftsf. Ges. der Fa. Möbel Schwaab GmbH, Bahnhofstr. 79, 55218 Ingelheim)
Vizepräsident(in): Dr. Klaus Werth (Mitglied des Vorstandes Elektrizitätswerk Rheinhessen AG, Lutherring 5, 67547 Worms)
Präsidialmitglied: Rudolf Bödige (Geschäftsf. Ges. gzm Grafisches Zentrum Bödige u. Partner GmbH, Postf. 36 60, 55026 Mainz)
Präsidialmitglied: Dipl.-Betriebsw. Wilhelm Gerlach (Vorstandsmitglied d. Volksbank Alzey eG, Hospitalstr. 15, 55232 Alzey)
Präsidialmitglied: Peter Friedrich (Geschäftsführer Fa. Gutenbergwerk für Bürobedarf mbH, Robert-Koch-Str. 50, 55129 Mainz)
Präsidialmitglied: Rainer Müller (Geschäftsf. Ges. F. E. & H. Müller Kraftfahrzeuge, Mainzer Str. 86, 67547 Worms)
Hauptgeschäftsführer(in): Richard Patzke
Geschäftsführer(in): Dipl.-Volksw. Edith Neidlinger (Außenhandel, Konjunktur, Statistik)
Geschäftsführer(in): Theo Welter (Berufsbildung)
Presse und Öffentlichkeitsarbeit: Klaus P. Graf
Stefan Linden
Verbandszeitschrift: Wirtschaftsreport Rheinhessen

e 193

IHK für Rheinhessen
Geschäftsstelle Bingen
Kurfürstenstr. 3, 55411 Bingen
T: (06721) 91 41-0 **Fax:** 91 41-41
Geschäftsführer(in): RA Markus Seltenreich

e 194

IHK für Rheinhessen
Geschäftsstelle Worms
Rathenaustr. 20, 67547 Worms
T: (06241) 91 17-3 **Fax:** 91 17-40
Geschäftsführer(in): RA Andrea Mahl

● E 195

Industrie- und Handelskammer Trier
Postf. 22 40, 54212 Trier
Herzogenbuscher Str. 12, 54292 Trier
T: (0651) 97 77-0 **Fax:** 97 77-150
Internet: http://www.ihk-trier.de
E-Mail: info@trier.ihk.de
Bezirk: Reg. Bez. Trier
Präsident(in): Wolfgang Natus (i. Fa. Natus GmbH & Co. KG, Loebstr. 12, 54292 Trier, T: (0651) 1 44 90)
Vizepräsident(in): Peter Adrian (i. Fa. TRIWO Wohnungs- und Gewerbebau AG, Trier)
Vizepräsident(in): Herbert Reh (i. Fa. Franz Reh & Sohn GmbH, 54340 Leiwen, T: (06507) 40 90)
Vizepräsident(in): Harry Thiele (i. Fa. TECTRO Kunststofftechnik GmbH, 54439 Saarburg)
Hauptgeschäftsführer(in): Arne Rössel (Grundsatzfragen, Kammerorganisation, Finanzen, T: 97 77-1 02)
Geschäftsführer(in): Ass. Rudolf Heibel (Berufliche Bildung, Zum Waldeskühl 10, 54298 Igel, T: (06501) 1 21 64)
Geschäftsführer(in): Dipl.-Volksw. Lothar Philippi (Industrie, Wirtschaftsförderung, EG-Beratungsstelle, 54329 Konz, T: (06501) 1 66 38)
Geschäftsführer(in): Dipl.-Volksw. Günther Kiefer (Öffentlichkeitsarbeit, Außenwirtschaft, Hügelstr. 1, Merzig, T: (06861) 68 20)
Stellvertretende(r) Geschäftsführer(in): Rudolf Ersfeld (Wettbewerbsrecht, Trier, T: 1 88 52)
Verwaltungsdirektor: Betriebsw. Manfred Schneider (Albert-Schweitzer-Str. 19 b, 54329 Konz, T: (06501) 1 52 16)
Abt.-Leiter: Dipl.-Volksw. Marcus Kleefisch (Handel, Verkehr, Tourismus, Dienstleistungen, T: (0651) 97 77-401)
Verbandszeitschrift: Blickpunkt Wirtschaft der Industrie- und Handelskammer Trier

Redaktion: Postf. 22 40, 54212 Trier
Mitglieder: 22000
Mitarbeiter: 60

Saarland

● E 196

Industrie- und Handelskammer des Saarlandes
66104 Saarbrücken
Franz-Josef-Röder-Str. 9, 66119 Saarbrücken
T: (0681) 95 20-0 **Fax:** 95 20-8 88
TGR: IHK Saarland
Internet: http://www.saarland.ihk.de
E-Mail: info@saarland.ihk.de
Bezirk: Saarland
Ehrenpräs.: Dr. Jost Prüm (Bankdirektor a.D., Habichtsweg 33, 66123 Saarbrücken, T u. Fax: (0681) 6 17 01)
Präsident(in): Dr. Richard Weber (Geschäftsf. Gesellschafter der Karlsberg Brauerei KG Weber, Karlsgrstr. 62, 66424 Homburg, T: (06841) 1 05-2 20, Fax: (06841) 1 05-5 56, E-Mail: praesident@saarland.ihk.de)
Vizepräsident(in): Dipl.-Kfm. Wendelin von Boch-Galhau (Vorsitzender des Vorstandes der Villeroy & Boch AG, Postf. 11 40, 66688 Mettlach, T: (06864) 8 11-6 01, Fax: (06864) 8 11-4 76, E-Mail: praesidium@saarland.ihk.de)
Vizepräsident(in): Franz Josef Juchem (Geschäftsführer der Franz Juchem GmbH & Co KG, Prümburgstr. 3, 66571 Eppelborn, T: (06881) 8 00-2 16, Fax: (06881) 8 00-2 09, E-Mail: praesidium@saarland.ihk.de)
Vizepräsident(in): Dr.-Ing. Walter Koch (Geschäftsf. Gesellschafter der Dillinger Fabrik gelochter Bleche GmbH, Franz-Méguin-Str. 20, 66763 Dillingen, T: (06831) 70 03-1 43, Fax: (06831) 9 48-7 50, E-Mail: praesidium@saarland.ihk.de)
Vizepräsident(in): Dipl.-Kfm. Ernst Lenz (Landesbankdirektor a.D., SaarLB, Landesbank Saar Girozentrale, Ursulinenstr. 2, 66111 Saarbrücken, T: (0681) 3 83-13 10/13 11, Fax: (0681) 3 83-12 66, E-Mail: praesidium@saarland.ihk.de)
Vizepräsident(in): Dipl.-Volksw. Hermann J. Munkes (Trillerweg 65, 66117 Saarbrücken, T: (0681) 58 33 70, Fax: (0681) 5 84 94 81, E-Mail: praesidium@saarland.ihk.de)
Vizepräsident(in): Paul H. Repplinger (Geschäftsf. Prokurist der Firma Büro-Centrum M. Regler, Hausbacher Str. 2, 66663 Merzig-Brotdorf, T: (06861) 9 20-2 03, Fax: (06861) 9 20-9 20, E-Mail: praesidium@saarland.ihk.de)
Vizepräsident(in): Dipl.-Finanzw. Rolf Schneider (Geschäftsführer der Ursapharm Arzneimittel GmbH, Industriestraße, Postf. 11 51, 66129 Bübingen, T: (06805) 92 92-19, Fax: (06805) 92 92-99, E-Mail: praesidium@saarland.ihk.de)
Vizepräsident(in): Dipl.-Ing. Otmar Schön (Geschäftsf. Gesellschafter der HYDAC Technology GmbH, Industriestraße, 66280 Sulzbach, T: (06897) 5 09-2 15/5 08, Fax: (06897) 5 09-5 00, E-Mail: praesidium@saarland.ihk.de)
Vizepräsident(in): Dipl.-Kfm. Michael Ziesler (Mitglied des Vorstandes Deutsche Steinkohle AG, Shamrockring 1, 44623 Herne, T: (02323) 15-4430, Fax: 15-44 39, e-mail: praesidium@saarland.ihk.de)
Hauptgeschäftsführer(in): Dipl.-Vw. Volker Giersch (Wirtschaftspolitik - Information - Finanzen; Geschäftsführer der ZPT Zentrale für Produktivität und Technologie Saar e.V., T: dienstl. Durchwahl (0681) 95 20-100, Fax: (0681) 95 20-188, E-Mail: gierschv@saarland.ihk.de)
Stellv. Hauptgeschäftsführer: Dipl.-Vw. Hermann Götzinger (Standortpolitik - International - Innovation und Umwelt - EDV; Geschäftsführer der ZPT Zentrale für Produktivität und Technologie Saar e.V., T: dienstl. Durchwahl (0681) 95 20-400, Fax: (0681) 95 20-488, E-Mail: goetzingh@saarland.ihk.de)
Geschäftsführer(in): Ass. Karl Meyer-Hentschel (Recht und Fair Play - Start und Unternehmensförderung, T: dienstl. Durchwahl (0681) 95 20-200, Fax: (0681) 95 20-288, E-Mail: meyerhentschelk@saarland.ihk.de)
Stellvertretende(r) Geschäftsführer(in): Ass. Heike Cloß (Recht und Fair Play - Beitrag, T: dienstl. Durchwahl (0681) 95 20-600, Fax: (0681) 95 20-690, E-Mail: clossh@saarland.ihk.de)
Stellvertretende(r) Geschäftsführer(in): Dipl.-Vw. Oliver Groll (International - Saar-Lor-Lux, T: dienstl. Durchwahl (0681) 95 20-413, Fax: (0681) 95 20-489, E-Mail: grollo@saarland.ihk.de)
Stellvertretende(r) Geschäftsführer(in): Eberhard Häcker (Weiterbildung, T: dienstl. Durchwahl (0681) 95 20-750, Fax: (0681) 95 20-789, E-Mail: haeckere@saarland.ihk.de)
Stellvertretende(r) Geschäftsführer(in): Dr. Heino Klingen (Wirtschaftspolitik, T: dienstl. Durchwahl (0681) 95 20-410, Fax: (0681) 95 20-489, E-Mail: klingenh@saarland.ihk.de)
Stellvertretende(r) Geschäftsführer(in): Dipl.-Kfm. Detlev Lehmann (Finanzen - Personal - Technik, T: dienstl. Durchwahl (0681) 95 20-500, Fax: (0681) 95 20-588, E-Mail: lehmannd@saarland.ihk.de)
Stellvertretende(r) Geschäftsführer(in): Peter Nagel (M.A., Berufsbildung, T: dienstl. Durchwahl (0681) 95 20-700, Fax: (0681) 95 20-788, E-Mail: nagelp@saarland.ihk.de)
Verbandszeitschrift: Wirtschaft

Sachsen

● E 197

Industrie- und Handelskammer Südwestsachsen Chemnitz-Plauen-Zwickau
Postf. 4 64, 09004 Chemnitz
Straße der Nationen 25, 09111 Chemnitz
T: (0371) 69 00-0 **Fax:** 64 30 18
Internet: http://www.chemnitz.ihk.de
E-Mail: chemnitz@chemnitz.ihk.de
Bezirk: Regierungsbezirk Chemnitz
Gründung: 1862 (11. November), Neugründung 1990 (21. April)
Präsident(in): Michael Lohse (Inhaber Güternah- und Fernverkehr, Spedition, Treffurthstr. 2, 09120 Chemnitz, T: (0371) 30 26 93)
Ehrenpräsident: Christian Bloch (Inhaber Werner Bloch KG, Bahnhofstr. 97, 08468 Reichenbach, T: (03765) 1 22 61/1 22 62)
Vizepräsident(in): Helmut Apitzsch (Direktor Hotel Mercure Kongress, Brückenstr. 19, 09111 Chemnitz, T: (0371) 68 35 01)
Vizepräsident(in): Bernd Fritzsche (GeschF. Zentrale System- und Haustechnik GmbH, Schlachthofstraße 2-9, 08058 Zwickau, T: (0375) 3 32 28 00)
Vizepräsident(in): Gerhard Humm (Prokurist der Schmidtbank KG auf Aktien, Roßplatz 16, 08468 Reichenbach, T: (03765) 7 81 90)
Vizepräsident(in): Peter Koch (GeschF Sternquell Brauerei GmbH, Dobenauerstr. 83, 08523 Plauen, T: (03741) 21 11 03)
Vizepräsident(in): Prof. Dr. Ulf Sadowski (PSP Prof. Sadowski & Partner Consulting, Gesellschaft für umweltorientierte Unternehmensführung mbH, Spechtweg 17, 08066 Zwickau, T: (0375) 29 63 30)
Vizepräsident(in): Martin Schepp (Sachsenring Automobiltechnik Aktiengesellschaft, Crimmitschauer Str. 67, 08058 Zwickau, T: (0375) 5 09 61 17)
Vizepräsident(in): Karl-Heinz Schüngel (GeschF Schüngel-Chemie Burkhardtsdorf GmbH, Obere Hauptstr. 64, 09235 Burkhardtsdorf, T: (03721) 5 22 24)
Vizepräsident(in): Prof. Dr. Dieter Tischendorf (GeschF TCC Technologie Centrum Chemnitz GmbH, Annaberger Str. 240, 09125 Chemnitz, T: (0371) 5 34 71 01)
Vizepräsident(in): Franz Voigt (GeschF Vogtländische Straße, Tief- und Rohrleitungsbau GmbH, August-Bebel-Str. 4, 08228 Rodewisch, T: (03744) 36 22 17)
Vizepräsident(in): Eberhard Witzschel (GeschF Teppich-Witzschel GmbH, Altenhainer Str. 50, 09669 Frankenberg, T: (037206) 27 74)
Hauptgeschäftsführer(in): Dr. Wolfram Hoschke (T: (0371) 6 90 01 00)
Geschäftsführer(in):
Industrie/Außenwirtschaft: Dr. Manfred Goedecke (T: (0371) 6 90 06 00)
Handel/Dienstleistungen: Ilona Roth (T: (0371) 6 90 03 00)
Bildung: Eva-Maria Glauch (T: (0371) 6 90 08 02)
Finanzen: Frank Lange (T: (0371) 6 90 05 00)
Justitiarin: Brigitte Panhans (T: (0371) 6 90 04 00)
Referat Öffentlichkeitsarbeit: Angela Grüner (T: (0371) 6 90 01 11)
Verbandszeitschrift: Wirtschaft in Südwestsachsen

Regionalkammern und Geschäftsstellen:

e 198

IHK Südwestsachsen
Regionalkammer Chemnitz
Postf. 4 64, 09004 Chemnitz
Straße der Nationen 25, 09111 Chemnitz
T: (0371) 69 00-0 **Fax:** 64 30 18
E-Mail: chemnitz@chemnitz.ihk.de
Präsident(in): Eberhard Witzschel (GeschF Teppich-Witzschel GmbH, Altenhainer Str. 50, 09669 Frankenberg, T: (037206) 27 74)
Ltd. GeschF: Dr. Wolfram Hoschke

e 199

IHK Südwestsachsen
Chemnitz-Plauen-Zwickau
Regionalkammer Chemnitz
Geschäftsstelle Annaberg
Postf. 10 03 61, 09443 Annaberg-Buchholz
Geyersdorfer Str. 9a, 09456 Annaberg-Buchholz
T: (03733) 1 30 40 **Fax:** 13 04 20

E-Mail: beck@ana.chemnitz.ihk.de
Leiter(in): Almut Beck

e 200

**IHK Südwestsachsen
Chemnitz-Plauen-Zwickau
Regionalkammer Chemnitz**
Geschäftsstelle Freiberg
Postf. 1 74, 09596 Freiberg
Chemnitzer Str. 40, 09599 Freiberg
T: (03731) 79 72 20   **Fax:** 79 72 25
E-Mail: moser@chemnitz.ihk.de
Leiter(in): Hans-Christoph Moser

e 201

**IHK Südwestsachsen
Chemnitz-Plauen-Zwickau
Regionalkammer Plauen**
Friedensstr. 32, 08523 Plauen
T: (03741) 2 14-0   **Fax:** 21 42 60
Internet: http://www.chemnitz.ihk.de
E-Mail: plauen@pl.chemnitz.ihk.de
Präsident(in): Franz Voigt (Geschäftsführer Vogtländische Straßen-, Tief- und Rohrleitungsbau GmbH, August-Bebel-Str. 4, 08228 Rodewisch, T: (03744) 362-0, Fax: (03744) 4 84 95)
Leitender Geschäftsführer: Hans-Joachim Wunderlich

e 202

**IHK Südwestsachsen
Chemnitz-Plauen-Zwickau
Regionalkammer Plauen**
Geschäftsstelle Auerbach
Plauensche Str. 7, 08209 Auerbach
T: (03744) 8 34 00   **Fax:** 83 40 15
Leiter(in): Joachim Lang

e 203

**IHK Südwestsachsen
Chemnitz-Plauen-Zwickau
Regionalkammer Zwickau**
Postf. 20 08 57, 08008 Zwickau
Äußere Schneeberger Str. 34, 08056 Zwickau
T: (0375) 81 40   **Fax:** 81 41 27
E-Mail: zwickau@z.chemnitz.ihk.de
Präsident(in): Bernd Fritzsche (GeschF Zentrale System- und Haustechnik GmbH, Schlachthofstraße 2-8, 08058 Zwickau, T: (0375) 3 32 28 00)
Leitender Geschäftsführer: Achim Jonas

e 204

**IHK Südwestsachsen
Chemnitz-Plauen-Zwickau
Regionalkammer Zwickau**
Geschäftsstelle Glauchau
Postf. 11 65, 08361 Glauchau
Rudolf-Breitscheid-Str. 2, 08371 Glauchau
T: (03763) 32 51   **Fax:** 40 04 47
Leiter(in): Angelika Neubert (T: (03763) 32 51, Fax: (03763) 32 51)

● E 205

Industrie- und Handelskammer Dresden
Postf. 17 01 63, 01241 Dresden
Niedersedlitzer Str. 63, 01257 Dresden
T: (0351) 28 02-0   **Fax:** 28 02-280
ServiceCenter: 28 02-281 und -345
Internet: http://www.dresden.ihk.de
E-Mail: service@dresden.ihk.de
Präsident(in): Hartmut Paul (Niedersedlitzer Str. 63, 01257 Dresden, T: (0351) 28 02-100)
Vizepräsident(in): Dr. Günter Hielscher
Christian Michel
Wolfgang Jahn
Franz Ritter (Niedersedlitzer Str. 63, 01257 Dresden, T: (0351) 28 02-100)
Hauptgeschäftsführer(in): Elvira-Maria Horn
Geschäftsführer(in):
GB Volkswirtschaft: Cornelia Pretzsch
GB Industrie/Außenwirtschaft: Wolfram Schnelle
GB Handel/Dienstl./Verkehr: Thomas Ott
GB Bildung: Dr. Werner Mankel
Pressestelle: Uwe Neumann
Verlag: Endriß & Schnitzer Werbe- und Verlagsgesellschaft mbH, Ernst-Thälmann-Str. 21, 01809 Heidenau, T: (03529) 55 24 00, Fax: 55 24 02
Kammerzeitschrift: "Wirtschaftsdienst" der IHK Dresden

● E 206

Industrie- und Handelskammer zu Leipzig
Goerdelerring 5, 04109 Leipzig
T: (0341) 12 67-0   **Fax:** 12 67-1421
Internet: http://www.leipzig.ihk.de

E-Mail: hlehmann@leipzig.ihk.de
Bezirk: Kreisfreie Stadt Leipzig und die Landkreise Delitzsch, Döbeln, Leipziger Land, Muldentalkreis, Torgau-Oschatz
Gründung: 1990 (8. März)
Präsident(in): Wolfgang Topf (Geschäftsf. Gesellschafter, Industriemontagen Leipzig GmbH, Rieseaer Str. 72-74, 04328 Leipzig, T: (0341) 2 57 94 58, Fax: (0341) 2 51 89 83)
Vizepräsident(in): Hartmut Bunsen (Geschäftsführer, Messeprojekt GmbH, Messe-Allee 1, 04356 Leipzig, T: (0341) 6 78 71 31, Fax: (0341) 6 78 71 32)
Vizepräsident(in): Jochen Deinert (Geschäftsführer, Leipziger Brauhaus zu Reudnitz GmbH, Mühlstr. 13, 04317 Leipzig, T:(0341) 2 67 12 16, Fax: (0341) 2 67 14 48)
Vizepräsident(in): Michael Dorn (Geschäftsf. Gesellschafter, Sächsische Schloßfabrik Pegau GmbH, Bismarckstr. 24, 04523 Pegau, T: (034296) 7 33 10, Fax: (034296) 7 33 11)
Vizepräsident(in): Johannes Junghans (Geschäftsleiter mit Prokura, METRO Großhandelsgesellschaft mbH, SB-Großmarkt Leipzig, Geithainer Str. 60, 04328 Leipzig, T: (0341) 6 57 01 60, Fax: (0341) 6 57 02 19)
Vizepräsident(in): Cornelia Kallweit (Inhaberin, BOOMERANG Freizeitanlage, Eilenburger Chaussee 66, 04509 Delitzsch, T: (034202) 5 51 80, Fax: (034202) 5 51 70)
Vizepräsident(in): Peter Krakow (Vorsitzender des Vorstandes, Stadt- und Kreissparkasse Leipzig, Humboldtstr. 25, 04105 Leipzig, T: (0341) 9 86 10 00, Fax: (0341) 9 86 10 09)
Vizepräsident(in): Hans-Diedrich Quast (Inhaber, Krause-Transporte, Werkstättenweg 17, 04219 Leipzig, T: (034294) 8 21 24, Fax: (034294) 8 21 22)
Vizepräsident(in): Jürgen Sperlich (Geschäftsf. Gesellschafter, Sperlich OHG, Wolfgang-Heinze-Str. 31, 04277 Leipzig, T: (0341) 3 01 30 51, Fax: (0341) 3 01 30 54)
Ehrenpräsident: Dr. Rudolf Sommerlatt (c/o IHK zu Leipzig)
Hauptgeschäftsführer(in): Lothar Meier (T: dienstl. Durchwahl 12 67-11 05, -11 06)
Stellv. HGeschF. Handel, Dienstleistungen, Verkehr: Rita Sparschuh (T: dienstl. Durchwahl 12 67 13 00, -13 01)
GeschF Industrie, Außenwirtschaft: Lars Bosse (T: dienstl. Durchwahl 12 67-12 50, -12 51)
GeschF Recht, Finanzen, Steuern: Uwe Sahlmann (T: dienstl. Durchwahl 12 67-14 00, -14 01)
Abt.-Ltr. Berufsausbildung: Dr. Hans-Peter Schmidt (T: dienstl. Durchwahl 12 67-13 51)
Abt.-Ltr. Fort- u. Weiterbildung: Frank Häusler (T: 12 67-25 01, -25 02)
Öffentlichkeitsarbeit: Harald Lehmann (T: 12 67-11 31)
Kammerzeitschrift: Jörn Glasner (T: dienstl. Durchwahl 12 67-11 28)
Verbandszeitschrift: Wirtschaft
Verlag: Leipziger Messe Verlag und Vertriebsgesellschaft mbH, Messe-Allee 1, 04356 Leipzig, T: (0341) 6 78-0, Fax: (0341) 6 78 77 12

e 207

Bildungszentrum der IHK zu Leipzig
Bogislawstr. 18, 04315 Leipzig
T: (0341) 12 67-2501   **Fax:** 12 67-2528

e 208

Geschäftsstelle der IHK zu Leipzig in Döbeln
Obermarkt 24, 04720 Döbeln
T: (03431) 71 84-0   **Fax:** 71 84-4725
Leiter(in): Jörg Beulig

e 209

Bildungs- und Informationsstelle der IHK zu Leipzig in Grimma
Schulstr. 67, 04668 Grimma
T: (03437) 76 04-0   **Fax:** 76 04-4605
Information und Verwaltung: Christina Reintke

Sachsen-Anhalt

● E 210

Industrie- und Handelskammer Halle-Dessau
Sitz: Halle
06077 Halle
Postf. 20 07 54, 06008 Halle
Franckestr. 5, 06110 Halle
T: (0345) 21 26-0   **Fax:** 2 02 96 49
Internet: http://www.halle.ihk.de
Gründung: 1990 (8. Februar)
Präsident(in): mit der Führung der Amtsgeschäfte beauftragt: Vizepräsident Albrecht Hatton
Vizepräsident(in): Hubert Ernst (Vorstandsvorsitzender Stadtsparkasse Dessau, Poststr. 8, 06844 Dessau, T: (0340) 2 50 71 03, Fax: 2 50 71 75)
Vizepräsident(in): Christa Gross (Inhaberin, Galerie Gross, Alter Markt 33, 06108 Halle, T: (0345) 2 03 35 53, Fax: 2 03 35 53)
Vizepräsident(in): Dr. Wolfgang Haase (Geschäftsführer Geologische Forschung und Erkundung, GFE GmbH, Köthener Str. 34, 06118 Halle, T: (0345) 5 24 43 81, Fax: 5 22 99 11)
Vizepräsident(in): Dr. Werner Hannemann (Geschäftsführender Gesellschafter, Datenverarbeitungszentrum Halle GmbH, Nietlebener Str. 1, 06126 Halle, T: (0345) 6 93 25 00, Fax: 6 87 01 70)
Vizepräsident(in): Albrecht Hatton (Vorstandsvorsitzender

Volksbank Dessau-Anhalt e.G., Ratsgasse 1, 06844 Dessau, T: (0340) 2 60 18 14, Fax: 2 60 18 99)
Vizepräsident(in): Dr. Frank Herrmann (Geschäftsführender Gesellschafter, HEWES Großhandel GmbH, Karl-Fischer-Str. 2, 06295 Lutherstadt Eisleben, T: (03475) 65 38 15, Fax: 65 39 99)
Vizepräsident(in): Dr. Peter Jebe (Geschäftsführer, Solvay Soda Deutschland GmbH, Köthensche Str. 1-3, 06406 Bernburg, T: (03471) 32 34 03, Fax: 32 36 69)
Vizepräsident(in): Ewald Pirl (Mitinhaber, Hotel Zum Stein, Erdmannsdorffstr. 228, 06786 Wörlitz, T: (034905) 5 00, Fax: 5 01 99)
Vizepräsident(in): Edwin Sperling (Inhaber, Eisen- u. Haushaltswarengeschäft, Breite Nr. 32, 39261 Zerbst, T: (03923) 22 24, Fax: 26 78)
Vizepräsident(in): Rainer Thiele (Geschäftsführender Gesellschafter, Kathi-Rainer-Thiele GmbH, Nahrungsmittelherstellung, Berliner Str. 216, 06116 Halle, T: (0345) 57 00 80, Fax: 5 60 05 58)
Vizepräsident(in): Dr. Wolfdietrich Vetter (Geschäftsführender Gesellschafter, Vetter GmbH Omnibus- und Mietwagenbetrieb, Hinsdorfer Weg 1, 06779 Salzfurtkapelle, T: (03494) 3 66 90, Fax: 3 17 51)
Vizepräsident(in): Wolfgang Winkler (Geschäftsführender Gesellschafter, Betonwerk E. Winkler GmbH, Schmiedeberger Str. 27, 06909 Pretzsch, T: (034926) 5 73 29, Fax: 5 74 27)
Hauptgeschäftsführer(in): Dr. Peter Heimann
Abteilung Wirtschaft
Abteilungsleiter: Wilhelm Ehrhardt (stellv. Hauptgeschf., Industrie/Umwelt/Energie, Technologie, Innovation)
Abteilungsleiterin: Dr. Linda von Delhaes-Guenther (Geschäftsf. Außenwirtschaft, Messen)
Abteilungsleiter: Reinhard Schröter (stellv. Hauptgeschäftsf., Verkehr)
Abteilung Bildung
Abteilungsleiterin: Ingeborg Kuhne (Geschäftsführerin, Bildungspolitik, Ausbildungsbetreuung, Lehrlingsrolle, Prüfungen, Weiterbildungspolitik, Weiterbildungsprüfungen)
Abteilung Verwaltung
Abteilungsleiterin: Dr. Katja Ullrich (Geschäftsf., Personal, Organisation, Allgemeine Verwaltung, Buchhaltung, Stammdatenerfassung, Beitrag, EDV)
Abteilung Recht und Steuern
Abteilungsleiterin: Dr. Ute Jähner (Geschäftsführerin Wettbewerbs-, Gesellschafts- und Steuerrecht, Recht der EG, Sachverständigenwesen, Firmenrecht, Bürgerliches Recht, Öffentliches Recht)
Abteilung Mittelstand
Abteilungsleiter: Reinhard Schröter (stellv. Hauptgeschäftsführer, Mittelstand)
Abteilung Presse, Öffentlichkeitsarbeit und Medienpolitik
Abteilungsleiterin: Antje Schüler (Geschäftsf., Presse, Medienpolitik, Öffentlichkeitsarbeit, Publikationen, IHK-Magazin, Internet, Bibliothek)
Abteilung Volkswirtschaft, Regionalwirtschaft, Statistik
Abteilungsleiter: Dr. Thomas Brockmeier (Geschäftsführer, Volkswirtschaft, Regionalwirtschaft, Statistik)

Außenstellen

e 211

**IHK Halle-Dessau
Geschäftsstelle Bitterfeld**
Postf. 1 07, 06732 Bitterfeld
Niemegker Str. 1d, 06749 Bitterfeld
T: (03493) 37 57-21   **Fax:** 37 57-16
Leiter(in): Hannelore Erben-Meißner (Geschäftsstellenleiterin)

e 212

**IHK Halle-Dessau
Kontaktstelle Wittenberg**
Dessauer Str. 13, 06886 Lutherstadt Wittenberg
T: (03491) 67 01 21   **Fax:** 37 57 16

e 213

**IHK Halle-Dessau
Geschäftsstelle Dessau**
Schloßplatz 3, 06844 Dessau
T: (0340) 2 60 11 21   **Fax:** 2 60 11 10
Leiter(in): Manfred Piotrowsky

e 214

**IHK Halle-Dessau
Kontaktstelle Bernburg**
Steinstr. 26a, 06406 Bernburg
T: (03471) 37 06 50   **Fax:** 37 06 52
Kontaktperson: Margarete Trippner

e 215

**IHK Halle-Dessau
Geschäftsstelle Eisleben**
Vicariatsgasse 4, 06295 Lutherstadt Eisleben
T: (03475) 65 04 21   **Fax:** 65 04 10
Leiter(in): Kerstin Kögel (Geschäftsstellenleiterin)

e 216
IHK Halle-Dessau
Geschäftsstelle Weißenfels
Merseburger Str. 36, 06667 Weißenfels
T: (03443) 4 32 50 **Fax:** 43 25 10
Leiter(in): Hans-Jürgen Stößer (Geschäftsstellenleiter)

e 217
IHK Halle-Dessau
Kontaktstelle Naumburg
Markt 10, 06618 Naumburg
T: (03445) 20 07 21 **Fax:** 20 07 24

e 218
IHK Bildungszentrum Halle-Dessau GmbH
Ratsgasse 1, 06844 Dessau
T: (0340) 7 37 04 62 **Fax:** 7 37 02 95
Internet: http://www.ihkbiz.de
Geschäftsführer(in): Dipl.-Ing. Udo Diezmann, Dessau
Leiter Regionalbereich Dessau: Dietmar Baumung (Ratsgasse 1, 06844 Dessau, T: (0340) 7 37 02 93, Telefax: (0340) 7 37 02 94)
Leiter Regionalbereich Halle: Dr. Egon Preuß (Julius-Ebeling-Str. 6, 06112 Halle, T: (0345) 1 36 88 20, Fax: (0345) 1 36 88 27)
Leiter Regionalbereich Weißenfels: Dr. Volker Bart (Am Schlachthof 6, 06667 Weißenfels, T: (03443) 20 50 80, Telefax: (03443) 20 00 82)
Leiter Regionalbereich Sangerhausen: Christel Parr (Ewald-Gnau-Str. 1b, 06526 Sangerhausen, T: (03464) 5 59 66, Telefax: (03464) 55 96 80)
Leiter Regionalbereich Bitterfeld-Wolfen: Dietmar Baumung (Krondorfer Str. 83, 06766 Wolfen, T: (03494) 3 01 02, Telefax: (03494) 3 01 03)
Mitarbeiter: 91

e 219
MIPO Mitteldeutsche Informations-, Patent-, Online-Service GmbH
Rudolf-Ernst-Weise-Str. 18, 06112 Halle
T: (0345) 29 39 80 **Fax:** 2 93 98 40
Internet: http://www.mipo.de
E-Mail: andrick@mipo.hal-uunet.de
Geschäftsführer(in): Dr. Jürgen Andrick

● E 220
Industrie- und Handelskammer Magdeburg
Postf. 18 40, 39008 Magdeburg
Alter Markt 8, 39104 Magdeburg
T: (0391) 56 93-0 **Fax:** 5 69 31 93
Regierungsbezirk Magdeburg
Gründung: 1990 (12. April)
Präsident(in): Dr. Klaus Hieckmann
Vizepräsident(in): Klaus-Peter Hennig
Sabine Gilbers
Ulrich Eichhorn
Harald Gatzke
Paul Saib
Otto Ebert
Helmut Kühne
Gerhard Bertram
Hauptgeschäftsführer(in): Wolfgang März
Stellv. HGeschF: Siegfried Zander
Hans-Jochen Wegner
Referent Öffentlichkeitsarbeit: Hans-Ulrich Falk
Verbandszeitschrift: IHK-Mitteilungen
Verlag: Joh. Heinrich Meyer, Ernst-Böhme-Str. 20, 38112 Braunschweig
Mitglieder: 40000
Mitarbeiter: 110

Schleswig-Holstein

● E 221
Vereinigung der Industrie- und Handelskammern in Schleswig-Holstein
Fackenburger Allee 2, 23554 Lübeck
T: (0451) 60 06-0 **Fax:** 60 06-999
Internet: http://www.ihk-luebeck.de
E-Mail: ihk@luebeck.ihk.de
Vorsitzende(r): Dipl.-Kfm. Hans Georg Rieckmann (Präsident)
Geschäftsführer(in): Wulf Hermann (Amtierender Hauptgeschäftsführer der IHK zu Lübeck)
Pressereferent: Dipl.-Volksw. Hans-Jochen Arndt
Verbandszeitschrift: Wirtschaft zwischen Nord- und Ostsee (WNO), (FL, KI), Wirtschaft zwischen Ostsee und Elbe (HL)

Kammern

● E 222
Industrie- und Handelskammer zu Flensburg
Postf. 19 42, 24909 Flensburg
Heinrichstr. 28-34, 24937 Flensburg
T: (0461) 8 06-0 **Fax:** 8 06-171
Internet: http://www.flensburg.ihk.de
E-Mail: info@flensburg.ihk.de
Gründung: 1870 (26. Dezember)
Präsident(in): Hans-Georg Carstens (Fa. Carstens Einrichtungshaus GmbH & Co. KG, Norderstr. 26-32, 24939 Flensburg, T: (0461) 1 44 41-0)
Vizepräsident(in): Hans-Werner Behmer (i. Fa. Hotel Waldschlößchen GmbH & Co. KG, Kolonnenweg 152, 24837 Schleswig, T: (04621) 3 83-0)
Vizepräsident(in): Norbert Erichsen (i. Fa. FFG Flensburger Fahrzeugbau Gesellschaft mbH, Werftstr. 24, 24939 Flensburg, T: (0461) 48 12-134)
Vizepräsident(in): Hans-Henning Jacobs (i. Fa. Jacobs Energie GmbH, Hamburger Straße, 25746 Heide, T: (0481) 8 50 65-0)
Vizepräsident(in): Bernd Rothehüser (i. Fa. Commerzbank AG, Rathausplatz 15, 24937 Flensburg, T: (0461) 86 94-0)
Vizepräsident(in): Gernot W. Thomsen (i. Fa. Thomsen & Thomsen Holding GmbH & Co. KG Projektentwicklungsgesellschaft, Postf. 11 62, 24955 Harrislee, T: (0461) 77 00 20-0)
Vizepräsident(in): Rickmer-Johannes Topf (i. Fa. Johannes Topf Baubeschlag-Gesellschaft mbH, Siemensstr. 17, 25813 Husum, T: (04841) 7 89-0)
Hauptgeschäftsführer(in): Dipl.-Volksw. Peter Michael Stein (T: (0461) 8 06-1 77 dienstl. Durchw.)
Stellv. HGeschF: Ass. Klaus Markmann (Geschäftsbereich Bildung, T: (0461) 8 06-1 28 dienstl. Durchw.)
Geschäftsführer(in): Dipl.-Volksw. Winfried Berweger (Geschäftsbereich Wirtschaftsförderung, T: (0461) 8 06-1 29 dienstl. Durchw.)
Geschäftsführer(in): Dipl.-Volksw. Volker Seeger (Geschäftsbereich Service, T: (0461) 8 06-1 32 dienstl. Durchw.)
Geschäftsführer(in): Telsche Ott (Geschäftsstelle Dithmarschen, Rungholtstr. 5 d, 25746 Heide, T: (0481) 85 77-0)
Referent: Dirk Nicolaisen (Geschäftsbereich Wirtschaftsförderung, T: (0461) 8 06-1 58 dienstl. Durchw.)
Referent: Dipl.-Volksw. Ulrich Spitzer (Öffentlichkeitsarbeit/Pressestelle, T: (0461) 8 06-1 27 dienstl. Durchw.)
Referent: Lothar Raasch (Geschäftsbereich Service, T: (0461) 8 06-1 22 dienstl. Durchw.)
Verwaltungsleiterin: Rita Koch (Organisation, T: (0461) 8 06-1 42 dienstl. Durchw.)
Verbandszeitschrift: Wirtschaft zwischen Nord- u. Ostsee
Mitglieder: 28000
Mitarbeiter: 54
Bezirke: Stadt Flensburg, Kreise Schleswig-Flensburg, Nordfriesland, Dithmarschen

e 223
Geschäftsstelle Dithmarschen der IHK zu Flensburg
Rungholtstr. 5d, 25746 Heide
T: (0481) 85 77-0 **Fax:** 85 77-20
Geschäftsführerin: Dipl.-Geogr. Telsche Ott

e 224
Außenstelle Nordfriesland der IHK zu Flensburg
Marktstr. 6, 25813 Husum
T: (04841) 64 04-28 **Fax:** 64 04-29
Geschäftsführer(in): Dipl.-Geogr. Telsche Ott

● E 225

Industrie- und Handelskammer zu Kiel
24100 Kiel
Lorentzendamm 24, 24103 Kiel
T: (0431) 51 94-0 **Fax:** 51 94-2 34
Internet: http://www.kiel.ihk.de
E-Mail: ihk@kiel.ihk.de
Bezirk: Stadtkreise Kiel, Neumünster, Landkreise Pinneberg, Plön, Rendsburg-Eckernförde, Steinburg
Gründung: 1871 (18. Januar)
Präsident(in): Konsul Dr. Fritz Süverkrüp
Vizepräsident(in): Prof. Dr. Hans Heinrich Driftmann
Vizepräsident(in): Dipl.-Volksw. Horst Jenckel
Vizepräsident(in): Erika Kath-Drengenberg
Vizepräsident(in): Konsul Dr.-Ing. Dieter Murmann
Vizepräsident(in): Dipl.-Kfm. Dieter Pfisterer
HGeschF u. Erster Syndikus: Ass. Wolf-Rüdiger Janzen
Ref. d. HGeschFührung: Dipl.-Volksw. Peter Weltersbach
Stellv. HGeschF: Dipl.-Volksw. Dr. Jörn Biel (Industrie und Umweltschutz)
Geschf. u. Justitiar: Ass. Rainer Bock (Recht, Steuern, Sachverständigenwesen)
Verwaltungsltr: Wolfgang Ruß (Finanzen, Personal, Büro- und Hausverwaltung, Datenverarbeitung, Kammerbeiträge, Haushalts- und Kassenwesen)
Geschäftsführer(in): Dipl.-Volksw. Michael Zeinert (Handel und Tourismuswirtschaft)
Geschäftsführer(in): Ass. Hans Joachim Beckers (Berufsbildung)
Geschäftsführer(in): Dipl.-Ökonom Werner Koopmann (Außenhandel, Großhandel, Messen, Ausstellungen)
Geschäftsführer(in): Dr. Martin Kruse (Volkswirtschaft, Raumordnung, Verkehr)
Pressesprecher: Dipl.-Verwaltungsw. Johannes Callsen
Verbandszeitschrift: Wirtschaft zwischen Nord- und Ostsee
Redaktion: Johannes Callsen
Verlag: IHK zu Kiel, Lorentzendamm 24, 24103 Kiel
Mitglieder: 50000
Mitarbeiter: 100
Jahresetat: DM 29,14 Mio, € 14,9 Mio
Kammerzeitschrift: Wirtschaft zwischen Nord- u. Ostsee

Geschäftsstellen:

e 226
Industrie- und Handelskammer zu Kiel Zweigstelle Elmshorn (für die Landkreise Pinneberg und Steinburg)
Postf. 5 49, 25305 Elmshorn
Kaltenweide 6, 25335 Elmshorn
T: (04121) 48 77-0 **Fax:** 48 77-39
Geschäftsführer(in): Ass. Ulrich Grobe

e 227
Industrie- und Handelskammer zu Kiel Zweigstelle Neumünster (für den Stadtkreis Neumünster)
Postf. 17 80, 24507 Neumünster
Am Teich 1-3, 24534 Neumünster
T: (04321) 4 07 90 **Fax:** 40 79 46
Geschäftsführer(in): Dipl.-Volksw. Peter-Jochen Dohm

e 228
Industrie- und Handelskammer zu Kiel Zweigstelle Rendsburg (für das Gebiet des früheren Landkreises Rendsburg)
Postf. 2 40, 24756 Rendsburg
Königinstr. 1, 24768 Rendsburg
T: (04331) 13 75-0 **Fax:** 13 75-57
Geschäftsführer(in): Dipl.-Volksw. Peter-Jochen Dohm

● E 229
Industrie- und Handelskammer zu Lübeck
Fackenburger Allee 2, 23554 Lübeck
T: (0451) 60 06-800 **Fax:** 60 06-999
Internet: http://www.ihk-luebeck.de
E-Mail: ihk@luebeck.ihk.de
Bezirk: Hansestadt Lübeck, Kreis Hzgt. Lauenburg, Ostholstein, Segeberg und Stormarn
Gründung: 1853
Präses: Dipl.-Kfm. Hans Georg Rieckmann (Inhaber der Fa. Herren-Moden Rieckmann, Sandstr. 18-22, 23552 Lübeck, T: (0451) 70 65-90)
Stellvertreter des Präses: Dr. Christian Dräger (Geschäftsführer der Dr. Heinrich Dräger GmbH, Moislinger Allee 53-55, 23558 Lübeck, T: (0451) 8 82-0)
Stellvertreter des Präses: Wilhelm von Boddien (pers.haft. Gesellschafter d. Fa. v. Boddien & Co., Rudolf-Diesel-Str. 2, 22941 Bargteheide, T: (04532) 40 41 10)
Vicepräs: Hans-Peter Dau (Vorstandsmitglied der Blaue Quellen AG i.R. Fürst Bismarck-Quelle, Unternehmensberatung, Rehmendoppel 9, 21039 Escheburg, T: (04152) 8 29 25)
Vicepräs: Bernd Jorkisch (Geschäftsführer der pers. haft. Gesellschaft der Bernd Jorkisch GmbH & Co. KG, Hoken 15, 24635 Daldorf)
Vicepräs: Dr. Dirk Karstens (Geschäftsführer der pers. haft. Gesellschaft der Johann Karstens Bauunternehmung (GmbH & Co. KG), Hinter den Kirschkaten 61, 23560 Lübeck)
Vicepräs: Christoph A. Leicht (Geschäftsführer der pers. haft. Gesellschaft der Hansapark Freizeit- und Familienpark GmbH & Co., Am Fahrenkrog 1, 23730 Sierksdorf)
Vicepräs: Bernd Satz (Vorstandsmitglied der Deutschen Bank Lübeck vormals Handelsbank, Kohlmarkt 7-15, 23552 Lübeck)
Amtierender Hauptgeschäftsführer(in): Ass. Wulf Hermann (T: dienstl. Durchwahl 60 06-100)
Synd.: Dipl.-Volksw. Hans-Jochen Arndt (Geschäftsbereich Wirtschaftspolitik, T: dienstl. Durchwahl 60 06-160)
Synd.: Dipl.-Ökonom Michael Fechner (Geschäftsbereich Berufsbildung, T: dienstl. Durchwahl 60 06-200)
Synd.: Ass. Wulf Hermann (Geschäftsbereich Fair Play, T: dienstl. Durchwahl 60 06-230)
Synd.: Dipl.-Volksw. Udo Poppen (Geschäftsbereich Unternehmensförderung, T: dienstl. Durchwahl 60 06-170)
Synd.: Dipl.-Volksw. Jürgen Völker (Geschäftsbereich Infrastruktur & Innovation, T: dienstl. Durchwahl 60 06-180)
Synd.: Dipl.-Volksw. Peter M. Weyrauch (Geschäftsbereich International, T: dienstl. Durchwahl 60 06-240)
Zentrale Aufgaben: Holger van Dahle (T: dienstl. Durchwahl 60 06-110)
Leitung Presseabteilung: Dipl.-Volksw. Hans-Jochen Arndt
Verbandszeitschrift: Wirtschaft zwischen Ostsee und Elbe
Redaktion: Hans-Jochen Arndt
Verlag: Schmidt-Römhild, Mengstr. 16, 23552 Lübeck
Mitglieder: 52000
Mitarbeiter: rd. 90

e 230
IHK zu Lübeck
Außenstelle Ahrensburg
Hamburger Str. 2, 22926 Ahrensburg
T: (04102) 80 05-0   **Fax:** 80 05-15
Leiter(in): Syndicus Dipl.-Volksw. Dietrich Janzen

Thüringen

● **E 231**
Arbeitsgemeinschaft der Industrie- und Handelskammern in Thüringen
Weimarische Str. 45, 99099 Erfurt
Internet: http://www.ihk.de
E-Mail: info@erfurt.ihk.de
Leitung Presseabteilung: Gerald Grusser
Verbandszeitschrift: IHK-Wirtschaftsmagazin
Redaktion: IHK Erfurt
Verlag: Weimarische Str. 45, 99099 Erfurt

● **E 232**
Industrie- und Handelskammer Erfurt
Weimarische Str. 45, 99099 Erfurt
T: (0361) 34 84-0   **Fax:** 34 84-2 99
Internet: http://www.ihk.de
E-Mail: ihk@erfurt.ihk.de
Gründung: 1990 (1. März)
Präsident(in): Niels Lund Chrestensen
Hauptgeschäftsführer(in): Gerald Grusser
Verbandszeitschrift: Wirtschaftsmagazin IHK-Magazin Erfurt
Verlag: Werbeagentur Prüfer, Anger 46, 99084 Erfurt, T: (0361) 5 66 81 94, Telefax: (0361) 5 66 81 96
Mitglieder: 48000

● **E 233**
Industrie- und Handelskammer Ostthüringen zu Gera
Postf. 30 62, 07490 Gera
Gaswerkstr. 23, 07546 Gera
T: (0365) 85 53-0   **Fax:** 85 53-100
Internet: http://www.ihk.de/gera
E-Mail: info@gera.ihk.de
Gründung: 1849
Präsident(in): Dr. h.c. Lothar Späth (JENOPTIK AG, Carl-Zeiss-Str. 1, 07743 Jena)
Vizepräsident(in): Dr. Franz-Ferdinand von Falkenhausen (Carl-Zeiss Jena GmbH, Carl-Zeiss Promenade 10, 07745 Jena)
Martin Fürböck (Technische Werke Jena GmbH, Rudolstädter Str. 39, 07745 Jena)
Wolfgang Hiller (Ostthüringer Recycling- und Handels-GmbH Gera, Auenstr. 55, 07552 Gera)
Thomas Hodes (Gast- und Pensions-Haus Hodes, Mörla Nr. 1, 07407 Rudolstadt)
Hans-Peter Hopfe (Blancomed GmbH, Carl-Zeiss-Str. 5, 07318 Saalfeld)
Dieter Kluge (GOTHAER Versicherungsbank VVAG, Amthorstr. 11, 07545 Gera)
Dr. Günter Schmidt (MAXION Werkzeuge und Maschinen GmbH, Rosa-Luxemburg-Str. 5, 07381 Pößneck)
Reiner Spanner (Brennstoffhandel und Fuhrgeschäft, Ortsstr. 2, 07950 Mehla)
Hauptgeschäftsführer(in): Dr. Bernhard Strelow (T: (0365) 85 53-463)
Geschäftsführer(in): Dr. Bernhard Strelow (Abt. Industrie/Umwelt, T: (0365) 8553-463)
Bernd Fischer (Abt. Dienstleistungen/Raumordnung/Wirtschaftsförderung, T: (0365) 85 53-114)
Ingrid Weidhaas (Abt. Aus- und Weiterbildung, T: (0365) 85 53-216)
Birgit Gehrmann (Abt. Verwaltung/Recht/Steuern, T: (0365) 85 53-458)
Öffentlichkeitsarbeit: Evelin Barth (T: (0365) 85 53-452)
Verbandszeitschrift: Ostthüringer Wirtschaft
Redaktion: Anne-Katrin Schnappauf, T: (0365) 85 53-451
Mitglieder: 34200 Firmen
Mitarbeiter: 100

Geschäftsstellen

Altenburg

e 234
IHK Ostthüringen zu Gera
Geschäftsstelle Altenburg
Mittelstr. 1-2, 04600 Altenburg
T: (03447) 89 00 60   **Fax:** 89 00 66
Leiter(in): Bernd Haubold

Jena

e 235
IHK Ostthüringen zu Gera
Geschäftsstelle Jena
Zeitzer Str. 2, 07743 Jena
T: (03641) 40 65 61   **Fax:** 40 65 65
Leiter(in): Dr. Jochen Bergmann

Rudolstadt

e 236
IHK Ostthüringen zu Gera
Geschäftsstelle Rudolstadt
Marktstr. 48, 07407 Rudolstadt
T: (03672) 48 80 30   **Fax:** 48 80 35
Leiter(in): Dr. Jochen Bergmann

Zeulenroda

e 237
IHK Ostthüringen zu Gera
Geschäftsstelle Zeulenroda
Markt 7, 07937 Zeulenroda
T: (036628) 8 93 98   **Fax:** 8 93 35
Leiter(in): Bernd Haubold

● **E 238**
Industrie- und Handelskammer Südthüringen
Hauptstr. 33, 98529 Suhl
T: (03681) 3 62-0   **Fax:** 3 62-100
Internet: http://www.ihk.de/suhl
E-Mail: info@suhl.ihk.de
Präsident(in): Martin Röder
Hauptgeschäftsführer(in): Dipl.-Landwirt Lothar Siegemund
Verbandszeitschrift: Südthüringische Wirtschaft

● **E 239**

ICC Deutschland Internationale Handelskammer
Postf. 10 08 26, 50448 Köln
Mittelstr. 12-14, 50672 Köln
T: (0221) 2 57 55 71   **Fax:** 2 57 55 93
Internet: http://www.icc-deutschland.de
E-Mail: icc@icc-deutschland.de
Internationaler Zusammenschluß: siehe unter ize 2
Präsident(in): Ludger W. Staby
Hauptausschuss:
Gruppe I: Vertreter der Industrie- und Handelskammern
Dr. Reinhard Dörfler (Hauptgeschäftsführer Industrie- und Handelskammer für München und Oberbayern), München
Jürgen Drewes (Hauptgeschäftsführer Industrie- und Handelskammer zu Aachen), Aachen
Dr. Gunter Dunkel (Mitglied des Vorstandes Norddeutsche Landesbank, Girozentrale), Hannover
Dr. Herbert Ferger (Hauptgeschäftsführer Industrie- und Handelskammer zu Köln), Köln
Dr. jur. Christian-Albert Fricke (Hauptgeschäftsführer Oldenburgische Industrie- und Handelskammer), Oldenburg
Dr. Thomas Hertz (Hauptgeschäftsführer Industrie- und Handelskammer zu Berlin), Berlin
Dipl.-Ing. oec. Elvira Horn (Hauptgeschäftsführerin IHK Dresden, Dresden)
Dr. Wolfgang Lindstaedt (Hauptgeschäftsführer Industrie- und Handelskammer Frankfurt am Main), Frankfurt am Main
Dr. Wilfried Prewo (Hauptgeschäftsführer Industrie- und Handelskammer Hannover-Hildesheim), Hannover
Andreas Richter (Hauptgeschäftsführer Industrie- und Handelskammer Region Stuttgart), Stuttgart
Dr. Franz Schoser (Hauptgeschäftsführer Deutscher Industrie- und Handelstag), Bonn
Prof. Dr. Hans-Jörg Schmidt-Trenz (Hauptgeschäftsführer Handelskammer Hamburg), Hamburg
Dipl.-Ing. Gerhard Winklhofer (Persh. Gesellschafter Joh. Winklhofer & Söhne, Vizepräsident der Industrie- und Handelskammer für München und Oberbayern), München
Gruppe II: Vertreter der Verbände:
Manfred F. Boes (Präsident Bundesverband Spedition und Logistik e.V.), Bonn
Egbert Diehl (Mitinhaber des Bankhauses Delbrück & Co. Privatbankiers, Hamburg)
Ing. Ralf-Hartmut Fiedler, NL-Amsterdam
Dr. Göke Frerichs (Vorsitzender des Landesverbandes des Gross- und Aussenhandels für Hessen, Frankfurt/Main)
RA Dr. Freiherr Frank von Fürstenwerth (Geschäftsführendes Mitglied des Präsidiums, Vorsitzender der Hauptgeschäftsführung Gesamtverband der Deutschen Versicherungswirtschaft e.V., Bonn)
Bodo Goschler (Vorsitzender des Vorstandes Hermes Kreditversicherung AG, Hamburg)
Karl-Ernst Kegel (Hauptgeschäftsführer Wirtschaftsvereinigung Bergbau e.V., Berlin)
Prof. Dr. Thomas Schreckenbach (Mitglied der Geschäftsführung E. Merck, Darmstadt)
Dipl.-Vw. Roland Seeling (Geschäftsführer Verband der Chemischen Industrie e.V., Frankfurt/Main)
Dr. Peter Spary (Hauptgeschäftsführer Bundesverband des Deutschen Gross- und Aussenhandels, Berlin)
Dr. Ludolf von Wartenberg (Hauptgeschäftsführer, Mitglied des Präsidiums Bundesverband der Deutschen Industrie e.V., Berlin)
Dr. Manfred Weber (Hauptgeschäftsführer u. Mitglied des Vorstandes Bundesverband deutscher Banken e.V., Berlin)
Dipl.-Vw. Holger Wenzel (Hauptgeschäftsführer des Deutschen Einzelhandels e.V., Berlin)
Gruppe III: Vertreter der Mitgliedsfirmen
Dr. Aldo Belloni (Mitglied des Vorstandes Linde AG, Höllriegenskreuth)
Dipl.-Kfm. Detlef Bierbaum (Mitinhaber Sal. Oppenheim jr. & Cie. KGaA, Köln)
Jörg Frese, Frankfurt/Main
Hans-Willi Hefeküser (Geschäftsbereichsleiter Regulierungsstrategie, Wettbewerbs- u. Preispolitik Deutsche Telekom AG, Bonn)
Dr. Siegfried Jaschinski (Mitglied des Vorstandes Landesbank Baden-Württemberg, Stuttgart)
Dr. Stephan Kinnemann (Mitglied der Geschäftsführung DEG-Deutsche Investitions- und Entwicklungsgesellschaft mbH, Köln)
Dr. Johann C. Lindenberg (Vorsitzender der Geschäftsführung Deutsche Unilever GmbH, Hamburg)
Dr. Friedbert Malt (Mitglied des Vorstandes DG Bank, Deutsche Genossenschaftsbank, Frankfurt/Main)
Dr. Arend Oetker (Geschf. Gesellschafter Dr. Arend Oetker Holding GmbH & Co., Köln)
Hans Hermann Reschke (Persh. Gesellschafter Bankhaus B. Metzler seel. Sohn & Co., Frankfurt/Main)
Gerhard Roggemann (Mitglied des Vorstandes Westdeutsche Landesbank - Girozentrale, Düsseldorf)
Dr. Sieghardt Rometsch (Persh. Gesellschafter Trinkhaus & Burkhardt, Düsseldorf)
Tilman Todenhöfer (Geschäftsführer Robert Bosch GmbH, Stuttgart)
Eggert Voscherau (Mitglied des Vorstandes BASF Aktiengesellschaft Ludwigshafen)

Auslandshandelskammern und Delegiertenbüros

Ägypten

● **E 240**
Deutsch-Arabische Industrie- und Handelskammer
German-Arab Chamber of Industry and Commerce
11511 Ataba
Postfach 385, ET- Kairo 11511 Ataba
3, Abu El-Feda Street, ET- Kairo 11211 Zarnalek
T: (00202) 7 36 36 62, 7 36 36 64   **Fax:** 7 36 36 63
Internet: http://www.ahkmena.com
E-Mail: info@ahk-mena.com
Präsident(in): Dr. Ismail Osman
Geschäftsführer(in): Dr. Peter Göpfrich
Zweigstelle Alexandria: 12, Champollion St., Borg El Tahra, 6th Floor, El Azarita, T: (00203) 4 85 32 53, 4 85 42 66, Fax: 4 85 32 53, E-Mail: info@ahk-mena.com
Büro Deutschland: Breite Str. 29, 10178 Berlin, T: (030) 2 03 08 12 07, Fax: 2 03 08 24 44, E-Mail: helmi.bassant@berlin.diht.de

Argentinien

● **E 241**
Deutsch-Argentinische Industrie- und Handelskammer
Cámara de Industria y Comercio Argentino-Alemana
Florida 537/71 20.St., C1005 AAK Buenos Aires
T: (005411) 4394-0099   **Fax:** 4393-5151, 4394-0979
Internet: http://www.cadicaa.com.ar
E-Mail: info@cadicaa.com.ar
Gründung: 1916 (Juni)
Präsident(in): Andrés von Buch
Geschäftsführer(in): Daniel M. Scheidel
Verbandszeitschrift: CADICAA
Mitglieder: 550
Mitarbeiter: 18

Australien

● E 242

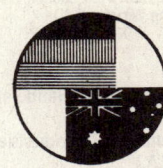

Deutsch-Australische Industrie- und Handelskammer
German-Australian Chamber of Industry & Commerce Ltd.
Postfach A 980, AUS- Sydney South NSW 1235
2nd Floor, St. Andrew's House, Sydney Square, AUS- Sydney NSW 2000
T: (00612) 9265 2200   Fax: 9265 2211
Internet: http://www.germany.org.au
E-Mail: info@germany.org.au
Präsident(in): Graham J. Kraehe
Geschäftsführer(in): Heinrich Zimmermann
Mitglieder: 480
Mitarbeiter: 14

e 243

Deutsch-Australische Industrie- und Handelskammer
German-Australian Chamber of Industry & Commerce
Zweigstelle Melbourne
Suite 2, Level 5, 14 Queens Road, AUS- Melbourne, Vic. 3004
T: (00613) 9867 1198   Fax: 9867 1199
E-Mail: gccmel@germany.org.au
Zweigstellenleiter: Knut Feddersen

Belgien

● E 244

debelux Deutsch-Belgisch-Luxemburgische Handelskammer
debelux Chambre de Commerce Belgo-Luxembourgeoise-Allemande
debelux Belgisch-Luxemburgs-Duitse Kamer van Koophandel
Manhattan Office Tower
Ave. du Boulevard 21, B-1210 Brüssel
T: (00322) 2 03 50 40   Fax: 2 03 47 58
E-Mail: ahk@debelux.org
Gründung: 1894
Präsident(in): Dr. Heinz Malangré
Geschäftsführer(in): Dr. Peter Toebelmann
Leitung Presseabteilung: Janine Kreuz
Verbandszeitschrift: debelux-Journal (Auflage: 3000 Exemplare)
Redaktion: debelux
Mitglieder: 800
Mitarbeiter: 21

e 245

debelux Deutsch-Belgisch-Luxemburgische Handelskammer Geschäftsstelle Köln
debelux Chambre de Commerce Belgo-Luxembourgeoise-Allemande
debelux Belgisch-Luxemburgs-Duitse Kamer van Koophandel
Cäcilienstr. 46, 50667 Köln
T: (0221) 2 57 54 85, 2 57 54 77   Fax: 2 57 54 66
TGR: DEBELUX KAMMER KOELN
E-Mail: debeluxkoeln@compuserve.com
Geschäftsführer(in): Gerd Marmann
Pressereferent: Klaus Drossard

e 246

debelux Deutsch-Belgisch-Luxemburgische Handelskammer
Zweigstelle
debelux Chambre de Commerce Belgo-Luxembourgeoise-Allemande
debelux Belgisch-Luxemburgs-Duitse Kamer van Koophandel
31, bld. Konrad Adenauer, B-2981 Luxemburg
T: (00352) 42 39 39-1   Fax: 43 83 26
E-Mail: chamcom@cc.lu
Leiter(in): Paul Hippert

Bolivien

● E 247

Deutsch-Bolivianische Industrie- und Handelskammer
Cámara de Comercio e Industria Boliviano-Alemana
Postfach 2722, BOL- La Paz
Avenida Ecuador 2277, BOL- La Paz
T: (005912) 41 17 74   Fax: 41 33 21
E-Mail: info@ahkbol.com
Gründung: 1955 (August)
Präsident(in): Peter Bauer
Geschäftsführer(in): Jörg Zehnle
Leitung Presseabteilung: Fabrizio Velasco
Verbandszeitschrift: Boletín
Redaktion: Felix Seibl
Verlag: DBIHK, Casilla 2722, La Paz, Bolivien
Mitglieder: 230
Mitarbeiter: 9

Bosnien-Herzegowina

● E 248

Repräsentanz der deutschen Wirtschaft in Bosnien-Herzegowina
c/o Predstavništvo njemacke privrede u Bosni i Hercegovini
Gajev Trg 2, 2nd Floor, BA-71000 Sarajevo
T: (0038771) 26 04 30, 66 52 53   Fax: 20 61 81
E-Mail: delgbih@bih.net.ba
Geschäftsführer(in): Dr. Peter Presber

Brasilien

● E 249

Deutsch-Brasilianischer Industrie- und Handelsrat
Rua Verbo Divino 1488, BR-04719-904 São Paulo SP
T: (005511) 5181-06 77   Fax: 5181-7013
Internet: http://www.ahkbrasil.com
E-Mail: ahkbrasil@ahkbrasil.com
Präsident(in): Ingo Plöger
Geschäftsführer(in): Dr. Klaus-Wilhelm Lege

Der Deutsch-Brasilianische Industrie- und Handelsrat ist die Spitzenorganisation der drei selbständigen Deutsch-Brasilianischen Industrie- und Handelskammern in Rio Grande do Sul, Rio de Janeiro und São Paulo.

● E 250

Deutsch-Brasilianische Industrie- und Handelskammer São Paulo
Cámara de Comércio e Indústria Brasil-Alemanha de São Paulo
Rua Verbo Divino 1488, BR-04719-904 São Paulo-SP
T: (005511) 5181-0677   Fax: 5181-7013
TGR: CATEUBRA
Internet: http://www.ahkbrasil.com
E-Mail: ahkbrasil@ahkbrasil.com
Präsident(in): Ingo Plöger
Hauptgeschäftsführer(in): Dr. Klaus-Wilhelm Lege

e 251

Deutsch-Brasilianische Industrie- und Handelskammer São Paulo
Zweigstelle Curitiba
Rua Emiliano Perneta 297, BR-80010-050 Curitiba
T: (005541) 323-5958   Fax: 2 22-0322
E-Mail: ahkcuritiba@originet.com.br
Direktor(in): Hans Gerhard Schorer

e 252

Deutsch-Brasilianische Industrie- und Handelskammer São Paulo
Zweigstelle Salvador
Av. 7 de Setembro 1809 Casarão do ICBA -Vitória, BR-40080-002 Salvador-BA
T: (005571) 336-0939   Fax: 336-0939
E-Mail: ahkssa@bahianet.com.br
Direktor(in): N. N.

e 253

Deutsch-Brasilianische Industrie- und Handelskammer São Paulo
Nebenstelle Blumenau
Rua Hermann Hering 1790, BR-89010-900 Blumenau -SC
T: (005547) 3 21-3544   Fax: 3 22-3450
Direktor(in): Honorarkonsul Hans Prayon

● E 254

Deutsch-Brasilianische Industrie- und Handelskammer in Rio de Janeiro
Câmara de Comércio e Indústria Brasil-Alemanha, Rio de Janeiro
Av. Graça Aranha, 01/6 andar, BR-20030-002 Rio de Janeiro-RJ
T: (005521) 2 24-2123   Fax: 2 52-7758
E-Mail: ahk-rio@rionet.com.br
Gründung: 1916 (3. August)
Präsident(in): Günter Hierneis
Geschäftsführer(in): Peter Klam
Stellvertretende(r) Geschäftsführer(in): Cristian Emmerich
Verbandszeitschrift: Brasil-Alemanha em Revista
Mitglieder: 175
Mitarbeiter: 7
Jahresetat: DM 0,7 Mio

● E 255

Deutsch-Brasilianische Industrie- und Handelskammer
Câmara de Comércio e Indústria Brasil-Alemanha
Postfach 2095, BR-90001-9700 Porto Alegre - RS
Rua Florêncio Ygartua 70, BR-90430-010 Porto Alegre - RS
T: (005551) 222 57 66   Fax: 222 55 56
E-Mail: ahkpoa@ez-poa.com.br
Präsident(in): Horst Heinrich Bals
Geschäftsführer(in): Gabriel A. Brennauer

Bulgarien

● E 256

Repräsentanz der Deutschen Wirtschaft
F.-J.-Curie-Str. 25a, BG-1113 Sofia
T: (003592) 963 33 91, 963 30 71   Fax: 963 44 97, 9633391
E-Mail: rdw_bg_mwassilew@ibm.net
Gründung: 1993 (2. März)
Leiter(in): Dr. Mitko Vassilew
Mitarbeiter: 10

Chile

● E 257

Deutsch-Chilenische Industrie- und Handelskammer
Cámara Chileno-Alemana de Comercio e Industria
Casilla 19 correo 35, CL-Santiago de Chile
Av. El Bosque Norte 0440, Of. 601, RCH- Santiago de Chile
T: (00562) 2 03 53 20   Fax: 2 03 53 25
Internet: http://www.cachial.com
E-Mail: chileinfo@cachial.com, ahkchile@terra.cl
Präsident(in): Rodolfo Renz
Geschäftsführer(in): José-Volker Rehnelt

China

● E 258

Deutsch-Chinesische Industrie- und Handelskammer
8 North Dongsanhuan Road
Chaoyang District, CN-100004 Beijing PR China
T: (008610) 65 90 09 26   Fax: 65 90 63 13
Internet: http://www.ahkbj.org.cn
Peking
Vorstand: Ernst H. Behrens (Siemens Ltd., China)
Eduard L. Haakshost (DaimlerChrysler Aktiengesellschaft)
Dr. Jörg-Meinhard Rudolph (China German Chamber of Commerce)
Marlis Rötting (Bausparkasse Schwäbisch Hall, Beijing Representative Office)
Shanghai
Vorstand: Dr. Klaus Grimm (Delegation of German Industry and Commerce Shanghai)
Manfred Heinze (Shanghai Volkswag Shanghai Volkswagen Automotive Co. Ltd.)
Adolf Schittenhelm (Commerzbank AG, Shanghai Branch)
Thomas Schoenenberg (United Automotive System Co. Ltd.)
Guangzhou
Vorstand: Horst F. Geicke (Geicke HK Ltd.)
Ekkehard Goetting (German Industry and Commerce Hon Kong, Süd-China, Vietnam)
Victor Ip (BASF (China) Co. Ltd., Guangzhou Branch)
Jürgen Geiger (Bosch (Shun De) Gas Appliances Co. Ltd.)
Regionalvorstand Peking
Vorstand: Peter Emmerich (Lufthansa German Airlines)
Horst J. Lehn (Der Bäcker Peking (Beijing) Co. Ltd.)
H.-J. Probst (Allianz Beijing Representative Office)
Viktor Utermann (Westdeutsche Landesbank)
Jörg Wuttke (BASF Beijing Representative Office)

● **E 259**

Delegierter der Deutschen Wirtschaft in Guangzhou
Delegate of German Industry and Commerce in Guangzhou/Kanton, Representative Office
2915 Metro Plaza, Tian He North Road, CN-510620 Guangzhou
T: (008620) 87 55 23 53 **Fax:** 87 55 18 89
E-Mail: info@ahk.org.hk
Delegierter: Ekkehard Goetting

● **E 260**

Delegierter der Deutschen Wirtschaft in Peking/Beijing
Representative Office
Beijing Landmark Tower 2, Unit 0811, 8 North Dongsanhuan Road, Chavoyang District, CN-100004 Peking
T: (008610) 659 009 26 **Fax:** 659 063 13
Internet: http://www.ahkbj.org.cn
E-Mail: ahkbeij@public.bta.net.cn
Delegierter: Dr. Jörg-Meinhard Rudolph

● **E 261**

Delegierter der Deutschen Wirtschaft in Shanghai
5/F Bund Center, 555 Zhongshan Dong Er Road, CN-200010 Shanghai
T: (008621) 63 26 97 91 **Fax:** 63 26 97 94, 63 26 92 05
Internet: http://www.ahksha@stn.sh.cn
E-Mail: ahksha@stn.sh.cn
Delegierter: Dr. Klaus Grimm

● **E 262**

Der Delegierte der Deutschen Wirtschaft
The Delegate of German Industry and Commerce Hong Kong, South China, Vietnam / German Business Association of Hong Kong
Hong Kong, Südchina, Vietnam
German Industry and Commerce Hong Kong, South China, Vietnam / German Business Association of Hong Kong
Queensway 89 3601 Tower One, Lippo Centre, CN- Hongkong
T: (00852) 25 26 54 81 **Fax:** 28 10 60 93
Internet: http://www.ahk.org.hk
E-Mail: info@ahk.org.hk
Gründung: 1983
Delegierter u. GeschF: Ekkehard Goetting
Stellvertreter: Wolfgang Ehmann
Alexandra Herl
Sabine Florian
Ute Quink
Leitung Presseabteilung: Alison Arnold
Verbandszeitschrift: GBAktuell
Mitglieder: 410
Mitarbeiter: 14

Costa Rica

● **E 263**

Deutsch-Costarikanische Industrie- und Handelskammer
Postfach 21 39-1000, CR-1000 San José
T: (00506) 2 22-4789, 222-3359 **Fax:** 221-1219
E-Mail: cacoral@sol.racsa.co.cr
Gründung: 1987 (6. Januar)
Präsident(in): Kammervorstand:
Dieter Fieberg
Stellv. Präsident: Walter Beutel
2. stellv. Präs: Hermann S. Heise
Sekretär: Hajo Sieling
Schatzmeister: Stephen Lloyd
2. Schatzmeister: Rainer Anders
1. Beisitzer: Manfred Rösmann
2. Beisitzer: Ralf Fischer
3. Beisitzer: Dieter Matzen
4. Beisitzer: Hauke Martens
Kassenprüfer: Harald Kube
Geschäftsführer(in): Carla De Abate
Assistentin: Sandra Velásquez U.
Verbandszeitschrift: Wirtschaftsforum Costa Rica
Mitglieder: 56
Mitarbeiter: 2

Dänemark

● **E 264**

Deutsch-Dänische Handelskammer
Börsen, DK-1217 Kopenhagen K
T: (0045) 33 91 33 35 **Fax:** 33 91 31 16
Internet: http://www.ahk-daenemark.dk
E-Mail: ddhk@ahk-daenemark.dk
Präsident(in): Jørgen Christiansen
Geschäftsführer(in): Gerhard Glaser

Ecuador

● **E 265**

Deutsch-Ecuadorianische Industrie- und Handelskammer
Cámara de Industrias y Comercio Ecuatoriano-Alemana
Edif. Pérez. Pallares Piso 7
Postfach 17 16 83, EC- Quito
Av. Atahualpa 1116 y Amazonas, EC- Quito
T: (005932) 4 35-506 **Fax:** 43 60 57
E-Mail: ahkecua1@ahkecuador.org.ec
Präsident(in): Sr. Burchard von Campe
Geschäftsführer(in): Bernhard Baller

● **E 266**

Deutsch-Ecuadorianische Industrie- und Handelskammer
Cámara de Industrias y Comercio Ecuatoriano-Alemana
Verbindungsbuero Guayaquil
Edificio Finansur, Piso 16, Casilla 09-01-7053
Av. Francisco de Boloña 719 y, Av. Carlos Luis Plaza Dañi_1n, EC- Guayaquil
T: (005934) 28 41 26 **Fax:** 28 38 24

El Salvador

● **E 267**

Deutsch-Salvadorianische Industrie- und Handelskammer
Cámara de Comercio e Industria Salvadoren_6a Alemana
Postfach (01) 550, SV- San Salvador
Blvd. La Sultana No. 245, SV- Antiguo Cuscatla_In
T: (00503) 243-2428, 243-2451 **Fax:** 243-2093
E-Mail: camalem@cyt.net
Präsident(in): Wolf v. Hundelshausen
Geschäftsführer(in): André Hawener

Estland

● **E 268**

Delegation der Deutschen Wirtschaft in Estland
Suurtüki 4 B, EW-10133 Tallinn
T: (00372) 6 27 69 40 **Fax:** 6 27 69 50
Internet: http://www.ahk-est.ee
E-Mail: info@ahk-est.ee
Delegierter: Dr. Ralph-Georg Tischer

Finnland

● **E 269**

Deutsch-Finnische Handelskammer
Saksalais-Suomalainen Kauppakamari
Tysk-Finska Handelskammaren
Postfach 83, FIN-00101 Helsinki
Annankatu 25, FIN-00100 Helsinki
T: (003589) 6 12 21 20 **Fax:** 64 28 59
Internet: http://www.dfhk.fi.
E-Mail: info@dfhk.fi.
Gründung: 1978
Präsident(in): Magnus Bargum (Geschf Direktor d. Oy Algol AB)
Hauptgeschäftsführer(in): Hans-Joachim Maurer
Geschäftsführer(in): Pentti Ranta-aho
Leitung Presseabteilung: Bernd Fischer
Mitglieder: 1100, davon 800 in Finnland und 300 in Deutschland
Mitarbeiter: 18

Frankreich

● **E 270**

Deutsch-Französische Industrie- und Handelskammer (AHK Paris)
Chambre Franco-Allemande de Commerce et d'Industrie
18, Rue Balard, F-75015 Paris
T: (00331) 40 58 35 35 CFACI
Minitel: Code 36 17 CFACI **Fax:** 45 75 47 39
TGR: CFACI PARIS
Internet: http://www.ahk-ccifa.fr
E-Mail: ccifa@ahk-ccifa.fr
Präsident(in): Alfred Freiherr von Oppenheim
Geschäftsführer(in): Ass. Joachim Wischermann
Redaktion: AHK (Paris)
Kammerzeitschrift: CONTACT économie franco-allemande/ deutsch-französische Wirtschaft

● **E 271**

Französische Industrie- und Handelskammer in Deutschland
Chambre de Commerce et d'Industrie Française en Allemagne (C.C.F.A.)
Postf. 10 05 43, 66005 Saarbrücken
Lebacher Str. 4, 66113 Saarbrücken
T: (0681) 99 63-0 **Fax:** 99 63-1 11
E-Mail: info@ccfa-saa.de

Griechenland

● **E 272**

Deutsch-Griechische Industrie- und Handelskammer
Doryleou Str. 10-12, GR-115 21 Athen
T: (00301) 64 44 502, 64 44 503, 64 44 524, 64 44 525, 64 44 546 **Fax:** 6 44 51 75
Internet: http://www.german-chamber.gr
E-Mail: ahkathen@mail.ahk-germany.de
Präsident(in): Anastassios Balafoutas (INTERPOWER, Athen)
Geschäftsführer(in): Götz Funck
Leitung Presseabteilung: Michaela Balis
Verbandszeitschrift: ANALYSEN
Mitglieder: 1200
Mitarbeiter: 20

● **E 273**

Deutsch-Griechische Industrie- und Handelskammer
Geschäftsstelle Thessaloniki
Boulgari Str. 50, GR-54248 Thessaloniki
T: (003031) 32 77 33, 32 77 34 **Fax:** 32 77 37
E-Mail: ahkthess@mail.ahk-germany.de
Geschäftsführer(in): Martin Knapp

Großbritannien

● **E 274**

German-British Chamber of Industry & Commerce
Deutsch-Britische Industrie- und Handelskammer
16 Buckingham Gate, GB- London SW1E 6LB
T: (004420) 79 76 41 00 **Fax:** 79 76 41 01
Internet: http://www.ahk-london.co.uk
E-Mail: mail@ahk.london.co.uk
Präsident(in): The Rt. Hon. Lord Walker of Worcester (MBE, PC)
Vorsitzende(r): Robert Hanser
Hauptgeschäftsführer(in): Ulrich Hoppe

● **E 275**

British Chamber of Commerce in Germany
Severinstr. 60, 50678 Köln
T: (0221) 31 44 58 **Fax:** 31 53 35
Internet: http://www.bccg.de
E-Mail: generaloffice@bccg.de
Gründung: 1960
Präsident(in): Dr. Hellmuth Buddenberg (OBE)
Verbandszeitschrift: British Chamber News (Newsletter), Jahrbuch
Redaktion: Joe Parr
Verlag: British Chamber of Commerce
Mitglieder: 720
Mitarbeiter: 3
Regionalgruppen in Berlin, Dresden, Düsseldorf, Frankfurt, Halle, Hamburg, London, München, Stuttgart

Guatemala

● **E 276**

Deutsch-Guatemaltekische Industrie- und Handelskammer
Cámara de Comercio e Industria Guatemalteco-Alemana
Edif. Plaza Marítima
Postfach 1163, GCA-01901 Guatemala
6a Av. 20-25, Zona 10, GCA-01010 Guatemala
T: (00502) 3 33 60 36, 3 33 60 37, 3 33 60 38
Fax: 68 29 71
E-Mail: camalegu@quik.guate.com
Gründung: 1965 (5. Juli)
Präsident(in): Manfred E.G. Kratz

Verbandszeitschrift: Enfoque Economico
Verlag: Eigenverlag
Mitglieder: 160

Honduras

● E 277

Deutsch-Honduranische Industrie- und Handelskammer
Cámara de Comercio e Industria Honduren_6o Alemana
Postfach 10 22, HN- Tegucigalpa Honduras
Ave La Paz No. 2326, HN- Tegucigalpa
T: (00504236) 53 63   **Fax:** 53 71
Internet: http://www.ahkzakk.com/honduras
E-Mail: ccha@david.intertel.hn
Präsident(in): Alexander Pagels
Geschäftsführer(in): Doris Sohn de Maradiaga

Indien

● E 278

Deutsch-Indische Handelskammer
Indo-German Chamber of Commerce
Maker Tower E, 1st Floor
Cuffe Parade, IND- Bombay-400 005
T: (009122) 2 18 61 31   **Fax:** 2 18 05 23
E-Mail: bombay@indo-german.com
Gründung: 1956
Präsident(in): Suraj Mehta
Geschäftsführer(in): Dr. G. Krüger
Leitung Presseabteilung: Dr. Inge Krüger
Verbandszeitschrift: Indo-German Economy, Deutsch-Indische Wirtschaft
Mitglieder: 6200
Mitarbeiter: 70
Jahresetat: DM 3 Mio

e 279

Deutsch-Indische Handelskammer
Indo-German Chamber of Commerce
Geschäftsstelle Delhi
2, Nyaya Marg, Chanakyapuri, IND- New Delhi 110 021
T: (009111) 6 87 87 21, 6 11 17 30   **Fax:** 6 11 86 64
E-Mail: delhi@indo-german.com
Geschäftsführer(in): A. Singha

e 280

Deutsch-Indische Handelskammer
Indo-German Chamber of Commerce
Geschäftsstelle Calcutta
3 A, Gurusaday Road, IND- Calcutta 700019
T: (009133) 2 47 41 47, 240 56 45   **Fax:** 2 47 61 65
E-Mail: calcutta@indo-german.com
Leiter(in): B.G. Roy

e 281

Deutsch-Indische Handelskammer
Indo-German Chamber of Commerce
Geschäftsstelle Madras
German Centre
117, G.N. Chetty Road, IND- Chennai 600017
T: (009144) 8 21 18 36, 8 21 18 35   **Fax:** 8 21 18 37
E-Mail: chennai@indo-german.com
Geschäftsführer(in): Thittai R. Gopalan

e 282

Deutsch-Indische Handelskammer
Indo-German Chamber of Commerce
Geschäftsstelle Bangalore
403 Shah Sultan, Cunningham Road, IND- Bangalore 560052
T: (009180) 2 26 56 50   **Fax:** 2 20 37 97
E-Mail: bangalore@indo-german.com
Leiter(in): Mrs. A. D'Souza

e 283

Deutsch-Indische Handelskammer/
Deutsch-Indisches Informationsbüro
Oststr. 84, 40210 Düsseldorf
T: (0211) 36 05 97-98, 36 27 49   **Fax:** 35 02 87
E-Mail: duesseldorf@indo-german.com
Geschäftsführer(in): Dirk Matter

Indonesien

● E 284

Deutsch-Indonesische Industrie- und Handelskammer
Perkumpulan Ekonomi Indonesia-Jerman
Postfach 3151, RI-10031 Jakarta
Jalan Haji Agus Salim No. 115, RI-10310 Jakarta
T: (006221) 3 15 46 85   **Fax:** 3 15 52 76
Internet: http://www.io.com/ekonid
E-Mail: ekonid@io.com
Gründung: 1970
Präsident(in): Dr. Arifin M. Siregar
Hauptgeschäftsführer(in): Dr. F. Kleinsteuber
Geschäftsführer(in): K. Heidemeyer
Mitglieder: 600
Mitarbeiter: 35

Iran

● E 285

Offizielle Deutsch-Iranische Industrie- und Handelskammer
Official Irano-German Chamber of Industry and Commerce
Otagh Bazargani va Sanaye Razmi Iran va Alman
Postfach 14155-3478, IR- Teheran
Ave. Khaled Eslambouli 19th street No. 21, IR-15139 Teheran
T: (009821) 8 71 22 30, 8 71 52 10, 8 71 92 50
Fax: (009809821) 8 71 11 23
E-Mail: ahk_iran@dihk.co.ir
Gründung: 1975
Präsident(in): Gerhard Bachmann
Leitung Presseabteilung: Jutta Marin
Verbandszeitschrift: Deutsch-Iranischer Wirtschaftsspiegel
Mitglieder: 1357
Mitarbeiter: 14

● E 286

Deutsch-Iranische Handelskammer e.V.
Mexikoring 27-29, 22297 Hamburg
T: (040) 44 08 47   **Fax:** 45 03 67 77
Internet: http://www.dihkev.de
E-Mail: bratmann@dihkev.de
Gründung: 1936
Büroleitung: Klaus Bratmann
Mitglieder: 1300

Irland

● E 287

Deutsch-Irische Industrie- und Handelskammer
German-Irish Chamber of Industry and Commerce
46, Fitzwilliam Square, IRL- Dublin 2
T: (003531) 6 76 29 34   **Fax:** 6 76 25 95
E-Mail: info@german-irish.ie
Gründung: 1980
Präsident(in): Liam Twohig (O'Hare & Associates)
Geschäftsführer(in): Ralf Lissek
Leitung Presseabteilung: Gemma Freeman
Verbandszeitschrift: German-Irish Business News, German-Irish-Yearbook
Mitglieder: 350
Mitarbeiter: 9
Jahresetat: DM 1,5 Mio

Israel

● E 288

Chamber of Commerce & Industry Israel-Germany
Israelisch-Deutsche Industrie- und Handelskammer
Postfach 34 88, IL-52134 Ramat-Gan
Migdal Te'umim II, 35 Jabotinsky Road, IL-52511 Ramat-Gan
T: (009723) 6 13 35 15 /6   **Fax:** 6 13 35 28
Internet: http://www.ahk.de
E-Mail: info@ahkisrael.co.il
Gründung: 1965
President: Dr. Gabriel Heller
Hon. Treasurer: Pinchas Shamir
Director: Yohanan Bi-Lev
Verbandszeitschrift: "Kontakt"
Mitglieder: 340
Mitarbeiter: 5

Italien

● E 289

Camera di Commercio Italo-Germanica
Deutsch-Italienische Handelskammer
Via Napo Torriani 29, I-20124 Mailand
T: (00392) 6 79 13-1   **Fax:** 66 98 09 64
TGR: Dicam Milano
E-Mail: 106030.3323@compuserve.com
Gründung: 1921
Präsident(in): Dr. Raffaele Durante
Geschäftsführer(in): Heinz Friese
Stellvertretende(r) Geschäftsführer(in): Eva Knickenberg
Verbandszeitschrift: Deutsch-Italienischer Handel/Il Commercio Italo-Germanico - Monthly magazine
Mitglieder: 1300
Mitarbeiter: 25

e 290

Deutsch-Italienische Handelskammer
Delegation Verona
Corso Porta Nuova 11, I-37122 Verona
T: (0039045) 8 03 66 95   **Fax:** 8 00 99 58
E-Mail: lexit@sis.it
Delegierte(r): Avvocato Dr. Silvio Marzari

● E 291

Italienische Handelskammer für Deutschland e.V.
Kettenhofweg 65, 60325 Frankfurt
T: (069) 97 14 52-10   **Fax:** 97 14 52-99
Internet: http://www.itkam.de
E-Mail: info@ccig.de
Gründung: 1911
Präsident(in): Dr. Giovanni de Zotti
Vizepräsident(in): Konsul Dietrich Herbst
Geschäftsführer(in): Dr. Adriana Milani
Stellvertretende(r) Geschäftsführer(in): N. N.
Verbandszeitschrift: ECONOMIA
Mitglieder: 1100 (31.12.2000)
Mitarbeiter: 16

Förderung und Vertiefung der Wirtschaftsbeziehungen zwischen Italien und Deutschland. Unterstützung von Unternehmen, Organisationen und Institutionen, die am Handelsaustausch zwischen den beiden Ländern beteiligt sind oder sich beteiligen wollen.

● E 292

Italienische Handelskammer München
Maximiliansplatz 18, 80333 München
T: (089) 2 90 44 80   **Fax:** 2 90 48 94
TGR: ITALCAMERA
Internet: http://www.italcam.de
E-Mail: ccmonaco@italcam.de
Gründung: 1926
Präsident(in): Dr. Annamaria Andretta

Außenstelle

e 293

Informationsstelle für Baden-Württemberg der Italienischen Handelskammer München
Lenzhalde 69, 70192 Stuttgart
T: (0711) 2 26 80 42/43   **Fax:** 2 26 80 79

e 294

Italienische Handelskammer München
Geschäftsstelle Görlitz
Maximiliansplatz 18, 80333 München
T: (089) 2 90 44-80   **Fax:** 2 90 44-91

Japan

● E 295

Deutsche Industrie- und Handelskammer in Japan (DIHKJ)
Zainichi Doitsu Shoko Kaigisho
Postfach 588, J- Tokyo 100-8692
Sanbancho KS BLDG. 5F 2-Banchi Sanbancho, Chiyoda-ku,, J- Tokyo 102-0075
T: (00813) 52 76-9811   **Fax:** 52 76-8733
Internet: http://www.dihkj.or.jp
E-Mail: info@dihkj.or.jp
Gründung: 1962
Präsident(in): Rainer H. Jahn
Geschäftsführer(in): M. Dransfeld
Mitglieder: 600

● E 296

Japanische Industrie- und Handelskammer zu Düsseldorf e.V.
Deutsch-Japanisches Center
Immermannstr. 45, 40210 Düsseldorf
T: (0211) 6 30 76-0 **Fax:** 36 01 82
Präsident: Yutaka Saito (Bank of Tokyo-Mitsubishi)
Hauptgeschäftsführer: Osamu Fujimoto

Kanada

● E 297

Deutsch-Kanadische Industrie- und Handelskammer
Canadian German Chamber of Industry and Commerce Inc.
La Chambre Canadienne Allemande de l'Industrie et du Commerce Inc.
Hauptgeschäftsstelle:
480 University Ave., Suite 1410, CDN- Toronto, Ont. M5G 1V2
T: (001416) 598-3355 **Fax:** 598-1840
Internet: http://www.germanchamber.ca
E-Mail: info.toronto@germanchamber.ca
Gründung: 1968 (25. Oktober)
Präsident: Hershell E. Ezrin
Hauptgeschäftsführer: Dipl.-Kfm. Uwe Harnack
Stv. HGeschF u. Ltr. d. Rechtsabt.: Ass. Bernd G. Höhne
Leiter d. WiAbt.: Andrea von Moeller
Verbandszeitschrift: Canadian German Trade
Redaktion: Canadian German Chamber of Industry and Commerce Inc.
Mitglieder: 600
Mitarbeiter: 22

Privatrechtliche Vereinigung zur Förderung der Aussenwirtschaftsbeziehungen zwischen Deutschland und Kanada. Schwerpunkte des Dienstleistungsangebotes sind: Handelsauskünfte, Marktberichterstattung, Kooperationsvermittlung, Investitionsberatung, Vertretervermittlung, Inkasso.

e 298

Deutsch-Kanadische Industrie- und Handelskammer
Geschäftsstelle Montreal
Canadian German Chamber of Industry and Commerce Inc.
1010 Sherbrooke Street West, Suite 1604, CDN- Montreal, PQ H3A 2R7
T: (001514) 8 44-3051 **Fax:** 8 44-1473
E-Mail: info.montreal@germanchamber.ca
Geschäftsführer(in): Dipl.-Ing. Harald Modis

e 299

Deutsch-Kanadische Industrie- und Handelskammer
Geschäftsstelle Vancouver
Canadian German Chamber of Industry and Commerce Inc.
750 West Pender St., Suite 700, CDN- Vancouver, BC V6T 2T7
T: (001604) 6 81-4469 **Fax:** 6 81-4489
E-Mail: info.vancouver@germanchamber.ca
Ansprechpartner: Sabine Schneider

Kasachstan

● E 300

Repräsentanz der Deutschen Wirtschaft in Kasachstan
Dostyk Prospekt 38, KZ-480100 Almaty
T: (0073272) 91 72 33 **Fax:** 93 35 77
E-Mail: rdwalm@nursat.kz
Gründung: 1995 (Januar)
Leiterin: Dr. Galia Shunusalijera
Mitarbeiter: 6

Kolumbien

● E 301

Deutsch-Kolumbianische Industrie- und Handelskammer
Cámara de Industria y Comercio Colombo-Alemana
Carrera 13 N° 93-40, piso 4, CO- Santafé de Bogotá
T: (00571) 6 23 33 30 **Fax:** 6 23 33 08
Internet: http://www.ahk-colombia.com
E-Mail: info@ahk-colombia.combgroup@gmx.net
Gründung: 1935 (15. März) 1. Gründung, 1958 (28.Mai) 2. Gründung
Präsident(in): Eberhard Schäfer (Sperling S.A.)
Geschäftsführer(in): Norbert Pudzich
Verbandszeitschrift: Doing Business, Contactos, Wirtschaftsforum Kolumbien
Mitglieder: 255
Mitarbeiter: 17

Korea

● E 302

Deutsch-Koreanische Industrie- und Handelskammer
Korean-German Chamber of Commerce and Industry
Fl. 8 Shinwon Plaza Building
Postfach 4963, KP-100-649 Seoul
Hannam-dong Yongsan-ku 28-2, KP-140-884 Seoul
T: (00822) 37 80 46 00 **Fax:** 37 80 46 37
Internet: http://www.kgcci.com
E-Mail: kgcci@kgcci.com
Gründung: 1981
Präsident(in): Günter Schuster (Siemens Ltd., Seoul)
Geschäftsführer(in): Florian Schuffner
Mitglieder: mehr als 350

Lettland

● E 303

Delegation der Deutschen Wirtschaft in Lettland
Vilandes iela 1a, LV-1010 Riga
T: (00371) 7 32 07 18 **Fax:** 7 83 04 78
Internet: http://www.ahk-let.lv
E-Mail: info@ahk-let.lv
Delegierter: Dr. Ralph-Georg Tischer

Libanon

● E 304

Delegierter der Deutschen Wirtschaft
Postfach 11-35, LIB- Beirut 2011-3104
Solidere Area, Riad El-Solh Street, Stephan Building - 3rd floor, LIB- Beirut 2011-3104
T: (009611) 98 52 29, 98 52 30, 98 52 31 **Fax:** 98 52 30, 98 52 31, 98 52 29
E-Mail: dihtddwb@inco.com.lb
Gründung: 1999 (26. Januar)
Delegierter: Dr. Peter Göpfrich
Representant: Alexis Naassan
Verbandszeitschrift: German Arab Trade
Redaktion: Kairo
Verlag: DIHT-Kairo, Dr. Peter Göpfrich
Mitglieder: 80
Mitarbeiter: 7

Litauen

● E 305

Delegation de Deutschen Wirtschaft in Litauen
Algirdo 3, LT-2006 Vilnius
T: (003702) 23 11 22 **Fax:** 23 10 13
Internet: http://www.ahk-lit.lt
E-Mail: co-ahklit@post.omnitel.net
Delegierter: Dr. Ralph-Georg Tischer

Luxemburg

● E 306

debelux Deutsch-Belgisch-Luxemburgische Handelskammer
debelux Chambre de Commerce Belgo-Luxembourgeoise-Allemande
debelux Belgisch-Luxemburgs-Duitse Kamer van Koophandel
siehe "Belgien" E 244

Malaysia

● E 307

Deutsch-Malaysische Industrie- und Handelskammer
Malaysian-German Chamber of Commerce and Industry (MGCC)
MBF Plaza, 47th Floor
Postfach 11683, MAL-50754 Kuala Lumpur/Malaysia
8 Jalan Yop Kwan Seng, MAL-50250 Kuala Lumpur
T: (00603) 2 38 35 61-62 **Fax:** 2 32 11 98
Präsident(in): Datuk Muhd Feisol Hassan
Geschäftsführer(in): Dr. Rainer Herret

Marokko

● E 308

Deutsche Industrie- und Handelskammer in Marokko (DIHK)
Chambre Allemande de Commerce et d'Industrie au Maroc
Bd. de Khouribga 8, MA-20000 Casablanca
T: (00212) 22 44 98 22, 22 44 98 23 **Fax:** 22 44 96 93
E-Mail: dihkcasa@open.net.ma
Präsident(in): Fritz Gerd Koring
Geschäftsführer(in): Gerd M. Doepner

Mexiko

● E 309

Deutsch-Mexikanische Industrie- und Handelskammer (CAMEXA)
Camara Méxicano-Alemana de Comercio e Industria A.C. (CAMEXA)
Postfach 41-740, MEX-11000 México, D. F.
T: (00525) 2 51 40 22
Fax: 5 96 76 95 AHK MEXIKO/CAMEXA
TGR: CAMEXALCO MEXICO
Internet: http://www.camexa.com.mx
E-Mail: ahkmexiko@compuserve.com.mx
Gründung: 1929
Präsident(in): Wilhelm Boes
Geschäftsführer(in): Ass. Manfred Hoffmann
Mitglieder: 557
Mitarbeiter: 38

Neuseeland

● E 310

New-Zealand German Business Association
Postfach 95, NZ- Auckland
100 Mayoral Drive, NZ- Auckland
T: (00649) 3 07 10 66 **Fax:** 3 09 02 09
Internet: http://www.germantrade.co.nz
E-Mail: emawson@nzgermanbiz-ahk.co.nz
Gründung: 1983
Leiterin: Emma Mawson
Mitglieder: 150
Mitarbeiter: 2

Förderung und Unterstützung von Geschäftsbeziehungen zwischen deutschen und neuseeländischen Unternehmen durch Absatzberatung, Kontaktvermittlung und Marktberichte.

Nicaragua

● E 311

Deutsch-Nikaraguanische Industrie- und Handelskammer
Cámara de Industria y Comercio Nicaragüense-Alemana
Postfach 1125, NIC- Managua
del Cine Cabrera, 2 c.al Este, 20 vrs al Sur, edificio La Merced, local No. 6, NIC- Managua
T: (005052) 22 78 40/7075 **Fax:** 22 70 54
E-Mail: cicna@munditel.com.ni
Präsident(in): Nico Demann
Geschäftsführer(in): Xiomara Vallesteros

Niederlande

● E 312

Deutsch-Niederländische Handelskammer
Nederlands-Duitse Kamer van Koophandel
Büro Den Haag:
Postfach 80533, NL-2508 GM Den Haag
Nassauplein 30, NL-2585 EC Den Haag 's-Gravenhage
T: (003170) 3 11 41 14 **Fax:** 3 63 22 18
E-Mail: info@dnhk.nl
Gründung: 1905
Präsident(in): Ir. J. H. M. Lindenbergh, Amsterdam
Vizepräsident(in): G. Niebuhr, Köln
Hauptgeschäftsführer(in): A. Gerberding
Verbandszeitschrift: markt
Redaktion: Büro Den Haag
Verlag: Deutsch-Niederländische Handelskammer, Postf. 8 05 33, NL-2508 GM Den Haag
Mitglieder: 1400

Nigeria

● E 313

Repräsentanz der Deutschen Wirtschaft in Nigeria
Representative Offices of German Industry and Commerce in Nigeria
6 F, Louis Farrakhan Crescent, Victoria Island
Postfach 51311, WAN- Lagos
Louis Farrakhan Crescent 6 F, WAN- Victor. Island Lagos
T: (002341) 2 61 97 52, 2 62 39 84   **Fax:** 2 61 97 52
E-Mail: ahk_lagos_uschroeder@compuserve.com
Repräsentantin: Ute Schröder

Norwegen

● E 314

Deutsch-Norwegische Handelskammer
Norsk-Tysk Handelskammer
Postfach 603 Skøyen, N-0214 Oslo
Drammensveien 111 B, N-0273 Oslo
T: (0047) 22 12 82 10   **Fax:** 22 12 82 22
Internet: http://www.ahk-oslo.no
E-Mail: info@ahk-oslo.no
Präsident(in): Hans Lødrup
Geschäftsführer(in): Heinrich Lieser
Mitarbeiter: 12

Österreich

● E 315

Deutsche Handelskammer in Österreich
Postfach 107, A-1103 Wien
Wiedner Hauptstr. 142, A-1050 Wien
T: (00431) 5 45 14 17   **Fax:** 5 45 22 59
Internet: http://www.dhk.at
E-Mail: office@dhk.at
Präsident(in): Dr.-Ing. Dieter Murmann, Kiel
Hauptgeschäftsführer(in): Dr. Rolf Schäfer, Wien
Stellvertretender Hauptgeschäftsführer: RA Frank Bock
Leitung Presseabteilung: Mag. Anna Weber
Verbandszeitschrift: DHK - Wirtschaftsspiegel
Redaktion: Deutsche Handelskammer in Österreich, Postf. 1 07, A-1103 Wien
Verlag: Deutsche Handelskammer in Österreich, Postf. 1 07, A-1103 Wien, e-mail: office@dhk.at

e 316

Deutsche Handelskammer in Österreich
Geschäftsstelle:
Getreidegasse 13, A-5020 Salzburg
T: (0043662) 8 47 95 20   **Fax:** 84 05 89
E-Mail: salzburg@dhk.at
Leiterin: Monika Landauer

Palästinensische Gebiete

● E 317

Delegierter der Deutschen Wirtschaft in Palästina
Postfach 15 62, IL- Ramallah
Cairo-Amman-Bank-Building 5th F Al-Koliah Al Ahliyya St, IL- Ramallah
T: (00972) 2 298 47 51   **Fax:** 2 298 47 50
Internet: http://www.dgit.org
E-Mail: infodgit@p-ol.com
Delegierter: Dr. Peter Göpfrich

Panama

● E 318

Deutsch-Panamaische Industrie- und Handelskammer
Cámara de Comercio e Industria Panameño-Alemana
Postfach 55-2537, PA- Paitilla Panama C.A.
T: (00507) 2 69 93 66, 2 69 93 58   **Fax:** 69 93 59
E-Mail: ihkpanam@sinfo.net
Präsident(in): Bernd Otto Schreiber
Geschäftsführer(in): Christine Göllner de Mejía

Paraguay

● E 319

Deutsch-Paraguayische Industrie- und Handelskammer
Cámara de Comercio e Industria Paraguayo-Alemana
Postfach 919, PY- Asunción
Independencia Nacional 811, 9° piso, PY- Asunción
T: (0059521) 44 65 94, 45 05 57   **Fax:** 44 97 35
E-Mail: logistica@ahkasu.com.py
Gründung: 1956
Präsident(in): Dieter Vetter
Geschäftsführer(in): Henning B. Höltei
Mitglieder: 350
Mitarbeiter: 5

Peru

● E 320

Deutsch-Peruanische Industrie- und Handelskammer
Cámara de Comercio e Industria Peruano-Alemana
Camino Real 348
Camino Real 348, OF. 1502, PE- San Isidro - Lima 27
T: (00511) 4 41 86 16   **Fax:** 4 42 60 14
E-Mail: postmast@camperal.org.pe
Präsident(in): Bernd Schmidt
Geschäftsführer(in): Oliver Jörk

Philippinen

● E 321

Europäische Industrie- und Handelskammer der Philippinen
European Chamber of Commerce of the Philippines (ECCP)
19th Floor, PSBank Tower, Sen. Gil J. Puyat Avenue, PI- 1200 Makati City, Metro Manila
T: (00632) 7 59-6680, 8 45-1324   **Fax:** 7 59-6690, 8 45-1395
Internet: http://www.eccp.com
E-Mail: info@eccp.com
Gründung: 1978 (10. Mai)
President: Claus Sudhoff (CS Garment, Inc.)
Executive Vice-President: Henry J. Schumacher (schumacher@eccp.com)
Manager - Finance, Import Services & Administration: Vicente C. Betos (betos@eccp.com)
Business Information Manager: Elaine Garcia-Gatchalian (egarcia@eccp.com)
Investment Promotion Manager: German D. Constantino (constantino@eccp.com)
Trade Fair Specialist: Manolo S. Nicanor (noli@eccp.com)
Verbandszeitschrift: Business Review Magazine; Philippine Monthly Factsheet; Philippine European Business Directory; "Who Supplies What From Europe" Directory; "Living in the Philippines"
Mitglieder: 900
Jahresetat: DM 2,8 Mio

e 322

European Chamber of Commerce of the Philippines (ECCP)
Cebu Branch
3rd Floor, Hongkong Bank Bldg., 14 Juana Osmeña Street, PI- Cebu City
T: (006332) 2 53-389, 2 54-3767   **Fax:** 2 53-3387
Branch Manager: Roselu Paloma

Polen

● E 323

Deutsch-Polnische Industrie- und Handelskammer
Polsko-Niemiecka Izba Przemyslowo-Handlowa
Postfach 62, PL-00-952 Warszawa
ul. Miodowa 14, PL-00-246 Warszawa
T: (004822) 5 31 05 00   **Fax:** 5 31 06 00
Internet: http://www.ihk.pl
E-Mail: info@ihk.pl
Gründung: 1994 (15. September)
Geschäftsführer(in): Dr. Gabriela S. Jaworek
Kammerzeitschrift: Wirtschaftsnachrichten
Mitglieder: 620
Mitarbeiter: 35

Portugal

● E 324

Deutsch-Portugiesische Industrie- und Handelskammer
Câmara de Comércio e Indústria Luso-Alemã
Av. da Liberdade, 38-2°, P-1269-039 Lisboa
T: (035121) 3 21 12 00   **Fax:** 3 46 71 50
Internet: http://www.ahk-germany.de/ahklis/ahklis.htm
E-Mail: ahklisboa@mail.telepac.pt
Gründung: 1954
Präsident(in): Volker Müller (Siemens)
Hauptgeschäftsführer(in): Hans-Joachim Böhmer
Mitglieder: 1300

e 325

Deutsch-Portugiesische Industrie- und Handelskammer
Zweigstelle Porto
Av. da Boavista, 3523-301, P-4100-139 Porto
T: (035122) 6 19 76 60   **Fax:** 6 17 20 14
E-Mail: ahkporto@mail.telepac.pt
Geschäftsführer(in): Martin Weß

Rumänien

● E 326

Delegation der Deutschen Wirtschaft in Rumänien
Str. Clucerului 35, R-713091 Bukarest
T: (00401) 2 23 15 31, -35   **Fax:** 2 23 15 38
E-Mail: deg@softnet.ro
Delegierter: Dirk Rütze

Rußland

● E 327

Delegation der Deutschen Wirtschaft in der Russischen Föderation
Postanschrift:
Delegation Moskau
c/o APK Worldwide Courier GmbH
Desenißstr. 54, 22083 Hamburg
Büroanschrift:
RF-109017 Moskau, 1. Kasatschi per., 7
T: (007095 oder 503) 2 34 49 50, Telefax: (007095 oder 503) 2 34 49 51, E-mail: ahk@diht.msk.ru
Delegierte: Dr. Andrea von Knoop

e 328

Delegation der Deutschen Wirtschaft in der Russischen Föderation
Außenstelle St. Petersburg
Postanschrift: Delegation St. Petersburg
Postfach 36, FIN-53501 Lappeenranta
Büroanschrift: RF-199034 St. Petersburg, W.O. Bolschoj Prospekt, 10, **T:** (007812) 323 79 91, 323 79 93, Fax: 323 04 70, e-mail: service@hkhamb-ahk.spb.ru
Leiter(in): Dr. Stephan Stein

e 329

Delegation der Deutschen Wirtschaft in der Russischen Föderation
Außenstelle Kaliningrad
Postanschrift: Delegation Kaliningrad
Postf. 32 64, 23581 Lübeck
Büroanschrift:
ul. Kutusowa, 39, RF-236010 Kaliningrad,
T: (0070112) 21 15 38, 55 55 44, Fax: 55 42 36, e-mail: service@hkhamb-ahk-kaliningrad.com
Leiter(in): Dr. Stephan Stein

e 330

Delegation der Deutschen Wirtschaft in der Russischen Föderation
Außenstelle Novosibirsk
Postanschrift: Delegation Novosibirsk, c/o APK Worldwide Courier GmbH
Desenißstr. 54, 22083 Hamburg
Büroanschrift:
ul. Lenina, 21, Hotel "Sibir", Zi. 729, RF-630004 Novosibirsk 4,
T: (0073832) 23 46 56, Fax: 23 46 56, E-mail: deis@center-f1.ru
Leiter(in): Hugo A. Deis

Saudi-Arabien

● **E 331**

Der Delegierte der Deutschen Wirtschaft
Deutsch - Saudi-Arabisches Verbindungsbüro für Wirtschaftsangelegenheiten
German-Saudi Arabian Liaison Office
for Economic Affairs
Büroanschrift: Dhabab Street, Chamber of Commerce Building, 5th Floor, Suite 1
Postfach 61695, SA- Riyadh 11575
T: (009661) 4 03 15 00   **Fax:** 4 03 51 21
E-Mail: ahk-arabia@awalnet.net.sa
Gründung: 1979
Delegierter: Michael Tockuss (Secretary General)

e 332

Der Delegierte der Deutschen Wirtschaft
Deutsch-Saudi-Arabisches Verbindungsbüro für Wirtschaftsangelegenheiten
Zweigstelle Jeddah
Postfach 52490, SA-21563 Jeddah
T: (009662) 6 67 81 06   **Fax:** 6 67 81 21
E-Mail: ahk-jeddah@awalnet.net.sa
Gründung: 2000 (Juni)
Zweigstellenleiter: Markus Zenetti

Schweden

● **E 333**

Deutsch-Schwedische Handelskammer
Tysk-Svenska Handelskammaren
Narvavägen 12, S-11522 Stockholm
T: (00468) 6 65 18 00   **Fax:** 6 65 18 04
Internet: http://www.handelskammer.cci.se
E-Mail: info@handelskammer.cci.se
Gründung: 1951
Präsident(in): Staffan Bohman
Geschäftsführer(in): Helmut Haegert
Verbandszeitschrift: Wirtschaftsmagazin.se
Mitglieder: 1100
Mitarbeiter: 32

● **E 334**

Schwedische Handelskammer in der
Bundesrepublik Deutschland e.V.
Berliner Allee 32, 40212 Düsseldorf
T: (0211) 86 20 20-0   **Fax:** 32 44 88
Gründung: 1959 (26. Juni)
Präsident(in): Lars Törnquist, Kelkheim
Geschäftsführer(in): Göran Svensson (Ltg. Presseabt.)
Verbandszeitschrift: Schweden AKTUELL
Redaktion: Göran Svensson
Mitglieder: 450
Mitarbeiter: 4
Jahresetat: DM 1,0 Mio, € 0,51 Mio

Schweiz

● **E 335**

Handelskammer Deutschland-Schweiz
Tödistr. 60, CH-8002 Zürich
T: (00411) 2 83 61 61   **Fax:** 2 83 61 00
Internet: http://www.handelskammer-d-ch.ch
E-Mail: auskunft@handelskammer-d-ch.ch
Gründung: 1912
Präsident(in): Dr. Peter Stüber (Präs. des VR der Mercedes-Benz Automobil AG, Zürcherstr. 109, CH-8952 Schlieren/ZH)
Geschäftsführer(in): Martin Theurer
Verbandszeitschrift: CH - D Wirtschaft
Redaktion: M. Theurer
Verlag: Handelskammer Deutschland-Schweiz, CH-8002 Zürich
Mitglieder: 3000
Mitarbeiter: 26

Unsere Kammer ist Mitglied in
der Arbeitsgemeinschaft deutscher Auslandshandelskammern beim DIHT, Bonn
der Union Schweizerischer Auslandshandelskammern, Zürich

Singapur

● **E 336**

Delegierter der Deutschen Wirtschaft in Singapur
Asia Pacific Support Office
City Office:
583 Orchard Road #08-02 Forum, SGP- Singapur 238884
T: (0065) 8 38 18 50   **Fax:** 8 38 18 60
Internet: http://www.diht.com.sg
E-Mail: ahksing@diht.com.sg

German Centre Office:
25 International Business Park, #04-73 German Centre, Singapur 609916, T: (0065) 5 62 90 00, Fax: (0065) 5 61 46 16
Delegierter: Jürgen Franzen
Gert Rabbow

Slowakische Republik

● **E 337**

Delegierter der Deutschen Wirtschaft in der Slowakei
Kariska 7, SK-81645 Bratislava
T: (004217) 54410362, 54410363   **Fax:** 54410364
E-Mail: ahksvk@internet.sk
Delegierter: Dieter Mankowski
Stellv. Delegierter: Dr.-Ing. Jozef Kruppa

Slowenien

● **E 338**

Repräsentanz der Deutschen Wirtschaft
in der Republik Slowenien
Trg Republike 3, SLO-1000 Ljubljana
T: (003861) 4 26 25 67   **Fax:** 4 26 47 80
E-Mail: ahk@diht.sl
Leiter(in): Senka Andrijanič

Spanien

● **E 339**

Deutsche Handelskammer für Spanien
Cámara de Comercio Alemana para España
Avenida Pio XII, 26-28, E-28016 Madrid
T: (0034) 91353-0910   **Fax:** 91359-1213
E-Mail: ahk_spanien@ccape.es
Präsident(in): Manuel García Carrrido
Hauptgeschäftsführer(in): Peter Moser
Verbandszeitschrift: Deutsch-Spanische Wirtschaft
Verlag: Deutsche Handelskammer für Spanien

e 340

Deutsche Handelskammer für Spanien
Geschäftsstelle
Córcega 301-303, E-08008 Barcelona
T: (0034) 93415-5444   **Fax:** 93415-2717
E-Mail: ahk_barcelona@ccape.es
Geschäftsführer(in): Peter Moser

● **E 341**

Amtliche Spanische Handelskammer für Deutschland
Cámara Oficial Española de Comercio
en Alemania
Friedrich-Ebert-Anlage 56, 60325 Frankfurt
T: (069) 74 34 81-0   **Fax:** 74 34 81-55
Internet: http://www.spanische-handelskammer.de
E-Mail: mail@spanische-handelskammer.de
Gründung: 1929
Präsidentin: Ana-Llanos Rodriguez
Geschäftsführer(in): Dr. Andreas Marek
Verbandszeitschrift: InterCamara
Verlag: Amtliche Spanische Handelskammer
Mitglieder: ca. 500
Mitarbeiter: 7

Südafrika

● **E 342**

Deutsche Industrie- und Handelskammer für das südliche Afrika
Southern African-German Chamber of Commerce and Industry Ltd.
Postfach 87078, ZA- Houghton 2041, RSA
47 Oxford Road (Entrance Waltham Road), ZA-Forest Town 2193
T: (002711) 4 86-2775   **Fax:** 4 86-3625, 4 86-3675
E-Mail: info@germanchamber.co.za
Gründung: 1952
Präsident(in): G. A. Hagemann (Commerzbank AG, Johannesburg)
Hauptgeschäftsführer(in): Klaus Volker Schuurman
Leitung Presseabteilung: Gerda Jackson
Verbandszeitschrift: monthly newsletter and Annual Report
Redaktion: SA-German Chamber
Verlag: SA-German Chamber
Mitglieder: 700
Mitarbeiter: 24

Taiwan

● **E 343**

Deutsches Wirtschaftsbüro Taipei
German Trade Office Taipei
4F, No. 4, Min-Sheng E. Rd., Sec. 3, RC- Taipei 104 Taiwan
T: (008862) 25 06 90 28   **Fax:** 25 06 81 82
Internet: http://www.dwb-taipei.org.tw
E-Mail: service@dwb-taipei.org.tw
Delegierte(r) der Deutschen Wirtschaft: Axel Bartkus

e 344

Deutsches Institut
German Institute
4F, No. 2, Min-Sheng E. Rd., Sec. 3, RC- Taipei 104 Taiwan
T: (008862) 25 01 61 88, 25 07 41 14   **Fax:** 25 01 61 39
E-Mail: germany@ms43.url.com.tw
Director: Dr. Hilmar Kaht

Thailand

● **E 345**

Deutsch-Thailändische Handelskammer
German-Thai Chamber of Commerce (GTCC)
Postfach 1728, T- Bangkok 10501
195 South Sathorn Road, 25 Floor, Empire Tower 3, T- Bangkok 10120
T: (00662) 670 0600   **Fax:** 670 0601
Internet: http://www.gtcc.org
E-Mail: ahkbkk@box1.a-net.net.th
Gründung: 1962
Präsident(in): Ulrich Weber
Geschäftsführer(in): Dr. Paul R. Strunk
Leitung Presseabteilung: Sirigul Sakornrattanagul
Mitglieder: 510
Mitarbeiter: 45
Jahresetat: THB 2,5

Tschechische Republik

● **E 346**

Deutsch-Tschechische Industrie- und Handelskammer
Václavské nám. 40, CZ-110 00 Praha 1
T: (00422) 24 22 12 00   **Fax:** 24 22 22 00
Internet: http://www.dtihk.cz
E-Mail: info@dtihk.cz
Gründung: 1993
Präsident(in): Jiří Kunert
Geschäftsführende(s) Vorstands-Mitglied(er): Dieter Mankowski
Verbandszeitschrift: Kammerzeitschrift PLUS
Verlag: Grafické studio Futura, Křižíkova 35, 186 00 Praha 8
Mitglieder: ca. 500
Mitarbeiter: 25

Türkei

● **E 347**

Deutsch-Türkische Industrie- und Handelskammer
Muallim Naci Cad. 118/4, TR-80840 Ortaköy-Istanbul
T: (0090212) 2 59 11 95/96, 2 59 08 40   **Fax:** 2 59 19 39
E-Mail: ahkturk@sim.net.tr
Gründung: 1994
Präsident(in): Burhan Silahtaroğlu
Geschäftsführende(s) Vorstands-Mitglied(er):
Marc Landau

Tunesien

● **E 348**

Deutsch-Tunesische Industrie- und Handelskammer
Chambre Tuniso-Allemande de l'Industrie et du Commerce
6, Rue Didon, TN-1002 Tunis-Notre Dame
T: (002161) 78 59 10, 78 52 38   **Fax:** 78 25 51
E-Mail: info@ahktunis.org
Gründung: 1979
Präsident(in): Erich Aichele (ERA, Herrenberg)
Geschäftsführer(in): Peter Höhne
Verbandszeitschrift: Partenaire et Developpement
Redaktion: Jörn Bousselmi
Verlag: Chambre Tuniso-Allemande de l'Industrie et du Commerce, 6, Rue Didon, TN-Tunis-Notre Dame
Mitarbeiter: 15
Die Deutsch-Tunesische Industrie- und Handelskammer ist eine offizielle Auslandshandelskammer

Ukraine

● E 349

Delegierte der Deutschen Wirtschaft
Ul. Puschkinska 34, UA-01004 Kiew
T: (0038044) 2 24 59 98, 2 24 55 95   **Fax:** 2 35 42 34, 2 24 59 77
E-Mail: diht@carrier.kiev.ua
Delegierte: RA Karin Rau

Ungarn

● E 350

Deutsch-Ungarische Industrie- und Handelskammer
Német-Magyar Ipari és Kereskedelmi Kamara
Lövöház út 30, H-1024 Budapest
T: (00361) 3 45 76 00   **Fax:** 3 15 07 44
E-Mail: ahkung@ahkungarn.hu
Gründung: 1993
Präsident(in): Peter Hetényi
Geschäftsführende(s) Vorstands-Mitglied(er): Jürgen Illing
Verbandszeitschrift: Wirtschaftsnachrichten Ungarn
Mitglieder: 950
Mitarbeiter: 25

Uruguay

● E 351

Deutsch-Uruguayische Handelskammer
Cámara de Comercio Uruguayo-Alemana
Postfach 1499, U-11000 Montevideo
Plaza Independencia 831, piso 2, U-11100 Montevideo
T: (005982) 9 01-0575, 9 01-1803, 9 00-7965   **Fax:** 9 08-5666, 9 08-0898 (Messeabteilung)
E-Mail: camural@ahkurug.com.uy, cabal@ahku-rug.com.uy Messeabteilung
Gründung: 1916 (19. Juli)
Präsident(in): Hanz Bornhoffer
Geschäftsführer(in): Sven Heldt (E-Mail: sheldt@ahku-rug.com.uy)
Verbandszeitschrift: EL MERCADO
Redaktion: Deutsch-Uruguayische Handelskammer, Casilla de Correo 1499, U-11000 Montevideo
Mitglieder: 250

Venezuela

● E 352

Deutsch-Venezolanische Industrie- und Handelskammer (CAVENAL)
Cámara de Comercio e Industria Venezolano-Alemana
Postfach 61236, YV- Caracas 1060/A
Avenida San Felipe, Centro Coinasa, Piso 4, La Castellana, YV- Caracas
T: (0058212) 2 67 14 11 (Master)   **Fax:** 2 66 63 73
Internet: http://www.cavenal.com
E-Mail: ahkvenezuela@cavenal.org
Gründung: 1954
Präsident(in): Ulrich Steuer
Geschäftsführer(in): Gerd Wilhelm Petersen
Verbandszeitschrift: Contactos
Mitglieder: 340
Mitarbeiter: 13

Vereinigte Arabische Emirate

● E 353

Delegierter der Deutschen Wirtschaft
Postfach 7480, AE-7480 Dubai
Khalid ibn Al Waleed St., Consulates Area, AE-7480 Dubai
T: (009714) 59 91 99   **Fax:** 59 91 88
E-Mail: info@ahkdubai.com
Delegierter: Gerd W. Adomeit

Vietnam

● E 354

Delegierter der Deutschen Wirtschaft
The Delegate of German Industry and Commerce Hanoi
DIHT Representative Office in Vietnam
41 Ly Thai To, VN- Hanoi
T: (00844) 8 25 14 20   **Fax:** 8 25 14 22
Internet: http://www.ahk.org.hk
E-Mail: info@ahk.org.de
Delegate & Chief Representative: Ekkehard Goetting

Weißrußland

● E 355

Repräsentanz der Deutschen Wirtschaft
Repräsentanz des Deutschen Industrie- und Handelstages
Republik Belarus
Prospekt Gasety Prawda 11, 220116 Minsk
T: (0037517) 2 70 38 93   **Fax:** 2 70 38 93
E-Mail: repraes_ahk@mail.belpack.by
Repräsentant: Dr. Wladimir Augustinski

Vereinigte Staaten von Amerika

● E 356

German American Chamber of Commerce, Inc.
Deutsch-Amerikanische-Handelskammer
New York
40 West 57th Street, 31st Floor, USA- New York, NY 10019-4092
T: (001212) 9 74-88 30   **Fax:** 9 74-88 67
Internet: http://www.gaccny.com
E-Mail: info@gaccny.com
Gründung: 1947
Chairman: Dr. Eugene A. Sekulow
Geschäftsführer(in): Werner Walbröl
Leitung Presseabteilung: Frauke Mester
Verbandszeitschrift: German American Trade
Redaktion: New York
Verlag: GACC
Mitglieder: 900
Mitarbeiter: 40

e 357

German American Chamber of Commerce of the Southern United-States, Inc.
Deutsch-Amerikanische Handelskammer USA-Süd
3340 Peachtree Road, NE, Suite 500, USA- Atlanta GA 30326
T: (001404) 2 39-94 94   **Fax:** 2 64-1761
E-Mail: gaccsouth@mindspring.com
Gründung: 1978
Chairman: Dieter Elsner
Geschäftsführer(in): Thomas Beck (President & CEO)

e 358

German American Chamber of Commerce of the Southern United States, Inc. - Western Region
Deutsch-Amerikanische Handelskammer
2400 Augusta Drive, Suite 280, USA- Houston TX 77057
T: (001832) 2 51-9832   **Fax:** 2 51-8480
E-Mail: gacchou@mindspring.com
Gründung: 1976
Geschäftsführer(in): Friedrich W. Kuhlmann

e 359

German American Chamber of Commerce of the Midwest, Inc.
Deutsch-Amerikanische Handelskammer Mittelwesten
401 N. Michigan Ave., Suite 2525, USA- Chicago, IL 60611-4212
T: (001312) 6 44-2662   **Fax:** 6 44-0738
Internet: http://www.gaccom.org
E-Mail: gaccom@techinter.com
Gründung: 1963
President: Christian J. Röhr
Chairman: Patricia H. Besser
Verbandszeitschrift: ChamberWay Germany ✱ Midwest
Redaktion: Christian J. Röhr
Mitglieder: 670

e 360

German American Chamber of Commerce of the Western United States, Inc.
Deutsch-Amerikanische Handelskammer-USA West
Geschäftsstelle Los Angeles
Pacific Concourse Drive, Suite 280 5220, USA- 90045 Los Angeles
T: (001310) 2 97-79 79   **Fax:** 2 97-79 66
Internet: http://www.gaccwest.org
E-Mail: gaccwest@compuserve.com
Gründung: 1974
Vorstand: Rory Campbell
Geschäftsführer(in): Michael Krieg (Managing Director; kommissarisch)

e 361

German American Chamber of Commerce of the Western United States, Inc.
Geschäftsstelle San Francisco
Deutsch-Amerikanische-Handelskammer der USA-West
Geschäftsstelle San Francisco
465 California Street, Suite 506, USA- San Francisco, CA 94104
T: (001415) 3 92-22 62   **Fax:** 3 92-13 14
Internet: http://www.gaccwest.org
E-Mail: gaccwest_sfo@compuserve.com
Gründung: 1971
Geschäftsführer: Lawrence A. Walker

e 362

Representative for German Industry and Trade
Delegierter der Deutschen Wirtschaft (BDI-/DIHT-Vertretung)
1627 I Street, N.W. Suite 550, USA- Washington D.C. 20006
T: (001202) 6 59-4777   **Fax:** 6 59-4779
E-Mail: info@rgit-usa.com
Gründung: 1987
Leiter: Robert Bergmann

e 363

German American Chamber of Commerce, Inc. - Philadelphia
Deutsch-Amerikanische Handelskammer
1515 Market Street, Suite 706, USA- Philadelphia PA19102
T: (001215) 6 65-1585   **Fax:** 6 65-0375
E-Mail: gaccphila@compuserve.com
Gründung: 1994
Vorstand: Stephen E. Stambaugh
Leiterin: Barbara Afanassiev

Usbekistan

● E 364

Repräsentanz der Deutschen Wirtschaft
ul. Murtasaeva 6,82-83,kv., 82/83, 700000 Tashkent
T: (0098712) 34 99 89, (0098711) 39 13 05, 20 66 86
Fax: (0098712) 34 16 24, (0098711) 20 64 24
E-Mail: ahktasch@naytov.com
Leiter(in): Jörg Hetsch

● E 365

American Chamber of Commerce in Germany
Postf. 10 01 62, 60001 Frankfurt
Roßmarkt 12, 60311 Frankfurt
T: (069) 92 91 04-0   **Fax:** 92 91 04-11
Internet: http://www.amcham.de
E-Mail: amcham@amcham.de
Gründung: 1903 (29. Januar)
President: Fred B. Irwin
General Manager: Dr. Dierk Müller
Leitung Presseabteilung: Patricia Limburg
Verbandszeitschrift: Commerce Germany
Redaktion: F.A.Z.-Institut
Verlag: ACC Verlag & Services GmbH, Postfach 100162, 60001 Frankfurt/Main
Mitglieder: 2800

Mitgliedskammern

● E 366

Deutsch-Regionale Industrie- und Handelskammer für Zentralamerika und die Karibik
5a. Av. 15-45, zona 10 Edif. Centro Empresarial, GCA-01010 Guatemala
T: (00502) 367 5552, 367 5562   **Fax:** 333 7044
Internet: http://www.ahkzakk.com
E-Mail: ahkzakk@quik.guate.com
Gründung: 1995 (12.Juli)
Präsident(in): Bernd Otto Schreiber
Geschäftsführer(in): Johannes Hauser

e 367

Deutsch-Costarikanische Industrie- und Handelskammer
Cámara de Comercio e Industria Costarricense Alemana
Postfach 21 39-1000, CR-1000 San José
T: (00506) 2 22-4789, 222-3359   **Fax:** 221-1219
E-Mail: cacoral@sol.racsa.co.cr
Präsident(in): Dieter Fieberg
Geschäftsführer(in): Carla de Abate

e 368
Deutsch-Salvadorianische Industrie- und Handelskammer
Cámara de Comercio e Industria Salvadoren_6a Alemana
Postfach (01) 550, SV- San Salvador
Blvd. La Sultana No. 245, SV- Antiguo Cuscatla_In
T: (00503) 243-2428, 243-2451 Fax: 243-2093
E-Mail: camalem@cyt.net
Präsident(in): Wolf v. Hundelshausen
Geschäftsführer(in): André Hawener

e 369
Deutsch-Guatemaltekische Industrie- und Handelskammer
Cámara de Comercio e Industria Guatemalteco-Alemana
Edif. Plaza Marítima
Postfach 1163, GCA-01901 Guatemala
6a Av. 20-25, Zona 10, GCA-01010 Guatemala
T: (00502) 3 33 60 36, 3 33 60 37, 3 33 60 38
Fax: 3 68 29 71
E-Mail: camalegu@quik.guate.com
Präsident(in): Manfred Kratz
Geschäftsführer(in): Franz Ulrich Appel

e 370
Deutsch-Honduranische Industrie- und Handelskammer
Cámara de Comercio e Industria Honduren_6o Alemana
Postfach 10 22, HN- Tegucigalpa Honduras
Ave La Paz No. 2326, HN- Tegucigalpa
T: (00504236) 53 63 Fax: 53 71
Internet: http://www.ahkzakk.com/honduras
E-Mail: ccha@david.intertel.hn
Präsident(in): Alexander Pagels
Geschäftsführer(in): Doris Sohn de Maradiaga

e 371
Deutsch-Nikaraguanische Industrie- und Handelskammer
Cámara de Comercio e Industria Nicaraguense Alemana
Postfach 1125, NIC- Managua
del Cine Cabrera, 2 c.al Este, 20 vrs al Sur, edificio La Merced, local No. 6, NIC- Managua
T: (005052) 22 78 40/7075 Fax: 22 70 54
E-Mail: cicna@munditel.com.ni
Präsident(in): Nico Demann
Geschäftsführer(in): Xiomara Vallesteros

e 372
Deutsch-Panamaische Industrie- und Handelskammer
Cámara de Comercio e Industria Panamen_6a Alemana
Postfach 55-2537, PA- Paitilla Panama C.A.
T: (00507) 2 69 93 66, 2 69 93 58 Fax: 69 93 59
E-Mail: ihkpanam@sinfo.net
Präsident(in): Bernd Otto Schreiber
Geschäftsführer(in): Christine Göllner de Mejía

e 373
Deutsch-Dominikanische Handelskammer für Industrie, Handel und Tourismus
Postfach 83 35, DOM- Santo Domingo
Edifico Plaza Intercaribe,
Ave. Lope de Vega 33 esq. Rafael A. Sanchez, Local6, DOM- Santo Domingo
T: (001809) 683 2597 Fax: 683 6156
Internet: http://www.ahkzakk.com/republicadominicana
E-Mail: camdomalemana@hotmail.com
Präsident(in): Rolf Backhaus
Geschäftsführer(in): Thomas Kirbach

Ländervereine

Afrika

● E 374
Afrika-Verein e.V.
Neuer Jungfernstieg 21, 20354 Hamburg
T: (040) 41 91 33-0 Fax: 35 47 04
Internet: http://www.afrikaverein.de
E-Mail: post@afrikaverein.de
Zuständig: Gesamtafrika mit Ausnahme Ägyptens
Gründung: 1934
Vorsitzende(r): Bianca Buchmann (Hospital Engineering GmbH)
Geschäftsführender Vorstand: Hans W. Meier-Ewert
Vertretungen:
Dipl.-Volksw. Heinz Werner Dickmann (Adenauerallee 148, 53113 Bonn, T: (0228) 10 46 64-65)
Geschäftsstellen:
W. Klein (c/o Verein Bremer Exporteure e.V., Am Markt 13, 28195 Bremen, T: (0421) 3 63 72 40)
IHK Region Stuttgart, Postfach 10 24 44, 70020 Stuttgart, T: (0711) 2 00 51
Birgit Edener (Vertretung der Handelskammer Hamburg im Haus der Dt. Wirtschaft, Breite Str. 29, 10178 Berlin)
Graf von Hallwyl (Bayerische Landesbank-Girozentrale, München, T: (089) 21 71 01)
Verbandsschrift: Afrika-Wirtschaft
Mitglieder: ca. 400

● E 375
AFRIKA FORUM e.V.
Sitz: Bonn
Postanschrift:
Rebenweg 16, 61348 Bad Homburg
T: (06172) 45 09 78 Fax: 45 09 78
Gründung: 1980
Präsident(in): Gaston Bart-Williams
Generalbevollmächtigter: RA Dr. jur Franz J. Vogel

● E 376
Africa Foundation e.V.
c/o A. Togba
Postf. 50 08 27, 60396 Frankfurt
T: (069) 59 21 27 Fax: 63 98 39
E-Mail: atogba@naheimst.de
Gründung: 1987
Vorsitzende(r): Aboubakary Togba
Stellvertretende(r) Vorsitzende(r): Muepu Muamba

● E 377
AKAFRIK-Arbeitskreis Afrika
c/o Rosenke
Eichendorffweg 14A, 48268 Greven
T: (02575) 83 36 Fax: 86 66
E-Mail: siepel.geobuero@comlink.apc.org
Gründung: 1967
Mitglieder: 30
Mitarbeiter: 2

● E 378
Afrika-Kollegium e.V.
Neuer Jungfernstieg 21, 20354 Hamburg
T: (040) 41 91 33-0 Fax: 35 47 04
Internet: http://www.afrikaverein.de
E-Mail: post@afrikaverein.de

● E 379
Büro für Koordination und Förderung der afrikanischen Kultur und Medienarbeit in Deutschland
c/o F. Nkangou Mikangou
Postf. 101532, 40006 Düsseldorf
T: (0211) 66 58 75 Fax: 66 58 75

● E 380
SUPPORT AFRICA. Verein zur Förderung von höheren Berufsfachschulen, Fachhochschulen und Universitäten in Afrika, e.V.
A testr. 13, 56357 Berg
T: (06772) 14 80 Fax: 86 80
Gründung: 1997
Vorstand: Prof. Dr. B. Ed. Pfeiffer (Vors.)
Siegfried Guggenbichler (stellv. Vors.)
Dr. Joachim Hölzl (Geschäftsführer)
Mitglieder: 90
Mitarbeiter: 2

● E 381
Deutsche Gesellschaft für die afrikanischen Staaten portugiesischer Sprache (DASP)
Kennedyallee 16, 53175 Bonn
T: (0228) 37 33 58
Gründung: 1984 (30. November)
Präsident(in): Prof.Dr.phil.Dr.h.c.(RC) Manfred Kuder
Mitglieder: 132

Albanien

● E 382
Deutsch-Albanische Freundschaftsgesellschaft e.V. (DAFG)
Postf. 10 05 65, 44705 Bochum
Wittener Str. 87, 44789 Bochum
T: (0234) 3 25 06 09 Fax: 33 65 44
Gründung: 1971
Vorsitzende(r): Bodo Gudjons
Stellvertretende(r) Vorsitzende(r): Dr. Michael Schmidt-Neke
Jochen Blanken
Verbandszeitschrift: Albanische Hefte
Redaktion: Bodo Gudjons, Dr. Michael Schmidt-Neke, Stephan Lipsius
Verlag: DAFG-Literaturvertrieb, Postfach 10 05 65, 44705 Bochum
Mitglieder: 350

● E 383
Deutsch-Albanische Wirtschaftsgesellschaft e.V. (DAW)
Am Weidendamm 1a, 10117 Berlin
T: (030) 59 00 99 50 Fax: 5 90 09 95 19
Präsident(in): Walter Hinderer
Vizepräsident(in): Walter Mörchen
Lorenz Niegel
Geschäftsführer(in): N. N.

Angola

● E 384
Deutsch-Angolanische Gesellschaft e.V.
c/o RAe Kantel + Ermert
Poststr. 24, 53111 Bonn
T: (0228) 65 55 18 Fax: 65 26 42
Vorstand: Parl. Staatssekretär a.D. Klaus-Jürgen Hedrich (MdB)
Stellvertretende(r) Vorsitzende(r): Hans Günther Toetemeyer (MdBaA)
Duarte Branco
Geschäftsführende(s) Vorstands-Mitglied(er): Dietrich Kantel
Mitglieder: 30

Arabien

● E 385
Deutsch-Arabische Gesellschaft e.V.
Calvinstr. 23, 10557 Berlin
T: (030) 80 94 19 92 Fax: 80 94 19 96
Internet: http://www.d-a-g.de
E-Mail: info@d-a-g.de
Gründung: 1966
Präsident(in): Bundesminister a.D. Jürgen W. Möllemann (FDP-Fraktionsvorsitzender Landtag NRW, Platz des Landtags 1, 40221 Düsseldorf, T: (0211) 8 84 28 98)
Vizepräsident(in): Politologe Dr. Aref Hajjaj (Auf dem Essig 8, 53127 Bonn, T: (0228) 17 43 30)
Joachim Hörster (MdB (CDU), Erster Parlamentarischer Geschäftsführer der CDU-Fraktion im Deutschen Bundestag, Platz der Republik 1, 11011 Berlin, T: (030) 22 77 32 08, Fax: (030) 22 77 65 59)
Rudolf Kraus (MdB (CSU), Parlamentarischer Staatssekretär a.D., Mauerstr. 36, Zi. 553, 10117 Berlin, T: (030) 22 77 53 50, Fax: (030) 22 77 00 62)
Christoph Moosbauer (MdB (SPD), Platz der Republik 1, 11011 Berlin, T: (030) 22 79 41 99, Fax: (030) 22 79 68 49)
Generalsekretär(in): Ministerialrat Harald M. Bock (Calvinstr. 23, 10557 Berlin (d-a-g), T: (030) 80 94 19 92, Fax: (030) 80 94 19 96)
Schatzmeister: Uwe Zimmer (Vorstand Meridio Vermögensverwaltung, Judenpfad 11, 50996 Köln, T: (0221) 37 63 90)
Ehrenpräsident: S.E. Sheikh Abdulaziz Abdullah Al-Sulaiman (ehemaliger stellv. Minister für Erdöl und Finanzen des Königreiches Saudi-Arabien, 28 Boulevard du Pont Darve, CH-1205 Genève (ROLACO), T: (0041/22) 3 20 14 55, Fax: (0041/22) 3 20 56 34; Paris, T: (0033/1) 47 55 96 51, 47 55 66 28, Fax: (0033/1) 47 05 85 63; Jeddah, T: (009662) 6 51 42 24, 6 51 82 58, Fax: (009662) 6 51 82 93, Jeddah, Genf
Beiratsvorsitzender: Dr.-Ing. Ernst Joachim Trapp (Vorstandsvorsitzender der Bauunternehmung F.C. Trapp GmbH & Co., Trappstr. 6-8, 46483 Wesel, T: (0208) 20 92 48)

● E 386
GHORFA Arabisch-Deutsche Vereinigung für Handel und Industrie e.V.
Garnisonkirchplatz 1, 10178 Berlin
T: (030) 27 89 07-0 Fax: 27 89 07-49
E-Mail: ghorfa@t-online.de
Gründung: 1976 (30. Juni)
Präsident(in): Dr. Mohammed Al-Sady
Direktor der Informationsabteilung: Ibrahim Majid
Verbandszeitschrift: Informationsdienst
Redaktion: Majid Ibrahim
Verlag: GHORFA
Mitglieder: 205
Mitarbeiter: 14
Jahresetat: DM 1,5 Mio, € 0,77 Mio

Handels- und Wirtschaftsförderung zwischen den arabischen Staaten und der Bundesrepublik Deutschland

Armenien

● **E 387**

Deutsch-Armenische Gesellschaft e.V.
c/o B. Dümler
Keltenstr. 22, 72070 Tübingen
T: (07071) 36 86 58 **Fax:** (0721) 1 51-204329
Internet: http://www.deutsch-armenische-gesellschaft.de
Gründung: 1914 (16. Juni)
Vorsitzende(r): Dr. Raffi Kantian, Hannover
Stellvertretende(r) Vorsitzende(r): Elvira Kiendl, Regensburg
Schriftführer(in): Bärbel Dümler, Tübingen
Verbandszeitschrift: Armenisch-Deutsche Korrespondenz (ADK)
Redaktion: Elvira Kiendl, Regensburg
Verlag: E. Kiendl, Prüfeninger Str. 55, 93049 Regensburg
Mitglieder: 261
Jahresetat: DM 0,02 Mio, € 0,01 Mio

Asien

● **E 388**

Nah- und Mittelost-Verein e.V.
Mittelweg 151, 20148 Hamburg
T: (040) 45 03 31-0 **Fax:** 45 03 31-31
Internet: http://www.numov.de
E-Mail: numov@numov.de
Ab Juni 2001: Große Theaterstr. 1, 20354 Hamburg
Gründung: 1934
Vorsitzende(r): Werner Schoeltzke
Geschäftsführende(s) Vorstands-Mitglied(er): Helene Rang
Ehrenvorstandsmitglied: Hans-Jürgen Wischnewski
Verbandszeitschrift: Wirtschaftsforum Nah- und Mittelost
Redaktion: Helene Rang
Mitglieder: 400 Firmen
Für folgende Länder zuständig: Ägypten, Afghanistan, Bahrain, Irak, Iran, Israel, Jemen, Jordanien, Kasakhstan, Kuwait, Kirgistan, Libanon, Oman, Pakistan, Qatar, Saudi-Arabien, Syrien, Tadjikistan, Türkei, Turkmenistan, Usbekistan, Vereinigte Arabische Emirate, Zypern

Außenwirtschaftsverband: informiert, berät, assistiert, liefert Marktdaten, Bedarfsnachweise, vermittelt Geschäftspartner. Interessenvertretung im In- und Ausland.

● **E 389**

Deutsche Orient-Stiftung
Neuer Jungfernstieg 21, 20354 Hamburg
T: (040) 42 83 45 14 **Fax:** 42 83 45 09
Internet: http://www.doihh.de
E-Mail: doihh@uni-hamburg.de
Gründung: 1960 Deutsches Orient-Institut
Präs. des Kuratoriums: Dr. Volkmar Köhler
Vorsitzende(r) des Vorstandes: Dr. Hanns Kippenberger

● **E 390**

Deutsche Morgenländische Gesellschaft (Mainz e.V.)
Geschäftsstelle: Südasieninstitut der Univ. Heidelberg
Im Neuenheimer Feld 330, 69120 Heidelberg
T: (06221) 54 89 00 **Fax:** 54 49 98
E-Mail: dmg@sai.uni-heidelberg.de
Gründung: 1845
1. Vorsitzende(r): Prof. Dr. Bert G. Fragner (Universität Bamberg, Lehrstuhl Iranistik, 96045 Bamberg)
2. Vorsitzende(r): Prof. Dr. Stefan Leder (Martin-Luther-Universität Halle-Wittenberg, Institut für Orientalistik, 06099 Halle)
1. Geschf.: Manfred Hake (Südasien-Institut der Universität Heidelberg, Im Neuenheimer Feld 330, 69120 Heidelberg)
Verbandszeitschrift: Zeitschrift der Deutschen Morgenländischen Gesellschaft
Redaktion: Prof. Dr. Florian C. Reiter, Humboldt-Universität, Seminar für Sinologie, Unter den Linden 6, 10099 Berlin
Verlag: Franz Steiner Verlag GmbH, Birkenwaldstr. 44, 70191 Stuttgart
Mitglieder: 720

● **E 391**

Ostasiatischer Verein e.V. (OAV)
Hauptgeschäftsstelle:
Neuer Jungfernstieg 21, 20354 Hamburg
T: (040) 35 75 59-0 **Fax:** 35 75 59-25
Internet: http://www.oav.de
E-Mail: oav@oav.de
Gründung: 1900
Vorsitzende(r): Peter Clasen (Firmeninhaber Wilhelm G. Clasen, Glockengießerwall 1, 20095 Hamburg)
Geschäftsführer(in): Wolfgang Niedermark
Leitung Presseabteilung: Dr. Monika Stärk
Verbandszeitschrift: OAV Report
Redaktion: Dr. Monika Stärk
Mitglieder: 900

Für folgende Länder zuständig: Bangladesch, Bhutan, Brunei, China, China (Taiwan), Hongkong, Indien, Indonesien, Japan, Kambodscha, Nordkorea, Südkorea, Laos, Macao, Malaysia, Malediven, Mongolei, Myanmar, Nepal, Philippinen, Singapur, Sri Lanka, Thailand, Vietnam

Förderung der Wirtschaftsbeziehungen zwischen Deutschland und Ostasien; Vertretung handelspolitischer Interessen der Mitgliedsfirmen; Erfahrungsaustausch; Geschäftskontaktvermittlung, Beratung.

OAV Representative Office

e 392

Ostasiatischer Verein e.V.
Repräsentanz Hanoi
c/o Herr Tran Quoc Hung
12 Hai Ba Trung, VN- Hanoi / Vietnam

e 393

Ostasiatischer Verein e.V.
Repräsentanz Pyongyang
c/o Günter Unterbeck
Appart. 618, Hotel Botongang, Ansang Dong
Pyongchon Kuyok, KP- Pyongyang

e 394

Ostasiatischer Verein e.V.
Repräsentanz Yangon
c/o Frau Ma Chit Su Wai
Mayangon Township
125 Paya Road, 8 Mile, BUR- Rangun

● **E 395**

Deutsche Gesellschaft für Asienkunde e.V.
Rothenbaumchaussee 32, 20148 Hamburg
T: (040) 44 58 91 **Fax:** 4 10 79 45
Internet: http://www.asienkunde.de
E-Mail: ifahh.dga@uni-hamburg.de
Gründung: 1967
Vorsitzende(r): Dr. Christian Schwarz-Schilling (MdB)
Geschäftsführer(in): Dr. Günter Schucher
Verbandszeitschrift: ASIEN
Redaktion: Dr. Günter Schucher
Verlag: DGA, Rothenbaumchaussee 32, 20148 Hamburg
Mitglieder: 600
Mitarbeiter: 2

● **E 396**

Deutsche Asia Pacific Gesellschaft e.V.
Hohenzollernring 31-35, 50672 Köln
T: (0221) 2 57 28 71 **Fax:** 20 03-8380
Internet: http://www.dapg.de
E-Mail: info@dapg.de
Gründung: 1985
Vorsitzende(r): Uwe Holl
Stellvertretende(r) Vorsitzende(r): Elmo de Alwis
Geschäftsführerin: Susanne Preuschoff
Leitung Presseabteilung: Peter E. Uhde
Verbandszeitschrift: BLICKPUNKT ASIA PACIFIC
Mitglieder: ca. 120
Mitarbeiter: 7

● **E 397**

Asien-Pazifik-Ausschuß der Deutschen Wirtschaft (APA)
c/o BDI/Koordinator Deutschland
Breite Str. 29, 10178 Berlin
T: (030) 20 28 14 23 **Fax:** 20 28 24 23
Internet: http://www.bdi-online.de
E-Mail: f.strack@bdi-online.de
Vorsitzende(r): Dr. Heinrich von Pierer
Geschäftsführer(in): F. Stefan Winter (Koordinator Deutschland BDI)
Michael Pfeiffer (DIHT)
Wolfgang Niedermark (OAV)
Dr. Joachim Massenberg (BdB)
Dr. Peter Spary (BGA)
Koordinator/Asien-Pazifik: Florian Schuffner (Deutsch-Koreanische Industrie- und Handelskammer)

● **E 398**

Südasien-Institut der Universität Heidelberg
Im Neuenheimer Feld 330, 69120 Heidelberg
T: (06221) 54 89 00 **Fax:** 54 49 98
Internet: http://www.sai.uni-heidelberg.de
E-Mail: sai@sai.uni-heidelberg.de
Leiter(in): Prof. Dr. Axel Michaels
Geschäftsführer(in): Manfred Hake (M.A.)

Australien

● **E 399**

Australien-Neuseeland Verein e.V.
German Australia-New Zealand-South Pacific Association
Neuer Jungfernstieg 21, 20354 Hamburg
T: (040) 35 75 59-0 **Fax:** 35 75 59-25
Internet: http://www.oav.de
E-Mail: anv@oav.de
Gründung: 1952
Vorsitzende(r): Dr. Eckhard Rohkamm (ThyssenKrupp Industries AG, Essen)
Geschäftsführer(in): Wolfgang Niedermark (Neuer Jungfernstieg 21, 20354 Hamburg, T: (040) 35 75 59-0, Fax: (040) 35 75 59-25, E-Mail: anv@oav.de, Internet: http://www.oav.de)
Leitung Presseabteilung: Monika Stärk
Verbandszeitschrift: ANV-Informationen
Mitglieder: 300
Für folgende Länder zuständig: Australien, Neuseeland, Südpazifik

Förderung der Wirtschaftsbeziehungen zwischen Deutschland und Australien, Neuseeland sowie dem Südpazifik; Vertretung handelspolitischer Interessen der Mitgliedsfirmen; Erfahrungsaustausch; Geschäftskontaktvermittlung; Organisation von Wirtschaftsveranstaltungen.

● **E 400**

State of Victoria/Australia
European Office
Informationen und Beratung für Unternehmen
Grüneburgweg 58-62, 60322 Frankfurt
T: (069) 66 80 74-0 **Fax:** 66 80 74-66
Internet: http://www.invest.vic.gov.au
E-Mail: victoriaeu@aol.com
Seit 1968 in der BRD vertreten
Elmar Wider

Atlantische Gemeinschaft

● **E 401**

Deutsche Atlantische Gesellschaft e.V.
Am Burgweiher 12, 53123 Bonn
T: (0228) 62 50 31 **Fax:** 61 66 04
Internet: http://www.deutscheatlantischegesellschaft.de
E-Mail: dtatlges@aol.com
Gründung: 1956 (20. März)
Internationaler Zusammenschluß: siehe unter izu 355
Präsident(in): Ruprecht Polenz (MdB)
Hauptgeschäftsführer(in): Barbara Könitz
Verbandszeitschrift: Atlantischer Kurier, Beihefter zum NATO-Brief
Mitglieder: 3229
Mitarbeiter: 4
Arbeitskreise in Aachen, Baden, Bergisches Land, Berlin, Bonn, Brandenburg, Bremen, Franken/Oberpfalz, Hamburg, Hannover, Heidelberg, Hessen, Koblenz, Lüneburg, Mainz, Mannheim, Mecklenburg-Vorpommern, Münsterland, Niederrhein, Östliches Ruhrgebiet, Saarland/Westpfalz, Sachsen, Sachsen-Anhalt, Schleswig-Holstein, Stuttgart, Thüringen, Weser-Ems
Ausschüsse: Sicherheitspolitischer Ausschuß, Wirtschaftspolitischer Ausschuß, Ausschuß für politische Bildung, Ausschuß "Junge Atlantische Politiker"

● **E 402**

Atlantik-Brücke e.V.
Magnus-Haus
Am Kupfergraben 7, 10117 Berlin
T: (030) 20 39 83-0 **Fax:** 20 39 83-20
Internet: http://www.atlantik-bruecke.org
E-Mail: info@atlantik-bruecke.org
Vorstand:
Vorsitzende(r): Dr. Arend Oetker
Stellvertretende(r) Vorsitzende(r): Dr. Beate Lindemann (Geschäftsführerin)
Schatzmeister(in): Max M. Warburg
Kuratoriumsvorsitzender: Hilmar Kopper
Verbandszeitschrift: "Presseinformationsdienst USA der Atlantik-Brücke e.V.", "Rundschreiben der Atlantik-Brücke e.V."
Mitglieder: 361 führende Vertreter des wirtschaftlichen, politischen, kulturellen und wissenschaftlichen Leben Deutschlands

● **E 403**
Berliner Informationszentrum für Transatlantische Sicherheit - BITS Förderverein e.V.
Rykestr. 13, 10405 Berlin
T: (030) 44 68 58-0
Internet: http://www.bits.de
E-Mail: bits@bits.de
Vorstandsmitglieder: Gerd Busmann
Otfried Nassauer
Mitglieder: 20

Belgien

● **E 404**
Deutsch-Belgisch-Luxemburgische Gesellschaft e.V.
i. Hs. d. Kölner Bank
Postf. 10 21 51, 50461 Köln
T: (0221) 25 47 48   **Fax:** 20 03-8380
Gründung: 1962
Präsident(in): Oberstleutnant a.D. Léon Claessens, Köln
Geschäftsführer(in): Manfred Münzel
Mitglieder: 350
Mitarbeiter: 4

Brasilien

● **E 405**
Deutsch-Brasilianische Gesellschaft e.V.
Kaiserstr. 201, 53113 Bonn
T: (0228) 21 07 07   **Fax:** 24 16 58
Internet: http://www.topicos.de
E-Mail: dbg@topicos.de
Gründung: 1960 (7. Dezember)
Präsident(in): VLR Sabine Eichhorn
Verbandszeitschrift: TOPICOS
Redaktion: Michael Rose
Verlag: Kaiserstr. 201, 53225 Bonn
Mitglieder: ca. 1000
Filialen: Distrikt Baden-Württemberg, Stuttgart mit Sektion Tübingen; Distrikt Bayern Nordbayern; Distrikt Niedersachsen mit Sektion Oldenburg; Distrikt Rheinland-Pfalz; Distrikt Hessen

Bulgarien

● **E 406**
Deutsch-Bulgarische Gesellschaft e.V.
Sternwartenstr. 6, 04103 Leipzig
T: (0341) 2 57 73 90   **Fax:** 2 57 73 90
Gründung: 1992 (10. Juni)
Präsident(in): Tristan Lang
Verbandszeitschrift: Mitteilungsblatt der DBG e.V. zu Leipzig
Redaktion: Dr. Dietmar Endler
Mitarbeiter: 2

Chile

● **E 407**
Deutsch-Chilenischer Bund (DCB)
Postfach 3214, RCH- Santiago de Chile
Avda. Vitacura 5875, RCH- Santiago de Chile
T: (00562) 2 19 10 68, 2 18 65 83   **Fax:** 2 12 64 74
E-Mail: mbachmann@interactiva.cl
Gründung: 1916
Vorsitzende(r): Kurt Konrad
Direktor(in): Eduardo Haensel
Mitglieder: 646
Mitarbeiter: 8

● **E 408**
Deutsch-Chilenischer Freundeskreis e.V.
Postf. 20 04 22, 53134 Bonn
Im Hohn 17, 53177 Bonn
T: (0228) 31 29 35   **Fax:** 31 29 35
Gründung: 1966 (20. Januar)
Präsident(in): Irmhild Eulenstein
Geschäftsführer(in): N.N.
Mitglieder: 170
Jahresetat: ca. DM 0,012 Mio, € 0,01 Mio

China

● **E 409**
Deutsch-Chinesische Gesellschaft e.V.
Markgrafenstr. 35, 10117 Berlin
T: (030) 2 03 61-440   **Fax:** 2 03 61-410
E-Mail: dcg-bonn@t-online.de
Gründung: 1957

Vorsitzende(r): Wolfgang Lüder
Geschäftsführer(in): Sophie-Caroline Zillessen
Verbandszeitschrift: FREIES ASIEN
Redaktion: Sophie-Caroline Zillessen

● **E 410**
Deutsche China-Gesellschaft e.V.
Klauprechtstr. 41, 76137 Karlsruhe
T: (0721) 81 68 02   **Fax:** 9 81 25 00
Internet: http://www.dcg.de
E-Mail: dcg@dcg.de
Gf. Vors.: Prof Dr. phil. Gregor Paul

● **E 411**
Deutsch-Chinesische Wirtschaftsvereinigung e.V. (DCW)
Unter Sachsenhausen 10-26, 50667 Köln
T: (0221) 12 03 70   **Fax:** 12 04 17
Internet: http://www.dcw-ev.de
E-Mail: info@dcw-ev.de
Gründung: 1987
Präs. d. Beirates: Dr. Ulrich Lehner
Vorsitzende(r) des Vorstandes: Hans Henning von Berg
Hauptgeschäftsführer(in): Wolfram Hoffmann
Verbandszeitschrift: China-Telegramm
Redaktion: IHK Köln und DCW
Mitglieder: ca. 330
Mitarbeiter: 2

Ziel der D C W war es seinerzeit und ist auch heute, die Wirtschaftsbeziehungen zwischen den beiden Ländern zu intensivieren und insbesondere den deutschen Mittelstand zu veranlassen, die wirtschaftliche Chancen, die China und seine Region bietet, aktiv zu nutzen. Zukünftig werden die Arbeiten in den Bundesländern vertieft. Die Wirtschaftsvereinigung wird darüber hinaus als Gründungsmitglied der Europe-China Business Association E C B A in Brüssel die Zusammenarbeit mit den Partnerverbänden in der EU im Interesse gemeinsamer Zielsetzungen vorantreiben.

● **E 412**
China-Gesellschaft e.V.
Baden-Württembergische Gesellschaft zur Förderung der Zusammenarbeit mit der VR China
Sitz: Stuttgart
Fach M 629, 78457 Konstanz
Postf. 55 60, 78434 Konstanz
T: (07531) 88 22 30   **Fax:** 88 30 99
Internet: http://www.bwcg.de
Gründung: 1983 (22. Juli)
Vorsitzender: Prof. Dr. Horst Sund (Ordinarius für Biochemie im Fachbereich Biologie der Universität Konstanz)
Stellvertretender Vorsitzender: Hermann Fünfgeld
Verbandszeitschrift: China-Report
Redaktion: Prof. Dr. Horst Sund
Verlag: Eigenverlag
Mitglieder: 96 (Stand 31.12.2000)

● **E 413**
Deutsch-Chinesische Vereinigung
Hauptgeschäftsstelle
c/o Pressebüro Fridrich
Postf. 16 48, 38506 Gifhorn
T: (05371) 5 30 40   **Fax:** 1 54 75
Gründung: 1986
Präsident(in): Charles Kersten
Vizepräsident(in): Nai Ying Chiang
Ing. Patrick Voorspoels
Generalsekr. u. Ltr. Presseabt.: Bernd-Dieter Fridrich
Schatzmeister: Wilfried Gritten
Mitarbeiter: 2

e 414
Deutsch-Chinesische Vereinigung
Büro Belgien
Avenue Charles-Quint 124, Bte. 14, B-1083 Bruxelles
T: (00322) 4 68 26 95   **Fax:** 4 68 24 30

e 415
Deutsch-Chinesische Vereinigung
Büro Taiwan
147/9th F., Huan Ho South St., Section 2, RC-100 Taipei
T: (008862) 3 02 49 44
Nai Hoa Chiang

● **E 416**
Gesellschaft für Deutsch-Chinesische Freundschaft e.V. (GDCF)
Innsbrucker Str. 3, 10825 Berlin
T: (030) 8 54 57 44
Gründung: 1973
Vorsitzende(r): Dagmar Yu-Dembski
Verbandszeitschrift: "das neue China"
Redaktion: Dagmar Yu-Dembski
Verlag: Innsbrucker Str. 3, 10825 Berlin
Mitglieder: ca. 1500 in ca. 20 örtlichen Vereinen

● **E 417**
Gesellschaft für Deutsch-Chinesische Freundschaft e.V. (GDCF)
Postfl. 23 01 21, 40087 Düsseldorf
T: (02102) 47 04 77   **Fax:** 70 43 62
E-Mail: boening-ccc@t-online.de
Vorsitzende(r) des Vorstandes: Dieter Böning

● **E 418**
Gießener Verein für Wirtschaftsstudien zu China e.V. (GVC)
Licher Str. 66, 35394 Gießen
T: (0641) 9 92 21 01   **Fax:** 9 92 21 09
Gründung: 1995 20. Juni
Vorsitzende(r) des Vorstandes: Prof. Dr. Armin Bohnet
Stellvertretende(r) Vorsitzende(r): Dr. Zhong Hong
Geschäftsführer(in): Dr. Zhong Hong
Schatzmeister: Dipl.-Kfm. Klaus Wenk (Direktor im Auslandsbereich der SGZ-Bank AG, Frankfurt/M.)
Beisitzer: Dipl.-Volksw. Frank Müller
Dr. Günter Jaehne
Dipl.-Volksw. Stefanie Schmitt
Beirat: Dr. Rolf Dittmar (L.M., Ministerialrat a.D.)
RAin Magdalena Harnischfeger-Ksoll (Seniorpartner der Sozietät Wessing, Berenberg-Gossler, Zimmermann, Lange in München)
Wolfgang Knobloch (Vorstandsmitglied der Volksbank Gießen)

Hongkong

● **E 419**

Hong Kong Trade Development Council
Postf. 50 05 51, 60394 Frankfurt
Kreuzerhohl 5-7, 60439 Frankfurt
T: (069) 9 57 72-0   **Fax:** 9 57 72-200
Internet: http://www.tdctrade.com
E-Mail: frankfurt.office@tdc.org.hk
Gründung: 1966
Geschäfts-Leitung: Lore Buscher
Wing Sham
Verbandszeitschrift: Hong Kong Trader (Monatszeitschrift)
Verlag: Hong Kong Trade Development Council, Hong Kong
Mitarbeiter: 17

Handelsauskünfte, Bezugsquellen, Messen in Hongkong, Gemeinschaftsstände Hongkongs auf Messen in Deutschland, Geschäftsdelegationen nach Hongkong, Produktkataloge

Dänemark

● **E 420**
Deutsch-Dänische Gesellschaft im Rheinland e.V.
Geschäftsstelle
Bernd Becker
Pfarrer-Maybaum-Weg 33, 51061 Köln
Vorsitzende(r): Martin Schalaster, Meckenheim

● **E 421**
Deutsch-Dänische Gesellschaft e.V. (DDG)
Sitz: Kiel
Hohenbergstr. 21, 24105 Kiel
T: (0431) 56 43 90   **Fax:** 56 43 55
Gründung: 1970
Vorsitzende(r): Annie Lander Laszig
Stellvertretende(r) Vorsitzende(r): Birgit Sippell-Amon
Mitglieder: 800

Sektionen in: Husum, Lübeck, Ostholstein, Plön, Rendsburg, Schleswig, Steinburg/Itzehoe sowie in Bremen und Lüneburg

● **E 422**
Dänische Handelsdelegation
Postf. 69 02 08, 30611 Hannover
Schellingstr. 5B, 30625 Hannover
T: (0511) 55 60 77   **Fax:** 55 53 16
E-Mail: dtc-hannover@t-online.de
Handelsdelegierter: Steen Brogaard Larsen

e 423
Dänische Handelsdelegation
Brandstwiete 4, 20457 Hamburg
T: (040) 32 20 21   **Fax:** 33 87 54
E-Mail: dtchamburg@t-online.de
Handelsdelegierter: Cay Forthmann Petersen

e 424
Dänische Handelsdelegation in Stuttgart
Postf. 10 09 28, 70008 Stuttgart
Königstr. 1A, 70173 Stuttgart
T: (0711) 29 05 58   **Fax:** 2 26 51 90
E-Mail: dhd-stuttgart@t-online.de
Handelsdelegierter: Flemming Hald

e 425
Dänische Handelsdelegation in Rostock
Lange Str. 1A, 18055 Rostock
T: (0381) 49 75 50   **Fax:** 4 97 55 10
E-Mail: dtcrostock@t-online.de
Handelsdelegierter: Claes Hvilsted-Olsen

● **E 426**
Dansk Kirke i Sydslesvig
Wrangelstr. 14, 24937 Flensburg
T: (0461) 5 29 25   **Fax:** 9 09 15 96
Internet: http://www.dks.folkekirken.dk/hellig
E-Mail: dansk-kirke@foni.net
Gründung: 1959 (7. Mai)
1. Vorsitzende(r): Propst Viggo Jacobsen
2. Vorsitzender: Manfred Kühl
3. Vorsitzender: Asger Gyldenkaerne
Geschäftsführer(in): Jytte Nickelsen
Mitglieder: 39
Mitarbeiter: 28

● **E 427**
Sydslesvigsk Forening e.V.
Postf. 26 64, 24916 Flensburg
T: (0461) 1 44 08-0   **Fax:** 14 40 81 30
1. Vorsitzende(r): Heinrich Schultz
Generalsekretär(in): Jens A. Christiansen
Mitglieder: 15500

Elfenbeinküste

● **E 428**
Wirtschaftabteilung der Côte d'Ivoire
Bonn Center H1204
Bundeskanzlerplatz 2-10, 53113 Bonn
T: (0228) 26 72 67   **Fax:** 2 67 26 67
E-Mail: www@cotedivoire/handel.com

Estland

● **E 429**
Verein der Deutschen Estlands (VDS)
Eestimaa Sakslaste Selts
Kastani 1, EW-2400 Tartu
T: (003727) 43 12 12   **Fax:** 42 12 66
Gründung: 1991 (November)
Vorsitzende(r): Erika Weber
Mitglieder: 1000

Finnland

● **E 430**
Deutsch-Finnische Vereinigung e.V.
Sitz:
Fackenburger Allee 2, 23554 Lübeck
T: (0451) 6 00 62 49
Stützpunkt/Postanschrift:
Stettiner Str. 85, 63150 Heusenstamm
T: (06104) 54 43   **Fax:** 68 26 83
Gründung: 1918
Vorsitzende(r): Konsul Claus Achim Eschke, Lübeck
Geschäftsführer(in): Dr. Erik von Knorre

● **E 431**
Deutsch-Finnische Gesellschaft e.V.
Fellbacher Str. 52, 70736 Fellbach
T: (0711) 5 18 11 65   **Fax:** 5 18 17 50
Internet: http://www.deutsch-finnische-gesellschaft.de
E-Mail: deutsch-finnische-gesellschaft@t-online.de
Gründung: 1952
Ltr. d. Bundesgeschäftsstelle: Maria Bürkle
Geschäftsführender Vorstand:
Bundesvorsitzende(r): Dipl.-Kfm. Asmus Link (Gartenstr. 19, 32756 Detmold, T: (05231) 3 27 77 (Büro) oder (05231) 85 44 (privat), Telefax: (05231) 3 36 66, E-Mail: FINN-LINK@t-online.de)
Stellvertretende(r) Vorsitzende(r): Burkhart E. Poser (Swinemünder Str. 11, 10435 Berlin, Tel./Fax: (030) 43 73 52 02)
Stellvertretende(r) Vorsitzende(r): Hellevi Oedekoven (Rosenstr. 30a, 53489 Sinzig, Tel./Fax: (02642) 4 21 88, E-Mail: Oedekoven@t-online.de)
Vorsitzender des Kuratoriums: Konsul Detmar Grolman (c/o Konsulat von Finnland, Immermannstr. 13, 40210 Düsseldorf, T: (0211) 9 35 01 18, Fax: (0211) 9 35 01 50)
Referate des Vorstandes: Petra Sauerzapf-Poser (Kultur; Swinemünder Str. 11, 01435 Berlin, Tel./Fax: (030) 43 73 52 02)
Ritva Röminger-Czako (Beirätin für Ausstellungen; Zur Marterkapelle 89, 53127 Bonn, T: (0228) 38 78, Fax: (0228) 25 39 49, E-Mail: ritva.roeminger@t-online.de)
Pirjo-Liisa Neumann (Beirätin für Briefpartnerschaften; Seegefelder Str. 161, 13583 Berlin, T u. Fax: (030) 3 72 93 55)
Sabine Bräunicke (Beirätin für Jugendaktivitäten; Bertha-von-Suttner-Str. 5, 99706 Sondershausen, T/Fax: (03632) 75 84 99 (priv.), (03632) 7 41-6 21 (dienstl.))
Dr.-Ing.
Otso Haahtela (Referat für Partnerschaften; Fischhausenweg 1, 38124 Braunschweig, T: (0531) 61 22 00, Fax: (0531) 61 06 90, E-Mail: haahtela@aol.com)
Bernd Korte (Beirat für Archivierung und Dokumentation; Sperlingsweg 103, 32758 Detmold, Tel./Fax: (05231) 6 79 22, E-Mail: bernd-heinrich.korte@t-online.de)
Dr.
Siegfried Löffler (Beirat z. b. V.; Wilhelm-Volckmar-Weg 32, 34576 Homberg, T: (05681) 25 64, Fax: (05681) 63 20)
Verbandszeitschrift: Deutsch-Finnische Rundschau
Redaktion: Burkhart E. Poser, Swinemünder Str. 11, 10435 Berlin, Tel./Fax: (030) 43 73 52 02
Verlag: Nomos Verlagsgesellschaft
Mitglieder: 10400
Mitarbeiter: 1
Jahresetat: ca. DM 0,8 Mio, € 0,41 Mio

DFG-Landesvereine

e 432
Deutsch-Finnische Gesellschaft Baden-Württemberg e.V.
Hildebrandtstr. 22, 70191 Stuttgart
T: (0711) 85 65 15   **Fax:** 85 65 27
1. Vorsitzende(r): Ass. jur. Bundesbahnoberrat Hans-Georg Glaser
Bezirksgruppen in Hohenlohe-Franken (Schwäbisch Hall), Karlsruhe, Stuttgart, Mittlerer Schwarzwald (Villingen-Schwenningen), Kurpfalz, Nordschwarzwald (Pforzheim), Reutlingen/Tübingen, Südbaden (Freiburg), Ulm, Oberschwaben (Ravensburg)

e 433
Deutsch-Finnische Gesellschaft Bayern e.V.
Ansbacher Str. 5, 91077 Neunkirchen
T: (09134) 50 47   **Fax:** 50 47
E-Mail: m.burkhard@odn.de
1. Vorsitzende: Marjatta Burkhard
Bezirksvereine DFG Allgäu e.V., Augsburg e.V., Hof e.V., München e. V., Nürnberg e.V., Bezirksgruppen in Ingolstadt, Unterfranken Ost (Schweinfurt), Unterfranken West (Würzburg), Dinkelsbühl

e 434
Deutsch-Finnische Gesellschaft Berlin-Brandenburg e.V.
Lauchstädter Weg 47, 12355 Berlin
T: (030) 6 63 12 37
1. Vorsitzende(r): Dipl.-Betriebsw. (FH) Jürgen Klapper
Verbandszeitschrift: Bevontulet-Nordlicht
Redaktion: Wolfgang Albrecht
Verlag: Am Hirschsprung 12, 16348 Wandlitz

e 435
Deutsch-Finnische Gesellschaft Bremen e.V.
c/o Anneli Toikka-Steudle
Meyenburger Str. 44, 28239 Bremen
T: (0421) 6 16 99 23
Vorstand: Anneli Toikka-Steudle
Hans-Peter Albrecht
Günter Mählck
Dipl.-Psych. Heiner Labonde

e 436
Deutsch-Finnische Gesellschaft Hessen e.V.
Friedenstr. 32, 35582 Wetzlar
T: (0641) 2 16 02   **Fax:** 2 41 35
1. Vorsitzende(r): Günter Höbel
Bezirksgruppen in Bad Hersfeld/Rotenburg, Darmstadt, Frankfurt/Main-Taunus, Gießen/Wetzlar, Hochtaunus (Bad Homburg), Kassel, Marburg, Offenbach/Main-Kinzig, Schwalm-Eder-Kreis, Vogelsberg, Wiesbaden

e 437
Deutsch-Finnische Gesellschaft Mecklenburg-Vorpommern e.V.
c/o Schwedenkontor
Jeeser 14, 18519 Kirchdorf
T: (038351) 8 05 63   **Fax:** 8 05 63
1. Vorsitzende(r): Kaija Menger
Bezirksverein: Wismar/Westmecklenburg

e 438
Deutsch-Finnische Gesellschaft Niedersachsen e.V.
Anton-Grebe-Str. 36, 31139 Hildesheim
T: (05121) 2 12 30   **Fax:** 20 84 08
Gründung: 1974 (9. Dezember)
1. Vorsitzende(r): Siegfried Josopait (Anton-Grebe-Str. 36, 31139 Hildesheim, T: (05121) 2 12 30, Fax: (05121) 20 84 08)
Verbandszeitschrift: KIPINÄ
Redaktion: E. Hentschel, Rückertstr. 1, 30169 Hannover
Mitglieder: 1000 (in Nds., Bund 11000)
Jahresetat: DM 0,045 Mio, € 0,02 Mio
Bezirksgruppen in Braunschweig, Celle, Göttingen, Hannover, Hildesheim, Oldenburg, Osnabrück, Wilhelmshaven

e 439
Deutsch-Finnische Gesellschaft Nord (Hamburg) e.V.
Husumer Str. 38, 20249 Hamburg
T: (040) 46 55 45 (p.)   **Fax:** 46 30 29
1. Vorsitzende(r): Markku Nurminen
Bezirksgruppe in Lübeck und Niederelbe

e 440
Deutsch-Finnische Gesellschaft Nordrhein-Westfalen e.V.
Dr.-Tigges-Weg 18, 42115 Wuppertal
T: (0202) 30 98-842   **Fax:** 30 98-841
Internet: http://www.finland.de/dfgnrw
E-Mail: dfgnrw@finland.de
Gründung: 1973 (12. Juni)
1. Vorsitzende(r): Dipl.-Ing. Volker Jägers
Verbandszeitschrift: Landesnachrichten
Redaktion: Vorstand
Mitglieder: 1800
Bezirksgruppen in Aachen, Bergisches Land, Bochum/Witten, Bonn e.V., Castrop-Rauxel, Dorsten, Düsseldorf, Essen, Hagen, Hochsauerland, Leverkusen, Münster e. V., Siegerland

e 441
Deutsch-Finnische Gesellschaft Rheinland-Pfalz/Saarland e.V.
Im Vischeltal 4, 53505 Altenahr
T: (02643) 73 65   **Fax:** 73 65
Gründung: 1996 (21. September)
1. Vorsitzende(r): Peter Kleist (Autor, Presse- und Jugendreferent)
Verbandszeitschrift: Katsaus-Blick
Redaktion: Mittsommer Verlag
Verlag: Mittsommer Verlag, Im Vischeltal 4, 53505 Altenahr
Mitglieder: 250
Bezirksgruppen: Ahrtal, Koblenz, Mainz, Saarbrücken, Trier, Westpfalz

e 442
Deutsch-Finnische Gesellschaft Sachsen e.V.
Pfaffenhainer Str. 15, 09387 Seifersdorf
T: (0371) 2 80 04 81   **Fax:** 2 80 04 81
1. Vorsitzende(r): Michael Paul
Bezirksverein DFG Pirna e.V. und Leipzig e.V. und Tampere-Chemnitz Verein e.V.

e 443
Deutsch-Finnische Gesellschaft Sachsen-Anhalt e.V.
Kretschmannstr. 35, 39118 Magdeburg
T: (0391) 6 22 74 60
1. Vorsitzende(r): Klaus Schneider
Bezirksgruppe im Mansfelder Land
Bezirksgruppe Halle

e 444
Deutsch-Finnische Gesellschaft Schleswig-Holstein e.V.
Zur Ziegelei 11, 24598 Boostedt
T: (04393) 23 31, (0170) 1 82 55 92   Fax: (04393) 23 31
1. Vorsitzende(r): Heino Christophersen (E-Mail:heino.christophersen@t-online.de)
Bezirksgruppe Hohenlockstedt

e 445
Deutsch-Finnische Gesellschaft Thüringen e.V.
Siedlung Elstertal 2, 07551 Gera
T: (0365) 3 68 20   Fax: 3 68 20
1. Vorsitzende(r): Dipl.-Ing. Heinrich-Dieter Hischer
Bezirksgruppe in Gera, Weimar und Suhl

e 446
Deutsch-Finnische Gesellschaft Westfalen-Lippe e.V.
Sperlingsweg 103, 32758 Detmold
T: (05231) 6 79 22   Fax: 6 79 22
1. Vorsitzende(r): Bernd Korte (E-Mail:bernd.heinrich.korte@t-online.de)
Bezirksvereine DFG Bünde e. V., DFG Lippe e.V., DFG Ostwestfalen e. V.

● E 447
Gesellschaft zur Förderung der Deutsch-Finnischen Beziehungen e.V.
Postf. 19 07, 65409 Rüsselsheim
Einsteinstr. 11, 65428 Rüsselsheim
T: (06142) 56 35 36   Fax: 5 71 34
Gründung: 1974 (24. August)
Vors. u. GF: OBgm.a.D. Dr. Karl-Heinz Storsberg

● E 448
Finnland-Institut in Deutschland für Kultur, Wissenschaft und Wirtschaft gGmbH
Alte Meierei
Alt-Moabit 98, 10559 Berlin
T: (030) 39 94 14-1   Fax: 3 99 48 76
Internet: http://www.finnland-institut.de
E-Mail: info@finstitut.de
Gründung: 1993 (01. Januar)
Geschäftsführer(in): Prof. Dr. Hannes Saarinen
Assistentin d. Direktors: Suvi Wartiovaara
Leitung Presseabteilung: Marion Holtkamp
Verbandszeitschrift: Schriftenreihe des Finnland-Instituts
Redaktion: Marion Holtkamp
Verlag: BERLIN VERLAG Arno Spitz GmbH
Mitarbeiter: 5
Jahresetat: DM 1 Mio, € 0,51 Mio

● E 449
Finnisches Außenhandelsbüro Berlin
Kurfürstendamm 183, 10707 Berlin
T: (030) 8 82 77 27   Fax: 8 83 14 39
Leiter(in): Handelsattaché Markku Simola

● E 450
Finnisches Außenhandelsbüro
Postf. 30 17 26, 20306 Hamburg
Esplanade 41, 20354 Hamburg
T: (040) 35 75 22-0   Fax: 34 07 00
E-Mail: hamburg@finpro.fi
Leiter(in): Vizekonsul Matti Niemelä

● E 451
Finnisches Außenhandelsbüro
Schleißheimer Str. 2, 80333 München
T: (089) 54 26 47-0   Fax: 52 71 80
Leiter(in): Handelsbeauftragter Antti-Jussi Heilala

● E 452
Finnische Abteilung des Instituts für Nordische Philologie der Universität Köln
50923 Köln
Albertus-Magnus-Platz, 50931 Köln
T: (0221) 4 70 41 47
Leiter(in): Prof. Dr. Marja Järventausta
Lektor: K.-H. Rabe

Frankreich

● E 453
Vereinigung Deutsch-Französischer Gesellschaften in Deutschland und Frankreich e.V. (VDFG)
Fédération des Associations Franco-Allemandes en France et en Allemagne
- Generalsekretariat -
Postf. 11 06, 55001 Mainz
Schillerstr. 11, 55116 Mainz
T: (06131) 22 65 32   Fax: 23 29 25
Internet: http://www.vdfg.de
E-Mail: vdfg@mail.uni-mainz.de
Gründung: 1957
Präsident(in): Dr. Beate Gödde-Baumanns (Herrenwiese 97, 47169 Duisburg)
Vizepräsident(in): Dr. Karsten Weber, Karlsruhe
OStD Gereon Fritz, Brilon
Französischer Präsident: Bernard Lallement
Schatzmeister: Peter Gattineau
Mitglieder: 30000
Mitarbeiter: 2
Mitgliedsorganisationen: 226 Deutsch-Französische Gesellschaften in Deutschland und Frankreich

● E 454
Deutsch-Französische Gesellschaft Berlin e.V.
Derfflingerstr. 8, 10785 Berlin
T: (030) 26 55 36 77   Fax: 26 55 36 78
Gründung: 1949
Präsident(in): Götz Schuffelhauer
Geschäftsf. Vors.: Jens-Henrik Lambert
Mitglieder: 400

● E 455
Französische Handelsdelegation
Postf. 15 06 24, 10668 Berlin
T: (030) 88 57 41-0   Fax: 8 83 33 10
E-Mail: berlin@dree.org
Gesandter: Philippe Gros (Wirtschaft und Handel)

● E 456
Französische Handelsdelegation
Königsallee 53-55, 40212 Düsseldorf
T: (0211) 3 00 41-0   Fax: 3 00 41-177
Internet: http://www.dree.org
E-Mail: duesseldorf@dree.org
Handelsrat: Francis Widmer
Stellv. Handelsrat: Patrick Imbert
Frédéric Perissat
Leitung Presseabteilung: Volker Rauch
Mitarbeiter: 40

● E 457
Club d'Affaires Franco-Allemand du Bade-Wurtemberg e.V.
c/o AIM
Königstr. 49, 70173 Stuttgart
T: (0711) 2 26 18 33   Fax: 29 24 99
Gründung: 1985
Präsident(in): Dipl.-Kfm. Manfred Rüdisühli (T: (0711) 2 37 68-10, Fax: 2 37 68-11)
Marie-José Süss (T: (0711) 2 38 58 52, Fax: 2 38 58 99)
Generalsekretär(in): R. A. Jean-Gabriel Recq (T: (0711) 92 55 80, Fax: 9 25 58 55)
Leitung Presseabteilung: Günther Heidebreck
Mitglieder: ca. 250
Jahresetat: ca. DM 0,07 Mio, € 0,04 Mio

● E 458
Club des Affaires de la Hesse
Walter-Kolb-Str. 9-11, 60594 Frankfurt
T: (069) 60 50 19-0   Fax: 60 50 19 66
E-Mail: ca_hesse@t-online.de
Gründung: 1977 (Oktober)
Präsident(in): Jean Louis Dietrich
Verbandszeitschrift: Le Bulletin
Redaktion: Eric Savoie
Mitglieder: 550
Mitarbeiter: 1 Halbtagskraft

● E 459
Club des Affaires Saar - Lorraine
Am Ludwigsplatz 6, 66117 Saarbrücken
E-Mail: info@clubaffaires.de
Gründung: 1988
Präsident(in): Jacques Renard
Leitung Presseabteilung: Dominique Van de Kerckhove
Verbandszeitschrift: Bulletin - Clubnachrichten
Redaktion: Monique Bender, Dominique Van de Kerckhove
Mitglieder: 170
Mitarbeiter: 1

● E 460
Deutsch-Französische Gesellschaft in Frankfurt (Main) e.V.
Schwarzwaldstr. 53, 60528 Frankfurt
T: (069) 96 74 01 85   Fax: 96 74 01 86
Gründung: 1938 (1. Oktober)
Präsident(in): Heiner Hartmann
Geschäftsführer(in): Christophe Braouet
Mitglieder: 417
Mitarbeiter: 1

● E 461
Deutsch-Französische Gesellschaft Schleswig-Holstein e.V. - Sitz Kiel
Hardenbergstr. 11, 24105 Kiel
T: (0431) 8 06 60 87   Fax: 8 06 60 87
Gründung: 1951 (16. Januar)
Vorsitzende(r): Margarete Mehdorn
Stellvertretende(r) Vorsitzende(r): Annick Take
Mitglieder: ca. 360
Dachverband: Vereinigung Deutsch-Französischer Gesellschaften in Deutschland und Frankreich e.V.

● E 462
Deutsch-Französisches Institut
Asperger Str. 34, 71634 Ludwigsburg
T: (07141) 9 30 30   Fax: 93 03 50
Internet: http://www.dfi.de
E-Mail: info@dfi.de
Gründung: 1948 (2. Juli)
Präsident(in): Dr. Kurt J. Lauk
Geschäftsführer(in): Dr. Henrik Uterwedde
Mitglieder: 150
Mitarbeiter: 22
Jahresetat: DM 2,7 Mio, € 1,38 Mio

● E 463
Deutsch-Französische Vereinigung Konstanz e.V.
Buhlenweg 5, 78467 Konstanz
T: (07531) 92 77 77
Gründung: 1950 (2. Februar)
Präsident(in): Claus-Dieter Hirt (T: (07531) 2 96 51)
Verbandszeitschrift: Hallo Bonjour
Redaktion: DFV
Verlag: Eigendruck, Auflage 1000
Mitglieder: ca. 370
Mitarbeiter: 8
Jahresetat: ca. DM 0,007 Mio, € 0 Mio

● E 464
Deutsch-Französischer Kreis e.V.
Niederlöricker Str. 26, 40667 Meerbusch
T: (02132) 75 50 97   Fax: 75 50 96
Gründung: 1950
Präsident(in): Dr. Bernd Kunth
Ehrenpräsident: Prof. Dr.jur. Dr.-Ing. E.h. Dieter Spethmann
Generalsekretärin: Christiane Gräfin von der Groeben
Mitglieder: 470

● E 465
Invest in France Agency
IFA Deutschland
Deutsche Außenstelle der französischen Raumordnungsbehörde DATAR (Paris)
Eschersheimer Landstr. 34, 60322 Frankfurt
T: (069) 17 00 23-0   Fax: 17 00 23-23
Internet: http://www.investinfrance.de, http://www.investinfrance.org
E-Mail: ifa.ffm@investinfrance.de
Gründung: 1971
Geschäftsführer: Patrice Schmitt
Mitglieder: 18 Auslandsbüros (weltweit)
Mitarbeiter: 5
Niederlassungen:
Schweiz: Nicolas Rebier, T: (0041) 12 61 45 00, Fax: 17 12 62 99
Österreich: Bruno Roquier-Vicat, T: (0043) 17 12 63 57 18, Fax: 17 12 62 99

Das Invest in France-Team stellt weltweit einen Beratungsdienst für Frankreich-Investoren zu Verfügung. Full-Service für Investoren: unverbindlich, kostenlos, vertraulich.

● E 466
Gesellschaft für übernationale Zusammenarbeit e.V. (G.ü.Z.)
Bureau International de Liaison et de Documentation (B.I.L.D.)
Schedestr. 13, 53113 Bonn

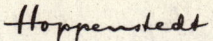

T: (0228) 9 23 98 10   Fax: 69 03 85
Internet: http://www.guez-dokumente.org,
http://www.dfjw.org/part/bild-guez/indexD.html
E-Mail: guez.dokumente@gmx.net
Gründung: 1945
Präsident(in): Dr. Franz Schoser
Winfried Böll
Thomas Jansen
Gerhard Eickhorn
Prof.Dr. Joseph Rovan
Frédéric Hartweg
Roland Mager
Bertrand Girod de l'Ain
Generalsekretär(in): Peter Herzberg (ab 15.03.01), Paris
Verbandszeitschrift: "Dokumente" + "Documents"
Redaktion: G.ü.Z.
Mitglieder: 120

● E 467

Französische Handelsdelegation für Hessen, Rheinland-Pfalz und das Saarland
Französisches Generalkonsulat
Walter-Kolb-Str. 9-11, 60594 Frankfurt
T: (069) 60 91 92-0   Fax: 60 91 92-43
Handelsrat: Daniel Paret

● E 468

Deutsch-Französischer Kulturrat
Am Ludwigsplatz 7, 66117 Saarbrücken
T: (0681) 5 01-1225, -12 26   Fax: 5 01-1269
Gründung: 1988
Präsident(in): Prof. Siegfried Palm
Vizepräsident(in): Senator Pierre Laffitte
Generalsekretär(in): Prof. Dr. Hubert Rohde
Stellv. Generalsekr.: Botschafter Jacques Morizet
Geschäftsführer(in): Eva Hoffmann-Müller (Ltg. Presseabt.)
Mitglieder: 20
Mitarbeiter: 4

● E 469

Club des Affaires en Rhénanie du Nord-Westphalie e.V.
c/o Pechiney Deutschland GmbH
Fritz-Vomfelde-Str. 12, 40547 Düsseldorf
T: (0211) 5 23 81 12   Fax: 5 23 82 00
Gründung: 1963
Präsident(in): Jean-Louis Gaudillère
Vizepräsident(in): Bernard Guigal
Schatzmeister: Renée Gualano
Mitglieder: ca. 200

● E 470

Capem Wirtschaftsförderung Moselle (Lothringen)
Königstr. 80 Wilhelmsbaupassage, 70173 Stuttgart
T: (0711) 2 26 08 70   Fax: 22 29 46 31
Internet: http://www.moselle-capem.com
E-Mail: capem.stuttgart@t-online.de
Geschäftsführer(in): Wolfram Schöck
Verbandszeitschrift: Moselle News
Redaktion: Stoffel u. Partner
Verlag: Hasenbergsteige 90, 70197 Stuttgart

Georgien

● E 471

Kaukasisch-Europäischer Wirtschaftsverein
Kurfürstendamm 70, 10709 Berlin
T: (030) 32 79 42-0   Fax: 32 79 42-22
E-Mail: bronny@t-online.de
Geschäftsführer(in): Anja Bronny

Griechenland

● E 472

Vereinigung der Deutsch-Griechischen Gesellschaften e.V.
Gathestr. 22a, 45475 Mülheim
T: (0208) 7 11 31
Geschäftsführer(in): Günter Leußler

● E 473

Verband Griechischer Gemeinden in der BRD (OEK)
Wenzelgasse 31, 53111 Bonn
T: (0228) 22 23 12   Fax: 22 23 28
Gründung: 1965
Vorsitzende(r): Kostas Pappas
Stellvertretende(r) Vorsitzende(r): Ioannis Zovrnatzidis
Leitung Presseabteilung: Stamatis Assimenios
Verbandszeitschrift: Metanasteftika Nea

Redaktion: Klissouras Vissarion
Mitglieder: 60000
Mitarbeiter: 8

● E 474

Deutsch-Hellenische Wirtschaftsvereinigung e.V.
Gleueler Str. 273, 50935 Köln
T: (0221) 9 43 57 18   Fax: 9 43 57 17
Gründung: 1993 (Juli)
Präsident(in): Dipl.-Kfm. Jannis Bourlos-May, Köln
1. Vizepräs.: Nikolaos Assariotis (Geschäftsf.), Bonn
2. Vizepräs.: Phedon Codjambopoulo (Radiologe, Ltg. Presseabt.), Köln
Generalsekretär: RA Dimitrios Th. Kouros, Köln
Schatzmeister: Jannis Vassiliou (Juwelier), Bonn
Verbandszeitschrift: DHW-PERIODIKON
Redaktion: Abt. Presse- und Öffentlichkeitsarbeit
Verlag: Eigenverlag
Mitglieder: ca. 250
Mitarbeiter: 1

Regionale Arbeitskreise:
Frankfurt; Hamburg; Dortmund; Berlin; München; Stuttgart; Hannover; Leipzig

Großbritannien

● E 475

BRITISH-GERMAN ASSOCIATION
18, Conduit Street, GB- London W1R 9TD
T: (004420) 76 29 49 75   Fax: 76 29 51 62
Gründung: 1951
Chairman: Maj-General Patrick Brooking
Verbandszeitschrift: British-German Review
Mitglieder: 800 + 1000 Zweigorganisationsmitglieder

● E 476

Britische Handels- und Investitionsförderung in Deutschland
Directorate of Trade & Investment in Germany
c/o Britisches Generalkonsulat Düsseldorf
Yorckstr. 19, 40476 Düsseldorf
T: (0211) 94 48-222   Fax: 48 63 59
Internet: http://www.britische-handelsfoerderung.de
E-Mail: info@britische-handelsfoerderung.de
Director: Boyd McCleary
Deputy Director: Richard D. Folland

Förderung britischer Exporte nach Deutschland, Förderung britischer Investitionen in Deutschland und deutsche Investitionen in Großbritannien. Britische Außenhandelsstellen in Düsseldorf, Hamburg, Frankfurt, Stuttgart, München, Berlin und Leipzig.

● E 477

Confederation of British Industry (CBI)
Centre Point
103 New Oxford Street, GB- London WC1A 1DU
T: (004420) 73 79 74 00   Fax: 72 40 15 78
Internet: http://www.cbi.org.uk
E-Mail: firstname.lastname@cbi.org.uk
Gründung: 1965
Internationaler Zusammenschluß: siehe unter izf 1959
President: Iain Vallance
Director General: Digby Jones
Manager of Press Department: Audrey Nelson
Verbandszeitschrift: Business Voice
Mitglieder: 250000 (approx.)
Mitarbeiter: 170

● E 478

Deutsch Britische Stiftung für das Studium der Industriegesellschaft
Anglo-German Foundation for the Study of Industrial Society
Hauptbüro
17, Bloomsbury Sq., GB- London WC1A 2NH
T: (004420) 74 04 31 37   Fax: 74 05 20 71
Internet: http://www.agf.org.uk
E-Mail: info@agf.org.uk
Gründung: 1973
Vorsitzende(r): Bryan Rigby
Generalsekretär(in): Keith Dobson
Leitung Presseabteilung: Nina Frentrop
Verbandszeitschrift: NONE
Verlag: Anglo-German Foundation
Mitarbeiter: 4
Jahresetat: DM 1,5 Mio

● E 479

Deutsch-Englische Gesellschaft e.V.
Jägerstr. 54 /55, 10117 Berlin
T: (030) 20 39 85-0   Fax: 20 39 85-16

Internet: http://www.deg-koenigswinter.de
E-Mail: headoffice@deg-koenigswinter.de
Gründung: 1949 (18. März)
Vorsitzende(r): Dr. Hermann Frhr. von Richthofen, Berlin
Stellvertretende(r) Vorsitzende(r): Rolf Seelmann-Eggebert, Hamburg
Mitglieder: 2300
Mitgliedsverbände in: Berlin, Bielefeld, Bonn, Dresden, Düsseldorf, Erfurt, Essen, Hamburg, Halle, Heidelberg, Jena, Frankfurt/M., Freiburg, Kiel, Leipzig, Magdeburg, Münster, Potsdam, Schwerin, Stuttgart

● E 480

Deutsch-Britisches Forum
German-British Forum
Lacon House
Theobald's Road, GB- London WC1X 8RW
T: (004420) 75 24 63 37   Fax: 89 47 75 37
Internet: http://www.gbf.com
E-Mail: s.collins@gbf.com
Chairman: Lord Douglas Hurd of Westwell (Chairman, Hawkpoint Partners Limited, London)
Deputy Chairman: Robert Bischof (Chairman, McIntyre & King, Liverpool)
David Marsh (Vice Chairman, Hawkpoint Partners, London)
Prof. Willie Paterson (Director, Institute for German Studies, University of Birmingham)
Coordinator: Stephen Collins

Indien

● E 481

Indische Technische Handelsberatung
Immermannstr. 59, 40210 Düsseldorf
T: (0211) 35 90 11   Fax: 35 84 56
E-Mail: eepcddorf@aol.com
Gründung: 1964
Geschäftsführer(in): V. K. Duggal
Mitglieder: ca. 8000 ind. Exporteure

● E 482

Deutsch-Indische Gesellschaft e.V.
Charlottenplatz 17, 70173 Stuttgart
T: (0711) 29 70 78   Fax: 2 99 14 50
Internet: http://www.dig-ev.de
E-Mail: info@dig-ev.de
Gründung: 1953
1. Vorsitzende(r): Botschafter a.D. Dr. Hans-Georg Wieck
1. Stellv. Vorsitzender: Dr. Prabuddha Banerjee
2. Stellv. Vorsitzender: Dr. Joachim Oesterheld
Mitglieder: ca. 5000
Mitarbeiter: 2

Irland

● E 483

Industrial Development Board for Northern Ireland (IDB)
Oststr. 152, 40210 Düsseldorf
T: (0211) 35 07 67   Fax: 16 24 89
Internet: http://www.idbni.co.uk
E-Mail: idbni@aol.com
Direktor(in): Adrian O'Hare

● E 484

IDA Irland - Irische Industrie-Entwicklungsbehörde
Rolandstr. 44, 40476 Düsseldorf
T: (0211) 51 89 99-0   Fax: 43 36 54
Internet: http://www.idaireland.com
E-Mail: Christa.Reuschlein@duesseldorf.ida.ie
Das Büro zieht zum 01. Januar 2002 nach Frankfurt a.M.
Gründung: 1947 (Zentrale in Dublin)
Direktor Europa:
Barry O'Leary
Presseabteilung: Christa Reuschlein
Verbandszeitschrift: Business Ireland
Redaktion: IDA Irland, Dublin, deutsche Bearbeitung C. Reuschlein, IDA Irland, Düsseldorf

Ansiedlung ausländischer Produktions- und internationaler Dienstleistungsbetriebe, Finanz-Dienstleistungsbetriebe; Förderung und Betreuung o.g. Aktivitäten.

● E 485

Irisches Zentrum für Handel und Technologie
Rolandstr. 44, 40476 Düsseldorf
T: (0211) 47 05 90 **Fax:** 4 70 59-32
Gründung: 1962
Direktor: Deutschland: Michael Moriarty
Mitarbeiter: 20 (gesamt)
Eine Einrichtung der Republik Irland zur Förderung des Handels und der Technologie. In die Zuständigkeit fallen: Auf-/Ausbau internationaler Handelsbeziehungen, Bezugsquellennachweise, Organisation von Einkäuferreisen u. Dienstleistungen.

e 486

Irisches Zentrum für Handel und Technologie
Regus Business Centre
Arnulfstr. 27, 80335 München
T: (089) 59 04-7271 **Fax:** 59 04-7200
Kontaktperson: Jan Gerritsen

e 487

Irisches Zentrum für Handel und Technologie
Embassy of Ireland
Friedrichstr. 200, 10117 Berlin
T: (030) 2 20 72-104 **Fax:** 2 20 72-295
Kontaktperson: Sylvester Cahill

Island

● E 488

Gesellschaft der Freunde Islands e.V., Hamburg
Raboisen 5, 20095 Hamburg
T: (040) 33 66 96
Gründung: 1950
Vorsitzende(r): Dr. Sverrir Schopka
Stellvertretende(r) Vorsitzende(r): Ilse-Maria Postelt
Schatzmeister: Wolf-Dieter Müller
Ehrenpräs: Konsul Oswald Dreyer-Eimbcke
Mitglieder: ca. 300

● E 489

Deutsch-Isländische Gesellschaft Köln e.V.
Apostelnstr. 7, 50667 Köln
T: (0221) 2 57 37 17 + 18 **Fax:** 2 58 45 65
Ehrenpräsident: Konsul Dr. Max Adenauer
Präsident(in): Botschafter a.D. Hans-H. Haferkamp
Geschäftsführender Vorsitzender: Reinhard Schorsch
Verbandszeitschrift: Island
Redaktion: Prof. Dr. Gert Kreutzer

● E 490

Gesellschaft zur Förderung der Deutsch-Isländischen Wirtschaftsbeziehungen e.V.
Viktualienmarkt 5, 80331 München
T: (089) 22 17 00 **Fax:** 22 17 00
Gründung: 1985
Vorsitzende(r): Dipl.-Volksw. Dr. Edgar Forster (Beratender Dipl.-Volksw., Viktualienmarkt 5, 80331 München)
Stellvertretende(r) Vorsitzende(r): Dipl.-Ing. Sigurlaug Saemundsdottir (Fürstenbergstr. 25, 80809 München)
Dipl.-Physiker Thorsteinn Halldórsson (Daphnestr. 15, 81925 München)
Schatzmeister: Rechtsanwalt Nikolaus Lutje (Clemensstr. 30, 80803 München)
Schriftführer(in): Korrespondent Asgeir Eggertsson (Schellingstr. 96, 80798 München)

Israel

● E 491

Deutsch-Israelische Gesellschaft e.V. (DIG)
Martin-Buber-Str. 12, 14163 Berlin
T: (030) 80 90 70 28 **Fax:** 80 90 70 31
Gründung: 1966
Präsident(in): Manfred Lahnstein (Herrengraben 3, 20459 Hamburg, T: (040) 37 67 72 30/1)
Geschäftsführer(in): Hildegard Radhauer
Verbandszeitschrift: DIG-Magazin
Redaktion: Martin-Buber-Str. 12, 14163 Berlin
Mitglieder: 5000

● E 492

Israel Trade Center - isr. Handelsdelegation
Widenmayerstr. 11, 80538 München
T: (089) 21 16 78-3 **Fax:** 29 84 45
Internet: http://www.tradecenter-israel.de
E-Mail: munich@tradecenter-israel.de
Direktor(in): Noam Bar-Gal

● E 493

Bundesverband der Gesellschaften der Freunde der Hebräischen Universität Jerusalem in Deutschland e.V.
Liebigstr. 7, 60323 Frankfurt
T: (069) 72 28 21 **Fax:** 72 32 75
Präsident(in): Ernst Welteke
GeschSt u. Schatzmeister: Dr. Bert Rauscher

● E 494

Deutsch-Israelische Wirtschaftsverein e.V.
Geschäftsstelle Wiesbaden
c/o Israelisch-Deutsche Industrie- und Handelskammer
Kreuzberger Ring 23, 65205 Wiesbaden
T: (0611) 7 78 83 45 **Fax:** 7 78 83 48
E-Mail: israel@ahk-diw.de
Präsident(in): Dr. G. Heller
Vizepräsident(in): H. Behrendt
Geschäftsführer(in): Y. Bi-Lev
Leiter der Geschäftsstelle: RA Zvi Tirosh

● E 495

Deutsche Gesellschaft der Freunde des Weizmann-Instituts e.V. (DGFWI)
c/o v. Hase & Köhler Verlag
Bahnhofstr. 6, 55116 Mainz
T: (06131) 23 23 34 **Fax:** 22 79 52
Gründung: 1982
1. Vorsitzende(r): Kaspar Frhr. von Harnier (c/o v. Hase & Koehler Verlag, Bahnhofstr. 6, 55116 Mainz, T: (06131) 23 23 34, Fax: 22 79 52)
2. Vorsitzender: Prof. Dr.Dr. Frank Bidlingmaier
Mitglieder: 481

● E 496

Deutsch-Italienische Vereinigung e.V.
Arndtstr. 12, 60325 Frankfurt
T: (069) 74 67 52 **Fax:** 7 41 14 53
Internet: http://www.div-web.de
E-Mail: div@div-web.de, italienisch@div-web.de
Gründung: 1966
Vors. d. Vorstandes: Salvatore A. Sanna
Vors. d. Beirats: Konsul Dietrich Herbst
Verbandszeitschrift: Italienisch: Zeitschrift für italienische Sprache und Literatur
Redaktion: Caroline Lüderssen, Marina Rotondo
Mitglieder: ca. 550

● E 497

Vereinigung für Italienisch-Deutsche Freundschaft
Via di Ripetta 41, I-00186 Rom
T: (00396) 3 61 23 27 **Fax:** 3 61 23 26
Gründung: 1962 (7. Februar)
Ehrenpräsident: Sen. Rodolfo Tambroni
Vorsitzende(r): Dr.jur. Gino Ragno
Geschäftsführer(in): Prof. Agostino Scaramuzzino (Jugendaustauschdienst)
Stellvertretende(r) Geschäftsführer(in): Contessa Anna Presenzini
Leitung Presseabteilung: Ingrid Adelhelm
Verbandszeitschrift: NOTIZIARIO ITALO-GERMANICO (Tabloid)
Mitglieder: 3800
Mitarbeiter: 7 freiwillige
Jahresetat: DM 0,12 Mio
Direktor und Chefredakteur: Gino Ragno, Via di Ripetta 41, I-00186 Rom

● E 498

Italienisch-Deutsches Kulturinstitut
Istituto di Cultura Italo-Tedesco
Via Guidobono 2-7, I-17100 Savona
T: (0039) 019-82 47 03 **Fax:** 019-81 44 89
Gründung: 1984
Präs. u. GF: Prof. Giovanni Musso
Mitglieder: ca. 150

Jamaika

● E 499

Deutsch-Jamaikanische Gesellschaft e.V. Bonn
Weyherser Weg 1a, 36043 Fulda
Gründung: 1976 (11. Dezember)
Präsident(in): Dieter Nemec (Hermann-Hesse-Str.18, 73092 Heiningen, T: (07161) 94 14 09)
Vizepräsident(in): Winston Ottey-Hall (c/o Fürstenwall 163, 40215 Düsseldorf, T: (0211) 38 36 72, Telefax: (0211) 38 36 72)
Schriftführer(in): Rainer Epp (Weyherser Weg 1 a, 36043 Fulda, T: (0661) 24 00 08, Telefax: (0661) 2 28 01)
Schatzmeister: Dr. Manfred Bischoff (Westerhamer Str. 6, 83620 Feldkirchen, T: (08063) 12 90)
Mitglieder: z. Zt. 183

Japan

● E 500

Japanisch-Deutsches Zentrum Berlin
Saargemünder Str. 2, 14195 Berlin
T: (030) 8 39 07-0 **Fax:** 8 39 07-220
Internet: http://www.jdzb.de
E-Mail: jdzb@jdzb.de
Gründung: 1985 (15.01.)
Präsident(in): Botschafter a.D. Keizo Kimura
Vizepräsident(in): Prof. Dr. Hans Günter Danielmeyer
Generalsekretär(in): Volker Klein
Leitung Presseabteilung: Michael Niemann
Verbandszeitschrift: JDZB-Echo
Redaktion: Michael Niemann
Verlag: Eigenverlag
Mitarbeiter: 24
Jahresetat: DM 4 Mio, € 2,05 Mio

● E 501

Verband der Deutsch-Japanischen Gesellschaften
Otto-Suhr-Allee 26-28, 10585 Berlin
T: (030) 2 62 92 92 **Fax:** 34 70 23 18
Internet: http://www.djg-dachverband.de
E-Mail: djg-berlin@t-online.de
Präsident(in): Dr. Günther Haasch
Vizepräsident(in): Achim A. Stoehr

Mitglieds-Gesellschaften in:

Baden-Württemberg

e 502

Deutsch-Japanische Gesellschaft für Kunst und Kultur e.V. Koblenz
Burggrafstr. 1 A, 56427 Siershahn
T: (0172) 69 32-956
Präsident(in): Hisashi Shigenobu

e 503

Deutsch-Japanischer Kulturverein Freiburg e.V.
Schwarzwaldstr. 24, 79189 Bad Krozingen
T: (07633) 34 88 **Fax:** 10 12 53
1. Vorsitzende(r): Kiku Manshard

e 504

Deutsch-Japanische Gesellschaft Donaueschingen e.V.
Postfach 11 11, 78152 Donaueschingen
T: (0771) 30 21 **Fax:** 1 45 28
Präsident(in): Walter Lwowski

e 505

Deutsch-Japanische Gesellschaft Karlsruhe e.V.
c/o Universität Karlsruhe
76128 Karlsruhe
T: (0721) 86 56 11 **Fax:** 86 56 11
Vorsitzende(r): Teruko Matsushima-Fritz

e 506

Deutsch-Japanische Gesellschaft Freundeskreis Nagai-Bad Säckingen e.V.
Schweikhof Haus 87, 79736 Rickenbach
T: (07765) 6 02 **Fax:** 96-831
Präsident(in): Regine Haußmann

e 507

Deutsch-Japanische Gesellschaft Baden-Württemberg e.V.
Nikolaus-Lenau-Str. 13, 71364 Winnenden
T: (07195) 22 94 **Fax:** 17 92 54
Präsident(in): Christian Doehler

Bayern

e 508

Deutsch-Japanische Gesellschaft in Augsburg und Schwaben e.V.
c/o IHK für Augsburg und Schwaben
Dr. Wolfgang Epp
86136 Augsburg
T: (0821) 3 16 22 05 **Fax:** 3 16 21 71
Präsident(in): Hannelore Leimer

e 509

Deutsch-Japanische Gesellschaft in Passau e.V.
Ringstr. 7, 94081 Fürstenzell
T: (08502) 35 93 **Fax:** 7 81
Präsident(in): Prof. Dr. Sascha W. Felix

e 510

Deutsch-Japanische Gesellschaft in Bayern e.V.
Marienplatz 1 II, 80331 München
T: (089) 22 18 63 **Fax:** 2 28 95 98
Präsident(in): Dr. Helmut Laumer

e 511

Deutsch-Japanische Gesellschaft für Nordbayern e.V.
Deutsche Bank AG, Direktion, Filiale Nürnberg
Karolinenstr. 30, 90402 Nürnberg
T: (0911) 2 01 43 48 **Fax:** 2 01 41 12
Präsident(in): Günter Barthel

e 512

Siebold-Gesellschaft e.V.
Deutsch-Japanisches Forum
Palais Siebold
Frankfurter Str. 87, 97082 Würzburg
T: (0931) 41 35 41 **Fax:** 41 35 41
Präsident(in): Dr. Constantin von Brandenstein-Zeppelin
1. **Vorsitzende(r):** Wolfgang Klein-Langer

Berlin

e 513

Deutsch-Japanische Gesellschaft Berlin e.V.
Otto-Suhr-Allee 26-28, 10585 Berlin
T: (030) 2 62 92 92 **Fax:** 34 70-2318
E-Mail: djg-berlin@t-online.de
Gründung: 1888
Präsident(in): Dr. Günther Haasch
Verbandszeitschrift: Kawaraban
Verlag: DJG Berlin

Brandenburg

e 514

Deutsch-Japanische Gesellschaft Potsdam in der Berlin-Brandenburgischen Auslandsgesellschaft (BBAG) e.V.
Schulstr. 8b, 14482 Potsdam
T: (0331) 2 70 02 40 **Fax:** 2 70 86 90
Präsident(in): Dr. Thilo Graf Brockdorff

e 515

Deutsch-Japanische Gesellschaft Cottbus e.V.
Kaiserstr. 7, 03096 Werben
T: (03375) 50 85 58 **Fax:** 50 89 50
Präsident(in): Prof. Dr. Lothar Brunsch

Bremen

e 516

Deutsch-Japanische Gesellschaft zu Bremen e.V.
Am Markt 1, 28195 Bremen
T: (0421) 32 46 46 **Fax:** 32 46 46
Präsident(in): Hans-Bernd Giesler

Hamburg

e 517

Deutsch-Japanische Gesellschaft zu Hamburg e.V.
c/o WGA Wirtschaftsvereinigung
Groß- und Außenhandel e.V.
Gotenstr. 21, 20097 Hamburg
T: (040) 23 60 16 25 **Fax:** 23 60 16 10
Präsident(in): Bernhard Großmann

e 518

Deutsch-Japanische Juristenvereinigung e.V.
c/o Prof. Dr. Matthias K. Scheer
Neuer Wall 54, 20354 Hamburg
T: (040) 37 21 35 **Fax:** 36 35 69
Internet: http://www.djjv.org
E-Mail: drscheer@aol.com
Präsident(in): Dr. Jan Grotheer
Verbandszeitschrift: Zeitschrift für japanisches Recht

Hessen

e 519

Deutsch-Japanische Gesellschaft Linden-Warabi e.V.
Schillerstr. 9, 35440 Linden
T: (06403) 56 70 **Fax:** 7 33 61
Präsident(in): Dr. Jochen Weiß

e 520

Deutsch-Japanische Gesellschaft e.V. Frankfurt am Main
Weingärtenstr. 16, 61440 Oberursel
T: (06171) 58 05 07 **Fax:** 58 05 07
Präsident(in): Achim A. Stoehr

Mecklenburg-Vorpommern

e 521

Kultur-Jugend- und Bildungsverein Deutsch-Japanischer Freundeskreis Lübz/Mecklenburg e.V.
Hinter der Wohrte 14, 19386 Lübz
T: (038731) 2 07 94, 4 73 13 **Fax:** 2 07 95
Präsident(in): Holger Dau

e 522

Deutsch-Japanische Gesellschaft zu Rostock e.V.
Postfach 10 40 10, 18006 Rostock
T: (0381) 44 81 85 **Fax:** 44 81 85
Präsident(in): Prof. Dr. Gerhard Maeß

Niedersachsen

e 523

Deutsch-Japanische Gesellschaft zu Braunschweig e.V.
Lagesbüttelstr. 12, 38110 Braunschweig
T: (0530) 7 27 22
Präsident(in): Willy Boß (T: (05171) 7 02-100, Fax: 7 02-199)

e 524

Deutsch-Japanische Gesellschaft Hannover CHADO-KAI e.V. zur Förderung d. Städtepartnerschaft Hannover-Hiroshima
Ihmeplatz 8 /309, 30449 Hannover
T: (0511) 4 58 13 28 **Fax:** 4 58 13 28
Präsident(in): Renate Schaadt

e 525

Freundeskreis Hannover-Hiroshima e.V.
Hesemannstr. 5, 30655 Hannover
T: (0511) 81 14-218 **Fax:** 81 14-250

e 526

Deutsch-Japanische Gesellschaft zu Lüneburg e.V.
Am Kreideberg 3, 21339 Lüneburg
T: (04131) 3 81 33 **Fax:** 3 81 33
Präsident(in): Burckhard Dölitzsch

e 527

Deutsch-Japanische Gesellschaft Nordwest zu Oldenburg e.V.
Weddigenstr. 10, 26123 Oldenburg
T: (0441) 8 56 20 **Fax:** 8 56 20
Präsident(in): Kurt Teller

e 528

Gesellschaft der deutsch-japanischen Freundschaft Osnabrück e.V.
Forschungsstelle Japan, Universität Osnabrück
49069 Osnabrück
T: (0541) 9 69 46 23 **Fax:** 9 69 46 00
Präsident(in): Johannes Eidt

e 529

Deutsch-Japanische Gesellschaft Winsener/Luhe Japanfreunde e.V.
Marktstr. 34, 21423 Winsen
T: (04171) 6 10 21 **Fax:** 6 10 61
Präsident(in): Bodo Beckedorf

Nordrhein-Westfalen

e 530

Deutsch-Japanische Gesellschaft Bielefeld e.V.
Am Rehwinkel 27, 33619 Bielefeld
T: (0521) 1 64 01 65 **Fax:** 1 64 01 65
Präsident(in): Joachim Schultz-Tornau

e 531

Deutsch-Japanische Gesellschaft in der Rheinisch-Westfälischen Auslandsgesellschaft e.V.
Steinstr. 48, 44147 Dortmund
T: (0231) 8 38 00-27 **Fax:** 8 38 00-55
Präsident(in): Oliver Mayer

e 532

Deutsch-Japanische Gesellschaft am Niederrhein e.V.
Bismarckstr. 39-43, 40210 Düsseldorf
T: (0211) 8 54 99 65 **Fax:** 8 28 47 41
Präsident(in): Dr. Ruprecht Yondran

e 533

Deutsch-Japanische Gesellschaft e.V. Köln
Rather Mauspfad 77, 51107 Köln
T: (0221) 86 23 79 **Fax:** 86 71 49
Präsident(in): Dr. Wilhelm Krieger

e 534

Engelbert-Kämpfer-Gesellschaft Lemgo e.V.
Deutsch-Japanischer Freundeskreis
Rampendal 63, 32657 Lemgo
T: (05261) 94 70-0 **Fax:** 94 70-17
Präsident(in): Dr. Wolfgang Ulrich

e 535

Deutsch-Japanische Gesellschaft Bonn e.V.
c/o M. Mönch
Auf dem Köllenhof 47, 53343 Wachtberg
T: (0228) 34 83 65 **Fax:** 34 83 65
Präsident(in): Wolfgang Dietz
Geschäftsf. Vizepräs.: Marianne Mönch

Rheinland-Pfalz

e 536

Deutsch-Japanische Gesellschaft Rhein-Neckar e.V.
André van den Berg
Freiburger Str. 17, 69126 Heidelberg
T: (06103) 7 61-4314 **Fax:** 37 31 71

Schleswig-Holstein

e 537

Deutsch-Japanische Gesellschaft Schleswig-Holstein e.V.
Postfach 18 32, 24017 Kiel
T: (0431) 32 28 10 **Fax:** 32 28 10
Präsident(in): Dr. Peter Janocha

Saarland

e 538

Deutsch-Japanische Gesellschaft in Saarbrücken e.V.
Talstr. 56a, 66119 Saarbrücken
T: (0681) 5 50 72, 5 77 03 **Fax:** 5 50 71
Präsident(in): Manfred Krischek

Sachsen

e 539

Deutsch-Japanische Gesellschaft in Sachsen e.V.
Ulberndorfer Weg 4, 01277 Dresden
T: (0351) 2 58 13 59 **Fax:** 2 58 13 59
Präsident(in): Wolfgang Groeger

Sachsen-Anhalt

e 540

Deutsch-Japanische Gesellschaft Halle-Saalkreis e.V.
Frau Dany Rosengard
Streiberstr. 40, 06110 Halle
T: (0345) 2 90-5551
E-Mail: djghalle@aol.com
Präsident(in): Gero Seifert

e 541

Deutsch-Japanische Gesellschaft Sachsen-Anhalt e.V.
c/o Mitteldeutscher Rundfunk
Stadtparkstr., 39114 Magdeburg
T: (0391) 5 39 21 30   **Fax:** 5 39 21 39
Präsident(in): Michael Gosewisch

Thüringen

e 542

Deutsch-Japanische Gesellschaft in Erfurt e.V.
Hans-Grundig-Str. 14, 99099 Erfurt
T: (0361) 3 73 21 07 (dienstl.), 3 79 16 22 (privat)
Präsident(in): André Schubart

e 543

Deutsch-Japanische Gesellschaft Südthüringen e.V. Suhl
Würzburger Str. 6, 98529 Suhl
T: (03681) 7 05-375   **Fax:** 7 05-373
Präsident(in): Wolfgang Holler

e 544

Deutsch-Japanische Gesellschaft Weimar e.V.
c/o OMEGA
Döbereinerstr. 26, 99427 Weimar
T: (03643) 42 66-24   **Fax:** 42 66-23
Präsident(in): Siegfried Wetzel (MdL)

● E 545

Deutsch-Japanischer-Wirtschaftskreis (DJW)
Stockumer Kirchstr. 61, 40474 Düsseldorf
T: (0211) 45 60-8381   **Fax:** 45 60-878381
E-Mail: info@djw.de
Gründung: 1986
Vorsitzende(r): Dr. Ruprecht Vondran
Präsidiumsmitglied(er): Hans Joachim Drissler
Prof. Dr. Albert Jugel
Dr. Helmut Laumer
Wolfgang Niedermark
Dr. Hans-Christoph von Rohr
Geschäftsführer(in): Uwe Kerkmann
Verbandszeitschrift: DJW-NEWS

Hilfe für deutsche Unternehmen bei der Durchdringung des japanischen Marktes durch Markt- und Produktinformation und Nennung potentieller japanischer Geschäftspartner. Forum für den deutsch-japanischen Dialog auf Unternehmensebene

● E 546

Deutsches Institut für Japanstudien Tokio
Nissei Kojimachi-Bldg.
3-3-6, Kudan Minami, Chiyoda-Ku, J- Tokyo 102-0074
T: (00813) 32 22-5077   **Fax:** 3222-5420
Internet: http://www.dijtokyo.org

● E 547

Japan External Trade Organization (JETRO)
FriedrichstadtPassagen, Quartier 205
Friedrichstr. 70, 10117 Berlin
T: (030) 20 94 55 60   **Fax:** 20 94 55 61
Internet: http://www.jetro.go.jp
Verbandszeitschrift: JETRO-Informationen
Redaktion: JETRO Berlin, PR-Abt.

Export- und Investitionsförderung nach Japan

e 548

Japan External Trade Organization (JETRO)
Königsallee 58, 40212 Düsseldorf
T: (0211) 13 60 20   **Fax:** 32 64 11

e 549

Japan External Trade Organization (JETRO)
Roßmarkt 17 III, 60311 Frankfurt
T: (069) 28 32 15   **Fax:** 28 33 59

e 550

Japan External Trade Organization (JETRO)
Promenadeplatz 12, 80333 München
T: (089) 2 90 84 20   **Fax:** 29 08 42 89

● E 551

Deutsch-Jemenitische Gesellschaft e.V.
Erwinstr. 52, 79102 Freiburg
T: (0761) 40 61 96, 7 07 11 13   **Fax:** 40 61 96, 7 07 11 13
Vorsitzende(r): Peter H. Hellmuth
Geschäftsführer(in): RA Horst E. Schöpperle

Jordanien

● E 552

Deutsch-Jordanische Gesellschaft e.V.
Andreaestr. 1, 30159 Hannover
T: (0511) 32 38 34   **Fax:** 32 15 38
Gründung: 1963 (14. November)
Vorsitzende(r): Honorarkonsul Kurt Uihlein
Schatzmeister: Dr. Rüdiger Gläbe
Leiter d. Kulturabteilung: Dr.h.c. Dipl.-Ing. Karl Schmitt-Korte
Geschäftsführer(in): Dipl.-Ing. Ralf Schaper
Sekretär: Sebastian Schiermann (Springerstr. 29, 30459 Hannover, FAX: (05101) 20 20)
Verbandszeitschrift: Deutsch-Jordanische Nachrichten
Mitglieder: 943
Landesverbände: Hamburg, Baden-Württemberg, Niedersachsen, Rhein-Main

Kanada

● E 553

Deutsch-Kanadische Gesellschaft e.V.
c/o Kölner Bank
Hohenzollernring 31-35, 50672 Köln
T: (0221) 2 57 67 81   **Fax:** 20 03-380
Internet: http://www.dkg-online.de
E-Mail: info@dkg-online.de
Präsidium:
Präsident(in): Norbert Strohschen, Rösrath
Vizepräsident(in): Michael Nussbaum, Ahrensburg
Präsidiumsmitglied(er): Reid Anderson, Toronto
Karl L. Barths, Kronberg/Ts.
RA Gerhard Glattes, Bonn
Fritz Hermanns, Köln
Prof.Dr. Lothar Hönnighausen, Bonn
Andrew G. Kniewasser, Toronto
Dr. Werner Lamby, Bonn
Peter Müllejans, Köln
RA Michael Oppenhoff, Köln
Dr. Georg Schmitz, München
Theo Rudolf Schweiker, Stuttgart
RA Michael Siebold (L.L.M.), Frankfurt/M.
Prof. Eberhard H. Zeidler, Toronto
Arthur Zwingenberger, Toronto
Vorstand:
Vorsitzende(r): Dietrich Th. A. Krafft, Rheinbach
1. Kulturreferentin: Heidrun Richter, Berlin
2. Kulturreferent: Prof. Dr. Dietrich Soyez, Köln
Schatzmeister: Josef Dohm, Hürth
Schriftführer(in): Stefan Endres, Bonn
Landesgruppen:
Oberbayern: München; Berlin u. Brandenburg: Berlin; Niedersachsen: Hannover; Ruhrgebiet: Essen; Rheinland: Köln; Kurpfalz: Mannheim; Rhein-Main: Frankfurt

● E 554

GERMAN CANADIAN BUSINESS & TRADE PUBLICATION
480 University Ave. Suite 1410, CDN- Toronto Ontario M5G IV2
T: (001416) 586-0181   **Fax:** 586-0411
Internet: http://www.germancanadian.com
E-Mail: gcbpa@canada.com
Gründung: 1953
Präsident(in): Eric Bremermann
Manager: Cristina Spataru
Verbandszeitschrift: Bulletin
Mitglieder: 120
Ausgaben: German Canadian Business & Trade Directory

Kenia

● E 555

Staatliches Verkehrsbüro der Republik Kenia
Neue Mainzer Str. 22, 60311 Frankfurt
T: (069) 23 20 17/18   **Fax:** 23 92 39
Gründung: 1972
Leitung Presseabteilung: N. N.
Verbandszeitschrift: 1. Willkommen im Ferienparadies Kenya
Herausgeber: Kenya Tourist Office
2. See Kenya See Africa
Herausgeber: Kenya Tourist Board
Verantwortlich für die Deutsche Ausgabe: Kenya Tourist Office, Frankfurt
Mitarbeiter: 4

Korea

● E 556

Deutsch-Koreanische Gesellschaft e.V.
Herwarthstr. 20, 53115 Bonn
T: (0228) 69 11 55   **Fax:** 69 11 20
Gründung: 1964
Präsident(in): Dr. Leo Wagner
Vizepräsident(in): Dr. Peter Ramsauer (MdB)
Prof. Dr. Werner Sasse
Verbandszeitschrift: Koreana
Redaktion: Heinz-Willy Brunen, Dr. Albrecht Huwe, Dr. Dietrich Müller
Verlag: Verlag Euro Korea Journal GmbH, Dorotheenstr. 239, 53119 Bonn
Mitglieder: 300
Mitgliedsverbände: Regionalverband Bayern; Regionalverband Rhein-Ruhr; Regionalverband Hessen/Rhein-Main; Regionalverband Baden-Württemberg; Regionalverband Köln-Bonn; Regionalverband Thüringen, Sachsen, Sachsen-Anhalt; Regionalverband Berlin

● E 557

Korea Trade Center
(Koreanisches Handelszentrum)
Handelsförderungs-Organisation der Republik Korea
Mainzer Landstr. 27-31, 60329 Frankfurt
T: (069) 2 42 99 20   **Fax:** 25 35 89
Internet: http://www.kotra.co.kr/main/main.php3
E-Mail: frankfurt@kotra.co.kr
Direktor(in): Kim Sang-Kowan

● E 558

Korea Trade Center Hamburg
Heidenkampsweg 66, 20097 Hamburg
T: (040) 23 22 35, 23 26 38   **Fax:** 23 39 98

● E 559

SMIPC Europe Office
(Europabüro der staatlichen Förderungsgesellschaft für die klein- und mittelständische Industrie der Republik KOREA)
Industriestr. 30-34, 65760 Eschborn
T: (06196) 95 82-0   **Fax:** 95 82-23
E-Mail: info@smipc-eu.de
Direktor(in): NA Kyu-il

Kurdistan

● E 560

NAVEND - Zentrum für kurdische Studien e.V.
Bornheimer Str. 20-22, 53111 Bonn
T: (0228) 65 29 00   **Fax:** 65 29 09
Internet: http://www.navend.de
E-Mail: info@navend.de
Gründung: 1992 (April)
Vorsitzende(r): Dipl.-Ing. Metin Incesu
Stellvertretende(r) Vorsitzende(r): Jürgen Maier
Leitung Presseabteilung: Petra Grüne
S. Sheref Ün
Verbandszeitschrift: Kurdistan heute
Redaktion: Metin Incesu
Verlag: NAVEND e.V., Bornheimer Str. 20-22, 53111 Bonn
Mitglieder: über 100
Mitarbeiter: 5 amtliche, 4 ehrenamtliche

Malta

● E 561

Deutsch-Maltesische Gesellschaft e.V. (DMG)
Mittelbachstr. 26, 53518 Adenau
T: (02691) 5 01   **Fax:** 22 83
Präsident(in): Bernd Schiffarth
Geschäftsführer(in): Günter Schmitt
Verbandszeitschrift: Deutsch-Maltesischer Rundbrief
Redaktion: B. Schiffarth

Marokko

● E 562

Deutsch-Marokkanische
Gesellschaft e.V.

**Deutsch-Marokkanische Gesellschaft e.V.
Bochum**
c/o ELE Emscher Lippe Energie GmbH
Ebertstr. 30, 45879 Gelsenkirchen
T: (0209) 36 20   **Fax:** 21 05
Ehrenpräsident: amtierender Botschafter (des Königreichs Marokko in der Bundesrepublik Deutschland, Niederwallstr. 39, 10117 Berlin)
Präsident(in): Dr. Ingo Westen (Geschäftsführer der ELE Emscher Lippe Energie GmbH, Gelsenkirchen)
Vizepräsident(in): Dr. Jochen Pleines (Direktor des Landesspracheninstituts Nordrhein-Westfalen, Postf. 25 04 33, 44742 Bochum)
Generalsekretär(in): Hans-Theo Petry (ELE Emscher Lippe Energie GmbH, Ebertstr. 30, 45879 Gelsenkirchen)
Schatzmeister: Karl Heinz Klingner (Auf der Papenburg 45, 44801 Bochum)
Mitglieder: 200

e 563

**Deutsch-Marokkanische Gesellschaft e.V.
Regionalkreis Bayern**
c/o Därr Reisebuch-Verlags GmbH
Im Grund 12, 83104 Tuntenhausen
T: (083104) 13 31
Ansprechpartner: Erika Därr

e 564

**Deutsch-Marokkanische Gesellschaft e.V.
Regionalkreis Düsseldorf/Köln/Bonn**
c/o Carl-Duisberg-Gesellschaft
Hansaring 49-51, 50670 Köln
T: (0221) 16 26-0   **Fax:** 16 26-222
Ansprechpartner: Dr. Bernd Hakenjos

e 565

**Deutsch-Marokkanische Gesellschaft e.V.
Regionalkreis Berlin**
Paul-Lincke-Ufer 35, 10999 Berlin
T: (030) 6 11 81 59
Ansprechpartner: Ingo Wiggers

e 566

**Deutsch-Marokkanische Gesellschaft e.V.
Regionalkreis Hamburg**
Potosistr. 34, 22587 Hamburg
T: (040) 86 83 05
Ansprechpartner: Dr. Gerd Becker (Potosistr. 34, 22587 Hamburg, T: (040) 86 83 05)
Fayçal Bensaid (Harburger Chaussee 39, 20539 Hamburg, T: (040) 8 53 34 62)

e 567

**Deutsch-Marokkanische Gesellschaft e.V.
Regionalkreis Osnabrück**
Neckarstr. 6, 49565 Bramsche
T: (05461) 13 66   **Fax:** (0561) 88 65 68
Regionalkreis Rhein/Main
Ansprechpartner: Mohamed El Hayani (E-Mail: elhayani@t-online.de)

e 568

**Deutsch-Marokkanische Gesellschaft e.V.
Regionalkreis Ruhrgebiet**
Kleine Lindenstr. 11, 44577 Castrop-Rauxel
T: (02305) 6 22 87
Ansprechpartner: Dr. Horst Bronny

e 569

**Deutsch-Marokkanische Gesellschaft e.V.
Arbeitsgruppe Wissenschaft**
c/o Landesspracheninstitut Nordrhein-Westfalen
Stiepeler Str. 129, 44801 Bochum
T: (0234) 32-11943   **Fax:** 32 14-119
E-Mail: jochen.pleines@wtal.de
Ansprechpartner: Dr. Jochen Pleines

e 570

**Deutsch-Marokkanische Gesellschaft e.V.
Arbeitsgruppe Jugendaustausch**
Auf der Papenburg 45, 44801 Bochum
T: (0234) 70 22 89   **Fax:** 9 78 96 89
E-Mail: sigrid.g.klingner@ruhr-uni-bochum.de
Ansprechpartner: Karl Heinz Klingner

Mauritius

● E 571

Mauritius Informationsbüro
Postf. 18 02 70, 60083 Frankfurt
T: (0700) 62 87 48 48
Gründung: 1979
Leiter(in): Wilfried Briem
Leitung Presseabteilung: Wilfried Briem
Ltg. Touristikabt.: Gabriele Briem
Verbandszeitschrift: "Faszination Mauritius"
Verlag: Team Medien Service Hubert Beiseken, Goethestr. 49, 63322 Rödermark (und Redaktion)
Mitarbeiter: 5

Namibia

● E 572

Deutsch-Namibische Gesellschaft e.V.
Sudetenlandstr. 18, 37085 Göttingen
T: (0551) 7 07 67 81   **Fax:** 7 07 67 82
Internet: http://www.dngev.de
E-Mail: dngv@t-online.de
Gründung: 1977
Präsident(in): Klaus A. Heß (Zum Loh 21, 37079 Göttingen)
Kuratorium: J.A. Brückner
Dr. Wolfgang Burr
Dr. Ingo Friedrich (MdEP)
Prof.Dr. Karl-Heinz Hornhues (MdB)
Dr. Klaus Frhr. von der Ropp
Prof.Dr. Wolfgang Rumpf
Nora Schimming-Chase
Hanns-Eberhard Schleyer
Dr. Peingeondjabi Shipoh
Prof. Dr. Fanuel Tjingaete
Hans-Günther Toetemeyer
Anton von Wietersheim
Leitung Presseabteilung: Klaus A. Heß
Verbandszeitschrift: Namibia Magazin
Verlag: Klaus Hess Verlag, Zum Loh 21, 37079 Göttingen
Mitglieder: üb. 1500
Bezirksgruppen in: Detmold, Duisburg, Düsseldorf, Franken, Freiburg, Hamburg, Hannover, Köln-Bonn, Mainz, München, Pfalz/Pirmasens, Saarbrücken, Schleswig-Holstein, Weinheim/Rhein-Neckar

Niederlande

● E 573

Deutsch-Niederländische Gesellschaft e.V.
c/o Industrie- und Handelskammer zu Münster
Sentmaringer Weg 61, 48151 Münster
T: (0251) 70 72 23   **Fax:** 70 73 24
E-Mail: pieper@muenster.ihk.de
Gründung: 1932
Vorsitzende(r): Dr. Helmut Proppe
Geschäftsführer(in): Wieland Pieper
Mitglieder: 240

● E 574

Bundesgemeinschaft für Deutsch-Niederländische Kulturarbeit
Burloer Str. 93, 46325 Borken
T: (02861) 82 13 48 (Kreisverwaltung)
E-Mail: bduk@kreis-borken.de
Vorsitzende(r): Raimund Pingel (Oberkreisdir. a. D.)

Österreich

● E 575

Österreichische Gesellschaft Bonn e.V.
Kapellenstr. 31, 51491 Overath
T: (02206) 87 67   **Fax:** 87 67
Gründung: 1985
Präsident(in): Dr. Jürgen Em (Kapellenstraße 31, 51491 Overath, T. + Fax: (02206) 87 67)
Vizepräsident(in): Lore Hamacher
Bert Zeferer
Verbandszeitschrift: Postille
Redaktion: Österreichische Gesellschaft Bonn e.V., Kapelstr. 31, 51491 Overath
Mitglieder: 220

Oman

● E 576

Deutsch-Omanische Gesellschaft e.V.
c/o Commerzbank AG / ZIB 3
60261 Frankfurt
Kaiserplatz, 60311 Frankfurt
T: (069) 13 62 47 85   **Fax:** 13 62 97 70
Internet: http://www.deutschoman.de
E-Mail: deutschoman@pobox.com
Gründung: 1992 (4. September)
Präsident(in): Friedhelm Jost
Generalsekretär(in): Eberhard Brodhage

Osteuropa

● E 577

Deutsche Gesellschaft für Osteuropakunde e.V.
Schaperstr. 30, 10719 Berlin
T: (030) 21 47 84 12   **Fax:** 21 47 84 14
E-Mail: dgo@zedat.fu-berlin.de
Gründung: 1913
Präsident(in): Prof. Dr. Rita Süssmuth (MdB), Berlin
Geschäftsführer(in): Dr. Heike Dörrenbächer, Berlin
Verbandszeitschrift: "Osteuropa", "Osteuropa-Recht", "Osteuropa-Wirtschaft"
Verlag: Deutsche Verlagsanstalt, Stuttgart
Mitglieder: 800
Mitarbeiter: 7

Zweigstellen der Gesellschaft in den Universitätsstädten: Bochum, Bonn-Köln, Bremen, Düsseldorf, Erlangen-Nürnberg, Frankfurt/Oder, Frankfurt/Main, Freiberg/Sa., Freiburg, Hamburg, Hannover, Jena, Kiel, Leipzig, Lüneburg, Mainz, Mannheim, Marburg, München, Münster, Regensburg, Rostock, Trier, Tübingen und Würzburg

● E 578

Ost-Ausschuss der Deutschen Wirtschaft
Breite Str. 29, 10178 Berlin
T: (030) 20 28-1452   **Fax:** 20 28-2452
Internet: http://www.ost-ausschuss.de
E-Mail: ost-ausschuss@bdi-online.de
Sprecher: Dr. Klaus Mangold
Geschäftsführer(in): Oliver Wieck

Länderkreis Bulgarien
Sprecher: Thomas Betz
Geschäftsführer(in): RA Dr. Anton Vogt

Länderkreis Rumänien
Sprecher: Ernst-Ulrich Matz
Geschäftsführer(in): RA Dr. Anton Vogt

Länderkreis Slowakische Republik
Sprecher: N.N.
Geschäftsführer(in): Oliver Wieck

Länderkreis Rußland
Sprecher: Dr. Klaus von Menges
Geschäftsführer(in): Oliver Wieck

Länderkreis Belarus
Sprecher: Dr. Klaus von Menges
Geschäftsführer(in): RA Dr. Anton Vogt

Länderkreis Ukraine
Sprecher: Andreas de Maizière
Geschäftsführer(in): Oliver Wieck

Länderkreis Zentralasiatische Republiken
Sprecher: Dr. Volker Jung
Geschäftsführer(in): RA Dr. Anton Vogt

Länderkreis Kaukasische Republiken
Sprecher: N.N.
Geschäftsführer(in): RA Dr. Anton Vogt

Länderkreis Südosteuropa
Sprecher: Prof. Manfred Nußbaumer
Geschäftsführer(in): Prof. Michael Harus

Länderkreis Baltikum
Sprecher: Dr. Joachim v. Harbon
Geschäftsführer(in): Dr. Anton Vogt

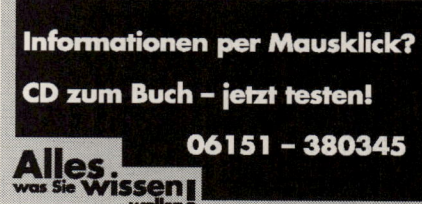
Informationen per Mausklick?
CD zum Buch – jetzt testen!
06151 – 380345
Alles. was Sie wissen wollen

Arbeitskreis Finanzierungs-, Beratungs-, und Vertragsfragen
Vorsitzende(r): N.N.
Geschäftsführer(in): Oliver Wieck
Verbandszeitschrift: Ost-Ausschuss Informationen
Redaktion: Dr. Martin Hoffmann
Verlag: Industrie-Förderung GmbH, Breite Str. 29, 10178 Berlin

● E 579
Ost-West-Wirtschaftsclub e.V. Bayern
Koloniestr. 6, 82194 Gröbenzell
T: (08142) 5 18 09 **Fax:** 5 83 52
E-Mail: owwc-jd@t-online.de
Gründung: 1968
Präsident(in): Staatsminister a.D. Dr.h.c. August R. Lang
Vizepräsident(in): Staatsminister Reinhold Bocklet
Rolf Obler
Geschf. Vors: Josef Döllner
Mitglieder: 200
Mitarbeiter: 16 ehrenamtl.

● E 580

Ost- und Mitteleuropa Verein e.V.
Ferdinandstr. 36, 20095 Hamburg
T: (040) 33 89 45, 33 93 71 **Fax:** 32 35 78
Gründung: 1991
Präsident(in): Prof. Dr. Manfred Busche
Geschäftsführende(s) Vorstands-Mitglied(er): Dr. Ulrich Dietsch
Leitung Presseabteilung: Katrin Morosow
Verbandszeitschrift: Ost-West-Contact
Redaktion: Dr. Jutta Falkner
Verlag: OST-WEST-CONTACT Verlags- und Beratungsgesellschaft mbH
Mitglieder: 320
Mitarbeiter: 5
Jahresetat: DM 1 Mio, € 0,51 Mio
Förderung der Wirtschaftsbeziehungen mit Ost- und Mitteleuropa.

● E 581
Sächsische Gesellschaft zur Förderung des Osthandels e.V. (SGFO)
Chemnitzer Str. 13 Haus 2, 09224 Grüna
T: (0371) 82 13 30, 8 10 19 08 **Fax:** 8 81 72 42, 8 10 19 09
E-Mail: sgfo@t-online.de
Gründung: 1990 (5. November)
Präsident(in): Dr. Horst Richter
Vizepräsident(in): Dr. Siegfried Porsche
Geschäftsführer(in): Frank Müller
Verbandszeitschrift: Ost-Info
Redaktion u. Verlag: SGFO, Chemnitzer Str. 13, Haus 2, 09224 Grüna
Mitglieder: 98
Mitarbeiter: 4

● E 582
Südosteuropa-Gesellschaft e.V.
(Deutsch-Ausländische Kultureinrichtungen)
Widenmayerstr. 49, 80538 München
T: (089) 21 21 54-0 **Fax:** 2 28 94 69
Internet: http://www.suedosteuropa-gesellschaft.com
E-Mail: suedosteuropa-gesellschaft@t-online.de
Gründung: 1952 (29. November)
Präsident(in): Gernot Erler (MdB), Berlin
Vors. d. Kuratoriums: Dr. Hans-Peter Linss, München
Geschäftsführer(in): Dr. Hansjörg Brey (Leiter)
Geschäftsführer(in): Dr. Johanna Deimel (Stellv., Ltg. Presseabt.)
Verbandszeitschrift: Südosteuropa Mitteilungen
Mitglieder: 650

Zweigstellen

Berlin

e 583
Südosteuropa-Gesellschaft e.V.
Zweigstelle Berlin
c/o Seminar für Ur- und Frühgeschichte
Freie Universität Berlin
Altensteinstr. 15, 14195 Berlin
Prof. Dr. Bernhard Hänsel

e 584
Südosteuropa-Gesellschaft e.V.
Zweigstelle Dresden/Freiberg
c/o Institut für Geschichte
Technische Universität Dresden
01062 Dresden
Mommsenstr. 13, 01069 Dresden
Prof. Dr. Karl-Heinz Schlarp

e 585
Südosteuropa-Gesellschaft e.V.
Zweigstelle Duisburg
c/o Gerhard-Mercator-Universität-GH-Duisburg
FB 1/Politikwissenschaft LF-Gebäude
47048 Duisburg
Lotharstr. 65, 47057 Duisburg
Prof. Dr. Heinz-Jürgen Axt

Dresden/Freiberg

e 586
Südosteuropa-Gesellschaft e.V.
Zweigstelle Dresden/Freiberg
c/o Technische Universität
Bergakademie Freiberg
09596 Freiberg
Lessingstr. 45, 09599 Freiberg
Prof. Dr. Bruno Schönfelder

Erlangen/Bamberg

e 587
Südosteuropa-Gesellschaft e.V.
Zweigstelle Erlangen/Bamberg
c/o Institut für Slavistik
Universität Erlangen-Nürnberg
Bismarckstr. 1, 91054 Erlangen
Prof. Dr. Klaus Steinke

e 588
Südosteuropa-Gesellschaft e.V.
Zweigstelle Erlangen/Bamberg
c/o Lehrstuhl für Slavische Philologie
Universität Bamberg
An der Universität 5, 96047 Bamberg
Prof. Dr. Peter Thiergen

Hamburg

e 589
Südosteuropa-Gesellschaft e.V.
Zweigstelle Hamburg
c/o Institut für Finnougristik/Uralistik der
Universität Hamburg
Bogenallee 11, 20144 Hamburg
Dr. Holger Fischer

Jena

e 590
Südosteuropa-Gesellschaft e.V.
Zweigstelle Jena
c/o Philosophische Fakultät
Friedrich-Schiller-Universität Jena
Institut für Slawistik
Ernst-Abbe-Platz 8, 07743 Jena
Kontaktperson: Prof. Dr. Gabriella Schubert

Leipzig

e 591
Südosteuropa-Gesellschaft e.V.
Zweigstelle Leipzig
c/o Institut für Länderkunde
Schongauerstr. 9, 04329 Leipzig
Prof. Dr. Frank-Dieter Grimm

e 592
Südosteuropa-Gesellschaft e.V.
Zweigstelle Mainz
c/o FB 16 Historisches Seminar V
Johannes Gutenberg-Universität Mainz
55099 Mainz
T: (06131) 3 92 27 82
E-Mail: prinzing@mail.uni-mainz.de
Prof. Dr. Günter Prinzing

Mannheim/Heidelberg

e 593
Südosteuropa-Gesellschaft e.V.
Zweigstelle Mannheim/Heidelberg
c/o Universität Mannheim, Slavisches Seminar
Schloß
68131 Mannheim
Prof. Dr. Josip Matešić

e 594
Südosteuropa-Gesellschaft e.V.
Zweigstelle Mannheim/Heidelberg
Romanisches Seminar
Universität Heidelberg
Seminarstr. 3, 69117 Heidelberg
T: (06221) 54 27 44
Kontakt: Prof. Dr. Dr. h.c. Klaus Heitmann

Marburg

e 595
Südosteuropa-Gesellschaft e.V.
Zweigstelle Marburg
c/o Philipps-Universität
Institut für Slavische Philologie
35032 Marburg
Wilhelm-Röpke-Str. 6, 35039 Marburg
Prof. Dr. Helmut Schaller

Münster

e 596
Südosteuropa-Gesellschaft e.V.
Zweigstelle Münster
c/o Universität Münster
Institut für Geographie
Robert-Koch-Str. 26, 48149 Münster
Prof. Dr. Cay Lienau

Passau/Regensburg

e 597
Südosteuropa-Gesellschaft e.V.
Zweigstelle Passau/Regensburg
c/o Lehrstuhl für Alte Geschichte
Universität Passau
94030 Passau
Prof. Dr. Hartmut Wolff

e 598
Südosteuropa-Gesellschaft e.V.
Zweigstelle Passau/Regensburg
Institut für Slavistik
Universität Regensburg
93040 Regensburg
Universitätsstr. 31, 93053 Regensburg
Prof. Dr. Dr. h.c. Erwin Wedel

Trier

e 599
Südosteuropa-Gesellschaft e.V.
Zweigstelle Trier
Prof. Dr. Gerhard Ressel
Lehrstuhl für Slavische Philologie
Universität Trier
54286 Trier
Universitätsring 15, 54296 Trier

Tübingen

e 600
Südosteuropa-Gesellschaft e.V.
Zweigstelle Tübingen
c/o Geowissenschaftliche Fakultät
Universität Tübingen
Hölderlinstr. 12, 72074 Tübingen
T: (07071) 2 97-2399 **Fax:** 2 97-5318
E-Mail: horst.foerster@uni-tuebingen.de
Kontaktperson: Prof. Dr. Dr. h.c. Horst Förster

Würzburg

e 601

Südosteuropa-Gesellschaft e.V.
Zweigstelle Würzburg
c/o Lehrstuhl für Slavische Philologie
Julius-Maximilians-Universität Würzburg
Residenzplatz 2, 97070 Würzburg
Prof. Dr. Christian Hannick

Ostsee-Anrainer

● E 602

Pro Baltica Forum e.V.
Brodschrangen 4, 20457 Hamburg
T: (040) 3 76 55-264   **Fax:** 3 76 55-333
Internet: http://www.probaltica.org
E-Mail: info@probaltica.org
Gründung: 1992
Geschäftsführer(in): Dr. Eero Rantala (Staatsminister a.D., Finnland)
Repräsentanten: in Vilnius, Riga, Tallinn, St. Petersburg, Helsinki, Västerås/Stockholm, Oslo, Schwerin/Mecklenburg-Vorpommern, Kaliningrad und Warschau

Polen

● E 603

Polnisches Kulturinstitut
Träger: Ministerium für Auswärtige Angelegenheiten der Republik Polen
Karl-Liebknecht-Str. 7, 10178 Berlin
T: (030) 2 47 58 10   **Fax:** 24 75 81 30
Gründung: 1956
Direktor(in): Dr. Slawonir Tryc
Mitarbeiter: 12

● E 604

Deutsch-Polnische Gesellschaft Bundesverband e.V.
Koordinierungsbüro Berlin
Rauchstr. 17-18, 10787 Berlin
T: (030) 2 65 51 63-0   **Fax:** 2 65 51 63-1
E-Mail: dpgbv@t-online.de
Vorstand
Vorsitzende(r): Dr. Angelica Schwall-Düren (MdB; Deutscher Bundestag, Platz der Republik, 11011 Berlin, T: (030) 22 77 21 06, 22 77 77 06, Fax: 22 77 67 06, e-mail: angelica.schwall-dueren@bundestag.de)
Stellvertretende(r) Vorsitzende(r): Cornelia Pieper (MdB; Deutscher Bundestag, Platz der Republik, 11011 Berlin, T: (030) 22 77 55 55, 22 77 35 55, Fax: 22 77 65 55, e-mail: cornelia.pieper@bundestag.de)
Stellvertretende(r) Vorsitzende(r): Dr. Reinhard Klein (Deutsch-Polnische Wirtschaftsförderungsgesellschaft, ul. Kobylogórska 68, PL 66-400 Gorzów Wlkp., T: (004895) 7 20 83 40, Fax: 7 20 83 41, e-mail: klein@twg.pl)
Stellvertretende(r) Vorsitzende(r): Gerd Hoffmann (Berner Chaussee 154 f, 22175 Hamburg, T: (040) 6 41 93 75, Fax: 64 22 42 38, 37 86 39 19 (dienstl.))
Schatzmeister: Reinhard Caspari (Am Hachweg 1, 37083 Göttingen, T: (0551) 79 20 62, Fax: 79 20 72, e-mail: reinhardcaspari@t-online.de)
Beisitzer: Frieder Birzele (MdL; Haus des Landtags, Konrad-Adenauer-Str. 3, 70173 Stuttgart, T: (0711) 20 63-230, Fax: 20 63-712; Dreikönigsweg 8, 73033 Göppingen, T: (07161) 1 44 96, Fax: 1 44 97)
Beisitzer: Dr. Heinrich Machowski (Vionvillestr. 9, 12167 Berlin, T: (030) 7 71 89 03, 89 78 93 36 (dienstl.), Fax: 89 78 93 05 (dienstl.))
Beisitzer: Rainer Nalazek (MdBB; Arberger Heerstr. 39b, 28307 Bremen, T: (0421) 48 35 66, Fax: 4 84 22 87, e-mail: rainer.nalazek@ewe.de)
Beisitzer: Cornelius Ochmann (Bertelsmann-Stiftung, Carl-Bertelsmann-Str. 256, 33311 Gütersloh, T: (05241) 81 71 98, Fax: 81 93 84)
Beisitzer: Albrecht Riechers (Am Uhrturm 18D, 30519 Hannover, T/Fax: (0511) 4 75 04 72, e-mail: albrecht.riechers@t-online.de)
Beisitzer: Christian Schröter (Bernauer Str. 149 i, 13355 Berlin, T: (030) 4 32 91 92, (0331) 2 31 31 73 (dienstl.), Fax: (030) 43 56 60 37)
Beisitzer: Erwin Stahl (Dorfstr. 25 a, 03130 Schönheide, T: (03563) 59 50 59, (03564) 38 91 52 (dienstl.), Fax: (03563) 5 98 21, (03564) 38 91 55 (dienstl.))
Beisitzer: Dr. Burkard Steppacher (Leiter Europaforschung, Konrad-Adenauer-Stiftung, 53757 Sankt Augustin, T: (0228) 69 11 17, (02241) 24 62 32 (dienstl.), Fax: (02241) 24 62 94 (dienstl.))
Beisitzer: Arnold Vaatz (MdB; Deutscher Bundestag, Platz der Republik, 11011 Berlin, T: (030) 27 77 48 24, Fax: 27 77 65 82)
Beisitzerin: Ruth Zuther (Theodor-Storm-Str. 5, 21255 Tostedt, T/Fax: (04182) 67 41)
Mitglieder des Kuratoriums: Prof. Dr. Rita Süssmuth (MdB, Präsidentin des Deutschen Bundestages a.D., Vorsitzende des Kuratoriums, Deutscher Bundestag, Platz der Republik, 11011 Berlin, T: (030) 22 77 79 98, Fax: (030) 22 77 69 98)
Dr.h.c. Hans-Dietrich Genscher (Bundesminister des Auswärtigen a.D., Stellvertretender Vorsitzender des Kuratoriums, Deutscher Bundestag, Platz der Republik, 11011 Berlin, T: (030) 22 77 71 80)
Pfarrer Dr. Dieter Bach (Direktor der Evangelischen Akademie Mühlheim a.D., Düsseldorfer Str. 282, 47053 Duisburg, T: (0203) 66 65 64)
Johannes Bauch (Botschafter a.D., Machnower Str. 22a, 14165 Berlin, T: (030) 80 90 68 48)
Klaus Bednarz (WDR-Redaktion „Monitor", 50600 Köln, T: (0221) 22 01)
Prof. Dr. h.c. Berthold Beitz (Vorstand der Alfried Krupp von Bohlen und Halbach Stiftung, Postf. 23 02 45, 45070 Essen, T: (0201) 1 88 45 10)
Dr. Hans Otto Bräutigam (Botschafter a.D., Eichenallee 37, 14050 Berlin, T: (030) 3 04 80 37)
Christoph Freiherr von Hammerstein-Loxten (Ehem. Mitglied des Vorstandes der Berliner Bank AG, Consult GmbH, Jägerstr. 54/55, 10717 Berlin, T: (030) 8 02 42 28)
Dr. Hanno Jochimsen (Ehem. Vorsitzender des Bundesverbandes Deutsch-Polnischer Gesellschaften, Mittelweg 151, 20148 Hamburg, T: (040) 4 10 25 45)
Prof. Dr. Dr. Karl Kaiser (Direktor der Deutschen Gesellschaft für Auswärtige Politik, Rauchstr. 17/18, 10787 Berlin, T: (030) 25 42 31 25)
Dr. h.c. Karl-Heinz Koppe (Mitglied des Bensberger Kreises und des Internationalen Exekutivkomitees von Pax Christi, Wurzerstr. 136, 53175 Bonn, T: (0228) 35 49 52 43)
Hans Koschnick (Präsident des Senats, Bürgermeister von Bremen a.D., Stellvertretender Vorsitzender des Kuratoriums, Rudolfstädter Weg 9, 28329 Bremen, T: (0421) 4 67 37 33)
Dr. Theo Mechtenberg (Gesamteuropäisches Studienwerk Vlotho, Südfeldstr. 2-4, 32602 Vlotho, T: (05733) 9 13 80)
Prof. Dr. Heinrich Olschowsky (Direktor der Abteilung Slawistik der Humboldt Universität Berlin, Unter den Linden 6, 10117 Berlin, T: (030) 4 89 52 43)
Elmar Pieroth (Osteuropabeauftragter des Regierenden Bürgermeisters, Berliner Rathaus, Jüdenstr. 1, 10178 Berlin, T: (030) 90 26 33 37)
Thomas Poese (DGB, Referatsleiter der Abteilung Internationales, Hans-Böckler-Str. 39, 40476 Düsseldorf, T: (0211) 4 30 12 85)
Günter Särchen (Ehem. Vorsitzender des Anna-Morawska Seminars, Badergasse 4, 02997 Wittichenau, T: (035725) 7 07 26)
Jörg Schlegel (BAO Berlin, Marketing Service GmbH, Hardenbergstr. 16-18, 10623 Berlin)
Dr. Johannes von Thadden (Leiter des Fachbereichs Auslandshandelskammern, Deutscher Industrie- und Handelstag, Breite Str. 29, 11052 Berlin, T: (030) 2 03 08-24 00/24 01)
Dr. Ludolf-Georg von Wartenberg (Hauptgeschäftsführer des BDI, Bundesverband der Deutschen Industrie, Breite Str. 29, 11053 Berlin, T: (030) 20 28-0)
Prof. Dr. Rolf Wernstedt (Präsident des Landtages Niedersachsen, Hinrich Wilhelm-Kopf-Platz 1, 30159 Hannover, T: (06511) 30 30-380)

e 605

Deutsch-Polnische Gesellschaft Achim (LK Verden) e.V.
Am Osterfeld 45, 28832 Achim
T: (04202) 46 61
Vorsitzende(r): Anne Meyer

e 606

Deutsch-Polnische Gesellschaft Berlin e.V.
Friedrichstr. 236, 10969 Berlin
T: (030) 71 38 92 13   **Fax:** 71 38 92 01
E-Mail: dpgberlin@t-online.de
Vorsitzende(r): Christian Schröter

e 607

Deutsch-Polnische Gesellschaft Bielefeld e.V.
Halligstr. 24, 33729 Bielefeld
T: (0521) 9 77 47 06   **Fax:** 9 77 47 05
E-Mail: dpg-bielefeld.diel@t-online.de
Vorsitzende(r): Barbara Diel

e 608

Deutsch-Polnische Gesellschaft Bonn e.V.
Peterweg 2, 53229 Bonn
T: (0228) 48 31 98   **Fax:** 48 22 85
E-Mail: steppacher@dpg-bonn.de
Gründung: 1989 (Januar)
Vorsitzende(r): Staatssekretär a.D. Dr. Günter Ermisch
Geschf. Vorstandsmitglied: Dr. Burkard Steppacher
Verbandszeitschrift: DIALOG, DPG-Info
Redaktion: Günter Filter, Salomon-Heine-Weg 42b, 20251 Hamburg

e 609

Deutsch-Polnische Gesellschaft Bremen e.V.
Janusz-Korczak-Haus
Osterdeich 6, 28203 Bremen
T: (0421) 32 43 38   **Fax:** 32 43 38
Vorsitzende(r): Rainer Nalazek (MdBB; Arberger Heerstr. 39 B, 28307 Bremen, T: (0421) 44 93 14 82, Fax: 44 93 17 45, E-Mail: rainer.nalazek@ewe.de)
Stellv. Vorsitzende(r): Barbara Matuschewski (Lortzingstr. 1 E, 28209 Bremen, T: (0421) 17 19 10, Fax: 17 10 16)
Rochus Salanczyk (Am Marktplatz 14, 28832 Achim, T: (0421) 36 11 69 66)
Reinhold Stiering (Brokmerländer Str. 12, 28259 Bremen, Fax: (0421) 5 14 36 63, E-Mail: rstiering@nord-com.net)
Schatzmeister: Siegmund Loppe (In den Freuen 44, 28719 Bremen, T: (0421) 3 61 51 77, Fax: 36 11 72 86)

e 610

Deutsch-Polnische Gesellschaft in der Region Osnabrück e.V.
Am Bühner Bach 12, 49565 Bramsche
T: (05461) 42 98   **Fax:** 12 96
Vorsitzende(r): Elisabeth Weber

e 611

Deutsch-Polnische Gesellschaft Buchholz in der Nordheide e.V.
Lohbergenweg 39a, 21244 Buchholz
T: (04187) 31 24 80   **Fax:** 31 24 80
Vorsitzende(r): Janusz Wielunski

e 612

Deutsch-Polnische Gesellschaft Celle e.V.
Fuchsberg 44, 29225 Celle
T: (05141) 4 45 00   **Fax:** 4 45 00
Vorsitzende(r): Christlieb G. Kuklau

e 613

Deutsch-Polnische Gesellschaft Sachsen e.V.
Kraszewski-Museum Dresden
Nordstr. 28, 01099 Dresden
T: (0351) 2 68 31 58   **Fax:** 2 68 31 58
E-Mail: wolfgang@nicht.org
Vorsitzende(r): Dr. Wolfgang Nicht

e 614

Deutsch-Polnischer Freundeskreis in Duderstadt e.V.
Lindenaltstr. 6, 37115 Duderstadt
T: (05527) 22 11   **Fax:** 22 11
Vorsitzende(r): Hans-Helmut Müller

e 615

Deutsch-Polnische Gesellschaft in der Region Schleswig
Gammeldamm 17, 24943 Flensburg
T: (0461) 34 53-0   **Fax:** 3 15 38 09
Vorsitzende(r): Uwe Lorenzen

e 616

Freundeskreis Frankfurt/Krakau e.V.
Deutsch-Polnische Gesellschaft Frankfurt am Main e.V.
c/o RA u. Notar Klaus Sturmfels
Stephanstr. 3, 60313 Frankfurt
T: (069) 91 33 30-0   **Fax:** 13 37 97 04
E-Mail: ramse_sturmfels@t-online.de
Vorsitzende(r): Klaus Sturmfels

e 617

Deutsch-Polnische Gesellschaft Baden-Württemberg e.V.
Dreikönigsweg 8, 73033 Göppingen
T: (07161) 1 44 96   **Fax:** 1 44 97
Vorsitzende(r): Frieder Birzele (MdL)

e 618

Deutsch-Polnische Gesellschaft Göttingen e.V.
Am Hachweg 1, 37083 Göttingen
T: (0551) 79 20 62   **Fax:** 79 20 72
E-Mail: reinhard.caspari@t-online.de
Vorsitzende(r): Reinhard Caspari

e 619

Deutsch-Polnischer Partnerschaftsverein Gundelfingen e.V.
Lärchenstr. 26, 79194 Gundelfingen
T: (0761) 58 11 61   **Fax:** 58 43 14
Vorsitzende(r): Prof. Werner Rynski

e 620

Deutsch-Polnische Gesellschaft Hamburg e.V.
Sitz: Berner Chaussee 154 f, 22175 Hamburg
Postadresse:
Saling 9, 20535 Hamburg
T: (040) 6 41 93 75
Vorsitzende(r): Gerd Hoffmann

e 621

Deutsch-Polnische Gesellschaft Hannover e.V.
Lutherstr. 16, 30171 Hannover
T: (0511) 32 89 89   Fax: 32 92 17
Vorsitzende(r): Dr. Lothar Nettelmann

e 622

Deutsch-Polnische Gesellschaften in Niedersachsen e.V.
Graefenhainweg 4a, 30519 Hannover
T: (0511) 83 33 54
Vorsitzende(r): Annelies Langner

e 623

Deutsch-Polnische Gesellschaft Heilbronn e.V.
Mauserstr. 35, 74081 Heilbronn
T: (07131) 50 65 59   Fax: 50 65 59
E-Mail: j.a.gajda@t-online.de
Vorsitzende(r): Joanna Gajda

e 624

Deutsch-Polnische Gesellschaft Thüringen e.V.
c/o Büro der Auslandsgesellschaften
An der Stadtmünze 4-5, 99084 Erfurt
T: (03641) 44 85 33   Fax: 44 85 33
Vorsitzende(r): Prof. Georg Machnik

e 625

Deutsch-Polnische Gesellschaft Kiel e.V.
Postf. 18 25, 24017 Kiel
T: (0431) 5 45 87 23   Fax: 5 45 47 83
Vorsitzende(r): Manfred Schmidt

e 626

Anna-Morawska-Gesellschaft e.V.
Ökumenischer Dialog für Deutsch-Polnische Verständigung e.V.
Max-Josef-Metzger-Str. 1, 39104 Magdeburg
T: (0391) 5 96-1181   Fax: 5 96-1190
Vorsitzende(r): Dr. Gerhard Nachtwei

e 627

Deutsch-Polnische Gesellschaft Sachsen-Anhalt e.V.
c/o einewelt haus
Schellingstr. 3-4, 39104 Magdeburg
T: (0391) 5 37 12-00   Fax: 5 37 12-29
Vorsitzende(r): Dr. Heinz Wolter

e 628

Deutsch-Polnische Gesellschaft Mainz-Wiesbaden e.V.
Elsa-Brändström-Str. 59, 55124 Mainz
T: (06131) 68 79 77
Vorsitzende(r): Andrzej Pielarz

e 629

Deutsch-Polnische Gesellschaft Mannheim e.V.
Waldparkstr. 39, 68163 Mannheim
T: (0621) 81 83 63
Vorsitzende(r): Jakob H. Gander

e 630

Interessengemeinschaft polnischsprachiger Einwohner Mannheim
Postf. 121826, 68069 Mannheim
Vorsitzende(r): Tad. Sartorius

e 631

Deutsch-Polnische Gesellschaft Nordfriesland e.V.
Dithmarscher Weg 11, 25866 Mildstedt
T: (04841) 7 42 58   Fax: 6 33 37
Vorsitzende(r): Janina Carstensen

e 632

Deutsch-Polnische Jugendakademie e.V. Münster
Twenteweg 41, 48161 Münster

T: (0251) 77 65 78   Fax: 77 65 78
Vorsitzende(r): Sebastian Preiss

e 633

Förderverein Münster-Lublin e.V.
Klemensstr. 10, 48143 Münster
T: (0251) 4 92 70 12   Fax: 78 62 71
E-Mail: lublin@muenster.de
Vorsitzende(r): Michaela Heuer

e 634

Deutsch-Polnische Gesellschaft Mühlheim an der Ruhr e.V.
Klapphecken 14, 45479 Mülheim
T: (0208) 42 43 57   Fax: 3 00 32 80
Vorsitzende(r): Heinz Lipski

e 635

Deutsch-Polnische Gesellschaft der Grafschaft Bentheim e.V.
Lager Str. 19, 49828 Neuenhaus
T: (05941) 85 08   Fax: 85 02
Vorsitzende(r): Karl-Heinz Meyer

e 636

Deutsch-Polnische Gesellschaft e.V.
Am Böttcherstück 23, 09221 Neukirchen
T: (0371) 2 56 09 90   Fax: 3 89 97 84
Vorsitzende(r): Dr. Ralph-Elmar Lungwitz

e 637

Deutsch-Polnische Gesellschaft Rhein-Sieg-Kreis e.V.
Pfarrer-Schaaf-Str. 1, 53819 Neunkirchen-Seelscheid
T: (02247) 91 77 10   Fax: 91 77 70
Vorsitzende(r): Willi Lange

e 638

Deutsch-Polnische Gesellschaft in Franken e.V.
Krakauer Haus
Hintere Insel Schütt 34, 90403 Nürnberg
T: (0911) 2 41 89 09   Fax: 2 41 89 09
Vorsitzende(r): Kraft-Alexander Prinz zu Hohenlohe-Oehringen

e 639

Deutsch-Polnische Gesellschaft Oldenburg e.V.
Kaiserstr. 7, 26122 Oldenburg
T: (0441) 2 62 49   Fax: 9 22 08 64
E-Mail: gortchakova@aol.com
Vorsitzende(r): Jürgen Weichardt

e 640

Deutsch-Polnische Gesellschaft Brandenburg e.V.
Friedhofsgasse 2, 14473 Potsdam
T: (0331) 2 80 45 83   Fax: 2 80 45 84
E-Mail: dpg.brandenburg@snafu.de
Vorsitzende(r): Gottfried Hain

e 641

Deutsch-Polnische Gesellschaft Pforzheim-Enzkreis e.V.
Tiefbronner Str. 12a, 75175 Pforzheim
T: (07231) 6 34 13
Vorsitzende(r): Helmut Metzger

e 642

Rintelner Verein für Städtepartnerschaften e.V.
Am Berghang 4, 31737 Rinteln
T: (05751) 7 48 46   Fax: 1 49 32
Vorsitzende(r): Liese Luchtmeier

e 643

Deutsch-Polnische Verständigung e.V. Salzgitter
Marienbruchstr. 61-63, 38226 Salzgitter
T: (05341) 84 67 21, 84 67 22   Fax: 84 67 23
Vorsitzende(r): Winfried Harendza

e 644

Deutsch-Polnische Gesellschaft Schneverdingen e.V.
Am Vogelsang 13, 29640 Schneverdingen
T: (05193) 50 66 45   Fax: 46 57
Vorsitzende(r): Waldemar Lück

e 645

Deutsch-Polnische Gesellschaft Tostedt/Nordheide e.V.
Theodor-Storm-Str. 5, 21255 Tostedt
T: (04182) 67 41   Fax: 67 41
Vorsitzende(r): Ruth Zuther

e 646

Deutsch-Polnische Gesellschaft Trier e.V.
Osbüsch 29, 54296 Trier
T: (0651) 1 77 29
Vorsitzende(r): Anton Wyrobisch

e 647

Deutsch-Polnische Gesellschaft in Mecklenburg-Vorpommern e.V.
Kamigstr. 1, 17373 Ueckermünde
T: (039771) 8 38 32, 8 38 29   Fax: 8 38 33
Vorsitzende(r): Siegfried Wack

e 648

Deutsch-Polnische Gesellschaft Verden/Aller e.V.
Postf. 12 22, 27262 Verden
T: (04231) 8 26 53
Vorsitzende(r): Rudolf Huber

e 649

Deutsch-Polnische Gesellschaft Weyhe e.V.
Postf. 12 21, 28834 Weyhe
An der Brake 5, 28844 Weyhe
T: (04203) 98 40   Fax: 98 40
Vorsitzende(r): Jürgen Kownatzki

e 650

Deutsch-Polnische Gesellschaft Bad Segeberg-Wahlstedt e.V.
Seestr. 6, 23829 Wittenborn
T: (04554) 9 29 20   Fax: 9 29 22
Vorsitzende(r): Hans-Joachim Stein

e 651

Deutsch-Polnische Gesellschaft Wolfsburg e.V.
Lutonstr. 40, 38444 Wolfsburg
T: (05361) 7 22 41   Fax: 7 22 41
Vorsitzende(r): Horst Weiß

e 652

Deutsch-Pollnische Gesellschaft Zella-Mehlis e.V.
Kaffenberg 18, 98544 Zella-Mehlis
T: (03682) 48 38 09   Fax: 48 38 09
Vorsitzende(r): Lothar Gottschild

● E 653

Deutsches Polen-Institut (DPI)
Mathildenhöhweg 2, 64287 Darmstadt
T: (06151) 42 02-0   Fax: 42 02-10
Gründung: 1979 (Dezember)
Präsident(in): Hans Koschnick
Vizepräsident(in): Dr. Peter Payer
Johannes Bauch (Botschafter a.D.)
Direktor(in): Dr. Dieter Bingen
Verbandszeitschrift: Ansichten. Jahrbuch des Deutschen Polen-Instituts Darmstadt
Redaktion: Dr. Andrzej Kaluza, Jutta Wierczimok
Verlag: Harrassowitz Verlag Wiesbaden, Taunusstr. 14, 65009 Wiesbaden
Mitglieder: 45
Mitarbeiter: 12

● E 654

Deutsch-Polnische Juristen Vereinigung e.V. (DPJV)
Obentrautstr. 27, 10963 Berlin
T: (030) 25 29 36 79   Fax: 25 29 36 82
E-Mail: dpjv@dpjv.de
Gründung: 1990 (Oktober)
Vorsitzende(r) des Vorstandes: Botschafter a.D. Johannes Bauch
Vorstand: Dr. Peter Diedrich (stellv. Vors.)
Dr. Christoph C. Paul (stellv. Vors.)
Verbandszeitschrift: DPJV-Mitteilung
Mitglieder: ca. 400

● E 655

Deutsch-Polnisches Jugendwerk (DPJW)
Polsko-Niemiecka Wspólpraca Mlodziezy
Postf. 60 05 16, 14405 Potsdam
Friedhofsgasse 2, 14473 Potsdam
T: (0331) 2 84 79-0   Fax: 29 75 27

Internet: http://www.dpjw.org
E-Mail: buero@dpjw.org
Gründung: 1993 (1. Januar)
Vorsitzende(r): BMin. Dr. Christine Bergmann
Min. Prof. Dr. Edmund K. Wittbrodt
Geschäftsführer(in): Dr. Doris Lemmermeier
Dr. Piotr Lysakowski
Redaktion: DPJW-INFO
Mitarbeiter: 19
Jahresetat: DM 11,5 Mio, € 5,88 Mio

● **E 656**
Bund der Polen in Deutschland e.V. (ZPwN)
Zwiazek Polakow w Niemczech T.Z.
Am Kortländer 6, 44787 Bochum
T: (0234) 1 66 01
Präsident(in): Jozef Mlynarczyk

● **E 657**
Verband der deutschen Sozial-Kulturellen Gesellschaften in Polen (VdG)
Krupnicza 15, PL-45013 Opole
T: (004877) 4 53 85 07   **Fax:** 4 41 11 82
Gründung: 1991 (27.August)
Präsident(in): Friedrich Petrach
Vizepräsident(in): Herzryk Kroll (stellv. Vorsitzender)
Vorsitzende(r): Friedrich Petrach
Geschäftsführer(in): Dipl.-Ing. Joachim Gerhard Niemann (Leitung Presseabteilung)
Verbandszeitschrift: Schlesisches Wochenblatt
Redaktion: Chefredakteur Engelbert Nis
Verlag: "Sileziapress" Sp. zo. o. ul. Damvota /, IV Etage, 45064 Opole
Mitglieder: ca. 300000
Mitarbeiter: 6
Mitgliedsorganisationen: 20

Portugal

● **E 658**
Portugiesisches Handels- und Touristikbüro
Kreuzstr. 34, 40210 Düsseldorf
T: (0211) 1 38 57-0   **Fax:** 32 09 68
Geschäftsführer(in): Ph.D. Rui Boavista Marques

e 659
Portugiesisches Handels- und Touristikbüro
Kurfürstendamm 203, 10719 Berlin
T: (030) 8 82 10 66-67   **Fax:** 8 83 48 51
Geschäftsführer(in): Harald Tauchhammer

● **E 660**
Verband Portugiesischer Unternehmen in Deutschland e.V. (VPU)
Lessenicher Str. 9, 53123 Bonn
T: (0228) 5 26 94-10   **Fax:** 5 26 94-11
Internet: http://www.vpu.org
E-Mail: branco@okay.net
Gründung: 1996 (21. März)
Präsident(in): Dipl.-Volksw. Duarte Branco
Vizepräsident(in): Carlos Santos
Verbandszeitschrift: VPU-Journal
Redaktion: VPU, Bonn
Mitglieder: 100
Mitarbeiter: 4

● **E 661**
Deutsch-Portugiesische-Gesellschaft e.V.
Schönhauser Allee 10-11, 10119 Berlin
T: (030) 44 04 16 15   **Fax:** 44 04 16 11
Internet: http://www.dpg-report.de
Gründung: 1963
Bundespräsidium:
Präsident(in): Harald Heinke (Schönhauser Allee 10-11, 10119 Berlin-Mitte, T: (030) 44 04 16 15, Fax: (030) 44 04 16 11)
Stellv. Präsident: Theo Morgenschweis (Altenberg 8, 57290 Neunkirchen, T: (02735) 27 06, Fax: (02735) 66 90)
Vizepräsident(in): Reinald Orbach (Hinter dem Dorfe 15, 30855 Langenhagen, T: (0511) 78 13 84)
Marlies Guimaráes (Ehrenfeldgürtel 163, 50873 Köln, T: (0221) 55 34 23, Fax: (0221) 55 34 23)
Prof. Dr. Dr. h.c. Kuder (Kennedyallee 16, 53175 Bonn, T: (0228) 37 33 58)
Ralph M. Tekock (Bengerpfad 15, 47802 Krefeld, T: (02151) 56 13 17, Fax: (02151) 56 18 78)
Bundesschatzmeister: Hansdieter Heusmann (Gollanczstr. 100, 13465 Berlin, T: (030) 4 01 94 93, Fax: (030) 4 01 94 93)
Verbandszeitschrift: "DPG-Report"
Redaktion: Studio Ladeburg, Richard Blumenthal, Krokussteg 28, 16321 Ladeburg
Mitglieder: 1200
Jahresetat: DM 0,05 Mio, € 0,03 Mio

Landesverbände

Baden-Württemberg

e 662
Deutsch-Portugiesische-Gesellschaft e.V.
Landesverband Baden-Württemberg
Schulstr. 28a, 69221 Dossenheim
T: (06221) 86 63 76
Präsident(in): Dr. Dieter Hundertmark

Bayern

e 663
Deutsch-Portugiesische-Gesellschaft e.V.
Landesverband Bayern
Colonusstr. 7, 82335 Berg
T: (08151) 5 18 15
Präsident(in): Dipl.-Ing. Siegfried Buchmann (Colonusstr. 7, 82335 Berg, T: (08151) 5 18 15)

Hamburg

e 664
Deutsch-Portugiesische-Gesellschaft e.V.
Landesverband Hamburg
Glashütter Damm 77a, 22850 Norderstedt
T: (040) 5 29 66 26   **Fax:** 36 77 87
Präsident(in): Horst Stephan (Glashütter Damm 77a, 22850 Norderstedt, T: (040) 5 29 66 26)

Nordrhein-Westfalen

e 665
Deutsch-Portugiesische-Gesellschaft e.V.
Landesverband Nordrhein-Westfalen
Altenberg 8, 57290 Neunkirchen
T: (02735) 27 06   **Fax:** 66 90
Präsident(in): Theo Morgenschweis

Ruhrgebiet

e 666
Deutsch-Portugiesische-Gesellschaft e.V.
Landesverband Ruhrgebiet
Wegnerstr. 57, 47057 Duisburg
T: (0203) 36 24 10   **Fax:** 36 18 23
Präsident(in): Lothar Kauertz (Wegnerstr. 57, 47057 Duisburg, T: (0203) 36 24 10, Fax: 36 18 23)

Pfalz/Saarland
Deutsch-Portugiesische-Gesellschaft e.V.
Landesverband Pfalz/Saarland
z. Zt. nicht besetzt

Bremen

e 667
Deutsch-Portugiesische-Gesellschaft e.V.
Landesverband Bremen
Fellendsweg 11, 28279 Bremen
T: (0421) 83 38 33   **Fax:** 83 39 39
Präsident(in): Ingrid Nipp-Diersch (Fellendsweg 11, 28279 Bremen, T: (0421) 83 32 65, Fax: (0421) 83 39 39)

Niedersachsen

e 668
Deutsch-Portugiesische-Gesellschaft e.V.
Landesverband Niedersachsen
Hinter dem Dorfe 15, 30855 Langenhagen
T: (0511) 78 13 84
Präsident(in): Reinald Orbach (Architekt, Buchenweg 8, 30855 Langenhagen, T: (0511) 78 13 84)

Münsterland

e 669
Deutsch-Portugiesische-Gesellschaft e.V.
Landesverband Münsterland
Centro St.° António
Ludwigstr. 9, 48429 Rheine
T: (05971) 86 22 50   **Fax:** 86 23 85
Präsident(in): Nelson Rodrigues

Südwürttemberg

e 670
Deutsch-Portugiesische-Gesellschaft e.V.
Landesverband Südwürttemberg
Solitudestr. 2-4, 71638 Ludwigsburg
T: (07141) 92 00 05   **Fax:** 90 29 00
Präsident(in): Dr.jur. Daniela Kreidler-Pleus (Solitudestr. 2-4, 71638 Ludwigsburg, T: (07141) 92 00 05, Telefax: (07141) 90 29 00)

Berlin - Brandenburg

e 671
Deutsch-Portugiesische-Gesellschaft e.V.
Landesverband Berlin - Brandenburg
Mommsenstr. 30, 10629 Berlin
T: (030) 3 27 78 80   **Fax:** 32 77 88 32
Präsident(in): Peter Schrader (c/o RB Portuteam)

Sachsen

e 672
Deutsch-Portugiesische-Gesellschaft e.V.
Landesverband Sachsen
Bertolt-Brecht-Allee 22, 01309 Dresden
T: (0351) 31 99 11 00   **Fax:** 31 99 10 99
Präsident(in): Dr. Günter Metzger (c/o Wirtschaftsförderung Sachsen GmbH)

Sachsen-Anhalt

e 673
Deutsch-Portugiesische-Gesellschaft e.V.
Landesverband Sachsen-Anhalt
Mittelstr. 60a, 06369 Schortewitz
T: (034975) 2 15 96   **Fax:** 2 19 90
Präsident(in): Dr. Reinhard Sziburies (Tel. privat: (0171) 3 32 18 09)

Thüringen

e 674
Deutsch-Portugiesische-Gesellschaft e.V.
Landesverband Thüringen
Jenergasse 15, 07743 Jena
T: (03641) 66 43 43   **Fax:** 66 43 44
Präsident(in): Peter Stumpf (c/o Portu-Shop-Jena)

Nordhessen

e 675
Deutsch-Portugiesische-Gesellschaft e.V.
Landesverband Nordhessen
Othenbergstr. 25a, 34537 Bad Wildungen
T: (05621) 24 59   **Fax:** (05681) 99 63 39
Präsident(in): Johannes Meyer

Rheinland

e 676
Deutsch-Portugiesische-Gesellschaft e.V.
Landesverband Rheinland
Unterm Breiten Weg 21, 54516 Wittlich
T: (06571) 2 84 83
Präsident(in): Dipl.-Übers. Ursula Groll

Portugal

e 677
Deutsch-Portugiesische-Gesellschaft e.V.
Landesverband Portugal - Algarve West
Colinas Verdes 289 (Vila Adro), P-8600 Lagos
T: (0035182) 6 72 28   **Fax:** 6 72 28
Präsident(in): Helfried Egon Riske

e 678
Deutsch-Portugiesische-Gesellschaft e.V.
Landesverband Portugal - Algarve-Ost
Deutsche Schule Faro, P-8000 Conseicao
T: (0035191) 79 73 43   **Fax:** (0035189) 80 47 26
Präsident(in): Dierk Weber

Rumänien

● E 679

Deutsch-Rumänische Gesellschaft
Dernburgstr. 55, 14057 Berlin
T: (030) 32 60 11 74   Fax: 32 60 11 76
Internet: http://www.deruge.de
E-Mail: drg@alexander-roth.com
Gründung: 1992 (17. Februar)
Präsident(in): Herbert Siebold
Vizepräsident(in): Alexander Roth
Schatzmeister: Wilfried Lohre
Schriftführer(in): Janna Jähning
Verbandszeitschrift: Deutsch-Rumänische Hefte
Redaktion: Axel Bormann
Verlag: Eigenverlag
Mitglieder: ca. 100
Mitarbeiter: 8 ehrenamtl.
Jahresetat: DM 0,04 Mio, € 0,02 Mio

Russland

● E 680

Verband der Deutschen Wirtschaft in der Russischen Föderation
c/o APK Worldwide Counier GmbH
Desenißstr. 54, 22083 Hamburg
T: (007095) 2 34 49 53   Fax: 2 34 49 54
Präsident: Otto Wolff von Amerongen
Vorstandsvorsitzende(r): Dr. Andrea von Knoop

Schweden

● E 681

Schwedischer Aussenwirtschaftsrat
EXPORTRÅDET BERLIN
Cicerostr. 21, 10709 Berlin
T: (030) 8 93 60 60   Fax: 89 36 06 66
Internet: http://www.swedishtrade.com/germany
E-Mail: tyskland@swedishtrade.se
Schwedischer Handelsbeauftragter in der Bundesrepublik Deutschland: Olof Sandén

Förderung des schwedischen Exports in die Bundesrepublik. Vermittlung von Geschäftskontakten zwischen deutschen Importeuren und schwedischen Exporteuren. Gemeinschaftsbeteiligungen an Messen und Ausstellungen. Informationen über Industrie und Wirtschaft in Schweden.

e 682

EXPORTRÅDET STUTTGART
Schwedischer Aussenwirtschaftsrat
Eberhardstr. 51, 70173 Stuttgart
T: (0711) 4 90 31 00   Fax: 49 03 10 20
Internet: http://www.swedishtrade.com/germany
E-Mail: tyskland@swedishtrade.se

Schweiz

● E 683

Deutsch-Schweizerische Gesellschaft Hamburg e.V.
Kaspar-Ohm-Weg 10, 22391 Hamburg
T: (040) 44 87 10   Fax: 44 22 21
Präsident: Dr. Justus R.G. Warburg
Vizepräsident: Prof. Dr. Rudolf Haas
Schatzmeister: Gert Prantner

● E 684

Schweizerische Zentrale für Handelsförderung OSEC
Swiss Office for Trade Promotion
Office suisse d'expansion commerciale
Postfach 492, CH-8035 Zürich
Stampfenbachstr. 85, CH-8035 Zürich
T: (00411) 365 51 51   Fax: 365 52 21
Internet: http://www.osec.ch
E-Mail: info@osec.ch
Avenue de l'Avant-Poste 4, CH-1001 Lausanne
T: (004121) 320 32 31, Fax: (004121) 320 73 37
Gründung: 1927
Präsident(in): David Syz
Direktor(in): Balz Hösly
Ltr. Marketing u. Kommunikation: Urs Gysin
Ltr. Exportberatung: Thérèse Künzli
Leitung Presseabteilung: Robert Buff
Mitglieder: 2000
Mitarbeiter: 80
Jahresetat: DM 40 Mio

Publikationen: Swiss Export Directory, Schweizer Außenwirtschaft, Euro-Info, Geschäftspartner und Geschäftsmöglichkeiten

Simbabwe

● E 685

Deutsch-Simbabwische Gesellschaft
Hovesaatstr. 6, 48432 Rheine
T: (05971) 99 01 80   Fax: 99 01 50
Gründung: 1984 (14. April)
Präsident(in): Reinhold Hemker (MdB)
Geschäftsführer(in): Uwe Zimmermann

Singapur

● E 686

Singapore Economic Development Board
Kaiserstr. 5, 60311 Frankfurt
T: (069) 27 39 93-0   Fax: 27 39 93 33
E-Mail: edbfr@edb.gov.sg
Aylwin Tan (Direktor)
Mitarbeiter: 6
Zeitschrift: Wirtschaftsbulletin aus Singapur

Kostenfreie und verbindliche Beratung zu Investitionen in Singapur und Süd-Ost-Asien.

Slowakische Republik

● E 687

Slowakische Investitions- und Handelsförderungs-Agentur (SARIO)
Slovak Investment and Trade Development Agency
Drienowa 3, SK-82102 Bratislava
T: (004217) 43 42 18 51   Fax: 43 42 18 53
Internet: http://www.sario.sk, http://www.investinslovakia.com
E-Mail: sario@sario.sk
Gründung: 1991 (1. Januar)
General Director: Roman Minarovic

● E 688

Karpatendeutscher Verein in der Slowakei
Lichardova 20, SK-04001 Kosice
T: (0042195) 622-4145   Fax: 622-4145
Gründung: 1990
Landesvorsitzende(r): Gertrud Greser (M.A.)
Stellvertretende(r) Vorsitzende(r): Prof. Dipl.-Ing. Otto Sobek (PhD)
Dr.rer.nat. Ondrej Pöss (PhD)
Verbandszeitschrift: Karpatenblatt
Redaktion: Nám. sv. Egídia 55-57, 05801 Poprad, Tel/Fax: (0042192) 72 42 17
Mitglieder: 4200
Mitarbeiter: 3,5

e 689

Karpatendeutsche Assoziation
Lichardova 20, SK-04001 Kosice
T: (0042195) 6 22 72 09   Fax: 6 22 72 09
Gründung: 1997 (aus früherer Stiftung)
Vorsitzende(r): Dipl.-Ing. Wilhelm Gedeon
Mitarbeiter: 2

e 690

Museum der Kultur der Karpatendeutschen
Zizkova 14, SK-81436 Bratislava
T: (004217) 54 41 55 70   Fax: 54 41 55 57
Gründung: 1997 (01. Januar)
Direktor(in): Dr.rer.nat. Ondrej Pöss (PhD, T: (004217) 54 41 55 70)
Mitarbeiter: 4

Slowenien

● E 691

Deutsch-Slowenische Gesellschaft e.V.
c/o Karl-Theodor-Molinari-Stiftung
Südstr. 121, 53175 Bonn
T: (0228) 38 23-201   Fax: 38 23-250
Präsident: Burkhardt Siebert
Vizepräsidenten: Dipl.-Kfm. Reinhard Krückemeyer
Dr. Peter Spary
Geschäftsführer(in): Andreas Prüfert

Sri Lanka

● E 692

Deutsche Sri Lanka Gesellschaft e.V. (DSLG)
Bonner Str. 52, 53424 Remagen
T: (02228) 76 15   Fax: 76 15
1. Vorsitzende(r): Lore Wilke
Vizepräsident(in): Jochen Pülz (Donauweg 41, 50838 Köln, T: (0221) 9 48 32 34, Telefax: (0221) 9 48 32 34)

Südafrika

● E 693

Deutsch-Südafrikanische Juristenvereinigung e.V.
Jungfernstieg 51, 20354 Hamburg
T: (040) 3 50 05-296   Fax: 3 50 05-224
Gründung: 1992
Vorsitzende(r): Dr. Rüdiger Rönck (Leitung PR-Abteilung)
Stellvertretende(r) Vorsitzende(r): RA Werner Leitner
Jörgen Vogt (LL. M.)
Verbandszeitschrift: DSJV-Newsletter
Mitglieder: 250

● E 694

Südafrikanisch-Deutsche Kulturvereinigung (SADK)
Postfach 70944, ZA-0041 Die Wilgers, Pretoria
Rossouwstr. 570, ZA-0041 Die Wilgers, Pretoria
T: (002712) 8 07 12 80   Fax: 8 07 12 81
Internet: http://www.sadk.org.za
E-Mail: info@sadk.org.za
Gründung: 1932
Vorsitzende(r): Dr. Meinhard Uken
Generalsekretär(in): Dr. Jens Krüger
Verbandszeitschrift: Brucka
Redaktion: SADK/SAGCA
Mitglieder: 1100
Mitarbeiter: 13
Jahresetat: DM 0,100 Mio

● E 695

South African Tourism (SATOUR)
An der Hauptwache 11, 60313 Frankfurt
T: (069) 92 91 29 11   Fax: 28 09 50
E-Mail: info@southafricantourism.de
Gründung: 1960
Presseabteilung: Theresa Bay-Mueller
Mitarbeiter: 12

Tansania

● E 696

DETAF e.V. Deutsch-Tansanische Freundschaftsgesellschaft
Kolpingstr. 24, 48351 Everswinkel
T: (02582) 65 93 65   Fax: 65 93 65
Internet: http://www.tanzania-ngo.org
E-Mail: detaf@tanzania-ngo.org
Gründung: 1986 (November)
1. Vorsitzende(r): Dipl.-Ing. (FH) Klaus Gottschling
Verbandszeitschrift: Druckschriften: Tansania-Information, Tansania-Reiseinformation; Infoblätter: Wichtige Information für Freunde Tansanias/Hier können Sie helfen - WAMATA - AIDS-Hilfe in Tansania/Hier können Sie helfen - KADETFU-Entwicklungsprogramm in Tansania - Wichtige Information für Tansania-Gruppen/TANZANIA-NETWORK
Mitglieder: 80

Regionalgruppen

e 697

DETAF e.V.
Regionalgruppe Köln/Bonn
Küppersteger Str. 49-51, 51373 Leverkusen
T: (0214) 60 16 82   Fax: 8 60 65 81
Sprecher: Dipl.-Ing. Richard Madete (E-Mail: richard@piro-net.de)

e 698

DETAF e.V.
Regionalgruppe Oldenburg/Bremen
Riesweg 22, 26316 Varel
T: (04451) 86 16 64   Fax: 86 16 64
E-Mail: fam.guddat@nwn.de
Sprecher 1: Hartmut Guddat

e 699
DETAF e.V.
Regionalgruppe Hessen/Rheinland-Pfalz
Frankenstr. 12A, 65439 Flörsheim
T: (06145) 3 43 29
E-Mail: imajura@aol.com
Sprecher: Dr. Isack Majura

● E 700
Taiwan Trade Service
Willi-Becker-Allee 11, 40227 Düsseldorf
T: (0211) 78 18-0 **Fax:** 78 18-39
Internet: http://www.cetra.org.tw
E-Mail: tts.duesseldorf@t-online.de
Geschäftsführer(in): Dipl.-Ing. Chia Hsien Lee
Leitung Presseabteilung: Frieda C. Hung
Verbandszeitschrift: Taiwan Product
Redaktion: China External Trade Development Council
Mitarbeiter: 7
Messe-Organisator für int'le Messen in Taipei; Handelsförderung zwischen Firmen aus Deutschland und Taiwan.

Thailand

● E 701
Thai Trade Center
Bethmannstr. 58, 60311 Frankfurt
T: (069) 28 10 91-92 **Fax:** 29 24 60
E-Mail: thaitrade@t-online.de
Leiter: Aran Nilkhamhang

● E 702
Deutsch-Thailändische Gesellschaft e.V. DTG
Koblenzer Str. 89, 53177 Bonn
T: (0228) 35 16 73 **Fax:** 35 19 09
Präsident(in): Prof. Dr. Helmut Eggers
Geschäftsführer(in): N. N.

Togo

● E 703
Deutsch-Togolesische Gesellschaft e.V.
Société Allemande-Togolaise (SAT)
Dachverband der Bundesrepublik Deutschland und der Republik Togo
Postf. 31 13 25, 70473 Stuttgart
T: (07142) 6 17 68 **Fax:** 6 17 68
Gründung: 1972 (05. Februar)
Präsident(in): Günter Herrmann
Projektref.: Petronilla Bosch
Jugendreferent(in): Alexandra Herrmann
Schatzmeister(in): Daniela Lechner
Schirmherr: Mgr. Philippe Fanoko Kpodzro (Erzbischof von Lomé)
Ehrenpräsident: Komi Agbemenya Apetcho
Franz Keller
Représentant (West-Togo): Kossi Félix Kometsiameo
Représentant (Nord-Togo): Kossi Kamanwé Kassinga
Représentant (Süd-Togo): Doh Yawovi Adjeoda
Verbandszeitschrift: Togo-Rundschau
Redaktion: Günter Herrmann
Verlag: Postf. 31 13 25, 70473 Stuttgart

Tschechische und Slowakische Republiken

● E 704
Deutsch-Tschechische und -Slowakische Gesellschaft e.V. (DTSG)
Barbarossaplatz 2, 50674 Köln
T: (0221) 23 98 01 **Fax:** 21 44 86
Internet: http://www.dtsg.de
Gründung: 1983 (9. Dezember)
Ehrenpräs.: Prof. Dr. John van Nes Ziegler
Vorsitzende(r): Wolfgang Roth
Geschäftsführer(in): Peter Scheible
Mitarbeiter: 150

Landesverbände und Regionalgliederungen

Baden-Württemberg

e 705
Deutsch-Tschechische und -Slowakische Gesellschaft e.V.
Landesverband Baden-Württemberg
Fischmarkt 3, 69117 Heidelberg
T: (06221) 2 10 06 **Fax:** 18 18 91
Gründung: 1993 (19. Juni)
Vorsitzende(r): Prof. Gert Weisskirchen (MdB)
Stellvertretende(r) Vorsitzende(r): Angelika Neumann (Tsch. Sektion)
Oskar Marczy (Slowak. Sektion)

Bayern

e 706
Deutsch-Tschechische und -Slowakische Gesellschaft e.V.
Landesverband Bayern
c/o Deutsches Jugendherbergswerk
Mauerkircherstr. 5, 81679 München
T: (089) 92 20 98-35 **Fax:** 92 20 98-30
Gründung: 1984 (10. November)
Vorsitzende(r): Bartholomäus Kalb (MdB)
Geschäftsführer(in): Kajetan Fuchs

Bremen/Bremerhaven

e 707
Deutsch-Tschechische und -Slowakische Gesellschaft e.V.
Landesverband Bremen/Bremerhaven
Bürgerstr. 1, 28195 Bremen
T: (0421) 3 63 01 49 **Fax:** 36 30 19 30
Gründung: 1983 (August)
Vorsitzende(r): M. Mayer-Schwinkendorf
Geschäftsführer(in): Anke Nerger

Hessen/Rheinland-Pfalz

e 708
Deutsch-Tschechische und -Slowakische Gesellschaft e.V.
Landesverband Hessen/Rheinland-Pfalz
Finkenweg 23, 65824 Schwalbach
T: (06196) 8 49 59 **Fax:** 17 37
Gründung: 1986 (10. November)
Vorsitzende(r): Dr. Borek Severa

● E 709
Landesversammlung der Deutschen in Böhmen, Mähren und Schlesien
Milady Horákové 108-109, CZ-16000 Prag 6
T: (004202) 24 31 77 14, 24 32-0645 **Fax:** 24 32-1431
Gründung: 1992 (7. November)
Präsident(in): Dipl.-Ing. Hans Korbel
1. Vizepräsident(in): Dr. Christa Stros
2. Vizepräsident(in): Irene Kunc
Verbandszeitschrift: Landes-Zeitung
Redaktion: Manfred Riedl, Kontakt Bohemia s.r.o., Na dlouhém lánu 67, CZ-160 00 Prah 6, Tel./Fax: (00420)(0)2) 20 61 15 78

● E 710
Deutsch-Tschechische und Deutsch-Slowakische Wirtschaftsvereinigung (DTSW e.V.)
Flinschstr. 55, 60388 Frankfurt
T: (069) 47 69 70 **Fax:** 47 61 54
Gründung: 1990 (31. Mai)
Präsident(in): Dipl.-Kfm. Imrich Donath, Bad Homburg
Vizepräsident(in): Dr. jur. Valéria Horáčiková
Verbandszeitschrift: Wirtschafts- und Kulturbulletin
Mitarbeiter: 2
Jahresetat: DM 0,10 Mio, € 0,05 Mio
Nonprofit-Vereinigung zur Förderung der wirtschaftlichen und kulturellen Beziehungen zwischen der BRD und der Tschechischen Republik und der Slowakischen Republik.

● E 711
Bundesverband Deutscher Unternehmer in der Tschechischen Republik
Straße der Nationen 12, 09111 Chemnitz
T: (0371) 6 94 98 81 **Fax:** 6 94 98 80
Internet: http://www.bvdu-cr.de
E-Mail: bvdu.cr@abo.freiepresse.de
Hauptgeschäftsführer(in): Dr. Oleander Schmutzer

Türkei

● E 712
Rat der türkeistämmigen Staatsbürger in Deutschland (RTS)
Friedrichstr. 13, 35392 Gießen
T: (0641) 7 55 66 **Fax:** 7 56 53
Gründung: 1992 (18. April)
Geschäftsführer(in): Dipl.oec.troph. Ayla Gediz
Sprecher: Dr.med. Yasar Bilgin
Mitglieder: ca. 2000 Vereine

● E 713
Bundesverband Türkischer Studierendenvereine e.V. (BTS)
c/o BTBTM H 2130
Straße des 17. Juni 135, 10623 Berlin
T: (030) 6 23 26 24 **Fax:** 4 92 71 83
Internet: http://www.btsonline.de
Gründung: 1996 (15. Juni)
Geschf. Bundesvors.: Seref Erkayhan
Stellv. Bundesvorsitzender: Güray Kismir
Mitglieder: 600
Mitarbeiter: 1
Jahresetat: DM 0,05 Mio, € 0,03 Mio

● E 714
Zentrum für Türkeistudien e.V.
Institut an der Uni GH Essen
Altendorfer Str. 3, 45127 Essen
T: (0201) 31 98-0 **Fax:** 31 98-333
Internet: http://www.zft-online.de
E-Mail: zft@uni-essen.de
Vorstand: Prof. Dr.-Ing. Enno Vocke (Vors.)
Dr. Hans-Henning Pistor
Prof. Dr. Ursula Boos-Nünning
Direktor(in): Prof. Dr. Faruk Sen
Geschäftsführer(in): Andreas Goldberg (M.A.)
Mitglieder: 13

Tunesien

● E 715
FIPA-Tunisia
Tunesisches Förderungsamt für Ausländische Investitionen
Hohenstaufenring 44-46, 50674 Köln
T: (0221) 2 40 33 46-47 **Fax:** 2 40 34 46
E-Mail: fipacologne@t-online.de
Geschäftsführer(in): Abdelaziz Chiha
Ist ein staatliches Organ. Der einzige Gesprächspartner des Investors: fördert die Industrieansiedlung in Tunesien, berät und unterstützt die Investoren, identifiziert und betreut die Projekte.

Ungarn

● E 716
Deutsch-Ungarische Gesellschaft e.V.
Am Weidendamm 1a A, 10117 Berlin
T: (030) 59 00 99 50 **Fax:** 5 90 09 95 19
Internet: http://www.bga.de
E-Mail: peter.spary@bga.de
Gründung: 1994 (07. September)
Präsident(in): Dr. Peter Spary
Vizepräsident(in): Prof. Dr. Georg Brunner
Prof. Dr. h.c. Helmut Fahrnschon
Schatzmeister: Diethelm Doll
Mitglieder: 317
Jahresetat: DM 0,05 Mio, € 0,03 Mio

● E 717
Ungarisches Aussenhandelsbüro in Berlin
Karl-Liebknecht-Str. 34, 10178 Berlin
T: (030) 2 47 29 78-2 **Fax:** 2 47 29 78-3
E-Mail: ung.handel.berlin@t-online.de
Leiter(in): Károly Gombai

● E 718
Landesselbstverwaltung der Ungarndeutschen
Postfach 348, H-1537 Budapest H-1537
Juliastr. 9, H-1026 Budapest
T: (00361) 212-9151, 212-9152 **Fax:** 212-9153
E-Mail: ldu@ldu.datanet.hu
Gründung: 1995 (11. März)
Vorsitzende(r): Otto Heinek
Geschäftsführer(in): Albert Koncsek
Mitarbeiter: 10 Regionalbüros; Landesweit: 270 Minderheitenselbstverwaltungen

Vereinigte Staaten von Amerika

● **E 719**
Illinois Department of Commerce and Community Affairs
Industrial + Trade Development, State of Illinois, European Office
28-30 Blvd de la Cambre, Bte 2, B-1000 Brussels
T: (00322) 6 46 57 30 Fax: 6 46 55 11
E-Mail: info@illinoiseurope.com
Gründung: 1968
Direktor(in): Bart A. Smit
Sharon L. Stead (Deputy Mg. Dir.)
Leitung Presseabteilung: Julie Gibbon
Mitglieder: 5 (Brüssel), 300 (Chicago)

● **E 720**
State of Iowa - European Office of Trade and Investment
Große Bockenheimer Str. 21, 60313 Frankfurt
T: (069) 28 38 58 Fax: 28 14 93
Internet: http://www.state.ia.us/international
E-Mail: iowa_europe@compuserve.com
Gründung: 1972
Direktorin: Anke Göbel de Mendez
Förderung von Investment durch Ansiedlung europäischer Firmen in Iowa. Suche nach Vertriebspartnern für Iowa-Hersteller.

● **E 721**
State of North Carolina European Office
Untermainanlage 7, 60329 Frankfurt
T: (069) 27 13 98-0 Fax: 27 13 98-18
E-Mail: jdbrennan@t-online.de
Geschäftsführer(in): John D. Brennan
Mitarbeiter: 3 Angest.

● **E 722**
State of Missouri German Office
Herderstr. 68, 40237 Düsseldorf
T: (0211) 6 91-4595 Fax: 6 91-4422
Internet: http://www.ecodev.state.mo.us
E-Mail: mosally@online-club.de
Gründung: 1977
Direktorin: Sally Ann Gladden
Mitarbeiter: 2

● **E 723**
Zentrum für Nordamerikaforschung (ZENAF)
Johann Wolfgang Goethe-Universität
Postfach 11 19 32, 60054 Frankfurt
Robert-Mayer-Str. 1, 60325 Frankfurt
T: (069) 79 82-8521/22 Fax: 79 82-8527
Internet: http://www.rz.uni-frankfurt.de/zenaf
E-Mail: zenafdir@em.uni-frankfurt.de
Gründung: 1979
Geschäftsführender Direktor: Prof. Dr. Hans-Jürgen Puhle
Stellv. Geschäftsf. Dir.: Prof. Dr. Volker Albrecht
Prof. Dr. Michael Bothe
Leitung Presseabteilung: Dr. Rüdiger B. Wersich
Verbandszeitschrift: Schriftenreihe des Zentrums für Nordamerika-Forschung („Nordamerikastudien")
Verlag: Campus Verlag, Frankfurt/New York
Mitglieder: 65
Mitarbeiter: 10

● **E 724**
Deutsche Gesellschaft für Amerikastudien e.V. (DGfA)
Institut für Amerikanistik
Universität Leipzig
Augustusplatz 9, 04109 Leipzig
T: (0341) 9 73 73 30 Fax: 9 73 73 39
Internet: http://www.uni-leipzig.de/~dgfa
E-Mail: amerika@rz.uni-leipzig.de
Gründung: 1953
Vorsitzende(r): Prof. Dr. Anna Koenen
Verbandszeitschrift: Amerikastudien/American Studies
Redaktion: Prof. Dr. Alfred Hornung
Verlag: Universitätsverlag C. Winter, Hans-Bunte-Str. 18, 69123 Heidelberg
Mitglieder: 740

● **E 725**
Deutsch-Amerikanische Gesellschaft e.V.
Postf. 08 01 15, 10001 Berlin
T: (030) 69 08 81 78 Fax: 69 08 81 78
Internet: http://www.gfdaf.org
E-Mail: gfdaf@gfdaf.org
Präsident(in): Werner Dörflinger
Vizepräsident(in): Jochen Stotmeister
Schatzmeister(in): Theo Binninger
Geschäftsführer(in): Bruno Kaiser

● **E 726**
Amerika-Gesellschaft e.V.
Eckerkamp 58, 22391 Hamburg
T: (040) 5 36 68 85 Fax: 5 36 68 85
E-Mail: amerika-gesellschaft-hh@t-online.de
Gründung: 1950
Präsident(in): Dr. Ingo Zuberbier
Geschäftsführer(in): H. Jägeler
Mitglieder: 300

● **E 727**
Verband der Deutsch-Amerikanischen Clubs e.V.
Hochstr. 13, 67657 Kaiserslautern
T: (0631) 7 66 79 Fax: 3 70 57 75
Internet: http://www.verband-dt-am-clubs.de, http://www.federation-germ-am-clubs.com
E-Mail: lubpuetz@aol.com
Gründung: 1948
Präsident(in): Brunhild Pütz
Verbandszeitschrift: GAZETTE Auflage ca. 6000
Redaktion: Renate Kasperek, Waldstr. 2a, 65187 Wiesbaden, E-Mail: renate.kasperek@t-online.de
Mitglieder: 4500

● **E 728**
Deutsch-Amerikanischer Freundeskreis Memmingen
German American O.K. Society
Postf. 12 04, 87682 Memmingen
Kohlschanzstr. 10, 87700 Memmingen
T: (08331) 8 70 07 Fax: 49 63 63
Gründung: 1997 (20. März)
Präsident(in): Armin M. Brandt
Vizepräsident(in): Gustav F. Jokisch
Stellvertretende(r) Vorsitzende(r): Gisela E. Brandt
Hauptgeschäftsführer(in): Christopher G. Memminger
Geschäftsführer(in): Margot Humer (Secretary)
Mitglieder: 125

● **E 729**
Deutsch-Amerikanische Westerners Vereinigung e.V.
German American Westerners Association (GAWA)
c/o Herrn Armin M. Brandt
Postf. 12 04, 87682 Memmingen
Kohlschanzstr. 10, 87700 Memmingen
T: (08331) 8 70 07
Gründung: 1974 (2. Juni)
Präsident(in): Armin M. Brandt (Ltg. Presseabt.)
Vizepräsident(in): Klaus K. Stoehr
Stellvertretende(r) Vorsitzende(r): Gisela E. Brandt
Hauptgeschäftsführer(in): Klaus Wischmeyer
Verbandszeitschrift: Old West
Mitglieder: 100

● **E 730**
Deutsch-Amerikanische Gesellschaft Wuppertal e.V.
Im Dorf 21, 45549 Sprockhövel
T: (02339) 91 14 55

● **E 731**
Deutsch-Amerikanische Gesellschaft Würzburg e.V.
Lärchenweg 8, 97084 Würzburg
T: (0931) 6 03 29 Fax: 6 67 70 12
Gründung: 1979
Vorsitzende(r): Klaus P. Zepke
Stellvertretende(r) Vorsitzende(r): Inge Kababgi
Gary Kleeman
Mitglieder: ca. 160

● **E 732**
Deutsch-Amerikanisches Institut
Sofienstr. 12, 69115 Heidelberg
T: (06221) 60 73-0 Fax: 60 73-73
Internet: http://www.dai-heidelberg.de/
Gründung: 1946
Direktor(in): Jakob J. Köllhofer (E-Mail: jjk@dai-heidelberg.de)
Direktionsassistenz: Regula von Schintling-Horny (E-Mail: rvsh@dai-heidelberg.de)
Öffentlichkeitsarbeit: Marija Ljubas (E-Mail: mljubas@dai-heidelberg.de)

● **E 733**
Columbus Gesellschaft e.V.
Deutsch-Amerikanische Gesellschaft
Karolinenplatz 3, 80333 München
T: (089) 4 99 14 99 Fax: 49 00 20 99
E-Mail: columbus-society@t-online.de
Gründung: 1952 (20. Januar)
Präsident(in): Sylvia M. Weusten (Presseleitung, Hochfellnstr. 16, 81671 München, T: (089) 40 01 35)
Verbandszeitschrift: Monatsprogramm
Mitglieder: 350
Mitarbeiter: ausschl. Volunteers

● **E 734**
Deutsches YOUTH FOR UNDERSTANDING Komitee e.V.
Postf. 76 21 67, 22069 Hamburg
Averhoffstr. 10, 22085 Hamburg
T: (040) 22 70 02-0 Fax: 22 70 02-27
Internet: http://www.yfu.de
E-Mail: info@yfu.de
Gründung: 1957 (28. Juli)
Internationaler Zusammenschluß: siehe unter izu 275
Vorsitzende(r): Dr. Hans-Holger Herrnfeld
Geschäftsführer(in): Knut Möller
Mitarbeiter: 20 hauptamtl. Mitarbeiter, z.T. Teilzeit

● **E 735**
Verein zur Förderung der deutsch-amerikanischen Zusammenarbeit auf dem Gebiet der Informatik und ihrer Anwendungen e.V.
Geschäftsstelle GMD-IK
Schloß Birlinghoven, 53757 St Augustin
T: (02241) 14 22 55 Fax: 14 22 88
E-Mail: harald.werner@gmd.de
Gründung: 1988 (April)
Präsident(in): Prof. Dr. Dieter Schütt
Vizepräsident(in): Dr. Rolf-Guido Herrtwich
Leitung Presseabteilung: Harald Werner

● **E 736**
Deutsch-Amerikanische Akademie für Präventive Homöopathische Medizin und Naturheilkunde-German American Academy
Max-Planck-Str. 47, 53340 Meckenheim
T: (02225) 94 55 36 Fax: 94 55 37
E-Mail: 02225945536-0001@t-online.de
Gründung: 1983 (01. Juli)
Präsidentin: Prof. Dr.Dr.med. Rose A. Kettermann
1. Vizepräsident: Dipl.-Betriebsw. Klaus Schwarzbach
2. Vizepräs: Steuerberater David Brian Spiegel
Vizepräsidentin: Barbara Burbach
Verbandszeitschrift: NATUR-HEILKUNDE Journal
Redaktion: Barbara Burbach
Mitglieder: 18500
Mitarbeiter: 2 ehrenamtl.
Jahresetat: DM 0,1 Mio, € 0,05 Mio

● **E 737**
Carl Schurz Gesellschaft e.V.
Baumwollbörse, Zi. 124
Wachtstr. 17, 28195 Bremen
T: (0421) 30 24 24 Fax: 17 10 29
Präsident(in): Senator a.D. Ralf H. Borttscheller
Geschäftsführer(in): Gudrun von Vivis

● **E 738**
Deutsch-Amerikanische Vereinigung Steuben-Schurz e.V.
Postf. 10 11 08, 40002 Düsseldorf
T: (0211) 9 10-2151 Fax: 9 10-3143

● **E 739**
Maryland Business Center Europe
Beurs - World Trade Center Europe
Postfach 3 02 24, NL-3011 AA Rotterdam
Beursplein 37, NL-3001 DA Rotterdam
T: (003110) 2053855 Fax: 2055494
Direktor(in): Gary M. Kunkle
Deputy Director: Antonia Monster-Schoemaker

● **E 740**
State of Arkansas European Office
Rue St. Georges 22-24 Box 1, B-1050 Brüssel
T: (00322) 6 49 60 24 Fax: 6 49 48 07
Managing Director: Sybille Magee

Lateinamerika

● **E 741**
Ibero-Amerika-Verein e.V.
Wirtschaftsvereinigung für Lateinamerika, Karibik, Spanien und Portugal
Alsterglacis 8, 20354 Hamburg
T: (040) 41 34 31-3 Fax: 45 79 60
Internet: http://www.ibero-amerikaverein.de

E-Mail: ibero_amerikaverein@csi.com
Gründung: 1916
Vorsitzende(r): Dr. Jürgen Harnisch (Stellv. Vorsitzender des Vorstandes Thyssen Krupp Automotive AG)
Geschäftsführende(s) Vorstands-Mitglied(er): Frank K. Westermann
Stellvertretende(r) Geschäftsführer(in): Peter Rösler Helga A. Krämer
Vertretung Bonn: Dr. Hubertus Beemelmans (Botschafter a.D., Adenauerallee 132a, 53113 Bonn)
Vertretung Brüssel: Mary Papaschinopoulou (Boulevard Clovis 49a, B-1040 Brüssel)
Vertretung Berlin: Birgit Edener (Breite Str. 29, 10178 Berlin)
Verbandszeitschrift: Wirtschaftliche Mitteilungen
Mitglieder: ca. 400

● E 742
Deutsch-Ibero-Amerikanische Gesellschaft e.V. (DIAG)
Gräfstr. 83, 60486 Frankfurt
T: (069) 77 93 95   Fax: 77 80 80
Gründung: 1954 (4. Dezember)
Präsident(in): Dr. Wolfgang Kuhn (Honorargeneralkonsul v. Ecuador, ehem. Dir. u. Hauptbevollm. f. Deutschland d. HELVETIA Versicherungen)
2. Vizepräs.: Dr. Jürgen Zickel (Kaufmann, ehem.)
3. Vizepräs. u. Schatzmeister: Dr. Tassilo Ernst (ehem. Dir. der WESTLB, Düsseldorf)
4. Vizepräsidentin: Herrat Zeinecke (Geschäftsführend)

● E 743
Ibero-Club Bonn e.V.
Adenauerallee 132a, 53113 Bonn
T: (0228) 21 31 87   Fax: 21 54 94
Präsident(in): Botschafter a.D. Dr. Hubert Beemelmans
Mitglieder: 480

● E 744
Ibero-Amerika Institut für Wirtschaftsforschung der Universität Göttingen
Goßlerstr. 1B, 37073 Göttingen
T: (0551) 39 81 72   Fax: 39 81 73
Internet: http://www.gwdg.de/~uwia/home.html
E-Mail: uwia@gwdg.de
Leiter(in): Prof. Dr. Hermann Sautter

● E 745
Arbeitsgemeinschaft Deutsche Lateinamerika-Forschung (ADLAF)
c/o Institut für Iberoamerika-Kunde
Alsterglacis 8, 20354 Hamburg
T: (040) 41 47 82 01   Fax: 41 47 82 41
E-Mail: adlaf@public.uni-hamburg.de
Gründung: 1962
Vorsitzende(r): Dr. Klaus Bodemer
Verbandszeitschrift: ADLAF-INFO
Redaktion: Dr. Klaus Bodemer
Mitglieder: ca. 260

● E 746
Arbeitsgemeinschaft Lateinamerika Verein zur Förderung des Tourismus nach Lateinamerika e.V.
Domenecker Str. 19, 74219 Möckmühl
T: (06298) 92 92 77   Fax: 92 92 78
Internet: http://www.lateinamerika.org
E-Mail: arge.lateinamerika@t-online.de
Gründung: 1982
Vorsitzende(r): Norbert Salcher (Saspo GmbH)
Ltg. Geschäftsstelle u. Presseabt.: Johanna Valet
Mitglieder: 45

● E 747
Simon Bolivar Gesellschaft e.V.
Friedrichswall 1, 30159 Hannover
T: (0511) 1 20-5711   Fax: 1 20-995711
E-Mail: heino.heierberg@mw.niedersachsen.de
Vorsitzende(r): Hans Freiherr von Uslar-Gleichen
Geschäftsführer(in): Heino Heierberg

● E 748
Lateinamerika-Zentrum e.V.
Kaiserstr. 201, 53113 Bonn
T: (0228) 21 07 88   Fax: 24 16 58
Internet: http://www.topicos.de/LAZ.html
E-Mail: laz@topicos.de
Gründung: 1961
Präsident(in): Dr. Helmut Hoffmann
Ltg. Projektabt.: Irmela Plöger
Leitung Presseabteilung: Irene Sunnus
Verbandszeitschrift: Tópicos
Redaktion: M. Rose
Verlag: Kaiserstr. 201, 53115 Bonn
Mitglieder: 14

Mitarbeiter: 8, davon 6 Teilzeit
Jahresetat: ca. DM 2,5-3 Mio, € 1,28-1,53 Mio

Internationale und europäische Beziehungen

● E 749
Deutsche Gesellschaft für die Vereinten Nationen e.V. (DGVN)
- Generalsekretariat -
Poppelsdorfer Allee 55, 53115 Bonn
T: (0228) 9 49 00-0   Fax: 21 74 92
Internet: http://www.dgvn.de
E-Mail: dgvn-bonn@t-online.de
Gründung: 1952
Vorsitzende(r) des Vorstandes: Prof. Dr. Klaus Dicke
Generalsekr.: Dr. René Klaff
Presseabteilung: Ulrich Keller
Anna M. Brassel
Verbandszeitschrift: Vereinte Nationen
Verlag: Nomos-Verlag, Baden-Baden
Mitglieder: 1300
Mitarbeiter: 9
Jahresetat: DM 1,1 Mio, € 0,56 Mio

e 750
Deutsche Gesellschaft für die Vereinten Nationen (DGVN)
- Landesverband Berlin -
Am Karlsbad 4-5, 10785 Berlin
T: (030) 2 61 91 19   Fax: 2 64 54 14

e 751
Deutsche Gesellschaft für die Vereinten Nationen (DGVN)
- Landesverband Bayern -
Sturmiusweg 42, 81673 München
T: (089) 43 65 08 23   Fax: 43 65 08 23

e 752
Deutsche Gesellschaft für die Vereinten Nationen (DGVN)
Landesverband Baden-Württemberg
Ramnestweg 2, 73529 Schwäbisch Gmünd
T: (0711) 4 93 87   Fax: 4 90 43

● E 753
unicef
Kinderhilfswerk der Vereinten Nationen
Deutsches Komitee für UNICEF e.V.
Höninger Weg 104, 50969 Köln
T: (0221) 9 36 50-0   Fax: 93 65 02 79
Internet: http://www.unicef.de
E-Mail: mail@unicef.de
Gründung: 1953 (30. Juni)
Vorsitzende(r) des Vorstandes: Reinhard Schlagintweit
Geschäftsführer(in): Dr. Dietrich Garlichs
Presseref.: Rudi Tarneden
Mitarbeiter: 71 in der Bundesgeschäftsstelle, über 8000 ehrenamtl. Mitarbeiter in den lokalen Arbeitsgruppen
Zeitschrift: UNICEF-Nachrichten
Verlag: Deutsches Komitee für UNICEF e.V.

UNICEF, das Kinderhilfswerk der Vereinten Nationen, setzt sich seit über 50 Jahren für die Verbesserung der Lebensbedingungen von Kindern und Frauen ein. Das Deutsche Komitee für UNICEF e.V., mit Sitz in Köln, hat das Ziel, die Arbeit von UNICEF in den Entwicklungsländern zu unterstützen. Zu seinen wichtigsten Aufgaben gehört es, die Öffentlichkeit über Strategien und Programme von UNICEF und die Situation der Kinder in der Dritten Welt zu informieren. Ein weiterer Schwerpunkt ist die Beschaffung von Spendenmitteln, um die Arbeit von UNICEF in den Entwicklungsländern zu ermöglichen. UNICEF unterhält in 161 Ländern der Welt Programme, bei denen schnellgreifende Hilfsmaßnahmen mit langfristigen Projekten für Verbesserung der Basisstruktur Hand in Hand gehen. Richtige und ausreichende Ernährung, sauberes Wasser, gesundheitliche Versorgung und elementare Bildung sollen den Kindern und der Gemeinschaft, in der sie aufwachsen, ein menschenwürdiges Leben und eine Zukunft sichern. UNICEF ist sowohl in ländlichen Regionen als auch in den Slums der Städte tätig. Das Kinderhilfswerk der Vereinten Nationen arbeitet dabei eng mit den Regierungen der Länder sowie den übrigen UN-Organisationen und sonstigen Hilfsorganisationen zusammen. Dabei wird besonders auf die Einbeziehung der betroffenen Bevölkerung vor Ort bei der Planung und Durchführung der Projekte geachtet, um "Hilfe zur Selbsthilfe" zu leisten. UNICEF wird ausschließlich durch freiwillige Zuwendungen finanziert. Rund 8 000 ehrenamtliche Helfer in 120 ehrenamtlichen Gruppen unterstützen die Arbeit des Deutschen Komitees für UNICEF e.V.. Das Deutsche UNICEF-Komitee ist mit seinen Beiträgen das erfolgreichste der amerikanischen und europäischen Komitees.

● E 754
Deutsche UNESCO-Kommission e.V.
Colmantstr. 15, 53115 Bonn
T: (0228) 6 04 97-0   Fax: 6 04 97-30
Internet: http://www.unesco.de
E-Mail: dispatch@unesco.de
Gründung: 1950
Internationaler Zusammenschluß: siehe unter izv 41
Präsident(in): Prof. Dr. Klaus Hüfner, Berlin
1. Vizepräsident: MdB Walter Hirche
2. Vizepräsidentin: Dr. Verena Metze-Mangold
Generalsekretär(in): Dr. Traugott Schöftthaler
Stellv. Generalsekretärin: Dr. Christiane Deußen
Leitung Presseabteilung: Dieter Offenhäußer
Verbandszeitschrift: UNESCO heute
Redaktion: Dieter Offenhäußer
Verlag: Dt. UNESCO-Komm., Colmantstr. 15, 53115 Bonn
Verbandszeitschrift: UNESCO-Kurier
Redaktion: Dr. Urs Aregger
Verlag: Freemedia Verlag Hans Frieden, Holligenstr. 39, CH-3008 Bern
Mitglieder: bis zu 100
Mitarbeiter: 21
Jahresetat: DM 2,6 Mio, € 1,33 Mio

● E 755
Deutsches Komitee für das Umweltprogramm der Vereinten Nationen
Godesberger Allee 108-112, 53175 Bonn
T: (0228) 2 69 22 16, 2 69 22 17   Fax: 2 69 22 51, 2 69 22 52
E-Mail: intlawpol@cs.com

● E 756
Deutsche Welthungerhilfe e.V.
Postfach 12 05 09, 53047 Bonn
Adenauerallee 134, 53113 Bonn
T: (0228) 22 88-0   Fax: 22 07 10
Internet: http://www.welthungerhilfe.de
E-Mail: dwhh_gs@compuserve.com
Gründung: 1962
Internationaler Zusammenschluß: siehe unter izu 325
Vorsitzende(r) des Vorstandes: Ingeborg Schäuble
Stellv. Vors. d. Vorst.: Oberkirchenrat i.R. Hermann Kalinna
Dir. Frithjof Leufen (Schatzmeister)
Prof. Dr. Franz J. Heidhues
Heike Troue
Christa-Maria Blankenburg
Dr. Theo Sommer
Generalsekretär(in): Dr. Volker Hausmann
Ltg. Presseref.: Ulrich Post
Verbandszeitschrift: Welternährung
Redaktion: Ulrich Post, Simone Pott
Herausgeber: Adenauerallee 134, 53113 Bonn
Mitglieder: 26
Mitarbeiter: 90 Inland, 80 Ausland

● E 757
Internationale Organisation für Migration (IOM)
International Organization for Migration
Inselstr. 12, 10179 Berlin
T: (030) 27 87 78-0   Fax: 27 87 78-99
Internet: http://www.iom.int
E-Mail: berlin@iom.int
Gründung: 1952 (Februar)
Leiterin der Verbindungsstelle: Hans-Dieter Lorenz

e 758
Internationale Organisation für Migration
Postfach 20 14 62, 53144 Bonn
Koblenzer Str. 99, 53177 Bonn
T: (0228) 8 20 94-0   Fax: 8 20 94-60
Internet: http://www.iom.int
E-Mail: bonn@iom.int

E 759

Internationale Arbeitsorganisation (IAO)
Vertretung in Deutschland
Hohenzollernstr. 21, 53173 Bonn

T: (0228) 36 23 22, 36 39 88   **Fax:** 35 21 86
Teletex: 2 283 726 eilobonn
Internet: http://www.ilo.org/bonn
E-Mail: bonn@ilo.org
Internationaler Zusammenschluß: siehe unter izv 18

Direktor(in): Dr. Ernst Kreuzaler
Presse: Maria Fuhrmann

Die ILO ist eine Sonderorganisation der Vereinten Nationen.

F Industrie

Zum Auffinden einer bestimmten Dienststelle oder Organisation dient das Suchwortverzeichnis, eines Personennamens das Personenverzeichnis.

Bundesverband der Deutschen Industrie und Landes-
  vertretungen
Industrie-Fachverbände

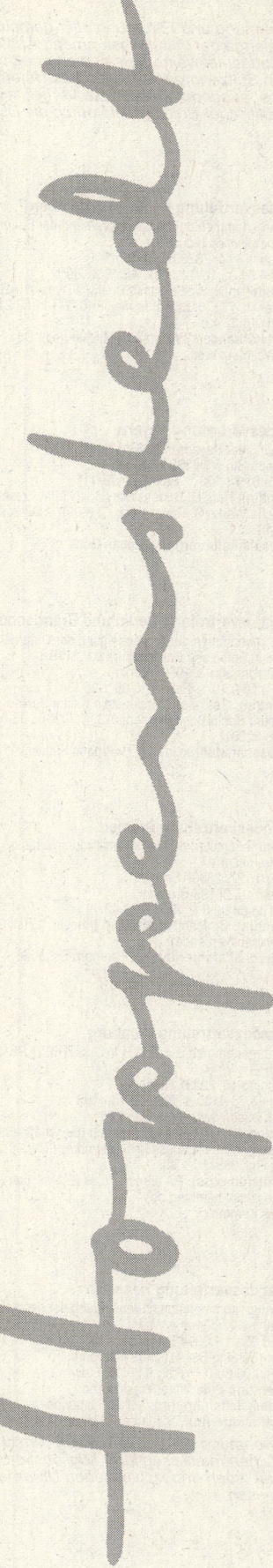

Bundesverband der Deutschen Industrie und Landesvertretungen

• F 1

Bundesverband der Deutschen Industrie e.V.

Bundesverband der Deutschen Industrie e.V. (BDI)
Breite Str. 29, 10178 Berlin
T: (030) 20 28-0
E-Mail: b.dittmann@bdi-online.de
Internationaler Zusammenschluß: siehe unter izf 1954
Präsidium
Präsident(in): Dr. Michael Rogowski (Vors. des Gesellschafterausschusses u. des Aufsichtsrates J.M. Voith AG, St.-Pöltener Str. 43, 89522 Heidenheim, T: (07321) 37-4201, Fax: (07321) 37-7819, E-Mail: michael.rogowski@voith.de)
Vizepräsident(in): Prof. Dr. Bernd Gottschalk (Präsident Verband der Automobilindustrie e.V., Westendstr. 61, 60325 Frankfurt, Postf. 17 05 63, 60079 Frankfurt, T: (069) 9 75 07-222, Fax: (069) 9 75 07-220)
Vizepräsident(in): Dietmar Harting (Pers.haftender Gesellschafter HARTING KGaA, Marienwerderstr. 3, 32339 Espelkamp, T: (05772) 47-241, Fax: (05772) 47-510, E-Mail: dietmar.harting@harting.com)
Vizepräsident(in): Hans-Olaf Henkel (Mitglied des Aufsichtsrates IBM Deutschland GmbH, Ernst-Reuter-Platz 2, 10587 Berlin, T: (030) 31 15-1506, Fax: (030) 31 15-1213, E-Mail: hans_olaf_henkel@de.ibm.com)
Vizepräsident(in): Dr. Volker Jung (Mitglied des Vorstandes Siemens AG, Wittelsbacherplatz 2, 80333 München, T: (089) 2 34-33900, Fax: (089) 2 34-33908)
Vizepräsident(in): Dr. Arend Oetker (Geschäftsf. Gesellschafter Dr. Arend Oetker Holding GmbH & Co., Gereonstr. 18-30, 50670 Köln, T: (0221) 1 60 00-12, Fax: (0221) 1 60 00-61, E-Mail: oetker.holding.schoenberger@t-online.de)
Vizepräsident(in): Eberhard Reuther (Vors. des Aufsichtsrates Körber AG, Kurt-A.-Körber-Chaussee 8-32, 21033 Hamburg, T: (040) 72 50-2589, Fax: (040) 72 50-2199)
Vizepräsident(in): Dr. Manfred Schneider (Vors. des Vorstandes Bayer AG, 51368 Leverkusen, T: (0214) 3 03-1298, Fax: (0214) 3 05-6146, E-Mail: manfred.schneider.ms@bayer-ag.de)
Vizepräsident(in): Prof. Dr. Ekkehard Schulz (Vors. des Vorstandes ThyssenKrupp AG, August-Thyssen-Str. 1, 40211 Düsseldorf, T: (0211) 8 24-36112, Fax: (0211) 8 24-36665)
Vizepräsident(in): Prof. Dr.h.c. Ignaz Walter (Präsident Hauptverband der Deutschen Bauindustrie e.V., Kurfürstenstr. 129, 10785 Berlin, T: (030) 2 12 86-0, Fax: (030) 2 12 86-240)
Ehrenmitglieder: Prof. Dr.-Ing. Kurt Hansen (Ehrenvors. des Aufsichtsrates Bayer AG, 51368 Leverkusen, T: (0214) 30-57736, Fax: (0214) 30-66328)
Prof. Dr. Joachim Zahn (DaimlerChrysler AG, HPC E 708, 70546 Stuttgart, T: (0711) 17-22085, Fax: (0711) 17-56797)
Präsidialmitglieder: Prof. Dr.-Ing. Dieter Ameling (Wirtschaftsvereinigung Stahl, Sohnstr. 65, 40237 Düsseldorf, Postf. 10 54 64, 40045 Düsseldorf, T: (0211) 67 07-401, Fax: (0211) 67 07-411)
Josef Albert Beckmann (Geschäftsf. Gesellschafter Ibena Textilwerke Beckmann GmbH & Co., Industriestr. 7-13, 46395 Bocholt, T: (02871) 2 87-0, Fax: (02871) 2 87-309, E-Mail: jab@ibena.de)
Pieter Berkhout (Vors. der Geschäftsführung Deutsche Shell GmbH, Suhrenkamp 71-77, 22335 Hamburg, T: (040) 63 24-5400, Fax: (040) 63 24-5490)
Wendelin von Boch-Galhau (Vors. des Vorstandes Villeroy & Boch AG, Postf. 11 40, 66688 Mettlach, T: (06864) 81-0, Fax: (06864) 81-1476, E-Mail: vonboch.wendelin@villeroy-boch.de)
Dipl.-Ing. Helmut Christman (Winterleitenweg 36, 97318 Kitzingen, Deutscher Giessereiverband, T: (0211) 68 71-215, Fax: (0211) 68 71-205)
Georg C. Domizlaff (Vors. des Vorstandes British-American Tobacco (Germany) GmbH, Alsterufer 4, 20354 Hamburg, Postf. 30 06 60, 20347 Hamburg, T: (040) 41 51-2251, Fax: (040) 41 51-2255)
Dr. Michael Frenzel (Vors. des Vorstandes Preussag AG, Karl-Wiechert-Allee 4, 30625 Hannover, Postf. 61 02 09, 30602 Hannover, T: (0511) 5 66-1291, Fax: (0511) 5 66-1164)
Dr.-Ing. Hans-Dieter Harig (Vors. des Vorstandes der E.ON Energie AG, Brienner Str. 40, 80333 München, T: (089) 12 54-1900, Fax: (089) 12 54-1902, E-Mail: hans-dieter.harig@eon-energie.com)
Ulrich Hartmann (Vors. des Vorstandes E.ON AG, Bennigsenplatz 1, 40410 Düsseldorf, T: (0211) 45 79-551, Fax: (0211) 45 79-565)
Dr.oec.publ. Jürgen Heraeus (Vors. des Aufsichtsrates Heraeus Holding GmbH, Postf. 15 61, 63405 Hanau, T: (06181) 3 54 17, Fax: (06181) 3 56 77)
Klaus Hering (Präsident Vereinigung der Unternehmensverbände für Mecklenburg-Vorpommern e.V., Eckdrift 93, 19061 Schwerin, T: (0385) 63 56-100, Fax: (0385) 63 56-151)
Dr.-Ing. Gustav Humbert (Präsident des Bundesverbandes der Deutschen Luft- und Raumfahrtindustrie e.V. Berlin, Chief Operating Officer, Airbus Industrie, 1, Rond Point Maurice Bellonte, F-31707 Blagnac Cedex/Frankreich, T: (0033561) 93 33 12, Fax: (0033561) 93 35 03)
Dipl.-Kfm. Martin Kannegiesser (Geschäftsf. Gesellschafter Herbert Kannegiesser GmbH & Co., Kannegießerring, 32602 Vlotho, Postf. 17 25, 32591 Vlotho, T: (05733) 1 22 16, Fax: (05733) 1 22 04)
Prof. Dr. Anton Kathrein (Geschäftsf. Gesellschafter Kathrein-Werke KG, Anton-Kathrein-Str. 1-3, 83022 Rosenheim, T: (08031) 1 84-239, Fax: (08031) 1 84-661)
Dr. Arnold Kawlath (Geschäftsf. Gesellschafter Schubert & Salzer GmbH, Bunsenstr. 38, 85053 Ingolstadt, T: (0841) 96 53-401, Fax: (0841) 96 53-405, E-Mail: f@schubert-salzer.com)
Dr.-Ing. Ernst-Otto Krämer (Vors. des Vorstandes Rheinmetall DeTec AG Ratingen, Pempelfurtstr. 1, 40880 Ratingen, T: (02102) 90-2441, Fax: (02102) 90-2160)
Dr. jur. Dietmar Kuhnt (Vors. des Vorstandes RWE Aktiengesellschaft, Opernplatz 1, 45128 Essen, T: (0201) 12 15-000, Fax: (0201) 12 15-005)
Prof. Dr. Berthold Leibinger (Geschäftsf. Gesellschafter Trumpf GmbH + Co., Johann-Maus-Str. 2, 71254 Ditzingen, T: (07156) 3 03-614, Fax: (07156) 3 03-614)
Dr. jur. Jürgen Lose (Vors. des Aufsichtsrates Dyckerhoff AG, Postf. 22 47, 65012 Wiesbaden, T: (0611) 6 76-1012, Fax: (0611) 6 76-1437)
Dr. Werner Marnette (Vors. des Vorstandes Norddeutsche Affinerie AG, Postf. 10 48 40, 20033 Hamburg, T: (040) 78 83-3258, Fax: (040) 78 83-3249)
Dr.-Ing. Sigfrid Michelfelder (Generalbevollmächtigter Babcock Borsig Aktiengesellschaft, Duisburger Str. 375, 46049 Oberhausen, T: (0208) 8 33-3700, Fax: (0208) 8 33-4634, E-Mail: sigfrid_michelfelder@bb-x.de)
Dr. Heinrich von Pierer (Vors. des Vorstandes Siemens AG, 80312 München, T: (089) 2 34-33001, Fax: (089) 2 34-33005)
Dr. Wolf Hartmut Prellwitz (Vors. des Aufsichtsrates IWKA Aktiengesellschaft, Postf. 34 09, 76020 Karlsruhe, T: (0721) 14 32 21, Fax: (0721) 14 32 43)
Dipl.-Phys. Randolf Rodenstock (Geschäftsf. Gesellschafter Optische Werke G. Rodenstock, Postf. 14 04 40, 80454 München, T: (089) 72 02-349, Fax: (089) 72 02-140)
Prof. Dr. Claus Rüger (Geschäftsführer Arzneimittelwerk Dresden GmbH, Meißner Str. 35, 01445 Radebeul, T: (0351) 83 41-336, Fax: (0351) 83 41-446)
Robert Schäfer (Mitglied des Aufsichtsrates Dunlop GmbH, Postf. 22 51, 63412 Hanau, T: (06181) 68-1201, Fax: (06181) 68-1346)
Dr.rer.pol. Volker Schäfer (Präsident Wirtschaftsvereinigung Bergbau e.V., c/o Kaliverein e.V., Wilhelmhöher Allee 239, 34121 Kassel, T: (0561) 3 01-1505, Fax: (0561) 3 01-2294)
Prof. Dr. Richard Schimko (Geschäftsführer BOS Berlin-Oberspree Sondermaschinenbau GmbH, Ostendstr. 1-14, 12459 Berlin, T: (030) 53 88-090, Fax: (030) 53 88-0911, E-Mail: r.schimko@bos-berlin.de)
Dipl.-Ing. Jürgen E. Schrempp (Vors. des Vorstandes DaimlerChrysler AG, Epplestr. 225, 70567 Stuttgart, T: (0711) 17-94326, Fax: (0711) 17-94331)
Gerd Schulte-Hillen (Vors. des Aufsichtsrates Gruner + Jahr AG & Co. Druck- und Verlagshaus, Stubbenhuk 7, 20459 Hamburg, T: (040) 37 03-3112, Fax: (040) 37 28 48, E-Mail: schulte-hillen.gerd@guj.de)
Prof. Dr. Wilhelm Simson (Vors. des Vorstandes E.ON AG, Bennigsenplatz 1, 40474 Düsseldorf, T: (0211) 45 79-921, Fax: (0211) 45 79-922)
Dr. Ron Sommer (Vors. des Vorstandes Deutsche Telekom AG, Generaldirektion, 53105 Bonn, T: (0228) 1 81-9001, Fax: (0228) 1 81-8970)
Ass. jur. Friedrich Späth (Vors. des Vorstandes Ruhrgas AG, 45117 Essen, T: (0201) 1 84-00, Fax: (0201) 1 84-3766)
Karl Starzacher (Vors. des Vorstandes RAG Aktiengesellschaft, Rellinghauser Str. 1-11, 45128 Essen, T: (0201) 1 77-3851, Fax: (0201) 1 77-3852)
Jürgen Theis (Vorstand Arthus Theis GmbH & Co. KG, Postf. 25 04 40, 42240 Wuppertal, T: (0202) 52 60 60, Fax: (0202) 52 39 41)
Jürgen R. Thumann (Geschäftsf. Gesellschafter Heitkamp und Thumann GmbH & Co. KG, Postf. 24 02 29, 40091 Düsseldorf, T: (0211) 79 54-101, Fax: (0211) 79 54-305)
Dr. Peter Traumann (Vors. der Geschäftsführung Gerolsteiner Brunnen GmbH & Co., 54567 Gerolstein, T: (06591) 1 41 03, Fax: (06591) 1 42 04)
Dr. Hans-Dietrich Winkhaus (Mitglied des Gesellschafterausschusses Henkel KGaA, 40191 Düsseldorf, T: (0211) 7 97-2139, Fax: (0211) 7 98-2325)
Prof. Dr.h.c. Reinhold Würth (Vors. der Würth-Beiratsgruppe Adolf Würth GmbH & Co. KG, Reinhold-Würth-Str. 12-16, 74653 Künzelsau, T: (07940) 15-1205, Fax: (07940) 15-4001)
HGeschäftsführer u. Mitglied d. Präsidiums: Dr. Ludolf von Wartenberg (HGeschäftsführer Bundesverband der Deutschen Industrie e.V., Breite Str. 29, 10178 Berlin, T: (030) 20 28-1444, Fax: (030) 20 28-2444, E-Mail: l.v.wartenberg@bdi-online.de)

Wahrnehmung und Förderung aller gemeinsamen Belange der in ihm zusammengeschlossenen Industriezweige. Zusammenarbeit mit anderen Spitzenorganisationen des Unternehmertums, ausgenommen ist die Vertretung sozialpolitischer Belange, die durch die BDA erfolgt.

f 2

BDI-Landesvertretung Baden-Württemberg
(wird wahrgenommen durch: Landesverband der Baden-Württembergischen Industrie e.V.)
Zeppelinstr. 42-44, 73760 Ostfildern
T: (0711) 4 51 03 16-0 **Fax:** 45 10 31 69
Vorsitzende(r): Dr. Wolf Hartmut Prellwitz (Vors. d. AR IWKA AG, Gartenstr. 71, 76135 Karlsruhe, T: (0721) 14 32 21, Telefax: (0721) 14 32 43)
Geschäftsführende(s) Vorstands-Mitglied(er): Dipl.-Volksw. Wolfgang Wolf

f 3

BDI-Landesvertretung Bayern
(Vereinigung der Bayerischen Wirtschaft e.V.)
Max-Joseph-Str. 5, 80333 München
T: (089) 5 51 78-100 **Fax:** 5 51 78-111
Präsident(in): Randolf Rodenstock (Geschäftsf. Gesellschafter Optische Werke G. Rodenstock, T: (089) 72 02-349, Fax: 72 02-140)
Hauptgeschäftsführer(in): Stephan Götzl

f 4

BDI - Landesvertretung Berlin und Brandenburg
(wird wahrgenommen durch: Vereinigung der Unternehmensverbände in Berlin und Brandenburg e.V. UVB)
Am Schillertheater 2, 10625 Berlin
T: (030) 3 10 05-0 **Fax:** 3 10 05-1 20
Präsident(in): Gerd von Brandenstein (Leiter Berliner Büro u. Verb.büro Berlin-Bonn Siemens AG, T: (030) 3 86-32055, Fax: 3 86-32061)
Hauptgeschäftsführer(in): Dr. Hartmann Kleiner

f 5

BDI - Landesvertretung Bremen
(wird wahrgenommen durch: Unternehmensverbände im Lande Bremen e.V.)
Postf. 10 07 27, 28007 Bremen
Schillerstr. 10, 28195 Bremen
T: (0421) 3 68 02-0 **Fax:** 3 68 02 49
Präsident(in): Dr. Manfred Ahlsdorff (Anschr. u. Tel. über Unternehmensverbände)
Hauptgeschäftsführer(in): RA Eberhard Schodde

f 6

BDI - Landesvertretung Hamburg
(wird wahrgenommen durch: IVH-INDUSTRIEVERBAND HAMBURG e.V.)
Kapstadtring 10, 22297 Hamburg
T: (040) 63 78-4100 **Fax:** 63 78-4199
Internet: http://www.bdi-hamburg.de
Vorsitzende(r): Dr. Peter von Foerster (Geschäftsführer der Breitenburger Beteiligungs GmbH Hamburg, T: (040) 3 49 60-131, Fax: 3 49 60-132)
Geschäftsführer(in): RA Jürgen Thies (E-Mail: juergen_thies@bdi-hamburg.de)
Dr. Claus Kemmet

f 7

BDI - Landesvertretung Hessen
(wird wahrgenommen durch: Vereinigung der hessischen Unternehmerverbände e.V.)
Postf. 50 05 61, 60394 Frankfurt
Emil-von-Behring-Str. 4, 60439 Frankfurt
T: (069) 9 58 08-0 **Fax:** 9 58 08-1 26
Präsident(in): Prof. Dieter Weidemann
Hauptgeschäftsführer(in): Volker Fasbender
Geschäftsführer(in): Dr. Klaus W. Lippold (MdB)

Wahrnehmung der gemeinsamen wirtschaftspolitischen Interessen ihrer Migliedsverbände und der ihnen angeschlossenen Unternehmen für Hessen

f 8

BDI - Landesvertretung Mecklenburg-Vorpommern
(Vereinigung der Unternehmensverbände für Mecklenburg-Vorpommern e.V.)
Eckdrift 93, 19061 Schwerin

T: (0385) 63 56-100 **Fax:** 63 56-151
Präsident(in): Klaus Hering
Hauptgeschäftsführer(in): Dr. Thomas Klischan

f 9

BDI - Landesvertretung Niedersachsen
(wird wahrgenommen durch: Unternehmerverbände Niedersachsen e.V.)
Schiffgraben 36, 30175 Hannover
T: (0511) 85 05-0 **Fax:** 85 05-2 68
Präsident(in): Dr. Peter Haverbeck (Poelzigweg 5b, 30559 Hannover, T: (0511) 51 35 20)
Hauptgeschäftsführer(in): Dr. Volker Müller

f 10

BDI - Landesvertretung Nordrhein-Westfalen
(wird wahrgenommen durch: Wirtschaftsvereinigung Stahl)
Sohnstr. 65, 40237 Düsseldorf
T: (0211) 67 07-0 **Fax:** 67 07-310
Internet: http://www.stahl-online.de
E-Mail: hans-juergen.kerkhoff@wvstahl.de
Präsident(in): Prof. Dr.-Ing. Dieter Ameling
Hauptgeschäftsführer(in): Albrecht Kormann

f 11

BDI - Landesvertretung Rheinland-Pfalz
(wird wahrgenommen durch: Landesvereinigung Rheinland-Pfälzischer Unternehmerverbände e.V.)
Postf. 29 66, 55019 Mainz
Hindenburgstr. 32, 55118 Mainz
T: (06131) 55 75-0 **Fax:** 55 75 39
Vorsitzende(r): Dr. Eberhard Schwarz (Geschf. der Zschimmer & Schwarz Chemie GmbH & Co., Max-Schwarz-Str. 3-5, 56114 Lahnstein, T: (02621) 1 23 33, Telefax: (02621) 1 24 06)
Hauptgeschäftsführer(in): RA Werner Simon
Stellv. Hauptgeschäftsführer: Dr. Uwe Gaßmann

f 12

BDI - Landesvertretung Saar
(wird wahrgenommen durch: Vereinigung der Saarländischen Unternehmerverbände (VSU)
Harthweg 15, 66119 Saarbrücken
T: (0681) 9 54 34-0 **Fax:** 9 54 34-74
Präsident(in): Dr. Walter Koch (Geschäftsf. Ges. d. Dillinger Fabrik gelochter Bleche GmbH, Franz-Meguin-Str. 20, 66763 Dillingen, T: (06831) 7 00 30, Telefax: (06831) 7 00 32 50)
Hauptgeschäftsführer(in): Dipl.-Volksw. Dr. Heiko Jütte

f 13

BDI - Landesvertretung Sachsen
(wird wahrgenommen durch: Vereinigung der Sächsischen Wirtschaft e.V.) (VSW)
Washingtonstr. 16-16a, 01139 Dresden
T: (0351) 2 55 93-0 **Fax:** 2 55 93-78
Präsident(in): Wolfgang Heinze (Generalmanager Southwall Europe GmbH, 01900 Großröhrsdorf, T: (035952) 4 43 03, Fax: 4 43 21)
Hauptgeschäftsführer u. Präsidiumsmitglied: Dr. Andreas Winkler

f 14

BDI-Landesvertretung Sachsen-Anhalt
(wird wahrgenommen durch: Landesvereinigung der Arbeitgeber- u. Wirtschaftsverbände Sachsen-Anhalt e.V.)
Postf. 42 29, 39017 Magdeburg
Hegelstr. 39, 39104 Magdeburg
T: (0391) 59 82-250 **Fax:** 59 82-259
Präsident(in): Dr. Helge Fänger (Vorstandsvors. Serum-Werke Bernburg, Postf. 12 63, 06392 Bernburg, T: (03471) 86 01 01, Fax: 86 01 30)
Geschäftsführer(in): Klaus Liedke

f 15

BDI - Landesvertretung Schleswig-Holstein
(wird wahrgenommen durch: UVNord Vereinigung der Unternehmensverbände in Hamburg und Schleswig-Holstein)
Geschäftsstellen:
Adolf-Steckel-Str. 17, 24768 Rendsburg
T: (04331) 14 20-0 **Fax:** 14 20-20
Präsident(in): Prof. Dr. Hans Heinrich Driftmann (Persönlich haftender u. geschäftsführender Gesellschafter der Fa. Peter Kölln KGaA, Westerstr. 22-24, 25336 Elmshorn, Postf. 6 29, 25333 Elmshorn, T: (04121) 64 81 75, Telefax: (04121) 6 56 59)
Hauptgeschäftsführer(in): RA Jürgen Meineke
Stellv. HGeschF: Ass. Klaus Haller

f 16

BDI-Landesvertretung Thüringen
(wird wahrgenommen durch: Verband der Wirtschaft Thüringens e.V.)
Lossiusstr. 1, 99094 Erfurt

T: (0361) 67 59-0 **Fax:** 67 59-2 22
Präsident(in): Walter Botschatzki (Geschäftsführer Multicar Spezialfahrzeuge GmbH, Postf. 1 02, 99875 Waltershausen, T: (03622) 64 04 01, Fax: 64 04 02)
Hauptgeschäftsführer(in): Lotar Schmidt

Mitglieder des BDI

f 17

Verband der Automobilindustrie e.V. (VDA)
Postf. 17 05 63, 60079 Frankfurt
Westendstr. 61, 60325 Frankfurt
T: (069) 9 75 07-0 **Fax:** 9 75 07-261
Internet: http://www.vda.de
Gründung: 1901
Internationaler Zusammenschluß: siehe unter izf 2188, izf 2213
Präsident(in): Prof. Dr. Bernd Gottschalk
Geschäftsführer(in): Dr. Kunibert Schmidt
Dr. Peter Thomsen
Prof. Dr. Gunter Zimmermeyer

f 18

Hauptverband der Deutschen Bauindustrie e.V.
Kurfürstenstr. 129, 10785 Berlin
T: (030) 2 12 86-0 **Fax:** 2 12 86-240
Internet: http://www.bauindustrie.de
E-Mail: bauind@bauindustrie.de
Büro Brüssel:
Rue du Commerce 31, B-1000 Brüssel, T: (00322) 5 12 95 97, Fax: 5 12 50 66
Internationaler Zusammenschluß: siehe unter izf 321, izf 617, izf 798, izf 1804
Präsident(in): Prof. Dr.h.c. Ignaz Walter
Hauptgeschäftsführer(in): RA Michael Knipper

f 19

Bundesverband Baustoffe - Steine und Erden e.V.
Postf. 15 01 62, 60061 Frankfurt
Friedrich-Ebert-Anlage 38, 60325 Frankfurt
T: (069) 75 60 82-0 **Fax:** 75 60 82 12
Internet: http://www.baustoffindustrie.de
E-Mail: bvbaustoffe@aol.com
Internationaler Zusammenschluß: siehe unter izf 2420
Präsident(in): Dr. jur. Jürgen Lose (Vorsitzender des Aufsichtsrates Dyckerhoff AG, Biebricher Str. 69, 65203 Wiesbaden, T: (0611) 6 76-1436, Fax: (0611) 6 76-1437)
Hauptgeschäftsführer(in): RA Dr. Wolfgang Mack

f 20

Bundesverband Bekleidungsindustrie e.V. (BBI)
Postf. 10 09 55, 50449 Köln
Mevissenstr. 15, 50668 Köln
T: (0221) 77 44-113 **Fax:** 77 44-118
Internet: http://www.bekleidungsindustrie.de
E-Mail: bbi@bbi-online.de
Internationaler Zusammenschluß: siehe unter izf 392
Präsident(in): Dr. Fritz Goost (Geschf. Ges. Bierbaum-Proenen GmbH & Co. KG Bekleidungswerke, Domstr. 55-73, 50668 Köln, Postf. 10 04 54, 50444 Köln, T: (0221) 1 65 61 05, Telefax: (0221) 1 65 61 10)
Hauptgeschäftsführer(in): RA Bernd Kemper
Dipl.-pol. Friedhelm N. Sartoris

f 21

Wirtschaftsvereinigung Bergbau e.V.
Postf. 12 07 36, 10597 Berlin
Am Schillertheater 4, 10625 Berlin
T: (030) 31 51 82-0 **Fax:** 31 51 82-35
Internet: http://www.wv-bergbau.de
E-Mail: wvb.berlin@t-online.de
Internationaler Zusammenschluß: siehe unter izl 87
Präsident(in): Dr. Volker Schäfer
Hauptgeschäftsführer(in): Ass. d. Bergf. Karl-Ernst Kegel
Dipl.-Volksw. Wolfgang Reichel

f 22

Verband der Chemischen Industrie e.V.
Postf. 11 19 43, 60054 Frankfurt
Karlstr. 21, 60329 Frankfurt
T: (069) 25 56-0 **Fax:** 25 56-14 71
Internet: http://www.vci.de
E-Mail: vci@vci.de
Internationaler Zusammenschluß: siehe unter izf 1020
Präsident(in): Dr. Manfred Schneider (Vors. d. Vorst. d. Bayer AG, 51368 Leverkusen)
Hauptgeschäftsführer u. Mitgl. d. Präsidiums: Dr. Wilfried Sahm

f 23

Verband der Cigarettenindustrie
Königswinterer Str. 550, 53227 Bonn
T: (0228) 44 90 60 **Fax:** 44 25 82
E-Mail: vdc@vdc-bonn.de

Vorsitzende(r): Georg C. Domizlaff (Vors. des Vorstandes British American Tobacco (Germany) GmbH)
Hauptgeschäftsführer(in): Dr. Ernst Brückner
Stellv. Hauptgeschäftsführer: Wolfgang S. Oberrecht

f 24

Bundesverband Druck und Medien e.V. (bvdm)
Postf. 18 69, 65008 Wiesbaden
Biebricher Allee 79, 65187 Wiesbaden
T: (0611) 8 03-0 **Fax:** 8 03-113
Internet: http://www.bvdm-online.de
E-Mail: info@bvdm-online.de
Internationaler Zusammenschluß: siehe unter izf 1723, izg 77
Präsident(in): Alexander Schorsch (Vorstand Konrad A. Holtz AG, 95512 Neudrossenfeld, T: (09203) 60 00, Fax: 60 41)
Hauptgeschäftsführer(in): RA Thomas Mayer
Dipl.-Volksw. Peter Klemm (stellv.)

f 25

Zentralverband Elektrotechnik- und Elektronikindustrie (ZVEI) e.V.
Postf. 70 12 61, 60562 Frankfurt
Stresemannallee 19, 60596 Frankfurt
T: (069) 6 30 22 95 **Fax:** 6 30 22 71
Internet: http://www.zvei.org
E-Mail: zvei@zvei.org
Internationaler Zusammenschluß: siehe unter izf 1228, izf 2269
Präsident(in): Dietmar Harting (Persönlich haftender Ges. der HARTING KGaA, Marienwerder Str. 3, 32339 Espelkamp, T: (05772) 47-241, Fax: 47-510)
Hauptgeschäftsführer(in): Dr.rer.pol. Franz-Josef Wissing

f 26

Bundesverband der Deutschen Entsorgungswirtschaft e.V. (BDE)
Schönhauser Str. 3, 50968 Köln
T: (0221) 93 47 00-0 **Fax:** 93 47 00-90
Internet: http://www.bde.org
E-Mail: info@bde.org
Internationaler Zusammenschluß: siehe unter izf 253, izf 491
Präsident(in): Bernard Kemper (Vors. des Vorstandes der RWE Umwelt AG, 45128 Essen, T: (0201) 1 21-6001)
Hauptgeschäftsführer(in): RA Frank-Rainer Billigmann

f 27

Wirtschaftsverband Erdöl- und Erdgasgewinnung e.V. (WEG)
Brühlstr. 9, 30169 Hannover
T: (0511) 1 21 72-0 **Fax:** 1 21 72-10
Vorsitzende(r): Wulf Hagemann (Vors.d.GeschF. Preussag Energie GmbH, Lingen)
Hauptgeschäftsführer(in): Ass. jur. Josef Schmid

f 28

Bundesvereinigung der Deutschen Ernährungsindustrie e.V. (BVE)
Godesberger Allee 142-148, 53175 Bonn
T: (0228) 3 08 29-0 **Fax:** 3 08 29-99
Internet: http://www.bve-online.de
E-Mail: bve@bve-online.de
Vorsitzende(r): Dr. Peter Traumann (Vorsitzender der Geschäftsführung Gerolsteiner Brunnen GmbH & Co., 54567 Gerolstein, T: (06591) 1 41 03, Fax: 1 42 04)
Hauptgeschäftsführer(in): Prof. Dr. Matthias Horst
Geschäftsführer(in): Dr. Sabine Eichner Lisboa
RA Bernd-Ulrich Sieberger

f 29

Verband der deutschen feinmechanischen und optischen Industrie e.V.
Kirchweg 2, 50858 Köln
T: (0221) 94 86 28-0 **Fax:** 48 34 28
Internet: http://www.feinoptik.de
E-Mail: info@feinoptik.de
Präsident(in): Dr.-Phys. Randolf Rodenstock (Geschäftsf. Gesellschafter der Optischen Werke G. Rodenstock, Isartalstr. 39-43, 80469 München, Postf. 14 04 40, 80454 München, T: (089) 72 02-3 49, Telefax: (089) 7 20 21 40)
Hauptgeschäftsführer(in): Dipl.-Kfm. Harald Russegger

f 30

Deutscher Gießereiverband e.V. (DGV)
Postf. 10 19 61, 40010 Düsseldorf
Sohnstr. 70, 40237 Düsseldorf
T: (0211) 68 71-0 **Fax:** 68 71-333
Internet: http://www.dgv.de
E-Mail: info@dgv.de
Internationaler Zusammenschluß: siehe unter izf 2436
Präsident(in): Dipl.-Ing. Helmut Christmann
Hauptgeschäftsführer(in): Dr. Klaus Urbat

f 31
Bundesverband Glasindustrie und Mineralfaserindustrie e.V.
Postf. 10 17 53, 40008 Düsseldorf
Stresemannstr. 26, 40210 Düsseldorf
T: (0211) 1 68 94-0   Fax: 1 68 94-27
Internationaler Zusammenschluß: siehe unter izf 1925
Präsident(in): Dr. Leopold von Heimendahl (Sprecher des Vorstandes SCHOTT GLAS, Hattenbergstr. 10, 55122 Mainz, T: (06131) 66-4153, Fax: 66-2064)
Geschäftsführender Vorstand: Norbert Ullmann

f 32
Hauptverband der Deutschen Holz und Kunststoffe verarbeitenden Industrie und verwandter Industriezweige e.V. (HDH)
Postf. 13 80, 53583 Bad Honnef
Flutgraben 2, 53604 Bad Honnef
T: (02224) 93 77-0   Fax: 93 77-77
Internet: http://www.hdh-ev.de
E-Mail: info@hdh-ev.de
VDS: Bahnstr. 4, 65205 Wiesbaden, T: (0611) 9 77 06-0, Telefax: (0611) 9 77 06-22
Internationaler Zusammenschluß: siehe unter izf 2594
Präsident(in): Helmut Lübke (Geschäftsführer Interlübke Gebr. Lübke, GmbH & Co. KG, Ringstr. 145, 33378 Rheda-Wiedenbrück, T: (05242) 12-232, Fax: 12-311)
Hauptgeschäftsführer(in): Dirk-Uwe Klaas

f 33
Vereinigung Deutscher Sägewerksverbände e.V. (VDS)
Postf. 61 28, 65051 Wiesbaden
Bahnstr. 4, 65205 Wiesbaden
T: (0611) 9 77 06-0   Fax: 9 77 06-22
E-Mail: VDS@SAEGEINDUSTRIE.DE
Vorsitzende(r): Dr. Josef Rettenmeier (Geschäftsführer Rettenmeier Holding GmbH & Co. KG, Industriestr. 1, 91634 Wilburgstetten, T: (09853) 3 38-341, Fax: (09853) 3 38-3105)
Geschäftsführer(in): Dipl.-Volkswirt Gerhard Heider
Mitglieder: 15

f 34
Arbeitsgemeinschaft Industriengruppe
Federführend z.Zt. Bundesverband Schmuck-, Uhren, Silberwaren und verwandte Industrien e.V. (Automatenindustrie, Börsenverein, Lederindustrie, Schmuck- und Silberwaren)
Industriehaus
Poststr. 1, 75172 Pforzheim
T: (07231) 3 30 41   Fax: 35 58 87
Präsident(in): Lothar Keller (Vorstandsvors. Fa. Lothar Keller GmbH, Carl-Benz-Str. 11, 75217 Birkenfeld)
Hauptgeschäftsführer(in): RA Dr. Alfred Schneider

f 35
BITKOM
Bundesverband Informationswirtschaft, Telekommunikation und neue Medien e.V.
Albrechtstr. 10, 10117 Berlin
T: (030) 2 75 76-0   Fax: 2 75 76-400
Internet: http://www.bitkom.org
E-Mail: bitkom@bitkom.org
Gründung: 1999
Präsident(in): Dr. Volker Jung (Mitglied des Vorstandes der Siemens AG, 80333 München)
Vorsitzender der Geschäftsführung: Dr. Bernhard Rohleder
Mitglied der Geschäftsführung: Ulrich G. Schneider

f 36
Wirtschaftsverband der deutschen Kautschukindustrie e.V. (W.D.K.)
Postf. 90 03 60, 60443 Frankfurt
Zeppelinallee 69, 60487 Frankfurt
T: (069) 79 36-115   Fax: 79 36-165
Internet: http://www.wdk.de
E-Mail: k.mocker@wdk.de
Internationaler Zusammenschluß: siehe unter izf 2244
Vorsitzende(r): Robert Schäfer (Mitglied des Aufsichtsrates Dunlop GmbH, Dunlopstr. 2, 63450 Hanau, T: (06181) 68-1201, Fax: 68-1346)
Hauptgeschäftsführer(in): Klaus Mocker

f 37
Arbeitsgemeinschaft Keramische Industrie e.V.
Postf. 16 24, 95090 Selb
T: (09287) 8 08-0   Fax: 7 04 92
Internet: http://www.keramverband.de
Vorsitzende(r): Wendelin von Boch (Vorstandsvors. der Villeroy & Boch AG, 66688 Mettlach, T: (06864) 81-0, Fax: 81-1476)
Hauptgeschäftsführer(in): Dipl.-Betriebsw. (FH) Ass. jur. Peter Frischholz

f 38
Gesamtverband kunststoffverarbeitende Industrie e.V. (GKV)
Am Hauptbahnhof 12, 60329 Frankfurt
T: (069) 27 10-527   Fax: 23 98 35
Internet: http://www.gkv.de
E-Mail: info@gkv.de
Internationaler Zusammenschluß: siehe unter izf 1249, izf 2088
Präsident(in): Günter Schwank (Geschäftsf. Gesellschafter Georg Utz GmbH, Nordring 67, 48465 Schüttdorf, T: (05923) 8 05-810)
Hauptgeschäftsführer(in): N. N.

f 39
Bundesverband der Deutschen Luft- und Raumfahrtindustrie e.V. (BDLI)
Friedrichstr. 152, 10117 Berlin
T: (030) 20 61 40-0   Fax: 20 61 40-90
Internet: http://www.bdli.de
E-Mail: info@bdli.de
Präsident(in): Dr.-Ing. Gustav Humbert (Chief Operating Officer Airbus Industrie, Blagnac Cedex, Frankreich)
Präsidialgeschf.: Dr. Hans-Eberhard Birke

f 40
VDMA Verband Deutscher Maschinen- und Anlagenbau e.V.
Postf. 71 08 64, 60498 Frankfurt
Lyoner Str. 18, 60528 Frankfurt
T: (069) 66 03-0   Fax: 66 03-1511
Internet: http://www.vdma.de
E-Mail: puoe@vdma.org
Internationaler Zusammenschluß: siehe unter izf 973, izf 1561, izf 2268
Präsident(in): Eberhard Reuther (Vors. d. Aufsichtsrates Körber AG, Kurt-A.-Chaussee 8-32, 21033 Hamburg, T: (040) 72 50-2589, Fax: 72 50-2199)
Hauptgeschäftsführer(in): Dr. Martin Wansleben

f 41
WirtschaftsVereinigung Metalle e.V.
Postf. 10 54 63, 40045 Düsseldorf
Am Bonneshof 5, 40474 Düsseldorf
T: (0211) 47 96-0   Fax: 47 96-400
Internet: http://www.ne-metalNET.de
E-Mail: Postmaster@ne-metalNET.de
Internationaler Zusammenschluß: siehe unter izf 365
Präsident(in): Dr. Werner Marnette (Vors. d. Vorstandes Norddeutsche Affinerie AG, Hovestr. 50, 20539 Hamburg, T: (040) 78 83-0, Fax: (040) 78 83-3249)
Hauptgeschäftsführer(in): Ass.jur. Martin Kneer

f 42
Mineralölwirtschaftsverband e.V.
Steindamm 55, 20099 Hamburg
T: (040) 2 48 49-0   Fax: 2 48 49-253
Internet: http://www.mwv.de
E-Mail: meyerbukow@mwv.de
Vorstandsvorsitzende(r): Pieter Berkhout (Vors. der Geschäftsführung Deutsche Shell GmbH, Suhrenkamp 71-77, 22335 Hamburg, T: (040) 63 24-54 00, Fax: 63 21-54 90)
Hauptgeschäftsführer(in): Dr. Peter Schlüter

f 43
Verband Deutscher Papierfabriken e.V. (VDP)
Adenauerallee 55, 53113 Bonn
T: (040) 2 48 49 0   Fax: 2 48 49 253
Internet: http://vdp-online.de
E-Mail: r.thiel@vdp-online.de
Internationaler Zusammenschluß: siehe unter izf 110
Präsident(in): Georg Holzhey (Geschäftsführer der Haindl Papier GmbH, Postf. 10 17 49, 86007 Augsburg)
Hauptgeschäftsführer(in): RA Klaus Windhagen
Geschäftsführer(in): Dr. Manfred Kühn
Dr. Reinhardt Thiel

f 44

Hauptverband der Papier, Pappe und Kunststoffe verarbeitenden Industrie (HPV) e.V.
Strubbergstr. 70, 60489 Frankfurt
T: (069) 97 82 81-0   Fax: 97 82 81-30
Internet: http://www.hpv-ev.org
E-Mail: info@hpv-ev.de
Internationaler Zusammenschluß: siehe unter izf 1697
Präsident(in): Jürgen Theis (Artur Theis GmbH & Co. KG, Faltschachtelfabrik, Königsberger Str. 5-17, 42277 Wupper-tal, T: (0202) 52 60 60, Fax: (0202) 52 39 41)
Geschäftsführer(in): Dipl.-Volksw. Thomas Pfeiffer
Geschäftsführer(in): RA Dietmar Zellner

f 45
Verband für Schiffbau und Meerestechnik e.V.
An der Alster 1, 20099 Hamburg
T: (040) 28 01 52-0   Fax: 28 01 52-30
Internet: http://www.vsm.de
E-Mail: vsm.e.v.@t-online.de
Internationaler Zusammenschluß: siehe unter izf 2223
Sprecher des Vorstandes und Hauptgeschäftsführer: Dr.-Ing. Werner Schöttelndreyer
Geschäftsführer(in): Dipl.-Kfm. Volkhard Meier
Dr. RA Mathias Münchau

f 46
Wirtschaftsvereinigung Stahl
Postf. 10 54 64, 40045 Düsseldorf
Sohnstr. 36, 40237 Düsseldorf
T: (0211) 67 07-0   Fax: 67 07-170
Internet: http://www.wvstahl.de
Internationaler Zusammenschluß: siehe unter izf 876
Präsident(in): Prof. Dr.-Ing. Dieter Ameling (Mitglied der Hauptgeschäftsführung)
Mitglied der Hauptgeschäftsführung: RA Albrecht Kormann

f 47
Wirtschaftsverband Stahlbau und Energietechnik SET e.V.
Postf. 32 04 20, 40419 Düsseldorf
Sternstr. 36, 40479 Düsseldorf
T: (0211) 4 98 70-0, 4 98 70-92   Fax: 4 98 70-36
Internet: http://www.set-online.de
Verbindungsbüro Berlin: Kurfürstendam 186, 10707 Berlin, T: (030) 8 89 25 67-40, Fax: (030) 8 89 25 67-19
Vorsitzende(r): Dr.-Ing. Sigfrid Michelfelder (Generalbevollmächtigter Babcock Borsig AG, Duisburger Str. 375, 46049 Oberhausen, T: (0208) 8 33-3700, Telefax: (0208) 8 33-4634)
Geschäftsführende(s) Vorstands-Mitglied(er): Dr.-Ing. Reinhard Maaß

f 48
WSM Wirtschaftsverband Stahl- und Metallverarbeitung e.V.
Postf. 40 09, 58040 Hagen
Goldene Pforte 1, 58093 Hagen
T: (02331) 95 88 17   Fax: 95 87 17, 5 10 46
Internationaler Zusammenschluß: siehe unter izf 2270
Präsident(in): Jürgen R. Thumann (Geschäftsf. Ges. Heitkamp und Thumann GmbH & Co. KG, Am Trippelsberg 48, 40589 Düsseldorf, Postf. 13 04 07, 40554 Düsseldorf, T: (0211) 78 54-101, Fax: 78 54-305)
Präsident(in): Dipl.-Phys. Hans-Dieter Oelkers
Geschäftsführer(in): Dr. Friedrich Neuhaus
RA Theodor L. Tutmann

f 49
Gesamtverband der Textilindustrie in der Bundesrepublik Deutschland -Gesamttextil- e.V.
Postf. 53 40, 65728 Eschborn
Frankfurter Str. 10-14, 65760 Eschborn
T: (06196) 96 62 34   Fax: 4 21 70
Internet: http://www.gesamttextil.de
E-Mail: s.jungbauer@gesamttextil.de
Internationaler Zusammenschluß: siehe unter izf 391
Präsident(in): Josef Albert Beckmann (Geschf. Ges. Ibena Textilwerke Beckmann GmbH & Co., Industriestr. 7-13, 46395 Bocholt, T: (02871) 2 87-0, Fax: (02871) 2 87-309)
Hauptgeschäftsführer(in): Dr. Wolf-Rüdiger Baumann
Dr. Klaus Schmidt

f 50
DVG Deutsche Verbundgesellschaft e.V.
Ziegelhäuser Landstr. 5, 69120 Heidelberg
T: (06221) 40 37-0   Fax: 40 37-71
1. Vorsitzende(r): Dr.-Ing. Rolf Windmöller (Mitglied des Vorstandes RWE Net AG, Flamingoweg 1, 44139 Dortmund, T: (0231) 4 38-3008, Fax: (0231) 4 38-4026)
Hauptgeschäftsführer(in): Dr.-Ing. Jürgen Schwarz

f 51
Verband der deutschen Verbundwirtschaft e.V.
Robert-Koch-Platz 4, 10115 Berlin
T: (030) 27 59 65-28   Fax: 27 59 65-72
Vorsitzende(r): Dr.-Ing. Hans-Dieter Harig (Vors. d. Vorstandes E.ON Energie AG, 80333 München, T: (089) 12 54-1900, Fax: (089) 12 54-1902)
Stellvertretende(r) Vorsitzende(r): Dr. Manfred Timm (Spre-

cher d. Vorst. Hamburger Electricitäts-Werke AG, 22297 Hamburg, T: (040) 63 96 26 01, Fax: (040) 63 96-27 50)
Geschäftsführer(in): Dr. Friedrich Kienle

f 52
Verein der Zuckerindustrie
Postf. 25 45, 53015 Bonn
Am Hofgarten 8, 53113 Bonn
T: (0228) 22 85-0 **Fax:** 2 28 51 00
Internet: http://www.zuckerwirtschaft.de
E-Mail: wvz.wvz@t-online.de
Büro Berlin: Königin-Luise-Str. 29a, 14195 Berlin, T: (030) 83 22 63 43, Fax: 83 22 63 45
Internationaler Zusammenschluß: siehe unter izf 1361
Vorsitzende(r): Dr. Klaus Korn (Vorstandsmitglied Südzucker AG Mannheim/Ochsenfurt, Hauptverwaltung, Postf. 11 64, 97195 Ochsenfurt, Marktbreiter Str. 74, 97199 Ochsenfurt, T: (09331) 91-0, Telefax: (09331) 91-279)
Hauptgeschäftsführer(in): Dr. Dieter Langendorf

● F 53
Kulturkreis der deutschen Wirtschaft im Bundesverband der Deutschen Industrie e.V.
Breite Str. 29, 10178 Berlin
T: (030) 20 28-1406 **Fax:** 20 28-2406
E-Mail: kulturkreis@bdi-online.de
Vorstand: Dr. Jürgen Zech (Vors.)
Michael Otto (stellv. Vors.)
Dr. Bernhard Frhr. Loeffelholz von Colberg (geschäftsf.)
Geschäftsführer(in): Dr. Susanne Litzel

Industrie-Fachverbände

● F 54

Deutscher Abbruchverband E.V.
Postf. 10 19 33, 40010 Düsseldorf
Oststr. 122, 40210 Düsseldorf
T: (0211) 35 10 35 **Fax:** 35 45 73
Internet: http://www.deutscher-abbruchverband.de
E-Mail: info@deutscher-abbruchverband.de
Vorsitzende(r): Dipl.-Ing. Helmut Roller (c/o Roller Sprengtechnik GmbH, Gennebrecker Str. 23, 42279 Wuppertal, T: (0202) 52 30 40, Fax: 52 43 73)
Stellvertretende(r) Vorsitzende(r): Dipl.-Ing. Jürgen Lippok (c/o Verkehrsbau Union GmbH, Straße 13 Nr. 11, 12681 Berlin, T: (030) 54 68 46 00, Fax: 54 68 46 09)
Vors. Finanzaussch.: Dipl.-Ing. Johannes Harzheim (c/o J. Harzheim GmbH & Co. KG, Neusser Str. 772, 50737 Köln, T: (0221) 74 53 11, Fax: 74 10 62)
Geschäftsführer(in): Dipl.-Betriebswirt Volker Winterstein
Mitglieder: 270

Landesverbände

f 55
Deutscher Abbruchverband E.V.
Landesverband Baden-Württemberg
Siemensstr. 8a Sudheim, 77694 Kehl
T: (07851) 54 28 **Fax:** 55 21
Landesvorsitzender: Helmut Hertrich (c/o Hertrich GmbH)

f 56
Deutscher Abbruchverband E.V.
Landesverband Bayern
Thumseestr. 44, 83435 Bad Reichenhall
T: (08651) 7 00 70 **Fax:** 70 07 61
Landesvorsitzender: Dipl.-Ing. Georg Schöndorfer jr. (c/o Schöndorfer Bau- und Umwelttechnik GmbH)

f 57
Deutscher Abbruchverband E.V.
Landesverband Berlin/Brandenburg/Mecklenburg
In der Muna 2, 15755 Töpchin
T: (033769) 8 70-0 **Fax:** 8 70-29
Landesvorsitzende(r): Dipl.-Ing. Rolf Pfeffer (c/o ROLF Abbruch & Recycling GmbH, Niederlassung Mittenwalde)

f 58
Deutscher Abbruchverband E.V.
Landesverband Bremen, Hamburg und Schleswig-Holstein
Berliner Str. 6, 30916 Isernhagen
T: (0511) 61 97 12 **Fax:** 61 49 64
Landesvorsitzende(r): Gisela Massarski (c/o Massarski Abbruchunternehmen)

f 59
Deutscher Abbruchverband E.V.
Landesverband Hessen
Postf. 14 63, 63204 Langen
T: (069) 6 98 01 40 **Fax:** 69 80 14 20
Landesvorsitzende(r): N.N.

f 60
Deutscher Abbruchverband E.V.
Landesverband Niedersachsen
Berliner Str. 6, 30916 Isernhagen
T: (0511) 61 97 12 **Fax:** 61 49 64
Landesvorsitzende(r): Gisela Massarski

f 61
Deutscher Abbruchverband E.V.
Landesverband Nordrhein-Westfalen
Giselherstr. 5-7, 44319 Dortmund
T: (0231) 92 46 01 **Fax:** 9 24 61 91
Landesvorsitzender: Dipl.-Ing. Christian Strysch (c/o Strikker GmbH)

f 62
Deutscher Abbruchverband E.V.
Landesverband Rheinland-Pfalz/Saarland
c/o sat Industrie- und Gewerbe Bau GmbH
Vangionenstr. 15, 67547 Worms
T: (06241) 8 60 30 **Fax:** 41 53
Landesvorsitzender: Dipl.-Ing. Olaf Rudorf (c/o sat. Industrie- u. Gewerbebau GmbH)

f 63
Deutscher Abbruchverband E.V.
Landesverband Thüringen
Rotes Tal 4, 98530 Rohr
T: (036844) 48 30 **Fax:** 4 83 48
Landesvorsitzender: Dipl.-Ing. Rolf Volkhardt (c/o ROLF Abbruch & Recycling GmbH)

f 64
Deutscher Abbruchverband E.V.
Landesverband Sachsen/Sachsen-Anhalt
Hauptstr. 33, 04463 Großpösna
T: (034297) 6 28 00 **Fax:** 6 28 19
Landesvorsitzender: Dagmar Caruso (c/o Caruso Umweltservice GmbH)

● F 65
Fachverband Abbruch, Recycling und Umweltsanierung "Region Nord"
Johnsallee 53, 20148 Hamburg
T: (040) 4 15 27-21 **Fax:** 4 15 27-33
Gründung: 1994 (hervorgegangen aus dem Fachverband Abbruch- und Aufräumbetriebe)
Vorstand: Jürgen Knötzele (Vorsitzender; Wilhelm Heitmann Bauunternehmen GmbH & Co., Dratelnstr. 31, 21109 Hamburg, T: (040) 75 60 74-0/24, Fax: (040) 75 60 74-40)
Rolf Boysen (stellv. Vorsitzender; Herbert Boysen, Kieler Str. 768, 24536 Neumünster, T: (04321) 95 97-87, 52 91 76, Fax: (04321) 95 97-89)
Karin Schäpsmeier (stellv. Vorsitzende; Schäpsmeier Abbruch GmbH, Pirolkamp 29, 22397 Hamburg, T: (040) 60 71-509, Fax: (040) 60 71-781, E-Mail: karin@schaepsmeier.de)
Manfred Schäpsmeier (Schatzmeister; Schäpsmeier Abbruch GmbH, Duvenstedter Triftweg 48, 22397 Hamburg, T: (040) 60 71-509, Fax: (040) 60 71-781)
Volker Benkendorf (c/o Wiwa-Wilko Wagner GmbH, Am Grasbrookhafen 17, 20457 Hamburg, T: (040) 8 90 58 50, Fax: (040) 8 99 17 71)
Matthias Strauch (c/o H. Ehlert & Söhne (GmbH & Co.), Grevenweg 121, 20537 Hamburg, T: (040) 2 54 36 08, Fax: (040) 25 52 98)
Geschäftsführer(in): Joachim v. Jutrczenki
Mitglieder: 37
Mitarbeiter: 1

● F 66

Verband der Arbeitsgeräte- und Kommunalfahrzeug-Industrie e.V. (VAK)
Voßstr. 1, 10117 Berlin
T: (030) 22 48 72 66 **Fax:** 22 48 72 67
E-Mail: info@vak-ev.de
Gründung: 1956 (6. April)
Vorsitzende(r): Konrad Haller
Vizepräsident(in): Johann Wimmer
Geschäftsführer(in): Werner Reichert
Mitglieder: 60

● F 67
Verband der Automobilindustrie e.V. (VDA)
Postf. 17 05 63, 60079 Frankfurt
Westendstr. 61, 60325 Frankfurt
T: (069) 9 75 07-0 **Fax:** 9 75 07-261
Internet: http://www.vda.de
Gründung: 1901
Internationaler Zusammenschluß: siehe unter izf 2188, izf 2213
Präsident(in): Prof. Dr. Bernd Gottschalk
Geschäftsführer(in): Dr. Kunibert Schmidt
Dr. Peter Thomsen
Prof. Dr. Gunter Zimmermeyer
Ltg. Presse und PR: N.N.
Mitglieder: 550

Der Verband schützt und fördert die Interessen der gesamten Kraftfahrzeugindustrie, insbesondere die gemeinsamen Interessen seiner Mitglieder auf allen Gebieten der Kraftverkehrswirtschaft.

● F 68
ASA Bundesverband der Hersteller und Importeure von Automobil-Service-Ausrüstungen e.V.
Geschäftsstelle:
Wetteralstr. 37, 71254 Ditzingen
T: (07156) 95 83 87 **Fax:** 95 83 88
Gründung: 1972 (September)
Vorstand:
Präsident(in): Frank Leimbach (Snap-on Europe, Auf dem Hüls 5, 40822 Mettmann, T: (02104) 79 92 30, Fax: (02104) 79 93 30)
Vizepräsident(in): Axel Dahm (Pneutec Druckluftwerkzeuge und Maschinen GmbH, Georg Ohm Str. 7, 65232 Taunusstein, T: (06128) 7 10 40, Fax: (06128) 7 37 10)
Schatzmeister: Rolf Bohn (Kampmoorstr. 79, 25451 Quickborn, T: (04106) 65 59 62, Fax: (04106) 65 59 63)
Beisitzer: Joachim Lattke (RBL Redaktionsbüro Lattke, Nonnengarten 8, 97270 Kist, T: (09306) 7 15, Fax: (09306) 7 00)
Erweiterter Vorstand: Hans J. Blaschke (Blaschke Umwelttechnik), Meitingen
Peter Drust (Hofmann Werkstatt-Technik), Pfungstadt
Michael Gerdes-Röben (Robert Bosch GmbH), Plochingen
Ronald Kelm-Kläger (Beissbarth GmbH), München
Dieter Paul (HYWEMA-Hebebühnen GmbH & Co.), Solingen
Peter H. Rehberg (asanetwork GmbH), Willstätt
Hans-Jürgen Schmidt (CAR BENCH Karosseriegeräte Vertriebs GmbH), Jesteburg
Arbeitskreise und ihre Vorsitzenden:
Vorsitzende(r):
Achsmessgeräte
Ronald Kelm-Kläger (Beissbarth GmbH, T: (089) 1 49 01-0)
Abgas-Absauganlagen
Hans J. Blaschke (Blaschke Umwelttechnik, T: (08271) 81 69-0)
Bremsen- und Leistungsprüfstände
Reifendienst
Peter Drust (Hofmann Werkstatt-Technik, T: (06157) 12-2 28)
Diagnosegeräte
Michael Gerdes-Röben (Robert Bosch GmbH, T: (07153) 66 64 00)
Hebebühnen
Dieter Paul (HYWEMA-Hebebühnen GmbH & Co., T: (0212) 25 77-0)
Karosserieinstandsetzung
Hans-Jürgen Schmidt (CAR BENCH Int. S.p.A. Karosseriegeräte Vertriebs GmbH, T: (04183) 32 01)
Messen und Ausstellungen
Vertriebsschienen Handel
Peter H. Rehberg (asanetwork GmbH, T: (07852) 9 79 90)
Mitglieder: 89

● F 69

Hauptverband der Deutschen Bauindustrie e.V.
Sitz:
Kurfürstenstr. 129, 10785 Berlin
T: (030) 2 12 86-0 **Fax:** 2 12 86-240
Internet: http://www.bauindustrie.de
E-Mail: bauind@bauindustrie.de
Internationaler Zusammenschluß: siehe unter izf 321, izf 617, izf 798, izf 1804
Präsidium:
Präsident(in): Prof. Dr.h.c. Ignaz Walter
Vizepräsident(in): Dipl.-Ing. Heinz A. Schüssler
Prof. Dipl.-Kfm. Thomas Bauer
Dipl.-Ing. Dieter Rappert

Mitglieder des Präsidiums:
Dipl.-Ing. Rainer Eder
Dr.-Ing. Gerd Enders
Dipl.-Kfm. Klaus J. Heller
Dipl.-Ing. Manfred Karlé
Dipl.-Ing. Helmut Kirchner
Dr. Robert Mueller
Dr.-Ing. Friedrich W. Oeser
Thomas Schleicher
Dipl.-Ing. Horst Wübben
Geschäftsführung:
Hauptgeschäftsführer(in): RA Michael Knipper
Stellv. Hauptgeschäftsführer(in): Dr. jur. Friedrich Gastell
Leiter der Hauptabteilung Technik: Dr.-Ing. Wolf-Michael Sack
Leiter der Hauptabteilung Wirtschaft: RA Michael Werner
Leiter der Hauptabteilung Volkswirtschaft, Information und Kommunikation: Dr. Heiko Stiepelmann
Leiter der Abteilung Verwaltung: Günter Mahler
Leiter der Stabsstelle Auslandsbau und internationale Beziehungen: RA Frank Kehlenbach
Leiter des Verbindungsbüros Parlament und Bundesregierung: Thomas Hetz
Schatzmeister: Dipl.-Kfm. Günter Dickel

Der Hauptverband der Deutschen Bauindustrie ist die Spitzenorganisation der Bauindustrie in Deutschland. Als Wirtschaftsverband, Arbeitgeberverband und Fachverband für Technik vertritt er mit seinen 16 ordentlichen und 4 außerordentlichen Mitgliedsverbänden rund 4.500 große und mittelständische Unternehmen gegenüber Bundesregierung, Parlamenten, Behörden und Institutionen auf nationaler, europäischer und internationaler Ebene.

Landesverbände

f 70

Verband der Bauindustrie Nordbaden e.V.
Postfach 31 05 49, 68265 Mannheim
Waldpforte 39, 68305 Mannheim
T: (0621) 7 62 77-0   **Fax:** 7 62 77-44
Internet: http://www.bauindustrie-nordbaden.de
E-Mail: bauindustrie.nordbaden@t-online.de
Vorsitzende(r): Thomas Schleicher (GeschftGes. der Michael Gärtner & Sohn GmbH, Bauunternehmung, Bahnhofsplatz 6, 69412 Eberbach, Postf. 14 35, 69404 Eberbach, T: (06271) 20 77, Telefax: (06271) 28 71)
Hauptgeschäftsführer(in): RA Thomas Möller

f 71

Verband der Bauwirtschaft Südbaden e.V. (VBS)
Postf. 1 43, 79001 Freiburg
Holbeinstr. 16, 79100 Freiburg
T: (0761) 7 03 02-0   **Fax:** 7 03 02-30
Internet: http://www.bausuedbaden.de
E-Mail: vbs@bausuedbaden.de
Präsident(in): Dipl.-Ing. Heinrich Wagner (geschäftsf. Gesellschafter der Bauunternehmung Mühlherr-Wagner GmbH, Radolfzeller Str. 2, 78333 Stockach, T: (07771) 87 05-0)
Vizepräsident(in): Dipl.-Ing. Rainer Weisenburger (Fa. Weisenburger Bau GmbH, Werkstr. 11, 76437 Rastatt, T: (07222) 95 90)
Verbandsdir: RA Michael Hafner
Referat Öffentlichkeitsarbeit: Gregor Gierden (M.A.)
Verbandszeitschrift: Baufachblatt
Redaktion: Baufachblatt
Verlag: Verband der Bauwirtschaft Südbaden e.V., Holbeinstr. 16, 79100 Freiburg

Arbeitgeber- und Wirtschaftsverband. Technischer Verband.

f 72

Fachverband Bau Württemberg e.V.
Hohenzollernstr. 25, 70178 Stuttgart
T: (0711) 6 48 53-0   **Fax:** 6 48 53 49
Internet: http://www.fachverband-bau.de
E-Mail: info@fachverband-bau.de
Vorsitzende(r): Senator Dipl.-Ing. (FH) Joachim Fahrion
Stellvertretende(r) Vorsitzende(r): Dipl.-Ing. Klaus Stumpp (Vertreter der Sparte Bauindustrie)
Hauptgeschäftsführer(in): RA Dieter Diener

f 73

Bayerischer Bauindustrieverband e.V.
Hauptgeschäftsstelle
Oberanger 32V, 80331 München
T: (089) 23 50 03-0   **Fax:** 23 50 03-71
Internet: http://www.bauindustrie-bayern.de
E-Mail: info@bauindustrie-bayern.de
Präsident(in): Prof. Dipl.-Kfm. Thomas Bauer (Geschäftsführer der Bauer Spezialtiefbau GmbH, Wittelsbacherstr. 5,
86529 Schrobenhausen, T: (08252) 97 12 12, Telefax: (08252) 97 12 13)
Hauptgeschäftsführer(in): RA Gerhard Hess

f 74

Bauindustrieverband Berlin-Brandenburg e.V.
Postf. 60 15 62, 14415 Potsdam
Karl-Marx-Str. 27, 14482 Potsdam
T: (0331) 74 46-0   **Fax:** 74 46-155
Internet: http://www.bauindustrie-bb.de
E-Mail: info@bauindustrie-bb.de
Gründung: 1990 (09. Mai)
Präsident(in): Dipl.-Ing. Rainer Eder (Geschf. der Beton und Rohrbau C.-F. Thymian GmbH & Co. KG, Berlin, Westfalenstr. 1, 13353 Berlin, T: (030) 3 97 34 10, Fax: (030) 39 73 41 24)
Hauptgeschäftsführer(in): RA Axel Wunschel
Leitung Presseabteilung: Hans Erdmann
Mitglieder: ca. 190
Mitarbeiter: 18

f 75

Bauindustrieverband Bremen-Nordniedersachsen e.V.
Bürgermeister-Spitta-Allee 18, 28329 Bremen
T: (0421) 2 03 49-0   **Fax:** 23 48 08
Internet: http://www.bauindustrie-nord.de
E-Mail: info@bauindustrie-nord.de
Vorsitzende(r): Dipl.-Ing. Horst Wübben (Geschäftsf. Gesellschafter der B. Wübben + Co. Bauunternehmung GmbH, Zur Siedewurt 2, 27612 Bremerhaven, T: (0471) 7 10 26, Telefax: (0471) 7 58 89)
Hauptgeschäftsführer(in): RA Dr. jur. Wolfgang Bayer

f 76

Bauindustrieverband Hamburg e.V.
Postf. 20 19 55, 20209 Hamburg
Loogestr. 8, 20249 Hamburg
T: (040) 46 86 56-0   **Fax:** 46 86 56-26
Internet: http://www.bauindustrie-hh.de
E-Mail: info@bauindustrie-hh.de
Vorsitzende(r): Dr.-Ing. Friedrich W. Oeser
Hauptgeschäftsführer(in): RA Klaus Pautzke

f 77

Bauindustrieverband Hessen-Thüringen e.V.
Abraham-Lincoln-Str. 30, 65189 Wiesbaden
T: (0611) 9 74 75-0   **Fax:** 9 74 75-75
Internet: http://www.bauindustrie-mitte.de
E-Mail: bsiv-ev@t-online.de
Vorsitzende(r): Dipl.-Ing. Helmut Kirchner
Hauptgeschäftsführer(in): RA Prof. Hans-Rudolf Kehrl

f 78

Bauindustrieverband Mecklenburg-Vorpommern e.V.
Eckdrift 93, 19061 Schwerin
T: (0385) 6 35 63 00   **Fax:** 6 35 63 11
Internet: http://www.bauindustrie-mv.de
E-Mail: verband@bauindustrie-mv.de
Präsident(in): Dipl.-Ing. Eduard Dewenter (Geschäftsführer der Eduard Dewenter KG, Am Torney 2, 23970 Wismar, T: (03841) 26 16-0, Telefax: (03841) 26 16-44)
Hauptgeschäftsführer(in): Obering. Hans-Jürgen Langschwager

f 79

Verband der Bauindustrie für Niedersachsen e.V.
Postf. 61 49, 30061 Hannover
Eichstr. 19, 30161 Hannover
T: (0511) 3 48 34-0   **Fax:** 3 48 07 11
Internet: http://www.bauindustrie-nds.de
E-Mail: info@bauindustrie-nds.de
Präsident(in): Senator E.h. Dipl.-Ing. Michael Munte (Geschäftsf. Gesellschafter d. Karl Munte Bauunternehmung GmbH & Co. KG, Volkmaroder Str. 8, 38104 Braunschweig, T: (0531) 3 70 70)
Hauptgeschäftsführer(in): Prof. Dipl.-Kfm. Michael Sommer

f 80

Wirtschaftsvereinigung Bauindustrie e.V. Nordrhein-Westfalen
Hauptgeschäftsstelle:
Postf. 10 54 62, 40045 Düsseldorf
Uhlandstr. 56, 40237 Düsseldorf
T: (0211) 67 03-0   **Fax:** 67 43 03
Internet: http://www.bauindustrie-nrw.de
E-Mail: info@bauindustrie-nrw.de
Präsident(in): Dipl.-Kfm. Günter Dickel
Verb.-Dir.: RA Wolfgang Peters
Leitung Presseabteilung: Winfried Krüger
Mitglieder: 500

Zusammenschluß der Ingenieurbau- und der industriellen Bauunternehmungen einschließlich des Fertigteilbaues, der Fertigteilherstellung und der Montage sowie von den in den Fachabteilungen des Paragraph 25 vertretenen Gewerbezweigen und von Unternehmungen, die sich auf den der Bauindustrie nahestehenden Gebieten betätigen, zur Vertretung gemeinsamer wirtschaftlicher, fachlicher, technischer und sozialer Interessen ihrer Mitglieder.

f 81

Landesverband Bauindustrie Rheinland-Pfalz e.V.
Postf. 42 24, 55032 Mainz
Am Linsenberg 16, 55131 Mainz
T: (06131) 26 17-0   **Fax:** 26 17-22
Internet: http://www.bauindustrie-rlp.de
E-Mail: bauindustrie.mainz@t-online.de
Vorsitzende(r): Dipl.-Ing. Knut Kioschis (Geschäftsführer der F. J. Meixler GmbH & Co. KG, Mainz)
Präsident(in): Rechtsanwalt Dr. Martin Dossmann
Geschäftsführer(in): RA Thomas Weiler

f 82

Arbeitgeberverband der Bauwirtschaft des Saarlandes
Kohlweg 18, 66123 Saarbrücken
T: (0681) 3 89 25-0   **Fax:** 3 89 25-20
Internet: http://www.bau-saar.de
E-Mail: agv@bau-saar.de
Präsident(in): Dipl.-Ing. Hans-Ludwig Bernardi
Hauptgeschäftsführer(in): RA Karl Hannig

f 83

Sächsischer Bauindustrieverband e.V.
Niederwaldstr. 36, 01277 Dresden
T: (0351) 3 19 88-0   **Fax:** 3 19 88 25
Internet: http://www.bauindustrie-sachsen.de
E-Mail: sbiv-ev@t-online.de
Präsident(in): Gerd Enders (Geschäftsführer IB Industriebau GmbH, Hoch-, Tief- u. Ingenieurbau)
Hauptgeschäftsführer(in): Prof. Dr. sc. techn. EUR ING Rolf Zimmermann

f 84

Landesverband der Bauindustrie für Sachsen-Anhalt e.V.
Postf. 16 05, 39006 Magdeburg
Julius-Bremer-Str. 10, 39104 Magdeburg
T: (0391) 5 32 21-10   **Fax:** 5 32 21-24
Internet: http://www.lbi-sachsen-anhalt.de
E-Mail: landesverband@lbi-sachsen-anhalt.de
Gründung: 1990 (28. Februar)
Präsident(in): Dr.-Ing. Wilfried Peters (Geschäftsf. Gesellschafter d. F & P Baugesellschaft mbH, Nachtweide 80, 39124 Magdeburg, T: (0391) 2 55 52-0, Fax: (0391) 2 55 52-210, e-mail: fpbaugesellschaft@t-online.de, I-net: www.fp-bau.de)
Hauptgeschäftsführer(in): Prof. Dr.-Ing. Eberhard P. Vogt
Verbandszeitschrift: Die Bauindustrie
Redaktion: Hauptgeschäftsstelle des Landesverbandes der Bauindustrie f. Sachsen-Anhalt
Mitglieder: 100
Mitarbeiter: 7

Der Landesverband ist sowohl Arbeitgeber- als auch Wirtschaftsverband der Bauindustrie in Sachsen-Anhalt. Damit ist er Interessenvertreter der Bauunternehmen im Bundesland Sachsen-Anhalt und Tarifpartner der IG Bau Steine Erden.

f 85

Bauindustrieverband Schleswig-Holstein e.V.
Ringstr. 54, 24103 Kiel
T: (0431) 5 35 48-0   **Fax:** 5 35 48-14
E-Mail: bauindustrie.sh@t-online.de
Vorsitzende(r): Dipl.-Ing. Hans-Werner Blöcker (Geschäftsf. Gesellschafter der Baugesellschaft Claus Alpen mbH Neustadt)
Hauptgeschäftsführer(in): Ass. Gerald Seher

F 86

Rohrleitungsbauverband e.V.
Marienburger Str. 15, 50968 Köln
T: (0221) 3 76 68 20   **Fax:** 3 76 68 60
Internet: http://www.rbv-koeln.de
E-Mail: info@rbv-koeln.de
Präsident(in): Dipl.-Kfm. Dr.rer.pol. Joachim Donath (Eugen Engert GmbH & Co.KG, Plautstr. 27-29, 04179 Leipzig)
Hauptgeschäftsführer(in): Dipl.-Ing. Arnd Böhme (Tulpenweg 21 a, 51503 Rösrath, T: (02205) 13 38)
Mitglieder: ca. 540

Technisch wissenschaftlicher Verein. Betreuung der Mitglieder in technischen Fragen. Vertretung der Mitglieder in Gremien, die technische Regelwerke, Normen und Richtlinien erarbeiten. Mitwirkung an einem Qualifikationsnachweis für Rohrleitungsbauunternehmen - DVGW Bescheinigung für Rohrleitungsbauunternehmen - der Voraussetzung für Aufnahme im Verband darstellt.

F 87

Vereinigung der Naßbaggerunternehmungen e.V.
Kleine Johannisstr. 6, 20457 Hamburg
T: (040) 36 65 15   **Fax:** 37 46 00
Gründung: 1918
Vorsitzende(r): Dieter Eicke
Mitglieder: 12

F 88

Deutscher Asphaltverband e.V. (DAV)
Schieffelingsweg 6, 53123 Bonn
T: (0228) 9 79 65-0   **Fax:** 9 79 65-11
Internet: http://www.asphalt.de
E-Mail: dav@asphalt.de
Gründung: 1972 (7. Dezember)
Internationaler Zusammenschluß: siehe unter izf 1122
Präsidium:
Präsident(in): Rainer Georg Hagemeier (c/o MITTELDEUTSCHE HARTSTEIN-INDUSTRIE AG, Senefelderstr. 14, 63456 Hanau-Steinheim, T: (06181) 66 76-0, Fax: (06181) 66 76 10)
Ehrenpräsident: Dieter Schüler (c/o Dr. Joachim und Hanna Schmidt Stiftung für Umwelt und Verkehr, Schachtstr. 25, 31241 Ilsede, T: (05172) 9 72-0, Fax: (05172) 9 72-153)
Stellv. Präsident: Dipl.-Kfm. Dr. Karl Stenz (c/o TEERBAU GMBH, Hauptverwaltung, Rheinbabenstr. 75, 46240 Bottrop, T: (02041) 79 23 61, Fax: (02041) 79 23 64)
Präsidiumsmitglied(er): Dipl.-Ing. Theodor Beisenkötter (c/o Oevermann GmbH & Co. Hoch- und Tiefbau, Robert-Bosch-Str. 7-9, 48153 Münster, T: (0251) 76 01-0, Fax: (0251) 76 01-345)
Hans Ullrich Debus (c/o amo Asphalt-Mischwerke Oberfranken GmbH & Co., Coburger Str. 35, 96253 Untersiemau, T: (09565) 7 91-0, Fax: (09565) 7 91-44)
Heinz Decker (c/o BASALT-ACTIEN-GESELLSCHAFT, Linzhausenstr. 20, 53545 Linz, T: (02644) 5 63-0, Fax: (02644) 5 63-180)
Jürgen Kisielski (c/o Bayerische Asphalt-Mischwerke, Hauptverwaltung, Ottostr. 7, 85649 Hofolding, T: (08104) 6 61-0, Fax: (08104) 66 11 00)
Gerhard Kläuschen (MBG-Baustoff-Gesellschaft mbH, Zeppelinstr. 14, 07819 Triptis, T: (036482) 3 79-11, Fax: (036482) 3 79-17)
Dr.-Ing. Harald Koch (c/o Vereinigte Asphalt-Mischwerke GmbH & Co. KG, Wollinstr. 25, 24782 Büdelsdorf, T: (04331) 3 58-0, Fax: (04331) 3 58-60)
Dipl.-Ing. Gerhard Kunze (DEUTAG GMBH & Co. KG, Hauptverwaltung, Linzhausenstr. 20 a, 53542 Linz, T: (02644) 5 63-301, Fax: (02644) 5 63-309)
Dr. Volker Potschka (c/o DEUTAG GMBH & Co. KG, Hauptverwaltung, Linzhausenstr. 20 a, 53542 Linz, T: (02644) 5 63-340, Fax: (02644) 5 63-478)
Georg Rasch (c/o NORDDEUTSCHE MISCHWERKE GMBH, Freiheit 9, 13597 Berlin, T: (030) 3 30 88-0, Fax: (030) 3 30 88-7130)
Friedr. Rudolf Strahlmann (c/o Asphalt-Mischwerke Mecklenburg GmbH & Co. KG, Am Consrader Berg, 19086 Consrade, T: (0385) 2 08 02-13, Fax: (0385) 2 08 02-44)
Franz Voigt (c/o Vogtländische Straßen-, Tief- u. Rohrleitungsbau Rodewisch, August-Bebel-Str. 4, 08228 Rodewisch, T: (03744) 3 62-0, Fax: (03744) 4 84 95)
Mathias Waggershauser (c/o A. Waggershauser Straßenbau GmbH & Co., Stuttgarter Str. 100, 73230 Kirchheim-Teck, T: (07021) 9 25-0, Fax: (07021) 9 25-101)
Uwe Wöbke (Asphaltmischwerke Garbsen und Leer GmbH & Co. KG, Bauweg 34, 30453 Hannover, T: (0511) 2 19 63-100, Fax: (0511) 2 19 63-756)
Geschäftsführer(in): Dipl.-Ing. Horst Erhardt
RA Jürgen Reifig
Verbandszeitschrift: asphalt

Redaktion: Maike Sutor-Fiedler
Verlag: Giesel Verlag GmbH, Rehkamp 3, 30916 Isernhagen
Mitglieder: 308
Mitarbeiter: 9
Jahresetat: DM 2,5 Mio, € 1,28 Mio

F 89

Bundesvereinigung Mittelständischer Bauunternehmen e.V. (BVMB)
Hauptgeschäftsstelle:
Adenauerallee 11e, 53111 Bonn
T: (0228) 9 11 85-0   **Fax:** 9 11 85 22
Internet: http://www.bvmb.de
E-Mail: info@bvmb.org
Präsident(in): Ulrich Weiß
Hauptgeschäftsführer(in): Dipl.-Volksw. Friedhelm Noss
Geschäftsstellen: Berlin u. Leipzig

Die BVMB e.V., Bonn, ist ein Bundesverband leistungsstarker mittelständischer Bauunternehmen, der die spezifischen Wirtschafts- und Wettbewerbsinteressen seiner Mitglieder auf politischer Ebene, besonders aber gegenüber Auftraggebern aus allen Baubereichen, durch ein umfassendes Leistungsangebot vertritt.

F 90

Deutsche Gesellschaft für Mauerwerksbau e.V. (DGfM)
Schloßallee 10, 53179 Bonn
T: (0228) 85 77 36   **Fax:** 85 74 37
Internet: http://www.dgfm.de
E-Mail: mail@dgfm.de
1. Vorsitzende(r): Dipl.-Ing. Armin Neunast (Fachvereinigung Leichtbeton e.V., Sandkauler Weg 1, 56564 Neuwied)
Geschäftsführer(in): Dipl.-Geol. Joachim Kieker
Mitglieder: Zentralverband des Deutschen Baugewerbes, Berlin; Bundesverband Deutsche Beton- und Fertigteilindustrie e.V. einschl. Fachvereinigung Leichtbeton e.V., Bonn; Bundesverband Leichtbetonzuschlag-Industrie (BLZ) e.V., Ostfildern; Bundesverband Porenbetonindustrie e.V., Wiesbaden; Bundesverband der Deutschen Kalkindustrie e.V., Köln; Industrieverband Werktrockenmörtel e.V., Duisburg; Bundesverband der Deutschen Mörtelindustrie e.V., Duisburg; Bundesverband Kalksandsteinindustrie e.V., Hannover; Bundesverband der Deutschen Ziegelindustrie e.V., Bonn

F 91

Bundesverband Deutscher Fertigbau e.V. (BDF)
Flutgraben 2, 53604 Bad Honnef
T: (02224) 93 77-0   **Fax:** 93 77-77
Internet: http://www.bdf-eV.de
E-Mail: info@BDF-eV.de
Präsident(in): Hans Weber (77866 Rheinau-Linx)
Hauptgeschäftsführer(in): Dirk-Uwe Klaas

F 92

Deutscher Fertigbauverband e.V.
Hackländerstr. 43, 70184 Stuttgart
T: (0711) 2 39 96-54   **Fax:** 2 39 96-60
Internet: http://www.dfv.com
E-Mail: info@dfv.com
Gründung: 1961
Präsident(in): Kurt Lehner (i. Fa. Lehner-Haus GmbH, Heidenheim)
Geschäftsführer(in): Dipl.-Betriebsw. Joachim Hörrmann
Leitung Presseabteilung: Peter Mackowiack
Mitglieder: 53

F 93

Bundesverband schlüsselfertiges Bauen e.V. (bSb)
Linzer Str. 17, 53604 Bad Honnef
T: (02224) 1 06 81   **Fax:** 93 76-22
Geschäftsführer(in): RA Kromik

Der Bundesverband schlüsselfertiges Bauen e.V. (bsb) fördert die Entwicklung des schlüsselfertigen Bauens und die Verbesserung der Wettbewerbsfähigkeit durch Gleichberechtigung der Generalunternehmer-Ausschreibung nach Fachlosen. Durch interne Schulung hinsichtlich Qualität und Erfahrungsaustausch heben sich die Mitglieder des bsb von den übrigen Generalunternehmern ab.

F 94

Informationsdienst für neuzeitliches Bauen e.V. (d-extrakt)
Postf. 20 07 05, 53137 Bonn
Fax: (0228) 36 12 99
Internet: http://www.d-extrakt.de
E-Mail: info@d-extrakt.de
Gründung: 1968
Vorsitzende(r): Dipl.-oec. Werner Rüberg, Berlin
Leitung Presseabteilung: Klaus Göbel, Bonn
Verbandszeitschrift: D-Extrakt – Dächer, Gestaltete Umwelt
Mitglieder: 8
Mitarbeiter: 2

F 95

Verband der Baumaschinen-Ingenieure und -Meister e.V.
Henleinstr. 8a, 28816 Stuhr
T: (0421) 87 16 80   **Fax:** 8 71 68 88
Gründung: 1971
Vorsitzende(r): Manfred Wichert
Stellvertretende(r) Vorsitzende(r): Peter Guttenberger
Udo Kiesewalter
Karl Mitter
Geschäftsführer: Udo Kiesewalter
Verbandszeitschrift: VDBUM Information
Chefredakteur: Joachim Teubert
19 Landesverbände: Bremen, Berlin, Chemnitz, Dresden, Frankfurt, Freiburg, Güstrow, Hamburg, Hannover, Kassel, Köln, Leipzig, Magdeburg, München, Münster, Nürnberg, Regensburg, Stuttgart, Würzburg
Fachverbände: Presseausschuß, Geräteausschüsse, Arbeitsgruppen zu diversen Themen

Standesvertretung der Baumaschinen-Ingenieure und -Meister: Weiterbildung (260 Veranstaltungen), Information, Beratung (Recht, Baumaschinentechnik u.- markt, Personal, Marketing, Öffentlichkeitsarbeit)

F 96

Bundesverband Bekleidungsindustrie e.V. (BBI)
Postf. 10 09 55, 50449 Köln
Mevissenstr. 15, 50668 Köln
T: (0221) 77 44-113   **Fax:** 77 44-118
Internet: http://www.bekleidungsindustrie.de
E-Mail: bbi@bbi-online.de
Internationaler Zusammenschluß: siehe unter izf 392
Präsident(in): Dr. Fritz Goost (Fa. Bierbaum-Proenen GmbH & Co. KG Bekleidungswerke, Domstr. 55-73, 50668 Köln, Postf. 10 03 05, 50443 Köln, T: (0221) 1 65 61 05, Telefax: (0221) 1 65 61 10)
Hauptgeschäftsführer(in): RA Bernd Kemper
Dipl.-pol. Friedhelm N. Sartoris

Landesverbände

f 97

Arbeitgeberverband der Bekleidungsindustrie Aschaffenburg und Unterfranken e.V.
Postf. 10 04 65, 63703 Aschaffenburg
Frohsinnstr. 15, 63739 Aschaffenburg
T: (06021) 2 29 37   **Fax:** 2 91 13
E-Mail: AGV.Abg@t-online.de
Vorsitzende(r): Dietmar Eser (Fa. St. EMILE Josef Reis GmbH & Co. KG, Wallstr. 6, 63839 Kleinwallstadt, T: (06022) 6 62 40, Fax: 2 37 97)
Geschäftsführer(in): RA Thomas Rittger

f 98

Verband der bayerischen Textil- und Bekleidungsindustrie e.V.
Haus der Textil- und Bekleidungsindustrie
Postf. 22 15 21, 80505 München
Gewürzmühlstr. 5, 80538 München
T: (089) 2 12 14 90   **Fax:** 29 15 36
Präsident(in): Milan Danek (H.I.-S. sportswear AG, Postf. 13

f 98

27, 85739 Garching, Daimlerstr. 15, 85748 Garching, T: (089) 32 90 70, Fax: 32 90 7250)
Hauptgeschäftsführer(in): Erwin Haas
Christian Kastner

f 99

Verband der Berliner Bekleidungsindustrie e.V.
Wichmannstr. 20, 10787 Berlin
T: (030) 2 62 10 09   **Fax:** 2 62 10 00
T-Online: *676#
Gründung: 1949 (19. Januar)
Vorsitzende(r): Gerhard Pabst (Fa. Creation Mademoiselle, G. Pabst GmbH & Co. KG, Wilhelmsaue 36, 10713 Berlin, TX: 184 836, T: (030) 8 29 99 70, Telefax: (030) 8 21 08 73)
Hauptgeschäftsführer(in): RA Wolfgang Schmidt

f 100

Verband der Bekleidungsindustrie Hessen e.V.
Frohsinnstr. 15, 63739 Aschaffenburg
T: (06021) 1 28 24, 1 28 42   **Fax:** 1 28 11
Vorsitzende(r): Eckart Misch (Goodware Fashion Service GmbH, Hilpertstr. 35, 64295 Darmstadt, T: (06151) 39 43 36, Fax: 39 44 99)
Geschäftsführer(in): RA E. R. Völger

f 101

Wirtschaftsvereinigung Bekleidungsindustrie Nordrhein
Postf. 10 23 61, 47723 Krefeld
Ostwall 227, 47798 Krefeld
T: (02151) 62 70-0   **Fax:** 62 70-40
Internet: http://www.unternehmerschaft-niederrhein.de
Vorsitzende(r): Dipl.-Kfm. Otto Plum (H. Wirtz GmbH, 41844 Wegberg)
Geschäftsführer(in): Dipl.-Kfm. Friedrich Peschen

f 102

Gesamtvereinigung Bekleidungsindustrie Niedersachsen und Bremen e.V.
Postf. 11 60, 26001 Oldenburg
Bahnhofstr. 14, 26122 Oldenburg
T: (0441) 2 10 27-0   **Fax:** 2 10 27 99
Vorsitzende(r): Wilfried Brandes (Fa. Victor Buchholz, Große Düwelstr. 28, 30171 Hannover, T: (0511) 8 56 06-0, Telefax: (0511) 8 56 06-30)
Hauptgeschäftsführer(in): RA Jürgen Lehmann
Geschäftsführer(in): Horst-Peter Brenneke

f 103

Verband der Nordwestdeutschen Bekleidungsindustrie e.V.
Detmolder Str. 15, 33604 Bielefeld
T: (0521) 96 57 20   **Fax:** (02151) 6 86 36
E-Mail: bekleidungsverband@t-online.de
Vorsitzende(r): Wolfgang Brinkmann (Lord Bekleidungswerke F.W. Brinkmann GmbH, Waltgeristr. 1-3, 32049 Herford, Postf. 113 43, 32044 Herford, T: (05221) 88 40, Fax: 88 42 22)
Hauptgeschäftsführer(in): RA Jörg Bühler

f 104

Verband der Nordwestdeutschen Bekleidungsindustrie e.V.
Landesgeschäftsstelle Hamburg/Schleswig-Holstein
Haus der Wirtschaft
Postf. 60 19 69, 22219 Hamburg
Kapstadtring 10, 22297 Hamburg
T: (040) 63 78 44 00   **Fax:** 63 78 44 44
Geschäftsführer(in): RA'in Evelyn Kiso

f 105

Landesverband der Bekleidungsindustrie Rheinland-Pfalz e.V.
Postf. 10 10 62, 67410 Neustadt
Friedrich-Ebert-Str. 11-13, 67433 Neustadt
T: (06321) 85 20   **Fax:** 85 22 21
Vorsitzende(r): Ignaz Rieder (Ziegeleistr. 2, 76863 Herxheim, T: (07276) 86 15)
Geschäftsführer(in): RA Thomas Gans

f 106

Verband der Südwestdeutschen Bekleidungsindustrie e.V.
Postf. 10 50 32, 70044 Stuttgart
Rößlinweg 4, 70184 Stuttgart
T: (0711) 24 20 41-42   **Fax:** 2 36 94 25
Vorsitzende(r): Hans-Emil Wurster (Fa. Bekleidungswerke Emil Wurster GmbH + Co. KG, Carl-Zeiss-Str. 5, 72555 Metzingen, Postf. 11 53, 72542 Metzingen, T: (07123) 92 70, Telefax: (07123) 92 72 90)
Geschäftsführer(in): Ass. Thomas Huhn

Fachverbände

f 107

Fachverband Berufs-, Sport- und Freizeitbekleidungsindustrie e.V. (bespo)
Postf. 10 09 55, 50449 Köln
Mevissenstr. 15, 50668 Köln
T: (0221) 7 74 41 50, -1 51   **Fax:** 7 74 41 18
Internet: http://www.bekleidungsindustrie.de
E-Mail: bespo@bbi-online.de
Vorsitzende(r): Hans Willax (Fa. Willax GmbH Bekleidungswerk, Postf. 11 60, 92335 Beilngries, T: (08461) 65 40, Fax: (08461) 65 42 25)
Geschäftsführer(in): RA Thomas Lange

f 108

Verband der Damenoberbekleidungsindustrie e.V. (DOB)
Postf. 10 09 55, 50449 Köln
Mevissenstr. 15, 50668 Köln
T: (0221) 77 44-1 20-1 25   **Fax:** 7 74 41 27-1 28
Internet: http://www.bekleidungsindustrie.de
E-Mail: dobverband@bbi-online.de
Vorsitzende(r): Hubert Weidemann (Fa. Schmeinck GmbH & Co. Bekleidungswerk KG, Kaiser-Wilhelm-Str. 46-50, 46395 Bocholt, T: (02871) 99 06-0, Telefax: (02871) 99 06-11)
Geschäftsführer(in): Dipl. pol. Friedhelm Sartoris
Wahrnehmung der Interessen und Vertretung der Firmen der DOB-Industrie in wirtschaftlicher und fachlicher Hinsicht.

f 109

Verband der Herrenbekleidungsindustrie e.V.
Postf. 10 09 55, 50449 Köln
Mevissenstr. 15, 50668 Köln
T: (0221) 7 74 41 30   **Fax:** 7 74 41 37
Internet: http://www.BBI-online.de
E-Mail: hakaverband@t-online.de
Vorsitzende(r): Klaus Brinkmann
Geschäftsführer(in): RA Thomas Rasch

f 110

Fachverband Hut und Mütze e.V.
Postf. 10 09 55, 50449 Köln
Mevissenstr. 15, 50668 Köln
T: (0221) 77 44-1 15-1 16   **Fax:** 7 74 41 18
Internet: http://www.bekleidungsindustrie.de
E-Mail: hut+muetze@bbi-online.de
Vorsitzende(r): Gert Diefenthal (Fa. Wilhelm Diefenthal & Sohn, GmbH & Co. KG, Nordstr. 14, 53520 Wershofen/Eifel, T: (02694) 4 15, Telefax: (02694) 5 56)
Geschäftsführer(in): Bundesverband Bekleidungsindustrie e.V.

f 111

Fachvereinigung Krawatten- und Schalindustrie
Postf. 10 23 61, 47723 Krefeld
Ostwall 227, 47798 Krefeld
T: (02151) 6 27 00   **Fax:** 62 70 40
Vorsitzende(r): Hajo Ploenes (Fa. Hans Ploenes, Postf. 23 28, 47723 Krefeld, T: (02151) 3 70 87, Telefax: (02151) 39 96 24)
Geschäftsführer(in): Dipl.-Kfm. Friedrich Peschen

f 112

Verband Lederbekleidung e.V.
Postf. 22 15 21, 80505 München
Gewürzmühlstr. 5 III, 80538 München
T: (089) 21 21 49-0   **Fax:** 29 14 60
Vorsitzende(r): Frank Kapraun (Kapraun Lederbekleidung, Ostring 9c, 63762 Großostheim, T: (06026) 9 70 80, Fax: 22 29 u. 97 08 24)
Geschäftsführer(in): RA Erwin Haas

f 113

Verband Mieder und Badebekleidung e.V. mit Fachgruppe Stütz und Wärmetherapie
Postf. 10 09 55, 50449 Köln
Mevissenstr. 15, 50668 Köln
T: (0221) 77 44-1 20-1 25   **Fax:** 7 74 41 27-1 28
Internet: http://www.bekleidungsindustrie.de
E-Mail: miederverband@bbi-online.de
Vorsitzende(r): Gerhard Lang (Fa. Paul Mitter GmbH & Co. KG, Marstallstr. 40, 73033 Göppingen, T: (07161) 6 88 41, Telefax: (07161) 6 99 93)
Geschäftsführer(in): Dipl.-Kfm. Roland Schreiber
Wahrnehmung der Interessen und Vertretung der Firmen der Mieder- und Badeindustrie in wirtschaftlicher und fachlicher Hinsicht.

f 114

Deutscher Pelzverband e.V.
Niddastr. 66-68, 60329 Frankfurt
T: (069) 24 26 35-0   **Fax:** 24 26 35-21
Internet: http://www.deutscherpelzverband.de
E-Mail: bs@fur-fashion-frankfurt.de
Präsident(in): Herbert Würker
Geschäftsführer(in): Dr. Barbara Sixt

f 115

Verband der Hemden- und Wäsche-Industrie
Postf. 10 09 55, 50449 Köln
Mevissenstr. 15, 50668 Köln
T: (0221) 77 44-1 30   **Fax:** 77 44-1 37
Internet: http://www.bekleidungsindustrie.de
E-Mail: waescheverband@bbi-online.de
Vorsitzende(r): Wulf Nerbe (i. Fa. Eterna Moden GmbH, Medienstr. 12, 94036 Passau, T: (0851) 9 81 60, Fax: (0851) 9 81 64 82)
Geschäftsführer(in): RA Thomas Rasch

● F 116

Industrieverband Werktrockenmörtel e.V.
Düsseldorfer Str. 50, 47051 Duisburg
T: (0203) 9 92 39-88   **Fax:** 9 92 39-90
E-Mail: info@wtm-ev.de
Geschäftsführer(in): Dipl.-Ing. St. Schmidt

● F 117

Industrieverband Bekleidung Bergisch Land e.V.
Freyastr. 68, 42117 Wuppertal
T: (0202) 74 45 56   **Fax:** 74 12 04
Vorsitzende(r): Harro Kurschat
Geschäftsführer(in): Rechtsanwältin Eva Schröder

● F 118

Forschungsgemeinschaft Bekleidungsindustrie e.V.
Mevissenstr. 15, 50668 Köln
T: (0221) 77 44-144, 77 44-145   **Fax:** 77 44-141
Internet: http://www.fb-network.de
E-Mail: fb@bbi-online.de
Gründung: 1964
Vorsitzende(r): Lothar Brücher (Schiesser AG)
Vizepräsident(in): Wolfgang Seebauer (Bernhardt Men's Fashion GmbH)
Geschäftsführer(in): Dipl.-Ing. Uta-Maria Groth
Verbandszeitschrift: Bekleidungstechnische Schriftenreihe
Verlag: Forschungsgemeinschaft Bekleidungsindustrie e.V., Mevissenstr. 15, 50668 Köln

● F 119

VDBI

Verband der Deutschen Bestattungswäsche-Industrie e.V. (VDBI)
Erste Fährgasse 2, 53113 Bonn
T: (0228) 26 52 46-47   **Fax:** 26 52 48
Internet: http://www.bestattungswaesche.com
E-Mail: vdbi@bestattungswaesche.com
Vorsitzende(r): Otto-Kurt Hollmann (Otto-Kurt Hollmann Spezialwäschefabrik GmbH, Am Lesumdeich 1, 28719 Bremen)
Geschäftsführer(in): Dipl.-Volksw. Siegfried von Lauvenberg

● F 120

Verband der Deutschen Daunen- und Federnindustrie e.V.
Thomas-Mann-Str. 9a, 55122 Mainz
T: (06131) 37 50 70   **Fax:** 3 05 08 15
Internet: http://www.vdfi.de
E-Mail: vdfi@aol.com
Vorsitzende(r): F. Verse (Bielefelder Bettfedernfabrik Friedrich Verse GmbH, Engersche Str. 226, 33611 Bielefeld, Postf. 20 10 11, 33548 Bielefeld)
Geschäftsführer(in): Dipl.-Volksw. Juliane Hedderich
Mitglieder: 26

● F 121

Fachverband Hosenträger- und Gürtel-Industrie
Freyastr. 68, 42117 Wuppertal
T: (0202) 74 45 56   **Fax:** 74 12 04
Vorsitzende(r): Gerhard Wagener (Von-Behring-Str. 35, 42283 Wuppertal)
Geschäftsführer(in): Rechtsanwältin Eva Schröder

● **F 122**
Wirtschaftsvereinigung Bergbau e.V.
Postf. 12 07 36, 10597 Berlin
Am Schillertheater 4, 10625 Berlin
T: (030) 31 51 82-0 **Fax:** 31 51 82-35
Internet: http://www.wv-bergbau.de
E-Mail: wvb.berlin@t-online.de
Gründung: 1953
Internationaler Zusammenschluß: siehe unter izl 87
Präsident(in): Dr. rer. pol. Volker Schäfer (Kaliverein e.V., Wilhelmshöher Allee 239, 34121 Kassel, T: (0561) 3 01-1505, Telefax: (0561) 3 01-2294)
Präsidium: Wilhelm Beermann (Deutsche Steinkohle AG, Rellinghauser Str. 1 + Shamrockring 1, 44623 Herne, T: (02323) 15 34 00)
Präsidium: Dr.-Ing. Dr.-Ing. E.h. Berthold Bonekamp (RWE Rheinbraun AG, Stüttgenweg 2, 50935 Köln, Postfach, 50416 Köln, T.: (0221) 4 80-1408, Fax: (0221) 4 80-1443)
Vorstand: Dipl.-Ing. Bruce DeMarcus (Mitteldeutsche Braunkohlengesellschaft mbH, Wiesenstr. 20, 06727 Theißen, T: (03441) 68 46 16, Fax: (03441) 68 44 15)
Vorstand: Dr.-Ing. Wolfgang Fritz (Lausitzer und Mitteldeutsche Bergbau-Verwaltungsges. mbH, Karl-Liebknecht-Str. 33, 10100 Berlin, T: (030) 24 51-30 80, Telefax: (030) 24 51-31 02)
Vorstand: Dr.-Ing. Joachim Geisler (Deutsche Steinkohle AG Shamrockring 1, 44623 Herne, Postfach, 44620 Herne, T.: (02323) 15 44 40, Fax: (02323) 15-2020)
Vorstand: Ass. jur. Gerhard Gördes (Deilmann-Haniel GmbH, Haustenbecke 1, 44319 Dortmund, T: (0231) 28 91-2 94, Fax: (0231) 28 91-3 30)
Vorstand: Dr.oec. Wolfgang Haase (Geologische Forschung und Erkundung GmbH, Köthener Str. 34, 06118 Halle, Postfach 1 08, 06036 Halle, T: (0345) 52 44-3 81, Telefax: (0345) 52 29-9 11)
Vorstand: Prof. Dr.-Ing. Kurt Häge (Lausitzer Braunkohle Aktiengesellschaft, Knappenstr. 1, 11698 Senftenberg, T: (03573) 78-34 00, Fax: (03573) 78-36 36)
Vorstand: Dr.-Ing. Heinrich Heiermann (Wühlbeck 9, 46535 Dinslaken-Eppinghoven, T: (02064) 4 04 10, Fax: (02064) 4 04 11)
Vorstand: Prof. Dr.rer.nat. Karl Friedrich Jakob (RAG Coal International AG, Rellinghauser Str. 1-11, 45128 Essen, T: (0201) 1 77-31 30, Fax: (0201) 1 77-31 33)
Vorstand: Chem.-Ing. Dietmar Oetterer (Solvay Salz GmbH, Karlstr. 80, 47495 Rheinberg, T: (02803) 4 86 31, Fax: (02803) 4 86 30 50)
Vorstand: Staatsminister a.D. Karl Starzacher (RAG Aktiengesellschaft, Rellinghauser Str. 1-11, 45128 Essen, T: (0201) 1 77-3850/51, Fax: (0201) 1 77-3852)
Vorstand: Dipl.-Kfm. Michael Ziesler (Deutsche Steinkohle AG, Shamrockring 1, 44623 Herne, T: (02323) 15 44 30, Fax: (02323) 15 44 39)
Hauptgeschäftsführer(in): Ass. d. Bergf. Karl-Ernst Kegel
Hauptgeschäftsführer(in): Dipl.-Volksw. Wolfgang Reichel
Leitung Presseabteilung: Dr.rer.nat. Dieter Johannes
Mitglieder: 15 Verbände

f 123
Wirtschaftsvereinigung Bergbau e.V.
Büro Brüssel
Avenue de Tervueren 168, Bte 5, B-1150 Brüssel
T: (00322) 7 72 46 56 **Fax:** 7 71 41 04
E-Mail: manfred.steinhage@freebel.net
Dipl.-oec. Manfred Steinhage

Mitgliedsverbände

f 124
Unternehmensverband Steinkohlenbergbau
(vormals Unternehmensverband Ruhrbergbau)
Postf. 10 36 63, 45036 Essen
Rellinghauser Str. 1, 45128 Essen
T: (0201) 1 77-08 **Fax:** 1 77-4288
Gründung: 1952 (5. Juni)
Vorstand: Dipl.-Kfm. Bernd Tönjes (Vors.)
Dipl.-Kfm. Michael G. Ziesler (stellv. Vors.)
Dipl.-Ing. Jürgen Eikhoff
Dipl.-Ök. Rainer Platzek
Dr. Peter Schörner
Geschäftsführendes Vorstandsmitglied und Hauptgeschäftsführer: Dipl.-Volksw. Wolfgang Reichel
Öffentlichkeitsarbeit: Dr. Günter Dach
Mitglieder: 3

f 125
Deutscher Braunkohlen-Industrie-Verein e.V.
Postf. 40 02 52, 50832 Köln
Max-Planck-Str. 37, 50858 Köln
T: (02234) 18 64-0 **Fax:** 18 64-18
Internet: http://www.braunkohle.de
E-Mail: debriv@t-online.de
Gründung: 1885
Internationaler Zusammenschluß: siehe unter izl 89
Vorstand: Dipl.-Kfm. Berthold Bonekamp (Vors.), Köln
Prof. Dr.-Ing. Kurt Häge (stellv. Vors.), Senftenberg
Dipl.-Kfm. Bernd Jobst Breloer (Schatzmeister), Köln
Hauptgeschäftsführer(in): Dipl.-Ing. George Milojcic
Stellv. HGeschF, Justitiar: RA Henning Anz
Öffentlichkeitsarbeit: Dipl.-Volksw. Uwe Maaßen
Verbandszeitschrift: Surface Mining/Braunkohle
Mitglieder: 7

f 126
Unternehmensverband Eisenerzbergbau
An der Erzgrube 9, 32457 Porta Westfalica
T: (0571) 79 56-24 **Fax:** 79 56-20
Gründung: 1959
Vorsitzende(r): Dr.-Ing. Jürgen Hennies (Barbara Rohstoffbetriebe GmbH, An der Erzgrube 9, 32457 Porta Westfalica, T: (0571) 79 56-14, Telefax: (0571) 79 56-20)
Geschäftsführer(in): Bergass.Dr.-Ing. Hans Günther Gloria
Mitglieder: 2

f 127
Kaliverein e.V.
Wilhelmshöher Allee 239, 34121 Kassel
T: (0561) 3 18 27-0 **Fax:** 3 18 27-16
Internet: http://www.kaliverein.de
Gründung: 1905
Vorsitzende(r): Dr. Ralf Bethke (K + S Aktiengesellschaft, Friedrich-Ebert-Str. 160, 34119 Kassel, Postf. 10 20 29, 34111 Kassel, T: (0561) 3 01-0, Telefax: (0561) 3 01-1598)
Geschäftsführer(in): RA Dr. Arne Brockhoff
Verbandszeitschrift: Kali und Steinsalz
Verlag: und Redaktion: Verlag Glückauf GmbH, Postf. 18 56 20, 45206 Essen
Mitglieder: 4

f 128
Fachgruppe Metallerzbergbau in der Wirtschaftsvereinigung Metalle e.V.
Postf. 10 54 63, 40045 Düsseldorf
Am Bonneshof 5, 40474 Düsseldorf
T: (0211) 47 96-0 **Fax:** 47 96-4 00
Gründung: 1948
Vorsitzende: N. N.
Mitglieder: 3

f 129
Vereinigung der Bergbau-Spezialgesellschaften e.V.
Haustenbecke 1, 44319 Dortmund
T: (0231) 28 91-266 **Fax:** 28 91-330
Gründung: 1947
Vorsitzende(r): Ass. Gerhard Gördes (Geschf.)
Mitglieder: 9

f 130
Bergbaulicher Verein Baden-Württemberg e.V.
Postf. 31 61, 74021 Heilbronn
Salzgrund 67, 74076 Heilbronn
T: (07131) 9 59-0 **Fax:** 17 90 71
Vorsitzende(r): Dipl.-Kfm. Ekkehard Schneider (Südwestdeutsche Salzwerke AG, Salzgrund 67, 74076 Heilbronn, Postf. 31 61, 74021 Heilbronn, T: (07131) 9 59-2 17, Telefax: (07131) 17 90 71)

f 131
Arbeitsgemeinschaft Schiefer
Postf. 20 01 41, 56001 Koblenz
Bahnhofstr. 6, 56068 Koblenz
T: (0261) 1 24 28 **Fax:** 1 51 79
Gründung: 1951
Vorsitzende(r): Ernst Guntermann (Schiefergruben Magog GmbH & Co. KG, Alter Bahnhof 9, 57392 Schmallenberg, Postf. 21 05, 57382 Schmallenberg, T: (02974) 96 20-0, Telefax: (02974) 96 20 20)
Geschäftsführer(in): RA Gerhard Schlotmann
Mitglieder: 5

f 132
Verein Deutsche Salzindustrie e.V.
Herwarthstr. 36, 53115 Bonn
T: (0228) 6 04 73-0 **Fax:** 6 04 73-10
E-Mail: info@salzindustrie.de
Gründung: 1875
Internationaler Zusammenschluß: siehe unter izf 1298
Vorsitzende(r): Dipl.-Kfm. Ekkehard Schneider (Südwestdeutsche Salzwerke AG, Salzgrund 67, 74076 Heilbronn, T: (07131) 95 90, Fax: 17 90 71)
Geschäftsführer(in): RA Robert Speiser
Mitglieder: 7

f 133
Verband bergbaulicher Unternehmen und bergbauverwandter Organisationen
Postf. 12 07 36, 10597 Berlin
Am Schillertheater 4, 10625 Berlin
T: (030) 31 51 82-0 **Fax:** 31 51 82-35
E-Mail: wvb.berlin@t-online.de
Vorsitzende(r): Ass. jur. Friedrich Späth (Ruhrgas AG, Huttropstr. 60, 45138 Essen, Postf. 10 32 52, 45117 Essen, T: (0201) 1 84-00, Telefax: (0201) 1 84-37 66)
Geschäftsführer(in): RA Hans-Ulrich von Mäßenhausen
Mitglieder: 4

f 134
Fachvereinigung Auslandsbergbau e.V.
Postf. 12 07 36, 10597 Berlin
Am Schillertheater 4, 10625 Berlin
T: (030) 3 15 90 76 **Fax:** 31 51 82-35
E-Mail: fab.ev@t-online.de
Gründung: 1978 (11. Oktober)
Vorsitzende(r): Dr. Peter Kausch, Brühl
Geschäftsführer(in): Dr.rer.nat. Dieter Johannes

f 135
Verband Bergbau, Geologie und Umwelt e.V.
Am Köllnischen Park 1, 10179 Berlin
T: (030) 22 33-6610 **Fax:** 22 33-6614
Vorsitzende(r): Dr. oec. Wolfgang Haase (Geologische Forschung und Erkundung GmbH, Köthener Str. 34, 06118 Halle, T: (0345) 52 44-3 81, Telefax: (0345) 5 22-99 11)
Geschäftsführer(in): Dipl.-Wirtsch. Horst Rohm
Mitglieder: 21
Mitarbeiter: 3

f 136
Arbeitsgemeinschaft Bayerischer Bergbau- und Mineralgewinnungsbetriebe e.V.
Hegelstr. 3a, 95447 Bayreuth
T: (0921) 6 46 51 **Fax:** 6 12 33
Gründung: 1990 (24. September)
Vorsitzende(r): Nikolaus W. Knauf (geschäftsf. Gesellschafter der Gebr. Knauf Westdeutsche Gipswerke, Am Bahnhof 7, 97346 Iphofen, Postf. 10, 97343 Iphofen, T: (09323) 31-3 14, Telefax: (09323) 31-5 55)
Geschäftsführer(in): Bergdir. a.D. Dipl.-Ing. Joseph Hartmann
Mitglieder: 48

f 137
Bundesverband Keramische Rohstoffe e.V. (BKR)
Bahnhofstr. 6, 56068 Koblenz
T: (0261) 1 24 28 **Fax:** 1 51 79
Gründung: 1950
Vorsitzende(r): Dr.rer.pol. Dieter Mannheim (Kärlicher Ton- und Schamotte-Werke Mannheim & Co. KG, Postf. 13 34, 56209 Mülheim-Kärlich, Burgstr. 9, 56218 Mülheim-Kärlich, T: (02630) 94 41-0, Telefax: (02630) 94 41-10)
Geschäftsführer(in): RA Gerhard Schlotmann
Mitglieder: 50

f 138
Schiefer-Fachverband in Deutschland e.V. (SVD)
Postf. 51 10 80, 50946 Köln
Annastr. 67-71, 50968 Köln
T: (0221) 93 77 05-0 **Fax:** 93 77 05-10
Internet: http://www.schiefer-fachverband.org
E-Mail: svd@schiefer.de
Vorstand: Ewald A. Hoppen (Rathscheck-Schiefer und Dach-Systeme KG, Barbarastraße, 56727 Mayen, Postf. 17 52, 56707 Mayen, T: (02651) 95 50, Telefax: (02651) 95 51 00)
Geschäftsführer(in): RA Raimo Benger
Dr.rer.nat. Wolfgang Wagner

● **F 139**
Gesamtverband des deutschen Steinkohlenbergbaus
Postf. 10 36 63, 45036 Essen
Rellinghauser Str. 1, 45128 Essen
T: (0201) 1 77-08 **Fax:** 1 77-4288
Gründung: 1968 (1. Dezember)
Internationaler Zusammenschluß: siehe unter izl 88
Vorstand: Staatsminister a.D. Karl Starzacher (Vors. u. Präs.; Unternehmensverband Steinkohlenbergbau)
Dr. Wilhelm Hans Beermann (stellv. Vors.; Unternehmensverband Steinkohlenbergbau)
Prof. Dr. Karl Friedrich Jakob (stellv. Vors.; Unternehmensverband Steinkohlenbergbau)
Dipl.-Ing. Jürgen Eikhoff (Unternehmensverband Steinkohlenbergbau)
Dr.-Ing. Joachim Geisler (Unternehmensverband Steinkohlenbergbau)
Dr. Peter Schörner (Unternehmensverband Steinkohlenbergbau)
Dr.rer.nat. Jürgen W. Stadelhofer (Unternehmensverband Steinkohlenbergbau)
Dipl.-Ing. Bernd Tönjes (Unternehmensverband Steinkohlenbergbau)
Ulrich Weber (Unternehmensverband Steinkohlenbergbau)
Dipl.-Kfm. Michael G. Ziesler (Unternehmensverband Steinkohlenbergbau)
Geschf. Vorstandsmitglieder und Hauptgeschäftsführer:
Dipl.-Volksw. Wolfgang Reichel

Dr. Gerhard Sohn
Öffentlichkeitsarbeit: Dr. Günter Dach
Mitglieder: 7

● **F 140**
Verein Rheinischer Braunkohlenbergwerke e.V.
Postf. 40 02 52, 50832 Köln
Max-Planck-Str. 37, 50858 Köln
T: (02234) 18 64-0 **Fax:** 18 64-18
Internet: http://www.braunkohle.de
E-Mail: debriv@t-online.de
Gründung: 1948
Vorsitzende(r): Dipl.-Kfm. Berthold Bonekamp (Rheinbraun AG, Stüttgenweg 2, 50935 Köln, 50416 Köln, T: (0221) 4 80-0, Telefax: (0221) 4 80-13 51)
Hauptgeschäftsführer(in): Dr.-Ing. George Milojcic
Mitglieder: 6

● **F 141**
Statistik der Kohlenwirtschaft e.V.
Postf. 10 36 63, 45036 Essen
Rellinghauser Str. 1, 45128 Essen
T: (0201) 1 77-08 **Fax:** 1 77-4272
Internet: http://www.kohlenstatistik.de
Gründung: 1954 (8. März)
Vorsitzende(r): Dipl.-Ök Rainer Platzek (Generalbevollmächtigter, Herne)
Stellvertretende(r) Vorsitzende(r): Dr.-Ing. George Milojcic (Hauptgeschf.), Köln
Geschäftsführer(in): Dipl.-Volksw. Gerhard Semrau, Essen
Dipl.-Ing., Dipl.-Wirtschaftsing. Christian Stephan, Essen
Dipl.-Volksw. Uwe Maaßen, Köln
Mitglieder: 3 Verbände

f 142
Statistik der Kohlenwirtschaft e.V. Geschäftsstelle Köln
Max-Planck-Str. 37, 50858 Köln
T: (02234) 18 64-34 **Fax:** 18 64-18
Internet: http://www.braunkohle.de, http://www.kohlenstatistik.de

● **F 143**
Arbeitsgemeinschaft Schiefer e.V.
Postf. 20 01 41, 56001 Koblenz
Bahnhofstr. 6, 56068 Koblenz
T: (0261) 1 24 28 **Fax:** 1 51 79
Gründung: 1951
Vorsitzende(r): Ernst Guntermann (i. Fa. Schiefergruben Magog GmbH & Co. KG, Postf. 21 05, 57382 Fredeburg, T:(02974) 9 62 00, Telefax: (02974) 96 20 20)
Geschäftsführer(in): RA Gerhard Schlotmann (Im Wiesengrund 16, 56410 Montabaur)
Mitglieder: 5

● **F 144**
Verband der Deutschen Feuerfest-Industrie e.V.
An der Elisabethkirche 27, 53113 Bonn
T: (0228) 9 15 08-21 **Fax:** 9 15 08-55
E-Mail: feuerfest@t-online.de
Internationaler Zusammenschluß: siehe unter izf 630
Vorsitzende(r): Dr. Werner Klönne (Dr. C. Otto Feuerfest GmbH, Postf. 51 01 09, 44874 Bochum, Dr. C. Otto-Str. 222, 44879 Bochum)
Mitglieder: 38 Mitgliedsunternehmen

Wahrung und Förderung der gemeinsamen fachwirtschaftlichen Belange der Feuerfest-Industrie.

● **F 145**

DEUTSCHER BRAUER-BUND E.V.

Postf. 20 04 52, 53134 Bonn
Annaberger Str. 28, 53175 Bonn
T: (0228) 9 59 06-0 **Fax:** 9 59 06-18
Internet: http://www.brauer-bund.de
E-Mail: info@brauer-bund.de
Gründung: 1871
Internationaler Zusammenschluß: siehe unter izf 921, izf 2326
Präsident(in): Dieter Ammer (Vors. der Geschäftsführung der Brauerei Beck GmbH & Co., Postf. 10 73 07, 28073 Bremen, T: (0421) 50 94-0)
Hauptgeschäftsführer(in): RA Peter Hahn
Leitung Presseabteilung: Erich Dederichs
Verbandszeitschrift: BIER AKTUELL
Redaktion: Gesellschaft für Öffentlichkeitsarbeit der Deutschen Brauwirtschaft, Annaberger Str. 28, 53175 Bonn
Mitglieder: 14 Verbände

Wahrnehmung und Förderung der gemeinsamen wirtschaftlichen Interessen der gesamten Brauwirtschaft sowie die Bekämpfung unlauteren Wettbewerbs. Tätigkeit auf sozialpolitischem Gebiet; Förderung des Austausches wirtschaftlicher und technischer Erfahrungen.

Mitgliedsverbände

f 146
Bayerischer Brauerbund e.V.
Postf. 34 01 62, 80098 München
Oskar-von-Miller-Ring 1 (Brauerhaus), 80333 München
T: (089) 28 66 04-0 **Fax:** 28 66 04-99
Internet: http://www.bayrisch-bier.de
E-Mail: brauerbund@bayrisch-bier.de
Präsidium
Präsident(in): Dr. Gerhard Ohneis
Schatzmeister: Dr. Peter Kreuzpaintner
Präsidiumsmitglied(er): Christoph Graschberger
Karl-Heinz Pritzl
Michael Weiß
Hauptgeschäftsführer(in): Dr. Lothar Ebbertz

f 147
Baden-Württembergischer Brauerbund e.V.
Eduard-Pfeiffer-Str. 48, 70192 Stuttgart
T: (0711) 2 23 33-0 **Fax:** 2 23 33 99
Gründung: 1880 (20. Dezember)
Präsident(in): Dr. Hans Spielmann (Geschäftsf. Gesellschafter der Weldebräu GmbH & Co. KG)
Geschäftsführer(in): RA Dr.jur. Axel B. Stemmer
Mitglieder: 59

f 148
Brauerbund Hessen-Mittelrhein e.V.
Gartenstr. 107, 60596 Frankfurt
T: (069) 6 31 30 96, 6 31 30 97 **Fax:** 6 31 29 59
Vorsitzende(r): Dr. Michael Dietzsch (Postf. 11 64, Bitburg, T: (06561) 1 41)
Ulrich Kallmeyer (Darmstädter Landstr. 185, 60598 Frankfurt/M., T: (069) 60 65-224)
Geschäftsführer(in): Ass. Hans-Dieter Gilg
Mitglieder: 50

f 149
Verband Pfälzischer Brauereien e.V.
Postf. 10 10 62, 67410 Neustadt
Friedrich-Ebert-Str. 11-13, 67433 Neustadt
T: (06321) 8 52-0 **Fax:** 8 52-221
Vorsitzende(r): Dr. Horst Bischoff (Brauerei Bischoff KG, Winnweiler, T: (06302) 60 10)
Geschäftsführer(in): RA Thomas Gans

f 150
Verband der Brauereien des Saarlandes e.V.
Sitz:
Harthweg 15, 68119 Saarbrücken **Postanschrift/Geschäftsstelle:**
Im Altseiterstal 20, 66538 Neunkirchen
T: (06821) 8 96 84 und 0171/8312704 **Fax:** 86 51 35
Vorsitzende(r): Dr. Richard Weber (Geschäftsf. Gesellschafter d. Karlsberg Brauerei KG Weber, Eisenbahnstr. 49, 66424 Homburg, T: (06841) 10 52 20)
Geschäftsführer(in): Dr. Andreas Prechtl
Mitglieder: 7

f 151
Verband Rheinisch-Westfälischer Brauereien e.V.
Achenbachstr. 26, 40237 Düsseldorf
T: (0211) 9 91 41-0 **Fax:** 9 91 41-68
Internet: http://www.brauereiverband-nrw.de
E-Mail: kontakt@brauereiverband-nrw.de
Vorsitzende(r): H. Becker, Köln
Geschäftsführer(in): Jürgen Witt
Mitglieder: 78 Firmen

f 152
Brauereiverband Niedersachsen/Sachsen-Anhalt e.V.
Kapstadtring 10, 22297 Hamburg
T: (040) 5 47 26 90 **Fax:** 5 40 58 00
Vorsitzende(r): Harald Wildhagen (Vorstandsmitgl. der Gilde Brauerei AG, Hannover)
Geschäftsführer(in): RA Michael Scherer

f 153
Bremer Brauer-Societät
Geschäftsstelle:
Kapstadtring 10, 22297 Hamburg
T: (040) 54 72 69-0 **Fax:** 5 40 58 00
Vorsitzende(r): Dieter Ammer (Am Deich 18/19, 28199 Bremen, Brauerei Beck & Co., T: (0421) 5 09 40)
Geschäftsführer(in): RA Michael Scherer
Mitglieder: 2 Firmen

f 154
Brauereiverband Nord e.V.
Hamburg/Schleswig-Holstein/Mecklenburg-Vorpommern
Kapstadtring 10, 22297 Hamburg
T: (040) 54 72 69-0 **Fax:** 5 40 58 00
Vorsitzende(r): Günter Ellenberg
Geschäftsführer(in): RA Michael Scherer
Mitglieder: 10

f 155
Brauereiverband Berlin/Brandenburg e.V.
Kapstadtring 10, 22297 Hamburg
T: (040) 54 72 69-0 **Fax:** 5 40 58 00
Gründung: 1890 (24. April)
Vorsitzende(r): Jochen Sievers (Berliner Kindl Brauerei AG)
Geschäftsführer(in): RA Michael Scherer

f 156
Verband der Ausfuhrbrauereien Nord-, West- und Südwestdeutschlands e.V.
Gotenstr. 21, 20097 Hamburg
T: (040) 23 60 16-0 **Fax:** 23 60 16-10
Vorsitzende(r): Eckhard Koll (Mitglied des Vorstandes der Holsten-Brauerei AG, Holstenstr. 224, 22765 Hamburg, T: (040) 38 10 11)
Geschäftsführer(in): Dr. Rodger Wegner

f 157
Verband bayerischer Ausfuhrbrauereien e.V.
(Brauerhaus)
Oskar-von-Miller-Ring 1, 80333 München
T: (089) 28 23 88 **Fax:** 28 39 75
Vorsitzende(r): Dr. Jobst Kayser-Eichberg (Spaten-Franziskaner-Bräu KGaA)
Geschäftsführer(in): RA Manfred Newrzella

f 158
Sächsischer Brauerbund e.V.
Bamberger Str. 7, 01187 Dresden
T: (0351) 4 69 83 44 **Fax:** 4 69 83 43
Gründung: 1990 (Juni)
Vorsitzende(r): Heinz-Jörg Grohmann (Feldschlößchen AG, Dresden)
Geschäftsführer(in): Reinhard Zwanzig
Mitglieder: 16

f 159
Brauerbund Thüringen e.V.
Gartenstr. 107, 60596 Frankfurt
T: (069) 6 31 30 96, 6 31 30 97 **Fax:** 6 31 29 59
Vorsitzende(r): Albrecht Pitschel
Geschäftsführer(in): Hans Dieter Gilg

● **F 160**
Verband bayerischer Versandbrauereien e.V.
Brauerhaus
Oskar-von-Miller-Ring 1 III, 80333 München
T: (089) 28 23 88 **Fax:** 28 39 75
Vorsitzende(r): Dr. Hermann Freiherr von Tucher (Elbinger Str. 20, 90491 Nürnberg)
Geschäftsführer(in): RA Manfred Newrzella

● **F 161**
Wissenschaftliche Station für Brauerei in München e.V.
c/o Spaten-Franziskaner-Bräu KGaA
Marsstr. 46-48, 80335 München
T: (089) 51 22-2214 **Fax:** 51 22-2510
Gründung: 1876 (13. Juli)
Vorsitzende(r): Dr. Jobst Kayser-Eichberg (Spaten-Franziskaner-Bräu KGaA)
Stellvertretende(r) Vorsitzende(r): Dr. Peter Hellich (Paulaner Brauerei GmbH u. Co. KG)
Mitglieder: 57

● **F 162**
Verband der Chemischen Industrie e.V.
Postf. 11 19 43, 60054 Frankfurt
Karlstr. 21, 60329 Frankfurt
T: (069) 25 56-0 **Fax:** 25 56-14 71
Internet: http://www.vci.de
E-Mail: vci@vci.de
Gründung: 1877 (25. November)
Internationaler Zusammenschluß: siehe unter izf 1020
Präsident(in): Dr. Manfred Schneider (Vors. d. Vorstandes Bayer AG, 51368 Leverkusen, T: (0214) 30-1)
Vizepräsident(in): Prof. Dr. Wilhem Simson (Vors. d. Vorst.

d. Viag AG, München)
Dr. Jürgen Strube (Vors. d. Vorstandes BASF Aktiengesellschaft, 67056 Ludwigshafen, T: (0621) 6 04 36 03)
Hauptgeschäftsführer(in): Dr. Wilfried Sahm (Karlstr. 21, 60329 Frankfurt, T: (069) 25 56-0)

f 163
**Verband der Chemischen Industrie e.V.
Verbindungsstelle zu Parlament und Bundesregierung**
Ernst-Reuter-Platz 8, 10587 Berlin
T: (030) 34 38 16 40   **Fax:** 34 38 19 50
Leiter(in): Dipl.-Kfm. Hermann Lehning

f 164
**Verband der Chemischen Industrie e.V.
Büro Brüssel**
Rue du Commerce 31, B-1000 Brüssel
T: (00322) 54 80 69-0   **Fax:** 54 80 69-9
Leiter(in): Dr. Reinhard Quick

Landesverbände

f 165
**Verband der Chemischen Industrie e.V.
Landesverband Baden-Württemberg**
Postf. 10 00 32, 76481 Baden-Baden
Markgrafenstr. 9, 76530 Baden-Baden
T: (07221) 21 13-0   **Fax:** 21 13 55
Vorsitzende(r): Alexander Dehio (Mitgl. d. Geschäftsführung Boehringer Ingelheim Pharma KG, Betriebsstätte Biberach, 88397 Biberach, Birkendorfer Str. 65, T: (07351) 54-0)
Geschäftsführer(in): RA Klaus Hütig

f 166
**Verband der Chemischen Industrie e.V.
Landesverband Bayern**
Postf. 86 08 29, 81635 München
Innstr. 15, 81679 München
T: (089) 9 26 91 16   **Fax:** 9 26 91 33
Internet: http://www.vci.de
Vorsitzende(r): Prof. Dr. Wilhelm Simson (Vors. d. Vorstandes der Viag AG, Brienner Str. 40, 80333 München, T: (089) 2 50 02-20 01)
Hauptgeschäftsführer(in): Dr. Peter Umfug
Geschäftsführer(in): Dr. Josef Geller

f 167
**Verband der Chemischen Industrie e.V.
Landesverband Hessen**
Postf. 11 19 43, 60054 Frankfurt
Karlstr. 21, 60329 Frankfurt
T: (069) 25 56-14 21   **Fax:** 25 56-16 14
Vorsitzende(r): Dr. Michael Römer (Mitglied d. Geschäftsleitung, Merck KGaA, 64271 Darmstadt, T: (06151) 72-21 49)
Geschäftsführer(in): Dr. Lothar Schreiber

f 168
**Verband der Chemischen Industrie e.V.
Landesverband Nord (Bremen, Hamburg, Niedersachsen, Schleswig-Holstein)**
Postf. 81 01 52, 30501 Hannover
Güntherstr. 1, 30519 Hannover
T: (0511) 9 84 90-0   **Fax:** 83 35 74
Vorsitzende(r): Dipl.-Ing. Klaus Starke (Werksleiter, Bayer AG, Werk Brunsbüttel, Postfach 13 10, 25536 Brunsbüttel)
Geschäftsführer(in): Dr. Jochen Wilkens
Leitung Presseabteilung: Birgit Schneider

f 169
**Verband der Chemischen Industrie e.V.
- Landesverband Nordost -
(Berlin, Brandenburg, Mecklenburg-Vorpommern, Sachsen, Sachsen-Anhalt, Thüringen)**
Postf. 12 01 54, 10591 Berlin
Ernst-Reuter-Platz 8, 10587 Berlin
T: (030) 34 38 16-0   **Fax:** 34 38 19-28
Vorsitzende(r): Jacques Thoelen (Vors. d. Geschäftsführung d. Solvay Deutschland GmbH, Hannover)
Hauptgeschäftsführer(in): RA Rolf Siegert
Geschäftsführer(in): Dr. Volkhard Uhlig

f 170
**Verband der Chemischen Industrie e.V.
Landesverband Nordrhein-Westfalen**
Postf. 23 01 69, 40087 Düsseldorf
Ivo-Beucker-Str. 43, 40237 Düsseldorf
T: (0211) 6 79 31-40-44   **Fax:** 6 79 31-88
Vorsitzende(r): Dr. Michael Schulenburg (Vors. d. Geschäftsführung Cognis Deutschland GmbH, Henkelstr. 67, 40589 Düsseldorf, T: (0211) 79 40-2082)
Hauptgeschäftsführer(in): Dr. Friedrich Karl Weinspach

f 171
**Verband der Chemischen Industrie e.V.
Landesverband Rheinland-Pfalz**
Postf. 21 07 69, 67007 Ludwigshafen
Bahnhofstr. 48, 67059 Ludwigshafen
T: (0621) 5 20 56-0   **Fax:** 5 20 56-20
Vorsitzende(r): Dr. Rüdiger Erckel (Mitgl. d. Geschäftsführung Boehringer Ingelheim Pharma KG, 55216 Ingelheim)
Hauptgeschäftsführer(in): Peter Eisenlohr
Stellvertretende(r) Geschäftsführer(in): RA Gregor Disson

f 172
**Verband der Chemischen Industrie e.V.
Landesausschuss Saar**
Franz-Josef-Röder-Str. 9, 66119 Saarbrücken
T: (0681) 92 65 30   **Fax:** 58 37 23
Vorsitzende(r): Rolf Schneider (Geschäftsführer URSA-PHARM Arzneimittel GmbH, Industriestraße, 66129 Saarbrücken, Postf. 40 01 51, 66057 Saarbrücken, T: (06805) 92 92-0)
Geschäftsführer(in): Dipl.-Kfm. Hans-Jörg Ravené

● F 173
**Deutsche Industrievereinigung Biotechnologie
im Verband der Chemischen Industrie e.V (DIB)**
Postf. 11 19 43, 60054 Frankfurt
Karlstr. 21, 60329 Frankfurt
T: (069) 25 56-1481   **Fax:** 25 56-1620
Internet: http://www.vci.de/dib
E-Mail: dib@vci.de
Vorstand: Dr. Dieter H. Wißler (Vors.; Novartis Deutschland GmbH)
Dr. Alfred Bach (BASF-LYNX Bioscience AG)
Dr. Pol Bamelis (Bayer AG)
Dr. Metin Colpan (Qiagen GmbH)
Dr. Karsten Henco (EVOTEC BioSystems AG)
Prof. Dr. Werner Küsters (BASF Aktiengesellschaft)
Dr. Gerhard Prante (Aventis CropScience GmbH)
Dr. Jürgen Schwiezer (Roche Diagnostics GmbH)
Prof. Dr. Peter J. W. Stadler (ARTEMIS Pharmaceuticals GmbH)
Dr. Friedrich von Bohlen und Halbach (LION bioscience AG)
Prof. Dr. Björn Wallmark (Schering Aktiengesellschaft)
Dr. Michael Wallmeyer (NOXXON Pharma AG)
Dr. Bernd Wegener (B.R.A.H.M.S. Diagnostica GmbH)
Dr. Harald Wulff (Cognis Deutschland GmbH)
Ständige Gäste: Dr. Gisbert Kley (Deutsche Saatveredelung)
Dr. Manfred Nekola (Nestlé Deutschland AG)
Prof. Dr. Ernst-Ludwig Winnacker (Deutsche Forschungsgemeinschaft)
Geschäftsführer(in): Dr. Gerd Romanowski (VCI/DIB)
Mitglieder: rd. 170 Unternehmen, die in allen Bereichen der Biotechnologie tätig sind

f 174
**Deutsche Industrievereinigung Biotechnologie
Landesverband Hessen**
Karlstr. 21, 60329 Frankfurt
T: (069) 25 56 14 21   **Fax:** 25 56 16 14

f 175
**Deutsche Industrievereinigung Biotechnologie
Landesverband Nord**
(Bremen, Hamburg, Niedersachsen, Schleswig-Holstein)
Güntherstr. 1, 30519 Hannover

f 176
**Deutsche Industrievereinigung Biotechnologie
Landesverband Nordost**
(Berlin, Brandenburg, Mecklenburg-Vorpommern, Sachsen, Sachsen-Anhalt, Thüringen)
Ernst-Reuter-Platz 8, 10587 Berlin
T: (030) 34 38 16-0   **Fax:** 34 38 19 28

● F 177
Industrieverband Agrar e.V.
Karlstr. 19-21, 60329 Frankfurt
T: (069) 25 56-12 81   **Fax:** 23 67 02
Internet: http://www.iva.de
E-Mail: boe.iva@vci.de
Internationaler Zusammenschluß: siehe unter izf 561
Vorsitzende(r): Dr. Jochen Wulff
Hauptgeschäftsführer(in): Dr. Oskar Böttcher

● F 178
Deutsche Bauchemie e.V.
Karlstr. 21, 60329 Frankfurt
T: (069) 25 56-13 18   **Fax:** 25 16 09
Internet: http://www.deutsche-bauchemie.de
Vorsitzende(r): Dipl.-Kfm. Dieter Poech (SKW Trostberg AG, Dr. Albert-Frank-Str. 32, 83308 Trostberg, T: (08621) 86 22 04)
Geschäftsführer(in): Dipl.-Ing. Norbert Schröter

● F 179
vdd Industrieverband Bitumen-Dach- und Dichtungsbahnen e.V.
Karlstr. 21, 60329 Frankfurt
T: (069) 25 56-13 14-13 15   **Fax:** 25 56-16 02
Internet: http://www.vdd-bitumen.de
E-Mail: info@vdd-bitumen.de
Internationaler Zusammenschluß: siehe unter izf 1805
Vorsitzende(r): Dipl.-Wirtsch.-Ing. Paul-Hermann Bauder
Geschäftsführer(in): Dr.-Ing. Rainer Henseleit

● F 180
Fachverband Elektrokorund- und Siliziumkarbid-Hersteller e.V.
Karlstr. 21, 60329 Frankfurt
T: (069) 25 56 (0)-14 21   **Fax:** 25 56-16 14
Internationaler Zusammenschluß: siehe unter izf 752
Vorsitzende(r): Hans Kirchhoff (Surfatec Elektroschmelze Zschornewitz GmbH & Co.KG, Burgkemnitzer Straße 17, 06791 Zschornewitz)
Geschäftsführer(in): Dr. Lothar Schreiber

● F 181
Fachvereinigung Essigsäure Lebensmittelqualität im Verband der Chemischen Industrie e.V.
Karlstr. 19-21, 60329 Frankfurt
T: (069) 25 56-1539   **Fax:** 23 56 99
E-Mail: glauch@vci.de
Vorsitzende(r): Karl-Heinz Becker (Lonza-Werke GmbH, c/o LOFO High Tech Film GmbH, Weil am Rhein)
Geschäftsführer(in): Dipl.-Volksw. Lydia Glauch

● F 182
Fachverband Ferrolegierungen, Stahl- und Leichtmetallveredler e.V.
Am Bonneshof 5, 40474 Düsseldorf
T: (08621) 86-2814   **Fax:** 86-2066
Vorsitzende(r): Gerd Nassauer (c/o Elektrowerk Weisweiler, Postf. 72 09, 52241 Eschweiler-Weisweiler, T: (02403) 6 46-3 22, Telefax: (02403) 6 46-2 22)
Geschäftsführer(in): Dipl.-Kff. Melanie Renschler (c/o Camet Metallurgie GmbH, 40545 Düsseldorf, T: (0211) 5 77 7-13, Fax: (0211) 5 77 77-44)

● F 183
Fachvereinigung Gelatine im Verband der Chemischen Industrie e.V.
Postf. 11 19 43, 60054 Frankfurt
T: (069) 25 56-1447   **Fax:** 25 56-2447
Vorsitzende(r): Dipl.-Ing. Reinhard Schrieber (Deutsche Gelatine-Fabriken Stoess & Co. GmbH, Postf. 12 53, 69402 Eberbach, T: (06271) 84-1, Durchwahl -20 05)
Geschäftsführer(in): Claudia Kurz

● F 184
Industrieverband Gießerei-Chemie e.V.
Karlstr. 19-21, 60329 Frankfurt
T: (06102) 5 39 71   **Fax:** 5 39 71
Vorsitzende(r): Dipl.-Ing. Wilhelm Kuhlgatz (Hüttenes-Albertus, Chemische Werke GmbH, Hansastr. 1, 30419 Hannover, T: (0511) 9 79 70)
Geschäftsführer(in): RA Heinz Keune

● F 185
Verband Deutscher Kerzenhersteller e.V.
Karlstr. 21, 60329 Frankfurt
T: (069) 25 56-1366   **Fax:** 25 56-1618
Vorsitzende(r): Hans Kopschitz (Fa. Erich Kopschitz GmbH, Am Goldberg 31, 94094 Rotthalmünster, T: (08533) 20 10)
Geschäftsführer(in): Peter Braun

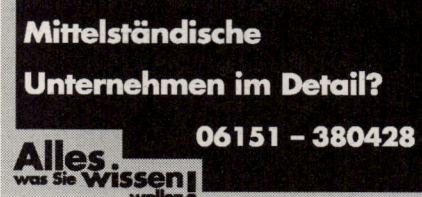

● F 186

Industrieverband Klebstoffe e.V.
Postf. 23 01 69, 40087 Düsseldorf
Ivo-Beucker-Str. 43, 40237 Düsseldorf
T: (0211) 6 79 31-10 **Fax:** 6 79 31-88
Internet: http://www.klebstoffe.com
E-Mail: ansgar.v.halteren@klebstoffe.com
Internationaler Zusammenschluß: siehe unter izf 2069
Vorsitzende(r): Arnd Picker (Henkel KGaA)
Hauptgeschäftsführer(in): Dipl.-Kfm. Ansgar van Halteren
Geschäftsführer(in): RA Klaus Winkels

Der Verband bezweckt nach seiner Satzung unter Ausschluß jedes wirtschaftlichen Geschäftsbetriebes die Wahrung und Förderung der allgemeinen, ideellen und wirtschaftlichen Interessen der in der Bundesrepublik Deutschland ansässigen und/oder tätigen Klebstoffhersteller.

● F 187

Gemeinschaft Emissionskontrollierte Verlegewerkstoffe e.V. (GEV)
Postf. 23 01 69, 40087 Düsseldorf
Ivo-Beucker-Str. 43, 40237 Düsseldorf
T: (0211) 6 79 31-20 **Fax:** 6 79 31-88
Vorsitzende(r): Wolfgang F. Heck (Henkel Bautechnik GmbH, Erkrather Str. 230, 40233 Düsseldorf, T: (0211) 73 79-0, Fax: (0211) 73 79-299)
Geschäftsführer(in): RA Klaus Winkels

● F 188

Industrieverband Körperpflege- und Waschmittel e.V. (IKW)
Karlstr. 21, 60329 Frankfurt
T: (069) 25 56-13 23 **Fax:** 23 76 31
Internet: http://www.ikw.org
E-Mail: info@ikw.org
Gründung: 1968 (6. Dez.)
Internationaler Zusammenschluß: siehe unter izf 181
Vorsitzende(r): Dr. Rainer Bastian
Geschäftsführer(in): RA Dr. Bernd Stroemer
Mitglieder: rd. 350
Mitarbeiter: 16

● F 189

Vereinigung der Seifen-, Parfüm- und Waschmittelfachleute e.V. (SEPAWA)
Rathausstr. 73, 53859 Niederkassel
T: (02208) 35 55 **Fax:** 7 11 93
Internet: http://www.sepawa.de
E-Mail: sepawa@t-online.de
Gründung: 1755
Vorstandsmitglieder:
1. Vorsitzende(r): Dr. Klaus Henning (Mörikeweg 12, 71111 Waldenbuch, T u. Fax: (07157) 39 67, E-Mail: dr.klaushenning@t-online.de)
2. Vorsitzende(r): Horst Escher (Friedhofstr. 113, 45478 Mühlheim, T u. Fax: (0208) 5 05 92)
Schriftführer(in): Dr. Jochen Würtz (Industriepark 9, 56291 Wiebelsheim, T: (06766) 93 92 10, Fax: (06766) 93 92 92, E-Mail: cumberland-chemicals@t-online.de)
Kassenwart: Werner Gohla (Geschäftsstelle, Rathausstr. 73, 53859 Niederkassel, T: (02208) 35 55, Hotline: (0172) 2 51 93 19, Fax: (02208) 7 11 93, E-Mail: sepawa@t-online.de)
Pressereferent: Dr. Hans-Georg Kreul (Hustadtring 139, 44801 Bochum, T: (0201) 1 73 24 15, Fax: (0201) 1 73 18 38, E-Mail: hans.kreul@de.goldschmidt.com)
Mitglieder: 890 ordentliche Mitglieder und 230 korporative Mitglieder (Firmen aus dem In- und Ausland)

Landes- und Fachgruppen, Sektionen

f 190

Vereinigung der Seifen-, Parfüm- und Waschmittelfachleute e.V.
Landesgruppe Nord
Obenhauptstr. 3, 22335 Hamburg
T: (04050) 71 14 40 **Fax:** 71 14 14

E-Mail: m.duellberg@duellberg.konzentra.de
Landesgruppenleiter: Manfred Düllberg

f 191

Vereinigung der Seifen-, Parfüm- und Waschmittelfachleute e.V.
Landesgruppe West
Friedhofstr. 113, 45478 Mülheim
T: (0208) 5 05 92 **Fax:** 5 05 92
Landesgruppenleiter: Horst Escher

f 192

Vereinigung der Seifen-, Parfüm- und Waschmittelfachleute e.V.
Landesgruppe Mitte
Schlossbreite 35, 85567 Grafing
T: (08092) 85 75 62 **Fax:** 85 75 63
Landesgruppenleiter: Dr. Viktor Hyna

f 193

Vereinigung der Seifen-, Parfüm- und Waschmittelfachleute e.V.
Landesgruppe Süd
Schulerhofstr. 1, 71364 Winnenden
T: (07195) 7 24 30 **Fax:** 7 54 27
E-Mail: drkosch-winnenden@t-online.de
Landesgruppenleiter: Max Drkosch

f 194

Vereinigung der Seifen-, Parfüm- und Waschmittelfachleute e.V.
Landesgruppe Ost
Dorfstr. 80, 06542 Nienstedt
T: (034652) 8 63 02 **Fax:** 2 74
E-Mail: jutta.posorski@aol.com
Landesgruppenleiter: Jutta Posorski

f 195

Deutsche Gesellschaft der Parfümeure in der SEPAWA (DGP)
Leostr. 25, 40545 Düsseldorf
T: (02151) 57 72 30 **Fax:** 57 73 28
E-Mail: alexander.boeck@henkel.de
Leiter(in): Dr. Alexander Boeck

f 196

Vereinigung der Seifen-, Parfüm- und Waschmittelfachleute e.V.
Fachgruppe Chemisch-technische Anwendungen (CTA)
Bahnhofstr. 34a, 56112 Lahnstein
T: (02621) 1 23 39 **Fax:** 1 25 28
E-Mail: a.bach@zschimmer-schwarz.de
Fachgruppenleiter: Armin Bach

f 197

Vereinigung der Seifen-, Parfüm- und Waschmittelfachleute e.V.
Sektion Niederlande
Grönestraat 9, NL-6669 DS Dodewaard
T: (0031488) 41 14 46 **Fax:** 41 25 66
E-Mail: vredevoort@orissa.demon.nl
Sektionsleiter(in): Raymond Vredevoort

f 198

Vereinigung der Seifen-, Parfüm- und Waschmittelfachleute e.V.
Sektion Österreich
Beethovenstr. 68/2/1, A-2380 Perchtolsdorf
T: (00431) 18 65 20 03 **Fax:** 18 65 01 80
E-Mail: pj.swoboda@oxeno.de
Sektionsleiter(in): Peter Joseph Swoboda

f 199

Vereinigung der Seifen-, Parfüm- und Waschmittelfachleute e.V.
Sektion Schweiz
Lättendörfli 3, CH-8114 Dänikon
T: (004162) 7 85 80 30 **Fax:** 7 94 42 21
E-Mail: s-s.stauber@bluewin.ch
Sektionsleiter(in): Dr. Rudolf Stauber

f 200

Vereinigung der Seifen-, Parfüm- und Waschmittelfachleute e.V.
Sektion Ukraine
Ul. Frunze 4, UA-287100 Vinnitsa /Ukraine
T: (00380432) 21 46 23 **Fax:** 27 24 50
Sektionsleiter(in): Nelli Nikolaevna Fyodorova

f 201

Vereinigung der Seifen-, Parfüm- und Waschmittelfachleute e.V.
Sektion Norden
Norra Malmvägen 76, S-19124 Sollentuna
T: (00468) 58 70 64 47 **Fax:** 58 70 64 04
E-Mail: jadwiga.palicka@optiroc.scancem.com
Sektionsleiter(in): Jadwiga Palicka

● F 202

IHO Industrieverband Hygiene und Oberflächenschutz für industrielle und institutionelle Anwendung e.V.
Postf. 23 01 69, 40087 Düsseldorf
Ivo-Beucker-Str. 43, 40237 Düsseldorf
T: (0211) 6 79 31-0 **Fax:** 6 79 31-88
Internet: http://www.iho.de
E-Mail: iho@iho.de
Vorsitzende(r): Dr. Ulrich Schilp (DiverseyLever GmbH)
Geschäftsführer(in): Dr. Walter Gekeler
Mitglieder: 38

● F 203

Verband Kunststofferzeugende Industrie e.V. (VKE)
Karlstr. 21, 60329 Frankfurt
T: (069) 25 56-1300, -1304 **Fax:** 25 10 60
Internet: http://www.vke.de
E-Mail: info@vke.de
Vorsitzende(r): Dr. Gottfried Zaby (Bayer AG)
Hauptgeschäftsführer(in): Dr. Peter Orth
Geschäftsführer(in): Dr. Heike Feldmann
Kurt Stepping

● F 204

Verband der Lackindustrie e.V. (VdL)
Karlstr. 21, 60329 Frankfurt
T: (069) 25 56 14 11 **Fax:** 25 56 13 58
Internet: http://www.lackindustrie.de
Internationaler Zusammenschluß: siehe unter izf 816
Vorsitzende(r): Gernot Büchner
Hauptgeschäftsführer(in): Dr. Dietmar Eichstädt
Geschäftsführer(in): Michael Bross

● F 205

Fachvereinigung Lebensmittelzusatzstoffe im Verband der Chemischen Industrie e.V.
Postf. 11 19 43, 60054 Frankfurt
T: (069) 25 56-1447 **Fax:** 25 56-2447
Vorsitzende(r): Prof. Dr. G.-W. von Rymon Lipinski (Nutrinova Nutrition Specialties & Food Ingredients GmbH, Industriepark Höchst, Abt. SARA, 65926 Frankfurt)
Geschäftsführer(in): Claudia Kurz

● F 206

Verband der Mineralfarbenindustrie e.V. (VdMi)
Karlstr. 21, 60329 Frankfurt
T: (069) 25 56-13 51 **Fax:** 25 30 87
Internet: http://www.vdmi.de
E-Mail: sekretariat@vdmi.vci.de
Internationaler Zusammenschluß: siehe unter izf 817
Vorsitzende(r): Ulrich Koemm (BAYER AG)
Geschäftsführer(in): Dr. Robert Fischer

● F 207

Fachvereinigung Organische Chemie im Verband der Chemischen Industrie e.V.
Karlstr. 19-21, 60329 Frankfurt
T: (069) 25 56-14 63, VCI 25 56-0 **Fax:** 25 56-14 71
E-Mail: wittmey@vci.de
Vorsitzende(r): Dr. Manfred Spindler (Degussa-Hüls AG)
Geschäftsführer(in): Dipl.-Volksw. Dietrich Wittmeyer

● F 208

Bundesverband der Pharmazeutischen Industrie e.V. (BPI)
Karlstr. 21, 60329 Frankfurt
T: (069) 25 56-0 **Fax:** 23 78 13

Internet: http://www.bpi.de
E-Mail: presse@bpi.de
Internationaler Zusammenschluß: siehe unter izf 852
Vorsitzende(r): Dr. Bernd Wegener
Hauptgeschäftsführer(in): Dr. Hans Sendler
Geschäftsführer(in): Thomas Brauner
Dr. Konrad Häßner
Dr. Axel Sander
Dr. Barbara Sickmüller
Hermann Hofmann

Als Wirtschaftsverband vertritt und fördert er gemeinsame Interessen der Pharma-Industrie. Freiwillige Selbstkontrolle, Festsetzung von Qualitätsstandards. Partnerschaftliche Zusammenarbeit mit allen Institutionen des Gesundheitswesens. Forschung, Entwicklung und Produktion sicherer Arzneimittel.

Landesverbände

f 209

BPI - Landesverband Baden Württemberg
Markgrafenstr. 9, 76530 Baden-Baden
T: (07221) 21 13-60 Fax: 21 13-55
Vorsitzende(r): Prof. Dr. Michael Habs
Geschäftsführer(in): Klaus Hütig

f 210

BPI - Landesverband Bayern
Innstr. 15, 81679 München
T: (089) 9 26 91 16 Fax: 9 26 91 33
Vorsitzende(r): Werner Sassenrath
Geschäftsführer(in): Dr. Peter Umfug

f 211

BPI - Landesverband Nordost
Ernst-Reuter-Platz 8, 10587 Berlin
T: (030) 34 38 16-0 Fax: 34 38 19-28
Vorsitzende(r): Klaus Hauptmann
Geschäftsführer(in): Rolf Siegert

f 212

BPI - Landesverband Hessen
Karlstr. 21, 60329 Frankfurt
T: (069) 25 56-14 30 Fax: 25 56-16 19
Vorsitzende(r): Dr. Detlev Schwab
Geschäftsführer(in): Wolfgang Windfuhr

f 213

BPI - Landesverband Nord
Güniherstr. 1, 30519 Hannover
T: (0511) 9 84 90-11 Fax: 83 35 74
Vorsitzende(r): Henning Fahrenkamp
Geschäftsführer(in): Dr. Jochen Wilkens

f 214

BPI - Landesverband Nordrhein Westfalen
Leckingser Str. 119, 58640 Iserlohn
T: (02371) 4 02 22 Fax: 4 22 25
Vorsitzende(r): Dr. Andreas Madaus
Geschäftsführer(in): Rolf Lichtenheld

f 215

BPI - Landesverband Rheinland-Pfalz/Saar
Postfach 21 07 69, 67007 Ludwigshafen
Bahnhofstr. 48, 67059 Ludwigshafen
T: (0621) 5 20 56-0 Fax: 5 20 56-20
Vorsitzende(r): Rolf Schneider
Geschäftsführer(in): Peter Eisenlohr

● **F 216**

Fachvereinigung Phosphorsaure Salze im Verband der Chemischen Industrie e.V.
Karlstr. 21, 60329 Frankfurt
T: (069) 25 56 (0)-13 43 Fax: 25 56-1342
Vorsitzende(r): Dr. Karl-Heinz Dorn (Chemische Fabrik Budenheim, Rudolf A. Oetker, 55257 Budenheim, T: (06139) 89-1)
Geschäftsführer(in): Dr. Volker Schröder (e-Mail: schroeder@vci.de)

● **F 217**

Fachverband der Photochemischen Industrie e.V.
Karlstr. 19-21, 60329 Frankfurt
T: (069) 25 56 (0)-14 08 Fax: 23 65 21
Vorsitzende(r): Matthias Hübener
Geschäftsführer(in): Dipl.-Volksw. Rainer Schmidt

● **F 218**

Fachvereinigung Soda im Verband der Chemischen Industrie e.V.
Karlstr. 19-21, 60329 Frankfurt
T: (069) 25 56 (0)-14 89 Fax: 25 56-16 07
E-Mail: skalicky@vci.de
Vorsitzende(r): Dr. Manfred Inkmann (Solvay Alkali GmbH, Postf. 10 13 61, 47493 Rheinberg, T: (02843) 73-21 91, Telefax: (02843) 73-21 92)
Geschäftsführer(in): Dipl.-Ing. Hartmut Skalicky (E-Mail: skalicky@vci.de)

● **F 219**

Verband der Textilhilfsmittel-, Lederhilfsmittel-, Gerbstoff- und Waschrohstoff-Industrie e.V. (TEGEWA)
Karlstr. 21, 60329 Frankfurt
T: (069) 25 56 (0)-13 39 Fax: 25 56-13 42
Internet: http://www.tegewa.de
E-Mail: tegewa@vci.de
Gründung: 1951 (15. Februar)
Vorsitzende(r): Dr. Hans-Jürgen Degen (BASF AG)
GeschF u. Mitgl. d. Vorst.: Dipl.-Kfm. Lothar Noll

Fachverband zur Wahrnehmung und Förderung der allgemeinen, ideellen und wirtschaftlichen Interessen der betreuten Chemiesparten (Hersteller von Textil-, Leder-, Pelz- und Papierhilfsmitteln, Gerbstoffen und Tensiden).

● **F 220**

Verband Fleischmehlindustrie e.V.
Kaiserstr. 9, 53113 Bonn
T: (0228) 21 21 75 Fax: 21 21 98
E-Mail: fleischmehlindustrie@t-online.de
Gründung: 1920
Vorsitzende(r): Dr. Manfred Brunner (Heidener Str. 58, Detmold)
Geschäftsführer(in): RA Harald Niemann
Verbandszeitschrift: Die Fleischmehl-Industrie
Redaktion: Harald Niemann
Verlag: Wirtschaftsdienst der Fleischmehlindustrie GmbH, Kaiserstr. 9, 53113 Bonn
Mitglieder: 111

● **F 221**

Düngekalk-Hauptgemeinschaft im Bundesverband der Deutschen Kalkindustrie e.V.
Postfach 51 05 50, 50941 Köln
Annastr. 67-71, 50968 Köln
T: (0221) 93 46 74-0 Fax: 93 46 74-14
Internet: http://www.naturkalk.de
E-Mail: pollehn@kalk.de
Vorsitzende(r): Dr. Ralph-Heiner Kuhlmann (Montex GmbH, Dornaper Str. 18, 42327 Wuppertal)
Geschäftsführer(in): Dipl.-Volksw. Dietmar Freiherr von Landsberg
Leitung: Dipl.-Ing.agr. Joachim Pollehn
Mitglieder: 80

Erforschung und Entwicklung der Düngekalk-Anwendung in Land- und Forstwirtschaft, Vertretung der Kalkindustrie bei Behörden und Verbänden in der Düngemittelgesetzgebung, Analytik und Normung; Durchführung der Güteüberwachung; Koordination des Versuchswesens; Förderung und Unterstützung der Beratung

● **F 222**

Deutscher Holz- und Bautenschutzverband e.V.
Sitz: Köln
Hauptgeschäftsstelle:
Postf. 40 02 20, 50832 Köln
Hans-Willy-Mertens-Str. 2, 50858 Köln
T: (02234) 4 84 55 Fax: 4 93 14
Internet: http://www.dhbv.de
E-Mail: dhbv-koeln@t-online.de
Gründung: 1950 (1. April)
Präsident(in): Dipl.-Ing. Horst Eickhoff (Bungelerstr. 69a, 46539 Dinslaken-Hiesfeld)
BundesGeschF: Dr. Friedrich W. Remes (Leitung Presseabteilung)
Verbandszeitschrift: Schützen & Erhalten
Redaktion: Hans-Günter Dörpmund
Verlag: Verlag Eduard Beckmann, Postf. 11 20, 31251 Lehrte
Mitglieder: 750
Landesbezirke: Baden-Württemberg, Bayern, Berlin und Brandenburg, Bremen und Niedersachsen, Hamburg und Schleswig-Holstein, Hessen/Rheinland-Pfalz/Saarland, Nordrhein-Westfalen, Mecklenburg-Vorpommern, Sachsen, Sachsen-Anhalt, Thüringen

● **F 223**

Bundesverband Deutscher Industrie- und Handelsunternehmen für Arzneimittel, Reformwaren, Nahrungsergänzungsmittel und Körperpflegemittel e.V. (BDIH)
L 11 20, 68161 Mannheim
T: (0621) 2 28 71 Fax: 15 24 66
Internationaler Zusammenschluß: siehe unter izf 858
Geschäftsführer(in): Harald Dittmar
Assistentin der Geschäftsleitung: Corinna Kremer

● **F 224**

Bundesfachverband der Arzneimittel-Hersteller e.V. (BAH)
Ubierstr. 71-73, 53173 Bonn
T: (0228) 9 57 45-0 Fax: 9 57 45-90
Internet: http://www.bah-bonn.de
E-Mail: bah@bah-bonn.de
Büro Berlin: Jägerstr. 67, 10117 Berlin, T: (030) 20 45 57 29, Fax: (030) 20 45 57 30
Gründung: 1954
Internationaler Zusammenschluß: siehe unter izf 951
Vorsitzende(r): Johannes Burges
Hauptgeschäftsführer(in): Dr. Mark Seidscheck
Geschäftsführer(in): Dr. Bernd Eberwein
Leitung Presseabteilung: Heinz-Gert Schmickler
Verbandszeitschrift: Das freie Medikament
Redaktion: Heinz-Gert Schmickler, Sonja Stablo, Marion Ries
Mitglieder: 310
Mitarbeiter: 30

● **F 225**

Verband Forschender Arzneimittelhersteller e.V. (VFA)
Hausvogteiplatz 13, 10117 Berlin
T: (030) 20 60 40 Fax: 2 06 04-222
Internet: http://www.vfa.de
E-Mail: info@vfa.de
Internationaler Zusammenschluß: siehe unter izf 838
Vorsitzende(r): Patrick Schwarz-Schütte
Hauptgeschäftsführer(in): RA Cornelia Yzer
Geschäftsführer(in): Michael Raulf (Kommunikation)
Dr. Ulrich Vorderwülbecke (Marktordnung/Gesundheitssystem)
Mitglieder: 35

Der Verband Forschender Arzneimittelhersteller (VFA) ist der Wirtschaftsverband der forschenden Arzneimittelhersteller in Deutschland. Er vertritt die Interessen von 35 international führenden Arzneimittelherstellern und der mit ihnen verbundenen 60 Schwester- und Tochterfirmen. Die Mitglieder des VFA repräsentieren mit ihrem Umsatz zwei Drittel des deutschen Arzneimittelmarktes. Sie geben in Deutschland jährlich etwa 5,9 Milliarden DM für die Forschung und Entwicklung neuer Arzneimittel aus und beschäftigen insgesamt etwa 77.000 Mitarbeiter, davon etwa 14.000 unmittelbar in den Bereichen Forschung und Entwicklung. Damit leisten die VFA-Mitgliedsunternehmen rund 90 Prozent der gesamten Forschungsaufwendungen für Arzneimittel und beschäftigen etwa 70 Prozent aller Arbeitnehmer der pharmazeutischen Industrie in Deutschland. Der VFA verfolgt das Ziel, positive Rahmenbedingungen für den Pharmastandort Deutschland zu schaffen und zu erhalten. Er setzt sich in Politik und Gesellschaft für eine optimale Arzneimitteltherapie ein. Dazu gehört insbesondere der intensive Dialog mit der Öffentlichkeit über Bedeutung und Funktion der Arzneimittelforschung und der innovativen Arzneimittel. Mit Strategien und Konzepten, Gutachten und Dokumentationen unterstützt er die fundierte Meinungsbildung von Politik, Medien, Ärzten, Apothekern und Patienten.

● **F 226**

Verband der Reformwaren-Hersteller e.V. (VRH)
Postf. 24 45, 61294 Bad Homburg

Frankfurter Landstr. 23, 61352 Bad Homburg
T: (06172) 40 68-0   Fax: 40 68-99
E-Mail: vrhev@aol.com
Gründung: 1952
Internationaler Zusammenschluß: siehe unter izf 857
Vorsitzende(r): Manfred Liebhart (vitana Gesunde Ernährung GmbH, Am Gelskamp 3, 32758 Detmold)
Geschäftsführer(in): Dipl.-Ing. Norbert Pahne
Erich Merk
Mitglieder: 60
Mitarbeiter: 3

● F 227
Vereinigung Deutscher Riechstoff-Hersteller e.V. (VDRH)
Meckenheimer Allee 87, 53115 Bonn
T: (0228) 65 37 29   Fax: 63 79 40
Gründung: 1983 (2. Dezember)
Vorsitzende(r): Horst Otto Gerberding (Dragoco Gerberding & Co. AG, Holzminden)
Geschäftsführende(s) Vorstands-Mitglied(er): Dipl.-Kfm. Hanns-Erwin Muermann
Mitglieder: 21
Mitarbeiter: 2

● F 228
Industrieverband Hartschaum e.V. (IVH)
Postf. 10 30 06, 69020 Heidelberg
Kurpfalzring 100a, 69123 Heidelberg
T: (06221) 77 60 71   Fax: 77 51 06
Internet: http://www.ivh.de
E-Mail: info@ivh.de
Vorstandssprecher: Klaus W. Körner
Geschf. Vorstandsmitgl.: Dr. rer. pol. Hartmut Schönell

● F 229
Industrieverband Feuerverzinken e.V.
Sohnstr. 70, 40237 Düsseldorf
T: (0211) 69 07 65-0   Fax: 68 95 99
Internet: http://www.feuerverzinken.com
E-Mail: feuerverzinken@t-online.de
Gründung: 1958
Internationaler Zusammenschluß: siehe unter izf 543
Vorsitzende(r): Dipl.-Betriebsw. Eberhard Hoffmann (i.Hs. Wiegel Nürnberg Feuerverzinken GmbH, Nürnberg)
Geschäftsführer(in): Dipl.-Ing. Jürgen Marberg
Leitung Presseabteilung: Holger Glinde
Verbandszeitschrift: "Feuerverzinken" Internationale Fachzeitschrift für Anwender des Feuerverzinkens (erscheint in Deutsch, Englisch, Französisch, Niederländisch, Italienisch und Spanisch)
Redaktion: Jens-Peter Kleingarn (Chefredakteur)
Verlag: Institut Feuerverzinken GmbH, alle Sohnstr. 70, 40237 Düsseldorf
Mitglieder: 125 incl. Zweigwerken

● F 230
Bundesverband Druck und Medien e.V. (bvdm)
Postf. 18 69, 65008 Wiesbaden
Biebricher Allee 79, 65187 Wiesbaden
T: (0611) 8 03-0   Fax: 8 03-113
Internet: http://www.bvdm-online.de
E-Mail: info@bvdm-online.de
Internationaler Zusammenschluß: siehe unter izf 1723, izg 77
Präsident(in): Alexander Schorsch
Hauptgeschäftsführer(in): RA Thomas Mayer
Dipl.-Volkswirt Peter Klemm (stellv.)
Leitung Presseabteilung: Dipl.-Volkswirt Peter Klemm
Mitglieder: 12 Landesverbände

Landesverbände

f 231
Verband Druck und Medien in Baden-Württemberg e.V.
Postf. 31 32, 73751 Ostfildern
Zeppelinstr. 39, 73760 Ostfildern
T: (0711) 4 50 44-0   Fax: 4 50 44-15
Internet: http://www.verband-druck-bw.de
E-Mail: info@verband-druck-bw.de
Vorsitzende(r): Axel Ebner (J. Ebner GmbH & Co. KG, Ulm)
Geschäftsführer(in): RA Michael Hüffner
Mitglieder: 950

f 232
Verband Papierverarbeitung und Druck Südbaden e.V. (VPD)
Digitale Medien
Postf. 16 69, 79016 Freiburg
Holbeinstr. 26, 79100 Freiburg
T: (0761) 79 07 90   Fax: 7 90 79 79
E-Mail: infos@vpdm.de
Gründung: 1946
Vorsitzende(r): Dr. Dietmar Greiser (komm., Bereich Druck)

Helmut Hauser (komm., Bereich Druck)
Vorsitzende(r): Hans-Jörg Labusga (komm., Bereich Papierverarbeitung)
Geschäftsführer(in): Karl-Heinz Wenig
Mitglieder: 252

f 233
Verband Druck und Medien Bayern e.V.
Friedrichstr. 22, 80801 München
T: (089) 3 30 36-0   Fax: 3 30 36-150
Internet: http://www.vdmb.de
E-Mail: info@vdmb.de
Gründung: 1946
Vorsitzende(r): Hannsgörg Pfeiffer
Geschf. Vorstandsmitgl.: Karl-Georg Nickel
Verbandszeitschrift: VBD-Mitteilungsblatt
Redaktion: Heinrich Ridder
Verlag: Fachverlag für das graphische Gewerbe GmbH, Postf. 40 19 29, 80719 München, Friedrichstr. 22, 80801 München
Mitglieder: 900

f 234
Verband Druck und Medien Berlin-Brandenburg e.V.
Am Schillertheater 2, 10625 Berlin
T: (030) 3 02 20 21   Fax: 3 01 40 21
E-Mail: druckindustrie.bb@t-online.de
Vorsitzende(r): Giselher Ruks
Geschäftsführer(in): Michael Linnardi
Mitglieder: 300

f 235
Landesverband Druck Bremen e.V.
Postf. 10 07 27, 28007 Bremen
Schillerstr. 10, 28195 Bremen
T: (0421) 36 80 20   Fax: 3 68 02 49
E-Mail: obrauch@urhb.de
Vorsitzende(r): Torsten Schmidt
Geschäftsführer(in): Eberhard Schodde
Otto Brauch
Leitung Presseabteilung: Dipl.-Volksw. Ortwin Baum

f 236
Verband Druck und Medien Nord e.V.
Arbeitgeber- und Wirtschaftsverband für Hamburg, Schleswig-Holstein, Mecklenburg-Vorpommern
Gaußstr. 190, 22765 Hamburg
T: (040) 39 92 83-0   Fax: 39 92 83-22
Internet: http://www.vdnord.de
E-Mail: info@vdnord.de
Vorsitzende(r): Günter Frark
Geschäftsführer(in): RA Fritz R. Ostermann
Mitglieder: 350

f 237
Verband Druck und Medien Hessen e.V.
Postf. 18 03 46, 60084 Frankfurt
Klettenbergstr. 12, 60322 Frankfurt
T: (069) 95 96 78-0   Fax: 95 96 78-90
Internet: http://www.vdmh.de/
E-Mail: druckverband.hessen@t-online.de
Vorsitzende(r): Rolf Schwarz
Geschäftsführer(in): Gerhard Oechsle

f 238
Verband Druck und Medien Niedersachsen e.V.
Bödekerstr. 10, 30161 Hannover
T: (0511) 3 38 06-0   Fax: 3 38 06 20
Internet: http://www.vdn.de/
E-Mail: info@vdn.de
Vorsitzende(r): Frauke Oeding-Blumenberg
Geschäftsführer(in): Harald Bareither
Mitglieder: 500

f 239
Verband Druck + Medien Nordrhein e.V.
Postf. 16 03 04, 40566 Düsseldorf
Bublitzer Str. 26, 40599 Düsseldorf
T: (0211) 99 90 00   Fax: 99 90 0-10
Internet: http://www.vdmn.org
E-Mail: vdmn@vdmn.org
Vorsitzende(r): Dr. Wolfgang Pütz
Geschäftsführer(in): RA Johannes Göbel
Mitglieder: 550

f 240
Verband Druck und Medien Westfalen-Lippe e.V.
Postf. 21 40, 44511 Lünen
An der Wethmarheide 34, 44536 Lünen
T: (02306) 2 02 62-0   Fax: 2 02 62-99
Internet: http://www.vdmwl.de
E-Mail: info@vdmwl.de

Gründung: 1951 (10. Oktober)
Vorsitzende(r): Dr. Reinhard Laumanns
Geschäftsführer(in): Dipl.-Betriebsw. Wulf D. Steinbach
Mitglieder: 500

f 241
Verband Druck und Medien Rheinland-Pfalz und Saarland e.V.
Postf. 10 10 62, 67410 Neustadt
Friedrich-Ebert-Str. 11-13, 67433 Neustadt
T: (06321) 85 22 75   Fax: 85 22 89
Internet: http://www.druckrps.de
E-Mail: landesverband@druckrps.de
Vorsitzende(r): Rudolf Bödige
Geschäftsführer(in): RA Thomas Gans
Mitglieder: 180

f 242
Verband Druck und Medien Sachsen, Thüringen, Sachsen-Anhalt e.V.
Melscher Str. 1, 04299 Leipzig
T: (0341) 86 85 90   Fax: 8 68 59 28
E-Mail: druckverband-sta@t-online.de
Vorsitzende(r): Karl Nolle
Geschäftsführer(in): Dieter Neumann

● F 243
Zentral-Fachausschuss für die Druckindustrie in der Bundesrepublik Deutschland
Geschäftsstelle
Kurfürsten-Anlage 69, 69115 Heidelberg
T: (06221) 9 05 63-0   Fax: 9 05 63-15
Internet: http://www.zfamedien.de
E-Mail: jacob@zfamedien.de
Gründung: 1949 (April)
Geschäftsführer(in): Anette Jacob
Arbeitgebervorsitzender: Dr. Hans Joachim Deußen (c/o Rheydter lithogr. Kunstanstalt Heinrich Deußen GmbH & Co, Gasstr. 17, 41236 Mönchengladbach)
Arbeitnehmervorsitzender: Franz Kersjes (Industriegewerkschaft Medien, Landesbezirk Nordrhein-Westfalen, Hohenzollernring 85-87, 50672 Köln)
Mitglieder: 28
Mitarbeiter: 3
Publikationen: Druck- und Medien-Abc

● F 244
WSM Wirtschaftsverband Stahl- und Metallverarbeitung e.V.
Geschäftsstelle
Postf. 40 09, 58040 Hagen
Goldene Pforte 1, 58093 Hagen
T: (02331) 95 88 17   Fax: 95 87 17, 5 10 46
Internationaler Zusammenschluß: siehe unter izf 2270
Präsident(in): Jürgen R. Thumann (Geschf. Gesellschafter Heitkamp & Thumann GmbH & Co. KG, Am Trippelsberg 48, 40589 Düsseldorf, Postf. 13 04 07, 40554 Düsseldorf, T: (0211) 79 54-101, Fax: 79 54-305)
Vizepräsident(in): Dipl.-Volksw. Karl Joachim Fliether (Karl Fliether GmbH & Co., Nevigeser Str. 22, 42551 Velbert, Postf. 10 03 47, 42503 Velbert, T: (02051) 2 78-0, Fax: 2 78-400)
Hauptgeschäftsführer(in): Dipl.-Phys. Hans-Dieter Oelkers
Geschäftsführer(in): Dr. Friedrich Neuhaus
RA Dr. Theodor L. Tutmann

Geschäftsstellen

f 245
WSM Wirtschaftsverband Stahl- und Metallverarbeitung e.V.
Geschäftsstelle Ratingen
Postf. 10 51 21, 40858 Ratingen
An der Pönt 48, 40885 Ratingen
T: (02101) 1 86-0   Fax: 1 86-169

f 246
WSM Wirtschaftsverband Stahl- und Metallverarbeitung e.V.
Geschäftsstelle Düsseldorf
Postf. 30 10 42, 40410 Düsseldorf
Kaiserswerther Str. 137, 40474 Düsseldorf
T: (0211) 4 78 06-0   Fax: 4 78 06-22

Fachverbände

f 247
Industrieverband Bau- und Bedachungsbedarf IV B+B
Postf. 10 51 21, 40858 Ratingen
An der Pönt 48, 40885 Ratingen
T: (02102) 1 86-132   Fax: 1 86-169

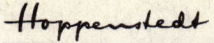

f 248

Bau + Diy Herstellervereinigung
Leostr. 22, 40545 Düsseldorf
T: (0211) 51 61 21-14 **Fax:** 51 61 21-20
Vorsitzende(r): Dietrich Alberts (Gustav Alberts GmbH & Co. KG, Blumenthal 2, 58849 Herscheid, Postf. 20, 58845 Herscheid, T: (02357) 9 07-0, Fax: 9 07-294)
Geschäftsführer(in): Karl-Heinz Knoke

f 249

Fachverband Betonstahlmatten e.V.
Postf. 30 01 65, 40401 Düsseldorf
Kaiserswerther Str. 137, 40474 Düsseldorf
T: (0211) 45 64-255 **Fax:** 45 64-218
Internet: http://www.betonstahlmatten.de
E-Mail: mail@betonstahlmatten.de
Vorsitzende(r): Reinhard Luck (Geschäftsführer, Delta Draht GmbH, Friedrichstr. 16, 69412 Eberbach, Postf. 13 31, 69403 Eberbach, T: (06271) 82-240, Fax: 82-236)
Geschäftsführer(in): RA Michael Wilcke

f 250

Industrieverband Blechumformung e.V. (IBU)
Postf. 9 44, 58009 Hagen
Goldene Pforte 1, 58093 Hagen
T: (02331) 95 88-31 **Fax:** 5 10 46
Internet: http://www.ibu.wsm-net.de
E-Mail: hfunke@ibu.wsm-net.de
Vorsitzende(r): Dr.-Ing. Gerhard Brüninghaus (Geschäftsf. Gesellschafter Brüninghaus & Drissner GmbH, Postf. 1 60, 40701 Hilden, T: (02103) 98 08-0, Fax: 98 09 31)
Geschäftsführer(in): RA Klaus-Christian Lehmann

f 251

Verband Büro-, Sitz- und Objektmöbel
Kaiserswerther Str. 137, 40474 Düsseldorf
T: (0211) 45 64-276 **Fax:** 45 64-277
Vorsitzende(r): Ernst-Walter Krause (CEKA Büromöbelwerke, C. Krause & Sohn GmbH & Co. KG, Erich-Krause-Str. 1, 36304 Alsfeld, Postf. 3 20, 36293 Alsfeld, T: (06631) 1 86-0, Fax: 1 86-260)
Geschäftsführer(in): Ing.-grad. Horst Junker
Dipl.-Holzw. Stephan Mieth

f 252

Drahtseil-Vereinigung e.V.
Postf. 30 02 52, 40402 Düsseldorf
Kaiserswerther Str. 137, 40474 Düsseldorf
T: (0211) 45 64-251 **Fax:** 43 14 88
Internationaler Zusammenschluß: siehe unter izf 943
Vorsitzende(r): Heribert Götze (Schobes Heide 26, 45475 Mülheim an der Ruhr, T: (0208) 75 41 92, Fax: 7 51 06 01)
Geschäftsführer(in): Dipl.-Ing. Udo Witzens

f 253

Vereinigung Deutscher Drahtwebereien e.V.
Postf. 30 10 42, 40410 Düsseldorf
Kaiserswerther Str. 137, 40474 Düsseldorf
T: (0211) 45 64-258 **Fax:** 45 64-218
E-Mail: mail@betonstahlmatten.de
Vorsitzende(r): Dr. Stephan Kufferath-Kassner (Geschäftsführer GKD - Gebr. Kufferath GmbH & Co. KG, Metallweberstr. 46, 52353 Düren, Postf. 10 11 55, 52348 Düren, T: (02421) 8 03-0, Fax: 8 03-211)
Geschäftsführer(in): RA Michael Wilcke

f 254

Eisendraht- und Stahldraht-Vereinigung e.V.
Postf. 30 03 52, 40403 Düsseldorf
Kaiserswerther Str. 137, 40474 Düsseldorf
T: (0211) 45 64-237 **Fax:** 43 14 88
Vorsitzende(r): Werner Pampus (Geschäftsf. Gesellschafter und Vors. der Geschäftsführung WDI Blankstahl GmbH, Wilhelmstr. 7, 59067 Hamm, Postf. 18 11, 59061 Hamm, T: (02381) 2 76-202, Fax: 2 76-205)
Geschäftsführer(in): Dipl.-Ing. Udo Witzens

f 255

Verband der Deutschen Federnindustrie (VDFI)
Postf. 38 03, 58038 Hagen
Goldene Pforte 1, 58093 Hagen
T: (02331) 95 88-51 **Fax:** 58 74 84
Internet: http://www.vdfi.wsu.de
E-Mail: kontakt@vdfi.wsu.de
Vorsitzende(r): Klaus Bölling (Geschäftsführer Krupp Hoesch Federn GmbH, Postf. 17 60, 58777 Werdohl, T: (02392) 5 69 14, Fax: 5 68 84)
Geschäftsführer(in): Dipl.-Ing., Dipl.-Wirtsch.-Ing. Horst Dieter Dannert

f 256

Verband der freien Rohrwerke e.V. FRW
Kaiserswerther Str. 137, 40474 Düsseldorf
T: (0211) 45 64-275 **Fax:** 45 64-277
Vorsitzende(r): Dipl.-Ing. Bernd Berg (Bergrohr GmbH Siegen, Siegstr. 70, 57076 Siegen, Postf. 21 01 53, 57025 Siegen, T: (0271) 7 07-0, Fax: 7 07-213)
Geschäftsführer(in): Ing.-grad. Horst Junker

f 257

Fachgruppe Garten- und Rasenpflegegeräte (FGR) e.V.
Gothaer Str. 27, 40880 Ratingen
T: (02102) 94 08 55 **Fax:** 94 08 51
Internet: http://www.fgr.org
E-Mail: verband@fgr.org
Vorsitzende(r): Klaus Brammertz (WOLF-Garten GmbH & Co. KG, Industriestr. 83-85, 57518 Betzdorf, T: (02741) 2 81-0, Fax: 2 81-210)
Geschäftsführer(in): Dr. Gerd Müller-van Ißem
Mitglieder: 32

f 258

Industrieverband Härtetechnik
Postf. 9 02, 58009 Hagen
Goldene Pforte 1, 58093 Hagen
T: (02331) 95 88-21 **Fax:** 5 10 46
E-Mail: benneker@iht.wsu.de
Vorsitzende(r): Jürgen Schmidthaus (Geschf. Gesellschafter Härterei Schmidthaus GmbH, Langscheider Str. 36-44, 58339 Breckerfeld, T: (02338) 80 08-0, Fax: 80 08-92)
Geschäftsführer(in): Dipl.-Volksw. Heinrich Benneker

f 259

Industrieverband Haushalt-, Küchen- und Tafelgeräte HKT e.V.
Postf. 17 01 60, 42623 Solingen
Neuenhofer Str. 24, 42657 Solingen
T: (0212) 88 01-40, 88 01-44 **Fax:** 88 01-39
Internet: http://www.hkt-verband.de
E-Mail: info@hkt-verband.de
Internationaler Zusammenschluß: siehe unter izf 1622
Vorsitzende(r): C. H. J. van Elderen (BRABANTIA, Postbus 40, NL-05550-AA Valkenswaard, T: (00314020) 7 22 10, Fax: 4 53 85)
Geschäftsführer(in): Dipl.-Volksw. Jens-Heinrich Beckmann

f 260

Fachverband Industrie verschiedener Eisen- und Stahlwaren e.V. IVEST
Postf. 10 51 21, 40858 Ratingen
An der Pönt 48, 40885 Ratingen
T: (02102) 1 86-200 **Fax:** 1 86-169
Internet: http://www.ebm.de/ivest.htm
E-Mail: ivest.info@web.de
Vorsitzende(r): Frank Weber-Picard (Weco Pyrotechnische Fabrik GmbH, Bogestr. 54-56, 53783 Eitorf, T: (002243) 8 83-0, Fax: 8 83-153)
Geschäftsführer(in): Dipl.-Kfm. Günter Lippe

f 261

Fachvereinigung Kaltwalzwerke e.V.
Postf. 30 03 33, 40403 Düsseldorf
Kaiserswerther Str. 137, 40474 Düsseldorf
T: (0211) 4 78 06-0 **Fax:** 4 78 06-22
E-Mail: fvk-fvp@t-online.de
Vorsitzende(r): Dr. rer. pol. Kai Wilke (Geschäftsführer Risse + Wilke Kaltband GmbH & Co., Stengelingser Weg 46, 58642 Iserlohn-Letmathe, T: (02374) 9 35-280, Fax: 9 35-272)
Geschäftsführer(in): Dr. Friedrich Neuhaus

f 262

Fachverband Ketten e.V.
Postf. 40 09, 58040 Hagen
Goldene Pforte 1, 58093 Hagen
T: (02331) 95 88-0 **Fax:** 5 10 46
Vorsitzende(r): Christoph Schulte (Hönnetaler Kettenfabrik Schulte & Co., Bundesstr. 30, 59846 Sundern, T: (02935) 8 09-12, Fax: 8 09-13)
Geschäftsführendes Vorstandsmitglied: Christoph Schulte

f 263

Industrieverband Kfz-Kennzeichenschilder
An der Pönt 48, 40885 Ratingen
T: (02102) 1 86-143 **Fax:** 1 86-169
Vorsitzende(r): Bernd Tönjes (J. H. Tönnjes GmbH & Co. KG, Syke Str. 201, 27751 Delmenhorst, Postf. 17 54, 27737 Delmenhorst, T: (04221) 7 95-120, Fax: 7 95-05)
Geschäftsführer(in): Martin Egon Ecker

f 264

Verband Metallverpackungen e.V. VMV
Kaiserswerther Str. 137, 40474 Düsseldorf
T: (0211) 4 54 65-0 **Fax:** 4 54 65-31, 4 54 65-31
Internet: http://www.metallverpackungen.de
E-Mail: vmv@metallverpackungen.de
Internationaler Zusammenschluß: siehe unter izf 1577
Geschäftsf. Vorsitzender: Dr. Dieter Meiners, Düsseldorf

f 265

Fachverband Metallwaren- und verwandte Industrien e.V. FMI
Postf. 11 04 31, 40504 Düsseldorf
Leostr. 22, 40545 Düsseldorf
T: (0211) 57 73 91-0 **Fax:** 57 73 91-10, 57 73 91-20
Internet: http://www.fmi.de
E-Mail: info@fmi.de
Vorsitzende(r): Hansjörg Holderried (Demmel GmbH & Co., Grüntenweg 14, 88172 Scheidegg, Postf. 11 40, 88172 Scheidegg, T: (08381) 9 19 00, Fax: 91 91 91)
Geschäftsführer(in): Karl-Heinz Knoke
Werner Liebmann
Thomas Bona

f 266

Fachvereinigung Präzisionsrohrwerke e.V.
Postf. 30 03 64, 40403 Düsseldorf
Kaiserswerther Str. 137, 40474 Düsseldorf
T: (0211) 4 78 06-0 **Fax:** 4 78 06-22
E-Mail: fvk-fvp@t-online.de
Vorsitzende(r): Wolfgang Eging (Vors. der Geschäftsführung MHP Mannesmann Präzisrohr GmbH, Kissinger Weg, 59067 Hamm, T: (02381) 4 20-500, Fax: 4 20-504)
Geschäftsführer(in): Dr. Friedrich Neuhaus

f 267

Fachverband Pulvermetallurgie
Postf. 9 21, 58009 Hagen
Goldene Pforte 1, 58093 Hagen
T: (02331) 95 88-17 **Fax:** 5 10 46, 95 87 17
E-Mail: mschlieper@fpm.wsm-net.de
Vorsitzende(r): Dr.-Ing. Lothar Albano-Müller (Geschäftsf. Gesellschafter Schwelmer Eisenwerk Müller + Co. GmbH, Loher Str. 1, 58332 Schwelm, T: (02336) 8 09-244, Fax: 8 09-438)
Geschäftsführer(in): Dipl.-Phys. Hans-Dieter Oelkers

f 268

Fachvereinigung Rohrleitungs-Formstücke e.V.
Postf. 40 09, 58040 Hagen
T: (02331) 95 88-0 **Fax:** 5 10 46
Vorsitzende(r): Hans-Reinhold Körber (Geschäftsf. Gesellschafter Hans Körber GmbH, Postf. 12 65, 32269 Kirchlengern, T: (05223) 98 35-0, Fax: 98 35-45)
Geschäftsführer(in): N.N.

f 269

Fachverband Schloß- und Beschlagindustrie e.V. S+B
Postf. 10 03 70, 42503 Velbert
Offerstr. 12, 42551 Velbert
T: (02051) 95 06-0 **Fax:** 95 06-20
Internationaler Zusammenschluß: siehe unter izf 27
Vorsitzende(r): Dipl.-Volksw. Karl Joachim Fliether (Karl Fliether GmbH & Co., Nevigeser Str. 22, 42551 Velbert, Postf. 10 03 47, 42503 Velbert, T: (02050) 2 78-0, Fax: 2 78-400)
Geschäftsführer(in): Dipl.-Kfm. Karlheinz Kemminer

f 270

Industrieverband Deutscher Schmieden e.V. (IDS)
Postf. 38 23, 58038 Hagen
Goldene Pforte 1, 58093 Hagen
T: (02331) 95 88-13 **Fax:** 5 10 46
Internet: http://www.ids.wsu.de
E-Mail: ids@ids.wsu.de
Internationaler Zusammenschluß: siehe unter izf 2382
Vorsitzende(r): Dr.-Ing. Manfred Hirschvogel (Geschäftsf. Gesellschafter Hirschvogel Umformtechnik GmbH, Mühlstr. 6, 86920 Denklingen, T: (08243) 2 91-0, Fax: 2 91-77)
Geschäftsführer(in): RA Dr. Theodor L. Tutmann

f 271

Industrieverband Schneidwaren und Bestecke e.V. IVSB
Postf. 17 01 60, 42623 Solingen
Neuenhofer Str. 24, 42657 Solingen
T: (0212) 88 01 40, 88 01 44 **Fax:** 88 01 39
Vorsitzende(r): Wilhelm Seibel jr. (mono-Metallwarenfabrik Seibel GmbH, Industriestr. 5, 40822 Mettmann, Postf. 10 06 26, 40806 Mettmann, T: (02104) 91 98-0, Fax: 91 98-19)
Geschäftsführer(in): Dipl.-Volksw. Jens-Heinrich Beckmann

f 272
Deutscher Schraubenverband e.V.
Goldene Pforte 1, 58093 Hagen
T: (02331) 95 88-49 **Fax:** 5 10 44
Vorsitzende(r): Tillmann Fuchs (Geschäftsf. Gesellschafter Fuchs Schraubenwerk GmbH, Postf. 21 02 44, 57026 Siegen, T: (0271) 40 95-106, Fax: 40 95-102)
Geschäftsführer(in): Dipl.-Phys. Frank Naumann

f 273
Schweißelektroden-Vereinigung e.V.
Postf. 30 02 52, 40402 Düsseldorf
Kaiserswerther Str. 137, 40474 Düsseldorf
T: (0211) 45 64-251 **Fax:** 43 14 88
Internet: http://www.schweisselektroden-vereinigung.de
E-Mail: witzens@mail.isis.de
Vorsitzende(r): Dr.-Ing. Rainer Ortmann (Geschäftsführer Böhler Thyssen Special Welding, Wilhelmstr. 2, 59067 Hamm, T: (02381) 2 71-800, Fax: 2 71-802)
Geschäftsführer(in): Dipl.-Ing. Udo Witzens

f 274
Bundesverband der Spielplatzgeräte- und Freizeitanlagen-Hersteller e.V. BSFH
An der Pönt 48, 40885 Ratingen
T: (02102) 1 86-121 **Fax:** 1 86-169
Vorsitzende(r): Manfred Biek (Hags mb Spielidee GmbH, Hambachstr. 10, 35232 Dautphetal-Allendorf, T: (06466) 91 32-0, Fax: 62 27)
Geschäftsführer(in): Lic. Jur. Gerold Gubitz

f 275
Stabziehereien-Vereinigung e.V.
Postf. 30 09 23, 40409 Düsseldorf
Kaiserswerther Str. 137, 40474 Düsseldorf
T: (0211) 45 64-251 **Fax:** 43 14 88
Vorsitzende(r): Werner Pampus (Geschäftsf. Gesellschafter und Vors. der Geschäftsführung WDI Blankstahl GmbH, Wilhelmstr. 7, 59067 Hamm, Postf. 18 11, 59061 Hamm, T: (02381) 2 76-0, Fax: 2 76-205)
Geschäftsführer(in): Dipl.-Ing. Udo Witzens

f 276
Fachvereinigung Stahlflanschen e.V.
Kaiserswerther Str. 137, 40474 Düsseldorf
T: (0211) 45 64-245 **Fax:** 45 64-246
Vorsitzende(r): Peter Behrend (Geschäftsf. Gesellschafter Mitteldeutscher Flanschenhandel Bebitz GmbH (MFB), Lebendorfer Str. 1, 06420 Bebitz, T: (034691) 40-252, Fax: 40-382)
Geschäftsführer(in): Dipl.-Wirtschafts-Ing. Peter Krause

f 277
Industrieverband Stahlverarbeitung e.V. (IVS)
Postf. 10 01 53, 57001 Siegen
Spandauer Str. 25, 57072 Siegen
T: (0271) 5 30 38, 5 30 39 **Fax:** 5 67 69
Vorsitzende(r): Klaus Dieter Wolf (Geschäftsf. Gesellschafter Wolf GmbH & Co. KG, Postf. 12 51, 57226 Wilnsdorf, T: (02739) 89 70-0, Fax: 89 70-10)
Geschäftsführer(in): Dipl.-Ing. Volker Goergen

f 278
Fachverband Verbindungs- und Befestigungstechnik VBT
Postf. 10 51 21, 40858 Ratingen
An der Pönt 48, 40885 Ratingen
T: (02102) 1 86-250 **Fax:** 1 86-169
Vorsitzende(r): Dipl.-Kfm. Rolf Baumgarten (Heinrich Baumgarten KG, Bahnhofstr. 9, 57290 Neunkirchen, Postf. 16 20, 57277 Neunkirchen, T: (02735) 7 62-0, Fax: 7 62-112)
Geschäftsführer(in): Lic. Jur. Gerold Gubitz

f 279
Vereinigung Wehrtechnisches Gerät VWG
Postf. 10 51 21, 40858 Ratingen
An der Pönt 48, 40885 Ratingen
T: (02102) 1 86-500 **Fax:** 1 86-515
Vorsitzende(r): Dipl.-Ing. Werner Reinl (Bodenseewerk Gerätetechnik GmbH, Postf. 10 12 55, 88642 Überlingen, T: (07551) 89-6214, Fax: 89-2300)
Geschäftsführer(in): J. Frank Goldammer

f 280
Fachverband Werkzeugindustrie e.V. (FWI)
Postf. 10 03 62, 42803 Remscheid
Elberfelder Str. 77, 42853 Remscheid
T: (02191) 4 38-20 **Fax:** 4 38-79
Internet: http://www.werkzeug.org
E-Mail: fwi@werkzeug.org
Internationaler Zusammenschluß: siehe unter izf 753
Vorsitzende(r): Dr. Michael Lucke (STAHLWILLE Eduard Wille GmbH & Co., Lindenallee 27, 42349 Wuppertal, Postf. 12 01 03, 42331 Wuppertal, T:(0202) 47 91-0, Fax: 47 91-268)
Geschäftsführer(in): Ass. Rainer Langelüddecke

● F 281
Wirtschaftsvereinigung Industrie- und Bau-Systeme e.V.
Postf. 10 20, 58010 Hagen
Hochstr. 113, 58095 Hagen
T: (02331) 20 08-0 **Fax:** 20 08-40
E-Mail: info@wib-wirtschaftsvereinigung.de
Präsident(in): Dipl.-Ing. Manfred Wilke (Novoferm GmbH Metalltürenwerke, Isselburger Str. 31, 46459 Rees-Haldern, T: (02850) 9 10-0, Telefax: (02850) 9 10-1 26)
Vizepräsident(in): Hans Sagemüller (Riethberg-Werke GmbH & Co. KG, Bahnhofstr. 55, 33397 Rietberg, T: (05244) 9 83-3 20, Fax: 9 83-3 33)
Geschäftsführer(in): Günter Neuhaus
Mitglieder:
Industrieverband Tore, Türen, Zargen TTZ
Gütegemeinschaft Tore, Türen, Zargen e.V.
Verband für Lagertechnik und Betriebseinrichtungen
Gütegemeinschaft Lager- u. Betriebseinrichtungen e.V.
Bundesverband Antriebs-und Steuerungstechnik Tore (BAS.T)
Gütegemeinschaft Torantriebe e.V.
Industrieverband Gitterroste
Gütegemeinschaft Gitterroste e.V.
Arbeitsgemeinschaft Blechprofilroste
Gütegemeinschaft Blechprofilroste i.G.
Arbeitsgemeinschaft Industriemontagen (AIM)
Arbeitsgemeinschaft Dynamische Lagersysteme (ADL)
Gütegemeinschaft Dynamische Lagersysteme e.V.
Industrieverband Rauch- und Abgasrohre e.V.
Arbeitsgemeinschaft Technischer u. Gewerblicher Bedarf
Fachverband Türautomation (FTA)

Fachlich-technische, wirtschaftspolitische, gewerbliche Beratung und Interessenvertretung. Gütesicherung, Mitwirkung bei Richtlinien sowie DIN/EN-Normen.

● F 282
IFBS
Industrieverband zur Förderung des Bauens mit Stahlblech e.V. (IFBS)
Max-Planck-Str. 4, 40237 Düsseldorf
T: (0211) 9 14 27-0 **Fax:** 67 20 34
Internet: http://www.ifbs.de
E-Mail: post@ifbs.de
Gründung: 1984 (30. Juli)
Vorsitzende(r): Rudolf Wiegmann (GF Rudolf Wiegmann Industriemontagen GmbH, 49593 Bersenbrück, T: (05439) 9 50-0, Fax: 9 50-100)
Stellvertretende(r) Vorsitzende(r): Dipl.-Ing. Manuel Deimel (Fischer Profil GmbH, Waldstr. 67, 57250 Netphen, T: (02737) 5 08-114, Fax: 5 08-0)
Geschäftsführer(in): Dr.-Ing. Ralf Podleschny
Mitglieder: 98
Mitarbeiter: 7
Jahresetat: DM 0,8 Mio, € 0,41 Mio

Vertretung fachlicher Interessen d. Bauweise bei Behörden, Normenausschüssen, Berufsgenossenschaften u.a. - national u. international, Erarbeitung technischer Regeln f. Anwendung u. Montage v. Bauelementen aus Stahlblech, Einführung und Überwachung von Qualitätskriterien, Verleihung des Qualitätszeichens für Montage. Neutrale Information durch Veröffentlichungen, Fachschriften, Messen.

● F 283
BVT - Verband Tore
Postf. 10 51 21, 40858 Ratingen
An der Pönt 48, 40885 Ratingen
T: (02102) 1 86-200 **Fax:** 1 86-169
Internet: http://www.ebm.de/ivest.htm
E-Mail: bvt.info@web.de
Vorsitzende(r): Peter Spelsberg
Stellvertretende(r) Vorsitzende(r): Peter Franck
Geschäftsführer(in): Dipl.-Kfm. Günter Lippe
Mitglieder: 135

● F 284
Deutscher Feuerwehrverband e.V.
Koblenzer Str. 133, 53177 Bonn
T: (0228) 9 52 90-0 **Fax:** 9 52 90-90
Internet: http://www.dfv.org
E-Mail: dfv.bonn@dfv.org
Gründung: 1853
Präsident(in): Gerald Schäuble
Bundesgeschäftsführer: Herbert Becker
Leitung Presseabteilung: Christoph Jansen
Verbandszeitschrift: Deutsche Feuerwehrzeitung
Redaktion: Christoph Jansen
Verlag: Kohlhammer Verlag GmbH, 70549 Stuttgart
Mitglieder: 1400000
Mitarbeiter: 14

● F 285
Wirtschaftsvereinigung Stahlrohre
Postf. 30 09 55, 40409 Düsseldorf
Kaiserswerther Str. 137, 40474 Düsseldorf
T: (0211) 43 47 54 **Fax:** 43 47 57
E-Mail: wv.stahlrohre@t-online.de
Internationaler Zusammenschluß: siehe unter izf 600
Vorsitzende(r): Dipl.-Kfm. Bert Becher
Geschäftsführer(in): Dipl.-Kfm. Knut Krempien
Dipl.-Ing. Horst Junker
Dr. Friedrich Neuhaus
Mitglieder: 28

● F 286
Fachverband Sondererzeugnisse/Fachabteilung Technische Rollen
Strubbergstr. 70, 60489 Frankfurt
T: (069) 97 82 81 20 **Fax:** 97 82 81 30
E-Mail: sondererzeugnisse@hpv-ev.org
Vorsitzende(r): Kuno Breitkreutz (c/o Kuno Breitkreutz GmbH & Co., Niederseßmar, Berenberger Str. 2, 51645 Gummersbach)
Geschäftsführer(in): RA Dietmar Zellner

● F 287
Verband der Hersteller von Bauelementen für wärmetechnische Anlagen e.V.
Postf. 51 09 60, 50945 Köln
Marienburger Str. 15, 50968 Köln
T: (0221) 3 76 48-30 **Fax:** 3 76 48-61
E-Mail: figawa@t-online.de
Internationaler Zusammenschluß: siehe unter izf 2083
Vorsitzende(r): Dipl.-Ing. Hans D. Straub
Geschäftsführer(in): Dr.rer.nat. Norbert Burger
Sekretariat: Doris Schmitz
Verwaltung: Brigitte Burger
Rechnungswesen: Kirsten Nocker
Presse u. Öffentlichkeitsarbeit: Doris Schmitz
Mitglieder: 51

● F 288
Industrieverband Schornsteinbau und Abgastechnik e.V. (VSA)
Postf. 10 17 40, 75117 Pforzheim
Siegfriedstr. 42, 75179 Pforzheim
T: (07231) 35 10 78 **Fax:** 31 42 71
E-Mail: stv-bw@t-online.de
Vorsitzende(r): Adolf Sauer
Geschäftsführer(in): Dipl.-Ing. Manfred J. Bischoff
Mitglieder: 12
Mitarbeiter: 3

● F 289
Verband Deutscher Blitzschutzfirmen e.V.
Gereonswall 103, 50670 Köln
T: (0221) 12 28 69 **Fax:** 13 86 39
Internet: http://www.vdb.blitzschutz.com
E-Mail: vdb@blitzschutz.com
Gründung: 1910
Vorsitzende(r): Heinz-Josef Krämer (Zehnthofweg 51, 52068 Aachen)
Geschäftsführer(in): R. Depiereux
Mitglieder: 120

● F 290
Verband der pyrotechnischen Industrie (VPI)
Postf. 10 51 21, 40858 Ratingen
An der Pönt 48, 40885 Ratingen
T: (02102) 1 86-200 **Fax:** 1 86-169
Internet: http://www.feuerwerk-vpi.de
E-Mail: vpi@ebm.de
Vorsitzende(r): Frank Weber-Picard (Fa. Weco GmbH, Eitorf)
Geschäftsführer(in): RA Klaus Gotzen

● F 291
Arbeitsgemeinschaft Brandschutz-Industrie
Geschäftsführung bei VDMA Fachverband Feuerwehrtechnik
Postf. 71 08 64, 60498 Frankfurt
T: (069) 66 03-13 05 **Fax:** 66 03-14 64
Internet: http://www.vdma.de
E-Mail: guelcan.bulut@vdma.org
Geschäftsführer(in): Dr. Bernd Scherer
Mitgliedsverbände:
VDMA Fachverband Feuerwehrtechnik
Fachverband Armaturen

Bundesverband Feuerlöschgeräte und -anlagen e.V. (BVFA)
Fachverband der Schlauchwebereien e.V.
Verband der Deutschen Feinmechanischen und Optischen Industrie e.V.
Fachverband Kommunikationstechnik im ZVEI

● F 292
Bundesverband Feuerlöschgeräte und -anlagen e.V. (bvfa)
Postf. 59 20, 97009 Würzburg
Koellikerstr. 13, 97070 Würzburg
T: (0931) 3 52 92-0 **Fax:** 3 52 92-29
Internet: http://www.bvfa.de
E-Mail: info@bvfa.de
Internationaler Zusammenschluß: siehe unter izf 1475
Vorsitzende(r): Dr.-Ing. Jan H. Hamkens
Geschäftsführer(in): Dr. Wolfram Krause

Fachgruppen:
Feuerlöschgeräte-Industrie
Fachgruppenleiter: Hans-Werner Rinke (i.Fa. Gloria-Werke H. Schulte-Frankenfeld GmbH & Co., Wadersloh/Westf.)
Sprinkler-Anlagen
Fachgruppenleiter: Wolf-Thomas Jehlaff
Speziallöschanlagen
Fachgruppenleiter: Dipl.-Ing. Matthias Hennecke (in Fa. TOTAL WALTHER GmbH, Köln)
Löschmittel-Hersteller
Fachgruppenleiter: Oswald Sthamer
Löschwasserleitungen/Wandhydranten
Fachgruppenleiter: Herwig Haker
Mitglieder: 82

● F 293
Bundesverband Brandschutzfachbetriebe und -Kundendienste e.V. (BVBK)
Friedrichsstr. 18, 34117 Kassel
T: (0561) 1 61 12 **Fax:** 7 39 68 56
Internet: http://www.brandschutzfachbetriebe.de
E-Mail: bvbk@feuerloescherkundendienst.de
1. Vorsitzende(r): Hermann Schiffmann (i. Fa. Brandschutztechnik, Alter Weg 4, 34474 Diemelstadt-Hesperinghausen, T: (02992) 24 54, Telefax: (02992) 54 54)
Stellvertretende(r) Vorsitzende(r): Rudolf Görgl (i. Fa. IFS Ideal Feuerschutz Service, Bingeweg 11, 34225 Baunatal, T: (0561) 4 91 20 21, Fax: 4 91 34 30)
Beistände: Ernst Friedrich Netlitz (i. Fa. Sicherheitsservice, Schauenburger Str. 25 a, 24105 Kiel, T: (0431) 56 10 86, Fax: 56 40 29)
Ing. Dieter Reichert (i. Fa. Brandschutzservice Reichert GmbH, Heerstraße 56, 12621 Berlin-Kaulsdorf, T: (030) 5 66 58 91, Fax: 5 66 79 15)
Toni Thorwarth (i. Fa. Brandschutztechnik, Schulstraße 9, 98593 Floh, T: (03683) 60 63 63, Fax: 60 63 64)
Hans Johannson (i. Fa. Feuerschutz, Kaltenthal 37, 91357 Pegnitz, T: (09241) 34 11, Fax: 88 65)
Ehrenvorstandsmitglied: Prof. Dr. H.B. Schmittmann (i. Fa. H. Schmittmann GmbH, Langenhorstener Str. 30, 42551 Velbert, T: (02051) 8 73 81, Fax: 8 70 02)

● F 294
Fachvereinigung Krankenhaustechnik e.V. (FKT)
Geschäftsstelle:
Mauerbergstr. 85, 76534 Baden-Baden
T: (07223) 95 88 10 **Fax:** 95 88 12
Internet: http://www.fkt.de
E-Mail: FKT@fkt.de
Gründung: 1974
Vorstand:
1. Präs: Dipl.-Ing. Reinfried Sure (Stadtklinik Baden-Baden, Balger Str. 50, 76532 Baden-Baden, T: (07221) 91-21 98)
2. Vizepräsident: Dipl.-Ing. Sebastian Paulus (Kreiskrankenhaus Bühl, Robert-Koch-Str. 70, 77815 Bühl, Mobil: 0171/8168605, T: (07223) 91 19 68, Fax: 91 19 69)
Schatzmeister: Dipl.-Ing. Volker Schwendel (Herzzentrum Bad Krozingen, Südring 15, 79189 Bad Krozingen, T: (07633) 4 02-510, Fax: 4 02-613)
Beisitzer: Eur Ing. Klaus Nockemann (Gemeinnütziges Gemeinschaftskrankenhaus Herdecke, Beckweg 4, 58313 Herdecke, T: (02330) 62-3512, Fax: 62-3004)
Dipl.-Ing. Jörg Schmidt (Klinikum Krefeld GmbH, Lutherplatz 40, 47805 Krefeld, T: (02151) 32 28 11, Fax: 32 29 04)
Dipl.-Ing. Klaus Armonies (St.Josef-Krankenhaus, Asberger Str. 4, 47441 Moers, T: (02841) 1 07-22 81, Fax: 1 07-22 94)
Dipl.-Ing. Volker Schmidt (Klinikum Bernburg, Kustrenaer Str. 98, 06406 Bernburg, T: (03471) 3 41-111, Fax: 3 41-119)
Dipl.-Ing. Martin Scherrer (Uniklinikum Freiburg, Hugsteller Str. 55, 79106 Freiburg, T: (0761) 2 70 5431, Fax: 2 70-5485)
Ing. Wolfgang Wittchow (Hüttenkoppel 16, 24539 Neumünster, T: (04321) 7 37 22)
Öffentlichkeitsarbeit: Referate FKT
Dipl.-Ing. Sebastian Paulus (Kreiskrankenhaus Bühl, Robert-Koch-Str. 70, 77815 Bühl, Mobil: 0171/8168605, T: (07223) 91 19 68, Fax: (07223) 91 19 69)
Zertifikat Krankenhausingenieur: Prof. Dr. Otto Anna (MHH Biomedizinische Technik, Carl-Neuberg-Str. 1, 30625 Hannover, T: (0511) 5 32 33 50)
International Federation of Hospital Engineering: Dipl.-Ing. Bernd Jurenz (Kreiskrankenhaus Lörrach, Spitalstr. 25, 79539 Lörrach, T: (07621) 4 16-8 30, Fax: (07621) 4 16-823)
Energie- und Energiekosten im Krankenhaus: Prof. Dipl.-Ing. Lothar Heyne (Fachhochschule Gießen-Friedberg, Wiesenstr. 14, 35390 Gießen, T: (0641) 30 96 11)
Brandschutz: Dipl.-Ing. Norbert Sudkamp (Itterstr. 55a, 40589 Düsseldorf, T u. Fax: (0211) 79 35 55)
Verbandszeitschrift: Klinik Management aktuell
Verlag: WIKOM Verlag GmbH, Karlhäuser 6, 94110 Wegscheid
Mitglieder: 1600
Mitarbeiter: 4
Jahresetat: DM 0,5 Mio, € 0,26 Mio

Regionalgruppen

Baden-Württemberg

f 295
Fachvereinigung Krankenhaustechnik e.V.
Regionalgruppe Baden-Nord
Kreiskrankenhaus Bühl
Robert-Koch-Str. 70, 77815 Bühl
T: (0171) 8 16 86 05, (07223) 91 19 68
Fax: (07223) 91 19 69
Reg.-Vors.: Dipl.-Ing. Sebastian Paulus

f 296
Fachvereinigung Krankenhaustechnik e.V.
Regionalgruppe Baden-Süd
c/o Kreiskrankenhaus Emmendingen
Gartenstr. 40-42, 79312 Emmendingen
T: (07641) 45 42 28 **Fax:** 45 42 28
Reg.-Vors.: Heinrich Dieffenbacher

f 297
Fachvereinigung Krankenhaustechnik e.V.
Regionalgruppe Württemberg
c/o Katharinenhospital
Kriegsbergstr. 60, 70174 Stuttgart
T: (0711) 2 78 25 00 **Fax:** 2 78 25 09
Reg.-Vors.: Ing. Matthias Panther

Bayern

f 298
Fachvereinigung Krankenhaustechnik e.V.
Regionalgruppe Bayern-Nord
c/o Klinikum Fürth
Jakob-Henle-Str. 1, 90766 Fürth
T: (0911) 75 80-5 66 **Fax:** 75 80-8 90
Reg.-Vors.: Dipl.-Ing. Ewald Stadtländer

f 299
Fachvereinigung Krankenhaustechnik e.V.
Regionalgruppe Bayern-Süd
c/o Privatklinik Dr. Schindlbeck
Seestr. 43, 82211 Herrsching
T: (08152) 2 90 **Fax:** 2 92 16
Helmut Grünert

Berlin

f 300
Fachvereinigung Krankenhaustechnik e.V.
Regionalgruppe Berlin
Mainstr. 1, 16321 Bernau
T: (030) 42 21-20 12
Reg.-Vors.: Dipl.-Ing. Jürgen Althaus

Brandenburg

f 301
Fachvereinigung Krankenhaustechnik e.V.
Regionalgruppe Brandenburg
c/o Carl-Thiem-Klinikum Cottbus
Thiemstr. 111, 03048 Cottbus
T: (0355) 46 22 88
Reg.-Vors.: Dipl.-Ing. Wilfried Krause

Bremen

f 302
Fachvereinigung Krankenhaustechnik e.V.
Regionalgruppe Bremen
c/o Zentralkrhs. Bremen-Ost
Züricher Str. 40, 28325 Bremen
T: (0421) 4 08 12 20
Reg.-Vors.: Dipl.-Ing. Johannes Granz

Hamburg

f 303
Fachvereinigung Krankenhaustechnik e.V.
Regionalgruppe Hamburg
Lüneburger Str. 45a, 21385 Amelinghausen
T: (040) 52 71-2939
Reg.-Vors.: Andreas Lucchesi

Hessen

f 304
Fachvereinigung Krankenhaustechnik e.V.
Regionalgruppe Hessen
Alice Hospital
Dieburger Str. 31, 64287 Darmstadt
T: (06151) 4 02-350 **Fax:** 4 02-372
Dipl.-Ing. Rainer Gilbert

Mecklenburg-Vorpommern

f 305
Fachvereinigung Krankenhaustechnik e.V.
Regionalgruppe Mecklenburg-Vorpommern
c/o Klinikum Schwerin
Wismarsche Str. 397, 19055 Schwerin
T: (0385) 5 20-2800 **Fax:** 5 20-2780
Reg.-Vors.: Dipl.-Ing. Hartmut Junge

Niedersachsen

f 306
Fachvereinigung Krankenhaustechnik e.V.
Regionalgruppe Niedersachsen
Robert-Koch-Krankenhaus
Von-Reden-Str. 1, 30989 Gehrden
T: (05108) 69 13 00 **Fax:** 69 13 02
Reg.-Vors.: Dipl.-Ing. Peter Warner

Nordrhein-Westfalen

f 307
Fachvereinigung Krankenhaustechnik e.V.
Regionalgruppe Weser-Ems
Am Natruper Holz 69, 49076 Osnabrück
T: (0541) 9 66-4903
Reg.-Vors.: Heiner Rakers

f 308
Fachvereinigung Krankenhaustechnik e.V.
Regionalgruppe Ostwestfalen-Lippe
c/o St.-Josef-Krankenhaus
Husener Str. 46, 33098 Paderborn
T: (05251) 70 22 09
Reg.-Vors.: Dipl.-Ing. Alfred Schindler

f 309
Fachvereinigung Krankenhaustechnik e.V.
Regionalgruppe Nordrhein-Westfalen-Mitte
Gemeinschaftskrankenhaus Herdecke
Beckweg 4, 58313 Herdecke
T: (02330) 62 35 12
Reg.-Vors.: Eur Ing. Klaus Nockemann

f 310
Fachvereinigung Krankenhaustechnik e.V.
Regionalgruppe Nordrhein-Westfalen-Süd
Heilig Geist-Krankenhaus
Graseggerstr. 105, 50737 Köln
T: (0221) 74 91-231 **Fax:** 74 91-444
Wolfgang Siewert

Rheinland-Pfalz und Saarland

f 311
Fachvereinigung Krankenhaustechnik e.V.
Regionalgruppe Rheinland-Pfalz u. Saarland
c/o St. Nikolaus-Stiftshospital GmbH
Hindenburgwall 1, 56626 Andernach
T: (02632) 40 45-238 **Fax:** 40 45-288
Reg.-Vors.: Dipl.-Ing. Siegfried Peitz

Sachsen

f 312
Fachvereinigung Krankenhaustechnik e.V.
Regionalgruppe Sachsen
Med. Akademie Dresden
Fetscherstr. 74, 01307 Dresden
T: (0351) 4 58-37 40
Reg.-Vors.: Dipl.-Ing. Peter Goepel

Sachsen-Anhalt

f 313
Fachvereinigung Krankenhaustechnik e.V.
Regionalgruppe Sachsen-Anhalt
Kreiskrankenhaus Bernburg
Kustrenaer Str. 98, 06406 Bernburg
T: (03471) 34-1 11 10
Dipl.-Ing. Volker Schmidt

Schleswig-Holstein

f 314
Fachvereinigung Krankenhaustechnik e.V.
Regionalgruppe Schleswig-Holstein
Hüttenkoppel 16, 24539 Neumünster
T: (04321) 7 37 22
Reg.-Vors.: Ing. Wolfgang Wittchow

Thüringen

f 315
Fachvereinigung Krankenhaustechnik e.V.
Regionalgruppe Thüringen
c/o Klinikum der Stadt Gera
Straße des Friedens 122, 07548 Gera
T: (0365) 8 28-85 01
Reg.-Vors.: Dipl.-Ing. Thomas Bergner

● **F 316**

Verband der Hersteller von Gewerblichen Geschirrspülmaschinen e.V. (VGG)
Arbeitsgemeinschaft Gewerbliches Geschirrspülen
Feithstr. 86, 58095 Hagen
T: (02331) 37 75 44-0 **Fax:** 37 75 44-4
Internet: http://www.vgg-online.de
E-Mail: info@vgg-online.de
Vorsitzende(r): Burkhard Randel (Meiko Maschinenbau GmbH & Co. Englerstr. 3, 77652 Offenburg)
Geschäftsführer(in): Dipl.-Ök. Siegfried Päsler
Mitglieder: 13

● **F 317**
Arbeitsgemeinschaft Gewerbliches Geschirrspülen (VGG)
Feithstr. 86, 58095 Hagen
T: (02331) 3 77 54 40 **Fax:** 3 77 54 44
Vorsitzende(r): Ralph Kölch (Winterhalter Gastronom GmbH, Tettnanger Str. 72, 88074 Meckenbeuren)
Geschäftsführer(in): Dipl.-oec. Siegfried Päsler
Mitglieder: 14

● **F 318**
INUSTRIEVERBAND VERKEHRSZEICHEN EV
Steinhausstr. 79, 58099 Hagen
T: (02331) 3 77 95 93 **Fax:** 3 77 95 94
Internet: http://www.ivst.de
E-Mail: ivz@ivst.de
Vorsitzende(r): Dipl.-Kfm. Jan-Dirk Landwehr (c/o Landwehr GmbH, Benzstr. 3, 48712 Gescher)
Geschäftsführer(in): Dipl.-Ing., Dipl.-Wirtsch.-Ing. Jürgen Heimsath
Mitglieder: 25

● **F 319**

Verband Metallverpackungen e.V. VMV
Kaiserswerther Str. 137, 40474 Düsseldorf
T: (0211) 4 54 65-0 **Fax:** 4 54 65-30, 4 54 65-31
Internet: http://www.metallverpackungen.de
E-Mail: vmv@metallverpackungen.de
Internationaler Zusammenschluß: siehe unter izf 1577
Geschf. Vors.: Dr. Dieter Meiners

● **F 320**
Arbeitsgemeinschaft der Eisen und Metall verarbeitenden Industrie (AVI)
Postf. 10 51 21, 40858 Ratingen
An der Pönt 48, 40885 Ratingen
T: (02102) 1 86-171 **Fax:** 1 86-169
Vorsitzende(r): Johannes Rudnitzki (DaimlerChrysler, Stuttgart)
Geschäftsführer(in): RA Ulrich Böshagen

● **F 321**
Wirtschaftsverband Industrieller Unternehmen Baden e.V. (WVIB)
Merzhauser Str. 118, 79100 Freiburg
T: (0761) 45 67-0 **Fax:** 45 67-599
Gründung: 1946
Präsident(in): Werner Thieme (Thieme GmbH & Co. KG, Teningen)
Hauptgeschäftsführer(in): Dr. Karl V. Ullrich
Öffentl.-Arbeit: Silke von Freyberg
Mitglieder: 950

● **F 322**
VRI-Verband der Reibbelagindustrie e.V.
Höhenberger Str. 30, 51103 Köln
T: (0221) 87 10 57 **Fax:** 87 82 38
E-Mail: vriverbd@netcologne.de
Gründung: 1982 (1. Dezember)
Vorstandsvorsitzende(r): Dr. Erich Bauer (c/o Textar GmbH, Postf. 22 01 44, 51322 Leverkusen, T: (0214) 5 40-0, Telefax: 5 40-3 88)
Stellv. Vorstandsvorsitzende(r): Dr.-Ing. Jürgen Parey (c/o Rütgers Automotive AG, Postf. 10 29 51, 45029 Essen, T: (0201) 36 09-01, Fax: (0201) 36 09-3 43)
Geschäftsführer(in): Dr. Günther Voßkötter
Mitglieder: 11

● **F 323**
Wirtschaftsvereinigung Stahl
Postf. 10 54 64, 40045 Düsseldorf
Sohnstr. 65, 40237 Düsseldorf
T: (0211) 67 07-0 **Fax:** 67 07-170
Internet: http://www.wvstahl.de
Internationaler Zusammenschluß: siehe unter izf 876
Präsident(in): Prof. Dr.-Ing. Dieter Ameling
Hauptgeschäftsführer(in): RA Albrecht Kormann
Ltg.Abt. Öffentlichkeitsarbeit: Beate Brüninghaus (T: (0211) 67 07-115, Telefax: (0211) 67 07-6 76)
Mitglieder: ca. 100

f 324
Wirtschaftsvereinigung Stahl
Büro Brüssel
Square Marie-Louise 18-Bte 3, B-1000 Bruxelles
T: (00322) 2 30-1855 **Fax:** 2 30-5063
E-Mail: alexander.heck@skynet.be
Leiter(in): Dipl.-Volksw. Alexander Heck

f 325
Wirtschaftsvereinigung Stahl
Büro Berlin
Reinhardtstr. 27c, 10117 Berlin
T: (030) 28 38 76 61 **Fax:** 28 38 76 62
E-Mail: Stahl-Berlin@t-online.de
Leiter: Hans Jürgen Kerkhoff

Fachliche Gliederungen der Wirtschaftsvereinigung

f 326
Verband der Saarhütten
Fach- und Arbeitgeberverband
Harthweg 15, 66119 Saarbrücken
T: (0681) 9 54 34-40/41 **Fax:** 5 84 60 27
Präsident(in): Roland de Bonneville
Geschäftsführer(in): Roland Kratt

f 327
Walzstahl-Vereinigung
Postf. 10 53 41, 40044 Düsseldorf
Sohnstr. 65, 40237 Düsseldorf
T: (0211) 67 07-0 **Fax:** 67 07-455
Vorsitzende(r): Dr. Jürgen Kolb
Geschäftsführender Direktor: Albrecht Kormann

f 328
Edelstahl-Vereinigung e.V.
Postf. 10 22 05, 40013 Düsseldorf
Sohnstr. 65, 40237 Düsseldorf
T: (0211) 67 07-0 **Fax:** 67 07-693
Vorsitzende(r): Dr. Ulrich Lindenberg
Geschäftsführer(in): Klaus Linack

f 329
Betriebswirtschaftliches Institut Stahl
Postf. 10 15 37, 40006 Düsseldorf
Sohnstr. 65, 40237 Düsseldorf
T: (0211) 67 07-0 **Fax:** 67 07-862
Vorsitzende(r): Dr. Heinz Jörg Fuhrmann
Geschäftsführer(in): Rudolf Poss

f 330
Delkrederestelle Stahl
Postf. 10 20 13, 40011 Düsseldorf
Sohnstr. 65, 40237 Düsseldorf
T: (0211) 67 07-0 **Fax:** 67 07-874
Vorsitzende(r): N.N.
Geschäftsführer(in): Wolfgang Mielke

f 331
Stahl-Informations-Zentrum
Postf. 10 48 42, 40039 Düsseldorf
Sohnstr. 65, 40237 Düsseldorf
T: (0211) 67 07-0 **Fax:** 67 07-344
Vorsitzende(r): Dr. Wolfgang Kohler
Geschäftsführer(in): Dr. Reinhard Winkelgrund

f 332
Studiengesellschaft Stahlanwendung e.V.
Postf. 10 48 42, 40039 Düsseldorf
Sohnstr. 65, 40237 Düsseldorf
T: (0211) 67 07-856 **Fax:** 67 07-840
Internet: http://www.stahl-online.de, http://www.stahlforschung.de
E-Mail: stud.ges@stahlforschung.de
Vorsitzende(r): Dr.rer.oec. Jürgen Kolb
Geschäftsführer(in): Dr.-Ing. Richard A. Weber
Dr. Reinhard Winkelgrund

● **F 333**

Zentralverband Elektrotechnik- und Elektronikindustrie (ZVEI) e.V.
Postf. 70 12 61, 60562 Frankfurt
Stresemannallee 19, 60596 Frankfurt
T: (069) 6 30 22 95 **Fax:** 6 30 22 71
Internet: http://www.zvei.org
E-Mail: zvei@zvei.org
Gründung: 1918 (5. März)
Internationaler Zusammenschluß: siehe unter izf 1228, izf 2269
Präsident(in): Dipl.-Kfm. Dietmar Harting (Persönlich haftender Ges. der HARTING KGaA, Marienwerder Str. 3, 32339 Espelkamp, T: (05772) 47-241, Fax: 47-510)
Hauptgeschäftsführer(in): Dr. rer. pol. Franz-Josef Wissing
Geschäftsführer(in): Dipl.-Wirtsch.-Ing. Gotthard Graß
Dipl.-Kfm. Norbert Knaup
Dipl.-Ing. Ingo Rüsch
Leitung Presseabteilung: Dipl.-Volksw. Christian Mannigel
Verbandszeitschrift: ZVEI-Mitteilungen
Redaktion: Dipl.-Volksw. Christian Mannigel
Verlag: Verlag W. Sachon, 87714 Mindelheim
Mitglieder: ca. 1400

Der ZVEI ist die wirtschafts-, technologie- und umweltpolitische Interessenvertretung der deutschen Elektroindustrie. Er repräsentiert fast 90 Prozent der deutschen Produktion und alle bedeutenden Unternehmen. Er vertritt die Interessen seiner Mitgliedsfirmen gegenüber Parlamenten, Regierungen und Behörden im nationalen und internationalen. Er bietet seinen Mitgliedern ein umfassendes Spektrum von branchenbezogenen Informationen und Dienstleistungen.

Fachverbände

f 334
Fachverband Bauelemente der Elektronik im ZVEI
Stresemannallee 19, 60596 Frankfurt
T: (069) 63 02-276 Fax: 63 02-407
Internet: http://www.zvei-be.zvei.org
E-Mail: zvei-be@zvei.org
Vorsitzende(r): Dipl.-Kfm. Dietmar Harting (Persönl. haft. Ges. d. Harting KGaA, Marienwerderstr. 3, 32339 Espelkamp, T: (05772) 4 72 41, Fax: (05772) 4 75 10)
Geschäftsführer(in): Dipl.-Ing.(TU), Dipl.-Soz. Christoph Stoppok (E-Mail: stoppok@zvei.org)
Stellvertretende(r) Geschäftsführer(in): Dipl.-Volksw. Herbert Riedl
Mitglieder: ca. 150

f 335
European Interconnect Technology Initiative e.V.
60591 Frankfurt
Stresemannallee 19, 60596 Frankfurt
T: (069) 63 02-276 Fax: 63 02-407
E-Mail: eiti@zvei.org
Vorsitzende(r): Walter Schmidt (Dyconex AG, Unterwerkstr. 3, CH-8852 Zürich, T: (00411) 9 95 61 41, Fax: (00411) 9 95 61 42)
Sekretariat: Christoph Stoppok

f 336
Verband der Leiterplattenindustrie e.V.
(Korporativers Mitglied)
Stresemannallee 19, 60596 Frankfurt
T: (069) 63 02-276 Fax: 63 02-407
Internet: http://www.vdlev.org
E-Mail: vdl@zvei.org
Vorstand: Erich Kirchner (Vors.; AT&S Austira Technologie Systemtechnik AG, Fabrikgasse 13, A-8700 Loeben-Hinterberg, T: (00433842) 20 04 63, Fax: (00433842) 20 02 16)
Geschäftsführer(in): Christoph Stoppok

f 337
Fachverband Empfangsantennen- und Breitbandverteiltechnik im ZVEI
Postf. 70 12 61, 60591 Frankfurt
Stresemannallee 19, 60596 Frankfurt
T: (069) 63 02-218 Fax: 63 02-288
E-Mail: bk+ant@zvei.org
Vorsitzende(r): Dipl.-Kfm. Herbert Strobel (ASTRO-STROBEL Kommunikations-Systeme GmbH, Olefant 1-3, 51427 Bergisch Gladbach, T: (02204) 4 05-117, Fax: (02204) 4 05-237)
Stellvertretende(r) Vorsitzende(r): Axel Sihn (Wilhelm Sihn jr. KG, Pforzheimer Str. 26, 75223 Niefern-Öschelbronn, T: (07233) 66-231, Fax: (07233) 66-381)
Geschäftsführer(in): Dr. Alexander Pett
Mitglieder: 22

f 338
Fachverband Sicherheitssysteme
Stresemannallee 19, 60596 Frankfurt
T: (069) 63 02-250 Fax: 63 02-288
Internet: http://www.zvei.org/sicherheitssysteme
E-Mail: sicherheitssysteme@zvei.org
Vorsitzende(r): Dipl.-Ing. Bernd Seibt (c/o Bosch Telecom Leipzig GmbH, Storkower Str. 101, 10407 Berlin, T: (030) 4 21 07-1 30, Fax: 4 21 07-1 35, Mobil: (0171) 6 74 31 19, E-Mail: Bernd.Seibt@de.bosch.com)
Geschäftsführer(in): RA Hans-Martin Fischer
Mitglieder: 60

f 339
ZVEI-Fachverband Wehrtechnik
Postf. 70 12 61, 60591 Frankfurt
Stresemannallee 19, 60596 Frankfurt
T: (069) 63 02-242 Fax: 63 02-322
Internet: http://www.wehrtechnik.org
E-Mail: wehrtechnik@zvei.org
Vorsitzende(r): Gerhard Schempp (Vorsitzender der Geschäftsführung der ESG Elektroniksystem- und Logistik-GmbH, Einsteinstr. 174, 81675 München, T: (089) 92 16-2200, Fax: (089) 91 10 30)
Geschäftsführer(in): Peter Vondung
Mitglieder: 33

f 340
Fachverband Kabel und isolierte Drähte im ZVEI Frankfurt
Postf. 80 03 60, 51003 Köln
Schanzenstr. 30, 51063 Köln
T: (0221) 9 62 28-0 Fax: 9 62 28-22
E-Mail: fachverband.kabel@t-online.de
Vorsitzende(r): Dipl.-Ing., Dipl.-Wirtsch.-Ing. Helmuth von Deimling (Vice President Telecommunication, Corning Inc., Landsberger Str. 155, 80687 München, T: (089) 57 95 91 17,

Fax: (089) 57 95 92 09)
Geschäftsführer(in): Dr.-Ing. Dirk Rittinghaus
Mitglieder: ca. 35

f 341
Fachverband Installationsgeräte und -systeme im ZVEI
Postf. 70 12 61, 60591 Frankfurt
Stresemannallee 19, 60596 Frankfurt
T: (069) 6 30 22 96 Fax: 6 30 23 83
E-Mail: instgeraete@zvei.org
Vorsitzende(r): Reinhard Goecke (Busch Jaeger Elektro GmbH, Freisenbergstr. 2, 58513 Lüdenscheid, T: (02351) 9 56 - 0)
Geschäftsführer(in): Dipl.-Ing. Rainer Schilling
Mitglieder: 160

f 342
Fachverband Elektroschweißgeräte im ZVEI
Postf. 70 12 61, 60591 Frankfurt
Stresemannallee 19, 60596 Frankfurt
T: (069) 6 30 22 70 Fax: 6 30 23 06
E-Mail: werkzeuge@zvei.org
Vorsitzende(r): Alfred Czujack (SAF Schweißautomatik GmbH, Konstantinstr. 1, 41238 Mönchengladbach, T: (02166) 8 00 61/68, Fax: 8 69 30)
Geschäftsführer(in): Dipl.-Ing. Oskar Gebhardt
Mitglieder: 23

f 343
Fachverband Elektrowärmeanlagen im ZVEI
Postf. 70 12 61, 60591 Frankfurt
Stresemannallee 19, 60596 Frankfurt
T: (069) 6 30 22 70 Fax: 6 30 23 06
E-Mail: werkzeuge@zvei.org
Vorsitzende(r): Edgar Barth (Himmelwerk GmbH, Bahnhofstr., 72072 Tübingen, T: (07071) 70 73 06, Fax: 70 72 80)
Geschäftsführer(in): Dipl.-Ing. Oskar Gebhardt
Mitglieder: 13

f 344
Fachverband Elektrobahnen und -fahrzeuge im ZVEI
Postf. 70 12 61, 60591 Frankfurt
Stresemannallee 19, 60596 Frankfurt
T: (069) 6 30 23 39 Fax: 63 02-422
E-Mail: bahnen@zvei.org
Vorsitzende(r): Rainer Kehl (Geschäftsgebietsltr. Heavy Rail der Siemens AG, Werner-von-Siemens-Str. 50, 91052 Erlangen)
Geschäftsführer(in): Dipl.-Volksw. Herbert Zimmermann
Mitglieder: 33

f 345
Fachverband Elektromedizinische Technik im ZVEI
Postf. 70 12 61, 60591 Frankfurt
Stresemannallee 19, 60596 Frankfurt
T: (069) 6 30 22 06 Fax: 6 30 23 90
Internet: http://www.zvei.de/medtech
E-Mail: medtech@zvei.org
Internationaler Zusammenschluß: siehe unter izf 986
Vorsitzende(r): Götz Steinhardt (Siemens AG, Henkestr. 127, 91052 Erlangen, T: (09131) 84 34 60, Fax: (09131) 84 40 18)
Geschäftsführer(in): Dipl.-Volksw. Hans-Peter Bursig
Mitglieder: 120

f 346
Fachverband Fahr- u. Freileitungsbau im ZVEI
Postf. 70 12 61, 60591 Frankfurt
Stresemannallee 19, 60596 Frankfurt
T: (069) 6 30 23 16 Fax: 6 30 22 34
E-Mail: fahr+freileit@zvei.org
Vorsitzende(r): Dipl.-Ing. Franz Lackner (FBG Freileitungsbau GmbH, Schulstr. 124, 29664 Walsrode, T: (05161) 60 04 20, Fax: (05161) 60 04 82)
Geschäftsführer(in): Dipl.-Ing. Walter Kaiser
Mitglieder: 27

f 347
Fachverband Elektrowerkzeuge im ZVEI
Postf. 70 12 61, 60591 Frankfurt
Stresemannallee 19, 60596 Frankfurt
T: (069) 6 30 22 70 Fax: 6 30 23 06
E-Mail: werkzeuge@zvei.org
Internationaler Zusammenschluß: siehe unter izf 2034
Vorsitzende(r): Dipl.-Ing. Hans Wolfgang Fein (C. & E. Fein GmbH & Co., Leuschnerstr. 41-47, 70176 Stuttgart, T: (0711) 66 65-1 00, Telefax: (0711) 6 66 52 77)
Geschäftsführer(in): Dipl.-Ing. Oskar Gebhardt
Mitglieder: 21

f 348
AUTOMATION Antreiben-Messen-Schalten-Steuern
Fachverband Elektrische Antriebe im ZVEI
Postf. 70 12 61, 60591 Frankfurt
Stresemannallee 19, 60596 Frankfurt
T: (069) 63 02-392 Fax: 63 02-279
E-Mail: antriebe@zvei.org
Internationaler Zusammenschluß: siehe unter izf 1466
Vorsitzende(r): Dr. Hans-Joachim Jähne (Siemens AG, A&D SD, Postf. 32 69, 91050 Erlangen, T: (09131) 98-0, Fax: (09131) 98-2499, E-Mail: hans-joachim.jaehne@erlf.siemens.de)
Geschäftsführer(in): Werner Blaß
Mitglieder: 93

f 349
AUTOMATION Antreiben-Messen-Schalten-Steuern
Fachverband Schaltgeräte, Schaltanlagen, Industriesteuerungen im ZVEI
Postf. 70 12 61, 60591 Frankfurt
Stresemannallee 19, 60596 Frankfurt
T: (069) 6 30 22 98 Fax: 6 30 23 86
E-Mail: schalt-tec@zvei.org
Internationaler Zusammenschluß: siehe unter izf 224
Vorsitzende(r): Dr. Gunther Kegel (Pepperl + Fuchs GmbH, Königsberger Allee 87, 68307 Mannheim)
Geschäftsführer(in): Dr. Helmut Sturm
Mitglieder: 172

f 350
AUTOMATION Antreiben-Messen-Schalten-Steuern
Fachverband Meßtechnik und Prozeßautomatisierung im ZVEI
Stresemannallee 19, 60596 Frankfurt
T: (069) 63 02-233 Fax: 63 02-319
E-Mail: m+p@zvei.org
Vorsitzende(r): Dipl.-Ing. Michael Ziesemer (Endress + Hauser Consult AG, European Sales Operations, Kägenstr. 7, CH-4153 Reinach, T: (0041 61) 7 15 77 50, Fax: (0041 61) 7 15 77 52)
Geschäftsführer(in): Dipl.-Ing. Knut Rothstein
Mitglieder: 150

f 351
Fachverband Transformatoren und Stromversorgungen im ZVEI
60591 Frankfurt
Postf. 70 12 61, 60562 Frankfurt
Stresemannallee 19, 60596 Frankfurt
T: (069) 63 02-232 Fax: 63 02-279
Internet: http://www.zvei.org
E-Mail: t&s@zvei.org
Internationaler Zusammenschluß: siehe unter izf 1438
Vorsitzende(r): Burkhard von Mangoldt (Geschäftsführender Gesellschafter Hans von Mangoldt GmbH & Co. KG, Hergelsbendenstr. 18, 52080 Aachen, T: (0241) 1 66 07-47, Fax: 1 66 07-35)
Geschäftsführer(in): Dr. Reiner Korthauer
Mitglieder: 90

f 352
Fachverband Batterien im ZVEI
60591 Frankfurt
Postf. 70 12 61, 60562 Frankfurt
Stresemannallee 19, 60596 Frankfurt
T: (069) 63 02-232 Fax: 63 02-279
E-Mail: batterien@zvei.org
Vorsitzende(r): Dr. Albrecht Leuschner (Vors. d. Geschäftsführung der EXIDE Verwaltungs-GmbH, 63652 Büdingen, T: (06042) 81-231, Fax: 5 93)
Geschäftsführer(in): Dr. Reiner Korthauer
Mitglieder: 22

f 353
Fachverband Starkstromkondensatoren im ZVEI
Haus der Wirtschaft
Am Schillertheater 4, 10625 Berlin
T: (030) 30 69 60-0 Fax: 30 69 60-20
E-Mail: zvei-kondensatoren@t-online.de
Vorsitzende(r): Klaus Holbe (Electronicon Kondensatoren GmbH, Keplerstr. 2, 07549 Gera, T: (0365) 73 46-100, Fax: (0365) 73 46-110, E-Mail: sales@electronicon.com)
Geschäftsführer(in): Dipl.-Ing. (FH) Reinhard Berckmüller
Mitglieder: 12

f 354
Fachverband Consumer Electronics
Postf. 70 12 61, 60591 Frankfurt
Stresemannallee 19, 60596 Frankfurt
T: (069) 63 02-219 Fax: 63 02-317
E-Mail: ce@zvei.org
Vorsitzende(r): Dr. Helmut Stein (Nokia Multimedia Terminals, Opitzstr. 12, 40470 Düsseldorf, T: (0211) 90 89 54 35,

f 354
Fax: 62 46 41)
Geschäftsführer(in): Dr. Alexander Pett
Mitglieder: 42

f 355
Fachverband Elektroleuchten im ZVEI
Postf. 70 12 61, 60591 Frankfurt
Stresemannallee 19, 60596 Frankfurt
T: (069) 6 30 22 94   **Fax:** 63 02-317
E-Mail: licht@zvei.org
Vorsitzende(r): Dr. Dirk Stahlschmidt (ERCO Leuchten GmbH, Brockhauser Weg 80-82, 58507 Lüdenscheid)
Geschäftsführer(in): Dr. Ulrich Merker
Mitglieder: 130

f 356
Fachverband Elektrische Lampen im ZVEI
Postf. 70 12 61, 60591 Frankfurt
Stresemannallee 19, 60596 Frankfurt
T: (069) 6 30 22 94   **Fax:** 63 02-317
E-Mail: licht@zvei.org
Vorsitzende(r): Frank Triebel (OSRAM GmbH, 81536 München, T: (089) 62 13-1, Telefax: (089) 62 13 30 74)
Geschäftsführer(in): Dr. Ulrich Merker
Mitglieder: 16

f 357
Fachverband Elektro-Haushalt-Kleingeräte im ZVEI
Postf. 70 12 61, 60591 Frankfurt
Stresemannallee 19, 60596 Frankfurt
T: (069) 6 30 23 43   **Fax:** 6 30 22 71
E-Mail: hausgeraete@zvei.org
Vorsitzende(r): Rudolf Schulte (Geschäftsführender Gesellschafter Severin Elektrogeräte GmbH, Röhre 27, 59846 Sundern, T: (02933) 98 20, Fax: (02933) 98 24 44)
Geschäftsführer(in): Werner Scholz
Mitglieder: 45

f 358
Fachverband Elektro-Haushalt-Großgeräte im ZVEI
Postf. 70 12 61, 60591 Frankfurt
Stresemannallee 19, 60596 Frankfurt
T: (069) 6 30 22 95   **Fax:** 6 30 22 71
E-Mail: hausgeraete@zvei.org
Vorsitzende(r): Dr. Karsten Jaspersen (AEG Hausgeräte GmbH, Muggenhofer Str. 135, 90429 Nürnberg, T: (0911) 3 23 11 72, Telefax: (0911) 3 23 17 16)
Geschäftsführer(in): Dipl.-Ing. Werner Scholz
Mitglieder: 24

f 359
Fachverband Elektro-Hauswärmetechnik im ZVEI
Postf. 70 12 61, 60591 Frankfurt
Stresemannallee 19, 60596 Frankfurt
T: (069) 63 02-295   **Fax:** 63 02-271
E-Mail: hausgeraete@zvei.org
Vorsitzende(r): Gerd Supper (Electrolux Haustechnik GmbH, Gutenstetter Str. 10, 90449 Nürnberg)
Geschäftsführer(in): Werner Scholz
Mitglieder: 41

f 360

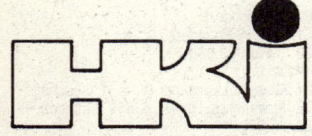

HKI Industrieverband
Haus-, Heiz- und Küchentechnik e.V.
(Korporatives Mitglied)
Postf. 11 07 37, 60042 Frankfurt
Stresemannallee 19, 60596 Frankfurt
T: (069) 25 62 68-0   **Fax:** 23 59 64
Internet: http://www.hki-online.de
E-Mail: hki-industrieverband@t-online.de
Vorsitzende(r): Dipl.-Ing. Reiner Kegel
Hauptgeschäftsführer(in): Dipl.-Ing. Frank Kienle

f 361
Fördergemeinschaft Gutes Licht (FGL)
Postf. 70 12 61, 60591 Frankfurt
Stresemannallee 19, 60596 Frankfurt
T: (069) 6 30 22 94   **Fax:** 63 02-3 17
Internet: http://www.licht.de
E-Mail: fgl@zvei.org
Gründung: 1970
Vorsitzende(r): Dr. Dirk Stahlschmidt (ERCO Leuchten GmbH, 58505 Lüdenscheid)
Frank Triebel (OSRAM GmbH, 81543 München)
Geschäftsführer(in): Dr. Ulrich Merker
Mitglieder: 150

f 362
ZVEI-Verbindungsbüro Brüssel
Rue du Commerce 31, B-1040 Brüssel
T: (00322) 5 48 90 28   **Fax:** 5 48 90 29
Kontaktperson: Dr. Beatrice Jahn (E-Mail: b.jahn@bdl-online.de)

Landesstellen

f 363
ZVEI-Landesstelle Baden-Württemberg
Zeppelinstr. 42-44, 73760 Ostfildern
T: (0711) 45 10 31-0   **Fax:** 45 10 31-69
Vorsitzende(r): Dipl.-Wirtsch.-Ing. Robert Schöttle (Geschäftsführer der ELECTROSTAR Schöttle GmbH & Co., Stuttgarter Str. 36, 73262 Reichenbach/Fils, T: (07153) 98 20-2 24, Telefax: (07153) 9 82-3 55)
Geschäftsführer(in): Dipl.-Volksw. Wolfgang Wolf
Mitglieder: ca. 260

f 364
ZVEI-Landesstelle Bayern
Königstorgraben 11, 90402 Nürnberg
T: (0911) 2 06 17 55   **Fax:** 2 06 17 33
Internet: http://www.bayern.zvei.de
E-Mail: zvei-bayern@zvei.org
Vorsitzende(r): Prof. Dr. Anton Kathrein (Kathrein-Werke KG, Anton-Kathrein-Str. 1-3, 83004 Rosenheim, T: (08031) 1 84-0, Telefax: (08031) 1 84-6 61)
Geschäftsführer(in): Dipl.-Volksw. Herbert Riedl
Mitglieder: ca. 220

f 365
ZVEI-Landesstelle Berlin
Haus der Wirtschaft
Am Schillertheater 4, 10625 Berlin
T: (030) 30 69 60-0   **Fax:** 30 69 60-20
Internet: http://www.zvei.de
E-Mail: zvei-berlin@t-online.de
Vorsitzende(r): Dr. Jürgen Hahn
Geschäftsführer(in): Dipl.-Ing. (FH) Reinhard Berckmüller
Mitglieder: 100

f 366
ZVEI-Landesstelle Hamburg und Schleswig-Holstein
Haus der Wirtschaft
Kapstadtring 10, 22297 Hamburg
T: (040) 63 78 41-30   **Fax:** 63 78 41-99
Internet: http://www.zvei.de
Vorsitzende(r): Dipl.-Ing. Karl-Heinz Kolbe
Geschäftsführer(in): RA Jürgen Thies (E-Mail: juergen_thies@zvei-nord.de)
Mitglieder: 74

f 367
ZVEI-Landesstelle Hessen
Postf. 70 12 61, 60591 Frankfurt
Stresemannallee 19, 60596 Frankfurt
T: (069) 63 02-245   **Fax:** 63 02-288
Internet: http://www.zvei.org/hessen
E-Mail: hessen@zvei.org
Vorsitzende(r): Hans-Walter Jakobi
Geschäftsführer(in): RA Hans-Martin Fischer
Mitglieder: ca. 130

f 368
ZVEI-Landesstelle Niedersachsen/Bremen
Messegelände, 30521 Hannover
T: (0511) 8 93 43 11   **Fax:** 8 93 43 12
E-Mail: zvei-hannover@t-online.de
Vorsitzende(r): Richard Goldgrabe (ELEKTRON-BREMEN GmbH)
Geschäftsführer(in): Dipl.-Wirtschafts-Ing. (FH) Reinhard Berckmüller
Mitglieder: ca. 100

f 369
ZVEI-Landesstelle Nordrhein-Westfalen
Postf. 80 03 60, 51003 Köln
Schanzenstr. 30, 51063 Köln
T: (0221) 9 62 28-19   **Fax:** 9 62 28-31
E-Mail: fachverband.kabel@t-online.de
Vorsitzende(r): Harald Rutenbeck (Wilhelm Rutenbeck GmbH & Co., Niederworth 1-10, 58579 Schalksmühle, T: (02355) 8 20, Telefax: (02355) 82-1 53)
Geschäftsführer(in): Diederich Wiebecke
Mitglieder: 358

f 370
ZVEI-Landesstelle Rheinland-Pfalz und Saarland
Ferdinand-Sauerbruch-Str. 9, 56073 Koblenz
T: (0261) 4 04 06-35   **Fax:** 4 04 06-26
Vorsitzende(r): Horst Rebholz (Repa GmbH Elektrotechnik, Industriestr. 22, 67480 Edenkoben, T: (06323) 94 95 96, Fax: 78 07)
Geschäftsführer(in): Ass. jur., Mag.rer.publ. Stephan Stracke

f 371
ZVEI-Landesstelle Sachsen und Thüringen
Zur Wetterwarte 50, 01109 Dresden
T: (0351) 8 84 67-0   **Fax:** 8 84 67-19
Vorsitzende(r): Norbert Deismann (ELSO GmbH Elektrotechnik Sondershausen, Frankenhäuser Str. 64, 99706 Sondershausen, Postf. 32, 99701 Sondershausen, T: (03632) 5 12 03, Fax: (03632) 5 15 88)
Geschäftsführer(in): Dipl.-Volksw., Dipl.-Kfm. Christian Rode
Mitglieder: 94

● F 372
BITKOM
Bundesverband Informationswirtschaft, Telekommunikation und neue Medien e.V.
Albrechtstr. 10, 10117 Berlin
T: (030) 2 75 76-0   **Fax:** 2 75 76-400
Internet: http://www.bitkom.org
E-Mail: bitkom@bitkom.org
Gründung: 1999
Präsident(in): Dr. Volker Jung (Mitglied des Zentral-Vorstandes der Siemens AG)
Vizepräsident(in): Willi Berchtold (Vorsitzender der Geschäftsführung der Giesecke & Devrient GmbH)
Jörg Menno Harms (Vorsitzender des Aufsichtsrates der Hewlett-Packard GmbH))
Gerhard Jörg (Generalbevollmächtigter der Software AG)
Vorsitzende der Geschäftsführung: Dr. Bernhard Rohleder (Politische Interessenvertretung, PR und Marketing, Electronic Business und Recht, Internationale Angelegenheiten)
Geschäftsführer(in): Ulrich G. Schneider (Messepolitik, Vertrieb, Mittelstandsförderung)

● F 373
(breko Bundesverband der regionalen und lokalen Telekommunikationsgesellschaften e.V.
Königswinterer Str. 310, 53227 Bonn
T: (0228) 24 99 97-0   **Fax:** 24 99 97-2
Internet: http://www.brekoverband.de
Gründung: 1999 (19.April)
Präsident(in): Udo Pauck (Geschäftsführer, NetCologne, Köln)
Stellvertretender Präsident%: Horst Schäfers (Geschäftsführer, ISIS Multimedia Net, Düsseldorf)
Schatzmeister: Dr. Hans Konle (Geschäftsführer, M"net, München)
Weitere Vorstandsmitglieder: Jörg Goronzy (Geschäftsführer, JelloCom, Jena)
Werner Rapp (Geschäftsführer, HLkomm, Leipzig)
Manfred Rühl (Geschäftsführer, NEFkom, Nürnberg)
Geschäftsführer(in): Rainer Lüddemann
Mitglieder: 46

● F 374
Verband der Softwareindustrie Deutschlands e.V. (VSI)
Stievestr. 7, 80638 München
T: (089) 29 16 02 93   **Fax:** 29 16 02 96
Gründung: 1987 (30. Juli)
Vorsitzende(r) des Vorstandes: Rudolf Gallist
Stellvertretende(r) Vorsitzende(r): Mathias Lehmann
Geschäftsführer(in): Johannes Krüger

● F 375
Verband der Unterhaltungssoftware Deutschland e.V. (VUD)
Riemekestr. 160, 33106 Paderborn
T: (05251) 7 71 95-0   **Fax:** 7 71 95-19
Internet: http://www.vud.de
E-Mail: vud@vud.de
Gründung: 1993 (12. März)
Vorstandsmitglieder: Jürgen Goeldner (Softgold GmbH, ATHQ Company)
Gerd Körnig (The Learning Company GmbH)
Dr. Gerhard Florin (Electronic Arts GmbH)
Wolfram von Eichborn (Activision Deutschl. GmbH)
1. Geschäftsführer: Hermann Achilles (Ltg. Presseabt.)
2. Geschäftsführer: Ronald Schäfer
Mitglieder: 50
Mitarbeiter: 4

F 376
Wirtschaftsverband Erdöl- und Erdgasgewinnung e.V. (WEG)
Brühlstr. 9, 30169 Hannover
T: (0511) 1 21 72-0   Fax: 1 21 72-10
Gründung: 1945
Vorsitzende(r): Wulf Hagemann (Vors.d.GeschF. Preussag Energie GmbH, Lingen)
Hauptgeschäftsführer(in): Ass. jur. Josef Schmid
Leitung Presseabteilung: Dr. Hartmut Pick
Mitglieder: 30

F 377
Arbeitsgemeinschaft der Bitumen-Industrie e.V.
Steindamm 55, 20099 Hamburg
T: (040) 2 80 29 39   Fax: 2 80 21 25
Internet: http://www.arbit.de
E-Mail: arbit@arbit.de
Gründung: 1930
Geschäftsführer(in): Dipl.-Ing. Günter Höltken
Verbandszeitschrift: BITUMEN
Verlag: Arbeitsgemeinschaft der Bitumen-Industrie e.V., Steindamm 55, 20099 Hamburg
Mitglieder: 8
Mitarbeiter: 5

F 378
Verband Schmierstoff-Industrie e.V.
Steindamm 55, 20099 Hamburg
T: (040) 2 80 29 39   Fax: 2 80 21 25
Vorsitzende(r) des Vorstandes: T. J. Korsmeier (Deutsche Shell AG, Hamburg)
Stellv.Vors.d.Vorst.: Karl-Ernst Hundertmark (Carl Bechem GmbH, Hagen)
Vorstand: L. Bertelmann (Fuchs Mineraloelwerke GmbH, Mannheim)
H. Wentzler (Klüber)
Dr. H. Käppler (Stuttgart)
Dr. J. Müller (OEMETA Chemische Werke GmbH, Uetersen)
Dieter Schröder (Houghton Chemie, Hildesheim)
R. Gorenflos (ARAL)
T. Vanicek (TOTAL-FINA-ELF)
Geschäftsführer(in): Dr. R. Hamann
Mitglieder: 53

F 379

Bundesvereinigung der Deutschen Ernährungsindustrie e.V. (BVE)
Godesberger Allee 142-148, 53175 Bonn
T: (0228) 3 08 29-0   Fax: 3 08 29-99
Internet: http://www.bve-online.de
E-Mail: bve@bve-online.de
Gründung: 1949
Vorsitzende(r): Dr. Peter Traumann (Vorsitzender der Geschäftsführung Gerolsteiner Brunnen GmbH & Co., Vulkanring, 54568 Gerolstein, T: (06591) 1 41 03, Fax: 1 42 04)
Hauptgeschäftsführer(in): Prof. Dr. Matthias Horst
Geschäftsführer(in): RA Bernd-Ulrich Sieberger
Dr. Sabine Eichner Lisboa
Mitgliedsverbände:
Verband der Deutschen Backmittel- und Backgrundstoffhersteller e.V.
DIÄTVERBAND Bundesverband der Hersteller von Lebensmitteln für besondere Ernährungszwecke e.V.
Verband der Deutschen Essenzenindustrie e.V.
Verband der Essig- und Senfindustrie e.V.
Bundesverband der Deutschen Feinkostindustrie e.V.
Vereinigung alkoholfreie Getränke-Industrie e.V.
Fachverband der Gewürzindustrie e.V.
Verband Deutscher Großbäckereien e.V.
Deutscher Kaffee-Verband e.V.
Verband der Deutschen Margarineindustrie e.V.
Arbeitsgemeinschaft Marke und Verpackung Deutscher Brauereien
Milchindustrie-Verband e.V.
Verband Deutscher Oelmühlen e.V.
Getreidenährmittelverband Bundesverband der Hersteller von Nährmitteln aus Getreide und Reis e.V.
Verein Deutsche Salzindustrie e.V.
Verband der deutschen Sauerkonserven-Industrie e.V.
Fachverband der Stärke-Industrie e.V.
Bundesverband der Deutschen Süßwarenindustrie E.V.
Verband der Suppenindustrie e.V.
Verband Deutscher Teigwarenhersteller und Hartweizenmühlen Deutschlands e.V.
Verein der Zuckerindustrie e.V.
Mitgliedsunternehmen:
Bacardi GmbH
Berentzen-Gruppe AG
Birkel Teigwaren GmbH
Campina GmbH
Coca-Cola GmbH
Dr. August Oetker Nahrungsmittel KG
Gerolsteiner Brunnen GmbH & Co.
KATHI Rainer Thiele GmbH
Kellog (Deutschland) GmbH
Kraft Foods Deutschland GmbH & Co. KG
Masterfoods GmbH
Mineralbrunnen Überkingen-Teinach AG
Nestlé Deutschland AG
Rudolf Wild GmbH & Co. KG
Schwartauer Werke GmbH
Südzucker AG Mannheim/Ochsenfurt
Unilever Deutschland GmbH

Wirtschaftspolitischer Dachverband für Fachverbände und Unternehmen der Ernährungsindustrie. Sprachrohr gegenüber Politik, Öffentlichkeit, Medien und Verwaltung. Koordinierung der gemeinsamen Interessen an den Bereichen Wirtschafts-und Umweltpolitik, Markt, Logistik und Lebensmittelsicherheit.

Fachverbände

F 380
Verband der Deutschen Backmittel- und Backgrundstoffhersteller e.V.
Markt 9, 53111 Bonn
T: (0228) 96 97 80   Fax: 9 69 78 99
Internet: http://www.backmittelverband.de
E-Mail: backmittelverband@t-online.de
Gründung: 1948
Internationaler Zusammenschluß: siehe unter izf 1997
Vorsitzende(r): Wilfried Rudolph (Fa. Meistermarken GmbH, Theodor-Heuss-Allee 8, 28215 Bremen, T: (0421) 35 02-0, Fax: 35 02-260)
Geschäftsführer(in): RA Amin Werner
Mitglieder: 45

F 381
Vereinigung Deutsche BackTechnik e.V.
Birkenweg 3, 86441 Zusmarshausen
T: (08291) 5 09   Fax: 5 29
E-Mail: vdb.info@gmx.de
Gründung: 1951
Präsident(in): Walter Aumann, Zusmarshausen
Verbandszeitschrift: Brot und Backwaren
Redaktion: Redaktionsbüro Keil, Hamburg
Verlag: f2m food multimedia gmbh i.g., Föhrster Str. 8, 31061 Alfeld, T: (05181) 80 04-0, Fax: (05181) 80 04 90
Mitglieder: 1550

F 382
Fachverband der Back- und Puddingpulverindustrie e.V.
Von-der-Heydt-Str. 9, 53177 Bonn
T: (0228) 35 40 27   Fax: 36 18 89
Vorsitzende(r): Hans-Wilhelm Vogeley (Inhaber d. Fa. Vogeley's Lebensmittelwerk GmbH, Postf. 10 13 54, 31763 Hameln, T: (05151) 4 00 40, TX: 92 800, Telefax: (05151) 40 04 89)
Geschäftsführer(in): Hans-Egbert Brinkmann
Mitglieder: 11

F 383
Verband Deutscher Großbäckereien e.V.
In den Diken 33, 40472 Düsseldorf
T: (0211) 65 30 86   Fax: 65 30 88
Internet: http://www.grossbaecker.com
E-Mail: info@grossbaecker.com
Gründung: 1903
Vorstand:
Vors. u. Präs: Lothar Mainz (c/o Kronenbrot KG Franz Mainz, Postfl. 13 80, 52137 Würselen, Fronhofstr. 30, 52146 Würselen, T: (02405) 4 84-0, Telefax: (02405) 4 84-1 17)
Stellvertretende(r) Vorsitzende(r): Wolfgang Kröger (c/o Kamps AG, Prinzenallee 13, 40549 Düsseldorf)
Hans-Jochen Holthausen (c/o Harry Brot GmbH, Postf. 12 80, 22859 Schenefeld, T: (040) 83 03 50, Fax: (040) 83 03 53 53)
Ehrenpräsident: Walter Mainz (c/o Kronenbrot KG Franz Mainz, Fronhofstr. 30, 52146 Würselen, T: (02405) 6 80)
Prof. Dr. Anton Dieter Hammel (c/o Verband Deutscher Großbäckereien e.V., In den Diken 33, 40472 Düsseldorf)
Hauptgeschäftsführer(in): RA Helmut Martell (Presseabt.)
Mitglieder: 110

Wahrung und Förderung der gemeinsamen wirtschaftlichen und sozialpolitischen Belange seiner Mitglieder.

F 384
DIÄTVERBAND
Bundesverband der Hersteller von Lebensmitteln für besondere Ernährungszwecke e.V.
Andreas-Hermes-Haus
Winkelsweg 2, 53175 Bonn
T: (0228) 3 08 51 10   Fax: 3 08 51 50
E-Mail: diaetverband@t-online.de
Gründung: 1948 (November)
Internationaler Zusammenschluß: siehe unter izf 2009
1. Vorsitzende(r): Hans-Jürgen Klett (Nestlé Alete GmbH, 81662 München)
Geschäftsführer(in): Michael Warburg (T: (0228) 3 08 51-10)
Mitglieder: 56

Vertretung der gemeinsamen Interessen der diätetischen Lebensmittelindustrie in der Bundesrepublik Deutschland auf wirtschafts- und gesundheitspolitischem Gebiet; sachverständige Beratung des Bundestages und der Bundesregierung in allen Fragen, die die Erzeugnisse dieser Industrie betreffen.

F 385
Wirtschaftsvereinigung Alkoholfreie Getränke e.V.
Königswinterer Str. 300, 53227 Bonn
T: (0228) 44 10 72, 44 27 13   Fax: 44 00 19
Internet: http://www.bde-online.de
E-Mail: mail@bde-online.de
Gründung: 1882
Internationaler Zusammenschluß: siehe unter izf 2344
Präsident(in): Dipl.-Vw. Uller Muttke (Am Halberg 10, 66121 Saarbrücken, T: (0681) 81 97-0)
Geschäftsführer(in): RA Dr. Andreas Stücke
RA Ernst Kammerinke
Verbandszeitschrift: Das Erfrischungsgetränk
Verlag: Hugo Matthaes Verlag, Olgastr. 87, 70180 Stuttgart
Mitglieder: ca. 300

Landesverbände

f 386
Verband der Erfrischungsgetränke-Industrie Baden-Württemberg e.V.
Königswinterer Str. 300, 53227 Bonn
T: (0228) 44 10 72   Fax: 44 00 19
Vorsitzende(r): Bernd Nellesen (Spreewaldallee 26-28, 68309 Mannheim, T: (0621) 7 00 81 00)
Geschäftsführer(in): RA Ernst Kammerinke

f 387
Verband der Bayerischen Erfrischungsgetränke-Industrie e.V.
Oskar-von-Miller-Ring 1, 80333 München
T: (089) 2 80 02 40
Vorsitzende(r): Dr. Friedrich Pachmayr (Triebstr. 37, 80993 München, T: (089) 14 99 09-0)
Geschäftsführer(in): RA´in Birgit Knappmann

f 388
Verband der Erfrischungsgetränke-Industrie Hamburg/Schleswig-Holstein e.V.
Königswinterer Str. 300, 53227 Bonn
T: (0228) 44 10 72   Fax: 44 00 19
Vorsitzende(r): Dieter Cohrt (Eichkamp 1-9, 24116 Kiel)
Geschäftsführer(in): RA Ernst Kammerinke

f 389
Verband der Erfrischungsgetränke-Industrie Hessen/Rheinland-Pfalz/Saar e.V.
Königswinterer Str. 300, 53227 Bonn
T: (0228) 44 10 72   Fax: 44 00 19
Vorsitzende(r): Dipl.-Kfm. Martin Möller (Karl-Herdt-Weg 100, 63075 Offenbach, T: (069) 86 00 01 54)
Geschäftsführer(in): RA Ernst Kammerinke

f 390
Verband der Erfrischungsgetränke-Industrie Niedersachsen/Bremen e.V.
Königswinterer Str. 300, 53227 Bonn
T: (0228) 44 10 72   Fax: 44 00 19
Vorsitzende(r): Hans-Dieter Völxen (Hemelinger Bahnhofstr. 20-24, 28309 Bremen, T: (0421) 41 05 00)
Geschäftsführer(in): RA Ernst Kammerinke

f 391
Verband der Erfrischungsgetränke-Industrie Nordrhein-Westfalen e.V.
Königswinterer Str. 300, 53227 Bonn

f 391

T: (0228) 44 10 72   Fax: 44 00 19
Vorsitzende(r): Michael Keith (Am Fuchsberg 1, 41468 Neuss, T: (02131) 93 40)
Geschäftsführer(in): RA Ernst Kammerinke

f 392

Verband der Erfrischungsgetränke-Industrie Berlin und Region Ost e.V.
Königswinterer Str. 300, 53227 Bonn
T: (0228) 44 10 72   Fax: 44 00 19
Vorsitzende(r): Paul-Gerhard Ritter (Postfach 45 01 40, Berlin, T: (030) 7 70 00 20)
Geschäftsführer(in): RA Ernst Kammerinke

● F 393

Vereinigung Alkoholfreie Getränke-Industrie e.V.
(AFG-Vereinigung)
Die folgenden drei Mitgliedsverbände wechseln sich jährlich mit der Geschäftsführung ab:
Für 1999: Wirtschaftsvereinigung Alkoholfreie Getränke e.V. (wafg)
Königswinterer Str. 300, 53227 Bonn
T: (0228) 95 46 00   Fax: 9 54 60 20
Gründung: 1989 (16. November)
Präsident(in): Uller Mutke
Geschäftsführer(in): Dr. Andreas Stücke
Mitglieder: 3 Verbände

Für 2000:
Verband Deutscher Mineralbrunnen e.V. (VDM),
Kennedyallee 28, 53175 Bonn,
Präsident: Dr. H. Ruhrmann,
Geschäftsführer: Wolfgang Stubbe

Für 2001:
Verband der deutschen Fruchtsaft-Industrie e.V. (VdF),
Mainzer Str. 253, 53179 Bonn,
Präsident: Dr. K.O. Becker,
Geschäftsführer: K. Sennewald,
K. Sondhauß

● F 394

Industrieller Verein der deutschen Coca-Cola Konzessionäre e.V.
Wahlerstr. 28, 40472 Düsseldorf
T: (0211) 9 04 48-0   Fax: 9 04 48-29
E-Mail: cokecciv@aol.com
Präsident(in): Klaus Mäurers
Vizepräsident(in): Manfred Fiss
Geschäftsführer(in): Arnold Jahn

● F 395

Bundesverband der Deutschen Eiprodukten-Industrie e.V.
Postf. 24 01 34, 53154 Bonn
Hochkreuzallee 72, 53175 Bonn
T: (0228) 9 59 60-0   Fax: 9 59 60-50
Internet: http://www.epega.org
E-Mail: info@epega.org
Vorsitzende(r): Ludwig Egener
Geschäftsführer(in): C. von der Crone
Mitglieder: 14

● F 396

Verband der Essig- und der Senfindustrie e.V.
Reuterstr. 151, 53113 Bonn
T: (0228) 21 00 95   Fax: 22 94 60
Internationaler Zusammenschluß: siehe unter izf 1938, izf 2496
Vorsitzende(r): Herbert Fastrich (Carl Kühne KG (GmbH & Co.), Niederdorfer Str. 57, 47638 Straelen, T: (02839) 91 00, Fax: (02839) 91 05 05)
Geschäftsführer(in): Dr.jur. Hans-Joachim Mürau
Mitglieder: 48

● F 397

Bundesverband der Deutschen Feinkostindustrie e.V.
Reuterstr. 151, 53113 Bonn
T: (0228) 21 20 17   Fax: 22 94 60
Internationaler Zusammenschluß: siehe unter izf 451, izf 2497
Vorsitzende(r): Th. Rüssmann (Fa. F. H. Rüssmann Feinkostfabrik KG, Kabeler Str. 9, 58099 Hagen, T: (02331) 36 04 17, Telefax: (02331) 36 04 35)
Hauptgeschäftsführer(in): RA Dr.jur. Hans-Joachim Mürau
Geschäftsführer(in): Dipl.-Volksw. Gerhard Weber
Mitglieder: 77

● F 398

Bundesmarktverband der Fischwirtschaft e.V.
Große Elbstr. 133, 22767 Hamburg
T: (040) 38 59 31   Fax: 3 89 85 54
Präsident(in): Klaus Hartmann (i.Hs. Ocean Food GmbH & Co. KG, Westkai 34, 27572 Bremerhaven, T: (0471) 9 72 52-0, Fax: (0471) 9 72 52-22)
Vizepräsident(in): Rudolf Bierbichler (i.Fa. Ferdinand Bierbichler, Postf. 11 52, 83065 Stephanskirchen/Rosenheim, T: (08031) 7 21 (0), Fax: (08031) 72 11 50)
Peter Greim (i.Fa. Frozen Fish International GmbH, Postf. 29 03 52, 27533 Bremerhaven, T: (0471) 13 26 14, Fax: (0471) 7 33 26)
Peter Koch-Bodes („Der Fischfachhandel", i.Fa. F. L. Bodes, Bischofsnadel, 28195 Bremen, T: (0421) 32 41 44 (MGH: T: (0421) 3 50 52 61, Fax: (0421) 32 41 43 (MGH: Fax: (0421) 3 50 56 81)
Geschäftsführer(in): Dr. M. Keller
Mitglieder: 12

● F 399

Bundesverband der Deutschen Fischindustrie und des Fischgroßhandels e.V.
Große Elbstr. 133 II, 22767 Hamburg
T: (040) 38 18 11   Fax: 3 89 85 54
E-Mail: bvfisch@t-online.de
Internationaler Zusammenschluß: siehe unter izf 2458
Vorsitzende(r): Peter Greim (i.Hs. Frozen Fish Intern. GmbH, Postf. 29 03 52, 27533 Bremerhaven, T: (0471) 13-0, Fax: 7 33 26)
Geschäftsführer(in): Dr. Matthias Keller
Mitglieder: 77

Angeschlossen:

f 400

Bundesverband der deutschen Fischindustrie und des Fischgroßhandels e.V.
-Bezirksverband Bremerhaven-
Postf. 29 03 51, 27533 Bremerhaven
T: (0471) 9 73 94-0   Fax: 7 68 02
Vorsitzende(r): N.N.
Geschäftsführer(in): N.N.

f 401

Bundesverband der deutschen Fischindustrie und des Fischgroßhandels e.V.
-Landesverband Schleswig-Holstein-
Wischhofstr. 1-3, 24148 Kiel
T: (0431) 72 52 33
Vorsitzende(r): N. N.

● F 402

Verband deutscher Fischmehl- und Fischölfabriken e.V.
Postf. 1 47, 27451 Cuxhaven
T: (04721) 70 73 10   Fax: 70 73 70
Vorsitzende(r): Ulrich Gerken
Geschäftsführer(in): Hans Himmel (T: (04721) 70 73 20)
Mitglieder: 3

● F 403

Bundesverband der Deutschen Fleischwarenindustrie e.V.
Postf. 29 51, 53019 Bonn
Schedestr. 11, 53113 Bonn
T: (0228) 2 67 25-0   Fax: 2 67 25-55
E-Mail: bvdf@compuserve.com
Internationaler Zusammenschluß: siehe unter izf 2294
Vorsitzende(r): Fritz Köhne (Gütersloher Fleischwarenfabrik, J.F. Marten GmbH, Bismarckstr. 25, 33330 Gütersloh, T: (05241) 8 78 01, Fax: (05241) 87 84 56)
Geschäftsführer(in): Thomas Vogelsang
Dr. Joachim Wiegner

Landesverbände

f 404

Verband der Bayerischen Fleischwarenindustrie e.V.
Kapuzinerplatz 2l, 80337 München
T: (089) 77 65 25   Fax: 7 21 11 01
Vorsitzende(r): Anton Stanglmeier (8350 Plattling)
Geschäftsführer(in): Dr. Andreas Reiners

f 405

Verband der Fleischwarenindustrie in der Hansestadt Hamburg
Justus-von-Liebig-Str. 2, 21629 Neu Wulmstorf
T: (040) 7 00 17 10   Fax: 7 00 61 63
Vorsitzende(r): Paul Otto Schwarz

f 406

Verband der Hessischen Fleischwarenindustrie
Korbacher Str. 5, 34477 Twistetal
T: (05631) 9 73-0   Fax: 9 73-177
Vorsitzende(r): Rainer-Eckhard Wilke

f 407

Verband Niedersächsischer Fleischwarenfabriken e.V.
Industriestr. 5 Kayhauserfeld, 26160 Bad Zwischenahn
T: (04403) 66-0   Fax: 6 63 32
Vorsitzende(r): Christian Rauffus, Bad Zwischenahn

f 408

Fachverband der Rheinischen Fleischwaren-Industrie e.V.
Schedestr. 11 II, 53113 Bonn
T: (0228) 2 67 25-0   Fax: 2 67 25 55
Vorsitzende(r): Karl-Ullrich Steinhaus (42897 Remscheid, T: (02191) 69 50, Fax: (02191) 69 51 71)
Geschäftsführer(in): Thomas Vogelsang

f 409

Fachverband der Westfälischen Fleischwaren-Industrie
Kölner Str. 294, 51645 Gummersbach
T: (02261) 6 01 40   Fax: 60 14 60
Vorsitzende(r): Dr. Wolfgang Ingold (33775 Versmold)
Geschäftsführer(in): Prof. Dr. Ulrich Krell

f 410

Verband der Schleswig-holsteinischen Fleischwarenindustrie e.V.
Walkerdamm 4-6, 24103 Kiel
T: (0431) 9 74 36-0   Fax: 9 74 36 36
Vorsitzende(r): Claus Dölling (25335 Elmshorn)
Geschäftsführer(in): RA Dr. Wolfgang M. Weißleder

f 411

Verband der Fleischwarenindustrie im Saarland und der Pfalz e.V.
Am Alten Markt, 66557 Illingen
T: (06825) 9 22-0   Fax: 9 22-117
Präsident(in): Hans Höll (66557 Illingen)
Stellvertretende(r) Vorsitzende(r): Michael Neu

f 412

Verband der Fleischwarenindustrie Baden-Württemberg
Waldshuter Str. 37, 78176 Blumberg
T: (07621) 40 30-0   Fax: 40 30-40
Vorsitzende(r): Karl-Heinz Blum

● F 413

Deutscher Verband Tiernahrung e.V. (DVT)
Postf. 30 04 45, 53184 Bonn
Beueler Bahnhofsplatz 18, 53225 Bonn
T: (0228) 9 75 68-0   Fax: 9 75 68-68
Internet: http://www.dvtiernahrung.de
E-Mail: info@dvtiernahrung.de
Gründung: 2000 (01. Juli)
Internationaler Zusammenschluß: siehe unter izf 1270
Präsident(in): Manfred Schräder
Anton Schumann
Hauptgeschäftsführer(in): Dr. Hubert Grote
Geschäftsführer(in): Peter Radewahn
Mitglieder: 360

f 414

Deutscher Verband Tiernahrung e.V. (DVT) Fachabteilung Mineralfutter
Beueler Bahnhofsplatz 18, 53225 Bonn
T: (0228) 9 75 68-0   Fax: 9 75 68-68
Vorsitzende(r): J. Jensen (An der Mühlenau 4, 25421 Pinneberg, T: (04101) 2 18-0, Telefax: (04101) 21 83 18)

f 415

Deutscher Verband Tiernahrung e.V. Beratungsstelle für Futter und Fütterung
Beueler Bahnhofsplatz 18, 53225 Bonn
T: (0228) 9 75 68-0   Fax: 9 75 68-68

● F 416

Arbeitsgemeinschaft für Wirkstoffe in der Tierernährung e.V. (AWT)
Roonstr. 5, 53175 Bonn
T: (0228) 35 24 00   Fax: 36 13 97

E-Mail: awtier@aol.com
Gründung: 1954
Internationaler Zusammenschluß: siehe unter izf 1187
Vorsitzende(r): Dr. Christoph Threde
Geschäftsführer(in): Dr. Elvira Süphke
Mitglieder: 20

● F 417
Fachverband der Gewürzindustrie e.V.
Reuterstr. 151, 53113 Bonn
T: (0228) 21 61 62   Fax: 22 94 60
Vorsitzende(r): Michael Rendlen (Gewürzmüller GmbH, T: (0711) 89 99-0, Fax: 89 99-2 00)
Hauptgeschäftsführer(in): RA Dr. jur. Hans-Joachim Mürau
Geschäftsführer(in): RA Dirk Radermacher
Mitglieder: 69

● F 418
Bundesverband der Deutschen Hefeindustrie und der melasseverarbeitenden Brennereien e.V.
Reuterstr. 151, 53113 Bonn
T: (0228) 21 20 17   Fax: 22 94 60
E-Mail: verbaende.buero@t-online.de
Internationaler Zusammenschluß: siehe unter izf 60
Vorsitzende(r): Dr. Günter Moormann (i. Fa. Uniferm GmbH & Co. KG, Brede 4, 59368 Werne a.d. Lippe, T: (02389) 7 97 80, Telefax: (02389) 79 78 12)
Stellvertretende(r) Vorsitzende(r): Dr. Hans Hansen
Geschäftsführer(in): Dr.jur. Hans-Joachim Mürau
RA Dirk Radermacher
Mitglieder: 13
Mitarbeiter: 2

● F 419
Deutscher Kaffee-Verband e.V.
Internationaler Zusammenschluß: siehe unter izf 740
siehe H 85

● F 420
Bundesverband der Kaffeemittelindustrie e.V.
Reuterstr. 151, 53113 Bonn
T: (0228) 21 20 17   Fax: 22 94 60
Vorsitzende(r): Paul Strehle (i. Fa. Günzburger Nahrungsmittelfabrik Gebr. Strehle GmbH, Auweg 1, 89312 Günzburg, Postfl. 15 41, 89305 Günzburg, T: (08221) 80 84, TX: 531 134)
Geschäftsführende(s) Vorstands-Mitglied(er): Dieter Ulbricht
Mitglieder: 4

● F 421
Bundesverband der Hersteller von löslichem Kaffee e.V. (BLK)
Am Sandtorkai 2, 20457 Hamburg
T: (040) 36 51 34   Fax: 36 43 11
Vorsitzende(r): Jan Beernd Rothfos (Am Sandtorkai 2, 20457 Hamburg, T: (040) 37 88 90, Telefax: (040) 36 43 11)
Geschäftsführer(in): Winfried Tigges

● F 422
KAUGUMMI-VERBAND e.V.
Adenauerallee 45, 53113 Bonn
T: (0228) 22 20 24, 22 20 25   Fax: 21 95 63
E-Mail: kaugummiverband@t-online.de
1. Vorsitzende(r): Olaf Blank (Wrigley GmbH, Unterhaching)
2. Vorsitzende(r): Ekkehard Seiler (Fleer GmbH, Walldorf)
Geschäftsführer(in): RA Axel W. Mörsdorf

● F 423
Deutsches Tiefkühlinstitut e.V.
Sitz: Köln
Bonner Str. 484-486, 50968 Köln
T: (0221) 9 37 48-0   Fax: 9 37 48-22
Internet: http://www.tiefkuehlinstitut.de
E-Mail: infos@tiefkuehlinstitut.de
Internationaler Zusammenschluß: siehe unter izf 1633
Vorsitzende(r): Ulf H. Weisner (McCain GmbH)
Stellvertretende(r) Vorsitzende(r): Hans Völk (Intermondo Warenhandelsgesellschaft mbH, Pulheim-Sinnersdorf)
Geschäftsführer(in): Manfred Sassen
Mitglieder: ca. 162

● F 424
Deutscher Mälzerbund e.V.
Postfl. 20 04 28, 53134 Bonn
Dechant-Heimbach-Str. 21, 53177 Bonn
T: (0228) 31 10 62   Fax: 31 23 85
E-Mail: maelzerbund@t-online.de
Internationaler Zusammenschluß: siehe unter izf 45
Präsident(in): Mälzerei-Dir. Gottfried Bauer (Schweinfurter Malzfabrik GmbH, Postfl. 13 27, 97403 Schweinfurt)
Geschäftsführer(in): RA Nils Parow
Mitglieder: 50

Landesverbände

f 425
Bayerischer Mälzerbund e.V.
Buchendorfer Str. 17, 82131 Gauting
T: (089) 8 50 20 39
Vorsitzende(r): Dipl.-Kfm. Hans-Albert Ruckdeschel (GeschF der IREKS GmbH, 95326 Kulmbach, T: (09221) 70 62 63)
Mitglieder: 26

f 426
Mälzerbund Baden-Württemberg e.V.
Postfl. 15 48, 88465 Laupheim
OT Baustetten, 88471 Laupheim
T: (07392) 20 77   Fax: 28 35
Vorsitzende(r): Dipl.-Kfm. Dipl.-Brmstr. Ludwig Zimmermann (GeschF der Malzfabrik Ludwig Zimmermann, Baustetten, 88471 Laupheim)
Mitglieder: 8

f 427
Mälzerbund Mittelrhein-Pfalz e.V.
Geschäftsstelle
Postfl. 10 43 20, 69033 Heidelberg
Ludolf-Krehl-Str. 43, 69120 Heidelberg
T: (06221) 64 66-0   Fax: 64 66 99
Vorsitzende(r): Dipl.-Kfm. Martin Göhler (GeschF der PALATIA MALZ GmbH)
Mitglieder: 6 Firmen

f 428
Nordwestdeutscher Mälzerbund e.V.
Postfl. 54 02 09, 22502 Hamburg
Reichsbahnstr. 99, 22525 Hamburg
T: (040) 5 40 02-0   Fax: 5 40 02-312
Vorsitzende(r): Dipl.-Kfm. Michael Wiese (i.Fa. Tivoli Malz GmbH, Reichsbahnstr. 99, 22525 Hamburg)
Mitglieder: 7

f 429
Ostdeutscher Mälzerbund
Bahnhofstr. 33, 06188 Landsberg
T: (034602) 2 06 01   Fax: 2 06 03
Vorsitzende(r): Ch. Thormann (Malzfabrik Landsberg)
Mitglieder: 3

● F 430
Verband der Deutschen Margarineindustrie e.V.
Adenauerallee 148, 53113 Bonn
T: (0228) 37 20 23   Fax: 37 20 25
E-Mail: margarineverband@t-online.de
Internationaler Zusammenschluß: siehe unter izf 2147
Vorsitzende(r): Dr. Ortwin Klang (Im Sorenfelde 33c, 22359 Hamburg)
Geschäftsführer(in): Dipl.-Betriebsw. Karl-Heinz Legendre
Ass. jur. Gerhard Gnodtke
Mitglieder: 18 Firmen

● F 431

Verband Deutscher Mineralbrunnen e.V. (VDM)
Deutsche Heilbrunnen im VDM
Kennedyallee 28, 53175 Bonn
T: (0228) 95 99 00   Fax: 37 34 53
Internet: http://www.heilwasser.com, http://www.mineralwasser.com
E-Mail: vdm.bonn@t-online.de
Internationaler Zusammenschluß: siehe unter izf 2345
Vorsitzende(r): Dr. Helmut Ruhrmann (Kennedyallee 28, 53175 Bonn, T: (0228) 95 99 00)
Geschäftsführer(in): RA Wolfgang Stubbe
Leitung Presseabteilung: Heike Schur
Mitglieder: 240

Vertretung der Interessen seiner Mitglieder gegenüber Behörden und Wirtschaftsorganisationen; Austausch wissenschaftlicher, wirtschaftlicher und technischer Informationen; Beratung der Mitglieder in einschlägigen Angelegenheiten.

● F 432

Verband Deutscher Mühlen e.V.
Postfl. 30 01 62, 53181 Bonn
Beueler Bahnhofsplatz 18, 53225 Bonn
T: (0228) 9 76 10-0   Fax: 9 76 10-99
Internet: http://www.muehlen.org
E-Mail: vdm@muehlen.org
Internationaler Zusammenschluß: siehe unter izf 1646
Vorsitzende(r): Hans-Christoph Erling (GeschFGes: Bremer Rolandsmühle Erling & Co. GmbH, Emder Str. 39, 28217 Bremen)
Hauptgeschäftsführer(in): RA Franz-Josef Arens
Geschäftsführer(in): RA Henrich Fenner
Dipl.-Volksw. Manfred Weizbauer
Mitglieder: 750

● F 433
Verband Deutscher Oelmühlen e.V.
Am Weidendamm 1a, 10117 Berlin
T: (030) 7 26 25-900   Fax: 7 26 25-999
TGR: oelvb d
E-Mail: info@oelmuehlen.de
Gründung: 1900
Internationaler Zusammenschluß: siehe unter izf 2517
Vorsitzende(r): Wilhelm F. Thywissen (C. Thywissen GmbH, Industriestr. 33, 41460 Neuss, T: (02131) 26 04-1, Fax: (02131) 26 04-220)
Geschäftsführer(in): Petra Sprick
Mitglieder: 20

● F 434
Getreidenährmittelverband
Bundesverband der Hersteller von Nährmitteln aus Getreide und Reis e.V.
Postfl. 19 01 65, 53037 Bonn
An der Elisabethkirche 26, 53113 Bonn
T: (0228) 2 67 10-0   Fax: 2 67 10-20
E-Mail: info@verbaende-hees.de
Internationaler Zusammenschluß: siehe unter izf 1150, izf 2549
Vorsitzende(r): Bernd Wilhelm (i. Fa. Kellogg (Deutschland) GmbH)
Geschäftsführer(in): Dipl.-Volksw. Wolfgang Hees

● F 435
Bundesverband der obst-, gemüse- und kartoffelverarbeitenden Industrie e.V.
Von-der-Heydt-Str. 9, 53177 Bonn
T: (0228) 35 40 25   Fax: 36 18 89
E-Mail: bogk-vds@t-online.de
Internationaler Zusammenschluß: siehe unter izf 437
Vorsitzende(r): Heinz-Gregor Johnen (i. Fa. Franz Zentis GmbH & Co., Postfl. 15 70, 52016 Aachen, T: (0241) 4 76 00, Telefax: (0241) 4 76 03 69)
Hauptgeschäftsführer(in): Hans-Egbert Brinkmann
Geschäftsführer(in): Dipl.-Volksw. Erik Demarrez
RA Werner Koch
Mitglieder: ca. 70

● F 436
Institut für Gemüse- und Zierpflanzenbau Großbeeren/Erfurt e.V.
Wissenschaftsgemeinschaft Gottfried Wilhelm Leibniz
Theodor-Echtermeyer-Weg, 14979 Großbeeren
T: (033701) 7 81 31   Fax: 5 53 91
Internet: http://www.dainet.de/igz/
E-Mail: igzev@igzev.de
Gründung: 1992 (1. Januar)
Direktor(in): Dr. Eckhard George
Ltg. Bibliothek: M. Grohmann
Mitarbeiter: ca. 100
Jahresetat: ca. DM 10 Mio, € 5,11 Mio Forschungsetat

● F 437
Verband der deutschen Fruchtsaft-Industrie e.V. (VdF)
Mainzer Str. 253, 53179 Bonn
T: (0228) 9 54 60-0   Fax: 9 54 60-20, 9 54 60-30
Internet: http://www.fruchtsaft.de
E-Mail: info@fruchtsaft.org
Internationaler Zusammenschluß: siehe unter izf 72

F 437

Präsident(in): Karl-Otto Becker (i. Fa .becker's bester GmbH, Nörten-Hardenberg)
Geschäftsführer(in): RA Karsten Sennewald
Dipl.-Ökonom Klaus Sondhauß
Mitglieder: 208 Direktmitglieder, 71 förd. Mitglieder und 7 Verbände

Landesverbände

f 438

Verband der bayer. Fruchtsaft-Industrie e.V.
Lindenstr. 17, 85405 Nandlstadt
T: (08756) 91 00 78 Fax: 91 00 98
1. Vorsitzende(r): Konrad Paul (i.Fa. "ORO"-Obstverwertung eG, Urbanstr. 5, 83101 Rohrdorf)
Geschäftsführer(in): Kurt Eid
Mitglieder: 70

f 439

Verband der baden-württembergischen Fruchtsaft-Industrie e.V.
Eduard-Pfeiffer-Str. 48, 70192 Stuttgart
T: (0711) 22 33 3-0 Fax: 2 23 33-99
Vorsitzende(r): Gert Rauner (i.Fa. Gert Rauner, Fruchtsäfte-Konzentrate, Hesselbachstr. 8, 75242 Neuhausen, T: (07234) 95 33-0, Telefax: (07234) 95 33-99)
Geschäftsführer(in): RA Dr.jur. Axel B. Stemmer
Mitglieder: 101

f 440

Verband der Hessischen Apfelwein- u. Fruchtsaft-Keltereien e.V.
Kirchgang 8, 56370 Schönborn
T: (06486) 91 13 05 Fax: 91 13 06
Vorsitzende(r): Walfried Heil (i. Fa. Kelterei Heil, An den Obstwiesen, 35789 Weilmünster-Laubuseschbach, T: (06475) 91 31-0, Fax: (06475) 91 31 40)
Geschäftsführer(in): S. Schäfer
Mitglieder: 73

f 441

Fruchtsaft-Verband Sachsen/Anhalt e.V.
Diesterwegstr. 2a, 39110 Magdeburg
T: (0391) 7 31 31 34 Fax: 7 31 31 34
1. Vorsitzende(r): Bernd Nehrkorn (i. Fa. Mosterei Nehrkorn, Mulmker Weg 9, 38855 Heudeber, T: (039458) 2 13, Fax: (039458) 36 79)
Geschäftsführer(in): Heike Schich
Mitglieder: 20

f 442

Fruchtsaftverband Sachsen e.V.
Hauptstr. 49, 01936 Reichenbach
T: (035795) 4 28 55 Fax: 4 28 55
1. Vorsitzende(r): Erika Schäplitz (i. Fa. Kelterei Willy Kühne, Hauptstr. 49, 01936 Reichenbach, T: (035795) 4 28 55, Telefax: (035795) 4 28 55)
Mitglieder: 36

● F 443

Wirtschaftsvereinigung Kräuter- und Früchtetee e.V. (WKF)
Gotenstr. 21, 20097 Hamburg
T: (040) 23 60 16 33 Fax: 23 60 16 10
E-Mail: wkf@wga-hh.de
Gründung: 1997 (1. Juli)
Internationaler Zusammenschluß: siehe unter izf 1164
Vorsitzende(r): Willi Rausch (Firma Teekanne GmbH, Kevelaerer Str. 21-23, 40549 Düsseldorf)
Stellvertretende(r) Vorsitzende(r): Dr. Adolf Kler (Martin Bauer GmbH & Co. KG, Dutendorfer Str. 5-7, 91487 Vestenbergsgreuth)
Geschäftsführer(in): RA'in Dr. Monika Beutgen

● F 444

Verband der deutschen Fruchtwein- und Fruchtschaumwein-Industrie e.V. (VdFw)
Mainzer Str. 253, 53179 Bonn
T: (0228) 34 07 29 Fax: 9 54 60-20
Gründung: 1968
Internationaler Zusammenschluß: siehe unter izf 2509
Vorsitzende(r): Adolf Lorscheider (i. Fa. Peter Herres GmbH, Sektkellerei, 54211 Trier)
Geschäftsführer(in): RA Karsten Sennewald
Mitglieder: 23 ordentliche und 2 außerordentliche

● F 445

Verband der Hersteller von Perlwein und ähnlichen Erzeugnissen
c/o Fa. KELLER GEISTER GmbH & Co. KG
Rudolf-Diesel-Str. 7-9, 54292 Trier

T: (0651) 2 09 06-0 Fax: 2 09 06-54
Vorsitzende(r): Adolf Lorscheider (i. Fa. KELLER GEISTER GmbH & Co. KG, Rudolf-Diesel-Str. 7-9, 54292 Trier, T: (0651) 2 09 06-0, Telefax: (0651) 2 09 06-144, -154, -156)

● F 446

Verband der deutschen Sauerkonserven-Industrie e.V. (VdS)
Von-der-Heydt-Str. 9, 53177 Bonn
T: (0228) 35 40 26 Fax: 36 18 89
Internationaler Zusammenschluß: siehe unter izf 2495
Vorsitzende(r): Dr. Helmut Hengstenberg (Fa. Rich. Hengstenberg GmbH & Co., Mettinger Str. 109, 73728 Esslingen, T: (0711) 3 92 93 15, Fax: 3 92 94 37)
Geschäftsführende(s) Vorstands-Mitglied(er): Dipl.-Kfm. Dieter Adeneuer
Mitglieder: 49

f 447

Verband der Sauerkonserven-Fabrikanten von Baden-Württemberg e.V.
Von-der-Heydt-Str. 9, 53177 Bonn
T: (0228) 35 40 26 Fax: 36 18 89
Vorsitzende(r): Dieter Klärle (i. Fa. Schwabenstolz, Hubel & Co. KG, Essig-Senf- u. Sauerkonservenfabrik, Böblinger Str. 32, 71139 Ehningen, T: (07034) 9 92 75)
Mitglieder: 10

f 448

Verband der bayerischen Sauerkonserven-Industrie e.V.
Lindenstr. 17, 85405 Nandlstadt
T: (08756) 91 00 78
Vorsitzende(r): Artus Landes (Landes Feinsaure Delikatessen oHG, Georg-Heiss-Str. 1, 85051 Ingolstadt, T: (08450) 80 11)
Mitglieder: 17

● F 449

Fachverband Deutsche Speisezwiebel e.V.
Geschäftsstelle:
An der Brunnenstube 33-35, 55120 Mainz
T: (06131) 62 05 61 Fax: 62 05 50
Gründung: 1984
Mitglieder: 800
Mitarbeiter: 2

● F 450

Verband Deutscher Sektkellereien e.V.
Sonnenberger Str. 46, 65193 Wiesbaden
T: (0611) 52 10 33 Fax: 59 97 75
E-Mail: vds-bws@t-online.de
Internationaler Zusammenschluß: siehe unter izh 7
Präsident(in): Dr. Wolf H. Pröpsting (Henkell & Söhnlein Sektkellereien KG, Postf. 30 40, 65020 Wiesbaden)
Geschäftsführer(in): Ursula Schmitt
Geschäftsführer(in): Ralf Peter Müller
Mitglieder: 101

● F 451

Arbeitsgemeinschaft Deutscher Agraralkoholerzeuger und -bearbeiter
Westfalendamm 59, 44141 Dortmund
T: (0231) 43 37 64, 43 01 44 Fax: 42 20 37
Präsident(in): Dipl.-Ing. agr. Martin Empl (Zedlitzstr. 16, 86163 Augsburg, T: (0821) 6 22 42, Fax: (0821) 6 52 94)
Geschäftsführer(in): Dipl.-Ökonom Peter Pilz
Mitglieder: 7 Verbände

Fachverbände:
Bundesverband Deutscher Kartoffelbrenner e.V.
Bundesverband Deutscher Kornbrenner e.V.
Bundesverband der Deutschen Hefeindustrie e.V. und der melasseverarbeitenden Brennereien e.V.
Bundesverband der landw. Rohstoffe verarbeitenden Brennereien e.V.
Bundesverband der Deutschen Klein- und Obstbrenner e.V.
Versuchs- und Lehranstalt für Spiritusfabrikation und Fermentationstechnologie
Bundesverband der Obstgemeinschaftsbrennereien e.V.

● F 452

Bundesverband Deutscher Kartoffelbrenner e.V.
Schmaedelstr. 2a, 81245 München
T: (089) 88 19 44 Fax: 88 61 46
E-Mail: brennereiverband@gmx.de
Gründung: 1952
Internationaler Zusammenschluß: siehe unter izf 467
Vorsitzende(r): Dipl.-Ing. agr. Martin Empl (Zedlitzstr. 16, 86163 Augsburg, T: (0821) 6 22 42)
Geschäftsführer(in): Dipl.-Ing. agr. Gottlieb Fauth
Mitglieder: 8 Landesverbände

● F 453

Verband der früheren Kartoffelbrennereien u. sonstigen Eigenbrennereien Ost- und Mitteldeutschlands e.V.
Seestr. 13, 13353 Berlin
T: (030) 4 50 80-0 Fax: 4 53 60 67
Vorsitzende(r): Administrator Gerhard Richter
Geschäftsführer(in): RA Klaus-Dieter Schünemann
Mitglieder: 349

● F 454

Bundesverband der Stärkekartoffelerzeuger e.V. (BVS)
Andreas-Hermes-Haus
Godesberger Allee 142-148, 53175 Bonn
T: (0228) 81 98-2 24 Fax: 81 98-2 03
E-Mail: u.meiners@bauernverband.de
Vorsitzende(r): Werner Hilse
Stellvertretende(r) Vorsitzende(r): Bernhard Schütte
Alois Eibauer
Geschäftsführer(in): Uta Meiners
Mitglieder: 12

● F 455

Bundesverband Deutscher Kornbrenner e.V. (BDK)
Westfalendamm 59, 44141 Dortmund
T: (0231) 43 01 44 Fax: 42 20 37
E-Mail: kornbrenner@t-online.de
Gründung: 1884
Internationaler Zusammenschluß: siehe unter izf 468, izf 1328
Präsident(in): Johannes Böckenhoff (Kirchplatz 2-3, 46348 Raesfeld, T: (02865) 2 17, Fax: (02865) 69 67)
Hauptgeschäftsführer(in): Dipl.-Ökonom Peter Pilz
Geschäftsführer(in): RA Eva-Maria Pohlmann
Verbandszeitschrift: Brennerei-Informationen
Redaktion: Peter Pilz
Verlag: Westfalendamm 59, 44141 Dortmund
Mitglieder: 450

Landesverbände

f 456

Verband westfälischer Kornbrenner im Bundesverband Deutscher Kornbrenner e.V.
Westfalendamm 59, 44141 Dortmund
T: (0231) 43 37 64 Fax: 42 20 37
Vorsitzende(r): Manfred Glitz-Ehringhausen (Ehringhauser Weg 2, 59368 Werne, T: (02389) 21 97, Fax: (02389) 21 67)
Geschäftsführer(in): N. N.

f 457

Verband Rheinischer Kornbrenner e.V.
Westfalendamm 59, 44141 Dortmund
T: (0231) 43 37 64 Fax: 42 20 37
Vorsitzende(r): Ralf Müllenbach (Postf. 12 27, 51493 Rösrath, T: (02205) 26 59, Fax: (02205) 8 36 17)
Geschäftsführer(in): Harald Heimann

f 458

Verband der Kornbrenner Niedersachsens e.V.
Windmühlenstr. 50, 31600 Uchte
T: (05763) 13 12 Fax: 9 31 81
Vorsitzende(r): Dipl.-Ing. agr. Christoph Meyer-Hamme (Windmühlenstr. 50, 31600 Uchte, T: (05763) 13 12, Telefax: (05763) 9 31 81)

f 459

Verband der Kornbrenner im Gebiet Weser-Ems e.V.
Westfalendamm 59, 44141 Dortmund
T: (0231) 43 37 64 Fax: 42 20 37
Vorsitzende(r): Dipl.-Ing. Luitpold Berentzen (Gut Sautmannshausen, 49740 Haselünne, T: (05561) 2 40, Telefax: (05561) 73 54)
Geschäftsführer(in): N. N.

f 460

**Bundesverband Deutscher Kornbrenner e.V.
Landesverband Schleswig-Holstein**
Westfalendamm 59, 44141 Dortmund
T: (0231) 43 37 64 Fax: 42 20 37
Vorsitzende(r): Gerd Christiansen (Neustadt 56, 24939 Flensburg, T: (0461) 4 22 00, Fax: (0461) 4 20 33)
Geschäftsführer(in): Dipl.-Ökonom Peter Pilz

f 461

Verband südwestdeutscher Kornbrenner im Bundesverband Deutscher Kornbrenner e.V.
Westfalendamm 59, 44141 Dortmund

T: (0231) 43 37 64 **Fax:** 42 20 37
Vorsitzende(r): Franz Hennes (Wetschhauserhof, 66564 Ottweiler, T: (06858) 2 57, Telefax: (06858) 63 11)
Geschäftsführer(in): N. N.

f 462

Verband mitteldeutscher Korn- und Getreidebrenner e.V.

Dorfstr. 2, 16833 Brunne
T: (033932) 7 02 24 **Fax:** 7 02 24
Vorsitzende(r): Herbert Neumann (Dorfstr. 2, 16833 Brunne)

● F 463

Verband Bayerischer Landwirtschaftlicher Brennereien eG

Schmaedelstr. 2a, 81245 München
T: (089) 88 19 44 **Fax:** 88 61 46
Gründung: 1913
Vorsitzende(r): Dipl.-Ing.agr. Martin Empl (Zedlitzstr. 16, 86163 Augsburg, T: (0821) 6 22 42)
Geschäftsführer(in): Dipl.-Ing.Dr. Gottlieb Fauth
Mitglieder: 200

● F 464

Verband Landwirtschaftlicher Verschlußbrennereien in Rheinland-Pfalz e.V.

Röchlingstr. 1, 67663 Kaiserslautern
T: (0631) 5 35 67-35 **Fax:** 5 35 67-19
Geschäftsführer(in): Lothar Ohliger
Vorsitzende(r): Richard Rutz

● F 465

Verband südwestdeutscher landw. Brenner e.V.

Bensheimer Hof, 64560 Riedstadt
T: (06158) 7 18 25 **Fax:** 7 46 32
Vorsitzende(r): Dipl.-Ing. agr. Karl-Heinrich Kraft (Bensheimerhof, 64560 Riedstadt, T: (06158) 7 22 31, Telefax: (06158) 7 46 32)
Geschäftsführer(in): Dipl.-Finanzwirt Franz M. Weishäupl (Horrheimer Str. 26, 70437 Stuttgart)
Mitglieder: 100

● F 466

Bundesverband der Deutschen Klein- und Obstbrenner e.V.

Postf. 11 50, 77724 Oppenau
Dreikönigweg 6, 77728 Oppenau
T: (07804) 97 94-0 **Fax:** 97 94-16
Vorsitzende(r): Siegfried Hornung (Georg-Metzler-Str. 33, 74747 Ravenstein-Ballenberg)
Geschäftsführer(in): Gerald Erdrich

Landesverbände

f 467

Verband Badischer Klein- und Obstbrenner e.V.

Postf. 11 50, 77724 Oppenau
Dreikönigweg 6, 77728 Oppenau
T: (07804) 97 94-0 **Fax:** 97 94-16
Vorsitzende(r): Siegfried Hornung
Mitglieder: 15000

f 468

Verband der Klein- und Obstbrenner Südwürttemberg-Hohenzollern

Fahnhalden 1, 88285 Bodnegg
T: (07520) 9 11 00 **Fax:** 9 11 01
Vorsitzende(r): Claudia Metzler

f 469

Landesverband der Klein- und Obstbrenner in Nord-Württemberg e.V.

In den Backenländern 16, 71384 Weinstadt
T: (07151) 60 08 80 **Fax:** 63 13 86
Vorsitzende(r): Fritz Aichele

f 470

Fränkischer Klein- und Obstbrenner-Verband e.V. Würzburg

Geschäftsstelle:
Schweinfurter Str. 11, 97616 Bad Neustadt
T: (09771) 99 58 05 **Fax:** 99 58 06
Gründung: 1914 (22. Februar)
Geschäftsführer(in): Eduard Walter
1. Vorsitzende(r): Ludwig Bätz (Richard-Wagner-Str. 15, 97616 Bad Neustadt, T u. Fax: (09771) 30 53)
Mitglieder: 1850

f 471

Verband Rheinischer u. Saarländischer Klein- und Obstbrenner e.V.

Teitelbach, 54636 Trimport
T: (06562) 81 20 **Fax:** 12 34
Vorsitzende(r): Bernhard Bares

f 472

Verband Pfälzer Klein- und Obstbrenner e.V.

Geschäftsstelle:
Postf. 11 50, 77724 Oppenau
Dreikönigweg 6, 77728 Oppenau
T: (07804) 97 94-0 **Fax:** 97 94-16
Vorsitzende(r): Otto Hey, Oberotterbach
Mitglieder: 450

f 473

Kleinbrennerverband für den bayerischen Kreis Lindau e.V.

Schönauer Str. 105, 88131 Lindau
T: (08382) 51 11 **Fax:** 48 03
Gründung: 1950 (22. Juli)
Vorsitzende(r): Martin Willhalm
Verbandszeitschrift: "Die Kleinbrennerei"
Redaktion: Eugen Ulmer, Stuttgart
Mitglieder: 600

● F 474

BSI

Bundesverband der Deutschen Spirituosen-Industrie und -Importeure e.V. (BSI)

Postf. 15 02 23, 53041 Bonn
Urstadtstr. 2, 53129 Bonn
T: (0228) 5 39 94-0 **Fax:** 5 39 94-20
Internet: http://www.bsi-bonn.de
E-Mail: bsi-bonn@t-online.de
Büro Brüssel: 81a, Rue de la Loi, 1040 Bruxelles, T: (00322) 2 31 16 69, Fax: (00322) 2 30 98 86, E-Mail: bsi-vdf.dbudde@euronet.be
Gründung: 1974 (5. Dezember)
Internationaler Zusammenschluß: siehe unter izf 1326
Präsident(in): Harald Eckes-Chantré (Eckes AG, Nieder-Olm)
Stellv. Präs: Christian Fehling (HARDENBERG-WILTHEN AG)
William Verpoorten (VERPOORTEN GMBH & CO.KG)
Präsidiumsmitglied(er): Thomas Ernst (August Ernst GmbH + Co.)
Bernd Gröning (DANISH DISTILLERS BERLIN GMBH)
Andreas Hubloher (CAMPARI DEUTSCHLAND GMBH)
Andrea Lührmann (Berentzen Brennereien GmbH + Co.)
Jutta Matthiesen (Borco-Marken-Import Matthiesen GmbH & Co.)
Peter Mier (SCHILKIN GmbH & Co. KG BERLIN)
Wilfried Mocken (Semper idem. Underberg AG)
Nicolaus Schladerer-Ulmann (Alfred Schladerer Alte Schwarzwälder Hausbrennerei GmbH)
Joachim H. Peycke (BACARDI GMBH)
Geschäftsführer(in): Dipl.-Vw. Angelika Wiesgen-Pick
RA Martin Kieffer
Mitarbeiter: 5

Wahrung und Vertretung der allgemeinen ideellen, wirtschaftlichen und beruflichen Interessen der industriell strukturierten Unternehmen der Spirituosenherstellung sowie der Spirituoseneinfuhr im Bundesgebiet sowie fachliche Betreuung regionaler Zusammenschlüsse von Spirituosenherstellern und Spirituosenimporteuren.

f 475

Landesverband der Bayer. Spirituosenindustrie e.V.

Feldgasse 37-41, 90489 Nürnberg
T: (0911) 53 31 71

f 476

Verband der Spirituosenhersteller Hamburg/Schleswig-Holstein e.V.

c/o Gebrüder Asmussen GmbH & Co. KG
Klosterweg 7-13, 25336 Elmshorn
T: (04121) 46 72-0

f 477

Verband der mitteldeutschen Spirituosen-Industrie e.V. (VSI)

c/o Grenzwald-Destillation Otto Ficker
Rathenaustr. 59c, 09474 Crottendorf
T: (037344) 83 33

f 478

Verband der Spirituosen-Hersteller in Niedersachsen e.V.

Hildesheimer Str. 11, 30169 Hannover
T: (0511) 2 83 27 29

f 479

Landesgruppe der Westdeutschen Spirituosenhersteller

Postf. 15 02 23, 53041 Bonn
Urstadtstr. 2, 53129 Bonn
T: (0228) 5 39 94-0 **Fax:** 5 39 94-20

● F 480

Bundesverband der Obstverschlußbrenner e.V. (BOVB)

Werderring 12, 79098 Freiburg
T: (0761) 3 25 12 **Fax:** 3 26 12
E-Mail: bdo.frbg@t-online.de
Internationaler Zusammenschluß: siehe unter izf 1327
Vorsitzende(r): Nicolaus Schladerer-Ulmann (Fa. Alfred Schladerer, Alte Schwarzwälder Hausbrennerei GmbH, 79219 Staufen)
Geschäftsführer(in): Harald Brugger

● F 481

Verband der Deutschen Essenzenindustrie e.V. (VDDEI)

Meckenheimer Allee 87, 53115 Bonn
T: (0228) 65 37 29 **Fax:** 63 79 40
Gründung: 1906 (18. September)
Internationaler Zusammenschluß: siehe unter izf 1113
Präsident(in): Lambert Courth (c/o Haarmann & Reimer GmbH, 37603 Holzminden)
Geschäftsführende(s) Vorstands-Mitglied(er): Dipl.-Kfm. Hanns-Erwin Muermann
Mitglieder: 54
Mitarbeiter: 2

● F 482

Fachverband der Stärkeindustrie e.V.

Postf. 19 01 65, 53037 Bonn
An der Elisabethkirche 26, 53113 Bonn
T: (0228) 9 14 23-0 **Fax:** 9 14 23-20
E-Mail: info@verbaende-hees.de
Vorsitzende(r): Dr. Karsten Eberstein (Cerestar (Deutschland) GmbH, Krefeld)
Geschäftsführer(in): Dipl.-Volksw. Wolfgang Hees

● F 483

Bundesverband der Deutschen Süßwarenindustrie e.V. - BDSI

Schumannstr. 4-6, 53113 Bonn
T: (0228) 2 60 07-0 **Fax:** 2 60 07-89
Internet: http://www.bdsi.de
E-Mail: bdsi@bdsi.de
Internationaler Zusammenschluß: siehe unter izf 1314, izf 2169, izf 2534
Vorsitzende(r): Dr. Dietmar Kendziur (Ferrero)
Hauptgeschäftsführer(in): Klaus Reingen
Mitglieder: 240

Landesgruppen

f 484

Bundesverband der Deutschen Süßwarenindustrie e.V.
Landesgruppe Baden-Württemberg

Postf. 47 44, 78512 Tuttlingen
T: (07461) 92 82-0 **Fax:** 92 82-50

f 485

Bundesverband der Deutschen Süßwarenindustrie e.V.
Landesgruppe Bayern

Krebsgasse 7, 90402 Nürnberg
T: (0911) 22 14 10 **Fax:** 2 41 92 98

f 486

Bundesverband der Deutschen Süßwarenindustrie e.V.
Landesgruppe Nord

Postf. 21 17, 23509 Lübeck
T: (0451) 53 01-0 **Fax:** 53 01-111

f 487
Bundesverband der Deutschen Süßwarenindustrie e.V.
Landesgruppe Hessen, Rheinland-Pfalz und Saarland
Postf. 13 41, 63233 Neu-Isenburg
T: (06102) 2 93-517   **Fax:** 2 93-510

f 488
Bundesverband der Deutschen Süßwarenindustrie e.V.
Landesgruppe Nordrhein
Postf. 90 02 49, 51112 Köln
T: (02203) 4 30   **Fax:** 4 33 30

f 489
Bundesverband der Deutschen Süßwarenindustrie e.V.
Landesgruppe Ost
Postf. 23 33, 07309 Saalfeld
T: (03671) 82 11 01   **Fax:** 82 11 00

f 490
Bundesverband der Deutschen Süßwarenindustrie e.V.
Landesgruppe Westfalen
Postf. 15 65, 33780 Halle
T: (05201) 1 23-28   **Fax:** 1 23-96

● F 491
German Sweets Süßwarenexportförderung e.V.
Postf. 19 01 28, 53037 Bonn
Schumannstr. 4-6, 53113 Bonn
T: (0228) 2 60 07-0   **Fax:** 26 49 67
Internet: http://www.germansweets.de
E-Mail: germansweets@t-online.de
Gründung: 1977
Vorsitzende(r): Rüdiger Larssen
Stellvertretende(r) Vorsitzende(r): Hanns G. Werner
Ralf Volmer
Geschäftsführer(in): RA Stefan Feit (Ltg. Presseabt.)
Mitglieder: 101
Mitarbeiter: 3

● F 492
Verband der Suppenindustrie e.V.
Reuterstr. 151, 53113 Bonn
T: (0228) 21 20 17   **Fax:** 22 94 60
E-Mail: verbaendebuero@t-online.de
Vorsitzende(r): Karl-Heinz Ringel (Maggi GmbH, Frankfurt/M.)
Hauptgeschäftsführer(in): Dr.jur. Hans-Joachim Mürau
Geschäftsführer(in): RA Dirk Radermacher
Mitglieder: 29

● F 493
Verband der Teigwarenhersteller und Hartweizenmühlen Deutschlands e.V. (VTH)
Postf. 19 01 65, 53037 Bonn
An der Elisabethkirche 26, 53113 Bonn
T: (0228) 9 11 83-0   **Fax:** 9 11 83-20
E-Mail: info@verbaende-hees.de
Internationaler Zusammenschluß: siehe unter izf 1982
Vorsitzende(r): Fritz Albert (3 Glocken GmbH Teigwarenfabrik, Weinheim/Bergstraße)
Geschäftsführer(in): Dipl.-Volksw. Wolfgang Hees

● F 494
Verein der Zuckerindustrie
Postf. 25 45, 53015 Bonn
Am Hofgarten 8, 53113 Bonn
T: (0228) 22 85-0   **Fax:** 2 28 51 00
Internet: http://www.zuckerwirtschaft.de
E-Mail: wvz-wvz@t-online.de
Gründung: 1850
Internationaler Zusammenschluß: siehe unter izf 1361
Vorsitzende(r): Dr. Klaus Korn (Vorstandsmitglied d. Südzucker AG Mannheim/Ochsenfurt in Ochsenfurt)
Stellvertretende(r) Vorsitzende(r): Dr. Jürgen Kohnke (Geschäftsführung, Pfeifer & Langen, Köln)
Hauptgeschäftsführer(in): Dr. Dieter Langendorf, Bonn
Mitglieder: 6

● F 495
Wirtschaftliche Vereinigung Zucker e.V.
Postf. 25 45, 53015 Bonn
Am Hofgarten 8, 53113 Bonn
T: (0228) 22 85-0   **Fax:** 2 28 51 00
E-Mail: wvz-wvz@t-online.de
Vorsitzende(r) des Vorstandes: Klaus Wittenberg (Kesselstr. 2, 31249 Hohenhameln)
Vorsitzende(r) des Koordinierungsbeirates: Hans-Georg Andreae, Münster/Bay.
Hauptgeschäftsführer(in): Dr. Dieter Langendorf, Bonn

● F 496
Wirtschaftsvereinigung der Ernährungsindustrie in Berlin und Brandenburg e.V.
Am Schillertheater 2, 10625 Berlin
T: (030) 3 10 05-0   **Fax:** 3 10 05-160
Vorsitzende(r): Dipl.-Kfm. Jochen Sievers (c/o Berliner Kindl Brauerei AG)
Geschäftsführer(in): Dipl.-Volksw. Christian Amsinck
RA Andreas Fleischer

● F 497
Fachverband-Nährmittel-Industrie e.V.
c/o Ernst Müller & Co. vormals Karlsbader Nährmittelindustrie GmbH
Postf. 14 65, 93069 Neutraubling
Böhmerwaldstr. 6, 93073 Neutraubling
T: (09401) 9 41-0   **Fax:** 12 02
Vorsitzende(r): Wolfgang Müller (E-Mail: muellers-karlsbader@t-online.de)
Mitglieder: 15

● F 498
Landesverband der Nährmittelindustrie Nord e.V.
Postf. 54 07 46, 22507 Hamburg
Reichsbahnstr. 95, 22525 Hamburg
T: (040) 54 72 10-0   **Fax:** 54 50 32
Vorsitzende(r): Klaus Siefke (Geschäftsführer Wela Werke, Sellhopsweg 3, 22459 Hamburg)
Geschäftsführer(in): RA Wichard von Schöning

● F 499
Verband der Nahrungsmittel-Industrie für die Pfalz e.V.
Postf. 10 10 62, 67410 Neustadt
Friedrich-Ebert-Str. 11-13, 67433 Neustadt
T: (06321) 85 20   **Fax:** 8 52-2 21
Vorsitzender: Dipl.-Brennm. Mathias Berkel (Geschäftsführer der Pfälzische Sprit- und chemische Fabrik Heinz Berkel GmbH & Co KG, Postf. 15 02 80, 67027 Ludwigshafen, Erbachstr. 18, 67065 Ludwigshafen)
Geschäftsführer(in): RA Thomas Gans

● F 500
Verband der Nahrungs- und Genußmittelindustrie des Saarlandes e.V.
Postf. 65 04 33, 66143 Saarbrücken
Harthweg 15, 66119 Saarbrücken
T: (0681) 9 54 34-0   **Fax:** 9 54 34-74
Präsident(in): Bruno Proietti (i. Fa. Ludwig Schokolade GmbH + Co.KG, Lebacher Str. 1-3, 66740 Saarlouis, T: (06831) 89 70)
Geschäftsführer(in): RA Dietrich Conrad
Mitglieder: 9

● F 501
Fachverband Pektin e.V.
Postf. 12 61, 75302 Neuenbürg
T: (07082) 79 13-0   **Fax:** 79 13-98
E-Mail: g.f.fox@herbstreith-fox.de
Gründung: 1956
Vorsitzende(r): Gerhard F. Fox (Herbstreith & Fox KG)

● F 502
Bundesverband Deutscher Verpflegungs- und Vending-Unternehmen e.V. (BDV)
Weißhausstr. 36-38, 50939 Köln
T: (0221) 44 79 68   **Fax:** 42 25 22
Geschäftsführer(in): RA Norbert Monßen
Mitglieder: 280

● F 503
Industrie-Verband Motorrad Deutschland e.V. (IVM)
Gladbecker Str. 425, 45329 Essen
T: (0201) 8 34 03-0   **Fax:** 8 34 03-20
Internet: http://www.ivm-ev.de
E-Mail: ivm-ev@ivm-ev.de
Gründung: 1992 (01. Januar)
Präsident(in): Marco von Maltzan
Vizepräsident(in): Manfred Weihe
Erhard Just
Ullrich Holzhausen
Hauptgeschäftsführer(in): Reiner Brendicke
Mitglieder: 17 Ordentliche, 39 Fördernde

● F 504
Zweirad-Industrie-Verband e.V. (ZIV)
Pfingstbrunnenstr. 62, 65824 Schwalbach
T: (06196) 50 77-0   **Fax:** 50 77-20
Internet: http://www.ziv-zweirad.de
E-Mail: contact@ziv-zweirad.de
Gründung: 2000
Internationaler Zusammenschluß: siehe unter izf 2203, izf 2258
Präsidium: Walter Goldbecker (Schürmann Fahrradteile GmbH & Co. KG)
Berthold Lönne (Prophete GmbH & Co.)
Fritz Röth (Zweirad-Röth GmbH & Co.)
Hauptvorstand: Werner Auch (MAGURA GmbH & Co.)
Mehdi Biria (BIRIA GmbH)
Bernhard Lange (PAUL LANGE & Co.)
Dr. Rainer Müller (Busch & Müller KG)
Karl-Heinz Rieß (HERCULES Fahrrad GmbH & Co. KG)
Michael Schminke (PANTHERWERKE AG)
Harald Schmitz (rewaco Spezialfahrzeuge GmbH)
Geschäftsführer(in): Rolf Lemberg
Mitglieder: 80 direkte und 21 indirekte Unternehmen

● F 505
Bundesverband der Hersteller und Importeure von Krafträdern mit Beiwagen e.V. (BVHK)
Postf. 12 54, 55205 Ingelheim
T: (06132) 23 73   **Fax:** 18 74
Gründung: 1986
1. Vorsitzende(r): Falk Hartmann (Altengasse 4-6, 55218 Ingelheim)
Mitglieder: 16

● F 506
Verband der deutschen feinmechanischen und optischen Industrie e.V.
Kirchweg 2, 50858 Köln
T: (0221) 94 86 28-0   **Fax:** 48 34 28
Internet: http://www.feinoptik.de
E-Mail: info@feinoptik.de
Vorsitzende(r): Dipl.-Phys. Randolf Rodenstock (i. Fa. Optische Werke G. Rodenstock, Postf. 14 04 40, 80454 München, T: (089) 72 02-0)
Stellvertretende(r) Vorsitzende(r): Dr. Christof Steimel (Maquet AG)
Dr.-Ing. Peter H. Graßmann (Carl Zeiss, Oberkochen)
Hauptgeschäftsführer(in): Dipl.-Kfm. Harald Russegger
Leitung Presseabteilung: Peter Frankenstein
Mitglieder: 400

Vertretung der deutschen feinmechanischen und optischen Industrie der Bundesrepublik Deutschland in den Bereichen Augenoptik, Optik und Labortechnik, Imaging und Phototechnik, Feinmechanik, Meß- und Automatisierungstechnik, Medizintechnik.

● F 507
IGV Industriegaseverband e.V.
Komödienstr. 48, 50667 Köln
T: (0221) 91 25 75-0   **Fax:** 91 25 75-15
Internet: http://www.industriegaseverband.de
E-Mail: kontakt@industriegaseverband.de
Gründung: 1990 (18. Mai)
Vorsitzende(r): Dr. F. Kunde (Linde Gas AG)
Stellvertretende(r) Vorsitzende(r): H. Rummler (Sauerstoffwerk Friedrich Guttroff GmbH)
Geschäftsführer(in): Wolfgang Busch
Mitglieder: 17

● F 508
INDUSTRIEVERBAND HAMBURG E.V. (IVH)
Kapstadtring 10, 22297 Hamburg
T: (040) 63 78 41-00   **Fax:** 63 78 41-99
Internet: http://www.bdi-hamburg.de
E-Mail: info@bdi-hamburg.de
Gründung: 1950 (2. Februar)
Vorsitzende(r): Dr. Peter von Foerster
Stellvertretende(r) Vorsitzende(r): Dr. Rolf Kunisch
Dr. Werner Marnette
Hauptgeschäftsführer(in): RA Jürgen Thies (E-Mail: juergen_thies@bdi-hamburg.de)
Geschäftsführer(in): Dr. Claus Kemmet

● F 509
Verband der Deutschen Hersteller von Gasdruck-Regelgeräten, Gasmess- und Gasregelanlagen e.V.
Postf. 51 09 60, 50945 Köln
Marienburger Str. 15, 50968 Köln
T: (0221) 3 76 48-30   **Fax:** 3 76 48-61
E-Mail: figawa@t-online.de
Vorsitzende(r): Dipl.-Ing. Heinz Ullmer
Geschäftsführer(in): Dr.-Ing. Friedrich Tillmann
Stellvertretende(r) Geschäftsführer(in): Dr.rer.nat. Norbert Burger
Verwaltung: Brigitte Burger (Sekretariat)

F 510
Verband der Deutschen Gaszählerindustrie e.V.
Postf. 51 09 60, 50945 Köln
Marienburger Str. 15, 50968 Köln
T: (0221) 3 76 48-30 Fax: 3 76 48-61
E-Mail: figawa@t-online.de
Vorsitzende(r): Dr.-Ing. Hubert Domkowski
Geschäftsführer(in): Dr.-Ing. Friedrich Tillmann
Verwaltung: Brigitte Burger (Sekretariat)
Rechnungswesen: Kirsten Nocker
Presse u. Öffentlichkeitsarbeit: Doris Schmitz
Mitglieder: 10

F 511
Verband der Deutschen Wasserzählerindustrie e.V. (VDDW)
Postf. 51 09 60, 50945 Köln
Marienburger Str. 15, 50968 Köln
T: (0221) 3 76 48-30 Fax: 3 76 48-61
E-Mail: figawa@t-online.de
Gründung: 1959
Vorsitzende(r): Rüdiger Baumann
Geschäftsführer(in): Dr.-Ing. Friedrich Tillmann
Stellvertretende(r) Geschäftsführer(in): Dr.rer.nat. Norbert Burger
Verwaltung: Brigitte Burger (Sekretariat)
Rechnungswesen: Kirsten Nocker
Presse u. Öffentlichkeitsarbeit: Doris Schmitz
Mitglieder: 13

F 512

Verband der Deutschen Dental-Industrie e.V. (VDDI)
Kirchweg 2, 50858 Köln
T: (0221) 94 86 28-0 Fax: 48 34 28
Internet: http://www.vddi.de
E-Mail: info@vddi.de
Vorsitzende(r): Gerd Schulte
Stellvertreter: Walter Dürr
Karl-Heinz Noack
Henry Rauter
Geschäftsführer(in): Dipl.-Kfm. Harald Russegger
Mitglieder: 200

Vertretung der gemeinsamen Interessen der Dental-Industrie gegenüber Behörden und anderen Wirtschaftskreisen.

F 513
VDGH Verband der Diagnostica-Industrie e.V.
Münchener Str. 49, 60329 Frankfurt
T: (069) 23 02 67 Fax: 23 66 50
Internet: http://www.vdgh.de
E-Mail: vdgh@vdgh.de
Gründung: 1977
Vorsitzende(r): Dr. Volker Oeding (Geschäftsführer der bio Mérieux GmbH, Postfach 1204, 72602 Nürtingen)
Stellvertretende(r) Vorsitzende(r): Joachim Obst (Abbott GmbH, Diagnostika, Max-Planck-Ring 2, 65205 Wiesbaden-Delkenheim)
Geschäftsführer(in): RA Dierk Meyer-Lüerßen
Mitglieder: 78 Firmen

F 514
Deutsche Diagnostika Gruppe e.V.
Dietrichstr. 12, 60439 Frankfurt
Gründung: 1982 (18. Mai)
Präsident(in): Dr. Jürgen Knoop (Lindenweg 1, 35041 Marburg, T: (06421) 3 27 66)
Vizepräsident(in): Dr. rer. nat. Bernd Köppen (Landesamt für Meß- und Eichwesen Brandenburg, Stahnsdorfer Damm 81, 14532 Kleinmachnow, T: (033203) 30 79 14)
Schriftführer(in): Prof. Dr. Walter Appel (INSTAND, Außenstelle Karlsruhe, Seydlitzstr. 25, 76185 Karlsruhe, T: (0721) 55 50 06)
Mitglieder: 20 (Behörden, Verbände, Organisationen)

F 515
Industrieverband Schreiben, Zeichnen, Kreatives Gestalten e.V. (ISZ)
Spittlertorgraben 39, 90429 Nürnberg
T: (0911) 2 72 29-0 Fax: 2 72 29-11
Internet: http://www.ewima-isz.de
E-Mail: info@ewima-isz.de
Gründung: 1976
Vorsitzende(r): Anton Wolfgang Graf von Faber-Castell (i.Fa. A.W. Faber-Castell, Nürnberger Str. 2, 90546 Stein, T: (0911) 99 65-3 05)
Geschäftsführer(in): RA Manfred Meller
Mitglieder: 51

Wirtschaftspolitische Interessenvertretung auf nationaler und europäischer Ebene. Austausch von branchenspezifischen Informationen und allgemeine Beratung der Mitglieder.

F 516
Verband der Fenster- und Fassadenhersteller e.V. (VFF)
Bockenheimer Anlage 13, 60322 Frankfurt
T: (069) 95 50 54-13 Fax: 95 50 54-11
Internet: http://www.window.de
E-Mail: vff@window.de
Internationaler Zusammenschluß: siehe unter izf 1606, izf 2407
Präsident(in): Franz Hauk (F. R. Hauk Stahl- u. Leichtmetallbau GmbH, Berlin)
Geschäftsführer(in): Dipl.-Kfm. Karl Heinz Herbert

Förderung der Interessen seiner Mitglieder auf wirtschaftlichem und technischem Gebiet sowie Beratung in fachlichen Fragen gegenüber behördlichen, wirtschaftlichen und sonstigen Stellen und Einrichtungen.

F 517
Bundesverband Flächenheizungen e.V. (BVF)
Hochstr. 113, 58095 Hagen
T: (02331) 20 08 50 Fax: 20 08 17
Internet: http://www.flaechenheizung.de
E-Mail: flaechenheizung@t-online.de
Gründung: 1971
Vorstand: Dipl.-Ing. Udo Radtke, Garbsen
Ulrich Knoll, Ulm
Ing. Peter Wegwerth, Norderstedt
Geschäftsführer(in): Dipl.-Ing. Joachim Plate
Mitglieder: 34

F 518

Industrievereinigung Gartenbedarf e.V. (IVG)
Gothaer Str. 27, 40880 Ratingen
T: (02102) 94 08 50 Fax: 94 08 51
Internet: http://www.ivg.org
E-Mail: verband@ivg.org
Gründung: 1973
Vorsitzende(r): Hans-Rudolf Müller (GARDENA)
Geschäftsführer(in): Dr. Gerd Müller-van Ißem
Mitglieder: 125

Interessenvertretung der Hersteller von Gartenbedarf in den Märkten Haus/Hobby und Erwerbsgartenbau/Flächenpflege.

F 519

Fachgruppe Garten- und Rasenpflegegeräte (FGR) e.V.
Gothaer Str. 27, 40880 Ratingen
T: (02102) 94 08 55 Fax: 94 08 51
Internet: http://www.fgr.org
E-Mail: verband@fgr.org
Sprecher: Hans Georg Wellerdiek (GLORIA-WERKE)
Geschäftsführer(in): Dr. Gerd Müller-van Ißem
Mitglieder: 32

Die Interessenvertretung der Hersteller von Garten- und Rasenpflegegeräten mit dem Schwerpunkt Technik, Normung, Umweltschutz

F 520

Deutscher Gießereiverband e.V. (DGV)
Hauptgeschäftsstelle
Postf. 10 19 61, 40010 Düsseldorf
Sohnstr. 70, 40237 Düsseldorf
T: (0211) 68 71-0 Fax: 68 71-333
Internet: http://www.dgv.de
E-Mail: info@dgv.de
Internationaler Zusammenschluß: siehe unter izf 2436
Präsident(in): Dipl.-Ing. Helmut Christmann
Hauptgeschäftsführer(in): Dr. Klaus Urbat

Vertretung der allgemeinen, ideellen und gemeinsamen unternehmerischen Interessen der Gießerei-Industrie.

Landesverbände

f 521
Deutscher Gießereiverband e.V.
Landesverband Nord
Postf. 10 19 61, 40010 Düsseldorf
Sohnstr. 70, 40237 Düsseldorf
T: (0211) 68 71-277 Fax: 68 71-347
Vorsitzende(r): Dipl.-Ing. Ernst du Maire (GeschF d. Fa. Heidenreich & Harbeck Gießereien GmbH Mölln, Grambeker Weg 25-29, 23879 Mölln, Postf. 11 80, 23871 Mölln)
Geschäftsführer(in): Dr. Norbert Wichtmann

f 522
Deutscher Gießereiverband e.V.
Landesverband Niedersachsen
Postf. 10 19 61, 40010 Düsseldorf
Sohnstr. 70, 40237 Düsseldorf
T: (0211) 68 71-277 Fax: 68 71-347
Vorsitzende(r): Dipl.-Ing. Karl-Ernst Spalthoff (Geschf. d. Fa. Meppener Eisenhütte GmbH Eisengießerei und Maschinenfabrik, Postf. 15 64, 49705 Meppen, Hasebrinkstr. 5, 49716 Meppen)
Geschäftsführer(in): Dr. Norbert Wichtmann

f 523
Deutscher Gießereiverband e.V.
Landesverband Nordrhein-Westfalen
Postf. 10 19 61, 40010 Düsseldorf
Sohnstr. 70, 40237 Düsseldorf
T: (0211) 68 71-277 Fax: 68 71-347
Vorsitzende(r): Winfried Hespers (GeschF d. Fa. CLAAS GUSS GmbH, Postf. 10 08 45, 33508 Bielefeld, Am Stadtholz 52, 33609 Bielefeld)
Geschäftsführer(in): Ralf Gorski

f 524
Deutscher Gießereiverband e.V.
Landesverband Hessen
Postf. 10 19 61, 40010 Düsseldorf
Sohnstr. 70, 40237 Düsseldorf
T: (0211) 68 71-277 Fax: 68 71-347
Vorsitzende(r): Dr. Wolfgang Rembges (GeschF d. Fa. Eisenwerk Hasenclever & Sohn GmbH, Postf. 11 80, 35086 Battenberg, Auhammer, 35088 Battenberg)
Geschäftsführer(in): Dr. Norbert Wichtmann

f 525
Deutscher Gießereiverband e.V.
Landesverband Ost
Hohensteiner Str. 1, 09246 Pleißa
T: (03722) 9 33 64 Fax: 94 87 21
Vorsitzende(r): Dipl.-Ing. Herbert Werner (GeschF d. Fa. Meuselwitz Guss Eisengießerei GmbH, Postf. 3 16, 04607 Meuselwitz, Industriepark Nord, 04610 Meuselwitz)
Geschäftsführer(in): Dipl.-Ing. Wolfgang Neubert

f 526
Deutscher Gießereiverband e.V.
Landesverband Südwest
Postf. 10 19 61, 40010 Düsseldorf
Sohnstr. 70, 40237 Düsseldorf
T: (0211) 68 71-277 Fax: 68 71-347
Vorsitzende(r): Dipl.-Ing. Ferdinand Kolberg (GeschF d. Fa.

f 526

Gebr. Gienanth-Eisenberg GmbH, Postf. 11 40, 67298 Eisenberg, Ramsener Str. 1, 67304 Eisenberg)
Geschäftsführer(in): Dr. Norbert Wichtmann

f 527

**Deutscher Gießereiverband e.V.
Landesverband Baden-Württemberg**
Zeppelinstr. 42-44, 73760 Ostfildern
T: (0711) 45 10 31 71   **Fax:** 45 10 31 69
Vorsitzende(r): Dipl.-Ing. Till Casper (Mitinhaber und GeschF d. Fa. Karl Casper KG, Tullastr. 14-22, 75196 Remchingen, Postf. 30 11, 75192 Remchingen)
Geschäftsführer(in): Dipl.-Volksw. Wolfgang Wolf

f 528

**Deutscher Gießereiverband e.V.
Landesverband Bayern**
Kreillerstr. 48, 81673 München
T: (089) 43 65 05 77   **Fax:** 4 31 79 88
Vorsitzende(r): Dipl.-Ing. Wolfgang Heunisch (Inhaber und GeschF d. Gießerei Heunisch GmbH, Westheimer Str. 6, 91438 Bad Windsheim, Postf. 5 46, 91428 Bad Windsheim)
Geschäftsführer(in): Dipl.-Volksw. Ernst Bergemann

Fachverbände

f 529

Fachverband Eisenguß im Deutschen Gießereiverband e.V.
Postf. 10 19 61, 40010 Düsseldorf
Sohnstr. 70, 40237 Düsseldorf
T: (0211) 68 71-0   **Fax:** 68 71-3 33
Vorsitzende(r): Winfried Hespers (GeschF d. Fa. CLASS Guss GmbH, Am Stadtholz 52, 33609 Bielefeld, Postf. 10 08 45, 33508 Bielefeld)
Geschäftsführer(in): Dr. Klaus Urbat

f 530

Fachverband Duktiles Gußeisen im Deutschen Gießereiverband e.V.
Postf. 10 19 61, 40010 Düsseldorf
Sohnstr. 70, 40237 Düsseldorf
T: (0211) 68 71-0   **Fax:** 68 71-3 33
Vorsitzende(r): Dipl.-Ing. Ferdinand Kolberg (GeschF d. Fa. Gebr. Gienanth-Eisenberg GmbH, Postf. 11 40, 67298 Eisenberg, Ramsener Str. 1, 67304 Eisenberg)
Geschäftsführer(in): Dr. Klaus Urbat

f 531

Fachverband Stahlguß im Deutschen Gießereiverband e.V.
Postf. 10 19 61, 40010 Düsseldorf
Sohnstr. 70, 40237 Düsseldorf
T: (0211) 6 87 10   **Fax:** 68 71-3 33
Vorsitzende(r): Dipl.-Ing. Bruno Mayer (GeschF. d. Fa. SWB Stahlformgußgesellschaft mbH, Postfach 10 24 10, 44724 Bochum, Castroper Str. 228, 44791 Bochum)
Geschäftsführer(in): Assessor Kay-Uwe Präfke

f 532

Zentrale für Gußverwendung im Deutschen Gießereiverband e.V.
Postf. 10 19 61, 40010 Düsseldorf
Sohnstr. 70, 40237 Düsseldorf
T: (0211) 68 71-0   **Fax:** 68 71-333
Leiter(in): Dr. Klaus Urbat

● F 533

Bundesverband Glasindustrie und Mineralfaserindustrie e.V.
Postf. 10 17 53, 40008 Düsseldorf
Stresemannstr. 26, 40210 Düsseldorf
T: (0211) 1 68 94-0   **Fax:** 1 68 94-27
Gründung: 1953 (01. Januar)
Internationaler Zusammenschluß: siehe unter izf 1925
Präsident(in): Dr. Leopold von Heimendahl (Sprecher des Vorstandes SCHOTT GLAS, Hattenbergstr. 10, 55122 Mainz, T: (06131) 66-41 53, Telefax: (06131) 66-20 64)
Vizepräsident(in): Paul R. Neeteson (Generaldelegierter für Deutschland, Mittel- und Osteuropa, Compagnie de Saint Gobain, Viktoriaallee 3-5, 52066 Aachen, T: (0241) 5 16-25 01, Fax: (0241) 5 16- 25 02)
Geschäftsführender Vorstand: Norbert Ullmann
Mitglieder: rd. 100 Unternehmen

Fachvereinigungen

f 534

Fachvereinigung Behälterglasindustrie e.V.
Postf. 10 17 53, 40008 Düsseldorf
Stresemannstr. 26, 40210 Düsseldorf
T: (0211) 1 68 94-0   **Fax:** 1 68 94-27
Vorsitzende(r): Rolf Hettich (Geschäftsführer SGD Glashüttenwerke Kipfenberg GmbH, Postf. 64, 85108 Kipfenberg, T: (08465) 17-111, Fax: 17-127)
Geschäftsführer(in): Dipl.-Volksw. Michael Frerker

f 535

Fachvereinigung Flachglasindustrie e.V.
Postf. 10 17 53, 40008 Düsseldorf
Stresemannstr. 26, 40210 Düsseldorf
T: (0211) 1 68 94-0   **Fax:** 1 68 94-27
Vorsitzende(r): Dr. Clemens Miller (Sprecher des Vorstandes FLACHGLAS AG, 45881 Gelsenkirchen, T: (0209) 1 68-2990, Fax: (0209) 1 68-2063)
Geschäftsführer(in): Dr. Heinz-Eckhard Lennertz

f 536

Fachvereinigung Gebrauchs- und Spezialglasindustrie e.V.
Postf. 10 17 53, 40008 Düsseldorf
Stresemannstr. 26, 40210 Düsseldorf
T: (0211) 1 68 94-0   **Fax:** 1 68 94-27
Vorsitzende(r): Wolfgang Meyer (Geschäftsführer JENAer Glaswerk GmbH, Otto-Schott-Str. 13, 07745 Jena, T: (03641) 6 81-0, Telefax: (03641) 6 81-2 00)
Geschäftsführer(in): Dr. Heinz-Eckhard Lennertz

f 537

Fachvereinigung Glasbearbeitungs- und -veredelungsindustrie e.V.
Postf. 10 17 53, 40008 Düsseldorf
Stresemannstr. 26, 40210 Düsseldorf
T: (0211) 1 68 94-0
Vorsitzende(r): Dr. Erik Ehrentraut (Vorsitzender der Geschäftsführung FLABEG Holding GmbH, Auf der Reihe 2, 45884 Gelsenkirchen, T: (0209) 9 47 99-11, Fax: (0209) 9 47 99-99)
Geschäftsführer(in): Hans-Dieter Jeromin

f 538

Fachvereinigung der deutschen Kristall- und Wirtschaftsglashersteller e.V.
Postf. 10 17 53, 40008 Düsseldorf
Stresemannstr. 26, 40210 Düsseldorf
T: (0211) 1 68 94-0   **Fax:** 1 68 94-27
Vorsitzende(r): Frank Füssel (Geschf. Gesellschafter GLASAX Glasherstellungs- und Vertriebsgesellschaft mbH, Dresdner Str. 10 a, 1936 Schwepnitz, T: (035797) 6 26 20, Fax: 6 22 08)
Geschäftsführer(in): Dipl.-Volksw. Michael Frerker

f 539

Fachvereinigung Mineralfaserindustrie e.V.
Postf. 10 17 53, 40008 Düsseldorf
Stresemannstr. 26, 40210 Düsseldorf
T: (0211) 1 68 94-0   **Fax:** 1 68 94-27
Vorsitzende(r): Dipl.-Kfm. Günter Edelmann (Vors. d. Vorstandes Grünzweig + Hartmann AG, Postf. 21 05 65, 67005 Ludwigshafen, T: (0621) 5 01-701, Fax: (0621) 5 01-704)
Geschäftsführer(in): Norbert Ullmann
Dipl.-Ing. Isolde Elkan

● F 540

FMI Fachvereinigung Mineralfaserindustrie e.V.
Fachgruppe Mineralwolle-Dämmstoffe
Deutsche Gruppe der EURIMA-European Insulation Manufacturers Association
Postf. 61 02 44, 60344 Frankfurt
Ferdinand-Porsche-Str. 16, 60386 Frankfurt
T: (069) 42 12 60   **Fax:** 4 19 44 13

f 541

FPX Fachvereinigung Polystyrol-Extruderschaumstoff
Deutsche Sektion der EXIBA-European Extruded Polystyrene Insulation Board Association
Postf. 61 02 44, 60344 Frankfurt
Ferdinand-Porsche-Str. 16, 60386 Frankfurt
T: (069) 42 59 01   **Fax:** 4 19 51 14
Internet: http://www.fpx-daemmstoffe.de
E-Mail: info@fpx-daemmstoffe.de
Geschäftsführer(in): Dipl.-Ing. Isolde Elkan

f 542

GGM Gütegemeinschaft Mineralwolle e.V.
Postf. 61 02 44, 60344 Frankfurt
Ferdinand-Porsche-Str. 16, 60386 Frankfurt
T: (069) 94 21 90 72   **Fax:** 94 21 90 73
Internet: http://www.mineralwolle.de
E-Mail: info@mineralwolle.de
Gründung: 1998 (04. September)
Vorsitzende(r): Kurt Berners (Deutsche Rockwool Mineralwoll GmbH)
Stellvertretende(r) Vorsitzende(r): Manfred Held (Pfleiderer Dämmstofftechnik International GmbH)
Geschäftsführer(in): Dipl.-Ing. Isolde Elkan
Mitglieder: 23
Mitarbeiter: 2

f 543

GDI Gesamtverband Dämmstoffindustrie
Postf. 61 02 44, 60344 Frankfurt
Ferdinand-Porsche-Str. 16, 60386 Frankfurt
T: (069) 4 08 93 39 95   **Fax:** 40 14 37 22
Internet: http://www.g-d-i.de
E-Mail: gdi-gesamtverband@t-online.de
Geschäftsführer(in): Dipl.-Ing. Isolde Elkan

● F 544

Bundesverband der Gablonzer Industrie e.V.
Neue Zeile 11, 87600 Kaufbeuren
T: (08341) 9 89 03   **Fax:** 9 89 06
Vorstandsvorsitzende(r): Hans-Jürgen Peter
Christian Melzer
Wolfgang Schnabel
Geschäftsstellenleiter: Thomas Nölle

● F 545

Industrievereinigung Möbelzubehör (IVM) e.V.
Postf. 11 04 31, 40504 Düsseldorf
Leostr. 22, 40545 Düsseldorf
T: (0211) 51 61 21-11   **Fax:** 51 61 21-20
E-Mail: ivm@fmi.de
Vorsitzende(r): Hans Husemann (HETTICH Marketing- und Vertriebs GmbH & Co. KG, Postf. 12 40, 32269 Kirchlengern)
Geschäftsführer(in): Karl-Heinz Knoke
Mitglieder: 20

● F 546

Industrieverband Heimtierbedarf (IVH) e.V.
Postf. 11 06 26, 40506 Düsseldorf
Emanuel-Leutze-Str. 1B, 40547 Düsseldorf
T: (0211) 59 40 74   **Fax:** 59 60 45
Internet: http://www.ivh-online.de
E-Mail: ivh.ev@t-online.de
Gründung: 1972
Vorsitzende(r): Gerd Köhlmoos
Geschäftsführer(in): Assessor Alfred Siessegger

● F 547

Hauptverband der Deutschen Holz und Kunststoffe verarbeitenden Industrie und verwandter Industriezweige e.V. (HDH)
Postf. 13 80, 53583 Bad Honnef
Flutgraben 2, 53604 Bad Honnef
T: (02224) 93 77-0   **Fax:** 93 77-77
Internet: http://www.hdh-ev.de
E-Mail: info@hdh-ev.de
Internationaler Zusammenschluß: siehe unter izf 2594
Präsident(in): Helmut Lübke (Geschäftsführer Interlübke Gebr. Lübke GmbH & Co. KG, Rheda-Wiedenbrück)
Hauptgeschäftsführer(in): Dirk-Uwe Klaas

Wahrung, Förderung und Vertretung der wirtschaftlichen, sozialpolitischen und fachlichen Belange der Holzindustrie und Kunststoffverarbeitung sowie verwandter Industrien.

Regionalverbände

f 548

Verband der Holzindustrie und Kunststoffverarbeitung Baden-Württemberg e.V.
Postf. 10 50 51, 70044 Stuttgart
T: (0711) 2 37 62-0   **Fax:** 2 37 62-10
Internet: http://www.vhk-bw.de
E-Mail: vhk.sls@t-online.de

Vorsitzende(r): Horst Schlemmer
Hauptgeschäftsführer(in): RA Jürgen Bock
Geschäftsführer(in): RA Roland Weiler

f 549

Verband der Holzindustrie und Kunststoffverarbeitung Bayern-Thüringen e.V.
Hauptgeschäftsstelle
Frankfurter Ring 243 III, 80807 München
T: (089) 32 46 53-0 Fax: 32 46 53-13
Vorsitzende(r): Dr. Fritz Werndl (Werndl Büromöbel AG, Georglicher Str. 7, 83026 Rosenheim, T: (08031) 40 50, Telefax: (08031) 4 05-1 00)
Hauptgeschäftsführer(in): RA Anton Rösch
Geschäftsführer(in): Dipl.-Volksw. Norbert Furche

f 550

Verband Holz und Kunststoff Nord-Ost e.V.
Hauptgeschäftsstelle:
Georgsplatz 10, 20099 Hamburg
T: (040) 32 90 95 90 Fax: 32 90 95 95
Internet: http://www.hkn-online.de
E-Mail: hamburg@hkn-online.de
Vorsitzende(r): Michael Michaelsen
Geschäftsführer(in): Dipl.-Volksw. Herbert Merkel

f 551

Verband Holz und Kunststoff Nord-Ost e.V.
Geschäftsstelle Berlin:
Marienstr. 25, 10117 Berlin
T: (030) 2 83 21 24 Fax: 2 83 21 46
E-Mail: berlin@hkn-online.de
Vorsitzende(r): Michael Michaelsen
Geschäftsführer(in): Ing. Dieter Borchert

f 552

Landesverband Niedersachsen und Bremen der holz- und kunststoffverarbeitenden Industrie e.V.
Postf. 11 60, 26001 Oldenburg
Bahnhofstr. 14, 26122 Oldenburg
T: (0441) 2 10 27-0 Fax: 2 10 27 98
Vorsitzende(r): Hans F. Karsch (WINI Büromöbel Georg Schmidt GmbH & Co. KG, Postf. 11 60, 31861 Coppenbrügge, T: (05156) 9 79-0, Fax: 521)
Hauptgeschäftsführer(in): RA Jürgen Lehmann
Geschäftsführer(in): Dr. Karsten Tech

f 553

Landesverband Holzindustrie und Kunststoffverarbeitung Nordrhein e.V.
Grabenstr. 11a, 40213 Düsseldorf
T: (0211) 86 78 99-0 Fax: 32 33 67
Vorsitzende(r): Friedrich Wilhelm Diefenbach (Diefenbach GmbH, Verpackung/Särge, Postf. 19 02 07, 42702 Solingen, T: (0212) 31 00 72, Telefax: (0212) 31 59 95)
Geschäftsführer(in): RA Klaus Jerschke

f 554

Verband der Saarländischen Holz und Kunststoffe verarbeitenden Industrie und verwandter Industriezweige e.V.
Postf. 65 04 33, 66143 Saarbrücken
Harthweg 15, 66119 Saarbrücken
T: (0681) 9 54 34-0 Fax: 9 54 34 74
Vorsitzende(r): Mario Victor
Geschäftsführer(in): RA Dietrich Conrad
Pressereferentin: Ingrid Lang

f 555

Verband der Holz und Kunststoffe verarbeitenden Industrie Sachsen e.V. (VHKS)
Zellescher Weg 24, 01217 Dresden
T: (0351) 47 86 90 Fax: 4 78 69 11
Vorsitzende(r): Dr. Andreas Käppler (Geschäftl. Gesellschafter Polstermöbel GmbH Oelsa-Rabenau, Lindenstr. 2, 01734 Rabenau, T: (0351) 6 48 10, Telefax: (0351) 6 48 13 12)
Geschäftsführer(in): Dr. Ulrich Schönemann

f 556

Landesverband Sachsen-Anhalt der holz- und kunststoffverarbeitenden Industrie e.V.
Kühnauer Str. 7, 06846 Dessau
T: (0340) 51 72 12 Fax: 51 72 13
Vorsitzende(r): Klaus Egerland (Systemmöbel GmbH, Kühnauer Str. 7, 06846 Dessau, T: (0340) 51 72 12, Telefax: (0340) 51 72 13)
Geschäftsführer(in): Dipl.-Ing. Gerald Lehmann-Märzke

f 557

Verband der Holzindustrie und Kunststoffverarbeitung Westfalen-Lippe
Postf. 29 44, 32019 Herford
Engerstr. 4b, 32051 Herford
T: (05221) 12 65-0 Fax: 12 65-65
Vorsitzende(r): Karl Hüls (i. Fa. hülsta-werke, Hüls GmbH & Co KG, Postf. 12 12, 48693 Stadtlohn, T: (02563) 86-11, Telefax: (02563) 8 61 438)
Hauptgeschäftsführer(in): RA Dr. Lucas Heumann

f 558

Verband der Holzindustrie und Kunststoffverarbeitung Westfalen-Lippe Geschäftsstelle Lippe
Arminstr. 11, 32756 Detmold
T: (05231) 9 38 50 Fax: 93 85 20
Vorsitzende(r): Dr. Heinrich Griem (Fa. Schieder Service- und Beteiligungs-GmbH & Co. KG, Postf. 12 55, 32807 Schieder-Schwalenberg)
Geschäftsführer(in): RA Ulrich Thomas

f 559

Bundesverband der Deutschen Bürsten- und Pinselindustrie e.V.
Kaiserswerther Str. 137, 40474 Düsseldorf
T: (0211) 45 64 27-5 Fax: 45 64 27-7
Vorsitzende(r): Christian Schabert (Fa. Gebr. Schabert GmbH, Friedleinstr. 2, 91542 Dinkelsbühl, Postf. 1 20, 91542 Dinkelsbühl, T: (09851) 90 920, Telefax: (09851) 9 09 350)
Geschäftsführer(in): Dipl.-Holzwirt Stephan Mieth

f 560

Deutscher Didacta Verband e.V. (ddv)
Rheinstr. 94, 64295 Darmstadt
T: (06151) 31 91 41 Fax: 31 91 44
Internet: http://www.didacta-verband.de
E-Mail: info@didacta-verband.de
Präsident(in): Lothar Ammann
Geschäftsführer(in): Reinhard Koslitz

f 561

Verband der Fenster- und Fassadenhersteller e.V. (VFF)
Bockenheimer Anlage 13, 60322 Frankfurt
T: (069) 95 50 54-13 Fax: 95 50 54-11
Internet: http://www.window.de
E-Mail: vff@window.de
Internationaler Zusammenschluß: siehe unter izf 1606, izf 2407
Vorsitzende(r): Franz Hauk
Geschäftsführer(in): Dipl.-Kfm. Karl Heinz Herbert

f 562

Bundesverband Deutscher Fertigbau e.V. (BDF)
Flutgraben 2, 53604 Bad Honnef
T: (02224) 93 77-0 Fax: 93 77-77
Internet: http://www.bdf-eV.de
E-Mail: info@BDF-eV.de
Präsident(in): Hans Weber (Weber Hausbau GmbH, Eschweg, 77866 Rheinau-Linx, T: (07853) 8 30, Telefax: (07853) 8 33 41)
Hauptgeschäftsführer(in): Dirk-Uwe Klaas

f 563

Studiengemeinschaft Holzleimbau e.V.
Postf. 300141, 40401 Düsseldorf
Rather Str. 49a, 40476 Düsseldorf
T: (0211) 4 78 18-0 Fax: 45 23 14
Internet: http://www.brettschichtholz.de
E-Mail: info@brettschichtholz.de
Vorsitzende(r): Dipl.-Betriebsw. Bernhard Mohr (i. Fa. Mohr Holzbau GmbH, Niederkircher Str. 6, 54294 Trier, T: (0651) 8 26 10, Telefax: (0651) 8 26 12 61, E-Mail: mohr_holzbau_trier@t-online.de, Internet: http://www.bs-holz.de)
Geschäftsführer(in): Dr. Holger Conrad

f 564

Bundesverband Holzpackmittel, Paletten, Exportverpackung e.V. (HPE)
Erste Fährgasse 2, 53113 Bonn
T: (0228) 26 52 46-47 Fax: 26 52 48
Internet: http://www.hpe.de
E-Mail: office@hpe.de
Vorsitzende(r): Gustl Martlmüller (Weiß-Holzwerk GmbH, Bruckmühl, 84387 Julbach, T: (08678) 2 15, Fax: (08678) 6 32)
Geschäftsführer(in): Dipl.-Volksw. Siegfried von Lauvenberg

f 565

Fachverband Holzpflaster e.V.
Meineckestr. 6, 40474 Düsseldorf
T: (0211) 43 49 04 Fax: 4 54 13 74
Vorsitzende(r): Heinz Schwarz (Stahlstr. 20, 26215 Wiefelstede, T: (04402) 6 95 30, Fax: (04402) 6 93 13)
Geschäftsführer(in): RA Hermann Wegelt

f 566

Verband der Deutschen Holzwerkstoffindustrie e.V. (VHI)
Ursulum 18, 35396 Gießen
T: (0641) 9 75 47-0 Fax: 9 75 47-99
Internet: http://www.vhi.de
E-Mail: vhimail@vhi.de
Internationaler Zusammenschluß: siehe unter izf 267, izf 274, izf 2406
Vorsitzende(r): Dipl.-Ing. Hubertus Flötotto (Sauerländer Spanplatten GmbH & Co. KG, Arnsberg)
Geschäftsführer(in): Dr. Udo Leukens

f 567

Fachverband Deutsche Klavierindustrie e.V.
Friedrich-Wilhelm-Str. 31, 53113 Bonn
T: (0228) 5 39 70-0 Fax: 5 39 70-70
Internet: http://www.pianos.de
E-Mail: fdk@musikverbaende.de
Vorsitzende(r): Braunschweig Schimmel, Braunschweig
Geschäftsführer(in): Dr. Heinz Stroh

f 568

Verband der Deutschen Möbelindustrie e.V. (VDM)
Flutgraben 2, 53604 Bad Honnef
T: (02224) 93 77-0 Fax: 93 77-77
Präsident(in): Helmut Lübke (Geschäftsführer interlübke Gebr. Lübke GmbH & Co. KG, Ringstr. 145, 33378 Rheda-Wiedenbrück, T: (05242) 1 22 32, Fax: (05242) 1 23 11)
Hauptgeschäftsführer(in): Dirk-Uwe Klaas

f 569

Verband der Deutschen Parkettindustrie e.V.
Meineckestr. 6, 40474 Düsseldorf
T: (0211) 43 49 04 Fax: 4 54 13 74
Vorsitzende(r): Ralph Plessmann (in Fa. Plessmann GmbH + Co., Wiesenstr. 33, 37170 Uslar, T: (05571) 92 58-0, Fax: (05571) 92 58-40)
Geschäftsführer(in): RA Hermann Wegelt

f 570

Verband der Deutschen Polstermöbelindustrie e.V.
Engerstr. 4b, 32051 Herford
T: (05221) 12 65-0 Fax: 12 65-65
Vorsitzende(r): Jürgen Degen (Fa. Kurt C. F. Thörmer Polstermöbel GmbH & Co. KG, Postf. 41, 29557 Wrestedt, T: (05802) 40 66, Telefax: (05802) 18 14)
Geschäftsführer(in): RA Dr. Lucas Heumann

f 571

Bundesverband Sargindustrie e.V. (BVSI)
Erste Fährgasse 2, 53113 Bonn
T: (0228) 26 52 46-47 Fax: 26 52 48
Internet: http://www.holzsarg.de
E-Mail: bvsi@holzsarg.de
Vorsitzende(r): Bert Hassel (Alki Sargfabrik, Lothar Hassel GmbH, Wiedstraße 31, 57610 Altenkirchen, T: (02681) 9 57 50, Fax: 95 75 75)
Geschäftsführer(in): Dipl.-Volksw. Siegfried von Lauvenberg

f 572

Fachverband Serienmöbelbetriebe des Handwerks
Engerstr. 4b, 32051 Herford
T: (05221) 12 65-40 Fax: 5 07 00
Vorsitzende(r): Heinz Hummelt (Bernhard-Rest-Str.1, 59302 Oelde, T: (02529) 82 96)
Geschäftsführer(in): RA Dr. Lucas Heumann

Bundesfachabteilungen HDH

f 573
Deutscher Ladenbau-Verband im HDH
Postf. 59 20, 97009 Würzburg
Koellikerstr. 13, 97070 Würzburg
T: (0931) 3 52 92-0 **Fax:** 3 52 22 92-29
Vorsitzende(r): Ernst Maier (i. Firma Ernst Maier GmbH, Renchtalstr. 41, 77740 Bad Peterstal-Griesbach, T: (07806) 88-110)
Geschäftsführer(in): Dr. Wolfram Krause

f 574
Fachverband der Leisten- und Rahmenindustrie im HDH
Grabenstr. 11a, 40213 Düsseldorf
T: (0211) 86 78 99-0 **Fax:** 32 33 67
Vorsitzende(r): Dr.h.c.jun. Friedrich G. Conzen (Fa. F.G. Conzen, Schanzenstr. 56, 40549 Düsseldorf, T: (0211) 57 70 10, 5 77 01 56)
Geschäftsführer(in): RA Klaus Jerschke

f 575
Verband der Deutschen Küchenmöbelindustrie
Engerstr. 4B, 32051 Herford
T: (05221) 12 65-0 **Fax:** 12 65-65
Vorsitzende(r): Hans-Dieter Wellmann (Wellmann-Küchen, Bustedter Weg 16, 32130 Enger, T: (05223) 16 50, Fax: (05223) 16 56 21)
Geschäftsführer(in): RA Dr. Lucas Heumann

● F 576
Verband Holzindustrie und Kunststoffverarbeitung Hessen-Thüringen e.V.
Postf. 58 20, 65048 Wiesbaden
Bierstadter Str. 39, 65189 Wiesbaden
T: (0611) 17 36-0 **Fax:** 17 36-20
Internet: http://www.vhk.de
E-Mail: vhk@vhk.de
Vorsitzende(r): Dipl.-Ing. Bernd Ambrosius (Ernst F. Ambrosius & Sohn GmbH, Frankfurt am Main)
Geschäftsführer(in): RA Thomas Jünger

● F 577
Bundesverband der Altholzaufbereiter und -verwerter e.V. (BAV)
Am Markt 221, 56077 Koblenz
T: (0261) 9 72 44 35 **Fax:** 9 72 44 36
E-Mail: webmaster@gebrauchtholz.de
Gründung: 1991 (16. Dezember)
Vorsitzende(r): Marcus Frerich
Stellvertretende(r) Vorsitzende(r): Uwe Groll
Geschäftsführer(in): Robert Gard
Mitglieder: 55
Jahresetat: DM 0,15 Mio, € 0,08 Mio

● F 578

Arbeitsgemeinschaft DIE MODERNE KÜCHE e.V. (AMK)
Dannstadter Str. 6-8, 68199 Mannheim
T: (0621) 8 50 61 00 **Fax:** 8 50 61 01
Internet: http://www.amk.de
E-Mail: amk-die-moderne-kueche@t-online.de
Vorstand: Hans Husemann (Sprecher)
Bernd Kuhlmann (Sprecher)
Geschäftsführer(in): Hans-Joachim Adler
Verbandszeitschrift: Ratgeber Küche, Die Moderne Küche
Mitglieder: 130
Der Branchendienstleistungsverband hat das Ziel, zum Zwecke der erleichterten Haushaltsführung geplanten An- und Einbauküchen am Markt zu fördern.

● F 579
Arbeitsgemeinschaft Holz e.V.
Postf. 30 01 41, 40401 Düsseldorf
Rather Str. 49a, 40476 Düsseldorf
T: (0211) 4 78 18-0 **Fax:** 45 23 14
Internet: http://www.argeholz.de
E-Mail: argeholz@argeholz.de
Präsident(in): Carl Berninghausen
Geschäftsführer(in): Dr. Holger Conrad

● F 580
Fachverband Holz- und Kunststoffwaren für Schuhbedarf e.V.
Postf. 80, 89279 Altenstadt
T: (08337) 9 03-0 **Fax:** 9 03-1 30
Vorsitzende(r): Dipl.-Kfm. Rainer Winkle (Postf. 80, 89279 Altenstadt, T: (08337) 9 03-0)
Mitglieder: 4

● F 581
Vereinigung der Hersteller von chirurgischem Nahtmaterial e.V.
Karlstr. 21, 60329 Frankfurt
T: (069) 25 56-13 38 **Fax:** 25 56 14 71
Vorstand: O. Lüneberg (i. Fa. Ethicon GmbH & Co KG, Robert-Koch-Str. 1, 22851 Norderstedt)
C.M. Hiltner (Vors., i. Fa. Resorba Chirurgisches Nahtmaterial Franz Hiltner GmbH & Co., Schonerstr. 7, 90443 Nürnberg)
Gerhard Meil (B. Braun Surgical GmbH, Carl-Braun-Str. 1, 34212 Melsungen)
Geschäftsführer(in): Dr.rer.nat. Gert Auterhoff
Mitglieder: 7

● F 582
Bundesverband Schmuck, Uhren, Silberwaren und verwandte Industrien e.V.
Poststr. 1, 75172 Pforzheim
T: (07231) 3 30 41 **Fax:** 35 58 87
Internet: http://www.bv-schmuck-uhren.de
E-Mail: info@bv-schmuck-uhren.de
1. Vorsitzende(r): Lothar Keller (Lothar Keller GmbH, Birkenfeld)
2. Vorsitzende(r): Adalbert Mayer (AMS Uhrenfabrik A. Mayer, Furtwangen)
3. Vorsitzende(r): Dr. Philipp Reisert (C. Hafner GmbH & Co., Pforzheim)
Hauptgeschäftsführer(in): RA Dr. Alfred Schneider
Mitglieder: 300

● F 583

Wirtschaftsverband der deutschen Kautschukindustrie e.V. (W.D.K.)
Postf. 90 03 60, 60443 Frankfurt
Zeppelinallee 69, 60487 Frankfurt
T: (069) 79 36-115 **Fax:** 79 36-165
Internet: http://www.wdk.de
E-Mail: k.mocker@wdk.de
Internationaler Zusammenschluß: siehe unter izf 2244
Vorsitzende(r): Robert Schäfer (Mitglied des Aufsichtsrates Dunlop GmbH, Hanau)
Hauptgeschäftsführer(in): Klaus Mocker
Schatzmeister: Konrad Ellegast
Mitglieder: 90
Vertretung der wirtschaftlichen Interessen der Kautschukindustrie unter Ausschluss sozialpolitischer Aufgaben.

● F 584
Arbeitsgemeinschaft Keramische Industrie e.V.
Postf. 16 24, 95090 Selb
T: (09287) 8 08-0 **Fax:** 7 04 92
Internet: http://www.keramverband.de
Vorsitzende(r): Wendelin von Boch (Vorstandsvors. der Villeroy & Boch AG, 66688 Mettlach, T: (06864) 81-0, Fax: (06864) 81-1476)
Hauptgeschäftsführer(in): Dipl.-Betriebsw. (FH) Ass. jur. Peter Frischholz
Mitglieder: 8

Fachverbände

f 585
Verband der Keramischen Industrie e.V.
Postf. 16 24, 95090 Selb
Schillerstr. 17, 95100 Selb
T: (09287) 8 08-0 **Fax:** 7 04 92
Internet: http://www.keramverband.de
E-Mail: Frischholz@keramverband.de
Internationaler Zusammenschluß: siehe unter izf 1289
Vorsitzende(r): Ottmar C. Küsel (Vorstandsvorsitzender der Rosenthal AG, Postfach 15 20, 95089 Selb, T: (09287) 72-0, Fax: 7 22 24)
Hauptgeschäftsführer(in): Dipl.-Betriebsw. (FH) Ass. jur. Peter Frischholz
Mitglieder: 108 Firmen

f 586
Fachverband Sanitär-Keramische Industrie e.V.
Postf. 16 24, 95090 Selb
Schillerstr. 17, 95100 Selb
T: (09287) 80 80 **Fax:** 7 04 92
Internationaler Zusammenschluß: siehe unter izf 671
Vorsitzende(r): Franz Kook (Duravit AG, Hornberg)
Geschäftsführer(in): Peter Frischholz
Mitglieder: 4 Firmen

f 587
Arbeitgeberverband der Keramischen Fliesenindustrie e.V.
Postf. 16 25, 95090 Selb
Schillerstr. 17, 95100 Selb
T: (09287) 8 08-0 **Fax:** 7 04 92
Vorsitzende(r): Dipl.-Betriebsw. Karl-Heinz Latz (Villeroy & Boch AG, Postf. 11 20, 66688 Mettlach)
Geschäftsführer(in): Peter Frischholz
Mitglieder: 8

f 588
Arbeitgeberverband Keramik Nord e.V.
Schiffgraben 36, 30175 Hannover
T: (0511) 85 05-0 **Fax:** 85 05-203
Vorsitzende(r): Christian Hirsch (Geschf. der Fürstenberg, Ehemalige Herzoglich Braunschweigische Porzellanmanufaktur, Fürstenberg/Weser)
Hauptgeschäftsführer(in): RA Dietrich Kröncke
Mitglieder: 11

f 589
Industrieverbände Neustadt/Weinstraße e.V.
Industriehaus
Friedrich-Ebert-Str. 11-13, 67433 Neustadt
T: (06321) 85 20 **Fax:** 8 52-216
Sprecher d. feink. Gruppe i. Vorst.: N. N.
Geschäftsführer(in): RA Heinrich Klotz
Mitglieder: 5

f 590
Rheinischer Unternehmerverband Steine und Erden e.V.
Postf. 22 41, 56512 Neuwied
Engerser Landstr. 44, 56564 Neuwied
T: (02631) 39 59-0 **Fax:** 2 88 10
Geschäftsführer(in): Ass. Ludwig Wörner

f 591
Verein Deutscher Schleifmittelwerke e.V.
Postf. 75 67, 53075 Bonn
Oxfordstr. 8, 53111 Bonn
T: (0228) 63 55 87, 65 69 56 **Fax:** 63 53 99
Internet: http://www.vds-bonn.de
E-Mail: info@vds-bonn.de
Internationaler Zusammenschluß: siehe unter izf 754
Vorsitzende(r): K.D. Köpnick (Carborundum Schleifmittelwerke GmbH, Kappeler Str. 105, 40597 Düsseldorf, T:(0211) 74 93 01, Fax: (0211) 74 55 33)
Geschäftsführer(in): Dr. Klaus Werner

f 592
Industrieverband Keramische Fliesen + Platten e.V.
Postf. 16 24, 95090 Selb
Schillerstr. 17, 95100 Selb
T: (09287) 8 08-37 **Fax:** 8 08-44
Internet: http://www.fliesenverband.de
E-Mail: info@fliesenverband.de
Internationaler Zusammenschluß: siehe unter izf 2395
Vorsitzende(r): Dieter Schäfer (Deutsche Steinzeug Cremer & Breuer AG, Bonn)
Geschäftsführer(in): Werner Ziegelmeier
Mitglieder: 12

● F 593

Wirtschaftsverband Kernbrennstoff-Kreislauf e.V.
Adenauerallee 73, 53113 Bonn
T: (0228) 21 32 04, 21 32 06 **Fax:** 21 32 07
Internet: http://www.kernbrennstoff.de
E-Mail: WKK-bonn@t-online.de
Gründung: 1976 (Dezember)
Geschäftsführende(s) Vorstands-Mitglied(er): Dr. K. Tägder
Mitglieder: 30

Im Rahmen der friedlichen Verwendung der Kernenergie Förderung und Vertretung der gemeinsamen Belange seiner Mitglieder auf dem Gebiet des nuklearen Brennstoffkreislaufes im nationalen und internationalen Bereich. Er umfaßt die in der Bundesrepublik Deutschland tätigen Unternehmen und Zulieferfirmen des Brennstoffkreislaufes

● **F 594**

Industrieverband für Korbwaren-, Korbmöbel, Kinderausstattung und Kinderwagen e.V.
Bahnhofstr. 11, 96465 Neustadt
T: (09568) 8 50 19 **Fax:** 79 93
Vorsitzende(r): Doris Hahn (Fa. Knorr Kinderwagen, 96247 Michelau)
Geschäftsführer(in): RA Wolfram E. Salzer
Mitglieder: 40

● **F 595**

Verband der Südwestdeutschen Kunststoffindustrie und verwandter Industrien e.V.
Postf. 10 32 34, 68032 Mannheim
Viktoriastr. 8, 68165 Mannheim
T: (0621) 41 20 07 **Fax:** 41 74 79
Geschäftsführer(in): RA Helmut Schlick

● **F 596**

Gesamtverband kunststoffverarbeitende Industrie e.V. (GKV)
Am Hauptbahnhof 12, 60329 Frankfurt
T: (069) 27 10-527 **Fax:** 23 98 35
Internet: http://www.gkv.de
E-Mail: info@gkv.de
Internationaler Zusammenschluß: siehe unter izf 1249, izf 2088
Vorstand:
Präsident(in): Günter Schwank (Geschäftsf. Ges. der Georg Utz GmbH, Nordring 67, 48465 Schüttorf, T: (05923) 80 51 20, Fax: (05923) 80 58 10)
Vizepräsident(in): Eva Greive (Greive GmbH & Co. KG, Kirchstr. 4, 48308 Senden-Ottmarsbocholt, T: (02598) 2 07, Fax: (02598) 13 44)
Achim Heinzelmann (Huber Westform GmbH & Co., Hommericher Str. 1, 51789 Lindlar, T: (02207) 7 07 22, Fax: (02207) 7 07 68)
Norbert Hildebrand (Geschäftsführer der PRO-PE GmbH, Friedrichstr. 25, 54516 Wittlich, T: (06571) 8 28 08, Fax: (06571) 2 80 09)
Matthias Hoffmann (Direktor Marketing + Vertrieb der Sprela GmbH, Westbahnstr. 1, 03130 Spremberg, T: (03563) 5 42 84, Fax: (03563) 23 91)
Dr. Reinhard Proske (CircleSmartCard AG, Konrad-Zuse-Str. 5, 99099 Erfurt, T: (0361) 4 26 22 30, Fax: (0361) 4 26 22 33)
Manfred Zorn (Geschäftsführer der IPV GmbH, Ezetilstraße, 35410 Hungen, T: (06402) 8 07-220, Fax: (06402) 74 00)
Vorstandsmitglieder:
Schatzmeister: Dieter Steinacker (Steinacker Verpackungssysteme GmbH, Wellastr. 10, 36088 Hünfeld, T: (06652) 96 80 20, Fax: (06652) 96 80 48)
Vorst.-Mitgl.: Dr. Uwe Bültjer (Geschäftsführer der AVK Arbeitsgemeinschaft Verstärkte Kunststoffe/Techn. Vereinigung AVK-TV e.V., Am Hauptbahnhof 10, 60329 Frankfurt/Main, T: (069) 25 09 20, Fax: (069) 25 09 19)
Klaus Christophery (Geschäftsführer der Christophery GmbH, Postf. 13 55, 58634 Iserlohn, T: (02371) 80 60, Fax: (02371) 80 61 80)
Jürgen Krüger (Kunststoff Krüger GmbH, Fahrenberg 36, 22882 Barsbüttel, T: (040) 6 70 52-124, Fax: (040) 6 70 52-162)
Albrecht Manderscheid (Cannon Deutschland GmbH, Benzstr. 5, 63165 Mühlheim/Main, T: (06108) 60 50, Fax: (06108) 6 87 41)
Dipl.-Ing. Jasper Röders (Vors. Kuratorium; Achtergang 2, 29614 Soltau, T/Fax: (05191) 8 09 98)
Dipl.-Kfm. Heinrich Walch (Geschäftsführer der Heinrich Walch GmbH, Postf. 14 20, 58570 Schalksmühle, T: (02355) 90 80-60, Fax: (02355) 90 80-33)
Michael Weigelt (Franz Weigelt & Söhne GmbH & Co., Gustav-Rau-Str. 21, 74321 Bietigheim-Bissingen, T: (07142) 75-0, Fax: (07142) 75-295)

Fachverbände

f 597

Fachverband Bau-, Möbel- und Industrie-Halbzeuge aus Kunststoff
Am Hauptbahnhof 12, 60329 Frankfurt
T: (069) 2 71 05-29, 2 71 05-30 **Fax:** 23 98 37
Gründung: 1958
Vorsitzende(r): Matthias Hoffmann, Groß-Umstadt
Geschäftsführer(in): Dipl.-Volkswirt Ralf Olsen
Mitglieder: 95

f 598

Fachverband Kunststoff-Konsumwaren
Am Hauptbahnhof 12, 60329 Frankfurt
T: (069) 2 71 05-31 **Fax:** 23 98 38
Internet: http://www.fvkk.de
E-Mail: fvkk@gkv.de
Vorstand: Manfred Zorn (Vors.; IPV Inheidener Produktions- u. Vertriebsges. mbH, Ezetilstraße, 35410 Hungen, T: (06402) 80 72 20, Telefax: (06402) 74 00)
Claus-Peter Hoppert (stellv. Vors.; iba Hartmann GmbH & Co., Stätzlinger Str. 77, 86165 Augsburg, T: (0821) 79 40 90, Telefax: (0821) 7 94 09 34)
Peter Maschke (stellv. Vors.; Arca Systems GmbH, 19057 Schwerin-Sacktannen, T: (0385) 6 45 23 51, Telefax: (0385) 6 45 25 77)
Geerd Johannink (Schatzmeister; Ringoplast GmbH, Großringer Str. 24, 49824 Ringe, T: (05944) 9 34 50, Telefax: (05944) 93 45 10)
K.-Andreas Frauenberger (Frauenberger & Co. mbH, Am Wienkamp 12, 30916 Isernhagen FB, T: (05138) 8 99 00, Telefax: (05139) 89 90 99)
Chris Groothuizen (Curver BV, Postfach 16, NL 5050 AA Goirle, T: (0031) 1 35 31 03 86, Telefax: (0031) 1 35 31 04 76)
Meinhard Jockwitz (Fiskars Deutschland GmbH, Dellenfeld 35, 42653 Solingen, T: (0212) 2 71 70, Telefax: (0212) 2 71 71 00)
Günter Schwank (Georg Utz GmbH, Nordring 67, 48465 Schüttorf, T: (05923) 80 51 20, Telefax: (05923) 80 58 10)
Heinrich Walch (Heinrich Walch GmbH & Co. KG, Postf. 14 20, 58570 Schalksmühle, T: (02355) 90 80 60, Telefax: (02355) 90 80 33)
Geschäftsführer(in): Dr. Rainer H. Jung (Am Steinernen Kreuz 20, 64409 Messel, T: (06159) 51 26)
Mitglieder: 220

f 599

Fachverband Technische Teile
Am Hauptbahnhof 12, 60329 Frankfurt
T: (069) 2 71 05-35 **Fax:** 23 98 36
Internet: http://www.gkv.de/tt/
E-Mail: fvtt@gkv.de
Gründung: 1958
Vorsitzende(r): Dr. Reinhard Proske
Geschäftsführer(in): Dipl. Ing. Wilhelm Crößmann
Mitglieder: 300
Mitarbeiter: 2

f 600

Fachverband Verpackung und Verpackungsfolien aus Kunststoff im GKV
Am Hauptbahnhof 12, 60329 Frankfurt
T: (069) 2 71 05-27 **Fax:** 23 98 35
Internet: http://www.kunststoff-verpackungen.de
E-Mail: ukelterborn@gkv.de
Vorsitzende(r): Norbert Hildebrand
Geschäftsführer(in): Ulf Kelterborn
Mitglieder: 185

Korporativmitglieder

f 601

Arbeitsgemeinschaft Verstärkte Kunststoffe und Technische Vereinigung e.V. (AVK-TV)
Am Hauptbahnhof 10, 60329 Frankfurt
T: (069) 25 09 20 **Fax:** 25 09 19
Internet: http://www.avktv.de
E-Mail: avktv-sekretariat@t-online.de, avktv-bue@t-online.de
Internationaler Zusammenschluß: siehe unter izf 309
Vorsitzende(r): Dipl.-Ing. Klaus-Uwe Brodersen
Geschäftsführer(in): Dr. Uwe Bültjer
Verbandszeitschrift: Kurier
Redaktion: AVK-TV
Verlag: Eigenverlag
Mitglieder: 270

f 602

Fachverband Schaumkunststoffe e.V. (F.S.K.)
Im GKV u. EuPC
Am Hauptbahnhof 38, 60329 Frankfurt
T: (069) 2 71 05 37 **Fax:** 27 99
Internet: http://www.fsk-vsv.de
E-Mail: fsk.vsv@gkv.de
Gründung: 1962
Vorsitzende(r): Albrecht Manderscheid, Mühlheim/Main
Geschäftsführer(in): Dr. Hans-W. Schloz (Ltg. Presseabt.)
Verbandszeitschrift: FSK-Mitteilungen
Redaktion: Herbert Gieseler
Verlag: Am Hauptbahnhof 12, 60329 Frankfurt
Mitglieder: 90

f 603

Arbeitskreis selbständiger Kunststoff-Ingenieure und -Berater e.V. (K.I.B.)
Am Hauptbahnhof 12, 60329 Frankfurt
T: (069) 2 71 05 24 **Fax:** 23 27 99
Internet: http://www.k-berater.de
E-Mail: sbrendgen@gkv.de
Vorsitzende(r): Dipl.-Ing. Dirk Falke, Sukow b. Schwerin
Geschäftsführer(in): Sigrid Brendgen
Technische und technisch-wirtschaftliche Beratung auf allen Gebieten der Kunststoffverarbeitung und -anwendung durch die Mitglieder des K.I.B.

● **F 604**

IK Industrieverband Kunststoffverpackungen e.V.
Bundesverband der Hersteller von Kunststoffverpackungen und -folien
Kaiser-Friedrich-Promenade 43, 61348 Bad Homburg
T: (06172) 92 66 01 **Fax:** 92 66 70
Internet: http://www.kunststoffverpackungen.de
E-Mail: info@kunststoffverpackungen.de
Gründung: 1979
Internationaler Zusammenschluß: siehe unter izf 1248
Präsident(in): Hans-Dieter Kobusch
Vizepräsident(in): Albrecht Burgdorf (Wolff Walsrode AG)
Dr. Bernd-O. Kruse (Rosti Verpackungen GmbH)
Hauptgeschäftsführer(in): Dipl.-Volksw. Michael Rathje
Leitung Presseabteilung: Haimo Emminger
Verbandszeitschrift: IK-AKTUELL
Redaktion: IZK GmbH
Verlag: IZK, Kaiser-Friedrich-Promenade 43, 61348 Bad Homburg
Mitglieder: 250

Korporativ angeschlossene Verbände:

f 605

Gütegemeinschaft Kunststoffverpackungen für gefährliche Güter e.V.
Kaiser-Friedrich-Promenade 43, 61348 Bad Homburg
T: (06172) 92 66 73 **Fax:** 92 66 70
Vorstand: Elisabeth Krause (Vors.; Sulo Emballagen GmbH + Co. KG)
K.D. Hofmeister (stellv. Vors., Bischof + Klein GmbH u. Co)

f 606

Verband Qualitätssicherung für PE-Baufolien im IK e.V.
Kaiser-Friedrich-Promenade 43, 61348 Bad Homburg
T: (06172) 92 66 01 **Fax:** 92 66 70
Vorstand: Josef Schuhbauer (Vors., Orbita-Film GmbH, Weissandt-Gölzau)
Werner Eschbach (Otto Wolff Kunststoffvertrieb)
Jürgen Hammerl (Hammerl GmbH + Co. KG)

● **F 607**

Industrieverband Kunststoffbahnen (IVK)
Emil-von-Behring-Str. 4, 60439 Frankfurt
T: (069) 57 20 64 **Fax:** 95 80 82 25
Internationaler Zusammenschluß: siehe unter izf 2089
Vorsitzende(r): Jürgen Holzapfel (friedola Gebr. Holzapfel GmbH & Co KG, Postf. 3 20, 37269 Eschwege, T: (05651) 30 30, Telefax: (05651) 30 33 00)
Geschäftsführer(in): Dr. Klaus W. Lippold
Ass.jur. Anne-Karin Walter (E-Mail: awalter@unternehmer-verbaende.de)

Zusammenschluß der Unternehmen, die Kunststoffbahnen (Kunststoff-Folien, Kunst-

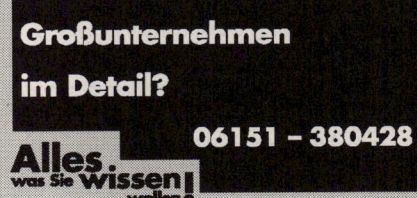

stoff-Textilbahnen, Boden- und Wandbeläge) herstellen. Vertretung der Mitgliederinteressen gegenüber Behörden, sonstigen Institutionen und öffentlichen Medien.

● **F 608**

Industrieverband Polyurethan-Hartschaum e.V. (IVPU)
Kriegerstr. 17, 70191 Stuttgart
T: (0711) 29 17 16 **Fax:** 29 49 02
Internet: http://www.ivpu.de
E-Mail: ivpu@ivpu.de
Gründung: 1973 (28. Nov.)
Vorsitzende(r): Dipl.-Kfm. Hans Bommer, Überlingen
Geschäftsführer(in): Dipl.-Ing. P. Kindermann
Leitung Presseabteilung: Dr. Petra Steimle
Verbandszeitschrift: IVPU Nachrichten
Redaktion: IVPU
Verlag: IVPU, Kriegerstr. 17, 70191 Stuttgart
Mitglieder: 19 Mitgliedsfirmen
Mitarbeiter: 5

● **F 609**

Verband der Polyurethan-Weichschaum-Industrie e.V.
Postf. 90 03 60, 60443 Frankfurt
Zeppelinallee 69, 60487 Frankfurt
T: (069) 79 36-157, 79 36-0 **Fax:** 79 36-165
Internet: http://www.vwi-verband.de
E-Mail: vwi@vwi-verband.de
Internationaler Zusammenschluß: siehe unter izf 661
Vorsitzende(r): Edmund Meyer
Stellvertretende(r) Vorsitzende(r): Dr. Klaus Schumel
Dr. Egbert Dahmen
Geschäftsführer(in): Helmut Hirsch
Mitglieder: 22

● **F 610**

FPX Fachvereinigung Polystyrol-Extruderschaumstoff
Deutsche Sektion der EXIBA-European Extruded Polystyrene Insulation Board Association
Postf. 61 02 44, 60344 Frankfurt
Ferdinand-Porsche-Str. 16, 60386 Frankfurt
T: (069) 42 59 01 **Fax:** 4 19 51 14
Internet: http://www.fpx-daemmstoffe.de
E-Mail: info@fpx-daemmstoffe.de
Geschäftsführer(in): Dipl.-Ing. Isolde Elkan

● **F 611**

Verband der kunststoffverarbeitenden Industrie der neuen Bundesländer
Steigerstr. 41, 99096 Erfurt
T: (0361) 6 63 93 27
Geschäftsführer(in): Petra Beck

● **F 612**

Kunststoffrohrverband e.V. (KRV)
-Fachverband der Kunststoffrohr-Industrie-
Dyroffstr. 2, 53113 Bonn
T: (0228) 9 14 77-0 **Fax:** 21 13 09
Internet: http://www.krv.de
E-Mail: kunststoffrohrverband@krv.de
Gründung: 1957
Vorsitzende(r): Edith Strumann (Beiratsvors. der Fa. Egeplast Werner Strumann GmbH & Co. KG, Emsdetten)
Geschäftsführer(in): Dr. Elmar Löckenhoff
Leitung Presseabteilung: Claus Wehage
Verbandszeitschrift: KRV-Nachrichten
Redaktion: KRV

Dem 1957 gegründeten Fachverband der Kunststoffrohr-Industrie gehören die meisten namhaften Hersteller von Kunststoffrohren und -formstücken in Deutschland an.
Der KRV befaßt sich mit allen anwendungstechnischen Fragestellungen moderner Kunststoffrohrsysteme, veranlaßt technisch-wissenschaftliche Untersuchungen, erarbeitet Gütesysteme und gestaltet nationale und internationale Normung mit.
Marktbeobachtung und -analyse, Öffentlichkeitsarbeit, Umweltfragen und die Zusammenarbeit mit einschlägigen Organisationen der Branche, Behörden und Abnehmerverbänden gehören zum weiteren Aufgabenspektrum des Verbandes.
Die enge Zusammenarbeit mit der Gütegemeinschaft Kunststoffrohre dient dem gemeinsamen Ziel, Kunststoffrohre von höchster Qualität anzubieten.

● **F 613**

GDI Gesamtverband Dämmstoffindustrie
Postf. 61 02 44, 60344 Frankfurt
Ferdinand-Porsche-Str. 16, 60386 Frankfurt
T: (069) 4 08 93 39 95 **Fax:** 40 14 37 22
Internet: http://www.g-d-i.de
E-Mail: gdi-gesamtverband@t-online.de
Geschäftsführer(in): Dipl.-Ing. Isolde Elkan

Mitgliedsverbände:
Fachvereinigung Mineralfaserindustrie e.V.
Deutsche Gruppe der EURIMA-European Insulation Manufacturers Association, Frankfurt am Main
Industrieverband Hartschaum e.V, Heidelberg
Industrieverband Polyurethan Hartschaum e.V., Stuttgart
Bundesverband der Leichtbauplattenindustrie e.V., Heidelberg
Fachvereinigung Polystyrol-Extruderschaumstoff, Deutsche Sektion der EXIBA-European Extruded Polystyrene Insulation Board Association, Frankfurt am Main

● **F 614**

Verband der Schaumstoff-Verarbeiter e.V. (VSV)
Am Hauptbahnhof 12, 60329 Frankfurt
T: (069) 2 71 05 37 **Fax:** 23 27 99
Internet: http://www.fsk-vsv.de
E-Mail: fsk.vsv@t-online.de
Gründung: 1955
Vorsitzende(r): Dipl.-Kfm. Georg Heinlein, Viernheim
Geschäftsführer(in): Dr. Hans W. Schloz
Verbandszeitschrift: FSK-Mitteilungen

● **F 615**

Industrieverband Geokunststoffe e.V.
Schluchtstr. 24, 42285 Wuppertal
T: (0202) 8 49 88 **Fax:** 8 49 88
Internet: http://www.ivgeokunststoffe.com
E-Mail: kremer@wtl.de
Gründung: 1994
Vorstand: Dipl.-Ing. Alfred Kremer (Vors.)
Vorstand: N. Wagner
Vorstand: J.-D. Asser
Geschäftstätigkeit: Fördern des sicheren und wirtschaftlichen Bauens mit Geokunststoffen, durch Öffentlichkeitsarbeit, Zusammenarbeit mit anderen Gremien, Verbänden und Hochschulen, Interessenvertretung auf wirtschaftspolitischer Ebene

● **F 616**

Verband der Deutschen Lederindustrie e.V.
Fuchstanzstr. 61, 60489 Frankfurt
T: (069) 97 84 31 41 **Fax:** 78 80 00 09
Internet: http://www.vdl-web.de
E-Mail: lederverband@t-online.de
Internationaler Zusammenschluß: siehe unter izf 2617
Vorsitzende(r): Max Räuchle (Inh. Gebr. Räuchle GmbH, Backnang)
Stellvertretende(r) Vorsitzende(r): Otto Sauer (Geschäftsf. der Möller-Werke GmbH, Bielefeld)
Hanns Rendenbach (Inh. Joh. Rendenbach jr., Trier)
Geschäftsführer(in): Dipl.-Volksw. Reinhard Schneider
Dr. Th. Schröer
Mitglieder: 70

Vertretung der berufsständischen und wirtschaftspolitischen Interessen der deutschen lederzeugenden Industrie.

● **F 617**

Bundesverband der Deutschen Handschuhindustrie
Blumenstr. 18, 71522 Backnang
T: (07191) 98 00 60 **Fax:** 98 00 70
Vorsitzende(r): Otto Melchinger
Geschäftsführer(in): Ass. Jürgen Reusch

● **F 618**

Altgerber-Verband e.V.
siehe U 630

● **F 619**

Bundesverband Lederwaren und Kunststofferzeugnisse e.V.
Postf. 10 20 55, 63020 Offenbach
Waldstr. 44, 63065 Offenbach
T: (069) 88 72 50 **Fax:** 81 28 10
Internet: http://www.lederwarenverband.de
E-Mail: bundesverband@aol.com
Internationaler Zusammenschluß: siehe unter izf 892
Hauptgeschäftsführer(in): Philipp Urban

Landesverbände

f 620

Landesverband Lederwaren und Kunststofferzeugnisse Bayern e.V.
Postf. 10 20 55, 63020 Offenbach
Waldstr. 44, 63065 Offenbach
T: (069) 88 72 50 **Fax:** 81 28 10
Geschäftsführer(in): Philipp Urban
Mitglieder: 18

f 621

Vereinigung der Lederwarenhersteller Hessen e.V.
Postf. 10 20 55, 63020 Offenbach
Waldstr. 44, 63065 Offenbach
T: (069) 88 72 50 **Fax:** 81 28 10
Vorsitzende(r): Thomas Picard (Picard Lederwaren GmbH & Co., Friedensstr. 22, 63179 Obertshausen)
Geschäftsführer(in): Philipp Urban
Mitglieder: 61

f 622

Nordwestdeutscher Verband Lederwaren- und Kunststofferzeugnisse e.V.
Postf. 10 20 55, 63020 Offenbach
Waldstr. 44, 63065 Offenbach
T: (069) 88 72 50 **Fax:** 81 28 10
Vorsitzende(r): Dieter Morszeck (RIMOWA-Kofferfabrik GmbH, Mathias-Brüggen-Str. 118, 50829 Köln)
Geschäftsführer(in): Philipp Urban
Mitglieder: 26

f 623

Landes- und Arbeitgeberverband der Lederwaren-, Kunststoffwaren- und Kofferindustrie Rheinland-Pfalz
Postf. 10 20 55, 63020 Offenbach
Waldstr. 44, 63065 Offenbach
T: (069) 88 72 50 **Fax:** 81 28 10
Vorsitzende(r): Karl-Heinz Faber (i. Fa. Sattler & Co. GmbH, Nachtigallenweg 4, 55627 Merxheim)
Geschäftsführer(in): Philipp Urban
Mitglieder: 17

f 624

Verband der leder- und kunststoffverarbeitenden Industrie Baden-Württemberg e.V.
Pischekstr. 19, 70184 Stuttgart
T: (0711) 24 81 54 **Fax:** 24 38 15
Vorsitzende(r): Wolfgang Ertinger (i. Fa. Max Laumann GmbH, Schelmenwasenstr. 35, 70567 Stuttgart)
Geschäftsführer(in): Dr.jur. Werner Scharlowski
Mitglieder: 17

● **F 625**

Interessengemeinschaft biologisch abbaubare Werkstoffe e.V. (IBAW)
Anklamer Str. 11, 10115 Berlin
T: (030) 4 40 56 85-0 **Fax:** 4 40 56 85-1
Internet: http://www.ibaw.org
E-Mail: info@ibaw.org
Gründung: 1993
Vorsitzende(r): Dr. Harald Käb (narocon)
Stellvertretende(r) Vorsitzende(r): Jürgen Lörcks (biotec)
Vorstand: Stefano Facco
Dr. Peter Müller
Jöran Reske
Mitglieder: 30

● **F 626**

Wirtschaftsverband INDUSTRIELEDER-Erzeugnisse e.V.
Mevissenstr. 15, 50668 Köln
T: (0221) 7 74 41 50, -1 51 **Fax:** 7 74 41 18
Internet: http://www.bbi-online.de
E-Mail: bespo@bbi-online.de
Geschäftsführer(in): RA Bernd Kemper (Mevissenstr. 15, 50668 Köln, T: (0221) 7 74 41 50, -1 51)

● **F 627**

Arbeitsgemeinschaft Lederwaren- und Schuhindustrie Hessen
Postf. 10 20 55, 63020 Offenbach
Waldstr. 44, 63065 Offenbach
T: (069) 88 72 50 **Fax:** 81 28 10
Gründung: 1994

● **F 628**
Bundesverband der Deutschen Luft- und Raumfahrtindustrie e.V. (BDLI)
Friedrichstr. 152, 10117 Berlin
T: (030) 20 61 40-0   **Fax:** 20 61 40-90
Internet: http://www.bdli.de
E-Mail: info@bdli.de
Gründung: 1952
Präsident(in): Dr.-Ing. Gustav Humbert
Präsidial-GeschF: Dr. Hans Eberhard Birke
Leitung Presseabteilung: Diana Winkler
Verbandszeitschrift: LRI Fakten; Jahresbericht; Liefer- und Leistungsverzeichnis; Die Ausrüstungsindustrie; Forschung und Technologie
Redaktion: Presse- und Öffentlichkeitsarbeit des BDLI
Mitglieder: 120

● **F 629**
VDMA Verband Deutscher Maschinen- und Anlagenbau e.V.
Postf. 71 08 64, 60498 Frankfurt
Lyoner Str. 18, 60528 Frankfurt
T: (069) 66 03-0   **Fax:** 66 03-1511
Internet: http://www.vdma.de
E-Mail: puoe@vdma.org
Internationaler Zusammenschluß: siehe unter izf 973, izf 1561, izf 2268
Präsident(in): Eberhard Reuther (Vors. d. Aufsichtsrates Körber AG, Kurt-A.-Körper-Chaussee 8-32, 21033 Hamburg)
Hauptgeschäftsführer(in): Dr. Martin Wansleben
Hauptgeschäftsführer(in): Dr. Hannes Hesse (stellv.)
erweiterte Hauptgeschäftsführer: Thilo Brodtmann
Hartmut Rauen
Dr. Bernd Scherer
Leitung Presseabteilung: Alexander Batschari

f 630
VDMA-Hauptstadtbüro
Unter den Linden 42, 10117 Berlin
T: (030) 30 69 46-0   **Fax:** 30 69 46-20
E-Mail: berlin@vdma.org
Geschäftsführer(in): Dr. Konrad Morath

f 631
VDMA-Verbindungsstelle Brüssel
Diamant Building
Boulevard A. Reyers 80, B-1030 Brüssel
T: (00322) 7 06 82 05   **Fax:** 7 06 82 10
E-Mail: vdma@mcm.be
Geschäftsführer(in): Burkhart von Rauch

f 632
VDMA Verbindungsstelle Tokio
c/o Japan Business Service Inc.
Higashi Nakano 1-51-3-501 Nakano-ku, J- Tokyo 164-003
T: (00813) 33 63-6632   **Fax:** 33 63-7582
Gründung: 1995 (01. Februar)
Leiter(in): Dipl.-Kfm. Holger Wittich

Landesverbände

f 633
VDMA-Landesverband Baden-Württemberg
Postf. 10 49 52, 70043 Stuttgart
Hospitalstr. 8, 70174 Stuttgart
T: (0711) 22 80 10   **Fax:** 2 28 01 24
E-Mail: lgbawue@vdma.org
Vorsitzende(r): Dr. Dieter Brucklacher (Gebr. Leitz GmbH & Co., Oberkochen)
Geschäftsführer(in): Dipl.-Volksw. Ulrich P. Hermani (E-Mail: hermani_bawue@vdm.org)

f 634
VDMA Landesverband Bayern
Richard-Strauss-Str. 56 /III, 81677 München
T: (089) 27 82 87-0   **Fax:** 27 82 87-22
Internet: http://www.vdma.org/bayern
E-Mail: bayern@vdma.org
Vorsitzende(r): Dipl.-Wirtsch.-Ing. Volker Kronseder (i. Fa. Krones AG, Neutraubling)
Geschäftsführer(in): Elgar Straub (M.A.)

f 635
VDMA-Landesverband Hessen-Rheinland
Postf. 71 08 64, 60498 Frankfurt
Lyoner Str. 18, 60528 Frankfurt
T: (069) 66 03-1479   **Fax:** 66 03-1687
E-Mail: lghr@vdma.org
Vorsitzende(r): Gerhard Börner (MATO GmbH & Co. KG, Mühlheim)
Geschäftsführer(in): Georg Berntsen

f 636
VDMA-Landesverband Nord
Sportallee 79, 22335 Hamburg
T: (040) 50 72 07-0   **Fax:** 50 72 07-55
E-Mail: nord@vdma.org
Vorsitzende(r): Thomas Keidel (Mahr GmbH, Göttingen)
Geschäftsführer(in): Siegfried H. Mundt

f 637
VDMA-Landesverband Nordost
Unter den Linden 42, 10117 Berlin
T: (030) 3 06 94 60   **Fax:** 30 69 46 20
Internet: http://www.vdma.org, http://www.vdma.de, http://www.vdma.com
E-Mail: nordost@vdma.org
Vorsitzende(r): Dipl.-Ing. Volker Spiegelberg (RMT Rostocker Maschinenbau und Technologie GmbH & Co. KG, Erich-Schlesinger-Str. 50, 18059 Rostock, Tel.: (0381) 45 96-140, Fax: (0381) 45 96-153)
Geschäftsführer(in): Dipl.-Wirtsch.-Ing. Reinhard Pätz

f 638
VDMA-Landesverband Nordrhein-Westfalen
Mörsenbroicher Weg 200, 40470 Düsseldorf
T: (0211) 68 77 48-0   **Fax:** 68 77 48-50
Vorsitzende(r): Dr. Anton Enenkel (Heinrich Frings GmbH & Co. KG, Bonn)
Geschäftsführer(in): Hans-Jürgen Alt

f 639
VDMA-Landesverband Pfalz-Saarland
Postf. 10 10 62, 67410 Neustadt
Friedrich-Ebert-Str. 11-13, 67433 Neustadt
T: (06321) 85 22 41   **Fax:** 85 22 65
Vorsitzende(r): David Whelan (Bellheimer Metallwerk GmbH, Bellheim)
Geschäftsführer(in): Dr. Remmert-Ludwig Koch

f 640
VDMA-Landesverband Sachsen-Thüringen
Buchenstr. 12, 01097 Dresden
T: (0351) 8 06 07-0   **Fax:** 8 06 07-23
Vorsitzende(r): Dr.-Ing. Detlef Wendt (Mietzsch GmbH Lufttechnik Dresden, Großenhainer Str. 137, 01129 Dresden)
Geschäftsführer(in): Dipl.-Wirtsch.-Ing. Reinhard Pätz

Fachverbände

f 641
Fachverband Allgemeine Lufttechnik im VDMA
Postf. 71 08 64, 60498 Frankfurt
Lyoner Str. 18, 60528 Frankfurt
T: (069) 66 03-12 27   **Fax:** 66 03-12 18
Internet: http://www.lufttechnik.vdma.org
E-Mail: alt@vdma.org
Vorsitzende(r): Norbert Schmelze (Kaefer Isoliertechnik GmbH & Co. KG, Bremen)
Geschäftsführer(in): RA Dr. Wolfgang Kühnel

f 642
Fachverband Antriebstechnik im VDMA
Postf. 71 08 64, 60498 Frankfurt
Lyoner Str. 18, 60528 Frankfurt
T: (069) 66 03 13 32   **Fax:** 66 03 14 59
Internationaler Zusammenschluß: siehe unter izf 1416
Vorsitzende(r): Robert Schullan (INA Wälzlager Schaeffler oHG, 91074 Herzogenaurach)
Geschäftsführer(in): Hartmut Rauen

f 643
Fachverband Armaturen im VDMA
Postf. 71 08 64, 60498 Frankfurt
Lyoner Str. 18, 60528 Frankfurt
T: (069) 66 03-1241   **Fax:** 66 03-1634
Internet: http://www.armaturen.vdma.org
E-Mail: armaturen@vdma.org
Vorsitzende(r): Walter Siepmann (Stahl-Armaturen Persta GmbH, Warstein)
Geschäftsführer(in): RA Wolfgang Burchard

f 644
Fachverband Bau- und Baustoffmaschinen im VDMA
Postf. 71 08 64, 60498 Frankfurt
Lyoner Str. 18, 60528 Frankfurt
T: (069) 66 03-1261, 66 03-1262   **Fax:** 66 03-1812
Vorsitzende(r): Dr. Reinhold Festge (Haver & Boecker Drahtweberei und Maschinenfabrik, Oelde)
Geschäftsführer(in): Dipl.-Volksw. Udo Köstlin

f 645
Fachverband Bekleidungs- und Ledertechnik im VDMA
Richard-Strauss-Str. 56 /III, 81677 München
T: (089) 27 82 87-0   **Fax:** 27 82 87-22
Vorsitzende(r): Reinhardt Veit (Veit GmbH & Co., Landsberg)
Geschäftsführer(in): Elgar Straub

f 646
Fachverband Bergbaumaschinen im VDMA
Postf. 71 08 64, 60498 Frankfurt
Lyoner Str. 18, 60528 Frankfurt
T: (069) 66 03-1261, 66 03-1262   **Fax:** 66 03-1812
Internationaler Zusammenschluß: siehe unter izf 1528
Vorsitzende(r): Dipl.-Ing. Peter Jochums (HAUHINCO Maschinenfabrik G. Hausherr, Jochums GmbH & Co. KG, Sprockhövel)
Geschäftsführer(in): Dipl.-Volksw. Udo Köstlin

f 647
Fachverband Druck- und Papiertechnik im VDMA
Postf. 71 08 64, 60498 Frankfurt
Lyoner Str. 18, 60528 Frankfurt
T: (069) 66 03-1451   **Fax:** 66 03-1675
Vorsitzende(r): Uwe Langfeld (Körber PaperLink GmbH, Hamburg)
Geschäftsführer(in): Dipl.-Kfm. Klaus E. Lickteig

f 648
Fachverband Feuerwehrtechnik im VDMA
Postf. 71 08 64, 60498 Frankfurt
Lyoner Str. 18, 60528 Frankfurt
T: (069) 66 03-1304   **Fax:** 66 03-1464
E-Mail: bernd.scherer@vdma.org
Internationaler Zusammenschluß: siehe unter izf 1476
Vorsitzende(r): Manfred Hommel (MBVD/VNL Daimler Chrysler AG, Berlin)
Geschäftsführer(in): Dr. Bernd Scherer

f 649
Fachverband Fluidtechnik im VDMA
Postf. 71 08 64, 60498 Frankfurt
Lyoner Str. 18, 60528 Frankfurt
T: (069) 66 03-1332   **Fax:** 66 03-1459
Vorsitzende(r): Dipl.-Ing. Winfried Witte (Mannesmann Rexroth AG, Lohr)
Geschäftsführer(in): Dipl.-Ing. Hartmut Rauen

f 650
Fachverband Fördertechnik im VDMA
Postf. 71 08 64, 60498 Frankfurt
Lyoner Str. 18, 60528 Frankfurt
T: (069) 66 03-1507   **Fax:** 66 03-1496
Vorsitzende(r): Dr. Hans-Peter Schmohl (Linde AG, Wiesbaden)
Geschäftsführer(in): Dipl.-Ing. Rolf Morgenstern
Fachabteilungen: Krane; Serienhebezeuge; Stetigförderer; Flurförderzeuge; Lagertechnik

f 651
Fachverband Geldschränke und Tresoranlagen im VDMA
Postf. 71 08 64, 60498 Frankfurt
Lyoner Str. 18, 60528 Frankfurt
T: (069) 66 03-1451   **Fax:** 66 03-1675
Vorsitzende(r): Theodor Stacke (Geschäftsf. Gesellschafter der Stacke GmbH, Aachen)
Geschäftsführer(in): Dipl.-Kfm. Klaus E. Lickteig

f 652
Fachverband Giessereimaschinen im VDMA
Postf. 71 08 64, 60498 Frankfurt
Lyoner Str. 18, 60528 Frankfurt
T: (069) 66 03-1414   **Fax:** 66 03-1692
Internet: http://www.gima.vdma.org
E-Mail: gima@vdma.org
Internationaler Zusammenschluß: siehe unter izf 1487
Vorsitzende(r): Dr.-Ing. Hans-Otto Jochem (Gautschi Wärmetechnik GmbH, Lindlar-Schmitzhöhe)
Geschäftsführer(in): Dr. Gutmann Habig

f 653
Fachverband Kunststoff- und Gummimaschinen im VDMA
Postf. 71 08 64, 60498 Frankfurt
Lyoner Str. 18, 60528 Frankfurt
T: (069) 66 03-1831   **Fax:** 66 03-1840
E-Mail: kug@vdma.org
Internationaler Zusammenschluß: siehe unter izf 1507

f 653
Vorsitzende(r): Dr. Helmut Eschwey (Battenfeld GmbH, Meinerzhagen)
Geschäftsführer(in): Dipl.-Ing. Bernd Knörr

f 654

Fachverband Automation + Management für Haus + Gebäude im VDMA
Postf. 71 08 64, 60498 Frankfurt
Lyoner Str. 18, 60528 Frankfurt
T: (069) 66 03-1209 Fax: 66 03-1699
Vorsitzende(r): Peter Plenker (Johnson Controls JCI Regelungstechnik GmbH, Essen)
Geschäftsführer(in): Dipl.-Ing. Winfried Brandt

f 655

Fachverband Holzbearbeitungsmaschinen im VDMA
Postf. 71 08 64, 60498 Frankfurt
Lyoner Str. 18, 60528 Frankfurt
T: (069) 66 03-1340 Fax: 66 03-1621
Internet: http://www.wood.vdma.org
E-Mail: infoholz@vdma.org
Internationaler Zusammenschluß: siehe unter izf 1547
Vorsitzende(r): Dieter Siempelkamp (G. Siempelkamp GmbH & Co., Krefeld)
Geschäftsführer(in): Dr. Werner Neubauer

f 656

Fachverband Hütten- und Walzwerkeinrichtungen im VDMA
Postf. 71 08 64, 60498 Frankfurt
Lyoner Str. 18, 60528 Frankfurt
T: (069) 66 03-1414 Fax: 66 03-1692
Internet: http://www.huw.vdma.org
E-Mail: huw@vdma.org
Vorsitzende(r): Wilfried Bald (SMS Demag AG, Düsseldorf)
Geschäftsführer(in): Dr. Gutmann Habig

f 657

Fachverband Kompressoren, Druckluft- und Vakuumtechnik im VDMA
Postf. 71 08 64, 60498 Frankfurt
Lyoner Str. 18, 60528 Frankfurt
T: (069) 66 03-1282 Fax: 66 03-1690
Internationaler Zusammenschluß: siehe unter izf 1527
Vorsitzende(r): Dr.-Ing. Ernst Rothstein (Mannesmann Demag AG, Duisburg)
Geschäftsführer(in): Dipl.-Ing. Josef Hüggelmeier

f 658

Fachgemeinschaft Kraftmaschinen im VDMA
Postf. 71 08 64, 60498 Frankfurt
Lyoner Str. 18, 60528 Frankfurt
T: (069) 66 03-1307 Fax: 66 03-1566
Internet: http://www.vdma.org
E-Mail: krm@vdma.org
Vorsitzende(r): Dipl.-Ing. Horst W. Kerlen (GE Energy Products Germany GmbH, Essen)
Geschäftsführer(in): Thorsten Herdan

f 659

Fachverband Landtechnik im VDMA
Postf. 71 08 64, 60498 Frankfurt
Lyoner Str. 18, 60528 Frankfurt
T: (069) 66 03-1304 Fax: 66 03-1464
Internet: http://www.vdma.org
E-Mail: bernd.scherer@vdma.org
Internationaler Zusammenschluß: siehe unter izf 210
Vorsitzende(r): Dr. Franz-Georg von Busse (Lemken GmbH u. Co. KG, Alpen)
Geschäftsführer(in): Dr. Bernd Scherer

f 660

Fachverband Robotik + Automation im VDMA
Postf. 71 08 64, 60498 Frankfurt
Lyoner Str. 18, 60528 Frankfurt
T: (069) 66 03-1590 Fax: 66 03-1689
Internet: http://www.rua.vdma.org
E-Mail: rua@vdma.org
Vorsitzende(r): Dipl.-Kfm.Ing.(grad.) Stefan Müller (KUKA Roboter GmbH, Augsburg)
Geschäftsführer(in): Dipl.-Kfm. Thilo K. Brodtmann

f 661

Fachverband Nahrungsmittelmaschinen und Verpackungsmaschinen im VDMA
Postf. 71 08 64, 60498 Frankfurt
Lyoner Str. 18, 60528 Frankfurt
T: (069) 66 03-1431 Fax: 66 03-1211
Vorsitzende(r): Dipl.-Ing. Ernst H. Berndl (Geschäftsführer, SKINETTA Pac-Systeme, Kiener GmbH & Co., Ottobeuren)
Geschäftsführer(in): Dipl.-Ing. Richard Clemens

f 662

Fachverband Präzisionswerkzeuge im VDMA
Postf. 71 08 64, 60498 Frankfurt
Lyoner Str. 18, 60528 Frankfurt
T: (069) 66 03-1467 Fax: 66 03-1816
Internationaler Zusammenschluß: siehe unter izt 472
Vorsitzende(r): Werner Kieninger (Walter Kieninger GmbH, Hartmetall- und Diamantwerkzeuge, Lahr)
Geschäftsführer(in): Dr. Wolfgang Sengebusch

f 663

Fachverband Prüfmaschinen im VDMA
Postf. 71 08 64, 60498 Frankfurt
Lyoner Str. 18, 60528 Frankfurt
T: (069) 66 03-1550 Fax: 66 03-2529
E-Mail: pruef@vdma.org
Vorsitzende(r): Dr. Helmut Gaßmann (GTM Gassmann Theiss Meßtechnik GmbH, Seeheim-Jugenheim)
Geschäftsführer(in): Georg Berntsen

f 664

Fachverband Pumpen im VDMA
Postf. 71 08 64, 60498 Frankfurt
Lyoner Str. 18, 60528 Frankfurt
T: (069) 66 03-1282 Fax: 66 03-1690
E-Mail: pu@vdma.org
Internationaler Zusammenschluß: siehe unter izf 727
Vorsitzende(r): Friedrich U. Arnold (LEISTRITZ AG, Nürnberg)
Geschäftsführer(in): Dipl.-Ing. Josef Hüggelmeier

f 665

Fachverband Reinigungssysteme im VDMA
Postf. 71 08 64, 60498 Frankfurt
Lyoner Str. 18, 60528 Frankfurt
T: (069) 66 03-1209 Fax: 66 03-1699
Vorsitzende(r): Bernd Heilmann (Hako-Werke GmbH & Co., Bad Oldesloe)
Geschäftsführer(in): Dipl.-Ing. Winfried Brandt

f 666

Fachverband Schweiß- und Druckgastechnik im VDMA
Postf. 71 08 64, 60498 Frankfurt
Lyoner Str. 18, 60528 Frankfurt
T: (069) 66 03-1241 Fax: 66 03-1634
Internet: http://www.sdg.vdma.org
E-Mail: sdg@vdma.org
Vorsitzende(r): Dr. Manfred Bayerlein (Messer Cutting & Welding AG, Groß-Umstadt)
Geschäftsführer(in): Wolfgang Burchard

f 667

Fachverband Software im VDMA
Lyoner Str. 18, 60528 Frankfurt
T: (069) 66 03-1627 Fax: 66 03-2360
Internet: http://www.software.vdma.org
E-Mail: software@vdmo.org
Vorsitzende(r): Dr. Karl Gosejacob (Charles Bernd AG, Grünwald)
Geschäftsführer(in): Rainer Glatz

f 668

Fachverband Textilmaschinen im VDMA
Postf. 71 08 64, 60498 Frankfurt
Lyoner Str. 18, 60528 Frankfurt
T: (069) 66 03-1271 Fax: 66 03-1329
Internet: http://www.txm.vdma.org
E-Mail: thomas.waldmann@vdma.org
Internationaler Zusammenschluß: siehe unter izf 1518
Vorsitzende(r): Erich Thies (Thies GmbH & Co., Coesfeld)
Geschäftsführer(in): Dipl.-Wirtsch.-Ing. Thomas Waldmann

f 669

Fachverband Thermoprozess- und Abfalltechnik im VDMA
Postf. 71 08 64, 60498 Frankfurt
Lyoner Str. 18, 60528 Frankfurt
T: (069) 66 03-1414 Fax: 66 03-1692
Internet: http://www.tpt.vdma.org
E-Mail: tpt@vdma.org
Internationaler Zusammenschluß: siehe unter izf 1495
Vorsitzende(r): Prof. Dr.-Ing. Axel von Starck (ELOTHERM GmbH, Remscheid)
Geschäftsführer(in): Dr. Gutmann Habig

f 670

Fachverband Verfahrenstechnische Maschinen und Apparate im VDMA
Postf. 71 08 64, 60498 Frankfurt
Lyoner Str. 18, 60528 Frankfurt
T: (069) 66 03-1394 Fax: 66 03-1421
Internet: http://www.vtma.vdma.org
E-Mail: vtma@vdma.org
Vorsitzende(r): Dipl.-Ing. Fred Bardenheuer (Outokumpu Technology GmbH, Alsdorf)
Geschäftsführer(in): Dipl.-Ing. Josef Hüggelmeier

f 671

Fachverband Waagen im VDMA
Postf. 71 08 64, 60498 Frankfurt
Lyoner Str. 18, 60528 Frankfurt
T: (069) 66 03-1306 Fax: 66 03-2529
Internet: http://www.vdma.org
E-Mail: awa@vdma.org
Internationaler Zusammenschluß: siehe unter izf 903
Vorsitzende(r): Armin Soehnle (Soehnle Waagen GmbH & Co., Murrhardt)
Geschäftsführer(in): Georg Berntsen

f 672

Fachverband Wäscherei- und Chemischreinigungsmaschinen im VDMA
Postf. 71 08 64, 60498 Frankfurt
Lyoner Str. 18, 60528 Frankfurt
T: (069) 66 03-1271 Fax: 66 03-1329
Internet: http://www.vdma.org
E-Mail: txm@vdma.org
Internationaler Zusammenschluß: siehe unter izf 1538
Vorsitzende(r): Dipl.-Kfm. Martin Kannegiesser (Herbert Kannegiesser GmbH & Co., Vlotho)
Geschäftsführer(in): Dipl.-Wirtsch.-Ing. Thomas Waldmann

f 673

Fachgemeinschaft Werkzeugmaschinen und Fertigungssysteme im VDMA
Corneliusstr. 4, 60325 Frankfurt
T: (069) 75 60 81-0 Fax: 75 60 81-11
Vorsitzende(r): Berndt Heller (Gebr. Heller Maschinenfabrik GmbH, Nürtingen)
Geschäftsführer(in): Helmut von Monschaw

Arbeitsgemeinschaften

f 674

Arbeitsgemeinschaft Bautechnik im VDMA
Postf. 71 08 64, 60498 Frankfurt
Lyoner Str. 18, 60528 Frankfurt
T: (069) 66 03-1261
Vorsitzende(r): N.N.
Geschäftsführer(in): Udo Köstin

f 675

Arbeitsgemeinschaft Erdbaumaschinen im VDMA
Postf. 71 08 64, 60498 Frankfurt
Lyoner Str. 18, 60528 Frankfurt
T: (069) 66 03-1261
Vorsitzende(r): Hermann Moll (Liebherr Hydraulikbagger GmbH, Kirchdorf)
Geschäftsführer(in): Udo Köstlin

f 676

Arbeitsgemeinschaft Deutsches Flachdisplay Forum im VDMA
Postf. 71 08 64, 60498 Frankfurt
Lyoner Str. 18, 60528 Frankfurt
T: (069) 66 09-1633
Vorsitzende(r): Prof. Dr.-Ing. Wolfgang Ehrfeld (Institut für Mikrotechnik Mainz GmbH)
Geschäftsführer(in): Dr. Eric Maiser

f 677

Arbeitsgemeinschaft Großanlagenbau im VDMA
Postf. 71 08 64, 60498 Frankfurt
Lyoner Str. 18, 60528 Frankfurt
T: (069) 66 03-1443
Sprecher: Tyark Allers (Thyssen Krupp Engineering AG, Essen)
Geschäftsführer(in): Dr. Wolfgang Kühnel

f 678

Arbeitsgemeinschaft Instandhaltung Gebäudetechnik im VDMA
Postf. 71 08 64, 60498 Frankfurt
Lyoner Str. 18, 60528 Frankfurt
T: (069) 66 03-1279
Vorsitzende(r): Erwin Schäpers (Carrier LTG Service GmbH & Co.KG, Stuttgart)
Geschäftsführer(in): Dr. Wolfgang Kühnel

f 679
Arbeitsgemeinschaft Koordinierungsstelle Umweltschutz und -Marketing im VDMA
Postf. 71 08 64, 60498 Frankfurt
Lyoner Str. 18, 60528 Frankfurt
T: (069) 66 03-1413
Vorsitzende(r): Gottlieb Hupfer (ENVIRO-CHEMIE Abwassertechnik GmbH, Roßdorf)
Geschäftsführer(in): Dr. Gutmann Habig

f 680
Arbeitsgemeinschaft Landtechnik im VDMA
Postf. 71 08 64, 60498 Frankfurt
Lyoner Str. 18, 60528 Frankfurt
T: (069) 66 03-1304
Vorsitzende(r): Dr. Franz-Georg von Busse (Lemken GmbH & Co. KG, Alpen)
Geschäftsführer(in): Dr. Bernd Scherer

f 681
Arbeitsgemeinschaft Laser für die Materialbearbeitung im VDMA
Corneliusstr. 4, 60325 Frankfurt
T: (069) 75 60 81-0
Vorsitzende(r): Dr. Reinhard Wollermann-Windgasse (TRUMPF Lasertechnik GmbH, Ditzingen)
Geschäftsführer(in): Gerhard Hein

f 682
Arbeitsgemeinschaft Mühlen- und Müllereimaschinenbau im VDMA (AGMM)
Postf. 71 08 64, 60498 Frankfurt
Lyoner Str. 18, 60528 Frankfurt
T: (069) 66 03-1431
Vorsitzende(r): ROB Ing. Rudolf Ohlmann (Rudolf Ohlmann Technische Beratung und Vermittlung, Markt Erlbach)
Geschäftsführer(in): Richard Clemens

f 683
Arbeitsgemeinschaft Schiffbau- und Offshore-Zulieferindustrie im VDMA
Sportallee 79, 22335 Hamburg
T: (040) 50 72 07-0
Vorsitzende(r): Dr.-Ing. Frank Schubert (REINTJES GmbH, Hameln)
Geschäftsführer(in): Siegfried H. Mundt

f 684
Arbeitsgemeinschaft Deutsche Stromerzeugungsagregate des ZVEI und VDMA
Postf. 71 08 64, 60498 Frankfurt
Lyoner Str. 18, 60528 Frankfurt
T: (069) 66 03 1307
Internationaler Zusammenschluß: siehe unter izf 1888
Vorsitzende(r): N.N.
Geschäftsführer(in): Gerd-Dieter Krieger

f 685
Arbeitsgemeinschaft WEMA im VDMA
Unter den Linden 42, 10117 Berlin
T: (030) 30 69 46-0
Vorsitzende(r): Mathis Kuchejda (Franz Schmidt & Haensch GmbH & Co., Berlin)
Geschäftsführer(in): Reinhard Pätz

f 686
Arbeitsgemeinschaft Interessengemeinschaft Windkraftanlagen
Postf. 71 08 64, 60498 Frankfurt
Lyoner Str. 18, 60528 Frankfurt
T: (069) 66 03-1307
Vorsitzende(r): Dr. Hans Fechner (Babcock Borsig AG, Oberhausen)
Geschäftsführer(in): Thorsten Herdan

● F 687
Verein Deutscher Werkzeugmaschinenfabriken e.V. (VDW)
Corneliusstr. 4, 60325 Frankfurt
T: (069) 75 60 81-0   **Fax:** 75 60 81-11
Internet: http://www.vdw.de
E-Mail: vdw@vdw.de
Internationaler Zusammenschluß: siehe unter izf 1451
Vorsitzende(r): Dipl.-Ing. Berndt Heller (i. Fa. Gebr. Heller Maschinenfabrik GmbH, Neuffener Str. 54, 72622 Nürtingen)
Geschäftsführer(in): Helmut von Monschaw

Der Verein vertritt die gemeinsamen wirtschaftlichen, technischen und wissenschaftlichen Interessen des Werkzeugmaschinenbaus, insbesondere gegenüber nationalen und internationalen Behörden und anderen Wirtschaftskreisen.

● F 688
ALROUND
Aktionsgemeinschaft luft- und raumfahrtorientierter Unternehmen in Deutschland e.V.
An der Ziegelei 10, 53127 Bonn
T: (0228) 25 10 55 bis 57   **Fax:** 29 87 40
Internet: http://www.alround.de
E-Mail: info@alround.de
Gründung: 1988 (24. Juni)
Vorstand: Dr. Werner Dupont (Vors.; Geschf. Ges. der MST Aerospace GmbH, Köln)
Rüdiger Kottkamp (stellv. Vors. und Schatzmeister; Geschf. der ProTec-Recycling GmbH, Werne)
Markus Römmen (Vors. d. Vorst. VIDAIR AG, Mönchengladbach)
Geschäftsführer(in): Dipl.-Ing. Jens Janke
Verbandszeitschrift: ZIRKULAR
Mitglieder: 70
Mitarbeiter: 6

● F 689
Fachgruppe Kühlmöbel
Geschäftsstelle:
Postf. 71 08 64, 60498 Frankfurt
Lyoner Str. 18, 60528 Frankfurt
T: (069) 66 03-1277   **Fax:** 66 03-2276
Internet: http://www.fachgruppe-kuehlmoebel.de
E-Mail: jahn_alt@vdma.org
Vorsitzende(r): Manfred Fußangel (Costan Kühlmöbel GmbH, Sürther Str. 195, 50321 Brühl)
Geschäftsführer(in): RA Dr. Wolfgang Kühnel
Mitglieder: 9

● F 690
Verband der Leiterplattenindustrie e.V.
Stresemannallee 19, 60596 Frankfurt
T: (069) 63 02-276   **Fax:** 63 02-407
Internet: http://www.vdlev.org
E-Mail: vdl@zvei.org
Gründung: 1989 (29. September)
Vorstand: Erich Kirchner (Vors.; AT & S AG)
Wolfgang Alberth (Isola)
Dr. Franz Bötzl (Photo Print Electronic)
Klaus Bünning (Autotech)
Rainer Hartel (Schweizer Electronic)
Norbert Krütt (Fela-Hilzinger)
Manfred Kunath (DuPont de Nemours)
Werner Peters (Lackwerke Peters)
Walter Süllau (Ilfa Leiterplatten)
Geschäftsführer(in): Christoph Stoppok
Mitglieder: 100

● F 691
Verband Deutscher Leitern- und Fahrgerüstehersteller e.V.
Bockenheimer Anlage 13, 60322 Frankfurt
T: (069) 95 50 54-0   **Fax:** 95 50 54 11
Vorsitzende(r): Hans-Dieter Christ
Geschäftsführer(in): Dipl.-Kfm. Karl Heinz Herbert

● F 692

Bundesverband der Hersteller- und Errichterfirmen v. Sicherheitssystemen e.V. (BHE)
(Vereinsregister Mainz 2357)
Geschäftsstelle:
Feldstr. 28, 66904 Brücken
T: (06386) 92 14-0   **Fax:** 92 14-99
Internet: http://www.bhe.de
E-Mail: info@bhe.de
Gründung: 1974
Vorsitzende(r): Thomas Dieckmann (ATG Sicherheitstechnik GmbH, Eduard-Pestel-Str. 2, 49080 Osnabrück, T: (0541) 99 88-0, Fax: 99 88-4 88)
Stellvertretende(r) Vorsitzende(r): Manfred Endt (Sitronik GmbH, Wullener Feld 51, 58454 Witten, T: (02302) 96 05 00, Fax: 96 29 24)
Holger Hesse (Notifier Sicherheitssysteme GmbH, Hans-Sachs-Str. 10, 40721 Hilden, T: (02103) 36 88-0, Fax 36 88-44)
Geschäftsführer(in): Dr. Urban Brauer
Mitglieder: 480

Organisation aller Hersteller-, Planungs- und Installationsfirmen von präventiven Sicherheitseinrichtungen oder Anlagen mechanischer und/oder elektrischer Art. Branchenübergreifende fachtechnische Beratung und Schulung von Mitgliedsunternehmen durch die Arbeit in Fachausschüssen sowie durch Seminare. Erarbeitung von Planungs- und Arbeitshilfen sowie Vertragsformularen und Geschäftsbedingungen. Vertretung der Mitglieds- und Brancheninteressen gegenüber Behörden, Verbänden und der Öffentlichkeit sowie Einflußnahme auf die Erstellung von behördlichen oder gesetzlichen Vorschriften. Mitarbeit in nationalen und internationalen Normungsgremien.

● F 693
Mineralölwirtschaftsverband e.V.
Steindamm 55, 20099 Hamburg
T: (040) 2 48 49-0   **Fax:** 2 48 49-253
Internet: http://www.mwv.de
E-Mail: meyerbukow@mwv.de
Vorstandsvorsitzende(r): Pieter Berkhout (Vors. d. Geschäftsführung d. Deutsche Shell GmbH, Suhrenkamp 71-77, 22335 Hamburg, T: (040) 63 24-54 00, Fax: (040) 63 21-54 90)
Hauptgeschäftsführer(in): Dr. Peter Schlüter
Leitung Presseabteilung: Dr. Barbara Meyer-Bukow
Mitglieder: 12 Firmen

● F 694

Bundesverband Energie Umwelt Feuerungen e.V. (BVOG)
Birkenwaldstr. 163, 70191 Stuttgart
T: (0711) 2 56 70 75   **Fax:** 2 56 70 78
E-Mail: bvog-ceb@t-online.de
Gründung: 1955 (15. Juli)
Internationaler Zusammenschluß: siehe unter izf 292
Präsident(in): Dipl.-Ing. Siegfried Weishaupt
Geschäftsführer(in): Dipl.-Ing. Wilfried Linke
Verbandszeitschrift: Wärmetechnik Versorgungstechnik (WI)
Redaktion: Dr. Wolf-Rüdiger Pfundtner
Verlag: Gentner Verlag, Forststr. 131, 70193 Stuttgart
Mitglieder: 33
Mitarbeiter: 3

Vertretung und Förderung der allgemeinen gemeinsamen Interessen der Mitgliedsfirmen und aller Angehörigen des Geschäftszweigs auf dem Gebiet der Energiewirtschaft in jeder Hinsicht.

● F 695
Bundesverband Draht e.V.
Postf. 30 03 52, 40403 Düsseldorf
Kaiserswerther Str. 137, 40474 Düsseldorf
T: (0211) 45 64-2 37   **Fax:** 4 54 33 76

● F 696
WirtschaftsVereinigung Metalle e.V.
Postf. 10 54 63, 40045 Düsseldorf
Am Bonneshof 5, 40474 Düsseldorf
T: (0211) 47 96-0   **Fax:** 47 96-400
Internet: http://www.ne-metalNET.de
E-Mail: Postmaster@ne-metalNET.de
Gründung: 1946
Internationaler Zusammenschluß: siehe unter izf 365
Präsident(in): Dr. Werner Marnette (Vors. d. Vorstandes Norddeutsche Affinerie AG, Hovestr. 50, 20539 Hamburg, Te: (040) 78 83 -0; Fax: (040) 78 83 22 55)
Hauptgeschäftsführer(in): Ass.jur. Martin Kneer
Geschäftsführer(in): Dipl.-Kfm. Hans-Reiner Häußler
Dr.rer.nat. Werner Krol
Dipl.-Volksw. Christian Wellner
Leitung Presseabteilung: Dipl.-Volksw. Norbert Zilkens
Verbandszeitschrift: Nachrichtendienst
Redaktion: Wirtschaftsvereinigung Metalle e.V., Düsseldorf
Mitglieder: 600
Mitarbeiter: 35

Büro Berlin:
Leitung: Dr. Karl-Heinz Ujma
Haus der Deutschen Wirtschaft
Breite Straße 29, 10178 Berlin
Postfach, 11053 Berlin
T: (030) 20 28-1792, Fax: (030) 20 28-2792, E-Mail: ujma@ne-metalnet.de

Geschäftsbereiche:
Gesamtverband der Deutschen Aluminiumindustrie e.V.
Gesamtverband der Deutschen Buntmetallindustrie
Industrieverband Feuerverzinken e.V.
Gesamtverband Deutscher Metallgiessereien e.V.
Fachverband Ferrolegierungen, Stahl- und Leichtmetallveredler e.V.
Fachvereinigung Edelmetalle e.V.
Vertretung der wirtschaftspolitischen Interessen der deutschen NE-Metallindustrie.

● F 697
Gesamtverband der Aluminiumindustrie e.V. (GDA)
Postf. 10 54 63, 40045 Düsseldorf
Am Bonneshof 5, 40474 Düsseldorf
T: (0211) 47 96-0 Fax: 47 96-4 08
Präsident(in): Dr.-Ing. Walter Hueck
Vizepräsident(in): Dr. Helmut Burmester
Dr. Gerd Springe
Schatzmeister: Gerhard Buddenbaum
Vors. d. GeschF: Ass.jur. Martin Kneer
Stellv. Vors. d. GeschF: Dipl.-Volksw. Christian Wellner
Geschäftsführer(in): Dipl.-Volksw. Stefan Glimm

f 698
Gesamtverband der Aluminiumindustrie e.V.
Fachverband Primäraluminium
Am Bonneshof 5, 40474 Düsseldorf
Vorsitzende(r): Karl Dieter Wobbe
Geschäftsführer(in): Dipl.-Volksw. Christian Wellner

f 699
Gesamtverband der Aluminiumindustrie e.V.
Fachverband Sekundäraluminium
Am Bonneshof 5, 40474 Düsseldorf
Vorsitzende(r): Erich Oetinger
Geschäftsführer(in): Günter Kirchner

f 700
Gesamtverband der Aluminiumindustrie e.V.
Fachverband Aluminiumhalbzeug
Am Bonneshof 5, 40474 Düsseldorf
Vorsitzende(r): Gerhard Buddenbaum
Geschäftsführer(in): Dipl.-Volksw. Christian Wellner

f 701
Gesamtverband Deutscher Metallgießereien e.V. (GDM)
Fachverband Aluminiumguss
Am Bonneshof 5, 40474 Düsseldorf
Vorsitzende(r): Dipl.-Wirtsch.-Ing. Hans-Dieter Honsel
Hauptgeschäftsführer(in): RA Gerhard Klügge

f 702
Gesamtverband der Aluminiumindustrie e.V.
Fachverband Aluminiumfolien und dünne Bänder
Am Bonneshof 5, 40474 Düsseldorf
Vorsitzende(r): Armin Weinhold
Geschäftsführer(in): Dipl.-Volksw. Stefan Glimm

f 703
Gesamtverband der Aluminiumindustrie e.V.
Fachverband Flexible Verbundstoffe
Am Bonneshof 5, 40474 Düsseldorf
T: (0211) 4 79 61 50 Fax: 4 79 64 08
Internationaler Zusammenschluß: siehe unter izf 682
Vorsitzende(r): Konstantin Thomas
Geschäftsführer(in): Dipl.-Volksw. Stefan Glimm

f 704
Gesamtverband der Aluminiumindustrie e.V.
Fachverband Metallpulver
Am Bonneshof 5, 40474 Düsseldorf
Vorsitzende(r): Gert Rohrseitz

f 705
Gesamtverband der Aluminiumindustrie e.V.
Fachverband Tuben, Dosen, Fließpressteile
Am Bonneshof 5, 40474 Düsseldorf
Vorsitzende(r): Walter Schlicht

● F 706
Gesamtverband der Deutschen Buntmetallindustrie
Postf. 10 54 63, 40045 Düsseldorf
Am Bonneshof 5, 40474 Düsseldorf
T: (0211) 47 96-0 Fax: 47 96-407
Präsident(in): Wolf Jürgen Baun (Metallwerke Bender GmbH, Postf. 92 49, 47749 Krefeld, Fegetestr. 2-18, 47809 Krefeld, T: (02151) 9 57-106, Fax: 9 57-1 09)
Vizepräsident(in): Norbert Brodersen (Sprecher d. Vorst. KM Europa Metal AG, Klosterstr. 29, 49074 Osnabrück, Postf. 33 20, 49023 Osnabrück, T: (0541) 3 21-14 61, Fax: 3 21-14 62)
Dr. Jörg Hanisch (Wieland-Werke AG, Metallwerke, Graf-Arco-Straße, 89079 Ulm, T: (0731) 9 44 26 82, Fax: 9 44 28 37)
Geschäftsf. Vorstandsmitglied: Ass. jur. Martin Kneer
Geschäftsführer(in): Dipl.-Kfm. Hans-Reiner Häußler

f 707
Gesamtverband Kupfer und Kupferlegierungen
Postf. 10 54 63, 40045 Düsseldorf
Am Bonneshof 5, 40474 Düsseldorf
T: (0211) 47 96-0 Fax: 47 96-407
Vorsitzende(r): Wolf Jürgen Baun (Metallwerke Bender GmbH, Fegeteschstr. 2-18, 47809 Krefeld, Postfach 9249, 47749 Krefeld, T: (02151) 95 71 06, Fax: 95 71 09)
Koordinator: Dipl.-Kfm. Hans-Reiner Häußler

f 708
Gesamtverband Zink und Zinklegierungen
Postf. 10 54 63, 40045 Düsseldorf
Am Bonneshof 5, 40474 Düsseldorf
T: (0211) 47 96-0 Fax: 47 96-407
Vorsitzende(r): Eberhard Hoffmann (Wiegel Nürnberg Feuerverzinken GmbH & Co., Hans-Bunte-Str. 25, 90431 Nürnberg, T: (0911) 3 24 20-4 72, Fax: 3 24 20-4 99)
Koordinator: Dr.rer.nat. Werner Krol

f 709
Gesamtverband Blei und Bleilegierungen
Postf. 10 54 63, 40045 Düsseldorf
Am Bonneshof 5, 40474 Düsseldorf
T: (0211) 47 96-0 Fax: 47 96-407
Vorsitzende(r): Dr. Rainer Menge (Metaleurop Weser GmbH, Johannnastr. 2, 26954 Nordenham, Postfach 16 00 17, 26947 Nordenham, T: (04731) 36 11, Fax: 36 13 76)
Koordinator: Dr.rer.nat. Werner Krol

f 710
Gesamtverband Zinn und Seltenmetalle
Postf. 10 54 63, 40045 Düsseldorf
Am Bonneshof 5, 40474 Düsseldorf
T: (0211) 47 96-0 Fax: 47 96-407
Vorsitzende(r): Ulrich Andreß (Hetzel Metalle GmbH, Rotterdamer Str. 135, 90451 Nürnberg, Postfach 22 42, 90009 Nürnberg, T: (0911) 64 20 80, Fax: 6 42 08 15)
Koordinator: Dr.rer.nat Werner Krol

f 711
Fachverband Nickel und Nickellegierungen
Postf. 10 54 63, 40045 Düsseldorf
Am Bonneshof 5, 40474 Düsseldorf
T: (0211) 47 96-0 Fax: 47 96-407
Vorsitzende(r): Ulrich Leggewie (Krupp VDM GmbH, Plettenberger Str. 2, 58791 Werdohl, Postfach 18 20, 58778 Werdohl, T: (02392) 55 22 25, Fax: 55 22 17)
Koordinator: Dipl.-Kfm. Hans-Reiner Häußler

● F 712
Verband für die Oberflächenveredelung von Aluminium e.V. (VOA)
Postf. 42 43, 90022 Nürnberg
Marientorgraben 13, 90402 Nürnberg
T: (0911) 20 44 41 Fax: 22 67 55
Internet: http://www.voa.de
E-Mail: Industrieverbaende-Nbg@t-online.de
Vorsitzende(r): Wolfgang Buchholz (Fa. Metalloxyd GmbH, Köln)
Stellvertretende(r) Vorsitzende(r): Gerhard Gotta (Fa. elox Gerhard Gotta GmbH & Co. KG, Rödermark)
Geschäftsführer(in): RA Michael Middendorf

● F 713
Fachvereinigung Edelmetalle e.V.
Postf. 10 54 63, 40045 Düsseldorf
Am Bonneshof 5, 40474 Düsseldorf
T: (0211) 47 96-1 46 Fax: 47 96-4 00
Gründung: 1948 (25. November)
Vorsitzende(r): Jurist Ernst-Eggert Gumrich (dmc² Degussa Metals Catalysts Cerdec AG, Postf. 13 51, 63403 Hanau, T: (06181) 59 30 05, Fax: (06181) 59 29 31)
Geschäftsführer(in): Dipl.-oec. Wilfried Held
Mitglieder: 22

● F 714

Gesamtverband Deutscher Metallgießereien e.V. (GDM)
Postf. 10 54 63, 40045 Düsseldorf
Am Bonneshof 5, 40474 Düsseldorf
T: (0211) 47 96-1 52 Fax: 47 96-409/416
E-Mail: info.gdm@ne-metalnet.de
Internationaler Zusammenschluß: siehe unter izf 2437
Vorsitzende(r): Dipl.-Wirtsch.-Ing. Hans-Dieter Honsel (Mitgl. der Geschäftsführung der Honsel Geschäftsführung GmbH, Fritz-Honsel-Straße, 59872 Meschede, T: (0291) 29 12 15, Telefax: (0291) 2 91-102)
Hauptgeschäftsführer(in): RA Gerhard Klügge

f 715
Nordwestliche Gruppe des Gesamtverbandes Deutscher Metallgießereien (G.D.M.) e.V
Postf. 10 54 63, 40045 Düsseldorf
Am Bonneshof 5, 40474 Düsseldorf
T: (0211) 47 96-0 Fax: 47 96-4 09/4 16
Vorsitzende(r): Dr. Ludger Ohm (i. Fa. Ohm & Häner Metallwerk GmbH & Co. KG, Siege Weiste 8, 57462 Olpe, T: (02761) 9 21-3, Fax: 9 21-555, E-Mail: info@ohmundhaener.de)
Geschäftsführer(in): RA Gerhard Klügge

f 716
Landesgruppe Süd des Gesamtverbandes Deutscher Metallgießereien (G.D.M.) e.V.
Geschäftsstelle
i.Fa. Johann Grohmann GmbH & Co. KG
Postf. 1 09, 72403 Bisingen
Heidelberger Str. 21-25, 72406 Bisingen
T: (07476) 9 41-30 Fax: 9 41-350
Vors. und Geschf.: Hans-Peter Grohmann (Fa. Johann Grohmann, Bisingen)

f 717
Küstengruppe des Gesamtverbandes Deutscher Metallgießereien (G.D.M.) e.V
Geschäftsstelle
Stenzelring 19, 21107 Hamburg
T: (040) 75 24 63-0 Fax: 75 24 63-11
Vorsitzende(r): Uwe Fehrmann (Fehrmann Metallverarbeitung GmbH, Stenzelring 19, 21107 Hamburg, T: (040) 75 24 63-0, Telefax: (040) 75 24 63-11)
Geschäftsführer(in): Erika Maria Jürgensen, Hamburg

f 718
Landesgruppe Ost des Gesamtverbandes Deutscher Metallgießereien (G.D.M.) e.V.
Postf. 10 54 63, 40045 Düsseldorf
Am Bonneshof 5, 40474 Düsseldorf
T: (0211) 47 96-0 Fax: 47 96-409
Vorsitzende(r): Bernd Voigtländer (i. Fa. Formguß Dresden GmbH, Mügelner Str. 18, 01237 Dresden, T: (0351) 2 82 85-0, Telefax: (0351) 2 82 85-20)
Geschäftsführer(in): Dieter Hinrichs, Düsseldorf

● F 719

Verband Deutscher Druckgießereien im Gesamtverband Deutscher Metallgießereien (G.D.M.) e.V.
Postf. 10 54 63, 40045 Düsseldorf
Am Bonneshof 5, 40474 Düsseldorf
T: (0211) 47 96-0 Fax: 47 96-409
Vorsitzende(r): Dipl.-Ing. Rudolf Metzger (DaimlerChrysler

AG, Werk Untertürkheim, M 521, 70546 Stuttgart, T: (0711) 17-66240, Telefax: (0711) 17-66644
Geschäftsführer(in): RA Gerhard Klügge

● **F 720**

Verband Deutscher Kunstgießereien im Gesamtverband Deutscher Metallgießereien (G.D.M.) e.V.
Postf. 10 54 63, 40045 Düsseldorf
Am Bonneshof 5, 40474 Düsseldorf
T: (0211) 47 96-0   **Fax:** 47 96-409 + 4 16
Vorsitzende(r): Dr. Dirk Strassacker (i. Fa. Ernst Strassacker KG, Staufeneckstr. 19, 73079 Süssen, T: (07162) 16-0, Telefax: (07162) 16-400)
Geschäftsführer(in): RA Gerhard Klügge

● **F 721**

Treuhandstelle der Siebtuch-Industrie
Ontariostr. 66, 70329 Stuttgart
T: (0711) 23 32 11   **Fax:** 24 77 88
E-Mail: fehrmann2644@aol.com
Vorsitzende(r): Dipl.-Kfm. Heinz Mauser (i.Fa. Wangner Finckh GmbH, Reutlingen)
Geschäftsführer(in): Helga Fehrmann
Mitglieder: 6

● **F 722**

Verein Deutscher Metallschlauch- und Kompensatoren-Hersteller
Heinestr. 169, 70597 Stuttgart
T: (0711) 97 65 8-0   **Fax:** 97 65 8-30
E-Mail: FVerband@aol.com
Geschäftsführer(in): Dr. Volker Schmid

● **F 723**

Verband der Motoren-Instandsetzungsbetriebe e.V. (VMI)
Christinenstr. 3, 40880 Ratingen
T: (02102) 44 72 22   **Fax:** 44 72 25
Internet: http://www.vmi-ev.de
E-Mail: info@vmi-ev.de
Bereich Technik: Gothaer Str. 17, 40880 Ratingen, T: (02102) 44 72 22, Telefax: (02102) 44 72 25
Gründung: 1949
Vorsitzende(r): Horst Scharff
Geschäftsführer(in): Gerhard Klumpp
Mitglieder: 156

● **F 724**

Verband Deutscher Wohnwagen- und Wohnmobil-Hersteller e.V. (VDWH)
Am Holzweg 26, 65830 Kriftel
T: (06192) 97 12 00   **Fax:** 97 12 23
Internet: http://www.vdwh.de
E-Mail: vdwh@vdwh.de
Gründung: 1963 (8. März)
Präsident(in): Hans-Jürgen Burkert (Hymer AG, 88339 Bad Waldsee)
Geschäftsführer(in): Hans-Karl Sternberg
Leitung Presseabteilung: Peter Hirtschulz
Verbandszeitschrift: Caravaning-Welt (1 x jährlich)
Redaktion: Peter Hirtschulz, Frau Beaulieu
Verlag: Eigenverlag
Mitglieder: 104
Mitarbeiter: 13

● **F 725**

Bundesverband der Deutschen Musikinstrumenten-Hersteller e.V.
Tennelbachstr. 25, 65193 Wiesbaden
T: (0611) 95 45 88-6   **Fax:** 95 45 88-5
Geschäftsführer(in): Winfried Baumbach
Vorsitzender: Gerhard A. Meinl
Mitglieder: 70

● **F 726**

Fachverband Deutsche Klavierindustrie e.V.
Friedrich-Wilhelm-Str. 31, 53113 Bonn
T: (0228) 5 39 70-0   **Fax:** 5 39 70-70
Internet: http://www.pianos.de
E-Mail: fdk@musikverbaende.de
Vorsitzende(r): Nikolaus Schimmel, Braunschweig
Geschäftsführer(in): Dr. Heinz Stroh

● **F 727**

Verband Deutscher Papierfabriken e.V. (VDP)
Adenauerallee 55, 53113 Bonn
T: (0228) 2 67 05-0   **Fax:** 2 67 05-62
Internet: http://www.vdp-online.de
E-Mail: vdp.bonn@vdp-online.de
Internationaler Zusammenschluß: siehe unter izf 110
Präsident(in): Dr. Georg Holzhey (Geschäftsführer der Haindl Papier GmbH, Postf. 10 17 49, 86007 Augsburg)

Vizepräsident(in): Dr. Hansjörg Kessler (Stora Enso)
Hauptgeschäftsführer(in): RA Klaus Windhagen
Geschäftsführer(in): Dr. Manfred Kühn
Dr. Reinhardt Thiel
Mitglieder: 102

Landesverbände

f 728

Baden-Württembergische Papierverbände (BWP)
- BWP -
Scheffelstr. 29, 76593 Gernsbach
T: (07224) 64 01-192   **Fax:** 64 01-114
Vorsitzende(r): Wolfgang Furler (August Koehler AG, Hauptstr. 2-4, 77704 Oberkirch, T: (07841) 81-0, Fax: (07841) 81-5314)
Hauptgeschäftsführer(in): Stephan Meißner
Stellv. Hauptgeschäftsführer: Axel Stengel

f 729

Verband Bayerischer Papierfabriken e.V.
Oberföhringer Str. 58, 81925 München
T: (089) 2 12 30 50   **Fax:** 21 23 05 55
Vorsitzende(r): Senator Eh. Dr. Manfred Scholz (Haindl Papier GmbH & Co.Kg, Postf. 10 17 49, 86007 Augsburg, T: (0821) 3 10 90, Telefax: (0821) 31 09-201)
Geschäftsführer(in): Dr. Peter Zahn

f 730

Verband der Papier- und Pappenindustrie Hessen e.V.
Abraham-Lincoln-Str. 24, 65189 Wiesbaden
T: (0611) 71 06-0   **Fax:** 70 21 66
Vorsitzende(r): Dr. Marietta Jass-Teichmann (Papierfabrik Adolf Jass GmbH & Co. KG, Postf. 13 40, 36013 Fulda)
Geschäftsführer(in): Dr. Rolf-Achim Eich

f 731

Verband Norddeutscher Papierfabriken e.V.
Bödekerstr. 18, 30161 Hannover
T: (0511) 34 82 66-3   **Fax:** 34 82 66-50
Vorsitzende(r): Dipl.-Kfm. Rainer Habbe (Papierfabrik Meldorf GmbH & Co. KG, Postf. 11 47, 25699 Meldorf)
Geschäftsführer(in): Ass. Joachim Heuke

f 732

Wirtschaftsverband der Rheinisch-Westfälischen Papiererzeugenden Industrie e.V.
Adenauerallee 55, 53113 Bonn
T: (0228) 26 72 83-0   **Fax:** 21 52 70
Vorsitzende(r): Dipl.-Kfm. Heinrich August Schoeller (Papierfabrik Schoellershammer GmbH & Co. KG, Postf. 10 19 46, 52319 Düren)
Geschäftsführer(in): Ass. Walter Neuhalfen

f 733

Verband Papierindustrie Rheinland-Pfalz e.V.
Postf. 10 10 62, 67410 Neustadt
T: (06321) 85 22 26   **Fax:** 85 22 72
E-Mail: Papier-Rheinland-Pfalz@t-online.de
Vorsitzende(r): Thomas Stark (Buchmann GmbH Kartonfabrik, Postf. 11 48, 76849 Annweiler)
Geschäftsführer(in): Dipl.-Sozialw. Gerhard Reiner

f 734

Verband Ostdeutscher Papierfabriken e.V. (VOP)
Pirnaer Str. 37, 01809 Heidenau
T: (03529) 51 24 44   **Fax:** 51 24 56
Vorsitzende(r): Dipl.-Ing. Eckehart Klemm (Glashütter Pappen- und Kartonagenfabrik GmbH, Müglitztalstr. 2, 01768 Glashütte)
Geschäftsführer(in): Obering. Günter Zien

Fachliche Organisationen

f 735

Hauptausschuß Markt
Adenauerallee 55, 53113 Bonn
T: (0228) 2 67 05-0   **Fax:** 2 67 05-62
Vorsitzende(r): Dipl.-Kfm. Heiko Bayerl (Kartonfabrik Rieger GmbH & Co. KG, Postf. 12 63, 83303 Trostberg)
Geschäftsführer(in): RA Klaus Windhagen

f 736

Vereinigung Holzfrei e.V.
Adenauerallee 55, 53113 Bonn
T: (0228) 2 67 05-0   **Fax:** 2 67 05-70
Internet: http://www.vdp-online.de
E-Mail: e.zilz@vdp-online.de

Vorsitzende(r): Dipl.-Kaufm. Klaus Furler (Fa. Papierfabrik August Koehler AG, Postfach 12 45, 77696 Oberkirch)
Geschäftsführer(in): Dr. Manfred Kühn

f 737

Vereinigung Feinpapier e.V.
Adenauerallee 55, 53113 Bonn
T: (0228) 2 67 05-0   **Fax:** 2 67 05-70
Internet: http://www.vdp-online.de
E-Mail: e.zilz@vdp-online.de
Vorsitzende(r): Dipl.-Kaufm. Klaus Furler (i. Fa. Papierfabrik August Koehler AG, Postfach 12 45, 77696 Oberkirch)
Geschäftsführer(in): Dr. Manfred Kühn

f 738

Vereinigung Gestrichene Graphische Papiere
Adenauerallee 55, 53113 Bonn
T: (0228) 2 67 05-0   **Fax:** 2 67 05-70
Internet: http://www.vdp-online.de
E-Mail: e.zilz@vdp-online.de
Vorsitzende(r): Matti J. Lindahl (Nordland Papier AG, Postf. 11 60, 26888 Dörpen)
Geschäftsführer(in): Dr. Manfred Kühn

f 739

Vereinigung Graphische Recyclingpapiere
Adenauerallee 55, 53113 Bonn
T: (0228) 2 67 05-0   **Fax:** 2 67 05-70
Internet: http://www.vdp-online.de
E-Mail: e.zilz@vdp-online.de
Vorsitzende(r): J. C. Tönnesmann (J. Tönnesmann & Vogel Papierfabrik Hönnetal, Postf. 12 80, 58695 Menden)
Geschäftsführer(in): Dr. Manfred Kühn

f 740

Vereinigung Maschinenkarton
Adenauerallee 55, 53113 Bonn
T: (0228) 2 67 05-15   **Fax:** 2 67 05 17
Internet: http://www.vdp-online.de
E-Mail: vdp.bonn@t-online.de
Vorsitzende(r): Dr. Hans-Georg von Wedemeyer (Gruber + Weber Karton GmbH & Co.KG, Postfach 1345, 76586 Gernsbach)
Geschäftsführer(in): RA Klaus Windhagen

f 741

Vereinigung Fein- und Wickelpappe
Adenauerallee 55, 53113 Bonn
T: (0228) 2 67 05-15   **Fax:** 2 67 05-17
Internet: http://www.vdp-online.de
E-Mail: vdp.bonn@t-online.de
Vorsitzende(r): Dipl.-Ing. Hans-Henning Junk (Albert Köhler GmbH & Co. KG Pappenfabrik, Postfl. 11 88, 77717 Gengenbach)
Geschäftsführer(in): RA Klaus Windhagen

f 742

Vereinigung Zellstoffpackpapier im VDP
Adenauerallee 55, 53113 Bonn
T: (0228) 2 67 05-14   **Fax:** 2 67 05-17
Internet: http://www.vdp-online.de
E-Mail: t.reiche@vdp-online.de
Vorsitzende(r): Dr. Christopher Grünewald (Gebr. Grünewald GmbH & Co. KG, Postf. 10 60, 57393 Kirchhundem)
Geschäftsführer(in): Thomas Reiche

f 743

Vereinigung Pack- und Wellpappenpapiere
Jahnstr. 93, 64285 Darmstadt
T: (06151) 4 45 01   **Fax:** 42 17 02
E-Mail: BGDarmstadt@compuserve.com
Vorsitzende(r): Dipl.-Kfm. Heiko Bayerl (Kartonfabrik Rieger GmbH & Co. KG, Postf. 12 63, 83303 Trostberg)
Geschäftsführer(in): Klaus Spielmann

f 744

Vereinigung Hygiene-Papiere
Adenauerallee 55, 53113 Bonn
T: (0228) 2 67 05-0   **Fax:** 2 67 05 68
Vorsitzende(r): Dr. Gerd Brecht (SCA Hygiene Products GmbH, Postf. 31 04 20, 68264 Mannheim, T: (0621) 7 78-0, Fax: 7 78-31 41)
Geschäftsführer(in): Dipl.-Kfm. Gert-Heinz Rentrop

f 745

Vereinigung Zellstofferzeugung
Adenauerallee 55, 53113 Bonn
T: (0228) 2 67 05 43   **Fax:** 2 67 05 68
Internet: http://www.vdp-online.de
E-Mail: r.thiel@vdp-online.de

f 745

Vorsitzende(r): Dr. Wolfgang Czirnich (MODO Paper GmbH, Postf. 60, 63809 Stockstadt)
Geschäftsführer(in): Dr. Reinhardt Thiel

Ausschüsse

f 746

Kuratorium für Forschung und Technik
Adenauerallee 55, 53113 Bonn
T: (0228) 2 67 05-0   **Fax:** 2 67 05 68
Vorsitzende(r): Dr. Alois-Bernhard Kerkhoff (Felix Schoeller Holding GmbH & Co. KG, Postf. 36 67, 49026 Osnabrück)
Geschäftsführer(in): Edelgard Kloß

f 747

VDP-Aussschuss Umwelt
Adenauerallee 55, 53113 Bonn
T: (0228) 2 67 05 43   **Fax:** 2 67 05 68
Internet: http://www.vdp-online.de
E-Mail: r.thiel@vdp-online.de
Vorsitzende(r): Dr. Hansjörg Kessler (Stora Enso Publication Paper AG, Postf. 10 10 14, 40001 Düsseldorf)
Geschäftsführer(in): Dr. Reinhardt Thiel

f 748

Arbeitskreis Lebensmittelverpackung und Sonstige Bedarfsgegenstände
Adenauerallee 55, 53113 Bonn
T: (0228) 2 67 05 43   **Fax:** 2 67 05 68
Internet: http://www.vdp-online.de
E-Mail: r.thiel@vdp-online.de
Vorsitzende(r): Dr. Christopher Grünewald (Gebr. Grünewald GmbH & Co. KG Papierfabrik, Postfach 10 60, 57393 Kirchhundem)
Geschäftsführer(in): Dr. Reinhardt Thiel

f 749

Ausschuss Altpapier
Adenauerallee 55, 53113 Bonn
T: (0228) 26 70 50   **Fax:** 2 67 05 50
Vorsitzende(r): Franz Stimmel (Steinbeis Temming Papier GmbH & Co., Postfach 12 20, 25343 Glückstadt)
Geschäftsführer(in): Dr. Klaus-Dieter Kibat

f 750

Ausschuss Forst und Holz
Adenauerallee 55, 53113 Bonn
T: (0228) 26 70 50   **Fax:** 2 67 05 50
Vorsitzende(r): Dr. Wilhelm Vorher (SCA Holz GmbH, Benzstr. 2, 63768 Hösbach)
Geschäftsführer(in): Dr. Klaus-Dieter Kibat

f 751

Arbeitskreis Zellstoffverbraucher
Adenauerallee 55, 53113 Bonn
T: (0228) 26 70 50   **Fax:** 2 67 05 50
Vorsitzende(r): Peter Michael Winkler (Haindl Papier GmbH & Co. KG, Postf. 10 17 49, 86007 Augsburg)
Geschäftsführer(in): Dr. Klaus-Dieter Kibat

f 752

Arbeitskreis Betriebswirtschaft
Adenauerallee 55, 53113 Bonn
T: (0228) 26 70 50   **Fax:** 2 67 05 50
Vorsitzende(r): Dipl.-Kfm. Wolfgang Kornblum (Nordland Papier AG, Postf. 11 60, 26888 Dörpen)
Geschäftsführer(in): Dipl.-Kfm. Rolf-Karl Döhring

f 753

Arbeitskreis Verkehr
Adenauerallee 55, 53113 Bonn
T: (0228) 26 70 50   **Fax:** 2 67 05 50
Vorsitzende(r): Hans Erwin Zink (Zanders Feinpapiere AG, Postf. 20 09 60, 51439 Bergisch Gladbach)
Geschäftsführer(in): Dipl.-Kfm. Rolf-Karl Döhring

● F 754

Forum Hygiene u. Umwelt e.V.
Straßburger Allee 2-4, 45481 Mülheim
T: (0208) 48 48 77-0   **Fax:** 48 48 77-77
Internet: http://www.forum-hygiene.de
E-Mail: info@forum-hygiene.de
Vorsitzende(r): Dr. Detlef Schermer
Stellvertretende(r) Vorsitzende(r): Kurt Röthel
Mitglieder: 20

● F 755

Hauptverband der Papier, Pappe und Kunststoffe verarbeitenden Industrie (HPV) e.V.
Strubbergstr. 70, 60489 Frankfurt
T: (069) 97 82 81-0   **Fax:** 97 82 81-30
Internet: http://www.hpv-ev.org
E-Mail: info@hpv-ev.org
Internationaler Zusammenschluß: siehe unter izf 1697
Präsident(in): Jürgen Theis (Artur Theis GmbH & Co. KG, Wuppertal)
Geschäftsführer(in): Dipl.-Volksw. Thomas Pfeiffer
RA Dietmar Zellner
Mitglieder: 30

Wahrung und Förderung der gemeinsamen wirtschafts- und sozialpolitischen Interessen der Papier- und Pappe verarbeitenden Industrie und verwandten Industriezweigen.

Landesverbände

f 756

Verband der Papier, Pappe und Kunststoff verarbeitenden Industrie Baden-Württemberg e.V. (VPI)
Postf. 32 53, 73752 Ostfildern
Zeppelinstr. 39, 73760 Ostfildern
T: (0711) 4 50 44 81   **Fax:** 4 50 44 82
E-Mail: info@vpi-bw.de
Vorsitzende(r): Werner Röhm (Heinrich Hermann GmbH & Co, Stuttgart)
Geschäftsführer(in): RA Michael Hüffner

f 757

Verband der Bayerischen Papier, Pappe und Kunststoff verarbeitenden Industrie e.V. (VBPV)
Oberföhringer Str. 58, 81925 München
T: (089) 2 12 30 50   **Fax:** 21 23 05 55
E-Mail: baypapier@aol.com
Vorsitzende(r): Urban Meister (Münchner Industriebuchbinderei, Urban Meister GmbH, 85606 Aschheim-Dornach)
Hauptgeschäftsführer(in): Dr. Peter Zahn

f 758

VBP Nordost - Verband der Papier, Pappe und Kunststoffe verarbeitenden Unternehmen in Berlin, Brandenburg und Mecklenburg-Vorpommern e.V.
Brandenburgische Str. 27, 10707 Berlin
T: (030) 8 82 46 53   **Fax:** 8 83 33 35
E-Mail: vbp_agop-bresche@t-online.de
Vorsitzende(r): Dr. Peter Kirchner (SIHL GmbH Düren, ZN Berlin, Am Großen Wannsee 57 b, 14109 Berlin)
Geschäftsführer(in): Dipl.-Volksw. Monika Bresche

f 759

Verband Papier, Pappe und Kunststoff verarbeitende Industrie Hessen e.V. (VPI)
Strubbergstr. 70, 60489 Frankfurt
T: (069) 78 30 80   **Fax:** 97 82 81 30
E-Mail: vpi@hpv-ev.org
Vorsitzende(r): Dipl.-Ing. Gustav Stabernack (Fulda Holding Stabernack IR GmbH)
Geschäftsführer(in): RA Dietmar Zellner

f 760

Verband Papier, Pappe und Kunststoff verarbeitende Industrie Norddeutschlands e.V. (VPK Nord)
Schiffgraben 36, 30175 Hannover
T: (0511) 85 05-0   **Fax:** 85 05-2 01
E-Mail: agv-hannover@vmn.de
Vorsitzende(r): Jochen Wiese (Fa. Köster Kartonagenfabrik GmbH, Borstelweg 1, 25436 Tornesch)
Hauptgeschäftsführer(in): RA Dietrich Kröncke
Stellv. Hauptgeschäftsführer: Gerrit Wolter
Leitung Presseabteilung: Werner Fricke

f 761

upv

Unternehmensverband der Papier, Pappe und Kunststoffe verarbeitenden Industrie Nordrhein e.V.
Wettinerstr. 11, 42287 Wuppertal
T: (0202) 2 58 00   **Fax:** 2 58 02 58
E-Mail: info@upv-nordrhein.de
Vorsitzende(r): Klaus Bercker (Fa. manutec GmbH, Hooge Weg 134 a, 47623 Kevelaer)
Geschäftsführer(in): RA Frank Witte

f 762

Verband der Papier, Pappe und Kunststoff verarbeitenden Industrie Rheinland-Pfalz und Saarland e.V.
Postf. 10 10 62, 67410 Neustadt
Friedrich-Ebert-Str. 11-13, 67433 Neustadt
T: (06321) 85 20   **Fax:** 85 22 21
Vorsitzende(r): Peter Muhl (i. Fa. Wellpappenfabrik GmbH, Grünstadt)
Geschäftsführer(in): RA Thomas Gans

f 763

Verband der Papier, Pappe und Kunststoffe verarbeitenden Unternehmen Sachsen, Thüringen und Sachsen-Anhalt e.V. (VPU)
Engelsdorfer Str. 396, 04319 Leipzig
T: (0341) 6 58 04 42   **Fax:** 6 91 62 66
Vorsitzende(r): Dipl.-Ing. Gustav Stabernack (FULDA HOLDING STABERNACK JR PARTNER GMBH, Fulda)
Geschäftsführer(in): Dipl.-Ing.Oek. Heidi Pfleger

f 764

Verband Papier, Druck und Medien Südbaden e.V.
Postf. 16 69, 79016 Freiburg
Holbeinstr. 26, 79100 Freiburg
T: (0761) 7 90 79-0   **Fax:** 7 90 79-79
Internet: http://www.vpdm.de
E-Mail: infos@vpdm.de
Vorsitzende(r): Hans-Jörg Labusga (Nestler Wellpappe GmbH, Am Stadtpark 1, 77933 Lahr, Postf. 19 05, 77909 Lahr, T: (07821) 2 76-0, Fax: 2 76-206)
Geschäftsführer(in): Karl-Heinz Wenig

f 765

Vereinigung der Papier, Pappe und Kunststoff verarbeitenden Industrie Westfalens e.V. (VPV-Westfalen)
Ritterstr. 19, 33602 Bielefeld
T: (0521) 17 12 03-04   **Fax:** 17 19 08
Vorsitzende(r): Dipl.-Kfm. Peter Sprick-Schütte (i. Fa. Sprick GmbH, Bielefeld)
Geschäftsführer(in): Uwe Uphaus

Fachverbände

f 766

IPV Industrieverband Papier- und Folienverpackung e.V.
Große Friedberger Str. 44-46, 60313 Frankfurt
T: (069) 28 12 09   **Fax:** 29 65 32
E-Mail: ipv-ev@t-online.de
Vorsitzende(r): Friedrich Schäfer (Hettmannsperger & Löchner GmbH & Co. KG, Bruchsal)
Geschäftsführer(in): Dipl.-Volksw. Bernhard Sprockamp

f 767

Verband der Briefumschlagfabriken e.V. (VDBF)
Herberts Katernberg 52b, 42113 Wuppertal
T: (0202) 7 24 06 94   **Fax:** 7 24 06 95
Internationaler Zusammenschluß: siehe unter izf 520
Vors. u. GeschF: Dipl.-Kfm. Sebastian Schmidt (in Personalunion)

f 768

Verband deutscher Buchbindereien für Verlag und Industrie e.V. (VDB)
Holbeinstr. 26, 79100 Freiburg
T: (0761) 79 12 79-0   **Fax:** 79 12 79-79
Internet: http://www.vpdm.de
E-Mail: infos@vpdm.de
Vorsitzende(r): Dipl.-Kfm. Christian Meister (Conzella Verlagsbuchbinderei Urban Meister GmbH & Co. KG, Erdinger Landstr. 2, 85609 Aschheim-Dornach)
Geschäftsführer(in): Karl-Heinz Wenig
Mitglieder: 120

f 769
Fachverband Faltschachtel-Industrie e.V. (FFI)
Grazer Str. 29, 63073 Offenbach
T: (069) 8 90 12-0 **Fax:** 8 90 12-222
E-Mail: fachverbaende.offenbach@t-online.de
Sprecher des Vorstands: Dipl.-Ing. Joachim W. Dziallas (Carl Edelmann GmbH & Co.KG, Heidenheim)
Geschäftsführer(in): Dipl.-Volksw. Lutz Achenbach

f 770
Fachvereinigung Hartpapierwaren und Rundgefäße (FHR)
Große Friedberger Str. 44-46, 60313 Frankfurt
T: (069) 29 60 64 **Fax:** 29 65 32
E-Mail: fhr-ev@t-online.de
Gründung: 1949
Vorsitzende(r): Ulrich Müller (Erich Müller GmbH Co., Wörth/Donau)
Geschäftsführer(in): Dipl.-Volksw. Bernhard Sprockamp
Verbandszeitschrift: FHR-Informationsdienst (nur für Mitglieder)
Mitglieder: 25
Mitarbeiter: 2

f 771
Fachverband Kalender und Werbeartikel e.V.
Ritterstr. 19, 33602 Bielefeld
T: (0521) 17 12 03-04 **Fax:** 17 19 08
Internet: http://www.kalenderforum.de
E-Mail: kalenderforum@t-online.de
Vorsitzende(r): Dipl.-Kfm. Joachim Braunert (Eilers-Werke Fritz Eilers junr., Bielefeld)
Geschäftsführer(in): Uwe Uphaus

f 772
VWLZ
Verband Wohnraumleuchten-, Lampenschirm- und Zubehör-Industrie e.V. (VWLZ)
Strubbergstr. 70, 60489 Frankfurt
T: (069) 78 50 46 **Fax:** 97 82 81 30
E-Mail: vwlz@hpv-ev.org
Vorsitzende(r): Axel Vollmann (Otto Vollmann GmbH & Co., Gevelsberg)
Geschäftsführer(in): RA Dietmar Zellner
Mitglieder: 45

f 773
Gemeinschaft Papiersackindustrie e.V.
Nerotal 4, 65193 Wiesbaden
T: (0611) 52 20 41-42 **Fax:** 5 95 82
Internet: http://www.papiersack.de
E-Mail: gempsi@papiersack.de
Vorsitzende(r): Walter Weidenfeld (i. Fa. Papiersackfabrik Tenax, Ratingen)

f 774
Verband der Deutschen Tapetenindustrie e.V. (VDT)
Postf. 94 02 42, 60460 Frankfurt
Langer Weg 18, 60489 Frankfurt
T: (069) 52 00 33 **Fax:** 52 00 36
Vorsitzende(r): Gerrit Rasch (Gebr. Rasch GmbH & Co. KG, Bramsche)
Geschäftsführer(in): Dipl.-Volksw. Klaus Kunkel

f 775
Arbeitgeberverband der Deutschen Tapentenindustrie
Postf. 94 02 42, 60460 Frankfurt
Langer Weg 18, 60489 Frankfurt
T: (069) 52 00 33 **Fax:** 52 00 36
Vorsitzende(r): Gerrit Rasch (Gebr. Rasch GmbH &Co., Bramsche)
Geschäftsführer(in): Dipl.-Volksw. Klaus Kunkel

f 776
Verband Vollpappe-Kartonagen e.V. (VVK)
Strubbergstr. 70, 60489 Frankfurt
T: (069) 78 50 45 **Fax:** 97 82 81 30
Internet: http://www.vvk.org
E-Mail: info@vvk.org
Präsident(in): Dipl.-Betriebsw. Johannes Stark (Kartonagenfabrik Annweiler, Gebrüder-Seibel-Str. 10, 76846 Hauenstein, T:(06392) 9160, Fax:(06392) 916-500, E-Mail: info@kf-annweiler.de, Internet: http://www.kf-annweiler.de)
Geschäftsführer(in): Dipl.-Volksw. Thomas Pfeiffer
Bearbeitung von Fachfragen technischer und wirtschaftlicher Art - Vertretung des Fachzweiges - Beteiligung an Verpackungsforschung - Aufstellung von Verpackungsvorschriften - Herausgabe von technischem Informationsmaterial - Mitarbeit bei Normungsfragen - Durchführung von Gemeinschaftswerbung.

f 777
Fachverband für imprägnierte und beschichtete Papiere (FIBEPA)
Grazer Str. 29, 63073 Offenbach
T: (069) 8 90 12-0 **Fax:** 8 90 12-222
E-Mail: fachverbaende.offenbach@t-online.de
Vorsitzende(r): Gerd-Walter Gärtner (PKL Flexible Verpackungen GmbH, Bereich gummierte und technische Papiere, Linnich)
Geschäftsführer(in): Dipl.-Volksw. Lutz Achenbach

f 778
Verband der Wellpappen-Industrie e.V. (VDW)
Hilpertstr. 22, 64295 Darmstadt
T: (06151) 92 94-0 **Fax:** 92 94 30
E-Mail: christ@vdw-da.de
Vorsitzende(r): R. Dieter Kögler (Duropack Wellpappe Ansbach GmbH), Ansbach
Geschäftsführer(in): Dipl.-Vw. Angelika Christ
Verbandszeitschrift: ausgepackt
Mitglieder: 33

f 779
Verband der Zigarettenpapier verarbeitenden Industrie e.V. (VZI)
Rheinallee 25b, 53173 Bonn
T: (0228) 35 30 27 **Fax:** 9 34 46-20
E-Mail: info.vdr@t-online.de
Vorsitzende(r): Heinrich W. Ruppert (i. Fa. EFKA-Werke GmbH, Trossingen)
Geschäftsführer(in): RA Franz Peter Marx

f 780
Fachverband Sondererzeugnisse in der Papierverarbeitung
Strubbergstr. 70, 60489 Frankfurt
T: (069) 97 82 81 20 **Fax:** 97 82 81 30
E-Mail: sh@hpv-ev.org
Vorsitzende(r): Kuno Breitkreutz (Fa. Kuno Breitkreutz GmbH & Co, Gummersbach)
Geschäftsführer(in): RA Dietmar Zellner

f 781
Fachverband Kartonverpackungen für flüssige Nahrungsmittel e.V. (FKN)
Sonnenberger Str. 43, 65191 Wiesbaden
T: (0611) 18 78 80 **Fax:** 1 87 88-55
Internet: http://www.getraenkekarton.de
E-Mail: fkn@getraenkekarton.de
Vorsitzende(r): Harry Salonaho (Tetra Pak GmbH, Hochheim)
Geschäftsführer(in): Dr. Wilhelm Wallmann
Der Fachverband vertritt die gemeinsamen Interessen der Hersteller von Kartonverpackungen für flüssige Nahrungsmittel.

f 782
Verband der Hersteller selbstklebender Etiketten e.V. (VskE)
Bruckmannring 22, 85764 Oberschleißheim
T: (089) 3 15 84-122 **Fax:** 3 15 84-227
Internet: http://www.vske.de
E-Mail: info@vske.de
Vors. u. GeschF: Helmut Schreiner (Schreiner Etiketten und Selbstklebetechnik GmbH & Co., 85764 Oberschleißheim)

f 783
Arbeitsgemeinschaft der Hersteller und Verleger von Glückwunschkarten (A.V.G.)
Beppener Str. 29, 28277 Bremen
T: (0421) 82 12 51 **Fax:** 82 09 93
E-Mail: garbrecht@t-online.de
Vorsitzende(r): Günter Garbrecht (Geschäftsführer)

● F 784
Fachverband der Bierteller-Industrie e.V. (FBT)
in BWP/PMZ Gernsbach
Postf. 12 32, 76585 Gernsbach
Scheffelstr. 29, 76593 Gernsbach
T: (07224) 64 01-192 **Fax:** 64 01-114
Internet: http://www.papiermacherzentrum.de
E-Mail: info@papiermacherzentrum.de
Vorsitzende(r): Elmar Hohmann
Geschf. Vorst.: RA Stephan Meißner

● F 785
Deutscher Buchmacherverband Essen e.V.
Moorenstr. 23, 45131 Essen
T: (0201) 79 03 29 **Fax:** 78 88 92
Vorstand und Geschäftsführer: Dr. Norman Albers (Große Packhofstr. 26, 30159 Hannover)
Friedrich Düren (Marktplatz 9, 40213 Düsseldorf)
Peter Göser (Gereonswall 1a, 50668 Köln)

● F 786
Bundesverband Souvenir Festival e.V. (BSF)
Postf. 11 50, 52135 Würselen
T: (02405) 8 48 65 **Fax:** 8 15 39
Gründung: 1965
Vorsitzende(r): Horst Stöckelmaier (i. Fa. Stöckelmaier, 87448 Waltenhofen)
Geschäftsführer(in): Herbert Vohn (Postf. 11 50, 52135 Würselen)
Leitung Presseabteilung: Werner Nostheide
Verbandszeitschrift: Souvenir Festival
Verlag: W. Nostheide Verlag, Am Breiten Rain 18, 96117 Memmelsdorf
Mitglieder: 250

● F 787
Vereinigung Deutscher Sägewerksverbände e.V. (VDS)
Postf. 61 28, 65051 Wiesbaden
Bahnstr. 4, 65205 Wiesbaden
T: (0611) 9 77 06-0 **Fax:** 9 77 06-22
E-Mail: VDS@SAEGEINDUSTRIE.DE
Vorsitzende(r): Dr. Josef Rettenmeier (Geschäftsführer Rettenmeier Holding GmbH & Co. KG, Industriestr. 1, 91634 Wilburgstetten, T: (09853) 33 83 41, Fax: (09853) 3 38 31 05)
Geschäftsführer(in): Dipl.-Volkswirt Gerhard Heider
Arbeitsausschüsse
Vorsitzende(r): Fachausschuß für Normung der VDS: Karl-Heinz Rathke
Vorsitzende(r): Arbeitsausschuß für Export der VDS: Hans-Günter Sturm
Vorsitzende(r): Fachausschuß für Sägenebenprodukte der VDS: Martin Hüster
Vorsitzende(r): Arbeitskreis für Forschung und Innovation, Werbung der VDS: Henner Otto
Vorsitzende(r): Arbeitskreis für Holzmarktfragen Laubholz der VDS: N. N.
Vorsitzende(r): Arbeitskreis für Technik der VDS: Martin Klenk
Mitglieder: 15

f 788
Verband der Bayerischen Säge- und Holzindustrie e.V.
Theresienstr. 29, 80333 München
T: (089) 28 66 26-0 **Fax:** 28 66 26-66
Gründung: 1884
Vors. u. GeschF: Dr. Veit Welsch
Mitglieder: 960

f 789
Verband der Säge- und Hobelwerke von Hamburg und Umgegend e.V.
Georgsplatz 10, 20099 Hamburg
Vorsitzende(r): Andreas Krauth (Theodor Nagel GmbH & Co, Postf. 28 02 68, 20515 Hamburg, T: (040) 78 11-00 00, Telefax: (040) 78 11-00 24)
Geschäftsführer(in): Dipl.-Volksw. Herbert Merkel

f 790
Verband der Säge- und Holzindustrie Nord e.V.
Bahnstr. 8, 65205 Wiesbaden
T: (0611) 9 77 42-0 **Fax:** 9 77 42-20
Vorsitzende(r): Hermann Wegelt (Meinecke Str. 53, 40474 Düsseldorf, T: (0211) 43 49 04, Fax: (0211) 4 54 13 74)
Geschäftsführer(in): RA Rolf Burdack

f 791
Arbeitgeberverband Holzbearbeitung und Holzhandel in Nordrhein-Westfalen e.V.
Grabenstr. 11a, 40213 Düsseldorf
T: (0211) 86 53 30 **Fax:** 32 33 67
Vorsitzende(r): Hans-Jürgen Schulze (Dorfbaumstr. 141, 48157 Münster, T: (0251) 32 49 15, Fax: (0251) 32 99 23)
Geschäftsführer(in): Klaus Jerschke

f 792
Verband der Pfälzischen Sägewerke e.V.
Postf. 10 10 62, 67410 Neustadt
Friedrich-Ebert-Str. 11-13, 67433 Neustadt

f 792
T: (06321) 8 52-2 33 Fax: 8 89 55
Vorsitzende(r): Wolfgang Messerschmidt (KORN-TÜREN, Emil KORN & SOHN, Inh. W. Messerschmidt, Neugärtenstr. 50, 76891 Busenberg, T: (06391) 92 23-0, 24 80)
Geschäftsführer(in): RA Gerhard Koch

f 793
Verband der Rheinischen Säge- und Holzindustrie e.V.
Postf. 10 10 62, 67410 Neustadt
T: (06321) 85 22 33 Fax: 8 89 55
Vorsitzende(r): Ullrich van Roje (c/o I.van Roje & Sohn, Postfach 27, 56587 Oberhonnefeld-Gierend, T: (02634) 95 59-0, Fax: 95 59-59)
Geschäftsführer(in): RA Gerhard Koch

f 794
Verband der Säge- und Holzwirtschaft des Saarlandes e.V.
Postf. 22 03, 66522 Neunkirchen
Vors. u. GeschF: Heinrich Mees (Steinwaldstr. 122, 66538 Neunkirchen, T: (06821) 8 84 17, Telefax: (06821) 80 42)

f 795
Verband der Schnittholz und Holzwarenindustrie Mecklenburg-Vorpommern e.V.
Trammer Str. 27, 19089 Crivitz
T: (03863) 33 35 48 Fax: 33 35 48
Vorsitzende(r): Erwin Schröder (Schröder Sägewerk E. u. S. Schröder OHG, Hauptstr. 28, 18314 Redebas, T: (038324) 2 79, Fax: (038324) 8 01 32)
Geschäftsführer(in): Dipl.-Ing. f. Holztechnik Kurt Gerbrand

f 796
Verband der Säge- und Holzindustrie Brandenburg/Berlin e.V.
Schönebecker Str. 3, 16247 Joachimsthal
T: (033361) 96 51 Fax: 96 51
Vorsitzende(r): Finanzwissenschaftler Rudi Dräger (Spechthausener Str. 54, 16244 Finowfurt)
Geschäftsführer(in): Ing. f. Maschinenbau Karl-Heinz Klötzl

f 797
AGV Holzbearbeitung und verw. Wirtschaftszweige Niedersachsen/Bremen e.V.
Bahnhofstr. 14, 26122 Oldenburg
T: (0441) 2 10 27 61 Fax: 2 10 27 99
Vorsitzende(r): Volker Dreschers
Geschäftsführer(in): Dr. Karsten Tech

● **F 798**
Bundesverband der Phonographischen Wirtschaft e.V.
Grelckstr. 36, 22529 Hamburg
T: (040) 58 97 47-0 Fax: 58 97 47-47
Internet: http://www.ifpi.de
E-Mail: verbaende@phono.de
Vorsitzende(r): Thomas M. Stein (BMG Entertainment Int., Steinhauser Str. 3, 81677 München)
Geschäftsführer(in): Peter Zombik (Vors.)
Dr. Martin Schaefer
Mitglieder: 129 (einschl. außerordentliche)

● **F 799**

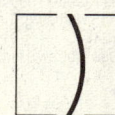

Photoindustrie-Verband e.V.
Karlstr. 19-21, 60329 Frankfurt
T: (069) 25 56-14 10 Fax: 23 65 21
Vorsitzende(r): Friedrich Hujer
Geschäftsführer(in): Dipl.-Volksw. Rainer Schmidt

● **F 800**
Bundesverband der fotomaterialverarbeitenden Betriebe e.V.
Zeppelinallee 51, 45883 Gelsenkirchen
T: (0209) 9 45 04-0 Fax: 9 45 04-50
Vorsitzende(r): Dipl.-Ing. Rolf Mögelin (70327 Stuttgart)
Geschäftsführer(in): RA Michael Grütering

● **F 801**
Bundesverband der Photo-Großlaboratorien e.V.
Zeppelinallee 51, 45883 Gelsenkirchen
T: (0209) 9 45 04 40 Fax: 9 45 04 30
Ehrenpräs.: Heinz Bindseil (Heinrich-Hertz-Str. 1, 22085 Hamburg, T: (040) 22 71 02 10, TX: 211 624)

Vorsitzende(r): Hubert Rötharmel (CeWe Color AG + Co. OHG, Meerweg 30-32, 26133 Oldenburg, T: (0441) 40 42 02, Fax: (0441) 40 44 21)
Geschäftsführer(in): RA Michael Grütering

● **F 802**
Verband für Schiffbau und Meerestechnik e.V.
An der Alster 1, 20099 Hamburg
T: (040) 28 01 52-0 Fax: 28 01 52-30
Internet: http://www.vsm.de
E-Mail: vsm.e.v@t-online.de
Internationaler Zusammenschluß: siehe unter izf 2223
Sprecher des Vorstandes und Hauptgeschäftsführer: Dr.-Ing. Werner Schötteldreyer
Geschäftsführer(in): Dipl.-Kfm. Volkhard Meier
Dr. RA Mathias Münchau
Mitglieder: 110

● **F 803**
Verband Deutscher Schiffsausrüster e.V.
German Shipsupplier Association
Raboisen 101, 20095 Hamburg
T: (040) 32 40 82, 33 82 95 Fax: 32 45 30
TX: 211 366
Gründung: 1947
Internationaler Zusammenschluß: siehe unter izf 1899
Vorsitzende(r): Hennig Engels (i.Fa. Schaar & Niemeyer (GmbH & Co.) KG, Hamburg)
Geschäftsführer(in): Monika Enticknap
Mitglieder: 140 Firmen

● **F 804**
Fachverband Seenot-Rettungsmittel e.V. (FSR)
c/o Bundesverband Wassersportwirtschaft (BWVS) e.V. Gunther-Plüschow-Str. 8, 50829 Köln
T: (0221) 59 57 10 Fax: 5 95 71 10
Gründung: 1984
Vorsitzende(r): Wolfgang Niemann
Geschäftsführer(in): Dipl.-Oec. Jürgen Tracht
Mitglieder: 14 Firmen

● **F 805**
Vereinigung der Bundesverbände des deutschen Schmuck- und Silberwarengewerbes
Poststr. 1, 75172 Pforzheim
T: (07231) 3 30 41, 3 30 43 Fax: 35 58 87
Vorsitzende(r): Paul Schindler
Geschäftsführer(in): Dr. Alfred Schneider

Angeschlossen

f 806
Bundesverband Schmuck, Uhren, Silberwaren und verwandte Industrien e.V.
Industriehaus
Poststr. 1, 75172 Pforzheim
T: (07231) 3 30 41 Fax: 35 58 87
Internet: http://www.bv-schmuck-uhren.de
E-Mail: info@bv-schmuck-uhren.de
Vorsitzende(r): Lothar Keller (Lothar Keller GmbH, Birkenfeld)
Hauptgeschäftsführer(in): Dr. Alfred Schneider

f 807
Edelmetallverband e.V.
Franziskanergasse 6, 73525 Schwäbisch Gmünd
Vorsitzende(r): Jörg Hirner
Geschäftsführer(in): Manfred Junkert (M.A.)

f 808
Zentralverband der Deutschen Goldschmiede, Silberschmiede und Juweliere e.V.
Postf. 15 60, 61455 Königstein
Altkönigstr. 9, 61462 Königstein
T: (06174) 2 34 62 Fax: 2 25 87
E-Mail: zv@goldschmied.com
Präsident(in): Hans-Jürgen Wiegleb
Geschäftsführung: Irene Wanhoff

f 809
Bundesverband der Gablonzer Industrie e.V.
Neue Zeile 11, 87600 Kaufbeuren
T: (08341) 9 89 03 Fax: 9 89 06
Präsident(in): Diethelm Singer
Geschäftsführer(in): Thomas Nölle

f 810
Bundesverband der Edelstein- und Diamantindustrie e.V.
Postf. 12 22 20, 55714 Idar-Oberstein

Mainzer Str. 34, 55743 Idar-Oberstein
T: (06781) 94 42 40 Fax: 94 42 66
E-Mail: info@bv-edelsteine-diamanten.de
Geschf. Vorst.: Bernd Willi Ripp
Rolf Goerlitz
Dieter Hahn
Geschäftsführer(in): RA Jörg Lindemann

f 811
Bundesverband des Schmuck-Großhandels e.V.
Höslinstr. 8, 72587 Römerstein
T: (07382) 53 66 Fax: 53 10
E-Mail: verbandsbuero@fdtb.de
Vorsitzende(r): Dipl.-Kfm. Rainer Abeler, Münster
Geschäftsführer(in): Dipl.-Betriebsw. (FH) Reinhard Schmohl

f 812
Bundesverband der Juweliere, Schmuck- und Uhrenfachgeschäfte e.V.
Altkönigstr. 9, 61462 Königstein
T: (06174) 40 42 Fax: 2 25 87
Internet: http://www.bv-juweliere.de
E-Mail: info@bv-juweliere.de, bfv-bvj@einzelhandel.de
Vorsitzende(r): Hans Luithle
Geschäftsführer(in): Dipl.-Kfm. Bodo Jonda

f 813
Zentralverband für Uhren, Schmuck und Zeitmeßtechnik (Bundesinnungsverband)
Postf. 12 49, 61462 Königstein
Altkönigstr. 9, 61462 Königstein
T: (06174) 92 28 26 Fax: 92 28 28
Präsident(in): Horst Valentin
Komm. GeschF: Dipl.-Kfm. Bodo Jonda

f 814
Bundesverband der Importeure und Exporteure von Edelsteinen und Perlen e. V.
Martinskirchstr. 51, 60529 Frankfurt
T: (069) 35 73 02 Fax: 35 73 04
Vorsitzende(r): Michael Hahn (i. Fa. Gerhard Hahn GmbH, 40237 Düsseldorf)
Geschäftsführer(in): Dr. Schmid

f 815
Gesellschaft für Goldschmiedekunst e.V.
Dt. Goldschmiedehaus Hanau
Altstädter Markt 6, 63450 Hanau
T: (06181) 25 65 56 Fax: 25 65 54
Präsident(in): Dipl.-Kfm. Walter Behning
Geschäftsführer(in): Dr. Christianne Weber-Stöber

● **F 816**
Edelmetallverband e.V. Arbeitgeber- und Wirtschaftsverband, Fachverband für Silberwaren, Schmuck und Metallwaren
Franziskanergasse 6, 73525 Schwäbisch Gmünd
T: (07171) 6 90 88 Fax: 53 00
Gründung: 1906
Vorsitzende(r): Jörg Hirner (in Fa. Eugen Hirner, Lindenfirststr. 28, 73527 Schwäbisch Gmünd)
Geschäftsführer(in): RA Manfred Junkert (M.A.)

● **F 817**
Industrieverband Schmuck- und Metallwaren e.V.
Postf. 12 22 20, 55714 Idar-Oberstein
Mainzer Str. 34, 55743 Idar-Oberstein
T: (06781) 94 42 50 Fax: 94 42 66 Börse
E-Mail: info@iv-schmuck-metall.de
Vorsitzende(r): Klaus M. Federlin (i. Fa. Max Keller GmbH & Co. KG)
Geschäftsführer(in): Jörg Lindemann

● **F 818**
Bundesverband der Edelstein- und Diamantindustrie e.V.
Postf. 12 22 20, 55714 Idar-Oberstein
Mainzer Str. 34, 55743 Idar-Oberstein
T: (06781) 94 42 40 Fax: 94 42 66
E-Mail: info@bv-edelsteine-diamanten.de
Geschf. Vorstand: Rolf Goerlitz
Dieter Hahn
Bernd Willi Ripp
Geschäftsführer(in): RA Jörg Lindemann

● **F 819**
International Platinum Association e.V.
Krögerstr. 5, 60313 Frankfurt
T: (069) 28 79 41 Fax: 28 36 01
Gründung: 1987 (Dezember)

Präsident(in): D.G.T. Emmett (Anglo American Platinum Corp.)
Vorstand: G. E. Haslam (Western Platinum ltd.)
I. McLean (Engelhard Metals Corp.)
Ernst-Eggert Gumrich (Degussa AG)
D. G. Engelbrecht (Impala Platinum)
Geschäftsführer(in): M.A.B. Nurdin
Mitglieder: 11 Mitgliedsfirmen
Mitarbeiter: 2

● **F 820**
World Fuel Cell Council e.V.
Krögerstr. 5, 60313 Frankfurt
T: (069) 28 38 51   **Fax:** 28 39 53
Gründung: 1991 (September)
Präsident(in): G. E. Haslam (Western Platinum Limited)
Vorstand: D. G. Titcombe (Johnson Matthey PLC)
R.I. Suttmiller (IFC)
M.A.B. Nurdin (Hauptgeschäftsführer)
Mitglieder: 18 Mitgliedsfirmen
Mitarbeiter: 2

● **F 821**
Hauptverband der Deutschen Schuhindustrie e.V.
Postf. 10 07 61, 63007 Offenbach
Waldstr. 44, 63065 Offenbach
T: (069) 82 97 41-0   **Fax:** 81 28 10
Internet: http://www.hds-schuh.de
E-Mail: hds-schuh@t-online.de
Internationaler Zusammenschluß: siehe unter izf 775
Vorsitzende(r): Roland Bieger
Hauptgeschäftsführer(in): Philipp Urban
Mitglieder: 7
Vertretung der gemeinsamen Interessen der deutschen Schuhindustrie auf wirtschafts- und sozialpolitischem Gebiet.

Landesverbände

f 822
Verband der Schuhindustrie Baden-Württemberg e.V.
Postf. 10 07 61, 63007 Offenbach
Waldstr. 44, 63065 Offenbach
T: (069) 82 97 41-0   **Fax:** 81 28 10
Vorsitzende(r): Ralph Rieker (i. Fa. RICOSTA Schuhfabriken GmbH, Postf. 14 80, 78155 Donaueschingen, T: (0771) 80 50, Telefax: (0771) 80 52 22)
Geschäftsführer(in): Philipp Urban
Mitglieder: 17

f 823
Vereinigung der Bayerischen Schuhfabriken e.V.
Frankfurter Ring 243, 80807 München
T: (089) 32 46 59-0   **Fax:** 32 46 59-20
Vorsitzende(r): Hans-Joachim Wolter (i. Fa. WALDI Schuhfabrik GmbH, Langer Rain 38, 97437 Haßfurt, Postf. 16 53, 97433 Haßfurt, T: (09521) 92 33-0, Telefax: (09521) 13 23)
Geschäftsführer(in): Dipl.-Volksw. Norbert Furche
Mitglieder: 20

f 824
Verband Norddeutscher Schuhfabrikanten e.V.
Frankfurter Ring 243, 80807 München
T: (089) 32 46 59-0   **Fax:** 32 46 59-20
Vorsitzende(r): Hans-Ulrich Ederle (i. Fa. Heinrich Ad. Berkemann GmbH & Co., Postf. 54 07 40, 22507 Hamburg, Lottestr. 57, 22529 Hamburg)
Geschäftsführer(in): Dipl.-Volksw. Norbert Furche
Mitglieder: 2

f 825
Vereinigung der Hessischen Schuhindustrie e.V.
Postf. 10 07 61, 63007 Offenbach
Waldstr. 44, 63065 Offenbach
T: (069) 82 97 41-0   **Fax:** 81 28 10
Vorsitzende(r): Friedrich W. Schmitt (Erich Rohde KG Schuhfabriken, Postf. 22 40, 34607 Schwalmstadt, T: (06691) 7 80, Fax: (06691) 7 82 15)
Geschäftsführer(in): Philipp Urban
Mitglieder: 11

f 826
Vereinigung Nordwestdeutscher Schuhfabrikanten e.V.
Postf. 10 07 61, 63007 Offenbach
Waldstr. 44, 63065 Offenbach
T: (069) 82 97 41-0   **Fax:** 81 28 10
Vorsitzende(r): Kurt Seyboldt (ara Shoes AG, Postf. 21 61, 40745 Langenfeld, T: (02173) 10 50, Fax: 10 51 08)
Geschäftsführer(in): Philipp Urban
Mitglieder: 29

f 827
Verband der Schuhindustrie in Rheinland-Pfalz e.V.
Postf. 28 24, 66934 Pirmasens
Exerzierplatzstr. 3, 66953 Pirmasens
T: (06331) 1 30 56   **Fax:** 9 13 66
Vorsitzende(r): Hans Jürg Keller (Peter Kaiser GmbH Schuhfabrik, Postf. 20 64, 66928 Pirmasens, T: (06331) 71 60, Fax: (06331) 71 61 96)
Geschäftsführer(in): Dr. Gernot Litzenburger
Mitglieder: 25

f 828
Verband der Schuhindustrie Mitteldeutschland e.V.
Postf. 10 07 61, 63007 Offenbach
Waldstr. 44, 63065 Offenbach
T: (069) 82 97 41-0   **Fax:** 81 28 10
Vorsitzende(r): Konrad Wukasch (c/o Herkules-Schuh GmbH, Weststr. 18, 04626 Schmölln, T: (034491) 8 05 68, Telefax: (034491) 8 05 71)
Geschäftsführer(in): Philipp Urban
Mitglieder: 5

● **F 829**
Arbeitsgemeinschaft Schuhe/Leder
Postf. 10 07 61, 63007 Offenbach
Waldstr. 44, 63065 Offenbach
T: (069) 82 97 41-0   **Fax:** 81 28 10
Internet: http://www.hds-schuh.de
E-Mail: hds-schuh@t-online.de
Vorsitzende(r): Roland Bieger
Geschäftsführer(in): Philipp Urban

● **F 830**
PBS Industrie - Industrieverband Papier, Bürobedarf, Schreibwaren im FMI e.V.
Postf. 11 04 31, 40504 Düsseldorf
Leostr. 22, 40545 Düsseldorf
T: (0211) 57 73 91-0   **Fax:** 57 73 91-10
E-Mail: pbs-industrie@fmi.de
Geschäftsführer(in): Thomas Bona

● **F 831**
Deutscher Verband der Spielwaren-Industrie e.V. (DVSI)
Geschäftsstelle Nürnberg:
Messezentrum 1, 90471 Nürnberg
T: (0911) 9 49 68-0   **Fax:** 9 49 68-80
Internet: http://www.toy.de
E-Mail: printzen@dvsi.de
Geschäftsstelle Stuttgart
Heinestr. 169, 70597 Stuttgart
T: (0711) 9 76 58-0, Telefax: (0711) 9 76 58-30/31
Internationaler Zusammenschluß: siehe unter izf 1910
Vorsitzende(r): N.N.
Geschäftsführer(in): Dr. Volker Schmid, Stuttgart
Corinna Printzen, Nürnberg

● **F 832**

Bundesverband der Deutschen Sportartikelindustrie e.V. (BSI)
Postf. 11 60, 53581 Bad Honnef
T: (02224) 7 63 81   **Fax:** 7 59 40
E-Mail: BSIeV@aol.com
Gründung: 1910
Präsident(in): Ernst-Albert Holzapfel
Vizepräsident(in): Heinz Kettler
Wolfgang Zorn
Klaus Uhl
Geschäftsführer(in): Siegfried Höhne
Mitglieder: 200
Mitarbeiter: 4

● **F 833**
BdS Bundesverband der Surfindustrie e.V.
Untermühlstr. 3, 82398 Polling
T: (0881) 93 11-40   **Fax:** 93 11-41
Gründung: 1989 (1. Januar)
Vorstand: Martin Brandner
Mitglieder: 9
Mitarbeiter: 2

● **F 834**
Verband der Aluminiumrecycling-Industrie e.V. (VAR)
Postf. 20 08 40, 40105 Düsseldorf
Am Bonneshof 5, 40474 Düsseldorf
T: (0211) 45 19 33   **Fax:** 43 10 09
Internet: http://www.aluminium-recycling.com
E-Mail: office@var-alurecycling.de
Gründung: 1940
Vorsitzende(r): Erich Oetinger
geschäftsf. Vorstandsmitglied: RA Günter Kirchner (Ltg. Presseabt.)

● **F 835**

Bundesverband Schwimmbad & Wellness e.V. (bsw)
Postf. 29 04 61, 50525 Köln
An Lyskirchen 14, 50676 Köln
T: (0221) 2 71 66-90   **Fax:** 2 71 66-99
Vorsitzende(r): Guido Rengers (49744 Geeste)
Geschäftsführer(in): Dieter C. Rangol
Mitglieder: z. Zt. 230

● **F 836**
Arbeitskreis Badewannen (abw) e.V.
Wilhelm-Böhmer-Str. 11, 52372 Kreuzau
T: (02422) 48 21   **Fax:** 90 11 92
E-Mail: ing.-buero.decker@t-online.de
Vorsitzende(r): Dipl.-Kfm. Jochen Drewniok (Geschf. der HOESCH Metall + Kunststoffwerk GmbH & Co., Postf. 10 04 24, 52304 Düren)
Geschäftsführer(in): Dipl.-Ing. Herbert Decker (Wilhelm-Böhmer-Str. 11, 52372 Kreuzau)
Mitglieder: 8

● **F 837**
Bundesfachverband Saunabau e.V.
Postf. 58 20, 65048 Wiesbaden
Bierstadter Str. 39, 65189 Wiesbaden
T: (0611) 17 36-0   **Fax:** 17 36 20
Vorsitzende(r): Herbert Nonnenmacher (c/o Firma Röger GmbH, Hardtstr. 41-45, 74523 Schwäbisch Hall)
Geschäftsführer(in): RA Dr. jur. Ernst F. Lange
Mitglieder: 16

● **F 838**
Deutscher Fachverband Solarenergie e.V. (DFS)
Geschäftsstelle
Bertoldstr. 45, 79098 Freiburg
T: (0761) 2 96 20-90   **Fax:** 2 96 20-99
Internet: http://www.dfs.solarfirmen.de
E-Mail: dfs.freiburg@t-online.de
Gründung: 1979
1. Vorsitzende(r): Olaf Fleck (Sunset Energietechnik GmbH, T: (09195) 94 94 0)
1. stellv. Vors.: Helmut Jäger (i.Fa. Solvis Energiesysteme GmbH + Co. KG, Marienberger Str. 1, 38122 Braunschweig, T: (0531) 28 90 40)
2. stellv. Vors.: Miranda Stender (ThermoLUX GmbH)
Schatzmeister: Michael Schäfer (energie bau köln GmbH, T: (0221) 98 96 60)
Leitung Presseabteilung: Gerhard Stryi-Hipp
Mitglieder: 250

● **F 839**
Solarenergie-Förderverein e.V. (SFV)
Herzogstr. 6, 52070 Aachen
T: (0241) 51 16 16   **Fax:** 53 57 86
Internet: http://www.sfv.de
E-Mail: zentrale@sfv.de
Vorsitzende(r): Prof. Dr.-Ing. Adolf Müller-Hellmann
2. Vorsitzende(r): Dr.-Ing. Bernd Brinkmeier
Geschäftsführer(in): Dipl.-Ing. Wolf von Fabeck

● **F 840**
Forschungsgesellschaft Stahlverformung e.V. (FSV)
Postf. 40 09, 58040 Hagen
Goldene Pforte 1, 58093 Hagen
T: (02331) 95 88-41   **Fax:** 5 10 46
Internet: http://www.ids.wsu.de/internet/portrait/fsv.html
E-Mail: swiddern@ids.wsu.de
Gründung: 1958
Vorsitzende(r): Dr.-Ing. Thomas Herlan
Geschäftsführer(in): Dipl.-Math. Sabine Widdermann
Mitglieder: 5 Fachverbände

● F 841

Industrieverband Blechumformung e.V. (IBU)
Postf. 9 44, 58009 Hagen
Goldene Pforte 1, 58093 Hagen
T: (02331) 95 88-31   Fax: 5 10 46
Internet: http://www.ibu.wsm-net.de
E-Mail: hfunke@ibu.wsm-net.de
Vorsitzende(r): Dr.-Ing. Gerhard Brüninghaus (Geschäftsführer der Brüninghaus & Drissner GmbH, Hilden)
Geschäftsführer(in): RA Klaus Lehmann
Verbandszeitschrift: IBU-Rundschreiben

Wir sind Dienstleister unserer Mitgliedsunternehmen in allen wirtschaftlichen und technischen Fragen, organisieren Erfahrungsaustausch und Kooperationen zwischen ihnen und vertreten ihre Interessen national und international

f 842

Industrieverband Blechumformung e.V. - Regionalvertretung Ost
Buchenstr. 12, 01097 Dresden
T: (0351) 8 06 07-0   Fax: 8 06 07-23
Internet: http://www.vdma.org
E-Mail: paetz_lgst@vdma.org
Leiter: Dipl.-Wirtsch.-Ing. Reinhard Pätz

● F 843

Verband der Deutschen Federnindustrie (VDFI)
Postf. 38 03, 58038 Hagen
Goldene Pforte 1, 58093 Hagen
T: (02331) 95 88-51   Fax: 58 74 84
Internet: http://www.vdfi.wsu.de
E-Mail: kontakt@vdfi.wsu.de
Vorsitzende(r): Klaus Bölling (Geschäftsführer Krupp Hoesch Federn GmbH)
Geschäftsführer(in): Dipl.-Ing.,Dipl.-Wirtsch.-Ing. Horst Dieter Dannert

angeschlossen:

f 844

Verband der Deutschen Federnindustrie -Fahrzeugfedern - e.V.
Postf. 38 03, 58038 Hagen
Goldene Pforte 1, 58093 Hagen
T: (02331) 95 88-51   Fax: 58 74 84
Vorsitzende(r): Klaus Bölling (GF Krupp Hoesch Federn GmbH)
Geschäftsführer(in): Dipl.-Ing.,Dipl.-Wirtsch.-Ing. Horst Dieter Dannert

f 845

Verband der Deutschen Federnindustrie -Kaltgeformte Federn-
Postf. 38 32, 58038 Hagen
Goldene Pforte 1, 58093 Hagen
T: (02331) 95 88-51   Fax: 58 74 84
Vorsitzende(r): Dr. Bernt Schroer (Geschf. Ges. d. Fa. Wilh. Brand KG und Märkisches Federnwerk GmbH & Co. KG, Postf. 12 61, 59604 Anröchte, Völlinghauser Str. 44, 59609 Anröchte)
Geschäftsführer(in): Dipl.-Ing.,Dipl.-Wirtsch.-Ing. Horst Dieter Dannert

● F 846

Fachverband Pulvermetallurgie
Postf. 9 21, 58009 Hagen
Goldene Pforte 1, 58093 Hagen
T: (02331) 95 88-17   Fax: 5 10 46, 95 87 17
E-Mail: mschlieper@fpm.wsm-net.de
Vorsitzende(r): Dr.-Ing. Lothar Albano-Müller
Geschäftsführer(in): Dipl.-Phys. Hans-Dieter Oelkers

● F 847

Bundesfachverband Sonnenlicht-Systeme e.V. (SLS)
Danneckerstr. 37, 70182 Stuttgart
T: (0711) 2 36 47 16   Fax: 2 37 62 10
Internet: http://www.solarien-verbaende.de
E-Mail: verband@sls-fvs.de
Vorstand: Dipl.-Betriebsw. Jörg Wolff (Fa. Cosmedico Licht GmbH, Kölner Str. 8, 70376 Stuttgart)
Geschäftsführer(in): RA Jürgen Bock
Mitglieder: 13

● F 848

Verband Deutscher Werkzeug- und Formenbauer (VDWF)
Kernerstr. 9, 73098 Rechberghausen
T: (07161) 95 25 20   Fax: 9 52 52 50
Internet: http://www.vdwf.de
E-Mail: rolfhelle@t-online.de
Gründung: 1993 (Januar)
Präsident(in): Prof. Dr. Garbrecht
Geschäftsführer(in): Rolf Helle
Verbandszeitschrift: VDWF aktuell
Redaktion: Birgit Hummler-Schaufler
Verlag: Druckerei Dischner

● F 849

Deutscher Stahlbau-Verband DSTV
Sohnstr. 65, 40237 Düsseldorf
T: (0211) 6 70 78 00   Fax: 6 70 78 20
Internet: http://www.deutscherstahlbau.de
E-Mail: contact@deutscherstahlbau.de
Gründung: 1904
Internationaler Zusammenschluß: siehe unter izf 341
Präsident(in): Dipl.-Ing. Rainer Müller-Donges
Hauptgeschäftsführer(in): Dipl.-Ing. Gerhard Buchmeier
Verbandszeitschrift: Stahlbau Nachrichten
Mitglieder: ca. 500
Mitarbeiter: 20

angeschlossen

f 850

Deutscher Stahlbau-Verband DSTV Geschäftsstelle Bayern
Carl-Zeiss-Str. 6, 85748 Garching
T: (089) 32 62 78 93   Fax: 32 92 80 43
Leiter(in): Dipl.-Volksw. Cornelia von Kapff

f 851

Deutscher Stahlbau-Verband DSTV Geschäftsstelle Leipzig
Arno-Nitzsche-Str. 45, 04277 Leipzig
T: (0341) 86 65-250   Fax: 86 65-508
Leiter: Prof. Dr.-Ing. Dieter Golembiewski

● F 852

SET

Wirtschaftsverband Stahlbau und Energietechnik SET e.V.
Postf. 32 04 20, 40419 Düsseldorf
Sternstr. 36, 40479 Düsseldorf
T: (0211) 4 98 70-0, 4 98 70-92   Fax: 4 98 70-36
Internet: http://www.set-online.de
E-Mail: info@set-online.de
Gründung: 1935 /1946
Vorsitzende(r): Dr.-Ing. Sigfrid Michelfelder
Geschäftsführer(in): Dr.-Ing. Reinhard Maaß

Förderung der gemeinsamen wirtschaftlichen Interessen seiner Mitgliedsverbände; Vertretung seiner Mitglieder (insb. Industriegruppe 31) in der Öffentlichkeit und gegenüber amtlichen und nichtamtlichen Stellen.

angeschlossen

f 853

Fachverband Dampfkessel-, Behälter- und Rohrleitungsbau e.V. (FDBR)
Postf. 32 04 20, 40419 Düsseldorf
Sternstr. 36, 40479 Düsseldorf
T: (0211) 4 98 70-0   Fax: 4 98 70-36
Internet: http://www.fdbr.de
E-Mail: info@fdbr.de
Internationaler Zusammenschluß: siehe unter izf 1427
Geschäftsführer(in): Dr.-Ing. Reinhard Maaß
Mitglieder: 150
Fachbereiche: Großwasserraumkessel und Schnelldampferzeuger
Feuerungen und Abgasvorwärmer
Behälter
Rohrleitungen
Umweltschutzanlagen
Verfahrenstechnische Anlagen
Kerntechnische Anlagen
Beratung und sonstige Dienstleistungen
Stahlbaukonstruktionen

Förderung und Vertretung der gemeinsamen technischen und wirtschaftlichen Interessen seiner Mitglieder.

f 854

Wirtschaftsvereinigung Industrie- und Bau-Systeme e.V.
Postf. 10 20, 58010 Hagen
Hochstr. 113, 58095 Hagen
T: (02331) 20 08-0   Fax: 20 08-40
E-Mail: info@wib-wirtschaftsvereinigung.de
Präsident(in): Dipl.-Ing. Manfred Wilke (Novoferm GmbH Metalltürenwerke, Isselburger Str. 31, 46459 Rees-Haldern, T: (02850) 9 10-0, Fax: 9 10-1 26)
Vizepräsident(in): Hans Sagemüller (Rietberg-Werke GmbH & Co. KG, Bahnhofstr. 55, 33397 Rietberg, T: (05244) 9 83-3 20, Fax: 9 83-3 33)
Geschäftsführer(in): Günter Neuhaus

f 855

Verband der Bahnindustrie in Deutschland e.V. (VDB)
Lindenstr. 30, 60325 Frankfurt
T: (069) 72 72 44-45   Fax: 72 72 94
Präsident(in): Dr.-Ing. Dieter Klumpp
Hauptgeschäftsführer(in): Dipl.-Ing. Joachim Körber (Mitgl. d. Geschäftsführung ALSTOM LHB GmbH, Linke-Hofmann-Busch-Str. 1, 38239 Salzgitter)
Stellv. Hauptgeschäftsführer: Dipl.-Ing., Dipl.-Jour. Günther Krug
Mitglieder: 80

Förderung der gemeinsamen Interessen auf allen Gebieten der Bahnindustrie sowie verwandter und angrenzender Fachgebiete.

f 856

Bundesverband Feuerlöschgeräte und -anlagen e.V. (bvfa)
Postf. 59 20, 97009 Würzburg
Koellikerstr. 13, 97070 Würzburg
T: (0931) 3 52 92-0   Fax: 3 52 92-29
Internet: http://www.bvfa.de
E-Mail: info@bvfa.de
Internationaler Zusammenschluß: siehe unter izf 1475
Vorsitzende(r): Dr.-Ing. Jan H. Hamkens
Geschäftsführer(in): Dr. Wolfram Krause
Mitglieder: 82

● F 857

Stahlbauvereinigung Baden-Württemberg e.V.
Postf. 10 17 40, 75117 Pforzheim
Siegfriedstr. 42, 75179 Pforzheim
T: (07231) 35 10 78   Fax: 31 42 71
E-Mail: stv-bw@t-online.de
Vorsitzende(r): Dipl.-Ing. Karl Küffner
Geschäftsführer(in): Dipl.-Ing. Manfred J. Bischoff
Mitglieder: 61
Mitarbeiter: 3

● F 858

Verband Deutscher Gewächshaushersteller e.V. (VDGH)
Postf. 10 17 40, 75117 Pforzheim

Siegfriedstr. 42, 75179 Pforzheim
T: (07231) 35 10 78 **Fax:** 31 42 71
E-Mail: stv-bw@t-online.de
Präsident(in): Max Gabler
Geschäftsführer(in): Dipl.-Ing. Manfred J. Bischoff
Mitglieder: 11
Mitarbeiter: 3

● **F 859**
Arbeitsgemeinschaft für die Entwicklung von Qualitätssystemen e.V. (AQS)
Postf. 10 17 40, 75117 Pforzheim
Siegfriedstr. 42, 75179 Pforzheim
T: (07231) 35 10 78 **Fax:** 31 42 71
E-Mail: stv-bw@t-online.de
Vorsitzende(r): Dipl.-Ing. Karl Küffner
Geschäftsführer(in): Dipl.-Ing. Manfred J. Bischoff
Mitglieder: 52

● **F 860**
Interessengemeinschaft Kaltfließpreßteile
Heinestr. 169, 70597 Stuttgart
T: (0711) 9 76 58-0 **Fax:** 9 76 58-30
E-Mail: FVerband@aol.com
Geschäftsführer(in): Dr. Volker Schmid

● **F 861**
Bundesverband Baustoffe - Steine und Erden e.V.
Postf. 15 01 62, 60061 Frankfurt
Friedrich-Ebert-Anlage 38, 60325 Frankfurt
T: (069) 75 60 82-0 **Fax:** 75 60 82 12
Internet: http://www.baustoffindustrie.de
E-Mail: bvbaustoffe@aol.com
Internationaler Zusammenschluß: siehe unter izf 2420
Präsident(in): Dr. jur. Jürgen Lose (Vorsitzender des Aufsichtsrates der Dyckerhoff AG, Wiesbaden)
Hauptgeschäftsführer(in): RA Dr. Wolfgang Mack
Geschäftsführer(in): Dipl.-Volksw. Artur Kissinger

Überregionaler Dachverband des Industriebereichs Steine und Erden; Vertretung der gemeinsamen wirtschaftspolitischen Interessen der 24 unmittelbar sowie der mittelbar angeschlossenen Mitgliedverbände

Bundesfachverbände:

Bundesverband Deutsche Beton- und Fertigteilindustrie e.V.
Fachverband Eisenhüttenschlacken e.V.
Verband der Deutschen Feuerfest-Industrie e.V.
Industrieverband Keramische Fliesen + Platten e.V.
Bundesverband der Gips- und Gipsbauplattenindustrie e.V.
Industrieverband Hartschaum e.V.
Bundesverband der Deutschen Kalkindustrie e.V.
Bundesverband Kalksandsteinindustrie e.V.
Bundesverband Keramische Rohstoffe
Bundesverband der Deutschen Kies- und Sandindustrie e.V.
Bundesverband der Leichtbauplatten-Industrie e.V.
Bundesverband Leichtbetonzuschlag-Industrie (BLZ) e.V.
Fachvereinigung Mineralfaserindustrie e.V. (FMI)
Fachgruppe Mineralwolle-Dämmstoffe
Bundesverband der Deutschen Mörtelindustrie e.V.
Bundesverband Naturstein-Industrie e.V.
Deutscher Naturwerkstein-Verband e.V.
Bundesverband Porenbetonindustrie e.V.
Bundesverband der Deutschen Recycling-Baustoff-Industrie e.V.
Fachverband Steinzeugindustrie e.V.
Bundesverband der Deutschen Transportbetonindustrie e.V.
Bundesverband der Deutschen Zementindustrie e.V.
Bundesverband der Deutschen Ziegelindustrie e.V.
Bayerischer Industrieverband Steine und Erden e.V.
Industrieverband Steine und Erden Baden-Württemberg e.V.

Landesverbände

f 862
Industrieverband Steine und Erden Baden-Württemberg e.V.
Robert-Bosch-Str. 30, 73760 Ostfildern
T: (0711) 3 48 37-0 **Fax:** 3 48 37-27
Internet: http://www.iste.de
E-Mail: verband@iste.de
Präsident(in): Dr. Rolf Mohr (i.Fa. Meichle & Mohr GmbH)
Hauptgeschäftsführer(in): Dipl.-Volksw. Hans Croonenbroeck

f 863
Bayerischer Industrieverband Steine und Erden e.V.
Postf. 15 02 40, 80042 München
Beethovenstr. 8, 80336 München
T: (089) 51 40 30 **Fax:** 5 32 83 59
Präsident(in): Dr. Lothar Bäumler (Senator a.D., Erste Bayerische Basaltstein AG, Mitterteich)
Hauptgeschäftsführer(in): Dipl.-Ing. Guntram Zanker (E-Mail: hgf@steine-erden-by.de)
Geschäftsführer(in): RA'in Ursula Wagner (Geschäftsbereich Arbeitsrecht und Tarifpolitik, Beethovenstr. 8, 80336 München, E-Mail: arbr-tarifg@steine-erden-by.de)

Fachverbände

● **F 864**
Verband der Faserzement-Industrie e.V.
Ernst-Reuter-Platz 8, 10587 Berlin
T: (030) 34 85-260 **Fax:** 34 85-262
Gründung: 1957
Vorsitzende(r): Dipl.-oec. Werner Rüberg (Vors. d. Vorst. d. Eternit AG, Berlin)
Geschäftsführer(in): Thomas Kaczmarek, Berlin
Mitglieder: 4

● **F 865**

Bundesverband Deutsche Beton- und Fertigteilindustrie e.V. (BDB)
Postf. 21 02 67, 53157 Bonn
Schloßallee 10, 53179 Bonn
T: (0228) 9 54 56-0 **Fax:** 9 54 56-90
Internet: http://www.betoninfo.de
E-Mail: betoninfo@lg.elge.de
Internationaler Zusammenschluß: siehe unter izf 1841
Präsident(in): Dipl.-Ing. Rolf Werle (Readymix AG, Daniel-Goldbach-Str. 25, 40880 Ratingen, Postf. 16 17, 40836 Ratingen, T: (02102) 40 15 80)
Vizepräsident(in): Dipl.-Kfm. Albrecht Braun (betonbraun Albrecht Braun GmbH, Hauptstr. 5-7, 73340 Amstetten, Postf. 11 17, 73338 Amstetten, T: (07331) 30 03-0, Fax: (07331) 30 03-68)
Dipl.-Betriebsw. Peter Klostermann (Heinrich Klostermann GmbH & Co KG - Betonwerke, Am Wasserturm 20, 48653 Coesfeld, Postf. 14 04, 48635 Coesfeld, T: (02541) 7 49-0, Fax: (02541) 7 49-36 u. (0361) 74 31-131)
Sprecher der Geschäftsführung: Dipl.-Ing. Dieter Schwerm
Geschäftsführer(in): Dipl.-Ing. Lothar Pesch
Mitglieder: 1150

Landesverbände

f 866

Fachverband Beton- und Fertigteilwerke Baden-Württemberg e.V.
Postf. 70 02 56, 70572 Stuttgart
Reutlinger Str. 16, 70597 Stuttgart
T: (0711) 9 76 62-0 **Fax:** 9 76 62-50
Internet: http://www.betonservice.de/fbf_bw
E-Mail: fbf_bw@betonservice.de
Präsident(in): Harald Sommer (Albert Regenold GmbH Baustoffwerk, Bunkofer Str. 6, 77815 Bühl, T: (07223) 2 20 64, Fax: (07223) 8 31 64)
Geschäftsführer(in): Dipl. oec. Ulrich Lotz

f 867
Bayerischer Industrieverband Steine und Erden e.V.
Fachabt. Beton- und Fertigteilwerke
Postf. 15 02 40, 80042 München
Beethovenstr. 8, 80336 München
T: (089) 51 40 31 81 **Fax:** 51 40 31 83
Internet: http://www.betonbauteile-by.de
E-Mail: betonbauteile@steine-erden-by.de
Vorsitzende(r): Michael Kühne (Betonwerk Kühne GmbH & Co. KG, Sudetenstr. 70, 82538 Geretsried, T: (08171) 9 39 66, Fax: (08171) 8 03 02)
Geschäftsführer(in): Dipl.-Ing. (FH) Wolfgang Zauner

f 868
Verband Beton- und Fertigteilindustrie Mitte-Ost e.V.
Geschäftsstelle Berlin:
Grenzstr. 6, 14482 Potsdam
T: (0331) 7 40 00-401 **Fax:** 7 40 00-400
Internet: http://www.betoninfo.de, http://www.betonservice.de
E-Mail: info@vbfmo.de
Vorsitzende(r): Dr.-Ing. Gunnar Francke (Suding Beton- und Kieswerk GmbH, Dorfstr. 57, 39606 Kleinau, T: (039399) 9 66 66, Fax: (039399) 9 67 99)
Geschäftsführer(in): RA Gerald Rollett

f 869
Fachgruppe Betonfertigteile und Betonwerkstein (innerhalb der Fachgemeinschaft Bau Berlin und Brandenburg e.V.)
Nassauische Str. 15, 10717 Berlin
T: (030) 86 00 04-0 **Fax:** 86 00 04-61
Leiter der Fachgruppe: Handwerksmeister Siegfried Kurowsky
Fachgruppenbetreuer: Dipl.-Wirtschaftsing. (FH) David Ostendorf

f 870
Fachverband Betonfertigteile Hessen e.V.
Postf. 12 49, 65002 Wiesbaden
Grillparzerstr. 13, 65187 Wiesbaden
T: (0611) 89 08 50 **Fax:** 8 90 85-10
E-Mail: agvseht@t-online.de
Vorsitzende(r): Jürgen Braas (Ostpreußenstr. 36, 61381 Friedrichsdorf, T: (06172) 77 85 67)
Hauptgeschäftsführer(in): RA Axel Diedenhofen

f 871
Verband Beton- und Fertigteilindustrie Nord e.V.
Postf. 12 22, 30928 Burgwedel
Raiffeisenstr. 8, 30938 Burgwedel
T: (05139) 99 94-30 **Fax:** 99 94-50
Internet: http://www.betonverbaende-nord.de
E-Mail: info@betonverbaende-nord.de
Vorsitzende(r): Bau-Kfm. Volker F.A. Martin (Sp-Beton GmbH & Co. KG Baustoffwerke, Buchhorster Weg 2-10, 21481 Lauenburg/Elbe, T: (04153) 59 06-0, Fax: (04153) 59 06-941)
Geschäftsführer(in): RA Hans-Jürgen Günther
Dr.-Ing. Franz Blume

Wahrung und Förderung der gemeinsamen - insbesondere der ideellen und sozialpolitischen Interessen der Mitglieder.

f 872
Landesverband Beton- und Fertigteilindustrie Nordrhein-Westfalen e.V.
Friedrich-Ebert-Str. 37-39, 40210 Düsseldorf
T: (0211) 35 34 38 **Fax:** 16 24 98
E-Mail: lv-beton-nrw@t-online.de
Vorsitzende(r): Dipl.-Betriebsw. Peter Klostermann (Heinrich Klostermann GmbH & Co. KG, Am Wasserturm 20, 48653 Coesfeld, T: (02541) 7 49-0, Fax: (02541) 7 49-36)
Geschäftsführer(in): RA Bernd Mosblech

f 873
Güteschutz und Landesverband Beton- und Bimsindustrie Rheinland-Pfalz e.V.
Geschäftsstelle Neustadt:
Postf. 10 10 62, 67410 Neustadt
Friedrich-Ebert-Str. 11-13, 67433 Neustadt
T: (06321) 8 52-0 **Fax:** 8 52-290
Vorsitzende(r): Joachim Altenhofen (Behr Therm-Stein GmbH + Co. KG, Auf dem Teich 10, 56645 Nickenich, T: (02632) 8 20 78, Fax: (02632) 8 18 53)
Geschäftsführer(in): RA Heinrich Klotz
Dipl.-Ing. Armin Neunast

f 874
Verband der Baustoffindustrie Saarland e.V.
Abteilung Betonindustrie
Franz-Josef-Röder-Str. 9V, 66119 Saarbrücken
T: (0681) 5 35 21 **Fax:** 58 42 47
Vorsitzende(r): Dipl.-Wirtsch.-Ing. Thomas Büscher (Baustoffwerk Sehn GmbH & Co., Oststr. 65, 66386 St. Ingbert, T: (06894) 38 73-0, Fax: (06894) 38 73 36)
Geschäftsführer(in): RA Armin Dietzen

f 875
Fachverband Beton- und Fertigteilwerke Sachsen/Thüringen e.V.
Uhlandstr. 39, 01069 Dresden
T: (0351) 4 70 58-32, 4 70 58-33 **Fax:** 4 70 58-30
E-Mail: fbf-dresden@t-online.de
Vorsitzende(r): Dipl.-Ing. (FH) Roland Haas (Leonhardt & Sohn Betonwerke Chemnitz, Fischweg 27, 09114 Chemnitz, T: (0371) 41 27 11, Fax: (0371) 41 24 36)
Geschäftsführer(in): Ing. Frank Stephan

f 876

Fachvereinigung Deutscher Betonfertigteilbau e.V. (FDB)
Postf. 21 02 67, 53157 Bonn
Schloßallee 10, 53179 Bonn
T: (0228) 9 54 56 56   **Fax:** 9 54 56 90
E-Mail: fertigteilbau@betoninfo.de
Vorsitzende(r): Dipl.-Ing. Eberhard Bauer
Dipl.-Ing. Uwe Frerichs
Geschäftsführer(in): Dipl.-Ing. Dieter Schwerm

f 877

Fachvereinigung Betonrohre und Stahlbetonrohre e.V. im BDB e.V. (FBS)
Postf. 21 02 67, 53157 Bonn
Schloßallee 10, 53179 Bonn
T: (0228) 9 54 56 54   **Fax:** 9 54 56 43
Internet: http://www.fbsrohre.de
E-Mail: fbsbonn@fbsrohre.de
1. Vorsitzende(r): Dipl.-Ing. Gert Bellinghausen (Siegburger Betonwerk Bellinghausen & Co., Buisdorfer Str. 36, 53757 St. Augustin, T: (02241) 59 99-0, Fax: (02241) 59 99 88)
Geschäftsführer(in): Dipl.-Ing. Wilhelm Niederehe

f 878

Fachvereinigung Betonprodukte für Straßen-, Landschafts- und Gartenbau e.V. (SLG)
Postf. 21 02 67, 53157 Bonn
Schloßallee 10, 53179 Bonn
T: (0228) 9 54 56 21   **Fax:** 9 54 56 90
E-Mail: slg@betoninfo.de
Vorsitzende(r): Masch.Bau-Ing. Heinz Baumgartner (BKN GmbH, c/o GP Günter Papenburg AG, Betonsteinwerk Niemegk, Altdorfer Weg 1, 14823 Niemegk, T: (033843) 6 40 13, Fax: (033843) 6 40 29)
Geschäftsführer(in): Dipl.-Ing. Dietmar Ulonska
Mitglieder: 35

f 879

Fachvereinigung Leichtbeton e.V.
Sandkauler Weg 1, 56564 Neuwied
T: (02631) 2 22 27   **Fax:** 3 13 36
Vorsitzende(r): Dr. Heinz Geenen (Kann GmbH Baustoffwerke, Bendorfer Str., 56170 Bendorf-Mülhofen, T: (02622) 70 70, Fax: (02622) 70 71 62/65)
Geschäftsführer(in): Dipl.-Ing. Armin Neunast

f 880

Gesellschaft zur Förderung der Spannbetonschwelle e.V.
Postf. 15 02 40, 80042 München
Beethovenstr. 8, 80336 München
T: (089) 5 14 03-0   **Fax:** 5 32 83 59
Vorsitzende(r): Dipl.-Ing. Frithjof Schimpff
Geschäftsführer(in): Dipl.-Ing. Guntram Zanker

● F 881

Fachvereinigung Betonrohre und Stahlbetonrohre e.V. im BDB e.V. (FBS)
Postf. 21 02 67, 53157 Bonn
Schloßallee 10, 53179 Bonn
T: (0228) 9 54 56 54   **Fax:** 9 54 56 43
Internet: http://www.fbsrohre.de
E-Mail: fbsbonn@fbsrohre.de
Vorsitzende(r): Dipl.-Ing. Gert Bellinghausen (RG Rohrgruppe GmbH & Co. KG, Werk St. Augustin, Buisdorfer Str. 36, 53757 St. Augustin, T: (02241) 59 99-0, Fax: (02241) 59 99 88)
Geschäftsführer(in): Dipl.-Ing. Wilhelm Niederehe

● F 882

Steine- und Erden-Industrieverband Sachsen e.V.
Uhlandstr. 39, 01069 Dresden
T: (0351) 4 70 58-0   **Fax:** 4 70 58 20
E-Mail: steine-erden-dresden@t-online.de
Gründung: 1990 (27. März)
Vorsitzende(r): Peter Bauer (Lausitzer Grauwacke GmbH, 01920 Lieske)
Stellvertretende(r) Vorsitzende(r): Hermann Truthän (Dyckerhoff-Transportbeton Sachsen GmbH, 01139 Dresden)
Geschäftsführer(in): Dr.-Ing. Steffen Wiedenfeld

Verbandszeitschrift: Information des SEVS
Mitglieder: 160
Mitarbeiter: 4

● F 883

Verein Deutscher Schleifmittelwerke e.V.
Postf. 75 67, 53075 Bonn
Oxfordstr. 8, 53111 Bonn
T: (0228) 63 55 87, 65 69 56   **Fax:** 63 53 99
Internet: http://www.vds-bonn.de
E-Mail: info@vds-bonn.de
Gründung: 1917 (4. Januar)
Internationaler Zusammenschluß: siehe unter izf 754
Vorsitzende(r): Carl E. Starcke (Starcke GmbH. & Co. Schleifmittelwerk, Markt 10, 49324 Melle, T: (05422) 9 66-0, Fax: (05422) 9 66-301)
Geschäftsführer(in): Dr. Klaus Werner
Mitglieder: 69

● F 884

Forschungsgemeinschaft Schleifscheiben (FGS)
Postf. 75 67, 53075 Bonn
Oxfordstr. 8, 53111 Bonn
T: (0228) 63 55 87   **Fax:** 63 53 99
Geschäftsführer(in): Dipl.-Volksw. Wilhelm Wicharz
Mitglieder: 24

● F 885

Bundesverband Porenbetonindustrie e.V.
Postf. 18 26, 65008 Wiesbaden
Dostojewskistr. 10, 65187 Wiesbaden
T: (0611) 98 50 44-0   **Fax:** 80 97 07
E-Mail: info@bv-porenbeton.de
Vorsitzende(r): Wolfgang Hirschbold (Fels-Werke GmbH, 38640 Goslar)
Geschäftsführer(in): Dipl.-Ing. Reinhard Schramm

● F 886

Bundesverband Leichtbetonzuschlag-Industrie e.V. (BLZ)
Robert-Bosch-Str. 30, 73760 Ostfildern
T: (0711) 3 48 37-0   **Fax:** 3 48 37 27
Vorsitzende(r): Dr.-Ing. Joachim Spitzner
Geschäftsführer(in): Dipl.-Volksw. Hans Croonenbroeck

● F 887

Fachvereinigung Bims e.V.
Postf. 27 55, 56517 Neuwied
Sandkauler Weg 1, 56564 Neuwied
T: (02631) 2 22 27-28
Vorsitzende(r): Dr. Heinz Geenen (c/o KANN GmbH, Postf. 13 63, 56158 Bendorf)
Geschäftsführer(in): Dipl.-Ing. Armin Neunast

● F 888

Bundesverband Keramische Rohstoffe e.V. (BKR)
Bahnhofstr. 6, 56068 Koblenz
T: (0261) 1 24 28   **Fax:** 1 51 79
Gründung: 1950
Vorsitzende(r): Dr.rer.pol. Dieter Mannheim (in Fa. Kärlicher Ton- und Schamotte-Werke Mannheim & Co. KG, Postf. 13 34, 56209 Mülheim-Kärlich)
Geschäftsführer(in): RA Gerhard Schlotmann
Mitglieder: 50

● F 889

Bundesverband der Gips- und Gipsbauplattenindustrie e.V.
Birkenweg 13, 64295 Darmstadt
T: (06151) 36 68 20   **Fax:** 3 66 82 22
Internet: http://www.gipsindustrie.de
E-Mail: info@gipsindustrie.de
Gründung: 1899
Internationaler Zusammenschluß: siehe unter izf 3
Vorsitzende(r): Dipl.-Kfm. Thomas Bremer (i. Fa. Vereinigte Gipswerke, Stadtoldendorf)
Geschäftsführer(in): Dipl.-Ing. Rainer Olejnik

Der Verband vertritt und fördert die Belange der Gips und Gipsbauplatten erzeugenden Industrie in der Bundesrepublik Deutschland. Dazu nimmt der Verband wirtschaftspolitische, wissenschaftliche und technische Aufgaben auf seinem Fachgebiet wahr.

● F 890

Fachverband Eisenhüttenschlacken e.V.
Bliersheimer Str. 62, 47229 Duisburg
T: (02065) 4 92 20   **Fax:** 99 45 10
Vorsitzende(r): Günter Sander
Geschäftsführer(in): Dr.-Ing. Heribert Motz

● F 891

Arbeitsgemeinschaft Hüttenkalk e.V.
Bliersheimer Str. 62, 47229 Duisburg
T: (02065) 99 45 53   **Fax:** 99 45 10
E-Mail: m.Kuehn@fehs.de
Gründung: 1953
Vorsitzende(r): Prok. Dieter Kucharski
Geschäftsführer(in): Dr.-Ing. Michael Kühn

● F 892

Bundesverband der Deutschen Kalkindustrie e.V.
siehe R 96

● F 893

Bundesverband Kalksandsteinindustrie e.V.
Postf. 21 01 60, 30401 Hannover
Entenfangweg 15, 30419 Hannover
T: (0511) 2 79 54-0   **Fax:** 2 79 54 54
Internet: http://www.kalksandstein.de
E-Mail: info@kalksandstein.de
Vorsitzende(r): Dipl.-Kfm. Frank Fugmann (Union Norddeutscher Kalksandsteinwerke (UNK) GmbH & Co. KG, 24790 Schacht-Audorf)
Hauptgeschäftsführer(in): Dr. jur. Walter Erasmy
TGF: Dr.-Ing. Dieter Kasten

● F 894

Industrieverband Keramische Fliesen + Platten e.V.
Postf. 16 24, 95090 Selb
Schillerstr. 17, 95100 Selb
T: (09287) 8 08-37   **Fax:** 8 08-44
Internet: http://www.fliesenverband.de
E-Mail: info@fliesenverband.de
Internationaler Zusammenschluß: siehe unter izf 2395
Stellvertretende(r) Vorsitzende(r): Dieter Schäfer (Deutsche Steinzeug Cremer & Breuer AG, Bonn)
Geschäftsführer(in): Werner Ziegelmeier
Mitglieder: 12

● F 895

Arbeitsgemeinschaft der deutschen Kachelofenwirtschaft e.V. (ADK)
Rathausallee 6, 53757 St Augustin
T: (02241) 20 39 79   **Fax:** 2 73 42
Vorsitzende(r): Reinhold Willnat
Geschäftsführer(in): Dipl.-Ing. Manfred Vohs

● F 896

HAGOS Verbund deutscher Kachelofen- und Luftheizungsbauerbetriebe e.G.
Postf. 80 05 60, 70505 Stuttgart
Industriestr. 62, 70565 Stuttgart
T: (0711) 7 88 05-51   **Fax:** 7 88 05-49
Internet: http://www.hagos.de
E-Mail: info@hagos.de
Gründung: 1919
Vorstand: Peter Geiger
Arnold Leinweber
Verbandszeitschrift: K&L-Magazin
Redaktion: K&L Magazin
Verlag: Oranienstr. 7, 60439 Frankfurt/Main, T: (069) 57 09 22, Telefax: (069) 57 36 34
Mitglieder: ca. 2800 Kunden-/MG-Betriebe

● F 897

Bundesverband der Deutschen Kies- und Sandindustrie e.V.
Postf. 10 04 64, 47004 Duisburg
Düsseldorfer Str. 50, 47051 Duisburg
T: (0203) 99 23 90   **Fax:** 9 92 39 97
Vorsitzende(r): Michael Schulz (i. Fa. Hülskens Holding GmbH & Co, Hülskensstr. 4-6, 46483 Wesel)
Hauptgeschäftsführer(in): RA Hans-Peter Braus

Landesverbände

f 898

Fachgruppe Sand und Kies im Industrieverband Steine und Erden Baden-Württemberg e.V. (ISTE)
Robert-Bosch-Str. 30, 73760 Ostfildern
T: (0711) 3 48 37 0   **Fax:** 3 48 37 21
Vorsitzende(r): Karl Ulrich Epple (Karl Epple GmbH & Co. KG, Brückenstr. 23, 70376 Stuttgart)
Geschäftsführer(in): Dipl.-Ing. Karl-Heinz Lawatsch

f 899
Fachgruppe Kies und Sand i. Fachverband Kies und Sand, Splitt, Mörtel und Transportbeton Nord-Ost e.V.
Prinzessinnenstr. 8, 10969 Berlin
T: (030) 61 69 57 30 Fax: 61 69 57 40
Vorsitzende(r): Dipl.-Ing. Michael Bork (Zuschlagstoffe und Spezialsande GmbH, Am Weinberg 2, 04910 Haida)
Geschäftsführer(in): Ass. Dr. jur. Jürgen Kranz

f 900
Fachvereinigung Sand, Kies, Naturstein i. Industrieverband Sand, Kies, Mörtel, Transportbeton Nord e.V.
Eiffestr. 462, 20537 Hamburg
T: (040) 25 17 29-0 Fax: 25 17 29-20
Vorsitzende(r): Dipl.-Ing. Hermann Sievers (i. Fa. Sievers-Beton GmbH u. Co. KG, 24850 Lürschau)
Geschäftsführer(in): Dipl.-Volksw. Rüdiger Pabst (Eiffestr. 462, 20537 Hamburg)

f 901
Fachabteilung Kies und Sand Hessen-Rheinland-Pfalz
Postf. 10 10 62, 67410 Neustadt
Friedrich-Ebert-Str. 11-13, 67433 Neustadt
T: (06321) 85 20 Fax: 85 22 16
Vorsitzende(r): Rudolf Sehring (i. Adam Sehring & Söhne, Ausserhalb NW 60, 63225 Langen)
Geschäftsführer(in): RA Heinrich Klotz (Friedrich-Ebert-Str. 11-13, 67433 Neustadt)

f 902
Fachgruppe Baukies i. Fachverband Kies und Sand, Mörtel und Transportbeton Nordrhein-Westfalen e.V.
Düsseldorfer Str. 50, 47051 Duisburg
T: (0203) 99 23 90 Fax: 9 92 39 97
Vorsitzende(r): Michael Schulz (i. Fa. Hülskens & Co., Postf. 10 02 02, 46463 Wesel)
Hauptgeschäftsführer(in): RA Hans-Peter Braus (Düsseldorfer Str. 50, 47051 Duisburg)

f 903
Fachgruppe Spezialsande i. Fachverband Kies und Sand, Mörtel und Transportbeton Nordrhein-Westfalen e.V.
Düsseldorfer Str. 50, 47051 Duisburg
T: (0203) 99 23 90 Fax: 9 92 39 97
Vorsitzende(r): Dipl.-Kfm. Horst Grosspeter (i. Quarzwerke GmbH, Kaskadenweg 40, 50226 Frechen, Postf. 17 80, 50207 Frechen)
Hauptgeschäftsführer(in): RA Hans-Peter Braus (Düsseldorfer Str. 50, 47051 Duisburg)

f 904
Fachabteilung Kies und Sand im Verband der Baustoffindustrie Saarland e.V.
Franz-Josef-Röder-Str. 9V, 66119 Saarbrücken
T: (0681) 5 35 21 Fax: 58 42 47
Vorsitzende(r): Werner Schmeer (Ludwig Schmeer Sand- u. Kieswerk, Auf dem Dickenberg, 66346 Püttlingen)
Geschäftsführer(in): RA Armin Dietzen (Franz-Josef-Röder-Str. 9/V, 66119 Saarbrücken)

f 905
Fachgruppe Kies und Sand im Steine und Erden Industrieverband Sachsen e.V.
Uhlandstr. 39, 01069 Dresden
T: (0351) 47 05 80 Fax: 4 70 58 20
Vorsitzende(r): Dietmar Jenichen (Kieswerk Ottendorf-Okrilla GmbH & Co KG, Dresdner Str. 19, 01936 Laußnitz)
Geschäftsführer(in): Dr.-Ing. Steffen Wiedenfeld

f 906
Fachgruppe Sand und Kies Thüringen und Sachsen-Anhalt
Postf. 2 80, 99725 Nordhausen
August-Bebel-Platz 29, 99734 Nordhausen
T: (03631) 4 03 24, 4 03 25 Fax: 4 03 32
Gründung: 1990 (29. März)
Vorsitzende(r): Dipl.-Ing. Horst Huck (Kieswerke GmbH Nordhausen, Heringer Weg, 99734 Nordhausen)
Geschäftsführer(in): RA Gert-Dietrich Reuter
Mitarbeiter: 2

● F 907
Bundesverband der Deutschen Recycling-Baustoff-Industrie (BRB) e.V.
Postf. 10 04 64, 47004 Duisburg
Düsseldorfer Str. 50, 47051 Duisburg
T: (0203) 9 92 39-0 Fax: 9 92 39-97, 9 92 39-98
Vorsitzende(r): Dr.-Ing. Guntram Kohler (Haniel Baustoffindustrie Zuschlagstoffe Haldensleben GmbH, Altenhäuser Str. 41, 39345 Flechtingen)
Hauptgeschäftsführer(in): RA Hans-Peter Braus

f 908
Fachgruppe Recycling-Baustoffe im Fachverband Kies und Sand, Splitt, Mörtel und Transportbeton Nord-Ost e.V.
Prinzessinnenstr. 8, 10969 Berlin
T: (030) 61 69 57 30 Fax: 61 69 57 40

f 909
Fachverband Bauabfallverwertung, Recyclingbaustoffe und Entsorgung Nord e.V. (BRE)
Eiffestr. 462, 20537 Hamburg

f 910
Fachgruppe Recycling-Baustoffe Hessen/Rheinland-Pfalz im Industrieverband Steine und Erden Rheinland-Pfalz e.V.
Friedrich-Ebert-Str. 11-13, 67433 Neustadt

f 911
Fachgruppe Recycling-Baustoffe im Fachverband Kies und Sand, Mörtel und Transportbeton Nordrhein-Westfalen e.V.
Düsseldorfer Str. 50, 47051 Duisburg

f 912
Fachgruppe Recycling-Baustoffe im Fach- und Arbeitgeberverband der Baustoffindustrie des Saarlandes e.V.
Franz-Josef-Röder-Str. 9V, 66119 Saarbrücken

f 913
Fachgruppe Recycling-Baustoffe im Steine- und Erden Industrieverband Sachsen e.V.
Uhlandstr. 39, 01069 Dresden

f 914
Fachgruppe Recycling-Baustoffe im Industrieverband Steine und Erden, Transportbeton, Mörtel und Asphalt Thüringen und Sachsen-Anhalt e.V.
August-Bebel-Platz 29, 99734 Nordhausen

f 915
Fachabteilung Recycling-Baustoffe im Bayerischen Industrieverband Steine und Erden e.V.
Beethovenstr. 8, 80336 München
T: (089) 51 40 30

f 916
Fachgemeinschaft Recycling-Baustoffe im Industrieverband Steine und Erden Baden-Württemberg e.V.
Robert-Bosch-Str. 30, 73760 Ostfildern
T: (0711) 3 48 37-0

● F 917
Bundesvereinigung Recycling Bau e.V.
Kronenstr. 55-58, 10117 Berlin
T: (030) 2 03 14-575 Fax: 2 03 14-565
Internet: http://www.recycling-bau.de
E-Mail: info@recycling-bau.de
Vorsitzende(r): Dipl.-Ing. Eberhard Klatt
Geschäftsführer(in): Dipl.-Ing. Hans Sander

● F 918
Bundesverband der Deutschen Mörtelindustrie e.V.
Postf. 10 04 64, 47004 Duisburg
Düsseldorfer Str. 50, 47051 Duisburg
T: (0203) 9 92 39-0 Fax: 9 92 39 97
Vorsitzende(r): Wilhelm Zimmerer (i. Fa. maxit Holding GmbH, Kettengasse 7a, 79206 Breisach)
Hauptgeschäftsführer(in): RA Hans-Peter Braus

Landesverbände

f 919
Fachgemeinschaft Mörtel i. Industrieverband Steine und Erden Baden-Württemberg e.V.
Robert-Bosch-Str. 30, 73760 Ostfildern
T: (0711) 3 48 37-0 Fax: 3 48 37-27
Vorsitzende(r): Dipl.-Kfm. Peter Linten (TBG Kurpfalz GmbH & Co. KG, Hermann-Wittmann Str. 1, 69214 Eppelheim)
Geschäftsführer(in): Dipl.-Ing. Karl-Heinz Lawatsch

f 920
Fachabteilung Trockenmörtel i. Bayerischen Industrieverband Steine u. Erden e.V.
Beethovenstr. 8, 80336 München
T: (089) 51 40 30
Vorsitzende(r): Wolfgang Franz (i. Porphyr-Werke GmbH, Porphyrwerk 10, 92271 Freihung)
Geschäftsführer(in): Dipl.-Ing. Guntram Zanker (Beethovenstr. 8, 80336 München)

f 921
Fachgruppe Werk-Frischmörtel in der Fachabteilung Transportbeton i. Bayerischen Industrieverband Steine u. Erden e.V.
Beethovenstr. 8, 80336 München
T: (089) 51 40 30
Vorsitzende(r): Hans-Werner Pilhofer (i. Readymix Beton Nordbayern GmbH, Breslauer Str. 396, 90471 Nürnberg)
Geschäftsführer(in): Dipl.-Kfm. Rainer Hohenwarter (Beethovenstr. 8, 80336 München)

f 922
Fachgruppe Mörtel i. Fachverband Kies u. Sand, Splitt, Mörtel u. Transportbeton Nord-Ost e.V.
Prinzessinnenstr. 6, 10969 Berlin
T: (030) 61 69 57 30 Fax: 61 69 57 40
Vorsitzende(r): N.N.
Geschäftsführer(in): Ass. Dr. jur. Jürgen Kranz

f 923
Fachvereinigung Mörtel i. Industrieverband Sand, Kies, Mörtel, Transportbeton Nord e.V.
Eiffestr. 462, 20537 Hamburg
T: (040) 2 51 72 90 Fax: 25 17 29 20
Vorsitzende(r): Heiko Dallmann (i. Kies und Mörtel Heinrich Dallmann GmbH & Co. KG, Hauptstr., 21644 Sauensiek)
Geschäftsführer(in): Dipl.-Volksw. Rüdiger Pabst (Eiffestr. 462, 20537 Hamburg)

f 924
Fachabteilung Mörtel i. Verband der Transportbeton- u. Mörtelindustrie Hessen/Rheinland-Pfalz e.V.
Friedrich-Ebert-Str. 11-13, 67433 Neustadt
T: (06321) 85 20
Vorsitzende(r): Wilfried Debelius (i. Lahn-Beton Mittelhessen GmbH & Co. KG, Postf. 51, 35448 Heuchelheim)
Geschäftsführer(in): RA Heinrich Klotz (Friedrich-Ebert-Str. 11-13, 67433 Neustadt)

f 925
Fachgruppe Mörtel i. Fachverband Kies und Sand, Mörtel u. Transportbeton Nordrhein-Westfalen e.V.
Düsseldorfer Str. 50, 47051 Duisburg
T: (0203) 99 23 90 Fax: 9 92 39-97
Vorsitzende(r): Hans-Jürgen Pfeil (i. quick-mix Gruppe GmbH & Co.KG, Mühleneschweg 6, 49090 Osnabrück)
Hauptgeschäftsführer(in): RA Hans-Peter Braus (Düsseldorfer Str. 50, 47051 Duisburg)

f 926
Fachgruppe Mörtel i. Fach- u. Arbeitgeberverband d. Baustoffindustrie d. Saarlandes e.V.
Franz-Josef-Röder-Str. 9V, 66119 Saarbrücken
T: (0681) 5 35 21
Vorsitzende(r): Dipl.-Ing. Erhard Hetke (i. Readymix Beton AG, Zeppelinstr. 4, 66117 Saarlouis)
Geschäftsführer(in): RA Armin Dietzen (Franz-Josef-Röder-Str. 9/V, 66119 Saarbrücken)

f 927
Fachgruppe Mörtel i. Steine- und Erden Industrieverband Sachsen e.V.
Uhlandstr. 39, 01069 Dresden
T: (0351) 47 05 80
Vorsitzende(r): Johannes Langer (i. Frischbeton Wachau GmbH & Co. KG, Südring 10, 04445 Wachau)
Geschäftsführer(in): Dr.-Ing. Steffen Wiedenfeld (Uhlandstr. 39, 01069 Dresden)

f 928
Fachgruppe Mörtel i. Fachverband Sand, Kies, Splitt, Mörtel, Transportbeton u. Asphalt Thüringen u. Sachsen-Anhalt e.V.
Postf. 2 80, 99725 Nordhausen
August-Bebel-Platz 29, 99734 Nordhausen
T: (03631) 4 03 24/25 **Fax:** 4 03 32
Vorsitzende(r): Reiner Wolff (i. E. Schwenk Transportbeton GmbH & Co. KG, Calbesche Str. 67, 06429 Nienburg)
Geschäftsführer(in): RA Gert-Dietrich Reuter

f 929
Fachverband Wärmedämm-Verbundsysteme e.V.
Fremersbergstr. 33, 76530 Baden-Baden
T: (07221) 3 00 98 90 **Fax:** 3 00 98 99
Vorsitzende(r): Dipl.-Ing. Wolfgang Harder
Geschäftsführer(in): Wolfgang Setzler

f 930
Industrieverband Werktrockenmörtel e.V.
Düsseldorfer Str. 50, 47051 Duisburg
T: (0203) 9 92 39 88 **Fax:** 9 92 39 90
Vorsitzende(r): Wilhelm Zimmerer (maxit Holding GmbH, Keltengasse 7a, 79206 Breisach)
Geschäftsführer(in): Dipl.-Ing. Stefan Schmidt (Düsseldorfer Str. 50, 47051 Duisburg)

● F 931
Bundesverband der Leichtbauplattenindustrie e.V.
Kurpfalzring 100a, 69123 Heidelberg
T: (06221) 70 75 07 **Fax:** 73 77 58
Internet: http://www.leichtbauplatten.de
Vorsitzende(r): Gilbert Isep (Vorst.-Mitgl. d. Dt. Heraklith GmbH, Postf. 11 20, 84353 Simbach am Inn, T: (08571) 4 00)
Geschäftsführer(in): Dr. Hartmut Schönell
Referat Technik: Dipl.-Ing. (FH) Hans-Peter Höhr

● F 932
Bundesverband Naturstein-Industrie e.V.
Postf. 51 05 28, 50941 Köln
Annastr. 67-71, 50968 Köln
T: (0221) 93 46 74-60 **Fax:** 93 46 74-64
E-Mail: BV-Naturstein@netcologne.de
Gründung: 1948
Vorstand: Dipl.-Ing. Günter Sauer (Vors.; Geschäftsf. d. Niederbayer. Schotterwerke Rieger & Seil GmbH & Co. KG, 94474 Vilshofen)
Dipl.-Ing. Manfred Fischer (stellv. Vors.; Geschäftsführer der Granitwerke Fischer GmbH & Co. KG, 07343 Wurzbach)
Dipl.-Ing. Peter Nüdling (stellv. Vors., Geschäftsf. d. Franz Carl Nüdling Basaltwerke GmbH & Co.KG, 36037 Fulda)
Bauing. Ernst Hippelein (Ehrenmitglied; Fa. Schön + Hippelein GmbH & Co., 74589 Satteldorf)
Dipl.-Kfm. Helmut Bast (Geschäftsf. d. Dr. Clement GmbH & Co. KG, 56070 Koblenz)
Dipl.-Ing. Peter Bauer (Geschäftsf. d. Lausitzer Grauwacke GmbH, 01920 Lieske)
Ass.jur. Rainer Georg Hagemeier (Vorstandsvorsitzender d. Mitteldeutsche Hartstein-Industrie AG, 63456 Hanau)
Dipl.-Kfm. Franz-Bernd Köster (Geschäftsf. d. Franz Köster Hartsteinwerke GmbH, 59562 Warstein)
Dr. Michael Pescher (Geschäftsf. d. Cronenberger Steinindustrie Franz Triches GmbH & Co.KG, 42349 Wuppertal)
Dipl.-Berging. Dirk Wegener (Geschäftsf. Hermann Wegener GmbH & Co. KG, 30159 Hannover)
Dipl.-Kfm. Klaus-Dieter Ohlemann (Geschäftsf. der Mitteldeutsche Baustoffe GmbH, 06193 Sennewitz)
Dipl.-Ing. Wilhelm-Dieter Kern (Geschäftsf. Gesellschafter d. Kern GmbH, Steinbruchbetriebe, 74626 Bretzfeld)
Burkhardt Setz (Geschäftsf. d. Hartsteinwerke W. Setz GmbH & Co.KG, 66123 Saarbrücken)
Hauptgeschäftsführer: Dr.-Ing. Ulrich Hahn (Ltg. Presseabt.)
Hauptgeschäftsführer: Dipl.-Volksw. Dietmar Freiherr von Landsberg
Verbandszeitschrift: "Die Naturstein-Industrie"
Redaktion: Giesel Verlag GmbH, Rehkamp 3, 30916 Isernhagen
Mitglieder: 7 Landesverbände
Mitarbeiter: 5

● F 933
Wirtschaftsverband Naturstein-Industrie Nordrhein-Westfalen - Niedersachsen - Rheinland-Pfalz e.V.
Annastr. 67-71, 50968 Köln
T: (0221) 93 77 10-0 **Fax:** 93 77 10-10
Internet: http://www.naturstein-netz.de/wirtschaftsverband
E-Mail: Wirtschaftsverband@NetCologne.de
Vorsitzende(r): Dipl.-Kfm. Franz-Bernd Köster (Geschäftsf. der Franz Köster Hartsteinwerke GmbH (Warstein))
Geschäftsführer(in): RA Raimo Benger

Landesgruppe Nordrhein Westfalen:
Vorsitzende(r): Dr. Michael Pescher (Geschäftsf. der Cronenberger Steinindustrie Franz Triches KG, Wuppertal)

Landesgruppe Niedersachsen:
Vorsitzende(r): Dipl.-Ing. Dirk Wegener (Geschäftsf. Hermann Wegener GmbH + Co. KG, Hannover)

Landesgruppe Rheinland-Pfalz:
Vorsitzende(r): Dipl.-Kfm. Helmut Bast (Geschäftsführer der Dr. Clement & Co. KG, Koblenz)
Mitglieder: 100 Firmen

● F 934
Natursteinindustrie Hessen und Thüringen e.V.
Postf. 12 49, 65002 Wiesbaden
Grillparzerstr. 13, 65187 Wiesbaden
T: (0611) 89 08 50 **Fax:** 8 90 85 10
Vorsitzende(r): Ass. jur. Rainer-Georg Hagemeier (Vorstandsmitglied der Mitteldeutschen Hartstein-Industrie AG, Hanau, T: (06181) 6 67 60, Telefax: (06181) 66 76 10)
Hauptgeschäftsführer(in): RA Axel Diedenhofen

● F 935
Schiefer-Fachverband in Deutschland e.V. (SVD)
Postf. 51 10 80, 50946 Köln
Annastr. 67-71, 50968 Köln
T: (0221) 93 77 05-0 **Fax:** 93 77 05-10
Internet: http://www.schiefer-fachverband.org
E-Mail: svd@schiefer.de
Gründung: 1989
Vorsitzende(r) des Vorstandes: Ewald A. Hoppen (Geschäftsf. d. Fa. Rathscheck Schiefer und Dach-Systeme KG, Katzenberg, 56727 Mayen)
Geschäftsführer(in): RA Raimo Benger
Dr.rer.nat. Wolfgang Wagner, Mayen - Hausen

● F 936
Deutscher Naturwerkstein-Verband e.V. (DNV)
Sanderstr. 4, 97070 Würzburg
T: (0931) 1 20 61 **Fax:** 1 45 49
E-Mail: dnv@naturstein-netz.de
Internationaler Zusammenschluß: siehe unter izf 1666
Präsident(in): Joachim Grüter (Zeidler & Wimmel GmbH & Co., Konsul-Metzing-Str. 7-9, 97268 Kirchheim)
Geschäftsführer(in): Dipl.-Kfm. Martin Grafelmann
Mitglieder: 260
Mitglieder: Firmen der deutschen Naturwerksteinindustrie

● F 937
Zentralverband der Deutschen Naturwerkstein-Wirtschaft e.V. (ZDNW)
Weißkirchener Weg 16, 60439 Frankfurt
T: (069) 57 60 98 **Fax:** 57 60 90
Präsident(in): Bundesinnungsmeister Harry Färber (Heuweg 6, 37603 Holzminden)
Vizepräsident(in): Joachim Grüter (Zeidler & Wimmel GmbH & Co., Konsul-Metzing-Str. 7-9, 97268 Kirchheim)
Geschäftsführer(in): Joachim Sukrow
Dipl.-Kfm. Martin Grafelmann
Korporative Mitglieder: Deutscher Naturwerkstein-Verband e.V., Sanderstr. 4, 97070 Würzburg
Bundesinnungsverband des Deutschen Steinmetz-, Stein- u. Holzbildhauerhandwerks, Weißkirchener Weg 16, 60439 Frankfurt
Deutscher Naturwerkstein-Fachzeichenverband e.V., Weißkirchener Weg 16, 60439 Frankfurt

● F 938
Fachverband Steinzeugindustrie e.V.
Postf. 40 02 62, 50832 Köln
Max-Planck-Str. 6, 50858 Köln
T: (02234) 5 07-261 **Fax:** 5 07-204
Internationaler Zusammenschluß: siehe unter izf 790
Geschf. Vorst.: Wolfgang Harsch

● F 939
Bundesverband der Deutschen Zementindustrie e.V. (BDZ)
Postf. 51 05 66, 50941 Köln
Pferdmengestr. 7, 50968 Köln
T: (0221) 3 76 56-0 **Fax:** 3 76 56 86
Internet: http://www.BDZement.de
E-Mail: BDZ@BDZement.de
Internationaler Zusammenschluß: siehe unter izf 1378
Präsident(in): Dr. jur. Jürgen Lose (Vorsitzender des Aufsichtsrats Dyckerhoff AG, Postf. 22 47, 65012 Wiesbaden)
Vizepräsident(in): Dr. Peter von Foerster (Vorstandsvors. ALSEN AG, Postf. 11 23 07, 20423 Hamburg)
Eduard Schleicher (Persh. Ges. der E. Schwenk Zementwerke KG, Postf. 38 50, 89028 Ulm)
Hauptgeschäftsführer(in): Dr. Michael Weißenborn
Geschäftsführer(in): Dr.-Ing. Lutz Wittmann
Mitglieder: 43

Wahrung und Förderung der gemeinsamen wirtschaftlichen Belange der deutschen Zementindustrie. Der Verband und seine Organe sind den Mitgliedern gegenüber beratend tätig und erfüllen diese Aufgabe unparteiisch. Er vertritt 36 Unternehmen der Zementindustrie mit 65 Werken. Seine Aufgabe ist es, die bestmöglichen wirtschaftlichen Bedingungen für Produktion und Absatz der Zementind. herbeizuführen. Gesprächspartner sind Gesetzgeber, Verwaltung, Verbände, allgemeine Öffentlichkeit. Er steht mit seinem Fachwissen und der Erfahrung seiner Mitglieder Parlamenten und Behörden beratend zur Verfügung.

● F 940
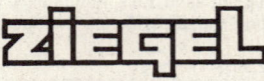

Bundesverband der Deutschen Ziegelindustrie e.V.
Schaumburg-Lippe-Str. 4, 53113 Bonn
T: (0228) 9 14 93-0 **Fax:** 9 14 93-28
Internet: http://www.ziegel.de
E-Mail: info@ziegel.de
Internationaler Zusammenschluß: siehe unter izf 1088
Präsident(in): Dipl.-Ing. Dieter Schultheiss, Spardorf
Hauptgeschäftsführer(in): RA Martin Roth
Geschäftsführer(in): Dipl.-Ing. Dieter Rosen
Mitglieder: 7 Verbände, 320 Unternehmen

Wahrung und Förderung der gemeinsamen ideellen, wirtschaftlichen und sozialrechtlichen Interessen seiner Mitglieder.

Regionalverbände

f 941
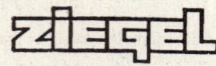

Fachverband Ziegelindustrie Nord e.V.
Postf. 18 09, 26008 Oldenburg
Bahnhofsplatz 2a, 26122 Oldenburg
T: (0441) 21 02 60 **Fax:** 2 10 26 20
Internet: http://www.ziegelindustrie.de
E-Mail: fachverband.ziegel.nord@nwn.de
Vorsitzende(r): Hans H. Meier (Rieder Str. 2, 28844 Weyhe)
Geschäftsführer(in): Dr.-Ing. Wolfgang Hentschke

f 942
Fachverband Ziegelindustrie Nordwest e.V.
Am Zehnthof 197-203, 45307 Essen
T: (0201) 5 92 13-06 **Fax:** 5 92 13 59
Gründung: 1947
Vorsitzende(r): Helmut Jacobi, Bilshausen
Geschäftsführer(in): Götz Krahl
Mitglieder: 34
Mitarbeiter: 7

f 943
Fachverband Ziegelindustrie Südwest e.V.
Postf. 10 10 62, 67410 Neustadt
Friedrich-Ebert-Str. 11-13, 67433 Neustadt
T: (06321) 85 22-55, 85 22-64 **Fax:** 85 22-90
E-Mail: vse-nw@t-online.de
Vorsitzende(r): Hans Dietrich Freiherr von Leuckart (F.v. Müller Dachziegelwerke GmbH & Co. KG, Industriestr. 4, 67304 Eisenberg)
Geschäftsführer(in): RA Heinrich Klotz

f 944
Bayerischer Ziegelindustrie-Verband e.V.
Bavariaring 35, 80336 München
T: (089) 74 66 16-0 **Fax:** 74 66 16-30
Internet: http://www.ziegel.com
E-Mail: bzv@ziegel.com
Vorsitzende(r): Dipl.-Ing. Dieter Schultheiss (91080 Spardorf)
Geschäftsf. Vorstandsmitgl.: RA Manfred D. Zehe

● F 945
Ziegelforum e.V.
Bavariaring 35, 80336 München
T: (089) 74 66 16-0 **Fax:** 74 66 16-30
Internet: http://www.ziegel.com
E-Mail: postmaster@ziegel.com
Vorsitzende(r): Dipl.-Ing. Stefan Renz
Geschäftsführer(in): RA Manfred D. Zehe

F 946

Arbeitsgemeinschaft Ziegeldach e.V.
Schaumburg-Lippe-Str. 4, 53113 Bonn
T: (0228) 9 14 93-23   **Fax:** 9 14 93-30
Internet: http://www.ziegeldach.de
E-Mail: info@ziegeldach.de
Gründung: 1975 (22. Juli)
Vorsitzende(r): Hans Dietrich Freiherr von Leuckart
Dipl.-Kfm. Klaus Jacobi
Dipl.-Ing. Stephan Laumans
Dipl.-Kfm. Michael Hölker
Horst Walther
Geschäftsführer(in): Martin Roth
Technischer Geschäftsführer: Arch. Heinz Zanger
Mitglieder: 26
Information und Broschüren über das Ziegeldach; Seminare.

F 947

unipor-Ziegel Interessengemeinschaft e.V.
Aidenbachstr. 234, 81479 München
T: (089) 74 98 67-0   **Fax:** 74 98 67-11
Internet: http://www.unipor.de

F 948

Arbeitsgemeinschaft Mauerziegel im Bundesverband der Deutschen Ziegelindustrie e.V.
Schaumburg-Lippe-Str. 4, 53113 Bonn
T: (0228) 9 14 93-24   **Fax:** 9 14 93-12
E-Mail: argemauerziegel@ziegel.de

F 949

Arbeitsgemeinschaft Pflasterklinker im Bundesverband der Deutschen Ziegelindustrie e.V.
Schaumburg-Lippe-Str. 4, 53113 Bonn
T: (0228) 9 14 93-31   **Fax:** 9 14 93-28
E-Mail: info@pflasterklinker.de
Gründung: 1984
Vorsitzende(r): Dipl.-Ing. Horst Klostermeyer
Stellvertretende(r) Vorsitzende(r): Dietrich Hugenberg
Hermann Berentelg
Geschäftsführer(in): RA Martin Roth
Technischer Geschäftsführer: Dipl.-Ing. Dieter Rosen
Mitglieder: 7
Informationen über Planung, Herstellung und Eigenschaften von Klinkerpflaster.

F 950

Bundesverband der Deutschen Transportbetonindustrie e.V. (BTB)
Düsseldorfer Str. 50, 47051 Duisburg
T: (0203) 9 92 39-0   **Fax:** 9 92 39 97
Internet: http://www.beton.org
E-Mail: info@beton.org
Internationaler Zusammenschluß: siehe unter izf 577
Vorsitzende(r): Kurt Bischof (Dyckerhoff Beton GmbH, Biebricher Str. 72, 65203 Wiesbaden)
Hauptgeschäftsführer(in): RA Hans-Peter Braus

Landesverbände

f 951

Fachgruppe Transportbeton im Industrieverband Steine und Erden Baden-Württemberg e.V.
Robert-Bosch-Str. 30, 73760 Ostfildern
T: (0711) 3 48 37-0   **Fax:** 3 48 37-27
Vorsitzende(r): Dipl.-Volksw. Alfred Weimann (i. Rudolf Peter GmbH, Richard-Haniel Str. 3, 76532 Baden-Baden)
Geschäftsführer(in): Dipl.-Volksw. Hans Croonenbroeck

f 952

Fachabteilung Transportbeton im Bayerischen Industrieverband Steine und Erden e.V.
Beethovenstr. 8, 80336 München
T: (089) 51 40 30
Vorsitzende(r): Klaus Blank (i. Blank Transportbeton GmbH, Äußere Nürnberger Str. 1, 91301 Forchheim)
Geschäftsführer(in): Dipl.-Kfm. Rainer Hohenwarter

f 953

Fachgruppe Transportbeton im Fachverband Kies und Sand, Splitt, Mörtel und Transportbeton Nord-Ost e.V.
Prinzessinnenstr. 8, 10969 Berlin
T: (030) 61 69 57 30   **Fax:** 61 69 57 40
Vorsitzende(r): Endrik Seyd (i. Readymix Beton AG, Postf. 20 02 56, 13512 Berlin)
Geschäftsführer(in): Ass. Dr. jur. Jürgen Kranz

f 954

Fachvereinigung Transportbeton im Industrieverband Sand, Kies, Mörtel, Transportbeton Nord e.V.
Eiffestr. 462, 20537 Hamburg
T: (040) 25 17 29-0   **Fax:** 25 17 29-20
Vorsitzende(r): Volkert Wohlert (i. Haus Baltus GmbH & Co., Postf. 21 03 54, 28223 Bremen)
Geschäftsführer(in): Dipl.-Volksw. Rüdiger Pabst

f 955

Verband der Transportbeton- und Mörtel-Industrie Hessen, Rheinland-Pfalz e.V.
Postf. 10 10 62, 67410 Neustadt
Friedrich-Ebert-Str. 11-13, 67433 Neustadt
T: (06321) 8 52-0   **Fax:** 8 52-290
Vorsitzende(r): Detlev Schumann (i. Vulkan Verwaltungs- und Beteiligungsgesellschaft mbH, Peter-Schuhmacher-Str. 8, 69181 Leimen)
Geschäftsführer(in): RA Heinrich Klotz

f 956

Fachgruppe Transportbeton im Fachverband Kies und Sand, Mörtel und Transportbeton NW e.V.
Düsseldorfer Str. 50, 47051 Duisburg
T: (0203) 99 23 90   **Fax:** 9 92 39 97
Vorsitzende(r): Kurt Bischof (i. Beton-Union Köln-Bonn GmbH, An der Wachsfabrik 17, 50996 Köln)
Hauptgeschäftsführer(in): RA Hans-Peter Braus

f 957

Fachgruppe Betonförderer im Fachverband Kies und Sand, Mörtel und Transportbeton NW e.V.
Düsseldorfer Str. 50, 47051 Duisburg
T: (0203) 99 23 90   **Fax:** 9 92 39 97
Vorsitzende(r): Johannes Hostadt (i. Breitbach & Hostadt oHG, Am Schacht Hubert 8, 45139 Essen)
Hauptgeschäftsführer(in): RA Hans-Peter Braus

f 958

Fachgruppe Transportbeton im Verband der Baustoffindustrie Saarland e.V.
Franz-Josef-Röder-Str. 9V, 66119 Saarbrücken
T: (0681) 5 35 21
Vorsitzende(r): Dipl.-Ing. Erhard Hetke (i. Fa. Readymix Beton AG, Zeppelinstr. 4, 66740 Saarlouis)
Geschäftsführer(in): RA Armin Dietzen

f 959

Fachgruppe Transportbeton im Steine- und Erden-Industrieverband Sachsen e.V.
Uhlandstr. 39, 01069 Dresden
T: (0351) 47 05 80   **Fax:** 4 70 58 20
Vorsitzende(r): Bauing. Hermann Truthän (i. Dyckerhoff Transportbeton Sachsen GmbH, Scharfenberger Str. 65, 01139 Dresden)
Geschäftsführer(in): Dr.-Ing. Steffen Wiedenfeld

f 960

Fachgruppe Transportbeton im Steine- und Erden-, Transportbeton, Mörtel und Asphalt Thüringen und Sachsen-Anhalt e.V.
Postf. 10 05 05, 99725 Nordhausen
August-Bebel-Platz 29, 99734 Nordhausen
T: (03631) 4 03 24, 4 03 25   **Fax:** 4 03 32
Vorsitzende(r): Dipl.-Ing. Klaus Schneider (i. Fa. TBG Transportbeton Saalfeld GmbH & Co KG, Remschützer Str., 99996 Saalfeld)
Geschäftsführer(in): RA Gert-Dietrich Reuter

F 961

Gesamtverband der Textilindustrie in der Bundesrepublik Deutschland -Gesamttextil- e.V.
Postf. 53 40, 65728 Eschborn
Frankfurter Str. 10-14, 65760 Eschborn
T: (06196) 96 62 34   **Fax:** 4 21 70
Internet: http://www.gesamttextil.de
E-Mail: eraak@gesamttextil.de
Internationaler Zusammenschluß: siehe unter izf 391
Präsident(in): Josef Albert Beckmann (Ibena Werke)
Hauptgeschäftsführer(in): Dr. Wolf-Rüdiger Baumann (Wirtschaftspolitik)
Dr. Klaus Schmidt (Sozialpolitik)

Wahrnehmung und Förderung der gemeinsamen wirtschaftlichen und sozialen Interessen; Beratung der Mitglieder in allen gesetzlich zulässigen wirtschaftlichen und sozialpolitischen Angelegenheiten; Förderung eines Interessenausgleichs mit den Mitgliedern; Herbeiführung einer gemeinsamen Stellungnahme in überfachlichen und überbezirklichen Angelegenheiten der Textilindustrie; Vertretung der Mitglieder in derartigen Fragen nach außen hin gegenüber den Behörden und anderen Organisationen der Unternehmer und Arbeitnehmer.

f 962

Verband der Rheinischen Textilindustrie e.V.
Postf. 20 01 53, 42201 Wuppertal
Wettinerstr. 11, 42287 Wuppertal
T: (0202) 25 80-0   **Fax:** 25 80-258
Vorsitzende(r): Dr. Dirk Busse (Girmes GmbH, Postf. 21 20, 47922 Grefrath, T: (02158) 3 04 04/05, Fax: 3 04 76)
Geschäftsführer(in): Dr. Klaus-Peter Starke

f 963

Verband der Rheinischen Textilindustrie e.V. Geschäftsstelle Mönchengladbach
Postf. 10 01 03, 41001 Mönchengladbach
Adenauerplatz 5, 41061 Mönchengladbach
T: (02161) 24 49 80   **Fax:** 1 71 14

f 964

Verband der Nord-Westdeutschen Textilindustrie
Postf. 80 04, 48043 Münster
Moltkestr. 19, 48151 Münster
T: (0251) 53 00 00   **Fax:** 5 30 00 35
Vorsitzende(r): Justus Schmitz (Schmitz-Werke GmbH + Co, Hansestr. 87, 48282 Emsdetten, T: (02572) 9 27-0, Fax: (02572) 92 74 44)
Hauptgeschäftsführer(in): Dr. Herbert Giese

f 965

Verband der Nord-Westdeutschen Textilindustrie e.V.
Landesgeschäftsstelle Hamburg und Schleswig-Holstein
Postf. 60 19 69, 22219 Hamburg
T: (040) 63 78 44 00   **Fax:** 63 78 44 44
Geschäftsführer(in): RA Evelyn Kiso

f 966

Verband der Nord-Westdeutschen Textilindustrie e.V.
Landesgeschäftsstelle Hannover
Rumannstr. 10, 30161 Hannover
T: (0511) 3 36 05 39   **Fax:** 3 36 05 40
Geschäftsführer(in): Detlef Koch

f 967

Verband der bayerischen Textil- und Bekleidungsindustrie e.V.
Postf. 22 15 21, 80505 München
Gewürzmühlstr. 5, 80538 München
T: (089) 2 12 14 90   **Fax:** 29 15 36
Präsident(in): Milan Danek (H.I.-S. sportswear AG, Postf. 13 27, 85739 Garching, Daimlerstr. 15, 85748 Garching, T: (089) 32 90 70, Fax: 32 90 7250)
Geschäftsführer(in): Erwin Haas (Bekleidung)
Christian Kastner (Textil)

f 968

Verband der bayerischen Textil- und Bekleidungsindustrie e.V.
Geschäftsstelle Hof
Postf. 17 09, 95016 Hof

f 968

Blücherstr. 4, 95030 Hof
T: (09281) 7 87 70   **Fax:** 78 77-17

f 969
Verband der Baden-Württembergischen Textilindustrie e.V.
Postf. 10 50 22, 70044 Stuttgart
Kernstr. 59, 70182 Stuttgart
T: (0711) 2 10 50-0   **Fax:** 23 37 18
E-Mail: info@textilverband.de
Präsident(in): Dipl.-Kfm. Carl-Friedrich Moll (Fritz Moll Textilwerke GmbH & Co. KG, Ravensburger Str. 14, 88361 Altshausen, T: (07584) 9 26-0, Fax: (07584) 9 26-260)
Hauptgeschäftsführer(in): Dr. Markus H. Ostrop

f 970
Dachverband der süddeutschen Textil- und Bekleidungsindustrie
Kernstr. 59, 70182 Stuttgart
T: (0711) 2 10 50-0   **Fax:** 23 37 18
Präsident(in): Carl-Friedrich Moll
Herbert Frey
Hauptgeschäftsführer(in): Dr. Markus H. Ostrop

f 971
Verband der Textilindustrie von Hessen und Rheinland-Pfalz e.V.
Postf. 10 10 62, 67410 Neustadt
Friedrich-Ebert-Str. 11-13, 67433 Neustadt
T: (06321) 8 52-0   **Fax:** 85 22 21
Vorsitzende(r): Ernst-Albert Holzapfel (Gebr. Holzapfel GmbH & Co. KG, Topfmühle 1, 37276 Meinhard-Frieda, T: (05651) 30 31 03, Telefax: (05651) 30 33 00)
Geschäftsführer(in): Thomas Gans

f 972
Verband der Textilindustrie von Hessen und Rheinland-Pfalz e.V.
Zweigstelle:
Postf. 20 32, 36230 Bad Hersfeld
Nachtigallenstr. 14, 36251 Bad Hersfeld
T: (06621) 7 60 01   **Fax:** 6 29 22
Geschäftsführer(in): Volker Brand

f 973
Vereinigung der Textilindustrie von Berlin e.V.
Wichmannstr. 20, 10787 Berlin
T: (030) 2 62 10 09   **Fax:** 2 62 10 00
Vorsitzende(r): Herbert Sorg
Geschäftsführer(in): RA Wolfgang Schmidt

f 974
Verband der Nord-Ostdeutschen Textil- und Bekleidungsindustrie e.V.
Sitz:
Annaberger Str. 240, 09125 Chemnitz
T: (0371) 53 47-246, 53 47-247   **Fax:** 53 47-245
Hauptgeschäftsführer(in): Bertram Höfer
Vorsitzende(r): Wolf-E. Heindorf (Verband der Nord-Ostdeutschen Textil- und Bekleidungsindustrie e.V., T: (0371) 5 34 72 47, Fax: (0371) 5 34 72 45)

Fachverbände

● F 975
Industrieverband Garne + Gewebe e.V.
Fachbereich Garne
Postf. 53 69, 65708 Eschborn
Fachbereich Gewebe
Postf. 54 29, 65729 Eschborn
Frankfurter Str. 10-14, 65760 Eschborn
T: (06196) 47 23-0 (FB Garne), 47 23-5 (FB Gewebe)
Fax: 47 23-40 (FB Garne), 47 23-70 (FB Gewebe)
Internationaler Zusammenschluß: siehe unter izf 1873
Vorsitzende(r): Dieter Laubmann (Spinnerei Neuhof GmbH & Co. KG, Postf. 16 20, 95015 Hof, T: (09281) 6 03-0, Telefax: (09281) 6 03 18)
Stellvertretende(r) Vorsitzende(r): Werner Wildenhaus (H. Hecking Söhne, Postf. 12 55, 48693 Stadtlohn, T: (02563) 30 41, Telefax: (02563) 69 99)
Geschäftsführer(in): Dr. Klaus-Jürgen Kraatz (Presse)
Mitglieder: ca. 170
Mitarbeiter: 12

● F 976

Industrievereinigung Chemiefaser e.V.
Karlstr. 21, 60329 Frankfurt
T: (069) 27 99 71 30   **Fax:** 23 31 85
Internet: http://www.ivc-ev.de
E-Mail: ivc@ivc-ev.de
Geschäftsführer(in): Jörg von Netzer

● F 977
Verein Deutscher Handarbeits-Hersteller e.V.
Postf. 11 79, 79337 Kenzingen
Kaiserstr. 1, 79341 Kenzingen
T: (07644) 80 20
Gründung: 1993 (26. Januar)
Vorsitzende(r): Dr. Johannes Burghold
Geschäftsführer(in): Gert Eberhardt
Mitglieder: 15

Förderung textiler Handarbeiten.

● F 978
Industrieverband Tauwerk und Technische Garne e.V.
Postf. 80 49, 48043 Münster
Moltkestr. 19, 48151 Münster
T: (0251) 53 00 00   **Fax:** 5 30 00 35
Vorsitzende(r): Dipl.-Kfm. Helmut Paul (Fa. Geo Gleistein & Sohn GmbH, Postf. 71 02 09, 28762 Bremen, T: (0421) 6 90 49-0, Tx: 244 277, Telefax: (0421) 6 90 49-99)
Geschäftsführer(in): Rechtsanwalt Dr. Herbert Giese

● F 979
Gesamtverband der Leinenindustrie e.V.
Ritterstr. 19, 33602 Bielefeld
T: (0521) 17 13 30   **Fax:** 13 77 41
Internet: http://www.flachs.de
E-Mail: gesamtverband@leinen.de
Vorsitzende(r): H.-G. Kunst
Geschäftsführer(in): Wilken Kisker

Aufgabe des Verbandes ist es, die wirtschaftlichen Belange der deutschen Leinenindustrie und verwandter Wirtschaftszweige in jeder Beziehung zu fördern, ihre Auffassung nach außen, insbesondere gegenüber Behörden und anderen Wirtschaftsverbänden zu vertreten sowie die Mitglieder zu informieren und zu betreuen.

● F 980
Arbeitsgemeinschaft Woll-Kämmerei
Postf. 71 01 80, 28761 Bremen
T: (0421) 60 91-205   **Fax:** 60 91-616
Vorsitzende(r): Gerhard Harder (Vors. des Vorstandes der Bremer Woll-Kämmerei AG, Landrat-Christians-Str. 95, 28779 Bremen, T: (0421) 60 91-0, Telefax: (0421) 60 91-6 02, TX: 244 482)
Geschäftsführer(in): Thomas Bolte

● F 981
Industrieverband Reiß-Spinnstoffe, Textiles Reinigungs- und Poliermaterial e.V.
Von-Beckerath-Str. 11, 47799 Krefeld
T: (02151) 63 26 40   **Fax:** 63 26 20
Vorsitzende(r): Jan Wellem Maurenbrecher (Faser- u. Vliesstoffwerk Maurenbrecher GmbH u. Co., Kaiserstr. 206a, 47800 Krefeld, T: (02151) 59 40 55, Fax: (02151) 59 40 57)
Geschäftsführer(in): Dipl.-Oec. Rudolf Cremer

● F 982
Verband für Medicmessen e.V.
Klingenthaler Str. 15, 65232 Taunusstein
T: (06128) 8 64 88   **Fax:** 8 48 53
Vorsitzende(r): Stefan Burkart (Bodenseeinstitut, Josef-Bosch-Str.4, 78315 Radolfzell, T: (0172) 8 09 88 30, Fax: (07732) 97 23 38)
Geschäftsführer(in): Dr. Lothar Vedder

● F 983
Bundesverband Konfektion Technischer Textilien e.V. (BKTex)
Von-Beckerath-Str. 11, 47799 Krefeld
T: (02151) 20 01 53   **Fax:** 80 22 34
Vorsitzende(r): Bernd Seybold (i.Fa. H. Seybold GmbH & Co. KG, Dr.-Christian-Seybold-Straße, 52349 Düren, T: (02421) 69 05-0, Fax: (02421) 69 05 19)
Geschäftsführer(in): Gertrud Müller
Fachgruppen: Planen; Zelte; Markisen; Säcke- und Juteerzeugnisse; Technische Konfektion

● F 984
Fachverband der Schlauchwebereien e.V.
Postf. 14 54, 49464 Ibbenbüren
T: (05451) 9 29-228
Vors. und GeschF: Hubert Mersch

● F 985
Industrieverband Deutscher Bandweber und Flechter e.V.
Von-Beckerath-Str. 11, 47799 Krefeld
T: (02151) 63 26-26   **Fax:** 63 26 20
Vorsitzende(r): Klaus Steuernagel (DACOR-ETIKETTEN, 42369 Wuppertal, T: (0202) 46 69-0, Telefax: (0202) 46 69-1 60)
Hauptgeschäftsführer(in): Dipl.-Oec. Rudolf Cremer
Geschäftsführer(in): Dipl.-oec. Thomas Buchholtz

● F 986
Verband der Deutschen Seiden- und Samtindustrie
Postf. 10 19 61, 47719 Krefeld
Von-Beckerath-Str. 11, 47799 Krefeld
T: (02151) 63 26 40   **Fax:** 63 26 20
Internationaler Zusammenschluß: siehe unter izf 1832
Vorsitzende(r): Niko Leendertz (Girmes GmbH, Postf. 1261, 41302 Nettetal, T: (02153) 12 00, Fax: (02153) 12 03 78)
Hauptgeschäftsführer(in): Dipl.-Oec. Rudolf Cremer

● F 987
Deutsches Krawatten-Institut
Postf. 29 30, 47729 Krefeld
Von-Beckerath-Str. 11, 47799 Krefeld
T: (02151) 63 26 40   **Fax:** 63 26 20
Gründung: 1965
Geschäftsführer(in): Dipl.-Oec. Rudolf Cremer

● F 988
Verband der Deutschen Tuch- und Kleiderstoffindustrie e.V.
Postf. 10 09 55, 50449 Köln
Mevissenstr. 15, 50668 Köln
T: (0221) 77 44-135   **Fax:** 77 44-204
Internationaler Zusammenschluß: siehe unter izf 99
Vorsitzende(r): Friedrich R. Herrmann
Geschäftsführer(in): RA Thomas Rasch

● F 989

Verband der Deutschen Heimtextilien-Industrie e.V.
Hans-Böckler-Str. 205, 42109 Wuppertal
T: (0202) 75 97-0   **Fax:** 75 97 97
E-Mail: info@heimtex.de
Internationaler Zusammenschluß: siehe unter izf 1711
Vorsitzende(r): Helmut Krause (geschäftsführender Gesellschafter der NORD FEDER GmbH & Co. KG Wohntextilien, Postf. 60 04 43, 70304 Stuttgart, T: (0711) 30 50 50, Fax: (0711) 3 05 05 30)
Geschäftsführer(in): Dipl.rer.pol.techn. Peter Trepte
Rechtsanwalt Hans Joachim Schilgen

Fachverband, der die Produzenten der Teppich-, Möbelstoff-, Dekorationsstoff-, Gardinen-, Decken, Steppdecken- und Badtextilien-Industrie, Spitzen- und Stickerei-Industrie, der Industrie konfektionierter Heimtextilien und verwandter Industriezweige betreut. Wir vertreten bundesweit unsere Mitglieder in vielen Bereichen von Wirtschaft und Gesellschaft, Technik und Normung sowie darüber hinaus in zahlreichen Gremien auf nationaler und internationaler Ebene. Der Verband bietet für seine Mitglieder einen umfassenden Beratungs- und Informationsservice.

● F 990
Verein Deutscher Kammgarnspinner e.V.
Postf. 53 69, 65728 Eschborn
Frankfurter Str. 10-14, 65760 Eschborn
T: (06196) 47 23-0   **Fax:** 47 23-40
Vorsitzende(r): Rainer Gonser
Geschäftsführer(in): RA Dr. Klaus-Jürgen Kraatz

F 991
Gesamtverband der deutschen Textilveredlungsindustrie TVI-Verband e.V.
Frankfurter Str. 10-14, 65760 Eschborn
T: (06196) 95 91-0   **Fax:** 95 91-25
Gründung: 1919 (1. Juni)
Internationaler Zusammenschluß: siehe unter izf 1767, izf 1860
Vorsitzende(r): Dipl.-Ing. Thomas Brühl (Geschäftsführer der Firma C. F. Ploucquet GmbH, Heidenheim)
Geschäftsführer(in): Dipl.-Ing. Hartmut E. Reetz
Mitglieder: 100
Mitarbeiter: 5

F 992
Dialog Textil-Bekleidung (DTB)
Am Werbering 5, 85551 Kirchheim
T: (089) 4 36 06-600   **Fax:** 4 36 06-603
Internet: http://www.dialog-dtb.de
E-Mail: info@dialog-dtb.de
Gründung: 1988 (14. Oktober)
Vorsitzende(r): Hans Theo Baumgärtel (Betty Barclay GmbH & Co. KG)
Stellvertretende(r) Vorsitzende(r): Otto Dörner (März Fashion Group GmbH)
Geschäftsführer(in): Anna Nieß (Willy Bogner GmbH & Co. KG a.A.)
Mitglieder: 152
Mitarbeiter: 3

F 993

Hasengartenstr. 14c, 65189 Wiesbaden
T: (0611) 9 76 75-0   **Fax:** 71 97 69
Internet: http://www.bvmed.de
E-Mail: info@bvmed.de
Vorsitzende(r): Cornelia Gröhl (Mitgl. der GF Ethicon GmbH, GF des Gesch.Ber. Johnson & Johnson Medical, 22844 Norderstedt, T: (040) 5 22 07-0, Fax: (040) 52 20 73 65)
Geschäftsführer(in): Dipl.-Volksw. Joachim M. Schmitt
Stellvertretende(r) Geschäftsführer(in): Rainer Hill
Mitglieder: 173

F 994
Deutscher Generikaverband e.V.
Hardtstr. 11, 82436 Eglfing
T: (08847) 69 09-0   **Fax:** 69 09-99
Internet: http://www.generika.de
E-Mail: info@generika.de
Vorsitzende(r): Udo R. Klomann
Geschäftsführer(in): Dipl.-Volksw. Thomas Hummels
Referatsleiter Wissenschaft: Dr. Dietmar Buchberger (T: (08847) 69 09-31)
Referatsleiter Wirtschaft: Dr. Andreas Jäcker (T: (08847) 69 09-20)
Pressesprecherin: Claudia Praxmayer (T: (08847) 69 09-0)

F 995
Gesamtverband der deutschen Maschen-Industrie e.V. -GESAMTMASCHE-
Postfr. 10 17 55, 70015 Stuttgart
Olgastr. 77, 70182 Stuttgart
T: (0711) 2 10 31-0   **Fax:** 23 28 07
E-Mail: gesamtmasche@t-online.de
Internationaler Zusammenschluß: siehe unter izf 90
Präsident(in): Paul Falke (i. Fa. Falke KG, Oststr. 5 a, 57392 Schmallenberg, T: (02972) 7 99-1, Fax: (02972) 7 99-319)
Vizepräsident(in): Thomas Stein (Fa. Guido Unger, Taura)
Dr. Ulrich Zwissler (Fa. Gertex, Gerstetten)
Hauptgeschäftsführer(in): Peter F. Giernoth

F 996
Fachverband Schadstoff-Sanierung
Schillingsrotter Str. 38, 50996 Köln
T: (0221) 13 81 48   **Fax:** 13 87 86

F 997
Norddeutscher Asbestsanierungsverband e.V. (NAV)
Jenfelder Str. 55a, 22045 Hamburg
T: (040) 45 36 45   **Fax:** 44 80 93 08
Gründung: 1990
Vorsitzende(r): Wilfried Kruse (Umwelttechnik Kruse)

Stellvertretende(r) Vorsitzende(r): Wilfried Birck (Guttau GmbH & Co. KG)
Jan Peter Hans (CT-Ingenieurgesellschaft mbH)
Geschäftsführer(in): Torsten Mußdorf
Mitglieder: 52
Mitarbeiter: 3

f 998
Norddeutscher Asbestsanierungsverband Außenstelle Mecklenburg-Vorpommern
Spirfixweg 2, 18055 Rostock
T: (0381) 69 08 54   **Fax:** 69 04 61
Außenstellen-Ltr: Wolfgang Walla

F 999
Verband Bergischer Hausbandweber e.V.
Scheidtstr. 66, 42369 Wuppertal
T: (0202) 46 63 93   **Fax:** 4 60 49 79
Internet: http://www.hausbandweber.de.cx
E-Mail: joh.halbach@topmail.de
Joh. Halbach

F 1 000
Interessengemeinschaft Handweberei-Bundesfachverband e.V. (IGH)
Haus der Handweberei
Corbeil-Essonnes-Platz 4, 71063 Sindelfingen
T: (07031) 80 39 06   **Fax:** 80 39 06
Internet: http://www.haus-der-handweberei.de
E-Mail: info@haus-der-handweberei.de
Gründung: 1953 (11. April)
Vorsitzende(r): Hanka Neumann
Geschäftsführer(in): Wolfgang Neumann
Mitglieder: 400

F 1 001
Fachvereinigung Wirkerei-Strickerei Albstadt e.V.
Raidenstr. 50, 72458 Albstadt
T: (07431) 40 08   **Fax:** 5 38 87
Vorsitzende(r): Jochem Haug (i. Fa. Gottlieb Haug GmbH & Co. KG, Postfr. 14 25, 72437 Albstadt, Lammerbergstr. 75-79, 72461 Albstadt, T: (07432) 9 79 20, Fax: (07432) 97 92 30)
Geschäftsführer(in): RA Rainer Lopau
Mitglieder: 120

F 1 002
Verband der Flockindustrie e.V.
Auf der Obersten Beunde 28, 63654 Büdingen
T: (06042) 95 39 39   **Fax:** 95 39 38
Internet: http://www.flock.de
Gründung: 1981
Sprecher des Vorstandes: H. P. Glatt
Geschäftsführer(in): Clemens Lotze
Leitung Presseabteilung: Ulrich Maag (c/o Flock-TEC, Postfr. 29, 72806 Gomaringen)
Verbandszeitschrift: FLOCK-Magazin
Redaktion: FLOCK-Verlag, Postfr. 13 70, 63654 Büdingen
Mitglieder: 95

F 1 003
Bundesverband des Lohngewerbes e.V. (BDL)
Südwall 23-25, 47798 Krefeld
T: (02151) 80 06 37   **Fax:** 2 72 31
1. Vorsitzende(r): Alois Ilg
Vorsitzende(r): Otto Jeppener

F 1 004
Landesverband für das Lohngewerbe in Bayern e.V.
Postfr. 11 29, 82206 Herrsching
Alpspitzstr. 12, 82211 Herrsching
T: (08152) 10 00   **Fax:** 56 51
1. Vorsitzende(r): Friedrich Netsch (Alpspitzstr. 12, 82211 Herrsching)
Mitglieder: 80

F 1 005
Branchenverband Plauener Spitze und Stickereien e.V.
Körnerstr. 3, 08523 Plauen
T: (03741) 22 37 13   **Fax:** 22 37 13
Internet: http://www.plauenerspitze-reg-mark.de
E-Mail: gerber-@t-online.de
Gründung: 1990 (21. April)
Vorsitzende(r): Ing. Ök. Ulrich Gerber (Gerber Spitzen & Stickereien GmbH)
Stellvertretende(r) Vorsitzende(r): Textil-Kaufmann Falk Surmann
Geschäftsführer(in): RA Jürgen Fritzlar
Verbandszeitschrift: Rundschreiben
Redaktion: Branchenverband

Verlag: Vereinsadresse
Mitglieder: 39 (incl. Einzelpersonen)
Mitarbeiter: 1

F 1 006

Gesamtverband Neuzeitlicher Textilpflege-Betriebe Deutschlands e.V.
Sitz Bonn
Hauptgeschäftsstelle:
Uechtingstr. 19, 45881 Gelsenkirchen
T: (0209) 38 64 49-0   **Fax:** 38 64 49-17
Internet: http://www.textilpflegebetriebe.de
E-Mail: info@textilpflegebetriebe.de
Gründung: 1954
Präsident(in): Horst Schönwälder (Heidlandstr. 14, 32756 Detmold, T: (05231) 6 88 40)
Verbandszeitschrift: Mitgliederzeitschrift: Textilpfleger-Journal
Redaktion: Uechtingstr. 19, 45881 Gelsenkirchen, T: (0209) 8 50 81-82
Verbandszeitschrift: Wäscherei- und Reinigungs-Praxis - Fachzeitschrift für das gesamte Textilpflegewesen (Fachorgan des Gesamtverbandes)
Redaktion: Ahmser Str. 190, 32052 Herford
Mitglieder: 2000

Finanz- und Steuerpolitik, Wirtschaftspolitik, Arbeits- und Sozialpolitik, Fragen der Handwerksordnung und Gewerbeordnung, Fragen des Umweltschutzes, der Hygiene und Gesundheit, Unfallschutz, Verbraucherschutz und -information, Schulung und Berufsausbildung. Förderung des mittelständischen Textilreinigunggewerbes, Förderung des Vertrauens der Öffentlichkeit in die Textilreinigung, Pflege des Kontaktes zur Kundschaft.

Bayern

f 1 007
Gesamtverband Neuzeitlicher Textilpflege-Betriebe Deutschlands e.V. Landesverband Bayern
Hindenburgstr. 12, 91054 Erlangen
T: (09131) 2 15 60
Landesvorsitzende(r): Bernhard Meyer

Berlin

f 1 008
Gesamtverband Neuzeitlicher Textilpflege-Betriebe Deutschlands e.V. Landesverband Berlin
Prinzenallee 82, 13357 Berlin
T: (030) 4 93 72 50
Landesvorsitzende(r): Jörg-Peter Kindermann

Hamburg/Schleswig-Holstein

f 1 009
Gesamtverband Neuzeitlicher Textilpflege-Betriebe Deutschlands e.V. Landesverband Hamburg/Schleswig-Holstein
Iltisstr. 10, 24143 Kiel
T: (0431) 73 17 16
Landesvorsitzende(r): Udo Melson

Nordrhein-Westfalen

f 1 010
Gesamtverband Neuzeitlicher Textilpflege-Betriebe Deutschlands e.V. Landesverband Nordrhein-Westfalen
Silmecke 62, 59846 Sundern
T: (02933) 18 90
Landesvorsitzende(r): Ute Küper

f 1 011

Ost

f 1 011
Gesamtverband Neuzeitlicher Textilpflege-Betriebe Deutschlands e.V.
Landesverband Ost
Hauptstr. 13, 07806 Neustadt
T: (036481) 2 25 32
Landesvorsitzende(r): Axel Geyer

Bremen

f 1 012
Gesamtverband Neuzeitlicher Textilpflege-Betriebe Deutschlands e.V.
Landesverband Bremen
Am Hulsberg 100, 28205 Bremen
T: (0421) 44 46 57
Landesvorsitzende(r): Bernhard Francke

Rheinland/Saarland

f 1 013
Gesamtverband Neuzeitlicher Textilpflege-Betriebe Deutschlands e.V.
Landesverband Rheinland/Saarland
Gartenstr. 15, 55469 Simmern
T: (06761) 50 91/92/93
Landesvorsitzende(r): Rudolf Ziscka

f 1 014
Arbeits-Gemeinschaft Textilpflege e.V.
Sitz Gelsenkirchen
Geschäftsstelle:
Uechtingstr. 19, 45881 Gelsenkirchen
T: (0209) 8 50 81-82   **Fax:** 81 60 19
Vorsitzende(r): Horst Schönwälder (Heidlandstr. 14, 32756 Detmold, T: (05231) 6 88 40)

● **F 1 015**
Woolmark (Europe) Limited
Postf. 10 30 53, 40021 Düsseldorf
Kaiserswerther Str. 282, 40474 Düsseldorf
T: (0211) 16 05-265   **Fax:** 16 05-219
Internet: http://www.wool.com
Direktor(in): Georg Steffens

● **F 1 016**
Industrieverband Friseurbedarf e.V. (IVF)
Karlstr. 21, 60329 Frankfurt
T: (069) 25 56-1326/13 27   **Fax:** 23 76 31
Vorsitzende(r): Michael Uebbing (Wella)
Stellvertretende(r) Vorsitzende(r): N.N.
Vorstand: Gerhard Heckmann (Schwarzkopf)
Vorstand: Jürgen Rohr (Goldwell)
Vorstand: Rudi Wolf (Redken Laboratories)
Geschäftsführer(in): Udo Frenzel
Mitglieder: 15

● **F 1 017**
Vereinigung der deutschen Zentralheizungswirtschaft e.V. (VdZ)
Siegburger Str. 126, 50679 Köln
T: (0221) 3 46 67-70   **Fax:** 3 46 67-75
E-Mail: info@vdz-koeln.de
Präsident(in): Dipl.-Ing. Jürgen Diehl
Geschäftsführer(in): Dipl.-Volkswirt, Dipl.-Wirtsch.-Ing. Horst Eisenbeis
Mitglieder: 9 Verbände

Zielsetzung: Vertretung der gemeinsamen Belange der Heizungswirtschaft und ihrer Verbände, der Hersteller von Heizgeräten und Komponenten, des Fachgroßhandels sowie handwerklicher und industrieller Verarbeiter.

f 1 018
Bundesverband der Deutschen Heizungsindustrie e.V. (BDH)
-Fachabteilung Heizkessel
-Fachabteilung Heizkörper
Frankfurter Str. 720-726, 51145 Köln
T: (02203) 9 35 93-0   **Fax:** 9 35 93-22
E-Mail: bdh-koeln@t-online.de
Internationaler Zusammenschluß: siehe unter izf 291, izf 647

f 1 019
Bundesindustrieverband Heizungs-, Klima-, Sanitärtechnik/Technische Gebäudesysteme e.V. (BHKS)
Weberstr. 33, 53113 Bonn
T: (0228) 9 49 17-0   **Fax:** 9 49 17-17
Internet: http://www.bhks.de
E-Mail: info@bhks.de

f 1 020
Fachverband Armaturen im VDMA
Postf. 71 08 64, 60498 Frankfurt
Lyoner Str. 18, 60528 Frankfurt
T: (069) 66 03-1241   **Fax:** 66 03-1634
Internet: http://www.armaturen.vdma.org
E-Mail: armaturen@vdma.org

f 1 021
Fachverband Automation + Management für Haus + Gebäude im VDMA
Postf. 71 08 64, 60498 Frankfurt
Lyoner Str. 18, 60528 Frankfurt
T: (069) 66 03-1209   **Fax:** 66 03-1699

f 1 022
Zentralverband Sanitär Heizung Klima
Rathausallee 6, 53757 St Augustin
T: (02241) 92 99-0   **Fax:** 2 13 51, 2 11 31
Internet: http://www.zentralverband-shk.de
E-Mail: info@zentralverband-shk.de
Internationaler Zusammenschluß: siehe unter izg 157

Interessenvertretung auf Bundesebene; Unterstützung der Landesinnungsverbände; Förderung des lauteren Wettbewerbs; Rechtsträger von Kartellvereinbarungen und -beschlüssen; Rationalisierungsverband; Förderung, Prüfung und Durchführung von Normungs-, Typungs- und Spezialvorhaben; Fachschulen und -kurse.

f 1 023
Fachverband Pumpen im VDMA
Postf. 71 08 64, 60498 Frankfurt
Lyoner Str. 18, 60528 Frankfurt
T: (069) 66 03-1282   **Fax:** 66 03-1690
E-Mail: pu@vdma.org
Internationaler Zusammenschluß: siehe unter izf 727

f 1 024
Bundesverband Energie Umwelt Feuerungen e.V. (BVOG)
Birkenwaldstr. 163, 70191 Stuttgart
T: (0711) 2 56 70 75   **Fax:** 2 56 70 78
E-Mail: bvog-ceb@t-online.de
Internationaler Zusammenschluß: siehe unter izf 292

f 1 025
Deutscher Großhandelsverband Haustechnik e.V.
Viktoriastr. 27, 53173 Bonn
T: (0228) 36 20 51   **Fax:** 36 18 74
Internet: http://www.dg-haustechnik.de
E-Mail: dg-haustechnik@t-online.de

● **F 1 026**
Bundesverband der Deutschen Heizungsindustrie e.V. (BDH)
Frankfurter Str. 720-726, 51145 Köln
T: (02203) 9 35 93-0   **Fax:** 9 35 93-22
E-Mail: bdh-koeln@t-online.de
Internationaler Zusammenschluß: siehe unter izf 291, izf 647
Präsident(in): Dipl.rer.pol. Reinhard Engel
Vizepräsident(in): Dieter Eitel
Vorstandsmitglieder: Dr. Heiner Fröling
Richard Kerker
Prof. Dr. Helmut Burger
Klaus Hüttelmaier
Geschäftsführer(in): Andreas Lücke
Mitglieder: 35

● **F 1 027**
Bundesverband Lagerbehälter e.V.
Postf. 59 20, 97009 Würzburg
Koellikerstr. 13, 97070 Würzburg
T: (0931) 3 52 92-0   **Fax:** 3 52 92-29
Internet: http://www.behaelterverband.de
E-Mail: info@behaelterverband.de
Vorsitzende(r): Dipl.-Kfm. Wolfgang Dehoust (i. Fa. Dehoust GmbH, Leimen)
Geschäftsführer(in): Dr. Wolfram Krause
Mitglieder: 29 Werke

Arbeitskreise:

f 1 028
Bundesverband Lagerbehälter e.V.
Arbeitskreis Kunststoff-Batterietanks Stahltanks
Postf. 59 20, 97009 Würzburg
Koellikerstr. 13, 97070 Würzburg
T: (0931) 3 52 92-0   **Fax:** 3 52 92-29
Vorsitzende(r): Dr. Franz Grammling (Rotex GmbH, Langwiesenstr. 10, 74363 Güglingen)
Mitglieder: 8

f 1 029
Bundesverband Lagerbehälter e.V.
Arbeitskreis Stahltanks
Postf. 59 20, 97009 Würzburg
Koellikerstr. 13, 97070 Würzburg
T: (0931) 3 52 92-0   **Fax:** 3 52 92-29
Vorsitzende(r): Dr. Carl-Friedrich Reuther (Chemie- u. Tankanlagenbau Reuther, Trebuser Str. 49, 15517 Fürstenwalde)
Mitglieder: 14 Werke

f 1 030
Bundesverband Lagerbehälter e.V.
Arbeitskreis GfK-Tanks
Postf. 59 20, 97009 Würzburg
Koellikerstr. 13, 97070 Würzburg
T: (0931) 3 52 92-0   **Fax:** 3 52 92-29
Vorsitzende(r): Dr. Tilman Schultz (i.Fa. Chemowerk GmbH, In den Backenländern, 71384 Weinstadt)
Mitglieder: 5 Werke

f 1 031
Bundesverband Lagerbehälter e.V.
Arbeitskreis Regenwassernutzung
Postf. 59 20, 97009 Würzburg
Koellikerstr. 13, 97070 Würzburg
T: (0931) 3 52 92-0   **Fax:** 3 52 92-29
Vorsitzende(r): Torsten Grüter (GEP Umwelttechnik GmbH, Bogenstr. 98, 53783 Eitorf)
Mitglieder: 14 Werke

● **F 1 032**
Fachverband Kathodischer Korrosionsschutz e.V.
Sitz: Esslingen/Neckar
Postanschrift:
Postf. 60 04, 73717 Esslingen
T: (0711) 91 99 27 20   **Fax:** 91 99 27 77
E-Mail: geschaeftsstelle@fkks.de
1. Vorsitzende(r): Dipl.-Ing. W. Fleig (c/o RBS Rohrnetzberatung der Neckarwerke Stuttgart)
Geschäftsführer(in): Ing. H. Spieth, Esslingen
Mitglieder: ca. 120

● **F 1 033**

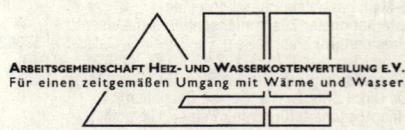

Arbeitsgemeinschaft Heiz- und Wasserkostenverteilung e.V.
Burgstr. 69, 53177 Bonn
T: (0228) 35 14 96   **Fax:** 35 83 71
Internet: http://www.arge-heiwako.de
E-Mail: info@arge.heiwako.de
Gründung: 1978
Vorsitzende(r): Dipl.-Ing. Ditmar Lange
Geschäftsführer(in): Dipl.-Ing. Christian Sperber
Verbandszeitschrift: Die Heizkostenabrechnung
Verlag: Jörg Mario Lefèvre, Fachverlag und Vertrieb, Im Pesch 56, 53797 Lohmar
Mitglieder: 9
Mitarbeiter: 2
Jahresetat: DM 0,5 Mio, € 0,26 Mio

● F 1 034

Bundesindustrieverband Heizungs-, Klima-, Sanitärtechnik/Technische Gebäudesysteme e.V. (BHKS)
Weberstr. 33, 53113 Bonn
T: (0228) 9 49 17-0 Fax: 9 49 17-17
Internet: http://www.bhks.de
E-Mail: info@bhks.de
Präsident(in): Dipl.-Kfm. Gerhard H. Straub (i. Fa. Süddeutsche Etna-Werk GmbH, München, T: (089) 41 60 10)
Hauptgeschäftsführer(in): Dr. Herbert Rudolf
Geschäftsführer(in): RA Michael Frerick
Mitglieder: 750 Firmen (einschl. Direkt- und Fördermitglieder)

Berufsständische Spitzenorganisation der Industrieunternehmen des heizungs-, klima- und sanitärtechnischen Anlagenbaus.

Landesverbände

f 1 035

Industrieverband Technische Gebäudeausrüstung Baden-Württemberg e.V.
Burgenlandstr. 44 /D, 70469 Stuttgart
T: (0711) 13 53 15-0 Fax: 13 53 15-99
Internet: http://www.itga-bw.de
E-Mail: verband@itga-bw.de
Vorsitzende(r): Dipl.-Ing. Dipl.-Betriebsw. Manfred Hempel (c/o Dipl.-Ing. Dipl.-Betriebsw. Manfred Hempel, Beratender Ingenieur, Schauchertstr. 67, 71282 Hemmingen)
Geschäftsführer(in): RA Jürgen Meyer
Mitglieder: 80

f 1 036

Industrieverband Heizungs-, Klima- und Sanitärtechnik Bayern, Sachsen und Thüringen e.V.
Rümannstr. 61, 80804 München
T: (089) 3 60 35 09-0 Fax: 3 61 37 65
Vorsitzende(r): Dipl.-Kfm. Gerhard H. Straub (c/o Südd. Etna-Werk GmbH, Postf. 80 16 23, 81616 München)
Geschäftsführer(in): RA Dr. Florian Festl
Mitglieder: 180

f 1 037

Industrieverband Gebäudetechnische Anlagen und Umwelttechnik Hessen e.V.
Emil-von-Behring-Str. 5, 60439 Frankfurt
T: (069) 58 09 21 21 Fax: 58 09 21 22
Vorsitzende(r): Dipl.-Ing. Heribert Bach (c/o ROM Frankfurt Rudolf Otto Meyer, Berner Str. 107, 60437 Frankfurt/Main)
Geschäftsführer(in): RA Winfried Meißl
Mitglieder: 50

f 1 038

Industrieverband Haus- und Versorgungstechnik Niedersachsen und Bremen e.V.
Raiffeisenstr. 18, 30938 Burgwedel
T: (05139) 89 75-0 Fax: 89 75-40
Vorsitzende(r): Dipl.-Ing. Dipl.-Kfm. Gerhard Heitefuß (c/o Heitefuß Haustechnik GmbH, Fränkische Str. 13, 30455 Hannover)
Geschäftsführer(in): RA Rüdiger Lüdtke
Mitglieder: 120

f 1 039

Industrieverband Heizung Klima Sanitär Nord e.V.
Verband für Hamburg, Mecklenburg-Vorpommern und Schleswig-Holstein
Georgsplatz 10, 20099 Hamburg
T: (040)
Vorsitzende(r): Dipl.-Ing. Karl-Heinz Meuthien (c/o Henry Juul GmbH + Co. KG, Alsterdorfer Str. 278, 22297 Hamburg)
Geschäftsführer(in): RA Thomas Wiese
RA Carsten Conrad
Mitglieder: 90

f 1 040

Industrieverband Heizungs-, Klima- und Sanitärtechnik Nordrhein-Westfalen e.V.
Poststr. 15, 40213 Düsseldorf
T: (0211) 32 92 17-18 Fax: 32 44 93
Vorsitzende(r): Dipl.-Ing. Jürgen Diehl (c/o Ing.-Büro Jürgen Diehl, Mendelssohnstr. 34, 40670 Meerbusch)
Geschäftsführer(in): Ass. Heiner Begemann
Mitglieder: 120

f 1 041

Industrieverband Heizungs-, Klima- und Sanitärtechnik Rheinland-Pfalz e.V.
Hunsrückstr. 5, 55129 Mainz
T: (06131) 50 91 52 Fax: 58 11 74
Vorsitzende(r): Dipl.-Ing. Wilfried Sigmund (c/o Bermann + Sigmund GmbH, Postf. 11 63, 66461 Zweibrücken)
Geschäftsführer(in): RA Hans-M. Reuter
Mitglieder: 20

f 1 042

Fachverband Heizung-Klima-Sanitär Saarland e.V.
Franz-Josef-Röder-Str. 9, 66119 Saarbrücken
T: (0681) 5 36 67 Fax: 58 42 47
Vorsitzende(r): Dipl.-Ing. Franz-Josef Guldner (c/o Quecke & Co. GmbH, Postf. 21 04, 66721 Saarlouis)
Geschäftsführer(in): RA Armin Dietzen
Mitglieder: 20

f 1 043

Industrieverband Haus- und Versorgungstechnik Sachsen-Anhalt e.V.
Hegelstr. 39, 39104 Magdeburg
T: (0391) 5 98 22 57 Fax: 5 98 22 72
E-Mail: ihvt_lvsa.org
Vorsitzende(r): Dipl.-Ing. Franz Scheffel (c/o Wärmetechnik Quedlinburg GmbH, Schmöckeberg 1, 06484 Quedlinburg, T: (03946) 90 26-00)
Geschäftsführer(in): Dipl.-Ing. Ök. Klaus Liedke
Mitglieder: 50

● F 1 044

Gesamtverband Gebäudetechnik e.V. (VGT)
Postf. 46 03 49, 12213 Berlin
Haynauer Str. 56A, 12249 Berlin
T: (030) 76 79 29 10 Fax: 7 76 10 73
Internet: http://www.verband-gebaeudetechnik.de
E-Mail: gesamtvgt@t-online.de
Vorsitzende(r): Dipl.-Ing. Peter Rohde (c/o aluta Wärmetechnik GmbH, Haynauer Str. 49, 12249 Berlin)
Stellvertretende(r) Vorsitzende(r): Dipl.-Ing. Andreas Stübbe (c/o ST Gebäudetechnik GmbH, Horstweg 53 a, 14482 Potsdam)
Geschäftsführer(in): RA Gerd H. J. Graul
Verbandszeitschrift: Moderne Gebäudetechnik
Mitglieder: 69

● F 1 045

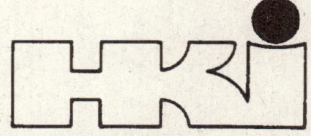

HKI Industrieverband Haus-, Heiz- und Küchentechnik e.V.
Postf. 11 07 37, 60042 Frankfurt
Stresemannallee 19, 60596 Frankfurt
T: (069) 25 62 68-0 Fax: 23 59 64
Internet: http://www.hki-online.de
E-Mail: hki-industrieverband@t-online.de
Präsident(in): Dipl.-Ing. Reiner Kegel
Präsidium: Dr. Hartmut Dittrich (i.Fa. Imperial-Werke GmbH)
Reiner Kegel
Dipl.-Ing. Edward Kersting (i.Fa. Olsberg Hermann Everken GmbH, 59932 Olsberg)
Manfred Sussmann (i.Fa. Convotherm Elektrogeräte GmbH, 82436 Eglfing)
Hauptgeschäftsführer(in): Dipl.-Ing. Frank Kienle
Fachverband Heiz- und Kochgeräte: Fachabteilungen: Herde und Einbaugeräte, Einzelheizgeräte, Heizeinsätze für Kachelöfen und Kamine
Fachverband Großkücheneinrichtungen: Fachabteilungen: Großkochanlagen, Edelstahlverarbeitung, Heißluftdämpfer, Getränkebereiter, Küchenlüftungsdecken

● F 1 046

Verband Deutscher Kälte-Klima-Fachbetriebe e.V. (VDKF)
Kaiser-Friedrich-Str. 7, 53113 Bonn
T: (0228) 2 49 89-0 Fax: 2 49 89-40
Gründung: 1962
Präsident(in): Christian Scholz
Vizepräsident(in): Karl Meis
Friedrich Sandvoß
Geschäftsführer(in): Dipl.-Volksw. Rudolf Pütz
Verbandszeitschrift: "Information" Kälte-Klima, Umwelt und Entsorgung (12 x jährlich)
Mitglieder: 1041
Landesverbände: 14
Veranstalter und Eigentümer der jährlich stattfindenden Internationalen Fachmesse Kälte-Klimatechnik -IKK-
Mitglied der AREA - Air Conditioning & Refrigeration European Association, Brüssel, Belgien

Pflege und Förderung der wirtschaftlichen Interessen der Mitglieder; berufliche Weiterbildung und Nachwuchsförderung; jährliche Durchführung des Deutschen Kälte-Klima-Fachtages und der Internationalen Fachmesse Kälte-Klimatechnik (IKK).

f 1 047

VDKF Wirtschafts- und Informationsdienste GmbH
Kaiser-Friedrich-Str. 7, 53113 Bonn
T: (0228) 2 49 89-48 Fax: 2 49 89-49
Internet: http://www.vdkf.de
E-Mail: info@vdkf.com
Gründung: 1994 (26. August)
Geschäftsführer(in): Dipl.-Volksw. Rudolf Pütz
AR-Vors: Christian Scholz
Mitarbeiter: unter 20

● F 1 048

Landesverband für Kälte- und Klimatechnik Bayern
Graf-Konrad-Str. 17, 80809 München
T: (089) 35 09 83-0 Fax: 35 50 50
Landesinnungsmeister: Carl-Georg Schiessl
Hauptgeschäftsführer(in): Klaus Arns

● F 1 049

Innung für Kälte- und Klimatechnik München und Oberbayern
Graf-Konrad-Str. 17, 80809 München
T: (089) 35 09 83-0 Fax: 35 50 50
Obermeister: Carl-Georg Schiessl
Hauptgeschäftsführer(in): Klaus Arns

● F 1 050

Fachgemeinschaft Guß-Rohrsysteme (FGR)
Wittestr. 30k, 13509 Berlin
Vorsitzende(r): Raymond Wagnon (Saint-Gobain Gussrohr, Saarbrücken)
Geschäftsführer(in): Dr.-Ing. Jürgen Rammelsberg
Verbandszeitschrift: Gussrohr-Technik
Verlag: Eigenverlag

● F 1 051

Fachverband Metallzauntechnik e.V.
An der Pönt 48, 40885 Ratingen
T: (02102) 18 62 00 Fax: 18 61 69
Vorsitzende(r): Rolf Baumeister (i. Fa. August Baumeister GmbH + Co., Industriestr. 58, 70565 Stuttgart)
Geschäftsführer(in): Dipl.-Kfm. Günter Lippe

● F 1 052

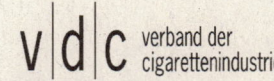

Verband der Cigarettenindustrie
Königswinterer Str. 550, 53227 Bonn
T: (0228) 44 90 60 Fax: 44 25 82
E-Mail: vdc@vdc-bonn.de
Vorsitzende(r): Georg C. Domizlaff (Vors. des Vorstandes British American Tobacco, 20354 Hamburg, T: (040) 41 51-2251, Fax: 41 51-2255)
Hauptgeschäftsführer(in): Dr. Ernst Brückner
Leitung Presseabteilung: Andrea Winkhardt
Mitglieder: 7 Firmen

● **F 1 053**

Bundesverband der Zigarrenindustrie e.V. (BdZ)
Körnerstr. 18, 53175 Bonn
T: (0228) 36 40 26-27   **Fax:** 36 16 59
Internet: http://www.zigarren-verband.de
E-Mail: ostermeyer@zigarren-verband.de
Vorsitzende(r): Hans van den Berg (Fa. Arnold André, Postf. 12 47, 32212 Bünde, T: (05332) 16 30)
Friedhelm Franke (Fa. Dannemann GmbH, Postf. 12 47, 32292 Lübbecke, T: (05471) 32 60)
Geschäftsführer(in): RA Hans-Conrad Ostermeyer
Mitglieder: 20

● **F 1 054**

Deutsches Zigarren-Institut e.V. (DZI)

Körnerstr. 18, 53175 Bonn

T: (0228) 36 40 26   **Fax:** 36 16 59

Vorsitzende(r): Ingrid Schinz, Heidelberg

Heinrich Villiger, Waldshut-Tiengen

Lothar Geyer, Nürnberg

● **F 1 055**

Verband der deutschen Rauchtabakindustrie
Fachverband Rauchtabak, Kautabak, Schnupftabak
Fachverband der Tabakwaren-Importeure und EG-Distributeure e.V.
Rheinallee 25b, 53173 Bonn
T: (0228) 9 34 46-0   **Fax:** 9 34 46-20
amtsf. Vorst.: Dr. Robert Engels
Günter Hill
Guus Visser
Geschäftsführer(in): Ass. Franz Peter Marx
Mitglieder: 24

G Handwerk

Zum Auffinden einer bestimmten Dienststelle oder Organisation dient das Suchwortverzeichnis, eines Personennamens das Personenverzeichnis.

Spitzenverbände des Handwerks
Landeshandwerksvertretungen
Handwerkskammern
Regionale Vereinigungen der Landesverbände des Handwerks
Bundes- und Landesinnungsverbände

Spitzenverbände des Handwerks

● G 1

Das Handwerk

Zentralverband des Deutschen Handwerks (ZDH)
Postf. 11 04 72, 10834 Berlin
Mohrenstr. 20/21, 10117 Berlin
T: (030) 2 06 19-0   **Fax:** 2 06 19-460
Internet: http://www.zdh.de
E-Mail: info@zdh.de
Gründung: 1949
Internationaler Zusammenschluß: siehe unter izg 34
Präsident(in): Maler- und Lackierermeister Dieter Philipp
Generalsekretär(in): Hanns-Eberhard Schleyer
Geschäftsführer(in): RA Hans-Jürgen Aberle
Wolf-Hermann Böcker
Leitung Presseabteilung: Alexander Legowski
Mitglieder: 55 Handwerkskammern und 46 Zentralfachverbände sowie einige dem Handwerk nahestehende Einrichtungen
Mitarbeiter: 113 in der gemeinsamen Geschäftsstelle von ZDH, DHKT und BFH

Einheitliche Willensbildung in allen grundsätzlichen Fragen der Handwerkspolitik und Vertretung der Gesamtinteressen des Handwerks gegenüber den zentralen Organen und Verwaltungen der Bundesrepublik Deutschland und der Europäischen Union.

g 2

Zentralverband des Deutschen Handwerks Büro Brüssel
Rue Jacques de Lalaing 4, B-1040 Brüssel
T: (00322) 2 30 85 39   **Fax:** 2 30 21 66
E-Mail: info@zdh-brussels.com
Leiterin: Karin Rögge

● G 3

Deutscher Handwerkskammertag (DHKT)
Haus des Deutschen Handwerks
Mohrenstr. 20/21, 10117 Berlin
T: (030) 2 06 19-0
Internet: http://www.zdh.de
E-Mail: info@zdh.de
Präsident(in): Maler- und Lackierermeister Dieter Philipp (Präsident der Handwerkskammer Aachen)
Vizepräsident(in): Dipl.-Ing. (FH) Wolfgang Bachmann (Präsident der Handwerkskammer Erfurt)
Hauptgeschäftsführer(in): ZDH-Generalsekretär Hanns-Eberhard Schleyer
Geschäftsführer(in): Wolf-Hermann Böcker
Mitglieder: 55 Handwerkskammern

Der Deutsche Handwerkskammertag hat die Aufgabe, die gemeinsamen Angelegenheiten der ihm angehörenden Kammern zu vertreten und alle gemeinsamen Aufgaben wahrzunehmen, die den Kammern übertragen sind.

g 4

EU-Beratungsstelle für Unternehmer
Mohrenstr. 20/21, 10117 Berlin
T: (030) 2 06 19-333
Ansprechpartner: Klauspeter Zanzig

● G 5

Bundesvereinigung der Fachverbände des Deutschen Handwerks (BFH)
Haus des Deutschen Handwerks
Postf. 11 04 72, 10834 Berlin
Mohrenstr. 20-21, 10117 Berlin
T: (030) 2 06 19-0   **Fax:** 2 06 19-460
Vorsitzende(r): Maler- u. Lackierermeister Dieter Philipp (Präsident des Zentralverbandes des Deutschen Handwerks (ZDH), Präsident des Deutschen Handwerkskammertages (DHKT), Präsident der Handwerkskammer Aachen)
Vizepräsident(in): Kfz.-Mechanikermeister Walter Stoy (Vizepräsident des Zentralverbandes des Deutschen Handwerks, Bundesinnungsmeister des Deutschen Kraftfahrzeughandwerks, Präsident der Handwerkskammer für Unterfranken)
Hauptgeschäftsführer(in): Hanns-Eberhard Schleyer (Generalsekretär des Zentralverbandes des Deutschen Handwerks)
Geschäftsführer(in): RA Hans-Jürgen Aberle
Mitglieder: 46 Zentralfachverbände

Die Bundesvereinigung der Fachverbände hat die Aufgabe, die gemeinsamen fachlichen, wirtschaftspolitischen, sozialpolitischen und kulturellen Belange der ihr angehörenden Fachverbände zu vertreten.

Landeshandwerksvertretungen

● G 6

Baden-Württembergischer Handwerkstag
Heilbronner Str. 43, 70191 Stuttgart
T: (0711) 16 57-404   **Fax:** 16 57-444
Internet: http://www.handwerk-bw.de
E-Mail: info@handwerk-bw.de
Präsident(in): Klaus Hackert
Hauptgeschäftsführer(in): Dr. Hartmut Richter
Leitung Presseabteilung: Eva Hauser
Mitglieder: 68 Fachorganisationen, 8 Handwerkskammern, 9 Sonstige
Mitarbeiter: 11

Zusammenschluß sämtlicher Organisationen des Handwerks von Baden-Württemberg

● G 7

Arbeitsgemeinschaft der Handwerkskammern in Baden-Württemberg
Heilbronner Str. 43, 70191 Stuttgart
T: (0711) 16 57-404   **Fax:** 16 57-444
Internet: http://www.handwerk-bw.de
E-Mail: info@handwerk-bw.de
Vorsitzende(r): Klaus Hackert (Heilbronner Str. 43, 70191 Stuttgart)
Hauptgeschäftsführer(in): Dr. Hartmut Richter (Heilbronner Str. 43, 70191 Stuttgart, T: (0711) 16 57-4 01, Telefax: (0711) 16 57-444)
Leitung Presseabteilung: Eva Hauser
Mitarbeiter: 11

● G 8

Bayerischer Handwerkstag e.V.
Max-Joseph-Str. 4, 80333 München
T: (089) 55 75 01   **Fax:** 55 75 22
Präsident(in): Walter Stoy
Hauptgeschäftsführer(in): Bernd Lenze
Geschäftsführer(in): Dipl.-Volksw. Rudolf Herwig
Stellvertretende(r) Geschäftsführer(in): Dr. Kurt Roeckl

● G 9

Arbeitsgemeinschaft der bayerischen Handwerkskammern
Max-Joseph-Str. 4, 80333 München
T: (089) 51 19-0   **Fax:** 51 19-2 95
Präsident(in): Heinrich Traublinger (MdL, Max-Joseph-Str. 4, 80333 München, T: (089) 51 19-1 00)
Hauptgeschäftsführer(in): Ass. Bernd Lenze (Max-Joseph-Str. 4, 80333 München, T: (089) 51 19-1 01, Telefax: (089) 51 19-2 95)
Geschäftsführer(in): Dipl.-Volksw. Rudolf Herwig (T: (089) 51 19-200, Telefax: (089) 51 19-2 99)
Dr. Lothar Semper (T: (089) 51 19-104, Telefax: (089) 51 19-324)

● G 10

Landeshandwerksvertretung Berlin
Postf. 61 02 19, 10923 Berlin
Blücherstr. 68, 10961 Berlin
T: (030) 2 59 03-01   **Fax:** 2 59 03-2 35
Internet: http://www.hwk-berlin.de
E-Mail: info@hwk-berlin.de
Vorsitzende(r): Hans-Dieter Blaese (Siemenswerderweg 45, 13595 Berlin, T: (030) 3 61 58 88)
Hauptgeschäftsführer(in): Ass. Bernd Babel (Postf. 61 02 19, 10923 Berlin, T: (030) 2 59 03-01, Telefax: (030) 2 59 03-2 32)
Verbandszeitschrift: Berlin Brandenburgisches Handwerk
Verlag: Blücherstr. 68, 10961 Berlin
Mitglieder: 28000

● G 11

Landeshandwerksvertretung Bremen
Postf. 10 51 06, 28051 Bremen
Ansgaritorstr. 24, 28195 Bremen
T: (0421) 3 05 00-0   **Fax:** 3 05 00 10
E-Mail: hwk-bremen@t-online.de
Vorsitzende(r): Dieter Dasenbrook (Maler- u. Lackierermeister)
Geschäftsführer(in): Ass. Hans-Heinrich Meyer-Heye (Ansgaritorstr. 24, 28195 Bremen, T: (0421) 3 05 00-0, Telefax: (0421) 3 05 00 10)
Verbandszeitschrift: Deutsche Handwerks Zeitung
Redaktion: Handwerkskammer Bremen
Mitglieder: 5000 Mitgliedsbetriebe

● G 12

Landeshandwerksvertretung Hamburg
Holstenwall 12, 20355 Hamburg
T: (040) 3 59 05-0   **Fax:** 3 59 05-307
Vorsitzende(r): Peter Becker (Holstenwall 12, 20355 Hamburg, T: (040) 3 59 05-0, E-Mail: Info@hwk-hamburg.de)
Hauptgeschäftsführer(in): Dr. Jürgen Hogeforster (Holstenwall 12, 20355 Hamburg, T: (040) 3 59 05-0, Telefax: (040) 3 59 05-307, E-Mail: Info@hwk-hamburg.de)

● G 13

Hessischer Handwerkstag
Bahnhofstr. 63, 65185 Wiesbaden
T: (0611) 1 36-0   **Fax:** 13 61 55
Internet: http://www.hessen.handwerk.de
E-Mail: info@hessen.handwerk.de
Präsident(in): Jürgen Heyne
Geschäftsführer(in): Dipl. oec. Harald Brandes

● G 14

Arbeitsgemeinschaft der Hessischen Handwerkskammern
Postf. 29 60, 65019 Wiesbaden
Bahnhofstr. 63, 65185 Wiesbaden
T: (0611) 13 60   **Fax:** 13 61 55
Internet: http://www.hessen.handwerk.de
E-Mail: info@hessen.handwerk.de
Präsident(in): Jürgen Heyne
Geschäftsführer(in): Dipl. oec. Harald Brandes (Bahnhofstr. 63, 65185 Wiesbaden)

● G 15

Niedersächsischer Handwerkstag
Ferdinandstr. 3, 30175 Hannover
T: (0511) 3 80 87-0   **Fax:** 31 82 63
E-Mail: vhn.handwerk@t-online.de
Vorsitzende(r): Kurt Rehkopf (Bäcker- und Konditormeister, Lange Straße 42, 31515 Wunstorf, T: (05031) 33 23)
Hauptgeschäftsführer(in): Ass. Michael Koch (Ferdinandstr. 3, 30175 Hannover, T: (0511) 3 80 87-0, Telefax: (0511) 31 82 63)

● G 16

Vereinigung der Handwerkskammern Niedersachsen
Ferdinandstr. 3, 30175 Hannover
T: (0511) 3 80 87-0   **Fax:** 31 82 63
E-Mail: vhn.handwerk@t-online.de
Präsident(in): Gernot Schmidt (Braunschweiger Str. 13, 29221 Celle, T: (05141) 90 62-0)
Hauptgeschäftsführer(in): Ass. Michael Koch
Mitglieder: 7 Handwerkskammern

● G 17

Nordrhein-Westfälischer Handwerkstag (NWHT)
Georg-Schulhoff-Platz 1, 40221 Düsseldorf
T: (0211) 87 95-3 15, 87 95-3 10, 39 68 48
Fax: 9 30 49 66
Internet: http://www.nrwhandwerkstag.de
Vorsitzende(r): Hansheinz Hauser (privat: Carl-Schurz-Str. 13b, 47803 Krefeld, T: (2151) 75 47 49)
Hauptgeschäftsführer(in): Dipl.-Volksw. Dr. Thomas Köster (privat: Suitbertus-Stiftsplatz 5, 40489 Düsseldorf, T: (0211) 40 79 63)
Mitglieder: 7 Handwerkskammern, 39 Verbände, 10 Gemeinschaftseinrichtungen

● G 18

Landeshandwerksvertretung Rheinland-Pfalz
Göttelmannstr. 1, 55130 Mainz
T: (06131) 99 92-0   **Fax:** 99 92-63
Internet: http://www.hwk.de
E-Mail: hwk@hwk.de
Geschäftsführer(in): Dipl.-Volksw. Günther Tartter (Bauschheimer Weg 6, 55130 Mainz, T: (06131) 8 67 46)
Mitglieder: 4 Handwerkskammern mit ca. 40 000 Mitgliedern

● G 19

Arbeitsgemeinschaft der Handwerkskammern Rheinland-Pfalz
vertreten durch die Handwerkskammer Rheinhessen
Göttelmannstr. 1, 55130 Mainz
T: (06131) 99 92-0   **Fax:** 99 92-63
Vorsitzende(r): Maler- u. Lackierermeister Karl Josef Wirges (Neutorstr. 3, 55116 Mainz, T: (06131) 22 71 19)
Geschäftsführer(in): Dipl.-Volksw. Günther Tartter (Göttelmannstr. 1, 55130 Mainz, T: (06131) 99 92-0, Telefax: (06131) 99 92-63)

● G 20

Landeshandwerksvertretung des Saarlandes
Hohenzollernstr. 47-49, 66117 Saarbrücken

T: (0681) 58 09-0 **Fax:** 58 09-213
Gründung: 1900
Vorsitzende(r): Maler- u. Lackierermeister Winfried E. Frank (Bergstr. 9-11, 66706 Perl, T: (06867) 7 15)
Hauptgeschäftsführer(in): Ass. jur. Udo Stein (Hohenzollernstr. 47-49, 66117 Saarbrücken, T: (0681) 58 09-0, Telefax: (0681) 58 09-2 13)
Verbandszeitschrift: Deutsches Handwerksblatt
Verlag: Verlagsanstalt Handwerk, Düsseldorf
Mitglieder: 10000
Mitarbeiter: 100
Jahresetat: DM 20 Mio, € 10,23 Mio

● **G 21**
Sächsischer Handwerkstag
Dachorganisation des Sächsischen Handwerks
Wiener Str. 43, 01219 Dresden
T: (0351) 4 64 04 07 **Fax:** 4 71 91 88
Internet: http://www.handwerkstag-sachsen.de
E-Mail: info@handwerkstag-sachsen.de
Gründung: 1992 (Oktober)
Geschäftsstellenleiter: Frank Wetzel (Leitung Presseabteilung; T: (0351) 4 64 04 07)
Mitglieder: rund 40 institutionelle Mitglieder, die mehr als 52000 Handwerksbetriebe in Sachsen repräsentieren

● **G 22**
Landeshandwerksrat Schleswig-Holstein
Geschäftsstelle:
Breite Str. 10-12, 23552 Lübeck
T: (0451) 15 06-0 **Fax:** 1 50 61 80
Internet: http://www.hwk-luebeck.de
E-Mail: info@hwk-luebeck.de
Vorsitzende(r): Friseurmeister Peter Burgdorff (Bahnhofstr. 32, 35421 Pinneberg, T: (04101) 20 64 88)
Mitglieder: 3

● **G 23**
Arbeitsgemeinschaft der schleswig-holsteinischen Handwerkskammern
vertreten durch die Handwerkskammer Lübeck
Breite Str. 10-12, 23552 Lübeck
T: (0451) 15 06-0 **Fax:** 1 50 61 80
Internet: http://www.hwk-luebeck.de
E-Mail: info@hwk-luebeck.de
Vorsitzende(r): Peter Burgdorff (Friseurmeister, Bahnhofstr. 32, 25421 Pinneberg)

● **G 24**
Westdeutscher Handwerkskammertag e.V.
Postf. 10 53 33, 40044 Düsseldorf
Sternwartstr. 27-29, 40223 Düsseldorf
T: (0211) 3 00 77 00 **Fax:** 3 00 79 00
Internet: http://www.handwerk-nrw.de
E-Mail: whkt@handwerk-nrw.de
Vorsitzende(r): Bäcker- und Konditormeister Franz-Josef Knieps
Geschäftsführer(in): Dipl.-Kfm. Klaus Schloesser
Mitglieder: 7 Handwerkskammern NRW

Handwerkskammern

● **G 25**
Handwerkskammer Aachen
Sandkaulbach 21, 52062 Aachen
T: (0241) 4 71-0 **Fax:** 47 11 03
Internet: http://www.hwk-aachen.de
E-Mail: info@hwk-aachen-nrw.de
Präsident(in): Dieter Philipp (Maler- u. Lackierermeister, Oppenhoffallee 16, 52066 Aachen, T: (0241) 51 36 44)
Hauptgeschäftsführer(in): Ass. Ralf W. Barkey
Mitglieder: 13620

g 26
Wirtschaftsförderungszentrum der Handwerkskammer Aachen
Sandkaulbach 21, 52062 Aachen
T: (0241) 4 71-0 **Fax:** 47 11 03

g 27
Berufsbildungs- und Gewerbeförderungseinrichtung Aachen
Tempelhofer Str. 15-17, 52068 Aachen
T: (0241) 96 74-0 **Fax:** 96 74-2 40

g 28
Berufsbildungs- und Gewerbeförderungszentrum Simmerath
Kranzbruchstr. 10, 52152 Simmerath
T: (02473) 6 05-0 **Fax:** 60 52 10

g 29
Berufsbildungs- und Gewerbeförderungseinrichtung Düren
Paradiesstr. 21a, 52349 Düren
T: (02421) 9 48 44-0 **Fax:** 9 48 44-44
E-Mail: bge.dueren@hwk-aachen-nrw.de

● **G 30**
Handwerkskammer Arnsberg
Postf. 52 62, 59802 Arnsberg
Brückenplatz 1, 59821 Arnsberg
T: (02931) 8 77-0 **Fax:** 8 77-160
E-Mail: hgf@hwk-arnsberg.de
Präsident(in): Willy Hesse (Dachdeckermeister, Zur Feldmühle 24, 59821 Arnsberg, T: (02931) 52 13-0, Fax: (02931) 52 13-20)
Hauptgeschäftsführer(in): Dipl.-Kfm. Wolfgang Boecker (Brückenplatz 1, 59821 Arnsberg, T: (02931) 8 77-115, Fax: (02931) 8 77-165, E-Mail: hgf@hwk-arnsberg.de)
Leitung Presseabteilung: Markus Kluft
Mitglieder: rd. 10000 Betriebe

● **G 31**
Handwerkskammer für Schwaben
Postf. 11 09 09, 86147 Augsburg
Schmiedberg 4, 86152 Augsburg
T: (0821) 3 25 90 **Fax:** 32 59-2 71
Internet: http://www.hwk-schwaben.de
E-Mail: info@hwk-schwaben.de
Gründung: 1900
Präsident(in): Manfred Rudel (Malermeister)
Hauptgeschäftsführer(in): Dipl. oec. Ulrich Wagner
Leitung Kommunikation, Pressesprecherin: Sandra Peters
Verbandszeitschrift: Deutsche Handwerkszeitung
Verlag: Holzmann-Verlag, Gewerbestr. 2, 86825 Bad Wörishofen
Mitglieder: 22000
Mitarbeiter: 200
Jahresetat: DM 40 Mio, € 20,45 Mio

● **G 32**
Handwerkskammer für Ostfriesland
Postf. 13 09, 26583 Aurich
Straße des Handwerks, 26603 Aurich
T: (04941) 17 97-0 **Fax:** 17 97-40
Internet: http://www.hwk-aurich.de
E-Mail: info@hwk-aurich.de
Präsident(in): Klaus Hippen (Konditormeister, Erlenweg 9, 26603 Aurich, T: (04941) 6 56 39)
Hauptgeschäftsführer(in): Ass. Götz von Glisczynski
StHGeschF: Ass. Hartmut Poos
Mitglieder: rd. 4000

● **G 33**
Handwerkskammer für Oberfranken
95440 Bayreuth
Kerschensteinerstr. 7, 95448 Bayreuth
T: (0921) 9 10-0 **Fax:** 9 10-309
Internet: http://www.hwk-oberfranken.de
E-Mail: info@hwk-oberfranken.de
Präsident(in): Dipl.-Ing. (FH) Kurt Seelmann (Bauunternehmer, Zollnerstr. 177 a, 96052 Bamberg)
Hauptgeschäftsführer(in): Horst Eggers
Geschäftsführer(in): Hans-Günther Bock
Thomas Koller
Leitung Presseabteilung: Dr. Bernd Sauer
Verbandszeitschrift: Deutsche Handwerkszeitung
Verlag: Hans Holzmann Verlag GmbH & Co. KG, 86825 Bad Wörishofen
Mitglieder: 12428
Mitarbeiter: 212

● **G 34**
Handwerkskammer Berlin
Postf. 61 02 19, 10923 Berlin
Blücherstr. 68, 10961 Berlin
T: (030) 2 59 03-01 **Fax:** 2 59 03-2 35
Internet: http://www.hwk-berlin.de
E-Mail: info@hwk-berlin.de
Präsident(in): Hans-Dieter Blaese
Hauptgeschäftsführer(in): Ass. Bernd Babel
Verbandszeitschrift: Berlin Brandenburgisches Handwerk
Verlag: Blücherstr. 68, 10961 Berlin
Mitglieder: 28400

● **G 35**
Handwerkskammer Ostwestfalen-Lippe zu Bielefeld
Postf. 10 13 51, 33513 Bielefeld
Obernstr. 48, 33602 Bielefeld
T: (0521) 56 08-0 **Fax:** 56 08-199
Internet: http://www.handwerk-owl.de
E-Mail: handwerkskammer.owl@handwerk-owl.de
Präsident(in): Lena Strothmann (Damenschneidermeisterin)
Hauptgeschäftsführer(in): Dipl.-Kfm. Eberhard Grüne
Mitglieder: 20030 (Stand 10.01.01)

● **G 36**
Handwerkskammer Braunschweig
Burgplatz 2 + 2 A, 38100 Braunschweig
T: (0531) 48 01 30 **Fax:** 4 80 13 57
Internet: http://www.hwk-braunschweig.de
E-Mail: email@hwk-braunschweig.de
Gründung: 1900 (13. Januar)
Präsident(in): Dipl.-Ing. Hans-Georg Sander (Bolzenstr. 2, 38640 Goslar)
Hauptgeschäftsführer(in): Dipl.-Kfm. Otto Schlieckmann
Leitung Presseabteilung: Sandra Jutsch
Verbandszeitschrift: Norddeutsches Handwerk
Verlag: c/o Schlütersche, Hannover
Mitglieder: 7000 Betriebe
Mitarbeiter: 140

Bildungsstätten der Kammer

g 37
Berufsbildungszentrum Braunschweig der Handwerkskammer Braunschweig
Hamburger Str. 234, 38114 Braunschweig
T: (0531) 2 30 04-0 **Fax:** 2 30 04-89
Leiter(in): Dipl.-Kfm. Harry Kroll

g 38
Bundesfachschule für das Konditorenhandwerk der Handwerkskammer Braunschweig
Neuer Weg 51A, 38302 Wolfenbüttel
T: (05331) 7 18 48 **Fax:** 3 22 91
Leiter(in): Wolfgang Weber

g 39
Bildungszentrum für das Steinmetz- und Bildhauer-Handwerk der Handwerkskammer Braunschweig
Dr.-Heinrich-Gremmels-Str. 15, 38154 Königslutter
T: (05353) 95 15-0 **Fax:** 95 15-20
Leiter(in): Dipl.-Volkswirt Reiner Flassig (Steinmetzm.)

g 40
Internat der Handwerkskammer Braunschweig
Neuer Weg 51, 38302 Wolfenbüttel
T: (05331) 7 20 84

● **G 41**
Handwerkskammer Bremen
Postf. 10 51 06, 28051 Bremen
Ansgaritorstr. 24, 28195 Bremen
T: (0421) 3 05 00-0 **Fax:** 3 05 00 10
E-Mail: hwk-bremen@t-online.de
Präses: Dieter Dasenbrook (Maler- u. Lackierermeister)
Hauptgeschäftsführer(in): Ass. Hans-Heinrich Meyer-Heye
Geschäftsführer(in): Hans Hermann Scholl
Leitung Presseabteilung: Hans-Heinrich Meyer-Heye
Verbandszeitschrift: Deutsche Handwerks Zeitung
Redaktion: Handwerkskammer Bremen
Mitglieder: 5000 Mitgliedsbetriebe

● **G 42**
Handwerkskammer Chemnitz
Postf. 4 15, 09004 Chemnitz
Limbacher Str. 195, 09116 Chemnitz
T: (0371) 53 64-0 **Fax:** 53 64-222
Internet: http://www.hwk-chemnitz.de
E-Mail: info@hwk-chemnitz.de
Präsident(in): Bau-Ing. Wolfgang Rühlig (Maurer- und Zimmerermeister)
Hauptgeschäftsführer(in): Dipl.-jur. Ingeborg Schöne
Abteilungsleiter: Jana Lindner (Medien u. Marketing)
Pressereferentin: Katrin Hilbert
Verbandszeitschrift: Deutsche Handwerkszeitung
Verlag: Holzmann-Verlag, 86825 Bad Wörishofen
Mitglieder: 21000

● **G 43**
Handwerkskammer Coburg
Hinterer Floßanger 6, 96450 Coburg
T: (09561) 5 17-0 **Fax:** 5 17-60
Internet: http://www.hwk-coburg.de
E-Mail: info@hwk-coburg.de
Präsident(in): Hugo Thauer (Hildburghäuser Str. 23, 96476 Bad Rodach)
Hauptgeschäftsführer(in): Ass. jur. Hans-Karl Bauer

● **G 44**
Handwerkskammer Cottbus
Altmarkt 17, 03046 Cottbus
T: (0355) 78 35-0   **Fax:** 78 35-281
Internet: http://www.hwk-cottbus.de
E-Mail: hwk@hwk-cottbus.de
Präsident(in): Fleischermeister Werner Schröter
Vizepräsident(in): (Selbständige): Elektroinstallateurmeister Bernd Rink
Vizepräsident(in): (Gesellen): Hans-Jürgen Herzog
Hauptgeschäftsführer(in): Dipl.-Oek. Knut Deutscher
Stellv. Hauptgeschäftsführer: Horst Freimann
Geschäftsführer(in): Dipl.-Ing. Dietmar Micklich
Pressereferentin: Irene Göbel

● **G 45**
Handwerkskammer Dortmund
Reinoldistr. 7-9, 44135 Dortmund
T: (0231) 54 93-0   **Fax:** 54 93-116
Internet: http://www.hwk-do.de
E-Mail: info@hwk-do.de
Präsident(in): Dipl.-Ing. Otto Kentzler (Burgweg 3, 44145 Dortmund, T: (0231) 86 10 18-0)
Vizepräsident(in): Klaus Feuler
Ernst Fischer
Hauptgeschäftsführer(in): Ass. Viktor Gallas (Am Westheck 60, 44309 Dortmund, T: (0231) 25 22 98)
Stellv. Hauptgeschäftsführer: Ernst Wölke
Pressereferentin: Jana Mielke
Mitglieder: 18900

g 46
Bildungszentrum
Ardeystr. 93-95, 44139 Dortmund
T: (0231) 54 93-400   **Fax:** 54 93-405

g 47
Bildungszentrum für Gerüstbauer
Barbarastr. 7, 44357 Dortmund
T: (0231) 54 93-700   **Fax:** 54 93-860

● **G 48**
Handwerkskammer Dresden
Postf. 20 09 36, 01194 Dresden
Wiener Str. 43, 01219 Dresden
T: (0351) 46 40 30   **Fax:** 4 71 91 88
Präsident(in): Bernd Rendle (T: (0351) 46 40-5 00)
Hauptgeschäftsführer(in): Peter Zogelmann
Leitung Presseabteilung: Kornelia Schneider
Verbandszeitschrift: Deutsche Handwerks Zeitung
Verlag: Hans Holzmann Verlag, Gewerbestr. 2, 86825 Bad Wörishofen
Mitglieder: ca. 19000
Landesredaktion Sachsen: Kornelia Schneider

● **G 49**
Handwerkskammer Düsseldorf
Postf. 10 27 55, 40018 Düsseldorf
Georg-Schulhoff-Platz 1, 40221 Düsseldorf
T: (0211) 87 95-0   **Fax:** 87 95-1 10
Präsident(in): Hansheinz Hauser (Bäckermeister, Carl-Schurz-Str. 13 b, 47803 Krefeld)
Hauptgeschäftsführer(in): Dipl.-Volksw. Gerd Wieneke
Mitglieder: 45000

● **G 50**
Handwerkskammer Erfurt
Postf. 10 05 65, 99005 Erfurt
Fischmarkt 13, 99084 Erfurt
T: (0361) 67 07-0   **Fax:** 6 42 28 96
Internet: http://www.hwk-erfurt.de
E-Mail: info@hwk-erfurt.de
Präsident(in): Dipl.-Ing. (FH) Wolfgang Bachmann
Vizepräsident(in): Rolf Ostermann (AG, Karosseriebaumeister)
Bärbel Kritzmann (AN)
Hauptgeschäftsführer(in): Dr. Dieter Artymiak
Verbandszeitschrift: Deutsche Handwerks Zeitung
Mitglieder: 13000

● **G 51**
Handwerkskammer Flensburg
Postf. 17 38, 24907 Flensburg
Johanniskirchhof 1-7, 24937 Flensburg
T: (0461) 8 66-0   **Fax:** 8 66-1 10
Internet: http://www.hwk-flensburg.de
E-Mail: info@hwk-flensburg.de
Präsident(in): Carsten Jensen (Kappelner Str. 23-29, 24943 Flensburg)
Hauptgeschäftsführer(in): Ass. Udo Hansen

● **G 52**
Handwerkskammer Frankfurt (Oder)
Bahnhofstr. 12, 15230 Frankfurt
T: (0335) 56 19-0   **Fax:** 53 50-11
Internet: http://www.handwerkskammer-ff.de
E-Mail: hwkinfo@handwerkskammer-ff.de
Präsident(in): Detlef Karney
Vizepräsident(in): Günter Käseberg
Hauptgeschäftsführer(in): Jürgen Watzlaw
Geschäftsführer(in): Klaus-Jürgen Lange
Leitung Presseabteilung: Fred Winter
Verbandszeitschrift: Deutsches Handwerksblatt magazin
Redaktion: Handwerkskammer, Fred Winter
Verlag: Verlagsanstalt Handwerk, Auf'm Tetelberg 7, 40221 Düsseldorf
Mitglieder: 9249 Betriebe
Mitarbeiter: 120
Jahresetat: DM 27 Mio, € 13,8 Mio

● **G 53**
Handwerkskammer Freiburg
Bismarckallee 6, 79098 Freiburg
T: (0761) 2 18 00-0   **Fax:** 2 18 00-50
Präsident(in): Martin Lamm (Maurermeister)
Stellv. Hauptgeschäftsführer: Ass. jur. Michael Wohlrabe

● **G 54**
Handwerkskammer für Ostthüringen
Handwerkstr. 5, 07545 Gera
T: (0365) 82 25-0   **Fax:** 82 51 99
Präsident(in): Klaus Nützel (Ing. f. Holztechnik, 07952 Ebersgrün, Nr. 33b)
Hauptgeschäftsführer(in): Klaus Peter Creter (Handwerkstr. 5, 07545 Gera)
Stellvertretende(r)-Hauptgeschäftsführer: Hans-Joachim Reiml (Handwerksstr. 5, 07545 Gera)
Pressereferent: Waldemar Meyer
Verbandszeitschrift: Deutsche Handwerks Zeitung
Mitglieder: 9200 Mitgliedsbetriebe

g 55
Bildungsstätte Rudolstadt-Schwarza der Handwerkskammer für Ostthüringen
In der Schremsche 3, 07407 Rudolstadt
T: (03672) 37 73 77   **Fax:** 37 71 12

g 56
Bildungsstätte Zeulenroda der Handwerkskammer für Ostthüringen
Heinrich-Heine-Str. 45, 07937 Zeulenroda
T: (036628) 8 50 62   **Fax:** 8 27 53

g 57
Bildungsstätte Gera-Aga der Handwerkskammer Ostthüringen
Geschäftsstelle Aga
Straße der Freundschaft 27, 07554 Aga

● **G 58**
Handwerkskammer Halle (Saale)
Gräfestr. 24, 06110 Halle
T: (0345) 29 99-0   **Fax:** 29 99-200
Internet: http://www.hwkhalle.de
E-Mail: info@hwkhalle.de
Gründung: 1900
Präsident(in): Klaus Stroisch (Sattlermeister, Berliner Str. 220, 06116 Halle, T: (0345) 5 71 01 28, Telefax: (0345) 5 71 01 30)
Leitung Presseabteilung: Jacqueline Gerhardt
Verbandszeitschrift: Deutsche Handwerks Zeitung
Verlag: Hans Holzmann Verlag GmbH & Co KG, Gewerbestr. 2, 86825 Bad Wörishofen
Mitglieder: rd. 14300 Betriebe
Mitarbeiter: 250

● **G 59**
Handwerkskammer Hamburg
Holstenwall 12, 20355 Hamburg
T: (040) 3 59 05-0   **Fax:** 3 59 05-208
Internet: http://www.hwk-hamburg.de
E-Mail: info@hwk-hamburg.de
Präsident(in): Peter Becker (Bäckermeister)
Hauptgeschäftsführer(in): Dr. Jürgen Hogeforster
Leitung Presseabteilung: Dipl.-Volksw. Horst Storjohann
Verbandszeitschrift: Nord-Handwerk
Verlag: Verlag Nord-Handwerk, Holstenwall 12, 20355 Hamburg

g 60
Handwerkskammer Hamburg Zweigstelle Harburg
Buxtehuder Str. 76, 21073 Hamburg
T: (040) 3 59 05-8 01   **Fax:** 3 59 05-8 58

g 61
Handwerkskammer Hamburg Zweigstelle Bergedorf
Bergedorfer Str. 162, 21029 Hamburg
T: (040) 7 24 22 12   **Fax:** 7 21 92 96

g 62
Akademie des Handwerks Hamburg (AHH)
Holstenwall 12, 20355 Hamburg
T: (040) 3 59 05-0   **Fax:** 3 59 05-333

g 63
Zentrum für Energie-, Wasser- und Umwelttechnik (ZEWU)
Buxtehuder Str. 76, 21073 Hamburg
T: (040) 3 59 05-0   **Fax:** 3 59 05-842
Internet: http://www.hwk-hamburg.de
E-Mail: ufenger@hwk-hamburg.de

g 64
Gewerbeförderungsakademie (GFA)
Gotheallee 9, 22765 Hamburg
T: (040) 3 59 05-0   **Fax:** 3 59 05-754

● **G 65**
Handwerkskammer Hannover
Postf. 25 27, 30025 Hannover
Berliner Allee 17, 30175 Hannover
T: (0511) 3 48 59-0   **Fax:** 3 48 59-32
Internet: http://www.hwk-hannover.de
E-Mail: info@hwk-hannover.de
Präsident(in): Walter Heitmüller
Hauptgeschäftsführer(in): Dipl.-Kfm. Jans-Paul Ernsting
Leitung Presseabteilung: Dr. Sabine Wilp
Mitglieder: 16000

● **G 66**
Handwerkskammer Heilbronn
Postf. 19 65, 74009 Heilbronn
Allee 76, 74072 Heilbronn
T: (07131) 7 91-0   **Fax:** 7 91-200
E-Mail: info@hwk-heilbronn.de
Präsident(in): Klaus Hackert (Flaschner- und Gas- und Wasserinstallateurmeister, Glockenstr. 41, 74080 Heilbronn, T: (07131) 38 89-0)
Hauptgeschäftsführer(in): Gerhard Pfander (Postf. 19 65, 74009 Heilbronn, T: (07131) 7 91-0)
Leitung Presseabteilung: Michaela Maier
Verbandszeitschrift: Deutsche Handwerks Zeitung
Verlag: Hans Holzmann Verlag, Postfach 13 42, 86816 Bad Wörishofen
Mitglieder: 11500
Mitarbeiter: 84

g 67
BTZ Bildungs- und Technologiezentrum
Wannenäckerstr. 62, 74078 Heilbronn
T: (07131) 7 91-2700   **Fax:** 7 91-2750
E-Mail: info@btz-heilbronn.de

● **G 68**
Handwerkskammer Hildesheim
Postf. 10 06 43, 31106 Hildesheim
Braunschweiger Str. 53, 31134 Hildesheim
T: (05121) 1 62-0   **Fax:** 3 38 36 (Handwerkskammer), 5 76 59 (Berufsbildungszentrum)
Internet: http://www.hwk-hildesheim.de
E-Mail: hgf@hwk-hildesheim.de
Gründung: 1900
Präsident(in): Bäckermeister Theodor Striegan (Bäckerstr. 27, 31135 Hildesheim, T: (05121) 5 29 45)
Vizepräsident(in): Kfz-Meister Wolfgang Hermann (Robert-Bosch-Str. 5, 37154 Northeim, T: (05551) 20 26)
Modellbauer Rolf Heise (August-Reuter-Str. 1, 31073 Delligsen, T: (05187) 24 00)
Hauptgeschäftsführer(in): Ass. Jutta Schwarzer
Leitung Presseabteilung: Birgit Sudhoff
Verbandszeitschrift: Norddeutsches Handwerk
Verlag: Schlütersche Verlagsanstalt, Postf. 54 40, 30054 Hannover
Mitglieder: 7666 Betriebe
Mitarbeiter: ca. 150

● G 69
Handwerkskammer der Pfalz
Am Altenhof 15, 67655 Kaiserslautern
T: (0631) 36 77-0   **Fax:** 36 77-180
Gründung: 1900 (1. Januar)
Präsident(in): Walter Dech (Maler- und Lackierermeister)
Hauptgeschäftsführer(in): Dipl.-Kfm. Heinz Hoffmann
Leitung Presseabteilung: Günter Schifferer
Verbandszeitschrift: HZ - Deutsches Wirtschaftsblatt
Redaktion: Pfalz, Am Altenhof 15, 67655 Kaiserslautern
Verlag: Verlagsanstalt Handwerk GmbH, Auf'm Tetelberg 7, 40221 Düsseldorf
Mitglieder: 14282

● G 70
Handwerkskammer Karlsruhe
Friedrichsplatz 4-5, 76133 Karlsruhe
T: (0721) 16 00-0   **Fax:** 16 00-199
E-Mail: info@hwk-karlsruhe.de
Präsident(in): Joachim Wohlfeil (Gas- und Wasserinstallateurmeister), 76189 Karlsruhe, T: (0721) 16 00-0)
Hauptgeschäftsführer(in): Gerd Lutz (T: (0721) 16 00-0)

● G 71
Handwerkskammer Kassel
Postf. 10 16 20, 34016 Kassel
Scheidemannplatz 2, 34117 Kassel
T: (0561) 78 88-0   **Fax:** 78 88-165
Internet: http://www.hwk-kassel.de
E-Mail: handwerkskammer@hwk-kassel.de
Präsident(in): Gerhard Repp (Die Freiheit 12, 34117 Kassel)
Hauptgeschäftsführer(in): Dipl.-Volksw. Klaus Schuchhardt (Scheidmannplatz 2, 34117 Kassel)
Pressestelle: Barbara Scholz

● G 72
Handwerkskammer Koblenz
Friedrich-Ebert-Ring 33, 56068 Koblenz
T: (0261) 3 98-0   **Fax:** 3 98-398
E-Mail: hwk@hwk-koblenz.de
Präsident(in): Karl-Heinz Scherhag (MdB, Kfz-Mechanikermeister, In der Laach 76, 56072 Koblenz, T: (0261) 40 40 80)
Hauptgeschäftsführer(in): Ass. Karl-Jürgen Wilbert
Mitglieder: 17200 Betriebe

● G 73
Handwerkskammer zu Köln
Heumarkt 12, 50667 Köln
T: (0221) 2 02 20   **Fax:** 2 02 23 20
Internet: http://www.handwerkskammer-koeln.de
E-Mail: info@handwerkskammer-koeln.de
Präsident(in): Franz-Josef Knieps (Bäcker- und Konditormeister, Heumarkt 12, 50667 Köln, T: (0221) 20 22-2 24)
Vizepräsident(in): Fred Balsam (Kfz-Elektriker, Gertrudisstr. 6a, 50859 Köln, T: (02234) 7 19 81)
Andreas Salm (Friseurmeister, Landgrabenweg 12, 53343 Wachtberg, T: (0228) 43 04 20, 9 34 84 06)
Hauptgeschäftsführer(in): Dipl.-Kfm. Uwe Nehrhoff (Heumarkt 12, 50667 Köln, T: (0221) 20 22-2 25)

● G 74
Handwerkskammer Konstanz
Webersteig 3, 78462 Konstanz
T: (07531) 2 05-0   **Fax:** 1 64 68
Internet: http://www.hwk-konstanz.de
E-Mail: handwerkskammer@hwk-konstanz.de
Präsident: Bernhard Hoch (Bäcker- u. Konditormeister)
Hauptgeschäftsführer: Ass. jur. Manfred Wolfensperger

g 75
Versorgungswerk des Handwerks
Webersteig 3, 78462 Konstanz
T: (07531) 2 05-0   **Fax:** 1 64 68
Vorsitzende(r): Bernhard Hoch
Geschäftsführer(in): Ass. jur. Manfred Wolfensperger

g 76
Gewerbe-Akademie, Bildungsträger der Handwerkskammer Konstanz
Opelstr. 6, 78467 Konstanz
T: (07531) 5 87-2 20   **Fax:** 6 72 34
Leiter(in): Meinrad Arnold

g 77
Gewerbe-Akademie VS-Villingen
Managementzentrum
Sebastian-Kneipp-Str. 60, 78048 Villingen-Schwenningen
T: (07721) 99 88-0   **Fax:** 99 88-18
Leiter(in): Betriebswirt (VWA) Michael Olaf Winter

g 78
Gewerbe-Akademie Konstanz
Opelstr. 6, 78467 Konstanz
T: (07531) 5 87-2 30   **Fax:** 6 82 94
Leiter(in): Dipl.-Ing. (FH) Thomas Peter

g 79
Gewerbe-Akademie Donaueschingen
Schulstr. 11, 78166 Donaueschingen
T: (0771) 83 29 80   **Fax:** 8 32 98 30
Leiter(in): Betriebsw. W. Nußberger

g 80
Gewerbe-Akademie Waldshut
Friedrichstr. 3, 79761 Waldshut-Tiengen
T: (07751) 8 75 30   **Fax:** 87 53 13
Leiter(in): Mechanikermeister H. Leirer

g 81
Gewerbe-Akademie Rottweil
Steinhauser Str. 18, 78628 Rottweil
T: (0741) 53 37-0   **Fax:** 53 37 37
Leiter(in): Betriebsw. (VWA) R. Maier

g 82
Berufliche Bildungsstätte Tuttlingen GmbH
Gemeins. Bildungszentrum der Handwerkskammer Konstanz u. der IHK Schwarzwald-Baar-Heuberg
Max-Planck-Str. 17, 78532 Tuttlingen
T: (07461) 9 29 00   **Fax:** 92 90 10
Leiter(in): Dipl.-Ing. (FH) O. Biselli

● G 83
Handwerkskammer zu Leipzig
Dresdner Str. 11-13, 04103 Leipzig
T: (0341) 21 88-0   **Fax:** 21 88-499
Präsident(in): Joachim Dirschka (Geschäftsführer Dirschka & Co Elektroinstallation und Anlagenbau GmbH)
Vizepräsident(in): Roland Thier (selbst. Handwerksmeister)
Manfred Steineke (Arbeitnehmerseite)
Hauptgeschäftsführer(in): Sigrid Zimmermann
Leitung Presseabteilung: Dr. Andrea Wolter
Verbandszeitschrift: DHB - Deutsches Handwerksblatt
Redaktion: Dresdner Str. 11-13, 04103 Leipzig
Mitglieder: 11600
Mitarbeiter: 174
Jahresetat: DM 62 Mio, € 31,7 Mio

● G 84
Handwerkskammer Lübeck
Breite Str. 10-12, 23552 Lübeck
T: (0451) 15 06-0   **Fax:** 15 06-1 80
Präsident(in): Friseurmeister Peter Burgdorff, Pinneberg
Hauptgeschäftsführer(in): Andreas Katschke
Geschäftsführer(in): Klaus Köhnemann
Christian Maack
Martin Schroeder

● G 85
Handwerkskammer Lüneburg-Stade
Postf. 17 60, 21307 Lüneburg
Friedenstr. 6, 21335 Lüneburg
T: (04131) 7 12-0   **Fax:** 4 47 24
Gründung: 1900 (11. April)
Präsident(in): Gernot Schmidt (Gas- u. Wasserinstallateur-, Zentralheizungs- u. Lüftungsbauermstr., Braunschweiger Heerstr. 13, 29221 Celle)
Hauptgeschäftsführer(in): Dipl.-Volksw. Norbert Bünten
Leitung Presseabteilung: Martina Köhler
Verbandszeitschrift: Norddeutsches Handwerk
Redaktion: Frau Frömling
Verlag: Schlütersche Verlagsanstalt, Hans-Böckler-Allee 7, 30173 Hannover
Mitglieder: 17554 Betriebe
Mitarbeiter: 237 hauptamtl. u. ca. 900 ehrenamtl.
Jahresetat: DM 41,846 Mio, € 21,4 Mio

● G 86
Handwerkskammer Magdeburg
Postf. 17 20, 39007 Magdeburg
Humboldtstr. 16, 39112 Magdeburg
T: (0391) 62 68-0   **Fax:** 6 26 81 10
Internet: http://www.hwk-magdeburg.de
E-Mail: info@hwk-magdeburg.de
Gründung: 1900
Präsident(in): Carl Friedrich Ullrich (Konditormeister)
Hauptgeschäftsführer(in): Dipl.-Oek. Christa Knoblauch
Pressereferent: Jürgen Horch
Verbandszeitschrift: Norddeutsches Handwerk
Verlag: Schlütersche & Co. KG, Postf. 54 40, 30054 Hannover
Mitglieder: 12700
Jahresetat: DM 20 Mio, € 10,23 Mio

● G 87
Handwerkskammer Rheinhessen
Göttelmannstr. 1, 55130 Mainz
T: (06131) 99 92-0   **Fax:** 99 92-63
Internet: http://www.hwk.de
E-Mail: hwk@hwk.de
Präsident(in): Maler- u. Lackierermeister Karl Josef Wirges (Neutorstr. 2, 55116 Mainz, T: (06131) 22 71 19)
Hauptgeschäftsführer(in): Dipl.-Volksw. Günther Tartter

● G 88
Handwerkskammer Mannheim
B 1 1-2, 68159 Mannheim
T: (0621) 1 80 02-0   **Fax:** 1 80 02-199
Internet: http://www.hwk-mannheim.de
E-Mail: info@hwk-mannheim.de
Gründung: 1901
Hauptgeschäftsführer(in): Ass. Dieter Müller
Leitung Presseabteilung: Detlev Michalke
Verbandszeitschrift: Deutsche Handwerkszeitung Mannheim
Redaktion: B1, 1-2, 68159 Mannheim
Verlag: Holzmann-Verlag, 86826 Bad Wörishofen
Mitglieder: ca. 11000
Mitarbeiter: 100

● G 89
Handwerkskammer für München und Oberbayern
Max-Joseph-Str. 4, 80333 München
T: (089) 51 19-0   **Fax:** 51 19-295
Internet: http://www.hwk-muenchen.de
E-Mail: info@hwk-muenchen.de
Gründung: 1899
Präsident(in): Heinrich Traublinger (MdL)
Hauptgeschäftsführer(in): Bernd Lenze
Leitung Presseabteilung: Rudolf Baier
Verbandszeitschrift: DEUTSCHE HANDWERKSZEITUNG
Redaktion: München und Oberbayern
Mitglieder: 60000

● G 90
Handwerkskammer Münster
Postf. 34 80, 48019 Münster
Bismarckallee 1, 48151 Münster
T: (0251) 52 03-0   **Fax:** 52 03-1 06
Internet: http://www.hwk-muenster.de
Präsident(in): Hans Rath (Bezirksschornsteinfegermeister)
Hauptgeschäftsführer(in): Walter Bourichter, Ascheberg
Leitung Presseabteilung: Dipl.-Volksw. Hubertus Kost

● G 91
Handwerkskammer Ostmecklenburg-Vorpommern
Hauptverwaltungssitz Neubrandenburg
Postf. 10 11 61, 17019 Neubrandenburg
Friedrich-Engels-Ring 11, 17033 Neubrandenburg
T: (0395) 55 93-0   **Fax:** 55 93-169
Hauptgeschäftsführer(in): Ass. Claudia Alder
Verbandszeitschrift: Deutsches Handwerksblatt magazin
Redaktion: Dr. Rüdiger Gottschalk
Verlag: Verlagsanstalt Handwerk, Auf'm Tetelberg 7, 40221 Düsseldorf

● G 92
Handwerkskammer für Mittelfranken
Postf. 21 01 05, 90119 Nürnberg
Sulzbacher Str. 11-15, 90489 Nürnberg
T: (0911) 53 09-0   **Fax:** 53 09-2 88
Internet: http://www.hwk-mittelfranken.de
Gründung: 1900
Präsident(in): Heinrich Mosler
Hauptgeschäftsführer(in): Dr. Elmar Forster
Leitung Presseabteilung: Jürgen Wilhelmi
Verbandszeitschrift: Deutsche Handwerkszeitung
Verlag: Hans-Holzmann-Verlag KG, Postf. 13 42, 86816 Bad Wörishofen
Mitglieder: 18000 Betriebe
Mitarbeiter: 190

● G 93

Handwerkskammer Oldenburg
Postf. 21 09, 26011 Oldenburg
Theaterwall 32, 26122 Oldenburg
T: (0441) 2 32-0   **Fax:** 23 22 18
Internet: http://www.hwk-oldenburg.de

E-Mail: info@hwk-oldenburg.de
Gründung: 1900
Präsident(in): Jürgen Hemmerling (Fleischermeister, Syker Str. 119, 27751 Delmenhorst, T: (04221) 7 10 41)
Vizepräsident(in): Bernhard Rech (Maurer-, Beton- und Stahlbetonbauermeister, Peterstr. 25, 26382 Wilhelmshaven, T: (04421) 2 60 59)
Hans-Otto Rohde (Maurerpolier, Raiffeisenstr. 7, 26349 Jaderberg, T: (04454) 16 29)
Verbandszeitschrift: Norddeutsches Handwerk
Verlag: Schlütersche Verlagsanstalt GmbH & Co, Hans-Böckler-Allee 7, 30173 Hannover
Mitglieder: 10957 Mitgliedsbetriebe
Mitarbeiter: 102
Jahresetat: DM 16 Mio, € 8,18 Mio

● G 94

Handwerkskammer Osnabrück-Emsland
Bramscher Str. 134-136, 49088 Osnabrück
T: (0541) 69 29-0   **Fax:** 6 92 92 90
Gründung: 1900
Präsident(in): Karl-Heinz Brünger (Friseurmeister, Bramscher Str. 134-136, 49088 Osnabrück, T: (0541) 69 29-1 11)
Hauptgeschäftsführer(in): Dr. Heinz-Gert Schlenkermann (HWK OS-El., Bramscher Str. 134-136, 49088 Osnabrück, T: (0541) 6 92 91 00 (dienstl.))
Ltg. Abt. Presse- u. Öffentlichkeitsarbeit: Georg Weßling (T: (0541) 6 92 91 06 (dienstl.))
Verbandszeitschrift: Norddeutsches Handwerk
Redaktion: Handwerkskammer Osnabrück-Emsland, Bramscher Str. 134-136, 49088 Osnabrück
Mitgliedsbetriebe: 8600 Unternehmen

● G 95

Handwerkskammer Niederbayern • Oberpfalz
Hauptverwaltungssitz:
Nikolastr. 10, 94032 Passau
T: (0851) 53 01-0   **Fax:** 53 01-122
Internet: http://www.hwkno.de
E-Mail: toni.hinterdobler@hwkno.de
Hauptverwaltungssitz:
Ditthornstr. 10, 93055 Regensburg,
T: (0941) 79 65-0, Fax: 79 65-222
Präsident(in): Dipl.-Ing. (FH) Franz Prebeck (Brunfeldstr. 11, 94327 Bogen, T: (09422) 85 08 12)
Hans Stark (Schreinermeister, Donaustr. 18, 93342 Saal, T: (09441) 68 88-0)
Hauptgeschäftsführer(in): Toni Hinterdobler

● G 96

Handwerkskammer Potsdam
Charlottenstr. 34-36, 14467 Potsdam
T: (0331) 37 03-0   **Fax:** 29 23 77
Präsident(in): Klaus Windeck (Schlossermeister, Brandenburg)
Hauptgeschäftsführer(in): Wolfgang König
Geschäftsführer(in): Dorothea Enderlein
Leitung Presseabteilung: Ute Maciejok
Verbandszeitschrift: Deutsches Handwerksblatt Magazin
Verlag: Verlagsanstalt Handwerk GmbH, Auf'm Tetelberg 7, 40221 Düsseldorf
Mitglieder: ca. 13000 Betriebe

● G 97

Handwerkskammer Rhein-Main
Postf. 17 03 53, 60077 Frankfurt
Bockenheimer Landstr. 21, 60325 Frankfurt
T: (069) 9 71 72-0   **Fax:** 9 71 72-199
Internet: http://www.hwk-rhein-main.de
E-Mail: info@hwk-rhein-main.de
Hindenburgstr. 1, 64295 Darmstadt
T: (06151) 3 00 7-0, Telefax: (06151) 30 07-2 99
Präsident(in): Jürgen Heyne
Hauptgeschäftsführer(in): Dr. Jürgen Schwappach

● G 98

Handwerkskammer Reutlingen
Postf. 17 43, 72707 Reutlingen
Hindenburgstr. 58, 72762 Reutlingen
T: (07121) 24 12-0   **Fax:** 24 12-400
T-Online: *2 4120#
Internet: http://www.hwk-reutlingen.de
E-Mail: handwerk@hwk-reutlingen.de
Gründung: 1900
Präsident(in): Dipl.-Betriebsw. (FH) Joachim Möhrle (Stuttgarter Str. 139, 72250 Freudenstadt)
Hauptgeschäftsführer(in): Ass. Roland Haaß (Postf. 17 43, 72707 Reutlingen, T: (07121) 24 12-110)
Leitung Presseabteilung: Alfred Bouß (T: (07121) 24 12-123)
Verbandszeitschrift: Deutsche Handwerkszeitung
Verlag: Holzmann Verlag, Bad Wörishofen

Mitglieder: 12000
Mitarbeiter: 120
Bezirk: Landkreise Freudenstadt, Reutlingen, Sigmaringen, Tübingen und Zollernalbkreis

Weitere Außenstellen in Albstadt, Freudenstadt, Pfullingen, Sigmaringen und Tübingen

● G 99

Handwerkskammer Ostmecklenburg-Vorpommern
Hauptverwaltungssitz Rostock
Schwaaner Landstr. 8, 18055 Rostock
T: (0381) 45 49-0   **Fax:** 4 54 91 39

Hauptverwaltungssitz Neubrandenburg
Friedrich-Engels-Ring 11, 17033 Neubrandenburg
T: (0395) 55 93-0, Telefax: 55 93-169
Präsident(in): Volker Brockmann
Udo Dohms
Hauptgeschäftsführer(in): Ass. Claudia Alder
Leitung Presseabteilung: Anne-Katrin Klötzer

● G 100

Handwerkskammer des Saarlandes
Hohenzollernstr. 47-49, 66117 Saarbrücken
T: (0681) 58 09-0   **Fax:** 58 09-1 77
Präsident(in): Winfried E. Frank (Maler- und Lackierermeister, Bergstr. 11, 66706 Perl, T: (06867) 7 15)
Hauptgeschäftsführer(in): Ass. Udo Stein (Handwerkskammer des Saarlandes, Hohenzollernstr. 47-49, 66117 Saarbrücken)
Leitung Presseabteilung: Ass. Manfred Backes
Verbandszeitschrift: Deutsches Handwerksblatt
Verlag: Verlagsanstalt Handwerk GmbH, Auf'm Tetelberg 7, 40221 Düsseldorf
Mitglieder: 10400
Mitarbeiter: 92
Jahresetat: DM 21,3 Mio, € 10,89 Mio

● G 101

Handwerkskammer Schwerin
Friedensstr. 4a, 19053 Schwerin
T: (0385) 74 17-0   **Fax:** 71 60 51
Gründung: 1900 (19. Juli)
Präsident(in): Carl-Heinz Zettler (Kunstdrechslermeister)
1. Vizepräs: Peter Günther
2. Vizepräs: Klaus-Dieter Hacker
Hauptgeschäftsführer(in): Ass. jur. Edgar Hummelsheim
Außenstelle Schwerin: Friedensstr. 4 A: Hasso Breitsprecher
Verbandszeitschrift: "Nord-Handwerk"
Redaktion: Holstenwall 12, 20355 Hamburg
Mitglieder: 6400

● G 102

Handwerkskammer Region Stuttgart
Postf. 10 21 55, 70017 Stuttgart
Heilbronner Str. 43, 70191 Stuttgart
T: (0711) 16 57-0   **Fax:** 16 57-222
Internet: http://www.hwk-stuttgart.ce
E-Mail: Info@hwk-stuttgart.de
Präsident(in): Dipl.-Ing. (FH) Uwe Schüle
Hauptgeschäftsführer(in): Claus Munkwitz
Leitung Presseabteilung: Gerd Kistenfeger
Verbandszeitschrift: Deutsche Handwerks Zeitung
Redaktion: Chefredakteur: Dr. Roman Leuthner
Verlag: Hans Holzmann Verlag GmbH & Co. KG, Gewerbestr. 2, 86825 Bad Wörishofen
Mitglieder: 28000
Mitarbeiter: 140

● G 103

Handwerkskammer Südthüringen
Rosa-Luxemburg-Str. 7-9, 98527 Suhl
T: (03681) 3 70-0   **Fax:** 3 70-2 90
Internet: http://www.hwk-suedthueringen.de
E-Mail: info@hwk-suedthueringen.de
Präsident(in): Henner Hartung (Friseurmeister)
Hauptgeschäftsführer(in): Dipl.-Ing. Rolf Günzler
Leitung Presseabteilung: Ellen Schweiger
Verbandszeitschrift: Deutsche Handwerkszeitung

● G 104

Handwerkskammer Trier
Postf. 43 70, 54233 Trier
Loebstr. 18, 54292 Trier
T: (0651) 2 07-0   **Fax:** 2 07-1 15
Internet: http://www.hwk.trier.de
E-Mail: infohwk@hwk.trier.de
Präsident(in): Hans-Josef Jänschke

Hauptgeschäftsführer(in): Ass. Hans-Hermann Kocks
Mitglieder: 6000
Zertifiziert nach DIN EN ISO 9001

● G 105

Handwerkskammer Ulm
Postf. 23 49, 89013 Ulm
Olgastr. 72, 89073 Ulm
T: (0731) 14 25-0   **Fax:** 14 25-500
Gründung: 1900 (1. Dezember)
Präsident(in): Kfz- und Landmaschinenmechanikermeister Horst Schnurr (Robert-Bosch-Straße 17, 73431 Aalen, T: (07361) 92 93-0)
Vizepräsident(in): Dipl.-Ing. (FH) Wilhelm Stotz (Schmalegger Straße 21, 88213 Ravensburg, T: (0751) 7 99-0)
Vizepräsident(in): KFZ-Mechanikermeister Franz Eberle (Holzsteige 25, 89160 Dornstadt, T: (07348) 2 21 96)
Hauptgeschäftsführer(in): Hermann Stangier (Wacholderbühl 6, 89075 Ulm, T: (0731) 5 27 54)
Stellv. HGeschF: Gunther Ludwig (Burgsteige 10, 89075 Ulm, T: (0731) 6 63 81)
Leitung Presseabteilung: Anita Zimmermann-Buder
Verbandszeitschrift: Deutsche Handwerkszeitung
Verlag: Hans Holzmann Verlag, 86825 Bad Wörishofen
Mitglieder: rd. 16000 Betriebe
Mitarbeiter: 114
Jahresetat: DM 22 Mio, € 11,25 Mio

● G 106

Handwerkskammer Wiesbaden
Bahnhofstr. 63, 65185 Wiesbaden
T: (0611) 1 36-0   **Fax:** 13 61 55
Internet: http://www.hwk-wiesbaden.de
E-Mail: info@hwk-wiesbaden.de
Präsident(in): Robert Werner
Hauptgeschäftsführer(in): Dipl. oec. Harald Brandes
Mitglieder: 20900

● G 107

Handwerkskammer für Unterfranken
Rennweger Ring 3, 97070 Würzburg
T: (0931) 3 09 08-0   **Fax:** 3 09 08-53
Internet: http://www.hwk-ufr.de
E-Mail: info@hwk-ufr.de
Präsident(in): Walter Stoy (Kfz-Mechanikermeister; Vizepräsident ZDH; Präsident des Bayer. Handwerkstages)
Hauptgeschäftsführer(in): Syndikus Franz Josef Kleespies
Leitung Presseabteilung: Andreas Klaeger
Verbandszeitschrift: Deutsche Handwerks-Zeitung
Redaktion: HGF F.J. Kleespies
Verlag: Holzmann, Bad-Wörrishofen
Mitglieder: rd 16000
Mitarbeiter: rd 160

Regionale Vereinigungen der Landesverbände des Handwerks

● G 108

Arbeitsgemeinschaft der Fachverbände des bad-württ. Handwerks
Heilbronner Str. 43, 70191 Stuttgart
T: (0711) 16 57-404   **Fax:** 16 57-444
Internet: http://www.handwerk-bw.de
E-Mail: info@handwerk-bw.de
Vorsitzende(r): Joachim Fahrion (Steiermärker Str. 48, 70469 Stuttgart)
Hauptgeschäftsführer(in): Dr. Hartmut Richter (Heilbronner Str. 43, 70191 Stuttgart, T: (0711) 16 57-4 01)
Leitung Presseabteilung: Eva Hauser

● G 109

Gesamtverband des bayerischen Handwerks
Max-Joseph-Str. 4, 80333 München
T: (089) 55 75 01   **Fax:** 55 75 22
Vorsitzende(r): Dipl.-Ing. (FH) Helmut Hubert
Geschäftsführer(in): RA Dr. Kurt Roeckl
Stellvertretende(r) Geschäftsführer(in): Dipl.-Volksw. Rudolf Herwig

● G 110

Bayern • Handwerk • International GmbH
Sulzbacher Str. 11-15, 90489 Nürnberg
T: (0911) 58 68 56-0   **Fax:** 58 68 56-60
Internet: http://www.bh-international.de
E-Mail: info@bh-international.de
Geschäftsführer(in): Dr. Dr. Johannes Reuß, Straubing
Andreas Gfall, Nürnberg
Geschäftsführer(in): Dipl.-Volksw. Rudolf Herwig, München

● G 111

Vertretung des Berliner Handwerks
Postf. 61 02 19, 10923 Berlin

Blücherstr. 68, 10961 Berlin
T: (030) 2 59 03-01 **Fax:** 2 59 03-2 35
Internet: http://www.hwk-berlin.de
E-Mail: info@hwk-berlin.de
Verbandsanschrift: Berlin Brandenburgisches Handwerk
Verlag: Blücherstr. 68, 10961 Berlin

● G 112

Gesamtverband des Hamburger Handwerks e.V.
Holstenwall 12, 20355 Hamburg
T: (040) 38 91 03-30 **Fax:** 38 91 03-20
Präsident(in): Jürgen Mehlfeldt

● G 113

Handwerksfachverbände Hessen e.V.
Ludwig-Erhard-Str. 20, 61440 Oberursel
T: (06171) 5 60 01 **Fax:** 41 57
Internet: http://www.metallhandwerk.de/fmh
E-Mail: fmh@metallhandwerk.de
Präsident(in): Schornsteinfegermeister Hans-Werner Schech
Geschäftsführer(in): Horst Villmeter
Mitglieder: 31 Fachverbände

● G 114

Unternehmensverbände Handwerk Niedersachsen
Herschelstr. 28, 30159 Hannover
T: (0511) 1 76 28 **Fax:** 1 83 34
Präsident(in): Kurt Rehkopf (Bäcker- und Konditormeister, Lange Straße 42, 31515 Wunstorf, T: (05031) 33 23)
Hauptgeschäftsführer(in): Detlef Müller-Röske (Herschelstr. 28, 30159 Hannover, T: (0511) 1 76 28, Telefax: (0511) 1 83 34)

● G 115

Landesvereinigung der Fachverbände des Handwerks Nordrhein-Westfalen e. V.
Postf. 10 34 18, 40025 Düsseldorf
Auf'm Tetelberg 7, 40221 Düsseldorf
T: (0211) 30 82 36-37 **Fax:** 39 75 88
Präsident(in): Dipl.-Kfm. Wolfgang Miehle (Jägerstr. 72, 44532 Lünen)
Hauptgeschäftsführer(in): Ing. Manfred Rütten (Andreas-Schlüter-Str. 13, 40789 Monheim)
Mitglieder: 60 mit mittelbar 105 000 Mitgliedern

● G 116

Landes-Gewerbeförderungsstelle des nordrhein-westfälischen Handwerks e.V.
Postf. 10 34 12, 40025 Düsseldorf
Auf'm Tetelberg 7, 40221 Düsseldorf
T: (0211) 3 01 08-0 **Fax:** 3 01 08-34
E-Mail: lgh@lght-online.de
Vorsitzende(r): Bäcker- u. Konditormeister Franz-Josef Knieps
Geschäftsführer(in): Dipl.-Kfm. Hans Hermann Beyer
Mitglieder: 7 Handwerkskammern, 39 Fachverbände, 9 sonst. Vollmitglieder

● G 117

Landesvereinigung handwerkl. Unternehmerverbände Rheinland-Pfalz e.V., Mainz
Südallee 31-35, 56068 Koblenz
T: (0261) 30 40 60 **Fax:** 3 04 06 44
1. Vorsitzende(r): Werner Bomm (Luisenstr., 56170 Bendorf, T: (02622) 1 20 50)
Geschäftsführer(in): Wolfgang Kesselheim (Südallee 31-35, 56068 Koblenz, T: (0261) 30 40 60)

● G 118

Arbeitgeberverband des Saarländischen Handwerks (AGVH)
siehe R 272

● G 119

Exportberatungsstelle der Handwerkskammer des Saarlandes
Hohenzollernstr. 47-49, 66117 Saarbrücken
T: (0681) 58 09-135 **Fax:** 58 09-205
Internet: http://www.hwk-saarland.de
E-Mail: a.eberhardt@hwk-saarland.de
Leiter(in): Dipl.-Kfm. Albert Eberhardt

● G 120

Kreishandwerkerschaft Steinfurt
Postf. 16 53, 48406 Rheine
Laugstr. 51, 48431 Rheine
T: (05971) 40 03-0 **Fax:** 40 03-80
Internet: http://www.kh-steinfurt.de
E-Mail: rheine@kh-steinfurt.de

● G 121

Wirtschaftsverband Handwerk Schleswig-Holstein e.V.
Rendsburger Landstr. 211, 24113 Kiel
T: (0431) 9 81 79-18 **Fax:** 9 38 77
Internet: http://www.wvh-sh.de
E-Mail: info@wvh-sh.de
Präsident(in): Karl-Heinz Jannsen
Geschäftsführer(in): Dipl.-Volksw. Reinhard Richter

Bundes- und Landesinnungsverbände

● G 122

Bundesverband Telekommunikation e.V. (VAF)
Otto-Hahn-Str. 16, 40721 Hilden
T: (02103) 7 00-250 **Fax:** 7 00-106
Internet: http://www.vaf-ev.de
Gründung: 1951 (als Verband von Aufbaufirmen, 1991 Umbenennung)
1. Vorsitzende(r): Helmut Schmidt (Fa. Engel AG, Deutscher Ring 85, 42327 Wuppertal)
2. Vorsitzende(r): Horst Keitel (Fa. MTG, Truderinger Str. 250, 81825 München)
Geschäftsführer(in): Wolfgang Weisbach
Mitglieder: ca. 250

● G 123

Bundesverband Deutscher Augenoptiker (bdao)
Schönberger Weg 13, 60488 Frankfurt
T: (069) 97 66 03-0 **Fax:** 97 66 03-66
Internet: http://www.bdao.de
E-Mail: bdaoev@arcormail.de
Gründung: 1993 (28. Februar) in Frankfurt am Main
Vorsitzende(r): Volker Meyer
Stellvertretende(r) Vorsitzende(r): Wolfgang Stritzke
Hauptgeschäftsführer(in): Dipl.-Kfm. Robert H. Mühlfried

Förderung und Vertretung der berufspolitischen, fachlichen sowie wirtschaftlichen und sozialen Interessen seiner Mitglieder.

Fördernde Mitglieder

g 124

Landesinnungsverband für das Augenoptikerhandwerk in Hessen
Geschäftsstelle:
Schönberger Weg 13, 60488 Frankfurt
T: (069) 97 66 03-0 **Fax:** 97 66 03-66
E-Mail: liv-hessen@arcormail.de
Landesinnungsmeister: Klaus Weikert (staatl. gepr. Augenoptiker, Leipziger Str. 60, 60487 Frankfurt, T: (069) 77 51 86)
Hauptgeschäftsführer(in): Dipl.-Kfm. Robert H. Mühlfried (Schönberger Weg 13, 60488 Frankfurt, T: (069) 97 66 03-0, Telefax: (069) 97 66 03-66)

g 125

Augenoptiker-Innung Hamburg
Holstenwall 12, 20355 Hamburg
T: (040) 35 74 46-0 **Fax:** 35 39 83
Obermeister: Wilhelm Böcker (Augenoptikermeister, c/o Böcker & Schurch, Die Optiker, Rahlstedter Bahnhofstr. 19, 22143 Hamburg, T: (040) 6 77 94 48)
Geschäftsführer(in): Heinz Hoffmann (Holstenwall 12, 20355 Hamburg)

g 126

Augenoptikerinnung Kassel
Geschäftsstelle:
Schönberger Weg 13, 60488 Frankfurt
T: (069) 97 66 03-0 **Fax:** 97 66 03-66
E-Mail: aoi-ks@arcormail.de
Obermeister: Wolfgang Stritzke (staatl. gepr. Augenoptiker, Marburger Str. 28, 35043 Marburg, T: (06421) 4 46 26)
Geschäftsführer(in): Dipl.-Kfm. Robert H. Mühlfried (Schönberger Weg 13, 60488 Frankfurt, T: (069) 97 66 03-0, Telefax: (069) 97 66 03-66)

g 127

Augenoptikerinnung Mittel- und Unterfranken
Geschäftsstelle:
Plobenhofstr. 1, 90403 Nürnberg
T: (0911) 20 41 61 **Fax:** 23 24 14
Obermeister: Hans-Anton Walter (Augenoptikermeister, Am Marktplatz 9, 91166 Georgensgmünd)
Geschäftsführer(in): Ulrike Hockl (Plobenhofstr. 1, 90403 Nürnberg)

g 128

Augenoptikerinnung Rhein-Main
Geschäftsstelle:
Schönberger Weg 13, 60488 Frankfurt
T: (069) 97 66 03-0 **Fax:** 97 66 03-66
E-Mail: aoi-rm@arcormail.de
Obermeister: Klaus Weikert (staatl. gepr. Augenoptiker, Leipziger Str. 60, 60487 Frankfurt, T: (069) 77 51 86)
Geschäftsführer(in): Dipl.-Kfm. Robert H. Mühlfried (Schönberger Weg 13, 60488 Frankfurt, T: (069) 97 66 03-0, Telefax: (069) 97 66 03-66)

g 129

Institut für Berufsbildung d. Bundesverband Deutscher Augenoptiker
Kriegsstr. 216a, 76135 Karlsruhe
T: (0721) 84 83 77

● G 130

Zentralverband der Augenoptiker (ZVA)
Alexanderstr. 25a, 40210 Düsseldorf
T: (0211) 8 63 23 50 **Fax:** 86 32 35 35
Internet: http://www.zva.de
E-Mail: zva.biv@t-online.de
Gründung: 1951 (21.April)
Vorsitzende(r): Thomas Nosch (Staatl. gepr. Augenoptiker), Freiburg
Stellvertretende(r) Vorsitzende(r): Dietrich Hamann (Staatl. gepr. Augenoptiker, Stollberg/Erzgebirge)
Gerd Schwieren (Staatl. gepr. Augenoptiker), Köln
Geschäftsführer(in): RA Joachim Goerdt
Verbandszeitschrift: ZVA-Report
Redaktion: ZVA
Mitglieder: 11 Landesverbände, mit 7.900 angeschlossenen Betrieben

Landesinnungsverbände

g 131

Landes-Innungsverband des bayerischen Augenoptiker-Handwerks
Dechbettener Str. 36, 93049 Regensburg
T: (0941) 2 97 65-0 **Fax:** 2 97 65-29
Vorsitzende(r): Heinrich Rath
Geschäftsführer(in): Dipl.-Volksw. Hans Hopf

g 132

Augenoptiker-Innung Berlin
Apostel-Paulus-Str. 12, 10825 Berlin
T: (030) 7 82 60 24 **Fax:** 7 82 40 37
Obermeister: Burkhard Stelse
Geschäftsführer(in): RA Alexander Cecarelli

g 133

Augenoptikerinnung des Landes Brandenburg
Grünauer Fenn 39, 14712 Rathenow
T: (03385) 53 41-0 **Fax:** 53 41-13
Vorsitzende(r): Werner Marchwat
Geschäftsführer(in): Eberhard Röhle

g 134

Landesinnung der Augenoptiker Mecklenburg-Vorpommern
Schwaaner Str. 69, 18273 Güstrow
T: (03843) 8 20 23 **Fax:** 8 20 24
Vorsitzende(r): Rolf Fichtner
Geschäftsstellen-Ltr: Annett Struck

g 135

Landesinnungsverband des Augenoptikerhandwerks Niedersachsen und Bremen
Theaterstr. 8, 30159 Hannover
T: (0511) 30 79 60 **Fax:** 3 07 96 15
Vorsitzende(r): Jürgen Matthies
Geschäftsführer(in): RA Bettina Meyer

g 136

Landesinnungsverband Nordrhein für das Augenoptikerhandwerk
Stresemannstr. 46, 40210 Düsseldorf
Vorsitzende(r): Wolfgang Schwalen
Geschäftsführer(in): Dr. Rolf Guddorf

g 137

Mitteldeutscher Augenoptikerverband für die Bundesländer Freistaat Sachsen und Sachsen-Anhalt
Bamberger Str. 7, 01187 Dresden

g 137
T: (0351) 4 71 70 56   Fax: 4 71 70 56
Vorsitzende(r): Rudolf Jahn
Geschäftsführer(in): Herbert Mahlow

g 138
Landesinnung der Augenoptiker von Schleswig-Holstein
Fleethörn 41, 24103 Kiel
T: (0431) 9 26 26   Fax: 9 68 68
Vorsitzende(r): Stefan Pape
Geschäftsstelle: Sabine Carlsen

g 139
Südwestdeutscher Augenoptikerverband
Weißdornweg 6, 67346 Speyer
T: (06232) 64 69-0   Fax: 64 69-11
Vorsitzende(r): Dieter Mollenkopf
Geschäftsführer(in): RA Frank Petersilie

g 140
Augenoptikerinnung Thüringen
Anger 74-75, 99084 Erfurt
T: (0361) 5 66 72 32   Fax: 5 66 72 34
Obermeister: Ewald Vothknecht
Geschäftsführer(in): Ute Kirschke

g 141
Augenoptikerverband Westfalen
Ruhrallee 9, 44139 Dortmund
T: (0231) 5 52 21 00   Fax: 5 52 21 11
Vorsitzende(r): Udo Bienfait
Geschäftsführer(in): RA Rüdiger Sturhan

● G 142
Zentralverband des Deutschen Bäckerhandwerks e.V.
Postf. 18 08, 53588 Bad Honnef
Bondorfer Str. 23, 53604 Bad Honnef
T: (02224) 77 04-0   Fax: 77 04 40
Internet: http://www.baeckerhandwerk.de
E-Mail: zv@baeckerhandwerk.de
Präsident(in): Peter Becker
Hauptgeschäftsführer(in): Dr. Eberhard Groebel
Mitglieder: 17000

Wahrnehmung der fachlichen, wirtschaftlichen, kulturellen und sozialen Interessen des Bäckerhandwerks; Vertretung der gemeinsamen Angelegenheiten der ordentlichen Mitglieder.

Landesinnungsverbände

g 143
Bäckerinnungsverband Baden
Südendstr. 5, 76137 Karlsruhe
T: (0721) 9 32 32 20   Fax: 38 76 90
Landesinnungsmeister: Walter Augenstein
Geschäftsführer(in): Wolfgang Mößner

g 144
Landes-Innungsverband für das bayerische Bäckerhandwerk
Maistr. 12 II, 80337 München
T: (089) 54 42 13-0   Fax: 53 63 05
Landesinnungsmeister: Heinrich Traublinger (MdL)
Geschäftsführer(in): Dr. Wolfgang Filter

g 145
Bäcker- und Konditoren-Landesverband Berlin-Brandenburg e.V.
Kärntener Str. 8, 10827 Berlin
T: (030) 78 79 79-0   Fax: 7 88 15 10
Landesobermeister: Georg Hillmann
Geschäftsführer(in): Heinrich Jünemann

g 146
Bäckerinnung der Hansestadt Hamburg
Geschäftsstelle:
Bäcker- und Konditorenvereinigung Nord
Siemensstr. 13, 25462 Rellingen
T: (04101) 38 72-0   Fax: 38 72 18
Obermeister: Klaus-Peter Jendrasik
Geschäftsführer(in): Heiko Klages

g 147
Bäckerinnungsverband Hessen
Altkönigstr. 1, 61462 Königstein

T: (06174) 10 31   Fax: 2 52 21
Landesinnungsmeister: Klaus Hottum
Geschäftsführer(in): Stefan Körber

g 148
Landesinnungsverband des Bäcker- und Konditorenhandwerks Mecklenburg-Vorpommern
Geschäftsstelle: Bäcker- u. Konditorenvereinigung Nord
Siemensstr. 13, 25462 Rellingen
T: (04101) 38 72-0   Fax: 38 72 18
Landesinnungsmeister: Roland Hatscher
Geschäftsführer(in): Heiko Klages

g 149
Bäckerinnungsverband Niedersachsen/Bremen
Herschelstr. 28, 30159 Hannover
T: (0511) 12 60 76 50   Fax: 12 60 76 59
Landesinnungsmeister: Klaus Borchers
Geschäftsführer(in): Fred Westphal

g 150
Verband des Rheinischen Bäckerhandwerks
Am Kiekenbusch 4, 47269 Duisburg
T: (0203) 7 10 12-0   Fax: 7 68 12 13
Landesinnungsmeister: Hans Bolten
Geschäftsführer(in): RA Walter Dohr

g 151
Bäckerinnungsverband Saarland
Saarstr. 13, 66130 Saarbrücken
T: (0681) 88 11 20   Fax: 88 11 21
Landesinnungsmeister: Roland Schaefer
Geschäftsführer(in): Dipl.-Betriebsw. Gerd Wohlschlegel

g 152
Landesinnungsverband Saxonia des Bäckerhandwerks Sachsen
Hohe Str. 22, 01069 Dresden
T: (0351) 4 71 53 53   Fax: 4 71 01 00
Landesobermeister: Michael Wippler
Geschäftsführer(in): Wolfgang Hesse

g 153
Landesinnungsverband des Bäckerhandwerks Sachsen-Anhalt
Im GTZH
Gustav-Ricker-Str. 62, 39120 Magdeburg
T: (0391) 6 26 96 10   Fax: 6 26 96 19
Landesinnungsmeister: Hermann-Josef Hagemann
Geschäftsführer(in): Dr. Andreas Baeckler

g 154
Landesinnungsverband des Bäckerhandwerks Schleswig-Holstein
Geschäftsstelle: Bäcker- u. Konditorenvereinigung Nord
Siemensstr. 13, 25462 Rellingen
T: (04101) 38 72-0   Fax: 38 72 18
Landesinnungsmeister: Heinrich Kolls
Geschäftsführer(in): Heiko Klages

g 155
Bäckerinnungsverband Südwest
Mozartstr. 43, 67655 Kaiserslautern
T: (0631) 31 74-0   Fax: 31 74-1 04
Landesinnungsmeister: Volker Gögelein
Geschäftsführer(in): Helmut Münch

g 156
Landesinnungsverband des Thüringer Bäckerhandwerks
Wetzstr. 20, 99096 Erfurt
T: (0361) 3 73 26 07   Fax: 3 73 26 07
Landesinnungsmeister: Gerd Bauer
Geschäftsführer(in): Helmut Münch

g 157
Bäckerinnungsverband Westfalen-Lippe
Bergstr. 79-81, 44791 Bochum
T: (0234) 5 18 45-46   Fax: 51 34 71
Landesinnungsmeister: Dipl.-Kfm. Wolfgang Miehle
Geschäftsführer(in): Dr. Friedrich Wirsam

g 158
Landesinnungsverband für das Württembergische Bäckerhandwerk e.V.
Wilhelmstr. 7, 70182 Stuttgart

T: (0711) 1 64 11-0   Fax: 1 64 11-80
Landesinnungsmeister: Wolfgang Sautter
Geschäftsführer(in): Dipl.-oec. Andreas Kofler

● G 159
Bundesverband der Junioren des Handwerks e.V.
Haus des Deutschen Handwerks
Mohrenstr. 20/21, 10117 Berlin
T: (030) 2 06 19-391, 2 06 19-392   Fax: 2 06 19 59-391, 2 06 19 59-392
Gründung: 1956
Vorsitzende(r): Thilo Bräuninger
Bundesgeschäftsführer: Ass. Hans Bernd Ditscheid
Verbandszeitschrift: handwerk magazin, Postfach 14 21, 82166 Gräfelfing
Mitglieder: ca. 8500

● G 160
Arbeitsausschuß Bauwirtschaft
Postf. 8 03 52, 10003 Berlin
Kronenstr. 55-58, 10117 Berlin
T: (030) 2 03 14-0   Fax: 2 03 14-419
Internet: http://www.zdb.de
E-Mail: ufer@zdb.de
Obmann: Prof. Dr. Karl Robl

Zentralverband des Deutschen Baugewerbes e.V.
Hauptverband der Deutschen Bauindustrie e.V.
Hauptverband des Deutschen Maler und Lackiererhandwerks
Bundesverband Steine und Erden e.V.
Bundesverband Deutscher Baustoff-Fachhandel e.V.
Fachgemeinschaft Bau- und Baustoffmaschinen im VDMA

● G 161

Zentralverband des Deutschen Baugewerbe (ZDB)
Postf. 08 03 52, 10003 Berlin
Kronenstr. 55-58, 10117 Berlin
T: (030) 2 03 14-0   Fax: 2 03 14-419
Internet: http://www.zdb.de
E-Mail: bau@zdb.de
Internationaler Zusammenschluß: siehe unter izf 799
Präsident(in): Arndt Frauenrath
Hauptgeschäftsführer(in): Prof. Dr. Karl Robl
Leitung Presseabteilung: Dr. Ilona K. Klein
Mitglieder: 41 Verbände

Vertretung der Interessen des Deutschen Baugewerbes in wirtschaftlicher, sozialpolitischer und technischer Hinsicht.

Mitgliedsverbände

Baden-Württemberg

g 162
Verband der Bauwirtschaft Südbaden e.V. (VBS)
Holbeinstr. 16, 79100 Freiburg
T: (0761) 7 03 02-0   Fax: 7 03 02-30
Internet: http://www.bausuedbaden.de
E-Mail: vbs@bausuedbaden.de
Präs. u. Vors. der Sparte Baugewerbe: Dipl.-Ing. Heinrich Wagner
Vizepräs. und Vors. der Sparte Bauindustrie: Dipl.-Ing. Rainer Weisenburger
Verbandsdir: RA Michael Hafner
Referat Öffentlichkeitsarbeit: Gregor Gierden (Ltg. Presseabteilung)
Arbeitgeber- und Wirtschaftsverband, Technischer Verband
Verbandszeitschrift: Baufachblatt
Redaktion: Baufachblatt
Verlag: Baufachblatt, Holbeinstr. 16, 79100 Freiburg

g 163
Badischer Zimmerer- und Holzbauverband e.V.
Holbeinstr. 16, 79100 Freiburg
T: (0761) 7 03 02-0   Fax: 7 03 02-30
Internet: http://www.holzbau-baden.de
E-Mail: Holzbau@bausuedbaden.de
Präsident(in): Dipl.Ing. Rolf Kuri
Verbandsdir: RA Michael Hafner
Referat Öffentlichkeitsarbeit: Gregor Gierden (M.A., Ltg. Presseabteilung)

Verbandszeitschrift: Baufachblatt
Redaktion: Baufachblatt
Verlag: Baufachblatt, Eggstr. 8, 79117 Freiburg

g 164

Fachverband Putz, Stuck und Trockenbau Baden e.V.
Holbeinstr. 16, 79100 Freiburg
T: (0761) 7 03 02-0   Fax: 7 03 02-30
Internet: http://www.stukkateur-bau.de
E-Mail: stuck@bausuedbaden.de
Vorsitzende(r): Michael Bleich
Verbandsdir: RA Michael Hafner
Leitung Presseabteilung: Gregor Gierden
Verbandszeitschrift: Baufachblatt
Redaktion: Baufachblatt
Verlag: Baufachblatt, Eggstr. 8, 79117 Freiburg

g 165

Fachverband Bau Württemberg e.V.
Hohenzollernstr. 25, 70178 Stuttgart
T: (0711) 6 48 53-0   Fax: 6 48 53 49
Internet: http://www.fachverband-bau.de
E-Mail: info@fachverband-bau.de
Vorsitzende(r): Dipl.-Ing. (FH), Senator E.h. Joachim Fahrion
Stellvertretende(r) Vorsitzende(r): Dipl.-Ing. Klaus Stumpp (Vertreter der Sparte Bauindustrie)
Hauptgeschäftsführer(in): RA Dieter Diener

g 166

Verband des Zimmerer- und Holzbaugewerbes Baden-Württemberg
Hackländerstr. 43, 70184 Stuttgart
T: (0711) 2 39 96-50   Fax: 2 39 96-60
Internet: http://www.holzbau-online.de
E-Mail: info@holzbau-online.de
Präsident(in): Helmut Reichle (Zimmermeister)
Hauptgeschäftsführer(in): Dipl.-Betriebsw. Joachim Hörrmann
Leitung Presseabteilung: Peter Mackowiack
Mitglieder: 1500

g 167

Baugewerbeverband Nordbaden e.V.
Postf. 12 02 53, 68053 Mannheim
Bassermannstr. 40, 68165 Mannheim
T: (0621) 42 30 10   Fax: 4 23 01 20
Internet: http://www.bau-nordbaden.de
E-Mail: info@bau-nordbaden.de
Vorsitzende(r): Heinz Heiler
Hauptgeschäftsführer(in): Dipl.-Vw. Reiner Rebholz

g 168

Landesinnungsverband für das Stukkateurhandwerk Baden-Württemberg
Wollgrasweg 23, 70599 Stuttgart
T: (0711) 4 51 23-0   Fax: 4 51 23-50
Internet: http://www.stukkateur.de
E-Mail: liv@stukkateur.de
1. Vorsitzende(r): Werner Kaiser (Stukkateurmeister)
Hauptgeschäftsführer(in): RA Wolfram Kümmel

g 169

Landesinnungsverband Fliesen Baden-Württemberg
Ressestr. 1, 70599 Stuttgart
T: (0711) 45 10 35-30   Fax: 45 10 35-55
Vorsitzende(r): Heinz Messner (Landesinnungsmeister)
Geschäftsführer(in): Hans Hess

g 170

Landesverband Estrich und Belag Baden-Württemberg
Robert-Leicht-Str. 128, 70563 Stuttgart
T: (0711) 68 17 84   Fax: 68 26 83
Internet: http://www.estrich-belag.de
E-Mail: estrich-belag@t-online.de
Vorsitzende(r): Volker Gaiser (Estrichlegermeister)
Geschäftsführer(in): Dipl.-Kfm. Boris A. Gruber

Bayern

g 171

Bayerische Baugewerbeverbände
Landesverband Bayerischer Bauinnungen
Verband baugewerblicher Unternehmer Bayerns e.V.
Postf. 20 13 16, 80013 München
Bavariaring 31, 80336 München
T: (089) 76 79-0   Fax: 76 85 62
Internet: http://www.lbb-bayern.de
E-Mail: baugewerbe@lbb-bayern.de
Präsident(in): Dipl.-Ing. Fritz Eichbauer
Hauptgeschäftsführer(in): Dr. Olaf Hofmann

g 172

Landesverband Bayerischer Bauinnungen
Bavariaring 31, 80336 München
T: (089) 76 79-0   Fax: 76 85 62
E-Mail: baugewerbe@lbb-bayern.de
Präsident(in): Fritz Eichbauer
Hauptgeschäftsführer(in): Dr. Olaf Hofmann

g 173

Landesinnungsverband des Bayerischen Zimmererhandwerks,
Fachverband für Zimmerei, Holzbau, Holzfertig- und Fertigteilbau, Platten- und Ausbautechnik
Postf. 40 20 64, 80720 München
Eisenacher Str. 17, 80804 München
T: (089) 3 60 85-0   Fax: 3 60 85-100
Internet: http://www.zimmerer-bayern.com
E-Mail: webmaster@zimmerer-bayern.com
Direktor(in): Wolfgang Strauß
Präsident(in): Georg König (Zimmermeister)

g 174

Verband der Zimmerer- und Holzbauunternehmer in Bayern e.V.
- Bayerischer Zimmerer- und Holzbaugewerbeverband -
Eisenacher Str. 17, 80804 München
T: (089) 3 60 85-0   Fax: 3 60 85-100
Internet: http://www.zimmerer-bayern.com
E-Mail: webmaster@zimmerer-bayern.com
Präsident(in): Georg König (Zimmermeister)
Hauptgeschäftsführer(in): Wolfgang Strauß

Deutschland

g 175

Deutscher Stuckgewerbebund im ZDB
Kronenstr. 55-58, 10117 Berlin
T: (030) 2 03 14-522   Fax: 2 03 14-583
Internet: http://www.stukkateur.de
E-Mail: stuck@zdb.de
Internationaler Zusammenschluß: siehe unter izg 172
Vorsitzende(r): Dipl.-Mathem. Stuckateurmeister Jürgen-Günther Hilger
Geschäftsführer(in): Dipl.-Ing.oec. Daniel Fritze

Berlin-Brandenburg

g 176

Landesverband Bauhandwerk Brandenburg und Berlin e.V.
Am Schragen 26, 14469 Potsdam
T: (0331) 2 70 02 33   Fax: 2 70 56 33
Vorsitzende(r): Dipl.-Bauing. Bodo Pilgrimowski
Geschäftsführer(in): Dipl.-Ing. Frank Duif

g 177

Landesinnungsverband der Fliesen-, Platten- & Mosaikleger Brandenburg
Fontanestr. 1, 15827 Blankenfelde
T: (03379) 35 66 11   Fax: 35 66 35
Geschäftsführerin: Edeltraut Lüderitz
Vorsitzende(r): Richard Ludwig (Fliesenlegermeister)

Bremen

g 178

Verband Baugewerblicher Unternehmer im Lande Bremen e.V.
Außer der Schleifmühle 53, 28203 Bremen
T: (0421) 33 93 77   Fax: 32 30 81
Internet: http://www.vbu-bremen.de
E-Mail: vbu-bremen@t-online.de
Vorsitzende(r): Dipl.-Ing. Hans Kathmann
Geschäftsführer(in): Ass. Dieter Smieja

Hamburg

g 179

Norddeutscher Baugewerbeverband e.V.
Johnsallee 53, 20148 Hamburg
T: (040) 4 15 27-0   Fax: 4 15 27 33
Internet: http://www.bau-innung.de
E-Mail: info@bau-innung.de
Vorsitzende(r): Dipl.-Ing. Werner-Wolfgang Spitze
Hauptgeschäftsführer(in): RA Michael Seitz

Hessen

g 180

Verband baugewerblicher Unternehmer Hessen e.V.
Postf. 50 02 51, 60392 Frankfurt
Emil-von-Behring-Str. 5, 60439 Frankfurt
T: (069) 9 58 09-0   Fax: 9 58 09-2 33
E-Mail: baugewerbe@t-online.de
Vorsitzende(r): Klaus Zimmer
Hauptgeschäftsführer(in): RA Raimund Ernst

g 181

Verband Hessischer Zimmermeister e.V.
Werner-Heisenberg-Str. 4, 34123 Kassel
T: (0561) 9 58 97-0   Fax: 58 29 23
Vorsitzende(r): Heinz Hellmuth (Zimmermeister)
Geschäftsführer(in): Dipl.-Holzwirt Hans Fitzner

Niedersachsen

g 182

Verband Baugewerblicher Unternehmer Niedersachsen e.V.
Baumschulenallee 12, 30625 Hannover
T: (0511) 9 57 57-0   Fax: 9 57 57-40
Internet: http://www.bvn.de
E-Mail: bvn@bvn.de
Präsident(in): Dipl.-Ing. Carl-Ludwig Schumacher
Hauptgeschäftsführer(in): Ass.jur. Hans Espel

g 183

Baugewerbe-Verband Niedersachsen
Baumschulenallee 12, 30625 Hannover
T: (0511) 9 57 57-0   Fax: 9 57 57-40
Internet: http://www.bvn.de
E-Mail: bvn@bvn.de
Präsident(in): Dipl.-Ing. Carl-Ludwig Schumacher
Hauptgeschäftsführer(in): Ass.jur. Hans Espel

Nordrhein-Westfalen

g 184

Baugewerbliche Verbände Nordrhein
Graf-Recke-Str. 43, 40239 Düsseldorf
T: (0211) 9 14 29-0   Fax: 9 14 29 31
Internet: http://www.bgv-nrw.de
E-Mail: info@bgv-nrw.de

g 185

Baugewerbe-Verband Nordrhein
Graf-Recke-Str. 43, 40239 Düsseldorf
T: (0211) 9 14 29-0   Fax: 9 14 29 31
Internet: http://www.bgv-nrw.de
E-Mail: info@bgvnrw.de
Vorsitzende(r): Hubert Schlun (Baumeister)
Hauptgeschäftsführer(in): RA Lutz Pollmann

g 186

Stuckgewerbe-Verband Nordrhein-Westfalen
Stuck-Putz-Trockenbau
Graf-Recke-Str. 43, 40239 Düsseldorf
T: (0211) 9 14 29-0   Fax: 9 14 29 31
Vorsitzende(r): Franz Kröselberg (Stukkateurmeister)
Hauptgeschäftsführer(in): RA Lutz Pollmann

g 187

Straßen- und Tiefbau-Verband Nordrhein-Westfalen
Graf-Recke-Str. 43, 40239 Düsseldorf
T: (0211) 9 14 29-0   Fax: 9 14 29 31
Vorsitzende(r): Rolf Externbrink (Straßenbaumeister)
Hauptgeschäftsführer(in): RA Lutz Pollmann

g 188

Zimmerer- und Holzbau-Verband Nordrhein
Graf-Recke-Str. 43, 40239 Düsseldorf
T: (0211) 9 14 29-0   Fax: 9 14 29 31
Vorsitzende(r): Barthel Schmitz (Zimmermeister)
Hauptgeschäftsführer(in): RA Lutz Pollmann

g 189
Baugewerbeverband Westfalen
Westfalendamm 229, 44141 Dortmund
T: (0231) 43 39 18 **Fax:** 43 39 07
Internet: http://www.bgv-westfalen.de
E-Mail: bau@bgv-westfalen.de
Präsident(in): Dipl.-Kfm. Walter Derwald
Hauptgeschäftführer(in): Ass. Franz Hörster

g 190
Fachverband Zimmerei und Holzbau Westfalen
Westfalendamm 229, 44141 Dortmund
T: (0231) 43 39 18 **Fax:** 43 39 07
Internet: http://www.bgv-westfalen.de
E-Mail: bau@bgv-westfalen.de
Vorsitzende(r): Dipl.-Ing. Markus Becker
Hauptgeschäftführer(in): Ass. Franz Hörster

g 191
Stuckgewerbe-Verband Nordrhein-Westfalen - Landesteil Westfalen
Westfalendamm 229, 44141 Dortmund
T: (0231) 43 39 18 **Fax:** 43 39 07
Amtierender Vors.: Heinz Tinz (Stuckateurmeister)
Hauptgeschäftführer(in): Ass. Franz Hörster

Rheinland-Pfalz

g 192
Baugewerbeverband Rheinhessen-Pfalz e.V.
Max-Hufschmidt-Str. 11, 55130 Mainz
T: (06131) 9 83 49-0 **Fax:** 9 83 49-49
Internet: http://www.bgv-rheinhessen-pfalz.de
E-Mail: bgv@bauverband.mz.uunet.de
Präsident(in): Dipl.-Kfm. Frank Dupré
Hauptgeschäftführer(in): RA Dr. Harald Weber

g 193
Baugewerbeverband Rheinland e.V.
Südallee 31-35, 56068 Koblenz
T: (0261) 30 40 60 **Fax:** 30 40-6 44
E-Mail: bau@baugewerbeverband-rheinland.de
Vorsitzende(r): Dipl.-Ing. Heinz Monnerjahn
Hauptgeschäftführer(in): Wolfgang Kesselheim

Saarland

g 194
Arbeitgeberverband der Bauwirtschaft des Saarlandes
Kohlweg 18, 66123 Saarbrücken
T: (0681) 3 89 25-0 **Fax:** 3 89 25-20
Internet: http://www.bau-saar.de
E-Mail: agv@bau-saar.de
Präsident(in): Dipl.-Ing. Hans-Ludwig Bernardi
Hauptgeschäftführer(in): RA Karl Hannig

Sachsen

g 195
Landesverband Sächsischer Bauinnungen Sächsischer Baugewerbeverband e.V.
An der Pikardie 6, 01277 Dresden
T: (0351) 21 19 60 **Fax:** 2 11 96 17
Präsident(in): Dipl.-Ing. Knut Nitzsche
Hauptgeschäftführer(in): RA Klaus Bertram

g 196
Landesinnungsverband des Sächsischen Straßenbaugewerbes
Geschäftsstelle
Siedlerstr. 11, 01662 Meißen
T: (03521) 40 00 81 **Fax:** 40 00 82
E-Mail: liv-strassenbau@t-online.de
Präsident(in): Hans-Peter Zschoch
Geschäftsführer(in): Dipl.-Ing. Eberhard Böhnisch

g 197
Landesinnungsverband für das Stukkateurhandwerk des Freistaates Sachsen
Leipziger Str. 180, 09114 Chemnitz
T: (0371) 37 22 89 **Fax:** 37 22 91
Vorsitzende(r): Siegfried Birkholz (Stukkateurmeister)
Geschäftsführer(in): Dipl.-Ing. (FH) Klaus Kirchhübel

g 198
Verbände des Zimmerer- und Holzbaugewerbes für Mitteldeutschland e.V.
Pittlerstr. 26, 04159 Leipzig
T: (0341) 4 67 62-0 **Fax:** 4 67 62-22
E-Mail: zimmerverband.mdl@t-online.de
Präsident(in): Jürgen Reichel (Zimmermeister)
Hauptgeschäftführer(in): Dr. Dietmar Vogelsänger

Sachsen-Anhalt

g 199
Baugewerbe-Verband Sachsen-Anhalt
Gustav-Ricker-Str. 62, 39120 Magdeburg
T: (0391) 6 26 96 80 **Fax:** 6 26 96 99
E-Mail: Baugewerbe-Verband_Sachsen-Anh@t-online.de
Präsident(in): Klaus Ebeling
Geschäftsführer(in): Dipl.-Jur. Guido Henke

Schleswig-Holstein

g 200
Baugewerbeverband Schleswig-Holstein
Ringstr. 52-54, 24103 Kiel
T: (0431) 67 50 86 **Fax:** 67 89 26
Internet: http://www.baugewerbe-sh.de
Vorsitzende(r): Maurermeister Sönke Voß
Hauptgeschäftführer(in): RA Christian Holstein

Thüringen

g 201
Baugewerbeverband Hessen-Thüringen e.V.
Emil-von-Behring-Str. 5, 60439 Frankfurt
T: (069) 9 58 09-0 **Fax:** 95 80 92 33
Vorsitzende(r): Klaus Zimmer
Geschäftsführer(in): RA Raimund Ernst

Überregionale Verbände

g 202
Deutscher Holz- und Bautenschutzverband e.V.
Postf. 40 02 20, 50832 Köln
Hans-Willy-Mertens-Str. 2, 50858 Köln
T: (02234) 4 84 55 **Fax:** 4 93 14
Internet: http://www.dhbv.de
E-Mail: dhbv-koeln@t-online.de
Vorsitzende(r): Dipl.-Ing. Horst Eickhoff
Bundes-GeschF: Dr. Friedrich W. Remes

g 203
Bundesvereinigung Recycling Bau e.V.
Kronenstr. 55-58, 10117 Berlin
T: (030) 2 03 14-575 **Fax:** 2 03 14-565
Internet: http://www.recycling-bau.de
E-Mail: info@recycling-bau.de
Vorsitzende(r): Dipl.-Ing. Eberhard Klatt
Geschäftsführer(in): Dipl.-Ing. Hans Sander

● G 204
Arbeitsgemeinschaft für zeitgemäßes Bauen e.V.
Walkerdamm 17, 24103 Kiel
T: (0431) 6 63 69-0 **Fax:** 6 63 69 69
Internet: http://www.arge-sh.de
E-Mail: arge-zeitgen-bauen@t-online.de
Gründung: 1946
Vorsitzende(r): Dr.-Ing. Eckart Güldenberg (Ministerium für Frauen, Jugend, Wohnungs- und Städtebau)
Geschäftsführer(in): Dipl.-Ing. D. Selk
Leitung Presseabteilung: Britta Semrau
Mitglieder: 428
Förderer: 4
Mitarbeiter: 9

● G 205
Arbeitsgemeinschaft Wohnbau-Modernisierung e.V.
Bahnhofstr. 44, 74254 Offenau
T: (07136) 33 22 **Fax:** 85 45
Internet: http://www.bau-web.de/arge
Gründung: 1983
Vorsitzende(r): Dirk Mommertz
Leitung Presseabteilung: Andreas Köpke
Mitglieder: 25
Jahresetat: DM 1 Mio, € 0,51 Mio

● G 206
Fachgemeinschaft Bau Berlin und Brandenburg e.V.
Nassauische Str. 15, 10717 Berlin
T: (030) 86 00 04-0 **Fax:** 86 00 04-12
Hauptgeschäftführer(in): RA Wolf Burkhard Wenkel
Geschäftsführer(in): RA Rolf Sterzel
Dipl.-Ing. Wolfgang Rüger
Verbandszeitschrift: Bauvorhaben
Redaktion: RA Rolf Sterzel
Verlag: Vogel Baumedien GmbH, Blücherstr. 31 a, 10961 Berlin
Mitglieder: 1100
Mitarbeiter: 30

● G 207
Arbeitsausschuß Ausbauhandwerk
Federführend: Hauptverband Farbe, Gestaltung, Bautenschutz, siehe dort
Vilbeler Landstr. 255, 60388 Frankfurt
T: (06109) 72 28-0 **Fax:** 72 28-50
Mitglieder: 11 Verbände

● G 208
Bundesverband des Maßschneiderhandwerks e.V.
Postf. 10 20 34, 45020 Essen
Katzenbruchstr. 71, 45141 Essen
T: (0201) 3 20 08 17 **Fax:** 3 20 08 19
Internet: http://www.bundesverband-massschneider.de
Vorsitzende(r): Erika Ortkemper
Geschäftsführer(in): Ass. Jens Kastrup
Verbandszeitschrift: Rundschau für internationale Damenmode
Rundschau für internationale Herrenmode
Verlag: Rundschau-Verlag Otto G. Königer GmbH & Co. KG, Ohmstr. 15, 80820 München, T: (089) 38 16 05 60, Telefax: (089) 38 16 05-14

Landesinnungsverbände

Bayern

g 209
Landesinnungsverband für das Maßschneiderhandwerk Bayern
Oberanger 9, 80331 München
T: (089) 2 60 97 94 **Fax:** 2 60 53 76
Vorsitzende(r): Bernhard Steinwachs

Berlin

g 210
Landesinnungsverband für das Mass-Schneider-Handwerk
Kurfürstendamm 46, 10707 Berlin
T: (030) 8 83 62 91 **Fax:** 8 83 62 91
Vorsitzende(r): Volkmar Arnulf

Hamburg

g 211
Innung des Bekleidungshandwerks Hamburg
Holstenwall 12, 20355 Hamburg
T: (040) 3 59 05-291
Obermeisterin: Gudrun Keller-Drobek
Geschäftsführer(in): Karin Schulze

Hessen

g 212
Hessen Landesinnungsverband für das Herrenschneiderhandwerk
Bleichstr. 38a, 60313 Frankfurt
T: (069) 28 39 23
Vorsitzende(r): Oskar Habersack
Geschäftsführer(in): Heinrich Stoppel

Niedersachsen

g 213
Landesinnungsverband des Niedersächsischen Schneiderhandwerks
Annabergstr. 31, 26133 Oldenburg
T: (0441) 4 26 59 **Fax:** 4 26 59
Landesinnungsmeister: Manfred Seidel

Nordrhein

g 214

**Innungsverband des Damen- und Herrenmaß-
schneiderhandwerks NRW**
Katzenbruchstr. 71, 45141 Essen
T: (0201) 3 20 08 17   **Fax:** 3 20 08 19
Vorsitzende(r): Erika Ortkemper
Stellvertretende(r) Vorsitzende(r): Hans-Josef Rosendahl
Geschäftsführer(in): Ass. Jens Kastrup

Pfalz

g 215

Innung des Modeschaffenden Handwerks der Pfalz
Burgstr. 39, 67659 Kaiserslautern
T: (0631) 3 71 22-0   **Fax:** 3 71 22-50
Obermeister: Inge Rinnert
Geschäftsführer(in): Helmut Knieriemen

Schleswig-Holstein

g 216

**Landesinnung des modeschaffenden Handwerks
Schleswig-Holstein**
Gustav-Adolf-Str. 7a, 23568 Lübeck
T: (0451) 3 89 59-01
Geschäftsführer(in): Manfred Kley
Obermeisterin: Barbara Philipsen

Württemberg

g 217

**Landesverband für das Herrenschneider-Handwerk
in Württemberg**
Alexanderstr. 126, 70180 Stuttgart
T: (0711) 60 64 62   **Fax:** 60 64 62
Vorsitzende(r): Kurt Schaufenberg
Geschäftsführer(in): Marina Roder

Südthüringen

g 218

**Innung der Damen- u. Herrenschneider
Südthüringen**
c/o Kreishandwerkerschaft Suhl
Kirchberg 11, 98527 Suhl
T: (03681) 2 10 32/33   **Fax:** 2 10 32
Obermeister: Roland Schmidt (Neue Straße 3, 98553 Hinternah, T.: (036841) 4 78 26)

Über die Landesfachverbände Herrenschneider und Damenschneider erteilt der "Bundesverband" Auskunft

● **G 219**

Bundesverband des Deutschen Bestattungsgewerbes e.V.
Volmerswerther Str. 79, 40221 Düsseldorf
T: (0211) 1 60 08 10   **Fax:** 1 60 08 50
Internet: http://www.bestatter.de
E-Mail: BV-Bestatter@t-online.de
Präsident(in): Wolfgang H. Zocher, Wuppertal
Vizepräsident(in): Karl Denk, München
Wolfgang Kühn, Salzgitter-Bad
Geschäftsführer(in): Dr. Rolf Lichtner
Verbandszeitschrift: "das bestattungsgewerbe"
Redaktion: Verantw. Schriftleiter: Dr. Rolf Lichtner
Verlag: Fachverlag des deutschen Bestattungsgewerbes GmbH, Volmerswerther Str. 79, 40221 Düsseldorf
Mitglieder: ca. 3000

Landesfachverbände

g 220

Landesfachverband Bestattungsgewerbe Baden-Württemberg e.V.
Graf-Recke-Str. 71, 40239 Düsseldorf
T: (0211) 6 90 64-0   **Fax:** 6 90 64-20
E-Mail: lv-bestatter@t-online.de
Vorsitzende(r): Christian Streidt

g 221

Bestatterverband Bayern e.V.
Nördliche Auffahrtsallee 64, 80638 München
T: (089) 17 56 33   **Fax:** 1 78 46 33
Vorsitzende(r): Gerhard Suckfüll

g 222

Bestatter-Innung von Berlin und Brandenburg e.V.
Karl-Marx-Platz 6-8, 12043 Berlin
T: (030) 6 86 80 38   **Fax:** 6 87 07 49
Vorsitzende(r): Axel Kluth

g 223

Bestatterverband Bremen e.V.
Lüssumer Str. 101, 28779 Bremen
T: (0421) 69 05 40   **Fax:** 6 90 54 20
Vorsitzende(r): Christian Stubbe

g 224

**Landesfachverband Bestattungsgewerbe
Hamburg e.V.**
Rantzaustr. 1, 22041 Hamburg
T: (040) 6 52 36 58   **Fax:** 68 79 10
Vorsitzende(r): Claus-Dieter Wulf
Geschäftsführer(in): Dr. Dr. Hans Joachim Widmann

g 225

**Landesfachverband Bestattungsgewerbe
Hessen e.V.**
Rathausstr. 69, 65203 Wiesbaden
T: (0611) 60 26 25   **Fax:** 1 86 08 86
Vorsitzende(r): Gunther Dötenbier
Geschäftsführer(in): Wilhelm Vogler

g 226

**Landesfachverband Bestattungsgewerbe
Mecklenburg-Vorpommern e.V.**
Mühlenbruchstr., 19417 Warin
T: (038482) 6 04 18   **Fax:** 6 18 80
Vorsitzende(r): Rolf Lange

g 227

Bestatterverband Niedersachsen e.V.
Andreaestr. 2a, 30159 Hannover
T: (0511) 32 82 84   **Fax:** 3 00 88 24
Vorsitzende(r): Wolfgang Kühn
Geschäftsführerin: RA'in Hildegund Mentz

g 228

**Landesfachverband Bestattungsgewerbe
Nordrhein-Westfalen e.V.**
Graf-Recke-Str. 71, 40239 Düsseldorf
T: (0211) 6 90 64-0   **Fax:** 6 90 64-20
E-Mail: lv-bestatter@t-online.de
Vorsitzende(r): Conrad W. Schormann
Geschäftsführer(in): Dipl.-Volksw. Bernd Egtved

g 229

**Landesfachverband Bestattungsgewerbe
Rheinland-Pfalz e.V.**
Graf-Recke-Str. 71, 40239 Düsseldorf
T: (0211) 6 90 64-0   **Fax:** 6 90 64-20
E-Mail: lv-bestatter@t-online.de
Vorsitzende(r): Detlef Rech
Geschäftsführer(in): Dipl.-Volksw. Bernd Egtved

g 230

**Landesfachverband Bestattungsgewerbe
Saarland e.V.**
Kaiserstr. 3, 66133 Saarbrücken
T: (0681) 81 31 33   **Fax:** 81 31 31
Vorsitzende(r): Klaus Becker
Geschäftsführer(in): Claus-Peter Schweitzer

g 231

Landesfachverband der Bestatter Sachsen e.V.
Bahnhofstr. 83, 01259 Dresden
T: (0351) 2 01 99 06   **Fax:** 2 03 11 89
Vorsitzende(r): Werner Billing

g 232

**Landesfachverband Bestattungsgewerbe
Sachsen-Anhalt e.V.**
Beimsstr. 89a, 39110 Magdeburg
T: (0391) 7 36 01 42
Vorsitzende(r): Hans-Joachim Aue

g 233

Landesfachverband Bestattungsgewerbe Schleswig-Holstein e.V.
Feldstr. 47, 24105 Kiel
T: (0431) 56 30 77   **Fax:** 5 70 22 18
Vorsitzende(r): Klaus-Peter Paulsen

g 234

**Landesfachverband Bestattungsgewerbe
Thüringen e.V.**
Löhmaer Weg, 07907 Oettersdorf
T: (03663) 40 17 66   **Fax:** 40 17 66
Vorsitzende(r): Heinz Conrad

● **G 235**

Kuratorium Deutsche Bestattungskultur e.V. Bonn
Volmerswerther Str. 79, 40221 Düsseldorf
T: (0211) 1 60 08 20   **Fax:** 1 60 08 70
Gründung: 1986
Mitglieder: ca. 38000

● **G 236**

Verband Deutscher Bestattungsunternehmen e.V.
Belziger Str. 35, 10823 Berlin
T: (030) 7 87 82-130   **Fax:** 7 87 82-240
Vorstand: Dr. Rolf-Peter Lange (Vors.; Belziger Str. 35, 10823 Berlin)
Horst Kappmeyer (stellv. Vors.)
Vorstand: Wolfgang Litzenroth (stellv. Vors.)

● **G 237**

**Verband für das Blindenhandwerk und für
Blindenwerkstätten e.V.**
Kühnsstr. 18, 30559 Hannover
T: (0511) 51 04-2 01   **Fax:** 51 04-4 44
Vorsitzende(r): H.-W. Lange
Mitglieder: ca. 700 blinde Handwerker

● **G 238**

Bundesverband Estrich und Belag e.V.
Industriestr. 19, 53842 Troisdorf
T: (02241) 3 96 39 60   **Fax:** 3 96 39 69
Internet: http://www.beb-online.de
E-Mail: info@beb-online.de
Vorsitzende(r): Wirtschaftsing. Hans Uwo Freese (Schongauer Str. 7, 28219 Bremen)
Geschäftsführer(in): Dipl.-Volksw. Edgar Leonhardt

● **G 239**

Deutscher Boots- und Schiffbauer-Verband (DBSV)
St. Petersburger Str. 1, 20355 Hamburg
T: (040) 35 28 17   **Fax:** 34 42 27
1. Vors. u. Präs.: Burkhard Kähler (An der Werft 1, 26434 Hooksiel)
Verbandszeitschrift: bootswirtschaft
Redaktion: F. Hartz, C.-E. Meyer
Verlag: Verlag für Bootswirtschaft GmbH, St. Petersburger Str. 1, 20355 Hamburg

● **G 240**

Gegründet 1880

Bund deutscher Buchbinder-Innungen (BDBI)
c/o Kreishandwerkerschaft Achen
Postf. 9 26, 52010 Aachen
Heinrichsallee 72, 52062 Aachen
T: (0241) 53 27 09   **Fax:** 9 49 82 34
Internet: http://www.buchbindehandwerk.de
Bundesinnungsmeister: Martin Kugler (Buchbindermeister, Seidenstr. 40 b, 70174 Stuttgart, Tel.: (0711) 29 49 31, Fax: (0711) 29 75 79)
stellvertretender Bundesinnungsmeister: Werner Obermeier (Benzstr. 2, 84056 Rottenburg, Tel.: (08781) 5 50, Fax: (08781) 25 32)
Geschäftsführer(in): Ludwig Voß
Syndikus: RA Dr. Johannes Delheid
Mitglieder: 800

● **G 241**

Bundesinnungsverband für das Büchsenmacher-Handwerk
Langeler Ring 2, 53842 Troisdorf
T: (02241) 4 37 84   **Fax:** 4 36 47
Vors. u. GeschF: Bundesinnungsmeister Hans-Jürgen Rasch

Landesinnungen

g 242

Bundesinnungsverband für das Büchsenmacher-Handwerk
Landesinnung Bayern
Kemptener Str. 73, 87600 Kaufbeuren
Landesinnungsmeister: Jürgen Triebel

g 243

Bundesinnungsverband für das Büchsenmacher-Handwerk
Landesinnung Baden-Württemberg
Lindachstr. 37, 72764 Reutlingen
T: (07121) 26 97-0   **Fax:** 26 97-80
E-Mail: khs.reutlingen@t-online.de
Landesinnungsmeister: Paul Landmesser (Bleichstr. 6, 75179 Pforzheim)

g 244

Innung Büchsenmacher
der Bundesländer Brandenburg, Mecklenburg-Vorpommern, Sachsen, Sachsen-Anhalt, Thüringen und Hessen
c/o Kreishandwerkerschaft Suhl
Kirchgasse 7, 98527 Suhl
T: (03681) 72 10 33, 72 10 32   **Fax:** 72 10 31
Obermeister: Helmut Adamy (Windeweg 3, 98527 Suhl, T./Fax: (03681) 72 43 48)

g 245

Bundesinnungsverband für das Büchsenmacher-Handwerk
Landesinnung Niedersachsen
Bismarckstr. 7, 31061 Alfeld
T: (05181) 14 77
Landesinnungsmeister: Klaus Triebel (Schönwalder Str. 4, 13585 Berlin, T: (030) 3 35 50 01, Fax: 33 59 59-0)

g 246

Bundesinnungsverband für das Büchsenmacher-Handwerk
Landesinnung Nordrhein u. Rheinland-Pfalz
Frankenwerft 35, 50667 Köln
T: (0221) 20 70 40   **Fax:** 2 07 04 36
Landesinnungsmeister: Hans-Jürgen Rasch (Langeler Ring 2, 53842 Troisdorf, T: (02241) 4 37 84, Telefax: (02241) 4 36 47)
Geschäftsführer(in): Fritz Hibben

g 247

Büchsenmacher-Innung Westfalen-Lippe
Ossenkampstiege 111, 48163 Münster
T: (0251) 5 20 08-0   **Fax:** 5 20 08-33
Obermeister: Rolf Schönlein (Münsterstr. 71, 49477 Ibbenbüren, T: (05451) 22 51)
Geschäftsführer(in): Ass. Heinz-Dieter Rohde

● **G 248**

Zentralverband der Bürsten-, Pinselhersteller - sowie Zurichter- u. Zulieferbetriebe der Bundesrepublik Deutschland
Postf. 12 26, 91569 Bechhofen
Ansbacher Str. 52, 91572 Bechhofen
T: (09822) 9 31   **Fax:** 16 11
Vorsitzende(r): H.-F. Bieringer, Bechhofen

● **G 249**

Zentralverband des Deutschen Dachdeckerhandwerks - Fachverband Dach-, Wand- und Abdichtungstechnik e.V.
Fachverband Dach-, Wand- und Abdichtungstechnik
Postf. 51 10 67, 50946 Köln
Fritz-Reuter-Str. 1, 50968 Köln
T: (0221) 39 80 38-0   **Fax:** 39 80 38-99
Internet: http://www.dachdecker.de
E-Mail: zvdh@dachdecker.de
Gründung: 1949
Internationaler Zusammenschluß: siehe unter izf 1806
Präsident(in): Manfred Schröder
Vizepräsident(in): Hans-Jürgen Wurzel
Bernd Globke
Udo Diefenbach
Hauptgeschäftsführer(in): Ass. Wilhelm Lettgen
Stellv. Hauptgeschäftsführer: Klaus Jobke
Dipl.-Ing. Detlef Stauch
Leitung Presseabteilung: Thomas Schmitz
Verbandszeitschrift: DDH Das Dachdeckerhandwerk
Verlag: Verlagsgesellschaft Rudolf Müller, Stolberger Str. 84, 50933 Köln

Mitglieder: ca. 8200 inkl. Beitrittsgebiet
Beratungen Dach-, Wand-, Abdichtungstechnik mit Nebengebieten; Wirtschafts-, Sozial-, Tariffragen; Rechtswesen; Berufsbildung, Veranstalter der Messe DACH + WAND

Landesinnungsverbände

g 250

Landesinnungsverband des Dachdeckerhandwerks Baden-Württemberg
Rüppurrer Str. 13, 76137 Karlsruhe
T: (0721) 3 48 62/63   **Fax:** 3 48 64
Vorsitzende(r): Landesinnungsmeister Hans-Peter Kistenberger
Geschäftsführer(in): Dipl.-Wirtschafts.-Ing. Hans Dieter Krüger

g 251

Bayerisches Dachdeckerhandwerk - Landesinnungsverband
Ehrenbreitsteiner Str. 5, 80993 München
T: (089) 14 34 09-0   **Fax:** 14 34 09-19
Vorsitzende(r): Klaus Buckel
Geschäftsführer(in): Dipl.-Betriebsw. Michael Pfliegel

g 252

Landesinnung des Dachdeckerhandwerks Berlin
Nicolaistr. 5-7, 12247 Berlin
T: (030) 7 71 00 70   **Fax:** 7 71 70 86
Landesinnungsmeister: Reiner Crolow
Geschäftsführer(in): Ruediger Thaler

g 253

Landesinnungsverband des Dachdeckerhandwerks Land Brandenburg
Röhrenstr. 6, 14480 Potsdam
T: (0331) 62 13 58   **Fax:** 62 30 84
Landesinnungsmeister: Wolfgang Blank
Geschäftsführer(in): Staatsrechtler Gerd Dittmann

g 254

Dachdecker-Innung Hamburg
Barmbeker Markt 19, 22081 Hamburg
T: (040) 2 99 94 90   **Fax:** 29 99 49 30
Landesinnungsmeister: Ulf-Peter Schröder
Geschäftsführer(in): Dipl.-Kfm. Walter Wohlert

g 255

Landesinnungsverband des Dachdeckerhandwerks Hessen
Waldhäuser Weg 19, 35781 Weilburg
T: (06471) 37 93 65   **Fax:** 37 93 30
Landesinnungsmeister: Michael Brendel
Geschäftsführer(in): Norbert Hain

g 256

Landesinnungsverband des Dachdeckerhandwerks Mecklenburg-Vorpommern
Wilhelm-Külz-Platz 5, 18055 Rostock
T: (0381) 25 20 05-0   **Fax:** 25 20 05-20
Landesinnungsmeister: Heinz Luks
Geschäftsführer(in): Jürgen Koop

g 257

Landesinnungsverband des Dachdeckerhandwerks Niedersachsen und Bremen - mit Fachschule
Herrenstr. 17, 37444 St Andreasberg
T: (05582) 91 62-0   **Fax:** 91 62-62
Landesinnungsmeister: Traugott Grundmann
Hauptgeschäftsführer(in): Ass. Rudolf Kirschner
Stellv. Hauptgeschäftsführer: Dipl.-Ing. Karl-Heinz Barke (DD- und Klempnermeister)

g 258

Dachdecker Verband Nordrhein
Heumarkt 54, 50667 Köln
T: (0221) 2 58 11 81   **Fax:** 2 58 12 16
Landesinnungsmeister: Dieter Maassen
Geschäftsführer(in): Dipl.-Volksw. Friedhelm Gante

g 259

Landesinnungsverband des Dachdeckerhandwerks Rheinland-Pfalz
Geschäftsstelle: Servicehaus Handwerk
Hoevelstr. 19, 56073 Koblenz
T: (0261) 4 01 04 17   **Fax:** 4 01 04 18
Landesinnungsmeister: Karl-Heinz Stein
Geschäftsführer(in): Oswald Höfer

g 260

Innung des Dachdeckerhandwerks für das Saarland
Kohlweg 18, 66123 Saarbrücken
T: (0681) 3 89 25-0   **Fax:** 3 89 25-20
Landesinnungsmeister: Horst Güth
Geschäftsführer(in): RA Karl Hannig

g 261

Landesinnungsverband des Dachdeckerhandwerks Sachsen
Meißner Landstr. 81, 01157 Dresden
T: (0351) 4 21 20 52   **Fax:** 4 21 98 71
Landesinnungsmeister: Claus Dittrich
Geschäftsführer(in): Dr. Ulrich Zacharias

g 262

Landesinnungsverband des Dachdeckerhandwerks Sachsen-Anhalt
Geschäftsstelle:
Herrenstr. 17, 37444 St Andreasberg
T: (05582) 91 62-0   **Fax:** 91 62-62
Landesinnungsmeister: Hans-Günter Schumann
Geschäftsführer(in): Rudolf Kirschner
Stellvertretende(r) Geschäftsführer(in): Dipl.-Ing. Karl-Heinz Barke (DD-und Klempnermeister)

g 263

Landesinnungsverband des Dachdeckerhandwerks Schleswig-Holstein
Holzkoppelweg 5, 24118 Kiel
T: (0431) 5 47 76-0   **Fax:** 5 47 76-66
Internet: http://www.dachdecker-sh.de
E-Mail: info@dachdecker-sh.de
Landesinnungsmeister: Manfred Arp
Geschäftsführer(in): RA Uwe Klehn

g 264

Landesinnungsverband für das thüringische Dachdeckerhandwerk
Lessingstr. 2, 98599 Brotterode
T: (036840) 3 21 18   **Fax:** 3 23 77
Landesinnungsmeister: Karl-Heinz Schneider
Geschäftsführer(in): Andreas Hartwich

g 265

Innungsverband des Dachdeckerhandwerks Westfalen
Westfalendamm 229, 44141 Dortmund
T: (0231) 43 39 18   **Fax:** 43 39 07
Landesinnungsmeister: Clemens Burmann
Hauptgeschäftsführer(in): Assessor Franz Hörster
Geschäftsführer(in): Ass. jur. Norbert Breidenbach

● **G 266**

Verband des Deutschen Drechsler- und Holzspielzeugmacher-Handwerks e.V.
Fürther Freiheit 6, 90762 Fürth
T: (0911) 74 08 50   **Fax:** 7 40 85 15
E-Mail: khsfuerth@t-online.de
1. Vorsitzende(r): Günter Huhn (Hauptstr. 32, 98587 Steinbach-Hallenberg, T: (036847) 4 22 91, Telefax: (036847) 3 06 94)
Geschäftsführer(in): Karl-Heinz Tiefel
Verbandszeitschrift: Drechseln-Holz und Elfenbein
Mitglieder: 260

● **G 267**

Zentralverband der Deutschen Elektrohandwerke (ZVEH)
Haus der Deutschen Elektrohandwerke
Postf. 90 03 70, 60443 Frankfurt
Lilienthalallee 4, 60487 Frankfurt
T: (069) 24 77 47-0   **Fax:** 24 77 47-19
Internet: http://www.zveh.de
E-Mail: h.w.schult@zveh.de
Internationaler Zusammenschluß: siehe unter izf 1778
Präsident(in): Dipl.-Ing. Karl Hagedorn
Hauptgeschäftsführer(in): Dipl.-Kfm. Heinz-Werner Schult
Mitglieder: 60000

Interessenvertretung der 3 Elektrohandwerke

auf nationaler und internationaler Ebene durch die Behandlung aller wirtschafts-, berufs- und sozialpolitischen sowie technischen und rechtlichen Grundsatzfragen von überregionalem Interesse; Unterstützung und Koordinierung der Aktivitäten seiner Mitgliedsorganisationen.

Landesinnungsverbände

g 268

Fachverband Elektro- und Informationstechnik Baden-Württemberg
Voltastr. 12, 70376 Stuttgart
T: (0711) 95 59 06 66   **Fax:** 55 18 75
Internet: http://www.eh-bw.de
E-Mail: info@eh-bw.de
Hauptgeschäftsführer(in): Dipl.-Ing. (FH) Udo M. Ernst
Landesinnungsmeister: Jürgen Schwickert

g 269

Landesinnungsverband für das Bayerische Elektrohandwerk
Infanteriestr. 8, 80797 München
T: (089) 12 55 52-0   **Fax:** 12 55 52-50
Internet: http://www.elektroverband-bayern.de
E-Mail: info@elektroverband-bayern.de
Vorsitzende(r): Gerhard Köhler
Geschäftsführer(in): RA Hans W. Baumgärtler

g 270

Fachverband Elektrotechnische Handwerke Berlin/Brandenburg
Sponholzstr. 47, 12159 Berlin
T: (030) 85 95 58-0   **Fax:** 85 95 58-88
Internet: http://www.eh-bb.de
E-Mail: mail@eh-bb.de
Vorsitzende(r): Günter Hermann
Geschäftsführer(in): Dipl.-Volksw. Constantin Rehlinger

g 271

Norddeutscher Fachverband Elektrotechnik e.V. (NFE)
Eiffestr. 450, 20537 Hamburg
T: (040) 25 40 20-0   **Fax:** 25 40 20-15
Internet: http://www.nfe.de
E-Mail: nfe@nfe.de
1. Obermeister: Peter Reuter
Hauptgeschäftsführer(in): Dipl.-Volksw. Wilfried Röhrig

g 272

Fachverband elektro- und informationstechnische Handwerke Hessen (FEH)
Lilienthalallee 4, 60487 Frankfurt
T: (069) 79 40 04-0   **Fax:** 79 40 04-10
Internet: http://www.feh.de
E-Mail: info@feh.de
Landesinnungsmeister: Bernd Ehinger
Geschäftsführer(in): RA Reinhard Diescher

g 273

Landesinnungsverband der Elektrohandwerke Mecklenburg/Vorpommern
Lübecker Str. 24, 19053 Schwerin
T: (0385) 59 03 70   **Fax:** 59 37 77
Internet: http://www.eh-mv.de
E-Mail: e-schnack@t-online.de
Landesinnungsmeister: Klaus-Dieter Pick
Geschäftsführer(in): Dipl.-Ing. Rudolf Teichert

g 274

Landesinnungsverband Niedersachsen/Bremen der Elektrohandwerke
Herrenstr. 10, 30159 Hannover
T: (0511) 1 31 87 64   **Fax:** 1 74 78
Internet: http://www.eh-niedersachsen-bremen.de
E-Mail: liv@eh-niedersachsen-bremen.de
Landesinnungsmeister: Alfred Harland
Geschäftsführer(in): Thomas von Wrangel

g 275

Fachverband Elektrotechnische Handwerke Nordrhein-Westfalen
Hannöversche Str. 22, 44143 Dortmund
T: (0231) 51 98 50   **Fax:** 5 19 85 44
Internet: http://www.feh-nrw.de
E-Mail: info@feh-nrw.de
Vorsitzende(r): Dipl.-Ing. Lothar Hellmann
Hauptgeschäftsführer(in): Dipl.-Kfm. Josef Hillebrand (stellv.)

g 276

Landesinnungsverband Radio- und Fernsehtechnik NRW
Frankenwerft 35, 50667 Köln
T: (0221) 2 07 04-17   **Fax:** 2 07 04-43
Landesinnungsmeister: Gieselher Allexi
Geschäftsführer(in): Torsten Spengler

g 277

Informationstechniker-Innung Potsdam
Charlottenstr. 34-36, 14467 Potsdam
T: (0331) 29 24 15   **Fax:** 2 80 48 28
Obermeister: Heiner Kaminski

g 278

Landesinnungsverband der Elektrotechnischen Handwerke Rheinland-Pfalz
Robert-Koch-Str. 43, 55129 Mainz
T: (06131) 9 59 15-0   **Fax:** 9 59 15-10
Internet: http://www.liv-elektro.de
E-Mail: info@liv-elektro.de
Vorsitzende(r): Fritz Faßbender
Geschäftsführer(in): RA Thomas Klisa

g 279

Landesinnung Saarland der Elektrohandwerke
Postf. 10 02 43, 66002 Saarbrücken
Grülingstr. 115, 66113 Saarbrücken
T: (0681) 9 48 61-0   **Fax:** 9 48 61-99
Internet: http://www.elektrohandwerk-saar.de
Landesinnungsmeister: Franz Birkelbach
Geschäftsführer(in): Ass. Karl-Heinz Scherschel

g 280

Landesinnungsverband Sachsen-Anhalt der Elektrohandwerke
Gustav-Ricker-Str. 62, 39120 Magdeburg
T: (0391) 62 69 67-0   **Fax:** 62 69 67-9
E-Mail: liv.elektro.sa@t-online.de
Landesinnungsmeister: Ulrich Ehrt
Geschäftsführer(in): Norbert Urban

g 281

Fachverband für Elektro- und Informationstechnik Sachsen
Scharfenberger Str. 66, 01139 Dresden
T: (0351) 8 50 64 00   **Fax:** 8 50 64 44
Internet: http://www.eh-sachsen.de
E-Mail: eh-sachsen@eline.de
Vorsitzende(r): Frank Herrmann
Geschäftsführer(in): Detlef Köhler

g 282

Informationstechniker-Innung Saarland
Grülingsstr. 115, 66113 Saarbrücken
T: (0681) 94 86 10   **Fax:** 9 48 61 99
Landesinnungsmeister: Lothar Bach
Geschäftsführer(in): Isabel Fabry

g 283

Landesinnungsverband der Elektrohandwerke Schleswig-Holstein
Kieler Str. 35a, 24768 Rendsburg
T: (04331) 5 66 60   **Fax:** 5 67 60
Internet: http://www.elektrohandwerke-sh.de
E-Mail: liv@elektrohandwerke-sh.de
Landesinnungsmeister: Ulrich Mietschke
Geschäftsführer(in): Dipl.-Kfm. Jens Kuenzel

g 284

Landesinnungsverband für die Elektrohandwerke in Thüringen
Am Reitplatz 17, 99102 Waltersleben
T: (0361) 2 25 06 10   **Fax:** 2 25 78 04
Internet: http://www.thueringen-direkt.de/elektrohandwerke
E-Mail: liv-elektro-th@t-online.de
Landesinnungsmeister: Bernd Mächler (amt.)
Geschäftsführer(in): Ines Cuskun

Fördernde Mitglieder:

g 285

Fachverband Fernmeldebau e.V.
Flach-Fengler-Str. 85, 50389 Wesseling
T: (02236) 37 51 64   **Fax:** 37 51 67
Internet: http://www.fachverband-fernmeldebau.de
E-Mail: ffb@fachverband-fernmeldebau.de

Vorstand: Dipl.-Ing. Heinz-Willi Müller (Vorstandsvorsitzender; Firma WESTMONTAGE Kabel und Netzwerk GmbH, Essen)
Dipl.-Ing. Wilfried Stoye (2. Vorstandsvorsitzender; Firma Gebr. Stoye GmbH, Köln)
Kurt Klein (Firma BFE Nachrichtentechnik GmbH, Zweibrücken)
Geschäftsführer(in): Angelika Schmitz-Mertens
Justitiar: RA Karl Schucht (T: (0228) 20 18 30)

g 286

Bundesverband Telekommunikation e.V. (VAF)
Otto-Hahn-Str. 16, 40721 Hilden
T: (02103) 7 00-250   **Fax:** 7 00-106
Internet: http://www.vaf-ev.de
1. Vorsitzende(r): Helmut Schmidt
Geschäftsführer(in): Wolfgang Weisbach

● **G 287**

Bundesverband Fahrzeugaufbereitung e.V. (BFA)
Franz-Lohe-Str. 21, 53129 Bonn
T: (0228) 91 27-0   **Fax:** 91 27-150
Internet: http://www.bundesverband-fahrzeugaufbereitung.de
E-Mail: bfa@bundesverband-fahrzeugaufbereitung.de
Gründung: 1997
Vorsitzende(r): Georg Wolf
Stellvertretende(r) Vorsitzende(r): Matthias Krämer
Friedrich Wurm
Geschäftsführung: Wirtschaftsgesellschaft des Kraftfahrzeuggewerbes
Mitglieder: 86

● **G 288**

Verband des Deutschen Faß- und Weinküfer-Handwerks e.V. (Bundesfachverband) (VFW)
Max-Joseph-Str. 4, 80333 München
T: (089) 54 88 19 02   **Fax:** 59 77 44
Vorsitzende(r): Karl Assmann (Frühlingstr. 3, 97776 Eußenheim, T: (09353) 71 94)
Geschäftsführer(in): Dr. Kurt Roeckl (Max-Joseph-Str. 4, 80333 München, T: (089) 59 10 07, Telefax: (089) 59 77 44)

Angeschlossene Landesfachverbände, Innungen

g 289

Landesinnungsverband Fass- und Weinküferhandwerk Baden-Württemberg
Bahnhofstr. 25, 74072 Heilbronn
T: (07131) 9 35 80   **Fax:** 93 58 88
Internet: http://www.handwerks.org
E-Mail: info@handwerks.org
Landesinnungsmeister: Jürgen Wörthmann (Hölderlinstr. 1, 74348 Lauffen)
Hauptgeschäftsführer: Dipl.-Verw. (FH) Bernd M. Mühleck

g 290

Landesinnung Bayern des Böttcher- (Schäffler-) und Weinküfer-Handwerks
Max-Joseph-Str. 4, 80333 München
T: (089) 54 88 19 02   **Fax:** 59 77 44
Vorsitzende(r): Obermeister Karl Assmann (Frühlingstr. 3, 97776 Eußenheim, T: (09353) 71 94)
Geschäftsführer(in): Dr. Kurt Roeckl (Max-Joseph-Str. 4, 80333 München, T: (089) 59 10 07)

g 291

Küfer-Innung Rheinhessen
Kreishandwerkerschaft Worms
Siegfriedstr. 23, 67547 Worms
T: (06241) 65 98   **Fax:** 65 99
Obermeister: Heinz Bicking (Mölsheimer Str. 30, 67592 Flörsheim-Dalsheim, T: (06243) 72 95)
Geschäftsführer(in): Jürgen Aufleger

Kooperativ angeschlossen

g 292

Verband der Deutschen Faßverwertungsbetriebe e.V. VDF
Niederkasseler Str. 60, 40547 Düsseldorf
T: (0211) 55 61 66   **Fax:** 55 64 66
Vorsitzende(r): Günter Plath (Friedsam GmbH, Siemensstr. 9, 41542 Dormagen, T: (02133) 79 47-48, Telefax: (02133) 7 12 82)
Geschäftsführer(in): RA Kai Bellwinkel (Niederkasseler Str. 60, 40547 Düsseldorf)

Einzelbetrieblich angeschlossen

g 293
Ländergruppe Nordwestdeutschland im VFW
Max-Joseph-Str. 4, 80333 München
T: (089) 54 88 19 02 **Fax:** 59 77 44
Vorsitzende(r): Ewald Schulz (Südstr. 2, 59227 Ahlen)
Geschäftsführer(in): Dr. Kurt Roeckl (Max-Joseph-Str. 4, 80333 München, T: (089) 59 10 07, Telefax: (089) 59 77 44)

● **G 294**
Deutscher Fleischer-Verband e.V. (DFV)
Kennedyallee 53, 60596 Frankfurt
T: (069) 63 30 20 **Fax:** 63 30 21 50
Internet: http://www.fleischerhandwerk.de
E-Mail: info@fleischerhandwerk.de
Gründung: 1875
Präsident(in): Albert Pröller (Herzog-Georg-Str. 23, 89415 Lauingen, T: (09072) 50 95)
Vizepräsident(in): Eugen Nagel, Ludwigsburg
Karl-Heinz Jannsen, Meldorf
Hauptgeschäftsführer(in): RA Ingolf Jakobi
Leitung Presseabteilung: Kurt-P. Steinbach
Verbandszeitschrift: allgemeine fleischer zeitung
Redaktion: afz
Verlag: Deutscher Fachverlag, Mainzer Landstr. 251, 60326 Frankfurt

Mitglieder:

g 295
Landesinnungsverband Baden-Württemberg des Fleischerhandwerks
Viehhofstr. 5-7, 70188 Stuttgart
T: (0711) 46 72 74 **Fax:** 48 74 35
Geschäftsführer(in): Dipl.-Kfm. Hans-Peter de Longueville
Landesinnungsmeister: Eugen Nagel (Häusinger Weg 14, 71640 Ludwigsburg)

g 296
Fleischerverband Bayern Landesinnungsverband für das bayerische Fleischerhandwerk
Proviantbachstr. 7, 86153 Augsburg
T: (0821) 5 68 61-0 **Fax:** 5 68 61-40
Internet: http://www.fleischerschule.de
E-Mail: fleischerverband.bayern@t-online.de
Geschäftsführer(in): Ass. Josef Fendt
Landesinnungsmeister: Georg Kleeblatt (Tölzer Str. 1, 83607 Holzkirchen)
Leitung Presseabteilung: Hans-Peter Meier
Verbandszeitschrift: Der Metzgermeister
Verlag: Richard Pflaum-Verlag GmbH & Co. KG, Postf. 19 07 37, 80607 München
Mitglieder: ca. 3100
Mitarbeiter: Verband: 10, Fleischerschule: 15
Jahresetat: DM 2,6 Mio, € 1,33 Mio

g 297
Fleischerverband Berlin-Brandenburg
Beusselstr. 44n -q, 10553 Berlin
T: (030) 3 96 40 81 **Fax:** 3 96 88 48
Geschäftsführer(in): Alexander Kraus
Landesinnungsmeister: Uwe Bünger (Müllerstr. 156 a, 13353 Berlin)

g 298
Landesinnung Hamburg im DFV
Marktstr. 57/-1, 20357 Hamburg
T: (040) 4 32 20 42 + 3 **Fax:** 43 74 14
Geschäftsführer(in): Stefan Zahn
Landesinnungsmeister: Kurt Torner (Pinneberger Chaussee 104, 22523 Hamburg)

g 299
Fleischerverband Landesinnungsverband Hessen
Heusenstammer Str. 27, 63179 Obertshausen
T: (06104) 47 71 **Fax:** 4 93 86
Geschäftsführer(in): Martin Fuchs
Landesinnungsmeister: Norbert Kromm (Bahnhofstr. 19, 61206 Wöllstadt)

g 300
Landesinnungsverband des Fleischerhandwerks Mecklenburg-Vorpommern
- Kreishandwerkerschaft -
Postf. 1 03 55, 19003 Schwerin
Friedensstr. 4a, 19053 Schwerin
T: (0385) 7 61 80-0 **Fax:** 7 61 80-36

Geschäftsführer(in): Torsten Gebhard
Landesinnungsmeister: Fritz Lange (Wittenburger Str. 53, 19053 Schwerin)

g 301
Fleischerverband Niedersachsen-Bremen (FNB)
Seligmannallee 3, 30173 Hannover
T: (0511) 85 60 47-50 **Fax:** 85 60 47-40
E-Mail: FNB-FSA@t-online.de
Geschäftsführer(in): Dipl.-Kfm. Hans Joachim Preuß
Landesinnungsmeister: Leo Moll (Dahlieweg 12, 30926 Seelze-Letter)

g 302
Fleischerinnungsverband Nordrhein-Westfalen
Rosenstr. 20, 40479 Düsseldorf
T: (0211) 4 98 59 86 **Fax:** 4 98 59 91
Geschäftsführer(in): RA Dirk Haerten
Landesinnungsmeister: Manfred Rycken (Am Schorn 34, 40472 Düsseldorf)

g 303
Pfälzischer Fleischerverband Landesinnungsverband für das Fleischerhandwerk
Ludwigsplatz 10, 67059 Ludwigshafen
T: (0621) 5 91 14-0 **Fax:** 5 91 14-44
Geschäftsführer(in): Rainer Lunk
Landesinnungsmeister: Heinz Werner Süß (Laumersheimer Str. 4, 67256 Weisenheim/Sand)

g 304
Fleischerverband Rheinland-Rheinhessen
Hoevelstr. 19, 56073 Koblenz
T: (0261) 4 06 30-70 **Fax:** 4 74 14
Geschäftsführer(in): Alexander Zeitler
Landesinnungsmeister: Günter Schütz (Marktstr. 24, 56130 Bad Ems)

g 305
Fleischerinnung des Saarlandes
Geschäftsstelle:
Fleischer Einkauf Saar eG
Welleweilerstr. 83, 66538 Neunkirchen
T: (06821) 24 03-50 **Fax:** 24 03-90
Geschäftsführer(in): Wilfried Müller
Landesinnungsmeister: Alfons Kratz (Zum Tiefengrund 7, 66663 Merzig)

g 306
Sächsischer Fleischerinnungsverband
Erfurter Str. 12, 01127 Dresden
T: (0351) 43 80 03 00 **Fax:** 43 80 03 09
Geschäftsführer(in): Gottfried Wagner
Landesinnungsmeister: Werner Thiele (Zietenstr. 71, 09130 Chemnitz)

g 307
Fleischerverband Sachsen-Anhalt (FSA)
Sitz: Halle/Saale
Geschäftsstelle:
Seligmannallee 3, 30173 Hannover
T: (0511) 85 60 47-50 **Fax:** 85 60 47-40
E-Mail: fnb-fsa@t-online.de
Landesinnungsmeister: Hans-Erich Schulze (Babener Str. 8, 39596 Goldbeck)
Geschäftsführer(in): Dipl.-Kfm. Hans Joachim Preuß

g 308
Fleischerverband Schleswig-Holstein
Marktstr. 57, 20357 Hamburg
T: (040) 4 32 20 43 **Fax:** 43 74 14
Geschäftsführer(in): Klaus Paulsen
Landesinnungsmeister: Karl-Heinz Jannsen (An der Miele 1, 25704 Meldorf)

g 309
Landesinnungsverband des Fleischerhandwerks Thüringen e.V.
Sitz Gotha
c/o Fleischergenossenschaft Weimar eG, Sitz Nohra
Am Troistedter Weg, 99428 Nohra
T: (03643) 54 17 27 **Fax:** 54 17 29
Geschäftsführer(in): Dr. Annett Mannheims
Landesinnungsmeister: Michael Neuwirth (Poststr. 1, 99094 Erfurt)

● **G 310**
Bundesinnung für das Flexografen-Handwerk
Postf. 18 69, 65008 Wiesbaden
Biebricher Allee 79, 65187 Wiesbaden

T: (0611) 80 31 15 **Fax:** 80 31 13
E-Mail: so@bvdm-online.de
Gründung: 1968
Vorsitzende(r): Frank Werner (c/o Stempelspirale, Ludwig-Uhland-Str. 2, 35440 Linden, T: (06403) 57 77, Fax: (06403) 9 25 58 38)
Geschäftsführer(in): Dipl.-Ing. Hartmut Flothmann
Mitglieder: 170

● **G 311**

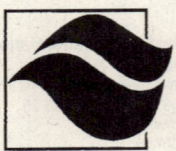

Zentralverband des Deutschen Friseurhandwerks
Postf. 13 02 04, 50496 Köln
Weißenburgstr. 74, 50670 Köln
T: (0221) 97 30 37-0 **Fax:** 97 30 37-30
Internet: http://www.friseurhandwerk.de
E-Mail: info@friseurhandwerk.de
Internationaler Zusammenschluß: siehe unter izg 5
Präsident(in): Alfred Preußner (Postf. 20 70, 58263 Gevelsberg, T: (02332) 8 28 31)
Vizepräsident(in): Egon Splinter (Kieler Str. 53, 24340 Eckernförde, T: (04351) 26 49)
Andreas Popp (Hauptstr. 19, 90547 Stein, T: (0911) 67 37 60, Fax: 6 88 79 16)
Hauptgeschäftsführer(in): Dipl.-Volksw. Bernd Müller (Weißenburgstr. 74, 50670 Köln, T: (0221) 97 30 37-0)
Geschäftsführer(in): Betriebsw. Rainer Röhr
Mitglieder: 32466
Friseurbetriebe in der Bundesrepublik
Stichtag: 31.12.1999: 54880

g 312
Landesinnungsverband Friseurhandwerk Baden-Württemberg
Gerberstr. 26, 70178 Stuttgart
T: (0711) 60 77 00 **Fax:** 6 07 70 11
Internet: http://www.liv-friseure.de
Landesinnungsmeister: Dieter Küpferle (Bulacher Str. 27 d, 76275 Ettlingen)
Geschäftsführer(in): Hasso Kraus

g 313
Landesinnungsverband des Bayerischen Friseurhandwerks
Pettenkoferstr. 7, 80336 München
T: (089) 5 50 29-302 **Fax:** 5 50 29-343
Landesinnungsmeister: Andreas Popp (Hauptstr. 19, 90547 Stein, T: (0911) 67 37 60, Telefax: (0911) 6 88 79 16)
Geschäftsführer(in): Doris Ortlieb

g 314
Friseur-Innung Berlin
Konstanzer Str. 25, 10709 Berlin
T: (030) 8 61 70 20 **Fax:** 8 61 20 19
Obermeister: Hans Buschmann
Geschäftsführer(in): N.N.

g 315
Landesinnungsverband Friseure Brandenburg
Dortustr. 54, 14467 Potsdam
T: (0331) 24 23 23 **Fax:** 24 23 23
Landesinnungsmeister: Gabriele Eichler (Geschäftsführerin; Berliner Str. 191, 14547 Beelitz, T: (033204) 4 22 23, Fax: 3 55 44)

g 316
Landesinnungsverband für das Friseurhandwerk Bremen
Rembertistr. 29, 28203 Bremen
T: (0421) 32 53 24 **Fax:** 32 76 28
Landesinnungsmeister: Brigitte Seekamp (Borgfelder Heerstr. 13, 28357 Bremen, T: (0421) 27 47 10)
Geschäftsführer(in): Karin Haake

g 317
Friseur-Innung Hamburg
Holstenwall 12, 20355 Hamburg
T: (040) 34 63 93 **Fax:** 35 90 52 08
Landesinnungsmeister: Peter Krauss
Geschäftsführer(in): N.N.

g 318
Landesinnungsverband Hessen des Friseurhandwerks
Nürnberger Str. 19, 63450 Hanau
T: (06181) 92 30 60 **Fax:** 9 23 06 30
Landesinnungsmeister: Karin Bannert (Spessartstr. 6, 63599 Biebergemünd, T: (06050) 9 09 00 33, Fax: 9 09 00 34)
Geschäftsführer(in): Ingo Scheide

g 319
Landesinnungsverband des Friseurhandwerks und der Kosmetiker Mecklenburg-Vorpommern
Lindenstr. 1, 19288 Ludwigslust
T: (03884) 4 73 11/12 **Fax:** 4 73 13
Landesinnungsmeister: Gerd Förster (Rudolf-Breitscheidtr. 28, 19306 Neustadt-Glewe, T: (038757) 2 25 66)
Geschäftsführer(in): Klaus-Dieter Ballin

g 320
Landesinnungsverband des niedersächsischen Friseurhandwerks
Ricklinger Stadtweg 92, 30459 Hannover
T: (0511) 42 72 31 **Fax:** 42 25 73
Landesinnungsmeister: Karl-Otto Schöne (Bremer Tor 5, 49377 Vechta, T: (04441) 25 39)
Geschäftsführer(in): Dipl.-Betriebsw. Wolfgang Tödt

g 321
Innungsverband für das Nordrheinische Friseurhandwerk
Postf. 27 05 23, 50511 Köln
Richard-Wagner-Str. 32-34, 50674 Köln
T: (0221) 25 27 39 **Fax:** 25 11 16
Vorsitzende(r): Heinz Fraune (Prinzess-Luise-Str. 36, 45479 Mülheim, T: (0208) 42 09 31)
Geschäftsführer(in): Wilfried Petri

g 322
Fachverband des Pfälzischen Friseurhandwerks
Postf. 27 30, 67615 Kaiserslautern
T: (0631) 3 71 22-31 **Fax:** 3 71 22 50
Vorsitzende(r): Friedrich Buchmann (Hauptstr. 29, 67714 Waldfischbach, T: (06333) 16 71)
Geschäftsführer(in): Joachim Allmendinger

g 323
Landesverband Friseure Rheinland
Robert-Koch-Str. 43, 55129 Mainz
T: (06131) 9 59-150 **Fax:** 9 59-1510
Landesinnungsmeister: Hans-Walter Reichle (Stegemannstr. 33-41, 56068 Koblenz, T: (0261) 3 32 93)
Geschäftsführer(in): Thomas Klisa

g 324
Friseur-Innung des Saarlandes
Postf. 10 02 43, 66002 Saarbrücken
Grülingsstr. 115, 66113 Saarbrücken
T: (0681) 9 48 61-0 **Fax:** 9 48 61-99
Landesinnungsmeister: Karl-Heinz Staudt (Trierer Str. 3, 66839 Schmelz, T: (06887) 9 20 12)
Geschäftsführung: Arbeitgeberverband des Saarländischen Handwerks

g 325
Landesinnungsverband Friseurhandwerk Sachsen
Waldenburger Str. 23, 09116 Chemnitz
Landesinnungsmeister: Andreas Hofmann
Geschäftsführer(in): N. N.

g 326
Landesinnungsverband Friseurhandwerk Sachsen-Anhalt
Gustav-Ricker-Str. 62, 39120 Magdeburg
T: (0391) 6 26 98 10-11
Landesinnungsmeister: Karl-Heinz Gottschling (Hohenwarther Str. 16a, 39126 Magdeburg, T: (0391) 50 33 01)
Geschäftsführer(in): N. N.

g 327
Landesinnungsverband des Friseurhandwerks Schleswig-Holstein
Thormannplatz 8-10, 24768 Rendsburg
Landesinnungsmeister: Egon Splinter (Kieler Str. 53, 24340 Eckernförde, T: (04351) 26 49)
Geschäftsführer(in): Uwe Knoop

g 328
Landesinnungsverband des Friseurhandwerks Thüringen
c/o KHW Hildburghausen
Marienstr. 12, 98646 Hildburghausen
T: (03685) 70 67 46 **Fax:** 70 95 68
Landesinnungsmeister: Andreas Brückner (Alter Graben 1, 98673 Eisfeld, T: (03686) 32 23 90)
Geschäftsführer(in): Peter Kummer

g 329
Innungsverband des Friseurhandwerks Westfalen-Lippe
Deggingstr. 16, 44141 Dortmund
T: (0231) 52 76 15 **Fax:** 57 51 75
Vorsitzende(r): Alfred Preußner (Postf. 20 70, 58263 Gevelsberg, T: (02332) 8 28 31)
Geschäftsführer(in): Heinz Konrad

● G 330
Verband der Friseurunternehmen e.V. (VDF)
c/o Resch Management GmbH
Kurfürstendamm 45, 10719 Berlin
T: (0331) 6 20 05 52 **Fax:** 2 70 53 95
Internet: http://www.vdf-ev.de
E-Mail: gf@vdf-ev.de
Präsident(in): Jürgen Stenzel, Wernigerode
Vizepräsident(in): Peter Zorn, Jena
Geschäftsführer(in): Gert Pieplow
Mitglieder: 63

● G 331

Bundesinnungsverband des Gebäudereiniger-Handwerks (BIV)
Dottendorfer Str. 86, 53129 Bonn
T: (0228) 9 17 75-0 **Fax:** 9 17 75-11
Internet: http://www.gebaeudereiniger.de
E-Mail: biv@gebaeudereiniger.de
Internationaler Zusammenschluß: siehe unter izf 695
Bundesinnungsmeister: Dieter Kuhnert
Geschäftsführer(in): RA Johannes Bungart
Mitglieder: 2600 Betriebe

Handwerkspolitik und -recht, Arbeitsmarktpolitik, Sozialversicherungsfragen, Berufsbildung, Wettbewerbsfragen, Öffentlichkeitsarbeit.

Landesverbände

g 332
Landesinnung Baden-Württemberg
Businesspark
Zettachring 8a, 70567 Stuttgart
T: (0711) 7 28 56 16 **Fax:** 7 28 56 36
Landesinnungsmeister: Helmut Haase
Geschäftsführer(in): Wolfram Schlegel

g 333
Landesinnungsverband Bayern
Max-Joseph-Str. 4, 80333 München
T: (089) 54 88 19 03 **Fax:** 59 77 44
Landesinnungsmeister: Friedrich Greitner
Geschäftsführer(in): Dr. Kurt Roeckl

g 334
Innung Berlin
Paul-Robeson-Str. 37, 10439 Berlin
T: (030) 4 64 41 71 **Fax:** 4 44 84 43
Obermeisterin: Ursula Kabisch
Geschäftsführer(in): Erika Schönenberg

g 335
Innung Brandenburg-Ost
Kreishandwerkerschaft Eberswalde-Finow
Freienwalder Str. 44-45, 16225 Eberswalde
T: (03334) 25 69 14 **Fax:** 25 69 16
Obermeister: Iris Helbeck
Geschäftsführer(in): Rehfeldt

g 336
Landesinnung Bremen und Nord-West-Niedersachsen
Ansgaritorstr. 24, 28195 Bremen
T: (0421) 3 05 00-34 **Fax:** 30 27 62
Landesinnungsmeisterin: Ellinore Piepenbrock-Führer
Geschäftsführer(in): Günter Dahlbeck

g 337
Gebäudereiniger-Innung Chemnitz/Dresden im Freistaat Sachsen
Altenzeller Str. 1a-1b, 01069 Dresden
T: (0351) 4 75 56 00 **Fax:** 4 75 56 01
Obermeister: Roland Böhm
Geschäftsführer(in): Hans-Joachim Fust

g 338
Landesinnung Hamburg
Postf. 30 34 66, 20311 Hamburg
Bei Schuldts Stift 3, 20355 Hamburg
T: (040) 35 29 54 **Fax:** 35 23 97
Obermeister: Josef Katzer
Geschäftsführer(in): Dipl.-Kfm. Volker Okun

g 339
Landesinnung Hessen
Heinz-Herbert-Karry-Str. 4, 60389 Frankfurt
T: (069) 47 77 00 **Fax:** 47 61 00
Obermeister: Manfred Schmidt
Geschäftsführer(in): Ass. Detlef Stange

g 340
Landesinnung Mecklenburg-Vorpommern
Goethestr. 76, 19053 Schwerin
T: (0385) 56 58 00 **Fax:** 56 58 20
Obermeister: Werner Godescheit
Geschäftsführer(in): Hubert Jäger

g 341
Landesinnungsverband Niedersachsen
Berliner Allee 46, 30175 Hannover
T: (0511) 32 42 52 **Fax:** 3 63 25 45
Landesinnungsmeister: Günter Brüggemann
Geschäftsführer(in): Burkhard Räcker

g 342
Landesinnungsverband Nordrhein-Westfalen
Frankenwerft 35, 50667 Köln
T: (0221) 25 10 64 **Fax:** 2 58 21 14
Landesinnungsmeister: Manfred Linden
Geschäftsführer(in): RA Bernhard Nordhausen

g 343
Gebäudereiniger-Innung für das Saarland
Geschäftsstelle: Arbeitgeberverband des Saarländischen Handwerks e.V.
Postf. 10 02 43, 66002 Saarbrücken
Grülingsstr. 115, 66113 Saarbrücken
T: (0681) 9 48 61-24 **Fax:** 9 48 61-99
Obermeister: Martin Schneider
Geschäftsführer(in): Isabel Fabry

g 344
Innung Sachsen-Anhalt/Ost -Süd Kreishandwerkerschaft Halle-Saalkreis
Pfännerhöhe 65, 06110 Halle
T: (0345) 1 20 20 43 **Fax:** 1 20 20 47
Obermeister: Bernd Kannewurf
Geschäftsführer(in): Ingeborg Böhme

g 345
Landesinnung Schleswig-Holstein
Fleethörn 25, 24103 Kiel
T: (0431) 9 81 89-0 **Fax:** 9 38 77
Landesinnungsmeister: Dieter Kuhnert
Geschäftsführer(in): Dipl.-Betriebsw. Horst Albert

g 346
Landesinnung Thüringen des Gebäudereiniger-Handwerks
c/o Kreishandwerkerschaft
Fischmarkt 13, 99084 Erfurt
Obermeister: Hans-Jürgen Lenk
Geschäftsführer(in): Bernd Reichardt

● G 347

Bundesinnung für das Gerüstbauer-Handwerk
Postf. 95 01 20, 51086 Köln
Rösrather Str. 645, 51107 Köln
T: (0221) 87 06 00 **Fax:** 86 44 49
Gründung: 2000
Bundesinnungsmeister: Dipl.-Kfm. Klaus Nachbauer, Ludwigshafen
Stellv. Bundesinnungsmeister: Dipl.-Kfm. Herbert Bühler, Stuttgart
Dipl.-Ing. Andreas Stüben, Wuppertal
Landesinnungsmeister: Gerd Herrmann
Stellv. Landesinnungsmeister: Heiner Scharf
Geschäftsführer(in): Ass. jur. Lothar Bünder
Mitgliedsbetriebe: 550
Zweck des Verbandes ist die Förderung der technischen, wirtschaftlichen und sozialen Belange seiner Mitglieder. Zur Wahrnehmung der sozialpolitischen und arbeitsrechtlichen Interessen seiner Mitglieder ist der Verband berechtigt, mit den Gewerkschaften Verhandlungen zu führen und Tarifverträge abzuschließen. Der Verband vertritt die Interessen seiner Mitglieder gegenüber Behörden, Organisationen und in der Öffentlichkeit.

g 348

Die Bevollmächtigte der BI Gerüstbau für das Land Baden-Württemberg
Lorenzstr. 3b, 76297 Stutensee
T: (07244) 95 90
Bevollmächtigte(r): Marina Kammerer-Röckl

g 349

Der Bevollmächtigte der BI Gerüstbau für das Land Brandenburg
Am Elisabethhof 27, 14772 Brandenburg
T: (03381) 71 85 00
Bevollmächtigte(r): Manfred Beyer

g 350

Der Bevollmächtigte der BI Gerüstbau für das Land Bremen
Hemmstr. 499, 28357 Bremen
T: (0421) 3 78 89 20
Bevollmächtigte(r): Marc Punke

g 351

Der Bevollmächtigte der BI Gerüstbau für das Land Hamburg
Rubbertstr. 31, 21109 Hamburg
T: (040) 7 56 09 50
Bevollmächtigte(r): Gerd Herrmann

g 352

Der Bevollmächtigte der BI Gerüstbau für das Land Hessen
Siemensstr. 8, 63165 Mühlheim
T: (06108) 70 02 34
Bevollmächtigte(r): Rainer Pust

g 353

Der Bevollmächtigte des BV Gerüstbau für das Land Mecklenburg-Vorpommern
Mühlenberg 3, 17235 Neustrelitz
T: (03981) 44 77 12
Bevollmächtigte(r): Bernd Werdermann

g 354

Der Bevollmächtigte der BI Gerüstbau für das Land Niedersachsen
Lerchenkamp 15, 31137 Hildesheim
T: (05121) 7 66 10
Bevollmächtigte(r): Josef Habekost

g 355

Der Bevollmächtigte des BV Gerüstbau für das Land Nordrhein-Westfalen
Breloher Steig 5, 45279 Essen
T: (0201) 26 00 26
Bevollmächtigte(r): Andreas Pelmer

g 356

Der Bevollmächtigte des BV Gerüstbau für das Land Rheinland-Pfalz u. Saargebiet
Industriestr. 64, 67063 Ludwigshafen
T: (0621) 69 09 60
Bevollmächtigte(r): Dipl.-Kfm. Klaus Nachbauer

g 357

Der Bevollmächtigte des BV Gerüstbau für das Land Sachsen
Dresdener Str. 51, 02625 Bautzen
T: (03591) 37 08 20
Bevollmächtigte(r): Dipl.-Ing. Bernd Reiser

g 358

Die Bevollmächtigte des BV Gerüstbau für das Land Sachsen-Anhalt
Heyrothsberger Str. 1, 39175 Biederitz
T: (039292) 24 96
Bevollmächtigte(r): Dipl.-Ing. Kerstin Unger

g 359

Die Bevollmächtigte des BV Gerüstbau für das Land Schleswig-Holstein
Schützenwall 41, 24114 Kiel
T: (0431) 67 52 99
Bevollmächtigte(r): Giesela Hagemann

g 360

Der Bevollmächtigte des BV Gerüstbau für das Land Thüringen
Heinrich-Credner-Str. 3, 99087 Erfurt
T: (0361) 7 40 76 10
Bevollmächtigte(r): Josef Grund

● G 361

Bundesinnungsverband des Glaserhandwerks
An der Glasfachschule 6, 65589 Hadamar
T: (06433) 91 33-0   **Fax:** 57 02
Internet: http://www.glaserhandwerk.de
E-Mail: biv@glaserhandwerk.de
Gründung: 1881
Vorsitzende(r): Bundesinnungsmeister Martin Nagel (Krusenkamp 32, 45964 Gladbeck, T: (02043) 6 24 37, Fax: (02043) 6 63 61)
Hauptgeschäftsführer(in): Dipl.-Ing. Stefan Kieckhöfel (An der Glasfachschule 6, 65589 Hadamar, T: (06433) 91 33-0, Telefax: (06433) 57 02)
Verbandszeitschrift: GLAS + RAHMEN
Verlag: Verlagsanstalt Handwerk GmbH, Postf. 10 51 62, 40042 Düsseldorf
Mitglieder: ca. 4800 Betriebe
Mitarbeiter: 7

g 362

Institut des Glaserhandwerks für Verglasungstechnik u. Fensterbau
An der Glasfachschule 6, 65589 Hadamar
T: (06433) 91 33-15   **Fax:** 57 02
Internet: http://www.glaserhandwerk.de
E-Mail: institut@glaserhandwerk.de

Landesinnungsverbände

Baden-Württemberg

g 363

Landesinnungsverband des Glaserhandwerks Fachverband Fensterbau Baden-Württemberg
Otto-Wels-Str. 11, 76189 Karlsruhe
T: (0721) 9 86 57-41   **Fax:** 9 86 57-43
Wunnensteinstr. 47-49, 70186 Stuttgart, T: (0711) 46 40 19, 46 40 10, Telefax: (0711) 46 10 55
Vorsitzende(r): Dipl.-Ing. Karl Kress jr.
Stellvertretende(r) Vorsitzende(r): Rolf Meinzer
Geschäftsführer(in): Dr. Siegfried Melcher
Helmut Bernhard

Bayern

g 364

Landesinnungsverband des Bayerischen Glaserhandwerks
Max-Joseph-Str. 4, 80333 München
T: (089) 59 10 07   **Fax:** 59 77 44
Vorsitzende(r): Erhard Hauke
Geschäftsführer(in): Dr. Kurt Roeckl

Berlin

g 365

Glaser-Innung Berlin
Alte Jakobstr. 124, 10969 Berlin
T: (030) 2 51 02 26/27   **Fax:** 2 51 31 57
Obermeister: Peter-Jörg Krause

Brandenburg

g 366

Landesinnungsverband des Glaserhandwerks Brandenburg
Chausseestr. 50, 03222 Lübbenau
T: (03542) 27 32   **Fax:** 4 62 32
Landesinnungsmeister: Wolfgang Baatz

Bremen

g 367

Glaserinnung Bremen
Woltmershauser Str. 238-240, 28197 Bremen
T: (0421) 54 18 39   **Fax:** 54 18 34
Obermeister: Karl-Heinz Oelze

Hamburg

g 368

Landesinnung des Glaserhandwerks Hamburg
Albert-Schweitzer-Ring 10, 22045 Hamburg
T: (040) 66 97 93 33   **Fax:** 66 97 93 35
Obermeister: Udo Bammann
Geschäftsführer(in): Hendrik Detlefsen

Hessen

g 369

Landesinnungsverband des Glaserhandwerks Hessen
Martin-Luther-King-Str. 1, 63452 Hanau
T: (06181) 8 09 10   **Fax:** 80 91 33
E-Mail: kh-hanau@t-online.de
Hauptgeschäftsführer: Wolfgang Biedenbender

Mecklenburg-Vorpommern

g 370

Landesinnungsverband des Glaserhandwerks Mecklenburg-Vorpommern
Geschäftsstelle Kreishandwerkerschaft
Wilhelm-Külz-Platz 5, 18055 Rostock
T: (0381) 25 20 05-0   **Fax:** 25 20 05-20
Landesinnungsmeister: Klaus-Dieter Specht

Niedersachsen

g 371

Landesinnungsverband des Niedersächsischen Glaserhandwerks
Spielhagenstr. 12, 30171 Hannover
T: (0511) 85 87 46   **Fax:** 85 34 21
Landesinnungsmeister: Klaus Szwillus
Geschäftsführer(in): Christian Alig

Nordrhein-Westfalen

g 372

Glaser-Innungsverband Nordrhein-Westfalen
Kleine Heeg 10A, 53359 Rheinbach
T: (02226) 57 75   **Fax:** 1 39 60
Landesinnungsmeister: Martin Nagel
Geschäftsführer(in): Jan Lux

Rheinland-Pfalz

g 373

Landesinnungsverband des Glaserhandwerks Rheinland-Pfalz
Martin-Luther-Str. 46, 76829 Landau
T: (06341) 92 78-70 **Fax:** 92 78-99
Landesinnungsmeister: Fritz Weber (Stahlstr. 30-32, 67655 Kaiserslautern)
Geschäftsführer(in): Dipl.-Volksw. Norbert Behrendt

Saarland

g 374

Glaserinnung für das Saarland
Postf. 10 02 43, 66002 Saarbrücken
Grülingsstr. 115, 66113 Saarbrücken
T: (0681) 9 48 61-0, -22 **Fax:** 9 48 61-99
Landesinnungsmeister: Ludwig Repp
Geschäftsführer(in): Karl Heinz Scherschel
Verbandszeitschrift: Der Saar-Handwerker
Herausgeber: Arbeitgeberverband des Saarländischen Handwerks

Sachsen

g 375

Landesinnungsverband des Glaserhandwerks Sachsen
Bitterfelder Str. 7-9, 04129 Leipzig
T: (0341) 9 04 86-0 **Fax:** 9 04 86-20
Landesinnungsmeister: Kurt Meyer

Sachsen-Anhalt

g 376

Landesinnungsverband des Glaserhandwerks Sachsen-Anhalt
Böllberger Weg 174, 06128 Halle
T: (0345) 48 24 70 **Fax:** 4 82 47 15
Landesinnungsmeister: Michael Gipser

Schleswig-Holstein

g 377

Landesinnungsverband des Glaserhandwerks Schleswig-Holstein
Wasbeker Str. 351, 24537 Neumünster
T: (04321) 60 88-0 **Fax:** 60 88-33
Landesinnungsmeister: Manfred Kroll
Geschäftsführer(in): Thomas Kafvelström

Thüringen

g 378

Landesinnungsverband des Glaserhandwerks Thüringen
Geschäftsstelle Kreishandwerkerschaft Erfurt
Fischmarkt 13, 99084 Erfurt
T: (0361) 5 62 45 91 **Fax:** 5 62 45 94
Landesinnungsmeister: Bernd Götzrath
Geschäftsführer(in): Bernd Reichardt

● **G 379**

Bundesverband Autoglas e.V.
Eichenweg 1, 65589 Hadamar
T: (06433) 94 36 53 **Fax:** 94 36 54
Internet: http://www.bundesverband-autoglas.de
E-Mail: info@bundesverband-autoglas.de
Gründung: 1997 (8. Februar)
Präsident(in): Willi Sohreiber
Vizepräsident(in): Günter Strauf
Geschäftsführer(in): Ernst Brinkmann
Verbandszeitschrift: Autoglaser-Info-Newsletter
Redaktion: Ernst Brinkmann
Verlag: Bundesverband Autoglas e.V.
Mitglieder: 87 Betriebe
Mitarbeiter: 2
Jahresetat: DM 0,12 Mio, € 0,06 Mio

● **G 380**

Bundesinnungsverband der Galvaniseure, Graveure und Metallbildner
Elisenstr. 5, 42651 Solingen
T: (0212) 20 80 10 **Fax:** 20 45 60
Internet: http://www.biv.org
E-Mail: mail@biv.org
Gründung: 1947 (17./18. Mai)
Internationaler Zusammenschluß: siehe unter izg 76
Vorsitzende(r): Klaus Gottfried (Spielbruch 8, 42659 Solingen, T: (0212) 4 44 82, Telefax: (0212) 4 70 02)
Geschäftsführer(in): Dipl.-Betriebsw. Christoph Matheis
Verbandszeitschrift: BIV journal - Informationen aus dem Bundesinnungsverband
Mitglieder: 36 Innungen mit 1000 Betrieben
Mitarbeiter: 2

● **G 381**

Verband Deutscher Glockengießereien im Gesamtverband Deutscher Metallgießereien (G.D.M.) e.V.
Postf. 10 54 63, 40045 Düsseldorf
Am Bonneshof 5, 40474 Düsseldorf
T: (0211) 47 96-0 **Fax:** 47 96-409, 416
Vorsitzende(r): Hans-August Mark (Eifeler Glockengiesserei Hans August Mark, Glockenstr. 51, 54552 Brockscheid, T: (06573) 9 90 33-0, Fax: (06573) 91 11)
Geschäftsführer(in): RA Gerhard Klügge

● **G 382**

Bundesinnung der Hörgeräteakustiker
Körperschaft des öffentlichen Rechts
Postf. 16 20, 55006 Mainz
Erthalstr. 1, 55118 Mainz
T: (06131) 9 65 60-0 **Fax:** 9 65 60-40
Internet: http://www.biha-mainz.de
E-Mail: info@biha-mainz.de
Gründung: 1966 (15. März)
Vorsitzende(r): Marianne Frickel
Geschäftsführer(in): RA L. Russy (Ltg. Presseabteilung)
Verbandszeitschrift: Hörakustik
Redaktion: Kurt Osterwald, Heidelberg
Verlag: Median-Verlag, Hauptstr. 64, 69117 Heidelberg
Mitglieder: 1100
Mitarbeiter: 10

Innung und Zentralfachverband des Hörgeräteakustiker-Handwerks.

● **G 383**

Fachverband Deutscher Hörgeräte-Akustiker e.V. (FDH)
Postf. 15 68, 31565 Nienburg
T: (05021) 97 61 17 **Fax:** 97 61 61
Internet: http://www.fdh-ev.de
E-Mail: jm.nbg@t-online.de
1. Vorsitzende(r): Jürgen Matthies, Nienburg/W.
2. Vorsitzende(r): Rainer Schmidt (Tel.: (0831) 51 10 90), Kempten/Allgäu
Schatzmeister(in): Tim Isermann (Tel.: (04489) 18 56), Westerstede
Schriftführer(in): Volker Bendhacke (Tel.: (030) 5 25 22 54), Berlin
Mitglieder: 200

● **G 384**

Union der Hörgeräte-Akustiker e.V. (UHA)
Postf. 40 06, 55030 Mainz
Neubrunnenstr. 3, 55116 Mainz
T: (06131) 28 30-0 **Fax:** 28 30-30
Internet: http://www.uha.de
E-Mail: uhamainz@t-online.de
1. Vorsitzende(r): Dr. Bernd Hähle (Berliner Str. 97, 03046 Cottbus, T: (0355) 79 79 88, Fax: (0355) 79 28 74, e-mail: Dr.Bernd_Hähle@t-online.de)
Geschäftsführer(in): Sigrid Weissgerber
Mitglieder: 800

● **G 385**

Zentralverband der Deutschen Goldschmiede, Silberschmiede und Juweliere e.V.
Postf. 15 60, 61455 Königstein
Altkönigstr. 9, 61462 Königstein
T: (06174) 2 34 62 **Fax:** 2 25 87
E-Mail: zv@goldschmied.com
Präsident(in): Hans-Jürgen Wiegleb
Geschäftsführung: Irene Wanhoff
Verbandszeitschrift: Der Ring
Redaktion: Thomas Wanhoff

Landesinnungen

Bayern

g 386

Landesinnungsverband Bayern für das Gold- und Silberschmiedehandwerk
Stadtgraben 16, 92339 Beilngries
T: (08461) 3 07
Landesinnungsmeister: Hans Bock

Berlin

g 387

Gold- und Silberschmiede-Innung Berlin
Alboinstr. 36, 12103 Berlin
T: (030) 75 48 90-24 **Fax:** 75 48 90-25
Obermeister: Uwe Grebe (Kurfürstendamm 210, 10719 Berlin, T: (030) 8 83 19 80)

Brandenburg

g 388

Landesinnung Brandenburg der Gold- und Silberschmiede
Altmarkt 17, 03046 Cottbus
T: (0355) 2 34 85 **Fax:** 79 03 07
Obermeister: Hans-Ulrich Jagemann (Brandenburger Einkaufszentrum, An der B 1, 14778 Wust, T: (03381) 20 14 40)

Hamburg

g 389

Landesinnung der Gold- und Silberschmiede Hamburg
Haffkruger Weg 6a, 22143 Hamburg
T: (040) 64 89 08 60 **Fax:** 64 89 08 61
Landesinnungsmeister: Marion Meckel (Haffkrügerweg 6 a, 22143 Hamburg, T: (040) 64 89 08 60)

Mecklenburg-Vorpommern

g 390

Gold- und Silberschmiede-Innung Ostmecklenburg-Vorpommern
Bahnhofstr. 1, 17489 Greifswald
T: (03834) 7 98-930 **Fax:** 7 98-933
Obermeister: Klaus Stabenow (Badenstr. 1, 18439 Stralsund, T: (03831) 29 25 44)
Geschäftsführung: Kreishandwerkerschaft Greifswald-Ostvorpommern

Niedersachsen

g 391

Landesinnungsverband der Gold- und Silberschmiede und Juweliere Niedersachsen
Poststr. 4, 38440 Wolfsburg
T: (05361) 2 38 38
Landesinnungsmeister: Hans-J. Wiegleb

Nordrhein-Westfalen

g 392

Landesinnungsverband der Gold- und Silberschmiede sowie Juweliere Nordrhein-Westfalen
Am Waldesrand 30, 58093 Hagen
T: (02331) 5 00 78 **Fax:** 5 00 90
Landesinnungsmeister: Klaus Winckel

Saarland

g 393

Landesinnung für das Juwelier-, Gold- und Silberschmiedehandwerk Saarland
Postf. 10 02 43, 66002 Saarbrücken

Grülingsstr. 115, 66113 Saarbrücken
T: (0681) 9 48 61-0   Fax: 9 48 61-99
Landesinnungsmeister: Hans-Jürgen Both (Bahnhofstr. 101, 66111 Saarbrücken, T: (0681) 3 89 45-0)

Thüringen

g 394

Landesinnung Thüringen der Gold- und Silberschmiede
Fischmarkt 13-16, 99084 Erfurt
T: (0361) 5 62 45 91   Fax: 5 62 45 94
Obermeister: Karl-Heinz Glaser (Marktstr. 4, 99084 Erfurt, T: (0361) 6 42 17 57)

● G 395

Zentralverband Sanitär Heizung Klima
Rathausallee 6, 53757 St Augustin
T: (02241) 92 99-0   Fax: 2 13 51, 2 11 31
Internet: http://www.zentralverband-shk.de
E-Mail: info@zentralverband-shk.de
Internationaler Zusammenschluß: siehe unter izg 157
Präsident(in): Ing. Bruno Schliefke, Leipzig
Hauptgeschäftsführer(in): RA Michael von Bock und Polach
Geschäftsführer(in): Dipl.-Ing. Andreas Müller (techn.)
Mitglieder: 36000 Betriebe

Interessenvertretung; Unterstützung der Landesinnungsverbände; Förderung des lauteren Wettbewerbs; Rechtsträger von Kartellvereinbarungen und -beschlüssen; Rationalisierungsverband; Förderung, Prüfung und Durchführung von Normungs-, Typungs- und Spezialvorhaben; Fachschulen und -kurse.

g 396

**Zentralverband Sanitär Heizung Klima
Geschäftsstelle Potsdam**
Rosa-Luxemburg-Str. 1, 14482 Potsdam
T: (0331) 74 38 16-0   Fax: 74 38 16-9
E-Mail: bfw_shk@compuserve.com
Leiterin d. Geschäftsstelle: Bärbel Gerstenberger-Zange

angeschlossene Landesinnungs- und -fachverbände

g 397

**Fachverband Sanitär Heizung Klima
Baden-Württemberg**
Viehhofstr. 11, 70188 Stuttgart
T: (0711) 48 30 91   Fax: 46 10 60 60
Internet: http://www.fvshkbw.de
E-Mail: info@fvshkbw.de
Landesinnungsmeister: Erwin Weller
Hauptgeschäftsführer(in): Dr. Hans-B. Klein

g 398

**Fachverband Sanitär-, Heizungs- und Klimatechnik
Bayern**
Reutterstr. 26, 80687 München
T: (089) 5 46 15 70   Fax: 54 61 57 59
Internet: http://www.fvshk-bayern.de
E-Mail: fvshk-bayern@t-online.de
Landesinnungsmeister: Werner Obermeier
Hauptgeschäftsführer(in): Dr. Wolfgang Schwarz

g 399

**Innung Sanitär Heizung
Klempner Klima Berlin**
Siegmunds Hof 18, 10555 Berlin
T: (030) 39 92 69-0   Fax: 39 92 69-99
E-Mail: shk-berlin-gs@t-online.de
Obermeister: Hubert Minter
Geschäftsführer(in): Dr. Klaus Rinkenburger

g 400

**Fachverband Sanitär Heizung Klempner Klima
Land Brandenburg**
Wattstr. 5, 14482 Potsdam
T: (0331) 7 47 04-0   Fax: 7 47 04 99

E-Mail: fvshkbrb@compuserve.de
Landesinnungsmeister: Wilfried Frohberg
Geschäftsführer(in): Detlef Pfeil

g 401

**Fachverband Sanitär-, Heizungs- und Klimatechnik
Bremen**
Ansgaritorstr. 24 Gewerbehaus, 28195 Bremen
T: (0421) 3 05 00 36   Fax: 30 27 62
Internet: http://www.shk-bremen.de
E-Mail: fachverband@shk-bremen.de
Landesinnungsmeister: Karl Schlüter
Geschäftsführer(in): Günter Dahlbeck

g 402

Landesinnungsverband für Sanitär- und Heizungstechnik Hamburg
Barmbeker Markt 19, 22081 Hamburg
T: (040) 2 99 94 90   Fax: 29 99 49 30
Internet: http://www.shk-hamburg.de
E-Mail: info@shk-hamburg.de
Landesinnungsmeister: Wilfried Sander
Hauptgeschäftsführer(in): Dieter Hüsing

g 403

**Fachverband Sanitär-, Heizungs- und Klimatechnik
Hessen**
Sandkauter Weg 15, 35394 Gießen
T: (0641) 9 74 37-0   Fax: 9 74 37-23
Internet: http://www.shk.de/fachverband-hessen
E-Mail: fachverband-hessen@shk.de
Landesinnungsmeister: Werner Scharf
Geschäftsführer(in): Dr. Eugen Daum

g 404

**Fachverband Sanitär-, Heizungs- und Klimatechnik
Mecklenburg-Vorpommern**
Molkereistr. 9 /1, 19089 Crivitz
T: (03863) 54 13-0   Fax: 54 13-20
Internet: http://www.fvshk.de
E-Mail: fachverband.shk.meckvor@t-online.de
Landesinnungsmeister: Paul Freitag
Geschäftsführer(in): Hans Müller

g 405

**Fachverband Sanitär-, Heizungs-, Klima- und
Klempnertechnik Niedersachsen**
Postf. 12 13 20, 30866 Laatzen
T: (0511) 8 79 73-0   Fax: 8 79 73 90
Internet: http://www.shk.de/fachverband-niedersachsen
E-Mail: fachverband-niedersachsen@shk.de
Landesinnungsmeister: Karl-Fritz Gertjejanssen
Geschäftsführer(in): Peter Neteler

g 406

**Fachverband Sanitär Heizung Klima
Nordrhein-Westfalen**
Grafenberger Allee 59, 40237 Düsseldorf
T: (0211) 6 90 65-0   Fax: 6 90 65-49
Internet: http://www.fvshk-nrw.de
E-Mail: service@fvshk-nrw.de
Landesinnungsmeister: Rudolf Peters
Hauptgeschäftsführer(in): Dr. Hans Georg Geißdörfer

g 407

Fachverband Sanitär Heizung Klima Pfalz
Ludwigsplatz 10, 67059 Ludwigshafen
T: (0621) 5 91 14-35   Fax: 5 91 14-50
Internet: http://www.pfalzhandwerker.de
E-Mail: shk@khvorderpfalz.de
Landesinnungsmeister: Dieter Müller
Geschäftsführer(in): Rainer Lunk

g 408

**Fachverband Sanitär-, Heizungs- und Klimatechnik
Rheinland/Rheinhessen**
Hoevelstr. 19, 56073 Koblenz
T: (0261) 4 06 30-40   Fax: 4 06 30 23
Landesinnungsmeister: Reinhold Feltes
Geschäftsführer(in): Martin Gottsmann

g 409

**Landesinnung Saarland
Sanitär-, Heizungs- und Klempnertechnik**
Grülingsstr. 115, 66113 Saarbrücken
T: (0681) 9 48 61-0   Fax: 9 48 61-99
Landesinnungsmeister: Werner Thielen
Geschäftsführer(in): Martin Weisgerber

g 410

Fachverband Sanitär Heizung Klima Sachsen
Friedrich-Ebert-Str. 19b, 04416 Markkleeberg
T: (0341) 3 58 23 36   Fax: 3 58 07 64
Internet: http://www.fvshk.de, http://www.installateur.net
E-Mail: shksachsen@cs.com
Landesinnungsmeister: Bruno Schliefke
Geschäftsführer(in): Dr. Bernd Aris

g 411

**Fachverband Sanitär-, Heizungs, Klima- und
Klempnertechnik Sachsen-Anhalt**
Gustav-Ricker-Str. 62, 39120 Magdeburg
T: (0391) 62 69-640   Fax: 62 69-643
Internet: http://www.fvshk.de/sachsenanhalt
E-Mail: fvshk@pc.mdlink.de
Landesinnungsmeister: Dr. Joachim Eulenstein
Geschäftsführer(in): Dr. Hans-Michael Dimanski

g 412

**Fachverband Sanitär Heizung Klima
Schleswig-Holstein**
Rendsburger Landstr. 211, 24113 Kiel
T: (0431) 98 16 90   Fax: 9 38 77
Internet: http://www.installateur-sh.de
E-Mail: installateur@bf-handwerk.de
Landesinnungsmeister: Albert Vogler
Hauptgeschäftsführer(in): Hugo Schütt

g 413

**Fachverband SHK Thüringen
Sanitär Heizung Klima**
Lossiusstr. 1, 99094 Erfurt
T: (0361) 67 59-0   Fax: 67 59-222
Internet: http://www.fvshk.de/thueringen, http://www.thueringen-direkt.de/fvshk
E-Mail: fvshk-thueringen@t-online.de
Landesinnungsmeister: Dietrich Roese
Geschäftsführer(in): Dr. Siegfried Hörnlein

● G 414

**ZKF Zentralverband Karosserie- und
Fahrzeugtechnik (ZKF)**
Marktplatz 2-4, 61118 Bad Vilbel
T: (06101) 1 20 61   Fax: 1 25 98
Internet: http://www.zkf.com
E-Mail: info@2kf.com
Internationaler Zusammenschluß: siehe unter izf 482
Präsident(in): Heinz Wiedler (Kientenstr. 45/46, 72458 Albstadt-Ebingen, T: (07431) 93 94-0, Telefax: (07431) 93 94-40)
Hauptgeschäftsführer(in): Dr. Klaus Weichtmann
Verbandszeitschrift: Fahrzeug + Karosserie
Redaktion: Bielefelder Verlagsanstalt, Bielefeld
Verlag: Gentner Verlag Stuttgart, Postf. 10 17 42, 70015 Stuttgart
Mitglieder: 4500

Landesinnungsverbände

g 415

**Landesinnungsverband des Bad.-Württ.
Karosserie- und Fahrzeugbauer-Handwerks**
Silcherstr. 58, 73614 Schorndorf
T: (07181) 4 48 63   Fax: 4 48 64
Landesinnungsmeister: Peter Müller
Geschäftsführer(in): Sabine Strohbeck

g 416

**Landesverband des Bayerischen Karosserie- u.
Fahrzeugbau-Handwerks**
Max-Joseph-Str. 4, 80333 München
T: (089) 59 77 59   Fax: 59 77 44
Landesinnungsmeister: Hans Matthiß
Geschäftsführer(in): Dr. Kurt Roeckl

g 417

**Landesinnungsverband des Brandenburger
Karosserie- und Fahrzeugbauerhandwerks**
Charlottenstr. 34 /36, 14467 Potsdam
T: (0331) 2 70 02 31   Fax: 2 80 48 28
Landesinnungsmeister: Gerhard Schmädicke
Geschäftsführerin: Marianne Radmer

g 418

Landesverband Hessen des Karosserie- und Fahrzeugbau-Handwerks
Stehnweg 2, 63500 Seligenstadt
T: (06182) 89 88 88   Fax: 89 88 90
Landesinnungsmeister: Enno Gabriel

g 419
Landesinnungsverband des Fahrzeug- u. Karosseriebau-Handwerks Niedersachsen/Bremen
Herschelstr. 28, 30159 Hannover
T: (0511) 1 76 28   **Fax:** 1 83 34
Landesinnungsmeister: Herbert Cordes
Geschäftsführer(in): Detlef Müller-Röske

g 420
Landesinnungsverband des Karosserie- und Fahrzeugbau-Handwerks Nordrhein-Westfalen
Ossenkampstiege 111, 48163 Münster
T: (0251) 5 20 08-40, -41   **Fax:** 5 20 08-33
Landesinnungsmeister: Heinz Hemmis
Geschäftsführer(in): Ass. Reinhold Wegmann

g 421
Landesinnungsverband Karosserie- u. Fahrzeugbauer Sachsen
Neefestr. 131, 09119 Chemnitz
T: (0371) 31 64 95   **Fax:** 31 64 96
Landesinnungsmeister: Rainer Himpel
Geschäftsführer(in): Christine Müller

g 422
Landesinnungsverband für das Karosserie- und Fahrzeugbauer-Handwerk Sachsen-Anhalt
Geschäftsstelle Osterburg
Naumannstr. 21, 39606 Osterburg
T: (03937) 8 21 07   **Fax:** 8 46 15
Landesinnungsmeister: Holger Miehe
Geschäftsführer(in): Werner Muhl

g 423
Landesinnung Karosserie- und Fahrzeugbautechnik Schleswig-Holstein
Thormannplatz 8-10, 24768 Rendsburg
T: (04331) 2 70 47   **Fax:** 2 34 02
Obermeister: Georg Wilkens
Geschäftsführer(in): Uwe Knoop

g 424
Landesinnungsverband des Karosserie- und Fahrzeugbauerhandwerks Thüringen
Felchtaer Str. 27, 99974 Mühlhausen
T: (03601) 48 49 49   **Fax:** 48 49 50
Landesinnungsmeister: Rolf Ostermann
Geschäftsführer(in): Rüdiger Bornemann

Landesinnungen

g 425
Karosserie- u. Fahrzeugbauer-Innung Berlin
Berliner Str. 144, 13467 Berlin
T: (030) 78 70 34 75   **Fax:** 78 70 34 76
Obermeister: Wolfgang Butchereit
Geschäftsführerin: Doris Mesike

g 426
Innung Karosserie- und Fahrzeugbautechnik Hamburg
Holstenwall 12, 20355 Hamburg
T: (040) 35 74 46-0   **Fax:** 35 74 46-50
Obermeister: Berend Beilken
Geschäftsführer(in): Heinz Hoffmann

g 427
Landesinnung Karosserie- u. Fahrzeugtechnik Mecklenburg-Vorpommern
Wilhelm-Külz-Platz 5, 18055 Rostock
T: (0381) 25 20 05-0   **Fax:** 25 20 05-20
Landesinnungsmeister: Bernhard Zingler
Geschäftsführer(in): O. Dinse

g 428
Karosserie- und Fahrzeugbauer-Innung der Pfalz
Burgstr. 39, 67659 Kaiserslautern
T: (0631) 3 71 22-0   **Fax:** 3 71 22-50
Obermeister: Peter Friedrich Klamm
Geschäftsführer(in): Helmut Knieriemen

g 429
Karosserie- und Fahrzeugbauer-Innung für das Saarland
Grülingsstr. 115, 66113 Saarbrücken
T: (0681) 9 48 61-0   **Fax:** 9 48 61-99
Landesinnungsmeister: Klaus Adam
Geschäftsführer(in): Ass. Karl-Heinz Scherschel

● G 430
Deutscher Konditorenbund (DKB)
Speicker Str. 13, 41061 Mönchengladbach
T: (02161) 83 31 37   **Fax:** 83 16 18
Internet: http://www.konditoren.de
E-Mail: dkb@konditoren.de
Präsident(in): Otto Kemmer (Kürschnerhof 2, 97070 Würzburg, T: (0931) 1 27 52, Telefax: (0931) 1 26 36)
Vizepräsident(in): Josef Bücker (Poth 6, 58638 Iserlohn, T: (02371) 21 09 90, Telefax: (02371) 1 27 08)
Geschäftsführer(in): Ass. Michael Peschke (Speicker Str. 13, 41061 Mönchengladbach, T: (02161) 83 31 37, Telefax: (02161) 83 16 18)
Mitglieder: über 4000 Konditoreibetriebe, 2500 Filialen

Landesinnungsverbände

g 431
Landesinnungsverband des badischen Konditorenhandwerks
S 4, 68161 Mannheim
T: (0621) 2 34 81   **Fax:** 1 56 44 23
Vorsitzende(r): Reinhold Block
Geschäftsführer(in): Ute Sagebiel-Hannich

g 432
Landesinnungsverband der Konditoren Württemberg
Reinsburgstr. 11, 70178 Stuttgart
T: (0711) 6 15 53 33   **Fax:** 61 55 33 44
Internet: http://www.konditoren-baden-wuerttemberg.de
E-Mail: kanzlei@frank-law.de
Vorsitzende(r): Robert Widmann
Geschäftsführer(in): RA Rainer Frank

g 433
Landesinnungsverband des bayerischen Konditorenhandwerks
Landsberger Str. 148, 80339 München
T: (089) 50 40 21   **Fax:** 5 02 73 11
Vorsitzende(r): Fritz Kottmayr
Geschäftsführer(in): Alfons Seitz

g 434
Landesverband der Konditoren Berlin (Konditoren-Innung)
Forckenbeckstr. 55, 14199 Berlin
T: (030) 8 23 48 30   **Fax:** 8 23 37 26
Obermeister: Klaus Jürgen Rödiger
Geschäftsführer(in): W. Stoffenberger

g 435
Landesverband der Konditoren Bremen (Konditoren-Innung)
Steffensweg 90, 28217 Bremen
T: (0421) 38 51 23   **Fax:** 38 51 22
Vorsitzende(r): Heiko Rockmann

g 436
Landesverband der Konditoren Hamburg (Konditoren-Innung)
Holstenwall 12, 20355 Hamburg
T: (040) 34 20 34   **Fax:** 34 40 44
Vorsitzende(r): Bernd Besch
Geschäftsführer(in): Joachim Mollwitz

g 437
Landesverband der Konditoren Hessen
Hindenburgstr. 1, 64295 Darmstadt
T: (06151) 3 00 81 10   **Fax:** 3 00 81 20
Vorsitzende(r): Adolf Neuschaefer
Geschäftsführer(in): Rainer Lamp

g 438
Landesinnungsverband der Konditoren Niedersachsen
Seligmannallee 3, 30173 Hannover
T: (0511) 2 83 40 44   **Fax:** 28 21 43
E-Mail: ffihannover@t-online.de
Vorsitzende(r): Joachim Müller
Geschäftsführer(in): Claus Hoppe

g 439
Innungsverband des nordrheinischen Konditorenhandwerks
Speicker Str. 13, 41061 Mönchengladbach
T: (02161) 83 31 37   **Fax:** 83 16 18
Vorsitzende(r): Peter Kaiser
Geschäftsführer(in): Klaus Buschmann

g 440
Landesinnungsverband des Konditorenhandwerks Rheinland-Pfalz
Hoevelstr. 19, 56073 Koblenz
T: (0261) 4 06 30-0   **Fax:** 4 06 30 30
Vorsitzende(r): Bernhard Bley
Geschäftsführer(in): Dipl.-Volksw. Karlheinz Gaschler

g 441
Konditoren-Innung für das Saarland
Postf. 10 02 43, 66002 Saarbrücken
Grülingsstr. 115, 66113 Saarbrücken
T: (0681) 9 48 61-0   **Fax:** 9 48 61-99
Landesinnungsmeister: Dieter Dausend
Geschäftsführer(in): Ass. Karl Heinz Scherschel

g 442
Landesinnungsverband der Konditoren Sachsen
Geschäftsstelle
c/o Kreishandwerkerschaft Leipzig
Bitterfelder Str. 7-9, 04129 Leipzig
T: (0341) 9 04 86-0   **Fax:** 9 04 86-20
Vorsitzende(r): Rolf Schiller (Annaberger Str. 349, 09125 Chemnitz, Tel.: (0371) 51 76 09, Fax: (0371) 51 76 09)
Geschäftsführer(in): Claus-Dieter Krause

g 443
Landesinnungsverband der Konditoren Sachsen-Anhalt
Marktplatz 6-8, 38855 Wernigerode
T: (03943) 60 40 30   **Fax:** 90 56 56
Internet: http://www.cafe-wiecker.de
E-Mail: cafe.wiecker@t-online.de
Landesinnungsmeister: Michael Wiecker

g 444
Landesinnungsverband der Konditoren Schleswig-Holstein
Gustav-Adolf-Str. 7a, 23568 Lübeck
T: (0451) 3 89 59-0   **Fax:** 3 89 59 27
Vorsitzende(r): Peter Steinhusen
Geschäftsführer(in): Manfred Kley

g 445
Landesinnungsverband der Konditoren Thüringen
Cyriakstr. 40, 99094 Erfurt
T: (0361) 2 22 07 98   **Fax:** 2 22 07 98
Landesinnungsmeister: Ulrich Spitzer (Trannrodaer Str. 11, 07387 Krölpa, T: (03647) 4 26 90, Fax: (03647) 42 69 60)
Geschäftsführer(in): Karin Stollberg

g 446
Konditoreninnungsverband Westfalen-Lippe
Handwerkerstr. 2, 58638 Iserlohn
T: (02371) 95 81-0   **Fax:** 95 81 78
Vorsitzende(r): Josef Bücker
Geschäftsführer(in): Ass. Günter Buschhaus

● G 447
Bundesinnungsverband des Deutschen Flechthandwerks
Mainau 5, 96215 Lichtenfels
T: (09571) 9 55-10   **Fax:** 9 55-20
Bundesinnungsmeister: Kurt Schütz (96215 Lichtenfels, T: (09571) 76 90)
Geschäftsführer(in): Hans-Paul Dinkel
Mitglieder: 70

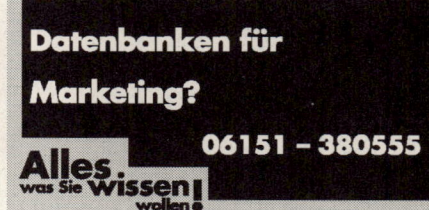

Landesinnungsverbände

g 448

Bundesinnungsverband des Deutschen Flechthandwerks
Landesinnungsverband Bayern
Mainau 5, 96215 Lichtenfels
T: (09571) 95 51-0   **Fax:** 95 51-20
Landesinnungsmeister: Dieter Schumann
Geschäftsführer(in): Hans-Paul Dinkel

g 449

Bundesinnungsverband des Deutschen Flechthandwerks
Landesinnungsverband Nordrhein-Westfalen
Am Pesch 25, 40625 Düsseldorf
T: (0211) 28 95 14   **Fax:** 28 95 25
Vorsitzende(r): Angelika Turrek

● G 450

Bundesverband Deutscher Kosmetikerinnen e.V. (BDK)
Geschäftsstelle:
Schadowstr. 72, 40212 Düsseldorf
T: (0211) 36 58 91   **Fax:** 3 69 40 80
Internet: http://www.bdk-kosmverb.de
Vorsitzende(r): Monika Ferdinand (Papiermühle 31, 66773 Schwalbach)
Mitglieder: ca. 2000

● G 451

Zentralverband des Kraftfahrzeughandwerks (ZVK)
Postf. 15 01 62, 53040 Bonn
Franz-Lohe-Str. 21, 53129 Bonn
T: (0228) 91 27-0   **Fax:** 91 27-1 50
Internet: http://www.kfzgewerbe.de
E-Mail: zdk@kfzgewerbe.de
Bundesinnungsmeister: Walter Stoy (c/o Autohaus Stoy GmbH, Louis-Pasteur-Str. 12, 97076 Würzburg, T: (0931) 2 79 87-0)
Hauptgeschäftsführer(in): Dipl.-Volksw. Rolf D. Binnenbrükker
Leitung Presseabteilung: Helmut Blümer
Wahrnehmung sämtlicher Interessen für das KfZ-Technikerhandwerk sowie Fahrzeugverwerter.

Landesinnungsverbände

g 452

Landesinnungsverband des Kraftfahrzeughandwerks Baden-Württemberg
Motorstr. 1, 70499 Stuttgart
T: (0711) 83 98 63-0   **Fax:** 83 98 63-20
Landesinnungsmeister: Klaus-Dieter Schaal
Hauptgeschäftsführer(in): Peter Flemming

g 453

Landesinnungsverband des Kraftfahrzeughandwerks Bayern
Goethestr. 17, 80336 München
T: (089) 5 12 67 70   **Fax:** 5 50 21 56
Landesinnungsmeister: Walter Stoy
Hauptgeschäftsführer(in): Dr. Hubert Fexer

g 454

Landesverband des Kraftfahrzeuggewerbes Berlin-Brandenburg
Obentrautstr. 16-18, 10963 Berlin
T: (030) 25 90 51 60   **Fax:** 25 90 51 00
Präsident(in): Hans-Peter Lange
Geschäftsführer(in): Rainer Homes

g 455

Landesinnungsverband des Kraftfahrzeughandwerks Hamburg
Billstr. 41, 20539 Hamburg
T: (040) 7 89 52-0   **Fax:** 7 89 52-116
Landesinnungsmeister: Erwin Wolkenhauer
Geschäftsführer(in): Dipl.-Betriebsw. Klaus B. Schneider

g 456

Landesinnungsverband des Kraftfahrzeughandwerks Hessen
Bahnhofstr. 38, 65185 Wiesbaden
T: (0611) 9 99 89-0   **Fax:** 9 99 89 99
Landesinnungsmeister: Rudolf Jäger
Geschäftsführer(in): Dipl.-Betriebsw. Uwe Grautegein

g 457

Landesinnungsverband des Kraftfahrzeughandwerks Mecklenburg-Vorpommern
Kassebohmer Weg 11-12, 18055 Rostock
T: (0381) 60 09 02-0   **Fax:** 68 05 34
Landesinnungsmeister: Manfred Guhl
Geschäftsführer(in): Jörg Behncke

g 458

Landesinnungsverband des Kraftfahrzeughandwerks Niedersachsen
Vinnhorster Weg 51, 30419 Hannover
T: (0511) 2 78 96-0   **Fax:** 2 78 96-20
Landesinnungsmeister: Günther Mruczek
Geschäftsführer(in): Gerhard Hösel

g 459

Verband des Kraftfahrzeuggewerbes Nordrhein-Westfalen
Gerresheimer Landstr. 119, 40627 Düsseldorf
T: (0211) 9 25 95-0   **Fax:** 9 25 95-90
Präsident(in): Gerhard Schmid
Hauptgeschäftsführer(in): Dipl.-Volksw. Wilhelm Winter

g 460

Fachverband Pfälzisches Kraftfahrzeuggewerbe - Landesinnungsverband -
Mannheimer Str. 132, 67657 Kaiserslautern
T: (0631) 3 40 34-77   **Fax:** 3 40 34-78
Vorsitzende(r): Dr. Peter Ritter
Geschäftsführer(in): Volker Dellmuth

g 461

Landesinnungsverband des Kraftfahrzeughandwerks Rheinland
Hoevelstr. 19, 56073 Koblenz
T: (0261) 9 47 25-0   **Fax:** 9 47 25-15
Landesinnungsmeister: Reinhold Scherer
Geschäftsführer(in): Hans Wolfgang Gottschalk

g 462

Saarländischer Kraftfahrzeug-Verband - Landesinnung -
Untertürkheimer Str. 2, 66117 Saarbrücken
T: (0681) 95 40 40   **Fax:** 9 54 04-99
Landesinnungsmeister: Harald Friedrich
Geschäftsführer(in): Detlef Fiedler

g 463

Landesverband des Kraftfahrzeuggewerbes Sachsen
Tiergartenstr. 94, 01219 Dresden
T: (0351) 25 95 50   **Fax:** 2 59 55 77
Vorsitzende(r): Wolfgang Seifert
Hauptgeschäftsführer(in): Ulrich Große

g 464

Landesinnungsverband des Kraftfahrzeughandwerks Sachsen-Anhalt
Hohenziatzer Chaussee 16, 39291 Möckern
T: (039221) 9 55 55   **Fax:** 9 55 60
Landesinnungsmeister: Klaus Ehrlich
Geschäftsführer(in): Peter Gebbers

g 465

Landesinnungsverband des Kraftfahrzeughandwerks Schleswig-Holstein
Faluner Weg 28, 24109 Kiel
T: (0431) 53 33 10   **Fax:** 52 50 67
Landesinnungsmeister: Jürgen Koepsell
Geschäftsführer(in): Dipl.-Betriebsw. Wolfgang Wittorf

g 466

Landesverband des Kraftfahrzeuggewerbes Thüringen
Heinrich-Hertz-Str. 6, 07552 Gera
T: (0365) 8 39 85-0   **Fax:** 8 00 12 18
Landesinnungsmeister: Hans-Jürgen Vogel
Geschäftsführer(in): N. N.

● G 467

Zentralverband des Kürschnerhandwerks
Postf. 27 30, 67615 Kaiserslautern
Burgstr. 39, 67659 Kaiserslautern
T: (0631) 3 71 27-0   **Fax:** 3 71 22-50
Präsident(in): Carl-Hans Adrian (Im Pesch 1, 53127 Bonn)
Geschäftsführer(in): Helmut Knieriemen (Burgstr. 39, 67659 Kaiserslautern)
Mitglieder: 500

● G 468

Bundesverband Kunstgewerbe Geschenkartikel und Wohndesign e.V. (BKG)
Max-Joseph-Str. 5, 80333 München
T: (089) 55 77 01   **Fax:** 59 30 15
Vorsitzende(r): Stephan Koziol
Geschäftsführer(in): Dipl.-Kfm. W. Sattel

● G 469

Bundesverband Kunsthandwerk Berufsverband Handwerk Kunst Design e.V.
Rheinstr. 23, 60325 Frankfurt
T: (069) 74 02 31   **Fax:** 74 02 33
Internet: http://www.bundesverband-kunsthandwerk.de
E-Mail: info@bundesverband-kunsthandwerk.de
Vorsitzende(r): Bettina Franz
Geschäftsführer(in): Christina Beyer

Landesverbände

g 470

Bayerischer Kunstgewerbe-Verein e.V.
Pacellistr. 6-8, 80333 München
T: (089) 29 01 47-0   **Fax:** 29 62 77
Vorsitzende(r): Ursula von Haeften
Geschäftsführer(in): Ilona von Seckendorff

g 471

Kunsthandwerk Berlin e.V.
Fasanenstr. 58, 10719 Berlin
T: (030) 88 67 80 80   **Fax:** 8 81 59 22

g 472

Arbeitsgemeinschaft Kunsthandwerk Bremen e.V.
Geschäftsstelle: c/o Rechtsanwälte Wedepohl & Partner
Postf. 106905, 28069 Bremen
Sebaldsbrücker Heerstr. 34, 28309 Bremen
T: (0421) 45 40 78   **Fax:** 45 40 70
Geschäftsführer(in): Jörg J. Wedepohl
1. Vorsitzende(r): Monica Borgward (Horner Heerstr. 11-13, 28359 Bremen, T: (0421) 23 02 86, Telefax: (0421) 24 93 12)

g 473

Bund Hessischer Kunsthandwerker e.V.
Rahmengasse 15, 69120 Heidelberg
T: (06221) 31 64 56   **Fax:** 40 76 96
1. Vorsitzende(r): Antje Dienstbir

g 474

Arbeitsgemeinschaft des Kunsthandwerks Hamburg e.V.
Holstenwall 12 (Handwerkskammer), 20355 Hamburg
T: (040) 3 59 05-310
1. Vorsitzende(r): Jan Bierschenk (Lange Reihe 50, 20099 Hamburg, T: (040) 24 02 17, Fax: 24 79 97)

g 475

Arbeitsgemeinschaft des Kunsthandwerks Nordrhein-Westfalen
Postf. 10 27 55, 40018 Düsseldorf
Georg-Schulhoff-Platz 1, 40221 Düsseldorf
T: (0211) 87 95-390   **Fax:** 97 95-392
Vorsitzende(r): Manfred Bredohl (Krantzstr. 5, Halle 7, 52070 Aachen, T: (0241) 87 23 24)
Geschäftsführer(in): Uwe Müller-Biebel

g 476

Berufsverband Kunsthandwerk Rheinland-Pfalz e.V.
c/o Knut Hendrik Schaefer
Eduard-Frank-Str. 17, 55122 Mainz
T: (06131) 38 48 37
1. Vorsitzende(r): Maria Geisert (Kartans 7a, 55131 Mainz, T: (06131) 8 24 65)

g 477
Bund der Kunsthandwerker Baden-Württemberg e.V.
Johannisplatz 3, 73525 Schwäbisch Gmünd
T: (07171) 3 60 52 **Fax:** 3 69 52
Internet: http://www.kunsthandwerk.de
E-Mail: bdk.gd@t-online.de
Vorsitzende(r): Géza-Richard Horn
Geschäftsführer(in): Dr. Gabriele Dreisbusch

g 478
Arbeitsgemeinschaft des Saarländischen Kunsthandwerks e.V.
Hohenzollernstr. 47-49, 66117 Saarbrücken
T: (0681) 58 09-105 **Fax:** 58 09-177
1. Vorsitzende(r): Lydia Heitz (Zum Schloß 9, 66780 Siersburg, T: (06835) 6 84 86)
Geschäftsführer(in): Ass. Udo Stein (Hohenzollernstr. 47-49, 66117 Saarbrücken, T: (0681) 5 80 91 05, Telefax: (0681) 5 80 92 05)

g 479
Verband Sächsischer Kunsthandwerker e.V.
Alaunstr. 100, 01099 Dresden
T: (0351) 8 03 46 77 **Fax:** 8 04 11 23
1. Vorsitzende(r): Ingolf Hermann

g 480
Berufsverband Kunsthandwerk Schleswig-Holstein e.V.
Breite Str. 10-12, 23552 Lübeck
T: (0451) 1 50 61 40 **Fax:** 1 50 61 41
1. Vorsitzende(r): Christa L. Bänfer (Niendorfer Str. 12, 23769 Burg/Fehmarn, T: (04371) 67 75, Telefax: (04371) 8 78 55)
Geschäftsführer(in): Kristina Lohse

g 481
Bund Thüringer Kunsthandwerker e.V.
Johannesstr. 178, 99084 Erfurt
T: (0361) 5 62 62 54 **Fax:** 5 62 62 54
Geschäftsführer(in): Gisela Kaiser (T: (0361) 5 62 62 54, Fax: 5 62 62 54)

● G 482
Bund Deutscher Klavierbauer e.V. (BDK)
Friedrich-Wilhelm-Str. 31, 53113 Bonn
T: (0228) 53 97 00 **Fax:** 5 39 70 70
Internet: http://www.bdk-piano.de
E-Mail: bdk@musikverbaende.de
Gründung: 1958 (26. Oktober) in Ludwigsburg
Vorsitzende(r): Udo Schmidt-Steingraeber
Geschäftsführer(in): Dr. Stroh
Verbandszeitschrift: euro-piano
Mitglieder: 560
Mitarbeiter: 3
Jahresetat: DM 0,2 Mio, € 0,1 Mio
Redaktion und Verlag: Erwin Bochinsky, Münchener Str. 45, 60329 Frankfurt

● G 483
Verband Erzgebirgischer Kunsthandwerker und Spielzeughersteller e.V.
Albertstr. 15, 09526 Olbernhau
T: (037360) 6 69 30 **Fax:** 30 48
Internet: http://www.erzgebirge.org
E-Mail: verband@erzgebirge.org
Gründung: 1990 (September)
Vorsitzende(r): Helfried Dietel (Dregeno Seiffen eG)
Stellvertretende(r) Vorsitzende(r): Gundolf Berger (Erzgebirgische Holzkunst Gahlenz GmbH RuT)
Ferdinand Schiele (KWO Kunstgewerbe - Werkstätten Olbernhau GmbH)
Geschäftsführer(in): Dieter Uhlmann
Verbandszeitschrift: Generalanzeiger (2x jährlich), Druckerei Olbernhau
Mitglieder: 85
Mitarbeiter: 8

Interessenvertretung für 29 mittelständische Unternehmen sowie 271 Handwerksbetriebe.

● G 484
Hauptarbeitsgemeinschaft des Landmaschinen-Handels und -Handwerks (HAG)
Ruhrallee 12, 45138 Essen
T: (0201) 8 96 24-0 **Fax:** 8 96 24-24
Internet: http://www.landmaschinenverband.de
Präsident(in): N. N.
Bundesinnungsmeister: Dipl.-Ing. Heinz-Jürgen Müller (Fa. C. Müller, Hauptstr. 96, 31171 Nordstemmen, T: (05069) 8 70, Telefax: (05069) 87 49)
Hauptgeschäftsführer(in): RA Thomas Fleischmann

Mitglieder: 4500
Wahrnehmung und Schutz der Berufsinteressen des Landmaschinenhandels und -handwerks, insbesondere auf wirtschaftlichem, technischem und sozialem Gebiet; Beratung der Mitglieder.

Die H.A.G. besteht aus drei Bundesverbänden:

g 485
Hauptverband des Deutschen Landmaschinen-Handels e.V.
Ruhrallee 12, 45138 Essen
Vorstand: BIM Heinz-Jürgen Müller
Franz-Josef Borgmann
Arthur Brachat

g 486
Bundesinnungsverband des Landmaschinenmechaniker-Handwerks
Ruhrallee 12, 45138 Essen
T: (0201) 8 96 24-0 **Fax:** 8 96 24-24
Vorstand: Dipl.-Ing. Heinz-Jürgen Müller
Dipl.-Ing. Werner Mertens
Heiner Wierk
Bundesinnungsmeister: Dipl.-Ing. Heinz-Jürgen Müller, Nordstemmen
Geschäftsführer(in): RA Thomas Fleischmann, Essen

g 487
Bundes-Fachgruppe Motorgeräte BuFa-MOT
Ruhrallee 12, 45138 Essen
T: (0201) 8 96 24-0 **Fax:** 8 96 24-22
Vorsitzende(r): Günter Ströbel (Fa. Ströbel GmbH, Insinger Str. 10, 74585 Rot am See/Buch, T: (07958) 2 28, Telefax: (07958) 82 39)
Stellvertretende(r) Vorsitzende(r): Heinrich Feuls (Fa. Feuls Motorgeräte, Dorfstr. 6-10, 47475 Kamp-Lintfort, T: (02842) 40 18, Telefax: (02842) 4 15 42)
Gerd Reichmuth (Fa. Queland GmbH, Schillerstr. 10, 06384 Quedlinburg, T: (03946) 9 02-2 61, Telefax: (03946) 9 02-2 66)

Angeschlossene Landesverbände, Landesinnungen und Innungen nach Ländern

g 488
Verband des Landtechnischen Handwerks Baden-Württemberg im VdAW e.V.
Wollgrasweg 31, 70599 Stuttgart
T: (0711) 1 67 79-0 **Fax:** 4 58 60 93
Internet: http://www.vdaw.de
E-Mail: vdaw.w@t-online.de
Landesinnungsmeister: Kurt Neuscheler (Fa. Kurt Neuscheler, Nürtinger Str. 56, 72666 Neckartailfingen, T: (07127) 9 26 20, Telefax: (07127) 92 62 20)
Vors. Fachgr. Landtechn. Handel: Wilhelm Neyer (Fa. Wilhelm Neyer, Bürgerstr. 2, 88339 Bad Waldsee, T: (07524) 9 77 00, Telefax: (07524) 97 70 50)
Vors. Fachgr. Motorgeräte: Kurt Maihöfer (Fa. Maihöfer, Bruckstr. 70, 70734 Fellbach, T: (0711) 57 54 00, Telefax: (0711) 5 75 40 29)
Geschäftsführende(s) Vorstands-Mitglied(er): Dipl.-Ing. (FH) Erich Reich

g 489
Landesinnungsverband des Landmaschinenmechaniker-Handwerks und -Handels in Bayern
Kapellenweg 5, 85276 Pfaffenhofen
T: (08441) 28 96 **Fax:** 32 44
Internet: http://www.agrartechnik.de
E-Mail: lvpaf@t-online.de
Landesinnungsmeister: Martin Geyer (Fa. Geyer & Sohn, Oberspiesheimer Str. 2, 97509 Kolitzheim, T: (09723) 13 52, Telefax: (09723) 24 41)
Vors. Handelsverband: Norbert Stenglein (Fa. Stenglein Landtechnik, Breitenlesau 46, 91344 Weischenfeld, T: (09202) 96 06-0, Fax: (09202) 96 06-30)
Geschäftsführerin: Ingeburg Janiurek

g 490
Landesverband der Fachbetriebe Landtechnik und Metallverarbeitung Brandenburg e.V.
Schlesische Str. 38, 10997 Berlin
T: (030) 61 70 26 76 **Fax:** 6 18 20 53
E-Mail: Agro-Service.VdW@t-online.de
Verbandsvorsitzender: Eckhard Vlach (MAREP GmbH Vehlow, Pritzwalker Str. 29, 16866 Vehlow, T: (033976) 5 02 59, Fax: (033976) 5 07 09)
Landesinnungsmeister: Karl-Heinz Rettig (REMA Fahrzeug & Landtechnik GmbH, Hauptstr. 1, 14806 Schwanebeck, T: (033841) 3 59 83, Fax: (033841) 3 59 85)
Geschäftsführer(in): Dietmar Lange

g 491
Landesverband Hessen der Landmaschinen-Fachbetriebe e.V.
Wollgrasweg 31, 70599 Stuttgart
T: (0711) 1 67 79-0 **Fax:** 4 58 60-93
Vorsitzende(r): Werner Krummel (Fa. Heinrich Krummel KG, Schloßstr. 18, 34549 Edertal/Bergheim, T: (05623) 40 31, Telefax: (05623) 40 34)
Geschäftsführer(in): Dipl.-Ing. (FH) Erich Reich

g 492
Landesinnungsverband für das Landmaschinenmechaniker-Handwerk in Hessen
Wollgrasweg 31, 70599 Stuttgart
T: (0711) 1 67 79-0 **Fax:** 4 58 60-93
Landesinnungsmeister: Erich Klotz (Fa. Klotz, Schälgärten 7, 35415 Pohlheim, T: (06404) 4 36, Telefax: (06404) 16 46)
Geschäftsführer(in): Dipl.-Ing. (FH) Erich Reich

g 493
Landesverband der Fachbetriebe Landtechnik & Metallverarbeitung Mecklenburg-Vorpommern e.V.
Eckdrift 93, 19061 Schwerin
T: (0385) 6 35 64 00 **Fax:** 6 35 64 44
Landesinnungsmeister: Roland Habeck (Fa. Hawart-Landtechnik GmbH, Wulkenzinerstr. 16, 17033 Neubrandenburg/Weitin, T: (0395) 58 14 60, Fax: (0395) 5 44 23 09)
Vorsitzende(r) des Vorstandes: Dieter Mazurek (Fa. Gägelower Hallen- und Stahlbau GmbH - GHS, Hauptstr. 1, 23968 Gägelow, T: (03841) 6 27 00, Fax: (03841) 64 36 41)
Geschäftsführer(in): Herbert Würfel

g 494
Landesarbeitsgemeinschaft Niedersachsen und Bremen des Landmaschinen-Handels und -Handwerks
Walderseestr. 47, 30177 Hannover
T: (0511) 69 36 36 **Fax:** 69 79 33
Bundesinnungsmeister und Vors. Handelsverband: Dipl.-Ing. Heinz-Jürgen Müller (Fa. C. Müller, Hauptstr. 96, 31171 Nordstemmen, T: (05069) 8 70, Telefax: (05069) 87 49)
Geschäftsführer(in): Lothar Wittkopp

g 495
Fachverband Landschaftsmaschinentechnik Nordrhein-Westfalen
Gerresheimer Landstr. 119, 40627 Düsseldorf
T: (0211) 9 25 95 40 **Fax:** 9 25 95 90
Landespräs: Franz-Josef Borgmann (Lilienbecke 10, 48653 Coesfeld, T: (02541) 8 55 91, Telefax: (02541) 47 10)
Geschäftsführer(in): Dipl.-Volksw. Wilhelm Winter

g 496
Landmaschinenmechaniker-Innung Trier-Rheinhessen-Pfalz
Burgstr. 39, 67659 Kaiserslautern
T: (0631) 3 71 22-0 **Fax:** 3 71 22-50
Obermeister: Fritz Dexheimer (Fa. F. Jung KG, Bahnhofstr. 70, 67297 Marnheim, T: (06352) 70 52-0, Telefax: (06352) 70 52-11)
Geschäftsführer(in): Ass. Alexander Baden

g 497
Landmaschinenmechaniker-Innung für den Reg.-Bez. Koblenz
Postf. 5 65, 55529 Bad Kreuznach
T: (0671) 8 36 08-0 **Fax:** 3 31 41
Obermeister: Paul Raimund (Fa. Raimund, Raumbacher Str. 8, 55590 Meisenheim, T: (06753) 23 60, Telefax: (06753) 29 90)
Geschäftsführer(in): Gerhard Schlau

g 498
Landesinnung des Landmaschinenmechaniker-Handwerks Sachsen
Scharfenberger Str. 66, 01139 Dresden
Obermeister: Karl Eulitz (c/o Fa. H. & K. Eulitz, Str. Nr. 116, 04703 Naunhof b. Leisning, T: (034321) 1 24 70, Telefax: (034321) 1 24 70)
Geschäftsführer(in): Wolfgang Herrmann

g 499
Verband Landtechnik Sachsen-Anhalt e.V.
Rosslauer Str. 33, 39261 Zerbst
T: (03923) 24 11 **Fax:** 76 00 34
E-Mail: vlt.san@t-online.de

Geschäftsführer(in): Hansjörg Schürer
Landesinnungsverband: N.N.
Vors. Handelsverband: Uwe Klietz (Fa. Land- und Bautechnik Klietz KG, Thälmannstr. 1, 39435 Schneidlingen, T: (039267) 64 10, Fax: (039267) 6 41 11)

g 500
Landesverband der Landmaschinen-Fachbetriebe für Schleswig-Holstein und Hamburg e.V.
Rendsburger Landstr. 211, 24113 Kiel
T: (0431) 9 81 69-0   **Fax:** 9 38 77
Internet: http://www.landmaschinen-sh.de
E-Mail: landmaschinen@bf-handwerk.de
Landesinnungsmeister: Heinrich Wierk
Vors. Handelsverband: Herbert Lorenz (Fa. Max Lorenz, Bergstr. 3, 24229 Schwedeneck, T: (04308) 18 75-0, Fax: (04308) 18 75-20)
Hauptgeschäftsführer(in): Dipl.-Volksw. Hugo Schütt

g 501
Verband Landtechnik Thüringen e.V.
Uhlandstr. 18, 99096 Erfurt
T: (0361) 3 46 07 91   **Fax:** 3 46 07 91
Landesinnungsmeister: Dipl.-Volksw. Werner Mertens (Verbandsvorsitzender, Fa. Kfz & Landtechnik Eisenach GmbH, Am Marktrasen 4, 99819 Krauthausen, T: (03691) 8 50 50, Telefax: (03691) 85 05 55)
Stellvertretende(r) Geschäftsführer(in): Kurt Schnellhardt

● G 502
Bundesinnung für das Siebdrucker-Handwerk
Postf. 18 69, 65008 Wiesbaden
Biebricher Allee 79, 65187 Wiesbaden
T: (0611) 80 31 15   **Fax:** 80 31 13
E-Mail: so@bvdm-online.de
Gründung: 1987
1. Vorsitzende(r): Hellmuth Frey (c/o Emil Frey KG, Siebdruck und Schilder, Tigerstr. 7, 22525 Hamburg, T: (040) 8 50 40 21, Telefax: (040) 8 50 49 30)
Geschäftsführer(in): Dipl.-Ing. Hartmut Flothmann
Mitglieder: 100

● G 503
Hauptverband Farbe, Gestaltung, Bautenschutz
- Bundesinnungsverband des deutschen Maler- und Lackiererhandwerks -
Vilbeler Landstr. 255, 60388 Frankfurt
T: (06109) 72 28-0   **Fax:** 72 28-50
Gründung: 1907
Präsident(in): Dipl.-Volksw. Heinz Werner Bonjean (Heinrich-Hoerle-Str. 15-17, 50737 Köln)
Hauptgeschäftsführer(in): RA Werner Loch
Verbandszeitschrift: Malerblatt
Verlag: Deutsche Verlags GmbH, Postf. 10 60 12, 70049 Stuttgart
Mitglieder: 18 Landesverbände

Mitglieder des Bundesinnungsverbandes (BIV) sind die 18 Landesinnungsverbände (LIV). Der BIV nimmt die Interessen des Maler- und Lackiererhandwerks wahr. Er berät und fördert insbesondere die LIV auf den Gebieten Wirtschaft, Technik, Werkstoffe und Umwelt, Sozialpolitik, Berufsausbildung und Werbung. Er unterstützt die LIV bei der Erfüllung gesetzlicher und satzungsgemäßer Aufgaben und unterbreitet den Behörden Anregungen und Vorschläge

Landesinnungsverbände

g 504
Landesinnungsverband des Maler- und Lackiererhandwerks Baden-Württemberg
Christophstr. 14, 70178 Stuttgart
T: (0711) 60 36 01   **Fax:** 6 40 98 95
Landesinnungsmeister: Bernd Eichsteller
Geschäftsführer(in): Armin Huober

g 505
Landesinnungsverband des Bayerischen Maler- und Lackiererhandwerks
Ungsteiner Str. 27, 81539 München
T: (089) 68 07 82 67   **Fax:** 68 07 82 65
Landesinnungsmeister: Helmuth Listl
Geschäftsführer(in): Dipl. oec. Wolfgang Siegel

g 506
Landesinnungsverband des Maler- und Lackiererhandwerks Berlin-Brandenburg
Wuthenowstr. 1, 12169 Berlin
T: (030) 7 91 30 64   **Fax:** 7 93 21 51
Landesinnungsmeister: Werner Brands
Geschäftsführer(in): Dipl.-Vw. Jürgen Wittke

g 507
Landesinnungsverband des Maler- und Lackiererhandwerks Bremen
Gewerbehaus
Ansgaritorstr. 24, 28195 Bremen
T: (0421) 30 50 03-0   **Fax:** 30 27 62
Landesinnungsmeister: Dieter Dasenbrook
Geschäftsführer(in): Holger Detjen

g 508
Maler- und Lackiererinnung Hamburg
Holstenwall 12, 20355 Hamburg
T: (040) 34 38 87   **Fax:** 3 48 06 25
Landesinnungsmeister: Dipl.-Kfm. Walter Baass
Geschäftsführer(in): N. N.

g 509
Verband Farbe, Gestaltung, Bautenschutz Hessen
Kettenhofweg 14-16, 60325 Frankfurt
T: (069) 97 12 13-0   **Fax:** 17 25 54
Landesinnungsmeister: Klaus Böhmer
Geschäftsführer(in): Werner Schledt

g 510
Landesinnungsverband des Maler- und Lackiererhandwerks Mecklenburg-Vorpommern
Dr.-Leber-Str. 7, 23966 Wismar
T: (03841) 27 17-0   **Fax:** 27 17-27
Landesinnungsmeister: Karlheinz Bartlau
Geschäftsführer(in): Antje Lange

g 511
Malerverband Niedersachsen, Landesinnungsverband für das Maler-, Lackierer- und Fahrzeuglackiererhandwerk
Sodenstr. 2, 30161 Hannover
T: (0511) 34 91 92-0   **Fax:** 3 88 32 43
Landesinnungsmeister: Karl-August Siepelmeyer
Geschäftsführer(in): Ass.jur. Andreas Becker

g 512
Maler- und Lackiererinnungsverband Nordrhein
Neuköllner Str. 2, 50676 Köln
T: (0221) 23 45 13/14   **Fax:** 24 93 75
Landesinnungsmeister: Hans Moseler
Geschäftsführer(in): RA Wolfgang Reinders

g 513
Landesinnungsverband des pfälzischen Maler- und Lackiererhandwerks
Ludwigsplatz 10, 67059 Ludwigshafen
T: (0621) 51 09 05   **Fax:** 51 09 05
Landesinnungsmeister: Gerhard Stammwitz
Geschäftsführer(in): Ass. Otmar Heitz

g 514
Fachverband Farbe Gestaltung Bautenschutz Rheinland-Rheinhessen
Hoevelstr. 19, 56073 Koblenz
T: (0261) 4 06 30 60   **Fax:** 4 06 30 23
Landesinnungsmeister: Werner Bomm
Geschäftsführer(in): Martin Gottsmann

g 515
Maler- und Lackiererinnung des Saarlandes
Konrad-Zuse-Str. 4, 66115 Saarbrücken
T: (0681) 7 76 08 01   **Fax:** 7 76 08 02
Landesinnungsmeister: Klaus Drouin
Geschäftsführer(in): N. N.

g 516
Fachverband Farbe, Gestaltung, Bautenschutz
- Landesinnungsverband Sachsen des Maler- und Lackiererhandwerks -
Pirnaer Landstr. 40, 01237 Dresden
T: (0351) 8 03 98 19   **Fax:** 8 03 98 29
Landesinnungsmeister: Udo Reichel
Geschäftsführer(in): Wolfgang Tierok

g 517
Landesinnungsverband des Maler- und Lackiererhandwerks Sachsen-Anhalt
Kurt-Tucholsky-Str. 5, 06110 Halle
T: (0345) 29 00-367, 29 00-368   **Fax:** 29 00-369
Landesinnungsmeister: Rainer Müller
Geschäftsführer(in): Oliver Christoph Klaus

g 518
Landesinnungsverband Farbe, Gestaltung, Bautenschutz Schleswig-Holstein
Kaninchenborn 18, 23560 Lübeck
T: (0451) 5 82-2233   **Fax:** 5 82-0990
Landesinnungsmeister: Horst Kruse
Geschäftsführer(in): MLM Karl-August Hartz

g 519
Landesverband Südbaden des Maler- und Lackiererhandwerks e.V.
Rheinstr. 146, 76532 Baden-Baden
T: (07221) 6 14 64   **Fax:** 5 56 94
Landesinnungsmeister: Eduard Billian
Geschäftsführer(in): Assessor Otmar Heitz

g 520
Landesinnungsverband des Maler- und Lackiererhandwerks Thüringen
Hilderser Str. 14, 98590 Schwallungen
T: (036843) 3 26 41   **Fax:** 3 26 43
Landesinnungsmeister: Wolfgang Schmidt
Geschäftsführer(in): N. N.

g 521
Maler- und Lackiererinnungsverband Westfalen
Prinz-Friedrich-Karl-Str. 46, 44135 Dortmund
T: (0231) 55 69 96-0   **Fax:** 55 69 96-99
Landesinnungsmeister: Klaus Linde
Geschäftsführer(in): Dipl.-Volksw. Klaus Yongden Tillmann

● G 522
Bundesverband des Deutschen Zinngießer-Handwerks e.V.
Rosenplütstr. 2, 90439 Nürnberg
T: (0911) 26 16 66   **Fax:** 26 16 55
Vorsitzende(r): Dipl.-Ing. Hinrich Röders
Geschäftsführer(in): Manuela Wohlert

● G 523
Bundesinnungsverband für das Deutsche Zweiradmechaniker-Handwerk
Ludwig-Erhard-Str. 20, 61440 Oberursel
T: (06171) 5 60 01   **Fax:** 41 57
Gründung: 1989
Bundesinnungsmeister: Wolfgang Hees (Lebacher Str. 190, 66113 Saarbrücken)
Geschäftsführer(in): Horst Villmeter
Verbandszeitschrift: Zweirad-Info
Mitglieder: 800, 23 reg. Innungen
Mitarbeiter: 3

● G 524
Landesinnungsverband mechanischer Metallhandwerke Bayern
Landesinnungsverband Bayern für Maschinenbaumechanik, Werkzeugbau, Informationstechnik, Dreher, Feinmechanik und Zweiradmechanik
Graf-Konrad-Str. 17, 80809 München
T: (089) 35 09 83-0   **Fax:** 35 50 50
Landesinnungsmeister: Tassilo Kiefl
Hauptgeschäftsführer(in): Klaus Arns

● G 525
Bundesinnungsverband des Deutschen Kälteanlagenbauerhandwerks (BIV)
Kaiser-Friedrich-Str. 7, 53113 Bonn
T: (0228) 2 49 89-0   **Fax:** 2 49 89-40
Bundesinnungsmeister: Dipl.-Ing. Klaus Schürmann
Geschäftsführer(in): Dipl.-Volksw. Rudolf Pülz
Mitglieder: 1063, 18 regionale Innungen

● G 526
Bundesverband Bürotechnik (BBT)
Haus der Deutschen Elektrohandwerke
Lilienthalallee 4, 60487 Frankfurt
T: (069) 24 77 47-31   **Fax:** 24 77 47-39
E-Mail: c.friedel@zveh.de
Präsident(in): Josef Kollmannsberger (Dr.-Martin-Luther-Str. 13, 93047 Regensburg, T: (0941) 5 48 08, Fax: (0941) 56 15 40)
Vizepräsident(in): Fritz Heiling (i.Fa. Heiling & Heiling OHG, Wendenstr. 429, 20537 Hamburg, T: (040) 6 08 40 18, Fax: (040) 60 89 04 44)
Mitglieder: 1000

g 527
Fachverband Büro- und Computertechnik Baden-Württemberg
Reinsburgstr. 86, 70178 Stuttgart
T: (0711) 6 15 65 39-0 Fax: 6 15 65 39-9
Gründung: 1952 (3. April)
Geschäftsführer(in): Sascha M. Binoth (Lise-Meitner-Str. 19, 76275 Ettlingen)
Landesinnungsmeister: Hans Kurrle (Hintere Str. 29, 70734 Fellbach)
Mitglieder: 500

g 528
Landesinnung Informationstechnik Berlin Fachgruppe Bürotechnik
Köpenicker Str. 148-149, 10997 Berlin
T: (030) 6 18 20 26, 61 07 69 93 Fax: 6 18 80 31
Geschäftsführer(in): RA Wolfgang Schramm (Köpenicker Str. 148/149, 10997 Berlin, T: (030) 6 18 20 26)
Obermeister: Jürgen Kränzlein (Schlieperstr. 16, 13507 Berlin, T: (030) 4 33 88 54)

g 529
Innung Bürotechnik Hamburg
Hermann-Löns-Weg 73, 25462 Rellingen
T: (04101) 3 26 44 Fax: 3 26 32
Geschäftsführer(in): Enrico Viebeg
Landesinnungsmeister: Fritz Heiling

g 530
Landesinnungsverband Bürotechnik Niedersachsen
Postf. 35 04, 30035 Hannover
Berliner Allee 17, 30175 Hannover
T: (0511) 34 41 41 Fax: 34 41 59
Geschäftsführer(in): Günter Bietendorf
Landesinnungsmeister: Horst Dottermusch (Hirtenweg 11, 30163 Hannover)

g 531
Landesinnungsverband Bürotechnik Rheinland-Pfalz
c/o Kreishandwerkerschaft Mittelrhein
Hoevelstr. 19, 56073 Koblenz, T: (0261) 4 06 30-18, Fax: 4 06 30-30
Postf. 21 38, 56511 Neuwied
Langendorfer Str. 91, 56564 Neuwied
T: (02631) 2 09 34 Fax: 2 09 33
Geschäftsführer(in): Helmut Weiler
Geschäftsführer(in): Udo Runkel

g 532
Landesinnung Bürotechnik Schleswig-Holstein -Büroinformationselektroniker-
Sitz Neumünster
Wasbeker Str. 351, 24537 Neumünster
T: (04321) 6 10 46-0 Fax: 60 88 33
Geschäftsführer(in): Thomas Kafvelström
Landesinnungsmeister: Gerd Jahn (Kampstr. 8, 24782 Büdelsdorf, T: (04331) 36 2 66)

g 533
Landesinnungsverband Bürotechnik Nordrhein-Westfalen
Im heiligen Bruch 33, 47509 Rheurdt
T: (02845) 9 67 51 Fax: 9 67 53
Landesinnungsmeister: Alf Bockheim

g 534
Landesinnungsverband mechanischer Metallhandwerke Bayern
Landesinnungsverband Bayern für Maschinenbaumechanik, Werkzeugbau, Büroinformationselektronik, Dreher, Feinmechanik und Zweiradmechanik
Graf-Konrad-Str. 17, 80809 München
T: (089) 35 09 83-0 Fax: 35 50 50
Landesinnungsmeister: Tassilo Klefl
Hauptgeschäftsführer(in): Klaus Arns

g 535
Landesinnung Bürotechnik Thüringen
Kreishandwerkerschaft
Schillerstr. 10, 99423 Weimar
T: (03643) 85 07 64 Fax: 85 07 69
Landesinnungsmeister: Lutz Voigt (Über den Nonnenwiesen 3, 99428 Weimar-Tröbsdorf, T: (03643) 2 41 10, Telefax: (03643) 24 11 21)
Geschäftsführer(in): Leibing

g 536
Landesinnung der Büroinformationselektroniker Sachsen-Anhalt
c/o Kreishandwerkerschaft Anhalt-Zerbst
Breite 20, 39261 Zerbst
T: (03923) 6 25 54, 25 52 Fax: 6 25 55
Geschäftsführer(in): Peter Wadenbach
Obermeister: Wolfgang Schuster (Ludwig-Wucherer-Str. 56, 06108 Halle, T/Fax: (0345) 5 23 20 57)

● G 537
Bundesverband Schneid- und Schleiftechnik
Am Brunnen 1, 85283 Wolnzach
T: (08442) 64-0 Fax: 64-299
Präsident u. Geschäftsführer(in): Gerhard Linner
Mitglieder: ca. 180

Innungen

Baden-Württemberg

g 538
Schneidwerkzeugmechaniker-Innung Nord-Württemberg
Messerschmied-Schleiftechnik
Postf. 14 31, 71304 Waiblingen
T: (07151) 5 20 81 Fax: 5 21 95
Obermeister: Klaus Maurer (Fleiner Str. 24, 74072 Heilbronn, T: (07131) 8 25 77, Telefax: (07131) 17 11 25)

Bayern

g 539
Schneidwerkzeugmechaniker Messerschmiede-Innung Nordbayern
Postf. 19 64, 90709 Fürth
Fürther Freiheit 6, 90762 Fürth
T: (0911) 74 08 50 Fax: 7 40 85 15
E-Mail: khsfuerth@t-online.de
Obermeister: Oliver Gayer (Medicusstr. 49, 63739 Aschaffenburg, T: (06021) 2 24 43, Fax: (06021) 2 67 56)

Berlin-Brandenburg

g 540
Landesinnung der Schneidwerkzeugmechaniker Berlin/Brandenburg
Havelstr. 19, 16515 Oranienburg
Gründung: 1990 (3. November)
Obermeister: Hans-Peter Marten (Scharnweber Str. 116, 13405 Berlin)
Mitglieder: 11

Hamburg

g 541
Schneid-, Schleiftechnik- und Büchsenmacher-Innung Hamburg und Schleswig-Holstein
Holstenwall 12, 20355 Hamburg
T: (040) 35 74 46-0 Fax: 35 70 46-50
Obermeister: Jürgen Mehlfeldt (i. Fa. Giffhorn GmbH, Holstenstr. 188, 22767 Hamburg, T: (040) 38 91 03 30, Fax: 38 91 03 20)
Geschäftsführer(in): Heinz Hoffmann (Holstenwall 12, 20355 Hamburg, T: (040) 35 74 46 14, Fax: 35 74 46 50)
Mitglieder: 21

Mecklenburg-Vorpommern

g 542
Schneidwerkzeugmechaniker Innung Mecklenburg/Vorpommern
Postf. 10 11 61, 17019 Neubrandenburg
Obermeister: Eberhard Wilski (Godow 8, 17192 Kargow)

Niedersachsen

g 543
Niedersächsische Innung für Schneid- und Schleiftechnik Hannover
Berliner Allee 17, 30175 Hannover
T: (0511) 34 41 41 Fax: 34 41 59
Geschäftsführer(in): Günter Bietendorf (T: (0511) 34 41 41)
Obermeister: Mark Hoppe (Mogelkenstr. 26, 30165 Hannover)

Nordrhein-Westfalen

g 544
Schneidwerkzeugmechaniker-Ig. MS
Postf. 43 05, 48024 Münster
Ossenkampstiege 111, 48163 Münster
T: (0251) 5 20 08-0 Fax: 5 20 08-33
Obermeister: Magnus Jörg (Grevener Str. 76, 48149 Münster, T: (0251) 29 32 31)
Geschäftsführer(in): Assessor Heinz-Dieter Rohde

g 545
Innung f. Schneid- u. Schleiftechnik Nordrhein
Philippstr. 37-39, 50823 Köln
T: (0221) 51 69 59
Obermeister: Norbert Christians (Philippstr. 37/39, 50823 Köln, T: (0221) 51 69 59, Telefax: (0221) 52 94 88)
Geschäftsführer(in): Leopold Abt

Rheinland-Pfalz und Saarland

g 546
Schneidwerkzeugmechaniker-Innung für Rheinland-Pfalz und das Saarland
Postf. 16 26, 76806 Landau
Martin-Luther-Str. 46, 76829 Landau
T: (06341) 92 78 70
Obermeister: Hermann Preuss (Messerschmiedemeister, Korngasse 11, 67346 Speyer, T: (06232) 7 54 43, Fax: (06232) 7 23 66)

● G 547
Fachverband Deutscher Präzisions-Werkzeugschleifer e.V. (FDPW)
Postf. 9 61, 87587 Kaufbeuren
An der Säge 15, 87666 Pforzen
T: (08346) 98 22 51
Gründung: 1987 (27./28. November)
Präsident(in): Gerhard Linner, Wolnzach
Vizepräsident(in): Herbert Wulf, Wedemark
Verbandszeitschrift: Forum der Schneidwerkzeug- und Schleiftechnik
Verlag: Fachverlag Körber, 87666 Pforzen
Mitglieder: z. Zt. 270 Firmen

● G 548
Bundesverband Metall
Vereinigung Deutscher Metallhandwerke
Ruhrallee 12, 45138 Essen
T: (0201) 8 96 19-0 Fax: 8 96 19-20
Internet: http://www.metallhandwerk.de
E-Mail: info@metallhandwerk.de
Präsident(in): Dipl.-Wirtsch.-Ing. Klaus Graupe (Graupe Components GmbH, Geschw.-Beschütz-Bogen 3, 22335 Hamburg)
Hauptgeschäftsführer(in): RA Thomas Fleischmann
Verbandszeitschrift: "M + T" Metallhandwerk + Technik
Verlag: Verlag Charles Coleman, Wahmstr. 56, 23552 Lübeck
Mitglieder: 23430 (über 15 Verbände incl. neue Bundesländer)

Der Bundesverband Metall hat die Aufgabe, die Interessen der Handwerke wahrzunehmen, für die er gebildet ist; die angeschlossenen Innungsverbände und Innungen in der Erfüllung ihrer gesetzlichen und satzungsmäßigen Aufgaben zu unterstützen; den Behörden Anregungen und Vorschläge zu unterbreiten sowie ihnen auf Verlangen Gutachten zu erstatten. Er ist befugt, Fachschulen und Fachkurse einzurichten oder zu fördern.

g 549
Bundesfachschule Metallhandwerk Northeim
Am Rhumekanal 18, 37154 Northeim
T: (05551) 34 59 Fax: 6 64 73

g 550
Bundesfachschule Metallhandwerk Roßwein
Döbelner Str. 69, 04741 Roßwein
T: (034322) 5 15-11 Fax: 4 33 05

g 551
Handwerksverband Metallbau und Feinwerktechnik Baden-Württemberg (HMF)
Schönestr. 35/-1, 70372 Stuttgart
T: (0711) 95 47 29-0 Fax: 95 47 29 40
Landesinnungsmeister: Werner Kownatzki (Weckstr. 19, 79664 Wehr, T: (07761) 92 88-0)

g 551
Hauptgeschäftsführer(in): Dipl.-Kfm. Jürgen Schwedler
Betriebswirtschaftliche Beratungsstelle: Dipl.-oec. Hans-Peter Eckhardt
Fachtechnische Beratungsstelle: Dipl.-Ing. Bernhard Pfeffer

g 552
Fachverband Metall Bayern
Erhardtstr. 6, 80469 München
T: (089) 2 02 56 23   Fax: 20 25 62 50
Vorsitzende(r): Klaus Dann (Neisser Str. 13, 87437 Kempten, T: (0831) 57 51 40)
Hauptgeschäftsführer(in): Richard Tauber

g 553
Landesinnungsverband Metall Berlin-Brandenburg
Köpenicker Str. 148-149, 10997 Berlin
T: (030) 6 18 20 26   Fax: 6 18 80 31
Landesinnungsmeister: Hans-Ulrich Fischer (Am Pichelssee 56 b, 13595 Berlin)
Hauptgeschäftsführer(in): RA Wolfgang Schramm (Köpenicker Str. 148/149, 10997 Berlin, T: (030) 6 18 20 26)

g 554
Norddeutscher Metallgewerbeverband Hamburg e.V.
Große Bahnstr. 101, 22769 Hamburg
T: (040) 85 31 01-0   Fax: 85 31 01 31
Gründung: 1972
Vorsitzende(r): Dipl.-Wirtsch.-Ing. Klaus Graupe
Hauptgeschäftsführer(in): RA Carsten Conrad
Geschäftsführer(in): Heino Mager
Norbert Waters
Verbandszeitschrift: NMV dialog
Mitglieder: 345
Mitarbeiter: 10

g 555
Fachverband Metall Hessen
Ludwig-Erhard-Str. 20, 61440 Oberursel
T: (06171) 5 60 01   Fax: 41 57
E-Mail: fmh@metallhandwerk.de
Landesinnungsmeister: Ulrich Gotta (Ottostr. 21, 63150 Heusenstamm)
Geschäftsführer(in): Ing. (grad.) Horst Villmeter

g 556
Metallfachschule Hessen
Ludwig-Erhard-Str. 20, 61440 Oberursel
T: (06171) 5 60 01   Fax: 41 57

g 557
Metallgewerbeverband Mecklenburg-Vorpommern
Geschäftsstelle
Rendsburger Landstr. 211, 24113 Kiel
T: (0431) 9 81 69-0   Fax: 9 38 77
Landesinnungsmeister: Ing. Horst Lübbert
Hauptgeschäftsführer(in): Dipl.-Volksw. Hugo Schütt

g 558
Landesverband Metall Niedersachsen/Bremen
Walderseestr. 47, 30177 Hannover
T: (0511) 9 09 85-0   Fax: 9 09 85-85
Präsident(in): Otto Künnecke (Bülte 1, 37603 Holzminden, T: (05531) 93 00-0, Telefax: (05531) 93 00-40)
Geschäftsführer(in): Ing. (grad.) Lothar Wittkopp

g 559
Landesfachschule Metall Niedersachsen und Bremen
Am Domänenhof 5, 21337 Lüneburg
T: (04131) 5 21 24   Fax: 5 09 13
Schulleiter: Dipl.-Ing. Jörg Grocholl

g 560
Fachverband Metall Pfalz
Etzelwegstr. 229, 66482 Zweibrücken
T: (06332) 1 70 91   Fax: 7 39 39
Landesinnungsmeister: Xaver Mak (Etzelweg 229, 66482 Zweibrücken, T: (06332) 1 70 91, Telefax: (06332) 7 39 39)
Geschäftsführer(in): Paul Utzinger

g 561
Fachverband - Metallhandwerk Rheinland - Rheinhessen
Rüdesheimer Str. 34, 55545 Bad Kreuznach
T: (0671) 9 21 32 95, 9 21 32 96   Fax: 9 21 32 97
Internet: http://www.fvm-rhl.de
E-Mail: info@fvm-rhl.de
Landesinnungsmeister: Peter Gieraths (In der Wasserscheid 5, 53424 Remagen, T: (02642) 32 32, Fax: 39 20)
Geschäftsführer(in): RA Dipl.-Volksw. Albert Payrhuber
Mitglieder: 700-800
Mitarbeiter: 2
Jahresetat: DM 0,3 Mio, € 0,15 Mio

g 562
Fachverband Metall Nordrhein-Westfalen
Ruhrallee 12, 45138 Essen
T: (0201) 8 96 47-0   Fax: 25 25 48
Internet: http://www.metallhandwerk-nrw.de
E-Mail: fvm@metallhandwerk-nrw.de
Vorsitzende(r): Jürgen Schreiber (Wambeler Hellweg 32-34, 44143 Dortmund, T: (0231) 59 53 30, Telefax: (0231) 5 60 05 75)
Hauptgeschäftsführer(in): RA Matthias Runge

Technische Beratungsstelle:
Leiter(in): Dipl.-Ing. Joachim Tewes

Betriebswirtschaftliche Beratungsstelle:

Leiter(in): Dipl.-Betriebsw. Norbert in der Weide

Marketingstelle:
Leiter(in): Dipl.-Kfm. Stephan Lohmann

g 563
Landesinnung Metall Saarland
Postf. 10 02 43, 66002 Saarbrücken
Grülingsstr. 115, 66113 Saarbrücken
T: (0681) 9 48 61-0   Fax: 9 48 61-99
Landesinnungsmeister: Rudi Klein (Zu den Pottaschwiesen 17, 66386 St. Ingbert, T: (06894) 87 07 67, Fax: (06894) 87 07 69)
Geschäftsführer(in): Arbeitgeberverband des Saarländischen Handwerks e.V.

g 564
Fachverband Metall Sachsen e.V.
Scharfenberger Str. 66, 01139 Dresden
T: (0351) 8 50 64 80   Fax: 8 50 64 82
Vorsitzende(r): Peter Made
Geschäftsführer(in): Wolfgang Herrmann

g 565
Landesinnungsverband Metall Sachsen-Anhalt
Hakeborner Str. 7-11, 39112 Magdeburg
T: (0391) 6 07 68 31   Fax: 6 07 68 32

g 566
Metallgewerbeverband Schleswig-Holstein
Rendsburger Landstr. 211, 24113 Kiel
T: (0431) 9 81 69-0   Fax: 9 38 77
E-Mail: metall-sh@bf-handwerk.de
Landesinnungsmeister: Ing. Jörn Affeldt
Hauptgeschäftsführer(in): Dipl.-Volksw. Hugo Schütt

g 567
Fachverband Metallhandwerk Thüringen
Friedrich-Ebert-Str. 62, 99096 Erfurt
T: (0361) 3 73 53 96   Fax: 3 45 94 87
Vorsitzende(r): Dipl.-Ing. Ullrich Fischer
Geschäftsführer(in): Dipl.-Ing. (FH) Claudia Kellermann

● G 568
Bundesverband mittelständischer Privatbrauereien e.V.
Justus-Staudt-Str. 2, 65555 Limburg
T: (06431) 5 20 48   Fax: 5 36 12
Präsident(in): Renate Scheibner (Geschäftsführende Gesellschafterin der Glückauf-Brauerei GmbH, Gersdorf)
Geschäftsführer(in): RA Roland Demleitner
Mitglieder: 800

Vertretung und Förderung der fachlichen, wirtschaftlichen, kulturellen und sozialen Interessen der Mitglieder gegenüber den Regierungsstellen, Pflege und Förderung des Austausches wirtschaftlicher und technischer Information im Gewerbe; Erteilen von Ratschlägen an die Regierungsstelle bezüglich der das mittelständische Brau- und Mälzereigewerbe betreffenden Angelegenheiten.

Mitgliedsverbände

g 569
Verband mittelständischer Privatbrauereien in Bayern e.V.
Thomas-Wimmer-Ring 9, 80539 München
T: (089) 29 40 86   Fax: 22 01 79
Präsident(in): Hans Schinner
Hauptgeschäftsführer(in): Manfred Unkel

g 570
Verband mittelständischer Privatbrauereien in Baden-Württemberg
Geschäftsstelle Limburg
Justus-Staudt-Str. 2, 65555 Limburg
T: (06431) 5 20 48   Fax: 5 36 12
Vorsitzende(r): Rainer Honer
Geschäftsführer(in): RA Roland Demleitner

g 571
Verband mittelständischer Privatbrauereien in Hessen
Postf. 12 44, 35522 Wetzlar
Garbenheimer Str. 20, 35578 Wetzlar
T: (06441) 94 81-0   Fax: 94 81-30
Vorsitzende(r): Manfred Gebhardt-Euler

g 572
Vereinigung Privater Mittelstandsbrauereien in Nordwest-Deutschland e.V.
Justus-Staudt-Str. 2, 65555 Limburg
T: (06431) 5 20 48   Fax: 5 36 12
Präsident(in): Brauereibesitzer Rainer Pott, Oelde
Geschäftsführer(in): RA Roland Demleitner

g 573
Verband mitteldeutscher Privatbrauereien e.V.
Justus-Staudt-Str. 2, 65555 Limburg
T: (06431) 5 20 48   Fax: 5 36 12
Präsident(in): Hans Bauer
Geschäftsführer(in): RA Roland Demleitner

● G 574
Verein zur Förderung mittelständischer Privatbrauereien e.V.
Thomas-Wimmer-Ring 9, 80539 München
T: (089) 29 40 86   Fax: 22 01 79
Gründung: 1965 (1. Juni)
Vorsitzende(r): Joseph Graf von Deym (Schloßbrauerei Arnstorf, Postf. 1109, 94420 Arnstorf)
Stellvertretende(r) Vorsitzende(r): Brauereibesitzer Kuno Bruckmayer (Ettl-Bräu, 94244 Teisnach)
Geschäftsführer(in): Manfred Unkel
Mitglieder: 450

● G 575
Bundesinnungsverband des Deutschen Modellbauerhandwerks
Kreuzstr. 108, 44137 Dortmund
T: (0231) 91 20 10 27   Fax: 91 20 10 10
Gründung: 1969 (16. Mai)
Vorsitzende(r): Maximilian Lörzel (Bahnhofstr. 64, 85604 Zorneding, T: (08106) 2 43 10, Fax: (08106) 2 27 32)
Verbandszeitschrift: Modellbauer-Handwerk
Redaktion: Bundesinnungsverband des Deutschen Modellbauer-Handwerks und Anzeigenverwaltung: Wilhelm Rüller, Friedhofstr. 74, 59439 Holzwickede
Mitglieder: rd. 500
Mitarbeiter: 2 (im Bundesinnungsverband)
Jahresetat: DM 2 Mio, € 1,02 Mio

● G 576
Bundesinnungsverband für das Modistenhandwerk
Postf. 10 34 18, 40025 Düsseldorf
Auf'm Tetelberg 7, 40221 Düsseldorf
T: (0211) 30 82 36-37   Fax: 39 75 88
Bundesinnungsmeister: Katt Schweitzer-Nacken (Alexanderstr. 9, 52062 Aachen)
Geschäftsführer(in): Ing. Manfred Rütten
Mitglieder: ca. 250, Landesverbände: 7

● G 577

Postf. 30 01 62, 53181 Bonn
Beueler Bahnhofsplatz 18, 53225 Bonn
T: (0228) 9 76 10-0 **Fax:** 9 76 10-99
Internet: http://www.muehlen.org
E-Mail: vdm@muehlen.org
Internationaler Zusammenschluß: siehe unter izf 1646
Vorsitzende(r): Hans-Christoph Erling (GeschFGes: Bremer Rolandmühle Erling & Co. GmbH, Emder Str. 39, 28217 Bremen)
Hauptgeschäftsführer(in): RA Franz-Josef Arens
Geschäftsführer(in): RA Henrich Fenner
Dipl.-Volksw. Manfred Weizbauer
Mitglieder: 750

Landesverbände

g 578
Baden-Württembergischer Müllerbund
Wilhelmstr. 7, 70182 Stuttgart
T: (0711) 2 36 40 21 **Fax:** 1 64 11 80
Vorsitzende(r): Karl-Rainer Rubin (Rubin-Mühle, Postf. 19 07, 77909 Lahr)
Geschäftsführer(in): Dipl.-oec. Andreas Kofler (Wilhelmstr. 7, 70182 Stuttgart, T: (0711) 2 36 40 21)

g 579
Bayerischer Müllerbund e.V.
Landesverband bayerischer Mühlen
Karolinenplatz 5a, 80333 München
T: (089) 28 11 55 **Fax:** 28 11 04
Vorsitzende(r): Ludwig Kraus (Würmmühle 1, 85221 Dachau, T: (08131) 1 55 46, Fax: (08131) 2 05 95)
Geschäftsführer(in): Dipl.-Volksw. Hans Georg Walzer (Wölzlstr. 2, 81929 München)

g 580
Müller-Innungen Hessen
Bockenheimer Landstr. 21, 60325 Frankfurt
T: (069) 72 35 09 **Fax:** 72 35 09
Geschäftsführer(in): Hans Emich (An der Eschollmühle 28, 64297 Darmstadt, T: (06151) 5 42 67)

g 581
Müller- und Mühlenbauer-Innung der Pfalz
Bockenheimer Landstr. 21, 60325 Frankfurt
T: (069) 72 35 09 **Fax:** 72 35 09
Vorsitzende(r): Werner Gutting (Hambacher Mühle, 67434 Neustadt, T: (06321) 8 30 05, Telefax: (06321) 3 45 27)
Geschäftsführer(in): Hans Emich (An der Eschollmühle 28, 64297 Darmstadt, T: (06151) 5 42 67)

g 582
Müllerbund Rheinland-Pfalz
Bockenheimer Landstr. 21, 60325 Frankfurt
T: (069) 72 35 09 **Fax:** 72 35 09
Vorsitzende(r): Karl-Günther Offergeld (Ahrmühle, Postf. 18, 53474 Bad Neuenahr-Ahrweiler, T: (02641) 16 83 u. 2 12 06, Telefax: (02641) 7 80 39)
Geschäftsführer(in): Hans Emich (An der Eschollmühle 28, 64297 Darmstadt, T: (06151) 5 42 67)

g 583
Nordwestdeutscher Müllerbund
Postf. 30 01 62, 53181 Bonn
T: (0228) 9 76 10-0 **Fax:** 9 76 10-99
Gründung: 1935
Vorsitzende(r): Franz Vorwig (Schwannmühle, 59514 Welver, T: (02384) 7 21, Telefax: (02384) 17 46)
Geschäftsführer(in): RA Henrich Fenner (Stralsunder Weg 33, 53119 Bonn, T: (0228) 66 44 54)

● G 584
Bundesinnungsverband für das Musikinstrumenten-Handwerk
Geschäftsstelle: Kreishandwerkerschaft Düsseldorf
Postf. 10 33 53, 40024 Düsseldorf
Klosterstr. 73-75, 40211 Düsseldorf
T: (0211) 36 70 70 **Fax:** 3 67 07 13
Gründung: 1951 (30. Juni)
Bundesinnungsmeister: Johann Scholtz (Wallstr. 26, 40213 Düsseldorf, T: (0211) 13 12 49, Telefax: (0211) 32 73 68)
Geschäftsführer(in): Assessor Wilhelm Lettgen (Ltg. Presseabt.)
Mitglieder: 480

● G 585
Bund Deutscher Orgelbaumeister e.V.
Frankfurter Ring 243 III, 80807 München
T: (089) 32 46 58-0 **Fax:** 32 46 53-13
Vorsitzende(r): Horst Hoffmann, Ostheim v.d. Rhön
Geschäftsführer(in): Anton Rösch
Mitglieder: 125

● G 586
Bundesinnungsverband für Orthopädie-Technik (BIV)
Postf. 10 06 51, 44006 Dortmund
Reinoldistr. 7-9, 44135 Dortmund
T: (0231) 5 57 05 00 **Fax:** 55 70 50 40
Internet: http://www.ot-forum.de
E-Mail: info@ot-forum.de
Gründung: 1883
Vorsitzende(r): Hans Udo Kersting
Geschäftsführer(in): Dipl.-Kfm. F. Schütte
Leitung Presseabteilung: Bernd Wünschmann
Verbandszeitschrift: "Orthopädie-Technik"
Verlag: Verlag Orthopädie-Technik, Reinoldistr. 7-9, 44135 Dortmund, Telefax: (0231) 55 70 50 70
Mitglieder: 1555
Mitarbeiter: 18

Innungen und Landesinnungsverbände

Baden-Württemberg

g 587
Landesinnung für Orthopädie-Technik Baden-Württemberg
c/o Business Park
Zettachring 2, 70567 Stuttgart
T: (0711) 7 28 55 35 **Fax:** 7 28 85 77
E-Mail: fachverband-ot@t-online.de
Obermeister: Julius Fuchs (c/o Fa. Fuchs & Möller GmbH, E 2, 4-5, 68159 Mannheim, T: (0621) 2 68 13, Fax: 2 40 37)
Geschäftsführer(in): RA Raymund Weber, Stuttgart

Bayern

g 588
Fachverband für Orthopädie-Technik und Sanitätsfachhandel Bayern e.V.
Westenriederstr. 18 1. Stock, 80331 München
T: (089) 54 46 55-0 **Fax:** 53 11 23
E-Mail: lainotmchn@t-online.de
Vorsitzende(r): Joachim Feix
Geschäftsführer(in): Rechtsanwalt Rudolf Schwarz

Berlin-Brandenburg

g 589
Landesinnung für Orthopädie-Technik Berlin-Brandenburg
Beusselstr. 27, 10553 Berlin
T: (030) 39 89 94-0 **Fax:** 39 89 94-16
Internet: http://www.otibb.de
E-Mail: rosin-lampertius.otibb@t-online.de
Obermeister: Klaus Dittmer (Blissestr. 13/15, 10713 Berlin, T: (030) 8 63 07 40, Fax: 86 30 74 29)
Geschäftsführer(in): Rosin-Lampertius, Berlin
Hoyer-Sinell

Bremen

g 590
Innung für Orthopädie-Technik Niedersachsen/Bremen
Bei Schuldts Stift 3, 20355 Hamburg
T: (040) 35 53 43-0 **Fax:** 35 53 43-33
E-Mail: innungsgeschaeftsstelle@t-online.de
Obermeister: Siegfried Seidel (c/o SH J. Vallo, Lange Str. 64, 49610 Quakenbrück, T: (05431) 36 55, Fax: 30 65)
Geschäftsführer(in): Eichhorn, Hamburg

Hamburg

g 591
Innung für Orthopädie-Technik Nord
Bei Schuldts Stift 3, 20355 Hamburg
T: (040) 35 53 43-0 **Fax:** 35 53 43-33
E-Mail: innungsgeschaeftsstelle@t-online.de
Obermeister: Hans-Wilhelm Schüring (c/o Elbe Orthopädie-Technik, Catharinenstr. 31, 27472 Cuxhaven, T: (04721) 5 60 60, Fax: 56 09 33)
Stellv. Obermeister: Hans-Georg Thiede, Hamburg
Geschäftsführer(in): Eichhorn, Hamburg

Hessen

g 592
Landesinnung Hessen für Orthopädie-Technik
Karlstr. 14, 64546 Mörfelden-Walldorf
T: (06105) 3 33 45 **Fax:** 2 48 35
Internet: http://www.ot-hessen.de
E-Mail: innung@ot-hessen.de
Obermeister: Peter Hähn (Kaiserstr. 151, 61169 Friedberg, T: (06031) 7 24 10, Fax: 72 41 41)
Geschäftsführer(in): Walter Kriha, Mörfelden-Walldorf

Mecklenburg-Vorpommern

g 593
Innung für Orthopädie-Technik Nord
Bei Schuldts Stift 3, 20355 Hamburg
T: (040) 35 53 43-0 **Fax:** 35 53 43-33
E-Mail: innungsgeschaeftsstelle@t-online.de
Obermeister: Hans-Wilhelm Schüring, Cuxhaven
Stellv. Obermeisterin: Ulrike Hofmann, Schwerin
Geschäftsführer(in): Eichhorn, Hamburg

Niedersachsen

g 594
Innung für Orthopädie-Technik Niedersachsen/Bremen
Bei Schuldts Stift 3, 20355 Hamburg
T: (040) 35 53 43-0 **Fax:** 35 53 43-33
E-Mail: innungsgeschaeftsstelle@t-online.de
Obermeister: Siegfried Seidel (c/o SH J. Vallo, Lange Str. 64, 49610 Quakenbrück, T: (05431) 36 55, Fax: 30 65)
Geschäftsführer(in): Eichhorn, Hamburg

Nordrhein-Westfalen

g 595
Landesarbeitsgemeinschaft für Orthopädie-Technik Nordrhein-Westfalen
Ostwall 205, 47798 Krefeld
T: (02151) 80 10 68 **Fax:** 63 19 94
1. Vorsitzende(r): Hans-Werner Willecke (Kölner Str. 49-55, 50126 Bergheim, T: (02271) 4 20 41, Fax: 4 48 27)

g 596
Innung für Orthopädie-Technik für den Regierungsbezirk Arnsberg
Westring 24, 44787 Bochum
T: (0234) 96 46 40 **Fax:** 9 64 64 64
Obermeister: Helmut Röper (Neumarkt 7 a, 58706 Menden, T: (02373) 1 56 66, Fax: 1 07 55)
Geschäftsführer(in): Johannes Motz

g 597
Innung für Orthopädie-Technik für den Reg.-Bez. Detmold
Hans-Sachs-Str. 2, 33602 Bielefeld
T: (0521) 5 80 09 08 **Fax:** 5 80 09 42
Obermeister: Kurt Zündorf (Adenauerplatz 1, 33602 Bielefeld, T: (0521) 6 14 36, Fax: 6 14 96)

g 598
Innung für Orthopädie-Technik Düsseldorf
Yorckstr. 17, 40476 Düsseldorf
T: (0211) 5 14 54 16 **Fax:** 5 15 03 95
E-Mail: lag-nrw@t-online.de
Obermeister: Thomas Münch, Duisburg
Geschäftsführer(in): Willms, Krefeld

g 599
Innung für Orthopädie-Technik Köln
Frankenwerft 35, 50667 Köln
T: (0221) 20 70 40 **Fax:** 2 07 04 36

Obermeister: Hans-Werner Willecke (Kölner Str. 49-55, 50126 Bergheim, T: (02271) 4 20 41, Fax: 4 48 27)
Geschäftsführer(in): Ass. Lothar Schittek, Köln

g 600

Innung für Orthopädie-Technik für den Regierungsbezirk Münster
Ossenkampstiege 111, 48163 Münster
T: (0251) 5 20 08-17 **Fax:** 5 20 08-33
Obermeister: Heinz Richter (c/o SH Rommeswinkel, Hochstr. 72, 45894 Gelsenkirchen, T: (0209) 31 81 30, Fax: 3 18 13 20)

Rheinland-Pfalz

g 601

Landesinnung für Orthopädietechnik Rheinland-Pfalz
Burgstr. 39, 67659 Kaiserslautern
T: (0631) 3 71 22-0 **Fax:** 3 71 22-50
Obermeister: Peter Herbig (Roßmarktstr. 26-27, 67346 Speyer, T: (06232) 6 75 80, Fax: 67 58 98)

Saarland

g 602

Orthopädietechniker- und Chirurgiemechaniker-Innung für das Saarland
Postf. 10 02 43, 66002 Saarbrücken
Grülingsstr. 115, 66113 Saarbrücken
T: (0681) 9 48 61-0 **Fax:** 9 48 61-99
E-Mail: mziegler@agvh.de
Obermeister: Werner Willimzik (c/o SH Stein & Bayer, Stummstr. 68-70, 66763 Dillingen, T: (06831) 9 74 60, Fax: 97 46 99)
Geschäftsführer(in): Ass. Karl-Heinz Scherschel, Saarbrücken

Sachsen

g 603

Landesinnung Sachsen für Orthopädie-Technik
c/o Fachverband Orthopädie und Reha-Technik
Plovdiver Str. 54, 04205 Leipzig
T: (0341) 94 41 70 **Fax:** 9 44 16 21
E-Mail: anwaltskanzlei_markgraf@t-online.de
Obermeister: Henning Bodenstein (Kurt-Pchalek-Str. 19, 02625 Bautzen, T: (03591) 3 74 80, Fax: 37 48 14)
Geschäftsführer(in): Rechtsanwalt Helmut Markgraf, Leipzig

Sachsen-Anhalt

g 604

Landesinnung Sachsen-Anhalt für Orthopädie-Technik
c/o WBD Industriepark GmbH
Albrechtstr. 48 Halle 36, 06844 Dessau
T: (0340) 2 20 39 53 **Fax:** 2 20 39 54
E-Mail: guenter.eckersberg@t-online.de
Obermeister: Jürgen Conrad (Teichstr. 14, 06844 Dessau, T: (0340) 2 21 39 70, Fax: 2146 73)
Geschäftsführer(in): Günter Eckersberg, Dessau

Schleswig-Holstein

g 605

Innung für Orthopädie-Technik Nord
Bei Schuldts Stift 3, 20355 Hamburg
T: (040) 35 53 43-0 **Fax:** 35 53 43-33
E-Mail: innungsgeschaeftsstelle@t-online.de
Obermeister: Hans-Wilhelm Eichhorn, Cuxhaven
Stellv. Obermeister: Jens Vosteen, Elmshorn
Geschäftsführer(in): Eichhorn, Hamburg

Thüringen

g 606

Landesinnung für Orthopädie-Technik Thüringen
c/o Fachverband Orthopädie-Technik und Reha-Technik
Plovdiver Str. 54, 04205 Leipzig
T: (0341) 94 41 70 **Fax:** 9 44 16 21
E-Mail: anwaltskanzlei_markgraf@t-online.de
Obermeister: Frank Jüttner (Im Flarchen 5a, 99974 Mühlhausen, T: (03601) 4 61 80, Fax: 46 18 32)
Geschäftsführer(in): Rechtsanwalt Helmut Markgraf, Leipzig

● **G 607**

Bundesinnungsverband für Orthopädie-Schuhtechnik
Ricklinger Stadtweg 92, 30459 Hannover
T: (0511) 42 10 51 **Fax:** 42 51 51
Gründung: 1970 (1. Januar)
Vorsitzende(r): Wilhelm Schulte
Geschäftsführer(in): Dipl.-Kfm. Bernhard Pröve
Verbandszeitschrift: Orthopädie-Schuhtechnik
Redaktion: C. Maurer, Postf. 13 61, 73312 Geislingen/Steige
Mitglieder: 2000
Mitarbeiter: 2

Landesinnungen

g 608

Innung für Orthopädie-Schuhtechnik Baden-Württemberg
Uhlandstr. 22, 72250 Freudenstadt
T: (07441) 8 76 40 **Fax:** 68 61
Obermeister: Klaus Harrer

g 609

Orthopädie-Schuhtechnik Innung Berlin
Beusselstr. 27 III, 10553 Berlin
T: (030) 3 96 28 45 **Fax:** 39 03 57 03
Obermeister: Felix Lischinski

g 610

Innung für Orthopädie-Schuhtechnik Hamburg und Schleswig-Holstein Süd
Holstenwall 12, 20355 Hamburg
T: (040) 35 53 43-0 **Fax:** 35 53 43-33
Obermeister: Reiner Schumacher
Geschäftsführer(in): Heinz Hoffmann

g 611

Landesinnung Hessen für Orthopädie-Schuhtechnik
Paul-Ehrlich-Str. 1b, 63225 Langen
Obermeister: Wilhelm Schulte

g 612

Landesinnung Mecklenburg-Vorpommern für Orthopädie-Schuhtechnik
Wilhelm-Külz-Platz 5, 18055 Rostock
T: (0381) 25 20 05-0 **Fax:** 25 20 05-20
Landesinnungsmeister: Jürgen Bobsin

g 613

Innung Mittelrhein-Pfalz für Orthopädie-Schuhtechnik
Hoevelstr. 19, 56073 Koblenz
T: (0261) 40 63 00 **Fax:** 4 06 30 30
Obermeister: Walter Schneider

g 614

Landesinnungsverband Niedersachsen und Bremen für Orthopädie-Schuhtechnik
Große Pfahlstr. 17, 30161 Hannover
T: (0511) 34 59 07 **Fax:** 31 52 57
Landesinnungsmeister: Wilfred Haselsteiner

g 615

Innungsverband Nordrhein-Westfalen für Orthopädie-Schuhtechnik
Kölner Str. 2, 50226 Frechen
T: (02234) 5 22 22 **Fax:** 2 29 03
Landesinnungsmeister: Friedhelm Witzel
Geschäftsführer(in): Rita Kristel

g 616

Landesinnung Saarland für Orthopädie-Schuhtechnik
Postf. 10 02 43, 66002 Saarbrücken
Grülingsstr. 115, 66113 Saarbrücken
T: (0681) 9 48 61-0 **Fax:** 9 48 61-99
Landesinnungsmeister: Paul Peter Zender
Geschäftsführer(in): Ass. Isabel Fabry

g 617

Innung Sachsen für Orthopädie-Schuhtechnik
Liebichstr. 4, 09634 Siebenlehn
T: (035242) 41 70 **Fax:** 4 17 20
Landesinnungsmeister: Stephan Jehring

g 618

Innung Sachsen-Anhalt für Orthopädie-Schuhtechnik
Ummendorfer Str. 11, 39110 Magdeburg
T: (0391) 7 31 17 51 **Fax:** 7 31 17 51
Landesinnungsmeister: Jürgen Schulze

g 619

Innung für Orthopädie-Schuhtechnik Schleswig-Holstein Nord
Königsweg 19, 24103 Kiel
T: (0431) 67 20 38 **Fax:** 67 81 18
Obermeister: Rüdiger Möller
Geschäftsführer(in): Dipl.-Volksw. Schütt

g 620

Innung für Orthopädie-Schuhtechnik Trier
Loebstr. 54292 Trier
T: (0651) 2 20 01 **Fax:** 2 78 62
Obermeister: Kurt Bonert

g 621

Innung für Orthopädie-Schuhtechnik Thüringen
Brühler Str. 53b, 99084 Erfurt
T: (0361) 2 25 16 30 **Fax:** 2 25 01 65
Landesinnungsmeister: Kurt Machleit

g 622

Innung für Orthopädie-Schuhtechnik Land Brandenburg
Charlottenstr. 34-36, 14467 Potsdam
T: (0331) 29 24 15 **Fax:** 2 80 48 28
Obermeister: Klaus Malinowski

● **G 623**

Zentralverband Parkett u. Fußbodentechnik
Bundesinnungsverband Parkettlegerhandwerk u. Bodenlegergewerbe
Meckenheimer Allee 71, 53115 Bonn
T: (0228) 63 12 01 **Fax:** 69 54 62
Vorstand
Bundesinnungsmeister: Dieter Große (27386 Bothel, Hemsbünder Str. 8, T: (04266) 89 09, Fax: 16 75)
Stellv. Bundesinnungsmeister u. Bodenleger Bundesfachgruppenleiter: Josef Klein (53605 Bad Honnef, Lohfelder Str. 14, T: (02224) 21 91, Fax: 42 99)
Vorstandsmitglieder: Bernhard Assing (Pohlitzer Str. 98, 07973 Greiz, T: (037607) 86 80, Fax: 8 68 23)
Joachim Barth (Breite Str. 39, 12167 Berlin, T: (030) 7 91 24 38, Fax: 7 92 88 82)
Heinz Brehm (Böttgerstr. 10, 96050 Bamberg, T: (0951) 1 74 74, Fax: 1 44 18)
Jürgen Ehret (Lehmsahler Landstr. 193, 22397 Hamburg, T: (040) 6 08 39 94, Telefax: (040) 6 08 39 93)
Sönke Stoltenberg (Lise-Meitner-Str. 1, 24145 Kiel, T: (0431) 71 10 61, Fax: 71 10 63)
Geschäftsführer(in): Gerlind Schmelter (T: (0228) 63 12 01)

g 624

Landesinnung für Parkett und Fußbodentechnik Hamburg
Manshardtstr. 135, 22119 Hamburg
T: (040) 73 10 77-0
Obermeister: Hans-Jürgen Schmudlach (Manshardtstr. 135, 22119 Hamburg, T: (040) 73 10 77)
Fachgruppenleiter Bodenleger: Jürgen Ehret (i. Fa. Wilhelm Hirdes KG, Lemsahler Landstr. 193, 22397 Hamburg, T: (040) 6 08 39 94/5)

g 625

Landesinnung Parkett und Fußbodentechnik Schleswig-Holstein
Gustav-Adolf-Str. 7a, 23568 Lübeck
T: (0451) 3 89 59-01 **Fax:** 3 89 59-27
Obermeister: Joachim Peters (Ringstr. 65, 23611 Bad Schwartau, T: (0451) 2 12 34)
Fachgruppenleiter Bodenleger: Peter Bobsien (Haart 241, 24539 Neumünster, T: (04321) 7 13 94)

g 626

Innung für Parkett und Fußbodentechnik Nordost
August-Bebel-Str. 28, 06108 Halle
T: (0345) 2 02 38 33
Obermeister: Bernhard Assing (Pohlitzer Str. 98, 07973 Greiz, T: (037607) 86 80)
Fachgruppenleiter-Bodenleger: Detlev Kudell (Straße der Einheit 28, 14557 Langerwisch, T: (033205) 4 53 24)

g 627
Landes-Innung Parkettlegerhandwerk und Fußbodentechnik Hessen
Goethestr. 32, 35390 Gießen
T: (0641) 97 49 00
Obermeister: Roland Weilbächer (Klingfloßstr. 16, 65439 Flörsheim, T: (06145) 72 72)
Fachgruppenleiter Bodenleger: Jürgen Hildmann (Landgrafenstr. 1, 37235 Hessisch Lichtenau, T: (06502) 44 51)

g 628
Innung Parkett und Fußbodentechnik Innung Pfalz-Rheinhessen-Saarland
Martin-Luther-Str. 46, 76829 Landau
T: (06341) 9 27 87-0
Obermeister: Jörg Bickelmann-Follmar (Neudorfer Str. 17, 66115 Saarbrücken, T: (0681) 7 67 24)
Fachgruppenleiter Bodenleger: Dieter Hasselwander (Schmähgasse 72a, 67454 Haßloch, T: (06324) 23 37)

g 629
Innung Parkett und Fußbodentechnik Baden-Württemberg / Nord
Bismarckstr. 24, 71634 Ludwigsburg
T: (07141) 92 30 02   **Fax:** 90 15 78
Obermeister: Christian Sedlarik (Am Taubenfeld 12, 69123 Heidelberg, T: (06221) 83 90 91)
Fachgruppenleiter Bodenleger: Günther Saussele (Carl-Benz-Str. 9, 74354 Besigheim, T: (07143) 55 21)
Die Mitglieder unserer Innung sind Fachgeschäfte auf dem Fußbodensektor. Sie befassen sich mit der Verlegung von Parkett, Holzpflaster und Industrieparkett. Schleifen und Versiegeln alter Parkettböden, Verlegung von Teppich und Kunststoffböden sowie Altbausanierung.

g 630
Bezirks-Innung Parkett und Fußbodentechnik Baden-Württemberg/Süd
Schaffnerstr. 8, 89073 Ulm
T: (0731) 60 18 51
Obermeister: Wilfried Hart (Hauptstr. 40, 78647 Trossingen, T: (07425) 64 17)
Fachgruppenleiter Bodenleger: Rolf Wanke (Bahnhofstr. 34, 78588 Denkingen, T: (07424) 82 46)

g 631
Innung Parkett- und Fußbodentechnik Niederbayern / Oberpfalz
Ditthornstr. 10, 93055 Regensburg
T: (0941) 60 76 50
Obermeister: Albert Schedl (Wolfsegger Str. 28, 93138 Lappersdorf, T: (0941) 8 21 92)
Fachgruppenleiter: Helge Andratzek (Wackersdorfer Str. 73, 92421 Schwandorf, T: (09431) 85 53)

g 632
Innung Parkett u. Fußbodentechnik München, Oberbayern
Max-Joseph-Str. 4, 80333 München
T: (089) 54 88 19 03   **Fax:** 59 77 44
Obermeister: Peter Fendt (jun, Postfach 19 03 35, 80603 München, T: (089) 16 16 34)
Geschäftsführer(in): Dr. Kurt Roecke

● G 633
CentralVerband Deutscher Berufsphotographen
Geschäftsstelle:
Frankenwerft 35, 50667 Köln
T: (0221) 2 07 04 66   **Fax:** 2 07 04 45
E-Mail: cvphoto@cvphoto.de
Gründung: 1904
1. Vorsitzende(r): Bundesinnungsmeister Thomas Pochert (Handwerkshof 6, 51469 Bergisch Gladbach)
Stellvertreter: Richard Stephan (Kreuzplatz 7, 35390 Gießen)
Peter Bräutigam (Brückenstr. 22, 07973 Greiz)
Geschäftsführer(in): Ralf Weiler
Ehrenbundesinnungsmeister: Heinz Bindseil (Heinrich-Hertz-Str. 1, 22085 Hamburg, T: (040) 22 71 02 10, Telefax: (040) 2 20 35 24)
Berufsbildungsausschuß (BBA)
1. Vorsitzende(r): Peter A. Schindler (Herforder Str. 155, 33609 Bielefeld, T: (0521) 3 41 67, Telefax: (0521) 3 53 59)
Stellvertretende(r) Vorsitzende(r): Thomas Brenner (Rheingaustr. 85a, 65203 Wiesbaden, T: (0611) 2 42 03, Fax: 2 42 33)

● G 634
Union Deutscher Fotofinisher e.V.
Schiffgraben 36, 30175 Hannover
T: (0511) 85 05-2 19   **Fax:** 85 05-2 01
Hauptgeschäftsführer(in): RA Dietrich Kröncke

● G 635
ALR Verband der Fotofachlabore e.V.
Postf. 14 01 65, 40071 Düsseldorf
Achenbachstr. 28, 40237 Düsseldorf
T: (0211) 6 69 08-0   **Fax:** 6 69 08-30
Internet: http://www.fachlabore.de
Vorsitzende(r): Barbara Wolfson-Heye
Geschäftsführer(in): RA Karl Heinrich Wilke
Mitglieder: 144, dav. 117 Fotofachlabore und 27 Unternehmen aus der Zulieferindustrie

● G 636
Zentralverband Raum und Ausstattung
(Bundesinnungsverband des Raumausstatter- und des Sattler- und Feintäschner-Handwerks)
Burgstr. 81, 53177 Bonn
T: (0228) 3 67 90-0   **Fax:** 3 67 90-18
E-Mail: zvr.bonn@t-online.de
Präsident(in): Horst Feltes, Nonnweiler
Geschäftsführer(in): Rechtsanwalt Ulrich Marx
Mitglieder: 25 Verbände

Landesinnungsverbände

g 637
Landesverband Raumausstatter + Sattler Baden-Württemberg
Schloßstr. 33, 70174 Stuttgart
T: (0711) 2 26 08 42   **Fax:** 2 26 06 90
Landesinnungsmeister: Horst Bischoff (T: (07156) 2 13 36, Telefax: (07156) 2 15 72)
Geschäftsführer(in): Heidelinde Heimann

g 638
Raumausstatter-, Sattler- u. Feintäschner-Innung Berlin
Ariadnestr. 6, 13465 Berlin
T: (030) 4 01 70 05   **Fax:** 4 06 25 50
Obermeister: Michael Geisler (Machnower Str. 17, 14165 Berlin, T: (030) 8 15 60-78, Fax: 8 15 50-30, E-Mail: michael-geisler@t-online.de, I-Net: geisler-raumausstatter.de)
Geschäftsführer(in): Angelika Gröger

g 639
Raumausstatter-Innung Brandenburg/Belzig
St-Annen-Str. 26, 14776 Brandenburg
T: (03381) 52 65-0   **Fax:** 52 65-18
Obermeister: Peter Siebert (Gr. Achterstr. 6, 14793 Ziesar, T: (033830) 3 57, Fax: 6 57 22)

g 640
Raumausstatter- und Sattler-Innung Bremen
Buntentorsteinweg 73, 28201 Bremen
T: (0421) 55 23 48   **Fax:** 55 20 43
Obermeister: Wolfgang Steffens

g 641
Raumausstatter-Innung Bremerhaven-Wesermünde
Auf den Sülten 11, 27576 Bremerhaven
T: (0471) 9 51 25 77   **Fax:** 9 51 25 78
Obermeister: Wolfgang Schröter

g 642
Raumausstatter- und Sattler-Innung Hamburg
Postf. 30 55 69, 20317 Hamburg
T: (040) 3 57 44 60   **Fax:** 35 39 83
Obermeister: Peter-Uwe Classen (T: (040) 7 31 46 34, Telefax: (040) 7 32 78 42)
Geschäftsführer(in): Heinz Hoffmann

g 643
Raumausstatter-Innung Cottbus
Altmarkt 17a, 03046 Cottbus
T: (0355) 2 42 01
Obermeister: Werner Hummel

g 644
Landesinnungsverband Hessen des Raumausstatter- und Sattler-Handwerks
Bockenheimer Landstr. 21, 60325 Frankfurt
T: (069) 72 57 94   **Fax:** 72 37 74
Geschäftsführer(in): Hans Emisch
Landesinnungsmeister: Heinz Hahn (T: (069) 43 15 97, Fax: (069) 44 57 19)

g 645
Landesinnungsverband Mecklenburg-Vorpommern für das Raumausstatter- und Sattler-Handwerk
Lindenstr. 1, 19288 Ludwigslust
T: (03874) 4 73 11   **Fax:** 4 73 13
Landesinnungsmeister: Gerhard Ehlert (T: (0381) 7 68 01 93, Telefax: (0381) 7 68 01 94)
Geschäftsführer(in): Klaus Dieter Ballin

g 646
Raumausstatter-Innung Niederlausitz
Genossenschaftsstr. 19, 03238 Finsterwalde
T: (03531) 22 16   **Fax:** 70 15 13
Obermeister: Michael Kühne (Lange Str. 33, 03238 Finsterwalde, T: (03531) 87 41, Fax 87 41)

g 647
Landesinnungsverband Niedersachsen für das Raumausstatter- und Sattler-Handwerk
Herschelstr. 28, 30159 Hannover
T: (0511) 1 76 28   **Fax:** 1 83 34
Landesinnungsmeister: Werner Römer (T: (0511) 31 74 08, Telefax: (0511) 34 40 10)
Geschäftsführer(in): Detlef Müller-Röske

g 648
Landesinnungsverband Nordrhein für das Raumausstatter- und Sattler-Handwerk
Burgstr. 81, 53177 Bonn
T: (0228) 3 67 90-0   **Fax:** 3 67 90-18
Landesinnungsmeister: Wilhelm Dreuw (T: (0241) 3 64 56, Fax: 40 65 89)

g 649
Raumausstatter-Innung Nürnberg u. Fürth
Markgrafenstr. 6, 90459 Nürnberg
T: (0911) 4 18 76 73   **Fax:** 42 52 96
Internet: http://www.raumausstatterinnung.de, http://www.sattlerinnung.de
Obermeister: Klaus Fleischmann (T: (0911) 41 29 91, Fax: 41 29 91, E-mail: firma@fleischmann-raumausstattung.de)

g 650
Raumausstatter- Innung Oberhavel
Havelstr. 19, 16515 Oranienburg
T: (03301) 35 32   **Fax:** 5 64 29
Obermeister: Burkhard Eckardt (Schönfließer Str. 38, 16548 Glienicke, T: (033056) 8 01 02)

g 651
Raumausstatter-Innung Ostprignitz/Ruppin
Karl-Gustav-Str. 4, 16816 Neuruppin
T: (03391) 50 42 39, 50 42 40   **Fax:** 50 42 41
Obermeister: Peter Schulz (Breite Str. 27, 16827 Alt Ruppin, T: (0339) 26 45, Fax 73 33)

g 652
Raumausstatter- Sattler- u. Feintäschner-Innung Potsdam
Charlottenstr. 34-36, 14467 Potsdam
T: (0331) 29 24 15   **Fax:** 2 80 48 28
Obermeister: Peter Kalbhen (Berliner Str. 79, 14467 Potsdam, T: (0331) 2 70 04 90, Fax: 2 70 04 90, E-mail: peter.kalbhen@freenet.de)
Geschäftsführer(in): Christine Manzel

g 653
Raumausstatter- und Sattler-Innung Prignitz
Mönchort 1, 19348 Perleberg
T: (03876) 61 25 74   **Fax:** 61 25 74
Obermeister: Bernd Leidekat (Bäckerstr. 34, 19348 Perleberg, T: (03876) 78 89 80, Fax: 78 89 81)

g 654
Landesinnungsverband des Raumausstatter- und Sattlerhandwerks Rheinland-Pfalz
Wilhelmstr. 19, 53474 Bad Neuenahr-Ahrweiler
T: (02641) 40 35   **Fax:** 3 65 15
Landesinnungsmeister: Martina Groß-Schoofs (T: (02641) 9 48 50, Fax: 2 44 96)
Geschäftsführer(in): Thomas Schoofs

g 655
Raumausstatter-Innung für das Saarland
Postf. 10 02 43, 66002 Saarbrücken
Grülingstr. 115, 66113 Saarbrücken
T: (0681) 9 48 61-0   **Fax:** 9 48 61-99

g 655
Landesinnungsmeister: Horst Feltes (T: (06873) 77 38, Telefax: (06873) 6 41 73)
Geschäftsführer(in): Ass. Isabel Fabry

g 656
Landesinnungsverband Sachsen für das Raumausstatter- und Sattlerhandwerk
Reicker Str. 9, 01219 Dresden
T: (0351) 2 81 68 50   **Fax:** 2 81 68 52
Landesinnungsmeister: Dieter Jäkel (T: (037292) 6 05 04, Fax: 3 03 39)
Geschäftsführer(in): Griseldis Kruse

g 657
Landesinnungsverband Sachsen-Anhalt für das Raumausstatter- und Sattler-Handwerk
Hinterstr. 39, 06493 Neudorf
T: (039484) 4 01 05   **Fax:** 4 01 06
Landesinnungsmeister: Roland Bittner (T: (034772) 2 75 94, Fax: 91 56 20)
Geschäftsführer(in): F.-J. Schmidt

g 658
Landesinnungsverband des Raumausstatter- und Sattlerhandwerks Schleswig-Holstein
Am Markt 1-5, 25548 Kellinghusen
T: (04822) 15 80   **Fax:** 81 44
Landesinnungsmeister: Rainer Schulze (T: (0431) 58 02 02, Fax: (0431) 58 83 06)
Geschäftsführer(in): Dipl.-Kfm. Hans-Hermann Willmerding

g 659
Raumausstatter-Innung Teltow-Fläming
Am Heideland 2, 14913 Jüterbog
T: (03372) 42 07-0   **Fax:** 42 07-39
Obermeister: Uwe Mauer (Leipziger Str. 109 A, 14929 Treuenbrietzen, T: (033748) 7 03 98, Fax: 13565)

g 660
Landesinnungsverband Thüringen für das Raumausstatter- und Sattler-Handwerk
Fuldastr. 16, 36251 Bad Hersfeld
T: (06621) 92 89-0   **Fax:** 91 92 60
Landesinnungsmeister: Karl Schmidt (T: (036961) 7 25 58, Fax: 3 36 71)
Geschäftsführer(in): Arno Schöter

g 661
Innungsverband des Raumausstatter- und Sattler-Handwerks Westfalen-Lippe
Am Rathaus 7, 45731 Waltrop
T: (02309) 9 14 44   **Fax:** 9 14 45
Landesinnungsmeister: Ewald Erlei (T: (0231) 44 30 04, Telefax: (0231) 44 13 49)
Geschäftsführer(in): RA Ina Sümpelmann

● G 662
Fachverband Getränkeschankanlagen e.V.
Geschäftsstelle:
Industriestr. 19, 93326 Abensberg
T: (09443) 32 39   **Fax:** 32 87
1. Vorsitzende(r): Othmar Thümmes (Grethenweg 120, 60598 Frankfurt/M.)
2. Vorsitzende(r): Rudolf Försterling, Abensberg
Verbandszeitschrift: Die Blume
Redaktion: Ausschuß für Öffentlichkeitsarbeit
Verlag: Kelly Druck Abensberg
Presseabt.: Geschäftsstelle

● G 663
Bundesverband Rolladen + Sonnenschutz e.V.
Geschäftsstelle:
Hopmannstr. 2, 53177 Bonn
T: (0228) 95 21 00
Präsident(in): Wolfgang Cossmann
Hauptgeschäftsführer(in): Dr. Gabriele Klinge
Verbandszeitschrift: ROLLADEN + SONNENSCHUTZ
Redaktion: Dr. Gabriele Klinge
Verlag: Bundesverband Rolladen + Sonnenschutz e.V., Hopmannstr. 2, 53177 Bonn
Mitglieder: 990

g 664
Landesverband des Rolladen- und Jalousiebauer-Handwerks Berlin/Brandenburg e.V.
c/o RAe Hager & Partner
Schlüterstr. 28, 10629 Berlin
T: (030) 32 76 04-0   **Fax:** 32 76 04 56
Vorsitzende(r): Wolfgang Cossmann (Siegfriedstr. 20, 12051 Berlin)
Geschäftsführer(in): RA'e Hager & Partner (Schlüterstr. 28, 10629 Berlin)

g 665
Landesinnung Hessen des Rolladen- und Jalousiebauer-Handwerks
Schiede 32, 65549 Limburg
T: (06431) 9 14 60
Geschäftsführer(in): Stefan Laßmann
Obermeister: Peter Kirsch (Josef-Bautz-Str. 1, 63457 Hanau)

g 666
Landesinnung Niedersachsen/Bremen des Rolladen- und Jalousiebauer-Handwerks
Gerastr. 15, 38124 Braunschweig
T: (0531) 26 46 90
Obermeister: Helmut Pichler, Braunschweig-Timmerlah
Geschäftsführer(in): RA Andreas Bierich (Kreishandwerkerschaft Braunschweig)

g 667
Rolladen- und Jalousiebauer-Innung Nordbayern
Rosenplütstr. 2, 90439 Nürnberg
T: (0911) 26 16 66
Obermeister: Georg Gögeleir (Wredestr. 20, 97082 Würzburg)
Geschäftsführer(in): Birgit Brehm

g 668
Norddeutscher Fachverband des Rolladen- und Jalousiebauer-Handwerks e.V.
Albert-Schweitzer-Ring 10, 22045 Hamburg
T: (040) 66 86 54 61
Vorsitzende(r): Wilfried Wiese (Hauptstr. 13, 25563 Wulfsmoor)
Geschäftsführer(in): Hendrik Detlefsen

g 669
Landesinnungsverband für das Rolladen- und Jalousiebauer-Handwerk Nordrhein-Westfalen
Handwerkerstr. 2, 58638 Iserlohn
T: (02371) 9 58 10
Obermeister: Horst Brey, Iserlohn
Geschäftsführer(in): Ass. Andreas Fabri (Kreishandwerkerschaft des Märkischen Kreises)

g 670
Rolladen- und Jalousiebauer-Innung für das Saarland
Postf. 10 02 43, 66002 Saarbrücken
Grülingsstr. 115, 66113 Saarbrücken
T: (0681) 9 48 61-0   **Fax:** 9 48 61-99
Landesinnungsmeister: Thomas Resch (Pfaffenkopfstr. 69, 66115 Saarbrücken)
Geschäftsführer(in): Ass. Karl-Heinz Scherschel (Arbeitgeberverband des Saarländischen Handwerks e.V.)

g 671
Innung des Rolladen- und Jalousiebauerhandwerks für den Freistaat Sachsen
Oberlungwitzer Str. 12, 09337 Hohenstein-Ernstthal
T: (03723) 71 12 39
Obermeister: Rudolf Wiedner (Am kleinen Hang 5, 01562 Skassa)
Geschäftsführer(in): Ulrich Tittmann

g 672
Rolladen- und Jalousiebauer-Innung Sachsen-Anhalt
Kreishandwerkerschaft
Halle-Saalkreis
Pfännerhöhe 65, 06110 Halle
T: (0345) 1 31 57-0   **Fax:** 1 31 57-21
Obermeister: Mathias Klenner (Bahnhofstr. 16b, 06308 Klostermansfeld)
Geschäftsführer(in): Ingeborg Böhme

g 673
Länderinnung des Rolladen- und Jalousiebauerhandwerks Schleswig-Holstein/Hamburg
Albert-Schweitzer-Ring 10, 22045 Hamburg
T: (040) 66 86 54 61
Obermeister: Wolfgang Matz (Eckerkoppel 204, 22047 Hamburg)
Geschäftsführer(in): Hendrik Detlefsen (Albert-Schweitzer-Ring 10, 22045 Hamburg)

g 674
Rolladen- und Jalousiebauer-Innung Südbayern
Max-Joseph-Str. 4, 80333 München
T: (089) 54 88 19 02   **Fax:** 59 77 44
Obermeister: Reinhard Felser (Heiglhofstr. 6b, 81377 München)
Geschäftsführer(in): Dr. Kurt Roeckl

g 675
Rolladen- und Jalousiebauer-Innung Westfalen
Handwerkerstr. 2, 58638 Iserlohn
T: (02371) 95 81-0
Obermeister: Horst Brey, Iserlohn
Geschäftsführer(in): Ass. Andreas Fabri (Kreishandwerkerschaft des Märkischen Kreises)

g 676
Rolladen- und Jalousiebauer-Innung Württemberg
Schaffnerstr. 8, 89073 Ulm
T: (0731) 1 40 30-0   **Fax:** 1 40 30-20
Internet: http://www.khs-ulm.de
E-Mail: khs.ulm@khs-ulm.de
Obermeister: Hans Frey (Roßbergstr. 1, 71131 Jettingen, T: (07452) 7 55 51, Fax: 7 69 58)
Geschäftsführer(in): Thomas Jung (Kreishandwerkerschaft Ulm)

g 677
Landesinnung des Rolladen- und Jalousiebauer-Handwerks Thüringen
Ortsstr. 12, 07422 Burkersdorf
T: (036741) 34 46
Obermeister: Heinz Lautz (Ortsstr. 12, 07422 Burkersdorf)

● G 678

Bundesverband des Schornsteinfegerhandwerks
- Zentralinnungsverband (ZIV) -
Westerwaldstr. 6, 53757 St Augustin
T: (02241) 34 07-0   **Fax:** 34 07-10
Vorsitzende(r): Bundesinnungsmeister Eugen Steichele
Hauptgeschäftsführer(in): RA Bertold Steinebach
Verbandszeitschrift: Schornsteinfegerhandwerk
Mitglieder: 8024

Landesinnungsverbände

g 679
Landesinnungsverband des Schornsteinfeger-Handwerks Baden-Württemberg
Königstr. 94, 89077 Ulm
T: (0731) 93 68 80   **Fax:** 9 36 88 20
Landesinnungsmeister: Hans-Ulrich Gula

g 680
Landesinnungsverband des Schornsteinfeger-Handwerks Bayern
Pettenkoferstr. 31-1, 80336 München
T: (089) 54 41 39-0   **Fax:** 54 41 39 25
Landesinnungsmeister: Klaus Dank

g 681
Landesinnungsverband des Schornsteinfeger-Handwerks Berlin
Westfälische Str. 87, 10709 Berlin
T: (030) 8 61 04 17   **Fax:** 8 73 11 19
Landesinnungsmeister: Nikolaus Chudek

g 682
Landesinnungsverband des Schornsteinfeger-Handwerks Brandenburg
Am Gallberg 5, 14770 Brandenburg
T: (03381) 3 35 82-0   **Fax:** 3 35 82-29
Landesinnungsmeister: Joachim Wendland

g 683
Landesinnungsverband des Schornsteinfeger-Handwerks Bremen
Oslebshauser Heerstr. 116, 28239 Bremen

T: (0421) 64 00 64   Fax: 64 64 13
Landesinnungsmeister: Manfred Vöge

g 684

Landesinnungsverband des Schornsteinfeger-Handwerks Hamburg
Osterrade 19, 21031 Hamburg
T: (040) 73 92 13-0   Fax: 73 92 13-33
Landesinnungsmeister: Jürgen Ballerstein

g 685

Landesinnungsverband des Schornsteinfeger-Handwerks Hessen
Am Sportplatz 1a, 36179 Bebra
T: (06622) 60 63   Fax: 4 40 39
Landesinnungsmeister: Hans-Werner Schech

g 686

Landesinnungsverband des Schornsteinfeger-Handwerks Mecklenburg-Vorpommern
Bönebüttelerstr. 25, 19073 Wittenförden
T: (0385) 71 06 21   Fax: 73 45 15
Stellv. Landesinnungsmeister: Lothar Kühn

g 687

Landesinnungsverband des Schornsteinfeger-Handwerks Niedersachsen
Konrad-Adenauer-Str. 7, 30853 Langenhagen
T: (0511) 7 70 36-0   Fax: 7 70 36-99
Landesinnungsmeister: Hans-Günther Beyerstedt

g 688

Landesinnungsverband des Schornsteinfeger-Handwerks Nordrhein-Westfalen
Beedstr. 44, 40468 Düsseldorf
T: (0211) 42 44 38   Fax: 41 90 50
Landesinnungsmeister: Hans Rath

g 689

Landesinnungsverband des Schornsteinfeger-Handwerks Rheinland-Pfalz
Im Stadtwald 15a, 67663 Kaiserslautern
T: (0631) 3 16 17-0   Fax: 3 16 17 30
Landesinnungsmeister: Günter Schmidt

g 690

Landesinnungsverband des Schornsteinfeger-Handwerks Saarland
Kahler Allee 37, 66386 Sankt Ingbert
T: (06894) 5 15 61   Fax: 58 05 55
Landesinnungsmeister: Paul Kornke

g 691

Landesinnungsverband des Schornsteinfeger-Handwerks Sachsen
Zschierener Str. 16, 01809 Heidenau
T: (03529) 51 88 13   Fax: 52 25 52
Landesinnungsmeister: Wolfgang Buschan

g 692

Landesinnungsverband des Schornsteinfeger-Handwerks Sachsen-Anhalt
Gustav-Ricker-Str. 62, 39120 Magdeburg
T: (0391) 62 69-700   Fax: 62 69-709
Landesinnungsmeister: Klaus Niemand

g 693

Landesinnungsverband des Schornsteinfeger-Handwerks Schleswig-Holstein
Krummredder 13, 24539 Neumünster
T: (04321) 70 99-0   Fax: 70 99-19
Landesinnungsmeister: Günter Eckert

g 694

Landesinnungsverband des Schornsteinfeger-Handwerks Thüringen
Weimarische Str. 62a, 99428 Utzberg
T: (036203) 5 13 33   Fax: 5 13 93
Landesinnungsmeister: Ulrich Eller

● **G 695**

Bundesinnungsverband des Deutschen Schuhmacher-Handwerks
Postf. 10 34 18, 40025 Düsseldorf
Auf'm Tetelberg 7, 40221 Düsseldorf
T: (0211) 30 82 36-37   Fax: 39 75 88
Vorsitzende(r): Bundesinnungsmeister Helmut Farnschläder
Geschäftsführer(in): Ing. Manfred Rütten
Mitglieder: ca. 3500

Landesverbände

g 696

Landesinnungsverband des Schuhmacherhandwerks Baden-Württemberg
Postf. 13 09 34, 70067 Stuttgart
Schlachthofstr. 15, 70188 Stuttgart
T: (0711) 4 89 73-16   Fax: 4 89 73-22
Landesinnungsmeister: Paul Dambacher
Geschäftsführer(in): Thomas M. Würth

g 697

Landesinnungsverband Bayern des Schuhmacher-Handwerks
Fürther Freiheit 6, 90762 Fürth
T: (089) 2 71 04 58, (0911) 7 40 85 15
Landesinnungsmeister: Leo Emge
Geschäftsführer(in): Karl-Heinz Tiefel

g 698

Schuhmacher-Innung Berlin
Karlplatz 7, 10117 Berlin
T: (030) 2 80 76 66   Fax: 27 59 23 81
Landesinnungsmeister: Kurt Jacubowsky
Geschäftsführer(in): Sabine Ganz

g 699

Kreishandwerkerschaft Potsdam
Charlottenstr. 34-36, 14467 Potsdam
T: (0331) 29 24 15
Obermeister: Horst Bischoff (Potsdamer Str. 112, 14974 Ludwigsfelde)

g 700

Schuhmacher-Innung Hamburg
Holstenwall 12, 20355 Hamburg
T: (040) 34 30 77
Landesinnungsmeister: Martin Bartold
Geschäftsführer(in): Peter Eigenmann

g 701

Landesinnungsverband Hessen des Schuhmacher-Handwerks
Bockenheimer Landstr. 21, 60325 Frankfurt
T: (069) 72 57 94
Landesinnungsmeister: Wolfgang Lenz
Geschäftsführer(in): Frank Klein

g 702

Schuhmacher Innung Mecklenburg-Vorpommern
Bahnhofstr. 1, 17489 Greifswald
T: (03834) 79 89 30
Obermeister: Günter Teubner (Bahnhofstr. 4, 18507 Grimmen)
Geschäftsführung: Kreishandwerkerschaft Greifswald-Ostvorpommern

g 703

Landesinnungsverband des Schuhmacherhandwerks Niedersachsen und Bremen
Nenndorfer Str. 50, 30952 Ronnenberg
T: (0511) 2 62 12 35   Fax: 2 62 12 35
Landesinnungsmeister: Paul Hacker
Geschäftsführer(in): Erika Kuhlemann

g 704

Landesinnungsverband des Schuhmacher-Handwerks Rheinland und Westfalen
Auf'm Tetelberg 7, 40221 Düsseldorf
T: (0211) 30 82 36-37   Fax: 39 75 88
Landesinnungsmeister: Helmut Farnschläder
Geschäftsführer(in): Ing. Manfred Rütten

g 705

Schuhmacher-Innung der Pfalz
- KH Südpfalz -
Martin-Luther-Str. 46, 76829 Landau
T: (06341) 92 78 70
Obermeister: Thomas Petry
Geschäftsführer(in): Dipl.-Volksw. Norbert Behrendt

g 706

Innung des Schuhmacherhandwerkes Leipzig Kreishandwerkerschaft Leipzig
Bitterfelder Str. 7-9, 04129 Leipzig
T: (0341) 9 04 86-0   Fax: 9 04 86-20
Obermeister: Helfried Brosch (Lützowstr. 44, 04157 Leipzig)

g 707

Landesinnungsverband für das Schuhmacher-Handwerk Schleswig-Holstein
Gustav-Adolf-Str. 7a, 23568 Lübeck
T: (0451) 3 89 59 01   Fax: 3 89 59 27
Landesinnungsmeister: Ulrich Hasenbein
Geschäftsführer(in): Manfred Kley

g 708

Schuhmacher-Innung Südwest-Sachsen
c/o KH Auerbach
Obere Bahnhofstr. 29, 08209 Auerbach
T: (03744) 21 29 30
Obermeister: Wolfgang Weiß (Äußere Plauensche Str. 28, 08056 Zwickau)

g 709

Kreishandwerkerschaft Schmalkalden
Ziegelrain 5, 98574 Schmalkalden
T: (03683) 27 81
Obermeister: Rolf König (Kälberzell 12, 98587 Steinbach-Hallenberg)

g 710

Landesinnungsverband Saar des Schuhmacherhandwerks
Köllner Str. 5, 66346 Püttlingen
T: (06898) 6 23 19   Fax: 44 08 41
Landesinnungsmeister: Werner Landfried

● **G 711**

Bundesinnungsverband des Deutschen Steinmetz-, Stein- und Holzbildhauerhandwerks
Weißkirchener Weg 16, 60439 Frankfurt
T: (069) 57 60 98   Fax: 57 60 90
Bundesinnungsmeister: Harry Färber
Hauptgeschäftsführer(in): Joachim Sukrow
Geschäftsführer(in): Nina Pörtner
Mitglieder: 3600 Betriebe

Landesinnungsverbände Stein

g 712

Landesinnungsverband Baden des Steinmetz-Bildhauerhandwerks e.V.
Haid-und-Neu-Str. 21, 76131 Karlsruhe
T: (0721) 69 83 86   Fax: 69 69 23
Landesinnungsmeister: Kurt Wesch

g 713

Landesinnungsverband des Bildhauer- und Steinmetzhandwerks Baden-Württemberg
Bahnhofstr. 25, 74072 Heilbronn
T: (07131) 9 35 80   Fax: 93 58 88
Geschäftsführer(in): Dipl.-Verw. (FH) Bernd Mühleck
Landesinnungsmeister: Horst Herzig

g 714

Landesinnungsverband des Bayerischen Steinmetz- und Steinbildhauer-Handwerks
Max-Joseph-Str. 4, 80333 München
T: (089) 59 77 59   Fax: 59 77 44
Landesinnungsmeister: Heinz-Leo Weiß
Geschäftsführer(in): Dr.jur. Kurt Roeckl

g 715

Steinmetz- und Bildhauer-Innung Berlin
Alte Jakobstr. 123-128, 10969 Berlin
T: (030) 2 51 02 26   Fax: 2 51 31 57
Obermeister: Karl-Heinz Schafhausen

g 716

Landesinnungsverband Brandenburg des Steinmetz- und Bildhauerhandwerks
Altmarkt 17, 03046 Cottbus
T: (0355) 2 34 85   Fax: 79 03 07
Landesinnungsmeister: Bernhard Anlauff
Geschäftsführer(in): Horst Teuscher

g 717
Steinmetz- und Bildhauer-Innung Bremen
Franz-Grashof-Str. 17, 28201 Bremen
T: (0421) 87 30 39 Fax: 87 66 86
Obermeister: Burckhard Göbel

g 718
Bildhauer- und Steinmetz-Innung Hamburg
Fuhlsbüttler Str. 769, 22337 Hamburg
T: (040) 59 70 44 Fax: 59 14 72
Geschäftsführer(in): Wolfgang Herzog
Obermeister: Alfred Karbenk

g 719
Landesinnungsverband des Steinmetz- und Steinbildhauerhandwerks Hessen
An der Festeburg 33, 60389 Frankfurt
T: (069) 58 97 10 Fax: 57 51 98
Landesinnungsmeister: Helmut Schön
Geschäftsführer(in): RA Stefan Tödt-Lorenzen
Mitglieder: 360 Betriebe

g 720
Landesinnungsverband Mecklenburg-Vorpommern des Steinmetz- und Bildhauerhandwerks
Wilhelm-Külz-Platz 5, 18055 Rostock
T: (0381) 2 52 00 50 Fax: 25 20 05 20
Geschäftsführer(in): Jürgen Koop
Landesinnungsmeister: Thomas Scheinpflug

g 721
Landesinnungsverband des Steinmetz- und Bildhauerhandwerks in Niedersachsen
Isoldestr. 1, 38106 Braunschweig
T: (0531) 23 03 10 Fax: 2 30 31 99
Geschäftsführer(in): Dipl.-Kfm. Wolfgang Dammasch
Landesinnungsmeister: Harry Färber

g 722
Landesinnungsverband für das nordrheinische Steinmetz- und Bildhauerhandwerks
Postf. 10 08 64, 47008 Duisburg
Düsseldorfer Str. 166, 47053 Duisburg
T: (0203) 99 63 40 Fax: 9 96 34 35
Geschäftsführer(in): Dipl.-Kfm. Otto Altenburger
Landesinnungsmeister: Karl-Heinz Sondermann

g 723
Landesinnungsverband Rheinland-Pfalz des Steinmetz- und Bildhauerhandwerks
Göttelmannstr. 1, 55130 Mainz
T: (06131) 98 37 70 Fax: 9 83 77 77
Geschäftsführer(in): Matthias Stumpf
Landesinnungsmeister: Helmut Bartholomä

g 724
Steinmetz-, Stein- und Holzbildhauer-Innung für das Saarland
Grülingsstr. 115, 66113 Saarbrücken
T: (0681) 9 48 61 13 Fax: 9 48 61 99
Geschäftsführerin: Ass. Isabel Fabry
Landesinnungsmeister: Holger Kopp

g 725
Landesinnungsverband Sachsen-Anhalt des Steinmetz- und Steinbildhauerhandwerks
Hallesche Str. 4, 06536 Roßla
T: (034651) 27 43 Fax: 3 29 30
Landesinnungsmeister: Werner Kleffel

g 726
Landesinnung des Steinmetz- und Steinbildhauer-Handwerks Schleswig-Holstein
Wasbeker Str. 351, 24537 Neumünster
T: (04321) 60 88-0 Fax: 6 79 32
Landesinnungsmeister: Uwe Hagen
Geschäftsführer(in): Thomas Kafvelström

g 727
Landesinnungsverband Thüringen der Steinmetzen und Steinbildhauer
Lange Str. 16, 99610 Sömmerda
T: (03634) 3 21 70 Fax: 32 17 19
Landesinnungsmeister: Karl-Heinz Schiecke
Geschäftsführer(in): Dr. Fritz Raabe

g 728
Landesinnungsverband des Bildhauer- und Steinmetz-Handwerks Westfalen-Lippe
Postf. 43 05, 48024 Münster
Ossenkampstiege 111, 48163 Münster
T: (0251) 52 00 80 38 Fax: 5 20 08 33
Geschäftsführer(in): Ass. Reinhold Wegmann
Landesinnungsmeister: Bernd Dirks

• G 729

Deutscher Textilreinigungs-Verband (DTV)
In der Raste 12, 53129 Bonn
T: (0228) 9 17 31-0 Fax: 9 17 31-20
Internet: http://www.dtv-bonn.de
E-Mail: info@dtv-bonn.de
Präsident(in): Hans-Albert Heim, Berlin
Hauptgeschäftsführer(in): Dipl.-Volksw. Helmut Strohm, Bonn
Mitglieder: 2000

Landesverbände

g 730
Fachverband Textilpflege Südwest e.V.
Heinestr. 169, 70597 Stuttgart
T: (0711) 97 65 80
E-Mail: fatex@deutscherfachverband.de

g 731
Bayerischer Textilreinigungs-Verband e. V.
Fürstenrieder Str. 35V, 80686 München
T: (089) 56 33 27

g 732
Textilreiniger-Innung Berlin
Waltraudstr. 25, 14169 Berlin
T: (030) 8 13 79 83 Fax: 81 49 95 96
Obermeister: Hans-Albert Heim (Ollenhauerstr. 66, 13403 Berlin)
Geschäftsführer(in): Steffan Rimbach

g 733
Textilreiniger-Innung Hamburg
Holstenwall 12, 20355 Hamburg
T: (040) 35 27 94 Fax: 35 27 94
Obermeister: Willfried Ahrndt

g 734
Hessischer Textilreinigungs-Verband e.V. (HTV)
Markwaldstr. 11, 63073 Offenbach
T: (069) 9 89 45 80
Vorsitzende(r): Eric Puth
Geschäftsführer(in): Ass. Henning Stenger

g 735
Textilreiniger-Innung Koblenz - Trier
Hoevelstr. 19, 56073 Koblenz
T: (0261) 4 06 30-0
Obermeister: Rainer Hilberath (Bonner Str. 90, 53474 Bad Neuenahr-Ahrweiler)
Geschäftsführer(in): Dipl.-Volksw. Karlheinz Gaschler
Mitglieder: 40

g 736
Textilreinigungs-Verband Nordrhein-Westfalen e.V.
In der Raste 12, 53129 Bonn
T: (0228) 9 17 31-0 Fax: 9 17 31-20
Präsident(in): Philipp Lenemann
Geschäftsführer(in): Dr. Ralf M. Senf

g 737
Textilreinigungs-Verband Nordrhein-Westfalen Landesinnungsverband des Textilreinigerhandwerks
In der Raste 12, 53129 Bonn
T: (0228) 9 17 31-0 Fax: 9 17 31-20
Vorsitzende(r): Philipp Lenemann
Geschäftsführer(in): Dr. Ralf M. Senf

g 738
Textilreiniger-Innung der Pfalz c/o Kreishandwerkerschaft Vorderpfalz
Ludwigsplatz 10, 67059 Ludwigshafen
T: (0621) 59 11 40 Fax: 5 91 14-44

g 739
Landesinnung für das Textilreinigungsgewerbe Schleswig-Holstein
Poststr. 14, 25524 Itzehoe
T: (04821) 24 08, 24 12 Fax: 6 19 32
Landesinnungsmeister: Hans-Jürgen Westphal
Geschäftsführer(in): Jürgen Pauschert

g 740
Regionalverband Ost im DTV e.V.
Barbarastr. 46, 01129 Dresden
T: (0351) 8 49 51 16-117 Fax: 8 49 51 18
Vorsitzende(r): Marianne Keidel

g 741
Landesinnung der Textilreiniger Sachsen-Anhalt
c/o Kreishandwerkerschaft Anhalt-Zerbst
Breite 20, 39261 Zerbst
T: (03923) 25 52, 6 25 54, 78 85 52-4 Fax: 6 25 55

• G 742
Bundesinnungsverband für das Stricker-, Sticker- u. Weberhandwerk
Graflinger Str. 105, 94469 Deggendorf
T: (0991) 2 50 62 80 Fax: 2 58 44
Geschäftsführer(in): Josef Kaiser (Deggendorf, T: (0991) 25 06-2 80, Telefax: (0991) 2 50 62 82)

• G 743

Bundesverband des holz- und kunststoffverarbeitenden Handwerks
- Bundesinnungsverband für das Tischlerhandwerk -
Postf. 30 29, 65020 Wiesbaden
Abraham-Lincoln-Str. 32, 65189 Wiesbaden
T: (0611) 9 73 41-0 Fax: 9 73 41-31
E-Mail: schreiner@tischler.org
Präsident(in): Günter Füllgraf
Hauptgeschäftsführer(in): Hermann Hubing (komm.)
Leitung Presseabteilung: Alfred Allard (M.A.)
Verbandszeitschrift: GENAU
Redaktion: Alfred Allard M.A.
Verlag: Verlagsanstalt Handwerk GmbH, Auf'm Tetelberg 7, 40221 Düsseldorf

Wirtschafts- und Arbeitgeberverband für das deutsche Tischler- und Schreinerhandwerk.

Landesfachverbände

g 744
Fachverband Holz und Kunststoff Bayern - Landesinnungsverband des bayerischen Schreinerhandwerks
Fürstenrieder Str. 250, 81377 München
T: (089) 54 58 28-0 Fax: 54 58 28-27
E-Mail: fhk-bayern@schreiner.de
Vorsitzende(r): Rudolf Arlt
Geschäftsführer(in): Dr. Christian Wenzler

g 745
Fachverband Holz und Kunststoff Brandenburg
Landesinnungsverband des Tischlerhandwerks
Garnstr. 23, 14482 Potsdam
T: (0331) 71 90 91 Fax: 71 90 92
E-Mail: hkh-brandenburg@t-online.de
Geschäftsführer(in): Dr.-Ing. Stefan Körber
Landesinnungsmeister: Ing. Klaus Lietze

g 746
Fachverband Holz und Kunststoff Hamburg e.V.
Albert-Schweitzer-Ring 10, 22045 Hamburg
T: (040) 6 68 65 40   **Fax:** 66 86 54 70
E-Mail: hkh-hh@tischler.de
Vorsitzende(r): Waldemar Pfeiffer (Eiffestr. 396, 20537 Hamburg, T: (040) 2 51 40 44)
Geschäftsführer(in): Hendrik Detlefsen

g 747
Fachverband Holz und Kunststoff Mecklenburg-Vorpommern
Ottostr. 24, 18057 Rostock
T: (0381) 4 59 08 66   **Fax:** 2 77 00
E-Mail: hkh-mv@tischler.de
Geschäftsführer(in): Dipl.-Wirtsch. Willy Haag
Landesinnungsmeister: Hans-Dieter Stange

g 748
Wirtschaftsverband des Holz-, Aluminium- u. Kunststoffverarbeitenden Handwerks Niedersachsen/Bremen
Landesinnungsverband des Tischlerhandwerks
Walderseestr. 7, 30163 Hannover
T: (0511) 62 70 75-0   **Fax:** 62 70 75-13
E-Mail: hkh-nds@tischler.de
Vorsitzende(r): Guido Ossenkopp
Geschäftsführer(in): Matthias Wächter

g 749
Landesfachverband Holz und Kunststoff Rheinland-Pfalz
Landesinnungsverband des Tischler-/Schreinerhandwerks
Hoevelstr. 19, 56073 Koblenz
T: (0261) 9 47 40-0   **Fax:** 9 47 40 20
E-Mail: hkh@tischlerhandwerk.de
Vorsitzende(r): N. N.
Geschäftsführer(in): Edmund Mayer

g 750
Wirtschaftsverband Holz und Kunststoff Saar e.V.
Landesinnung für das Schreinerhandwerk Saar
Von-der-Heydt, 66115 Saarbrücken
T: (0681) 9 91 81-0   **Fax:** 9 91 81-31
E-Mail: hkhsaar@schreiner-saar.de
Vorsitzende(r): Edgar Arend
Geschäftsführer(in): RA Michael Peter

g 751
Fachverband Holz und Kunststoff Sachsen
Reicker Str. 9, 01219 Dresden
T: (0351) 2 81 78 51   **Fax:** 2 81 78 50
E-Mail: tischler.sachsen@t-online.de
Landesinnungsmeister: Gerhard Mende
Geschäftsführer(in): Dr. Reiner Burkhardt

g 752
Landesinnungsverband des holz- und kunststoffverarbeitenden Handwerks Sachsen-Anhalt
Mittelstr. 25, 06886 Lutherstadt Wittenberg
T: (03491) 41 19 22   **Fax:** 41 19 46
Landesinnungsmeister: Klaus Winkler
Geschäftsführer(in): Jörg Schwamberger

g 753
Fachverband Holz und Kunststoff Schleswig-Holstein
Postf. 21 24, 24020 Kiel
Königsweg 19, 24103 Kiel
T: (0431) 6 61 12-0   **Fax:** 6 61 12-22
Internet: http://www.tischler.de
E-Mail: hkh-sh@tischler.de
Vorsitzende(r): Uwe Mielke (Bäderstr. 22, 23701 Süsel, T: (04524) 4 06, Telefax: (04524) 17 09)
Geschäftsführer(in): Dipl.-Volksw. Falk Schütt

g 754
**Fachverband Holz und Kunststoff Hessen
-Innungsverband für das Tischlerhandwerk-**
Sandusweg 3, 35435 Wettenberg
T: (0641) 9 75 25-0   **Fax:** 9 75 25-40
E-Mail: hessen@tischler.de
Vorsitzende(r): Günter Füllgraf
Geschäftsführer(in): Hermann Hubing (Wetzlarer Str. 19, 35398 Gießen)

g 755
Wirtschaftsverband holz- und kunststoffverarbeitendes Handwerk Sitz Freiburg im Breisgau
Kandelstr. 13, 79331 Teningen
T: (07641) 93 09 78-0   **Fax:** 4 90 59
Vorsitzende(r): Reinhard Gilbert (In den Hofmatten 8, 79418 Schliengen, T: (07635) 5 08)
Geschäftsführer(in): Eberhard Schnee

g 756
**Fachverband Holz und Kunststoff Nordrhein-Westfalen
Landesinnungsverband des Tischler-Handwerks**
Kreuzstr. 108-110, 44137 Dortmund
T: (0231) 91 20 10-0   **Fax:** 91 20 10-10
Vorsitzende(r): Alfred Jacobi
Hauptgeschäftsführer(in): Dipl.-Oec. Dieter Roxlau

g 757
Landesinnungsverband des holz- und kunststoffverarbeitenden Handwerks Thüringen
Oststr. 52, 99867 Gotha
T: (03621) 85 26 90   **Fax:** 2 88 18
Geschäftsführer(in): Eckart Pilling
Landesinnungsmeister: Romuald Konrad

g 758
Tischler-Innung Berlin
Flurweg 5, 12357 Berlin
T: (030) 66 93 15 25   **Fax:** 66 93 15 35
Obermeister: Frank-Michael Niehus (Fritz-Kirsch-Zeile 11, 12459 Berlin, T: (030) 5 31 10 50, Telefax: (030) 5 31 10 51)
Geschäftsführer(in): Ass. Peter Wilms-Posen

● G 759
Zentralverband für Uhren, Schmuck und Zeitmeßtechnik (Bundesinnungsverband)
Postf. 12 49, 61452 Königstein
Altkönigstr. 9, 61462 Königstein
T: (06174) 92 28 26   **Fax:** 92 28 28
Präsident(in): Horst Valentin (Domstr. 36, 97070 Würzburg)
Mitglieder: 1264
Vertretung der Interessen des Uhrmacherhandwerks und Förderung der wirtschaftlichen und sozialen Interessen der den Landesinnungsverbänden angehörenden Mitglieder.

Landesinnungsverbände

g 760
Landesinnungsverband für Uhren, Schmuck und Zeitmeßtechnik Baden-Württemberg
Postf. 12 49, 61452 Königstein
Altkönigstr. 9, 61462 Königstein
T: (06174) 92 28 26   **Fax:** 92 28 28
Landesinnungsmeister: Siegfried Lämpe
Mitglieder: 238

g 761
Bayerischer Fachverband für Uhren, Schmuck und Zeitmeßtechnik
Stadelbergerstr. 37b, 82256 Fürstenfeldbruck
T: (08141) 51 76 34   **Fax:** 51 76 35
Landesinnungsmeister: Eugen Hauser
Mitglieder: 301

g 762
Uhrmacher-Innung Berlin
Alboinstr. 36, 12103 Berlin
T: (030) 7 53 30 30   **Fax:** 7 53 30 30
Obermeister: Klaus Klimach
Mitglieder: 50

g 763
Landesinnungsverband Brandenburg für Uhren, Schmuck und Zeitmeßtechnik
KHS Oberhavel
Havelstr. 19, 16515 Oranienburg
T: (03301) 35 32   **Fax:** 5 64 29
Landesinnungsmeister: Heinz Mader
Mitglieder: 34

g 764
Uhrmacher-Landesverband Bremen
Ansgaritorstr. 15, 28195 Bremen
T: (0421) 3 05 00 34   **Fax:** 30 27 62
Landesinnungsmeister: Peter Schmidt
Mitglieder: 6

g 765
Uhrmacher Landesinnung Hamburg, Fachverband für Uhren, Schmuck und Zeitmeßtechnik Hamburg
Deichhausweg 3, 21073 Hamburg
T: (040) 7 64 53 61   **Fax:** 7 64 53 61
Obermeister: Ralf Schulze
Mitglieder: 13

g 766
Hessischer Fachverband für Uhren, Schmuck und Zeitmeßtechnik
Goethestr. 32, 35390 Gießen
T: (0641) 97 49 00   **Fax:** 9 74 90 60
Landesinnungsmeister: Herbert Kronenberger
Geschäftsführer(in): Gerhard Müller
Mitglieder: 151

g 767
Fachverband für Uhren, Schmuck und Zeitmeßtechnik Niedersachsen
Postf. 14 30, 37144 Northeim
Häuserstr. 6, 37154 Northeim
T: (05551) 40 11, 40 12   **Fax:** 6 56 69
Landesinnungsmeister: Peter Sanftleben
Mitglieder: 122

g 768
Fachverband für Uhren, Schmuck u. Zeitmeßtechnik Rheinland-Pfalz
Postf. 27 30, 67615 Kaiserslautern
Burgstr. 39, 67659 Kaiserslautern
T: (0631) 37 12 20   **Fax:** 3 71 22 50
Landesinnungsmeister: Martin Tentschert (Speyerer Str. 40, 67117 Limburgerhof, T: (06236) 82 90)
Mitglieder: 68

g 769
Uhrmacher-Innung für das Saarland
Saarbrücker Str. 262, 66125 Saarbrücken
T: (06897) 7 22 69   **Fax:** 76 81 49
Landesinnungsmeister: Bernd Helau
Mitglieder: 45

g 770
Fachverband für Uhren, Schmuck u. Zeitmeßtechnik Sachsen-Anhalt
Dr.-Wilhelm-Külz-Str. 2, 06526 Sangerhausen
T: (03464) 57 24 26   **Fax:** 57 24 13
Landesinnungsmeister: R. Steyer (Kylische Str. 7, 06526 Sangerhausen, T: (03464) 57 31 70, Telefax: (03464) 57 90 54)
Mitglieder: 70

g 771
Landesinnungsverband Thüringen für Uhren, Schmuck und Zeitmeßtechnik
Marktstr. 32, 99084 Erfurt
T: (0361) 5 62 35 59   **Fax:** 5 62 35 59
Landesinnungsmeister: Dieter Höring
Mitglieder: 20

● G 772
Bayerische Wachszieher-Innung
- Bundesinnung -
Maria-Hilf- Str. 23, 86391 Stadtbergen
T: (0821) 43 66 06   **Fax:** 43 69 93
Gründung: 1945
Obermeister: Edgar Bonn (Laubanger 17 h, 96052 Bamberg, T: (0951) 96 57 5-0, Fax: (0951) 9 65 75 20)
Geschäftsführer(in): Wolfgang Reich (Ltg. Presseabt.)
Mitglieder: 90

● G 773
Verband der Wasch-Center-Betreiber e.V.
Brahmsallee 79, 20144 Hamburg
T: (040) 48 68 65 10   **Fax:** 46 86 51 22
Vorsitzende(r): Philipp Eggers
Geschäftsführer(in): RA Dr. Ingolf Klüßendorf

• G 774

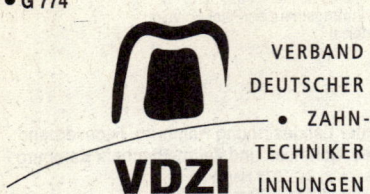
VERBAND DEUTSCHER ZAHNTECHNIKER INNUNGEN

Verband Deutscher Zahntechniker-Innungen - Bundesinnungsverband - (VDZI)
Max-Planck-Str. 25, 63303 Dreieich
T: (06103) 37 07-0 **Fax:** 37 07-33
Internet: http://www.vdzi.de
E-Mail: info@vdzi.de
Gründung: 1956 (24./25. August)
Internationaler Zusammenschluß: siehe unter izg 115
Vorsitzende(r): Präsident Lutz Wolf
Geschäftsführer(in): Dipl.-Volksw. Helmar Klutke
Dipl.-Volksw. Walter Winkler
Justitiar: N. N.
Leitung Presseabteilung: Ronald Rohloff
Verbandszeitschrift: „teleskop"
Redaktion: Ronald Rohloff
Verlag: Wirtschaftsgesellschaft des VDZI mbH
Mitglieder: 5275
Mitarbeiter: 12

Zahntechniker-Innungen

g 775
Zahntechniker-Innung Baden
Neuenheimer Landstr. 5, 69120 Heidelberg
T: (06221) 47 54 37 **Fax:** 47 59 53
E-Mail: zti-baden@t-online.de
Gründung: 1934 (1. Oktober)
Obermeister: Harald Prieß (Freiburger Str. 33, 69493 Hirschberg, T: (06201) 5 23 58, Fax: (06201) 5 22 59, E-Mail: dental-labor-priess@t-online.de)
Geschäftsführer(in): Jürgen Buth (M.A.)

g 776
Zahntechniker-Innung Berlin-Brandenburg
Alt-Moabit 105, 10559 Berlin
T: (030) 3 93 50 36-38 **Fax:** 3 93 60 36
E-Mail: zibb@t-online.de
Obermeister: Karlfried Hesse (Straße des Friedens 112a, 14557 Langerwisch, T: (033205) 6 25 51, Fax: (033205) 6 25 51, E-Mail: genrich-hesse@lycosmail.com)
Geschäftsführer(in): Dr. Manfred Beck

g 777
Zahntechniker-Innung Bielefeld
Hans-Sachs-Str. 2, 33602 Bielefeld
T: (0521) 5 80 09-0 **Fax:** 5 80 09 42
E-Mail: sautmann@kh-bielefeld.de
Obermeister: Volker Rosenberger (Alter Markt 5, 32052 Herford, T: (05221) 5 07 42, Fax: (05221) 5 07 64, E-mail: rosenberger-reese@t-online.de)
Geschäftsführer(in): Ass. Jürgen Sautmann

g 778
Zahntechniker-Innung Bonn / Rhein-Sieg-Kreis
c/o Zahntechniker-Innung Köln-Aachen
Hauptstr. 39, 50859 Köln
T: (0221) 50 30 44/45 **Fax:** 50 30 46
E-Mail: zti-ka@t-online.de
Obermeister: Klaus Peter Nelles (Joseph-Roth-Str. 96, 53175 Bonn, T: (0228) 31 54 00/40, Fax: (0228) 31 45 69, E-Mail: 0228315440-0001@t-online.de)
Geschäftsführer(in): Gerd P. Stoffels

g 779
Zahntechniker-Innung Bremen
c/o Kreishandwerkerschaft Bremen
Ansgaritorstr. 24, 28195 Bremen
T: (0421) 3 05 00 34 **Fax:** 30 27 62
E-Mail: info@zib-bremen.de
Obermeister: Joachim Feldmann (Carsten-Dressler-Str. 1D, 28279 Bremen, T: (0421) 8 49 44 10, Fax: (0421) 8 49 44 20, E-Mail: zahntechnik.feldmann@t-online.de)
Geschäftsführer(in): Ass. Udo Nicolay
Günter Dahlbeck

g 780
Zahntechnikerinnung Dresden-Leipzig
Schandauer Str. 84, 01277 Dresden
T: (0351) 2 54 11 23 **Fax:** 2 54 11 24
E-Mail: zti-dd@t-online.de
Obermeister: Peter Fricke (Löbauer Str. 16, 01099 Dresden, T: (0351) 8 02 04 85, Fax: (0351) 8 04 80 01, E-Mail: fricke-zahntechnik-dresden@t-online.de)
Geschäftsführer(in): N.N.

g 781
Zahntechniker-Innung für den Regierungsbezirk Düsseldorf
Willstätterstr. 3, 40549 Düsseldorf
T: (0211) 4 30 76-0 **Fax:** 4 30 76-20
E-Mail: info@zid.de
Obermeister: Günter Breuer (Breidenhofer Str. 22, 42781 Haan, T: (02129) 5 10 80, Fax: (02129) 5 41 26, E-Mail: dentalbreuer@aol.com)
Geschäftsführer(in): Peter Heidl

g 782
Zahntechniker-Innung im Regierungsbezirk Arnsberg
Hochstr. 45, 58095 Hagen
T: (02331) 6 24 68-0 **Fax:** 6 24 68-66
E-Mail: info@kh-hagen.de
Obermeister: Josef Wagner (Alter Bahnhof 8a, 57392 Schmallenberg, T: (02974) 53 35, Fax: (02974) 15 63)
Geschäftsführer(in): Dr. Michael Plohmann

g 783
Zahntechniker-Innung Hamburg
Bei Schuldts Stift 3, 20355 Hamburg
T: (040) 35 53 43-0 **Fax:** 35 53 43-33
E-Mail: info@zi-nord.de
Obermeister: Hartmut Stemmann (Kollaustr. 6, 22529 Hamburg, T: (040) 5 53 10 81, Fax: (040) 5 53 10 83, E-Mail: info@steco.de)
Geschäftsführer(in): Udo Nicolay

g 784
Zahntechniker-Innung für den Regierungsbezirk Kassel
Scheidemannplatz 2, 34117 Kassel
T: (0561) 7 84 84-0 **Fax:** 7 84 84-80
E-Mail: zahntechniker-innung.kassel@t-online.de
Obermeister: Horst Fehr (Teichhofstr. 6, 34253 Lohfelden, T: (0561) 51 40 18, Fax: (0561) 5 10 22 00, E-Mail: zahntechniker-innung.kassel@online.de)
Geschäftsführer(in): RA Manfred Helmke

g 785
Zahntechniker-Innung Köln-Aachen
Hauptstr. 39, 50859 Köln
T: (0221) 50 30 44/45 **Fax:** 50 30 46
E-Mail: zti-ka@t-online.de
Obermeister: Dieter Rust (Heinrich-Brüning-Str. 8, 50969 Köln, T: (0221) 3 60 23 48, Fax: (0221) 3 60 51 98, E-Mail: zti-ka@t-online.de)
Geschäftsführer(in): Gerd P. Stoffels

g 786
Zahntechniker-Innung Mecklenburg-Vorpommern
Bei Schuldts Stift 3, 20355 Hamburg
T: (040) 35 53 43-0 **Fax:** 35 53 43-33
E-Mail: info@zi-nord.de
Obermeisterin: Gabriele Papenfuß (Tannenweg 5, 18069 Sievershagen, T: (0381) 8 34 52, Fax: (0381) 8 00 25 07, E-Mail: dl.papenfuss@t-online.de)
Geschäftsführer(in): Udo Nicolay

g 787
Zahntechniker-Innung Münster
Postf. 43 05, 48024 Münster
Ossenkampstiege 111, 48163 Münster
T: (0251) 5 20 08-28 **Fax:** 5 20 08-36
Internet: http://www.zti-muenster.de
E-Mail: info@zti-muenster.de
Obermeister: Hans-Jürgen Borchard (Warendorfer Str. 31, 48145 Münster, T: (0251) 3 60 97, Fax: (0251) 3 49 57, E-Mail: dental-labor-borchard@t-online.de)
Geschäftsführer(in): Dipl.-Kfm. Matthias Hirsch

g 788
Niedersächsische Zahntechniker-Innung
Bernstr. 10, 30175 Hannover
T: (0511) 3 48 19 37 **Fax:** 33 21 29
E-Mail: nzi-ullrich@t-online.de
Obermeister: Lutz Wolf (Wittekindstr. 12, 49074 Osnabrück, T: (0541) 2 84 41, Fax: (0541) 25 82 86, E-Mail: 054121153.0001@t-online.de)
Geschäftsführer(in): Dipl.-Oec. Viola Ullrich

g 789
Innung des Zahntechniker-Handwerks Nordbayern
Am Plärrer 6, 90429 Nürnberg
T: (0911) 9 26 70-0 **Fax:** 9 26 70 44
E-Mail: zti-nobay@t-online.de
Obermeister: Egon Scheuerpflug (Postf. 17 47, 91508 Ansbach, T: (0981) 48 80 30, Fax: (0981) 8 74 82, E-Mail: strohscheuerpflug@t-online.de)
Geschäftsführer(in): Dipl.-Verwaltungswirt (FH) Jürgen Rahm

g 790
Zahntechniker-Innung Rheinland-Pfalz
Brüder-Grimm-Str. 26, 55218 Ingelheim
T: (06132) 80 30 **Fax:** 89 61 62
E-Mail: zti-rheinland-pfalz@t-online.de
Obermeister: Manfred Heckens
Geschäftsführer(in): Dipl.-Betriebsw.(FH) Irene Walther

g 791
Zahntechniker-Innung Rhein-Main
Gustav-Freytag-Str. 36, 60320 Frankfurt
T: (069) 95 67 99-0 **Fax:** 56 20 54
E-Mail: zti-rm@t-online.de
Obermeister: Ewald Hargarter (Robert-Bosch-Str. 12, 65549 Limburg, T: (06431) 28 38 18, Fax: (06431) 28 38 19, E-Mail: ewald.hargarter@t-online.de)
Geschäftsführer(in): Dipl.-Betriebsw. Klaus Winkler

g 792
Zahntechniker-Innung für das Saarland
Postf. 10 02 43, 66002 Saarbrücken
Grülingsstr. 115, 66113 Saarbrücken
T: (0681) 9 48 61-22 **Fax:** 9 48 61-99
E-Mail: khscherschel@agvh.de
Obermeister: Werner Brehmer (Rostocker Str. 19, 66121 Saarbrücken, T: (0681) 81 34 19, Fax: (0681) 81 13 64, E-Mail: dentallabor.brehmer@t-online.de)
Geschäftsführer(in): Ass. Karl-Heinz Scherschel

g 793
Zahntechniker-Innung des Landes Sachsen-Anhalt
Liebknechtstr. 35, 39108 Magdeburg
T: (0391) 7 34 64 55 **Fax:** 7 34 64 56
E-Mail: zahntechn.innung-san@t-online.de
Obermeister: Roland Unzeitig (c/o Fa. Ideal-Dental GmbH, Olvenstedter Chaussee 127, 39130 Magdeburg, T: (0391) 7 21 45 71, Fax: (0391) 7 21 45 73, E-Mail: ideal-dental@t-online.de)
Geschäftsführer(in): Nils Frithjof Uding

g 794
Zahntechniker-Innung des Landes Schleswig-Holstein
Wasbeker Str. 351, 24537 Neumünster
T: (04321) 60 88-0 **Fax:** 6 79 32
E-Mail: kreiha_neumuenster@t-online.de
Obermeister: Peter K. Thomsen (Schweffelstr. 9, 24118 Kiel, T: (0431) 56 23 23, Fax: (0431) 56 11 88, E-Mail: thomsen-kiel@t-online.de)
Geschäftsführer(in): Ass. Thomas Kafvelström

g 795
Südbayerische Zahntechniker-Innung
Dachauer Str. 4, 80335 München
T: (089) 55 75 81 **Fax:** 55 36 76
E-Mail: info@szi.de
Obermeister: Franz Schlemmer (Kreuzstr. 13, 80331 München, T: (089) 2 60 31 40, Fax: (089) 26 42 33, E-Mail: zahnschlemmer@t-online.de)
Geschäftsführer(in): RA Oliver Dawid

g 796
Zahntechniker-Innung des Landes Thüringen
Neustadtstr. 6, 99734 Nordhausen
T: (03631) 90 29 14 **Fax:** 90 29 13
Internet: http://www.zahntechnik-th.de
E-Mail: zi-thueringen@t-online.de
Obermeister: Wolfgang Zierow (Karolingerstr. 34, 99734 Nordhausen, T: (03631) 97 01 24, Fax: (03631) 97 06 17, E-Mail: zierow-dental@t-online.de)
Geschäftsführer(in): Dipl.-Ing. Annegret Bischof

g 797
Zahntechniker-Innung Westsachsen
Waldstr. 20, 09573 Augustusburg
T: (037291) 66 54 **Fax:** 66 57
E-Mail: ziws@t-online.de
Obermeister: Johannes Lorenz (Casparistr. 3, 08056 Zwickau, T: (0375) 27 41 00, Fax: (0375) 2 74 10 10, E-Mail: dentallabor.lorenz@t-online.de)
Geschäftsführer(in): Angelika Nikolai

g 798
Zahntechniker-Innung Württemberg
Schlachthofstr. 15, 70188 Stuttgart
T: (0711) 48 20 58   **Fax:** 46 10 70
E-Mail: ziw-stuttgart@t-online.de
Obermeister: Klaus D. Pogrzeba (Postfach 10 38 33, 70033 Stuttgart, T: (0711) 2 86 50 71, Fax: (0711) 2 62 45, E-Mail: pogrzeba_das_labor@t-online.de)
Geschäftsführer(in): RA Christoph Baumgardt

● **G 799**
Deutsche Gesellschaft für Zahnärztliche Prothetik und Werkstoffkunde
Pauwelsstr. 30, 52074 Aachen
T: (0241) 80 88-240, 80 88-241   **Fax:** 88 88-410
Gründung: 1951
1. Vorsitzende(r): Prof. Dr. Dr. Hubertus Spiekermann (Pauwelsstr. 30, 52074 Aachen)
Schriftführer(in): Dr. Manfred Wichmann (Carl-Neuberg-Str. 1, 30625 Hannover, T: (0511) 5 32 47 78, Fax: (0511) 5 32 47 78)
Mitglieder: 750

● **G 800**
Bundesverband Sicherungstechnik Deutschland e.V. (BSD)
Eichendorffstr. 3, 40474 Düsseldorf
T: (0211) 4 70 50 35   **Fax:** 4 70 50 33
Internet: http://www.bsd-ev.de
E-Mail: info@bsd-ev.de
Vorsitzende(r): Karl Boos (Fa. Boos, Köln)
Geschäftsführer(in): Jürgen Spermann

● **G 801**
Vereinigung Deutscher Furnierwerke (VDF)
Am Weidendamm 1a, 10117 Berlin
T: (030) 72 62-5870   **Fax:** 72 62-5888
E-Mail: timber@snafu.de
Vorsitzende(r): H. J. Wonnemann
Stellvertretende(r) Vorsitzende(r): Olof von Gagern
Geschäftsführer(in): Stefan Schardt
Mitglieder: 15

Notizen

H Handel

Zum Auffinden einer bestimmten Dienststelle oder Organisation dient das Suchwortverzeichnis, eines Personennamens das Personenverzeichnis.

Groß- und Außenhandel
    Landesverbände
    Branchen und Funktionsverbände
    Sonstige Fachverbände des Groß- und Außenhandels
Einzelhandel
    Landes- und Regionalverbände des HDE
    Bundesfachverbände des HDE
    sonstige Einzelhandelsverbände
Handelsvertreter, Makler, Vermittler u. a.
Fachverbände der Vertreter, Makler, Auktionatoren u. a.
Schaustellervereine

Groß- und Außenhandel

• H 1

Bundesvereinigung Deutscher Handelsverbände (BDH)
10873 Berlin
T: (030) 72 62 50-65, 72 62 50-66
Gründung: 1999 (15. November)
Präsident(in): Hermann Franzen (Präsident des Hauptverbandes des Deutschen Einzelhandels)
Vizepräsidenten: Anton F. Börner (Präsident des Bundesverbandes des Deutschen Groß- und Außenhandels (BGA))
Horst Platz (Präsident der Centralvereinigung Deutscher Wirtschaftsverbände für Handelsvermittlung und Vertrieb (CDH))
Jochen Graf von Schwerin (Präsident des Zentralverbandes Gewerblicher Verbundgruppen (ZGV))
Eugen Viehof (Präsident des Bundesverbandes der Filialbetriebe und Selbstbedienungswarenhäuser (BFS))
Generalsekretär(in): Holger Wenzel
Leitung Presseabteilung: Hubertus Pellengahr
Mitglieder: 7 Verbände

• H 2

Bundesverband des Deutschen Groß- und Außenhandels (BGA)
10873 Berlin
Am Weidendamm 1a, 10117 Berlin
T: (030) 59 00 99 50 **Fax:** 5 90 09 95 19
Internet: http://www.bga.de
Gründung: 1949
Internationaler Zusammenschluß: siehe unter izh 345
Präsidium:
Ehrenpräsident: Dr. Michael Fuchs (Geschäftsführer der Impex Electronic HGmbH, Am Metternicher Bahnhof 11, 56072 Koblenz, T: (0261) 92 84-0, Fax: 9 28 41 86; Vorsitzender des Arbeitgeberverbandes Großhandel-Außenhandel-Dienstleistung Rheinland-Rheinhessen e.V.; Vorsitzender des Landesverbandes Großhandel Rheinland-Pfalz e.V.)
Präsident(in): Dipl.-Kfm. Anton F. Börner (Inhaber der Firma Börner + Co., Messerschmittstr. 5, 85053 Ingolstadt, T: (0841) 6 58-0, Fax: 6 16 90; 2. Vorsitzender des Deutschen Großhandelsverbandes Haustechnik e.V.; Vizepräsident von EuroCommerce)
Vizepräsident(in): Karl-Günther Cloos (Geschäftsführer der Baubedarf Wetzlar GmbH, Gabelsberger Str. 33, 35576 Wetzlar, Postf. 12 42, 35522 Wetzlar, T: (06441) 37 77-0, 37 77-11/12, Fax: 3 42 43; Vorsitzender des BGA-Steuerausschusses; Vorsitzender des Verbandes der Baustoffhändler Mitte)
Prof. Dr. Erich Greipl (Mitglied der Geschäftsführung der Metro-Vermögensverwaltung GmbH & Co. KG, Mitglied des Aufsichtsrates der Metro AG, Schlüterstr. 3, 40235 Düsseldorf, Postf. 23 01 40, 40087 Düsseldorf, T: (0211) 9 69-2925, Fax: 9 69-2592; Schatzmeister und Mitglied des Präsidiums des Landesverbandes Groß- und Außenhandel, Vertrieb und Dienstleistungen Bayern e.V. (LGAD), Vors. der BGA Strategie-Kommission)
RA Dr. Uwe Mehrtens (Inh. und GeschfGes. der Heuer Internationale Speditionsgesellschaft mbH und Co. KG, Breitenweg 29-33, 28195 Bremen, Postf. 10 48 05, 28048 Bremen, T: (0421) 3 86 04-30, Fax: 1 65 46 19; Präs. des Unternehmens- und Arbeitgeberverbandes Großhandel, Außenhandel, Dienstleistung e.V. (AGA); Vors. der Sozial- und Tarifpolitischen Kommission des BGA; Vors. der BDH Kommission Sozialpolitik)
Wolfhart Putzler (GeschfGes. der Jebsen & Jessen GmbH & Co. KG, Lange Mühren 9-11, 20095 Hamburg, Postf. 11 13 13, 20413 Hamburg, T: (040) 30 14 01, Fax: 32 70 91; Vorsitzender des Bundesverbandes des Deutschen Exporthandels e.V.)
Thomas Scheuerle (GeschfGes. der Fa. Alfred Graf, Emilienstr. 5, 90489 Nürnberg, Postf. 28 48, 90013 Nürnberg, T: (0911) 58 60 70, Fax: 5 81 99 68; Präsident des Landesverbandes Groß- und Außenhandel, Vertrieb und Dienstleistungen Bayern e.V. (LGAD))
Frank Hartwig (Schatzmeister; Geschäftsführer der Fritz Hartwig GmbH & Co., Doldenweg 7 a, 44229 Dortmund, T: (0231) 47 52-483, Fax: 47 52-484; Ehrenvorsitzender des Arbeitgeberverbandes Großhandel-Außenhandel-Dienstleistungen Westfalen-Mitte e.V.; Vorsitzender der BGA-Finanzkommission)
Präsidiumsmitglied(er):
Michael Assmy (GeschfGes. der Assmy & Böttger Elektronik Handelsgesellschaft mbH, Ingolstädter Str. 1-3, 28219 Bremen, T: (0421) 38 94-0, Fax: 38 94-107; Mitglied des Vorstandes des Bundesverbandes des Elektro-Großhandels (VEG) e.V.)
Dipl.-Chemiker Jörg Bangerter (Jommellistr. 3, 71640 Ludwigsburg, T: (07141) 8 21 94, (07373) 6 12, Fax: (07141)8 16 94; Präsident des Verbandes für Dienstleistung, Groß- und Außenhandel Baden-Württemberg e.V.; Vorsitzender des BGA-Umweltausschusses)
Dr. John Bötticher (GeschfGes. der August Fuhrmann Metallwaren GmbH, Postf. 12 38, 38820 Halberstadt, T: (03941) 6 81 60, Fax: 68 16 14; Vorsitzender des BGA-Berufsbildungsausschusses)
Dr. Jens Peter Breitengroß (GeschfGes. der Jos. Hansen & Soehne GmbH, Rathausstr. 6, 20095 Hamburg, Postf. 11 32 64, 20432 Hamburg, T: (040) 30 30 42 28, Fax: 30 30 43 33; Vorsitzender des BGA-Außenwirtschaftsausschusses)
Stefan Bruns (Geschäftsführer der Elfriede Bruns Hefegroßhandel Frischdienst - Backmittel - Saaten - Konserven, Am Schäferbrunnen 12, 39128 Magdeburg, T: (0391) 7 21 95 32, Fax: 7 21 47 40; Präsident des Landesverbandes Großhandel, Außenhandel, Dienstleistungen Sachsen-Anhalt e.V.)
Dipl.-Kfm. Karl Dürbeck (Honorar-Konsul der Republik Côte d'Ivoire, Geschäftsführer und Mitinhaber der Anton Dürbeck GmbH, Großmarkt, 60314 Frankfurt, T: (069) 9 49 99-140, Fax: 9 49 99-200; Ehrenpräsident von EUCOFEL; Vorsitzender des Wirtschaftsausschusses für Außenhandelsfragen beim BVEL; Vorsitzender des BGA-Agrarausschusses)
Carl Hugo Erbslöh (Fa. C. H. Erbslöh, Postf. 90 05, 47747 Krefeld, T u. Fax: (02151) 5 25 00; Vorstandsmitglied des Verbandes Chemiehandel e.V.)
Dipl.-Volksw. Dr. Göke Frerichs (Am Hirschsprung 11, 61462 Königstein, T: (06174) 35 67, Fax: 93 24 77; Vorsitzender des Verbandes Großhandel, Außenhandel, Verlage und Dienstleistungen Hessen e.V. Arbeitgeber- und Unternehmensverband (AGH); Präsident des Europäischen Wirtschafts- und Sozialausschusses)
Edward Hengstenberg (GeschfGes. der Hengstenberg GmbH & Co. Fahrzeug- und Motorenteile, Laubenhof 6, 45326 Essen, T: (0201) 36 06-0, 36 06-221, Fax: 36 06-286; Vorsitzender des Gesamtverbandes Autoteile-Handel e.V. (GVA))
Dr. Siegfried von Hoff (Inhaber der Firma Alwin Höhne, Papiermühlenweg 25, 99089 Erfurt, T: (0361) 7 31 27 62, Fax: 7 31 45 37; Präsident des Landesverbandes Groß-, Außenhandel, Dienstleistungen Thüringen e.V.)
Dipl.-Volksw. Gerhard Kammerer (GeschfGes. der Kammerer GmbH & Co. KG, John-Deere-Str. 13, 76646 Bruchsal, Postf. 18 05, 76608 Bruchsal, T: (07251) 78 21 31, Fax: 7 82 37; Vizepräsident und Schatzmeister des Verbandes für Dienstleistung, Groß- und Außenhandel Baden-Württemberg e.V.)
Dipl.-Kfm. Reinhard Krückemeyer (Geschäftsführer der Reinhard Krückemeyer KG, Dortmunder Str. 4, 57234 Wilnsdorf, T: (02739) 80 10, Fax: 8 01-12; Vizepräsident des Landesverbandes Großhandel-Außenhandel-Dienstleistungen Nordrhein-Westfalen e.V.)
Dr. Dieter Lorenz-Meyer (Honorar-Generalkonsul der Republik Singapur, Stellv. Vorsitzender des Aufsichtsrates Behn Meyer Holding AG, Ballindamm 1, 20095 Hamburg, Postf. 10 44 20, 20030 Hamburg, T: (040) 30 29 92 92, Fax: 30 29 92 29)
Dr. Wilhelm von Moers (Geschäftsführer Handelshof Management GmbH, Rolshoferstr. 229, 51105 Köln, T: (0221) 83 90 60, Fax: 83 90 62 04; Geschäftsführer der Wirtschaftspolitischen Gesellschaft des Deutschen Nahrungsmittelgroßhandels mbH)
Gerd Pelzer (Geschäftsführer der Service Bund Vreriksen Ewert GmbH, Wendenweg 15, 44149 Dortmund, Postf. 76 01 65, 44063 Dortmund, T: (0231) 9 69 99-01, Fax: 9 69 99-611; Vorsitzender des Arbeitgeberverbandes Großhandel, Außenhandel, Dienstleistungen Westfalen-Mitte e.V.)
RA Dr. Hans-Juergen Richter (Geschäftsführer des COLONIALE Kontors für den Bayrischen Groß- und Einzelhandel eG, Friedelhof 1, 85302 Geroldsbach, T: (08445) 10 81, Fax: 16 41; Mitglied des Präsidiums des Verbandes des Deutschen Nahrungsmittelgroßhandels e.V.)
Josef Freiherr Riederer von Paar (Delegierter des Vorstandes von Thyssen Krupp Materials & Services AG, Hans-Günther-Sohl-Str. 1, 40235 Düsseldorf, T: (0211) 9 67-0, Fax: 96 75-405; Vorsitzender des Vorstandsrates des Bundesverbandes Deutscher Stahlhandel)
Gerhard Riemann (Vorsitzender der Geschäftsleitung der Imperial Logistics International GmbH & Co. KG, Kasteelstr. 2, 47119 Duisburg, Postf. 13 05 80, 47118 Duisburg, T: (0203) 80 05-212, -213, Fax: 80 05-284; Vorsitzender des BGA-Verkehrsausschusses; Vorsitzender der BDH Kommission Logistik und Verkehr)
Dipl.-Kfm. Dr. Helmut Rödl (Hauptgeschäftsführer und Mitglied des Vorstandes des Verbandes der Vereine Creditreform e.V., Hellersbergstr. 12, 41460 Neuss, Postf. 10 15 53, 41415 Neuss, T: (02131) 10 90, Fax: 10 92 17; Vorsitzender des BGA-Ausschusses für Recht und Wettbewerb)
Jürgen Roggemann (GeschfGes. der Enno Roggemann GmbH & Co. KG, Ahrensstr. 4, 28197 Bremen, T: (0421) 51 85-0, Fax: 51 85-50; Mitglied des Präsidiums des Gesamtverbandes Holzhandel e.V.)
Wolfgang Sauer (Inhaber der Jan Fr. Gehlsen GmbH & Co. KG, Büsumer Str. 106-114, 24768 Rendsburg, Postf. 6 07, 24752 Rendsburg, T: (04331) 40 41, Fax: 40 49; Vorsitzender des Vorstandes der Wirtschaftsvereinigung Groß- und Außenhandel Schleswig-Holstein e.V.)
Max Schierer (Inhaber der Max Schierer GmbH, Flugplatzweg 2, 93413 Cham, T: (09971) 30 00, Fax: 3 23 52; Präsident des Bundesverbandes Deutscher Baustoff-Fachhandel e.V.)
Dipl.-Kfm. Wolf-Dieter Schießl (Geschäftsführer und Mitinhaber der Firma Presse Schiessl GmbH & Co. KG, Dr.-Gessler-Str. 31, 93051 Regensburg, T: (0941) 99 21-106, Fax: 99 21-182; Mitglied des Präsidiums des Landesverbandes Groß- und Außenhandel, Vertrieb und Dienstleistungen Bayern e.V. (LGAD))
Harald Tenzer (GeschfGes. der Tenzer GmbH & Co. KG, Büchner Str. 3, 38118 Braunschweig, Postf. 46 49, 38036 Braunschweig, T: (0531) 89 51 51, Fax: 8 50 01; Präsident des Groß- und Außenhandelsverbandes Niedersachsen e.V.)
Hauptgeschäftsführer(in): Dr. Peter Spary
Leitung Presseabteilung: Volker Tschirch
Verbandszeitschrift: Report
Redaktion: Volker Tschirch
Mitglieder: 80 Verbände
Mitarbeiter: 25

Dem BGA angeschlossene Mitgliedsverbände:
Außenhandelsverband Nordrhein-Westfalen e.V. (AHV), Bonn
Bundesverband der Agrargewerblichen Wirtschaft e.V., Bonn
Deutscher Automaten-Großhandels-Verband e.V., Oberfell
Gesamtverband Autoteile-Handel e.V., Ratingen
Bundesverband des Deutschen Baustoffhandels e.V. (BDB), München
Bundesverband des Deutschen Getränkefachgroßhandels e.V., Düsseldorf
Gütegemeinschaft Brandschutz im Ausbau, Köln
Verband des Deutschen Blumen-Groß-und Importhandels e.V. (BGI), Düsseldorf PRESSE-GROSSO Bundesverband Deutscher Buch-, Zeitungs- und Zeitschriften-Grossisten e.V., Köln
Verband Chemiehandel e.V., Köln
Verband der Vereine Creditreform e.V., Neuss
Außenhandelsvereinigung des Deutschen Einzelhandels e.V., Köln
Bundesverband des Elektrogroßhandels e.V., Köln
Bundesverband des Großhandels mit Dünge- und Pflanzenbehandlungsmitteln e.V. (BGDP), Bonn
Bundesverband der Importeure und Exporteure von Edelsteinen und Perlen e.V., Frankfurt
Bundesverband des Deutschen Exporthandels e.V., Hamburg
Deutscher Factoring Verband e.V., Mainz
Großhandelsverband für Floristen- und Gärtnereibedarf (GFG) e.V., Mettmann; Deutscher Verband Flüssiggas e.V. (DVFG), Kronberg/Ts.
Zentralverband des Deutschen Früchte-Import- und Großhandels e.V., Bonn und Berlin (Ost)
Bundesverband Glas, Porzellan, Keramik Groß- und Außenhandel e.V., Köln
Verband des deutschen Häute- und Fellhandels e.V., Stuttgart
Deutscher Großhandelsverband Haustechnik e.V., Bonn Bundesverband Großhandel Heim & Farbe e.V., Düsseldorf
Gesamtverband Holzhandel e.V., Wiesbaden
Honig-Verband der Bundesrepublik Deutschland e.V., Bremen
Fachverband Groß- und Außenhandel mit Jagd- und Sportwaffen e.V., Gummersbach
Deutscher Kaffee-Verband e.V., Hamburg
Deutsches Kongreßbüro, Frankfurt
Verband des Deutschen Groß- und Außenhandels für Krankenpflege und Laborbedarf e.V. (VGKL), Köln
Fachverband des Deutschen Maschinen- und Werkzeug-Großhandels e.V. (FDM), Bonn
Verein Deutscher Metallhändler e.V., Bonn
Wirtschaftsverband Großhandel Metallhalbzeug e.V., Bonn
Außenhandelsverband für Mineralöl e.V., Hamburg
Verband des Deutschen Nahrungsmittelgroßhandels und anderer Vertriebsformen mit Waren des kurz- und mittelfristigen Bedarfs (VDN) e.V., Bonn
Bundesverband des pharmazeutischen Großhandels (PHAGRO) e.V., Frankfurt (Main)
Vereinigung des Rohtabak-Import- und -Großhandels e.V., Bremen
Bundesverband des Schmuck-Großhandels e.V., Stuttgart
Großhandelsverband Schreib-, Papierwaren und Bürobedarf e.V. (GVS), Köln
Gesamtverband des Deutschen Spielwaren-Groß- und Außenhandels e.V. (GSG), München
Bundesverband Deutscher Tabakwaren-Großhändler und Automatenaufsteller e.V. (BDTA), Köln
Verband Technischer Handel e.V., Düsseldorf
Gesamtverband des Deutschen Textilgroßhandels e.V. (GVT), Köln
Bundesgroßhandelsverband für Uhren- und uhrentechnischen Bedarf e.V., Stuttgart
Bundesverband Verschnürungs- und Verpackungsmittel e.V., Meerbusch
Verband der Fleischwirtschaft e.V., Bonn
Waren-Verein der Hamburger Börse e.V., Hamburg
Gesamtverband der Werbeartikelwirtschaft e.V., Düsseldorf
Fachverband Werkzeug-Großhandel e.V. (FWG), Bonn
Vereinigung des Wollhandels e.V., Eschborn

BGA - Dienstleistungseinrichtungen

h 3

Bundesbetriebsberatungsstelle für den deutschen Groß- und Außenhandel GmbH (BBG)
10873 Berlin
Am Weidendamm 1a, 10117 Berlin
T: (030) 5 90 09 95 60 **Fax:** 5 90 09 94 60

Geschäftsführer(in): Volker Tschirch
Förderung der Rationalisierung im Groß- und Außenhandel; Förderung von Unternehmensberatungen für kleine und mittlere Unternehmen sowie von Informations- und Schulungsveranstaltungen, Energieeinsparung, Umweltschutz.

h 4
Kuratorium des Deutschen Groß- und Außenhandels e.V.
Am Weidendamm 1a, 10117 Berlin
T: (030) 59 00 99 50 **Fax:** 5 90 09 95 19
Geschäftsführer(in): Dr. Peter Spary

h 5
VGA-Bonn Versicherungsstelle des Deutschen Groß- und Außenhandels GmbH
Am Weidendamm 1a, 10117 Berlin
T: (030) 59 00 99-90
Geschäftsführer(in): Dipl.-Betriebsw. Klaus H. Rathjen

Landesverbände

● H 6
VDGA Verband für Dienstleistung, Groß- und Außenhandel Baden-Württemberg e.V.
Postf. 12 07 51, 68058 Mannheim
O 4 13-16, 68161 Mannheim
T: (0621) 1 50 03-0 **Fax:** 1 50 03-29
Internet: http://www.vdga.de
E-Mail: vdga@vdga.de
Gründung: 1949
Präsident(in): Dipl.-Chem. Jörg Bangerter, Ludwigsburg
Hauptgeschäftsführer(in): RA Hans-Peter Stahl
Mitglieder: 800

Korporativ angeschlossene Verbände:

Arbeitgeberverband des Stahl-, Röhren- und Eisenwaren-Großhandels Baden-Württemberg e.V., Stuttgart
Bundesverband des Elektrogroßhandels, Landesgruppe Baden, Karlsruhe
Fachverband des Deutschen Maschinen- und Werkzeug-Großhandels e.V., Bonn (für Mitglieder in Baden-Württemberg)
Verband des Nahrungsmittelgroßhandels Baden-Württemberg e.V., Dettingen/Teck
Bundesverband des Schmuck-Großhandels e.V., Römerstein
Südwestdeutscher Zeitschriftenverleger-Verband e.V., Stuttgart

● H 7
Landesverband Groß- und Außenhandel, Vertrieb und Dienstleistungen Bayern (Unternehmer- und Arbeitgeberverband der intermediären Wirtschaft) e.V. (LGAD)
Postf. 20 13 37, 80013 München
Max-Joseph-Str. 5, 80333 München
T: (089) 55 77 01/02 **Fax:** 59 30 15
E-Mail: info@lgad.de
Präsident(in): Thomas Scheuerle (in Fa. Alfred Graf, Postf. 28 48, 90013 Nürnberg, T: (0911) 5 86 07-0)
Hauptgeschäftsführer(in): Rainer Hagelstein (Geschäftsstelle München, Max-Joseph-Str. 5, 80333 München, T: (089) 55 77 01)
Geschäftsführer(in): RA Alois Wiedemann (Geschäftsstelle Nürnberg, Sandstr. 29, 90443 Nürnberg, T: (0911) 20 31 80-81, Fax: (0911) 22 16 37, E-mail: lgadnbg@lgad.de)

● H 8
Unternehmens- und Arbeitgeberverband für Großhandel und Dienstleistungen (A.G.D.)
Knesebeckstr. 33 -34, 10623 Berlin
T: (030) 8 81 70 83/84 **Fax:** 8 83 72 06
Vorsitzende(r): Peter Breitenbach
Geschäftsführer(in): RA Dietmar von Dippel

● H 9
Landesverband des Groß- und Außenhandels von Berlin und Brandenburg e.V.
Knesebeckstr. 33-34, 10623 Berlin
T: (030) 8 81 70 83/84 **Fax:** 8 83 72 06
Vorsitzende(r): Wolfgang Franz
Geschäftsführer(in): Dietmar von Dippel (Knesebeckstr. 33/34, 10623 Berlin, T: (030) 8 81 70 83, Telefax: (030) 8 83 72 06)

● H 10
AGA
AGA Unternehmensverband Großhandel, Außenhandel, Dienstleistung e.V.
Postf. 10 03 29, 20002 Hamburg
Kurze Mühren 2, 20095 Hamburg
T: (040) 30 80 10 **Fax:** 30 80 11 07
Internet: http://www.aga.de
E-Mail: aga@aga.de
Präsident(in): Dr. Uwe Mehrtens (Heuer-Gruppe, Bremen)
Vorstand: Volker Schmidtchen (Sprecher)
RA Norbert Guhl
Mitglieder: 3000

● H 11
Wirtschaftsvereinigung Groß- und Außenhandel Hamburg e.V. (WGA)
Gotenstr. 21, 20097 Hamburg
T: (040) 23 60 16-0 **Fax:** 23 60 16-10
Vorsitzende(r): Rudolf Tiemann (i. Fa. Schütz + Co. (GmbH + Co.), Kleine Reichenstr. 1, 20457 Hamburg)
Hauptgeschäftsführer(in): RA'in Dr. Monika Beutgen

Mitglieder der WGA-Gruppe

be-busy Bundesverband Electronic-Business (E-Commerce) e.V.
DJG Deutsch-Japanische Gesellschaft zu Hamburg e.V.
DKGV Deutscher Kräuter- und Gewürzhändler-Verband e.V.
EHIA European Herbal Infusions Association
ENSCA European Natural Sausage Casings Association
FFH Fachhandelsverband Fasern, Federn, Haare und deren Erzeugnisse e.V.
GfT Gesellschaft für Teewerbung mbH
HTL Verein den Deutschen Einfuhrgroßhandels von Harz, Terpentinöl und Lackrohstoffen e.V.
AIPG Association for International Promotion of Gums (incorporating former INGAR)
KAKAO Verein der am Rohkakaohandel beteiligten Firmen e.V.
PRONATURA Pronatura Marketing und Werbung GmbH
TEE Deutscher Teeverband e.V.
VAB Verband der Ausfuhrbrauereien Nord-, West- und Südwestdeutschlands e.V.
VDC Vereinigung der am Drogen- und Chemikalien- Groß- und Außenhandel beteiligten Firmen (Drogen- und Chemikalienverein) e.V.
VDPI Verein der Deutschen Papierimporteure e.V.
VFDM Verband Freier Deutscher Markenimporteure e.V.
VHE Verein Hamburger Exporteure e.V.
WGA AHS WGA Außenhandels Service GmbH
WKF Wirtschaftsvereinigung Kräuter- und Früchtetee e.V.
ZVN Zentralverband Naturdarm e.V.
VFI Verband der Fertigwarenimporteure e.V.

● H 12
Verband Großhandel Außenhandel Verlage und Dienstleistungen Hessen e.V. (AGH)
Telemannstr. 12, 60323 Frankfurt
T: (069) 72 35 56-58 **Fax:** 72 10 58
E-Mail: agh-hessen@t-online.de
Vorsitzende(r): Dr. Göke Frerichs (Am Hirschsprung 11, 61462 Königstein, Tel: (06174) 35 67)
Hauptgeschäftsführer(in): RA P. Ulrich Schaller

● H 13
Groß- und Außenhandelsverband Niedersachsen e.V. (GVN)
Postf. 23 67, 30023 Hannover
Berliner Allee 7, 30175 Hannover
T: (0511) 27 07 17-0 **Fax:** 27 07 17-17
Internet: http://www.gvn-nds.de
E-Mail: bgn@gvn.nds.de
Präsident(in): Harald Tenzer (i. Fa. Tenzer GmbH & Co. KG, Büchnerstr. 3, 38118 Braunschweig, T: (0531) 89 51 51)
Hauptgeschäftsführer(in): RA Harald Krantz

● H 14
Landesverband Großhandel - Außenhandel - Dienstleistungen Nordrhein-Westfalen e.V.
Postf. 14 01 65, 40071 Düsseldorf
Achenbachstr. 28, 40237 Düsseldorf
T: (0211) 6 69 08-0 **Fax:** 6 69 08-30
Internet: http://www.unternehmerschaft.de
E-Mail: agvwilke@aol.com
Präsident(in): Dr. Kurt Merse
Geschäftsführer(in): RA Karl Heinrich Wilke

● H 15
Landesverband Großhandel Rheinland-Pfalz e.V.
Rizzastr. 49, 56068 Koblenz
T: (0261) 3 20 31 **Fax:** 30 95 25
1. Vorsitzende(r): Dr. Michael Fuchs (Koblenz)
Geschäftsführer(in): RA Christian Kress

● H 16
Arbeitgeberverband Großhandel-Außenhandel Dienstleistungen Rheinland-Rheinhessen e.V.
Rizzastr. 49, 56068 Koblenz
T: (0261) 3 20 31 **Fax:** 30 95 25
Vorsitzende(r): Dr. Michael Fuchs, Koblenz
Geschäftsführer(in): RA Christian Kress

● H 17
Groß- und Außenhandelsverband Pfalz e.V.
Postf. 10 05 39, 67405 Neustadt
Festplatzstr. 8, 67433 Neustadt
T: (06321) 92 42 40 **Fax:** 92 42 41
Vorsitzende(r): Herbert Jäger (Hermann Wickert GmbH & Co KG, Lotschstr. 2, 76829 Landau, Postf. 22 44, 76812 Landau, T: (06341) 68 40, Fax: 68 41 34)
Geschäftsführer(in): RA Hanno Scherer
Ass. Karlheinz Schober

● H 18
Landesverband des Sächsischen Groß- u. Außenhandels/Dienstleistungen e.V.
Alttolkewitz 19, 01279 Dresden
T: (0351) 2 52 75 33 **Fax:** 2 52 75 35
Internet: http://www.sgad.de
E-Mail: sga@sgad.de
Gründung: 1990 (22.Juni)
Präsident(in): Alexander Fürter, Hoyerswerda
Geschäftsführer(in): Dipl.-Ing.oec. Hans Säuberlich
Verbandszeitschrift: SGA Verbandsinformationen
Mitglieder: 180
Mitarbeiter: 3
Jahresetat: DM 0,4 Mio, € 0,2 Mio

● H 19
Landesverband Großhandel - Außenhandel - Dienstleistungen Sachsen-Anhalt e.V. (LVGA)
Mittagstr. 1a, 39124 Magdeburg
T: (0391) 2 52 41 43 **Fax:** 2 44 82 29
E-Mail: lvga-sachsen-anhalt@t-online.de
Gründung: 1990 (9. Oktober)
Präsident(in): Stefan Bruns (i. Fa. Hefe-Backmittel-Saaten-Konserven-Großhandel E. Bruns, Am Schäferbrunnen 12, 39128 Magdeburg)
Geschäftsführer(in): Bodo Spahn
Mitglieder: 70
Mitarbeiter: 2

● H 20
Wirtschaftsvereinigung Groß- und Außenhandel Schleswig-Holstein e.V.
Postf. 16 20, 24015 Kiel
Lindenallee 16, 24105 Kiel
T: (0431) 3 39 36-0 **Fax:** 33 66 91
Vorsitzende(r): Wolfgang Sauer (i.Fa. Jan Fr. Gehlsen, Büsumer Str. 106/114, 24768 Rendsburg)
Geschäftsführer(in): Ass. Jürgen Bastians
Mitglieder: 220

● H 21
Landesverband Groß-, Außenhandel und Dienstleistungen Thüringen e.V. (LGAD)
Juri-Gagarin-Ring 153, 99084 Erfurt
T: (0361) 6 44 22 90 **Fax:** 6 44 22 94
Vorsitzende(r): Dr. Siegfried von Hoff
Geschäftsführer(in): Dr. R. Zacher

Branchen- und Funktionsverbände

● H 22
Außenhandelsverband Nordrhein-Westfalen e.V. (AHV)
Postf. 14 01 65, 40071 Düsseldorf
Achenbachstr. 28, 40237 Düsseldorf
T: (0211) 6 69 08-0 **Fax:** 6 69 08-30
E-Mail: info@ahvnrw.de
Vorsitzende(r): Udo Völker (i. Fa. FERROSTAAL AG, Hohenzollernstr. 24, 45128 Essen)
Geschäftsführer(in): Dipl.-Betriebsw. Andreas Mühlberg

● H 23
Deutscher Automaten-Großhandels-Verband e.V. (DAGV)
Höller Weg 1, 56332 Oberfell
T: (02605) 96 08 55 **Fax:** 96 08 58
Internet: http://www.dagv.de
E-Mail: info@dagv.de

Internationaler Zusammenschluß: siehe unter izf 501
Vorsitzende(r): Pit Arndt, Koblenz
Geschäftsführer(in): Jörg Meurer
Mitglieder: 19

● H 24

Gesamtverband Autoteile-Handel e.V. (GVA)
Gothaer Str. 17, 40880 Ratingen
T: (02102) 47 30 37   **Fax:** 47 56 63
Internet: http://www.gva.de
E-Mail: info@gva.de
Gründung: 1990 (24. April)
Internationaler Zusammenschluß: siehe unter izh 226, izh 243
Vorsitzende(r): Edwart Hengstenberg (i. Fa. Hengstenberg GmbH, Laubenhof 6, 45326 Essen)
Geschäftsführer(in): Dipl.-Kfm. Hans Jürgen Wahlen Dipl.-Kfm. Marita Kloster (Stellv.)
Öffentlichkeitsarbeit: Thomas Kobudzinski
Verbandszeitschrift: amz-auto motor zubehör (Offizielles Organ des GVA)
Verlag: Verlagsgesellschaft Grütter GmbH & Co. KG, Postf. 91 07 08, 30427 Hannover
Mitglieder: 350
Mitarbeiter: 6

Ausbau und Stärkung des freien Kfz-Teile-Marktes in Deutschland

● H 25

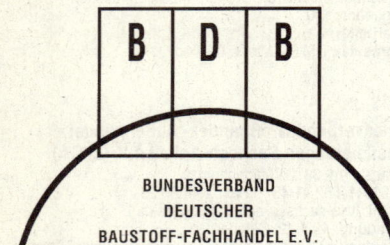

Edelsbergstr. 8, 80686 München
T: (089) 57 83 67-31   **Fax:** 57 83 67-34
Internet: http://www.baustoff-fachhandel.de
E-Mail: bdb@BauNetz.de
Präsident(in): Max Schierer (i. Fa. Max Schierer GmbH, Flugplatzweg 2, 93413 Cham, T: (09971) 30 00)
Vizepräsident(in): Theo Schneider (i. Fa. Der Baustoff-Mann, Bottroper Str. 1-13, 46117 Oberhausen, T: (0208) 8 99 40)
Geschäftsführer(in): Betriebsw. Lothar Müller
Mitglieder: 1487

Vertretung der Interessen des Baustoff-Fachhandels gegenüber Behörden, der baustofferzeugenden Industrie, der Bauwirtschaft und gegenüber der Öffentlichkeit.

Landesverbände

h 26

Verband des Baustoff-Fachhandels in Baden-Württemberg e.V.
Hohe Str. 12, 70174 Stuttgart
T: (0711) 22 59 30   **Fax:** 2 25 93 20
Internet: http://www.baustoff-fachhandel.de
E-Mail: lv.ba-wue@baunetz.de
Vorsitzende(r): Otto Ruch (F. X. Ruch GmbH & Co. Bauen + Wohnen, Industriestr. 13-15, 78224 Singen, T: (07731) 5 92-0)
Geschäftsführer(in): RA Klaus Klenk
Mitglieder: 190

h 27

Verband des Baustoff-Fachhandels in Bayern e.V.
Edelsbergstr. 8, 80686 München
T: (089) 57 83 67-11   **Fax:** 57 83 67-14
Vorsitzende(r): Dipl.-Kfm. Thomas Riedel (i. Fa. Huber & Riedel GmbH Baustoff-Fachhandel, Alemannenstr. 26, 91710 Gunzenhausen, T: (09831) 8 00 80)
Geschäftsführer(in): RA Frank Brandenstein
Mitglieder: 174

h 28

Baustoff-Fachhandelsverband Berlin-Brandenburg e.V.
Joachim-Friedrich-Str. 16, 10711 Berlin
T: (030) 8 96 08 58   **Fax:** 8 96 08 47
E-Mail: lv.blnbrdbg@BauNetz.de
Vorsitzende(r): Fred Kapella (in Fa. Kapella Baustoffe GmbH, Werdauer Weg 25, 10829 Berlin, T: (030) 7 88 02-0)
Geschäftsführer(in): RA Ingo Wölffer
Mitglieder: 56

h 29

Verband der Baustoffhändler Mitte e.V.
Tennelbachstr. 25, 65193 Wiesbaden
T: (0611) 9 54 58 83   **Fax:** 9 54 58 85
Internet: http://www.baustoff-fachhandel.de
E-Mail: lv.mitte@baunetz.de
Vorsitzende(r): Karl-Günther Cloos (Baubedarf Wetzlar GmbH, Gabelsbergerstr. 33-45, 35576 Wetzlar, T: (06441) 3 77 70, Fax: 3 42 43)
Geschäftsführer(in): Dipl.-Kfm. Götz Neefe
Mitglieder: 291

h 30

Verband Norddeutscher Baustoffhändler e.V.
Saseler Chaussee 22, 22391 Hamburg
T: (040) 6 40 10 65   **Fax:** 6 40 10 66
Vorsitzende(r): Klaus Lüchau (i. Fa. Lüchau Baustoffe GmbH, Winsbergring 7, 22525 Hamburg, T: (040) 85 39 09-0, Telefax: (040) 8 50 40 71)
Stellvertretende(r) Vorsitzende(r): Klaus Lühmann (i. Fa. Henri Benthack (GmbH + Co.), Bredowstr. 9, 22113 Hamburg, Postf. 74 01 69, 22091 Hamburg, T: (040) 7 33 46-0, Telefax: (040) 7 33 46-1 04)
Geschäftsführer(in): Alfred Remy
Mitglieder: 325 Mitgliedsfirmen

h 31

Verband des Westdeutschen Baustoff-Fachhandels e.V.
Katernberger Str. 100, 42115 Wuppertal
T: (0202) 9 31 20-0   **Fax:** 9 31 20-29
E-Mail: info@baustoffe-west.de
Vorsitzende(r): Günter Voss (i.Fa. BAUTREFF VOSS, Voss GmbH & Co.KG, Bahnhofsallee 36, 48653 Coesfeld, Postf. 2163, 48639 Coesfeld, T: (02456) 9100)
Geschäftsführer(in): RA Ralf Kaspar Kemmerling
Mitglieder: 428

h 32

Landesverband des Sächsischen Baustoff-Fachhandels e.V.
Bernhardstr. 117, 09126 Chemnitz
T: (0371) 44 50 18   **Fax:** 44 50 17
Geschäftsführer(in): Ulrich Neumann
Vorsitzende(r): Dr. Peter Schneibe (i. Fa. Raiffeisen Baumarkt u. BHG Muldenthal e.G., Dresdener Str. 58, 04808 Wurzen, T: (03425) 81 49 50, Telefax: (03425) 81 49 53)
Mitglieder: 81

● H 33

Verband des Deutschen Blumen-Groß- und Importhandels e.V. (BGI)
Jülicher Str. 32, 40477 Düsseldorf
T: (0211) 44 13 88   **Fax:** 48 26 47
E-Mail: bgi@mail.online-club.de
Präsident(in): Gerd Klümpen, Straelen
Hauptgeschäftsführer(in): Henning Moeller
Verbandszeitschrift: Blumen worldwide
Redaktion: Andreas von der Beeck
Mitglieder: 200

● H 34

PRESSE-GROSSO-Bundesverband Deutscher Buch-, Zeitungs- und Zeitschriften-Grossisten e.V.
Händelstr. 25-29, 50674 Köln
T: (0221) 92 13 37-0   **Fax:** 92 13 37-44
1. Vorsitzende(r): Werner Schiessl (i.Fa. Presse-Schiessl, Buch- und Zeitschriften-Großvertrieb, Dr.-Gessler-Str. 31, 93051 Regensburg)
Hauptgeschäftsführer(in): Dipl.-Kfm. Gerd Kapp
Mitglieder: 73

● H 35

Verband Chemiehandel e.V. (VCH)
Große Neugasse 6, 50667 Köln
T: (0221) 2 58 11 33, 2 58 11 34   **Fax:** 2 58 24 96
E-Mail: stephan@vch-online.de, steinbach@vch-online.de
Gründung: 1903
Präsident(in): Konsul Günther Späth (i. Fa. CSC Jäkle Chemie, Nürnberg)
Geschäftsführende(s) Vorstands-Mitglied(er): RA Dr. Bruno Stephan
Geschäftsführer(in): Peter Steinbach
Mitglieder: ca. 100
Mitarbeiter: 6

● H 36

Verband der Vereine Creditreform e. V.
Postf. 10 15 53, 41415 Neuss
Hellersbergstr. 12, 41460 Neuss
T: (02131) 1 09-0   **Fax:** 1 09-8000
T-Online: *20609#
Internet: http://www.creditreform.de
E-Mail: creditreform@creditreform.de
Präsident(in): Thomas Glatzel
Vizepräsident(in): Michael Aumüller Achim Kirschner
Hauptgeschäftsführer(in): Dipl.-Kfm. Dr. jur. Helmut Rödl, Neuss
Leitung Presseabteilung: Michael Bretz

● H 37

Bundesverband des Großhandels mit Dünge- und Pflanzenbehandlungsmitteln e.V. (BGDP)
Postf. 30 16 55, 53196 Bonn
Beueler Bahnhofsplatz 18, 53225 Bonn
T: (0228) 9 75 85-0   **Fax:** 9 75 85-30, 9 75 85-32
E-Mail: zentrale@bv-agrar.de
Vorsitzende(r): Claus Bacmeister (Dorotheenstr. 180, 22299 Hamburg, T: (040) 4 80 23 30, Fax: (040) 46 77 35 34, E-Mail: cbacmeister@t-online.de)
Geschäftsführer(in): Dipl.-Ing. agr. Robert Künzel (Leitung Presseabteilung)
Mitglieder: 8
Mitarbeiter: 9

● H 38

Bundesverband der Importeure und Exporteure von Edelsteinen und Perlen e. V.
Martinskirchstr. 51, 60529 Frankfurt
T: (069) 35 73 02   **Fax:** 35 73 04
Vorsitzende(r): Michael Hahn (i. Fa. Gerhard Hahn GmbH, 40237 Düsseldorf)
Geschäftsführer(in): Dipl.-Volksw. Dr. Lothar M. Schmid

● H 39

Aussenhandelsvereinigung des Deutschen Einzelhandels e.V. (AVE)
Mauritiussteinweg 1, 50676 Köln
T: (0221) 92 18 34-0   **Fax:** 92 18 34-6
E-Mail: ave-fta@t-online.de
Gründung: 1952
Internationaler Zusammenschluß: siehe unter izh 26
Präsident(in): Jürgen J. Maas
Hauptgeschäftsführer(in): Jan A. Eggert
Mitglieder: 18
Mitarbeiter: 8

Mitgliedsverbände:
1. Bundesverband der Filialbetriebe und Selbsbedienungs-Warenhäuser e.V.
2. Bundesarbeitsgemeinschaft der Mittel- und Großbetriebe des Einzelhandels e.V.
3. Bundesverband des Deutschen Versandhandels e.V.
4. Bundesverband des Deutschen Schuheinzelhandels e.V.
5. Bundesverband des Deutschen Textil-Einzelhandels e.V.
6. Bundesverband des Glas-, Keramik- und Porzellaneinzelhandels e.V.
7. Zentralverband gewerblicher Verbundgruppen e.V.
8. Bundesverband des Deutschen Briefmarkenhandels - APHV - e.V.
9. Bundesverband des Deutschen Lederwaren-Einzelhandels e.V.

Die AVE vertritt die außenwirtschaftlichen Interessen des deutschen Handels, der auf den reibungslosen Import von Konsumgütern aller Art ebenso angewiesen ist wie auf den freien Zugang zu Märkten außerhalb der EU. Auf europäischer Ebene werden die außenwirtschaftlichen Belange des Handels durch die Foreign Trade Association (FTA) mit Sitz in Brüssel wahrgenommen

● H 40

Bundesverband des Deutschen Exporthandels e.V. (BDEx)
Am Weidendamm 1a, 10117 Berlin
T: (030) 72 62 57 90   **Fax:** 72 62 57 99
Internet: http://www.bdex.de
E-Mail: contact@bdex.de
Gründung: 1980
Internationaler Zusammenschluß: siehe unter izh 346
Vorsitzende(r): Wolfhart Putzier (Jebsen & Jessen (GmbH & Co.) KG, Hanseatic Trade Center, Kehrwieder 11, 20457 Hamburg)
Geschäftsführer(in): Dipl.-Volksw. Hans-Jürgen Müller
Stellvertretende(r) Geschäftsführer(in): Dipl.-Volksw. Jens Nagel

Angeschlossen

h 41

VDGA, Verband für Dienstleistung, Groß- und Außenhandel Baden-Württemberg e.V.
O 4 13-16, 68161 Mannheim
T: (0621) 1 50 03-0   **Fax:** 1 50 03-29, 1 50 03-39
Internet: http://www.vdga.de
E-Mail: vdga@vdga.de

h 42

Verein Bremer Exporteure e.V.
Haus Schütting
Am Markt 13, 28195 Bremen
T: (0421) 3 63 72 97   **Fax:** 36 37-2 46
Vorsitzende(r): Heinz Buse
Geschäftsführer(in): Wolfram Klein
Mitglieder: 43

h 43

Verein Hamburger Exporteure e.V.
Gotenstr. 21, 20097 Hamburg
T: (040) 23 60 16 25   **Fax:** 23 60 16 10
E-Mail: vhe@wga-hh.de
Vorsitzende(r): Wolfhart Putzier (i. Fa. Jebsen & Jessen (GmbH & Co.) KG, Lange Mühren 9, 20095 Hamburg)
Dr. Rodger Wegner
Geschäftsführer(in): Dipl.-Volksw. Hans-Jürgen Müller
Mitglieder: 130

h 44

Verband Großhandel Außenhandel Verlage und Dienstleistungen Hessen e.V. (AGH)
Telemannstr. 12, 60323 Frankfurt
T: (069) 72 35 56-58   **Fax:** 72 10 58
E-Mail: agh-hessen@t-online.de

h 45

Außenhandelsverband Nordrhein-Westfalen e.V. (AHV)
Postf. 14 01 65, 40071 Düsseldorf
Achenbachstr. 28, 40237 Düsseldorf
T: (0211) 6 69 08-0   **Fax:** 6 69 08-30
E-Mail: info@ahvnrw.de
Vorsitzende(r): Udo Völker (i. Fa. FERROSTAAL AG, Hohenzollernstr. 24, 45128 Essen)
Geschäftsführer(in): Dipl.-Betriebsw. Andreas Mühlberg

h 46

Landesverband Groß- und Außenhandel, Vertrieb und Dienstleistungen Bayern (Unternehmer- und Arbeitgeberverband der intermediären Wirtschaft) e.V. (LGAD)
Postf. 20 13 37, 80013 München
Max-Joseph-Str. 5, 80333 München
T: (089) 55 77 01/02   **Fax:** 59 30 15
E-Mail: info@lgad.de
Präsident(in): Thomas Scheuerle
Hauptgeschäftsführer(in): Rainer Hagelstein

h 47

Landesverband des Sächsischen Groß- u. Außenhandels/Dienstleistungen e.V.
Alttolkewitz 19, 01279 Dresden
T: (0351) 2 52 75 33   **Fax:** 2 52 75 35
Internet: http://www.sgad.de
E-Mail: sga@sgad.de
Gründung: 1990 (22.Juni)
Präsident(in): Alexander Fürter
Geschäftsführer(in): Dipl.-Ing. oec. Hans Säuberlich (Alttolkewitz 19, 01279 Dresden, T: (0351) 2 52 75 33, Telefax: (0351) 2 52 75 35)
Mitglieder: 180
Mitarbeiter: 3
Jahresetat: DM 0,4 Mio, € 0,2 Mio

h 48

Landesverband Großhandel - Außenhandel - Dienstleistungen Sachsen-Anhalt e.V. (LVGA)
Mittagstr. 1a, 39124 Magdeburg
T: (0391) 2 52 41 43   **Fax:** 2 44 82 29
E-Mail: lvga-sachsen-anhalt@t-online.de
Gründung: 1990 (9. Oktober)
Geschäftsführer(in): Bodo Spahn
Verbandszeitschrift: Rundschreiben
Mitglieder: 70
Mitarbeiter: 2

h 49

Landesverband Groß-, Außenhandel und Dienstleistungen Thüringen e.V. (LGAD)
Juri-Gagarin-Ring 153, 99084 Erfurt
T: (0361) 6 44 22 90   **Fax:** 6 44 22 94
Vorsitzende(r): Dr. Siegfried von Hoff
Geschäftsführer(in): Dr. Rudolf Zacher

● **H 50**

Deutscher Factoring-Verband e.V.
Große Bleiche 60-62, 55116 Mainz
T: (06131) 28 77 07-0   **Fax:** 2 87 70-99
Internet: http://www.factoring.de
E-Mail: Gf.Verband@factoring.de
Sprecher: Hans V. Mayer, Stuttgart
Geschäftsführer(in): Dr.jur. Klaus Bette
Dr.jur. Ulrich Brink
Mitglieder: 16
Mitarbeiter: 4

● **H 51**

Großhandelsverband für Floristen- und Gärtnerbedarf e.V. (GFG)
Postf. 10 11 18, 42755 Haan
Talstr. 3, 40822 Mettmann
T: (02104) 2 35 11   **Fax:** 2 45 83
Vorsitzende(r): Wilfried Weber, Einbeck
Geschäftsführer(in): Wolfgang Preuss
Mitglieder: 100

● **H 52**

Deutscher Verband Flüssiggas e.V. (DVFG)
Westerbachstr. 23, 61476 Kronberg
T: (06173) 92 69-0   **Fax:** 13 92
Vorsitzende(r): Herbert Schlüßler (Carl Knauber GmbH & Co., Bonn)
Geschäftsführer(in): Dipl.-Volksw. Gerhard Krämer
Mitglieder: Ordentliche: 64
Außerordentliche: 80

Energiepolitik; Verkehrspolitik; Steuerprobleme; Sicherheitstechnik.

● **H 53**

Deutscher Fruchthandelsverband e.V.
Schedestr. 11, 53113 Bonn
T: (0228) 91 14 50   **Fax:** 9 11 45 45
Internet: http://www.zvf.de
E-Mail: bonn@dfhv.de
Gründung: 1948 (29. September)
Präsident(in): Fred Wahnsiedler, Glindow
Geschäftsführer(in): Dr. Andreas Brügger
Verbandszeitschrift: Rundschreiben
Mitglieder: 401
Mitarbeiter: 6

h 54

Deutscher Fruchthandelsverband e.V. Geschäftsstelle Hamburg
Banksstr. 28, 20097 Hamburg
T: (040) 32 32 55-0   **Fax:** 32 32 55-15
E-Mail: hamburg@dfhv.de
Geschäftsführer(in): Dipl.-Volksw. Ulrich Boysen

Landes- und Fachverbände

h 55

Früchte-Verband Südbaden e.V.
Geschäftsstelle:
Postf. 10 15, 79701 Bad Säckingen
Bächleweg 22, 79713 Bad Säckingen
T: (07761) 73 49   **Fax:** 15 19
Vorsitzende(r): Jürgen Riedlinger (Fruchthof Konstanz GmbH, Wollmatinger Str. 72, 78467 Konstanz)
Geschäftsführer(in): Dipl.-Ing. Wilhelm Eberle

h 56

Fachverband des pfälzischen Obst-, Gemüse- und Südfruchtgroßhandels e.V.
Postf. 10 05 39, 67405 Neustadt
Festplatzstr. 8, 67433 Neustadt
T: (06321) 92 42-40   **Fax:** 92 42-41
1. Vorsitzende(r): Klaus Lechner (Am Kleinwald Ost, 76868 Herxheim, T: (07276) 70 81-83, Fax: (07276) 70 84)
Geschäftsführer(in): N.N.

h 57

Fruchthandelsverband Nord e.V.
Westerjork 49, 21635 Jork
T: (04162) 73 98   **Fax:** 75 91

● **H 58**

Bundesverband des Deutschen Getränkefachgrosshandels e.V.
Humboldtstr. 7, 40237 Düsseldorf
T: (0211) 68 39 38   **Fax:** 68 36 02
E-Mail: GFGH_Verbaende@compuserve.com
Geschäftsführender Vorstand: Dipl.-Bw. Günther Guder
Justitiar: RA Thomas Rainer Sulzmann
Beirat: N.N. (Vors.)
Heinrich Hahn (stellv. Vors.)
Bernd Hillebrand
Dr. Achim R. Strecker
Klaus-Dieter Wilhelm
Klaus Hilf
Peter Sagasser
Verbandszeitschrift: Getränkefachgroßhandel
Redaktion: Dipl.-Ing. Dirk Omlor
Verlag: Verlag W. Sachon GmbH & Co., Schloß Mindelburg, 87714 Mindelheim
Mitglieder: 5 Verbände + wirtschaftliche Kooperationen
Mitarbeiter: 5
Weitere Mitglieder sind die wirtschaftlichen Kooperationen: G.E.V.A., GVG-Getränke-Ring, GEFAKO, GEDIG; und als assoziiertes Mitglied: Getränkeforum-System Verwaltungs GmbH, Wien

Angeschlossen sind die 5 Mitgliedsverbände:

h 59

Verband des Getränkefachgroßhandels Nord- und Westdeutschland e.V.
Geschäftsstelle Hannover
Marienstr. 11, 30171 Hannover
T: (0511) 32 64 44   **Fax:** 3 63 10 68
E-Mail: gfgh_vb_hannover@compuserve.com
Vorstand: Dipl.-Betriebsw. Günther Guder
Beirat: Bernd Hillebrand (Vors.)
Geschäftsführerin: Marion Jörgens

h 60

Verband des Getränkefachgroßhandels Nord- und Westdeutschland e.V.
Geschäftsstelle Düsseldorf
Humboldtstr. 7, 40237 Düsseldorf
T: (0211) 68 39 38   **Fax:** 68 36 02
E-Mail: gfgh_verbaende@compuserve.com
Geschäftsführender Vorstand: Dipl.-Bw. Günther Guder
Beirat: Bernd Hillebrand (Vors.)

h 61

Fachverband Getränkegroßhandel Rheinland-Saar e.V.
Industriestr. 1-3, 61191 Rosbach
T: (06007) 9 90 36   **Fax:** 27 52
E-Mail: getraenkeverbaende.suedundost@t-online.de
Vorsitzende(r): Klaus-Dieter Wilhelm (c/o Getränke Vertrieb Fritz Stoffel KG, An der Brückenmühle 10, 55566 Bad Sobernheim, T: (06751) 40 25, Fax: 64 30)
Geschäftsführer(in): RA Thomas Sulzmann

h 62

Verband des Getränkefachgroßhandels Mitteldeutschland e.V.
Hessen, Sachsen, Sachsen-Anhalt, Thüringen
Industriestr. 1-3, 61191 Rosbach
T: (06007) 9 90 36   **Fax:** 27 52
E-Mail: getraenkeverbaende.suedundost@t-online.de
Vorsitzende(r): Heinrich Hahn (Große Wiesen 14, 34621 Frielendorf, T: (05684) 80 90, Fax: (05684) 8 09 33)
Geschäftsführer(in): RA Thomas Sulzmann

h 63
Fachverband des Getränkegroßhandels Baden-Württemberg/Pfalz e.V.
Industriestr. 1-3, 61191 Rosbach
T: (06007) 9 90 36 **Fax:** 27 52
E-Mail: getraenkeverbaende.sued@t-online.de
Vorsitzende(r): Dr. Achim Strecker (c/o Getränke Express GmbH, Fabrikstr. 7, 69126 Heidelberg, T: (06221) 3 49 80, Fax: (06221) 34 98 40)
Geschäftsführer(in): RA Thomas Sulzmann

h 64
Landesverband des Bayerischen Getränkefachhandels e.V.
Laufamholzstr. 314a, 90482 Nürnberg
T: (0911) 50 26 65 **Fax:** 5 04 81 54
E-Mail: 320015034425-0001@t-online.de
Vorsitzende(r): Klaus Hilf (Nürnberger Str. 9, 91443 Scheinfeld, T: (09162) 9 29 50, Fax: 92 95 60)
Geschäftsführer(in): Reinhard W. Wiesner

sind zusammengefaßt in der:

h 65
Verband des Getränkefachgroßhandels Süd und Ost e.V.
Dachverband für Mitteldeutschland, Rheinland-Saar, Baden-Württemberg/Pfalz, Bayern
Industriestr. 3, 61191 Rosbach
T: (06007) 9 90 36 **Fax:** 27 52
E-Mail: getraenkeverbaende.suedost@t-online.de
Vors. d. Beirats: Heinrich Hahn
Stellv. Vors. d. Beirats: Dr. Achim R. Strecker
Geschäftsführender Vorstand: RA Thomas Sulzmann (T: (06007) 9 90 36, Fax: (06007) 27 52)

● H 66
Bundesverband der Agrargewerblichen Wirtschaft e.V. (BVA)
Postf. 30 16 55, 53196 Bonn
Beueler Bahnhofsplatz 18, 53225 Bonn
T: (0228) 9 75 85-0 **Fax:** 9 75 85-30, 9 75 85-32
E-Mail: zentrale@bv-agrar.de
Internationaler Zusammenschluß: siehe unter izh 282
Präsident(in): Claus Bacmeister (Dorotheenstr. 180, 22299 Hamburg, T: (040) 4 80 23 30, Fax: 46 77 35 34, E-Mail: cbacmeister@t-online.de)
Vizepräsident(in): Stefan Cremer (Peter Cremer GmbH & Co., Glockengießerwall 2, 20095 Hamburg, T: (040) 32 01 10, Fax: 32 36 88)
Stellvertreter: Gustav Schiele (Fa. Gustav Schiele, Postf. 10 19 45, 28019 Bremen, T: (0421) 3 60 88-0, Fax: 3 60 88-99)
Vizepräsident(in): Dr. Herwig Elgeti (BRM Verwaltungsgesellschaft, Bornkoppelweg 1, 18184 Broderstorf, T: (038204) 6 41 00, Fax: 6 41 01)
Stellvertreter: N.N.
Vizepräsident(in): Hartmut Hilgenfeld (Umschlags-, Liefer- und Leistungsgenossenschaft Beeskow e.G., Am Bahnhof 11, 15848 Beeskow, T: (03366) 2 02 83, Fax: 2 29 47)
Stellvertreter: Bernd Klemm (Ländl. Dienstleistungs- u. Handelsgenossensch. e.G., Bahnhofstr. 3, 09627 Niederbobritzsch, T: (037325) 2 99 11, Fax: 2 99 15)
Vizepräsident(in): Andreas Schmuck (Lippe Agrarhandelsgesell. mbH, Am Wasserturm 31, 32657 Lemgo, T: (05261) 97 60-0, Fax: 7 28 70)
Stellvertreter: Hans Robert Seemann (Johann Seemann KG, Am Bahnhof, 55278 Selzen-Hahnheim, T: (06737) 85 85, Fax: 88 88)
Vizepräsident(in): Klaus Fasselt (Landhandel-Verbund Emsland-Grafschaft GmbH & Co. KG, Postf. 11 53, 49829 Freren, T: (05902) 2 26, Fax: 53 88)
Stellvertreter: Erwin Fromme (Fromme Peters Landhandel GmbH & Co. KG, Postf. 11 40, 38251 Salzgitter-Ringelheim, T: (05341) 3 35 15, Fax: 33 16 84)
Vizepräsident(in): Eckhard Pergande (Lagerland AG, Briener Str. 27, 80333 München, T: (089) 51 18-0, Fax: 5 11 82 22)
Stellvertreter: Bernd Linssen (Biesterfeld Scheibler Linssen GmbH & Co., Mühlenweg 12-14, 47608 Geldern, T: (02831) 1 24 31, Fax: 1 24 30)
Geschäftsführer(in): Dipl.-Ing. agr. Robert Künzel
Dipl.-Betriebsw. Kurt Linzbach
Verbandszeitschrift: BVA-Informationsdienst
Redaktion: /Verlag: Bundesverband der Agrargewerblichen Wirtschaft e.V. (BVA)
Mitglieder: ca. 150 Einzelmitglieder, 11 Mitgliedsverbände

h 67
Bremer Verein der Getreide-Futtermittel-Importeure und -Großhändler e.V.
Postf. 10 66 26, 28066 Bremen
Parkallee 14, 28209 Bremen
T: (0421) 3 49 87 45 **Fax:** 3 49 96 20
Vorsitzende(r): Gustav Schiele (Fa. Gustav Schiele, Postf. 10 19 45, 28019 Bremen, T: (0421) 32 03 88, Telefax: (0421) 32 46 89)
Geschäftsführer(in): Friedrich Oldekopf
Mitglieder: 60

h 68
Verein der Getreidehändler der Hamburger Börse e.V.
Adolphsplatz 1 (Börse) Kontor 24, 20457 Hamburg
T: (040) 36 98 79-0 **Fax:** 36 98 70-20
Internet: http://www.vdg-ev.de
E-Mail: sekretariat@vdg-ev.de
Gründung: 1868
Internationaler Zusammenschluß: siehe unter izh 41, izh 283
Vorsitzende(r): Stefan Cremer (Peter Cremer GmbH & Co., Glockengießerwall 2, 20095 Hamburg, T: (040) 32 01 10, Telefax: (040) 32 01 11-410)
Geschäftsführer(in): Christof Buchholz
Syndikus: RA Karl Liebig
RA Alexander Bauer
Mitglieder: 140
Mitarbeiter: 8

h 69
Bundesverband der Agrargewerblichen Wirtschaft e.V. (BVA)
-Landesgruppe Niedersachsen-
Postf. 30 16 55, 53196 Bonn
Beueler Bahnhofsplatz 18, 53225 Bonn
T: (0228) 9 75 85-11 **Fax:** 9 75 85-30, 9 75 85-32
E-Mail: zentrale@bv-agrar.de
Vorsitzende(r): Klaus Fasselt (Landhandel-Verbund-Emsland-Grafschaft GmbH & Co. KG, Postf. 11 53, 49829 Freren, T: (05902) 2 26, Fax: 53 88)
Geschäftsführer: Robert Künzel

h 70
Bundeslehranstalt Burg Warberg e.V.
Lehranstalt des Getreide-, Futter-, Düngemittel- und Kartoffelhandels
An der Burg 3, 38378 Warberg
T: (05355) 9 61-0 **Fax:** 9 61-200
Gründung: 1937
Vorsitzende(r): Peter Rautenschlein (Fa. O. Rautenschlein, Hötensleber Str. 49, 38364 Schöningen, T: (05352) 94 51-0, Telefax: (05352) 94 51 99)
Geschäftsführer(in): Peter Link

h 71
Bundesverband der Agrargewerblichen Wirtschaft e.V. (BVA)
-Landesgruppe Nordrhein-Westfalen-
Postf. 30 16 55, 53196 Bonn
Beueler Bahnhofsplatz 18, 53225 Bonn
T: (0228) 9 75 85-14 **Fax:** 9 75 85-30
E-Mail: zentrale@bv-agrar.de
Vorsitzende(r): N.N.
Geschäftsführer(in): Dipl.-Ing. agr. Robert Künzel

h 72
Bundesverband der Agrargewerblichen Wirtschaft e.V. (BVA)
-Landesgruppe Rheinland-Pfalz-
Postf. 30 16 55, 53196 Bonn
Beueler Bahnhofsplatz 18, 53225 Bonn
T: (0228) 9 75 85-0 **Fax:** 9 75 85-30
E-Mail: zentrale@bv-agrar.de
Vorsitzende(r): Hans Robert Seemann (Joh. Seemann GmbH, Am Bahnhof, 55278 Selzen, T: (06737) 85 85, Fax: 88 88)
Geschäftsführer(in): Robert Künzel

h 73
Bundesverband des Großhandels mit Dünge- und Pflanzenbehandlungsmitteln e.V. (BGDP)
Postf. 30 16 55, 53196 Bonn
Beueler Bahnhofsplatz 18, 53225 Bonn
T: (0228) 9 75 85-0 **Fax:** 9 75 85-30, 9 75 85-32
E-Mail: zentrale@bv-agrar.de
Vorsitzende(r): Claus Bacmeister (Dorotheenstr. 180, 22299 Hamburg, T: (040) 4 80 23 30, Fax: 46 77 35 34, E-Mail: cbacmeister@t-online.de)
Geschäftsführer(in): Dipl.-Ing. agr. Robert Künzel

h 74
Landesfachverband Brandenburg/Sachsen-Anhalt der Agro-Service-Unternehmen e.V.
Schlesische Str. 38, 10997 Berlin
T: (030) 6 18 74 07 **Fax:** 6 18 20-53
Vorsitzende(r): Gerald Rückert (Dienstleistungs-u. Handelsgesellsch. mbH, Schönower Weg 1, 16306 Casekow, T: (03331) 7 84 10-11, Fax: 7 84-30)
Geschäftsführer(in): Hans-Jochen Conrad

h 75
Agro-Service-Verband Sachsen e.V.
Frankenauer Str. 1, 09648 Altmittweida
T: (03727) 60 01 21 **Fax:** 60 01 22
Präsident(in): Wolfgang Bernhardt (Transport- u. Dienstleistungsgesellschaft mbH, Postf. 1 22, 01621 Lommatzsch, T: (035241) 54 20/15, Fax: 5 42 20)
Geschäftsführer(in): Helmut Hirrig

h 76
Landesfachverband Agro-Service-Unternehmen e.V. Mecklenburg-Vorpommern
Wiesenweg 5b, 17094 Rowa
T: (039603) 2 26 41 **Fax:** 2 26 41
Präsident(in): Peter Zornik (Agrochemische Handels- und Dienste GmbH, Zehntfeldweg 16, 17087 Altentreptow, T: (03961) 21 46 08, Fax: 21 46 09)

h 77
Zentralverband des Deutschen Kartoffelhandels e.V.
Postf. 30 16 55, 53196 Bonn
Beueler Bahnhofsplatz 18, 53225 Bonn
T: (0228) 9 75 85-22 **Fax:** 9 75 85-32
E-Mail: erich.luepken@bv-agrar.de
Internationaler Zusammenschluß: siehe unter izh 69
Präsident(in): Dr. Herwig Elgeti (BRM Verwaltungsgesellschaft, Bornkoppelweg 1, 18184 Broderstorf, T: (038204) 6 41 00, Fax: 6 41 01)
Geschäftsführer(in): Erich A. Lüpken

● H 78
Bundesverband Glas - Porzellan - Keramik Groß- u. Außenhandel e.V.
Postf. 19 01 64, 50498 Köln
T: (0221) 51 19 28 **Fax:** 51 21 47
Vorsitzende(r): Hermann Beuscher
Geschäftsführer(in): Dipl.-Volksw. Karl-Heinz Hauser
Mitglieder: 56

● H 79
Deutscher Großhandelsverband Haustechnik e.V.
Viktoriastr. 27, 53173 Bonn
T: (0228) 36 20 51 **Fax:** 36 18 74
Internet: http://www.dg-haustechnik.de
E-Mail: dg-haustechnik@t-online.de
Vorsitzende(r): Dr. Rolf-Eugen König (c/o Eugen König GmbH, Friedrich-Mohr-Str. 13+15, 56070 Koblenz, T: (0261) 80 71-11, Fax: (0261) 80 71-108)
Geschäftsführer(in): Dr. Uwe Schwarting
Mitglieder: 260 Unternehmen

● H 80
Wirtschaftsverband Häute/Leder e.V. (WHL)
Blumenstr. 18, 71522 Backnang
T: (07191) 98 00 60 **Fax:** 98 00 70
Gründung: 1949
1. Vorsitzende(r): Fritz Volb
Stellvertretende(r) Vorsitzende(r): Werner Schnittger
Geschäftsführer(in): Ass.jur. Jürgen Reusch
Mitglieder: 85
Mitarbeiter: 2

Wahrnehmung der gemeinsamen ideellen und wirtschaftlichen Fachinteressen der Mitglieder gegenüber nationalen und internationalen Behörden und den übrigen Verbänden der gewerblichen Wirtschaft unter Ausschluß aller parteipolitischen Gesichtspunkte, insbesondere auch die Vertretung seiner Mitglieder in nationalen und internationalen Wirtschaftsverbänden.

● H 81
Bundesverband Großhandel Heim & Farbe e.V.
Postf. 10 15 63, 42759 Haan
Memeler Str. 30, 42781 Haan
T: (02129) 55 70 90 **Fax:** 55 70 99
E-Mail: ghf-verband@t-online.de
Vorsitzende(r): Dr. Wolfgang Wechsler (Fa. Saum & Viebahn Textilverlag GmbH & Co., Postf. 19 29, 95311 Kulmbach, T: (09221) 8 00-0, Fax: 8 00-66)
Geschäftsführer(in): Dipl.-Ök. Hartmut Plümer
Mitglieder: ca. 200
Mitarbeiter: 4

Vertretung und Förderung der ideellen, fachlichen sowie wirtschaftspolitischen Interessen von Bodenbelags-, Farben-, Heimtextilien- und Tapetengroßhändlern in der Bundesrepublik Deutschland.

● H 82

Gesamtverband Holzhandel (BD Holz-VDH) e.V.
Postf. 18 67, 65008 Wiesbaden
Rostocker Str. 16, 65191 Wiesbaden
T: (0611) 50 69-0   **Fax:** 50 69-69
Hauptstadtbüro: Am Weidendamm 1A, 10117 Berlin, T: (030) 72 62 58 00, Fax: 72 62 58 88
Gründung: 1976 (1. Jan.)
Internationaler Zusammenschluß: siehe unter izh 143, izh 317
Vorsitzende(r): Hugo Habisreutinger (in Fa. Habisreutinger GmbH & Co., Schussenstr. 22, 88250 Weingarten)
Geschäftsführer(in): Dr. Jürgen Schrader
Stellvertretende(r) Geschäftsführer(in): Hein Denneboom
Dipl.-Volksw. Volker Burkhardt
Dipl.-Holzw. Josef Plößl
Thomas Goebel (Leitung Presseabteilung, T: (030) 82 62 58 00)
Dr. Peter Sauerwein
Mitglieder: 1700
Mitarbeiter der Geschäftsführung: 37

● H 83

Honig-Verband e.V.
Große Bäckerstr. 4, 20095 Hamburg
T: (040) 37 47 19-0   **Fax:** 37 47 19-19
E-Mail: info@waren-verein.de
Vorsitzende(r): Heinrich Schulze (i.Fa. Fürsten-Reform, Am Salgenholz 2, 38110 Braunschweig)
Geschäftsführer(in): RAin Sigrid Schnelle
RA Gerhard Schelling

● H 84

Fachverband Groß- und Außenhandel mit Jagd- und Sportwaffen e.V.
Am Weidendamm 1 A, 10117 Berlin
T: (030) 59 00 99-581   **Fax:** 59 00 99-519
Vorsitzende(r): Hermann Kind, Gummersbach
Geschäftsführer(in): Ra Andreas Kammholz
Mitglieder: 10

● H 85

Deutscher Kaffee-Verband e.V.
Pickhuben 3, 20457 Hamburg
T: (040) 36 62 56-57   **Fax:** 36 54 14
Internet: http://www.kaffeeverband.de
E-Mail: info@kaffeeverband.de
Internationaler Zusammenschluß: siehe unter izf 740
Vorsitzende(r): Annemieke Wijn (Kraft Foods Deutschland GmbH & Co. KG)
Hauptgeschäftsführer(in): Dr. Frieder Rotzoll
Geschäftsführer(in): Cornel Kuhrt
Leitung Presseabteilung: Hans-Georg Müller (T: (040) 36 75 10)
Mitglieder: 133

● H 86

German Convention Bureau (GCB)
German Convention Bureau
Bureau Allemand de Congrès
siehe N 58

● H 87

Verband der Vertriebsfirmen kosmetischer Erzeugnisse e.V. (VKE)
Schöne Aussicht 59, 65193 Wiesbaden
T: (0611) 58 67-0
Präsident(in): Gunter Thoß
Geschäftsführer(in): RA Horst Prießnitz

● H 88

Verband des Deutschen Groß- und Außenhandels für Krankenpflege- und Laborbedarf e.V. (VGKL)
Hohenzollernring 89-93, 50672 Köln
T: (0221) 51 19 47   **Fax:** 51 21 47
Vorsitzende(r): Albrecht Brand (i. Fa. Herbert Kalensee, Leihgesterner Weg 165, 35392 Gießen)
Geschäftsführer(in): Dipl.-Volksw. Karl-Heinz Hauser
Mitglieder: 100

● H 89

Fachverband des Deutschen Maschinen- und Werkzeug-Großhandels e.V. (FDM)
Sitz des Verbandes: Bonn
Geschäftsstelle:
Hans-Böckler-Str. 19, 53225 Bonn
T: (0228) 47 90 87   **Fax:** 47 90 89
Präsident(in): Frank Wollschläger (Heinz Wollschläger GmbH & Co. KG, Industriestr. 38 c, 44894 Bochum)
Präsidiumsmitglied(er): Gerd Mager (Georg Noll Werkzeugmaschinen GmbH, Im Taubental 4, 41468 Neuss)
Klaus Samstag (Samstag Maschinenhandels GmbH, Postf. 11 11, 65233 Hochheim a.M.)
Albrecht Stegemann (Hoffmann GmbH & Co. KG, Haberlandstr. 55, 81241 München)
Christoph Straller (Berner & Straller GmbH, Wörnitzstr. 117, 90449 Nürnberg)
Geschäftsführer(in): Dipl.-Volksw. Reiner Rienermann
Mitglieder: 285

● H 90

Verein Deutscher Metallhändler e.V. (VDM)
Bundesverband des NE-Metallgroßhandels und NE-Metallrecyclingwirtschaft
Ulrich-von-Hassell-Str. 64, 53123 Bonn
T: (0228) 2 59 01-0   **Fax:** 2 59 01-20
Internet: http://www.metallverein.de
E-Mail: metallverein@t-online.de
Gründung: 1907
Internationaler Zusammenschluß: siehe unter izf 240
Vorsitzender: Maximilian Schäfer (geschf. Ges. d. Hetzel Metall GmbH, Rotterdamer Str. 135, 90451 Nürnberg, T: (0911) 6 42 08-0, Fax: (0911) 6 42 08-15)
1. Stellv. Vorsitzender: Jürgen K. Hartmann (Hüttenwerke Kayser AG, Kupferstr. 23, 44532 Lünen, T:(02306) 10 80, Fax: (02306) 10 84 49)
2. Stellv. Vorsitzender: Heinz-Peter Schlüter (TRIMET Metallhandels-Aktiengesellschaft, Heinrichstr. 155, 40239 Düsseldorf, T: (0211) 9 61 80-0, Fax: (0211) 9 61 80-60)
Geschäftsführendes Vorstands-Mitglied: Dipl.-Volksw. Hans P. Münster
Mitglieder: 143

● H 91

Wirtschaftsverband Großhandel Metallhalbzeug e.V.
Ulrich-von-Hassell-Str. 64, 53123 Bonn
T: (0228) 2 59 01-0   **Fax:** 2 59 01-20
Internet: http://www.metallverein.de
E-Mail: metallverein@t-online.de
Gründung: 1948
Internationaler Zusammenschluß: siehe unter izh 92
Vorsitzender: Klaus Nowack (i. Fa. FUCHS-NE-Metallhandel GmbH, Hohes Gestade 6, 72622 Nürtingen, T: (07022) 70 01-0, Telefax: (07022) 3 62 96)
Geschf. Vorstandsmitgl.: Dipl.-Volksw. Hans P. Münster
Mitglieder: 52

● H 92

Arbeitskreis Baubeschlag im ZHH e.V. (AKB)
Eichendorffstr. 3, 40474 Düsseldorf
T: (0211) 4 70 50 45   **Fax:** 4 70 50 32
Internet: http://www.zhh.de
E-Mail: elmo.keller@hartwaren.de
Gründung: 1960
Geschäftsführer(in): Elmo Keller
Vorsitzender: Klaus Wehlmann (Geniatec AG)

● H 93

AFM + E Aussenhandelsverband für Mineralöl und Energie e.V.
Große Theaterstr. 1, 20354 Hamburg
T: (040) 34 08 58   **Fax:** 34 42 00
E-Mail: afm-verband.hamburg@t-online.de
Internationaler Zusammenschluß: siehe unter izl 54
Vorsitzende(r): Hellmuth Weisser (Mabanaft GmbH, Admiralitätstr. 55, 20459 Hamburg)
Geschäftsführer(in): Bernd Schnittler

● H 94

Bundesverband mittelständischer Mineralölunternehmen e.V.
Postf. 76 33 00, 22071 Hamburg
Buchtstr. 10, 22087 Hamburg
T: (040) 2 27 00 30   **Fax:** 22 70 03 38
E-Mail: info@uniti.de
Internationaler Zusammenschluß: siehe unter izf 492, izl 56
Vorsitzende(r): Wolfgang Fritsch-Albert (i. Fa. Westfalen AG, Industrieweg 43-63, 48155 Münster, Tel: (0251) 6 95 -0)
Hauptgeschäftsführer(in): RA Reinke Aukamp
Verbandszeitschrift: mineralöl - mineralölrundschau
Redaktion: Dipl.-Vw. Wolfgang Stichler
Verlag: UNITI e.V., Buchtstr. 10, 22087 Hamburg
Mitglieder: 210

Förderung und Schutz der gemeinsamen Belange beruflicher, wirtschaftlicher und fachlicher Art der Mitglieder; Mineralölanwendungstechnik.

● H 95

Verband des Deutschen Nahrungsmittelgroßhandels und anderer Vertriebsformen mit Waren des kurz- und mittelfristigen Bedarfs e.V. (VDN)
c/o ZGV
Vorgebirgsstr. 43, 53119 Bonn
T: (0228) 98 58 40   **Fax:** 9 85 84 10
Präsident(in): Claus-Jürgen Kaiser
Geschf. Präs.: RA Gundolf Praast

● H 96

Bundesverband des pharmazeutischen Großhandels e.V. (PHAGRO)
Postf. 17 01 50, 60075 Frankfurt
Savignystr. 55, 60325 Frankfurt
T: (069) 9 75 87 60   **Fax:** 97 58 76 33
E-Mail: phagro@t-online.de
Vorsitzende(r): Lothar-Joachim Jenne (Inhaber der Max Jenne, Hopfenstr. 20-22, 24114 Kiel, T: (0431) 6 64 08-0, Fax: 6 64 08-70)
Stellvertretende(r) Vorsitzende(r): Dr. Jürgen Brink (Vorsitzender der Sanacorp Pharmahandel AG, Semmelweisstr. 4, 82152 Planegg, T: (089) 85 81-0, Fax: 85 81-460)
Geschäftsführer(in): Dipl.-Volksw. Hermann Ringenaldus
Mitglieder: 16

● H 97

Vereinigung des Rohtabak-Import- und -Großhandels e.V.
Postf. 10 38 69, 28038 Bremen
T: (0421) 36 59-222   **Fax:** 36 59-296
Vorsitzende(r): Hans-Dieter Lampe (i. Fa. Gebrüder Kulenkampff AG, Postf. 10 38 69, 28038 Bremen)
Geschäftsführer(in): T.A. Gockel-Huntemann
Mitglieder: 20 Firmen

● H 98

Bundesverband des Schmuck-Großhandels e.V.
Höslinstr. 8, 72587 Römerstein
T: (07382) 53 66   **Fax:** 53 10
E-Mail: verbandsbuero@fdtb.de
Vorsitzende(r): Dipl.-Kfm. Rainer Abeler, Münster
Geschäftsführer(in): Dipl.-Betriebsw. (FH) Reinhard Schmohl

● H 99

Großhandelsverband Schreib-, Papierwaren- und Bürobedarf e.V. (GVS)
Königstr. 10, 53113 Bonn
T: (0228) 9 49 18-10   **Fax:** 9 49 18-9
Gründung: 1906
Internationaler Zusammenschluß: siehe unter izh 129
Geschäftsführender Vorsitzender: Betriebswirt grad. Hans-Karl Gamerschlag
Verbandszeitschrift: pbs-aktuell
Verlag: bit-Verlag, Fasanenweg 18, 70771 Leinfelden-Echterdingen
Mitglieder: 92, Gastmitglieder 13
Mitarbeiter: 3

● H 100

GESAMTVERBAND SPIELWAREN-IMPORT UND GROSSVERTRIEB E.V. (GSG)
Postf. 20 13 37, 80013 München
Max-Joseph-Str. 5, 80333 München
T: (089) 55 77 01   **Fax:** 59 30 15
Büro:
Sandstr. 29, 90443 Nürnberg
T: (0911) 22 41 88   **Fax:** 22 16 37
Präsident(in): Hans Mörth
Geschäftsführer(in): Dipl.-Volksw. Walter Mackholt

● H 101

Bundesverband Deutscher Tabakwaren-Großhändler und Automatenaufsteller e.V. (BDTA)
Stadtwaldgürtel 44, 50931 Köln
T: (0221) 40 07 00   **Fax:** 4 00 70 20
E-Mail: bdta@netcologne.de
Internationaler Zusammenschluß: siehe unter izh 154
Präsident(in): Erich Spengler
Hauptgeschäftsführer(in): Peter Lind
Mitglieder: 350

Vertretung der Interessen der deutschen Tabakwarengroßhändler und Automatenaufsteller im ganzen Bundesgebiet insbesondere auf tabaksteuerlichem, gewerbe- und wettbewerbsrechtlichem Gebiet.

Landesgruppen

h 102
Landesverband der Tabakwaren-Großhändler und Automatenaufsteller Baden-Württemberg e.V.
Stadtwaldgürtel 44, 50931 Köln
T: (0221) 40 07 00   Fax: 4 00 70 20
E-Mail: bdta@netcologne.de
Vorsitzende(r): Hubert Willbold
Geschäftsführer(in): Peter Lind

h 103
Landesverband Bayerischer Tabakwarengroßhändler und Automatenaufsteller e.V.
Stadtwaldgürtel 44, 50931 Köln
T: (0221) 40 07 00   Fax: 4 00 70 20
E-Mail: bdta@netcologne.de
Vorsitzende(r): Heinrich Wirner
Geschäftsführer(in): Peter Lind

h 104
Fachverband Tabakwaren-Großhandel östliche Bundesländer e.V.
Stadtwaldgürtel 44, 50931 Köln
T: (0221) 40 07 00   Fax: 4 00 70 20
E-Mail: bdta@netcologne.de
Vorsitzende(r): Klaus Holtappels
Geschäftsführer(in): Peter Lind

h 105
Fachverband Tabakwaren-Großhandel Norddeutsche Bundesländer e.V.
Stadtwaldgürtel 44, 50931 Köln
T: (0221) 40 07 00   Fax: 4 00 70 20
E-Mail: bdta@netcologne.de
Vorsitzende(r): Angela Barkow
Geschäftsführer(in): Peter Lind

h 106
Fachvereinigung Tabakwaren-Großhandel Nordrhein-Westfalen e.V.
Stadtwaldgürtel 44, 50931 Köln
T: (0221) 40 07 00   Fax: 4 00 70 20
E-Mail: bdta@netcologne.de
Vorsitzende(r): Hubertus Tillkorn
Geschäftsführer(in): Peter Lind

h 107
Landesfachverband Tabakwaren-Großhandel Hessen-Rheinland-Pfalz-Saarland e.V.
Stadtwaldgürtel 44, 50931 Köln
T: (0221) 40 07 00   Fax: 4 00 70 20
E-Mail: bdta@netcologne.de
Vorsitzende(r): Gerd Jaquemod
Geschäftsführer(in): Peter Lind

h 108
Überregionale Vereinigung der Fachbetriebe im Bundesverband Deutscher Tabakwaren-Großhändler und Automatenaufsteller e.V.
Stadtwaldgürtel 44, 50931 Köln
T: (0221) 40 07 00   Fax: 4 00 70 20
E-Mail: bdta@netcologne.de
Vorsitzende(r): Heinrich Wagner
Geschäftsführer(in): Peter Lind

● H 109
VTH Verband Technischer Handel e.V.
Prinz-Georg-Str. 106, 40479 Düsseldorf
T: (0211) 44 53 22   Fax: 46 09 19
Internet: http://www.vth-verband.de
E-Mail: vth-verband@t-online.de
Gründung: 1904
Vorsitzende(r): Joachim Stricker (i. Fa. GUMMI-STRICKER GmbH & Co. KG, An der Kleimannbrücke 4, 48157 Münster)
Geschäftsführende(s) Vorstands-Mitglied(er): Dr. Rolf Schäfer
Mitglieder: 330

● H 110
Gesamtverband des Deutschen Textilgroßhandels e.V. (GVT)
Postf. 19 01 64, 50498 Köln
Hohenzollernring 89-93, 50672 Köln
T: (0221) 51 19 28   Fax: 51 21 47
Vorsitzende(r): Uwe Schier (Fa. Plauener Handstickerei, Plauen)
Geschäftsführer(in): Dipl.-Volksw. Karl-Heinz Hauser
Mitglieder: ca. 100

h 111
Landesverband des Bayerischen Groß- und Außenhandels e.V., (LGA), Fachzweig Textil
Max-Joseph-Str. 5, 80333 München
T: (089) 55 77 01- 02   Fax: 59 30 15
Geschäftsführer(in): Dipl.-Volksw. Elisabeth Deutsch

h 112
Fachverband Textilgroßhandel Rheinland-Rheinhessen
Rizzastr. 49, 56068 Koblenz
T: (0261) 3 20 31
Geschäftsführer(in): RA Klaus Völker

● H 113
Bundesgroßhandelsverband für Uhren und uhrentechnischen Bedarf e.V.
Höslinstr. 8, 72587 Römerstein
T: (07382) 53 66   Fax: 53 10
E-Mail: verbandsbuero@fdtb.de
Vorsitzende(r): Manfred Lescow
Geschäftsführer(in): Dipl.-Betriebsw. (FH) Reinhard Schmohl

● H 114
Bundesverband Verschnürungs- und Verpackungsmittel e.V. (Großhandelsverband)
Geschäftsstelle:
Bendhecker Str. 6-10, 41236 Mönchengladbach
T: (02166) 4 61 76   Fax: 4 18 69
Vorsitzende(r): Werner Liebing, Mönchengladbach
Mitglieder: 60

Vertretung der Belange des Großhandels mit Verschnürungs- und Umreifungsmaterialien, Selbstklebebändern, Packpapieren, Folien, Verpackungsmaschinen und -geräten und ähnlichem.

● H 115
Waren-Verein der Hamburger Börse e.V.
Große Bäckerstr. 4, 20095 Hamburg
T: (040) 37 47 19-0   Fax: 37 47 19-19
Internet: http://www.waren-verein.de
E-Mail: info@waren-verein.de
Gründung: 1900
Internationaler Zusammenschluß: siehe unter izh 117
Vorsitzende(r): Gerhard Heyer
Geschf. u. Ltg. Presseabt.: RA Sigrid Schnelle
Geschäftsführer(in): Günther Schelling
Mitglieder: ca. 220

● H 116
GWW Gesamtverband der Werbeartikel-Wirtschaft e.V.
Postf. 10 16 42, 40007 Düsseldorf
Völklinger Str. 4, 40219 Düsseldorf
T: (0211) 9 01 91-110   Fax: 9 01 91-139
Internet: http://www.gww.de
Gründung: 1993
Vorsitzende(r): Hans-Joachim Evers (Bundesverband der Werbemittel-Berater und Großhändler e.V. (bwg), Neuss, T: (02131) 27 12 14)
Stellvertretende(r) Vorsitzende(r): Sabine Geldermann (Präsent Service Institut GmbH (PSI), Düsseldorf, T: (0211) 90 19 11 18)
Jörg Dennig (Bundesverband Werbeartikel Lieferanten e.V. (bwl), Köln, T: (0221) 9 54 13 58)
Mitglieder: 13
Mitarbeiter: 1

● H 117
Fachverband Werkzeug-Großhandel e.V. (FWG)
Hans-Böckler-Str. 19, 53225 Bonn
T: (0228) 47 90 87   Fax: 47 90 89
Vorsitzende(r): Frank Wollschläger, Bochum
Geschäftsführer(in): Dipl.-Volksw. Reiner Rienermann

Sonstige Fachverbände des Groß- und Außenhandels

● H 118
Vereinigung der am Drogen- und Chemikalien-Groß- und Außenhandel beteiligten Firmen (Drogen- und Chemikalienverein) e.V.
Gotenstr. 21, 20097 Hamburg
T: (040) 23 60 16- 0   Fax: 23 60 16- 10
E-Mail: vdc@wga-hh.de
Vorsitzende(r): Rudolf Tiemann (i. Fa. Schütz + Co., Hamburg)
Geschäftsführer(in): RA Lutz Düshop

● H 119

Bundesverband des Elektro-Großhandels e.V. (VEG)
Postf. 10 05 51, 50445 Köln
Heumarkt 43, 50667 Köln
T: (0221) 2 58 23 91-92   Fax: 2 58 09 42
E-Mail: verbandveg@aol.com, info@verbandveg.de
Gründung: 1910
Vorsitzende(r): Dipl.-Kfm. Mathias Naumann (H. Gautzsch GmbH & Co. KG, Dornierweg 12, 48155 Münster)
Hauptgeschäftsführer(in): Dr. Horst Beckers
Verbandszeitschrift: "ElektroWirtschaft"
Redaktion: Dipl.-Kfm. Gudrun Arnold-Schoenen
Verlag: Fachverlag Dr. H. Arnold, Postf. 15 01 20, 44341 Dortmund
Mitglieder: 180

Schutz, Wahrnehmung und Förderung der allgemeinen ideellen und wirtschaftlichen Interessen des Berufsstandes des Elektro-Großhandels. Der Zweck des Verbandes ist nicht auf wirtschaftlichen Geschäftsbetrieb gerichtet. Eine politische oder konfessionelle Betätigung ist ausgeschlossen.

Landesorganisationen

h 120
Bundesverband des Elektro-Großhandels Landesgruppe Baden/Pfalz-Saar
Herrenstr. 52a, 76133 Karlsruhe
T: (0721) 2 85 51   Fax: 2 25 09
Vorsitzende(r): Markus Bruder (i. Fa. Friedrich STREB Franz BRUDER GmbH, Gaswerkstr. 27, 77652 Offenburg, Postf. 23 67, 77613 Offenburg)
Geschäftsführer(in): RA Bernd Kistner

h 121
Bundesverband des Elektro-Großhandels Landesgruppe Bayern
Max-Joseph-Str. 5, 80333 München
T: (089) 55 77 01, 55 77 02   Fax: 59 30 15
Vorsitzende(r): Otto Treu (i. Fa. Treu Elektrogroßhandel GmbH, Postf. 11 21 49, 86046 Augsburg, Stuttgarter Str. 10, 86154 Augsburg)

h 122
Bundesverband des Elektro-Großhandels e.V. Landesgruppe Berlin/Brandenburg
Postf. 48 01 27, 12251 Berlin
Motzener Str. 40, 12277 Berlin
T: (030) 7 20 94-0   Fax: 7 20 94-680
Vorsitzende(r): Werner Helbig (i. Fa. Oskar Böttcher GmbH & Co KG, Motzener Str. 40, 12277 Berlin, Postf. 48 01 27, 12251 Berlin)

h 123
Bundesverband des Elektro-Großhandels Landesgruppe Bremen-Weser-Ems
Ingolstädter Str. 1-3, 28219 Bremen
T: (0421) 38 94-0   Fax: 38 94-107
Vorsitzende(r): Michael Assmy (i. Fa. Assmy + Böttger Zweigniederlassung ETG J. Fröschl & Co. GmbH & Co. KG, Ingolstädter Str. 1-3, 28219 Bremen)

h 124
Bundesverband des Elektro-Großhandels Landesgruppe Hamburg/Schleswig-Holstein/Mecklenburg-Vorpommern
Rotenbrückenweg 10, 22113 Hamburg
T: (040) 71 37 93 11   Fax: 71 37 93 13
Vorsitzende(r): Rainer Ploog (i. Fa. holen un betohlen Elektro-SB-Grosshandlung GmbH, Rotenbrückenweg 10, 22113 Hamburg)

h 125
Bundesverband des Elektro-Großhandels Landesgruppe Hessen/Thüringen
Arnstädter Weg 38, 65931 Frankfurt
T: (069) 36 32 68   Fax: 36 23 57
Vorsitzende(r): Ludwig Rühl (i. Fa. Elektro SB Rhein Main GmbH & Co. KG, Industriestr. 7, 65439 Flörsheim-Weilbach)
Geschäftsführer(in): Brigitte Banerjee

h 126
Bundesverband des Elektro-Großhandels Landesgruppe Niedersachsen
Postf. 23 67, 30023 Hannover
Berliner Allee 7, 30175 Hannover
T: (0511) 27 07 17-20, 27 07 17-21 **Fax:** 27 07 17-17
Vorsitzende(r): Michael Knipper (i. Fa. Hermann Albert Bumke GmbH & Co. KG, Engelbosteler Damm 5/9, 30167 Hannover, Postf. 11 29, 30011 Hannover)
Geschäftsführer(in): Ass. Gerd Monka

h 127
Bundesverband des Elektro-Großhandels Landesgruppe Nordrhein
Gehrberg 4, 45138 Essen
T: (0201) 26 19 52 **Fax:** 26 19 52
Vorsitzende(r): N.N.
Geschäftsführer(in): Prof. Dr. jur. Hans Schumacher

h 128
Bundesverband des Elektro-Großhandels Landesgruppe Rheinland-Rheinhessen
Lohmannstr. 29, 56626 Andernach
T: (02632) 29 08-0 **Fax:** 29 08-55
Vorsitzende(r): Hartmut Fischer (i. Fa. Fischer GmbH, Lohmannstr. 29, 56626 Andernach, T: (02632) 29 08-0, Fax: 29 08-55)

h 129
Bundesverband des Elektro-Großhandels Landesgruppe Westfalen
Postf. 44 01 35, 44390 Dortmund
Kleyer Weg 46, 44149 Dortmund
T: (0231) 65 54-0 **Fax:** 65 28 73
Vorsitzende(r): Heinz Hiller (i. Fa. Lubin & Hiller KG, Kleyer Weg 46, 44149 Dortmund, Postf. 44 01 35, 44390 Dortmund)

h 130
Bundesverband des Elektro-Großhandels Landesgruppe Württemberg
Büchsenstr. 31, 70174 Stuttgart
T: (0711) 22 16 37 **Fax:** 29 56 32
Vorsitzende(r): Dietrich Rommel (i. Fa. E. Löffelhardt GmbH & Co KG, Höhenstr. 23, 70736 Fellbach, Postf. 17 20, 70707 Fellbach)
Geschäftsführer(in): RA Peter Fischer

h 131
Bundesverband des Elektro-Großhandels Landesgruppe Sachsen
Zeppelinstr. 1, 09246 Pleißa
T: (03722) 6 01-0 **Fax:** 6 01-106
Vorsitzende(r): Bernd Meier (Frommeyer & Ziegemeyer GmbH & Co. KG, Zeppelinstr. 1, 09246 Pleißa)

h 132
Bundesverband des Elektro-Großhandels Landesgruppe Sachsen-Anhalt
Postf. 90 05 62, 06057 Halle
Weststr. 40, 06126 Halle
T: (0345) 6 93 35 00 **Fax:** 6 93 36 00
Vorsitzende(r): Wilm Benthues (i. Fa. H. Gautzsch Sachsen GmbH, Weststr. 40, 06126 Halle, Postf. 90 05 62, 06057 Halle)

● H 133
Bundesverband Flachglas Großhandel, Isolierglasherstellung, Veredlung e.V. (BF)
Mülheimer Str. 1, 53840 Troisdorf
T: (02241) 87 27-0 **Fax:** 87 27 10
Internet: http://www.bf-flachglasverband.de
E-Mail: info@bf-flachglasverband.de
Vorsitzende(r): Thomas Dreisbusch
Vorstand: Axel Schmid
Jürgen Halbmeyer
Geschäftsführer(in): Rüdiger Graap
Dr. Karsten Rosemeier
Mitglieder: 280

● H 134
Bundesverband des Deutschen Fliesenfachhandels e.V. (VDF)
Danziger Str. 35a, 20099 Hamburg
T: (040) 28 05 39 49
Gründung: 1990 (11. Januar)
Vorsitzende(r): Burkhard Aschendorf (Croonen Fliesenhandel GmbH, Postf. 53 01 44, 22551 Hamburg)
1.stellv. Vors.: Alexander Peressin (Keramundo Fliesen GmbH, Frankfurter Str. 151c, 63303 Dreieich-Sprendlingen)
2.stellv. Vors.: Dr. Peter Schloderer (Oskar Huber GmbH, Elsenheimer Str. 23, 80687 München)
Geschäftsführer(in): Rechtsanwalt Stephan Erlach
Mitglieder: 90
Mitarbeiter: 2

● H 135
Verein des Deutschen Einfuhrgroßhandels von Harz, Terpentinöl und Lackrohstoffen e.V.
Gotenstr. 21 II, 20097 Hamburg
T: (040) 23 60 16-0 **Fax:** 23 60 16- 10
E-Mail: htl@wga-hh.de
Vorsitzende(r): Hinrich Wolff, Hamburg
Geschäftsführer(in): RA Lutz Düshop
Mitglieder: 18

● H 136
Hauptverband des Deutschen Landmaschinen-Handels e.V.
Landmaschinen-Handel und -Handwerk sind in einer Hauptarbeitsgemeinschaft zusammengeschlossen
Hier sind nur die Verbände des Landmaschinenhandels aufgeführt
Ruhrallee 12, 45138 Essen
Vorstand: BIM Heinz-Jürgen Müller
Franz-Josef Borgmann, Coesfeld
Arthur Brachat, Gottmadingen
Geschäftsführer(in): RA Thomas Fleischmann (Essen)
Wahrnehmung und Schutz der Berufsinteressen des Landmaschinenhandels, insbesondere auf wirtschaftlichem, technischem und sozialem Gebiet.

Angeschlossene Landesverbände, Landesinnungen und Innungen nach Ländern

h 137
Verband des Landtechnischen Handwerks Baden-Württemberg im VdAW e.V.
Wollgrasweg 31, 70599 Stuttgart
T: (0711) 1 67 79-0 **Fax:** 4 58 60 93
Internet: http://www.vdaw.de
E-Mail: vdaw-e.v@t-online.de
Landesinnungsmeister: Kurt Neuscheler (Fa. Kurt Neuscheler, Im Hägleskies, 72666 Neckartailfingen, T: (07127) 92 62 17, Telefax: (07127) 92 62 20)
Vors. Fachgr. Landtechn. Handel: Wilhelm Neyer (Fa. Wilhelm Neyer, Bürgerstr. 2, 88339 Bad Waldsee, T: (07524) 9 77 00, Telefax: (07524) 97 70 50)
Vors. Fachgr. Motorgeräte: Kurt Maihöfer (Fa. Maihöfer, Bruckstr. 50, 70734 Fellbach, T: (0711) 57 54 00, Telefax: (0711) 5 75 40 29)
Geschäftsführende(s) Vorstands-Mitglied(er) Dipl.-Ing. (FH) Erich Reich

h 138
Landesinnungsverband des Landmaschinenmechaniker-Handwerks und -Handels in Bayern
Kapellenweg 5, 85276 Pfaffenhofen
T: (08441) 28 96 **Fax:** 32 44
Internet: http://www.agrartechnik.de
E-Mail: ltvpaf@t-online.de
Landesinnungsmeister: Martin Geyer (Fa. Geyer & Sohn, Oberspiesheimer Str. 2, 97509 Unterspiesheim, T: (09723) 13 52, Telefax: (09723) 24 41)
Vors. Handelsverband: Norbert Stenglein (in Fa. Stenglein GmbH, Breitenlesau 46, 91344 Waischenfeld, T: (09202) 9 60 60, Telefax: (09202) 96 06 30)
Geschäftsführerin: Ingeburg Janiurek

h 139
Landesverband der Fachbetriebe Landtechnik und Metallverarbeitung Brandenburg e.V.
Schlesische Str. 38, 10997 Berlin
T: (030) 61 70 26 76 **Fax:** 6 18 20 53
E-Mail: Agro-Service.VdAW@t-online.de
Verbandsvorsitzender: Eckhard Vlach (MAREP GmbH, Vehlow, Pritzwalker Str. 29, 16866 Vehlow, T: (033976) 5 02 59, Fax: (033976) 5 07 09)
Landesinnungsmeister: Karl-Heinz Rettig (REMA Fahrzeug & Landtechnik GmbH, Hauptstr. 1, 14806 Schwanebeck, T: (033841) 3 59 83, Fax: (033841) 3 59 85)
Geschäftsführer(in): Dietmar Lange

h 140
Landesverband Hessen der Landmaschinen-Fachbetriebe e.V.
Wollgrasweg 31, 70599 Stuttgart
T: (0711) 1 67 79-0 **Fax:** 4 58 60-93
Vorsitzende(r): Werner Krummel (Fa. Heinrich Krummel KG, Schloßstr. 18, 34549 Edertal/Bergheim, T: (05623) 40 31, Telefax: (05623) 40 34)
Geschäftsführer(in): Dipl.-Ing. (FH) Erich Reich

h 141
Landesverband der Fachbetriebe Landtechnik & Metallverarbeitung Mecklenburg-Vorpommern e.V.
Eckdrift 93, 19061 Schwerin
T: (0385) 6 35 64 00 **Fax:** 6 35 64 44
Vorsitzende(r): Roland Habeck (Fa. Hawart-Landtechnik GmbH, Wulkenzinerstr. 16, 17033 Neubrandenburg/Weitin, T: (0395) 58 14 60, Fax: (0395) 5 44 23 09)
Vorsitzende(r) des Vorstandes: Dieter Mazurek (Fa. Gägelower Hallen- und Stahlbau GmbH - GHS, Hauptstr. 1, 23968 Gägelow, T: (03841) 6 27 00, Fax: (03841) 64 36 41)
Geschäftsführer(in): Herbert Würfel

h 142
Landesarbeitsgemeinschaft Niedersachsen und Bremen des Landmaschinen-Handels und -Handwerks
Walderseestr. 47, 30177 Hannover
T: (0511) 69 36 36 **Fax:** 69 79 33
Bundesinnungsmeister u. Vors. Handelsverb.: Dipl.-Ing. Heinz-Jürgen Müller (Fa. C. Müller, Hauptstr. 96, 31171 Nordstemmen, T: (05069) 8 70, Telefax: (05069) 87 49)
Geschäftsführer: Lothar Wittkopp

h 143
Fachverband Landschaftsmaschinentechnik Nordrhein-Westfalen
Gerresheimer Landstr. 119, 40627 Düsseldorf
T: (0211) 9 25 95 40 **Fax:** 9 25 95 90
Landespräs.: Franz-Josef Borgmann (Lilienbecke 10, 48653 Coesfeld, T: (02541) 8 55 91, Telefax: (02541) 47 10)
Geschäftsführer(in): Dipl.-Volksw. Wilhelm Winter

h 144
Landmaschinenmechaniker-Innung Trier-Rheinhessen-Pfalz
Burgstr. 39, 67659 Kaiserslautern
T: (0631) 3 71 22-0 **Fax:** 3 71 22-50
Obermeister: Fritz Dexheimer (Fa. F. Jung KG, Bahnhofstr. 70, 67297 Marnheim, T: (06352) 70 52-0, Telefax: (06352) 70 52-11)
Geschäftsführer(in): Ass. Alexander Baden

h 145
Landmaschinenmechaniker-Innung für den Reg.-Bez. Koblenz
Postf. 5 65, 55529 Bad Kreuznach
T: (0671) 8 36 08-0 **Fax:** 3 31 41
Obermeister: Paul Raimund (Fa. Raimund, Raumbacher Str. 8, 55590 Meisenheim, T: (06753) 23 60, Telefax: (06753) 29 90)
Geschäftsführer(in): Gerhard Schlau

h 146
Landesinnung des Landmaschinenmechanikerhandwerks Sachsen
Scharfenberger Str. 66, 01139 Dresden
Obermeister: Karl Eulitz (Fa. H. & K. Eulitz, Str. Nr. 116, 04703 Naunhof b. Leisning, T: (034321) 1 24 70, Telefax: (034321) 1 24 70)
Geschäftsführer(in): Wolfgang Herrmann

h 147
Verband Landtechnik Sachsen-Anhalt e.V.
Rosslauer Str. 33, 39261 Zerbst
T: (03923) 24 11 **Fax:** 76 00 34
E-Mail: vlt.san@t-online.de
Geschäftsführer(in): Hansjörg Schürer
Landesinnungsverband: N.N.
Vors. Handelsverband: Uwe Klietz (Fa. Land- und Bautechnik Klietz KG, Thälmannstr. 1, 39435 Schneidlingen, T: (039267) 64 10, Fax: (039267) 6 41 11)

h 148
Landesverband der Landmaschinen-Fachbetriebe für Schleswig-Holstein und Hamburg e.V.
Rendsburger Landstr. 211, 24113 Kiel
T: (0431) 9 81 69-0 **Fax:** 9 38 77
Internet: http://www.landmaschinen-sh.de
E-Mail: landmaschinen@bf-handwerk.de
Landesinnungsmeister: Heinrich Wierk
Vors. Handelsverband: Herbert Lorenz (Fa. Max Lorenz, Bergstr. 3, 24229 Schwedeneck, T: (04308) 18 75-0, Fax: (04308) 18 75-20)
Hauptgeschäftsführer(in): Dipl.-Volksw. Hugo Schütt

h 149
Verband Landtechnik Thüringen e.V.
Uhlandstr. 18, 99096 Erfurt
T: (0361) 3 46 07 91 **Fax:** 3 46 07 91
Landesinnungsmeister: Dipl.-Ing. Werner Mertens (Ver-

bandsvorsitzender, Autohaus Mertens Eisenach, Am Marktrasen 4, 99819 Krauthausen, T: (03691) 61 36 90, Telefax: (03691) 61 36 99)

● H 150
Bundesverband des Deutschen Papiergroßhandels e.V.
Mühlenstr. 2, 29221 Celle
T: (05141) 2 40 08   Fax: 65 57
Internet: http://www.verband-papiergrosshandel.de
E-Mail: info@bvddp.de
Präsident(in): Volker Berner (Deutsche Papier Vertriebs GmbH)
1. Stellv. Präs.: Winfried Brüggmann (E. Michaelis & Co. (GmbH & Co.))
2. Stellv. Präs.: Rolf Buscher (Brangs + Heinrich GmbH, Leinfelden)
Geschäftsführer(in): Michael Kessener
Mitglieder: 38 Einzelmitglieder

● H 151
BUNDESVERBAND DEUTSCHER STAHLHANDEL BDS
Max-Planck-Str. 1, 40237 Düsseldorf
T: (0211) 8 64 97-0   Fax: 8 64 97-22
Internet: http://www.stahlhandel.com
E-Mail: info-bds@stahlhandel.com
Gründung: 1969 (15. Dez.)
Internationaler Zusammenschluß: siehe unter izh 90
Vorsitzende(r) des Vorstandes: Josef von Riederer
Vorstand: Jürgen Nusser
Mitglieder: ca. 600
Wahrnehmung der Interessen des Berufsstandes, Pflege der Verbindung zur Öffentlichkeit, zu Organen der Europäischen Gemeinschaften, zu Bund und Ländern, zu Organisationen von Lieferwerken und Verbrauchern sowie zu den dem Berufsstand nahestehenden Vereinigungen im In- und Ausland.

h 152
Beratungs- und Verlagsgesellschaft des BDS mbH (BVG)
Max-Planck-Str. 1, 40237 Düsseldorf
T: (0211) 8 65 15-0   Fax: 8 65 15-14
Geschäftsführer(in): Dr. Ludger Wolfgart

● H 153
Zentralverband Eier e.V. (ZVE)
Postf. 24 01 34, 53154 Bonn
Hochkreuzallee 72, 53175 Bonn
T: (0228) 9 59 60-0   Fax: 9 59 60-50
Internet: http://www.epega.org
E-Mail: info@epega.org
Vorsitzende(r): Klaus Arlt, Hamburg
Geschäftsführer(in): C. von der Crone

● H 154
Verband Nordwestdeutscher Großhändler für Fleischereibedarf e.V., Bremen
Postf. 10 42 72, 28042 Bremen
Werrastr. 10, 28199 Bremen
T: (0421) 55 30 88   Fax: 53 59 11
Vorsitzende(r): Walther Faehre (Werrastr. 10, 28199 Bremen, Postf. 10 42 72, 28042 Bremen, T: (0421) 55 30 88, Telefax: (0421) 53 59 11)

● H 155
Fachverband Fleischereibedarf-Großhandel e.V.
Hessenring 39, 37269 Eschwege
T: (05651) 2 11 41   Fax: 92 14 20
Vorsitzende(r): Manfred-Otto Cassel (Richard-Wagner-Str. 10, 37269 Eschwege)
Stellvertretende(r) Vorsitzende(r): Siegfried Propfen, Hameln
Mitglieder: 29

● H 156
Verband des Deutschen Darm-, Innereien- und Fleischereibedarf-Groß- und Außenhandels e.V. Landesverband Nordrhein-Westfalen
Postf. 17 64, 58587 Iserlohn
Hochstr. 22, 58638 Iserlohn
T: (02371) 2 20 31 u. 1 40 93   Fax: 1 25 54
Vorsitzende(r): W. Dahm (i.Fa. Hoffmann, Hochstr. 22, 58638 Iserlohn)

● H 157
Bundesverband Deutscher Fruchthandelsunternehmen e.V. (BVF)
Sitz Berlin
Geschäftsstelle München
Thalkirchner Str. 81, 81371 München
T: (089) 76 48 22, 77 22 20   Fax: 76 30 72
E-Mail: bvfev@aol.com
Präsident(in): Manfred Stülcken, München
Vizepräsident(in): Peter Vetter
Dr. Andreas Kunze
Geschäftsführer(in): RA Michael Krebs, München

Angeschlossen

h 158
Verband des Bayerischen Frucht-Import- und -Großhandels e.V.
Städt. Kontorhaus
Postf. 75 09 39, 81339 München
Thalkirchner Str. 81, 81371 München
T: (089) 76 48 22 u. 77 22 20   Fax: 76 30 72
1. Vorsitzende(r): Manfred Stülcken
2. Vorsitzende(r): Siegfried Zelger
Geschäftsführer(in): RA Michael Krebs
Mitglieder: 146

h 159
Verband des Berliner Frucht-Import- und -Großhandels e.V.
Beussellstr. 44nq, 10553 Berlin
T: (030) 3 95 11 89   Fax: 3 95 99 39
Vorsitzende(r): Dieter Krauß
Mitglieder: 50

h 160
Landesverband Baden-Württemberg des Früchte-Import- und Großhandels e.V.
Großmarkt, 70327 Stuttgart
T: (0711) 1 68 10   Fax: 1 68 12 90

h 161
Landesverband Niedersachsen des Früchte-Groß- und Importhandels e.V.
Am Tönniesberg 16-18, 30453 Hannover
T: (0511) 46 30 53   Fax: 43 44 98
Vorsitzende(r): Hermann Sauer jun.

h 162
Verband mittelständischer Frucht-Großhändler Sachsen e.V.
Spitzhausstr. 74, 01139 Dresden
T: (0351) 8 95 19 50   Fax: 8 95 19 51
Präsident(in): Dr. Klaus Schneider
Vizepräsident(in): Dr. Andreas Kunze
Geschäftsführer(in): Dr. Jürgen Grochowski

● H 163
Verband Deutscher Kühlhäuser und Kühllogistikunternehmen e.V. (VDKL)
Schedestr. 11, 53113 Bonn
T: (0228) 2 01 66-0   Fax: 2 01 66-11
Internet: http://www.vdkl.com
E-Mail: info@vdkl.com
Internationaler Zusammenschluß: siehe unter izf 709
Vorsitzende(r): Jürgen Rohn
Geschäftsführer(in): Jan Peilnsteiner
Verbandszeitschrift: TempLog
Mitglieder: 110
Als Wirtschaftsfachverband Ansprechpartner rund um temperaturgeführte Lagerung Distribution und Logistik.

● H 164
Bundesverband Molkereiprodukte e.V. (BUMO)
Adenauerallee 148, 53113 Bonn
T: (0228) 36 76 20   Fax: 36 14 25
Internet: http://www.mopro.de
E-Mail: bumo@t-online.de
Präsident(in): H. J. Fink
Hauptgeschäftsführer(in): Dr. Gunter Wollin

Landesverbände

h 165
Berufsverband des Bayerischen Käse- und Fettwarengroßhandels e.V.
Hofbrunnstr. 68, 81477 München
Geschäftsführer(in): Max Heublein

h 166
Fachverband des norddeutschen Groß- und Außenhandels mit Molkereiprodukten der Länder Niedersachsen, Schleswig-Holstein, Hamburg u. Bremen e.V.
Merkurstr. 4, 30419 Hannover
T: (0511) 9 78 98 33   Fax: 74 41 20
Kontaktperson: K. Uplegger (Hans-Böckler-Str. 17, 30851 Langenhagen, T: (0511) 9 78 98 33, Telefax: (0511) 74 41 20)

h 167
Gesamtverband des Einzelhandels Land Berlin e.V.
Kurfürstendamm 32, 10719 Berlin
T: (030) 8 81 77 38   Fax: 8 81 18 65
Vorsitzende(r): Horst Faber
Stellvertretende(r) Vorsitzende(r): Wolfgang Liebig
Hauptgeschäftsführer(in): Nils Busch-Petersen

● H 168
Verband des Salzgroßhandels e.V.
Platenstr. 30, 90441 Nürnberg
Vorsitzende(r): Jürgen Stöhr
Geschäftsführer(in): Andreas Stöhr

● H 169
Importvereinigung Nordwest-Bremen e.V.
Hinter dem Schütting, 28195 Bremen
T: (0421) 3 63 72 39   Fax: 3 63 72 46
Internet: http://www.importvereinigung.de/
1. Vorsitzende(r): Heinz-Werner Hempel
Stellvertretende(r) Vorsitzende(r): Robert Hartmut Böck
Geschäftsführer(in): Jürgen Charzinski

● H 170
Arbeitsgemeinschaft Außenwirtschaft der Deutschen Wirtschaft
Breite Str. 29, 10178 Berlin
T: (030) 2 03 08-2301   Fax: 2 03 08-2333
Geschäftsführer(in): Michael Pfeiffer (Deutscher Industrie- und Handelstag)
Mitgliedsorganisationen:
Mitglieder: 6
Bundesverband der Deutschen Industrie e.V.
Deutscher Industrie- und Handelstag
Bundesverband des Deutschen Groß- und Außenhandels e.V.
Bundesverband des Deutschen Exporthandels e.V.
Bundesverband deutscher Banken e.V.
Außenhandelsvereinigung des Deutschen Einzelhandels e.V.

● H 171
Bundesverband des deutschen Fischgroßhandels e.V.
Geschäftsstelle 1:
Mehringdamm 48, 10961 Berlin
T: (030) 7 85 40 03   Fax: 7 86 70 49
Geschäftsstelle 2:
Hohenzollerndamm 184, 10713 Berlin, T: (030) 8 81 77 38, Fax: 8 81 18 65
Vorsitzende(r): Johann Frings, Bremerhaven
Hauptgeschäftsführer(in): Nils Busch-Petersen

● H 172
Deutscher Vieh- und Fleischhandelsbund e.V. (DVFB)
Adenauerallee 176, 53113 Bonn
T: (0228) 21 30 81- 82   Fax: 21 89 08
E-Mail: dvfb-bonn@t-online.de
1. Vorsitzende(r): Adolf Johansson
Stellvertretende(r) Vorsitzende(r): Wilhelm Steinbring
Andreas Ottilinger
Geschäftsführer(in): RA Patrick Steinke
Mitglieder: ca. 2000

Landesverbände

h 173
Vieh- und Fleischhandelsverband Baden e.V.
Franz-Wachter-Str. 19, 70188 Stuttgart

T: (0711) 48 20 10   Fax: 48 73 80
Vorsitzende(r): Fritz Kreis (Danziger Str. 8, 69502 Hemsbach, T: (06201) 7 21 36)
Geschäftsführer(in): Ina Lehmann

h 174

Vieh- und Fleischhandelsverband Württemberg-Hohenzollern e.V.
Franz-Wachter-Str. 19, 70188 Stuttgart
T: (0711) 48 20 10   Fax: 48 73 80
Vorsitzende(r): Hans-Joachim Haug (Trüffelweg 20, 70599 Stuttgart, Tel: (0711) 48 60 80-0)
Geschäftsführer(in): Ina Lehmann

h 175

Bayerischer Vieh- und Fleischhandelsverband e.V.
Tumblingerstr. 42, 80337 München
T: (089) 76 54 10   Fax: 7 25 03 66
Vorsitzende(r): Walter Behr (Nordenstr. 1, Dittelbrunn, T: (09721) 4 27 01)
Geschäftsführer(in): RA Dr. Andreas Reiners

h 176

Verband der Berliner Vieh- und Fleischkaufleute e.V.
Adenauerallee 176, 53113 Bonn
T: (0228) 21 30 81-82   Fax: 21 89 08
Vorsitzende(r): Jürgen Wache (Kruse Weg 10, 12279 Berlin, T: (030) 3 94 10 58)

h 177

Vieh- und Fleischhandelsverband Hessen und Rheinland-Pfalz e.V.
Franz-Wachter-Str. 19, 70188 Stuttgart
T: (0711) 48 20 10   Fax: 48 73 80
Vorsitzende(r): Thomas Sutor (Alt Königstr. 5, 65843 Sulzbach, Tel: (06196) 7 16 44)
Geschäftsführer(in): Ina Lehmann

h 178

Vieh- und Fleischhandelsverband Hannover e.V.
Henckelweg 3, 30459 Hannover
T: (0511) 2 33 06 74   Fax: 2 33 06 74
Vorsitzende(r): Hermann Kruse (Sörhausener Str. 7, 28857 Syke-Ristedt, T: (04242) 71 77)
GeschfVorst.: Anita Lohse (Henckellweg 3, 30459 Hannover, T: (0511) 2 33 06 74)

h 179

Vieh- und Fleischhandelsverband Weser-Ems e.V.
Wiefelsteder Str. 202a, 26316 Varel
T: (04456) 94 89 68
Vorsitzende(r): Heinz Osterloh (Bettingbuhrener Str. 39, 27804 Berne)
Geschäftsführer(in): Dirk Meinardus

h 180

Vieh- und Fleischhandelsverband Nordrhein-Westfalen e.V.
Adenauerallee 176, 53113 Bonn
T: (0228) 21 30 81, 21 30 82   Fax: 21 89 08
Vorsitzende(r): Wilhelm Steinbring (Am Schornacker 46, 46485 Wesel, T: (0281) 95 29 10)
GeschfVorst.: N. N.

h 181

Verband der Vieh- und Fleischgroßhändler Saar e.V.
Franz-Josef-Röder-Str. 9, 66119 Saarbrücken
T: (0681) 5 50 51   Fax: 5 18 42
Vorsitzende(r): Peter Schu (Im Schlachthof, 66763 Dillingen, T: (06831) 7 70 37)
Geschäftsführer(in): Armin Dietzen

h 182

Vieh- und Fleischhandelsverband Schleswig-Holstein und Hamburg e.V.
Marktstr. 57, 20357 Hamburg
T: (040) 4 32 20 43   Fax: 43 74 14
Vorsitzende(r): Ernst Urhammer (Fuchsweg 1, 24214 Gettorf, T: (04346) 71 97)
Geschäftsführer(in): Klaus Paulsen

● H 183

Bundesarbeitsgemeinschaft Vieh und Fleisch (BAVF)
Adenauerallee 176, 53113 Bonn
T: (0228) 21 30 81- 82   Fax: 21 89 08
Vorsitzende(r): N. N.
Geschäftsführer(in): N. N.
Mitglieder: 4 Bundesverbände mit 40 000 Mitgliedern
Fachverbände:
Deutscher Fleischerverband
Bundesverband der Versandschlachtereien
Deutscher Vieh- und Fleischhandelsbund e.V.
Bundesfachverband Fleisch e.V.

● H 184

Arbeitsgemeinschaft Deutscher Viehzentralen (ADV)
Adenauerallee 127, 53113 Bonn
T: (0228) 1 06-3 29   Fax: 1 06-321

● H 185

Bundesfachverband Fleisch e.V. (BFF)
Geschäftsstelle:
Dr.-Carl-Benz-Platz 3, 68526 Ladenburg
T: (06203) 92 96-30, 92 96-31   Fax: 92 96-36
E-Mail: steinke@bundesfachverbandfleisch.de
Gründung: um 1925
Syndikus: RA Hansjürgen Tuengerthal
Ehrenpräsident: Eduard Schlegel
Präsident(in): Rainer Wagner (Gewerbepark Dornheim, 99310 Arnstadt, T: (03628) 74 41 00, Telefax: (03628) 74 44 45)
2. Vorsitzende(r): Manfred Kempler
Vorstandsmitgl.: Christian Scharbatke
Ansgar Schürger
Reinhard Annuss
Rainer Wagner
Holger Arnold
Bernd Hörner
Michael Grünberg
Manfred Kempter
Geschäftsführer(in): RA Patrick Steinke
Mitglieder: 30 direkte Mitgl. u. ca. 400 indirekte Mitgl.
Mitarbeiter: 2
Jahresetat: DM 0,2 Mio, € 0,1 Mio

Landes- und Mitgliedsverbände

h 186

Arbeitsgemeinschaft Freie Vieh- und Fleischwirtschaft e.V.
Vorstand
Zum Stellwerk 1, 25899 Niebüll
T: (04661) 6 06-112   Fax: 34 25
Vorstand: Heinz Annuss (Vors.)
Dirk Weber (stellv. Vors.)
Klaus Jannsen
Mitglieder: ca. 130

h 187

Fachverband Fleisch Bayern
Dr.-Carl-Benz-Platz 3, 68526 Ladenburg
T: (06203) 92 96 30   Fax: 92 96 36
Geschäftsführer(in): RA Patrick Steinke
Vorsitzende(r): Ansgar Schürger
Stellvertreter: Walter Ries

h 188

Großschlächter-Innung Berlin-Brandenburg e.V.
c/o Hofner und Schneider GmbH
Beusselstr. 44nq, 10553 Berlin
T: (030) 3 95 70 51   Fax: 3 96 69 26
Obermeister: Günther Schneider
Geschäftsführer(in): Wolfgang Welke

h 189

Fachverband Fleisch Nord
Dr.-Carl-Benz-Platz 3, 68526 Ladenburg
T: (06203) 92 96 30   Fax: 92 96 36
E-Mail: steinke@bundesfachverbandfleisch.de
Gründung: 1926
Vorstand: Michael Grünberg
Geschäftsführer(in): RA Patrick Steinke

h 190

Fachverband Fleisch Hessen e.V.
Dr.-Carl-Benz-Platz 3, 68526 Ladenburg
T: (06203) 92 96 30   Fax: 92 96 36
E-Mail: steinke@bundesfachverbandfleisch.de
Ehrenvors.: Heinz Schinnerling (T: (069) 9 41 98 80)
1. Vorsitzende(r): Wilhelm Schneider (T: (069) 94 19 76 13)
2. Vorsitzende(r): Frank Schmitt (T: (069) 81 66 86)
Heinrich Görck
Geschäftsführer(in): Patrick Steinke (T: (06203) 92 96 30)

h 191

Landesverband der Großschlächter und Fleischgroßhändler in Niedersachsen e.V.
Akazienweg 23, 28857 Syke
1. Vorsitzende(r): Horst Finn

h 192

Fachverband Fleisch NRW
Dr.-Carl-Benz-Platz 3, 68526 Ladenburg
T: (06203) 92 96 30   Fax: 92 96 36
Geschäftsführer(in): RA Patrick Steinke
1. Vorsitzende(r): Christian Scharbatke (Ernst-Hilker-Str. 7-13, 32758 Detmold, T: (05231) 9 24 40, Telefax: (05231) 3 43 12)
Stellvertretende(r) Vorsitzende(r): Theo Pohlmann
Vorstandsmitgl.: Heinrich Kemper
Hans Gensch
Theo Pohlmann
Christian Scharbatke

h 193

Fachverband Fleisch "Rhein-Neckar" e.V.
Dr.-Carl-Benz-Platz 3, 68526 Ladenburg
T: (06203) 92 96 30   Fax: 92 96 36
E-Mail: steinke@bundesfachverbandfleisch.de
Geschäftsführer(in): RA Patrick Steinke
1. Vorsitzende(r): Manfred Kempter (Postfach. 11 40, 79310 Emmendingen, T: (07641) 58 60, Telefax: (07641) 5 86 38)
2. Vorsitzende(r): Bernd Hörner
Vorstand: Thomas Haag
Bernd Hörner
Manfred Kempter
Peter Müller
Patrick Steinke
Horst Tilp
Mitglieder: 40

h 194

Landesverband der Schleswig-Holsteinischen Großschlächter und Fleischgroßhändler e.V.
Postfach. 6 22, 24752 Rendsburg
Alte Kieler Landstr. 47c, 24768 Rendsburg
T: (04331) 2 26 06   Fax: 2 55 04
1. Vorsitzende(r): Heinz Annuss (Postfach. 11 60, 25891 Niebüll, Tel: (04661) 60 60, Telefax: (04661) 34 25)
Geschäftsführer(in): Klaus Paulsen

h 195

IFW Institut für Nationale und Internationale Fleisch- und Ernährungswirtschaft Heidelberg GmbH
Landfriedstr. 1a, 69117 Heidelberg
T: (06221) 13 57-0   Fax: 13 57-23
Internet: http://www.ifw-expo.com
E-Mail: ifwmesse@t-online.de
Gründung: 1978
Geschäftsführer(in): Dietrich Tuengerthal
Mitarbeiter: 9

● H 196

Zentralverband des Deutschen Kartoffelhandels e.V.
Postfach. 30 16 55, 53196 Bonn
Beueler Bahnhofsplatz 18, 53225 Bonn
T: (0228) 9 75 85-22   Fax: 9 75 85-32
E-Mail: erich.luepken@bv-agrar.de
Gründung: 1951 (22.Februar)
Internationaler Zusammenschluß: siehe unter izh 69
Ehrenpräsident: Heinz Wenger (Resserweg 4-10, 45699 Herten)
Präsident(in): Dr. Herwig Elgeti (Bornkoppelweg 1, 18184 Broderstorf, T: (038204) 6 41 00, Telefax: (038204) 6 41 01)
Vizepräsident(in): Heinz Kolossa (Königsberger Str. 2, 29353 Ahnsbeck, T: (05145) 81 82, Telefax: (05145) 66 41)
Vizepräsident(in): Johann Wenger (Schrobenhausener Str. 7, 86564 Brunnen, T: (08454) 32 18, Telefax: (08454) 38 61)
Vizepräsident(in): Hans Niederdräing (Am Markenwald 16, 45894 Gelsenkirchen, T: (0209) 9 59 29 90, Fax: 9 59 29 91)
Vizepräsident(in): Kurt Holthusen (Dresdener Str. 9, 28816 Stuhr-Brinkum, T: (0421) 89 16 10, Fax: 89 16 12)
Geschäftsführer(in): Dipl.-Ing. agr. Erich A. Lüpken

Landesverbände

h 197

Verband der Kartoffelkaufleute Nord e.V.
Dresdener Str. 9, 28816 Stuhr
T: (0421) 89 16 10   Fax: 89 16 12
Vors. u. GeschF: Kurt Holthusen (Conrad Holthusen GmbH, Paul-Feller-Str. 25, 28199 Bremen, T: (0421) 55 10 37, 55 53 24, Telefax: (0421) 55 53 48)

h 198
Landesverband der Kartoffelkaufleute Weser-Ems e.V.
Rosenstr. 52, 26122 Oldenburg
T: (0441) 2 52 12
Vorsitzende(r): Walter Ulrich
Geschäftsführer(in): Luck

h 199
Verband der Kartoffelkaufleute Niedersachsen e.V.
Südweg 3, 29351 Eldingen
T: (05148) 40 01, 40 02 **Fax:** 40 05
Vorsitzende(r): Joachim Tietjen
Geschäftsführer(in): Heide Homann

h 200
Landesverband der Kartoffelkaufleute Rheinland-Westfalen e.V.
Postf. 30 16 55, 53196 Bonn
T: (0228) 9 75 85-22 **Fax:** 9 75 85-32
E-Mail: erich.luepken@beragrar.de
Vorsitzende(r): Hans Niederdräing
Geschäftsführendes Vorstandsmitglied: Dipl.-Ing. agr. Erich A. Lüpken

h 201
Bundesverband der Agrargewerblichen Wirtschaft e.V. (BVA)
-Landesgruppe Rheinland-Pfalz-
Postf. 30 16 55, 53196 Bonn
Beueler Bahnhofsplatz 18, 53225 Bonn
T: (0228) 9 75 85-0 **Fax:** 9 75 85-30
E-Mail: zentrale@bv-agrar.de
Gruppensprecher: Klaus Maurer
Geschäftsführer(in): Robert Künzel

h 202
VdAW Baden-Württemberg
Wollgrasweg 31, 70599 Stuttgart
T: (0711) 1 67 79-0 **Fax:** 4 58 60 93
Vorsitzende(r): Adolf Kopf
Geschäftsführer(in): Dipl.-Ing. (FH) Erich Reich

h 203
Landhandelsverband Bayern e.V.
Wollgrasweg 31, 70599 Stuttgart
T: (0711) 1 67 79-0 **Fax:** 4 58 60 93
Gruppensprecher: Johann Wenger
Geschäftsführer(in): Dipl.-Ing. (FH) Erich Reich

h 204
Verband der Kartoffelhändler Mecklenburg-Vorpommern e.V.
Bornkoppelweg 1, 18184 Broderstorf
T: (038204) 6 41 00 **Fax:** 6 41 01
Vorsitzende(r): Dr. Herwig Elgeti
Geschäftsführer(in): Elke Meier

h 205
Verband des Kartoffelgroßhandels Sachsen-Anhalt e.V.
Strenzfelder Allee 14, 06406 Bernburg
T: (03471) 35 23 57 **Fax:** 35 26 57
Geschf u. Vorsitzender: Dr. Joachim Witte

● H 206
Bremer Verein der Getreide-Futtermittel-Importeure und -Großhändler e.V.
Postf. 10 66 26, 28066 Bremen
Parkallee 14, 28209 Bremen
T: (0421) 3 49 87 45 **Fax:** 3 49 96 20
Vorsitzende(r): Gustav Schiele (i. Fa. Gustav Schiele, Postf. 10 19 45, 28019 Bremen, Tiefer 10, 28195 Bremen, T: (0421) 36 08 80, Telefax: (0421) 36 08 899)
Geschäftsführer(in): Friedrich Oldekopf
Mitglieder: 60

● H 207
Vereinigung für Getreide- und Produktenhandel in Braunschweig e.V.
Dorfstr. 29, 38114 Braunschweig
T: (0531) 5 51 13, 4 71 52 66 (während d. Börsenzeit)
Fax: 5 30 82
Gründung: 1856 (Januar)
Vorsitzende(r): Peter Rautenschlein, Schöningen
Stellvertretende(r) Vorsitzende(r): Walter Thönebe, Flechtorf
Geschäftsführer(in): Jost-Heinrich Schrader (Mobil: (0171)

5 20 27 13, E-Mail: schrader.co@t-online.de)
Mitglieder: 67
Geschäftsstelle: Dorfstr. 4, 38114 Braunschweig

● H 208
Verband des Deutschen Zuckerhandels e.V.
Raboisen 58, 20095 Hamburg
T: (040) 33 54 25 **Fax:** 32 00 32 66
Gründung: 1947
Internationaler Zusammenschluß: siehe unter izh 360
Vorsitzende(r): Bernd Metelmann (Metelmann Trading GmbH, Am Sandtorkai 4, 20457 Hamburg)
Geschäftsführer(in): Manfred Reimann
Mitglieder: 12
Mitarbeiter: 1

● H 209
Bundesverband des Süßwaren-Groß- und Außenhandels e.V.
Grillparzerstr. 38, 81675 München
T: (089) 4 70 60 93 **Fax:** 4 70 37 83
Internet: http://www.sg-online.de
E-Mail: sg-suesswaren@t-online.de
Vorsitzende(r): Lothar Kempermann, Bad Zwischenahn
Geschäftsführer(in): Hans Strohmaier
Verbandszeitschrift: SG Süßwarenhandel
Verlag: Grillparzerstr. 38, 81675 München

Landesverband

h 210
Gesamtverband des Einzelhandels Land Berlin e.V.
Kurfürstendamm 32, 10719 Berlin
T: (030) 8 81 77 38 5 8 81 18 65
Hauptgeschäftsführer(in): Nils Busch-Petersen

● H 211
Bundesverband der Deutschen Weinkellereien und des Weinfachhandels e.V.
Herzogenbuscher Str. 12, 54292 Trier
E-Mail: bvw@trier.ihk.de
Präsidium:
Vorsitzende(r): Arthur Gesthüsen
Präsidiumsmitglied(er): Bernd Braun-Himmerich (Fa. Gerhardt, Nierstein)
Martin Zotz (79423 Heitersheim)
Roland Joh. Möndel
Franz Stettner jun.
Dr. Herbert Rasenberger
Geschäftsführer(in): Peter Rotthaus (Herzogenbuscher Str. 12, 54292 Trier, T: (0651) 97 77-950, Fax: (0651) 97 77-955, E-Mail: bvw@ihk.trier.de)

Angeschlossen

h 212
Landesverein des Bayerischen Weinhandels e.V.
Dominikanerplatz 4, 97070 Würzburg
T: (0931) 3 55 89 89 **Fax:** 3 55 89 10
Vorsitzende(r): Franz Stettner jun. (Weingroßkellerei Franz Stettner & Sohn GmbH, Stettnerstr. 9-13, 83059 Kolbermoor)
Geschäftsführer(in): RA Wolfgang Pfrang

h 213
Fachgruppe Badischer Weinkellereien im Verband der Agrarg. Wirtschaft (VdAW)
Wollgrasweg 31, 70599 Stuttgart
T: (0711) 16 77 90 **Fax:** 4 58 60 93
Vorsitzende(r): Dr. Erich Müller (in Fa. Adam Müller oHG, Postf. 11 27, 69169 Leimen, T: (06224) 7 10 44)
Geschäftsführer(in): Dipl.-Ing. (FH) Erich Reich, Stuttgart

h 214
Verband der Weingüter und Weinkellereien Rheinhessen-Pfalz e.V.
Talweg 10, 67822 Kalkofen
T: (06362) 39 59 **Fax:** 27 91
Vorsitzende(r): Eberhard Sauer (in Fa. Emil Deutsch GmbH & Co. KG, Neustadt)
Roland Joh. Möndel (76829 Landau)
Geschäftsführer(in): RA Norbert Kroll

h 215
Verband der Weinkellereien Rheinhessen e.V.
Postf. 22 40, 54212 Trier
T: (0651) 97 77-960 **Fax:** 97 77-965
Vorsitzende(r): Wolfgang Trautwein (Lonsheim)
Geschäftsführer(in): Albrecht Ehses

h 216
Verband der Weingüter und Weinkellereien an der Nahe e.V.
An den Nahewiesen 1, 55450 Langenlonsheim
Vorsitzende(r): Horst Dülk (Fa. Ernst G. Beisiegel, Nahestr. 69, 55593 Rüdesheim)
Geschäftsführer(in): Dr. Rasenberger (in Fa. WIV-Wein International, An den Nahewiesen 1, 55450 Langenlonsheim, T: (06721) 9 65-610, Fax: 9 65-682)

h 217
Verband der Weinkellereien-Mittelrhein
Fischelstr. 38, 56068 Koblenz
T: (0261) 1 21 49
Vorsitzende(r): Leo Conzen (Fischelstr. 38, 56068 Koblenz, Postf. 11 60, 56011 Koblenz)

h 218
Verband der Weinkellereien Mosel-Saar-Ruwer e.V.
Postf. 22 40, 54212 Trier
T: (0651) 97 77-960 **Fax:** 97 77-965
Vorsitzende(r): Arthur Gesthüsen (56859 Alf)
Geschäftsführer(in): Albrecht Ehses

h 219
Verband der Hersteller von Perlwein und ähnlichen Erzeugnissen
Rudolf-Diesel-Str. 7-9, 54292 Trier
T: (0651) 2 09 06-0 **Fax:** 2 09 06-54
Vorsitzende(r): Adolf Lorscheider (Rudolf-Diesel-Str. 7-9, 54292 Trier, T: (0651) 2 09 06-0, Fax: (0651) 20 90 61 54)

● H 220
Bundesvereinigung Wein und Spirituosen e.V.
Sonnenberger Str. 46, 65193 Wiesbaden
T: (0611) 52 10 33 **Fax:** 59 97 75
E-Mail: vds-bws@t-online.de
Internationaler Zusammenschluß: siehe unter izh 5, izh 51
Präsident(in): Hans-Jürgen Hertzberg (Jürgen-Wullenwever-Str. 19, 23566 Lübeck, T: (0451) 6 48 71)
Geschäftsführer(in): Ursula Schmitt
Ralf Peter Müller

● H 221
Verband Deutscher Weinexporteure e.V.
Heussallee 26, 53113 Bonn
T: (0228) 22 14 01 **Fax:** 94 93 25 23
E-Mail: vdw-bonn@t-online.de
Internationaler Zusammenschluß: siehe unter izh 6
Präsident(in): Peter Winter (Burg Layen)
Stellv. Präsident: Herbert Reh (Leiwen)
Geschäftsführer(in): Dr. Rudolf Nickenig

● H 222
Verband der Baden-Württembergischen Spirituosenhersteller e.V. (1946)
Werderring 12, 79098 Freiburg
T: (0761) 3 25 12 **Fax:** 3 26 12
Vorsitzende(r): Michael Scheibel (Brennerei E. Scheibel GmbH, 77876 Kappelrodeck)
Nicolaus Schladerer-Ulmann (stellv. Vors., Fa. Alfred Schladerer GmbH, 79219 Staufen)
Mitglieder: 40

● H 223
Bundesverband der Warenautomatenaufsteller e.V. (BWA)
Franz-Mehring-Str. 24, 07545 Gera
T: (0365) 8 00 19 67 **Fax:** 8 55 99 44
Internet: http://www.bwa-ev.de
E-Mail: bwa@geranet.de
Gründung: 1959
Vorstand: Nils Miksch (Vors.)
Jochen Breymann (stellv. Vors.)
Bernd Beyer
Werner Erhardt
Alexander Haeffner
Erich Hilbert
Gerhard Jahn
Geschäftsführer(in): RA Thomas Witt
Verbandszeitschrift: BWA-Rundschreiben
Mitglieder: 220
Mitarbeiter: 8 Incl. RA Büro

● H 224
Bundesverband der hofnahen Düngermischer e.V.
Am Muldedamm 1, 32549 Bad Oeynhausen
T: (05731) 2 93 38 **Fax:** 75 59 77
Gründung: 1981
Vorsitzende(r): Prof. Dr. H. Heege (Institut für landwirtschaftl. Verfahrenstechnik, Universität Kiel, 24098 Kiel)

Leitung Presseabteilung: Helmut Reich
Mitglieder: 117
Jahresetat: DM 0,040 Mio, € 0,02 Mio

● **H 225**

Bundesverband der Baumaschinen-, Baugeräte- und Industriemaschinen-Firmen e.V. (BBI)
Adenauerallee 45, 53113 Bonn
T: (0228) 22 34 69   **Fax:** 22 56 01
Internet: http://www.bbi-online.org
E-Mail: info@bbi-online.org
1. Vorsitzende(r): Claus Städing (i. Fa. HKL Baumaschinen GmbH, 22331 Hamburg)
1. Stellv. Vorsitzender: Friedhelm Krämer (i. Fa. Transtechnik International Import Export GmbH & Co. KG, 45470 Mülheim/Ruhr)
2. Stellv. Vorsitzender: Günter Neuendorf (i. Fa. Bausetra Potsdamer Baumasch. u. Nutzfahrzeuge-Service GmbH, 14478 Potsdam)
3. Stellv. Vorsitzender: Dipl.-Kfm. Franz Häfele (i. Fa. Häfele GmbH Baumaschinen, 80939 München)
Mitglieder: 249

● **H 226**

Mineralölwirtschaftsverband e.V.
siehe F 693

● **H 227**

Interessengemeinschaft Mittelständischer Mineralölverbände e.V.
Breite Str. 29 /Mühlendamm, 10178 Berlin
T: (030) 20 45 12 53   **Fax:** 20 45 12 55
E-Mail: mittelst.mv@t-online.de
Generalbevollmächtigter: Wolfgang Pfletschinger
Zweck der Interessengemeinschaft ist die Vertretung und Wahrung der Interessen der unabhängigen deutschen Mineralölwirtschaft und Flüssiggas-Handels; Information und Meinungsaustausch mit Bundestag und Ministerien

● **H 228**

VEXU - Verband exportierender Unternehmen e.V.
Stolzingstr. 12, 81927 München
T: (089) 91 49 08
Gründung: 1987 (13. Dezember)
Vorsitzende(r): N. N.
Geschäftsführende(s) Vorstands-Mitglied(er): Otto Rintzner (Ltg. Presseabt.), München
Schatzmeister: Walter Kuffner, Vaterstetten
Mitglieder: 154 Firmen
Mitarbeiter: 3
VEXU hat derzeit Repräsentanzen in 12 Ländern.

● **H 229**

Erdölbevorratungsverband Körperschaft des öffentlichen Rechts
Postf. 30 15 90, 20305 Hamburg
T: (040) 35 00 12-0   **Fax:** 35 00 12-49
E-Mail: ebv@ebv-oil.org
Vorstand: Jürgen Jansing
Sanders Schier
Vorratshaltung von Erdöl und Erdölerzeugnissen nach den Bestimmungen des Erdölbevorratungsgesetzes i.d.F. vom 6. April 1998

● **H 230**

Deutscher Verband des Großhandels mit Ölen, Fetten und Ölrohstoffen e.V. (GROFOR)
Adolphsplatz 1 (Börse), 20457 Hamburg
T: (040) 3 69 87 90   **Fax:** 36 98 70 20
E-Mail: info@grofor.de
Internationaler Zusammenschluß: siehe unter izh 284
Vorsitzende(r): Helmut Schwabe, Uetersen
Geschäftsführer(in): Christof Buchholz
Mitglieder: 108

● **H 231**

Interessengemeinschaft Fett e.V.
Kaiserstr. 9, 53113 Bonn
T: (0228) 21 21 85   **Fax:** 21 21 98
E-Mail: fleischmehlindustrie@t-online.de
Vorsitzende(r): Hans-Peter Fuchs (Rotenburger Fleischmehlfabrik Ludwig Fuchs GmbH & Co, Kulmshorn 101, 27356 Rotenburg, T: (04268) 9 31 30, Fax: (04268) 93 13 20)
Geschäftsführer(in): RA Harald Niemann

● **H 232**

Verband der Deutschen Faßverwertungsbetriebe e.V. VDF
Niederkasseler Str. 60, 40547 Düsseldorf
T: (0211) 55 61 66   **Fax:** 55 64 66
Vorsitzende(r): Günter Plath (i. Fa. Friedsam GmbH, Siemensstr. 9, 41542 Dormagen, T: (02133) 79 47-48, Telefax: (02133) 7 12 82)
Geschäftsführer(in): RA Kai Bellwinkel (Niederkasseler Str. 60, 40547 Düsseldorf, T: (0211) 55 61 66, Fax: (0211) 55 64 66)

● **H 233**

Bundes-Verband Dentalhandel e.V.
Salierring 44, 50677 Köln
T: (0221) 2 40 93 42   **Fax:** 2 40 86 70
Internet: http://www.bvdental.de
E-Mail: bvd-verband@netcologne.de
Internationaler Zusammenschluß: siehe unter izg 191
Präsident(in): Bernd Neubauer
Geschäftsführer(in): Winfried Toubartz
Verbandszeitschrift: Dental-Zeitung
Verlag: Oemus-Verlag, Holbeinstr. 29, 04229 Leipzig
Mitglieder: 258
Wahrung und Förderung ideeller und wirtschaftlicher Interessen seiner Mitglieder unter Berücksichtigung seiner Funktion im Leistungsverbund Industrie/Großhandel/Zahnarzt bzw. Zahntechniker. Versorgung der Zahnärzte, Zahntechniker und damit der Bevölkerung.

● **H 234**

Verband des Deutschen Tapetengroßhandels
Postf. 10 15 24, 63015 Offenbach
Kaiserstr. 15, 63065 Offenbach
T: (069) 88 21 19, 88 36 37   **Fax:** 82 16 67
Vorsitzende(r): Erwin Köchl (Nürnberg)
Geschäftsführer(in): Dr. Helmut Reissner
Mitglieder: 20-30

● **H 235**

Bundesfachverband von Großhandels- und Industrieunternehmen der Korkwirtschaft e.V.
Postf. 23 12, 67513 Worms
Bobenheimer Str. 20, 67547 Worms
T: (06241) 3 68 59   **Fax:** 3 81 45
Vorsitzende(r): Hanns F. Mann (Hilgestr. 18, 55294 Bodenheim, Tel: (06135) 25 02)

● **H 236**

Deutscher Kork-Verband e.V.
Schusterstr. 46-48, 55116 Mainz
T: (06131) 2 89 10 38   **Fax:** 2 89 10 90
Internet: http://www.kork.de
E-Mail: info@kork.de
Geschäftsführer(in): Helmut Dieth

● **H 237**

Allgäuer Emmentalerkäseverband e.V.
Tilsiter Str. 16a, 87439 Kempten
T: (0831) 9 10 20   **Fax:** 59 11 99
Vorsitzende(r): Dipl.-Kfm. German Umhau (Geschäftsführer d. Allgäuland-Käsereien GmbH, Postf. 15 33, 88239 Wangen/Allgäu)
Geschäftsführer(in): Dorothea Kästingschäfer (Tilsiter Str. 16 a, 87439 Kempten)

● **H 238**

Bundesverband der Geflügelschlachtereien e.V.
Hinter Hoben 149, 53129 Bonn
T: (0228) 5 30 02 40   **Fax:** 5 30 02 77
E-Mail: Gefluegelwirtschaft@t-online.de
Internationaler Zusammenschluß: siehe unter izh 330
Präsident(in): G. Wagner (Postf. 2 70, 93123 Regenstauf)
Geschäftsführer(in): Dr. Siegfried Hart

● **H 239**

Leistungsgemeinschaft Deutscher Geflügelerzeuger
Hinter Hoben 149, 53129 Bonn
T: (0228) 5 30 02 41   **Fax:** 5 30 02 77
E-Mail: Gefluegelwirtschaft@t-online.de
Gründung: 1985 (1. Jan.)
Geschäftsführer(in): Dr. Siegfried Hart
Mitglieder: 28

● **H 240**

Bundesverband bäuerlicher Junggeflügelmäster e.V.
Hinter Hoben 149, 53129 Bonn
T: (0228) 5 30 02 41   **Fax:** 5 30 02 77
E-Mail: Gefluegelwirtschaft@t-online.de
Präsident(in): Cord H. zum Felde (Chaussee 11, 21702 Bokel-Ahlerstedt)
Geschäftsführer(in): Dr. Siegfried Hart

● **H 241**

Vereinigung von Erzeugergemeinschaften bäuerlicher Junggeflügelmäster e. V.
Hinter Hoben 149, 53129 Bonn
T: (0228) 5 30 02 41   **Fax:** 5 30 02 77
E-Mail: Gefluegelwirtschaft@t-online.de
Vorsitzende(r): Cord H. zum Felde (Chaussee 11, 21702 Bokel-Ahlerstedt)
Geschäftsführer(in): Dr. Siegfried Hart

● **H 242**

Arbeitsgemeinschaft Deutsche Schlachtgeflügelwirtschaft
Hinter Hoben 149, 53129 Bonn
T: (0228) 5 30 02 41   **Fax:** 5 30 02 77
E-Mail: Gefluegelwirtschaft@t-online.de
Geschäftsführer(in): Dr. Siegfried Hart

● **H 243**

Verband Deutscher Putenerzeuger e.V.
Hinter Hoben 149, 53129 Bonn
T: (0228) 5 30 02 41   **Fax:** 5 30 02 77
E-Mail: Gefluegelwirtschaft@t-online.de
Vorsitzende(r): Dipl.-Ing. agr. Klemens Heitmann (Wieningen 22, 48351 Everswinkel)
Geschäftsführer(in): Dr. Siegfried Hart

● **H 244**

Leistungsgemeinschaft Deutsches Ei
Hinter Hoben 149, 53129 Bonn
T: (0228) 5 30 02 41   **Fax:** 5 30 02 77
E-Mail: gefluegelwirtschaft@t-online.de
Vorsitzende(r): Gert Stüke
Geschäftsführer(in): Dr. Thomas Janning

● **H 245**

Fachgruppe Importeure und Großhändler von Fischmehl und anderen tierischen Futtermitteln des Vereins der Getreidehändler der Hamburger Börse e.V.
Börse, Kontor 24
Adolphsplatz 1, 20457 Hamburg
T: (040) 36 98 79-0   **Fax:** 36 98 79-20
Internet: http://www.vdg-ev.de
E-Mail: info@vdg-ev.de
Gründung: 1868
Vorsitzende(r): Eberhard Wienholt
Geschäftsführer(in): Christof Buchholz
Mitglieder: 17
Mitarbeiter: 7

● **H 246**

Bundesmarktverband für Vieh und Fleisch
Godesberger Allee 142-148, 53175 Bonn
T: (0228) 81 98-201   **Fax:** 81 98-301
Gründung: 1952
Vorsitzende(r): Wilhelm Niemeyer (Münsterstr. 5, 49176 Hilter)
Geschäftsführer(in): Dr. Richard Bröcker (Godesberger Allee 142 - 148, 53175 Bonn)
Mitglieder: 12

Mitgliedsverbände

Deutscher Bauernverband e. V., Bonn
Verband der Landwirtschaftskammern, Bonn
Arbeitsgemeinschaft Deutscher Tierzüchter e. V., Bonn
Deutscher Vieh- und Fleischhandelsbund e. V., Bonn
Deutscher Raiffeisenverband e. V., Bonn
Verband des Deutschen Groß- und Außenhandels mit Vieh und Fleisch e. V., Bonn
Deutscher Fleischerverband Frankfurt/Main
Bundesfachverband Fleisch e.V., Ladenburg
Bundesverband der Deutschen Fleischwarenindustrie, Bonn
Bundesverband der Versandschlachtereien, Bonn
Deutscher Gewerkschaftsbund, Hamburg
Deutscher Hausfrauenbund, Bonn

● **H 247**

Verband der Fleischwirtschaft e.V. (VDF)
Schedestr. 11, 53113 Bonn
T: (0228) 9 14 24-0   **Fax:** 21 02 00
E-Mail: info@v-d-f.de
Vorsitzende(r): Manfred Härtl
Paul Brand
Hauptgeschäftsführer(in): Dr. Heike Harstick

● **H 248**
Kaffee-Verein Bremen e.V.
Postf. 10 43 44, 28043 Bremen
Knochenhauerstr. 18-19, 28195 Bremen
T: (0421) 17 14 16   **Fax:** 1 81 80
Vorsitzende(r): Klaus Claussen (i. Fa. Claussen & Co., Tx: 244 335 cafim)

● **H 249**
Verein der am Caffeehandel betheiligten Firmen
Pickhuben 3, 20457 Hamburg
T: (040) 36 58 78   **Fax:** 36 51 92
Gründung: 1886
Vorsitzende(r): Harry Lausch

● **H 250**
Verein der Hamburger Caffeeimport-Agenten und -Makler e.V.
c/o Eugen Atté GmbH
Am Sandtorkai 4-5, 20457 Hamburg
T: (040) 37 86 20-0   **Fax:** 37 86 20-22
E-Mail: eugenatte@coffeeagents.com
Präsident(in): Joachim C. Becker (i. Fa. Eugen Atté GmbH)
Vizepräsident(in): Claus Hansen (i.Fa. Freidr. Mau KG)

● **H 251**
Verein der am Rohkakaohandel beteiligten Firmen e.V.
Gotenstr. 21 II, 20097 Hamburg
T: (040) 23 60 16-25   **Fax:** 23 60 16-10, 23 60 16-40
E-Mail: kakao@wga-hh.de
Gründung: 1911
Internationaler Zusammenschluß: siehe unter izh 276
Vorsitzende(r): Andreas Christiansen
Geschäftsführer(in): Dr. Rodger Wegner
Mitglieder: 28

● **H 252**
Deutscher Teeverband e.V.
Gotenstr. 21, 20097 Hamburg
T: (040) 23 60 16-0   **Fax:** 23 60 16 10
Internet: http://www.teeverband.de
E-Mail: contact@tee.wga-hh.de
Internationaler Zusammenschluß: siehe unter izf 1055
Vorsitzende(r): Jochen Spethmann
Geschäftsführer(in): RA'in Dr. Monika Beutgen

● **H 253**
Deutscher Travel Retail Verband e.V.
Vorsetzen 34, 20459 Hamburg
T: (040) 36 37 51   **Fax:** 37 51 96 60
Gründung: 1987 (27. August)
Präsident(in): Gunnar Heinemann (Gebr. Heinemann)
Vizepräsident(in): Günther Becker (Förde-Reederei-Seetouristik)
Jürgen Jost (Eurocos Cosmetic GmbH)
Geschäftsführer(in): Dr. Christian Breitzke
Mitglieder: 30

● **H 254**
Verband des Deutschen Cash and Carry-Großhandels e.V.
Adenauerallee 45, 53113 Bonn
T: (0228) 22 20 88   **Fax:** 22 34 48
Vorsitzende(r): Adalbert Wiese
Geschäftsführer(in): Dipl.-Kfm. RA Jürgen Bongert

● **H 255**
Süßstoff-Verband e.V.
Edmund-Rumpler-Str. 6, 51149 Köln
T: (02203) 93 29 32   **Fax:** 93 29 34
Internet: http://www.suessstoff-verband.de
E-Mail: Suessstoff-Verband@t-online.de
Vorsitzende(r): Rainer Jahn, Berlin
Stellvertretende(r) Vorsitzende(r): Matthias Storb, Köln
Geschäftsführer(in): Heidrun Mund, Köln

● **H 256**
Verband der Vertriebsstellen für Alkohol e.V.
Wiedenbrücker Str. 35-37, 59555 Lippstadt
T: (02941) 66 99-0   **Fax:** 66 99 33
Vorsitzende(r): Dipl.-Brennmeister Mathias Berkel (Erbachstr. 18, 67065 Ludwigshafen)
Mitglieder: 46

● **H 257**
Verband der Hopfenkaufleute und Hopfenveredler e.V.
Postf. 11 08, 85261 Pfaffenhofen
Hauptplatz 14, 85276 Pfaffenhofen
T: (08441) 60 35   **Fax:** 80 53 80
E-Mail: Hopfenhandel@t-online.de
Vorsitzende(r): Peter Barth
Ulrich Linnepe
Geschäftsführer(in): RA Josef Grauvogl

● **H 258**
Bund Deutscher Rauhfutter-, Fourage- u. Torf-Händler e.V.
Sitz Köln
Im Schellental 6, 50259 Pulheim
T: (02238) 20 81 (Betrieb), (02238) 39 02 (Privat)
Fax: 1 44 75
Gründung: 1902
Präs. u. Geschf.: Ing. Michael Rabenhorst
Mitglieder: ca. 100

● **H 259**
Verein Deutscher Kohlenimporteure e. V.
Schauenburgerstr. 6, 20095 Hamburg
T: (040) 32 74 84   **Fax:** 32 67 72
Internet: http://www.kohlenimporteure.de
E-Mail: verein-kohlenimporteure@t-online.de
Gründung: 1896
Vorsitzende(r): Dr. Johannes Lambertz (RV Rheinbraun Handel und Dienstleistungen GmbH, Köln)
Stellvertretende(r) Vorsitzende(r): Dr. Ingo Batzel (Thyssen Krupp Stahl AG, Duisburg)
Geschäftsführer(in): Dipl.-Volksw. Ernst-Otto Kantelberg
Mitglieder: 29 (1.1.2001)

● **H 260**
Edelstahl-Vereinigung e.V.
Postf. 10 22 05, 40013 Düsseldorf
Sohnstr. 65, 40237 Düsseldorf
T: (0211) 67 07-0   **Fax:** 67 07-693
Vorsitzende(r): Dr. Ulrich Lindenberg
Geschäftsführer(in): Klaus Linack

● **H 261**
Edelstahlhandels-Vereinigung
Grafenberger Allee 60, 40237 Düsseldorf
T: (0211) 68 78 31-0   **Fax:** 68 78 31-28
Internet: http://www.stahl-online.de/ehv
E-Mail: ehv@uumail.de
Vorsitzende(r): Willi Schiller (c/o Thyssen Schulte GmbH, Hans-Günther-Sohl-Str. 1, 40235 Düsseldorf, T: (0211) 9 67-0)
Geschäftsführer(in): Walter Wrischnig

h 262
Fachvereinigung Edelstahlhandel Baden-Württemberg
Max-Eyth-Str. 5, 75428 Illingen
T: (07042) 2 20 49   **Fax:** 28 87 19
Vorsitzende(r): Alfred Pommerenke (i.Fa. ALPO Edelstahl, Illingen)

h 263
Fachvereinigung Edelstahlhandel Bayern e.V.
Winterhäuser Str. 106, 97084 Würzburg
T: (0931) 6 14 12 11   **Fax:** 61 19 15
Vorsitzende(r): Nicolas H. Neuwirth (i. Fa. Klöckner Stahlhandel, Würzburg)

h 264
Fachvereinigung Edelstahlhandel Berlin
Friedrich-Krause-Ufer 16-21, 13353 Berlin
T: (030) 3 90 01-1   **Fax:** 3 90 03-315
Vorsitzende(r): Alexander Wolf (i.Fa. Thyssen Eisen und Stahl GmbH, Berlin)

h 265
Fachvereinigung Edelstahlhandel Mitteldeutschland
Zschortauer Str. 105, 04129 Leipzig
T: (0341) 9 17 47-00   **Fax:** 9 17 47-77
Vorsitzende(r): Dr. Wolfgang Gröger (i. Fa. Thyssen Edelstahl Service GmbH, Leipzig)

h 266
Fachvereinigung Edelstahlhandel Niedersachsen
Robert-Bosch-Str. 1, 38112 Braunschweig
T: (0531) 21 32-0   **Fax:** 21 32-105
Vorsitzende(r): Karsten Klonnek (i.Fa. Thyssen Wullbrandt + Seele GmbH, Braunschweig)

h 267
Fachvereinigung Edelstahlhandel Norddeutschland
Ikarusallee 5a, 30179 Hannover
T: (0511) 9 63 61 11   **Fax:** 9 63 64 13
Vorsitzende(r): N.N.

h 268
Fachvereinigung Edelstahlhandel Nordrhein-Westfalen
Europaallee 12-14, 50226 Frechen
T: (02234) 9 58 60   **Fax:** 9 58 61 12
Vorsitzende(r): Jürgen Staub (i. Fa. Klöckner Stahlhandel, Frechen)

h 269
Fachvereinigung Edelstahlhandel Südwest
Kruppstr. 100-104, 60388 Frankfurt
T: (069) 9 42 11 37 10   **Fax:** 94 21 37 55
Vorsitzende(r): Horst Röwenstrunk (i. Fa. Stappert Spezial-Stahl Handel GmbH, Frankfurt)

● **H 270**
Verband der Fachgroßhändler der Schweiß- und Schneidtechnik e.V. (VFSS)
Asternweg 43, 50259 Pulheim
T: (0221) 17 77-320   **Fax:** (02238) 30 46 88
Vorsitzende(r): Roland Wirth, Reutlingen
Geschäftsführer(in): Gerd Rödder
Mitglieder: 75

● **H 271**
Verband der Eisenwarenhändler e.V. (VdE)
Postf. 10 18 23, 66018 Saarbrücken
Feldmannstr. 26, 66119 Saarbrücken
T: (0681) 9 27 17-0   **Fax:** 9 27 17-10
Internet: http://www.einzelhandel-saarland.de
E-Mail: SaarHandel@aol.com
Vorsitzende(r): Werner Leinen
Geschäftsführer(in): Dipl.-Vw. Werner Thau

● **H 272**
Fachverband des Deutschen Schrauben-Großhandels e.V. (FDS)
Hans-Böckler-Str. 19, 53225 Bonn
T: (0228) 47 90 87   **Fax:** 47 90 89
Gründung: 1980
1. Vorsitzende(r): Dr. Florian Seidl (Fa. Keller & Kalmbach GmbH, Paul-Gerhardt-Allee 4-10, 81245 München, T: (089) 83 95-0, Telefax: (089) 8 39 52 67)
Stellvertretende(r) Vorsitzende(r): Bernhard Berrang (Fa. Karl Berrang GmbH, Helmertstr. 1, 68219 Mannheim, T: (0621) 87 86-0, Telefax: (0621) 8 78 64 00)
Heinrich Drünkler (Fa. Heinrich Drünkler GmbH & Co. KG, Gewerbestr. 18-20, 58285 Gevelsberg, T: (02332) 7 89-0, Telefax: (02332) 7 89-1 65)
Horst Eicken (Fa. Gebler + Vagedes Vertriebs GmbH, Karlstr. 11, 58135 Hagen, T: (02331) 47 04-0, Telefax: (02331) 47 04-18)
Gerald Hering (Fa. F. Gross GmbH & Co., Daimlerstr. 8, 70771 Leinfelden-Echterdingen, T: (0711) 16 04-0, Telefax: (0711) 16 04-22)
Hartwig Müggenburg (Fa. F. Reyher Nchfg., Haferweg 1, 22769 Hamburg, T: (040) 8 53 63-0, Telefax: (040) 8 53 62 08)
Bernd K. Stapf (Fa. Borstlap B.V., Zevenheuvelenweg 44, NL-5048 AN Tilburg, T: (003113) 5 94 12 34, Telefax: (003113) 5 94 12 12)
Geschäftsführer(in): Dipl.-Volksw. Reiner Rienermann
Mitglieder: 40

● **H 273**
Verband der Importeure von Kraftfahrzeugen e.V. (VDIK)
Postf. 24 14, 61294 Bad Homburg
Kirdorfer Str. 21, 61350 Bad Homburg
T: (06172) 98 75-0   **Fax:** 98 75-20
Internet: http://www.vdik.de
E-Mail: office@vdik.de
Gründung: 1952
Präsident(in): Volker Lange
Geschäftsführer(in): Dr. Thomas Almeroth
Presse/PR/Messen: Ellen Weirich

Mitglieder: 32 Unternehmen, die den Automobilimport in der Bundesrepublik Deutschland aufgrund Vertrages mit dem ausländischen Automobilhersteller betreiben, fast durchweg als dessen Tochter- oder Beteiligungsgesellschaft.

● H 274
Arbeitskreis freier Sanitär-Röhrenhändler e.V. (ASR)
Viktoriastr. 27, 53173 Bonn
Vorsitzende(r): Werner A. Hoeck
Mitglieder: 100

● H 275
Deutscher Holzmastenverband e.V.
Theresienstr. 29 II, 80333 München
T: (089) 28 66 26-0   **Fax:** 28 66 26-66

● H 276
Verein der am Kautschukhandel beteiligten Firmen e.V.
c/o Nordmann, Rassmann GmbH & Co.
Kajen 2, 20459 Hamburg
T: (040) 3 68 72 02   **Fax:** 36 12 91 60
Vorsitzende(r): Edgar E. Nordmann (i.Fa. Nordmann, Rassmann GmbH & Co., Kajen 2, 20459 Hamburg)
Geschäftsführer(in): Günther Döring

● H 277
Pestizid Aktions-Netzwerk e.V. (PAN Germany)
Nernstweg 32, 22765 Hamburg
T: (040) 39 91 91 00   **Fax:** 3 90 75 20
Internet: http://home.t-online.de/home/pan-germany/
E-Mail: pan-germany@t-online.de
Gründung: 1984 (September)
Vorsitzende(r): Dr. Rolf Altenburger
Gertraud Gauer-Süß
Geschäftsführer(in): Carina Weber
Verbandszeitschrift: PAN Pestizid-Brief
Redaktion: Carina Weber, Gabriela Strobel
Verlag: PAN, Nernstweg 32, 22765 Hamburg
Mitglieder: 300 Organisationen in 50 Ländern

● H 278
Bundesverband der Arzneimittel-Importeure
Am Gänselehen 4-6, 83451 Piding
T: (08651) 96 47-0   **Fax:** 96 47-29
Gründung: 1982 (9. Nov.)
Vorsitzende(r): Apotheker Andreas Mohringer (Geschf. der Eurim-Pharm GmbH)
Stellvertretende(r) Vorsitzende(r): Detlev Hardt (Geschf. der Beragena Arzneimittel GmbH)
Frank Nauert (Geschf. der Pharma Westen GmbH)
Mitglieder: 4

● H 279
Vereinigung von Grossisten für Photo und Imaging e.V. (VGP)
Freiligrathring 18-20, 40878 Ratingen
T: (02102) 20 27-0   **Fax:** 20 27-90
Vorsitzende(r): Wilfried Bening, Bremen
Geschäftsführer(in): H. J. Blömer, Ratingen
Leitung Presseabteilung: H. J. Blömer
Mitglieder: 8

● H 280
Bundesverband grafischer Systemhäuser e.V.
c/o Fa. Hanns A. Neeb
Grafische Fachgroßhandels-Gesellschaft mbH
Postf. 70 01 40, 63426 Hanau
Darmstädter Str. 86 u. 109, 63456 Hanau
T: (06181) 9 64 01-0   **Fax:** 9 64 01-20
Vorsitzende(r): Thomas Neeb

● H 281
Verein der Deutschen Papier-Importeure e.V.
Gotenstr. 21 II, 20097 Hamburg
T: (040) 23 60 16-25   **Fax:** 23 60 16-10, 23 60 16-40
E-Mail: vdpi@wga-hh.de
Vorstand: Wolfgang Friederichsen (i. Fa. Gratenau & Hesselbacher, Klosterwall 2, 20095 Hamburg, T: (040) 33 97 90, Fax: 33 97 91 39)
Geschäftsführer(in): Dr. Rodger Wegner
Mitglieder: 12

● H 282
Fachhandelsverband Fasern, Federn, Haare und deren Erzeugnisse e.V.
Gotenstr. 21 II, 20097 Hamburg
T: (040) 23 60 16-0   **Fax:** 23 60 16 10
E-Mail: ffh@wga-hh.de
Vorsitzende(r): Andreas Traut (i. Fa. C. Melchers GmbH & Co., Postf. 10 33 29, 28033 Bremen)
Geschäftsführer(in): RA Lutz Düsshop

● H 283
FSA Fachverband Seile und Anschlagmittel e.V.
Prinz-Georg-Str. 106, 40479 Düsseldorf
T: (0211) 44 53 22   **Fax:** 46 09 19
Gründung: 1947
Vorsitzende(r): Dieter Stauske (i. Fa. Pfeifer Seil- und Hebetechnik GmbH, Dr.-Karl-Lenz-Str. 66, 87700 Memmingen)
Geschäftsführer(in): Dr. Rolf Schäfer
Mitglieder: 40

● H 284
Fachverband Shop + Display e.V.
Martinskirchstr. 51, 60529 Frankfurt
T: (069) 35 73 02   **Fax:** 35 73 04
Vorsitzende(r): Jörg Hölter, 45127 Essen
Geschäftsführer(in): Dipl.-Volksw. Dr. Lothar M. Schmid

● H 285
Zentralverband Naturdarm e.V.
Gotenstr. 21, 20097 Hamburg
T: (040) 23 60 16-0   **Fax:** 23 60 16 10
Internet: http://www.naturdarm.de
E-Mail: zvn@wga-hh.de
Internationaler Zusammenschluß: siehe unter izh 179
Vorsitzende(r): Martin Wessling (i. Fa. Carl v. Michalkowski, Rödingsmarkt 35, 20459 Hamburg, Postf. 11 10 68, 20410 Hamburg)
Geschäftsführer(in): Dr. Monika Beutgen
Mitglieder: ca. 60

h 286
Zentralverband Naturdarm e.V.
Landesgruppe Westdeutschland
Dissener Str. 5, 33775 Versmold
Vorsitzende(r): Reiner Jürging (i. Fa. Jürging GmbH & Co., Dissener Str. 5, 33775 Versmold)

h 287
Zentralverband Naturdarm e.V.
Landesgruppe Süddeutschland
Heilbronner Str. 12, 74388 Talheim
Vorsitzende(r): Udo Bierhalter

● H 288

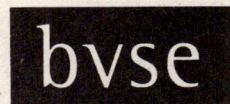

dasRECYCLINGnetz
bvse-Bundesverband Sekundärrohstoffe und Entsorgung e.V.
Hohe Str. 73, 53119 Bonn
T: (0228) 9 88 49-0   **Fax:** 9 88 49-99
Internet: http://www.bvse.de
E-Mail: info@bvse.de
Gründung: 1949
Präsident(in): Hans-Jürgen Cierzon (KG Ludwig Melosch, Vertriebs-GmbH & Co., Hamburg)
Hauptgeschäftsführer(in): Dipl.-Volksw. Hans-Günter Fischer
Vorstand Landesgruppenvorsitzende
Baden-Württemberg Wolfgang Müller (Henry Degenkolbe GmbH & Cie., Postfach 50 02 63, 70332 Stuttgart, Lagerplatzstr. 6, 70372 Stuttgart, T: (0711) 95 45 30, Fax: 56 76 68)
Bayern Thomas Zellner (Zellner Recycling GmbH, Ditthornstr. 24, 93055 Regensburg, T: (0941) 60 40- 30, Fax: 60 40-349)
Berlin Andreas Siepelt (Bartscherer & Co. Recycling GmbH, Montanstr. 17-21, 13407 Berlin, T: (030) 40 88 93-0, Fax: 40 88 93-33)
Brandenburg Dr. Detlef Oertel (GRIAG Glasrecycling AG, Temnitz-Park-Chaussee 41, 16818 Werder/Neuruppin, T: (033920) 70-385, Fax: 70-387)
Bremen Björn Becker (becker + brügesch Entsorgungs GmbH, Postfach 14 01 09, 28088 Bremen, Barkhausenstr. 1, 28197 Bremen, T: (0421) 52 16-30, Fax: 52 16-312)
Hamburg Volker Henning (Emil Henning GmbH, Süderstr. 185, 20537 Hamburg, T: (040) 25 17 28-0, Fax 25 17 28-25)
Hessen Manfred Reinwald (Reinwald Wertstoff-Recycling GmbH, Postfach 55 02 04, 60401 Frankfurt/M., Tituscorso 26, 60439 Frankfurt/M.; T: (069) 95 80 35-0, Fax: 95 80 35-15)
Mecklenburg-Vorpommern Sigrun Reese (Smiton Recycling GmbH, Postfach 12 32, 17382 Anklam, Industriestr. 8, 17389 Anklam, T: (03971) 20 74-0, Fax: 20 74-26)
Niedersachsen Wolfgang Tackenberg (HVB-Holler Verwaltungs- und Beteiligungs-GmbH & Co.KG, Postfach 91 04 42, 30424 Hannover, Davenstedter Str. 136, 30453 Hannover, T: (0511) 2 11 05 11, Fax: 2 10 95 74)
Nordrhein-Westfalen Alfred Voßschulte jr. (E. Huchtemeier GmbH & Co. KG, Schleefstr. 1, 44287 Dortmund, T: (0231) 44 94-0, Fax: 44 94-111)
Rheinland-Pfalz Jürgen Teutloff (Teutloff Recycling GmbH, Breslauer Str. 53, 56566 Neuwied, T: (02631) 39 13-0, Fax: 39 13-39)
Saarland Horst Schmidt (Eugen Schmidt GmbH, Behrener Str. 12, 66117 Saarbrücken, T: (0681) 5 84 00-0, Fax: 58 51 19)
Sachsen Bernd Grübler (Kreislaufwirtschaft GRÜBLER GmbH & Co. KG, Alte Bahnhofstr. 43 b, 09488 Wiesa, T: (03733) 50 30, Fax 50 32 22)
Sachsen-Anhalt Peter J. Obieglo (C.A.R.E., Dömikenweg 1, 06179 Teutschenthal/Bahnhof, T: (034601) 3 25-0, Fax: 3 25-12)
Schleswig-Holstein Hans-Jürgen Friedeheim (Grenz-Entsorgungs-GmbH, Im Strange 1, 21493 Schwarzenbek, T: (04151) 61 46, Fax: 61 46)
Thüringen Wolfgang Hiller (Ostthüringer Recycling- und Handels-GmbH Gera, Auenstr. 55, 07552 Gera-Langenberg, T: (0365) 43 75-90, Fax: 43 75-938)
Leitung Presseabteilung: Achim Hallerbach
Verbandszeitschrift: bvse-Info
Redaktion: Achim Hallerbach, Michael Klein
Verlag: bvse-recyconsult GmbH, Hohe Str. 73, 53119 Bonn
Mitglieder: ca. 700
Sekundärrohstoffspezifische bvse-Gremien:
Fachvereinigungen: Papierrecycling, Glasrecycling, Kunststoffrecycling, Stahl-, Metall-, Kfz- und Elektronikschrottrecycling, Sonderabfallwirtschaft, Textilrecycling
Ausschüsse: „Kreislaufwirtschaft", „Akten- und Datenträgervernichtung", „Altholz-Recycling", „Bioabfälle", „Altöl", „Restabfall"

Der bvse steht für die Wahrnehmung, Förderung und Austausch der gemeinsamen ideellen, wirtschaftlichen, technischen und sozialen Interessen der Sekundärrohstoff- und Entsorgungswirtschaft; Vertretung gegenüber Politik, Behörden, vor- und nachgelagerten Wirtschaftsstufen sowie der Öffentlichkeit und anderen wirtschaftlichen Vereinigungen; Beratung der Mitglieder in allgemeinen wirtschaftlichen und branchenspezifischen Fragen, Förderung der Mitglieder und Hebung ihres Leistungsstandes; Aus- und Fortbildung, Fachtagungen für die Sekundärrohstoff- und Entsorgungswirtschaft.

Weitere bvse-Fachverbände

h 289
bvse-Fachvereinigung Papierrecycling
Hohe Str. 73, 53119 Bonn
T: (0228) 9 88 49-14   **Fax:** 9 88 49-99
Vorsitzende(r): Udo Grumbach (Grumbach GmbH & Co. KG, Harsewinkel)
Referent: Thomas Braun (Geschäftsführer)

h 290
bvse-Fachvereinigung Glasrecycling
Hohe Str. 73, 53119 Bonn
T: (0228) 9 88 49-41   **Fax:** 9 88 49-99
Vorsitzende(r): Bernhard Reiling jun. (Fa. Bernhard Reiling Glas-Recycling, Marienfeld)
Referent: Andreas Habel

h 291
bvse-Fachvereinigung Kunststoffrecycling
Hohe Str. 73, 53119 Bonn
T: (0228) 9 88 49-20   **Fax:** 9 88 49-99
Vorsitzende(r): Herbert Snell (Multi Pet GmbH, Bernburg)
Referentin: Dr. Beate Kummer (Geschäftsführerin)

h 292
bvse-Fachvereinigung Stahl-, Metall-, Kfz- und Elektronikschrottrecycling
Hohe Str. 73, 53119 Bonn
T: (0228) 9 88 49-25   **Fax:** 9 88 49-99
Vorsitzende(r): Klaus Hennemann (IGE Hennemann-Elektronikrecycling, Espelkamp)
Referent: Andreas Habel

h 293
Bildungszentrum bvse-recyconsult GmbH
Hohe Str. 73, 53119 Bonn
T: (0228) 9 88 49-19   **Fax:** 9 88 49-99
Leiter(in): Silke Casamassa

h 294
bvse-Entsorgergemeinschaft e.V.
Hohe Str. 73, 53119 Bonn
T: (0228) 9 88 49-0   **Fax:** 9 88 49-99
Vorsitzende(r): Hans-Joachim Kampe (A & P Drekopf GmbH & Co. KG, Mönchengladbach)
Geschäftsführer(in): Achim Hallerbach

h 295
bvse-Fachvereinigung Sonderabfallwirtschaft
Hohe Str. 73, 53119 Bonn
T: (0228) 9 88 49-20   **Fax:** 9 88 49-99
Vorsitzende(r): Werner Schmidt (Hans Schmidt GmbH & Co. KG, Fürth)
Referentin: Dr. Beate Kummer (Geschäftsführerin)

h 296
bvse-Fachvereinigung Textilrecycling
Hohe Str. 73, 53119 Bonn
T: (0228) 9 88 49-25   **Fax:** 9 88 49-99
Vorsitzende(r): Volker Blume (Johann Mintrop GmbH, Wiesbaden)
Referent: Egmont Schmitz

● H 297
Fachverband Textil-Recycling e.V.
Waiblinger Str. 11, 70372 Stuttgart
T: (0711) 55 14 41   **Fax:** 5 09 42 59
Internet: http://www.fachverband-textil-recycling.de
E-Mail: fachverband@t-online.de
Gründung: 1948
1. Vorsitzende(r): Michael Sigloch (c/o Fa. Gras und Sigloch, Ritterstr. 15, 74523 Schwäbisch-Hall)
Geschäftsführer(in): RA Alexander Gläser
Mitglieder: 82
Jahresetat: DM 0,170 Mio, € 0,09 Mio

● H 298
Bundesverband Altöl e.V. (BVA)
Pirschgang 42, 15745 Wildau
T: (03375) 5 20-788   **Fax:** 5 20-789
Gründung: 1985 (Mai)
Internationaler Zusammenschluß: siehe unter izf 493
Präsident(in): Dipl.-Kaufm. Dieter Uffmann
Geschäftsführer(in): Dipl.-Ing. Oec. Horst Laneus
Mitglieder: 42

● H 299
Bundesverband Ölfilterverwertung e.V. (BÖV)
Pirschgang 42, 15745 Wildau
T: (03375) 52 07 87   **Fax:** 52 07 89
Vorsitzende(r): Dipl.-Ing. Oec. Horst Laneus

● H 300
BDSV - Bundesvereinigung Deutscher Stahlrecycling- und Entsorgungsunternehmen
Berliner Allee 48, 40212 Düsseldorf
T: (0211) 82 89 53-0   **Fax:** 82 89 53-20
Internet: http://www.bdsv.de
E-Mail: zentrale@bdsv.de
Internationaler Zusammenschluß: siehe unter izf 1043
Präsident(in): Dipl.-Kfm. Jürgen Karle (c/o JKS Jürgen Karle Entsorgung und Recycling GmbH, Innerer Nordbahnhof 62, 70191 Stuttgart, T: (0711) 25 94 67 18, Fax: (0711) 25 94 67 99)
Geschäftsf. Präsidiumsmitglied: Dipl.-Kfm. Rolf Willeke
Geschäftsführer(in): Ass.-jur. Ulrich Leuning
Leitung Presseabteilung: Birgit Guschall-Jaik
Verbandszeitschrift: Stahlrecycling und Entsorgung
Redaktion: BDSV Geschäftsstelle
Verlag: Reed Elsevier, Postf. 20 16 63, 80016 München
Mitglieder: rund 700

Landesgruppe Nord
Landesgruppe Ost
Landesgruppe West
Landesgruppe Südwest
Landesgruppe Süd
Fachgruppe Autorückmontage (FAR) in der Bundesvereinigung Deutscher Stahlrecycling- und Entsorgungsunternehmen e. V.
Fachgruppenvorsitzender: Siegfried Kohl, c/o Schmitt-Abschleppdienst, Nürnberger Str. 115, 97076 Würzburg, T: (0931) 2 79 79 10, Fax: (0931) 2 79 79 79

Fachgruppe Shredder (FAS) in der Bundesvereinigung Deutscher Stahlrecycling- und Entsorgungsunternehmen e.V.
Fachgruppenvorsitzende: Claudia Mainz, c/o Rohstoff-Recycling-Osnabrück GmbH (RRO), Postfach 1614, 49114 Georgsmarienhütte, T: 0541) 96 12 40, Fax: 9 61 24 50

Fachausschüsse bestehen für die Bereiche: Markt und Betriebswirtschaft, Technik, Umwelt, Entsorgung und Qualitätswesen, legierter Stahlschrott sowie Abbruch und Sanierung.

Zweck des Verbandes ist die Wahrung und Förderung der gemeinsamen Belange der Mitgliedsunternehmen, die im Bereich der Stahl-Recycling-Wirtschaft, einschließlich des Auto- und Elektronikschrott-Recyclings und weitere Entsorgungsdienstleistungen tätig sind.

● H 301
Qualitätssiegel Kältemittelentsorgung e.V.
Wilhelm-Busch-Str. 18, 30167 Hannover
T: (0511) 70 15 50   **Fax:** 7 01 55 32
Gründung: 1989 (26. April)
Vorsitzende(r): Bundesinnungsverband des Deutschen Kälteanlagenbauer-Handwerks
Geschäftsführer(in): Dipl.-Ing. Johann-Georg Münder (Heinz-Piest-Institut für Handwerkstechnik)
Mitglieder: 7
Angeschl. Organisationen: 149
Mitarbeiter: 1

● H 302
EXPORT - CLUB BAYERN e.V.
Vereinigung für die Wirtschaft
Postf. 20 07 36, 80007 München
Max-Joseph-Str. 5, 80333 München
T: (089) 5 51 78-560   **Fax:** 5 51 78-566
Internet: http://www.export-club.de
E-Mail: info@export-club.org
Gründung: 1948
Ehrenpräs.: Dr. Paul Dax
Ehrenmitglied: S.K.H. Franz Herzog von Bayern
Dr.-Ing. E.h. Eberhard von Kuenheim
Dr. Arno Puhlmann
Präsident(in): Manfred Wutzlhofer
Vizepräsident(in): Utz-Dieter Bolstorff
Dr. Reinhold Braun
Dr. H. A. Frhr. von Hebenstreit
Dipl.-Ing. Bernd Pantze
Dr. Marianne Schramm
Manfred Wutzlhofer
Geschäftsführer(in): Dipl.-Volksw. J. Peter Erwand
Leitung Presseabteilung: Sibylla Huster
Verbandszeitschrift: „ECCE" Jahreszeitung des Juniorenkreises im Export-Club Bayern e.V.
Redaktion: Sibylla Huster, Valentina v. Tulechov
Mitglieder: rd. 850
Mitarbeiter: 3 (Geschäftsstelle)

● H 303
Exportausschuß Keramik
Postf. 16 24, 95090 Selb
Schillerstr. 17, 95100 Selb
T: (09287) 80 80   **Fax:** 7 04 92
Vorsitzende(r): N. N.
Geschäftsführer(in): Dipl.-Volksw. Lutz Graser

● H 304
Deutsche Exportgemeinschaft Agrartechnik Entwicklungsring Deutscher Landmaschinen und Gerätefabriken
Postf. 12 39, 53759 Hennef
Frankfurter Str. 180-188, 53773 Hennef
T: (02242) 92 07-0   **Fax:** 92 07 19
1. Vors. u. Geschf.: Generalkonsul Carl-Heinrich Herden (Frankfurter Str. 180 - 188, 53773 Hennef)
Mitglieder: 35 Firmen

● H 305
Absatzförderungsfonds der deutschen Land- und Ernährungswirtschaft (Absatzfonds)
-Anstalt des öffentlichen Rechts-
Euskirchener Str. 52, 53121 Bonn
T: (0228) 5 20 98-0   **Fax:** 5 20 98-55
Internet: http://www.absatzfonds.de
E-Mail: info@absatzfonds.de
Vorsitzende(r) des Vorstandes: Peter Krebs
Geschäftsführer(in): Dr. Dieter Breit (Leiter der Geschst. des Absatzfonds)
Vors. d. VR: Gerd Sonnleitner

Zentrale Förderung des Absatzes und der Verwertung von Erzeugnissen der deutschen Land- und Ernährungswirtschaft durch Erschließung und Pflege von Märkten im In- und Ausland mit modernen Mitteln und Methoden.

● H 306
Absatzförderungsfonds der deutschen Forst- und Holzwirtschaft
- Holzabsatzfonds -
Anstalt des öffentlichen Rechts
Godesberger Allee 142-148, 53175 Bonn
T: (0228) 3 08 38-0   **Fax:** 3 08 38-30
Internet: http://www.holzabsatzfonds.de
E-Mail: info@holzabsatzfonds.de
Vorsitzende(r) des Vorstandes: Andrea Rosenbaum
Vors. d. VR: Hermann Sturm

● H 307
Verband der Fertigwarenimporteure e.V. (VFI)
Kanalstr. 7, 22085 Hamburg
T: (040) 23 88 20-0   **Fax:** 23 88 20-20
Internet: http://www.vfi-deutschland.de
E-Mail: info@vfi-deutschland.de
Vorsitzende(r): Uwe Schröder (i. Fa. TOM TAILOR Sportswear Handelsgesellschaft mbH, Garstedter Weg 14, 22453 Hamburg, T: (040) 58 95 61 00, Fax: 58 95 61 99)
Geschäftsführer(in): Ass. Raven Karalus, Hamburg
Ralph Kamphöner (stellvertretend)
Mitglieder: 250

Einzelhandel

● H 308
Hauptverband des Deutschen Einzelhandels e.V. (HDE)
Am Weidendamm 1a, 10117 Berlin
T: (030) 7 62 50-0   **Fax:** 72 62 50-69
Internet: http://www.einzelhandel.de
E-Mail: hde@einzelhandel.de
Hauptgeschäftsführer(in): Dipl.-Volksw. Holger Wenzel
Geschäftsführer(in): Dipl.-Vw. Dr. Robert Weitz (Volks- und Betriebswirtschaft)
RA Stefan Schneider (Recht und Steuern)
RA Armin Busacker (Recht und Steuern)
Dipl.-Vw. Günther Wassmann (Arbeitsrecht/Tarif- und Sozialpolitik)
Dipl.-Vw. Wilfried Malcher (Bildungspolitik und berufliche Bildung)
Hubertus Pellengahr (M.A.; Presse- und Öffentlichkeitsarbeit)
Dipl.-Vw. Horst Krüger (Europapolitik und verbandliche Organisation)
Dipl.-Kfm. Stephan Tromp (Verwaltung/Personal)

Präsidium
Ehrenpräs.: Dr.h.c. Friedrich G. Conzen
Wolfgang Hinrichs
Präsident(in): Hermann Franzen (Porzellanhaus Franzen, Königsallee 42, 40212 Düsseldorf, T: (0211) 1 30 78-0)
Vizepräsidenten: Herbert Blank (Rewe-Märkte Blank)
Prof. Dr. Erich Greipl (Metro AG)
Gerd Pieper (Stadtparfümerie Pieper)
Ständiger Gast: Bernd Rückert

Weitere Mitglieder des Präsidiums
Frank Albrecht (Präs. des Landesverb. des Hessischen Einzelhandels)
Ludwig Görtz (Präs. des Landesverb. des Hamburger Einzelhandels)
Klaus-Jürgen Mohr (Präsident d. Einzelhandelsverbandes Nord-Ost)
Lothar Tietge (Präs. d. Verbandes der Kaufleute Sachsen-Anhalt)
Arnold Senft (Präs. d. Verbandes Thüringer Kaufleute)
Paul H. Repplinger (Präs. d. Landesverbandes des Saarländischen Einzelhandels)
Bernd Rückert (Präs. d. Gesamtverbandes d. Einzelhandels Land Berlin)
Adolf Bauer (Präs. d. Landesverbandes Einzelhandel Rheinland-Pfalz)
Heinz-Dietrich Vick (Präs. d. Einzelhandelsverbandes Land Brandenburg)
Helmut Zorn (Präs. d. Einzelhandelsverbandes Nordsee)
Dr. Karl Harms (Präs. d. Unternehmerverb. Einzelhandel Niedersachsen)
Dr.h.c. Friedrich G. Conzen (Präs. d. Landesverbandes Nordrhein e.V.)
Hans-Jürgen Vietz (Präs. d. Einzelhandelsverb. Baden-Württemberg)
Bernd Kippig (Präs. d. LV Sachsen)
Erich Vorwohlt (Präs. d. Einzelhandelsverb. Bayern)

Vertreter der Fachbereiche
Fachbereich Technik: Dieter Argenton (bild + ton)
Fachbereich Bauen, Einrichten, Wohnen: Walter E. Ferdinand (Porzellanhaus Commes)
Fachbereich Ernährung und Gesundheit: Dieter Seiz (Reformhaus Wieser-Seiz)
Fachbereich Textil, Bekleidung, Persönliche Ausstattung: Klaus Magnus (Modehaus Karl Magnus KG)

Präsidiumsmitglieder kraft Amtes

Vors. des Tarifpolitischen Beirates:
Bernd Guillaume (real-, SB-Warenhaus GmbH)

Weitere Präsidiumsmitglieder
Karl-Josef Baum (Metro AG)
Bernd Bonnet (SPAR Handels AG)
Hans Michelbach (MdB)
Hans Reischl (Vorsitzender des Vorstandes d. Rewe Zentral AG)

Dr. Manfred T. Wellenbeck (Vors. des Vorstandes d. Nord-West-Ring Schuh-Einkaufsgenossenschaft e.G.)
Hermann Ruetz (Sprecher des Vorstandes der EDEKA Zentral AG)
Jochen Graf von Schwerin (GF der KMT Rheintextil)
Zahl der Unternehmen: 430 000
Beschäftigte: 2,8 Mio
Umsatz: DM 734 Mrd. (2000)

h 309
BBE-Unternehmensberatung GmbH
Postf. 25 04 25, 50520 Köln
Gothaer Allee 2, 50969 Köln
T: (0221) 9 36 55-01 **Fax:** 9 36 55-101
Internet: http://www.bbeberatung.com
E-Mail: info@bbeberatung.com
Geschäftsführer(in): Dipl.-Kfm. Willibald Poplutz
Dipl.-Kfm. Ulrich Eggert
Dipl.-Betriebswirt Hilmar Juckel

h 310
Zentralstelle für Berufsbildung im Einzelhandel e.V. (zbb)
Büro Berlin
Mehringdamm 48, 10961 Berlin
T: (030) 78 09 77-3 **Fax:** 78 09 77-50
Internet: http://www.zbb.de
E-Mail: info@zbb.de
Vorsitzende(r): Helmut Zorn (Fa. Neuform Zorn, Ostertorsteinweg 101, 28203 Bremen, T: (0421) 7 60 21)
Geschäftsführer(in): Dipl.-Volksw. Herbert Schellenberger
Büro Köln
Gothaer Allee 2, 50969 Köln
T: (0221) 9 36 55-810 **Fax:** 9 36 55-819
Internet: http://www.zbb.de
E-Mail: info@zbb.de
Leitung: Dipl.-Päd. Ulrike Backs (stellv. GF)

Landes- und Regionalverbände des HDE

● H 311
Einzelhandelsverband Baden-Württemberg e.V.
Neue Weinsteige 44, 70180 Stuttgart
T: (0711) 6 48 64-0 **Fax:** 6 48 64 24
Präsident(in): Hans-Jürgen Vietz (Berliner Str. 20, 71069 Sindelfingen-Maichingen, T: (07031) 38 24 28, Fax: (07031) 38 60 47)
Hauptgeschäftsführer(in): Dipl.-Betriebswirt Ernst A. Jäckle

● H 312
Landesverband des Bayerischen Einzelhandels e.V. (LBE)
Postf. 20 13 42, 80013 München
Brienner Str. 45, 80333 München
T: (089) 5 51 18-0 **Fax:** 5 51 18-1 63
Präsident(in): Erich Vorwohlt (Textilhaus Rübsamen GmbH & Co. KG, Karolinenstr. 10, 86150 Augsburg, T: (0821) 3 45 08-16)
Hauptgeschäftsführer(in): Dipl.-Kfm. Günter Gross
Arbeitgeber- und Wirtschaftsverband, Tarifträgerverband. 14 000 Mitgliedsunternehmen, 7 Tochterunternehmen, 6 Geschäftsstellen.

● H 313
Gesamtverband des Einzelhandels Land Berlin e.V. (GdE)
Hohenzollerndamm 183-184, 10713 Berlin
T: (030) 8 81 77 38 **Fax:** 8 81 18 65
E-Mail: einzelhandel@gde-berlin.de
Präsident(in): Bernd Rückert (Blumen Rückert KG, Hubertusallee 10a, 14193 Berlin, T: (030) 8 92 75 06)
Hauptgeschäftsführer(in): Nils Busch-Petersen

● H 314
Einzelhandelsverband Land Brandenburg e.V.
Steinstr. 20, 16816 Neuruppin
T: (03391) 4 56 30 **Fax:** 45 63 40
E-Mail: ehv-land-brandenburg@t-online.de
Präsident(in): Heinz-Dietrich Vick (Fa. Vick Tabak- u. Spirituosen GmbH, Karl-Marx-Str. 22, 16816 Neuruppin, T: (03391) 24 24)
Hauptgeschäftsführer(in): Harald Lemke

● H 315
Landesverband des Hamburger Einzelhandels e.V.
Bei dem Neuen Krahn 2 Cremon, 4. Etage, 20457 Hamburg
T: (040) 36 98 13-0 **Fax:** 36 98 12-22
Internet: http://www.fhe.de
E-Mail: fhe@fhe.de
Präsident(in): Ludwig Görtz (Fa. Ludwig Görtz GmbH & Co., Spitaler Str. 10, 20095 Hamburg, T: (040) 33 30 00)
Hauptgeschäftsführer(in): RA Wolfgang Linnekogel

● H 316
Landesverband des Hessischen Einzelhandels e.V. (LHE)
Berliner Str. 72, 60311 Frankfurt
T: (069) 13 30 91-0 **Fax:** 13 30 91-99
Präsident(in): Frank Albrecht (Parfümerie Albrecht, Goethestr. 27, 60311 Frankfurt/M., T: (069) 28 74 72)
Hauptgeschäftsführer(in): Dipl.-Kfm. Heinz-Dieter Schoenfeld

● H 317
Einzelhandelsverband Nord-Ost e.V.
Hopfenstr. 65, 24103 Kiel
T: (0431) 9 74 07-0 **Fax:** 9 74 07-24
Internet: http://www.ehv-nord-ost.de
E-Mail: ehv-ki.ke@t-online.de
Präsident: Klaus-Jürgen Mohr (Möllner Str. 53, 23909 Ratzeburg)
Hauptgeschäftsführer(in): RA Peter Kettler

● H 318
Unternehmerverband Einzelhandel e.V. (UVE)
Hinüberstr. 16, 30175 Hannover
T: (0511) 3 37 08-26 **Fax:** 3 37 08-31
Präsident(in): Dr. Karl Harms (St.-Annen-Str. 17-21, 26441 Jever, T: (04461) 92 30-77, Fax: 92 30-93)
Geschäftsführer(in): Dipl.-Vw. Klaus Treichel

● H 319
Einzelhandelsverband Nordrhein-Westfalen e.V.
Kaiserstr. 42a, 40479 Düsseldorf
T: (0211) 4 98 06-0 **Fax:** 4 98 06-36
Präsident(in): Friedrich G. Conzen
Hauptgeschäftsführer(in): Ass. Heinz Trompetter

● H 320
Einzelhandelsverband Nordsee Bremen e.V.
Postf. 10 60 49, 28060 Bremen
Hinter dem Schütting 8, 28195 Bremen
T: (0421) 32 60 33 **Fax:** 32 87 90
Vorsitzende(r): Helmut Zorn (Neuformhaus Zorn, Ostertorsteinweg 101, 28203 Bremen, T: (0421) 7 60 21)

● H 321
Landesverband Einzelhandel Rheinland-Pfalz e.V.
Postf. 11 20, 55001 Mainz
Ludwigstr. 7, 55116 Mainz
T: (06131) 23 26 31 **Fax:** 23 83 15
E-Mail: info@handelsverbaende-rlp.de
Präsident(in): Adolf Bauer (Radio-Bauer, Rheinhessenstr. 7, 55129 Mainz, T: (06131) 9 58 66 13)
Hauptgeschäftsführer(in): RA Hanno Scherer

● H 322
Landesverband Einzelhandel und Dienstleistung Saarland e.V.
Postf. 10 18 23, 66018 Saarbrücken
Feldmannstr. 26, 66119 Saarbrücken
T: (0681) 9 27 17-0 **Fax:** 9 27 17-10
Internet: http://www.einzelhandel-saarland.de
E-Mail: SaarHandel@aol.com
Präsident(in): Paul H. Repplinger (Bürozentrum M. Regler, Hausbacher Str. 2, 66663 Merzig, T: (06861) 92 00)
Hauptgeschäftsführer(in): Wolfgang C. Lossen

● H 323
Handelsverband Sachsen e.V. (HVS)
Könneritzstr. 5, 01067 Dresden
T: (0351) 86 70 60 **Fax:** 8 67 06 30
Internet: http://www.handel-sachsen.de
Gründung: 1990 (25. Februar)
Präsident(in): Bernd Kippig (Kurt Kippig KG, Röhrsdorfer Allee 13, 09247 Röhrsdorf, T: (03722) 5 21 30, Fax: (03722) 52 13 50)
Hauptgeschäftsführer(in): Eberhard Lucas
Verbandszeitschrift: Handelsjournal
Redaktion: Verlagsgruppe Handelsblatt GmbH, Düsseldorf
Mitglieder: 2800
Mitarbeiter: 16

● H 324
Verband der Kaufleute Sachsen-Anhalt e.V.
Liebigstr. 5, 39104 Magdeburg
T: (0391) 5 61 96 31 **Fax:** 5 43 02 66
E-Mail: verband-d-kaufleute-s.-anhalt@t-online.de
Geschäftsführer(in): Dr. Gero Hildebrandt

● H 325
Einzelhandelsverband Thüringen e.V.
Verband Thüringer Kaufleute
Augsburger Str. 10, 99091 Erfurt
T: (0361) 7 78 06-0 **Fax:** 7 78 06-12
Gründung: 1989 (Dezember)
Präsident(in): Arnold Senft (Modehaus Senft, Bahnhofstr. 33, 37327 Leinefelde, T: (03605) 51 26 19, Fax: 50 41 04)
Vizepräsident(in): Siegmar Richter
Hauptgeschäftsführer(in): N.N.
Geschäftsführer(in): Monika Osiewacz, Gera
Regionalleiter(in): Marion Abraham-Etzold, Suhl
Verbandszeitschrift: Handelsjournal
Redaktion: Dipl.-Kfm. H.D. Schoenfeld
Verlag: Wirtschaftsdienst d. Hessischen Einzelhandels GmbH, Junghofstr. 27, 60311 Frankfurt (Main)
Mitglieder: 1400
Mitarbeiter: 8

Bundesfachverbände des HDE

● H 326
Bundesverband des Deutschen Briefmarkenhandels e.V. (APHV)
Geibelstr. 4, 50931 Köln
T: (0221) 40 79 00 **Fax:** 40 95 97
Internet: http://www.aphv.de
E-Mail: bundesverband@aphv.de
Gründung: 1949
Präsident(in): Carl-Heinz Schulz (Leitung Presseabteilung, Bismarckstr. 93, 40210 Düsseldorf, T: (0211) 35 84 47, Telefax: (0211) 35 69 88)
Geschäftsführer(in): Anny Kind
Verbandszeitschrift: Nachrichtenblatt des Briefmarkenhandels
Redaktion: APHV
Verlag: APHV, Geibelstr. 4, 50931 Köln
Mitglieder: ca. 900
Mitarbeiter: 1

Landesverbände

h 327
Fachverband des Niedersächsischen Briefmarkenhandels e.V.
Am Schwedendamm 23, 38302 Wolfenbüttel
T: (05331) 3 31 20 **Fax:** 3 33 41
Vorsitzende(r): Heinz H. Niebe
Mitglieder: ca. 35

h 328
Fachverband des Westdeutschen Briefmarkenhandels e.V.
Kirchstr. 15, 42799 Leichlingen
T: (02175) 89 07 38 **Fax:** 89 07 40
Vorsitzende(r): Arnim Hölzer
Mitglieder: ca. 140

h 329
Postwertzeichen-Händler-Verband Hessen e.V.
Heidelberger Landstr. 202, 64297 Darmstadt
T: (06151) 33 91 77 **Fax:** 30 78 11
Vorsitzende(r): Thomas Gompf
Mitglieder: ca. 75

h 330
Bayerischer Briefmarken-Händler-Verband e.V.
Bahnhofplatz 2, 80335 München
T: (089) 59 67 16 **Fax:** 5 50 41 76
Vorsitzende(r): Detlef Hilmer
Mitglieder: ca. 100

h 331
Baden-Württembergischer Briefmarken-Händler-Verband e.V.
Calwer Str. 58, 70173 Stuttgart
T: (0711) 29 20 80 **Fax:** 2 26 38 36
Vorsitzende(r): Hans Roth
Mitglieder: ca. 70

h 332
Fachverband der Briefmarkenhändler Berlins und Nordostdeutschlands e.V.
Schöneberger Str. 13, 12163 Berlin
T: (030) 8 51 17 05 **Fax:** 8 51 64 96
Vorsitzende(r): Hartmut Wißmann
Mitglieder: ca. 45

h 333
Verband Norddeutscher Briefmarkenhändler e.V.
Gandersheimer Weg 2, 22459 Hamburg
T: (040) 22 11 80   **Fax:** 5 55 33 87
Vorsitzende(r): Carl Buhr
Mitglieder: ca. 70

h 334
Verband Mitteldeutscher Briefmarkenhändler e.V.
Peterssteinweg 27, 04107 Leipzig
T: (0341) 9 61 82 20   **Fax:** 9 61 82 20
Vorsitzende(r): Birko Karte
Mitglieder: ca. 25

● H 335
Verband Deutscher Büchsenmacher und Waffenfachhändler e.V. (VDB)
Wilhelmstr. 16, 35037 Marburg
T: (06421) 16 13 53   **Fax:** 2 23 12
Gründung: 1949
1. Vorsitzende(r): Hans-Georg Fuchs (Wilhelmstr. 16, 35037 Marburg, T: (06421) 2 25 25)
Geschäftsführer(in): Wolfgang Fuchs (Wilhelmstr. 16, 35037 Marburg)
Verbandszeitschrift: VDB-Kundenzeitung
Mitglieder: 650

● H 336
Bundesverband Bürowirtschaft e.V. (BBW)
Frangenheimstr. 6, 50931 Köln
T: (0221) 9 40 83-30   **Fax:** 9 40 83-90
Internet: http://www.bbw-online.de
E-Mail: bbw@einzelhandel.de
Gründung: 1975 (28. Oktober)
Vorsitzende(r): Armin Schröter
Geschäftsführer(in): Dipl.-Kfm. Thomas Grothkopp
Verbandszeitschrift: Infoletter BBW
Mitglieder: 4400

Landesverbände

h 337
Einzelhandelsverband Württemberg e.V.
Fachgemeinschaft Bürowirtschaft
Neue Weinsteige 44, 70180 Stuttgart
T: (0711) 6 48 64-44   **Fax:** 6 48 64-24
Vorsitzende: Christa Marx
Geschäftsführer(in): Dipl.-Betriebsw. Ernst A. Jäckle, Helmut Feskorn

h 338
Landesverband des Bayerischen Einzelhandels e.V.
Landesfachgemeinschaft Bürowirtschaft
Postf. 20 13 42, 80013 München
Brienner Str. 45, 80333 München
T: (089) 55 11 81 12   **Fax:** 55 11 81 79
Internet: http://www.Lbe.de
E-Mail: info@Lbe.de
Vorsitzende(r): Dipl.-Kfm. Reinhold Schulz (BBO), Norbert Zelinsky (PBS)
Geschäftsführer(in): Dipl.-Geogr. Wolfgang Fischer

h 339
Verband des Büromaschinen-, Büromöbel- und Organisationsmittelhandels e.V.
VBO Berlin
Hohenzollerndamm 184, 10713 Berlin
T: (030) 8 81 77 38, 8 81 77 58   **Fax:** 8 81 18 65
Vorsitzende(r): Wolfgang Michael Görwitz
Geschäftsführer(in): Nils Busch-Petersen

h 340
Einzelhandelsverband Land Brandenburg e.V.
Steinstr. 20, 16816 Neuruppin
T: (03391) 4 56 30   **Fax:** 45 63 40
E-Mail: ehv-land-brandenburg@t-online.de
Präsident(in): Heinz-Dietrich Feck
Geschäftsführer(in): Harald Lemke

h 341
Fachverband Bürowirtschaft Bremen im Einzelhandelsverband Nordsee
Hinter dem Schütting 8, 28195 Bremen
T: (0421) 32 60 34   **Fax:** 32 87 90
Vorsitzende(r): Dipl.-Kfm. Walter Messerknecht
Geschäftsführer(in): Wolfgang Brakhane

h 342
Fachverband Bürowirtschaft Hamburg
Bei dem Neuen Krahn 2, 20457 Hamburg
T: (040) 36 98 12-0   **Fax:** 36 98 12-22
Internet: http://www.fhe.de
E-Mail: fbh@fhe-mail.de
Vorsitzende(r): Rolf Heineke
Geschäftsführer(in): RA Wolfgang Linnekogel

h 343
BBW Bundesverband Bürowirtschaft e.V.
Landesverband Hessen
Kurfürstenstr. 14-16, 60486 Frankfurt
T: (069) 8 40 06-0   **Fax:** 88 91 10, 83 07 17 67
Vorsitzende(r): Bernhard Doorn
Geschäftsführer(in): N.N.

h 344
Landesverband des Hessischen Einzelhandels e.V.
Fachgruppe PBS
Berliner Str. 72, 60311 Frankfurt
T: (069) 1 33 09 10   **Fax:** 13 30 91 99
Vorsitzende(r): N. N.
Geschäftsführer(in): Dipl.-Kfm. Heinz-Dieter Schoenfeld

h 345
Unternehmerverband Einzelhandel e.V. (UVE)
Hinüberstr. 16, 30175 Hannover
T: (0511) 3 37 08-26   **Fax:** 3 37 08-31
Präsident(in): Dr. Karl Harms
Geschäftsführer(in): Dr. Friedhelm Böth

h 346
Einzelhandelsverband Nord-Ost e.V.
Hopfenstr. 24, 24103 Kiel
T: (0431) 9 74 07-0   **Fax:** 9 74 07-24
Internet: http://www.ehv-nord-ost.de
E-Mail: ehv-ki.ke@t-online.de
Vorsitzende(r): N. N.
Geschäftsführer(in): Dierk Böckholt

h 347
Einzelhandelsverband Nordrhein-Westfalen e.V.
Fachgemeinschaft Bürowirtschaft
Kaiserstr. 42a, 40479 Düsseldorf
T: (0211) 4 98 06 23   **Fax:** 4 98 06 20
Vorsitzende(r): Wolfgang Sommer (Karlstr. 14, 40210 Düsseldorf)
Geschäftsführer(in): RA Jürgen Pleuss

h 348
Bundesverband Bürowirtschaft (BBW) Landesverband Nordrhein-Westfalen e.V.
Frangenheimstr. 6, 50931 Köln
T: (0221) 9 40 83-30   **Fax:** 9 40 83-90
Vorsitzende(r): Heribert Keller
Geschäftsführer(in): Dipl.-Kfm. Thomas Grothkopp

h 349
Landesverband Einzelhandel Rheinland-Pfalz e.V.
Landesfachgruppe Bürowirtschaft
Neustadt 13, 56068 Koblenz
T: (0261) 13 00 83   **Fax:** 1 30 08 44
E-Mail: ehv-ko@handelsnetz.de
Vorsitz: N.N.
Geschäftsführer(in): RA Winfried Röther

h 350
Landesverband Bürowirtschaft Saar e.V. (LBW)
Postf. 10 18 12, 66018 Saarbrücken
Feldmannstr. 26, 66119 Saarbrücken
T: (0681) 9 27 17-0   **Fax:** 9 27 17-10
Internet: http://www.einzelhandel-saarland.de
E-Mail: lvsaar@buchhandel.de
Vorsitzende(r): N.N.
Geschäftsführer(in): Dipl.-Volksw. Klaus Feld

h 351
Handelsverband Sachsen e.V. (HVS)
Könneritzstr. 5, 01067 Dresden
T: (0351) 86 70 60   **Fax:** 8 67 06 30
Internet: http://www.handel-sachsen.de
Präsident(in): Bernd Kippig
Hauptgeschäftsführer(in): Eberhard Lucas

h 352
Verband der Kaufleute Sachsen-Anhalt e.V.
Liebigstr. 5, 39104 Magdeburg
T: (0391) 5 61 96 31   **Fax:** 5 43 02 66
E-Mail: verband-d-kaufleute-s.-anhalt@t-online.de
Vorsitzende(r): Lothar Tietge
Geschäftsführer(in): Dr. Gero Hildebrandt

h 353
Einzelhandelsverband Thüringen e.V.
Verband Thüringer Kaufleute
Augsburger Str. 10, 99091 Erfurt
T: (0361) 7 78 06-0   **Fax:** 7 78 06-12
Gründung: 1989 (Dezember)
Präsident(in): Arnold Senft
Hauptgeschäftsführer(in): Ass. Martin Pielemeier
Mitglieder: 1400
Mitarbeiter: 8

h 354
Landesverband des Westf.-Lippischen Einzelhandels e.V.
Fachvereinigung Bürowirtschaft
c/o EHV Ostwestfalen e.V.
Große-Kurfürsten-Str. 75, 33615 Bielefeld
T: (0521) 9 65 10-0   **Fax:** 9 65 10-20
Vorsitzende(r): Dr. H.J. Buschmann
Geschäftsführer(in): Karin Focke

● H 355
Verband Deutscher Drogisten e.V. (VDD)
Geschäftsstelle:
Postf. 30 14 13, 50784 Köln
Vogelsanger Str. 165, 50823 Köln
T: (0221) 95 29 17-0   **Fax:** 95 29 17-20
Internet: http://www.drogistenverband.de
E-Mail: bfv-vdd@einzelhandel.de
Internationaler Zusammenschluß: siehe unter izh 370
Präsident(in): Harald Escher (Affalterbacher Str. 5, 71642 Ludwigsburg, T: (07144) 84 10 96, Fax: 84 10 95)
Vizepräsident(in): Martin Dälken (Oeseder Str. 115, 49124 Georgsmarienhütte, T: (05401) 55 27, Fax: 4 34 98)
Vera Pieper (Königsheide 8, 44536 Lünen, T: (0231) 87 12 39)
Hauptgeschäftsführer(in): Michael Bastian
Fachreferenten im VDD:
Bereich Arzneimittelrecht und Gesundheitswesen (AfAG):
Fachreferent: Dr. Norbert Krey (Mülheimer Str. 4-6, 51375 Leverkusen, T: (0214) 5 11 36, Telefax: (0214) 50 58 84)
Bereich Körperpflege und Kosmetik:
Fachreferent: Hans-Oskar Franke (Klemensplatz 4, 40489 Düsseldorf, T: (0211) 40 11 01, Telefax: (0211) 40 11 01)
Bereich Berufsausbildung:
Fachreferent: Hauke Gilbert (Hauptstr. 31, 21266 Jesteburg, T:(04183) 34 03)
Bereich Gefahrstoffe, Umwelt- und Pflanzenschutz:
Fachreferent: Wolfgang Winter (Faulenstr. 17, 28195 Bremen, T: (0421) 1 56 94)
Bereich Foto, Video und Multimedia:
Fachreferent: Peter Kleinemas (Burgstr. 3, 32130 Enger, T: (05224) 31 49)
Verbandszeitschrift: DROGERIE & PARFÜMERIE
Redaktion: Vogelsanger Str. 165, 50823 Köln, T: (0221) 5 89 20 88, Fax: 9 52 61 24
Verlag: Marken Verlag GmbH, Hugo-Junkers-Str. 22, 50739 Köln

Landes-Drogistenverbände

h 356
Drogistenverband Bayern e.V.
Landesgeschäftsstelle:
Haus des Handels
Brienner Str. 45, 80333 München
T: (089) 55 11 81 55   **Fax:** 55 11 81 63
Vorsitzende(r): Christian Klotz (Ludwigstr. 14, 83435 Bad Reichenhall, T: (08651) 83 31, Telefax: (08651) 6 48 73)
Geschäftsführer(in): Dipl.-Betriebsw. Wilhelm Zametzer

h 357
Drogistenverband Hamburg e.V.
Wullwisch 37, 22529 Hamburg
T: (040) 5 89 32 39
Vorsitzende(r): Gert Gilbert (Hauptstr. 31, 21266 Jesteburg, T: (04183) 34 03)
Geschäftsführer(in): Winfried Adler

h 358
Drogistenverband Hessen e.V.
Sitz Frankfurt
Geschäftsstelle Köln:
Postf. 30 14 13, 50784 Köln
Vogelsanger Str. 165, 50823 Köln
T: (0221) 95 29 17-0   **Fax:** 95 29 17 20
Vorsitzende(r): Martin Machenheimer (Bismarckring 1, 65183 Wiesbaden, T: (06121) 30 28 20)
Geschäftsführer(in): Michael Bastian

h 359
Drogistenverband Niedersachsen e.V.
Hinüberstr. 16, 30175 Hannover
T: (0511) 34 51 51
Vorsitzende(r): Klaus Marholdt (Steinweg 8, 38518 Gifhorn, T: (05371) 1 23 46)
Geschäftsführer(in): Dr. Friedhelm Böth

h 360
Drogistenverband Nordsee e.V.
Geschäftsstelle
Lindenhofstr. 44e, 28237 Bremen
T: (0421) 61 24 19
Vorsitzende(r): Wolf Blank
Geschäftsführer(in): Jens Jensen

h 361
Drogistenverband Westfalen und Lippe e.V.
Sitz Bielefeld
Geschäftsstelle Köln:
Postf. 30 14 13, 50784 Köln
Vogelsanger Str. 165, 50823 Köln
T: (0221) 95 29 17-0   **Fax:** 95 29 17 20
Vorsitzende(r): Josef Sommer (Husener Str. 70, 44319 Dortmund, T: (0231) 28 12 14)
Geschäftsführer(in): Michael Bastian

VDD-Landesverbände

h 362
VDD-Landesverband Baden-Württemberg
Geschäftsstelle Köln
Postf. 30 14 13, 50784 Köln
Vogelsanger Str. 165, 50823 Köln
T: (0221) 95 29 17-0   **Fax:** 95 29 17 20
Vorsitzende(r): Wolfgang Kreutel (Goethestr. 18, 78333 Stockach, T: (07771) 22 34)
Hauptgeschäftsführer(in): Michael Bastian

h 363
VDD-Landesverband Berlin-Brandenburg
Geschäftsstelle Köln
Postf. 30 14 13, 50784 Köln
Vogelsanger Str. 165, 50823 Köln
T: (0221) 95 29 17-0   **Fax:** 95 29 17 20
Vorsitzende(r): Hubertus Baganz (Berliner Str. 199, 14547 Beelitz, T: (033204) 4 22 56)
Hauptgeschäftsführer(in): Michael Bastian

h 364
VDD-Landesverband Nord-Ost Mecklenburg-Vorpommern/Schleswig-Holstein
Geschäftsstelle Köln
Postf. 30 14 13, 50784 Köln
Vogelsanger Str. 165, 50823 Köln
T: (0221) 95 29 17-0   **Fax:** 95 29 17-20
Vorsitzende(r): Manfred Bernhardi (Güstrower Str. 79, 17213 Malchow, T: (039932) 1 23 65)
Hauptgeschäftsführer(in): Michael Bastian

h 365
VDD-Landesverband Nordrhein
Postf. 30 14 13, 50784 Köln
Vogelsanger Str. 165, 50823 Köln
T: (0221) 95 29 17-0   **Fax:** 95 29 17 20
Vorsitzende(r): Hans-Oskar Franke (Klemensplatz 4, 40489 Düsseldorf)
Hauptgeschäftsführer(in): Michael Bastian

h 366
VDD-Landesverband Rheinland-Pfalz
Geschäftsstelle Köln
Postf. 30 14 13, 50784 Köln
Vogelsanger Str. 165, 50823 Köln
T: (0221) 95 29 17-0   **Fax:** 95 29 17 20
Vorsitzende(r): Anton Kröll (Friedrich-Rech-Str. 176, 56566 Neuwied, T: (02631) 5 25 76)
Hauptgeschäftsführer(in): Michael Bastian

h 367
VDD-Landesverband Saarland
Geschäftsstelle Köln
Postf. 30 14 13, 50784 Köln
Vogelsanger Str. 165, 50823 Köln
T: (0221) 95 29 17-0   **Fax:** 95 29 17 20
Vorsitzende(r): Horst Stöhr (Marienstr. 2 a, 66287 Quierschied, T: (06897) 96 60 54, Fax: 96 80 55)
Hauptgeschäftsführer(in): Michael Bastian

h 368
VDD-Landesverband Sachsen im Verband Deutscher Drogisten
Geschäftsstelle Köln
Postf. 30 14 13, 50784 Köln
Vogelsanger Str. 165, 50823 Köln
T: (0221) 95 29 17-0   **Fax:** 95 29 17-20
Vorsitzende(r): Dietmar Keil (Nürnberger Str. 37, 01187 Dresden, T: (0351) 4 71 78 20, Fax: 4 72 43 45)
Hauptgeschäftsführer(in): Michael Bastian

h 369
VDD-Landesverband Sachsen-Anhalt
Geschäftsstelle Köln
Postf. 30 14 13, 50784 Köln
Vogelsanger Str. 165, 50823 Köln
T: (0221) 95 29 17-0   **Fax:** 95 29 17-20
Hauptgeschäftsführer(in): Michael Bastian

h 370
VDD-Landesverband Thüringen
Geschäftsstelle Köln
Postf. 30 14 13, 50784 Köln
Vogelsanger Str. 165, 50823 Köln
T: (0221) 95 29 17-0   **Fax:** 95 29 17-20
Hauptgeschäftsführer(in): Michael Bastian

● H 371
Bundesverband Farben- und Tapetenhandel e.V.
Postf. 29 02 63, 50524 Köln
T: (0221) 92 15 09-80   **Fax:** 92 15 09-10
Internet: http://www.farbenverband.de
E-Mail: info@farbenverband.de
Vorsitzende(r): Ronald Jenisch (60487 Frankfurt/M.)
Geschäftsführer(in): Lic. oec. publ. Peter W. Engmann

● H 372
Bundesverband des Deutschen Foto-Fachhandels e.V. in der Hauptgemeinschaft des Deutschen Einzelhandels e. V.
Postf. 29 04 61, 50525 Köln
An Lyskirchen 14, 50676 Köln
T: (0221) 2 71 66-0   **Fax:** 2 71 66-20
Internet: http://www.bv-foto.de
E-Mail: bvfoto@einzelhandel.de
Vorsitzende(r): Wolfgang Kundt (Foto Kino Kundt KG, Goerzallee 141, 12207 Berlin, T: (030) 8 17 94 20-24, Fax: 8 17 94 34)
Vorstandsmitglieder: K.-Peter Vollert (Foto-Video Sircoulomb, Bahnhofstr. 20, 35576 Wetzlar, T: (06441) 4 70 93, Fax: 4 87 99)
Steffen Wolf (Foto Wolf, Bautzner Landstr. 11 b, 01324 Dresden, T: (0351) 2 68 21 24, Fax: 2 68 21 27)
Geschäftsführer(in): Willy Fischel

Landesverbände BV Foto

h 373
Einzelhandelsverband Baden-Württemberg e.V.
Neue Weinsteige 44, 70180 Stuttgart
T: (0711) 64 86 42-3   **Fax:** 64 86 42-4, 64 86 42-1
Vorsitzende(r): Otto Fiederling (Fotohaus Glock, Kaiserstr. 22, 76133 Karlsruhe, T: (0721) 8 80 00-0, Fax: 8 80 00-22)
Hauptgeschäftsführer(in): Ernst Jäckle

h 374
Landesverband des Bayerischen Einzelhandels e.V.
Fachgemeinschaft Foto
Brienner Str. 45, 80333 München
T: (089) 5 51 18-126   **Fax:** 5 51 18-118
Vorsitzende(r): Bernd Sauter (Foto-Video Sauter, Sonnenstr. 32, 80331 München, T: (089) 55 15 04-0, Fax: 55 15 04-63)
Geschäftsführer(in): RA Günther Stock

h 375
Gesamtverband des Einzelhandels Land Berlin e.V. (GdE)
Hohenzollerndamm 183-184, 10713 Berlin
T: (030) 8 81 77 38   **Fax:** 8 81 18 65
Vorsitzende(r): Rainer Frohloff (Foto Frohloff, Ostpreußenstr. 174, 12207 Berlin, T: (030) 7 71 18 74, Fax: 7 71 22 82)
Geschäftsführer(in): Nils Busch-Petersen

h 376
Einzelhandelsverband Land Brandenburg e.V.
Fachgemeinschaft Foto
Steinstr. 20, 16816 Neuruppin
T: (03391) 45 63-0   **Fax:** 45 63-31
Geschäftsführer(in): Harald Lemke

h 377
Einzelhandelsverband Nordsee Bremen e.V.
Fachgemeinschaft Foto
Hinter dem Schütting 8, 28195 Bremen
T: (0421) 32 60 33-34   **Fax:** 32 87 90
Geschäftsführer(in): Wolfgang Brakhane

h 378
Fachverbände des Hamburger Einzelhandels e.V.
Fachrichtung Foto/Kino
Bei dem Neuen Krahn 2, 20457 Hamburg
T: (040) 36 98 12-26   **Fax:** 36 98 12-22
Geschäftsführer(in): Ulf Kalkmann

h 379
Einzelhandelsverband Hessen-Mitte e.V.
Fachgem. Foto
Bismarckstr. 5a, 35390 Gießen
T: (0641) 7 21 81   **Fax:** 7 87 83
Vorsitzende(r): Peter Vollert (Foto-Video Sircoulomb, Bahnhofstr. 20, 35576 Wetzlar, T: (06441) 4 70 93, Fax: 4 87 99)
Geschäftsführer(in): Ass. Hans-Peter Müller

h 380
Unternehmerverband Einzelhandel Niedersachsen e.V. (UEN)
Hinüberstr. 16, 30175 Hannover
T: (0511) 3 37 08-15   **Fax:** 3 37 08-29
Hauptgeschäftsführer(in): Klaus W. Treichel

h 381
Einzelhandelsverband Nordrhein-Westfalen e.V.
Fachgemeinschaft Foto
Kaiserstr. 42a, 40479 Düsseldorf
T: (0211) 4 98 06-25   **Fax:** 4 98 06-36
Vorsitzende(r): Heinz Erich Lambertin
Geschäftsführerin: Waltraud Nitsch

h 382
Einzelhandelsverband Nord-Ost e.V.
Fachgemeinschaft Foto
Flämische Str. 22, 24103 Kiel
T: (0431) 9 74 07-0   **Fax:** 9 74 07-24
Hauptgeschäftsführer(in): RA Peter Kettler

h 383
Einzelhandelsverband Rheinland-Pfalz e.V.
Fachgemeinschaft Foto
Kaiserstr. 27, 54290 Trier
T: (0651) 9 70 00 13   **Fax:** 9 70 00 97
Geschäftsführer(in): Ass. Alfred Thielen

h 384
Handelsverband Sachsen e.V.
Fachgemeinschaft Foto
Könneritzstr. 5, 01067 Dresden
T: (0351) 8 67 06-12   **Fax:** 8 67 06-30
Hauptgeschäftsführer(in): Dipl.-Ökonom. Eberhard Lucas

h 385
Verband der Kaufleute Sachsen-Anhalt e.V.
Fachgemeinschaft Foto
Liebigstr. 5, 39104 Magdeburg
T: (0391) 5 61 96 31   **Fax:** 5 43 02 66
Hauptgeschäftsführer(in): Dr. Gero Hildebrandt

h 386
Verband Thüringer Kaufleute e.V.
Fachgemeinschaft Foto
Augsburger Str. 10, 99091 Erfurt
T: (0361) 7 78 06-0   **Fax:** 7 78 06-12
Hauptgeschäftsführer(in): Karin Letsch

● H 387
Bundesverband für den gedeckten Tisch, Hausrat und Wohnkultur e.V.
Frangenheimstr. 6, 50931 Köln
T: (0221) 9 40 83-20   **Fax:** 9 40 83-90
Internet: http://www.gpk-online.de
E-Mail: gpk@einzelhandel.de
Vorstand: Carl Reckers (Vors.)
Claus Franzen
Eberhard Nitzsche
Klaus Panne
Geschäftsführer(in): Dipl.-Kfm. Thomas Grothkopp

● H 388
Bundesverband der Juweliere, Schmuck- und Uhrenfachgeschäfte e.V.
Altkönigstr. 9, 61462 Königstein
T: (06174) 40 42 **Fax:** 2 25 87
Internet: http://www.bv-juweliere.de
E-Mail: info@bv-juweliere.de, bfv-bvj@einzelhandel.de
Vorsitzende(r): Hans Luithle, Heilbronn
Geschäftsführer(in): Dipl.-Kfm. Bodo Jonda

Förderung der fachlichen Interessen des Einzelhandels mit Uhren, Juwelen, Gold- und Silberwaren. Vertretung seiner allgemeinen wirtschaftlichen, beruflichen und sozialen Interessen in den zuständigen Organen des Hauptverbandes des Deutschen Einzelhandels sowie gegenüber dem Gesetzgeber und den Behörden sowie in der Öffentlichkeit.

h 389
Landesfachgemeinschaft Uhren und Schmuck im Einzelhandelsverband Baden-Württemberg e.V.
Neue Weinsteige 44, 70180 Stuttgart
T: (0711) 64 86 40 **Fax:** 6 48 64 34
Vorsitzende(r): Michael Schleicher
Geschäftsführer(in): RA André F. Kunz

h 390
Fachverband Uhren, Gold- und Silberwaren
Postf. 10 60 49, 28060 Bremen
Hinter dem Schütting 8, 28195 Bremen
T: (0421) 32 60 34
Vorsitzende(r): Rudolf Thierfelder
Geschäftsführer(in): Wolfgang Brakhane

● H 391
Bundesverband des Deutschen Lebensmittelhandels e.V. (BVL)
Postf. 14 01 64, 53056 Bonn
Ulrich-von-Hassell-Str. 64, 53123 Bonn
T: (0228) 91 92 00 **Fax:** 9 19 20 10
E-Mail: bvl@einzelhandel.de
Präsident(in): Herbert Blank (Mörikestr. 8, 51429 Bergisch Gladbach)
Hauptgeschäftsführer(in): Dipl.-Volksw. Gerd Härig
Geschäftsführer(in): RA Dr. Marcus Girnau

Landesverbände

h 392
Einzelhandelsverband Württemberg e.V.
Fachgemeinschaft Lebensmittel
Neue Weinsteige 44, 70180 Stuttgart
T: (0711) 6 48 64-0 **Fax:** 6 48 64-24
Vorsitzende(r): Manfred Gebauer (73084 Salach)
Hauptgeschäftsführer(in): Dipl.-Betriebsw. Ernst A. Jäckle

h 393
Landesverband des Bayerischen Einzelhandels
Fachgemeinschaft Lebensmittel
Brienner Str. 45, 80333 München
T: (089) 5 51 18- 0 **Fax:** 5 51 18-1 63
Gründung: 1946
Vorsitzende(r): Hans Jürgen Bönsch
Geschäftsführer(in): Dipl.-Betriebsw. Wilhelm Zametzer
Leitung Presseabteilung: M.A. Isa Gartiser
Verbandszeitschrift: handelsjournal, Handelsreport Bayern
Redaktion: Isa Gartiser
Verlag: Verlagsgruppe Handelsblatt GmbH, 40213 Düsseldorf
Mitglieder: 2000 (Fachgemeinschaft Lebensmittel)
Mitarbeiter: 120 (Landesverband Einzelhandel)

h 394
Gesamtverband des Einzelhandels Land Berlin e.V.
Kurfürstendamm 32, 10719 Berlin
T: (030) 8 81 77 38 **Fax:** 8 81 18 65
Vorsitzende(r): Horst Faber
Geschäftsführer(in): Nils Busch-Petersen

h 395
Einzelhandelsverband Brandenburg e.V.
Bezirksgeschäftsstelle Frankfurt/Oder
Birnbaumsmühle 65, 15234 Frankfurt
T: (0335) 4 00 03 05 **Fax:** 4 00 70 53
Vorsitzende(r): Knut Papmahl
Geschäftsführer(in): Christine Minkley

h 396
Fachgemeinschaft Lebensmittel im Einzelhandelsverband Nordsee Bremen e.V.
Hinter dem Schütting 8, 28195 Bremen
T: (0421) 32 60 33 **Fax:** 32 87 90
Vorsitzende(r): Helmut Zorn (2800 Bremen)
Geschäftsführer(in): Wolfgang Brakhane

h 397
Wirtschafts- und Arbeitgeberverband des Hamburger Einzelhandels e.V. (WAV)
Bei dem Neuen Krahn 2, 20457 Hamburg
T: (040) 36 98 12-0 **Fax:** 36 98 12-22
Vorsitzende(r): Berndfried Dornseifer

h 398
Landesverband des Hessischen Einzelhandels e.V.
c/o Fachgemeinschaft Lebensmittel
Nürnberger Str. 11, 63450 Hanau
T: (06181) 25 63 32 **Fax:** 25 63 37
Geschäftsführer(in): Ass. H. J. Sohn

h 399
Unternehmerverband Einzelhandel Niedersachsen e.V.
Landesfachgemeinschaft Lebensmittel
Gartenstr. 5, 26122 Oldenburg
T: (0441) 97 09 10 **Fax:** 9 70 91 34
Vorsitzende(r): Dr. Karl Harms, Jever
Geschäftsführer(in): Dipl.-Volksw. Diedrich Thoms

h 400
Einzelhandelsverband Nordrhein-Westfalen e.V.
Fachgemeinschaft Lebensmittel
Kaiserstr. 42a, 40479 Düsseldorf
T: (0211) 4 98 06-0 **Fax:** 4 98 06-20
Vorsitzende(r): Falk Tonscheidt
Geschäftsführer(in): Waltraud Nitsch

h 401
Landesverband Einzelhandel Rheinland-Pfalz e.V.
Landesfachgruppe Lebensmittel
Neustadt 13, 56068 Koblenz
T: (0261) 13 00 83 **Fax:** 1 30 08 44
Vorsitzende(r): N. N.
Geschäftsführer(in): RA Winfried Röther

h 402
Handelsverband Sachsen e.V. (HVS)
Landesgeschäftsstelle
Könneritzstr. 5, 01067 Dresden
T: (0351) 86 70 60 **Fax:** 8 67 06 30
Internet: http://www.handel-sachsen.de
Vorsitzende(r): N. N.
Hauptgeschäftsführer(in): Eberhard Lucas

h 403
Verband der Kaufleute Sachsen-Anhalt e.V.
Liebigstr. 5, 39104 Magdeburg
T: (0391) 5 61 96 31 **Fax:** 5 43 02 66
E-Mail: verband-d.-kaufleute-s.-anhalt@t-online.de
Hauptgeschäftsführer(in): Dr. Gero Hildebrandt

h 404
Einzelhandelsverband Thüringen e.V.
Verband Thüringer Kaufleute
Augsburger Str. 10, 99091 Erfurt
T: (0361) 7 78 06-0 **Fax:** 7 78 06-12
Präsident(in): Arnold Senft
Hauptgeschäftsführer(in): Karin Letsch

h 405
Lebensmittel-Fachverband Saar e.V.
Haus des Handels
Feldmannstr. 26, 66119 Saarbrücken
T: (0681) 9 27 17-0 **Fax:** 9 27 17-10
Internet: http://www.einzelhandel-saarland.de
Vorsitzende(r): Hans Philippi, Wadgassen
Geschäftsführer(in): Wolfgang Lossen

h 406
Einzelhandelsverband Nord-Ost e.V.
Fachgemeinschaft Lebensmittel
Hopfenstr. 65, 24103 Kiel
T: (0431) 9 74 07-30 **Fax:** 9 74 07-24
Internet: http://www.ehv-nord-ost.de
E-Mail: ehv-ki.ke@t-online.de
Vorsitzende(r): N. N.
Geschäftsführer(in): Hans-Martin Boháč

● H 407
Verband des Lebensmittel-Einzelhandels Hamburg e.V.
Heimhuder Str. 81, 20148 Hamburg
T: (040) 44 87 52, 44 87 54 **Fax:** 44 28 55
E-Mail: lebensmittelverband_hamburg_eV@t-online.de
Gründung: 1945 (20. November)
Vorsitzende(r): Hans-Georg Giese (geschäftsführend)
Stellvertretende(r) Vorsitzende(r): Jens-Uwe Jansen
Gerd Mehlfort
Geschäftsführerin: Marianne Temming (Justitiarin)
Leitung Presseabteilung: Heinz Timmann
Verbandszeitschrift: Lebensmittel-Verbandsnachrichten
Verlag: Eigenherstellung
Mitglieder: 569
Mitarbeiter: 10

Vertretung der Mitglieder gegenüber Politik u. Wirtschaft auf Landes- u. Bundesebene (Senat, Bürgerschaft, Bezirksämter, Wirtschafts- u. Ordnungsämter, Handelskammern usw.). Beratung u. Betreuung der Mitglieder (auch im Lebensmittel-und Arbeitsrecht), Absatzförderung, Schulungen.

● H 408
Bundesverband des Deutschen Lederwaren-Einzelhandels e.V.
Postf. 29 02 63, 50524 Köln
T: (0221) 92 15 09-0 **Fax:** 92 15 09-10
Internet: http://www.lederwareneinzelhandel.de
E-Mail: info@lederwareneinzelhandel.de
Präsident(in): Hartwig Tondera
Lic. oec. publ. Peter W. Engmann

h 409
Fachabteilung Lederwaren im Unternehmerverband Einzelhandel Niedersachsen
Bahnhofstr. 3, 21682 Stade
T: (04141) 27 72 **Fax:** 4 66 15
Geschäftsführer(in): Dipl.-Kfm. Rolf Knetemann

h 410
Einzelhandelsverband NORD-OST e.V.
Fachgemeinschaft Leder
Mühlenstr. 16, 25335 Elmshorn
T: (04121) 8 11 60 **Fax:** 8 11 73
Geschäftsführer(in): Dipl.-Betriebsw. Peter Kneutinger

h 411
Fachverband Lederwaren im Einzelhandelsverband Nordsee
Postf. 10 60 49, 28060 Bremen
Hinter dem Schütting 8, 28195 Bremen
T: (0421) 32 60 34 **Fax:** 32 87 90
Geschäftsführer(in): Wolfgang Brakhane

h 412
Einzelhandel NRW e.V.
Fachabteilung Lederwaren
Postf. 10 04 54, 45604 Recklinghausen
T: (02361) 10 26-0 **Fax:** 10 26-10
Vorsitzende(r): Hartwig Tondera
Geschäftsführerin: Susanne Brämer

h 413
Landesverband Einzelhandel Rheinland-Pfalz
Fachgruppe Lederwaren
Schloßrondell 13, 56068 Koblenz
T: (0261) 13 00 83 **Fax:** 1 30 08 44
Vorsitzende(r): N. N.
Geschäftsführer(in): RA Winfried Röther

h 414
Landesverband des Hessischen Einzelhandels e.V.
Fachabteilung Lederwaren
Berliner Str. 72, 60311 Frankfurt
T: (069) 13 30 91-0 **Fax:** 13 30 91-99
Vorsitzende(r): Heinz Zorbach
Geschäftsführer(in): Dipl.-Kfm. Heinz-Dieter Schoenfeld

h 415
Verband des Saarländischen Schuh-Einzelhandels e.V.
Fachabteilung Lederwaren
Feldmannstr. 26, 66119 Saarbrücken
T: (0681) 9 27 17-0 **Fax:** 9 27 17-10
Vorsitzende(r): Jost Krause-Wichmann
Geschäftsführer(in): Wolfgang Lossen

h 416
Einzelhandelsverband Württemberg
Fachgemeinschaft Lederwaren e.V.
Neue Weinsteige 44, 70180 Stuttgart
T: (0711) 64 86 40 **Fax:** 6 48 64 34
Vorsitzende(r): Carsten Fuchs
Geschäftsführer(in): Rechtsanwalt André F. Kunz

h 417
Landesverband Bayerischer Einzelhandel e.V.
Fachgemeinschaft Lederwaren
Brienner Str. 45, 80333 München
T: (089) 55 11 81 20 **Fax:** 55 11 81 63
Vorsitzende(r): Ernst Läuger
Geschäftsführer(in): Dr. Martin Aigner

h 418
Einzelhandelsverband Land Brandenburg e.V.
Fachgemeinschaft Leder
Schlaatzweg 1, 14473 Potsdam
T: (0331) 29 28 69 **Fax:** 2 70 85 28
Vorsitzende(r): N. N.
Geschäftsführerin: Anita Berger

h 419
Einzelhandelsverband Thüringen e.V.
Verband Thüringer Kaufleute
Geschäftsstelle Ostthüringen
Lessingstr. 7, 07545 Gera
T: (0365) 8 32 34 69 **Fax:** 8 32 33 16
Geschäftsführer(in): Elvira Werner

h 420
Handelsverband Sachsen e.V.
Landesfachgemeinschaft Leder/Schuhe
Salzstr. 1, 09113 Chemnitz
T: (0371) 8 15 62-0, 8 57 75 71 **Fax:** 8 15 62-20
Vorsitzende(r): Bernd Wendel
Geschäftsführer(in): Dipl.-Ing.-Ökonom Jutta Müller

h 421
Verband der Kaufleute Sachsen-Anhalt e.V.
Liebigstr. 5, 39104 Magdeburg
T: (0391) 5 61 96 31 **Fax:** 5 43 02 66
E-Mail: verband-d.-kaufleute-s.-anhalt@t-online.de
Geschäftsführer(in): Dr. Gero Hildebrandt

● H 422
Bundesverband des Deutschen Möbel-, Küchen- und Einrichtungsfachhandels e.V. (BVDM)
Mitglied des Hauptverbandes des Deutschen Einzelhandels
Frangenheimstr. 6, 50931 Köln
T: (0221) 40 31 42 **Fax:** 4 00 93 96
E-Mail: budm-moebel@einzelhandel.de
Präsident(in): Hans-H. Utecht (Frankenhauser Str. 6, 28329 Bremen, T: (0421) 55 10 63)
Hauptgeschäftsführer(in): Dipl.-Kfm. Lothar Weinmiller (Am Bergerhof 31, 50259 Pulheim)
Leitung Presseabteilung: Eva Barth-Gillhaus
Mitglieder: ca. 5000 (über Landesverbände indirekt angeschlossen)

Landesverbände

h 423
Möbelfachverband Berlin-Brandenburg e.V.
Hohenzollerndamm 183, 10713 Berlin
T: (030) 8 83 14 85 **Fax:** 8 81 27 03
Gründung: 1949
Vorsitzende(r): Rainer Kusian (Blankestr. 4, 13403 Berlin, T: (030) 4 95 20 18)
Verbandszeitschrift: Fachrundschreiben
Mitglieder: 34

h 424
Einzelhandelsverband Land Brandenburg e.V.
Bezirksgeschäftsstelle Cottbus
Ostrower Damm 9, 03046 Cottbus
T: (0355) 2 34 77 **Fax:** 78 43 98 77
Vors. d. Möbelfachgruppe: Frank Pritzsche (Schillerstr. 2 B, 03172 Guben, T: (03561) 5 55 40, Telefax: (03561) 5 55 25)
Geschäftsführer(in): Martina Hildmann

h 425
Fachgemeinschaft Möbel im Einzelhandelsverband Nordost e.V.
Mühlenstr. 16, 25335 Elmshorn
T: (04121) 8 11 60 **Fax:** 8 11 73
Vorsitzende(r): Rüdiger Haak (Am Bahnhof 12, 24768 Rendsburg, T: (04331) 2 24 14, Telefax: (04331) 2 10 21)
Geschäftsführer(in): Dipl.-Betriebsw. Peter Kneuttinger

h 426
Hamburger Möbelfachverband e.V.
Bei dem Neuen Krahn 2, 20457 Hamburg
T: (040) 36 98 12-0 **Fax:** 36 98 12-22
E-Mail: info@fhe-mail.de
Vorsitzende(r): Joachim Marks (Immenberg 1, 21465 Wentorf b. Hamburg, T: (040) 7 20 00 30, Telefax: (040) 72 00 03 27)
Geschäftsführer(in): RA Wolfgang Linnekogel

h 427
Einzelhandelsverband Nordsee e.V.
- Möbelfachverband -
Hinter dem Schütting 8, 28195 Bremen
T: (0421) 32 62 25 **Fax:** 32 87 90
Vorsitzende(r): Hans H. Utecht (Frankenhauser Str. 6, 28329 Bremen, T: (0421) 55 10 63, Telefax: (0421) 55 10 01)
Geschäftsführer(in): Wolfgang Brakhane

h 428
Unternehmerverband Einzelhandel e.V.
-Fachgruppe Möbel-
Hinüberstr. 16, 30175 Hannover
T: (0511) 3 37 08 26 **Fax:** 3 37 08 31
Vorsitzende(r): N. N.
Geschäftsführer(in): Dr. Friedhelm Böth

h 429
Verband der Kaufleute Sachsen-Anhalt e.V.
Liebigstr. 5, 39104 Magdeburg
T: (0391) 5 61 96 31 **Fax:** 5 43 02 66
E-Mail: verband-d.-kaufleute-s.-anhalt@t-online.de
Vorsitzende(r): Jochen Kollwitz (Lübecker Str. 16, 39124 Magdeburg, T: (0391) 28 23 84, Telefax: (0391) 28 23 84)
Hauptgeschäftsführer(in): Dr. Gero Hildebrand

h 430
Einzelhandelsverband Thüringen e.V.
Verband Thüringer Kaufleute
Augsburger Str. 10, 99091 Erfurt
T: (0361) 7 78 06-0 **Fax:** 7 78 06-12
Gründung: 1989 (Dezember)
Präsident(in): Arnold Senft
Hauptgeschäftsführer(in): Ass. Martin Pielemeier
Mitglieder: 1400
Mitarbeiter: 8

h 431
Einzelhandelsverband Nordrhein-Westfalen e.V.
- Fachvereinigung Möbel -
Heeserstr. 8, 57072 Siegen
T: (0271) 23 22 30 **Fax:** 2 32 23 20
Vorsitzende(r): Wolfgang Panthel (Neumarkt 23, 50667 Köln, T: (0221) 21 02 41, Telefax: (0221) 23 45 76)
Geschäftsführer(in): Dipl.-Volksw. Gerhard Schridde

h 432
Landesverband des Hessischen Einzelhandels
- Fachgruppe Möbel -
Berliner Str. 72, 60311 Frankfurt
T: (069) 13 30 91-0 **Fax:** 13 30 91-99
E-Mail: info@einzelhandel-hessen.de
Vorsitzende(r): N.N.
Geschäftsführer(in): Dipl.-Kfm. Heinz-Dieter Schoenfeld

h 433
Möbelfachverband im Saarland e.V.
Feldmannstr. 26, 66119 Saarbrücken
T: (0681) 9 27 17-0 **Fax:** 9 27 17-10
Internet: http://www.einzelhandel-saarland.de
E-Mail: saarhandel@aol.com
Vorsitzende(r): Andreas Herzer
Geschäftsführer(in): Dipl.-Volksw. Klaus Feld

h 434
Fachverband des Möbelhandels Baden-Württemberg e.V.
Silberburgstr. 183, 70178 Stuttgart
T: (0711) 60 03 15 **Fax:** 6 40 93 91
Vorsitzende(r): Fred Firnhaber (Schlachthofstr. 24, 70188 Stuttgart, T: (0711) 48 20 92, Telefax: (0711) 48 45 51)
Geschäftsführer(in): Ottmar Blum

h 435
Bayerischer Möbel-Fachverband e.V.
Stelzengasse 4, 90403 Nürnberg
T: (0911) 55 06 62 **Fax:** 53 62 80
Vorsitzende(r): Kaj Beringer (Brienner Str. 12, 80333 München, T: (089) 28 62 50, Fax: 28 62 52 32)
Geschäftsführer(in): Dr. Hanns Hofmann

h 436
Landesverband des Bayerischen Einzelhandels e.V.
Fachgemeinschaft Möbel-Küchen-Einrichtungen
Brienner Str. 45, 80333 München
T: (089) 55 11 80 **Fax:** 55 11 81 18
Internet: http://www.lbe.de
E-Mail: info@lbe.de
Vorsitzende(r): Friedrich Eckert (Industriestr. 25, 91207 Lauf, T: (09123) 50 00, Telefax: (09123) 8 24 29)
Geschäftsführer(in): RA Günther Stock

h 437
Handelsverband Sachsen e.V.
- Fachgruppe Möbel -
Könneritzstr. 5, 01067 Dresden
T: (0351) 86 70 60 **Fax:** 8 67 06 20
Vorsitzende(r): Lothar Bastian (Robert-Koch-Str. 1-2, 01809 Heidenau, T: (03529) 51 23 29, Telefax: (03529) 51 22 55)
Geschäftsführer(in): Dipl.-Ökonom. Eberhard Lucas

● H 438
Gesamtverband Deutscher Musikfachgeschäfte e.V. (GDM)
Friedrich-Wilhelm-Str. 31, 53113 Bonn
T: (0228) 5 39 70-0 **Fax:** 5 39 70-70
Internet: http://www.gdm-online.com
E-Mail: gdm@musikverbaende.de
Gründung: 1829
Präsident(in): Georg Kern, Trier
Geschäftsführer(in): Dr. Heinz Stroh
1. Vizepräsident: Dieter Fischer, Schorndorf
2. Vizepräsident: Bernd Voorhamme, Hannover
Verbandszeitschrift: Musikhandel
Mitglieder: 1000

● H 439
Verband Deutscher Nähmaschinenhändler e.V. (VDN)
im Hauptverband des Deutschen Einzelhandels
Postf. 29 04 61, 50525 Köln
T: (0221) 2 71 66-0 **Fax:** 2 71 66-20
E-Mail: vdn@einzelhandel.de
Vorsitzende(r): Udo Heimann (Löhrstr. 2, 45468 Mülheim, T: (0208) 47 34 84, Fax: 44 52 07)
Vorstandsmitglieder: Rolf König (Nähmaschinen Philipp, Große Str. 68, 27283 Verden, T: (04231) 35 31, Fax: 35 51)
Bernhard Ziegelhöfer (Fa. Stefan Ziegelhöfer, Ludwigsplatz 6, 94315 Straubing, T: (09421) 10 14 -6, Fax: 80 97-7)
Geschäftsführer(in): Joachim Dünkelmann

h 440
Einzelhandelsverband Nordbaden e.V.
Fachgemeinschaft Nähmaschinen
O 6 7, 68161 Mannheim
T: (0621) 2 09 09 **Fax:** 15 44 98
Geschäftsführer(in): RA Rupert Kaindl

h 441
Landesverband des Bayerischen Einzelhandels e.V. (LBE)
Brienner Str. 45, 80333 München
T: (089) 5 51 18-128 **Fax:** 5 51 18-163
Geschäftsführer(in): RA Erik Olaf Weibel

h 442
Gesamtverband des Einzelhandels Land Berlin e.V. (GdE)
Fachgem. Nähmaschinen
Hohenzollerndamm 183-184, 10713 Berlin
T: (030) 8 81 77 38 **Fax:** 8 81 18 65
E-Mail: einzelhandel@gde-berlin.de

h 442
Präsident(in): Bernd Rückert (Blumen Rückert KG, Hubertusallee 10a, 14193 Berlin, T: (030) 8 92 75 06)
Hauptgeschäftsführer(in): Nils Busch-Petersen

h 443
Einzelhandelsverband Land Brandenburg e.V.
Steinstr. 20, 16816 Neuruppin
T: (03391) 4 56 30 **Fax:** 45 63 40
E-Mail: ehv-land-brandenburg@t-online.de
Präsident(in): Heinz-Dietrich Vick (Fa. Vick Tabak- u. Spirituosen GmbH, Karl-Marx-Str. 22, 16816 Neuruppin, T: (03391) 24 24)
Hauptgeschäftsführer(in): Harald Lemke

h 444
Landesverband des Hamburger Einzelhandels e.V.
Bei dem Neuen Krahn 2 Cremon, 4. Etage, 20457 Hamburg
T: (040) 36 98 13-0 **Fax:** 36 98 12-22
Internet: http://www.fhe.de
E-Mail: fhe@fhe.de
Präsident(in): Ludwig Görtz (Fa. Ludwig Görtz GmbH & Co., Spitaler Str. 10, 20095 Hamburg, T: (040) 33 30 00)
Hauptgeschäftsführer(in): RA Wolfgang Linnekogel

h 445
Landesverband des Hessischen Einzelhandels e.V. (LHE)
Berliner Str. 72, 60311 Frankfurt
T: (069) 13 30 91-0 **Fax:** 13 30 91-99
Hauptgeschäftsführer(in): Heinz-Dieter Schoenfeld

h 446
Unternehmerverband Einzelhandel Niedersachsen e.V. (UEN)
Hinüberstr. 16, 30175 Hannover
T: (0511) 3 37 08-15 **Fax:** 3 37 08-29
Hauptgeschäftsführer(in): Klaus W. Treichel

h 447
Einzelhandelsverband Nordrhein-Westfalen e.V.
Fachgemeinschaft Nähmaschinen
Kaiserstr. 42a, 40479 Düsseldorf
T: (0211) 4 98 06-24 **Fax:** 4 98 06-20
Geschäftsführer(in): Thomas Thienen

h 448
Einzelhandelsverband Nord-Ost e.V.
Fachgemeinschaft Nähmaschinen
Flämische Str. 22, 24103 Kiel
T: (0431) 9 74 07-0 **Fax:** 9 74 07-24
Hauptgeschäftsführer(in): RA Peter Kettler

h 449
Einzelhandelsverband Nordsee Bremen e.V.
Postf. 10 60 49, 28060 Bremen
Hinter dem Schütting 8, 28195 Bremen
T: (0421) 32 60 33 **Fax:** 32 87 90
Vorsitzende(r): Helmut Zorn (Neuformhaus Zorn, Ostertorsteinweg 101, 28203 Bremen, T: (0421) 7 60 21)
Hauptgeschäftsführer(in): RA Hermann Krauß

h 450
Landesverband Einzelhandel Rheinland-Pfalz e.V.
Postf. 11 20, 55001 Mainz
Ludwigsstr. 7, 55116 Mainz
T: (06131) 23 26 31 **Fax:** 23 83 15
E-Mail: info@handelsverbaende-rlp.de
Präsident(in): Adolf Bauer (Radio-Bauer, Rheinhessenstr. 7, 55129 Mainz, T: (06131) 9 58 66 13)
Hauptgeschäftsführer(in): RA Hanno Scherer

h 451
Landesfachgemeinschaft Motorrad-, Fahrrad- und Nähmaschinenhandel Saar e.V.
Fachgemeinschaft Nähmaschinen
Feldmannstr. 26, 66119 Saarbrücken
T: (0681) 9 27 17-0 **Fax:** 9 27 17-10
Geschäftsführer(in): Werner Thau

h 452
Handelsverband Sachsen e.V.
Fachgemeinschaft Nähmaschinen
Könneritzstr. 5, 01067 Dresden
T: (0351) 8 67 06-12 **Fax:** 8 67 06-30
Hauptgeschäftsführer(in): Eberhard Lucas

h 453
Verband der Kaufleute Sachsen-Anhalt e.V.
Fachgemeinschaft Nähmaschinen
Liebigstr. 5, 39104 Magdeburg
T: (0391) 5 61 96 31 **Fax:** 5 43 02 66
Hauptgeschäftsführer(in): Dr. Gero Hildebrandt

h 454
Verband Thüringer Kaufleute e.V.
Fachgemeinschaft Nähmaschinen
Augsburger Str. 10, 99091 Erfurt
T: (0361) 7 78 06-0 **Fax:** 7 78 06-12
Geschäftsführer(in): Martin Pielemeier

● H 455
Bundesverband Parfümerien e.V.
Fachverband des Einzelhandels mit Parfümerien, Kosmetik und Körperpflegemitteln in der Hauptgemeinschaft des Deutschen Einzelhandels e. V.
An der Engelsburg 1, 45657 Recklinghausen
T: (02361) 92 48-0 **Fax:** 92 48 88
E-Mail: ParfuemerieVerband@t-online.de
Internationaler Zusammenschluß: siehe unter izh 382
Vorsitzende(r): Reinhard-Dieter Wolf (Arndtstr. 2, 33602 Bielefeld)
Geschäftsführer(in): Werner Hariegel
Mitglieder: 3000

● H 456
Bundesfachverband Deutscher Reformhäuser e.V. (refo)
Gotische Str. 15, 61440 Oberursel
T: (06172) 30 09-861 **Fax:** 30 09-862
E-Mail: ref@neuform.de
Internationaler Zusammenschluß: siehe unter izh 393
Mitglieder: 12
Mitarbeiter: 2

● H 457
Bundesverband des Sanitätsfachhandels e.V. (BVS)
Salierring 44, 50677 Köln
T: (0221) 2 40 90 27 **Fax:** 2 40 86 70
E-Mail: bvs@verbandsbuero.de
Vorsitzende(r): Ghita Giede (Sanitätshaus B. Giede, Kaiserallee 78, 76185 Karlsruhe)
Geschäftsführer(in): Winfried Toubartz
Mitglieder: 13 Landesverbände

Berufs-, wirtschafts-, handels- und branchenpolitische Vereinigung des Sanitätsfachhandels.

● H 458
Bundesverband des Deutschen Schuheinzelhandels e.V.
Salierring 44, 50677 Köln
T: (0221) 2 40 91 07 **Fax:** 2 40 86 70
Vorsitzende(r): Brigitte Wischnewski (Lange Str. 57, 32312 Lübbecke)
Geschäftsführer(in): Winfried Toubartz
Mitglieder: 14 Landesverbände

h 459
Einzelhandelsverband Württemberg e.V.
Landesfachgemeinschaft Schuhe
Neue Weinsteige 44, 70180 Stuttgart
T: (0711) 6 48 64-0 **Fax:** 6 48 64 34
Internet: http://www.ehv-wuerttemberg.de
E-Mail: info@ehv-wuerttemberg.de
Vorsitzende(r): Albrecht Diem
Geschäftsführer(in): RA André F. Kunz

h 460
Landesverband des Bayerischen Einzelhandels e.V.
Fachabteilung Schuhe
Postf. 20 13 42, 80013 München
Brienner Str. 45, 80333 München
T: (089) 55 11 81 20 **Fax:** 55 11 81 18
Internet: http://www.lbe.de
E-Mail: dr.aigner@lbe-oberbayern.de
Vorsitzende(r): Eduard Meier, München
Geschäftsführer(in): Dr. Martin Aigner

h 461
Verband des Berliner und Brandenburgischen Schuheinzelhandels e.V.
Mehringdamm 48, 10961 Berlin
T: (030) 7 86 24 73 **Fax:** 7 85 35 34
Vorsitzende(r): Horst Wittstock, Berlin
Geschäftsführer(in): Nils Busch-Petersen (Hohenzollerndamm 184, 10713 Berlin, T: (030) 88 17 73-8, Fax: 88 11 65-5)

h 462
Fachverband Schuhe im Einzelhandelsverband Nordsee Bremen e.V.
Hinter dem Schütting 8, 28195 Bremen
T: (0421) 32 60 33 **Fax:** 32 87 90
E-Mail: ehv/nordsee@t-online.de
Vorsitzende(r): Rolf Meinke, Bremen
Hauptgeschäftsführer(in): Wolfgang Brakhane

h 463
Landesverband des Hessischen Einzelhandels e.V.
Fachgemeinschaft Schuhe
Berliner Str. 72, 60311 Frankfurt
T: (069) 1 33 09 10 **Fax:** 13 30 91 99
Internet: http://www.ehvhessen.de
E-Mail: info@einzelhandel-hessen.de
Vorsitzende(r): Bruno Skorwider
Hauptgeschäftsführer(in): Heinz-Dieter Schoenfeld

h 464
Unternehmerverband Einzelhandel Osnabrück Emsland e.V.
Postf. 17 60, 49007 Osnabrück
Herrenteichsstr. 5, 49074 Osnabrück
T: (0541) 35 78 20 **Fax:** 3 57 82 99
Geschäftsführer(in): Peter H. Konermann

h 465
Einzelhandelsverband Nordrhein-Westfalen
Fachgemeinschaft Schuhe
Kaiserstr. 42a, 40479 Düsseldorf
T: (0211) 49 80 60 **Fax:** 4 98 06 36
E-Mail: info@einzelhandelnrw.de
Vorsitzende(r): Inge Fehsel, Düsseldorf
Hauptgeschäftsführer(in): Heinz Trompetter

h 466
Einzelhandelsverband Rheinhessen-Pfalz e.V.
Abteilung Schuhe
Postf. 10 03 62, 67403 Neustadt
Festplatzstr. 8, 67433 Neustadt
T: (06321) 9 24 20 **Fax:** 92 42 31
E-Mail: ehv-neustadt@einzelhandel.de
Vorsitzende(r): N.N.
Vorsitzende(r): Karlheinz Schober

h 467
Verband des Saarländischen Schuheinzelhandels e.V.
Postf. 10 18 23, 66018 Saarbrücken
Feldmannstr. 26, 66119 Saarbrücken
T: (0681) 92 71 70 **Fax:** 92 71 71-0
Vorsitzende(r): Gerd Woll
Geschäftsführer(in): Wolfgang Lossen

h 468
Einzelhandelsverband Nord-Ost e.V.
Schleswig-Holstein/Mecklenburg-Vorpommern
Fachgemeinschaft Schuhe
Mühlenstr. 16, 25335 Elmshorn
T: (04121) 8 11 60 **Fax:** 8 11 73
Vorsitzende(r): N.N.
Geschäftsführer(in): Peter Kneuttinger

h 469
Verband der Kaufleute Sachsen-Anhalt e.V.
Liebigstr. 5, 39104 Magdeburg
T: (0391) 5 61 96 31 **Fax:** 5 43 02 66
E-Mail: verband-d.-kaufleute-s.-anhalt@t-online.de
Hauptgeschäftsführer(in): Dr. Gero Hildebrandt

h 470
Handelsverband Sachsen e.V.
Bezirksgeschäftsstelle Chemnitz
Salzstr. 1, 09113 Chemnitz
T: (0371) 81 56 20 **Fax:** 8 15 62 20
Internet: http://www.handel-sachsen.de
E-Mail: hvs-chemnitz@handel-sachsen.de
Präsident(in): Bernd Kippig (Juwelier Roller, Theaterplatz 4, 09111 Chemnitz, T: (0371) 6 76 29 15, Fax: 6 76 29 15)
Hauptgeschäftsführer(in): Eberhard Lucas
Geschäftsführer(in): Jutta Müller (Landesfachgemeinschaft)
Bezirksgeschäftsstellen:
- Westsachsen, Engelsdorfer Str. 5, 04317 Leipzig, T: (0341)

6 89 10 71, Fax: (0341) 6 89 10 72;
- Ostsachsen, Könneritzstr. 3, 01067 Dresden, T: (0351) 86 70 60, Fax: (0351) 8 67 06 20

h 471
Einzelhandelsverband Thüringen e.V.
Verband Thüringer Kaufleute
Augsburger Str. 10, 99091 Erfurt
T: (0361) 7 78 06-0   **Fax:** 7 78 06-12
Präsident(in): Arnold Senft (Fa. Modehaus Senft, Bahnhofstr. 33, 37327 Leinefelde, T/Fax: (03605) 51 26 19, Internet: http://www.handelshaus.de, E-mail: lv-thüringen@einzelhandel.de)
Hauptgeschäftsführer(in): Karin Letsch
Bezirksgeschäftsstellen:
Mittel- u. Nordthüringen: Augsburger Str. 10, 99091 Erfurt, T: (0361) 7 78 06 50, Fax: (0361) 7 78 06 12
Regionalverbände:
Südthüringen: Werner-Seelenbinder-Str. 7, 98529 Suhl, T: (03681) 72 45 78, Fax: (03681) 70 98 11
Ostthüringen: Lessingstr. 7, 07545 Gera, T: (0365) 8 32 34 69, Fax: (0365) 8 32 33 16

h 472
Einzelhandelsverband Land Brandenburg e.V.
Fachgemeinschaft Schuhe
Hauptgeschäftsstelle
Steinstr. 20, 16816 Neuruppin
T: (03391) 4 56 30   **Fax:** 45 63 40
E-Mail: ehv-land-brandenburg@t-online.de
Vorsitzende(r): Heidemarie Baar
Hauptgeschäftsführer(in): Harald Lemke
Bezirksgeschäftsstellen:
Schlaatzweg 1, 14473 Potsdam, T: (0331) 29 28 69, Fax: (0331) 2 70 85 28
Ostrower Damm 9, 03046 Cottbus, T: (0355) 2 34 77
Birnbaumsmühle Nr. 65, 15234 Frankfurt/Oder, T/Fax: (0335) 4 00 03 05

● H 473
Verband des Hamburger Schuheinzelhandels e.V.
Bei dem Neuen Krahn 2, 20457 Hamburg
T: (040) 36 98 12 12   **Fax:** 36 98 12 22

● H 474
Bundesverband des Spielwaren-Einzelhandels e.V. (BVS)
Postf. 29 04 61, 50525 Köln
An Lyskirchen 14, 50676 Köln
T: (0221) 2 71 66-0   **Fax:** 2 71 66-20
Vorstand: Dr. Frieder Panne (Vors.; Spiel+Freizeit Panne, Wilhelmstr. 29, 72764 Reutlingen, T: (07121) 93 89 37-39, Fax: 93 89 48)
Heinz Ludl (SPIEL & SPASS Ludl, Reichsstr. 2+4, 88609 Donauwörth, T: (0906) 2 26 86, Fax: 2 16 86; SPIEL & SPASS-Beiratsvorsitzender)
Hans-Günther Gerads (Spiel+Freizeit Gerads, Marktstr. 17, 41236 Mönchengladbach, T: (02166) 4 40 94, Fax: 4 97 25; Landesvors. NRW)
Wilfried Baumunk (Spielwaren R. Engelhard, Wilhelm-Röntgen-Str. 1, 77656 Offenburg, T: (0781) 2 51 05, Fax: 2 51 85; idee+spiel-Aufsichtsrat und Beirat)
Ingo Grabmeister (KARSTADT QUELLE AG, ZE Spielwaren, Theodor-Althoff-Str.2, 45133 Essen, T: (0201) 7 27 38 17, Fax: 7 27 38 00)
Manon Motulsky (Spielwarenhaus am Markt, Ellenbogengasse 6, 65183 Wiesbaden, T: (0611) 37 17 32, Fax: 30 39 44; Spielzeug-Ring-Beiratsvorsitzende)
Geschäftsführer(in): Willy Fischel

Landesverbände

h 475
Einzelhandelsverband Baden-Württemberg e.V.
Fachgemeinschaft Spielwaren
Neue Weinsteige 44, 70180 Stuttgart
T: (0711) 6 48 64-0   **Fax:** 6 48 64-24
Geschäftsführer(in): RA Sabine Hegmann

h 476
Landesverband des Bayerischen Einzelhandels e.V.
Fachgemeinschaft Spielwaren
Brienner Str. 45, 80333 München
T: (089) 5 51 18-132   **Fax:** 5 51 18-163
Hauptgeschäftsführer(in): Günter Gross

h 477
Gesamtverband des Spielwaren-Einzelhandels Berlin e.V.
Hohenzollerndamm 183-184, 10713 Berlin
T: (030) 8 81 77 38   **Fax:** 8 81 27 03
Geschäftsführer(in): Nils Busch-Petersen

h 478
Einzelhandelsverband Land Brandenburg e.V.
Fachgemeinschaft Spielwaren
Steinstr. 20, 16816 Neuruppin
T: (03391) 45 63-0   **Fax:** 45 63-31
Geschäftsführer(in): Harald Lemke

h 479
Einzelhandelsverband Nordsee Bremen e.V.
Fachgemeinschaft Spielwaren
Hinter dem Schütting 8, 28195 Bremen
T: (0421) 32 60 33-34   **Fax:** 32 87 90
Geschäftsführer(in): Wolfgang Brakhane

h 480
Fachgemeinschaft Spielwaren und Modellbau im Landesverband Hamburg e.V.
Bei dem Neuen Krahn 2, 20457 Hamburg
T: (040) 36 98 12-26   **Fax:** 36 98 12-22
Vorsitzende(r): Günter Wolf (Baumkamp 82, 22299 Hamburg, T: (040) 5 11 87 62)
Geschäftsführer(in): Ulf Kalkmann

h 481
Landesverband des Hessischen Einzelhandels e.V.
Fachgemeinschaft Spielwaren
Berliner Str. 72, 60311 Frankfurt
T: (069) 13 30 91-0   **Fax:** 13 30 91-99
Vorsitzende(r): Klaus Anspach (Faix & Söhne GmbH & Co., Elisabethenstr. 1-3, 64283 Darmstadt, T: (06151) 29 09-0, Fax: 29 45 05)
Geschäftsführer(in): Dipl.-Kfm. Heinz-Dieter Schoenfeld

Regionalverbände

h 482
Unternehmerverband Einzelhandel im Regierungsbezirk Braunschweig
Fachgemeinschaft Spielwaren
Am Wendenwehr 1, 38114 Braunschweig
T: (0531) 3 80 15 38   **Fax:** 3 80 15 51
Geschäftsführer(in): RAin Sybille Adermann

h 483
Einzelhandelsverband Nordrhein-Westfalen e.V.
Fachgemeinschaft Spielwaren
Kaiserstr. 42a, 40479 Düsseldorf
T: (0211) 4 98 06-0   **Fax:** 4 98 06-20
Vorsitzende(r): Hans-Günther Gerads (Spielwaren Gerads, Marktstr. 17, 41236 Mönchengladbach, T: (02166) 4 40 94, Fax: 4 97 25)
Geschäftsführer(in): Thomas Thienen

h 484
Einzelhandelsverband Nord-Ost e.V.
Fachgemeinschaft Spielwaren
Flämische Str. 22, 24103 Kiel
T: (0431) 9 74 07-0   **Fax:** 9 74 07-24
Geschäftsführer(in): Peter Kettler

h 485
Unternehmerverband Einzelhandel Rheinland-Pfalz e.V.
Fachgemeinschaft Spielwaren
Ludwigsstr. 7, 55116 Mainz
T: (06131) 23 26 31   **Fax:** 23 83 15
Geschäftsführer(in): Hanno Scherer

h 486
Handelsverband Sachsen e.V.
Geschäftsstelle Westsachsen
Engelsdorfer Str. 5, 04317 Leipzig
T: (0341) 6 88 18 79   **Fax:** 6 89 10 72
Geschäftsführer(in): Gunter Engelmann-Merkel

h 487
Verband der Kaufleute Sachsen-Anhalt e.V.
Fachgemeinschaft Spielwaren
Liebigstr. 5, 39104 Magdeburg
T: (0391) 5 61 96 31   **Fax:** 543 02 66
Geschäftsführer(in): Dr. Gero Hildebrandt

h 488
Verband Thüringer Kaufleute e.V.
Fachgemeinschaft Spielwaren
Augsburger Str. 10, 99091 Erfurt
T: (0361) 7 78 06-0   **Fax:** 7 78 06-12
Vorsitzende: Renate Höch (Spielwaren Höch, Karlsplatz 3, 99817 Eisenach, T: (03691) 20 33 41, Fax: 20 33 41)
Hauptgeschäftsführer(in): Martin Pielemeier

● H 489
Verband Deutscher Sportfachhandel e.V. (VDS)
Postf. 34 80, 65024 Wiesbaden
Fichtestr. 22, 65189 Wiesbaden
T: (0611) 9 90 05-0   **Fax:** 9 90 05-99
Internet: http://www.sportpress.de/vds.htm
E-Mail: vds-wiesbaden@t-online.de
Büro München: Von-der-Vring-Str. 17, 81929 München, Postf. 81 10 45, 81910 München, T: (089) 99 35 56-0, Telefax: (089) 99 35 56 99
Vorsitzende(r): Werner Haizmann (Brunnenstr. 3, 70372 Stuttgart, T: (0711) 56 58 11, Telefax: (0711) 55 72 69)
Hauptgeschäftsführer: Helmut Ott
Mitglieder: 2500 unabhängige und selbständige Mitglieder

● H 490
Bundesverband des Tabakwaren-Einzelhandels e.V. (BTWE)
Postf. 29 04 61, 50525 Köln
An Lyskirchen 14, 50676 Köln
T: (0221) 2 71 66-0   **Fax:** 2 71 66-20
E-Mail: btwe@einzelhandel.de
Präsident(in): Reiner Oestreich (63263 Neu-Isenburg)
Hauptgeschäftsführer(in): Willy Fischel
Mitglieder: 15 Verbände

Landesverbände

h 491
Einzelhandelsverband Baden-Württemberg e.V.
Landesfachgemeinschaft Tabak
Postf. 4 73, 79004 Freiburg
Eisenbahnstr. 68-70, 79098 Freiburg
T: (0761) 3 68 76-21
Vorsitzende(r): Gerhard Huber
Geschäftsführer(in): Dipl.-Kfm. Manfred C. Noppel

h 492
Landesverband des Bayerischen Einzelhandels e.V.
Fachgemeinschaft Tabak
Brienner Str. 45, 80333 München
T: (089) 5 51 18-0
Vorsitzende(r): Lothar Geyer
Geschäftsführer(in): Wolf-Dieter Brock

h 493
Verband der Berliner Presse-Lotto-Tabakwaren-Einzelhändler e.V.
Alarichstr. 12-17, 12105 Berlin
T: (030) 7 86 20 05
Vorsitzende(r): Heinz-Jürgen Steineke
Geschäftsführer(in): N.N.

h 494
Einzelhandelsverband Land Brandenburg e.V.
Steinstr. 20, 16816 Neuruppin
T: (03391) 4 56 30   **Fax:** 45 63 40
E-Mail: ehv-land-brandenburg@t-online.de
Vorsitzende(r): Heinz-Dietrich Vick
Geschäftsführer(in): Harald Lemke

h 495
Fachverband Tabakwaren, Presse und Toto/Lotto im Einzelhandelsverband Nordsee
Hinter dem Schütting 8, 28195 Bremen
T: (0421) 32 60 34
Vorsitzende(r): Harry Bollmann
Geschäftsführer(in): Horst Laue

h 496
Fachverband Tabakwaren für Nordwestdeutschland e.V.
Sitz Hamburg
Bei dem Neuen Krahn 2, 20457 Hamburg
T: (040) 3 69 81 20
Vorsitzende(r): Kerstin Kähler
Geschäftsführer(in): Dipl.-Kfm. Ulf Kalkmann

h 497
Landesverband des Hessischen Einzelhandels e.V.
Fachgemeinschaft Tabak
Berliner Str. 72, 60311 Frankfurt
T: (069) 1 33 09 10 **Fax:** 13 30 91 99
Vorsitzende(r): Reiner Oestreich
Geschäftsführer(in): RA Markus Kneflowski

h 498
Unternehmerverband Niedersachsen e.V.
Landesfachgemeinschaft Tabak
Hinüberstr. 16, 30175 Hannover
T: (0511) 3 37 08-25
Vorsitzende(r): Hans-Peter Mühlhausen
Geschäftsführer(in): Ass. Michael Bücker

h 499
Einzelhandelsverband Nord-Ost e.V.
Fachgemeinschaft Tabak
Flämische Str. 22, 24103 Kiel
T: (0431) 97 40 70
Vorsitzende(r): Lorenz Ingwersen, Kiel
Geschäftsführer(in): Dirk Böckenholt

h 500
Einzelhandelsverband Nordrhein-Westfalen e.V.
Fachgemeinschaft Tabak
Prinz-Friedrich-Karl-Str. 26, 44135 Dortmund
T: (0231) 57 79 50
Vorsitzende(r): Thomas Oberheidt
Geschäftsführer(in): Dr. Wilm Schulte

h 501
Landesverband Einzelhandel Rheinland-Pfalz e.V.
Fachgemeinschaft Tabakwaren
Festplatzstr. 8, 67433 Neustadt
T: (06321) 92 42-0
Vorsitzende(r): N. N.
Geschäftsführer(in): RA Andrea Mahl

h 502
Tabakwaren-Fachverband Saar e.V.
Feldmannstr. 26, 66119 Saarbrücken
T: (0681) 5 60 30
Vorsitzende(r): Fred Ranker
Geschäftsführer(in): Dipl.-Vw. Werner Thau

h 503
Handelsverband Sachsen e.V. (HVS)
Fachgemeinschaft Tabak
Könneritzstr. 5, 01067 Dresden
T: (0351) 86 70 60 **Fax:** 8 67 06 30
Internet: http://www.handel-sachsen.de
Vorsitzende(r): N. N.
Hauptgeschäftsführer(in): Eberhard Lucas

h 504
Verband der Kaufleute Sachsen-Anhalt e.V.
Liebigstr. 5, 39104 Magdeburg
T: (0391) 5 61 96 31 **Fax:** 5 43 02 66
E-Mail: verband-d.-kaufleute-s.-anhalt@t-online.de
Vorsitzende(r): Jochen Kollwitz
Geschäftsführer(in): Dr. Gero Hildebrandt

h 505
Einzelhandelsverband Thüringen e.V.
Verband Thüringer Kaufleute
Augsburger Str. 10, 99091 Erfurt
T: (0361) 7 78 06-0 **Fax:** 7 78 06-12
Gründung: 1989 (Dezember)
Vorsitzende(r): Arnold Senft
Hauptgeschäftsführer(in): N.N.
Mitglieder: 1400
Mitarbeiter: 8

● H 506
Bundesverband Tankstellen und Gewerbliche Autowäsche Deutschland e.V.
Postf. 22 27, 32379 Minden
Stiftstr. 35, 32427 Minden
T: (0571) 88 60 80 **Fax:** 8 86 08 20
E-Mail: info@btg-minden.de
1. Vorsitzende(r): Joachim Jäckel (Henkelstr. 306, 40599 Düsseldorf)
Geschäftsführer(in): Sigrid Pook
Mitglieder: 13 Verbände

● H 507

Deutscher Caravan Handels-Verband e.V. (DCHV)
Holderäckerstr. 13, 70499 Stuttgart
T: (0711) 8 87 39 28 **Fax:** 8 87 49 67
Internet: http://www.dchv.de
E-Mail: info@dchv.de
Gründung: 1973
Präsident(in): Wolfgang Liebscher
Geschäftsführer(in): Hans-Jürgen Hess
Syndikus: Dr. Henner Hörl
Mitglieder: ca. 500
Mitarbeiter: 5
Zu den Mitgliedern gehören Caravanfachhändler, -Vermieter, -Hersteller, -Zulieferer und Dienstleister der Branche. Der Verband ist tätig für die Interessen rund um die Freizeitform Caravaning und ist Dienstleister für seine Mitglieder.

● H 508
Verband des Deutschen Zweiradhandels e.V.
Große-Kurfürsten-Str. 75, 33615 Bielefeld
T: (0521) 9 65 10-0 **Fax:** 9 65 10-20
Vorsitzende(r): Louis-Dieter Hempelmann (Detmolder Str. 27, 32791 Lage)
Geschäftsführer(in): Dipl.-Kfm. Hans-Friedrich Thoben

● H 509
Bundesverband Technik des Einzelhandels e.V. (BVT)
Postf. 29 04 61, 50525 Köln
An Lyskirchen 14, 50676 Köln
T: (0221) 2 71 66-0 **Fax:** 2 71 66-20
Internet: http://www.bvt-ev.de
E-Mail: bvt@einzelhandel.de
Internationaler Zusammenschluß: siehe unter izh 165
Vorsitzende(r): Willi Klöcker (MediMax Leverkusen, Wiesdorfer Platz 47-53, 51373 Leverkusen, T: (0214) 8 30 42 14, Fax: 4 13 12), Leverkusen
Vorstand: Willi Walgenbach (W. Walgenbach GmbH, Gumbertstr. 156, 40229 Düsseldorf, T: (0211) 22 09 10, Fax: 2 20 91 63)
Jürgen Christ (expert Christ, Wiesenweg 6, 59558 Lippstadt, T: (02941) 65 71 91, Fax: 6 00 21)
Claudia Runte (Lichthaus Runte GmbH, Schützenhof 17-23, 58636 Iserlohn, T: (02371) 2 40 31, Fax: 2 44 55)
Artur Rusnok (G. Rusnok KG, Oberntorwall 19, 33602 Bielefeld, T: (0521) 6 18 35, Fax: 6 09 84)
Dieter Firschke (Expert Firschke, Hauptstr. 60-61, 10827 Berlin, T: (030) 78 09 80-0, Fax: 78 09 80-20)
Geschäftsführer(in): Willy Fischel

Landesverbände

Baden-Württemberg

h 510
Einzelhandelsverband Südbaden e.V.
Fachgemeinschaft Technik
Schützenstr. 8, 78462 Konstanz
T: (07531) 2 29 34 **Fax:** 1 63 87
Vorsitzende(r): Eduard Schellhammer (Fachcenter Schellhammer GmbH, Industriestr. 1a, 78224 Singen, T: (07731) 59 04 11, Fax: 59 04 99)
Geschäftsführer(in): Utz Geiselhart

Bayern

h 511
Landesverband des Bayerischen Einzelhandels e.V.
Fachgemeinschaft Technik
Brienner Str. 45, 80333 München
T: (089) 5 51 18-132 **Fax:** 5 51 18-163
Geschäftsführer(in): Iris Schieb

Berlin

h 512
Gesamtverband des Einzelhandels Land Berlin e.V. (GdE)
Fachgemeinschaft Radio-Fernsehen
Hohenzollerndamm 183-184, 10713 Berlin
T: (030) 8 81 77 38 **Fax:** 8 81 18 65
Geschäftsführer(in): Nils Busch-Petersen

h 513
Gesamtverband des Einzelhandels Land Berlin e.V.
Fachgemeinschaft Beleuchtung-Elektro
Hohenzollerndamm 183-184, 10713 Berlin
T: (030) 8 81 77 38 **Fax:** 8 81 18 65
Vorsitzende(r): Manfred Schirmer (Köhler Beleuchtung, Steglitzer Damm 39, 12169 Berlin, T: (030) 7 96 52 18, Fax: 7 95 39 42)
Geschäftsführer(in): Nils Busch-Petersen

Brandenburg

h 514
Einzelhandelsverband Land Brandenburg e.V.
Fachgemeinschaft Technik
Steinstr. 20, 16816 Neuruppin
T: (03391) 45 63-0 **Fax:** 45 63-31
Geschäftsführer(in): Harald Lemke

Bremen

h 515
Einzelhandelsverband Nordsee Bremen e.V.
Fachgemeinschaft Technik
Hinter dem Schütting 8, 28195 Bremen
T: (0421) 32 60 33, 32 60 34 **Fax:** 32 87 90
Geschäftsführer(in): Wolfgang Brakhane

Hamburg

h 516
Verband des Rundfunk- und Fernseh-Einzelhandels Hamburg e.V.
Bei dem Neuen Krahn 2, 20457 Hamburg
T: (040) 36 98 12-26 **Fax:** 36 98 12-22
Vorsitzende(r): Bodo Kretschmann (Elektrohaus Langenhorn GmbH, Ilsenweg 36, 22395 Hamburg, T: (040) 6 01 28 77, Fax: 6 01 28 77)
Geschäftsführer(in): Ulf Kalkmann

h 517
Fachverband Hamburger Hartwarenhandel e.V.
Bei dem Neuen Krahn 2, 20457 Hamburg
T: (040) 36 98 12-26 **Fax:** 36 98 12-22
Vorsitzende(r): Heinz Hertling (Stil-Leuchten-Pavillon, Lokstedter Steindamm 33, 22529 Hamburg, T: (040) 56 42 39, Fax: 56 28 20)
Geschäftsführer(in): Ulf Kalkmann

Hessen

h 518
Landesverband des Hessischen Einzelhandels e.V. (LHE)
Fachgemeinschaft Technik
Berliner Str. 72, 60311 Frankfurt
T: (069) 13 30 91-0 **Fax:** 13 30 91-99
Vorsitzende(r): Wolfgang Tengler (Radio-Wilms GmbH, Heidelberger Landstr. 223, 64297 Darmstadt, T: (06151) 94 74 12, Fax: 94 74 31)
Hauptgeschäftsführer(in): Dipl.-Kfm. Heinz-Dieter Schoenfeld

h 519
Einzelhandelsverband Hessen-Nord e.V.
Fachgemeinschaft Elektro
Pilgrimstein 28a, 35037 Marburg
T: (06421) 91 00 20 **Fax:** 91 00 19
Geschäftsführer(in): Hans-Joachim Ebert

Niedersachsen

h 520

Unternehmerverband Einzelhandel Osnabrück e.V.
Fachgemeinschaft Technik
Herrenteichstr. 5, 49074 Osnabrück
T: (0541) 35 78 20   **Fax:** 3 57 82-99
Vorsitzende(r): Willfried Korte-Termöllen (Otto Korte GmbH, Herrenteichstr. 19, 49074 Osnabrück, T: (0541) 2 47 77, Fax: 2 70 51)
Geschäftsführer(in): Peter Konermann

h 521

Einzelhandelsverband Nordrhein-Westfalen e.V.
Fachgemeinschaft Technik
Kaiserstr. 42a, 40479 Düsseldorf
T: (0211) 4 98 06-0   **Fax:** 4 98 06-20
Vorsitzende(r): Willi Walgenbach (W. Walgenbach GmbH, Gumberstr. 156, 40229 Düsseldorf, T: (0211) 21 10 21, Fax: 2 20 91 63)
Geschäftsführer(in): Thomas Thienen

Nord-Ost

h 522

Einzelhandelsverband Nord-Ost e.V.
Fachgemeinschaft Technik
Flämische Str. 22, 24103 Kiel
T: (0431) 9 74 07-0   **Fax:** 9 74 07-24
Vorsitzende(r): Wolfgang Kelting (Elektro-Kelting, Mühlenstr. 12-14, 25335 Elmshorn, T: (04121) 8 17 24, Fax: 8 17 35)
Hauptgeschäftsführer(in): RA Peter Kettler

Rheinland-Pfalz

h 523

Landesverband Einzelhandel Rheinland-Pfalz e.V.
Fachgemeinschaft Technik
Ludwigsstr. 7, 55116 Mainz
T: (06131) 23 26 31   **Fax:** 23 83 15
Vorsitzende(r): Adolf Bauer (Radio Bauer, Rheinhessenstr. 7, 55129 Mainz, T: (06131) 9 58 66-0, Fax: 9 58 66-60)
Hauptgeschäftsführer(in): RA Hanno Scherer

Saarland

h 524

Radio- und Fernseh-Fachverband Saar e.V.
Postf. 10 18 23, 66018 Saarbrücken
Feldmannstr. 26, 66119 Saarbrücken
T: (0681) 9 27 17-0   **Fax:** 9 27 17-10
Vorsitzende(r): Karl-Heinz Persch (Fernsehtechnik Persch, Bildstockstr. 27, 66589 Merchweiler, T: (06825) 4 11 33, Fax: 4 81 98)
Geschäftsführer(in): Dipl.-Betriebsw. Christoph Kleer

Sachsen

h 525

Handelsverband Sachsen e.V.
Geschäftsstelle Westsachsen
Engelsdorfer Str. 5, 04317 Leipzig
T: (0341) 6 88 18 79   **Fax:** 6 89 10 72
Vorsitzende(r): Detlef Nagelschmidt (Elektro Nagelschmidt, Eisenbahnstr. 136, 04315 Leipzig, T: (0341) 6 89 11 80, Fax: 6 89 11 70)
Geschäftsführer(in): Gunter Engelmann-Merkel

Sachsen-Anhalt

h 526

Verband der Kaufleute Sachsen-Anhalt
Geschäftsstelle Halle
Kleine Märkerstr. 7a, 06108 Halle
T: (0345) 2 02 36 26   **Fax:** 2 02 36 26
Vorsitzende(r): Dr. Irmgard Boettcher (radio-television GmbH, Max-Otten-Str. 2, 39104 Magdeburg, T: (0391) 5 66 65-0, Fax: 5 66 65-11)
Geschäftsführer(in): Siegfried Mahlert

h 527

Verband Thüringer Kaufleute e.V.
Fachgemeinschaft Technik
Augsburger Str. 10, 99091 Erfurt
T: (0361) 7 78 06-0   **Fax:** 7 78 06-12
Hauptgeschäftsführer(in): Karin Letsch

● **H 528**

Bundesverband des Deutschen Textileinzelhandels e.V. (BTE)
Geschäftsführung:
Postf. 29 02 63, 50524 Köln
T: (0221) 92 15 09-0   **Fax:** 92 15 09-10
Internet: http://www.bte.de
E-Mail: info@bte.de
Internationaler Zusammenschluß: siehe unter izh 407
Präsident(in): Klaus Magnus
Vizepräsident(in): Hansjörg Mann
Axel Fischer
Hauptgeschäftsführer(in): Ass. Jürgen Dax

Landesverbände

h 529

Einzelhandelsverband Württemberg e.V.
Fachgemeinschaft Textil
Geschäftsführung:
Neue Weinsteige 44, 70180 Stuttgart
T: (0711) 64 86 40   **Fax:** 6 48 64- 34
Vorsitzende(r): Bruno Röttele
Geschäftsführer(in): RA André F. Kunz

h 530

Landesverband des Bayerischen Einzelhandels e.V.
Fachgemeinschaft Textil
Geschäftsführung:
Brienner Str. 45, 80333 München
T: (089) 5 51 18-0   **Fax:** 55 11 81 63
Vorsitzende(r): Jens H. Rid
Geschäftsführer(in): Dr. Martin Aigner

h 531

Gesamtverband des Berliner Textil-Einzelhandels e.V.
Fachgemeinschaft Textil
Geschäftsführung:
Hohenzollerndamm 183, 10713 Berlin
T: (030) 8 81 77 38   **Fax:** 8 81 18 65
Vorsitzende(r): Gerd Seehafer (i. Fa. Brummer, Tauentzienstr. 17, 10798 Berlin, T: (030) 2 11 10 27, Fax: (030) 2 11 10 29)
Geschäftsführer(in): Nils Busch-Petersen

h 532

Einzelhandelsverband Land Brandenburg e.V.
Fachgemeinschaft Textil
Schlaatzweg 1, 14473 Potsdam
T: (0331) 29 28 69   **Fax:** 2 70 85 28
Vorsitzende(r): Karin Genrich
Geschäftsführer(in): Anita Berner

h 533

Einzelhandelsverband Nordsee Bremen e.V.
Fachgruppe Textil
Geschäftsführung:
Hinter dem Schütting 8, 28195 Bremen
T: (0421) 32 60 34   **Fax:** 32 87 90
Vorsitzende(r): Klaus H. Ristedt
Geschäftsführer(in): Wolfgang Brakhane

h 534

Landesverband des Hessischen Einzelhandels e.V.
Fachabteilung Textil
Geschäftsführung:
Berliner Str. 72, 60311 Frankfurt
T: (069) 13 30 91-0   **Fax:** 13 30 91-99
Vorsitzende(r): Rainer Hencke
Geschäftsführer(in): Dipl.-Kfm. Heinz-Dieter Schoenfeld

h 535

Unternehmerverband Einzelhandel Niedersachsen e.V.
Landesfachgemeinschaft Textil
Geschäftsführung:
Gartenstr. 5, 26122 Oldenburg
T: (0441) 9 70 91-0   **Fax:** 9 70 91-34
Vorsitzende(r): Hansjörg Mann
Geschäftsführer(in): Dipl.-Volksw. Diedrich Thoms

h 536

Verband des Norddeutschen Textileinzelhandels e.V.
Geschäftsführung:
Bei dem Neuen Krahn 2, 20457 Hamburg
T: (040) 3 69 81 20   **Fax:** 36 98 12 22
Vorsitzende(r): Horst-Arno Gülcher
Geschäftsführer(in): RA Wolfgang Linnekogel

h 537

Einzelhandelsverband Nord-Ost e.V.
Fachgemeinschaft Textil
Geschäftsführung:
Mühlenstr. 16, 25335 Elmshorn
T: (04121) 8 11 60   **Fax:** 8 11 73
Vorsitzende(r): Klaus-Dieter Keller
Geschäftsführer(in): Dipl.-Betriebsw. Peter Kneuttinger

h 538

Einzelhandelsverband Nordrhein-Westfalen e.V.
Fachgemeinschaft Textil
Geschäftsführung:
Am Lohtor 14, 45657 Recklinghausen
T: (02631) 10 26-0   **Fax:** 10 26-10
Vorsitzende(r): Rolf Jacobi
Geschäftsführer(in): RAin Susanne Brämer

h 539

Landesverband Einzelhandel Rheinland-Pfalz e.V.
Fachgemeinschaft Textil
Geschäftsführung:
Postf. 10 03 62, 67403 Neustadt
T: (06321) 92 42-0   **Fax:** 92 42-31
Vorsitzende(r): Steffen Jost
Geschäftsführer(in): RA Hanno Scherer

h 540

Verband des Saarländischen Textil-Einzelhandels e.V.
Geschäftsführung:
Feldmannstr. 26, 66119 Saarbrücken
T: (0681) 9 27 17-0   **Fax:** 9 27 17-10
Vorsitzende(r): Ewald Olk
Geschäftsführer(in): Wolfgang Lossen

h 541

Handelsverband Sachsen e.V.
Fachgemeinschaft Textil
Salzstr. 1, 09113 Chemnitz
T: (0371) 8 15 62-0, 8 57 75 71   **Fax:** 8 15 62-20
Geschäftsführer(in): Jutta Müller

h 542

Verband der Kaufleute Sachsen-Anhalt e.V.
Fachgemeinschaft Textil
Liebigstr. 5, 39104 Magdeburg
T: (0391) 5 61 96 31   **Fax:** 5 43 02 66
Geschäftsführer(in): Uta Otto

h 543

Verband Thüringer Kaufleute e.V.
Fachgemeinschaft Textil
Lessingstr. 7, 07545 Gera
T: (0365) 8 32 34 69   **Fax:** 8 32 33 16
Geschäftsführer(in): Elvira Werner

Mitgliedsverbände

h 544

Bundesverband des Deutschen Teppich- und Gardinenhandels e.V.
Geschäftsführung:
Postf. 29 02 63, 50524 Köln
T: (0221) 92 15 09-80   **Fax:** 92 15 09-10
Internet: http://www.teppich-gardinenverband.de

Hier werden Sie gesehen!
Nutzen Sie Werbeflächen.
06151 – 380365
Alles was Sie wissen wollen!

h 544
E-Mail: p.engmann@t-online.de
Vorsitzende(r): Heiner Luttermann
Geschäftsführer(in): Lic. oec. publ. Peter W. Engmann

h 545
Verband der Bettenfachgeschäfte e.V.
Geschäftsführung:
An Lyskirchen 14, 50676 Köln
T: (0221) 92 15 09-0   Fax: 92 15 09-10
Vorsitzende(r): N.N.
Geschäftsführer(in): Ass. Jürgen Dax

h 546
Gemeinschaft Deutscher Hutfachgeschäfte e.V.
Geschäftsführung:
An Lyskirchen 14, 50676 Köln
T: (0221) 92 15 09-0   Fax: 92 15 09-10
Vorsitzende(r): Andreas Voigtländer
Geschäftsführer(in): Heijo Gassenmeier

h 547
Verband Deutscher Schirmfachgeschäfte e.V. (VDS)
Geschäftsführung:
An Lyskirchen 14, 50676 Köln
T: (0221) 92 15 09-0   Fax: 92 15 09-10
Vorsitzende(r): Willy Schüffler
Geschäftsführer(in): Ass. Jürgen Dax
Mitglieder: 65

Sonstige Einzelhandelsverbände

Überfachliche Bundesfachverbände und Arbeitsgemeinschaften

● H 548
Bundesverband der Filialbetriebe und Selbstbedienungs-Warenhäuser e.V. (BFS)
Postf. 32 03 40, 53206 Bonn
Büchelstr. 50, 53227 Bonn
T: (0228) 4 49 08-0   Fax: 4 49 08-88
Internet: http://www.bfs-online.de
E-Mail: info@bfs-online.de
Gründung: 1988
Präsident(in): Eugen Viehof
Hauptgeschäftsführer(in): RA Uwe Schepers
Stellv. HGeschF: RA Werner Witting
Leitung Presseabteilung: Heiko Müller
Verbandszeitschrift: BFS-aktuell, BFS-Report
Redaktion: Heiko Müller
Verlag: Eigenverlag, Albrecht Verlag
Mitarbeiter: 14
Wahrung und Förderung der rechtlichen und wirtschaftlichen Interessen der Mitglieder, die Förderung moderner Vertriebsformen des Einzelhandels sowie Wahrung und Förderung einer freiheitlichen Wirtschafts- und Wettbewerbsordnung und eines lauteren Wettbewerbs.

● H 549
Bundesarbeitsgemeinschaft der Mittel- und Großbetriebe des Einzelhandels e.V.
Friedrichstr. 60, 10117 Berlin
T: (030) 20 61 20-0   Fax: 20 61 20-88
Internet: http://www.bag.de
E-Mail: handelsverband@bag.de
Gründung: 1949 (16. Sept.)
Internationaler Zusammenschluß: siehe unter izh 377
Präsident(in): Dr. Walter Deuss
Vizepräsident(in): James A. Cloppenburg
Dagmar Wöhrl
Dr. Michael Crüsemann
Dr. Ulrich Schillert
Hauptgeschäftsführer und Leiter der Presseabteilung:
Prof. Dr. Johann D. Hellwege
Verbandszeitschrift: BAG Handelsmagazin
Redaktion: Joachim Elsässer, Rolf Pangels, Reimar Delley, Ulrich Martinius, Dr. Gert A. Nacken, Wilfried Rometsch
Verlag: Bundesarbeitsgemeinschaft der Mittel- und Großbetriebe des Einzelhandels e.V. (BAG), Friedrichstr. 60, 10117 Berlin
Mitglieder: ca. 4000

Landesarbeitsgemeinschaften und -verbände der Mittel- und Großbetriebe des Einzelhandels

h 550
Verband der Mittel- und Großbetriebe des Einzelhandels Baden-Württemberg e.V.
Sophienstr. 38, 70178 Stuttgart
T: (0711) 62 80 96   Fax: 62 80 79
Vorsitzende(r): Christian Wilk
Geschäftsführer(in): RA Gerhard Berger

h 551
Landesverband der Mittel- und Großbetriebe des Einzelhandels in Bayern e.V.
Postf. 33 07 29, 80067 München
Färbergraben 1, 80331 München
T: (089) 2 42 57 13   Fax: 24 25 71 40
E-Mail: handelsverbandlagbayern@t-online.de
Gründung: 1948
Präsident(in): Dagmar Wöhrl (MdB)
Hauptgeschäftsführer(in): Winfried Fleck (Leitung Presseabteilung)
Geschäftsführer(in): RA Rainer Turobin-Ort
RAin Anne Hayo

h 552
Landesarbeitsgemeinschaft der Mittel- und Großbetriebe des Einzelhandels in Berlin und Brandenburg e.V.
Hohenzollerndamm 184, 10713 Berlin
T: (030) 8 82 46 45   Fax: 8 81 18 65
E-Mail: einzelhandel@gde-berlin.de
Vorsitzende(r): Reiner Schierholz
Hauptgeschäftsführer(in): Nils Busch-Petersen

h 553
Arbeitsgemeinschaft der Mittel- und Großbetriebe des Einzelhandels im Lande Bremen e.V.
Am Wall 146, 28195 Bremen
T: (0421) 3 39 75 11   Fax: 32 43 87, 32 66 93
Vorsitzende(r): Herbert Korte
Geschäftsführer(in): RA Constantin Wesser

h 554
Verband der Mittel- und Großbetriebe des Einzelhandels Sitz Hamburg e.V.
Mönckebergstr. 11 VI, 20095 Hamburg
T: (040) 33 64 41, 33 64 42   Fax: 33 65 42
E-Mail: handelsverband.lag.hh.sh.mv@t-online.de
Präsident(in): James A. Cloppenburg
Geschäftsführer(in): Dipl.-Volksw. Heinrich Grüter
RA Hans-Christian Presto

h 555
Arbeitsgemeinschaft der Mittel- und Großbetriebe des Einzelhandels im Lande Hessen e.V.
Zeil 51 IV, 60313 Frankfurt
T: (069) 28 33 61   Fax: 29 16 48
Vorsitzende(r): Dr. Ulrich Schillert
Geschäftsführer(in): RA Joachim Burkardt
RA Andreas Helfer

h 556
Verband der Mittel- und Großbetriebe des Einzelhandels in Mecklenburg-Vorpommern e.V.
Sitz Schwerin
Mönckebergstr. 11 VI, 20095 Hamburg
T: (040) 33 64 41   Fax: 33 65 42
E-Mail: handelsverband.lag.hh.sh.mv@t-online.de
Präsident(in): Carl Kreßmann
Geschäftsführer(in): Dipl.-Volksw. Heinrich Grüter
Hans-Christian Presto

h 557
Landesverband der Mittel- und Großbetriebe des Einzelhandels im Land Niedersachsen e.V.
Hinüberstr. 16, 30175 Hannover
T: (0511) 33 61 17 60   Fax: 33 61 17 66
E-Mail: lvmg.nds@t-online.de
Präsident(in): Hansjörg Mann
Hauptgeschäftsführer(in): Mathias Busch

h 558
Landesarbeitsgemeinschaft der Mittel- und Großbetriebe des Einzelhandels in Nordrhein-Westfalen e.V.
Kaiserstr. 42a, 40479 Düsseldorf
T: (0211) 49 76 67-0   Fax: 49 76 67-22
E-Mail: handelsverbandlagnrw@t-online.de
Vorsitzende(r): N.N.
Stellvertretende(r) Vorsitzende: Dr. Franz Haas
Geschäftsführer(in): RA Erwin Blättermann
RA Martin H. Scheier

h 559
Arbeitsgemeinschaft der Mittel- und Großbetriebe des Einzelhandels Rheinland-Pfalz e.V.
Ludwigstr. 7, 55116 Mainz
T: (06131) 23 26 31   Fax: 23 83 15
Vorsitzende(r): Ernst-Uwe Bernard
Geschäftsführer(in): RA Hanno Scherer

h 560
Arbeitsgemeinschaft der Mittel- und Großbetriebe des Einzelhandels Saarland e.V.
Feldmannstr. 26, 66119 Saarbrücken
T: (0681) 9 27 17 27   Fax: 9 27 17 10
Internet: http://www.einzelhandel-saarland.de
E-Mail: lagsaarland@aol.com
Vorsitzende(r): Carl Jakob
Geschäftsführer(in): Wolfgang Lossen

h 561
Landesverband der Mittel- und Großbetriebe des Einzelhandels in Sachsen e.V.
Wasserturmstr. 51b, 04299 Leipzig
T: (0341) 8 62 86 13   Fax: 8 62 86 27
Präsident(in): Wolfgang Wirz
Geschäftsführer(in): Prof. Dr. Annemarie Langanke

h 562
Landesverband der Mittel- und Großbetriebe des Einzelhandels in Sachsen-Anhalt e.V.
Wasserturmstr. 51b, 04299 Leipzig
T: (0341) 8 62 86 13   Fax: 8 62 86 27
Präsident(in): Rolf Lay
Geschäftsführer(in): Prof. Dr. Annemarie Langanke

h 563
Verband der Mittel- und Großbetriebe des Einzelhandels Schleswig-Holstein e.V.
Sitz Kiel
Mönckebergstr. 11 VI, 20095 Hamburg
T: (040) 33 64 41   Fax: 33 65 42
E-Mail: handelsverband.lag.hh.sh.mv@t-online.de
Präsident(in): Ulrich Schöne
Geschäftsführer(in): Dipl.-Volksw. Heinrich Grüter
Hans-Christian Presto

h 564
Landesverband der Mittel- und Großbetriebe des Einzelhandels in Thüringen e.V.
Wasserturmstr. 51b, 04299 Leipzig
T: (0341) 8 62 86 13   Fax: 8 62 86 27
Präsident(in): Günter Borkenhagen
Geschäftsführer(in): Prof. Dr. Annemarie Langanke

h 565
Arbeitskreis Oberbekleidung
Bundesarbeitsgemeinschaft der Mittel- und Großbetriebe des Einzelhandels
Postf. 60 19 69, 22219 Hamburg
T: (040) 63 78 44 60   Fax: 63 78 44 44
Vorsitzende(r): Dirk Schröder
Geschäftsführer(in): Evelyn Kiso

● H 566
Fachverbände des Hamburger Einzelhandels e.V.
Bei dem Neuen Krahn 2 Cremon, 20457 Hamburg
T: (040) 36 98 12-0   Fax: 36 98 12-22
Internet: http://www.fhe.de
E-Mail: info@fhe-mail.de
Gründung: 1977
Vorstand: Rolf Heineke (1. Vors.)
Anette Gehrke (stellv. Vors.)
Hans-Heinrich Klemm (stellv. Vors.)
Joachim Marks (stellv. Vors.)
Hauptgeschäftsführer(in): RA Wolfgang Linnekogel
Geschäftsführer(in): Dipl.-Kfm. Ulf Kalkmann (Ltg. Presseabt.)
Mitglieder: 1800

● H 567
Bundesverband des werbenden Buch- und Zeitschriftenhandels e.V. (wbz)
Geschäftsstelle:
Brahmsweg 3, 50169 Kerpen
T: (02273) 67 17   Fax: 67 18
Gründung: 1886 (29. Juni) als Central-Verein
Vorstand:
Vors. u. Schatzmeister: Willy Nick, Neckarsulm
Stellvertretende(r) Vorsitzende(r): Hartmut W. Siebel, Stokkelsdorf
Vorsitzender des Versicherungsausschusses: Udo Pikken, Essen

Vors. d. Zeitschriftenvertriebsausschusses: Wilfried Paepcke, Stockelsdorf
Vors. d. Buchvertriebsausschusses: Hans Schneider, München
Geschäftsführer(in): Werner Pientka

Landesverbände

h 568
Verband Bayerischer Buch- und Zeitschriftenhändler e.V.
Sitz München
Geschäftsstelle:
Kaiser-Wilhelm-Str. 8, 82319 Starnberg
T: (08151) 26 09-0 Fax: 7 80 04
Gründung: 1947 (3. Mai) Wiedergegründet nach dem Krieg
Vorstand:
1. Vorsitzende(r): Hans Bonk (Kaiser-Wilhelm-Str. 8, 82319 Starnberg, T: (08151) 2 60 90)
Stellvertretende(r) Vorsitzende(r): Hubertus Aurich (Ickstattstr. 7, 80469 München, T: (089) 2 01 00 50)
Schriftführer(in): Armin Siegl (Enzenspergerstr. 9, 81669 München, T: (089) 48 10 48 oder 2 01 00 50)
Schatzmeister: Franz Dorschner (Wertheimerstr. 75 c, 81243 München, T: (089) 87 00 35-37)
Mitglieder: 30
Delegierte zum Beirat des WBZ-Bundesverbandes: Volker Gebelein, Hermann Kampsmeyer, Bernhard Ranke, Armin Siegl

h 569
Landesverband Norddeutscher Buch- und Zeitschriftenhändler und Versicherungsgeneralagenturen
Sitz Hannover
Geschäftsstelle:
c/o Renate + Uwe Paris, Generalagenturen
Scharnweberstr. 25, 13405 Berlin
T: (030) 4 17 48 33 Fax: 41 74 83 55
Wiedergegr. nach 1945 als "Verband Nieders. Buch- und Zeitschriftenhändler"
Vorstand:
1. Vorsitzender und Schatzmeister: Wulf Westerhold (c/o Westerhold GmbH & Co. KG, Dornberger Str. 270, 33619 Bielefeld, T: (0521) 91 10 30, Fax: (0521) 9 11 03 14)
Stellvertretende(r) Vorsitzende(r): Uwe Paris (Generalagenturen, Scharnweberstr. 25, 13405 Berlin, T: (030) 4 17 48 33, Fax: (030) 41 74 83 55)
Beisitzer: Dr. Klaus Prechelt (c/o Otto Halbenz GmbH & Co. KG, Falkstr. 11, 33602 Bielefeld)
Walter Gotlewski (c/o Werbung-Vertrieb Friedrich Hengst GmbH & Co., Königstr. 28, 22767 Hamburg, T: (040) 38 90 09 23)
Delegierte zum Beirat des WBZ-Bundesverbandes: Georg Hirsch, Dr. Klaus Prechelt, Stefan Rothaug, Wulf Westerhold

h 570
Landesverband Südwestdeutscher Buch- und Zeitschriftenhändler und Versicherungsgeneralagenturen
Geschäftsstelle:
c/o Josef Leismann oHG
Schlackenbergstr. 20, 66386 Sankt Ingbert
T: (06894) 91 52 22
Gründung: 1888 (Mai) Wiedergegründet nach dem Krieg am 4.10.1946, neugegründet am 28.9.1994
Vorstand:
1. Vorsitzende(r): Jürgen Quirin (c/o Fa. Josef Leismann oHG, Schlackenbergstr. 20, 66386 Sankt Ingbert, T: (06894) 91 52 22)
Stellv. Vors. u. Schriftführer: Hans-Jürgen Voigt (c/o SZZ Wilhelm Voigt GmbH, Hafenbahnstr. 26, 70329 Stuttgart, T: (0711) 9 32 40)
Schatzmeister: Willy Nick (i. Fa. Buch- und Zeitschriftendienst Union, Binswanger Str. 144/146, 74172 Neckarsulm, T: (07132) 32 30)
Delegierte zum Beirat des WBZ-Bundesverbandes: Klaus Bartenbach, Michael Becker, Helmut Kelsch, Jürgen Quirin, Hans-Jürgen Voigt

h 571
Verband Westdeutscher Buch- und Zeitschriftenhändler e.V.
Sitz Duisburg
Geschäftsstelle:
c/o Fa. H. Leenders KG
Postfl. 10 23 54, 45023 Essen
T: (0201) 23 20 21, 23 20 22 Fax: 23 95 64
Gründung: 1912 (12. November) Wiedergegründet nach dem Krieg am 28.9.1945
Vorstand:
1. Vorsitzende(r): Udo Picken (c/o Heinr. Leenders KG, Postfl. 10 23 54, 45023 Essen, T: (0201) 23 20 21/22, Telefax: (0201) 23 95 64)
Stellvertretende(r) Vorsitzende(r): Hartmut W. Siebel (c/o Pressevertriebszentrale für Abonnenten GmbH & Co. KG, Bahndamm 9, 23681 Stockelsdorf, T: (0451) 4 90 61 11, Fax: (0451) 4 90 61 12)

Schriftführer(in): Benno Coenen (c/o Peter Coenen GmbH, Wedauer Str. 8, 40885 Ratingen, T: (02102) 3 19 23, Fax: (02102) 3 19 24)
Schatzmeister: Hans-Jürgen Klein (c/o Th. Klein KG, Am Wehrhahn 100, 40211 Düsseldorf, T: (0211) 17 21 40, Fax: (0211) 1 72 14 30)
Delegierte zum Beirat des WBZ-Bundesverbandes: Heinz Bitter, Benno Coenen, Georg von Ciesewski, Dietrich Oldenburg, Werner Trefzger

● H 572
Verband Deutscher Bahnhofsbuchhändler e.V.
c/o Dr. Michael Roggen
Sternstr. 67, 40479 Düsseldorf
T: (0211) 49 15 98-7 Fax: 49 15 98-98
Vorsitzende(r): Gustav Stirnberg, Essen
Stellvertretende(r) Vorsitzende(r): Detlef Horndasch, Gütersloh
Schatzmeister: Götz Grauert, Düsseldorf

● H 573

Verband Deutscher Antiquare e.V.
Die Vereinigung von Buchantiquaren, Autographen- und Graphikhändlern
Geschäftsstelle
Postf. 10 10 20, 50450 Köln
Kreuzgasse 2-4, 50667 Köln
T: (0221) 92 54 82 62 Fax: 92 54 82 82
Vorstand: Ulrich Hobbeling, Münster
Mitglieder: 274

● H 574
AWS Arbeitsgemeinschaft Wissenschaftlicher Sortiments- und Fachbuchhandlungen e.V.
Geschäftsstelle: Elwert Universitätsbuchhandlung u. Verlag GmbH & Co. KG
Reitgasse 7-9, 35037 Marburg
T: (06421) 1 70 90 Fax: 1 54 87
Vorsitzende(r): Rudolph Braun-Elwert, Marburg

● H 575
Katholischer Medienverband (KMV)
Adenauerallee 176, 53113 Bonn
T: (0228) 24 99 44-0 Fax: 24 99 44-4
E-Mail: katholischer.medienverband@t-online.de
Gründung: 1906
Vorsitzende(r): Pater Alfons Friedrich, München
Geschäftsführer(in): Pit Stenmans
Mitglieder: 330

● H 576
Bundesverband der Deutschen Versandbuchhändler e.V.
An der Ringkirche 6, 65197 Wiesbaden
T: (0611) 44 90 91-94 Fax: 4 84 51
Internet: http://www.versandbuchhaendler.de
E-Mail: versandbuchhaendler@ecj.de
Vorsitzende(r): Jutta Heyer
Stellvertretende(r) Vorsitzende(r): Wolfgang Nikrandt
1. Geschf.: RAin Kornelia Wahl-Schneiders
2. Geschf.: RA Dr. Christian Russ

● H 577
Arbeitsgemeinschaft Reise- und Versandbuchhandel
c/o Börsenverein des Deutschen Buchhandels
Großer Hirschgraben 17-21, 60311 Frankfurt
T: (069) 13 06-318 Fax: 13 06-309
Internet: http://www.boersenverein.de
E-Mail: jockel@boev.de
Vorsitzende(r): Jutta Heyer
Geschäftsführer(in): Jochen Grönke

● H 578
Verband Deutscher Lesezirkel e.V. (LZV)
Grafenberger Allee 241, 40237 Düsseldorf
T: (0211) 69 07 32-0 Fax: 67 49 47
Internet: http://www.presse.de/lesezirkel
E-Mail: verband@lesezirkel.de
Vorsitzende(r): Günther Hildebrand
Geschäftsführer(in): Klaus Hemmerling (T: (0211) 69 07 32-0)
Mitglieder: ca. 170

Bezirksleitungen

h 579
Verband Deutscher Lesezirkel e.V.
Bezirk Bayern
(zuständig auch für: Thüringen)
Am Banngraben 16, 84030 Landshut
T: (0871) 1 28 65
Bez.-Ltr.: Jürgen Wachter

h 580
Verband Deutscher Lesezirkel e.V.
Bezirk Berlin
(zuständig auch für: Brandenburg, Sachsen)
Buckower Chaussee 148, 12305 Berlin
T: (030) 74 30 93 93 Fax: 7 42 10 96
Bez.-Ltr.: Lothar Weißgerber (T: (030) 7 42 20 21, Telefax: (030) 7 42 10 96)

h 581
Verband Deutscher Lesezirkel e.V.
Bezirk Bremen-Oldenburg-Ostfriesland
Abdenastr. 1-2, 26721 Emden
T: (04921) 97 29-0 Fax: 2 41 05
Bez.-Ltr.: Harm Bretz (T: (04921) 9 72 90)

h 582
Verband Deutscher Lesezirkel e.V.
Bezirk Hessen
Jagdhausstr. 32, 76530 Baden-Baden
T: (07221) 6 69 44 Fax: 5 32 60
Bez.-Ltr.: Willy Jungwirth (T: (07221) 6 69 44)

h 583
Verband Deutscher Lesezirkel e.V.
Bezirk Niedersachsen
(zuständig auch für: Sachsen-Anhalt)
Berthold-Roggan-Ring 28, 29439 Lüchow
T: (05841) 57 25 Fax: 60 95
Bez.-Ltr.: Otto Graw (T: (05841) 57 25)

h 584
Verband Deutscher Lesezirkel e.V.
Bezirk Nord
(zuständig auch für: Mecklenburg-Vorpommern)
Schulstr. 15, 24860 Böklund
T: (04623) 5 47 Fax: 5 87
Bez.-Ltr.: Bernd Wedekind (T: (04623) 5 47)

h 585
Verband Deutscher Lesezirkel e.V.
Bezirk Nordrhein-Westfalen
Paßstr. 5, 47198 Duisburg
T: (02066) 20 76-0 Fax: 20 76-69
Bez.-Ltr.: Hans-Walter Schleisiek (T: (02066) 2 07 60)

h 586
Verband Deutscher Lesezirkel e.V.
Bezirk Südwest
Ellerstadter Str. 8a, 68219 Mannheim
T: (0621) 87 70 70 Fax: 8 77 07 10
Bez.-Ltr.: Karl Häßler (T: (0621) 87 70 70)

● H 587
Gesamtverband des Deutschen Brennstoff- und Mineralölhandels e.V. Berlin (gdbm)
Französische Str. 15, 10117 Berlin
T: (030) 6 85 90 90, 6 85 21 59 Fax: 68 59 75 35
E-Mail: gdbm-berlin@t-online.de
Internationaler Zusammenschluß: siehe unter izl 135
Vorsitzende(r): RA Dieter Bischoff, Aachen
Stellvertretende(r) Vorsitzende(r): Dr. Hans-Joachim Beyer (SCHMIDT GMBH, Postf. 17 63, 35667 Dillenburg, T: (02771) 8 71 00, Telefax: (02771) 87 10 27, Tx: 873 938)
Wolfgang Kuhlmann (Büro Pulheim, Blumenstr. 3, 50259 Pulheim, T: (02238) 96 38 89, Fax: (02238) 96 38 89)
Dieter Sonntag (i. Fa. Hertha Sonntag, Auestr. 97, 08371 Glauchau, T: (03763) 1 85 66)
Geschäftsführer(in): Dipl.-oec. Günther Jäckel
Mitgliedsverbände: 6

Angeschlossene Regionalverbände:

h 588
gdbm - Region Nord e.V.
Buchtstr. 10, 22087 Hamburg
T: (040) 22 71 76 40 Fax: 22 71 76 42

Vorsitzende(r): Peter Mosner (Feldhaus-Haberlandt Mineralölvertrieb GmbH, Harnis 15, 24937 Flensburg, T: (0461) 1 71 70, Telefax: (0461) 1 29 92)
Geschäftsführer(in): RA Helmut Dinter

h 589

Gesamtverband des Deutschen Brennstoff- und Mineralölhandels Region West
Kettwiger Str. 27, 45127 Essen
T: (0201) 22 16 82 **Fax:** 22 16 83
E-Mail: gdbm@gdbm.de
Vorsitzende(r): Klaus Biermann (Biermann GmbH, Mineralöle, Hoingstr. 2, 59425 Unna, T: (02303) 25 40 20, Fax: 2 54 02 24), Unna
Geschäftsführer(in): Ass. Sabine Link

h 590

Bayerischer Brennstoff- und Mineralölhandels-Verband e.V. (BBMV)
Sendlinger Str. 46 III, 80331 München
T: (089) 23 19 05-0 **Fax:** 23 19 05-99
E-Mail: bbmv.muenchen@t-online.de
1. Vorsitzende(r): Manfred Meier (c/o Bartosch Mineralölvertrieb GmbH, Hallstadter Str. 103, 96052 Bamberg, T: (0951) 96 56 80)
2. Vorsitzende(r): Eduard Hörl (Franz Sandmeier Mineralöle GmbH, Bergkirchen)
Geschäftsführer(in): Arnold Kleine

h 591

Verband für Energiehandel Südwest-Mitte e.V.
Hauptgeschäftsstelle:
Tullastr. 18, 68161 Mannheim
T: (0621) 41 10 95 **Fax:** 41 52 22
Internet: http://www.veh-ev.de
E-Mail: info@veh-ev.de
Vorsitzende(r): Carl-Friedrich Maier (i. Fa. Maier am Tor GmbH & Co. KG, Siechenfeldstr. 23, 73614 Schorndorf, T: (07181) 70 12 01)
Stellvertretende(r) Vorsitzende(r): Horst Franke (Franke-Brennstoffhandel GmbH, Langenhainer Str. 97, 99880 Fröttstädt, T: (03622) 90 29 71, Fax: 90 29 71)
Geschäftsführer(in): Dipl.-Volksw. Hans-Jürgen Funke (68161 Mannheim)
Dr.-Ing. Jörg Lenk (34233 Fuldatal)
Leitung Presseabteilung: Ingo Schneemann
Mitglieder: ca. 1100

h 592

Sächsischer Brennstoff- und Mineralölhandelsverband e.V.
Kindstr. 4, 04177 Leipzig
T: (0341) 4 79 15 17, 4 79 15 18 **Fax:** 4 79 15 19
E-Mail: sbmv-leipzig@t-online.de
Vorsitzende(r): Eberhard Menzel (Fa. Max Menzel, Königsbrücker Str. 37, 01458 Ottendorf-Okrilla, T: (035205) 7 33 64, Fax: (035205) 5 44 08)
Geschäftsführer(in): Hans-Henning Manz

h 593

Mitteldeutscher Handelsverband für Brennstoffe, Mineralöle und Wärmeservice e.V.
Delitzscher Str. 121, 06116 Halle
T: (0345) 5 60 06 80 **Fax:** 5 60 06 81
Internet: http://www.brennstoffhandel.de
E-Mail: mhv.halle@t-online.de
Vorsitzende(r): Peter Engelke (T: (030) 6 25 30 31), Berlin
Stellvertretende(r) Vorsitzende(r): Gerd Reichardt (Aral Wärme Service GmbH)
Geschäftsführer(in): Dipl.-Ök. Horst Gohling

● H 594

Zentralverband Deutsches Kraftfahrzeuggewerbe (ZDK)
Franz-Lohe-Str. 21, 53129 Bonn
T: (0228) 91 27-0 **Fax:** 91 27-150
Internet: http://www.kfzgewerbe.de
E-Mail: zdk@kfzgewerbe.de
Geschäftsstelle Berlin:
Obentrautstr. 16-18, 10963 Berlin, T: (030) 2 51 03 87, Telefax: (030) 2 51 27 17
Internationaler Zusammenschluß: siehe unter izh 477
Präsident(in): Rolf Leuchtenberger (Von-Kurtzrock-Ring 6, 22391 Hamburg, T: (040) 53 69 33 33)
Vizepräsident(in): Otto Hahn (c/o Hahn Automobile GmbH & Co., Ringstr. 12-18, 70736 Fellbach, Postf. 15 20, 70705 Fellbach, T: (0711) 57 77-0, -2 50)
Vizepräsident(in): Walter Stoy (Am Eselsbach 34, 97078 Würzburg, T: (0931) 2 79 87-0)
Ordentl. Mitgl. d. Vorst.: Hans-Joachim Flohr (c/o aurego GmbH, Steinbecker Meile 1, 42103 Wuppertal, T: (0202) 8 90 00-0 + -530)
Horst Gratz (c/o Autohaus Gratz, Postfach 1245, 49342 Diepholz, Auf dem Esch 21, 49356 Diepholz, T: (05441) 98 54-0)
Axel Grüning (c/o Grüning + Sohn KG, Ramskamp 71-75, 25337 Elmshorn, T: (04121) 47 15 70)
Dr. Wolfgang Hoffacker (c/o Orttenburger Fahrzeugtechnik, Preßburger Str. 6, 93055 Regensburg, T: (0941) 7 95 98-0)
Wilhelm Hülsdonk (c/o Stevens & Hülsdonk, Grenzstr. 222, 45562 Voerde, T: (02855) 96 50-0)
Rudolf Jäger (c/o Auto-Jäger GmbH, Saalburgstr. 39, 61267 Neu-Anspach, Postf. 11 51, 61259 Neu-Anspach, T: (06081) 94 02-0, -12)
Fritz Kuckartz (c/o Autohaus Kuckartz GmbH & Co.KG, Dresdner Str. 20, 52068 Aachen, T: (0241) 94 54-0 + 1 10)
Heino Niemann (Petridamm 22 a, 18146 Rostock, T: (0381) 68 32 17)
Volker Reichstein (c/o Autohaus Reichstein GmbH, Neuburger Str. 135-139, 86167 Augsburg, T: (0821) 7 00 13-0 + -31)
Dr. Peter Ritter (c/o Torpedo-Garage, Altenwoogstr. 60/62, 67655 Kaiserslautern, Postf. 13 46, 67603 Kaiserslautern, T: (0631) 34 26-0, -1 11)
Gerhard Schmid (c/o Ford Schmid, Elisabethstr. 4, 52428 Jülich, Postf. 12 67, 52411 Jülich, T: (02461) 97 89-0, -26)
Wolfgang Seifert (c/o LV Sachsen, Tiergartenstr. 94, 01219 Dresden, T: (03528) 40 95-0)
Dirk Weddigen von Knapp (c/o Gottfried Schultz GmbH & Co., Uellendahler Str. 245-251, 42109 Wuppertal, T: (0202) 2 75 71 00)
Alfons Wiebelskircher (c/o Bosch-Dienst Wiebelskircher, Rudolf-Diesel-Str. 6, 67133 Maxdorf, T: (06237) 92 75-0 + -12)
Bernhard Wirtz (Semmelweisstr. 54, 45470 Mülheim, T: (0208) 37 43 88)
Erwin Wolkenhauer (c/o Landesverb. Hamburg des Kfz-Gewerbes Hamburg e.V., Billstr. 41, 20539 Hamburg, T: (040) 7 89 52-1 10, 78 95 20 (LV))
Ständige Gäste:
Ehrenpräs.: Bernhard Enning (c/o Franz Enning GmbH & Co. KG, Rheinstr. 7/9, 45663 Recklinghausen, T: (02361) 30 01 80)
Fritz Haberl (c/o MAHAG, Schleibinger Str. 12, 81699 München, T: (089) 4 80 01-0, -2 80)
Georg Fröhlich (c/o Autohaus Fröhlich KG, Moselring 31/33, 56073 Koblenz, T: (0261) 9 41 60-0)

Vorsitzende der Ausschüsse:

Berufsbildung: Horst Vogtmann (c/o Vogtmann-Herold + Co. GmbH, Danziger Str. 4, 56564 Neuwied, T: (02361) 96 43-0)

Betriebswirtschaft: Fritz Kuckartz (c/o Autohaus Kuckartz GmbH & Co.KG, Dresdner Str. 20, 52068 Aachen, T: (0241) 94 54-0)

Gebrauchtwagen: Hanns-Peter Eger (c/o Auto Kocher KG, Am Taubenfeld 39, 69123 Heidelberg, T: (06221) 83 50-0)

Motorräder: Hans-Jürgen Weinrich (c/o Motorradhaus Winckler, Heiliger Weg 50, 44145 Dortmund, T: (0231) 55 71 71-0)

Öffentlichkeitsarbeit: Rolf Leuchtenberger (Präs. d. ZDK, von-Kurtzrock-Ring 6, 22391 Hamburg, T: (040) 53 69 33 33)

Sozialpolitik: Axel Grüning (c/o Grüning + Sohn KG, Ramskamp 71-75, 25337 Elmshorn, T: (04121) 47 15 70)

Technik, Sicherheit und Umwelt: Rudolf Jäger (Saalburgstr. 39, 61267 Neu-Anspach, T: (06081) 94 02-0)

Wirtschaftspolitik: Bernhard Wirtz (Semmelweisstr. 54, 45470 Mülheim, T: (0208) 37 43 88)

Nutzfahrzeuge (FV Handwerk): Horst Schurr (c/o Autohaus Horst Schurr, Robert-Bosch-Str. 17, 73431 Aalen, T: (07361) 92 93-0)

Rechts- u. Steuerausschuß: N. N.
Mitglieder: 48700

Wahrnehmung und Förderung der allgemeinen beruflichen, wirtschaftlichen und sozialen Interessen des Kraftfahrzeuggewerbes.

Landesverbände

h 595

Verband des Kfz-Gewerbes Baden-Württemberg e.V.
Motorstr. 1, 70499 Stuttgart
T: (0711) 83 98 63-0 **Fax:** 83 98 63-20
Präsident(in): Otto Hahn (c/o Hahn Automobile GmbH + Co., Ringstr. 12-18, 70736 Fellbach, T: (0711) 57 77-0)
Landesinnungsmeister: Klaus-Dieter Schaal
Hauptgeschäftsführer(in): Peter Flemming

h 596

Verband des Kfz-Gewerbes Bayern e.V.
Goethestr. 17, 80336 München
T: (089) 5 12 67 70 **Fax:** 5 50 21 56
Präsident(in): Landesinnungsmeister Walter Stoy (c/o Autohaus Stoy GmbH, Louis-Pasteur-Str. 12, 97076 Würzburg, T: (0931) 27 98 70)
Hauptgeschäftsführer(in): Dr. Hubert Fexer

h 597

Landesverband des Kraftfahrzeuggewerbes Berlin-Brandenburg
Obentrautstr. 16-18, 10963 Berlin
T: (030) 25 90 51 60 **Fax:** 25 90 51 00
Präsident(in): Hans-Peter Lange
Geschäftsführer(in): Rainer Homes

h 598

Landesverband des Kfz-Gewerbes Hamburg e.V.
Billstr. 41, 20539 Hamburg
T: (040) 7 89 52-0 **Fax:** 78 95 21 16
Präsident(in): Landesinnungsmeister Erwin Wolkenhauer (c/o LV Hamburg, Billstr. 41, 20539 Hamburg, T: (040) 74 52 52-0)
Hauptgeschäftsführer(in): Dipl.-Betriebsw. Klaus B. Schneider

h 599

Landesverband Hessen des Kfz-Gewerbes - Landesinnungsverband -
Bahnhofstr. 38, 65185 Wiesbaden
T: (0611) 9 99 89-0 **Fax:** 9 99 89 99
E-Mail: LVHessenKfz@t-online.de
Landesinnungsmeister: Rudolf Jäger (Saalburgstr. 39, 61267 Neu-Anspach, T: (06081) 94 02-0)
Geschäftsführer(in): Dipl.-Betriebsw. Uwe Grautegein

h 600

Verband des Kfz-Gewerbes Mecklenburg-Vorpommern e.V.
Kassebohmer Weg 11-12, 18055 Rostock
T: (0381) 60 09 02-0 **Fax:** 68 05 34
Präsident(in): Heino Niemann (Petridamm 22 a, 18146 Rostock, T: (0381) 68 32 17)
Landesinnungsmeister: Manfred Guhl (c/o Autoservice Guhl + Radloff, Lübecker Str. 131, 19059 Schwerin, T: (0385) 71 94 89)
Geschäftsführer(in): Jörg Behncke

h 601

Landesverband des Kfz.-Gewerbes Niedersachsen-Bremen e.V.
Vinnhorster Weg 51, 30419 Hannover
T: (0511) 2 78 96-0 **Fax:** 2 78 96-20
Präsident(in): Horst Gratz (Auf dem Esch 21, 49356 Diepholz, T: (05441) 98 540)
Hauptgeschäftsführer(in): Gerhard Hösel

h 602

Deutsches Kraftfahrzeuggewerbe Landesverband Nordrhein-Westfalen
Gerresheimer Landstr. 119, 40627 Düsseldorf
T: (0211) 9 25 95-0 **Fax:** 9 25 95 90
E-Mail: kfz.nrw@t-online.de
Präsident(in): Gerhard Schmid (c/o Ford-Schmid, Elisabethstr. 4, 52428 Jülich, T: (02461) 97 89-0)
Hauptgeschäftsführer(in): Dipl.-Volksw. Wilhelm Winter
Geschäftsführer(in): Erck-Rüdiger Seeling
Dieter Paust

h 603

Fachverband Pfälzisches Kfz-Gewerbe - Landesinnungsverband -
Mannheimer Str. 132, 67657 Kaiserslautern
T: (0631) 3 40 34 77 **Fax:** 3 40 34 78
Internet: http://www.kfz-rp.de
E-Mail: kl@kfz-rp.de
Vorsitzende(r): Dr. Peter Ritter (c/o Torpedo-Garage, Altenwoogstr. 60/62, 67655 Kaiserslautern, T: (0631) 34 26-0)
Geschäftsführer(in): Volker Dellmuth

h 604

Verband des Kfz-Gewerbes Rheinland e.V.
Hoevelstr. 19, 56073 Koblenz
T: (0261) 94 72 50 **Fax:** 9 47 25 15
Vorsitzende(r): Andreas Ockenfels (Asbacher Str. 115, 53545 Linz, T: (02644) 30 42, Telefax: (02644) 44 43)
Landesinnungsmeister: Reinhold Scherer (Platanenweg 4, 56075 Koblenz, T: (0261) 5 54 42)
Geschäftsführer(in): Hans Wolfgang Gottschalk

h 605
**Saarländischer Kraftfahrzeug-Verband
- Landesinnung -**
Untertürkheimer Str. 2, 66117 Saarbrücken
T: (0681) 95 40 40   **Fax:** 9 54 04-99
Landesinnungsmeister: Harald Friedrich (Ludweiler Str. 215, 66333 Völklingen, T: (06898) 9 72 10)
Geschäftsführer(in): Detlef Fiedler

h 606
Landesverband des Kfz-Gewerbes Sachsen e.V.
Tiergartenstr. 94, 01219 Dresden
T: (0351) 25 95 50   **Fax:** 2 59 55 77
Präs. u. LIM: Wolfgang Seifert (Tiergartenstr. 94, 01219 Dresden, T: (03528) 40 95-0)
Hauptgeschäftsführer(in): Ulrich Große

h 607
Landesverband des Kfz-Gewerbes Sachsen-Anhalt e.V.
Hohenziatzer Chaussee 16, 39291 Möckern
T: (039221) 9 55 55   **Fax:** 9 55 60
Vors. u. LIM: Klaus Ehrlich (Autohaus Vetter GmbH, Wittenberger Str. 22, 06749 Bitterfeld, T: (03493) 30 58-0, Fax: 2 39 00)
Hauptgeschäftsführer(in): Peter Gebbers

h 608
Verband des Kfz-Gewerbes Schleswig-Holstein e.V.
Faluner Weg 28, 24109 Kiel
T: (0431) 53 33 10   **Fax:** 52 50 67
Präsident(in): Axel Grüning (c/o Grüning + Sohn KG, Ramskamp 71-75, 25337 Elmshorn, T: (04121) 47 15 70)
Landesinnungsmeister: Jürgen Koepsell
Geschäftsführer(in): Dipl.-Betriebsw. Wolfgang Wittorf
RA Bernd Schweitzer

h 609
Landesverband des Kfz-Gewerbes Thüringen e.V.
Heinrich-Hertz-Str. 6, 07552 Gera
T: (0365) 8 39 85-0   **Fax:** 8 00 12 18
Internet: http://www.kfz-th.de
E-Mail: info@kfz-th.de
Präsident u. Landesinnungsmeister: Hans-Jürgen Vogel (c/o Autohaus Vogel GmbH, Lahnsteiner Str. 5, 07629 Hermsdorf, T: (036601) 7 97-0, Telefax: (036601) 7 97 13)
Geschäftsführer(in): N. N.

● H 610

Bundesverband des Deutschen Kunst- & Antiquitätenhandels e.V. (BDKA)
c/o Dr. Hermann Specht
Zum Bauernholz 3, 21279 Drestedt
T: (04186) 88 95 95   **Fax:** 6 66
Präsident(in): Dr. Hermann Specht
Vizepräsident(in): Michael Klewer
Schatzmeister(in): Edwin Vömel
Mitglieder: ca. 400

Vertretung der wirtschaftlichen und ideellen Interessen des deutschen Kunst- und Antiquitätenhandels.

h 611
Verband der Berliner Kunst- und Antiquitäten-Händler e.V.
Regensburger Str. 9, 10777 Berlin
T: (030) 2 11 43 02   **Fax:** 2 14 18 78
Vorsitzende(r): Michael Klewer
Mitglieder: ca. 20

h 612
Verband des Hessischen Antiquitäten- und Kunsthandels e.V.
Taunusstr. 33-35, 65183 Wiesbaden
T: (0611) 1 88 51 65   **Fax:** 1 88 51 71
1. Vorsitzende(r): Hans-Jürgen Keul
Mitglieder: ca. 50

h 613
Verband der Kunst- und Antiquitätenhändler Niedersachsens e.V.
Walderseestr. 24, 30177 Hannover
T: (0511) 66 93 48   **Fax:** 62 12 85
Vorsitzende(r): Detlev Rosenbach
Mitglieder: ca. 40

h 614
Verband Norddeutscher Kunsthändler e.V.
Maria-Louisen-Str. 5, 22301 Hamburg
T: (040) 48 62 14   **Fax:** 48 62 14
Vorsitzende(r): Dr. Hermann Specht
Mitglieder: ca. 30

h 615

Rheinischer Kunsthändler-Verband (RKV) e.V.
St.-Apern-Str. 17-21, 50667 Köln
T: (0221) 25 62 94   **Fax:** (0202) 57 22 67
Sprecher d. Vorst: Hans-Martin Schmitz
Mitglieder: ca. 100

Verband von Kunst- und Antiquitätenhändlern in NRW und Rheinland-Pfalz. Mitglied im Bundesverband des Deutschen Kunst- und Antiquitätenhandels e.V., Hamburg. Veranstalter der jährlich in Köln stattfindenden Westdeutschen Kunstmesse.

h 616
VSK - Verband Süddeutscher Kunsthändler e.V.
Dantestr. 29, 80637 München
T: (089) 1 57 73 49   **Fax:** 1 57 73 59
Vorsitzende(r): Kurt Zimmermann
Mitglieder: ca. 150

● H 617
Bundesverband Deutscher Galerien e.V. (BVDG)
Geschäftsstelle:
St.-Apern-Str. 17-21, 50667 Köln
T: (0221) 2 57 49 39   **Fax:** 2 57 49 84
Internet: http://www.bvdg.de
E-Mail: bvdg.koeln@t-online.de
Geschäftsführer(in): Dipl.-Volksw. Bernd Fesel
Vorstand: Heinz Holtmann (Vors.), Köln
Albert Baumgarten (stellv. Vors.), Freiburg
Maximilian Krips (Galerie Krips, Albertusstr. 9-11, 50667 Köln, T: (0221) 2 58 04 97)
Georg Nothelfer (Galerie Nothelfer, Uhlandstr. 184, 10623 Berlin, T: (030) 8 81 44 05)
Michael Schultz (Galerie Michael Schultz, Mommsenstr. 34, 10629 Berlin, T: (030) 3 24 15 91)
Mitglieder: 272

Vertretung der beruflichen, wirtschaftlichen und sozialpolitischen Interessen der deutschen Galerien, soweit sie mit Kunst des 20. Jahrhunderts handeln.

● H 618
Arbeitskreis deutscher Kunsthandelsverbände
St.-Apern-Str. 17-21, 50667 Köln
T: (0221) 2 57 49 38   **Fax:** 2 57 49 84
Gründung: 1978
Geschäftsführer(in): Dipl.-Volksw. Bernd Fesel
Mitglieder: 1174

● H 619
Verband der Agrargewerblichen Wirtschaft e.V. (VdAW)
Wollgrasweg 31, 70599 Stuttgart
T: (0711) 1 67 79-0   **Fax:** 4 58 60 93
Internet: http://www.vdaw.de
E-Mail: vdaw-e.V.@t-online.de
Präsident(in): Karl-Heinz Häussler (88499 Heiligkreuztal)
Geschäftsführende(s) Vorstands-Mitglied(er): Dipl.-Ing. (FH) Erich Reich (Wollgrasweg 31, 70597 Stuttgart, T: (0711) 1 67 79-11, Telefax: (0711) 4 58 60 93)

In diesem Verband sind zusammengeschlossen

Verband des Landtechnischen Handwerks Baden-Württemberg
Vorsitzende(r): Kurt Neuscheler (72666 Neckartailfingen)

VdAW-Fachgruppe Badischer Weinkellereien
Vorsitzende(r): Dr. Erich Müller (Postf. 11 27, 69181 Leimen)

Fachgruppe Landtechnischer Handel
Vorsitzende(r): Wilhelm Neyer (Bürgerstr. 2, 88339 Bad Waldsee)

Fachgruppe Lohnunternehmer
Vorsitzende(r): Günter Amann (88276 Berg, T: (0751) 4 49 75, Telefax: (0751) 5 46 37)

Fachgruppe Landhandel
Vorsitzende(r): Wilhelm Lohrmann (Platzstr. 12/2, 72348 Rosenfeld, T: (07428) 9 39 40)

Fachgruppe Handelsmühlen
Vorsitzende(r): Thomas Siegle (Zechlesmühle, 71254 Ditzingen)

Fachgruppe Vieh und Fleisch
Vorsitzende(r): Helmut Gaissmaier (Pfisterstr. 49, 89584 Ehingen, T: (07391) 62 56)

Fachgruppe Württembergischer Weinkellereien
Vorsitzende(r): Heinz Kölle (70376 Stuttgart, T: (07143) 2 10 72)

Fachgruppe Fruchtsafthersteller
Vorsitzende(r): Matthias Schütz (74395 Mundelsheim, T: (07143) 57 71)

VdAW-Fachgruppe Landhandel Hessen
Vorsitzende(r): Ulrich Gierth (Himbacher Str. 22, 63694 Limeshain-Rommelshausen, T: (06047) 80 08 22)

Fachgruppe Forstwirtschaftliche Lohnunternehmer
Vorsitzende(r): Herbert Körner (89551 Königsbronn, T: (07328) 91 90 10)

Fachgruppe Bayerische Lohnunternehmer
Vorsitzende(r): Georg Schmid (Bergstr. 5, 82239 Alling, T: (08141) 46 53)

Fachgruppe Bayerische Forstunternehmer
Vorsitzende(r): Fritz Flechsel (Reuterhof 1, 90552 Röthenbach, T: (0911) 57 87 10)

Außerdem sind Mitglied Firmen der Futtermittelindustrie, der Landtechnischen Industrie und der Ernährungsindustrie, ohne daß sie eine Fachgruppe gebildet haben.

● H 620
Zentralausschuß der Agrargewerblichen Wirtschaft (ZDAW)
Postf. 30 16 55, 53196 Bonn
Beueler Bahnhofsplatz 18, 53225 Bonn
T: (0228) 9 75 85-14   **Fax:** 9 75 85-30, 9 75 85-32
E-Mail: zentrale@bv-agrar.de
Präsident(in): Dr. Johannes Ströh (Lily-Braun-Str. 19-21, 23843 Bad Oldesloe, T: (04531) 18 14 54/55, Telefax: (04531) 8 76 72)
Vizepräsident(in): Walter Ulrich (Mühlenweg 7, 27801 Dötlingen, T: (04433) 7 89, Telefax: (04433) 14 28)
Geschäftsführer(in): Dipl.-Ing. agr. Robert Künzel
Mitglieder: 4

Mitglieder

h 621
Bundesverband der Agrargewerblichen Wirtschaft e.V. (BVA)
Postf. 30 16 55, 53196 Bonn
Beueler Bahnhofsplatz 18, 53225 Bonn
T: (0228) 9 75 85-0   **Fax:** 9 75 85-30, 9 75 85-32
E-Mail: zentrale@bv-agrar.de
Internationaler Zusammenschluß: siehe unter izh 282
Präsident(in): Claus Bacmeister
Geschäftsführer(in): Dipl.-Ing. agr. Robert Künzel
Dipl.-Betriebsw. Kurt Linzbach

h 622
Deutscher Sparkassen- und Giroverband e.V. (DSGV)
Postf. 11 01 80, 10831 Berlin
Behrenstr. 31, 10117 Berlin
T: (030) 2 02 25-0   **Fax:** 2 02 25-250
Internet: http://www.dsgv.de
E-Mail: postmaster@dsgv.de
Präsident(in): Dr. Dietrich H. Hoppenstedt
Geschäftsführende(s) Vorstands-Mitglied(er):
Dr. Holger Berndt
Thomas Mang
N. N.
Leitung Presseabteilung: Christian Achilles

h 623
Zentralverband des Deutschen Kartoffelhandels e.V.
Postf. 30 16 55, 53196 Bonn

Beueler Bahnhofsplatz 18, 53225 Bonn
T: (0228) 9 75 85-22   Fax: 9 75 85-32
E-Mail: erich.luepken@bv-agrar.de
Internationaler Zusammenschluß: siehe unter izh 69
Präsident(in): Dr. Herwig Elgeti
Geschäftsführer(in): Dipl.-Ing. agr. Erich A. Lüpken

h 624
Bundesverband des Großhandels mit Dünge- und Pflanzenbehandlungsmitteln e.V. (BGDP)
Postf. 30 16 55, 53196 Bonn
Beueler Bahnhofsplatz 18, 53225 Bonn
T: (0228) 9 75 85-0   Fax: 9 75 85-30, 9 75 85-32
E-Mail: zentrale@bv-agrar.de
Präsident(in): Claus Bacmeister
Geschäftsführer(in): Dipl.-Ing. agr. Robert Künzel

● H 625
Gemeinschaft der Getreidelagereibetriebe im Bundesverband Spedition und Logistik e.V.
Rheinparkstr. 2, 68163 Mannheim
T: (0621) 8 33 65-0   Fax: 8 33 65-20
E-Mail: info@vbsmhm.de
Vorsitzende(r): Dagmar Pinkenburg
Geschäftsführer(in): Bernhard Riedel

Mitglieder

h 626
Bundesverband der Agrargewerblichen Wirtschaft e.V. (BVA)
Postf. 30 16 55, 53196 Bonn
Beueler Bahnhofsplatz 18, 53225 Bonn
T: (0228) 9 75 85-0   Fax: 9 75 85-30, 9 75 85-32
E-Mail: zentrale@bv-agrar.de
Internationaler Zusammenschluß: siehe unter izh 282
Präsident(in): Claus Bacmeister
Geschäftsführer(in): Dipl.-Ing. agr. Robert Künzel
Dipl.-Betriebsw. Kurt Linzbach

h 627
Bundesverband der Deutschen Weinkellereien und des Weinfachhandels e.V.
Herzogenbuscher Str. 12, 54292 Trier
E-Mail: bvw@trier.ihk.de
Präsident(in): Arthur Gesthüsen, Alf/Mosel
Geschäftsführer(in): Peter Rotthaus

h 628
Bundesverband des Großhandels mit Dünge- und Pflanzenbehandlungsmitteln e.V. (BGDP)
Postf. 30 16 55, 53196 Bonn
Beueler Bahnhofsplatz 18, 53225 Bonn
T: (0228) 9 75 85-0   Fax: 9 75 85-30, 9 75 85-32
E-Mail: zentrale@bv-agrar.de
Vorsitzende(r): Claus Bacmeister
Geschäftsführer(in): Dipl.-Ing. agr. Robert Künzel

● H 629
Deutsche Handelsvereinigung SPAR e.V.
22867 Schenefeld
Osterbrooksweg 35-45, 22869 Schenefeld
T: (040) 83 94-0   Fax: 83 94-1550
Vorsitzende(r): Arwed Fischer
Vizepräsident(in): Helmut Angl (87645 Schwangau)
Geschäftsführer(in): RA Michael Ludwig
Mitglieder: 19 regionale SPAR Handelsvereinigungen

● H 630
Arbeitsgemeinschaft Deutscher Milchhandelsverbände
Im Bonnet 4, 53229 Bonn
T: (0228) 48 14 05   Fax: 48 14 05
Geschäftsführer(in): Dipl.-Vw. Ottmar Burska

● H 631
FMI - Fachverband für Multimediale Informationsverarbeitung e.V.
Fürstenbergerstr. 151, 60322 Frankfurt
T: (069) 95 96 36 50   Fax: 95 96 36 51
Internet: http://www.fmi-ev.de
E-Mail: info@fmi-ev.de
Gründung: 1970
Vorsitzende(r): Andreas Bläcker
Stellvertretende(r) Vorsitzende(r): Thomas Rick
Lutz Bernschein
Geschäftsführer(in): RA Achim Carius
Mitglieder: 50

● H 632
Bundesverband Reifenhandel und Vulkaniseur-Handwerk e.V.
Franz-Lohe-Str. 19, 53129 Bonn
T: (0228) 2 89 94 70   Fax: 2 89 94 77
Internet: http://www.bundesverband-reifenhandel.de
E-Mail: info@bundesverband-reifenhandel.de
Gründung: 1986 (27. Okt.)
Präsident(in): Gerhard Ludwig (c/o Rieger + Ludwig, Kobelweg 91, 86156 Augsburg)
Geschäftsführer(in): Peter Hülzer
Leitung Presseabteilung: Ulrike Weyerke
Verbandszeitschrift: "Trends + Facts"
Redaktion: Ulrike Weyerke
Verlag: Oberländer Ufer 172, 50968 Köln
Mitglieder: 1015
Mitarbeiter: 5

● H 633
Verband des Tankstellen- und Garagengewerbes in Deutschland e.V. (VTG)
Steinweg 36, 35321 Laubach
T: (06405) 95 03 95   Fax: 95 03 96
Internet: http://www.vtgd.de
E-Mail: buero@vtgd.de
Gründung: 1950 (17. Januar)
Vorstand: Uwe Liegl (Vors.), Speyer
Arnulf Neubert (stellv. Vors.), Frankfurt am Main
Hartmut Görges (stellv. Vors.; Verbandsgeschäftsführer), Laubach
Beirat: Elisabeth Knörr, Mainz
Manfred Hartinger, Speyer
August Sostmann, Kassel-Calden
Rita Högel-Knoop, Wetterfeld
Franz-Josef Edinger, Mannheim
Harald Petras, Wiesbaden

● H 634
Verband des Garagen- und Tankstellengewerbes Berlin-Brandenburg e.V.
Obentrautstr. 16-18, 10963 Berlin
T: (030) 2 59 05-160, 2 59 05-161   Fax: 2 59 05-100
Vorsitzende(r): Marco Föhr
Geschäftsführer(in): Rainer Homes
Mitglieder: 330

● H 635
Zentralverband des Tankstellen- und Garagengewerbes e.V. (ZTG)
Hausdorffstr. 101, 53129 Bonn
T: (0228) 91 47 00   Fax: 9 14 70 16
Dreieichstr. 42, 60594 Frankfurt, T: (069) 62 40 44, Fax: 62 24 51
Gründung: 1967 (7. Juni)
Geschäfts. Vorst.: Karl-Heinz Börger (Vors.), Münster
Axel Grüning (stellv. Vors.), Elmshorn
Peter Drömer, Berlin
Hans-Peter Murmann, Gummersbach
Robert Rümpelein, Lohndorf
Weitere Vorst.-Mitgl.: Marco Föhr, Glienicke
Peter Hengstermann, Stromberg
Siegfried Kabbe, Hamburg
Frank Kämpfe, Crimmitschau
Michael Kunze, Cottbus
Manuel Mühlbeck, Hamburg
Rainer Woischwill, Ulm
Geschäftsführer(in): Jürgen Ziegner
Wolfgang Penka
Mitglieder: 12 Verbände

Schutz, Förderung und Wahrnehmung der allgemeinen Interessen des gesamten Tankstellen- und Garagengewerbes, soweit es sich um Angelegenheiten handelt, die in ihrer Bedeutung und ihren Auswirkungen über den Bereich eines Mitgliederverbandes hinausgehen.

Regionale Mitgliedsverbände und Sektionen

h 636
Verband Norddeutsches Tankstellen- und Garagengewerbe e.V.
Billstr. 41, 20539 Hamburg
T: (040) 7 89 52-0   Fax: 7 89 52-116

h 637
Fachverband des Tankstellen- und Garagengewerbes Niedersachsen-Bremen e.V.
Geschäftsstelle:
Hausdorffstr. 101, 53129 Bonn
T: (0228) 9 17 23 32   Fax: 9 17 23 36

h 638
Verband des Kraftfahrzeuggewerbes Schleswig-Holstein e.V.
Faluner Weg 28, 24109 Kiel
T: (0431) 53 33 10   Fax: 52 50 66

h 639
Verband des Garagen- und Tankstellengewerbes Berlin-Brandenburg e.V.
Obentrautstr. 16-18, 10963 Berlin
T: (030) 2 59 05-160, 2 59 05-161   Fax: 2 59 05-100

h 640
Fachverband Tankstellen-Gewerbe (FTG) e.V.
Hausdorffstr. 101, 53129 Bonn
T: (0228) 91 72 30   Fax: 9 17 23 36
Gründung: 1970
Vorsitzende(r): Karl-Heinz Börger

h 641
Fachverband des Tankstellen und Garagengewerbes (FTG) Südwest e.V.
Dreieichstr. 42, 60594 Frankfurt
T: (069) 62 49 54   Fax: 62 24 51

h 642
Verband des Tankstellengewerbes Sachsen-Anhalt, Sachsen, Thüringen e.V.
Dreieichstr. 42, 60594 Frankfurt
T: (069) 62 26 10   Fax: 62 24 51

h 643
Verband des Kraftfahrzeuggewerbes Rheinland e.V.
Hoevelstr. 19, 56073 Koblenz
T: (0261) 9 47 25-0   Fax: 9 47 25 15

h 644
Verband des Kraftfahrzeuggewerbes Baden-Württemberg e.V.
Motorstr. 1, 70499 Stuttgart
T: (0711) 83 98 63-0   Fax: 83 98 63-20

h 645
Verband des Kraftfahrzeuggewerbes Bayern e.V.
Goethestr. 17, 80336 München
T: (089) 5 12 67 70   Fax: 51 26 77 77

h 646
Verband des Kraftfahrzeuggewerbes Mecklenburg-Vorpommern e.V.
Kassebohmer Weg 11-12, 18055 Rostock
T: (0381) 60 09 02-0   Fax: 68 05 34

Zentraler Fachmitgliedsverband

h 647
Interessengemeinschaft der Esso-Tankstellenpächter und Esso-Händler e.V.
Postf. 24 73, 89014 Ulm
T: (0731) 6 50 85   Fax: 6 50 85

● H 648
Arbeitsgemeinschaft der Bundesautobahntankstellen e.V.
Postf. 22 27, 32379 Minden
Stiftstr. 35, 32427 Minden
T: (0571) 88 60 80   Fax: 8 86 08 20
E-Mail: info@bat-net.de
Vorsitzende(r): Dr. Willy Habermeyer (Autobahnstation Fürholzen, Fürholzen)
Geschäftsführer(in): Sigrid Pook
Mitglieder: 200

● H 649

Bundesverband Freier Tankstellen und Unabhängiger Deutscher Mineralölhändler e.V. (bft)
Ippendorfer Allee 1d, 53127 Bonn
T: (0228) 91 02 90   **Fax:** 9 10 29 29
Internet: http://www.bft.de
E-Mail: infoservice@bft.de
Internationaler Zusammenschluß: siehe unter izl 55
Vorsitzende(r): Hans-Willi Müller (Dieselstr. 10, 50996 Köln)
Hauptgeschäftsführer(in): Axel Graf Bülow
Verbandszeitschrift: BFT-Nachrichten
Mitglieder: 575

Zusammenschluß von Eigentümern und Inhabern nicht konzerngebundener Tankstellen und Mineralölhandelsfirmen; Wahrung und Förderung der beruflichen, wirtschaftlichen und sozialen Interessen der Mitglieder; Beratung und Vertretung in Fragen allgemeiner, wirtschaftlicher und sozialrechtlicher Art.

● H 650

Arbeitskreis Oberbekleidung
Bundesarbeitsgemeinschaft der Mittel- und Großbetriebe des Einzelhandels
Postf. 60 19 69, 22219 Hamburg
T: (040) 63 78 44 60   **Fax:** 63 78 44 44
Vorsitzende(r): Dirk Schröder (i. Fa. Peek & Cloppenburg KG, Mönckebergstr. 6, 20095 Hamburg, T: (040) 3 39 67 02)
Geschäftsführer(in): RAin Evelyn Kiso

● H 651

Zentralverband Hartwarenhandel e.V. (ZHH)
Eichendorffstr. 3, 40474 Düsseldorf
T: (0211) 4 70 50-0   **Fax:** 4 70 50 39
Internet: http://www.zhh.de
E-Mail: zhh@hartwaren.de
Internationaler Zusammenschluß: siehe unter izh 503
Präsident(in): Paul Kellerwessel (Weißhausstr. 7, 50939 Köln, T: (0221) 4 76 08-0)
Hauptgeschäftsführer(in): Dipl.-Btw. Gerd Scharping
Mitglieder: 1550

Arbeitskreise mit folgenden Arbeitskreisen und Verbänden:
Arbeitskreis Baubeschlag (AKB)
Bundesverband Mittelständischer Küchenfachhandel (BMK)
Bundesverband Sicherungstechnik Deutschland e.V. (BSD)
Fachkreis Hausrat/GPK (FHG)
Arbeitskreis Werkzeuge (AKW)
Fachverband des Deutschen Eisenwaren- und Hausrathandels (FDE)
Verband der Motoristen (VdM)
Verband Mittelständischer Bau-, Heimwerker- u. Gartenfachmärkte (VMB)
multitec Bundesverband Produktionsverbindungshandel

h 652

Zentralverband Hartwarenhandel e.V.
Landesgruppe II: Schleswig-Holstein
Schmiedestr. 14-16, 24376 Kappeln
Vorsitzende(r): Heiko Sonnenberg

h 653

Zentralverband Hartwarenhandel e.V.
Landesgruppe III: Hamburg
Bei dem Neuen Krahn 2, 20457 Hamburg
T: (040) 36 98 12-0   **Fax:** 36 98 12-22
Geschäftsführer(in): Dipl.-Kfm. Ulf Kalkmann
Vorsitzende(r): Georg Schüllenbach (Fahrenort 127, 22547 Hamburg)

h 654

Zentralverband Hartwarenhandel e.V.
Landesgruppe IV: Nordsee
Hinter dem Schütting 8, 28195 Bremen
T: (0421) 32 60 34
Geschäftsführer(in): Wolfgang Brakhane
Vorsitzende(r): Norbert Caesar (Ostertorsteinweg 13-14, 28203 Bremen)

h 655

Zentralverband Hartwarenhandel e.V.
Landesgruppe V: Westfalen
Kaiserstr. 158, 44143 Dortmund
Vorsitzende(r): Dirk Rutenhofer (c/o Weckbacher GmbH)

h 656

Zentralverband Hartwarenhandel e.V.
Landesgruppe VI: Nordrhein
Huestr. 83, 45309 Essen
Vorsitzende(r): Jörg Brake

h 657

Zentralverband Hartwarenhandel e.V.
Landesgruppe VII: Hessen
Ludwigstr. 44, 64546 Mörfelden-Walldorf
Vorsitzende(r): Horst Jourdan

h 658

Zentralverband Hartwarenhandel e.V.
Landesgruppe VIII: Bayern
Zum Bahnhof 14-16, 92526 Oberviechtach
Vorsitzende(r): Siegfried Rossmann

h 659

Zentralverband Hartwarenhandel e.V.
Landesgruppe XI: Rheinland-Pfalz
Hauptstr. 22, 55487 Sohren
Vorsitzende(r): Thomas Meinhardt

h 660

Zentralverband Hartwarenhandel e.V.
Landesgruppe XII: Berlin und Brandenburg
Konstanzer Str. 14, 10707 Berlin
T: (030) 8 61 56 63
Geschäftsführer(in): RA Dieter Kannenberg
Vorsitzende(r): Rainer Pollow (Mehringdamm 66, 10961 Berlin)

h 661

Zentralverband Hartwarenhandel e.V.
Landesgruppe XIII: Saarland
Feldmannstr. 26, 66119 Saarbrücken
T: (0681) 58 20 34
Geschäftsführer(in): Dipl.-Vw. Werner Thau
Vorsitzende(r): Werner Leinen (Großer Markt 14, 66740 Saarlouis)

h 662

Zentralverband Hartwarenhandel e.V.
Landesgruppe XIV: Mecklenburg-Vorpommern
Pferdemarkt 5, 18273 Güstrow
Vorsitzende(r): Reinhard Sugge

h 663

Zentralverband Hartwarenhandel e.V.
Landesgruppe XV: Sachsen-Anhalt
Büchtingenstr. 28, 38855 Wernigerode
Vorsitzende(r): Fred Dreisbach

h 664

Zentralverband Hartwarenhandel e.V.
Landesgruppe XVI: Sachsen
Magdeburger Allee 118, 99086 Erfurt
Vorsitzende(r): Mathias Striepecke

h 665

Zentralverband Hartwarenhandel e.V.
Landesgruppe XVII: Thüringen
Breite Str. 6, 06542 Allstedt
Vorsitzende(r): Adolf Kleiner

● H 666

Bundesverband Deutscher Heimwerker-, Bau- und Gartenfachmärkte e.V. (BHB)
Sitz der Geschäftsführung:
Büchelstr. 50, 53227 Bonn
T: (0228) 97 07 40   **Fax:** 9 70 74 79
Vorstand: Manfred Maus (Vors.; 42929 Wermelskirchen)
Dr. Peter Breidenbach (stellv. Vors. u. Schatzmeister, 42389 Wuppertal)
Manfred Valder (76879 Bornheim)
Werner Diehl (66740 Saarlouis)
Michael Baumgardt (29614 Soltau)
Karl-Albrecht Bruhns (81925 München)
Ewald Repnik (A-3400 Klosterneuburg)
Komm. GeschF: Dipl.-Betriebsw. Frank Michel
Verbandszeitschrift: ZEITBLICK
Verlag: Büchelstr. 50, 53227 Bonn
Mitglieder: 21 Handel, 3 Verbände, direkt 105 Industrie, indirekt über 200 Industrie
Mitarbeiter: 5

● H 667

Fachverband des Deutschen Tapeten- und Bodenbelaghandels e.V. (FDTB)
Höslinstr. 8, 72587 Römerstein
T: (07382) 53 65   **Fax:** 53 10
Internet: http://www.fdtb.de
E-Mail: info@fctb.de
Vorsitzende(r): Erich van Laak (Postf. 12 03 45, 47123 Duisburg, T: (0203) 44 31 75)
Geschäftsführer(in): Dipl.-Betriebsw. (FH) Reinhard Schmohl (Leitung Presseabt.)

● H 668

Gesellschaft zur Förderung der deutschen Uhren- und Schmuckwarenfachgeschäfte - Förderungswerk Königstein
Altkönigstr. 9, 61462 Königstein
T: (06174) 40 41   **Fax:** 2 25 87
Internet: http://www.foerderungswerk-koenigstein.de
E-Mail: info@foerderungswerk-koenigstein.de
Gründung: 1955
Geschäftsführer(in): Irene Wanhoff
Mitarbeiter: 5 Angestellte, 25 freie Dozenten

● H 669

ANKRA Verkaufs- und Garantiegemeinschaft deutscher Uhrenfachgeschäfte e.V.
Elisenstr. 22, 50667 Köln
T: (0221) 2 57 52 47   **Fax:** 2 57 53 30

● H 670

Verband der Vertriebe von Musikinstrumenten und Musikelektronik in Deutschland e.V. (VVMD)
Heinestr. 169, 70597 Stuttgart
T: (0711) 9 76 58-0   **Fax:** 9 76 58-30
E-Mail: vvmd@aol.com
Gründung: 1986
Vorsitzende(r): Michael Heuser
Geschäftsführer(in): Dr. Volker Schmid
Leitung Presseabteilung: Monika Lockemann
Mitglieder: 20
Mitarbeiter: 2
Umsatz: DM 460 Mio (ohne Zoll- und Vertriebskosten) für Musikinstrumente
Für Musikelektronik DM 160 Mio

● H 671

Interessengemeinschaft Parfümerie-Cosmetik-Unternehmer e.V. (IGPC)
Sitz Stuttgart
Geschäftsstelle: 1. Vorsitzender
Diemershaldenstr. 23, 70184 Stuttgart
T: (0711) 24 77 02   **Fax:** 2 36 17 61
Gründung: 1995
1. Vorsitzende(r): Horst-Dieter Braig (Diemershaldenstr. 23, 70184 Stuttgart)
2. Vorsitzende(r): Jung (Ludwigstr. 56, 95028 Hof)
Schatzmeister(in): H. Sander
Mitglieder: 150
Mitarbeiter: 3 ehrenamtliche
Jahresetat: DM 0,0225 Mio, € 0,01 Mio

● H 672

Zentralverband Zoologischer Fachbetriebe Deutschland e.V.
Geschäftsstelle:
Postf. 14 20, 63204 Langen
Rheinstr. 35, 63225 Langen
T: (06103) 91 07-16   **Fax:** 91 07-33
Internet: http://www.zzf.de
E-Mail: info@zzf.de
Sprecher: Rolf-Dieter Gmeiner
Leitung Presseabteilung: Antje Schreiber
Mitglieder: ca. 850

Berufsorganisation der Heimtierbranche der

Bundesrepublik Deutschland. Die Mitglieder sind Hersteller, Heimtiergroßhändler, Zoo-Fachhändler.

h 673
Wirtschaftsgemeinschaft Zoologischer Fachbetriebe GmbH
Geschäftsstelle:
Postf. 14 20, 63204 Langen
Rheinstr. 35, 63225 Langen
T: (06103) 91 07-0   **Fax:** 91 07-33
Geschäftsführer(in): Herbert Bollhöfer
Kommerzielle Tochter des Zentralverbandes. Veranstaltet alle zwei Jahre die "INTERZOO" - Internationale Fachmesse für den Heimtier-Bedarf und die "DeZooFa" - Deutsche Zoofachmesse.

● H 674
Bundesverband des Deutschen Teppich- und Gardinenhandels e.V.
Postf. 29 02 63, 50524 Köln
T: (0221) 92 15 09-80   **Fax:** 92 15 09-10
Internet: http://www.teppich-gardinenverband.de
E-Mail: p.engmann@t-online.de
Vorsitzende(r): Heiner Luttermann
Geschäftsführer(in): Lic. oec. publ. Peter W. Engmann

● H 675
Verein zur Förderung des Norddeutschen Textileinzelhandels e.V.
Bei dem Neuen Krahn 2 Cremon, 20457 Hamburg
T: (040) 36 98 12-0   **Fax:** 36 98 12-22
1. Vorsitzende(r): Horst-Arno Gülcher (i. Fa. Steffi-Moden, Bärenallee 16, 22041 Hamburg)
Geschäftsführer(in): Wolfgang Linnekogel

● H 676
Bundesverbände Naturkost Naturwaren
Robert-Bosch-Str. 6, 50354 Hürth
T: (02233) 9 63 38 11   **Fax:** 9 63 38 10
Gründung: 1988 (März)

● H 677
Bundesverband des Deutschen Versandhandels e.V. (BVH)
Johann-Klotz-Str. 12, 60528 Frankfurt
T: (069) 67 50 47   **Fax:** 67 50 98
Internet: http://www.bvh-versandhandel.de
E-Mail: info@bvh-versandhandel.de
Internationaler Zusammenschluß: siehe unter izh 423
Vorsitzende(r): Dipl.-Kfm. Klaus Wirth, 95213 Münchberg
Stellvertretende(r) Vorsitzende(r): Joachim Kohm
Hauptgeschäftsführer(in): Dr. Thomas Steinmark
Mitglieder: 180

● H 678

Zentralvereinigung medizin-technischer Fachhändler, Hersteller, Dienstleister und Berater e.V. (ZMT)
Salierring 44, 50677 Köln
T: (0221) 2 40 78 45   **Fax:** 2 40 86 70
Internet: http://www.zmt.de
E-Mail: zmt-verband@netcologne.de
Präsident(in): Arno Brackmann (i. Fa. Treumedizin GmbH, Georgenstr. 6, 82152 Planegg)
Hauptgeschäftsführer(in): Winfried Toubartz
Geschäftsführer(in): Uwe Behrens
Leitung Presseabteilung: Rolf Schmid
Verbandszeitschrift: MTD - Medizin-Technischer Dialog
Verlag: Wangener Str. 12, 88279 Amtzell
Mitglieder: 225 Unternehmen

Die ZMT ist ein Zusammenschluß namhafter Fachhandelsunternehmen der Medizin-Technik in der Bundesrepublik Deutschland. Außerdem gehören der Zentralvereinigung Medizin-Technik wichtige Hersteller medizintechn. Produkte und andere Vertreiber medizintechn. Produkte sowie Dienstleister und Berater in diesem Bereich, die ihren Sitz und ihre Geschäftstätigkeit in der Bundesrepublik Deutschland haben, an.

● H 679
Sicheres Material in der Medizin e.V. (SMM)
Theaterplatz 10-12, 53177 Bonn
T: (0228) 9 57 21 21   **Fax:** 35 82 97
Internet: http://www.smm-ned.de
E-Mail: info@smm-ned.de
Vorsitzende(r): Prof. Dr. med. K. Junghanns
Stellvertretende(r) Vorsitzende(r): Prof. Dr. med. Jost Brökelmann
Hauptgeschäftsführer(in): Joachim Kampshoff

● H 680
Bundesverband Erotik Handel e.V.
Rothenbaumchaussee 83, 20148 Hamburg
T: (040) 4 10 55-69   **Fax:** 4 10 55-48
Geschäftsführende(s) Vorstands-Mitglied(er): Jens Jensen (i. Fa. Beate Uhse AG, Gutenbergstr. 12, 24941 Flensburg)
Geschäftsführer(in): RA Uwe Kaltenberg

● H 681
Bundesverband Deutscher Vertriebsfirmen (BDV) e.V.
Obere Bahnhofstr. 41, 82110 Germering
T: (089) 1 29 60 91   **Fax:** 1 29 15 92
Internet: http://www.bdv-aktuell.de
E-Mail: bdvev@aol.com
Vorst. u. Geschf.: Mathias Kaiser

● H 682
Bundesverband Materialwirtschaft, Einkauf und Logistik e.V. (BME)
Bolongarostr. 82, 65929 Frankfurt
T: (069) 3 08 38-100   **Fax:** 3 08 38-199
Internet: http://www.bme.de
E-Mail: info@bme.de
Gründung: 1954
Vorsitzende(r) des Vorstandes: Ulrich Fricke (chemfidence GmbH, Industriepark Höchst, 65926 Frankfurt am Main, T: (069) 3 05-0, Fax: (069) 3 05-17086)
Vorstand: Prof. Dr. Ronald Bogaschewsky (TU Dresden, FB Wirtschaftswissenschaften, Mommsenstr. 13, 01062 Dresden, T: (0351) 4 63 53 50, Fax: (0351) 4 63 77 14)
Heinz-Baldo Esch (Hapag-Lloyd Container Linie GmbH, Ballindamm 25, 20095 Hamburg, T: (040) 30 01-0, Fax: (040) 30 01-3895)
Günter Fabricius (DaimlerChrysler AG, 70546 Stuttgart, T: (0711) 17-0, Fax: (0711) 17-34651)
Dr. Robert Fieten (Management-Forschungs-Team, Nonnenwerthstr. 74, 50937 Köln, T: (0221) 46 34 70, Fax: (0221) 46 34 70)
Günter W. Kleiner (Bayer AG, 51368 Leverkusen, T: (0214) 30-1)
Christian Konhäuser (CaContent GmbH, Peter-Sander-Str. 32, 55252 Mainz-Kastel, T: (06134) 2 98-0, Fax: (06134) 2 98-105)
Hans-Joachim Lumbe (Siemens AG, Richard-Strauss-Str. 76, 81679 München, T: (089) 92 21-0, Fax: (089) 92 21-4261)
Dr. Jürgen Marquard (Mannesmann Rexroth AG, Jahnstr. 3-5, 97816 Lohr am Main, T: (09352) 18-0, Fax: (09352) 18-3972)
Hans-Jürgen Schätzle (SGL Acotec GmbH, Berggarten 1, 56427 Siershahn, T: (02623) 6 00-00, Fax: (02623) 6 00-774)
Karl-Heinz Uhlig (Welckstr. 43, 09117 Chemnitz, T: (0371) 74 29 56, Fax: (03722) 77 63 21)
Dr. Andreas R. Voegele (Roland Berger & Partner GmbH International Management Consultants, Löffelstr. 40, 70597 Stuttgart, T: (0711) 76 73-0)
Prof. Dr. Michael Zeuch (FH Würzburg-Schweinfurt, FB Wirtschaftsingenieurwesen und Betriebswirtschaft, Ignaz-Schön-Str. 11, 97421 Schweinfurt, T: (09721) 94 09 62, Fax: (09721) 9 40 50)
Hauptgeschäftsführer(in): Dr. Holger Hildebrandt
Verbandszeitschrift: Beschaffung aktuell
Verlag: Konradin Verlag, Stuttgart-Leinfelden
Mitglieder: 5000
Mitarbeiter: 13

● H 683
Deutscher Franchise-Verband e.V.
Paul-Heyse-Str. 33-35, 80336 München
T: (089) 53 07 14-0   **Fax:** 53 13 23
Internet: http://www.dfv-franchise.de
Gründung: 1978
Ehrenpräsident: Manfred Maus
Präsident(in): Prof. Dr. Utho Creusen (OBI)
Vorstandsmitgl.: Carsten Gerlach (Joey's Pizza Service)
Albert Gschwendner (Der Teeladen)
Rolf Gerhard Kirst (Uniglobe)
Bettina Naumann (AUFINA)
Wolfgang Tietjen (Getifix)
Geschäftsführer(in): Ulrich Opherk
Stellvertretende(r) Geschäftsführer(in): Ruth Dünisch
Mitglieder: ca. 350 Unternehmen (Franchise-Geber)
Mitglied der European Franchise Federation, Brüssel u. d. World Franchise Council

Handelsvertreter, Makler, Vermittler u. a.

● H 684

Centralvereinigung Deutscher Wirtschaftsverbände für Handelsvermittlung und Vertrieb (CDH)
Am Weidendamm 1a, 10117 Berlin
T: (030) 7 26 25-600   **Fax:** 7 26 25-699
Internet: http://www.cdh.de
E-Mail: centralvereinigung@cdh.de
Gründung: 1902
Internationaler Zusammenschluß: siehe unter izh 560
Präsident(in): Horst Platz, Bad Homburg
Vizepräsident(in): Helmut Bräuninger, München
Wolfgang Hinderer, Düsseldorf
Gerd-Achim Krieger, Berlin
Joachim Schrömbgens, Baden-Baden
Ehrenpräs.: Otto Kern (Eschborn)
Hauptgeschäftsführer(in): Dipl.-Kfm. Dr. Andreas Paffhausen
Stellv. Hauptgeschäftsführer: RA Hermann Hubert Pfeil
Leitung Presseabteilung: Dipl.-Volksw. Claudia Mischon
Verbandszeitschrift: HV-Journal
Verlag: Siegel-Verlag, Mainzer Landstr. 251, 60326 Frankfurt
Mitglieder: ca. 18000 (über 14 Landesverbände)

Wahrung und Förderung der wirtschaftlichen, beruflichen und sozialen Belange der in den Mitgliedsverbänden vereinigten Handelsvermittlungen und Vertriebs-Unternehmen.

Landesverbände

h 685
Wirtschaftsverband für Handelsvermittlung und Vertrieb in Baden (CDH) e.V.
Basler Str. 115, 79115 Freiburg
T: (0761) 47 10 20, 47 10 22   **Fax:** 47 10 24
Vorsitzende(r): Ralph Tröndle
Geschäftsführer(in): RAin Dr. Roswitha Maas

h 686
Wirtschaftsverband für Handelsvermittlung und Vertrieb Baden-Württemberg (CDH) e.V.
Postf. 10 53 61, 70046 Stuttgart
Katharinenstr. 18, 70182 Stuttgart
T: (0711) 24 81 27   **Fax:** 24 17 73
Internet: http://www.cdhbw.de
E-Mail: info@cdhbw.de
Gründung: 1904
Ehrenvorsitzender: Theo A. Nibel, Stuttgart
Vorsitzende(r): Hans-Jörg Aichholz, Stuttgart
Stellvertretende(r) Vorsitzende(r): Klaus Brill, Sindelfingen
Dieter Ehresmann, Heddesheim
Roland Nesselhauf, Rutesheim
Günter Schnarrenberger, Senden
Joachim Schrömbgens, Baden-Baden
Hauptgeschäftsführer(in): RA Wolf Bonitz

h 687
Bayerischer Wirtschaftsverband für Handelsvermittlung und Vertrieb (CDH) e.V.
Postf. 86 08 09, 81635 München
Ismaninger Str. 63, 81675 München
T: (089) 4 19 43 30   **Fax:** 41 94 33 40
Internet: http://www.cdhbayern.de
E-Mail: service@cdhbayern.de
Präsident(in): Dieter M. Putz
Vizepräsident(in): Wolfgang Bischof
Helmut Bräuninger
Werner Bujok
Gerhard Kerscher
Hauptgeschäftsführer(in): Dipl.-Kfm. Klaus Pannier

h 688
Wirtschaftsverband für Handelsvermittlung und Vertrieb Bergisch-Land (CDH) e.V.
Hofaue 89, 42103 Wuppertal
T: (0202) 44 84 89/80   **Fax:** 4 93 61 37
Internet: http://www.cdh-bergisch-land-wtal.de
E-Mail: cdh@cdh-bergisch-land-wtal.de
Vorsitzende(r): Horst D. Kalbfleisch
Geschäftsführer(in): RA Rolf Siewecke

h 689
Wirtschaftsverband für Handelsvermittlung und Vertrieb in Hamburg (CDH) e.V.
Raboisen 16, 20095 Hamburg
T: (040) 33 10 95-98 **Fax:** 33 67 98
Internet: http://www.hamburgcdh.de
E-Mail: cinzia.busacker@hamburg.de
Vorsitzende(r): Wolfgang Friedrich
Hauptgeschäftsführer(in): RA Rolf Kant
Verbandszeitschrift: CDH-Magazin

h 690
Wirtschaftsverband der Handelsvertretungen Hessen-Thüringen (CDH) e.V.
Stresemannallee 35-37, 60596 Frankfurt
T: (069) 63 00 91-0 **Fax:** 63 00 91-19
Internet: http://www.hessen-thueringen.cdh.de
E-Mail: info@hessen-thueringen.cdh.de
Vorsitzende(r): Horst Platz
Hauptgeschäftsführer(in): RA Heinrich Freitag

h 691
Handelsvertreterverband Köln-Bonn-Aachen e.V.
Hansaring 79-81, 50670 Köln
T: (0221) 1 60 56-0 **Fax:** 1 60 56-78
E-Mail: hvv-kba-cdh@netcologne.de
Vorsitzende(r): Karl Kriegeskorte
Hauptgeschäftsführer(in): RA Ingo Lorscheid

h 692
Wirtschaftsverband für Handelsvermittlung und Vertrieb Niedersachsen/Bremen CDH e.V.
Hinüberstr. 4A, 30175 Hannover
T: (0511) 34 26 11 **Fax:** 33 25 54
Internet: http://www.cdh-nds-hb.de
E-Mail: info-nds-hb@t-online.de
1. Vorsitzende(r): Rüdiger Scharlo
2. Vorsitzende(r): Ulrich Pagenstecher
Hauptgeschäftsführer(in): Dipl.-Kfm. Andreas Bohle

h 693
Wirtschaftsverband für Handelsvermittlung und Vertrieb Nordost (CDH) e.V., Sitz Berlin
Prinzenstr. 85, Bechsteinhaus, 10969 Berlin
T: (030) 61 69 10-0 **Fax:** 6 16 91 02 43
Internet: http://www.cdh-nordost.de
E-Mail: info@cdh-nordost.de
Gründung: 1886 (7. März)
Vorsitzende(r): Malte Eckardt
Hauptgeschäftsführer(in): RA'in Birgit Marson

h 694
Wirtschaftsverband für Handelsvermittlung und Vertrieb Ostwestfalen-Lippe (CDH) e.V.
Postf. 21 90 40, 33697 Bielefeld
Osningstr. 3, 33605 Bielefeld
T: (0521) 6 85 76 **Fax:** 17 68 53
E-Mail: cdhowl@t-online.de
Vorsitzende(r): Ernst Ulrich Lappe
Geschäftsführer(in): Ass. jur. Barbara Fiedler

h 695
Wirtschaftsverband für Handelsvermittlung und Vertrieb Rheinland-Pfalz (CDH) e.V.
Postf. 20 14 33, 56014 Koblenz
Rheinstr. 20, 56068 Koblenz
T: (0261) 3 17 78 **Fax:** 3 44 80
E-Mail: cdh-koblenz@gmx.de
Vorsitzende(r): Karl-Heinz Heift
Hauptgeschäftsführer(in): RA Claus W. Schwab
RA Dr. Hans Joachim Hannes

h 696
Wirtschaftsverband für Handelsvermittlung und Vertrieb Rhein-Ruhr (CDH) e.V.
Heinrich-Heine-Allee 38, 40213 Düsseldorf
T: (0211) 8 80 03 33 **Fax:** 8 80 03 22
E-Mail: verband@cdh-rhein-ruhr.de
Vorsitzende(r): Klaus Brinkmann
Hauptgeschäftsführer(in): RAin Gudrun Radke

h 697
Wirtschaftsverband für Handelsvermittlung und Vertrieb Saarland (CDH) e.V.
Franz-Josef-Röder-Str. 9, 66119 Saarbrücken
T: (0681) 5 50 52 **Fax:** 5 18 42
E-Mail: cdhsaarland@saarnet.de
Vorsitzende(r): Karlheinz Petri
Geschäftsführer(in): RA Armin Dietzen

h 698
Wirtschaftsverband für Handelsvermittlung und Vertrieb Westfalen-Mitte (CDH) e.V.
Kamener Str. 60 OT Königsborn, 59425 Unna
T: (02303) 6 22 23 **Fax:** 6 94 50
E-Mail: info@cdh-westfalen-mitte.de
Vorsitzende(r): Friedrich Richmann
Hauptgeschäftsführer(in): RA Josef Beckmann

Der CDH in Kooperation angeschlossen:

● H 699
BDV - Berufsverband der Medienvertreter e.V.
Stephanstr. 3, 60313 Frankfurt
T: (069) 91 33 30-12 **Fax:** 91 33 30-33
Gründung: 1927 (Mai)
Vorsitzende(r): Helmut Weipert (Victor-Slotosch-Str. 29, 60388 Frankfurt, T: (069) 41 40 11, Telefax: (069) 42 20 39)
Stellvertretende(r) Vorsitzende(r): Eckart von Schroetter (Helmpertstr. 3, 80687 München, T: (089) 54 67 04-0, Telefax: (089) 54 67 04-30)
Uwe Saupe (Rötfeldstr. 10, 73453 Abtsgmünd, T: (07366) 96 30-0, Fax: 96 30 30)
Schatzmeister: Jürgen Erdel (Gronauer Weg 29, 61118 Bad Vilbel, T: (06101) 58 30 16, Telefax: (06101) 58 30 18)
Schriftführer(in): Rita Höfer (Mainstr. 121, 63065 Offenbach, T: (069) 88 52 28, Telefax: (069) 88 86 25)
Beisitzer: Wolfgang Brandt (Birnbaumweg 6, 86169 Augsburg, T: (0821) 74 30 80, Fax: 74 30 85)
Hans W. Hüller (Ltg. Presseabt., Winnender Str. 54, 71303 Waiblingen, T: (07151) 92 22-0, Telefax: (07151) 92 22-60)
Geschäftsführer(in): RA Klaus B. Ramser
Verbandszeitschrift: Medienvertreter
Redaktion: W. Brandt
Mitglieder: ca. 400
Mitarbeiter: 2

Baden-Württemberg

h 700
BDV - Berufsverband der Medienvertreter e.V. Landesverband Baden-Württemberg
Rötfeldstr. 10, 73453 Abtsgmünd
T: (07366) 96 30-0 **Fax:** 96 30 30
Vorsitzende(r): Christian Saupe

Bayern

h 701
BDV - Berufsverband der Medienvertreter e.V. Landesverband Bayern
Helmpertstr. 3, 80687 München
T: (089) 54 67 04-0 **Fax:** 54 67 04-30
1. Vorsitzende(r): Eckart von Schroetter

Berlin

h 702
BDV - Berufsverband der Medienvertreter e.V. Landesverband Berlin
Parkstr. 29, 13187 Berlin
T: (030) 48 16 03-0 **Fax:** 48 16 03-19
Vorsitzende: Bettina Wieland

Franken

h 703
BDV - Berufsverband der Medienvertreter e.V. Landesverband Franken
Mainstr. 5, 96191 Viereth-Trunstadt
T: (09503) 46 03
Vorsitzende(r): Wolfgang Steckler

Hamburg

h 704
BDV-Berufsverband der Medienvertreter e.V. Landesverband Hamburg
Soltaustr. 6, 21029 Hamburg
T: (040) 7 21 90 39 **Fax:** 7 21 95 18
Vorsitzende: Eva Wendt

Hessen

h 705
BDV - Berufsverband der Medienvertreter e.V. Landesverband Hessen
Victor-Slotosch-Str. 29, 60388 Frankfurt
T: (069) 41 40 11/12 **Fax:** 42 20 39
Vorsitzende(r): Helmut Weipert

Rheinland

h 706
BDV - Berufsverband der Medienvertreter e.V. Bezirksverband Rheinland
Maybachstr. 167-169, 50670 Köln
T: (0221) 97 30 04-0 **Fax:** 97 30 04-9
Vorsitzende(r): Paul-Werner Jung-Stadie

Ostwestfalen-Lippe

h 707
BDV - Berufsverband der Medienvertreter e.V. Bezirksverband Ostwestfalen-Lippe
Waldbreede 11, 33649 Bielefeld
T: (0521) 45 44 45 **Fax:** 45 44 46
Vorsitzende(r): Heinz-Jochen Niederschelp

Fachverbände der Vertreter, Makler, Auktionatoren u. a.

● H 708
Bundesverband der Finanz- und Immobilienkaufleute e.V.
Ostenhellweg 50-52, 44135 Dortmund
T: (0231) 52 71 96
Vorsitzende(r): Ulrich Stiehl, Dortmund

● H 709
Deutsche Finanzgilde e.V.
Ostenhellweg 50-52, 44135 Dortmund
T: (0231) 52 71 96
Vorsitzende(r): Ulrich Stiehl (Ostenhellweg 50-52, 44135 Dortmund)
der Deutschen Finanzgilde e. V. angeschlossene Verbände:
Bundesverband der Finanz- u. Immobilienkaufleute e. V.

● H 710
Bundesverband der Deutschen Weinkommissionäre e.V.
Große Bleiche 29, 55116 Mainz
T: (06131) 28 63 20 **Fax:** 2 86 32 22
Präsident(in): Dipl.-Kfm. Peter Best (67278 Bockenheim, T: (06359) 94 70 94/95, Fax: 94 70 96)
Geschäftsführer(in): RA Hermann Böckel (Große Bleiche 29, 55116 Mainz, T: (06131) 28 63 20, Telefax: (06131) 2 86 32 22)
Mitglieder: 4 Regionalverbände mit insges. 500 Mitgl.

h 711
Vereinigung Rheinischer Weinkommissionäre e.V.
Große Bleiche 29, 55116 Mainz
T: (06131) 28 63 20 **Fax:** 2 86 32 22
Gründung: 1908
Ehrenvors.: Hans Jung (Hahlweg 18, 67577 Alsheim)
Vorsitzende(r): Rolf D. Unger (An der Goldgrube 47, 55131 Mainz, T: (06131) 5 30 53, Telefax: (06131) 57 24 01)
Geschäftsführer(in): RA Hermann Böckel (Große Bleiche 29, 55116 Mainz, T: (06131) 28 63 20, Telefax: (06131) 2 86 32 22)
Mitglieder: ca. 100

h 712
Vereinigung Rheingauer Weinkommissionäre e.V.
Geschäftsstelle:
Große Bleiche 29, 55116 Mainz
T: (06131) 28 63 20 **Fax:** 2 86 32 22
Gründung: 1908
Ehrenvors.: Reinhold Schwalbach (Tiefenthaler Str. 16, 65187 Wiesbaden, T: (0611) 84 40 91, Telefax: (0611) 8 70 54)
Vorsitzende(r): Bernhard Freund (Rheinstr. 25, 65385 Rüdesheim, T: (06722) 22 79, Telefax: (06722) 21 78)
Geschäftsführer(in): RA Hermann Böckel (Große Bleiche 29, 55116 Mainz, T: (06131) 28 63 20, Telefax: (06131) 2 86 32 22)

h 713
Vereinigung der Weinkommissionäre Mosel-Saar-Ruwer e.V.
Große Bleiche 29, 55116 Mainz
T: (06131) 28 63 20   **Fax:** 2 86 32 22
Gründung: 1908
1. Vorsitzende(r): Ernst Faber (Moselweinstr. 9, 54518 Minheim, T: (06507) 24 58, Telefax: (06507) 24 08)
Geschäftsführer(in): RA Hermann Böckel (Große Bleiche 29, 55116 Mainz, T: (06131) 28 63 20, Telefax: (06131) 2 86 32 22)
Mitglieder: 60

h 714
Verband Pfälzer Weinkommissionäre e.V.
Große Bleiche 29, 55116 Mainz
T: (06131) 28 63 20   **Fax:** 2 86 32 22
Vorsitzende(r): Dipl.-Kfm. Peter Best (Haldenweg 1, 67278 Bockenheim, T: (06359) 94 70 94/95, Telefax: (06359) 94 70 96)
Geschäftsführer(in): RA Hermann Böckel (Große Bleiche 29, 55116 Mainz, T: (06131) 28 63 20, Telefax: (06131) 2 86 32 22)

● H 715
Bundesverband der VO-Firmen e.V.
(Vermehrer-Organisationen von Saatgut)
Postf. 30 16 55, 53196 Bonn
Beueler Bahnhofsplatz 18, 53225 Bonn
T: (0228) 9 75 85-0   **Fax:** 9 75 85-30, 9 75 85-32
E-Mail: robert.kuenzel@bv-agrar.de
Vorsitzende(r): Hans Niko Tams
Geschäftsführer(in): Robert Künzel
Mitglieder: 30

● H 716

Ring Deutscher Makler - RDM -
Verband der Immobilienberufe und Hausverwalter
Bundesverband e.V. (RDM)
Mönckebergstr. 27, 20095 Hamburg
T: (040) 32 56 48-0   **Fax:** 32 56 48-49
Internet: http://www.rdm.de
E-Mail: rdm@rdm.de
Präsident(in): Franz Rohrer
Vizepräsident(in): R. Dieter Limbach
Manfred Ruf
Geschäftsführer(in): Dipl.-Volksw. Gerhard Feldmann
RA Hans-Eberhard Langemaack
Pressesprecher: Dipl.-Volksw. Gerhard Feldmann
Mitglieder: 4770

Förderung des Ansehens und der volkswirtschaftlichen Bedeutung des Berufsstandes; Wahrung der berufständischen Interessen seiner Mitglieder in wirtschaftlicher und sozialer Hinsicht; Förderung der ordnungsgemäßen Geschäftsgebarens und der Kollegialität seiner Mitglieder. Im Interesse des Berufsstandes den lauteren Wettbewerb zu fördern und den unlauteren Wettbewerb zu bekämpfen.

Mitgliedsverbände

h 717
Ring Deutscher Makler - RDM
Landesverband Baden-Württemberg e.V.
Wilhelmstr. 18, 79098 Freiburg
T: (0761) 3 61 12   **Fax:** 38 14 46
Vorsitzende(r): Hugo Sprenker
Mitglieder: 479

h 718
Ring Deutscher Makler RDM
Verband der Immobilienberufe und Hausverwalter
Landesverband Bayern e.V.
Theatinerstr. 35 IV, 80333 München
T: (089) 29 08 20-11   **Fax:** 22 66 23
Vorsitzende(r): Dipl.-Kfm. Johannes Schneider (Bahnhofstr. 26, 82515 Wolfratshausen, T: (08171) 4 29 90, Telefax: (08171) 42 99 42)
Mitglieder: 800

h 719
Ring Deutscher Makler - RDM
Verband der Immobilienberufe und Hausverwalter
Landesverband Berlin und Brandenburg e.V.
Potsdamer Str. 143, 10783 Berlin
T: (030) 2 13 20 89   **Fax:** 2 16 36 29
Vorsitzende(r): Wolfgang Gruhn (Kaiserdamm 18, 14057 Berlin, T: (030) 3 26 51 71)
Mitglieder: 371

h 720
Ring Deutscher Makler
Landesverband Bremen/Bremerhaven e.V.
Breite Str. 12 A, 28757 Bremen
T: (0421) 66 60 52   **Fax:** 66 61 55
Vorsitzende(r): Uwe Schneider
Mitglieder: 130

h 721
Ring Deutscher Makler - RDM
Verband der Immobilienberufe und Hausverwalter
Landesverband Hamburg e.V.
Postf. 30 43 80, 20314 Hamburg
Große Theaterstr. 7, 20354 Hamburg
T: (040) 35 75 99-0   **Fax:** 34 58 95
Vorsitzende(r): Peter Landmann (i. Fa. Arthur Th. Mewes, Alte Holstenstr. 65/67, 21029 Hamburg, T: (040) 7 21 60 21, Fax: 7 21 98 71)
Geschäftsführer(in): Klaus Hein
Mitglieder: 492

h 722
Ring Deutscher Makler - RDM
Verband der Immobilienberufe und Hausverwalter
Landesverband Hessen e.V.
Zeil 105, 60313 Frankfurt
T: (069) 28 28 23   **Fax:** 28 09 79
Internet: http://www.rdm.de/firma/lv-hessen
E-Mail: lv-hessen@rdm.de
Vorsitzende(r): Stephan Schlocker (Henning-Immobilien GmbH, Louisenstr. 26, 61348 Bad Homburg v.d.H.)
Geschäftsführer(in): Ass.jur. Johannes Engel
Mitglieder: 274

h 723
Ring Deutscher Makler - RDM
Landesverband Mecklenburg-Vorpommern e.V.
Friedensstr. 9, 17309 Pasewalk
T: (03973) 43 36 79
Vorsitzende(r): Klaus-Dieter Sageth
Mitglieder: 71

h 724
Ring Deutscher Makler (RDM)
Landesverband Niedersachsen e.V.
Emmichplatz 3, 30175 Hannover
T: (0511) 3 48 17 54   **Fax:** 3 48 04 72
Vorsitzende(r): Klaus-Peter Kommescher (Elisabethstr. 1, 49808 Lingen, T: (0591) 5 43 32, Fax: (0591) 5 33 34)
Geschäftsführer(in): Doreen Will
Mitglieder: 266

h 725
Ring Deutscher Makler
Landesverband Nordrhein-Westfalen e.V. (RDM)
Postf. 19 03 63, 50500 Köln
Bismarckstr. 9, 50672 Köln
T: (0221) 95 14 97-0   **Fax:** 95 14 97-9
Internet: http://www.rdm-nrw.de
E-Mail: info@rdm-nrw.de
Vorsitzende(r): Heinz Ramjoué (Heidter Berg 7, 42275 Wuppertal, T: (0202) 5 51 37-0, Telefax: (0202) 55 137-49)
Geschäftsführer(in): Dr. Manfred Heiß
Pressekontakt: Bernhard Hoffmann
Mitglieder: 881

h 726
Ring Deutscher Makler - RDM
Verband der Immobilienberufe und Hausverwalter
Landesverband Rheinland-Pfalz e.V.
Mainzer Str. 57-59, 55411 Bingen
T: (06721) 1 51 10   **Fax:** 1 29 99
Internet: http://www.rdm.de/firma/lv-rheinland/
E-Mail: rdm-rp@t-online.de
Vorsitzende(r): Ewald Wocker (c/o Immobilien-Hartmann, Mainzer Str. 57-59, 55411 Bingen, T: (06721) 1 20 08/9, Telefax: (06721) 1 20 02)
Mitglieder: 160

h 727
Ring Deutscher Makler - RDM
Verband der Immobilienberufe und Hausverwalter
Landesverband Saarland e.V.
Am Staden 1, 66121 Saarbrücken
T: (0681) 6 53 59   **Fax:** 6 53 75
Vorsitzende(r): Hans-Dieter Dienhold
Mitglieder: 41

h 728
Ring Deutscher Makler - RDM
Landesverband Sachsen e.V.
Tolstoistr. 7, 01326 Dresden
T: (0351) 2 67 99 68   **Fax:** 2 67 99 69
Vorsitzende(r): Dipl.-Ing. Hans-Dieter Freudenberg
Mitglieder: 174

h 729
Ring Deutscher Makler - RDM
Landesverband Sachsen-Anhalt e.V.
Hegelstr. 29, 39104 Magdeburg
T: (0391) 5 61 61 72
Vorsitzende(r): Rolf Krüger
Mitglieder: 90

h 730
Ring Deutscher Makler - RDM
Landesverband Schleswig-Holstein e.V.
Schülperbaum 31, 24103 Kiel
T: (0431) 67 60 81   **Fax:** 6 29 03
Vorsitzende(r): Otto Stöben (Schülperbaum 31, 24103 Kiel)
Mitglieder: 236

h 731
Ring Deutscher Makler
Landesverband Thüringen e.V.
Sachsenstr. 7, 98617 Meiningen
T: (03693) 82 09 91   **Fax:** 47 18 03
Vorsitzende(r): Jochen Steinbach
Mitglieder: 99

h 732
Fachverband der Auktionatoren, Grundstücksmakler und Rechtsbeistände in Niedersachsen e.V.
Bismarckstr. 12, 26122 Oldenburg
T: (0441) 97 17 00   **Fax:** 7 18 76
Vorsitzende(r): Wolfgang Grasse (Bismarckstr. 12, 26122 Oldenburg)
Mitglieder: 127
Landesverbände: 15

● H 733
Verband Deutscher Makler für Grundbesitz, Hausverwaltung und Finanzierungen e.V. (VDM)
Bundesgeschäftsstelle:
Saatwinkler Damm 42 /Riedemannweg 57, 13627 Berlin
T: (030) 38 30 25 28   **Fax:** 38 30 25 29
Internet: http://www.vdm.de
E-Mail: kontakt@vdm.de
Gründung: 1963 (23. August)
Internationaler Zusammenschluß: siehe unter izh 539
Präsident: Robert P. Kuhlmann (c/o VDM-Bundesgeschäftsstelle, Riedemannweg 57, 13627 Berlin, T: (030) 38 30 25 28, Fax: (030) 38 30 25 29, e-mail: kontakt@vdm.de, Internet: http://www.vdm.de)
Vizepräsident: Erich Hildenbrandt (Pressereferent, Gutenbergstr. 6, 70176 Stuttgart, T: (0711) 66 79-0, Telefax: (0711) 66 79-2 01, e-mail: hildenbrandt@t-online.de)
Schatzmeister: Hans-Peter Zimmermann (Storchenstr. 3, 79664 Wehr, T: (07762) 5 20 20, Telefax: (07762) 52 02 50, e-mail: zimmermannimmobilien@t-online.de)
Rechtsreferent: Rudolf Koch (Höchste Str. 14, 45883 Gelsenkirchen, T: (0209) 9 41 45 22, Telefax: (0209) 9 41 45 33, e-mail: koch-vdm@t-online.de)
Ausbildungsreferentin: Dr. Elvira M. Hegner (Gartenstr. 17, 07952 Pausa, T: (037432) 2 05 18, Fax: (037432) 2 00 30, e-mail: ehegner@vogtline.de)
Ehrenpräsidenten: Hans Joachim Blumenauer (Am Haag 33, 65812 Bad Soden, T: (06196) 5 02 50)
Hermann Haible (Villenstr. 7, 89231 Neu-Ulm, T: (0731) 8 16 11)
Gerhard Möbius (Postf. 13 07 28, 42034 Wuppertal, T: (0202) 44 47 44)
Axel-Bernd Stiller (Neumayerring 40, 67227 Frankenthal, T: (06233) 2 65 65, Telefax: (06233) 2 51 90)
Ehrenrat: Ernst Stolz (R.-Schiestel-Str. 92, 66450 Bexbach, T: (06826) 62 01)
Verbandszeitschrift: Der Grundbesitz
Redaktion: RA Sven R. Johns, Riedemannweg 57, 13627

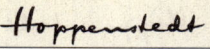

Landesverbände:

h 734
**VDM-Landesverband
Baden-Württemberg**
Vincentiusstr. 5, 76137 Karlsruhe
T: (0721) 81 40 10 **Fax:** 81 40 17
1. Vorsitzende(r): Günter Laub

h 735
**VDM-Landesverband
Bayern**
Luitpoldstr. 5, 97828 Marktheidenfeld
T: (09391) 31 60 **Fax:** 66 82
E-Mail: vdm-bayern@t-online.de
1. Vorsitzende(r): Armin Prager

h 736
**VDM-Landesverband
Berlin**
Heinsestr. 54, 13467 Berlin
T: (030) 4 04 33 44 **Fax:** 4 04 40 30
1. Vorsitzende(r): Alexander M. Rainoff

h 737
**VDM-Landesverband
Brandenburg**
Friedrich-Engels-Str. 4a, 17268 Templin
T: (03987) 40 99 01 **Fax:** 40 99 02
E-Mail: vdm-lv-brandenburg@t-online.de
1. Vorsitzende(r): Frithjof Schlicke

h 738
**VDM-Landesverband
Bremen/Weser/Ems**
Tresckowstr. 19, 28203 Bremen
T: (0421) 70 18 80 **Fax:** 7 12 83
1. Vorsitzende(r): Egon Horsthemke

h 739
**VDM-Landesverband
Hamburg**
Hans-Henny-Jahnn-Weg 21, 22085 Hamburg
T: (040) 2 26 99 99-0 **Fax:** 2 26 99 99-36
E-Mail: lgst@vdm-hamburg.de
1. Vorsitzende(r): Udo Schrieber

h 740
**VDM-Landesverband
Hessen**
Liebigstr. 11, 60323 Frankfurt
T: (069) 97 20 70 30 **Fax:** 9 72 07 03 44
E-Mail: vdm-hessen@t-online.de
1. Vorsitzende(r): Tobias Geipel

h 741
**VDM-Landesverband
Mecklenburg-Vorpommern**
Heiligengeisthof 10, 18055 Rostock
T: (0381) 4 92 38 56 **Fax:** 45 29 03
Internet: http://www.vdm.de
E-Mail: vdm.mecklenburg-vorpommern@t-online.de
1. Vorsitzende(r): Uwe Lutter

h 742
**VDM-Landesverband
Niedersachsen**
Postf. 11 21, 30881 Barsinghausen
Marktstr. 21, 30890 Barsinghausen
T: (05105) 51 54 40 **Fax:** 6 53 47
1. Vorsitzende(r): Manfred Hengstmann

h 743
**VDM-Landesverband
Nordrhein-Westfalen**
Theaterstr. 18, 53111 Bonn
T: (0228) 60 40 90 **Fax:** 63 77 17
Internet: http://www.vdm.de/nordrhein-westfalen
E-Mail: vdm-nrw@t-online.de
1. Vorsitzende(r): Immobilienwirt/VWA-Diplom Hans J. Bra-

selmann (c/o Landesgeschäftsstelle)
Geschäftsführer(in): Dipl.-Kfm. Alexander Geischer
Verbandsanschrift: Immobilien-Info
Redaktion: Alexander Geischer
Verlag: BM Verlag, Bonner Str. 328, 50968 Köln

h 744
**VDM-Landesverband
Rheinland-Pfalz**
Mainzer Str. 7, 55232 Alzey
T: (06731) 95 96-0 **Fax:** 95 96 30
1. Vorsitzende(r): Gerhard Reiss

h 745
**VDM-Landesverband
Saarland**
Postf. 13 28, 66274 Sulzbach
Bahnhofstr. 24, 66280 Sulzbach
T: (06897) 5 44 40 **Fax:** 32 85
E-Mail: lv-saarland@vdm.de
1. Vorsitzende(r): Wolfgang Raue

h 746
**VDM-Landesverband
Sachsen**
Otto-Adam-Str. 18, 04157 Leipzig
T: (0341) 6 89 84 18 **Fax:** 6 88 96 15
E-Mail: lv-sachsen@vdm.de
1. Vorsitzende(r): Jens Richter

h 747
**VDM-Landesverband
Sachsen-Anhalt**
Heidestr. 14, 39112 Magdeburg
T: (0391) 6 20 17 29 **Fax:** 6 20 95 01
1. Vorsitzende(r): Jutta Stricker

h 748
**VDM-Landesverband
Schleswig-Holstein**
Knüllgasse 7, 24217 Schönberg
T: (04344) 41 08 75 **Fax:** (04311) 22 52
E-Mail: vdm-sh@t-online.de
1. Vorsitzende(r): Günter Schollmeyer

h 749
**VDM-Landesverband
Thüringen**
Johannisstr. 11, 07743 Jena
T: (03641) 44 42 80 **Fax:** 44 42 80
1. Vorsitzende(r): Albrecht Scheunemann

● H 750
Verein Hamburger Hausmakler von 1897 e.V. (VHH)
Postf. 30 43 80, 20314 Hamburg
Große Theaterstr. 7, 20354 Hamburg
T: (040) 35 75 99-20 **Fax:** 34 58 95
Vorsitzende(r): M. Ulrich Strokarck
Geschäftsführer(in): Klaus Hein
Mitglieder: 134
Mitarbeiter: 1

Ältester Maklerverein Deutschlands.

● H 751
Verein Hamburger Makler und Agenten für Schlachthaus- und Molkerei-Erzeugnisse (VHM)
Adickesstr. 32, 22607 Hamburg
T: (040) 89 83 62 **Fax:** 89 83 62
Vorsitzende(r): Heinz-Peter Naumann

● H 752
Zentralverband deutscher Kreditmakler und des vermittelnden Bankdienstleistungsgewerbes e.V.
Ostenhellweg 50-52, 44135 Dortmund
T: (0231) 52 71 96
Vorsitzende(r): Ulrich Stiehl

● H 753
Bundesverband der Kursmakler an den deutschen Wertpapierbörsen
Herrengraben 31, 20459 Hamburg
T: (040) 3 68 05-0 **Fax:** 36 28 96
Gründung: 1970 (17. Oktober)
Vorsitzende(r): Claus-Jürgen Diederich, Berlin
Stellvertretende(r) Vorsitzende(r): Klaus Mathis, Düsseldorf
Thomas Munz, Stuttgart

Peter Koch, Frankfurt am Main
Geschf u. Justitiar: RA Dr. Gerhard Commichau, Hamburg
Mitglieder: 62

● H 754
**Kursmaklerkammer bei der Hanseatischen Wertpapierbörse Hamburg
Körperschaft des öffentlichen Rechts**
Adolphsplatz 1, 20457 Hamburg
T: (040) 37 85 60-0 **Fax:** 37 85 60-61
Vorstand: Uwe Radeke (Vors.)
Christian Kalischer (stellv. Vors.)
Lübbe (Schatzm.)
Mitglieder: 4

● H 755
Bundesverband der Finanzintermediäre an den deutschen Wertpapierbörsen (BFI)
Sitz: Fasanenstr. 3, 10623 Berlin
Geschäftsstelle:
Herrengraben 31, 20459 Hamburg
T: (040) 3 68 05-131 **Fax:** 36 28 96
Vorsitzende(r): Claus-Jürgen Diederich, Berlin
Stellvertretende(r) Vorsitzende(r): Wolfgang Rück
Klaus Mathis, Düsseldorf
Holger Timm, Berlin
Justitiar: Dr. Hans Mewes

● H 756
Verband Reisender Kaufleute Deutschlands e.V. (VRKD)
Himmelsthürer Str. 15a, 31137 Hildesheim
T: (05121) 6 69 42
Gründung: 1884 in Leipzig
Präsident(in): Markus Röseler
Schatzmeister: Hubert Wanner (Postf. 67 07, 97017 Würzburg)

● H 757
Zentralverband Deutscher Schiffsmakler e.V.
Schopenstehl 15, 20095 Hamburg
T: (040) 32 60 82 **Fax:** 33 19 95
Internet: http://www.schiffsmakler.de, http://www.zvds.de
E-Mail: info@schiffsmakler.de
Vorsitzende(r): Konsul Volkert Knudsen (i. Fa. Sartori & Berger, Kiel, Sartori Kai, Wall 49/51 24103 Kiel, T: (0431) 9 81-0)
Geschäftsführer(in): Klaus Bültjer
Mitglieder: 12 örtl. Vereinigungen

h 758
Vereinigung Hamburger Schiffsmakler und Schiffsagenten e.V.
Schopenstehl 15, 20095 Hamburg
T: (040) 32 60 82 **Fax:** 33 19 95
Internet: http://www.schiffsmakler.de, http://www.vhss.de
E-Mail: info@schiffsmakler.de
Vorsitzende(r): Bolko Graf von Pfeil (TFA TRANS-MARITIME FREIGHT AGENCIES GMBH, Ansparhof, Valentinskamp 18-20, 20354 Hamburg, T: (040) 3 76 91-0)
Geschäftsführer(in): Klaus Bültjer
Mitglieder: 191

h 759
Nord-Ostsee Küstenschiffsmakler-Verein e.V.
c/o Pohl Shipping Schiffahrtsges. mbH
Peutestr. 67, 20539 Hamburg
T: (040) 78 94 72 60 **Fax:** 78 94 72 70
Internet: http://www.pohlgruppe.de
E-Mail: pohl.shipping@pohlgruppe.de
Vorsitzende(r): Hans-Ulrich Fischer (Pohl Shipping Schiffahrtsges. mbH, Peutestr. 67, 20539 Hamburg, T: (040) 78 94 72 60, E-Mail: pohl.shipping@pohlgruppe.de)
Schriftführer(in): Rolf Sandleben (T: (040) 3 11 80 10, Telefax: (040) 31 18 01 14)
Mitglieder: 29

h 760
Vereinigung Bremer Schiffsmakler und Schiffsagenten e.V.
Postf. 10 07 09, 28007 Bremen
T: (0421) 32 72 32 **Fax:** 3 38 71 04
Vorsitzender: Peter W. Koopmann (Peter W. Lampke (GmbH + Co), Präs.-Kennedy-Platz 1, 28203 Bremen, T: (0421) 3 67 82 31, Telefax: (0421) 3 67 82 32)
Geschäftsführer: RA Reinhard Schale
Mitglieder: 50

h 761
Schiffsmakler-Vereinigung für Küsten- und Seeschiffsbefrachter e.V.
c/o RMS Schiffahrtskontor Bremen GmbH
Postf. 10 22 29, 28022 Bremen

h 761
Lloydstr. 4, 28217 Bremen
T: (0421) 3 49 60-0 **Fax:** 3 49 60-96
Vorsitzende(r): Horst Seemann (in Fa. RMS Schiffahrtskontor Bremen GmbH, Lloydstr. 4, 28217 Bremen, Internet: http://www.rms-sk.de, E-Mail: info@rms-sk.de)
Mitglieder: 19

h 762
Vereinigung Wilhelmshavener Schiffsmakler und Schiffsagenten e.V.
Postf. 20 54, 26360 Wilhelmshaven
Luisenstr. 5, 26382 Wilhelmshaven
T: (04421) 20 30 92 **Fax:** 20 10 62
Vorsitzende(r): John H. Niemann (Fa. Neptun Schiffahrts-Agentur GmbH, Luisenstr. 5, 26382 Wilhelmshaven, T: (04421) 20 30 92, Telefax: (04421) 20 10 62, Internet: http://www.neptun-agency-whv.de, E-Mail: neptun@neptun-agency-whv.de)
Mitglieder: 12

h 763
Schiffsmakler-Verband "Ems" e.V.
Zur Alten Brikettfabrik 2, 26725 Emden
T: (04921) 81 20 **Fax:** 8 12 77
1. Vorsitzende(r): Klaus Rotter (Lehnkering Mineralstoffe GmbH, Zur Alten Brikettfabrik 2, 26725 Emden, T: (04921) 8 12-17, Telefax: (04921) 8 12-53)
Mitglieder: 16

h 764
Vereinigung Lübecker Schiffsmakler und Schiffsagenten e.V. zu Lübeck
Große Altefähre 20-22, 23552 Lübeck
T: (0451) 15 07-0 **Fax:** 7 28 11
Vorsitzende(r): Gunther Ranke
Geschäftsführer(in): Rudolf Kuklinski
Mitglieder: 23

h 765
Schiffsmakler-Vereinigung Kiel e.V.
Wall 49-51, 24103 Kiel
T: (0431) 98 10 **Fax:** 9 61 08
E-Mail: subki.canal@t-online.de
Vorsitzende(r): Konsul Volkert Knudsen (i. Fa. Sartori + Berger, Wall 49/51, 24103 Kiel, T: (0431) 9 81-0, Telefax: (0431) 9 61 08, Internet: http://www.sartori-berger.de, E-Mail: v.knudsen@sartori-berger.de)
Mitglieder: 19

h 766
VBS-Vereinigung binnenländischer See-Reedereiagenten e.V.
c/o Süddeutsches Seefrachtenkontor
Botnanger Str. 28a, 70193 Stuttgart
T: (0711) 65 10 71 **Fax:** 6 59 97 62
Vorsitzende(r): Joachim W. Lindenau (Süddeutsches Seefrachtenkontor GmbH, Botnanger Str. 28 a, 70193 Stuttgart, T: (0711) 65 10 71, Telefax: (0711) 6 59 97 62, E-Mail: ssk.lindenau@t-online.de)
Geschäftsführer(in): Jochen Richter (Zeuner GmbH, E-Mail: zeuner.dus@t-online.de)
Mitglieder: 10

h 767
Interessengemeinschaft der Schiffsmakler Flensburg/Schlei e.V.
Harniskai 7, 24937 Flensburg
T: (0461) 80 76 11 **Fax:** 80 76 00
Vorsitzende(r): Jürgen F. Jensen (i. Fa. Christian Jürgensen, Brink & Wölffel, Schiffsmakler + Umschlags GmbH, Harniskai 7, 24937 Flensburg, T: (0461) 80 76 11, Fax: (0461) 80 76 00, E-Mail: j.f.jensen@t-online.de)
Mitglieder: 8

h 768
See- und Küstenschiffsmakler-Verband "Rhein-Ruhr" e.V.
Duisburg-Ruhrort
Kasteelstr. 9, 47119 Duisburg
T: (0203) 80 43 53 **Fax:** 80 42 23
Vorsitzende(r): Günter Krohn (Rhein-, Maas- u. See-Schiffahrts-Kontor GmbH, Krausstr. 1a, 47119 Duisburg, Internet: http://www.rheinmaas.de, E-Mail: krohn@rheinmaas.de)
Mitglieder: 17

h 769
Schiffsmaklerverband Mecklenburg-Vorpommern e.V.
Am Seehafen 1, 18147 Rostock
T: (0381) 6 70 06 00 **Fax:** 6 70 06 03
Vorsitzende(r): Hagen Uloth (SCAN-Shipping GmbH, Am Seehafen 1, 18147 Rostock, T: (0381) 6 70 06 00, Telefax: (0381) 6 70 06 03, E-Mail: scan-shipping@t-online.de)
Mitglieder: 16

● **H 770**
Fachverband der Friesischen Auktionatoren e.V.
Hofstr. 13, 26844 Jemgum
T: (04958) 3 26
Vorsitzende(r): Dieter Meyer (Hofstr. 13, 26844 Jemgum)

● **H 771**

Bundesverband Deutscher Kunstversteigerer e.V. (BDK)
Erdener Str. 5A, 14193 Berlin
T: (030) 8 91 29 70 **Fax:** 8 91 80 25
Gründung: 1967 (13. Dez.)
Präsident(in): Tilman Bassenge
Vizepräsident(in): Henrik Hanstein (Kunsthaus Lempertz, Neumarkt 3, 50667 Köln, T: (0221) 92 57 29-0, Telefax: (0221) 92 57 296)
Michael Scheublein (Neumeister KG, Barer Str. 37, 89799 München, T: (089) 2 31 71 00, Telefax: (089) 2 31 71 055)
Ehrenpräsident: Dr. Reiner Schütte (Liebermannstr. 1 a, 50933 Köln, T: (0221) 48 77 61)
Mitglieder: 34

Wahrnehmung der Berufsinteressen seiner in Deutschland domizilierenden Mitglieder. Pflege der Verbindung zu verwandten Berufsverbänden des In- und Auslandes.

● **H 772**
Bundesverband der Dienstleistungsunternehmen e.V. (BDD)
Herrenteichsstr. 5, 49074 Osnabrück
T: (0541) 3 57 82-20 **Fax:** 3 57 82-99
Presseabt.: Insa Marié Westenhoff
Mitarbeiter: 10

Schaustellervereine

● **H 773**

Bundesverband Deutscher Schausteller und Marktkaufleute e.V. (BSM)
Adenauerallee 48, 53113 Bonn
T: (0228) 22 40 26 **Fax:** 22 19 36
Internet: http://www.bsm-lsm.de
E-Mail: bsm.bonn@t-online.de
Gründung: 1952
Internationaler Zusammenschluß: siehe unter izu 682
Präsident(in): Walter Weitmann (Königstr. 51, 70173 Stuttgart, T: (0711) 29 57 68, Telefax: (0711) 2 99 16 00)
1. Vizepräsident: Dieter Zippe
Vizepräsident(in): Hans-Peter Arens
Ehrenvizepräs.: Berthold Brinck
Horst Rennebaum
Hauptgeschäftsführer(in): Dipl.-Kfm. Heinz Bachmann (Ltg. Presseabt.)
Geschäftsführer(in): Werner Hammerschmidt
Verbandszeitschrift: Der Komet
Verlag: Molkenbrunner Str. 10, 66954 Pirmasens (auch Redaktion)
Mitglieder: 12000
Landesverbände: 19

Berufsständische Vertretung der Interessen von Schaustellern, Reisehandels- und Marktgewerbetreibenden sowie von Circussen auf Bundesebene, Zusammenarbeit mit der Presse, Bekämpfung unlauteren Wettbewerbs, Beratung der Mitglieder in Rechtsangelegenheiten.

Landesverbände

h 774

Landesverband Schausteller und Marktkaufleute Baden-Württemberg e.V. (LSM)
Neue Brücke 4, 70173 Stuttgart
T: (0711) 29 57 68 **Fax:** 2 99 16 00
Internet: http://www.bsm-lsm.de
E-Mail: lsm-bw@t-online.de
Präsident(in): Walter Weitmann
Geschäftsführer(in): Peter Paga
Verbandsorgane: "Landesverband aktuell", "Markt- und Volksfestkalender"
Verlag: Eigenverlag

Vertretung des Berufsstandes bei der Landesregierung; Förderung der Berufsinteressen; Bekämpfung unlauteren Wettbewerbs; Zusammenarbeit mit der Presse; Beratung, Betreuung und Vertretung der Mitglieder vor Verwaltungs-, Finanz-und Arbeitsgerichten.

h 775
Bayerischer Landesverband der Marktkaufleute und der Schausteller e.V.
Gollierstr. 7, 80339 München
T: (089) 54 07 28 67, 54 07 28 68 **Fax:** 54 07 28 66
Internet: http://www.blv-marktkaufleute-schausteller.de
Präsident(in): Horst Rennebaum
Geschäftsführer(in): N. N.

h 776
Landesverband des Ambulanten Gewerbes und der Schausteller Hamburg e.V.
Sternstr. 108, 20357 Hamburg
T: (040) 4 39 90 94, 4 30 47 42, (0172) 4 52 74 22, 4 38 66 98 **Fax:** (040) 4 39 98 68
E-Mail: info@lags-hamburg.de, praesidium@lags-hamburg.de
Präsident(in): Dirk Marx
Vizepräsident(in): Bernd Simon
Wilfried Thal

h 777
Landesverband für Markthandel und Schausteller Hessen e.V.
Erlenwiese 9, 35794 Mengerskirchen
T: (06476) 9 15-855, (0177) 8 32 42 96
Fax: (06476) 9 15-856
E-Mail: markthandel@gmx.de
Präsident(in): Uwe Reichert
Geschäftsführer(in): Roger Simak

h 778
Landesverband der Schausteller und der Marktkaufleute Niedersachsen-Nord und Bremen e.V.
Am Krähenberg 34, 28239 Bremen
T: (0421) 6 44 15 13, (0170) 2 26 66 11
Fax: (0421) 6 44 18 99
Internet: http://www.bsm-bremen.de
E-Mail: bsm-bremen@t-online.de
Präsident(in): Heinz-Jürgen Strohmann
Geschäftsführer(in): RA Carl-Peter Claasen

h 779
Landesverband Niedersachsen-Süd der Markt- und Schaustellerbetriebe e.V.
Bruchmeisterallee 1, 30169 Hannover
T: (0511) 1 49 30 **Fax:** 1 87 38
E-Mail: lvm-hannover@t-online.de
Präsident(in): Hans-Horst Müller
Geschäftsführer(in): Ernst Barczyk

h 780
Landesverband Schausteller und Marktkaufleute Nordrhein e.V. (LSM Nordrhein)
Hafenstr. 280, 45356 Essen
T: (0201) 34 00 01 **Fax:** 35 04 34
Präsident(in): Erich Knocke

h 781
Landesverband des Markt-, Reise- und Schaustellergewerbes Rheinland-Pfalz e.V.
Rheinuferweg 3, 56076 Koblenz
T: (0261) 7 66 03   **Fax:** 9 73 16 09
Präsident(in): Ludwig Klinge
Geschäftsführer(in): Aline Born

h 782
Landesverband Sachsen/Thüringen der Marktkaufleute und der Schausteller e.V.
Hopfgartenstr. 12, 01307 Dresden
T: (0351) 4 59 48 43   **Fax:** 4 59 48 43
Präsident(in): Dr. Günter Stein
Geschäftsführerin: Erika Stein

h 783
Handelsverband des Markt- und Reisegewerbes "Süd-West" e.V.
Im Salzgarten 11, 66440 Blieskastel
T: (06821) 2 52 50   **Fax:** 2 52 50
Präsident(in): Erhard Theobald

h 784
Landesverband der Schausteller und Marktkaufleute Schleswig-Holstein e.V.
Königsweg 20, 24103 Kiel
T: (0431) 67 15 94   **Fax:** 67 15 93
Präsident(in): Arnold Jipp
Geschäftsführerin: Brigitte Kohl

h 785
Markthandel- und Schausteller-Verband Westfalen e.V.
Hansastr. 72, 44137 Dortmund
T: (0231) 57 14 68   **Fax:** 5 86 00 96
Präsident(in): Hans-Peter Arens
Heinz Deh
Alwin Kleuser
Geschäftsführerin: Inge Champignon

h 786
Landesverband des Markt- und Schaustellergewerbes Mecklenburg-Vorpommern e.V.
Ratzeburger Str. 25, 19057 Schwerin
T: (0385) 4 84 30 17   **Fax:** 4 84 30 17
E-Mail: guenter.schaedlich@t-online.de
Präsident(in): Michael Kopilow
Geschäftsführer(in): Günter Schädlich

h 787
Landesverband Marktkaufleute und Schausteller Sachsen-Anhalt
Am Steinbruch 6, 06193 Wallwitz
T: (034606) 28 30   **Fax:** 28 34 50
Präsident(in): Horst Weckherlin

h 788
Landesverband Eifel-Mosel-Hunsrück im BSM
IG Die Marktkaufleute GbR mbH
Wirichstr. 9, 54550 Daun
T: (06592) 15 94   **Fax:** 1 04 94
Internet: http://www.marktkaufleute.de
E-Mail: info@marktkaufleute.de
Geschäftsführer(in): Michael Brämisch

h 789
Saarverband der Schausteller e.V.
Siedlerweg 20, 66787 Wadgassen
T: (06834) 44 28   **Fax:** 49 06 53
1. Vorsitzende(r): Heinrich Sonnier

h 790
Interessengemeinschaft Bonner Schausteller
Rheinaustr. 71, 53225 Bonn
T: (0228) 46 02 15   **Fax:** 47 07 65
1. Vorsitzende(r): August Kipp

Kooperatives Mitglied

h 791
Bundesverband des Mobilen Fischfeinkosthandels e.V.
Postf. 29 04 07, 27534 Bremerhaven
Am Lunedeich 32, 27572 Bremerhaven
T: (0471) 7 10 23   **Fax:** 7 59 65
Präsident(in): Joachim Pallentin (Cooperatives Mitglied)

h 792
Bezirksverband Braunschweig der Marktkaufleute e.V.
Schusterskamp 1, 38539 Müden
T: (05375) 67 80   **Fax:** 98 00 42
1. Vorsitzende(r): H. W. Stein

● H 793
Deutscher Schaustellerbund e.V. (DSB)
Sitz Berlin, Mitglied der Europäischen Schausteller-Union (Spitzenorganisation der angeschlossenen Schaustellervereine)
Hauptgeschäftsstelle:
Hochkreuzallee 67, 53175 Bonn
T: (0228) 9 51 28-0   **Fax:** 9 51 28-17
Internet: http://www.dsbev.de
E-Mail: dsbev@t-online.de
Gründung: 1950 (13. Januar)
Präsident(in): Hermann Krameyer
Vizepräsident(in): Karl-Heinz Fehrensen
Albert Ritter
Edgar Drexel
BSchatzmeister: Wilhelm Schemel
Hauptgeschäftsführer(in): Dr. Norbert Weigang
Leitung Presseabteilung: Christoph Jansen
Mitglieder: 4350, **Mitgliedsverbände:** 95
Mitarbeiter: 7

Zweiggeschäftsstellen:

h 794
Schaustellerverband Südwest Stuttgart e.V.
Wilhelmstr. 22-2, 70372 Stuttgart
T: (0711) 56 80 78   **Fax:** 56 80 46
Vorsitzende(r): Max-Rudi Weeber

h 795
Süddeutscher Verband reisender Schausteller und Handelsleute e.V.
Bayernstr. 100, 90471 Nürnberg
T: (0911) 46 86 00   **Fax:** 46 57 67
Vorsitzende(r): Günter Wunderle

h 796
Schaustellerverband Berlin e.V.
Rosenheimer Str. 5, 10781 Berlin
T: (030) 2 13 32 90   **Fax:** 2 13 40 34
Vorsitzende(r): Peter Zocher

h 797
Schaustellerverband Hamburg von 1884 e.V.
Sternstr. 106, 20357 Hamburg
T: (040) 43 40 01   **Fax:** 43 85 79
Vorsitzende(r): Max Eberhard
Mitglieder: 220
Mitarbeiter: 1

h 798
Schaustellerverband Niedersachsen e.V.
Bruchmeisterallee 1, 30169 Hannover
T: (0511) 1 31 76 03   **Fax:** 1 57 42
Vorsitzende(r): Richard Böhm

h 799
Schaustellerverein Paderborn e.V.
Max-Planck-Str. 22, 33104 Paderborn
T: (05221) 8 04 08   **Fax:** 8 04 08
Vorsitzende(r): Wilhelm Schemel

h 800
Schaustellerverband Rheinhessen e.V.
Friedrich-Ebert-Str. 79, 55286 Wörrstadt
T: (06732) 24 03   **Fax:** 30 97
Vorsitzende(r): Helmut Bucher

h 801
Fachverband Schausteller Sachsen-Anhalt
Sitz Halle
Nußweg 2, 06112 Halle
T: (0345) 5 60 31 06   **Fax:** 5 60 31 06
Vorsitzende(r): Werner Meyer

h 802
Schaustellerverband Land Mecklenburg e.V. - Sitz Schwerin -
Ziegeleiweg 3, 19057 Schwerin
T: (0385) 4 89 75 15   **Fax:** 4 89 75 15
Vorsitzende(r): Dieter Schmidt

h 803
Schaustellerverband Schleswig-Holstein e.V.
Sitz Neumünster
Röntgenstr. 17, 24537 Neumünster
T: (04321) 5 41 18   **Fax:** 5 41 18
Vorsitzende(r): Peter Schneider

Notizen

I Banken und Börsen

Zum Auffinden einer bestimmten Dienststelle oder Organisation dient das Suchwortverzeichnis, eines Personennamens das Personenverzeichnis.

Deutsche Bundesbank und Landeszentralbanken

DGZ DekaBank und Landesbanken

DG BANK Deutsche Genossenschaftsbank, Genossenschaftliche Zentralbanken und Spezialinstitute

Banken mit Sonderaufgaben

Verbände des Bankgewerbes

Börsen

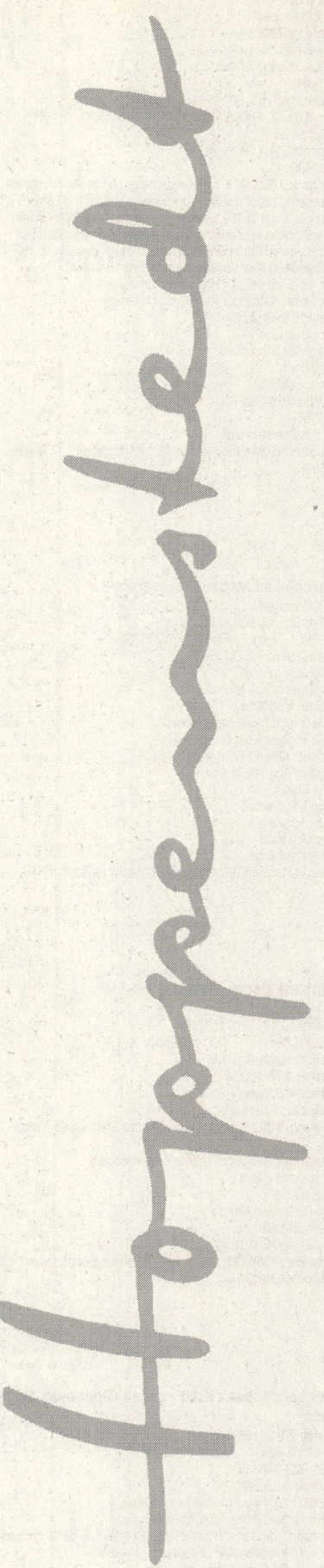

Deutsche Bundesbank und Landeszentralbanken

● I 1
Deutsche Bundesbank
Postf. 10 06 02, 60006 Frankfurt
Wilhelm-Epstein-Str. 14, 60431 Frankfurt
T: (069) 95 66-1   **Fax:** 5 60 10 71
TX: 4 1 227 (Inland), 414 431 (Ausland)
TGR: Notenbank
Internet: http://www.bundesbank.de
E-Mail: presse-information@bundesbank.de
Gründung: 1957
Präsident(in): Dipl.-Volkswirt Ernst Welteke (Vors. des Zentralbankrats)
Vizepräsident(in): Dr. Jürgen Stark (Mitglied des Zentralbankrates)
Mitglieder des Direktoriums: Dr. Hans Georg Fabritius (Mitglied des Zentralbankrates)
Dieter Haferkamp (Mitglied des Zentralbankrates)
Edgar Meister
Prof. Dr. Hermann Remsperger

Landeszentralbanken

I 2
Landeszentralbank in Baden-Württemberg
Hauptverwaltung der Deutschen Bundesbank
Postf. 10 60 21, 70049 Stuttgart
Marstallstr. 3, 70173 Stuttgart
T: (0711) 9 44-0   **Fax:** 9 44-1903
Internet: http://www.bundesbank.de/lzb-bw/
E-Mail: pressestelle@lzb-bw.de
Präsident(in): Helmut Schieber
Vizepräsident(in): Dr. Günter Schmid
Mitglied des Vorstands: Wilhelm Ergenzinger

I 3
Landeszentralbank im Freistaat Bayern
Hauptverwaltung der Deutschen Bundesbank
80281 München
Erwin-von-Kreibig-Str. 3
Ludwigstr. 13, 80807 München
T: (089) 28 89-5   **Fax:** 28 89-3598
Internet: http://www.bundesbank.de/lzb-bayern
E-Mail: presse-information@lzb-bayern.bundesbank.de, post@lzb-bayern.bundesbank.de
Präsident(in): Dr. Franz-Christoph Zeitler
Vizepräsident(in): Dr. Erich Fein
Mitglied des Vorstands: Günter Bäumer

I 4
Landeszentralbank in Berlin und Brandenburg
Hauptverwaltung
Steinplatz 2, 10623 Berlin
T: (030) 34 75-0   **Fax:** 34 75-2390
Internet: http://www.bundesbank.de/lzb-bbb
E-Mail: volkswirtschaft@lzb-bbb.bundesbank.de
Präsident(in): Klaus-Dieter Kühbacher
Vizepräsident(in): Ulrich Preuss

I 5
Landeszentralbank in der Freien und Hansestadt Hamburg, in Mecklenburg-Vorpommern und Schleswig-Holstein
Hauptverwaltung
Postf. 57 03 48, 22772 Hamburg
Ost-West-Str. 73, 20459 Hamburg
T: (040) 37 07-0   **Fax:** 37 07-2205
TGR: Zentralbank
Internet: http://www.bundesbank.de/lzb-hms
E-Mail: lzb-hms-pressestelle@t-online.de
Präsident(in): Prof. Dr. Hans-Jürgen Krupp
Vizepräsident(in): Hans-Jürgen Siegmund
Mitglied des Vorstands: Hans-Georg Herrmann

I 6
Landeszentralbank in der Freien Hansestadt Bremen, in Niedersachsen und Sachsen-Anhalt
Hauptverwaltung der Deutschen Bundesbank
Postf. 2 45, 30002 Hannover
Georgsplatz 5, 30159 Hannover
T: (0511) 30 33-0   **Fax:** 30 33-2500
Internet: http://www.bundesbank.de/lzb-bns
E-Mail: pressestelle@lzb-bns.de
Präsident(in): Hans-Helmut Kotz
Vizepräsident(in): Horst Langefeld

I 7
Landeszentralbank in Hessen
Hauptverwaltung der Deutschen Bundesbank
Taunusanlage 5, 60329 Frankfurt
T: (069) 23 88-0   **Fax:** 23 88-2130
TGR: Zentralbank Frankfurt
Internet: http://www.bundesbank.de/lzb-h
E-Mail: presse-information@lzb-hessen.bundesbank.de
Präsident(in): Dr. Hans Reckers
Vizepräsident(in): Dr. Hans Georg Fabritius
Mitglied des Vorstandes: Jürgen Hettinger

I 8
Landeszentralbank in Nordrhein-Westfalen
Hauptverwaltung der Deutschen Bundesbank
Berliner Allee 14, 40212 Düsseldorf
T: (0211) 8 74-0   **Fax:** 8 74-2424
TGR: Zentralbank
Internet: http://www.bundesbank.de/lzb-nrw
E-Mail: lzb-nrw@t-online.de
Gründung: 1948
Präsident(in): Eberhard Heinke
Vizepräsident(in): Friedel Fleck
Mitglied des Vorstands: Dr. Axel Stier

I 9
Landeszentralbank in Rheinland-Pfalz und im Saarland
Hauptverwaltung
Postf. 30 09, 55020 Mainz
Hegelstr. 65, 55122 Mainz
T: (06131) 3 77-0   **Fax:** 3 77-750
TGR: Zentralbank Mainz
Internet: http://www.bundesbank.de/LZB-RS
E-Mail: vo.lzb_rs@t-online.de
Präsident(in): Hans-Jürgen Koebnick
Vizepräsident(in): Bolko Leopold

I 10
Landeszentralbank in den Freistaaten Sachsen und Thüringen
Hauptverwaltung
Prager Str. 200 Altes Messegelände, 04103 Leipzig
T: (0341) 8 60-0   **Fax:** 8 60-2389
Internet: http://www.bundesbank.de/lzb-sth/
E-Mail: zentrale.mailstelle@lzb-sth.bundesbank.de
Präsident(in): Dr. Christian Milow
Vizepräsident: Dietmar Girst

DGZ DekaBank Deutsche Kommunalbank und Landesbanken

Spitzeninstitut

● I 11
DGZ•DekaBank Deutsche Kommunalbank
Postf. 11 05 23, 60040 Frankfurt
Mainzer Landstr. 16, 60325 Frankfurt
T: (069) 71 47-0   **Fax:** 71 47-1376
TX: 41 41 63 dgza d
T-Online: *deka#
Internet: http://www.dgz-dekabank.com
Tx: 414 163 Allgemein/Ausland (Kredite/Emissionen), 414 151 Wertpapiergeschäft, 4 170 691 Wertpapierhandel
Weiterer Sitz:
Bismarckstr. 101, 10625 Berlin, T: (030) 31 59 67-0, Fax: (030) 31 59 67-30
Gründung: 1918 (Fusion mit der DekaBank GmbH zum 01.01.99)
Vorstand: Manfred Zaß (Vors.)
Axel Weber (stellv. Vors.)
Dr. Dieter Goose
Hans-Jürgen Gutenberger
Fritz Oelrich
Hans-Joachim Reichert
Dr. Bernhard Steinmetz
Leitung Presseabteilung: Rembert Schneider
Mitarbeiter: 2700 (Ende 2000)

Landesbanken

● I 12
Landesbank Baden-Württemberg
Stuttgart
Postf. 10 60 49, 70049 Stuttgart
Am Hauptbahnhof 2, 70173 Stuttgart
T: (0711) 1 27-0   **Fax:** 1 27-3278
TX: 72 519-0
TGR: Landesbank
T-Online: *20490#
Internet: http://www.lbbw.de
E-Mail: kontakt@lbbw.de
Mannheim
Augustaanlage 33, 68165 Mannheim,
Postf. 10 03 52, 68003 Mannheim
T: (0621) 4 28-0,
Telefax: (0621) 4 28-25 91,
Btx: 2 0490
Gründung: 1999 (01.01. Gründung der Landesbank Baden-Württemberg durch Fusion von Südwestdeutscher Landesbank (gegründet 1916), Landesgirokasse -öffentliche Bank und Landessparkasse (gegründet 1818) und dem Marktteil der Landeskreditbank Baden-Württemberg (gegründet 1972)
Vorsitzende(r) des Vorstandes: Werner Schmidt
Stellv. Vors. d. Vorst.: Hans Dietmar Sauer
Stellv. Vors. d. Vorst.: Reinhold Schreiner
Vorstand: Thomas Fischer
Karl Heidenreich
Dr. Siegfried Jaschinski
Rolf Limbach
Joachim Schielke
Hans Waschkowski
Gerd Wolf
Hermann Zondler (stv.)
Mitarbeiter: 8784 (im jahresdurchschnitt; davon 537 Auszubildende)

● I 13
Bayerische Landesbank Girozentrale
80277 München
Brienner Str. 18, 80333 München
T: (089) 21 71-01   **Fax:** 21 71-23578
Teletex: 898827 GZM tex
TX: 528620 gzm d
TGR: Bayernbank München
T-Online: *38000#
Internet: http://www.bayernlb.de
E-Mail: kontakt@blb.de
Vorstand: Alfred H. Lehner (Vors.)
Dr. Peter Kahn (stellv. Vors.)
Gerold Brandt
Dr. Klaus Rauscher
Werner Strohmayr
Dr. Dietrich Wolf
Dr. Eberhard Zinn
Dr. Rudolf Hanisch (Direktor mit Generalvollmacht)

● I 14
Landesbank Berlin -Girozentrale-
10889 Berlin
Bundesallee 171, 10715 Berlin
T: (030) 8 69-801   **Fax:** 86 98 30 74
TGR: Landesbank Berlin
T-Online: *95 1000#
Internet: http://www.lbb.de
E-Mail: information@lbb.de
Gründung: 1990 (vorm. Sparkasse der Stadt Berlin West, 1818)
Vorstand: Ulf-Wilhelm Decken (Vorsitzender)
Dr. Johannes Evers
Hans Leukers
Bernd-Peter Morgenroth
Jochem Zeelen
Hans Jürgen Kulartz
Mitarbeiter: 6586 (31.12.; davon 481 Auszubildende und 932 Teilzeitbeschäftigte)

● I 15
Bremer Landesbank Kreditanstalt Oldenburg -Girozentrale-
Domshof 26, 28195 Bremen
T: (0421) 3 32-0   **Fax:** 3 32-2322
TX: 24 022-0 blb d
T-Online: *23668#
Internet: http://www.bremerlandesbank.de
E-Mail: kontakt@bremerlandesbank.de
Gründung: 1983 durch Fusion der Bremer Landesbank und der Staatl. Kreditanstalt Oldenburg - Bremen
Vorstand: Dr. Peter Haßkamp (Vors.)
Thomas Christian Buchbinder
Dipl.-Kfm. Horst-Günter Lucke
Fritz Lütke-Uhlenbrock
Mitarbeiter: 1066 (im Jahresdurchschnitt)

● I 16

Hamburgische Landesbank
Girozentrale

Gerhart-Hauptmann-Platz 50, 20095 Hamburg
T: (040) 33 33-0   **Fax:** 33 33-2707, 33 33-3061 (Eiliger Zahlungsverkehr)
TX: 2 145 100 hl
Zentrale
TGR: LANDESBANK HAMBURG
Internet: http://www.hamburglb.de
E-Mail: info@hamburglb.de
Gründung: 1938 (Rechtsvorg. 1920)
Vorstand: Alexander Stuhlmann (Vors.)
Peter Rieck (stellv. Vors.)
Ulf Gänger
Uwe Kruschinski
Hartmut Strauß
Leitung Presseabteilung: Dr. Konrad Kentmann
Universalbank: Geschäftsbank, Emissionsinstitut, Realkreditinstitut, Staatsbank und Sparkassenzentralbank.

● I 17

Helaba
Landesbank Hessen-Thüringen Girozentrale

60297 Frankfurt
Neue Mainzer Str. 52-58 MAIN TOWER, 60311 Frankfurt
T: (069) 91 32-01   **Fax:** 29 15 17
TX: 4 15 291-0 gfd
TGR: Helaba Frankfurt
T-Online: *26000#
Internet: http://www.helaba.de
E-Mail: presse@helaba.de
Sitz Erfurt: Postf. 7 77, 99015 Erfurt, Bonifaciusstr. 16, 99084 Erfurt, T: (0361) 2 17-7100, Telefax: (0361) 2 17-7101
Gründung: 1953
Vorstand: Walter Schäfer (Vors.)
Dr. Norbert Bräuer
Dr. Günther Merl
Heinz Riener
Kurt-Dieter Schrauth
Mitarbeiter: 3000 (im Jahresdurchschnitt)

● I 18

LRP Landesbank Rheinland-Pfalz

Landesbank Rheinland-Pfalz
-Girozentrale-
55098 Mainz
Große Bleiche 54-56, 55116 Mainz
T: (06131) 13-01   **Fax:** 13-2724
T-Online-Teilnehmer: 66565
Internet: http://www.lrp.de
E-Mail: lrp@lrp.de
Swift-Adresse: MALA DE 55550
T-Online: 66565
Gründung: 1958 (01. Juli)
Vorstand: Klaus G. Adam (Vors.)
Werner Fuchs
Dr. Friedhelm Plogmann
Paul K. Schminke
Leitung Presseabteilung: Jürgen Pitzer

● I 19

Landesbank Saar Girozentrale
66104 Saarbrücken
Ursulinenstr. 2, 66111 Saarbrücken
T: (0681) 3 83-01   **Fax:** 3 83-1208 (Intern. Geschäft, Handel), 3 83-1273 (Börsenabt.), 3 83-1284 (Zahlungsverkehr), 3 83-2100 (Landesbausparkasse), 3 83-1200 (Vorstandssekr.), 3 83-1212 (Öffentlichkeitsarb.), 3 83-1283 (Privatkunden)
T-Online: *210 315 =Sala d (Vorstandssekr.), Telefonbanking: (0681) 30 03-07#
Internet: http://www.saarlb.de
E-Mail: service@saarlb.de
Gründung: 1941
Vorstand: Dr. Max Häring (Vors.)
Frank Peter Eloy
Dr. Georg Gräsel
Jürgen Müsch

● I 20

Sachsen LB
Landesbank Sachsen Girozentrale

Postf. 10 02 06, 04002 Leipzig
Humboldtstr. 25, 04105 Leipzig
T: (0341) 9 79-0   **Fax:** 9 79-7979
Internet: http://www.sachsenlb.de
E-Mail: kommunikation@sachsenlb.de
Gründung: 1992 (1. Januar)
Vorsitzende(r): Dr. Michael Weiss
Mitglied des Vorstands: Dieter Burgmer
Hans-Jürgen Klumpp
Eckhard Laible
Rainer Fuchs (stellv.)
Mitarbeiter: per 31.12.00: 450, 4 VO u. 22 Auszub.

● I 21

Landesbank Schleswig-Holstein Girozentrale
Martensdamm 6
Telefon: 900-01
Telefax: 900-2446
T-Online *23230#
info@lb-kiel.de
www.lb-kiel.de

Martensdamm 6, 24103 Kiel
T: (0431) 9 00-01   **Fax:** 9 00-2446
TX: 292822 gzki d
TGR: Landesbank Kiel
T-Online: *23230#
Internet: http://www.lb-kiel.de
E-Mail: info@lb-kiel.de
Gründung: 1917
Vorstand: Dr. Dietrich Rümker (Vors.)
Hans Berger (stellv. Vors.)
Peter Pahlke
Dieter Pfisterer
Franz S. Waas
Pressesprecherin: Eva-Maria Scharrer
Bank des Landes Schleswig-Holstein und zentrales Institut der schleswig-holsteinischen Sparkassen.

● I 22

NORD/LB
NORDDEUTSCHE LANDESBANK GIROZENTRALE

30151 Hannover
Georgsplatz 1, 30159 Hannover
T: (0511) 3 61-0   **Fax:** 3 61-2502
TX: 9216-20
T-Online: *21030#
Internet: http://www.nordlb.de, http://www.nordlb.com
E-Mail: presse@nordlb.de
Gründung: 1970 (1.Juli) durch Zusammenschluß der Niedersächsischen Landesbank - Girozentrale -, der Braunschweigischen Staatsbank, der Hannoverschen Landeskreditanstalt und der Niedersächsischen Wohnungskreditanstalt - Stadtschaft -
Vorstand: Dr. h.c. Manfred Bodin (Vors.)
Dr. Gunter Dunkel
Jürgen Kösters
Dr. Hannes Rehm (stellv. Vors.)
Werner Schildt
Klaus Schiersmann
Bernd Schuster
Dr. Hans Vieregge
Dr. Jürgen Allerkamp

i 23

Norddeutsche Landesbank Girozentrale
Postf. 33 41, 38023 Braunschweig
Friedrich-Wilhelm-Platz, 38100 Braunschweig
T: (0531) 4 87-0   **Fax:** 4 87-3653
Teletex: 5 11 893
TX: 9 21 620 (Allgemein, Vorstand und Kreditgeschäft), 9 52 540 GZBRG D
TGR: Landesbank
T-Online: *21030#
Internet: http://www.nordlb.de
E-Mail: info@nordlb.de
VorstM: Dr. Jürgen Allerkamp

● I 24

WestLB
Westdeutsche Landesbank Girozentrale
40199 Düsseldorf
Herzogstr. 15, 40217 Düsseldorf
T: (0211) 8 26-01   **Fax:** 8 26-6119 (Allgemein), 8 26-6160 (Firmenkunden), 8 26-6130 (Investment Banking)
Teletex: (17)2114633 gzd
TGR: Landesbank Düsseldorf
T-Online: *5 4000#
Internet: http://www.westlb.de
E-Mail: presse@westlb.de

DG BANK Deutsche Genossenschaftsbank, Genossenschaftliche Zentralbanken und Spezialinstitute

Spitzeninstitut

● I 25

DG BANK Deutsche Genossenschaftsbank Aktiengesellschaft
60265 Frankfurt
Platz der Republik, 60325 Frankfurt
T: (069) 74 47-01   **Fax:** 74 47-1685 (allg.)
T-Online: *25566#
Internet: http://www.dgbank.de
E-Mail: dgbank@t-online.de
Vorstand: Dr. Bernd Thiemann (Vors.)
Dr. Berthold Eichwald
Uwe E. Flach
Dr. Friedbert Malt
Bedo Panner
Dr. Friedrich-Leopold Frhr. von Stechow
Vorsitzender des Verwaltungsrates: Präs. Dr. Christopher Pleister

● I 26

GZ-Bank AG Frankfurt/Stuttgart
Sitz:
Bockenheimer Anlage 46, 60322 Frankfurt
T: (069) 71 39-0   **Fax:** 71 39-1309
Internet: http://www.gz-bank.de
E-Mail: info@gz-bank.de
Weitere Hauptverwaltung: Postfach 10 60 19, 70049 Stuttgart,
Heilbronner Str. 41, 70191 Stuttgart, T: (0711) 9 40-0, Telefax: (0711) 9 40-29 40
Gründung: 2000 (1. Januar)
(Verschmelzung der SGZ-Bank Südwestdeutsche -Zentralbank AG, Frankfurt am Main und der GZB-Bank Genossenschaftliche Zentralbank AG, Stuttgart. Die Ursprünge beider Unternehmen reichen bis 1883 bzw. 1893 zurück.
Vorstand: Dr. Ulrich Brixner (Vors.)
Rudi Schühle (stellv. Vors.)
Dr. Manfred Biehal
Heinz Hilgert
Albrecht Merz
Dietrich Voigtländer
Dr. Manfred Wächtershäuser
Dieter Wößner
Peter Dieckmann (stellv.)
Mitarbeiter: 1600

● I 27

WGZ-Bank
Die Initiativbank.

WGZ-Bank Westdeutsche Genossenschafts-Zentralbank eG
Postf. 10 10 32, 40001 Düsseldorf
Ludwig-Erhard-Allee 20, 40227 Düsseldorf
T: (0211) 7 78-00   **Fax:** 7 78-1277
TX: 8 586 709
TGR: WGZ BANK
Internet: http://www.wgz-bank.de
E-Mail: info@wgz-bank.de
Roonstr. 7, 56068 Koblenz, Postfach. 20 17 51, 56017 Koblenz, T: (0261) 39 03-5, Telefax: (0261) 39 03-6 58
Sentmaringer Weg 1, 48151 Münster, T: (0251) 7 06 00, Tx: 892 804, Telefax: (0251) 7 06-42 77
Gründung: 1884 Fusion der Genossenschaftlichen Zentralbank Rheinland, Köln (gegr. 1884), der Ländlichen Zentralkasse, Münster (gegr. 1884) u. der Zentralkasse Westdeutsche Volksbank, Münster (gegr. 1897)

Vorstand: Werner Böhnke (Vors.)
Michael Fraedrich
Karl-Heinz Moll
Hans Pfeifer
Dr. Carl Albrecht Schade
Thomas Ullrich
Ltg. Kommunikation, Marketing, Presse: Frank Kühne
Verbandszeitschrift: Rheinisches Genossenschaftsblatt
Redaktion: Genossenschaftsverband Rheinland e.V., Köln
Verlag: GvR, Severinstr. 214-218, 50455 Köln
Mitglieder: 741
Mitarbeiter: 1044, davon 115 Teilzeitbesch. (2000)

Spezialinstitute

● I 28

Postf. 10 14 46, 20009 Hamburg
Rosenstr. 2, 20095 Hamburg
T: (040) 33 34-0   **Fax:** 33 34-1111
TGR: Degehyp
Internet: http://www.dghyp.de
E-Mail: marketing@dghyp.de
Fasanenstr. 5, 10623 Berlin, T: (030) 31 10 97-0, Telefax: (030) 31 10 97 10
Gründung: 1921
Vorsitzender des Aufsichtsrates: Dr. Bernd Thiemann, Frankfurt
Vorsitzende(r) des Vorstandes: Hermann M. Remaklus
Vorstand: Franz-Josef Gesinn
Friedrich Piaskowski
Dr. Walter Weber
Leitung Presseabteilung: Uwe Kirchner

● I 29

Münchener Hypothekenbank eG

Postf. 15 14 40, 80048 München
Nußbaumstr. 12, 80336 München
T: (089) 53 87-0   **Fax:** 53 87-900
Internet: http://www.muenchener-hyp.de
E-Mail: mhbinfo@muenchener-hyp.de
Gründung: 1896
Vorstand: Dr. Hans-Ludwig Bungert (Sprecher)
Dr. Hans-Rainer Förger
Horst-Dieter Thiel
Leitung Presseabteilung: Egmont Kakarot-Handtke
Mitglieder: 95019 (31.12.00)

Banken mit Sonderaufgaben

Öffentliche Rechtsform

● I 30

Deutsche Ausgleichsbank (DtA)
Postanschrift:
53170 Bonn
Ludwig-Erhard-Platz 3, 53179 Bonn
T: (0228) 8 31-0   **Fax:** 8 31-2255
T-Online: *dta#
Internet: http://www.dta.de
E-Mail: dtabonn@dta.de
Niederlassung Berlin, Sarrazinstr. 11-15, 12159 Berlin, T: (030) 8 50 85-0, Telefax: (030) 8 50 85-2 99
Gründung: 1950 (12. Mai)
Generalbevollmächtigter: Reinhold Stratmann
Vorstand: Dr. Hans Koban (Sprecher)
Dr. Michael Bornmann
Dr. Peter Fleischer
Dr. Joachim Lesser
Mitarbeiter: 793 (31.12.; davon 24 Auszubildende)

Öffentlich-rechtliches Kreditinstitut; Hauptleihinstitut des ERP-Sondervermögens; Finanzierungshilfen für Existenz- und Unternehmensgründungen sowie junge Unternehmer, Beratungsleistungen (Vorgründungsberatung bis Krisenmanagement); Technologie-Beteiligungen; Beteiligungen im No- und Low.Tech-Bereich; Umweltschutzfinanzierung; Förderung von sozialorientierten Projekten; sonstige Bank- und Auftragsgeschäfte

● I 31

tbg Technologie-Beteiligungs-Gesellschaft mbH der Deutschen Ausgleichsbank
Postanschrift:
Ludwig-Erhard-Platz 1-3, 53179 Bonn
T: (0228) 8 31-2290   **Fax:** 8 31-2493
Internet: http://www.tbgbonn.de
E-Mail: info@tbgbonn.de
Geschäftsführer(in): Hansgeorg Rasch (Sprecher)
Johann-Wolfgang Posselt
Ernst G. Mayer
Gesellschafter: Deutsche Ausgleichsbank (DtA), Bonn

I. d.R. Stille Beteiligungen an Technologieunternehmen, in der Frühphase bzw. bei Exit-Finanzierungen auch offene Beteiligungen; Beteiligungskapital für kleine Technologieunternehmen, FUTOUR (gemeinsame Programme mit dem Bundesministerium für Wirtschaft und Technologie - BMWi sowie DtA-Technologie-Beteiligungsprogramm der Deutschen Ausgleichsbank.)

● I 32

Investitionsbank Berlin - Anstalt der Landesbank Berlin -Girozentrale-
Anstalt der Landesbank Berlin
10702 Berlin
Bundesallee 210, 10719 Berlin
T: (030) 21 25-0   **Fax:** 21 25-2020
Teletex: 308 292
Internet: http://www.investitionsbank.de
E-Mail: info@investitionsbank.de
Gründung: 1924 (als Wohnungsfürsorgegesellschaft mbH)
Vorstand: Bernd-Peter Morgenroth
Mitarbeiter: 835 (31.12.)

Wirtschaftsförderung (Gemeinschaftsaufgabe, Technologie-, Existenzgründer- und Arbeitsmarktförderung, Liquiditätshilfe), Immobilienförderung (Wohneigentum, Mietwohnungsbau, Modernisierung und Instandsetzung)

● I 33

Investitionsbank Schleswig-Holstein, Zentralbereich der Landesbank Schleswig-Holstein Girozentrale
Zentralbereich der Landesbank
Schleswig-Holstein, Girozentrale
Fleethörn 29-31, 24103 Kiel
T: (0431) 9 00-03   **Fax:** 9 00-3383
Internet: http://www.ibank-sh.de
E-Mail: info@ibank-sh.de
Gründung: 1991 (1. Januar)
Geschäfts-Leitung: Lutz Koopmann (Sprecher)
Dr. Heinz Engelhaupt
Dr. Klaus Rave
Leitung Presseabteilung: Birgit Rapior
Mitarbeiter: 317 (31.12.; davon 6 Auszubildende und 66 Teilzeitbeschäftigte)
Mitarbeiter: rd. 320 (2000)

● I 34

InvestitionsBank des Landes Brandenburg
Postf. 90 02 61, 14438 Potsdam
Steinstr. 104-106, 14480 Potsdam
T: (0331) 6 60-0   **Fax:** 6 60-1234
Internet: http://www.ILB.de
E-Mail: postbox@ILB.de
Gründung: 1992 (1. Juli)
Vorstand: Klaus-Dieter Licht (Vors.)
Dieter Kleemann
Vorstandsstab/Presse: Friedrich Ulmke
Mitarbeiter: 557 (31.12.; davon 34 Auszubildende)

● I 35

Kreditanstalt für Wiederaufbau (KfW)
Postf. 11 11 41, 60046 Frankfurt
Palmengartenstr. 5-9, 60325 Frankfurt
T: (069) 74 31-0   **Fax:** 74 31-2944
Teletex: Reuters: AVSU, AVSV
TX: 415 2560 kwd
TGR: Kreditanstalt Frankfurtmain
T-Online-Teilnehmer: (069) 74 31-00 01
Internet: http://www.kfw.de
E-Mail: presse@kfw.de
Niederlassung Berlin:
Postf. 1 43, 10104 Berlin
Charlottenstr. 33/33a, 10117 Berlin
T: (030) 2 02 64-0, Fax: (030) 2 02 64-51 88
Gründung: 1948
Vorsitzender des Verwaltungsrates: Bundesminister der Finanzen Hans Eichel
Leitung Öffentlichkeitsarbeit: Dr. Matthias Fritton
Vorstand: Ingrid Matthäus-Maier
Hans W. Reich
Dr. Peter Klaus
Wolfgang Kroh
Detlef Leinberger
Mitarbeiter: 1900 (im Jahresdurchschnitt)

● I 36

rentenbank

Landwirtschaftliche Rentenbank
Postf. 10 14 45, 60014 Frankfurt
Hochstr. 2 (Am Eschenheimer Turm), 60313 Frankfurt
T: (069) 21 07-0   **Fax:** 21 07-444
TGR: Rentenbank
Internet: http://www.rentenbank.de
E-Mail: office@rentenbank.de
Gründung: 1949
Vors. d. Verwaltungsrates: Gerd Sonnleitner
Vorstand: Karl-Ingo Bruns
Hans Jürgen Ploog
Dipl.-Kfm. Uwe Zimpelmann
Leitung Presseabteilung: Dipl.-Volkswirtin, Dr.rer.pol Karin Gress
Mitarbeiter: 192

● I 37

LfA Förderbank Bayern ♦♦♦

LfA Förderbank Bayern
Postf. 22 00 06, 80535 München
Königinstr. 17, 80539 München
T: (089) 21 24-0   **Fax:** 21 24-2440
Internet: http://www.lfa.de
E-Mail: info@lfa.de
Gründung: 1951
Vorstand: Rudolf W. Schmitt (Vors.)
Michael Schneider (stellv. Vors.)
Heinz Werner Schmidt
Verwaltungsrat: Staatsminister Dr. Otto Wiesheu (Vors.)
MinDir Gerhard Flaig
Staatsministerin Barbara Stamm
MinDirig Dr. Gerhard Knorr
MinRat Dr. Wolfgang Heckner
MinDirig Dr. Heinz Fischer-Heidelberger
Direktor Gerhard Fleck
Dr. Reinhard Dörfler
Gerald Ohlbaum
Mitarbeiter: 305 (im Jahresdurchschnitt)

Sonderkreditinstitut des Freistaates Bayern mit der Aufgabe, Vorhaben gewerblicher Unternehmen sowie sonstige Maßnahmen zur Verbesserung und Stärkung der Wirtschafts- und Verkehrsstruktur Bayerns finanziell zu fördern.

Private Rechtsform

● I 38

IKB Deutsche Industriebank Aktiengesellschaft
Sitz Düsseldorf und Berlin
Postf. 10 11 18, 40002 Düsseldorf
Wilhelm-Bötzkes-Str. 1, 40474 Düsseldorf
T: (0211) 82 21-0   **Fax:** 82 21-3959
TX: 8 582 791 Allgemein, 8 582 617 Wertpapiere
Internet: http://www.ikb.de
E-Mail: info@ikb.de
Bismarckstr. 105, 10625 Berlin, T: (030) 3 10 09-0, Telefax: (030) 3 10 09-38 00
Vorstand: Joachim Neupel
Stefan Ortseifen
Georg-Jesko v. Puttkamer
Dr. Alexander von Tippelskirch (Sprecher)
Claus Momburg

● I 39

Investitions- und Strukturbank Rheinland-Pfalz (ISB) GmbH
Postf. 25 07, 55015 Mainz

Holzhofstr. 4, 55116 Mainz
T: (06131) 9 85-0 **Fax:** 9 85-199
Internet: http://www.isb.rlp.de
E-Mail: isb@isb.rlp.de
Geschäftsführer(in): Dipl.-Kfm. Hans-Joachim Metternich (Sprecher), Wolfsheim
Geschäftsführer(in): Manfred Krämer, Idar-Oberstein

● I 40

AKA Ausfuhrkredit-Gesellschaft mbH
Postf. 10 01 63, 60001 Frankfurt
Große Gallusstr. 1-7, 60311 Frankfurt
T: (069) 2 98 91-00 **Fax:** 2 98 91-200
TX: 4 11 778
TGR: ausfuhrkredit
Internet: http://www.akabank.de
E-Mail: info@akabank.de
Gründung: 1952
Geschäftsführer(in): Hans-Jürgen Muth, Erlenbach/Main
Geschäftsführer(in): Dr. Hans-Jörg Todt, Krailling
Stellvertretende(r) Direktor(en): Helmut Eggs
Abteilungs-Direktor(en): Helmut Illing
Abteilungs-Direktor(en): Albert Schröter
Abteilungs-Direktor(en): Ulrich Zimpel
Prokurist(en): Gunther Beck
Prokurist(en): Franz Gierga
Aufsichtsrat: Carl L. von Boehm-Bezing (Vors.), Frankfurt am Main
Aufsichtsrat: Dr. Joachim von Harbou (1. stellv. Vors.)
Aufsichtsrat: Dr. Axel Frhr. von Ruedorffer (2. stellv. Vors.), Frankfurt am Main
Aufsichtsrat: Caspar von Hauenschild (3. stellv. Vors.), München
Aufsichtsrat: Bedo Panner, Frankfurt am Main
Aufsichtsrat: Jürgen Sengera, Düsseldorf
Aufsichtsrat: Lars-Olov Törnquist, Frankfurt am Main
Aufsichtsrat: Dr. Lothar Wackerbeck, Berlin
Aufsichtsrat: Dr. Eberhard Zinn, München
Gesellschafter: 35 Banken
Mitarbeiter: 72 (im Jahresdurchschnitt; davon 1 Teilzeitbeschäftigter)

● I 41

Gesellschaft für kommunale Altkredite und Sonderaufgaben der Währungsumstellung mbH
Postf. 4 03 45, 10062 Berlin
Charlottenstr. 33-33a, 10117 Berlin
T: (030) 2 02 64-0 **Fax:** 2 02 64-188
Gründung: 1995 (23. März)
Aufsichtsrat: Dr. Friedrich Voss (Vors.)
Dr. Thies Bünning (stellv. Vors.)
Werner Schick
Geschäftsführer(in): Dietrich Sahlrie, Heidelberg
Werner Geuter, Berlin
Gesellschafter: Kreditanstalt für Wiederaufbau
Gewährung, Verwaltung und Abwicklung von Darlehen für den Bau gesellschaftlicher Einrichtungen in der ehemaligen DDR sowie die Erledigung sonstiger Aufgaben im Zusammenhang mit der früheren Tätigkeit der Staatsbank der ehemaligen DDR und der Währungsumstellung
Mitarbeiter: 26 (31.12.2000)

● I 42

Liquiditäts-Konsortialbank GmbH
Postf. 10 01 63, 60001 Frankfurt
Große Gallusstr. 1-7, 60311 Frankfurt
T: (069) 2 98 91-00, 2 98 91-03 **Fax:** 2 98 91-200
TGR: Liko-Bank
Internet: http://www.akabank.de
E-Mail: info@akabank.de
Gründung: 1974 - G-J: Kal.-J.
Geschäftsführer(in): Hans-Jürgen Muth, Erlenbach/Main
Dr. Hans-Jörg Todt, Krailling
Gesellschafter: Deutsche Bundesbank
Gesellschafter: Mitglieder des Bundesverbandes deutscher Banken e.V.
Gesellschafter: Mitglieder des Deutschen Sparkassen- und Giroverbandes e.V.
Gesellschafter: DG Bank Deutsche Genossenschaftsbank (als Repräsentant des Bundesverbandes der Deutschen Volksbanken und Raiffeisenbanken e.V.)
Gesellschafter: Spezialfinanzierungsbanken (die im wesentlichen dem Bankenfachverband e.V. angehören)
Verwaltungsrat: Manfred Zaß (Vors.), Frankfurt (Main)
Dr. Jürgen Stark (1. stellv. Vors.), Frankfurt am Main
Jochen Lehnhoff (2. stellv. Vors.), Bonn
Dr. Frank Heintzeler, Stuttgart
Edgar Meister, Frankfurt am Main
Dr. Thomas Fischer, Frankfurt am Main
Walter Schäfer, Frankfurt/Main
Dr. Bernd Thiemann, Frankfurt am Main
Prokurist(en): Helmut Eggs
Ulrich Zimpel
Tätigkeit: Bankgeschäfte mit Kreditinstituten zur Sicherung ihrer Liquidität mit dem Ziel, die bankmäßige Abwicklung des Zahlungsverkehrs im Inland und mit dem Ausland zu gewährleisten
Business activity: Banking activities with credite institutes for the safety of their liquidity in order to guarantee the handling of internal and external payment transactions according to banking usage
Beschäftigte: (in Personalunion mit AKA Ausfuhrkredit-Gesellschaft mbH)

● I 43

Saarländische Investitionskreditbank Aktiengesellschaft
Postf. 10 27 22, 66027 Saarbrücken
Johannisstr. 2, 66111 Saarbrücken
T: (0681) 30 33-0 **Fax:** 30 33-100
Internet: http://www.sikb.de
Gründung: 1951
Vorstand: Dipl.-Kfm. Ernst Lenz, Güdingen
Klaus W. Bruewer, Perl
Heiner Löhl, Saarbrücken
Prokurist(en): Bankdirektor Ernst Flegel, Schiffweiler-Heiligenwald
Gerhard Koch, Saarbrücken-Scheidt
Werbe- und Marketingleitung: Erich Körner, St. Ingbert
Aktionär(e): Bundesland Saarland
Banken
Wirtschaft
Aufsichtsrat: Dr. Hanspeter Georgi (Vors.; Minister für Wirtschaft), Sulzbach
Peter Jacoby (stellv. Vors.; Minister für Finanzen und Bundesangelegenheiten), Saarbrücken
Dr. Gerald Nierlich (stellv. Vors.; Abteilungsleiter im Ministerium für Wirtschaft), Saarbrücken
Gerhard Wack (stellv. Vors.; Staatssekretär im Ministerium für Finanzen und Bundesangelegenheiten), Schwalbach
Stefanie Allmann*) (Bankangestellte), Bexbach
Dipl.-Betriebsw. Arnold Bard (Verbandsdirektor des Saarländischen Genossenschaftsverbandes e.V.), Tholey
Astrid Detzler*) (Bankangestellte), Riegelsberg
Dipl.-Betriebsw. Paul Fischer*) (Stv. Abteilungsleiter), Püttlingen
Dr. Michel Friedman (Rechtsanwalt), Frankfurt
Lieselotte Ganster*) (Stv. Abteilungsleiterin), Saarbrücken
Landesbankdirektor Dr. Georg Gräsel (Mitglied des Vorstandes der Landesbank Saar Girozentrale), Saarbrücken
Bankdirektor Karl-Heinz Gross (Leiter der Dresdner Bank AG in Saarbrücken), Saarbrücken
Karl-Heinz Trautmann (Präsident des Sparkassen- und Giroverbandes Saar), Sulzbach
Dr. Dirk von Walcke-Wulffen (Mitglied des Vorstandes der Deutschen Bank Saar AG), Saarbrücken
Dipl.-Betriebsw. Jürgen Zöller*) (Bankangestellter), St. Ingbert
Aufsichtsrat: Beratende Mitglieder: Dipl.-Kfm. Werner Diehl (Geschäftsführer der Distributa Verbrauchermarkt GmbH & Co KG), Saarbrücken
Aufsichtsrat: Dipl.-Betriebsw. Rudi Hartz (Geschäftsführender Gesellschafter der Schanne und Hartz GmbH), Blieskastel
*) Arbeitnehmervertreter
Gewährung mittel- und langfristiger Kredite aus Kapitalmarktmitteln und zinsbegünstigten Programmmitteln, Aval- und Bürgschaftskredite, Treuhandgeschäfte, Geschäftsbesorgungen für das Saarland, die Bürgschaftsgesellschaft des Handwerks mbH, die Bürgschaftsbank Saarland GmbH -Kreditgarantiegemeinschaft für Industrie, Handel und Freie Berufe- sowie für die Saarländische Kapitalbeteiligungsgesellschaft mbH
Business activity: Granting of medium-term and long-term credits from capital market funds and interest-subsidized standardized lendings, credits by way of bank guarantee, acceptance and guarantee credits, trust transactions, agency business for the Saarland and the Saarland guarantee companies of trade, handicraft and industry
Mitarbeiter: 48 (im Jahresdurchschnitt; davon 7 Teilzeitbesch.)

● I 44

Sächsische Aufbaubank GmbH
Pirnaische Str. 9, 01069 Dresden
T: (0351) 49 10-0 **Fax:** 49 10-4000
Internet: http://www.sab.sachsen.de
E-Mail: sab@sab.sachsen.de
Gründung: 1996
Vorstand: Dr. Jochen Freiherr von Seckendorff (Vors.)
Vorstand: Hans-Nissen Andersen
Vorstand: Stefan Weber
Aufsichtsrat: Prof., Dr. Georg Milbradt (Vors.)
Dr. Kajo Schommer (stellv. Vors.)
Dr. Michael Weiss
Christian Brand
Jürgen Hägele
Walter Schmid
Herbert Bach
Sabine Ulrich
Hans Wondracek
Gesellschafter: Landesbank Sachsen Girozentrale
Die Sächsische Aufbaubank (SAB) unterstützt den Freistaat Sachsen bei der Förderung des Wohnungs- und Siedlungswesens, der Gemeindesanierung und -entwicklung, der gewerblichen Wirtschaft und der Land- und Forstwirtschaft, des Umweltschutzes sowie der Verbesserung der Infrastruktur.
Mitarbeiter: 560 (31.12.)

● I 45

InvestitionsBank Hessen AG (IBH)
Postf. 17 02 28, 60076 Frankfurt
Opernplatz 2, 60313 Frankfurt
T: (069) 13 38 50-0 **Fax:** 13 38 50-55
E-Mail: info@ibh-hessen.de
Internet: http://www.ibh-hessen.de
Gründung: 1951
Vorstand: Dipl.-Volksw. Joachim Lauterbach, Wiesbaden
Dipl.-Volksw. Karlheinz Zahn, Wiesbaden
Dr. Matthias Kollatz-Ahnen, Wiesbaden
Prokurist(en): Dipl.-Ökonom Wolfgang Fischer (Bereichsleiter Kredite/Zuschüsse)
Dieter Bauer
Pamela Röhrs-Günther
Betriebswirt Joachim Schmidt (Niederl. Kassel)
Wolfgang Diehl
Assessor Helmut Tiersch
Dipl.-Volksw. Klaus Willich-Michaelis (Bereichsleiter Beratungsdienste)
Aktionär(e): Land Hessen
Landesbank Hessen-Thüringen
Aufsichtsrat: Dieter Posch (Vors.)
Dr. Günther Merl (stellv. Vors.)
Dipl.-Volksw. Jürgen Wilke*) (stellv. Vors.)
Marlies Mosiek-Urbahn
Dieter Kaps*)
Walter Schäfer
Kurt-Dieter Schrauth
Dr. phil. Manon Tuckfeld*)
Karlheinz Weimar
*) Arbeitnehmervertreter
Durchführung von Aufgaben der materiellen und immateriellen Wirtschaftsförderung für das Land Hessen 1. Öffentliche Finanzierungshilfen: Bearbeitung und Abwicklung von Anträgen auf Gewährung staatlicher Finanzierungshilfen in Form von Zuschüssen; Zinsverbilligungen; zinsgünstige Kredite; Bürgschaften
2. Kredite der öffentlichen Hand und Staatsbürgschaften, Verwaltung der Kredite der öffentlichen Hand und der Staatsbürgschaften für die gewerbliche Wirtschaft und damit zusammenhängende Beratung, insbesondere von Klein-und Mittelbetrieben
3. Eigene Darlehen und Bürgschaften. Zur Unterstützung der Strukturpolitik des Landes Hessen kann die Gesellschaft auch im eigenen Namen und für eigene Rechnung Darlehen gewähren und Bürgschaften für Kredite von Kreditinstituten übernehmen.
4. Werbemaßnahmen für den Wirtschaftsstandort Hessen und zur Bekanntmachung der Finanzierungshilfen. 5. Ansiedlungsberatung u. Vermittlung von Gewerbegebäuden 6. Datenbankrecherchen/Kooperationsvermittlung
Business activities: Specialized partner for investment projects in the State of Hesse, Germany, which offers a comprehensive service in the fields of area development, industrial settlement and public investment incentives.
1. Expert guidance for investors during the site selection phase including all relevant facts on available space and locations
2. Granting, administration and supervision of state and federal financial programms as an integral part of IBM activities as a bank
IBM-Group, active since 1951, is a non profit organization with a staff of 170 employees including banking and finance experts, economists and engineers
Mitarbeiter: 209 (31.12.; davon 8 Auszubildende und 43 Teilzeitbeschäftigte)

Verbände des Bankgewerbes

Verbände des privaten Bankgewerbes

● I 46

Bundesverband deutscher Banken e.V.
Postf. 04 03 07, 10062 Berlin
Burgstr. 28, 10178 Berlin
T: (030) 16 63-0 **Fax:** 16 63-1399
Internet: http://www.bankenverband.de
Internationaler Zusammenschluß: siehe unter izi 9
Präsident(in): Dr. Frank Heintzeler (Sprecher d. Vorst. der Baden-Württembergischen Bank AG, Stuttgart)
Vorstand: Hans-Detlef Bösel (pers. haft. Ges. des Bankhauses Sal. Oppenheim jr. & Cie KGaA, Köln)
Dr. Rolf-E. Breuer (Sprecher d. Vorst. der Deutschen Bank AG, Frankfurt)
Prof.Dr. Bernd Fahrholz (Sprecher d. Vorst. der Dresdner Bank AG, Frankfurt)
Dr. Karsten von Köller (Mitglied des Vorst. der RHEINHYP Rheinische Hypothekenbank AG, Frankfurt/Main)
Martin Kohlhaussen (Sprecher des Vorst. der Commerzbank AG, Frankfurt)
Dr. Lutz Raettig (Vors. des Vorst. der Morgan Stanley Bank AG, Frankfurt/Main)

I 46

Christian Ratjen (Mitinhaber des Bankhauses Delbrück & Co Privatbankiers, Frankfurt/Main)
Dr. Albrecht Schmidt (Sprecher d. Vorstandes der Bayerischen Hypo- und Vereinsbank AG, München)
Dr. Alexander von Tippelskirch (Sprecher d. Vorstandes d. IKB Deutsche Industriebank AG, Düsseldorf)
Bernhard Walter (Sprecher d. Vorst. der Dresdner Bank AG, Frankfurt)
Hauptgeschäftsführer: Dr. Manfred Weber
Mitglieder: 13 Landes- und Fachverbände u. 278 Banken (Stand 1.3.2001)
Wahrung der Interessen der deutschen Banken in allen sie berührenden Angelegenheiten, Beratung und Unterstützung der Behörden in allen die deutschen Banken betreffenden Angelegenheiten, Aufklärung der Öffentlichkeit über Beruf und Aufgaben der deutschen Banken.

I 47

Bankenverband Baden-Württemberg e.V.
Theodor-Heuss-Str. 3, 70174 Stuttgart
T: (0711) 29 45 03   **Fax:** 29 07 60
Internet: http://www.bankenverband-badenwuerttemberg.de
E-Mail: bv.baden-wuerttemberg@bdb.de
Gründung: 1949
Vorsitzende(r): Dr. Frank Heintzeler (Sprecher d. Vorst. Baden-Württembergische Bank AG, Stuttgart)
Geschäftsführer(in): Martin Zipperer (Württ. Notariatsassessor)
Mitglieder: 47
Mitarbeiter: 2

I 48

Bayerischer Bankenverband e.V.
Schäfflerstr. 8, 80333 München
T: (089) 24 22 61-0   **Fax:** 24 22 61-20
Gründung: 1948
Vorsitzende(r): Dr. Albrecht Schmidt (Mitglied d. Vorst. der Bayerischen Hypo- und Vereinsbank AG, München)
Geschäftsführer(in): Prof. Dr. Günther Picker (Ltg. Presseabt.)
Mitglieder: 74, Besch. ca. 41 000 in Bayern (Stand: 1.1.2001)

I 49

Bankenverband Bremen e.V.
c/o Bremer Bank
Postf. 10 79 80, 28079 Bremen
Domshof 8/-9, 28195 Bremen
T: (0421) 36 62-388   **Fax:** 36 62-461
E-Mail: Rolf.Plettner@Dresdner-Bank.com
Vorsitzende(r): Dr. Stefan Friedmann (Direktor der Bremer Bank Niederlassung der Dresdner Bank AG, Bremen)
Geschäftsführer(in): Rolf Plettner (c/o Bremer Bank)
Mitglieder: 16

I 50

Bankenverband Hamburg e.V.
Adolphsplatz 7, 20457 Hamburg
T: (040) 37 17 79   **Fax:** 36 32 51
Vorsitzende(r): Bernd A. Wilken (Mitgl. der Geschäftsleitung, Region Nord der Deutsche Bank AG, Hamburg)
Stellvertretende(r) Vorsitzende(r): Max M. Warburg (Mitinhaber des Bankhauses M.M. Warburg & CO KGaA)
Werner Weimann (Mitglied der Geschäftsleitung der Commerzbank AG, Filliale Hamburg)
Geschäftsführer(in): Christian Marquardt
Mitglieder: 75

I 51

Bankenverband Hessen e.V.
Alte Rothofstr. 2-4, 60313 Frankfurt
T: (069) 28 43 92   **Fax:** 28 82 31
Internet: http://www.bankenverband-hessen.de
Vorsitzende(r): Tilo Paduch (Mitglied d. Vorstandes der BHF-BANK AG, Bockenheimer Landstraße 10, 60323 Frankfurt)
Stellvertretende(r) Vorsitzende(r): Christian Ratjen (Mitinhaber Delbrück & Co Privatbankiers, Neue Mainzer Straße 75, 60311 Frankfurt)
Dirk Mattes (Mitglied d. Geschäftsleitung der Commerzbank AG, Filiale Ffm., Kaiserstr. 30, 60261 Frankfurt)
Geschäftsführer(in): Dr. Thomas Mackenthun
Mitglieder: 154

I 52

Ostdeutscher Bankenverband e.V.
Kurfürstendamm 178-179, 10707 Berlin
T: (030) 8 81 90 00   **Fax:** 8 82 50 15
Internet: http://www.bankenverband-ost.de
E-Mail: info@bankenverband-ost.de
Vorsitzende(r): Edgar Most
Geschäftsführer(in): Klaus Wagner-Wieduwilt
Verbandszeitschrift: INFO PORT

I 53

Bankenverband Niedersachsen e.V.
Georgsplatz 20, 30159 Hannover
T: (0511) 32 05 88   **Fax:** 3 65 26 46
Vorsitzende(r): Walter Flecken
Geschäftsführer(in): M.-Werner Frhr. von Münchhausen
Mitglieder: 33

I 54

Bankenverband Rheinland-Pfalz
Ludwigsstr. 8-10, 55116 Mainz
T: (06131) 20 33 07, 20 33 26   **Fax:** 20 32 63
Vorsitzende(r): Gerhard Döhr (Direktor der Dresdner Bank AG, Filiale Mainz, Große Bleiche 15, 55116 Mainz, T: (06131) 26 10)
Geschäftsführer: Eckehard Cartheuser
Mitglieder: 108

I 55

Bankenverband Saarland e.V.
Hafenstr. 16a, 66111 Saarbrücken
T: (0681) 30 91-101   **Fax:** 30 91-248
Vorsitzende(r): Karl-Heinz Groß
Geschäftsführer(in): Peter Edlinger
Mitglieder: 12

I 56

Bankenverband Schleswig-Holstein e. V.
i. Hs. Vereins- und Westbank AG
Holstenbrücke 2-6, 24103 Kiel
T: (0431) 9 04-2 06   **Fax:** 9 04-2 70
Vorstand: Dr. Heiko Plate (Vors.; Direktor der Commerzbank AG Kiel)
Geschäftsführer(in): Joachim Rohr (Direktor der Vereins- und Westbank AG Kiel)
Mitglieder: 18 Institute

I 57

Bankenvereinigung Nordrhein-Westfalen e.V.
Postf. 10 03 62, 50443 Köln
Andreaskloster 27-31, 50667 Köln
T: (0221) 13 56 02   **Fax:** 13 87 12
E-Mail: bankennrw@t-online.de
Gründung: 1907
Vorsitzende(r): Dr. Hermann Josef Kallen (Mitglied der Geschäftsleitung der Deutsche Bank AG, Region Nordwest, Düsseldorf)
Stellv. Vors. u. Schatzmeister: Dipl.-Kfm. Detlef Bierbaum (Pers. haft. Ges. des Bankhauses Sal. Opperheim jr. & Cie., Köln)
Stellvertretende(r) Vorsitzende(r): Dr. Jürgen Neuhaus (Mitgl. d. Geschäftsleitung der Region-Rheinland der Dresdner Bank AG, Köln)
Geschäftsführer(in): Dipl.-Volksw. Jürgen Stein
Mitglieder: 75 Institute

Sparkassen- und Giroverbände

● I 58

Deutscher Sparkassen- und Giroverband e.V. (DSGV)
Büro Berlin:
Postf. 11 01 80, 10831 Berlin
Behrenstr. 31, 10117 Berlin
T: (030) 2 02 25-0   **Fax:** 2 02 25-250
Internet: http://www.dsgv.de
E-Mail: postmaster@dsgv.de
Präsident(in): Dr. Dietrich H. Hoppenstedt
Geschäftsführende(s) Vorstands-Mitglied(er):
Dr. Holger Berndt
Thomas Mang
N. N.
Leitung Presseabteilung: Christian Achilles
Mitglieder: 12 regionale Sparkassen- und Giroverbände und 13 Landesbanken/Girozentralen

● I 59

Deutscher Sparkassen- und Giroverband
Büro Bonn:
Simrockstr. 4, 53113 Bonn
T: (0228) 2 04-0   **Fax:** 2 04-250
Internet: http://www.dsgv.de
E-Mail: postmaster@dsgv.de

● I 60

Verband der Deutschen Freien Öffentlichen Sparkassen e.V.
Neue Mainzer Str. 47-53, 60311 Frankfurt
T: (069) 26 41 23 85   **Fax:** 26 41 25 77
Internet: http://www.verband-freier-sparkassen.de/Freier_Verband
E-Mail: Verband_der_Freien_Sparkassen@fraspa1822.de
Gründung: 1920 (26. März)

Präsident(in): Klaus Wächter
Geschäftsführer(in): Dr. Ralf Höser
Mitglieder: 8 aus Deutschland, 38 aus dem europäischen Ausland
Vertretung der besonderen Interessen der kommunal nicht gebundenen Freien Sparkassen sowie Kooperation und Informationsaustausch mit ausländischen Freien Sparkassen.

● I 61

Sparkassenverband Baden-Württemberg
Sitz/Postanschrift:
Postf. 10 54 63, 70047 Stuttgart
Am Hauptbahnhof 2, 70173 Stuttgart
T: (0711) 1 27-71   **Fax:** 1 27-7914
Standort:
Postf. 10 03 62, 68003 Mannheim
Karl-Ludwig-Str. 28-30, 68165 Mannheim
T: (0621) 42 06-0   **Fax:** 42 06-141
Gründung: 2001 (01. Januar)
Präsident(in): Heinrich Haasis
Hauptamtliche Stellvertreter:
Verbandsgeschäftsführer:
Michael Horn
Peter Schmidt
Stabsstelle Präsident/Presse:
Leiter: Dr. Harry Streib
Ressort 1 Grundsatz/Recht/Personal und Verwaltung
Stv. Verbandsgeschäftsführer: Peter Sannwald, Stuttgart
Ressort 2 Sparkassenakademie Baden-Württemberg
Direktor(in): Dr. Karlheinz Becker, Neuhausen a.d.F.
Dr. Manfred Michael, Rastatt
Ressort 3 Markt und Betrieb
Stv. Verbandsgeschäftsführer: Dr. Martin Körner, Mannheim
Ressort 4 Informationstechnologie
Direktor(in): Ulrich Dauner, Stuttgart
Ressort 5 Prüfungsstelle
WP/StB Rudolf Schmidt, Stuttgart
WP/StB Volker Wirth
Mitglieder: 67 Sparkassen
Mitarbeiter: 441

● I 62

Sparkassenverband Bayern
-Körperschaft des öffentlichen Rechts
Postf. 20 05 12, 80005 München
Karolinenplatz 5, 80333 München
T: (089) 21 73-0   **Fax:** 21 73-1245
Internet: http://www.sparkassenverband-bayern.de
GeschfPräs: Dr. Siegfried Naser
Vizepräsident(in): Werner Netzel

● I 63

Hanseatischer Sparkassen- und Giroverband
Postf. 60 09 20, 22209 Hamburg
Überseering 4, 22297 Hamburg
T: (040) 6 30 46 40, 6 30 47 40   **Fax:** 6 31 14 26
Gründung: 1950 (8. September)
Verbandsvorsteher: Präs. Dr. jur. Karl-Joachim Dreyer
Stellv. Verbandsvorsteher: Dir. Dr. jur. Friedhelm Steinberg
VerbandsGeschF: Dr. Günter Ott
Revisionsdirektor: WP/StB Dipl.-Kfm. Herwin König
Stellv. Revisionsdir.: N.N.
Leitung Presseabteilung: Referent Dieter Groth
Mitglieder: 7

● I 64

Sparkassen- und Giroverband Hessen-Thüringen (SGVHT)
Postf. 10 10 36, 60010 Frankfurt
Alte Rothofstr. 9, 60313 Frankfurt
T: (069) 21 75-0   **Fax:** 21 75-595
Postf. 10 22 54, 99022 Erfurt
Bonifaciusstr. 15, 99084 Erfurt
T: (0361) 22 21-00, Fax: (0361) 22 21-260
Verbandsvors.: OB Dietrich Möller
Geschf.Präs.: Gregor Böhmer
Allg. Vertreter: Dr. Norbert Kleinheyer
Stv. Verbandsgeschäftsführer: Werner Klebe
Manfred Öffing

● I 65

Niedersächsischer Sparkassen- und Giroverband
Postf. 43 80, 30043 Hannover
Schiffgraben 6-8, 30159 Hannover
T: (0511) 36 03-0   **Fax:** 36 03-6 80, 3 60 36 91 (Sparkassenakademie), 36 03-683 (Prüfungsstelle)
Internet: http://www.nsgv.de
E-Mail: postkorb@nsgv.de
Verbandsvorsteher: Präsident Klaus Rathert

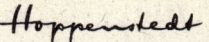

VerbandsGeschF: Dir. Günter Distelrath
Stellv. VerbandsGeschF: Jürgen Engelhardt
Abteilungen:
Grundsatzfragen:
Abteilungsdir. Ralf Kiszka
Personal und Verwaltung:
Abteilungsdir. Dieter Winzker
Recht und Steuern:
Verbandssyndikus Klaus Berger
Markt und Betrieb: Jürgen Engelhardt
Beteiligungen:
Dir. Michael Kroos
Prüfungsstelle:
Revisionsdir. WP/StB Martin Wodausch
Stellv. Revisionsdir. WP/StB Klaus Heckroth
WP/StB Hans Peter Tiemann
Direktor(in): S-Akademie für Finanzwirtschaft und Informationstechnologie:
Dir. Dipl.-Hdl. Bruno Philipps
Stellvertretender Direktor: Dipl.-Hdl. Hans-Joachim Riehm
Mitglieder: 109
Sparkassen: 55

● I 66

Ostdeutscher Sparkassen- und Giroverband
Sparkassen- und Giroverband für die Sparkassen in den Ländern Brandenburg, Mecklenburg-Vorpommern, Freistaat Sachsen und Sachsen-Anhalt
- Körperschaft des öffentlichen Rechts -
Postf. 11 06 26, 10836 Berlin
Leipziger Str. 51, 10117 Berlin
T: (030) 20 69-01   **Fax:** 20 69-2999
Internet: http://www.osgv.de
E-Mail: info@osgv.de
Gründung: 1990 (20. März)
Geschf. Präs.: Rainer Voigt
VerbandsGeschF: Claus-Friedrich Holtmann
Ltr. Sparkassenakademie: Dr. Roland van Gisteren
Ltr. Bereich Kommunikation: Friedrich-W. von Rauch
Pressesprecher: Marcel Brach
Mitglieder: 72
Mitarbeiter: 333 (1.1.2001)

● I 67

Rheinischer Sparkassen- und Giroverband
Kirchfeldstr. 60, 40217 Düsseldorf
T: (0211) 38 92-01   **Fax:** 38 92-240
Verbandsvorsteher: Dr. Karlheinz Bentele (Präsident)
VerbandsGeschF: Dir. Heinz Biesenbach
Präsidialbüro: Dipl.-Volksw. Rainer Imig (Direktor)
Revisionsdir.: WP/StB Dipl.-Kfm. Achim Engel
Presse u. Öffentlichkeitsarbeit: Dr. Marianne Ulsamer
Mitglieder: 49 Sparkassen

● I 68

Sparkassen- und Giroverband Rheinland-Pfalz
Große Bleiche 41-45, 55116 Mainz
T: (06131) 1 45-0   **Fax:** 1 45-1 00
Internet: http://www.sgv-rheinland-pfalz.de
E-Mail: sgvrp@snet.de
Gründung: 1958
Präsident(in): Verbandsvorsteher: Hans Otto Streuber
VerbandsGeschF: Geschf. Direktor Norbert Wahl
Prüfungsstellenleiter: Revisionsdir. WP/StB Dr. Helmut Berck
Akademieleiter: Sparkassenakademie Schloß Waldthausen: Direktor Dr. Friedrich-Karl Peege
Mitglieder: 35
Mitarbeiter: 170 (01.01.2001)

● I 69

Sparkassen- und Giroverband Saar
Ursulinenstr. 46, 66111 Saarbrücken
T: (0681) 9 34 00   **Fax:** 9 34 01 15
Gründung: 1941 (01. Dezember)
VerbandsPräs.: Karl-Heinz Trautmann
StVerbandsPräs.: Sparkassendir. Dieter Klepper
VerbandsGeschF.: Äss. Klaus Klein
StVerbandsGeschF.: Dipl.-Kfm. Günther Kleinbauer
Leiter der Prüfungsstelle: Revisionsdir. WP/StB Olaf Nowack
Leiter der Sparkassenakademie Saar: Dipl.-Hdl. Walter Coenen
Leitung Presseabteilung: Dipl.-Volksw. Dieter Pietsch

● I 70

Sparkassen- und Giroverband für Schleswig-Holstein
Postf. 41 20, 24100 Kiel
Faluner Weg 6, 24109 Kiel
T: (0431) 53 35-0   **Fax:** 53 35-660
Gründung: 1898
Präsident(in): Olaf Cord Dielewicz
Geschäftsführer(in): Verbandsdir. Wolfgang Stut
StVerbandsdir.: Werner Helms-Rick
Prüfungsstelle: Revisionsdir. WP/StB Rolf Stenneken
StRevisionsdir.: WP/StB Artur Klassen

Leitung Presseabteilung: Joachim Heller
Mitglieder: 29 (per 31.12.00)
Mitarbeiter: 114 (per 31.12.00)

● I 71

Westfälisch-Lippischer Sparkassen- und Giroverband
Postf. 86 69, 48046 Münster
Regina-Protmann-Str. 1, 48159 Münster
T: (0251) 21 04-0   **Fax:** 2 10 42 09
E-Mail: info@wlsgv.s-web.de
Präsident(in): Dr. Rolf Gerlach
Geschäftsführer(in): Dr. Klaus Wienberg
Revisionsdir.: Wirtschaftsprüfer Ralf Thiemann
Leiterin der Akademie: Barbara Sonnenberg
Pressestelle: Wolfgang Hornung
Mitarbeiter: 271

Verbände der Kreditgenossenschaften

● I 72

Bundesverband der Deutschen Volksbanken und Raiffeisenbanken e.V. (BVR)
Anschrift bis 30. Juni 2001:
Postf. 12 04 40, 53046 Bonn
Heussallee 5, 53113 Bonn
T: (0228) 5 09-0   **Fax:** 5 09-201
Internet: http://www.vrnet.de
Anschrift ab 01. Juli 2001:
Schellingstr. 4, 10785 Berlin
T: (030) 25 57-0 Fax: 25 57-1002
E-Mail: poststelle@bvr.de
Gründung: 1971 (15. Dezember)
Internationaler Zusammenschluß: siehe unter izi 31
Vorstand: Dipl.-Volksw. Dr. Christopher Pleister (Präs.), Bonn
RA Jochen Lehnhoff, Bonn
Dipl.-Kfm. Dr. Bernd Rodewald, Bonn
Ltg. Abt. Vorstandsstab u. Kommunikation: Dr. Rolf Kiefer
Verbandszeitschrift: BANKINFORMATION für Volksbanken und Raiffeisenbanken und Genossenschaftsforum
Redaktion: Dr. Silvia Merk (kom.)
Verlag: Deutscher Genossenschafts-Verlag eG, Postf. 21 40, 65011 Wiesbaden (auch Vertrieb)
Mitglieder: 1794
Mitarbeiter: 95
Mitgliedsverbände
Badischer Genossenschaftsverband Raiffeisen-Schulze-Delitzsch e.V., Karlsruhe
Genossenschaftsverband Bayern
(Raiffeisen/Schulze-Delitzsch) e.V., München
Genossenschaftsverband Berlin-Hannover e.V., Hannover
Genossenschaftsverband Hessen/Rheinland-Pfalz/Thüringen e.V. Frankfurt, Neu-Isenburg
Norddeutscher Genossenschaftsverband (Raiffeisen-Schulze-Delitzsch) e.V., Kiel und Hamburg
Genossenschaftsverband Rheinland e.V., Köln
Saarländischer Genossenschaftsverband e.V., Saarbrücken
Genossenschaftsverband Sachsen (Raiffeisen/Schulze-Delitzsch) e.V., Dresden und Chemnitz
Genossenschaftsverband Weser-Ems e.V., Oldenburg i.O.
Westfälischer Genossenschaftsverband e.V., Münster
Württembergischer Genossenschaftsverband Raiffeisen/Schulze-Delitzsch e.V., Stuttgart
Verband der PSD Banken e.V., Bonn
Verband der Sparda-Banken e.V., Frankfurt
Vertretungen im Ausland
BVR-Vertretung bei der Europäischen Union, Brüssel (Belgien)
Europäische Vereinigung der Genossenschaftsbanken, Brüssel (Belgien)

Förderung, Betreuung und Vertretung der fachlichen und der besonderen wirtschaftspolitischen und wirtschaftlichen Interessen der Mitglieder und der diesen angeschlossenen Einrichtungen innerhalb des Bereiches der genossenschaftlichen Kreditwirtschaft.

i 73

Bundesverband der Deutschen Volksbanken und Raiffeisenbanken e.V. (BVR)
-Verbindungsbüro Berlin-
Schellingstr. 1, 10785 Berlin
T: (030) 25 57-0   **Fax:** 25 57-1002

Verbände der Realkreditinstitute

● I 74

Verband deutscher Hypothekenbanken e.V.
Postf. 12 06 40, 53048 Bonn
Holbeinstr. 17, 53175 Bonn
T: (0228) 9 59 02-0   **Fax:** 9 59 02-44
Internet: http://www.hypverband.de
E-Mail: vdh@hypverband.de
Gründung: 1902 (14. Dezember)
Internationaler Zusammenschluß: siehe unter izi 52
Vorsitzende(r): Dr. Karsten von Köller
Hauptgeschäftsführer(in): Dr. Dieter Bellinger
Presseabteilung: Franz-Josef Arndt
Jens Tolckmitt
Verbandszeitschrift: Pfandbrief News
Redaktion: Kreditwesen Service GmbH
Verlag: Fritz-Knapp-Verlag, Theodor-Heuss-Allee 106, 60486 Frankfurt
Mitglieder: 23
Mitarbeiter: 26

Wahrnehmung der Rechte und Interessen der Mitgliedsinstitute auf dem Gebiete der Wirtschafts-, Kapitalmarkt- und Steuerpolitik sowie der Rechtsgestaltung; Unterstützung und Beratung der Behörden in allen das private Hypothekenbankgewerbe betreffenden Angelegenheiten.

● I 75

Verband deutscher Schiffsbanken
c/o Deutsche Schiffsbank AG
Domshof 17, 28195 Bremen
T: (0421) 36 09-0   **Fax:** 32 35 39
Internationaler Zusammenschluß: siehe unter izi 55
Vorsitzende(r): Jürgen Bentlage (Mitgl. d. Vorst. d. Deutschen Schiffsbank AG)
Geschäftsführer(in): Dr. Wulf-Peter Schiering
Mitglieder: 2

Vertretung der gemeinsamen Berufsaufgaben der privaten Schiffsbanken.

Verbände öffentlich-rechtlicher Kreditinstitute

● I 76

Bundesverband Öffentlicher Banken Deutschlands e.V. (VÖB)
Postf. 11 02 72, 10832 Berlin
Lennestr. 17, 10785 Berlin
T: (030) 81 92-0   **Fax:** 81 92-222
Internet: http://www.voeb.de
E-Mail: postmaster@voeb.de
Gründung: 1916
Internationaler Zusammenschluß: siehe unter izi 53
Vorstand: Dr. h.c. Friedel Neuber (Vors. d. Vorst. der Westdeutschen Landesbank - Girozentrale -, Düsseldorf/Münster, Präs. des VÖB)
Hans Dietmar Sauer (Vors. d. Vorst. der Landesbank Baden-Württemberg, Stuttgart/Karlsruhe/Mannheim, Stv. Präs. des VÖB)
Dr. h.c. Manfred Bodin (Vors. d. Vorst. der Norddeutschen Landesbank - Girozentrale -, Hannover/Braunschweig/Magdeburg/Schwerin)
Karl Ingo Bruns (Mitgl. d. Vorst. der Landwirtschaftlichen Rentenbank, Frankfurt am Main)
Dr. Peter Haßkamp (Vors. d. Vorst. der Bremer Landesbank Kreditanstalt Oldenburg - Girozentrale -, Bremen/Oldenburg)
Dr. Dietrich Hoppenstedt (Präs. des Deutschen Sparkassen- und Giroverbandes, Bonn)
Alfred Lehner (Vors. d. Vorst. der Bayerischen Landesbank - Girozentrale -, München)
Walter Schäfer (Vors. d. Vorst. der Landesbank Hessen-Thüringen - Girozentrale -, Frankfurt am Main)
Prof. Dr. Wulf von Schimmelmann (Vors. d. Vorst. der Deutschen Postbank AG, Bonn)
Rudolf W. Schmitt (Vors. d. Vorst. der LfA Förderbank

Bayern, München)
Manfred Zaß (Vors. d. Vorst. der DGZ•Deka Bank Deutsche Kommunalbank, Frankfurt am Main)
Hauptgeschäftsführer(in): Dr. Bernd Lüthje
Leitung Presseabteilung: Dr. Stephan Rabe
Verbandszeitschrift: Verbandsbericht (jährlich)
Redaktion: Lydia Eichner
Verlag: VÖB-Service GmbH, Godesberger Allee 88, 53175 Bonn, T: (0228) 81 92-1 22, Fax: (0228) 81 92-2 34
Mitglieder: 32 (ordentl.), 4 (außerordentl.), 21 (Gast)
Mitarbeiter: 49

● I 77

Verband öffentlich-rechtlicher Kreditinstitute in Bayern
Brienner Str. 20, 80333 München
T: (089) 2 17 12 12 11
Vorsitzende(r): Alfred H. Lehner, München
Geschäftsführer(in): Klaus Jopp, München

Verbände der Bausparkassen

● I 78

Bundesgeschäftsstelle Landesbausparkassen (LBS)
Postf. 11 01 80, 10831 Berlin
Behrenstr. 31, 10117 Berlin
T: (030) 2 02 25-414   **Fax:** 2 02 25-422
Gründung: 1947
Geschäftsführer(in): Dr. Hartwig Hamm
Presseabteilung: Axel Guthmann
Mitglieder: 11
Mitarbeiter: 16

Interessenvertretung der Landesbausparkassen (LBS).

● I 79

Verband der Privaten Bausparkassen e. V.
Klingelhöferstr. 4, 10785 Berlin
T: (030) 59 00 91-500   **Fax:** 59 00 91-501
TGR: Bausparverband
Vorsitzende(r): Dr. Gert Haller (Sprecher des Vorstandes der Wüstenrot Bausparkasse AG, Ludwigsburg)
Hauptgeschäftsführer(in): Andreas J. Zehnder
Mitglieder: 19

Sonstige Verbände und Arbeitsgemeinschaften

● I 80

Bankenfachverband e.V.
Ulrich-von-Hassell-Str. 64, 53123 Bonn
T: (0228) 9 19 13-0   **Fax:** 9 19 13-20
Gründung: 1949
Ehrenvors.: Dr. Werner B. Fischer, Düsseldorf
Vorstand: Heinz Schmollinger
Wolfgang F. Karsten (stellv. Vors.)
Jens-Peter Knoblauch
Peter Pollhammer
Dr. Frank Stenner
Johannes M. W. Verbunt
Dipl.-Kfm. B. Verheugen
Dr. Hermann Witteler
Geschäftsführer(in): Peter Wacket (Presseabteilung)
Verbandszeitschrift: FLF Finanzierung Leasing Factoring
Verlag: Verlag für Absatzwirtschaft GmbH, Ulrich-von-Hassell-Str. 64, 53123 Bonn
Mitglieder: 60
Mitarbeiter: 7

angeschlossen

i 81

Arbeitsgemeinschaft genossenschaftlicher Teilzahlungsbanken e.V.
Postf. 11 60, 50301 Brühl
Tiergartenstr. 1-7, 50321 Brühl
T: (02232) 70 74-0   **Fax:** 70 74 63
Vorsitzende(r): Dipl.-Kfm. B. Verheugen, Brühl
Stellvertretende(r) Vorsitzende(r): Helmut Wurm, Straubing

i 82

Arbeitskreis der Banken und Leasing-Gesellschaften der Automobilwirtschaft
c/o Volkswagen Bank GmbH
Gifhorner Str. 57, 38112 Braunschweig
T: (0531) 2 12 02   **Fax:** 21 22 17
Vorsitzende(r): Roland Gleisner, Braunschweig

● I 83

Verband der Auslandsbanken in Deutschland e.V.
Savignystr. 55, 60325 Frankfurt
T: (069) 97 58 50-0   **Fax:** 97 58 50-10
Internet: http://www.vab.de
E-Mail: verband@vab.de
Gründung: 1982 (31. März)
Vorsitzende(r): Dr. Hans-Georg Engel (Vice President and Assistant General Counsel, J.P. Morgan GmbH)
Geschäftsführer(in): Dr. Jan Marwede
Verbandszeitschrift: Die Auslandsbanken in Deutschland
Verlag: Verlag Hoppenstedt GmbH, Postf. 10 04 05, 64204 Darmstadt
Mitglieder: 113
Mitarbeiter: 6

Wahrnehmung der Interessen aller ausländischer Unternehmen, die in Deutschland im Bank- und Firmendienstleistungsbereich tätig sind; Förderung der wirtschaftlichen Belange der Mitglieder und Vertretung derer gemeinsamer Interessen gegenüber Gesetzgeber, Aufsichtsbehörden und anderen Institutionen, bspw. bei Änderung von Gesetzen und Verwaltungsvorschriften, insbesondere auch bei der Erstellung europäischer Richtlinien und deren Umsetzung in nationales Recht; Verstärkung der Kommunikation unter den Mitgliedsinstitutionen.

● I 84

Vereinigung der Repräsentanten ausländischer Banken e.V.
Postf. 17 05 38, 60079 Frankfurt
T: (069) 97 14 21-0   **Fax:** 97 14 21-16
Gründung: 1971
Vorstand: Klaus von Frieling (Vors.)
Ulrich Thiemann (stellv. Vors.)
André Wurtz (stellv. Vors.)
Mitglieder: ca. 180 (1998)

● I 85

Verband der Bürgschaftsbanken e.V.
Adenauerallee 148, 53113 Bonn
T: (0228) 9 76 88 86   **Fax:** 9 76 88 82
Internet: http://www.vdb-info.de
E-Mail: info@vdb-info.de
Vorsitzende(r): Hans-Herbert Strombeck (Geschäftsführer der Bürgschaftsbank Nordrhein-Westfalen GmbH)
Stellvertretende(r) Vorsitzende(r): Hartmut Hübler
Hans-Jürgen Aberle
Geschäftsführer(in): Dipl.-Volksw. Ulrich Stumpp

● I 86

Bundeskreditgarantiegemeinschaft des Handwerks GmbH
Postf. 11 04 72, 10834 Berlin
Mohrenstr. 20-21, 10117 Berlin
T: (030) 2 06 19-0   **Fax:** 2 06 19-460
Geschäftsführer(in): RA Hans-Jürgen Aberle
Hartmut Hübler
Mitarbeiter: 3

● I 87

BVI Bundesverband Deutscher Investment-Gesellschaften e.V.
Postf. 10 04 37, 60004 Frankfurt
Eschenheimer Anlage 28, 60318 Frankfurt
T: (069) 15 40 90-0   **Fax:** 5 97 14 06
Internet: http://www.bvi.de
E-Mail: info@bvi.de
Internationaler Zusammenschluß: siehe unter izi 92
Vorstand: Horst Zirener (Sprecher d. Vorst.; Deka Deutsche Kapitalanlagegesellschaft mbH, Frankfurt a. M.)
Dr. Willi Alda (Despa Deutsche Sparkassen-Immobilien-Anlage-Gesellschaft mbH, Frankfurt a. M.)
Udo Behrenwaldt (DWS Investment GmbH, Frankfurt a. M.)
Rudolf Chomrak (DIT DEUTSCHER INVESTMENT-TRUST Gesellschaft für Werpapieranlagen mbH, Frankfurt a.M.)
dresdnerbank investment managment Kapitalanlagegesellschaft mbH, Frankfurt a.M.)
Manfred Mathes (Union-Investment-Gesellschaft mbH, Frankfurt a.M.)
Friedrich Pfeffer (ADIG Allgemeine Deutsche Investment-Gesellschaft mbH, München-Frankfurt a.M.)
Hans-Werner Wilms (BANKGESELLSCHAFT BERLIN INVESTMENT GMBH, Berlin)
Hauptgeschäftsführer(in): Dr. Manfred Laux
Geschäftsführer(in): Rüdiger H. Päsler
Presseabteilung: Günter Schardt (Ltg.)
Andreas Fink

● I 88

Bundesverband deutscher Kapitalbeteiligungsgesellschaften e.V.
German Venture Capital Association e.V. (BVK)
Reinhardtstr. 27c, 10117 Berlin
T: (030) 30 69 82-0   **Fax:** 30 69 82-20
Internet: http://www.bvk-ev.de
E-Mail: bvk@bvk-ev.de
Geschäftsführer(in): Dr. H. Frommann (Reinhardtstr. 27c, 10117 Berlin, T: (030) 30 69 82-0, Telefax: (030) 30 69 82-20)
Assistentin: J. Elsner
Vorsitzende(r) des Vorstandes: Albrecht Hertz-Eichenrode
Stellvertretende(r) Vorsitzende(r): Hartmut Hübler
Dr. Werner Schauerte
Vorstand: Axel Dorn
Roger Bendisch
Hans E. Damisch
Dr. Walter Henle
Jochen Walter
Mitglieder: 177, darunter 39 assoziierte Mitglieder

● I 89

Gesamtverband Niedersächsischer Kreditinstitute e.V.
Postf. 2 80, 30002 Hannover
Georgsplatz 1, 30159 Hannover
T: (0511) 3 61-2190   **Fax:** 3 61-4451
Gründung: 1948 (10. August)
Vorsitzende(r): Hans Hartmann
Geschäftsführer(in): Dr. Ulf Meier
Mitglieder: 28

● I 90

Vereinigung der Kreditinstitute im Saarland e.V.
Kaiserstr. 27, 66111 Saarbrücken
T: (0681) 30 07-249   **Fax:** 30 07-362
Präsident(in): Frank Peter Eloy
Präsidiumsmitglied(er): Dr. Max Häring
Heinrich Frey
Geschäftsführer(in): Fritz Qusenburger
Mitglieder: 52

Börsen

Wertpapierbörsen

● I 91

Baden-Württembergische Wertpapierbörse
Postf. 10 04 41, 70003 Stuttgart
Königstr. 28, 70173 Stuttgart
T: (0711) 22 29 85-0   **Fax:** 2 26 81 19
Internet: http://www.boerse-stuttgart.de
Gründung: 1861
Geschäftsführer(in): Andreas Glienke
Dr. Peter Ladwig
Mitglieder: 122

● I 92

Bayerische Börse
Lenbachplatz 2a, 80333 München
T: (089) 54 90 45-0   **Fax:** 54 90 45-31
Internet: http://www.bayerische-boerse.de
E-Mail: info@bayerische-boerse.de
Vorsitzende(r): Dr. Norbert Juchem
Geschäftsführer(in): Andreas Schmidt
Dr. Christine Bortenlänger (Leitung Presseabteilung)
Mitarbeiter: 21

● I 93

Berliner Wertpapierbörse
Fasanenstr. 85, 10623 Berlin
T: (030) 31 10 91-0   **Fax:** 31 10 91-79
Gründung: 1685
Börsenpräs.: Hans Leukers (Vorstandsmitglied der Bankgesellschaft Berlin AG)
Geschäftsführer(in): Dr. Jörg Walter
Mitglieder: 108 Kreditinstitute

● I 94

Bremer Wertpapierbörse
Institut öffentlichen Rechts
Postf. 10 07 26, 28007 Bremen
Kohlhökerstr. 29, 28203 Bremen
T: (0421) 2 77 44-0   **Fax:** 2 77 44-90
Internet: http://www.boerse-bremen.de
E-Mail: info@boerse-bremen.de

● I 95

EUREX Frankfurt Aktiengesellschaft
Börsenplatz 7-11, 60313 Frankfurt

T: (069) 21 01-3940   **Fax:** 21 01-3941
Internet: http://www.eurexchange.com
Gründung: 1998
Vorstand: Dr. Jörg Franke (Vors.), Frankfurt a. M.
Vorstand: Eidgen. Dipl.-Bankfachmann Otto E. Nägeli, Stadel/ Schweiz
Vorstand: Dipl.-Kaufm. Andreas Preuß, Schmitten
Vorstand: Dipl.-Math. Jürg Spillmann, Zürich/ Schweiz
Aufsichtsrat: Dr. Jörg Fischer (Vors.), Zug/ Schweiz
Aufsichtsrat: Dr. Werner G. Seifert (stellv. Vors.), Frankfurt a. M.
Geschäftstätigkeit: Der Betrieb von Börsen, insbesondere von Wertpapierbörsen nach Maßgabe der gesetzlichen Bestimmungen einschließlich der elektronischen Börsen für Termingeschäfte (insbesondere Optionen und Financial Futures), die Wahrnehmung der Aufgaben eines Clearing-Hauses einschließlich des Betriebs eines Clearing-Systems für die geld- und stückmäßige Abwicklung der Geschäfte; die Planung, Entwicklung und Durchführung elektronischer Datenverarbeitung, insbesondere im Bereich des Börsengeschäfts, Clearing-Geschäfts und des Wertpapiergeschäfts der Kreditinstitute einschließlich dessen Abwicklung sowie Sammlung, Verarbeitung und der Vertrieb von auf Wertpapiere und/oder Derivate bezogenen Informationen; die Erbringung von unterstützenden Dienstleistungen für mit dem Börsen-, Clearing- und Wertpapiergeschäft befaßte Unternehmen, insbesondere durch Wahrnehmung zentraler Dienste in sämtlichen Tätigkeitsbereichen für die betroffenen Unternehmen

● I 96

FWB (Frankfurter Wertpapierbörse)
60284 Frankfurt
Neue Börsenstr. 1, 60487 Frankfurt
T: (069) 21 01-0   **Fax:** 21 01-4332
Internet: http://www.deutsche-boerse.com
Geschäftsführer(in): Dr. Werner G. Seifert
Rudolf Ferscha
Dr. Michael Kuhn
Christoph Lammersdorf
Volker Potthoff
Frank Gerstenschläger

● I 97

BÖAG Börsen Aktiengesellschaft
Rathenaustr. 2, 30159 Hannover
Aufsichtsrat: Jürgen Kösters (Vors.; Mitgl. d. Vorst. der Norddeutsche Landesbank Girozentrale)
Udo Bandow (stellv. Vors.; Mitgl. d. Aufsichtsrates der Vereins- und Westbank AG)
Vorstand: Dr. Friedrich Kersting
Dr. Thomas Ledermann
Mitglieder: der Börsen Hamburg und Hannover 172

i 98

Hanseatische Wertpapierbörse Hamburg
Schauenburgerstr. 49, 20095 Hamburg
T: (040) 36 13 02-0   **Fax:** 36 13 02-23
Internet: http://www.boersenag.de
E-Mail: info@boersenag.de
Gründung: 1558
Vorsitzende(r) des Börsenrates: Udo Bandow (Mitgl. d. Aufsichtsrates der Vereins- und Westbank AG)

i 99

Niedersächsische Börse zu Hannover
Rathenaustr. 2, 30159 Hannover
T: (0511) 32 76 61   **Fax:** 32 49 15
Internet: http://www.boersenag.de
E-Mail: info@boerse-hannover.de
Gründung: 1787
Vorsitzende(r) des Börsenrates: Jürgen Kösters (Mitgl. d. Vorst. der Norddeutsche Landesbank Girozentrale)

● I 100

Rheinisch-Westfälische Börse zu Düsseldorf
Ernst-Schneider-Platz 1, 40212 Düsseldorf
T: (0211) 13 89-0   **Fax:** 13 32 87
Internet: http://www.boerse-duesseldorf.de
Präsident(in): Bankier Harold Hörauf
Geschäftsführung:
Geschäftsführer(in): Dirk Elberskirch
RA Dr. Detlef Irmen

● I 101

Warenterminbörse Hannover Aktiengesellschaft
Prinzenstr. 17, 30159 Hannover
T: (0511) 3 01 59-0   **Fax:** 3 01 59-30
Internet: http://www.wtb-hannover.de
Gründung: 1996 (11. November)
Vorstand: Dipl.-Ökon. Jürgen Jung
Gesamt-Prokurist(en): Brunhilde Lorenz, Hannover

● I 102

LPX Leipzig Power Exchange GmbH
Neumarkt 9-19, 04109 Leipzig

T: (0341) 21 56-0 (Zentrale), 21 56-444 (Clearing), 21 56-333 (Trading Floor)   **Fax:** 21 56-109 (Zentrale), 21 56-409 oder -419 (Clearing), 21 56-111 (Trading Floor)
Internet: http://www.lpx.de
E-Mail: info@lpx.de, clearing@lpx.de, tradingfloor@lpx.de
Gründung: 1999 (3. Juni)
Geschäftsführer(in): Dr. Carlhans Uhle
Aufsichtsrat: Eckhard Laible (Vors.; Sachsen LB)
Ministerialrat Jürgen Lange (Thüringisches Ministerium)
Torger Lien (CEO and President; Nord Pool)
Staatssekretärin Dr. Gisela Meister-Scheufelen (Senatsverwaltung für Wirtschaft u. Technologie)
Wolfgang Tiefensee (Stadt Leipzig)
Dr. Wolfgang Vehse (Freistaat Sachsen)
Gesellschafter: Landesbank Sachsen
Nord Pool ASA
Freistaat Sachsen
Stadt Leipzig
Freistaat Thüringen
Bankgesellschaft Berlin
Geschäftstätigkeit: Betrieb einer Energiebörse in Leipzig
Mitarbeiter: 25 (Juli)

Produktenbörsen

● I 103

Bayerische Warenbörse e.V.
Kaiser-Ludwig-Platz 6, 80336 München
T: (089) 53 27 27   **Fax:** 5 32 88 92
Präsident(in): Thomas Kraemer
Syndikus: RA Dipl.-Volksw. Dr. jur. Tyll Dietrich Kern

● I 104

Bremer Baumwollbörse
Postf. 10 67 27, 28067 Bremen
Wachtstr. 17-24, 28195 Bremen
T: (0421) 3 39 70-0   **Fax:** 3 39 70-33
Internet: http://www.baumwollboerse.de
E-Mail: info@baumwollboerse.de
Gründung: 1872
Präsident(in): Fritz A. Grobien (Albrecht, Müller, Pearse & Co. (GmbH & Co.), 28195 Bremen)
Vizepräsident(in): Jürg Reinhart (Paul Reinhart AG, CH-8401 Winterthur)
Direktor(in): Jan B. Wellmann
Leitung Presseabteilung: Hermann Schwarmann
Verbandszeitschrift: BREMEN COTTON REPORT (Wochenbericht der Bremer Baumwollbörse)
Redaktion: Bremer Baumwollbörse
Mitglieder: 201
Mitarbeiter: 13

Schiedsgerichtsbarkeit, Qualitätsarbitrage, labormäßige Prüfungen, Interessenvertretung Handel/erstverarbeitende Industrie (Rohstoff Baumwolle), Marktinformationen, Seminare.

● I 105

Bremer Getreide- und Futtermittelbörse
Postf. 10 66 26, 28066 Bremen
Parkallee 14, 28209 Bremen
T: (0421) 3 49 87 45   **Fax:** 3 49 96 20
Vorsitzende(r): Heinz Ahrens (i. Fa. Handelsmakler Wilhelm Wahlers oHG, An der Weide 37, 28195 Bremen, T: (0421) 32 12 60/68/69, Telefax: (0421) 32 46 86)
Geschäftsführer(in): Friedrich Oldekopf

● I 106

Diamant- und Edelsteinbörse Idar-Oberstein e.V.
Postf. 12 22 20, 55714 Idar-Oberstein
Mainzer Str. 34, 55743 Idar-Oberstein
T: (06781) 9 44 20   **Fax:** 94 42 66
E-Mail: info@diamant-edelstein-boerse.de
Präsident(in): Dieter Hahn (i. Fa. Ph. Hahn Söhne)
Geschäftsführer(in): Jörg Lindemann

● I 107

Frankfurter Getreide- und Produktenbörse
Börsenplatz 4, 60313 Frankfurt
T: (069) 21 97-1338   **Fax:** 21 94-14 07
Vorsitzende(r): N. N.
Syndikus: Ass. Hans Petermann
Mitglieder: 40

● I 108

Getreide- und Produktenbörse zu Dortmund e.V.
Lange Reihe 62, 44143 Dortmund
T: (0231) 51 77-1 22   **Fax:** 51 77-1 99
Gründung: 1888
Vorsitzende(r): Heinr. J. Lipps (Scheffelau 28, 58119 Hagen)
Geschäftsführer(in): Ass. Günter Reichel
Mitglieder: ca. 110

● I 109

Getreide- und Produktenbörse zu Paderborn e.V.
Postf. 18 07, 33048 Paderborn
T: (05251) 15 59-1 (IHK)   **Fax:** 15 59-31
Börsenlokal: Restaurant „Zu den Fischteichen", 33102 Paderborn
Gründung: 1923
Vorsitzende(r): Fritz Köster (Lippe Agrar Handelsgesellschaft mbH, Lemgo)
Geschäftsführer(in): Dipl.-Volksw. Thomas Herold
Mitglieder: 76

● I 110

Hamburger Kaffeebörse
(Firma P. L. Lorenzen Nachf.)
Pickhuben 3, 20457 Hamburg
T: (040) 36 58 78   **Fax:** 36 51 92
Vorsitzende(r): Harry Lausch

● I 111

Koblenzer Produktenmarkt e.V. Koblenz
Postf. 13 58, 56103 Lahnstein
Becherhöll 3, 56112 Lahnstein
T: (02621) 70 08   **Fax:** 71 59
Vorsitzende(r): Bernd Berges (i- Fa. Fritz Simon KG, Getreide-Futtermittel-Düngemittel-Großhandel, Becherhöll 3, 56112 Lahnstein)
Mitglieder: 45

● I 112

Mannheimer Produktenbörse
Postf. 12 12 34, 68063 Mannheim
E 4 12-16, 68159 Mannheim
T: (0621) 2 29 80, 2 29 89, an Börsentagen zusätzlich 2 08 75   **Fax:** 10 52 74
Gründung: 1862
Vorsitzende(r): Dir. Volker Merz, Mannheim
Geschäftsführer(in): RA Hans Peter Heine, Stuttgart
Mitglieder: 206

● I 113

Neusser Produktenmarkt e.V.
Friedrichstr. 40, 41460 Neuss
T: (02131) 92 68-530   **Fax:** 92 68-529
E-Mail: reppelmu@neuss.ihk.de
Vorsitzende(r): Dr. Ludwig Sels
Geschäftsführer(in): RA Hildegard Reppelmund
Mitglieder: 30

● I 114

Niedersächsische Getreide- und Produktenbörse e.V. zu Hannover
Rathenaustr. 2, 30159 Hannover
T: (0511) 32 76 61
Vorsitzende(r): Joachim Engelke
Geschäftsführer(in): Horst Heidemann
Mitglieder: 70

● I 115

Produktenbörse e.V. Nürnberg
Nordring 98, 90409 Nürnberg
T: (0911) 35 09-20   **Fax:** 35 09-220
Präsident(in): Christian Keim (Münchener Str. 26, 91177 Thalmässing)
Geschäftsführer(in): RA Hans K. Link
Mitglieder: 130

● I 116

Produktenbörse Würzburg e.V.
Am Exerzierplatz 3, 97072 Würzburg
T: (0931) 88 64 21   **Fax:** 7 56 57
Gründung: 1921
Vorsitzende(r): Otmar Rüb (Landhandelsverband Bayern e.V.)
Syndikus: Rechtsanwalt Joachim E. Rüdinger
Mitglieder: 140
Mitarbeiter: 1

● I 117

Rheinische Warenbörse zu Köln und Krefeld
Unter Sachsenhausen 10-26, 50667 Köln
T: (0221) 16 40-351, freitags von 14-16 Uhr   **Fax:** 16 40-359
Börsenveranstaltungen in Köln, Unter Sachsenhausen 10-26 (freitags von 14.00-16.00), in Krefeld (freitags von 14.00 Uhr), T: (0221) 1 64 03 51
Vorsitzende(r): Dr. Jobst Bolhöfer
Geschäftsführer(in): Hedwig Wohlfahrt
Mitglieder: 140

● I 118
Süddeutsche Butter- und Käse-Börse e.V.
Hirnbeinstr. 8, 87435 Kempten
T: (0831) 58 09 67-0   Fax: 58 09 67-16
Vorsitzende(r): Dipl.-Kfm. Helmut Schöner
Geschäftsführer(in): Dipl.-Ing. Emmerich Heilinger

● I 119
Südwestdeutsche Warenbörsen e.V.
Stuttgarter Waren- und Produktenbörse
Mannheimer Produktenbörse
Stuttgarter Waren- und Produktenbörse
Büro Stuttgart
Goethestr. 13, 70174 Stuttgart
T: (0711) 29 65 48   Fax: 2 26 09 19
Mannheimer Produktenbörse
Büro Mannheim
E 4, 12-16, 68159 Mannheim, T: (0621) 2 29 89, Telefax: (0621) 10 52 74
Vorsitzende(r): Dr. Albert Kariger
Rainer Fritz
Walter Fleischer
Syndikus: RA Hans-Peter Heine
Mitglieder: 320

Immobilienbörsen

● I 120
Bremer Immobilienbörse e.V.
Mittelstr. 9, 28203 Bremen
T: (0421) 32 00 30   Fax: 32 11 36

● I 121
Frankfurter Immobilienbörse
bei der Industrie- und Handelskammer Frankfurt am Main
Sekretariat:
Börsenplatz 4, 60313 Frankfurt
T: (069) 21 97 13 11   Fax: 21 97 14 87
Vorsitzende(r): Peter Diener
Syndikus: Ass. Hans Petermann
Sekretärin: Sabine Helmke
Mitglieder: 36

● I 122
Grundstücksbörse Braunschweig e.V.
- Im Hause der IHK -
Brabandtstr. 11, 38100 Braunschweig
T: (0531) 4 01 81   Fax: 1 53 03
Vorsitzende(r): Horst-Martin Rühland (T: (0531) 4 01 81, Fax: (0531) 1 53 03)

● I 123
Immobilienbörse Düsseldorf
Liesegangstr. 7-9, 40211 Düsseldorf
T: (02103) 35 34 27   Fax: 35 17 73

● I 124
Grundstücksbörse Ruhr e.V.
(Im Hause der IHK Essen)
45117 Essen
Am Waldthausenpark 2, 45127 Essen
T: (0201) 18 92-2 24   Fax: 18 92-173
Gründung: 1967
Vorsitzende(r): Joachim Rasch
Geschäftsführer(in): Heinz-Jürgen Hacks
Mitglieder: 22

● I 125
Immobilien- und Hypothekenbörse IHB e.V.
c/o Immobilien Heinz Fiersbach
Saarlandstr. 79, 44139 Dortmund
T: (0231) 9 12 06 00   Fax: 91 20 60 18
E-Mail: fiersbach@t-online.de
Vorsitzende(r): Gerhard Dittrich (c/o Immobilien G. Dittrich ROM, Kaiserstr. 17-19, 58706 Menden, T: (02373) 57 50, Fax: 1 06 00, I-Net: rdm.de/firma/dittrich, E-Mail: dittrich@rdm.de)
Syndikus: RA Horst Schlüter

● I 126
Immobilien-Börse Baden-Württemberg e.V.
Schönbuchstr. 25, 72631 Aichtal
T: (07127) 95 24 00   Fax: 95 31 20
Internet: http://www.IBW-Immobilienboerse.de
E-Mail: IBW@rdm.de
Gründung: 1983
Vorstand: Betriebsw. Margrit Brenner (Vors.)
Vorstand: Leonhard Bühler (stellv. Vors.)
Schriftführer: Egon Wetzel

● I 127
Immobilien-Börse Hannover e.V.
vormals Grundstücks-Börse-Hannover e.V.
Geschäftsstelle
Baumstr. 6, 30171 Hannover
T: (0511) 28 28 20   Fax: 28 28 20
Vorsitzende(r): Wilhelm K. Kunze (c/o Niemann-Immobilien, Hinüberstr. 13, 30175 Hannover, T: (0511) 3 37 07 50, Fax: 3 37 07 11)

● I 128
Verein Berliner Immobilienbörse e.V. (VBI)
Karlsbergallee 31, 14089 Berlin
T: (030) 3 65 84 48   Fax: 3 65 84 05 01
Internet: http://www2.rdm.de/firma/vbi
E-Mail: vbi@rdm.de
Gründung: 1950
Vorsitzende(r): Renate Böker
2. Vorsitzende(r): Erhard Friske
Schatzmeister(in): Ernst Konrad
Schriftführer(in): Eberhard Kaiser
Mitglieder: 20 Maklerfirmen

● I 129
Immobilienbörse Niederrhein e. V.
Markt 40, 47608 Geldern
T: (02831) 13 01 30   Fax: 13 01 31
E-Mail: iln@rdm.de
Gründung: 1983 (September)
Vorsitzende(r): Andreas Eck (Markt 40, 47608 Geldern)
Stellvertretende(r) Vorsitzende(r): Walter Schmitz jun. (Gereonsplatz 23, 41747 Viersen)
Verbandszeitschrift: Angebotsbroschüre der Immobilienbörse Niederrhein
Verlag: Immobilienbörse Niederrhein, Viersen
Mitglieder: 16

● I 130
IBO Immobilienbörse Ostwestfalen-Lippe e.V.
Bismarckstr. 24a, 33615 Bielefeld
T: (0521) 12 34 01   Fax: 12 34 02
Internet: http://www.ibo-owl.de
E-Mail: IBO@rdm.de
Gründung: 1964 (14. Februar)
1. Vorsitzender des Vorstandes: Dipl.-Betriebsw. Frank Krüger
2. Vorsitzende: Sabine Seeger-Glaser
Schatzmeister: Gerd Becker
Schriftführer: Harmen Vogelsang
Verbandszeitschrift: IBO Immobilienmagazin
Mitglieder: 11

● I 131
RDM Immobilienbörse Rheinland-Pfalz-Saar e.V.
per Adr. RDM-Geschäftsstelle Bingen
Mainzer Str. 57-59, 55411 Bingen
T: (06721) 1 51 10   Fax: 1 29 99
Gründung: 1965 (27. November)
Vorstand: Werner Götz (Steinhübel 9, 66123 Saarbrücken, T: (0681) 6 26 00, Fax: (0681) 6 85 16 75)
Mitglieder: 62

● I 132

Immobilienbörse Ruhr-Lippe e.V.
Im Bezirk der Industrie- u. Handelskammer zu Münster/Gelsenkirchen und Bochum
Kornharpener Str. 139, 44791 Bochum
T: (0234) 6 64 03   Fax: 6 64 41
1. Vorsitzende(r): Frank W. Krebs

● I 133
Kölner Immobilienbörse e.V.
Nietzschestr. 11, 51147 Köln
T: (02203) 96 22 07   Fax: 96 22 08
Internet: http://www.immoboerse-koeln.de
E-Mail: info@immoboerse-koeln.de
Präsident(in): Klaus Kaemmerer
Vizepräsident(in): Manfred Heinen
Mitglieder: 22
Jahresetat: DM 10000 Mio, € 5112,92 Mio

● I 134
Niederrheinische Immobilienbörse e.V. Duisburg
(im Hause der Niederrheinischen Industrie- und Handelskammer)
Mercatorstr. 22-24, 47051 Duisburg
T: (02841) 8 73 80   Fax: 8 04 22

Gründung: 1966 (3. August)
Vorsitzende(r): Reiner H. Schippers (Gärtnerstr. 20, 47199 Duisburg)

● I 135
Rheinische Immobilienbörse
Unter Sachsenhausen 10-26, 50667 Köln
T: (0221) 1 64 03 52   Fax: 1 64 03 59
E-Mail: lo@koeln.ihk.de
Vorsitzende(r): Theodor J. Greif
Geschäftsführer(in): Ass. Hedwig Wohlfahrt
Mitglieder: 185

● I 136
Süddeutsche Immobilienbörse e.V. (SIB)
Rosental 6/VII., 80331 München
T: (089) 26 02 24 93   Fax: 26 02 24 94
Internet: http://www.sib-online.de
E-Mail: sib.munich@t-online.de
Vorsitzende(r): Heinrich Eichler
Geschäftsführer(in): Herbert Schäfer

● I 137
Westdeutsche Immobilienbörse e.V.
Nietzschestr. 11, 51147 Köln
T: (02203) 96 22 07   Fax: 96 22 08
Präsident(in): Klaus Kaemmerer
Vizepräsident(in): Albert H. Frählke
Verbandszeitschrift: Westdeutscher Immobilienmarkt
Verlag und Redaktion: Stünings, Die Bremer Bruch 167, 47805 Krefeld
Mitglieder: 61
Jahresetat: ca. DM 0,1 Mio, € 0,05 Mio

● I 138
Westfälische Grundstücksbörse Münster e.V.
Geschäftsstelle:
Friedrich-Ebert-Str. 110, 48153 Münster
T: (0251) 97 21 20   Fax: 9 72 12 22
Vorsitzende(r): Dr. H. Schorn
Stellvertretende(r) Vorsitzende(r): B. Homann

mit Börsen verbundene Organisationen

● I 139
Bayreuther Börsenverein e.V. (BBV)
c/o Lehrstuhl BWL I
95440 Bayreuth
Universitätsstr. 30, 95447 Bayreuth
T: (0921) 55-2005, 51 35 21
Internet: http://www.bbv-online.org
E-Mail: bbv@uni-bayreuth.de
Gründung: 1997 (9. Juni)
Vorsitzende(r): Marcus Oelschlegel
Leitung Presseabteilung: Christoph Auell
Mitglieder: 120
Jahresetat: DM 0,01 Mio, € 0,01 Mio

● I 140
Verein der Getreidehändler der
Hamburger Börse e.V.
Börse, Kontor 24
Adolphsplatz 1 (Börse) Kontor 24, 20457 Hamburg
T: (040) 36 98 79-0   Fax: 36 98 70-20
Internet: http://www.vdg-ev.de
E-Mail: sekretariat@vdg-ev.de
Gründung: 1868
Internationaler Zusammenschluß: siehe unter izh 41, izh 283
Vorsitzende(r): Stefan Cremer (Fa. Peter Cremer GmbH & Co, Glockengießerwall 2, 20095 Hamburg, T: (040) 3 20 11-0, Telefax: (040) 3 20 11-410)
Geschäftsführer(in): Christof Buchholz
Mitglieder: 140
Mitarbeiter: 8

● I 141
Deutsches Aktieninstitut e.V. (DAI)
Börsenplatz 5, 60313 Frankfurt
T: (069) 9 29 15-0   Fax: 9 29 15-11
Internet: http://www.dai.de
E-Mail: dai@dai.de
Vorsitzende(r): Max Dietrich Kley
Geschäftsführendes Vorstandsmitglied: Prof. Dr. Rüdiger von Rosen
Leitung Presseabteilung: Dr. Franz-Josef Leven

Förderung der privaten Geldanlage in Aktien durch Grundsatzanalyse und Aufklärung der breiten Öffentlichkeit über Aktie, Aktiengesellschaft und Börse unter Anwendung moderner Informationsmittel. Es soll dadurch gleichzeitig ein Beitrag zur breiten Eigentumsstreuung geleistet werden.

● I 142
Deutscher Investor Relations Kreis e.V. (DIRK)
c/o AWD Holding AG
Rendsburger Str. 34, 30659 Hannover
T: (0511) 90 20-107   **Fax:** 90 20-568
Internet: http://www.dirk.org
Gründung: 1990
Präsident(in): Ralf P. Brammer (AWD Holding AG)
Vizepräsident(in): Insa Doescher-Holste (ProSieben Media AG)
Vorstand: Jürgen Ackermann (Commerzbank AG)
Kay Bommer (softmatic AG)
Dr. Rolf-Dieter Grass (mg technologie AG)
Klaus von Kobylinski (Continental AG)
Dr. Wolfram Schmitt (Deutsche Bank AG)
Hans-Richard Schmitz (Deutsche Post AG)
Pressekontakt: Susanne Hiermeier (AWD Holding AG, 30659 Hannover, T: (0511) 90 20-107, Fax: (0511) 90 20-568)
Mitglieder: 223 (Stand 31.12.00)

● I 143
Finanzplatz e.V.
Neue Börsenstr. 1, 60487 Frankfurt
T: (069) 97 93-8700   **Fax:** 97 93-4470
Internet: http://www.finanzplatz.de
E-Mail: info@finanzplatz.de
Vorstandsausschuss:
Dr. Paul Achleitner
Dr. Rolf-E. Breuer
Heinz-Joachim Neubürger
Ernst Welteke
Mitglieder des Vorstandes:
Wilfried Beeck
Dr. Ulrich Brixner
Gerhard-E. Bruckermann
Dr. Peter Coym
Dr. Michael Dill
Claus Döring
Hans Eichel
Dr. Hans-Georg Engel
Dr. Dieter Falke
Leonhard H. Fischer
Uwe E. Flach
Prof. Dr. Herbert Henzler
Jürgen Lemmer
Christian Ratjen
Dr. Hans Reckers
Gerhard B. Roggemann
Petra Roth
Vorstand: Helmut Schnabel
Dr. Werner G. Seifert
Dr. Michel von Aufschnaiter
Friedrich von Metzler
Prof. Dr. Rüdiger von Rosen
Dr. Manfred Weber
Werner Wenning
Manfred Zaß
Horst Zirener
Mitglieder: 450

● I 144
Waren-Verein der Hamburger Börse e.V.
Internationaler Zusammenschluß: siehe unter izh 117
siehe H 115

Notizen

K Versicherungswesen

Zum Auffinden einer bestimmten Dienststelle oder Organisation dient das Suchwortverzeichnis, eines Personennamens das Personenverzeichnis.

Privatversicherung
    Private Krankenversicherung
Sozialversicherung
    Krankenversicherung
    Unfallversicherung
    Berufsgenossenschaften
    Unfallversicherungsträger der öffentlichen Hand
    Ausführungsbehörden des Bundes für Unfallversicherung
    Rentenversicherung
    Arbeitslosenversicherung
Weitere Versorgungseinrichtungen

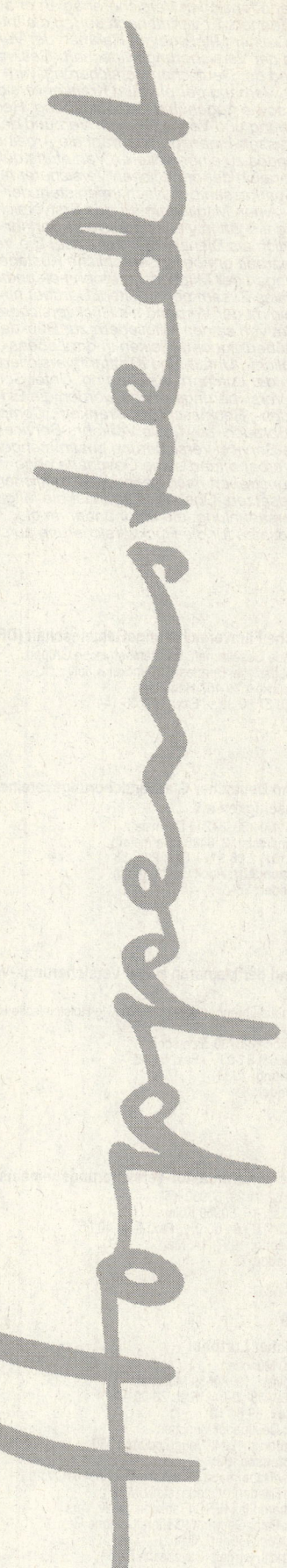

Privatversicherung

● K 1

Gesamtverband der Deutschen Versicherungswirtschaft e.V. (GDV)
Postf. 08 02 64, 10002 Berlin
Friedrichstr. 191, 10117 Berlin
T: (030) 20 20-5000   Fax: 20 20-6000
Internet: http://www.gdv.de
E-Mail: info@gdv.org
Gründung: 1948
Internationaler Zusammenschluß: siehe unter izi 54, izk 4
Präsidium:
Präsident(in): Dr. Bernd Michaels (Vorstandsvorsitzender (Provinzial Rheinprovinz))
Präsidiumsmitglied(er): Dr. Claus-Michael Dill (Vorsitzender des Vorstandes (AXA Colonia Konzern AG))
Dr. Jürgen Förterer (Vorstandsvorsitzender (R+V Versicherung AG))
Dr. Jörg Frhr. Frank von Fürstenwerth (Geschäftsf. Präsidiumsmitglied)
Dr. Bruno Gas (Vorsitzender der Vorstände (Mecklenburgische))
Peter Greisler (Vorsitzender der Vorstände (Debeka))
Dr. Reiner Hagemann (Vorstandsvorsitzender Allianz Versicherungs-AG))
Rolf-Peter Hoenen (Sprecher der Vorstände (HUK-Coburg))
Dr. Hans Jäger (Vorstandsvorsitzender AMB Aachener u. Münchener)
Georg Mehl (Wüstenrot & Württembergische AG)
Dr. Lothar Meyer (Vorsitzender des Vorstandes (ERGO Versicherungsgruppe AG))
Dr. Wolfgang Peiner (Vorstandsvorsitzender (Parion OHG))
Dr. Gerhard Rupprecht (Vorstandsvorsitzender (Allianz Leben))
Dr. Hans-Jürgen Schinzler (Vorstandsvorsitzender (Münchener Rück))
Hans Schreiber (Vorsitzender des Vorstandes (Mannheimer AG Holding))
Dr. Jürgen Zech (Vorstandsvorsitzender (Gerling-Konzern Vers.-Beteiligungs-AG))
Hauptgeschäftsführer(in): Dr. Jörg Frhr. Frank von Fürstenwerth, Berlin
Geschäftsführer(in): Eckart Eckermann (Schadenversicherung, Stv. Hauptgeschäftsführer)
Gabriele Hoffmann (Kommunikation)
Dr. Klaus-Wilhelm Knauth (Zentrale Bereiche)
Thomas Kräutter (Organisation)
Ulf Lemor (Europa)
Karl Panzer (Lebensversicherung)
Pressestelle: Gabriele Hoffmann
Mitglieder: 442

● K 2

Betriebswirtschaftliches Institut der Versicherungswirtschaft des Gesamtverbandes der Deutschen Versicherungswirtschaft e.V.
Friedrichstr. 191, 10117 Berlin
T: (030) 20 20-5450   Fax: 20 20-6608
Vorsitzende(r): Ch. Hofer
Geschäftsführer(in): F. Chiachiarella (fred.chiachiarella@ber.gdv.org)

● K 3

Bundesverband der Versicherungsnehmer e.V. (BVVN)
Zweigstelle / Service Höxter
Postf. 10 05 02, 37655 Höxter
Lütmarser Str. 60, 37671 Höxter
T: (05271) 97 73-0   Fax: 97 73-11
Gründung: 1986 (18. August)
Vorstand: Wolfgang Höltring
Rudolf Fischer
Dipl.-Math. Ivana Höltring
Hauptgeschäftsführer(in): Wolfgang Höltring
Mitarbeiter: 5
Informationsstellen im Bundesgebiet (selbständige)

● K 4

Arbeitsgemeinschaft von Versicherungsnehmern für Fragen der Kraftfahrversicherung (ArGe)
Breite Str. 29, 10178 Berlin
T: (030) 20 28-1405   Fax: 20 28-2405
TGR: Bundesindustrie
E-Mail: j.wulfetange@bdi-online.de
Geschäftsführende(s) Vorstands-Mitglied(er): RA Jan Wulfetange

Wahrnehmung der Interessen der versicherungsnehmenden Wirtschaft auf dem Gebiet der Kraftfahrversicherung und Herbeiführung einer einheitlichen Willensbildung. Vertretung der Interessen gegenüber Bundestag und Bundesregierung.

● K 5

Arbeitsgemeinschaft der Versicherungsunternehmen mit dem Sitz oder der Hauptverwaltung für die Bundesrepublik Deutschland in Bayern
Sitz:
Dieselstr. 8, 85774 Unterföhring
T: (089) 99 00-2200
Vorsitzende(r): Dr. Michael Albert (Vors. d. Vorstands der Bayerischen Versicherungsbank AG, München)

● K 6

Arbeitsgemeinschaft der Versicherungsvereine auf Gegenseitigkeit e.V.
Kaiser-Wilhelm-Ring 23-25, 50672 Köln
T: (0221) 3 08-1259   Fax: 3 08-1857
Gründung: 1980 (Rechtsvorgänger 1903)
Vorstand: Dr. Wolfgang Peiner (Vors.), Köln
Wolf-Dieter Baumgartl, Hannover
Rolf-Peter Hoenen, Coburg
Dr. Eckart Freiherr v. Uckermann, Hannover
Dr. Ernst-Wilhelm Zachow, Lüneburg
Mitglieder: 69

Förderung und Vertretung auf der Rechtsform basierender spezifischer Interessen der Versicherungsvereine auf Gegenseitigkeit.

● K 7

Arbeitsgemeinschaft berufsständisch orientierter Versicherungsgesellschaften
SIGNAL IDUNA Gruppe
Joseph-Scherer-Str. 3, 44139 Dortmund
T: (0231) 1 35 20 19   Fax: 1 35 39 20 20
Mitglieder: 11

● K 8

Arbeitsgemeinschaft der Tierversicherungsvereine Bezirksvereinigung Hessen
An den Brunnenkammern 8, 34587 Felsberg
T: (05662) 34 81
Vorstand: Dipl.-Ing. agr. Armin Naumann, Marburg
Vorstand: Dieter Bläsing (stellv. Vors.), Homberg
Geschäftsführer(in): Wolfgang Heckmann
Mitglieder: 7

● K 9

Arbeitsgemeinschaft landwirtschaftlicher Haftpflichtversicherer
Bartningstr. 57, 64289 Darmstadt
T: (06151) 7 02-1220   Fax: 7 02-1300
Internet: http://www.ghv-darmstadt.de
E-Mail: info@ghv-darmstadt.de
Vorsitzende(r): Karl Stumpf (Ehrenpräsident des Hessischen Bauernverbandes, Grünberg)

● K 10

Verband öffentlicher Versicherer

—Körperschaft des öffentlichen Rechts—

Berlin und Düsseldorf
Hauptverwaltung:
Postf. 29 03 30, 40530 Düsseldorf
Hansaallee 177, 40549 Düsseldorf
T: (0211) 45 54-01   Fax: 45 54-202
Internet: http://www.voev.de
E-Mail: pressestelle@voevers.de
Gründung: 1911
VdVR: Dr. Heiko Winkler (Vors. d. Vorst. Westfälische Provinzial Versicherungen, Münster)
Vorstand: Jürgen Rehmann (Vors.)
Dr. Werner Boeck
Ulf Peters
Dr. Walter Reindl
Leitung Presseabteilung: Otto Schulte
Verbandszeitschrift: Jahrbuch der öffentlichen Versicherer
Redaktion: Pressestelle des Verband öffentlicher Versicherer, Düsseldorf
Mitglieder: 40
Mitarbeiter: 85

Der Verband ist Berufsverband und Rückversicherer. Als Berufsverband und Dachorganisation der öffentlichen Versicherer agiert er auf zwei Ebenen. Er vertritt nach außen die Interessen seiner Mitglieder im Rahmen der Verbände der Versicherungswirtschaft (Gesamtverband der Deutschen Versicherungswirtschaft, Verband der privaten Krankenversicherung) sowie gegenüber Gesetzgebung, Rechtsprechung und Verwaltung. Im Verbund der Sparkassen-Finanzgruppe trägt die Arbeit des Verbandes zu einer weiteren Vertiefung der Kooperation der öffentlichen Versicherer mit den Sparkassen bei. Nach innen steht der Verband seinen Mitgliedern für das Erstversicherungsgeschäft in vielfältiger Weise partnerschaftlich als Dienstleister zur Seite. Die Verbandsarbeit ermöglicht erhebliche Kosteneinsparungen der Mitgliedsunternehmen und ein effektives Zusammenarbeiten. Darüber hinaus übernimmt der Verband als Rückversicherer die ihm von seinen Mitgliedern zur Rückdeckung übertragenen Risiken in der Lebens-, Haftpflicht-, Unfall- und Kraftfahrversicherung und in der Luftfahrtversicherung. Unter Sonstige Versicherungszweige werden die Eigenschaden-, Rechtsschutz-, Kranken-, Computermißbrauch- sowie die Verkehrs-Service- und Reise-Service-Versicherung zusammengefaßt. Der Verband führt seine Geschäfte ohne Gewinnstreben nach genossenschaftlichen Grundsätzen. Oberstes Organ ist die Mitgliederversammlung, die unter anderem die Grundsätze für die Rückversicherung aufstellt.

● K 11

Deutsche FilmversicherungsGemeinschaft (DFG)
Führende Gesellschaft: Württembergische Gruppe
Geschäftsstelle: Burmester, Duncker & Joly
Trostbrücke 1, 20457 Hamburg
T: (040) 37 60 30   Fax: 3 76 03-144

● K 12

Verband Deutscher Glasversicherungsvereine auf Gegenseitigkeit e.V.
Postf. 11 04 33, 64219 Darmstadt
Schuchardtstr. 12, 64283 Darmstadt
T: (06151) 2 08 51   Fax: 2 08 33
Vorsitzende(r): Adolf Gonnermann
Mitglieder: 28

● K 13

Verband der kleineren Hagel-Versicherungs-Vereine
Geschäftsführender Verein: Schleswig-Holsteinische Hagelgilde
Hof Altona, 23730 Sierksdorf
T: (04563) 81 03   Fax: 81 08
Gründung: 1935
Mitglieder: 6

● K 14

Deutsche Kernreaktor-Versicherungsgemeinschaft
Postf. 52 01 29, 50950 Köln
Bremsstr. 19, 50969 Köln
T: (0221) 93 64 00-0   Fax: 9 36 40 05
Gründung: 1957 (14. Mai)
Mitglieder: 72

● K 15

Deutscher Luftpool
80790 München
Königinstr. 19, 80539 München
T: (089) 38 00-0   Fax: 38 00-46 74
Teletex: 89 81 12
TGR: Deutlupool München
Gründung: 1924, Neugründung 1950
Hauptausschuß:
Walter Habermann (Hamburg-Mannheimer, Vors.)
Peter Baedorf (Victoria, stellv. Vors.)
Bernhard Fink (ERC Frankona, stellv. Vors.)
Hans-Peter Gerhardt (GeneralCologne Re)
Dr. Alfred Goßner (Allianz)
Dr. Erich Herrgen (Bayerische Rück)
Hartmut Hesse (Münchener Rück)
Christian Kluge (Münchener Rück)
Bernhard Meyer (R + V)
Dr. Walter Tesarczyk (Allianz)
Dr. Alfons Weiß (Aachener und Münchener)
Geschäftsführer(in): Wolfgang Schatz
Mitglieder: 80

● K 16
Verein Hanseatischer Transportversicherer e.V.
Geschäftsstelle Bremen:
Postf. 10 07 24, 28007 Bremen
Herrlichkeit 6, 28199 Bremen
T: (0421) 5 98 11-0 **Fax:** 50 77 47
Internet: http://www.vht-online.de
E-Mail: bremen@vht-online.de
Geschäftsstelle Hamburg:
Postf. 10 63 08, 20043 Hamburg
Mönckebergstr. 17, 20095 Hamburg
T: (040) 30 10 09-0 Fax: 30 10 09-30
E-Mail: hamburg@vht-online.de
Vorstand: Dr. Volker Bergeest, Hamburg
Peter Gerhard, Hamburg
Hans-Christoph Enge, Bremen
Kay Berndt, Hamburg
Hartmut Rehders, Jesteburg
Geschäftsführer(in): Kapitän Peter Zahalka (Priv.: (04298)
17 74, Mobil: (0172) 4 73 21 12)
Dipl.-Ing. Bernd Röder (Priv.: (04171) 7 22 70, Mobil: (0172)
4 04 00 15)

● K 17
Verein Bremer Seeversicherer e.V. (VHT)
Fusion, siehe K 16

● K 18
Verein Hamburger Assekuradeure e.V.
Fusion, siehe K 17

● K 19
Deutscher Sterbekassenverband e.V.
Wittener Str. 7-9, 58285 Gevelsberg
T: (02332) 1 27 83 **Fax:** 70 93 30
E-Mail: deutschersterbekassenverband@ves.de
Vorstand: Johannes Smit (Vors.), Wetter
Horst Pohlig (stellv. Vors.), Solingen
Frank Elsche, Wetter
Mitglieder: ca. 1350

● K 20
Arbeitskreis Norddeutscher Lebensversicherer
Neue Rabenstr. 28, 20354 Hamburg
T: (040) 4 10 35 12 **Fax:** 41 19 37 64
Vorsitzende(r): Dr. Gerd-Winand Imeyer

● K 21
Arbeitskreis der Westdeutschen Lebensversicherer
c/o Volkswohl-Bund Lebensversicherung a.G.
44128 Dortmund
Südwall 37-41, 44137 Dortmund
T: (0231) 54 33-0 **Fax:** 54 33-5 55
Gründung: 1983
Vorsitzende(r): Dipl.-Kfm. Werner Ackermann
Mitglieder: 30

● K 22

Bundesverband Deutscher Versicherungskaufleute e.V. (BVK)
Max-Engl-Haus
Kekuléstr. 12, 53115 Bonn
T: (0228) 2 28 05-0 **Fax:** 2 28 05-50
Internet: http://www.bvk.de
E-Mail: bvk@bvk.de
Geschäftsstelle Berlin:
Alt-Mariendorf 30, 12107 Berlin
T: (030) 7 06 10 70, Telefax: (030) 7 06 91 13
Geschäftsstelle Hamburg:
Börse Zimmer 54/55, 20457 Hamburg
T: (040) 37 30 20, Telefax: (040) 37 51 72 01
Gründung: 1901
Internationaler Zusammenschluß: siehe unter izk 54
Präsidium:
Präsident(in): Ludger Theilmeier (Berliner Str. 107, 33330
Gütersloh, T: (05241) 2 69 99, Telefax: (05241) 2 69 86)
Vizepräsident(in): Ulrich Brock (Remscheider Str. 9, 42369
Wuppertal, T: (0202) 24 66 20, Telefax: (0202) 24 66 67)
Michael H. Heinz (Kampenstr. 67, 57072 Siegen, T: (0271) 4
10 91, Telefax: (0271) 4 10 93)
Richard Henschen (Lange Kesselstr. 3, 48231 Warendorf, T:
(02581) 50 18/50 19, Telefax: (02581) 13 38)
Martin C. Kämpf (Sylvensteinstr. 2, 81369 München, T: (089)
74 75 50 42, Telefax: (089) 74 73 50 55)
Bernd Martin (Schiede 55, 65549 Limburg, T: (06431) 30 75,
Telefax: (06431) 2 43 34)

Hauptgeschäftsführer(in): RA Gerd Pulverich
Geschäftsführung: Marie-France Janzen-Jolly (ltd. Verbandsgeschf. (Leitung Verwaltung))
Wolfgang Schroeckh (ltd. Verbandsgeschf. (Fachleitung))
Dipl.-Betriebsw. Helmut Braun (Verbandsgeschäftsführer)
Betriebsw. (VWA) Hans-Dieter Schäfer (Verbandsgeschäftsführer)
Ass. jur. Ulrich Brauckmann (Verbandsreferent)
RA'in Angelika Bressel (Verbandsreferentin)
RA Werner Fröschen (Verbandsreferent)
Dipl.-Volksw. Dieter Meyer (Verbandsreferent)
RA Hubertus Münster (Verbandsreferent)
Ass. jur. Angelika Römhild (Verbandsreferentin)
Dipl.-Volksw. Ariane Kay (Verbandsreferentin)
Leitung Presseabteilung: Betriebsw. (VWA) Hans-Dieter
Schäfer
Verbandszeitschrift: Versicherungsvermittlung
Chefredakteur: Hans-Dieter Schäfer
Verlag: Kekuléstr. 12, 53115 Bonn
Mitglieder: ca. 14000
Mitarbeiter: 26
Der Verband hat den Zweck, die beruflichen, wirtschaftlichen, rechtlichen und sozialen Belange des Berufsstandes wahrzunehmen und zu fördern. Zu seinen Aufgaben gehören: die Öffentlichkeit mit der volkswirtschaftlichen Bedeutung des Berufsstandes der selbständigen Versicherungskaufleute und der selbständigen Bausparkaufleute vertraut zu machen; Behörden, Körperschaften, Parteien, Verbände, Vertretervereinigungen und Presse in berufsständischen Fragen zu informieren; Auskünfte und Gutachten zu erteilen, die Mitglieder in Berufsangelegenheiten zu beraten, die Mitglieder bei Anträgen oder Beschwerden zu unterstützen, den Mitgliedern aktive Rechtshilfe zu gewähren, wenn dies nicht gegen Verbandsinteressen verstößt. Die Berufsbildungsarbeit zu fördern und das fachliche Wissen der Mitglieder zu vertiefen; den Berufsstand von ungeeigneten Personen freizuhalten; den unlauteren Wettbewerb zu bekämpfen; die Interessen des Berufsstandes international und in der Europäischen Union zu vertreten. Der Verband kann für Mitglieder, die Arbeitgeber sind, Tarifvertragsvereinbarungen treffen.

k 23
Bundesverband Deutscher Versicherungskaufleute e.V.
Regionalverband Mitte (Hessen und Thüringen)
Rheinstr. 8, 37269 Eschwege
T: (05651) 55 15 **Fax:** 7 09 08
E-Mail: ulrich.zander@allianz.de
Kontaktperson: Ulrich Zander

k 24
Bundesverband Deutscher Versicherungskaufleute e.V.
Regionalverband Nord (Hamburg, Schleswig-Holstein, Mecklenburg-Vorpommern)
Postf. 11 11 23, 23521 Lübeck
Wakenitzstr. 34c, 23564 Lübeck
T: (0451) 7 07 34 45
Mobil: (0170) 4 81 01 97 **Fax:** 79 10 87
Kontaktperson: Klaus Völsen

k 25
Bundesverband Deutscher Versicherungskaufleute e.V.
Regionalverband Nord-West (Niedersachsen und Bremen)
Veerßer Str. 90, 29525 Uelzen
T: (0581) 97 60 00 **Fax:** 9 76 00 10
Kontaktperson: Tristan Bötnagel

k 26
Bundesverband Deutscher Versicherungskaufleute e.V.
Regionalverband Ost (Berlin, Brandenburg, Sachsen, Sachsen-Anhalt)
Gontermannstr. 20, 12101 Berlin
T: (030) 7 85 30 97 **Fax:** 7 86 91 54
Kontaktperson: Wolfgang Nottrott

k 27
Bundesverband Deutscher Versicherungskaufleute e.V.
Regionalverband Süd (Baden-Württemberg)
Karlsbadwg 13, 88400 Biberach
T: (07351) 19 96 63 **Fax:** 19 96 64

E-Mail: versicherungen-miller-biberach@t-online.de
Kontaktperson: Gerhard Miller

k 28
Bundesverband Deutscher Versicherungskaufleute e.V.
Regionalverband Süd-Ost (Bayern)
Mögeldorfer Hauptstr. 60, 90482 Nürnberg
T: (0911) 5 46 01 70 **Fax:** 54 25 81
Kontaktperson: Bernd Walter

k 29
Bundesverband Deutscher Versicherungskaufleute e.V.
Regionalverband Süd-West (Rheinland-Pfalz und Saarland)
Oberlinweg 3, 67141 Neuhofen
T: (06236) 5 29 47, (0621) 12 74 70
Mobil: (0171) 7 06 68 50 **Fax:** (0621) 12 74 77
Internet: http://www.gugei.de
E-Mail: gut.geither@gugei.de
Kontaktperson: Werner Gut

k 30
Bundesverband Deutscher Versicherungskaufleute e.V.
Regionalverband West (Nordrhein-Westfalen)
Dellbrücker Hauptstr. 154, 51069 Köln
T: (0221) 68 15 49 **Fax:** 6 80 57 12
Kontaktperson: Günter Rywelski

● K 31
Bundesverband Deutscher Vermögensberater e.V.
Untermainanlage 8, 60329 Frankfurt
T: (069) 25 62 61 30 **Fax:** 25 07 56
Gründung: 1973
Vorsitzende(r): Dr. Reinfried Pohl
Geschäftsführer(in): Dr. Edgar Weiler
Werner Hussong
Mitglieder: ca. 6500
Mitarbeiter: 4

● K 32
Bundesverband firmenverbundener Versicherungsvermittler- und gesellschaften e.V. (BfV)
Hattenbergstr. 10, 55122 Mainz
T: (06131) 66-2226 **Fax:** 66-2059
Gründung: 1969
Vorsitzende(r): Johannes B. Fischer (1. Vors.), Mainz
Hauprecht Freiherr Schenck zu Schweinsberg (2. Vors.), Düsseldorf
Schriftführer(in): Knut Eickstädt, Düsseldorf
Schatzmeister: Harry Daugird, Heidelberg
Mitglieder: 72

● K 33
Verband der Versicherungsvereine a.G. e.V.
Von-der-Goltz-Allee 93, 24113 Kiel
T: (0431) 64 89 30 **Fax:** 68 26 93
Internet: http://www.kielerrueck.de
E-Mail: kielerrueck@t-online.de
Geschäftsführende(s) Vorstands-Mitglied(er): Dipl.-Betriebsw. Jürgen Scheel
Mitglieder: 123

● K 34
Bundesverband Deutscher Versicherungsmakler e.V. (BDVM)
Cremon 33, 20457 Hamburg
T: (040) 36 98 20-0 **Fax:** 36 98 20-22
Internet: http://www.bdvm.de
E-Mail: bdvm_e.v@t-online.de
Internationaler Zusammenschluß: siehe unter izk 55
Präsident(in): Joachim F. Scheele
GF-Vorstand: Dr. Christoph Keil
Mitglieder: 260 mit 200 Niederlassungen

● K 35
Auskunftsstelle über Versicherungs- / Bausparkassenaußendienst und Versicherungsmakler in Deutschland e.V. (AVAD)
Normannenweg 2, 20537 Hamburg
T: (040) 25 19 21-0 **Fax:** 2 54 34 02
Vorsitzende(r): Dir. Herbert Löffler, Düsseldorf
Geschäftsführer(in): RA Stefan Schwarz
Mitglieder: 12 Verbände

● K 36
Gemeinschaftsausschuß Versicherungsaußendienst
(Gemeinschaftliche Institution des Gesamtverbandes der Deutschen Versicherungswirtschaft e.V. und der Verbände der selbständigen Versicherungsvermittler)
Geschäftsführung: (Gesamtverband der Deutschen Versicherungswirtschaft e.V.)
Postf. 08 02 64, 10002 Berlin
Friedrichstr. 191, 10117 Berlin
T: (030) 20 20-5000   Fax: 20 20-6000
Internet: http://www.gdv.de
Dr. Hans Jäger (Vors.[1]), Aachen
Ludger Theilmeier (stellv. Vors.[2]), Gütersloh
Hansjörg Cramer ([1]), München
Heinrich W. Grassl ([5]), München
Martin C. Kämpf ([2]), München
Dr. Christoph Keil ([4]), Hamburg
G. Kettler ([1]), Münster
Herbert Löffler ([1]), Düsseldorf
Bernd Martin ([2]), Limburg
Axel Nill ([3]), Dortmund
Horst Peil (Bez.-Dir. [3]), Bielefeld
Roland Reime ([1]), Kiel
Dr. Bernhard Schareck ([1]), Karlsruhe
Jochen Scheele (Vers.-Kfm. [4]), Mülheim/Ruhr
Hans Schreiber ([1]), Mannheim
R. Schulte ([1]), Dortmund
1 Gesamtverband der Deutschen Versicherungswirtschaft e. V.
2 Bundesverband Deutscher Versicherungskaufleute (BVK)
3 Bundesverband der Geschäftsstellenleiter der Assekuranz e. V. (VGA)
4 Bundesverband Deutscher Versicherungsmakler e. V. (BDVM)
5 Versicherungs- Makler-Verband e.V. (VMV)

● K 37
Bundesverband der Assekuranzführungskräfte e.V. (VGA)
- Arbeitgeberverband für das private Versicherungs-Vermittler-Gewerbe-
Kaiser-Wilhelm-Ring 15, 50672 Köln
T: (0221) 9 52 12 80, 9 52 12 81   Fax: 9 52 12 82
Internet: http://www.vga-koeln.de
E-Mail: info@vga-koeln.de
Gründung: 1877 (1.April)
Internationaler Zusammenschluß: siehe unter izk 56
Präsidium:
Präsident(in): Bez.-Dir. Horst Peil (Württembergische Vers. AG, Niederwall 41-45, 33602 Bielefeld, T: (0521) 5 83 02-12, Fax: (0521) 5 83 02 66)
Vizepräsident(in): FD George C. Muhle (C. Wm. König GmbH & Co., Herrlichkeit 6, 28199 Bremen, T: (0421) 5 98 20)
Fil.-Dir. Dieter Kreuer (Württembergische Vers. AG, Silberburgstr. 148, 70176 Stuttgart, T: (0711) 6 62-35 01, Fax: (0711) 6 62 35 28)
Schatzmeister: LD Klaus-Dieter Riemer (Generali Versicherungs AG, Johannsbollwerk 16, 20459 Hamburg, T: (040) 3 11 76-200, Fax: 3 11 76-160)
Präsidialmitgl.: Dir. Manfred Berg (Axa Colonia, Lise-Meitner-Straße 4, 60486 Frankfurt, T: (069) 97 75 16-2 21, Fax: (069) 97 75 16-88)
Bez.Dir. Werner Nebel (Basler, Bleichenbrücke 9, 20302 Hamburg, T: (05071) 91 21 72, Fax: 91 21 53)
Dipl.-Betriebsw. Axel Nill (Fa. Leue & Nill, Hohenzollernstr. 2, 44135 Dortmund, T: (0231) 5 40 40, Fax: (0231) 54 04-392)
Dir. Rüdiger Otto (Gerling & Co., Bismarckstraße 10, 10625 Berlin, T: (030) 3 40 09-200, Fax: 3 40 09-296)
Verbandsdirektor: Dipl.-Volksw. Verb.-Dir. Oliver Mathais (Ltg. Presseabt.; Kaiser-Wilhelm-Ring 15, 50672 Köln, T: (0221) 9 52 12 80 u. 9 52 12 81, Telefax: (0221) 9 52 12 82)
Verbandszeitschrift: VGA Nachrichten
Redaktion: Herbert Schrödter u. Oliver Mathais
Verlag: VGA, Unter Buschweg 17, 50999 Köln
Mitglieder: 1200
Ausschüsse: Sachversicherung, Transportversicherung, HUK-Versicherung, Lebensversicherung, Krankenversicherung

● K 38
Arbeitskreis Vertretervereinigungen der Deutschen Assekuranz (AVV)
Engelhardstr. 16, 63450 Hanau
T: (06181) 3 13 46   Fax: 3 95 55
Gründung: 1973
Leiter(in): Dieter Stein (Vors.)
Dieter Grau
Winfried Kalveram
Christian Schönfeld
Claus-Jürgen Schuff
Jahresetat: DM 0,020 Mio, € 0,01 Mio

● K 39
Verein Deutscher Lebensversicherer
c/o Karlsruher Lebensversicherung AG
76112 Karlsruhe
Friedrich-Scholl-Platz, 76137 Karlsruhe
Vorsitzende(r): Dr. Bernhard Schareck

● K 40
PENSIONS-SICHERUNGS-VEREIN
Versicherungsverein auf Gegenseitigkeit
50963 Köln
Berlin-Kölnische-Allee 2-4, 50969 Köln
T: (0221) 9 36 59-0   Fax: 9 36 59-299
Gründung: 1974 (7. Oktober); 18.3.1975 eingetragen
Vorsitzender des Aufsichtsrates: Dr. Klaus Murmann (Ehrenpräsident d. Bundesvereinigung der deutschen Arbeitgeberverbände, Vors. d. Vorst. der Sauer-Sundstrand-Gruppe Neumünster, Ames/Iowa)
Vorstand: Dipl.-Math. Martin Hoppenrath
Dr. Hermann Peter Wohlleben
Mitglieder: 39774

● K 41
Industrie-Pensions-Verein e.V.
Berlin - Varel (IPV)
Sitz des Vereins: Berlin
Sitz der Verwaltung: Varel (Oldb)
Dienststellen:
Beethovenstr. 2, 26316 Varel
T: (04451) 9 29-0   Fax: 9 29-333
Haus der Deutschen Industrie, Breite Str. 29, 10178 Berlin, T: (030) 20 60 75 20, Fax: 20 60 75 21
Gründung: 1925 (9. Januar)
Vorstand: Dipl.-Betr.-Wirt Dieter Joeres (Nathlandstr. 79, 46047 Oberhausen)
Dipl.-Volksw. Jost Etzold (An den Teichwiesen 15, 26316 Varel)
Mitglieder: 330000
Mitarbeiter: 50
Individuelle Altersversorgung für Unternehmer und Führungskräfte aus dem Bereich der Industrie über Verträge mit Lebensversicherungsgesellschaften.

● K 42
Vereinigung der Saarländischen Versicherungs-Generalagenten e.V.
Rathausplatz 7, 66111 Saarbrücken
T: (0681) 3 50 99   Fax: 37 11 06
Gründung: 1948 (16. September)
1. Vorsitzende(r): Marcel Britz
Mitglieder: 39

● K 43
Verein Verkehrsopferhilfe e.V.
Glockengießerwall 1, 20095 Hamburg
T: (040) 30 18 00   Fax: 3 01 80 70 70
Vorstand: Direktor i.R. Dr. Hubert Diekstall (Vors.), Hemmingen
Gerd Kettler (Generaldirektor, Münster)
Dieter G. Heumann (Direktor i.R., Münster)

● K 44
Wiesbadener Vereinigung
Adenauerallee 90, 53113 Bonn
T: (0228) 9 49 30 50-1 bis 3   Fax: 9 49 30 50-4
Gründung: 1971 (8. Juli)
Vorstand: Dir. Rolf Richter (Vors.), Köln
Dir. Hans-Joachim Rieder (stellv. Vors.), Braunschweig
Dir. Dr. Alfred Goßner, München
Dir. Bernhard Meyer, Wiesbaden
Dir. Manfred Schobert, Köln
Geschäftsführer(in): Heinz Schütte
Mitglieder: 164

Private Krankenversicherung

● K 45
Verband der privaten Krankenversicherung e.V. (PKV)
Postf. 51 10 40, 50946 Köln
Bayenthalgürtel 26, 50968 Köln
T: (0221) 3 76 62-0   Fax: 3 76 62-10
T-Online: *20177#
Internet: http://www.pkv.de
Vorstand: Gen.-Dir. Peter Greisler (Vors.; Vors. d. Vorst. der Debeka Krankenversicherungsverein a.G., Koblenz)
Dir. Dr. Jan Boetius (stellv. Vors.; Vors. d. Vorst. der DKV Deutsche Krankenversicherung AG, Köln)
Gen.-Dir. Dr. Ulrich Rumm (stellv. Vors.; Vors. d. Vorst. der Vereinte Krankenversicherung AG, München)
Gen.-Dir. Reinhold Schulte (stellv. Vors.; Vors. d. Vorst. der SIGNAL Krankenversicherung a.G., Dortmund)
Verbandsdir. Dr. Christoph Uleer (Köln, geschäftsführendes Vorst.-Mitgl.)
Dr. Ernst-Wilhelm Zachow (Vors. des Vorst. der Landeskrankenhilfe V.V.a.G., Lüneburg)
Stellv. Verbandsdir.: Sybille Sahmer

Geschäftsführung: Dipl.-Math. Helga Riedel
Christian Weber

Hauptausschuß, bestehend aus von d. Mitgliederversammlung gewählten Mitgliedern

Vorsitzende(r): Gen.-Dir. Peter Greisler (Vors. d. Vorst. der Debeka Krankenversicherungsverein a.G., Koblenz)
Stellvertretende(r) Vorsitzende(r): Gen.-Dir. Dr. Hans Bauermeister (Vors. d. Vorst. der CENTRAL KRANKENVERSICHERUNG AG, Köln)
Stellvertretende(r) Vorsitzende(r): Dir. Dr. Jan Boetius (Vors. d. Vorst. der DKV Deutsche Krankenversicherung AG, Köln)
Stellvertretende(r) Vorsitzende(r): Gen.-Dir. Dr. Ulrich Rumm (Vors. d. Vorst. der Vereinte Krankenversicherung AG, München)
Dir. Volker Altenähr (Vorstandsmitglied d. Süddeutsche Krankenversicherung a.G., Stuttgart)
Dir. Dr. Günther Bauer (Vors. d. Vorst. des MÜNCHENER VEREIN Krankenversicherung a.G., München)
Dir. Josef Beutelmann (Vors. d. Vorst. der Barmenia Krankenversicherung a.G., Wuppertal)
Dir. Ingmar Douglas (Vors. d. Vorst. der VICTORIA Krankenversicherung a.G., Düsseldorf)
Dir. Wolfgang Fauter (Vors. d. Vorst. der DEUTSCHER RING Krankenversicherungsverein a.G., Hamburg)
Dir. Hermann Gühring (Vors. d. Vorst. der Hallesche-Nationale Krankenversicherung a.G., Stuttgart)
Gen.-Dir. Dr. Horst Hoffmann (Vors. d. Vorst. der Continentale Krankenversicherung a.G., Dortmund und der EUROPA Krankenversicherung Aktiengesellschaft, Köln)
Gen.-Dir. Dr. Gerd-Winand Imeyer (Vors. d. Vorst. der Hanse-Merkur Krankenversicherung a.G., Hamburg)
Dir. Bernd Jansen (Vors. d. Vorst. der INTER Krankenversicherung aG, Mannheim)
Dir. Dr. Hans Löffler (Vors. d. Vorst. der BERLIN-KÖLNISCHE Krankenversicherung a.G., Köln)
Dir. Axel Meder (Vors. d. Vorst. d. UNIVERSA Krankenversicherung a.G., Nürnberg)
Gen.-Dir. Heinz Prokop (Vors. d. Vorst. der Bayerischen Beamtenkrankenkasse AG, Haar)
Dir. Gernot Schlösser (Vors. d. Vorst. der AXA Colonia Krankenversicherung Aktiengesellschaft, Köln)
Dir. Reinhold Schulte (Vors. d. Vorst. der SIGNAL Krankenversicherung a.G., Dortmund)
Dir. Dr. Knud M. Teichmann (Vors. d. Vorst. der DBV-Winterthur Krankenversicherung AG, Wiesbaden)
Dir. Dr. Ernst Wilhelm Zachow (Vors. d. Vorst. der Landeskrankenhilfe V.V.a.G., Lüneburg)
Kooptierte Mitglieder:
Dir. Dr. Werner Rupp (Vorstandsmitglied der NÜRNBERGER KRANKENVERSICHERUNG AG, Nürnberg)
Mitglieder: 52 ordentliche und 1 außerordentliches (Stand 1.12.98)

Landesausschüsse

k 46
Verband der privaten Krankenversicherung e.V.
Landesausschuß Baden-Württemberg
(Hallesche-Nationale)
Postf. 10 60 17, 70049 Stuttgart
Reinsburgstr. 10, 70178 Stuttgart
T: (0711) 66 03-2257
Vorstand: Direktor Ulrich Stenger (Süddeutsche)
Abt.-Dir. Theo Gauch

k 47
Verband der privaten Krankenversicherung e.V.
Landesausschuß Bayern
(Vereinte)
80291 München
Fritz-Schäffer-Str. 9, 81737 München
T: (089) 67 85-5238
Vorstand: Direktor Götz Reichart (Vereinte)
Prokurist Peter-Klaus Seyfart

k 48
Verband der privaten Krankenversicherung e.V.
Landesausschuß Berlin
(DKV)
Innsbrucker Str. 26-27, 10825 Berlin
T: (030) 85 02-2290
Vorstand: Oswald Spallek (Abteilungsdirektor, DKV)
Prokurist Reinhard Leben (DKV)
Abt.-Leiter Wolfgang Ifland (BERLIN-Kölnische, T: (030) 23 08 13-23)

k 49
Verband der privaten Krankenversicherung e.V.
Landesausschuß Brandenburg
(DKV)
Innsbrucker Str. 26-27, 10825 Berlin
T: (030) 8 50 21
Vorstand: Wolfgang Lohmann
Abt.-Dir. Oswald Spallek

k 50

Verband der privaten Krankenversicherung e.V.
Landesausschuß Bremen
(Landeskrankenhilfe)
Rembertiring 11a, 28195 Bremen
T: (04131) 7 25-0
Vorstand: Direktor Dr. Ernst-Wilhelm Zachow (Landeskrankenhilfe)
Prokurist Gottfried Glaser-Gallion (Landeskrankenhilfe)

k 51

Verband der privaten Krankenversicherung e.V.
Landesausschuß Hamburg
22289 Hamburg
Kapstadtring 5-8, 22297 Hamburg
T: (040) 41 24-7330   **Fax:** 41 24-6447
Vorstand: Direktor Hans-Joachim Krauß (NOVA)
Hauptreferent Jörg Stamer (NOVA)

k 52

Verband der privaten Krankenversicherung e.V.
Landesausschuß Hessen
(DBV)
65178 Wiesbaden
Frankfurter Str. 50, 65189 Wiesbaden
T: (0611) 3 63-0
Vorstand: Direktor Dr. Knud M. Teichmann (DBV)
Direktor Adolf Moser (DBV)

k 53

Verband der privaten Krankenversicherung e.V.
Landesausschuß Mecklenburg-Vorpommern
(Gerling Firmen- und Privat-Service GmbH Ost)
Goethestr. 20, 18055 Rostock
T: (0381) 45 60-411

k 54

Verband der privaten Krankenversicherung e.V.
Landesausschuß Niedersachsen
(Landeskrankenhilfe)
21332 Lüneburg
Uelzener Str. 120, 21335 Lüneburg
T: (04131) 7 25-0
Vorstand: Direktor Dr. Ernst-Wilhelm Zachow (Landeskrankenhilfe)
Prokurist Gottfried Glaser-Gallion

k 55

Verband der privaten Krankenversicherung e.V.
Landesausschuß Nordrhein-Westfalen
(DKV)
Aachener Str. 300, 50933 Köln
T: (0221) 5 78-0
Vorstand: Abt.-Dir. Dr. Klaus-Jürgen Preuß (DKV)
Manfred-Ulrich Schröter (DKV, - zuständig für Krankenhaus-Fragen -)
Horst Hundertmark (DKV, - zuständig für Heilbehandler-Fragen -)

k 56

Verband der privaten Krankenversicherung e.V.
Landesausschuß Rheinland-Pfalz
(Debeka)
56058 Koblenz
Ferdinand-Sauerbruch-Str. 18, 56073 Koblenz
T: (0261) 4 98-0
Vorstand: Direktor Jürgen R. Rudolph (Debeka)
Abt.-Leiter Reinhard Wüstenberg (Debeka, - zuständig für Krankenhaus-Fragen -)
Abt.-Leiterin Monika Möhlig-Doetsch (SIGNAL, T: (0261) 1 39 01-0 - zuständig für Heilbehandler-Fragen -)

k 57

Verband der privaten Krankenversicherung e.V.
Landesausschuß Saarland
(UKV)
Postf. 103152, 66031 Saarbrücken
Peter-Zimmer-Str. 2, 66123 Saarbrücken
T: (0681) 8 44-0
Vorstand: Direktor Roland Weber (UKV)
Hans-Günter Treib (UKV)
Hans-Georg Stritter (UKV)

k 58

Verband der privaten Krankenversicherung e.V.
Landesausschuß Sachsen
(INTER)
Postf. 100665, 01076 Dresden
Schützenhöhe 16-18, 01099 Dresden
T: (0351) 81 26 60

Vorstand: Wolfgang Lohmann
Direktor Thomas List (INTER)
Ltd. Handlungsbev. Hans Stumpf (INTER)

k 59

Verband der privaten Krankenversicherung e.V.
Landesausschuß Sachsen-Anhalt
(Continentale)
Hasselbachplatz 1, 39104 Magdeburg
T: (0391) 7 31 70 50
Vorstand: Wolfgang Lohmann
Handlungsbev. Klaus Böcker (Continentale)

k 60

Verband der privaten Krankenversicherung e.V.
Landesausschuß Schleswig-Holstein
(NOVA)
22289 Hamburg
Kapstadtring 5-8, 22297 Hamburg
T: (040) 41 24-7589   **Fax:** 41 24-6447
Vorstand: Direktor Hans-Joachim Krauß (NOVA)
Ltd. Handlungsbev. Wolfgang Fischer (NOVA)

k 61

Verband der privaten Krankenversicherung e.V.
Landesausschuß Thüringen
(Vereinte)
Neuwerkstr. 10, 99084 Erfurt
Korrespondenzanschrift:
80291 München (Vereinte)
Tel: (089) 67 85-52 44
Vorstand: Wolfgang Lohmann
Prokurist Peter-Klaus Seyfart (Vereinte)

● **K 62**

MDS Medizinischer Dienst der Spitzenverbände der Krankenkassen e.V.
Lützowstr. 53, 45141 Essen
T: (0201) 83 27-0   **Fax:** 83 27-3100
E-Mail: office@mds-ev.de
Gründung: 1989 (18. Oktober)
Vorstandsvorsitzende: Gert Nachtigal
Hans Langenbucher
Geschäftsführer(in): Dr. Peter Pick
Mitglieder: 8
Mitarbeiter: ca. 60
Jahresetat: ca. DM 8 Mio, € 4,09 Mio

Beratung der Spitzenverbände der Kranken- und Pflegekassen zu sozialmedizinischen und pflegefachlichen Fragestellungen. Koordinierung und Förderung der Zusammenarbeit der Medizinischen Dienste, Auswertung der Begutachtungs- und Beratungsergebnisse der Medizinischen Dienste und Berichterstattung gegenüber Trägern, Politik und Öffentlichkeit.

● **K 63**

Bundesverband Deutscher Privatkrankenanstalten e.V.
Bundeskanzlerplatz 2-10 Bonn-Center, 53113 Bonn
T: (0228) 21 10 01   **Fax:** 21 22 11
E-Mail: bdpk@bonn-online.com
Präsident(in): Dipl.-Volkswirt K. Heinrich Rehfeld, Berlin
Geschäftsführer(in): Dipl.-Volksw. Wolfram L. Boschke

Landesverbände

k 64

Verband der Krankenanstalten in privater Trägerschaft in Baden-Württemberg e.V.
Geschäftsstelle:
Postf. 16 55, 79016 Freiburg
Schillerstr. 54, 79102 Freiburg
T: (0761) 70 25 64   **Fax:** 70 65 83
E-Mail: rae-tmk@t-online.de
Vorsitzende(r): Dr. Joseph Graf Waldburg-Zeil, Argenbühl-Eglofs
Geschäftsführer(in): RA Rolf Treutler

k 65

Verband der Privatkrankenanstalten in Bayern e.V.
Elsenheimerstr. 37, 80687 München
T: (089) 57 30 99   **Fax:** 57 34 88
E-Mail: info@vpka-bayern.de
Vorsitzende(r): Peter Rothemund
Geschäftsführer(in): RA Heinz Rottmann

k 66

Verband der Privatkrankenanstalten Berlin-Brandenburg e.V.
Wittenbergplatz 1, 10789 Berlin
T: (030) 2 13 70 73   **Fax:** 2 11 36 69
E-Mail: vpkbb@aol.com
Vorsitzende(r): Prof. Dr. Joachim Baumgarten
Geschäftsführer(in): Dipl.-Volksw. Hartmut Klemann

k 67

Verband Deutscher Privatkrankenanstalten e.V.
- Landesverband Hamburg -
Praxisklinik Mümmelmannsberg
Oskar-Schlemmer-Str. 9-17, 22115 Hamburg
T: (040) 7 15 91-216   **Fax:** 7 15 91-262
E-Mail: muemmelmannsberg@drguth.de
Vorsitzende(r): Dr. med. Manuela Guth

k 68

Verband der Privatkrankenanstalten in Hessen e.V.
Leibnizstr. 25, 65191 Wiesbaden
T: (0611) 57 18 51   **Fax:** 57 11 48
E-Mail: rka-wi@t-online.de
Vorsitzende(r): Michael Herrmann, Bad Orb
Geschäftsführer(in): Friedel Mägdefrau

k 69

Verband der Privatkrankenanstalten Mecklenburg-Vorpommern
Median-Klinik Wismar
Ernst-Scheel-Str. 28, 23968 Wismar
T: (03841) 6 46-501   **Fax:** 6 46-555
E-Mail: reha.wismar@uumail.de
Vorsitzende(r): Christian Rettberg

k 70

Verband der privaten Krankenanstalten Niedersachsen e.V.
Sedanstr. 109, 49076 Osnabrück
T: (0541) 6 69 22 00
E-Mail: vdpkn@aol.com
Vorsitzende(r): Hartmut Lielje
Geschäftsführer(in): Dipl.-Kfm. Martin Menger

k 71

Verband der Privatkrankenanstalten Nordrhein-Westfalen e.V.
Bundeskanzlerplatz 2-10 Bonn-Center, 53113 Bonn
T: (0228) 21 10 02   **Fax:** 21 22 11
E-Mail: privatkrankenanstaltennrw@bonn-online.de
Vorsitzende(r): Volker Kull, Bad Oeynhausen
Geschäftsführer(in): Dipl.-Volksw. Wolfram L. Boschke

k 72

Verband der Privatkrankenanstalten in Rheinland-Pfalz e.V.
Leibnizstr. 25, 65191 Wiesbaden
T: (0611) 57 18 51   **Fax:** 57 11 48
E-Mail: rka-wi@t-online.com
Vorsitzende(r): Dr. Christoph Smolenski, Ahrweiler
Geschäftsführer(in): Friedel Mägdefrau

k 73

Verband der Privatkrankenanstalten im Saarland e.V.
c/o Psychosomatische Fachklinik Münchwies
Turmstr. 50-58, 66540 Neunkirchen
T: (06858) 69 12 42   **Fax:** 69 13 21
E-Mail: fkmmuenchwies@ahg.de
Vorsitzende(r): Wilhelm Scheidt

k 74

Verband der Privatkrankenanstalten in Sachsen e.V.
Gustav-Mahler-Str. 2, 04109 Leipzig
T: (0341) 9 80 08 61   **Fax:** 9 80 08 60
E-Mail: pksleipzig@t-online.de
Vorsitzende(r): Peter Lingg, Vlotho
Geschäftsführer(in): Rechtsanwalt Ingo Dörr

k 75

Verband der Privatkrankenanstalten in Sachsen-Anhalt e.V.
c/o Saale-Reha-Klinikum II
Elly-Kutscher-Str. 14, 06628 Bad Kösen
T: (034463) 7 02-46   **Fax:** 7 02-11
E-Mail: heikegerhardt@t-online.de
Vorsitzende(r): Hartmut Lielje
Geschäftsführer(in): RA'in Heike Gerhardt

k 76
Verband der Privatkliniken in Schleswig-Holstein e.V.
Feldstr. 75, 24105 Kiel
T: (0431) 8 40 35 **Fax:** 8 40 55
E-Mail: gf@upksh.de
Vorsitzende(r): Dr. Jürgen Mau
Geschäftsführer(in): Bernd Krämer

k 77
Verband der Privatkrankenanstalten in Thüringen e.V.
Heinrich-Jäde-Str. 35, 99425 Weimar
T: (03623) 35 01 50 **Fax:** 33 91 78
E-Mail: gf@krankenhaus-waltershausen-friedrichroda.de
Vorsitzende(r): Joachim Manz
Geschäftsführer(in): Dr. Judith Bein

Sozialversicherung

Krankenversicherung

● K 78

AOK - Bundesverband
Kortrijker Str. 1, 53177 Bonn
T: (0228) 8 43-0 **Fax:** 8 43-502
Internet: http://www.aok.de/
E-Mail: aok-bundesverband@bv.aok.de
Vors. u. stellv. Vors. d. Verwaltungsrates im jährlichen Wechsel:
Peter Kirch
Gert Nachtigal
Vorsitzender des Vorstandes: Dr. Hans Jürgen Ahrens
Stellv. Vors. d. Vorstandes: Dr. Rolf Hoberg
Pressesprecher: Udo Barske (T: (0228) 8 43-309, Fax: 8 43-507, E-Mail: udo.barske@bv.aok.de
Verbandszeitschrift: G + G Gesundheit und Gesellschaft

Der AOK-Bundesverband mit Sitz in Bonn vertritt als Dachorganisation von 17 AOKs mit über 28 Mio. Versicherten die Interessen der AOK-Gemeinschaft auf Bundesebene. Vertreter der Versicherten und Arbeitgeber sorgen in den paritätisch besetzten ehrenamtlichen Gremien für eine versicherten- und betriebsnahe Gestaltung der Krankenversicherung. Heute und in Zukunft tritt die AOK für eine umfassende medizinische Versorgung mit vollwertigen Leistungen ein. Diese Ziele unterstützt der AOK-Bundesverband durch sozialpolitische Überzeugungsarbeit bei Parlament, Regierung und zuständiger Verwaltung. Seit über 100 Jahren garantiert die AOK - als größte Krankenversicherungsgruppe in Deutschland - Sicherheit und umfassende medizinische Versorgung im Krankheitsfall.

Baden-Württemberg

k 79
AOK Baden-Württemberg
Hauptverwaltung
Postf. 10 29 54, 70025 Stuttgart
Heilbronner Str. 184, 70191 Stuttgart
T: (0711) 25 93-0 **Fax:** 25 93-1 00
Vors. u. stellv. Vors. d. Verwaltungsrates im jährlichen Wechsel:
Peer-Michael Dick
Herbert Neumann
Vorsitzender des Vorstandes: Roland Sing
Stellv. Vors. d. Vorstandes: Dr. Christopher Hermann
Mitglied des Vorstandes: Peter Burk
Pressereferent: Otwin Schierle (M.A., T: (0711) 25 93-231, Fax: 25 93-300, E-Mail: presse@bw.aok.de)

Bayern

k 80
AOK Bayern - Die Gesundheitskasse
Zentrale
Postf. 83 05 54, 81705 München
Hofer Str. 21, 81737 München
T: (089) 6 27 30-0 **Fax:** 6 27 30-107
Internet: http://www.aok.de
Vors. u. stellv. Vors. d. Verwaltungsrates im jährlichen Wechsel: Klaus Dittrich
Dr. Rainer Will
Vorsitzende(r) des Vorstandes: Dr. Helmut Platzer
Walter Schwarz
Mitglieder des Vorstandes: Heinz Behringer
Günther Dauch
Pressesprecher: Michael Leonhart (M.A., E-Mail: presse@zentrale.by.aok.de)

Berlin

k 81
AOK Berlin
Wilhelmstr. 1, 10963 Berlin
T: (030) 25 31-0
E-Mail: aokberlin@bln.aok.de
Vors. u. stellv. Vors. d. Verwaltungsrates im jährl. Wechsel: Dr. Friedrich Kästner
Wolfgang Metschurat
Vorsitzende(r) des Vorstandes: Rolf D. Müller
Mitglied des Vorstandes: Günter Scherer
Pressesprecherin: Gabriele Rähse (T: (030) 25 31-2202, Fax: 25 31-2926)

Brandenburg

k 82
AOK für das Land Brandenburg
14510 Teltow
Potsdamer Str. 20, 14513 Teltow
T: (03328) 45-0 **Fax:** 45-1028
Internet: http://www.aok.de
E-Mail: aok-brandenburg@bvb.aok.de
Vors. u. stellv. Vors. d. Verwaltungsrates im jährlichen Wechsel:
Elmar Stollenberg
Marianne Sandig
Vorsitzender des Vorstandes: Wolfgang Niebuhr
Stellv. Vors. d. Vorstandes: Franz-Josef Lünne
Pressesprecher: Jörg Trinogga (T: (03328) 45 15 13, Fax: 45 15 14, e-mail: Joerg.Trinogga@brb.aok.de)
Verbandszeitschrift: "Bleib gesund" u.a.
Mitglieder: 750000
Mitarbeiter: 2400
Jahresetat: DM 3700 Mio, € 1891,78 Mio

Bremen

k 83
AOK Bremen/Bremerhaven
Bürgermeister-Smidt-Str. 95, 28195 Bremen
T: (0421) 17 61-0 **Fax:** 17 61-109
Internet: http://www.aok.de
E-Mail: aok.bremen-brhv@hb.aok.de
Vors. u. stellv. Vors. d. Verwaltungsrates im jährlichen Wechsel:
Ernst-Otto Krüger
Otto Brauch
Vorsitzender des Vorstandes: Norbert Kaufhold
Stellv. Vors. d. Vorstandes: Lothar Mueller
Pressesprecher: Jens Rosenbrock (T: (0421) 17 61-273, Fax: (0421) 17 61-502)

Hamburg

k 84
AOK Hamburg
Pappelallee 22-26, 22089 Hamburg
T: (040) 20 23 00 **Fax:** 20 23 14 99
Internet: http://www.aok.de/hh
E-Mail: presse@hh.aok.de
Vors. u. stellv. Vors. des Verwaltungsrates im jährl. Wechsel: Hilka Schmidtke
Bernhard Janßen
Vorsitzende des Vorstandes: Karin Schwemin
Mitglied des Vorstandes: Rolf Dübbert
Pressesprecherin: Ulrike Zeising (T: (040) 20 23-4939, Fax: 20 23-4939)

Hessen

k 85

AOK - Die Gesundheitskasse in Hessen
Direktion
Postf. 11 52, 61281 Bad Homburg
T: (06172) 2 72-0 **Fax:** 2 72-409
E-Mail: service@he.aok.de
Vors. u. stellv. Vors. d. Verwaltungsrates im jährlichen Wechsel:
Herbert Schneider
Dr. Werner Scherer
Vorsitzender des Vorstandes: Wolfgang Gerresheim
Mitglieder des Vorstandes: Dieter Bock
Fritz Müller
Pressesprecher: Andreas Bonn (T: (06172) 2 72-150, Fax: 2 72-149)

Mecklenburg-Vorpommern

k 86
AOK Mecklenburg-Vorpommern
Postf. 15 02 44, 19032 Schwerin
Am Grünen Tal 50, 19063 Schwerin
T: (0385) 3 08-0 **Fax:** 3 08-1440
Vors. u. stellv. Vors. d. Verwaltungsrates im jährlichen Wechsel: Peter Deutschland
Edgar Wonneberger
Vorsitzender des Vorstandes: Friedrich Wilhelm Bluschke
Mitglied des Vorstandes: Gernot Rudolph
Pressesprecher: Johannes Lack (T: (0385) 3 08-17 04, Fax: 3 08-14 50, email: Johannes.Lack@mv.aok.de)

Niedersachsen

k 87

AOK - Die Gesundheitskasse für Niedersachsen
Postf. 81 01 63, 30501 Hannover
Kolumbusstr. 2, 30519 Hannover
T: (0511) 87 01-0 **Fax:** 87 01-200
E-Mail: aok.Niedersachsen@nds.aok.de
Vors. u. stellv. Vors. d. Verwaltungsrates im jährlichen Wechsel: Gerrit Wolter
Hans-Jürgen Steinau
Vorsitzende des Vorstandes: Christine Lüer
Stellv. Vors. d. Vorstandes: Friedrich-Wilhelm Köhn
Pressesprecher: Klaus Altmann (T: (0511) 87 01-153, Fax: (0511) 87 01-180)
Verbandszeitschrift: BLEIB GESUND
Verlag: WDV, Siemensstr. 6, 61352 Bad Homburg
Mitglieder: 2,3 Mio
Mitarbeiter: 5800
Jahresetat: DM 1165 Mio, € 595,66 Mio

Nordrhein-Westfalen

k 88
AOK Westfalen-Lippe
44261 Dortmund
Nortkirchenstr. 103-105, 44263 Dortmund
T: (0231) 41 93-0 **Fax:** 41 93-107
Internet: http://www.aok.de/wl
E-Mail: die.gesundheitskasse@wl.aok.de
Vors. u. stellv. Vors. d. Verwaltungsrates im jährlichen Wechsel:
Dieter Barabas
Dr. Horst-Dieter Projahn
Vorsitzender des Vorstandes: Fred Nadolny
Stellv. Vors. d. Vorstandes: Peter Adomaitis
Pressesprecher: Karl-Josef Steden (T: (0231) 41 93-116, Fax: 41 93-150, email: Karl-Josef.Steden@wl.aok.de)

Rheinland

k 89
AOK Rheinland - Die Gesundheitskasse
Postf. 10 13 42, 40004 Düsseldorf
Kasernenstr. 61, 40213 Düsseldorf
T: (0211) 87 91-0 **Fax:** 87 91-1125
Internet: http://www.aok-rheinland.de
E-Mail: aok.rheinland@rla.aok.de
Vors. u. stellv. Vors. d. Verwaltungsrates im jährlichen Wechsel: Hans Dieter Richardt
Andreas Schmidt
Vorsitzender des Vorstandes: Wilfried Jacobs
Stellv. Vors. d. Vorst.: Jürgen Stier
Pressestelle: T: (0211) 87 91-1262, Fax: 87 91-1125

Rheinland-Pfalz

k 90
Allgemeine Ortskrankenkasse in Rheinland-Pfalz
Direktion
Virchowstr. 30, 67304 Eisenberg

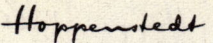

T: (06351) 4 03-0   Fax: 4 03-1 99
E-Mail: AOK.RLPF@t-online.de
Vors. u. stellv. Vors. d. Verwaltungsrates im jährlichen Wechsel: Heiner Boegler
Wilhelm Kuhn
Vorsitzender des Vorstandes: Walter Bockemühl
Mitglied des Vorstandes: Joachim Fiebig
Pressereferent: Jürgen Cronauer (T: (06351) 4 03-480, Fax: 4 03-710, email: juergen.cronauer@rp.aok.de)

Saarland

k 91

AOK - Die Gesundheitskasse im Saarland
Halbergstr. 1, 66121 Saarbrücken
T: (0681) 60 01-0   Fax: 60 01-5 50
Internet: http://www.aok.de
Vors. u. stellv. Vors. d. Verwaltungsrates im jährlichen Wechsel: Kurt Hartz
Klaus Behnisch
Vorstand: Heinz Eichner
Pressesprecher: Willi Gregorius (T: (0681) 60 01-311, Fax: 60 01-440, E-Mail: willi.gregorius@sl.aok.de)
Pressestelle: Norbert Bentz (T: (0681) 60 01-398)

Sachsen

k 92

AOK Sachsen - Die Gesundheitskasse
01058 Dresden
Sternplatz 7, 01067 Dresden
T: (0351) 49 46-0   Fax: 49 46-14579
Vors. u. stellv. Vors. d. Verwaltungsrates im jährlichen Wechsel: Ralf Konstanzer
Dr. Reiner Krannich
Vorsitzender des Vorstandes: Rolf Steinbronn
Stellv. Vors. d. Vorst.: Hans Günter Verhees
Mitglied des Vorstandes: Günther Rettich
Pressesprecher: Dr. Heinz-Werner Raske (T: (0351) 49 46-11144, Fax: 49 46-11149, E-Mail: presse@sac.aok.de)

Sachsen-Anhalt

k 93

AOK Sachsen-Anhalt
Lüneburger Str. 4, 39106 Magdeburg
T: (0391) 58 03   Fax: 5 80 45 14
Vors. u. stellv. Vorsitzender im jährlichen Wechsel: Manfred Bartsch
Hansjörg Schürer
Vorstand: Günter Kasten (Vors.)
Gerd Kuhnert (stellv.)
Pressereferentin: Petra Fleischer (T: (0391) 5 80 44 26, Fax: 5 80 45 76, E-Mail: petra.fleischer@san.aok.de)

Schleswig-Holstein

k 94

AOK Schleswig-Holstein - Die Gesundheitskasse
Edisonstr. 70, 24145 Kiel
T: (0431) 60 50
Vors. u. stellv. Vors. d. Verwaltungsrates im jährlichen Wechsel: Dieter Lensch
Manfred Hintze
Vorsitzender des Vorstandes: Peter Buschmann
Stellv. Vors. d. Vorstandes: Bernhard Warsitzki
Pressesprecher: Dieter Konietzko (T: (0431) 6 05 11 70, Fax: 6 05 11 79, E-Mail: Dieter.Konietzko@sh.aok.de)

Thüringen

k 95

AOK - Die Gesundheitskasse in Thüringen
Augustinerstr. 38, 99084 Erfurt
T: (0361) 65 74-0   Fax: 65 74-10200
Vors. u. stellv. Vors. d. Verwaltungsrates im jährlichen Wechsel: Frank Spieth
Viktor Bernecker
Vorsitzender des Vorstandes: Hartmut Naumann
Mitglied des Vorstandes: Karl Markmann
Pressesprecher: Jürgen Frühauf (T: (0361) 65 74-10020, Fax: 65 74-10200, E-Mail: Presse@thr.aok.de)

● K 96

Bundesverband der landwirtschaftlichen Krankenkassen
- Körperschaft des öffentlichen Rechts -
34114 Kassel
Postf. 41 03 56, 34065 Kassel
Weißensteinstr. 70-72, 34131 Kassel
T: (0561) 93 59-0   Fax: 93 59-1 40
Vorsitzende(r) des Vorstandes: Klaus Vosseler
Geschäftsführer(in): Verb.-Dir. Dr. Sk Harald Deisler

Angeschlossene Krankenkassen:

k 97

Schleswig-Holsteinische Landwirtschaftliche Krankenkasse
Schulstr. 29, 24143 Kiel
T: (0431) 70 24-0   Fax: 70 24-6120
Vorsitzende(r) des Vorstandes: Werner Schramm
Geschäftsführer(in): Dir. Jann Uwe Petersen

k 98

Landwirtschaftliche Krankenkasse Oldenburg-Bremen
Im Dreieck 12, 26127 Oldenburg
T: (0441) 34 08-0   Fax: 34 08-444
Vorsitzende(r) des Vorstandes: Alfons Oing
Geschäftsführer(in): Dir. Manfred Schmidt-Broscheit

k 99

Hannoversche landwirtschaftliche Krankenkasse
Im Haspelfelde 24, 30173 Hannover
T: (0511) 80 73-0   Fax: 80 73-591
Internet: http://www.hlsv.de
E-Mail: info@hlsv.de
Vorsitzende(r) des Vorstandes: Lothar Lampe (bis 29.09.01)
Otto Deppmeyer (ab 30.09.01)
Geschäftsführer(in): Erster Dir. Hartmut Andrä

k 100

Landwirtschaftliche Krankenkasse Braunschweig
Bruchtorwall 13, 38100 Braunschweig
T: (0531) 4 80 02-0   Fax: 4 80 02-38
Vorsitzende(r) des Vorstandes: Jürgen Görg
Geschäftsführer(in): Dir. Alfred Kubon

k 101

Lippische landwirtschaftliche Krankenkasse
Felix-Fechenbach-Str. 6, 32756 Detmold
T: (05231) 60 04-0   Fax: 60 04-30
Vorsitzende(r) des Vorstandes: Heinrich-Wilhelm Tölle
Geschäftsführer(in): Dir. Albrecht Dreimann

k 102

Krankenkasse der rheinischen Landwirtschaft
Merowingerstr. 103, 40225 Düsseldorf
T: (0211) 33 87-1   Fax: 33 87-454
E-Mail: presse@duesseldorf.lsv.de
Vorsitzende(r) des Vorstandes: Hans Schrapers
Geschäftsführer(in): Dir. Heimo-Jürgen Döge

k 103

Westfälische landwirtschaftliche Krankenkasse
Hoher Heckenweg 76-80, 48147 Münster
T: (0251) 23 20-0   Fax: 23 20-5 55
Internet: http://www.lsv-d.de/westfalen
E-Mail: mailbox@muenster.lsv.de
Vorsitzende(r) des Vorstandes: Hans-Jürgen Kleimann
Geschäftsführer(in): Dir. Jürgen Blauth

k 104

Landwirtschaftliche Krankenkasse Hessen
Bartningstr. 57, 64289 Darmstadt
T: (06151) 7 02-0   Fax: 7 02-1270
Internet: http://www.lsv-d.de/hessen
E-Mail: info.lkk@darmstadt.hessen.lsv.de

Luisenstr. 12, 34119 Kassel
T: (0561) 10 06-0, Fax: 10 06-2394, Internet: http://www.lsv-d.de/hessen, E-Mail: info.lkk@kassel.hessen.lsv.de
Vorsitzende(r) des Vorstandes: Walter Schütz
Geschäftsführer(in): Dir. Wilhelm Kins

k 105

Landwirtschaftliche Krankenkasse Rheinland-Pfalz
Theodor-Heuss-Str. 1, 67346 Speyer
T: (06232) 9 11-0   Fax: 9 11-1 87
Vorsitzende(r) des Vorstandes: Leo Blum
Geschäftsführer(in): Dir. Godehard Hennies

k 106

Landwirtschaftliche Krankenkasse für das Saarland
Heinestr. 2-4, 66121 Saarbrücken
T: (0681) 6 65 00-0   Fax: 6 65 00-58
Vorsitzende(r) des Vorstandes: Edmund Kütten
Geschäftsführer(in): Dir. Helmut Heinz

k 107

Land- und Forstwirtschaftliche Krankenkasse Franken und Oberbayern
Dammwäldchen 4, 95444 Bayreuth
T: (0921) 6 03-0   Fax: 6 03-386

Friedrich-Ebert-Ring 33, 97072 Würzburg
T: (0931) 80 04-0, Fax: 80 04-284

Neumarkter Str. 35, 81673 München
T: (089) 4 54 80-0, Fax: 4 54 80-398
Vorsitzende(r) des Vorstandes: Peter Seidl
Geschäftsführer(in): Friedhard Pfeiffer

k 108

Landwirtschaftliche Krankenkasse Niederbayern-Oberpfalz
Luitpoldstr. 29a, 84034 Landshut
T: (0871) 6 96-0   Fax: 6 15 76
Vorsitzende(r) des Vorstandes: Georg Hiegl
Geschäftsführer(in): Alois Brandlmeier

k 109

Landwirtschaftliche Krankenkasse Schwaben
Tunnelstr. 29, 86156 Augsburg
T: (0821) 40 81-0   Fax: 40 81-247
Vorsitzende(r) des Vorstandes: Reinhold Frhr. von Lupin
Geschäftsführer(in): Dir. Dagobert Peschkes

k 110

Landwirtschaftliche Krankenkasse Baden-Württemberg
Karlsruhe:
Steinhäuserstr. 14, 76135 Karlsruhe
T: (0721) 81 94-0   Fax: 81 94-444
Stuttgart:
Postf. 10 60 29, 70049 Stuttgart
Vogelrainstr. 25, 70199 Stuttgart
T: (0711) 9 66-0 Fax: 9 66-2140
Vorsitzende(r) des Vorstandes: Walter Biermann
Geschäftsführer(in): Direktor Reinhold Knittel

k 111

Krankenkasse für den Gartenbau
Frankfurter Str. 126, 34121 Kassel
T: (0561) 9 28-0   Fax: 9 28-22 06
Vorsitzende(r) des Vorstandes: Jürgen Denzau
Geschäftsführer(in): Dir. Justus Beil

k 112

Landwirtschaftliche Krankenkasse Berlin
Hoppegartener Str. 100, 15366 Hönow
T: (03342) 36-0   Fax: 36-1888
Vorsitzende(r) des Vorstandes: Klaus Griepentrog
Geschäftsführer(in): Dir. Werner Melzer

k 113

Sächsische Landwirtschaftliche Krankenkasse
Bahnhofstr. 16/18, 04575 Neukieritzsch
T: (034342) 62-0   Fax: 62-2 11
Vorsitzende(r) des Vorstandes: Dieter Tanneberger
Geschäftsführer(in): Dir. Thomas Wirz

● K 114

Bundesverband der landwirtschaftlichen Krankenkassen
- Körperschaft des öffentlichen Rechts -
34114 Kassel
Postf. 41 03 56, 34065 Kassel
Weißensteinstr. 70-72, 34131 Kassel
T: (0561) 93 59-0   Fax: 93 59-1 40
Vorsitzende(r) des Vorstandes: Klaus Vosseler
Geschäftsführer(in): Verb.-Dir. Dr. Sk Harald Deisler

Angeschlossene Pflegekassen:

k 115

Schleswig-Holsteinische Landwirtschaftliche Pflegekasse
Schulstr. 29, 24143 Kiel
T: (0431) 70 24-0   Fax: 70 24-6120
Vorsitzende(r) des Vorstandes: Werner Schramm
Geschäftsführer(in): Dir. Jann Uwe Petersen

k 116
Landwirtschaftliche Pflegekasse Oldenburg-Bremen
Im Dreieck 12, 26127 Oldenburg
T: (0441) 34 08-0   **Fax:** 34 08-444
Vorsitzende(r) des Vorstandes: Alfons Oing
Geschäftsführer(in): Dir. Manfred Schmidt-Broscheit

k 117
Hannoversche landwirtschaftliche Pflegekasse
Im Haspelfelde 24, 30173 Hannover
T: (0511) 80 73-0   **Fax:** 80 73-498
Internet: http://www.hlsv.de
E-Mail: info@hlsv.de
Vorsitzende(r) des Vorstandes: Lothar Lampe
Geschäftsführer(in): Erster Dir. Hartmut Andrä

k 118
Landwirtschaftliche Pflegekasse Braunschweig
Bruchtorwall 13, 38100 Braunschweig
T: (0531) 4 80 02-0   **Fax:** 4 80 02-38
Vorsitzende(r) des Vorstandes: Jürgen Görg
Geschäftsführer(in): Dir. Alfred Kubon

k 119
Lippische landwirtschaftliche Pflegekasse
Felix-Fechenbach-Str. 6, 32756 Detmold
T: (05231) 60 04-0   **Fax:** 60 04-30
Vorsitzende(r) des Vorstandes: Heinrich-Wilhelm Tölle
Geschäftsführer(in): Dir. Albrecht Dreimann

k 120
Pflegekasse der rheinischen Landwirtschaft
Merowingerstr. 103, 40225 Düsseldorf
T: (0211) 33 87-1   **Fax:** 33 87-454
Vorsitzende(r) des Vorstandes: Hans Schrapers
Geschäftsführer(in): Dir. Heimo-Jürgen Döge

k 121
Westfälische landwirtschaftliche Pflegekasse
Hoher Heckenweg 76-80, 48147 Münster
T: (0251) 23 20-0   **Fax:** 23 20-555
Vorsitzende(r) des Vorstandes: Hans-Jürgen Kleimann
Geschäftsführer(in): Dir. Jürgen Blauth

k 122
Landwirtschaftliche Pflegekasse Hessen
Bartningstr. 57, 64289 Darmstadt
T: (06151) 7 02-0   **Fax:** 7 02-1250

Luisenstr. 12, 34119 Kassel
T: (0561) 10 06-0, Fax: 10 06-2395
Vorsitzende(r) des Vorstandes: Walter Schütz
Geschäftsführer(in): Dir. Wilhelm Kins

k 123
Landwirtschaftliche Pflegekasse Rheinland-Pfalz
Theodor-Heuss-Str. 1, 67346 Speyer
T: (06232) 9 11-0   **Fax:** 9 11-187
Vorsitzende(r) des Vorstandes: Leo Blum
Geschäftsführer(in): Dir. Godehard Hennies

k 124
Landwirtschaftliche Pflegekasse für das Saarland
Heinestr. 2-4, 66121 Saarbrücken
T: (0681) 6 65 00-0   **Fax:** 6 65 00-58
Vorsitzende(r) des Vorstandes: Edmund Kütten
Geschäftsführer(in): Dir. Helmut Heinz

k 125
Landwirtschaftliche Pflegekasse Oberfranken und Mittelfranken
Dammwäldchen 4, 95444 Bayreuth
T: (0921) 6 03-0   **Fax:** 6 03-386

Friedrich-Ebert-Ring 33, 97072 Würzburg
T: (0931) 80 04-0, Fax: 80 04-284

Neumarkter Str. 35, 81673 München
T: (089) 4 54 80-0, Fax: 4 54 80-398
Vorsitzende(r) des Vorstandes: Peter Seidl
Geschäftsführer(in): Friedhard Pfeiffer

k 126
Landwirtschaftliche Pflegekasse Niederbayern-Oberpfalz
Luitpoldstr. 29a, 84034 Landshut
T: (0871) 6 96-0   **Fax:** 6 15 76
Vorsitzende(r) des Vorstandes: Georg Hiegl
Geschäftsführer(in): Alois Brandlmeier

k 127
Landwirtschaftliche Pflegekasse Schwaben
Tunnelstr. 29, 86156 Augsburg
T: (0821) 40 81-0   **Fax:** 40 81-247
Vorsitzende(r) des Vorstandes: Reinhold Frhr. von Lupin
Geschäftsführer(in): Dir. Dagobert Peschkes

k 128
Landwirtschaftliche Pflegekasse Baden-Württemberg
Karlsruhe:
Steinhäuserstr. 14, 76135 Karlsruhe
T: (0721) 81 94-0   **Fax:** 81 94-444
Stuttgart:
Postfl. 10 60 29, 70049 Stuttgart
Vogelrainstr. 25, 70199 Stuttgart
T: (0711) 9 66-0 **Fax:** 9 66-2140
Vorsitzende(r) des Vorstandes: Walter Biermann
Geschäftsführer(in): Direktor Reinhold Knittel

k 129
Pflegekasse für den Gartenbau
Frankfurter Str. 126, 34121 Kassel
T: (0561) 9 28-0   **Fax:** 9 28-2206
Vorsitzende(r) des Vorstandes: Jürgen Denzau
Geschäftsführer(in): Dir. Justus Beil

k 130
Landwirtschaftliche Pflegekasse Berlin
Hoppegartener Str. 100, 15366 Hönow
T: (03342) 36-0   **Fax:** 36-1888
Vorsitzende(r) des Vorstandes: Klaus Griepentrog
Geschäftsführer(in): Dir. Werner Melzer

k 131
Sächsische Landwirtschaftliche Pflegekasse
Bahnhofstr. 16 /18, 04575 Neukieritzsch
T: (034342) 62-0   **Fax:** 62-211
Vorsitzende(r) des Vorstandes: Dieter Tanneberger
Geschäftsführer(in): Dir. Thomas Wirz

● K 132
Zusatzversorgungskasse für Arbeitnehmer in der Land- und Forstwirtschaft
- Anstalt des öffentlichen Rechts -
Postfl. 41 03 55, 34065 Kassel
Druseltalstr. 51, 34131 Kassel
T: (0561) 9 32 79-0   **Fax:** 9 32 79-70
Internet: http://www.zla.de
E-Mail: info@zla.de
Vorsitzende(r): Hans-Joachim Wilms (
(im jährlichen Wechsel:)
Dipl.-Landw. Wolf von Buchwaldt
Geschäftsführer(in): Verbandsdir. Harald Deisler
Stellvertretende(r) Geschäftsführer(in): Dir. Eckhart Stüwe

● K 133
Zusatzversorgungskasse für die Beschäftigten der Deutschen Brot- und Backwarenindustrie VVaG
Postfl. 33 04 15, 40437 Düsseldorf
In den Diken 33, 40472 Düsseldorf
T: (0211) 65 23 64   **Fax:** 65 30 88
Vorstand: Frank Westerhorstmann-Bachhausen
Armin Juncker
Anja Weber
Geschäftsführende(s) Vorstands-Mitglied(er): Wilfried Rinke

● K 134

Bundesverband der Betriebskrankenkassen (Bundesgebiet)
Körperschaft des öffentlichen Rechts
Kronprinzenstr. 6, 45128 Essen
T: (0201) 1 79 01   **Fax:** 1 79 10 00
Vorsitzende(r) des Verwaltungsrates: Hans-Wilhelm von Damm, Wolfsburg
Willi Budde, Mülheim
(im jährlichen Wechsel)
Vorsitzende(r) des Vorstandes: Wolfgang Schmeinck
Vorstand: K.-Dieter Voß

Der Bundesverband der Betriebskrankenkassen ist die Spitzenorganisation der rund 300 deutschen Betriebskrankenkassen (BKK) und ihrer 9 Landesverbände. Die Betriebliche Krankenversicherung ist mit rund 12 Mio. Versicherten die drittgrößte Kassenart der GKV.
Der BKK Bundesverband nimmt insbesondere folgende Aufgaben wahr:
- Er vertritt die Interessen der Betrieblichen Krankenversicherung gegenüber der nationalen Politik und (Fach-) Öffentlichkeit wie auch in internationalen Organisationen der Gesundheits- und Sozialpolitik.
- Er unterstützt die gesetzgebenden Körperschaften und Behörden (Ministerien, Aufsicht etc.) in Fragen der Gesetzgebung und Verwaltung.
- Er vereinbart teils gemeinsam mit den übrigen Spitzenverbänden der GKV, teils speziell für die Kassenart BKK Rahmenregelungen und Verträge mit den Leistungserbringern.
- Im Kreis der Spitzenverbände der GKV ist er federführend für den Versorgungsbereich Arzneimittel.

Landesverbände:

k 135
BKK® Landesverband Baden-Württemberg
Stuttgarter Str. 105, 70806 Kornwestheim
T: (07154) 13 16-0   **Fax:** 1 31 61 91
E-Mail: info@bkk-bw.de
Vorsitzende(r) des Vorstandes: Dr. jur. Rolf-Ulrich Schlenker
Vorstand: Konrad Ehing

k 136
BKK® Landesverband Bayern
Züricher Str. 25, 81476 München
T: (089) 7 45 79-0   **Fax:** 7 45 79-399
E-Mail: info@bkk-lv-bayern.de
Vorsitzende(r) des Vorstandes: Gerhard Schulte
Leitung Presseabteilung: Ingrid Spiegel
Verbandszeitschrift: Gesundheit
Verlag: AGIS Verlag, Postfl. 22 20, 76492 Baden-Baden
Mitglieder: 40
Mitarbeiter: 65

k 137

BKK-Landesverband Ost
Nonnendammallee 104, 13629 Berlin
T: (030) 38 39 07-0   **Fax:** 3 81 47 08
Internet: http://www.bkk-ost.de
E-Mail: service@bkk-ost.de
Vorstand: Axel Wald
Roland Lotz
Vorsitzende(r) des Verwaltungsrates: Jürgen Gerbes
Gerold Amsink

k 138
BKK® Landesverband Hessen
60591 Frankfurt
Stresemannallee 20, 60596 Frankfurt
T: (069) 9 63 79-0   **Fax:** 9 63 79-1 00
Internet: http://www.bkk-hessen.de
E-Mail: landesverband@bkk-hessen.de
Vorsitzende(r) des Verwaltungsrates: Ralf Kirch
Joachim Ziethen
(im jährlichen Wechsel)
Vorsitzende(r) des Vorstandes: Rainer Bösken

k 139
BKK Landesverband Niedersachsen-Bremen
Hamburger Allee 61, 30161 Hannover
T: (0511) 3 48 44-0   **Fax:** 3 48 44-149
Internet: http://www.bkk-niedersachsen-bremen.de
E-Mail: info@bkk-niedersachsen-bremen.de
Vorsitzende(r) des Verwaltungsrates: Heinz Zastrow, Hannover
Stellv. Vors. d. Verwaltungsrates: Paul Dieninghoff, Wolfsburg
Vorsitzende(r) des Vorstandes: Ingo Werner
Leitung Presseabteilung: Wolfgang Beyer
Verbandszeitschrift: BKK aspekte

k 140
BKK®-Landesverband NORD
Wendenstr. 279, 20537 Hamburg
T: (040) 25 15 05-0   **Fax:** 25 15 05-836
Internet: http://www.bkk-nord.de
E-Mail: info@bkk-nord.de
Vorsitzende(r) des Verwaltungsrates: Günter Friederichs
altern. Vors.: Ernst Hornung, Hamburg
Vorstand: Hans-Otto Schurwanz

k 141
BKK® Landesverband Nordrhein-Westfalen
Kronprinzenstr. 6, 45128 Essen
T: (0201) 1 79-02   **Fax:** 1 79-1666
Vorsitzende(r) des Verwaltungsrates: Wolfgang Linke, Duisburg
Willi Budde, Mülheim
(im jährlichen Wechsel)
Vorsitzende(r) des Vorstandes: Jörg Hoffmann
Theo Giehler

k 142
BKK® Landesverband Rheinland-Pfalz und Saarland
Essenheimer Str. 126, 55128 Mainz
T: (06131) 33 05-0   **Fax:** 33 05-70
Vorsitzende(r) des Verwaltungsrates: Hans-Walter Scheurer, Ludwigshafen
Alois Heinevetter (im jährl. Wechsel), Bad Kreuznach
Vorsitzende(r) des Vorstandes: Axel Benz
Vorstand: Raimund Nossek

Bundesverwaltungskassen:

k 143
Bahn-Betriebskrankenkasse
Voltastr. 81, 60486 Frankfurt
T: (069) 2 65 36-00   **Fax:** 2 65 36-010
Internet: http://www.bahn-bkk.de
E-Mail: service@bahn-bkk.db.de
Vorsitzende(r) des Vorstandes: Norbert Heger

k 144
Die BKK® Post
Zentrale
Postf. 30 02 26, 70466 Stuttgart
Burgenlandstr. 44A, 70469 Stuttgart
T: (0711) 89 13-0   **Fax:** 89 13-800
Internet: http://www.diebkk.de
E-Mail: internetfiliale@diebkk.de
Gründung: 1885
Vorsitzende(r) des Verwaltungsrates: Uta Pech, Weiterstadt
Dr. Rudi Vetter (alternierend)
Vorsitzende(r) des Vorstandes: Götz Emrich
Leitung Presseabteilung: Doris Glimpel
Mitglieder: 550000
Mitarbeiter: 1000

k 145
Betriebskrankenkasse des Bundesverkehrsministeriums
Bernhard-Nocht-Str. 78, 20359 Hamburg
T: (040) 31 90 80 00   **Fax:** 31 90 80 10
Internet: http://www.bkkbvm.de
E-Mail: bkkbvm@bkkbvm.de
Gründung: 1899 (1. Januar)
Altern. Vors. Verwaltungsrat: Friedhelm Dietrich (Vers.Vertr.), Isernhagen
Altern. Vors. Verwaltungsrat: Reinhard Klingen (Arbeitgebervertreter), Bonn
Vorstand: Alex Stender
Leitung Presseabteilung: Siegfried Plan
Verbandszeitschrift: Gesundheit
Verlag: AGIS Verlag
Mitglieder: 40000
Mitarbeiter: 120

Durchführung der gesetzlichen Krankenversicherung im Geschäftsbereich des Bundesministeriums für Verkehr, Bau- und Wohnungswesen.

● K 146

IKK-Bundesverband
Postf. 10 01 52, 51401 Bergisch Gladbach
Friedrich-Ebert-Str. TechnologiePark, 51429 Bergisch Gladbach
T: (02204) 4 40   **Fax:** 4 41 85
Internet: http://www.ikk.de
E-Mail: ikk-bundesverband@bv.ikk.de
Verwaltungsratsvorsitzende: Gewerkschaftssekretär Uwe Conrad
Schornsteinfegermeister Wilfried Schleef
Vorstandsvorsitzender: Rolf Stuppardt
Vorstand: Gernot Kiefer
Leitung Presseabteilung: Pietro Nuvoloni
Verbandszeitschrift: Die Krankenversicherung
Redaktion: IKK-Bundesverband
Verlag: Erich Schmidt Verlag GmbH & Co. Berlin - Bielefeld - München
Mitglieder: 3235549 (Dez.)

Spitzenorganisation (14 Landesverbände, 30 Innungskrankenkassen, 22 IKK in den alten, 8 in den neuen Bundesländern); Körperschaft des öffentlichen Rechts.

k 147

IKK Baden-Württemberg
Postf. 8 23, 71608 Ludwigsburg
Schlachthofstr. 3, 71636 Ludwigsburg
T: (07141) 94 04-0   **Fax:** 94 04-345
Internet: http://www.ikkbw.de
E-Mail: info@ikkbw.de
Verwaltungsratsvorsitzende: Wolfram Bartsch, Nürtingen
Horst Schurr, Aalen
im jährlichen Wechsel
Vorstandsvorsitzender: Wilfried Werner, Weil der Stadt-Schafhausen
Mitglied des Vorstandes: Walter Jaufmann, Möglingen
Presestelle: Claudia Bokeloh
Mitglieder: 468000
Mitarbeiter: 1400

Durchführung der gesetzlichen Krankenversicherung im Handwerk; Prävention, Früherkennung, Krankenhilfe, Rehabilitation; Vertretung der 30 Innungskrankenkassen auf Landes- und Bundesebene.

k 148
Innungskrankenkasse Bayern
Postf. 71 05 48, 81455 München
Meglingerstr. 7, 81477 München
T: (089) 7 48 18-0   **Fax:** 7 48 18-103
E-Mail: info@ikk-bayern.de
Alt. Vors. d. Verwaltungsrates: Hans Rainer Böttcher, Puchheim
Vorstandsvorsitzender: Reiner Kasperbauer, Kolbermoor
Mitglied des Vorstandes: Franz Michael Himmelstoß, Böbing
Leitung Presseabteilung: Martina Neumeyr
Mitglieder: 200000

k 149
IKK Brandenburg und Berlin
Ziolkowskistr. 6, 14480 Potsdam
T: (0331) 64 63-0   **Fax:** 64 63-197
E-Mail: service@brandenburg-berlin.ikk.de
Gründung: 1999 (1. April)
Verwaltungsratsvors.: Wolfgang Schramm, Berlin
Detlef Baer, Potsdam
Vorstandsvorsitzender: Gerhardt Kroll
Mitglied des Vorstandes: Enrico Kreutz
Pressesprecherin: Gisela Köhler
Mitglieder: 188000
Mitarbeiter: 650

k 150
IKK Bremen und Bremerhaven
Konrad-Adenauer-Allee 42, 28329 Bremen
T: (0421) 49 98 60   **Fax:** 4 99 86 78
Internet: http://www.ikk-bremen.de
E-Mail: info@ikk-bremen.de
Verwaltungsratsvors.: Dieter Dasenbrook
Dieter Korte, Bremen
Vorstandsvorsitzender: Jörg Bauer
Mitglied des Vorstandes: Jobst Kopmann

k 151
IKK Hamburg
Kieler Str. 464-470, 22525 Hamburg
T: (040) 5 40 03-0   **Fax:** 5 40 03-3 33
Internet: http://www.ikk-hamburg.de
E-Mail: email@ikk-hamburg.de
Verwaltungsratsvorsitzende: Erwin Wolkenhauer, Hamburg
Alfons Trepkau, Hamburg
Vorstandsvorsitzender: Axel Dilschmann, Heiligenstedtenerkamp
Mitglied des Vorstandes: Wolfgang Penno, Hamburg
Pressesprecher: Michael Förstermann
Mitglieder: 70000

k 152
IKK Hessen
Hauptverwaltung
Postf. 39 23, 65029 Wiesbaden
Abraham-Lincoln-Str. 32, 65189 Wiesbaden
T: (0611) 77 81 60   **Fax:** 7 78 16 10
Verwaltungsratsvorsitzende: Theo Beez, Mühlheim
Kurt Weil, Eschenburg
Vorstandsvorsitzender: Harry Forst
Mitglied des Vorstandes: Klaus Dietrich
Mitglieder: 61000

k 153
IKK-Landesverband Niedersachsen
Anderter Str. 49, 30629 Hannover
T: (0511) 58 66-0   **Fax:** 58 66-132
Internet: http://www.ikk-lv-niedersachsen.de
E-Mail: ikk-lv.niedersachsen@lvnds.ikk.de
Verwaltungsratsvorsitzender: Obermeister Rolf Wille (Hannover)
Stellv. Verwaltungsratsvors.: Uwe Conrad (Goslar)
Vorstand: Heinz-Günter Macherey, Hannover
Pressesprecher: Karl-Heinz Günster
Mitglieder: 398000

k 154
IKK Nordrhein
Postf. 10 06 60, 51406 Bergisch Gladbach
Kölner Str. 1-5, 51429 Bergisch Gladbach
T: (02204) 9 12-0   **Fax:** 9 12-190
Verwaltungsratsvorsitzende: Dietrich Hakus, Hürtgenwald
Schriftsetzermeister Walter Lütz, Alfter-Gielsdorf
Vorstandsvorsitzende: Dr. Brigitte Wutschel-Monka, Bonn
Mitglied des Vorstandes: Benno Schlichtebrede, Overath
Leitung Presseabteilung: Christiane Mahnke, Swisttal
Mitglieder: 452545

k 155
IKK Sachsen
Arndtstr. 13, 01099 Dresden
T: (0351) 8 14 00-0   **Fax:** 8 14 00-99
E-Mail: service.hr@ikk.sachsen.de
Verwaltungsratsvorsitzende: Willy Pohl
Konrad Riedel
Vorstandsvorsitzender: Gerd Ludwig, Dresden
Leitung Presseabteilung: Andrea Ludolph
Mitglieder: 260000

k 156
IKK Sachsen-Anhalt
Umfassungsstr. 85, 39124 Magdeburg
T: (0391) 28 06-0   **Fax:** 28 06-498
Internet: http://www.ikk-sachsen-anhalt.de
E-Mail: info-magdeburg@ikk-sachsen-anhalt.de
Verwaltungsratsvorsitzende: Hans-Jürgen Müller, Deersheim
Peter Wadenbach, Zerbst
Vorstandsvorsitzender: Uwe Schröder

k 157
IKK Thüringen
Hauptverwaltung
Mittelhäuser Str. 68, 99091 Erfurt
T: (0361) 74 79-0   **Fax:** 7 49-250
E-Mail: info@ikk-th.de
Vorstandsvorsitzender: Frank Hippler
Geschäftsführer(in): Catrin Briczin

k 158
IKK-Landesverband Nord
Hamburger Chaussee 90, 24113 Kiel
T: (0431) 6 48 03-0   **Fax:** 6 48 03-30
E-Mail: ingrid.beinert@ikk-sh.de
Verwaltungsratsvorsitzende: Peter Ladehoff, Elmshorn
Fleischermeister Karl-Heinz Jannsen, Meldorf
Vorstandsvorsitzender: Ralf Hermes
Mitglieder: 176500

k 159

IKK-Landesverband Westfalen-Lippe
Albrecht-Thaer-Str. 36-38, 48147 Münster
T: (0251) 28 53-0   **Fax:** 28 53-199
Verwaltungsratsvorsitzende: Klaus Brandner
Hans Sievers
(im jährlichen Wechsel)
Vorstandsvorsitzender: Werner Falk
Mitglied des Vorstandes: Dr. Martin Biller
Mitglieder: 573000

● K 160

vdak

Verband der Angestellten-Krankenkassen e.V. (VdAK)
53719 Siegburg
Frankfurter Str. 84, 53721 Siegburg
T: (02241) 1 08-0   **Fax:** 1 08-2 48
Internet: http://www.vdak-aev.de
E-Mail: mail@vdak-aev.de
Außenstelle Berlin:
Axel-Springer-Str. 44-47, 10969 Berlin
T: (030) 25 37 74-10, Fax: 25 37 74-33
Verbandsvors: Lutz Freitag
Vorsitzende(r) des Vorstandes: Herbert Rebscher
Pressesprecherin: Michaela Gottfried
Verbandszeitschrift: Die Ersatzkasse
Redaktion: Rainer Josten
Verlag: Paul Albrechts Verlag, Postfach 11 20, 22952 Lütjensee
Mitglieder: 17587670
Zahl der angeschlossenen Krankenkassen: 7

Vertretung der Interessen der Angestellten-Krankenkassen und ihrer Versicherten im Bereich Sozialpolitik, insbesondere Sozialversicherung.

Landesvertretungen:

k 161
Verband der Angestellten-Krankenkassen e.V.
Landesvertretung Baden-Württemberg
Postf. 10 10 43, 70009 Stuttgart
Christophstr. 7, 70178 Stuttgart
T: (0711) 2 39 54-0   **Fax:** 2 39 54-16
Leiter(in): Roger Jaeckel

k 162
Verband der Angestellten-Krankenkassen e.V.
Landesvertretung Bayern
Landwehrstr. 61, 80336 München
T: (089) 55 25 51-0   **Fax:** 55 25 51-14
Leiter: Matthias Sehling

k 163
Verband der Angestellten-Krankenkassen e.V.
Landesvertretung Berlin
Axel-Springer-Str. 44-47, 10969 Berlin
T: (030) 25 37 74-0   **Fax:** 25 37 74-26
Leiter(in): Karl-Heinz Resch

k 164
Verband der Angestellten-Krankenkassen e.V.
Landesvertretung Brandenburg
Hans-Thoma-Str. 11, 14467 Potsdam
T: (0331) 2 89 92-0   **Fax:** 2 89 92-13
Leiter(in): Lothar Bochat

k 165
Verband der Angestellten-Krankenkassen e.V.
Landesvertretung Bremen
Langenstr. 24-26, 28195 Bremen
T: (0421) 16 56 56   **Fax:** 16 78 06
Leiter(in): Karl Nagel

k 166
Verband der Angestellten-Krankenkassen e.V.
Landesvertretung Hamburg
Mittelweg 144, 20148 Hamburg
T: (040) 41 32 98-0   **Fax:** 41 32 98-22
Leiter(in): Dr. Klaus Gollert

k 167
Verband der Angestellten-Krankenkassen e.V.
Landesvertretung Hessen
Postf. 70 12 35, 60562 Frankfurt
Walter-Kolb-Str. 9-11, 60594 Frankfurt
T: (069) 96 21 68-0   **Fax:** 96 21 68-21
Leiter(in): Dr. Hubert Schindler

k 168
Verband der Angestellten-Krankenkassen e.V.
Landesvertretung Mecklenburg-Vorpommern
Werderstr. 74a, 19055 Schwerin
T: (0385) 52 16-0   **Fax:** 52 16-1 11
Leiter(in): Dr. Peter Beddies

k 169
Verband der Angestellten-Krankenkassen e.V.
Landesvertretung Niedersachsen
Postf. 61 09, 30061 Hannover
Rathenaustr. 1, 30159 Hannover
T: (0511) 3 03 97-0   **Fax:** 3 03 97-99
Leiter(in): Jörg Niemann

k 170
Verband der Angestellten-Krankenkassen e.V.
Landesvertretung Nordrhein-Westfalen
Graf-Adolf-Str. 69, 40210 Düsseldorf
T: (0211) 3 84 10-0   **Fax:** 3 84 10-20
Leiter(in): Wolfgang Mudra

k 171
Verband der Angestellten-Krankenkassen e.V.
Landesvertretung Rheinland-Pfalz
Postf. 17 69, 55007 Mainz
Göttelmannstr. 17, 55130 Mainz
T: (06131) 9 82 55-0   **Fax:** 83 20 15
Leiter(in): Willy H. Wagner

k 172
Verband der Angestellten-Krankenkassen e.V.
Landesvertretung Saarland
Talstr. 30, 66119 Saarbrücken
T: (0681) 9 26 71-0   **Fax:** 9 26 71-19
Leiter(in): Armin Lang

k 173
Verband der Angestellten-Krankenkassen e.V.
Landesvertretung Sachsen
Postf. 20 27 18, 01193 Dresden
Zellescher Weg 21, 01217 Dresden
T: (0351) 8 76 55-0   **Fax:** 8 76 55-43
Leiter(in): Hans-Peter Marr

k 174
Verband der Angestellten-Krankenkassen e.V.
Landesvertretung Sachsen-Anhalt
Postf. 43 40, 39018 Magdeburg
Schleinufer 12, 39104 Magdeburg
T: (0391) 5 65 16-0   **Fax:** 5 65 16-30
Leiter(in): Hans-Jürgen Fremmer

k 175
Verband der Angestellten-Krankenkassen e.V.
Landesvertretung Schleswig-Holstein
Kehdenstr. 1, 24103 Kiel
T: (0431) 9 74 41-0   **Fax:** 9 74 41-23
Leiter(in): Günter Ploß

k 176
Verband der Angestellten-Krankenkassen e.V.
Landesvertretung Thüringen
Postf. 10 11 42, 99011 Erfurt
Lucas-Cranach-Platz 2, 99099 Erfurt
T: (0361) 4 42 52-0   **Fax:** 4 42 52-28
Leiter(in): Michael Domrös

k 177
Verband der Angestellten-Krankenkassen e.V.
Landesbereichsvertretung Westfalen-Lippe
Postf. 10 50 14, 44047 Dortmund
Kampstr. 42, 44137 Dortmund
T: (0231) 9 17 71-0   **Fax:** 9 17 71-30
Leiter(in): Sieghart Niggemann

● K 178

Arbeitsgemeinschaft unabhängiger Mitgliedergemeinschaften der Angestellten-Krankenkassen e.V. (AGuM)
Birkenstr. 26, 90537 Feucht
T: (09128) 32 32   **Fax:** 89 85
Gründung: 1984 (27. November)
Vorstand: Klaus Balzer (Vors.)
Hilmar Langenbach (stellv. Vors.)
Peter Reumann (stellv. Vors.)
Dieter F. Märtens (Schriftführer)
Hans Neusigl
Gert Bodenhagen
Helmut Springborn
Verbandszeitschrift: AGuM-Pressedienst
Redaktion: Klaus Balzer, Birkenstr. 26, 90537 Feucht, T: (09128) 32 32, Fax: (09128) 89 85
Anzahl der angeschlossenen Organisationen: 7

Interessenbereich: "Mitwirkung und Mitbestimmung in der Sozialpolitik, insbesondere in Fragen der Kranken- und Rentenversicherung, Gesundheit, Umwelt und sozialen Selbstverwaltung."

● K 179

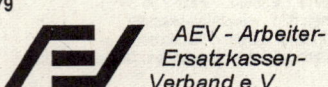

AEV - Arbeiter-Ersatzkassen-Verband e.V.
53719 Siegburg
Frankfurter Str. 84, 53721 Siegburg
T: (02241) 1 08-0   **Fax:** 1 08-248
Internet: http://www.vdak-aev.de
E-Mail: mail@vdak-aev.de
Außenstelle Berlin:
Axel-Springer-Str. 44-47, 10969 Berlin
T: (030) 25 37 74-10, Fax: 25 37 74-33
Verbandsvors: Ludwig Huber
Vorsitzende(r) des Vorstandes: Herbert Rebscher
Pressesprecherin: Michaela Gottfried
Verbandszeitschrift: Die Ersatzkasse
Redaktion: Rainer Josten
Verlag: Paul Albrechts Verlag, Postf. 11 20, 22952 Lütjensee
Mitglieder: 1006521
Zahl der angeschlossenen Krankenkassen: 5

Vertretung der Interessen der Arbeiter-Ersatzkassen und ihrer Versicherten im Bereich Sozialpolitik, insbesondere Sozialversicherung.

Landesvertretungen:

k 180
Arbeiter-Ersatzkassen-Verband e.V.
Landesvertretung Baden-Württemberg
Postf. 10 10 43, 70009 Stuttgart
Christophstr. 7, 70178 Stuttgart
T: (0711) 2 39 54-0   **Fax:** 2 39 54-16
Leiter(in): Roger Jaeckel

k 181
Arbeiter-Ersatzkassen-Verband e.V.
Landesvertretung Bayern
Landwehrstr. 61, 80336 München
T: (089) 55 25 51-0   **Fax:** 55 25 51-14
Leiter: Matthias Sehling

k 182

**Arbeiter-Ersatzkassen-Verband e.V.
Landesvertretung Berlin**
Axel-Springer-Str. 44-47, 10969 Berlin
T: (030) 25 37 74-0 Fax: 25 37 74-26
Leiter(in): Karl-Heinz Resch

k 183

**Arbeiter-Ersatzkassen-Verband e.V.
Landesvertretung Brandenburg**
Hans-Thoma-Str. 11, 14467 Potsdam
T: (0331) 2 89 92-0 Fax: 2 89 92-13
Leiter(in): Lothar Bochat

k 184

**Arbeiter-Ersatzkassen-Verband e.V.
Landesvertretung Bremen**
Langenstr. 24-26, 28195 Bremen
T: (0421) 16 56 56 Fax: 16 78 06
Leiter(in): Karl Nagel

k 185

**Arbeiter-Ersatzkassen-Verband e.V.
Landesvertretung Hamburg**
Mittelweg 144, 20148 Hamburg
T: (040) 41 32 98-0 Fax: 41 32 98-22
Leiter(in): Dr. Klaus Gollert

k 186

**Arbeiter-Ersatzkassen-Verband e.V.
Landesvertretung Hessen**
Postf. 70 12 35, 60562 Frankfurt
Walter-Kolb-Str. 9-11, 60594 Frankfurt
T: (069) 96 21 68-0 Fax: 96 21 68-21
Leiter(in): Dr. Hubert Schindler

k 187

**Arbeiter-Ersatzkassen-Verband e.V.
Landesvertretung Mecklenburg-Vorpommern**
Werderstr. 74a, 19055 Schwerin
T: (0385) 52 16-0 Fax: 52 16-111
Leiter(in): Dr. Peter Beddies

k 188

**Arbeiter-Ersatzkassen-Verband e.V.
Landesvertretung Niedersachsen**
Postf. 61 09, 30061 Hannover
Rathenaustr. 1, 30159 Hannover
T: (0511) 3 03 97-0 Fax: 3 03 97-99
Leiter(in): Jörg Niemann

k 189

**Arbeiter-Ersatzkassen-Verband e.V.
Landesvertretung Nordrhein-Westfalen**
Graf-Adolf-Str. 69, 40210 Düsseldorf
T: (0211) 3 84 10-0 Fax: 3 84 10-20
Leiter(in): Wolfgang Mudra

k 190

**Arbeiter-Ersatzkassen-Verband e.V.
Landesvertretung Rheinland-Pfalz**
Postf. 17 69, 55007 Mainz
Göttelmannstr. 17, 55130 Mainz
T: (06131) 9 82 55-0 Fax: 83 20 15
Leiter(in): Willy H. Wagner

k 191

**Arbeiter-Ersatzkassen-Verband e.V.
Landesvertretung Saarland**
Talstr. 30, 66119 Saarbrücken
T: (0681) 9 26 71-0 Fax: 9 26 71-19
Leiter(in): Armin Lang

k 192

**Arbeiter-Ersatzkassen-Verband e.V.
Landesvertretung Sachsen**
Postf. 20 27 18, 01193 Dresden
Zellescher Weg 21, 01217 Dresden
T: (0351) 8 76 55-0 Fax: 8 76 55-43
Leiter(in): Hans-Peter Marr

k 193

**Arbeiter-Ersatzkassen-Verband e.V.
Landesvertretung Sachsen-Anhalt**
Postf. 43 40, 39018 Magdeburg
Schleinufer 12, 39104 Magdeburg
T: (0391) 5 65 16-0 Fax: 5 65 16-30
Leiter(in): Hans-Jürgen Fremmer

k 194

**Arbeiter-Ersatzkassen-Verband e.V.
Landesvertretung Schleswig-Holstein**
Kehdenstr. 1, 24103 Kiel
T: (0431) 9 74 41-0 Fax: 9 74 41-23
Leiter(in): Günter Ploß

k 195

**Arbeiter-Ersatzkassen-Verband e.V.
Landesvertretung Thüringen**
Postf. 10 11 42, 99011 Erfurt
Lucas-Cranach-Platz 2, 99099 Erfurt
T: (0361) 4 42 52-0 Fax: 4 42 52-28
Leiter(in): Michael Domrös

k 196

**Arbeiter-Ersatzkassen-Verband e.V.
Landesbereichsvertretung Westfalen-Lippe**
Postf. 10 50 14, 44047 Dortmund
Kampstr. 42, 44137 Dortmund
T: (0231) 9 17 71-0 Fax: 9 17 71-30
Leiter(in): Sieghart Niggemann

● K 197

See-Krankenkasse
siehe gewerbliche Berufsgenossenschaften k 236

Unfallversicherung

Berufsgenossenschaften

● K 198

**Hauptverband der gewerblichen
Berufsgenossenschaften (HVBG)**
53754 St Augustin
Alte Heerstr. 111, 53757 St Augustin
T: (02241) 2 31-01 Fax: 2 31-1333
Internet: http://www.hvbg.de
E-Mail: info@hvbg.de
Vorsitzende(r) des Vorstandes: Klaus Hinne
Dipl.-Berging. Herbert Kleinherne
(in jährlichem Wechsel)
Hauptgeschäftsführer(in): Dr. Günther Sokoll
Stellv. Hauptgeschäftsführer: Dr. Walter Eichendorf
Leitung Presseabteilung: Gregor Doepke
Verbandszeitschrift: Die BG
Redaktion: Dr. Günther Sokoll
Verlag: Erich Schmidt Verlag GmbH, Bielefeld

Die Berufsgenossenschaften sind bundesunmittelbare Körperschaften des öffentlichen Rechts mit Selbstverwaltung. Sie sind Träger der gesetzlichen Unfallversicherung. Sie sorgen mit allen geeigneten Mitteln für die Verhütung von Arbeitsunfällen und Berufskrankheiten sowie für Erste Hilfe. Zu ihren präventiven Aufgaben gehört neben der Unfallverhütung die Arbeitsmedizin und der Gesundheitsschutz der Arbeitnehmer. Nach einem Arbeitsunfall und bei einer Berufskrankheit sorgen sie für die Wiederherstellung der Erwerbsfähigkeit, Berufshilfe, Erleichterung der Verletzungsfolgen und Geldleistungen an Verletzte und Hinterbliebene.

k 199

**Hauptabteilung Berufsbildung
Berufsgenossenschaftliche Akademie für Arbeitssicherheit und Verwaltung (BGA)**
Postf. 14 40, 53761 Hennef
Zum Steimelsberg 7, 53773 Hennef
T: (02242) 89-1 Fax: 89-4444
Pädagogischer Leiter:
Dipl.-Volksw. Ass. Heider Baucke (T: (02242) 89-4311)

Landesverbände

k 200

**Landesverband Rheinland-Westfalen
der gewerblichen Berufsgenossenschaften**
Postf. 10 34 45, 40025 Düsseldorf
Kreuzstr. 45, 40210 Düsseldorf
T: (0211) 82 24-0 Fax: 82 24-644
Vorsitzende(r): Herbert Tilgert
Stellvertretende(r) Vorsitzende(r): Hans Enders
(in jährlichem Wechsel)
Geschäftsführer(in): Ass. Georg Kunze
Stellvertretende(r) Geschäftsführer(in): Ass. Dirk Peters
Mitglieder: 34 gesetzliche Unfallversicherungsträger

k 201

Landesverband Nordwestdeutschland der gewerblichen Berufsgenossenschaften
Postf. 37 40, 30037 Hannover
Hildesheimer Str. 309, 30519 Hannover
T: (0511) 9 87-2277 Fax: 9 87-22 66
Gründung: 1912 (20. Dezember)
Vorsitzende(r): Walter Möhlenkamp
Dr. Wolfgang Schultze (MdL)
(in jährlichem Wechsel)
Geschäftsführer(in): Direktor Ass. Bernhard Förster
Stellvertretende(r) Geschäftsführer(in): Dir. Ass. Johann Schneck
Mitglieder: 48

Regionale Zuständigkeit für die Bundesländer
Bremen, Hamburg, Niedersachsen, Schleswig-Holstein, Sachsen-Anhalt

k 202

Landesverband Berlin, Brandenburg, Mecklenburg-Vorpommern der gewerblichen Berufsgenossenschaften
Fregestr. 44, 12161 Berlin
T: (030) 85 00 92-0 Fax: 85 00 92-225
Vorstand: Rüdiger Schwarz
Rainer Lawerentz
(in jährlichem Wechsel)
Geschäftsführer(in): Ltd. Verw.-Direktor Ass. Helmut Last

k 203

Landesverband Hessen-Mittelrhein und Thüringen der gewerblichen Berufsgenossenschaften
Postf. 29 48, 55019 Mainz
Wilhelm-Theodor-Römheld-Str. 15, 55130 Mainz
T: (06131) 8 02-227 Fax: 8 02-1 91
Vorsitzende(r): Wolfgang Seifert
Dr. Walter Schlotfeldt
(in jährlichem Wechsel)
Geschäftsführer(in): Direktor Dr. jur. Albert Platz
Stellvertretende(r) Geschäftsführer(in): Ltd.-Verw.-Dir. Ass. Hans Bäder

k 204

Landesverband Südwestdeutschland der gewerblichen Berufsgenossenschaften
Postf. 10 14 80, 69004 Heidelberg
T: (06221) 5 23-0 Fax: 5 23-3 99
Vorsitzende(r): Werner Baas
Dr. Ralf Holtschmidt
(in jährlichem Wechsel)
Geschäftsführer(in): Direktor Dr. jur. Erwin Radek
Stellvertretende(r) Geschäftsführer(in): Ass. Norbert Emmerich

k 205

Landesverband Bayern und Sachsen der gewerblichen Berufsgenossenschaften
Geschäftsstelle München:
Postf. 60 02 65, 81202 München
Am Knie 8, 81241 München
T: (089) 8 20 03-500, 8 20 03-501, 8 20 03-502
Fax: 8 20 03-599
Vorsitzende(r): Karl Bayer
Maximilian Angermaier
(in jährlichem Wechsel)
Geschäftsführer(in): Direktor Ass. Hans Jürgen von Rimscha
Stellvertretende(r) Geschäftsführer(in): Ass. Paul Klementz

k 206

Landesverband Bayern und Sachsen der gewerblichen Berufsgenossenschaften
Geschäftsstelle Dresden:
Königsbrücker Landstr. 2, 01109 Dresden
T: (0351) 4 57-2100 Fax: 4 57-2105

Mitgliedsberufsgenossenschaften

k 207

Verwaltungs-Berufsgenossenschaft - Berufsgenossenschaft der Banken, Versicherungen, Verwaltungen, freien Berufe und besonderer Unternehmen
Deelbögenkamp 4, 22297 Hamburg
T: (040) 51 46-0 **Fax:** 51 46-2146, 5 11 01 30
Internet: http://www.vbg.de
Vorsitzende(r) des Vorstandes: Ludger Fortmeier*) (VersV)
Stellv. Vors. d. Vorstandes: Ass. Hertus Emmen*) (ArbGV)
Vors. d. Vertreter-Versammlung: Bernd Palsbröker*) (VersV)
Stellv. Vors. d. Vertreter-Versammlung: Dr. Wilfried Dann*) (ArbGV)
Vors. d. Geschäftsführung: Prof. Dr. Ernst Haider (Direktor)
Mitgl. d. Geschäftsführung: Angelika Hölscher (Direktorin)
Holger Langenhan (Direktor)
*) der Vorsitz wechselt jeweils nach eineinhalb Jahren

k 208

Bau-Berufsgenossenschaft Bayern und Sachsen
Hauptverwaltung
80267 München
Loristr. 8, 80335 München
T: (089) 1 21 79-0 **Fax:** 1 21 79-555
Internet: http://www.baubg.de
Vorsitzende(r) des Vorstandes: Dipl.-Ing. Alfred Müller
Hans Mertens
(in jährlichem Wechsel)
Hauptgeschäftsführer(in): Direktor Dr. Peter Schmidt
Stellv. Hauptgeschäftsführer: Dipl.-Ing. Horst Buhr

k 209

Bau-Berufsgenossenschaft Hamburg
Holstenwall 8-9, 20355 Hamburg
T: (040) 3 50 00-0 **Fax:** 3 50 00-3 97
Internet: http://www.bg21.de
Vorsitzende(r) des Vorstandes: RA Christian Holstein
Rainer Prestin
(in jährlichem Wechsel)
Hauptgeschäftsführer(in): Direktor Ass. Wolfgang Herberger
Stellv. Hauptgeschäftsführer: Joachim Kruse

k 210

Bau-Berufsgenossenschaft Frankfurt am Main
Postf. 60 01 12, 60331 Frankfurt
An der Festeburg 27-29, 60389 Frankfurt
T: (069) 47 05-0 **Fax:** 47 05-8 88
Internet: http://www.bg24.de
Vorsitzende(r) des Vorstandes:
Klaus Zimmer
Edgar Richter
(in jährlichem Wechsel)
Hauptgeschäftsführer(in): Direktor Dr. jur. Joachim Berger
Stellv. Hauptgeschäftsführer: Dir. Ernst Bauer

k 211

Bau-Berufsgenossenschaft Hannover
30141 Hannover
Hildesheimer Str. 309, 30519 Hannover
T: (0511) 9 87-0 **Fax:** 9 87-24 40
Internet: http://www.bg22.de
Vorsitzende(r) des Vorstandes: Christian Sawosch
Hubert Krogmann
(in jährlichem Wechsel)
Hauptgeschäftsführer(in): Direktor Ass. Bernhard Förster
Stellv. Hauptgeschäftsführer: Dir. Ass. Johann Schneck

k 212

Bau-Berufsgenossenschaft Rheinland und Westfalen
Träger der gesetzlichen Unfallversicherung
42095 Wuppertal
Viktoriastr. 21, 42115 Wuppertal
T: (0202) 3 98-0 **Fax:** 3 98-1404
Internet: http://www.bg23.de
E-Mail: bg-info@bau-bg.de
Gründung: 1885 (18. Juni)
Vorsitzende(r) des Vorstandes: Ewald Miera
Franz Kröselberg
(in jährlichem Wechsel)
Hauptgeschäftsführer(in): Dir. Ass. Dr.jur. Jürgen Schürmann
St.HGeschF: Ass. Gerhard Eilebrecht
Leitung Presseabteilung: Ass. Sabine Schmidt
Mitglieder: 60000
Mitarbeiter: ca. 900
Jahresetat: DM 600 Mio, € 306,78 Mio
Verbandszeitschrift: BAUBG AKTUELL

Zentralredaktion: Dipl.-Ing. Rolf Schaper, Hildesheimer Str. 309, 30519 Hannover
Verlag: Eigenverlag

k 213

Südwestliche Bau-Berufsgenossenschaft
76123 Karlsruhe
Steinhäuserstr. 10, 76135 Karlsruhe
T: (0721) 81 02-0 **Fax:** 81 02-3 45
Internet: http://www.bg25.de
Gründung: 1885
Vorsitzende(r) des Vorstandes: Dipl.-Ing. Sigmar Madlener
Werner Baas
(in jährlichem Wechsel)
Hauptgeschäftsführer(in): Dir. Jutta Vestring
Stellv. Hauptgeschäftsführer: Thomas Kintrup
Verbandszeitschrift: BauBG aktuell
Redaktion: Dr. Bernd Grimmer
Verlag: Eigenverlag
Mitglieder: 39500
Mitarbeiter: ca. 350
Jahresetat: DM 270 Mio, € 138,05 Mio

k 214

Württ. Bau-Berufsgenossenschaft
71029 Böblingen
Friedrich-Gerstlacher-Str. 15, 71032 Böblingen
T: (07031) 6 25-0 **Fax:** 6 25-1 00
Internet: http://www.bg26.de
E-Mail: wbg-d@t-online.de
Gründung: 1885
Vorsitzende(r) des Vorstandes: Hans-Peter Rall
Hanspeter Kern
(in jährlichem Wechsel)
Hauptgeschäftsführer(in): Direktor Ass. Christoph Frick
Stellv. Hauptgeschäftsführerin: Ass. Petra Krisa
Leitung Presseabteilung: Erhard Faigle
Mitglieder: ca. 22000
Mitarbeiter: ca. 340

k 215

Bergbau-Berufsgenossenschaft
Hauptverwaltung
Postf. 10 04 29, 44704 Bochum
Hunscheidtstr. 18, 44789 Bochum
T: (0234) 3 16-0 **Fax:** 3 16-300
Internet: http://www.bergbau-bg.de
E-Mail: bbg@bergbau-bg.de
Gründung: 1884
Vorsitzende(r) des Vorstandes: Fritz Kollorz (MdL)
Dr.-Ing. Wolfgang Fritz
(in jährlichem Wechsel)
Hauptgeschäftsführer(in): Direktor Dr. Joachim Breuer
Stellv. Hauptgeschäftsführer: Ass. Klaus-Dieter Pöhl
Leitung Presseabteilung: Norbert Ulitzka
Verbandszeitschrift: Kompaß
Mitglieder: 264 (Stand 1999)
Mitarbeiter: 734 (Stand 1999)

k 216

Binnenschifffahrts-Berufsgenossenschaft
Postf. 21 01 54, 47023 Duisburg
Düsseldorfer Str. 193, 47053 Duisburg
T: (0203) 29 52-0 **Fax:** 29 52-1 66
Vorsitzende(r) des Vorstandes: Manfred Rosenberg
Manfred Crisand
(in jährlichem Wechsel)
Hauptgeschäftsführer(in): Ass. Hedwig van Gemmeren
Stellv. Hauptgeschäftsführer: Horst Hoffmann

k 217

Berufsgenossenschaft der chemischen Industrie
BG Chemie-Haus
Postf. 10 14 80, 69004 Heidelberg
Kurfürsten-Anlage 62, 69115 Heidelberg
T: (06221) 5 23-0 **Fax:** 5 23-323
Internet: http://www.bgchemie.de
E-Mail: info@bgchemie.de
Vorsitzende(r) des Vorstandes: Volker Obenauer
Dr. Werner Opgenoorth
(in dreijährigem Wechsel)
Hauptgeschäftsführer(in): Dr. jur. Erwin Radek
Stellv. Hauptgeschäftsführer: Ass. Thomas Köhler
Träger der gesetzlichen Unfallversicherung

k 218

Berufsgenossenschaft Druck und Papierverarbeitung
65173 Wiesbaden
Rheinstr. 6-8, 65185 Wiesbaden
T: (0611) 1 31-0 **Fax:** 1 31-100
Internet: http://www.bgdp.de
Vorsitzende(r) des Vorstandes: Uwe Petersen
Klaus Nelius
(in dreijährigem Wechsel)

Hauptgeschäftsführer(in): Michael Boettcher
Stellv. Hauptgeschäftsführer: Dipl.-Kfm. Bernd Offermanns
Öffentlichkeitsarbeit: Christian Sprotte

k 219

Edel- und Unedelmetall-Berufsgenossenschaft
Hauptverwaltung
Postf. 80 08 40, 70508 Stuttgart
Vollmoellerstr. 11, 70563 Stuttgart
T: (0711) 13 34-0 **Fax:** 13 34-5 00
Internet: http://www.edelmetall-bg.de
Gründung: 1885
Vorsitzende(r) des Vorstandes: Ass. Dr. Ralf Holtschmidt
Karl Riethmüller
(in jährlichem Wechsel)
Hauptgeschäftsführer(in): Direktor Ass. Götz Nagel
Stellv. Hauptgeschäftsführer: Ass. Ulrich Tetzel
Leitung Presseabteilung: Ass. Arne Lücking
Verbandszeitschrift: Metallkurier
Redaktion: Vollmoellerstr. 11, 70563 Stuttgart
Verlag: Druckhaus Waiblingen, Siemensstr. 11, 71332 Waiblingen
Mitglieder: 5145
Mitarbeiter: 248
Jahresetat: ca. DM 130 Mio, € 66,47 Mio

k 220

Berufsgenossenschaft für den Einzelhandel
53102 Bonn
Niebuhrstr. 5, 53113 Bonn
T: (0228) 54 06-0 **Fax:** 54 06-2 20
Vorsitzende(r) des Vorstandes: Carl Albert Schiffers
Reinhold Schwark
(in jährlichem Wechsel)
Hauptgeschäftsführer(in): Direktor Ass. Gerhard Schmidt-Wahl
Stellv. Hauptgeschäftsführer: Dr. Udo Schöpf

k 221

Norddeutsche Metall-Berufsgenossenschaft
Postf. 45 29, 30045 Hannover
Seligmannallee 4, 30173 Hannover
T: (0511) 81 18-0 **Fax:** 81 18-2 00
Internet: http://www.nmbg.de
Vorsitzende(r) des Vorstandes: Dieter Benscheidt
Peter Neuhaus
(in jährlichem Wechsel)
Hauptgeschäftsführer(in): Direktor Ass. Siegfried Hellwig
Stellv. Hauptgeschäftsführer: Dr. Wolfgang Römer
Verbandszeitschrift: Gesund und Sicher
Redaktion: Klaus Taubitz
Verlag: Johannes Dieckmann, Oberstr. 8, 30167 Hannover,
T: (0511) 97 19 70

k 222

Süddeutsche Metall-Berufsgenossenschaft
Postf. 37 80, 55027 Mainz
Wilhelm-Theodor-Römheld-Str. 15, 55130 Mainz
T: (06131) 8 02-0 **Fax:** 8 02-232
Internet: http://www.smbg.de
Vorsitzende(r) des Vorstandes: Meinhard Jäschke
Dr. Walter Schlotfeldt
(in jährlichem Wechsel)
Hauptgeschäftsführer(in): Direktor Dr. jur. Albert Platz
Stellv. Hauptgeschäftsführer: Ass. Hans Bäder

k 223

Berufsgenossenschaft für Fahrzeughaltungen
Hauptverwaltung
22757 Hamburg
Ottenser Hauptstr. 54, 22765 Hamburg
T: (040) 39 80-0 **Fax:** 39 80-1666
Internet: http://www.bgf.de
Vorsitzende(r) des Vorstandes: Manfred Rosenberg
Klaus Peter Röskes
(in jährlichem Wechsel)
Hauptgeschäftsführer(in): Direktor RA Heino W. Saier
Stellvertretender Hauptgeschäftsführer: Ass. Gerd-Peter Schoenfeldt
LTAB: Dipl.-Ing. Lothar Zademack

k 224

Berufsgenossenschaft der Feinmechanik und Elektrotechnik
50962 Köln
Postf. 51 05 80, 50941 Köln
Gustav-Heinemann-Ufer 130, 50968 Köln
T: (0221) 37 78-0 **Fax:** 37 78-134
Internet: http://www.bgfe.de
E-Mail: hv@bgfe.de
Vorsitzende(r) des Vorstandes: Dr. Harald Maurer
Bernhard Bielitzer
(in jährlichem Wechsel)
Hauptgeschäftsführer(in): Direktor Dr. Klaus Renz
Stellv. Hauptgeschäftsführer: Ass. Olaf Petermann

k 225
Fleischerei-Berufsgenossenschaft
Postf. 31 01 20, 55062 Mainz
Lortzingstr. 2, 55127 Mainz
T: (06131) 7 85-1 **Fax:** 7 85-340
Internet: http://www.fleischerei-bg.de
E-Mail: info@fleischerei-bg.de
Vorsitzende(r) des Vorstandes: Gottfried Brunner
Jörg Brettschneider
(in eineinhalbjährigem Wechsel)
Hauptgeschäftsführer(in): Direktor Ass. Hartwin Wörth
Stellv. Hauptgeschäftsführer: Ass. Burkard Spiegel

k 226
Berufsgenossenschaft der Gas-, Fernwärme- und Wasserwirtschaft
Postf. 10 15 62, 40006 Düsseldorf
Auf'm Hennekamp 74, 40225 Düsseldorf
T: (0211) 93 35-0 **Fax:** 93 35-1 99
Internet: http://www.bgfw.de
E-Mail: info@bgfw.de
Gründung: 1885 (20. Juni)
Vorsitzende(r) des Vorstandes: Gerhard Höper
Branko Rakidzija
(in jährlichem Wechsel)
Hauptgeschäftsführer(in): Dir. Axel Apsel (Leitung Presseabteilung)
Stellv. Hauptgeschäftsführer: Dipl.-Ing. Burkhard Blümke
Verbandszeitschrift: betrifft sicherheit
Redaktion: Berufsgenossenschaft der Gas-, Fernwärme- und Wasserwirtschaft
Verlag: FMS Fach Media Service, Siemensstr. 6, 61352 Bad Homburg
Mitglieder: ca. 6000 Mitgliedsunternehmen mit ca. 200 000 Versicherten
Mitarbeiter: 150
Jahresetat: DM 125 Mio, € 63,91 Mio

k 227
Berufsgenossenschaft für Gesundheitsdienst und Wohlfahrtspflege
Postf. 76 02 24, 22052 Hamburg
Pappelallee 35-37, 22089 Hamburg
T: (040) 2 02 07-0 **Fax:** 2 02 07-525
Internet: http://www.bgw-online.de
Gründung: 1929 (17. Mai)
Vorsitzende(r) des Vorstandes: Norbert Badziong
Prof. Dr.med. Rolf Bialas (im jährlichen Wechsel)
Geschäftsführung: Dr. jur. Gerhard Mehrtens (Vorsitzender)
Dr.jur. Heike Braunsteffer
Dr. jur. Stephan Brandenburg
Leitung Presseabteilung: Torsten Beckel
Verbandszeitschrift: BGW Mitteilungen
Redaktion: Dipl.-Pol. Sabine Dinsen, T: (040) 2 02 07 -721
Mitglieder: 470000 (Juni 2000)
Mitarbeiter: 1500

k 228
Großhandels- und Lagerei-Berufsgenossenschaft
68145 Mannheim
M 5, 7, 68161 Mannheim
T: (0621) 1 83-0 **Fax:** 1 83-3 00
Internet: http://www.grolabg.de
Vorsitzende(r) des Vorstandes: Horst-Dieter Jordan
Heinrich Hiltl
(in eineinhalbjährigem Wechsel)
Hauptgeschäftsführer(in): Dir. Dr. Udo Schulz
Stellv. Hauptgeschäftsführer: Ass. Hans-Jürgen Schreiber

k 229
Holz-Berufsgenossenschaft
81236 München
Am Knie 8, 81241 München
T: (089) 8 20 03-0 **Fax:** 8 20 03-499
Vorsitzende(r) des Vorstandes: Anton Rösch
Wolfgang Rhode
(in jährlichem Wechsel)
Hauptgeschäftsführer(in): Direktor Hans Jürgen von Rimscha
Stellv. Hauptgeschäftsführer: Ass. Paul Klementz

k 230
Hütten- und Walzwerks-Berufsgenossenschaft
Postf. 10 10 15, 40001 Düsseldorf
Kreuzstr. 45, 40210 Düsseldorf
T: (0211) 82 24-0 **Fax:** 82 24-209
Internet: http://www.hwbg.de
Vorsitzende(r) des Vorstandes: Dieter Hennig
Jürgen Dzudzek
Hauptgeschäftsführer(in): Direktor Ass. Georg Kunze
Stellv. Hauptgeschäftsführer: Ass. Dirk Peters

k 231
Berufsgenossenschaft der keramischen und Glas-Industrie
97064 Würzburg
Riemenschneiderstr. 2, 97072 Würzburg
T: (0931) 79 43-0 **Fax:** 79 43-800
Internet: http://www.bgglaskeramik.de
Vorsitzende(r) des Vorstandes: Reinfried Vogler
Gerd Schloßbarek
(in dreijährlichem Wechsel)
Hauptgeschäftsführer(in): Dipl.-Ing. Friedrich-Wilhelm Löffler
Stellv. Hauptgeschäftsführer: Dipl.-Kfm. Gerhard Fiedler

k 232
Lederindustrie-Berufsgenossenschaft
Postf. 31 01 80, 55062 Mainz
Lortzingstr. 2, 55127 Mainz
T: (06131) 7 85-1 **Fax:** 7 85-555
Vorsitzende(r) des Vorstandes: Heinrich Zimmermann
Dipl.-Volksw. Günter Hassert
(in jährlichem Wechsel)
Hauptgeschäftsführer(in): Direktor Dr. Jörg Meyer
Stellv. Hauptgeschäftsführer: Ass. Reinhold Specht

k 233
Maschinenbau- und Metall-Berufsgenossenschaft
Postf. 10 10 15, 40001 Düsseldorf
Kreuzstr. 45, 40210 Düsseldorf
T: (0211) 82 24-0 **Fax:** 82 24-4 44
Internet: http://www.mmbg.de
Vorsitzende(r) des Vorstandes: Bernd Schildknecht
Karlheinz Bastong
(in jährlichem Wechsel)
Hauptgeschäftsführer(in): Direktor Ass. Georg Kunze
Stellv. Hauptgeschäftsführer: Dir. Detlev Bindemann

Bundesunmittelbare Körperschaft des öffentlichen Rechts mit Selbstverwaltung. Träger der gesetzlichen Unfallversicherung für Versicherte in Unternehmen, die überwiegend Eisen, Stahl, NE-Metall und Kunststoff be- oder verarbeiten. Sorgt mit allen geeigneten Mitteln für Verhütung von Arbeitsunfällen und Berufskrankheiten sowie arbeitsbedingten Gesundheitsgefahren. Nach einem Arbeitsunfall oder einer Berufskrankheit stellt sie die Gesundheit und die Leistungsfähigkeit der Versicherten mit allen geeigneten Mitteln wieder her und entschädigt die Versicherten oder ihre Hinterbliebenen durch Geldleistungen.

k 234

Berufsgenossenschaft Nahrungsmittel und Gaststätten
68136 Mannheim
Postf. 10 04 41, 68004 Mannheim
Dynamostr. 7-11, 68165 Mannheim
T: (0621) 44 56-0 **Fax:** 44 56-1217
Internet: http://www.bgn.de
E-Mail: info@bgn.de
Vorsitzende(r) des Vorstandes: Wolfgang Sprandel
Klaus-Dieter Scholz
(in jährlichem Wechsel)
Hauptgeschäftsführer(in): Direktor Ass. Norbert Weis
Stellv. Hauptgeschäftsführer: Ass. Klaus Marsch

k 235
Papiermacher-Berufsgenossenschaft
Fachausschuß Papier- und Pappenherstellung
Lortzingstr. 2, 55127 Mainz
T: (06131) 7 85-1 **Fax:** 7 85-5 77
Vorsitzende(r) des Vorstandes: Alfons Schwegmann
Reinhold O. Schadler
(in jährlichem Wechsel)
Hauptgeschäftsführer(in): Direktor Dr. Jörg Meyer
Stellv. Hauptgeschäftsführer: Ass. Reinhold Specht

k 236
See-Berufsgenossenschaft, Seekasse, See-Krankenkasse, Seemannskasse und See-Pflegekasse
Reimerstwiete 2, 20457 Hamburg
T: (040) 3 61 37-0 **Fax:** 3 61 37-7 70
Internet: http://www.see-bg.de
Vorsitzende(r) des Vorstandes: Herbert Juniel
Eike Eulen
(in dreijährlichem Wechsel)
Vors. d. GeschF: Dipl.-Kfm. Albert Göbel
Mitgl. d. GeschF: Harald Lühmann
Adolf Junge

k 237
Steinbruchs-Berufsgenossenschaft
Postf. 10 15 40, 30836 Langenhagen
Theodor-Heuss-Str. 160, 30853 Langenhagen
T: (0511) 72 57-0 **Fax:** 72 57-100
Internet: http://www.stbg.de
Vorsitzende(r) des Vorstandes: Hans Enders
Dipl.-Ing. Gerd Allers
(in jährlichem Wechsel)
Hauptgeschäftsführer: Direktor Ass. Willi Lange
Stellv. Hauptgeschäftsführer: Ass. Ulrich Schmidt

k 238
Berufsgenossenschaft der Straßen-, U-Bahnen und Eisenbahnen
Fontenay 1a, 20354 Hamburg
T: (040) 4 41 18-0 **Fax:** 4 41 18-1 40
Gründung: 1885 (1. Oktober)
Vorsitzende(r) des Vorstandes: Herbert Dombrowsky
Stefan Heimlich
(in jährlichem Wechsel)
Hauptgeschäftsführer(in): Ass. Wolfgang Just
Stellv. Hauptgeschäftsführer: Dipl.-Ing. Alfons Grösbrink
Verbandszeitschrift: Zeitschrift das warnkreuz, mit amtlichen Mitteilungen der BG Bahnen
Redaktion: Dipl.-Ing. Alfons Grösbrink
Verlag: Christian Killinger Verlags GmbH, Tübinger Str. 24, 72762 Reutlingen
Mitglieder: 1535 Mitgliedsunternehmen, 152 000 Versicherte
Mitarbeiter: 130
Jahresetat: DM 100 Mio, € 51,13 Mio

k 239
Textil- und Bekleidungs-Berufsgenossenschaft
Gesetzliche Unfallversicherung
86132 Augsburg
Oblatterwallstr. 18, 86153 Augsburg
T: (0821) 31 59-0 **Fax:** 31 59-2 01
Internet: http://www.textil-bg.de
Gründung: 1885, Vereinigung zur Textil- und Bekleidungs-Berufsgenossenschaft 1948
Vorsitzende(r) des Vorstandes: Harry Gutschmidt
Klaus Huneke
(in dreijährlichem Wechsel)
Hauptgeschäftsführer(in): Dr.jur. Eckart Bulla
Stellv. Hauptgeschäftsführer: Wolfgang Hahne
Verbandszeitschrift: der sicherheitsschirm
Redaktion: Dr. E. Bulla
Mitglieder: Betriebe: 73758 (Stand: 1998)
Mitarbeiter: 362 (Stand: 1998)
Jahresetat: DM 294,556 Mio, € 150,6 Mio (Stand: 1998)
Geschäftsstellen: Chemnitz: Annaberger Str. 240, 09125 Chemnitz, T: (0371) 5 23 37-0, Fax: 5 23 37-20
Mönchengladbach: Regentstr. 21, 41061 Mönchengladbach, T: (02161) 92 81-0, Fax: 92 81-20

k 240
Tiefbau-Berufsgenossenschaft
81237 München
Am Knie 6, 81241 München
T: (089) 88 97-01 **Fax:** 88 97-600
Internet: http://www.tiefbaubg.de
Vorsitzende(r) des Vorstandes: Dr.-Ing. Hans-Joachim Wolff
Dipl.-Ing. Hans Heinrichs
(in jährlichem Wechsel)
Hauptgeschäftsführer(in): Dir. Prof. Dipl.-Ing. Manfred Bandmann
Stellv. Hauptgeschäftsführer: Ass. Detlev Griese

k 241
Zucker-Berufsgenossenschaft
Postf. 31 01 80, 55062 Mainz
Lortzingstr. 2, 55127 Mainz
T: (06131) 7 85-1 **Fax:** 7 85-2 71
Vorsitzende(r) des Vorstandes: Günter Jakobiak
Wolfgang Neumann
(in dreijährlichem Wechsel)
Geschäftsführer(in): Dir. Dr. Jörg Meyer

● K 242
Berufsgenossenschaftliche Zentrale für Sicherheit und Gesundheit (BGZ)
53754 St Augustin
Alte Heerstr. 111, 53757 St Augustin
T: (02241) 2 31 01 **Fax:** 2 31-1333
T-Online: ✱2 0299#

Internet: http://www.hvbg.de
E-Mail: jansen@hvbg.de

● K 243
Bundesverband der landwirtschaftlichen Berufsgenossenschaften e.V.
34114 Kassel
Postf. 41 03 56, 34065 Kassel
Weißensteinstr. 72, 34131 Kassel
T: (0561) 93 59-0   Fax: 93 59-414
Internet: http://www.lsv-d.de
E-Mail: info@bv.lsv.de
Vorsitzende(r): Klaus Vosseler
Hauptgeschäftsführer(in): Verb.-Dir. Dr. Sk Harald Deisler
Leitung Presseabteilung: Albert Münz
Mitglieder: 17 Berufsgenossenschaften

k 244
Bundesverband der landwirtschaftlichen Berufsgenossenschaften e.V.
Hauptstelle für Sicherheit und Gesundheitsschutz
Postf. 410356, 34114 Kassel
Weißensteinstr. 70-72, 34131 Kassel
T: (0561) 93 59-0   Fax: 93 59-422

Angeschlossene Berufsgenossenschaften

k 245
Schleswig-Holsteinische Landwirtschaftliche Berufsgenossenschaft
Schulstr. 29, 24143 Kiel
T: (0431) 70 24-0   Fax: 70 24-6120
Vorsitzende(r) des Vorstandes: Werner Schramm
Geschäftsführer(in): Dir. Jann Uwe Petersen

k 246
Landwirtschaftliche Berufsgenossenschaft Oldenburg-Bremen
Im Dreieck 12, 26127 Oldenburg
T: (0441) 34 08-0   Fax: 34 08-4 44
Vorsitzende(r) des Vorstandes: Alfons Oing
Geschäftsführer(in): Dir. Manfred Schmidt-Broscheit

k 247
Hannoversche landwirtschaftliche Berufsgenossenschaft
Im Haspelfelde 24, 30173 Hannover
T: (0511) 80 73-0   Fax: 80 73-4 98
Vorsitzende(r) des Vorstandes: Lothar Lampe
Geschäftsführer(in): Erster Dir. Hartmut Andrä

k 248
Braunschweigische landwirtschaftliche Berufsgenossenschaft
Bruchtorwall 13, 38100 Braunschweig
T: (0531) 4 80 02-0   Fax: 4 80 02-29
Vorsitzende(r) des Vorstandes: Siegfried Hensel
Geschäftsführer(in): Dir. Alfred Kubon

k 249
Lippische landwirtschaftliche Berufsgenossenschaft
Felix-Fechenbach-Str. 6, 32756 Detmold
T: (05231) 60 04-0   Fax: 60 04-30
Vorsitzende(r) des Vorstandes: Heinrich-Wilhelm Tölle
Geschäftsführer(in): Dir. Albrecht Dreimann

k 250
Rheinische landwirtschaftliche Berufsgenossenschaft
Merowingerstr. 103, 40225 Düsseldorf
T: (0211) 33 87-1   Fax: 33 87-4 54
Vorsitzende(r) des Vorstandes: Detlev Schewe
Geschäftsführer(in): Dir. Heimo-Jürgen Döge

k 251
Westfälische landwirtschaftliche Berufsgenossenschaft
Hoher Heckenweg 76-80, 48147 Münster
T: (0251) 23 20-0   Fax: 23 20-5 55
Vorsitzende(r) des Vorstandes: Hans-Jürgen Kleimann
Geschäftsführer(in): Dir. Jürgen Blauth

k 252
Land- und forstwirtschaftliche Berufsgenossenschaft Hessen
Bartningstr. 57, 64289 Darmstadt
T: (06151) 7 02-0   Fax: 7 02-1250
Internet: http://www.ghv-darmstadt.de
E-Mail: info.lbg-da@bvg-fri.de, info.lbg-ks@bvg-fri.de
Luisenstr. 12, 34119 Kassel
T: (0561) 10 06-0, Fax: 10 06-2398
Vorsitzende(r) des Vorstandes: Walter Schütz
Geschäftsführer(in): Dir. Wilhelm Kins

k 253
Landwirtschaftliche Berufsgenossenschaft Rheinland-Pfalz
Theodor-Heuss-Str. 1, 67346 Speyer
T: (06232) 9 11-0   Fax: 9 11-1 87
Vorsitzende(r) des Vorstandes: Leo Blum
Geschäftsführer(in): Dir. Godehard Hennies

k 254
Landwirtschaftliche Berufsgenossenschaft für das Saarland
Heinestr. 2-4, 66121 Saarbrücken
T: (0681) 6 65 00-0   Fax: 6 65 00-58
Vorsitzende(r) des Vorstandes: Helmut Kliver
Geschäftsführer(in): Dir. Helmut Heinz

k 255
Landwirtschaftliche Berufsgenossenschaft Franken und Oberbayern
Dammwäldchen 4, 95444 Bayreuth
T: (0921) 6 03-0   Fax: 6 03-386

Friedrich-Ebert-Ring 33, 97072 Würzburg
T: (0931) 80 04-0, Fax: 80 04-284

Neumarkter Str. 35, 81673 München
T: (089) 4 54 80-0, Fax: 4 54 80-398
Vorsitzende(r) des Vorstandes: Karl Groenen
Geschäftsführer(in): Friedhard Pfeiffer

k 256
Landwirtschaftliche Berufsgenossenschaft Niederbayern-Oberpfalz
Luitpoldstr. 29, 84034 Landshut
T: (0871) 6 96-0   Fax: 6 15 76
Vorsitzende(r) des Vorstandes: Günther Busch
Geschäftsführer(in): Dir. Alois Brandlmeier

k 257
Landwirtschaftliche Berufsgenossenschaft Schwaben
Tunnelstr. 29, 86156 Augsburg
T: (0821) 40 81-0   Fax: 40 81-247
Vorsitzende(r) des Vorstandes: Reinhold Frhr. von Lupin
Geschäftsführer(in): Dir. Dagobert Peschkes

k 258
Landwirtschaftliche Berufsgenossenschaft Baden-Württemberg
Karlsruhe:
Steinhäuserstr. 14, 76135 Karlsruhe
T: (0721) 81 94-0   Fax: 81 94-444
Stuttgart:
Postf. 10 60 29, 70049 Stuttgart
Vogelrainstr. 25, 70199 Stuttgart
T: (0711) 9 66-0 Fax: 9 66-2140
Vorsitzende(r) des Vorstandes: Walter Biermann
Geschäftsführer(in): Direktor Reinhold Knittel

k 259
Gartenbau-Berufsgenossenschaft
Frankfurter Str. 126, 34121 Kassel
T: (0561) 9 28-0   Fax: 9 28-22 06
Vorsitzende(r) des Vorstandes: Detlev Schewe
Geschäftsführer(in): Dir. Justus Beil

k 260
Landwirtschaftliche Berufsgenossenschaft Berlin
Hoppegartener Str. 100, 15366 Hönow
T: (03342) 36-0   Fax: 36-1340
Vorsitzende(r) des Vorstandes: Klaus Griepentrog
Geschäftsführer(in): Dir. Werner Melzer

k 261
Sächsische landwirtschaftliche Berufsgenossenschaft
Bahnhofstr. 16 /18, 04575 Neukieritzsch
T: (034342) 62-0   Fax: 62-2 11
Vorsitzende(r) des Vorstandes: Dr. Wolfram Rühle
Geschäftsführer(in): Dir. Thomas Wirz

Unfallversicherungsträger der öffentlichen Hand

● K 262

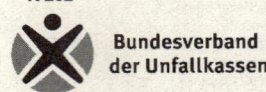

Bundesverband der Unfallkassen

Fockensteinstr. 1, 81539 München
T: (089) 6 22 72-0   Fax: 62 27 21 11
Internet: http://www.unfallkassen.de
E-Mail: BUK@unfallkassen.de
Gründung: 1947
Vorsitzende(r) des Vorstandes: Lothar Szych, Bochum
Dr. Hans Wagner, Amberg
(im jährlichen Wechsel)
Geschäftsführer(in): Prof. Dr. Hartmut Weber-Falkensammer
Leitung Presseabteilung:
Roswitha Breuer-Asomaning M.A.
Verbandszeitschrift: faktor arbeitsschutz
Redaktion: Roswitha Breuer-Asomaning M.A., Dorothee Otto
Verlag: Universum Verlagsanstalt GmbH KG, Postf. 57 20, 65047 Wiesbaden
Mitglieder: 38

Wahrnehmung der gemeinsamen Angelegenheiten der Unfallversicherungsträger der öffentlichen Hand im Bundesgebiet.

Mitglieder

Baden-Württemberg

● K 263
Badischer Gemeindeunfallversicherungsverband
76128 Karlsruhe
Postf. 69 29, 76049 Karlsruhe
Waldhornplatz 1, 76131 Karlsruhe
T: (0721) 60 98-0   Fax: 60 98-2 01
Vorsitzende(r) des Vorstandes: Josef Buchberger, Linkenheim-Hochstetten
Stellv. Vors. d. Vorstandes: Dr. Michael Arnold, Rottweil
(in jährlichem Wechsel)
Geschäftsführer(in): Franz Tomasi
Stellvertretende(r) Geschäftsführer(in): Werner Tampe

● K 264
Badische Unfallkasse
Postf. 69 29, 76049 Karlsruhe
Waldhornplatz 1, 76131 Karlsruhe
T: (0721) 60 98-0   Fax: 60 98-201
Vorsitzende(r) des Vorstandes: Frank Jung, 79585 Steinen
Stellv. Vors. d. Vorst.: Polizeipräsident Klaus Rudolph, 76337 Waldbronn
(in jährlichem Wechsel)
Geschäftsführer(in): Franz Tomasi
Stellvertretende(r) Geschäftsführer(in): Werner Tampe

● K 265
Württembergischer Gemeindeunfallversicherungsverband
70324 Stuttgart
Augsburger Str. 700, 70329 Stuttgart
T: (0711) 93 21-0   Fax: 93 21-500
Internet: http://www.wguv.de
E-Mail: info@wguv.de
Vorsitzende(r) des Vorstandes: Siegfried Rieg, Giengen
Stellv. Vors. d. Vorst.: Bernd-Axel Lindenlaub, Stuttgart
Geschäftsführer(in): Manfred Hagelstein
Stellvertretende(r) Geschäftsführer(in): Günter Planner
Öffentlichkeitsarbeit: Klaus-Peter Flieger (T: (0711) 93 21-123)

● K 266
Württembergische Unfallkasse
70324 Stuttgart
Augsburger Str. 700, 70329 Stuttgart
T: (0711) 93 21-0   Fax: 93 21-500
Internet: http://www.wguv.de
E-Mail: info@wguv.de
Vorsitzende(r) des Vorstandes: Karl-Stephan Quadt, Stuttgart
Stellv. Vors. d. Vorstandes: Hubertus Windthorst, Stuttgart
Geschäftsführer(in): Manfred Hagelstein
Stellvertretende(r) Geschäftsführer(in): Günter Planner
Öffentlichkeitsarbeit: Klaus-Peter Flieger (T: (0711) 93 21-123)

Bayern

● **K 267**
Bayerischer Gemeindeunfallversicherungsverband
80791 München
Ungererstr. 71, 80805 München
T: (089) 3 60 93-0 **Fax:** 3 60 93-135
E-Mail: oea@bayerguvv.de, oea@bayerluk.de
Vorsitzender des Vorstandes: Jürgen Feuchtmann
Dr. Hans Wagner (in jährlichem Wechsel)
Geschäftsführer(in): Dr. Hans-Christian Titze
Stellvertretende(r) Geschäftsführer(in): Elmar Lederer
Öffentlichkeitsarbeit: Ulrike Renner-Helfmann (T: (089) 3 60 93-119, Fax: (089) 3 60 93-379)
Verbandszeitschrift: Unfallversicherung aktuell
Redaktion: Ulrike Renner-Helfmann

● **K 268**
Bayerische Landesunfallkasse
80791 München
Ungererstr. 71, 80805 München
T: (089) 3 60 93-0 **Fax:** (040) 3 60 93-135
E-Mail: oea@bayerguvv.de, oea@bayerluk.de
Vorsitzender des Vorstandes: MDgt. Wilhelm Hüllmantel
Norbert Flach (in jährlichem Wechsel)
Geschäftsführer(in): Dr. Hans-Christian Titze
Stellvertretende(r) Geschäftsführer(in): Elmar Lederer
Öffentlichkeitsarbeit: Ulrike Renner-Helfmann (T: (089) 3 60 93-119, Fax: (089) 3 60 93-379)
Verbandszeitschrift: Unfallversicherung aktuell
Redaktion: Ulrike Renner-Helfmann

● **K 269**
Unfallkasse München
Müllerstr. 3, 80469 München
T: (089) 2 33-26336 **Fax:** 2 33-27578
Geschäftsführer(in): Wolfgang Grote (Öffentlichkeitsarbeit T: (089) 2 33-26336)

Berlin

● **K 270**
Unfallkasse Berlin
Körperschaft des öffentlichen Rechts
Postf. 48 05 84, 12254 Berlin
Culemeyerstr. 2, 12277 Berlin
T: (030) 76 24-0 **Fax:** 76 24-1109
E-Mail: unfallkasse@unfallkasse-berlin.de
Vorsitzende(r) des Vorstandes: Werner Schaberg*) (amtierend)
altern. Vors. d. Vorstandes: Volker Claus*)
*) im jährlichen Wechsel
Geschäftsführer(in): Wolfgang Atzler
Stellvertretende(r) Geschäftsführer(in): Gerhard Streng
Öffentlichkeitsarbeit: Kirsten Wasmuth

Brandenburg

● **K 271**
Unfallkasse Brandenburg
Postf. 11 13, 15201 Frankfurt
Müllroser Chaussee 75, 15236 Frankfurt
T: (0335) 52 16-0 **Fax:** 54 73 39
Geschäftsführer(in): Hartmut Hetz
Öffentlichkeitsarbeit: Barbara Nawrath (T: (0335) 52 16-117)

● **K 272**
Feuerwehr-Unfallkasse Brandenburg
Müllroser Chaussee 75, 15236 Frankfurt
T: (0335) 52 16-0 **Fax:** 54 73 39
Geschäftsführer(in): Hartmut Hetz
Öffentlichkeitsarbeit: Barbara Nawrath (T: (0335) 52 16-117)

Bremen

● **K 273**
Unfallkasse Freie Hansestadt Bremen
Postf. 10 68 07, 28068 Bremen
Walsroder Str. 12-14, 28215 Bremen
T: (0421) 3 50 12-0 **Fax:** 3 50 12-14
E-Mail: ukbremen@vossnet.de
Gründung: 1937
Vorsitzende(r) des Vorstandes: Artur Lau
Stellv.Vors.d.Vorst.: Frank Jacobsen
Geschäftsführer(in): Horst Kruse
Stellvertretende(r) Geschäftsführer(in): Lothar Jackwerth (Ltg. Presseabt.)
Mitglieder: 46
Mitarbeiter: 40
Jahresetat: DM 21 Mio, € 10,74 Mio

Hamburg

● **K 274**
Landesunfallkasse Freie und Hansestadt Hamburg
Postf. 76 03 25, 22053 Hamburg
Spohrstr. 2, 22083 Hamburg
T: (040) 27 15 3-0 **Fax:** 2 70 69 87
Gründung: 1986 (1. Januar)
Vorsitzende(r) des Vorstandes: Hans-Peter Stölken (Versichertenvertreter)
Hermann Brandt (Arbeitgebervertreter)
Vorsitzende der Vertreterversammlung: Ralf Hinsch (Arbeitgebervertreter)
Rolf Hinsch (Versichertenvertreter)
Geschäftsführer(in): Thomas Schröder-Kamprad
Öffentlichkeitsarbeit: Klaudia Gottheit (T: (040) 2 71 53-403)
Mitarbeiter: 97

● **K 275**
Feuerwehr-Unfallkasse Hamburg
Kurze Mühren 20, 20095 Hamburg
T: (040) 3 09 04-289 **Fax:** 3 09 04-181
Internet: http://www.fuk-hamburg.de
E-Mail: info@fuk-hamburg.de
Vorsitzende(r) des Vorstandes: Wolfgang Poppelbaum
Stellv. Vors. d. Vorst.: Hermann Jonas
Geschäftsführer(in): Lutz Kettenbeil
Stellvertretende(r) Geschäftsführer(in): Gabriela Kirstein
Öffentlichkeitsarbeit: Lutz Kettenbeil (T: (040) 3 09 04-289)

Hessen

● **K 276**
Unfallkasse Hessen
Postf. 10 10 42, 60010 Frankfurt
Opernplatz 14, 60313 Frankfurt
T: (069) 2 99 72-440 **Fax:** 2 99 72-904
Gründung: 1997 (18. Dezember)
Vorsitzende(r) des Vorstandes: Hartmut Jungermann (34302 Guxhagen)
Heinz Grenacher (34225 Baunatal)
(in jährlichem Wechsel)
Geschäftsführer(in): Gerd Ulrich
Stellvertretende(r) Geschäftsführer(in): Arno Funk
Public Relations: Sabine Longerich
Verbandszeitschrift: inform
Redaktion: Sabine Longerich
Mitglieder: 35500
Mitarbeiter: 220

Mecklenburg-Vorpommern

● **K 277**
Unfallkasse Mecklenburg-Vorpommern
Wismarsche Str. 199, 19053 Schwerin
T: (0385) 51 81-0 **Fax:** 51 81-111
Vorsitzende(r) des Vorstandes: Rolf Müller
Stellvertretende(r) Vorsitzender: Reinhard Arenskrieger
Geschäftsführer(in): Christian Feldmann
Stellvertretende(r) Geschäftsführer(in): N. N.
Öffentlichkeitsarbeit: Peter Louis (T: (0385) 51 81-130)

● **K 278**
**Feuerwehr-Unfallkasse Nord
Landesgeschäftsstelle Schleswig-Holstein**
24097 Kiel
Sophienblatt 33, 24114 Kiel
T: (0431) 6 03-2112 **Fax:** 6 03-1395
Besucheranschrift: Hamburger Chaussee 4, 24114 Kiel
Vorsitzende(r) des Vorstandes: Roland Reime, Kiel
Stellv. Vors. d. Vorst.: Rolf Schomann, Schwerin
Geschäftsführer(in): Lutz Kettenbeil (T: (0431) 6 03-2111), Kiel
Stellvertretende(r) Geschäftsführer(in): Gabriela Kirstein (T: (0385) 30 31-7 01, Schwerin)

k 279
**Feuerwehr-Unfallkasse Nord
Landesgeschäftsstelle Mecklenburg-Vorpommern**
Bertha-von-Suttner-Str. 5, 19061 Schwerin
T: (0385) 30 31-700 **Fax:** 30 31-706

Niedersachsen

● **K 280**
Braunschweigischer Gemeinde-Unfallversicherungsverband (gesetzliche Unfallversicherung)
Ring-Center
Postf. 15 42, 38005 Braunschweig
Berliner Platz 1c, 38102 Braunschweig
T: (0531) 2 73 74-0 **Fax:** 2 73 74-30
Vorsitzende(r) des Vorstandes: Dr. Udo Kuhlmann
Karl Greve, Braunschweig
(in jährlichem Wechsel)
Geschäftsführer(in): Detlev Hoheisel
Stellvertretende(r) Geschäftsführer(in): Karl-Rüdiger Bratmann

● **K 281**
Gemeinde-Unfallversicherungsverband Hannover
Postf. 81 03 61, 30503 Hannover
Am Mittelfelde 169, 30519 Hannover
T: (0511) 87 07-0 **Fax:** 87 07-188
Vorsitzende(r) des Vorstandes: Dr. Wulf Haack, Hannover
Friedrich Weh, Hannover
(dreijährigen Wechsel)
Geschäftsführer(in): Jörg Gerike
Mitarbeiter: 210

● **K 282**
Landesunfallkasse Niedersachsen
Postf. 81 03 61, 30503 Hannover
Am Mittelfelde 169, 30519 Hannover
T: (0511) 87 07-0 **Fax:** 87 07-188
Vorsitzende(r) des Vorstandes: Felix Grun
Dr. Dr. Christian Weise
(dreijähriger Wechsel)
Geschäftsführer(in): Jörg Gerike
Öffentlichkeitsarbeit: Jürgen Brunotte (T: (0511) 87 07-161)

● **K 283**
Feuerwehr-Unfallkasse Hannover
Postf. 2 80, 30002 Hannover
Aegidientorplatz 2A, 30159 Hannover
T: (0511) 9 89-5431 **Fax:** 9 89-5433
Vorsitzende(r) des Vorstandes: Hans Graulich, Wremen
Dr. Günter Schmidt, Hannover
(Wechsel alle 3 Jahre)
Geschäftsführer(in): Michael Riggert (Öffentlichkeitsarbeit T: (0511) 9 89-5440)
Stellvertretende(r) Geschäftsführer(in): N. N.
Verbandszeitschrift: FUK NEWS
Redaktion: FUK Hannover, Aegidientorplatz 2 A, 30159 Hannover

● **K 284**
Gemeinde-Unfallversicherungsverband Oldenburg
Postf. 27 61, 26017 Oldenburg
Gartenstr. 9, 26122 Oldenburg
T: (0441) 7 79 09-0 **Fax:** 7 79 09-50
E-Mail: guv-oldenburg@t-online.de
Vorsitzende(r) des Vorstandes: Wolfgang Haubold, Wildeshausen
Karl-Heinz Meier, Oldenburg
(in jährlichem Wechsel)
Geschäftsführer(in): Peter Laackmann (Öffentlichkeitsarbeit T: (0441) 77 90 90)

● **K 285**
Feuerwehr-Unfallkasse Oldenburg
Postf. 27 49, 26017 Oldenburg
Moslestr. 1, 26122 Oldenburg
T: (0441) 22 65.50 **Fax:** 22 66 67
Gründung: 1900 (7. Dezember)
Vorsitzende(r) des Vorstandes: Ludwig Tombrägel (49393 Lohne)
Geschäftsführung: Oldenburgische Landesbrandkasse
Stellvertreter: Dipl.-Math. Franz Thole
Stellvertreter: Wolfgang Willers (Öffentlichkeitsarbeit T: (0441) 2 26-550)
Mitglieder: 57

Nordrhein-Westfalen

● K 286
Rheinischer Gemeindeunfallversicherungsverband
Postf. 120530, 40605 Düsseldorf
Heyestr. 99, 40625 Düsseldorf
T: (0211) 28 08-0 **Fax:** 29 80 54
E-Mail: info@rguvv.de
Gründung: 1929 (Juni)
Vorsitzende(r) des Vorstandes: Gerhard Stuhlmann, Troisdorf
Helmut Etschenberg, Monschau
(in jährlichem Wechsel)
Geschäftsführerin: Marlis Bredehorst
Öffentlichkeitsarbeit: Thomas Picht (T: (0211) 28 08-235)
Verbandszeitschrift: Kommunaler Arbeitsschutz
Mitglieder: ca. 38700 Mitgliedsunternehmen
Mitarbeiter: ca. 300

● K 287
Landesunfallkasse Nordrhein-Westfalen
Ulenbergstr. 1, 40223 Düsseldorf
T: (0211) 90 24-0 **Fax:** 90 24-180
E-Mail: poststelle@luk-nrw.de
Vorsitzende(r) des Vorstandes: Ltd.MinRat Hans-Dieter Gotsche, Düsseldorf
Bernd Vallentin, Düsseldorf
Geschäftsführer(in): Manfred Lieske
Stellvertretende(r) Geschäftsführer(in): Helmut Ehl
Öffentlichkeitsarbeit: Nil Yurdatap

● K 288
Feuerwehr-Unfallkasse Nordrhein-Westfalen
40195 Düsseldorf
Provinzialplatz 1, 40591 Düsseldorf
T: (0211) 97 79 89-0 **Fax:** 97 79 89-29
Vorsitzende(r) des Vorstandes: Dr. Bernd Michaels
Stellv. Vors. d. Vorst.: Matthias Schwartges
Geschäftsführer(in): Johannes Plönes
Stellvertretende(r) Geschäftsführer(in): N. N.

k 289
Feuerwehr-Unfallkasse Nordrhein-Westfalen Verwaltungsstelle
48131 Münster
Provinzial-Allee 1, 48159 Münster
T: (0251) 2 19-4692 **Fax:** 2 19-3901

● K 290

Gemeindeunfallversicherungsverband Westfalen-Lippe
Postf. 59 67, 48135 Münster
Salzmannstr. 156, 48159 Münster
T: (0251) 21 02-0 **Fax:** 21 85 69
Internet: http://www.guvv-wl.de
Gründung: 1929
Vorsitzende(r) des Vorstandes: Prof. Klaus Dunker, Unna
Stellvertretende(r) Vorsitzende(r): Lothar Szych, Altenberge
Geschäftsführer(in): Josef Micha
Stellvertretende(r) Geschäftsführer(in): Manfred Schmidt
Leitung Presseabteilung: Karin Winkes-Glüsenkamp
Verbandszeitschrift: Gesundheitsschutz aktuell
Redaktion: Karin Winkes-Glüsenkamp
Mitglieder: 47000
Mitarbeiter: 255
Jahresetat: DM 167 Mio, € 85,39 Mio

● K 291
Feuerwehr-Unfallkasse Westfalen-Lippe
48131 Münster
Provinzial-Allee 1, 48159 Münster
T: (0251) 2 19-4692 **Fax:** 2 19-3901
Vorsitzende(r) des Vorstandes: Eberhard Ottmar, Münster
Vors. d. Vertreterversamm.: Klaus Schneider, Hamm
Geschäftsführer(in): N.N.
Stellvertretende(r) Geschäftsführer(in): Thomas Plemper (Öffentlichkeitsarbeit), Greven

Rheinland-Pfalz

● K 292
Unfallkasse Rheinland-Pfalz
Orensteinstr. 10, 56626 Andernach
T: (02632) 9 60-0 **Fax:** 9 60-100
Vorsitzende(r) des Vorstandes: Dietmar Muscheid, Mainz
Stellv. Vors. d. Vorstandes: Oberbürgermeister Peter Labonte
(Wechsel alle 3 Jahre)
Geschäftsführer(in): Ltd. Direktor Hans Imo
Stellvertretende(r) Geschäftsführer(in): Verwaltungsdir. Helmut Müller
Öffentlichkeitsarbeit: Gerlinde Weidner-Theisen (T: (02632) 9 60-114)

Saarland

● K 293
Unfallkasse Saarland
Postf. 20 02 80, 66043 Saarbrücken
Beethovenstr. 41, 66125 Saarbrücken
T: (06897) 97 33-0 **Fax:** 97 33-37
Vorsitzende(r) des Vorstandes: Prof. Dr. Wolfgang Knapp, Saarbrücken
Stellvertretende(r) Vorsitzende(r): Lothar Kascha, Völklingen
(Der Vorsitzende und sein Stellvertreter wechseln ab 01.10. jeweils nach Ablauf der Hälfte der Legislaturperiode)
Geschäftsführer(in): Helmut Mathis
Stellvertretende(r) Geschäftsführer(in): Ass. Thomas Meiser (Öffentlichkeitsarbeit)

Sachsen

● K 294
Unfallkasse Sachsen
Postf. 10 01 42, 01651 Meißen
Rosa-Luxemburg-Str. 17a, 01662 Meißen
T: (03521) 7 24-0 **Fax:** 7 24-111
Internet: http://www.unfallkassesachsen.de
E-Mail: ukssekgf@aol.com
Vorsitzende(r) des Vorstandes: Heide Goepel
Stellv. Vors. d. Vorst.: Christian Scheibler
(im jährlichen Wechsel)
Vors. d. Vertreterversammlung: Reinhart Franke
Stellv. Vors. d. Vertreterversammlung: Thomas Merker
(im jährlichen Wechsel)
Geschäftsführer(in): Günther Schön (T: 7 24-1 00)
Stellvertretende(r) Geschäftsführer(in): Hans-Joachim Wegner (T: 7 24-200)
Pers. Referent d. Geschf.: Karsten Janz (T: (03521) 7 24-2 66)

Sachsen-Anhalt

● K 295
Unfallkasse Sachsen-Anhalt
39258 Zerbst
Käsperstr. 31, 39261 Zerbst
T: (03923) 7 51-0 **Fax:** 7 51-333
Internet: http://www.uksa.de
E-Mail: UKSAZ@T-Online.de
Geschäftsführer(in): Max Rönninger
Öffentlichkeitsarbeit: Martin Plenikowski (T: (03923) 7 51-205)

● K 296
Feuerwehr-Unfallkasse Sachsen-Anhalt
Am Fuchsberg 8, 39112 Magdeburg
T: (0391) 6 22 48 73, 6 22 48 13 **Fax:** 6 22 48 73
Internet: http://www.fuk-s-anh.de
E-Mail: FUK_Sachsen-Anhalt@t-online.de
Neue Anschrift ab Juni 2001:
Carl-Miller-Str. 7, 39112 Magdeburg
Vorsitzende(r) des Vorstandes: Günter Sievers, Klein Wanzleben
Geschäftsführer(in): Hartmut Gebhardt (Öffentlichkeitsarbeit T: (0391) 6 22 48-73)

Schleswig-Holstein

● K 297
Unfallkasse Schleswig-Holstein
Seekoppelweg 5a, 24113 Kiel
T: (0431) 64 07-0 **Fax:** 64 07-550
Vorsitzende(r) des Vorstandes: Klaus Schade, Raisdorf
Stellv.Vors.d.Vorst.: Werner Karg, Eutin
(in jährlichem Wechsel)
Geschäftsführer(in): Jan Holger Stock
Stellvertretende(r) Geschäftsführer(in): Peter Becker
Öffentlichkeitsarbeit: Reinhard Gusner (T: (0431) 64 07-505)

Thüringen

● K 298
Unfallkasse Thüringen
Postf. 10 03 02, 99853 Gotha
Humboldtstr. 111, 99867 Gotha
T: (03621) 7 77-0 **Fax:** 7 77-111
Internet: http://www.ukt.de
E-Mail: info@ukt.de
Vorsitzende(r) des Vorstandes: Michael Brychcy
Stellv. Vorstandsvorsitzende(r): Christa Raunitschke
Vors. d. Vertreterversammlung: Katrin Hennig
Stellv. Vors. d. Vertreterversammlung: Jürgen Beese
Geschäftsführerin: Renate Müller
Stellvertretende(r) Geschäftsführer(in): Lars Eggert

● K 299
Feuerwehr-Unfallkasse Thüringen
Bonifaciusstr. 18, 99084 Erfurt
T: (0361) 22 41 41 46 **Fax:** 22 41 42 81
E-Mail: fukthueringen@t-online.de
Vorsitzende(r) des Vorstandes: Ulrich-Bernd Wolff von der Sahl
Stellv. Vors. d. Vorst.: Klaus Greiner
(im 3 jährigen Wechsel)
Geschäftsführer(in): Hans-Heinrich Stegmann (Öffentlichkeitsarbeit)

Ausführungsbehörden des Bundes für Unfallversicherung

● K 300
Bundesausführungsbehörde für Unfallversicherung
26380 Wilhelmshaven
Weserstr. 47, 26382 Wilhelmshaven
T: (04421) 4 07-0 **Fax:** 4 07-400
E-Mail: bafuwhv@t-online.de
Vorsitzende(r) des Vorstandes: Wolfgang Stolte
Christian Fieberg
(jährl. alternierend)
Geschäftsführer(in): Günter Märtins (Direktor)
Stellvertretende(r) Geschäftsführer(in): Dr. Thomas Molkentin

● K 301
Eisenbahn-Unfallkasse
Karlstr. 4-6, 60329 Frankfurt
T: (069) 2 65-22002 **Fax:** 2 65-33958
Vorsitzende(r) des Vorstandes: Rudi Ludwig
Otto Kaletsch
(alternierend)
Geschäftsführer(in): APr Dieter Kersten

● K 302
Unfallkasse Post und Telekom
Postf. 27 80, 72017 Tübingen
Europaplatz 2, 72072 Tübingen
T: (0180) 5 00 16 32 **Fax:** (07071) 9 33-4398
Internet: http://www.ukpt.de
E-Mail: info@ukpt.de
Vorsitzende(r) des Vorstandes: Katharina Vilsmeier
Geschäftsführer(in): Gerd Ferdinand

● K 303
Ausführungsbehörde für Unfallversicherung des Bundesministeriums für Verkehr, Bau- und Wohnungswesen
Postf. 59 05, 48135 Münster
Cheruskerring 11, 48147 Münster
T: (0251) 27 08-0 **Fax:** 27 08-240
E-Mail: schnaubelt@afu.bund.de
Vorsitzende(r) des Vorstandes: Lothar Spaniol (Schaumbergstr. 177, 66822 Lebach)
Geschäftsführer(in): Reg.-Dir. Lothar Schnaubelt

Rentenversicherung

● K 304

Verband Deutscher Rentenversicherungsträger e.V. (VDR)
Eysseneckstr. 55, 60322 Frankfurt
T: (069) 15 22-0 **Fax:** 15 22-320
Internet: http://www.vdr.de
E-Mail: pressestelle@vdr.de

Gründung: 1919 (9. August)
Vorsitzende(r): Dipl.-Volksw. Jürgen Husmann, Berlin
Dr. Erich Standfest, Berlin
(im Wechsel)
Geschäftsführer(in): Prof. Dr. Franz Ruland
Stellvertretende(r) Geschäftsführer(in): Dr. Axel Reimann
Leitung Presseabteilung: Günter Albrecht
Verbandszeitschrift: Deutsche Rentenversicherung
Verlag: WDV Wirtschaftsdienst, Postf. 25 51, 61295 Bad Homburg
Mitglieder: 26
Der Verband umfaßt die 22 Landesversicherungsanstalten des Bundesgebietes, Bahnversicherungsanstalt, Seekasse, Bundesknappschaft und die Bundesversicherungsanstalt für Angestellte

Wahrnehmung aller gemeinsamen Angelegenheiten der deutschen Rentenversicherung. Unterrichtung und Beratung seiner Mitglieder in allen ihr Aufgabengebiet berührenden Fragen und Angelegenheiten, sofern diese die deutsche Rentenversicherung betreffen oder im Interesse der Gesamtheit seiner Mitglieder liegen.

Landesversicherungsanstalten

● **K 305**

Landesversicherungsanstalt Baden-Württemberg
(Träger der gesetzlichen Rentenversicherung der Arbeiter für das Land Baden-Württemberg)
Hauptsitz Karlsruhe
76122 Karlsruhe
Gartenstr. 105, 76135 Karlsruhe
T: (0721) 8 25-0   **Fax:** 8 25-3434
Internet: http://www.lva-baden-wuerttemberg.de
Sitz Stuttgart: 70429, Adalbert-Stifter-Str. 105, 70437 Stuttgart, T: (0711) 8 48-1, Fax: 8 48-702

● **K 306**

Landesversicherungsanstalt Oberbayern
Thomas-Dehler-Str. 3, 81737 München
T: (089) 67 81-0   **Fax:** 67 81-23 45
Internet: http://www.lva-oberbayern.de
E-Mail: lva-oberbayern@t-online.de
Gründung: 1891
Vorsitzende(r) des Vorstandes: Dr. Rainer Will
Fritz Schösser (MdB)
(im jährlichen Wechsel zum 1.10.)
Geschäftsführer(in): Erwin Mahn (Vors.)
Wolfgang Willner
Pressereferent: Ulrich Demeter (E-Mail: ulrich.demeter@lva-oberbayern.de)
Verbandszeitschrift: gesichertes leben
Verlag: WDV Wirtschaftsdienst, Siemensstr. 6, 61352 Bad Homburg

● **K 307**

Landesversicherungsanstalt Schwaben
An der Blauen Kappe 18, 86152 Augsburg
T: (0821) 5 00-0   **Fax:** 5 00-10 00
Internet: http://www.lva-schwaben.de
E-Mail: info@lva-schwaben.de
Vorsitzende(r) des Vorstandes: Karl-Heinz Schneider
Herbert Loebe
(in jährlichem Wechsel)
Geschäftsführer(in): 1.Dir. Dr. Werner Bos
Leitung Presseabteilung: Herta Fuderer

● **K 308**

Landesversicherungsanstalt Niederbayern-Oberpfalz
Am Alten Viehmarkt 2, 84028 Landshut
T: (0871) 81-0   **Fax:** 81-2259
Internet: http://www.lva-landshut.de
E-Mail: presse@lva-landshut.de
Versicherungs-, Rehabilitations- u. Rentenangelegenheiten;
Fax: (0871) 81-21 50
Vorsitzende der Vertreterversammlung: Rüdiger-Gerd Sappa (Arbeitgebervertreter)
Klaus Pauli (Versichertenvertreter)
Vorsitzende des Vorstandes: Johann Vilsmeier (Versichertenvertreter)
Werner Riepl (Arbeitgebervertreter)
Der Vorsitz wechselt in beiden Organen jeweils zum 1. Oktober
Geschäftsführer(in): Erster Direktor Manfred Burmeister
Pressesprecher: Reinhold Schuster (T: (0871) 81-22 64, Fax: (0871) 81-21 40)

● **K 309**

Landesversicherungsanstalt Oberfranken und Mittelfranken
Wittelsbacherring 11, 95444 Bayreuth
T: (0921) 6 07-0   **Fax:** 6 07-3 98
Internet: http://www.lva-bayreuth.de
E-Mail: lva@bayreuth-online.de

Alternierende Vors.d. Vorstandes:
Harald Weiniger, Nürnberg
Falk Thom, Nürnberg
(im jährlichen Wechsel zum 1. Oktober)
Geschäftsführer(in): Werner Krempl

● **K 310**

Landesversicherungsanstalt Unterfranken
Friedenstr. 14, 97072 Würzburg
T: (0931) 8 02-0   **Fax:** 80 22 43
Internet: http://www.lva-unterfranken.de
E-Mail: lva-ufr@t-online.de
Vorsitzende(r) des Vorstandes: Franz Amrhein
Dieter Jensen
Geschäftsführer(in): Erster Dir. Manfred Adami
Leitung Presseabteilung: Wolfgang Knüpfing

● **K 311**

Landesversicherungsanstalt Berlin
Knobelsdorffstr. 92, 14059 Berlin
T: (030) 30 02-0   **Fax:** 30 02-1009
Internet: http://www.lva-berlin.de
E-Mail: pressestelle@lva.berlin.de
Vorsitzende(r) des Vorstandes: Dieter Scholz
Manfred Wittke
(im jährlichen Wechsel zum 1. Oktober)
Geschäftsführer(in): Ulrich Körber
Leitung Presseabteilung: Bernd Neumann

● **K 312**

Landesversicherungsanstalt Brandenburg
15228 Frankfurt
Bertha-von-Suttner-Str. 1, 15236 Frankfurt
T: (0335) 5 51-0   **Fax:** 5 51-12 95
Gründung: 1991 (1. Januar)
Alternierende Vorstandsvorsitzende: Volker Kulle (Versichertenvertreter)
Rainer Diemer (Arbeitgebervertreter)
Vorsitz wechselt jeweils am 1.10. d. Jahres
Geschäftsführer(in): Gerfried Rosch
Verbandszeitschrift: "gesichertes leben"
Redaktion: Michael Kaschel
Verlag: Wirtschaftsdienstverlag, Siemensstr. 6, 61352 Bad Homburg
Mitglieder: 396000 Rentner, 634000 Versicherte
Mitarbeiter: 1312

● **K 313**

Landesversicherungsanstalt Oldenburg-Bremen
Postf. 27 67, 26017 Oldenburg
Huntestr. 11, 26135 Oldenburg
T: (0441) 92 70   **Fax:** 9 27 25 63
T-Online: *927#
Internet: http://www.lva-oldenburg-bremen.de
E-Mail: presse@lva-oldenburg-bremen
Gründung: 1890 (8. August)
Vorsitzende(r) des Vorstandes: Eberhard Schodde
Marita Rosenow
Geschäftsführer(in): Rüdiger vom Ende
Stellvertretende Geschäftsführerin: Dr. Ingrid Künzler
Mitglieder: 900000

● **K 314**

Landesversicherungsanstalt Freie und Hansestadt Hamburg
Postf. 60 15 60, 22215 Hamburg
Überseering 10, 22297 Hamburg
T: (040) 63 81-0   **Fax:** 63 81-2999
Vorsitzende(r) des Vorstandes: Jürgen Hoch
Jürgen Meineke
(in jährlichem Wechsel)
Geschäftsführer(in): Erster Dir. Klaus Schulz

● **K 315**

Landesversicherungsanstalt Hessen
Städelstr. 28, 60596 Frankfurt
T: (069) 60 52-0   **Fax:** 60 52-16 00
Internet: http://www.lva-hessen.de
Geschäftsführer(in): Dr. Hans-Dieter Wolf
Stellvertretende(r) Geschäftsführer(in): Karlheinz Reichert
Ltg. Pressereferat: Ilona Reichert

● **K 316**

Landesversicherungsanstalt Hannover
30875 Laatzen
Lange Weihe 2-4, 30880 Laatzen
T: (0511) 8 29-0   **Fax:** 8 29 26 35
Internet: http://www.lva-hannover.de
Gründung: 1891
Vorsitzende(r) des Vorstandes: Horst Fricke
Gernot Preuß
Geschäftsführung: Erster Dir. Dr. Manfred Benkler (Vors.)
Direktor Jörg Kayser
Pressesprecher: Jürgen Dörge
Wolf-Dieter Burde

Verbandszeitschrift: gesichertes leben
Verlag: wdv, Siemensstr. 6, 61352 Bad Homburg
Mitglieder: rd. 2000000 Versicherte
Mitarbeiter: 2900
Jahresetat: DM 14000 Mio, € 7158,09 Mio

● **K 317**

Landesversicherungsanstalt Braunschweig
Postf. 33 23, 38023 Braunschweig
Kurt-Schumacher-Str. 20, 38102 Braunschweig
T: (0531) 70 06-0   **Fax:** 70 06-4 25
Gründung: 1891
Geschäftsführer(in): Dr. Ralf Kreikebohm
Mitglieder: ca. 390000
Mitarbeiter: 500
Jahresetat: DM 1780 Mio, € 910,1 Mio

● **K 318**

Landesversicherungsanstalt Mecklenburg-Vorpommern
Platanenstr. 43, 17033 Neubrandenburg
T: (0395) 3 70-0   **Fax:** 3 70-4444
Gründung: 1991 (01. Januar)
Geschäftsführer(in): Bernd Thiele
Leitung Presseabteilung: Roger Bodin
Verbandszeitschrift: "gesichertes Leben"
Verlag: WDV-Wirtschaftsdienst, Siemensstr. 6, 61352 Bad Homburg
Mitglieder: 532000 Versicherte, 287 000 Rentnerinnen und Rentner
Mitarbeiter: 897
Jahresetat: DM 460 Mio, € 235,19 Mio

● **K 319**

Landesversicherungsanstalt der Rheinprovinz
40194 Düsseldorf
Königsallee 71, 40215 Düsseldorf
T: (0211) 9 37-0   **Fax:** 9 37-30 96
Internet: http://www.lva-rheinprovinz.de
E-Mail: info@lva-rheinprovinz.de
Vorsitzende(r) des Vorstandes: Walter Haas
Günter Mauer (im jährl. Wechsel)
Geschäftsführer(in): Erster Dir. Heiner Horsch
Dir. Heinz Krumnack
Dir. Klaus Schenke
Leitung Presseabteilung: Karlpeter Arens

● **K 320**

Landesversicherungsanstalt Westfalen
48125 Münster
Gartenstr. 194, 48147 Münster
T: (0251) 2 38-0   **Fax:** 2 38-2960
Internet: http://www.lva-westfalen.de
E-Mail: lva-westf-presse@t-online.de, kontakt@lva-westfalen.de
Vorsitzende(r) des Vorstandes: Karl-Ernst Schmitz-Simonis
Erwin Marschner
(im jährlichen Wechsel zum 1. Oktober)
Geschäftsführer(in): Erster Direktor Wilfried Gleitze
Dir. Klaus Schulte
Dir. Joachim Försterling

● **K 321**

Landesversicherungsanstalt Rheinland-Pfalz
Eichendorffstr. 4-6, 67346 Speyer
T: (06232) 17-0   **Fax:** 17 25 89
Internet: http://www.lva-rheinland-pfalz.de
E-Mail: presse@lva-rheinland-pfalz.de
Vorsitzende(r) des Vorstandes: Dieter Kretschmer
Harald Huhn
Vors. der Vertreterversammlung: Dieter Becker
Volkmar Heusel
Geschäftsführer(in): Hartmut Hüfken
Stellvertretende(r) Geschäftsführer(in): Werner Munhofen

● **K 322**

Landesversicherungsanstalt für das Saarland
Martin-Luther-Str. 2-4, 66111 Saarbrücken
T: (0681) 3 09 30   **Fax:** 30 93-1 99
Internet: http://www.lva-saarland.de
E-Mail: opresse@lva-saarland.de
Vorsitzende(r) des Vorstandes: Klaus Behnisch
Georg Jung
(im jährlichen Wechsel zum 1. Oktober)
Geschäftsführer(in): Günter Ludwig Schneider

Trägerin der gesetzlichen Rentenversicherung der Arbeiter und der Hüttenknappschaftlichen Zusatzversicherung (HZV).

● **K 323**

Landesversicherungsanstalt Sachsen
Hauptverwaltung
Georg-Schumann-Str. 146, 04159 Leipzig

T: (0341) 5 50-55   Fax: 5 50 59 00
Erster Direktor: Heinz Löffler
Direktor: Manfred Kees

● **K 324**
Landesversicherungsanstalt Sachsen-Anhalt
Paracelsusstr. 21, 06114 Halle
T: (0345) 2 13-0   Fax: 2 02 33 14
Internet: http://www.lva-sachsen-anhalt.de
E-Mail: post@lva-sachsen-anhalt.de
1. Dir.: Konrad Wilhelm Riebe
2. Dir.: Dagmar Lewering
Leitung Presseabteilung: Matthias Jäkel
Verbandszeitschrift: Gesichertes Leben
Verlag: WDV Wirtschaftsdienst Gesellschaft für Medien und Kommunikation mbH & Co. OHG
Mitarbeiter: ca. 1500

● **K 325**
Landesversicherungsanstalt Schleswig-Holstein
23544 Lübeck
Ziegelstr. 150, 23556 Lübeck
T: (0451) 4 85-0   Fax: 4 85-1777
Gründung: 1890 (31. Oktober)
Vorsitzende(r) des Vorstandes: Hugo Schütt
Stv. Vors. d. Vorst.: Bernhard Fischer
(Vors. u. stellv. Vors. wechseln jährlich zum 1. Oktober)
Geschäftsführer(in): Hans-Egon Raetzell
Stellvertretende(r) Geschäftsführer(in): Ingo Koch
Leitung Presseabteilung: Birgit Folchert

● **K 326**

Deutsche Rentenversicherung
Landesversicherungsanstalt Thüringen
Kranichfelder Str. 3, 99097 Erfurt
T: (0361) 4 82-0   Fax: 4 82-2299
Internet: http://www.lva-thueringen.de
E-Mail: pressestelle@lva-thueringen.de
Gründung: 1991 (01.Januar)
Alternierende Vorstandsvors.: Gerd Brücker
Viktor Bernecker
Geschäftsführer(in): Dr. Wolfgang Kohl
Stellvertretende(r) Geschäftsführer(in): Bernd Burkhardt
Pressesprecher: Andreas Walther
Verbandszeitschrift: gesichertes leben
Verlag: WDV-Wirtschaftsdienst, Siemensstr. 6, 61352 Bad Homburg v.d.H.
Mitglieder: 791305 Versicherte, 323532 Rentner
Mitarbeiter: 1341

Sonderanstalten

● **K 327**
Bahnversicherungsanstalt (BVA)
Karlstr. 4-6, 60329 Frankfurt
T: (069) 2 65-33009   Fax: 2 65-34170
Internet: http://www.bahnva.de
E-Mail: bahnva@t-online.de
Alt. Vors. d. Vorstandes: Dr. Volker Hartmann
Wolfgang Horstig
Geschäftsführer(in): Hartmut Janzer (Erster Direktor)
Dr. Erik Thomsen (Ltd. Direktor)
Leitung Presseabteilung: Holger Barfknecht
Gesetzlicher Rentenversicherungsträger der Arbeiter und Angestellten der Deutschen Bahn AG und des Bundeseisenbahnvermögens, einschließlich ihrer nicht rechtsfähigen Sondervermögen und der Arbeiter der Wasser- und Schifffahrtsverwaltungen des Bundes und einiger Länder.

● **K 328**
Seekasse
siehe gewerbliche Berufsgenossenschaften k 236

Angestelltenversicherung

● **K 329**
Bundesversicherungsanstalt für Angestellte
Ruhrstr. 2, 10709 Berlin
T: (030) 8 65-1   Fax: 86 52 72 40
TX: 183 366 BfA
T-Online: ✱4 5065#
Internet: http://www.bfa-berlin.de/
Gründung: 1913 (RfA); 1953 (BfA)
Vorsitzende(r) des Vorstandes: Hans Dieter Richardt

Stellv. Vors. d. Vorst.: Lutz Freitag
(im jährlichen Wechsel)
Geschf. u. Präs.: Dr. Herbert Rische
Dir. Dr. Anne Meurer
Dir. Klaus Michaelis
Leitung Presseabteilung: Helbing
Träger der gesetzlichen Rentenversicherung der Angestellten.

Knappschafts-Versicherung

● **K 330**
Bundesknappschaft
Hauptverwaltung Bochum
Verw.-Gebäude:
44781 Bochum
Pieperstr. 14-28, 44789 Bochum
T: (0234) 87 95-0   Fax: 3 04-5305
Internet: http://www.bundesknappschaft.de
E-Mail: diebundesknappschaft@bundesknappschaft.de
Vorsitzende(r) des Vorstandes: Fritz Kollorz
Geschäftsführer(in): Erster Dir. Dr. Georg Greve
Dir. Rolf Stadié
Dir. Dr. Ulrich Roppel
Leitung Presseabteilung: Susanne Schröder

Landwirtschaftliche Altersversicherung

● **K 331**
Gesamtverband der landwirtschaftlichen Alterskassen
- Körperschaft des öffentlichen Rechts -
34114 Kassel
Postf. 41 03 56, 34065 Kassel
Weißensteinstr. 70-72, 34131 Kassel
T: (0561) 93 59-0   Fax: 93 59-149
Vorsitzende(r) des Vorstandes: Klaus Vosseler
Geschäftsführer(in): Verb.-Dir. Dr. Sk Harald Deisler

Angeschlossene Alterskassen

k 332
Schleswig-Holsteinische Landwirtschaftliche Alterskasse
Schulstr. 29, 24143 Kiel
T: (0431) 70 24-0   Fax: 70 24-6120
Vorsitzende(r) des Vorstandes: Werner Schramm
Geschäftsführer(in): Dir. Jann Uwe Petersen

k 333
Landwirtschaftliche Alterskasse Oldenburg-Bremen
Im Dreieck 12, 26127 Oldenburg
T: (0441) 34 08-0   Fax: 34 08-444
Vorsitzende(r) des Vorstandes: Alfons Oing
Geschäftsführer(in): Dir. Manfred Schmidt-Broscheit

k 334
Hannoversche landwirtschaftliche Alterskasse
Im Haspelfelde 24, 30173 Hannover
T: (0511) 80 73-0   Fax: 80 73-595
Vorsitzende(r) des Vorstandes: Lothar Lampe (bis 29.09.01)
Otto Deppmeyer (ab 30.09.01)
Geschäftsführer(in): Erster Dir. Hartmut Andrä

k 335
Braunschweigische landwirtschaftliche Alterskasse
Bruchtorwall 13, 38100 Braunschweig
T: (0531) 4 80 02-0   Fax: 4 80 02-63
Vorsitzende(r) des Vorstandes: Jürgen Görg
Geschäftsführer(in): Dir. Alfred Kubon

k 336
Lippische landwirtschaftliche Alterskasse
Felix-Fechenbach-Str. 6, 32756 Detmold
T: (05231) 60 04-0   Fax: 60 04-30
Vorsitzende(r) des Vorstandes: Heinrich-Wilhelm Tölle
Geschäftsführer(in): Dir. Albrecht Dreimann

k 337
Alterskasse der rheinischen Landwirtschaft
Merowingerstr. 103, 40225 Düsseldorf
T: (0211) 33 87-1   Fax: 33 87-454

E-Mail: presse@duesseldorf.lsv.de
Vorsitzende(r) des Vorstandes: Hans Schrapers
Geschäftsführer(in): Dir. Heimo-Jürgen Döge

k 338
Westfälische landwirtschaftliche Alterskasse
Hoher Heckenweg 76-80, 48147 Münster
T: (0251) 23 20-0   Fax: 23 20-5 55
Internet: http://www.lsv-d.de/westfalen
E-Mail: mailbox@muenster.lsv.de
Vorsitzende(r) des Vorstandes: Hans-Jürgen Kleimann
Geschäftsführer(in): Dir. Jürgen Blauth

k 339
Landwirtschaftliche Alterskasse Hessen
Bartningstr. 57, 64289 Darmstadt
T: (06151) 7 02-0   Fax: 7 02-1116
Internet: http://www.lsv/hessen
E-Mail: info.lak@darmstadt.hessen.lsv.de

Luisenstr. 12, 34119 Kassel
T: (0561) 10 06-0   Fax: 10 06-2395
Vorsitzende(r) des Vorstandes: Walter Schütz
Geschäftsführer(in): Dir. Wilhelm Kins

k 340
Landwirtschaftliche Alterskasse Rheinland-Pfalz
Theodor-Heuss-Str. 1, 67346 Speyer
T: (06232) 9 11-0   Fax: 9 11-187
Vorsitzende(r) des Vorstandes: Leo Blum
Geschäftsführer(in): Dir. Godehard Hennies

k 341
Landwirtschaftliche Alterskasse für das Saarland
Heinestr. 2-4, 66121 Saarbrücken
T: (0681) 6 65 00-0   Fax: 6 65 00-58
Vorsitzende(r) des Vorstandes: Edmund Kütten
Geschäftsführer(in): Dir. Helmut Heinz

k 342
Land- und Forstwirtschaftliche Alterskasse Franken und Oberbayern
Dammwäldchen 4, 95444 Bayreuth
T: (0921) 6 03-0   Fax: 6 03-386

Friedrich-Ebert-Ring 33, 97072 Würzburg
T: (0931) 80 04-0, Fax: 80 04-284

Neumarkter Str. 35, 81673 München
T: (089) 4 54 80-0   Fax: 4 54 80-398
Vorsitzende(r) des Vorstandes: Gerhard Fuchs
Geschäftsführer(in): Friedhard Pfeiffer

k 343
Landwirtschaftliche Alterskasse Niederbayern-Oberpfalz
Luitpoldstr. 29, 84034 Landshut
T: (0871) 6 96-0   Fax: 6 15 76
Vorsitzende(r) des Vorstandes: Georg Hiegl
Geschäftsführer(in): Alois Brandlmeier

k 344
Landwirtschaftliche Alterskasse Schwaben
Tunnelstr. 29, 86156 Augsburg
T: (0821) 40 81-0   Fax: 40 81-247
Gründung: 1957 (01.10.)
Vorsitzende(r) des Vorstandes: Reinhold Frhr. von Lupin
Geschäftsführer(in): Dir. Dagobert Peschkes
Verbandszeitschrift: "Sicher schaffen"
Redaktion: Landwirtschaftliche Alterskasse Schwaben, Tunnelstr. 29, 86156 Augsburg
Mitglieder: ca. 58000
Mitarbeiter: ca. 90

k 345
Landwirtschaftliche Alterskasse Baden-Württemberg
Karlsruhe:
Steinhäuserstr. 14, 76135 Karlsruhe
T: (0721) 81 94-0   Fax: 81 94-444
Stuttgart:
Postf. 10 60 29, 70049 Stuttgart
Vogelrainstr. 25, 70199 Stuttgart
T: (0711) 9 66-0   Fax: 9 66-2140
Vorsitzende(r) des Vorstandes: Walter Biermann
Geschäftsführer(in): Direktor Reinhold Knittel

k 346
Alterskasse für den Gartenbau
Frankfurter Str. 126, 34121 Kassel
T: (0561) 9 28-0 **Fax:** 9 28-2206
Internet: http://www.lsv-gartenbau.de
Vorsitzende(r) des Vorstandes: Jürgen Denzau
Geschäftsführer(in): Dir. Justus Beil

k 347
Landwirtschaftliche Alterskasse Berlin
Hoppegartener Str. 100, 15366 Hönow
T: (03342) 36-0 **Fax:** 36-1777
Vorsitzende(r) des Vorstandes: Klaus Griepentrog
Geschäftsführer(in): Dir. Werner Melzer

k 348
Sächsische Landwirtschaftliche Alterskasse
Bahnhofstr. 16/18, 04575 Neukieritzsch
T: (034342) 62-0 **Fax:** 62-2 11
Vorsitzende(r) des Vorstandes: Dieter Tanneberger
Geschäftsführer(in): Dir. Thomas Wirz

Arbeitslosenversicherung

● K 349
Bundesanstalt für Arbeit (BA)
Hauptstelle:
90327 Nürnberg
Regensburger Str. 104, 90478 Nürnberg
T: (0911) 1 79-0 **Fax:** 1 79-2123
Internet: http://www.arbeitsamt.de
Präsident(in): Bernhard Jagoda
Vizepräsident(in): Heinrich Alt
Leitung Presseabteilung: Dr. Roland Schütz

Landesarbeitsämter

k 350
Landesarbeitsamt Baden-Württemberg
Postf. 10 29 52, 70025 Stuttgart
Hölderlinstr. 36, 70174 Stuttgart
T: (0711) 9 41-0 **Fax:** 9 41-16 40
Präsident(in): Otto-Werner Schade

Arbeitsämter in
Aalen, Balingen, Freiburg, Göppingen, Heidelberg, Heilbronn, Karlsruhe, Konstanz, Lörrach, Ludwigsburg, Mannheim, Nagold, Offenburg, Pforzheim, Rastatt, Ravensburg, Reutlingen, Rottweil, Schwäbisch Hall, Stuttgart, Tauberbischofsheim, Ulm, Villingen-Schwenningen, Waiblingen

k 351
Landesarbeitsamt Bayern
90328 Nürnberg
Regensburger Str. 100, 90478 Nürnberg
T: (0911) 1 79-0 **Fax:** 1 79-42 02
Präsident(in): Dr. Richard Wanka
Vizepräsident(in): Dr. Andreas Stöhr

Arbeitsämter in
Ansbach, Aschaffenburg, Augsburg, Bamberg, Bayreuth, Coburg, Deggendorf, Donauwörth, Freising, Hof, Ingolstadt, Kempten, Landshut, Memmingen, München, Nürnberg, Passau, Pfarrkirchen, Regensburg, Rosenheim, Schwandorf, Schweinfurt, Traunstein, Weiden, Weilheim, Weißenburg, Würzburg

k 352
Landesarbeitsamt Berlin-Brandenburg
10958 Berlin
Friedrichstr. 34, 10969 Berlin
T: (030) 25 32-0 **Fax:** 25 32-49 99
Präsident(in): Klaus Clausnitzer

Arbeitsämter in
Berlin Süd, Berlin-West, Berlin Südwest, Berlin Nord, Berlin Mitte, Berlin Ost, Cottbus, Eberswalde, Frankfurt (Oder), Neuruppin, Potsdam

k 353
Landesarbeitsamt Hessen
Postf. 71 06 61, 60496 Frankfurt
Saonestr. 2-4, 60528 Frankfurt
T: (069) 66 70-0 **Fax:** 66 70-459
Präsident(in): Wilhelm Schickler

Arbeitsämter in
Bad Hersfeld, Darmstadt, Frankfurt a.M., Fulda, Gießen, Hanau, Kassel, Korbach, Limburg, Marburg, Offenbach, Wetzlar, Wiesbaden

k 354
Landesarbeitsamt Niedersachsen-Bremen
Postf. 37 47, 30037 Hannover
Altenbekener Damm 82, 30173 Hannover
T: (0511) 98 85-0 **Fax:** 98 85-3 60
Präsident(in): Dr. Reimer Herbst

Arbeitsämter in
Braunschweig, Bremen, Bremerhaven, Celle, Emden, Goslar, Göttingen, Hameln, Hannover, Helmstedt, Hildesheim, Leer, Lüneburg, Nienburg, Nordhorn, Oldenburg, Osnabrück, Stade, Uelzen, Vechta, Verden, Wilhelmshaven

k 355
Landesarbeitsamt Nordrhein-Westfalen
Postf. 10 10 40, 40001 Düsseldorf
Josef-Gockeln-Str. 7, 40474 Düsseldorf
T: (0211) 43 06-0 **Fax:** 43 06-3 77
Präsident(in): Karsten Koppe

Arbeitsämter in
Aachen, Ahlen, Bergisch Gladbach, Bielefeld, Bochum, Bonn, Brühl, Coesfeld, Detmold, Dortmund, Düren, Düsseldorf, Duisburg, Essen, Gelsenkirchen, Hagen, Hamm, Herford, Iserlohn, Köln, Krefeld, Meschede, Mönchengladbach, Münster, Oberhausen, Paderborn, Recklinghausen, Rheine, Siegen, Soest, Solingen, Wesel, Wuppertal

k 356
Landesarbeitsamt Rheinland-Pfalz-Saarland
Postf. 10 18 44, 66018 Saarbrücken
Eschberger Weg 68, 66121 Saarbrücken
T: (0681) 8 49-0 **Fax:** 8 49-1 80
Präsident(in): Eva Strobel

Arbeitsämter in
Bad Kreuznach, Kaiserslautern, Koblenz, Landau, Ludwigshafen, Mainz, Mayen, Montabaur, Neunkirchen, Neuwied, Pirmasens, Saarbrücken, Saarlouis, Trier

k 357
Landesarbeitsamt Nord
Postf. 30 07, 24029 Kiel
Projensdorfer Str. 82, 24106 Kiel
T: (0431) 33 95-0 **Fax:** 33 95-262
Präsident(in): Georg Fiedler

Arbeitsämter in
Bad Oldesloe, Elmshorn, Flensburg, Hamburg, Heide, Kiel, Lübeck, Neubrandenburg, Neumünster, Rostock, Schwerin, Stralsund

k 358
Landesarbeitsamt Sachsen-Anhalt-Thüringen
Merseburger Str. 196, 06110 Halle
T: (0345) 13 32-0 **Fax:** 13 32-555
Präsident(in): Dr. Martin Heß

Arbeitsämter in:
Altenburg, Dessau, Erfurt, Gera, Gotha, Halberstadt, Halle, Jena, Magdeburg, Merseburg, Nordhausen, Sangerhausen, Stendal, Suhl, Lutherstadt-Wittenberg

k 359
Landesarbeitsamt Sachsen
Paracelsusstr. 12, 09114 Chemnitz
T: (0371) 91 18-0 **Fax:** 91 18-6 97
Präsident(in): Dr. Alois Streich

Arbeitsämter in:
Annaberg-Buchholz, Bautzen, Chemnitz, Dresden, Leipzig, Oschatz, Pirna, Plauen, Riesa, Zwickau

Besondere Dienststellen

k 360
Zentralstelle für Arbeitsvermittlung (ZAV)
53107 Bonn
Villemombler Str. 76, 53123 Bonn
T: (0228) 7 13-0 **Fax:** 7 13-1111
Gründung: 1954 (6. September)
Direktor(in): Jürgen Goecke

● K 361
Institut für Arbeitsmarkt- und Berufsforschung der Bundesanstalt für Arbeit (IAB)
Arbeitsbereich Dokumentation und Information
Dienstgebäude:
Platenstr. 46, 90441 Nürnberg
Regensburger Str. 104, 90327 Nürnberg
T: (0911) 1 79-0 **Fax:** 1 79-3258
Teletex: 9 118 197 BA nbg
Internet: http://www.iab.de

E-Mail: iab.ba@t-online.de
Gründung: 1967
Kontaktperson: Dipl.-Pol. Gerd Peters
Direktor(in): Prof. Dr. Gerhard Kleinhenz
Sachgebiete: Sozialwissenschaften; Wirtschaftswissenschaften

Weitere Versorgungseinrichtungen

● K 362
Versorgungsanstalt des Bundes und der Länder
Hans-Thoma-Str. 19, 76133 Karlsruhe
T: (0721) 1 55-0 **Fax:** 1 55-666
Internet: http://www.vbl.de
E-Mail: vbl@vbl.de
Präsident(in): Dr. Rolf Schmid

● K 363
Versorgungsanstalt der Deutschen Bundespost
- Rechtsfähige Anstalt des öffentlichen Rechts -
Maybachstr. 54-56, 70469 Stuttgart
T: (0711) 13 56-0 **Fax:** 13 56-4098
Teletex: 7111 636 ANST
T-Online: *0711 1356-1#
Geschäftsführer(in): Ltd. Postdirektor Knauß

● K 364
HDI Haftpflichtverband der Deutschen Industrie V.a.G.
Postf. 51 03 69, 30633 Hannover
Riethorst 2, 30659 Hannover
T: (0511) 6 45-0 **Fax:** 6 45-4545
TX: 9 22 678
TGR: Haftpflicht-Hannover
T-Online: *2 1226#
Internet: http://www.hdi.de
E-Mail: info@hdi.de
Gründung: 1903 (1.Jan.) fusionierte der Haftpflichtverband der Deutschen Industrie V.a.G., Hannover, gegr. 1903, mit dem Feuerschadenverband V.a.G., Bochum, gegr. 1920

● K 365

Arbeitsgemeinschaft für betriebliche Altersversorgung e.V.
Postf. 12 01 16, 69065 Heidelberg
Rohrbacher Str. 12, 69115 Heidelberg
T: (06221) 2 14 22 u. 2 06 19 **Fax:** 2 42 10
Gründung: 1938 (Dezember)
Vorsitzende(r): Dr. Boy-Jürgen Andresen
Geschäftsführer(in): Klaus Stiefermann
Verbandszeitschrift: Betriebliche Altersversorgung
Redaktion: Dr. Birgit Uebelhack
Verlag: Eigenverlag
Mitglieder: ca. 1300
Mitarbeiter: 10
Jahresetat: DM 2 Mio, € 1,02 Mio
Sicherung und Förderung der Verbreitung der betrieblichen Altersversorgung, Information und Weiterbildung der Mitglieder.

angeschlossen

k 366
Fachvereinigung Pensionskassen
65926 Frankfurt
T: (069) 3 05-6833 (Pensionskasse der Mitarbeiter der Hoechst-Gruppe VVaG)
Leiter(in): Joachim Schwind

k 367
Fachvereinigung Unterstützungskassen und Pensionszusagen
70546 Stuttgart
T: (0711) 1 79 20 82 (DaimlerCrysler AG)
Leiter(in): Prof. Dr. Eckard Kreßel

k 368
Fachvereinigung Mathematische Sachverständige
Waiblinger Str. 7, 70372 Stuttgart
T: (0711) 9 54 84 70
Leiter(in): Dipl.-Math. Claus-Jürgen Beye

k 369
Fachvereinigung öffentlich-rechtliche Altersversorgungseinrichtungen
Postf. 65 53, 76045 Karlsruhe
Hans-Thoma-Str. 19, 76133 Karlsruhe
T: (0721) 1 55-323
Leiter(in): Dr. Rolf Schmid (Versorgungsanstalt des Bundes und der Länder)

k 370
Fachvereinigung Direktversicherung
70182 Stuttgart
T: (0711) 6 63-2664 (Allianz Lebensv.)   Fax: 6 63-2936
Leiter(in): Dir. Jürgen Eichelmann

● K 371
Künstlersozialkasse
(Abteilung der Landesversicherungsanstalt Oldenburg-Bremen)
26380 Wilhelmshaven
Langeoogstr. 12, 26384 Wilhelmshaven
T: (04421) 30 80   Fax: 30 82 06 + 3 08 254
Internet: http://www.kuenstlersozialkasse.de
E-Mail: presse@kuenstlersozialkasse.de
Geschäftsführer(in): Rüdiger vom Ende
Abteilungsleiter: Harro Bruns

● K 372
AUV-Arbeitsgemeinschaft Unabhängiger Versicherungsmakler e.V.
Motzstr. 54, 10777 Berlin
T: (030) 21 28 80 12   Fax: 21 28 80 29
Internet: http://www.auv.de
E-Mail: info@auv.de
Gründung: 1986
Gesch. Vorst.: Dipl.-Ökonom Gerd Winkel
Mitglieder: 68
Mitarbeiter: 2

● K 373

Institut der Versicherungsmathematischen Sachverständigen für Altersversorgung e.V. (IVS)
Unter Sachsenhausen 33, 50667 Köln
T: (0221) 91 25 54-0   Fax: 91 25 54-44
Gründung: 1980
Vorsitzende(r): Prof. Dr. Klaus Heubeck
Stellvertretende(r) Vorsitzende(r): Dipl.-Math. Claus-Jürgen Beye
Dr. Karl-Josef Bode
Mitglieder: 323
Mitarbeiter: 4
Zweigverein der Deutschen Aktuarvereinigung (DAV)
Förderung einer fachkundigen Betreuung und Beratung auf dem Gebiet der Altersversorgung durch versicherungsmathematische Sachverständige, Durchführung von Seminaren, Abnahme von Prüfungen über die Fachkunde.

● K 374
VBLU
Versorgungsverband bundes- und landesgeförderter Unternehmen e.V. (VBLU)
Postf. 21 02 70, 53157 Bonn
Gotenstr. 163, 53175 Bonn
T: (0228) 9 43 91-0   Fax: 9 43 91-43
Gründung: 1964
Vorsitzende(r) des Vorstandes: Dr. Karl-Heinz Kiefer
Geschäftsführer(in): Hans Leo Brauers
Mitglieder: über 3500
Sicherstellung einer zusätzlichen Alters- und Hinterbliebenenversorgung für Arbeitnehmer von Einrichtungen und Unternehmen, die Zuwendungsempfänger im Sinne des Paragraphen 23 BHO sind, auf welche die öffentliche Hand maßgeblichen Einfluß nimmt oder die öffentlichen Belange wahrnehmen.

● K 375
Interessengemeinschaft Norddeutscher Schiffsversicherungs-Vereine a.G.
c/o Nordd. Assekuranz-Verein Hamburg-Cranz VVaG
Große Elbstr. 36, 22767 Hamburg
T: (040) 3 11 15-0   Fax: 3 11 15-1 23
Geschäftsführer(in): Rolf Fock

● K 376
Berufsgenossenschaftliches Arbeitsmedizinisches Zentrum
Kreuzberger Ring 56a, 65205 Wiesbaden
T: (0611) 72 36 76   Fax: 72 36 78
Leiter(in): Dr. Wilhelm Barthenheier

● K 377
Ökowerk e.V.
Fichtenstr. 42, 40233 Düsseldorf
T: (0211) 97 37-152   Fax: 97 37-1 10
Gründung: 1987
Geschäftsführer(in): Bank-Kfm. Frank Kittel (Ltg. Presseabt.)
Verbandszeitschrift: öko-maerker
Verlag: Eigenverlag
Mitglieder: 3200
Mitarbeiter: 3

● K 378
Versorgungsverband deutscher Wirtschaftsorganisationen
Leonhard-Stinnes-Str. 66, 45470 Mülheim
T: (0208) 3 08 75-0   Fax: 3 08 75-30
E-Mail: vdw@vdw.ihk.de
Vorsitzende(r): Peter Kürn (Präsident der Industrie- und Handelskammer Lindau-Bodensee, Lindau)
Erster GeschF: RA Gisbert Schadek

● K 379
Versorgungswerk des Verbandes der Bayer. Erfrischungsgetränke-Industrie e.V.
Oskar-von-Miller-Ring 1, 80333 München
T: (089) 2 80 02 40   Fax: 2 80 97 78
Vorsitzende(r): Ludwig Knott (Nörerstr. 5, 94469 Deggendorf, T: (0991) 80 61)
Vorstand und Geschäftsführer: Ass. Birgit Knappmann

● K 380
Continentale Valoren-Versicherungs-Gemeinschaft
Rückversicherungsgemeinschaft
c/o Mannheimer Versicherung Aktiengesellschaft
Postf. 10 21 61, 68127 Mannheim
Augustaanlage 66, 68165 Mannheim
T: (0621) 4 57-4481   Fax: 4 57-4062

● K 381
ABV
Arbeitsgemeinschaft berufsständischer Versorgungseinrichtungen e.V. (ABV)
Postf. 51 05 11, 50941 Köln
Marienburger Str. 2, 50968 Köln
T: (0221) 3 76 10 71   Fax: 3 76 10 73
Internet: http://www.abv.de
E-Mail: info@abv.de
Gründung: 1978
Vorsitzende(r) des Vorstandes: Dr. jur. Ulrich Kirchhoff
Hauptgeschäftsführer(in): Dipl.-Kfm. Michael Jung
RA Michael Prossliner
Mitglieder: 77 der 79 berufsständischen Versorgungseinrichtungen der verkammerten Freien Berufe

k 382
Arbeitsgemeinschaft berufsständischer Versorgungseinrichtungen e.V. (ABV)
Verbindungsbüro Berlin
Königstr. 4, 14163 Berlin
T: (030) 80 90 30 87   Fax: 80 90 30 88

k 383
Arbeitsgemeinschaft berufsständischer Versorgungseinrichtungen e.V. (ABV)
Verbindungsbüro Brüssel
Rue Newton 1, B-1000 Brüssel
T: (00322) 7 36 38 34   Fax: 7 35 25 45
E-Mail: abv.ev@skynet.be

● K 384
Arbeitsgemeinschaft unabhängiger Versorgungseinrichtungen e.V. (AGuV)
Palmaille 35, 22767 Hamburg
T: (040) 38 16 35   Fax: 38 19 84
Gründung: 1989 (12. September)
Vorsitzende(r): Vers.-Mathematiker Reinhard Schmidt-Tobler
Stellvertretende(r) Vorsitzende(r): Kaufmann Dieter H. A. Zantop
Mitglieder: 350
Mitarbeiter: 5
Jahresetat: DM 1 Mio, € 0,51 Mio

● K 385
AGA-Arbeitsgemeinschaft von Schadenversicherern zur Schadenabwicklung
Max-Joseph-Str. 8, 80333 München
T: (089) 59 33 53   Fax: 59 17 64
E-Mail: fsrb.rechtsanwaelte@t-online.de
Gründung: 1972
Geschäftsführer(in): RA Eberhard von Radetzky
Mitglieder: 48
Abwicklung von Schadenfällen.

● K 386
Arbeitsgemeinschaft kommunale und kirchliche Altersversorgung (AKA) e.V.
Denninger Str. 37, 81925 München
T: (089) 92 35-8500   Fax: 92 35-8599
Internet: http://www.aka-altersversorgung.de
E-Mail: aka@versorgungskammer.de
Gründung: 1998
Vorstand: Géza von Puskás (Vors.), München
Armin Schmitt (stellv. Vors.), Karlsruhe
Mitglieder: 47 ordentliche Mitglieder

k 387
Arbeitsgemeinschaft kommunale und kirchliche Altersversorgung (AKA) e.V.
- Fachvereinigung Beamtenversorgung -
Postf. 10 01 61, 76231 Karlsruhe
Daxlander Str. 74, 76185 Karlsruhe
T: (0721) 59 85-0   Fax: 59 85-1 11
Internet: http://www.aka-altersversorgung.de
E-Mail: aka@kvbw.de

k 388
Arbeitsgemeinschaft kommunale und kirchliche Altersversorgung (AKA) e.V.
- Fachvereinigung Zusatzversorgung -
Denninger Str. 37, 81925 München
T: (089) 92 35-8500   Fax: 92 35-8599
Internet: http://www.aka-altersversorgung.de
E-Mail: aka@versorgungskammer.de

● K 389
Arbeitsgemeinschaft kommunale und kirchliche Altersversorgung (AKA) e.V.
- Fachvereinigung Beamtenversorgung -
Postf. 10 01 61, 76231 Karlsruhe
Daxlander Str. 74, 76185 Karlsruhe
T: (0721) 59 85-0   Fax: 59 85-1 11
Internet: http://www.aka-altersversorgung.de
E-Mail: aka@kvbw.de
Leiter(in): Dir. Schmitt
Mitglieder: 20

1. Kommunale Versorgungseinrichtungen

Baden-Württemberg

k 390
Kommunaler Versorgungsverband Baden-Württemberg
Postf. 10 01 61, 76231 Karlsruhe
Daxlander Str. 74, 76185 Karlsruhe
T: (0721) 59 85-0   Fax: 59 85-4 44
E-Mail: info@kvbw.de
Direktor(in): Armin Schmitt (T: (0721) 59 85-3 29, Fax: 59 85-1 11)
Leitender Verwaltungsdirektor: Harald Waibel (T: (0721) 59 85-3 59)

Bayern

k 391

Bayerische Versorgungskammer
- Bayerischer Versorgungsverband -
81921 München
Denninger Str. 37, 81925 München
T: (089) 92 35-6 **Fax:** 92 35-8870
Internet: http://www.versorgungskammer.de
E-Mail: bayvv@versorgungskammer.de
Stellv. Vorstandsvorsitzende(r): Géza von Puskás (T: (089) 92 35-85 00)
Leitender Regierungsdirektor: Heinrich Durchholz (T: (089) 92 35-84 50)

k 392

Kommunaler Versorgungsverband Brandenburg Versorgungskasse
Rudolf-Breitscheid-Str. 62, 16775 Gransee
T: (03306) 79 86-0 **Fax:** 79 86-66
E-Mail: kvbbg@mail.lvr.de
Direktorin: Irmgard Stelter

Hessen

k 393

Versorgungskasse für die Beamten der Gemeinden und Gemeindeverbände
Postf. 11 15 61, 64230 Darmstadt
Bartningstr. 55, 64289 Darmstadt
T: (06151) 7 06-0 **Fax:** 7 06-201
E-Mail: zentrale.vk@rrz-karlsruhe.de
Leitender Verwaltungsdirektor: Georg Schilling (T: (06151) 7 06-2 04)

k 394

Beamtenversorgungskasse Kurhessen-Waldeck
Postf. 10 41 44, 34041 Kassel
Kölnische Str. 42-42A, 34117 Kassel
T: (0561) 78 89-6555 **Fax:** 78 89-6568
Internet: http://www.kvk-kassel.de
E-Mail: bvk@kvk-kassel.de
Direktor(in): Klaus Werner (T: (0561) 78 89-6500)

k 395

Kommunalbeamten-Versorgungskasse Nassau
Postf. 44 20, 65034 Wiesbaden
Hohenstaufenstr. 7, 65189 Wiesbaden
T: (0611) 8 45-0 **Fax:** 84 56 26, 84 54 06
E-Mail: info@zvk-wi.de
Direktor(in): Eckhard Momberger

Mecklenburg-Vorpommern

k 396

Kommunaler Versorgungsverband Mecklenburg-Vorpommern
Reventlouallee 6, 24105 Kiel
T: (0431) 57 01-0 **Fax:** 56 47 05
E-Mail: kv-mv@t-online.de
Leitender Verwaltungsdirektor: Udo Ebeling (T: (0431) 57 01-1 00)

Niedersachsen

k 397

Niedersächsische Versorgungskasse
Postf. 81 04 04, 30504 Hannover
Am Mittelfelde 169, 30519 Hannover
T: (0511) 8 79 96-0 **Fax:** 8 79 96-99
Gründung: 1948 (01. Okt)
Geschäftsführer(in): Bernd-Georg Höfer ((0511) 8 79 96-10)
Mitglieder: 590
Mitarbeiter: 41
Jahresetat: DM 450 Mio, € 230,08 Mio

k 398

Bezirksverband Oldenburg
- Versorgungskasse -
Postf. 12 45, 26002 Oldenburg
Blumenstr. 1, 26121 Oldenburg
T: (0441) 2 18 95-0 **Fax:** 2 18 95-99
E-Mail: versk.bvo@kdo.de
Verbandsgeschäftsführer: Karl-Heinz Meyer

Nordrhein-Westfalen

k 399

Rheinische Versorgungskasse für Gemeinden und Gemeindeverbände
Postf. 21 09 40, 50533 Köln
Mindener Str. 2, 50679 Köln
T: (0221) 82 73-0 **Fax:** 82 73-2157
Internet: http://www.lvr.de/rvk-rzvk
E-Mail: rvk-rzvk@mail.lvr.de
Leiter(in): Landesrat Karl Bechtel (T: (0221) 82 73-29 90)
Leitender Landesverwaltungsdirektor: Jürgen Riegermann (T: (0221) 82 73-29 18)

k 400

Westfälisch-Lippische Versorgungskasse für Gemeinden und Gemeindeverbände
Postf. 48 06, 48027 Münster
Zumsandestr. 12 + 14, 48145 Münster
T: (0251) 5 91-01 **Fax:** 5 91-39 78
Leiter(in): Landesrat Rainer John (T: (0251) 5 91-47 63)

Rheinland-Pfalz

k 401

Pfälzische Pensionsanstalt
Postf. 14 63, 67088 Bad Dürkheim
Sonnenwendstr. 2, 67098 Bad Dürkheim
T: (06322) 9 36-0 **Fax:** 9 36-2 88
E-Mail: ppa-duew@t-online.de
Direktor(in): Gerd Klein (T: (06322) 9 36-2 70)

Saarland

k 402

Ruhegehalts- und Zusatzversorgungskasse des Saarlandes
Abteilung Ruhegehaltskasse
Postf. 10 24 32, 66024 Saarbrücken
Fritz-Dobisch-Str. 12, 66111 Saarbrücken
T: (0681) 4 00 03-0 **Fax:** 4 00 03-39
E-Mail: info@rvk-saar.de
Direktor(in): Alfred Sieger (T: (0681) 4 00 03-41)
Stellvertretende(r) Direktor(en): Günter Meyer (T: (0681) 4 00 03-42)

Sachsen

k 403

Kommunaler Versorgungsverband Sachsen
Postf. 16 01 17, 01287 Dresden
Marschnerstr. 37, 01307 Dresden
T: (0351) 44 01-0 **Fax:** 44 01-555
Internet: http://www.kv-sachsen.de
E-Mail: zentrale@kv-sachsen.de
Direktor(in): Roland Krieger

Sachsen-Anhalt

k 404

Kommunaler Versorgungsverband Sachsen-Anhalt
Schneidersgarten 2, 39112 Magdeburg
T: (0391) 6 25 70-0 **Fax:** 6 25 70-99
Internet: http://www.kvsa.komsanet.de
E-Mail: kvsa-magdeburg@t-online.de
Geschäftsführer(in): Dr. Werner Bärecke (T: (0391) 6 25 70-11)

Schleswig-Holstein

k 405

Versorgungsausgleichskasse der Kommunalverbände in Schleswig-Holstein
Reventlouallee 6, 24105 Kiel
T: (0431) 57 01-0 **Fax:** 56 47 05
E-Mail: vak-sh@t-online.de
Leitender Verwaltungsdirektor: Udo Ebeling (T: (0431) 57 01-100)

Thüringen

k 406

Kommunaler Versorgungsverband Thüringen
Lindenstr. 14, 06556 Artern
T: (03466) 33 64-0 **Fax:** 33 64-15
E-Mail: kvartern@comundo.de
Direktor(in): Dr. Manfred Schröter (T: (03466) 33 64-90)

2. Kirchliche Versorgungseinrichtungen

k 407

Evangelische Ruhegehaltskasse in Darmstadt
Postf. 10 05 11, 64205 Darmstadt
Im Niederfeld 4, 64293 Darmstadt
T: (06151) 92 96-0 **Fax:** 92 96-26
Internet: http://www.erk.de
E-Mail: info@erk.de
Geschäftsführer(in): Hans Meyer

k 408

Versorgungskasse für Pfarrer und Kirchenbeamte
Postf. 10 41 62, 44041 Dortmund
Schwanenwall 11, 44135 Dortmund
T: (0231) 57 76-0 **Fax:** 57 76-404
Geschäftsführer(in): Hans-Jürgen Bremer (T: (0231) 57 76-4 01)
Geschäftsführer(in): Rolf Schiefer (T: (0231) 57 76-4 03)

k 409

Norddeutsche Kirchliche Versorgungskasse für Pfarrer und Kirchenbeamte
Postf. 45 63, 30045 Hannover
Arnswaldtstr. 12-14, 30159 Hannover
T: (0511) 3 64 09-0 **Fax:** 3 64 09 35
E-Mail: nkvk@nkvk.de
Geschäftsführer(in): Peter Kegel (T: (0511) 3 64 09-23)
Geschäftsführer(in): Thomas Pfeffer (T: (0511) 3 64 09-30)

● **K 410**

Arbeitsgemeinschaft kommunale und kirchliche Altersversorgung (AKA) e.V.
- Fachvereinigung Zusatzversorgung -
Denninger Str. 37, 81925 München
T: (089) 92 35-8500 **Fax:** 92 35-8599
Internet: http://www.aka-altersversorgung.de
E-Mail: aka@versorgungskammer.de
Gründung: 1998
Vorstand: Géza von Puskás (Vors.), München
Armin Schmitt (stellv. Vors.), Karlsruhe
Mitglieder: 47

1. Kommunale Zusatzversorgungskassen

Baden-Württemberg

k 411

Zusatzversorgungskasse des Kommunalen Versorgungsverbandes Baden-Württemberg
Postf. 10 01 61, 76231 Karlsruhe
Daxlander Str. 74, 76185 Karlsruhe
T: (0721) 59 85-0 **Fax:** 59 85-4 44
E-Mail: aka@kvbw.de
Direktor(in): Armin Schmitt (T: (0721) 59 85-329, Fax: 59 85-1 11)

Bayern

k 412

Bayerische Versorgungskammer Zusatzversorgungskasse der bayerischen Gemeinden
81921 München
Denninger Str. 37, 81925 München
T: (089) 92 35-6 **Fax:** 92 35-8518
Internet: http://www.versorgungskammer.de/zkdbg
E-Mail: zkdbg@versorgungskammer.de
Gründung: 1940 (1. April)
Mitglieder: 5057
Mitarbeiter: 124

Brandenburg

k 413

Kommunaler Versorgungsverband Brandenburg Zusatzversorgungskasse
Rudolf-Breitscheid-Str. 62, 16775 Gransee
T: (03306) 79 86-0 **Fax:** 79 86-66
E-Mail: kvbbg@mail.lvr.de
Direktorin: Irmgard Stelter

Hessen

k 414

Zusatzversorgungskasse der Gemeinden und Gemeindeverbände in Darmstadt
Postf. 11 15 61, 64230 Darmstadt
Bartningstr. 55, 64289 Darmstadt
T: (06151) 7 06-0   **Fax:** 7 06-2 01
E-Mail: zentrale.vk@rrz-karlsruhe.de
Leitender Verwaltungsdirektor: Georg Schilling (T: (06151) 7 06-2 04)

k 415

Zusatzversorgungskasse der Stadt Frankfurt am Main
60275 Frankfurt
Rottweiler Str. 18, 60327 Frankfurt
T: (069) 2 12 01   **Fax:** 2 12-3 07 79
E-Mail: zusatzversorgungskasse@stadt-frankfurt.de
Leiter(in): Magistratsdirektorin Ulrike Persch (T: (069) 2 12-3 33 85)

k 416

Zusatzversorgungskasse der Gemeinden und Gemeindeverbände des Reg.-Bez. Kassel
Postf. 10 41 44, 34041 Kassel
Kölnische Str. 42-42A, 34117 Kassel
T: (0561) 78 89-6555   **Fax:** 78 89-6568
Internet: http://www.kvk-kassel.de
E-Mail: zvk@kvk-kassel.de
Direktor(in): Klaus Werner (T: (0561) 78 89-6500 oder -6501)
Abteilungsleiter: Amtsrat Reinhard Stieglitz (ZVK, T: (0561) 78 89-65 35)

k 417

Zusatzversorgungskasse für die Gemeinden und Gemeindeverbände in Wiesbaden
Postf. 62 29, 65052 Wiesbaden
Hohenstaufenstr. 7, 65189 Wiesbaden
T: (0611) 8 45-0   **Fax:** 8 45-626, 8 45-406
E-Mail: info@zvk-wi.de
Gründung: 1939
Direktor(in): Dr. Eckhard Momberger (T: (0611) 845-402)
Mitglieder: 590
Mitarbeiter: 37

Mecklenburg-Vorpommern

k 418

Kommunale Zusatzversorgungskasse Mecklenburg-Vorpommern
Am Markt 22, 17335 Strasburg
T: (039753) 55-101   **Fax:** 55-110
E-Mail: ZMV-Strasburg@t-online.de
Geschäftsführer(in): Kerstin Stabenow (T: (039753) 55-100)

Niedersachsen

k 419

Zusatzversorgungskasse der Stadt Emden
Postf. 22 54, 26702 Emden
Frickensteinplatz 2, 26721 Emden
T: (04921) 87-0   **Fax:** 87-1714
E-Mail: zvk@emden.de
Leiter(in): Meindert de Wall (T: (04921) 87-14 72)

k 420

Versorgungsanstalt der Stadt Hannover
Teichstr. 11-13, 30449 Hannover
T: (0511) 1 68-0   **Fax:** 1 68-42626
E-Mail: 16.1@hannover-stadt.de
Geschäftsführer(in): Ulrich Lösekrug (T: (0511) 1 68-4 31 20)
Stellvertretende(r) Geschäftsführer(in):
Gerd Salzmann (T: (0511) 1 68-4 42 02)
Reinhard Schulte (T: (0511) 1 68-4 20 59)

Nordrhein-Westfalen

k 421

Zusatzversorgungskasse der Stadt Duisburg
Memelstr. 25-33, 47057 Duisburg
T: (0203) 2 83-0   **Fax:** 2 83-2571
E-Mail: zusatzversorgungskasse@stadt-duisburg.de
Geschäftsführer(in): Albert Brands (T: (0203) 2 83-31 18)
Stellvertretende(r) Geschäftsführer(in): Armin Kaczmarek (T: (0203) 2 83-21 47)
Mitarbeiter: 9

k 422

Zusatzversorgungskasse der Stadt Essen
Kennedyplatz 6, 45127 Essen
T: (0201) 88-11700   **Fax:** 88-11711
Leiter(in): Oberverwaltungsrat Werner Kaetsch (T: (0201) 88-1 17 00)

k 423

Zusatzversorgungskasse der Stadt Köln
Jakordenstr. 18-20, 50668 Köln
T: (0221) 2 21-22203   **Fax:** 2 21-27550
E-Mail: zvk@stadt-koeln.de
Geschäftsführer(in): Thomas Engelmann (T: (0221) 2 21-2 22 03)
Stellvertretende(r) Geschäftsführer(in): Rita Dörper-Link (T: (0221) 2 21-2 22 66)

k 424

Rheinische Versorgungs- und Zusatzversorgungskasse für Gemeinden und Gemeindeverbände
Mindener Str. 2, 50679 Köln
T: (0221) 82 73-0   **Fax:** 82 73-2157
Internet: http://www.lvr.de/rvk-rzvk
E-Mail: rvk-rzvk@mail.lvr.de
Leiter(in): Landesrat Karl Bechtel (T: (0221) 82 73-29 90 oder -29 91)

k 425

Kommunale Zusatzversorgungskasse Westfalen-Lippe
Postf. 46 29, 48026 Münster
Zumsandestr. 12, 48145 Münster
T: (0251) 5 91-01   **Fax:** 5 91-4655
E-Mail: f.kurth@wvk.lwl.org
Geschäftsführer(in): Landesrat Rainer John (T: (0251) 5 91-44 75)
Stellvertretende(r) Geschäftsführer(in): Dr. Walter Bakenecker (T: (0251) 5 91-3954)

Saarland

k 426

Ruhegehalts- und Zusatzversorgungskasse des Saarlandes Abteilung Zusatzversorgungskasse
Postf. 10 24 32, 66024 Saarbrücken
Fritz-Dobisch-Str. 12, 66111 Saarbrücken
T: (0681) 4 00 03-0   **Fax:** 4 00 03-20
E-Mail: info@rzvk-saar.de
Direktor(in): Alfred Sieger (T: (0681) 4 00 03-41)
Stellv. Direktor(en): Günter Meyer (T: (0681) 4 00 03-42)

Sachsen

k 427

Zusatzversorgungskasse des Kommunalen Versorgungsverbandes Sachsen
Marschnerstr. 37, 01307 Dresden
T: (0351) 44 01-0   **Fax:** 44 01-555
Internet: http://www.kv-sachsen.de
E-Mail: zentrale@kv-sachsen.de
Direktor(in): Roland Krieger (T: (0351) 44 01-7 00)

Sachsen-Anhalt

k 428

Kommunaler Versorgungsverband Sachsen-Anhalt - Zusatzversorgungskasse -
Schneidersgarten 2, 39112 Magdeburg
T: (0391) 6 25 70-00   **Fax:** 6 25 70-99
Internet: http://www.kvsa.komsanet.de
E-Mail: kvsa-magdeburg@t-online.de
Geschäftsführer(in): Dr. Werner Bärecke (T: (0391) 6 25 70-11)

k 429

Zusatzversorgungskasse beim Kommunalen Versorgungsverband Thüringen
Lindenstr. 14, 06556 Artern
T: (03466) 33 64-50   **Fax:** 33 64-55
E-Mail: kvtartern@comundo.de
Direktor(in): Dr. Manfred Schröter (T: (03466) 33 64-90)

2. Kirchliche Zusatzversorgungskassen

Baden-Württemberg

k 430

Kirchl. Zusatzversorgungskasse Baden
Postf. 37 64, 76022 Karlsruhe
Gartenstr. 26, 76133 Karlsruhe
T: (0721) 9 31 13-0   **Fax:** 9 31 13-99
Internet: http://www.kzvk-baden.de
E-Mail: info@kzvk-baden.de
Geschäftsführer(in): Roland Tomczyk (T: (0721) 9 31 13-11)

Hessen

k 431

Kirchliche Zusatzversorgungskasse Darmstadt
Holzhofallee 17A, 64295 Darmstadt
T: (06151) 33 01-0   **Fax:** 3 30 11 87
E-Mail: kzvk.da@t-online.de
Vorsitzende(r) des Vorstandes: Hans Dieter Holtz (T: (06151) 33 01-1 00)
Geschäftsführender Vorstand: Hans Fehn (T: (06151) 33 01-1 02)
Monika Weber (T: (06151) 33 01-1 03)

Niedersachsen

k 432

Zusatzversorgungskasse der Ev.-luth. Landeskirche Hannovers
Postf. 16 63, 32706 Detmold
Doktorweg 2-4, 32756 Detmold
T: (05231) 9 75-0   **Fax:** 9 75-4351
E-Mail: info@kzvk-hannover.de
Gründung: 1968 (1. Januar)
Geschäftsführer(in): Volker Kamolz (T: (05231) 9 75-2 47)

Nordrhein-Westfalen

k 433

Kirchliche Zusatzversorgungskasse Rheinland-Westfalen
Postf. 10 22 41, 44022 Dortmund
Schwanenwall 11, 44135 Dortmund
T: (0231) 95 78-0   **Fax:** 95 78-4 04
E-Mail: borg@kzvk-dortmund.de
Vorstand: Hans-Jürgen Bremer (T: (0231) 95 78-4 01)
Rolf Schiefer (T: (0231) 95 78-4 03)

k 434

Kirchliche Zusatzversorgungskasse des Verbandes der Diözesen Deutschlands
-Anstalt des öffentlichen Rechts-
Postf. 10 20 64, 50460 Köln
Am Römerturm 8, 50667 Köln
T: (0221) 20 31-0   **Fax:** 20 31-134
Internet: http://www.kzvk.de
E-Mail: info@kzvk.de
Vorstand: Dr. Norbert F. L. Kopp (Sprecher; T: (0221) 20 31-1 62)
Gabriele Boßmann (T: (0221) 20 31-1 39)
Norbert Newinger (T: (0221) 20 31-1 21)

3. Sparkasseneinrichtungen

k 435

Emder Zusatzversorgungskasse für Sparkassen
Einrichtung des Niedersächsischen Sparkassen- und Giroverbandes
Körp.d.ö.R., Sitz Emden
Postf. 14 28, 26694 Emden
Große Str. 58, 26721 Emden
T: (04921) 89 94-0   **Fax:** 89 94-50
E-Mail: sekretariat@zvk-sparkasse-emden.de
Geschäftsführer(in): Dr. Ralf Kaminski (T: (04921) 89 94-10)
Stellvertretende(r) Geschäftsführer(in): Ralf Fooken (T: (04921) 89 94-20)

k 436

Zusatzversorgungskasse der Landesbank Baden-Württemberg
Fritz-Elsas-Str. 31, 70174 Stuttgart
T: (0711) 1 24-2687   **Fax:** 1 24-4070
Internet: http://www.lgbank.de
E-Mail: kontakt@lgbank.de
Geschäftsführer(in): Bernd Neher (T: (0711) 1 24-38 44)

● K 437
Zusatzversorgungskasse der Stadt Dortmund
44122 Dortmund
Heiliger Weg 3-5, 44135 Dortmund
T: (0231) 50-22163   **Fax:** 50-22116
Gründung: 1941
Mitglieder: 17
Mitarbeiter: 8

● K 438
Versorgungsanstalt der deutschen Bühnen
Arabellastr. 29, 81925 München
T: (089) 9 23 56   **Fax:** 92 35 88 50
Internet: http://www.versorgungskammer.de
E-Mail: vddb@versorgungskammer.de

♀ K 439
Versorgungsanstalt der deutschen Kulturorchester
Arabellastr. 29, 81925 München
T: (089) 9 23 56   **Fax:** 92 35 88 50
Internet: http://www.versorgungskammer.de
E-Mail: vddko@versorgungskammer.de

Notizen

L Energiewirtschaft

Zum Auffinden einer bestimmten Dienststelle oder Organisation dient das Suchwortverzeichnis, eines Personennamens das Personenverzeichnis.

Elektrizitätsversorgung
Energieabnehmer
Wärme- und Kraftwirtschaft
Gas- und Wasserversorgung
Wasserwirtschaft

Elektrizitätsversorgung

L 1
Verband der Elektrizitätswirtschaft - VDEW - e.V.
Stresemannallee 23, 60596 Frankfurt
T: (069) 63 04-1   Fax: 63 04-289
Internet: http://www.strom.de
Präsident(in): Dipl.-Ing. Günter Marquis
1. Vizepräs: Prof. Dr. Dietmar Winje (Vors. des Vorstands der Berliner Kraft- und Licht (Bewag)-AG, Puschkinallee 52, 12435 Berlin)
2. Vizepräs: Dipl.-Phys. Karl Otto Abt (Mitglied des Vorstandes der Stadtwerke Düsseldorf AG, Luisenstr. 105, 40215 Düsseldorf)
Hauptgeschäftsführer(in): Dr. Eberhard Meller
Mitglieder: 752 (einschl. Landesgruppen und -verbände)

L 2
VDEW e.V. Büro Berlin
Friedrichstr. 154, 10117 Berlin
T: (030) 20 45 22 33   Fax: 2 17 63 46

L 3
VDEW e.V. Büro Bonn
Friedrich-Wilhelm-Str. 1, 53113 Bonn
T: (0228) 23 10 31   Fax: 23 67 60

L 4
VDEW e.V. Büro Brüssel
148, Avenue de Tervuren Bte. 17, B-1150 Brüssel
T: (00322) 7 71 96 42   Fax: 7 63 08 17

Regionale Untergliederungen

L 5
Verband der Elektrizitätswirtschaft - VDEW - e.V., Landesgruppe Berlin/Brandenburg
Friedrichstr. 154, 10117 Berlin
T: (030) 2 17 63 45   Fax: 2 17 63 46
Vorsitzende(r): Dipl.-Phys. Dietmar Pautz, Finsterwalde
Geschäftsführer(in): Dr. Hans-Hermann Aßmuß

L 6
Verband der Elektrizitätswirtschaft - VDEW - e.V. Landesgruppe Hessen
Stresemannallee 23, 60596 Frankfurt
T: (069) 63 04-2 65
Vorsitzende(r): Dipl.-Ing. Rolf Warncke, Kassel
Geschäftsführer(in): Dieter Diacont, Frankfurt

L 7
Verband der Elektrizitätswirtschaft - VDEW - e.V., Landesgruppe Niedersachsen/Bremen
Tirpitzstr. 39, 26122 Oldenburg
T: (0441) 8 03-4210   Fax: 8 03-4201
Vorsitzende(r): Dr. Werner Brinker, Oldenburg
Geschäftsführer(in): Dipl.-Ing. Gunter Korfkamp

L 8
Verband der Elektrizitätswirtschaft - VDEW - e.V., Landesgruppe Nordrhein-Westfalen
Friedrich-Wilhelm-Str. 1, 53113 Bonn
T: (0228) 23 10 32   Fax: 23 67 60
Vorsitzende(r): Dr.-Ing. Peter Asmuth, Hagen
Geschäftsführer(in): RA Gerd D. Lochner

L 9
Verband der Elektrizitätswirtschaft - VDEW - e.V., Landesgruppe Rheinland-Pfalz
Lutherring 5, 67547 Worms
T: (06241) 8 48-252   Fax: 8 48-413
Vorsitzende(r): Dr.-Ing. Klaus Werth, Worms
Geschäftsführer(in): Dipl.-Ing. Uwe Ohl, Worms

L 10
Verband der Elektrizitätswirtschaft - VDEW - e.V., Landesgruppe Schleswig-Holstein/Hansestadt Hamburg/Mecklenburg-Vorpommern
Herrenwiese 8, 24119 Kronshagen
T: (0431) 26 09-9819   Fax: 26 09-9820
Vorsitzende(r): Dipl.-Ing. Helmut Lechlein, Rendsburg
Geschäftsführer(in): Dipl.-Ing. Bodo Fischer

L 11
Verband der Elektrizitätswirtschaft - VDEW - e.V., Landesgruppe Sachsen
Friedrich-List-Platz 2, 01069 Dresden
Vorsitzende(r): Dr.-Ing. Friedrich Josef Glatzel, Chemnitz
Geschäftsführer(in): Dipl.-Ing. Horst Dieter Böhm

L 12
Verband der Elektrizitätswirtschaft - VDEW - e.V., Landesgruppe Sachsen-Anhalt
Magdeburger Str. 51, 06112 Halle
T: (0345) 2 16-2270   Fax: 2 16-2381
Vorsitzende(r): Betriebsw. Norbert Wenner, Halle
Geschäftsführer(in): Dipl.-Wirtsch. Monika Heichler

L 13
Verband der Elektrizitätswirtschaft - VDEW - e.V., Landesgruppe Thüringen
Schwerborner Str. 30, 99087 Erfurt
T: (0361) 6 52-2406   Fax: 6 52-3486
Vorsitzende(r): Dipl.-Volkswirt Werner Mey, Erfurt
Geschäftsführer(in): Ass.jur. Oswin Vogel, Erfurt

Außerdem üben folgende Verbände in ihrem Bereich die Funktionen von VDEW-Landesgruppen aus:

L 14
Verband der Elektrizitätswerke Baden-Württemberg e.V.
Stöckachstr. 48, 70190 Stuttgart
T: (0711) 26 70-89   Fax: 26 70-87
Vorsitzende(r): Dr. Joachim-Heinrich Stamer, Stuttgart
Geschäftsführer(in): Dr. Bernhard Schneider

L 15
Verband der Bayerischen Elektrizitätswirtschaft e.V. -VBEW-
Akademiestr. 7, 80799 München
T: (089) 38 01 82-0   Fax: 38 01 82-29
Vorsitzende(r): Dipl.-Kfm. Wilfried Wacker, Augsburg
Geschäftsführer(in): RA Dr. Christoph Praël

L 16
FES Fachverband der Elektrizitätsversorgung des Saarlandes e.V.
Heinrich-Böcking-Str. 10-14, 66121 Saarbrücken
T: (0681) 6 07-1143   Fax: 6 07 11 45
Vorsitzende(r): Dr.-Ing. Werner Roos, Saarbrücken
Geschäftsführer(in): Dipl.-Ing. Klemens Bauckhorn (E-Mail: Bauckhorn-Klemens@VSE.de)

L 17
Fachverband für Energie-Marketing und -Anwendung (HEA) e.V. beim VDEW
Am Hauptbahnhof 12, 60329 Frankfurt
T: (069) 2 56 19-0   Fax: 23 27 21
Internet: http://www.hea.de
Vorsitzende(r): Dipl.-Ing. Günter Rehberg
Geschäftsführer(in): Dipl.-Ing. Jörg Zöllner
Leitung Presseabteilung: Wilfried Bartsch

L 18
Arbeitsgemeinschaft regionaler Energieversorgungs-Unternehmen - ARE - e.V.
Postf. 25 69, 30025 Hannover
Humboldtstr. 33, 30169 Hannover
T: (0511) 1 31 87 71   Fax: 13 15 58
Internet: http://www.are-regional.de
E-Mail: postmaster@are-regional.de
Vorsitzende(r): Günter Marquis (Mitglied des Vorstandes der Lech-Elektrizitätswerke AG, Augsburg)
Geschäftsführer(in): Rechtsanwalt Wolf-Ingo Kunze
Mitglieder: 34 EVU
Vertretung der besonderen Belange und gemeinsamen Interessen der regionalen Energieversorgungsunternehmen sowie deren Unterstützung in einschlägigen energiepolitischen, energiewirtschaftlichen und energierechtlichen Fragen; Wahrung der Aufgaben und Gesamtinteressen dieses Wirtschaftszweiges in Zusammenarbeit mit den übrigen Gruppierungen der Energiewirtschaft.

L 19
Bundesverband Erneuerbare Energie (BEE)
Teichweg 6, 33100 Paderborn
T: (05252) 5 04 45   Fax: 5 29 45
E-Mail: lackmann-paderborn@t-online.de

L 20
Arbeitsgemeinschaft für Elektrizitätsanwendung in der Landwirtschaft e.V. (AEL)
Am Hauptbahnhof 12, 60329 Frankfurt
T: (069) 25 61 91 04   Fax: 23 27 21
E-Mail: ael@hea.f.uunet.de
Gründung: 1964 (4. Februar)
Vorsitzende(r): Präsident Heinz-Dieter Nieschke
Geschäftsführer(in): Dipl.-Ing. agr. Hartmut Kämper
Mitglieder: 27

L 21
DVG Deutsche Verbundgesellschaft e.V.
Ziegelhäuser Landstr. 5, 69120 Heidelberg
T: (06221) 40 37-0   Fax: 40 37-71
1. Vorsitzende(r): Dr.-Ing. Rolf Windmöller (Mitglied d. Vorst. der RWE Net AG, Flamingoweg 1, 44139 Dortmund, T: (0231) 4 38-4748, Fax: (0231) 4 38-4026)
Geschäftsführer(in): Dr.-Ing. Jürgen Schwarz
Mitglieder: 6

L 22
Institut für Energierecht an der Universität zu Köln
Nikolausplatz 5, 50937 Köln
T: (0221) 9 41 57 27   Fax: 41 14 17
Internet: http://www.uni-koeln.de/jur-fak/instenr/pub/inst.html
E-Mail: InstitutFuerEnergierecht@uni-koeln.de
Gründung: 1956 in Bonn, ab 1964 in Köln
Direktor(in): Prof. Dr. Jürgen F. Baur
Geschäftsführer(in): Dr. Bodo J. Herrmann

L 23
Arbeitskreis Schulinformation Energie
Am Hauptbahnhof 12, 60329 Frankfurt
T: (069) 2 56 19-148   Fax: 23 27 21
Internet: http://www.hea.de
E-Mail: francke@hea.f.uunet.de
Viola Francke
Dr. Annegret Vester
Dr. Stefan Skalla

L 24
Aktionsgemeinschaft für Energiesicherung und Kerntechnik e.V. (AEK)
Leo-Wolpert-Str. 10, 63755 Alzenau
T: (06023) 71 93
Gründung: 1977 (20. Juli)
Vorsitzende(r): Jürgen Laubenheimer
Stellvertretende(r) Vorsitzende(r): Karl-Heinz Leidholdt

L 25
Gesellschaft für Rationelle Energieverwendung e.V.
siehe U 23

L 26
Gesellschaft für dezentralisierte Energiewirtschaft e.V. (GDE)
Geisnangstr. 3, 71640 Ludwigsburg
T: (07141) 38 07 02   Fax: 38 07 05
Gründung: 1980 (1. Oktober)
Vorsitzende(r): Dipl.-Ing. Gottfried Rössle
Stellvertretende(r) Vorsitzende(r): Dipl.-Ing. Hermann Meinhold
Mitglieder: 60

L 27
Gesellschaft für dezentrale Energieversorung e.V.
c/o Herrn Korbinian Geiger
Windener Str. 14, 85051 Ingolstadt
T: (08450) 73 90   Fax: 73 90
Mitglieder: 200

L 28
Förderverband nachwachsende Energien e.V.
Geltinger Str. 44, 85652 Pliening
T: (08121) 7 88 00   Fax: 8 10 00
Gründung: 1985
1. Vorsitzende(r): Max Widmann
2. Vorsitzende(r): Dr.-Ing. Eckhard Haeffner

L 29
Studiengesellschaft für verbrauchsnahe Stromerzeugung e.V.
c/o Stadtwerke Düsseldorf
Luisenstr. 105, 40215 Düsseldorf
T: (0211) 8 21-2457   **Fax:** 8 21-772457
Vorstand: Dipl.-phys. Karl Otto Abt (Vors.)
Geschäftsführer(in): Dipl.-Ing. Axel Hey

L 30
Institut für Energiewirtschaft und Rationelle Energieanwendung (IER)
Universität Stuttgart
70550 Stuttgart
Pfaffenwaldring 31, 70569 Stuttgart
T: (0711) 6 85 75 75   **Fax:** 6 85 75 67
Internet: http://www.ier.uni-stuttgart.de
E-Mail: ier@ier.uni-stuttgart.de
Gründung: 1990 (1. Januar)
Direktor(in): Prof. Dr.-Ing. A. Voß
Leitung Presseabteilung: Dipl.-Volksw. Ulrich Seidel
Mitarbeiter: 75
Jahresetat: DM 6,0 Mio, € 3,07 Mio

L 31
Wirtschaftsverband Windkraftwerke e.V. (WVW)
Peter-Henlein-Str. 2-4, 27472 Cuxhaven
T: (04721) 7 18 04   **Fax:** 71 84 00
Internet: http://www.wvwindkraft.de
Vorsitzende(r): Wolfgang von Geldern
Stellvertretende(r) Vorsitzende(r): Uwe Thomas Carstensen
Geschäftsstellenleiter: Rainer Heinsohn
Mitglieder: 90

Energieabnehmer

L 32

Bundesverband der Energie-Abnehmer e.V. (VEA)
Postf. 81 05 61, 30505 Hannover
Zeißstr. 72, 30519 Hannover
T: (0511) 98 48-0   **Fax:** 98 48-288
Gründung: 1950
Vorsitzende(r): Harald Wildhagen (Mitglied des Vorstandes der Brauergilde - Gilde Brauerei AG)
Stellvertretende(r) Vorsitzende(r): Dipl.-Ing. Heinz Sauer (Geschf. Gesellsch. der Rudolf Fritz GmbH & Co. KG, Rüsselsheim)
Geschäftsführung:
Geschf. Vorstandsmitglied: RA Manfred Panitz, Burgdorf
Geschäftsführer(in): Dr.-Ing. Volker Stuke, Hannover
Mitglieder: mehrere Tausend

Vertretung der energiewirtschaftlichen Interessen der Energie-Abnehmer aus Industrie, Handel und Gewerbe sowie öffentlichen Einrichtungen. Beratung in Fragen der Energieeinsparung, des Energiebezuges und der Energiekostensenkung.

L 33
Großabnehmerverband Energie Baden-Württemberg e.V.
Breitlingstr. 35, 70184 Stuttgart
T: (0711) 2 37 25-0   **Fax:** 2 37 25-99
Gründung: 1919
Vorsitzende(r): Direktor Dr. Helmut Hengstenberg
Geschäftsführer(in): Dir. Hans Wagner

L 34
Bund der Energieverbraucher e.V.
Bundesgeschäftsstelle
Grabenstr. 17, 53619 Rheinbreitbach
T: (02224) 92 27-0   **Fax:** 1 03 21
Internet: http://www.energieverbraucher.de
Gründung: 1987 (6. Februar)
Vorsitzende(r): Dr. Aribert Peters
Stellvertretende(r) Vorsitzende(r): Theo Graff
Verbandszeitschrift: Energiedepesche, Information für Energieverbraucher
Mitglieder: 7000
Mitarbeiter: 5

Wärme- und Kraftwirtschaft

L 35
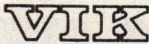
VIK Verband der Industriellen Energie- und Kraftwirtschaft e.V. (VIK)
Hauptgeschäftsstelle:
Richard-Wagner-Str. 41, 45128 Essen
T: (0201) 8 10 84-0   **Fax:** 8 10 84-30
Internet: http://www.vik-online.de
E-Mail: vik@vik-online.de
Zweigstelle: Prager Str. 5, 10779 Berlin, T: (030) 21 24 92-0, Telefax: (030) 21 24 92-30
Gründung: 1947
Vorsitzende(r): Dipl.-Kfm. Horst R. Wolf
Geschäftsführer(in): Dipl.-Volksw. Dr. Alfred Richmann
Leitung Presseabteilung: Dipl.-Ing. Roland Schmied
Verbandszeitschrift: VIK-Mitteilungen
Redaktion: Dipl.-Ing. Roland Schmied
Verlag: Verlag Energieberatung GmbH, Richard-Wagner-Str. 41, 45128 Essen

Förderung einer international wettbewerbsfähigen und gesicherten Energie-, Kraft- und Wasserwirtschaft (Energiebeschaffung, -erzeugung, -handel) in den Betrieben der gewerblichen Wirtschaft am Standort Deutschland durch
-Vertretung der gemeinsamen wirtschaftlichen, technischen, rechtlichen und politischen Interessen der energieerzeugenden sowie energie- und wasserverbrauchenden Mitgliedsunternehmen gegenüber Politik, Verwaltung, Wissenschaft und Wirtschaft sowie in der Öffentlichkeit
- Mitarbeit in der Normensetzung
- Sammlung und Austausch von Betriebserfahrungen sowie Information der Mitglieder

L 36

Arbeitsgemeinschaft Fernwärme e.V. (AGFW)
bei dem Verband der Elektrizitätswirtschaft e.V.
Stresemannallee 28, 60596 Frankfurt
T: (069) 63 04-1   **Fax:** 63 04-391
Internet: http://www.agfw.de
E-Mail: info@agfw.de
Gründung: 1971
Vorsitzende(r): Dipl.-Ing. Jürgen Kirchhoff (Stadtwerke Rostock AG, Schmarler Damm 5, 18069 Rostock, T: (0381) 8 05-0, Fax: 8 05 21 27)
Geschäftsführer(in): Dipl.-Ing. Hans Neuffer
Leitung Presseabteilung: Dipl.-Wirt.-Ing. Harald Rapp (T: (069) 63 04-4 18)
Verbandszeitschrift: Euroheat & Power, Fernwärme International
Redaktion: VWEW Energieverlag GmbH, Rebstöcker Str. 59, 60326 Frankfurt/M.
Mitglieder: 216 ordentliche Mitglieder
171 fördernde Mitglieder (Industrie), 4 Sondermitglieder

Fachausschüsse (FA):
FA Absatzwirtschaft;
FA Wärmeerzeugung;
FA Wärmeverteilung;
FA Anschluß- u. Kundenanlagen;
FA Ausbildung;
FA Recht der Fernwärmeversorgung;
Forschungsbeirat

Die AGFW als Verband der deutschen Fernwärmebranche, vereint Versorgungsunternehmen, die Dritte gewerblich mit Wärme und Kälte auf der Grundlage eines Vertrages versorgen, Energiedienstleister sowie Unternehmen, die mit der Planung, Entwicklung und Herstellung von Wärme-/Kälteanlagen befaßt sind. Ziel ist die Sicherstellung eines optimalen Erfahrungsaustausches in allen fern-/nahwärme-relevanten Fragen, bei der Erzeugung mit besonderem Schwerpunkt auf der Kraft-Wärme-Kopplung. Sie vertritt die gemeinsamen Belange der Fernwärmewirtschaft in der Öffentlichkeit. Sie unterstützt die Mitgliedsunternehmen durch Branchenlobbying in den Bereichen Politik, Technik, Recht und Betriebswirtschaft. Sie befaßt sich mit grundsätzlichen Fragen der technischen und wirtschaftlichen Entwicklung der Fern-/Nahwärme und Heizkraftwirtschaft. Sie untersucht Möglichkeiten kostengünstiger Erzeugung und Verteilung von Fern-/Nahwärme aller Größenordnungen. Sie beschäftigt sich mit energiepolitischen und rechtlichen Fragestellungen, insbesondere auch mit Kosten- und Rationalisierungsprojekten sowie der Qualitätssicherung. Die AGFW beteiligt sich an Forschungsaufgaben und Studien auf dem Gebiet der Fern-/Nahwärmeversorgung und koordiniert insbesondere in Zusammenarbeit mit dem Bundesministerium für Wirtschaft und Technologie (BMWi) Forschungs- und Entwicklungsprojekte. Sie führt Tagungen, Seminare und Workshops durch. Sie veranstaltet im 2jährigen Turnus die weltgrößte Fachmesse Fern-/Nahwärmetechnik mit Vortragstagung. Sie ist Herausgeber des Fernwärme-Regelwerkes sowie von Dokumentation und Statistiken. Zusammen mit Euro-Heat veröffentlicht die AGFW die Fachzeitschrift EUROHEAT & POWER-Fernwärme international.

L 37
Verband für Wärmelieferung e.V. (VfW)
Ständehausstr. 3, 30159 Hannover
T: (0511) 3 65 90-0   **Fax:** 3 65 90-19
Internet: http://www.vfw.de
E-Mail: hannover@vfw.de
Gründung: 1990 (20. August)
Vorsitzende(r) des Vorstandes: Dipl.-Ing. Norbert Krug (Institut für Kälte-, Klima-, Energietechnik IKET)
GeschF u. Vorst.-Mitgl.: Dipl.-Ing. Birgit Arnold
Vorst.-Mitglied: Dr.-Ing. Sylvia Schädlich
Mitglieder: 12
Mitarbeiter: 6
Jahresetat: ca. DM 1 Mio, € 0,51 Mio
Angeschlossene Betriebe: mehr als 250

L 38
Bundesverband Solarenergie (BSE) e.V.
Elisabethstr. 34, 80796 München
T: (089) 27 81 34-24   **Fax:** 27 31 28 91
Internet: http://www.solarindustrie.com
E-Mail: info@solarindustrie.com
Vorsitzende(r): Dipl.-Phys. Udo Möhrstedt
Geschäftsführer(in): Frido Flade

Interessenvertretung der im Bereich regenerativer Energien tätigen deutschen Unternehmen; Förderung der Nutzung von Solarenergie; Durchführung von Ausstellungen, Öffentlichkeitsarbeit; Zusammenarbeit mit nationalen und internationalen Verbänden.

L 39
Bundesverband WindEnergie e.V. (BWE)
Bundesgeschäftsstelle Osnabrück
Herrenteichsstr. 1, 49074 Osnabrück
T: (0541) 3 50 60-0   **Fax:** 3 50 60-30
Internet: http://www.wind-energie.de
E-Mail: bwe-info@wind-energie.de
BWE-Geschäftsstelle Berlin:
Marienstr. 19/20, 10117 Berlin, T: (030) 2 84 82-106, Fax: (030) 2 84 82-107, E-Mail: bwe-berlin@wind-energie.de
Präsident(in): Dr. Peter Ahmels
Stellv. Präsidenten: Hermann Albers
Johannes Lackmann
Hauptgeschäftsführer(in): Heinrich Bartelt
Geschäftsführer(in): Carlo Reeker
Leitung Presseabteilung: Dr.-Ing. Jochen Twele (BWE-Büro Berlin)
Verbandszeitschrift: Neue Energie und new energy (englische Version)
Gesamtredaktion: Christian Hinsch (verantwortlich), Dr. Ralf Köpke
Redaktionsanschrift: BWE e.V., Herrenteichsstr. 1, 49074 Osnabrück
Mitglieder: ca. 8200
Mitarbeiter: 17, davon 13 in Osnabrück, 4 in Berlin
Organe des Verbandes: 34 Regionalverbände, 12 Landesvorstände, 6 Beiräte

L 40
Informationskreis Kernenergie
Tulpenweg 10, 53229 Bonn
T: (0228) 50 72 26   **Fax:** 50 72 61
Internet: http://www.kernenergie.de
E-Mail: angela.gey@infokreis-kernenergie.de
Gründung: 1975
Vorsitzende(r): Dr. Otto Majewski
Geschäftsführer(in): Dr. Peter Haug
Bereichsleitung: Angela Gey (M.A.)

Gas- und Wasserversorgung

● **L 41**
Bundesverband der deutschen Gas- und Wasserwirtschaft e.V. (BGW)
Reinhardtstr. 14, 10117 Berlin
T: (030) 2 80 41-0   **Fax:** 2 80 41-520
E-Mail: info@bgw.de
Josef-Wirmer-Str.1, 53123 Bonn, T: (0228) 25 98-0, Fax: (0228) 25 98-1 20, E-Mail: info@bgw.de
Internationaler Zusammenschluß: siehe unter izl 66, izl 105
Präsident(in): Dipl.-Volksw. Ulrich Hartmann (Geschäftsführer; Hamburger Gaswerke GmbH, Hamburg)
1. Vizepräs.: Ass. Friedrich Späth (Vors. d. Vorstandes Ruhrgas AG, Essen)
2. Vizepräs.: Dr. Erich Deppe (Vors. d. Vorst. Stadtwerke Hannover AG, Ihmeplatz 2, 30449 Hannover)
Ehrenmitglieder d. Präsidiums: Dr. Fritz Gläser, Köln
Senator E.h. Dr. Jürgen Stech, Stuttgart
Hauptgeschäftsführer(in): Dr. Wolf Pluge

Landesgruppen

l 42
BGW Landesgruppe Berlin/Brandenburg
Bismarckstr. 63, 12169 Berlin
T: (030) 79 47 36-11   **Fax:** 79 47 36-20
Vorsitzende(r): Dipl.-Kfm. Dr. O. Scholz (Berliner Wasser-Betriebe, Berlin)
Geschäftsführer(in): Dipl.-Geol. Ralf Wittmann (E-Mail: bgw-dvgw-bb-wm@t-online.de)

l 43
BGW Landesgruppe Hessen
Bahnstr. 8, 65205 Wiesbaden
T: (0611) 7 00 61   **Fax:** 70 00 65
E-Mail: bgw-dvgw.hessen@t-online.de
Vorsitzende(r): Heinz Kern (Vorsitzender des Vorstandes Südhessische Gas und Wasser AG, Frankfurter Str. 100, 64293 Darmstadt)
Geschäftsführer(in): Dr.-Ing. Roland Turowski

l 44
BGW Landesgruppe Nordrhein-Westfalen
Josef-Wirmer-Str. 3, 53123 Bonn
T: (0228) 2 59 84 50   **Fax:** 2 59 84 59
Vorsitzende(r): Dipl.-Ing. Gerhard Gabriel (Geschäftsführer Stadtwerke Bochum GmbH, Massenberg Str. 15-17, 44787 Bochum)
Geschäftsführer(in): Dr. Wolfgang van Rienen

l 45
BGW/DVGW-Landesgruppen Nord (BGW Landesgruppe Nordost)
Postfach 10 15 05, 20010 Hamburg
Heidenkampsweg 101, 20097 Hamburg
T: (040) 23 00 15   **Fax:** 23 00 99
Geschäftsführer(in): Dipl.-Volkswirt Dr. D. Perdelwitz

l 46
BGW Landesgruppe Ost
Sachsenallee 24, 01723 Kesselsdorf
T: (035204) 7 02-0   **Fax:** 7 02-99
E-Mail: info@bgw-dvgw-ost.de
Vorsitzende(r): Dipl.-Ing. Uwe Barthel (Vorstand Stadtwerke Chemnitz AG)
Geschäftsführer(in): Dr.-Ing. Dietrich Holze

Landesverbände

l 47
VBGW Verband der Bayerischen Gas- und Wasserwirtschaft e.V.
DVGW Deutscher Verein des Gas- und Wasserfaches e.V. -Landesgruppe Bayern-
Akademiestr. 7, 80799 München
T: (089) 38 15 87-0   **Fax:** 38 15 87-11
Vorsitzende(r): Rolf Wurzschmitt (Erlanger Stadtwerke AG, Äußere Brucker Str. 33, 91052 Erlangen)
Geschäftsführer(in): Dipl.-Ing.(FH) Jörn-Helge Möller

l 48
VGW Verband der Gas- und Wasserwerke Baden-Württemberg e.V.
Stöckachstr. 48, 70190 Stuttgart
T: (0711) 2 62 29 80   **Fax:** 2 62-41 75
E-Mail: vgw-dvgw-bw@t-online.de
Vorsitzende(r): Dipl.-Volksw. Jürgen Leßner (Sprecher der Geschäftsführung der Gasversorgung Süddeutschland GmbH, Postf. 80 04 09, 70504 Stuttgart)
Geschäftsführer(in): Betriebsw. (VWA) Barbara Müller

l 49

LGW Landesverband der Gas- und Wasserwirtschaft Rheinland-Pfalz e.V.
Josefsstr. 54-56, 55118 Mainz
T: (06131) 61 30 35   **Fax:** 61 25 31
Vorsitzende(r): Dipl.-Ing. R. Schüler (Gasanstalt Kaiserslautern AG, Postf. 24 45, 67613 Kaiserslautern)
Geschäftsführer(in): Dipl.-Ing. Heinz Flick

l 50
GWF Gas- und Wasser-Fachverband des Saarlandes e.V.
Schlachthofstr. 11a, 66280 Sulzbach
T: (06897) 21 71   **Fax:** 22 28
Vorsitzende(r): Dipl.-Ing. B. Rose (Geschäftsführer der Stadtwerke GmbH, Sulzbachtalstr. 20, 66280 Sulzbach-Saar)
Geschäftsführer(in): Dr. Götz Bylda

● **L 51**
vedewa
Kommunale Vereinigung für Wasser-, Abfall- und Energiewirtschaft r.V.
Friolzheimer Str. 3, 70499 Stuttgart
T: (0711) 13 90-500   **Fax:** 13 90-510
Internet: http://www.vedewa.de
E-Mail: info@vedewa.de
Gründung: 1931
Vorsitzende(r): Oberbürgermeister Heinz Kälberer
Geschäftsführer(in): Hubert Elser
Verbandszeitschrift: Mitgliederrundschreiben
Redaktion: Hubert Elser
Mitglieder: 700 Städte, Gemeinden und Zweckverbände vorwiegend in Baden-Württemberg und Sachsen

Wasserwirtschaft

● **L 52**
Landesverband Bayerischer Wasserkraftwerke e.G.
Großprüfening 14a, 93049 Regensburg
T: (0941) 3 10 30   **Fax:** 3 10 30
Internet: http://www.wasserkraft-lvbw.de
E-Mail: lvbw.regensburg@t-online.de
Vorsitzende(r) des Vorstandes: Erich Krauß (Von-Stein-Str. 13, 95189 Köditz)

● **L 53**
Arbeitsgemeinschaft Wasserkraftwerke Baden-Württemberg e.V., Sitz Karlsruhe
Geschäftsstelle:
Auf Hasselt 12, 54636 Rittersdorf
T: (06561) 68 31 32   **Fax:** 1 84 94
Gründung: 1962 (Mai)
Präsident(in): Kfm. Manfred Lüttke (Karlsruher Str. 113, 76287 Rheinstetten-Fo., T: (0721) 5 11 21, Fax: (0721) 51 71 55)
Vorsitzende(r): Dipl.-Ing. Elmar Reitter (T: (07375) 2 12, Fax: (07375) 13 47), Rechtenstein
Stellvertretende(r) Vorsitzende(r): Dipl.-Kfm. Karl Heinz Römer (Karlsplatz 10, 67549 Worms, T + Fax: (06241) 5 64 40)
Pressesprecher: Julian Aicher
Mitglieder: 790

● **L 54**
Arbeitsgemeinschaft Wasserkraftwerke Nordrhein-Westfalen e.V., Sitz Düsseldorf
Auf Hasselt 12, 54636 Rittersdorf
T: (06561) 68 31 32   **Fax:** 1 84 94
Gründung: 1962 (Mai)
Vorsitzende(r): Günter Lohmann-Hütte (GeschF. der Edelstahlwerke Lohmann, Witten), Ruhrtal, Witten-Herbede
Stellvertretende(r) Vorsitzende(r): RA W. Schlimgen, Troisdorf-Siglar
Mitglieder: 120

● **L 55**
Arbeitsgemeinschaft Wasserkraftwerke Rheinland-Pfalz und Saar e.V., Sitz Mainz
Geschäftsstelle:
Auf Hasselt 12, 54636 Rittersdorf
T: (06561) 68 31 32   **Fax:** 1 84 94
Gründung: 1958 (6. Dezember)
Vorsitzende(r): Richard Kail (Ltg. Presseabtlg., Auf Hasselt 12, 54636 Rittersdorf, T: (06561) 68 31 32)
Stellvertretende(r) Vorsitzende(r): Siegmund Rieger (Bienwaldmühle, 76779 Scheibenhardt)
Mitglieder: 192

● **L 56**
Arbeitsgemeinschaft Hessischer Wasserkraftwerke
Bockenheimer Landstr. 21, 60325 Frankfurt
T: (069) 72 35 09
Vorsitzende(r): Günter Steinhagen (34295 Edermünde-Grifte)
Stellvertretende(r) Vorsitzende(r): Dipl.-Ing. Gerhard H. Eckert (63636 Brachttal-Spielberg)

● **L 57**
Arbeitsgemeinschaft Thüringer Wasserkraftwerke e.V.
99444 Blankenhain
T: (036424) 5 15 68   **Fax:** 5 15 68
Gründung: 1991
1. Vorsitzende(r): Jochen Köhler
Leitung Presseabteilung: Udo Müller
Mitglieder: 70

● **L 58**
Arbeitsgemeinschaft Rhein-Wasserwerke e.V. (ARW)
Geschäftsstelle: GEW Köln AG
Parkgürtel 24, 50823 Köln
T: (0221) 1 78-29 90   **Fax:** 1 78-22 58
E-Mail: a.geuss@gewkoelnag.de
Präsident(in): Dipl.-Ing. Helmut Haumann
Geschäftsführer(in): Bauassessor Dipl.-Ing. Klaus Lindner (M.Sc., Köln)
Mitglieder: 32

● **L 59**
Arbeitsgemeinschaft der Wasserwerke an der Ruhr (AWWR)
i.H. Dortmunder Energie- und Wasser GmbH (DEW)
Ostwall 51, 44135 Dortmund
T: (0231) 5 44-3030   **Fax:** 5 44-3032
Vorsitzende(r): Dipl.-Ing. Dirk Reitis
A. Schubert (T: (0208) 44 33-312)

● **L 60**
Ruhrverband (RV)
Postf. 10 32 42, 45032 Essen
Kronprinzenstr. 37, 45128 Essen
T: (0201) 1 78-0   **Fax:** 1 78-1425
Gründung: 1913 (5. Juni)
Verbandsrat: Dipl.-Kfm. Gerd Müller (Vors.)
Vorsitzende(r) des Vorstandes: Oberstadtdirektor a.D. Dieter Bongert
Vorstand: Prof. Dr.-Ing. Harro Bode
Norbert Frece
Public Relations: Dipl.-Ing. Detlef R. Albrecht (Abt. Information und Öffentlichkeitsarbeit)
Mitglieder: 796
Mitarbeiter: 1190
Jahresetat: DM 800 Mio, € 409,03 Mio

Wassergüte- und Wassermengenwirtschaft im Einzugsgebiet der Ruhr.

● **L 61**
EMSCHER GENOSSENSCHAFT LIPPE VERBAND

Postf. 10 11 61, 45011 Essen
Kronprinzenstr. 24, 45128 Essen
T: (0201) 1 04-0   **Fax:** 1 04-2277
Internet: http://www.emschergenossenschaft.de,
http://www.lippeverband.de
Gründung: 1899 Emschergenossenschaft; 1926 Lippeverband
Vorstand: Dr.jur. Jochen Stemplewski (Vors.)
Pressesprecher: Jürgen Bermes
Verbandszeitschrift: Emscher und Lippe
Redaktion: Heinz-Gerd Höffeler, Michael Steinbach
Verlag: Eigenverlag
Mitarbeiter: 1457 (mit Lippeverband)
Jahresetat: DM 830 Mio, € 424,37 Mio

Regelung der Vorflut, Hochwasserschutz und Abwasserreinigung im Emschergebiet durch Herstellen, Unterhalten und Betrieb der dazu erforderlichen Anlagen.

● L 62

Abwasserbiologische Gesellschaft e.V. (ABG)
Jellinghausstr. 47, 32139 Spenge
T: (05225) 85 98 37   **Fax:** 85 98 37
Geschäftsführer(in): Barbara Rönsch

● L 63

Erftverband
Postf. 13 20, 50103 Bergheim
Paffendorfer Weg 42, 50126 Bergheim
T: (02271) 88-0   **Fax:** 88-2 10
Gründung: 1859 (3. Januar)
Vors. d. Verbandsrates: Clemens Pick (MdL)
Vorstand: Bauassessor, Dipl.-Ing. Jens-Christian Rothe
Mitglieder: 279
Mitarbeiter: 482
Jahresetat: DM 239 Mio, € 122,2 Mio
Erforschung und Beobachtung der wasserwirtschaftlichen Verhältnisse. Sicherung der Versorgung der Bevölkerung, der Wirtschaft und des Bodens mit Wasser. Beseitigung von Abwasser- und Klärschlamm. Ausbau und Unterhaltung der Erft und ihrer Nebenflüsse. Hochwasserschutz.

● L 64

Niersverband
Postf. 10 08 64, 41708 Viersen
Freiheitsstr. 173, 41747 Viersen
T: (02162) 37 04-0   **Fax:** 37 04-444
Gründung: 1927 (22. Juli)
Vorstand: Prof. Dipl.-Ing. Armin K. Melsa
Verbandszeitschrift: Jahresbericht
Verlag: Eigenverlag
Mitglieder: 330
Mitarbeiter: 250
Jahresetat: DM 160 Mio, € 81,81 Mio

● L 65

Wupperverband
Postf. 20 20 63, 42220 Wuppertal
Zur Schafbrücke 6, 42283 Wuppertal
T: (0202) 5 83-0

● L 66

Linksniederrheinische Entwässerungs-Genossenschaft
(Körperschaft des öffentlichen Rechts)
Verwaltungsgebäude:
Friedrich-Heinrich-Allee 64, 47475 Kamp-Lintfort
T: (02842) 9 60-0   **Fax:** 9 60-4 99
Vors.d.Genossensch.-Rates: Dipl.-Kfm. Hans Messerschmidt
Vorstand: Dipl.-Ing. Manfred Böhmer

● L 67

Deutscher Bund der verbandlichen Wasserwirtschaft e.V. (DBVW)
Geschäftsstelle:
Behlertstr. 33a, 14467 Potsdam
T: (0331) 7 47 43 10   **Fax:** 7 47 43 33
E-Mail: pencereci@t-online.de
Präsident(in): Leenert Cornelius
Vizepräsident(in): Dr. Iris Homuth
Geschäftsführer(in): RA und FAVerwR Turgut Pencereci
RA Hans-Christian Freiherr von Steinaecker
Mitglieder: 8

l 68

Wasserverbandstag e. V.
Bremen-Niedersachsen-Sachsen-Anhalt
Am Mittelfelde 169, 30519 Hannover
T: (0511) 8 79 66-0   **Fax:** 8 79 66-19
Internet: http://www.wasserverbandstag.de
E-Mail: post@wasserverbandstag.de
Präsident(in): Leenert Cornelius (Colmar 1 Nr. 42, 26939 Ovelgönne, **T:** (04480) 2 36)

Geschäftsführer(in): Hans-Christian Frhr. v. Steinaecker, Hannover
Mitglieder: 1150

l 69

Landesverband der Wasser- und Bodenverbände Schleswig-Holstein
Holstenstr. 108, 24103 Kiel
T: (0431) 9 79 72 41   **Fax:** 9 79 73 70
Verbandsvorsteher: Hans-Adolf Boie
Geschäftsführer(in): Mathias Rohde
Mitglieder: 500 Wasser- und Bodenverbände

l 70

Landesverband der Wasser- und Bodenverbände in Hessen
Körperschaft des öffentlichen Rechts
Davidsweg 36, 34576 Homberg
T: (05681) 98 89-0   **Fax:** 98 89-99
Verbandsvorsteher: Karl-Heinz Dickhaut (Am Kleinen Born 1, 35287 Amöneburg)
Geschäftsführer(in): Dipl.-Ing. H. Iven
Mitglieder: 275

l 71

Landesverband der Wasser- und Bodenverbände Rheinland-Pfalz
Fischerstr. 12, 67655 Kaiserslautern
T: (0631) 36 74-0   **Fax:** 36 74-418
Gründung: 1954 (5. November)
Vorsitzende(r): Gerhard Kneib
Geschäftsführer(in): Edgar Weingarth (Ltg. Presseabteilung)
Mitglieder: 3 Regionalverbände (mit 600 Ortsverbänden)
Mitarbeiter: 2

l 72

Zweckverband zur Unterhaltung von Gewässern III. Ordnung, Wirtschaftswege und Landschaftspflege
Wiesenweg 1, 83135 Schechen
T: (08039) 94 29   **Fax:** 40 95 27
Vorsitzende(r): Quirin Höss
Geschäftsführer(in): Josef Fröschl

l 73

Landeswasserverbandstag Brandenburg e.V.
Behlertstr. 33a, 14467 Potsdam
T: (0331) 74 74-310   **Fax:** 74 74-333
Internet: http://www.pencereci.de/lwt
E-Mail: lwt@pencereci.de
Gründung: 1992
Präsident(in): Dr. agr. Iris Homuth, Fehrbellin
Vizepräsident(in): Dipl.-Ing. J. Wandke, Rathenow
Geschäftsführer(in): RA, FAVerwR Turgut Pencereci, Bremen
Verbandszeitschrift: LWT-Info-Fax
Redaktion: Turgut Pencereci
Mitglieder: 48

l 74

Landesverband der Wasser- und Bodenverbände Mecklenburg-Vorpommern
Körperschaft des öffentlichen Rechts
Am Fischereihafen 113, 18069 Rostock
T: (0381) 81 34 85   **Fax:** 81 34 85
Vorsitzende(r): Rudolf Naß
Geschäftsführerin: Hildrun Fischer
Mitglieder: 29

● L 75

Arbeitsgemeinschaft Trinkwassertalsperren e.V.
Kronprinzenstr. 13, 53721 Siegburg
T: (02241) 1 28-4 30, -4 40   **Fax:** 5 26 90
Gründung: 1970 (23. November)
Vorsitzende(r): Bauassessor Wolfram Such (Ltg. Presseabt.; Wahnbachtalsperrenverband, Kronprinzenstr. 13, 53721

Siegburg, **T:** (02241) 12 84 30, 4 40)
Stellvertretende(r) Vorsitzende(r): Dr.-Ing. Lothar Scheuer (stellv. Vorstand des Aggerverbandes, Sonnenstr. 40, 51645 Gummersbach, **T:** (02261) 3 62 10)
Dipl.-Ing. Jens Peters (Hauptgeschäftsführer der Thüringer Talsperrenverwaltung, Talsperrenstr. 25-27, 99897 Tambach-Dietharz, **T:** (036252) 34 90)
Verbandszeitschrift: ATT-Informationen
Redaktion: ATT
Verlag: Selbstverlag
Mitglieder: 42
Jahresetat: DM 0,143 Mio, € 0,07 Mio

● L 76

Bayerisches Landesamt für Wasserwirtschaft
Lazarettstr. 67, 80636 München
T: (089) 92 14-01   **Fax:** 92 14-1435
Internet: http://www.bayern.de/lfw
E-Mail: poststelle@lfw.bayern.de
Präsident(in): Prof. Dr.-Ing. Albert Göttle
Leitung Presseabteilung: Krieger

● L 77

Landesamt für Wasserwirtschaft Rheinland-Pfalz
Postf. 30 24, 55020 Mainz
Am Zollhafen 9, 55118 Mainz
T: (06131) 63 01-0   **Fax:** 63 01 48
E-Mail: lfw@w.rpl.de
Leiter(in): Dipl.-Ing. Sven Lüthje (Direktor des Landesamtes für Wasserwirtschaft)

● L 78

Niedersächsisches Landesamt für Ökologie
Postf. 10 10 62, 31110 Hildesheim
An der Scharlake 39, 31135 Hildesheim
T: (05121) 5 09-0   **Fax:** 5 09-1 96
Internet: http://www.nloe.de
E-Mail: poststelle@nloe.niedersachsen.de
Gründung: 1992 (1. Oktober)
Umweltinformationen und Umweltbildung: Eva-Maria Rexing
Mitarbeiter: 420

● L 79

Wasserverband Westdeutsche Kanäle
Kronprinzenstr. 24, 45128 Essen
T: (0201) 1 04-0   **Fax:** 1 04-2800
Die Geschäftsführung liegt beim Lippeverband Dortmund
Verbandsvorsteher: Dir. Dr.-Ing. Ulrich Täubert (RWE Systems Grundstücks GmbH + Co. KG, Essen)
Geschäftsführer: Bau. Ass. Dr.-Ing. Jürgen Ruppert, Essen

● L 80

Verband Industrieabwasser e.V.
Am Siechengrund 19, 95326 Kulmbach
Vorsitzende(r): Dr.-Ing. Klaus Husmann (Consultant)

● L 81

Deutsches Nationales Komitee des Weltenergierates (DNK)
Postf. 10 11 39, 40002 Düsseldorf
Graf-Recke-Str. 84, 40239 Düsseldorf
T: (0211) 62 14-418, 62 14-499   **Fax:** 62 14-172
Internet: http://www.energie-welt-dnk.de
E-Mail: dnk@vdi.de
Präsident(in): Dr. Gerhard Ott
Geschäftsführer(in): Dr. J. Debelius

● L 82

Deutsches TalsperrenKomitee (DTK)
Postf. 10 11 39, 40002 Düsseldorf
Graf-Recke-Str. 84, 40239 Düsseldorf
T: (0211) 62 14-499, 62 14-418   **Fax:** 62 14-172
Internet: http://www.energie-welt-dnk.de
E-Mail: dtk@vdi.de
Präsident(in): Dr.-Ing. Herbert Lütkestratkötter
Geschäftsführer(in): Dr. J. Debelius

M Verkehrsgewerbe

Zum Auffinden einer bestimmten Dienststelle oder Organisation dient das Suchwortverzeichnis, eines Personennamens das Personenverzeichnis.

Schienenverkehr
Fachverbände des Straßenverkehrsgewerbes
Landesverbände des Verkehrsgewerbes
Seeschiffahrt
Seehafenbetriebe, Spediteure und Lagerhalter
Binnenschiffahrt
Luftverkehr

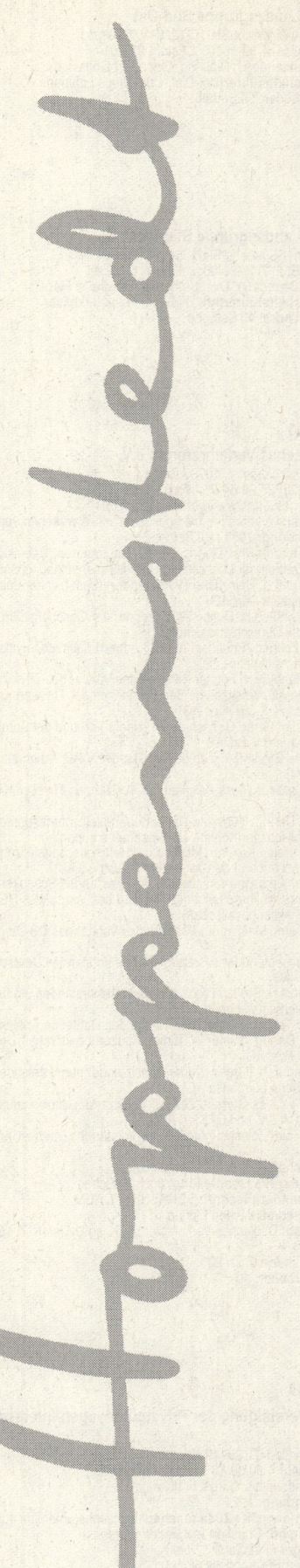

M 1 Schienenverkehr

● M 1

Verband Deutscher Verkehrsunternehmen (VDV)
Kamekestr. 37-39, 50672 Köln
T: (0221) 5 79 79-0   **Fax:** 51 42 72
Internet: http://www.vdv.de
E-Mail: info@vdv.de
Gründung: 1895
Präsident(in): Dr.-Ing. E.h. Dieter Ludwig, Karlsruhe
Vizepräsidenten: Dipl.-Kfm. Günter Elste
Reiner Woermann
Geschf. Präsidiumsmitgl. u. HGF: Prof. Dr.-Ing. Adolf Müller-Hellmann, Köln
Geschäftsführung: Dr. jur. Thomas Muthesius (Personenverkehr)
Dr. jur. Martin Henke (Güterverkehr)
Leitung Presseabteilung: Dipl.-Volksw. Friedhelm Bihn

Stabsstellen-Fachbereiche

Vw. Allgemeine Verwaltung u. F Finanzverwaltung: Dipl.-Kfm. Reiner Teichert
M Presse und Öffentlichkeitsarbeit Personenverkehr Marketing: Dipl.-Volksw. Friedhelm Bihn

Technik-Fachbereiche

N Normung, Forschungs- Koordination und VDV- Industriekontakte: Dipl.-Ing. Berthold Radermacher
T1 Nahverkehrs-Schienenfahrzeuge, Standseilbahnen, elektrische Energieanlagen, Betriebsfunk, Technik der Informationsanlagen: Dipl.-Ing. Udo Stahlberg
T2 Verkehrsplanung, Bahnbau, Betrieb, Arbeits- und Verkehrsmedizin: Dipl.-Ing. Bernhard E. Nickel
T3 Kraftfahrzeuge u. Obusse, Betriebshöfe und Werkstätten: Dipl.-Ing. Martin Schmidt
E Eisenbahn- und Maschinentechnik, Eisenbahnbetrieb: Dipl.-Ing. Jürgen Mallikat
I Informationsverarbeitung: Dipl.-Kfm. Winfried Bruns

Fachbereiche Personenverkehr

R1 Gesetzgebung, öffentliches Recht, Verkehrspolitik: Dr. jur. Thomas Muthesius
R2 Ländernahverkehrsrecht und ÖPNV-Finanzierung: RA Reiner Metz
R3 Bau-, Wettbewerbs-, Arbeits- und Bürgerliches Recht sowie Strafrecht: RA Thomas Hilpert
R4 Personenbeförderungsrecht, Vergabewesen, Wettbewerbsrecht und Kooperationen: Ass. jur. Martin Schäfer
W Volkswirtschaft, Tarifwesen, Bildungswesen und Statistik: Dipl.-Kfm. Till Ackermann
BS Betriebliches Finanz- und Rechnungswesen, Steuern: Dipl.-Kfm. Ralf Stollberg

Fachbereiche Güterverkehr

GE Grundsatzfragen des Eisenbahnverkehrs: Dr. jur. Martin Henke
MG Marktfragen des Güterverkehrs: Dipl.-Verw.-Betriebsw. Georg Lennarz
RG Rechtsfragen des Güterverkehrs: Ass. jur. Michael Fabian
WG Wirtschaftsangelegenheiten und Statistik des Eisenbahn- und Güterverkehrs,, allgemeine betriebswirtschaftliche Fragen: Dipl.-Volksw. Ralf Busch
OG Ordnungspolitik im Güterverkehr: Dipl.-Soz. Hans-Steffen Kerth

Verbandszeitschriften: Bus + Bahn, Der Nahverkehr
Verlag: ALBA-Fachverlag, Willstätter Str. 9, 40549 Düsseldorf
Mitglieder: 516 Unternehmen (plus 54 außerordentliche Mitglieder)
Mitarbeiter: 65

Förderung des öffentlichen Personennahverkehrs sowie des Güterverkehrs auf Schiene und Straße; Erarbeitung einheitlicher technischer, betrieblicher, rechtlicher und wirtschaftlicher Grundsätze; Erfahrungsaustausch und Beratung; Interessenvertretung gegenüber Parlamenten, Behörden und anderen Institutionen.

Außenstellen

m 2
VDV-Geschäftsstelle Berlin
Ernst-Reuter-Haus
Straße des 17. Juni 114, 10623 Berlin
T: (030) 39 99 32-0   **Fax:** 39 99 32-15
E-Mail: vdv-berlin@t-online.de
Leiter(in): Dr.-Ing. Martin Runkel

Fachbereich Personenverkehr:
Ulrich Lehmann

Fachbereich Güterverkehr:
Dr.-Ing. Winfried Marko

Fachbereich Juristische Fragestellungen:
Lorenz Wachinger

m 3
VDV-Geschäftsstelle Brüssel
Avenue Herrmann Debroux 17, B-1160 Brüssel
T: (00322) 6 63 66 26   **Fax:** 6 63 66 36
Leiter(in): Ass. jur. Klaus-J. Meyer

Landesgruppen

m 4
VDV-Landesgruppe Baden-Württemberg
Schockenriedstr. 50, 70565 Stuttgart
T: (0711) 78 85-26 09   **Fax:** 78 85-22 99
Vorsitzende(r): Dr. rer.pol. Peter Höflinger
Geschäftsführer(in): Dipl.-Volksw. Dieter Fink
Mitglieder: 54 Betriebe

m 5
VDV-Landesgruppe Bayern
Postf. 20 20 52, 80020 München
Einsteinstr. 28, 81675 München
T: (089) 21 91-21 04   **Fax:** 21 91-21 55
Vorsitzende(r): Dr.rer.nat. Rainer Müller
Geschäftsführer(in): Dipl.-Volksw. Gerrit Poel
Mitglieder: 50 Betriebe

m 6
VDV-Landesgruppe Hessen
Kurt-Schumacher-Str. 10, 60311 Frankfurt
T: (069) 2 13-26642   **Fax:** 2 13-23371
Vorsitzende(r): Dipl.-Verwaltungsw. Manfred Ott
Geschäftsführer(in): Dipl.-Soz. Mare Luik-Pani
Mitglieder: 44 Betriebe

m 7
VDV-Landesgruppe Niedersachsen/Bremen
Postf. 10 04 09, 38204 Salzgitter
In den Blumentriften 1, 38226 Salzgitter
T: (05341) 40 99-10   **Fax:** 40 99-44
Vorsitzende(r): Dipl.-Betriebsw. Peter Hoffmann
Geschäftsführer(in): Ulrich Bethke
Mitglieder: 63 Betriebe

m 8
VDV-Landesgruppe Nord
Osterbrooksweg 73, 22869 Schenefeld
T: (040) 8 39 94-169   **Fax:** 8 39 94-281
Vorsitzende(r): Götz Dietsche
Geschäftsführer(in): Dipl.-Ing. Holger Michelmann
Mitglieder: 39 Betriebe

m 9
VDV-Landesgruppe Nordrhein-Westfalen
Kamekestr. 37-39, 50672 Köln
T: (0221) 5 79 79-154   **Fax:** 51 42 72
Internet: http://www.vdv.de
E-Mail: metz@vdv.de
Vorsitzende(r): Prof. Dr.-Ing. Hermann Zemlin
Geschäftsführer(in): RA Reiner Metz
Mitglieder: 96 Unternehmen

m 10
VDV-Landesgruppe Ost
Straße des 17. Juni 114, 10623 Berlin
T: (030) 39 99 32-0   **Fax:** 39 99 32-15
Vorsitzende(r): Dipl.-Betriebsw. Rüdiger vorm Walde
Geschäftsführer(in): Dr.-Ing. Martin Runkel
Mitglieder: 71 Betriebe

m 11
VDV-Landesgruppe Süd-Ost
Karl-Liebknecht-Str. 10-12, 04107 Leipzig
T: (0341) 4 92-1010   **Fax:** 4 92-1014
Vorsitzende(r): Dipl.-Ing.-Oec. Gert Gottschalk
Geschäftsführer(in): Dipl.-Oek. Ulrich Lehmann
Mitglieder: 55 Betriebe

m 12
VDV-Landesgruppe Süd-West
Werner-Siemens-Str. 1, 54294 Trier
T: (0651) 7 17-22 00   **Fax:** 7 17-22 09
Vorsitzende(r): Dipl.-Betriebsw. Friedhelm Flögel
Geschäftsführer(in): Dipl.-Ing. Frank Birkhäuer
Mitglieder: 42 Betriebe

● M 13
Deutsches Verkehrsforum e.V.
Klingelhöferstr. 7, 10785 Berlin
T: (030) 26 39 54-0   **Fax:** 26 39 54-22
Internet: http://www.verkehrsforum.de
E-Mail: verkehrsforum@t-online.de, info@verkehrsforum.de
Gründung: 1984 (10. September)
Präsidium: Prof. Dr.-Ing. Helmut Baumgarten (Gesellschafter Zentrum für Logistik und Unternehmensplanung GmbH)
Dr.-Ing.E.h. Heinz Dürr (Vorsitzender) (Vorsitzender des Aufsichtsrates Dürr AG)
Dr. Gottfried H. Dutiné (Vorsitzender der Geschäftsführung Alcatel Deutschland GmbH)
Rolf Eckrodt (Präsident u. CEO Adtranz DaimlerChrysler Rail Systems GmbH)
Dr. Hans-Erich Forster (Mitglied des Vorstandes Thyssen Krupp AG, Vorsitzender des Vorstandes der Thyssen Krupp Materials & Services AG)
Prof. Dr. Bernd Gottschalk (Präsident Verband der Automobilindustrie e.V. (VDA))
Rainer Grohe (Mitglied des Vorstandes VIAG Aktiengesellschaft)
Dr. Gerhard Jooss (Mitglied des Vorstandes Thyssen Krupp AG)
Prof. Dr.-Ing. Hermann-Dieter Koehne (Geschäftsführender Gesellschafter Koehne Unternehmensgruppe)
Dr. Carsten Kreklau (Mitglied der Hauptgeschäftsführung, Bundesverband der Deutschen Industrie (BDI))
Hákan Larsson (Vorsitzender des Vorstandes Schenker AG)
Dr.-Ing. Wolfhard Leichnitz (Mitglied des Vorstandes HOCHTIEF Aktiengesellschaft)
Dr. Bernd Malmström (Mitglied des Vorstandes DB Cargo AG)
Hartmut Mehdorn (Vorsitzender des Vorstandes Deutsche Bahn AG)
Herbert H. Steffen (Vors. des Bereichsvorstandes Siemens AG Verkehrstechnik)
Gerd Tenzer (Mitglied des Vorstandes Deutsche Telekom AG)
Prof. Dr.-Ing. Günter W. Tumm (Konzernbeauftragter Deutsche Post AG)
Dr.-Ing. E.h. Jürgen Weber (Vorsitzender des Vorstandes Deutsche Lufthansa AG)
Prof. Dr.-Ing. Gerhard Zeidler (Vorsitzender der Vorstände DEKRA e.V. und DEKRA AG)
Dr. Dieter Zetsche (Mitglied des Vorstandes DaimlerChrysler AG)
Geschäftsführer(in): Elmar Haass
Leitung Presseabteilung: Jochen Eichen
Verbandszeitschrift: VERKEHRSFORUM
Redaktion: Jochen Eichen
Verlag: Deutsches Verkehrsforum, Klingelhöferstr. 7, 10785 Berlin
Mitglieder: z. Zt. 200
Mitarbeiter: 10

● M 14
VPI Vereinigung der Privatgüterwagen-Interessenten
Hochallee 60, 20149 Hamburg
T: (040) 4 50 50 86   **Fax:** 4 50 50 90
E-Mail: vpihamburg@t-online.de
Gründung: 1921
Internationaler Zusammenschluß: siehe unter izm 40
Vorstand: Christian van Eeden (Vors.)
Rüdiger Florin (stellv. Vors.)
Jürgen Hüllen (stellv. Vors.)
Heribert Luzar (stellv. Vors.)
Geschäftsführer(in): Henning Traumann
Verbandszeitschrift: VPI-Rundschreiben/VPI-Jahresbericht
Mitglieder: 109 Unternehmen
Mitarbeiter: 3
Jahresetat: DM 0,7 Mio, € 0,36 Mio

Fachverbände des Straßenverkehrsgewerbes

● M 15

Bundesverband Güterkraftverkehr Logistik und Entsorgung (BGL) e.V.
Haus des Straßenverkehrs
Postf. 93 02 60, 60457 Frankfurt
Breitenbachstr. 1, 60487 Frankfurt
T: (069) 79 19-0   **Fax:** 79 19-227
Internet: http://www.bgl-ev.de
E-Mail: bgl@bgl-ev.de
Internationaler Zusammenschluß: siehe unter izm 126
Präsident(in): Hermann Grewer (Dieselstr. 12, 45891 Gelsenkirchen)
Vizepräsident(in): Hermann Schreck (Postf. 10 14 29, 30835 Langenhagen)
Heinrich Frey (Hellweg 12, 55444 Seibersbach)
Klaus-Peter Röskes (Dieselstr. 4-6, 42579 Heiligenhaus)
Karl-Heinz Kohn (24649 Wiemersdorf, Beverloh 2)
Michael Lohse (Treffurtstr. 2, 09120 Chemnitz)
Adalbert Wandt (Hansestr. 23, 38112 Braunschweig)
Hans Wormser (Postf. 12 25, 91063 Herzogenaurach)
Hauptgeschäftsführer(in): Prof. Dr. Karlheinz Schmidt
Stellv. HGeschF: Dipl.-Vw. Dr. Adolf Zobel

Vertretung sämtlicher Güterkraftverkehrs- und Logistikunternehmen im Bundesgebiet in allen Fragen von gemeinsamem Interesse mit Schwerpunkt im Bereich der Verkehrs-, Wirtschafts-, Finanz- und Sozialpolitik.

Mitgliedsverbände

Baden-Württemberg

m 16

Verband des Verkehrsgewerbes Nordbaden e.V.
Fachvereinigung Güterkraftverkehr
Orchideenweg 23, 68782 Brühl
T: (06202) 7 10 10   **Fax:** 7 50 33
E-Mail: vvnordbaden@t-online.de
Vorsitzende(r): Bernd Hänßler
Geschäftsführer(in): Arno Lauth

m 17

Verband des Verkehrsgewerbes Südbaden e.V.
Fachvereinigung Güterkraftverkehr
Postf. 10 04 30, 79123 Freiburg
Weißerlenstr. 9, 79108 Freiburg
T: (0761) 7 05 23-0   **Fax:** 7 05 23-20
Internet: http://www.vv-suedbaden.de
E-Mail: vvsuedbaden@t-online.de
Vorsitzende(r): Rolf Dischinger
Geschäftsführer(in): Ass. Bernd Klug

m 18

Verband des Württembergischen Verkehrsgewerbes e.V.
Postf. 60 05 64, 70305 Stuttgart
Hedelfinger Str. 25, 70327 Stuttgart
T: (0711) 4 01 92 81   **Fax:** 42 38 10
Internet: http://www.vv-wuerttemberg.de
E-Mail: v.v.wuerttemberg@t-online.de
Vorsitzende(r): Wolfgang Langenberger
Geschäftsführer(in): Klaus Mohn

Bayern

m 19

Landesverband Bayerischer Transportunternehmen (LBT) e.V.
Postf. 19 06 52, 80606 München
Leonrodstr. 48, 80636 München
T: (089) 12 66 29-0   **Fax:** 12 66 29-25
Internet: http://www.lbt.de
E-Mail: info@lbt.de
Vorsitzende(r): Hans Wormser
Geschäftsführer(in): Sebastian Lechner

Berlin/Brandenburg

m 20

Fuhrgewerbe-Innung Berlin e.V.
Hedemannstr. 13, 10969 Berlin
T: (030) 2 51 06 91   **Fax:** 2 51 06 93
Internet: http://www.fuhrgewerbe-innung.de
E-Mail: info@fuhrgewerbe-innung.de
Vorsitzende(r): Michael Eichen
Geschäftsführer(in): Gerd Bretschneider

m 21

Landesverband des Berliner und Brandenburger Verkehrsgewerbes e.V. (LBBV)
Hauptgeschäftsstelle Potsdam
Drewitzer Str. 50, 14478 Potsdam
T: (0335) 6 80 42 74   **Fax:** 6 80 42 75
Internet: http://www.lbbv.de
E-Mail: lbbv-@t-online.de
Hauptgeschäftsführer(in): Hans-Christian Burmeister

Bremen

m 22

Landesverband Verkehrsgewerbe Bremen (LVB) e.V.
Postf. 15 05 71, 28095 Bremen
Utbremer Str. 67, 28217 Bremen
T: (0421) 3 49 77-21   **Fax:** 3 49 77-49
E-Mail: svglvb.bremen@t-online.de
Vorsitzende(r): Hans-Peter Müller
Geschäftsführende(s) Vorstands-Mitglied(er): Wilfried Drygala

Hamburg

m 23

Verband Straßengüterverkehr Hamburg e.V. (VSH)
Bullerdeich 36, 20537 Hamburg
T: (040) 25 47 01 70   **Fax:** 25 47 01 75
Internet: http://www.vshhamburg.de
E-Mail: vshhamburg@aol.com
Vorsitzende(r): Hans Stapelfeldt
Thomas Usinger
Geschäftsführer(in): Dirk Naujokat
Ulrich Seehawer

Hessen

m 24

Fachverband Güterkraftverkehr und Logistik Hessen e.V.
Postf. 93 01 06, 60456 Frankfurt
Waldschulstr. 128, 65933 Frankfurt
T: (069) 39 52 32   **Fax:** 38 75 79
E-Mail: fv.gueterkraftverkehr@t-online.de
Vorsitzende(r): Claus-O. Herzig
Geschäftsführer(in): Werner Gehron

Mecklenburg-Vorpommern

m 25

Fachvereinigung Güterverkehr des Landes Mecklenburg-Vorpommern e.V.
Warliner Str. 6, 17034 Neubrandenburg
T: (0395) 4 56 74 36   **Fax:** 4 56 72 61
E-Mail: fachvereinigungm-v@t-online.de
Vorsitzende(r): Jürgen Hamke
Geschäftsführer(in): Norbert Voigt

Niedersachsen

m 26

Fachvereinigung Güterkraftverkehr und Entsorgung
im Gesamtverband Verkehrsgewerbe Niedersachsen e.V. (GVN)
Lister Kirchweg 95, 30177 Hannover
T: (0511) 96 26-2 40   **Fax:** 96 26-2 49
Internet: http://www.gvn.de
E-Mail: gvn-fernverkehr@t-online.de
Vorsitzende(r): Helga Hesse
Adalbert Wandt
Geschäftsführer(in): Gerhard Ibrügger

Nordrhein-Westfalen

m 27

Verband Güterkraftverkehr und Logistik Nordrhein e.V.
Postf. 16 03 51, 40566 Düsseldorf
Kappeler Str. 126, 40599 Düsseldorf
T: (0211) 9 98 84-0   **Fax:** 9 98 84-10
Internet: http://www.vgln.de
E-Mail: vgln.dssd@t-online.de
Vorsitzende(r): Klaus Peter Röskes
Geschäftsführer(in): Jost Jetschmann

m 28

Verband für das Verkehrsgewerbe Westfalen-Lippe e.V.
Fachvereinigung Güterkraftverkehr, Logistik und Entsorgung
Postf. 76 49, 48041 Münster
Haferlandweg 8, 48155 Münster
T: (0251) 60 61-413   **Fax:** 60 61-414
Internet: http://www.vvwl-transport.de
E-Mail: transport@vvwl.de
Vorsitzende(r): Hermann Grewer
Geschäftsführer(in): Dr. Christoph Kösters

Rheinland-Pfalz

m 29

Fachsparte Güterkraftverkehr im Verband des Verkehrsgewerbes
Rheinhessen-Pfalz e.V.
Lauterstr. 17, 67657 Kaiserslautern
T: (0631) 3 71 61-0   **Fax:** 3 71 61-11
E-Mail: vvrp-rheinhessen-pfalz@t-online.de
Vorsitzende(r): Franz Wittmann
Geschäftsführer(in): RAin Edina Brenner

m 30

Fachvereinigung Güterkraftverkehr im Verband des Verkehrsgewerbes Rheinland e.V.
Moselring 11, 56073 Koblenz
T: (0261) 49 43 30   **Fax:** 49 43 39
E-Mail: vdv.rheinland.gueterverkehr@t-online.de
Vorsitzende(r): Werner Neukirchen
Geschäftsführer(in): Klaus-Peter Schuster

Saarland

m 31

Fachvereinigung Güterkraftverkehr im Landesverband Verkehrsgewerbe Saarland e.V.
Postf. 10 18 64, 66018 Saarbrücken
Metzer Str. 123, 66117 Saarbrücken
T: (0681) 92 50-0   **Fax:** 92 50-190
Internet: http://www.lvs-saar.de
E-Mail: info@lvs-saar.de
Vorsitzende(r): Markus Schmitt
Geschäftsführer(in): Claus-Thomas Bodamer

Sachsen

m 32

Landesverband des Sächsischen Verkehrsgewerbes (LSV) e.V.
Fachvereinigung Straßengüterverkehr Sachsen e.V.
Palaisplatz 4, 01097 Dresden
T: (0351) 8 14 32 89   **Fax:** 8 14 32 15
Internet: http://www.lsv-ev.de
E-Mail: bgl-info@lsv-ev.de
Vorsitzende(r): Michael Lohse
Geschäftsführer(in): Gerd Fischer

Schleswig-Holstein

m 33

Verband Güterkraftverkehr Logistik und Entsorgung Schleswig-Holstein e.V. (VGL)
Postf. 26 05, 24516 Neumünster
Ilsahl 1-3, 24536 Neumünster
T: (04321) 30 09-0   **Fax:** 30 09-15
E-Mail: info@svg-sh.de
Vorsitzende(r): Karl-Heinz Kohn
Geschäftsführer(in): Dr. jur. Hans-Jochen Leupelt

Bundesorganisationen

m 34

Bundesfachgruppe Schwertransporte und Kranarbeiten (BSK)
Postf. 93 02 60, 60457 Frankfurt
Breitenbachstr. 1, 60487 Frankfurt
T: (069) 79 19-0   **Fax:** 79 19-327
E-Mail: bsk-frankfurt@t-online.de
Geschf. Vorst.: Dipl.-Ing. Wolfgang Draaf
Arno Alt
Robert Markewitsch
Manfred Regel
Geschäftsführer(in): Dipl.-Ing. Wolfgang Draaf

m 35

SVG Bundes-Zentralgenossenschaft Straßenverkehr eG
Breitenbachstr. 1, 60487 Frankfurt
T: (069) 79 19-0   **Fax:** 79 19-245
Internet: http://www.svg.de
E-Mail: info@svg.de
Geschf. Vorst.: Dipl.-Vw. Werner Gockeln
Nebenamtl. Vorst.: Klaus Peter Röskes

● M 36

Bundesfachgruppe Schwertransporte und Kranarbeiten (BSK)
Haus des Straßenverkehrs
Postf. 93 02 60, 60457 Frankfurt
Breitenbachstr. 1, 60487 Frankfurt
T: (069) 79 19-0   **Fax:** 79 19-327
E-Mail: bsk-frankfurt@t-online.de
Vorstandssprecher: Robert Markewitsch
Geschäftsführende(s) Vorstands-Mitglied(er): Dipl.-Ing. Wolfgang Draaf

Interessenvertretung und Betreuung der Schwertransportunternehmer, Kranbetreiber und Schwertransportbegleitfirmen in der Bundesrepublik sowie Durchführung spezifischer Schulungsmaßnahmen.

● M 37

Deutscher Taxi- und Mietwagenverband e.V. (BZP)
Zeißelstr. 11, 60318 Frankfurt
T: (069) 9 59 61 50   **Fax:** 95 96 15 20
Internet: http://www.bzp.org
E-Mail: bzp-taxi-mietwagen@t-online.de
Gründung: 1947
Präsident(in): Hans Meißner
Vizepräsident(in): Hans-Günther Bartels
Dieter Zillmann
Vorstand:
Hans Meißner (Präsident)
Hans-Günther Bartels (Vizepräsident)
Dieter Zillmann (Vizepräsident)
Fred Buchholz
Peter Zander
Karl Rosewick
Rolf Kunsch
Geschäftsführer(in): RA Thomas Grätz
Verbandszeitschrift: BZP Report
Redaktion: Thomas Grätz
Verlag: Vogel Verlag GmbH, Neumarkter Str. 18, 81664 München

Vertretung der Gesamtinteressen des Taxi- u. Mietwagengewerbes auf nationaler und internationaler Ebene gegenüber allen Ministerien, Behörden und Organisationen. Mitglied in der Gruppe Taxi und Mietwagen der IRU in Genf. Mitwirkung bei allen wichtigen Fragen des Personenbeförderungsrechts, der BOKraft usw. auf Bundes- und Landesebene.

Mitgliedsorganisationen aus den Reihen der Landesverbände:

m 38

Landesverband Thüringen der Taxi- u. Mietwagenunternehmer e.V.
Geschäftsstelle
Postf. 14 30, 04584 Altenburg
Leipziger Str. 29, 04600 Altenburg
T: (03447) 50 29 19   **Fax:** 83 77 64
Gründung: 1990 (1. November)
Geschäftsführer(in): Michael Beer

m 39

Innung des Berliner Taxigewerbes e.V.
Martin-Luther-Str. 3-7, 10777 Berlin
T: (030) 23 62 72 01   **Fax:** 3 44 60-69
1. Vorsitzende(r): Wolfgang Wruck

m 40

Fachvereinigung Personenverkehr Verband für das Personenverkehrsgewerbe Landesverband Bremen e.V.
Jakobistr. 20, 28195 Bremen
T: (0421) 1 32 27   **Fax:** 17 00 31
Geschäftsführer(in): Fred Buchholz

m 41

Fachvereinigung Personenverkehr Bremerhaven e.V.
Fröbelstr. 23, 27580 Bremerhaven
T: (0471) 80 43 05, (0173) 6 01 66 36 (Mobil)
Fax: (0471) 80 43 55
E-Mail: taxi.grube.bremerhaven@t-online.de
Geschäftsführer(in): Peter Grube

m 42

Verband des Verkehrsgewerbes Nordbaden e.V.
Orchideenweg 23, 68782 Brühl
T: (06202) 7 10 10   **Fax:** 7 50 33
Geschäftsführer(in): Dipl.-Betriebsw. Ass. Arno Lauth

m 43

Taxi-Verband Nordrhein-Westfalen e.V.
Kölner Str. 356, 40227 Düsseldorf
T: (0211) 77 76 61   **Fax:** 7 76 73
Geschäftsführer(in): RA Dr. Michael Hoog

m 44

Fachvereinigung Personenverkehr Nordrhein Taxi - Mietwagen e.V.
Siemensstr. 1, 40789 Monheim
T: (02173) 95 99-0   **Fax:** 95 99-25
Internet: http://www.eurotaximesse.de
E-Mail: FP-Nordrhein@t-online.de
Gründung: 1946
Geschäftsführer(in): Holger Goldberg

m 45

Landesverband Hessen für das Personenbeförderungsgewerbe e.V.
Breitenbachstr. 1, 60487 Frankfurt
T: (069) 25 35 34   **Fax:** 23 96 93
E-Mail: taxi-vereinigung-ffm@t-online.de
Geschäftsführer(in): Klaus Böttger
Verbandszeitschrift: Taxi journal

m 46

Verband des Verkehrsgewerbes Südbaden e.V. Fachsparte Taxi und Mietwagen
Weißerlenstr. 9, 79108 Freiburg
T: (0761) 7 05 23-0   **Fax:** 7 05 23-20
E-Mail: VVSuedbaden@t-online.de
Vorsitzende(r): Edeltraud Holl
Hauptgeschäftsführer(in): Ass. Bernd Klug

m 47

Landesverband Hamburger Taxiunternehmer e.V.
Süderstr. 153a, 20537 Hamburg
T: (040) 25 70 10   **Fax:** 25 75 05
Geschäftsführer(in): Gerhard Christ
Verbandszeitschrift: Taxi-Hamburg

m 48

Landesverband für das Personenverkehrsgewerbe Hamburg e.V.
Rothenbaumchaussee 79, 20148 Hamburg
T: (040) 44 86-43, 44 86-44   **Fax:** 45 35 51
Geschäftsführer(in): Joachim Püttmann
Verbandszeitschrift: Taxi Rundschau

m 49

Gesamtverband Verkehrsgewerbe Niedersachsen e.V. (GVN)
Fachvereinigung Taxi und Mietwagen
Lister Kirchweg 95, 30177 Hannover
T: (0511) 96 26 28   **Fax:** 9 62 62 79
Internet: http://www.gvn.de
E-Mail: info@gvn.de
Geschäftsführer(in): Hartmut Knaack

m 50

Verband des Verkehrsgewerbes Rheinhessen-Pfalz e.V.
Fachsparte Taxi- und Mietwagenverkehr
Lauterstr. 17, 67657 Kaiserslautern
T: (0631) 3 71 61-0   **Fax:** 3 71 61-11
E-Mail: vvrp-rheinhessen-pfalz@t-online.de
Geschäftsführer(in): RA Edina Brenner

m 51

Fachverband PKW-Verkehr der Vereinigung des Verkehrsgewerbes in Hessen e.V.
Königsplatz 59, 34117 Kassel
T: (0561) 7 18 17   **Fax:** 10 42 60
Geschäftsführer(in): Dipl.-Ökonom Mathias Hörning

m 52

Landesverband für das Taxi- u. Mietwagengewerbe Schleswig-Holstein e.V.
Auguste-Viktoria-Str. 14, 24103 Kiel
T: (0431) 6 14 27   **Fax:** 67 71 70
E-Mail: info@sho-online.de
Geschäftsführer(in): RA Walter Koch

m 53

Verband des Verkehrsgewerbes Rheinland e.V.
Moselring 11, 56073 Koblenz
T: (0261) 4 94-330   **Fax:** 4 94-339
E-Mail: a.fumanti@svg-koblenz.de
Geschäftsführer(in): Dipl.-Betriebsw. Hans Wilfried Richter

m 54

Landesverband Sächsischer Taxi- u. Mietwagenunternehmer e.V.
Bodenbacher Str. 122, 01277 Dresden
T: (0351) 21 12 10   **Fax:** 2 11 21 91
Geschäftsführer(in): Henry Roßberg

m 55

Landesverband Sachsen-Anhalt Taxi und Mietwagen e.V.
c/o Niederlassung Mercedes-Benz
Bergschenkenweg 55a, 06118 Halle
T: (0345) 5 25 25 33   **Fax:** 5 25 14 66
Geschäftsführer(in): Dirk Senkbeil

m 56

Landesverband Bayerischer Taxi- und Mietwagenunternehmen e.V.
Engelhardstr. 6, 81369 München
T: (089) 77 30 77   **Fax:** 77 24 62
Internet: http://www.taxi-bayern.de
E-Mail: info@taxi-bayern.de
Gründung: 1946
Geschäftsführer(in): Hans Meißner
Verbandszeitschrift: Taxi Kurier

m 57

Landesverband für das Taxi- und Mietwagengewerbe Mecklenburg-Vorpommern e.V.
Beim Pingelshof 1, 18146 Rostock
T: (0381) 65 93 00   **Fax:** 6 59 30 50
Geschäftsführer(in): Ralf Stöwe

m 58

Landesverband Verkehrsgewerbe Saarland e.V.
Fachvereinigung Taxameter und Mietwagenverkehr
Metzer Str. 123, 66117 Saarbrücken
T: (0681) 92 50-103   **Fax:** 92 50-190
E-Mail: svg@netfab.de
Geschäftsführer(in): Gisbert Hurth

m 59

Verband des Württembergischen Verkehrsgewerbes e.V.
Hedelfinger Str. 25, 70327 Stuttgart
T: (0711) 4 01 92 81   **Fax:** 42 38 10
E-Mail: vvwuerttemberg@t-online.de
Geschäftsführer(in): Klaus Mohn

● **M 60**

Bundesverband Deutscher Omnibusunternehmer e.V. (BDO)
Reinhardtstr. 25, 10117 Berlin
T: (030) 24 08-9300   **Fax:** 24 08-9400
Internet: http://www.bdo-online.de
E-Mail: info@bdo-online.de
Internationaler Zusammenschluß: siehe unter izm 125
Präsident(in): Norbert Rohde
Hauptgeschäftsführer(in): Gunther Mörl
Presse: Franz Helling

Mitgliedsverbände des bdo:

m 61

Fuhrgewerbe-Innung Berlin e.V.
Hedemannstr. 13, 10969 Berlin
T: (030) 2 51 06 91   **Fax:** 2 51 06 93
Internet: http://www.fuhrgewerbe-innung.de
E-Mail: info@fuhrgewerbe-innung.de
Vorsitzende(r): Michael Eichen
Geschäftsführer(in): Gerd Bretschneider

m 62

Landesverband Hessischer Omnibusunternehmer e.V. (LHO)
Marburger Str. 44, 35390 Gießen
T: (0641) 93 29 30   **Fax:** 3 51 62
Internet: http://www.lho-online.com
E-Mail: lho-giessen@t-online.de
Gründung: 1971 (28. August)
Geschäftsführer(in): J. Geißler

m 63

Verband des Hamburger Omnibusgewerbes e.V.
Bullerdeich 36, 20537 Hamburg
T: (040) 25 47 01 70   **Fax:** 25 47 01 75
Internet: http://www.vshhamburg@aol.com
Vorsitzende(r): Karlheinz Hörmann
Geschäftsführer(in): Dipl.-Volksw. Dirk Naujokat

m 64

Gesamtverband Verkehrsgewerbe Niedersachsen e.V. (GVN)
Fachvereinigung Omnibus und Touristik
Lister Kirchweg 95, 30177 Hannover
T: (0511) 96 26 28   **Fax:** 9 62 62 79
Internet: http://www.gvn.de
E-Mail: info@gvn.de
Geschäftsführer(in): Hartmut Knaack

m 65

Verband des Verkehrsgewerbes Rheinhessen-Pfalz e.V.
Fachsparte Omnibusverkehr
Lauterstr. 17, 67657 Kaiserslautern
T: (0631) 3 71 61-0   **Fax:** 3 71 61-11
E-Mail: vvrp-rheinhessen-pfalz@t-online.de
Fachspartenleiter: Bernhard Dürk, Frankenthal
Fachsparte Omnibusverkehr: RA'in Edina Brenner (Geschäftsführerin)

m 66

Fachverband Omnibusverkehr der Vereinigung des Verkehrsgewerbes in Hessen e.V.
Postf. 10 37 40, 34037 Kassel
Königsplatz 59, 34117 Kassel
T: (0561) 7 18 17   **Fax:** 10 42 60
Geschäftsführer(in): Dipl.-oec. Mathias Hörning

m 67

Verband Schleswig-Holsteinischer Omnibusbetriebe e.V.
Auguste-Viktoria-Str. 14, 24103 Kiel
T: (0431) 6 14 27   **Fax:** 67 71 70
E-Mail: info@sho-online.de
Geschäftsführer(in): Walter Koch

m 68

Verband des Verkehrsgewerbes Rheinland e.V.
Moselring 11, 56073 Koblenz
T: (0261) 4 94-330   **Fax:** 4 94-339
E-Mail: a.fumanti@svg-koblenz.de
Vorsitzende(r) des Vorstandes: Kurt Mann
Geschäftsführer(in): Dipl.-Betriebsw. Hans Wilfried Richter
Verbandszeitschrift: Verkehrsgewerbe Rheinland
Redaktion: Wilfried Richter (VdM)
Verlag: Eigenverlag

m 69

Verband Nordrhein-Westfälischer Omnibusunternehmen e.V. (NWO)
Im Schaufsfeld 2, 40764 Langenfeld
T: (02173) 1 41 31, 1 41 35   **Fax:** 2 33 12
Internet: http://www.nwo-online.de
E-Mail: mail@nwo-online.de
Geschäftsführer(in): Dr. Hartmut Frohnert

m 70

Landesverband bayerischer Omnibusunternehmen e.V.
Leonrodstr. 48l, 80636 München
T: (089) 1 21 15 03   **Fax:** 12 11 50 50
Internet: http://www.lbo-online.de
E-Mail: mail@lbo-online.de
Geschäftsführer(in): RA Horst Schilling (Geschf. Präsidialmitglied)
Präsident(in): Heino Brodschelm

m 71

Landesverband Verkehrsgewerbe Saarland e.V.
Fachvereinigung Omnibusverkehr
Metzer Str. 123, 66117 Saarbrücken
T: (0681) 92 50-103   **Fax:** 92 50-190
Internet: http://www.lvs-saar.de
E-Mail: info@lvs-saar.de
Vorsitzende(r): August Schmitt (Fa. TSS- Touristik-Service-Saar, Nistelfeldstr. 40, 66287 Quierschied)
Geschäftsführer(in): Gisbert Hurth
Claus-Thomas Bodamer

m 72

WBO Verband Baden-Württembergischer Omnibusunternehmer e.V.
Dornierstr. 3, 71034 Böblingen
T: (07031) 6 23 01   **Fax:** 62 31 16
Internet: http://www.busforum.de
E-Mail: wbo-igp@busforum.e
Vorsitzende(r): Dr. Gisela Volz
Geschäftsführer(in): Rolf Schmid

m 73

Landesverband Thüringer Omnibusunternehmer e.V. (LTO)
Steigerstr. 8, 99096 Erfurt
T: (0361) 2 22 75 28   **Fax:** 2 22 75 38
E-Mail: lto-erfurt@t-online.de
Vorsitzende(r): Wolfgang Steinbruck
Geschäftsführer(in): Tilman Wagenknecht

m 74

Landesverband privater Omnibusbetriebe in Mecklenburg-Vorpommern e.V.
Gewerbeallee 8, 18107 Elmenhorst
T: (0381) 4 93 42 30   **Fax:** 4 92 38 91
Vorsitzende(r): Ulrich Dankert
Geschäftsführer(in): Willi Schultz (komm.)

m 75

Verband der Omnibusunternehmen des Landes Brandenburg e.V.
Lindenstr. 32, 16230 Sydower Fließ
T: (03337) 46 34 80   **Fax:** 46 34 84
E-Mail: vdob-ev@t-online.de
Geschäftsführer(in): Barbara Sell

m 76

Landesverband des Sächsischen Verkehrsgewerbes (LSV) e.V.
Fachvereinigung Personenverkehr
Palaisplatz 4, 01097 Dresden
T: (0351) 8 14 32 70   **Fax:** 8 14 32 77
E-Mail: info@lsv-ev.de
Vorsitzende(r): Jürgen Müller (Müller Busreisen GmbH, Stolpener Str. 4, 01833 Stolpen/Langenwolmsdorf, T: (035973) 2 26-0, Fax: 2 26-15)
Geschäftsführer(in): Hans Petzold

m 77

OSW - Omnibusverband Süd-West e.V.
Postf. 12 40, 76850 Annweiler
T: (06346) 92 92 83   **Fax:** 92 83 89
E-Mail: schilling-wernersberg@t-online.de, bvi.frankimfeld@t-online.de
1. Vorsitzende(r): Rolf Schilling (Schulstr. 37, 76857 Wernersberg, T: (06346) 92 92 83, Fax: 92 83 89)
2. Vorsitzende(r): Frank Imfeld (Bahnstr. 128, 66849 Landstuhl, T: (06371) 92 59-0, Fax: 92 59-25)

● **M 78**

Verband des privaten gewerblichen Straßenpersonenverkehrs Nordrhein-Westfalen e.V.
Postf. 10 41 44, 44041 Dortmund
Westfalendamm 78, 44141 Dortmund
T: (0231) 52 82 27   **Fax:** 52 11 17
Vorsitzende(r): Jürgen Drees (Liegnitzer Str. 15, 58454 Witten, T: (02302) 15 45)
Geschäftsführer(in): Friedhelm Herwig

● **M 79**

Deutsche Gesellschaft für Elektrische Straßenfahrzeuge e.V. (DGES)
c/o Institut für Energie- und Automatisierungstechnik
Einsteinufer 17, 10587 Berlin
T: (030) 3 14-24207   **Fax:** 3 14-22120
Internet: http://www.dges.de
E-Mail: dges@dges.de
Gründung: 1979 (28. Mai)
Präsident(in): Prof. Dr.-Ing. Dietrich Naunin
Generalsekretär(in): Dr. Niels-Georg Dobbelstein
Geschäftsführer(in): Dipl.-Ing. Clemens Fischer
Verbandszeitschrift: beteiligt an MobilE
Redaktion: Chefredakteur: Wilfried Blum
Verlag: Wilfried Blum, Gerbergasse 5, CH-8023 Zürich
Mitglieder: 125 (Stand 12/00)

● **M 80**

Bundesverband Werkverkehr und Verlader e.V. (BWV)
Unternehmensfachverband für Transport, Logistik, Kommunikation
Postf. 16 01 08, 53060 Bonn
Lengsdorfer Hauptstr. 73, 53127 Bonn
T: (0228) 9 25 35-0   **Fax:** 9 25 35-45
Internet: http://www.bwv.de
E-Mail: info@bwv.de
Gründung: 1955
Internationaler Zusammenschluß: siehe unter izm 128
Präsident(in): Josef Stollenwerk (50171 Kerpen)
Hauptgeschäftsführer(in): Dipl.-Volksw. Christian Labrot, Bonn
Leitung Presseabteilung: Detlef Neufang
Verbandszeitschrift: Supplement B.W.V.-Forum
Redaktion: Transporting
Verlag: Vogel Verlag, Neumarkter Str. 18, 81664 München
Mitglieder: 1800

Wahrnehmung der gemeinsamen Interessen der Werkverkehr betreibenden und verladenden Wirtschaft.

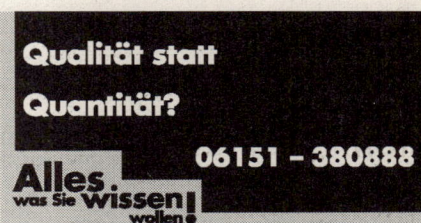

M 81

• M 81

Bundesverband Möbelspedition (AMÖ) e.V.
Schulstr. 53, 65795 Hattersheim
T: (06190) 98 98-13 **Fax:** 98 98 20
E-Mail: amoe-neumann@t-online.de
Internationaler Zusammenschluß: siehe unter izm 106
Vorsitzende(r): Christian Rohrbacher, Lichtenfels
Geschäftsführer(in): RA Reinhard Müller
Leitung Presseabteilung: Wolfgang Kownatka (Mitglied der Geschäftsführung)
Mitglieder: 19 Mitgliedsverbände mit 1350 Unternehmen

Mitgliedsverbände
Baden-Württemberg

m 82

Verband Badischer Spediteure e.V.
Fachgruppe Möbelspedition
Rheinparkstr. 2, 68163 Mannheim
T: (0621) 83 36 50 **Fax:** 8 33 65 20
E-Mail: info@vbs-mhm.de
Vorsitzende(r): Joachim Hamers (i. Fa. Feldner Internat. Transporte GmbH, Englerstr. 23, 69126 Heidelberg, T: (06221) 30 24 93 18, Fax: 30 20 55)
Harald Flamm (i. Fa. Johann Flamm, Weisserlerstr. 22-24, 79108 Freiburg, T: (0761) 13 20 01, Fax: 13 38 09)
Geschäftsführer(in): Bernhard Riedel (Rheinparkstr. 2, 68163 Mannheim, T: (0621) 83 36 50, Fax: (0621) 8 33 65 20)

m 83

Verband Spedition & Logistik Baden-Württemberg e.V.
Geschäftsstelle:
Eduard-Pfeiffer-Str. 11, 70192 Stuttgart
T: (0711) 2 22 94 66 **Fax:** 22 29 46 80
E-Mail: info@vsl.ba-wue.spediteure.de
Vorsitzende(r): Gerd Jürgen Britsch (i. Fa. Paul v. Maur Umzugsspedition GmbH, Am Westkai 11, 70327 Stuttgart, T: (0711) 32 76-1 00, Fax: 32 96 96)
Geschäftsführer(in): Andrea Marongiu (Eduard-Pfeiffer-Str. 11, 70192 Stuttgart, T: (0711) 2 22 94 66, Fax: 22 29 46 80)

Bayern

m 84

Landesverband Bayerischer Spediteure e.V.
Fachgruppe Möbeltransport
Landwehrstr. 70a, 80336 München
T: (089) 53 94 85/86 **Fax:** 5 32 80 73
E-Mail: bayerische@spediteure.de
Vorsitzende(r): Carl Domberger (i. Fa. Augsburger Möbelspedition Carl Domberger GmbH & Co. KG, Heinrich-von-Buz-Str. 2, 86153 Augsburg, T: (0821) 50 22 50, Telefax: (0821) 5 02 25 50)
Geschäftsführer(in): Dipl.-Volksw. Wilhelm Heise (Landwehrstr. 70 a, 80336 München, T: (089) 53 94 85/86, Fax: (089) 5 32 80 73)

Berlin/Brandenburg

m 85

Verband der Spediteure Berlin und Brandenburg e.V.
Fachgruppe Möbeltransport
Juliusstr. 52, 12051 Berlin
T: (030) 6 25 57 33 **Fax:** 6 26 99 00
E-Mail: info@vsbberlin.de
Vorsitzende(r): Gert Hebert (Intern. Möbelspedition KG GVZ Güterverkehrszentrum, Großbeeren, Hauptstr. 11-13, 14979 Großbeeren, T: (033701) 5 05-56, Fax: 5 05-50)
Geschäftsführer(in): Dipl.-Volksw. Gerhard Ostwald (Juliusstr. 52, 12051 Berlin, T: (030) 6 25 57 33, Fax: (030) 6 26 99 00)

m 86

Landesverband des Berliner und Brandenburger Verkehrsgewerbes e.V. (LBBV)
- Fachvereinigung Spedition, Lagerei und Möbeltransport
Drewitzer Str. 50, 14478 Potsdam
T: (0335) 6 80 42 74 **Fax:** 6 80 42 75
Internet: http://www.lbbv.de
E-Mail: lbbv-@t-online.de
Hauptgeschäftsführer(in): Hans-Christian Burmeister

Bremen

m 87

Fachvereinigung Möbeltransport Bremen e.V.
Hollerallee 13, 28209 Bremen
T: (0421) 34 97 70 **Fax:** 3 49 77 49
TX: 244 843
E-Mail: svglvb.bremen@t-online.de
Vorsitzende(r): Louis Milse (i. Fa. Louis Neukirch GmbH, Neidenburger Str. 21, 28207 Bremen, T: (0421) 44 90 93, Fax: (0421) 44 51 51)
Geschäftsführer(in): Wilfried Drygala (Hollerallee 13, 28209 Bremen, T: (0421) 34 97 70, Fax: (0421) 3 49 77 49, TX: 244 843)

Hamburg

m 88

Fachvereinigung Möbeltransport Hamburg e.V.
Geschäftsstelle:
Basedowstr. 2-10, 20537 Hamburg
T: (040) 25 15 02 72 **Fax:** 25 15 02 12
E-Mail: famoe.hh@t-online.de
Vorsitzende(r): Peter Kornblum (i. Fa. Transport-Krumpf GmbH, Gaußstr. 6, 22765 Hamburg, T: (040) 39 11 41-43, Telefax: (040) 3 90 00 69)
Geschäftsführer(in): Uwe Sievers (Basedowstr. 2-10, 20537 Hamburg, T: (040) 25 15 02 72, Telefax: (040) 25 15 02 12 (im Hause NORDWEST GmbH))
Mitglieder: 56

Hessen

m 89

Fachverband Möbeltransport Hessen e.V.
Auf der Roos 7, 65795 Hattersheim
T: (06190) 7 10 95 **Fax:** 7 10 96
Internet: http://www.umzugsspediteure.de
E-Mail: fvmoebeltransporthessen@t-online.de
Vorsitzende(r): Christoph Schöttke-Range (i. Fa. Fritzlarer Spedition Range GmbH & Co. KG, Berliner Str. 9-11, 34560 Fritzlar, T: (05622) 99 63-0, Fax: 99 63 98)
Geschäftsführer(in): Jürgen Kirchner (Auf der Roos 7, 65795 Hattersheim, T: (06190) 7 10 97, Fax: (06190) 7 10 96)

Mecklenburg-Vorpommern

m 90

Fachvereinigung Möbelspedition des Landes Mecklenburg-Vorpommern e.V.
Werner-von-Siemens-Str. 1b, 19061 Schwerin
T: (0385) 6 44 57 10 **Fax:** 6 44 57 77
E-Mail: moebelspedition.mv@t-online.de
Vorsitzende(r): Klaus Schönfeldt (Schönfeldt Fuhrbetriebsgesellschaft mbH, Hauptstr. 1 c, 23974 Hornstorf, T: (03841) 28 28 97, Telefax: (03841) 28 24 21)
Geschäftsführer(in): Andreas Helms (Werner-von-Siemens-Str. 1 b, 19061 Schwerin, T: (0385) 6 44 57-0, Telefax: (0385) 6 44 57 77)

Niedersachsen

m 91

Gesamtverband Verkehrsgewerbe Niedersachsen e.V. (GVN)
Fachvereinigung Möbelspedition
Lister Kirchweg 95, 30177 Hannover
T: (0511) 96 26 28 **Fax:** 9 62 62 79
Internet: http://www.gvn.de
E-Mail: gvn-nahverkehr@t-online.de
Vorsitzende(r): Helmut Kreye (Bremer Str. 31, 26135 Oldenburg, T: (0441) 9 23 80-0, Telefax: (0441) 9 23 80-80)
Geschäftsführer(in): Peter Heigl (Lister Kirchweg 95, 30177 Hannover, T: (0511) 9 62 62 50, Fax: (0511) 9 62 62 59)

Nordrhein-Westfalen

m 92

Fachvereinigung Möbelspedition Nordrhein e.V.
Postfach 10 48 64, 40039 Düsseldorf
Erkrather Str. 141, 40233 Düsseldorf
T: (0211) 73 47-890 **Fax:** 73 47-895
E-Mail: moebelspedition.nr@t-online.de
Vorsitzende(r): Helmut Weyers (i. Fa. Gerhard Heeck Intern. Sped. GmbH, 47533 Kleve, Hoher Weg 25, T: (02821) 90 86-88, Telefax: (02821) 90 86-99)
Geschäftsführer(in): Dr. Bernd Andresen (Engelbertstr. 11, 40233 Düsseldorf, T: (0211) 7 38 58 18-9, Telefax: (0211) 7 38 58 15)
Mitglieder: 195

m 93

Fachvereinigung Möbelspedition Westfalen-Lippe
Haferlandweg 8, 48155 Münster
T: (0251) 60 61 401 **Fax:** 60 61 409
E-Mail: ghemesath@vvwl.spediteure.de
Vorsitzende(r): Johannes Röhr (i. Fa. Anton Röhr GmbH & Co. KG, Gewerbestr. 8, 33397 Rietberg)
Geschäftsführer(in): Dipl.-Kfm. Volker Ackermeier (Haferlandweg 8, 48155 Münster, T: (0251) 60 61-0, Telefax: (0251) 6 06 14 09)

Rheinland-Pfalz

m 94

Verband des Verkehrsgewerbes Rheinhessen-Pfalz e.V.
Fachsparte Möbeltransport
Lauterstr. 17, 67657 Kaiserslautern
T: (0631) 7 10 03 51 **Fax:** 7 67 02
E-Mail: vvrp-rheinhessen-pfalz@t-online.de
Vorsitzende(r): Karlheinz Sander (i. Fa. Eduard Sander GmbH Möbelspedition, Von-Miller-Str. 9a, 67661 Kaiserslautern, T: (0631) 35 73 20, Fax: (0631) 3 57 32 22)
Geschäftsführer(in): Edina Brenner (T: (0631) 3 71 61-0, Fax: (0631) 3 71 61-11)

m 95

Verband des Verkehrsgewerbes Rheinland e.V.
Fachgruppe Möbeltransport
Moselring 11, 56073 Koblenz
T: (0261) 4 94-330 **Fax:** 4 94-339
E-Mail: a.fumanti@svg-koblenz.de
Leiter(in): Helga Schneider (i. Fa. Heinrich Schneider, Kolpingstr. 5, 56410 Montabaur, T: (02602) 35 50, Fax: (02602) 9 07 25)
Geschäftsführer(in): Klaus Peter Schuster (Verkehrsbetriebswirt, T: (0261) 49 43 31, Fax: 49 43 39)

Saarland

m 96

Landesverband Verkehrsgewerbe Saarland e.V.
Fachvereinigung Möbeltransport
Metzer Str. 123, 66117 Saarbrücken
T: (0681) 9 25 00 **Fax:** 9 25 01 90
E-Mail: info@lvs-saar.de
Vorsitzende(r): Jochen Schneider (i. Fa. Schneider & Schneider Spediteure GmbH, Bühler Str. 26, 66130 Saarbrücken, T: (0681) 87 80 71, Telefax: (0681) 87 53 53)
Geschäftsführer(in): Gisbert Hurth (Metzer Str. 123, 66117 Saarbrücken, T: (0681) 9 25 0-0, Fax: (0681) 9 25 01 90)

Sachsen

m 97

Landesverband des Sächsischen Verkehrsgewerbes (LSV) e.V.
Fachvereinigung Möbelspedition
Torgauer Str. 74, 04318 Leipzig
T: (0341) 6 88 11 64 **Fax:** 6 89 27 07
E-Mail: ledwoch@lsv-ev.de
Vorsitzende(r): Peter Gebauer (i. Fa. Gebauer Spedition GmbH, Taubestr. 2, 04347 Leipzig, T: (0341) 2 32 31 28, Telefax: (0341) 2 31 10 92)
Geschäftsführer(in): Brigitte Ledwoch (Torgauer Str. 74, 04318 Leipzig, T: (0341) 6 88 11 64, Fax: (0341) 6 89 27 07)

Sachsen-Anhalt

m 98

Landesverband des Verkehrsgewerbes Sachsen-Anhalt e.V.
Fachvereinigung Spedition, Lagerei und Möbelspedition, Fachsparte Möbelspedition
Postf. 19 40, 39009 Magdeburg
Bergstr. 14, 39116 Magdeburg
T: (0391) 60 42 31
Vorsitzende(r): Gerhard Bertram (Alt Salbke 97, 39122 Magdeburg, T: (0391) 4 01 52 70)
Geschäftsführer(in): Dr. Ing. Werner Colditz (Bergstr. 14, 39116 Magdeburg, Postf. 19 40, 39009 Magdeburg, T: (0391) 60 42 31, Telefax: (0391) 60 42 32)

Schleswig-Holstein

m 99

Fachvereinigung Möbeltransport Schleswig-Holstein e.V.
Am Wellsee 124, 24146 Kiel
T: (0431) 7 87 04 44   **Fax:** 7 87 04 43
Internet: http://www.umzug-sh.de
E-Mail: info@umzug-sh.de
Vorsitzende(r): Wilhelm Tischendorf (i. Fa. Julius Tischendorf, Steekberg 1, 24107 Kiel, T: (0431) 31 91 60, Fax: (0431) 3 19 16 28)
Geschäftsführer(in): Dipl.-Volksw. Lutz Wenzel (Theodor-Heuss-Ring 132, 24143 Kiel, T: (0431) 7 40 21, Telefax: (0431) 73 70 84)

Thüringen

m 100

Fachvereinigung Spedition, Logistik und Möbelverkehr im LTV e.V.
Bei den Froschäckern 2a, 99098 Erfurt
T: (0361) 65 30 90   **Fax:** 65 30-915
Geschäftsführer(in): Dr. Ulrich Hoffmann

● **M 101**

Vereinigung Deutscher Kraftwagenspediteure (VKS) eG
Eduard-Pflüger-Str. 58, 53113 Bonn
T: (0228) 9 11 61-0   **Fax:** 26 47 03
Internet: http://www.vks-service.de
E-Mail: vks.service@t-online.de
Vorsitz: Michael Kubenz
Geschäftsführer(in): Dr. Gregor Schild
Dr. Michael Werner

● **M 102**

Bundesverband Spedition und Logistik e.V. (BSL)
Postf. 13 60, 53003 Bonn
Weberstr. 77, 53113 Bonn
T: (0228) 9 14 40-0   **Fax:** 9 14 40-99
Internet: http://www.spediteure.de
Gründung: 1880
Präsident(in): Manfred F. Boes
Hauptgeschäftsführer(in): Heiner Rogge
Leitung Presseabteilung: Barbara Rauch

Landesverbände

m 103

Verband Spedition und Logistik Baden-Württemberg e.V.
Geschäftsstelle Mannheim:
Rheinparkstr. 2, 68163 Mannheim
T: (0621) 83 36 50   **Fax:** 8 33 65 20
E-Mail: info@vbs-mhm.de

Geschäftsstelle Stuttgart:
Eduard-Pfeiffer-Str. 11, 70192 Stuttgart
T: (0711) 29 06 53, **Fax:** 22 26 43 66
E-Mail: info@vsl.ba-wue.spediteure.de
Vorsitzende(r): Gerd-Jürgen Britsch (Reederei Schwaben GmbH, Westkai 11, 70327 Stuttgart)
Geschäftsführer(in): Bernhard Riedel

m 104

Landesverband Bayerischer Spediteure e.V.
Hauptgeschäftsstelle:
Landwehrstr. 70a, 80336 München
T: (089) 53 94 85   **Fax:** 5 32 80 73
E-Mail: bayerische@spediteure.de
Vorsitzende(r): Peter Thumann (Häring Service Company AG & Co. KGaA, Elsenthal 53, 94481 Grafenau)
Geschäftsführer(in): Dipl.-Volksw. Wilhelm Heise

Geschäftsstelle: Bauvereinstr. 4, 90489 Nürnberg,
T: (0911) 53 31 78, Fax: (0911) 53 31 88,
E-Mail: nordbayerische@spediteure.de

m 105

Verband der Spediteure Berlin und Brandenburg e.V.
Postf. 44 01 58, 12001 Berlin
Juliusstr. 52, 12051 Berlin
T: (030) 6 25 57 33   **Fax:** 6 26 99 00
E-Mail: ostwald@vsbberlin.de
Vorsitzende(r): Olaf Bienek (Kunzendorf Spedition GmbH, Nobelstr. 25-27, 12057 Berlin)
Geschäftsführer(in): Dipl.-Volksw. Gerhard Ostwald

m 106

Landesverband des Berliner und Brandenburger Verkehrsgewerbes e.V. (LBBV)
Fachvereinigung Spedition und Möbeltransport
Drewitzer Str. 50, 14478 Potsdam
T: (0335) 6 80 42 74   **Fax:** 6 80 42 75
Internet: http://www.lbbv.de
E-Mail: lbbv-@t-online.de
Vorsitzende(r): Klaus Becker (Kofi-Trans, Luckwaldstr. 5 16244 Finowfurt)
Geschäftsführer(in): Karl-Heinz Erler

m 107

Verein Bremer Spediteure e.V.
World Trade Center (4.112)
Birkenstr. 15, 28195 Bremen
T: (0421) 32 11 69   **Fax:** 32 78 38
Internet: http://www.vbsp.de
E-Mail: vbsp@spediteure.de
Vorsitzende(r): Horst Kleist (Lexzau, Scharbau GmbH & Co., Kap-Horn-Str. 18, 28237 Bremen)
Geschäftsführer(in): Robert Völkl

m 108

Verein Hamburger Spediteure e.V.
Ost-West-Str. 69, 20457 Hamburg
T: (040) 37 47 64-0   **Fax:** 37 47 64-11
Internet: http://www.spediteure.de/vhsp
E-Mail: vhsp@spediteure.de
Gründung: 1884
Vorsitzer: Walter W. Stork (Navis Schiffahrts- und Speditions Aktiengesellschaft,
Billhorner Kanalstr. 69, 20539 Hamburg)
Geschäftsführer(in): RA Kurt-Jürgen Schimmelpfeng
Mitglieder: 380
Mitarbeiter: 10

m 109

Fachverband Spedition und Logistik in Hessen e.V.
Königsberger Str. 29, 60487 Frankfurt
T: (069) 9 70 81 10   **Fax:** 77 63 56
E-Mail: hessen@spediteure.de
Vorsitzende(r): Jürgen Rudolph (Rudolph & Söhne GmbH, Harzweg 10, 34225 Baunatal)
Geschäftsführer(in): Dipl.-Kfm. Willy Korf

m 110

Berufsbildungswerk der Spedition in Hessen (BSH) e.V.
Königsberger Str. 29, 60487 Frankfurt
T: (069) 9 70 81 10   **Fax:** 77 63 56
Vorsitzende(r): Jürgen Rudolph (J. Rudolph & Söhne GmbH, Harzweg 10, 34225 Baunatal)
Geschäftsführer(in): Dipl.-Kfm. Willy Korf

m 111

Fachvereinigung Spedition und Logistik im Gesamtverband Verkehrsgewerbe Niedersachsen e.V. (GVN)
Lister Kirchweg 95, 30177 Hannover
T: (0511) 96 26-260   **Fax:** 96 26-269
E-Mail: gvn-spedition@t-online.de
Vorsitzende(r): Eckard Wurzel (Spedition Erich Wurzel, Im Mühlenfeld 2, 31008 Elze)
Geschäftsführer(in): Peter Heigl

m 112

Verband Spedition und Logistik Nordrhein e.V.
Engelbertstr. 11, 40233 Düsseldorf
T: (0211) 7 38 58 30   **Fax:** 7 33 77 77
E-Mail: info@vslnr.de
Vorsitzende(r): Bernhardt Bünck (Postadresse: Werthauser Str. 5, 47228 Duisburg)
Geschäftsführer(in): Dipl.-Kfm. Rüdiger Ostrowski

m 113

Verband Spedition und Logistik Rheinland-Pfalz e.V.
Postf. 20 16 20, 56016 Koblenz
Diethardstr. 5, 56076 Koblenz
T: (0261) 7 20 33   **Fax:** 70 28 01
E-Mail: rheinlandpfalz@spediteure.de
Vorsitzende(r): Heinz Michael Schmitz (F. J. Meyer GmbH, Internationale Spedition, August-Horch-Str. 7, 56070 Koblenz)
Geschäftsführer(in): RA Horst Friedrich Simon

m 114

Verein Rostocker Spediteure e.V. (VRSp)
Postf. 48 11 33, 18133 Rostock
T: (0381) 3 50 46 40   **Fax:** 3 50 46 40
E-Mail: vrsp.mv@t-online.de
Vorsitzende(r): Frank Herzer (UBT See- und Hafenspeditions GmbH, Ost-West-Str. 12, 18174 Rostock-Überseehafen, Postf. 48 11 15, 18133 Rostock)
Geschäftsführer(in): Dieter Prödel

m 115

Landesverband Verkehrsgewerbe Saarland e.V. Fachvereinigung Spedition und Logistik
Metzer Str. 123, 66117 Saarbrücken
T: (0681) 92 50-0   **Fax:** 92 50-190
Internet: http://www.lvs-saar.de
E-Mail: bodamer@lvs.saar.de
Vorsitzende(r): Werner Kohr (Satrans GmbH, Saarhafen-Südkai 3, 66740 Saarlouis)
Geschäftsführer(in): Dipl.-Volksw. Claus-Thomas Bodamer

m 116

Fachvereinigung Spedition und Logistik im Landesverband des Sächsischen Verkehrsgewerbes (LSV) e.V.
Palaisplatz 4, 01097 Dresden
T: (0351) 8 14 32 70   **Fax:** 8 14 32 77
Internet: http://www.lsv-ev.de
E-Mail: info@lsv-ev.de
Vorsitzende(r): Wilhelm Gericke (Gericke & Co. GmbH, Dresdner Str 124, 09337 Hohenstein-Ernstthal)
Geschäftsführer(in): Hans Petzold

m 117

Landesverband des Verkehrsgewerbes Sachsen-Anhalt e.V.
Fachvereinigung Spedition, Möbelspedition und Lagerei
Bergstr. 14, 39116 Magdeburg
T: (0391) 6 21 98 86   **Fax:** 6 21 98 88
Geschäftsführer(in): Dr. Thomas Moch

m 118

Fachvereinigung Spedition und Logistik Schleswig-Holstein e.V.
Ilsahl 1-3, 24536 Neumünster
T: (04321) 30 09 16   **Fax:** 30 09 15
E-Mail: info@svg-sh.de
Vorsitzende(r): Dipl.-Kfm. Dieter Schaufelberger (Joachim Parbs GmbH, Am Güterbahnhof 10, 23558 Lübeck)
Geschäftsführer(in): RA Dr. jur. Hans-Jochen Leupelt

m 119

Verein Lübecker Spediteure e.V.
Willy-Brandt-Allee 19
Schuppen E, 23554 Lübeck
T: (0451) 7 49 86   **Fax:** 7 49 86
Vorsitzende(r): Dieter Bruhn (Willy Bruhn Söhne, Karlstr. 24, 23554 Lübeck)

m 120

Fachvereinigung Spedition, Logistik und Möbelverkehr im LTV e.V.
Bei den Froschäckern 2a, 99098 Erfurt
T: (0361) 65 30 90   **Fax:** 65 30-915
Vorsitzende(r): Jürgen Schmidt (Werra-Blitz, Transportges. mbH, Nürnberger Str. 2, 36456 Barchfeld)
Geschäftsführer(in): Dr. Ulrich Hoffmann

m 121

Fachvereinigung Spedition + Logistik im VVWL
Haferlandweg 8, 48155 Münster
T: (0251) 60 61-401   **Fax:** 60 61-409
E-Mail: info@vvwl.spediteure.de
Vorsitzende(r): Manfred F. Boes (M.Boes MTL GmbH & Co. KG, Schillerstr. 91, 33609 Bielefeld)
Geschäftsführer(in): Dipl.-Kfm. Volker Ackermeier

● **M 122**

Bundesverband internationaler Express- und Kurierdienste e.V. (BIEK)
Bleichenbrücke 9 (Bleichenhof), 20354 Hamburg
T: (040) 35 52 80-0   **Fax:** 35 52 80-80
Internet: http://www.biek.de
E-Mail: info@biek.de
Gründung: 1982 (01. Januar)
Vorsitzende(r): Dr. Ralf Wojtek
Leitung Presseabteilung: Hans Peter Teufers
Mitglieder: 11

m 123
Bundesverband internationaler Express- und Kurierdienste e.V.
Verbindungsbüro Bonn
Genker Str. 14, 53842 Troisdorf
T: (02241) 94 68 99 **Fax:** 49 11 21
Kontaktperson: Hans-Peter Teufers

● M 124
BdKEP
Bundesverband der Kurier-Express-Post-Dienste e.V.
Eimsbütteler Chaussee 23, 20259 Hamburg
T: (040) 4 30 33 74 **Fax:** 4 30 14 90
Internet: http://www.kurier.com
E-Mail: bdkep@kurier.com
Gründung: 1990
Vorsitzende(r): Rudolf Pfeiffer
Verbandszeitschrift: KEP-ZEIT
Mitglieder: 1000

● M 125

Autovermieter-Verband e.V.
Postf. 10 29 26, 70025 Stuttgart
T: (0721) 61 47 00
Vorsitzende(r): Gerhard Merkle
Stärkung der Wettbewerbssituation der mittelständischen Autovermieter. Helfer in Sachen Unfallersatzwagengeschäft.

● M 126
RDA Internationaler Bustouristik Verband e.V.
Hohenzollernring 86, 50672 Köln
T: (0221) 91 27 72-0 **Fax:** 12 47 88
Internet: http://www.bustouristik.de
E-Mail: rdaverband@t-online.de
Gründung: 1951
Präsident(in): Norbert Grein
Vizepräsident(in): Albert Happ
Richard Eberhardt
Hauptgeschäftsführer(in): Dieter Gauf
Verbandszeitschrift: RDA aktuell
Verlag: Eigenverlag
Mitglieder: 3200 Unternehmen
Mitarbeiter: 12

● M 127

Bundesverband der Autovermieter Deutschlands e.V. (BAV)
Grafenberger Allee 363, 40235 Düsseldorf
T: (0211) 6 90 00-0 **Fax:** 6 90 00-10
Internet: http://www.bav.de
E-Mail: info@bav.de
Gründung: 1954 (04. April)
Internationaler Zusammenschluß: siehe unter izm 59
Präsident(in): Bernd Schumann
Geschäftsführer(in): RA Klaus Langmann-Keller
Verbandszeitschrift: Der Autovermieter
Verlag: UPE Unternehmens-Presse-Verlag Eckl GmbH, Karlstr. 69, 50181 Bedburg, T: (02272) 9 12 00, Telefax: (02272) 91 20 20
Mitglieder: knapp 750 (in Deutschland)
Wahrnehmung der Gesamtinteressen aller gewerblichen Autovermietunternehmen in Deutschland

Angeschlossene Landesverbände

m 128
Landesverband der Autovermieter Bayern e.V.
Grafenberger Allee 363, 40235 Düsseldorf
T: (0211) 69 00 00 **Fax:** 6 90 00 10
Vorsitzende(r): Hubert Juraschek (Münchener Str. 66 a, 85221 Dachau, T: (08131) 7 20 21, Telefax: (08131) 7 20 44)
Geschäftsführer(in): RA Klaus Langmann-Keller

m 129
Landesverband der Autovermieter Baden-Württemberg e.V.
Grafenberger Allee 363, 40235 Düsseldorf
T: (0211) 69 00 00 **Fax:** 6 90 00 10
Vorsitzende(r): Bernd Schumann (Sigmaringer Str. 92, 70567 Stuttgart, T: (0711) 7 22 20 55, Telefax: (0711) 7 28 90 55)
Geschäftsführer(in): RA Klaus Langmann-Keller

m 130
Landesverband der Autovermieter Hessen/Rheinland-Pfalz/Saarland/Thüringen e.V.
Geschäftsstelle
Grafenberger Allee 363, 40235 Düsseldorf
T: (0211) 69 00 00 **Fax:** 6 90 00 10
Vorsitzende(r): Rudolf Fingerhuth (Grafenberger Allee 363, 40235 Düsseldorf, T: (0211) 69 00 00, Fax: (0211) 6 90 00-10)
Geschäftsführer(in): RA Klaus Langmann-Keller

m 131
Landesverband der Autovermieter Nordrhein-Westfalen e.V.
Grafenberger Allee 363, 40235 Düsseldorf
T: (0211) 69 00 00 **Fax:** 6 90 00 10
Vorsitzende(r): Horst Lepper (Merowinger Str. 24-26, 40223 Düsseldorf, T: (0211) 34 00 21, Fax: (0211) 31 70 81)
Geschäftsführer(in): RA Klaus Langmann-Keller

m 132
Landesverband der Autovermieter Niedersachsen/Bremen/Sachsen-Anhalt e.V.
Gellertstr. 9, 30175 Hannover
T: (0511) 81 20 03
Vorsitzende(r): Gottfried Klötzer (Posthof 2, 37081 Göttingen, T: (0551) 6 20 26, Fax: (0551) 6 20 22)
Geschäftsführer(in): Petra Reelmann

m 133
Landesverband der Autovermieter Hamburg/Schleswig-Holstein/Mecklenburg-Vorpommern e.V.
Geschäftsstelle
Grafenberger Allee 363, 40235 Düsseldorf
T: (0211) 69 00 00 **Fax:** 6 90 00 10
Vorsitzender: Kurt Boesler (Herderstr. 52, 22085 Hamburg, T: (040) 2 20 11 88, Fax: (040) 2 20 66 47)
Geschäftsführer(in): RA Klaus Langmann-Keller

m 134
Landesverband der Autovermieter Berlin/Brandenburg/Sachsen e.V.
Geschäftsstelle
Grafenberger Allee 363, 40235 Düsseldorf
T: (0211) 69 00 00 **Fax:** 6 90 00 10
Vorsitzende(r): Klaus Karolewicz (Saatwinkler Damm 65, 13627 Berlin, T: (030) 3 83 10 06, Fax: (030) 3 82 83 84)
Geschäftsführer(in): RA Klaus Langmann-Keller

● M 135
Bundesverband CarSharing e.V. (bcs)
Hausmannstr. 9-10, 30159 Hannover
T: (0511) 7 10 04 74 **Fax:** 1 69 02 54
Internet: http://www.carsharing.de
E-Mail: info@carsharing.de
Gründung: 1998 (13. Juni)
Vorstand: Claudia Braun, Mannheim
Birger Holm, Dresden
Bernd Kremer, Frankfurt/M.
Torsten Ruhm, Preetz
Jürgen Tesch, München
Geschäftsführer(in): Michael Herbst, Marburg
Mitglieder: 71
Mitarbeiter: 1

Landesverbände des Verkehrsgewerbes

Baden-Württemberg

● M 136
Verband des Verkehrsgewerbes Südbaden e.V.
(Haus des Straßenverkehrs)
Postf. 10 04 30, 79123 Freiburg
Weißerlenstr. 9, 79108 Freiburg
T: (0761) 7 05 23-0 **Fax:** 7 05 23-20
Internet: http://www.vv-suedbaden.de
E-Mail: VVSuedbaden@t-online.de
Geschäftsf. Vorst.: Ass. Bernd Klug

● M 137
Verband des Verkehrsgewerbes Nordbaden e.V.
Orchideenweg 23, 68782 Brühl
T: (06202) 7 10 10 **Fax:** 7 50 33
Vorsitzende(r): Bernd Hänßler
Geschäftsführer(in): Dipl.-Betriebsw. Ass. Arno Lauth
(Fachverband des gewerblichen Straßengüter- und Personenverkehrs)

● M 138
Verband des Verkehrsgewerbes Nordbaden e.V. Fachsparte Güterkraftverkehr
Orchideenweg 23, 68782 Brühl
T: (06202) 7 10 10 **Fax:** 7 50 33
E-Mail: vvnordbaden@t-online.de
Vorsitzende(r): Bernd Hänßler
Geschäftsführer(in): Ass., Dipl.-Betriebsw. Arno Lauth

● M 139
Verband d. Verkehrsgewerbes Nordbaden e.V. Fachsparte Taxi und Mietwagen
Orchideenweg 23, 68782 Brühl
T: (06202) 7 10 10 **Fax:** 7 50 33
Vorsitzende(r): Gerhard Wassermann
Geschäftsführer(in): Ass., Dipl.-Betriebsw. Arno Lauth

● M 140
Verband des Württembergischen Verkehrsgewerbes e.V.
Hedelfinger Str. 25, 70327 Stuttgart
T: (0711) 4 01 92 81 **Fax:** 42 38 10
E-Mail: vvwuerttemberg@t-online.de
(Mitglied des Bundesverbandes Güterkraftverkehr (BGL), Taxi- u. Mietwagenverkehr (BZP))
Vorsitzende(r): Wolfgang Langenberger
Geschäftsführer(in): Klaus Mohn

● M 141
Landesamt für Straßenwesen Baden-Württemberg
Postf. 30 01 80, 70441 Stuttgart
Krailenshaldenstr. 44, 70469 Stuttgart
T: (0711) 89 10-0 **Fax:** 89 10-6 10
Leiter(in): Präs. André
St. Leiter: Ltd. RD Maisack

● M 142
WBO-Verband Baden-Württembergischer Omnibusunternehmer e.V.
Dornierstr. 3, 71034 Böblingen
T: (07031) 6 23-01 **Fax:** 6 23-1 16
Gründung: 1947
Vorsitzende(r): Dr. Gisela Volz, Calw
Geschäftsführer(in): Rolf Schmid
Mitglieder: 500

Bayern

● M 143
Landesverband Bayerischer Taxi- und Mietwagen-Unternehmen
Engelhardtstr. 6, 81369 München
T: (089) 77 30 77 **Fax:** 77 24 62
Internet: http://www.taxi-bayern.de
E-Mail: info@taxi-bayern.de
Gründung: 1946
Vorsitzende(r): Johann Meißner (Urtlangerstr. 4, 82396 Pähl)
Mitglieder: 1900
Mitarbeiter: 3

● M 144
Landesverband Bayerischer Transportunternehmen (LBT) e.V.
Postf. 19 06 52, 80606 München
Leonrodstr. 48, 80636 München
T: (089) 12 66 29-0 **Fax:** 12 66 29-25
Internet: http://www.lbt.de
E-Mail: info@lbt.de
Vorsitzende(r): Hans Wormser (Am Kuhwasen, 91074 Herzogenaurach)
Hauptgeschäftsführer(in): Ass. Sebastian Lechner
Pressereferent: Dipl.-Kfm. Christian Durmann
Verbandszeitschrift: Süddeutscher Verkehrskurier, Journal für Transportunternehmer
Verlag: erscheint im Eigenverlag des LBT
Mitglieder: 3600

Berlin

● M 145
Fuhrgewerbe-Innung Berlin e.V.
Hedemannstr. 13, 10969 Berlin
T: (030) 2 51 06 91 **Fax:** 2 51 06 93
Internet: http://www.fuhrgewerbe-innung.de
E-Mail: info@fuhrgewerbe-innung.de
Vorsitzende(r): Michael Eichen
Stellvertretende(r) Vorsitzende(r): Hans-Dieter Schwind
Vorstandsmitgl. Personenverkehr: Lothar Kastner

● M 146
Innung des Berliner Taxigewerbes e.V.
Martin-Luther-Str. 3-7, 10777 Berlin
T: (030) 23 62 72 01 **Fax:** 3 44 60-69
Vorsitzende(r): Wolfgang Wruck

● M 147
Verband der Spediteure Berlin und Brandenburg e.V.
Postf. 44 01 58, 12001 Berlin
Juliusstr. 52, 12051 Berlin
T: (030) 6 25 57 33 **Fax:** 6 26 99 00
E-Mail: ostwald@vsbberlin.de
Vorsitzende(r): Olaf Bienek (Kunzendorf Spedition GmbH, Nobelstr. 25-27, 12057 Berlin)
Geschäftsführer(in): Dipl.-Volksw. Gerhard Ostwald

Bremen

● M 148
Landesverband Verkehrsgewerbe Bremen (LVB) e.V.
Postf. 15 05 71, 28095 Bremen
Utbremer Str. 67, 28217 Bremen
T: (0421) 3 49 77-21 **Fax:** 3 49 77-49
E-Mail: svglvb.bremen@t-online.de
Vorsitzende(r): Hans-Peter Müller
Geschäftsführende(s) Vorstands-Mitglied(er): Wilfried Drygala

● M 149
Verein Bremer Spediteure e.V.
World Trade Center (4.112)
Birkenstr. 15, 28195 Bremen
T: (0421) 32 11 69 **Fax:** 32 78 38
Internet: http://www.vbsp.de
E-Mail: vbsp@spediteure.de
Vorsitzende(r): Horst Kleist (G.F. Lexzau, Scharbau & Co., Bremen)
Geschäftsführer(in): Robert Völkl

● M 150
Bremer Reederverein
World Trade Center (4.112)
Birkenstr. 15, 28195 Bremen
T: (0421) 32 78 08 **Fax:** 32 78 38
E-Mail: bremer.rhederverein@vbsp.de
Vorsitzer: Michael Schroiff (GF Unterweser Reederei GmbH)
Geschäftsführer(in): Robert Völkl

Hamburg

● M 151
Verein Hamburger Spediteure e.V.
Ost-West-Str. 69, 20457 Hamburg
T: (040) 37 47 64-0 **Fax:** 37 47 64-11
Internet: http://www.spediteure.de/vhsp
E-Mail: vhsp@spediteure.de
Gründung: 1884
Vorstand: Walter Stork (Vors., NAVIS Schiffahrts- und Speditions Aktiengesellschaft)
Peter Dezelske (1.stellv. Vors.)
Joachim Braasch (2. stellv. Vors., A. Hartrodt (GmbH & Co.))
Jörn Andresen (ASG European Road Transport GmbH)
Manfred Hachenberg (Kühne & Nagel (AG & Co))
Thomas Hoyer (Hoyer GmbH, Intern. Fachspedition)
Bodo Liesenfeld (Rohde & Liesenfeld GmbH & Co.)
Wolfgang Przybisch (Rapid Intern. Spedition GmbH & Co.)
Ralph Juchheim (Schenker International Deutschland GmbH)
Axel Heik (Hermann H. Heik GmbH & Co.KG)
Friedrich Wendt (Friedrich H.H. Wendt GmbH)
Verbandszeitschrift: Wöchentliche Rundschreiben, Lose-Blatt-Sammlung
Mitglieder: 380
Mitarbeiter: 10

● M 152
Landesverband Straßenverkehrsgewerbe Hamburg e.V. (LSH)
Bullerdeich 36, 20537 Hamburg
T: (040) 25 47 01 70 **Fax:** 25 47 01 75
Vorsitzende(r): Friedrich Wendt
Geschäftsführer(in): Dipl.-Volksw. Dirk Naujokat
Mitglieder: 5 Fachvereinigungen und 2 Wirtschaftsorganisationen

m 153
Verband Straßengüterverkehr Hamburg e.V. (VSH)
Bullerdeich 36, 20537 Hamburg
T: (040) 25 47 01 70 **Fax:** 25 47 01 75
Internet: http://www.vshhamburg.de
E-Mail: vshhamburg@aol.com
Vorsitzende(r): Hans Stapelfeldt
Thomas Usinger
Geschäftsführer(in): Dipl.-Volksw. Dirk Naujokat
Ulrich Seehawer

m 154
Verein Hamburger Spediteure e.V.
Ost-West-Str. 69, 20457 Hamburg
T: (040) 37 47 64-0 **Fax:** 37 47 64-11
Internet: http://www.spediteure.de/vhsp
E-Mail: vhsp@spediteure.de
Gründung: 1884
Vorsitzende(r): Walter Stork
Geschäftsführer(in): RA Kurt-Jürgen Schimmelpfeng
Mitglieder: 380
Mitarbeiter: 10

m 155
Fachvereinigung Möbeltransport Hamburg e.V.
Basedowstr. 2-10, 20537 Hamburg
T: (040) 25 15 02 66 **Fax:** 25 15 02 12
1. Vorsitzende(r): Peter Kornblum
Mitglieder: 56

m 156
Landesverband für das Personenverkehrsgewerbe Hamburg e.V.
Rothenbaumchaussee 79, 20148 Hamburg
T: (040) 44 86-43, 44 86-44 **Fax:** 45 35 51
Vorsitzende(r): Joachim Püttmann

m 157
Verband des Hamburger Omnibusgewerbes e.V.
Bullerdeich 36, 20537 Hamburg
T: (040) 25 47 01 70 **Fax:** 25 47 01 75
Internet: http://www.vshhamburg.de
E-Mail: vshhamburg@aol.com
Vorsitzende(r): Hörmann Karlheinz (Karlheinz Hörmann & Söhne GmbH)
Geschäftsführer(in): Dipl.-Volksw. Dirk Naujokat

m 158
Straßenverkehrs-Genossenschaft Nordwest eG
Basedowstr. 2, 20537 Hamburg
T: (040) 25 15 02-0 **Fax:** 25 15 02 12
Vorstand: Manfred Ahlers
Uwe Sievers

m 159
SVG-Fernverkehr-Hamburg Straßenverkehrsgenossenschaft eG
Bullerdeich 36, 20537 Hamburg
T: (040) 2 54 50-0 **Fax:** 2 51 29 83
Vorstand: Ulrich Seehawer
Gerhard Richter

● M 160
Verein Hamburger Fuhrherren von 1885 e.V.
Bullerdeich 36, 20537 Hamburg
T: (040) 25 47 01 70 **Fax:** 25 47 01 75
Vorsitzende(r): Friedrich Wendt
Geschäftsführer(in): Dipl.-Volksw. Dirk Naujokat

Hessen

● M 161
Vereinigung des Verkehrsgewerbes in Hessen e.V. (VdV)
Königsberger Str. 3, 60487 Frankfurt
T: (069) 77 20 95/96 **Fax:** 7 07 47 09
Vorsitzende(r): Jürgen Rudolph, Baunatal
Geschäftsführer(in): Thomas A. Röll

m 162
Fachverband Omnibusverkehr der Vereinigung des Verkehrsgewerbes in Hessen e.V.
Postf. 10 37 40, 34037 Kassel
Königsplatz 59, 34117 Kassel
T: (0561) 7 18 17 **Fax:** 10 42 60
Vorsitzende(r): Klaus Kreger, Kassel
Geschäftsführer(in): Dipl. oec. Mathias Hörning

m 163
Fachverband PKW-Verkehr der Vereinigung des Verkehrsgewerbes in Hessen e.V.
Königsplatz 59, 34117 Kassel
T: (0561) 7 18 17 **Fax:** 10 42 60
Vorsitzende(r): Peter Kühn, Kassel
Geschäftsführer(in): Dipl.-Ökonom Mathias Hörning

m 164
Fachverband Güterkraftverkehr und Logistik Hessen e.V.
Waldschulstr. 128, 65933 Frankfurt
T: (069) 39 52 32 **Fax:** 38 75 79
Vorsitzende(r): Claus-O. Herzig, Eichenzell
Geschäftsführer(in): Werner Gehron

m 165
Fachverband Spedition und Logistik in Hessen e.V.
Königsberger Str. 29, 60487 Frankfurt
T: (069) 9 70 81 10 **Fax:** 77 63 56
E-Mail: hessen@spediteure.de
Vorsitzende(r): Jürgen Rudolph, Baunatal
Geschäftsführer(in): Dipl.-Kfm. Willy Korf

m 166
Fachverband Möbeltransport Hessen e.V.
Auf de Roos 7, 65795 Hattersheim
T: (06190) 7 10 95 **Fax:** 7 10 96
Internet: http://www.umzugsspediteure.de
E-Mail: fvmoebeltransporthessen@t-online.de
Vorsitzende(r): Christoph Schöttke-Range, Fritzlar
Geschäftsführer(in): Jürgen Kirchner

● M 167
Landesverband Hessischer Omnibusunternehmer e.V. (LHO)
Marburger Str. 44, 35390 Gießen
T: (0641) 93 29 30 **Fax:** 3 51 62
Internet: http://www.lho-online.com
E-Mail: lho-giessen@t-online.de
Gründung: 1971 (28. August)
Geschäftsführer(in): J. Geißler

Niedersachsen

● M 168

Gesamtverband Verkehrsgewerbe Niedersachsen e.V. (GVN)
(Unternehmerverband und Arbeitgeberverband)
Lister Kirchweg 95, 30177 Hannover
T: (0511) 96 26 28 **Fax:** 9 62 62 79
Internet: http://www.gvn.de
E-Mail: info@gvn.de
Gründung: 1945 (5. Oktober)
Präsident(in): Karl Heinz Schnitzler
Hauptgeschäftsführer(in): RA Berward Franzky
Leitung Presseabteilung: Betriebsw. (VWA) Gunther Zimmermann
Verbandszeitschrift: das Verkehrsgewerbe
Redaktion: Gesamtverband Verkehrsgewerbe Niedersachsen
Verlag: Winkler & Stenzel GmbH, Schultze-Delitzsch-Str. 35, 30938 Burgwedel, T: (05139) 30 60
Mitglieder: 4000
Mitarbeiter: 45

m 169
Fachvereinigung Güterkraftverkehr und Entsorgung im Gesamtverband Verkehrsgewerbe Niedersachsen e.V. (GVN)
Lister Kirchweg 95, 30177 Hannover
T: (0511) 96 26-2 40 **Fax:** 96 26-2 49
Internet: http://www.gvn.de
E-Mail: gvn-fernverkehr@t-online.de
Vorsitzende(r): Helga Hesse, Hannover
Adalbert Wandt, Braunschweig
Geschäftsführer(in): Gerhard Ibrügger

m 170

m 170
Fachvereinigung Spedition und Logistik im Gesamtverband Verkehrsgewerbe Niedersachsen e.V. (GVN)
Lister Kirchweg 95, 30177 Hannover
T: (0511) 96 26-260   **Fax:** 96 26-269
E-Mail: gvn-spedition@t-online.de
Vorsitzende(r): Eckhard Wurzel, Elze
Geschäftsführer(in): Dipl.-Betriebsw. (FH) Peter Heigl

m 171
Fachvereinigung Möbelspedition im Gesamtverband Verkehrsgewerbe Niedersachsen e.V. (GVN)
Lister Kirchweg 95, 30177 Hannover
T: (0511) 96 26-2 50   **Fax:** 96 26-259
Vorsitzende(r): Helmut Kreye, Oldenburg
Geschäftsführer(in): Dipl.-Betriebsw. (FH) Peter Heigl

m 172
Fachvereinigung Omnibus und Touristik im Gesamtverband Verkehrsgewerbe Niedersachsen e.V. (GVN)
Lister Kirchweg 95, 30177 Hannover
T: (0511) 96 26-2 79   **Fax:** 96 26-2 79
Vorsitzende(r): Hans-Georg Rizor, Hildesheim
Geschäftsführer(in): Betriebsw. (HWF) Hartmut Knaack

m 173
Fachvereinigung Taxi und Mietwagen im Gesamtverband Verkehrsgewerbe Niedersachsen e.V. (GVN)
Lister Kirchweg 95, 30177 Hannover
T: (0511) 96 26-2 70   **Fax:** 96 26-2 79
Vorsitzende(r): Hans-Günther Bartels, Oldenburg
Geschäftsführer(in): Betriebsw. (HWF) Hartmut Knaack

Nordrhein-Westfalen

● **M 174**
Arbeitgeberverband des Verkehrsgewerbes Nordrhein e.V.
Postf. 10 48 64, 40039 Düsseldorf
Erkrather Str. 141, 40233 Düsseldorf
T: (0211) 73 47-890   **Fax:** 73 47-895
Gründung: 1993
1. Vorsitzende(r): Ulrich Bönders (i. Fa. Bönders GmbH Spedition, Bataverstr. 15, 47809 Krefeld, T: (02151) 52 20-22, Telefax: (02151) 52 20 43)
Geschäftsführer(in): Dr. Bernd Andresen

Fachverbände

m 175
Verband Güterkraftverkehr und Logistik Nordrhein e.V.
Postf. 16 03 51, 40566 Düsseldorf
Kappeler Str. 126, 40599 Düsseldorf
T: (0211) 9 98 84-0   **Fax:** 9 98 84-10
Internet: http://www.vgln.de
E-Mail: vgln.dssd@t-online.de
1. Vorsitzende(r): Klaus-Peter Röskes (i. Fa. Peter Röskes, Dieselstr. 4-6, 42579 Heiligshaus, T: (02056) 51 46-47, Telefax: (02056) 6 90 06)
Geschäftsführer(in): Jost Jetschmann

m 176
Verband Spedition und Logistik Nordrhein e.V.
Engelbertstr. 11, 40233 Düsseldorf
T: (0211) 7 38 58 30   **Fax:** 7 33 77 77
E-Mail: info@vslnr.de
Vorsitzende(r): Bernhardt Bünck (Postanschrift: Werthauser Str. 5, 47228 Duisburg)
Geschäftsführer(in): Dipl.-Kfm. Rüdiger Ostrowski

m 177
Fachvereinigung Möbelspedition Nordrhein e.V.
Postf. 10 48 64, 40039 Düsseldorf
Erkrather Str. 141, 40233 Düsseldorf
T: (0211) 73 47-890   **Fax:** 73 47-895
E-Mail: moebelspedition.nr@t-online.de
Vorsitzende(r): Helmut Weyers (i. Fa. Gerhard Heeck GmbH, Hoher Weg 25, 47533 Kleve, T: (02821) 90 86, Fax: (02821) 9 86 12)
Geschäftsführer(in): RA Dr. Bernd Andresen
Mitglieder: 195

● **M 178**
Verband Nordrhein-Westfälischer Omnibusunternehmen e.V. (NWO)
Im Schaufeld 2, 40764 Langenfeld
T: (02173) 1 41 31, 1 41 35   **Fax:** 2 33 12
Internet: http://www.nwo-online.de
E-Mail: mail@nwo-online.de
Vorsitzende(r): Günther Pannenbecker (Ringbahnstr. 6, 41460 Neuss, T: (02131) 2 61 11)
Geschäftsführer(in): Dr. Hartmut Frohnert
Mitglieder: 540

● **M 179**
Niederrheinischer Verkehrsverband Duisburg
Mercatorstr. 22 (Handelskam, 47051 Duisburg
T: (0203) 28 21-2 76/7   **Fax:** 2 65 33
Vorsitzende(r): Dr.jur. Theodor Pieper
Geschäftsführer(in): Dr.rer.pol. Hans-Peter Martin

● **M 180**
Verband für das Verkehrsgewerbe Westfalen-Lippe e.V.
Postf. 76 49, 48041 Münster
Haferlandweg 8, 48155 Münster
T: (0251) 60 61-0   **Fax:** 60 61-414
E-Mail: gueterkraftverkehr@vvwl.bsoft.de
Vorsitzende(r): Hermann Grewer (Dieselstr. 12, 45891 Gelsenkirchen)
Stellvertretende(r) Vorsitzende(r): Manfred Boes (Schillerstr. 91, 33609 Bielefeld)
Hauptgeschäftsführer(in): RA Dr. Erwin Bauer
Stellv. HGeschF: Dipl.-Kfm. Volker Ackermeier
Verbandszeitschrift: „das verkehrsgewerbe westfalen-lippe e.V."

Fachvereinigungen

m 181
Verband für das Verkehrsgewerbe Westfalen-Lippe e.V.
Fachvereinigung Güterkraftverkehr, Logistik und Entsorgung
Postf. 76 49, 48041 Münster
Haferlandweg 8, 48155 Münster
T: (0251) 60 61-413   **Fax:** 60 61-414
Internet: http://www.vvwl-transport.de
E-Mail: transport@vvwl.de
Vorsitzende(r): Hermann Grewer
Geschäftsführer(in): Dr. Christoph Kösters

m 182
Verband für das Verkehrsgewerbe Westfalen-Lippe e.V.
Fachvereinigung Spedition und Logistik
Haferlandweg 8, 48155 Münster
T: (0251) 60 61-401   **Fax:** 60 61-409
Internet: http://www.vvwl.spediteure.de
E-Mail: info@vvwl.spediteure.de
Vorsitzende(r): Manfred Boes (i. Fa. BOES MTL GmbH Möbeltransport und Logistik GmbH, Schillerstr. 91, 33609 Bielefeld, T: (0521) 94 70 00)
Geschäftsführer(in): Dipl.-Kfm. Volker Ackermeier

m 183
Fachvereinigung Möbelspedition Westfalen-Lippe
Haferlandweg 8, 48155 Münster
T: (0251) 60 61-401   **Fax:** 60 61-409
Internet: http://www.vvwl.moebelspediteure.de
E-Mail: info@vvwl.spediteure.de
Vorsitzende(r): Johannes Röhr (Gewerbestr. 8, 33397 Rietberg)
Geschäftsführer(in): Dipl.-Kfm. Volker Ackermeier (48155 Münster, T: (0251) 60 61-4 00)

● **M 184**

Wittener Str. 237, 42279 Wuppertal
T: (0202) 2 66 56-0   **Fax:** 2 66 56-4
Internet: http://www.vba-service.de
E-Mail: info@vba-service.de
Gründung: 1963
Internationaler Zusammenschluß: siehe unter izm 162
Vorsitzende(r): Gustav-Adolf Neeb
Hauptgeschäftsführer(in): Volker Grandjean
Leitung Presseabteilung: Christina Espadas

Verbandszeitschrift: "bergen + abschleppen"
Redaktion: Olaf Tewes
Mitglieder: 1300
Mitarbeiter: 6

Rheinland-Pfalz

● **M 185**
Verband des Verkehrsgewerbes Rheinland e.V.
Moselring 11, 56073 Koblenz
T: (0261) 4 94-330   **Fax:** 4 94-339
E-Mail: a.fumanti@svg-koblenz.de
Vorsitzende(r): Kurt Mann (Koblenz, T: (0261) 49 43 53)
Geschäftsführer(in): Dipl.-Betriebsw. Hans Wilfried Richter
Mitglieder: 1800
Fachvereinigungen: Güterkraftverkehr, Möbeltransport, Kraftomnibusverkehr, Droschken- und Mietwagenverkehr

● **M 186**
Verband des Verkehrsgewerbes Rheinhessen-Pfalz e.V.
Lauterstr. 17, 67657 Kaiserslautern
T: (0631) 3 71 61-0   **Fax:** 3 71 61-11
E-Mail: vvrp-rheinhessen-pfalz@t-online.de
Vorsitzende(r): Bernd Bonifer
Stellvertretende(r) Vorsitzende(r): Claudia Deubel
Geschäftsführer(in): RAin Edina Brenner

Fachsparten: Güterkraftverkehr, Möbeltransport, Omnibusverkehr, Taxi- und Mietwagenverkehr

● **M 187**
Verband Spedition und Logistik Rheinland-Pfalz e.V.
Postf. 20 16 20, 56016 Koblenz
Diethardstr. 5, 56076 Koblenz
T: (0261) 7 20 33   **Fax:** 70 28 01
Internet: http://www.vsl-rheinland-pfalz.de
E-Mail: rheinlandpfalz@spediteure.de
Vorsitzende(r): Heinz-Michael Schmitz (i. Fa. F.J. Meyer GmbH Int. Spedition, Postf. 10 03 09, 56033 Koblenz)
Geschäftsführer(in): RA Horst Friedrich Simon

Saarland

● **M 188**
Landesverband Verkehrsgewerbe Saarland e.V.
Metzer Str. 123, 66117 Saarbrücken
T: (0681) 92 50-0   **Fax:** 92 50-190
Internet: http://www.lvs-saar.de
E-Mail: info@lvs-saar.de
Präsident(in): Jochen Schneider
Geschäftsführer(in): Dipl.-Volksw. Claus-Thomas Bodamer, Gisbert Hurth

Fachvereinigung Güterkraftverkehr:
Vorsitzende(r): Markus Schmitt (Schmitt Transport GmbH, Comotorstr. 11, 66802 Altforweiler)
Geschäftsführer(in): Dipl.-Volksw. Claus-Thomas Bodamer

Fachvereinigung Möbeltransport:
Vorsitzende(r): Jochen Schneider (Fa. Schneider & Schneider Spediteure GmbH, Bühlerstr. 26, 66130 Saarbrücken)
Geschäftsführer(in): Gisbert Hurth

Fachvereinigung Omnibusverkehr:
Vorsitzende(r): August Schmitt (Touristik Service Saar, Nistelfeld 40, 66287 Quierschied)
Geschäftsführer(in): Gisbert Hurth

Fachvereinigung Spedition und Logistik:
Vorsitzende(r): Werner Kohr (Satrans GmbH, Saarhafen Saarlouis, 66740 Saarlouis)
Geschäftsführer(in): Dipl.-Volksw. Claus-Thomas Bodamer

Fachvereinigung Taxameter- und Mietwagenverkehr:
Vorsitzende(r): Hans-Jörg Hartmann (Saarbrücker Str. 53, 66625 Nonfelden)
Geschäftsführer(in): Gisbert Hurth

Sachsen

● **M 189**
Landesverband des Sächsischen Verkehrsgewerbes (LSV) e.V.
Hauptgeschäftsführung
Palaisplatz 4, 01097 Dresden
T: (0351) 8 14 32 70   **Fax:** 8 14 32 77
Präsident(in): Michael Lohse
Hauptgeschäftsführer(in): Hans Petzold

Geschäftsstellen

m 190

Landesverband des Sächsischen Verkehrsgewerbes
Geschäftsstelle Dresden
Palaisplatz 4, 01097 Dresden
T: (0351) 8 14 32 80   **Fax:** 8 14 32 15
Geschäftsführer(in): Gerd Fischer

m 191

Landesverband des Sächsischen Verkehrsgewerbes
Geschäftsstelle Chemnitz
Werner-Seelenbinder-Str. 11, 09120 Chemnitz
T: (0371) 52 83 70
Geschäftsführer(in): Birgit Richter

m 192

Landesverband des Sächsischen Verkehrsgewerbes
Geschäftsstelle Leipzig
Torgauer Str. 74, 04318 Leipzig
T: (0341) 6 88 11 64   **Fax:** 6 89 27 07
Geschäftsführer(in): Brigitte Ledwoch

Fachvereinigungen

m 193

Landesverband des Sächsischen Verkehrsgewerbes (LSV) e.V.
Fachvereinigung Straßengüterverkehr Sachsen e.V.
Palaisplatz 4, 01097 Dresden
T: (0351) 8 14 32 89   **Fax:** 8 14 32 15
Internet: http://www.lsv-ev.de
E-Mail: bgl-info@lsv-ev.de
Vorsitzende(r): Michael Lohse
Geschäftsführer(in): Gerd Fischer

m 194

Landesverband des Sächsischen Verkehrsgewerbes
Fachvereinigung Spedition/Logistik
Palaisplatz 4, 01097 Dresden
T: (0351) 8 14 32 70   **Fax:** 8 14 32 77
Vorsitzende(r): Wilhelm Gericke (Schubertstr. 21, 09337 Hohenstein-Ernstthal, T: (03723) 69 52 14)
Geschäftsführer(in): Hans Petzold

m 195

Landesverband des Sächsischen Verkehrsgewerbes (LSV) e.V.
Fachvereinigung Möbelspedition
Torgauer Str. 74, 04318 Leipzig
T: (0341) 6 88 11 64   **Fax:** 6 89 27 07
E-Mail: ledwoch@lsv-ev.de
Vorsitzende(r): Peter Gebauer (i. Fa. Gebauer Spedition GmbH, Taubestr. 2-4, 04347 Leipzig, T: (0341) 2 32 31 28, Telefax: (0341) 2 31 10 92)
Geschäftsführer(in): Brigitte Ledwoch

Sachsen-Anhalt

● M 196

Landesverband des Verkehrsgewerbes Sachsen-Anhalt e.V. (LVSA)
Postf. 19 40, 39009 Magdeburg
Bergstr. 14, 39116 Magdeburg
T: (0391) 6 21 98 86   **Fax:** 6 21 98 88
Gründung: 1990 (9. April)
Präsident(in): Horst Buschner (in Fa. Buschner-Trans GmbH, Allstedt/Helme)
Vizepräsident(in): Gerhard Bertram (in Fa. Gerhard Bertram Umzüge)
Joachim Jahnke (in Fa. Jahnke Sped. u. Transport GmbH)
Hauptgeschäftsführer(in): Dr. Thomas Moch
Verbandszeitschrift: LVSA-Mitgliederinformation
Redaktion: Hauptgeschäftsführer
Verlag: LVSA (Eigenverlag)
Mitglieder: 270
Mitarbeiter: 3
Jahresetat: DM 0,3 Mio, € 0,15 Mio

Schleswig-Holstein

● M 197

Landesverband für das Verkehrsgewerbe, Schleswig-Holstein e.V.
Am Wellsee 124, 24146 Kiel
T: (0431) 7 87 04 44   **Fax:** 7 87 04 43
Internet: http://www.umzug-sh.de
E-Mail: info@umzug-sh.de
Vorsitzende(r): Fritz Bobzin (Preetzer Ch. 129, 24147 Klausdorf)
Geschäftsführer(in): Dipl.-Volksw. Lutz Wenzel

Fachvereinigungen

m 198

Verband Schleswig-Holsteinischer Omnibusbetriebe (SHO) e.V.
Auguste-Viktoria-Str. 14, 24103 Kiel
T: (0431) 6 14 27   **Fax:** 67 71 70
E-Mail: info@sho-online.de
1. Vorsitzende(r): Norbert Rohde (Ringstr. 3, 25823 Husum)
Geschäftsführer(in): RA Walter Koch

m 199

Landesverband für das Taxi- und Mietwagengewerbe Schleswig-Holstein e.V.
Auguste-Viktoria-Str. 14, 24103 Kiel
T: (0431) 6 14 27   **Fax:** 67 71 70
E-Mail: info@sho-online.de
Vorsitzende(r): Reinhard Müller (Am Mühlenhang 25, 23689 Pansdorf)
Geschäftsführer(in): RA Walter Koch

m 200

Verband Güterkraftverkehr Logistik und Entsorgung Schleswig-Holstein e.V. (VGL)
Ilsahl 1-3, 24536 Neumünster
T: (04321) 30 09-0   **Fax:** 30 09-15
E-Mail: info@svg-sh.de
Vorsitzende(r): Karl-Heinz Kohn (Beverloh 2, 24649 Wiemersdorf)
Geschäftsführer(in): Dr. jur. Hans-Jochen Leupelt

m 201

Fachvereinigung Spedition und Logistik Schleswig-Holstein e.V.
Ilsahl 1-3, 24536 Neumünster
T: (04321) 30 09 16   **Fax:** 30 09 15
E-Mail: info@svg-sh.de
Vorsitzende(r): Dipl.-Kfm. Dieter Schaufelberger (i. Fa. Joachim Parbs GmbH, Am Güterbahnhof 10, 23558 Lübeck)
Geschäftsführer(in): Dr. jur. Hans-Jochen Leupelt

m 202

Fachvereinigung Möbeltransport Schleswig-Holstein e.V.
Am Wellsee 124, 24146 Kiel
T: (0431) 7 87 04 44   **Fax:** 7 87 04 43
Internet: http://www.umzug-sh.de
E-Mail: info@umzug-sh.de
Vorsitzende(r): Wilhelm Tischendorf (Steekberg 1, 24107 Kiel)
Geschäftsführer(in): Dipl.-Volksw. Lutz Wenzel

Thüringen

● M 203

Landesverband Thüringen des Verkehrsgewerbes e.V.
Bei den Froschäckern 2a, 99098 Erfurt
T: (0361) 6 53 09-0   **Fax:** 6 53 09-15
Präsident(in): Christoph Schuchert
Vorstand: Jürgen Schmidt
René Starke
Hauptgeschäftsführer: Dr. Ulrich Hoffmann
Mitglieder: ca. 650

Seeschiffahrt

● M 204

Verband Deutscher Reeder e.V. (VDR)
Esplanade 6, 20354 Hamburg
T: (040) 35 09 70   **Fax:** 35 09 72 11
Internet: http://www.reederverband.de
E-Mail: vdr@reederverband.de
Gründung: 1896 /1907
Internationaler Zusammenschluß: siehe unter izm 177
Präsidium: Frank Leonhardt (Vors.; Leonhardt & Blumberg, Hamburg)
Rörd Braren (Reederei Rörd Braren, Kollmar)
Dr. Klaus Meves (Hamburg-Südamerikanische Dampfschifffahrts-Ges. Eggert & Amsinck, Hamburg)
Klaus-Dieter Peterson (Reederei Hans Peterson & Söhne, Rendsburg)
Dietrich Tamke (Transeste Schiffahrt GmbH, Hamburg)
Hauptgeschäftsführer(in): Dr. jur. Bernd Kröger
Geschäftsführer(in): Dr. jur. Dierk Lindemann
Presseabteilung: Dipl.-Volksw. Klaus Köster
Verbandszeitschrift: "Deutsche Seeschiffahrt"
Redaktion: Dipl.-Volksw. Klaus Köster
Mitglieder: 270 Reedereien

Örtliche Reedereivereine

m 205

Verein Hamburger Rheder
Esplanade 6, 20354 Hamburg
T: (040) 3 50 97-256 (über VDR)
   Fax: 3 50 97-211
Gründung: 1837 (1. Januar)
Vorsitzende(r): Hans A. Lindenau
Geschäftsführer(in): Detlef Meenke
Mitglieder: 40

m 206

Bremer Reederverein
World Trade Center (4.112)
Birkenstr. 15, 28195 Bremen
T: (0421) 32 78 08   **Fax:** 32 78 38
E-Mail: bremer.rhederverein@vbsp.de
Vorsitzende(r): Michael Schroiff (GF Unterweser Reederei GmbH)
Geschäftsführer(in): Robert Völkl

m 207

Flensburger Reederverein e.V.
Bahnhofstr. 23, 24937 Flensburg
T: (0461) 1 44 56 12   **Fax:** 1 44 56 44
Vorsitzende(r): Uwe C. Hansen
Geschäftsführer(in): Ass. Uwe Otzen
Mitglieder: 6

● M 208

Schutzverein Deutscher Rheder V. a. G.
Bei den Mühren 70, 20457 Hamburg
T: (040) 30 06 66-0   **Fax:** 37 51 72 10
Gründung: 1901 (27. Juni)
Vorsitzende(r): Dieter Ostendorf
Geschäftsführer(in): RA Erhard Riehmer

● M 209

Deutscher Nautischer Verein von 1868 e.V.
Geschäftsstelle:
Striepenweg 31, 21147 Hamburg
T: (040) 79 71 34 01   **Fax:** 79 71 34 02
Gründung: 1868 (14. April)
Vorsitzende(r): Reeder Frank Leonhardt
Stellvertretende(r) Vorsitzende(r): Kapt. Horst Werner Janssen
Kapt. Garrit Leemreijze
RA Dr. jur. Burkhard Vogeler
Geschäftsführende(s) Vorstands-Mitglied(er): Kapt. Garrit Leemreijze
Mitglieder: 21 Vereine mit 4434 Mitgl. u. 40 Korp. Mitgl.
Mitarbeiter: 1

● M 210

Berufsbildungsstelle Seeschiffahrt e.V.
Breitenweg 59, 28195 Bremen
T: (0421) 1 73 67-0   **Fax:** 1 73 67 15

● M 211

Deutscher Schulschiff-Verein
"Schulschiff Deutschland"
Friedrich-Klippert-Str. 1, 28759 Bremen
T: (0421) 6 58 73 73   **Fax:** 6 58 73 74
Internet: http://www.schulschiff-deutschland.de
E-Mail: info@schulschiff-deutschland.de
Gründung: 1900
Vorstand: Cl. Jäger
Stellvertretende(r) Vorsitzende(r): Christel Vinnen
Vorstandsmitglieder: Ulrich Nölle
Dirk Lohmann
Jürgen Peters
Peter Zahalka
Geschäftsführer(in): Wulf Dominik
Mitglieder: 263
Mitarbeiter: 15

Seehafenbetriebe, Spediteure und Lagerhalter

● M 212
Zentralverband der deutschen Seehafenbetriebe e.V. (ZDS)
Am Sandtorkai 2, 20457 Hamburg
T: (040) 36 62 03/04 **Fax:** 36 63 77
E-Mail: zds_seehaefen@t-online.de
Gründung: 1934
Internationaler Zusammenschluß: siehe unter izm 204
Vorstand: Peter Dietrich (Vorsitzender; Hamburger Hafen- und Lagerhaus-AG)
Detthold Aden (BLG Logistics Group AG & Co. KG)
Olof Krause (Emder Verkehrsges. AG)
Manfred Evers (Lübecker Hafengesellschaft mbH)
Günter Fett (Großtanklager Ölhafen Rostock GmbH)
Hauptgeschäftsführer(in): Dipl.-Volksw. Klaus Heitmann
Geschäftsführerin: RA Uta Ordemann
Mitglieder: 245

Wirtschafts- und sozialpolitische Berufsvertretung der Unternehmen und Betriebe der deutschen Seehafenverkehrswirtschaft. Fachliche Beratung, Betreuung und Vertretung der gemeinschaftlichen Interessen. Abschluß von Tarifverträgen für die Hafenarbeiter der deutschen Seehafenbetriebe.

Mitgliedsverbände

m 213
Unternehmensverband Hafen Hamburg e.V.
Mattentwiete 2, 20457 Hamburg
T: (040) 37 89 09-0 **Fax:** 37 89 09 70
E-Mail: info@uvhh.de
Präsident(in): Peter Dietrich (Vors. d. Vorst. der Hamburger Hafen- und Lagerhaus-AG, Bei St. Annen 1, 20457 Hamburg)
GPM: Hubertus Ritzke
Mitglieder: 120

m 214
Gesamthafenbetriebsverein im Lande Bremen e.V.
Tilsiter Str. 8-10, 28217 Bremen
T: (0421) 3 90 03-0
Vorsitzende(r): Manfred Kuhr (BLG Logistics Group AG & Co. KG, Bremen)
Stellvertretende(r) Vorsitzende(r): Horst Kleist (Lexzau, Scharbau GmbH & Co, Bremen)
Rüdiger Sauer (Friedrich Tiemann GmbH & Co., Bremen)
Geschäftsführer(in): Heiner Bögemann
Peter Marx
Mitglieder: 45

m 215
Verband der Stauereibetriebe Bremen und Bremerhaven e.V.
Tilsiter Str. 8-10, 28217 Bremen
T: (0421) 38 51 54
Vorsitzende(r): Udo Karl Bork (i. Fa. D. Heinrichs & Co. Steuereibetrieb GmbH, Zum Schuppen 22, 28197 Bremen)
1. St.Vors.: Helmut Werner (Rhenus Midgard AG & Co. KG, Nordenham)
2. St.Vors.: Wilhelm Schultze (i. Fa. Hafenstauerei Kpt., W. Schultze GmbH & Co. KG, Getreidestr. 14, 28217 Bremen)
Geschäftsführer(in): Peter Marx
Mitglieder: 10

m 216
Hafenbetriebsverein im Lande Bremen e.V.
Tilsiter Str. 8-10, 28217 Bremen
T: (0421) 38 51 54
Vorsitzende(r): Herbert Juniel (Reederei Martini GmbH, Bremen)
Stellvertretende(r) Vorsitzende(r): Helmut Werner (Rhenus Midgard AG & Co. KG, Nordenham)
Hans-Peter Brüggemann (i. Fa. Hermann Runge GmbH, Bremen)
Detthold Aden (BLG Logistics Group AG & Co. KG)
Geschäftsführer(in): Heiner Bögemann
Peter Marx
Mitglieder: 61

m 217
Hafenbetriebsverein Lübeck e.V.
Hafenstr. (Schuppen 10), 23568 Lübeck
T: (0451) 3 20 51 **Fax:** 3 81 47
1. Vorsitzende(r): Thomas Sühr
Mitglieder: 12

m 218
Landesverband Hafenwirtschaft Mecklenburg-Vorpommern e.V. (LHMV)
Postf. 48 12 02, 18134 Rostock
Ost-West-Str. 6, 18147 Rostock
T: (0381) 3 50 59 00 **Fax:** 3 50 59 05
E-Mail: lh-mv@t-online.de
Vorsitzende(r) des Vorstandes: Günter Fett
Geschäftsführer(in): Dr. Ernst-Dieter Kaschul
Mitglieder: 14

● M 219
Komitee Deutscher Seehafenspediteure (KDS) im BSL e.V.
Ost-West-Str. 69, 20457 Hamburg
T: (040) 37 47 64-22 **Fax:** 37 47 64-74
E-Mail: kds@spediteure.de
Vorsitzer: Walter Stork
Geschäftsführer: RA Kurt-Jürgen Schimmelpfeng
Mitglieder: 800
Angeschl. Organisationen: 4

● M 220
Verein Bremer Umschlagbetriebe e.V.
Am Markt 13, 28195 Bremen
T: (0421) 36 37-2 70 **Fax:** 36 37-274
E-Mail: otto@handelskammer-bremen.de
Vorsitzende(r): Detthold Aden
Geschäftsführer(in): Dr. Andreas Otto

● M 221
Verband Deutscher Taucherei- und Bergungsbetriebe e.V.
Johannisbollwerk 20, 20459 Hamburg
T: (040) 31 79 64 58 **Fax:** 31 77 22 55
Gründung: 1947
Vorsitzende(r): Heinz G. Niemann (Delmenhorster Str. 25, 28197 Bremen)
Geschäftsführer(in): Otto Fiedler (Pinnaudamm 4, 25421 Pinneberg)
Mitglieder: 25
Mitarbeiter: 1

● M 222
Verein Deutscher Dispacheure e.V.
Innocentiastr. 50, 20144 Hamburg
T: (040) 44 40 17-18 **Fax:** 44 35 01
E-Mail: hjzeyse@t-online.de
Vorsitzer: Günther Groninger (Teerhof 40, 28199 Bremen, Fax: (0421) 5 98 16 16)
Mitglieder: 11

Binnenschiffahrt

● M 223
Bundesverband der Deutschen Binnenschiffahrt e.V.
Dammstr. 15-17, 47119 Duisburg
T: (0203) 80 00 65-0 **Fax:** 8 00 06-21
E-Mail: infobdb@binnenschiff.de
Präsident(in): Heinz Hofmann (MSG Mainschiffahrts-Genossenschaft eG, Postf. 61 24, 97011 Würzburg, T: (0931) 90 81-1 00)
Hauptgeschäftsführer(in): Dipl.-Kfm. Gerhard v. Haus
Mitglieder: 220

Regionale Geschäftsstellen:

m 224
Bundesverband der Deutschen Binnenschiffahrt e. V.
Geschäftsstelle Berlin
Westhafen, 13353 Berlin
T: (030) 3 95 40 55 **Fax:** 3 95 14 47
Geschäftsstellenleiter: Gerhard Ostwald

● M 225
Verein für europäische Binnenschiffahrt und Wasserstraßen e.V. (VBW)
Haus Rhein
Dammstr. 15-17, 47119 Duisburg
T: (0203) 8 00 06-27 **Fax:** 8 00 06-28
E-Mail: vbw-eubinsch@t-online.de
Präsident(in): Prof. Dipl.-Ing. Dierk Schröder, Hannover
Geschäftsführer(in): Gunter Dütemeyer

● M 226
Hafenschiffahrtsverband Hamburg e.V.
Mattentwiete 2, 20457 Hamburg
T: (040) 3 78 90 90 **Fax:** 37 89 09 70
E-Mail: info@uvnn.de
Gründung: 1946 (25. Oktober)
Vorsitzende(r): Hans-Ludwig Dresen (Hans E. W. Berndt GmbH & Co. KG, Mattenwiete 5, 20457 Hamburg)
Geschäftsführer(in): Hubertus Ritzke
Mitglieder: 27

● M 227
Deutscher Wasserstraßen- und Schiffahrtsverein Rhein-Main-Donau e.V.
Rotterdamer Str. 2, 90451 Nürnberg
T: (0911) 8 14 95 09 **Fax:** 86 46 66
Internet: http://www.schiffahrtsverein.de
E-Mail: schiffahrtsverein@t-online.de
Vorsitzende(r): Dr. Wilhelm Doni, Nürnberg
Stellvertretende(r) Vorsitzende(r): Willi Gerner (Vorst.-Mitglied der Bayernwerk AG)
Staatsminister a.D. Alfred Dick, Straubing
Geschäftsführende(s) Vorstands-Mitglied(er): Dr. Hartwig Hauck, Nürnberg
Verbandszeitschrift: Mitteilungsblätter
Verlag: Geschäftsstelle
Mitglieder: ca. 400

● M 228
Verein zur Förderung des Elbstromgebietes e.V.
Adolphsplatz 1, 20457 Hamburg
T: (040) 3 61 38-3 16 **Fax:** 3 61 38-3 13
Vorsitzende(r): Dr. Eberhard Hirsch
Stellvertretende(r) Vorsitzende(r): Heinz-Josef Recker
Geschäftsstelle: Jan-Oliver Neumann

● M 229
Verband Obere Donau e.V.
Geschäftsstelle:
Adolf-Kolping-Str. 10, 85049 Ingolstadt
T: (0841) 3 05 15 00
Gründung: 1920 (1. Juni)
Vorsitzende(r): Oberbürgermeister Peter Schnell, Ingolstadt
Geschäftsführer(in): Friedrich Bierschneider (berufsm. Stadtrat)
Mitglieder: 60
Mitarbeiter: 2 nebenamtl.

Der Verband tritt für den Ausbau der Oberen Donau von Regensburg bis Ulm und des Unteren Lech bis Augsburg zur Großschiffahrtsstraße ein. Er befürwortet als Fernziel eine Wasserstraßenverbindung zwischen der Donau und dem Bodensee.

● M 230
Deutscher-Fähr-Verband e.V.
Im Pfeilersbaum 3, 65385 Rüdesheim am Rhein
T: (06722) 37 45 **Fax:** 4 82 53
Vorsitzende(r): Albert Kraft
Mitglieder: 25 Fährbetriebe

● M 231
Mittelständische Personenschiffahrt
Mainkai 36, 60311 Frankfurt
T: (069) 28 28 84 **Fax:** 28 47 98
Gründung: 1957
1. Vorsitzende(r): Anton Nauheimer
Vorstandsmitglied: Kurt Hartmann, Bingen
Doris Bommas-Collée, Neuwied
Mitglieder: 75

● M 232
Vereinigung Deutscher Yacht-Charterunternehmen (VDC)
Gunther-Plüschow-Str. 8, 50829 Köln
T: (0221) 5 95 71-0 **Fax:** 5 95 71-10
Gründung: 1980
Vorsitzende(r): Reinhard Klemme
Stellvertretende(r) Vorsitzende(r): Lüder Meyer
Wolfgang Pöppel
Referentin: Evelyn Breuer (c/o BWVS-Geschäftsstelle)
Verbandszeitschrift: Wassersport Wirtschaft
Redaktion: SVG Service Verlag GmbH
Verlag: Schwertfeger Str. 1-3, 23556 Lübeck
Mitglieder: 16
BWVS-Geschäftsstelle: Gunther-Plüschow-Str. 8, 50829 Köln
Fachverband: BWVS - Bundesverband Wassersportwirtschaft e.V., Gunther-Plüschow-Str. 8, 50829 Köln, T: (0221) 59 57 10, Fax: 5 95 71 10

● **M 233**

Bundesverband öffentlicher Binnenhäfen e.V. (BÖB)
Postf. 10 14 49, 41414 Neuss
Hammer Landstr. 3, 41460 Neuss
T: (02131) 2 16 24, 90-82 00   **Fax:** 90 82 82
Internet: http://www.binnenhafen.de
E-Mail: BoeB@binnenhafen.de
Präsident(in): Dipl.-Kfm. Erich Staake, Duisburg
Mitglieder: 99

Angeschlossen

m 234

Arbeitsgemeinschaft der öffentlichen Häfen im Lande Baden-Württemberg
Am Westkai 9A, 70327 Stuttgart
T: (0711) 91 89 80 11
Internet: http://www.hafenstuttgart.de
E-Mail: info@hafenstuttgart.de
Vorsitzende(r): Hafendir. Willi Heckle

m 235

Arbeitsgemeinschaft Elbe-Oder
Magdeburger Str. 58, 01067 Dresden
T: (0351) 4 98 22 00
Internet: http://www.gvz-sachsen.de
E-Mail: info@gvz-sachsen.de
Vorsitzende(r): Geschäftsführer Detlef Bütow

m 236

Arbeitsgemeinschaft öffentlicher Häfen an der Main-Donau-Wasserstraße
Rotterdamer Str. 2, 90451 Nürnberg
T: (0911) 6 42 94 28
Internet: http://www.gueterverkehrszentrum-hafen.de
E-Mail: info@gvz-hafen.com
Vorsitzende(r): Geschäftsführer Reg.-Bmstr. Dipl.-Ing. Walter Schmidt

m 237

Arbeitsgemeinschaft öffentlicher Binnenhäfen Rheinland-Pfalz/Saarland
Zollhofstr. 4, 67061 Ludwigshafen
T: (0621) 5 98 41 15
Internet: http://www.hafenbetriebe-ludwigshafen.de
E-Mail: hafenbetriebe-ludwigshafen@t-online.de
Vorsitzende(r): Hafendir. Dipl.-Kfm. Sigurd Kunkel

m 238

Arbeitsgemeinschaft öffentlicher Rheinhäfen in Nordrhein-Westfalen
Wassenbergstr. 1, 46446 Emmerich
T: (02822) 6 04-100
Internet: http://www.rheinwaal.de
E-Mail: info@rheinwaal.de
Geschäftsführer(in): Ulrich Schnake

m 239

Arbeitsgemeinschaft öffentlicher Kanalhäfen im Lande Nordrhein-Westfalen
Speicherstr. 23, 44147 Dortmund
T: (0231) 98 39-6 81
Internet: http://www.dortmunder-hafen.de
E-Mail: info@dortmunder-hafen.de
Vorsitzende(r): Direktor Hubert Collas

m 240

Arbeitsgemeinschaft öffentlicher Binnenhäfen in Norddeutschland
Hafenstr. 14, 38112 Braunschweig
T: (0531) 21 03 40
Internet: http://www.braunschweig-hafen.de
E-Mail: hbg@braunschweig-hafen.de
Vorsitzende(r): Hafendir. Fred Kedenburg

● **M 241**

Schifferbörse zu Duisburg-Ruhrort
Verwaltung:
Mercatorstr. 22-24 (Handelskammer), 47051 Duisburg
T: (0203) 28 21-277   **Fax:** 28 21-356
Vorsitzende(r): Dr. Gerhard Schuh
Geschäftsführer(in): Dr.rer.pol. Hans-Peter Martin

Luftverkehr

● **M 242**

ADL Arbeitsgemeinschaft Deutscher Luftfahrt-Unternehmen
Nietzschestr. 28, 53177 Bonn
T: (0228) 32 37 47   **Fax:** 32 83 95
E-Mail: adl-bonn@t-online.de
Gründung: 1976 (Juni)
Vorstand und Geschäftsführer: Dr. Detlef Winter
Mitglieder: 8 : Aero-Lloyd, Air Berlin, Britannia, Condor Flugdienst GmbH, Fly FTI, Germania Fluggesellschaft mbH, Hapag Lloyd Flug GmbH, LTU Luftransport-Unternehmen KG
Mitarbeiter: 2
Jahresetat: DM 0,5 Mio, € 0,26 Mio

● **M 243**

AOPA-Germany
Verband der Allgemeinen Luftfahrt e.V.
Flugplatz/Außerhalb, 63329 Egelsbach
T: (06103) 4 20 81   **Fax:** 4 20 83
Internet: http://www.aopa.de
E-Mail: info@aopa.de
Gründung: 1962
Präsident(in): Klaus Zeh
Vizepräsident(in): Otto Stein
Sibylle Glässing-Deiss
Geschäftsführer(in): Dr. Michael Erb
Leitung Presseabteilung: Rolf Barenberg
Verbandszeitschrift: AOPA-letter
Redaktion: Rolf Barenberg
Verlag: im Haus
Mitglieder: 10000
Mitarbeiter: 12
Jahresetat: DM 1,6 Mio, € 0,82 Mio

● **M 244**

Arbeitsgemeinschaft Deutscher Verkehrsflughäfen e.V. (ADV)
Postf. 23 04 62, 70624 Stuttgart
Flughafen, 70629 Stuttgart
T: (0711) 9 48-4308   **Fax:** 9 48-4746
E-Mail: gf@adv-net.org
Gründung: 1947
Vorsitzende(r): Hans-Joachim Peters (Flughafen Düsseldorf GmbH)
GeschF u. geschf. Vorst.-Mitgl: Bernd Nierobisch

● **M 245**

Club der Luftfahrt von Deutschland e.V.
Geschäftsstelle:
Godesberger Allee 70, 53175 Bonn
T: (0228) 37 32 63   **Fax:** 37 32 63
E-Mail: clubdl@t-online.de
Gründung: 1959
Präsidium:
Präsident(in): Rechtsanwalt Martin Grüner (Parl. Staatssekretär a.D.)
Vizepräsident und Generalsekretär: Generalmajor a.D. Dipl.-Ing. Detlef Wibel
Präsidiumsmitglied(er): Rechtsanwalt Dr. Rolf Binnewies
Ernst F. Breitsameter
Oberst a.D. Dieter Brunke
Erhard Gödert
Oberst a.D. Peter Jungmichel
Marlies Mönch
Assessor jur. Rolf H. Neumann
Dr.-Ing. Hermann Strub
Oberst a.D. Peter Wulf (Schatzmeister)
Generalsekretär(in): Generalmajor a.D. Dipl.-Ing. Detlef Wibel
Geschäftsführer(in): Monika Tilemann
Mitglieder: 300 Einzelmitglieder und 30 Firmen

● **M 246**

Förderkreis der Allgemeinen Luftfahrt in Deutschland FAOPA e.V.
c/o AOPA Germany
Flugplatz Außerhalb 27, 63329 Egelsbach
T: (06103) 4 20 81   **Fax:** 4 20 83
Vorsitzende(r): Simon Leinen
Beirat: Dieter Pade
Fritz Wiebel

● **M 247**

"Pro Luftfahrt" Initiative
c/o AOPA-Germany
Flugplatz Außerhalb 27, 63329 Egelsbach
T: (06103) 4 20 81
Deutscher Aero Club e.V., Rudolf-Braas-Str. 20, 63150 Heusenstamm, T: (06104) 69 96-27, Fax: 69 96-11

● **M 248**

Gesellschaft zur Bewahrung von Stätten deutscher Luftfahrtgeschichte e.V.
Flughafen Berlin-Schönefeld, 12521 Berlin
T: (030) 60 91-3346   **Fax:** 60 91-3348
Gründung: 1990 (30. Mai)
Vorsitzende(r): Dr. Bernd-Rüdiger Ahlbrecht
Stellvertretende(r) Vorsitzende(r): Hans-Dieter Tack
Mitglieder: ca. 150

● **M 249**

Gesellschaft für Luftfahrtgeschichte im Köln-Bonner Raum e.V.
c/o Butzweilerhof/Gebäude 1
Butzwelerstr. 35-39, 50829 Köln
T: (0221) 59 35 38   **Fax:** 5 95 22 29
Gründung: 1992 (2. September)
Präsident(in): Dr. Edgar Mayer
Vizepräsident(in): Dieter Kuhse
Kurator: Dr. Eberhard Illner
Personalführung: Christel Nickel-Mayer
Verbandsanschrift: Aero-Info
Redaktion: Dr. Edgar Mayer
Verlag: Eigenverlag
Mitglieder: 25
Mitarbeiter: 4
Jahresetat: DM 0,0115 Mio, € 0,01 Mio

● **M 250**

Deutsche Flugdienstberater Vereinigung e.V. (DFV)
Geschäftsstelle:
Flughafen
Postf. 75 01 03, 60531 Frankfurt
T: (069) 6 96 31 42   **Fax:** 6 96-55 96
Internet: http://www.front-end.com/eufalda
E-Mail: maduerbeck@aol.com
Vorsitzende(r): Matthias Duerbeck
Stellvertretende(r) Vorsitzende(r): Hans Wunder
Verwaltung: Christoph Flubacher
Fachinfo: Hajo Lohrengel
Öffentlichkeitsarbeit u. externe Kontakte: Hein Ruiter

● **M 251**

Interessengemeinschaft Deutscher Akademischer Fliegergruppen e.V. (IDAFLIEG)
Lilienthalplatz 7, 38108 Braunschweig
T: (0531) 35 03 12   **Fax:** 35 51 73
E-Mail: akaflieg@tu-bs.de
Gründung: 1922
Präsident(in): Marc Bröckelmann
Vizepräsident(in): Peter Scholz (Ltg. Presseabteilung)
Mitglieder: 9 ordentliche Gruppen, 2 korrespondierende Gruppen

m 252

Flugwissenschaftliche Vereinigung Aachen
Templergraben 55, 52062 Aachen
T: (0241) 80 68 24   **Fax:** 8 88 82 33
Internet: http://www.fva.rwth-aachen.de/
E-Mail: fva@fva.rwth-aachen.de

m 253

Akademische Fliegergruppe Berlin
Technische Universität
Salzufer 17-19, 10587 Berlin
T: (030) 31 42 49 95   **Fax:** 31 42 49 96
Internet: http://www.tu-berlin.de/vereine/akaflieg
E-Mail: akaflieg@tu-berlin.de

m 254

Akademische Fliegergruppe Braunschweig
Lilienthalplatz 7, 38108 Braunschweig
T: (0531) 35 03 12   **Fax:** 35 51 73
E-Mail: akaflieg@tu-bs.de

m 255

Akademische Fliegergruppe Darmstadt
Technische Hochschule
Magdalenenstr. 8, 64289 Darmstadt
T: (06151) 2 47 20   **Fax:** 27 26 25
Internet: http://www.akaflieg.tu-darmstadt.de
E-Mail: vorstand@akaflieg.tu-darmstadt.de

m 256

Flugtechnische Arbeitsgemeinschaft Esslingen
Kanalstr. 33, 73728 Esslingen
T: (0711) 3 97-31 59 (Mittwochs ab 19.00 Uhr)
E-Mail: ftag@fht-esslingen.de

m 257
Akademische Fliegergruppe Hannover
Welfengarten 1, 30167 Hannover
T: (0511) 70 30 32 **Fax:** 76 21 91 41
Internet: http://www.stud.uni-hannover.de/gruppen/afh/
E-Mail: afh@stud.uni-hannover.de

m 258
Akademische Fliegergruppe Karlsruhe
Universität
76128 Karlsruhe
Kaiserstr. 12, 76131 Karlsruhe
T: (0721) 6 08-2044 **Fax:** 6 08-2041
Internet: http://www.akaflieg.uni-karlsruhe.de/
E-Mail: akaflieg@akaflieg.uni-karlsruhe.de

m 259
Akademische Fliegergruppe München
Arcisstr. 21, 80333 München
T: (089) 2 89-22898 **Fax:** 2 89-15979
Internet: http://www.akaflieg.vo.tu-muenchen.de/
E-Mail: akaflieg@lrz.tu-muenchen.de

m 260
Akademische Fliegergruppe Stuttgart
Pfaffenwaldring 35, 70569 Stuttgart
T: (0711) 6 85 24 43 **Fax:** 6 85 24 96
Internet: http://www.uni-stuttgart.de/akaflieg/
E-Mail: akaflieg@www.uni-stuttgart.de

Korrespondierende Mitglieder

m 261
Akademische Fliegergruppe Dresden
Marschnerstr. 32, 01307 Dresden
T: (0351) 2 84-7837 **Fax:** 4 63-8087
Internet: http://www.akaflieg.uni-karlsruhe.de/idaflieg/dresden
E-Mail: dresden@akaflieg.de

m 262
Akademische Fliegergruppe Erlangen
(korrespondierende Mitgliedsgruppe)
Lazarettstr. 8, 91054 Erlangen
T: (09131) 81 79 71

● M 263
Deutsche Liga für Luft- und Raumfahrt e.V. (DLLR)
Dresdnerstr. 6, 53359 Rheinbach
T: (02226) 43 25, 37 28
Präsident: Senator E.h. Herbert Knierim
Aufgaben der Luftliga: Gesamtinteressen der Luft- und Raumfahrt bei Legislative und Exekutive in Bund, Ländern und Gemeinden. Konsequente Förderung neuer Technologien.

● M 264
Forum Luft- und Raumfahrt e.V.
Flensburger Str. 10, 10557 Berlin
T: (030) 39 90 64 51 **Fax:** 39 90 64 52
Vorsitzende(r): Ferdi Tillmann
Geschäftsführer(in): K.H. Brüning

● M 265
Parlamentsgruppe Luft- und Raumfahrt
Geschäftsstelle:
Flensburger Str. 10, 10557 Berlin
T: (030) 39 90 64 51 **Fax:** 39 90 64 52
Gründung: 1985 (6. November)
Ehrenamtl. Geschf.: Herbert Meißner
Vorsitzende(r): Kurt J. Rossmanith (MdB, T: (0228) 16-8 48 25)
Stellvertretende(r) Vorsitzende(r): Horst Friedrich (MdB, T: (030) 22 77 32 59)
Lothar Fischer (MdB, T: (030) 22 77 34 33)
Dr. Peter Danckert (MdB, T: (030) 22 77 33 24)
Norbert Königshofen (MdB, T: (030) 22 77 65 23)

● M 266
BARIG e.V.
Bundesverband der in Deutschland tätigen Luftverkehrsgesellschaften
Board of Airline Representatives in Germany
Union des Représentants de Lignes Aériennes en R.F.A.
Am Hauptbahnhof 16, 60329 Frankfurt
T: (069) 23 72 88 **Fax:** 23 06 66
Internet: http://www.barig.org
E-Mail: barigev@barig.org
Gründung: 1951
Internationaler Zusammenschluß: siehe unter IZM 216
Vorsitzende(r): Jörgen Möllegaard
Generalsekretär(in): Martin Gaebges
Verbandszeitschrift: BARIG-Bulletin
Redaktion: BARIG e.V.
Verlag: Am Hauptbahnhof 16, 60329 Frankfurt
Mitglieder: 105

● M 267
Deutscher Flugbeobachtungsdienst Luftrettungsstaffel Bayern e.V.
Bichler Str. 44, 81479 München
T: (089) 15 91 51-0 **Fax:** 15 91 51 19
Gründung: 1968
Präsident(in): Dipl.-Ing. Reiner Vorholz (Bichlerstr. 44, 81479 München, T: (089) 15 91 51-0 (d.), 74 99 59 69 (p.); Telefax: 15 91 51-19 (d.), 74 99 59 68 (p.))
Vizepräsident(in) u. Schatzmeister: Friedrich Gerfertz (Am Weinberg 14, 96163 Gundelsheim, T: (0951) 4 46 72, Telefax: 4 10 37)
Dr. Georg Wolfgang Schramm (Ref. f. Presse u. Personal, Prof.-Pickel-Str. 3, 97334 Sommerach, T: (0931) 30 56-60 (d.), (09381) 80 39 29 (p.), Telefax: (09381) 80 39 19)
Verbandszeitschrift: LRST Aktuell
Verlag: Prof.-Pickel-Str. 3, 97334 Sommerach, Telefax: (09381) 80 39 19
Mitglieder: 345

● M 268
Flughafenkoordinator der Bundesrepublik Deutschland
Hausbriefkasten Nr. 37
Terminal 2, Bereich E, 5. OG, 60549 Frankfurt
T: (069) 6 90-52321 **Fax:** 5 96 03
E-Mail: ulrich@fhkd.org
Gründung: 1971
Leiter(in): Claus Ulrich
Mitarbeiter: 20
Jahresetat: DM 6,5 Mio, € 3,32 Mio

● M 269
Deutscher Hubschrauber Verband e.V.
Am Goldberg 15, 56581 Melsbach
T: (02634) 83 45 **Fax:** 24 86
Internet: http://www.german-helicopter.com
E-Mail: dhv.org@gmx.de
Gründung: 1959 (März)
Vorsitzende(r): Kurt Pfleiderer (Märchenweg 25, 81739 München)
Mitglieder: 115

● M 270
Hubschrauber-Zentrum e.V.
Postf. 13 10, 31665 Bückeburg
T: (05722) 55 33 **Fax:** 7 15 39
Internet: http://www.hubschraubermuseum.de
E-Mail: hubmus@t-online.de
Gründung: 1970 (18. September)
Präsident(in): Dr. Siegfried Sobotta
1. Vorsitzende(r): Reinhard Wolski
2. Vorsitzende(r): Wilhelm Ludwig
3. Vors.: Jürgen Harmening
Geschäftsführer(in): Gerhard Lange
Leitung Presseabteilung: Karl-H. Horstmann
Mitglieder: 285
Mitarbeiter: 12
Jahresetat: ca. DM 0,2 Mio, € 0,1 Mio

● M 271
Interessengemeinschaft Kunstflug e.V.
Am Reischelbach 6, 54343 Föhren
T: (06502) 58 54, (06831) 46 12 89 **Fax:** (06502) 2 03 48
Vorsitzende(r): Heinz Clasen (Geschf.)

● M 272
Gesellschaft zur Förderung des Segelfluges auf der Wasserkuppe/Rhön e.V.
Segelflugschule Wasserkuppe
36129 Gersfeld
T: (06654) 3 64 **Fax:** 81 92
Gründung: 1951
Präsident(in): Landrat Fritz Kramer
Vizepräsident(in): Heinz Witzel
Vorsitzende(r): Klaus Diegelmann
Schatzmeister: Benno Koch
Schulleiter: Michael Koenitz
Mitarbeiter: 3

● M 273
Deutscher Ultraleichtflugverband e.V. (DULV)
Dillieniusstr. 13, 71522 Backnang
T: (07191) 32 63-0 **Fax:** 32 63-23
Internet: http://www.dulv.de
Vorsitzende(r): Jo Konrad

● M 274
Bundesverband der Betriebe der Allgemeinen Luftfahrt e.V. (BBAL)
Bennenberg 8, 53819 Neunkirchen-Seelscheid
T: (02247) 75 96 70 **Fax:** 75 96 71
Internet: http://www.bbal.de
E-Mail: bbalgsl@t-online.de
Gründung: 1988 (10. Juni)
Vorsitzende(r): Herbert Busch
Geschäftsstellenleiter: Hermann Größle
Verbandszeitschrift: Verbandsmitteilungen
Redaktion: BBAL
Verlag: BBAL
Mitglieder: 115

● M 275
Flugtechnische Arbeitsgemeinschaft Esslingen
Kanalstr. 33, 73728 Esslingen
T: (0711) 3 97-31 59 (Mittwochs ab 19.00 Uhr)
E-Mail: ftag@fht-esslingen.de
Vorsitzende(r): Norbert Schur (Hohenstaufenstr. 17, 72555 Metzingen, T: (07123) 6 03 15 priv., (07022) 72 22 68 gesch.)
Werkstattleiter: Jürgen Hartmann

● M 276
Mission Aviation Fellowship Germany e.V. (MAF)
Missionsflugdienst Deutschland
Edesser Str. 1, 31234 Edemissen
T: (05176) 92 23 08 **Fax:** 92 23 09
Internet: http://www.maf-germany.de
E-Mail: mafgermany@cs.com
Gründung: 1991 (28. Dezember)
1. Vorsitzende(r): Peter Greilich
Stellvertretende(r) Vorsitzende(r): Frank Ahlert
Leitung Presseabteilung: Dr. Jörg Schmidt
Verbandszeitschrift: REPORT - DAS MAF-Magazin
Redaktion: Dr. Jörg Schmidt, Klaus Loh, u.a.
Mitglieder: 31
Mitarbeiter: 3
Jahresetat: DM 0,28 Mio, € 0,14 Mio

● M 277
Freundeskreis zur Förderung des Zeppelin-Museums e.V.
Postf. 14 48, 88004 Friedrichshafen
T: (07541) 5 34 33, 20 24 00 **Fax:** 20 24 01
Gründung: 1982 (8. März)
Vorsitzende(r): Manfred A. Sauter
Stellvertretende(r) Vorsitzende(r): Hans-Joachim Bartel
Verbandszeitschrift: "Zeppelin Briefe"
Mitglieder: 1987 (Stand 31.12.1996)

● M 278
Air Cargo Club Deutschland (ACD)
Potsdamer Str. 3, 65719 Hofheim
T: (06192) 2 06-737 **Fax:** 2 06-738
Vorsitzende(r): Wilfried Stamer
Stellvertretende(r) Vorsitzende(r): Hans-Helge Westerholt (Siemens AG, Bereich KWU)

● M 279
Arbeitsgemeinschaft Luftwaffe (AGL) e.V.
Bachumer Heide 9, 59757 Arnsberg
T: (02932) 2 87 12 **Fax:** 52 90 17
Internet: http://www.aglev.de
Vorsitzende(r): S. Wache
Geschäftsführer(in): B. Schönweiß

● M 280
Verband Deutscher Luftfahrtunternehmen mit Freiballonen e.V.
Geschäftsstelle
Spichernstr. 55-57, 49080 Osnabrück
T: (0541) 80 27 14 **Fax:** 188 51
Internet: http://www.ballonverband.de
Vorstand: Sigrid Beverburg
Lothar Kiefer
Geschäftsführer(in): Manfred Poggensee
Mitglieder: 31

N Gastronomie und Fremdenverkehr

Zum Auffinden einer bestimmten Dienststelle oder Organisation dient das Suchwortverzeichnis, eines Personennamens das Personenverzeichnis.

Gaststätten- und Beherbergungsgewerbe
Bäder und Heilbrunnen
Fremdenverkehr
Reisebüros, Reiseveranstalter

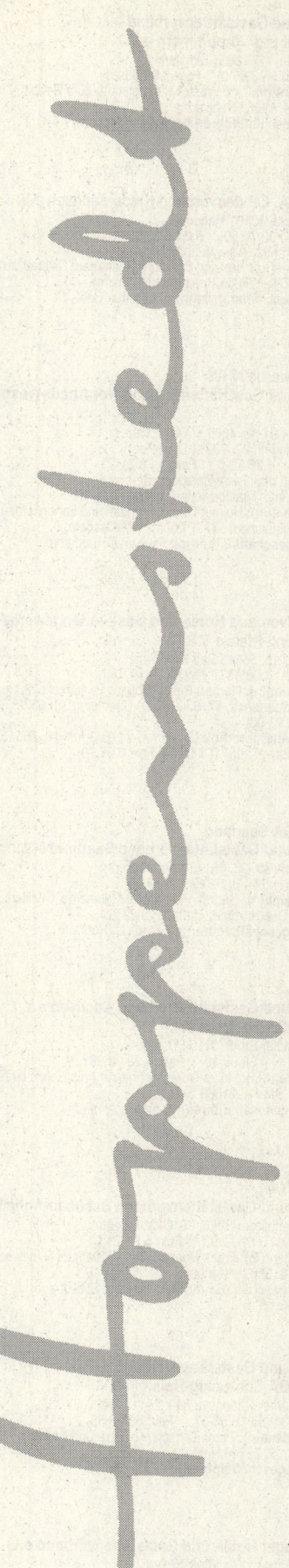

Gaststätten- und Beherbergungsgewerbe

● N 1

Deutscher Hotel- und Gaststättenverband e.V. (DEHOGA)
Am Weidendamm 1a, 10117 Berlin
T: (030) 72 62 52-0
Gründung: 1949 (6. Dezember)
Internationaler Zusammenschluß: siehe unter izn 5
Präsident(in): Dr. Erich Kaub (Dr. Kaub Gruppe, Menterschwaigstr. 4, 81545 München)
Geschäftsf. Präsidialmitgl: RA Christian Ehlers
Leitung Presseabteilung: Marc Schuerr (M.A.)
Verbandszeitschrift: AHGZ - Allgemeine Hotel- und Gaststätten-Zeitung
Verlag: Hugo Matthaes Verlag GmbH, Olgastr. 87, 70180 Stuttgart, T: (0711) 2 13 30, Telefax: (0711) 2 13 36 66
Mitglieder: ca. 90000 (über Mitgliedsverbände)

Wahrnehmung der ideellen, beruflichen, wirtschaftlichen, steuerlichen, sozial- und tarifpolitischen Belange des deutschen Hotel- und Gaststättengewerbes; Förderung der Berufsbildung und der wissenschaftlichen Forschungsarbeit auf diesen Gebieten und Durchführung von Öffentlichkeitsarbeit.

Fachgruppen und -abteilungen

n 2
Deutscher Hotel- und Gaststättenverband e.V.
Fachgruppe Hotels und verwandte Betriebe
Postf. 20 04 55, 53134 Bonn
Vorsitzende(r): Helmut Otto (Landhotel Naafs-Häuschen, Wahlscheid, 53797 Lohmar, T: (02206) 6 08-0, Telefax: (02206) 6 08-100)
Geschäftsführer(in): Dipl.-Volksw. Markus Luthe

n 3
Deutscher Hotel- und Gaststättenverband e.V.
Fachgruppe Gaststätten und verwandte Betriebe
Postf. 20 04 55, 53134 Bonn
Vorsitzende(r): Manfred Koch ("Hotel zur Post", Hauptstr. 8-10, 51674 Wiehl)
Geschäftsführer(in): Ingrid Hartges

n 4
Deutscher Hotel- und Gaststättenverband e.V.
Fachabteilung Autobahn-Raststätten
Postf. 20 04 55, 53134 Bonn
Vorsitzende(r): Jochen Müller (Autobahnraststätte Hasselberg-Ost, 34593 Knüllwald)
Geschäftsführer(in): Frank Schreiner

n 5
Deutscher Hotel- und Gaststättenverband e.V.
Fachabteilung Bahnhofsgastronomie
Postf. 20 04 55, 53134 Bonn
Vorsitzende(r): Franz-Josef Bröker (Bröker Gaststätten GmbH, Im Hauptbahnhof, Berliner Platz 19-21, 48143 Münster)
Geschäftsführer(in): Frank Schreiner

n 6
Deutscher Hotel- und Gaststättenverband e.V.
Fachabteilung Discotheken und Tanzbetriebe
Postf. 20 04 55, 53134 Bonn
Vorsitzende(r): Henning Franz (Gaststättenbetriebe, Kolm 7, 24340 Eckernförde)
Geschäftsführer(in): RA Stephan Büttner

n 7
Deutscher Hotel- und Gaststättenverband e.V.
Fachabteilung Systemgastronomie und Catering
Postf. 20 04 55, 53134 Bonn
Vorsitzende(r): Klaus Schwan (Whitebread Restaurants Holding GmbH, Elisabethstr. 22, 40217 Düsseldorf, T: (0211) 3 86 280, Fax: 3 86 28 20)
Geschäftsführer(in): Ass. Ingrid Hartges

n 8
Deutscher Hotel- und Gaststättenverband e.V.
Fachabteilung Gemeinschaftsverpflegung
Postf. 20 04 55, 53134 Bonn
Vorsitzende(r): Axel Fischer (Bayer AG, PS-Wirtschaftsbetriebe, 51368 Leverkusen, Tel.: (0214) 3 07 11 62, Fax: (0214) 3 02 77 05)
Geschäftsführerin: Ingrid Hartges

Mitgliedsverbände

n 9
Hotel- und Gaststättenverband DEHOGA Baden-Württemberg e.V.
Augustenstr. 6, 70178 Stuttgart
T: (0711) 6 19 88-0   **Fax:** 61 64 44
Internet: http://www.hogabw.de
E-Mail: info@hogabw.de
Präsident(in): Ernst Fischer (Restaurant „Rosenau", Am botanischen Garten, 72076 Tübingen)
Hauptgeschäftsführer(in): RA Volker Braun

n 10
Bayerischer Hotel- und Gaststättenverband e.V.
Türkenstr. 7, 80333 München
T: (089) 2 87 60-0   **Fax:** 2 87 60-111
Internet: http://www.bhg-online.de
E-Mail: info@bhg-online.de
Gründung: 1946
Präsident(in): Ludwig Hagn
Hauptgeschäftsführer(in): Andreas Ellmaier

n 11
Hotel- und Gaststättenverband Berlin und Umgebung e.V.
Knesebeckstr. 99, 10623 Berlin
T: (030) 31 80 48-0   **Fax:** 31 80 48-28
Gründung: 1884
Präsident(in): Peter Härig
Hauptgeschäftsführer(in): Karl Weißenborn

n 12
Gaststätten- und Hotelverband Brandenburg e.V.
Zum Jagenstein 3, 14478 Potsdam
T: (0331) 86 23 68   **Fax:** 86 23 81
Präsident(in): Thomas Badstübner (Parkhotel Seehof, 14778 Brielow)
Hauptgeschäftsführer(in): Dr. Norbert Stroscher

n 13
DEHOGA Bremen
Deutscher Hotel- und Gaststättenverband Landesverband Bremen e.V.
Hinter dem Schütting 8, 28195 Bremen
T: (0421) 3 35 90-0   **Fax:** 32 44 73
Präsident(in): Gerd Pauls (Hotel Munte am Stadtwald, Parkallee 299, 28213 Bremen)
Hauptgeschäftsführer(in): Ass. Thomas Schlüter

n 14
Landesverband des Gaststätten- und Hotelgewerbes der Hansestadt Hamburg e.V.
Hallerstr. 22, 20146 Hamburg
T: (040) 44 84 43, 44 84 44   **Fax:** 45 65 61
Präsident(in): Dipl.-Kfm. Rose Pauly (Fischrestaurant Sellmer, Ludolfstr. 50, 20249 Hamburg)
Hauptgeschäftsführer(in): Dipl.-Kfm. Klaus Buske

n 15
Hotel- und Gaststättenverband Hessen e.V.
Auguste-Viktoria-Str. 6, 65185 Wiesbaden
T: (0611) 9 92 01-0   **Fax:** 9 92 01-22
T-Online: *vb hessen#
E-Mail: hoga-hessen@t-online.de
Präsident(in): Reinhard Schreek (Parkhotel am Kurhaus, Nördlicher Park 16, 61231 Bad Nauheim)
Hauptgeschäftsführer(in): Clauss Tiemeyer

n 16
Deutscher Hotel- und Gaststättenverband Lippe e.V.
Postf. 29 32, 32719 Detmold
Leopoldstr. 38, 32756 Detmold
T: (05231) 2 24 33, 2 51 32   **Fax:** 3 92 75
Präsident(in): Uwe Beimfohr (Beimfohr's Bierstuben, Schloßstr. 49, 32108 Bad Salzuflen)
Geschäftsführer(in): Dipl.-Volksw. Jürgen Gedamke

n 17
Hotel- und Gaststättenverband Mecklenburg-Vorpommern e.V.
Grüne Str. 12, 19055 Schwerin
T: (0385) 5 92 55-0   **Fax:** 5 92 55-20
Präsident(in): Udo Westphal (Gaststätte Zum Reppin, Zum Reppin 4, 19063 Schwerin)
Hauptgeschäftsführer(in): Torsten Renzow

n 18
DEHOGA, Landesverband Niedersachsen e.V.
Yorckstr. 3, 30161 Hannover
T: (0511) 33 70 60   **Fax:** 3 37 06 29
Internet: http://www.dehoga-info.de
Präsident(in): Heinrich Bomhoff (Restaurant Dillertal, An der B6, OT Dille, 27305 Bruchhausen-Vilsen)
Hauptgeschäftsführer(in): RA Rainer Balke

n 19
Gastgewerbe NRW
Hotel- und Gaststättenverband Nordrhein-Westfalen e.V.
Postf. 24 01 63, 40090 Düsseldorf
Liesegangstr. 22, 40211 Düsseldorf
T: (0211) 1 78 71-0   **Fax:** 1 78 71-29
Internet: http://www.gastgewerbe-nrw.de
E-Mail: info@gastgewerbe-nrw.de
Präsident(in): Helmut Otto (Landhotel und Landgasthaus Naafs-Häuschen, 53797 Lohmar-Wahlscheid)
Hauptgeschäftsführer(in): RA Klaus Hübenthal

n 20
Landesverband Hotel- und Gaststättengewerbe Rheinland-Pfalz e.V.
Brückes 18, 55545 Bad Kreuznach
T: (0671) 4 03 05   **Fax:** 3 38 10
Präsident(in): Herbert Boller (Boller's Parkhotel Leininger Hof, Kurgartenstr. 17, 67098 Bad Dürkheim, T:(06232) 60 20, Fax: 60 23 00)
Geschäftsführer(in): Lothar Arnold (Brückes 18, 55545 Bad Kreuznach, T:(0671) 4 03 05, Fax: 3 38 10)

n 21
DEHOGA Saarland
Hotel- und Gaststättenverband Saarland e.V.
Feldmannstr. 26, 66119 Saarbrücken
T: (0681) 5 54 93   **Fax:** 5 23 26
Präsident(in): Gudrun Pink (Hotel Madeleine, Cecilienstr. 5, 66111 Saarbrücken, T: (0681) 3 22 28)
Hauptgeschäftsführer(in): Frank C. Hohrath

n 22
Hotel- und Gaststättenverband Sachsen e.V. (DEHOGA Sachsen e.V.)
Tharandter Str. 5, 01159 Dresden
T: (0351) 4 28 98 10   **Fax:** 4 28 98 28
Präsident(in): Heinz-Georg Schneider (Ibis Hotels Dresden, Prager Straße, 01069 Dresden)
Hauptgeschäftsführer(in): Frank Lehmann

n 23
DEHOGA
Hotel- und Gaststättenverband Sachsen-Anhalt e.V.
Brandenburger Str. 6, 39104 Magdeburg
T: (0391) 5 61 71 93   **Fax:** 5 61 71 94
Präsident(in): Frank Doepelheuer (Waldhotel "Am Ilsestein", Ilsetal 9, 38871 Ilsenburg)
Hauptgeschäftsführer(in): Wolfgang Schildhauer

n 24
Hotel- und Gaststättenverband DEHOGA Schleswig-Holstein e.V.
Hamburger Chaussee 349, 24113 Kiel
T: (0431) 65 18 66-67   **Fax:** 65 18 68
Präsident(in): Peter Bartsch (Konzert- und Ballhaus "Tivoli", Turnstr. 2, 25746 Heide)
Hauptgeschäftsführer(in): Axel Alm

n 25
Thüringer Hotel- und Gaststättenverband e.V.
Thälmannstr. 53, 99085 Erfurt
T: (0361) 5 90 78-0   **Fax:** 5 90 78-10
Internet: http://www.thuehoga.de
E-Mail: thuehoga@t-online.de
Präsident(in): Bernd Kreuch (Hotel Elxleben, Thomas-Münzer-Str. 38, 99189 Elxleben)
Geschäftsführer(in): Dipl.-Kfm. Dirk Ellinger

● N 26
Hotelverband Deutschland e.V. (IHA)
Anschrift ab 01.06.2001
Am Weidendamm 1a, 10117 Berlin
T: (030) 59 00 99 69-0   **Fax:** 59 00 99 69-9
Internet: http://www.hotelverband.de
E-Mail: ihad@iha-hotelverband.de
Anschrift bis 31.05.2001
Kronprinzenstr. 37, 53173 Bonn
T: (0228) 36 50 40, **Fax:** 35 62 01
Internationaler Zusammenschluß: siehe unter izn 6
Geschäftsführendes Vorstandsmitglied: Dipl.-Kfm. Bernd Geyer

● N 27
Bundesverband deutscher Discotheken und Tanzbetriebe e.V. (BDT)
c/o DEHOGA
Am Weidendamm 1a, 10117 Berlin
T: (030) 72 62 52-0   **Fax:** 72 62 52-42
Präsident(in): Henning Franz
Geschäftsführer(in): RA Stephan Büttner

● N 28
Deutsches Jugendherbergswerk Hauptverband für Jugendwandern u. Jugendherbergen e.V.
Bad Meinberger Str. 1, 32760 Detmold
T: (05231) 99 36-0   **Fax:** 99 36-63, 99 36-66
E-Mail: hauptverband@djh.org
Gründung: 1909
1. Vorsitzende(r): Stud.Dir. Otto Wirthensohn, Passau
Hauptgeschäftsführer(in): Bernd Dohn
Verbandszeitschrift: Extratour
Mitglieder: ca. 1700000
Landesverbände: 14 in der Bundesrepublik

● N 29
Verband Deutscher Schullandheime e.V.
Mendelssohnstr. 86, 22761 Hamburg
T: (040) 8 90 15 41   **Fax:** 89 86 39
Internet: http://www.schullandheime.de
E-Mail: verband@schullandheim.de
Gründung: 1950
Vorsitzende(r): Horst Aye, Flensburg
Geschäftsführer(in): Klaus Kruse, Hamburg
Leitung Presseabteilung: Peter Krössinger
Verbandszeitschrift: Das Schullandheim
Redaktion: Manfred Vogel
Verlag: Verlag Verband Deutscher Schullandheime e.V., Mendelssohnstr. 86, 22761 Hamburg
Mitglieder: 370 Schullandheimträger mit 400 Schullandheimen, 16 Landesverbände

● N 30
TOP International Hotels e.V.
Alt-Niederkassel 76, 40547 Düsseldorf
T: (0211) 55 98 55 16   **Fax:** 55 98 55 54
Gründung: 1982 (1. April)
Vors. d. Vorst. u. Präs.: Hans R. Müller (i. Fa. TOP Int. Marketing GmbH, Alt-Niederkassel 76, 40547 Düsseldorf, T: (0211) 55 98 55 55)
Leitung Presseabteilung: Martina Beckmann
Mitglieder: z. Zt. 85 Hotels in Deutschland; 70 Hotels in der Schweiz; 20 Hotels in Skandinavien, 45 Hotels im angrenzenden Ausland; 220 Hotels insgesamt
Mitarbeiter: 14
Jahresetat: DM 7,5 Mio, € 3,83 Mio

● N 31
transfer e.V.
Service-Büro für Interkulturelle Begegnung Kinder- und Jugendreisen
Paulshofstr. 11, 50767 Köln
T: (0221) 95 92 19-0   **Fax:** 95 92 19-3
E-Mail: transfer.koeln@t-online.de
Gründung: 1982
Vorsitzende(r): Sebastian Schuster
Stellvertretende(r) Vorsitzende(r): Hans-Günter Wustmann
Geschäftsführer(in): Werner Müller
Verbandszeitschrift: Jugend und Reisen-Informationsdienst
Redaktion: Büro Köln
Verlag: Selbstverlag
Mitglieder: 43
Mitarbeiter: 8
Jahresetat: DM 0,6 Mio, € 0,31 Mio

● N 32
VCH-Hotels Deutschland
Geschäftsstelle:
Steinbeisstr. 2, 74189 Weinsberg
T: (07134) 2 35 65   **Fax:** 2 35 66
Gründung: 1904
Präsident(in): Werner Kathmeyer
Leitung Presseabteilung: Ingrid Laquai
Verbandszeitschrift: VCH-Kurier
Redaktion: Ingrid Laquai
Mitglieder: 58
Mitarbeiter: 3

● N 33
Verband des Deutschen Bahnhofshandels e.V.
Am Weidendamm 1 A, 10117 Berlin
T: (030) 72 62 52 65   **Fax:** 72 62 53 65
Vorsitzende(r): Manfred Wiese (MPH Milchprodukte, Im Hauptbahnhof, Arnulf-Klett-Platz 2, 70173 Stuttgart, T: (0711) 22 46 70, Fax: 2 24 67 15)
Geschäftsführer(in): Dipl.-Volksw. Frank Schreiner
Mitglieder: ca. 300

● N 34
Bundesverband Schnellgastronomie und Imbißbetriebe e.V. (BVI)
Klettenberggürtel 51, 50939 Köln
T: (0221) 46 10 20   **Fax:** 46 58 82
Gründung: 1968 (25. Oktober)
Präsident(in): Konrad Buchheister (Hauptstr. 56, 59755 Arnsberg, T: (02932) 89 29 29)
Vizepräsident(in): Werner Böcker (Papiermühlerstr. 10 B, 04299 Leipzig, T: (0341) 8 61 77 61)
Geschäftsführer(in): RA Jürgen Kasper
Verbandszeitschrift: SNACK BISTRO
Redaktion: Bergmann + Lukullus Verlagsges. mbH, Max-Volmer-Str. 28, 40724 Hilden, T: (02103) 20 40
Verlag: B + L Medien Gesellschaft mbH, Max-Volmer-Str. 28, 40724 Hilden; T: (02103) 20 40

● N 35
Verband der Köche Deutschlands e.V. (VKD)
Steinlestr. 32, 60596 Frankfurt
T: (069) 63 00 06-0   **Fax:** 63 00 06-10
Internet: http://www.vkd.com
E-Mail: koeche@vkd.com
Gründung: 1884
Präsident(in): Siegfried Schaber
Leitung Presseabteilung: Lena Kraft
Verbandszeitschrift: "Küche"
Verlag: LPV Lebensmittel Praxis Verlag Neuwied GmbH, Hermannstr. 40, 56564 Neuwied
Mitglieder: 13608 (Stand 31.12.98)

Berufsfachverband der Köche, Berufsbilddarstellung, Weiterbildung, Kochkunstausstellung, National- und Jugendnationalmannschaft, Nachwuchsförderung, Wettbewerbe, Fachinformationsdienst, Auslandskontakte, Stellenvermittlung im In- und Ausland.

● N 36
Bundesverband der Gästeführer in Deutschland e.V. (BVGD)
Rheingoldweg 67, 22559 Hamburg
T: (040) 81 27 57   **Fax:** 8 11 96 20
Gründung: 1994 (13. November)
Vorsitzende(r): Gisela Bianco
Stellvertretende(r) Vorsitzende(r): Dr. Wolther von Kieseritzky
Leitung Presseabteilung: Ilona Priebe
Verbandszeitschrift: Cicerone
Redaktion: Ilona Priebe
Verlag: Kurfürstenstr. 12-14, 50678 Köln
Mitglieder: 1700
Mitarbeiter: 1 Teilzeit
Jahresetat: ca. DM 0,05 Mio, € 0,03 Mio

● N 37
Verband der Kurbeherbergungs-Betriebe Deutschlands e.V. (VdKB)
Postf. 17 29, 86820 Bad Wörishofen
Rudolf-Diesel-Str. 18, 86825 Bad Wörishofen
T: (08247) 3 49 98   **Fax:** 9 59 91-50
E-Mail: vdkb-ev@gmx.de
Vorstand: Bernd Schmeink (Vors.)
Jürgen Höreth (stellv. Vors.)
Mitglieder: 300

Bäder und Heilbrunnen

● N 38
Sächsischer Heilbäderverband e.V.
Geschäftsstelle:
Friedrichstr. 24, 01067 Dresden
T: (0351) 8 97 59 30   **Fax:** 8 97 59 39
Gründung: 1990 (15. Mai)
Präsident(in): Prof. Dr. med.habil. Dieter Reinhold
Geschäftsführer(in): Helfried Böhme, Dresden
Mitglieder: 40

● N 39
Deutscher Heilbäderverband e.V.
Postf. 19 01 47, 53037 Bonn
Schumannstr. 111, 53113 Bonn
T: (0228) 2 01 20-0   **Fax:** 2 01 20-41
Internet: http://www.deutscher-heilbaederverband.de
Präsident(in): Prof. Dr.med. Manfred Steinbach (Grafschaft)
Hauptgeschäftsführerin: Heike Wilms-Kegel
Mitglieder: 15 Verbände

Regionale Bäderorganisationen

n 40
Heilbäderverband Baden-Württemberg e.V.
Esslinger Str. 8, 70182 Stuttgart
T: (0711) 2 38 58 71   **Fax:** 2 38 58-98
Präsident(in): Bürgermeister u. Kurdirektor Prof. Dr. Rudolf Forcher, Bad Waldsee
Geschäftsführer(in): Arne Mellert

n 41
Bayerischer Heilbäderverband e.V.
Rathausstr. 6-8, 94072 Bad Füssing
T: (08531) 97 55-90   **Fax:** 2 13 67
Internet: http://www.bay-heilbaeder.de
E-Mail: info@bay-heilbaeder.de
Präsident(in): Bürgermeister Franz Gnan, Bad Füssing
Geschäftsführer(in): Rudolf Weinberger

n 42
Brandenburgischer Kurorte- und Bäderverband e.V.
Postf. 12 27, 17262 Templin
T: (03987) 20 30-141   **Fax:** 20 30-129
Präsident(in): Kurdirektor Uwe Mohr
Geschäftsführer(in): Bärbel Mann

n 43
Verband Hessischer Heilbäder e.V.
Le-Cannet-Rocheville-Str. 1, 61462 Königstein i. Ts.
T: (06174) 2 40 94   **Fax:** 2 36 48
Präsident(in): Kurdirektor Hans-Peter Wohlgehagen, Bad Wildungen
Geschäftsführer(in): Rainer Kowald

n 44
Bäderverband Mecklenburg-Vorpommern e.V.
Rostocker Str. 3, 18181 Seeheilbad Graal-Müritz
T: (038206) 78 85-0   **Fax:** 78 85-1
Präsident(in): Bürgermeister Mathias Löttge, Barth
Geschäftsführer(in): Marianne Düsterhöft

n 45
Heilbäderverband Niedersachsen e.V.
Unter den Eichen 15a, 26160 Bad Zwischenahn
T: (04403) 5 86 89   **Fax:** 6 13 96
Präsident(in): Stadt- u. Kurdirektor und GeschF Hans-Bernd Kaufmann, Bad Bevensen
Geschäftsführer(in): Peter Schulze

n 46
Nordrhein-Westfälischer Heilbäderverband e.V.
Kaiserstr. 14, 59505 Bad Sassendorf
T: (02921) 5 01-4502   **Fax:** 5 01-4599
Präsident u. Geschäftsführer: Kurdirektor Rolf von Bloh

n 47
Fremdenverkehrs- und Heilbäderverband Rheinland-Pfalz e.V.
Postf. 20 05 63, 56005 Koblenz
Löhrstr. 103-105, 56068 Koblenz
T: (0261) 9 15 20-0   **Fax:** 9 15 20-40
Internet: http://www.rlp-info.de
E-Mail: meinung@rlp-info.de
Verbandsdirektor: Dipl.-Kfm. Adolf Meinung

n 48
Sächsischer Heilbäderverband e.V.
Friedrichstr. 24, 01067 Dresden
T: (0351) 8 97 59 30   **Fax:** 8 97 59 39
Präsident(in): Prof. Dr.med. habil. Dieter Reinhold, Dresden
Geschäftsführer(in): Helfried Böhme, Dresden

n 49
Heilbäderverband Sachsen-Anhalt e.V.
Badepark 1, 39218 Schönebeck

n 49

T: (03928) 70 55 50   **Fax:** 70 55 52
Präsident(in): Dr.med. Hannelore Thieß
Geschäftsführer(in): Hubert Steidl

n 50

Heilbäderverband Schleswig-Holstein e.V.
Niemannsweg 31, 24105 Kiel
T: (0431) 5 60 01 21   **Fax:** 56 98 10
Präsident(in): Kurdirektor Günter Grote, Büsum
Geschäftsführer(in): N. N.

n 51

Thüringer Heilbäderverband
Kurpromenade 5b, 99947 Bad Langensalza
T: (03603) 83 44-0   **Fax:** 83 44-22
Präsident(in): Bürgermeister Gerald Reimann, Bad Klosterlausnitz
Geschäftsführer(in): Verw.-Dir. Elke Engelmann

n 52

Verband Deutscher Badeärzte e.V.
Elisabethstr. 7a, 32545 Bad Oeynhausen
T: (05731) 2 12 03   **Fax:** 26 08 80
E-Mail: vdb@badeaerzteverband.de
Präsident(in): Dr.med. Wolfram Enders

n 53

Vereinigung für Bäder- und Klimakunde e.V.
c/o Eugen-Keidel-Bad Mineral-Thermalbad Freiburg
An den Heilquellen 4, 79111 Freiburg i. Br.
T: (0761) 4 90 59-0   **Fax:** (07961) 4 90 59-70
Vorsitzende(r): PD Dr.med. Bernd Hartmann
Geschäftsführer(in): Betriebsleiter Herbert Renn

n 54

Deutsche Heilbrunnen im Verband Deutscher Mineralbrunnen e.V.
Kennedyallee 28, 53175 Bonn
T: (0228) 95 99 00   **Fax:** 37 34 53
Internet: http://www.heilwasser.com, http://www.mineralwasser.com
E-Mail: vdm.bonn@t-online.de, 0228959900-1@t-online.de
Vorsitzende(r): Hermann Wiegand, Bad Überkingen
Geschäftsführer(in): Dipl.-Volksw. Marion Klein
Fachliche und wirtschaftliche Betreuung der Versandheilbrunnen.

● N 55

Verband Deutscher Kneippheilbäder und Kneippkurorte
Wilhelmsplatz im Haus des Gastes, 57334 Bad Laasphe
T: (02752) 8 98   **Fax:** 77 89
Internet: http://www.kneipp.de
E-Mail: info@kneipp.de, Badlaasphe@t-online.de
Gründung: 1966
Vorsitzende(r): Kurdir. Dieter Lütke, Bad Laasphe
Stellvertretende(r) Vorsitzende(r): Kurdir. Thomas Weber, Bad Fredeburg
Hauptgeschäftsführer(in): Kurdir. Dieter Lütke, Bad Laasphe
Mitglieder: 65 Kneippkurorte/-heilbäder

Fremdenverkehr

● N 56

Deutsche Zentrale für Tourismus e.V. (DZT)
Hauptverwaltung
Beethovenstr. 69, 60325 Frankfurt
T: (069) 9 74 64-0   **Fax:** 75 19 03
Internet: http://www.deutschland-tourismus.de, http://www.germany-tourism.de
E-Mail: info@d-z-t.com
Gründung: 1948
Vorstand: Ursula Schörcher (Vors.; T: (069) 9 74 64-2 48)
Günter Colonius (kaufm. T: (069) 9 74 64-2 46)
Petra Hedorfer (Marketing)
Mitglieder des Verwaltungsrates 18 Mitglieder:
Vorsitzende(r): Dr. Erich Kaub (Präsident des Deutschen Hotel- und Gaststättenverbandes)
Vizepräsident(in): Hans Jakob Kruse
Dr. Jürgen Linde
Staatsminister Dr. Otto Wiesheu
Beirat 40 Mitglieder:
Vorsitzende(r): Dr. Jürgen Linde
1.Stellv. Vors.: Prof. Rudolf Forcher
Mitglieder: 42
Mitarbeiter: 154 (75 Inland/79 Ausland)
Jahresetat: DM 60,2 Mio, € 30,78 Mio
Mitglieder:
Accor Hotellerie Deutschland GmbH
Arbeitsgemeinschaft Deutscher Verkehrsflughäfen e.V (ADV)
asr-Bundesverband mittelständischer Reiseunternehmen e.V.
Autobahn Tank & Rast GmbH & Co. KG
Bayern Tourismus Marketing GmbH
Bertelsmann Marketing Service GmbH
Bremer Touristik Zentrale GmbH
Bundesverband der Deutschen Tourismuswirtschaft e.V.
C & N Touristic AG
Deutsche Bahn AG
Deutsche Lufthansa AG
Deutscher Heilbäderverband e.V.
Deutscher Hotel- und Gaststättenverband e.V. (DEHOGA)
Deutscher Industrie- und Handelstag (DIHT)
Deutscher Reisebüro- und Reiseveranstalter Verband (DRV)
Deutscher Tourismusverband e.V.
Deutsches Reisebüro GmbH (DER)
Europäische Reiseversicherung AG
Rheinland-Pfalz Tourismus GmbH
Flughafen Frankfurt/Main AG (FAG)
Flughafen München GmbH
Hessen Touristik Service e.V.
Historic Highlights of Germany
Hotelverband Deutschland (IHA)
KD Deutsche Rheinschiffahrt AG
Kempinski AG
Landesmarketing Sachsen-Anhalt GmbH
Ludwig Musical AG & CO.KG
Magic Cities Germany
RDA-Internationaler Bustouristik Verband e.V.
Reisebank AG
SIXT AG
START Amadeus GmbH
Steigenberger Hotels AG
Thüringer Tourismus GmbH
Tourismus Marketing GmbH Baden-Württemberg
Tourismus-Marketing Brandenburg GmbH
Tourismus Marketing Gesellschaft Sachsen mbH (TMGS)
Tourismusverband NRW e.V.
Tourismus-Zentrale Hamburg GmbH
Tourismus Zentrale Saarland GmbH
TUI Group GmbH
DZT-Mitgliedschaften international: European Travel Commission (ETC)
Touristische Gemeinschaft der Alpenländer
Die Donau - Internationale Werbegemeinschaft
Internationale Rheinwerbung
Internationale Eifel-Ardennen Gemeinschaftswerbung
Internationaler Bodensee-Verkehrsverein
Baltic Tourism Commission (BTC)

26 Auslandsvertretungen und Vertriebsagenturen:
Europa:
Amsterdam, Brüssel, Budapest, Helsinki, Kopenhagen, London, Madrid, Mailand, Moskau, Oslo, Paris, Prag, Stockholm, Warschau, Wien, Zürich
Übersee: Hongkong, Johannesburg, Los Angeles, New York, Peking, São Paulo, Sydney, Tel Aviv, Tokio, Toronto

● N 57

Bundesverband der Deutschen Tourismuswirtschaft e.V. (BTW)
Am Weidendamm 1a, 10117 Berlin
T: (030) 72 62 54-0   **Fax:** 72 62 54-44
E-Mail: info@btw.de
Präsident(in): Dr. Erich Kaub
Generalsekretär(in): Christian Ehlers
Geschäftsführer(in): Ulrich Rüter
Leitung Presseabteilung: Jutta Lieneke-Berns

● N 58

German Convention Bureau (GCB)
Münchener Str. 48, 60329 Frankfurt
T: (069) 24 29 30-0   **Fax:** 24 29 30-26
Internet: http://www.gcb.de/
E-Mail: info@gcb.de
Gründung: 1973
Verwaltungsrat:
Ursula Schörcher
Nils Kroesen
Alfred Diem
Marcus Frank
Thomas Klose
Dr. Robert Stolze
Hermann Hanser
Dr. Ralf Kleinhenz
Anton Kössl
Michel Maugé
Ullrich von Collas
Geschäftsführer(in): Lutz P. Vogt
Mitglieder: 214
Mitarbeiter: 13

Repräsentanz, Marketing und Interessenvertretung für Deutschland als Kongress- und Tagungsstandort. Schnittstelle zwischen Veranstaltern von Tagungen, Kongressen und den Anbietern auf dem deutschen Tagungsmarkt. Kostenlose Beratung und Broschüren.

● N 59

Verband Deutsches Reisemanagement e.V. (VDR)
Louisenstr. 117, 61348 Bad Homburg
T: (06172) 8 43 12   **Fax:** 8 43 43
Internet: http://www.vdr-service.de
E-Mail: otto@vdr-service.de
Gründung: 1974
1. Vorsitzende(r): Michael Kirnberger
2. Vorsitzende(r): Ralph Rettig
Geschäftsführerin: Angelika Otto
Leitung Presseabteilung: Gerd Otto-Rieke
Mitglieder: 362
Mitarbeiter: 2

● N 60

Die NaturFreunde Bundesgruppe Deutschland e.V.
Postfach 60 04 41, 70304 Stuttgart
Hedelfinger Str. 17-25, 70327 Stuttgart
T: (0711) 4 09 54-0   **Fax:** 4 09 54-4
E-Mail: naturfreunde-d@t-online.de
Gründung: 1895
Internationaler Zusammenschluß: siehe unter izq 202
Vorsitzende(r): Michael Müller (MdB)
Stellvertretende(r) Vorsitzende(r): Rudi Klug
Jürgen Dittner
Nicolette Kressl
Hauptgeschäftsführer(in): Stefan Straub
Leitung Presseabteilung: Markus Martin
Verbandszeitschrift: Naturfreunde
Redaktion: Brigitte Johanna Henkel-Waidhofer, Markus Martin, Stefan Straub
Verlag: Naturfreundeverlag, Postfach 60 04 41, 70304 Stuttgart
Mitglieder: 101000
500 Naturfreundehäuser
Jahresetat: DM 2,5 Mio, € 1,28 Mio
Landesverbände: Baden, Bayern, Berlin, Brandenburg, Hessen, Mecklenburg/Vorpommern, Niedersachsen, Hamburg, Schleswig-Holstein, Bremen, Rheinland, Rheinland-Pfalz, Saarland, Sachsen-Anhalt, Sachsen, Thüringen, Teutoburger Wald, Westfalen, Württemberg
Fachgruppen: Bergsteigen, Esperanto, Foto, Camping, Natur- und Heimatkunde, Wassersport, Wintersport
Referate: Häuser, Kultur und Bildung, Öffentlichkeitsarbeit, Reisen, Umweltschutz, Wandern Gliederungen: Jugendverband, Kinderverband, Landesverbände

● N 61

Bundesarbeitsgemeinschaft Evangelischer Jugendferiendienste e.V. (BEJ)
c/o Gerhard Grzegorek
Ferien- und Freizeitdienst der VKK Dortmund
Jägerstr. 5, 44145 Dortmund
T: (0231) 84 94-190   **Fax:** 84 94-359
Internet: http://www.bej.de
E-Mail: vorstand@bej.de
Vorsitzende(r): Gerd Grzegorek
Referent: N. N.

● N 62

Bundesarbeitsgemeinschaft Katholischer Jugendferienwerke
im Jugendhaus Düsseldorf
Abt. Jugendtourismus
Postfach 32 06 29, 40421 Düsseldorf
Carl-Mosterts-Platz 1, 40477 Düsseldorf
T: (0211) 46 93-161   **Fax:** 46 93-120
Internet: http://www.jugendhaus-duesseldorf.de
E-Mail: jugendreisen@jugendhaus-duesseldorf.de
Abteilungsleiterin: Martina Drabner

● N 63

Arbeitsgemeinschaft Urlaub und Freizeit auf dem Lande e.V.
Lindhooper Str. 63, 27283 Verden
T: (04231) 96 65-0   **Fax:** 96 65-66
Internet: http://www.bauernhofferien.de
E-Mail: info@bauernhofferien.de
Gründung: 1972 (13. November)
Vorsitzende(r): Ute Musshardt
Stellvertretende(r) Vorsitzende(r): Ulrike Winkelmann
Geschäftsführer (Ltg. Presseabt.): Elke Boggasch
Verlag: Urlaub und Freizeit auf dem Lande (Katalog) - Reiseführer für Urlaub auf dem Bauernhof in Niedersachsen
Mitglieder: 400 (Stand März 2001)
Mitarbeiter: 5

● N 64

Deutscher Tourismusverband e.V. (DTV)
Bertha-von-Suttner-Platz 13, 53111 Bonn
T: (0228) 9 85 22-0   **Fax:** 69 87 22
Internet: http://www.deutschertourismusverband.de
E-Mail: kontakt@deutschertourismusverband.de
Gründung: 1902
Präsident(in): Dr. Jürgen Linde
Hauptgeschäftsführer(in): Claudia Gilles
Presseabteilung: Barbara Reith
Verbandszeitschrift: Mitgliederinfo

Redaktion: Claudia Gilles
Mitglieder: 85
Mitarbeiter: 9

Landesverbände

Baden-Württemberg

n 65

Tourismus-Marketing GmbH Baden-Württemberg
Esslinger Str. 8, 70182 Stuttgart
T: (0711) 23 85 80 **Fax:** 2 38 58 99
Internet: http://www.tourismus-baden-wuerttemberg.de
E-Mail: info@tourismus-baden-wuerttemberg.de
Präsident(in): Dr. Walter Döring
Geschäftsführer(in): Roger Heidt

n 66

Internationale Bodensee-Tourismus GmbH
Insel Mainau, 78465 Konstanz
T: (07531) 90 94-0 **Fax:** 90 94-94
Internet: http://www.bodensee-tourismus.com
E-Mail: info@bodensee-tourismus.de
Gründung: 1967

n 67

Schwarzwald Tourismusverband e.V.
Ludwigstr. 23, 79104 Freiburg
T: (0761) 2 96 22 60 **Fax:** 2 96 22 77
Internet: http://www.schwarzwald-tourist-info.de
E-Mail: mail@schwarzwald-tourist-info.de
Verbandspräs: Bürgermeister Hansjörg Eckert
Geschäftsführer(in): Bernd Goebel

Berlin

n 68

Berlin Tourismus Marketing GmbH
Am Karlsbad 11, 10785 Berlin
T: (030) 26 47 48-0 **Fax:** 26 47 48-99
Internet: http://www.berlin-tourism.de
E-Mail: sekretariat@btm.de
Geschäftsführer(in): Hanns Peter Nerger
Sekretärin: Cornelia Hanf
Vorsitzender des Aufsichtsrates: Wolfgang Branoner

Brandenburg

n 69

Tourismus-Marketing Brandenburg GmbH TMB
Am Neuen Markt 1 - Kabinetthaus, 14467 Potsdam
T: (0331) 2 98 73-0 **Fax:** 2 98 73-73
Internet: http://www.reiseland-brandenburg.de
E-Mail: tmb@tmb-brandenburg.de
Geschäftsführer(in): Dieter Hütte

n 70

Tourismusverband Land Brandenburg e.V.
Am Neuen Markt 1, 14467 Potsdam
T: (0331) 2 75 28-0 **Fax:** 2 75 28-10
Internet: http://www.tmb-brandenburg.de
E-Mail: tmb@tmb-brandenburg.de

Bremen

n 71

BTZ Bremer Touristik-Zentrale Gesellschaft für Marketing und Service GmbH (BTZ)
Findorffstr. 105, 28215 Bremen
T: (0421) 3 08 00-0 **Fax:** 3 08 00-30
Internet: http://www.bremen-tourism.de
E-Mail: btz@bremen-tourism.de
Geschäftsführer(in): Peter Siemering

Hamburg

n 72

Tourismus-Zentrale Hamburg GmbH
Postf. 10 22 49, 20015 Hamburg
Steinstr. 7, 20095 Hamburg
T: (040) 3 00 51-300 **Fax:** 3 00 51-333
Internet: http://www.hamburg-tourism.de
E-Mail: info@hamburg-tourism.de
Geschäftsführer(in): Dietrich von Albedyll
Vors. d. AR: Wirtschaftssenator Dr. Thomas Mirow

n 73

Tourismusverband Hamburg e.V.
Postf. 10 22 49, 20015 Hamburg
Steinstr. 7, 20095 Hamburg
T: (040) 3 00 51-114, 3 00 51-103 **Fax:** 3 00 51-299
Internet: http://www.hamburg-tourism.de
E-Mail: info@hamburg-tourism.de

n 74

Wirtschaftsbehörde
Amt Medien und Kommunikationswirtschaft, Standortmarketing, Abt. Tourismus, Messen und Kongresse
Postf. 11 21 09, 20421 Hamburg
Alter Steinweg 4, 20459 Hamburg
T: (040) 4 28 41 1602 **Fax:** 4 28 41 2953
E-Mail: hans-werner.burmeister@wb.hamburg.de

Hessen

n 75

Hessen Touristik Service e.V.
Abraham-Lincoln-Str. 38-42, 65189 Wiesbaden
T: (0611) 7 78 80-0 **Fax:** 7 78 80-40
Internet: http://www.hessen-tourismus.de
E-Mail: info@hessen-tourismus.de
Gründung: 1978 (Neuorganisation ab 01.01.1990)
1. Vorsitzende(r): Landrat Horst Schnur
Geschäftsführer(in): Henrik Laschke

Mecklenburg-Vorpommern

n 76

Tourismusverband Mecklenburg-Vorpommern e.V.
Platz der Freundschaft 1, 18059 Rostock
T: (0381) 4 03 05-00 **Fax:** 4 03 05-55
Internet: http://www.tmv.de
E-Mail: info@tmv.de
Geschäftsführer(in): Bernd Fischer
Hinrich Kuessner

Niedersachsen

n 77

Tourismusverband Niedersachsen e.V.
Vahrenwalder Str. 7, 30165 Hannover
T: (0511) 93 57 25-0 **Fax:** 93 57 25-9
Internet: http://www.tourismus.niedersachsen.de
E-Mail: info@tourismus.niedersachsen.de
Vorsitzende(r): Oberkreisdirektor Klaus-Volker Kempa
Geschäftsführer(in): Andreas Walter

n 78

Harzer Verkehrsverband e.V.
Marktstr. 45, 38640 Goslar
T: (05321) 34 04-0 **Fax:** 34 04-66, 34 04-67
Internet: http://www.harzinfo.de
E-Mail: harzer.verkehrsverband@t-online.de
Vorsitzende(r): Landrat Dr. Volker Pietsch
Geschäftsführer(in): Michael Lücke

Nordrhein-Westfalen

n 79

Landesverkehrsverband Rheinland e.V.
Rheinallee 69, 53173 Bonn
T: (0228) 36 29-21, 36 29-22 **Fax:** 36 39-29
Internet: http://www.rheinland-info.de
E-Mail: lvv@rheinland-info.de
Gründung: 1904 (06.Juni)
Vorsitzende(r): Landrat Frithjof Kühn
Geschäftsführer(in): Dagmar Toschka
Leitung Presseabteilung: Detlev Martensen
Verbandszeitschrift: Mitgliederrundschreiben und Pressedienst
Mitglieder: ca. 180
Mitarbeiter: 7

n 80

Landesverkehrsverband Westfalen e.V.
Friedensplatz 3, 44135 Dortmund
T: (0231) 52 75-06, 52 75-07 **Fax:** 52 45 08
Internet: http://www.westfalen-info.de
E-Mail: lvv-westfalen@t-online.de
Vorsitzende(r): Harald Heinze
Geschäftsführer(in): Jürgen Mensendiek

Rheinland-Pfalz

n 81

Fremdenverkehrs- und Heilbäderverband Rheinland-Pfalz e.V.
Postf. 20 05 63, 56005 Koblenz
Löhrstr. 103-105, 56068 Koblenz
T: (0261) 9 15 20-0 **Fax:** 9 15 20-40
Internet: http://www.rlp-info.de
E-Mail: meinung@rlp-info.de
Vorsitzende(r): Bürgermeister Stefan Gillich
Geschäftsführer(in): Dipl.-Kfm. Adolf Meinung

Saarland

n 82

Tourismus Zentrale Saarland
Franz-Josef-Röder-Str. 9, 66119 Saarbrücken
T: (0681) 92 72 00 **Fax:** 9 27 20 52
Internet: http://www.tourismus.saarland.de
E-Mail: info@tz-s.de
Geschäftsführer(in): Hella Ackermann

Sachsen

n 83

Landestourismusverband Sachsen e.V.
Friedrichstr. 24, 01067 Dresden
T: (0351) 4 91 91-0 **Fax:** 4 91 91-29
Internet: http://www.reiseland-sachsen.de
E-Mail: info@ltv-sachsen.de
Präsident(in): Landtagspräsident Erich Iltgen (MdL)
Verb. Dir: Manfred Böhme

Sachsen-Anhalt

n 84

Tourismusverband Sachsen-Anhalt e.V.
Große Diesdorfer Str. 12, 39108 Magdeburg
T: (0391) 7 38 43-00 **Fax:** 7 38 43-02
Vorsitzende(r): Hans-Georg Busch (Oberbürgermeister Stadt Halberstadt)
Geschäftsstellenleiterin: Bärbel Pieper

Schleswig-Holstein

n 85

Tourismusverband Schleswig-Holstein e.V.
Niemannsweg 31, 24105 Kiel
T: (0431) 5 60 01 21 **Fax:** 56 98 10
Internet: http://www.sht.de
E-Mail: sht@sh-tourismus.de
Vorsitzende(r): N. N.
Geschäftsführer(in): N. N.

Thüringen

n 86

Thüringer Landesfremdenverkehrsverband e.V.
c/o Thüringer Tourismus GmbH
Postf. 10 05 19, 99005 Erfurt
T: (0361) 3 74 22 03 **Fax:** 3 74 22 99
E-Mail: thlfv@t-online.de
Vorsitzende(r): Landrat Jürgen Mascher

● N 87

Bundesverband der Campingwirtschaft in Deutschland (BVCD)
Angermünder Str. 20, 16247 Joachimsthal
T: (0180) 5 05 22 84 **Fax:** (033361) 6 39 15
Gründung: 2000 (10. November)
Präsident(in): Jens Kowald
Vizepräsident(in): Hardi Limmeroth
Bernd Müller
Mitglieder: 11 Landesverbände

n 88

Landesverband der Campingplatzunternehmer in Bayern (LCB)
Im Tal 13, 91278 Pottenstein
T: (09242) 17 88 **Fax:** 10 40
Internet: http://www.camping-in-bayern.de
E-Mail: spaetling@t-online.de
Vorsitzende(r): Georg Spätling
Stellvertretende(r) Vorsitzende(r): Andreas Zick

n 89
Landesverband der Campingplatzunternehmer in Hessen e.V. (VCH)
Hauptstr. 34, 34593 Knüllwald
T: (05681) 60 88 88   Fax: 93 08 07
Internet: http://www.hessencamping.de
E-Mail: info@hessencamping.de
Gründung: 1993
Vorsitzende(r): Hardi Limmeroth
Stellvertretende(r) Vorsitzende(r): Peter Reiß
Geschäftsführer(in): Reinhold Becker
Mitglieder: 67
Mitarbeiter: 2

n 90
Verband der Camping- und Freizeitbetriebe Mecklenburg-Vorpommern e.V. (VCFMV)
Geschäftsstelle
Platz der Freundschaft 1, 18059 Rostock
T: (0381) 4 03 48 55   Fax: 44 84 02
Internet: http://www.campin-caravan-mv.de
E-Mail: vcfmv@t-online.de
Gründung: 1991 (11. März)
Präsident(in): Rainer Frank
Vorsitzende(r): Wolfgang Neumann
Stellvertretende(r) Vorsitzende(r): Heiko Thoma
Mitglieder: 85
Mitarbeiter: 1

n 91
Verband der Campingunternehmer in Niedersachsen e.V. (VCN)
27389 Lauenbrück
T: (05464) 51 66   Fax: 58 37
Gründung: 1971
Präsident(in): Anton Harms

n 92
Verband der Campingplatzhalter Rheinland-Pfalz (VCRP)
Camping Clausensee, 67714 Waldfischbach-Burgalben
T: (06333) 37 71   Fax: 57 47
Gründung: 1973 (1. Januar)
Vorsitzende(r): U. Dauenhauer
Stellvertretende(r) Vorsitzende(r): Ch. Kopper

n 93
Verband der Campingplatzbetreiber in Sachsen e.V.
Waldweg 70, 08485 Waldkirchen
T: (037606) 27 87   Fax: 27 88
Internet: http://www.camping.sachsen.de
Vorsitzende(r): Gottfried Pester
Stellvertretende(r) Vorsitzende(r): H.-Gerd Franz
Geschäftsführer(in): G. Pester

n 94
Verband der Campingplatzunternehmer in Schleswig-Holstein e.V. (VCSH)
Kiefernweg 14, 23829 Wittenborn
T: (04554) 7 05 65 33   Fax: 48 33
Internet: http://www.vcsh.de
E-Mail: info@vcsh.de

n 95
Verband der Campingplatzhalter in Thüringen e.V.
Nr. 91, 99448 Hohenfelden
T: (036450) 4 22 42   Fax: 4 22 42
Vorsitzende(r): Walter Morche
Stellvertretende(r) Vorsitzende(r): Bernd Töpfer
Verbandszeitschrift: Camping impulse
Verlag: DSD Verlag-Dolde Medien

Regionale Fremdenverkehrsverbände

Baden-Württemberg

● N 96
Verkehrsverein Heidelberg e.V.
Postf. 10 58 60, 69048 Heidelberg
T: (06221) 14 22-0   Fax: 14 22 22
Internet: http://www.cvb-heidelberg.de
E-Mail: info@cvb-heidelberg.de
Tourist Information am Hauptbahnhof, 69115 Heidelberg, T: (06221) 1 94 33, Telefax: (06221) 1 38 81 11
Gründung: 1971
Präs. u. Vors.: Beate Weber (Oberbürgermeisterin der Stadt Heidelberg)
Hauptgeschäftsführer(in): Nils Kroesen
Leitung Presseabteilung: Christiane Edelmann-Mohr
Mitglieder: ca. 300
Mitarbeiter: 30

● N 97
Touristik Nördlicher Schwarzwald e.V.
Am Waisenhausplatz 26, 75172 Pforzheim
T: (07231) 1 47 38-0   Fax: 1 47 38-20
Internet: http://www.noerdlicher-schwarzwald.de
E-Mail: touristik@noerdlicher-schwarzwald.de

● N 98
Tourismus Südl. Schwarzwald e.V.
Geschäftsstelle Lörrach
Palmstr. 3, 79539 Lörrach
T: (07621) 4 10-4 39   Fax: 4 10-4 30
Stellvertretende(r) Geschäftsführer(in): Touristikfachwirtin Edeltraud Philipp

● N 99
Tourismusreferat des Landkreises Sigmaringen
Leopoldstr. 4, 72488 Sigmaringen
T: (07571) 1 02-358   Fax: 1 02-540
Dipl.-Verwaltungsw. (FH) Max Stöhr

● N 100
Verkehrsverein Weinheim e.V.
Postf. 10 11 24, 69451 Weinheim
Bahnhofstr. 15, 69469 Weinheim
T: (06201) 99 11 17   Fax: 99 11 35
Internet: http://www.weinheim.de
E-Mail: info@ferienteam.de

Bayern

● N 101
Regio Augsburg Tourismus GmbH
Bahnhofstr. 7, 86150 Augsburg
T: (0821) 5 02 07-0   Fax: 5 02 07-46
Internet: http://www.regio-augsburg.de
E-Mail: kongresse@regio-augsburg.de
Gründung: 1997 (1. September)
Geschäftsführer(in): Götz Beck
Tagungsabteilung: Renate Zedler
Presseabteilung: Nalan Firatan
Mitglieder: 390
Mitarbeiter: 12

Förderung des Tourismus, Zimmervermittlung, Kongreß-Service

● N 102
Heil- und Thermalbäder in Niederbayern
Rathausstr. 8, 94072 Bad Füssing
T: (08531) 97 55 95   Fax: 2 13 67
Internet: http://www.die-gesunden-fuenf.de
E-Mail: kontakt@die-gesunden-fuenf.de

● N 103
Fremdenverkehrsverband des Berchtesgadener Landes
Königsseer Str. 2, 83471 Berchtesgaden
T: (08652) 9 67-0   Fax: 9 67-400
Internet: http://www.berchtesgadener-land.com
E-Mail: info@berchtesgadener-land.com
Kurdirektor: Ernst Wittmann
Leitung Presseabteilung: Markus Maidl

● N 104
Touristik-Arbeitsgemeinschaft Romantische Straße
Marktplatz, 91550 Dinkelsbühl
T: (09851) 9 02 71   Fax: 9 02 81
Internet: http://www.romantischestrasse.de
E-Mail: romantischestrasse@t-online.de
Gründung: 1950
Geschäftsführer(in): Jürgen Wünschenmeyer
Mitglieder: 27

● N 105
Tourismuszentrale Fränkische Schweiz
Postf. 12 62, 91317 Ebermannstadt
Oberes Tor 1, 91320 Ebermannstadt
T: (09194) 79 77 79   Fax: 79 77 76
Internet: http://www.fraenkische-schweiz.com
Gründung: 1974
Vorsitzende(r): Landrat Reinhardt Glauber, Forchheim
Stellvertretende(r) Vorsitzende(r): Landrat Dr. Klaus-Günter Dietel, Bayreuth
Geschäftsführer(in): Franz-Xaver Bauer (Ltg. Presseabt.)
Verbandszeitschrift: Gästezeitung
Redaktion: Verkehrsämter der Fränkischen Schweiz sowie Tourismuszentrale Fränkische Schweiz
Mitarbeiter: 3
Jahresetat: DM 0,7 Mio, € 0,36 Mio

● N 106
Tourismusverband Ostallgäu e.V.
Postf. 12 55, 87610 Marktoberdorf
Schwabenstr. 11, 87616 Marktoberdorf
T: (08342) 9 11-3 14   Fax: 9 11-544
Internet: http://www.ostallgaeu.de
E-Mail: tourismus@ostallgaeu.de
Vorsitzende(r): Adolf Müller (Landrat)
Geschäftsführer(in): Rudolf Thanner

● N 107
Kur- und Ferienland Garmisch-Partenkirchen
c/o Kurverwaltung Garmisch-Partenkirchen
Postf. 15 62, 82455 Garmisch-Partenkirchen
Richard-Strauss-Platz 1a, 82467 Garmisch-Partenkirchen
T: (08821) 1 80-0   Fax: 1 80-450
Internet: http://www.garmisch-partenkirchen.de
E-Mail: kurdirektion@garmisch-partenkirchen.de
Vorsitzende(r): Bgm. Toni Neidlinger
Geschäftsführer(in): Kurdirektor Peter Maninger

● N 108
Fichtelgebirgsverein e.V. (FGV)
Auguststr. 6, 95028 Hof
T: (09281) 25 31   Fax: 38 86
Internet: http://www.fichtelgebirgsverein.de
E-Mail: fgv-hof@t-online.de
Gründung: 1888
Vorsitzende(r): Dr. Helmut Reinel
Stellvertretende(r) Vorsitzende(r): Dr. Peter Seißer
Gerhard Kappl
Geschäftsführer(in): Gerhard Buth
Leitung Presseabteilung: Dietmar Herrmann
Verbandszeitschrift: Der Siebenstern
Mitglieder: 21000

● N 109
Touristik-Arbeitsgemeinschaft "Schwabenstädte in Bayern"
Kaiser-Max-Str. 1, 87600 Kaufbeuren
T: (08341) 4 04 05   Fax: 7 39 62
Gründung: 1986
Vorsitzende(r): Klaus Rohder (Verkehrsamt Nördlingen, Verkehrsamtsleiter)
Jährliche Herausgabe der Broschüre "Schwabenstädte in Bayern"
Mitglieder: 24

● N 110
Arbeitsgemeinschaft Allgäuer Land vor den Alpen
c/o Amt für Tourismus Kempten
Rathausplatz 24, 87435 Kempten
T: (0831) 25 25-2 37   Fax: 25 25-4 27
Gründung: 1986
Verbandszeitschrift: Gebietsprospekt
Mitglieder: 13 Gemeinden und Stadt Kempten
Jahresetat: DM 0,024 Mio, € 0,01 Mio

● N 111
Tourismusverband Ammersee-Lech e.V.
Postf. 14 53, 86884 Landsberg
Von-Kühlmann-Str. 15, 86899 Landsberg
T: (08191) 4 71 77   Fax: 12 94 50
Gründung: 1969 (1.November)
Präsident(in): Landrat Erwin Filser
Stellvertretende(r) Vorsitzende(r): Bgm. Josef Klingl
Leitung Presseabteilung: Berthold Jetschke
Mitglieder: 120
Mitarbeiter: 2
Jahresetat: DM 0,025 Mio, € 0,01 Mio

● N 112
Verkehrsverein Lindau e.V.
Postf. 13 25, 88103 Lindau
Ludwigstr. 68, 88131 Lindau
T: (08382) 26 00 21   Fax: 26 00 26
Verkehrsdirektor: Hans Stübner

● N 113
Fremdenverkehrsamt München
80313 München
Sendlinger Str. 1, 80331 München
T: (089) 2 33-0300 (Touristische Auskünfte), 2 33-30211, 2 33-30267, 2 33-30289 (Presseabt.)   Fax: 2 33-30233
Internet: http://www.muenchen-tourist.de
E-Mail: tourismus@ems.muenchen.de
Verkehrsdirektorin: Dr. Gabriele Weishäupl

● N 114
Congress- und Tourismus-Zentrale Nürnberg
Frauentorgraben 3, 90443 Nürnberg

T: (0911) 23 36-0 **Fax:** 2 33 61 66
Internet: http://www.nuernberg.de
E-Mail: tourismus@nuernberg.btl.de
Verkehrsdirektor: Michael Weber
Leitung Presseabteilung: Wolfram Zilk

● N 115

Tourismusverband Rottal-Inn
Postf. 12 57, 84342 Pfarrkirchen
T: (08561) 2 02 68 **Fax:** 96 38 14
Internet: http://www.rottal-inn.de
E-Mail: ferienregion@rottal-inn.de
Gründung: 1976
Vorsitzende(r): Georg Riedl (1. Bürgermeister Stadt Pfarrkirchen)
Stellvertretende(r) Vorsitzende(r): Lothar Müller (1. Bürgermeister Markt Massing)
Mitglieder: 31
Mitarbeiter: 3 (ehrenamtl.)
GeschF u. Ltg. Presseabt.: beim Büro f. Tourismus des Landratsamtes Rottal-Inn

● N 116

Tourismusverband Chiemsee e.V.
Postf. 11 10, 83230 Bernau
Rottauer Str. 6, 83233 Bernau
T: (08051) 22 80 **Fax:** 6 10 97
Internet: http://www.mychiemsee.de
E-Mail: info@mychiemsee.de
Gründung: 1912
1. Vorsitzende(r): Lorenz Kollmannsberger (1. Bürgermeister Markt Prien)
2. Vorsitzende(r): Max Brunner (1. Bürgermeister Gemeinde Chieming)
Hauptgeschäftsführer(in): Hermann Roth
Leitung Presseabteilung: Marion Schaller
Mitglieder: 125 fördernde Mitglieder, 18 Gemeinden
Mitarbeiter: 4
Jahresetat: DM 0,632 Mio, € 0,32 Mio

● N 117

Fremdenverkehrsverein Regensburg e.V.
Rathausplatz, 93047 Regensburg
T: (0941) 5 07-44 10 **Fax:** 5 07-44 19
Internet: http://www.regensburg.de
E-Mail: tourismus@regensburg.de
Gründung: 1896 (2. April)
Vorsitzende(r): Gerd Temporale (Donaueinkaufszentrum)
Stellvertretende(r) Vorsitzende(r): Rudolf Knerr (Hotel St. Georg)
Hauptgeschäftsführer(in): Alfred Helbrich (Fremdenverkehrsdirektor)
Stellvertretende(r) Geschäftsführer(in): Irene Spiessl
Leitung Presseabteilung: Otto Aufleger
Verbandszeitschrift: Jahresbericht/Fremdenverkehrsverein Regensburg e.V.
Mitglieder: 170
Mitarbeiter: 30
Jahresetat: DM 0,4 Mio, € 0,2 Mio

● N 118

Tourismusverband Pfaffenwinkel
Postf. 12 47, 86952 Schongau
Bauerngasse 5, 86956 Schongau
T: (08861) 77 73 **Fax:** 20 06 78
Internet: http://www.pfaffenwinkel.com
E-Mail: tourismus@pfaffenwinkel.btl.de
Gründung: 1971
Leitung Presseabteilung: Susanne Lengger
Mitglieder: 27
Mitarbeiter: 3

● N 119

Tourismusverband Starnberger Fünf-Seen-Land
Postf. 16 07, 82306 Starnberg
Wittelsbacherstr. 2c, 82319 Starnberg
T: (08151) 90 60-0 **Fax:** 90 60 90
Internet: http://www.starnberger-fuenf-seen-land.de
E-Mail: info@starnberger-fuenf-seen-land.de
Gründung: 1976 (1. Januar)
Leitung Presseabteilung: Klaus Götzl
Werner Schmid
Mitglieder: 13
Mitarbeiter: 5
Jahresetat: DM 0,8 Mio, € 0,41 Mio

● N 120

Congress & Tourismus Zentrale
Am Congress Centrum, 97070 Würzburg
T: (0931) 37 23 35 **Fax:** 37 36 52
Internet: http://www.wuerzburg.de
E-Mail: tourismus@wuerzburg.de
Gründung: 1950
Leitung Presseabteilung: Ulrike Raab
Mitarbeiter: 20

Berlin

● N 121

Deutsches Seminar für Fremdenverkehr Berlin e.V. (DSF)
Weiterbildungskurse für Fach- u. Führungskräfte aus allen Bereichen des Tourismus
Tempelhofer Ufer 23-24, 10963 Berlin
T: (030) 23 55 19-0 **Fax:** 23 55 19 25
Internet: http://www.dsf-berlin.de
E-Mail: info@dsf-berlin.de
Gründung: 1964
Seminar Dir.: Dipl.-Volksw. Ulrich Schöpp
Stellv.: Dipl.-Geogr. Harald Hensel
Leitung Presseabteilung: Gabriele Hartmann
Mitarbeiter: 9

● N 122

Tourismusverein Berlin Köpenick-Treptow e.V.
Alt-Köpenick 34, 12555 Berlin
T: (030) 6 55 75 50, 6 55 75 51 **Fax:** 6 51 45 98
E-Mail: touristinfo.berlin-koepenick@t-online.de
Gründung: 1991 (29. Januar)
Vorsitzende(r): Wolf Wittstock
Geschäftsführer(in): Katrin Reiche-Kurz
Mitglieder: 71
Mitarbeiter: 47

Touristische Angebote, Sightseeing Berliner City und im Süden Berlins, Events, Berliner-Milljöh-Veranstaltungen mit dem Hauptmann von Köpenick
Jeden Mi. und Sa. um 11 Uhr: Straßentheaterinszenierung der Hauptmann-Garde vor dem historischen Rathaus in Köpenick

Brandenburg

● N 123

Fremdenverkehrs- und Kulturverein Prignitz e.V.
Wittenberger Str. 90, 19348 Perleberg
T: (03876) 61 69 73 **Fax:** 61 69 74
E-Mail: fkv-prignitz@t-online.de
Gründung: 1990 (August)
Vorsitzende(r): Bärbel Mann
Hauptgeschäftsführer(in): Uwe Neumann
Mitglieder: 159
Mitarbeiter: 3

● N 124

Fremdenverkehrsverein Märkische Tourismus-Zentrale Beeskow e.V.
Berliner Str. 30, 15848 Beeskow
T: (03366) 2 29 49 **Fax:** 25 36 54
Geschäftsführer(in): Daniela Häfner

● N 125

Fremdenverkehrsamt
Wriezener Str. 1a, 15377 Buckow
T: (033433) 5 75 00, 6 59 82 **Fax:** 6 59 20, 5 77 19
E-Mail: buckow-tours@t-online.de
Leiter(in): Ria Sommerschuh

● N 126

Tourismusverband Potsdam-Havelland e.V.
August-Bier-Str. 9, 14482 Potsdam
T: (0331) 7 47 57 67 **Fax:** 7 47 57 77
Internet: http://www.tourismusverband.potsdam.de
E-Mail: geschaeftsstelle@tourismusverband.potsdam.de
Gründung: 1990 (Juni)
Vorsitzende(r): Hartmut Pirl (Direktor Seminaris SeeHotel Potsdam)
Geschäftsführer(in): Bernd Kröger
Verbandszeitschrift: Info Brief
Redaktion: Geschäftsstelle
Verlag: Eigenverlag
Mitglieder: 35
Mitarbeiter: 3 ehrenamtl.
Jahresetat: DM 0,045 Mio, € 0,02 Mio

● N 127

Fremdenverkehrsverband "Havelländisches Luch"
Dorfstr. 13, 14641 Brädikow
T: (033237) 8 82 07
Gründung: 1990 (November)
Vorsitzende(r): Karin Fritz
Geschäftsführer(in): Elisabeth Bölk
Jahresetat: DM 0,02 Mio, € 0,01 Mio

● N 128

Fremdenverkehrsverein Scharmützelsee e.V.
Kleine Promenade 1, 15864 Wendisch Rietz
T: (033679) 64 84-0 **Fax:** 64 84-30
Gründung: 1990 (24. Juni)
Vorsitzende(r): Carsten Krappmann
Geschäftsführer(in): Renate Ullrich (Ltg. Presseabteilung)
Mitglieder: 235
Mitarbeiter: 3

Hamburg

● N 129

Tourismusverband Hamburg e.V.
Postf. 10 22 49, 20015 Hamburg
Steinstr. 7, 20095 Hamburg
T: (040) 3 00 51-114, 3 00 51-103 **Fax:** 3 00 51-299
Internet: http://www.hamburg-tourism.de
E-Mail: info@hamburg-tourism.de
Gründung: 1899 (17. Februar)
Vorsitzende(r): Senator a.D. Wilhelm Rahlfs
Geschäftsstelle: Geschäftsstelle: Inge Benchakroun
Gaby Feigel-Harms
Mitglieder: rd. 1100

Hessen

● N 130

Landesarbeitsgemeinschaft "Urlaubsringe in Hessen" e.V.
An der Hessenhalle 6, 36304 Alsfeld
T: (06631) 7 17 43 **Fax:** 96 09 15
Internet: http://www.hessen-landurlaub.de
E-Mail: hessen-landurlaub@t-online.de
Vorsitzende(r): Kurt Wiegel
Geschäftsführer(in): Gerlinde Minkel

● N 131

Touristik-Service Waldhessen
Friedloser Str. 6, 36251 Bad Hersfeld
T: (06621) 62 04 44 **Fax:** 62 04 45
Internet: http://www.waldhessen.de
E-Mail: waldhessen@t-online.de
Gründung: 1979 (11.Nov.)
Vorsitzende(r): Roland Hühn
Hauptgeschäftsführer(in): Alf-Jörg Berger
Mitglieder: 46
Mitarbeiter: 2
Jahresetat: DM 0,38 Mio, € 0,19 Mio

● N 132

Fremdenverkehrsverband Taunus Touristik Service
Postf. 19 41, 61289 Bad Homburg
Ludwig-Erhard-Anlage 1 -4, 61352 Bad Homburg
T: (06172) 9 99-8002 **Fax:** 9 99-9807
Internet: http://www.taunus-info.de
E-Mail: ti@taunus-info.de

● N 133

Tourismus- und Congress GmbH Frankfurt am Main
Kaiserstr. 56, 60329 Frankfurt
T: (069) 21 23 88 00 **Fax:** 21 23 78 80
Internet: http://www.frankfurt-tourismus.de
E-Mail: info@tcf.frankfurt.de
Geschäftsführer(in): Magistratsdirektor Günter Hampel

● N 134

Werbegemeinschaft Bergstraße e.V.
Rodensteinstr. 19, 64625 Bensheim
T: (06251) 1 41 17 **Fax:** 1 41 23
E-Mail: touristinfo@bensheim.de
Gründung: 1993 (Mai)
Geschäftsführer(in): Ulrike Hanewald
Mitglieder: 40

● N 135

Touristik Service Kurhessisches Bergland e.V.
Geschäftsstelle
Parkstr. 6, 34576 Homberg
T: (05681) 7 75-2 50 **Fax:** 71 06 14
Internet: http://www.kurhessisches-bergland.de
E-Mail: kurhessisches-bergland@t-online.de
Gründung: 1978 (19. Juli)
Vorsitzende(r): Landrat Jürgen Hasheider
Geschäftsführer(in): Hans Georg Korell
Stellvertretende(r) Geschäftsführer(in): Rainer Geisel
Leitung Presseabteilung: Hans-Georg Korell
Mitglieder: 102
Mitarbeiter: 2
Jahresetat: DM 0,55 Mio, € 0,28 Mio

N 136
Arbeitsgemeinschaft Deutsche Märchenstraße
Königsplatz 53, 34117 Kassel
T: (0561) 70 77 07 Fax: 7 07 72 00
Gründung: 1975 (1. Juli)
Vorsitzende(r): Stadtkämmerer Dr. Jürgen Barthel
Mitglieder: 130
Mitarbeiter: 2

N 137
Touristikzentrale Waldeck-Ederbergland e.V.
Südring 2, 34497 Korbach
T: (05631) 9 54-3 59 Fax: 9 54-3 78
Internet: http://www.waldecker-land.de
E-Mail: info@waldecker-land.de
Gründung: 1932
Vorsitzende(r): Landrat Helmut Eichenlaub
Geschäftsführer(in): Michael Zezulle
Verbandszeitschrift: Happy Info
Verlag: Verlag Bing, 34497 Korbach
Mitglieder: 105
Mitarbeiter: 4
Jahresetat: DM 0,750 Mio, € 0,38 Mio

Förderung des Fremdenverkehrs im Gebiet des Landkreises Waldeck-Frankenberg.

N 138
Fremdenverkehrsverband Odenwald-Bergstraße-Neckartal e.V.
Marktplatz 1, 64711 Erbach
T: (06062) 94 33-30, 94 33-31 Fax: 94 33-33
Internet: http://www.odenwald.de
E-Mail: odenwald-fvv@t-online.de
Gründung: 1979
Vorsitzende(r): Landrat Horst Schnur
Stellvertretende(r) Vorsitzende(r): Landrat Norbert Hofmann
Geschäftsführer(in): Hanne Holuscha (Ltg. Presseabt.)
Mitglieder: 60
Mitarbeiter: 3
Jahresetat: ca. DM 0,5 Mio, € 0,26 Mio

N 139
Freizeitregion Lahn-Dill e.V.
Postf. 19 40, 35529 Wetzlar
Karl-Kellner-Ring 51, 35576 Wetzlar
T: (06441) 4 07-1900 Fax: 4 07-1903
Gründung: 1981
Geschäftsführer(in): Achim Girsig
Mitglieder: 45
Mitarbeiter: 2

N 140
Hessen Touristik Service e.V.
Abraham-Lincoln-Str. 38-42, 65189 Wiesbaden
T: (0611) 7 78 80-0 Fax: 7 78 80-40
Internet: http://www.hessen-tourismus.de
E-Mail: info@hessen-tourismus.de
Gründung: 1978 (Neuorganisation ab 01.01.1990)
1. Vorsitzende(r): Landrat Horst Schnur
Geschäftsführer(in): Henrik Laschke
Mitglieder: 36

Landestourismusverband. Werbung und Verkaufsförderung für das Reiseland Hessen; Beratung und Unterstützung seiner Mitglieder.

N 141
Fremdenverkehrsverband Werra-Meißner-Land e.V.
Landratsamt
Nordbahnhofsweg 1, 37213 Witzenhausen
T: (05542) 9 58-158 Fax: 9 58-199
Internet: http://www.werra-meissner.de/tourismus/
E-Mail: tourismus.werra-meissner-land@t-online.de
Gründung: 1978 (Dezember)
Vorsitzende(r): Landrat Dieter Brosey
Geschäftsführer(in): Marianne Krüger
Verbandszeitschrift: Imagebroschüre Werra-Meißner-Land
Gastgeberverzeichnis (jährlich)
Freizeit Tips
Wandern ohne Gepäck
Radwanderbroschüre
Veranstaltungskalender
Reitstationenkarte
"Heimische Küche"
"Frau Holle bittet zu Tisch"
Mitglieder: 62
Mitarbeiter: 2 1/2
Jahresetat: DM 0,3 Mio, € 0,15 Mio

Mecklenburg-Vorpommern

N 142
Verband Mecklenburgischer Ostseebäder e.V.
Kühlungsborner Str. 4, 18209 Bad Doberan
T: (038203) 6 21 20 Fax: 6 21 93
Internet: http://www.mecklenburgische-ostseebaeder.m-vp.de
E-Mail: v.m.o@t-online.de
Gründung: 1991 (24. Mai)
Vorsitzende(r): Albrecht Kurbjuhn (Hotelier)
Stellvertretende(r) Vorsitzende(r): Dieter Dunkelmann (Kurdirektor Ostseebad Boltenhagen)
Markus Frick (Kurdirektor Insel Poel)
Leiterin der Geschäftsstelle: Adelheid Gäfke
Mitglieder: 33
Mitarbeiter: 2

N 143
Tourismusverband Mecklenburgische Schweiz
Postf. 11 23, 17131 Malchin
T: (03994) 2 99 78-1 Fax: 2 99 78-4
Internet: http://www.mecklenburgische-schweiz.de
E-Mail: mecklenburgische-schweiz@t-online.de
Vorsitzende(r): Karl-Heinz Wolff
Geschäftsführer(in): Andrea Nagel
Presse: Karin Oehler
Mitglieder: 90
Mitarbeiter: 4

N 144
Kreisverwaltung Mecklenburg-Strelitz
Sachgebiet Kreisentwicklung
Woldegker Chaussee 35, 17235 Neustrelitz
T: (03981) 48 10 Fax: 48 14 00

N 145
Kur- und Tourismusbetrieb Ostseebad Prerow
Gemeindeplatz 1, 18375 Ostseebad Prerow
T: (038233) 61 00 Fax: 6 10 20
Internet: http://www.ostseebad-prerow.de
E-Mail: zimmerinfo-prerow@t-online.de

N 146
Tourismusverband Rügen e.V.
Am Markt 4, 18528 Bergen
T: (03838) 8 07 70 Fax: 25 44 40
Internet: http://www.insel-ruegen.de
E-Mail: tourismusverband-ruegen@t-online.de
Gründung: 1991
Vorsitzende(r) des Vorstandes: Sönke Reimers
Geschäftsführer(in): Grit Wenzel
Mitglieder: 175
Mitarbeiter: 5

N 147
Tourismusverband Fischland-Darß-Zingst e.V.
Barther Str. 31, 18314 Löbnitz
T: (038324) 6 40-0 Fax: 6 40-34
Internet: http://www.darss.net
E-Mail: tv.fdz@t-online.de
Gründung: 1991
Vorsitzende(r): Mathias Löttge
Geschäftsführer(in): Fried Krüger
Mitglieder: 81

N 148
Verkehrsverein „Plauer See" e.V.
Klüschenberg 14, 19395 Plau
T: (038735) 4 43 79 Fax: 4 43 71
Gründung: 1991 (15. März)
Vorsitzende(r): Ernst Gotzian (Hotelier)
Stellvertretende(r) Vorsitzende(r): Timo Weißbrich (T: (038735) 8 50)
Uwe Sabrowsky (Hotelier, T: (038735) 81 70)
Mitglieder: 50

N 149
Tourismusverband
"Mecklenburgische Seenplatte" e.V.
Turnplatz 2, 17207 Röbel
T: (039931) 5 13 81, 5 13 82 Fax: 5 13 86
Internet: http://www.mecklenburgische-seenplatte.de
E-Mail: info@mecklenburgische-seenplatte.de
Gründung: 1991 (15. Februar)
Geschäftsführer(in): Carmen Kaplanow
Mitglieder: 260
Mitarbeiter: 3

N 150
Tourismusverband Uckermark e.V.
Postf. 11 49, 17261 Templin
Schinkelstr. 32, 17268 Templin
T: (03987) 5 21 15 Fax: 25 49
Internet: http://www.guru.de/uckermark
E-Mail: fvv.uckermark@t-online
Gründung: 1990 (Oktober)
Vorsitzende(r): Dr. Benthin
Geschäftsführer(in): Thomas Kerzel
Leitung Presseabteilung: Gabriele Bolle
Mitglieder: 21
Mitarbeiter: 3

N 151
Tourist-Information Teterow
Mühlenstr. 1, 17166 Teterow
T: (03996) 17 20 28 Fax: 18 77 95
E-Mail: tourist-info@teterow.de

N 152
Regionaler Fremdenverkehrsverband Vorpommern e.V.
Fischstr. 11, 17489 Greifswald
T: (03834) 89 82 38 Fax: 89 92 56
Internet: http://www.vorpommern.de
E-Mail: rfv.vor@t-online.de
Gründung: 1990 (22. Oktober)
Vorsitzende(r): Prof. Dr. Alfred Gomolka
Stellvertretende(r) Vorsitzende(r): Axel Curdts
Geschäftsführer(in): Marco Dorka
Messen, Marketing: Ulf Mauderer
Leitung Presseabteilung: Anja Valentien
Verbandszeitschrift: TOURISMUS-REPORT
Mitglieder: 3 Landkreise, 6 Kommunen, 9 Vereine u. Verbände, 1 kreisfreie Stadt
Mitarbeiter: 18
Jahresetat: DM 1,6 Mio, € 0,82 Mio

Regionalmarketing Vorpommern, Vermittlung von Ferienquartieren über Buchungshotline 01805/89 11 89 oder ONLINE-BUCHUNG im Internet unter www.vorpommern.de, Tourismus-Seminarzentrum Vorpommern, Beratungen im touristischen Bereich, Eventmanagement

Niedersachsen

N 153
Tourismusverband Osnabrücker Land e.V.
Am Schölerberg 6, 49082 Osnabrück
T: (0541) 9 51 11-95 Fax: 9 51 11-20
E-Mail: tv@osnabruecker-land.de
Vorstand: Bgm. Josef Stock
Dipl.-Betrw. Günter Droste
Stadtrat Reinhard Sliwka
Dipl.-Volksw. Hubert Dinger (Hauptgeschäftsführer IHK)
Samtgemeindedirektor August Averbeck
Hartmut Escher
Leitung Presseabteilung: Angelika Hoffstädt

N 154
Städtischer Verkehrsverein Braunschweig e.V.
Vor der Burg 1, 38100 Braunschweig
T: (0531) 2 73 55-0 Fax: 2 73 55-29
Internet: http://www.braunschweig.de
E-Mail: tourist-service-braunschweig@t-online.de
Gründung: 1899 (23. März)
Verkehrsdirektor: Helmut Reilemann (Ltg. Presseabt.)
Mitglieder: 202
Mitarbeiter: 12
Jahresetat: DM 1,75 Mio, € 0,89 Mio

N 155
Hannover Congress Centrum (HCC)
Theodor-Heuss-Platz 1-3, 30175 Hannover
T: (0511) 81 13 0 Fax: 81 21 08
Internet: http://www.hcc.de
E-Mail: info@hcc.de
Direktor(in): Thomas Beiße

N 156
Alte Salzstraße e.V.
- Tourismusverband -
Am Markt 10, 23909 Ratzeburg
T: (04541) 20 06 Fax: 8 45 53
Gründung: 1989
Vorsitzende(r): Landrat Günter Kröpelin
Geschäftsführer(in): Christian Nölke
Mitglieder: 30
Mitarbeiter: 3
Jahresetat: DM 0,5 Mio, € 0,26 Mio

Nordrhein-Westfalen

● N 157

Marketinggemeinschaft Deutscher Rhein
Geschäftsstelle:
Postf. 20 08 61, 53138 Bonn
Rheinallee 69, 53173 Bonn
T: (0228) 36 29 21-22   **Fax:** 36 39 29
Internet: http://www.rheinland-info.de
E-Mail: lvv@rheinland-info.de
Geschäftsführer(in): Dagmar Toschka (LVV Rheinland)
(LVV Rheinland, Bonn
FHV Rheinland-Pfalz, Koblenz
Hessen Touristik Service, Wiesbaden
TV Baden-Württemberg, Stuttgart,
mit den angeschlossenen TV Schwarzwald in Freiburg und
Bodensee-Oberschwaben, Insel Mainau)

● N 158

Touristikzentrale Sauerland
Postf. 14 60, 59917 Brilon
T: (02961) 94 32 29   **Fax:** 94 32 47
Internet: http://www.sauerland-touristik.de
E-Mail: touristik@hochsauerlandkreis.de
Geschäftsführer(in): Bruno Löffler
Ulrich Bork

● N 159

Touristikzentrale Paderborner Land e.V.
Königstr. 16, 33142 Büren
T: (02951) 97 03 00   **Fax:** 97 03 04
Internet: http://www.paderborner-land.de
E-Mail: info@paderborner-land.de
Gründung: 1957
Vorsitzende(r): Dr. Rudolf Wansleben
Stellvertretende(r) Vorsitzende(r): Willi Schmidt
Geschäftsführer(in): Herbert Hoffmann (Ltg. Presseabt.)
Stellvertretende(r) Geschäftsführer(in): Nadja Danne
Mitglieder: 40
Mitarbeiter: 3,2
Jahresetat: DM 0,2 Mio, € 0,1 Mio

● N 160

Teutoburger Wald Tourismus e.V.
Bad Meinberger Str. 1, 32760 Detmold
T: (05231) 95 85-0   **Fax:** 95 85 75
Internet: http://www.teutoburgerwald.de
E-Mail: info@teutoburgerwald.de
Gründung: 1949
Mitarbeiter: 4

● N 161

Verkehrsverein der Stadt Düsseldorf e.V.
Postf. 10 51 51, 40042 Düsseldorf
Immermannstr. 65b, 40210 Düsseldorf
T: (0211) 17 20 20   **Fax:** 16 10 71
Internet: http://www.duesseldorf.de/tourist/hotel/vvd/inhalt.htm
E-Mail: infowd@t-online.de
Leitung Presseabteilung: Ingrid Rupp

● N 162

Amt für Ratsangelegenheiten und Repräsentation der Stadt Essen
Rathaus
45121 Essen
Porscheplatz, 45127 Essen
T: (0201) 88-15000   **Fax:** 88-1 50 05
T-Online: ✳93 5555#
Internet: http://www.essen.de
E-Mail: repraesentationen@essen.de, rededienst@essen.de
Leiter(in): Thomas Werner
Leitung Repräsentationsabteilung: Helmut Walter

● N 163

KölnTourismus
Stadt Köln
Unter Fettenhennen 19, 50667 Köln
T: (0221) 22 13 33-45   **Fax:** 22 12 33-20
Internet: http://www.koeln.de
E-Mail: tourismus@stadt-koeln.de
Komm. Leiter: Klaus Odenthal
Mitarbeiter: 40
Werbeetat: DM 1 Mio
Monatsvorschau

● N 164

Kreisverkehrsverband Südsauerland e.V.
Postf. 15 45, 57445 Olpe
Seminarstr. 22, 57462 Olpe
T: (02761) 94 57-0   **Fax:** 94 57-33
Internet: http://www.suedsauerland-touristik.de
E-Mail: suedsauerland@t-online.de

Gründung: 1966 (7. November)
Vorsitzende(r): Frank Beckehoff (Landrat Olpe)
Stellvertretende(r) Vorsitzende(r): Theodor Melcher (Kreisdirektor Olpe)
Geschäftsführer(in): Dipl.-Geograph Eckhard Henseling
Mitglieder: ca. 100
Mitarbeiter: 5

● N 165

Touristikverband Siegerland-Wittgenstein e.V.
Koblenzer Str. 73, 57072 Siegen
T: (0271) 3 33-10 20   **Fax:** 3 33-10 29
Vorsitzende(r): Horst Schneider
Stellvertretende(r) Vorsitzende(r): Kurdirektor Hans Hermann Leimbach
Hauptgeschäftsführer(in): Roswitha Still
Verbandszeitschrift: Im Gespräch
Verlag: Eigenverlag
Mitglieder: 30
Mitarbeiter: 4
Jahresetat: DM 0,38 Mio, € 0,19 Mio

● N 166

Münsterland-Touristik Grünes Band e.V.
Postf. 12 65, 48542 Steinfurt
Hohe Schule 13, 48565 Steinfurt
T: (02551) 9 39 20   **Fax:** 93 92 93
Internet: http://www.muensterland.com
E-Mail: touristik@muensterland.com
Gründung: 1971 (4. Juni)
Vorsitzende(r): Kreisdirektor Joachim L. Gilbeau
Geschäftsführer(in): Dipl.-Geogr. Daniela Möller-Peetz
Stellvertretende(r) Geschäftsführer(in): Guido Neumann
Mitglieder: 73 (Kreise, Städte und Gemeinden des Münsterlandes, 28 Privatmitglieder
Mitarbeiter: 9
Jahresetat: ca. DM 2,6 Mio, € 1,33 Mio

● N 167

Rheinland-Pfalz Tourismus GmbH
Postf. 20 05 63, 56005 Koblenz
Löhrstr. 103-105, 56068 Koblenz
T: (0261) 9 15 20-0   **Fax:** 9 15 20-40
Geschäftsführer(in): Adolf Meinung, Boppard
Aufsichtsratsvorsitzende(r): Stefan Gillich

Rheinland-Pfalz

● N 168

Moselland-Information
Postf. 13 20, 56803 Cochem
Enderplatz 2, 56812 Cochem
T: (02671) 6 11 48   **Fax:** 6 14 30
Internet: http://www.cochem-zell.de
E-Mail: moselland@gmx.de
Geschäftsführer(in): Dipl.-Kfm. Georg Klingert
Verbandszeitschrift: Gastgeber-Nachrichten
Verlag: Eigenverlag

● N 169

Deutsche Edelsteinstraße e.V.
Brühlstr. 16, 55756 Herrstein
T: (06785) 79-1 03   **Fax:** 7 91 20
Internet: http://www.landkreis-birkenfeld.de
E-Mail: vg-herrstein@t-online.de
Gründung: 1974
Präsident(in): N. N.
Vorsitzende(r): Hans-Werner Moser (Fa. Gebrüder Moser, Kirschweiler)
Stellvertretende(r) Vorsitzende(r): Heinz Kämtner
Geschäftsführer(in): Andrea Riesbeck (M.A., Ltg. Presseabt.)
Mitglieder: ca. 160
Mitarbeiter: 2

● N 170

KOBLENZ-TOURISTIK
Eigenbetrieb der Stadt Koblenz
Bahnhofsplatz 7, 56068 Koblenz
T: (0261) 3 03 88-0   **Fax:** 3 03 88-11
Internet: http://www.koblenz.de
E-Mail: touristik@koblenz.de
Geschäftsführer(in): Engelbert Flöck

● N 171

Südliche Weinstrasse e.V.
Postf. 21 24, 76811 Landau
An der Kreuzmühle 2, 76829 Landau
T: (06341) 9 40-411 (Weinwerbung), 9 40-407 (Tourismus)
Fax: 9 40-502
Internet: http://www.suedlicheweinstrasse.de
E-Mail: info@suedlicheweinstrasse.de
Gründung: 1971 (9. September)
Präsident(in): Dieter Hörner (MdL)

Vorsitzende: Landrätin Theresia Riedmaier
Stellvertretende(r) Vorsitzende(r): 1. Kreisbeigeordneter Marlies Meyring
Oberbürgermeister Dr. Christof Wolff
Geschäftsführer(in): Theo Kautzmann (Weinwerbung)
Uta Nicolaus (Tourismus)
Mitglieder: 2600
Mitarbeiter: 7
Jahresetat: DM 2,7 Mio, € 1,38 Mio

● N 172

Touristik Centrale Mainz
Verkehrsverein Mainz e.V.
Postf. 41 40, 55031 Mainz
Am Rathaus, 55116 Mainz
T: (06131) 2 86 21-0   **Fax:** 2 86 21-55
Geschäftsführer(in): Jürgen Schmidt

● N 173

Westerwald-Gäste-Service e.V.
Kirchstr. 48a, 56410 Montabaur
T: (02602) 30 01-0   **Fax:** 30 01-15
Internet: http://www.westerwald-touristik.de
E-Mail: info@westerwald-touristik.de
Gründung: 1968
Geschäftsführer(in): Christoph Hoopmann
Mitglieder: 400
Mitarbeiter: 5

● N 174

Touristikgemeinschaft "Im Tal der Loreley"
Heerstr. 86, 56329 St Goar
T: (06741) 13 00   **Fax:** 9 31 93
Internet: http://www.tal-der-loreley.de
E-Mail: info@tal-der-loreley.de
Geschäftsführer(in): Claudia Schwarz

● N 175

Tourist-Information Trier Stadt und Land e.V.
Postf. 38 30, 54228 Trier
Porta-Nigra-Platz, 54292 Trier
T: (0651) 97 80 80   **Fax:** 4 47 59
E-Mail: info@tit.de
Geschäftsführer(in): Verkehrsdirektor H. Becker
Stellvertretende(r) Geschäftsführer(in): Robert Noll
Presseamt: Dr. H.G. Lanfer

Sachsen

● N 176

Tourismusverband Erzgebirge e.V.
Adam-Ries-Str. 16, 09456 Annaberg-Buchholz
T: (03733) 1 88 00-0   **Fax:** 1 88 00-20
Internet: http://www.sachsen-tour.de, http://www.tourismus-erzgebirge.de
E-Mail: fvverzgebirge@t-online.de
Gründung: 1991 (23. Februar)
Vorsitzende(r): Landrat Karl Matko (Landratsamt Aue-Schwarzenberg)
Geschäftsführer(in): Helga Wohlgemuth (Ltg. Presseabt.)
Verbandszeitschrift: Reisezeit im Erzgebirge
Redaktion: Verlagsgesellschaft BERGstraße mbH, Wettiner Str. 54, 08280 Aue
Verlag: Verlagsgesellschaft BERGstraße mbH, Wettiner Str. 54, 08280 Aue
Mitglieder: 28
Mitarbeiter: 4
Jahresetat: DM 0,200 Mio, € 0,1 Mio (aus Beiträgen)

● N 177

Tourismusverband Oberlausitz-Niederschlesien e.V.
Geschäftsstelle
Bahnhofstr. 14, 02625 Bautzen
T: (03591) 4 87 70   **Fax:** 48 77 48
Internet: http://www.obertausitz.com
E-Mail: tourismus@oberlausitz.com
Gründung: 1990 (14. Dezember)
Vorsitzende(r): Dr. Helmut Weidelener
Stellvertretende(r) Vorsitzende(r): Horst Gallert
Geschäftsführer(in): Rainer Kühn
Leitung Presseabteilung: Martin Noack
Mitglieder: 73
Mitarbeiter: 4,75

Förderung des Tourismus in der Oberlausitz im Sinne einer gesunden, wirtschaftlichen und landeskulturellen Entwicklung des Gebietes.

● N 178

Landestourismusverband Sachsen e.V.
Friedrichstr. 24, 01067 Dresden
T: (0351) 4 91 91-0   **Fax:** 4 91 91-29

Internet: http://www.reiseland-sachsen.de
E-Mail: info@ltv-sachsen.de

● **N 179**
Leipzig Tourist Service e.V.
Richard-Wagner-Str. 1, 04109 Leipzig
T: (0341) 7 10 42 00 **Fax:** 7 10 42 11
Internet: www.leipzig.de
E-Mail: lipsia@aol.com
Geschäftsführer(in): Richard Schrumpf
Leitung Presseabteilung: Andreas Schmidt

● **N 180**
Tourismusverband Sächsische Schweiz e.V.
Am Bahnhof 6, 01814 Bad Schandau
T: (035022) 4 95-0 **Fax:** 4 95-33
E-Mail: sae-schweiz@imedia.de

● **N 181**
Touristische Gebietsgemeinschaft "Feriengebiet Oberlausitzer Bergland" e.V.
Sohlander Str. 3a, 02681 Schirgiswalde
T: (03592) 3 48 97 **Fax:** 50 13 97
Internet: http://www.oberlausitzer-bergland.de
E-Mail: info@oberlausitzer-bergland.de
Gründung: 1994 (22. Juni)
Vorsitzende(r): Landrat Horst Gallert
Stellv. Vorsitzende(r): Johannes Dittrich
Geschäftsführerin: Katrin Häntschel
Mitglieder: 12
Mitarbeiter: 1
Jahresetat: DM 0,1 Mio, € 0,05 Mio

● **N 182**
Fürstenstraße der Wettiner e.V.
Christian-Meltzer-Str. 2, 08289 Schneeberg
T: (03772) 5 56 41 **Fax:** 5 56 41
Gründung: 1994 (10. August)
Vorsitzende(r): Peter Bukvić, Schneeberg
Stellvertretende(r) Vorsitzende(r): Reinhard Kißro, Ortrand
Hauptgeschäftsführer(in): Alfred C. Müller, Bestensee
Verbandszeitschrift: Presse- u. Mitglieder-Info
Verlag: Eigenverlag
Mitarbeiter: 70
Jahresetat: DM 0,01 Mio, € 0,01 Mio

● **N 183**
Ferienstraße Silberstrasse e.V.
Bergstr. 22, 08301 Schlema
T: (03771) 5 58 00 **Fax:** 55 80 25
Internet: www.silberstrasse.de
E-Mail: info@silberstrasse.de
Gründung: 1993 (18. Dezember)
Vorsitzende(r): Maritha Dittmer
Stellvertretende(r) Vorsitzende(r): Konrad Heinze
Geschäftsführer(in): Konrad Barth
Zeitschrift:
Reisezeit Erzgebirge
Karte Silberstrasse
verschiedene Prospekte Silberstrasse in deutsch und englisch
Veranstaltungskalender Silberstrasse
Video "Weihnachten im Erzgebirge"

● **N 184**
Fremdenverkehrsgemeinschaft Zittauer Gebirge-Spreequelland e.V.
Markt 1, 02763 Zittau
T: (03583) 75 21 39 **Fax:** 75 21 61
Gründung: 1991 (18. April)
Vorsitzende(r): Volker Stange (Landrat)
Geschäftsführer(in): Jochen Eitner
Mitglieder: 43
Mitarbeiter: 1

Landesverband:
Landesfremdenverkehrsverband Sachsen e.V.

● **N 185**
Tourismusverband Westsachsen/Zwickau e.V.
Hauptstr. 6, 08056 Zwickau
T: (0375) 29 37 11 **Fax:** 29 37 10
Internet: http://www.tourismus-westsachsen.de
E-Mail: info@tourismus-westsachsen.de
Gründung: 1990 (30. Oktober)
Vorsitzende(r): Landrat Christian Otto (ehrenamtl.)
Stellvertretende(r) Vorsitzende(r): Jürgen Croy (ehrenamtl.)
Geschäftsführer(in): Heidemarie Thoß (Ltg. Presseabtl.)
Mitglieder: 67
Mitarbeiter: 4

Sachsen-Anhalt

● **N 186**
Fremdenverkehrsverband Bernburg und Anhalt e.V.
Rheineplatz 4, 06406 Bernburg
T: (03471) 37 20 30, 37 20 31 **Fax:** 37 20 32
Hotline: (03471) 1 94 33
E-Mail: fvv_bernburg@tasa.de
Gründung: 1991 (21. Januar)
Vorsitzende(r): Reingard Stephan
Stellvertretende(r) Vorsitzende(r): Holger Dittrich
Geschäftsführer(in): Hannelore Peetz
Stellvertretende(r) Geschäftsführer(in): Birgit Beyer
Mitglieder: 48

● **N 187**
Fremdenverkehrsverband Altmark e.V.
Marktstr. 13, 39590 Tangermünde
T: (039522) 34 60 **Fax:** 4 32 33
E-Mail: fvv_altmark@tasa.de
Vorsitzende(r): Landrat Hans-Jürgen Ostermann
Stellvertretende(r) Vorsitzende(r): Jürgen Ramm
Geschäftsführer(in): Manuela Fischer

● **N 188**
Fremdenverkehrsverband Anhalt-Wittenberg
Albrechtstr. 48, 06844 Dessau
T: (0340) 2 20 00 44 **Fax:** 2 40 03 34
Gründung: 1991 (22. August)
Hauptgeschäftsführer(in): N. N.
Leitung Presseabteilung: Kerstin Bittner

● **N 189**
Stadt Halle (Saale)
Wirtschaftsförderung
siehe U 259

● **N 190**
Fremden-Verkehrs- Verein Harzgerode e.V.
Markt 7, 06493 Harzgerode
T: (039484) 23 24
Gründung: 1990
Vorsitzende(r): Manfred Diwinski
Stellvertretende(r) Vorsitzende(r): Ernst Schmelzer
Geschäftsführer(in): Dagmar Böttger
Mitglieder: 160

● **N 191**
Tourist-Information Magdeburg
Julius-Bremer-Str. 10, 39104 Magdeburg
T: (0391) 5 40 49 02, 5 40 49 04 **Fax:** 5 40 49 10
Internet: http://www.magdeburg-tourist.de
E-Mail: info@magdeburg-tourist.de

● **N 192**
Tourismusverband Dübener Heide
Geschäftsstelle
Markt 1, 06901 Kemberg
T: (034921) 2 03 91 **Fax:** 2 03 91
E-Mail: geschaeftsstelle.dhtour@t-online.de
Gründung: 1990 (23. November)
Vorsitzende(r): Dr. Walter Dlouhy, Leipzig
Stellvertretende(r) Vorsitzende(r): Bachmann (Leiter für Tourismus Landratsamt Torgau)
Leitung Presseabteilung: Hans Kohlmetz (Lilienweg 18, 04849 Bad Düben)
Verbandszeitschrift: "Ferienland Dübener Heide"
Redaktion: Tourismusverband Dübener Heide
Verlag: Verlag und Druck Linus Wittich KG, 04916 Herzberg
Mitglieder: 108
Mitarbeiter: 2

● **N 193**
Harzer Förderkreis e.V.
Thyratal 4b, 06547 Stolberg
T: (034654) 80 50 (ISDN) **Fax:** 8 05 50
Internet: http://www.harzer-foerderkreis.de
E-Mail: hfk_verein@t-online.de
Gründung: 1991 (23. Juli)
Vorsitzende(r): Bianka Kachel (MdL)
Mitglieder: 130
Mitarbeiter: 10

Schleswig-Holstein

● **N 194**
Fremdenverkehrsverein für den Landkreis Aurich/Ostfriesland e.V.
Postf. 14 44, 26584 Aurich
Fischteichweg 7-13, 26603 Aurich
T: (04941) 16-445 **Fax:** 16-980
Gründung: 1979 (3. Juli)
Geschäftsführer(in): KR Johann Saathoff
Mitglieder: 20
Mitarbeiter: 4
Jahresetat: DM 0,97 Mio, € 0,5 Mio

● **N 195**
Nordseebäderverband Schleswig-Holstein e.V.
Postf. 16 11, 25806 Husum
Zingel 5, 25813 Husum
T: (04841) 89 75-75 **Fax:** 48 43
Teletex: 484 113 Kreis NF
Internet: http://www.nordseetourismus.de
E-Mail: Nordsee@t-online.de
Gründung: 1969
Vorsitzende(r): Landrat Dr. Olaf Bastian, Husum
Geschäftsführer(in): Silke Petersen, Husum
Leitung Presseabteilung: Dipl.-Betriebsw. Samone Schwier
Mitglieder: 67 (darunter die Kreise Nordfriesland und Dithmarschen, Seeheil- und Seebäder, Erholungs-, Luftkur- und zentrale Orte, ländliche Fremdenverkehrsgemeinschaften, die Hotel- und Gaststättenverbände Dithmarschens und Nordfrieslands, Reedereien und Verkehrsbetriebe)
Mitarbeiter: 4

● **N 196**
Ostseebäderverband Schleswig-Holstein e.V.
Vorderreihe 57, 23570 Lübeck
T: (04502) 68 63 **Fax:** 42 34
Internet: http://www.sht.de/ostsee
E-Mail: OBVSH@aol.com
Gesch.-Ltg.: Katja Oldenburg

Thüringen

● **N 197**
Fremdenverkehrsverband Weimarer Land e.V.
Landratsamt Weimarer Land
Bahnhofstr. 28, 99510 Apolda
T: (03644) 54 06 76 **Fax:** 54 06 76
E-Mail: landratsamt.weimarer.land@t-online.de
Gründung: 1990 (12. September)
Vorsitzende(r): Landrat Hans-Helmut Münchberg (Landratsamt Weimarer Land, Bahnhofstr. 28, 99510 Apolda)
Stellvertretende(r) Vorsitzende(r): Reinhardt Peters (Amt für Wirtschaftsförderung, Markt 1, 99510 Apolda)

● **N 198**
Kyffhäuser Fremdenverkehrsverband e.V.
Postf. 35, 06562 Bad Frankenhausen
Anger 14, 06567 Bad Frankenhausen
T: (034671) 7 17-0 **Fax:** 7 17-19
Geschäftsführer(in): Herbert Knischka

● **N 199**
Tourismus Gesellschaft Erfurt
Benediktplatz 1, 99084 Erfurt
T: (0361) 66 40-0 **Fax:** 66 40-290
Internet: http://www.erfurt-tourist-info.de
E-Mail: service@erfurt-tourist-info.de

● **N 200**
Fremdenverkehrsverein Gräfenroda/Thüringen e.V.
Bahnhofstr. 1, 99330 Gräfenroda
T: (036205) 7 62 73 **Fax:** 7 63 30
Vorsitzende: Ingrid Belau

● **N 201**
Fremdenverkehrsverein Jena-Saaletal e.V.
Geschäftsstelle:
Hotel "Schwarzer Bär"
Postf. 10 06 15, 07706 Jena
Lutherplatz 2, 07743 Jena
T: (03641) 44 48 42, (0170) 5 13 86 98
Fax: (03641) 40 61 13
E-Mail: eckert@reise-ag.de
Gründung: 1990 (14. Juni)
Vorsitzende(r): Helmut Osburg
Geschäftsführer(in): Walter A. Eckert

● **N 202**
Fremdenverkehrsverein Rastenberg e.V.
Johannesstr. 7, 99636 Rastenberg
T: (036377) 8 03 14 **Fax:** 8 03 14
Gründung: 1990 (14. Juni)
Vorsitzende(r): Dipl.-Ing. Knut Niessen
Stellvertretende(r) Vorsitzende(r): Günter Mascher
Mitglieder: ca. 20

N 203
Regionaler Fremdenverkehrsverband Saaleland e.V.
Im Oberhof 108, 07407 Uhlstädt
T: (036742) 6 35 34 **Fax:** 6 35 36
Gründung: 1993 (27. Januar)
Vorsitzende(r): Dipl.-Ing. J. Mascher (Geschäftsführer)

N 204
Fremdenverkehrsverband Thüringer Wald e.V.
Postf. 1 24, 98501 Suhl
August-Bebel-Str. 16, 98527 Suhl
T: (03681) 3 94 50 **Fax:** 72 21 79
Gründung: 1990 (29. September)
Vorsitzende(r): Ralf Luther (Landrat des Kreises Schmalkalden-Meiningen)
Stellvertretende(r) Vorsitzende(r): Bernd Lauche (Bürgermeister der Stadt Neuhaus/a. Rwg.)
Bernhard Schanze (Dezernent für Wirtschaftsförd. d. Bauwesen des LRA Saalfeld-Rudolstadt)
Geschäftsführer(in): Peter Spisla
Verbandszeitschrift: Den Thüringer Wald erleben
Redaktion: Touristische Marketing & Vertriebs GmbH, Suhl
Mitglieder: 186
Mitarbeiter: 2
Jahresetat: DM 0,3 Mio, € 0,15 Mio

Ausländische Vertreter für Fremdenverkehr

N 205
Corps Touristique
Vereinigung ausländischer Vertreter für Fremdenverkehr und Eisenbahnen in Deutschland (CT)
c/o Generalvertretung der Britischen Eisenbahen
Düsseldorfer Str. 15-17, 60329 Frankfurt
T: (069) 23 85 42 47 **Fax:** 26 00 00
E-Mail: corpstouristique@aol.com
Präsident(in): Anthony D. Cole (MBE, Generalvertretung der Britischen Eisenbahnen Düsseldorfer Str. 15-17, 60329 Frankfurt T: (069) 23 85 42 47, Fax: (069) 23 30 00)
Vizepräsident(in): Edith Hunzinger (Seychelles Tourist Office, An der Hauptwache 11, 60313 Frankfurt, T: (069) 29 20 64, Telefax: (069) 29 62 30, E-Mail: ctpresident@aol.com)
Peter S. Michel (Schweiz Tourismus, Kaiserstr. 23, 60311 Frankfurt, T: (069) 25 60 01 32, Fax: (069) 25 60 01 38)
Vorstandsmitglied: Carlos Beckles (Staatliches Fremdenverkehrsamt Barbados, Neue Mainzer Str. 22, T: (069) 25 19 19, Fax: (069) 25 02 88)
Andreas Sakkas (Fremdenverkehrszentrale Zypern, Kaiserstr. 50, 60329 Frankfurt, T: (069) 25 19 19, Telefax: (069) 25 02 88)
Klaus Spephan (Österreich Werbung, Mannheimer Str. 15, 60329 Frankfurt, T: (069) 24 24 25 24, Fax: (069) 25 07 41)
Dr. Miklós Walkó (Ungarisches Tourismusamt, Berliner Str. 72, 60311 Frankfurt, T: (069) 92 91 19 11, Telefax: (069) 92 91 19 18, E-Mail: ungarn.info@t-online.de)
Dieter Wendler-Jóhannsson (Isländisches Fremdenverkehrsamt, Frankfurter Str. 181, 63263 Neu-Isenburg, T: (06102) 25 43 88, Telefax: (06102) 25 45 70, E-Mail: island_info@compuserve.com)

n 206
Ägyptisches Fremdenverkehrsamt
Kaiserstr. 64a, 60329 Frankfurt
T: (069) 25 21 53, 25 23 19 **Fax:** 23 98 76
Internet: http://interoz.com/egypt
Leiter(in): Baher Malek

n 207
Antigua & Barbuda Department of Tourism
Thomasstr. 11, 61348 Bad Homburg
T: (06172) 2 15 04 **Fax:** 2 15 13
Internet: http://www.karibik.de/antigua-barbuda
E-Mail: antigua-barbuda@karibik.org
Leiter(in): Dr. Werner Giersch

n 208
Aruba Tourism Authority
Postf. 1204, 64333 Seeheim-Jugenheim
T: (06257) 96 29 21 **Fax:** 96 29 19
Internet: http://www.aruba.de
E-Mail: info@aruba.de
Leiterin: Rita Morozow

n 209
ATC Australian Tourist Commission
Neue Mainzer Str. 22, 60311 Frankfurt
T: (069) 2 74 00 60 **Fax:** 27 40 06 40
Leiter(in): Marion Buttler

n 210
Bahamas Tourist Office
Leipziger Str. 67d, 60487 Frankfurt
T: (069) 97 08 34-0 **Fax:** 97 08 34-34
Internet: http://www.bahamas.de
E-Mail: info@bahamas.de
Leiterin: Angela Oelschlägel

n 211
Belgisches Verkehrsamt
Cäcilienstr. 46, 50667 Köln
T: (0221) 2 77 59-0 **Fax:** 2 77 59-100
Leiter(in): Pascal De Laet

n 212
Fremdenverkehrsamt der Elfenbeinküste
Königstr. 93, 53115 Bonn
T: (0228) 24 19 09 **Fax:** 2 42 72 24
E-Mail: dt-cote_ivoire@t-online.de
Gründung: 1999 (1. Juni)
Leiter(in): Pascal Mahan (Ltg. Presseabt.)
Mitarbeiter: 1

n 213
Britische Zentrale für Fremdenverkehr
Westendstr. 16-22, 60325 Frankfurt
T: (069) 97 11 23 **Fax:** 97 11 22 44
Internet: http://www.visitbritain.com
E-Mail: initial.surname@bta.org.uk
Leiter(in): David Hamilton

n 214
British Virgin Islands Tourist Board
Wallstr. 56, 40878 Ratingen
T: (02102) 71 11 83 **Fax:** 2 11 77
E-Mail: g.rombergg@travelmarketing.de
Leiterin: Gabriele Romberg

n 215
Bulgarisches Fremdenverkehrsamt
Eckenheimer Landstr. 101, 60318 Frankfurt
T: (069) 29 52 84 **Fax:** 29 52 86
Leiter(in): Manol Dimitrov

n 216
Fremdenverkehrsbüro von Guadeloupe
Postf. 76 01 66, 60507 Frankfurt
T: (069) 28 33 15 **Fax:** 28 75 44
Internet: http://www.guadeloupe.karibik.org
E-Mail: fva.guadeloupe@t-online.de
Leiter(in): Philippe Boucard

n 217
Cayman Islands Tourism Marketing Services Intern.
Johanna-Melber-Weg 12, 60599 Frankfurt
T: (069) 6 03 20 94 **Fax:** 62 92 64
Leiter(in): Martin Walter

n 218
Ceylonesisches Fremdenverkehrsamt
Ceylon Tourist Board
Allerheiligentor 2-4, 60311 Frankfurt
T: (069) 28 77 34, 28 82 16 **Fax:** 28 83 71
Leiter: Nizam Lantra

n 219
Cubanisches Fremdenverkehrsbüro
An der Hauptwache 7, 60313 Frankfurt
T: (069) 28 83 22-3 **Fax:** 29 66 64
Leiter(in): Jorge Luis Molina

n 220
Dänisches Fremdenverkehrsamt
Glockengießerwall 2, 20095 Hamburg
T: (040) 32 02 10 **Fax:** 32 02 11 11
Internet: http://www.visitdenmark.com
E-Mail: daninfo@dt.dk
Leiter(in): Bruno Bedholm
Mitarbeiter: 16

n 221
Destination Québec
c/o MEKS Marketing GmbH
Plögerstr. 14, 32602 Vlotho
T: (05733) 91 48-0 **Fax:** 91 48-14
Internet: http://www.bonjourquebec.com
E-Mail: destinationquebec@t-online.de
Gründung: 1996
Leiterin: Martina E. Klöckner-Scherfeld
Mitarbeiter: 3

n 222
Fremdenverkehrsamt der Dominikanischen Republik
Hochstr. 17, 60313 Frankfurt
T: (069) 91 39-7878 **Fax:** 28 34 30
E-Mail: domtur@aol.com
Leiter: Eduardo Houellemont (Ltg. Presseabteilung)
Mitarbeiter: 3
Jahresetat: DM 1,8 Mio, € 0,92 Mio

n 223
Embassy of India
(Indische Eisenbahn)
Willy-Brandt-Allee 16, 53113 Bonn
T: (0228) 54 05-0 **Fax:** 54 05-154
E-Mail: railwayadviser@rlywing.bn.shuttle.de
Minister (Railways): Tapan Kumar Biswas

n 224
Finnische Zentrale für Tourismus
Lessingstr. 5, 60325 Frankfurt
T: (069) 71 91 98-0 **Fax:** 7 24 17 25
Internet: http://www.finland-tourism.com/de, http://www.finnland-ferien.com
Leiter(in): Sven Hansen

n 225
Martinique Fremdenverkehrsamt
Corinne Picaut
Postf. 10 01 28, 60001 Frankfurt
Westendstr. 47, 60325 Frankfurt
T: (069) 97 59 04 97 **Fax:** 97 59 04 99
E-Mail: martinique@t-online.de

n 226
Fremdenverkehrsamt der Volksrepublik China
für die Bundesrepublik Deutschland, Österreich und Niederlande
Ilkenhansstr. 6, 60433 Frankfurt
T: (069) 52 01 35 **Fax:** 52 84 90
Internet: http://www.fac.de
E-Mail: info@fac.de
Gründung: 1984 (20. März)
Direktor(in): Yanjun Zhou
Leitung Presseabteilung: Chen Shuiqing
Mitglieder: 3

n 227
Fremdenverkehrsamt Malta
Schillerstr. 30-40, 60313 Frankfurt
T: (069) 28 58 90 **Fax:** 28 54 79
Leiter(in): Joseph Galea
Verbandszeitschrift: Informationsbroschüren zu Malta

n 228
Fremdenverkehrsamt Tunesien
Goetheplatz 5, 60313 Frankfurt
T: (069) 2 97 06 40 **Fax:** 2 97 06 63
Internet: http://www.tourismtunisia.com
E-Mail: info@tourismtunisia.com
Leiter(in): Mohamed Labidi

n 229
Tourism New Zealand
Roßmarkt 11, 60311 Frankfurt
T: (069) 9 71 21 10 **Fax:** 9 71 21 13
Internet: http://www.purenz.com
E-Mail: info@newzealand.de
Leiter(in): Stephen Hart

n 230
Fremdenverkehrsbüro Puerto Rico
c/o Discover the World Marketing
Eifelstr. 14a, 60529 Frankfurt
T: (069) 35 00 47   Fax: 35 00 40
Leiter: Karin Siegmund

n 231
Fremdenverkehrszentrale Zypern
Kaiserstr. 50, 60329 Frankfurt
T: (069) 25 19 19   Fax: 25 02 88
E-Mail: CTO_FRA@t-online.de
Leiter(in): Andreas Sakkas

n 232
Rail Europe
Offizielle Vertretung der Französischen Eisenbahn (SNCF) sowie Bahnspezialist für Großbritannien
Lindenstr. 5, 60325 Frankfurt
T: (069) 97 58 46-0   Fax: 97 58 46-25
Internet: http://www.raileurope.de
Leitung Presseabteilung: Reinhard H. Brunner
Mitarbeiter: 16

n 233
Generalvertretung der Französischen Eisenbahnen
c/o Rail Europe Deutschland
Lindenstr. 5, 60325 Frankfurt
T: (069) 97 58 46 60   Fax: 97 58 46 66
Leiter(in): Jean-Claude Latzer

n 234
Generalvertretung der Kroatischen Eisenbahnen
Eschersheimer Landstr. 69 /VI, 60322 Frankfurt
T: (069) 59 81 78   Fax: 5 96 23 06
Leiter(in): Blaz Doko

n 235
Generalvertretung der Polnischen Staatsbahnen
Schillerstr. 20 /Apt. 309, 60313 Frankfurt
T: (069) 29 43 66   Fax: 28 36 97
Leiter(in): Robert Bajczuk

n 236
Generalvertretung der Tschechischen Bahnen
Kaiserstr. 60, 60329 Frankfurt
T: (069) 23 45 67   Fax: 23 36 76
Generalvertreter: Dipl.-Ing. Karel Adam

n 237
Government of Dubai
Department of Tourism and Commerce Marketing
Bockenheimer Landstr. 23, 60325 Frankfurt
T: (069) 71 00 02-0   Fax: 71 00 02-34
Gründung: 1990
Leiterin: Mara Kaselitz
Mitarbeiter: 5
Repräsentanz des Emirats Dubai, zuständig für Tourismus- und Wirtschaftsförderung sowie Presse- und Öffentlichkeitsarbeit im deutschsprachigen Raum.

n 238
Griechische Zentrale für Fremdenverkehr
Neue Mainzer Str. 22, 60311 Frankfurt
T: (069) 23 65 61-63   Fax: 23 65 76
E-Mail: info@gzf-eot.de
Leiter(in): Platon Davakis

n 239
Griechische Zentrale für Fremdenverkehr/Büro Berlin
Wittenbergplatz 3a, 10789 Berlin
T: (030) 2 17 62 62-63   Fax: 2 17 79 65
E-Mail: info@gzf-eot.de

n 240
Griechische Zentrale für Fremdenverkehr/Büro München
Pacellistr. 5, 80333 München
T: (089) 22 20 35, -36   Fax: 29 70 58
E-Mail: info@gzf-eot.de

n 241
Hong Kong Tourist Association
Humboldtstr. 94, 60318 Frankfurt
T: (069) 95 91 29-0   Fax: 5 97 80 50
E-Mail: hktafra@hkta.org

n 242
Indisches Fremdenverkehrsamt
Baseler Str. 46, 60329 Frankfurt
T: (069) 24 29 49-0   Fax: 24 29 49-77
Internet: http://www.india-tourism.com
E-Mail: info@india-tourism.com

n 243
Informationsabteilung des Türkischen Generalkonsulats
Baseler Str. 37, 60329 Frankfurt
T: (069) 23 56 03   Fax: 23 27 51
Leiter(in): Raci Karaca

n 244
Vertretung Schweizer Bahnen
Arnulf-Klett-Platz 2, 70173 Stuttgart
T: (0711) 2 30 80-10   Fax: 2 30 80-190
E-Mail: schweizerbahnen@t-online.de
Leiter(in): Marcel Druey

n 245
Irisches Fremdenverkehrsamt
Untermainanlage 7, 60329 Frankfurt
T: (069) 92 31 85-0   Fax: 92 31 85-88
Direktor(in): Gunther Klein

n 246
Isländisches Fremdenverkehrsamt
City Center
Frankfurter Str. 181, 63263 Neu-Isenburg
T: (06102) 25 43 88   Fax: 25 45 70
Internet: http://www.skandinavien.de/Island
E-Mail: Island_Info@compuserve.com
Leiter(in): Haukur Birgisson
Mitarbeiter: 3

n 247
Japanische Fremdenverkehrszentrale
Kaiserstr. 11, 60311 Frankfurt
T: (069) 2 03 53   Fax: 28 42 81
Internet: http://www.jnto.go.jp
E-Mail: fra@jnto.de
Leiter(in): Katsuhiko Narisada

n 248
Korea National Tourism Organisation
Baseler Str. 48, 60329 Frankfurt
T: (069) 23 32 26   Fax: 25 35 19
Internet: http://www.koreatour.de
E-Mail: kntoff@euko.de
Gründung: 1973
Leiter(in): Park Yung-Soo
Leitung Presseabteilung: Marc Wiedkamp
Mitarbeiter: 4

n 249
Kroatische Zentrale für Tourismus
Kaiserstr. 23, 60311 Frankfurt
T: (069) 25 20 45, 2 38 53 50   Fax: 25 20 54, 23 85 35 20
Ankica Ronji

n 250
Kroatische Zentrale für Tourismus Informationsstelle München
Rumfordstr. 7, 80469 München
T: (089) 22 33 44   Fax: 22 33 77

n 251
Luxemburgisches Verkehrsamt
Bismarckstr. 23-27, 41061 Mönchengladbach
T: (02161) 27 42 11   Fax: 27 42 20
Direktor(in): Gert Kartheuser

n 252
Maldives Government Tourist Information Office
Münchener Str. 48, 60329 Frankfurt
T: (069) 27 40 44 20   Fax: 27 40 44 22
E-Mail: maldivesinfo.ffm@t-online.de
Leiter(in): Abdulla Khaleel

n 253
Namibia Tourism
Schillerstr. 42-44, 60313 Frankfurt
T: (069) 1 33 73 60   Fax: 13 37 36 15
Internet: http://www.namibia-tourism.com
E-Mail: info@namibia-tourism.com
Gründung: 1990
Leitung Presseabteilung: Hella Göbel
Mitarbeiter: 4

n 254
Niederländisches Büro für Tourismus
Postf. 27 05 80, 50511 Köln
Friesenplatz 1, 50672 Köln
T: (01805) 34 33 22   Fax: 34 33 20
Internet: http://www.niederlande.de
Gründung: 1955
Leiter(in): Gerard Werner

n 255
Norwegisches Fremdenverkehrsamt
Postf. 11 33 17, 20433 Hamburg
Neuer Wall 41, 20354 Hamburg
T: (040) 22 94 15-0   Fax: 22 94 15 88
Internet: http://www.visitnorway.com
Leiter(in): Sille Svenkerud

n 256
Österreich Werbung
Mannheimer Str. 15, 60329 Frankfurt
T: (069) 24 24 25 24   Fax: 25 07 41
Leiter(in): Klaus Stephan

n 257
Peruanisches Generalkonsulat
Roßmarkt 14 /V, 60311 Frankfurt
T: (069) 1 33 09 26   Fax: 29 57 40
Leiter(in): Jorge León

n 258
Polnisches Fremdenverkehrsamt
Marburger Str. 1, 10789 Berlin
T: (030) 21 00 92-0   Fax: 21 00 92-14
Internet: http://www.polen-info.de
E-Mail: info@polen-info.de
Direktor(in): Pawel Lewandowski
Leitung Presseabteilung: Ewa Duchowska
Verbandszeitschrift: Polen-News

n 259
Portugiesisches Touristik- und Handelsbüro
Schäfergasse 17, 60313 Frankfurt
T: (069) 23 40 94   Fax: 23 14 33
E-Mail: dir@icepfra.de
Leiter(in): José António Preto da Silva

n 260
Rumänisches Touristenamt Frankfurt
Zeil 13, 60313 Frankfurt
T: (069) 29 52 78   Fax: 29 29 47
Leiter(in): Radu Robutu

n 261
Sardinien/Italien Meridiana SpA
Steinweg 5, 60313 Frankfurt
T: (069) 9 20 04 50   Fax: 28 90 56
E-Mail: atg.germany@t-online.de
Leiter(in): Frank Zweigel

n 262
Schweiz Tourismus
Postf. 16 07 54, 60070 Frankfurt
Roßmarkt 23, 60311 Frankfurt
T: (069) 25 60 01 26   Fax: 25 60 01 38
Internet: http://www.myswitzerland.com
E-Mail: klaus.oegerli@schweiz.de
Gründung: 1946
Direktor(in): Klaus Oegerli

n 263
Seychelles Tourist Office
An der Hauptwache 11, 60313 Frankfurt
T: (069) 29 20 64   Fax: 29 62 30
E-Mail: seyinfo@aol.com
Managerin: Edith Hunzinger

n 264
Singapore Tourism Board
Hochstr. 35-37, 60313 Frankfurt
T: (069) 92 07 70-0 **Fax:** 2 97 89 22
Internet: http://www.new-asia-singapore.de
E-Mail: info@stb-germany.de
Leiter(in): Markus Lum

n 265
Slowenisches Fremdenverkehrsamt
Maximiliansplatz 12a, 80333 München
T: (089) 29 16 12 02 **Fax:** 29 16 12 73
Leiter: Janez Repansek

n 266
South African Tourism (SATOUR)
An der Hauptwache 11, 60313 Frankfurt
T: (069) 92 91 29 11 **Fax:** 28 09 50
E-Mail: info@southafricantourism.de
Gründung: 1960
Leiter: Annemarie Ferns (Ltg. Presseabteilung)
Mitarbeiter: 12

n 267
Spanisches Fremdenverkehrsamt
Myliusstr. 14, 60323 Frankfurt
T: (069) 72 51 62 **Fax:** 72 50 55
Leiter(in): Álvaro Blanco

n 268
Staatliches Fremdenverkehrsamt von Barbados
Neue Mainzer Str. 22, 60311 Frankfurt
T: (069) 24 26 96 30 **Fax:** 23 00 77
Internet: http://www.barbados.org
E-Mail: barbados@t-online.de
Leiter(in): Cecile Ann Marshall-Kasties

n 269
Staatliches Israelisches Verkehrsbüro
Direktion für Deutschland und Österreich
Bettinastr. 62, 60325 Frankfurt
T: (069) 7 56 19 20 **Fax:** 75 61 92 22
Internet: http://www.goisrael.de, http://www.infotour.co.il
E-Mail: israel@igtofrankfurt.de
Direktor(in): Yoram Gilady
Verbandszeitschrift: Shalom
Redaktion: Eva Schumacher
Herausgeber: Staatliches Israelisches Verkehrsbüro

n 270
Staatliches Italienisches Fremdenverkehrsamt ENIT
Direktion für die deutschsprachigen Länder
Kaiserstr. 65, 60329 Frankfurt
T: (069) 23 70 69 **Fax:** 23 28 94
Leiter(in): Dr. Italo Somarriello

n 271
Staatliches Marokkanisches Fremdenverkehrsamt
Graf-Adolf-Str. 59, 40210 Düsseldorf
T: (0211) 37 05 51-2 **Fax:** 37 40 48
E-Mail: marokkofva@aol.com
Leiter(in): Faical Jorio

n 272
Mexikanisches Fremdenverkehrsbüro
Taunusanlage 21, 60325 Frankfurt
T: (069) 25 35 09 **Fax:** 25 37 55
E-Mail: germany@visitmexico.com
Leiter(in): Juan Carlos Hanhausen

n 273
Taipei Tourism Office
Rheinstr. 29, 60325 Frankfurt
T: (069) 61 07 43 **Fax:** 62 45 18
Internet: http://www.tbroc.gov.tw
E-Mail: tbrocfra@internet.de
Leiter(in): Tsan-Yang Kuo Su
Mitarbeiter: 3

n 274
Thailändisches Fremdenverkehrsamt
Bethmannstr. 58 /IV, 60311 Frankfurt
T: (069) 1 38 13 90 **Fax:** 13 81 39 50
Internet: http://www.tourismthailand.org
E-Mail: tatfra@t-online.de
Direktor(in): Suwat Kumwong

n 275
Tourist Team BV
Postfach 7105, NL-4330GC Middelburg
T: (031118) 639505 **Fax:** 639205
Leiter(in): Pieter Van Belle

n 276
Touristisches Informationsbüro der Republik Malediven
Immanuel-Kant-Str. 16, 61350 Bad Homburg
T: (06172) 8 62 93 (privat), 86 78 33 (Büro)
Fax: 86 78 33 (Büro)
Leiter(in): Dipl.-Ing. Gottfried Mücke

n 277
Trinidad & Tobago Fremdenverkehrsamt
Am Schleifweg 16, 55128 Mainz
T: (06131) 7 33 37 **Fax:** 7 33 07
Internet: http://www.visittnt.com
E-Mail: tnt@bsg-net.de
Leiter(in): Biki S. Khurana

n 278
Tschechische Zentrale für Tourismus Vertretung Deutschland
Karl-Liebknecht-Str. 34, 10178 Berlin
T: (030) 2 04 47 70 **Fax:** 2 04 47 70
Leiter(in): Jitka Zikmund

n 279
Ungarisches Tourismusamt
Berliner Str. 72, 60311 Frankfurt
T: (069) 92 91 19-11 **Fax:** 92 91 19-18
E-Mail: ungarn.info@t-online.de
Leiter(in): Dr. Miklós Walkó

n 280
Ungarisches Tourismusamt Regionalbüro München
Dom-Pedro-Str. 17, 80637 München
T: (089) 12 11 52-30 **Fax:** 12 11 52-51
Leiter(in): Pál Kleininger

n 281
Ungarisches Tourismusamt Regionalbüro Berlin
Karl-Liebknecht-Str. 34, 10178 Berlin
T: (030) 24 31 46-0 **Fax:** 24 31 46-13
Internet: http://www.ungarn-tourismus.de
E-Mail: ungarn.info.berlin@t-online.de
Leiter: Dr. Miklós Walkó

n 282
Zimbabwe Tourist Office
Schillerstr. 3, 60313 Frankfurt
T: (069) 9 20 77 30 **Fax:** 92 07 73 15
Internet: http://www.tourismzimbabwe.co.zw
E-Mail: zim.tourist.office@t-online.de
Leiter(in): Givemore Chidzidzi

Reisebüros, Reiseveranstalter

● N 283

Deutscher Reisebüro und Reiseveranstalter Verband e.V. (DRV)
Albrechtstr. 10c, 10117 Berlin
T: (030) 2 84 06-0 **Fax:** 2 84 06-30
Internet: http://www.drv.de
E-Mail: info@drv.de
Gründung: 1950 (August)
Internationaler Zusammenschluß: siehe unter izn 47
Präsident(in): Klaus Laepple (Reisebüro Kö 27 GmbH), Düsseldorf
Vizepräsidenten: Hans Doldi (DER-Reisebüro Hamm GmbH & Co.), Hamm
Ralph Osken (DERPART Reisevertrieb GmbH), Frankfurt
Johannes Zurnieden (Phoenix Reisen GmbH), Bonn
Norbert Munsch (TUI), Hannover
Finanzvorstand: Reinhard Werner (Airtours International GmbH), Frankfurt
Mitgl. d. Vorst: Axel Duhr (Reisebüro Wichelhovenhaus GmbH & Co. KG), Iserlohn
Magdalene Hieke (Reisebüro Strier oHG), Ibbenbüren
Walter Krombach (AMEROPA-Reisen GmbH), Bad Homburg
Jürgen Marbach (Atlasreisen), Köln
Ch. Alexander Paschkes (Finca Ferien GmbH), Frankfurt
Peter Pullem (C&N Touristik AG), Oberursel
Ralph Schiller (Reiseland GmbH & Co. KG), Northeim
Richard J. Vogel (Seetours), Neu-Isenburg
Hauptgeschäftsführer(in): Dr. Jochen Martin
Geschäftsführer(in): Leonhard Reeb
Leitung Presseabteilung: Melanie Schacker
Sibylle Zeuch
Mitglieder: 5000
Mitarbeiter: 22

Interessensvertretung der Reisebranche gegenüber Öffentlichkeit, Regierung, Beförderungsgesellschaften, Leistungsträgern und Zielgebieten. Beratung der Mitglieder in z.B. wirtschaftlichen, rechtlichen Fragen.

● N 284
Bundesverband mittelständischer Reiseunternehmen e.V. (asr)
Mainzer Landstr. 82-84, 60327 Frankfurt
T: (069) 75 60 54-0 **Fax:** 75 60 54-20
Gründung: 1976
Präsident(in): Jutta Zedelmaier (Aliger Reisen KG, Vogelweideplatz 1, 81677 München, T: (089) 4 57 47 53, Telefax: (089) 45 74 75 42, E-Mail: aliger@t-online.de)
Geschäftsführer(in): N.N.
Leitung Presseabteilung: Yann Schäfer
Verbandszeitschrift: asr-aktuell
Redaktion: Mainzer Landstr. 82-84, 60327 Frankfurt, T: (069) 75 60 54-16, Telefax: (069) 75 60 54-20
Verlag: ELLA Verlag, Emil-Hoffmann-Str. 55-59, 50999 Köln
Mitglieder: 1700
Mitarbeiter: 6

Der Bundesverband bezweckt die Wahrnehmung aller beruflichen und gewerbepolitischen Interessen mittelständischer Reiseunternehmen.

● N 285
German Business Aviation Association e.V. (GBAA)
Breite Str. 29, 10178 Berlin
T: (030) 20 28-1424 **Fax:** 20 28-2424
E-Mail: gaa@bdi-online.de
Gründung: 1995
Vorsitzende(r): Dr. Bernd Gans
Geschäftsführer(in): Dipl.-Kfm. Karl Michael Probst

● N 286
Fachverband Deutscher Sprachreise-Veranstalter e.V.
Hauptstr. 26, 63811 Stockstadt
T: (06027) 27 90 **Fax:** 41 88 47
Vorsitzende(r): Dr. James Swift
1. St.Vors.: Klaus M. Vetter
2. St.Vors.: Alberto Sarno
Mitglieder: 19

● N 287
Verband Deutscher Museums- und Touristikbahnen e.V. (VDMT)
Lerchenweg 1b, 82538 Geretsried
T: (08171) 3 43 03 **Fax:** (089) 2 44 33 83 43
Internet: http://www.vdmt.de
E-Mail: info@vdmt.de
Gründung: 1993 (27. Februar)
Vorsitzende(r): Heimo Echensperger
Stellvertretende(r) Vorsitzende(r): Günther Steinhauer
Leitung Presseabteilung: Bernd Dohrmann
Verbandszeitschrift: eisenbahn magazin
Redaktion: Alba Verlag, Düsseldorf
Mitglieder: 82

● N 288
Verband der Paketreiseveranstalter International e.V.
Geschäftsstelle
Am Storrenacker 2, 76139 Karlsruhe
T: (0721) 9 13 70 85 **Fax:** 9 13 70 90
Internet: http://www.vpr.de
E-Mail: vpr@vpr.de
Gründung: 1981
Vorsitzende(r): Werner Volkert
Geschäftsführer(in): Hakan Enüstün
Verbandszeitschrift: VPR-Extra
Mitglieder: 50
Mitarbeiter: 2

● N 289
**Arbeitskreis Aktiver Counter e.V.
Fachliche Vereinigung für die Reisebüroexpedienten**
Geschäftsstelle:
Klaus Peter Kaiser
Langheckenweg 19, 60433 Frankfurt

T: (069) 51 28 83   **Fax:** 51 28 83
Gründung: 1981
Vorsitzende(r): Klaus-Peter Kaiser (Langheckenweg 19, 60433 Frankfurt, T: (069) 52 88 55, Telefax: (069) 51 28 83)
Leitung Presseabteilung: Michael Jeder
Verbandszeitschrift: FLASH-INFO
Mitglieder: 230 (Stand 31.12.2000)

O Kultur und Kommunikation

Zum Auffinden einer bestimmten Dienststelle oder Organisation dient das Suchwortverzeichnis, eines Personennamens das Personenverzeichnis.

Theater, Musik
Filmwirtschaft
Rundfunk, Fernsehen
Verlagswesen
Werbewirtschaft
Ausstellungen und Messen
Verschiedene Gewerbe

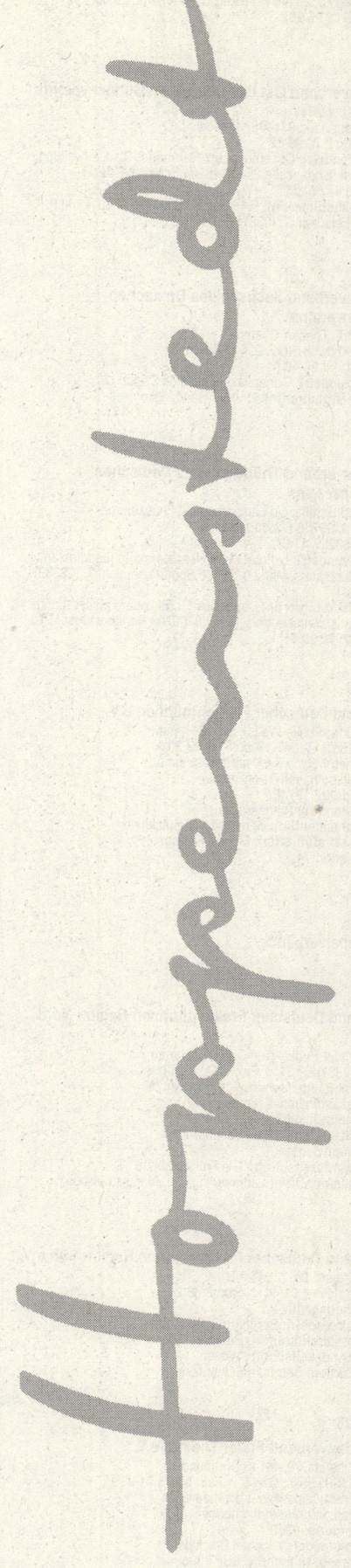

O 1

Theater, Musik

● O 1
Bund der Theatergemeinden e.V.
Bonner Talweg 10, 53113 Bonn
T: (0228) 91 50 31   **Fax:** 9 15 03 45
Internet: http://www.theatergemeinden.de
Gründung: 1951
Präsident(in): Josef Reimers
Geschäftsführer(in): Roswitha Kleinwächter
Verbandszeitschrift: Theater Rundschau
Verlag: Bonner Talweg 10, 53113 Bonn
Mitglieder: 135673 Stand 01.01.2000

Zusammenschluß der Theatergemeinden (Besucherorganisationen) in Deutschland zur Förderung und Vermittlung des Verständnisses für alle Bereiche des künstlerischen und musischen Lebens, insbesondere des Zugangs in die Welt des Theaters.

o 2
Bund der Theatergemeinden e.V.
Landesverband Baden-Württemberg
Reinhold-Frank-Str. 48a, 76133 Karlsruhe
T: (0721) 2 51 78

o 3
Bund der Theatergemeinden e.V.
Landesverband Bayern
Geschäftsstelle:
Goethestr. 24, 80336 München
Vorsitzende(r): Ingeborg Bogner

o 4
Landesverband Berlin/Brandenburg
Theatergemeinde e.V. Berlin
Geschäftsstelle:
Tauentzienstr. 3, 10789 Berlin
T: (030) 21 29 63 00
Vorsitzende(r): Michael Wewiasinski

o 5
Bund der Theatergemeinden e. V.
Landesverband Bremen
Geschäftsstelle: Goethebund in Bremen e.V.
Baumwollbörse, Zi. 333
Wachtstr. 17-25, 28195 Bremen
T: (0421) 32 58 35   **Fax:** 32 70 19
Vorsitzende(r): Prof. Dr. Joachim Dyck

o 6
Bund der Theatergemeinden e.V.
Landesverband Hamburg
Geschäftsstelle:
Neuer Wall 15, 20354 Hamburg
T: (040) 34 08 21
Vorsitzende(r): Uwe Vagt

o 7
Bund der Theatergemeinden e.V.
Landesverband Hessen/Thüringen
Geschäftsstelle:
Marienplatz 2, 64283 Darmstadt
T: (06151) 2 66 75
Vorsitzende(r): Wilfried Beier

o 8
Bund der Theatergemeinden e.V.
Landesverband Nordrhein-Westfalen
Geschäftsstelle:
Grabenstr. 8, 40213 Düsseldorf
T: (0211) 32 68 87
Vorsitzende(r): Wolfgang Kamper

o 9
Bund der Theatergemeinden e.V.
Landesverband Rheinland-Pfalz
Geschäftsstelle:
Clemensstr. 12, 56068 Koblenz
T: (0261) 1 48 89
Vorsitzende(r): Dieter Gube

o 10
Bund der Theatergemeinden e.V.
Landesverband Sachsen
Geschäftsstelle:
Springerstr. 18, 04105 Leipzig
T: (0341) 5 64 55 52
Vorsitzende(r): Ursula Minsel

● O 11
Deutscher Bühnenverein
Bundesverband deutscher Theater
Postf. 29 01 53, 50523 Köln
St.-Apern-Str. 17-21, 50667 Köln
T: (0221) 2 08 12-0   **Fax:** 2 08 12-28
Internet: http://www.buehnenverein.de
Gründung: 1846
Präsident(in): Intendant Prof. Jürgen Flimm
Vorstand: RA Rolf Bolwin
Verbandszeitschrift: Die Deutsche Bühne
Verlag: Erhard-Friedrich Verlag, 30926 Seelze
Mitglieder: z.Zt. 434
Mitarbeiter: 20

Interessenvertretung und Förderung deutscher Theater und Kulturorchester; Wahrnehmung arbeitsrechtlicher Interessen der Unternehmensmitglieder; Abschluß von Tarifverträgen.

Landesverbände

o 12
Landesverband Baden-Württemberg des Deutschen Bühnenvereins
Sommerweg 15, 73728 Esslingen
T: (0711) 31 41 61
Vorsitzende(r): Bürgermeister Götz Hartung (Stadt Ulm, Rathaus, 89073 Ulm, T: (0731) 1 61-3001)
Stellvertreter: Geschf. Dir. Hans Tränkle (Staatstheater Stuttgart, Oberer Schloßgarten 6, 70173 Stuttgart, T: (0711) 2 03 20)
Geschäftsführung: RA Dr. Dieter Deuschle (Sommerweg 15, 73728 Esslingen, T: (0711) 31 41 61)
Regierungsdirektor Dieter Kottmann (Zeppelinstr. 8, 74321 Bietigheim-Bissingen)

o 13
Landesverband Bayern des Deutschen Bühnenvereins
Sonnenstr. 20V, 80331 München
T: (089) 55 51 05   **Fax:** 55 40 29
Vorsitzende(r): Dr. Michael Mihatsch (Bayerisches Staatsministerium für Wissenschaft, Forschung und Kunst, Salvatorstr. 2, 80333 München, T: (089) 21 86-1)
Stellvertreter: Dr. Tebbe Harms Kleen (Stadttheater Würzburg, Theaterstr. 21, 97070 Würzburg, T: (0931) 3 90 80)
Geschäftsführer(in): RA Dieter Tecklenburg (Sonnenstr. 20/V, 80331 München, T: (089) 55 51 05)

o 14
Landesverband Berlin des Deutschen Bühnenvereins
Mommsenstr. 11, 10629 Berlin
T: (030) 8 81 70 18   **Fax:** 88 55 33 01
Vorsitzende(r): Direktor Jürgen Schitthelm (Schaubühne am Lehniner Platz, Kurfürstendamm 153, 10709 Berlin, T: (030) 89 00 21 11)
Stellvertreter(in): Barbara Esser (Senatsverwaltung für Wissenschaft, Forschung und Kultur, Brunnenstr. 188-190, 10119 Berlin, T: (030) 90 22 87 20)
Geschäftsführer(in): RA Ursula Raue (Mommsenstr. 11, 10629 Berlin, T: (030) 8 81 70 18)

o 15
Landesverband Mitte des Deutschen Bühnenvereins
Johanniterstr. 9, 50859 Köln
T: (02234) 7 64 58   **Fax:** 4 88 50
Vorsitzende(r): OB Dr. Gerhard Langemeyer (Stadt Dortmund, Südwall 2-4, 44137 Dortmund, T: (0231) 5 02 20 37)
Stellvertreter(in): Beigeordneter Hans-Heinrich Grosse-Brockhoff (Ehrenhof 3, 40479 Düsseldorf, T: (0211) 8 99 30 91)
Geschäftsführer(in): RA Robert Kuth (Johanniterstr. 9, 50859 Köln, T: (02234) 7 64 58, Telefax: (02234) 48-8 50)

o 16
Landesverband Nord des Deutschen Bühnenvereins
Rothenbaumchaussee 20, 20148 Hamburg
T: (040) 4 50 20 60   **Fax:** 45 00 26 20
Vorsitzende(r): Senatorin Dr. Christina Weiss (Hansestadt Hamburg, Kulturbehörde, Hohe Bleichen 22, 20354 Hamburg, T: (040) 3 48 90 201)

Stellvertreter: Direktor Wolfgang Borchert (Ernst-Deutsch-Theater, Ulmenau 25, 22087 Hamburg, T: (040) 2 27 01 40)
Geschäftsführer(in): RA Joachim Benclowitz (Rothenbaumchaussee 20, 20148 Hamburg, T: (040) 4 50 20 60, Fax: (040) 45 00 26 20)

o 17
Landesverband Ost des Deutschen Bühnenvereins
Geschäftsstelle
Am Alten Markt 9, 14467 Potsdam
T: (0331) 2 70 99 62
Vorsitzende(r): Dezernent Lutz Herrmann (Stadtverwaltung Schwedt, Lindenallee 25-29, 16284 Schwedt/Oder, T: (03332) 44 65 35)
Geschäftsführer(in): RA Karin Spaeth (Am Alten Markt 9, 14467 Potsdam, T: (0331) 2 70 99 62)

o 18
Landesverband Sachsen des Deutschen Bühnenvereins
c/o Städt. Theater Chemnitz
Käthe-Kollwitz-Str. 7, 09111 Chemnitz
T: (0371) 4 88 48 04
Vorsitzende(r): Generalintendant Rolf Stiska
Geschäftsführer(in): Dr. Karl-Hans Möller

o 19
Landesverband Thüringen des Deutschen Bühnenvereins
Geschäftsstelle: c/o Landratsamt Kyffhäuserkreis
Markt 8, 99706 Sondershausen
T: (03632) 7 41 01
Vorsitzende(r): Landrat Peter Hengstermann (Landratsamt Kyffhäuserkreis, Markt 8, 99706 Sondershausen, T: (03632) 7 41 01)
Geschäftsführer(in): Amtsleiter Dr. Ekkehard Müller (Landratsamt Kyffhäuserkreis, Markt 8, 99706 Sondershausen, T: (03632) 70 90 11)

● O 20
Verband Deutscher Freilichtbühnen e.V.
Gebrüder-Funke-Weg 3, 59073 Hamm
T: (02381) 69 34   **Fax:** 3 09 09 30
Internet: http://www.freilichtbuehnen.de
E-Mail: vdfhamm@t-online.de
Gründung: 1974
Präsident(in): Reinhard Jansen
Vizepräsident(in): Bernhard Schmutzler
Geschäftsführer(in): Monika Kellings
Mitglieder: 74

Regionalverbände

o 21
Verband Deutscher Freilichtbühnen Region Nord e.V.
Gebrüder-Funke-Weg 3, 59073 Hamm
T: (02381) 69 34   **Fax:** 3 09 09 30
Internet: http://www.freilichtbuehnen.de
E-Mail: vdfhamm@t-online.de
Gründung: 1953
Vorsitzende(r): Dieter Lammerding
Reinhard Jansen
Verbandszeitschrift: "Die Freilichtbühne"
Redaktion: Dieter Lammerding, GF: Monika Kellings

o 22
Verband Deutscher Freilichtbühne Region Süd e.V.
Schillerstr. 18, 72631 Aichtal
T: (07127) 5 01 44   **Fax:** 5 66 24
Gründung: 1974
Vorsitzende(r): Bernhard Schmutzler
Geschäftsführer(in): Bernhard Schmutzler
Verbandszeitschrift: "aktuell"
Redaktion: Bernhard Schmutzler

● O 23
Bundesverband Freier Theater e.V.
Günthrstr. 65, 44143 Dortmund
T: (0231) 55 75 21 16   **Fax:** 55 75 21 29
Internet: http://www.freie-theater.de
E-Mail: info@freie-theater.de
Gründung: 1990
Vorsitzende(r): Jochen Brockstedt
Verbandszeitschrift: BUFT-Informationen
Redaktion: Stefan Kuntz
Mitglieder: 11 Landesverbände
Mitarbeiter: 2
Jahresetat: DM 0,1 Mio, € 0,05 Mio

Landesverbände

o 24
Kooperative Freier Theater Nordrhein-Westfalen e.V.
Güntherstr. 65, 44143 Dortmund
T: (0231) 55 75 21-16   Fax: 55 75 21-29
Internet: http://www.theaterzwang.de
E-Mail: theaterzwang98@cww.de
Kontaktperson: Jochen Brockstedt

o 25
Landesverband professioneller Freier Theater Hessen e.V.
c/o Brotfabrik
Bachmannstr. 2-4, 60488 Frankfurt
T: (069) 97 88 00-91   Fax: 97 88 00-92
E-Mail: freiestheater.lvhessen@t-online.de

o 26
Landesverband Freier Theater in Niedersachsen e.V.
Bahnhofstr. 21, 26122 Oldenburg
T: (0441) 2 48 91 92   Fax: 2 48 96 70
Internet: http://www.laft.de
E-Mail: laft-@t-online.de
Kontaktperson: Kirsten Hass

o 27
Landesverband Freier Theater Baden-Württemberg
Museumstr. 6, 76437 Rastatt
T: (07222) 3 75 85   Fax: 3 37 70
Internet: http://www.landesverband-freier-theater.de
Kontaktperson: Edzard Schoppmann
Maria Vetter (maria-vetter@landesverband-freier-theater.de)

o 28
la profth e.V. (Rheinland-Pfalz)
Obere Hauptstr. 14, 76863 Herxheim
T: (07276) 59 91   Fax: 73 21
E-Mail: knirps.theater@t-online.de
Kontaktperson: Astrid Sacher
Anke Scholz

o 29
BaFT - Bayerischer Verband der Freien Theater
Hochstr. 31 RG, 90429 Nürnberg
T: (0911) 26 53 24   Fax: 28 60 92
Internet: http://www.kubiss.de/baft
E-Mail: kultur31@t-online.de
Kontaktperson: Friedrich Köhler
Christoph Daigl

o 30
Landesverband Freier Theater Mecklenburg-Vorpommern
Röntgenstr. 22, 19055 Schwerin
T: (0385) 5 50 99 43   Fax: 5 50 99 43
Kontaktperson: Regina Villwock

o 31
Freies Theater Brandenburg e.V.
c/o Fabrik e.V.
Schiffbauergasse 1, 14467 Potsdam
T: (0331) 2 80 03 14   Fax: 2 80 03 14
E-Mail: lvfrthbg@aol.com
Kontaktperson: Frank Reich

o 32
Landeszentrum Spiel und Theater e.V. Sachsen-Anhalt
Schellingstr. 3-4, 39104 Magdeburg
T: (0391) 5 37 13 70   Fax: 5 37 13 69
E-Mail: info@lanze-lsa.de
Kontaktperson: Steffen Schulz

o 33
Dachverband Freier Theaterschaffender in Hamburg e.V.
Nernstweg 32-34, 22765 Hamburg
T: (040) 39 90 26 84   Fax: 39 90 26 84
E-Mail: dachverband_freier_theater_hh@t-online.de
Kontaktperson: Torsten Beyer
Torsten Diehl

o 34
Landesverband Freier Theater Schleswig-Holstein
Combinale Das Theater
Hüxstr. 15 Hinterhaus, 23552 Lübeck
T: (0451) 7 88 17   Fax: 7 06 30 78
E-Mail: info@combinale.de
Kontaktperson: Ulli Haussmann

● O 35
Bund Deutscher Amateurtheater e.V. (BDAT)
Steinheimer Str. 7/1, 89518 Heidenheim
T: (07321) 4 83 00   Fax: 4 83 41
Internet: http://www.bdat-online.de
E-Mail: bdat-@t-online.de
Gründung: 1892
Präsident(in): Norbert Radermacher
Vizepräsident(in): Franz-Josef Witting
Heinz Deichmann
Frank Grünert
Kerstin Zühlsdorff
Hauptgeschäftsführer(in): Andreas Salemi
Verbandszeitschrift: SPIEL & BÜHNE
Redaktion: Andreas Salemi
Verlag: BDAT, Steinheimer Str. 7/1, 89518 Heidenheim
Mitglieder: 1800 Mitgliedsbühnen
Mitarbeiter: 6

Mitgliedsverbände

o 36
Landesverband Amateurtheater Baden-Württemberg e.V.
Friedrich-Pfenning-Str. 20, 89518 Heidenheim
T: (07321) 94 18 81   Fax: 94 18 82
Präsident(in): Helmut Kuhn

o 37
Verband Bayerischer Amateurtheater e.V.
Innstr. 2a, 83022 Rosenheim
T: (08031) 3 26 74   Fax: 3 47 83
Präsident(in): Willi Gennis

o 38
Verband Berliner Amateurbühnen e.V.
Oeserstr. 48, 13509 Berlin
T: (030) 4 34 76 56
Vorsitzende(r): Jürgen Jacob

o 39
Brandenburgischer Amateurtheaterverband e.V.
Vogelsangruh 5, 16303 Schwedt
T: (033331) 6 61 17   Fax: 6 61 17
Vorsitzende(r): Lothar Falkenberg

o 40
Landesverband Bremer Amateurtheater e.V.
Blankenburger Str. 9, 28205 Bremen
T: (0421) 44 12 78   Fax: 44 12 78
E-Mail: graebner.jug@t-online.de
Vorsitzende(r): Günter Gräbner
Verbandszeitschrift: BAT-Szene

o 41
Verband Hamburger Amateurtheater e.V.
Schillerstr. 54, 22848 Norderstedt
T: (040) 5 23 52 31
Präsident(in): Kathrin Oehme

o 42
Landesverband Hessischer Amateurbühnen e.V.
Wiedbachstr. 22, 65307 Bad Schwalbach
T: (06124) 85 57   Fax: 7 72 25
Vorsitzende: Barbara Zorn

o 43
Landesverband Spiel & Theater Mecklenburg-Vorpommern e.V.
Fährstr. 23-24, 18439 Stralsund
T: (03831) 29 12 10   Fax: 29 89 30
Vorsitzende(r): Kerstin Zühlsdorff
Geschäftsführer(in): Anke Krüger

o 44
Landesverband Niedersächsischer Amateurbühnen e.V.
Oerdinghauserstr. 28, 27305 Engeln
T: (04247) 4 09
Vorsitzende(r): Heinrich Mehlhop
Geschäftsführer(in): Brigitte Sante (Engelnerstr. 29, 27305 Engeln, T: (04247) 93 09 21, Telefax: (04247) 93 09 16)

o 45
Amateurtheaterverband Nordrhein-Westfalen e.V.
Schulstr. 43, 33102 Paderborn
T: (05251) 3 58 85   Fax: 3 58 84
Vorsitzende(r): Franz-Josef Witting
Geschäftsführer(in): Siegfried Plewa (Korumhöhe 11, 45307 Essen, T: (0201) 55 15 05, Fax: 55 49 35)

o 46
Landesverband Amateurtheater Rheinland-Pfalz e.V.
Ringstr. 21, 56204 Hillscheid
T: (02624) 78 16   Fax: 95 05 35
Internet: http://hometown.aol.com/TheaterRpf
Vorsitzende(r): Heinz Deichmann
Geschäftsführer(in): Horst Meister (Desperweg 18, 56235 Ransbach-Baumbach, T: (02623) 80 79 69, Fax: 92 31 30)

o 47
SVB-Theater der Amateure e.V.
30 rue de Forbach, F-57350 Speicheren
T: (0033) 3 87 88 62 21
Vorsitzende(r): Josef Sedlmeier
Geschäftsstelle: Irmgard Leinenbach (Unterer Hof 17, 66265 Heusweiler, T: (06898) 10 83 39, Fax: 60 36 10)

o 48
Landesverband Amateurtheater Sachsen e.V.
Käthe-Kollwitz-Str. 9, 01445 Radebeul
T: (0351) 8 30 54 50
Vorsitzende(r): Uwe Baum

o 49
Amateur-Theaterverband Sachsen-Anhalt
Wiesengrund 1, 39179 Barleben
T: (039203) 9 10 54
Vorsitzende(r): Heinz Beckmann

o 50
Landesverband der Amateurtheater Schleswig-Holstein e.V.
Alte Dorfstr. 4, 25852 Bordelum
T: (04671) 46 91   Fax: 30 91
Vorsitzende(r): Reinhard Jaeschke
Geschäftsstelle: Sabine Kaufmann (An der Trave 1, 23795 Bad Segeberg, T: (04551) 99 92 96, Fax: 99 92 98)

o 51
ThüringerAmateurTheaterverband e.V.
Platz der OdF 1, 07407 Rudolstadt
T: (03672) 41 20 72   Fax: 41 49 58
Vorsitzende(r): Frank Grünert

o 52
Verband Deutscher Freilichtbühnen e.V.
Geschäftsstelle:
Gebrüder-Funke-Weg 3, 59073 Hamm
T: (02381) 69 34   Fax: 3 09 09 30
Internet: http://www.freilichtbuehnen.de
E-Mail: vdfhamm@t-online.de
Präsident(in): Reinhard Jansen
Vizepräsident(in): Bernhard Schmutzler

o 53
Arbeitsgemeinschaft Mundart-Theater Franken e.V.
Bergstr. 28, 97659 Schönau
T: (09775) 4 58
Vorsitzende(r): Manfred Zirkelbach (kommissarisch)
Geschäftsstelle: Renate Mörsdorf (Schulstr. 18 in Regelsbach, 91189 Rohr, T: (09122) 8 19 55, Fax: 8 19 56)

● O 54
Bayerische Theaterakademie August Everding im Prinzregententheater
Prinzregentenplatz 12, 81675 München
T: (089) 21 85-2810   Fax: 21 85-2813
E-Mail: wolfgang.goehner@ak-theater.bayern.de
Präsident(in): Prof. Dr. Hellmuth Matiasek
Verwaltungsdirektor: Wolfgang Karl Göhner
Stellvertreterin: Pia König
Leitung Presseabteilung: Dr. Thomas Siedhoff
Verbandszeitschrift: "Cult" Kulturzeitung der Bay. Theater AG
Redaktion: Prf. Dr. C. Bernd Sucher, Dr. thomas Siedhoff
Mitarbeiter: 100
Jahresetat: DM 10,1 Mio, € 5,16 Mio

● O 55
Bundesarbeitsgemeinschaft Spiel und Theater e.V. (BAG)
Falkenstr. 20, 30449 Hannover
T: (0511) 4 58 17 99   **Fax:** 4 58 31 05
Internet: http://www.bag-online.de
E-Mail: info@bag-online.de
Gründung: 1956
1. Vorsitzende(r): Klaus Hoffmann
Geschäftsführer(in): Brigitte Schindler
Mitglieder: 13 bundesweite Verbände
Mitarbeiter: 2

● O 56
Bundesverband Theaterpädagogik e.V.
Gesachäftsstelle
Genter Str. 23, 50672 Köln
T: (0221) 9 52 10 93   **Fax:** 9 52 10 95
Internet: http://www.but.bkj.de
Gründung: 1991
Geschäftsführer(in): Raimund Finke
Verbandszeitschrift: Korrespondenzen
Mitglieder: 430
Mitarbeiter: 2

● O 57
DAS Ei - Erstes Theaterpädagogisches Zentrum Nürnberg
Siegfriedstr. 20, 90461 Nürnberg
T: (0911) 26 53 24   **Fax:** 28 60 92
Internet: http://www.tpz-dasei.de
E-Mail: buero@tpz-dasei.de
Gründung: 1993 (1. April)
Geschäftsführer(in): Peter Maier (Ltg. Presseabt.)
Stellvertretende(r) Geschäftsführer(in): Hans Dönitz
Verbandszeitschrift: Frisch-Ei
Redaktion: Peter Maier
Mitarbeiter: ca. 15

● O 58
Deutsche Theatertechnische Gesellschaft e.V. (DTHG)
Gruberstr. 76, 85586 Poing
T: (08121) 7 65 31   **Fax:** 7 65 81
Internet: http://www.dthg.de
E-Mail: centrale@dthg.de
Gründung: 1907
Vorsitzende(r): Thomas Meissner (Ltg. Presseabteilung)
Stellvertretende(r) Vorsitzende(r): Hans-Peter Boecher
Rainer Münz
Verbandszeitschrift: Bühnentechnische Rundschau
Redaktion: Karin Winkelsesser
Mitarbeiter: Helmut Großer, Iris Abel
DTHG-Podium: Rainer Münz
Redaktionsadresse: Friedrich Berlin Verlagsges. mbH, Reinhardtstr. 29, 10117 Berlin, T: (030) 25 44 95-70, Fax: (030) 25 44 95-24, E-Mail: winkelsesser@btr-friedrich.de
Verlag: Friedrich Berlin Verlagsgesellschaft mbH
Verlagsleitung: Michael Merschmeier, Reinhardtstr. 29, 10117 Berlin, T: (030) 25 44 95-0, Fax: (030) 25 44 95-12
Herstellung, Vertrieb und Abonnement: Friedrich Verlag Service GmbH, Postf. 10 02 02, 30918 Seelze, T: (0511) 4 00 04-1 52, Fax: (0511) 4 00 04-1 70
Mitglieder: ca. 1500

● O 59
LOT - Verein zur Förderung v. Theater u. Kultur im LOT-Theater in Braunschweig e.V.
Kaffeetwete 4a, 38100 Braunschweig
T: (0531) 1 73 03   **Fax:** 1 73 63
Internet: http://www.lot.cymes.net
E-Mail: lotmail@cymes.net
Gründung: 1996 (07. Februar)
Vorstand: Elke Utermöhlen
Dieter Krockauer
Heiner Fahrenholz
Geschäftsführer(in): Astrid Reibstein
Leitung Presseabteilung: Susanne Hesch
Mitglieder: 36
Mitarbeiter: 2
Jahresetat: ca. DM 0,45 Mio, € 0,23 Mio

● O 60
Verband Deutscher Bühnen- und Medienverlage e.V.
Postf. 31 14 40, 10644 Berlin
Uhlandstr. 90, 10717 Berlin
T: (030) 86 20 21 61   **Fax:** 86 30 06 28
Vorsitzende: Dagmar Sikorski-Großmann
Geschäftsführer(in): Dr. Jan Ehrhardt

● O 61
Deutscher Tanzrat/Deutscher Ballettrat e.V.
Bonner Künstlerhaus
Graurheindorfer Str. 23, 53111 Bonn
T: (0228) 63 35 78
Vorstand: Dipl.-Phil. Iskra Zankova (Präs.)
Geschäftsführende(s) Vorstands-Mitglied(er): Ulrich Steiner
Dr. Anette von Wangenheim (Pressereferentin)
Mitglieder: 2400
Anzahl der angeschlossenen Organisationen: 5

● O 62
Gesellschaft für Tanzforschung e.V. (GTF)
Geschäftsstelle: c/o Marianne Bäcker, Ruhr-Universität Bochum, Fakultät für Sportwissenschaft
44780 Bochum
T: (0221) 4 98 22 66   **Fax:** (0234) 7 09 42 46
Gründung: 1986 (31. Mai)
1. Vorsitzende(r): Dr. Gabriele Klein
Verbandszeitschrift: Jahrbuch Tanzforschung
Verlag: LIT-Verlag, Münster, Hamburg, London
Mitglieder: 300

● O 63
Internationaler Fachverband Show- und Unterhaltungskunst e.V. (IFSU)
Mauritiussteinweg 98, 50676 Köln
T: (0221) 9 23 09 16   **Fax:** 9 23 09 18
Präsident(in): Elmar Sommer
Justitiar: RA Roland Voges (Eggersallee 19, 22763 Hamburg, T: (040) 89 01 98 19, Fax: (040) 89 01 98 20)

● O 64
Junge Deutsche Philharmonie e.V.
Schwedlerstr. 2-4, 60314 Frankfurt
T: (069) 94 34 30-50   **Fax:** 94 34 30-30
Internet: http://www.jdph.de
E-Mail: info@jdph.de
Gründung: 1974
Geschäftsführer(in): Hans-Peter Wirth
Leitung Presseabteilung: Birgit Achatz
Verbandszeitschrift: "FUGE" (2 x jährl.)
Redaktion: Birgit Achatz
Mitglieder: ca. 120
Mitarbeiter: 4

Beitragen zur Pflege, Verbreitung und Weiterentwicklung der klassischen und zeitgenössischen Orchester- und Ensemblemusik. Dazu werden auch öffentliche Konzerte veranstaltet.

● O 65
Deutscher Harmonika Verband e.V.
Postf. 11 50, 78635 Trossingen
Rudolf-Maschke-Platz 6, 78647 Trossingen
T: (07425) 32 66 45, 32 66 46, 32 66 47   **Fax:** 32 66 48
E-Mail: dhv-trossingen@t-online.de
Gründung: 1931
Präsident(in): Ernst Pfister (MdL, Achauerstr. 20, 78647 Trossingen, T: (07425) 79 90)
Geschf Vizepräs: Arnold Kutzli (Jahnstr. 14, 78647 Trossingen, T: (07425) 32 66 47)
Bundesjugendleiterin: Heiderose Riefler (Georg-Scheerer-Str. 6, 72810 Gomaringen, T: (07072) 75 40)
Bundesdirigent: Fritz Dobler (Kniebisstr. 14, 78224 Singen a.H., T: (07731) 4 19 09)
Verbandszeitschrift: Harmonika International
Mitglieder: 3500 Orchester und Spielgruppen
Mitarbeiter: 5

● O 66
Evangelischer Posaunendienst in Deutschland e.V. (EPiD)
Lange Reihe 77, 28219 Bremen
T: (0421) 6 94 01 21   **Fax:** 6 94 01 23
Internet: http://www.epid.de
E-Mail: info@epid.de

● O 67
Katholische Arbeitsgemeinschaft Spiel und Theater e.V. (KAST)
Lenauweg 1, 55127 Mainz
T: (06131) 33 75 03   **Fax:** 33 75 03
Gründung: 1948
Vorsitzende(r): Clemens Schaub, Freiburg
2. Vorsitzende(r): Wolfgang Lemhöfer, Urbar
Geschäftsführer(in): Wiltraud Augst
Mitglieder: 33

● O 68
Verband der Deutschen Konzertdirektionen e.V.
Geschäftsstelle:
Barer Str. 9, 80333 München
T: (089) 2 86 28-379   **Fax:** 2 86 28-210
Internet: http://www.vdkd.de
E-Mail: info@vdkd.de
Präsident(in): Michael Russ
Mitglieder: ca. 220

Zweck des Verbandes ist: 1. Die Vertretung der allgemeinen wirtschaftlichen Interessen der Deutschen Konzertdirektionen; 2. Förderung und Pflege der Solidarität im Sinne der überlieferten Berufsauffassung. 3. Ein wirtschaftlicher Geschäftsbetrieb wird nicht verfolgt.

● O 69
Deutscher Bundesverband Tanz e.V. (DBT)
Geschäftsstelle:
Küppelstein 34, 42857 Remscheid
T: (02191) 79 42 41   **Fax:** 79 42 92
Internet: http://www.bkj.de/dbt
E-Mail: dbt@kdt.de
Gründung: 1953
Geschäftsführerin: Barbara Wollenberg
1. Vorsitzende(r): Prof. Dr. Klaus Kramer (Am Kohlbach 24, 79199 Kirchzarten)

● O 70
Royal Academy of Dancing Deutschland/Österreich
Hollestr. 1, 45127 Essen
T: (0201) 23 18 46, 22 22 88   **Fax:** 22 64 44
Gründung: 1920
Präsident(in): Ulrich Roehm (A.R.A.D., Repräsentant für Deutschland/Österreich)

● O 71
Bund deutscher Volksbühnen e.V.
Föderativer Zusammenschluß von Kulturgemeinschaften
Am Handelshof 9, 45127 Essen
T: (0201) 22 22 53   **Fax:** 22 22 53
Gründung: 1890
Vorsitzende(r): Wolfgang Meisen
Stellvertreter: Franz Irsfeld, Köln
Katharina Peters, Mülheim
Mitglieder: 250000, 10 Landesverbände, 93 Ortsvereine

● O 72
Jeunesses Musicales Deutschland e.V.
European Association of Youth Orchestras
Fédération Internationale des Jeunesses Musicales
Marktplatz 12, 97990 Weikersheim
T: (07934) 99 36-0   **Fax:** 99 36-40
Internet: http://www.JeunessesMusicales.de
E-Mail: weikersheim@JeunessesMusicales.de
Gründung: 1951
Vorsitzende(r): Prof. Martin Christoph Redel
Generalsekretär(in): Thomas Rietschel
Verbandszeitschrift: a) Jahresprogramm b) JMD-Info
Mitglieder: 11000
Mitarbeiter: 13
Jahresetat: DM 3 Mio, € 1,53 Mio

● O 73
Deutsche Gesellschaft für Elektroakustische Musik e.V. (DegeM)
Binger Str. 56, 14197 Berlin
T: (030) 82 71 01 35   **Fax:** 82 71 01 36
Internet: http://www.degem.de
E-Mail: info@degem.de
Gründung: 1991 (26. April)
Vorsitzende(r): Rainer Bürck (Am Samuelstein 9, 72574 Bad Urach)
Hauptgeschäftsführer(in): Manfred Fox (Binger Str. 56, 14197 Berlin)
Verbandszeitschrift: Mitteilungen (vierteljährlich)
Verlag: Pfau-Verlag, Postf. 10 23 14, 66023 Saarbrücken
Mitglieder: 162

● O 74
Archiv Frau und Musik, Internationaler Arbeitskreis e.V.
Fürstenbergerstr. 221, 60323 Frankfurt
T: (069) 95 92 86 85
Internet: http://home.t-online.de/home/archivfraumusik.kassel
E-Mail: vivavoce@t-online.de
Gründung: 1979
Vorstand: Renate Matthei (Kassel)
Dietburg Spohr (Frankfurt/Main)
Renate Brosch (Stuttgart)
Leitung Presseabteilung: Constanze Holze
Verbandszeitschrift: VivaVoce (Musikfachzeitschrift zum Thema Frau und Musik)
Mitglieder: ca. 500 weltweit
Mitarbeiter: 2

Internationaler Verein, Beteiligung an der kulturpolitischen Diskussion zur Förderung und Unterstützung der Präsenz von Komponistinnen, Dirigentinnen und Interpretinnen; betreibt das Archiv Frau und Musik in Kassel (Sammeln und Sichern des kompositorischen

Schaffens von Frauen, schließt Lücken in der historischen Überlieferung), initiiert Aufführungsprojekte und Veranstaltungen, gibt die Fachzeitschrift VivaVoce heraus.

● O 75

Arbeitskreis Musik in der Jugend (AMJ)
Deutsche Föderation Junger Chöre und Instrumentalgruppen e.V.
Adersheimer Str. 60, 38304 Wolfenbüttel
T: (05331) 4 60 16   **Fax:** 4 37 23
Internet: http://amj.allmusic.de
E-Mail: amjmusikinderjugend@t-online.de
Gründung: 1947 (10. Nov.)
Vorsitzende(r): Helmut Steger
Generalsekretär(in): Rolf Pasdzierny (Ltg. Presseabt.)
Verbandszeitschrift: Intervalle
Redaktion: AMJ, Rolf Pasdzierny
Mitglieder: ca. 15000
Mitarbeiter: 6
Jahresetat: DM 1,6 Mio, € 0,82 Mio

Landesverbände

o 76

Arbeitskreis Musik in der Jugend
Regionalverband Südwest
Rudolf-Diesel-Str. 52, 69190 Walldorf
T: (06227) 81 97 46
Gerald Kegelmann (Rudolf-Diesel-Str. 52, 69190 Walldorf, T: (06227) 81 97 46)

o 77

Arbeitskreis Musik in der Jugend
Landesverband Bayern
c/o Bayer. Musikakademie
Kurfürstenstr. 19, 87616 Marktoberdorf
T: (08342) 96 18 21   **Fax:** 4 03 70
G. Adolf Rabus (c/o Bayer. Musikakademie, Kurfürstenstr. 19, 87616 Marktoberdorf, T: (08342) 96 18 21, Fax: (08342) 4 03 70)

o 78

Arbeitskreis Musik in der Jugend
Landesverband Berlin
Sybelstr. 61, 10629 Berlin
T: (030) 8 83 75 56
Hans-Friedrich Müller (Sybelstr. 61, 10629 Berlin, T: (030) 8 83 75 56)

o 79

Arbeitskreis Musik in der Jugend
Landesverband Hamburg
Diekkamp 47a, 22359 Hamburg
T: (040) 60 95 07 74
Barbara Bieri-Klimek (Diekkamp 47a, 22359 Hamburg, T: (040) 60 95 07 74)

o 80

Arbeitskreis Musik in der Jugend
Landesverband Niedersachsen
Christian-Gottlob-Heyne-Ufer 7, 37073 Göttingen
T: (0551) 60 03 26
Michael Krause (Pfalz-Grona-Breite 7, 37081 Göttingen, T: (0551) 60 03 26)

o 81

Arbeitskreis Musik in der Jugend
Landesverband Nordrhein-Westfalen
Kremenholl 35, 42857 Remscheid
T: (02191) 7 50 04
Thomas Holland-Moritz (Kremenholl 35, 42857 Remscheid, T: (02191) 7 50 04)

o 82

Arbeitskreis Musik in der Jugend
Landesverband Schleswig-Holstein
Ostseestr. 115, 24107 Kiel
T: (0431) 31 13 72
Kontaktperson: Nina Schoeneck (Ostseestr. 115, 24107 Kiel, T: (0431) 31 13 72)

o 83

Arbeitskreis Musik in der Jugend
Regionalverband Mitteldeutschland
Saarstr. 7, 08056 Zwickau

T: (0375) 21 33 50   **Fax:** 21 33 51
Uwe Moratzky (Saarstr. 7, 08056 Zwickau, T: (0375) 21 33 50, Fax: (0375) 21 33 51)

o 84

Arbeitskreis Musik in der Jugend
Landesverband Rheinland-Pfalz
Auf dem Gesetz 2, 56075 Koblenz
T: (0261) 5 19 32
Kontaktperson: Prof. Heinz-Anton Höhnen (Auf dem Gesetz 2, 56075 Koblenz, T: (0261) 5 19 32)

● O 85

Süddeutscher Arbeitskreis für Jugendmusik e.V. (SAJM)
Saarstr. 1, 85354 Freising
T: (08161) 53 28 80   **Fax:** 53 28 50
Gründung: 1983
Vors. u. GeschF: Gottfried Herrmann (Ltg. Presse)
Verbandszeitschrift: Musikexpreß
Verlag: Eigenverlag
Mitglieder: 460
Mitarbeiter: 2 /50

● O 86

Deutscher Musikrat e.V.
Nationalkomitee der Bundesrepublik Deutschland im Internationalen Musikrat
Weberstr. 59, 53113 Bonn
T: (0228) 20 91-0   **Fax:** 20 91-200
Präsident(in): Prof. Dr. Franz Müller-Heuser
Geschäftsführer(in): Generalsekretärin Dr. Marlene Wartenberg
Mitglieder: 93 Organisationen, Einzelmitglieder: 68, 16 Landesmusikräte

● O 87

Deutscher Bundesverband der Spielmanns-, Fanfaren-, Hörner- und Musikzüge e.V.
Geschäftsstelle:
Kyllstr. 22, 54293 Trier
T: (0651) 6 97 17
Gründung: 1967 (02. Dezember)
Präsident(in): Klaus Hafner (Vogelsbergstr. 1, 55129 Mainz, T: (06131) 25 08 70)
Vizepräsident(in): Günther Wittrin (Clematisweg 3, 38110 Braunschweig, T: (05307) 28 93)
Mitglieder: ca. 54000

● O 88

Bund Christlicher Posaunenchöre Deutschlands e.V. (BCPD)
Landstuhler Str. 17, 70499 Stuttgart
T: (0711) 88 65 91
Vorsitzende(r): Pastor Werner Jung
Stellvertretende(r) Vorsitzende(r): Klaus Geiger
Verbandszeitschrift: BCPD-Informationen
Mitglieder: 2700
Mitarbeiter: 1

● O 89

Allgemeiner Cäcilien-Verband für Deutschland (ACV)
Andreasstr. 9, 93059 Regensburg
T: (0941) 8 43 39   **Fax:** 8 70 34 32
Gründung: 1868
Präsident(in): Prof. Dr. Wolfgang Bretschneider
Verbandszeitschrift: Musica Sacra
Redaktion: Prof. Dr. Stefan Klöckner, Andreasstr. 9, 93059 Regensburg
Verlag: ConBrio Verlagsgesellschaft mbH, Brunnstr. 23, 93053 Regensburg

● O 90

Bundesvereinigung Deutscher Blas- und Volksmusikverbände e.V.
König-Karl-Str. 13, 70372 Stuttgart
T: (0711) 55 25 23   **Fax:** 56 83 97
Internet: http://www.bdbv-online.de
E-Mail: info@bdbv-online.de
Gründung: 1978
Präsident(in): Dr. h.c. Gerhard Weiser
Geschäftsführer(in): Herbert Breimaier
Leitung Presseabteilung: Horst Sassik
Verbandszeitschrift: BDBV-Info
Redaktion: Joachim Buch
Verlag: Obermayer, Bahnhofstr. 33, 86807 Buchloe
Mitarbeiter: 3
Jahresetat: DM 1,5 Mio, € 0,77 Mio

● O 91

Bund Deutscher Blasmusikverbände e.V.
Postf. 11 66, 76699 Kraichtal
T: (07250) 9 21 23-0   **Fax:** 9 21 23-1
Gründung: 1950
Präsident(in): Fritz Hörter
Geschäftsführer(in): Christian Buss (Ltg. Presse)
Verbandszeitschrift: Die Blasmusik
Redaktion: Christian Buss
Verlag: HeBu Musikverlag GmbH, Postf. 11 66, 76699 Kraichtal
Mitglieder: 66000 Aktive Musiker/innen in 1.140 Vereinen
Mitarbeiter: 10 ehrenamtl.

● O 92

Bundesvereinigung Deutscher Laienmusikverbände
Adersheimer Str. 60, 38304 Wolfenbüttel
T: (05331) 4 60 16   **Fax:** 4 37 23
E-Mail: adc.de@t-online.de
Präsident(in): Hans-Dieter Starzinger

● O 93

Gesellschaft für Alte Musik e.V. (GAM)
Karpfenstr. 4, 78647 Trossingen
T: (07425) 52 70
Vorsitzende(r): Prof. Dr. Ludger Lohmann
Stellvertretende(r) Vorsitzende(r): Prof. Gerald Kegelmann
Geschäftsführer(in): Rolf Fritsch

● O 94

Gesellschaft für Neue Musik e.V.
c/o Dresdner Zentrum für zeitgenössische Musik
Schevenstr. 17, 01326 Dresden
T: (0351) 26 46 20   **Fax:** 2 64 62 23
Internet: http://www.neue-musik-gesellschaft.de
E-Mail: info@neue-musik-gesellschaft.de
Ehrenpräsident: Siegfried Palm
Präsident(in): Klaus Hinrich Stahmer
Vizepräsident(in): Ernstalbrecht Stiebler
Schriftführer(in): Marion Demuth
Schatzmeister(in): Stefan Fricke
Geschäftsführer(in): Gisela Gronemeyer
Mitglieder: 400

● O 95

Zentralstelle für den deutschsprachigen Chorgesang in der Welt
Postf. 10 01 65, 42648 Solingen
Friedrich-Ebert-Str. 65, 42719 Solingen
T: (0212) 2 90 44 46   **Fax:** 2 90 44 47
Internet: http://www.solingen.de
E-Mail: chorzentrale@solingen.de
Gründung: 1976 (29. Januar)
Leiter(in): Ulrich Renner (Ltg. Presse), Solingen
Vors. d. Beirats: Werner Bader, Görne
Mitglieder: 705 Chöre
Mitarbeiter: 2
Jahresetat: DM 0,2 Mio, € 0,1 Mio

● O 96

Verband Deutscher KonzertChöre e.V. (VDKC)
Paul-Schneider-Str. 25, 99423 Weimar
T: (03643) 7 75 58 17   **T:** 7 75 58 18
Internet: http://www.vdkc.de
E-Mail: vdkc.de@gmx.de
Gründung: 1925
Präsident(in): Hans-Dieter Starzinger (Iländerhöhe 24, 45230 Essen)
Generalsekretär(in): Heribert Allen (Kempener Str. 5, 41749 Viersen)
Geschäftsführer(in): Ralf Schöne (Paul-Schneider-Str. 25, 99423 Weimar)
Schatzmeister(in): Hans-Willi Hefekäuser (Oberstr. 164, 53859 Niederkassel-Reidt)
Vorstand: Alfons Schmidt (Stellv. Präsident, Beethovenstr. 4, 56422 Wirges/Ww.)
Ursula Müller (Stellv. Generalsekr., Filchner Str. 1, 14482 Potsdam)
Dr. Günter Kolf (Sonnenweg 2, 51465 Bergisch-Gladbach)
Verbandszeitschrift: Chor und Konzert
Redaktion: Heribert Allen
Verlag: Eigenverlag
Mitglieder: 315 Chöre

Landesverbände

o 97

Verband Deutscher Konzertchöre
Landesverband Baden-Württemberg
Alte Untergruppenbacher Str. 12, 74232 Abstatt
T: (07062) 65 33 10   **Fax:** 65 33 10
Kontaktperson: Waltraud Häberle

o 98

Verband Deutscher Konzertchöre
Landesverband Bayern
Bergstr. 41, 90607 Rückersdorf
T: (0911) 57 88 37   Fax: 57 88 37
Kontaktperson: Dr. Karl Theodor Vogelreuther

o 99

Verband Deutscher Konzertchöre
Landesverband Nordrhein-Westfalen
Schumannstr. 70, 40822 Mettmann
T: (02104) 17 05 26   Fax: 17 05 26
Kontaktperson: Hanna Eisenbart

o 100

Verband Deutscher Konzertchöre
Landesverband Nordwest
Südweg 23, 26135 Oldenburg
T: (0441) 20 14 94   Fax: 20 25 24
Kontaktperson: Wolfgang Beyer

o 101

Verband Deutscher Konzertchöre
Landesverband Berlin/Brandenburg/
Mecklenburg-Vorpommern
Filchnerstr. 1, 14482 Potsdam
T: (0331) 70 87 59   Fax: 2 70 64 50
Kontaktperson: Ursula Müller

o 102

Verband Deutscher Konzertchöre
Landesverband Rheinland-Pfalz/Saar/Hessen
Beethovenstr. 4, 56422 Wirges
T: (02602) 6 08 35   Fax: 89 57
Kontaktperson: Alfons Schmidt

o 103

Verband Deutscher Konzertchöre
Landesverband Sachsen/Sachsen-Anhalt/
Thüringen e.V.
Paul-Bertz-Str. 46, 09120 Chemnitz
T: (0371) 21 31 85   Fax: 21 31 85
Kontaktperson: Gudrun Richter

● O 104

Arbeitsgemeinschaft Deutscher Chorverbände e.V.
(ADC)
Adersheimer Str. 60, 38304 Wolfenbüttel
T: (05331) 4 60 18   Fax: 4 37 23
E-Mail: adc.de@t-online.de
Gründung: 1952 (21. Mai)
Präsident(in): Hans-Dieter Starzinger
Vizepräsident(in): Prof. Andreas Göpfert
Geschäftsführer(in): Rolf Pasdzierny
Mitglieder: 7 Chorverbände
Mitarbeiter: 1
Jahresetat: DM 0,2 Mio, € 0,1 Mio

Chorverbände

o 105

Allgemeiner Cäcilien-Verband für Deutschland
(ACV)
Andreasstr. 9, 93059 Regensburg
T: (0941) 8 43 39   Fax: 8 70 34 32

o 106

Arbeitskreis Musik in der Jugend (AMJ)
Adersheimer Str. 60, 38304 Wolfenbüttel
T: (05331) 4 60 16   Fax: 4 37 23
Internet: http://amj.allmusic.de
E-Mail: amjmusikinderjugend@t-online.de

o 107

Deutscher Allgemeiner Sängerbund e.V. (DAS)
Bundesgeschäftsstelle
Postf. 15 04 23, 44344 Dortmund
Paul-Gerhardt-Str. 34, 44359 Dortmund
T: (0231) 33 33 52   Fax: 33 65 58
Internet: http://www.das-bund.de
E-Mail: fritz.neuhaus@01019freenet.de

o 108

Deutscher Sängerbund e.V. (DSB)
-Bundesgeschäftsstelle-
Postf. 51 06 28, 50942 Köln
Bernhardstr. 166, 50968 Köln
T: (0221) 37 12 90   Fax: 9 34 99 92
Internet: http://www.saengerbund.de
E-Mail: info@saengerbund.de

o 109

Internationaler Arbeitskreis für Musik e.V. (IAM)
International Association of Music and Education
Cercle International pour la musique
Postf. 41 02 36, 34064 Kassel
T: (0561) 9 35 17-0   Fax: 31 37 72
Internet: http://www.iam-ev.de
E-Mail: iamer@t-online.de
Gründung: 1933
Internationaler Zusammenschluß: siehe unter IZO 15

o 110

Verband Deutscher KonzertChöre e.V. (VDKC)
Paul-Schneider-Str. 25, 99423 Weimar
T: (03643) 7 75 58 17   Fax: 7 75 58 18
Internet: http://www.vdkc.de
E-Mail: vdkc.de@gmx.de

o 111

Verband evangelischer Kirchenchöre Deutschlands
(VeK)
- Geschäftsstelle -
Agnes-Miegel-Str. 53, 31139 Hildesheim
T: (05121) 26 80 49   Fax: 26 80 49

● O 112

Arbeitsgemeinschaft freikirchlicher Chorwerke in
Europa (AfC)
Rheinbabenstr. 106, 47809 Krefeld
T: (02151) 52 13 58, (02166) 18 57 32
Fax: (02166) 18 57 32
Gründung: 1978
Vorsitzende(r): Gerhard P. Michael
Stellvertretende(r) Vorsitzende(r): Torgny Erséus (Schweden)
Geschäftsführer(in): Huldreich Hugentobler (Stockenstr. 27, CH-9249 Algetshausen, T: (004171) 9 51 48 52, Fax: (004171) 9 51 75 78)

● O 113

Deutsche Gesellschaft für Flöte e.V.
Eschersheimer Landstr. 93, 60322 Frankfurt
T: (069) 5 96 24 43   Fax: 59 02 77
Internet: http://www.floete.net
E-Mail: floete@floete.net
Gründung: 1985 (3. Juli)
Präsident(in): András Adorján
Vorsitzende(r): N. N.
Stellvertretende(r) Vorsitzende(r): Ruth Wentorf
Direktorin: Sibylle Wähnert
Verbandszeitschrift: Flöte aktuell
Verlag: Eigenverlag
Mitglieder: ca. 2500
Mitarbeiter: 1
Jahresetat: DM 0,5 Mio, € 0,26 Mio

● O 114

Bayerischer Musikrat e.V.
Maria-Theresia-Str. 20, 81675 München
T: (089) 52 04 64-0   Fax: 52 04 64-64
Gründung: 1977
Präsident(in): Wilfried Anton
Vizepräsident(in): Dr. Peter-Klaus Schwiedel
Generalsekretär(in): Dr. Jörg Riedlbauer
Verbandszeitschrift: BMR-Correspondenz
Verlag: Bayerischer Musikrat, Maria-Theresia-Str. 20, 81675 München
Mitarbeiter: 6

● O 115

Bund Deutscher Zupfmusiker e.V. (BDZ)
Zwirnerweg 51, 40724 Hilden
T: (02103) 36 01 23   Fax: 36 01 33
E-Mail: biniek@bdz-online.de
Gründung: 1963
Präsident(in): Rüdiger Grambow
Geschäftsführer(in): Alois Biniek
Verbandszeitschrift: Zupfmusikmagazin
Redaktion: Huulkamp 26, 22397 Hamburg
Verlag: Aviso-Verlag Rüdiger Grambow, Huulkamp 26, 22397 Hamburg

● O 116

Arbeitsgemeinschaft Deutsche Saxophonisten e.V.
(ARDESA)
Rötenäckerstr. 2, 90427 Nürnberg
T: (0911) 5 30 76 06   Fax: 5 30 76 06
Internet: http://www.ardesa.de
E-Mail: info@ardesa.de
Gründung: 1982
Vorsitzende(r): Günter Priesner (Ltg. Presseabteilung)
Stellvertretende(r) Vorsitzende(r): Johannes Ernst
Verbandszeitschrift: „Sax-Info"
Redaktion: Arbeitsgemeinschaft Deutsche Saxophonisten e.V., Rötenäckerstr. 2, 90427 Nürnberg (auch Verlag)
Mitglieder: ca. 400
Jahresetat: DM 0,01 Mio, € 0,01 Mio

Förderung der Kunst und Kultur insbesondere des Saxophons als seriöses Konzert- und Kammermusikinstrument.

● O 117

Bundesvereinigung der Musikveranstalter e.V.
(DEHOGA-Haus)
Am Weidendamm 1 A, 10117 Berlin
T: (030) 72 62 52-0   Fax: 72 62 52-42
E-Mail: info@dehoga.de
Vorsitzende(r): Dr. Erich Kaub
Geschäftsführer(in): RA Christian Ehlers
RA Karl Petry

● O 118

Deutscher Rock & Popmusikerverband e.V.
Kolberger Str. 30, 21339 Lüneburg
T: (04131) 3 81 82   Fax: 3 58 85
Gründung: 1983
Bundesvorsitzende(r): Ole Seelenmeyer
Mitglieder: 5000 Musikgruppen, Musiker und Musikinteressierte sowie 120 Musikvereine
Jahresetat: DM 0,5 Mio, € 0,26 Mio

● O 119

Städtische Clara-Schumann-Musikschule
Bilker Str. 11, 40213 Düsseldorf
T: (0211) 89-92928   Fax: 89-29154
Gründung: 1956
Leiter(in): Peter Haseley
Mitarbeiter: 200

● O 120

Arbeitskreis für Musik e.V.
Nachtigallenstr. 7, 36251 Bad Hersfeld
T: (06621) 50 67-0   Fax: 6 43 55
Direktor(in): Siegfried Heinrich
1. Vorsitzende(r): Prof. Dr. Krug
Chefsekretärin: Wilma Schickling
Leitung Presseabteilung: Marlis Fey (Sonnenweg 1, 36179 Bebra, T: (06622) 37 26)

● O 121

Verband Deutscher Opern-Agenturen
Neutorgraben 13, 90419 Nürnberg
T: (0911) 37 23 61   Fax: 37 25 17
Gründung: 1995
Vorstand: Marianne Böttger
Reinald Heissler-Remy
Geschäftsführerin: RA'in Petra Reinhart

● O 122

Jazz-Institut Darmstadt
Bessunger Str. 88d, 64285 Darmstadt
T: (06151) 96 37 00   Fax: 96 37 44
Internet: http://www.jazz-institut.de
E-Mail: jazz@stadt.darmstadt.de
Gründung: 1990
Leiter(in): Dr. Wolfram Knauer
Verbandszeitschrift: Jazz-Newsletter, Jazzbrief
Redaktion: Dr. Wolfram Knauer, Arndt Weidler

● O 123

Deutsche Jazz-Föderation e.V. (DJF)
Waldstr. 13-1, 76709 Kronau
T: (07253) 95 35-32   Fax: 95 35-33
Internet: http://www.djf.de
E-Mail: djf.jazz@t-online.de
Gründung: 1951
Präsident(in): Peter Herbolzheimer
Geschäftsführer(in): Peter Loock

● O 124

Internationaler Musikwettbewerb der ARD
c/o Bayerischer Rundfunk
80300 München
T: (089) 59 00-24 71   **Fax:** 59 00 35 73
Internet: http://www.ard-musikwettbewerb.de
E-Mail: ard.conc@br-mail.de
Gründung: 1952
Künstlerischer Leiter: Christoph Poppen
Organisation: Gisela Mauss
Ingeborg Krause

● O 125
Bildungswerk Rhythmik e.V.
Geschäftsstelle
Loignystr. 32, 28211 Bremen
T: (0421) 23 04 52
Gründung: 1982 (18. April)
Vorsitzende(r): Agnes Modrow-Artus, Bremen
Stellvertretende(r) Vorsitzende(r): Brigitte Schmitter-Wallenhorst, Metelen
Hauptgeschäftsführer(in): Thomas Mayr, Münster
Stellvertretende(r) Geschäftsführer(in): Monika Mayr, Münster
Leitung Presseabteilung: Rolf Streibl
Ehrenvorsitzende: Prof. Hannelore Krause-Wichert, Resse
Verbandszeitschrift: Rhythmik - report
Redaktion: Monika Mayr, Schöppingenweg 26, 48149 Münster, T: (0251) 86 65 48
Mitglieder: 312
Mitarbeiter: ca. 20 ehrenamtl. Mitarbeiter
Jahresetat: DM 0,11 Mio, € 0,06 Mio
Landesverbände
Arbeitsgemeinschaft Rhythmik Niedersachsen/Bremen e.V. Bremen
Arbeitsgemeinschaft Rhythmik Nordrhein-Westfalen e.V. Heek-Nienborg
Arbeitsgemeinschaft Rhythmik Sachsen/Sachsen-Anhalt e.V. Halle
AG Rhythmik Hessen e.V. Darmstadt
AG Rhythmik Bayern e.V., Straubing
AG Rhythmik Berlin e.V.

● O 126
Deutsche Ensemble Akademie e.V.
Schwedlerstr. 2-4, 60314 Frankfurt
T: (069) 94 34 30-10   **Fax:** 94 34 30-30
Internet: http://www.ensemble-modern.com
E-Mail: info@ensemble-modern.com
Gründung: 1987
Präsident(in): Prof. Dr. Reinhold Kreile (GEMA-Stiftung, München)
Vizepräsident(in): Franz-Xaver Ohnesorg (Kölner Philharmonie)
Geschäftsführer(in): André Hebbelinck
Mitarbeiter: 5
Jahresetat: ca. DM 1,25 Mio, € 0,64 Mio

● O 127
Arbeitsgemeinschaft der Musikakademien und Konservatorien
Ludwigshöhstr. 120, 64285 Darmstadt
T: (06151) 96 64-0   **Fax:** 96 64-13
Vorsitzende(r): Hartmut Gerhold
Stellvertretende(r) Vorsitzende(r): Martin Maria Krüger
Mitglieder: 7 Institute

● O 128

Dresdner Zentrum
für zeitgenössische Musik

Dresdner Zentrum für zeitgenössische Musik (DZzM)
Schevenstr. 17, 01326 Dresden
T: (0351) 26 46 20   **Fax:** 2 64 62 23
Internet: http://www.zeitmusik.de
E-Mail: ernesti@zeitmusik.de
Gründung: 1986
Direktor(in): Prof. Udo Zimmermann
Leitung Presseabteilung: Marc Ernesti (B.A.)
Musikinformationszentrum, Veranstalter und Institut für zeitgen. Musikformen.

● O 129
Gesellschaft für Musikpädagogik
Verband der Musikpädagogen e.V. (GMP/VMP)
Heinrich-Schütz-Allee 35, 34131 Kassel
T: (0561) 31 05-1 41
Vorsitzende(r): Prof. Dr. Siegmund Helms (Hochschule für Musik Köln)
Stellvertretende(r) Vorsitzende(r): Almut Auerswald
Prof. Dr. Reinhard Schneider
Verbandszeitschrift: Neue Musikzeitung
Mitglieder: ca. 200
Landesverbände:
Baden-Württemberg, Bayern, Berlin/Brandenburg, Mecklenburg/Vorpommern, Niedersachsen, Nordrhein-Westfalen, Sachsen, Schleswig-Holstein, Thüringen

● O 130
Arbeitskreis der Musikbildungsstätten in Deutschland
c/o Musikakademie Rheinsberg
Kavalierhaus der Schloßanlage, 16831 Rheinsberg
T: (033931) 7 21 12   **Fax:** 7 21 13
E-Mail: musikakad1@aol.com
Sprecherin: Dr. Ulrike Liedtke

● O 131
Arbeitskreis für Schulmusik und allgemeine Musikpädagogik e.V.
Bundesgeschäftsstelle:
Rhönblick 25, 97618 Hohenroth
T: (09771) 68 69 63   **Fax:** 68 69 63
Internet: http://www.afspage.de
Gründung: 1953
Bundesvorsitzender: Prof. Dr. Jürgen Terhag (Dagobertstr. 38, 50668 Köln, T: (02191) 78 02 09, Fax: (02191) 78 02 09, E-Mail: juergen.terhag@uni-koeln.de)
Stellvertretender Bundesvorsitzender: Johannes Bähr (Habsburger Allee 10, 60385 Frankfurt, T: (069) 43 43 44, Fax: (069) 43 42 44, E-Mail: jgbaehr@aol.com)
Leitung Presseabteilung: Karin Pilnitz (Auf der Wachsbleiche 44, 28359 Bremen, T: (0421) 23 01 75, Fax: (0421) 2 43 96 74)
Verbandszeitschrift: AfS-Magazin
Redaktion: Friedrich Neumann-Schnelle und Karin Pilnitz
Verlag: Selbstverlag
Mitglieder: 2000
Jahresetat: DM 0,1 Mio, € 0,05 Mio

Geschäftsstellen

o 132
Arbeitskreis für Schulmusik und allgemeine Musikpädagogik e.V.
Geschäftsstelle Baden-Württemberg
Untere Sonnenhalde 34, 72270 Baiersbronn
T: (07442) 12 16 46   **Fax:** 12 16 49
Vorsitzende(r): Volker Thum (Hartranftstr. 22, 72250 Freudenstadt, T: (07441) 79 91, Fax: 5 19 29)
Ltg. Gesch.-Stelle: Jürgen Tille

o 133
Arbeitskreis für Schulmusik und allgemeine Musikpädagogik e. V.
Geschäftsstelle Bayern
Zunftstr. 17b, 89264 Weißenhorn
T: (07309) 26 83   **Fax:** 26 83
Vorsitzende(r): Helmut F.J. Beucker (Lange Länge 15, 91564 Neuendettelsau, T: (09874) 6 88 70 30, Fax: (09874) 68 64 76)
Ltg. Gesch.-Stelle: Patrick Weskott

o 134
Arbeitskreis für Schulmusik und allgemeine Musikpädagogik
Geschäftsstelle Berlin/Brandenburg
Geschäftsstelle
Darmstädter Str. 7, 10707 Berlin
T: (030) 8 85 16 40   **Fax:** 8 81 90 97
Vorsitzende(r): Meinhard Ansohn (Grimmstr. 23, 10967 Berlin, T: (030) 6 92 84 17, Telefax: (030) 6 92 84 17)
Ltg. Gesch.-Stelle: Andreas Engel

o 135
Arbeitskreis für Schulmusik und allgemeine Musikpädagogik e.V.
Geschäftsstelle Hamburg und Schleswig-Holstein
Schulstr. 26, 25371 Seestermühe
Barbara Löhr

o 136
Arbeitskreis für Schulmusik und allgemeine Musikpädagogik e.V.
Geschäftsstelle Hessen
An der Allee 67, 65207 Wiesbaden
T: (0611) 50 01 00   **Fax:** 50 01 00
Richard Ewen

o 137
Arbeitskreis für Schulmusik und allgemeine Musikpädagogik e.V.
Geschäftsstelle Mecklenburg-Vorpommern
Schulstr. 4, 19230 Hagenow
T: (03883) 72 92 46   **Fax:** 72 41 57
Lilo Schömer

o 138
Arbeitskreis für Schulmusik und allgemeine Musikpädagogik e.V.
Geschäftsstelle Niedersachsen/Bremen
Geschäftsstelle
Bergstr. 12, 49565 Bramsche
T: (05461) 6 40 14   **Fax:** 6 40 14
Vorsitzende(r): Heino Klemenz (Thuner Str. 146 a, 21680 Stade, T: (04141) 6 83 25, Telefax: (04141) 6 83 25)
Ltg. Gesch.-Stelle: Peter Börs

o 139
Arbeitskreis für Schulmusik und allgemeine Musikpädagogik e.V.
Geschäftsstelle Nordrhein-Westfalen
Geschäftsstelle
Akazienweg 7, 47906 Kempen
T: (02845) 80 98 62   **Fax:** 80 98 62
Vorsitzende(r): Prof. Dr. Werner Lohmann (Eichenstr. 23, 46485 Wesel, T: (0281) 5 32 00, Telefax: (0281) 5 36 79)
Ltg. Gesch.-Stelle: Berthold Schüßler

o 140
Arbeitskreis für Schulmusik und allgemeine Musikpädagogik e.V.
Geschäftsstelle Rheinland-Pfalz/Saarland
Geschäftsstelle
An der Port, 55469 Horn
T: (06766) 83 19
Vorsitzende(r): Dr. Hiltraud Reckmann (Grabenstr. 2, 55497 Ellern, T: (06764) 15 10, Telefax: (06764) 24 17)
Ltg. Gesch.-Stelle: Lioba Hellmann-Schmitz

o 141
Arbeitskreis für Schulmusik und allgemeine Musikpädagogik e.V.
Geschäftsstelle Sachsen
Obere Hauptstr. 51, 09232 Hartmannsdorf
T: (03722) 8 50 78   **Fax:** 1 63 68
Gabriele Schlenzig

o 142
Arbeitskreis für Schulmusik und allgemeine Musikpädagogik e.V.
Geschäftsstelle Sachsen-Anhalt
Rheinstr. 17, 06217 Merseburg
T: (03461) 50 73 81   **Fax:** 50 73 81
Brigitta Rudat

● O 143
Arbeitsgemeinschaft der Leiter musikpädagogischer Studiengänge in der Bundesrepublik Deutschland
c/o Hochschule der Künste
Fasanenstr. 1B, 10623 Berlin
T: (030) 31 85-0
Sprecher: Prof. Dr. Ulrich Mahlert

● O 144
Wissenschaftliche Sozietät Musikpädagogik e.V. (WSMP)
c/o Folkwang-Hochschule
Klemensborn 39, 45239 Essen
T: (0201) 49 03-195   **Fax:** 49 03-118
Gründung: 1984 (10. April)
Vorsitzende(r): Prof.Dr. Martin Pfeffer
Prof.Dr. Marie-Luise Schulten
Prof. Dr. Ursula Eckart-Bäcker

O 145

Arbeitskreis Musikpädagogische Forschung e.V. (AMPF)
Lindenstr. 30, 39326 Lindhorst
Gründung: 1965
Vorsitzende(r): Prof. Dr. Niels Knolle
Stellvertretende(r) Vorsitzende(r): Prof. Dr. Rudolf-Dieter Kraemer
Prof. Dr. Mechthild von Schoenebeck
Geschäftsführer(in): Dr. Carla Ullrich
Verbandszeitschrift: Musikpädagogische Forschung
Verlag: Die Blaue Eule, Stoetzelweg 3, 45359 Essen
Mitglieder: ca. 210

O 146

Verband Deutscher Musikschaffender (VDM)
Postf. 42 02 48, 52037 Aachen
Kaiser-Friedrich-Allee 1-3, 52074 Aachen
T: (0241) 9 20 92 77 **Fax:** 9 20 92 78
Internet: http://www.vdm-musik.de
E-Mail: verband@vdm-musik.de
Gründung: 1974
Ansprechpartner: Helga Quirini
Klaus Quirini

O 147

Arbeitsgemeinschaft für mittelrheinische Musikgeschichte e.V.
c/o Musikwissenschaftliches Institut der Universität Mainz, Arbeitsstelle für landeskundliche Musikforschung
55099 Mainz
Postf. 39 80, 55029 Mainz
Jakob-Welder-Weg 18, 55128 Mainz
T: (06131) 3 92 22 59 **Fax:** 3 92 29 93
E-Mail: mahling@muwiinfa.geschichte.uni-mainz.de
Vorsitzende(r): Prof. Dr. Christoph-Hellmut Mahling
Stellvertretende(r) Vorsitzende(r): Dr. Günter Wagner

O 148

Percussion Creativ e.V.
Untere Kanalstr. 5a, 90429 Nürnberg
T: (0911) 2 87 57 81 **Fax:** 2 87 57 81
Internet: http://www.percussion-creativ.de
E-Mail: percussion-creativ@t-online.de
Gründung: 1986
Präsident(in): Prof. Udo Dahmen
Geschäftsführer(in): Georg Huber
Verbandszeitschrift: Drums & Percussion, Percussio Newsletter
Mitglieder: 750

O 149

Verband Deutsche Puppentheater e.V. (VDP)
Geschäftsstelle:
Spitalhofstr. 18b, 70437 Stuttgart
T: (0711) 8 49 40 10 **Fax:** 8 49 40 10
Internet: http://www.vdp-ev.de
E-Mail: buero@vdp-ev.de
Gründung: 1968
Vorsitzende(r): Jörg Dreismann (Falkensteinstr. 1, 34270 Schauenburg-Elmshagen, T: (05601) 92 05 95, Fax: (05601) 92 05 96)
Geschäftsführer(in): Mechthild Claus (Pletschmühlenweg 100, 50259 Pulheim, T: (02238) 96 28 08, Fax: (02238) 96 28 09)
Beisitzer: Andreas Wahler (Julius-v.-Kreyfelt-Str. 2a, 36145 Hofbieber, T: (06657) 62 32, Fax: (06657) 64 63)
Verbandszeitschrift: „Puppen, Menschen & Objekte"
Redaktion: P. K. Steinmann, Joachim-Friedrich-Str. 39/40, 10711 Berlin, T: (030) 8 91 20 69, Telefax: (030) 8 91 20 69
Versand: Stephan Schlafke, Sanderstr. 26, 12047 Berlin, T./Fax: (030) 6 92 83 40
Mitgliedsbühnen: 120

O 150

Preis der deutschen Schallplattenkritik e.V.
Am Gehölz 67, 22844 Norderstedt
T: (040) 5 22 28 01 **Fax:** 5 22 28 01
Gründung: 1988
Vorsitzende(r): Dr. Hanspeter Krellmann (c/o Bayerische Staatsoper München)
Stellvertretende(r) Vorsitzende(r): Matthias Inhoffen (c/o Redaktion Audio, Stuttgart)
Sekretär: Ingo Harden
Mitglieder: 110

Filmwirtschaft

O 151

Spitzenorganisation der Filmwirtschaft e.V. (SPIO)
Postf. 51 29, 65041 Wiesbaden
Kreuzberger Ring 56, 65205 Wiesbaden
T: (0611) 7 78 91-0 **Fax:** 7 78 91-39
E-Mail: spio@spio-fsk.de
Präsident(in): Dipl.-Kfm. Steffen Kuchenreuther
Geschäftsführer(in): Christiane von Wahlert
Helmut Poßmann
Leitung Presseabteilung: Markus Roth
Verbandszeitschrift: Filmstatistisches Taschenbuch
Redaktion: Markus Roth
Mitglieder: 9 Verbände

Förderung und Vertretung der Filmwirtschaft in allen gemeinsamen Angelegenheiten und Wahrung ihrer Interessen in der Bundesrepublik Deutschland

O 152

Freiwillige Selbstkontrolle der Filmwirtschaft (FSK)
Kreuzberger Ring 56, 65205 Wiesbaden
T: (0611) 7 78 91-0 **Fax:** 7 78 91-39
E-Mail: fsk@spio-fsk.de
Gründung: 1949
Leiter(in): Peter Uhlig
Ursula Wedel
Geschäftsführer(in): Inge Kempenich (Ltg. Presseabteilung)
Mitarbeiter: 25 feste, 160 ehrenamtliche

O 153

Bundesvereinigung des Deutschen Films e.V. (BuFi)
Veteranenstr. 21, 10119 Berlin
T: (030) 44 05 25 50 **Fax:** 44 05 25 50
E-Mail: bufi@acud.de
Vorstand: Klaus Schmutzer, Berlin
Anna Köhler, Mühlheim
Maria Wismeth
Geschäftsführer(in): Dagmar Kaczor (Ltg. Presseabteilung)
Verbandszeitschrift: BuFi-Info
Mitglieder: 18 Vereine, ca. 3000 Mitglieder/Menschen
Mitarbeiter: 1

Regionalverbände / Filmbüros

o 154

Filmbüro Baden-Württemberg e.V.
Friedrichstr. 23A, 70174 Stuttgart
T: (0711) 22 10 67 **Fax:** 22 10 69
Geschäftsführerin: Beate Ehrmann

o 155

Arbeitsgemeinschaft Dokumentarfilm e.V. (ag dok)
Schweizer Str. 6, 60594 Frankfurt
T: (069) 62 37 00 **Fax:** (06142) 96 64 24
Internet: http://www.agdok.de
E-Mail: agdok@acud.de
Geschäftsführer(in): Thomas Frickel

o 156

Berliner Arbeitskreis Film e.V. (BAF)
Neue Christstr. 6, 14059 Berlin
T: (030) 3 22 62 23 **Fax:** 3 22 62 23
Geschäftsführerin: Lioba Schmid

o 157

Berliner Film- und Fernsehverband e.V.
Burgstr. 27, 10178 Berlin
T: (030) 2 42 64 10 **Fax:** 2 42 64 02
Geschäftsführer(in): Klaus Schmutzer

o 158

Filmverband Brandenburg e.V.
Medienhaus
August-Bebel-Str. 26-53, 14482 Potsdam
T: (0331) 7 21-5321 **Fax:** 7 21-5323
E-Mail: Filmverband.Brandenburg@t-online.de
Geschäftsführer(in): Martin Rhys

o 159

Filmbüro Bremen e.V.
Waller Heerstr. 46, 28217 Bremen
T: (0421) 3 87 67 40 **Fax:** 3 87 67 42
Geschäftsführer(in): Michael Flügger

o 160

Filmbüro Hessen e.V.
Schützenstr. 12, 60311 Frankfurt
T: (069) 13 37 96-18 **Fax:** 13 37 99 98
Kontaktperson: Eva Heldmann

o 161

Mecklenburg-Vorpommern Film e.V
Röntgenstr. 22, 19055 Schwerin
T: (0385) 55 50 81, 55 50 77 **Fax:** 51 27 71
E-Mail: location.mv@t-online.de
Geschäftsführerin: Ruth Stegemann

o 162

Film- und Medienbüro Niedersachsen e.V.
Landesgeschäftsstelle
Postf. 18 61, 49008 Osnabrück
Lohstr. 45a, 49074 Osnabrück
T: (0541) 2 84 26 **Fax:** 2 95 07
Internet: http://www.filmbuero-nds.de
E-Mail: fmb.os@t-online.de
Geschäftsführer(in): Karl Maier

o 163

Filmbüro Nordrhein Westfalen e.V.
Postf. 10 05 34, 45405 Mülheim
Leineweberstr. 1, 45468 Mülheim
T: (0208) 44 98 41-4 **Fax:** 47 41 13
Internet: http://www.filmbuero-nw.de
Geschäftsführer(in): Michael Wiedemann
Anna Köhler

o 164

Filmbüro Rheinland-Pfalz e.V.
Postf. 42 27, 55032 Mainz
Taunusstr. 5, 55118 Mainz
T: (06131) 61 15 38 **Fax:** 63 81 26
1. Vorsitzende(r): Günter Minas

o 165

Saarländisches Filmbüro e.V.
Nauwieser Str. 19, 66111 Saarbrücken
T: (0681) 3 60 47 **Fax:** 37 46 68
Christian Fuchs

o 166

Kulturelle Filmförderung Schleswig-Holstein e.V.
Schildstr. 12, 23552 Lübeck
T: (0451) 7 16 49 **Fax:** 7 53 74
E-Mail: filmbuerosh@t-online.de
Geschäftsführer(in): Jan Hammerich

o 167

Filmbüro Thüringen e.V.
Schloß Kromsdorf, 99441 Weimar
T: (03643) 42 21 80 **Fax:** 42 21 74
Geschäftsführer(in): Wolfgang Knappe

o 168

Bundesverband kommunale Filmarbeit e.V.
Schweizer Str. 6, 60594 Frankfurt
T: (069) 62 28 97 **Fax:** 6 03 21 85
Internet: http://www.kommunale-kinos.de
E-Mail: info@kommunale-kinos.de
Gründung: 1975
Geschäftsführer(in): Karl-Heinz Schmid
Verbandszeitschrift: kinema kommunal
Redaktion: Eckhard Schleifer
Mitglieder: 160

o 169

Förderverein Deutscher Kinderfilm e. V.
Amthorstr. 11, 07545 Gera
T: (0365) 8 00 10 07 **Fax:** 8 00 10 07
E-Mail: fdk@kinderfilm-online.de
Gründung: 1978 (22. Oktober)
Geschäftsführer(in): Klaus-Dieter Felsmann
Mitglieder: 200 Filmemacher, Regisseure, Autoren, Produzenten, Verleiher, Kinobetreiber, Journalisten und Pädagogen

o 170

Interessenverband für Filmkommunikation Berlin e.V.
c/o Wieland Becker
Veteranenstr. 21, 10119 Berlin
T: (030) 4 49 30 63 **Fax:** 4 49 30 63
E-Mail: ivfk@acud.de
Geschäftsführer(in): Wieland Becker

o 171

Verband der Filmarbeiterinnen e.V.
Niebuhrstr. 77, 10629 Berlin
T: (030) 8 83 74 44 **Fax:** 8 83 37 37
Internet: http://www.frauen-berlin.de

E-Mail: vefi@aol.com
Geschäftsführer(in): Silvana Abbrascia-Rath

● **O 172**

Verband der Filmverleiher e.V.
Postf. 57 03, 65047 Wiesbaden
Kreuzberger Ring 56, 65205 Wiesbaden
T: (0611) 7 78 92 21   **Fax:** 7 78 92 12
Internet: http://www.vdfkino.de
E-Mail: vdfkino@aol.com
Geschäftsführende(s) Vorstands-Mitglied(er): Peter Sundarp
Vincent de la Tour
Theo Hinz
Geschäftsführer(in): Johannes Klingsporn
Mitglieder: 46

● **O 173**

Deutsches Filmzentrum e.V.
Postf. 17 02 54, 53028 Bonn
Dorotheenstr. 239, 53119 Bonn
T: (0228) 9 85 59-11   **Fax:** 9 85 59 22
Internet: http://www.dfz.de
E-Mail: info@dfz.de
Gründung: 1960
Vorsitzende(r): Staatsminister a.D. Heinz Schwarz
Mitglieder: 24

● **O 174**

Deutsches Filmmuseum Frankfurt
Schaumainkai 41, 60596 Frankfurt
T: (069) 21 23-88 30   **Fax:** 2 12-3 78 81
Internet: http://www.deutsches-filmmuseum.de
E-Mail: info@deutsches-filmmuseum.de
Gründung: 1976
Leiter(in): Prof. Walter Schobert (T: (069) 2 12-3 33 69)
Hans-Peter Reichmann (Sammlungen und Ausstellungen, T: (069) 2 12-3 36 23)
Thomas Worschech (Film- & Gerätearchiv, T: (069) 21 23 88 26)
Kirsten Maier (Bibliothek, T: (069) 2 12-3 88 41/42)

● **O 175**

Hauptverband Deutscher Filmtheater e.V. (HDF)
Postf. 30 16 09, 10748 Berlin
Budapester Str. 39, 10787 Berlin
T: (030) 23 00 40-41   **Fax:** 23 00 40-26
Internet: http://www.kino-hdf.de
E-Mail: info@kino-hdf.de
Gründung: 1950 (02. März) als Zentralverband Deutscher Filmtheater (ZDF)
Präsident(in): Dipl.-Kfm. Steffen Kuchenreuther
Vizepräsident(in): Angela Lipp Fläxl
Hans Hunecke Altenscheid
Geschäftsführer(in): Wolf-Dietrich von Verschuer
Verbandszeitschrift: Inforum
Mitglieder: 742 Firmen mit 2782 Kinos
Mitarbeiter: 5
Jahresetat: ca. DM 1,5 Mio, € 0,77 Mio

● **O 176**

Verband Technischer Betriebe für Film- und Fernsehen e.V. (VTFF)
Haus der Wirtschaft
Am Schillertheater 2, 10625 Berlin
T: (030) 31 80 45-0   **Fax:** 31 80 45-16
E-Mail: vtff.berlin@t-online.de
Gründung: 1949 (14. Oktober)
Geschf. Vors.: Claus Kühn
Stellvertretende(r) Vorsitzende(r): Erhard Arbogast, München
Dr. Christian Kube, Berlin
Joachim Schöneberger, Saarbrücken
Leiterin der Geschäftsstelle: Bärbel Baldt

Der Verband erstreckt sich auf das Gebiet der Bundesrepublik
Der Verband hat 25 Mitglieder

Wahrung und Förderung gemeinsamer Interessen der film- und fernsehtechnischen Betriebe; Vertretung vor Behörden, Verbänden und Öffentlichkeit im nationalen und internationalen Raum; Gutachten und Auskünfte; Abschluß von Tarifverträgen.

● **O 177**

Deutsche TV-Plattform e.V.
c/o ZVEI
Postf. 70 12 61, 60591 Frankfurt
T: (069) 63 02-260   **Fax:** 63 02-361
Internet: http://www.tv-plattform.de
E-Mail: info@tv-plattform.de
Vorsitzende(r): Jürgen Sewczyk
Dr. Dieter Hoff (stellv.)
Dr. Helmut Stein (stellv.)

Geschäftsführer(in): Dr. Michael Klein
Leitung Presseabteilung: Dr. Michael Thiele
Verbandszeitschrift: TV-ZUKUNFT
Redaktion: Dr. M. Thiele

● **O 178**

Deutsches Filminstitut (DIF)
Abteilung Dokumentation/Information/Direktion
Schaumainkai 41, 60596 Frankfurt
T: (069) 9 61 22 00   **Fax:** 62 00 60
E-Mail: deutsches.filminstitut@em.uni-frankfurt.de
Vorstand: Claudia Dillmann (Fachliche Direktorin)
Helmut Poßmann (Verwaltungsdirektor)

o **179**

Deutsches Filminstitut
Abteilung Filmarchiv/Verwaltung
Kreuzberger Ring 56, 65205 Wiesbaden
T: (0611) 97 00 01-0   **Fax:** 97 00 01-5

● **O 180**

Filmmuseum der Landeshauptstadt Düsseldorf
Schulstr. 4, 40213 Düsseldorf
T: (0211) 8 99-2232   **Fax:** 8 99-3768
Internet: http://www.duesseldorf.de/kultur/filmmuseum
Leiter(in): Dr. Sabine Lenk

● **O 181**

Stiftung Deutsche Kinemathek - Filmmuseum Berlin
Potsdamer Str. 2, 10785 Berlin
T: (030) 30 09 03-0   **Fax:** 30 09 03-13
Gründung: 1962 (April)
Vorstand: Hans Helmut Prinzler
Leitung Presseabteilung: Christa Schahbaz
Mitarbeiter: 50
Jahresetat: DM 11,8 Mio, € 6,03 Mio

● **O 182**

Internationale Filmfestspiele Berlin
Potsdamer Str. 5, 10785 Berlin
T: (030) 2 59 20-200   **Fax:** 2 59 20-299
Internet: http://www.berlinale.de
E-Mail: info@berlinale.de
Leiter(in): Moritz de Hadeln
Ulrich Gregor

● **O 183**

Freunde der Deutschen Kinemathek e.V.
im Filmhaus
Potsdamer Str. 2, 10785 Berlin
T: (030) 2 69 55-100 (Freunde der Deutschen Kinemathek),
2 69 55-200 (Internationales Forum des Jungen Films)
Fax: 2 69 55-111 (Freunde der Deutschen Kinemathek),
2 69 55-222 (Internationales Forum des Jungen Films)
Internet: http://www.fdk-berlin.de
E-Mail: info@fdk-berlin.de
Gründung: 1963 (Verein), 1971 (Intern. Forum)
Vorstand: Sylvia Andresen
Ulrich Gregor
Gerhard Schoenberner
Publikation: "Kinemathek" und Spezial-Dokumentationen

● **O 184**

Bundesverband kommunale Filmarbeit e.V.
Schweizer Str. 6, 60594 Frankfurt
T: (069) 62 28 97   **Fax:** 6 03 21 85
Internet: http://www.kommunale-kinos.de
E-Mail: info@kommunale-kinos.de
Gründung: 1975
Vorsitzende(r): Ute Mader
Stellvertretende(r) Vorsitzende(r): Stefanie Schulte Strathaus
Hauptgeschäftsführer(in): Eckhard Schleifer
Verbandszeitschrift: kinema kommunal
Redaktion: Eckhard Schleifer
Mitglieder: 160

o **185**

Landesverband der kommunalen Film- und Kinoarbeit Niedersachsen
c/o Kino im Künsterhaus
Sophienstr. 2, 30159 Hannover
T: (0511) 16 84 47 32   **Fax:** 16 84 14 88
Sigurd Hermes

o **186**

Landesverband der Kommunalen Kinos Baden-Württemberg
Kommunales Kino Esslingen
Maille 5, 73728 Esslingen
T: (0711) 31 05 95 15   **Fax:** 31 05 95 30
Wolfgang Trostorf

o **187**

Hessischer Landesverband kommunale Filmarbeit
c/o Studentischer Filmkreis TUD
Karolinenplatz 5, 64289 Darmstadt
T: (06151) 16 33 39   **Fax:** 16 54 89
Andreas Heidenreich

● **O 188**

Arbeitsgemeinschaft Kino E.V.
Johannisstr. 17, 26121 Oldenburg
T: (0441) 88 47 57   **Fax:** 8 80 72
Gründung: 1972 (15. Februar)
1. Vorsitzende(r): Dr. Detlef Roßmann (Geschäftsf. Vorstand, Johannisstr. 17, 26121 Oldenburg, T: (0441) 88 47 57)
Geschäftsstelle: AG Kino e.V., Eva Matlok, Boxhagener Str. 18, 10245 Berlin, T: (030) 2 83 65 31, Fax: (030) 2 83 65 32
Vorstand: Sabine Matthiesen
Steffen Heinke
Sven Weser
Thomas Bastian
Hermann Thieken
Verbandszeitschrift: AG Kino Press
Redaktion: H. Thieken, H.-Chr. Saßnick
Verlag: Thieken, Saßnick, Hasestr. 71, 49074 Osnabrück
Mitglieder: ca. 200 Programmkinos

Ziel des Vereins ist es, künstlerisch bedeutsame und filmhistorisch wichtige Filme der Öffentlichkeit zugänglich zu machen durch Beschaffung solcher Filme und ihre Vorführung durch ihre Mitglieder. Vertretung und Förderung der Interessen der Programmkinos in Deutschland.

● **O 189**

Filmladen Kassel e.V.
Goethestr. 31, 34119 Kassel
T: (0561) 70 76 40   **Fax:** 7 07 64 41
Gründung: 1981
Vorsitzende(r): Henry Witzel (Ltg. Presseabt.)
Verbandszeitschrift: Filmladen-Programmzeitung
Redaktion: Filmladen Kassel e.V.
Verlag: Goethestr. 31, 34119 Kassel

● **O 190**

Filmförderungsanstalt (FFA)
- Bundesanstalt des öffentlichen Rechts -
Große Präsidentenstr. 9, 10178 Berlin
T: (030) 2 75 77-0   **Fax:** 2 75 77-111
Internet: http://www.ffa.de
E-Mail: presse@ffa.de
Gründung: 1968 (1. Januar)
Vorstand: Rolf Bähr
Kirsten Niehuus (stellv.)
Pressesprecherin: Ann-Malen Witt
Verwaltungsleitung: Frank Völkert (E-Mail: voelkert@ffa.de)
Mitarbeiter: 32
Jahresetat: DM 80 Mio, € 40,9 Mio
Publikation: FFA-intern

● **O 191**

Kulturelle Filmförderung Schleswig-Holstein e.V.
Schildstr. 12, 23552 Lübeck
T: (0451) 7 16 49   **Fax:** 7 53 74
E-Mail: filmbuerosh@t-online.de
Gründung: 1989 (Mai)
Vorsitzende(r): Linde Fröhlich
Leiter d. Filmwerkstatt: Bernd-Günther Nahm
Geschäftsführer(in): Jan Hammerich
Verbandszeitschrift: Filmbrief
Redaktion: Jan Hammerich, Helmut Schulzeck, Angela Buske, Linde Fröhlich
Verlag: Kulturelle Filmförderung Schleswig-Holstein, Schildstr. 12, 23552 Lübeck
Mitglieder: 79
Mitarbeiter: 4

● **O 192**

Förderverein Deutscher Kinderfilm e. V.
Amthorstr. 11, 07545 Gera
T: (0365) 8 00 10 07   **Fax:** 8 00 10 07
E-Mail: fdk@kinderfilm-online.de
Gründung: 1978 (22. Oktober)
Sprecherin d. Vorst: Margret Albers
Vorst.-Mitgl.: Anja Jabs
Molto Menz

O 192

Ellen Herold-Witzel
Mitglieder: 200 Filmemacher, Regisseure, Autoren, Produzenten, Verleiher, Kinobetreiber, Journalisten und Pädagogen

● O 193

Kinder- und Jugendfilmzentrum in Deutschland (KJF)
Küppelstein 34, 42857 Remscheid
T: (02191) 7 94-2 33   **Fax:** 7 94-2 30
Internet: http://www.kjf.de
E-Mail: info@kjf.de
Gründung: 1977 (Januar)
Leiter(in): Horst Schäfer
Vors. d. Kuratoriums: Prof. Dr.phil. Peter Pleyer

● O 194

Bundesweites Schülerfilm- und Videozentrum e.V.
Postf. 19 67, 30019 Hannover
Lister Platz 1, 30163 Hannover
T: (0511) 66 11 02   **Fax:** 39 30 25
Internet: http://www.up-and-coming.de
E-Mail: info@up-and-coming.de
Vorsitzende(r): Burkhard Inhülsen

● O 195

Kinderkino München e.V.
Werner-Friedmann-Bogen 18, 80993 München
T: (089) 1 49 14 53   **Fax:** 1 49 48 36
Gründung: 1979
Vorsitzende(r): Hans Strobel
Stellvertretende(r) Vorsitzende(r): Michaela Seibel
Presse: Christel Strobel
Mitglieder: 14
Fachzeitschrift: Kinder- und Jugendfilm Korrespondenz (KJK)
Verlag: Eigenverlag

● O 196

Filmbewertungsstelle Wiesbaden (FBW)
Postf. 12 02 40, 65080 Wiesbaden
Rheingaustr. 140, 65203 Wiesbaden
T: (0611) 96 60 04-0   **Fax:** 96 60 04-11
Internet: http://www.f-b-w.org
E-Mail: film@f-b-w.org
Gründung: 1951
VD u. Ltg. Presseabt.: Steffen Wolf
Mitarbeiter: 8

● O 197

GÜFA Gesellschaft zur Übernahme und Wahrnehmung von Filmaufführungsrechten mbH
Postf. 14 02 63, 40072 Düsseldorf
Vautierstr. 72, 40235 Düsseldorf
T: (0211) 91 41 90   **Fax:** 6 79 88 87
Internet: http://www.guefa.de
E-Mail: info@guefa.de
Gründung: 1976
Geschäftsführer(in): Klaus E. Heinig
Mitglieder: 220

● O 198

Bundesverband Filmschnitt Cutter e.V. (B.F.S.)
Haimhauser Str. 5a, 80802 München
T: (089) 33 65 73   **Fax:** 33 65 73
Internet: http://www.bfs-cutter.de
E-Mail: mail@bfs-cutter.de
Gründung: 1984 (4. Juli)
Verbandszeitschrift: Cutter Guide 1999/2000
Redaktion: Verband
Mitglieder: 280

● O 199

GWFF Gesellschaft zur Wahrnehmung von Film- und Fernsehrechten mbH (GWFF)
Marstallstr. 8, 80539 München
T: (089) 22 26 68, 22 26 69   **Fax:** 22 95 60
Internet: http://www.gwff.de
E-Mail: kontakt@gwff.de
Gründung: 1982 (19. März)
Geschäftsführer(in): Prof. Dr. Ronald Frohne
Treuhänderische Wahrnehmung von Ansprüchen aus dem Urheberrechtsgesetz für Film- und Fernsehproduzenten, Videoprogrammhersteller sowie für Regisseure.

● O 200

Gesellschaft zur Verfolgung von Urheberrechtsverletzungen e.V. (GVU)
Bramfelder Str. 102a, 22305 Hamburg
T: (040) 6 90 61 41-44   **Fax:** 6 90 62 37
Internet: http://www.gvu.de
Gründung: 1984 (20. Dezember)
Vorsitzende(r): Bodo Schwartz
Geschäftsführer(in): Joachim Tielke (Leitung Presseabteilung)
Verbandszeitschrift: GVU News
Redaktion: GVU News
Verlag: Eigenverlag
Mitglieder: 70 Unternehmen
Mitarbeiter: 18
Jahresetat: DM 2,9 Mio, € 1,48 Mio

● O 201

Hochschule für Fernsehen und Film München
Frankenthaler Str. 23, 81539 München
T: (089) 6 89 57-0   **Fax:** 6 89 57-189
E-Mail: info@hff-muc.de
Gründung: 1967
Präsident(in): Prof. Dr. h.c. Albert Scharf
Kanzlerin: Ulrike Neuneyer
Leitung Presseabteilung: Gabriele von Schlieffen
Mitarbeiter: 74

● O 202

Konferenz der Landesfilmdienste in der Bundesrepublik Deutschland e.V.
Rheinallee 59, 53173 Bonn
T: (0228) 35 50 02   **Fax:** 35 82 69
Internet: http://www.landesfilmdienste.de
E-Mail: Konferenz@t-online.de
Gründung: 1954
Vorsitzende(r): Klaus Walter Müller
GeschF. u. Ltg. d. Presseabt.: Heinz-Joachim Herrmann
Mitglieder: 14 Landesfilmdienste

Landesfilmdienste

o 203

Landesfilmdienst Baden-Württemberg e.V.
Wolframstr. 20, 70191 Stuttgart
T: (0711) 25 10 12   **Fax:** 2 56 94 00

o 204

Landesmediendienste Bayern e.V.
Dietlindenstr. 18, 80802 München
T: (089) 38 16 09-15   **Fax:** 38 16 09-20

o 205

Landesfilmdienst Berlin-Brandenburg e.V.
Bismarckstr. 80, 10627 Berlin
T: (030) 32 79 29-0   **Fax:** 32 79 29-29

o 206

Landesfilmdienst Filmothek Hamburg
Zeise Hallen
Friedensallee 7, 22765 Hamburg
T: (040) 3 90 52 74   **Fax:** 3 90 56 31

o 207

Landesfilmdienst Hessen e.V.
Institut für Medienpädagogik und Kommunikation
Kennedyallee 105a, 60596 Frankfurt
T: (069) 6 30 09 40   **Fax:** 63 00 94 30

o 208

Landesfilmdienst Mecklenburg-Vorpommern e.V.
Bleicherstr. 3, 19053 Schwerin
T: (0385) 5 81 33 59   **Fax:** 5 81 33 60

o 209

Landesfilmdienst Niedersachsen e.V.
Podbielskistr. 30, 30163 Hannover
T: (0511) 66 13 93   **Fax:** 66 77 92

o 210

Landesfilmdienst Nordrhein-Westfalen e.V.
Schirmerstr. 80, 40211 Düsseldorf
T: (0211) 36 05 56   **Fax:** 35 82 79
Internet: http://www.landesfilmdienste.de/lfd/nrw
E-Mail: lfd-nrw@t-online.de

o 211

Landesfilmdienst Rheinland-Pfalz e.V.
LFD-Haus
Deutschhausplatz, 55116 Mainz
T: (06131) 28 78 80   **Fax:** 2 87 88 25

o 212

Landesfilmdienst Saarland e.V.
Halbergstr. 3, 66121 Saarbrücken
T: (0681) 6 33 93   **Fax:** 6 33 94

o 213

Landesfilmdienst Sachsen e.V.
Karl-Heine-Str. 83, 04229 Leipzig
T: (0341) 4 77 41 55   **Fax:** 4 77 41 53

o 214

Landesfilmdienst Sachsen-Anhalt e.V.
An der Waisenhausmauer 5, 06108 Halle
T: (0345) 2 09 01 60   **Fax:** 2 09 01 62

o 215

Landesfilmdienst Schleswig-Holstein e.V.
Thormannplatz 20-22, 24768 Rendsburg
T: (04331) 78 98 55   **Fax:** 7 79 41

o 216

Landesfilmdienst Thüringen e.V.
Brühler Str. 52, 99084 Erfurt
T: (0361) 2 21 81 13   **Fax:** 2 21 81 50

● O 217

Gilde deutscher Filmkunsttheater e.V.
Waldseer Str. 3, 88400 Biberach
T: (07351) 1 30 50   **Fax:** 1 37 64
Gründung: 1953 (Juli)
Vorsitzende(r): Adrian Kutter
Verbandszeitschrift: 1) "Der Gildendienst"
Redaktion: Informationszentrale der Gilde deutscher Filmkunsttheater e.V., Hamsterweg 8, 85598 Baldham
Mitglieder: 232 (Stand: 1.1.2000)

● O 218

Verband der Szenenbildner, Filmarchitekten und Kostümbildner in Europa e.V. (SFK)
Bavariafilmplatz 7, 82031 Grünwald
T: (089) 6 49 31 39   **Fax:** 6 49 29 08
Internet: http://www.sfk-verband.de
E-Mail: info@sfk-verband.de
Gründung: 1983 (29. September)
1. Vorsitzende(r): Jana Karen
2. Vorsitzende(r): Uta Freiwald
Geschäftsführer(in): Michael Hartmann
Verbandszeitschrift: Film + Television Design Annual
Mitglieder: 230

● O 219

Verband Deutscher Schauspieler-Agenturen e.V.
Isabellastr. 20, 80798 München
T: (089) 27 29 35 13   **Fax:** 27 29 36 36
Internet: http://www.schauspieler-agenturen.de
Vorstand: Carla Rehm
Vorstand: Renate Landkammer
Geschäftsführender Justitiar: RA Jochem Strate

● O 220

Interessenverband Deutscher Schauspieler e.V. (IDS)
Prinzregentenstr. 52, 80538 München
T: (089) 22 35 95   **Fax:** 22 68 23
Gründung: 1977
1. Vorsitzende(r): RA Holger von Hartlieb
Leitung Presseabteilung: Stefan Miller

● O 221

Filmbüro Nordrhein Westfalen e.V.
Postf. 10 05 34, 45405 Mülheim
Leineweberstr. 1, 45468 Mülheim
T: (0208) 44 98 41-4   **Fax:** 47 41 13
Internet: http://www.filmbuero-nw.de
Gründung: 1980
Geschäftsführer(in): Michael Wiedemann
Anna Köhler
Mitglieder: 160
Mitarbeiter: 4
Jahresetat: DM 3,6 Mio, € 1,84 Mio

● O 222

Bundesverband Deutscher Film- und AV Produzenten e.V.
Postf. 57 03, 65047 Wiesbaden
Kreuzberger Ring 56, 65205 Wiesbaden
T: (0611) 7 78 91 37   **Fax:** 7 78 91 39
Vorstand: Wolfgang Jo Huschert (Vors.)
H. J. Schrader
St. Thies
Mitglieder: 30

● O 223

Verband Deutscher Spielfilmproduzenten e.V.
Beichstr. 8, 80802 München
T: (089) 39 11 23   **Fax:** 33 74 32
Vorsitzende(r): Franz Seitz

● O 224

Arbeitsgemeinschaft Neuer Deutscher Spielfilmproduzenten e.V.
Agnesstr. 14, 80798 München
T: (089) 2 71 74 30   **Fax:** 2 71 97 28
E-Mail: eg-spielfilm@t-online.de
Gründung: 1967
Vorstand: Gerhard von Halem
Alfred Hürmer
Eberhard Junkersdorf
Laurens Straub
Thomas Wöbke
Geschäftsführer(in): RA'in Margret Evers
Mitglieder: 97
Mitarbeiter: 2

● O 225

Arbeitsgemeinschaft Dokumentarfilm e.V. (ag dok)
Schweizer Str. 6, 60594 Frankfurt
T: (069) 62 37 00   **Fax:** (06142) 96 64 24
Internet: http://www.agdok.de
E-Mail: agdok@agdok.de
Gründung: 1980
Geschäftsführender Vorsitzender: Thomas Frickel
Stellvertretende(r) Vorsitzende(r): Renée Gundelach, Berlin
C. Cay Wesnigk, Lübeck
Bertram Verhaag, München
Verbandszeitschrift: ag-dok Mitglieder-Info & Mitglieder-Handbuch
Mitglieder: 600

● O 226

Bund Deutscher Film- und Video-Amateure e.V. (BDFA)
Alemannenstr. 60, 97318 Kitzingen
T: (09321) 2 13 03   **Fax:** 2 13 08
E-Mail: stampehl@t-online.de
Gründung: 1927
Präs. u. Vors: Hans Joachim Stampehl
Vizepräsident(in): Hannelore Teich
Bernd Lindner
Dr. Gert Richter
Verbandszeitschrift: Film und Video
Redaktion: Dr. Gert Richter
Mitglieder: 5500 in 350 Film- und Videoclubs

Je 1 Landesverband in jedem Bundesland

● O 227

Ring der Tonband- und Videofreunde e.V. (RdT)
Johann-Sebastian-Bach-Str. 33, 88400 Biberach
T: (07351) 7 33 54   **Fax:** 1 77 07
E-Mail: ruettersph@aol.com
Gründung: 1957
Internationaler Zusammenschluß: siehe unter izu 482
Vorsitzende(r): Paul-Heinz Rütterswörden
Stellvertretende(r) Vorsitzende(r): Carl-Ulrich Huhn (Elbinger Str. 19, 69502 Hemsbach, T: (06201) 7 26 52)
Schatzmeister: Reinhard Greul (Freiligrathstr. 227a, 26384 Wilhelmshaven, T: (04421) 6 02 75, Telefax: (04421) 74 76 15)
Schriftführerin: Renate Rütterswörden (Joh.-Seb.-Bach-Str. 33, 88400 Biberach, T: (07351) 7 33 54, Telefax: (07351) 1 77 07)
Verbandszeitschrift: Ton + Video Report
Redaktion: Günter Schassberger
Mitglieder: ca. 300

Landesverbände

o 228

Landesverband Tonbandfreunde Baden-Württemberg
Lerchenstr. 43, 89547 Gerstetten
T: (07323) 91 90 23   **Fax:** 91 90 24
Peter Edelmann

o 229

Landesverband Tonbandfreunde Bayern
Frühlingstr. 2, 84030 Ergolding
T: (0871) 7 33 48   **Fax:** 7 33 43
Willibald Kappl

o 230

Landesverband Tonbandfreunde Hamburg - Schleswig-Holstein - Berlin
An der Hudau, 24576 Bad Bramstedt
T: (04192) 54 08
Bernd Rode

o 231

Landesverband Tonbandfreunde Niedersachsen-Bremen
Im Ellener Feld 63, 28327 Bremen
T: (0421) 42 01 51
Doris Beins

o 232

Landesverband Tonbandfreunde Nordrhein-Westfalen
Gantenhals 28, 44229 Dortmund
T: (0231) 59 98 24
Ekkehard Neumann

● O 233

Verband Deutscher Drehbuchautoren e.V.
Rosenthaler Str. 39, 10178 Berlin
T: (030) 2 82 42 05   **Fax:** 2 83 17 96
Internet: http://www.drehbuchautoren.de
E-Mail: info@drehbuchautoren.de
Gründung: 1986 (16. Dezember)
Vorstand: Thomas Bauermeister
Annette Ernst
Gernot Krää
Ulrich del Mestre
Benedikt Röskau
Jürgen Starbatty
Dr. Lienhard Wawrzyn
Geschäftsführer(in): Dr. Jürgen Kasten
Verbandszeitschrift: Nachrichtenbrief des Verbandes Deutscher Drehbuchautoren e.V.
Redaktion: Jürgen Kasten
Mitglieder: 450

● O 234

Grenzland-Filmtage
Postf. 3 07, 95622 Wunsiedel
Hornschuchstr. 1, 95632 Wunsiedel
T: (09232) 47 70   **Fax:** 47 10
Internet: http://www.grenzland-filmtage.de
E-Mail: festival@grenzland-filmtage.de
Gründung: 1980 (20. März)
Vorsitzende(r): Ulrich Kotz
Elisabeth Jasiowka
Verbandszeitschrift: Grenzland-Filmtage Programm-Heft & Programm-Katalog
Mitglieder: 42
Mitarbeiter: ca. 20 ehrenamliche Mitarbeiter
Jahresetat: DM 0,140 Mio, € 0,07 Mio

● O 235

Filminitiative Würzburg e.V.
Gosbertsteige 2, 97082 Würzburg
T: (0931) 41 40 98   **Fax:** 41 62 79
Internet: http://www.filmwochende-wuerzburg.de
E-Mail: Fiwokrem@t-online.de
Gründung: 1974
Vorstand: Berthold Kremmler
Ulrike Wolk
Johannes Tietze

Org. d. INTERNATIONALEN FILMWOCHENENDES WÜRZBURG (letztes Jan.-Wochenende)

● O 236

Berliner Arbeitskreis Film e.V. (BAF)
c/o Lioba Schmid
Neue Christstr. 6, 14059 Berlin
T: (030) 3 22 62 23   **Fax:** 3 22 62 23

● O 237

Verband Deutscher Werbefilmproduzenten e.V.
Geschäftsstelle:
Poststr. 33 6.St., 20354 Hamburg
T: (040) 3 50 85 13   **Fax:** 3 50 85 80
E-Mail: haerlin@werbefilmproduzenten.de
Vorstand: Reinhard Gedack (Sprecher)
Hans-Jürgen Bertrams
Hatto Kurtenbach
Manfred Vogelsänger
Geschäftsführer(in): Uta-Sabine Haerlin
Mitglieder: 40

● O 238

Verband Deutscher Filmexporteure e.V.
Tegernseer Landstr. 75, 81539 München
T: (089) 6 92 06 60   **Fax:** 6 92 09 10
Gründung: 1956 (24. Mai)
Vorstand: Thorsten Schaumann (Bavaria Media GmbH, Bavariafilmplatz 8, 82031 Geiselgasteig)
Wolfram Skowronnek-Schaer (CINEPOOL, Abtlg. der Telepool GmbH, Sonnenstr. 21, 80331 München)
Geschäftsführer(in): Lothar Wedel (Tegernseer Landstr. 75, 81539 München)
Mitglieder: 18

● O 239

Institut für den Wissenschaftlichen Film gGmbH
Postf. 23 51, 37013 Göttingen
Nonnenstieg 72, 37075 Göttingen
T: (0551) 50 24-0   **Fax:** 50 24-400
Internet: http://www.iwf.de
E-Mail: iwf-goe@iwf.de
Gründung: 1956
Direktor(in): Prof. Dr. Christian Floto
Geschäftsführer(in): Dr.-Ing. Hartmut Rudolph
Dr.jur. Hanns Ulrich Frhr. v. Spiegel
Leitung Presseabteilung: Michaela Gräfin v. Bullion
Mitarbeiter: 60
Jahresetat: ca. DM 7 Mio, € 3,58 Mio

● O 240

Kennedyallee 105a, 60596 Frankfurt
T: (069) 6 31 27 23   **Fax:** 6 31 29 22
Internet: http://www.bjfev.de
E-Mail: info@bjfev.de
Gründung: 1970 (31. Oktober)
Vorsitzende(r): Elke Ried
Geschäftsführer(in): Reinhold T. Schöffel
Verbandszeitschrift: BJF - Magazin
Redaktion: Reinhold T. Schöffel, Silke Schicke, Holger Twele
Mitglieder: 1200 Gruppen

Verleih von Filmen für Mitgliedsgruppen aus der vereinsinternen Filmothek, Veranstaltung von Seminaren und Tagungen, Herausgabe von Publikationen zur Filmarbeit, vor allem mit Kindern und Jugendlichen.

o 241

Landesarbeitsgemeinschaft Kinder, Jugend und Film Baden-Württemberg
Senefelderstr. 19, 70178 Stuttgart
Iris Loos

o 242

Landesarbeitsgemeinschaft für Jugendfilmarbeit und Medienerziehung Bayern
Balthasar-Neumann-Str. 22, 97447 Gerolzhofen
T: (09382) 82 45   **Fax:** 82 69
E-Mail: wstock.lagfilm@t-online.de
Walter Stock

o 243

Landesarbeitsgemeinschaft für Jugendfilmarbeit Berlin e.V.
Peter-Vischer-Str. 14, 12157 Berlin
T: (030) 25 88 30 39
Wolfram Englert

o 244

Landesarbeitsgemeinschaft für Jugendfilmarbeit Bremen
Wallhöfener Moor 7, 27729 Vollersode
T: (04794) 17 94
Beate Deinert

o 245
Landesarbeitsgemeinschaft Jugend und Film Hamburg
Sierichstr. 56, 22301 Hamburg
Brigitte Seibold

o 246
Landesverband Jugend und Film Hessen
Gräfstr. 80, 60486 Frankfurt
E-Mail: breimer@t-online.de
Bernd Reimer

o 247
Landesverband Filmkommunikation e.V. des Landes Mecklenburg-Vorpommern
Feldstr. 43, 18273 Güstrow
T: (03843) 68 78 08   Fax: 68 78 08
E-Mail: beschu.bockhorst@t-online.de
Jens-Hagen Schwadt

o 248
Landesarbeitsgemeinschaft für Jugendfilmarbeit und Medienerziehung Niedersachsen e.V.
Moorstr. 98, 29664 Walsrode
T: (05161) 91 14 63   Fax: 91 14 64
E-Mail: lag.film.nds@t-online.de
Norbert Mehmke

o 249
Landesarbeitsgemeinschaft für Jugendfilmarbeit Rheinland-Pfalz
c/o Landesfilmdienst Rheinland-Pfalz
Postf. 30 04, 55020 Mainz
T: (06131) 2 87 88-30   Fax: 2 87 88-25

o 250
Landesverband Jugend und Film Saarland
c/o Kino Achteinhalb
Nauwieser Str. 19, 66111 Saarbrücken
T: (0681) 3 90 88 80   Fax: 37 46 68
Ingrid Kraus

o 251
Landesverband Jugend und Film Sachsen
c/o Sächs. Kinder- und Jugendfilmdienst e.V.
Zwickauer Str. 157, 09116 Chemnitz
T: (0371) 30 77 04
E-Mail: kinderfilmdienst@t-online.de

o 252
Landesverband Jugend und Film Sachsen-Anhalt e.V.
Südring 15c, 39288 Burg
T: (03921) 98 00 35
Peter Hansen

o 253
Landesarbeitsgemeinschaft für Jugendfilmarbeit und Medienerziehung Schleswig-Holstein e.V.
Jugendhof Scheersberg, 24972 Quern
T: (04632) 84 80 14   Fax: 84 80 30
E-Mail: scheersberg@t-online.de
Ulrich Ehlers

o 254
Interessenverband für Filmkommunikation Thüringen e.V.
Trierer Str. 63, 99423 Weimar
T: (03643) 50 55 55   Fax: 50 55 55
Petra Beltz

● O 255
Verband junger Medienmacher Baden-Württemberg e.V. (VJM)
Postf. 20 27, 71010 Böblingen
T: (07031) 87 48 67   Fax: (0711) 80 60 72 30
Internet: http://www.vjm-bw.de
E-Mail: info@vjm-bw.de
Vorsitzende(r): Dave Tjiok
Stellvertretende(r) Vorsitzende(r): Jürgen Tobisch
Christine Neumann
Öffentlichkeitsarbeit: Dave Tjiok
Verbandszeitschrift: Scripts, Magazin für junge Medienmacher
Redaktion: Scripts
Verlag: Wikingerweg 61, 70439 Stuttgart
Mitglieder: 250
Mitarbeiter: 15 ehrenamtl.

● O 256
Verband junger Film- und Medienschaffender e.V. (VjFM)
Bornstr. 241-243, 44145 Dortmund
T: (0231) 86 10 08-0   Fax: 86 10 08-18
Internet: http://www.vjfm.de
E-Mail: info@vjfm.de
Gründung: 1998
Geschäftsführer(in): Daniel Poznanski (Vorsitzender; Jurist)
Leitung Presseabteilung: Rüdiger Wendland
Mitglieder: 100

● O 257
LAG Jugend & Film Niedersachsen e.V.
Moorstr. 98, 29664 Walsrode
T: (05161) 91 14 63   Fax: 91 14 64
E-Mail: lag.film.nds@t-online.de
Gründung: 1956
Vorsitzende(r): Norbert Mehmke
Leitung Presseabteilung: Heiko Messerschmidt
Mitglieder: 300
Mitarbeiter: 5

● O 258
Institut für Medienpädagogik in Forschung und Praxis
Pfälzer-Wald-Str. 64, 81539 München
T: (089) 6 89 89-0   Fax: 6 89 89-111
Internet: http://www.jff.de
E-Mail: jff@jff.de
Gründung: 1949 (21. Dezember)
Vorsitzende(r): Prof. Dr. Bernd Schorb
Geschäftsf. Direktor: Dr. Fred Schell
Wissenschaftl. Direktorin: Dr. Helga Theunert
Öffentlichkeitsarbeit: Claudia Schmiderer

● O 259
Mittelstand in den Medien e.V.
Windener Str. 6, 85254 Einsbach
T: (08135) 91 03   Fax: 80 29
Gründung: 1982
Vorsitzende(r): Dr. Dietmar Straube (perimed Verlag, Vogelherd 35, 91058 Erlangen)
St.Vors. u. GeschF: Dipl.-Volksw. Jürgen Metzger
Leitung Presseabteilung: Dipl.-Volksw. Jürgen Metzger

● O 260
Gesellschaft für Medienpädagogik und Kommunikationskultur in der Bundesrepublik e.V. (GMK)
Geschäftsstelle:
Körnerstr. 3, 33602 Bielefeld
T: (0521) 6 77 88   Fax: 6 77 27
Internet: http://www.gmk-net.de
E-Mail: gmk@medienpaed.de
Gründung: 1984 (14. März)
1. Vorsitzende(r): Dieter Wiedemann
Geschäftsführer(in): Jürgen Lauffer (GMK-Geschäftsstelle)
Leitung Presseabteilung: Renate Röllecke
Verbandszeitschrift: NEXUM
Redaktion: Dr. Uli Kahmann
Verlag: GMK, Körnerstr. 3, 33602 Bielefeld
Mitglieder: 1000
Landesverbände:

Berlin, Baden-Württemberg, Bayern, Brandenburg, Hamburg, Hessen, Niedersachsen, Nordrhein-Westfalen, Mecklenburg-Vorpommern, Rheinland-Pfalz, Saarland, Sachsen, Sachsen-Anhalt, Thüringen.

Fachgruppen:

Qualitative Medien- und Kommunikationsforschung
Philosophisch-Pädagogische Grundfragen
Schule
Erwachsenenbildung
Kinder und Jugendliche
Hörmedien
Medien und Geschlecherverhältnisse
Medienpädagogische Berufsprofile
Multimedia

● O 261
Film Funk Fernseh Zentrum der Evangelischen Kirche im Rheinland (FFFZ)
Postf. 30 03 43, 40403 Düsseldorf
Kaiserswerther Str. 450, 40474 Düsseldorf
T: (0211) 45 80-2 50   Fax: 45 80-2 00
Leiter(in): Jürgen Jaissle (Ltg. Presseabt.)

● O 262
KIM Katholisches Institut für Medieninformation GmbH
Am Hof 28, 50667 Köln
T: (0221) 92 54 63-0   Fax: 92 54 63-37, 92 54 63-6
Internet: http://www.kim-info.de
E-Mail: info@kim-info.de
Gründung: 1953 (16. Januar) als e.V., 19.12.96 als GmbH
Mitarbeiter: 16
Zeitschriften:
Funkkorrespondenz, verantw. Redakteur:
Dieter Anschlag
film-dienst, verantw. Redakteur:
Horst Peter Koll
Fernsehdienst, verantw. Redakteur: Dr. Peter Kurath
(alle im Eigenverlag)
Information über Struktur, Arbeitsweise und Erscheinungen der publizistischen Medien Hörfunk, Fernsehen, Film und Video.

● O 263
Evangelisches Zentrum für entwicklungsbezogene Filmarbeit
Kniebisstr. 29, 70188 Stuttgart
T: (0711) 9 25 77 50   Fax: 9 25 77 25
Internet: http://www.ezef.de
E-Mail: ezef@geod.geonet.de
Leiter(in): Bernd Wolpert

● O 264
Christliche Medien-Akademie (CMA) des Christlichen Medienverbundes KEP e.V.
Postf. 18 69, 35528 Wetzlar
Steinbühlstr. 3, 35578 Wetzlar
T: (06441) 9 15-151   Fax: 9 15-157
Internet: http://www.cma-medienakademie.de
E-Mail: cma@kep.de
Leiter(in): Wolfgang Baake
Studienleiter: Michael Höhn

● O 265
Medieninitiative Babelsberg e.V.
Dianastr. 21, 14482 Potsdam
T: (0331) 7 06 03 71   Fax: 7 06 03 76
E-Mail: brigitte.fritzsche@ufa.de
Vorsitzende(r): Dipl.-Volksw. Adalbert Rohloff
Verbandszeitschrift: Newsletter Medienstadt

● O 266
AV-Medienzentrale Mainz
Postf. 30 04, 55020 Mainz
Petersstr. 3 (Deutschhausplatz), 55116 Mainz
T: (06131) 2 87 88-0   Fax: 2 87 88-25
E-Mail: lfd@uni-mainz.de
Gründung: 1973
Vorsitzende(r): Günther Gremp, Mainz
Geschäftsführer(in): Horst Grundheber, Mainz
Verbandszeitschrift: AVMZ-aktuell
Mitarbeiter: ca. 20

● O 267
Arbeitsgemeinschaft der diözesanen AV-Medienstellen
Kaiserstr. 163, 53113 Bonn
T: (0228) 10 33 27   Fax: 10 33 29
Internet: http://www.katholische-kirche.de
E-Mail: k.henning@dbk.de
Vorsitzende(r): J. Karsten Henning

● O 268
Bundesverband Video, Vereinigung der Video-Programmanbieter Deutschlands e.V.
Gurlittstr. 31, 20099 Hamburg
T: (040) 24 12 98, 24 12 99   Fax: 24 67 63
Internet: http://www.bv-video.de
E-Mail: BVVideo@t-online.de
Gründung: 1982 (16. September)
Vorsitzende(r): Bodo Schwartz (GeschF. d. TCFHE (Germany) GmbH)
Wolfgang Otterstein (Kiddiny Entertainment GmbH)
Jean Hermsen (Warner Home Video GmbH)
Geschäftsführende(s) Vorstands-Mitglied(er): RA Joachim A. Birr
Mitglieder: 34

● O 269
Interessengemeinschaft unabhängiger Video-Produzenten e.V.
c/o Loretta Walz
Südenstr. 13, 12169 Berlin
T: (030) 8 61 88 10   Fax: 8 61 88 13
Vorstand: Gunter Richter
Paul Stutenbäumer
Loretta Walz

● O 270
Verwertungsgesellschaft der Film- und Fernsehproduzenten mbH (VFF)
Barer Str. 9, 80333 München
T: (089) 28 62 83 82   **Fax:** 28 62 82 47
Gründung: 1979
Geschäftsführer(in): Bernd Burgemeister
Prof. Dr. Johannes Kreile

Gegenstand des Unternehmens ist die treuhänderische Wahrnehmung von Rechten und Ansprüchen, die sich für Hersteller von Filmen und von Laufbildern (z. B. für Kino-, Fernseh- und AV-Zwecke) und von Synchronisationen sowie für Sendeunternehmen und deren Werberundfunkgesellschaften aus dem Urheberrechtsgesetz ergeben sowie die Verteilung der erzielten Einnahmen an die Berechtigten.

● O 271
Verband der Fernseh-, Film- und Videowirtschaft Nordrhein-Westfalen e.V. (VFFV)
Brüsseler Str. 89-93, 50672 Köln
T: (0221) 5 77 75-0   **Fax:** 5 77 75-55
Internet: http://www.vffv.de
E-Mail: info@vffv.de
Gründung: 1982
Vorstand: Konstantin von Ahlefeld
Axel Link
Roland Willaert
Andreas Lederitz
Ewerhard Engels
Geschäftsführer(in): Monika König
Verbandszeitschrift: VFFV Info-Dienst
Redaktion: Monika König
Mitglieder: 85
Mitarbeiter: 2

Rundfunk, Fernsehen

● O 272
Arbeitsgemeinschaft der öffentlich-rechtlichen Rundfunkanstalten der Bundesrepublik Deutschland (ARD)
Ständiges ARD-Büro:
Postf. 10 10 01, 60010 Frankfurt
Bertramstr. 8, 60320 Frankfurt
T: (069) 59 06 07   **Fax:** 1 55-2075
Internet: http://www.ard.de
E-Mail: pressestelle@ard.de
Gründung: 1950 (9./10. Juni)
Direktor ARD-Büro: Erhard Metz
Vorsitzende(r): Fritz Pleitgen

Geschäftsführende Anstalt:

o 273
Westdeutscher Rundfunk (WDR)
50600 Köln
Appellhofplatz 1, 50667 Köln
T: (0221) 2 20-0   **Fax:** 2 20-4800
Internet: http://www.wdr.de
ARD-Pressestelle: T: (0221) 2 20 24 05, Fax: (0221) 2 20 18 67, E-Mail: pressestelle@ard.de

o 274
ARD-Gemeinschaftsprogramm Erstes Deutsches Fernsehen
Programmdirektion Erstes Deutsches Fernsehen:
Postf. 20 06 65, 80006 München
Arnulfstr. 42, 80335 München
T: (089) 59 00-01   **Fax:** 59 00-3249
Internet: http://www.das-erste.de
E-Mail: info@das-erste.de
Programmdir.: Dr. Günter Struve (Erstes Deutsches Fernsehen)
Medienforschung: Wolfgang Darschin
Koordinator für Politik, Gesellschaft und Kultur: Hartmann von der Tann
Koordinator für Auslandsfragen: Andreas Weiss
Koordinator für Sport: Peter Jensen (Hauptabteilungsleiter Sport NDR)
Koordinator für Fernsehfilme: Dr. Jürgen Kellermeier (Fernsehprogrammdirektor NDR)
Koordinator Unterhaltung: Dr. Winfried Bonk (WDR)
Koordinator f. Spielfilm u. Filmförderung: Jörn Klamroth (Fernsehprogrammdirektor des WDR)
Koordinator für das Familienprogramm: Dr. Gerhard Fuchs (Fernsehdirektor BR)
Koordinator für kirchliche Sendungen und Federführung für Musikprogramme: Volker von der Heydt (Fernsehdirektor ORB)
Koordinatorin für Vorabend: Verena Kulenkampff (NDR)

Koordinator für 3sat: Dr. Christof Schmid (Fernsehdirektor des SWR)
Koordinator für ARTE: Geschf. Dr. Klaus Wenger (ARTE Deutschland TV GmbH)
Koordinator für Fernsehproduktion: Stellv. Intendant u. Produktionsdir. Joachim Lampe (NDR)
ARD-Beauftragter für digitales Fernsehen: Michael Albrecht (Programmdirektion Erstes Deutsches Fernsehen)
Federführung für Musikprogramme: Dr. Hans Heiner Boelte
Fernsehbeirat: Danny Brees (Vors., WDR)

o 275
ARD-Hauptstadtstudio Berlin
Radio & TV
Wilhelmstr. 67a, 10117 Berlin
T: (030) 22 88-0, 22 88-2001 (Direktion)   **Fax:** 22 88-1009
Internet: http://www.ard-hauptstadtstudio
E-Mail: kontakt@ard-hauptstadtstudio.de, pressestelle@ard.de

ARD Rundfunkanstalten

● O 276
Bayerischer Rundfunk
Rundfunkplatz 1, 80300 München
T: (089) 59 00-01   **Fax:** 59 00-2375
TX: 5 21 070
Internet: http://www.br-online.de
Gründung: 1949 (25. Januar)
Rundfunkrat: Prof. Dr. Wilhelm Wimmer (Vors.)
Verwaltungsrat: Johann Böhm (Vors.)
Intendant: Prof. Dr. h.c. Albert Scharf
Leitung Presseabteilung: Rudi Küffner
Juristischer Direktor: Dr. Albrecht Hesse
Hörfunkdirektor: Dr. Thomas Gruber
Fernsehdirektor: Dr. Gerhard Fuchs
Verwaltungsdirektorin: Jutta Lowag (Stellvertreterin des Intendanten)
Technischer Direktor: Herbert Tillmann

Fernsehstudio München-Freimann,
T: (089) 38 06-02, Telefax: (089) 38 06 76 78

Fernsehstudio Unterföhring bei München,
T: (089) 38 06-02, Telefax: (089) 38 06 76 78

o 277
Bayerischer Rundfunk
Studio Franken
Wallensteinstr. 117, 90431 Nürnberg
T: (0911) 65 50 01   **Fax:** 6 55 03 03 (Studioleitung);
61 50 61 (Nachrichtenaufnahme)

o 278
Bayerischer Rundfunk
Regionalstudio Mainfranken
Bahnhofplatz 2, 97070 Würzburg
T: (0931) 30 56-01 (Hörfunkredaktion), 30 56-02 (Fernsehredaktion)   **Fax:** 30 56-22 (Hörfunkredaktion), 30 56-66 (Fernsehredaktion)

o 279
Bayerischer Rundfunk
Regionalstudio Ostbayern
Goldene-Bären-Str. 4, 93047 Regensburg
T: (0941) 58 50 60   **Fax:** 5 40 41

o 280
Bayerischer Rundfunk
Büro Berlin-Hörfunk
im ARD-Hauptstadtstudio
Wilhelmstr. 67a, 10117 Berlin
T: (030) 22 88-3100   **Fax:** 22 88-3109
Voraus. ab Sommer 1999: ARD-Hauptstadtstudio, Wilhelmstr. 67 a, 10117 Berlin, T: (030) 2 28 80

o 281
Bayerischer Rundfunk
Berliner Korrespondent-Fernsehen
Alt-Moabit 91d, 10559 Berlin
T: (030) 39 09 07 24   **Fax:** 39 09 07 21

● O 282
DEUTSCHE WELLE (DW)
50588 Köln
Raderberggürtel 50, 50968 Köln
T: (0221) 3 89-0   **Fax:** 3 89-3000
Internet: http://www.dwelle.de
E-Mail: info@dwelle.de
Rundfunkrat: Valentin Schmidt (Vors.)

Verwaltungsrat: Dr. Franz Schoser (Vors.)
Intendant: Dieter Weirich
Kommunikation:
Dr. Ralf Siepmann
Vertrieb: Dr. Burkhard Nowotny
Programm-Marketing: Claus Grimm
DW-online: Torsten Kroop
Fernsehdirektor: Dr. Wolfgang Krüger
Technischer Direktor: Dr. Hans-Dieter Godtmann
Verwaltungsdirektor: Reinhard Hartstein
Chefredakteur DW-tv: Christoph Lanz
Chefredakteur DW-radio Deutsches Programm: Joachim Lenz
Chefredakteur DW-radio Fremdsprachenprogramme: Dietrich Schlegel (komm.)
Mitarbeiter: ca. 1800

o 283
Deutsche Welle tv (DW-tv)
Voltastr. 6, 13355 Berlin
T: (030) 46 46-0   **Fax:** 4 63 19 98
Internet: http://www.dwelle.de
FernsDir.: Dr. Wolfgang Krüger
Chefred.: Christoph Lanz

o 284
Parlamentsstudio Berlin (DW-radio)
Voltastr. 6, 13355 Berlin
T: (030) 46 46-8400   **Fax:** 46 46-8405
Leiter: Wolter von Tiesenhausen

o 285
DW Studio Brüssel
223, rue de la Loi, box 6, B-1040 Brüssel
T: (00322) 2 85 05 90 (DW-radio u. DW-tv), 2 30 00 53 (DW-radio)   **Fax:** 2 85 05 99, 2 30 41 56
Leiter: Dr. Alexander Kudascheff
Heribert Korfmacher (Korrespondent DW-radio)

o 286
DW Studio Washington
Washington Bureau
2800 Shirlington Road, Suite 901, USA- Arlington, Virginia 22206
T: (001703) 9 31-6644   **Fax:** 9 31-6662
Leiter: Rüdiger Lentz
Korrespondent DW-radio: Bernd Riegert

o 287
DW-tv Studio Moskau
Grusinklj Pereulok 3, 9. pod., 4. et. kw. 303/04, RUS-123056 Moskau
T: (00795) 2 54 45 25, 2 54 38 40   **Fax:** 2 54 38 40
Leiter: Dr. Christian Trippe

● O 288
DeutschlandRadio
Körperschaft des öffentlichen Rechts
Funkhaus Köln (Deutschlandfunk)
Raderberggürtel 40, 50968 Köln
T: (0221) 3 45-0   **Fax:** 38 07 66
TX: 8 884 920
Internet: http://www.dradio.de
E-Mail: presse@dradio.de
Funkhaus Berlin (DeutschlandRadio Berlin)
Hans-Rosenthal-Platz, 10825 Berlin
T: (030) 85 03-0, Fax: 85 03-9009
TX: 183 790
Vorsitzender des Hörfunkrats: Hinrich Enderlein
Stellvertretender Vorsitzender: Dr. Robert Guttmann
Vorsitzender des Verwaltungsrats: Prof. Dr. Udo Reiter
Stellvertretender Vorsitzender: Prof. Dr.h.c. Dieter Stolte
Intendant: Ernst Elitz
Intendanz: Dr. Oliver Linz
Presse- u. Öffentlichkeitsarbeit: Dietmar Boettcher
Dr. Karl-Heinz Stamm (Berlin)
Justitiariat: Dr. Dieter Stammler
Revision: Nikolaus Weißmann
Medienforschung/Zentrale Aufgaben: Dr. Wilhelm Wiegreffe
Arbeitssicherheit: Reinhardt Deuscher
Datenschutzbeauftragter: N. N.
Hauptstadt-Studio Berlin
Unter den Linden 36-38, 10117 Berlin
T: (030) 85 03-0, Fax: 85 03-9009
Korrespondentenbüros:
Bremen: Lutz Ruminski
Dresden: Bernhard Holfeld
Düsseldorf: Peter Kapérn
Erfurt: Claudia van Laak
Frankfurt: Dr. Michael Braun
Hamburg: Thomas Wolgast
Hannover: Werner Nording
Karlsruhe: Gudula Geuther
Kiel: Frank Politz
Magdeburg: Anke Petermann

O 288

Mainz: N.N.
München: Arne Wilsdorff
Potsdam: Karl-Heinz Smuda
Saarbrücken: Tonia Koch
Stuttgart: Barbara Roth
Schwerin: Axel Flemming
Wiesbaden: Michael Brandt
Brüssel: Theo Geers
Jochen Spengler
Moskau: Sabine Adler
Paris: Dr. Martin Zagatta
Washington: Siegfried Buschschlüter
Gemeinschaftsredaktion:
Leiter: "Lange Nacht": Dr. Monika Künzel
Programmdirektor Deutschlandfunk (Köln): Dr. Günter Müchler
Zentrale Produktion/Sendeleitung: Jürgen Kablitz
Dokumentation und Archive: Mechthild Hanneken
Hauptabteilung Politik und Zeitgeschehen
Chefredaktion: Rainer Burchardt
CvD: Dietmar Timm
Zentrale Nachrichten: Volkher Just
Aktuelles: Burkhard Birke
Hintergrund: Hans-Rolf Clement
Wirtschaft: Rainer Bittermann
Hauptabteilung Kultur: Dr. Matthias Sträßner
Wissenschaft und Bildung: Carsten Schröder
Musik: Wolf Werth
Programmdirektorin DeutschlandRadio Berlin: Gerda Hollunder
Sendeleitung/Dokumentation und Archive: Roswitha Voigtländer
Hauptabteilung Politik/Chefredaktion: Dieter Jepsen-Föge
CvD-Büro: Isolde Weissert
Nachrichten und Aktuelles: Thomas Wiecha
Politik und Hintergrund: Dr. Michael Groth
Reportage und Feature: Ulf Dammann
Hauptabteilung Kultur: Dr. Konrad Franke
Kultur Aktuell: Astrid Kuhlmey
Bildung und Wissen: Birte Lock
Hörspiel/Wortproduktion: Stefanie Hoster
Hauptabteilung Musik: Gideon Rosengarten
Musik/Programm: Hanni Bode
Musik/Produktion: Gideon Rosengarten
Verwaltungsdirektor: Ernst Elitz
Stellv. Verwaltungsdirektorin: Karin Brieden
Finanzen: Zita Kiefer
Personal: Karin Kulpok
Honorare und Lizenzen: Peter Dupp
Betriebsverwaltung: Peter Droschek
Technischer Direktor: Helmut Haunreiter
Anlagentechnik Köln u. Planung: Dr. Wolfgang Wirwahn
Anlagentechnik Berlin u. Investitionen: Dr. Goetz Romahn
Sendertechnik: Volker Freyer
Personalrat
Gesamtpersonalrat: Peter Wand (Gesamtpersonalrat u. Vors. Örtl. Personalrat B.)
Vors. Örtlicher Personalrat Köln: Bernd Hochgeschurz
Gleichstellungsbeauftragte: N. N.

● O 289

Hessischer Rundfunk (hr)
60222 Frankfurt
Bertramstr. 8, 60320 Frankfurt
T: (069) 1 55-1 **Fax:** 1 55-2900
TX: 4 11 127
Gründung: 1948 (02. Oktober)
Rundfunkrat: Dieter Hooge (Vors.)
Verwaltungsrat: Gert Lütgert (Vors.)
Intendant: Prof. Dr. Klaus Berg
Presse- und Öffentlichkeitsarbeit: Michael Dartsch
Juristische Direktion: Conrad Schraube
Programmdirektion Hörfunk: Dr. Heinz-Dieter Sommer
Programmdirektion Fernsehen: Dr. Hans-Werner Conrad
Verwaltungsdirektion: Dr. Joachim Weinmann
Technische Direktion: Dipl.-Ing. Gerd Pohle
Chefredakteurin: Dr. Luc Jochimsen (FS)
Chefredakteur: Christian Gramsch (HF)
Mitarbeiter: 1906 (1999)

o 290

Hessischer Rundfunk
Studio Kassel
Wilhelmshöher Allee 347, 34131 Kassel
T: (0561) 3 10 40

o 291

Hessischer Rundfunk
Studio Rhein-Main
Bertramstr. 8, 60320 Frankfurt
T: (069) 1 55 20 94 **Fax:** 1 55 20 92

o 292

Hessischer Rundfunk
Studio Wiesbaden
Schloßplatz 1-3, 65183 Wiesbaden
T: (0611) 16 90 **Fax:** 16 91 99

o 293

Hessischer Rundfunk
Studio Südhessen
Am Markt 1, 64625 Bensheim
T: (06251) 6 30 11 **Fax:** 6 85 58

o 294

Hessischer Rundfunk
Studio Osthessen
Bahnhofstr. 4, 36037 Fulda
T: (0661) 70 03 10 **Fax:** 7 99 91

o 295

Hessischer Rundfunk
Studio Mittelhessen
Weißadlergasse 9, 35578 Wetzlar
T: (06441) 4 30 64 **Fax:** 4 85 15

o 296

Hessischer Rundfunk
Büro Erbach
Städtel 1, 64711 Erbach
T: (06062) 6 12 74 **Fax:** 6 16 97

o 297

Hessischer Rundfunk
Büro Limburg
Salzgasse 20, 65549 Limburg
T: (06431) 28 47 28 **Fax:** 28 47 30

o 298

Hessischer Rundfunk
Büro Marburg
Friedrichstr. 36, 35037 Marburg
T: (06421) 2 48 48 **Fax:** 2 74 54

o 299

Hessischer Rundfunk
Büro Eltville
Kiliansring 3, 65343 Eltville
T: (06123) 60 17 34 **Fax:** 60 17 39

● O 300

Mitteldeutscher Rundfunk
Gemeinnützige Anstalt des öffentlichen Rechts (MDR)
Kantstr. 71-73, 04275 Leipzig
T: (0341) 3 00-0 **Fax:** 3 00-6789
Internet: http://www.mdr.de
Intendant: Prof. Dr. Udo Reiter
HA Kommunikation und Marketing:: Susan E. Knoll
Hörfunkdirektion: Barbara Molsen
Fernsehdirektion: Henning Röhl (bis 30.09.01)
Fernsehdirektion: Wolfgang Vietze (ab 01.10.01)
Betriebsdirektion: Peter Kocks (bis 31.08.01)
Betriebsdirektion: Gabriele Arlt (ab 01.09.01)
Verwaltungsdirektion: N. N.
Verwaltungsdirektion: Holger Tanhäuser (ab 01.10.01)
Juristische Direktion: Dr. Karola Wille
LFH Sachsen: Ulrike Wolf
LFH Sachsen-Anhalt: Elke Lüdecke
LFH Thüringen: Prof. Kurt Morneweg
Mitarbeiter: 2039 (Jahresdurchschnitt)

● O 301

Norddeutscher Rundfunk (NDR)
Rothenbaumchaussee 132, 20149 Hamburg
T: (040) 41 56-0 **Fax:** 44 76 02
Internet: http://www.ndr.de
Rundfunkrätin: Dagmar Gräfin Kerssenbrock
Intendant: Jobst Plog
Stellvertretender Intendant: Joachim Lampe
Öffentlichkeitsarbeit: Martin Schumacher
Pressestelle: Martin Gartzke
Justitiar: Dr. Werner Hahn
Programmdirektion Hörfunk: Gernot Romann
Programmdirektion Fernsehen: Dr. Jürgen Kellermeier
Direktorin Landesfunkhaus Hamburg: Dagmar Reim
Direktor Landesfunkhaus Niedersachsen: Dr. Arno Beyer
Direktor Landesfunkhaus Schleswig-Holstein: Friedrich-Wilhelm Kramer
Direktor Landesfunkhaus Mecklenburg-Vorpommern: Gerd Schneider
Produktionsdirektion: Joachim Lampe
Verwaltungsdirektion: Lutz Marmor

o 302

Fernsehstudio Lokstedt
Gazellenkamp 57, 22529 Hamburg
T: (040) 41 56-0 **Fax:** 44 76 02

o 303

Landesfunkhaus Hamburg
Rothenbaumchaussee 122, 20149 Hamburg
T: (040) 41 56-0 **Fax:** 44 76 02

o 304

Landesfunkhaus Mecklenburg-Vorpommern
Schloßgartenallee 61, 19061 Schwerin
T: (0385) 59 59-0 **Fax:** 59 59-514

o 305

Landesfunkhaus Niedersachsen
Rudolf-von-Bennigsen-Ufer 22, 30169 Hannover
T: (0511) 9 88-0 **Fax:** 9 88-1010

o 306

Landesfunkhaus Schleswig-Holstein
Eggerstedtstr. 16, 24103 Kiel
T: (0431) 98 76-0 **Fax:** 98 76-113

o 307

NDR-Studio Braunschweig
Postf. 35 43, 38025 Braunschweig
Fallersleber-Tor-Wall 16, 38100 Braunschweig
T: (0531) 1 60 91 **Fax:** 1 81 06

o 308

NDR-Studio Flensburg
Postf. 23 64, 24913 Flensburg
Friedrich-Ebert-Str. 1, 24937 Flensburg
T: (0461) 14 15 30 **Fax:** 2 83 43

o 309

NDR-Studio Vorpommern
Knopfstr. 29, 17489 Greifswald
T: (03834) 57 77-0 **Fax:** 89 88 39

o 310

NDR-Studio Heide
Bahnhofstr. 2, 25746 Heide
T: (0481) 6 51 99 **Fax:** 6 42 41

o 311

NDR-Studio Lübeck
Koberg 5, 23552 Lübeck
T: (0451) 70 24 00 **Fax:** 7 40 49

o 312

NDR-Studio Neubrandenburg
Postf. 11 38, 17001 Neubrandenburg
Friedrich-Engels-Ring 51, 17033 Neubrandenburg
T: (0395) 57 00 00 **Fax:** 5 82 27 16

o 313

NDR-Studio Norderstedt
"Moorbekrondeel"
Postf. 72 52, 22831 Norderstedt
Rathausallee 70, 22846 Norderstedt
T: (040) 5 22 96 62 **Fax:** 5 26 15 74

o 314

NDR-Studio Oldenburg
Postf. 38 69, 26028 Oldenburg
Adolf-Grimme-Str. 30, 26121 Oldenburg
T: (0441) 9 70 50 **Fax:** 9 70 52 64

o 315

NDR-Studio Osnabrück
Postf. 30 49, 49020 Osnabrück
Markt 22, 49074 Osnabrück
T: (0541) 3 38 58-5 **Fax:** 3 38 58-33

o 316

NDR-Studio Rostock
Postf. 10 30 90, 18005 Rostock
Richard-Wagner-Str. 8, 18055 Rostock
T: (0381) 4 54 56 **Fax:** 4 54 57 17

o 317
Hauptstadtstudio Berlin
Wilhelmstr. 67a, 10117 Berlin
T: (030) 22 88-0   **Fax:** 22 88-1009

● **O 318**
Ostdeutscher Rundfunk Brandenburg Antenne Brandenburg (ORB)
Puschkinallee 4, 14469 Potsdam
T: (0331) 7 31 42-00 (Vermittlg.)   **Fax:** 7 31 42-69
Internet: http://www.antennebrandenburg.de
E-Mail: studiopotsdam@antennebrandenburg.de

● **O 319**
Radio Bremen (RB)
28323 Bremen
Bürgermeister-Spitta-Allee 45, 28329 Bremen
T: (0421) 2 46-0   **Fax:** 2 46-1010 (Hörfunk), 2 46-2010 (Fernsehen)
Internet: http://www.radiobremen.de
E-Mail: rbonline@radiobremen.de
Wilhelmstr. 67 a, 10117 Berlin
Rundfunkrat: Roswitha Erlenwein (Vors.)
Verwaltungsrat: Prof. Dr. Thomas von der Vring (Vors.)
Direktorium: Heinz Glässgen (Intendant)
Dr. Claudia Schreiner (Programmdir.)
Heiko Block (Betriebsdirektor)
N.N.
Presse- und Öffentlichkeitsarbeit: Michael Glöckner

● **O 320**

Saarländischer Rundfunk (SR)
Funkhaus Halberg
66100 Saarbrücken
T: (0681) 6 02-0   **Fax:** 6 02-3874
Internet: http://www.sr-online.de
E-Mail: info@sr-online.de
Gründung: 1957
Rundfunkrat: Rosemarie Kelter (Vors.)
Verwaltungsrat: Thomas Kleist (Vors.)
Intendant: Fritz Raff
Leitung Intendanz: Lutz Semmelrogge
Presse- und Öffentlichkeitsarbeit: Rolf-Dieter Ganz
Justitiariat: Bernd Radeck
Programmdirektion Fernsehen und Hörfunk: Werner Zimmer (stellv. Int.)
Chefredakteur Hörfunk: Axel Buchholz
Chefredakteurin Fernsehen: Elke Herrmann
Verwaltungs- u. Betriebsdirektion: Dr. Norbert Holzer
Mitarbeiter: 735 (besetzte Planstellen)

● **O 321**
Sender Freies Berlin (SFB)
Masurenallee 8-14, 14057 Berlin
T: (030) 30 31-0   **Fax:** 3 01 50 62
TX: 1 82 813
Internet: http://www.sfb.de
Gründung: 1953
Rundfunkrat: Marianne Brinckmeier (Vors.)
Verwaltungsrat: Dr. Hartmann Kleiner (Vors.)
Intendant: Horst Schättle
Kommunikation: Peter Kröger
Programmdirektion Hörfunk: Jens Wendland
Programmdirektion Fernsehen: Barbara Groth
Verwaltungsdirektion: Dirk-Jens Rennefeld

● **O 322**
Südwestrundfunk (SWR)
70150 Stuttgart
Neckarstr. 230, 70190 Stuttgart
T: (0711) 9 29-0   **Fax:** 9 29-2600
Internet: http://www.swr.de
Vorsitzender des Rundfunkrats: Hans Lambert
Vorsitzender des Verwaltungsrates: Dr. Lorenz Menz
Intendant: Prof. Peter Voß
Landessenderdirektor Baden-Württemberg: Dr. Willi Steul
Landessenderdirektor Rheinland-Pfalz: Dr. Uwe Rosenbaum
Fernsehdirektor: Dr. Christof Schmid
Hörfunkdirektor: Bernhard Hermann
Justitiar: Dr. Hermann Eicher
Verwaltungsdirektor: Peter Boudgoust
Unternehmensplanung: N. N.
Direktor Technik u. Produktion: Bertram Bittel
Medienforschung: Dr. Walter Klingler
Programmstrategie: Dr. Michael Buß
Pressesprecher: Claus Schneggenburger
Gremienbüro: Thomas Gebel
Marketing: Dr. Dietrich von Klaeden
Verwaltungsdirektion:
Verwaltungsdirektor: Peter Boudgoust
HA Personal, Honorare u. Lizenzen: Dr. Alfred Grupp
Technische Verwaltung: Dr. Karl Breithaupt
HA Information u. Kommunikationssysteme: Dr. Simone Rehm
HA Programmverbreitung: Klaus Breitkopf
HA Gebäudemanagement: Wolfgang Braun
Betriebswirtschaftl. Verwaltung: Dr. Günter Reiß
HA Finanzen: Eugen Borchardt
HA Allgemeine Dienste, Beschaffung: Gerd Gehlen
Direktion Technik und Produktion: Bertram Bittel
HA Zentrale Aufgaben: Dr. Michael Rombach
HA Produktion u. Technik Mainz: Dr. Christopher Klein
HA Produktion u. Technik Baden-Baden: Werner Kölz
HA Produktion u. Technik Stuttgart: Reinhold Kehr
HA Dokumentation und Archive: Dr. Michael Harms
SWR-Hörfunk
Hörfunkdirektor: Bernhard Hermann
Chefredakteur: Wolfgang Pohl
Zentrale Information: Manfred Bornschein (stellv. Chefredakteur)
Wirtschaft und Soziales: Sabrina Fritz
Religion, Kirche u. Gesellschaft: Dr. Johannes Weiß (bimedial)
Umwelt u. Ernährung: Werner Eckert (bimedial)
Sport: Dr. Andreas Wagner
Recht und Rechtspolitik: Michael Reissenberger
SWR-Studio Bonn: Walter Janson
SWR-Studio Berlin: Harald Weiss
SWR1 Programmchef Baden-Württemberg: Hans-Peter Archner
SWR1 Programmchef Rheinland-Pfalz: Jens Huppert
SWR1 Abend: Gisela Wellmann
SWR2 Programmchefin: Dr. Hildegard Bußmann
SWR3 Programmchef: Gerold Hug
SWR4 Programmchef Baden-Württemberg: Martin Born
SWR4 Programmchef Rheinland-Pfalz: Annemarie Weidemaier
Radio-Sinfonieorchester Stuttgart: Felix Fischer (Orchester-Manager)
Sinfonieorchester Baden-Baden und Freiburg: Reinhard Oechsler (Orchester-Manager)
Vokalensemble: Hans-Peter Jahn
SWR Rundfunkorchester Kaiserslautern: Werner Meyers
SWR Big Band: Ulrich de Veer (Management)
SWR-Fernsehen
Fernsehdirektor: Dr. Christof Schmid
ARTE-Beauftragter: Peter Latzel
ARD-Koordination 3sat: Dr. Norbert Waldmann
HA Programmkoordination: Egon Mayer
HA Unterhaltung: Rainer Matheis
HA Fernsehfilm u. Musik: Dr. Dietrich Mack
HA Familienprogramm u. Service: Rieke Müller-Kaldenberg
HA Kultur: Dr. Christoph Hauser
HA Sport: Michael Antwerpes (bimedial)
Landessenderdirektor Baden-Württemberg: Dr. Willi Steul
HA Chefredaktion Baden-Württemberg: Dr. Michael Zeiß
HA Land u. Leute BW: Viktor von Oertzen
Landessenderdirektor Rheinland-Pfalz: Dr. Uwe Rosenbaum
HA Chefredaktion Rheinland-Pfalz: Bernhard Nellessen
HA Land u. Leute RP: Dieter Klein

● **O 323**
Westdeutscher Rundfunk (WDR)
50600 Köln
Appellhofplatz 1, 50667 Köln
T: (0221) 2 20-0   **Fax:** 2 20-4800
Internet: http://www.wdr.de
Rundfunkrat: MdL Reinhard Grätz (Vors.)
Verwaltungsrat: Dr. Ludwig Jörder
Schulrundfunkausschuß: Dr. Hans-Hermann Westermann
Intendant: Fritz Pleitgen
Kommunikation, Forschung u. Service: Dr. Claudia Schmidt
Pressestelle: Rüdiger Oppers
Öffentlichkeitsarbeit: Ulrike Ries-Augustin
Justitiarin: Eva-Maria Michel
Programmdirektion Hörfunk: Monika Piel
Programmdirektion Fernsehen: Jörn Klamroth
Produktionsdirektion: Heinz-Joachim Weber
Verwaltungsdirektion: Prof.Dr. Norbert Seidel
Technische Direktion: Dr. Dieter Hoff

WDR Studios

o 324
WDR Studio Aachen
Postf. 15 09, 52016 Aachen
Karmeliterstr. 1, 52064 Aachen
T: (0241) 47 80-0   **Fax:** 47 80-110
Leiter(in): Gabriele Spitzer

o 325
WDR Studio Essen
Postf. 10 42 51, 45042 Essen
Dritter Hagen 31, 45127 Essen
T: (0201) 81 08 00   **Fax:** 8 10 80 22
Leiter(in): Hans-Joachim Nolte (komm.)

o 326
WDR Studio Siegen
Postf. 10 12 55, 57012 Siegen
Fürst-Johann-Moritz-Str. 8-10, 57072 Siegen
T: (0271) 5 98 60   **Fax:** 59 86-105
Leitung: Beate Schmies

o 327
WDR Büro Arnsberg
Zur Feldmühle 13, 59821 Arnsberg
T: (02931) 52 82-0   **Fax:** 52 82-21
Leitung: Tom Zimmermann

o 328
WDR Studio Wuppertal
Klotzbahn 3, 42105 Wuppertal
T: (0202) 2 48 10-0   **Fax:** 2 48 10-130
Leiter(in): Lothar Kaiser

o 329
WDR Studio Bielefeld
Lortzingstr. 4, 33604 Bielefeld
T: (0521) 58 38-0   **Fax:** 58 38-2 80
Leitung: Dr. Werner Zeppenfeld

o 330
WDR Studio Dortmund
Mommsenweg 5, 44225 Dortmund
T: (0231) 13 93-0   **Fax:** 13 93-2 10
Leitung: Erdmann Linde

o 331
WDR Funkhaus Düsseldorf
Stromstr. 24, 40221 Düsseldorf
T: (0211) 89 00-0   **Fax:** 89 00-1 11
Leitung: Thomas Nell

o 332
WDR Studio Köln
Elstergasse 1, 50667 Köln
T: (0221) 2 20-3590, -3591   **Fax:** 2 20-2882
Leiter(in): Lothar Lenz

o 333
WDR Regionalbüro Bonn
Langer Grabenweg 45-47, 53175 Bonn
T: (0228) 95 84-0
Leitung: Friedrich von Plüskow

o 334
WDR Studio Münster
Mondstr. 144-146, 48155 Münster
T: (0251) 31 13-0   **Fax:** 31 13-2 00/-2 19
Leiter(in): Rüdiger Paulert

o 335
WDR Büro Kleve
Hoffmann-Allee 91, 47533 Kleve
T: (02821) 7 77 70   **Fax:** 2 34 75
Leitung: Hans-Peter Riel

● **O 336**

Zweites Deutsches Fernsehen (ZDF)
ZDF Sendezentrum Mainz
Zentrale
55100 Mainz
ZDF-Str. 1, 55127 Mainz
T: (06131) 70-1   **Fax:** 70-2157
Internet: http://www.zdf.de, http://www.zdfmsn.de
E-Mail: Kramers@zdf.de, info@zdf.de, zured@zdf.de
Rechtsform: Anstalt des öffentlichen Rechts
Gründung: 1962

O 336

Fernsehrat (77 Mitglieder)
Dr. Konrad Kraske (Vors.)
Dr. Maria Böhmer (stellv. Vors.)
Anke Fuchs (stellv. Vors.)
Bürgermeister a.D. Hans Koschnick (stellv. Vors.)
Verwaltungsrat (14 Mitglieder):
Kurt Beck (Ministerpräsident, Vors.)
Dr. Bernhard Vogel (Ministerpräsident, stellv. Vors.)

Vertreter der Länder:
Kurt Beck (Ministerpräsident)
Wolfgang Clement (Ministerpräsident)
Heide Simonis (Ministerpräsidentin)
Dr. Edmund Stoiber (Ministerpräsident)
Dr. Bernhard Vogel (Ministerpräsident)

Vertreter des Bundes:
Dr. Frank-Walter Steinmeier (Staatssekretär)

vom Fernsehrat gewählt:
Manfred Becker (Staatssekretär a.D.)
Dieter Beuermann (Verleger)
Dr. Hans Fahning (Staatsrat a. D.)
Hermann Heinemann (Staatsminister a. D.)
Dr. Hannemarie Kühler (Präsidentin des Landesarbeitsgerichts Niedersachsen a. D.)
Botho Prinz zu Sayn-Wittgenstein-Hohenstein (Ehrenpräs. des Deutschen Roten Kreuzes)
RA Dr. Friedrich Zimmermann (Bundesminister a. D.)
Lothar Zimmermann

Ständige Ausschüsse des Verwaltungsrates:

Finanzausschuß:
Dr. Hans Fahning (Vors.)
Dr. Friedrich Zimmermann (stellv. Vors.)
Dr. Hannemarie Kühler
Botho Prinz zu Sayn-Wittgenstein-Hohenstein
Lothar Zimmermann

Investitionsausschuß:
Dr. Hannemarie Kühler (Vors.)
Hermann Heinemann (stellv. Vors.)
Manfred Becker
Dieter Beuermann
Dr. Hans Fahning
Intendant: Prof. Dr.h.c. Dieter Stolte
Justitiar: Prof. Dr. Carl-Eugen Eberle
Stellvertretender Justitiar: Peter Weber
Programmdirektor: Markus Schächter
Direktor Europäische Satellitenprogramme: Dr. Gottfried Langenstein
Chefredakteur: Nikolaus Brender
Verwaltungsdirektor: Hans Joachim Suchan
Produktionsdir: Prof. Dr. Albrecht Ziemer
Hauptabteilung Kommunikation: Philipp Baum
Pressestelle: Walter Kehr
Jahresetat: DM 2803,9 Mio, € 1406,77 Mio (1999)

ZDF-Inlandstudios

o 337

ZDF Landesstudio Baden-Württemberg
Postf. 10 55 42, 70048 Stuttgart
Herdweg 63, 70174 Stuttgart
T: (0711) 22 92 80 **Fax:** 2 29 28 52
Studioleiter: Alois Theisen

o 338

ZDF Landesstudio Bayern
Postf. 12 45, 85766 Unterföhring
ZDF-Str. 1, 85774 Unterföhring
T: (089) 9 95 50 **Fax:** 99 55 13 14
Studioleiter: Christoph Minhoff

o 339

ZDF Landesstudio Berlin
Postf. 42 05 55, 12065 Berlin
Unter den Linden 36-38, 10117 Berlin
T: (030) 20 99 12 00 **Fax:** 20 99 12 04
Studioleiter: Joachim Jauer

o 340

ZDF Hauptstadtstudio Berlin
10887 Berlin
Unter den Linden 36-38, 10117 Berlin
T: (030) 20 99-0 **Fax:** 20 99-2566
Studioleiter: Peter Ellgaard

o 341

ZDF Außenstelle Bonn
Postf. 20 14 54, 53144 Bonn
Langer Grabenweg 45-47, 53175 Bonn
T: (0228) 95 84-0 **Fax:** 9 58 42 21

o 342

ZDF Landesstudio Brandenburg
August-Bebel-Str. 15-16, 14482 Potsdam
T: (0331) 74 72 90 **Fax:** 7 47 29 50
Studioleiter: Peter Kranz

o 343

ZDF Landesstudio Bremen
Contrescarpe 46, 28195 Bremen
T: (0421) 32 01 02 **Fax:** 32 79 66
Studioleiterin: Claudia Burkhardt

o 344

ZDF Landesstudio Hamburg
Postf. 70 17 08, 22017 Hamburg
Wöschenhof 2, 22045 Hamburg
T: (040) 66 98 50 **Fax:** 66 98 51 23
Studioleiter: Knut Terjung

o 345

ZDF Landesstudio Hessen
Adolfsallee 47, 65185 Wiesbaden
T: (0611) 37 90 45, 3 98 22 **Fax:** 37 88 24
Studioleiter: Dr. Norbert Lehmann

o 346

ZDF Landesstudio Mecklenburg-Vorpommern
Friedrichstr. 2, 19055 Schwerin
T: (0385) 51 28 30, 5 81 16 35, 5 81 16 36 **Fax:** 51 28 65
Studioleiter: Lutz Panhans

o 347

ZDF Landesstudio Niedersachsen
Postf. 66 67, 30066 Hannover
Wiesenstr. 56, 30169 Hannover
T: (0511) 8 00 60 **Fax:** 8 09 21 59
Studioleiter: Rainer Hirsch

o 348

ZDF Landesstudio Nordrhein-Westfalen
Postf. 10 55 44, 40046 Düsseldorf
Josef-Gockeln-Str. 8, 40474 Düsseldorf
T: (0211) 4 36 60 **Fax:** 4 54 22 62
Studioleiter: Martin Schmuck

o 349

ZDF Landesstudio Rheinland-Pfalz
Postf. 40 40, 55100 Mainz
ZDF-Str. 1, 55127 Mainz
T: (06131) 70-1 **Fax:** 70 59 09
Studioleiter: Axel Becher

o 350

ZDF Landesstudio Saarland
Postf. 10 33 64, 66033 Saarbrücken
Am Halberg, 66121 Saarbrücken
T: (0681) 62 11 10 **Fax:** 6 73 21
Leiter(in): Ines Trams

o 351

ZDF Landesstudio Sachsen
Königstr. 5a, 01097 Dresden
T: (0351) 80 88 50 **Fax:** 8 02 23 46
Studioleiter: Thomas Euting

o 352

ZDF Landesstudio Sachsen-Anhalt
Einsteinstr. 15, 39104 Magdeburg
T: (0391) 5 41 00 01, 5 41 00 06, 5 41 00 07
Fax: 5 41 42 24
Studioleiter: Giselher Suhr

o 353

ZDF Landesstudio Schleswig-Holstein
Wall 68, 24103 Kiel
T: (0431) 9 30 62 **Fax:** 9 14 92
Leiter(in): Dietmar Barsig

o 354

ZDF Landesstudio Thüringen
Marktstr. 50, 99084 Erfurt
T: (0361) 57 67 10 **Fax:** 6 46 30 57
Leiter(in): Herman-Uwe Bernd

Auslandstudios:

Brüssel, Belgien; Johannesburg, Südafrika; Kairo, Ägypten; London, Großbritannien; Mexico; Moskau, Rußland; Nairobi, Kenya; Peking, China; Rio de Janeiro, Brasilien; Rom, Italien; Singapore, Republik Singapore; Paris, Südwesteuropa; Tel Aviv, Israel; Tokio, Japan; Warschau, Polen; Washington D.C., USA; Wien, Österreich
Büro New York; Büro: Istanbul

Das ZDF veranstaltet - gemeinsam mit ORF, SRG und ARD das Satellitenprogramm 3sat
Koordinator 3sat: Engelbert Sauter
Zentrale Mainz

● O 355

Verband Privater Bayerischer Fernsehanbieter (VPBF)
c/o Walue Industriefilm KG
Camerloherstr. 4, 85354 Freising
T: (08161) 9 70 20 **Fax:** 97 02 50
Vorsitzende(r): Hans W. Wabbel

● O 356

MDR 1 Radio Thüringen
Gothaer Str. 36, 99094 Erfurt
T: (0361) 2 18-1666 **Fax:** 2 18-1562
Hörfunkchef: Matthias Gehler

● O 357

Bundesverband Offenes Radio e.V.
Horbacher Str. 336, 52072 Aachen
T: (02407) 91 85 55 **Fax:** 91 85 75
Gründung: 1989 (Juni)
Vorsitzende(r): Christoph Schaefler (iGR-NRW), Aachen
Stellvertretende(r) Vorsitzende(r): Wolfgang Hartlieb (Radio Bremen)
Hans Ferenz (Bürgerradio Berlin)

● O 358

Interessenverein Gemeinnütziger Rundfunk in Nordrhein-Westfalen, Landesverband Gemeinnütziger Rundfunkfördervereine e.V. (IGR-NRW)
Horbacher Str. 336, 52072 Aachen
T: (02407) 91 85 55 **Fax:** 91 85 75
Gründung: 1984 (Juli)
Vorstand: Christoph Schaefler (Vors.)
Stellvertretende(r) Vorsitzende(r): Ole Gerdes
Schatzmeister: Thomas Bruchhausen
Verbandszeitschrift: Pro Bürgerrundfunk - IGR-Info-Brief
Verlag: Eigenverlag
Mitglieder: 96

● O 359

Kommission zur Ermittlung des Finanzbedarfs der Rundfunkanstalten (KEF)
Peter-Altmeier-Allee 1, 55116 Mainz
T: (06131) 16 47 30 **Fax:** 16 47 88
Internet: http://www.kef-online.de
E-Mail: kef@stk.rlp.de
Gründung: 1975 (20. Februar)
Vorsitzende(r): Vizepräsident Rainer Conrad
Geschäftsführer(in): Dr. Horst Wegner
Mitglieder: 16

● O 360

Thüringer Kultusministerium (TKM)
Abteilung 1 "Medien"
Werner-Seelenbinder-Str. 1, 99096 Erfurt
T: (0361) 37 94-561, 3 79 00 **Fax:** 37 94-104, 37 94-690
Internet: http://www.thueringen.de/tkm
E-Mail: jfasco@tkm.thueringen.de
Rundfunkreferent: RDir Jochen Fasco (Leiter der Abteilung "Medien" (komm); Referatsleiter Medienrecht und Medienpolitik)

● O 361

Rundfunkkommission der Ministerpräsidenten
Peter-Altmeier-Allee 1, 55116 Mainz
T: (06131) 16 47 72 **Fax:** 16 47 21
Teletex: 61 31 612 LRMZ
Vorsitzende(r): Kurt Beck (Rheinland-Pfalz)
Geschäftsführer(in): Dr. Dieter Drewitz
Dr. Harald Hammann

Landesmedienanstalten

● O 362

Landesanstalt für Kommunikation Baden-Württemberg (LfK)
Postf. 10 29 27, 70025 Stuttgart
Rotebühlstr. 121, 70178 Stuttgart
T: (0711) 6 69 91-0 **Fax:** 6 69 91-11

Internet: http://www.lfk.de
E-Mail: info@lfk.de
Gründung: 1986 (19. März)
Präsident(in): Dr. Thomas Hirschle
Hörfunk, Verwaltung, Neue Dienste: Frank Scherer (Pressesprecher)
TV, Öffentlichkeitsarbeit, Nichtkommerzieller Rundfunk: Dr. Angela Frank (Pressesprecherin)
Technik: Walter Berner
Kommunikationswissenschaften: Albrecht Kutteroff
Mitarbeiter: 23
Jahresetat: DM 15,7 Mio, € 8,03 Mio

● O 363
Bayerische Landeszentrale für neue Medien (BLM)
Postf. 83 01 51, 81701 München
Heinrich-Lübke-Str. 27, 81737 München
T: (089) 6 38 08-0 **Fax:** 6 38 08-140
Internet: http://www.blm.de
E-Mail: info@blm.de
Gründung: 1985 (1. April)
Präsident(in): Prof. Dr. Wolf-Dieter Ring
Vors. d. Medienrates: Klaus Kopka
Stellv. Vors. d. Medienrates: Dr. Erich Jooß
Geschäftsführer(in): Martin Gebrande
Stellvertretende(r) Geschäftsführer(in): Johannes Kors (Ltg. Presseabt.)
Mitarbeiter: 65
Jahresetat: DM 49,9 Mio, € 25,51 Mio
Zeitschrift: tendenz
Verlag: Selbstverlag

● O 364
Medienanstalt Berlin-Brandenburg
Kleine Präsidentenstr. 1, 10178 Berlin
T: (030) 26 49 67-0 **Fax:** 26 49 67-90
Internet: http://www.mabb.de
E-Mail: mail@mabb.de
Gründung: 1985
Medienrat: Prof. Dr. Ernst Benda (Vors.)
Frank Dahrendorf (stellv. Vors.)
Renate Feyl
Rolf-H. Hammerstein
Alfred Limberg
Friedrich Nowottny
Dr. Manfred Rexin
Direktor(in): Dr. Hans Hege
Leitung Presseabteilung: Susanne Grams
Bereich Recht: Ingeborg Zahrnt
Bereich Offener Kanal: Jürgen Linke
Verwaltungsleiter: Hans-Georg Pusch
Mitarbeiter: 22

o 365
Offener Kanal Berlin
Voltastr. 5, 13355 Berlin
T: (030) 46 40 05-0 **Fax:** 46 40 05-98

● O 366
Bremische Landesmedienanstalt
Grünenweg 26, 28195 Bremen
T: (0421) 33 49 40 **Fax:** 32 35 33
Internet: http://www.bremische-landesmedienanstalt.de
E-Mail: info@bremische-landesmedienanstalt.de
Vors. d. Landesrundfunkausschusses: Gerhard Schäfer
Stellvertretende(r) Vorsitzende(r): Thomas Diehl
Direktor(in): Wolfgang Schneider

● O 367
Hamburgische Anstalt für neue Medien (HAM)
Skandinavia-Haus
Kleine Johannisstr. 10, 20457 Hamburg
T: (040) 36 90 05-0 **Fax:** 36 90 05-55
Internet: http://www.ham-online.de
E-Mail: mailbox@ham-online.de
Gründung: 1986
Vorsitzende(r): Dr. Roland Rückel
Stellvertretende(r) Vorsitzende(r): Heike Mundzeck
Direktor(in): Dr. Lothar Jene
Leitung Presseabteilung: Michael Reichmann
Mitarbeiter: 15
Jahresetat: DM 5,427 Mio, € 2,77 Mio
Zulassungs- und Aufsichtsinstanz für privaten Rundfunk in Hamburg.

● O 368
Hessische Landesanstalt für privaten Rundfunk (LPR Hessen)
Wilhelmshöher Allee 262, 34131 Kassel
T: (0561) 93 58 60 **Fax:** 9 35 86-30
Internet: http://www.lpr-hessen.de
E-Mail: lpr@lpr-hessen.de
Gründung: 1988 (Dezember)
Vorsitzende(r): Winfried Engel

Stellvertretende(r) Vorsitzende(r): Karl Eugen Becker
Marita Eilrich
Direktor(in): Wolfgang Thaenert
Stellvertretender Direktor: Joachim Becker
Leitung Presseabteilung: Ruth Annette Schriefers
Mitarbeiter: 34

● O 369
Landesrundfunkzentrale Mecklenburg-Vorpommern
Anstalt des öffentlichen Rechts - Medienanstalt -
Bleicherufer 1, 19053 Schwerin
T: (0385) 5 58 81-0 **Fax:** 5 58 81-30
Vorsitzende(r): Eckart Ohse (Vors. des Landesrundfunkausschusses (LRA), Beschlußgremium der LRZ)
Direktor(in): Joachim Steinmann
Mitarbeiter: 18

● O 370

Niedersächsische Landesmedienanstalt für privaten Rundfunk
Seelhorststr. 18, 30175 Hannover
T: (0511) 2 84 77-0 **Fax:** 2 84 77-36
Internet: http://www.nlm.de
E-Mail: info.nlm@t-online.de
Gründung: 1984 (23. November)
Direktor: Reinhold Albert
Stellvertretender Direktor: Andreas Fischer
Leitung Presse- und Öffentlichkeitsarbeit: Uta Spies
Mitarbeiter: 20 hauptamtlich
Mitglieder der Versammlung: 42
Zulassung von privaten Rundfunkveranstaltern und Beaufsichtigung der Programme.

● O 371
Landesanstalt für Rundfunk Nordrhein-Westfalen (LfR)
Postf. 19 01 51, 40111 Düsseldorf
Zollhof 2, 40221 Düsseldorf
T: (0211) 7 70 07-0 **Fax:** 72 71 70
Internet: http://www.lfr.de
E-Mail: info@lfr.de
Gründung: 1987 (19. Januar)
Direktor(in): Dr. Norbert Schneider
Leitung Presseabteilung: Dr. Peter Widlok
Leitung Öffentlichkeitsarbeit: Dr. Joachim Gerth
Die LfR trifft im Interesse der Allgemeinheit die nach den Vorschriften des Rundfunkgesetzes für das Land Nordrhein-Westfalen und den aufgrund dieses Gesetzes erlassenen Rechtsvorschriften erforderlichen Maßnahmen und Entscheidungen.

● O 372
Landeszentrale für private Rundfunkveranstalter Rheinland-Pfalz (LPR)
Anstalt des öffentl. Rechts
Postf. 21 72 63, 67072 Ludwigshafen
Turmstr. 8, 67059 Ludwigshafen
T: (0621) 52 02-0 **Fax:** 52 02-1 52
Internet: http://www.lpr-online.de
E-Mail: lpr.mail@t-online.de
Gründung: 1987
Direktor(in): Manfred Helmes
Vors.d.Versammlung: Klaus-Jürgen Lais (MdL)
1.Stellv.Vors.d.Versammlung: Armin Schmitt
2.Stellv.Vors.d.Versammlung: Renate Pepper
Leitung Presseabteilung: Dr. Joachim Kind
Mitglieder: 42 (Versammlung der LPR-Organ)
Mitarbeiter: 38, davon 18 (Verwaltung), 20 (Offene Kanäle)
Jahresetat: DM 12 Mio, € 6,14 Mio

● O 373
Landesmedienanstalt Saarland (LMS)
Medienzentrum
Postf. 11 01 64, 66070 Saarbrücken
Nell-Breuning-Allee 6, 66115 Saarbrücken
T: (0681) 3 89 88-0 **Fax:** 3 89 88-20
Internet: http://www.lmsaar.de
E-Mail: info@lmsaar.de
Gründung: 1984 (28. November)
Direktor u. Vorstandsvorsitzender: Werner Sosalla
Vorsitzender des Medienrates: Franz-Rudolf Kronenberger
Pressesprecherin: Rita Fell
Mitglieder: 3 Vorstand, 30 Medienrat
Mitarbeiter: 17 und 3 Auszubildende

● O 374
Sächsische Landesanstalt für privaten Rundfunk und neue Medien (SLM)
Sitz: Carolinenstr. 1, 01097 Dresden
Postf. 10 05 51, 01075 Dresden
T: (0351) 8 14 04-0 **Fax:** 8 02 05 23
Internet: http://www.slm-online.de
E-Mail: info@slm-online.de
Gründung: 1991 (21. Oktober)
Geschäftsführer: Martin Deitenbeck
Präsident des Medienrates: Kurt-Ulrich Mayer
Vors. d. Versammlung: Carmen Rosenthal
Verbandszeitschrift: „themen + frequenzen"; SLM-Schriftenreihe
Mitarbeiter: 19
Jahresetat: DM 12 Mio, € 6,14 Mio

● O 375

Medienanstalt Sachsen-Anhalt
Reichardtstr. 9, 06114 Halle
T: (0345) 52 55-0 **Fax:** 52 55-121
Internet: http://www.msa-online.de
E-Mail: info@msa-online.de
Gründung: 1991 (Oktober)
Vorsitzende(r): Reiner Schomburg (MdL)
Hauptgeschäftsführer(in): Christian Schurig (Presse)
Mitglieder: 25
Mitarbeiter: 17
Jahresetat: DM 8,2 Mio, € 4,19 Mio

● O 376
Unabhängige Landesanstalt für das Rundfunkwesen (ULR)
Schloßstr. 19, 24103 Kiel
T: (0431) 9 74 56-0 **Fax:** 9 74 56-60
Internet: http://www.ulr.de
E-Mail: ulr-sh@t-online.de
Gründung: 1985
Direktor(in): Gernot Schumann
Pressesprecherin: Claudia Neumann
Mitarbeiter: 39

● O 377

Thüringer Landesmedienanstalt (TLM)
Am Häckerstieg 12, 99310 Arnstadt
T: (03628) 61 16-0 **Fax:** 61 16 26
Internet: http://www.tlm.de
E-Mail: mail@tlm.de
Gründung: 1991 (5. November)
Direktor(in): Dr. Victor Henle
Stellvertretende Direktorin: Kirsten Kramer
Vors. der Versammlung: Klaus Peter Creter
Stellv. Vors. der Versammlung: Dr. Inge Friedrich
Dr. Hans-Andreas Egenolf
Leitung Presseabteilung: Kathrin Wagner
Mitglieder: 24
Mitarbeiter: 25, davon 11 in Offenen Kanälen und Medienwerkstatt

● O 378
Direktorenkonferenz der Landesmedienanstalten in der Bundesrepublik Deutschland (DLM)
c/o Landesanstalt für Rundfunk Nordrhein-Westfalen (LfR)
Postf. 19 01 51, 40111 Düsseldorf
Zollhof 2, 40221 Düsseldorf
T: (0211) 77 00 71 35   **Fax:** 77 00 73 89
Internet: http://www.alm.de
E-Mail: info@lfr.de
Vorsitzende(r): Dr. Norbert Schneider
Presse: Dr. Peter Widlok

● O 379
Evangeliums-Rundfunk Deutschland e.V. (ERF)
Postf. 14 44, 35573 Wetzlar
Berliner Ring 62, 35576 Wetzlar
T: (06441) 9 57-0   **Fax:** 9 57-120
Internet: http://www.erf.de
E-Mail: erf@erf.de
Gründung: 1959 (19. Oktober)
Direktor(in): Jürgen Werth
Vorsitzende(r) des Vorstandes: Gerhard Hörster
Leitung Öffentlichkeitsarbeit: Michael vom Ende (ab 01.06.01)
Verbandszeitschrift: Programm-Zeitschrift ANTENNE
Hörfunk-Redaktion: Peter Fischer
Fernseh-Redaktion: Wolf-Dieter Kretschmer
Redaktion ANTENNE: Eckart zur Nieden
Verlag: ERF Deutschland e.V., Berliner Ring 62, 35576 Wetzlar
Mitarbeiter: 190

● O 380
Evangelisches Rundfunkreferat der norddeutschen Kirchen e.V.
Wolffsonweg 4, 22297 Hamburg
T: (040) 51 48 09-0   **Fax:** 51 48 09-99
E-Mail: info@err.de
Rundfunkbeauftragter beim NDR: Pastor Jan Dieckmann

● O 381
Stiftung Deutsches Rundfunkarchiv (DRA)
Frankfurt am Main-Babelsberg
Postf. 10 06 44, 60006 Frankfurt
Bertramstr. 8, 60320 Frankfurt
T: (069) 1 56 87-0   **Fax:** 1 56 87-1 00
Internet: http://www.dra.de
E-Mail: dra@hr-online.de
Gründung: 1952
Vorsitzender des Verwaltungsrates: Prof. Dr. Klaus Berg (Hessischer Rundfunk, Frankfurt a.M.)
Vorstand: Direktor Prof. Dr. Joachim-Felix Leonhard (Bertramstr. 8, 60320 Frankfurt, T: (069) 1 56 87-1 11)

o 382
Stiftung Deutsches Rundfunkarchiv (DRA)
Standort Frankfurt/Main
Bertramstr. 8, 60320 Frankfurt
T: (069) 1 56 87-0   **Fax:** 1 56 87-100
Internet: http://www.dra.de
E-Mail: dra@hr-online.de

o 383
Stiftung Deutsches Rundfunkarchiv (DRA)
Standort Potsdam-Babelsberg
Marlene-Dietrich-Allee 20, 14482 Potsdam
T: (0331) 58 12-0   **Fax:** 58 12-199
Internet: http://www.dra.de
E-Mail: info@dra.de

● O 384
ANGA
Verband Privater Kabelnetzbetreiber e.V.
Sebastianstr. 189, 53115 Bonn
T: (0228) 9 15 13-0   **Fax:** 9 15 13-14
Internet: http://www.anga.de
E-Mail: info@anga.de
Gründung: 1974
Präsident(in): Thomas Braun (KMG Kabel-Fernsehen GmbH, Hannover)
Stellv. Präsidenten: Werner Scheuer (Bosch Telecom, Berlin)
Richard Pohl (Radio, Fernseh- und Computertechnik GmbH, Chemnitz)
Jens-Uwe Rehnig (Uwe Rehnig B-A-K GmbH, Neustadt a.d. Aisch)
Schatzmeister: Jürgen Sommer (KABELCOM Braunschweig GmbH, Braunschweig)
Vorstand: Herbert Strobel (ASTRO Strobel GmbH, Bergisch-Gladbach)
Jürgen Reinhard Grobbin (EUTELSAT-Agentur -Werder-, Thedinghausen)
Achim Martens (Martens Antennen- und Kabelanlagen GmbH, Hamburg)
Werner Hanf (NetCologne GmbH, Köln)
Robert Neuberger (Neuberger Nachrichten- und Antennentechnik, München)
Uwe Sachse (Sachse Kabelservice GmbH, Hainichen)
Geschäftsführer(in): RA Dr. Wolfgang von Reinersdorff
Dr. jur. Peter Charissé
Pressesprecherin: Claudia Schmidt
Verbandszeitschrift: ANGA-Information
Redaktion: Claudia Schmidt
Mitglieder: 132
Mitarbeiter: 4

● O 385
Arbeitskreis
Rundfunk-Empfangsanlagen
c/o Reg TP, Regulierungsbehörde für Telekommunikation und Post
Seidelstr. 49, 13405 Berlin
T: (030) 2 24 80-430   **Fax:** 2 24 80-444
Gründung: 1957 (28.Juni)
Vorsitzende(r): Gerd Bock (c/o IRT, Institut für Rundfunktechnik, Floriansmühlstr. 60, 80939 München, Fax: (089) 32 39 92 69)
Geschäftsführer(in): Dipl.-Ing. Hans-Joachim Wärk
Veröffentlichung: Richtlinien für Planung, Aufbau, Übergabe, Betrieb und Instandhaltung von Gemeinschaftsantennen-/ Breitbandkabelanlagen
Verlag: VDE Verlag (VDE-Schriftenreihe), Postf. 12 01 43, 10591 Berlin, Fax: (030 3 41 70 93
Mitglieder: 27 Behörden, Institutionen, Vereinigungen u. Verbände

● O 386
Interessengemeinschaft Rundfunk-Fernempfang e.V.
Förderverein für blinde Radiohörer (IRF)
Postf. 10 13 11, 45813 Gelsenkirchen
Internet: http://www.irfev.de
E-Mail: hja@irfev.de
Gründung: 1981
Vorsitzende(r): Alfons Größl
Hauptgeschäftsführer(in): Hermann-Josef Ackermann (Ltg. Presseabt.)
Mitglieder: 40 (Fördermitglieder)
Monatliche Informations-Cassetten für Blinde: „Der Wellenbummel" (510 Bezieher) - kostenlos „Blindenhörbücherei" und monatliche Info-Diskette für Blinde (110 Bezieher) kostenlos
Redaktion: Postf. 10 13 11, 45813 Gelsenkirchen

● O 387
Koordinierungsbüro freier Rundfunk (KBfR)
Postf. 14 64, 40639 Meerbusch
Rosenstr. 6, 40667 Meerbusch
T: (02132) 7 30 57   **Fax:** 87 69
E-Mail: markt@t-online.de
Vorsitzende(r): Dipl.-Pol. Klaus Golombek

● O 388

Verband Lokaler Rundfunk
in Nordrhein-Westfalen e.V.
Munscheidstr. 14, 45886 Gelsenkirchen
T: (0209) 1 67 20 72, 1 67 20 74   **Fax:** 1 67 20 73
E-Mail: heike.neubauer@vlr.gelsen-net.de
Gründung: 1987 (9. Juni)
Vorsitzende(r): Walter Ludwigs
Geschäftsführer(in): Dipl.-Volksw. Frank Böhnke
Verbandszeitschrift: VLR-Infodienst
Verlag: Schürmann & Klagges, Postf. 10 23 70, 44723 Bochum
Mitglieder: 50
Mitarbeiter: 2

Vertretung der Veranstaltergemeinschaften im lokalen Hörfunk in NW.

● O 389
Katholiken im Rundfunk e.V.
RADIOCAMPANILE Förderverein
Verein zur Förderung eines Hörfunksenders des guten Wortes - aus christlicher Verantwortung
Postf. 12 43, 53002 Bonn
Bataverweg 21, 53117 Bonn
T: (0228) 67 61 39   **Fax:** 67 62 09
Gründung: 1987 (03. April)
Vorstand: Willy Trost (Vors.)
Alexander Trauttmansdorff (stellv. Vors.)
Max Erbgraf Königsegg (Schatzmeister)
Beisitzer: Dr. Volker Harth
Jens Mersch
Geschäftsführer(in): Benedikt Trost
Mitglieder: ca. 400

● O 390
Verband Bayerischer Lokalrundfunk (VBL)
Postf. 03 36, 94303 Straubing
T: (09421) 8 30-594   **Fax:** 8 30-596
E-Mail: vbl@vbt.de
Gründung: 1984 (1. Dezember)
Vorsitzende(r): Willi Schreiner
Stellvertretende(r) Vorsitzende(r): Hans Kuchenreuther
Peter Heinzmann
Schatzmeister: Peter Valentino
Schriftführer(in): Torsten Mieke
Verbandszeitschrift: VBL-Lokalrundfunk-Telegramm (nur für Mitglieder)
Redaktion: Willi Schreiner, Alexandra Schmid
Verlag: Verband Bayerischer Lokalrundfunk
Mitglieder: 58

● O 391
srt - Schule für Rundfunktechnik
Wallensteinstr. 121, 90431 Nürnberg
T: (0911) 96 19-100   **Fax:** 96 19-1 77
Internet: http://www.srt.de
E-Mail: khweber@srt.de
Gründung: 1963
Institutsleiter: Dipl.-Ing. Karlheinz Weber
Mitarbeiter: 64
Jahresetat: DM 18,2 Mio, € 9,31 Mio

● O 392
UKW-TV-Arbeitskreis der AGDX
c/o Hans-Jürgen Kuhlo
Wilhelm-Leuschner-Str. 293B, 64347 Griesheim
T: (06155) 6 63 00
E-Mail: hans-juergen.kuhlo@t-online.de
Gründung: 1976
Verbandszeitschrift: REFLEXION
Mitglieder: ca. 120
Jahresetat: ca. DM 0,005 Mio, € 0 Mio

● O 393
Vereinigung Bayerischer Rundfunkanbieter e.V.
Perfallstr. 1 IV, 81675 München
T: (089) 45 55 58-0   **Fax:** 45 55 58-21
Internet: http://www.apr.radioweb.de/vbra
E-Mail: VBRA@radioweb.de
Vorsitzende(r): Dr. Hermann Balle
Hans Kuchenreuther
Geschäftsführer(in): Harald Schyrbock

● O 394
Verband Privater Rundfunkanbieter Baden-Württemberg e.V.
Friedrichstr. 10, 70174 Stuttgart
T: (0711) 2 27 49-0   **Fax:** 2 27 49-20
E-Mail: vszv@real-net.de
Geschäftsführer(in): RA Stephan Bourauel
Vorsitzende(r): Valdo Lehari jun.
Mitglieder: 12 ordentliche, 2 außerordentliche

● O 395
Medienakademie Köln gGmbH
Im Mediapark 6, 50670 Köln
T: (0221) 57 43-7200   **Fax:** 57 43-7201
Internet: http://www.medienakademie-koeln.de
E-Mail: info@medienakademie-koeln.de
Gründung: 1998 (01. September)
Präsident(in): Herbert Brenke
Geschäftsführer(in): Ekkehart Gerlach
Presse: Ariane Günther
Mitglieder: 12

● O 396
Film- und Medienbüro Niedersachsen e.V.
Landesgeschäftsstelle
Postf. 18 61, 49008 Osnabrück
Lohstr. 45a, 49074 Osnabrück
T: (0541) 2 84 26   **Fax:** 2 95 07
Internet: http://www.filmbuero-nds.de
E-Mail: fmb.os@t-online.de
Gründung: 1986
1. Vors.: Barbara Etz (Barbara Etz Filmproduktion, Hannover)
Stellvertretende(r) Vorsitzende(r): Rolf Blank (Insel-Film, Hage u. Hamburg)
Geschf., Presse- u. Öffentlich.: Karl Maier (Film & Medienbüro Niedersachsen e.V., Geschäftsführung/Rundbrief, Lohstr. 45 a, 49074 Osnabrück, T: (0541) 2 84 26, Telefax: (0541) 2 95 07)
Projektförderung (zuständig für den Bereich Filmproduktionsförderung, Stoff- und Projektentwicklung inkl. Drehbuch der niedersächsischen Filmförderung) Henning Kunze (Film & Medienbüro Niedersachsen e.V., Sekretariat Projektförderung, Gerberstr. 16, 30169 Hannover, T: (0511) 1 34 70)
Verbandszeitschrift: Rundbrief, Auflage: 1200
Redaktion: Karl Maier
Verlag: Film u. Medienbüro Niedersachsen e.V., Postf. 18 61,

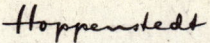

49008 Osnabrück, T: (0541) 2 84 26, Telefax: (0541) 2 95 07
Mitglieder: 175
Mitarbeiter: 4,5
Jahresetat: ca. DM 0,9 Mio, € 0,46 Mio

● **o 397**
Büro Hannover
Sekretariat Projektförderung
Gerberstr. 16, 30169 Hannover
T: (0511) 1 34 70   **Fax:** 7 01 15 54
E-Mail: fmb.hann@t-online.de

● **o 398**
Drehbuch-Werkstatt Niedersachsen
Dorota M. Paciarelli
Gerberstr. 16, 30169 Hannover
T: (0511) 1 34 80   **Fax:** 7 01 15 54
Internet: http://www.filmbuero-nds.de
E-Mail: fmb.script@t-online.de

● **O 399**
Verbrauchervereinigung Medien e.V. (VV-Medien e.V.)
Postf. 11 28, 93471 Arnbruck
T: (09945) 27 06   **Fax:** 27 26
Internet: http://www.verbrauchervereinigungmedien.de
E-Mail: michael.franz@bnv-regen.de
Präsident(in) des Kuratoriums: Dr. Edgar Weiler
Vorstand: Michael G. Franz (Vors.), Arnbruck
Vorstand: Pit Hägele (stellv. Vors.; Programmreferent)
EU-Büro u. Projektkoordination: zur Haardt 31, 65307 Bad Schwalbach, T.: (06124) 30 43, Fax: (06124) 7 71 79

● **O 400**
Verein zur Förderung der Medienkommunikation e.V.
Hegnacher Str. 30, 71336 Waiblingen
T: (07151) 2 33 31   **Fax:** 2 33 38
Gründung: 1985
Vors. u. GeschF: Rolf G. Lehmann

● **O 401**
Fördergemeinschaft Audiovisual Communication
Corporate Media - TV - Multi-Image - Film - New Media
Hegnacher Str. 30, 71336 Waiblingen
T: (07151) 2 33 31   **Fax:** 2 33 38
Internet: http://www.medienreport.de
Gründung: 1989
Geschäftsführer(in): Rolf G. Lehmann
Mitglieder: 12 Medienverbände mit über 8500 Mitgliedern bzw. Medienunternehmen
Mitarbeiter: 2
Bundesverband Deutscher Film- und AV-Produzenten e.V., Medienakademie der Medienberater MDM, Fachverband der Audiovisions- und Filmindustrie, Fachverband der Medienberater e.V., SFV Swiss Film and Video Producer, Verein zur Förderung der Medienkommunikation e.V., ZIM Zentrum Interaktiver Medien e.V., BDVT Bund Deutscher Verkaufsförderer und Trainer e.V., Deutscher Didacta Verband e.V., Konferenz der Landesfilmdienste e.V., Q-Verband e.V.

● **O 402**
Arbeitsgemeinschaft Amateurfunkfernsehen e.V. (AGAF)
Berghofer Str. 201, 44269 Dortmund
T: (0231) 4 89 91, 48 07 30   **Fax:** 48 69 89
Internet: http://www.agaf.de
E-Mail: dc6mr@darc.de
1. Vors.: Heinz Venhaus
Geschäftsführer(in): Karl-Heinz Pruski
Mitglieder: 3000

● **O 403**
Medienwerkstatt Franken e.V.
Rosenaustr. 7, 90429 Nürnberg
T: (0911) 28 80 13   **Fax:** 26 70 02
Internet: http://www.medienwerkstatt-franken.de
E-Mail: mwfranken@aol.com
Vorsitzende(r): Kurt Keerl

● **O 404**
Institut für Journalistik der Universität Hamburg
Allende-Platz 1, 20146 Hamburg
T: (040) 4 28 38-5448   **Fax:** 4 28 38-2418
Internet: http://www.rrz.uni-hamburg.de/journalistik
E-Mail: ifj@sozialwiss.uni-hamburg.de
Vorsitzende: Prof. Dr. Irene Neverla
Stellvertretende(r) Vorsitzende(r): N.N.

● **O 405**
Tarifverband Privater Rundfunk e.V. (TPR)
Geschäftsstelle
Rempartstr. 11, 79098 Freiburg
T: (0761) 3 17 12, 3 17 13   **Fax:** 3 17 14
E-Mail: kindle@tpr.de
Sitz: Schwindstr. 3, 60325 Frankfurt
T: (069) 74 58 34, Fax: 74 70 52
Gründung: 1988 (16. September)
Vorsitzende(r): Klaus Schunk (Radio Regenbogen)
Stellvertretende(r) Vorsitzende(r): Thomas Kreyes (RTL Television)
Bertram Schwarz (Radio Hamburg)
Geschäftsführer(in): Ulrike Kindle
Mitglieder: z.Zt. 25 Unternehmen (private Hörfunk- und Fernsehanbieter)

Vertretung der Arbeitgeberinteressen der privaten Hörfunk- und Fernsehanbieter, insbesondere Verhandlung und Abschluß von Tarifverträgen. Vertretung gegenüber politischen Gremien sowie Gremien der arbeits- uns sozialpolitischen Selbstverwaltung, anderen Verbänden sowie der Öffentlichkeit. Beratung der Mitglieder in arbeits- und sozialrechtlichen sowie personalpolitischen Fragen.

● **O 406**
Verband Privater Rundfunk und Telekommunikation e.V. (VPRT)
Burgstr. 69, 53177 Bonn
T: (0228) 9 34 50-0   **Fax:** 9 34 50-48
E-Mail: vprt@vprt.de
Gründung: 1990
Internationaler Zusammenschluß: siehe unter izo 37
Geschäftsführer(in): Ursula K. Adelt
Vorstand des VPRT
Präsident(in): Jürgen Doetz (ProSiebenSAT.1 Media AG)
Vizepräsident(in): Wilfried Sorge (radio ffn, Hannover)
Ingrid M. Haas (RTL WORLD)
Dr. Marcus Englert (KirchNewMedia)
weitere Vorstandsmitglieder
Hans-Jürgen Kratz (antenne Thüringen)
Hans-Dieter Hillmoth (HitRadio FFH, Frankfurt)
Klaus Schunk (Radio Regenbogen, Mannheim)
Dorothee Belz (Kirch Gruppe)
Dieter Gorny (VIVA, Köln)
Karl-Ulrich Kuhlo (n-tv, Berlin)
Jürgen Sewczyk (RTL WORLD)
Matthias Adler (ASV)
Reinhard Penzel (Sony, Köln)
Schatzmeister: Dr. Christian Hauptmann (RTL Group)
Fachbereich Fernsehen
Fachbereichsvorstand: Ingrid M. Haas (1. Vorsitzende, RTL WORLD)
Dorothee Belz (Stellv. Vorsitzende, Kirch Gruppe)
Dr. Hans-Henning Arnold (VOX)
Christian Böhmer (TV München)
Ferdinand Kayser (Premiere World)
Catherine Mühlemann (MTV)
Claude Schmitt (Super RTL)
Rainer Sura (QVC)
James W. Wells (Multi Thématiques)
Fachbereich Hörfunk
Fachbereichsvorstand: Wilfried Sorge (1.Vorsitzender, radio ffn, Hannover)
Hans-Jürgen Kratz (Stellv. Vorsitzender, antenne, Thüringen)
Dr. Horst Fangerau (RPR)
Kai Fischer (Antenne)
Hartmut Gläsmann (NRW)
Hans-Dieter Hillmoth (HitRadio FFH, Frankfurt)
Karlheinz Hörhammer
Erwin Linnenbach (Radio PSR)
Carsten Neitzel (943 r.S.2)
B Multimedia
Fachbereichsvorstand: Dr. Marcus Englert (1. Vorsitzender, KirchNewMedia)
Jürgen Sewczyk (Stellv. Vorsitzender, RTL WORLD)
Matthias Adler (ASV)
Jean-Claude Bisenius (Vision Consult)
Karlheinz Jungbeck (digitalbrain)
Ralph-Peter Kienle
Reinhard Penzel (Sony)
Technik- und Vermarktungsplattform (TVP)
Fachbereichsvorstand: Dr. Eckart Haas (1. Vorsitzender, Telebild Ges. für Medienprojekte)
Reinhold Zanoth (Stellv. Vorsitzender, ASTRA-Marketing)
Helmut G. Bauer (msc Multimedia Support Center)
Bruno Baumann (Baumann + Partner)
Jean-Claude Bisenius (Vision Consult)
Dr. Ferdinand Claßen (TeleColumbus)
Dr. Pierre Meyrat (COMTEC)
Reinhard Penzel (Sony Deutschland)
Jürgen Sommer (kooptiertes Mitglied, KABELCOM Braunschweig)
Verbandszeitschrift: intern
Redaktion: VPRT-Geschäftsstelle, Abt. Presse- u. Öffentlichkeitsarbeit
Mitglieder: 164
Mitarbeiter: 12

Interessenvertretung der privaten Rundfunkanbieter und der Unternehmen der Telekommunikations- und Multimediatechnik in der Bundesrepublik Deutschland. Vertretung seiner Mitglieder gegenüber den medienpolitisch Verantwortlichen, den Landesmedienanstalten, den Urheberrechtsgesellschaften, der Regulierungsbehörde für Telekommunikation + Post und der Telekom. Beratung seiner Mitglieder in Fragen des Medienrechts, des Urheberrechts und der Übertragungstechnik. Der VPRT gliedert sich in die Fachbereiche Hörfunk, Fernsehen, Vertrieb-Technik-Telekommunikation (VTT).

● **O 407**
Arbeitsgemeinschaft Privater Rundfunk (APR)
Sommerbergstr. 97, 66346 Püttlingen
T: (06806) 92 02 92   **Fax:** 92 02 94
Internet: http://www.privatfunk.de
E-Mail: apr@privatfunk.de
Vorsitzende(r): Hans Kuchenreuther
Geschäftsführer(in): RA Dr. Stephan Ory
Mitglieder: 182

● **O 408**
Studienkreis Rundfunk und Geschichte e.V.
c/o Dr. Edgar Lersch Südwestrundfunk Historisches Archiv
70150 Stuttgart
T: (0711) 9 29-3233   **Fax:** 9 29-3345
Gründung: 1969
Vorstand:
Vorsitzende(r): Prof. Dr. Reinhold Viehoff, Halle
Stellvertretende(r) Vorsitzende(r): Dr. Edgar Lersch, Stuttgart
Prof. Dr. Rüdiger Steinmetz, Leipzig
Schriftführer(in): Ralf Hohlfeld, Eichstätt
Schatzmeister(in): Dr. Michael Crone, Frankfurt am Main
Beisitzer: Dr. Gerlinde Frey-Vor, Leipzig
Dr. Marianne Ravenstein, Münster
Christian Schurig, Halle
Dr. Oliver Zöllner, Köln
Mitglieder: ca. 400 (aus der Wissenschaft, den Rundfunk- und Fernsehanstalten, der Rundfunkindustrie und dem Handel)

● **O 409**
Arbeitsgemeinschaft der Landesmedienanstalten in der Bundesrepublik Deutschland (ALM)
c/o Landesanstalt für Rundfunk Nordrhein-Westfalen (LfR)
Postf. 19 01 51, 40111 Düsseldorf
Zollhof 2, 40221 Düsseldorf
T: (0211) 77 00 71 35   **Fax:** 77 00 73 89
Internet: http://www.alm.de
E-Mail: info@lfr.de

● **O 410**
Deutsches Rundfunk-Museum e.V.
c/o Sender Freies Berlin
Masurenallee 8-14, 14057 Berlin
T: (0331) 5 81 21 80   **Fax:** 5 81 21 82
E-Mail: drm.berlin@t-online.de
Gründung: 1967 (24. August)
Vorsitzende(r): Werner Goldberg
Stellvertretende(r) Vorsitzende(r): Ulrich Thiele
Mitglieder: 170
Mitarbeiter: 1

● **O 411**
Gebühreneinzugszentrale der öffentlich-rechtlichen Rundfunkanstalten in der Bundesrepublik Deutschland (GEZ)
Postf. 11 03 63, 50403 Köln
Freimersdorfer Weg 6, 50829 Köln
T: (0180) 5 01-6565   **Fax:** 5 51-0700
Geschäftsführer(in): Dr. Dieter Steinbauer

● **O 412**
Arbeitskreis Bild und Ton e.V.
Fachstelle für Jugend-Tonband-Arbeit
Postf. 80 01 06, 51001 Köln
T: (0221) 69 80 44   **Fax:** 69 95 87
Gründung: 1970
1. Vorsitzende(r): Kurt Dummer (Ltg. Presseabt.)
Verbandszeitschrift: Tonbild-Spiegel
Redaktion: Arbeitskreis Bild und Ton e.V.
Verlag: Arbeitskreis Bild und Ton e.V., Postf. 80 01 06, 51001 Köln
Mitglieder: ca. 600
Mitarbeiter: 8

Vermittlung englischer, französischer und russischer Partnerschulen an Deutsche Gymnasien zwecks Internationaler Schülerkassetten Konversation zur bilateralen Erlernung der Fremdsprachen.

● O 413
Stiftung Kuratorium junger deutscher Film
Postf. 12 04 28, 65082 Wiesbaden
Rheingaustr. 140 Schloß Biebrich, 65203 Wiesbaden
T: (0611) 60 23 12 **Fax:** 69 24 09
Gründung: 1965 als Verein, 1981 als Stiftung
Präsident(in): Hans Helmut Prinzler, Berlin
Vizepräsident(in): Theda Kluth, Düsseldorf
Direktor(in): Andreas Schardt
Leitung Presseabteilung: Monika Reichel
Verbandszeitschrift: Kuratoriums Informationen
Redaktion: M. Reichel, H. Strobel
Mitglieder: 19
Mitarbeiter: 2
Jahresetat: DM 1,6 Mio, € 0,82 Mio

● O 414
Arbeitsgemeinschaft zur Nachwuchsförderung für Film und Fernsehen
c/o Norddeutscher Rundfunk
Gazellenkamp 57, 22529 Hamburg
T: (040) 41 56-43 22 **Fax:** 41 56-54 50
Gründung: 1959
Leiter(in): Gerald Mechnich
Mitglieder: 11
Mitarbeiter: 3

Zusammenschluß von öffentlich-rechtlichen Rundfunkanstalten und privaten FS-Produktionsbetrieben mit dem Ziel, eine systematische Ausbildung von dringend benötigten Nachwuchskräften in der AV-Produktion zu gewährleisten. Zur Zeit werden Volontäre als Aufnahmeleiter und Cutter ausgebildet.

● O 415
Zentrale Bühnen-, Fernseh- und Filmvermittlung der Bundesanstalt für Arbeit (ZBF)
Villemombler Str. 76, 53123 Bonn
T: (0228) 7 13-1392 **Fax:** 7 13-1349

Verlagswesen

● O 416
Börsenverein des Deutschen Buchhandels e.V.
(Haus des Deutschen Buchhandels)
Postf. 10 04 42, 60004 Frankfurt
Großer Hirschgraben 17-21, 60311 Frankfurt
T: (069) 13 06-0 **Fax:** 13 06-2 01
Internet: http://www.boersenverein.de
E-Mail: info@boev.de
Gründung: 1825
Internationaler Zusammenschluß: siehe unter izo 86
Vorsteher: Roland Ulmer
Hauptgeschäftsführer(in): Dr. Harald Heher
Ltg. Presse u. Information: Eugen Emmerling
Verbandszeitschrift: Börsenblatt für den Deutschen Buchhandel
Redaktion: Postf. 10 04 42, 60004 Frankfurt/Main
Verlag: Buchhändler-Vereinigung GmbH, Postf. 10 04 42, 60004 Frankfurt/Main
Mitglieder: 6914 davon 2021 Verlage, 4764 Buchhandlungen, 82 Zwischenbuchhandlungen und 47 Verlagsvertretungen (Stand: Dez. 2000)

o 417
Börsenverein des Deutschen Buchhandels e.V. Berliner Büro
Schiffbauerdamm 5, 10117 Berlin
T: (030) 28 00 78 30 **Fax:** 2 80 07 83 50
E-Mail: m.ruhfus@boev.de

o 418
Börsenverein des Deutschen Buchhandels e.V. Leipziger Büro
Gerichtsweg 28, 04103 Leipzig
T: (0341) 99 54-110 **Fax:** 99 54-113

Landesverbände

o 419
Verband der Verlage und Buchhandlungen in Baden-Württemberg e.V.
Paulinenstr. 53, 70178 Stuttgart
T: (0711) 6 19 41-0 **Fax:** 6 19 41 44
E-Mail: buchhandelsverband@vvb-bw.de
Vorsitzende(r): Dr.h.c. Volker Schwarz
Geschäftsführer(in): Dipl.-Kfm. Johannes Scherer

o 420
Verband Bayerischer Verlage und Buchhandlungen e.V.
Salvatorplatz 1, 80333 München
T: (089) 29 19 42-0 **Fax:** 29 19 42-49
Internet: http://www.buchhandel-bayern.de
E-Mail: buchhandelverband.bay@buchhandel.de
Vorsitzende(r): Dr. Christoph Wild
Geschäftsführer(in): Rose Backes

o 421
Verband der Verlage und Buchhandlungen Berlin-Brandenburg e.V.
Lützowstr. 33, 10785 Berlin
T: (030) 26 39 18-0 **Fax:** 26 39 18 18
E-Mail: verband@berlinerbuchhandel.de
Vorsitzende(r): Dietrich Simon
Geschäftsführer(in): Detlef Bluhm

o 422
Landesverband der Verleger und Buchhändler Bremen-Unterweser e.V.
Hinter dem Schütting 8, 28195 Bremen
T: (0421) 32 69 49 **Fax:** 32 87 90
Vorsitzende(r): Tilman W. Sieglin
Geschäftsführer(in): Heinz Döll

o 423
Hessischer Verleger- und Buchhändler-Verband e.V.
Frankfurter Str. 1, 65189 Wiesbaden
T: (0611) 1 66 60-0 **Fax:** 1 66 60-59
E-Mail: buchhandelsverband.hs@t-online.de
Vorsitzende(r): Klaus Schöffling
Geschäftsführer(in): Peter Brunner

o 424
Landesverband der Buchhändler und Verleger in Niedersachsen e.V.
Hamburger Allee 55, 30161 Hannover
T: (0511) 31 26 33 **Fax:** 31 21 73
E-Mail: Lvbuchnds@aol.com
Gründung: 1883 (26. August)
Vorsitzende(r): Dr. Eberhard Mertens
Geschäftsführer(in): Angelika Busch

o 425
Norddeutscher Verleger- und Buchhändler-Verband e.V.
Schwanenwik 38, 22087 Hamburg
T: (040) 22 54 79, 22 55 23 **Fax:** 2 29 85 14
E-Mail: nv.bv@t-online.de
Vorsitzende(r): Michael Menard
Geschäftsführer(in): Horst Quax

o 426
Verband der Verlage und Buchhandlungen in Nordrhein-Westfalen e.V.
Marienstr. 41, 40210 Düsseldorf
T: (0211) 8 64 45-0 **Fax:** 32 44 97
Internet: http://www.buchhandel.de/nrw
E-Mail: nrw@buchhandel.de
Vorsitzende(r): Bertram Gallus
Geschäftsführer(in): Herbert Becker
Leitung Presseabteilung: Ellen Beeftink
Verbandszeitschrift: "buch nrw"
Redaktion: Ellen Beeftink

o 427
Landesverband der Verleger und Buchhändler Rheinland-Pfalz e.V.
Kaiserstr. 88, 55116 Mainz
T: (06131) 23 40 35 **Fax:** 23 03 64
Vorsitzende(r): Jürgen M. Luczak
Geschäftsführer(in): Klaus Feld

o 428
Landesverband der Verleger und Buchhändler Saar - LVBS - e.V.
Feldmannstr. 26, 66119 Saarbrücken
T: (0681) 9 27 17-0 **Fax:** 9 27 17-10
Internet: http://www.buchhandel.de/lvsaar
E-Mail: saarhandel@aol.com
Vorsitzende(r): Manfred Queißer
Geschäftsführer(in): Dipl.-Volksw. Klaus Feld

o 429
Verband der Verlage und Buchhandlungen in Sachsen, Sachsen-Anhalt und Thüringen e.V.
Gerichtsweg 28, 04103 Leipzig
T: (0341) 99 54-220 **Fax:** 99 54-223
Vorsitzende(r): Dr. Klaus Walther
Geschäftsführer(in): Regine Lemke

● O 430
Sozialwerk des Deutschen Buchhandels e.V.
Geschäftsstelle:
Postf. 10 04 42, 60004 Frankfurt
Großer Hirschgraben 17-21, 60311 Frankfurt
T: (069) 13 06-239 **Fax:** 13 06-527
Vorsitzende(r): Klaus Vorpahl
Geschäftsführer(in): Elisabeth v. Christen

● O 431
Arbeitsgemeinschaft Publikumsverlage
c/o Börsenverein des Deutschen Buchhandels
Verleger-Ausschuß
Großer Hirschgraben 17-21, 60311 Frankfurt
T: (069) 13 06-325 **Fax:** 13 06-399
Vorsitzende(r): Volker Neumann

● O 432
Wissenschafts-Pressekonferenz (WPK)
Ahrstr. 45, 53175 Bonn
T: (0228) 9 57 98 40 **Fax:** 9 57 98 41
Internet: http://www.wpk.org
E-Mail: wpk@wpk.org
Gründung: 1986
Vorsitzende(r): Jean Pütz (1. Vors.)
Edgar Forschbach
Dr. Norbert Lossau
Dr. Renate I. Mreschar
Dr. Ellen Norten
Ltg. Geschäftsstelle: Anne Thomalla
Mitglieder: 170 Mitglieder, 80 Freunde und Kuratoren
Mitarbeiter: 2

● O 433
Arbeitskreis Bild- und Kunstbuchverlage
c/o Börsenverein des Deutschen Buchhandels
Postf. 10 04 42, 60004 Frankfurt
Großer Hirschgraben 17-21, 60311 Frankfurt
T: (069) 13 06-3 21 **Fax:** 13 06-3 99
Internet: http://www.boersenverein.de
Vorsitzende(r): Albert Hirmer
Geschäftsführer(in): Edith Karos

● O 434

Verband Deutscher Wirtschaftsnachschlagewerke e.V.
Schloß Mindelburg, 87714 Mindelheim
T: (08261) 9 99-0 **Fax:** 9 99-591
Gründung: 1984
Vorsitzende(r): Werner Sachon
Stellvertretende(r) Vorsitzende(r): Margit Selka

Der Verband hat auf freiwilliger Grundlage die Aufgabe, die Belange der Verlage von deutschen Wirtschafts-Adreßbüchern zu vertreten und zu fördern. Insbesondere vertritt er auch die Interessen seiner Mitglieder in seinem Namen nach außen und wehrt unlauterem Verhalten auf dem Adreßbuchsektor auch im Interesse der deutschen Wirtschaft ab.

● O 435
Arbeitskreis Elektronisches Publizieren
c/o Börsenverein des Deutschen Buchhandels
Postf. 10 04 42, 60004 Frankfurt
Großer Hirschgraben 17-21, 60311 Frankfurt
T: (069) 13 06-517 **Fax:** 13 06-399
Internet: http://www.akep.de
Vorsitzende(r): Arnoud de Kemp
Geschäftsführer(in): Edith Karos

● O 436
Deutsches Buchinformationszentrum Bukarest (BIZ)
c/o Goethe-Institut
Str. Henri Coanda 22, R-71119 Bucharest
T: (00401) 2 11 50 63 **Fax:** 2 11 50 63
E-Mail: biz@fx.ro
Leiter(in): Ioana Gruenwald

● O 437
Schulen des Deutschen Buchhandels GmbH
Wilhelmshöher Str. 283, 60389 Frankfurt
T: (069) 94 74 00-0 Fax: 94 74 00-50
Internet: http://www.buchhaendlerschule.de
E-Mail: info@buchhaendlerschule.de
Gründung: 1946
Direktor(in): Hans Burkart
Stellvertretender Direktor: Heinrich F. Otto
Zentrale Aus- und Fortbildungsstätte der Buchhändler und Verleger im Börsenverein des Deutschen Buchhandels.

● O 438
Arbeitsgemeinschaft von Jugendbuchverlagen e.V.
avj-Geschäftsstelle
c/o ars Edition GmbH
Friedrichstr. 9, 80801 München
E-Mail: avj.ziemer@t-online.de
Gründung: 1950
Vorsitzende(r): Mathias Berg
Verbandszeitschrift: Kinder- und Jugendbuchverlage von A bis Z
Redaktion: Arbeitsgemeinschaft von Jugendbuchverlagen
Mitglieder: 74 deutschsprachige Kinder- und Jugendbuchverlage

● O 439
Institut für Jugendbuchforschung der Johann Wolfgang Goethe-Universität
Postf. 11 19 32, 60054 Frankfurt
Grüneburgplatz 1, 60323 Frankfurt
T: (069) 7 98-32995 Fax: 7 98-32996
Internet: http://www.uni-frankfurt.de/fb10/jubufo
E-Mail: jubufo@rz.uni-frankfurt.de
Gründung: 1963
Geschf.Direktor: Prof. Dr. Hans-Heino Ewers
Mitarbeiter: 8

● O 440
ISBN-Agentur Bundesrepublik Deutschland
c/o Buchhändler-Vereinigung GmbH
Postf. 10 04 22, 60004 Frankfurt
Großer Hirschgraben 17-21, 60311 Frankfurt
T: (069) 13 06-3 87 Fax: 13 06-2 58

● O 441
Verband der Kartographischen Verlage und Institute
Postf. 90 05 40, 60445 Frankfurt
Zeppelinallee 33, 60325 Frankfurt
T: (069) 70 30 75
Vorsitzende(r): Franz Pietruska
Geschäftsführer(in): Andreas Baer (M. A.)
Mitglieder: 13

● O 442
Deutscher Musikverleger-Verband e.V. (DMV)
Friedrich-Wilhelm-Str. 31, 53113 Bonn
T: (0228) 5 39 70-0 Fax: 5 39 70-70
E-Mail: dmv@musikverbaende.de
Gründung: 1829
Präsident(in): Dr. Peter Hanser-Strecker, Mainz
Vizepräsident(in): Karl-Heinz Klempnow, Berlin
Geschäftsführer(in): Dr. Heinz Stroh
Verbandszeitschrift: Musikhandel
Mitglieder: ca. 500

● O 443
VG - MUSIKEDITION
Verwertungsgesellschaft zur Wahrnehmung von Nutzungsrechten an Editionen (Ausgaben) von Musikwerken
Büro:
Königstor 1a, 34117 Kassel
T: (0561) 10 96 56-0 Fax: 10 96 56-20
Internet: http://www.vg-musikedition.de
E-Mail: info@vg-musikedition.de
Gründung: 1967
Präsident(in): Dr. Martin Bente
Geschäftsführer(in): Wolfgang Matthei
Mitglieder: 800

● O 444
Bundesverband Deutscher Anzeigenblätter e.V. (BVDA)
Dreizehnmorgenweg 36, 53175 Bonn
T: (0228) 9 59 24-0 Fax: 9 59 24-30
Internet: http://www.bvda.de
E-Mail: info@bvda.de
Gründung: 1987 (3. Juli)
Präsident(in): Dieter Schneider (Verleger, Breu + Schneider GmbH, Verlag und Druckerei, Blutenburgstr. 87, 80634 München)
Stellv. Präsidenten: Helmut Gebauer (Geschf., Saarländische Wochenblatt Verlagsgesellschaft mbH, Bleichstr. 21-23, 66111 Saarbrücken)
Manfred Dzwonnek (Geschf., Rheinische Anzeigenblatt GmbH & Co. KG, Amsterdamer Str. 192, 50735 Köln)
Carmen Frese-Kroll (Geschf., Singener Wochenblatt GmbH & Co., Hadwigstr. 2 a, 78224 Singen)
Herbert Tosch (Geschäftsf. Panorama Anzeigenblatt GmbH, Karlplatz 24, 40213 Düsseldorf)
Ehrenpräs: Hans Georg Weiss (Verleger, Weiss-Verlag GmbH & Co. KG, Industriestr. 7, 52156 Monschau)
Geschäftsführer(in): Heiner Urhausen
Leitung Presseabteilung: Georg Kasper
Verbandszeitschrift: das anzeigenblatt
Redaktion: BVDA/commedia, Essen, Herausgeber: BVDA, Dreizehnmorgenweg 36, 53175 Bonn
Mitglieder: 207 Verlage mit 778 Titeln und einer Auflage von 56,0 Mio. Exemplaren

● O 445
Arbeitsgemeinschaft Baufachverlage (ABV)
c/o Eberhard Blottner Verlag
Postf. 11 04, 65219 Taunusstein
Silberbachstr. 9, 65232 Taunusstein
T: (06128) 2 36 00 Fax: 2 11 80
E-Mail: blottner@blottner.de
Gründung: 1964
Vorsitzende(r): Eberhard Blottner
Mitglieder: 21

● O 446
VdS Bildungsmedien e.V.
Vormals Verband der Schulbuchverlage e.V.
Postf. 90 05 40, 60445 Frankfurt
Zeppelinallee 33, 60325 Frankfurt
T: (069) 70 30 75 Fax: 70 79 01 69
E-Mail: verband@vds-bildungsmedien.de
Vorsitzende(r): Wolf Dieter Eggert
Geschäftsführer(in): Andreas Baer (M. A.)
Mitglieder: 69

● O 447
Adressbuchausschuss der Deutschen Wirtschaft
11052 Berlin
Breite Str. 29, 10178 Berlin
T: (030) 2 03 08-2702 Fax: 2 03 08-2777
Geschäftsführer(in): Dr. Axel Koblitz

● O 448

Heerdter Sandberg 30, 40549 Düsseldorf
T: (0211) 57 79 95-0 Fax: 57 79 95-44
Internet: http://www.vdav.de
E-Mail: info@vdav.org
Gründung: 1920
Vorsitzende(r): Verleger Norbert Beleke (Kronprinzenstr. 13, 45128 Essen)
Geschäftsführer(in): R.-C. Grammatik
Verbandszeitschrift: Auskunfts- und Verzeichnismedien
Redaktion: VDAV
Verlag: Eigenverlag
Mitglieder: 150

Wirtschaftsverband der in Deutschland tätigen Medienunternehmen, deren Angebote oder Dienstleistungen auf der Veröffentlichung von Kommunikationsadressen basieren.

● O 449

BDZV
Bundesverband Deutscher Zeitungsverleger e.V. (BDZV)
(Herausgeber der Deutschen Tageszeitungen)
Markgrafenstr. 15, 10969 Berlin
T: (030) 72 62 98-200 Fax: 72 62 98-204
Internet: http://www.bdzv.de
E-Mail: bdzv@bdzv.de
Internationaler Zusammenschluß: siehe unter izo 58
Präsident(in): Helmut Heinen (Herausgeber „Kölnische Rundschau", Stolkgasse 25-46, 50667 Köln)
Hauptgeschäftsführer(in): Dr. Volker Schulze
Geschäftsführer(in): Jörg Laskowski

Mitglieder der Geschäftsleitung: Burkhard Schaffeld
Hans-Joachim Fuhrmann
Mitglieder: 11 Landesverbände
Der Bundesverband bezweckt die Wahrung und Vertretung der gemeinsamen ideellen und wirtschaftlichen Interessen der Verlage der im Verbandsgebiet erscheinenden deutschen Zeitungen.

Landesverbände

o 450
Verband Südwestdeutscher Zeitungsverleger e.V.
Friedrichstr. 10, 70174 Stuttgart
T: (0711) 2 27 49-0 Fax: 2 27 49-20
Vorsitzende(r): Konrad A. Theiss (Ludwigstr. 11, 73430 Aalen)
Geschäftsführer(in): RA Stephan Bourauel
Mitglieder: 55

o 451
Verband Bayerischer Zeitungsverleger e.V.
Perfallstr. 1, 81675 München
T: (089) 45 55 58-0 Fax: 45 55 58-21
Vorsitzende(r): Dr. Hermann Balle ("Straubinger Tagblatt", Ludwigsplatz 30, 94315 Straubing)
Geschäftsführer(in): RA Dr. Holger Paesler
Mitglieder: 50

o 452
Verein der Zeitungsverleger in Berlin und Brandenburg e.V. (VZBB)
Markgrafenstr. 15, 10969 Berlin
T: (030) 25 29 19 80 Fax: 25 29 19 81
Vorsitzende(r): Peter Asmussen (Märkische Verlags- und Druck GmbH, Friedrich-Engels-Str. 24, 14473 Potsdam)
Geschäftsführer(in): RA Alexander Bretz
Mitglieder: 6

o 453
Zeitungsverlegerverband Bremen e.V.
Martinistr. 43, 28195 Bremen
T: (0421) 3 67 14 01 Fax: 3 37 92 33
Vorsitzende(r): Herbert C. Ordemann (Bremer Tageszeitungen AG, Martinistr. 43, 28195 Bremen)
Mitglieder: 4

o 454
Zeitungsverlegerverband Hamburg e.V.
Axel-Springer-Platz 1, 20355 Hamburg
T: (040) 34 72 43 41 Fax: 34 72 42 70
Vorsitzende(r): Kay E. Sattelmair (Axel Springer Verlag AG, Axel-Springer-Platz 1, 20355 Hamburg)
Geschäftsführer(in): RA Berndt Röder
Mitglieder: 5

o 455
Verband Hessischer Zeitungsverleger e.V.
Graf-Vollrath-Weg 6, 60489 Frankfurt
T: (069) 97 84 54-0 Fax: 97 84 54-54
Vorsitzende(r): Dr. Thomas Schmitt ("Fuldaer Zeitung", Frankfurter Str. 8, 36043 Fulda)
Geschäftsführer(in): RA Gebhard Ohnesorge
Mitglieder: 43

o 456
Verband Nordwestdeutscher Zeitungsverleger e.V.
Schiffgraben 17, 30159 Hannover
T: (0511) 30 60 70 Fax: 30 60 72
Internet: http://www.vnzv.de
E-Mail: vnzv@vnzv.de
Vorsitzende(r): Karl Baedeker
Geschäftsführer(in): Stefan Borrmann
Mitglieder: 45

o 457
Zeitungsverleger Verband Nordrhein-Westfalen e.V.
Ludwig-Erhard-Allee 14, 40227 Düsseldorf
T: (0211) 7 88 19 90/1 Fax: 7 88 19 92
Vorsitzende(r): Bernhard Boll ("Solinger Tageblatt", Mummstr. 9, 42651 Solingen)
Geschäftsführer(in): RA Dr. Udo Becker
Mitglieder: 53

o 458
Verband der Zeitungsverleger in Rheinland-Pfalz und Saarland e.V.
Erich-Dombrowski-Str. 2, 55127 Mainz
T: (06131) 48-5000 Fax: 48 58 68

Vorsitzende(r): Karlheinz Röthemeier (Verlagsgruppe Rhein Main, Erich-Dombrowski-Str. 2, 55127 Mainz)
Mitglieder: 7

o 459
Verband der Zeitungsverlage Norddeutschland e.V.
Fleethörn 1-7, 24103 Kiel
T: (0431) 9 97 90-0 **Fax:** 9 97 90-16
Vorsitzende(r): Dr. Günter Semmerow ("Lübecker Nachrichten", Herrenholz 10-12, 23556 Lübeck)
Geschäftsführer(in): RA Berndt Röder
Mitglieder: 17

o 460
Verband Sächsischer Zeitungsverleger e.V.
Peterssteinweg 19, 04107 Leipzig
T: (0341) 21 81-1370 **Fax:** 21 81-1693
Vorsitzende(r): Matthias Meincke ("Leipziger Volkszeitung", Peterssteinweg 19, 04107 Leipzig)
Mitglieder: 4

● O 461
Arbeitskreis Baufachpresse e.V. (abp)
Uhlandstr. 56, 40237 Düsseldorf
T: (0211) 67 03-2 32 **Fax:** 67 43 57
Gründung: 1961 (September)
Vorsitzende(r): Robert Scholl
Sekr. u. stellv. Vors.: Winfried Krüger
Mitglieder: 250

● O 462
Graphischer Bund Hamburg e.V.
Gemeinschaft zur fachlichen und künstlerischen Weiterbildung in Druck und Kommunikation
Postf. 60 14 42, 22214 Hamburg
Lämmersieth 19, 22305 Hamburg
T: (040) 29 15 63 **Fax:** 29 21 74
Gründung: 1947 (18. Oktober), Vorgänger 1899
Vorsitzende(r): Hans-Adolf Kaufmann (Stormarnhöhe 36, 21031 Hamburg, T: (040) 7 38 80 68)
Schriftführer(in): Gerhard Pampuch (Im Heidewinkel 46, 21271 Asendorf, T: (04183) 36 26)
Schatzmeister: Wilfried Plamböck (Ahornweg 2 a, 22395 Hamburg)
Mitglieder: 118
Jahresetat: DM 0,012 Mio, € 0,01 Mio

● O 463
Deutscher Presserat
Selbstkontrollorgan der gedruckten Medien
Geschäftsstelle:
Postf. 71 60, 53071 Bonn
Gerhard-von-Are-Str. 8, 53111 Bonn
T: (0228) 9 85 72-0 **Fax:** 9 85 72-99
Internet: http://www.presserat.de
E-Mail: deutscherpresserat@t-online.de, info@presserat.de
Gründung: 1956 (20. November)
Geschäftsführer(in): Lutz Tillmanns
Sprecher: Manfred Protze
Referent: Arno H. Weyand
Vorsitzende des Beschwerdeausschusses: Ursula Ernst-Flaskamp

Trägerverein des Deutschen Presserats e. V.
Vorsitzende(r): Rudi Munz (IG Medien)
Mitglieder: 20
Mitarbeiter: 5

● O 464
Verband der Lokalpresse e.V.
Dovestr. 1, 10587 Berlin
T: (030) 39 80 51-0 **Fax:** 39 80 51-51
Gründung: 1965
Vorstand: Dirk Schulte Strathaus (Vors., Delmenhorster Kreisblatt)
Geschäftsführer(in): Martin Wieske (M.A.)
Verbandszeitschrift: Lokalpresseinformationen
Mitglieder: 95 Zeitungsverlage
Mitarbeiter: 12

● O 465
Bildungswerk Medien e.V.
Friedensallee 14-16, 22765 Hamburg
T: (040) 3 90 61 02 **Fax:** 39 61 28
Gründung: 1988 (März)
Mitglieder: 28
Mitarbeiter: 2

● O 466
Arbeitsgemeinschaft Katholische Presse e.V.
Adenauerallee 176, 53113 Bonn
T: (0228) 21 53 34 **Fax:** 21 09 22
E-Mail: akp@akp-bonn.de
Vorsitzende(r): P. Gerhard Eberts
Geschäftsführer(in): Pit Stenmans

● O 467

Katholischer Pressebund e.V.
Adenauerallee 176, 53113 Bonn
T: (0228) 26 39 94, 2 60 00 31 **Fax:** 26 39 34
Gründung: 1965 (10. Juni)
Vorsitzende(r): Günter Beaugrand
Stellvertretende(r) Vorsitzende(r): Prälat Erich Strick
Geschäftsführer(in): Wilhelm Finge
Verbandszeitschrift: Mitgliederinformation (6 x jährlich)
Redaktion: Geschäftsstelle Kath. Pressebund
Mitglieder: ca. 1200
Förderung der katholischen Publizistik.

● O 468
Arbeitsgemeinschaft der Bischöflichen Pressereferenten
Postf. 13 55, 65533 Limburg
Roßmarkt 4, 65549 Limburg
T: (06431) 29 52 76 **Fax:** 29 54 81
Gründung: 1978
Vorsitzende(r): Michael Wittekind
Mitglieder: 43
Mitarbeiter: ca. 150

● O 469
Gemeinschaftswerk der Evangelischen Publizistik (GEP) gGmbH
Postf. 50 05 50, 60394 Frankfurt
Emil-von-Behring-Str. 3, 60439 Frankfurt
T: (069) 5 80 98-0 **Fax:** 5 80 98-100
Internet: http://www.gep.de
E-Mail: info@gep.de
Gründung: 1973
Geschäftsführer(in): Hans Norbert Janowski
Verbandszeitschrift: gep info (allgemein), gep aktuell (Verlagsinform.)
Mitglieder: 29 Landeskirchen bzw. kirchl. Verbände
Mitarbeiter: 140
Jahresetat: DM 18 Mio, € 9,2 Mio

● O 470
Christlicher Medienverbund KEP (Konferenz Evangelikaler Publizisten e.V.)
Postf. 18 69, 35528 Wetzlar
Steinbühlstr. 3 Spilburg A5, 35578 Wetzlar
T: (06441) 9 15-151 **Fax:** 9 15-157
E-Mail: kep@kep.de
Gründung: 1976
Vorstand: Bärbel S. Wilde (Vors.)
Jürgen Werth (stv. Vors.)
Dieter Kohl
Margarete Kupsch-Loh
Ulrich Effing
Horst Marquardt
Geschäftsführer(in): Wolfgang Baake
Leitung Presseabteilung: Christoph A. Zörb
Egmond Prill
Verbandszeitschrift: PRO-Christliches Medienmagazin
Redaktion: Christoph A. Zörb (Leitung), Egmond Prill, Michael Höhn, Andreas Dippel, Johannes Gerloff, Norbert Schäfer, Jörg Zander
Mitglieder: ca. 350 Journalisten, Redakteure, Verleger und Medienschaffende, dazu 10 publizistische Organisationen, 15 Verlage, 100 Zeitschriften
Mitarbeiter: 16

● O 471
Evangelischer Pressedienst - im Gemeinschaftswerk der Evangelischen Publizistik e.V. - Zentralredaktion - (epd)
Postf. 50 05 50, 60394 Frankfurt
Emil-von-Behring-Str. 3, 60439 Frankfurt
T: (069) 58 09 80 **Fax:** 5 80 98-272
Internet: http://www.epd.de
E-Mail: chefred@epd.de
Gründung: 1910 (Dezember)
Chefredakteur: Dr. Thomas Schiller (T: -130)
Stellvertretender Chefredakteur: Roland Kauffmann (T: -125)
Stellv. Chefredakteur und Verkaufsleiter: Christoph Stottele (T: -260)
Chef vom Dienst: Peter Bosse-Brekenfeld

Verantwortl. Redakteur: epd-Nachrichtenredaktion
Roland Kauffmann (T: (069) 5 80 98-1 23)
epd medien, Informationsdienst f. Kirche u. Rundfunk Uwe Kammann (T: -142)
epd-Film Wilhelm Roth (T: -177)
epd-Entwicklungspolitik/Dritte Welt-Information
Kai Friedrich Schade (T: -137)
epd-Dokumentation Peter Bosse-Brekenfeld (T: -136)
epd-Bild Norbert Neetz (T: -201)

Landesdienste

o 472
Evangelischer Pressedienst Landesdienst Bayern
Postf. 19 03 63, 80603 München
Birkerstr. 22, 80636 München
T: (089) 1 21 72-139 **Fax:** 1 21 72-179
E-Mail: epdbayern@compuserve.com
Chefredakteur: Achim Schmid
Landesredakteur: Jörg Schneider

o 473
Evangelischer Pressedienst Landesdienst Hessen und Nassau
Postf. 10 07 47, 60007 Frankfurt
Rechneigrabenstr. 10, 60311 Frankfurt
T: (069) 9 21 07-442 **Fax:** 9 21 07-466
E-Mail: epdhn@gmx.net
Chefredakteur: Wolfgang Weissgerber
Verantwortl. Redakteur: Dr. Dieter Schneberger

o 474
Evangelischer Pressedienst Landesdienst Kurhessen-Waldeck
Evangelisches Medienzentrum
Heinrich-Wimmer-Str. 4, 34131 Kassel
T: (0561) 93 07-1 29
Modem: (0561) 93 07-1 29
Fax: 93 07-1 55
E-Mail: kassel@epd.de
Redakteur: Neville Williamson

o 475
Evangelischer Pressedienst Landesdienst Niedersachsen-Bremen
Knochenhauerstr. 38-40, 30159 Hannover
T: (0511) 12 41-7 01/2 **Fax:** 32 33 13
E-Mail: epd@Lvh.de
Chefredakteur: Burkhart Vietzke

o 476
Evangelischer Pressedienst Landesdienst Nord
Postf. 20 60, 24019 Kiel
Fleethörn 32, 24103 Kiel
T: (0431) 51 97-2 30 **Fax:** 51 97-2 91
Chefredakteur: Klaus Merhof
Redaktion Hamburg: Schillerstr. 7, 22767 Hamburg, T: (040) 3 06 23-2 61, Telefax: (040) 3 06 23-2 69

o 477
Evangelischer Pressedienst Landesdienst Ost
Ziegelstr. 30, 10117 Berlin
T: (030) 28 30 39 11 **Fax:** 28 30 39 13
E-Mail: redaktion@epd-ost.de
Chefredakteur: Hans-Jürgen Röder

o 478
Evangelischer Pressedienst Landesdienst Pfalz
Postf. 12 63, 67322 Speyer
Beethovenstr. 4, 67346 Speyer
T: (06232) 13 23-20 **Fax:** 13 23-24
Verantw. Redakteur: Hartmut Metzger

o 479
Evangelischer Pressedienst Landesdienst Südwest
Redaktion Baden
Postf. 22 80, 76010 Karlsruhe
Vorholzstr. 7, 76137 Karlsruhe
T: (0721) 9 32 75-70 **Fax:** 9 32 75-60
Chefredakteur: Hans-Peter Scheibel

o 480

**Evangelischer Pressedienst
Landesdienst Südwest**
Redaktion Württemberg
Augustenstr. 124, 70197 Stuttgart
T: (0711) 2 22 76-61/62 **Fax:** 2 22 76-63
Chefredakteur: Roland Velten

o 481

**Evangelischer Pressedienst
Landesdienst West**
Postf. 14 03 80, 33623 Bielefeld
Cansteinstr. 1, 33647 Bielefeld
T: (0521) 94 40-177 **Fax:** 94 40-175
Geschäftsf. Chefredakteur: Jürgen Kordes
Redakteurin: Dr. Elke Prestin

● O 482

**idea e.V.
Evangelische Nachrichtenagentur**
Postf. 18 20, 35528 Wetzlar
Steinbühlstr. 3, 35578 Wetzlar
T: (06441) 9 15-0 **Fax:** 9 15-118
Chefredakteur: Helmut Matthies
Publikationen: idea-Informationsdienst
idea Spektrum
idea-Dokumentationen

● O 483

Evangelischer Presseverband für Baden e.V.
Vorholzstr. 7, 76137 Karlsruhe
T: (0721) 9 32 75-0 **Fax:** 9 32 75-20
Gründung: 1922
Vorsitzende(r): Hans Kratzert, Heidelberg
Stellvertretende(r) Vorsitzende(r): Erich Bottlinger, Baden-Baden
Hauptgeschäftsführer(in): Christoph Roppel
Verbandszeitschrift: STANDPUNKTE-Das Evangelische Magazin
Mitteilungen der Evangelischen Landeskirche in Baden
Mitglieder: 36
Mitarbeiter: 17

● O 484

Evangelischer Presseverband für Bayern e.V.
Birkerstr. 22, 80636 München
T: (089) 1 21 72-0 **Fax:** 1 21 72-1 38
Internet: http://www.epv.de
E-Mail: Redaktion@epv.de
Hauptgeschäftsführer(in): Hartmut Joisten
Zeitschriften: Sonntagsblatt - Evangelische Wochenzeitung für Bayern
Unser Auftrag
Kirche im Rundfunk
Nachrichten der Evang.-Luth. Kirche in Bayern

● O 485

Medienhaus - Zentrum für evangelische Publizistik und Medienarbeit in Hessen und Nassau gGmbH
Postf. 10 07 47, 60007 Frankfurt
Rechneigrabenstr. 10, 60311 Frankfurt
T: (069) 92 10 72 10 **Fax:** 92 10 72 01
Internet: http://www.ekhn.de/medienhaus
E-Mail: medienhaus@ekhn.de
Gründung: 1946
Aufsichtsratsvors.: Dr. Joachim Schmidt
Stellvertretende(r) Vorsitzende(r): Oberkirchenrat Dirk Roman Moser
Hauptgeschäftsführer(in): Pfarrer Helwig Wegner
Verbandszeitschrift: Evangelische Kirchenzeitung
Das Sonntagsblatt für Hessen und Nassau
Verlag: Eigenverlag
Mitarbeiter: 18

● O 486

DIE AUSWÄRTIGE PRESSE e.V.
Jungfernstieg 38, 20354 Hamburg
T: (040) 35 71 81 31 **Fax:** 8 89 28 15, 6 41 39 74
Internet: http://www.die-auswärtige-presse.de
E-Mail: info@die-auswärtige-presse.de
Gründung: 1951 (Mai)
Präsident(in): Günther Falbe (Wieddüp 26, 22459 Hamburg, T. u. Fax: (040) 58 65 19)
Vizepräsident(in): Reinhold Seibert (Ltg. Presseabt.; Philosophenweg 21, 22763 Hamburg, T: (040) 8 89 28 13/14, Fax: 8 89 28 15)
EUROPA REPORT
Redaktion: Hamburger Buch- und Zeitschriftenverlag für Sport, Reise und Freizeit GmbH, Jungfernstieg 38, 20354 Hamburg
Mitglieder: ca. 130
Vereinigung der in Hamburg für die auswärtige und ausländische Presse tätigen Journalisten

● O 487

DPV Deutscher Presse Verband e.V.
Stresemannstr. 375, 22761 Hamburg
T: (040) 8 99 77 99 **Fax:** 8 99 77 79
Internet: http://www.dpv.org
E-Mail: dpv.hh@dpv.org

● O 488

Bremer Presse-Club e.V.
Schnoor 27-28, 28195 Bremen
T: (0421) 32 64 22 **Fax:** 3 37 88 29
Internet: http://www.derschnoor.de/presseclub
Vorsitzende(r): Theo Schlüter
Mitglieder: 325

● O 489

Frankfurter Presse-Club e.V. (FPC)
Saalgasse 30, 60311 Frankfurt
T: (069) 28 88 00 **Fax:** 29 58 03
Gründung: 1984 (1. Januar)
Präsident(in): Hans-Helmut Kohl (Stellv.-Chefredakteur, Frankfurter Rundschau, T: (069) 21 99-34 03)
Vizepräsident(in): Gerhard Kneier (AP Deutscher Dienst, Leiter der Inlandsredaktion, Moselstr. 27, 60329 Frankfurt, T: (069) 27 23 01 05)
Geschäftsführer(in): Edgar Thielemann
Schatzmeister: Albrecht Koch (früherer Presseleiter d. Nestle Deutschland AG)
Schriftführer(in): Nikolaus Münster (Leiter des Presse- und Informationsamtes der Stadt Frankfurt, Römerberg 32, 60311 Frankfurt, T: (069) 21 23-38 45)
Mitglieder: 388 Einzelmitglieder und 110 Korporative Mitglieder (Stand: Ende 1999)

● O 490

**Allgemeiner Hamburger Presseclub,
Vereinigung von Medien-Mitarbeitern e.V.**
Gazellenkamp 57, 22529 Hamburg
T: (040) 4 31 76-6 29 **Fax:** 4 31 76-6 28
Gründung: 1971 (1. Oktober)
Präsident(in): Birgit Schanzen
Vizepräsident(in): Thomas Osterkorn

● O 491

PresseClub München e.V.
Postf. 33 07 20, 80067 München
Marienplatz 22, 80331 München
T: (089) 20 02 48 48 **Fax:** 26 02 48 50
Internet: http://www.presseclubmuenchen.de
E-Mail: presseclubmuenchen@t-online.de
Vorsitzende(r): Dr. Norbert Matern
Stellvertretende(r) Vorsitzende(r): Ruthart Tresselt
Cornelia Wohlhüter
Mitglieder: 866

● O 492

Presse-Club Osnabrück e.V. (PC)
Postf. 34 05, 49024 Osnabrück
T: (0541) 31 00 **Fax:** 31 02 34
Gründung: 1978
Präsident(in): Annette Harms-Hunold (Verlag Fromm, Breiter Gang 10-16, 49074 Osnabrück)
Vorsitzende(r): Siegfrid Sachse
Stellvertretende(r) Vorsitzende(r): Jürgen Bitter
Mitglieder: 40

● O 493

Presseclub Saar e.V.
St. Johanner Markt 5, 66111 Saarbrücken
T: (0681) 37 15 57
Präsident(in): Werner Zimmer

● O 494

Jugendpresseclub e.V., Berufsvereinigung der jugendorientierten Fachjournalisten in Presse, Hörfunk und Fernsehen (JPC)
Lennestr. 42, 53113 Bonn
T: (0228) 21 77 86 **Fax:** 21 39 84
Internet: http://www.jugendpresseclub.de
E-Mail: buero@jugendpresseclub.de
Gründung: 1966 (29. April)
Vorsitzende(r): Markus Lahrmann
Geschäftsführer(in): Martin Finkenberger
Verbandszeitschrift: "intern"
Verlag: Eigenverlag
Mitglieder: über 150

● O 495

**Deutsche Jugendpresse e.V.
Bundesarbeitsgemeinschaft jugendeigener Medien**
Perleberger Str. 31, 10559 Berlin
T: (030) 3 96 95 19 **Fax:** 3 96 97 36
Internet: http://www.deutsche-jugendpresse.de
E-Mail: info@deutsche-jugendpresse.de
Gründung: 1967
Verbandszeitschrift: Bundesnachrichtendienst (bnd), Hrsg. Bundesvorstand der Deutschen Jugendpresse e.V., Perleberger Str. 31, 10559 Berlin
Mitglieder: ca. 5000 nicht kommerzielle jugendeigene Zeitschriften
Landesverbände: 11 Landesarbeitsgemeinschaften, gemeinnütziger Verein
Jahresetat: DM 0,080 Mio, € 0,04 Mio

Landesarbeitsgemeinschaften

o 496

Demokratische Jugendpresse Hamburg (DJPH)
Lilienstr. 19, 20095 Hamburg
T: (040) 32 52 68 36 **Fax:** 32 52 68 36
E-Mail: diph@bigfoot.com

o 497

Junge Presse Berlin e.V.
Perleberger Str. 31, 10559 Berlin
T: (030) 3 96 21 08 **Fax:** 3 96 97 36, 40 53 37 38 Mailbox
Internet: http://www.jpberlin.de
E-Mail: jpb@jpberlin.de
Verbandszeitschrift: JUPMA (Jugend Presse Magazin), jpnd (Jugenpresse Nachrichten Dienst)

o 498

Junge Presse Niedersachsen (JPN)
Borriestr. 28, 30519 Hannover
T: (0511) 83 09 29 **Fax:** 8 38 60 11
Internet: http://www.jungepresse-online.de
E-Mail: buero@jungepresse-online.de

o 499

Verband junger Medienmacher Baden-Württemberg e.V. (VJM)
Postf. 20 27, 71010 Böblingen
T: (07031) 87 48 67 **Fax:** (0711) 80 60 72 30
Internet: http://www.vjm-bw.de
E-Mail: info@vjm-bw.de

o 500

Junge Presse Bayern
Kulturzentrum K4
Königstr. 93, 90402 Nürnberg
T: (0911) 2 31 52 56
Internet: http://www.jpbayern.de
E-Mail: jpbayern@link-m.de

o 501

Jugendpresseverband Brandenburg e.V.
Haus der Jugend
Berliner Str. 49, 14467 Potsdam
T: (0331) 2 80 34 46 **Fax:** 2 80 34 46
Internet: http://www.jpberlin.de/jpvb
E-Mail: jpvb@jpberlin.de
Gründung: 1991 (21. Mai)
Verbandszeitschrift: Express und X-Pressum
Mitglieder: ca. 550 nichtkommerzielle Jugendmedien und Medienmacher

o 502

Jugendmedienverband Mecklenburg-Vorpommern
Postf. 10 91 84, 18013 Rostock
T: (0381) 4 92 32 54 **Fax:** 2 00 34 57
Internet: http://www.jmmv.de
E-Mail: info@jmmv.de
Verbandszeitschrift: jmnv-info

o 503

Junge Presse Schleswig-Holstein
Postf. 26 71, 24025 Kiel
Ringstr. 53, 24114 Kiel
T: (0431) 67 77 30 **Fax:** 67 77 28
Internet: http://www.vereine.comcity.de/jpsh
E-Mail: jpsh@jpsh.comcity.de

o 504

Jugendpresseverband Thüringen
Johannesstr. 19, 99084 Erfurt
T: (0361) 6 01 24 44 **Fax:** 6 01 24 44
E-Mail: hallo@jput.de

o 505
Junge Presse Köln
Poller Hauptstr. 65, 51105 Köln
T: (0221) 83 85 52   **Fax:** 83 85 24

o 506
Junge Presse Hessen, Rheinland-Pfalz, Saarland
An der Kirche 8, 61197 Florstadt
E-Mail: gf@jph-djp.de

● O 507
Essener Jugendpresse e.V.
Gemeinnütziger Verein zur Förderung junger Journalisten
Hammacherstr. 33, 45127 Essen
T: (0201) 2 00-232   **Fax:** 2 00-232
E-Mail: arps@aschilling.de
Gründung: 1981 (11. September)
Geschäftsführender Vorsitzender: Alexander Schilling
Ltg. Presseabteilung: Tobias Lambrecht
Verbandszeitschrift: 1. epos.magazin, Redaktion: Christian Birkmann; 2. EJP Telex, Redaktion: Nils Malescha
Verlag: Jugendmedienzentrum, Hammacherstr. 33, 45127 Essen, T: (0201) 2 00-2 32, Telefax: (0201) 24 80-3 48
Mitglieder: 150
Mitarbeiter: 20 (ehrenamtlich)
Jahresetat: DM 0,02 Mio, € 0,01 Mio

● O 508
IJP e.V. -
Internationale Journalisten-Programme
Postf. 15 65, 61455 Königstein
Höhenblick 2, 61462 Königstein
T: (06174) 77 07   **Fax:** 41 23
Internet: http://www.ijp.org
E-Mail: info@ijp.org
Gründung: 1981 (14. August)
Beirat: Dr. Frank-Dieter Freiling (Sprecher)
Wolfram Schweizer
Vorstand: Martina Johns (Sprecherin)
Stefan Oelze
Peter Littger
Mitglieder: 30
Assoziierte Redakteure: 1600

● O 509
Verband Deutscher Zeitschriftenverleger e.V. (VDZ)
Markgrafenstr. 15, 10969 Berlin
T: (030) 72 62 98-0
Internet: http://www.vdz.de
Präsidium:
Präsident(in): Dr. Hubert Burda
Vizepräsident(in): Dr. Rudolf Thiemann
Uwe Hoch
Fachverband die Publikumszeitschriften im VDZ
Vorsitzende(r): Karl Dietrich Seikel
Geschäftsführender Vorstand: Wolfgang Fürstner
Geschäftsführer(in): Holger Busch (Marketing, Anzeigen)
Fachverband Fachpresse
Vorsitzende(r): Uwe Hoch
Geschäftsführer(in): Walter Welker
Fachverband Konfessionelle Presse im VDZ
Vorsitzende(r): Dr. Rudolf Thiemann
Geschäftsführer(in): Dirk Platte
Leitung Presseabteilung: Veronika Nickel
Mitglieder: ca. 400 Verlage
Mitarbeiter: 20

o 510
Verband der Zeitschriftenverlage in Bayern e.V.
Amalienstr. 67 /II, 80799 München
T: (089) 28 81 27-0   **Fax:** 28 81 27-27
Geschäftsführer(in): RA Berthold Wesle
Berufsständische Vertretung der Zeitschriftenverlage in Bayern in arbeitsrechtlicher, sozialpolitischer und ideeller Hinsicht; Tarifvertragspartei im Sinne des Tarifvertragsgesetzes.

o 511
Verband der Zeitschriftenverleger Berlin-Brandenburg e.V.
Markgrafenstr. 15, 10969 Berlin
T: (030) 72 62 98-133   **Fax:** 72 62 98-134
E-Mail: u.heimann@vdz.de
Geschäftsführer(in): Ursula Heimann

o 512
Verband der Zeitschriftenverlage Nord e.V.
Bei dem Neuen Krahn 2 Cremon, 20457 Hamburg
T: (040) 36 98 16-0   **Fax:** 36 98 16-44
Geschäftsführer(in): RA Wolfgang Linnekogel

o 513
Verband der Zeitschriftenverlage Niedersachsen - Bremen e.V.
Bei dem Neuen Krahn 2 Cremon, 20457 Hamburg
T: (040) 36 98 17-0   **Fax:** 36 98 16-44
Gründung: 1947
Vorsitzende(r): Dr. Lothar Vincentz
Geschäftsführer(in): RA Wolfgang Linnekogel

o 514
Verein der Zeitschriftenverlage in Nordrhein-Westfalen e.V.
Paul-Schallück-Str. 6, 50939 Köln
T: (0221) 41 80 54   **Fax:** 4 20 00 66
Internet: http://www.vzvnrw.de
E-Mail: info@vzvnrw.de
Geschäftsführer(in): RA Wilfried J. Köhler

o 515
Südwestdeutscher Zeitschriften-Verlegerverband e.V.
Leuschnerstr. 3, 70174 Stuttgart
T: (0711) 29 06 18   **Fax:** 22 19 15
Geschäftsführer(in): Dipl.-Volksw. Wolfgang Haas

o 516
Verband der Zeitschriftenverlage in Sachsen, Sachsen-Anhalt und Thüringen e.V.
Sitz Leipzig
Geschäftsstelle Berlin
Markgrafenstr. 15, 10969 Berlin
T: (030) 72 62 98-133   **Fax:** 72 62 98-134
E-Mail: u.heimann@vdz.de
Geschäftsführer(in): Ursula Heimann

● O 517
Arbeitsgemeinschaft rechts- und staatswissenschaftlicher Verlage e.V.
Geschäftsstelle: Karl-Peter Winters, c/o Verlag Dr. Otto Schmidt KG
Unter den Ulmen 96-98, 50968 Köln
T: (0221) 9 37 38-101   **Fax:** 9 37 38-901
E-Mail: geschaeftsleitung@otto-schmidt.de
Gründung: 1910
Vorsitzende(r): Karl-Peter Winters, Köln
Vorstandsmitgl.: Dr. Hans Dieter Beck, München
Wolfgang Stollfuß, Bonn
Bertram Gallus, Köln
Dr. Dorothee Walther, Berlin
Mitglieder: 41

● O 518
Deutscher Presseclub e.V.
Pressehaus 0412
Schiffbauerdamm 40, 10117 Berlin
T: (030) 22 48 86 24   **Fax:** 22 48 86 26
E-Mail: deutscher.presseclub@t-online.de
Gründung: 1952 (7. Oktober)
Vorsitzende(r): Dietmar Merten
Stellvertretende(r) Vorsitzende(r): Miguel Sanches
Mitglieder: 287
Pflege und Beziehungen zu Parlament, Regierung und anderen Einrichtungen des öffentlichen Lebens.

● O 519
Club Wirtschaftspresse e.V. München
c/o Handelsblatt, Redaktion München
Josephspitalstr. 15, 80331 München
T: (089) 54 59 07 20   **Fax:** 59 16 75
Kontaktperson: Caspar Busse
Mitglieder: rd. 90

● O 520
Bundespressekonferenz e.V.
c/o Preesehaus/0103
Schiffbauerdamm 40, 10117 Berlin
T: (030) 22 07 99 19, 22 07 99 17   **Fax:** 22 07 99 22
E-Mail: bpkberlin@aol.com
Gründung: 1949
Vorsitzende(r): Tissy Bruns
Mitglieder: 920

o 521
Bundespressekonferenz e.V.
Außenstelle Bonn
c/o Tulpenfeld 7/28
Heussallee 2-10, 53113 Bonn
T: (0228) 21 56 30   **Fax:** 21 34 96

● O 522
Berliner Pressekonferenz
Reichstagufer 14, 10117 Berlin
T: (030) 2 29 00 40   **Fax:** 2 29 00 42
Internet: http://www.berliner-pressekonferenz.de
Gründung: 1950
Vors. d. Arbeitsausschusses: Lutz Krieger

● O 523
Justizpressekonferenz Karlsruhe e.V.
Postf. 56 69, 76038 Karlsruhe
T: (0721) 2 27 37   **Fax:** 9 20 44 49
Gründung: 1975 (Februar)
Vorsitzende(r): Ursula Knapp
Stellvertretende(r) Vorsitzende(r): Dr. Wolfgang Janisch
Mitglieder: 46

● O 524
Berliner Presse Club e.V.
Niebuhrstr. 61, 10629 Berlin
T: (030) 22 88-3520   **Fax:** 22 88-3509
Gründung: 1952
Vorsitzende(r): Rainer Gütfeld (NDR)
Mitglieder: 150

● O 525
Wirtschafts-Presse-Forum Brandenburg e.V.
c/o Wirtschaftsförderung Brandenburg GmbH
Steinstr. 104-106, 14480 Potsdam
T: (0331) 43 01-2254   **Fax:** 43 01-2836
Präsident(in): Jürgen Simmer (Bevollmächtigter für Bundesangelegenheiten)
(BABCOCK BORSIG AG, Repräsentanz Berlin, Egellsstr. 21, 13507 Berlin, T: (030) 43 01-2254, Fax: (030) 43 01-2863, E-Mail: jsimmer@borsig.de)
Stellv. Präsidenten: Dr. Rudi Mews (Redakteur beim ORB - Antenne Brandenburg, Puschkinallee 4, 14469 Potsdam, T: (0331) 7 31 43 46, Fax: 7 31 42 63)
Carl Gottfried Rischke (Vorstandsvorsitzender der LBS Ostdeutsche Landesbausparkasse AG, Am Luftschiffhafen 1, 14471 Potsdam, T: (0331) 9 69 01 01, Fax: 9 69 03 20)
Knut Solzbacher (Sprecher der Geschäftsführung der Wirtschaftsförderung Brandenburg GmbH, Steinstr. 104-106, 14467 Potsdam, T: (0331) 9 67 51 34, Fax: 9 67 51 23)
Schatzmeister: Holger Appel (Direktor der Deutsche Bank 24 AG, Filiale Potsdam, Charlottenstr. 40, 14467 Potsdam, T: (0331) 2 84 81 01, Fax: 2 84 84 45)
Mitglieder: 800

● O 526
Verein der Ausländischen Presse in Deutschland e.V.
Pressehaus/1306
Schiffbauerdamm 40, 10117 Berlin
T: (030) 22 48 95 47   **Fax:** 22 48 95 49
Internet: http://www.vap-berlin.de
E-Mail: info@vap-berlin.de
Gründung: 1906
Mitglieder: 450

● O 527
Mikrofilmarchiv der deutschsprachigen Presse e.V.
(Institut für Zeitungsforschung)
44122 Dortmund
Königswall 18, 44137 Dortmund
T: (0231) 5 02 32 49   **Fax:** 5 02 60 18
E-Mail: mfa@stadtdo.de
Vorsitzende(r): Dr. Günther Wiegand (Universitätsbibliothek Kiel, Westring 400, 24118 Kiel)
Geschäftsführer(in): Prof. Dr. Hans Bohrmann

● O 528
Bundesverband der Pressebild-Agenturen und Bildarchive e.V. (BVPA)
Lietzenburger Str. 91, 10719 Berlin
T: (030) 3 24 99 17   **Fax:** 3 24 70 01
Internet: http://www.bvpa-ev.de
E-Mail: info@bvpa-ev.de
Gründung: 1970
Geschäftsführer(in): Bernd Weise
Vorstand: Jan Leidicke (Vors.)
Hanns-Peter Frentz
Thomas Raupach
Peter Remmerssen
Thomas Schumann
Verbandszeitschrift: BVPA-INFO

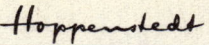

Redaktion: Bernd Weise; Marion Gorcke
Verlag: BVPA, Lietzenburger Str. 91, 10719 Berlin
Mitglieder: 94

● O 529
Deutsche Gesellschaft für Stereoskopie e.V. (DGS)
Kurt-Schumacher-Ring 50, 63486 Bruchköbel
T: (06181) 74 09 04   **Fax:** 74 09 04
Internet: http://www.stereoskopie.org
E-Mail: dgs_jh@t-online.de
Gründung: 1928
1. Vorsitzende(r): Jürgen Horn (Kurt-Schumacher-Ring 50, 63486 Bruchköbel, T: (06181) 74 09 04, Telefax: (06181) 74 09 04, e-mail: dgs_jh@t-online.de)
2. Vorsitzende(r): Peter Schnehagen (Ilkstraat 36, 22399 Hamburg, T: (040) 6 06 15 01, Telefax: (040) 6 02 26 61, E-Mail: Schnehagen.3D@t-online.de)
Verbandszeitschrift: DGS intern
Redaktion: Jürgen Horn
Verlag: Pressestelle, Kurt-Schumacher-Ring 50, 63486 Bruchköbel
Mitglieder: ca. 700

● O 530
VDI Verlag GmbH
Postf. 10 10 54, 40001 Düsseldorf
Heinrichstr. 24, 40239 Düsseldorf
T: (0211) 61 88-0   **Fax:** 61 88-112
Internet: http://www.ingenieurkarriere.de, http://www.vdi-nachrichten.com, http://www.vdi.literatur.de, http://www.technical-toys.de
Vors. d. Verwaltungsrates: Prof. Dr.-Ing. Hubertus Christ
Stellv. Vors. d. Verwaltungsrates: Dr. Heinz-Werner Nienstedt
Geschäftsführer(in): Raymond Johnson-Ohla

● O 531
Verein Unions-Presse e.V. (VUP)
c/o API
Erftstr. 15, 53757 St Augustin
T: (02241) 33 00 01   **Fax:** 33 03 30
Geschäftsführender Vorsitzender: Klaus Skibowski

Werbewirtschaft

● O 532
Zentralverband der deutschen Werbewirtschaft ZAW e.V.
Postf. 20 14 14, 53144 Bonn
Villichgasse 17, 53177 Bonn
T: (0228) 8 20 92-0   **Fax:** 35 75 83
Internet: http://www.zaw.de
E-Mail: zaw@zaw.de
Gründung: 1949 (19. Januar)
Präsident(in): Dr. Manfred Lange
Hauptgeschäftsführer(in): Dr. Georg Wronka
Geschäftsführer(in): Manfred Parteina
Sprecher: Volker Nickel
Mitglieder: 39 Verbände

Angeschlossen

ZAW-Mitgliedsorganisationen

Gruppe Werbungtreibende
Bundesverband der Deutschen Industrie e.V.
Bundesfachverband der Arzneimittel-Hersteller e.V. (BAH)
Bundesverband deutscher Banken e.V.
Deutscher Brauer-Bund e.V.
Deutscher Sparkassen- und Giroverband e.V.
Gesamtverband der Deutschen Versicherungswirtschaft e.V. (GDV)
Hauptverband des Deutschen Einzelhandels e.V.
Markenverband e.V.
Zentralausschuß der Deutschen Landwirtschaft

Gruppe Werbungdurchführende und Werbemittelhersteller
Arbeitsgemeinschaft ARD-Werbung
awk AUSSENWERBUNG
Bundesverband Deutscher Anzeigenblätter e.V. BVDA
Bundesverband Deutscher Zeitungsverleger (BDZV)
Bundesverband Druck und Medien e.V.
Deutsche Eisenbahn-Reklame GmbH
DeTeMedien, Deutsche Telekom Medien GmbH
Deutsche Städte-Medien GmbH (DSM)
DDV Deutscher Direktmarketing Verband e.V.
Fachverband Aussenwerbung e.V.
Fachverband Kalender und Werbeartikel e.V.
Fachverband Lichtwerbung e.V.
FDW Werbung im Kino e.V.
IP Deutschland GmbH
SevenOne Media GmbH
VDAV Verband Deutscher Auskunfts- und Verzeichnismedien
Verband Deutscher Werbefilmproduzenten e.V.
VDWN Verband Deutscher Wirtschaftsnachschlagewerke e.V.
Verband Deutscher Zeitschriftenverleger e.V.
Verband Privater Rundfunk und Telekommunikation (VPRT) e.V.
RMS-Verein zur Förderung der Gattung Funk
Zweites Deutsches Fernsehen

Die deutschen Großmessen
Messe Berlin GmbH
Messe Düsseldorf GmbH
Messe Frankfurt GmbH
Deutsche Messe-AG, Hannover
KölnMesse
Messe München GmbH

Gruppe Werbeagenturen
Gesamtverband Werbeagenturen GWA e.V.

Gruppe Werbeberufe und Marktforschung
Arbeitsgemeinschaft Media-Analyse e.V. (AG.MA)
ADM Arbeitskreis Deutscher Markt- und Sozialforschungsinstitute e.V.
Art Directors Club für Deutschland e.V. (ADC)
Bund Deutscher Schauwerbegestalter Zentralverband e.V.
Berufsverband Deutscher Markt- und Sozialforscher e.V. BVM
Kommunikationsverband.de

● O 533
Deutscher Werberat (DW)
Postf. 20 14 14, 53144 Bonn
Villichgasse 17, 53177 Bonn
T: (0228) 82 09 20   **Fax:** 35 75 83
Internet: http://www.werberat.de
E-Mail: werberat@werberat.de
Internationaler Zusammenschluß: siehe unter izo 109
Vorsitzende(r): Jürgen Schrader

● O 534
Verband Deutscher Werbejunioren e.V.
Berghauser Str. 62, 42859 Remscheid
Internet: http://www.werbejunioren.de
E-Mail: info@werbejunioren.de
Vorstand: Martin Zünkeler (Sprecher)
Lars Ansgar Förster
Jens Bosch
Dirk Adler
Mitglieder: 150

● O 535
Informationsgemeinschaft zur Feststellung der Verbreitung von Werbeträgern e.V. (IVW)
Postf. 20 14 14, 53144 Bonn
Villichgasse 17, 53177 Bonn
T: (0228) 8 20 92-150   **Fax:** 36 51 41
Internet: http://www.ivw.de
E-Mail: ivw@ivw.de
Gründung: 1949
VdVR: Dr. Manfred Lange
Geschäftsführer(in): Dr. Georg Wronka
Michael Schallmeyer
Verbandszeitschrift: IVW-Praxis
Redaktion: Michael Schallmeyer
Ca. 1300 deutsche Verlage, 236 Online-Anbieter und 26 Plakatanschlagunternehmen sowie 64 Rundfunk- und TV-Veranstalter sind in der IVW zusammengeschlossen.

● O 536
NBRZ-Service GmbH München
Nielsen-BallungsRaum-Zeitungen
Sendlinger Str. 8, 80331 München
T: (089) 21 83-662   **Fax:** 21 83-8388
Internet: http://www.nbrz.de
E-Mail: carsten.paul@nbrz.de

● O 537
WerbeVertriebsOrganisationen Verbund e.V.
Fachverband deutscher Werbemittelverteiler
Biebererstr. 137, 63179 Obertshausen
T: (06104) 4 57 49   **Fax:** 49 70 15
Gründung: 1985 (12. Januar)
1. Vorsitzende(r): Armin Fay
Mitglieder: z. Zt. 30 mit Regionalbüros

● O 538
Organisation Werbungtreibende im Markenverband (OWM)
Postf. 41 49, 65031 Wiesbaden
Schöne Aussicht 59, 65193 Wiesbaden
T: (0611) 5 86 70   **Fax:** 58 67 27
Internet: http://www.own.de
E-Mail: info@markenverband.de
Gründung: 1995
Vorsitzende(r): Dr. Hans-Dieter Liesering
Stellvertretende(r) Vorsitzende(r): Margret Bohse
Geschäftsführer(in): Dipl.-Volksw. Wolfgang Hainer
Stellvertretende(r) Geschäftsführer(in): RAin Stephanie Scharpenzck-Bingel
Mitglieder: 72

● O 539
Gesamtverband Werbeagenturen (GWA)
Friedensstr. 11, 60311 Frankfurt
T: (069) 2 56 00 80   **Fax:** 23 68 83
Internet: http://www.gwa.de
E-Mail: info@gwa.de
Präsident(in): Lothar S. Leonhard (Ogilvy & Mather)
Vorstand: Christian F. Cuntz (OPTIMEDIA)
Dr. Stephan Heller (heller & partner)
Heinz Huth (Huth + Wenzel)
Günter Käfer (FGK)
Norbert Lindhof (Scholz & Friends)
Hubertus von Lobenstein (Saatchi & Saatchi)
Gerhard Mutter (DIE CREW)
Jochen Pläcking (DDB GmbH)
Manfred Schüller (Springer & Jacoby)
Klaus Untermöhle (Economia)
Dr. Rainer Zimmermann (BBDO)
Hauptgeschäftsführer(in): Dr. Henning von Vieregge
Stellvertreter: Dipl.-Volksw. Werner Bitz
Mitglieder: 130

● O 540
Arbeitskreis Industrie-Werbeagenturen (AIW)
Geschäftsstelle:
c/o P&S Marketing Gesellschaft für Werbung und Kommunikation mbH
Terrassenstr. 42, 09131 Chemnitz
T: (0371) 47 29 30   **Fax:** 4 72 93 10
Internet: http://www.aiw-werbung.de
E-Mail: info@punds-marketing.de
Gründung: 1964
Sprecher: Dr. Peter Schulze
Mitglieder: 11

● O 541
Bundesverband der Werbemittel-Berater und Großhändler (bwg)
Gartenstr. 33a, 41460 Neuss
T: (02131) 22 25 60   **Fax:** 22 26 60
Internet: http://www.bwg-verband.de
E-Mail: bwg-verband@t-online.de
Gründung: 1986 (24. Mai)
Ehrenvors.: Michael Hagemann
Vorsitzende(r): Hans-Joachim Evers, Neuss
1. Stellv. Vors.: Martin Leipold, Dreieich
2. Stellv. Vors.: Rüdiger Treutlar, Mannheim
Beirat: Heike Rockel-Sicheneder
Dietmar Mundt
Mitglieder: ca. 200

Interessenvertretung des Berufsstandes (Werbemittelgroßhandel) gegenüber der Gesamtwirtschaft.

● O 542
Bundesfachvereinigung Deutscher Werbemittelverteiler e.V. (BDWV)
Oststr. 41-43, 22844 Norderstedt
T: (040) 5 26 47 96   **Fax:** 5 26 46 53
Internet: http://www.bdwv.de
E-Mail: bdwv-geschaeftsstelle@t-online.de
Gründung: 1978
Vorsitzende(r) des Vorstandes: Horst Friedewald
Leitung Presseabteilung: Peter Drespa
Mitglieder: 28
Mitarbeiter: 1

● O 543
Fachverband für Sponsoring & Sonderwerbeformen e.V. (FASPO)
Doormannsweg 22, 20259 Hamburg
T: (040) 60 95 08-33, 60 95 08-34
Internet: http://www.sponsoring-verband.de
E-Mail: faspo@debitel.net
Gründung: 1996 (30. Oktober)
Präsident(in): Dr. Martin Mitschke (Bender Zahn Tigges)
Vizepräsident(in): Alexander Hildebrand (mse AG)
Schatzmeister: Jean-Baptiste Felten (Felten & Cie. AG)
Vorstand: Anbieter/Vermarkter: Bernd Reichstein (UFA SPORTS GmbH)
Vorstand: Sponsoren: Lothar Rentschler (Barcardi GmbH)
Vorstand: Kultur-, Social- und Umwelt-Sponsoring: Dr. Sabine Köhler (mse AG)
Vorstand: Marktforschung: Hartmut Scheffler (Taylor Nelson Sofres-Emnid)
Vorstand: Event-Marketing: Roland Bischof (PRESENTED BY)
Vorstand: Presse- und Öffentlichkeitsarbeit: Peter Strahlendorf (New business verlag GmbH)
Verbandszeitschrift: FASPO-Newsletter
Redaktion: Geschäftsstelle

O 543

Verlag: Doormannsweg 22, 20259 Hamburg
Mitglieder: 85 Firmen
Mitarbeiter: 2

● **O 544**

Fachverband Freier Werbetexter (FFW)
Geschäftsstelle:
Postf. 7 45, 72237 Freudenstadt
Tannenstr. 33, 72250 Freudenstadt
T: (07441) 8 44-01 **Fax:** 8 44-05
Internet: http://www.werbetexter-ffw.de
E-Mail: werbetexter.ffw@t-online.de
Gründung: 1987 (22. September)
Präsident(in): Friedrich Herwig Lauffer, Aichwald
Vorsitzende(r): Hans-Jürgen Pomplitz, Hamburg
Stellvertretende(r) Vorsitzende(r): Kaspar H. Noeren, Stuttgart
Marion Schimmelpfennig (Ressortleiterin Neue Medien), Neunkirchen-Seelscheid
Vorstandsmitglied und Pressesprecher: Andreas Nowak, Berlin
Verbandszeitschrift: FFW-Nachrichten
Redaktion: Chefredakteur Ulrich Oesterle, Stuttgart

● **O 545**

Konferenz der Akademien für Kommunikation, Marketing, Medien
Orleansstr. 34, 81667 München
T: (089) 48 09 09 16 **Fax:** 48 09 09 19

o 546

Akademie für Absatzwirtschaft Kassel e.V.
Gobietstr. 13, 34123 Kassel
T: (0561) 99 89 60 **Fax:** 58 40 63
Internet: http://www.afak.de
E-Mail: info@afak.de
Gründung: 1963
Schulleitung: Ewald Giesel
Mitarbeiter: ca. 35 Dozenten

o 547

Akademie für Marketing-Kommunikation e.V.
Elbinger Str. 1, 60487 Frankfurt
T: (069) 70 40 95, 70 60 25 **Fax:** 7 07 51 67
Internet: http://www.akademie-frankfurt.de
E-Mail: info@akademie-frankfurt.de
Dipl.-Kfm. H.-Dieter Arndt

o 548

Bayerische Akademie für Werbung und Marketing e.V. (BAW)
Orleansstr. 34, 81667 München
T: (089) 48 09 09 10 **Fax:** 48 09 09 19
Internet: http://www.baw-online.de
E-Mail: info@baw-online.de
Dipl.-Volksw. Hans Dieter Maier
Mitglieder: 29

o 549

Bayerische Akademie für Werbung und Marketing e.V. (BAW) Institut Nürnberg
Beuthener Str. 45, 90471 Nürnberg
T: (0911) 40 21 71 **Fax:** 40 48 23
Internet: http://www.baw-online.de
E-Mail: baw-nuernberg@t-online.de
Akademieleiter: Rüdiger Arnold
Berufliche Aus- und Fortbildung in Marketing, Kommunikation, Schwerpunkt Werbung.

o 550

Bremer Akademie für Kommunikation, Marketing und Medien
Hartungstr. 1, 28203 Bremen
T: (0421) 7 12 91 **Fax:** 70 38 53
Internet: http://www.bremer-akademie.de
E-Mail: info@bremer-akademie.de
Friedrich Dodo de Boer

o 551

Düsseldorfer Akademie für Marketing - Kommunikation e.V.
Graf-Adolf-Str. 61, 40210 Düsseldorf
T: (0211) 37 39 00 **Fax:** 3 85 81 36
Internet: http://www.damk.de
E-Mail: damk@ginko.de
Dr. Hans A. Kühn

o 552

Mitteldeutsche Akademie für Marketing + Kommunikation
Helmholtzstr. 16, 39112 Magdeburg
T: (0391) 6 21 95 80 **Fax:** 6 23 95 07
Internet: http://www.mitteldeutsche-akademie-md.de
E-Mail: info@mitteldeutsche-akademie-md.de
Petra Kirchner

o 553

Norddeutsche Akademie für Marketing + Kommunikation e.V.
Lange Laube 2, 30159 Hannover
T: (0511) 1 72 11 **Fax:** 1 59 52
Internet: http://www.norddeutsche-akademie.de
E-Mail: info@norddeutsche-akademie.de
Dipl.-Kfm. Dipl.-Hdl. Dieter Schrader

o 554

Sächsische Akademie der Werbung e.V.
Saarländer Str. 20, 04179 Leipzig
T: (0341) 2 57 73 77 **Fax:** 2 57 73 78
Internet: http://www.werbeakademie.de
E-Mail: werbeakademie@okay.net
Andrea Büchner

o 555

WAK Westdeutsche Akademie für Kommunikation e.V.
Goltsteinstr. 89, 50968 Köln
T: (0221) 93 47 78-0 **Fax:** 93 47 78-8
Internet: http://www.wak-koeln.de
E-Mail: info@wak-koeln.de
Prof. Dr. Udo Koppelmann (Vorstandsvorsitzender)
Sprecher der Akademieleitung, Leitung Abendstudiengänge und Controlling: Prof. Dr. Ulrich Stangl
Leitung Tagesstudiengänge und Kommunikation: Kerstin Escher
Mitglieder: 100
Mitarbeiter: 15

o 556

Südwestdeutsche Akademie für Marketing und Kommunikation e.V.
Königstr. 1b, 70173 Stuttgart
T: (0711) 29 17 14 **Fax:** 2 26 24 24
E-Mail: matt@hdm-stuttgart.de
Prof. Bernd J. Matt

● **O 557**

Werbe & Medien-Akademie Marquardt
Private Akademie
Bornstr. 241-243, 44145 Dortmund
T: (0231) 86 10 08-0 **Fax:** 86 10 08-18
Internet: http://www.wam.de
E-Mail: info@wam.de
Gründung: 1958
Akademieleitung: Doz. Frank Erhardt (BDW)
Inez Erhardt
Stellv. Akademieleiter: Daniel Poznanski (stellv. Geschf., BDW)
Mitglieder: 47 Dozenten, 200 Studierende
Studiengänge: Kommunikations- u. Medienwirt, Kommunikations- u. Marketingwirt, Film- u. Fernsehwirt
Mitgliedsverbände:
BDW - Deutscher Kommunikationsverband e.V.
VDP-Verband Deutscher Privatschulen e.V.
DMMV-Deutscher Multimedia Verband

Mitgliedsverbände

o 558

kommunikationsverband.de
Bundesgeschäftsstelle:
Adenauerallee 118, 53113 Bonn
T: (0228) 9 49 13-0 **Fax:** 9 49 13-13
Internet: http://www.kommunikationsverband.de
E-Mail: info@kommunikationsverband.de

o 559

Führungskräfte der Druckindustrie und Informationsverarbeitung - FDI - e.V.
Bundesgeschäftsstelle:
Gräfenhäuser Str. 26, 64293 Darmstadt
T: (06151) 89 35 33 **Fax:** 89 34 95
Internet: http://www.fdi-ev.de
E-Mail: fdi.bund@t-online.de

● **O 560**

Düsseldorfer Akademie für Marketing-Kommunikation e.V.
Graf-Adolf-Str. 61, 40210 Düsseldorf
T: (0211) 37 39 00 **Fax:** 3 85 81 36
E-Mail: damk@ginko.de
Gründung: 1986 (März)
Vorsitzende(r): Horst Harguth
Stellvertretende(r) Vorsitzende(r): Dr. Hans A. Kühn
Geschäftsführer(in): Eberhard Bonse
Mitglieder: 22 (Stand Januar 2001)

● **O 561**

Werbefachliches Zentrum Ruhr
Auf der Union 10, 45141 Essen
T: (0201) 31 30 10 **Fax:** 31 30 04
Gründung: 1961 als Werbefachschule Ruhr
Schulleitung: Rolf-Dieter Groll

● **O 562**

Akademie für Marketing-Kommunikation e.V.
Elbinger Str. 1, 60487 Frankfurt
T: (069) 70 40 95, 70 60 25 **Fax:** 7 07 51 67
Internet: http://www.akademie-frankfurt.de
E-Mail: info@akademie-frankfurt.de
Gründung: 1961 (20. September)
Vorsitzende(r): Michael Barowski
Stellvertretende(r) Vorsitzende(r): Klaus Saalfeld (Schatzmeister)
Stellvertretende(r) Vorsitzende(r): Friedrich Otto
Geschäftsführer(in): Dipl.-Kfm. H.-Dieter Arndt
Mitglieder: 72

● **O 563**

Akademie für Kommunikation
Kölner Str. 7, 70376 Stuttgart
T: (0711) 9 54 80 40 **Fax:** 95 48 04 99
Direktor(in): Otto Wolff

● **O 564**

Hanseatische Akademie für Marketing + Medien GmbH
Conventstr. 14, 22089 Hamburg
T: (040) 2 53 01 30 **Fax:** 25 30 13 98
Leiter(in): Peter Kray
Mitarbeiter: 6
Aus- und Weiterbildung des Marketing-, Medien- und Design- Nachwuchses.

● **O 565**

Zentrum für Medien Kunst Kultur der Ev.-Luth. Landeskirche Hannovers
Archivstr. 3, 30169 Hannover
T: (0511) 12 41-4 32 **Fax:** 12 41-970
Internet: http://www.afg-hannover.de/zmkk
E-Mail: zmkk@evlka.de
Gründung: 1976
Leiter(in): Klaus Hoffmann
Verbandszeitschrift: Kunst-Info
Mitarbeiter: 10

● **O 566**

Werbefachschule Niedersachsen
- staatlich anerkannt -
Lange Laube 2, 30159 Hannover
T: (0511) 1 72 11 **Fax:** 1 59 52
Internet: http://www.norddeutsche-akademie.de
E-Mail: info@norddeutsche-akademie.de
Leiter(in): Dipl.-Kfm. Dipl.-Hdl. Dieter Schrader

● **O 567**

Akademie für Absatzwirtschaft Kassel e.V.
Gobietstr. 13, 34123 Kassel
T: (0561) 99 89 60 **Fax:** 58 40 63
Internet: http://www.afak.de
E-Mail: info@afak.de
Gründung: 1963
Schulleitung: Ewald Giesel
Mitarbeiter: ca. 35 Dozenten

● **O 568**

WAK Westdeutsche Akademie für Kommunikation e.V.
Goltsteinstr. 89, 50968 Köln
T: (0221) 93 47 78-0 **Fax:** 93 47 78-8
Internet: http://www.wak-koeln.de
E-Mail: info@wak-koeln.de
Gründung: 1956 (27. September)
Vors. d. Trägervereins:

Prof. Dr. Udo Koppelmann
Stellvertretende(r) Vorsitzende(r): Dr. Helmut B. Staab
Akademieleitung: Prof. Dr. Ulrich Stangl
Mitglieder: 100
Mitarbeiter: 15

● O 569
„Deutscher Werbe-Unterricht" im J.-Iversen-Institut
Sperberstr. 16, 81827 München
T: (089) 4 30 43 04   **Fax:** 4 30 01 71
Gründung: 1919
Inhaber u. Unterrichtsleiter: Unternehmensberater Helmut Rüdinger (Werbeberater BDW)
Leitung Presseabteilung: Helmut Rüdinger

● O 570

Bayerische Akademie für Werbung und Marketing e.V. (BAW)
Orleansstr. 34, 81667 München
T: (089) 48 09 09 10   **Fax:** 48 09 09 19
Internet: http://www.baw-online.de
E-Mail: info@baw-online.de
Gründung: 1949
Präsident(in): Heinrich Pöhlein
Vorsitzender Kuratorium: Hans Zehetmair (Staatsminister für Wissenschaft, Forschung und Kunst)
Mitglieder: 29
Allianz, Ancora-Werbung, Antenne Bayern, atlas Verlag und Werbung, Bayer. Landeszentrale für neue Medien, Bayer. Rundfunkwerbung, BMW, Daimler-Benz Aerospace AG, Deutsche Städtereklame, Deutscher Direktmarketing Verband e.V. (DDV), Deutscher Kommunikationsverband (BDW), Deutscher Supplement Verlag, DMI Institut für Direkt-Marketing, Eiler & Riemel Werbeagentur, Europa-Fachpresse-Verlag, GfK Fernsehforschung GmbH, Gong Verlag, Großversandhaus Quelle, GVG Grundstücks-Verwaltungs- und Verwertungs GmbH, HORIZONT, Kommunikationsverband Bayern BWF, MGM MediaGruppe München, pan-adress Direktmarketing, Publicis MCD Werbeagentur, Siemens, Süddeutscher Verlag, Verband der Bayer. Druckindustrie, Verband der Zeitschriftenverlage in Bayern

Die als gemeinnützig anerkannte Bayerische Akademie für Werbung und Marketing e.V. (BAW) sowie ihre Studien der Werbung und Kommunikation werden von bedeutenden Unternehmen der Industrie, der Kommunikationswirtschaft und den Industrie- und Handelskammern gefördert. Aus- und Weiterbildungsstätte für Werbung, Kommunikation, Marketing und Medien. Studien für Marketing, Kommunikation, Direktmarketing, Public Relations und Medienmarketing.

o 571
Bayerische Akademie für Werbung und Marketing e.V. (BAW) Institut Nürnberg
Beuthener Str. 45, 90471 Nürnberg
T: (0911) 40 21 71   **Fax:** 40 48 23
Internet: http://www.baw-online.de
E-Mail: baw-nuernberg@t-online.de
Akademieleiter: Helmuth Perthen
Berufliche Aus- und Fortbildung in Marketing, Kommunikation, Schwerpunkt Werbung.

● O 572
HSMA Deutschland e.V.
Hospitality Sales & Marketing Association
Bundesgeschäftsstelle
Futterstr. 18-19, 99084 Erfurt
T: (0361) 2 41 37-0   **Fax:** 2 41 37-24
Internet: http://www.hsma.de
E-Mail: info@hsma.de
Gründung: 1970
Präsident(in): Dipl.-Kfm. Gerhard Fuchs (Die FÜCHSE Ges. f. Marketing + Kommunikation + Medien mbH, Bayerstr. 8, 80335 München, Tel.: (089) 8 40 45 10, Fax: (089) 54 82 92 17, E-Mail: dieFUECHSE@t-online.de)
Geschäftsführer(in): Catrin Gäde
Verbandszeitschrift: Top hotel
Mitglieder: 670

● O 573
kommunikationsverband.de
Bundesgeschäftsstelle:
Adenauerallee 118, 53113 Bonn
T: (0228) 9 49 13-0   **Fax:** 9 49 13-13
Internet: http://www.kommunikationsverband.de
E-Mail: info@kommunikationsverband.de
Gründung: 1953
Präsidium: Heinz H. Behrens (Gruner + Jahr AG & Co., Baumwall 11, 20459 Hamburg, T: (040) 37 03 22 00/01, Fax: 37 03 56 90)
Odo-Ekke Bingel (stellv. Sprecher, BrandConsult, Im Tokayer 15, 65760 Eschborn, T: (06173) 60 86 00, Fax: 6 18 47 90, E-Mail: odo.bingel@t-online.de)
Nicole Entenmann (Spohrstr. 19, 60318 Frankfurt/M., T: (069) 59 79 77 85)
Heiko Falk (BBDO Interactive GmbH, Grünstr. 15, 40212 Düsseldorf, T: (0211) 9 30 83-35, Fax: 9 30 83-72, E-Mail: h.falk@bbdo.de)
Hans W. Hüller (RV Baden-Württemberg, Hüller & Partner Verlagsbüro, Winnender Str. 54, 71334 Waiblingen, T: (07151) 92 22-0, Fax: 92 22-60, E-Mail: ph@hueller-partner.de)
Oliver Klein (Mittelweg 31, 20148 Hamburg, T: (040) 45 36 26, e-mail: oklein@planet-interkom.de)
Gerhard A. Pfeffer (Präsidiumsmitglied f. Finanzen, Forum PR Beratung, Hauptstr. 12a, 53721 Siegburg, T: (02241) 91 95-0, Fax: 91 95-1, E-Mail: pfeffer@pr-pfeffer.com)
Jochen Pläcking (Sprecher, DDB Needham Worldwide GmbH, Vagedesstr. 19, 40479 Düsseldorf, T: (0211) 49 61-250, Fax: 49 61-218)
Wolfgang Reineke (Schloß-Wolfsbrunnenweg 25, 69118 Heidelberg, T: (06221) 80 90 44, Fax: 16 11 78)
Hartmut Wolff (Notthafftstr. 5, 83700 Rottach-Egern, T: (08022) 60 80)
Hauptgeschäftsführer(in): Lutz E. Weidner (Presse- u. Öffentlichkeitsarbeit)
Mitgliederbetreuung: Iris Müller
Mitglieder: 2450

Regionale Verbände:

o 574
Kommunikationsverband Bayern (BWF) e.V.
Geschäftsstelle
Orleansstr. 34, 81667 München
T: (089) 4 48 81 91   **Fax:** 6 88 61 71
Internet: http://www.bwf.de
E-Mail: bwf@bwf.de
Gründung: 1947
Präsident(in): Christian G. Hirsch, München
Vizepräsident(in): Rüdiger Arnold, Nürnberg
Frank Eiler, München
Schatzmeister(in): Günther Steimle, München

o 575
Kommunikationsverband Baden-Württemberg e.V.
Geschäftsstelle: Werbeagentur Beck KG
Alte Steige 17, 73732 Esslingen
T: (0711) 93 78 93-0   **Fax:** 93 78 93-9
E-Mail: wabeck@internet-xs.de
Vorsitzende(r): Kurt A. Beck

o 576
Kommunikationsverband Norddeutschland e.V.
c/o RRM Rambacher Response Media GmbH
Schwachhauser Ring 40, 28209 Bremen
T: (0421) 34 20 08   **Fax:** 3 49 99 19
Vorsitzende(r): Richard H. Rambacher

o 577
Regionalverband NRW
c/o TERTIA-Gruppe
Schöntalweg 7, 53347 Alfter
T: (0228) 64 80 70   **Fax:** 6 48 07-417, 6 48 07-428
E-Mail: dautzenberg@tertia.de
Vorsitzende(r): Rudolf L. Dautzenberg

o 578
Kommunikationsverband Saar-Lor-Lux e.V.
Club-Geschäftsstelle: Offsetdruck Klinke
Kurt-Schumacher-Str. 28-30, 66130 Saarbrücken
T: (0681) 9 88 81 83
Vorsitzende(r): Ulrich H. Frisch
Geschäftsstelle: Erich-Lüdger Müller

● O 579
INTERKOM e.V. Gesellschaft für Internationale Kommunikation und Kultur
Wilhelm-Hamacher-Platz 24, 53840 Troisdorf
T: (02241) 80 05 61   **Fax:** 80 05 50
Internet: http://www.interkom.org
E-Mail: interkom@interkom.org
Gründung: 1989
Präsident(in): Friedhelm Julius Beucher (MdB)

Stellvertretende(r) Vorsitzende(r): Peter Haas
Geschäftsführer(in): Till Friedrich
Mitarbeiter: 1

● O 580
Forum Corporate Publishing
Destouchesstr. 6, 80803 München
T: (089) 34 07 79 77   **Fax:** 34 07 79 78
Gründung: 1999 (Mai)
Präsident(in): Manfred Hasenbeck
Vizepräsident(in): Peter Haenchen
Mitglieder: 40

● O 581
Deutscher Multimedia Verband (dmmv) e.V.
Kaistr. 14, 40221 Düsseldorf
T: (0211) 6 00 45 60   **Fax:** 60 04 56 33
Internet: http://www.dmmv.de
E-Mail: info@dmmv.de
Gründung: 1995 (17. August)
Präsident(in): Rainer Wiedmann
Geschäftsführer(in): Alexander Felsenberg (M.A.)
Finanzen: Dr. Florian Korff
Verbandszeitschrift: "E-Flash"
Mitglieder: 1400
Mitarbeiter: 20
Jahresetat: DM 2,1 Mio, € 1,07 Mio

● O 582
Hamburg newmedia.network Förderkreis Multimedia e.V.
Behringstr. 28a, 22765 Hamburg
T: (040) 3 98 34-331   **Fax:** 3 98 34-339
Internet: http://www.hamburg-newmedia.net
E-Mail: foerderkreis@hamburg-newmedia.net
Vorstand: Uwe Jens Neumann (Vors.)
Klaus Liedtke
Schriftführer(in): Volker Martens
Schatzmeister(in): Axel Grühn

● O 583
multimedia kreativzentrum hessen e.v.
Große Friedberger Str. 33-35, 60313 Frankfurt
T: (069) 92 07 30 00   **Fax:** 92 07 30 70
Internet: http://www.mk-h.de
Gründung: 1998 (November)
Geschäftsführer(in): Martin Rasch
Mitglieder: ca. 200
Mitarbeiter: ca. 5

● O 584
Verband der deutschen Content Wirtschaft (VDCW)
Heimeranstr. 68, 80339 München
T: (089) 14 90 34 41, (0170) 2 48 24 25 (Mobil)
Internet: http://www.vdcw.de
E-Mail: vorstand@vdcw.de
Gründung: 2000 (9.Dezember)
Vorstand: Stefan Hiene (Vors.)
Stephan Mayerbacher (stellv. Vors.)
Thomas Richter (Finanzen)
Mitglieder: 50

● O 585
Bund Deutscher Schauwerbegestalter/ Merchandiser e.V. (BDS)
Obere Beutau 10, 73728 Esslingen
T: (0711) 35 35 50   **Fax:** 3 50 80 42
Internet: http://www.bds.schauwerbe.de
E-Mail: BDS_e.v@entralverband@t-online.de
Gründung: 1925
Präsident(in): Axel Wilde
Vizepräsident(in): Ralf Kürsten
Irmgard Heyd
Mitglied in ZAW, Bonn und U.D.O, Zürich
Offizielles Verbandsorgan: "Schaufenster" & shop Design
BDS/ASS-Handordner (Adressverzeichnis der selbständigen Mitglieder des BDS e.V.)

● O 586
Fachverband Messe- u. Ausstellungsbau e.V. (FAMAB)
Design • Exhibition • Events
Berliner Str. 26, 33378 Rheda-Wiedenbrück
T: (05242) 9 45 40   **Fax:** 94 54 10
Internet: http://www.famab.de
E-Mail: info@famab.de
Gründung: 1963
Vorsitzende(r): Claus Holtmann
Geschäftsführer(in): Elfie Adler (Berliner Str. 26, 33378 Rheda-Wiedenbrück)
Leitung Presseabteilung: Uta Goretzky
Verbandszeitschrift: FAMAB - Jahresbericht

Redaktion: Uta Goretzky
Mitglieder: 240
Mitarbeiter: 5

● O 587

Arbeitsgemeinschaft Abonnentenwerbung e.V. (AGA)
Geschäftsstelle:
Brahmsweg 3 (Horrem), 50169 Kerpen
T: (02273) 10 47   **Fax:** 48 31
Internet: http://www.aga-kerpen.de
E-Mail: aga-kerpen@t-online.de
Gründung: 1968
1. **Vorsitzende(r):** Peter Schmidt, Ellerau
2. **Vorsitzende(r):** Bernd J. Meyer (Gruner + Jahr, Hamburg)
3. **Vorsitzende(r):** Christian Bardeleben (CB-Verlag, Kressbronn)
4. **Vorsitzende(r):** Herbert Doll (Hobby & Freizeit GmbH, Offenburg)
Geschäftsführer(in): Werner Pientka
Mitglieder: 133

● O 588

FACHVERBAND AUSSENWERBUNG E.V. (FAW)
Arbeitsbereich: Bundesgebiet
Ginnheimer Landstr. 11, 60487 Frankfurt
T: (069) 71 91 67-0   **Fax:** 71 91 67-60
Internet: http://www.faw-ev.de
E-Mail: info@faw-ev.de
Vorsitzende(r): Egon Böttcher (Frankfurt, T: (069) 1 54 30)
Geschäftsführer(in): Klaus Hoffmann
Mitglieder: 118 inkl. Fördermitglieder
Mitarbeiter: 5

● O 589

FDW Werbung im Kino e.V.
Charlottenstr. 43, 40210 Düsseldorf
T: (0211) 1 64 07 33   **Fax:** 1 64 05 33
Internet: http://www.fdw.de
E-Mail: info@fdw.de
Geschäftsführer(in): Dr. Rainer Borgelt
Mitglieder: 24

● O 590

Arbeitsgemeinschaft der ARD-Werbegesellschaften
c/o Bayerische Rundfunkwerbung GmbH
Postf. 20 05 62, 80005 München
Arnulfstr. 42, 80335 München
T: (089) 59 00-4244   **Fax:** 59 00-4224
Vorsitzende(r): Heinrich Pöhlein

● O 591

Fachverband Lichtwerbung e.V. (FVL)
Brückenstr. 49, 69120 Heidelberg
T: (06221) 5 02 57-0   **Fax:** 5 02 57-20
Internet: http://www.fvl.de
E-Mail: information@fvl.de
1. **Vorsitzende(r):** Hans-Georg Höbermann, Lüneburg
2. **Vorsitzende(r):** Hansjörg Ott, Stuttgart
Roland Görgens, Stuttgart
Schatzmeister(in): Viktor Keppler, Norderstedt
Geschäftsführer(in): RA Dr. Friedrich-Wilhelm Beckmann, Heidelberg
Mitglieder: 100

● O 592

Gesellschaft für Öffentlichkeitsarbeit der Deutschen Brauwirtschaft e.V.
Postf. 20 04 52, 53134 Bonn
Annaberger Str. 28, 53175 Bonn
T: (0228) 9 59 06 51   **Fax:** 9 59 06 17
Internet: http://www.brauer-bund.de
E-Mail: gfoe@brauer-bund.de
Vorsitzende(r): Dieter Ammer, Bremen
Stellvertretende(r) Vorsitzende(r): Jochen Weber, Kulmbach
Geschäftsführer(in): Erich Dederichs (Annaberger Str. 28, 53175 Bonn, T: (0228) 9 59 06 51)

● O 593

Zentralverband Werbetechnik -Bundesinnungsverband der Schilder- und Lichtreklamehersteller-
Lange Reihe 62, 44143 Dortmund
T: (0231) 51 77-1 22   **Fax:** 51 77-1 99
Gründung: 1961

Vorsitzende(r): Detlef Sallowsky (Kopernikusstr. 103, 58239 Schwerte)
Geschäftsführer(in): Assessor Günter Reichel
Mitglieder: 16 Innungen, angeschlossene Betriebe: ca. 630
Mitarbeiter: 2

● O 594

Arbeitskreis Werbemittel e.V. (AKW)
Bundesverband der Markenartikelindustrie für Werbung und Verkaufsförderung
Postf. 20 11, 32377 Minden
T: (0571) 8 88 08 81   **Fax:** 8 88 08 17 81
Gründung: 1974
Vorsitzende(r): Klaus Rosenberger (c/o Gillette Gruppe Deutschland, Gutenbergstr. 1, 76532 Baden-Baden)
1. **stellv. Vors.:** Harald Schulna
2. **stellv. Vors.:** Günter Eisele
Schatzmeisterin: Susanne Woll
Mitglieder: 50

Ausstellungen und Messen

● O 595

Ausstellungs- und Messe-Ausschuss der Deutschen Wirtschaft e.V. (AUMA)
Lindenstr. 8, 50674 Köln
T: (0221) 2 09 07-0   **Fax:** 2 09 07-12
Internet: http://www.auma-messen.de
E-Mail: info@auma.de
Gründung: 1907
Vorsitzende(r): Dr. Horst Dietz
Hauptgeschäftsführer(in): Dr. Hermann Kresse (Mitglied des Vorstandes)
Geschäftsführer(in): Dr. Peter Neven
Dipl.-Volksw. Wolfgang Schellkes
Leitung Presseabteilung: Dipl.-Volksw. Harald Kötter
Mitglieder: 61

o 596

Gesellschaft zur freiwilligen Kontrolle von Messe- und Ausstellungszahlen (FKM)
Lindenstr. 8, 50674 Köln
T: (0221) 2 09 07-0   **Fax:** 2 09 07-61
Internet: http://www.fkm.de
E-Mail: info@fkm.de
Gründung: 1965
Vorsitzende(r): Manfred Wutzlhofer, München
1. **Stellv. Vors.:** Dr. Ludwig Jörder, Dortmund
2. **Stellv. Vors.:** Heiko Könicke, Nürnberg
Geschäftsführer(in): Dr. Hermann Kresse
Stellvertretende(r) Geschäftsführer(in): Dipl.-Volksw. Harald Kötter (Ltg. Presseabt.)
Mitglieder: 77 Messe- und Ausstellungsveranstalter
Kontrollstelle: Ernst & Young AG, Wirtschaftsprüfungsgesellschaft Köln

o 597

Interessengemeinschaft Deutscher Fachmessen und Ausstellungsstädte (IDFA)
Postf. 10 01 65, 45001 Essen
T: (0201) 72 44-444   **Fax:** 72 44-821
Internet: http://www.idfa.de
Gründung: 1952 (September)
Vorsitzende(r): Dr. Joachim Henneke
Mitglieder: 10 Messegesellschaften

Die 10 Mitgliedsgesellschaften organisieren jährlich rund 230 Fachmessen und Ausstellungen. Ziel ist, Erfahrungen auszutauschen und gemeinsame Aufgaben im Dienste von Aus-

stellern und Besuchern zu bewältigen. Neben dieser gemeinsamen Linie steht die charakteristische Handschrift jeder einzelnen Messegesellschaft in Dortmund, Essen, Friedrichshafen, Hamburg, Karlsruhe, Leipzig, Offenbach, Pirmasens, Saarbrücken, Stuttgart.

o 598

Fachverband Messen und Ausstellungen e.V. (FAMA)
Messezentrum, 90471 Nürnberg
T: (0911) 8 14 71 02   **Fax:** 8 14 90 90
Internet: http://www.fama.de
E-Mail: info@fama.de
Gründung: 1951 (10. November)
Geschf. Vors.: Heiko Könicke
Mitglieder: 40

Wahrnehmung und Vertretung der beruflichen, wirtschaftlichen, rechtlichen, steuerrechtlichen, sozial- und tarifpolitischen Interessen von Messe- und Ausstellungsgesellschaften; Beratung und Erteilung von Gutachten auf dem Gebiet des Messe- und Ausstellungswesens.

o 599

Messe Berlin GmbH
Postf. 19 17 40, 14007 Berlin
Messedamm 22, 14055 Berlin
T: (030) 30 38-0   **Fax:** 30 38-2325, 30 38-2279 (Presse), 30 38-3032 (ICC Berlin)
T-Online: *30381#
Internet: http://www.messe-berlin.de
E-Mail: central@messe-berlin.de, pr@messe-berlin.de (Presse)
Gründung: 1971
Geschäftsführer(in): Raimund Hosch (Vors.)
Dr. Christian Göke
Leitung Presseabteilung: Michael T. Hofer

Mitgliedsverbände:

UFI, FKM, InterEXPO, VDSM, EVVC

UFI = Union des Foires Internationales
FKM = Gesellschaft zur freiwilligen Kontrolle von Messe- und Ausstellungszahlen

InterEXPO = Comité des Organisateurs des Participations Collectives Nationales aux Manifestations Economiques Internationales

VDSM = Internationaler Verband der Stadt-, Sport- und Mehrzweckhallen e.V.

EVVC = Europäischer Verband der Veranstaltungs-Centren

o 600

Westfalenhallen Dortmund GmbH
Postf. 10 44 44, 44044 Dortmund
Rheinlanddamm 200, 44139 Dortmund
T: (0231) 12 04-0   **Fax:** 12 04-444
TGR: Westfalenhallen
Internet: http://www.westfalenhallen.de
E-Mail: info@westfalenhallen.de
Gründung: 1925
Hauptgeschäftsführer(in): Dr. Ludwig Jörder
Leiter: Verbundunternehmen
● Messe Westfalenhallen Dortmund GmbH; Geschäftsführer: Peter Weber, Dr. Ludwig Jörder
● Parkhotel Westfalenhallen GmbH; Geschäftsführer: Ralph Huber, Dr. Ludwig Jörder
● Veranstaltungszentrum Westfalenhallen GmbH; Geschäftsführer: Jochen Meschke, Dr. Ludwig Jörder
● Olympiastützpunkt Westfalen GmbH; Geschäftsführer: Hans-Martin Stork, Dr. Ludwig Jörder
Leiter: Zentralbereiche der Westfalenhallen Dortmund GmbH
● Zentralbereich Technik: Dieter Schmidt
● Zentralbereich Verwaltung: Artur Poppe
● Zentralbereich Kommunikation: Hans Ost
Mitarbeiter: 359

o 601

Messe Düsseldorf

Messe Düsseldorf GmbH
Postf. 10 10 06, 40001 Düsseldorf
Stockumer Kirchstr. 61, 40474 Düsseldorf
T: (0211) 45 60-01, 45 60-900 (InfoTel)   Fax: 45 60-668
Internet: http://www.messe-duesseldorf.de
E-Mail: info@messe-duesseldorf.de
Gründung: 1947
Karlheinz Wismer (Vorsitzender)
Horst Klosterkemper
Wilfried E. Moog
Herbert Vogt
Mitarbeiter: 558 (GmbH)

Organisation und Durchführung von Messen, Ausstellungen, Kongressen und Events

o 602

 IGEDO COMPANY
since 1949

IGEDO Internationale Modemesse Kronen GmbH u. Co. Kommanditgesellschaft
Stockumer Kirchstr. 61, 40474 Düsseldorf
T: (0211) 43 96-01   Fax: 43 96-345
Internet: http://www.igedo.com
E-Mail: igedo-company@igedo.com
Gründung: 1949
Geschäftsführer(in): Manfred Kronen
Günter Baier
Gerald Böse
Mitarbeiter: 73

o 603

MESSE ESSEN GMBH
Postf. 10 01 65, 45001 Essen
Norbertstr. 56, 45131 Essen
T: (0201) 72 44-0, (01805) 22 15 14   Fax: (0201) 72 44-248
TGR: Messe Essen
Internet: http://www.messe-essen.de
E-Mail: info@messe-essen.de
Gründung: 1913
Vors. GeschF: Dr. Joachim Henneke
Geschäftsführer(in): Alfons Jochems
Prokuristen: Elmar Braun
Jörg Kasel
Rainer Palapies
Ltg. Unternehmenskommunikation/Presse: Andrea Hankeln
Ltg. Marketing/Programmplanung: Elmar Braun
Mitarbeiter: 191

Durchführung von Messen, Ausstellungen, Kongressen, Tagungen etc. Schwerpunkte: Internationale technische Fachmessen, Publikumsmessen für Hobby und Freizeit.

o 604

Messe Frankfurt GmbH
Postf. 15 02 10, 60062 Frankfurt
Ludwig-Erhard-Anlage 1, 60327 Frankfurt
T: (069) 75 75-0   Fax: 75 75-6433
Internet: http://www.messefrankfurt.com
E-Mail: info@messefrankfurt.com
Gründung: 1907 (22. November)
Michael von Zitzewitz (Vors.)
Dr. Michael Peters
Gerhard Gladitsch

o 605

Fur & Fashion Frankfurt Messe GmbH
Niddastr. 66-68, 60329 Frankfurt
T: (069) 24 26 35-0   Fax: 23 67 16
Internet: http://www.fur-fashion-frankfurt.de
E-Mail: info@fur-fashion-frankfurt.de
Gründung: 1949
Geschäftsführer(in): Marianne Erletz

Frankfurter Buchmesse

o 606

Ausstellungs- und Messe-GmbH des Börsenvereins des Deutschen Buchhandels
Reineckstr. 3, 60313 Frankfurt
T: (069) 21 02-0   Fax: 21 02-227, 21 02-277
Internet: http://www.buchmesse.de
E-Mail: info@book-fair.com
Gründung: 1964
Geschäftsführer(in): Lorenzo Rudolf
Dr. Harald Heker
Joachim Kehl
Pressesprecher: Rüdiger Wischenbart
Mitarbeiter: 57

Termine:
2001: 10.-15. Oktober
2002: 9.-14. Oktober
2003: 8.-13. Oktober
2004: 6.-11. Oktober

Größte int. Messe der Verlagsbranche: Bücher, elektronische Publikationen, Comics, Kunst, Print-on-Demand, Dienstleistungen für die Verlagsbranche

o 607

MESSE FRIEDRICHSHAFEN GmbH
Messegelände
Meistershofener Str. 25, 88045 Friedrichshafen
T: (07541) 7 08-0   Fax: 7 08-110
TGR: Messe Friedrichshafen
Gründung: 1949, 1992 Umfirmierung
Geschäftsführer(in): Rolf Mohne

o 608

 **Deutsche Messe AG**
Hannover

Deutsche Messe Aktiengesellschaft
Messegelände, 30521 Hannover
T: (0511) 89-0, 89-31010 (Presse)   Fax: 89-32626
T-Online: ✱3230080#
Internet: http://www.messe.de
Vorstand: Prof. Dr. Dr. hc. Klaus E. Goehrmann (Vors.)
Sepp D. Heckmann
Dipl.-Kfm. Hubert-H. Lange (stellv. Vors.)
Mitarbeiter: 707

o 609

Hamburg Messe und Congress

Hamburg Messe und Congress GmbH
Postf. 30 24 80, 20308 Hamburg
St. Petersburger Str. 1, 20355 Hamburg
T: (040) 35 69-0   Fax: 35 69-2180, 35 69-2181 (Congress Centrum)
Internet: http://www.hamburg-messe.de
E-Mail: info@hamburg-messe.de
Management
Dietmar Aulich (Geschäftsführer Messen/Ausstellungen)
Paul Busse (Geschäftsführer Kongresse/Tagungen/Veranstaltungen)
Klaus Fienbork (Geschäftsleitungsbereich Administration, Finanzen)
Michael Degen (Hauptabteilung Messen und Ausstellungen)
Kurt-Wolfgang Richter (Zentralbereich Betriebs- und Gebäudetechnik)

Durchführung von Fachmessen und Ausstellungen, Kongressen, Tagungen, Seminaren und kulturellen Veranstaltungen.

o 610

Karlsruher Kongreß- und Ausstellungs-GmbH
Postf. 12 08, 76002 Karlsruhe
Festplatz 9, 76137 Karlsruhe
T: (0721) 37 20-0   Fax: 37 20-2106
Internet: http://www.kka.de
E-Mail: info@kka.de
Geschäftsführer(in): Gerhard Hurst (Sprecher)
Klaus Krumrey

Durchführung von Fachmessen, Ausstellungen, Kongressen, Tagungen, Seminaren, kulturelle u. gesellschaftl. Veranstaltungen, Incentives.

o 611

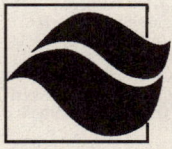

KölnMesse GmbH
Postf. 21 07 60, 50532 Köln
Messeplatz 1, 50679 Köln
T: (0221) 8 21-0   Fax: 8 21-2574
TX: 8 873 426 mua d
TGR: Intermess Köln
Internet: http://www.koelnmesse.de
E-Mail: info@koelnmesse.de
Vorsitzender der Geschäftsführung: Jochen Witt
Geschäftsführer(in): Bernd Aufderheide
Dipl.-Kfm. Wilhelm Niedergöker
Stellvertretende(r) Geschäftsführer(in): Dr. Gerd Weber

o 612

Ausstellungs- und Werbegemeinschaft des Friseurhandwerks GmbH.
Postf. 13 02 04, 50496 Köln
Weißenburgstr. 74, 50670 Köln
T: (0221) 97 30 36-0   Fax: 97 30 36-40
Geschäftsführer(in): Dipl.-Volksw. Bernd Müller

o 613

MESSE MÜNCHEN INTERNATIONAL

Messe München GmbH (MMG)
81823 München
T: (089) 9 49-20720   Fax: 9 49-20729
Internet: http://www.messe-muenchen.de
E-Mail: newsline@messe-muenchen.de
Gründung: 1964
Vors. d. Geschf: Manfred Wutzlhofer
Geschäftsführer(in): Dr. Karl-Dieter Demisch
Dr. Joachim Enßlin
Detlev R. Gantenberg
Mitarbeiter: 432 (Stand Jan. 2000)

o 614

Willy-Brandt-Allee 1, 81829 München
T: (089) 9 49 55-0   Fax: 9 49 55-239
TGR: Handwerksmessen
Internet: http://www.ghm.de
E-Mail: messe@ghm.de
Gründung: 1968
Geschäftsführer(in): Dipl.-Volksw. Franz Reisbeck (Vors. der Geschf. bis 31.12.2001)
Dipl.-Finanzw. (FH) Manfred Bankhofer
Wolfgang Marzin (Vors. der Geschf. ab 01.01.2002)
Manfred Wutzlhofer
Leitung Presseabteilung: Dr. Ulrich Probst

o 614

Mitarbeiter: 43 (März)
Veranstaltung von Fachausstellungen und -messen sowie die Beteiligung an derartigen Veranstaltungen zur Förderung des Handwerks im In- und Ausland.

o 615

NürnbergMesse GmbH
Messezentrum, 90471 Nürnberg
T: (0911) 86 06-0 **Fax:** 86 06-228
Internet: http://www.nuernbergmesse.de
E-Mail: info@nuernbergmesse.de
Vorsitzender des Aufsichtsrates: Staatsminister Dr. Günther Beckstein (MdL)
Geschäftsführer(in): Bernd A. Diederichs
Leitung Presseabteilung: Peter Ottmann
Mitarbeiter: 158

o 616

Spielwarenmesse eG
Münchener Str. 330, 90471 Nürnberg
T: (0911) 9 98 13-0 **Fax:** 86 96 60
Internet: http://www.spielwarenmesse.de, http://www.toy-fair.de
E-Mail: info@spielwarenmesse.de
Geschäftsführer(in): Dipl.-Vw. Gerd Bise

o 617

Messe Offenbach GmbH
Postf. 10 14 23, 63014 Offenbach
Kaiserstr. 108-112, 63065 Offenbach
T: (069) 82 97 55-0 **Fax:** 82 97 55-60
Internet: http://www.messe-offenbach.de
E-Mail: info@messe-offenbach.de
Geschäftsführer(in): Dipl.-Volksw. Klaus Diehl
Ltg. Marketing + Öffentlichkeitsarbeit: Dipl.-Volksw. Ursula A. Ficke

o 618

Messe Pirmasens GmbH
Messegelände, 66953 Pirmasens
T: (06331) 55 33 00 **Fax:** 6 57 58
Internet: http://www.messe-pirmasens.de
E-Mail: info@messe-pirmasens.de
Gründung: 1998 (15. Juli)
Geschäftsführer(in): Elke Tronche, Schopp

o 619

Saarmesse GmbH
Messegelände
Gersweilerstr. 78, 66117 Saarbrücken
T: (0681) 9 54 02-0 **Fax:** 9 54 02-30
TGR: Saarmesse Saarbrücken
Internet: http://www.saarmesse.de
E-Mail: messe@saarmesse.de
Gründung: 1947 (20. August)
Geschäftsführer(in): Eric Grandmontagne
Leitung Presseabteilung: Mechtild Grandmontagne
Mitarbeiter: 40
Mitgliedsverbände:
- IDFA - Interessengemeinschaft Deutscher Fachmessen und Ausstellungsstädte
- AUMA - Ausstellungs- und Messeausschuß der Deutschen Wirtschaft

o 620

Stuttgarter Messe- und Kongressgesellschaft mbH
Postf. 10 32 52, 70028 Stuttgart
Am Kochenhof 16, 70192 Stuttgart

T: (0711) 25 89-0 **Fax:** 25 89-440
T-Online: ✱messe stuttgart#
Internet: http://www.messe-stuttgart.de, http://www.congress-stuttgart.de
E-Mail: info@congress-stuttgart.de, info@messe-stuttgart.de
Geschäftsführer(in): Dr. Walter Gehring (Geschäftsbereich Messen u. Ausstellungen)
K. D. Heldmann (Geschäftsbereich Kfm. Geschäftsleitung, Kultur- und Kongresszentrum Liederhalle, Hanns-Martin-Schleyer-Halle, Kongresse und Veranstaltungen)

● O 621

WASSER BERLIN
Kongress und Ausstellung e.V.

Messedamm 22, 14055 Berlin
T: (030) 30 38 21 34 **Fax:** 30 38 20 79
Internet: http://www.water-berlin.com
E-Mail: wasser@messe-berlin.de
Vorstand: Senator Peter Strieder
Dr. Joachim Donath
Senator E.h. Peter Scherer
Dr. Eckart von Kirchbach
Geschäftsführer(in): Dr.-Ing. Heinz Tessendorff
Der Verein führt alle 3 Jahre in Berlin Kongreßveranstaltungen und eine ideelle Fachausstellung auf dem Gebiete der Wasserwirtschaft durch. In Verbindung mit dem Kongreß findet die Internationale Fachmesse Wasser statt.

● O 622

Ausstellerbeirat der Hannover-Messe
Schiffgraben 36, 30175 Hannover
T: (0511) 8 50 52 42 **Fax:** 85 05-268
Vorsitzende(r): Dipl.-Kfm. Dietmar Harting (Harting KGaA, Marienwerderstr. 3, 32339 Espelkamp)
Geschäftsführer(in): RA Wolfgang Rohde

● O 623

Hallenbetriebe Neumünster GmbH
Messeleitung NordBau
Postf. 13 08, 24503 Neumünster
Justus-von-Liebig-Str. 2-4, 24537 Neumünster
T: (04321) 9 10-190 **Fax:** 9 10-199
Internet: http://www.nordbau.de
E-Mail: messeleitung@nordbau.de
Gründung: 1956
Geschäftsführer(in): Peter Iwersen
Leitung Presseabteilung: Wolfgang Haaker
Mitarbeiter: 30

● O 624

 LEIPZIGER MESSE *Messen nach Maß!*

Leipziger Messe GmbH
Messe-Allee 1, 04356 Leipzig
T: (0341) 6 78-0 **Fax:** 6 78-8762
Internet: http://www.leipziger-messe.de
E-Mail: info@leipziger-messe.de
Gründung: 1917
Geschäftsführer(in): Werner M. Dornscheidt (Sprecher)
Josef Rahmen
Leitung Presseabteilung: Heike Fischer
Ausrichtung von Messen, Kongressen, Veranstaltungen sowie Vermietung von Handels- und Gewerberäumen.

● O 625

Internationale Congress Akademie
Festplatz, 76137 Karlsruhe
T: (0721) 37 20-2196 **Fax:** 37 20-2197
Internet: http://www.ica-karlsruhe.de
E-Mail: ulrike.ritter@ica-karlsruhe.de
Gründung: 1989 (14. Dezember)
Ehrenpräsident: Prof. Otto Zwicker, Salzburg
Vorsitzende(r): und Geschäftsführung: Diderick J. Krabbe (Inhaber der Firma Hanseatic Congress Management GmbH), Hamburg
Stellvertretende(r) Vorsitzende(r): und pädagogischer Leiter: Dipl.-Soz. Klaus Beckmann (Inhaber der Firma BPO-Beckmann, Personal- und Organisationsentwicklung, Friedberg), Friedberg
Stellvertretende(r) Vorsitzende(r): und kaufmännische Leitung: Dipl.-Betriebsw. Gerhard Hurst (Geschäftsführer der

Karlsruher Kongreß- und Austellungs-GmbH, Karlsruhe), Karlsruhe
Ltg. Geschäftsstelle: Ulrike Ritter

● O 626

Forschungsland Nordrhein-Westfalen
Messekoordination
c/o RWTH Aachen
52056 Aachen
T: (0241) 8 09 93 49 **Fax:** 8 09 95 16
Gründung: 1988
Leiter(in): Katharina Roderburg
Mitglieder: 54 Hochschulen, 10 Institute der Max-Planck-Gesellschaft, 5 Institute der Fraunhofer Gesellschaft, 3 Großforschungseinrichtungen und weitere Forschungsinstitute
Präsentation von Forschungsexponaten aus den Hochschulen, Forschungseinrichtungen und FuE-Bereichen der Unternehmen des Landes Nordrhein-Westfalen auf Messen und Ausstellungen.

Verschiedene Gewerbe

● O 627

Bundesverband privater Alten- u. Pflegeheime und ambulanter Dienste e.V. (BPA)
Oxfordstr. 12-16, 53111 Bonn
T: (0228) 60 43 80 **Fax:** 6 04 38 99
Internet: http://www.bpa.de
E-Mail: bpabonn@t-online.de
Gründung: 1964
Vorsitzende(r): Bernd Meurer
Geschäftsführer(in): Herbert Mauel
Bernd Tews
Verbandszeitschrift: bpa-Magazin
Redaktion: Friedrich W. Schmidt, Hugenottenallee 171 a, 63263 Neu-Isenburg
Mitglieder: 2600, davon 960 ambulante Dienste und 89000 vollstationäre Heimplätze unterteilt in 15 Landesgruppen
Wahrnehmung der beruflichen und sozialen Interessen sowie Beratung seiner Mitglieder als Unternehmer sozialer Dienste auf Bundes-, Landes- und Kommunalebene. Schaffung einheitlicher Grundlagen und Richtlinien für ihre Organisation und Tätigkeit; Fortbildung ihrer Leiter und Mitarbeiter; Teilnahme an der Heimüberwachung.

● O 628

Verein für Sozialplanung e.V. (VSOP)
Löwengasse 34, 67346 Speyer
T: (06232) 62 94 91 **Fax:** 62 94 92
Internet: http://www.vsop.de
E-Mail: vsop-ger@t-online.de
Gründung: 1991
Vorstand: Dr. Kerstin Dellemann, Erfurt
Dietrich Giering, Wiesbaden
Christian Meineke, Kassel
Dr. Helma Neumann, Berlin
Prof. Dr. Hans-Christoph Reiss, Mainz
Heidi Weinrich, Offenbach
Dr. Werner Weins, München
Verbandszeitschrift: VSOP-Rundbrief
Mitglieder: 220
Mitarbeiter: 1

● O 629

Bundesverband Deutscher Inkasso-Unternehmen e.V. (BDIU)
Geschäftsstelle:
Brennerstr. 76, 20099 Hamburg
T: (040) 28 08 26-0 **Fax:** 28 08 26-99
Internet: http://www.inkasso.de
E-Mail: bdiu@inkasso.de
Internationaler Zusammenschluß: siehe unter izo 219
Präsident(in): Ulf Giebel (Stresemannstr. 60, 28188 Bremen)
Vizepräsident(in): Uwe Rühle (Ahlener Str. 117 A, 59073 Hamm)
Hans-Joachim Leister (c/o Universal Inkasso u. Auskunftei GmbH, Steinhof 5 a, 40699 Erkrath))
Geschäftsführer(in): Dr. Carsten D. Ohle

● O 630
Verband Detektei-, Auskunftei- und zugel. Inkasso-Unternehmer e.V.
Karmeliterstr. 14, 67547 Worms
T: (06241) 2 48 52 **Fax:** 2 59 58
Gründung: 1956 (29. November)
Vorsitzende(r): Norbert Schott (Rechtsbeistand, Schöfferstr. 30, 67547 Worms/Rh.)
Stellvertretende(r) Vorsitzende(r): Peter Kramer (Inkassomondatar, 74909 Meckesheim)
Mitglieder: 91
Mitglied im Dachverband VRW - Bundesverband Rechts- und Wirtschaftsdienste e. V.

● O 631

Verband der Deutschen Automatenindustrie e.V. (VDAI)
Mitglied des Bundesverbandes der Deutschen Industrie e.V. (BDI) und
Mitglied der Vereinigung Europäischer Münzautomaten-Verbände (EUROMAT)
Postf. 02 12 22, 10123 Berlin
Dircksenstr. 49, 10178 Berlin
T: (030) 28 40 70 **Fax:** 28 40 72 72
Internet: http://www.vdai.de
E-Mail: vdai-berlin@t-online.de
Internationaler Zusammenschluß: siehe unter izf 502
Geschäftsführer(in): Dr. Jürgen Bornecke
Vorstand: Paul Gauselmann (Vors.), Espelkamp
Uwe Christiansen, Bingen
Sven Tobben, Viersen
Schatzmeister: Theo Kiesewetter, Neustadt/Coburg
Ehrenvors.: Harro Koebke, Stuttgart
Hans Kloß, Berlin
Hans Rosenzweig, Hamburg
Ullrich D. Schulze, Bingen
Fachabteilung Musik- und Unterhaltungsautomaten (MU):
Vorsitzende(r) des Vorstandes: Paul Gauselmann, Espelkamp
Stellvertretende(r) Vorsitzende(r): Uwe Christiansen, Bingen
Beisitzer: Christian Arras, Bingen
Jens Kahle, Espelkamp
Heinz Buder, Bingen
Joachim Trenz, Limburg
Fachabteilung Waren- und Leistungsautomaten (WL):
Vorsitzende(r) des Vorstandes: Sven Tobben, Viersen
Stellvertretende(r) Vorsitzende(r): Helmwart Fülles, Buxtehude
Beisitzer: Theo Kiesewetter, Neustadt/Coburg
Mitglieder: 25
Förderung der allgemeinen wirtschaftlichen und technischen Entwicklung des Münzautomatenwesens und Wahrung des Ansehens der deutschen Automatenwirtschaft.

● O 632

Bundesverband Automatenunternehmer e.V. (BA)
Verbändehaus Handel-Dienstleistung-Tourismus
Am Weidendamm 1 A, 10117 Berlin
T: (030) 72 62 55 00 **Fax:** 72 62 55 50
Internet: http://www.baberlin.de
E-Mail: info@baberlin.de
Gründung: 1953 (26. Oktober)
Internationaler Zusammenschluß: siehe unter izf 500
Präsident(in): Karl Besse (Am Eichenhang 2, 53894 Mechernich)
Vizepräsident(in): Uwe Lücker (Buchholzer Str. 1a, 30629 Hannover)
Otto Obes (Fürstredder 22, 22145 Braak)
Willibald Wacker (Zur Mühle 18, 55411 Bingen)
Geschäftsführer(in): RA Harro Bunke (Am Weidendamm 1A, 10117 Berlin)
Pressestelle: Bert Varell (Nahtweg 7, 21272 Egestorf, T: (04175) 13 45, Telefax: (04175) 13 52)
Mitglieder: ca. 3000
Mitarbeiter: 3
Wahrnehmung der berufsständischen Interessen der gewerblichen Unterhaltungsautomatenunternehmer gegenüber Gesetzgebung, Behörden, Handel, Industrie und sonstigen Institutionen.

Mitgliedsverbände

Baden-Württemberg

o 633

Automaten-Verband Baden-Württemberg e.V.
Geschäftsstelle:
Charlottenstr. 44, 70182 Stuttgart
T: (0711) 24 25 26 **Fax:** 24 25 25
1. Vorsitzende(r): Michael Mühleck (Röntgenstr. 15, 97295 Waldbrunn)
Justitiar: RA und Fachanwalt für Steuerrecht Dieter Schittenhelm (Forchenrainstr. 31, 70839 Gerlingen, T: (07156) 9 47 94-0, Telefax: (07156) 9 47 94 17)

Bayern

o 634

Bayerischer Automaten-Verband e.V.
Neuhauser Str. 47 III, 80331 München
T: (089) 55 58 94, 55 54 59 **Fax:** 5 50 36 98
1. Vorsitzende(r): Werner Strunz (Hartstr. 40, 82239 Alling)
Justitiar: RA Peter Heizer (Neuhauserstr. 47/III, 80331 München, T: (089) 55 58 94, 55 54 59, Telefax: (089) 5 50 36 98)

Berlin

o 635

Automatenkaufleute Berlin und Ostdeutschland e.V.
Roelckestr. 24, 13086 Berlin
T: (030) 9 24 55 88, 96 20 51 10 **Fax:** 96 20 51 11
Vorsitzende(r): N.N.
Justitiar: RA Hendrik Meyer (Roelckestr. 24, 13086 Berlin, T: (030) 9 24 55 88, Telefax: (030) 96 20 51 11)

Bremen

o 636

Nordwestdeutscher Automaten-Verband e.V.
Sögestr. 76, 28195 Bremen
T: (0421) 17 04 14 **Fax:** 1 85 70
1. Vorsitzende(r): Hans Peter Jung (Syker Str. 27, 28816 Stuhr)
Geschäftsführer(in): RA u. Notar H. D. Stubbe (Sögestr. 76, 28195 Bremen, T: (0421) 17 04 14, Telefax: (0421) 1 85 70)

Hamburg

o 637

Hamburger Automaten-Verband e.V.
Steintorweg 8, 20099 Hamburg
T: (040) 20 72 73 **Fax:** 2 00 98 99
1. Vorsitzende(r): Otto Obes (Fürstredder 22, 22145 Braak)
Justitiar: Rechtsanwalt Lüder Gause (Steintorweg 8, 20099 Hamburg, T: (040) 24 77 66, Telefax: (040) 2 80 36 73)

Hessen

o 638

Hessischer Münzautomaten-Verband e.V.
Bodelschwinghstr. 7a, 34119 Kassel
T: (0561) 7 39 21 03 **Fax:** 7 39 21 04
1. Vorsitzende(r): Michael Wollenhaupt (Bodelschwinghstr. 7a, 34119 Kassel)
Justitiar: RA, Notar Horst Riemer (Untere Königstr. 50 a II, 34117 Kassel, T: (0561) 9 18 90 19, Telefax: (0561) 9 18 90 25)

Niedersachsen

o 639

Automaten-Verband Niedersachsen e.V.
Yorckstr. 11, 30161 Hannover
T: (0511) 31 30 66 **Fax:** 31 30 65
1. Vorsitzende(r): Uwe Lücker (Buchholzer Str. 1 a, 30629 Hannover)
Geschäftsführer(in): RA Dr. Manfred Paschke Freiherr von Senden (Yorckstr. 11, 30161 Hannover, T: (0511) 31 30 66, Telefax:(0511) 31 30 65)

Nordrhein-Westfalen

o 640

Deutscher Automaten-Verband e.V. (DAV)
Goebenstr. 10-12, 50672 Köln
T: (0221) 51 20 87 **Fax:** 52 53 19
1. Vorsitzende(r): Karl Besse (Am Eichenhang 2, 53894 Mechernich)
Geschäftsführer(in): Rechtsanwalt Michael Eulgem (Goebenstr. 10/12, 50672 Köln, T: (0221) 51 20 87, Telefax: (0221) 52 53 19)

Rheinland-Pfalz

o 641

Automaten-Verband Rheinland-Pfalz e.V.
Forchenrainstr. 31, 70839 Gerlingen
T: (07156) 9 47 94-0 **Fax:** 9 47 94 17
1. Vorsitzende(r): Willibald Wacker (Zur Mühle 18, 55411 Bingen)
Justitiar: RA und Fachanwalt Dieter Schittenhelm (Forchenrainstr. 31, 70839 Gerlingen, T: (07156) 9 47 94-0, Fax: 9 47 94 17)

Saarland

o 642

Automaten-Verband Saar e.V.
Birrbachstr. 3, 66839 Schmelz
T: (06887) 88 88 01 **Fax:** 88 88 02
1. Vorsitzende(r): Christian Antz (Birrbachstr. 3, 66839 Schmelz, T: (06887) 88 88 01, Fax: (06887) 88 88 02)
Justitiar: RA Max Schirber (Richard-Wagner-Str. 7, 66111 Saarbrücken, T: (0681) 3 37 50)

Schleswig-Holstein

o 643

Automaten-Verband Schleswig-Holstein e.V.
Geschäftsstelle
Dammstr. 56, 24103 Kiel
T: (0431) 9 20 50 **Fax:** 9 52 34
1. Vorsitzende(r): Wolfgang Voß (Homfelder Str. 7, 24613 Aukrug)
Juristischer Berater: RA Lüder Gause (Steintorweg 8, 20099 Hamburg, T: (040) 24 77 66, Telefax: (040) 2 80 36 73)

● O 644

VAFA Verband Automaten Fachaufsteller e.V.
Kreutzerstr. 2, 50672 Köln
T: (0221) 95 14 95-0 **Fax:** 95 14 95-7
Internet: http://www.ra-ganske.de/vafa-ev
Gründung: 1999 (12. Juni)
Vorstand: Thomas Krist
Michael Meier-Siren
Rechtsanwalt Nikolaus Ganske (geschäftsführend)
Mitglieder: 53
Mitarbeiter: 6 incl. Anwaltsbüro

● O 645

Interessengemeinschaft des Münz-Automatengewerbes im Gebiet der Bundesrepublik Deutschland e.V. (IMA)
Gluckstr. 7, 60318 Frankfurt
T: (069) 55 02 16
1. Vorsitzende(r): Waldemar Gärtner (Tel. (0661) 7 62 86)
1. Vorsitzende(r): Peter Recke

● O 646

Bundesverband der Park- und Garagenhäuser e.V.
Richartzstr. 10, 50667 Köln
T: (0221) 57 10 16 **Fax:** 2 57 10 19
E-Mail: gth@epa.k.uunet.de
Gründung: 1968 (6. September)
Geschäftsführer(in): Gerhard Trost-Heutmekers
Verbandszeitschrift: Parkhaus Aktuell
Redaktion: G. Trost-Heutmekers
Mitglieder: 292

● O 647

Verband Deutscher Haushüter-Agenturen e.V. (VDHA)
Feldkamp 4, 48165 Münster
T: (02501) 71 71 **Fax:** 2 70 72
Internet: http://www.haushueter.de
Gründung: 1985
Vorsitzende(r): Klaus Adam
Stellvertretende(r) Vorsitzende(r): Günter Kratz
Pressereferent: Kai Szepanik

Schatzmeister: Horst Schulz
Schriftführer(in): Wilhelm Wolf
Mitglieder: 26 Agenturen

● **O 648**
Arbeitsgemeinschaft der Haushüter-Agenturen
Dr.-Faust-Str. 12, 63571 Gelnhausen
T: (06051) 1 51 60   **Fax:** 1 53 97
Gründung: 1987 (15. Februar)
Leitung Presseabteilung: Elke G. Müller

● **O 649**
Fachverband Deutscher Floristen e.V.
Bundesverband
Theodor-Otte-Str. 17A, 45897 Gelsenkirchen
T: (0209) 9 58 77-0   **Fax:** 9 58 77-70
Präsident(in): Karl-Heinz Newels (Bogenstr. 1, 48143 Münster, T: (0251) 5 75 67)
Hauptgeschäftsführer(in): S. Oliver Lübke
Mitglieder: ca. 7400

Landesverbände

o 650
Fachverband Deutscher Floristen
Landesverband Baden-Württemberg e.V.
Rosenschloß, 89423 Gundelfingen
T: (09073) 95 89-50   **Fax:** 95 89-566
Präsident(in): Friedemann Haug (Diakonissenstr. 1, 76199 Karlsruhe, T: (0721) 88 84 30, Telefax: (0721) 88 84 41)
Geschäftsführer(in): Werner Appel
Mitglieder: ca. 993

o 651
Fachverband Deutscher Floristen
Landesverband Bayern e.V.
Rosenschloß Schlachtegg, 89423 Gundelfingen
T: (09073) 95 89 40   **Fax:** 9 58 94 44
Präsident(in): Florian Hiedl (Gottesackerweg 1, 87439 Kempten, T: (0831) 52 18 10, Fax: (0831) 5 21 81 12)
Geschäftsführer(in): Barbara Storb
Mitglieder: ca. 890

o 652
Fachverband Deutscher Floristen
Landesverband Berlin/Brandenburg e.V.
Friedrichstr. 18, 10969 Berlin
T: (030) 2 51 07 14   **Fax:** 2 51 06 09
Präsident(in): Winfried Damerius (Müllerstr. 151, 13353 Berlin, T: (030) 4 53 80 05, Fax: 4 53 39 64)
Geschäftsführer(in): Evelyn Hudewenz
Mitglieder: 320

o 653
Fachverband Deutscher Floristen
Landesverband Bremen e.V.
c/o Firma Peter van den Berg
Friedrich-Ebert-Str. 152, 28201 Bremen
T: (0421) 55 22 79   **Fax:** 55 34 02
Vorsitzende(r): Wolfgang Nacke
Mitglieder: ca. 70

o 654
Fachverband Deutscher Floristen
Landesverband Hamburg e.V.
Heimhuder Str. 81, 20148 Hamburg
T: (040) 45 62 78   **Fax:** 4 50 06 97
Präsident(in): Günter Dahlmann (c/o Das Gewächshaus, Bargteheider Str. 32, 22143 Hamburg, T: (040) 6 77 39 31, Fax: 6 77 34 31)
Geschäftsführer(in): Michael Bergmann
Mitglieder: ca. 340

o 655
Fachverband Deutscher Floristen
Landesverband Hessen e.V.
An der Festeburg 33, 60389 Frankfurt
T: (069) 47 87 47 52   **Fax:** 47 87 47 53
Präsident(in): Heinrich Göllner (Talrainweg 9, 34225 Baunatal, T: (05601) 96 52 03, Fax: 96 52 04)
Geschäftsführer(in): Ulrike Linn
Mitglieder: ca. 660

o 656
Fachverband Deutscher Floristen
Landesverband Mecklenburg/Vorpommern e.V.
Werdohler Str. 3, 17153 Stavenhagen
T: (039954) 3 06 98   **Fax:** 3 06 98

Vorsitzende(r): Uwe Gerdau (Dorfstr. 38 b, 17153 Klockow, T: (039954) 3 08 42)
Mitglieder: 55

o 657
Fachverband Deutscher Floristen
Landesverband Niedersachsen e.V.
Sextrostr. 2, 30169 Hannover
T: (0511) 80 15 12   **Fax:** 88 79 15
Präsident(in): Martin Müller (Im Schätzedorfe 37, 21272 Egestorf, T: (04175) 5 28, Fax: 81 53)
Geschäftsführer(in): Dieter Reinecke
Mitglieder: ca. 900

o 658
Fachverband Deutscher Floristen
Landesverband Nordrhein-Westfalen e.V.
Stresemannstr. 26, 40210 Düsseldorf
T: (0211) 16 65 30   **Fax:** 16 65-3 22
Präsident(in): Helmuth Prinz (Hauptstr. 182, 41236 Mönchengladbach)
Geschäftsführer(in): Dipl.-Ök. Erwin Ohlenforst
Mitglieder: ca. 2200

o 659
Fachverband Deutscher Floristen
Landesverband Rheinland-Pfalz e.V.
Festplatzstr. 8, 67433 Neustadt
T: (06321) 9 24 20   **Fax:** 92 42 31
Vorsitzende(r): Harald Wenk (c/o Blumenstudio Wenk, Hintere Bleiche 32, 55116 Mainz, T: (06131) 23 41 35, Fax: 22 10 21)
Geschäftsführer(in): Karlheinz Schober
Mitglieder: ca. 295

o 660
Fachverband Deutscher Floristen
Landesverband Saar e.V.
Heinestr. 2-4, 66121 Saarbrücken
T: (0681) 68 49 13   **Fax:** 68 49 23
Vorsitzende(r): Lore Bessey (Merziger Str. 27, 66663 Merzig, T: (06861) 29 16)
Geschäftsführer(in): Susanne Storb
Mitglieder: 85

o 661
Fachverband Deutscher Floristen
Landesverband Sachsen e.V.
Pillnitzer Landstr. 273, 01326 Dresden
T: (0351) 2 68 71 70   **Fax:** 2 67 55 43
Präsident(in): Andreas Richter (Weststr. 98, 09116 Chemnitz, T: (0371) 30 25 88 o. 30 10 15, Fax: (0371) 30 16 88)
Geschäftsführer(in): Irene Steiger
Mitglieder: 200

o 662
Fachverband Deutscher Floristen
Landesverband Sachsen-Anhalt e.V.
Bertha-von-Suttner-Str. 16, 39108 Magdeburg
T: (0391) 7 33 54 72
Vorsitzende(r): Aribert Amhoff (Bertha-von-Suttner-Str. 16, 39108 Magdeburg, T: (0391) 7 33 54 72)
Geschäftsführer(in): Petra Fanger
Mitglieder: 60

o 663
Fachverband Deutscher Floristen
Landesverband Schleswig-Holstein e.V.
Kanfstr. 47, 24116 Kiel
T: (0431) 1 49 02 33   **Fax:** 1 49 01 34
Vorsitzende(r): Dietmar Koehler (Sophienblatt 20, 24103 Kiel, T: (0431) 6 11 52, Telefax: (0431) 67 73 16)
Geschäftsführer(in): Irmgard Korth
Mitglieder: ca. 330

o 664
Fachverband Deutscher Floristen
Landesverband Thüringen e.V.
Am Bahnhof 31, 98529 Suhl
T: (03681) 30 32 21   **Fax:** 30 32 21
Präsident(in): Ina Clauß (Bruno-Bergener-Str. 4, 07973 Greiz)
Geschäftsführer(in): Marlene Riese
Mitglieder: 150

● **O 665**
Verband Deutscher Garten-Center e.V.
Borsigallee 10, 53125 Bonn
T: (0228) 9 18 19 23   **Fax:** 9 18 19 25
Internet: http://www.garten-center.de

E-Mail: verband@garten-center.de
Vorsitzende(r): Norbert Köhlein
Stellvertretende(r) Vorsitzende(r): Alexander Haubensak
Geschäftsführer(in): Martina Lok

● **O 666**
Deutscher Camping-Club e.V.
Postf. 40 04 28, 80704 München
Mandlstr. 28, 80802 München
T: (089) 38 01 42-0   **Fax:** 33 47 37
Internet: http://www.camping-club.de
Gründung: 1948 (22. September)
Präsident(in): Dr. Hans-Josef Giesen (Kuchenheimer Str. 122, 53881 Euskirchen)
Vizepräsident(in): Karl-Heinz Schulten (Postfl. 13 01 19, 42679 Solingen, T: (0212) 2 32 13 16, Telefax: (07433) 90 60 40)
Ernst-Walter Steinleger (Birger-Forell-Str. 5, 32339 Espelkamp, T: (05772) 35 13, Telefax: (05772) 35 13)
Mitglieder: 147412

Landesverbände

o 667
Deutscher Camping-Club e.V.
Landesverband Baden e.V.
Waldenfeldstr. 1, 76316 Malsch
T: (07246) 14 67
1. Vorsitzende(r): Siegfried Heid

o 668
Deutscher Camping-Club e.V.
Landesverband Berlin e.V.
Geisbergstr. 11, 10777 Berlin
T: (030) 2 18 60 71-72   **Fax:** 2 13 44 16
Vorstandsvorsitzender: Klaus-Eberhard Lehmann

o 669
Deutscher Camping-Club e.V.
Landesverband Brandenburg e.V.
Gartenstr. 15, 03119 Welzow
T: (035751) 5 27
1. Vorsitzende(r): Lothar Uschner

o 670
Deutscher Camping-Club e.V.
Landesverband Hamburg e.V.
Carl-Bremer-Ring 17, 22179 Hamburg
T: (040) 6 41 60 78
1. Vorsitzende(r): Walter Klingberg

o 671
Deutscher Camping-Club e.V.
Landesverband Hessen e.V.
Nachtweide 62, 64569 Nauheim
T: (06152) 6 97 27
Vorsitzende(r): Heribert H. Diehl

o 672
Deutscher Camping-Club e.V.
Landesverband Mecklenburg-Vorpommern e.V.
Bauhof 369, 17235 Neustrelitz
T: (03981) 44 72 43
1. Vorsitzende(r): Franz Löser

o 673
Deutscher Camping-Club e.V.
Landesverband Mittelrhein e.V.
Steinwiese 25, 53721 Siegburg
T: (02241) 38 14 59
1. Vorsitzende(r): Hansjoachim Robert

o 674
Deutscher Camping-Club e.V.
Landesverband Münsterland e.V.
Moellerskamp 13, 45711 Datteln
T: (02963) 6 19 31
1. Vorsitzende(r): Udo Hunstiege

o 675
Deutscher Camping-Club e.V.
Landesverband Niedersachsen e.V.
Im Weidenkamp 12F, 38304 Wolfenbüttel
T: (05331) 12 20
1. Vorsitzende(r): Karl Zahlmann

o 676
Deutscher Camping-Club e.V.
Landesverband Nordbayern e.V.
Eichengasse 6, 92348 Berg
T: (09181) 4 24 67
1. Vorsitzende(r): Hans Reichl

o 677
Deutscher Camping-Club e.V.
Landesverband Ostwestfalen-Lippe e. V.
Karinstr. 3, 32423 Minden
T: (0571) 3 15 00
1. Vorsitzende(r): Bernd Regtmeier

o 678
Deutscher Camping-Club e.V.
Landesverband Rheinland-Pfalz e.V.
Hauptstr. 193, 66976 Rodalben
T: (06331) 25 86 50
1. Vorsitzende(r): Klaus Schacker

o 679
Deutscher Camping-Club e.V.
Landesverband Ruhr-Niederrhein e.V.
Von-Einem-Str. 84, 45130 Essen
T: (0201) 78 11 64 **Fax:** 78 11 64
1. Vorsitzende(r): Hans-Jürgen Jonathal

o 680
Deutscher Camping-Club e.V.
Landesverband Saar e.V.
Kreisstr. 193, 66127 Saarbrücken
T: (06898) 37 06 07
1. Vorsitzende(r): Erich Reidenbach

o 681
Deutscher Camping-Club e.V.
Landesverband Sachsen e.V.
Kantstr. 47, 04275 Leipzig
T: (0341) 3 02 76 82
1. Vorsitzende(r): Bernd Iser

o 682
Deutscher Camping-Club e.V.
Landesverband Sachsen-Anhalt
Kastanienstr. 16, 39124 Magdeburg
T: (0391) 2 53 82 52
1. Vorsitzende(r): Andreas Jörn

o 683
Deutscher Camping-Club e.V.
Landesverband Schleswig-Holstein e.V.
Lerchenfeld 54, 23701 Eutin
T: (04521) 34 47 **Fax:** 34 47
1. Vorsitzende(r): Jörg Radestock

o 684
Deutscher Camping-Club e.V.
Landesverband Südbayern
Passauer Str. 132, 94060 Pocking
T: (08531) 13 04 54 **Fax:** 13 40 54
1. Vorsitzende(r): Manfred Strupf

o 685
Deutscher Camping-Club e.V.
Landesverband Südwestfalen e.V.
Hochstr. 9a, 57319 Bad Berleburg
T: (02751) 79 24
1. Vorsitzende(r): Lothar L'Hiver

o 686
Deutscher Camping-Club e.V.
Landesverband Thüringen
Hildebrandstr. 13, 07749 Jena
T: (03641) 2 57 28
1. Vorsitzende(r): Gerhard Hapke

o 687
Deutscher Camping-Club e.V.
Landesverband Weser-Ems e.V.
Thedinghauser Str. 24, 28201 Bremen
T: (0421) 53 05 25
1. Vorsitzende(r): Oswald Selke

o 688
Deutscher Camping-Club e.V.
Landesverband Württemberg e.V.
Unterm Schlössle 6, 77709 Oberwolfach
T: (07834) 15 00 **Fax:** 86 87 77
1. Vorsitzende(r): Joachim Meyer-Boye

● O 689
Bund Internationaler Detektive e.V.® (BID)
Bundesgeschäftsstelle:
Rischweg 8, 30559 Hannover
T: (0511) 57 76 72 **Fax:** 57 53 71
Internet: http://www.bid-detektive.de
E-Mail: info@bid-detektive.de
Gründung: 1960 (25. Juli)
Präsident(in): Manfred Forstner (Gewerbepark Bruckmühl Gebäude 17, 83052 Bruckmühl, T: (08062) 7 80 70, Fax: 7 80 72)
Vizepräsident(in): Lothar Kimm (Schwanenwall 37, 44135 Dortmund, T: (0231) 57 96 33, Fax: 57 39 34)
Schatzmeister: Christian Kölle (Rischweg 8, 30559 Hannover, T: (0511) 56 10 24, Fax: 57 53 71)
Mitglieder: über 150 Firmen aus Deutschland, Europa, Übersee und angeschlossen an die Internationale Kommission der Detektivverbände (IKD)/England mit ca. 30 europäischen Mitgliedsverbänden, World Association of Detectives (WAD)/USA mit ca. 900 Mitgliedsfirmen und der Zentralstelle für die Ausbildung im Detektivgewerbe (ZAD)/Braunschweig sowie der Detektiv-Verlag GmbH der Stiftung Gesellschaft und Recht/Geldern; PRO HONORE Verein für Treu und Glauben im Geschäftsleben e.V./Hamburg
Fachzeitschrift: Detektiv Kurier
Redaktion: M. Kocks
Verlag: Detektiv-Kurier, Zur Boeckelt 20, 47608 Geldern, T: (02831) 10 95, Fax: 10 97

*Der vor mehr als 40 Jahren gegründete **BID®** vertritt berufsständische Interessen und fördert als Mitglied der IKD sowie Gründungsmitglied und Gesellschafter der ZAD Zentralstelle die Aus-, Fort- und Weiterbildung im Detektivgewerbe sowie die internationale Kooperation kompetenter Berufskollegen in Internationalen Detektivvereinigungen. Durch jahrzehntelange Berufserfahrung erfolgreich engagierter Detektive wurde ein qualifiziertes Unterrichtswerk geschaffen, welches von der Staatlichen Zentralstelle für Fernunterricht unter Nr. 633391 registriert und zugelassen wurde. Die **BID®**-Mitglieder erkennen die Satzung und die Berufsordnung an. Der **BID®** informiert durch Verbandsmitteilungen und durch die Fachzeitschrift Detektiv-Kurier.*

● O 690

Bundesverband Deutscher Detektive e.V. (BDD)
Geschäftsstelle:
Köhlstr. 16, 53125 Bonn
T: (0228) 29 80 85 **Fax:** 29 80 91
Internet: http://www.bdd.de
E-Mail: bddev@t-online.de
Gründung: 1950 (11. Juni)
Präsident(in): Eveline Wippermann
Geschäftsführer(in): Josef Riehl
Pressesprecher: Peter E. Uhde

Landesgruppen:
Bayern
Peter Schmid (Bauerstr. 2, 80796 München, T: (089) 2 78 27 90)

Hessen
Wolfgang Gunkel (Eschersheimer Landstr. 526, 60431 Frankfurt, T: (069) 52 90 76)

Nord
Mario Krupp (Heinrich-Büssing-Ring 41, 38102 Braunschweig, T: (0531) 79 79 45)

Ost
Günter Lehmann (Düsseldorfer Str. 33 a, 10707 Berlin, T: (030) 8 83 40 69)

Rheinland-Westfalen
Manfred Lotze (Kalkumer Schloßallee 41 a, 40489 Düsseldorf, T: (0211) 4 08 77 70)

Südwest
Erhard Jochum (Niersteiner Str. 1, 70499 Stuttgart, T: (0711) 8 89 20 62)
Verbandszeitschrift: BDD-Info-intern

Redaktion: Josef Riehl
Verlag: Geschäftsstelle, Köhlstr. 16, 53125 Bonn
Mitglieder: rd. 200
Mitarbeiter: 3
Jahresetat: DM 0,08-0,09 Mio, € 0,04-0,05 Mio

● O 691
Deutscher Detektiv-Verband e.V. (DDV)
Storkower Str. 207, 10369 Berlin
T: (030) 5 53 97 32-1 **Fax:** 5 53 97 32-3
E-Mail: klaus-dieter.baier@t-online.de
Gründung: 1970 (9. November)
Präsident und 1. Vorsitzender%: Klaus-Dieter Baier
2. Vorsitzende(r): Werner Meinhardt (Kopernikusplatz 2, 90459 Nürnberg, T: 0911-9 45 56 22, Fax: 9 45 56 23)
Schriftführer(in): Ulrike Graffweg (Peter-Rasspe-Str. 42, 42651 Solingen, T: (0212) 54 95 39, Fax: 5 56 57)
Geschäftsführer(in): Uwe Vollstädt (Axel-Springer Str. 54 b, 10117 Berlin, Tel: (030) 24 72 12 47, Fax: 24 72 12 48, E-mail: vollstaedt-ermittler@t-online.de)
Mitglieder: 40 (Stand 1. Januar 1996)

o 692
Deutscher Detektiv-Verband
Landesgruppe Bayern
Frauentorstr. 22, 86152 Augsburg
T: (0821) 15 61 24 **Fax:** 3 36 39
Landesgruppen-Ltr.: Dipl.-Betriebsw. (FH) Karl Steger

o 693
Deutscher Detektiv-Verband
Landesgruppe Berlin-Brandenburg
Wildensteiner Str. 26, 10318 Berlin
T: (030) 50 17 99 31 **Fax:** 9 82 46 34
Landesgruppen-Ltr.: Uwe Petzold

o 694
Deutscher Detektiv-Verband
Landesgruppe Hessen
Kasinostr. 43, 64293 Darmstadt
T: (06151) 1 50 90 **Fax:** 15 15 70
Landesgruppen-Ltr.: Werner Schmidt (Richard-Weidlich-Pl. 6, 65931 Frankfurt, T: (069) 37 39 92)

o 695
Deutscher Detektiv-Verband
Landesgruppe Sachsen
Chopinstr. 11a, 04103 Leipzig
T: (0341) 6 88 80 19 **Fax:** 6 88 80 21
Landesgruppen-Ltr.: Axel Hering

o 696
Deutscher Detektiv-Verband
Landesgruppe Sachsen-Anhalt
Brandenburg, Mecklenburg-Pommern, Sachsen, Sachsen-Anhalt, Thüringen
Lübecker Str. 53-63, 39124 Magdeburg
T: (0391) 2 53 83 86 **Fax:** 2 53 83 88
Landesgruppen-Ltr.: Jürgen Ludwig

o 697
Deutscher Detektiv-Verband
Landesgruppe Schleswig-Holstein
Lindenstr. 7, 25524 Itzehoe
T: (04821) 28 81 **Fax:** 28 84
Landesgruppen-Ltr.: Ulrich Könning

● O 698
Berufsverband Bayerischer Detektive e.V. (BBD)
Baumgartnerstr. 23a, 86161 Augsburg
T: (0821) 56 28 18 **Fax:** 55 10 19
E-Mail: Berufsverband.Bayerischer.Detektive@newsfactory.net
Gründung: 1967 (2. Januar)
Präsident(in): Manfred Heiß
Geschäftsführer(in): Rudolf Engelbrecht
Leitung Presseabteilung: Erich Klaus
Verbandszeitschrift: Informationsdienst für Detektive
Mitglieder: 317
Redaktion u. Verlag: Berufsverband Bayerischer Detektive, Baumgartnerstr. 23 a, 86161 Augsburg

o 699
Berufsverband Bayerischer Detektive e.V.
Landesgeschäftsstelle Thüringen
Klostergasse 27, 07318 Saalfeld
T: (03671) 5 33 20

o 700

**Berufsverband Bayerischer Detektive e.V.
Landesgeschäftsstelle Sachsen**
Dresdner Str. 22, 09456 Annaberg-Buchholz
T: (03733) 59 68 81 Fax: 59 68 82

● O 701

**Auskunft-Detektiv-Inkasso-Organisation
AUDE MERKUR INTERNATIONAL DAM**
Postf. 10 07 25, 45007 Essen
Hindenburgstr. 6, 45127 Essen
T: (0201) 22 22 00
Präsident(in): Günther A. Dieckmann von Laar
Geschäftsführer(in): RB Norbert Schott
Dr. Gerhard Böhm
Mitglieder: 70

● O 702

Häuteverwertungsverband Hessen e.V.
Auf dem Weinberg 7, 34292 Ahnatal
T: (05609) 66 12
Geschäftsführende(s) Vorstands-Mitglied(er): Dr. Hans Gump

● O 703

Bundesverband Deutscher Leasing-Gesellschaften e.V. (BDL)
Kommandantenstr. 80, 10117 Berlin
T: (030) 20 63 37-0 Fax: 30 63 37-30
Internet: http://www.bdl-leasing-verband.de
E-Mail: bdl-mail@t-online.de
Vorsitzende(r) des Vorstandes: Horst-Günther Schulz
Stellvertretende(r) Vorsitzende(r): Reinhard Gödel
Geschäftsführer(in): Dr. Wolfram Eckstein
Verbandszeitschrift: FLF
Verlag: Verlag für Absatzwirtschaft, Ulrich-von-Hassell-Str. 64, 53123 Bonn
Mitglieder: 122

Förderung und Schutz des Finanzierungs-Leasing in Deutschland

● O 704

Interessenverband Deutscher Leasing-Unternehmen e.V. (IDL)
Bahnstr. 42-46, 61381 Friedrichsdorf
T: (06172) 7 70 36/38 Fax: 77 77 19
Internet: http://www.leasingverband.de
E-Mail: leasingverband@t-online.de
Gründung: 1989 (23. Januar)
Vorstand: Dr. Rainer Bernstein (Vorsitzender)
Dipl.-Volksw. Brigitte Guggemoos (stv. Vorsitzende)
Dipl.-Kfm. Heinrich Eckstein jr. (Vorst.-Mitgl.)
Dipl.-Betriebsw. Rüdiger Pehle (Vorst.-Mitgl.)
Ehrenvorst.: Andreas H. Stephan
Beirat: Jürgen Hoffmeister (Sprecher)
Verbandsgeschäftsstelle GeschF: Manfred Bock
Mitglieder: 113

Der Verband fördert die Interessen, die Leistungsfähigkeit und die Marktgeltung insbesondere der mittelständischen Leasing-Unternehmen sowie ähnlicher Unternehmen, insbesondere durch Beratung und Unterstützung.

● O 705

Internationale Assoziation deutschsprachiger Medien e.V. (IADM)
Brühler Str. 93, 50968 Köln
T: (0221) 34 41 83 Fax: 38 29 38
Internet: http://www.iadm.de
E-Mail: iadmkoeln@iadm.de
Gründung: 1973 (1. Januar)
Präsident(in): Werner Bader

● O 706

Fachverband der Medienberater e.V. (FdM)
Hegnacher Str. 30, 71336 Waiblingen
T: (07151) 2 22 06 Fax: 2 33 38
Internet: http://www.fdm-ev.de
Gründung: 1982
Geschf. Vorstand: Rolf G. Lehmann (Ltg. Presseabt.)
Mitglieder: 37

● O 707

Wirtschaftsverband Kopie & Medientechnik e.V.
Geschäftsstelle:
Fürstenbergerstr. 151, 60322 Frankfurt
T: (069) 95 96 36-0 Fax: 95 96 36 11
Internet: http://www.reprografie.de
E-Mail: info@reprografie.de
Gründung: 1913
Geschäftsführer(in): RA Achim Carius
Vorsitzende(r): Ing. Heinrich Haltmeyer (Haltmeyer Ges.mb.H., Währinger Gürtel 17-19, A-1180 Wien)
Stellvertretende(r) Vorsitzende(r): Rainer Durst (Kernerstr. 5, 70182 Stuttgart, T: (0711) 16 65 20, Telefax: (0711) 1 66 52 10)
Schatzmeisterin: Annette Hebbeler (Blumenhaller Weg 55, 49080 Osnabrück, T: (0541) 40 90 90, Telefax: (0541) 4 09 09 29)
Beisitzer: Gerd Marquardt (Lauteschläger Str. 6, 64289 Darmstadt, T: (06151) 9 78 60, Fax: (06151) 97 86 20)

Fachreferate:

Aus- und Weiterbildung: Rainer Durst (c/o E. Kurz & Co., Kernerstr. 5, 70182 Stuttgart, T: (0711) 16 65 20, Fax: (0711) 1 66 52 10, E-Mail: info@kuco.de, I-Net: http://www.kuco.de)

Tarif und Soziales: Rolf Durst (c/o E. Kurz & Co., Kernerstr. 5, 70182 Stuttgart, T: (0711) 16 65 20, Fax: (0711) 1 66 52 10, E-Mail: info@kuco.de, I-Net: http://www.kuco.de)

Betriebswirtschaft und Marketing: Dieter Wimmer (c/o Optiplan Reprografie GmbH, Schwabstr. 36 A, 70197 Stuttgart, T: (0711) 66 60 20, Fax: (0711) 6 66 02 22, E-Mail: info@optiplan.de, I-Net: http://www.optiplan.de)

Technik und Ökologie: Michael Irmschler (c/o Irmschler-Repro GmbH, Otto-Hahn-Str. 13, 63303 Dreieich-Sprendlingen, T: (06103) 9 30 10, Fax: (06103) 93 01 43, E-Mail: Mi@ir-repro.de, I-Net: http://www.ir-repro.de)

Mikrofilm und Archivierung: Ing. Heinrich Haltmeyer (c/o Der Kopierprofi Haltmeyer GesmbH, Währinger Gürtel 17-19, A-1180 Wien, T: (00431) 4 06 95 91-0, Fax: 4 06 95 91 36, E-Mail: h.haltmeyer@haltmeyer.at, I-Net: www.kopierprofi.at)

Sprecher der re-Junioren: Wolfgang Leibig (c/o Otto Leibig GmbH, Gräfenaustr. 27, 67063 Ludwigshafen, T: (0621) 52 04 50, Fax: (0621) 51 13 32)

Landesbezirke:

Baden-Württemberg
Vorsitzende(r): Uwe Stoll (c/o LPC Center GbR, Bischof-Fischer-Str. 50, 73430 Aalen, T: (07361) 6 99 44, Fax: (07361) 6 99 45)

Bayern
Vorsitzende(r): Roswitha Hartmann (Beethovenstr. 21, 87435 Kempten, T: (0831) 2 77 78, Telefax: (0831) 1 52 72)

Berlin/Brandenburg
Vorsitzende(r): Axel Hansmann (c/o Lichtpaus-Technik, Reuchlinstr. 10-11, 10553 Berlin, T: (030) 3 49 78 60, Telefax: (030) 34 97 86-29)

Hamburg/Schleswig-Holstein/Mecklenburg-Vorpommern
Vorsitzende(r): Karl-Heinz Neumann (c/o Reprotechnik Walles GmbH, Winterhuder Weg 88, 22085 Hamburg, T: (040) 22 72 41-0, Telefax: (040) 22 72 41 41)

Hessen/Pfalz/Saar
Vorsitzende(r): Manfred Schulz (c/o holu Haus für Reprografie und Zeichenbedarf GmbH, Robert-Bosch-Straße 8, 35398 Gießen, T: (0641) 6 60 30, Fax: 6 66 50)

Nordrhein
Vorsitzende(r): Helmut Kühn (Charlottenstr. 14, 40210 Düsseldorf, T: (0211) 17 25 40, Telefax: (0211) 1 72 54 40)

Sachsen
Vorsitzende(r): Kurt Stößer (c/o Chemnitzer Kopier- und Vervielfältigungszentrum GmbH, Zwickauer Str. 16, 09112 Chemnitz, T: (0371) 35 05 24, Telefax: (0371) 35 05 29)

Sachsen-Anhalt
Vorsitzende(r): Monika Scheibe (c/o RC Repro-Center GmbH, Hegelstr. 23, 39104 Magdeburg, T: (0391) 56 89 10, Telefax: (0391) 5 68 91 44)

Thüringen
Vorsitzende(r): Jutta Raffel (c/o Reprozentrum GmbH Eisenach, Mühlhäuser Str. 18, 99817 Eisenach, T: (03691) 79 06-0, Telefax: (03691) 79 06 11)

Verbandszeitschrift: Reprograf (5 x jährlich)
Verlag: REPROGRAFIE Verlags- und Beratungsgesellschaft mbH, Fürstenbergerstr. 151, 60322 Frankfurt (Main), T: (069) 95 96 36-0, Telefax: (069) 95 96 36 11
Mitglieder: 350

● O 708

Bundesverband Deutscher Privatschulen (VDP)
Bildungseinrichtungen in freier Trägerschaft
Darmstädter Landstr. 85A, 60598 Frankfurt
T: (069) 60 91 89-0 Fax: 60 91 89-10
Internet: http://www.privatschulen.de
E-Mail: vdp@privatschulen.de
Gründung: 1948 (Februar)
Bundes-GeschF: RA Christian Lucas
Präsident(in): Gustav Huber
Leitung Presseabteilung: Bernhard Marohn
Verbandszeitschrift: Freie Bildung und Erziehung
Redaktion: Darmstädter Landstr. 85 A, 60598 Frankfurt

1. Landesverbände (Anschriften: über die Bundesgeschäftsstelle in Frankfurt am Main)
Baden-Württemberg
Bayern
Berlin/Brandenburg
Hamburg
Hessen
Mecklenburg-Vorpommern
Niedersachsen/Bremen
Nordrhein-Westfalen
Rheinland-Pfalz/Saarland
Sachsen
Sachsen-Anhalt
Schleswig-Holstein
Thüringen

2. Fachgruppen (Anschriften über die Bundesgeschäftsstelle in Frankfurt am Main)
Allgemein bildende Schulen
Naturwissenschaftlich-technische Schulen
Wirtschaftsschulen
Sprachenschulen
Schulen im Bereich des Gesundheitswesens

3. Angegliederte Organisationen (Anschriften über die Bundesgeschäftsstelle in Frankfurt am Main)
Niedersächsischer Verein für Erwachsenenbildung
Nordrhein-westfälischer Verein für Erwachsenenbildung Hessischer Verein für Erwachsenenbildung
Baden-württembergischer Verein für Erwachsenenbildung
Bayerischer Verein für Erwachsenenbildung
Arbeitsgemeinschaft Computer und Beruf (ACB)
Arbeitskreis "Benachteiligte Jugendliche" im VDP
Arbeitsgemeinschaft der Übungsfirmenträger im VDP
Arbeitskreis Qualitätsmanagement
Deutscher Fernschulverband (DFV)
Bundesverband der Freien Alternativschulen
Dt. Sekretärinnenakademie
Mitglieder: 490 Schulträger mit 1300 Bildungseinrichtungen in freier Trägerschaft

Sicherung der im Grundgesetz verankerten Stellung des Unterrichts- und Bildungswesens in freier Trägerschaft; Förderung des Bildungswesens zum Nutzen der Allgemeinheit; Vertretung der Belange seiner Mitglieder gegenüber Behörden und Ministerien durch Auskünfte, Berichte, Gutachten und Anträge.

o 709

**Bundesverband Deutscher Privatschulen
Landesverband Baden-Würtemberg**
Heusteigstr. 21, 70182 Stuttgart
T: (0711) 2 36 16 17 Fax: 2 36 16 70
Internet: http://www.vdp-bw.de
E-Mail: vdp@vdp-bw.de
Vorsitzende(r): Andreas Büchler (Am Schloßberg, 76530 Baden-Baden, Tel.- (07221) 35 59-0, Fax: (07221) 35 59-88)
Geschäftsführer(in): Dr. Klaus Vogt

● O 710

Bundesverband Liberaler Hochschulgruppen (LHG)
Ackerstr. 3b, 10115 Berlin
T: (030) 28 38 94 21
Gründung: 1987 (18. Dezember)
Bundesvorsitzende(r): Raoul Koether
Bundesschatzmeister: Falk Al-Omary
Presse: Maximilian Findeisen
Mitglieder: ca. 4.000, Gruppen: 93
Mitarbeiter: 6
Jahresetat: DM 0,02 Mio, € 0,01 Mio

● O 711

Arbeitsgemeinschaft Evangelischer Schulbünde e.V.
Heidehofstr. 49-50, 70184 Stuttgart
T: (0711) 48 07 65 Fax: 4 80 76 80
Vorsitzende(r): OStD Werner Kast (Ev. Heidehof-Gymnasium, Heidehofstr. 49-50, 70184 Stuttgart)

● O 712

The Frankfurt International School e.V.
An der Waldlust 15, 61440 Oberursel
T: (06171) 2 02-0 Fax: 2 02-384

Internet: http://www.fis.edu
E-Mail: petra_rischke@fis.edu
Head of School: Dr. Günther Brandt

o 713
International School Wiesbaden
Rudolf-Dietz-Str. 14, 65207 Wiesbaden
T: (0611) 99 40-0 **Fax:** 99 40-99
E-Mail: chris_bayliss@fis.edu
Direktor: Christine Bayliss

● **O 714**
Bundesverband Kraftwerksnebenprodukte e.V. (BVK)
Niederkasseler Kirchweg 97, 40547 Düsseldorf
T: (0211) 57 91 95 **Fax:** 57 95 24
Internet: http://www.bvk-online.com

E-Mail: thamm.bvk@t-online.de
Gründung: 1975 (21. November)
Geschäftsführer(in): Dr. Hans Thamm (Ltg. Presseabt.; Ziegeleiweg 75, 40591 Düsseldorf, T: (0211) 72 72 95)
Vorsitzende(r): Dipl.-Kfm. Heinz Schott (Baustoff-Kontor GmbH, Pinkertweg 40, 22113 Hamburg, T: (040) 73 10 66 01)
Stellvertretende(r) Vorsitzende(r): Dr.-Ing. Heinz-Peter Backes (BauMineral GmbH, Hiberniastr. 12, 45699 Herten, T: (02366) 5 09-2 05)
Mitglieder: 17
Mitarbeiter: 2

● **O 715**
Arbeitsgemeinschaft der Sonderabfall-Entsorgungs-Gesellschaften der Länder (AGS)
Geschäftsstelle
Postf. 14 69, 91104 Schwabach
Siemensstr. 3-5, 91126 Schwabach

T: (09122) 63 13-60 **Fax:** 63 13-61
Internet: http://www.umwelt.de/ags
E-Mail: ags@fes-schwabach.de
Geschäftsstellenleiterin: Dr. Ella Stengler
Sprecher: Jörg Rüdiger (NGS), Hannover

● **O 716**
Freiwillige Selbstkontrolle Telefonmehrwertdienste e.V. (FST)
Liesegangstr. 10, 40211 Düsseldorf
T: (0211) 6 98 61-73 **Fax:** 6 98 61-74
Internet: http://www.fst-ev.de
E-Mail: geschaeftsstelle@fst-ev.org
Gründung: 1997 (7. Oktober)
Vorsitzende(r): Hans-Joachim Kruse
Vorstand: Heike Birkholz
Marco Priewe
Steffen Wernéry
Renatus Zilles

Notizen

Verbände, Behörden, Organisationen der Wirtschaft 2001

P Genossenschaften

Zum Auffinden einer bestimmten Dienststelle oder Organisation dient das Suchwortverzeichnis, eines Personennamens das Personenverzeichnis.

Genossenschaftliche Spitzenverbände
Genossenschaftliche Verbund- und Spezialinstitute der
　gewerblichen und ländlichen Genossenschaftsorganisationen
Regionale und fachliche Prüfungsverbände
Weitere genossenschaftliche Verbände

Genossenschaftliche Spitzenverbände

● P 1

Deutscher Genossenschafts- und Raiffeisenverband e.V. (DGRV)
Adresse bis 30.06.2001:
Postf. 12 02 20, 53106 Bonn
Adenauerallee 127, 53113 Bonn
T: (0228) 1 06-0   Fax: 10 62 66
E-Mail: dgrv@raiffeisen.de
Adresse ab 01.07.2001:
Schellingstr. 1, 10785 Berlin
T: (030) 25 57-0
Präsidium: Präs. Manfred Nüssel (Vors.), Bonn
Präs. Dr. Christopher Pleister (stellv. Vors.), Bonn
Präs. Dr. Dietrich L. Meyer (stellv. Vors.), Essen
Verbandsdir. Prof. RA/vBP Dr. Claus Peter Mossler, Köln
Dir. Wolfgang Deml, München
Verbandspräs. Klaus Lambert, Frankfurt
Dir. Dipl.-Kfm. Hans Reischl, Köln
Verbandsdir. WP/StB Manfred Schlüter, Hannover
Bankdir. Dr. Bernd Thiemann, Frankfurt
Vorstand: Dr. Hans-Detlef Wülker (Sprecher), Bonn
Vorstand: WP/StB Dipl.-Kfm. Günter Spanier
Verbandsdir. WP/StB/RB Willi Urbach (ehrenamtlich), Köln
Mitgliedsverbände: 17 (auf Landesebene)
Mitgliedsverbände (Regional- und Fachprüfungsverbände)
Badischer Genossenschaftsverband Raiffeisen- Schulze-Delitzsch e.V., Karlsruhe
Genossenschaftsverband Bayern (Raiffeisen/Schulze-Delitzsch) e.V., München
Genossenschaftsverband Berlin-Hannover e.V. Hannover
Verwaltungssitze: Hannover, Berlin
Genossenschaftsverband Hessen/Rheinland-Pfalz/Thüringen e.V. Frankfurt, Neu-Isenburg (Zeppelinheim), Verwaltungssitze: Kassel
Norddeutscher Genossenschaftsverband (Raiffeisen - Schulze-Delitzsch) e.V., Kiel
Verwaltungssitze: Kiel, Schwerin
Genossenschaftsverband Rheinland e.V., Köln
Verwaltungssitze: Köln, Koblenz
Saarländischer Genossenschaftsverband e.V., Saarbrücken
Genossenschaftsverband Sachsen (Raiffeisen/Schulze-Delitzsch) e.V., Dresden, Chemnitz
Genossenschaftsverband Weser-Ems e.V., Oldenburg i. O.
Westfälischer Genossenschaftsverband e.V., Münster
Württembergischer Genossenschaftsverband - Raiffeisen/Schulze-Delitzsch - e.V., Stuttgart
BÄKO-Prüfungsverband Deutscher Bäcker- und Konditorengenossenschaften e.V., Bad Honnef
EDEKA Verband kaufmännischer Genossenschaften e.V., Hamburg
Prüfungsverband der Deutschen Verkehrsgenossenschaften e.V., Hamburg
REWE Prüfungsverband e.V., Köln
Verband der PDS-Banken, Bonn
Verband der Sparda-Banken e.V., Frankfurt

Förderung und Vertretung der einheitlichen Interessen der Mitglieder und der diesen angeschlossenen genossenschaftlichen Einrichtungen, insbesondere die Wahrnehmung der gemeinsamen wirtschaftspolitischen, rechtspolitischen und steuerpolitischen Belange.

● P 2

Bundesverband der Deutschen Volksbanken und Raiffeisenbanken e.V. (BVR)
Anschrift bis 30. Juni 2001:
Postf. 12 04 40, 53046 Bonn
Heussallee 5, 53113 Bonn
T: (0228) 5 09-0   Fax: 5 09-201
Internet: http://www.vrnet.de
Anschrift ab 01. Juli 2001:
Schellingstr. 4, 10785 Berlin
T: (030) 25 57-0 Fax: 25 57-1002
E-Mail: poststelle@bvr.de
Gründung: 1971 (15. Dezember)
Internationaler Zusammenschluß: siehe unter izi 31
Vorstand: Dipl.-Vw. Dr. Christopher Pleister (Präs.), Bonn
RA Jochen Lehnhoff, Bonn
Dipl.-Kfm. Dr. Bernd Rodewald, Bonn
Leitung Presseabteilung: Dr. Rolf Kiefer
Verbandszeitschrift: BANKINFORMATION für Volksbanken und Raiffeisenbanken und Genossenschaftsforum
Redaktion: Dr. Silvia Merk (kom.)

Verlag: Deutscher Genossenschafts-Verlag eG, Postf. 21 40, 65011 Wiesbaden (auch Vertrieb)
Mitglieder: 1794
Mitarbeiter: 95
Mitgliedsverbände
Badischer Genossenschaftsverband Raiffeisen-Schulze-Delitzsch e.V., Karlsruhe
Genossenschaftsverband Bayern (Raiffeisen/Schulze-Delitzsch) e.V., München
Genossenschaftsverband Berlin-Hannover e.V., Hannover
Genossenschaftsverband Hessen/Rheinland-Pfalz/Thüringen e.V. Frankfurt, Neu-Isenburg
Norddeutscher Genossenschaftsverband (Raiffeisen-Schulze-Delitzsch) e.V., Kiel und Hamburg
Genossenschaftsverband Rheinland e.V., Köln
Saarländischer Genossenschaftsverband e.V., Saarbrücken
Genossenschaftsverband Sachsen (Raiffeisen/Schulze-Delitzsch) e.V., Dresden und Chemnitz
Genossenschaftsverband Weser-Ems e.V., Oldenburg i.O.
Westfälischer Genossenschaftsverband e.V., Münster
Württembergischer Genossenschaftsverband Raiffeisen/Schulze-Delitzsch e.V., Stuttgart
Verband der Post-Spar- und Darlehnsvereine e.V., Bonn-Bad Godesberg
Verband der Sparda-Banken e.V., Frankfurt
Vertretungen im Ausland
BVR-Vertretung bei der Europäischen Union, Brüssel (Belgien)
Europäische Vereinigung der Genossenschaftsbanken, Brüssel (Belgien)

Förderung, Betreuung und Vertretung der fachlichen und besonderen wirtschaftspolitischen und wirtschaftlichen Interessen der Mitglieder und der diesen angeschlossenen Einrichtungen innerhalb des Bereichs der genossenschaftlichen Kreditwirtschaft.

p 3

Bundesverband der Deutschen Volksbanken und Raiffeisenbanken e.V. (BVR)
-Verbindungsbüro Berlin-
Schellingstr. 1, 10785 Berlin
T: (030) 25 57-0   Fax: 25 57-1002

● P 4

Deutscher Raiffeisenverband e.V. (DRV)
Postf. 12 02 20, 53106 Bonn
Adenauerallee 127, 53113 Bonn
T: (0228) 1 06-0   Fax: 1 06-266
Internet: http://www.raiffeisen.de
E-Mail: info@drv.raiffeisen.de
Gründung: 1948
Internationaler Zusammenschluß: siehe unter izf 999, izp 5
Präsidialausschuß:
Präsident(in): Manfred Nüssel, Bonn
Vorsitzende(r) des Vorstandes: Wolfgang Deml, München
Direktor(in): Dr. Hermann Dumstorf, Bremen
Aufsichtsrat: Franz-Josef Möllers (Vors.), Münster
Verbandsdir.: WP/StB Manfred Schlüter, Hannover
Geschäftsführer(in): Generalsekr. Dr. Rolf Meyer, Bonn
Präsidiumsmitglied(er): Präs. Manfred Nüssel, Bonn
Dipl.-Betriebsw. Verbandsdir. WP/StB Arnold Bard, Saarbrücken
Verbandsdir. Dietmar Berger, Chemnitz
Dipl.-Ing. agr. Jörn Christern, Kiel
Wolfgang Deml (Vorstandsvors.), München
Direktor Dr. Hermann Dumstorf, Bremen
Generaldir. Dr. Jürgen Förterer, Wiesbaden
Verbandspräs. WP/StB Wilhelm Frankenberger, München
GeschF Karl-Walter Funk, Kiel
Vizepräs. Alfons Geerdes, Oldenburg
GeschF Wolfgang Grimberg, Frankfurt
Verbandspräs. WP Egon Gushurst, Karlsruhe
Hans-Edgar von Holzapfel (Vors. d. Geschäftsführung), Hamburg
Verbandsdir. Dr. Franz Honikel, Stuttgart
Verbandspräs. Klaus Lambert, Neu-Isenburg
Vorstandsvors. Gerhard Meloh, Münster
Aufsichtsratsvors. Franz-Josef Möllers, Münster
Vorstandsvors. Karl Heinz Neiss, Ilbesheim
Dr. Manfred Niclas (Vorstandsvors.), Münster
Präs. Dr. Christopher Pleister, Bonn
Verbandsdir. WP/StB Manfred Schlüter, Hannover
Bankdirektor Rudi Schühle, Stuttgart
Präs. Gerd Sonnleitner, Bonn
Dir. Reinhard Stieglitz, Kassel
Direktor Prof. Dr. Jakob Peter Stöckl, München
Direktor Dr. Manfred W. Tag, Zeven
Bankdir. Dr. Bernd Thiemann (Vorstandsvors.), Frankfurt
Verbandsdir WP/StB Willi Urbach, Köln
Bankdir. Dr. Manfred Wächtershäuser, Frankfurt
Sprecher d. Vorst. Georg Wiederhold, Mutterstadt
Mitarbeiter: 60
Mitgliedsverbände
Badischer Genossenschaftsverband Raiffeisen-Schulze-Delitzsch e.V., Karlsruhe
Genossenschaftsverband Bayern (Raiffeisen/Schulze-Delitzsch) e.V., München
Genossenschaftsverband Berlin-Hannover e.V., Hannover
Genossenschaftsverband Hessen/Rheinland-Pfalz/Thüringen e.V. Frankfurt, Neu-Isenburg

Genossenschaftsverband Rheinland e.V., Köln
Saarländischer Genossenschaftsverband e.V., Saarbrücken
Norddeutscher Genossenschaftsverband (Raiffeisen-Schulze-Delitzsch) e.V., Kiel
Genossenschaftsverband Weser-Ems e.V., Oldenburg
Westfälischer Genossenschaftsverband e.V., Münster
Württembergischer Genossenschaftsverband - Raiffeisen/Schulze-Delitzsch - e.V., Stuttgart
Genossenschaftsverband Sachsen (Raiffeisen/Schulze-Delitzsch) e.V., Dresden

● P 5

Zentralverband Gewerblicher Verbundgruppen e.V. (ZGV)
Vorgebirgsstr. 43, 53119 Bonn
T: (0228) 9 85 84-0   Fax: 9 85 84-10
Internet: http://www.zgv-online.de
E-Mail: info@zgv-online.de
Präsidium
Präsident(in): Jochen Graf von Schwerin (KMT Kölnische Mode- und Textilhandelsgesellschaft mbH, Köln)
Vizepräsident(in): Albert Eurskens (BÄKO-Zentrale Süddeutschland eG, Ladenburg)
Dr. Dietrich L. Meyer (NOWEDA eG, Essen)
Gerhard Peter (EDEKA Zentrale AG, Hamburg)
Hans Reischl (REWE-Zentral AG, Köln)
Dr. Eugen Trautwein (E/D/E Einkaufsbüro Deutscher Eisenhändler GmbH, Wuppertal)
Weitere Präsidiumsmitgl.: Dr. Kurt Merse (GARANT SCHUH, Düsseldorf)
Bernd Oppenländer (ZEG Zentraleinkauf Holz + Kunststoff eG, Stuttgart)
Dr. Günther Otto (BÄKO Mittel- und Ostsachsen eG, Triebischtal)
Rainer Paas (REWE Dortmund Großhandel eG, Dortmund)
Dr. Guido Roedig (INTERBAUSTOFF GmbH, Bad Nauheim)
Hans-Jürgen Schatt (DEUTSCHER MÖBEL-VERBUND Handels GmbH, Fahrenzhausen)
Dirk Schlüter (EDEKA Minden-Hannover Holding GmbH)
Dr. Peter Schneider (ZENTRAG eG, Frankfurt/Main)
Ulrich Schwarze (parma - Aurel GmbH & Co. KG, Bielefeld)
Hauptgeschäftsführer(in): Dr. Ludwig Veltmann
Mitglied der Hauptgeschäftsführung: Dr. Günther Schulte
Geschäftsführer(in): RA Jan Schmüser
RA Heribert Jöris
Dipl.-Kfm. Jörg Glaser
Dipl.-Kfm. Peter Schäfer
Presse- u. Öffentlichkeitsarbeit: Dipl.-Sozialw. Astrid Magerkohl

Landesverbände

p 6

Landesverband Nordrhein-Westfalen der Gewerblichen Verbundgruppen e.V.
Vorgebirgsstr. 43, 53119 Bonn
T: (0228) 9 85 84-35   Fax: 9 85 84-10
Vorsitzende(r) des Vorstandes: Horst Rompcik
Geschäftsführende(s) Vorstands-Mitglied(er): RA Heribert Jöris

p 7

Landesverband Norddeutschland des genossenschaftlichen Groß- und Außenhandels e.V.
New-York-Ring 6, 22297 Hamburg
T: (040) 63 77-26 87   Fax: 63 77 22 63
Vorsitzende(r) des Vorstandes: Direktor Hilko Gerdes
Geschäftsführer(in): RA Carsten Koch

p 8

Landesverband Mitte Gewerblicher Verbundgruppen e.V.
Domstr. 20, 50668 Köln
T: (0221) 1 49-18 40   Fax: 1 49 90 00
Vorsitzende(r) des Vorstandes: Michael Jankowski
Geschäftsführer(in): RA Berndfried Dornseifer

p 9

Landesverband Bayern der genossenschaftlichen Großhandels- und Dienstleistungsunternehmen e.V.
Max-Joseph-Str. 5, 80333 München
T: (089) 55 77 02   Fax: 59 30 15
Vorsitzende(r) des Vorstandes: Rainer Pabst
Geschäftsführer(in): Georg Feldmeier

p 10

Arbeitgeberverband des genossenschaftlichen Groß- und Außenhandels in Baden-Württemberg e.V.
Heilbronner Str. 41, 70191 Stuttgart

T: (0711) 9 40-0 **Fax:** 9 40-2604
Vorstandsvors. Verbandsdir.: Gerhard Schorr
Geschäftsführer(in): RA Wolfram Decker

p 11
Landesverband Ost der Gewerblichen Verbundgruppen e.V.
Vorgebirgsstr. 43, 53119 Bonn
T: (0228) 9 85 84-35 **Fax:** 9 85 84-10
Vorsitzende(r) des Vorstandes: Dr. Günther Otto
Geschäftsführer(in): RA Heribert Jöris

Vertretung im Ausland

p 12
Union der Verbundgruppen von selbständigen Einzelhändlern Europas (UGAL)
Union des Groupements de Commerçants Détaillants Indépandants de l'Europe
3, Avenue des Gaulois, Bte 3, B-1040 Bruxelles
T: (00322) 7 32 46 60 **Fax:** 7 35 86 23
E-Mail: ugal@optinet.be
Internationaler Zusammenschluß: siehe unter IZP 42, izh 527

p 13
Internationale Vereinigung von Einkaufs- und Marketingverbänden (IVE)
International Association of Buying and Marketing-Groups
Association Internationale des Groupements d'Achat et de Marketing
Vorgebirgsstr. 43, 53119 Bonn
T: (0228) 9 85 84-0 **Fax:** 9 85 84-20
E-Mail: info@ive-online.de
Internationaler Zusammenschluß: siehe unter IZP 41, izh 25

Genossenschaftliche Verbund- und Spezialinstitute der gewerblichen und ländlichen Genossenschaftsorganisationen

● **P 14**
Deutsche Raiffeisen-Warenzentrale GmbH
Postf. 10 06 43, 60006 Frankfurt
Reuterweg 51-53, 60323 Frankfurt
T: (069) 71 51-0 **Fax:** 71 51-219, 71 51-265, 71 51-250, 71 51-208, 71 51-283
TX: 412 130 Namengeber drwz d
TGR: Raiffeisen Ffm
Internet: http://www.drwz.de
E-Mail: info@drwz.de
Geschäftsführer(in): Wolfgang Grimberg

● **P 15**
Deutsche Winzer eG
Eifelstr. 9a, 53119 Bonn
T: (0228) 65 32 55 **Fax:** 63 56 25

p 16
Raiffeisen-Weinkeller
Eifelstr. 9a, 53119 Bonn
T: (0228) 65 32 55 **Fax:** 63 56 25
Geschäftsführer(in): Dr. Karl Ludwig Bieser

● **P 17**
Center-Werbung GmbH
Postf. 19 01 25, 53037 Bonn
Bonner Talweg 83, 53113 Bonn
T: (0228) 9 14 49-0 **Fax:** 9 14 49-99
E-Mail: centerwerbung@t-online.de
Geschäftsführer(in): Dipl.-Volkswirt Peter Reimers
Dr. Manfred H. Epple

● **P 18**
Deutsche Genossenschafts-Revision Wirtschaftsprüfungsgesellschaft GmbH
Postf. 12 02 20, 53106 Bonn
Adenauerallee 127, 53113 Bonn
T: (0228) 1 06-0 **Fax:** 1 06-240
E-Mail: dg-revision@dg-revision.de
Geschäftsführer(in): WP/StB Dipl.-Volksw. Peter Freiß
WP/StB Dipl.-Kfm. Jürgen Görtz

Regionale und fachliche Prüfungsverbände

● **P 19**
Badischer Genossenschaftsverband - Raiffeisen-Schulze-Delitzsch - e.V.
Postf. 52 80, 76034 Karlsruhe
Lauterbergstr. 1, 76137 Karlsruhe
T: (0721) 35 20 **Fax:** 3 52 14 82
Internet: http://www.BGVnet.de
E-Mail: Aktuelles@BGVnet.de
Gründung: 1867
Vorstand: Verb. Präs. WP Egon Gushurst (Vors.)
Verbandsdir. WP/StB Gerhard Roßwog
Verbandsdir. WP/StB Herbert Schindler

p 20
GZ-Bank AG Frankfurt/Stuttgart
Sitz und Hauptverwaltung:
Bockenheimer Anlage 46, 60322 Frankfurt
T: (069) 71 39-0 **Fax:** 71 39-1309
Internet: http://www.gz-bank.de
E-Mail: info@gz-bank.de
Weitere Hauptverwaltung:
Heilbronner Str. 41, 70191 Stuttgart
T: (0711) 9 40-0, **Telefax:** (0711) 9 40-29 40
Karl-Friedrich-Str. 23, 76133 Karlsruhe
T: (0721) 9 96-0, **Telefax:** (0721) 9 96-33 62
Gründung: 2000 (1. Januar)
(Verschmelzung der SGZ-Bank Südwestdeutsche -Zentralbank AG, Frankfurt am Main und der GZB-Bank Genossenschaftliche Zentralbank AG, Stuttgart. Die Ursprünge beider Unternehmen reichen bis 1883 bzw. 1893 zurück.
Vorstand: Dr. Ulrich Brixner (Vors.)
Rudi Schühle (stellv. Vors.)
Dr. Manfred Biehal
Peter Dieckmann
Heinz Hilgert
Albrecht Merz
Dietrich Voigtländer
Dr. Manfred Wächtershäuser
Dieter Wößner
Ltg. Presse u. Öffentlichkeitsarbeit: Mathias Beers
Mitarbeiter: 2200

p 21
Raiffeisen Zentralgenossenschaft eG
76127 Karlsruhe
Lauterbergstr. 1, 76137 Karlsruhe
T: (0721) 3 52-0 **Fax:** 3 52-1398 (Vermarktung/Futtermittel), 3 52-1624 (Technik), 3 52-1501 (Baustoffe), 3 52-1502 (Saatgut), 3 52-1503 (Personal), 3 52-1504 (IT/Organisation), 3 52-1505 (Energie), 3 52-1620 (Presse/Marketing)
Internet: http://www.zg-raiffeisen.de
E-Mail: info@zg-raiffeisen.de
Gründung: 1911
Mitglieder: ca. 2000

p 22
Molkerei-Zentrale Südwest eG
Postf. 21 09 52, 76159 Karlsruhe
Keplerstr. 45, 76185 Karlsruhe
T: (0721) 59 86-0 **Fax:** 59 86 100
Internet: http://www.mz-suedwest.de
E-Mail: info@mz-suedwest.de

p 23
Weinwerbezentrale badischer Winzergenossenschaften eG
Keßlerstr. 5, 76185 Karlsruhe
T: (0721) 55 70 28

p 24
Badischer Winzerkeller eG
Postf. 12 49, 79201 Breisach
Zum Kaiserstuhl 16, 79206 Breisach
T: (07667) 9 00-0 **Fax:** 9 00-232
TGR: Badischer Winzerkeller Breisach

p 25
Marktkontor Obst und Gemüse Baden e.V.
Postf. 52 80, 76034 Karlsruhe
Lauterbergstr. 1, 76137 Karlsruhe
T: (0721) 3 52-1420 **Fax:** 3 52-1329
Internet: http://www.obst-gemuese-baden.de
E-Mail: marktkontor@obst-gemuese-baden.de

● **P 26**
Genossenschaftsverband Bayern (Raiffeisen/Schulze-Delitzsch) e.V.
80327 München

Türkenstr. 22-24, 80333 München
T: (089) 28 68-30 **Fax:** 28 68-3255
TX: 528 640
Internet: http://www.gv-bayern.de
E-Mail: presse@gv-bayern.de
Vorstand:
Präsident und Vorstandsvorsitzender: WP/StB Wilhelm Frankenberger
Stellv. Vorstandsvorsitzender: Gerhard Bürkle
Verbandsdirektor: WP/StB Erhard Gschrey
Presse: Ernst-Rüdiger Ruff

● **P 27**
Genossenschaftsverband Berlin-Hannover e.V.
Hannoversche Str. 149, 30627 Hannover
T: (0511) 95 74-0 **Fax:** 95 74-351
Vorstand:
Verb.Dir. RA Dr. Wilfrid Bungenstock
Verb.Dir. WP/StB Dipl.-Kfm. Detlef Großweischede
Verb.Dir. WP/StB Manfred Schlüter
Presseabteilung: Dipl.-Betriebsw. Dietbert Hummel

● **P 28**

GENOSSENSCHAFTSVERBAND RHEINLAND E.V.

Postf. 10 15 62, 50455 Köln
Severinstr. 214-218, 50676 Köln
T: (0221) 20 14-0 **Fax:** 23 65 81
Internet: http://www.gvr-koeln.de
E-Mail: info@gvr-koeln.de
Roonstr. 7, 56068 Koblenz, Postf. 20 06 33, 56006 Koblenz,
T: (0261) 1 30 91 01, **Telefax:** (0261) 1 22 36
Vorstand: Verb.-Dir. RA Prof. Dr. Claus Peter Mossler (Sprecher)
Verb.-Dir. WP/StB RB Willi Urbach
Leitung Presseabteilung: Sabine Knieps-Vaupel
Verbandszeitschrift: Rheinisches Genossenschaftsblatt
Mitarbeiter: 296
Angeschlossene Genossenschaften: 387

Zentralgeschäftsanstalten:

p 29
WGZ-Bank Westdeutsche Genossenschafts-Zentralbank eG
Postf. 10 10 32, 40001 Düsseldorf
Ludwig-Erhard-Allee 20, 40227 Düsseldorf
T: (0211) 7 78-00 **Fax:** 7 78-1277
TX: 8 586 709
TGR: WGZ BANK
Internet: http://www.wgz-bank.de
E-Mail: info@wgz-bank.de

p 30
Vereinigung Rheinischer Molkereien GmbH & Co. KG (VRM)
Postf. 10 23 53, 47723 Krefeld
Westparkstr. 130, 47803 Krefeld
T: (02151) 76 91-0 **Fax:** 76 91-27
TGR: VRM
Internet: http://www.vrmkrefeld.de
E-Mail: vrmkrefeld@t-online.de

p 31
FAKTOR 2 Kommunikation GmbH
Postf. 102951, 50469 Köln
Kleine Spitzengasse 2-4, 50676 Köln
T: (0221) 92 12 02-0 **Fax:** 92 12 02-13
E-Mail: info@faktor2-kommunikation.de

● **P 32**
Genossenschaftsverband Hessen/Rheinland-Pfalz/Thüringen e.V. Frankfurt
Verwaltungssitze
Postf. 40 01 13, 63246 Neu-Isenburg
Mitteldicker Weg 2, 63263 Neu-Isenburg
T: (069) 69 78-0 **Fax:** 69 78-1 11
Internet: http://www.genossenschaftsverband.de
E-Mail: kontakt@genossenschaftsverband.de
Wolfsschlucht 15, 34117 Kassel, Postf. 10 14 49, 34014 Kassel, **T:** (0561) 7 12 20, **Telefax:** (0561) 71 22-5 07
Geschäftsstelle Erfurt:
Thälmannstr. 58, 99085 Erfurt, **T:** (0361) 5 58 00-0, **Telefax:** (0361) 5 58 00-33
Vorstand: Verbandspräs. Klaus Lambert (Vors. d. Vorst.)
Verbands-Dir. WP StB Dipl. Betriebsw. Horst Kessel
Verbands-Dir. WP Günter Kling

Verbands-Dir. Dipl.-Betriebsw. Walter Weinkauf
Leitung Presseabteilung: Dr. Volker Hetterich
Verbandszeitschrift: GenossenschaftsKurier
Verlag: Postf. 40 01 13, 63246 Neu-Isenburg
Mitglieder: 706
Mitarbeiter: ca. 520

Prüfung, Beratung und Betreuung der in Hessen, Rheinland-Pfalz und Thüringen tätigen Volksbanken und Raiffeisenbanken, Raiffeisengenossenschaften, gewerblichen Waren- und Dienstleistungsgenossenschaften sowie Agrargenossenschaften.

● P 33
Saarländischer Genossenschaftsverband e.V.
Postf. 10 27 25, 66027 Saarbrücken
Beethovenstr. 33, 66111 Saarbrücken
T: (0681) 3 87 06-0 **Fax:** 3 87 06-39
Internet: http://www.sgv.de
E-Mail: saarlaendischer_geno_verband@t-online.de
Verb.-Dir.: Dipl.-Betriebsw. WP/StB Arnold Bard
Prüfungsdirektor: Dipl.-Kfm. WP/StB Ralf M. Marquis

Zentralgeschäftsanstalten:

p 34
FIDUCIA Informationszentrale Aktiengesellschaft
Postf. 41 03 40, 76203 Karlsruhe
Wachhausstr. 4, 76227 Karlsruhe
T: (0721) 40 04-0 **Fax:** 40 04-4500
Internet: http://www.fiducia.de

p 35
GZ-Bank AG Frankfurt/Stuttgart
Sitz:
Bockenheimer Anlage 46, 60322 Frankfurt
T: (069) 71 39-0 **Fax:** 71 39-1309
Internet: http://www.gz-bank.de
E-Mail: info@gz-bank.de
Weitere Hauptverwaltung: Postfach 69 60, 76049 Karlsruhe
Karl-Friedrich-Str. 23, 76133 Karlsruhe
T: (0721) 9 96-0, Telefax: (0721) 9 96-33 62
Repräsentanz Erfurt:
Anger 78/79. 99084 Erfurt
T: (0361) 6 44 22-00, Telefax: (0361) 64 32 00 81
Gründung: 2000 (1. Januar)
(Verschmelzung der SGZ-Bank Südwestdeutsche -Zentralbank AG, Frankfurt am Main und der GZB-Bank Genossenschaftliche Zentralbank AG, Stuttgart. Die Ursprünge beider Unternehmen reichen bis 1883 bzw. 1893 zurück.
Vorstand: Dr. Ulrich Brixner (Vors.)
Heinz Hilgert
Dietrich Voigtländer
Prof. Dr. Karl-Heinz Vollmer
Dr. Manfred Wächtershäuser
Ltg. Presse u. Öffentlichkeitsarbeit: Mathias Beers
Mitarbeiter: 1557 (im Jahresdurchschnitt; davon 156 Teilzeitbeschäftigte)

● P 36
Genossenschaftsverband Sachsen (Raiffeisen/Schulze-Delitzsch) e.V.
Cossebauder Str. 18, 01157 Dresden
T: (0351) 42 01 50 **Fax:** 4 21 64-29
Internet: http://www.gvs-online.de
E-Mail: gvs@gvs-online.de
Verbandsdir: WP StB Reinhard Weinert
Dipl.-Argar-Ing.-Ökonom Dietmar Berger

p 37
Genossenschaftsverband Sachsen (Raiffeisen/Schulze-Delitzsch) e.V.
Helbersdorfer Str. 44-48, 09120 Chemnitz
T: (0371) 27 88-0 **Fax:** 22 61 78
Internet: http://www.gvs-online.de
E-Mail: gvs@gvs-online.de

● P 38
Norddeutscher Genossenschaftsverband (Raiffeisen - Schulze-Delitzsch) e.V. Kiel
Raiffeisenhaus
Postf. 36 29, 24035 Kiel
Raiffeisenstr. 1, 24103 Kiel
T: (0431) 66 42-0 **Fax:** 67 59 75
Internet: http://www.NGV.de
E-Mail: NGV@NGV.de
Verwaltungssitze: Kiel, Schwerin
Schwerin: Wismarsche Str. 302, 19055 Schwerin, T: (0385) 5 75 04 50, Telefax: (0385) 5 75 04 60
Gründung: 1866
Verbandsdir: WP/StB Dipl.-Kfm. Michael Bockelmann
WP/StB Dipl.-Bw. Horst Mathes
Leitung Presseabteilung: Dipl.-Kfm. Joachim Prahst (T: (0431) 66 42-1 59)
Verbandszeitschrift: Genossenschaftliche Mitteilungen für Hamburg, Mecklenburg-Vorpommern und Schleswig-Holstein
Redaktion: Dipl.-Kfm. Joachim Prahst
Verlag: Raiffeisenstr. 1, 24103 Kiel
Mitglieder: 702
Mitarbeiter: ca. 220
Herausgeber: Norddeutscher Genossenschaftsverband (Raiffeisen-Schulze-Delitzsch) e.V., Raiffeisenstr. 1, 24103 Kiel

Genossenschaftsverband zur Durchführung gesetzlicher Prüfung und Beratung der Volksbanken, Raiffeisenbanken, sonst. Kreditgenossenschaften sowie gewerbliche und ländliche Waren- u. Dienstleistungsgenossenschaften und Agrargenossenschaften in Schleswig-Holstein, Hamburg u. Mecklenburg-Vorpommern.

● P 39
Genossenschaftsverband Weser-Ems e.V.
Postf. 41 29, 26031 Oldenburg
Raiffeisenstr. 26, 26122 Oldenburg
T: (0441) 2 10 03-0 **Fax:** 1 57 86
Gründung: 1890 (19. Juli)
Vorstand: Präsident Hans-Joachim Ewald
Vizepräsident Alfons Geerdes
Präsidiumsmitgl. Alexander Kamp
Präsidiumsmitgl. Dietrich Stohschen
Verbandsdir.: WP Heino Wedermann
WP Rainer Backenköhler
Leitung Presseabteilung: Harald Lesch
Verbandszeitschrift: Genossenschaftliches Mitteilungsblatt Weser-Ems
Redaktion: u. Verlag: Raiffeisenstr. 26, 26122 Oldenburg
Mitglieder: 320

● P 40
Westfälischer Genossenschaftsverband e.V.
Postf. 86 40, 48046 Münster
Mecklenbecker Str. 235-239, 48163 Münster
T: (0251) 71 86-0 **Fax:** 71 86-2 48
Vorstand: Dipl.-Kfm. WP/StB Moritz Krawinkel
Landwirt Johann Prümers
Leitung Presseabteilung: Dipl.-Volksw. Alfred Große Hüttmann

Zentralgeschäftsanstalten:

p 41
WGZ-Bank
Die Initiativbank.
WGZ-Bank Westdeutsche Genossenschafts-Zentralbank eG
Postf. 10 10 32, 40001 Düsseldorf
Ludwig-Erhard-Allee 20, 40227 Düsseldorf
T: (0211) 7 78-00 **Fax:** 7 78-1277
TX: 8 586 709
TGR: WGZ BANK
Internet: http://www.wgz-bank.de
E-Mail: info@wgz-bank.de
Ltg. Kommunikation, Marketing, Presse: Frank Kühne
Verbandszeitschrift: Rheinisches Genossenschaftsblatt
Redaktion: GVR e.V., Severinstr. 214-218, 50455 Köln

p 42
Raiffeisen Central-Genossenschaft Nordwest eG
48136 Münster
Industrieweg 110, 48155 Münster
T: (0251) 6 82-1 **Fax:** 6 82-2534
T-Online: *682-2345#
Internet: http://www.rcg.de
Vorstand: Dr. Manfred Niclas (Vors.), Münster

p 43
Molkerei-Zentrale Westfalen-Lippe eG
Postf. 55 20, 48030 Münster
Hessenweg 10, 48157 Münster
T: (0251) 14 21-01 **Fax:** 14 21-110
Gründung: 1921
Mitarbeiter: 13 (2000)

p 44
WESTFLEISCH Vieh- und Fleischzentrale Westfalen eG
Postf. 88 44, 48047 Münster
Brockhoffstr. 11, 48143 Münster
T: (0251) 4 93-0 **Fax:** 4 93-289
Internet: http://www.westfleisch.de
Gründung: 1928 (19. Oktober)
Mitarbeiter: 1215

p 45
GAD Gesellschaft für automatische Datenverarbeitung eG
Postf. 30 48, 48016 Münster
Weseler Str. 500, 48163 Münster
T: (0251) 71 33-01 **Fax:** 71 33-2317
Gründung: 1963
Vorstand: hauptamtl.: Rudolf Baumheuer
Wilhelm Füting
Heinz Kratt
Anno Lederer
Friedhelm Wagner
Mitarbeiter: 784 (Jahresdurchschnitt)

p 46
BÄKO-ZENTRALE NORD eG
Am Kiekenbusch 4, 47269 Duisburg
T: (0203) 76 84-0 **Fax:** 76 81-018
E-Mail: info-duisburg@baekogruppenord.de

● P 47
Württembergischer Genossenschaftsverband Raiffeisen/Schulze-Delitzsch e.V.
GENO-Haus
Postf. 10 54 43, 70047 Stuttgart
Heilbronner Str. 41, 70191 Stuttgart
T: (0711) 9 40-0 **Fax:** 9 40-2604
Internet: http://www.GENO-Stuttgart.de
E-Mail: GENO-Verband@GENO-Stuttgart.de
Vorstand: Präs. Dipl. oec. WP StB Erwin Kuhn
Verb.-Dir. Dr. Franz Honikel
Verb.-Dir. Dipl.-Kfm. WP StB Gerhard Schorr
Leitung Presseabteilung: Reinhard Bock-Müller

Prüfungsverband im Sinne des Genossenschaftsgesetzes. Daneben nimmt er die Aufgaben eines beratenden und betreuenden Wirtschaftsverbandes wahr, vertritt die Interessen der ihm angeschlossenenen Kredit-, Waren- und Dienstleistungsgenossenschaften gegenüber der Öffentlichkeit und unterhält die GENO-Akademie als Schulungs- und Fortbildungsstätte.

● P 48
Verband der PSD Banken e.V.
Dreizehnmorgenweg 36, 53175 Bonn
T: (0228) 9 59 04-0 **Fax:** 9 59 04-99
Internet: http://www.psdbank.de
E-Mail: info@vpsd.de
Vorsitzende(r) des Vorstandes: Verbandsdirektor Wolf-D. Rosenthal
Mitglieder: 19

● P 49
Verband der Sparda-Banken e.V.
Hamburger Allee 2-10, 60486 Frankfurt
T: (069) 79 20 94-0 **Fax:** 79 20 94 11
Vorsitzende(r) des Vorstandes: RA, WP Dr. Peter Scharpf
Vorstand: Franz-Josef Hörbelt
Dipl.-Volksw., WP, StB Norbert Herbstritt

● P 50
BÄKO - Prüfungsverband Deutscher Bäcker- und Konditorengenossenschaften e.V.
Postf. 11 25, 53581 Bad Honnef
Rhöndorfer Str. 87, 53604 Bad Honnef
T: (02224) 9 60 04-0 **Fax:** 9 60 04-20
E-Mail: baeko-pruefungsverband@t-online.de
Verb.-Dir.: WP StB Dipl.-Kfm. Manfred Klinkhammer, Bad Honnef
Stellv. Verbandsdir.: RA Dirk Lehnhoff, Bad Honnef
Mitglieder: 100

● P 51
EDEKA Verband kaufmännischer Genossenschaften e.V.
22291 Hamburg
New-York-Ring 6, 22297 Hamburg
T: (040) 63 77-0 **Fax:** 63 77 22 63
Verbandsdirektor: Rolf Finkbeiner
Mitglieder: 31

● P 52
REWE-Prüfungsverband e.V.
50603 Köln
Domstr. 20, 50668 Köln
T: (0221) 1 49-0 **Fax:** 1 49-94 00
Internet: http://www.rewe.de

E-Mail: Erwin.Holzschuh@rewe.de
Gründung: 1921 (23. November)
Vorstand: Dipl.-Kfm. Erwin Holzschuh (Wirtschaftsprüfer und Steuerberater)
Mitglieder: 30

● **P 53**

Prüfungsverband der Deutschen Verkehrsgenossenschaften e.V.
Gotenstr. 17, 20097 Hamburg
T: (040) 23 61 32-10 **Fax:** 23 61 32-23, 23 61 32-42
Vorstand: WP StB Dipl.-Kfm. Dirk van Setten
Mitglieder: 137

Weitere genossenschaftliche Verbände

● **P 54**

Gesamtverband Deutscher Konsumgenossenschaften
Neue Grünstr. 18, 10179 Berlin
T: (030) 27 58 45 00 **Fax:** 27 58 41 02
Internet: http://www.gesamtverband-konsum.de
E-Mail: gesamtverband-konsum@t-online.de
Präsident(in): Wilhelm Kaltenborn
WP/StB Detlef Schmidt
Mitglieder: 2
Büro Hamburg: Adenauerallee 21, 20097 Hamburg, Tel.: (040) 24 84 52-0, Fax: (040) 24 84 52 50

p 55

Konsumverband eG
Neue Grünstr. 18, 10179 Berlin
T: (030) 2 75 84-0 **Fax:** 2 75 84-102
E-Mail: Konsumverband@t-online.de
Gründung: 1949 (28. August)
Vorstand: Wilhelm Kaltenborn (Sprecher)
Martin Bergner
Mitarbeiter: 17
Bündelung und nationale sowie internationale Vertretung der Interessen der Konsumgenossenschaften der neuen Bundesländer, Service-Leistungen und Beratung für die Verbandsmitglieder.

p 56

Zentralverband deutscher Konsumgenossenschaften e.V.
Adenauerallee 21, 20097 Hamburg
T: (040) 24 84 52-0 **Fax:** 24 84 52-50
Internet: http://www.zdk-hamburg.de
E-Mail: info@zdk-hamburg.de
Vorstand: WP/Stb Detlef Schmidt
RA Dr. Burchard Bösche

Wahrnehmung der nationalen und internationalen ideellen und wirtschaftlichen Interessen der Konsumgenossenschaften sowie der sonstigen Verbrauchergenossenschaften und deren Einrichtungen, einschließlich des konsumgenossenschaftlichen Prüfungswesens.

● **P 57**

Genossenschaft Deutscher Brunnen eG
Postf. 26 01 05, 53153 Bonn
Kennedyallee 36, 53175 Bonn
T: (0228) 95 95 90 **Fax:** 9 59 59 77
Internet: http://www.gdb.de
E-Mail: info@gdb.de
Vorstand: RA Andreas Rottke
Willi Lahrmann

● **P 58**

Bundesarbeitsgemeinschaft der Erzeugergemeinschaften (BAG)
Godesberger Allee 142-148, 53175 Bonn
T: (0228) 81 98-0 **Fax:** 81 98-2 31
Vorstand: Gerd Sonnleitner
Geschäftsführer(in): Dr. Helge Amberg
Dr. Volker Petersen

● **P 59**

vdp MitUnternehmerverband e.V.
Wasserstadt 16-18, 06844 Dessau
T: (0340) 2 20 24 24 **Fax:** 2 20 23 62
Internet: http://www.mitunternehmer.de
E-Mail: vdp@mitunternehmer.de
Gründung: 1990
Internationaler Zusammenschluß: siehe unter izp 25
Präsident(in): Ronald Sperling (Handwerksmeister)
Vizepräsident(in): Dipl.-Betriebsw. Gerd K. Schaumann (Rechtsbeistand, Wirtschaftsberater)
Verbandsratsvors: Frank Häber (Geschäftsführender Vorstand eG)
Verbandszeitschrift: Der Mitunternehmer
Mitglieder: ca. 500 Betriebe

● **P 60**

pvdp Prüfungsverband e.V.
Wasserstadt 16-18, 06844 Dessau
T: (0340) 2 20 23 62 **Fax:** 2 20 24 24
E-Mail: pvdp@mitunternehmer.de
Gründung: 1991
Vorsitzende(r): Dr. Wolfram Klüber (Wirtschaftsprüfer, Steuerberater, Rechtsanwalt)
Stellvertretende(r) Vorsitzende(r): Dipl.-Betriebsw. Gerd K. Schaumann (Rechtsbeistand)
Verbandsratsvors: Ronald Sperling

● **P 61**

Württembergische Weingärtner-Zentralgenossenschaft e.G.
Raiffeisenstr. 2, 71696 Möglingen
T: (07141) 48 66-0 **Fax:** 48 66-43
Gründung: 1946 (17. August)
Vorstand: Dieter Weidmann (Sprecher)
Werner Hupbauer
Joachim Sommer
Wilfried Dörr
Verbandszeitschrift: Der Württemberger
Redaktion: Herr Hupbauer
Verlag: WZG Möglingen
Mitglieder: 76

Notizen

Q Landwirtschaft und Umweltschutz

Zum Auffinden einer bestimmten Dienststelle oder Organisation dient das Suchwortverzeichnis, eines Personennamens das Personenverzeichnis.

Land- und Forstwirtschaft
    Landwirtschaftskammern
    Fachverbände der Land- und Forstwirtschaft
Milchwirtschaft
Natur-, Landschafts-, Tier- und Umweltschutz

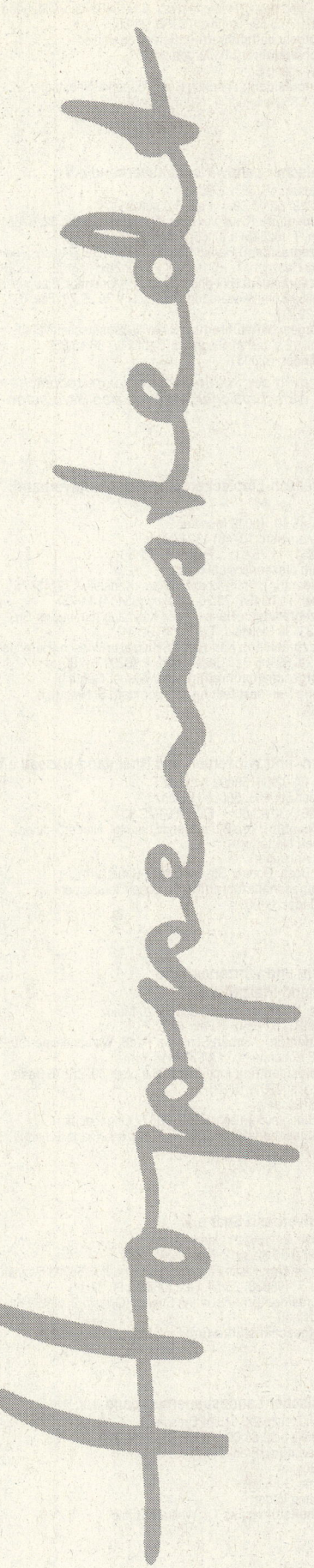

Land- und Forstwirtschaft

Q 1
Zentralausschuß der Deutschen Landwirtschaft
Godesberger Allee 142-148, 53175 Bonn
T: (0228) 8 19 80   Fax: 81 98-2 31
Gründung: 1949
Vorsitzende(r): Gerd Sonnleitner
Hauptgeschäftsführer(in): Generalsekretär Dr. Helmut Born
Mitglieder:
Deutscher Bauernverband e.V.
Verband der Landwirtschaftskammern e.V.
Deutscher Raiffeisenverband e.V.
Deutsche Landwirtschafts-Gesellschaft e.V.

Q 2
Deutscher Raiffeisenverband e.V. (DRV)
Internationaler Zusammenschluß: siehe unter izf 999, izp 5
siehe Genossenschaften P 4

Q 3

Deutsche Landwirtschafts-Gesellschaft e.V. (DLG)
Eschborner Landstr. 122, 60489 Frankfurt
T: (069) 2 47 88-0   Fax: 2 47 88-1 10
Internet: http://www.DLG-Frankfurt.de
E-Mail: Info@DLG-Frankfurt.de
Gründung: 1885
Präsident(in): Philip Freiherr von dem Bussche
Vizepräsident(in): Helmut Ehlen
Prof. Dr. Dr.h.c. Friedrich Kuhlmann
Hauptgeschäftsführer(in): Dr. Dietrich Rieger
Mitglieder: 15000

Durchführung von Ausstellungen; Durchführung von Prüfungen auf den Gebieten: Landtechnik, Landwirtschaftliche Betriebsmittel, Nahrungs- und Genußmittel, Urlaubsquartiere; Sammeln und Verteilen erprobter Erfahrungen und neuer wissenschaftlicher Erkenntnisse zur Förderung der Land- und Ernährungswirtschaft; Förderung der Aus- und Weiterbildung in der Land- und Ernährungswirtschaft. Durchführung internationaler Symposien und Fachtagungen. Vermittlung der Erkenntnisse und Erfahrungen an Schwellen- und Entwicklungsländer.

Q 4
Deutscher Bauernverband e.V. (DBV)
Postf. 20 04 54, 53134 Bonn
Godesberger Allee 142-148, 53175 Bonn
T: (0228) 81 98-0   Fax: 81 98-205
Internet: http://www.bauernverband.de
Internationaler Zusammenschluß: siehe unter izq 8
Gerd Sonnleitner
Vizepräsident(in): Wilhelm Niemeyer
Dipl.-Ing. Heinz Christian Bär
Frank Rentzsch
Norbert Schindler
Generalsekretär(in): Dr. Helmut Born
Stellv. Gen.-Sekr.: Dipl.agr.oec. Adalbert Kienle
Mitglieder: 18 Landesverbände, 43 assoziierte Mitgliedsverbände

Landesverbände

q 5
Badischer Landwirtschaftlicher Hauptverband e.V. (BLHV)
Postf. 3 29, 79003 Freiburg
Friedrichstr. 41 Haus der Bauern, 79098 Freiburg
T: (0761) 2 71 33-0   Fax: 2 71 33-63
E-Mail: blhv-freiburg@blhv.de
Präsident(in): Wendelin Ruf (Ortsstr. 5, 77704 Oberkirch, T: (07802) 23 63)
Ekkehard Löhle (Hof Langenhag, 78224 Singen/Überlingen-Ried, T: (07731) 2 45 95)
Werner Räpple (Haus Nr. 4, 79235 Vogtsburg, T: (07662) 14 50)
Erwin Wöhrle (Müllerjörgenbauer, 77793 Gutach, T: (07833) 3 72)
Hauptgeschäftsführer(in): Gerhard Henninger
Mitglieder: 24000

q 6
Landesbauernverband in Baden-Württemberg e.V.
Bopserstr. 17, 70180 Stuttgart
T: (0711) 21 40-0   Fax: 21 40-1 77
Teil der Hauptgeschäftsstelle: Gartenstr. 63, 88212 Ravensburg, T: (0751) 36 07-0, Telefax: (0751) 36 07-80
Präsident(in): Gerd Hockenberger
Vizepräsident(in): Gerhard Glaser (Ringstr. 5, 88433 Schemmerhofen)
Hans Götz (Lindenstr. 79, 89584 Ehingen)
Klaus Mugele (Schwarzenweiler, 74670 Forchtenberg)
Hauptgeschäftsführer(in): Prof. Dr. Dipl.-Ing. agr. Friedrich Golter

q 7
Bayerischer Bauernverband
Körperschaft des öffentlichen Rechts
Max-Joseph-Str. 9, 80333 München
T: (089) 55 87 30   Fax: 5 58 73-5 05
Internet: http://www.bayerischerbauernverband.de
E-Mail: kontakt@bayerischerbauernverband.de
Präsident(in): Gerd Sonnleitner (Rottersham 3, 94099 Ruhstorf, Tel: (08503) 2 07)
Vizepräsident(in): Jürgen Ströbel (Daubersbach 8, 91622 Rügland, T: (09828) 5 10)
Generalsekretär(in): Hans Müller

q 8
Landesbauernverband Brandenburg e.V.
Dorfstr. 1, 14513 Teltow
T: (03328) 31 92 01   Fax: 31 92 05
Präsident(in): Heinz-Dieter Nieschke (MdL, Kleinbahnstr. 52, 15907 Lübben, T: (03546) 72 53, Telefax: (03546) 72 53)
Vizepräsident(in): Bernhard Groß (Hauptstr. 28, 15848 Ranzig, T: (033675) 60 50)
Dieter Arnold (Dorfstr. 3, 14728 Kietz, T: (033875) 3 05 28)
Hauptgeschäftsführer(in): Wolfram Seidel (Tuchmacherstr. 50, 14482 Potsdam, T: (0331) 7 40 50 08)

q 9
Bremischer Landwirtschaftsverband e.V.
Ellhornstr. 30, 28195 Bremen
T: (0421) 16 75 75-7   Fax: 16 75 75-9
Vorsitzende(r): Hinrich Bavendam (Wummensiede 6, 28719 Bremen)
Geschäftsführer(in): Dorothee Garbade
Mitglieder: ca. 350

q 10
Bauernverband Hamburg e.V.
Brennerhof 121, 22113 Hamburg
T: (040) 78 46 89   Fax: 78 76 99
Präsident(in): Wilhelm Grimm
Stellv. Präs: Diedrich Meyer
Herbert Wörmbke
Geschäftsführer(in): Dipl.-Ing. agr. Claudia Ullrich-Pohl

q 11
Hessischer Bauernverband e.V.
Postf. 13 29, 61364 Friedrichsdorf
Taunusstr. 151, 61381 Friedrichsdorf
T: (06172) 71 06-0   Fax: 71 06-10
Präsident(in): Dipl.-Ing. Heinz Christian Bär (Margarethenhof, 61184 Karben-Burggräfenrode, T: (06034) 38 83, Telefax: (06034) 57 21)
Vizepräsident(in): Heinrich Heidel (Aselerstr.2, 34516 Vöhl)
Friedhelm Schneider (63584 Gründau-Niedergründau)
Hauptgeschäftsführer(in): Dr. Paul Kuhlmann

q 12
Bauernverband Mecklenburg-Vorpommern e.V.
Hauptgeschäftsstelle Neubrandenburg
Haus der Verbände
Trockener Weg 1, 17034 Neubrandenburg
T: (0395) 4 21 24 84/5   Fax: 4 21 24 86
Internet: http://www.landwirtschaft-mv.de
E-Mail: BVM-V@nbnet.de
Präsident(in): Gerd-Heinrich Kröckert (Trockener Weg 1, 17034 Neubrandenburg)
Vizepräsident(in): Michael Constien
Wilfried Groth
Hermann Oldemeyer
Hauptgeschäftsführer(in): Wolfgang Jaeger
Leitung Presseabteilung: Harald Kienscherf

q 13
Landesverband des Niedersächsischen Landvolkes e.V.
Warmbüchenstr. 3, 30159 Hannover
T: (0511) 3 67 04-0   Fax: 3 67 04 62, 3 67 04 68 (Presse)
E-Mail: landvolk.niedersachsen@t-online.de
Präsident(in): Wilhelm Niemeyer (Münsterstr. 5, 49176 Hilter, T: (05424) 31 60, Telefax: (05424) 3 84 54)
Vizepräsident(in): Werner Hilse (Warpke Nr. 15, 29465 Schnega, T: (05842) 97 70, Telefax: (05842) 9 77 20)
Otto Deppmeyer (Hemerlingerstr. 6, 31840 Hess. Oldendorf, T: (05158) 5 59, Telefax: (05158) 28 36)
Hauptgeschäftsführer(in): Bernd Kuhrmeier
Geschäftsführer(in): Jürgen Vohl
Dr. Wolfgang Sohn
Ehrenpräsident: Friedrich Rode (Esperke-Neustädter-Str. 43, 31535 Neustadt, T: (05073) 4 09)

q 14
Rheinischer Landwirtschaftsverband e.V.
Rochusstr. 18, 53123 Bonn
T: (0228) 52 00 60   Fax: 5 20 06 23
Präsident(in): Klaus Vosseler (Niederwalder Str. 52, 47661 Issum, T: (02835) 9 27 65, Fax: (02835) 9 27 67)
1. Vizepräsident: Harald Benninghoven (Gut Diepensiepen, 40882 Ratingen, T: (02102) 84 28 70, Fax: (02102) 8 35 99)
2. Vizepräsident: Friedhelm Decker (Marienhof, Blaugasse 2, 50859 Köln-Widdersdorf, T: (0221) 9 50 29 70, Fax: (0221) 9 50 29 71)
Hauptgeschäftsführer(in): RA Willi Bennerscheidt (Taubenstr. 12 a, 53721 Siegburg, T: (02241) 38 45 35)
Mitglieder: 22000

Wahrung der kulturellen, sozialen, rechtlichen und wirtschaftlichen Belange des Berufsstandes.

q 15
Westfälisch-Lippischer Landwirtschaftsverband e.V.
Postf. 86 49, 48046 Münster
Schorlemerstr. 15, 48143 Münster
T: (0251) 41 75 01   Fax: 4 17 51 36
E-Mail: pressewlv@aol.com
Präsident(in): Franz-Josef Möllers (Kanalstr. 179, 48477 Hörstel, T: (05454) 73 26, Telefax: (05454) 14 73)
1. Vizepräsident: Hans-Jürgen Kleimann (Lübbecker Str. 361, 33739 Bielefeld, T: (05206) 32 54)
2. Vizepräsident: Karl-Heinz Schulzezur Wiesch (Herringser Höfe 2a, 59505 Bad Sassendorf, T: (02927) 4 30)
Hauptgeschäftsführer(in): Ass. Werner Gehring
Leitung Presseabteilung: Dr. Bernhard Schlindwein

q 16
Bauern- und Winzerverband Rheinland-Nassau e.V.
Postf. 20 02 04, 56002 Koblenz
Mainzer Str. 60a, 56068 Koblenz
T: (0261) 30 43 30   Fax: 3 04 22 90
Präsident(in): Leo Blum (Bergfelder Hof, Niederbettinen)
Heribert Metternich
Peter Anheuser
Hans Boes (Bonner Str. 34, 53474 Gimmigen)
Hauptgeschäftsführer(in): Dr. Josef Derstappen
Mitglieder: 20000

q 17
Bauern- und Winzerverband Rheinland-Pfalz Süd e.V.
An der Brunnenstube 33-35, 55120 Mainz
T: (06131) 62 05-0   Fax: 62 05-50
Präsident(in): Norbert Schindler (MdB, Weisenheimer Str. 2, 67273 Bobenheim, T: (06353) 18 18)
Vizepräsident(in): Ingo Steitz (Hauptstr. 59, 55576 Badenheim, T: (06701) 1 87)
Walter Schaefer
Fritz Steegmüller (Böhlweg 9, 76877 Offenbach)
Hauptgeschäftsführer(in): Dipl.-Ing. agr. Franz Schatt (T: (06737) 76 00 47)

q 18
Bauernverband Saar e.V.
Heinestr. 2-4, 66121 Saarbrücken
T: (0681) 90 62 30   Fax: 9 06 23 20
Präsident(in): Klaus Fontaine (Labacherhof, 66793 Saarwellingen, T: (06838) 25 54, Fax: (06838) 98 37 44)
Vizepräsident(in): Hermann Steiner (Ortsstr. 2, 66459 Kirkel-Altstadt)
Hauptgeschäftsführer(in): Dipl.-Ing. agr. Hans Lauer

q 19
Sächsischer Landesbauernverband e.V.
Wolfshügelstr. 22, 01324 Dresden
T: (0351) 2 62 53 60   Fax: 26 25 36 22
Präsident(in): Frank Rentzsch
Udo Böhme
Siegmar Görnitz
Wolfgang Vogel
Geschäftsführer(in): Dr. Wolfram Rühle

q 20
Landesbauernverband Sachsen-Anhalt e.V.
Postf. 6 20, 39040 Magdeburg
Maxim-Gorki-Str. 13, 39108 Magdeburg
T: (0391) 73 96 90   Fax: 7 34 00 21

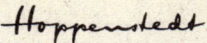

Präsident(in): Werner Gutzmer (Wittenberger Str. 36b, 06909 Pretzsch, T: (034926) 5 73 57)
Vizepräsident(in): Rudolf Schubert (Siebigeröder Str. 22 a, 06311 Helbra, T: (034772) 2 74 48)
Horst Saage (Dorfstr. 31, 06869 Senst, T: (034923) 2 02 02)
Geschäftsführer(in): Karl-Friedrich Kaufmann

q 21
Bauernverband Schleswig-Holstein e.V.
Postf. 8 21, 24758 Rendsburg
Jungfernstieg 25, 24768 Rendsburg
T: (04331) 12 77-0   Fax: 2 61 05
Präsident(in): Otto-Dietrich Steensen (Blumenhofweg 7, 25821 Struckum, T: (04671) 14 89)
1. Stellvertreter: Carsten Mumm (23747 Dahme, T: (04364) 2 31)
2. Stellvertreter: Georg Huesmann (Schleusenstr. 32, 25709 Kronprinzenkoog, T: (04857) 2 93)
Ehrenpräsident: Karl Eigen (Buchengrund 2, Kleinparin, 23617 Stockelsdorf, T: (04505) 3 36)
Generalsekretär(in): RA Peter Paulsen

q 22
Thüringer Bauernverband e.V.
Arndtstr. 1, 99096 Erfurt
T: (0361) 2 62 53-0   Fax: 2 62 53-225
Internet: http://www.tbv-erfurt.de
E-Mail: tbv@tbv-erfurt.de
Gründung: 1990 (23. Juni)
Präsident(in): Dr. Klaus Kliem (Plan 70, 99947 Wiegleben, T: (03603) 8 50 00)
Vizepräsidenten: Konrad Pohle (Sankt Jakob Nr. 6, 07338 Munschwitz, T: (036734) 2 24 80)
Albert Seifert (Gerbergasse 13, 98631 Milz, T: (036948) 2 04 10)
Eugen Roth (Erfurter Tor 8, 99100 Töttelstädt, T: (036208) 7 54 12)
Hauptgeschäftsführer(in): Dr. Bernd Unger
Leitung Presseabteilung: Werner Wühst
Verbandszeitschrift: AGRARjournal Thüringen
Verlag: Landverlag, Seligenstädt Nr. 1, 07554 Gera
Mitglieder: 3540 (23 assoziierte Mitgliedsverbände)
Mitarbeiter: 10 (Landesgeschäftsstelle)

● Q 23
Gesamtverband der Deutschen Land- und Forstwirtschaftlichen Arbeitgeberverbände e.V.
Godesberger Allee 142-148, 53175 Bonn
T: (0228) 81 98-250   Fax: 81 98-204
Präsident(in): Dipl.-Landw. Wolf von Buchwaldt (Gut Neudorf, 24321 Hohwacht, T: (04381) 75 20, Telefax: (04381) 42 99)
Hauptgeschäftsführer(in): Dipl.-Volksw. Dipl.-Landw. Martin Mallach

Mitgliedsverbände

q 24
Arbeitgeberverband der Land- und Forstwirtschaft in Schleswig-Holstein e.V.
Postf. 8 21, 24758 Rendsburg
Jungfernstieg 25, 24768 Rendsburg
T: (04331) 12 77-14   Fax: 12 77-43
Vorsitzende(r): Otto-Dietrich Steensen (c/o Arbeitgeberband)
Geschäftsführer(in): RA Peter Paulsen

q 25
Arbeitgeberverband im Bauernverband Hamburg e.V.
Brennerhof 121, 22113 Hamburg
T: (040) 78 46 89   Fax: 78 76 99
Vorsitzende(r): Herbert Wörmbke (Curslacker Deich 248, 21039 Hamburg, T: (040) 7 23 28 00)
Geschäftsführer(in): Dipl.-Ing.agr. Claudia Ullrich-Pohl

q 26
Land- und forstwirtschaftlicher Arbeitgeberverband im Land Mecklenburg-Vorpommern e.V.
Trockener Weg 1, 17034 Neubrandenburg
T: (0395) 42 12-4 84/4 85   Fax: 42 12-4 86
Vorsitzende(r): Horst Beerbaum (Dorfstr. 82, 17111 Wotenick, T: (03998) 43 25 32, Fax: 20 24 80)
Geschäftsführer(in): Wolfgang Jaeger

q 27
Land- und Forstwirtschaftlicher Arbeitgeberverband Brandenburg e.V.
Ruhlsdorfer Str. 95 /Geb. 42, 14532 Stahnsdorf
T: (03329) 69 16 80   Fax: 69 16 79
Vorsitzende(r): Dipl.-Ing.agr. Reiner Donndorf (Klein Ende 102, 04936 Lebusa, T: (035364) 3 23)
Geschäftsführer(in): Regina Merker

q 28
Fachgruppe Landwirtschaft im Landesverband Gartenbau und Landwirtschaft Berlin-Brandenburg e.V.
Boelckestr. 117, 12101 Berlin
T: (030) 7 86 37 63   Fax: 7 86 50 85
Vorsitzende(r): Axel Gericke (Alter Bernauer Heerweg 31, 13469 Berlin, T: (030) 4 03 48 65)
Geschäftsführer(in): Dipl.-Ing. Heinz-Michael Wentzke

q 29
Land- und forstwirtschaftliche Arbeitgebervereinigung Niedersachsen e.V.
Warmbüchenstr. 3, 30159 Hannover
T: (0511) 32 50 63   Fax: 32 46 27
Vorsitzende(r): Lothar Lampe (Hünenheide 3, 49406 Drentwede OT Bockstedt, T: (04246) 9 50 26, Telefax: (04246) 9 50 28)
Geschäftsführer(in): RA Peter Zanini

q 30
Land- und Forstwirtschaftlicher Arbeitgeberverband Sachsen-Anhalt
Klausenerstr. 15, 39112 Magdeburg
T: (0391) 5 43 92 16   Fax: 5 43 92 17
Vorsitzende(r): Christian Lüders (Ernst-Thälmann-Str. 23, 39393 Barneberg, T: (039402) 4 97, Telefax: (039402) 9 00 06)
Geschäftsführer(in): RA Peter Heinze

q 31
Arbeitgeberverband der Westfälisch-Lippischen Land- und Forstwirtschaft e.V. (WLAV)
Postf. 86 49, 48046 Münster
Schorlemerstr. 15, 48143 Münster
T: (0251) 4 17 52 00   Fax: 51 96 85
Vorsitzende(r): Georg Freiherr von und zu Brenken (Schloß Erpernburg, 33142 Büren, T: (02951) 17 45, Fax: 69 87)
Geschäftsführer(in): Ass. Marion v. Chamier (T: (0251) 4 17 52 01, 5 41 90)

q 32
Land- und forstw. Arbeitgebervereinigung des Rheinischen Landwirtschaftsverbandes
Rochusstr. 18, 53123 Bonn
T: (0228) 5 20 06-0   Fax: 5 20 06-59
Vorsitzende(r): Harald Benninghoven (Gut Diepensiepen, 40882 Ratingen, T: (02102) 70 80 65, Fax: (02102) 15 87 09)
Geschäftsführer(in): Ass. Johannes Rütten

q 33
Land- und Forstwirtschaftlicher Arbeitgeberverband für Hessen e.V.
Postf. 13 29, 61364 Friedrichsdorf
Taunusstr. 151, 61381 Friedrichsdorf
T: (06172) 7 10 61 36   Fax: 71 06 10
Vorsitzende(r): Dipl.-Landw. Dr. Ernst Lohmann (Hess. Staatsdomäne Windhausen, 34266 Niestetal, T: (05605) 36 69, Telefax: (05605) 78 88)
Geschäftsführer(in): RA Christian Wirxel

q 34
Land- und Forstwirtschaftlicher Arbeitgeberverband Thüringen e.V.
Schillerstr. 6, 99096 Erfurt
T: (0361) 2 25 02 01   Fax: 2 25 02 02
Vorsitzende(r): Josef Edelbauer (Melbacher Weg 15 a, 61231 Bad Nauheim, T: (06032) 97 12 04, Telefax: (06032) 97 12 06)
Geschäftsführer(in): N.N.

q 35
Arbeitgeberverband Land- und Forstwirtschaft in Sachsen e.V.
Arnoldplatz 55, 04319 Leipzig
T: (0341) 2 59 03 11   Fax: 2 59 03 12
Vorsitzende(r): Peter Ilchmann (Arnoldplatz 55, 04439 Engelsdorf, T: (0341) 2 59 03 71, Telefax: (0341) 2 59 03 72)
Geschäftsführer(in): Dr. Manfred Budnick

q 36
Landwirtschaftlicher Arbeitgeberverband Rheinland-Nassau
Postf. 20 02 04, 56002 Koblenz
Mainzer Str. 60a, 56068 Koblenz
T: (0261) 3 04 33-0   Fax: 3 04 33 90
Vorsitzende(r): Willi Munsch (Hof Neuroth, 56414 Bilkheim, T: (06435) 12 86)
Geschäftsführer(in): RA Stefan Schünemann

q 37
Arbeitgeberverband für Landwirtschaft und Gartenbau im Saarland
Heinestr. 2-4, 66121 Saarbrücken
T: (0681) 9 06 23 11   Fax: 9 06 23 20
Vorsitzende(r): N.N.
Geschäftsführer(in): Dipl.-Ing. agr. Hans Lauer

q 38
Landwirtschaftlicher Arbeitgeberverband Rheinhessen-Pfalz e.V.
Postf. 10 10 62, 67410 Neustadt
Friedrich-Ebert-Str. 11-13, 67433 Neustadt
T: (06321) 8 52-2 34   Fax: 85 22 21
Vorsitzende(r): Dr. Ludwig C. von Heyl (Heyl'sches Landgut Nonnenhof, Littersheimer Weg, 67240 Bobenheim-Roxheim, T: (06239) 27 65, Telefax: (06239) 33 22)
Hauptgeschäftsführer(in): Dipl.-Volksw. Hans Naumer

q 39
Arbeitgeberverband der Land- und Forstwirtschaft in Baden-Württemberg
Bopserstr. 17, 70180 Stuttgart
T: (0711) 21 40-1 10   Fax: 21 40-119
Vorsitzende(r): Hans-Jörg von Graevenitz (Schloß Beihingen, 71691 Freiberg a.N., T: (07141) 7 19 08)
Geschäftsführer(in): RA Peter Kolb

q 40
Landwirtschaftlicher Arbeitgeberverband für Südbaden
Postf. 3 29, 79003 Freiburg
Friedrichstr. 41, 79098 Freiburg
T: (0761) 2 71 33 85   Fax: 2 71 33 63
Vorsitzende(r): Wolf-Dietrich Salwey (Hauptstr. 2, 79235 Vogtsburg-Oberrotweil, T: (07662) 3 84, Fax: 63 40)
Geschäftsführer(in): Ass. Michael Nödl

q 41
Arbeitgeberverband für die Land- und Forstwirtschaft in Bayern e.V.
Liebigstr. 10a, 80538 München
T: (089) 22 32 44-45   Fax: 22 67 31
Vorsitzende(r): Dipl.-Ing.agr. Hans-Markus Frhr. von Schnurbein (86692 Münster, Guts-Forstverwaltung Hemerten, T: (08276) 5 84 50, Fax: (08276) 58 45 20)
Geschäftsführer(in): RA Thomas Stangl

q 42
Arbeitsgemeinschaft der Arbeitgebervereinigungen im ländlichen Genossenschaftswesen
Postf. 12 02 20, 53106 Bonn
Adenauerallee 127, 53113 Bonn
T: (0228) 5 09-2 57   Fax: 50 91 05
Vorsitzende(r): RA Konrad Bielert-Hagemann (GF des Genossenschaftl. Arbeitgeberverbandes e.V. Niedersachsen/ Bremen/ Sachsen-Anhalt/ Thüringen / Berlin/Brandenburg, Hannover Str. 149, 30627 Hannover, T: (0511) 9 57 45 00, Fax: 9 57 45 05)
Geschäftsführerin: Ass. Annette Kaiser

q 43
Arbeitsgemeinschaft der gärtnerischen Arbeitgeberverbände e.V.
Godesberger Allee 142-148, 53175 Bonn
T: (0228) 8 10 02 17, 8 10 02 18   Fax: 8 10 02 48
Vorsitzende(r): Jürgen Mertz (Grünborner Weg 22, 65589 Hadamar, T: (06433) 9 15 20, Fax: 91 52 50)
Geschäftsführer(in): RA'in Romana Hoffmann

● Q 44
Landwirtschaftlicher Arbeitgeberverband Rheinhessen-Pfalz e.V.
Postf. 10 10 62, 67410 Neustadt
Friedrich-Ebert-Str. 11-13, 67433 Neustadt
T: (06321) 85 20   Fax: 85 22 21
Vorsitzende(r): Dr. Ludwig C. von Heyl (Heyl'sches Landgut Nonnenhof, Littersheimer Weg, 67240 Bobenheim-Roxheim, T: (06239) 27 65, Telefax: (06239) 33 22)
Geschäftsführer(in): Dipl.-Volksw. Hans Naumer

● Q 45
Landwirtschaftlicher Arbeitgeberverband Rheinland-Nassau
Postf. 20 02 04, 56002 Koblenz
Mainzer Str. 60a, 56068 Koblenz
T: (0261) 3 04 33-0   Fax: 3 04 33 90
Vorsitzende(r): Landwirtschaftsmeister Willi Munsch (Hofgut Schloß Neuroth, 56414 Bilkheim)
Geschäftsführer(in): RA Stefan Schünemann

● Q 46
Deutscher Bundesverband der Landwirte im Nebenberuf e.V.
Dorfstr. 27, 39606 Sanne
T: (039034) 96 40   **Fax:** 96 41
Internet: http://www.dbn-online.de
E-Mail: DBNBgst@aol.com
Gründung: 1972
Geschäftsstellenleiter: Jens Reichardt (Ltg. Presseabt.)
Bds-Vors.: Albrecht Löblein (Eichhof, 97996 Niedersetten, T: (07932) 2 24, Telefax: (07932) 5 18)
Stellvertretende(r) Vorsitzende(r): Alois Schneider (Hammelburg, T: (09732) 10 15 od. 21 07)
Margrit Weimeister (Deetz, T: (039246) 76 21)
Karl Fuchs (Freyung, T: (08551) 47 24)
Gerhard Gompelmann (Enscheid, T: (06556) 9 30 60)
Verbandszeitschrift: VLN-Nachrichten
Redaktion: Roman Enger, Heusweiler

Vom Standpunkt der gesellschaftlichen Bedeutung der nebenberuflichen Landwirtschaft aus vertritt der Verband ihre Interessen in der Agrarpolitik und berät seine Mitglieder in rechtlichen und betriebswirtschaftlichen Fragen.

Landwirtschaftskammern

● Q 47
Verband der Landwirtschaftskammern e.V.
Godesberger Allee 142-148, 53175 Bonn
T: (0228) 3 08 01-0   **Fax:** 3 08 01 10
E-Mail: vlk-bonn@t-online.de
Direktor(in): Dr. Beate Bajorat

● Q 48
Landesverband Gartenbau und Landwirtschaft Berlin/Brandenburg e.V.
Boelckestr. 117, 12101 Berlin
T: (030) 7 86 37 63   **Fax:** 7 86 50 85
Internet: http://gartenbauverbaende.g-net.de
Gründung: 1948
Präsident(in): Hans-Jürgen Pluta (Buckower Chaussee 76-79, 12277 Berlin)
Geschäftsführer(in): Dipl.-Ing. Heinz-Michael Wentzke (Ltg. Presseabt.)
Mitglieder: 240
Mitarbeiter: 5

● Q 49
Landwirtschaftskammer Bremen
Ellhornstr. 30, 28195 Bremen
T: (0421) 16 75 75-0   **Fax:** 16 75 75-9
Präsident(in): Hermann Sündermann (Am Hodenberger Deich 37, 28355 Bremen, T: (0421) 25 90 42)
Geschäftsführer(in): Dr. Karsten Bredemeier (Bargten 33, 27711 Osterholz-Scharmbeck, T: (0421) 3 61 85 02)
Mitglieder: ca. 500 landwirtschaftliche Betriebe

● Q 50
Landwirtschaftskammer Hamburg
Brennerhof 121, 22113 Hamburg
T: (040) 78 12 91-20   **Fax:** 78 76 93
Präsident(in): Hans Peter Cornils (Am Diebsteich 11, 22761 Hamburg, T: (040) 85 93 94)
Vizepräsident(in): Manfred Dietrich (Gammer Weg 18, 21039 Hamburg, T: (040) 7 23 55 26)
Geschäftsführer(in): Hans-Peter Pohl (Sülzbrackring 9, 21037 Hamburg, T: (040) 7 23 88 86)

● Q 51
Landwirtschaftskammer Hannover
Postfach 2 69, 30002 Hannover
Johannssenstr. 10, 30159 Hannover
T: (0511) 36 65-0   **Fax:** 36 65-5 07
Internet: http://www.lwk-hannover.de
E-Mail: info@lwk-hannover.de
Präsident(in): Fritz Stegen
Direktor: Bernd-Udo Hahn
Ref. Öffentlichkeitsarbeit: Peter Wachter (T: 36 65-3 05)

● Q 52
Landwirtschaftskammer Rheinland-Pfalz
Postf. 18 51, 55508 Bad Kreuznach
Burgenlandstr. 7, 55543 Bad Kreuznach
T: (0671) 7 93-0   **Fax:** 79 31 99
E-Mail: lkw-op@t-online.de
Präsident(in): Ökonomierat Günther Schartz (Hauptstr. 52, 54456 Onsdorf)
Direktor(in): Alfons Schnabel (René-Minville-Str. 4, 55597 Wöllstein)

● Q 53
Landwirtschaftskammer Rheinland
Postfach 19 69, 53009 Bonn
Endenicher Allee 60, 53115 Bonn
T: (0228) 70 30   **Fax:** 7 03-84 98
Internet: http://www.landwirtschaftskammer.de
E-Mail: poststelle@lwk-rheinland.nrw.de
Präsident(in): Wilhelm Lieven (MdL, Spieler Mühle, 52445 Titz)
Direktor(in): Ludwig Hanebrink (Deichweg 4, 40668 Meerbusch)
Leitung Presseabteilung: Bernhard Rüb

● Q 54
Landwirtschaftskammer für das Saarland
Lessingstr. 12, 66121 Saarbrücken
T: (0681) 66 50 50   **Fax:** 6 65 05 12
Internet: http://www.lwk-saar.saarland.de
E-Mail: lwk-saar@t-online.de
Präsident(in): Carlo Puhl (Köllner Str. 22, 66292 Riegelsberg)
Kammerdir.: Martin Schmeer

● Q 55
Landwirtschaftskammer Schleswig-Holstein
Holstenstr. 106-108, 24103 Kiel
T: (0431) 97 97-0   **Fax:** 97 97-1 40
Internet: http://www.lwk-sh.de
E-Mail: lksh@lksh.de
Präsident(in): Hermann Früchtenicht (Prisdorfer Weg 1, 25436 Tornesch-Ahrenlohe, T: (04120) 2 38)
Geschäftsführer(in): Dr. Marquard Gregersen

● Q 56
Landwirtschaftskammer Weser-Ems in Oldenburg
Postfach 25 49, 26015 Oldenburg
Mars-la-Tour-Str. 1-13, 26121 Oldenburg
T: (0441) 8 01-0   **Fax:** 8 01-180
E-Mail: verw@lwk-we.de
Präsident(in): Landwirt Friedrich Scholten
Kammerdir.: Jürgen Otzen

● Q 57
Landwirtschaftskammer Westfalen-Lippe
Schorlemerstr. 26, 48143 Münster
T: (0251) 59 90   **Fax:** 59 93 62
Präsident(in): Karl Meise
Kammerdir.: Dr. Gerhard Beckmann

Fachverbände der Land- und Forstwirtschaft

● Q 58
Fördergemeinschaft Nachhaltige Landwirtschaft (FNL)
Konstantinstr. 90, 53179 Bonn
T: (0228) 97 99-30   **Fax:** 97 99-340
E-Mail: info@fnl.de
Gründung: 2000 (Januar); Fusion der Fördergemeinschaft integrierter Pflanzenbau e.V. (FIP) und der Aktionsgemeinschaft Deutsches Fleisch e.V. (AGF)
Vorstand: Gerd Sonnleitner (Vors.)
Dr. Jochen Wulff (stellv. Vors.)
Heinz Christian Bär
Philip Frhr. von dem Bussche
Dr. Gerhard Greif
Claus Illing
Franz Josef Möllers
Manfred Nüssel
Dr. Gerhard Prante
Geschäftsführer(in): Dr. Helmut Nieder
Leitung Presseabteilung: Matthias Wiedenau
Verbandszeitschrift: Integrierter Landbau
Redaktion: Dr. Nieder, Matthias Wiedenau
Verlag: Eigenverlag
Mitglieder: 41
Mitarbeiter: 6

● Q 59
Arbeitsgemeinschaft bäuerliche Landwirtschaft - Bauernblatt e.V. (AbL)
Bundesgeschäftsstelle
Bahnhofstr. 31, 59065 Hamm
E-Mail: bauernstim@aol.com
Gründung: 1981 Eintragung als e.V.
1. Bundesvors: Friedrich Wilhelm Graefe zu Baringdorf (Berninghof, 32139 Spenge, T: (05225) 44 36, Fax: (05225) 86 10 61)
1. Vorsitzende(r): Maria Heubuch (Luttholsberg 5, 88299 Leutkirch/Allgäu, T/Fax: (07561) 59 37)
Hauptgeschäftsführer(in): Georg Janßen (Ltg. Presseabt.; Schillerstr. 11, 21335 Lüneburg, T: (04131) 40 77 57, Fax: (04131) 40 77 58)

Verbandszeitschrift: Unabhängige Bauernstimme
Redaktion: Mute Schimpf
Verlag: ABL Bauernblatt Verlags-GmbH, Marienfelder Str. 14, 33378 Rheda-Wiedenbrück, T: (05242) 4 81 85, Telefax: (05242) 4 78 38
Mitglieder: 4000

Landesverbände und Kontakte

q 60
Arbeitsgemeinschaft bäuerliche Landwirtschaft e.V.
Landesverband Schleswig-Holstein
Reit 5, 24848 Alt Bennebek
T: (04624) 80 03 12
Plön: Matthias Stührwoldt (T: (04326) 6 79)
Schleswig: Detlef Schmidt (T: (04627) 10 45)
Flensburg: Heiner Iversen (T: (04631) 74 24, Telefax: (04631) 38 52)

q 61
Arbeitsgemeinschaft bäuerliche Landwirtschaft e.V.
Landesverband Niedersachsen
Dorfstr. 25, 27308 Kirchlinteln
T: (04231) 6 30 48
Heide Weser: Karlheinz Rengsdorf (T: (04233) 6 69)
Ulrike Helberg-Manke (T: (04231) 6 30 48)
Elbe Weser: Hinrich Burfeind (T: (04762) 15 93)
Ada Fischer (T: (04723) 32 01, Telefax: (04723) 21 18)
Wendland-Ostheide: Horst Seide (T: (05865) 12 47)
Niedersachsen-Mitte. Hartmut Hollemann (T: (05121) 51 06 94)
Südniedersachsen: Hans-Martin Clobes (T: (05504) 4 32)

q 62
Arbeitsgemeinschaft Bauernblatt Westfalen e.V.
Herrn Christoph Artmeier
Bahnhofstr. 11, 59065 Hamm
Kontaktperson: Herford: Friedel Gieseler (T: (05221) 6 25 75)
Kontaktperson: Minden-Lübbecke: August Seele (T: (05702) 91 52)
Kontaktperson: Hellweg: Ulrike Ostendorff (T: (02307) 6 22 81)
Kontaktperson: Wilhelm Eckei (T: (02378) 29 91)
Kontaktperson: Sauerland: Dorothee Biermann (T: (02973) 25 57)
Kontaktperson: Höxter-Warburger-Land: Hubertus Hartmann (T: (5273) 3 54 47)
Kontaktperson: Tecklenburger Land: Martin Steinmann (T: (05404) 52 64)
Kontaktperson: Gütersloh: Erika Kattenstroh (T: (05241) 5 70 69)
Kontaktperson: Düren: Monika Lövenich (T: (02421) 68 00 12)

q 63
Arbeitsgemeinschaft bäuerliche Landwirtschaft e.V.
Landesverband Rheinland-Palz
Laubacherweg 2, 55471 Neuerkirch
T: (06761) 1 35 58   **Fax:** 1 35 68

q 64
Arbeitsgemeinschaft bäuerliche Landwirtschaft e.V.
Landesverband Baden-Württemberg
Nikolausstr. 25, 88696 Owingen
T: (07551) 97 04 45   **Fax:** 97 04 45
Nordschwarzwald: Georg Bohnet (T: (07443) 39 90)
Nord-Württemberg: Brigitte Steinmann (T: (07062) 6 16 20)
Dieter Kolb (T: (07947) 77 89)
Göppingen: Gerhard Übele
Oberschwaben:
Erika Laux (T: (07572) 33 25)
Schwarzwald-Baar: Edgar Schmieder (T: (07724) 16 09)
Neckar-Odenwald-Kreis: Meinrat Rödel (T: (06281) 16 65)
Ortenaukreis: Tilo Braun (T: (07852) 18 82)

● Q 65

Hauptverband der landwirtschaftlichen Buchstellen und Sachverständigen e.V. (HLBS)
siehe S 683

● Q 66

Bundesverband Landwirtschaftlicher Fachschulabsolventen e.V. (vlf)
-Organisation für berufliche Bildung im Agrarbereich-
Geschäftsstelle:
Godesberger Allee 142-148, 53175 Bonn
T: (0228) 81 98-0 (2 75)   Fax: 81 98-205
Internet: http://www.vlf-online.de
E-Mail: vlf@bauernverband.de
Vorsitzende: Christel Schaab (Oberfeld 30, 65205 Wiesbaden-Erdenheim, T: (0611) 71 23 51, Fax: 71 94 82)
Geschäftsführer(in): Dr. Helmut Born
Verbandszeitschrift: Agrarmarkt
Verlag: Kabelkamp 6, 30179 Hannover

Landesverbände

q 67

Verband landwirtschaftlicher Fachschulabsolventen in Bayern e.V.
Geschäftsstelle:
Bürgermeister-Stocker-Ring 33, 86529 Schrobenhausen
T: (08252) 8 28 38   Fax: 8 28 38
Internet: http://www.vlf-bayern.de
E-Mail: info@vlf-bayern.de
Gründung: 1911
1. Vorsitzende(r): Franz Xaver Mayer (Landauer Str. 9 OT Ganacker, 94431 Pilsting, T: (09953) 9 00 39)
Geschäftsführer(in): Helmut Schraml (LLD a.D., Bgm.-Stokker-Ring 33, 86529 Schrobenhausen, T: (08252) 8 28 38)
Leitung Presseabteilung: LD Helmut Konrad (Staatl. Lehr- und Versuchsanstalt Almesbach, 92637 Weiden)
Mitglieder: 120474, 91 Kreisverbände, 10 Bezirksverbände
Verbandszeitschriften:
Veröffentlichungen im Bayerischen Landwirtschaftlichen Wochenblatt, Redaktion: BLV Verlagsgesellschaft, Postf. 40 03 20, 80703 München

q 68

Verband Landwirtschaftlicher Fachschulabsolventen in Baden-Württemberg
Geschäftsstelle:
Winkelhoferstr. 39, 89584 Ehingen
T: (07391) 5 08-4 20   Fax: 5 08-4 19
Internet: http://www.vlf-bawue.de
E-Mail: poststelle@allbul-ehi.bwl.de
Vorsitzende(r): Werner Specht (In den Weinbergen 8, 74639 Zweiflingen-Orendelsall, T: (07947) 22 58)
Geschäftsführer(in): Josef Kaifler (LD, 89584 Ehingen, T: (07391) 5 08-4 20)

q 69

Landesverband landwirtschaftlicher Fachschulabsolventen Berlin
Geschäftsstelle
Königsweg 6, 14193 Berlin
T: (030) 3 02 37 49
Vorsitzende(r): Arnold Ulken (Osdorfer Str. 108, 12207 Berlin, T: (030) 7 12 27 85)
Geschäftsführer(in): Rolf Krüger

q 70

Landesverband landwirtschaftlicher Fachschulabsolventen Bremen
Mahndorfer Heerstr. 5, 28307 Bremen
T: (0421) 48 24 23   Fax: 48 18 20
E-Mail: michaelis@michaelis-gbr.de
Vorsitzende(r): Heide Früchtnicht (Oberblockland 13 A, 28357 Bremen, T: (0421) 27 14 94)
Geschäftsführer(in): Anke Michaelis

q 71

Landesverband Landwirtschaftlicher Fachschulabsolventen Rheinland Pfalz e.V.
Geschäftsstelle:
Staatl. Lehr- u. Versuchsanstalt für Landwirtschaft u. Weinbau Bad Kreuznach-Simmen
Rüdesheimer Str. 68, 55545 Bad Kreuznach
T: (0671) 8 20-0   Fax: 3 64 66
E-Mail: eheinz.slva-kh@agrarinfo.rpl.de
1. Vorsitzende(r): Alfons Becker (Hauptstr. 16, 53547 Hochscheid, T: (02638) 2 63)
2. Vorsitzende(r): Rudolf-Karl Böll (Hauptstr. 71 a, 67297 Marnheim, T: (06352) 22 90)
Geschäftsführer(in): LD Dr. Heinz (Bildungsseminar für die Agrarverwaltung Rheinland-Pfalz, Rhein-Mosel-Str. 9, 56281 Emmelshausen, T: (06747) 90 11 41)
Mitglieder: 21100

q 72

Landesverband Saar landwirtschaftlicher Fachschulabsolventen
Geschäftsstelle: Landw. Schule
Dillinger Str. 67, 66822 Lebach
T: (06881) 92 82 68   Fax: 92 82 60
Vorsitzende(r): Hans Peter Thul (Winkenbacherhof, 66606 St.Wendel)
Geschäftsführer(in): Dieter Klein (LOR, Landwirtschaftsschule, Rußhütter Str. 8 a, Saarbrücken, T: (0681) 75 39 61, E-Mail: dieter.klein@lwk.saarland.de)

q 73

Landesverband Hessen landwirtschaftlicher Fachschulabsolventen e.V.
Geschäftsstelle:
Lochmühlenweg 3, 61381 Friedrichsdorf
T: (06172) 71 06-312   Fax: 71 06-3 13
E-Mail: hess.landvolk-hochschule@t-online.de
Vorsitzende(r): Christel Schaab (Oberfeld 30, 65205 Wiesbaden, T: (0611) 71 23 51)
Geschäftsführer(in): Gisbert Müller

q 74

Landesverband landwirtschaftlicher Fachschulabsolventen Nordrhein e.V.
Geschäftsstelle:
Endenicher Allee 60, 53115 Bonn
T: (0228) 7 03-2 13, 7 03-2 86
Vorsitzende(r): Urban-Josef Jülich (Annostr. 22, 53881 Euskirchen, T: (02251) 5 12 24)
Geschäftsführer(in): Josef Göbel (Endenicher Allee 60, 53115 Bonn, T: (0228) 7 03-2 13, Telefax: (0228) 7 03-4 98, E-Mail: josef.goebel@lwk-rheinland.nrw.de)
Mitglieder: 13418

q 75

Verband landwirtschaftlicher Fachschulabsolventen Westfalen Lippe e.V.
Geschäftsstelle:
Schorlemerstr. 26, 48143 Münster
T: (0251) 59 93 07 bzw. 3 83   Fax: 59 94 19
Vorsitzende(r): Gisela Kokemoor (T: (05771) 96 80 12)
Geschäftsführer(in): OLR Dr. Martin Berges (Landwirtschaftskammer Westfalen-Lippe)

q 76

Verband landwirtschaftlicher Fachschulabsolventen Landesverband Niedersachsen
Geschäftsstelle:
Postf. 2 69, 30002 Hannover
Johannsenstr. 10, 30159 Hannover
T: (0511) 3 66 54 71   Fax: 3 66 55 05
Internet: http://www.lwk-hannover.de
Vorsitzende(r): Gerhard Eimer (Battenbrock 2, 27374 Visselhövede, T: (04262) 21 15)
Geschäftsführer(in): Hartmut Meyhoff (Landw.-Kammer Hannover, Johannsenstr. 10, 30159 Hannover, T: (0511) 36 65-459, Fax: (0511) 36 65-505, E-Mail: meyhoff@lawikhan.de)

q 77

Landesverband landwirtschaftlicher Fachschulabsolventen Weser-Ems
Geschäftsstelle:
Mars-la-Tour-Str. 1-13, 26121 Oldenburg
T: (0441) 80 12 00   Fax: 80 13 13
Gründung: 1954 (Februar)
Vorsitzende(r): Gerhard Harms Sandhorst (Esenser Str. 158, 26607 Aurich, T: (04941) 7 14 43)
Geschäftsführer(in): Dieter Heinemann (LD, Mars-la-Tour-Str. 1-13, 26121 Oldenburg, T: (0441) 80 12 00)
Mitglieder: 6000, 16 Vereine

q 78

Verband landwirtschaftlicher Fachschulabsolventen Landesverband Schleswig-Holstein
Organisation für Aus- und Weiterbildung im Agrarbereich
Geschäftsstelle:
Holstenstr. 106-108, 24103 Kiel
T: (0431) 97 97-2 72   Fax: 97 97-225
Teletex: 431 511 LKSH
T-Online: ✱920224#
Vorsitzende(r): Otto Gravert (Dorfstr. 14, 24214 Lindau, T: (04346) 61 00)
Geschäftsführer(in): Karlheinz Wilke (Landwirtschaftskammer Schleswig-Holstein, Holstenstr. 106-108, 24103 Kiel, T: (0431) 97 97-2 72, Telefax: (0431) 97 97-1 20)
Mitglieder: 15977

q 79

Sächsischer Landesverband Landwirtschaftlicher Fachschulabsolventen
Staatliche Technikerschule für Landwirtschaft
Hauptstr. 150, 09600 Zug
T: (03731) 78 52 00   Fax: 78 52 06
Vorsitzende(r): Mario Schmidt
Geschäftsführer(in): Detlef Sparschuh

q 80

Landesverband Landwirtschaftlicher Fachschulabsolventen Thüringen
Fachschule für Agrar- und Hauswirtschaft
Gustav-Herrmann-Str. 24, 07646 Stadtroda
T: (036428) 48 90   Fax: 4 89 34
Internet: http://www.stadtroda-fachschule.de
E-Mail: stadtrod-fachschule@t-online.de
Vorsitzende(r): Hartmut Köhler
Geschäftsführer(in): Dr. Maetzig

q 81

Landesverband landwirtschaftlicher Fachschulabsolventen Sachsen-Anhalt
Geschäftsstelle:
Fachschule für Abrarwirtschaft Haldensleben
Marienkirchplatz 2, 39340 Haldensleben
T: (03904) 4 85 89, 6 61 40   Fax: 4 85 58 12
E-Mail: vlf@fshdl.ml.lsa-net.de

q 82

Landesverband ehemaliger brandenburgischer Fachschulabsolventen im Agrarbereich
Baumschulenweg 64a, 15236 Frankfurt
T: (0335) 5 21 76 00   Fax: 5 21 73 40

● Q 83

Arbeitsgemeinschaft für biologisch-dynamischen Landbau Offenburg e.V.
Ritterstr. 12, 77746 Schutterwald
T: (0781) 5 28 30
Gründung: 1972 (6. Mai)
Kontaktperson: Bernd Schimmele (Presse, Waldstr. 10, 77866 Rheinau, T: (07844) 21 28, Telefax: (07844) 21 28)
Verbandszeitschrift: Rundbrief und Mitteilungen
Redaktion: B. Schimmele
Mitglieder: 660
Mitarbeiter: 3

● Q 84

Schulungszentrum für naturgemäßen Land- und Gartenbau Hohenbuchen e.V.
Poppenbüttler Hauptstr. 46, 22399 Hamburg
T: (040) 6 02 07 33
Gründung: 1975 (10. Februar)
Vorsitzende(r): Ralf Inzelmann
Leitung Presseabteilung: Torsten Rüting
Mitglieder: 50
Jahresetat: DM 0,020 Mio, € 0,01 Mio

● Q 85

Bundesverband der Maschinenringe e.V. (BMR)
Postf. 12 28, 86617 Neuburg
Ottheinrichplatz 117a, 86633 Neuburg
T: (08431) 67 80-0   Fax: 67 80-490
Internet: http://www.maschinenringe.com
Vorsitzende(r): Hans-Markus Stölting
Stellvertretende(r) Vorsitzende(r): Kurt Filsinger
Hans Murr
Geschäftsführer(in): Stephan von Felbert (T: (08431) 67 80-4 60, Fax: (08431) 67 80-4 90, E-Mail: stephan.vonfelbert@maschinenringe.de)
Mitglieder: 203500 Landwirtschaftliche Betriebe

● Q 86

Landesverband der Maschinenringe in Baden-Württemberg e.V.
Bopserstr. 17, 70180 Stuttgart
T: (0711) 21 40-129   Fax: 21 40-193
Vorsitzende(r): Landwirtschaftsmeister Kurt Filsinger, Wiesloch
Geschäftsführer(in): Dr. Hansjörg Weber

● Q 87

Bundesverband Lohnunternehmen (BLU) e.V.
Geschäftsstelle
Knochenhauerstr. 2a, 30890 Barsinghausen

T: (05105) 5 21 38 20   Fax: 5 21 38 11
Internet: http://www.lohnunternehmen.de
E-Mail: schmid@blu-verband.de
1. Vorsitzende(r): Konrad Schindehütte (Baumschulenweg 16, 34379 Calden, T: (05677) 2 10, Fax: (05677) 63 28)
1. stellv. Vors.: Dipl.-Ing. Klaus Pentzlin (24329 Grebin-Schönweide, T: (04383) 98 43, Fax: (04383) 98 45)
2. stellv. Vors.: Bernd Knott (Krähenbusch 43, 47906 Kempen, T: (02152) 60 01, Fax: (02152) 85 47)
Geschäftsführer(in): Alfred Schmid
Verbandszeitschrift: Lohnunternehmen
Verlag: Eduard F.Beckmann, Heidecker Weg 112, 31251 Lehrte

Landesverbände

q 88

Landesverband der Lohnunternehmer in Land- und Forstwirtschaft Schleswig-Holstein e.V.
Geschäftsstelle
Am Kamp 13, 24783 Osterrönfeld
T: (04331) 84 79-60, -61
Vorsitzende(r): Dipl.-Ing. Klaus Pentzlin (Eichenweg 1, 24329 Grebin-Schönweide, T: (04383) 98 43)
Geschäftsführer(in): Dipl.-Ing. Eckard Reese (T: (04331) 84 79 60)

q 89

Landesverband der Lohnunternehmer in Land- und Forstwirtschaft Niedersachsen e.V.
Geschäftsstelle:
Knochenhauerstr. 2a, 30890 Barsinghausen
T: (05105) 5 21 38-50   Fax: 5 21 38-51
Vorsitzende(r): Peter Zeyn (Elbufersstr. 147, 21395 Tespe, T: (04176) 10 91, Fax: (04176) 81 82)
Geschäftsführer(in): Dipl.-Ing. Jörg von Beyme

q 90

Landesverband der Lohnunternehmer in Land- und Forstwirtschaft NRW e.V.
Andreas-Hermes-Haus
Godesberger Allee 142, 53175 Bonn
T: (0228) 8 19 81 80   Fax: 8 19 81 81
Vorsitzende(r): Maria Schulte
Geschäftsführer(in): Ass. jur. Heinz

q 91

Landesverband der Lohnunternehmer in Landwirtschaft, Forstwirtschaft und Weinbau Hessen e.V.
Geschäftsstelle:
Knochenhauerstr. 2a, 30890 Barsinghausen
T: (05105) 5 21 38-50   Fax: 5 21 38-51
Vorsitzende(r): Konrad Schindehütte (Baumschulenweg 16, 34379 Calden-Ehrsten, T: (05677) 2 10, Telefax: (05677) 63 28)
Geschäftsführer(in): Dr. Martin Wesenberg

q 92

Fachgruppe landwirtschaftlicher Lohnunternehmer Baden-Württemberg im VdAW e.V.
Geschäftsstelle:
Wollgrasweg 31, 70599 Stuttgart
T: (0711) 1 67 79-0   Fax: 4 58 60 93
Vorsitzende(r): Günter Amann (88276 Berg, T: (0751) 4 49 75, Telefax: (0751) 5 46 27)
Geschäftsführer(in): Dipl.-Ing. (FH) Erich Reich

q 93

VdAW Fachgruppe Bayerische Lohnunternehmer
Geschäftsstelle:
Wollgrasweg 31, 70599 Stuttgart
T: (0711) 1 67 79-0   Fax: 4 58 60 93
Vorsitzende(r): Georg Schmid (82239 Alling-Biburg T: (08141) 46 53, Fax: (08141) 4 36 31)
Geschäftsführer(in): Dipl.-Ing. (FH) Erich Reich

q 94

Landesverband der Lohnunternehmer in Land- und Forstwirtschaft in Brandenburg e.V.
Schlesische Str. 38, 10997 Berlin
T: (030) 6 17 26 76   Fax: 6 18 20 53
E-Mail: Agro-Service.VdAW@t-online.de
Vorsitzende(r): Werner Nabuda (Agrar-Service "Lutzketal" GmbH, Pinnower Weg 10, 03172 Lutzketal, T: (035693) 2 43, Telefax: (035693) 40 43)
Geschäftsführer(in): Dietmar Lange

q 95

Fachgruppe Lohnunternehmen Sachsen im AGRO-Service-Verband Sachsen/Thüringen e.V.
Frankenauer Str. 1, 09648 Altmittweida
T: (03727) 60 01 21   Fax: 60 01 22
Internet: http://www.agro-service.de
E-Mail: agroservice-sachsen-thueringen@01019freenet.de
Geschäftsführer(in): Helmut Hirrig
Vorsitzende(r): Ulf Einert (Am Bahnhof 10, 09636 Langenau, T: (037322) 87 80, Fax: (037322) 22 75)

q 96

Fachgruppe Lohnunternehmen Thüringen im AGRO-Service-Verband Sachsen/Thüringen e.V.
Frankenauer Str. 1, 09648 Altmittweida
T: (03727) 60 01 21   Fax: 60 01 22
Internet: http://www.agro-service.de
E-Mail: agroservice-sachsen-thueringen@01019freenet.de
Geschäftsführer(in): Helmut Hirrig
Vorsitzende(r): Hansjochen Otte (Darrweg 29, 99734 Nordhausen, T: (03631) 4 94 60, Fax: (03631) 49 46 49)

● **Q 97**

Bundesverband Forstsamen Forstpflanzen e.V.
Spitzenorganisation der deutschen Forst- und Gehölzsamenbetriebe und Forstbaumschulen
Bahnhofstr. 3a, 82166 Gräfelfing
T: (089) 8 54 16 28   Fax: 8 54 92 51
Vorsitzende(r): Joachim Brandt (25469 Halstenbek, zugleich Vors. der Ländergruppe Nord- u. Westdeutschland)
Stellvertretende(r) Vorsitzende(r): Raphael Frhr. von Loé Manuel Gilberts
Andreas Wahl
Geschäftsführung: im BFF und den Ländergruppen: RA Dr. Otmar Bernhard, Gräfelfing

q 98

Sektion Forst- und Gehölzsamen im Bundesverband Forstsamen Forstpflanzen e.V.
Bahnhofstr. 3a, 82166 Gräfelfing
T: (089) 8 54 16 28   Fax: 8 54 92 51
Geschäftsführer(in): der Sektion Forstsamen: RA Dr. Otmar Bernhard

● **Q 99**

Arbeitskreis Deutscher Forstbaumschulen e.V.
Ahrensdamm 53, 27616 Beverstedt
T: (04747) 80 88   Fax: 83 50
Vorsitzende(r): Christian Lürssen

● **Q 100**

Landesverband Niedersachsen der Forstsamen- und Forstpflanzenbetriebe e.V.
Steinförder Str. 141, 29323 Wietze
T: (05146) 98 80-0
Vorsitzende(r): Bernd Schaefer-Wildenberg

● **Q 101**

Verbindungsstelle Landwirtschaft-Gewerbliche Wirtschaft Hannover e.V.
Schiffgraben 49, 30175 Hannover
T: (0511) 34 37 35, 31 07-2 09   Fax: 34 37 35
Gründung: 1954
Geschäftsführer(in): Georg Jendritza (Pressesprecher)
Mitglieder: 180
Mitarbeiter: 2

● **Q 102**

Bund Deutscher Baumschulen (BdB)
Postf. 12 29, 25402 Pinneberg
Bismarckstr. 49, 25421 Pinneberg
T: (04101) 20 59-0   Fax: 20 59-31
Internet: http://www.bund-deutscher-baumschulen.de
E-Mail: info@bund-deutscher-baumschulen.de
Präsident(in): Walter Hinrichs, Edewecht
Hauptgeschäftsführer(in): RA Jürgen Pfaue (Heisterpohl 5, 25495 Kummerfeld)
Mitglieder: ca. 1400
Förderung des Baumschulwesens, besonders auf qualitativem, technischem und kulturellem Gebiet sowie die Vertretung der gemeinsamen Interessen der Baumschulbetriebe gegenüber Behörden und Organisationen.

Landesverbände

q 103

Landesverband Baden im Bund deutscher Baumschulen e.V.
Geschäftsstelle
Waltershofer Str. 6, 79224 Umkirch
T: (07665) 87 94   Fax: 64 37
Vorsitzende(r): Andreas Huben (Schriesheimer Fußweg 7, 68526 Ladenburg, T: (06203) 9 28 00)
Mitglieder: 64

q 104

Landesverband Bayern im Bund deutscher Baumschulen e.V.
Hauptstr. 36, 91094 Langensendelbach
T: (09133) 46 87   Fax: 46 73
Vorsitzende(r): Hans Hofmann
Mitglieder: 134

q 105

Landesverband Berlin im Bund deutscher Baumschulen e.V.
Lettberger Str. 95, 12355 Berlin
T: (030) 6 63 50 41   Fax: 6 64 43 32
Vorsitzende(r): Hans-Jürgen Fischer
Mitglieder: 5

q 106

Landesverband Brandenburg im Bund deutscher Baumschulen (BdB) e.V.
Frodersdorfer Str. 11, 15370 Bruchmühle
T: (033439) 7 82 53   Fax: 7 82 54
Vorsitzende(r): Karl-Heinz Horn
Mitglieder: 21

q 107

Landesverband Hamburg im Bund deutscher Baumschulen e.V.
Maldfeldstr. 4, 21077 Hamburg
T: (040) 7 61 08-0   Fax: 7 61 08-100
Vorsitzende(r): Lorenz von Ehren
Mitglieder: 10

q 108

Landesverband Hannover im Bund deutscher Baumschulen e.V.
Johannsenstr. 10, 30159 Hannover
T: (0511) 36 39 29   Fax: 32 88 47
Vorsitzende(r): Heinrich Meyer (Auf der Riede 112, 31600 Uchte, T: (05763) 7 01)
Geschäftsführer(in): Lutz Arnsmeyer
Mitglieder: 95

q 109

Landesverband Hessen im Bund deutscher Baumschulen e.V.
An der Festeburg 31, 60389 Frankfurt
T: (069) 47 10 20   Fax: 47 68 11
Vorsitzende(r): Eckhard Beutnagel (Steinfurther-Hauptstr. 36a, 61231 Bad Nauheim, T: (06032) 8 14 44, Fax: 8 63 43)
Geschäftsführer(in): Hans-Georg Paulus
Mitglieder: 80

q 110

Landesverband Mecklenburg/Vorpommern im Bund deutscher Baumschulen (BdB) e.V.
Wismarsche Str. 37, 18236 Kröpelin
T: (038292) 2 46   Fax: 3 50
Vorsitzende(r): Volker Hinrichs
Mitglieder: 11

q 111

Verband Rheinischer Baumschulen im Landesverband Gartenbau Rheinland e.V.
Postf. 68 02 09, 50705 Köln
T: (0221) 7 15 10 21   Fax: 7 15 10 31
Vorsitzende(r): Karl-Heinz Plum (Wassenberger Str. 59, 52525 Heinsberg, T: (02452) 6 23 15, Telefax: (02452) 6 45 55)
Geschäftsführer(in): Günter Bayer
Mitglieder: 134

q 112

Landesverband Rheinland-Pfalz-Saar im Bund deutscher Baumschulen e.V.
Burgenlandstr. 7, 55543 Bad Kreuznach
T: (0671) 6 69 56   Fax: 6 86 52

Vorsitzende(r): Michael Fuchs (Hauptstr. 600, 55743 Idar-Oberstein, T: (06781) 2 41 40, Telefax: (06781) 2 77 82)
Geschäftsführer(in): Dipl.-Ing. agr. Welmar Rietmann
Mitglieder: 45

q 113
Landesverband Sachsen im Bund deutscher Baumschulen (BdB) e.V.
Stübelstr. 3, 04758 Oschatz
T: (03435) 97 61-0 **Fax:** 97 61-10
Vorsitzende(r): Wolfgang Müller
Mitglieder: 52

q 114
Landesverband Sachsen-Anhalt im Bund deutscher Baumschulen (BdB) e.V.
Seehof, 39221 Pechau
Vorsitzende(r): Lothar Thormeier (Westerhäuser Str. 35, 38889 Blankenburg, T: (03944) 36 46 17)
Geschäftsführer(in): F. Beyme
Mitglieder: 22

q 115
Landesverband Schleswig-Holstein im Bund deutscher Baumschulen e.V.
Postf. 12 29, 25402 Pinneberg
Bismarckstr. 49, 25421 Pinneberg
T: (04101) 20 59 21 **Fax:** 20 59 33
Internet: http://www.bdb-schleswig-holstein.de
E-Mail: schoppa@bund-deutscher-baumschulen.de
Vorsitzende(r): Angelika Steffen
Geschäftsführer(in): Dr. Frank Schoppa
Mitglieder: 266

q 116
Landesverband Thüringen im Bund deutscher Baumschulen (BdB) e.V.
Leipziger Str. 106, 99085 Erfurt
T: (0361) 6 46 35 94 **Fax:** 64 35 94
Geschäftsführer(in): Norbert Müller
Mitglieder: 26

q 117
Landesverband Weser-Ems im Bund deutscher Baumschulen e.V.
Postf. 12 68, 26642 Westerstede
Kolberger Str. 20, 26655 Westerstede
T: (04488) 7 77 12 **Fax:** 85 97 55
Vorsitzende(r): Gerhard Kruse (Aue Jörnstr. 3, 26160 Bad Zwischenahn, T: (04403) 87 77, Fax: 8 11 29)
Geschäftsführer(in): Raimund Popp
Mitglieder: 226

q 118
Landesverband Westfalen-Lippe im Bund deutscher Baumschulen e.V.
Germaniastr. 53, 44379 Dortmund
T: (0231) 96 10 14-0 **Fax:** 96 10 14-90
Vorsitzende(r): Helmut Rüskamp (Welte 70, 48249 Dülmen, T: (02594) 36 16, Telefax: (02594) 8 67 30)
Geschäftsführer(in): RA Jürgen Winkelmann
Mitglieder: 87

q 119
Landesverband Württemberg im Bund deutscher Baumschulen e.V.
Neue Weinsteige 160, 70180 Stuttgart
T: (0711) 64 49 50 **Fax:** 60 96 94
Vorsitzende(r): Albrecht Schnell (Schraderstr. 12, 74632 Neuenstein, T: (07942) 22 13, Telefax: (07942) 35 70)
Geschäftsführer(in): RA Thomas Vohrer
Mitglieder: 101

● Q 120
Bund deutscher Champignon- und Kulturpilzanbauer (BDC) e.V.
Geschäftsstelle:
Godesberger Allee 142-148, 53175 Bonn
T: (0228) 8 10 02 26 **Fax:** 8 10 02 47/48
1. Vorsitzende(r): Franz Schmaus (Talweg 2, 63694 Limeshain)
Geschäftsführer(in): Dipl.-Ing. Jochen Winkhoff
Verbandszeitschrift: Der CHAMPIGNON - Zeitschrift für den Pilzanbau
Redaktion: Dipl.-Ing. agr. Eberhard Peters, Kuckucksweg 1, 53123 Bonn, T: (0228) 62 25 55, Fax: (0228) 6 19 98 85
Verlag: Bund Deutscher Champignon- und Kulturpilzanbauer (BDC) e.V., Godesberger Allee 142-148, 53175 Bonn, T: (0228) 8 10 02 26
Mitglieder: 120

● Q 121
Verein Pro Traubensaft e.V.
Mainzer Str. 253, 53179 Bonn
T: (0228) 9 54 60-0 **Fax:** 9 54 60-30
Internet: http://www.fruchtsaft.org
Gründung: 1986
Vorsitzende(r): Heribert Gathof
Geschäftsführer(in): Dipl.-Ökonom Klaus Sondhauß
Mitglieder: 15 (Firmen)
Mitarbeiter: 1

● Q 122
Information• Medien• Agrar e.V. (IMA)
Konstantinstr. 90, 53179 Bonn
T: (0228) 5 59 79-0 **Fax:** 5 59 79-20
Internet: http://www.ima-agrar.de
E-Mail: info@ima-agrar.de
Gründung: 1960 (November)
Geschäftsführer(in): Hermann Bimberg
Mitglieder: 22 Verbände

● Q 123
Verbindungsstelle Landwirtschaft-Industrie e.V. Essen
Richard-Wagner-Str. 21, 45128 Essen
T: (0201) 23 73 71 **Fax:** 23 73 72
Vorsitzende(r): Gerhard R. Wolf (ehem. Mitglied des Vorstandes BASF AG, Ludwigshafen)
Geschäftsführer(in): Dr. Katharina Otzen

● Q 124
Arbeitskreis Industrie-Landwirtschaft Hessen e.V.
Taunusstr. 151, 61381 Friedrichsdorf
T: (06172) 7 10 61 12 **Fax:** 71 06 10
Vorsitzende(r): Gottfried Milde
Geschäftsführer(in): Peter Voss-Fels

● Q 125
ZADI - Zentralstelle für Agrardokumentation und -information
Postf. 20 14 15, 53144 Bonn
Villichgasse 17, 53177 Bonn
T: (0228) 95 48-0 **Fax:** 95 48-111
Internet: http://www.zadi.de
Gründung: 1969
Leiter(in): PD Dr. Jan Mark Pohlmann
Presse und Information: Dr. Klaus Großmann

Internet-Suchkatalog; Deutsches Agrarinformationsnetz (DAINet), Informationssystem Genetische Ressourcen (GENRES), Informationsforen Landwirtschaft, Gartenbau, Forstwirtschaft, Ernährung, Fischerei; FIZ-AGRAR - Fachinformationszentrum Ernährung, Land- und Forstwirtschaft; Informationsmanagement, Beratung, Koordination, Forschung und Entwicklung

● Q 126
Arbeitsgemeinschaft Umweltinformationssysteme
Münsterer Str. 20, 35447 Reiskirchen
T: (06401) 53 54 **Fax:** 96 02 87
E-Mail: cumpub@cum-web.de
Leiter(in): Dr. Thomas Haag

● Q 127
Bund der Ingenieure des Gartenbaues und der Landespflege e.V. (BIG)
Geschäftsstelle:
Godesberger Allee 142-148, 53175 Bonn
T: (0228) 8 10 02-31 **Fax:** 8 10 02-48
E-Mail: info@gartenbauingenieure.de
Gründung: 1953
Geschf. Vorstandsmitgl.: Dipl.-Ing. (FH) Jörg Freimuth (Im Saufang 43, 53343 Wachtberg, T: (0228) 85 73 73, Fax: (0228) 85 69 44)
Vorsitzende(r): Dipl.-Ing. (FH) Erwin Beyer (Feuerbacher Weg 86, 70192 Stuttgart, T: (0711) 2 56 05 36, Fax: (0711) 2 57 93 17)
Verbandszeitschrift: www.gartenbauingenieure.de - Nachrichten und Meldungen für Ingenieure
Redaktion: Jörg Freimuth, Im Saufang 43, 53343 Wachtberg, E-Mail: joerg.freimuth@gartenbauingenieure.de
Mitglieder: 2500

● Q 128
Deutscher Rat für Landespflege (DRL)
Konstantinstr. 110, 53179 Bonn
T: (0228) 33 10 97 **Fax:** 33 47 27
Internet: http://www.landespflege.de
E-Mail: DRL-Bonn@t-online.de
Gründung: 1962 (5. Juli)
Vorsitzende(r): Prof.Dr.Dr.h.c. Wolfgang Haber
Geschäftsführer(in): Prof.Dr.-Ing. Klaus Borchard
Verbandszeitschrift: Schriftenreihe des Deutschen Rates für Landespflege
Mitglieder: 28
Mitarbeiter: 3

● Q 129
POLLICHIA - Verein für Naturforschung und Landespflege e.V.
Saarlandstr. 13, 76855 Annweiler
T: (06346) 73 53 **Fax:** 72 45
Adresse ab 01.07.2001:
Bismarckstr. 33, 67433 Neustadt an der Weinstraße
Gründung: 1840
Präsident(in): Prof. Dr. Eckhard Friedrich
Vizepräsident(in): PD Dr. Hans-Wolfgang Helb
Geschäftsführer(in): Oliver Röller
Verbandszeitschrift: POLLICHIA-Kurier
Redaktion: Heiko Himmler
Verlag: Eigenverlag der POLLICHIA, Pfalzmuseum für Naturkunde (POLLICHIA-Museum), 67098 Bad Dürkheim
Mitglieder: 3000
Mitarbeiter: 2
Jahresetat: DM 0,5 Mio, € 0,26 Mio
Publikationen: Mitteilungen der POLLICHIA (jährlich), Red. PD Dr.rer.nat. Karl Stapf
POLLICHIA-Bücher
Sonderveröffentlichungen der POLLICHIA
PFÄLZER HEIMAT (vierteljährlich) zusammen mit Historischer Verein der Pfalz und Pfälzische Gesellschaft zur Förderung der Wissenschaften (Hg.)

● Q 130
Zentralverband Gartenbau e.V. (ZVG)
Postf. 20 14 63, 53144 Bonn
Godesberger Allee 142-148, 53175 Bonn
T: (0228) 8 10 02-0 **Fax:** 8 10 02 48
Präsident: Karl Zwermann
Generalsekretär: Dr. Siegfried Scholz
Leitung Presseabteilung: Stephan Braun
Verbandszeitschrift: ZVG Gartenbau Report
Redaktion: Helga Panten
Verlag: FGG Förderungsgesellschaft Gartenbau mbH, Postf. 20 14 63, 53144 Bonn, E-Mail: zvg-bonn.presse@g-net.de,
Internet: http://www.g-net.de

● Q 131
Arbeitsgemeinschaft deutscher Junggärtner e.V. (AdJ)
Gießener Str. 47, 35305 Grünberg
T: (06401) 91 01-50 **Fax:** 91 01-76
Internet: http://www.junggaertner.de
E-Mail: info@junggaertner.de
Gründung: 1928 (15. September)
Vorsitzende(r): Matthias Binder (Gießener Str. 47, 35305 Grünberg)
Geschäftsführer(in): Dipl.-Ing. (FH) Nicole Becker
Leitung Presseabteilung: Theresa Topoll
Verbandszeitschrift: Junggärtnerinfo
Redaktion: Theresa Topoll
Verlag: AdJ, Gießener Str. 47, 35305 Grünberg
Mitglieder: 3500
Mitarbeiter: 3
Jahresetat: DM 0,35 Mio, € 0,18 Mio

● Q 132
Bund deutscher Friedhofsgärtner (BdF)
-Geschäftsführung-
Postf. 20 14 63, 53144 Bonn
Godesberger Allee 142-148, 53175 Bonn
T: (0228) 8 10 02 45 **Fax:** 8 10 02 48
Internet: http://www.grabpflege.de
E-Mail: zvg-bonn.otto@t-online.de
Vorstand: Dirk Gertzmann (Vors.)
Karl Wolf (Stellv. Vors.)
Wilfried Raff (Stellv. Vors.)
Hans-Peter Otto (GeschF)
Anzahl der angeschlossenen Organisationen: 42

Vertretung der Interessen der Friedhofsgärtner im Zentralverband Gartenbau und den im Bereich "Friedhof" auf Bundesebene tätigen Verbänden, Behörden und Organisationen.

● Q 133
AuGaLa - Ausbildungsförderwerk Garten-, Landschafts- und Sportplatzbau e.V.
Haus der Landschaft
53602 Bad Honnef
Alexander-von-Humboldt-Str. 4, 53604 Bad Honnef
T: (02224) 77 07-0 **Fax:** 77 07-77
Internet: http://www.augala.de
E-Mail: info@augala.de
Vorstand: Franz-Josef Sieg (Vorsitzender)
Erich Hiller (stellvertretender Vorsitzender u. Schatzmeister)
Wolfgang Ravior (stellvertretender Vorsitzender)
Christoph Bohr (Beisitzer)

Q 133

Ulrich Wittenstein (Beisitzer)
Dr. Hermann Kurth (GeschF)
Axel Ralf Liedtke (GeschF)
Mitglieder: 16

● **Q 134**

Deutsche Gesellschaft für Gartenkunst und Landschaftskultur e.V. (DGGL)
Wartburgstr. 42, 10823 Berlin
T: (030) 7 88 11 25   **Fax:** 7 87 43 37
Internet: http://www.dggl.lanet.de/dggl/
E-Mail: dggl-bund@t-online.de
Gründung: 1887
Präsident(in): Hildebert de la Chevallerie
Geschäftsführer(in): Karin Glockmann
Verbandszeitschrift: "Garten + Landschaft"
Verlag: Callwey-Verlag, Streitfeldstr. 35, 81673 München
Mitglieder: ca. 4000
Die DGGL ist in 18 Landesverbände gegliedert

● **Q 135**

Deutscher Verband für Landschaftspflege e.V. (DVL)
Eyber Str. 2, 91522 Ansbach
T: (0981) 95 04-241, 95 04-247   **Fax:** 95 04-246
Internet: http://www.lpv.de, http://www.reginet.de
E-Mail: info@lpv.de
Gründung: 1993
Vorsitzende(r): Josef Göppel (MdL)
Stellvertretende(r) Vorsitzende(r): Florian Meusel
Dr. Kai Frobel
Geschäftsführer(in): Wolfram Güthler
Verbandszeitschrift: Regional-Post
Redaktion: Bernd Blümlein
Verlag: Eyber Str. 2, 91522 Ansbach
Mitglieder: 102 (nur Landschaftspflegeverbände)
Mitarbeiter: 9

● **Q 136**

Vereinigung Deutscher Blumenmärkte
Godesberger Allee 142-148, 53175 Bonn
T: (0228) 8 10 02 27   **Fax:** 8 10 02 48
Internet: http://www.blumenmaerkte.g-net.de
E-Mail: zvg-bonn.ruhnke@g-net.de
Vorstand: Helmut Peters (Vors.)
Alfred Anft (stellv. Vors.)
Peter Ruhnke (GeschF)
Anzahl der angeschlossenen Organisationen: 32

● **Q 137**

Bundesverband Garten-, Landschafts- und Sportplatzbau e.V. (BGL)
Haus der Landschaft
Alexander-von-Humboldt-Str. 4, 53604 Bad Honnef
T: (02224) 77 07-0   **Fax:** 77 07-77
Internet: http://www.galabau.de
E-Mail: bgl@galabau.de
Gründung: 1964
Internationaler Zusammenschluß: siehe unter izs 384
Präsident(in): Werner Küsters (St.-Antonius-Str. 1 a, 41470 Neuss, T: (02137) 95 33-0, Fax: 95 33 30)
Hauptgeschäftsführer(in): Dr. Hermann J. Kurth
Geschäftsführer(in): Karl Esser
Mitglieder: 14 Landesverbände, in denen rd. 3000 Betriebe organisiert sind
Mitarbeiter: 32
Verbandszeitschrift/Verbandsorgan: "Landschaft Bauen & Gestalten"

Landesverbände

q 138

Verband Garten-, Landschafts- und Sportplatzbau Baden-Württemberg e.V.
Filderstr. 109-111, 70771 Leinfelden-Echterdingen
T: (0711) 9 75 66-0   **Fax:** 9 75 66-20
Internet: http://www.galabau-bw.de
E-Mail: info@galabau-bw.de
Präsident(in): Dieter Raisch (Breslauer Str. 1, 73760 Ostfildern, T: (0711) 34 01 93-0, Fax: (0711) 34 01 93-79)
Geschäftsführer(in): Reiner Bierig

q 139

Verband Garten-, Landschafts- und Sportplatzbau Bayern e.V.
Haus der Landschaft
Postf. 60 03 08, 81203 München
T: (089) 8 29 14 5-0   **Fax:** 8 34 01 40
Internet: http://www.galabau-bayern.de
E-Mail: info@galabau-bayern.de
Präsident(in): Manfred Virgens (Zugspritzring 36, 85646 Anzing, T: (08121) 22 53 80, Fax: 22 53 81)
Verb.-Dir.: Jürgen R. Prigge

q 140

Fachverband Garten-, Landschafts- und Sportplatzbau Berlin/Brandenburg e. V.
Kleinmachnower Weg 11, 14165 Berlin
T: (030) 8 15 70 78   **Fax:** 8 15 35 08
Internet: http://www.galabau-berlin-brandenburg.de
E-Mail: info@galabau-berlin-brandenburg.de
Vorsitzende(r): Christoph Hartmann (Fa. Herold & Gietz GmbH, Galabau, Quitzowstr. 27-28, 10559 Berlin, T: (030) 3 96 99 52, Fax: 3 96 99 53)
Geschäftsführer(in): Michael Bislich

q 141

Fachverband Garten-, Landschafts- und Sportplatzbau Brandenburg e.V.
Jägerhorn 36-40, 14532 Kleinmachnow
T: (033203) 7 90 55   **Fax:** 7 86 33
E-Mail: FV.GaLaBau@t-online.de
Vorsitzende(r): Ralf Klischke (Margaretenhof, 14774 Brandenburg, T: (03381) 40 32 46, Fax: 40 38 06)
Geschäftsführer(in): Tobias Peterson

q 142

Fachverband Garten-, Landschafts- und Sportplatzbau Hamburg e.V.
Bei Schuldts Stift 3, 20355 Hamburg
T: (040) 34 09 83   **Fax:** 34 48 77
Internet: http://www.hwk-hamburg.de
E-Mail: info@galabau-hamburg.de
Vorsitzende(r): Hanns-Jürgen Redeker (Dannenkamp 14, 22860 Schenefeld, T: (040) 8 39 18 78, Telefax: (040) 8 39 18 00)
Geschäftsführer(in): Josef Werner

q 143

Fachverband Garten-, Landschafts- und Sportplatzbau Hessen-Thüringen e.V.
Max-Planck-Ring 39, 65205 Wiesbaden
T: (06122) 9 31 14-0   **Fax:** 9 31 14-24
Internet: http://www.galabau-ht.de
E-Mail: info@galabau-ht.de
Präsident(in): Horst Dillmann (Am Heldenberger Weg, 61130 Nidderau, T: (06187) 30 28/9, Telefax: (06187) 2 56 81)
Geschäftsführer(in): Guntram Löffler

q 144

Fachverband Garten-, Landschafts- und Sportplatzbau Mecklenburg-Vorpommern e.V.
Bockhorst 1, 18273 Güstrow
T: (03843) 26 41 56   **Fax:** 26 42 40
Internet: http://www.galabau-mv.de
E-Mail: info@galabau-mv.de
Vorsitzende(r): Helmut Schingen (Zur Klösterbeck 23, 18196 Petschow, T: (038204) 1 20 42,
Telefax: (038204) 1 20 43)
Geschäftsführer(in): Marion Orlowske

q 145

Verband Garten-, Landschafts- und Sportplatzbau Niedersachsen-Bremen e.V.
Haus des Gartenbaues
Paul-Feller-Str. 25, 28199 Bremen
T: (0421) 53 07 35   **Fax:** 53 08 54
Internet: http://www.galabau-nordwest.de
E-Mail: galabau.nordwest@online.de
Vorsitzende(r): Egon Schnoor (Jens Turner GmbH, Postf. 11 27, 28801 Stuhr, Feldstr. 71, 28816 Stuhr, T: (04242) 9 94 00 11, Telefax: (04242) 9 94 00 19)
Geschäftsführer(in): Harald Mikulka

q 146

Verband Garten-, Landschafts- und Sportplatzbau Rheinland e.V.
Haus des Rheinischen Gartenbaues
Postf. 68 02 09, 50705 Köln
Amsterdamer Str. 206, 50735 Köln
T: (0221) 7 15 10 12   **Fax:** 7 15 10 41
Internet: http://www.galabau-rheinland.de
E-Mail: info@galabau-rheinland.de

Präsident(in): Manfred Lorenz (Gierather Str. 182, 51469 Bergisch Gladbach, T: (02202) 5 40 69, Telefax: (02202) 5 09 23)
Geschäftsführer(in): Michael Gotschika

q 147

Verband Garten-, Landschafts- und Sportplatzbau Rheinland-Pfalz-Saar e.V.
Postf. 15 80, 55505 Bad Kreuznach
T: (0671) 4 43 78   **Fax:** 4 50 22
Internet: http://www.galabauverband.de
E-Mail: mail@galabauverband.de
Präsident(in): Claus Schneider (Am Weidezehnten 3, 55129 Mainz, T: (06131) 50 90 31, Telefax: (06131) 59 21 34)
Geschäftsführer(in): Wilhelm Spatz

q 148

Verband Garten-, Landschafts- und Sportplatzbau Sachsen e.V.
Am Wüsteberg 3, 01723 Kesselsdorf
T: (035204) 44 35-0   **Fax:** 44 35-2
Internet: http://www.galabau-sachsen.de
E-Mail: verbandgalabau.sachsen@t-online.de
Vorsitzende(r): Thomas Serfling (Schiemannstr. 1, 04808 Wurzen-Roitzsch, T: (03425) 90 36 15)
Geschäftsführer(in): Dr. Gert Merkert

q 149

Verband Garten-, Landschafts- und Sportplatzbau Sachsen-Anhalt e.V.
Ermslebener Str. 5, 06449 Aschersleben
T: (03473) 91 17 48   **Fax:** 91 17 50
E-Mail: VGL-SA@t-online.de
Präsident(in): Monika Ferchland (Niegripper Chaussee 40, 39288 Burg, T: (03921) 94 42 50,
Telefax: (03921) 94 42 51)
Geschäftsführer(in): Dr. Werner Wandelt

q 150

Fachverband Garten-, Landschafts- und Sportplatzbau Schleswig-Holstein e.V.
Steenbeker Weg 151, 24106 Kiel
T: (0431) 3 46 47   **Fax:** 33 85 20
Internet: http://www.galabau-sh.de/
E-Mail: info@galabau-sh.de
Vorsitzende(r): Reimer Meier (Ostlandring 3, 25582 Hohenaspe, T: (04893) 5 73, Telefax: (04893) 7 58)
Geschäftsführer(in): Achim Meierewert

q 151

Verband Garten-, Landschafts- und Sportplatzbau Westfalen-Lippe e.V.
Postf. 71 66, 59029 Hamm
Unnaer Str. 3, 59069 Hamm
T: (02385) 9 11 22-0   **Fax:** 9 11 22 22
Internet: http://www.galabau-westfalen.de
E-Mail: info@galabau-westfalen.de
Präsident(in): Andreas Nadorf (Merkureck 12a, 48165 Münster-Hiltrup, T: (02501) 44 85 11,
Telefax: (02501) 44 85 18)
Geschäftsführer(in): Dr. Karl Schürmann

● **Q 152**

Gartenbaukammer Bremen
Körperschaft des öffentlichen Rechts
Paul-Feller-Str. 25, 28199 Bremen
T: (0421) 53 64 10   **Fax:** 55 21 82
Präsident: Jürgen Diekmeyer (Im Freien Meer 24, 28219 Bremen)
Vizepräsident(in): Holger Kolonko (Mahndorfer Deich 50, 28307 Bremen)
Robert Nagel (Achterdiek 47 c, 28359 Bremen)
Geschäftsführer(in): Axel Boese

● **Q 153**

Bundesvereinigung der Erzeugerorganisationen Obst und Gemüse e.V.
Postf. 12 02 20, 53106 Bonn
Adenauerallee 127, 53113 Bonn
T: (0228) 2 42 00 50   **Fax:** 21 39 19
E-Mail: bveo@drv.raiffeisen.de
Gründung: 1970 (5. März)
Vorsitzende(r) des Vorstandes: Dr. Rolf Meyer
Geschäftsführer(in): Karl Schmitz
Mitglieder: 61

● **Q 154**

Braugersten-Gemeinschaft, Arbeitsgemeinschaft zur Förderung des Qualitätsgerstenbaues im Bundesgebiet e.V.
Habichtstr. 7, 82223 Eichenau

T: (08141) 7 21 13 **Fax:** 8 21 25
Gründung: 1951
Vorsitzende(r): Dr. Horst-Gevert Bellmer (Brauerei Beck GmbH + Co., Postf. 10 73 07, 28073 Bremen, T: (0421) 5 09 40, Fax: (0421) 5 09 43 03)
Geschäftsführer(in): Dipl.-Braumeister Claus Winkler (Habichtstr. 7, 82223 Eichenau, T: (08141) 7 21 13)

● Q 155
Arbeitsgemeinschaft zur Förderung des Niedersächsischen Braugerstenanbaues e.V.
Johannssenstr. 10, 30159 Hannover
T: (0511) 3 66 53 71 **Fax:** 3 66 55 08
E-Mail: betz@lawikhan.de
Vorsitzender: Hans-Jürgen Seele, Stöcken

● Q 156
Fördergemeinschaft Braugerste Rheinland-Pfalz e.V.
- Braugerstenstelle -
c/o Landwirtschaftskammer Rheinland-Pfalz
Burgenlandstr. 7, 55543 Bad Kreuznach
T: (0671) 79 31 39 **Fax:** 79 31 99
Geschäftsführer(in): Manfred Schnorbach (Lehr- und Versuchsanstalt, Rhein-Mosel-Str. 11, 56281 Emmelshausen, Tel.: (0647) 2 37, Fax: (06747) 81 17)

● Q 157
Braugerstenstelle Südbaden e.V.
Postf. 53 67, 79020 Freiburg
T: (0761) 7 03 46-275 **Fax:** 7 03 46-255
Vorstand: Joachim Rösch
Geschäftsführer(in): Dr. Rainer Moritz

● Q 158
Arbeitsgemeinschaft zur Förderung des Qualitätsgerstenbaues im Bundesgebiet e.V.
Habichtstr. 7, 82223 Eichenau
T: (08141) 7 21 13 **Fax:** 8 21 25
Vorstandsvorsitzende(r): Dr. Horst-Gevert Bellmer ((Brauerei Beck GmbH + Co., Postf. 107307, 28073 Bremen, T: (0421) 50 94 43 15)
Stellv. Vorstandsvorsitzende(r): Gottfried Bauer (Malzfabrik Schweinfurt, 97424 Schweinfurt, T: (09721) 76 50 12)
Geschf: Dipl.-Braumeister Claus Winkler (Habichtstr. 7, 82223 Eichenau, T: (08141) 7 21 13, Telefax: (08141) 8 21 25)

● Q 159
Hopfenpflanzerverband Hallertau e.V.
Postf. 12 29, 85280 Wolnzach
Kellerstr. 1, 85283 Wolnzach
T: (08442) 92 50-0 **Fax:** 42 70
Internet: http://www.german-hops.org
E-Mail: weingarten@german-hops.org
Vors.: Josef Wittmann (Steinbach, Hauptstr. 32, 84048 Mainburg)
Geschf: Otmar Weingarten

● Q 160
Verband deutscher Hopfenpflanzer e.V.
Haus des Hopfens
Kellerstr. 1, 85283 Wolnzach
T: (08442) 92 50-0 **Fax:** 42 70
Internet: http://www.german-hops.org
E-Mail: weingarten@german-hops.org
Vorsitzende(r): Josef Schrag (Heißmanning 16, 85276 Pfaffenhofen, T: (08441) 98 44)
Geschäftsführer(in): Otmar Weingarten

Wahrnehme der wirtschaftlichen Interessen der deutschen Hopfenpflanzer; Förderung des deutschen Hopfenanbaues.

● Q 161
Hopfenpflanzerverband Tettnang e.V.
Weinstr. 9, 88069 Tettnang
T: (07542) 5 21 36 **Fax:** 5 21 60
Internet: http://www.tettnanger-hopfen.de
E-Mail: TT-HOPS@t-online.de
Vorsitzende(r): Dr. Bernhard Locher (Loderhof 1, Tettnang, T: (07528) 92 70 34, Telefax: (07528) 92 70 35)
Geschäftsführer(in): Jürgen Weishaupt

● Q 162
Bundesverband Deutscher Gartenfreunde e.V. (BDG)
-Gemeinnützige Organisation für das Kleingartenwesen-
Geschäftsstelle:
Steinerstr. 52, 53225 Bonn
T: (0228) 47 30 36, 47 30 37 **Fax:** 47 63 79
Internet: http://www.kleingarten-bund.de

E-Mail: bdg@kleingarten-bund.de
Gründung: 1921
Internationaler Zusammenschluß: siehe unter izq 107
Präsident(in): Ingo Kleist
Vizepräsident(in): Prof. Dr. Karl Herrmann
Jürgen Hurt
Dr. Johann B. Walz
Geschäftsführerin: Theresia Theobald
Schatzmeister: Mathias Meurer
Schriftführer(in): Erhard Schulz
Bundesfachberater: Jürgen Sheldon
Beisitzer: Wolfgang Pfuhl
Raimund Goth
Rolf Neuser
Frank Müller
Verbandszeitschrift: DER FACHBERATER
Redaktion: Mitglieder des BDG-Presseausschusses
Verlag: W. Wächter GmbH, Elsasser Str. 41, 28211 Bremen
Mitglieder: ca. 1030000
Mitarbeiter: 4
Landesverbände: 19

● Q 163
Bundesverband Deutscher Kornbrenner e.V. (BDK)
Internationaler Zusammenschluß: siehe unter izf 468, izf 1328
siehe F 455

● Q 164
Deutscher Landfrauenverband e.V. (DLV)
Reinhardtstr. 18, 10117 Berlin
T: (030) 31 80 20 29 **Fax:** 31 01 78 31
Internet: http://www.dlv-online.de
E-Mail: info@dlv-online.de
Präsident(in): Erika Lenz
1. Vizepräsident(in): Evelyn Moscherosch
2. Vizepräsident(in): Hannelore Siegel
Hauptgeschäftsführer(in): Heike Troue
Presse- und Öffentlichkeitsarbeit: Lilo Schön
Verbandszeitschrift: DLV-Informationen
Redaktion: Lilo Schön
Mitglieder: ca. 550000
Mitgliedsorganisationen: 22

● Q 165
Bund der Deutschen Landjugend im Deutschen Bauernverband (BDL)
Reinhardtstr. 18, 10117 Berlin
T: (030) 3 19 04-253 **Fax:** 3 19 04-206
Internet: http://www.landjugend.de
E-Mail: info@landjugend.de
Gründung: 1949
Vorsitzende(r): Dirk Detlefsen (Güldenholm, 24881 Nuebel)
Geschäftsführer(in): Matthias Sammet
Leitung Presseabteilung: Karin Metz
Verbandszeitschrift: Die neue DL
Verlag: Eigenverlag
Mitglieder: ca. 120000

● Q 166
Katholische Landjugendbewegung Deutschlands e.V.
-Bundesstelle-
Drachenfelsstr. 23, 53604 Bad Honnef
T: (02224) 94 65-0 **Fax:** 94 65-44
Internet: http://www.kljb.org
E-Mail: bundesstelle@kljb.org
BundesGeschF: Christiane Fuchs-Pellmann
Leitung Presseabteilung: Gabriele Kiefer
Verbandszeitschrift: Bundesforum
Redaktion: Gabriele Kiefer
Verlag: Landjugendverlag GmbH, Drachenfelsstr. 23, 53604 Bad Honnef
Mitglieder: 71000

Fachverband

q 167
Akademie der Katholischen Landjugend e.V.
Drachenfelsstr. 23, 53604 Bad Honnef
T: (02224) 94 65-40 **Fax:** 94 65-44
Internet: http://www.kljb.org
E-Mail: kljb@bionic.zerberus.de
Geschf. Referent: Thomas Tschöke

● Q 168
Bundesarbeitsgemeinschaft Evangelische Jugend im ländlichen Raum
-Bundesstelle-
Dieperzbergweg 13-17, 57610 Altenkirchen
T: (02681) 95 16-0 **Fax:** 7 02 06
Internet: http://www.lja.de
E-Mail: info@lja.de
Bundestutorin: Claudia Leibrock

● Q 169
Arbeitskreis Umwelt AKU e.V. der Evangelischen Landjugend in Bayern
Geckenheimer Str. 5, 97215 Uffenheim
T: (09842) 81 81 **Fax:** 3 83
Vorsitzende(r): Harald Trabert
Stellvertretende(r) Vorsitzende(r): Roland Wagner
Leitung Presseabteilung: Bettina Fuhrmeister
Verbandszeitschrift: AKU-News

● Q 170
Bundesverband landwirtschaftlicher Pächter e.V.
Warmbüchenstr. 3, 30159 Hannover
T: (0511) 3 68 13 13 **Fax:** 30 62 95
Vorsitzende(r): Jürgen Görg (38644 Goslar)
Geschäftsführer(in): Hans-Jürgen Studte

q 171
Pächterverband Sachsen-Anhalt e.V.
Adelheidstr. 1, 06484 Quedlinburg
T: (03946) 70 70 58 **Fax:** 70 70 53
Vorsitzende(r): Franz Sommermeier
Geschäftsführer(in): Dieter Hoyer

● Q 172
IBR - Institut für Baubiologie Rosenheim GmbH
Heilig-Geist-Str. 54, 83022 Rosenheim
T: (08031) 36 75-0 **Fax:** 36 75-30
Internet: http://www.baubiologie.org
E-Mail: kontakt@baubiologie.org
Gründung: 1978 (Mai)
Geschäftsführer(in): Uwe Rose (Ltg. Presseabt.)
Verbandszeitschrift: GESÜNDER WOHNEN
Verlag: Rose Verlag
Mitarbeiter: ca. 12

● Q 173
Arbeitsgemeinschaft Ökologischer Landbau e.V. (AGÖL)
Brandschneise 1, 64295 Darmstadt
T: (06155) 20 81 **Fax:** 20 83
Internet: http://www.AGOEL.de
E-Mail: AGOEL@t-online.de
Gründung: 1988 (13. Juli)
Vorsitzende(r): Dipl.-Ing. agr. Jan von Ledebur
Stellvertretende(r) Vorsitzende(r): Gerald Herrmann
Ulrich Prolingheuer
Prof. Dr. Heide-Dörte Matthes
Geschäftsführer(in): Dr. Klaus Wilbois
Verbandszeitschrift: AGÖL-INFO (monatlich)
Redaktion: Dr. Klaus Wilbois
Verlag: AGÖL, Brandschneise 1, 64295 Darmstadt
Mitglieder: 9 Mitgliedsverbände
Mitarbeiter: 4
Jahresetat: DM 0,75 Mio, € 0,38 Mio

● Q 174
Gäa e.V. - Vereinigung ökologischer Landbau
Am Beutlerpark 2, 01217 Dresden
T: (0351) 4 01 23 89 **Fax:** 4 01 55 19
Internet: http://www.gaea.de
E-Mail: info@gaea.de
Gründung: 1989 (Mai)
Geschäftsführer(in): Kornelie Blumenschein
Leitung Presseabteilung: Maren Leupelt
Swantje Kohlmeyer
Verbandszeitschrift: Gäa-Journal
Redaktion: Ulf Müller
Verlag: Hauptgeschäftsstelle
Mitglieder: 470
Mitarbeiter: 10
Mitglied im Fachverband: AGÖL (ArbeitsGemeinschaft Ökologischer Landbau)

Eigenverantwortliche Landesverbände

q 175
Gäa e. V. Vereinigung ökologischer Landbau Landesverband Sachsen-Anhalt
Hauptstr. 19, 39164 Wanzleben
T: (039209) 5 37 99 **Fax:** 5 37 97
E-Mail: gaea-schleibnitz@t-online.de
Geschäftsführer(in): Jürgen Hartmann

q 176
Gäa e.V. Vereinigung ökologischer Landbau Landesverband Brandenburg/Berlin/Mecklenburg-Vorpommern
Theodor-Echtermeyer-Weg 1, 14979 Großbeeren
T: (033701) 5 93 06, 5 76 10 **Fax:** 5 51 65
E-Mail: gaea.ev@t-online.de
Geschäftsführer(in): Regina Witt

q 177
Gäa e.V. Vereinigung ökologischer Landbau Landesverband Sachsen
Am Beutlerpark 2, 01217 Dresden
T: (0351) 4 01 23 89, 4 03 19 18   **Fax:** 4 01 55 19
E-Mail: info@gaea.de
Geschäftsführer(in): Kornelie Blumenschein

q 178
Gäa e. V. Vereinigung ökologischer Landbau Landesverband Thüringen
Wohlsborner Str. 2, Schöndorf, 99427 Weimar
T: (03643) 43 71 07   **Fax:** 43 71 02
Geschäftsführer(in): Gerold Schmidt

● Q 179
Forschungsring für Biologisch-Dynamische Wirtschaftsweise Gemeinnütziger e.V.
Geschäftsstelle:
Brandschneise 2, 64295 Darmstadt
T: (06155) 84 12-3   **Fax:** 84 69 11
Internet: http://www.forschungsring.de
E-Mail: info@forschungsring.de
Vorstand: Dipl.-Ing. Dietrich Bauer
Jan-Uwe Klee
Geschäftsführer(in): Nikolai Fuchs
Verbandszeitschrift: „Lebendige Erde" Fachzeitschrift f. biologisch-dynamischen Land- u. Gartenbau
Mitglieder: 250, davon 10 Mitgliedsverbände

● Q 180
Gesellschaft für Boden, Technik, Qualität (BTQ) Bundesverband für Ökologie in Land- und Gartenbau e.V.
Gut Hohenberg, 76855 Annweiler
T: (06346) 92 85 55   **Fax:** 92 85 56
Gründung: 1993 (27. Februar)
Vorsitzende(r): Ulrich Hampl (Ltg. Presseabt.)
Stellvertretende(r) Vorsitzende(r): Udo Rumpel
Verbandszeitschrift: BTO-Nachrichten in „Ökologie & Landbau" und in "Natürlich Gärtnern"
Redaktion: U. Hampl, SÖL-Hof, Gut Hohenberg, 76855 Ahnweiler
Mitglieder: 400

● Q 181
DEMETER-BUND e.V.
Brandschneise 2, 64295 Darmstadt
T: (06155) 84 69-0   **Fax:** 84 69-11
Internet: http://www.demeter.de
E-Mail: info@demeter.de
Geschäftsführer(in): Dr. Peter Schaumberger (Demeter-Marktforum und Demeter-Bund)
Presse- und Öffentlichkeitsarbeit: Renée Herrnkind
Marketing-Leitung: Heiner Horras

● Q 182

Bioland
ÖKOLOGISCHER LANDBAU

Bioland - Verband für organisch-biologischen Landbau e.V. - Bundesverband
Kaiserstr. 18, 55116 Mainz
T: (06131) 23 97 90   **Fax:** 2 39 79-27
Internet: http://www.bioland.com
Gründung: 1971 (25. April)
Vorstand: Ulrich Prolingheuer
Thomas Dosch
Leitung Presseabteilung: Ralf Alsfeld
Verbandszeitschrift: bio-land
Redaktion: Bioland Verlags GmbH
Verlag: Bioland Verlags GmbH
Mitglieder: 3710 ordentl., 905 a.o.
Mitarbeiter: 9
Jahresetat: DM 1,5 Mio, € 0,77 Mio

Landesverbände

q 183
Bioland e.V.
Landesverband Baden-Württemberg
Eugenstr. 21, 72622 Nürtingen
T: (07022) 9 32 66-40   **Fax:** 9 32 66-50
E-Mail: bioland.bw@t-online.de
Geschäftsführer(in): Andreas Hopf

q 184
Bioland e.V.
Landesverband Bayern
Auf dem Kreuz 58, 86152 Augsburg
T: (0821) 3 46 80-0
E-Mail: info@bioland-bayern.de
Vorstand: Josef Wetzstein
Walter Heinzmann

q 185
Bioland e.V.
Landesverband Berlin-Brandenburg
Dorfstr. 15, 15910 Pretschen
T: (035476) 31 77   **Fax:** 2 10
E-Mail: bioland-bb@t-online.de
Geschäftsführer(in): Heike Kruspe

q 186
Bioland e.V.
Landesverband Hessen, Thüringen, Sachsen-Anhalt
Londorfer Str. 28, 35305 Grünberg
T: (06401) 91 70-0   **Fax:** 91 70-20
E-Mail: bioland-mitte@t-online.de
Geschäftsführer(in): Gerald Wehde

q 187
Bioland e.V.
Landesverband Niedersachsen
Riepholm 10, 27374 Visselhövede
T: (04262) 23 06   **Fax:** 44 85
E-Mail: bioland.nds@t-online.de
Harald Gabriel

q 188
Bioland e.V.
Landesverband Schleswig-Holstein, Hamburg und Mecklenburg-Vorpommern
Kieler Str. 26, 24582 Bordesholm
T: (04322) 7 59 40   **Fax:** 75 94 44
E-Mail: bioland-sh-hh-mv@t-online.de
Carola Ketelhodt

q 189
Bioland e.V.
Landesverband Nordrhein-Westfalen
Im Hagen 5, 59069 Hamm
T: (02385) 93 54-0   **Fax:** 93 54-25
E-Mail: bioland.nrw@t-online.de
Heinz-Josef Thuneke

q 190
Bioland e.V.
Landesverband Rheinland-Pfalz/Saarland
Rüdesheimer Str. 60-68, 55545 Bad Kreuznach
T: (0671) 4 43 19   **Fax:** 4 57 23
E-Mail: bioland.rps@t-online.de

● Q 191
Biokreis e.V.
Heiliggeist-Ecke
Hennengasse 4, 94032 Passau
T: (0851) 3 23 33   **Fax:** 3 23 32
E-Mail: biokreis@t-online.de
Gründung: 1979
Leitung Presseabteilung: Josef Brunnbauer
Verbandszeitschrift: Bio-Nachrichten
Redaktion: Leitung: J. Brunnbauer
Mitglieder: 200 Landwirte, 450 Verbraucher
Mitarbeiter: 3

● Q 192
Naturland - Verband für naturgemäßen Landbau e.V.
Kleinhaderner Weg 1, 82166 Gräfelfing
T: (089) 89 80 82-0   **Fax:** 89 80 82-90
Internet: http://www.naturland.de
E-Mail: naturland@naturland.de
Gründung: 1982
Geschäftsführer(in): Gerald A. Herrmann
Verbandszeitschrift: Naturland magazin
Redaktion: fimedia GmbH
Verlag: fimedia GmbH
Mitglieder: 18000, Weltweit (ca. 100 Auslandsprojekte)
Mitarbeiter: 50

Regionalverbände

q 193
Naturland® Süd-Ost
Regionalverband der Länder Bayern, Hessen, Sachsen und Thüringen für naturgemäßen Landbau e.V.
Eichethof, 85411 Hohenkammer
T: (08137) 93 18 10   **Fax:** 93 18 99
Internet: http://www.naturland.de
E-Mail: naturland.sued-ost@naturland.de
Geschäftsführer(in): Steffen Reese

q 194
Naturland® Regionalverband Süd-West für den naturgemäßen Landbau e.V.
in Baden-Württemberg, Rheinland-Pfalz, Saarland
Haaghof, 74239 Hardthausen
T: (07139) 45 24 64   **Fax:** 45 24 66
E-Mail: naturland.sued-west@naturland.de
Vorsitzende(r): Walter Kress

q 195
Naturland® Nord-West
Regionalverband für naturgemäßen Landbau e.V.
in Nordrhein-Westfalen, Niedersachsen, Bremen, nördl. Rheinland-Pfalz und Sachsen-Anhalt
Rommersch 13, 59510 Lippetal
T: (02527) 93 02-31   **Fax:** 93 02-20
E-Mail: naturland.nord-west@naturland.de
Geschäftsführer(in): Gregor Pöpsel

q 196
Naturland® Nord-Ost
Regionalverband für naturgemäßen Landbau e.V.
in Schleswig-Holstein, Regierungsbezirk Lüneburg, Mecklenburg-Vorpommern, Brandenburg, Berlin, Hamburg
Untere Querstraße 1, 23730 Neustadt
T: (04561) 51 98 90   **Fax:** 51 98 91
E-Mail: naturland.nord-ost@naturland.de
Vorsitzende(r): Detlef Hansen

q 197
Naturland® Fachverband für naturgemäßen Weinbau e.V.
Reppendorfer Str. 16, 97318 Kitzingen
T: (09321) 13 44 13   **Fax:** 13 44 17
Vorsitzende(r): Hartmann Dippon

● Q 198
Arbeitsgemeinschaft für naturnahen Obst-, Gemüse- und Feldfrucht-Anbau e.V. (ANOG)
Pützchens Chaussee 60, 53227 Bonn
T: (0228) 46 12 62   **Fax:** 46 15 58
Internet: http://www.bonnet.de/ANOG
E-Mail: anogev@t-online.de
Gründung: 1962
Vorsitzende(r): Willy Hommer (56220 Kettig, T: (02637) 79 19, Telefax: (02637) 48 38)
Geschäftsführer(in): Michael Morawietz
Verbandszeitschrift: ANOG Information, Verbandszeitschrift für ökologischen Landbau
Redaktion: Pützchens Chaussee 60, 53227 Bonn
Mitglieder: 100

q 199
ANOG Landesverband Baden-Württemberg e.V.
Wassersteinn 1, 97877 Wertheim
T: (09342) 3 71 43   **Fax:** 2 24 60
Vorsitzende(r): Georg Thalhammer

q 200
ANOG Landesverband Nordrhein-Westfalen
Pützchens Chaussee 60, 53227 Bonn
T: (0228) 46 13 99   **Fax:** 46 15 58
Vorsitzende(r): Andreas Klose (Hardt 16, 51588 Nümbrecht, T: (02293) 33 08, Telefax: (02293) 49 78)

q 201
ANOG Landesverband Rheinland Pfalz e.V.
Kärlicher Str. 14, 56220 Kettig
T: (02637) 79 19   **Fax:** 48 38
Vorsitzende(r): Willy Hommer

● Q 202
ECOVIN Bundesverband ökologischer Weinbau e.V.
Geschäftsstelle:
Wormser Str. 162, 55276 Oppenheim

T: (06133) 16 40   Fax: 16 09
Gründung: 1985 (21. Juli)
1. Vorsitzende(r): Christine Bernhard, Zellertal/Harxheim
Geschäftsführerin: Marianne Knab
Verbandszeitschrift: ECOVIN-Brief; Mitgliederrundbrief; Ökologie und Landbau (zusammen mit der Stiftung Ökologie & Landbau – SÖL)
Redaktion: ECOVIN Weinwerbe GmbH, Postfach 1261, 55273 Oppenheim
Mitglieder: 200
Mitarbeiter: 2

● Q 203
Gesellschaft für Geschichte des Weines e.V.
Berliner Str. 43, 67433 Neustadt
T: (06321) 1 46 53
Präsident(in): Dr. Fritz Schumann
Vizepräsident(in): Prof. Dr. Michael Mathens
Geschäftsführer(in): Dr. Werner Fader
Ltg. Presse u. Öffentlichkeitsarbeit: Dieter Eichenberg (Ernst-von-Harnack-Str. 9, 65197 Wiesbaden)
Verbandszeitschrift: Schriften zur Weingeschichte
Redaktion: Prof. Dr. Paul Claus
Verlag: Wiesbadener Graphische Betriebe GmbH (Druckerei)
Mitglieder: 1100
Jahresetat: ca. DM 0,12 Mio, € 0,06 Mio

● Q 204
Bundesverband Deutscher Pflanzenzüchter e.V. (BDP)
Kaufmannstr. 71-73, 53115 Bonn
T: (0228) 9 85 81-10   Fax: 9 85 81-19
E-Mail: bdp@bdp-online.de
Vorsitzende(r): Dr. Kartz von Kameke, Windeby
Geschäftsführer(in): Dr. Ferdinand Schmitz
Joachim Winter

Korporativ angeschlossen:

q 205
Verband Bayerischer Pflanzenzüchter e.V.
Elisabethstr. 38, 80796 München
Vorsitzende(r): Otto Streng (Aspachhof, 97215 Uffenheim)
Geschäftsführer(in): Dr. Siegfried Weiß

q 206
Verband Südwestdeutscher Pflanzenzüchter e.V.
Postf. 14 12, 71073 Herrenberg
Vorsitzender: Dr.h.c. H.-U. Hege, Waldenburg
Geschäftsführer: Dr. W. Schmütz

q 207
Deutscher Rebenzüchterverein e.V.
Kaufmannstr. 71, 53115 Bonn
T: (0228) 9 85 81 10   Fax: 9 85 81 19
E-Mail: bdp@bdp-online.de
Vorsitzende(r): Dr. R. Eibach (Bundesforschungsanstalt für Rebenzüchtung, 76833 Siebeldingen, Geilweilerhof)

● Q 208
Deutsche Orchideen-Gesellschaft e.V.
Flößweg 11, 33758 Schloß Holte-Stukenbrock
T: (05207) 92 06 07   Fax: 92 06 08
Gründung: 1906 / 1946
Präsident(in): Gerd Röllke (Flößweg 11, 33758 Schloß Holte-Stukenbrock, T: (05207) 92 06 07, Telefax: (05207) 92 06 08)
Vizepräsident(in): Jürgen Röth
Elisabeth Wermuth
Leitung Presseabteilung: Gerd Röllke
Verbandszeitschrift: Die Orchidee
Redaktion: Deutsche Orchideen-Gesellschaft
Verlag: Busch. Druck Medien Verlag, Windelsbleicher Str. 166-170, 33659 Bielefeld (Senne)
Mitglieder: 7958
Jahresetat: DM 0,55 Mio, € 0,28 Mio

● Q 209
Bundesverband Deutscher Saatguterzeuger e.V.
Geschäftsstelle
Gut Hohenholz, 23847 Pölitz
T: (04539) 3 47   Fax: 85 86
Vorsitzende(r): Jürgen Krafft
Geschäftsführer(in): Dr. Christian Mathias Schröder
Mitglieder: 18 Landesverbände

● Q 210
Bundesverband Deutscher Samenkaufleute und Pflanzenzüchter e.V. (BDSP)
Rheinallee 4a, 53173 Bonn
T: (0228) 36 44 23   Fax: 36 45 33

E-Mail: bdsp.bonn@t-online.de
Präsident(in): Horst Weigelt (Erfurter Samenzucht KG, Weigelt & Co., Wallul-Rheingau)
Verb.-Dir.: Ass. jur. Rolf Münz
Mitglieder: 310

q 211
Landesverband der Samenzüchter und Samenhändler Nordrhein-Westfalen e.V.
Postf. 1 28, 46251 Dorsten
T: (02362) 2 32 31   Fax: 4 12 79
Gründung: 1948
Vorsitzende(r): Klaus Beisenbusch (i. Fa. J. W. Beisenbusch GmbH u. Co. KG, Dorsten)
Mitglieder: 50

● Q 212
Deutsches Maiskomitee e.V.
Clemens-August-Str. 54, 53115 Bonn
T: (0228) 26 59 25   Fax: 26 58 63
Internet: http://www.Maiskomitee.de
E-Mail: DMK@Maiskomitee.de
Gründung: 1956
Vorsitzende(r): Prof. Dr. Norbert Lütke Entrup (Universität GH Paderborn, FB Agrarwirtschaft, Soest)
Geschäftsführer(in): Dr. Helmut Meßner (Ltg. Presseabt.)
Verbandszeitschrift: "mais"
Redaktion: Dr. Helmut Meßner, Jürgen Rath
Verlag: Verlag Th. Mann, Gelsenkirchen
Mitglieder: 823
Mitarbeiter: 5

Zweck des Deutschen Maiskomitees ist es, den Anbau von Mais sowie dessen Verwertung mit Informationen zu unterstützen.

● Q 213
Deutsche Gesellschaft für Moor- und Torfkunde e.V.
Alfred-Bentz-Haus
Stilleweg 2, 30655 Hannover
T: (0511) 6 43-22 41
Gründung: 1970
1. Vorsitzende(r): Prof. Dr. J.-D. Becker-Platen (Stilleweg 2, 30655 Hannover)
Geschäftsführer(in): Dr. P. Steffens (Stilleweg 2, 30655 Hannover)
Verbandszeitschrift: Jahrbuch "TELMA"
Redaktion: E. Hacker, Burgstr. 6, 30938 Burgwedel
Mitglieder: 300

● Q 214
Landesverband der Feldsaatenerzeuger in Bayern e.V.
Elisabethstr. 38, 80796 München
Vorsitzende(r): Dipl.-Ing. agr. Heinrich Kammermeier
Geschäftsführer(in): Dr. Siegfried Weiß

● Q 215
Landesverband der Saatkartoffel-Erzeugervereinigungen in Bayern e.V.
Elisabethstr. 38, 80796 München
Vorsitzende(r): Sebastian Kuchenbaur (MdL)
Geschäftsführer(in): Dr. Siegfried Weiß

● Q 216
Landesverband Bayerischer Saatgetreideerzeuger-Vereinigungen e.V.
Elisabethstr. 38, 80796 München
Vorsitzende(r): Dr. Jochen Fenner
Geschäftsführer(in): Dr. Siegfried Weiß

● Q 217
Deutsche Kontrollvereinigung für forstliches Saat- und Pflanzgut e.V.
Hölderlinstr. 1-3, 65187 Wiesbaden
T: (0611) 8 17 22 76   Fax: 8 17 21 83
Teletex: 0 611 988=HMLF
Internet: http://www.dkv-net.de
E-Mail: schmeilw@forst.hessen.de
Gründung: 1958
1. Vorsitzende(r): Joachim Pein, Rellingen
Stellvertretende(r) Vorsitzende(r): Karl-Heinz Moser, Nagold
Weiteres Vorst.-Mitgl.: MR Prof. Dr. Rödig (Vors. d. Kontrollausschusses), Wiesbaden
Geschäftsführer(in): Regierungsdirektor Wolfgang Schmeil, Wiesbaden
Mitglieder: 89

● Q 218
Arbeitsgemeinschaft Deutscher Rübenbauerverbände
Reinhardtstr. 18, 10117 Berlin
T: (030) 3 19 04 40   Fax: 9 19 04-485
E-Mail: n.heim@bauernverband.de, b.gossens@bauernverband.de
Internationaler Zusammenschluß: siehe unter izq 77
Vorsitzende(r): Jan Kirsch (Burg Niederbolheim, 50171 Kerpen)
Geschäftsführer(in): Dr. Norbert Heim

Angeschlossen

q 219
Dachverband Norddeutscher Zuckerrübenanbauer e.V.
Warmbüchenstr. 3, 30159 Hannover
T: (0511) 3 67 04 40   Fax: 3 67 04 11
Internet: http://www.dnz.de
E-Mail: dnz-hannover@t-online.de
Gründung: 1990 (14. September)
Vorsitzende(r): Friedrich Baxmann
Geschäftsführer(in): Dr. Heinrich-Hubertus Helmke
Verbandszeitschrift: Zuckerrübe
Redaktion: Dr. Heinz-Peter Pütz
Verlag: Th. Mann KG, Postf. 20 02 54, 45837 Gelsenkirchen
Mitglieder: 16 regionale Zuckerrübenanbauverbände in Norddeutschland mit insg. rd. 14000 Mitgliedern

q 220
Rheinischer Rübenbauer-Verband e.V. (RRV)
Malteserstr. 3, 53115 Bonn
T: (0228) 65 25 34   Fax: 65 25 14
Gründung: 1903
Internationaler Zusammenschluß: siehe unter izq 79
Vorsitzende(r): Jan Kirsch (Burg Niederbolheim, 50171 Kerpen)
Stellvertretende(r) Vorsitzende(r): Dipl.-Landw. Reiner Latten (Hünshoverhof, 52511 Geilenkirchen)
Präs. Wilhelm Lieven (Mols, Spieler Mühle, 52445 Titz)
Geschäftsführer(in): Dipl.-Landw. Dr. Klaus Haase
Verbandszeitschrift: Zuckerrüben - Journal
Redaktion: Malteserstr. 3, 53115 Bonn
Verlag: LZ-Verlag, Rochusstr. 18, 53123 Bonn
Mitarbeiter: 5

q 221
Verband Süddeutscher Zuckerrübenanbauer e.V.
Simon-Breu-Str. 52, 97074 Würzburg
T: (0931) 7 96 95-0   Fax: 7 96 95-20
Internationaler Zusammenschluß: siehe unter izq 80
Vorsitzende(r): Dr. Hans-Jörg Gebhard
Geschäftsführer(in): Dr. Henning Wiedenroth

q 222
Arbeitsgemeinschaft der Diamant-Verbände
An den sieben Stücken, 06420 Könnern
T: (034691) 4 20   Fax: 4 22 21
Geschäftsführer(in): Dr. F. Heßland

q 223
Verband der Rübenanbauer im Lippe-Weser-Raum e.V.
Hauptstr. 54a, 31860 Emmerthal
T: (05155) 60 55   Fax: 60 24
Vorsitzende(r): G. Meyer zu Hartum (Bielefelder Str. 239, 32051 Herford-Diebrock)
Geschäftsführer(in): Dr. H. Coenen

● Q 224
Interessengemeinschaft Zuckerrübenanbau Mitte
Malteserstr. 3, 53115 Bonn
T: (0228) 65 25 34   Fax: 65 25 14
Gründung: 1992
Vorsitzende(r): G. Meyer zu Hartum (Bielefelder Str. 239, 32051 Herford)
Geschäftsführer(in): Dipl.-Landw. Dr. Klaus Haase
Mitglieder: 3

Der Interessengemeinschaft gehören an:

q 225
Arbeitsgemeinschaft der Diamant-Verbände
An den sieben Stücken, 06420 Könnern
T: (034691) 42-1 18   Fax: 4 22 21
Sprecher: R. Engelmann
Geschäftsführer(in): Dr. F. Heßland

q 226
Verband der Rübenanbauer im Lippe-Weser-Raum e.V.
Hauptstr. 54a, 31860 Emmerthal
T: (05155) 60 55 **Fax:** 60 24
Vorsitzende(r): G. Meyer zu Hartum (Bielefelder Str. 239, 32051 Herford)
Stellvertretende(r) Vorsitzende(r): Dr. M. Ellermann, Lagen-Hörste
K.-F. Meyer, Hameln
Geschäftsführer(in): Dr. H. Coenen

q 227
Rheinischer Rübenbauer-Verband e.V. (RRV)
Malteserstr. 3, 53115 Bonn
T: (0228) 65 25 34 **Fax:** 65 25 14
Gründung: 1903
Internationaler Zusammenschluß: siehe unter izq 79
Vorsitzende(r): Jan Kirsch (Burg Niederbolheim, 50171 Kerpen)
Stellvertretende(r) Vorsitzende(r): Dipl.-Landw. Präs. Reiner Latten (Hünshoverhof, 52511 Geilenkirchen)
Präs. Wilhelm Lieven (MdL, Spieler Mühle, 52445 Titz)
Geschäftsführer(in): Dipl.-Landw. Dr. Klaus Haase

● Q 228
Bundesverband deutscher Tabakpflanzer Vereinigung der Tabak-Erzeugergemeinschaften e.V.
Postf. 16 06, 67326 Speyer
Gottfried-Renn-Weg 2, 67346 Speyer
T: (06232) 60 40-0
Vorsitzende(r): Landwirt Hermann Pfanger (Alzheimer Weg 16, 76863 Herxheim)
Geschäftsführende(s) Vorstands-Mitglied(er): Günter Hechler (Landauer Warte 12, 67346 Speyer)
Wolfgang Moritz (Bismarckstr. 51 a, 76133 Karlsruhe)
Mitglieder: 2500 (in 13 Mitgliedsverbänden)

● Q 229
Arbeitsgemeinschaft Deutscher Tierzüchter e.V.
Adenauerallee 174, 53113 Bonn
T: (0228) 9 14 47-0 **Fax:** 9 14 47 11
E-Mail: info@adt.de
Präsident(in): Dr. h.c. Philipp Fürst zu Solms-Lich (Unterstadt 29, 35423 Lich)
Geschäftsführer(in): Dr. Klaus Meyn, Bonn

q 230

Deutsche Reiterliche Vereinigung e.V.
Hauptverband für Zucht und Prüfung deutscher Pferde (FN)
Fédération Equestre Nationale (FN)
48229 Warendorf
Postf. 11 02 65, 48204 Warendorf
Freiherr-von Langen-Str. 13, 48231 Warendorf
T: (02581) 63 62-0 **Fax:** 6 21 44
Internet: http://www.fn-dokr.de
Gründung: 1910
Präsident(in): Dieter Graf von Landsberg-Velen (58802 Balve)
Generalsekretär(in): Dr. Hanfried Haring
Ltg. Presseferat: Thomas Hartwig
Bereich Sport:
Vorsitzende(r): Dieter Graf von Landsberg-Velen (58802 Balve)
Geschäftsführer(in): Reinhard Wendt
Bereich Zucht:
Vorsitzende(r): Horst Ense (Kerpen-Niederbolheim Wirtgeshof)
Geschäftsführer(in): Klaus Miesner
Abt. Persönliche Mitgl. (Freunde des Pferdes):
Vorsitzende(r): Dr. Andreas Meyer-Landrut (Daimler Benz Moskau Verbindungsstelle DIHT, An den Kolonaden 10, 10117 Berlin)
Geschäftsführer(in): Christoph Hess
Verbandszeitschrift: FN-Report
Verlag: FN-Verlag der Deutschen Reiterlichen Vereinigung GmbH, Freiherr-von-Langen-Str. 8a, Warendorf
Mitarbeiter: 84
Jahresetat: DM 15,5 Mio, € 7,93 Mio

Spitzenfachverband für den Reit- und Fahrsport im Deutschen Sportbund sowie Vertretung des Reit- und Fahrsports und der Pferdezucht gegenüber nationalen und internationalen Behörden und Organisationen.

q 231
Arbeitsgemeinschaft Deutscher Rinderzüchter e.V.
Adenauerallee 174, 53113 Bonn
T: (0228) 9 14 47-0 **Fax:** 9 14 47-11
E-Mail: info@adt.de
Vorsitzende(r): Dr. h.c. Philipp Fürst zu Solms-Lich (Unterstadt 29, 35423 Lich)
Geschäftsführer(in): Dr. Klaus Meyn, Bonn
Mitglieder: 31

q 232
Zentralverband der Deutschen Schweineproduktion e.V. (ZDS)
Adenauerallee 174, 53113 Bonn
T: (0228) 9 14 47-40 **Fax:** 9 14 47-45
E-Mail: info@zds-bonn.de
Vorstand: Helmut Ehlen, Ahrensmoor
Josef Pappelau, Seekirch
Geschäftsführer(in): Dr. Jens Ingwersen, Bonn

q 233
Vereinigung Deutscher Landesschafzuchtverbände e.V. (VDL)
Godesberger Allee 142-148, 53175 Bonn
T: (0228) 37 53 51 **Fax:** 37 64 49
Vorsitzende(r): Adolf Mannheims, Langenfeld
Geschäftsführer(in): Dr. Stefan Völl

q 234
Zentralverband der Deutschen Geflügelwirtschaft e.V. (ZDG)
Hinter Hoben 149, 53129 Bonn
T: (0228) 5 30 02 41 **Fax:** 5 30 02-77
E-Mail: Gefluegelwirtschaft@t-online.de
Präsident(in): Dipl.-Landw. Karl Magnus Graf Leutrum von Ertingen (Nippenburg, 71701 Schwieberdingen)
Geschäftsführer(in): Dr. Siegfried Hart

q 235
Bundesverband Deutscher Ziegenzüchter e.V.
Godesberger Allee 142-148, 53175 Bonn
T: (0228) 81 98-297, 81 98-197 **Fax:** 37 64 49
Vorsitzende(r): Gert Schult
Geschäftsführer(in): Dr. Stefan Völl
Mitglieder: 13 Mitgliedsverbände

q 236
Deutscher Imkerbund e.V. (DIB)
Villiper Hauptstr. 3, 53343 Wachtberg
T: (0228) 32 10 06 **Fax:** 32 10 09
Präsident(in): Dr. E. Schieferstein
Mitglieder: etwa 85000

● Q 237
Bund Deutscher Rassegeflügelzüchter e.V. (BDRG)
Bundesgeschäftsstelle:
Erlenbruchstr. 20, 63071 Offenbach
T: (069) 87 87 67 54 **Fax:** 85 70 94 86
Internet: http://www.bdrg.de
E-Mail: bdrgev@t-online.de
Gründung: 1881 (7. März)
Präsident(in): Edwin Vef (Niedernhausener Str. 106, 65207 Wiesbaden, T: (0611) 54 13 13, Telefax: (0611) 9 54 59 28, E-Mail: edwin_vef@yahoo.de)
Mitglieder: ca. 300000
Landesverbände: 19
Fachverbände: 6

● Q 238
Bundesverband Deutscher Straußenzüchter e.V.
Siedlerhof 2/4, 77836 Rheinmünster
T: (07227) 99 12 91 **Fax:** 99 12 91
Internet: http://www.straussenzuechter.de
E-Mail: straussenzucht@web.de
Gründung: 1993 (23. September)
Präsident(in): Ingfried Kurz
Geschäftsführer(in): Christoph Kistner
Mitglieder: 100 Betriebe

● Q 239
Hessischer Verband für Leistungs- und Qualitätsprüfungen in der Tierzucht e.V.
An der Hessenhalle 1, 36304 Alsfeld
T: (06631) 7 84 50 **Fax:** 7 84 78
E-Mail: HVL.Alsfeld@t-online.de
Vorsitzende(r): Horst Kaisinger
Geschäftsführer(in): Dr. W. Pabst

● Q 240
Bundesverband Deutscher Fleischrinderzüchter und -halter e.V. (BDF)
Adenauerallee 174, 53113 Bonn
T: (0228) 9 14 47-0 **Fax:** 9 14 47-11
Gründung: 1980
Vorstand: Frido Peper (Vors.)
Johannes Frizen (Stellv. Vors.)
Friedrich Schumacher (Stellv. Vors.)
Uwe Harstel (Stellv. Vors.)
Verbandsvertreter: Dr. Bernhard Mügge
Verbandszeitschrift: Fleischrinder-Journal
Redaktion: F. Friedhoff, Hülsebrockstr. 2, 48165 Münster
Anzahl der angeschlossenen Organisationen: 30

● Q 241
Deutscher Fischerei-Verband e.V.
Venusberg 36, 20459 Hamburg
T: (040) 31 48 84 **Fax:** 3 19 44 49
Internationaler Zusammenschluß: siehe unter izq 148
Präsident(in): Martin Brick (MdL)
Hauptgeschäftsführer(in): Dipl.-Kfm. Lothar Fischer
Mitglieder: 22 Verbände

● Q 242
Deutscher Hochseefischerei-Verband e.V.
Venusberg 36, 20459 Hamburg
T: (040) 31 48 84 **Fax:** 3 19 44 49
Internationaler Zusammenschluß: siehe unter izq 147
Vorsitzende(r): Klaus Hartmann
Stellvertretende(r) Vorsitzende(r): Eckart Riediger
Geschäftsführer(in): Lothar Fischer
Mitglieder: 4

● Q 243
Verband der Deutschen Binnenfischerei e.V.
Margaretenhof 5, 14774 Brandenburg
T: (03381) 40 27 80 **Fax:** 40 32 45
1. Vorsitzende(r): Elmar Mohnen
2. Vorsitzende(r): Peter Gerstner
3. Vorsitzende(r): Dr. Eberhard Renner

● Q 244
Bundesverband der Kälbermäster e.V.
Godesberger Allee 142-148, 53175 Bonn
T: (0228) 81 98-295 **Fax:** 81 98-301

● Q 245
Landesverband Niedersächsischer Schweineerzeuger e.V. (LNS)
Geschäftsstelle
Mars-la-Tour-Str. 6, 26121 Oldenburg
T: (0441) 8 01-316 **Fax:** 8 01-313
1. Vorsitzende(r): Heinrich Dierkes (Barnstorfer Str. 30, 49424 Goldenstedt)

● Q 246

Verband für das Deutsche Hundewesen (VDH) e.V.
Postf. 10 41 54, 44041 Dortmund
Westfalendamm 174, 44141 Dortmund
T: (0231) 5 65 00-0 **Fax:** 59 24 40
Internet: http://www.vdh.de
E-Mail: info@vdh.de
Gründung: 1906
1. Präs.: Uwe Fischer, Neustadt
Hauptgeschäftsführer(in): Bernhard Meyer (auch Ltg. Presseabt.)
Verbandszeitschrift: Unser Rassehund
Verlag: VDH, Postf. 10 41 54, 44041 Dortmund
Mitglieder: 600000
Mitarbeiter: 16
Jahresetat: DM 5 Mio, € 2,56 Mio

Zucht gesunder Rassehunde, Hunde- und Breitensport (mit Hund), alle sonstigen Aktivitäten mit Hunden.

Landesverbände

q 247
Landesverband Baden-Württemberg für das Deutsche Hundewesen e.V.
Robert-Koch-Str. 23, 71665 Vaihingen
T: (07042) 82 03 80 **Fax:** 82 03 91
Kontaktperson: Ulrich Reidenbach

q 248
Landesverband Bayern für das Deutsche Hundewesen e.V.
Thorwaldsenstr. 29, 80335 München
T: (089) 1 23 42 82
Kontaktperson: Hans Wiblishauser

q 249
Landesverband Berlin-Brandenburg für das Deutsche Hundewesen e.V.
Scheelestr. 51, 12209 Berlin
T: (030) 7 72 21 45
Kontaktperson: Lothar Burke

q 250
Landesverband Franken-Oberpfalz für das Deutsche Hundewesen e.V.
Steingasse 21, 34270 Schauenburg
T: (05601) 92 56 33 **Fax:** 52 74
Kontaktperson: Peter Schön

q 251
Landesverband Hessen für das Deutsche Hundewesen e.V.
Eisenhammerstr. 27, 34123 Kassel
T: (0561) 51 28 51
Kontaktperson: Reinhard Jakob

q 252
Landesverband Mecklenburg-Vorpommern für das Deutsche Hundewesen e.V.
Lindenallee 22, 18184 Kösterbeck
T: (038204) 1 57 67
Kontaktperson: Erich Köpcke

q 253
Landesverband Niedersachsen für das Deutsche Hundewesen e.V.
Schmiedestr. 5, 30159 Hannover
T: (0511) 32 32 28
Kontaktperson: Jochen Rissmann

q 254
Landesverband Nordrhein für das Deutsche Hundewesen e.V.
Schnurstr. 3, 42289 Wuppertal
T: (0202) 62 34 93 **Fax:** 62 04 66
Kontaktperson: Gunter ter Horst

q 255
Landesverband Nord für das Deutsche Hundewesen e.V.
Inspektor-Weimar-Weg 10, 24239 Achterwehr
T: (04340) 40 26 62 **Fax:** 40 26 63
Kontaktperson: Christoph Stadelbauer

q 256
Landesverband Rheinland-Pfalz für das Deutsche Hundewesen e.V.
Herrwiese 13, 67308 Zellertal
T: (06355) 9 69 66 **Fax:** 9 69 67
Kontaktperson: Wiebke Laudi

q 257
Landesverband Saar für das Deutsche Hundewesen e.V.
In den Siefen 3-5, 66346 Püttlingen
T: (06806) 92 20 00
Kontaktperson: Dr. Hans-Friedrich Willimzik

q 258
Landesverband Sachsen für das Deutsche Hundewesen e.V.
Probstheidaer Str. 133, 04277 Leipzig
T: (0341) 8 77 28 13
Kontaktperson: Iris Schick

q 259
Landesverband Sachsen-Anhalt für das Deutsche Hundewesen e.V.
Fleischmannstr. 4, 06114 Halle
T: (0345) 5 22 50 11 **Fax:** 5 22 50 11
Kontaktperson: Dr. Steffen Schock

q 260
Landesverband Thüringen für das Deutsche Hundewesen e.V.
Postfl. 10 01 43, 99001 Erfurt
T: (0361) 4 22 21 06 **Fax:** 4 21 02 19
Kontaktperson: Rainer Jacobs

q 261
Landesverband Weser-Ems für das Deutsche Hundewesen e.V.
Postfl. 14 64, 26149 Bad Zwischenahn
T: (04403) 98 34 99 **Fax:** 98 34 88
Kontaktperson: Hermann Pille

q 262
Landesverband Westfalen für das Deutsche Hundewesen e.V.
Schmiesheide 5, 59399 Olfen
T: (02595) 9 83 33 **Fax:** 9 83 34
Kontaktperson: Gregor Wichmann

● Q 263
Zentralverband Deutscher Kaninchenzüchter e.V.
Geschäftsstelle:
Krefelder Str. 130, 41063 Mönchengladbach
T: (02161) 60 23 31 **Fax:** 65 83 39
Gründung: 1948 (7. März)
Präsident(in): Franz Jakobs
Mitglieder: 204000
Verbandszeitschrift: Deutscher Kleintierzüchter
Redaktion: Dirk Wortmann
Verlag: Oertel u. Spörer, Postfl. 16 42, 72706 Reutlingen
Verbandszeitschrift: Fachzeitschrift Kaninchen
Redaktion: Gisela Becker
Verlag: Deutscher Bauernverlag GmbH, Wilhelmsaue 36/37, 10713 Berlin

● Q 264
Zentralverband Deutscher Pelztierzüchter e.V.
Johannsenstr. 10, 30159 Hannover
T: (0511) 32 15 30
Präsident(in): Alfons Grosser (Segelfliegerweg 9, 49324 Melle)
Geschäftsführer(in): LD. Dr. Reinhard Scheelje

● Q 265
Landeskuratorium der Erzeugerringe für tierische Veredelung in Bayern e.V.
Postfl. 15 13 05, 80048 München
Haydnstr. 11, 80336 München
T: (089) 5 44 34 80 **Fax:** 54 43 48-10
E-Mail: poststelle@lkv.bayern.de
Vorsitzende(r): Josef Kreilinger
Geschäftsführer(in): Dr. Erwin Zierer

● Q 266
Arbeitsgemeinschaft Deutscher Waldbesitzerverbände e.V.
Reinhardtstr. 18, 10117 Berlin
T: (030) 31 80-7923 **Fax:** 31 80-7924
Internet: http://www.waldbesitzerverbaende.de
E-Mail: waldbesitzerverbaende@t-online.de
Vorsitzende(r): Michael Prinz zu Salm-Salm
Geschäftsführer(in): Forstdirektor Karl Giesen

Angeschlossene Landesverbände:

q 267
Forstkammer Baden-Württemberg e.V.
Danneckerstr. 37, 70182 Stuttgart
T: (0711) 2 36 47 37 **Fax:** 2 36 11 23
E-Mail: foka.bw@t-online.de
Vorsitzende(r): Bgm. Erich Bamberger (Am Kirchberg 19, 76684 Östringen)
Geschäftsführer(in): Martin Bentele (Forstdirektor)

q 268
Bayerischer Waldbesitzerverband e.V.
Agnes-Bernauer-Str. 88/III, 80687 München
T: (089) 5 80 30 89/80 **Fax:** 5 80 70 15
E-Mail: bayer.waldbesitzerverband@t-online.de
Vorsitzende(r): Marian Freiherr von Gravenreuth (Schloßplatz 1, 86444 Affing)
Geschäftsführer(in): RA Hans Baur

q 269
Waldbesitzerverband Brandenburg e.V.
Alfred-Nobel-Str. 1, 16225 Eberswalde
T: (03334) 5 92 70 **Fax:** 59 46 40
E-Mail: krause@brandenburgwald.de
Vorsitzende(r): Dr.sc. Jörg Thihatmer (Max-Lull-Str. 12, 16225 Eberswalde)
Geschäftsführer(in): Marion Krause

q 270
Waldbesitzerverband Hannover in Niedersachsen
Warmbüchenstr. 3, 30159 Hannover
T: (0511) 3 67 04 39 **Fax:** 3 67 04 68
Vorsitzende(r): Norbert Leben (Im Schätzendorfe 26, 21272 Egestorf)
Geschäftsführer(in): Ass. jur. Harald Wedemeyer

q 271
Hessischer Waldbesitzerverband e.V.
Taunusstr. 151, 61381 Friedrichsdorf
T: (06172) 70 47 **Fax:** 59 92 53
E-Mail: hesswald@t-online.de
Präsident(in): Michael Freiherr von der Tann (Marktplatz 1, 36142 Tann/Röhn)
Geschäftsführer(in): Christian Raupach (Forstrat)

q 272
Waldbesitzerverband für Mecklenburg-Vorpommern e.V.
Dorfstr. 47, 19243 Drönnewitz
T: (038853) 2 11 13
Vors. u. Geschf.: Karl-Jochen Rave

q 273
Waldbauernverband Nordrhein-Westfalen e.V.
Schloßstr. 25 OT Merten, 53783 Eitorf
T: (02243) 79 65 **Fax:** 8 05 93
E-Mail: waldbauern.nrw@t-online.de
Vorsitzende(r): RA Dietrich Graf von Nesselrode (Haus Hombusch, 53894 Mechernich)
Geschäftsführer(in): Landwirtschaftsdir. a.D. Nicolaus von Köckritz

q 274
Waldbesitzerverband für Rheinland-Pfalz e.V.
Burgenlandstr. 7, 55543 Bad Kreuznach
T: (0671) 79 31 14 **Fax:** 79 31 99
Vorsitzende(r): Bürgermeister a.D. Hermann Ilaender (Silbergrube 3, 53557 Bad Hönningen)
Geschäftsführer(in): Oberforstrat Dr. Wolfgang Schuh

q 275
Privatwaldbesitzerverband des Saarlandes e.V.
In der Muhl 9, 66740 Saarlouis
T: (06831) 96 55 20 **Fax:** 96 55 20
Vorsitzende(r): Wendelin von Boch (Postfl. 11 40, 66688 Mettlach)
Geschäftsführer(in): Forstoberrat Michael Klein

q 276
Waldbesitzerverband für Sachsen-Anhalt e.V.
Storkauer Str. 25, 39596 Staffelde
T: (03931) 71 78 97 **Fax:** 71 79 00
E-Mail: r.reher@web.de
Vorsitzende(r): Bürgerm. Rüdiger Reher

q 277
Sächsischer Waldbesitzerverband e.V.
Forsthaus Baumwiese, 01468 Boxdorf
T: (0351) 8 36 36 22 **Fax:** 8 36 36 23
Vors. u. GeschF: Johannes Ott (Platz der Einheit, 08491 Brockau/Vogtland, T: (03765) 6 42 78, Telefax: (03765) 30 01 38)
Geschäftsstelle: Elke Riedel

q 278
Schleswig-Holsteinischer Waldbesitzerverband e.V.
Hamburger Str. 115, 23795 Bad Segeberg
T: (04551) 95 98 27 **Fax:** 95 98 40
Vors. u. GeschF: Präsident Johann Graf zu Rantzau (25548 Rosdorf)

q 279
Thüringer Waldbesitzerverband e.V.
Theodor-Neubauer-Str. 12, 99885 Ohrdruf
T: (03624) 31 38 80 **Fax:** 31 51 46
Vorsitzende(r): Kurt Fritzlar (Mühlhäuserstr. 10, 99986 Langula)
Geschäftsführer(in): Dipl.-Forstw. Wolfgang Heyn

q 280
Waldbauernverband Weser-Ems e.V.
Gertrudenstr. 24, 26121 Oldenburg
T: (0441) 80 17 07   Fax: 80 17 16
Vorsitzende(r): Gert Weidenhöfer (Mahlstedt 2, 27243 Winkelsett)
Berater: FD Horst Buschalsky (Landwirtschaftskammer Weser-Ems, T: (0441) 80 17 00)

● **Q 281**
Deutscher Weinbauverband e.V. (dwv)
Heussallee 26, 53113 Bonn
T: (0228) 9 49 32-50   Fax: 9 49 32-523
E-Mail: info@dwv-online.de
Gründung: 1874
Präsidium:
Ehrenpräsident: Dr. Reinhard Muth (Weingut Rappenhof, 67577 Alsheim, T: (06249) 40 15, Fax: 47 29)
Präsident(in): Norbert Weber (Bergstr. 23, 79235 Bischoffingen, T: (07662) 61 43)
Vizepräsident(in): Manfred Nüssel (Deutscher Raiffeisenverband, Adenauerallee 127, 53113 Bonn, T: (0228) 10 62 26, Fax: (0228) 10 62 66)
Werner Hiestand (Eisgasse 15, 55278 Ülversheim, T: (06249) 84 63, Fax: 86 14)
Adolf Schmitt (Saartalstraße, 54329 Konz, T: (06501) 1 68 03, Fax: 9 75 29 20)
Edwin Schrank (Weisenheimer Str. 38, 67273 Dackenheim, T: (06353) 9 10 06, Fax: 38 71)
Hermann Hohl (Birkenhof, 74182 Obersulm Willsbach, T: (07134) 1 82 33, Fax: 1 82 33)
Generalsekretär(in): Dr. Rudolf Nickenig, Bonn
Verbandszeitschrift: „Der Deutsche Weinbau"
Verlag: Meininger GmbH, Neustadt
Mitglieder: 35 Verbände

Weinbauverbände

q 282
Bauern- und Winzerverband Rheinland-Pfalz Süd e.V.
An der Brunnenstube 33-35, 55120 Mainz
T: (06131) 62 05-0   Fax: 62 05-50

q 283
Weinbauverband Pfalz im Bauern- u. Winzerverband Rheinland-Pfalz Süd e.V.
Postf. 10 10 02, 67410 Neustadt
Chemnitzer Str. 3, 67433 Neustadt
T: (06321) 9 12 30   Fax: 1 28 81

q 284
Weinbauverband Rheinhessen im Bauern- und Winzerverband Rheinland-Pfalz Süd e.V.
An der Brunnenstube 33-35, 55120 Mainz
T: (06131) 62 05-0   Fax: 62 05 50

q 285
Bauern- und Winzerverband Rheinland-Nassau e.V.
Postf. 20 02 04, 56002 Koblenz
Mainzer Str. 60a, 56068 Koblenz
T: (0261) 30 43 30   Fax: 3 04 33 90

q 286
Badischer Weinbauverband e.V.
Postf. 2 75, 79002 Freiburg
Merzhauser Str. 115, 79100 Freiburg
T: (0761) 4 59 10-0   Fax: 40 80 26
Internet: http://www.badischer-weinbauverband.de
E-Mail: bwvfreiburg@t-online.de

q 287
Weinbauverband Württemberg e.V.
Postf. 11 48, 74183 Weinsberg
Hirschbergstr. 2, 74189 Weinsberg
T: (07134) 80 91   Fax: 89 17

q 288
Weinbauverband Sachsen e.V.
Niederauer Str. 26-28, 01662 Meißen
T: (03521) 76 35 30   Fax: 76 35 40

q 289
Weinbauverband Saale Unstrut e.V.
c/o Agrargenossenschaft Gleina
Straße der Einheit 23a, 06632 Gleina
T: (034462) 3 04 12   Fax: 2 02 13

q 290
Fränkischer Weinbauverband e.V.
Haus des Frankenweins
Postf. 57 64, 97007 Würzburg
Kranenkai 1, 97070 Würzburg
T: (0931) 3 90 11-16/17   Fax: 3 90 11-55

q 291
Saarländischer Winzerverband e.V.
Apacher Str. 15, 66706 Perl
T: (06867) 8 54   Fax: 13 77

q 292
Weinbauverband Siebengebirge e.V.
Heisterbacher Str. 122, 53639 Königswinter
T: (02223) 33 22
Leiter(in): Josef Blöser jr.

q 293
Weinbauverband Hessische Bergstraße e.V.
Kettelerstr. 29, 64646 Heppenheim
T: (06252) 7 56 54   Fax: 78 82 56

q 294
Rheingauer Weinbauverband e.V.
Adam von Itzstein Str. 20, 65375 Oestrich-Winkel
T: (06723) 9 17 57   Fax: 91 75 91

q 295
Weinbauverband Mosel-Saar-Ruwer im Bauern- u. Winzerverband Rheinland-Nassau e.V.
Gartenfeldstr. 12a, 54295 Trier
T: (0651) 4 80 11   Fax: 4 80 14

q 296
Weinbauverband Nahe im Bauern- u. Winzerverband Rheinland-Nassau e.V.
Dessauer Str. 6, 55545 Bad Kreuznach
T: (0671) 4 00 07   Fax: 2 75 68

q 297
Weinbauverband Mittelrhein im Bauern- und Winzerverband Rheinland-Nassau e.V.
Mainzer Str. 60a, 56068 Koblenz
T: (0261) 30 43 30   Fax: 3 04 33 90

q 298
Kreisverband Ahrweiler im Bauern- und Winzerverband Rheinland-Nassau e.V.
Wilhelmstr. 16, 53474 Bad Neuenahr-Ahrweiler
T: (02641) 3 47 55   Fax: 3 66 50

● **Q 299**
Bayerische Landesanstalt für Weinbau und Gartenbau
Postf. 11 02 64, 97029 Würzburg
Residenzplatz 3, 97070 Würzburg
T: (0931) 3 05 09-0   Fax: 3 05 09-77
Internet: http://www.lwg.bayern.de
E-Mail: poststelle@lwg.bayern.de
Präsident(in): Peter Most
Stellv.: LLD Klaus Wahl
Zentralabteilung: Abteilungen: LLD Dr. Bihler
Weinbau u. Rebenzüchtung: LLD Klaus Wahl
Kellerwirtschaft u. Untersuchungswesen: LRD Dr. Schmitt
Gartenbau: LLD Dr. Reimherr
Landespflege: LLD Dr. Kolb
Bayer. Gartenakademie: LOR Gradner
Staatsweingut-Staatl. Hofkeller: WD Dr. Jürgen Dietrich
Staatliche Fachschule und Staatliche Technikerschule für Agrarwirtschaft: LLD Wolfgang Klopsch

● **Q 300**
V D P - Nahe-Ahr
vormals Erster Versteigerungsring der Rieslingweingüter an der Nahe e.V.
Burg Layen Schloßgut Diel, 55452 Rümmelsheim
T: (06721) 9 69 50   Fax: 4 50 47
E-Mail: armindiel@aol.com
Vorsitzende(r): Armin Diel
Stellvertretende(r) Vorsitzende(r): Helmut Dönnhoff, Oberhausen
Werner Näkel, Dernau
Mitglieder: 14

● **Q 301**
Rheinhessenwein e. V.
An der Brunnenstube 33-35, 55120 Mainz
T: (06131) 9 96 80   Fax: 68 27 01
Internet: http://www.rheinhessenwein.de
E-Mail: info@rheinhessenwein.de
Gründung: 1961 (7. Dezember)
Vorsitzende(r): Landrat Hansjochem Schrader (Kreisverwaltung Alzey-Worms, Ernst-Ludwig-Straße, 55232 Alzey)
Stellvertretende(r) Vorsitzende(r): Thomas Schätzel (Kapellenstraße, 55278 Selzen)
Bernd Braun-Himmerich (Weinkellerei Gerhardt, 55278 Dexheim)
Geschäftsführer(in): Bernd Kern (Rheinhessenwein e.V.)
Mitglieder: ca. 1500
Mitarbeiter: 9
Jahresetat: DM 4 Mio, € 2,05 Mio

● **Q 302**
Verband Deutscher Prädikats- und Qualitätsweingüter e.V. (VDP)
Geschäftsstelle
Gebrüder-Baruch-Str. 46, 55543 Bad Kreuznach
T: (0671) 8 95 92 50   Fax: 8 95 92 51
Internet: http://www.vdp.de
E-Mail: vdp@vdp.de
Gründung: 1910
Präsident(in): Michael Prinz zu Salm-Salm
Geschäftsführer(in): Hilke Nagel
Eva Raps (Gebrüder-Baruch-Str. 46, 55543 Bad Kreuznach, T: (0671) 8 95 92 50, Fax: 8 95 92 51)
Präsidiumsmitglied(er): Dr. Heinz von Opel (Schloss Westerhaus, 55218 Ingelheim, T: (06130) 66 74, Fax: 66 08)
Rudolf Frieß (Theaterstr. 19, 97070 Würzburg, T: (0931) 3 50 34 50, Fax: 3 50 34 44)
Freiherr Gerko zu Knyphausen (Klosterhof Drais, 65346 Eltville-Erbach, T: (06123) 6 21 77, Fax: 43 15)
Verbandszeitschrift: VDP Auslese
Mitglieder: 200

● **Q 303**
Deutscher Weinfonds
Anstalt des öffentlichen Rechts
Postf. 16 60, 55006 Mainz
Gutenbergplatz 3-5, 55116 Mainz
T: (06131) 28 29-0   Fax: 28 29 20
Internet: http://www.deutscheweine.de
Vors. d. AR: Norbert Weber
Vorstand: Armin Göring

● **Q 304**

ZMP Zentrale Markt- und Preisberichtstelle für Erzeugnisse der Land-, Forst- und Ernährungswirtschaft GmbH
Rochusstr. 2, 53123 Bonn
T: (0228) 97 77-0   Fax: 97 77-179
Fax-Mailbox: (0190) 1 92 97-1000
Internet: http://www.zmp.de
E-Mail: info@zmp.de
Gründung: 1950
Geschäftsführer(in): Ralf Goessler
AR-Vors.: Wendelin Ruf

Vieh u. Fleisch: Dr. Dietmar Weiß
Milch: Erhard Richarts
Eier u. Geflügel: Werner Böttcher
Ackerbau u. Futter: Christoph Hambloch
Rainer Stratmann
Obst und Gemüse: Dr. Hans-Christoph Behr
Dr. Wilhelm Ellinger
Forst- u. Holzprodukte: Wolf-Gernot Bitter
EDV-Leitung: Dr. Horst Hemme
Marketing und Vertrieb: Christian Alter
Verwaltung: Gabriele Wille
Olaf Gerhartz
Projekte und Zielgruppen: Hans-Theo Erkes
Presse u. Medien: Dr. Detlef Römer
ZMP-Außenstellen:
Marktberichtstelle Berlin; Marktberichtstelle Nord Hamburg; Marktberichtstelle Hannover; Marktberichtstelle Stuttgart; Büro München

Beobachtung der Agrarmärkte im In- und Ausland und laufende Berichterstattung zur Sicherung der Markttransparenz für alle Marktpartner.

● **Q 305**
Marketinggesellschaft Gutes aus Hessen e.V.
Homburger Str. 9, 61169 Friedberg
T: (06031) 73 23 50   Fax: 9 30 61
Gründung: 1989 (17.April)

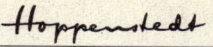

Vorsitzende(r): Dipl.-Ing. Agrar Landwirt Heinz Christian Bär
Stellvertretende(r) Vorsitzende(r): Hans-Albert Bücking
Geschäftsführer(in): Wilfried Schäfer
Mitglieder: 54
Mitarbeiter: 5
Jahresetat: DM 0,8 Mio, € 0,41 Mio

● Q 306

Deutsches Landwirtschaftsmuseum Hohenheim
Geschäftsstelle
70593 Stuttgart
Garbenstr. 9 u. 9 A, 70599 Stuttgart
T: (0711) 4 59-21 46   Fax: 4 59-34 04
Gründung: 1972
Museumsleiter: Dr. Klaus Herrmann
Verbandszeitschrift: Der Goldene Pflug

● Q 307

Gesellschaft für Bibliothekswesen und Dokumentation des Landbaues (GBDL)
TU München-Weihenstephan
85350 Freising
T: (08161) 71-4029   Fax: 71-5093
Internet: http://hal.weihenstephan.de/gbdl/
E-Mail: schlind@weihenstephan.de
Gründung: 1958
Vorsitzende(r): Prof. Dr. Wolfrudolf Laux
Geschäftsführer(in): Dr. Birgid Schlindwein (E-Mail: schlind@weihenstephan.de)
Verbandszeitschrift: Mitteilungen der Gesellschaft für Bibliothekswesen und Dokumentation des Landbaues
Mitglieder: 100

Milchwirtschaft

● Q 308

Verband der Deutschen Milchwirtschaft e.V. (VDM)
- Deutsches National-Komitee im Internationalen Milchwirtschaftsverband -
Meckenheimer Allee 137, 53115 Bonn
T: (0228) 9 82 43-0   Fax: 9 82 43-20
Internet: http://www.vdm-deutschland.de
E-Mail: V.D.M.@t-online.de
Gründung: 1874
Präsident(in): Otto-Dietrich Steensen, Husum
Geschf. Dir.: Ass. Michael Schauff
Dipl.-Ing.agr. Thomas Kützemeier (Ltg. Presseabt.)
Verbandszeitschrift: VDM-Schnellinformationen/Berichte über internationale Zusammenarbeit
Redaktion: M. Schauff/Th. Kützemeier
Mitglieder: 14
Mitarbeiter: 7
Jahresetat: DM 1,1 Mio, € 0,56 Mio

Ordentliche Mitglieder

q 309

Deutscher Bauernverband e.V. (DBV)
Postf. 20 04 54, 53134 Bonn
Godesberger Allee 142-148, 53175 Bonn
T: (0228) 81 98-0   Fax: 81 98-205
Internet: http://www.bauernverband.de
Internationaler Zusammenschluß: siehe unter izq 8

q 310

Deutscher Raiffeisenverband e.V. (DRV)
Postf. 12 02 20, 53106 Bonn
Adenauerallee 127, 53113 Bonn
T: (0228) 1 06-0   Fax: 1 06-266
Internet: http://www.raiffeisen.de
E-Mail: info@drv.raiffeisen.de
Internationaler Zusammenschluß: siehe unter izf 999, izp 5

q 311

Gemeinschaft der Milchwirtschaftlichen Landesvereinigungen e.V. (GML)
Meckenheimer Allee 137, 53115 Bonn
T: (0228) 9 82 43 15   Fax: 9 82 43 20

q 312

Bundesverband der Privaten Milchwirtschaft e.V.
Adenauerallee 148, 53113 Bonn
T: (0228) 9 59 69 12   Fax: 37 37 80
E-Mail: private-milch@milk.de
Internationaler Zusammenschluß: siehe unter izf 1000

q 313

Milchindustrie-Verband e.V. (MIV)
Adenauerallee 148, 53113 Bonn
T: (0228) 9 59 69-0   Fax: 37 15 35

Internet: http://www.milchindustrie.de
E-Mail: info@milchindustrie.de
Internationaler Zusammenschluß: siehe unter izf 1001, izq 130

q 314

Bundesverband Molkereiprodukte e.V. (BUMO)
Adenauerallee 148, 53113 Bonn
T: (0228) 36 76 20   Fax: 36 14 25
Internet: http://www.mopro.de
E-Mail: bumo@t-online.de

q 315

Zentralverband Deutscher Milchwirtschaftler e.V. (zdm)
Baumschulallee 6, 53115 Bonn
T: (0228) 63 76 05   Fax: 63 73 54
Internet: http://www.zdm-ev.de
E-Mail: zdm-ev@t-online.de

q 316

Deutsche Landwirtschafts-Gesellschaft e.V. (DLG)
Eschborner Landstr. 122, 60489 Frankfurt
T: (069) 2 47 88-0   Fax: 2 47 88-1 10
Internet: http://www.DLG-Frankfurt.de
E-Mail: Info@DLG-Frankfurt.de

q 317

Verband für handwerkliche Milchverarbeitung im ökologischen Landbau e.V.
Hohenbercha 23, 85402 Kranzberg
T: (08166) 68 42 18   Fax: 62 74

q 318

Verband der Landwirtschaftskammern e.V.
Godesberger Allee 142-148, 53175 Bonn
T: (0228) 3 08 01-0   Fax: 3 08 01 10
E-Mail: vlk-bonn@t-online.de

q 319

Bundesverband der Vorzugsmilcherzeuger und Direktvermarkter von Milch und Milchprodukten (BVDM)
Geschäftsstelle:
Lenbachstr. 1, 01219 Dresden
T: (0351) 4 70 03 68   Fax: 4 70 03 69
Internet: http://www.milch-und-mehr.de
E-Mail: information@milch-und-mehr.de

q 320

Arbeitsgemeinschaft Deutscher Rinderzüchter e.V.
Adenauerallee 174, 53113 Bonn
T: (0228) 9 14 47-0   Fax: 9 14 47-11
E-Mail: info@adt.de

q 321

Arbeitsgemeinschaft Deutscher Milchhandelsverbände
Im Bonnet 4, 53229 Bonn
T: (0228) 48 14 05   Fax: 48 14 05

q 322

Staatliche Milchwirtschaftliche Lehr- und Forschungsanstalt
- Dr.-Oskar-Farny-Institut -
Postf. 15 52, 88231 Wangen
Am Maierhof 7, 88239 Wangen
T: (07522) 71-501   Fax: 71-502
Internet: http://www.landwirtschaft-mlr.baden-wuerttemberg.de/la/mlf
E-Mail: poststelle@mlf.bwl.de

● Q 323

Bundesverband der Privaten Milchwirtschaft e.V.
c/o Verband der Privaten Milchwirtschaft Nordwestdeutschland e.V.
Adenauerallee 148, 53113 Bonn
T: (0228) 9 59 69 12   Fax: 37 37 80
E-Mail: private-milch@milk.de
Internationaler Zusammenschluß: siehe unter izf 1000
Präsident(in): Horst Ziegenhain, Bad Aibling
Geschäftsführer(in): RA Gernot Werner, Bonn
RA Dr. P. Bornemann, München
Mitglieder: 3 Landesverbände

Landesverbände

q 324

Verband der Privaten Milchwirtschaft Nordwestdeutschland e.V.
Adenauerallee 148, 53113 Bonn
T: (0228) 9 59 69 12   Fax: 37 37 80
Vorsitzende(r): K.-H. Strothmann, Gütersloh
Mitglieder: Privatmolkereien und Käsereien der Verbandsgebiete Norddeutschland und Nordrhein-Westfalen

q 325

Verband der Bayer. Privaten Milchwirtschaft e.V.
Kaiser-Ludwig-Platz 2, 80336 München
T: (089) 53 07 50 50   Fax: 53 07 50 55
E-Mail: privatmilchbayern@t-online.de
Vorsitzende(r): Horst Ziegenhain, Bad Aibling
Geschäftsführer(in): Susanne Glasmann

● Q 326

Milchindustrie-Verband e.V. (MIV)
Adenauerallee 148, 53113 Bonn
T: (0228) 9 59 69-0   Fax: 37 37 80
Internet: http://www.milchindustrie.de
E-Mail: info@milchindustrie.de
Internationaler Zusammenschluß: siehe unter izf 1001, izq 130
Vorsitzende(r): Dipl.-Kfm. Dr. Manfred W. Tag (Nordmilch eG, Industriestr. 1, 27404 Zeven, T: (04281) 72-0)
Hauptgeschäftsführer(in): Dipl.-Volksw. Eberhard Hetzner
Geschäftsführer(in): RA Gernot Werner
Dipl.-Ing. agr. Eckhard Heuser
RA Jörg Rieke
Dipl.-Ing. Winfried Meier
Mitglieder: 110

● Q 327

Zentralverband Deutscher Milchwirtschaftler e.V. (zdm)
Baumschulallee 6, 53115 Bonn
T: (0228) 63 76 05   Fax: 63 73 54
Internet: http://www.zdm-ev.de
E-Mail: zdm-ev@t-online.de
Präsident(in): Dir. Reinhard Rode (Trave-Milch GmbH, Leezen)
Geschäftsführer(in): RA Torsten Sach

● Q 328

Nationales Komitee für Milchleistungsprüfungen
Adenauerallee 174, 53113 Bonn
T: (0228) 9 14 47-0   Fax: 9 14 47-11
E-Mail: info@adt.de
Geschäftsführer(in): Dr. Klaus Meyn
Präsident(in): Jan-Beekman Ringena

● Q 329

Milchwirtschaftlicher Verein Baden-Württemberg e.V.
Lindenspürstr. 31, 70176 Stuttgart
T: (0711) 6 36 85 92   Fax: 6 36 92 90
Vorsitzende(r): Manfred Stähle
Geschäftsführer(in): Dr. Markus Albrecht

● Q 330

Bundesverband der Vorzugsmilcherzeuger und Direktvermarkter von Milch und Milchprodukten (BVDM)
Geschäftsstelle:
Lenbachstr. 1, 01219 Dresden
T: (0351) 4 70 03 68   Fax: 4 70 03 69
Internet: http://www.milch-und-mehr.de

E-Mail: information@milch-und-mehr.de
Gründung: 1890 ca.
Vorsitzende(r): Gerhard Windler
Leitung Presseabteilung: Dr. Ulrike Dornwell (Geschäftsführerin, Lenbachstr. 1, 01219 Dresden, T.: (0351) 4 70 03 68, Fax: (0351) 4 70 03 69)
Verbandszeitschrift: Rundbrief für Mitglieder
Redaktion: Geschäftsstelle
Mitglieder: 72
Mitarbeiter: 1
Jahresetat: ca. DM 0,065 Mio, € 0,03 Mio

● Q 331
Gemeinschaft der Milchwirtschaftlichen Landesvereinigungen e.V. (GML)
Meckenheimer Allee 137, 53115 Bonn
T: (0228) 9 82 43 15 **Fax:** 9 82 43 20
Vorsitzende(r): Peter Cornelius, Butjadingen
Geschäftsführer(in): Dipl.-Ing. Ines Coldewey
Mitglieder: 11 auf Landesebene tätige Verbände

● Q 332
Export-Union für Milchprodukte e.V.
Adenauerallee 148, 53113 Bonn
T: (0228) 9 59 69 24 **Fax:** 37 15 34
E-Mail: export-union@milchindustrie.de
Vorsitzende(r): Dr. Hermann Dumstorf (26125 Oldenburg)
Geschäftsführer(in): Dipl.-Ing. agr. Eckhard Heuser
Mitglieder: 115

● Q 333
Milchprüfring Baden-Württemberg e.V.
Lindenspürstr. 31, 70176 Stuttgart
T: (0711) 6 36 84 22 **Fax:** 6 36 92 90
Vorsitzende(r): Manfred Stähle
Geschäftsführer(in): Dr. Markus Albrecht

● Q 334
Milchkontrollverband Osnabrück e.V.
Föckinghausen, 49324 Melle
T: (05422) 98 72 49 **Fax:** 87 44
Vorsitzende(r): Bielefeld

● Q 335
Milchwirtschaftlicher Kontrollverband Mittelweser
Postf. 11 23, 31543 Rehburg-Loccum
Bahndamm 9, 31547 Rehburg-Loccum
T: (05037) 9 82 27 **Fax:** 9 82 29
E-Mail: info@mtv-rehburg.de
Geschäftsführer(in): Friedhelm Härtel
Mitarbeiter: 58

● Q 336
Landeskontrollverband für Milchwirtschaft Niedersachsen-Bremen (LKV) e.V.
Grebenstr. 19, 27283 Verden
T: (04231) 9 89 50 **Fax:** 98 95 25
Vorsitzende(r): Cord H. zum Felde
Geschäftsführer(in): Dr. Jürgen Claus

Natur-, Landschafts-, Tier- und Umweltschutz

● Q 337
Bundesverband Bürgerinitiativen Umweltschutz e.V. (BBU)
Prinz-Albert-Str. 73, 53113 Bonn
T: (0228) 21 40 32 **Fax:** 21 40 33
Internet: http://www.bbu-online.de
E-Mail: bbu-bonn@t-online.de
Gründung: 1972
Verbandszeitschrift: BBU-Infodienst
Redaktion: Christine Ellermann

● Q 338
Zentrum für integrierten Umweltschutz e.V.
Raabestr. 14, 34119 Kassel
T: (0561) 3 16 08 02 **Fax:** 3 16 08 75
Internet: http://www.ziu-kassel.de
E-Mail: info@ziu-kassel.de
Gründung: 1992
Vorsitzende(r): M. Dietzsch
Leitung Presseabteilung: U. André
Mitglieder: 30
Mitarbeiter: 8
Jahresetat: DM 0,9 Mio, € 0,46 Mio

● Q 339
Arbeitsgemeinschaft Umweltschutz und Stadtgestaltung e.V. (ARGUS)
Lindenstr. 53, 14467 Potsdam
T: (0331) 29 35 00
E-Mail: gl.bb-argus.potsdam@t-online.de

● Q 340
Greenpeace e.V.
Große Elbstr. 39, 22767 Hamburg
T: (040) 3 06 18-0 **Fax:** 3 06 18-100
Internet: http://www.greenpeace.de
E-Mail: mail@greenpeace.de
Gründung: 1980
Geschäftsführerin: Brigitte Behrens
Verbandszeitschrift: Greenpeace-Nachrichten
Verlag: Greenpeace Umweltschutzverlag GmbH, 22767 Hamburg, T: (040) 3 06 18-0
Mitglieder: rd. 510000
Zeitschrift: Greenpeace-Magazin
Internationale Umweltorganisation.

q 341
Greenpeace e.V. Politische Vertretung Berlin
Chausseestr. 131, 10115 Berlin
T: (030) 30 88 99-0 **Fax:** 30 88 99 30
Gründung: 1990

● Q 342
Bundesverband Boden (BVB) e.V.
-Geschäftsstelle-
Flanaganstr. 4a, 14195 Berlin
T: (030) 7 92 96 64 **Fax:** 7 92 96 64
Internet: http://www.bvboden.de
E-Mail: bvboden@bvboden.de
Gründung: 1995 (28. Juni)
Präsident(in): Prof. Dr. Reinhard F. Hüttl
Vizepräsident(in): Dr. Gert Adler
Dr. H. Georg Meiners
Dr. Volker Neidhart
Geschäftsführer(in): Dr. Rainer Schmidt
Schriftführer(in): Dr. Peter Dreher
Verbandszeitschrift: Bodenschutz
Redaktion: Dr. Claus G. Bannick
Verlag: Erich-Schmidt-Verlag, Genthiner Str. 30 G, 10785 Berlin
Mitglieder: 500
Mitarbeiter: 1 freier

● Q 343
Hessisches Landesamt für Umwelt und Geologie
Rheingaustr. 186, 65203 Wiesbaden
T: (0611) 69 39-0 **Fax:** 6 93 95 55
E-Mail: bibliothek-hlug@hlug.de
Gründung: 1971
Präsident(in): N. N.
Vertreter des Präs.: Wolfgang Vitze
Leitung Presseabteilung: Hans Joachim Gawe

● Q 344
**Regierungspräsidium Gießen
- Pflanzenschutzdienst -**
Schanzenfeldstr. 8, 35578 Wetzlar
T: (06441) 92 89-0 **Fax:** 92 89-494
Leiter(in): LD Martin Kerber

● Q 345
Landesanstalt für Umweltschutz Baden-Württemberg
Postf. 21 07 52, 76157 Karlsruhe
Griesbachstr. 1, 76185 Karlsruhe
T: (0721) 9 83-0 **Fax:** 9 83-14 56
E-Mail: bibliothek@lfuka.lfu.bwl.de
Gründung: 1975 (1. Januar)
Präsident(in): Margareta Barth
Bedienstete/Planstellen: 461

● Q 346
Landesamt für Umweltschutz und Gewerbeaufsicht Rheinland-Pfalz
Postf. 12 50, 55273 Oppenheim
Amtsgerichtsplatz 1, 55276 Oppenheim
T: (06133) 94 50-0 **Fax:** 9 45 01 55
Dienststelle Mainz: Rheinallee 97-101, 55118 Mainz, T: (06131) 9 67-0, Telefax: (06131) 67 27 29
Gründung: 1984 (1. Februar)
Präsident(in): Dr. Karl-Heinz Rother
Leitung Presseabteilung: Gerd Plachetka
Mitarbeiter: 225

● Q 347
Landesamt für Umweltschutz
Don-Bosco-Str. 1, 66119 Saarbrücken
T: (0681) 85 00-0 **Fax:** 85 00-384
E-Mail: lfu@lfu.saarland.de
Amtsleiter: Dipl.-Biologin Helga May-Didion
Stellv. Amtsleiter: N. N.
Geschf. Beamter: ROAR Karl Bonaventura
Mitarbeiter: 150

● Q 348
Berliner Landesarbeitsgemeinschaft Naturschutz e.V. (BLN)
Potsdamer Str. 65, 10785 Berlin
T: (030) 26 55-0864, 26 55-0865 **Fax:** 26 55-1263
E-Mail: bln_berlin@t-online.de
Gründung: 1979
Vorsitzende(r): Jens Redlich
Geschäftsführer(in): Manfred Schubert (Ltg. Presseabteilung)
Mitglieder: 14
Mitarbeiter: 1
Jahresetat: DM 0,082 Mio, € 0,04 Mio

● Q 349
Naturschutzverband Niedersachsen e.V. (NVN)
Landesgeschäftsstelle:
Postf. 11 55, 26198 Wardenburg
Gartenweg 5, 26203 Wardenburg
T: (04407) 80 88 **Fax:** 67 60
Internet: http://www.naturschutzverband.de
E-Mail: nvn.nds@t-online.de
Gründung: 1983 (5. Juni), Schwarmstedt
Leiter(in): Dr. Remmer Akkermann (T: (04407) 92 22 01)
Leitung Presseabteilung: Nadine Kruse
Verbandszeitschrift: Naturschutz in Niedersachsen, Merkblätter
Redaktion: Nadine Kruse u.a.
Verlag: Selbstverlag, Gartenweg 5, 26203 Wardenburg
Mitglieder: 7500
Mitarbeiter: 4

● Q 350
Landesnaturschutzverband Schleswig-Holstein e.V. (LNV)
Burgstr. 4, 24103 Kiel
T: (0431) 9 30 27 **Fax:** 9 20 47
E-Mail: lnv-sh@t-online.de
Gründung: 1975
Vorsitzende(r): Volkher Looft
Stellvertretende(r) Vorsitzende(r): Bernd Struwe-Juhl
Martin Schumacher
Geschäftsführer(in): Ragnar Schaefer
Verbandszeitschrift: Grüne Mappe (jährlich)
Redaktion: Landesnaturschutzverand (Schriftleitung)
Verlag: WDA Broderstorf
Mitglieder: 19 Mitgliedsverbände
Mitarbeiter: 3
Jahresetat: ca. DM 0,4 Mio, € 0,2 Mio

● Q 351
Landesnaturschutzverband Baden-Württemberg e.V.
Olgastr. 19, 70182 Stuttgart
T: (0711) 24 89 55-20 **Fax:** 24 89 55-30
E-Mail: LNV.BW@t-online.de
Gründung: 1971 (30. März)
Vorsitzende(r): Reiner Ehret
Geschäftsführer(in): Dr. Anke Trube
Mitglieder: 33 Mitgliedsverbände

● Q 352
Botanischer Verein zu Hamburg e.V.
Op de Elg 19a, 22393 Hamburg
T: (040) 6 01 60 53 **Fax:** 6 00 71 60
Internet: http://www.botanischerverein.de
Gründung: 1891 (7. Januar)
1. Vorsitzende(r): Dr. H.-H. Poppendieck
2. Vorsitzende(r): Horst Bertram
Verbandszeitschrift: Mitteilungen (vierteljährlich)
Berichte des Botanischen Vereins zu Hamburg (jährlich)
Redaktion: Dr. H.-H. Poppendieck, Horst Bertram
Verlag: Selbstverlag
Mitglieder: 550
Mitarbeiter: ca. 25 (ehrenamtl.)
Jahresetat: DM 0,015 Mio, € 0,01 Mio

● Q 353
Förderverein Umweltschutz Unterelbe e.V.
Bullerdeich 12-14, 20537 Hamburg
T: (040) 2 50 48 49
Gründung: 1979
Verbandszeitschrift: Hamburger Umwelt Nachrichten
Verlag: Selbstverlag

● Q 354
Verein für Umwelt- und Arbeitsschutz e.V. (VUA)
Bauernstr. 2, 28203 Bremen
T: (0421) 70 22 03 **Fax:** 70 74 72
E-Mail: vuaev@t-online.de
Gründung: 1979
Verbandszeitschrift: "Rundbrief"
Mitglieder: 250
Mitarbeiter: 4
Jahresetat: DM 0,15 Mio, € 0,08 Mio

● Q 355
Deutsche Umwelt-Aktion e.V. (DUA)
Öffentlichkeitsdienst für Umweltschutz
Gemeinnütziger e.V.
Partner der Schulen seit 1958
Helmutstr. 1, 40472 Düsseldorf
T: (0211) 13 13 22 **Fax:** 13 24 54
Internet: http://www.umwelt-aktion.de
E-Mail: dua@dusnet.de
Gründung: 1958
Vorsitzende(r): Rudolf Rummel
Geschäftsführer(in): Dennis Hunter

● Q 356
Deutsches Komitee für Katastrophenvorsorge e.V. (DKKV)
Postf. 12 06 39, 53048 Bonn
Tulpenfeld 4, 53113 Bonn
T: (0228) 24 34-828, 24 34-826, 24 34-815, 24 34-814 **Fax:** 24 34-836
Internet: http://www.dkkv.org
E-Mail: info@dkkv.org, katastrophenvorsorge@t-online.de
Vorstand: Norbert Blüm (Vors.; MdB, Deutscher Bundestag, Platz der Republik 1, 11011 Berlin, Tel.: (030) 22 77 29 90, Fax: (030) 22 77 68 00)
Vorstand: Dr. Horst Schöttler (stellv. Vors.; Sachverständiger für Bevölkerungsschutz und Katastrophenhilfe, Kaiserbergring 6, 67657 Kaiserslautern, Tel. (0631) 7 27 16, Fax: (06319) 7 59 47)
Vorstand: Prof. Dr. Friedemann Wenzel (stellv. Vors.; Geophysikalisches Institut, Univ. Fridericiana Karlsruhe, Hertzstr. 16, Bau 42, 76187 Karlsruhe, Tel.: (0721) 6 08 44 31, Fax: (0721) 7 11 73, E-Mail: friedemann.wenzel@gpi.uni-karlsruhe.de)
Vorstand: Dr. Gerhard Berz (Münchener Rückversicherungsgesellschaft, Forschungsgruppe "Geowissenschaften", Königinstr. 107, 80791 München, Tel.: (089) 38 91 52 90, Fax: (089) 38 91 56 96, E-Mail: gberz@munichre.com)
Vorstand: Prof. Dr. Rolf Emmermann (GeoForschungsZentrum Potsdam, Telegrafenberg, 14473 Potsdam, Tel.: (0331) 2 88 10 00, Fax: (0331) 2 88 10 02, E-Mail: emmermann@gfz-potsdam.de)
Vorstand: Prof. Dr. Christian Floto (IWF, Nonnenstieg 72, 37075 Göttingen, T: (0551) 5 02 41 00)
Vorstand: PD, Dr. Johann Goldammer (Arbeitsgruppe Feuerökologie, c/o Universität Freiburg, 79085 Freiburg, Tel.: (0761) 80 80 11, Fax: (0761) 80 80 12, E-Mail: jgold@ruf.uni-freiburg.de)
Vorstand: Bernd Hoffmann (Leiter d. Abt. 43 00, Deutsche Gesellschaft für Technische Zusammenarbeit (GTZ), Dag-Hammarskjöld-Weg 1-2, 65760 Eschborn, Tel.: (06196) 79 13 04, Fax: (06196) 79 71 30, E-Mail: bernd.hoffmann@gtz.de)
Vorstand: Johann Wilhelm Römer (Generalsekretär, Deutsches Rotes Kreuz, Carstenn Str. 58, 12205 Berlin, Tel.: (030) 85 40 42 73)
Vorstand: Dr.-Ing. Karl-Heinz Rother (Landesamt f. Umweltschutz und Gewerbeaufsicht, Rheinallee 97-101, 55118 Mainz, T: (06131) 9 67-0, Fax 67 27 29, E-Mail: karl.rother@lfug.rlp.de)
Vorstand: Alfred Thorwarth (Leiter der Programmgruppe Wissenschaft/Ökologie, Westdeutscher Rundfunk, Appellhofplatz 1, 50667 Köln, Tel.: (0221) 2 20 27 08, Fax: (0221) 2 20 86 68, E-Mail: alfred.thorwarth@wdr.de)
Geschäftsführer(in): Karl-Otto Zentel
Presse- und Öffentlichkeitsarbeit: Winfried Glass

● Q 357
Fonds für Umweltstudien
Postf. 12 03 69, 53045 Bonn
T: (0228) 26 92-2 16 **Fax:** 26 92-2 52
E-Mail: intlawpol@cs.com
Amt. Vors.: Dr. Wolfgang Burhenne
Leitung Presseabteilung: Werner Koep

● Q 358
Arbeitsgemeinschaft Verpackung und Umwelt e.V. (AGVU)
Bonner Talweg 64, 53113 Bonn
T: (0228) 9 49 29-0 **Fax:** 9 49 29-4
Internet: http://www.agvu.de
E-Mail: online@agvu.de

● Q 359
Institut für Umweltkrankheiten
Im Kurpark 1, 34308 Bad Emstal
T: (05624) 80 61 **Fax:** 86 95
Internet: http://www.ifu.org
E-Mail: info@ifu.org
Gründung: 1985
Leiter(in): Dr. Klaus-Dietrich Runow (Arzt)
Verbandszeitschrift: Zeitung für Umweltmedizin sowie Kongressbände der jährlichen Internationalen Symposien für Umweltmedizin

● Q 360
Deutsche Sektion der Internationalen Ärzte für die Verhütung des Atomkrieges Ärzte in sozialer Verantwortung e.V.
Körtestr. 10, 10967 Berlin
T: (030) 6 93 02 44 **Fax:** 6 93 81 66
Internet: http://www.ippnw.de
E-Mail: ippnw@ippnw.de
Gründung: 1982
Vorsitzende(r): Dr. med. Angelika Claußen
Stellvertretende(r) Vorsitzende(r): Stephan Kolb
Geschäftsführer(in): F. Uhe
Leitung Presseabteilung: Dr. Jens-Peter Steffen
Verbandszeitschrift: IPPNW-FORUM
Redaktion: Angelika Wilmen
Verlag: Selbstverlag, Körtestr. 10, 10967 Berlin
Mitglieder: 8600
Mitarbeiter: 8
Jahresetat: DM 2,2 Mio, € 1,12 Mio

● Q 361
Deutscher Naturschutzring
Dachverband der deutschen Natur- und Umweltschutzverbände (DNR) e.V.
Postf. 20 04 25, 53134 Bonn
Am Michaelshof 8-10, 53177 Bonn
T: (0228) 35 90 05 **Fax:** 35 90 96
Internet: http://www.dnr.de
E-Mail: dnr-bonn@t-online.de
Gründung: 1950
Präsident(in): Hubert Weinzierl
Präsidium: Dr. Manfred Niekisch (Vizepräs.)
Leif Miller (Vizepräs.)
Jürgen Resch (Schatzmeister)
Jochen Flasbarth
Klaus Hübner
Gerlinde Hoffmann
Josef Göppel
Michael Müller
Hedwig Gradmann (Jugendv.)
Tessy Lödermann
Generalsekretär(in): Helmut Röscheisen
Stellv. Generalsekretärin: Helga Inden-Heinrich

● Q 362
Verband Deutscher Naturparke e.V. (VDN)
Niederhaverbeck 7, 29646 Bispingen
T: (05198) 98 70 33 **Fax:** 98 70 39
Internet: http://www.naturparke.de
E-Mail: vdn@naturparke.de
Gründung: 1963
Präsident(in): Dr. Herbert Günther
Vizepräsident(in): Dr. Karl Friedrich Zink
Dr. Eberhard Jüttner
Geschäftsführer(in): Ulrich Köster
Verbandszeitschrift: Naturschutz und Naturparke
Redaktion: Marga Reetz
Mitglieder: 87 Naturparkträger

Landesarbeitsgemeinschaften

q 363
Naturparkverband Bayern
Arbeitsgemeinschaft bayerischer Naturparke im Landkreistag Bayern
Friedrich-Ebert-Str. 18, 91781 Weißenburg
1. Vorsitzende(r): Albert Löhner, Neumarkt (Opf.)

q 364
Arbeitsgemeinschaft hessischer Naturparkträger
Am Hohenwiesenweg 1, 63679 Schotten
T: (06044) 26 31
1. Vorsitzende(r): Landrat Jürgen Banzer (Pestalozzistr. 2, 61250 Usingen), Bad Homburg

q 365
Arbeitsgemeinschaft niedersächsischer Naturparke
Naturpark Steinhuder Meer, Landkreis Hannover
Hildesheimer Str. 20, 30169 Hannover
Vorsitzende(r): Dipl.-Ing. Siegfried Siebens, Hannover

q 366
Arbeitsgemeinschaft der Naturparke in Nordrhein-Westfalen
Rathausmarkt 3, 41747 Viersen
1. Vorsitzende(r): Oberkreisdirektor Dr. Hans-Christian Vollert, Viersen

q 367
Arbeitsgemeinschaft rheinland-pfälzischer Naturparke
Franz-Hartmann-Str. 9, 67466 Lambrecht
T: (06325) 95 52-0
Vorsitzende(r): N. N.

● Q 368
Bundesverband beruflicher Naturschutz e.V. (BBN)
Konstantinstr. 110, 53179 Bonn
T: (0228) 84 91-116 **Fax:** 84 91-200
Internet: http://www.bundesverband-beruflicher-naturschutz.de
E-Mail: beckera@bfn.de
Gründung: 1947
Vorsitzende(r): Prof. Dr. Christian L. Krause
1. Stellvertreter: Heinz Werner Persiel
2. Stellvertreter: Klaus Werk
Schatzmeister: Arnd Winkelbrandt
Schriftführerin: Angelika Wurzel
Verbandszeitschrift: Jahrbuch für Naturschutz und Landschaftspflege
Verlag: Kilda-Verlag, 48268 Greven
Mitglieder: 800

● Q 369
Gesellschaft für berufliche Umweltbildung e.V. (GbU)
Markgrafendamm 16, 10245 Berlin
T: (030) 2 93 94-119 **Fax:** 2 93 94-104
Gründung: 1991
Vorsitzende(r): Prof. Dr. Andreas Fischer
Stellvertretende(r) Vorsitzende(r): Dr. Dorothea Schemme
Verbandszeitschrift: ZBU Information zur beruflichen Umweltbildung
Mitglieder: ca. 150
Jahresetat: ca. DM 0,04 Mio, € 0,02 Mio

● Q 370
KATE Kontaktstelle für Umwelt und Entwicklung e.V.
Greifswalder Str. 4, 10405 Berlin
T: (030) 44 05 31 10 **Fax:** 44 05 31 09
E-Mail: kate@kateberlin.de
Gründung: 1988
Geschäftsführer(in): Christiane Schulte
Presse/Öffentlichkeitsarbeit: Birgit Laue
Verbandszeitschrift: KATE-Rundbriefe
Mitglieder: 40
Mitarbeiter: 6
Jahresetat: DM 1 Mio, € 0,51 Mio

● Q 371
UVP-Gesellschaft e.V.
Gesellschaft für die Prüfung der Umweltverträglichkeit
Alfred-Fischer-Weg 4, 59073 Hamm
T: (02381) 5 21 29 **Fax:** 5 21 95
Internet: http://www.uvp.de
E-Mail: info@uvp.de
Gründung: 1987 (5. Mai)
Vorsitzende(r): Prof. Dr. Johann Köppel
Verbandszeitschrift: UVP-report; UVP-SPEZIAL
Redaktion: Ulrich Schölermann, Peter D. Wagner
Verlag: UVP-Gesellschaft, Alfred-Fischer-Weg 4, 59073 Hamm
Mitglieder: 1000

Förderung der Umweltvorsorge durch Informationen und Forschung zu UVP, Umweltplanung und Umweltmanagement.

Landesgruppen (LG)

q 372
UVP-Förderverein Brandenburg-Berlin e.V.
c/o Planung + Umwelt
Dietzgenstr. 71, 13156 Berlin
T: (030) 4 77-1515 **Fax:** 4 77-50615
Kontaktperson: Dr. Beate Ulrici

q 373
UVP-Gesellschaft e.V.
Landesgruppe Mecklenburg-Vorpommern
Geographisches Institut der Universität Greifswald
Friedrich-Ludwig-Jahn-Str. 16, 17489 Greifswald
T: (03834) 7 72 71 **Fax:** 88 33 53
Kontaktperson: Prof. Dr. Konrad Billwitz

q 374
UVP-Gesellschaft e.V.
Landesgruppe Sachsen-Anhalt
Büro für Umweltplanung
Sylvestriestr. 4, 38855 Wernigerode
T: (03943) 92 31-12 **Fax:** 92 31-99
Kontaktperson: Dr. Friedhelm Michael

q 375
UVP-Gesellschaft e.V.
Landesgruppe Baden-Württemberg
c/o Büro für Geologie und Umweltfragen Dr. Holger Hansel & Partner
Hirschgasse 1, 75392 Deckenpfronn
T: (07056) 80 81 **Fax:** 83 34
Kontaktperson: Dr. Holger Hansel

q 376
UVP-Gesellschaft e.V.
Landesgruppe Schleswig-Holstein/Hamburg
c/o Planungsgruppe Ökologie + Umwelt Nord
Gotenstr. 4, 20097 Hamburg
T: (040) 23 31 49 **Fax:** 23 45 95
Kontaktperson: Jürgen Baumann (Planungsgruppe Ökologie + Umwelt Nord)
Markus Luthe (c/o SPU Ingenieurgesellschaft mbH, Waidmannstr. 35, 22769 Hamburg, T: (040) 85 90 31, Fax: (040) 85 90 34)

q 377
UVP-Gesellschaft e.V.
Landesgruppe Hessen/Rheinland-Pfalz/Saarland
c/o Infra-Tec
Heidelberger Landstr. 31, 64297 Darmstadt
T: (06151) 53 90 52 **Fax:** 53 90 10

q 378
UVP-Gesellschaft e.V.
Landesgruppe Bayern
AkkU Umweltberatungs GmbH
Rumfordstr. 10, 80469 München
T: (089) 29 08-40 33 **Fax:** 29 08-40 50
Kontaktperson: Michael Lörcher

q 379
UVP-Gesellschaft e.V.
Landesgruppe Niedersachsen/Bremen
Institut für Landesplanung und Raumforschung der Uni Hannover
Herrenhäuser Str. 2, 30419 Hannover
T: (0511) 7 62-2617 **Fax:** 7 62-5219 (d)
Kontaktperson: Dr. Frank Scholles

● **Q 380**
Landesbüro der Naturschutzverbände NW
Ripshorster Str. 306, 46117 Oberhausen
T: (0208) 88 05 90 **Fax:** 8 80 59 29
Gründung: 1980 (1. April)
Vertretungsbevollm.: Josef Tumbrinck
Je ein Vorsitzender der drei in NW anerkannten Naturschutzverbände im Wechsel.
Mitarbeiter: 11
Jahresetat: DM 0,8 Mio, € 0,41 Mio

Landesverbände

q 381
Landesgemeinschaft Naturschutz und Umwelt Nordrhein-Westfalen e.V. (LNU)
Heinrich-Lübke-Str. 16, 59759 Arnsberg
T: (02932) 42 01 **Fax:** 5 44 91
Vorsitzende(r): Dr. Hermann-Josef Roth

q 382
NABU Nordrhein-Westfalen
Merowingerstr. 88, 40225 Düsseldorf
T: (0211) 15 92 51-0 **Fax:** 15 92 51-15
Internet: http://www.nabu-nrw.de
E-Mail: info@nabu-nrw.de
Vorsitzende(r): Josef Tumbrinck

q 383
Bund für Umwelt und Naturschutz Deutschland (BUND)
Landesverband Nordrhein-Westfalen e.V.
Merowingerstr. 88, 40225 Düsseldorf
E-Mail: bund.nrw@bund.net
Vorsitzende(r): Klaus Brunsmeier (T: (0211) 30 20 05-0)

● **Q 384**
Landesgemeinschaft Naturschutz und Umwelt Nordrhein-Westfalen e.V. (LNU)
Heinrich-Lübke-Str. 16, 59759 Arnsberg
T: (02932) 42 01 **Fax:** 5 44 91
Gründung: 1976 (11. Mai)
Vorsitzende(r): Prof. Dr. Wilfried Stichmann
Stellvertretende(r) Vorsitzende(r): Dr. Wolfhard von Boeselager
Mark vom Hofe
Geschäftsführer(in): Dipl.-Geogr. Rainer Fischer
Verbandszeitschrift: Natur- und Landschaftskunde
Redaktion: Stefan Kronsbein
Verlag: W. Stichmann, Postf. 19, 59515 Möhnesee
Mitglieder: 75 Verbände mit über 300000 Einzelmitgliedern

● **Q 385**
Natur- und Umweltschutz-Akademie des Landes Nordrhein-Westfalen (NUA)
bei der Landesanstalt für Ökologie, Bodenordnung und Forsten / NRW (LÖBF)
Postf. 101051, 45610 Recklinghausen
Siemensstr. 5, 45659 Recklinghausen
T: (02361) 3 05-0 **Fax:** 3 05-340
Internet: http://www.nua.nrw.de
E-Mail: nua-z@nua.nrw.de
Gründung: 1997 (01. Januar)
Präsident(in): Rolf Kalkkuhl

● **Q 386**
Gesellschaft für Naturschutz und Ornithologie Rheinland-Pfalz e.V.
Osteinstr. 7-9, 55118 Mainz
T: (06131) 67 14 80 **Fax:** 67 14 81
Internet: http://www.gnor.de
E-Mail: mainz@gnor.de
Gründung: 1977 (12. März)
Vorsitzende(r): Prof. Dr. Eberhard Fischer
Stellvertretende(r) Vorsitzende(r): Ansgar van Elst
Schatzmeister: Winfried Schepp
Pressereferent: Heiko Himmler
Verbandszeitschrift: Fauna und Flora in Rheinl.-Pfalz + Beihefte
Redaktion: Dr. M. Niehuis, Im Vorderen Großthal 5, 76857 Albersweiler
Mitglieder: ca. 850
Mitarbeiter: 5 FÖJ-Teilnehmer, Zivildienstleistende 4

● **Q 387**
BUNDSCHUH Verein für Naturschutz, Umweltschutz und Landschaftspflege e.V., Schwabhausen
Kappelholzweg 13, 97944 Boxberg
T: (07930) 22 11 **Fax:** 15 86
Gründung: 1981 (30. September)
Vorsitzende(r): Dr. Dieter Thoma (T: (07930) 5 96)
Geschäftsführer(in): Horst Oellers (T: (07930) 22 11)
Mitglieder: ca. 500
Mitarbeiter: 1

● **Q 388**
Volksbund Naturschutz e.V.
Königin-Luise-Str. 6-8, 14195 Berlin
T: (030) 84 10 71 31 **Fax:** 83 22 93 21
Internet: http://www.vbnev.de
E-Mail: vbn@vbnev.de
Gründung: 1922
Vorsitzende(r): Annette Pheiffer
Stellvertretende(r) Vorsitzende(r): Andreas Ney
Verbandszeitschrift: Berliner Naturschutzblätter
Redaktion: Vorstand, Organisation R. Branch
Verlag: Berliner-Naturschutzblätter

● **Q 389**
Aktionsgemeinschaft Bessere Umwelt e.V. Köln -A.B.U.-
Brunhilde Hoch Stiftung
Träger des Zeichens des Europäischen Umweltjahres - verliehen vom Nationalen Ausschuß für das Europäische Umweltjahr für Maßnahme "UMWELTLOTTO"(c)
Mitglied der Arbeitsgemeinschaft für Umweltfragen e. V. Bonn
Geschäftsstelle:
Oberer Weg 4, 51519 Odenthal
T: (02207) 43 00
Internet: http://www.brunhilde-hoch-stiftung.de
Gründung: 1973 (März)
1. Vorsitzende(r): Brunhilde Hoch (Publizistin)
Trägerin des Bundesverdienstordens der Bundesrepublik Deutschland, Gründerin und 1. Vorsitzende der IdO (Initiative der Ordensträgerinnen), Stifterin des jährlich ausgelobten Brunhilde-Hoch-Jugend-Umwelt-Preises)
Leitung Presseabteilung: Wolfgang P. Lambertz
Mitglieder: 434

● **Q 390**
UnternehmensGrün
Verband zur Förderung umweltgerechten Wirtschaftens
Hermannstr. 5a, 70178 Stuttgart
T: (0711) 6 15 95 10 **Fax:** 6 15 95 40
Internet: http://www.unternehmensgruen.de
E-Mail: info@unternehmensgruen.de
Gründung: 1992 (Juni)
Vorstand: Rolf Bach
Gottfried Härle
Edith Memmel
Frieder Rock
Elmar Sing
Geschäftsführer(in): Angelika Uremovic
Verbandszeitschrift: Forum Unternehmens Grün
Mitglieder: 300

● **Q 391**
"Pro Mehrweg"
Verein zur Förderung von Mehrwegverpackungen e.V.
Humboldtstr. 7, 40237 Düsseldorf
T: (0211) 68 39 38 **Fax:** 68 36 02
Internet: http://www.promehrweg.de
E-Mail: gfgh_verbaende@compuserve.com
Gründung: 1983 (Mai)
Vorsitzende(r): Dr. Achim R. Strecker
Stellvertretende(r) Vorsitzende(r): Rainer Pott, Oelde
Karl-Otto Becker, Nörten-Hardenberg
Geschäftsführer(in): Günther Guder, Düsseldorf

● **Q 392**
Umweltstiftung WWF Deutschland
(World Wide Fund For Nature)
Postf. 19 04 40, 60091 Frankfurt
Rebstöcker Str. 55, 60326 Frankfurt
T: (069) 7 91 44-0 **Fax:** 61 72 21
Internet: http://www.wwf.de
E-Mail: info@wwf.de
Gründung: 1963
Präsident(in): Carl-Albrecht von Treuenfels
Vorsitzender des Stiftungsrates: Dr. Michael Otto
Leitung Öffentlichkeitsarbeit: Klaus-Henning Groth
Verbandszeitschrift: WWF-Journal (4 mal jährl.)
Redaktion: Susanna Schultze
Mitglieder: ca. 225000 Förderer + Mitglieder
Mitarbeiter: 109
Jahresetat: DM 37,6 Mio, € 19,22 Mio (Spendenaufkommen)

● **Q 393**
Schwäbischer Albverein e.V.
Postf. 10 46 52, 70041 Stuttgart
Hospitalstr. 21b, 70174 Stuttgart
T: (0711) 2 25 85-72 **Fax:** 2 25 85-93 + 92
Gründung: 1888
Präsident(in): Forstpräs. a.D. Peter Stoll
Vizepräsident(in): Günther Hecht
Prof. Dr. Theo Müller
Hauptgeschäftsführer(in): Dieter Klapschuweit
Stellvertretende(r) Geschäftsführer(in): Helmut Pfitzer (Hauptrechner)
Naturschutzref.: Werner Breuninger (T: (0711) 2 25 85-14)
Verbandszeitschrift: Blätter des Schwäbischen Albvereins
Verlag: Eigenverlag
Mitglieder: 120000
Mitarbeiter: 14
Jahresetat: DM 5,5 Mio, € 2,81 Mio
Schriftleit. f. Bücher: Prof. Dr. Theo Müller, Mörikestr. 23, 71711 Steinheim/Murr; Schriftleiter f. Blätter: Thomas Pfündel, Waldburgstr. 48, 70563 Stuttgart

● **Q 394**

Saarwald-Verein e.V.
c/o Haus Kahn/Landratsamt
Postf. 21 25, 66721 Saarlouis
Kaiser-Friedrich-Ring 31, 66740 Saarlouis
T: (06831) 4 44-353 **Fax:** 4 44-295

E-Mail: saarwaldverein@t-online.de
Gründung: 1907
Präsident(in): Landrat Dr. Peter Winter
Geschäftsführer(in): Edeltrud Lassotta
Verbandszeitschrift: Der Saarwald
Redaktion: Edeltrud Laßotta
Verlag: Postf. 21 25, 66721 Saarlouis
Mitglieder: ca. 5000
Jahresetat: DM 0,09 Mio, € 0,05 Mio

● Q 395

Verband Deutscher Gebirgs- und Wandervereine e.V. (VDGWV)
Wilhelmshöher Allee 157-159, 34121 Kassel
T: (0561) 9 38 73-0   Fax: 9 38 73-10
Internet: http://www.wanderverband.de
E-Mail: dt.wanderverband@t-online.de
Gründung: 1883
Präsident(in): Staatsminister a.D. Karl Schneider
Leitung Presseabteilung: Heiner Weidner
Verbandszeitschrift: Ferienwandern
Redaktion: Dagmar Czypulowski
Mitglieder: 650000

● Q 396

Wilhelm-Münker-Stiftung
Gemeinnützige Stiftung zur Förderung von Gesundheit, Wandern, Naturschutz und Heimatpflege
Postf. 10 08 44, 57008 Siegen
Sandstr. 1, 57072 Siegen
T: (0271) 5 70 97   Fax: 2 44 27
Internet: http://www.wmstiftung.de
E-Mail: wms@wmstiftung.de
Gründung: 1958 (18. Januar)
Vorstand und Geschäftsführer: RA Jost-Peter Weiß
Verbandszeitschrift: Beiträge zur Lebensqualität, Walderhaltung und Umweltschutz, Volksgesundheit, Wandern und Heimatschutz
Redaktion: Jost-Peter Weiß, Siegen
Verlag: Selbstverlag

● Q 397

Schwarzwaldverein e.V.
Hauptgeschäftsstelle:
Schloßbergring 15, 79098 Freiburg
T: (0761) 3 80 53-0   Fax: 3 80 53-20
Gründung: 1864
Präsident(in): Eugen Dieterle
Vizepräsident(in): Alfred Heffner
Georg Keller
Hauptgeschäftsführer(in): Dr. Karlheinz Abt
Naturschutzreferent: Peter Lutz
Bildungsreferent: Stephan Seyl
Verbandszeitschrift: Der Schwarzwald (Auflage ca. 60000)
Mitglieder: ca. 90000
Mitarbeiter: 7

● Q 398

Verein Naturschutzpark e.V. (VNP)
OT Niederhaverbeck, 29646 Bispingen
T: (05198) 98 70 30   Fax: 98 70 39
Internet: http://home.t-online.de/home/vnp-info
E-Mail: vpn-info@t-online.de
Gründung: 1909
Vorsitzende(r): Hans Joachim Röhrs
Geschäftsführer(in): Mathias Zimmermann
Verbandszeitschrift: Naturschutz- und Naturparke
Redaktion: Marga Reetz
Verlag: Eigenverlag
Mitglieder: 4600
Mitarbeiter: 25
Jahresetat: DM 3,2 Mio, € 1,64 Mio

● Q 399

Bundesverband für fachgerechten Natur- und Artenschutz e.V. (BNA)
Postf. 11 10, 76761 Hambrücken
T: (07255) 28 00   Fax: 83 55
Internet: http://www.bna-ev.de
E-Mail: gs@bna-ev.de
Gründung: 1985 (25. Januar)
Präsident(in): Prof. Dr. Norbert Rieder
Vizepräsident(in): K.-H. Spitzer
W. Grau
Dr. Clemens Becker
Geschäftsführer(in): Lorenz Haut (Leitung Presseabteilung)
Verbandszeitschrift: BNA-aktuell
Redaktion: Geschäftsstelle
Mitglieder: 130000
Mitarbeiter: 4

Natur- und Artenschutz; Arterhaltung durch Zucht.

● Q 400

Klima-Bündnis der europäischen Städte mit indigenen Völkern der Regenwälder / Alianza del Clima e.V.
European Secretariat
Galvanistr. 28, 60486 Frankfurt
T: (069) 70 79 00 83   Fax: 70 39 27
Internet: http://www.klimabuendnis.org
E-Mail: europe@klimabuendnis.org
Gründung: 1990
Vorsitzende(r): José Luis González (Vizekoordinator bei der COICA (Coordinadora de las Organizaciones Indígenas de la Cuenca Amazónica - Koordination der Indianerorganisationen des Amazonasbeckens))
Stellvertretende(r) Vorsitzende(r): Joachim Lorenz (Berufsmäßiger Stadtrat für Gesundheit und Umwelt in München)
Geschäftsführerin: Gotelind Alber
Öffentlichkeitsarbeit: Angela Hanisch
Verbandszeitschrift: CLIMAIL europe
Mitglieder: 958 in 11 europäischen Ländern
Mitarbeiter: 10
Jahresetat: ca. DM 1,2 Mio, € 0,61 Mio

● Q 401

Rettet die Elefanten Afrikas e.V.
Rothenbaumchaussee 60, 20148 Hamburg
T: (040) 41 35 00 93   Fax: 41 35 00 98
Internet: http://www.reaev.de
E-Mail: reaev@poweronline.net
Gründung: 1989 (9. September)
Vorsitzende(r): Dipl.-Politologe Hans-Helmut Röhring, Hamburg
Stellvertretende(r) Vorsitzende(r): RA Dr. Gerhard Buss, München
Barbara Voigt (Ltg. Presseabt., Journalistin), Hamburg
Margrith Rasch (Kauffrau), Osnabrück
Mitglieder: 310
Mitarbeiter: 1
Jahresetat: DM 0,3 Mio, € 0,15 Mio

Aufklärungsarbeit in Deutschland; Unterstützung konkreter Elefantenschutzprojekte in Afrika, insbesondere in Kenia und Uganda. Vergabe von Patenschaften für Elefanten-Waisen in Kenia.

● Q 402

Rettet den Regenwald e.V.
Friedhofsweg 28, 22337 Hamburg
T: (040) 4 10 38 04   Fax: 4 50 01 44
Internet: http://www.umwelt.org/regenwald
E-Mail: info@regenwald.org
Gründung: 1986
Vorsitzende(r): Reinhard Behrend
Verbandszeitschrift: Regenwald Report
Verlag: Friedhofsweg 28, 22337 Hamburg
Mitglieder: 5000
Mitarbeiter: 3
Jahresetat: DM 0,3 Mio, € 0,15 Mio

● Q 403

Arbeitsgemeinschaft Regenwald und Artenschutz e.V. (ARA)
Postf. 10 04 66, 33504 Bielefeld
August-Bebel-Str. 16-18, 33602 Bielefeld
T: (0521) 6 59 43   Fax: 6 49 75
Gründung: 1987
Vorsitzende(r): Jürgen Wolters
Stellvertretende(r) Vorsitzende(r): Monika Nolle (Leitung Presseabteilung)
Hauptgeschäftsführer(in): Wolfgang Kuhlmann
Verbandszeitschrift: ARA-aktuell, Ökozidjournal, Chefredaktion: J. Wolters
Verlag: Focus Verlag, Gießen
Mitglieder: 250
Mitarbeiter: 5
Jahresetat: DM 1 Mio, € 0,51 Mio

● Q 404

Urgewald e.V.
Von-Galen-Str. 4, 48336 Sassenberg
T: (02583) 10 31   Fax: 42 20
Internet: http://www.urgewald.de
E-Mail: urgewald@urgewald.de
Präsident(in): Christel Zgaga
Hedwig Tarner
Marlene Robeke
Hauptgeschäftsführer(in): Ildiko Schücking
Mitglieder: 30
Mitarbeiter: 6

● Q 405

Aktionsgemeinschaft Artenschutz e.V.
Tulpenstr. 1, 70825 Korntal-Münchingen
T: (07150) 92 22 10   Fax: 92 22 11
Internet: http://www.aga-international.de
E-Mail: agabuero@aol.com
Gründung: 1986 (11. Oktober)
Geschf. Vorst.: Brigitte Peter
Günther Peter (Ltg. Presseabt., T: (07150) 62 55)
Verbandszeitschrift: AgA-Rundbrief
Mitglieder: ca. 800 Fördermitglieder
Mitarbeiter: 2
Jahresetat: ca. DM 0,03 Mio, € 0,02 Mio

Zweck des Vereins ist der Schutz und die Bewahrung insbesondere wildlebender Tiere und Pflanzen und deren natürlicher Lebensräume.

● Q 406

Arbeitsgruppe Artenschutz Thüringen e.V. (AAT)
Thymianweg 25, 07745 Jena
T: (03641) 61 74 54   Fax: 60 56 25
Gründung: 1991 (8. April)
Leiter(in): Martin Görner

● Q 407

Bund für Umwelt und Naturschutz Deutschland e.V. (BUND)
Am Köllnischen Park 1, 10179 Berlin
T: (030) 27 58 64-0   Fax: 27 58 64-40
Internet: http://www.bund.net
E-Mail: bund@bund.net
Gründung: 1975 (20. Juli)
Vorsitzende(r): Dr. Angelika Zahrnt (Hollmuthstr. 2 a, 69151 Neckargemünd, T: (06223) 7 22 26, Telefax: (06223) 86 00 66)
Stellvertretende(r) Vorsitzende(r): Sebastian Schönauer (Setzborstr. 38, 63860 Rothenbuch, T: (06094) 98 40 22, Fax: 98 40 23)
Stellvertretende(r) Vorsitzende(r): Ralf-Uwe Beck (Barfüßerstr. 26, 99817 Eisenach, T: (03691) 21 28 87, Telefax: (03691) 21 28 86)
Geschäftsführer(in): Dr. Gerhard Timm
Bereichsleiter: Olaf Bandt (Politik)
Matthias Enge (Verwaltung)
Manuela Kikillus (Kommunikation)
Leitung Presseabteilung: Rüdiger Rosenthal (E-Mail: presse@bund.net)
Verbandszeitschrift: BUND magazin
Redaktion: Jürgen Räuschel
Verlag: Natur&Umwelt-Verlag GmbH, Am Köllnischen Park 1, 10179 Berlin, T: (030) 27 58 64-0, Fax: 27 58 64-40
Mitglieder: 250000
Mitarbeiter: 50

Verbesserung des Tier- und Pflanzenschutzes: Naturschutz und Landschaftspflege; Schaffung von Stiftungen und Bereitstellung von Spenden; Mitarbeit bei Gesetzesvorhaben; Entgegentreten bei lebens- oder umweltfeindlichen Planungen oder Maßnahmen bei verantwortlichen Stellen und Organisationen. Öffentlichkeitsarbeit.

Bundesgeschäftsstelle

q 408

BUNDjugend
Jugend im Bund für Umwelt und Naturschutz Deutschland e.V.
Am Köllnischen Park 1a, 10179 Berlin
T: (030) 2 75 86 50   Fax: 2 75 86 55
Internet: http://www.bundjugend-berlin.de
E-Mail: bundjugend@bund.net
Bundesjugendsprecherin: Johanna Heilmann
Geschäftsführer(in): Gisela Enders

Landesgeschäftsstellen des BUND

q 409

Bund für Umwelt und Naturschutz Deutschland (BUND)
Landesverband Baden-Württemberg e.V.
Paulinenstr. 47, 70178 Stuttgart
T: (0711) 62 03 06 01   Fax: 62 03 06-77

q 410

Bund Naturschutz in Bayern e.V. (BN)
Dr.-Johann-Maier-Str. 4, 93049 Regensburg
T: (0941) 29 72 00   Fax: 2 97 20 30
Geschäftsführer(in): Helmut Steininger

q 411

Bund für Umwelt und Naturschutz Deutschland (BUND)
Landesverband Berlin e.V.
Crellestr. 35, 10827 Berlin
T: (030) 7 87 90 00   Fax: 78 79 00 18
E-Mail: bund.berlin@bund.net
Geschäftsführer(in): Stefan Bundscherer

q 412

Bund für Umwelt und Naturschutz Deutschland (BUND)
Landesverband Brandenburg
Am Kleistpark 11, 15230 Frankfurt
T: (0335) 5 00 48 86   Fax: 5 00 48 87
E-Mail: bund.brandenburg@bund.net
Geschäftsführer(in): Peter Birkner

q 413

Bund für Umwelt und Naturschutz Deutschland (BUND)
Landesverband Bremen e.V.
Am Dobben 44, 28203 Bremen
T: (0421) 79 00 20   Fax: 7 90 02 90
E-Mail: bund.bremen@bund.net
Geschäftsführer(in): Joachim Seitz

q 414

Bund für Umwelt und Naturschutz Deutschland (BUND)
Landesverband Hamburg e.V.
Lange Reihe 29, 20099 Hamburg
T: (040) 2 80 19 57   Fax: 2 80 19 46
E-Mail: bund.hbg@bund.net
Geschäftsführer(in): Manfred Braasch

q 415

Bund für Umwelt und Naturschutz Deutschland (BUND)
Landesverband Hessen e.V.
Triftstr. 47, 60528 Frankfurt
T: (069) 67 73 76-0   Fax: 67 73 76-20
E-Mail: bund.hessen@bund.net
Geschäftsführer(in): Michael Rothkegel

q 416

Bund für Umwelt und Naturschutz Deutschland (BUND)
Landesverband Mecklenburg-Vorpommern e.V.
Zum Bahnhof 20, 19053 Schwerin
T: (0385) 56 54 70   Fax: 56 36 61
Internet: http://www.bund.net/mv
E-Mail: bund.mv@bund.net
Politische Geschäftsführerin: Corinna Cwielag
Kaufmännische Geschäftsführerin: Dorothee Müller

q 417

Bund für Umwelt und Naturschutz Deutschland (BUND)
Landesverband Niedersachsen e.V.
Goebenstr. 3A, 30161 Hannover
T: (0511) 9 65 69-0   Fax: 66 25 36
E-Mail: bund.nds@bund.net
Geschäftsführer(in): Carl-Wilhelm Bodenstein-Dresler

q 418

Bund für Umwelt und Naturschutz Deutschland (BUND)
Landesverband Nordrhein-Westfalen e.V.
Merowingerstr. 88, 40225 Düsseldorf
E-Mail: bund.nrw@bund.net

q 419

Bund für Umwelt und Naturschutz Deutschland (BUND)
Landesverband Rheinland-Pfalz e.V.
Postf. 15 65, 55005 Mainz
Gärtnergasse 16, 55116 Mainz
T: (06131) 23 19 73   Fax: 23 19 71
Geschäftsführer(in): Heide von Schütz

q 420

Bund für Umwelt und Naturschutz Deutschland (BUND)
Landesverband Saarland e.V.
Kaiserstr. 73, 66133 Saarbrücken
T: (0681) 81 37 00/01   Fax: 81 37 20

q 421

Bund für Umwelt und Naturschutz Deutschland (BUND)
Landesverband Sachsen e.V.
Henriettenstr. 5, 09112 Chemnitz
T: (0371) 30 14 77   Fax: 30 14 78
E-Mail: bund.sachsen@bund.net
Geschäftsführer(in): Ulrich Krößin

q 422

Bund für Umwelt und Naturschutz Deutschland (BUND)
Landesverband Sachsen-Anhalt e.V.
Steubenallee 2, 39104 Magdeburg
T: (0391) 54 33 61   Fax: 5 41 52 70
E-Mail: bund.sachsen-anhalt@bund.net
Geschäftsführer(in): Oliver Wendenkampf

q 423

Bund für Umwelt und Naturschutz Deutschland (BUND)
Landesverband Schleswig-Holstein e.V.
Lerchenstr. 22, 24103 Kiel
T: (0431) 6 60 60-0   Fax: 6 60 60-33
E-Mail: bund.s-h@bund.net
Geschäftsführer(in): Hans-Jörg Lüth

q 424

Bund für Umwelt und Naturschutz Deutschland (BUND)
Landesverband Thüringen e.V.
Trommsdorffstr. 5, 99084 Erfurt
T: (0361) 5 55 03 10   Fax: 5 55 03 19
E-Mail: bund.thueringen@bund.net
Geschäftsführer(in): N. N.

● Q 425

BUNDjugend
Jugend im Bund für Umwelt und Naturschutz Deutschland e.V.
Bundesgeschäftsstelle
Am Köllnischen Park 1a, 10179 Berlin
T: (030) 2 75 86 50   Fax: 2 75 86 55
Internet: http://www.bundjugend-berlin.de
E-Mail: bundjugend@bund.net
Gründung: 1984 (November)
Bundesjugendsprecherin: Johanna Heilmann
Geschäftsführer(in): Gisela Enders
Leitung Presseabteilung: Gundolf Thurm
Mitglieder: 43000
Mitarbeiter: 8
Jahresetat: DM 1,5 Mio, € 0,77 Mio

Landesgeschäftsstellen:

q 426

BUNDjugend Baden-Württemberg
Rotebühlstr. 86I, 70178 Stuttgart
T: (0711) 61 97-020   Fax: 61 97-013
E-Mail: bundjugend.bw@bund.net
Kontaktperson: Roland Pregitzer

q 427

BUNDjugend Bayern (JBN)
Trivastr. 13, 80637 München
T: (089) 15 98 96-30   Fax: 15 98 96-33
E-Mail: info@jbn.de
Kontaktperson: Franziska Schmuck

q 428

BUNDjugend Berlin
Jagowstr. 12, 10555 Berlin
T: (030) 3 92 82 80   Fax: 3 92 79 97
E-Mail: bundjugend.berlin@jugendumwelt.de

q 429

BUNDjugend Brandenburg
Zeppelinstr. 44, 14471 Potsdam
T: (0331) 9 51 19-71   Fax: 9 51 19-66
E-Mail: bundjugend.bb@web.net
Kontaktperson: Claudia Summ

q 430

BUNDjugend Bremen
Am Dobben 44, 28203 Bremen
T: (0421) 7 90 02-40   Fax: 7 90 02-90
E-Mail: bund.bremen@bund.net

q 431

BUNDjugend Hamburg
Lange Reihe 29, 20099 Hamburg
T: (040) 4 60 34 32   Fax: 2 80 19 46
E-Mail: bund.hamburg@bund.net

q 432

BUNDjugend Hessen
Triftstr. 47, 60528 Frankfurt
T: (069) 67 73 76 30   Fax: 67 73 76 20
E-Mail: bundjugend.hessen@bund.net
Kontaktpersonen: Sabine Wolters
Stephan Hübner
Barbara Michalski

q 433

BUNDjugend Mecklenburg-Vorpommern
Am Bahnhof 20, 19057 Schwerin
T: (0385) 5 00 78 18   Fax: 56 36 61
E-Mail: bundjugend.mvp@bund.net
Kontaktpersonen: Rolf Scholtyseck
Steffi Baumgartner

q 434

BUNDjugend Niedersachsen (JANUN)
Goebenstr. 3a, 30161 Hannover
T: (0511) 3 94 04-15   Fax: 3 94 54-59
E-Mail: bundjugend.nds@bund.net
Kontaktperson: Christian Cray

q 435

BUNDjugend Projektbüro Nordrhein-Westfalen
Postf. 11 21, 59471 Soest
T: (02921) 34 69 44
E-Mail: bundjugend.nw@bund.net
Kontaktperson: Jens Jackowski

q 436

BUNDjugend Rheinland-Pfalz
Gärtnergasse 16, 55116 Mainz
T: (06131) 23 19 73   Fax: 23 19 71
E-Mail: bundjugen.rp@bund.net

q 437

BUNDjugend Saarland
Kaiserstr. 73, 66133 Saarbrücken
T: (0681) 81 37 00   Fax: 81 37 20
E-Mail: bund-saar@t-online.de

q 438

BUNDjugend Sachsen
Schützengasse 16-18, 01067 Dresden
T: (0351) 4 94 33 20   Fax: 4 94 34 00
E-Mail: bundjugend.sachsen@bund.net

q 439

BUNDjugend Sachsen-Anhalt
Olvenstedter Str. 10, 39108 Magdeburg
T: (0391) 5 44 09 78   Fax: 5 44 09 78
Kontaktperson: Birgit Ahrndt

q 440

BUNDjugend Schleswig-Holstein
Lerchenstr. 22, 24103 Kiel
T: (0431) 6 60 60 60   Fax: 6 60 60 33
E-Mail: bund.s-h@bund.net

q 441
BUNDjugend Thüringen
Trommsdorffstr. 5, 99084 Erfurt
T: (0361) 5 55 03 10

Arbeitskreise und Projekte der BUNDjugend

q 442
BUNDjugend Arbeitskreis Wirtschaft
c/o Projektwerkstatt Spunk
Steinstr. 23, 76133 Karlsruhe
T: (0721) 3 54 57 40   **Fax:** 3 54 57 42
E-Mail: arbeitskreis-wirtschaft@gmx.de

q 443
BUNDjugend Arbeitskreis Israel
Stahnsdorfer Str. 142c, 14482 Potsdam
T: (0331) 74 25 27
E-Mail: birgit.teschner@bund.net
Kontaktperson: Birgit Teschner

q 444
BUNDjugend Arbeitskreis Kind und Natur
Rotebühlstr. 86 /1, 70178 Stuttgart
T: (0711) 6 19 70-23   **Fax:** 6 19 70-13

q 445
BUNDjugend The Bet - Office
Rothenburgstr. 16, 12165 Berlin
T: (030) 79 70 66 10   **Fax:** 79 70 66 20
E-Mail: thebet.office@gmx.net

q 446
BUNDjugend Umweltkindertag
c/o BUNDjugend Bundesgeschäftsstelle
Am Köllnischen Park 1a, 10179 Berlin
T: (030) 2 75 86-583   **Fax:** 2 75 86-55
E-Mail: umweltkindertag@bund.net

● Q 447
Naturschutz-Zentrum Hessen
Akademie für Natur- und Umweltschutz e.V.
Friedenstr. 38, 35578 Wetzlar
T: (06441) 9 24 80-0   **Fax:** 9 24 80-48
E-Mail: info@nzh-akademie.de
Gründung: 1976 (26. September)
Vorsitzende(r) des Vorstandes: Otto Wilke
Stellvertretende(r) Vorsitzende(r): Prof. Fritz Jauker
Geschäftsführer(in): LFD E. Engert
Leitung Presseabteilung: Norbert Lemb
Mitarbeiter: ca. 31
Mitgliedsverbände: 30

● Q 448
BNU - Bund für Natur und Umwelt e.V.
Geschäftsstelle Berlin
Schwedter Str. 37-40, 10435 Berlin
T: (030) 4 48 15 90   **Fax:** 4 48 15 90
Gründung: 1949 (Natur- und Heimatfreunde im Kulturbund z. demokr. Erneuerose Deutschlands)
Vorsitzende(r): Annerose Sohler
Stellv. Vors. u. Geschf: Prof. Dr. Hermann Behrens

q 449
BNU - Bund für Natur und Umwelt, Landesverband Sachsen-Anhalt
Umwelthaus
Steubenallee 2, 39104 Magdeburg
T: (0391) 5 41 34 85   **Fax:** 5 41 34 85
Gründung: 1990
1. Vorsitzende(r): Prof. Dr.med. Giselher Schuschke (Erlenweg 2, 39120 Magdeburg)
Geschäftsführer(in): Dr.rer.nat. Uwe Wegener

● Q 450
ÖKOLÖWE - Umweltbund Leipzig e.V.
Haus der Demokratie
Bernhard-Göring-Str. 152, 04277 Leipzig
T: (0341) 3 06 51 85   **Fax:** 3 06 51 79
Internet: http://www.oekoloewe.de
E-Mail: info@oekoloewe.de
Gründung: 1989 (November)
Geschäftsführer(in): Michael Schaaf
Stellvertretende(r) Geschäftsführer(in): Roland Quester
Leitung Presseabteilung: Heike Deschle
Verbandszeitschrift: Löwenmaul
Redaktion: Heike Deschle
Verlag: Eigenverlag
Mitglieder: 202
Mitarbeiter: 14

● Q 451
Umweltinstitut München e.V.
Schwere-Reiter-Str. 35-1b, 80797 München
T: (089) 30 77 49-0   **Fax:** 30 77 49-20
Internet: http://www.umweltinstitut.org
E-Mail: uim@umweltinstitut.org
Gründung: 1986
Leitung Presseabteilung: Hans Ulrich Raithel
Verbandszeitschrift: Umweltnachrichten
Verlag: Eigenverlag
Mitglieder: 1700

● Q 452
Münchner Diskussionsforum für Entwicklungsfragen (Münchner Forum) e.V.
Schellingstr. 65, 80799 München
T: (089) 28 20 76   **Fax:** 2 80 55 32
Internet: http://www.muenchner-forum.de
E-Mail: muenchner-forum@ngi.de
Gründung: 1968
Verbandszeitschrift: "Standpunkte"
Redaktion: Yvonne Außmann
Verlag: Eigenverlag
Mitglieder: 23 (zumeist juristische Personen)
Mitarbeiter: fest angestellt 3 Halbtagskräfte
Jahresetat: ca. DM 0,3 Mio, € 0,15 Mio

● Q 453
Schutzgemeinschaft Deutsche Nordseeküste e.V. (SDN)
Neumühlenstr. 1a, 26316 Varel
T: (04451) 8 10 06   **Fax:** 86 07 98
Gründung: 1973 (13. Januar)
Vorsitzende(r): Dr. habil. V. Dethlefsen
Geschäftsführer(in): Hans von Wecheln (Ltg. Presseabt.)
Verbandszeitschrift: SDN Nachrichten
Verlag: Selbstverlag
Mitglieder: 1000
Mitarbeiter: 12
Jahresetat: DM 1,0 Mio, € 0,51 Mio
Landkreise, Städte und Gemeinden, Vereine u. Institutionen, persönliche Mitglieder und Förderer

● Q 454
Naturschutzgesellschaft Schutzstation Wattenmeer e.V.
Grafenstr. 23, 24768 Rendsburg
T: (04331) 2 36 22   **Fax:** 2 52 46
Internet: http://www.schutzstation-wattenmeer.de
E-Mail: info@schutzstation-wattenmeer.de
Vorsitzende(r): Gert Oetken
Stellvertretende(r) Vorsitzende(r): Johann Walter

● Q 455
Schutzgemeinschaft Deutsche Ostseeküste e.V.
An der Jägerbäk 2, 18069 Rostock
T: (0381) 8 00 50 70   **Fax:** 8 20 91
Gründung: 1990 (24. November)
Vorsitzende(r): Prof. Dr. Alfred Gomolka (MdEP, Universität Greifswald)
Stellvertretende(r) Vorsitzende(r): Dr. J. Behrens
Geschäftsführer(in): Regina May
Mitglieder: 62
Mitarbeiter: 1

● Q 456
Aktionskonferenz Nordsee e.V. (AKN)
Kreuzstr. 61, 28203 Bremen
T: (0421) 7 76 75   **Fax:** 7 89 31
E-Mail: aknev@gmx.net
Verbandszeitschrift: Waterkant (Umwelt + Mensch + Arbeit in der Nordseeregion)
Redaktion: Burkhard Ilschner, Red. Waterkant, Offenwardener Str. 6, 27628 Sandstedt, Telefax: (04702) 92 00 93
Verlag: Selbstverlag

● Q 457
Fachvereinigung Betriebs- und Regenwassernutzung e.V. (fbr)
Havelstr. 7a, 64295 Darmstadt
T: (06151) 33 92 57   **Fax:** 33 92 58
Internet: http://www.fbr.de
E-Mail: fbrev@t-online.de
Gründung: 1995 (17. November)
Vorstand: Dipl.-Ing. Martin Bullermann (1. Vors.; Umweltplanung Bullermann, Schneble, Darmstadt)
Gerhard Deltau (2. Vors., Haiger)
Schatzmeister: Torsten Grüter (Kaufmann, Windeck)
Beisitzer: Dipl.-Ing. K.W. König (Freier Innenarchitekt, Überlingen)
Dipl.-Ing. E. Nolde (Nolde & Partner, Berlin)
Karin Beelitz (Kauffrau, Kefenrod)
Dipl.-Ing. Andrea Hofstätter (Umwelttechniking, Bingen)
Verbandszeitschrift: fbr-wasserspiegel

Redaktion: A. Hofstätter, M. Bullermann
Mitglieder: ca. 500
Mitarbeiter: 2

● Q 458
Institut für Gewässerschutz Dr. Joachim Theiß
Im Gewerbepark 49, 93059 Regensburg
T: (0941) 44 82 85   **Fax:** 4 08 53
Internet: http://www.biodiv.de/igsf.htm
E-Mail: igs.dr.theiss@t-online.de
Gründung: 1991
Leiter(in): Privatdoz. Dr. Joachim Theiß

● Q 459
ÖKO-INSTITUT
Institut für angewandte Ökologie e.V.
Geschäftsstelle Freiburg
Postfach 62 26, 79038 Freiburg
Binzengrün 34a, 79114 Freiburg
T: (0761) 4 52 95-0   **Fax:** 47 54 37
Büro Darmstadt
Elisabethenstr. 55-57, 64283 Darmstadt, T: (06151) 8 19 10, Fax: 81 91 33
Büro Berlin
Novalisstr. 10, 10115 Berlin, T: (030) 28 04 86 80, Fax: 28 04 86 88
Gründung: 1977
Vorstandsvorsitzende(r): Hannegret Hönes
Geschäftsführer(in): Uwe Ilgemann
Leitung Presseabteilung: Ilka Buchmann
Verbandszeitschrift: Öko-Mitteilungen
Mitglieder: 4000
Mitarbeiter: 80

● Q 460
Öko-Sponsoring e.V. (Deutschland)
Zur Vogelstange 3h, 48165 Münster
T: (02501) 26 14 64   **Fax:** 26 14 64
Internet: http://home.t-online.de/home/oeko-sponsoring
E-Mail: oeko-sponsoring@t-online
Gründung: 1992 (25. September)
Ltr. Bundesgeschäftsstelle u. Presseabt.: Horst-Dieter Klose
Präsident(in): H.-D. Klose
Ute Weiß
Verbandszeitschrift: Öko-Sponsoring-News, Öko-Sponsoring-Börse
Mitglieder: 204
Mitarbeiter: 3
Jahresetat: DM 0,23 Mio, € 0,12 Mio

6 Landesgruppen in
Bayern, Baden-Württemberg, Nordrhein-Westfalen, Niedersachsen, Berlin

● Q 461
Gesellschaft für Ökologie e.V.
Rothenburgstr. 12, 12165 Berlin
T: (030) 31 47 13 96   **Fax:** 31 47 13 55
Internet: http://www.uni-giessen.de/gfoe
E-Mail: gfoe@tu-berlin.de
Gründung: 1970
Präsident(in): Prof. Dr. J. Pfadenhauer, Weihenstephan
Vizepräsident(in): Prof. Dr. A. Otte, Gießen
Leitung Presseabteilung: Dr. Christian Kampichler
Verbandszeitschrift: Basic and Applied Ecology (4 x jährl., englischspr.)
Redaktion: Prof. Dr. Tscharntke
Verlag: Urban & Fischer, Jena
Mitglieder: 1846
Mitarbeiter: 1

● Q 462
Bundesverband Ökologie e.V. (BVÖ)
Postfach 12 38, 56278 Emmelshausen
Kirchstr. 13, 56281 Emmelshausen
T: (06747) 62 91 (Generalsek.)   **Fax:** 62 35
Gründung: 1989
Vorsitzende(r): N. N.
Generalsekretär(in): Hans-Joachim Schunack
Leitung Presseabteilung: Michael Flachenäcker
Verbandszeitschrift: Zeitschrift "Ökologie"
Auflage: 98.000
Redaktion: Kirchstr. 13, 56281 Emmelshausen, T: (06747) 62 91, Telefax: (06747) 62 35
Verlag: Condo-Verlag GmbH, Kirchstr. 13, 56281 Emmelshausen, T: (06747) 62 91, Fax: (06747) 62 35

● Q 463
Bremer Umweltinstitut e.V.
Wielandstr. 25, 28203 Bremen
T: (0421) 7 60 78   **Fax:** 7 14 04
Internet: http://www.bremer-umweltinstitut.de
E-Mail: mail@bremer-umweltinstitut.de
Vorsitzende(r): Michael Möhler (Leitung Presseabteilung)
Ulrike Siemers

● Q 464
UPI - Umwelt- und Prognoseinstitut Heidelberg e.V.
Handschuhsheimer Landstr. 118a, 69121 Heidelberg
T: (06221) 45 50 55   Fax: 45 50 56
Internet: http://www.upi-institut.de
E-Mail: upi@upi-institut.de
Gründung: 1986 (September)
Leiter(in): Dieter Teufel
Mitarbeiter: 8

● Q 465
UWI - Institut für Umweltwissenschaft und Lebensrechte e.V.
Hauptmannsreute 45, 70192 Stuttgart
T: (0711) 29 38 74
Gründung: 1979 (1. September)
Leiter(in): Dr. Wolfgang Sternstein
Mitglieder: 90
Mitarbeiter: 1
Jahresetat: DM 0,040 Mio, € 0,02 Mio

● Q 466
iwö - Institut für Wirtschaft und Ökologie e.V.
Kirchfeldstr. 11, 40217 Düsseldorf
T: (0211) 31 39 46   Fax: 31 39 46
Gründung: 1985 (Dezember)
Vorsitzende(r) des Vorstandes: Klaus-Dieter Hilbert (Krankenversorgungszentrum Düsseldorf)
Leitung Presseabteilung: N. N.
Verbandszeitschrift: Grünstift - Das Düsseldorfer Umweltmagazin
Mitarbeiter: 5

● Q 467
E.F.-Schumacher-Gesellschaft für politische Ökologie e.V.
Görresstr. 33, 80798 München
T: (089) 52 97 70   Fax: 54 21 29 44
Gründung: 1980 (10. Juni)
Präsident(in): Lothar Mayer (Dolmetscher)
Vizepräsident(in): Prof. Dr. Ernst Schrimpff (FH, Weihenstephan)
Verbandszeitschrift: Energiebündel
Redaktion: Doris Rüb
Mitglieder: 200
Mitarbeiter: 8 (mindestens)
Jahresetat: ca. DM 0,05 Mio, € 0,03 Mio

● Q 468
LIFE e.V. Frauen entwickeln Ökotechnik
Ökotechnisches Frauenbildungszentrum
Dircksenstr. 47, 10178 Berlin
T: (030) 30 87 98-0   Fax: 30 87 98 25
Internet: http://www.life-online.de
E-Mail: info@life-online.de
Gründung: 1989
Kontaktperson: Dr. Barbara Schöler-Macher (T: (030) 30 87 98-15)
Mitarbeiter: 40
Jahresetat: ca. DM 3 Mio, € 1,53 Mio

● Q 469
Bundesverband Altlasten-Betroffener e.V. (BVAB)
Wiesdorfer Platz 3, 51373 Leverkusen
T: (0214) 4 22 72
Vorsitzende(r): Gabriele Rebbe (T: (02327) 8 85 41)
Geschäftsführer(in): Dipl.-Ing. Detlef Stoller (T: (0214) 4 62 74)

● Q 470
Institut für Informations- und Kommunikationsökologie e.V. (IKÖ)
Am Botanischen Garten 8, 47058 Duisburg
T: (0203) 33 21 53   Fax: 33 21 53
E-Mail: schicha@ikoe.de
Gründung: 1989
Leitung Presseabteilung: Dr. Christian Schicha
Verbandszeitschrift: Zeitschrift für Kommunikationsökologie
Verlag: LIT-Verlag, Münster
Mitglieder: ca. 200

● Q 471
ÖKOZENTRUM Bonn e.V.
Adenauerallee 58, 53113 Bonn
T: (0228) 69 22 20   Fax: 9 76 86 15
Internet: http://www.oez-bonn.de
E-Mail: umwelt@oez-bonn.de
Gründung: 1982
Leitung Presseabteilung: Dorit Harms
Verbandszeitschrift: Bonner Umwelt Zeitung
Verlag: Ökozentrum Bonn e.V.
Mitglieder: 20 Aktive, 60 Passive
Mitarbeiter: 1 Zivi, sonst Ehrenamtl.

● Q 472
Bundes-Koordination Studentischer Ökologiearbeit e.V. (BSÖ)
c/o AStA der Universität Münster
Schloßplatz 4, 48149 Münster
T: (0251) 8 32 22 87   Fax: 5 19 89
E-Mail: bsoe@studis.de
Gründung: 1992 (22. November)
Verbandszeitschrift: Hochschul-Umwelt-Info (HUI)
Mitglieder: 150

● Q 473
GRÜNE LIGA e.V.
Greifswalder Str. 4, 10405 Berlin
T: (030) 2 04 47 45   Fax: 2 04 44 68
Internet: http://www.grueneliga.de
E-Mail: bundesverband@grueneliga.de
Gründung: 1990 (3. Februar)
Vorsitzende(r): Klaus Schlüter
Stellvertretende(r) Vorsitzende(r): Stefan Richter
Geschäftsführer(in): Katrin Kusche
Verbandszeitschrift: ALLIGATOR
Redaktion: Klaus Schlüter (v.i.S.d.P.)
Verbandszeitschrift Berlin: Der Rabe Ralf
Dirk-Leif Miller (v.i.S.d.P.)
Verlag: Tribüne Druck GmbH
Verbandszeitschrift Brandenburg: LIGA-Libell
Redaktion: Wolfgang Tworowsky, Ronald Schulz

Landesgeschäftsstellen

q 474
GRÜNE LIGA Berlin e.V.
Prenzlauer Allee 230, 10405 Berlin
T: (030) 44 33 91-0   Fax: 44 33 91-33
Internet: http://www.grueneliga.de
E-Mail: berlin@grueneliga.de
Gründung: 1990
Leitung Presseabteilung: Gabriele Kuczmierczyk
Verbandszeitschrift: 1) Der Rabe Ralf, 2) Berliner Briefe
Redaktion: 1) Matthias Bauer, 2) Gudrun Vinzing

q 475
GRÜNE LIGA Brandenburg e.V.
Landesgeschäftsstelle
Waldstr. 1, 14478 Potsdam
T: (0331) 87 13-513   Fax: 87 13-572
E-Mail: gl.bb-lgst.potsdam@t-online.de

q 476
GRÜNE LIGA Mecklenburg-Vorpommern e.V.
Wismarsche Str. 190, 19053 Schwerin
T: (0385) 56 29 20   Fax: 56 29 22
E-Mail: gl.schwerin@t-online.de

q 477
GRÜNE LIGA Sachsen e.V.
Regionalbüro Oberes Elbtal
Schützengasse 16-18, 01067 Dresden
T: (0351) 4 94 33 50   Fax: 4 94 34 50
E-Mail: gl.dresden@link-dd.cl.sub.de

q 478
GRÜNE LIGA Sachsen-Anhalt e.V.
Immermannstr. 36, 39108 Magdeburg
T: (0391) 7 32 97 22   Fax: 7 32 97 22
E-Mail: sachsen-anhalt@grueneliga.de

q 479
GRÜNE LIGA Thüringen e.V.
Goetheplatz 9b, 99423 Weimar
T: (03643) 49 27 96   Fax: 5 31 30
Internet: http://www.grueneliga-thueringen.de
E-Mail: thueringen@grueneliga.de

● Q 480
Arbeitsgemeinschaft für Umweltfragen e.V. (AGU)
Matthias-Grünewald-Str. 1-3, 53175 Bonn
T: (0228) 37 50 05   Fax: 37 11 04
Internet: http://www.ag-umweltfragen.de
E-Mail: info@ag-umweltfragen.de
Vorstand: Prof. Dr. Fritz Vahrenholt (Vors.)
Jochen Flasbarth (stellv. Vors.; Naturschutzbund Deutschland)
Prof. Dr. Gerlinde Lübbe-Wolf (stellv. Vors.; Universität Bielefeld)
Heinz Putzhammer (stellv. Vors.; Deutscher Gewerkschaftsbund)
Rainer Baake (Staatssekretär im Bundesumweltministerium)
Prof. Dr. Ulrich Köpke (Universität Bonn)
Dr. Carsten Kreklau (Bundesverband der Deutschen Industrie)
Geschäftsführer(in): Dr. Annette Nietfeld
Mitglieder: 394

● Q 481
Arbeitsgemeinschaft Flughafen und Ökologie Essen/Mülheim e.V. (AGFÖ)
Flughafen Essen/Mülheim
Brunshofstr. 3, 45470 Mülheim
Virchowstr. 9, 45147 Essen
T: (0201) 8 74 54 14   Fax: 8 74 54 15
Gründung: 1990
Vorstand: Heinz W. Steinforth (Vors.), Essen
Kassiererin: Ulrike Kippenhan, Heiligenhaus
Schriftführer: Dipl.-Ing. Karl Pickhard, Mülheim/Ruhr
Beirat: Klaus Alff, Essen
Dipl.-Ing. Joachim Trabitzsch, Essen
Franz Rüter (Unternehmer), Mülheim
Heinz Schlosser, Essen
Udo Schmidt, Oberhausen
Rüdiger Specht, Mülheim
Leitung Presseabteilung: Heinz Steinforth
Mitglieder: ca. 9800

● Q 482
Aktionszentrum Umweltschutz Berlin
Kaiserdamm 80, 14057 Berlin
T: (030) 3 01 56 44   Fax: 3 01 90 16
Internet: http://www.snafu.de/~azu

● Q 483
Gesellschaft für Umweltschutz e.V.
Kaiserdamm 80, 14057 Berlin
T: (030) 3 01 56 44   Fax: 3 01 90 16
Internet: http://www.snafu.de/~azu

● Q 484
Wissenschaftliche Gesellschaft für Umweltschutz e.V.
c/o Herrn Prof. Dr.-Ing. Max Dohmann
52056 Aachen
T: (0241) 80-5207

● Q 485
Thüringisches Umweltzentrum e.V.
Alexanderstr. 20, 99817 Eisenach
T: (03691) 20 38 53   Fax: 20 38 66
Gründung: 1990 (26. Februar)
Vorstand: Daniela Hofer
Eberhard Golenia
Sebastian Krieg
Mitglieder: ca. 90
Mitarbeiter: 8

● Q 486
Länderausschuß für Immissionsschutz (LAI)
c/o Ministerium für Umwelt und Forsten Rheinland-Pfalz
Kaiser-Friedrich-Str. 1, 55116 Mainz
T: (06131) 16-0   Fax: 16-4646
Vorsitzende(r): MinR Dr. Arnold Heerd (T: (06131) 16-4610/-4611)
Geschäftsführer(in): MinR Dr. Michael Hofmann (T: (06131) 16-4615)
GA Andreas Rothe (T: (06131) 16-2684)
Leitung Presseabteilung: Torsten Kram (M.A., T: (06131) 16-4645, Fax: (06131) 16-5354/-4649)

● Q 487
Landesumweltamt Nordrhein-Westfalen
Postf. 10 23 63, 45023 Essen
Wallneyer Str. 6, 45133 Essen
T: (0201) 79 95-0   Fax: 79 95-1146, 79 95-1148
Gründung: 1994 (1. April), aus folgenden Vorläuferinstitutionen:
- Landesamt für Wasser und Abfall, Düsseldorf
- Landesanstalt für Immissionsschutz, Essen
- Bodenschutzzentrum, Oberhausen
- Bodenschutzabteilung der Landesanstalt für Ökologie, Düsseldorf
- Fachinformationszentrum für gefährliche und umweltrelevante Stoffe, Duisburg
Präsident(in): Dr.-Ing. Harald Irmer
Ständiger Vertreter: Dr.-Ing. Peter Davids
Leitung öffentl. Arbeit: Dr.rer.nat. Horst Manns
Mitarbeiter: 650

● Q 488
Initiative „Beim Halten Motor abschalten"
Itterstr. 24, 41469 Neuss
T: (02137) 1 33 34   Fax: 41 49

E-Mail: REGeiling@aol.com
Gründung: 1973
Leiter(in): Ralf E. Geiling

● **Q 489**

Verband Deutscher Vereine für Aquarien- und Terrarienkunde e.V. (VDA)
Luxemburger Str. 16, 44789 Bochum
T: (0234) 38 16 50 **Fax:** 38 25 90
Gründung: 1911
Präsident(in): J. D. Matthies
Geschäftsführer(in): Hans Stiller

● **Q 490**

Deutsche Gesellschaft für Herpetologie und Terrarienkunde e.V. (DGHT)
Geschäftsstelle
Postf. 14 21, 53351 Rheinbach
Wormersdorfer Str. 46-48, 53359 Rheinbach
T: (02225) 70 33 33 **Fax:** 70 33 38
Internet: http://www.dght.de
E-Mail: gs@dght.de
Gründung: 1964
1. Vorsitzende(r): Dipl.-Ing. Ingo Pauler
2. Vorsitzender: Dr. Michael Gruschwitz
3. Vorsitzender: Dr. Uwe Fritz
Leitung Presseabteilung: Andreas Mendt
Verbandszeitschrift: "Salamandra", "Mertensiella" und "Elaphe"
Mitglieder: 8000
Mitarbeiter: 3
Jahresetat: DM 0,5 Mio, € 0,26 Mio

● **Q 491**

**Deutsche Gesellschaft für Herpetologie u. Terrarienkunde
-Landesverband Berlin e.V.- (DGHT)**
Geschäftsstelle
Planetenstr. 45, 12057 Berlin
T: (030) 6 84 71 40 **Fax:** 6 84 71 40
Gründung: 1918 /1960
Vorsitzende(r): Axel Biehler (Bartschweg 20a, 14089 Berlin)
1. Stellv. Vors.: Klaus-Detlef Kühnel (Am Horst 4, 15741 Bestensee)
2. Stellv. Vors.: Brigitte Bannert (Wichernstr. 18a, 14195 Berlin)
Geschäftsführer(in): Dr. Manfred Buhle (Planetenstr. 45, 12057 Berlin)
Mitglieder: ca. 100 im Landesverband Berlin, ca. 6300 im Mutterverband
Mutterverband: Deutsche Gesellschaft für Herpetologie und Terrarienkunde e.V.
Gesch.-Stelle: Dipl.-Ing. Ingo Pauler, Im Sandgarten 4, 67157 Wachenheim

● **Q 492**

NABU - Naturschutzbund Deutschland e.V.
Bundesgeschäftsstelle
Herbert-Rabius-Str. 26, 53225 Bonn
T: (0228) 40 36-0 **Fax:** 40 36-200
Internet: http://www.nabu.de
E-Mail: nabu@nabu.de
Gründung: 1899
Präsident(in): Jochen Flasbarth
Geschäftsführer(in): Uwe Hüser
Gerd Billen
Leitung Presseabteilung: Bernd Pieper
Verbandszeitschrift: Naturschutz heute
Redaktion: Chefredakteur Bernd Pieper
Verlag: Herbert-Rabius-Str. 26, 53225 Bonn
Mitglieder: ca. 350000 incl. LBV-NABU-Partner Bayern
Mitarbeiter: ca. 55 (Bundesgeschäftsstelle Bonn)
Jahresetat: DM 28,5 Mio, € 14,57 Mio

Einflußnahme auf politische Entscheidungen im Natur- und Umweltschutz, Mitwirkung bei Planungen im Rahmen des Paragraph 29 Bundesnaturschutzgesetz, Informations- und Aufklärungsarbeit, Umwelterziehung; Schutz und Pflege der Natur und Umwelt mit ihrer Tier- und Pflanzenwelt, Erhaltung unserer natürlichen Lebensgrundlagen Boden, Wasser, Klima, Luft, Pflanzen- und Tierwelt, Sicherung bestehender und Gestaltung neuer Lebensräume

q 493

NABU Bundesvertretung Berlin
Invalidenstr. 112, 10115 Berlin
T: (030) 28 49 84-0 **Fax:** 28 49 84-84
E-Mail: bv.berlin@nabu.de

Landesverbände

q 494

NABU Baden-Württemberg
Tübinger Str. 15, 70178 Stuttgart
T: (0711) 9 66 72-0 **Fax:** 9 66 72-33
Internet: http://www.nabu-bw.de
E-Mail: nabu.bw@t-online.de

q 495

NABU Berlin
Hauptstr. 13, 13055 Berlin
T: (030) 9 86 41 07 **Fax:** 9 86 70 51
Internet: http://home.t-online.de/home/nabu.berlin/home.htm
E-Mail: nabu.berlin@t-online.de
Infozentrum: Goltzstr. 5, 10781 Berlin, T.: (030) 2 16 67 97, Fax: (030) 2 16 96 77

q 496

NABU Brandenburg
Heinrich-Mann-Allee 93A, 14478 Potsdam
T: (0331) 81 04-27, 81 04-34 **Fax:** 86 08 36
Internet: http://www.nabu.de/brandenburg/
E-Mail: nabu-brandenburg@t-online.de

q 497

NABU Bremen
Contrescarpe 8, 28203 Bremen
T: (0421) 3 39 84-28 **Fax:** 3 39 84-29
E-Mail: nabubremen@aol.com

q 498

NABU Hamburg
Habichtstr. 125, 22307 Hamburg
T: (040) 69 70 89-0 **Fax:** 69 70 89-19
Internet: http://www.nabu-hamburg.de
E-Mail: nabu@nabu-hamburg.de

q 499

NABU Hessen
Garbenheimer Str. 32, 35578 Wetzlar
T: (06441) 4 50 43 **Fax:** 4 39 57
Internet: http://www.nabu-hessen.de
E-Mail: nabu.hessen@t-online.de

q 500

NABU Mecklenburg-Vorpommern
Zum Bahnhof 24, 19053 Schwerin
T: (0385) 7 58 94-81 **Fax:** (0381) 7 58 94-98
Internet: http://www.nabu-mv.de
E-Mail: nabu.mv@t-online.de

q 501

NABU Niedersachsen
Calenberger Str. 24, 30169 Hannover
T: (0511) 9 11 05-0 **Fax:** 9 11 05-40
E-Mail: info@nabu-niedersachsen.de

q 502

NABU Nordrhein-Westfalen
Merowingerstr. 88, 40225 Düsseldorf
T: (0211) 15 92 51-0 **Fax:** 15 92 51-15
Internet: http://www.nabu-nrw.de
E-Mail: info@nabu-nrw.de

q 503

NABU Rheinland-Pfalz
Frauenlobstr. 15-19, 55118 Mainz
T: (06131) 1 40 39-0 **Fax:** 1 40 39-28
E-Mail: kontakt@nabu-rlp.de

q 504

NABU Saarland
Antoniusstr. 18, 66822 Lebach
T: (06881) 93 66 19-0 **Fax:** 93 66 19-11
E-Mail: lgs@nabu-saar.de

q 505

NABU Sachsen
Löbauer Str. 68, 04347 Leipzig
T: (0341) 2 41 19 92, 23 33 13-0 **Fax:** 23 33 13-3
Internet: http://www.nabu-sachsen.de
E-Mail: landesverband@nabu-sachsen.de

q 506

NABU Sachsen-Anhalt
Schleinufer 18a, 39104 Magdeburg
T: (0391) 5 61 93-50 **Fax:** 5 61 93-49
Internet: http://www.nabu-lsa.de
E-Mail: mail@nabu-lsa.de

q 507

NABU Schleswig-Holstein
Carlstr. 169, 24537 Neumünster
T: (04321) 5 37 34 **Fax:** 59 81
Internet: http://www.nabu-sh.de
E-Mail: nabu.sh@t-online.de

q 508

NABU Thüringen
Dorfstr. 15, 07751 Leutra
T: (03641) 60 57 04 **Fax:** 21 54 11
E-Mail: nabu-th@t-online.de

q 509

Landesbund für Vogelschutz in Bayern e.V. (LBV)
Eisvogelweg 1, 91161 Hilpoltstein
T: (09174) 47 75-0 **Fax:** 47 75-75
Internet: http://www.lbv.de
E-Mail: info@lbv.de

● **Q 510**

Landesbund für Vogelschutz in Bayern e.V. (LBV)
Verband für Arten- und Biotopschutz
Postf. 13 80, 91157 Hilpoltstein
Eisvogelweg 1, 91161 Hilpoltstein
T: (09174) 47 75-0 **Fax:** 47 75-75
Internet: http://www.lbv.de
E-Mail: info@lbv.de
Gründung: 1909
Vorsitzende(r): Ludwig Sothmann
Stellvertretende(r) Vorsitzende(r): Klaus G. Schulze
Geschäftsführer(in): Gerhard Koller
Ltg. Artenschutz: Dr. Andreas von Lindeiner
Ltg. Freizeit & Umweltpädagogik: Klaus Hübner
Ltg. Landschaftsökologie: Bernd Raab
Ltg. Marketing: Pia Büber
Naturschutzjugend im LBV: Geschäftsführung Simone Deubel
Verbandszeitschrift: Vogelschutz
Redaktion: Dr. Gisela Merkel-Wallner (verantw.), Ludwig Sothmann, Dieter Kaus, Klaus Hübner, Pia Bueber
Verlag: Mayr Miesbach, Druckerei und Verlag GmbH, Am Windfeld 15, 83714 Miesbach
Mitglieder: 65000
Mitarbeiter: 55 und 57 Zivildienstleistende
Jahresetat: DM 11 Mio, € 5,62 Mio

● **Q 511**

Naturwissenschaftlicher Verein für Schwaben e.V.
Im Thäle 3, 86152 Augsburg
T: (0821) 3 24 67 30 **Fax:** 3 24 67 41
Gründung: 1846
1. Vorsitzende(r): Dr. Eberhard Pfeuffer
2. Vorsitzende(r): Dr. Michael Gorgas (Dir. des Zoo Augsburg)
Geschäftsführer(in): Dr. Michael Achtelig (Dir. des Naturmuseums Augsburg)
Verbandszeitschrift: Berichte des Naturwissenschaftlichen Vereins für Schwaben
Redaktion: Im Thäle 3, 86152 Augsburg
Mitglieder: 425

● **Q 512**

Dachverband Deutscher Avifaunisten e.V. (DDA)
c/o Forschungs- u. Technologiezentrum
Hafenstr., 25761 Büsum
T: (04834) 6 04-0 **Fax:** 6 04-299
Gründung: 1970 (Januar)
Vorsitzende(r): Dr. Hermann Hötker
Verbandszeitschrift: Die Vogelwelt - Beiträge zur Vogelkunde
Redaktion: Dr. Martin Flade, Dr. Andreas Helbig
Verlag: AULA-Verlag, Postf. 13 66, 65003 Wiesbaden
Mitglieder: 44 Verbände
Jahresetat: DM 0,05 Mio, € 0,03 Mio

● Q 513
Komitee gegen den Vogelmord e.V.
Aktionsgemeinschaft Tier- und Artenschutz
Auf dem Dransdorfer Berg 98, 53121 Bonn
T: (0228) 66 55 21 **Fax:** 66 52 80
Gründung: 1976
Vorsitzende(r): Eugen Tönnis
Geschäftsführer(in): Alexander Heyd
Verbandszeitschrift: "Artenschutzbrief"

● Q 514
Deutsche Ornithologen-Gesellschaft
c/o. Universität Frankfurt
Siesmayerstr. 70, 60323 Frankfurt
Internet: http://www.rz.uni-frankfurt.de/dog
Gründung: 1850
Präsident(in): Prof. Dr. R. Prinzinger (AK Stoffwechselphysiologie, Universität Frankfurt, Siesmayerstr. 70, 60054 Frankfurt/M., E-Mail: prinzinger@zoology.uni-frankfurt.de)
Vizepräsident(in): Dr. J. Hegelbach (Zoologisches Museum, Universität Irchel, Winterthurerstraße 190, CH-8057 Zürich, E-Mail: hegzm@zoolmus.unizh.ch)
Generalsekretär(in): PD Dr. Hans-Wolfgang Helb (Universität Kaiserslautern, AG Biologie und Ökologie, Postfach 3049, 67653 Kaiserslautern, E-Mail: hhelb@rhrk.uni_kl.de)
Schatzmeister: Wolfgang Stauber (Postfach 1126, 73330 Gingen/Fils)
Verbandszeitschrift: Journal für Ornithologie

● Q 515
Ornithologische Gesellschaft in Bayern e.V.
Bibl.: c/o Zoologische Staatssammlung
Münchhausenstr. 21, 81247 München
T: (089) 81 07-161 **Fax:** 81 07-300
Gründung: 1897 (05. Februar)
Vorsitzende(r): Manfred Siering (T: (089) 6 25 33 59)
Generalsekretär(in): Tino Mischler (T: (08825) 95 24 17)
Verbandszeitschrift: Ornithologischer Anzeiger
Redaktion: Ornithologische Gesellschaft in Bayern e.V., Redaktion Anzeiger: Tino Mischler, Gstaudweg 14, 82494 Krün
Verlag: Dr. E. Pfeil, Postf. 65 00 86, 81214 München

● Q 516

Schutzgemeinschaft Deutscher Wald e.V.
Bund zur Förderung der Landespflege (SDW)
Bundesverband
Meckenheimer Allee 79, 53115 Bonn
T: (0228) 65 84 62, 69 63 60 **Fax:** 65 69 80
Internet: http://www.sdw.de
E-Mail: sgdwald@aol.com
Gründung: 1947 (5. Dezember)
Präsident(in): Dr. Wolfgang von Geldern (Staatssekretär a.D.)
Stellvertretende(r) Vorsitzende(r): Ventur Schöttle
Vorstand: Wolfgang Pages
Ursula Lietz (MdB)
Heinz Fromm
Helmut Klaus
Dr. Hermann Schlagheck
Martin Tochtrop
Geschäftsführer(in): Bernd Krebs
Leitung Presseabteilung: Sabine Krömer-Butz
Forstassessor Jens Stengert
Verbandszeitschrift: UNSER WALD
Redaktion: Paulheinz Grupe, Parkstr. 17, 41061 Mönchengladbach
Verlag: VerlagsGmbH UNSER WALD, Meckenheimer Allee 79, 53115 Bonn
Mitglieder: 22000
Mitarbeiter: 5
Schutz des Waldes zur Erhaltung unserer natürlichen Lebensgrundlagen Boden, Wasser, Klima, Luft, Pflanzen- und Tierwelt. Sachliche Informations- und Aufklärungsarbeit. Mitwirkung an Raumordnungs- und Planfeststellungsverfahren, bei Bundes- und Landesgesetzgebung. Zusammenarbeit mit Naturschutzbehörden.

Landesverbände

q 517
Schutzgemeinschaft Deutscher Wald
Landesverband Baden-Württemberg
Königstraße 74, 70597 Stuttgart
T: (0711) 61 60 32 **Fax:** 61 60 44
E-Mail: sdw.bawue@t-online.de
Vorsitzende(r): Staatssekretär a.D. Ventur Schöttle
Geschäftsführer(in): Oberforstrat Dr. Gerhard Strobel

q 518
Schutzgemeinschaft Deutscher Wald
Landesverband Bayern e.V.
Ludwigstr. 2, 80539 München
T: (089) 28 43 94 **Fax:** 28 19 64
E-Mail: schwbayern@t-online.de
Vorsitzende(r): Johann Böhm (MdL)
Geschäftsführer(in): Lothar Gössinger

q 519
Schutzgemeinschaft Deutscher Wald
Landesverband Berlin
Forstwirtschaftshof im Forstamt Treptow
Clayallee 226A, 14195 Berlin
T: (030) 8 32 91 37 **Fax:** 8 32 92 36
E-Mail: sdw-berlin@web.de
Vorsitzende(r): Prof. Dr. Hartmut Kenneweg

q 520
Schutzgemeinschaft Deutscher Wald
Landesverband Brandenburg
Alfred-Möller-Str., 16225 Eberswalde
T: (03334) 6 55 04 **Fax:** 6 55 04
E-Mail: sdw-id@t-online.de
Vorsitzende(r): Dr. Meinhard Ott
Geschäftsführer(in): Dr. Klaus Spichale

q 521
Schutzgemeinschaft Deutscher Wald
Landesverband Hamburg
Lokstedter Holt 46, 22453 Hamburg
T: (040) 58 69 27 **Fax:** 58 79 52
E-Mail: sdw@wald.de
Vorsitzende(r): Regierungsdirektor Wolfgang Pages
Geschäftsführer(in): Rüdiger Kruse

q 522
Schutzgemeinschaft Deutscher Wald
Landesverband Hessen
Adelheidstr. 33, 65185 Wiesbaden
T: (0611) 30 09 09 **Fax:** 30 22 10
E-Mail: sdwhessen@t-online.de
Vorsitzende(r): Staatssekretär a.D. Heinz Fromm
Geschäftsführer(in): Christoph v. Eisenhart Rothe

q 523
Schutzgemeinschaft Deutscher Wald
Landesverband Mecklenburg-Vorpommern
c/o Forstamt Jasnitz
Lange Str. 21, 19230 Jasnitz
T: (038751) 2 12 68
Vorsitzende(r): MinDirig Helmuth Klaus
Geschäftsführer(in): Arnold Durdel

q 524
Schutzgemeinschaft Deutscher Wald
Landesverband Niedersachsen
Prinzenstr. 17, 30159 Hannover
T: (0511) 36 35 90 **Fax:** 3 63 25 32
E-Mail: sdw.niedersachsen@t-online.de
Vorsitzende(r): Ltd. FD a.D. Gerd Bosse
Geschäftsführer(in): Dr. Hartmut Berndt

q 525
Schutzgemeinschaft Deutscher Wald
Landesverband Nordrhein-Westfalen
Ripshorster Str. 306, 46117 Oberhausen
T: (0208) 8 83 18 81 **Fax:** 8 83 18 83
E-Mail: info@sdw-nrw.de
Vorsitzende(r): Gerd Wendzinski
Geschäftsführer(in): Gerhard Naendrup

q 526
Schutzgemeinschaft Deutscher Wald
Landesverband Rheinland-Pfalz
Richard-Müller-Str. 11, 67823 Obermoschel
T: (06362) 99 32 00 mit Anrufbeantworter **Fax:** 99 32 02
E-Mail: sdw-akademie@t-online.de
Vorsitzende(r): Winfried Werner
Geschäftsführer(in): Dr. Gert-Wolfhart Guse

q 527
Schutzgemeinschaft Deutscher Wald
Landesverband Saarland
Stadtverwaltung Sulzbach, Umweltamt
Postfach 13 55, 66274 Sulzbach
T: (06897) 50 81 39 **Fax:** 50 81 02
E-Mail: dr.anhut@stadt-sulzbach.de
Vorsitzende(r): Vizepräs. d. Landtages Roswitha Hollinger
Geschäftsführer(in): Dipl.-Biol. Siegbert Anhut

q 528
Schutzgemeinschaft Deutscher Wald
Landesverband Sachsen
Heidestr. 77, 01734 Karsdorf
T: (03504) 61 76 43 **Fax:** 61 76 43
Vorsitzende(r): Dr. Eberhard Lippmann (MdL)
Geschäftsführer(in): Forstassessor Olaf Kroppel

q 529
Schutzgemeinschaft Deutscher Wald
Landesverband Sachsen-Anhalt
Maxim-Gorki-Str. 13, 39108 Magdeburg
T: (0391) 7 39 69 33 **Fax:** 7 39 69 32
E-Mail: sdw-sa@t-online.de
Ehrenvorsitzender: Wolfgang Braun (Innenminister a.D.)
Vorsitzende(r): Forstmeister Manfred Lutscher
Geschäftsführerin: Sabine Sonnenberg

q 530
Schutzgemeinschaft Deutscher Wald
Landesverband Schleswig-Holstein
Dorfstr. 3a, 24326 Stocksee
T: (04526) 81 05 **Fax:** 6 34
Vorsitzende(r): Axel Graf von Bülow
Geschäftsführer(in): Anne Benett-Sturies

q 531
Schutzgemeinschaft Deutscher Wald
Landesverband Thüringen
Lindenhof 3, 99991 Seebach
T: (03601) 42 70 40 **Fax:** 42 70 40
Vorsitzende(r): Ulrich-Bernd von der Sahl
Kommiss. GeschF: Martin Haberkorn

● Q 532
Deutsche Waldjugend Bundesverband e.V. (DWJ)
Geschäftsstelle
Auf dem Hohenstein 3, 58675 Hemer
T: (02372) 66 08 49 **Fax:** 6 23 61
Gründung: 1957
Bundesleiter: Martin Tochtrop (Herbergsstr. 19, 51570 Windeck, T: (02292) 95 14 60, Fax: (02292) 65 69)
Stellv. Bundesleiter: Sven Heberer (Theodor-Heuss-Str. 29, 63150 Heusenstamm, T: (06104) 10 15 17)
Ralf Bischoff (Taubengasse 10, 67454 Haßloch)
Leitung Presseabteilung: Axel Bach
Verbandszeitschrift: DWJ-Info, Führungszeitschrift "FANG"
Redaktion: Christina Mathes, Am Waldeck 27, 65779 Kelkheim, T: (06195) 7 37 85
Verlag: versch. Druckereien
Mitglieder: 4800
Jahresetat: DM 0,1 Mio, € 0,05 Mio

Landesverbände

q 533
Deutsche Waldjugend
Landesverband Baden-Württemberg
Zähringerweg 14, 79843 Löffingen
T: (0761) 27 64 90 **Fax:** 28 73 08
Jürgen Zunftmeister
Anja Renner

q 534
Deutsche Waldjugend
Landesverband Bayern
Geschäftsstelle
Lehenbühlstr. 20, 87764 Legau
T: (08330) 9 33 77 **Fax:** 93 37 78
Georg Maisch

q 535
Deutsche Waldjugend
Landesverband Berlin-Brandenburg e.V.
Heinrich-Mann-Allee 93a, 14478 Potsdam

T: (0331) 8 71 60 04
Tino Kunert

q 536
Deutsche Waldjugend
Landesverband Hamburg
Meldorfer Str. 18, 20251 Hamburg
T: (040) 46 07 02 43   **Fax:** 46 07 02 44
Jan Harder

q 537
Deutsche Waldjugend
Landesverband Hessen
Geschäftsstelle
Hersfelder Str. 25, 34626 Neukirchen
T: (06694) 70 00
Carsten Günther

q 538
Deutsche Waldjugend
Landesverband Nord-Mecklenburg-Vorpommern
Forsteck 7, 24955 Harrislee
Katharina Labrenz

q 539
Deutsche Waldjugend
Landesverband Nordrhein-Westfalen
Landrat-Trimborn-Str. 53, 42799 Leichlingen
T: (02175) 88 02 01   **Fax:** 88 02 01
Ulrich Jakesch

q 540
Deutsche Waldjugend
Landesverband Rheinland-Pfalz
Barbarastr. 2, 66709 Weiskirchen
T: (06876) 79 17 94   **Fax:** 79 17 95
Dieter Frank

q 541
Deutsche Waldjugend
Landesverband Saarland
Stadtverwaltung Sulzbach
Postf. 1355, 66274 Sulzbach
T: (06897) 5 08-139   **Fax:** 5 08-102
Dipl.-Biol. Siegbert Anhut

q 542
Deutsche Waldjugend
Landesverband Sachsen
Hetzdorfer Str. 4, 01169 Dresden
T: (0351) 4 16 26 13   **Fax:** 4 16 26 13
Manuela Plotz

q 543
Deutsche Waldjugend
Landesverband Thüringen
Zellaer Str. 46, 98559 Oberhof
T: (036842) 2 07 35
Claus Peter

● Q 544
Deutscher Forstwirtschaftsrat e.V. (DFWR)
Postf. 12 29, 53349 Rheinbach
Münstereifeler Str. 19, 53359 Rheinbach
T: (02226) 23 50   **Fax:** 57 92
Internet: http://www.dfwr.de
E-Mail: dfwr-rheinbach@t-online.de
Gründung: 1950 (12. Januar)
Präsident(in): Hermann Ilaender (Silbergrube 3, 53557 Bad Hönningen)
Geschäftsführer(in): Michael Lammertz (Oberforstrat)
Mitglieder: 65
Aufgabe, die Forstwirtschaft und die Erhaltung und Pflege des deutschen Waldes zu fördern.

● Q 545
Deutscher Forstverein e.V.
Geschäftsstelle:
Büsgenweg 1, 37077 Göttingen
T: (0551) 3 79 62 65   **Fax:** 3 79 62 37
Internet: http://www.forstverein.de
E-Mail: info@forstverein.de
Gründung: 1899
Ehren-Präs: F.F. Oberforstdirektor i.R. Dr. Karl Kwasnitschka
Präsident(in): Ministerialdirigent Dr. Wolfgang Dertz (Hessisches Ministerium für Umwelt, Landwirtschaft und Forsten, Hölderlinstr. 1-3, 65187 Wiesbaden)
Vizepräsident(in): Ltd. Forstdir. Günter Kathol
Dr. Klaus Höppner
Bürgermeister Hermann Ilaender
Vors. d. Länderforstvereine
Vorsitzende(r): Forstdir. Dr. Hammer (Baden-Württembergischer Forstverein, Briegelackerstr. 8, 76532 Baden-Baden)
Dr. Joachim Bachler (Bayerischer Forstverein, Am Rothen 7, 63801 Kleinostheim)
Dr. Klaus Höppner (Brandenburgischer Forstverein, Alfred-Möller-Str. 6, 16225 Eberswalde-Finow)
Ministerialrat Jörg Freudenstein (Hessischer Forstverein, Hölderlinstr. 1-3, 65187 Wiesbaden)
Dr. Manfred Schorcht (Forstverein Mecklenburg-Vorpommern, Belscherstr. 11, 19230 Redefin)
Ltd. Forstdirektor Günter Kathol (Forstverein für Nordrhein-Westfalen, Nevinghoff 40, 48147 Münster)
Ludolf Frhr. von Oldershausen (Nordwestdeutscher Forstverein, An der Sägemühle 6, 37589 Düderode)
FD Georg Schubach (Forstverein Rheinland-Pfalz/Saarland, Am Dicken Stein 27, 67466 Lambrecht)
Hubertus Hlawatsch (Forstverein Sachsen-Anhalt, Zernitz 2, 39345 Bülstringen)
Dr. Herbert Bergmann (Sächsischer Forstverein, Bonnewitzer Str. 34, 01827 Graupa)
Prof. Dr. Martin Heinze (FV Thüringen, Fachhochschule für Forstwirtschaft, 07427 Schwarzburg)
Geschäftsführer(in): Forstass. Dr. Karsten Schulze
Mitglieder: ca. 7800
Fürsorge für den heimischen Wald; Förderung der forstlichen Wirtschaft und Wissenschaft; Fortbildung der Forstleute, insbesondere durch Vermittlung persönlichen Gedankenaustausches.

Länderforstvereine Geschäftsstellen

q 546
Baden-Württembergischer Forstverein
Marienstr. 48, 70178 Stuttgart
T: (0711) 6 68 43 01   **Fax:** 29 34 51
Geschäftsführer(in): Forstrat Dietmar Gretter

q 547
Bayerischer Forstverein
Cornillstr. 3, 63755 Alzenau
T: (06023) 3 22 32   **Fax:** 3 21 58
Geschäftsführer(in): Bernd Handlbichler

q 548
Brandenburgischer Forstverein
Alfred-Möller-Str. 1, 16225 Eberswalde
T: (03334) 6 51 01   **Fax:** 6 51 17
Geschäftsführer(in): Prof. Dr. Curt Majunke

q 549
Hessischer Forstverein
Reichardtstr. 12, 34537 Bad Wildungen
T: (05621) 80 29 80   **Fax:** 8 02 98 40
Geschäftsführer(in): Forstoberrat Eckhart Kalhöfer

q 550
Forstverein Mecklenburg/Vorpommern
c/o Landwirtschaftsministerium
Paulshöfer Weg 1, 19061 Schwerin
T: (0385) 5 88-0   **Fax:** 5 88-6024
Geschäftsführer(in): Ralf Spindler

q 551
Forstverein für Nordrhein-Westfalen
c/o Forstamt Warendorf
Brede 11, 48231 Warendorf
T: (02581) 9 31 50   **Fax:** 93 15-22
Geschäftsführer(in): Jörg Meißner

q 552
Nordwestdeutscher Forstverein
Kleine Drakenburger Str. 19, 31582 Nienburg
T: (05021) 96 47 12   **Fax:** 96 47 55
Geschäftsführer(in): Forstoberrat Bernd Schwietert

q 553
Forstverein Rheinland-Pfalz/Saarland
Südallee 15-19, 56068 Koblenz
T: (0261) 1 20 27 03   **Fax:** 1 20 27 02
Geschäftsführer(in): Martin Grünebaum

q 554
Forstverein Sachsen-Anhalt
Lerchenwuhne 44, 39128 Magdeburg
T: (0391) 5 67 79 13   **Fax:** 5 67 79 17
Geschäftsführer(in): Jörg Borchardt

q 555
Sächsischer Forstverein
Alois-Andritzki-Str. 35, 02625 Bautzen
T: (03591) 20 86 98   **Fax:** 20 86 98
Geschäftsführer(in): Dr. Siegfried Lange

q 556
Thüringer Forstverein
Provinzial-Str. 52a, 37308 Ershausen
T: (036082) 4 05 05   **Fax:** 4 05 06
Geschäftsführer(in): Wolf-Dieter Hermann

● Q 557
Forstdirektion Freiburg
Bertoldstr. 43, 79098 Freiburg
T: (0761) 2 04-0   **Fax:** 2 04 46 00
Forstpräs.: Stübler
Vizepräsident(in): Ltd. Forstdir. Verbeek

● Q 558
Forstdirektion Stuttgart
Im Schloss, 72074 Tübingen
T: (07071) 6 02-0   **Fax:** 6 02-602

● Q 559
Bundesverband Deutscher Jagdaufseher e.V.
Lindenstr. 10, 66292 Riegelsberg
T: (06806) 49 05 97
Internet: http://www.wild-web.net
E-Mail: bdja@wild-web.net
Präsident(in): Siegfried Schierstedt (Lasbeck 25, 48329 Havixbeck, Tel./Fax: (02507) 18 91)
Vizepräsident(in): Franz Sundermann (Karl-Marx-Platz 6, 16775 Löwenberg Tel.: (033094) 5 22 76)

● Q 560
Deutscher Schädlingsbekämpfer-Verband e.V. (DSV)
Andreas-Hermes-Haus
Godesberger Allee 142-148, 53175 Bonn
T: (0228) 81 98-130   **Fax:** 81 98-135
Internet: http://www.dsvonline.de
E-Mail: info@dsvonline.de
Gründung: 1950
Internationaler Zusammenschluß: siehe unter izf 154
Bundesvorsitzende(r): Jürgen Dietrich
Bundesgeschäftsführer: RA Dr. jur. Kurt Kreizberg
Verbandszeitschrift: Der praktische Schädlingsbekämpfer
Verlag: Eduard F. Beckmann KG, Postf. 11 20, 31275 Lehrte
Mitglieder: 400

Landesverbände

q 561
Deutscher Schädlingsbekämpfer-Verband
Landesverband Südwest
Greschbachstr. 34, 76229 Karlsruhe
T: (0721) 61 19 75   **Fax:** 61 30 59
Vorsitzende(r): Bernd Höllstern

q 562
Deutscher Schädlingsbekämpfer-Verband
Landesverband Bayern
Rat-Scholz-Str. 16, 63768 Hösbach
T: (06021) 5 20 36   **Fax:** 5 73 37
Vorsitzende(r): Horst Daniels

q 563
Deutscher Schädlingsbekämpfer-Verband
Landesverband Berlin
Neudecker Weg 143, 12355 Berlin
T: (03379) 44 70 19   **Fax:** 44 58 47
Vorsitzende(r): Jürgen Ksinsik

q 564
Deutscher Schädlingsbekämpfer-Verband
Landesverband Brandenburg
Rathenower Str. 14, 14728 Rhinow
T: (033875) 3 05 02   **Fax:** 3 20 92
Vorsitzende(r): Ewald Otto

q 565
Deutscher Schädlingsbekämpfer-Verband Landesverband Hamburg/Schleswig-Holstein
Barsbütteler Landstr. 58, 22885 Barsbüttel
T: (040) 71 09 57 60 **Fax:** 71 09 57 61
Vorsitzende(r): Norbert Kalff

q 566
Deutscher Schädlingsbekämpfer-Verband Landesverband Hessen
Atzelbergstr. 99, 60389 Frankfurt
T: (069) 47 15 99 **Fax:** 47 71 26
Vorsitzende(r): Heinz Dietrich

q 567
Deutscher Schädlingsbekämpfer-Verband Landesverband Mecklenburg-Vorpommern
Gartenstr. 18a, 18528 Bergen
T: (03838) 2 31 90 **Fax:** 2 31 90
Vorsitzende(r): Theodor Wald

q 568
Deutscher Schädlingsbekämpfer-Verband Landesverband Niedersachsen/Bremen
Admiral-Klatt-Str. 23, 26382 Wilhelmshaven
T: (04421) 99 18-0 **Fax:** 99 18 18
Vorsitzende(r): Michael Römer

q 569
Deutscher Schädlingsbekämpfer-Verband Landesverband Nordrhein-Westfalen
Vorsterstr. 94, 47906 Kempen
T: (02152) 23 21 **Fax:** 5 08 96
Vorsitzende(r): Heinz Schürmann

q 570
Deutscher Schädlingsbekämpfer-Verband Landesverband Sachsen
Margaretenstr. 6-8, 09131 Chemnitz
T: (0371) 42 22 67 **Fax:** 42 22 68
Vorsitzende(r): Ursula Baumann

q 571
Deutscher Schädlingsbekämpfer-Verband Landesverband Sachsen-Anhalt
Am Bültgraben 10, 39606 Osterburg
T: (03937) 8 17 41 **Fax:** 8 17 42
Vorsitzende(r): Jürgen Dietrich

q 572
Deutscher Schädlingsbekämpfer-Verband Landesverband Thüringen
Hans-Sailer-Str. 59, 99089 Erfurt
T: (0361) 7 31 27 16 **Fax:** 7 31 28 60
Vorsitzende(r): Volker Koch

● Q 573
ROBIN WOOD Gewaltfreie Aktionsgemeinschaft für Natur und Umwelt e.V.
Geschäftsstelle Bremen:
Postfach 10 21 22, 28021 Bremen
Langemarckstr. 210, 28199 Bremen
T: (0421) 59 82 88 **Fax:** 5 98 28 72
Internet: http://www.robinwood.de
E-Mail: geschaeftsstelle@robinwood.de
Gründung: 1982 (13. November)
Leiterin: Djoeke Lueken
Pressesprecherin: Ute Bertrand
Verbandszeitschrift: Robin Wood-Magazin
Redaktion: Christiane Weitzel
Verlag: Robin Wood e.V., Postfach 10 04 03, 16294 Schwedt, T: (03332) 25 20 10, Fax: (03332) 25 20 11
Mitglieder: 2000
Mitarbeiter: 11 Hauptamtl., 2 ABM
Jahresetat: DM 2 Mio, € 1,02 Mio
14 Regionalgruppen und 12 Unterstützergruppen

● Q 574
AgrarBündnis e.V.
(gegründet als Dachverband der Deutschen Agraropposition e.V. - DDA)
Marienfelder Str. 14, 33378 Rheda-Wiedenbrück
T: (05242) 4 43 27 **Fax:** 4 78 38
E-Mail: agrarbuendnis@gmx.de
Gründung: 1989 (20. Januar)
Vorstand: Friedrich von Homeyer
Ulrike Ottenottebrock-Völker
Huber Weiger
Brigitta Poppe
Immo Lünzer
Mitglieder: 1100000
Anzahl der angeschlossenen Organisationen: 20

● Q 575
Gesellschaft für Ökologische Tierhaltung e.V. (GÖT)
Untergasse 8, 34628 Willingshausen
T: (06697) 91 90 42 **Fax:** 91 90 41
Gründung: 1991 (26. Oktober)
Vorsitzende(r): Dipl.-Ing. agr. Heike Schneider
Stellvertretende(r) Vorsitzende(r): Dr. Christoph Menke
Geschäftsführer(in): Susanne Korte
Mitglieder: 63
Mitarbeiter: 1

● Q 576
Verein für kontrollierte alternative Tierhaltungsformen e.V. (KAT)
Postfach 24 01 34, 53154 Bonn
Hochkreuzallee 72, 53175 Bonn
T: (0228) 9 59 60-0 **Fax:** 9 59 60-50
Internet: http://www.kat-cert.de
E-Mail: info@kat-cert.de
Vorsitzende(r): Herbert Lange
Stellvertretende(r) Vorsitzende(r): Hans Thomas Frhr. von Meerheimb
Geschäftsführer(in): Caspar von der Crone
Mitglieder: 65

● Q 577

Verein gegen tierquälerische Massentierhaltung e.V. (VgtM)
Teichtor 10, 24226 Heikendorf
T: (0431) 2 48 28-0 **Fax:** 2 48 28-29
Internet: http://www.vgtm.de
E-Mail: info@vgtm.de
Gründung: 1973 (15.Juni)
Vorsitzende(r): Eckard Wendt (Auf der Geest 4, 21435 Stelle)
Bundesgeschäftsführer(in): Dr. agr. Christiane Gothe
Verbandszeitschrift: Rundbrief
Mitglieder: 14000 Einzelm., 150 Vereine
Mitarbeiter: 5
Ziel ist die art- und verhaltensgerechte Tierhaltung in der Landwirtschaft.

● Q 578
Deutscher Tierschutzbund e.V. (DTschB)
Baumschulallee 15, 53115 Bonn
T: (0228) 60 49 60 **Fax:** 6 04 96 40
Internet: http://www.tierschutzbund.de
E-Mail: bg@tierschutzbund.de
Gründung: 1881
Präsident(in): Wolfgang Apel
Vizepräsident(in): Heinz Kourim
Dr. Brigitte Rusche
Mitglieder: 700000
Mitgliedsverbände: Landestierschutzverbände, örtliche Tierschutzvereine, fördernde Mitglieder

● Q 579
Bundesverband Tierschutz e.V.
Walpurgisstr. 40, 47441 Moers
T: (02841) 2 52 44, 2 52 46 **Fax:** 2 62 36
Internet: http://www.bv-tierschutz.de
Präsident(in): Dr. Heinz-Wilhelm Selzer
Vizepräsident(in): Dr. Astrid Funke
Geschäftsführerin: Jutta Siebers
Verbandszeitschrift: Tierschutz
Redaktion: Hautgeschäftsstelle BVT, Moers
Verlag: Brendow Druck, Gutenbergstr., 47443 Moers
Mitglieder: ca. 15000 Einzelmitglieder (fördernde)
Mitgliedsvereine: 150

● Q 580
Bundesverband für Tiergesundheit e.V. (BfT)
Aennchenplatz 6, 53173 Bonn
T: (0228) 31 82 96 **Fax:** 31 82 98
Internet: http://www.bft-online.de
E-Mail: bft-animalhealth@t-online.de
Gründung: 1986 (10. September)
Internationaler Zusammenschluß: siehe unter izt 795
Vorsitzende(r): Dr. Horst Geilhausen (Bayer AG, Leverkusen, T: (02173) 38 40 30)
Stellvertretende(r) Vorsitzende(r): Dr. Gerhard Greif (Lilly, Abt. Elanco)
Geschäftsführer(in): Dr. Martin Schneidereit
Mitglieder: 24 Firmen

● Q 581
Weltschutzbund - Bundesverband
Garstedter Weg 173, 22455 Hamburg
T: (040) 5 51 82 70 **Fax:** 5 55 11 84
Gründung: 1973, seit 1981 (21. November) eingetragener Verein
Vorsitzende(r): Prof.Dr.Dr.h.c. Klaus Sojka
Geschäftsführer(in): Rose Marie Brüggemann

● Q 582
Tierärztliche Vereinigung für Tierschutz e.V. (TVT)
Bramscher Allee 5, 49565 Bramsche
T: (05468) 92 51 56 **Fax:** 92 51 57
Internet: http://www.tierschutz-tvt.de
E-Mail: geschaeftsstelle@tierschutz-tvt.de
Gründung: 1985 (30. November)
Vorstand: Dr. Karl Fikuart (Vors.)
Prof. Dr. Ingo Reetz (1. stellv. Vors.)
Dr. Eberhard Dähne (2. stellv. Vors.)
Geschäftsführer(in): Silke Pahlitzsch
Leitung Presseabteilung: Dr. Ulrike Adrian
Verbandszeitschrift: TVT-Nachrichten
Redaktion: Dr. Christine Kimpfel-Neumaier
Verlag: Eigenverlag, Iltisstieg 5, 22159 Hamburg
Mitglieder: ca. 1000
Mitarbeiter: 1

● Q 583
Deutscher Jagdschutz-Verband e.V. (DJV)
Vereinigung der deutschen Landesjagdverbände
Johannes-Henry-Str. 26, 53113 Bonn
T: (0228) 9 49 06-0 **Fax:** 9 49 06-30
E-Mail: a.nuy@jagdschutzverband.de
Internationaler Zusammenschluß: siehe unter izq 163
Präsident(in): Constantin Freiherr Heereman von Zuydtwyck (Surenburg 1, 48477 Hörstel-Riesenbeck)
Hauptgeschäftsführer(in): G. von Wülfing
Leitung Presseabteilung: Anke Nuy
Mitglieder: 290000
Mitarbeiter: 16

● Q 584
Schutzgemeinschaft Deutsches Wild e.V.
(Organisation zur Erhaltung der freilebenden Tierwelt)
Postfach 12 03 71, 53045 Bonn
Godesberger Allee 108-112, 53175 Bonn
T: (0228) 2 69 22 17 **Fax:** 2 69 22 51
E-Mail: intlawpol@cs.com
Gründung: 1948
Vors. d. Präsidiums: Hans-Jürgen Rohr (Staatssekretär a.D.)
Leitung Presseabteilung: Werner Koep (T: (0228) 2 69 22 17)

● Q 585
Deutsche Delegation des Internationalen Jagdrates zur Erhaltung des Wildes (CIC)
Postfach 12 03 71, 53045 Bonn
T: (0228) 2 69 22 52 **Fax:** 2 69 22 52
E-Mail: intlawpol@cs.com
Vorstand: Lothar Frhr. von Maltzahn (Vors.)
Dr. Wilhelm Trottzusolz (stellv. Vors.)
Joachim F. Weinlig-Hagenbeck (stellv. Vors.)
Schatzmeister: J. F. Erbgraf zu Castell-Rüdenhausen
Mitglieder: ca. 90

● Q 586
Bundesverband der Tierversuchsgegner Menschen für Tierrechte e.V.
Geschäftsstelle:
Postfach 17 01 10, 53027 Bonn
Roermonder Str. 4a, 52072 Aachen
T: (0241) 15 72 14 **Fax:** 15 56 42
Internet: http://www.tierrechte.de
E-Mail: info@tierrechte.de
Gründung: 1982 (August)
Vorsitzende(r): Dr.jur. Eisenhart von Loeper
Geschäftsführer(in): Dr.-Ing. Kurt W. Simons (Stellv. Vors.)
Leitung Presseabteilung: Dr.jur. Eisenhart von Loeper
Mitglieder: ca. 80000
Landesverbände: in jedem Bundesland
Öffentlichkeitsarbeit, Aufklärung der Bevölkerung über Tierversuche. Ziel: Abschaffung aller Tierversuche.

● Q 587
AKUT e.V. - Aktion Kirche und Tiere
Postfach 10 20 04, 44720 Bochum
Brückstr. 46, 44787 Bochum
T: (0234) 6 40 44 95 **Fax:** 6 56 08
Internet: http://www.dike.de/akut/

E-Mail: akut@ekhn.de
Geschäftsführer(in): Mona Rieg
1. Vorsitzende(r): Dr. Guido Knörzer, Aschaffenburg
2. Vorsitzende(r): Walter Gerhardt, Kronberg
Verbandszeitschrift: AKUTe Nachrichten
Verlag: biblioviel Verlag, Brückstr. 21, 44787 Bochum
Mitglieder: 630
Mitarbeiter: 4
Jahresetat: DM 0,2 Mio, € 0,1 Mio
Regionalgruppen: Hamburg, Reutlingen, Berlin, Nürnberg, Leonberg, Ruhrgebiet, Schweiz, Holland

AKUT ist ein ökumenischer Zusammenschluß, der sich dafür einsetzt, den Schutz der Mitgeschöpfe als kirchliches Thema nicht zu vergessen. AKUT hat Arbeitsgruppen in Deutschland, Österreich, der Schweiz, Belgien und den Niederlanden und ist Mitglied im Diakonischen Werk der EKHN.

● Q 588

Internationaler Herstellerverband gegen Tierversuche in der Kosmetik e.V. (IHTK)
Feldkircher Str. 4, 71522 Backnang
T: (07191) 98 04 72 **Fax:** 97 05 15
Gründung: 1989
Präs. u. Vors.: Doris Günther
Stellvertretende(r) Vorsitzende(r): Jürgen David
Verbandszeitschrift: "Du und das Tier" sowie alle übrigen Zeitschriften mit Richtung Tier- und Verbraucherschutz, Pressemitteilungen -Gesetzesänderungen
Mitglieder: ca. 80

● Q 589

Zweckverband für Tierkörperbeseitigung Lenz
Staudaer Weg 1, 01561 Priestewitz
T: (035249) 7 35-0 **Fax:** 7 35-25
Gründung: 1991 (21. Februar)
Vorsitzende(r): Landrat Michael Geisler (Landrat des Landkreises "Sächsische Schweiz")
Stellvertretende(r) Vorsitzende(r): Landrat Rainer Kutschke (Landrat des Landkreises Riesa-Großenhain)
Geschäftsführer(in): Dipl.-Lw. Christian Rendke
Leiterin d. Geschäftsstelle: Dipl.-Lw. Elisabeth Piosek
Verbandszeitschrift: Die Fleischmehlindustrie
Redaktion: Harald Niemann, Bonn
Verlag: Wirtschaftsdienst der Fleischmehlindustrie GmbH, Rheinstr. 12, 53179 Bonn
Mitglieder: 17 Land- und Stadtkreise in Sachsen
Mitarbeiter: 42 (Februar)
Jahresetat: DM 14 Mio, € 7,16 Mio

● Q 590

Vereinigung "Ärzte gegen Tierversuche" e.V.
Geschäftsstelle:
Nußzeil 50, 60433 Frankfurt
T: (069) 51 94 11 **Fax:** 51 95 07
Internet: http://www.tierschutz.de/aegt/, http://www.tier-rechte.de/datenbank/
E-Mail: aegt@tierschutz.de
Gründung: 1979
1. Vorsitzende(r): Dr. Werner Autenrieth
Mitglieder: 350

● Q 591

Gesellschaft zum Schutz der Meeressäugetiere e.V. (GSM)
Kieler Str. 2, 25451 Quickborn
T: (04106) 62 06 01 **Fax:** 62 09 07
Internet: http://www.gsm-ev.de
E-Mail: info@gsm-ev.de
Gründung: 1977 (Dezember)
Vorsitzende(r): Dipl.-Biol. Petra Deimer
Mitglieder: ca. 150

● Q 592

Schutzgemeinschaft Alpen e.V.
Altersheimerstr. 16, 81545 München
T: (089) 64 34 52
Gründung: 1981
Vorsitzende(r): Klaus Gerosa
Stellvertretende(r) Vorsitzende(r): Harald Antes
Verbandszeitschrift: Alpen-Journal
Mitglieder: ca. 5000

● Q 593

Deutscher Alpenverein e.V. (DAV)
Postfach 50 02 20, 80972 München
Von-Kahr-Str. 2-4, 80997 München
T: (089) 1 40 03-0 **Fax:** 1 40 03-11
Internet: http://www.alpenverein.de
E-Mail: info@alpenverein.de
Gründung: 1869 (9. Mai)
Vorsitzende(r): Dipl.-Ing. Josef Klenner
Hauptgeschäftsführer(in): Alfred Siegert

Leitung Presseabteilung: Andrea Händel
Verbandszeitschrift: DAV Panorama
Redaktion: Lutz Bormann
Mitglieder: 635000 (Stand 31.12.00)
Mitarbeiter: ca. 70 (DAV-Bundesgeschäftsstelle)
Jahresetat: ca. DM 18 Mio, € 9,2 Mio

q 594

Landesverband Baden-Württemberg des Deutschen Alpenvereins e.V.
Rotebühlstr. 59a, 70178 Stuttgart
T: (0711) 62 70 04 **Fax:** 6 15 93 87
Dr. Jürgen Christ

q 595

Bayerischer Landesfachverband für Sport- und Wettkampfklettern des DAV e.V.
DAV-Kletterzentrum
Thalkirchner Str. 207, 81371 München
T: (089) 22 15 91 **Fax:** 72 45 85 29
1. Vorsitzende(r): Christian Semmel

q 596

Landesverband Berlin des Deutschen Alpenvereins e.V.
Kurfürstendamm 125A, 10711 Berlin
Hans-Jörg Gutzler

q 597

Landesverband Hessen des Deutschen Alpenvereins e.V.
Postfach 1442, 35524 Wetzlar
Wilfried Leckel

q 598

Niedersächsischer Landesverband Bergsteigen im DAV e.V.
Schuhstr. 33, 31134 Hildesheim
T: (0511) 82 05-346, (05121) 4 44 63 (p)
1. Vorsitzende(r): Ludwig Wucherpfennig

q 599

Landesverband Nordrhein-Westfalen des DAV e.V.
Osterather Str. 11, 40547 Düsseldorf
T: (0211) 55 33 02
1. Vorsitzende(r): Dr. Carl-Hermann Bellinger

q 600

Landesverband Rheinland-Pfalz des Deutschen Alpenvereins e.V.
Postfach 10 03 05, 55134 Mainz
1. Vorsitzende(r): Hermann Kohl

q 601

Landesverband Sachsen des DAV e.V.
Könneritzstr. 33, 01067 Dresden
1. Vorsitzende(r): Ludwig Trojok

q 602

Landesverband Sachsen-Anhalt des Deutschen Alpenvereins e.V.
Ernst-Eckstein-Str. 8, 06110 Halle
1. Vorsitzende(r): Rudolf Knoblich

q 603

Landesverband Schleswig-Holstein des Deutschen Alpenvereins e.V.
Elsa-Brandström-Str. 4a, 24119 Kronshagen
T: (0431) 5 45 47 14
1. Vorsitzende(r): Martin Sodtke

q 604

Landesverband Thüringen des Deutschen Alpenvereins e.V.
Kuhlmannstr. 5, 99423 Weimar
1. Vorsitzende(r): Christian Polt

q 605

Verein zum Schutz der Bergwelt e.V.
Praterinsel 5, 80538 München
T: (08025) 99 95 75 **Fax:** 45 71
Vorsitzende(r): Dr. Hans-Peter Jürging
Geschäftsführer(in): Ulrich Fuchs

● Q 606

Bayer. Landesamt für Umweltschutz
KommA 21 Bayern
Bürgermeister-Ulrich-Str. 160, 86179 Augsburg
T: (0821) 90 71-5021, 90 71-5121 **Fax:** 90 71-5221
Internet: http://www.bayern.de/lfu/komma21
E-Mail: komma21@lfu.bayern.de
Gründung: 1997 (Oktober)
Mitarbeiter: 3

● Q 607

Bundesverband Gesundes Bauen und Wohnen e.V. (GBW)
Postfach 15 43, 38005 Braunschweig
T: (0531) 35 28 51 **Fax:** 35 52 12
Internet: http://www.bv-gbw.de
E-Mail: mail@bv-gbw.de
Gründung: 1976
Vorsitzende(r): Klaus Müller
Stellvertretende(r) Vorsitzende(r): Michael Graen
Geschäftsführer(in): Dipl.-Ing. Dipl.-Des. Lothar Gingrich
Mitarbeiter: 3

● Q 608

Deutscher Dachgärtner Verband e.V. (DDV)
Postfach 2025, 72610 Nürtingen
Grabenstr. 33, 72669 Unterensingen
T: (07022) 60 03 59-0 **Fax:** 60 03 59-1
Internet: http://www.dachgaertnerverband.de
E-Mail: contact@dachgaertnerverband.de
Gründung: 1985
Präs. u. Vors.: Hans-Joachim Seeger (Ltg. Presseabteilung)
Dieter Schenk
Ulrich Schäfer
Mitglieder: 180

● Q 609

Institut Wohnen und Umwelt GmbH
Annastr. 15, 64285 Darmstadt
T: (06151) 29 04-0 **Fax:** 29 04 97
Internet: http://www.iwu.de
E-Mail: info@iwu.de
Geschäftsführer(in): Dr. Uwe Wullkopf (T: (06151) 29 04-62)

● Q 610

Arbeitsgemeinschaft PVC und Umwelt e.V.
Am Hofgarten 1-2, 53113 Bonn
T: (0228) 9 17 83-0 **Fax:** 5 38 95 94
Internet: http://www.agpu.de
E-Mail: agpu@agpu.com

● Q 611

Deutsche Umwelthilfe e.V.
Bundesgeschäftsstelle
Güttinger Str. 19, 78315 Radolfzell
T: (07732) 99 95-0 **Fax:** 99 95 77
Internet: http://www.duh.de
E-Mail: info@duh.de
Vorsitzende(r): Prof. Dr. Gerhard Thielcke
Stellvertretende(r) Vorsitzende(r): Burkhard Jäkel
Michael Spielmann
BGF.: Jürgen Resch
Jörg Dürr-Pucher
Verbandszeitschrift: DUHwelt
Redaktion: Prof. Dr. Gerhard Thielcke
Verlag: DUH Umweltschutz Service GmbH, Güttinger Str. 19, 78315 Radolfzell

q 612

Deutsche Umwelthilfe e.V.
Regionalverband Süd für
Baden-Württemberg, Rheinland-Pfalz, Saarland, Bayern
Güttinger Str. 19, 78315 Radolfzell
T: (07732) 99 95 23
Vorsitzende(r): Dr. Markus Peintinger
Geschäftsführer(in): Tina Hellwig

q 613

Deutsche Umwelthilfe
Regionalverband Nord für
Niedersachsen, Nordrhein-Westfalen, Hessen, Bremen, Hamburg, Schleswig-Holstein
Goebenstr. 3a, 30161 Hannover
T: (0511) 66 34 80 **Fax:** 66 34 81
E-Mail: duh-nord@duh.de
Vorsitzende(r): Burkhard Jäkel
Geschäftsführer(in): Dagmar Israel

q 614
Deutsche Umwelthilfe
Regionalverband Ost für
Berlin, Brandenburg, Mecklenburg-Vorpommern,
Sachsen-Anhalt, Sachsen, Thüringen
c/o Elbe Projektbüro
Poststr. 7, 06366 Köthen
T: (03496) 21 00 07   **Fax:** 21 00 08
Kontaktperson: Ines Wittig

● Q 615
Deutsche Umweltstiftung
Postf. 13 45, 76713 Germersheim
Schlachthofstr. 6, 76726 Germersheim
T: (07274) 47 67   **Fax:** 7 73 02
Internet: http://www.deutscheumweltstiftung.de
E-Mail: info@deutscheumweltstiftung.de
Vorstandssprecher: Hans Günter Schumacher
Vors.d.Kuratoriums: Mark vom Hofe

● Q 616
ifeu-Institut für Energie- und Umweltforschung Heidelberg GmbH
Wilckensstr. 3, 69120 Heidelberg
T: (06221) 47 67-0   **Fax:** 47 67-19
Internet: http://www.ifeu.de
E-Mail: ifeu@ifeu.de
Gründung: 1978
Geschäftsführer(in): Dr. Dipl.-Chem. Ulrich Höpfner
Mitarbeiter: 30

● Q 617
Unabhängiges Institut für Umweltfragen e.V. (UfU)
Geschäftsstelle
Greifswalder Str. 4, 10405 Berlin
T: (030) 42 84 99 30   **Fax:** 42 80 04 85
Internet: http://www.ufu.de
E-Mail: mail@ufu.de
Gründung: 1990 (10. März)
Vorstand: Michael Zschiesche
Malte Schmidthals
Verbandszeitschrift: UfU-Informationsbrief
Redaktion: Dr. M. Kaasch, Dr. J. Kaasch, M. Zschiesche
Verlag: druck-zuck GmbH, Max-Nenke-Str. 4, 06120 Halle
Mitglieder: 300
Mitarbeiter: 11

q 618
UfU-Büro Halle
Große Klausstr. 11, 06108 Halle
T: (0345) 2 02 65 30   **Fax:** 2 02 65 30
Internet: http://www.ufu.de
E-Mail: ufu.halle@t-online.de

● Q 619
Koordinierungs- und Beratungsstelle für Umweltschäden an Denkmälern (KUD)
Bismarckplatz 1, 14193 Berlin
T: (030) 89 03 21 99   **Fax:** 89 03 22 85

● Q 620
Rheinischer Verein für Denkmalpflege und Landschaftsschutz e.V. (RVDL)
Ottoplatz 2, 50679 Köln
T: (0221) 8 09-2804, 8 09-2805   **Fax:** 8 09-2141
Internet: http://www.rheinischer-verein.de
E-Mail: kp.wiemer@mail.lvr.de
Gründung: 1906 (20. Oktober)
Vorsitzende(r): Dr. Norbert Heinen
Stellvertretende(r) Vorsitzende(r): Kurt Busch
Dr. Ingo Ellgering
Ferdinand Esser
Prof. Marie Luise Niewodniczanska
Prof. Dr. Dethard von Winterfeld
Geschäftsführer(in): Dr. Thomas Otten
Leitung Presseabteilung: Dr. Karl Peter Wiemer
Verbandszeitschrift: Rheinische Heimatpflege
Redaktion: Dr. Thomas Otten, Dr. Karl Peter Wiemer
Verlag: Rheinland-Verlag, Köln
Mitglieder: etwa 6500 (darunter 350 korporative Mitglieder: Gemeinden, Verbände, Vereine etc.)
Mitarbeiter: 6 -7

● Q 621
Deutsche Burgenvereinigung e.V.
zur Erhaltung der historischen Wehr- und Wohnbauten
Marksburg, 56338 Braubach
T: (02627) 5 36   **Fax:** 88 66
Internet: http://www.deutsche-burgen.org
E-Mail: info@deutsche-burgen.org
Gründung: 1899
Präsidium
Alexander Fürst zu Sayn-Wittgenstein-Sayn (Präsident, 56170 Sayn)
Prof. Dr.phil. Dipl.-Ing. (FH) Barbara Schock-Werner (Vizepräsidentin, Roncalliplatz 2, 50667 Köln)
Dr. Karl Graf von und zu Eltz (Schatzmeister, Gottfried-Keller-Str. 22, 60431 Frankfurt)
Dipl.-Ing. Klaus von Krosigk (Motzstr. 60, 10777 Berlin)
Kristine Glatzel (Georgenberg 7, 06618 Naumburg)
Geschäftsführer(in): Gerhard Wagner
Dr. Busso von der Dollen (Leiter Europäisches Bürgerinstitut)
Verbandszeitschrift: Burgen und Schlösser
Redaktion: Prof. Dr.-Ing.habil. Hartmut Hofrichter
Verlag: Eigenverlag
Mitglieder: ca. 3300
Mitarbeiter: ca. 15
Jahresetat: DM 3,5 Mio, € 1,79 Mio

Landesgruppen

q 622
Deutsche Burgenvereinigung
Landesgruppe Baden-Württemberg
Schloß Ingersheim, 74379 Ingersheim
Thomas Leibrecht

q 623
Deutsche Burgenvereinigung
Landesgruppe Bayern
Altes Schloß, 91788 Pappenheim
Dr. Albrecht Graf von und zu Egloffstein

q 624
Deutsche Burgenvereinigung
Landesgruppe Berlin-Brandenburg
Komturei Lietzen, 15306 Lietzen
Gebhard Graf von Hardenberg

q 625
Deutsche Burgenvereinigung
Landesgruppe Hessen
Lärchenstr. 12, 36381 Schlüchtern
Hasso Schiefler

q 626
Deutsche Burgenvereinigung
Landesgruppe Mecklenburg-Vorpommern
Hahnenhof, 17153 Zettemin
Eckhard Graf Hahn von Burgsdorff

q 627
Deutsche Burgenvereinigung
Landesgruppe Niedersachsen
Höfenstr. 3, 38118 Braunschweig
Dipl.-Ing. Hans-Peter Roppel

q 628
Deutsche Burgenvereinigung
Landesgruppe Nord
Prinzregentenstr. 81, 81675 München
Hasso Freiherr von Senden

q 629
Deutsche Burgenvereinigung
Landesgruppe Rheinland
Haus Langenfeld, 47669 Wachtendonk
Alexander Heckmanns

q 630
Deutsche Burgenvereinigung
Landesgruppe Rheinland-Pfalz/Saarland
Eckenheimer Landstr. 288a, 60435 Frankfurt
Ass. jur. Rüdiger Mertens

q 631
Deutsche Burgenvereinigung
Landesgruppe Sachsen
Burg Kriebstein, 09648 Kriebstein
Bernd Wippert

q 632
Deutsche Burgenvereinigung
Landesgruppe Sachsen-Anhalt
Immenweg 2, 06126 Halle
Dr. Elisabeth Schwarze-Neuß

q 633
Deutsche Burgenvereinigung
Landesgruppe Thüringen
Runneburg, 99631 Weißensee
Dipl.-Prähist. Thomas Stolle

q 634
Deutsche Burgenvereinigung
Landesgruppe Westfalen-Lippe
Kommende 51a, 48565 Steinfurt
Oskar Prinz zu Bentheim und Steinfurt

● Q 635
Katalyse Institut für angewandte Umweltforschung e.V.
Remigiusstr. 21, 50937 Köln
T: (0221) 9 44 04 80   **Fax:** 9 44 04 89
Internet: http://www.katalyse.de
E-Mail: info@katalyse.de
Gründung: 1978
Vorstand: Regine Rehaag
Frank Waskow
Rolf Buschmann
Svend Ulmer
Verbandszeitschrift: KATALYSE NACHRICHTEN
Mitglieder: ca. 500
Mitarbeiter: ca. 20

● Q 636
Deutsche Gesellschaft für Umwelt- und Humantoxikologie e.V. (DGUHT)
Annastr. 28, 97072 Würzburg
T: (0931) 3 54 11-0
Info-Center: **T:** (09353) 9 99 73, **Fax:** (09353) 9 99 75
Internet: http://www.wuerzburg.de/dguht-homepage
E-Mail: 0935399973-001@t-online.de
Gründung: 1993 (Mai)
Präsident(in): Prof. Dr. Hans-Jürgen Pesch (Path. Institut der Universität, 91054 Erlangen)

● Q 637
Maritime InformationsGruppe e.V.
Herbartstr. 95, 26384 Wilhelmshaven
T: (04421) 3 42 76   **Fax:** 3 38 90
Gründung: 1982
Vorsitzende(r): Kapt. z. S. a.D. Hans-Friedrich Felmberg
Mitglieder: 85

● Q 638
Arbeitsgemeinschaft zur Reinhaltung der Weser (ARGE Weser)
c/o Senator für Bau und Umwelt der Freien Hansestadt Bremen
Ansgaritorstr. 2, 28195 Bremen
T: (0421) 3 61-5400   **Fax:** 3 61-5128
E-Mail: wohlleben.h@umwelt.bremen.de

● Q 639
Internationale Kommission zum Schutz des Rheins
Postf. 20 03 09, 56003 Koblenz
Hohenzollernstr. 18, 56068 Koblenz
T: (0261) 1 24 95   **Fax:** 3 65 72
Internet: http://www.iksr.org
E-Mail: sekretariat@iksr.de
Gründung: 1963
Präsident(in): A. P. R. Jacobovits De Szeged
Geschäftsführer(in): Harm Oterdoom
Mitglieder: Bundesrepublik Deutschland, Frankreich, Luxemburg, Niederlande, Schweiz, EG

● Q 640
Verein zum Schutze des Rheins und seiner Nebenflüsse e.V. (VSR)
Egmondstr. 5, 47608 Geldern
T: (02831) 98 02-81   **Fax:** 97 65 26
Internet: http://www.vsr-aktuell.de
E-Mail: vsr-geldern@t-online.de, presseinfo@vsr-aktuell.de
Gründung: 1981
Vorsitzende(r): N. N.
Leitung Presseabteilung: Harald Gülzow

● Q 641
Arbeitsgemeinschaft der Länder zur Reinhaltung des Rheins (ARGE Rhein)
c/o Ministerium für Umwelt und Naturschutz, Landwirtschaft und Verbraucherschutz des Landes Nordrhein-Westfalen
40190 Düsseldorf
Postf. 10 11 03, 40002 Düsseldorf
Schwannstr. 3, 40476 Düsseldorf
T: (0211) 45 66-912, 45 66-913   **Fax:** 45 66-422

Gründung: 1963
Vorsitz und Geschäftsführung durch das Land Nordrhein-Westfalen im Zeitraum 2000-2002
Vorsitzende(r): Dr. Harald Friedrich
Geschäftsführer(in): Dr. U. Frotscher-Hoof

● Q 642
Deutsche Kommission zur Reinhaltung des Rheins (DK Rhein)
c/o Ministerium für Umwelt und Naturschutz, Landwirtschaft und Verbraucherschutz
Schwannstr. 3, 40476 Düsseldorf
T: (0211) 45 66-914 Fax: 45 66-422
E-Mail: geschaeftsstelle-dk@munlv.nrw.de
Gründung: 1963
Vorsitz und Geschäftsführung durch das Land Nordrhein-Westfalen im Zeitraum 2000-2002
Vorsitzende(r): Abteilungsleiter Dr. Harald Friedrich
Geschäftsführer(in): RD'in Dr. Ulrike Frotscher-Hoof

● Q 643
Bundesdeutscher Arbeitskreis für Umweltbewußtes Management e.V. (B.A.U.M.)
Osterstr. 58, 20259 Hamburg
T: (040) 49 07-1100 Fax: 49 07-1199
Internet: http://www.baumev.de
E-Mail: info@baumev.de
Gründung: 1987 (6. April)
Vorsitzende(r): Dr. Georg Winter
Stellvertretende(r) Vorsitzende(r): Prof. Dr. Maximilian Gege (geschäftsf. Vorstandsmitglied)
Leitung Presseabteilung: Prof. Dr. Maximilian Gege
Verbandszeitschrift: kostenloser Artikel-Info-Service, "B.A.U.M. aktuell", B.A.U.M.@News
Verlag: Osterstr. 58, 20259 Hamburg
Mitglieder: z. Zt. ca. 500 Unternehmen
Mitarbeiter: ca. 25

● Q 644
Deutscher Umweltdienst e.V. (DUD)
Postf. 11 05, 53798 Much
Hauptstr. 65, 53804 Much
T: (02245) 91 30 91 Fax: 44 50
Gründung: 1995 (05. Mai)
Vorsitzende(r): Dr. Heinz Brück (Rheinische Fachhochschule Köln)
1. Stellv. Vors.: Dr. Dietmar Zobel (Ing.-Büro für Systemtechnik)
2. Stellv. Vors.: Dr. Roland Rautenstrauch (Geotechnic)
Vorst. Mitgl: Prof. Dr. Hubertus Opalka (Universität Cairo)
Geschäftsführer(in): Ing. P. Eur. Ingo Anders (Vorst.-Mitgl., Untern. Beratung eco-consulting)

● Q 645
Aktionsgemeinschaft Umwelt, Gesundheit, Ernährung e.V. (A.U.G.E.)
Osterstr. 58, 20259 Hamburg
T: (040) 49 07-1302 Fax: 49 07-1301
Internet: http://www.auge-umwelt.de
E-Mail: info@auge-umwelt.de
Gründung: 1985 (Dezember)
Vorstand: Dr. Ulrich Kypke (Vors.)
Ingo Falken (stv. Vors.)
Geschäftsführer(in): Dr. Ulrich Küpke
Kuratorium: Dagmar Berghoff
Gisela Dietrich
Dr. Maximilian Gege (Vors.)
Prof. Dr. Jan Hensmann
Egmont R. Koch
Dr. Herrmann Kruse
Marie-Luise Marjan
Dr. Peter C. Mohr
John Neumeier
Prof. Dr.-Ing. E.h. Kurt Oeser
Esther Peter Davis
Barbara Rütting
Hannelore "Loki" Schmidt
Heinz Sielmann
Prof. Dr. O. Wassermann
Prof. Dr. Lutz Wicke
Dr. Georg Winter
Dr. S. Wodarz
Verbandszeitschrift: Emil Grünbär Magazin des Emil Grünbärklub (Umweltklub für Kinder)
Verlag: A.U.G.E. Verlagsgesellschaft mbH, Hamburg
Mitarbeiter: 12

A.U.G.E. ist eine Schwestern-Initiative des Bundesdeutschen Arbeitskreises für umweltbewußtes Management e.V. (B.A.U.M.), Tinsdaler Kirchenweg 211, 22559 Hamburg, T: (040) 81 01 01, Telefax: (040) 81 01 26

● Q 646
Die Umwelt-Akademie e.V.
Münchener Str. 20, 82234 Weßling
T: (08153) 47 51 Fax: 48 52
Internet: http://www.Die-Umwelt-Akademie.de
E-Mail: info@die-umwelt-akademie.de
Gründung: 1990 (14. Oktober)
Vorsitzende(r): Prof.Dr. Heinz Häberle
Stellvertretende(r) Vorsitzende(r): Dr. Dieter Schmid
Geschäftsführer(in): Ass.jur. Ina Hönninger
Mitglieder: 160
Mitarbeiter: 3
Jahresetat: DM 0,6 Mio, € 0,31 Mio

● Q 647
Umweltakademie Rheinland-Pfalz
Richard-Müller-Str. 11, 67823 Obermoschel
T: (06362) 99 32 01 Fax: 99 32 02
E-Mail: sdw-akademie@t-online.de
Akademieleiter: Dr. Gert-Wolfhart Guse

● Q 648
Saar-Aktion Mensch und Umwelt gegen Zerstörung der Lebensgrundlagen e.V.
Feldmannstr. 40, 66119 Saarbrücken
T: (0681) 5 84 97 79
Gründung: 1972
Vorsitzende(r): Günther Heipp
Verbandszeitschrift: Mensch und Umwelt
Verlag: Umwelt-Verlag, Feldmannstr. 40, 66119 Saarbrücken

● Q 649
Mütter gegen Atomkraft e.V.
Büro:
Frohschammerstr. 14, 80807 München
T: (089) 35 56 53 Fax: 35 56 53
Verbandszeitschrift: "Mutter Courage"
Redaktion: Helga Kreuzer

● Q 650
Zentralstelle für Umwelterziehung
Institut im FB 9
Universität GH Essen
Universitätsstr. 15, 45141 Essen
T: (0201) 1 83 24 30 Fax: 1 83-39 81
Gründung: 1977
Leiter(in): Prof. Dr. Reinhold E. Lob
Mitglieder: 7

● Q 651
Deutsche Gesellschaft für Umwelterziehung e.V. (DGU)
Nationaler Fachverband von Umweltdidaktikern aller Bildungsbereiche, u.a.
1. Veranstalter der Umweltauszeichnung „Blaue Flagge" für Badestellen an Küsten, Binnengewässern und Sportboothäfen, Segelfluggelände und Fußballanlagen
2. Umweltschule in Europa
3. Energiesparen an Schule
4. Schulische Umweltgespräche
Ulmenstr. 10, 22299 Hamburg
T: (040) 4 10 69 21/22 Fax: 45 61 29
Gründung: 1983
Vorsitzende(r): Prof. Dr. Gerhard de Haan
Stellvertretende(r) Vorsitzende(r): Herbert Hollmann
Hauptgeschäftsführer(in): Axel Beyer
Verbandszeitschrift: DGU-Nachrichten
Redaktion: DGU, Ulmenstr. 10, 22299 Hamburg
Verlag: DGU, Ulmenstr. 10, 22299 Hamburg
Mitglieder: über 200 national
Mitarbeiter: 13

● Q 652
JAPS Jugend Aktions- und Projektwerkstatt
Schillergäßchen 5, 07745 Jena
T: (03641) 44 93 04 Fax: 44 93 04
Internet: http://www.japs-jena.de
E-Mail: japs@japs-jena.de
Gründung: 1992 (Oktober)
Ansprechpartnerinnen: Daniela Schmiemann
Ronny Zeller
Franziska Schmidt
Marco Schrul
Verbandszeitschrift: Reizzwecke - Jugend Umwelt Kultur in Thüringen
Redaktion: JAPS, Fürstengraben 37, 07743 Jena
Mitarbeiter: 35

● Q 653
Arbeitsgemeinschaft Umwelt- und Landschaftspflege e.V.
Postf. 10 08 44, 57008 Siegen
Sandstr. 1, 57072 Siegen
T: (0271) 5 70 97 Fax: 2 44 27
Gründung: 1974 (29. Juni)
Vors. u. HGeschf: Jost-Peter Weiß (Sandstr. 1, 57072 Siegen)
Mitglieder: 25
Mitarbeiter: 3

● Q 654
Länderarbeitsgemeinschaft für Naturschutz, Landschaftspflege und Erholung (LANA)
c/o Ministerium für Raumordnung, Landwirtschaft und Umwelt - Oberste Naturschutzbehörde
Postf. 37 69, 39012 Magdeburg
Olvenstedter Str. 4, 39108 Magdeburg
T: (0391) 5 67-1712 Fax: 5 67-1589
E-Mail: lana.gst@mrlu.de
LANA-Geschäftsführung: Bernd Köhler

● Q 655
Versuchs- und Beratungsring ökologischer Landbau Niedersachsen e.V. (ÖKORING NDS)
Ernst-August-Str. 9, 29664 Walsrode
T: (05161) 98 65-0 Fax: 98 65-55
Internet: http://www.oekoring.de
E-Mail: kontakt@oekoring.de
Gründung: 1982
Vorsitzende(r): M. Bode-Kirchhoff, Stuhr
Geschäftsführer(in): W. Dreyer
Leitung Presseabteilung: Margrit Helberg
Verbandszeitschrift: ÖKORING
Mitarbeiter: 8

● Q 656
Bundesverband für ökologisch-biologische Landprodukte e.V. (BÖLA)
Geschäftsstelle:
Niedermühle 1, 34593 Knüllwald
T: (05681) 25 84 Fax: 63 68
Gründung: 1988
Vorsitzende(r): Hartmut Laabs
Mitglieder: rd. 100

● Q 657
Prüfverein Verarbeitung ökologische Landbauprodukte e.V.
Kaiser-Wilhelm-Str. 5, 75179 Pforzheim
T: (07231) 35 33 69 Fax: 35 30 78
Internet: http://www.pruefverein.de
E-Mail: kontakt@pruefverein.de
Hauptgeschäftsführerin: Ulrike Behnke
Stellvertretende(r) Geschäftsführer(in): Matthias Stein

● Q 658
Arbeitskreis Verkehr und Umwelt e.V. (Umkehr)
Geschäftsstelle:
Exerzierstr. 20, 13357 Berlin
T: (030) 4 92 74 73 Fax: 4 92 79 72
Gründung: 1985
Hauptgeschäftsführer(in): Karl-Heinz Ludewig
Verbandszeitschrift: InformationsDienst Verkehr IDV
Redaktion: Exerzierstr. 20, 13357 Berlin
Verlag: Umkehr-Selbstverlag
Mitglieder: ca. 1500

● Q 659
Gesellschaft für Lärmbekämpfung e.V.
c/o Herrn Detlef Bramigk
Kaiserdamm 80, 14057 Berlin
T: (030) 3 01 56 44 Fax: 3 01 90 16
Internet: http://www.snafu.de/~azu

● Q 660
Innovation & Kreislaufwirtschaft Sachsen e.V. (IKS)
Pohlandstr. 17, 01309 Dresden
T: (0351) 3 18 00 21 Fax: 3 18 00 28
Internet: http://www.ik-sachsen.de
E-Mail: g.wille@ik-sachsen.de
Gründung: 2000 (23. Juni)
Vorsitzende(r): Dr. Gert Wille (uve Dresden)
Stellvertretende(r) Vorsitzende(r): Prof. Dr. Andrea Heilmann
Mitglieder: 20

● Q 661
Arbeitskreis Umweltpresse e.V.
c/o Andreas Oberholz
Holbeinstr. 26, 42579 Heiligenhaus
T: (02056) 5 73 77 Fax: 6 07 72
Internet: http://www.arbeitskreis-umweltpresse.de
Gründung: 1987 (Juni)
Vorsitzende(r): Andreas Oberholz
Stellvertretende(r) Vorsitzende(r): Dorothea Wessel
Schriftführer(in): Michael Rieck (wvgw-Verlagsgesellschaft, Josef-Wirmer-Str. 1-3, 53123 Bonn)
Mitglieder: 90

● Q 662
Ökomedia - Institut für ökologische Medienarbeit e.V.
Nußmannstr. 14, 79098 Freiburg
T: (0761) 5 20 24   **Fax:** 55 57 24
E-Mail: oekomedia@t-online.de
Gründung: 1984 (1. Juni)
Vorsitzende(r): Irene Lucius
Stellvertretende(r) Vorsitzende(r): Dr. Reinhold Fischenich
Geschäftsführer(in): Günther Kinstler
Mitglieder: 55
Mitarbeiter: 4
Medienkursbuch Ökologie Herausgeber
Verlag: Die Werkstatt, Göttingen

● Q 663
Ökologischer Tourismus in Europa (Ö.T.E.) e.V.
Postf. 20 10 21, 53140 Bonn
Am Michaelshof 8-10, 53177 Bonn
T: (0228) 35 90 08   **Fax:** 35 90 96
Internet: http://www.oete.de
E-Mail: oete-bonn@t-online.de
Gründung: 1991 (1. Juni)
Vorsitzende(r): Klaus Schlüter
Stellvertretende(r) Vorsitzende(r): Manfred Pils
Frank Hofmann
Mitglieder: 6 juristische Personen und 25 Fördermitglieder

Mitgliedsverbände

q 664
Allgemeiner Deutscher Fahrrad-Club (Bundesverband) e.V. (ADFC)
Postf. 10 77 47, 28077 Bremen
Grünenstr. 8-9, 28199 Bremen
T: (0421) 3 46 29-0   **Fax:** 3 46 29-50
Internet: http://www.adfc.de
E-Mail: kontakt@adfc.de

q 665
Deutscher Naturschutzring
Dachverband der deutschen Natur- und Umweltschutzverbände (DNR) e.V.
Postf. 20 04 25, 53134 Bonn
Am Michaelshof 8-10, 53177 Bonn
T: (0228) 35 90 05   **Fax:** 35 90 96
Internet: http://www.dnr.de
E-Mail: dnr-bonn@t-online.de

q 666
Deutsches Jugendherbergswerk
Hauptverband für Jugendwandern u. Jugendherbergen e.V.
Bad Meinberger Str. 1, 32760 Detmold
T: (05231) 99 36-0   **Fax:** 99 36-63, 99 36-66
E-Mail: hauptverband@djh.org

q 667
Die Naturfreunde
Verband für Umweltschutz, Touristik und Kultur
Bundesgruppe Deutschland e.V.
Postf. 60 04 41, 70304 Stuttgart
Hedelfinger Str. 17-25, 70327 Stuttgart
T: (0711) 4 09 54-0   **Fax:** 4 09 54-4
Internet: http://www.naturfreunde.de
E-Mail: naturfreunde-d@t-online.de

q 668
forum anders reisen
Hirschberger Str. 48, 90473 Nürnberg
T: (0911) 8 93 24 54   **Fax:** 8 93 24 55
Internet: http://www.forum-anders-reisen.de
E-Mail: info@forum-anders-reisen.de

q 669
Naturfreunde Internationale (NFI)
International Friends of Nature
Internationale des Amis de la Nature
Diefenbachgasse 36, A-1150 Wien
T: (00431) 8 92 38 77   **Fax:** 8 12 97 89
Internet: http://www.nfi.at
E-Mail: nfi@nfi.at
Internationaler Zusammenschluß: siehe unter IZQ 198
Jahresetat: DM 1 Mio

● Q 670
Ökologische Verbraucherberatung e.V.
Humboldtstr. 81, 90459 Nürnberg
T: (0911) 45 90 69   **Fax:** 45 94 29
Gründung: 1989 (10. März)
Vorsitzende: Dipl.-oec. troph. Annegret Hager
Hauptgeschäftsführer(in): Dipl.-oec.troph. Gudrun Englert-Naser
Verbandszeitschrift: ÖVB aktuell
Redaktion: Ökologische Verbraucherberatung e.V.
Verlag: Humboldtstr. 81, 90459 Nürnberg
Mitglieder: 111, davon 31 Firmenfördermitglieder
Mitarbeiter: 3

● Q 671
Union zur Förderung von Oel- und Proteinpflanzen e.V. (UFOP)
Godesberger Allee 142-148, 53175 Bonn
T: (0228) 8 19 82 26   **Fax:** 8 19 82 03
Internet: http://www.ufop.de
Gründung: 1990 (18. Dezember)
Vorsitzende(r): Dr. Klaus Kliem (ADIB GmbH & Co. KG, Wiegleben)
Stellvertretende(r) Vorsitzende(r): Dietmar Brauer (Norddeutsche Pflanzenzucht, Holtsee)
Geschäftsführer(in): Hans-Jürgen Bertram (Ltg. Presseabteilung, T: (0228) 81 98-226)
Verbandszeitschrift: Zeitschrift Raps
Redaktion: Clemens-August-Str. 12-14, 53115 Bonn
Verlag: Verlag Th. Mann KG, Nordring 10, 45894 Gelsenkirchen
Mitglieder: 59
Mitarbeiter: 8

● Q 672
Mercur Eco e.V.
Hindenburgstr. 26, 77866 Rheinau
T: (07227) 95 89-0   **Fax:** 95 89-18
Internet: http://www.mercur.org
E-Mail: mail@mercur.org
Geschäftsführer(in): Heinrich Krämer

R Sozialpolitische Organisationen

Zum Auffinden einer bestimmten Dienststelle oder Organisation dient das Suchwortverzeichnis, eines Personennamens das Personenverzeichnis.

Arbeitgeberorganisationen
    Regionale und fachliche Arbeitgeberverbände
    Sonstige Arbeitgeber- und Unternehmer-Organisationen
Arbeitnehmerorganisationen
Beamten-Organisationen
    Bundesbeamtenverbände
    Bundesfachverbände
    Sonstige Beamten-Organisationen

Arbeitgeberorganisationen

• R 1

Bundesvereinigung der Deutschen Arbeitgeberverbände e.V. (BDA)
Breite Str. 29, 10178 Berlin
T: (030) 20 33-0 **Fax:** 20 33-1055
Internationaler Zusammenschluß: siehe unter izf 1953
Ehrenpräsidenten: Otto Esser (Oberer Forstweg 1, 63906 Erlenbach)
Dr. Klaus Murmann (Vorstandsvorsitzender der Sauer-Danfoss GmbH & Co. OHG, Postf. 24 60, 24514 Neumünster, Krokamp 35, 24539 Neumünster, T: (04321) 8 71-201, Fax: (04321) 99 04 64)
Präsident(in): Dr.sc.techn. Dieter Hundt (Geschäftsführender Gesellschafter der Allgaier-Werke GmbH, Ulmer Str. 75, 73066 Uhingen, Postf. 40, 73062 Uhingen, T: (07161) 30 12 16, Fax: 3 43 53)
Vizepräsident(in): Paul Coenen (Daimlerstr. 7, 64546 Mörfelden-Walldorf)
Dr. Jürgen Deilmann (Schatzmeister; Geschäftsführer der Deilmann-Montan GmbH, Osterberg 8, 48455 Bad Bentheim, Postf. 12 41, 48443 Bad Bentheim, T: (05922) 7 78-30, Fax: 7 78-40)
Dr. Walter Deuss (ehem. Vorstandsvorsitzender Karstadt Warenhaus AG, Postf. 10 21 64, 45021 Essen, Theodor-Althoff-Str. 2, 45133 Essen, T: (0201) 7 27-2028, Fax: (0201) 7 27-4971)
Dr. Dr.h.c. Manfred Gentz (Mitglied des Vorstandes Daimler-Chrysler AG, 70546 Stuttgart, Epplestr. 225, 70567 Stuttgart, T: (0711) 1 79 43 49, Fax: (0711) 1 79 43 13)
Dipl.-Kfm. Martin Kannegiesser (Geschäftsf. Gesellschafter Herbert Kannegiesser GmbH + Co. Maschinenfabrik, Postf. 17 25, 32591 Vlotho, Kannegiesser-Ring 7, 32602 Vlotho, T: (05733) 12-202, Fax: (05733) 12-380)
Dieter Philipp (Präsident Bundesvereinigung der Fachverbände des Deutschen Handwerks, Postf. 11 04 72, 10834 Berlin, Mohrenstr. 20-21, 10117 Berlin, T: (030) 2 06 19-0, Fax: (030) 2 06 19-460)
Generaldirektor Hans Schreiber (Vorsitzender des Vorstandes des Mannheimer Versicherungs AG, Postf. 10 21 61, 68127 Mannheim, T: (0621) 4 57-2001, Fax: (0621) 4 57-3611)
Dr. Ron Sommer (Vorstandsvorsitzender Deutsche Telekom AG, Postf. 20 00, 53105 Bonn, Friedrich-Ebert-Allee 140, 53113 Bonn, T: (0228) 1 81-9000, Fax: (0228) 1 81-8970)
Präsidialmitglieder: Dr. rer.pol. Manfred Ahlsdorff (Präsident, Die Unternehmensverbände im Lande Bremen e.V., Postf. 10 07 27, 28007 Bremen, Schillerstr. 10, 28195 Bremen, T: (0421) 3 68 02-20, Fax: (0421) 3 68 02-49)
Dr. rer.pol. Doris André (vorm. Vorstandsmitglied British-American Tobacco (Germany) GmbH, Schöne Aussicht 12, 22085 Hamburg, T: (040) 2 20 58 82, Fax: (040) 2 20 58 82)
Dipl.-Kfm. Prof. Thomas Bauer (Geschäftsführer Bauer Spezialtiefbau GmbH, Postf. 12 60, 86522 Schrobenhausen, Wittelsbacher Str. 5, 86529 Schrobenhausen, T: (08252) 97-1212, Fax: (08252) 97-1213)
Hartmut Bielefeld (Geschäftsführer wolbo Wilh. Woltering GmbH & Comp. Kommanditgesellschaft, Stenerner Weg 17-19, 46397 Bocholt, Postf. 25 62, 46375 Bocholt, T: (02871) 3 41 21, Fax: 3 41 74)
Dipl.-Kfm. Berthold Bonekamp (Vorsitzender des Vorstandes Rheinbraun AG, Postfach, 50416 Köln, Stüttgenweg 2, 50935 Köln, T: (0221) 4 80-1408, Fax: (0221) 4 80-1443)
Dipl.-Ing. Walter Botschatzki (Geschäftsf. Gesellschafter Multicar Spezialfahrzeuge GmbH, Industriestr. 3, 99880 Waltershausen, Postf. 1 02, 99875 Waltershausen, T: (03622) 64 04 01, Fax: 64 04 02)
Gerd von Brandenstein (Leiter Siemens AG, Postf. 13 06 00, 13624 Berlin, Nonnendammallee 101, 13629 Berlin, T: (030) 38 62 90 01, Fax: (030) 38 62 90 15)
Wilfried Brandes (Komplementär Viktor Buchholz GmbH & Co. KG, Postf. 11 65, 30011 Hannover, Große Düwel-Str. 28, 30171 Hannover, T: (0511) 85 60 60, Fax: 8 56 06 38)
Dieter Cohrt (Geschäftsführer August Cohrt & Co. Getränke GmbH, Eichkamp 1-9, 24116 Kiel, T: (0431) 1 69 05 20, Fax: (0431) 1 30 29)
Dr. Horst Föhr (Vorstand Personal Deutsche Bahn AG, Potsdamer Platz 2, 10785 Berlin, T: (030) 2 43-6 13 00, Fax: (030) 2 43-6 13 55)
Dr. Michael Fuchs (Geschäftsführer Impex-Electronic HgmbH, Am Metternicher Bahnhof 11, 56072 Koblenz, T: (0261) 92 84-102, Fax: 92 84-1 86)
RA Dr. Reinhard Göhner (HGF und Präsidialmitglied der BDA, Postfach, 11054 Berlin, Breite Str. 29, 10178 Berlin)
Ulrich Hartmann (Vors. d. Vorstandes E.ON AG, Postf. 30 10 51, 40410 Düsseldorf, Bennigsenplatz 1, 40474 Düsseldorf, T: (0211) 45 79-550, Fax: (0211) 45 79-565)
Helmut Heinen (Kölnische Rundschau, Postf. 10 21 45, 50461 Köln, Stolkgasse 25-45, 50667 Köln, T: (0221) 1 63 22 02, Fax: (0221) 1 63 22 03)
Dr.-Ing. Claus Hendricks (Vorstandsmitglied Thyssen Krupp Stahl AG, Postf. 11 05 61, 47161 Duisburg, Kaiser-Wilhelm-Str. 100, 47166 Duisburg, T: (0203) 5 22 55-00, Fax: (0203) 5 22 55-6699)
Klaus Hering (Geschäftsführer Norddeutsche Hoch- und Tiefbau GmbH, Grimmer Str. 11-14, 17489 Greifswald, T: (03834) 5 56-1 10, Fax: 5 56-112)
Dr. Tessen von Heydebreck (Mitglied des Vorstandes Deutsche Bank AG, Postfach, 60262 Frankfurt, Taunusanlage 12, 60325 Frankfurt, T: (069) 91 03 30 51, Fax: (069) 91 03 51 65)
Dr. Fritz-Heinz Himmelreich (Bundesvereinigung der Deutschen Arbeitgeberverbände, Postfach, 11054 Berlin, Breite Str. 29, 10178 Berlin)
Dr. Eckart John von Freyend (Vorsitzender des Vorstandes IVG Holding AG, Postf. 20 07 51, 53137 Bonn, Zander Str. 5, 53177 Bonn, T: (0228) 8 44-353, Fax: (0228) 8 44-339)
Dr.-Ing. Jochen F. Kirchhoff (Vorsitzender KIRCHHOFF GRUPPE, Stefanstr. 2, 58638 Iserlohn, Postf. 26 26, 58634 Iserlohn, T: (02371) 2 11-2 60, Fax: 2 11-264)
Dr.-Ing. Walter Koch (Geschäftsf. Gesellschafter Dillinger Fabrik glochter Bleche GmbH, Postf. 12 60, 66745 Dillingen, Franz-Meguin-Str. 20, 66763 Dillingen, T: (06831) 7 00 31 19, Fax: (06831) 7 00 33 50)
Dr. Heiko Lange (Executive Vice President APDC, Lufthansa Basis, Flughafen, 60546 Frankfurt, T: (069) 6 94-40 75/76, Fax: 6 94-4118)
Helmut Lübke (Geschäftsführer Interlübke Gebrüder Lübke GmbH & Co. KG, Ringstr. 145, 33378 Rheda-Wiedenbrück, T: (05242) 12-1, Fax: (05242) 12-311)
Hans Georg Michelbach (MdB; Main-Spessart-Kaufhaus, Rhönweg 69, 97737 Gemünden, T: (09351) 33 00, Fax: (09351) 24 79)
Dr. Arend Oetker (Geschäftsf. Gesellschafter der Dr. Arend Oetker Holding GmbH & Co, Gereonstr. 18-30, 50670 Köln, T: (0221) 1 60 00-12, Fax: (0221) 1 60 00-61)
Prof. Peter Pribilla (Vorstandsmitglied der Siemens AG, Postfach, 80312 München, Wittelsbacherplatz 2, 80333 München, T: (089) 6 36 34-340/-341, Fax: (089) 6 36 34-342)
Dr. Wolfgang Pütz (Geschäftsführender Gesellschafter der J.F. Ziegler KG, Konrad-Adenauer-Str. 2-4, 42853 Remscheid, Postf. 10 07 61, 42807 Remscheid, T: (02191) 9 09-111, Fax: (02191) 9 09-182)
Dipl.-Phys. Randolf Rodenstock (Pers. Haftender Gesellschafter Optische Werke G. Rodenstock, Postf. 14 04 40, 80454 München, Isartalstr. 39-43, 80469 München, T: (089) 72 02-349, Fax: (089) 72 02-140)
Dr. rer.pol. Volker Schäfer (Präsident Wirtschaftsvereinigung Bergbau, Friedrich-Ebert-Str. 160, 34119 Kassel, T: (0561) 3 01-1372, Fax: (0561) 3 01-2294)
Dipl.-Kfm. Sebastian Schmidt (Inhaber der Firma Reinhart Schmidt GmbH, Postf. 11 05 64, 42305 Wuppertal, Industriestr. 77, 42327 Wuppertal, T: (0202) 74 97-0, Fax: (0202) 74 97-288)
Gerd Sonnleitner (Präsident des Bauernverbandes Gesamtverband der Deutschen Land- und Forstwirtschaftlichen Arbeitgeberverbände e.V., Godesberger Allee 142-148, 53175 Bonn, T: (0228) 81 98-250, Fax: (0228) 81 98-204)
Dr. Theo Spettmann (Vorstandssprecher Südzucker AG, Mannheim/Ochsenfurt, Postf. 10 28 55, 68029 Mannheim, Maximilianstr. 10, 68165 Mannheim, T: (0621) 42 14 58, Fax: (0621) 42 14 70)
Prof. Dipl.-Ing. Dieter Weidemann (Präsident Vereinigung der hessischen Unternehmerverbände e.V., Emil-von-Behring-Str. 4, 60439 Frankfurt, Postf. 50 05 61, 60394 Frankfurt, T: (069) 9 58 08-131, Fax: (069) 9 58 08-136)
Dr. Hans-Dietrich Winkhaus (Mitglied des Gesellschafterausschusses Henkel KGaA, Postfach, 40191 Düsseldorf, Henkelstr. 67, 40589 Düsseldorf, T: (0211) 7 97-44 55/-2139, Fax: (0211) 7 98-2325)
Dr. Klaus Zumwinkel (Vorstandsvors. Deutsche Post AG, Postf. 30 00, 53105 Bonn, Robert-Schumann-Platz, 53175 Bonn, T: (0228) 1 82-9000, Fax: (0228) 1 82-7060)
Hauptgeschäftsführer(in): RA Dr. Reinhard Göhner
Mitglieder: 64 + 4 Gastverbände, unmittelbare Verbände, ca. 800 mittelbare Verbände

Regionale Arbeitgeberverbände

r 2

Landesvereinigung Baden-Württembergischer Arbeitgeberverbände e.V.
Postf. 70 05 01, 70574 Stuttgart
Löffelstr. 22-24, 70597 Stuttgart
T: (0711) 76 82-0 **Fax:** 7 65 16 75
Internet: http://www.suedwestmetall.de
E-Mail: info@suedwestmetall.de
Präsident(in): Dr. sc.techn. Dieter Hundt (Geschäftsf. Gesellschafter der Allgaier-Werke GmbH, Ulmer Str. 75, 73066 Uhingen, Postf. 40, 73062 Uhingen, T: (07161) 30 12 16, Telefax: (07161) 3 43 53)
Hauptgeschäftsführer(in): RA Dr. Ulrich Brocker
Mitglieder: 45

r 3

vbw

Vereinigung der Bayerischen Wirtschaft e.V.
Postf. 202061, 80020 München
Max-Joseph-Str. 5, 80333 München
T: (089) 5 51 78-100 **Fax:** 5 51 78-111
Internet: http://www.vbm-bayern.de
E-Mail: vbm-zentrale@hbw.de
Präsident(in): Dipl.-Phys. Randolf Rodenstock (Leiter und pers. haftender Gesellschafter Optische Werke G. Rodenstock, Isartalstr. 39-43, 80469 München, Postf. 14 04 40, 80454 München, T: (089) 72 02-349, Fax: (089) 72 02-140)
Hauptgeschäftsführer: Dipl.-Kfm. Stephan Götzl
Mitglieder: 74

r 4

Vereinigung der Unternehmensverbände in Berlin und Brandenburg e.V.
Am Schillertheater 2, 10625 Berlin
T: (030) 3 10 05-0 **Fax:** 3 10 05-1 60
Internet: http://www.uvb-online.de
E-Mail: uvb@uvb-bln-brbg.de
Präsident(in): Gerd von Brandenstein (Leiter Siemens AG, Nonnendammallee 101, 13629 Berlin, Postf. 13 06 00, 13624 Berlin, T: (030) 38 62 90 01, Fax: (030) 38 62 90 15)
Hauptgeschäftsführer(in): RA Dr. Hartmann Kleiner
Mitglieder: 61

r 5

Die Unternehmensverbände im Lande Bremen e.V.
Postf. 10 07 27, 28007 Bremen
Schillerstr. 10, 28195 Bremen
T: (0421) 3 68 02-0 **Fax:** 3 68 02 49
Internet: http://www.uvhb.de
Präsident(in): Dr. Manfred Ahlsdorff (Die Unternehmensverbände im Lande Bremen e.V., Postf. 10 07 27, 28007 Bremen, Schillerstr. 10, 28195 Bremen, T: (0421) 3 68 02-20, Fax: (0421) 3 68 02-49)
Hauptgeschäftsführer(in): RA Eberhard Schodde
Mitglieder: 15

r 6

Vereinigung der Unternehmensverbände in Hamburg und Schleswig-Holstein e.V. (UV Nord)
Postf. 60 19 69, 22219 Hamburg
Kapstadtring 10, 22297 Hamburg
T: (040) 63 78-5100 **Fax:** 63 78-5050
Internet: http://www.uvnord.de
Präsident(in): Prof. Dr. Hans Heinrich Driftmann (Geschäftsf. Gesellschafter Köllnflockenwerke KGaA, Postf. 6 29, 25333 Elmshorn, Westerstr. 22-24, 25336 Elmshorn, T: (04121) 6 48-0, Fax: (04121) 6 56 59)
Hauptgeschäftsführer(in): RA Jürgen Meineke
Mitglieder: 53

r 7

Vereinigung der hessischen Unternehmerverbände e.V. (VhU)
Postf. 50 05 61, 60394 Frankfurt
Emil-von-Behring-Str. 4, 60439 Frankfurt
T: (069) 9 58 08-0 **Fax:** 9 58 08-1 26
Internet: http://www.vhu.de
E-Mail: vhu@vhu.de
Präsident(in): Prof. Dipl.-Ing. Dieter Weidemann (Vereinigung der hessischen Unternehmerverbände e.V., Postf. 50 05 61, 60394 Frankfurt, Emil-von-Behring-Str. 4, 60439 Frankfurt, T: (069) 9 58 08-131, Fax: (069) 9 58 08-136)
Hauptgeschäftsführer(in): RA Volker Fasbender
Mitglieder: 49

r 8

Vereinigung der Unternehmensverbände für Mecklenburg-Vorpommern e.V.
Eckdrift 93, 19061 Schwerin
T: (0385) 63 56-100 **Fax:** 63 56-151
Internet: http://www.vumv.de
E-Mail: info@vumv.de
Präsident(in): Klaus Hering (Geschäftsführer Norddeutsche Hoch- und Tiefbau GmbH, Grimmer Str. 11-14, 17489 Greifswald, T: (03834) 55 61 10, Fax: (03834) 55 61 12)
Hauptgeschäftsführer(in): Dr. Thomas Klischan
Mitglieder: 29

r 9

Unternehmerverbände Niedersachsen e.V.
Schiffgraben 36, 30175 Hannover
T: (0511) 85 05-0 **Fax:** 85 05-2 68
Internet: http://www.uvn.online.de
E-Mail: uvn@uvn-online.de
Präsident(in): Dr. Peter Haverbeck (Unternehmerverbände Niedersachsen e.V., Schiffgraben 36, 30175 Hannover, T: (0511) 85 05-243, Fax: (0511) 85 05-268)
Hauptgeschäftsführer(in): Dr. Volker Müller
Mitglieder: 68

r 10

Landesvereinigung der Arbeitgeberverbände Nordrhein-Westfalen e.V.
Postf. 30 06 43, 40406 Düsseldorf
Uerdinger Str. 58-62, 40474 Düsseldorf
T: (0211) 45 73-0   **Fax:** 45 73-231
Internet: http://www.arbeitgebernrw.de
E-Mail: arbeitgebernrw@arbeitgebernrw.de
Präsident(in): Dr.-Ing. Jochen F. Kirchhoff (Vors. d. Geschäftsleitung KIRCHHOFF GRUPPE, Stefanstr. 2, 58638 Iserlohn, Postf. 26 26, 58634 Iserlohn, T: (02371) 21 12 60, Telefax: (02371) 21 12 64)
Hauptgeschäftsführer(in): Dr. jur. Hansjörg Döpp
Mitglieder: 90

r 11

Landesvereinigung Rheinland-Pfälzischer Unternehmerverbände e.V.
Postf. 29 66, 55019 Mainz
Hindenburgstr. 32, 55118 Mainz
T: (06131) 55 75-0   **Fax:** 55 75 39
Internet: http://www.lvu.de
Vorsitzende(r): Dr. Eberhard Schwarz (Geschf. der Zschimmer & Schwarz Chemie GmbH, Postf. 21 79, 56108 Lahnstein, Max-Schwarz-Str. 3-5, 56112 Lahnstein, T: (02621) 1 20, Fax: (02621) 1 24 06)
Hauptgeschäftsführer(in): RA Werner Simon
Mitglieder: 20

r 12

Vereinigung der Saarländischen Unternehmensverbände e.V.
Postf. 650433, 66143 Saarbrücken
Harthweg 15, 66119 Saarbrücken
T: (0681) 9 54 34-0   **Fax:** 9 54 34-74
Internet: http://www.vsu.de
E-Mail: kontakt@vsu.de
Präsident(in): Dr.-Ing. Walter Koch (Geschäftsf. Gesellschafter d. Dillinger Fabrik gelochter Bleche GmbH, Franz-Meguin-Str. 20, 66763 Dillingen, Postf. 12 60, 66745 Dillingen, T: (06831) 7 00 31 19, Fax: (06831) 7 00 33 50)
Hauptgeschäftsführer(in): Dr. Heiko Jütte
Mitglieder: 16

r 13

Vereinigung der Sächsischen Wirtschaft e.V. (VSW)
Postf. 30 02 00, 01131 Dresden
Washingtonstr. 16 /16 a, 01139 Dresden
T: (0351) 2 55 93-0   **Fax:** 2 55 93 78
Internet: http://www.wirtschaftsverbaende-sachsen.de
E-Mail: info@wirtschaftsverbaende-sachsen.de
Präsident(in): Wolfgang Heinze (General Manager Southwall Europe GmbH, Southwallstr. 1, 01900 Großröhrsdorf, T: (035952) 44-303, Fax: (035952) 44-321)
Hauptgeschäftsführer(in): Dr. Andreas Winkler
Mitglieder: 37

r 14

Landesvereinigung der Arbeitgeber- und Wirtschaftsverbände Sachsen-Anhalt e.V.
Hegelstr. 39, 39104 Magdeburg
T: (0391) 5 98 22 50   **Fax:** 5 98 22 59
Internet: http://www.lvsa.org
E-Mail: info@lvsa.org
Präsident(in): Dr. Helge Fänger (Vorstandsvorsitzender Serum Werke Bernburg AG, Postf. 12 63, 06392 Bernburg, Hallische Landstr. 105b, 06406 Bernburg, T: (03471) 86 01 01, Fax: (03471) 86 01 30)
Hauptgeschäftsführer(in): Dipl.-Ing. Ök. Klaus Liedke
Mitglieder: 30

r 15

Verband der Wirtschaft Thüringens e.V.
Postf. 10 07 53, 99007 Erfurt
Lossiusstr. 1, 99094 Erfurt
T: (0361) 67 59-0   **Fax:** 67 59-2 22
Internet: http://www.vwt.de
E-Mail: info@vwt.de
Präsident(in): Walter Botschatzki (Geschäftsf. Gesellschafter Multicar Spezialfahrzeuge Industriestr. 3, 99880 Waltershausen, Postf. 1 02, 99875 Waltershausen, T: (03622) 64 04 01, Fax: (03622) 64 04 02)
Hauptgeschäftsführer(in): Dipl.-Volksw. Lotar Schmidt
Mitglieder: 34

● **R 16**

im Haus der Selbständigen
Schlüterstr. 4, 10625 Berlin
T: (030) 7 84 20 38, 7 84 20 39, 31 86 81-3
Fax: 7 87 40 66
Gründung: 1949 (22. Dezember)
Ehrenvors.: Walter Weissig
Vorsitzende(r): Dipl.-Pol. Josef Stingl
Geschäftsführer(in): Ass. jur. Matthias Gröninger
Mitglieder: 12800 und 6 Organisationen

Wahrung der gemeinschaftlichen wirtschaftlichen, sozialpolitischen und arbeitsrechtlichen Belange, Beratung der Mitglieder.

● **R 17**

Unternehmerschaft Düsseldorf und Umgebung e.V.
Postf. 14 01 65, 40071 Düsseldorf
Achenbachstr. 28, 40237 Düsseldorf
T: (0211) 6 69 08-0   **Fax:** 6 69 08-30
Internet: http://www.unternehmerschaft.de
Vorsitzende(r): Dipl.-Kfm. Peter J. Hesse
Geschäftsführer(in): RA Karl Heinrich Wilke

● **R 18**

Allgemeiner Arbeitgeberverband Düsseldorf und Umgebung e.V.
Postf. 14 01 65, 40071 Düsseldorf
Achenbachstr. 28, 40237 Düsseldorf
T: (0211) 6 69 08-0   **Fax:** 6 69 08-30
Geschäftsführer(in): RA Karl Heinrich Wilke
Vorsitzende(r): Dr. Rainer Wessely (Koyemann Werkzeuge GmbH & Co., Postf. 13 53, 40673 Erkrath)

● **R 19**

Düsseldorfer Arbeitgeberverbände e.V.
Postf. 14 01 65, 40071 Düsseldorf
Achenbachstr. 28, 40237 Düsseldorf
T: (0211) 6 69 08-0   **Fax:** 6 69 08-30
Vorsitzende(r): Dr. Hans-Jürgen Forst (Sprecher der Region NRW der Siemens AG, Zweigniederlassung Düsseldorf, Postf. 10 11 15, 40002 Düsseldorf, T: (0211) 39 90)
Hauptgeschäftsführer(in): RA Karl Heinrich Wilke

● **R 20**

Allgemeiner Arbeitgeberverband Harz e.V. (AGV)
Unterer Triftweg 1, 38640 Goslar
T: (05321) 28 25   **Fax:** 28 26
Gründung: 1949
Vorsitzende(r): Dipl.-Kfm. Ulrich Weiterer
Geschäftsführerin: Ass. Anja Mertelsmann
Mitglieder: 395

● **R 21**

Arbeitgeberverbände Emscher-Lippe
Zeppelinallee 51, 45883 Gelsenkirchen
T: (0209) 9 45 04-0   **Fax:** 9 45 04-91
Internet: http://www.arbeitgeber-ruhr.de/emscher-lippe
E-Mail: agvel@aol.com
Vorsitzende(r): Dipl.-Oec. Ingrid Brand-Friedberg
Hauptgeschäftsführer(in): Michael Grütering

● **R 22**

Unternehmerschaft Niederrhein
Postf. 10 23 61, 47723 Krefeld
Ostwall 227, 47798 Krefeld
T: (02151) 62 70-0   **Fax:** 62 70-40
Internet: http://www.unternehmerschaft-niederrhein.de
E-Mail: info@unternehmerschaft-niederrhein.de
Hauptgeschäftsführer(in): Dr. Hans-Günter Fix
Mitglieder: 900

r 23

Allgemeiner Verband niederrheinischer Arbeitgeber
Postf. 10 23 61, 47723 Krefeld
Ostwall 227, 47798 Krefeld
T: (02151) 62 70-0   **Fax:** 62 70-40
Internet: http://www.unternehmerschaft-niederrhein.de
Vorsitzende(r): Dipl.-Kfm. Herbert Kisgen (Balth. Erlenwein & Cie. GmbH, Krefeld-Uerdingen)

r 24

Wirtschaftsvereinigung Bekleidungsindustrie Nordrhein
Postf. 10 23 61, 47723 Krefeld
Ostwall 227, 47798 Krefeld
T: (02151) 62 70-0   **Fax:** 62 70-40
Internet: http://www.unternehmerschaft-niederrhein.de
Vorsitzende(r): Dipl.-Kfm. Otto Plum (Heinr. Wirtz GmbH, 41844 Wegberg)

r 25

Unternehmerschaft Chemie Niederrhein
Postf. 10 23 61, 47723 Krefeld
Ostwall 227, 47798 Krefeld
T: (02151) 62 70-0   **Fax:** 62 70-40
Internet: http://www.unternehmerschaft-niederrhein.de
Vorsitzende(r): Ralf Schwarz (Lackwerke Peters GmbH & Co.KG, Kempten)

r 26

Unternehmerschaft Metall- und Elektroindustrie Niederrhein e.V.
Postf. 10 23 61, 47723 Krefeld
Ostwall 227, 47798 Krefeld
T: (02151) 62 70-0   **Fax:** 62 70-40
Internet: http://www.unternehmerschaft-niederrhein.de
Vorsitzende(r): Dr. Rüdiger Kaspers (Arca-Regler GmbH, 47918 Tönisvorst)

r 27

Unternehmerschaft Nahrungs- und Genußmittelindustrie Niederrhein
Postf. 10 23 61, 47723 Krefeld
Ostwall 227, 47798 Krefeld
T: (02151) 62 70-0   **Fax:** 62 70-40
Internet: http://www.unternehmerschaft-niederrhein.de
Vorsitzende(r): Jochen P. Wirichs (Brauerei Rhenania, R. Wirichs, GmbH & Co.KG, Krefeld)

r 28

Unternehmerschaft Papierverarbeitung Niederrhein
Postf. 10 23 61, 47723 Krefeld
Ostwall 227, 47798 Krefeld
T: (02151) 62 70-0   **Fax:** 62 70-40
Internet: http://www.unternehmerschaft-niederrhein.de
Vorsitzende(r): Klaus Bercker (Bercker Graphischer Betrieb GmbH, Kevelaer)

r 29

Wirtschaftsvereinigung Großhandel-Außenhandel-Dienstleistung Niederrhein
Postf. 10 23 61, 47723 Krefeld
Ostwall 227, 47798 Krefeld
T: (02151) 62 70-0   **Fax:** 62 70-40
Internet: http://www.unternehmerschaft-niederrhein.de
Vorsitzende(r): Jakob Peters-Messer (Joh. Peters sen., Viersen)

Fachverbände

● **R 30**

Arbeitgeberverband freier Architekten und Ingenieure e.V. (AAI)
Herrengraben 31, 20459 Hamburg
T: (040) 36 26 10   **Fax:** 36 28 96-97
Gründung: 1979 (15. Mai)
Vorsitzende(r): Paul-Philipp Masur
Geschäftsführer(in): Dr.jur. Jürgen Brüggemann (M.C.L.)

● **R 31**

Arbeitgeberverband Selbständiger Ingenieure und Architekten e.V. (ASIA)
Bundesgeschäftsstelle:
Rheinstr. 129c, 76275 Ettlingen
T: (07243) 3 93 94   **Fax:** 3 93 95
Internet: http://www.asia-arbeitgeberverband.de
E-Mail: info@asia-arbeitgeberverband.de
Vorstand: Dipl.-Ing. Bernd Hartmann, Münster
Dipl.-Ing. Rudolf Vatter, Dahn
Ltr. d. Tarifkommission: Dipl.-Ing. Wolfgang Staubach

Der Verein hat die Aufgabe, Tarifverträge als Arbeitgeber abzuschließen. Darüberhinaus hat er die Mitglieder in arbeits- und tarifrechtlichen

Fragen in jeder Hinsicht zu unterstützen. Er kann die Mitglieder in Arbeitsgerichtsverfahren vertreten.

● R 32

Arbeitgeberverband des privaten Bankgewerbes e.V.
Postf. 04 03 05, 10062 Berlin
Burgstr. 28, 10178 Berlin
T: (030) 59 00 11 27-0 **Fax:** 59 00 11 27-9
E-Mail: service@agvbanken.de
Vorsitzende(r): Dr. Tessen von Heydebreck (Vorstandsmitglied der Deutschen Bank AG, Frankfurt)
Stellvertretende(r) Vorsitzende(r): Dr. Paul Siebertz (Vorstandsmitglied der Bayerischen Hypo- und Vereinsbank AG, München)
Dr. Horst Annecke (Mitinhaber des Bankhauses Lampe KG)
Hauptgeschäftsführer(in): Gerd Benrath
Leitung Presseabteilung: Gerd Benrath
Mitglieder: 140

● R 33

DIE DEUTSCHE BAUINDUSTRIE

Hauptverband der Deutschen Bauindustrie e.V.
Sitz:
Kurfürstenstr. 129, 10785 Berlin
T: (030) 2 12 86-0 **Fax:** 2 12 86-240
Internet: http://www.bauindustrie.de
E-Mail: bauind@bauindustrie.de
Büro Brüssel:
Rue du Commerce 31, B-1000 Brüssel
T: (00322) 5 12 95 97, **Fax:** 5 12 50 66
Internationaler Zusammenschluß: siehe unter izf 321, izf 617, izf 798, izf 1804
Präsidium:
Präsident(in): Prof. Dr.h.c. Ignaz Walter (Vors. des Vorstandes der Walter Holding - AG)
Vizepräsident(in): Dipl.-Ing. Heinz A. Schüssler (Geschäftsführer der Bauunternehmung Hans Lamers GmbH & Co. KG)
Prof. Dipl.-Kfm. Thomas Bauer (Vorsitzender d. Vorstandes der Bauer Spezialtiefbau GmbH)
Dipl.-Ing. Dieter Rappert
Mitglieder des Präsidiums: Dipl.-Ing. Rainer Eder
Dr.-Ing. Gerd Enders
Dipl.-Kfm. Klaus J. Heller
Dipl.-Ing. Manfred Karlé
Dipl.-Ing. Helmut Kirchner
Dr. Robert Mueller
Dr.-Ing. Friedrich W. Oeser
Thomas Schleicher
Dipl.-Ing. Horst Wübben
Geschäftsführung:
Hauptgeschäftsführer(in): RA Michael Knipper
Stellv. Hauptgeschäftsführer: Dr. jur. Friedrich Gastell
Leiter der Hauptabteilung Technik: Dr.-Ing. Wolf-Michael Sack
Leiter der Hauptabteilung Wirtschaft: RA Michael Werner
Leiter der Hauptabteilung Volkswirtschaft, Information und Kommunikation: Dr. Heiko Stiepelmann
Leiter der Abteilung Verwaltung: Günter Mahler
Leiter der Stabsstelle Auslandsbau und internationale Beziehungen: RA Frank Kehlenbach
Leiter des Verbindungsbüros Parlament und Bundesregierung: Thomas Hetz
Schatzmeister: Dipl.-Kfm. Günter Dickel

Der Hauptverband der Deutschen Bauindustrie ist die Spitzenorganisation der Bauindustrie in Deutschland. Als Wirtschaftsverband, Arbeitgeberverband und Fachverband für Technik vertritt er mit seinen 16 ordentlichen und 4 außerordentlichen Mitgliedsverbänden rund 4.500 große und mittelständische Unternehmen gegenüber Bundesregierung, Parlamenten, Behörden und Institutionen auf nationaler, europäischer und internationaler Ebene.

Landesverbände

r 34

Verband der Bauindustrie Nordbaden e.V.
Postf. 31 05 49, 68265 Mannheim
Waldpforte 39, 68305 Mannheim
T: (0621) 7 62 77-0 **Fax:** 7 62 77-44
Internet: http://www.bauindustrie-nordbaden.de
E-Mail: bauindustrie.nordbaden@t-online.de
Vorsitzende(r): Thomas Schleicher (Geschäftsf. Gesellschafter d. Michael Gärtner & Sohn GmbH, Eberbach)
Hauptgeschäftsführer(in): RA Thomas Möller

r 35

Verband der Bauwirtschaft Südbaden e.V. (VBS)
Postf. 1 43, 79001 Freiburg
Holbeinstr. 16, 79100 Freiburg
T: (0761) 7 03 02-0 **Fax:** 7 03 02-30
Internet: http://www.bausuedbaden.de
E-Mail: vbs@bausuedbaden.de
Präs. u. Vors. der Sparte Baugewerbe: Dipl.-Ing. Heinrich Wagner
Vizepräs. u. Vors. der Sparte Bauindustrie: Dipl.-Ing. Rainer Weisenburger
Verb.-Dir: RA Michael Hafner
Verbandszeitschrift: Baufachblatt
Redaktion: Baufachblatt
Verlag: Verband der Bauwirtschaft Südbaden e.V., Holbeinstr. 16, 79100 Freiburg

r 36

Fachverband Bau Württemberg e.V.
Hohenzollernstr. 25, 70178 Stuttgart
T: (0711) 6 48 53-0 **Fax:** 6 48 53 49
Internet: http://www.fachverband-bau.de
E-Mail: info@fachverband-bau.de
Vorsitzende(r): Senator Dipl.-Ing. (FH) Joachim Fahrion
Stellvertretende(r) Vorsitzende(r): Dipl.-Ing. Klaus Stumpp (Vertreter der Sparte Bauindustrie)
Hauptgeschäftsführer(in): RA Dieter Diener

r 37

Bayerischer Bauindustrieverband e.V.
Hauptgeschäftsstelle
Oberanger 32V, 80331 München
T: (089) 23 50 03-0 **Fax:** 23 50 03-71
Internet: http://www.bauindustrie-bayern.de
E-Mail: info@bauindustrie-bayern.de
Präsident(in): Prof. Dipl.-Kfm. Thomas Bauer (Geschäftsführer der Bauer Spezialtiefbau GmbH, Wittelsbacherstr. 5, 86529 Schrobenhausen, T: (08252) 97 12 12, Telefax: (08252) 97 12 13)
Hauptgeschäftsführer(in): RA Gerhard Hess

r 38

Bauindustrieverband Berlin-Brandenburg e.V.
Postf. 60 15 62, 14415 Potsdam
Karl-Marx-Str. 27, 14482 Potsdam
T: (0331) 74 46-0 **Fax:** 74 46-155
Internet: http://www.bauindustrie-bb.de
E-Mail: info@bauindustrie-bb.de
Gründung: 1990 (09. Mai)
Präsident(in): Dipl.-Ing. Rainer Eder (Geschf. der Beton und Rohrbau C.-F. Thymian GmbH & Co. KG, Berlin, Westhafenstr. 1, 13353 Berlin, T: (030) 3 97 34 10, Fax: (030) 39 73 41 24)
Vizepräsident(in): Erhard Ostwald (Geschf. Bauunternehmen Ostwalt GmbH & Co. KG, Frankfurt (Oder), Schubertstr. 65, 15234 Frankfurt (Oder), T: (0335) 4 55 43 16, Fax: (0335) 4 33 34 26)
Hauptgeschäftsführer(in): RA Axel Wunschel (T: (0331) 7 44 61 42, Fax: (0331) 7 44 61 66)
Pressesprecher: Hans Erdmann (T: (0331) 7 44 61 61, Fax: (0331) 7 44 61 77, E-Mail: hans.erdmann@bauindustrie-bb.de)
Mitglieder: ca. 190
Mitarbeiter: 18

r 39

Bauindustrieverband Bremen-Nordniedersachsen e.V.
Bürgermeister-Spitta-Allee 18, 28329 Bremen
T: (0421) 2 03 49-0 **Fax:** 23 48 08
Internet: http://www.bauindustrie-nord.de
E-Mail: info@bauindustrie-nord.de
Vorsitzende(r): Dipl.-Ing. Horst Wübben (Geschäftsf. Gesellschafter der B. Wübben + Co. Bauunternehmung GmbH, Zur Siedewurt 2, 27612 Bremerhaven, T: (0471) 7 10 26, Telefax: (0471) 7 58 89)
Hauptgeschäftsführer(in): RA Dr. jur. Wolfgang Bayer

r 40

Bauindustrieverband Hamburg e.V.
Postf. 20 19 55, 20209 Hamburg
Loogestr. 8, 20249 Hamburg
T: (040) 46 86 56-0 **Fax:** 46 86 56-26
Internet: http://www.bauindustrie-hh.de
E-Mail: info@bauindustrie-hh.de
Vorsitzende(r): Dr.-Ing. Friedrich W. Oeser
Hauptgeschäftsführer(in): RA Klaus Pautzke

r 41

Bauindustrieverband Hessen-Thüringen e.V.
Abraham-Lincoln-Str. 30, 65189 Wiesbaden
T: (0611) 9 74 75-0 **Fax:** 9 74 75-75
Internet: http://www.bauindustrie-mitte.de
E-Mail: info@bauindustrie-mitte.de
Vorsitzende(r): Dipl.-Ing. Helmut Kirchner
Hauptgeschäftsführer(in): RA Prof. Hans-Rudolf Kehrl

r 42

Bauindustrieverband Mecklenburg-Vorpommern e.V.
Eckdrift 93, 19061 Schwerin
T: (0385) 6 35 63 00 **Fax:** 6 35 63 11
Internet: http://www.bauindustrie-mv.de
E-Mail: verband@bauindustrie-mv.de
Präsident(in): Dipl.-Ing. Eduard Dewenter (Geschf. d. Eduard Dewenter KG, Am Torney 2, 23970 Wismar, T: (03841) 26 16-0, Telefax: (03841) 26 16-44)
Hauptgeschäftsführer(in): Obering. Hans-Jürgen Langschwager

r 43

Verband der Bauindustrie für Niedersachsen e.V.
Postf. 61 49, 30061 Hannover
Eichstr. 19, 30161 Hannover
T: (0511) 3 48 34-0 **Fax:** 3 48 07 11
Internet: http://www.bauindustrie-nds.de
E-Mail: info@bauindustrie-nds.de
Präsident(in): Senator E.h. Dipl.-Ing. Michael Munte (Geschäftsf. Gesellschafter d. Karl Munte Bauunternehmung GmbH & Co. KG, Braunschweig)
Hauptgeschäftsführer(in): Prof. Dipl.-Kfm. Michael Sommer

r 44

Wirtschaftsvereinigung Bauindustrie e.V. Nordrhein-Westfalen
Hauptgeschäftsstelle
Postf. 10 54 62, 40045 Düsseldorf
Uhlandstr. 56, 40237 Düsseldorf
T: (0211) 67 03-0 **Fax:** 67 43 03
Internet: http://www.bauindustrie-nrw.de
E-Mail: info@bauindustrie-nrw.de
Präsident(in): Dipl.-Kfm. Günter Dickel
Ver.-Dir.: RA Wolfgang Peters
Leitung Presseabteilung: Winfried Krüger
Mitglieder: 500

r 45

Landesverband Bauindustrie Rheinland-Pfalz e.V.
Postf. 42 24, 55032 Mainz
Am Linsenberg 16, 55131 Mainz
T: (06131) 26 17-0 **Fax:** 26 17-22
Internet: http://www.bauindustrie-rlp.de
E-Mail: bauindustrie.mainz@t-online.de
Vorsitzende(r): Dipl.-Ing. Knut Kioschis (Geschäftsführer der F. J. Meixler GmbH & Co. KG, Mainz)
Hauptgeschäftsführer(in): Rechtsanwalt Dr. Martin Dossmann
Geschäftsführer(in): RA Thomas Weiler

r 46

Arbeitgeberverband der Bauwirtschaft des Saarlandes
Kohlweg 18, 66123 Saarbrücken
T: (0681) 3 89 25-0 **Fax:** 3 89 25-20
Internet: http://www.bau-saar.de
E-Mail: agv@bau-saar.de
Präsident(in): Dipl.-Ing. Hans-Ludwig Bernardi
Hauptgeschäftsführer(in): RA Karl Hannig

r 47

Sächsischer Bauindustrieverband e.V.
Niederwaldstr. 36, 01277 Dresden
T: (0351) 3 19 88-0 **Fax:** 3 19 88 25
Internet: http://www.bauindustrie-sachsen.de
E-Mail: sbiv-ev@t-online.de
Präsident(in): Gerd Enders (Geschäftsführer IB Industriebau GmbH, Hoch-, Tief- u. Ingenieurbau)
Hauptgeschäftsführer(in): Prof. Dr.sc.techn. EUR ING Rolf Zimmermann

r 48

Bauindustrieverband Schleswig-Holstein e.V.
Ringstr. 54, 24103 Kiel
T: (0431) 5 35 48-0 **Fax:** 5 35 48-14
E-Mail: bauindustrie.sh@t-online.de
Vorsitzende(r): Dipl.-Ing. Hans-Werner Blöcker (Geschäftsf. Gesellschafter der Baugesellschaft Claus Alpen mbH, Neustadt/Holstein)
Hauptgeschäftsführer(in): Ass. Gerald Seher

● R 49

Bundesvereinigung der Arbeitgeber im Bundesverband Bekleidungsindustrie e.V.
Postf. 10 09 55, 50449 Köln
Mevissenstr. 15, 50668 Köln
T: (0221) 7 74 41 10-1 11 **Fax:** 7 74 41 18
Internet: http://www.bekleidungsindustrie.de
E-Mail: bbi@bbi-online.de
Präsident(in): Wilfried Brandes (Komplementär d. Fa. Victor Buchholz GmbH & Co. KG Bekleidungsgesellschaft, Postf. 11

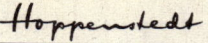

65, 30011 Hannover, T: (0511) 85 60 60, Telefax: (0511) 8 56 06 30)
Hauptgeschäftsführer(in): RA Bernd Kemper

Landesverbände

r 50

Arbeitgeberverband der Bekleidungsindustrie Aschaffenburg und Unterfranken e.V.
Postf. 10 04 65, 63703 Aschaffenburg
Frohsinnstr. 15, 63739 Aschaffenburg
T: (06021) 2 29 37   **Fax:** 2 91 13
E-Mail: AGV.Abg@t-online.de
Vorsitzende(r): Dietmar Eser (Josef Reis GmbH & Co. KG, Wallstr. 6, 63839 Kleinwallstadt, T: (06022) 6 62 40, Fax: 2 37 97)
Geschäftsführer(in): Ass. Thomas Rittger

r 51

Verband der bayerischen Textil- und Bekleidungsindustrie e.V.
Haus der Textil- und Bekleidungsindustrie
Postf. 22 15 21, 80505 München
Gewürzmühlstr. 5, 80538 München
T: (089) 2 12 14 90   **Fax:** 29 15 36
Präsident(in): Milan Danek (H.I.-S. sportswear AG, Postf. 13 27, 85739 Garching, Daimlerstr. 15, 85748 Garching, T: (089) 32 90 70, Fax: 32 90 7250)
Geschäftsführer(in): Erwin Haas
Christian Kastner

r 52

Verband der Berliner Bekleidungsindustrie e.V.
Wichmannstr. 20, 10787 Berlin
T: (030) 2 62 10 09   **Fax:** 2 62 10 00
T-Online: *676#
Gründung: 1949 (19. Januar)
Vorsitzende(r): Gerhard Pabst (Fa. Creation Mademoiselle, G. Pabst GmbH & Co. KG, Wilhelmsaue 36, 10713 Berlin, T: (030) 8 29 99 70, TX: 184 836, Telefax: (030) 8 21 08 73)
Hauptgeschäftsführer(in): RA Wolfgang Schmidt

r 53

Verband der Bekleidungsindustrie Hessen e.V.
Frohsinnstr. 15, 63739 Aschaffenburg
T: (06021) 1 28 24, 1 28 42   **Fax:** 1 28 11
Vorsitzende(r): Eckart Misch (Goodware Fashion Service GmbH, Hilperstr. 35, 64295 Darmstadt, T: (06151) 39 43 36, Fax: 39 45 27)
Geschäftsführer(in): RA E. R. Völger

r 54

Wirtschaftsvereinigung Bekleidungsindustrie Nordrhein
Postf. 10 23 61, 47723 Krefeld
Ostwall 227, 47798 Krefeld
T: (02151) 62 70-0   **Fax:** 62 70-40
Internet: http://www.unternehmerschaft-niederrhein.de
Vorsitzende(r): Dipl.-Kfm. Otto Plum (H. Wirtz GmbH, 41844 Wegberg)
Geschäftsführer(in): Dipl.-Kfm. Friedrich Peschen

r 55

Gesamtvereinigung Bekleidungsindustrie Niedersachsen und Bremen e.V.
Postf. 11 60, 26001 Oldenburg
Bahnhofstr. 14, 26122 Oldenburg
T: (0441) 2 10 27-0   **Fax:** 2 10 27 99
Vorsitzende(r): Wilfried Brandes (Fa. Victor Buchholz, Große Düwelstr. 28, 30171 Hannover, T:(0511) 8 56 06-0, Telefax: (0511) 8 56 06-30)
Hauptgeschäftsführer(in): RA Jürgen Lehmann
Geschäftsführer(in): Horst-Peter Brenneke

r 56

Verband der Nordwestdeutschen Bekleidungsindustrie e.V.
Detmolder Str. 15, 33604 Bielefeld
T: (0521) 96 57 20   **Fax:** (02151) 6 86 36
E-Mail: bekleidungsverband@t-online.de
Vorsitzende(r): Wolfgang Brinkmann (Lord Bekleidungswerke F.W. Brinkmann GmbH, Waltgeistr. 1-3, 32049 Herford, Postf. 13 43, 32044 Herford, T: (05221) 88 40, Fax: (05221) 88 42 22)
Hauptgeschäftsführer(in): RA Jörg Bühler

r 57

Verband der Nordwestdeutschen Bekleidungsindustrie e.V.
Landesgeschäftsstelle Hamburg/Schleswig-Holstein
Haus der Wirtschaft
Postf. 60 19 69, 22219 Hamburg
Kapstadtring 10, 22297 Hamburg
T: (040) 63 78 44 00   **Fax:** 63 78 44 44
Geschäftsführer(in): RA'in Evelyn Kiso

r 58

Landesverband der Bekleidungsindustrie Rheinland-Pfalz e.V.
Postf. 10 10 62, 67410 Neustadt
Friedrich-Ebert-Str. 11-13, 67433 Neustadt
T: (06321) 85 20   **Fax:** 85 22 21
Vorsitzende(r): Ignaz Rieder (Ziegeleistr. 2, 76863 Herxheim, T: (07276) 86 15)
Geschäftsführer(in): RA Thomas Gans

r 59

Verband der Südwestdeutschen Bekleidungsindustrie e.V.
Postf. 10 50 32, 70044 Stuttgart
Rößlinweg 4, 70184 Stuttgart
T: (0711) 24 20 41-42   **Fax:** 2 36 94 25
Vorsitzende(r): Hans-Emil Wurster (Fa. Bekleidungswerke Emil Wurster GmbH + Co. KG, Postf. 11 53, 72542 Metzingen, T: (07123) 92 70, Telefax: (07123) 92 72 90)
Geschäftsführer(in): Ass. Thomas Huhn

● **R 60**

Verband Nordwestdeutscher Bekleidungsbetriebe
Postf. 11 60, 26001 Oldenburg
Bahnhofstr. 14, 26122 Oldenburg
T: (0441) 2 10 27-0   **Fax:** 2 10 27-99
Vorsitzende(r): Klaus Katt (Heinrich Katt GmbH & Co., Gutenbergstr. 7, 26135 Oldenburg, T: (0441) 20 66-0)
Geschäftsführer(in): RA Jürgen Lehmann

● **R 61**

Wirtschaftsvereinigung Bergbau e.V.
Internationaler Zusammenschluß: siehe unter izl 87
siehe F 122

● **R 62**

Deutscher Braunkohlen-Industrie-Verein e.V.
Internationaler Zusammenschluß: siehe unter izl 89
siehe f 125

● **R 63**

Bundesarbeitgeberverband Chemie e.V.
Postf. 12 80, 65002 Wiesbaden
Abraham-Lincoln-Str. 24, 65189 Wiesbaden
T: (0611) 77 88 10   **Fax:** 7 78 81 23
E-Mail: info@bavc.de
Präsident(in): Paul Coenen
Hauptgeschäftsführer(in): Hans Paul Frey

Mitgliedsverbände

r 64

Arbeitgeberverband Chemie Baden-Württemberg e.V.
Postf. 10 00 32, 76481 Baden-Baden
Markgrafenstr. 9, 76530 Baden-Baden
T: (07221) 21 13-0   **Fax:** 2 66 75
Internet: http://www.chemie.com
E-Mail: agv@chemie.com
Gründung: 1971
Vorsitzende(r): Rüdiger Dollhopf (Rhodia Acetow GmbH)
Hauptgeschäftsführer(in): RA Klaus Hütig
Leitung Presseabteilung: Ralf Müller
Verbandszeitschrift: agvChemie komprimiert
Redaktion: Andreas C.A. Fehler
Mitglieder: 250 Unternehmen

r 65

Verein der Bayerischen Chemischen Industrie e.V.
Postf. 86 08 29, 81635 München
Innstr. 15, 81679 München
T: (089) 92 69 10   **Fax:** 9 26 91 33
Vorsitzende(r): Prof. Dr. Wilhelm Simson (Vors. d. Vorst. E.ON AG)
Hauptgeschäftsführer(in): Dr. Peter Umfug
Arbeitgeberverband, bearbeitet werden alle Bereiche der Arbeitgeber-, Arbeitnehmerbeziehungen z.B. Tarifverträge, Arbeitstarif- und Sozialrecht, berufliche Bildung, Informations- und Öffentlichkeitsarbeit.

r 66

Arbeitgeberverband Nordostchemie e.V.
Postf. 12 01 54, 10591 Berlin
Ernst-Reuter-Platz 8, 10587 Berlin
T: (030) 34 38 16-0   **Fax:** 34 38 19-28
Vorsitzende(r): Horst Huß
Hauptgeschäftsführer(in): RA Rolf Siegert

r 67

ChemieNord - Arbeitgeberverband für die Chemische Industrie in Hamburg und Schleswig-Holstein e.V.
Postf. 60 19 69, 22219 Hamburg
Kapstadtring 10, 22297 Hamburg
T: (040) 63 78-5000   **Fax:** 63 78-5050
E-Mail: arndt@chemienord.de
Vorsitzende(r): Lutz Hübner (Schülke & Mayr GmbH, 22840 Norderstedt)
Hauptgeschäftsführer(in): RA Jürgen Meineke

r 68

Arbeitgeberverband Chemie und verwandte Industrien für das Land Hessen e.V.
Postf. 12 60, 65002 Wiesbaden
Abraham-Lincoln-Str. 24, 65189 Wiesbaden
T: (0611) 7 10 60   **Fax:** 70 21 66
Vorsitzende(r): Karl-Hans Caprano (Technoform Caprano + Brunnhofer OHG, 34277 Fuldabrück)
Hauptgeschäftsführer(in): Dr. Rolf-Achim Eich

r 69

Arbeitgeberverband der Chemischen Industrie Niedersachsen e.V.
Postf. 81 01 52, 30501 Hannover
Güntherstr. 1, 30519 Hannover
T: (0511) 9 84 90-0   **Fax:** 83 35 74
Internet: http://www.acin.de
Vorsitzende(r): Dipl.-Kfm. Dirk Brauch (Sprecher des Vorstandes Hagedorn Aktiengesellschaft, Postf. 22 67, 49012 Osnabrück)
Hauptgeschäftsführer(in): Dr. Jochen Wilkens
Stellvertretender Hauptgeschäftsführer: Claus Clementsen

r 70

Landesausschuß der Arbeitgeberverbände der Chemischen Industrie von Nordrhein-Westfalen e.V.
Postf. 23 01 69, 40087 Düsseldorf
Ivo-Beucker-Str. 43, 40237 Düsseldorf
T: (0211) 67 93 10   **Fax:** 6 79 31 88
Vorsitzende(r): Dr. Jürgen Maaß (Henkel KGaA, 40191 Düsseldorf)
Hauptgeschäftsführer(in): Dr. Friedrich Karl Weinspach

r 71

Verband der Chemischen Industrie e.V. Landesverband Rheinland-Pfalz
Postf. 21 07 69, 67007 Ludwigshafen
Bahnhofstr. 48, 67059 Ludwigshafen
T: (0621) 5 20 56-0   **Fax:** 5 20 56-20
Vorsitzende(r): Dr. Rüdiger Erckel (Bochringer Ingelheim Pharma KG, 55216 Ingelheim)
Hauptgeschäftsführer(in): Peter Eisenlohr
Stellvertretende(r) Geschäftsführer(in): Gregor Disson

r 72

Arbeitgeberverband der Chemischen Industrie Saarland e.V.
Franz-Josef-Röder-Str. 9, 66119 Saarbrücken
T: (0681) 92 65 30   **Fax:** 58 37 23
Vorsitzende(r): Jürgen Eitel (Michelin Reifenwerke KGaA, Postf. 13 56, 66424 Homburg)
Geschäftsführer(in): Dipl.-Kfm. Hans-Jörg Ravené

r 73

Arbeitgeberverband der chemischen Industrie im Unterwesergebiet
Postf. 10 07 27, 28007 Bremen

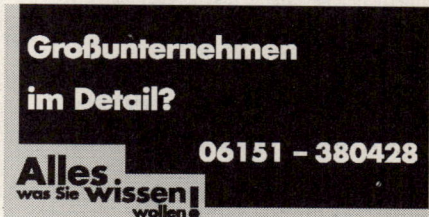

r 73

Schillerstr. 10, 28195 Bremen
T: (0421) 3 68 02-0   Fax: 3 68 02 49
Internet: http://www.uvhb.de
E-Mail: mschierloh@uvhb.de
Vorsitzende(r): Claus Hermann Wencke (AUGUST WENCKE OHG, Postf. 77 01 69, 28701 Bremen)
Hauptgeschäftsführer(in): Eberhard Schodde

r 74
Landesausschuß der Arbeitgeberverbände der chemischen Industrie in Westfalen
Postf. 10 01 30, 44701 Bochum
Königsallee 67, 44789 Bochum
T: (0234) 3 72 11   Fax: 33 67 17
Internet: http://www.chemie-westfalen.de
Vorsitzende(r): Dr. Jochen Plaßmann (Vorstandsmitglied der Ewald Dörken AG, Postfach 1263, 58302 Herdecke)
Geschäftsführer(in): Rechtsanwalt Dirk W. Erlhöfer

● R 75
Arbeitgeberverband der Cigarettenindustrie
Harvestehuder Weg 88, 20149 Hamburg
T: (040) 44 57 39, 44 58 46   Fax: 44 30 39
Vorsitzende(r): Siegfried Hanke
Geschäftsführer(in): Ass. Lutz Sannig
Mitglieder: 8

● R 76
Unternehmens- und Arbeitgeberverband für Großhandel und Dienstleistungen e.V. (A.G.D.)
Knesebeckstr. 33 -34, 10623 Berlin
T: (030) 8 81 70 83/84   Fax: 8 83 72 06
Vorsitzende(r): Peter Breitenbach
Geschäftsführer(in): RA Dietmar von Dippel

● R 77
Hauptverband des Deutschen Einzelhandels e.V. (HDE)
Sozialpolitischer Ausschuß
siehe H 308

● R 78

Arbeitgeberverband Stahl e.V.
Kaiserswerther Str. 115, 40474 Düsseldorf
T: (0211) 4 54 72-0   Fax: 4 54 72-50
Internet: http://www.agvstahl.de
E-Mail: agvstahl@t-online.de
Vorsitzende(r): Dr.-Ing. Claus Hendricks
Hauptgeschäftsführer(in): Volker Becher

● R 79
Arbeitgeberverband Deutscher Eisenbahnen e.V. -Eisenbahnen, Berg- und Seilbahnen, Kraftverkehrsbetriebe -
Volksgartenstr. 54a, 50677 Köln
T: (0221) 9 31 84 50   Fax: 93 18 45 88
Gründung: 1950
Vorsitzende(r): Eisenbahndirektor Dipl.-Ing. Klaus-Dieter Bollhöfer (Häfen und Güterverkehr Köln AG, Parkgürtel 24, 50823 Köln, T: (0221) 1 78 30 06)
Geschäftsführer(in): Verbandsdirektor RA Dr.jur. Hans-Peter Ackmann (LL.M.)
Mitglieder: 120

Wahrung der Interessen der Mitglieder (nichtbundeseigene Eisenbahnen, Kraftverkehrsbetriebe und Seilbahnen) in ihrer Eigenschaft als Arbeitgeber.

● R 80
Unternehmensverband Eisenerzbergbau e.V.
siehe f 126

● R 81
Arbeitgeberverband Metall- und Elektroindustrie Düsseldorf und Umgebung e.V.
Postf. 14 01 65, 40071 Düsseldorf
Achenbachstr. 28, 40237 Düsseldorf
T: (0211) 6 69 08-0   Fax: 6 69 08-30
Internet: http://www.unternehmerschaft.de
Vorsitzende(r): Dr. H.-Jürgen Forst (Sprecher der Region NRW der Siemens AG, Zweigniederlassung Düsseldorf, Postf. 10 11 15, 40002 Düsseldorf, T: (0211) 39 90)
Hauptgeschäftsführer(in): RA Karl Heinrich Wilke

● R 82
Arbeitgeberverband der Eisen- und Metallindustrie Emscher-Lippe e.V.
Zeppelinallee 51, 45883 Gelsenkirchen
T: (0209) 9 45 04-0   Fax: 9 45 04-50
Vorsitzende(r): Dipl.-Oec. Ingrid Brand-Friedberg
Hauptgeschäftsführer(in): RA Michael Grütering

● R 83
Vereinigung der Arbeitgeberverbände energie- und versorgungswirtschaftlicher Unternehmungen (VAEU)
Kurt-Schumacher-Str. 24 .OG., 30159 Hannover
T: (0511) 91 10 90   Fax: 9 11 09 40
Direktor(in): Dir. Udo Cahn von Seelen (Vorstandsvorsitzender der VAEU, Vorstandsvorsitzender der Energie-AG Mitteldeutschland, Monteverdistr. 2, 34131 Kassel, T: (0561) 9 33 01) 1 00, Fax: (0561) 9 33 25 02)
Willi Gerner (Vorstandsmitglied der VAEU, Vorstandsmitglied der E.ON Energie AG, Brienner Str. 40, 80333 München, T: (089) 12 54 (01) 35 67)
Ulf Lange (Vorstandsmitglied der VAEU, Vorstandsmitglied der Hamburger Hochbahn AG, Steinstr. 20, 20095 Hamburg, T: (040) 32 88 (0) 28 01, Fax: (040) 32 88 21 89)
Hauptgeschäftsführer(in): RA Hermann Dimitri Ströhmberg

Mitgliedsverbände:

r 84
Arbeitgebervereinigung energiewirtschaftlicher Unternehmen e.V. (AVE)
Kurt-Schumacher-Str. 24 . OG., 30159 Hannover
T: (0511) 91 10 90   Fax: 9 11 09 40
Vorsitzende(r): Udo Cahn von Seelen (Vorstandsvors. der Energie-AG Mitteldeutschland, Monteverdistr. 2, 34131 Kassel, T: (0561) 9 33 01)
Geschäftsführer(in): RA Hermann Dimitri Ströhmberg

r 85
Arbeitgeberverband Energie Rheinland-Pfalz e.V.
Postf. 11 52, 55001 Mainz
Hindenburgstr. 32, 55118 Mainz
T: (06131) 55 75-0   Fax: 55 75-39
Vorsitzende(r): Dir. Dr. Klaus Schmidt (Vorstandsmitglied des Elektrizitätswerk Rheinhessen AG, Lutherring 5, 67547 Worms, Postf. 13 45, 67545 Worms, T: (06241) 84 80, Telefax: (06241) 84 84 13)
Geschäftsführer(in): Dr. Uwe Gaßmann

r 86
Arbeitgebervereinigung Bayerischer Energieversorgungsunternehmen
Akademiestr. 7, 80799 München
T: (089) 38 01 82-55   Fax: 38 01 82-59
Vorsitzende(r): Willi Gerner
Geschäftsführer(in): RA Dr. Christoph Praël

r 87
Arbeitgeberverband von Gas-, Wasser- und Elektrizitätsunternehmungen e.V. (AGWE)
Kurt-Schumacher-Str. 24 . OG., 30159 Hannover
T: (0511) 91 10 90   Fax: 9 11 09 40
Vorsitzende(r): Dir. Dr. Achim Middelschulte (Vorstandsmitglied der Ruhrgas AG, Huttropstr. 60, 45138 Essen, T: (0201) 1 84 00)
Geschäftsführer(in): Hermann Dimitri Ströhmberg

r 88
Arbeitgebervereinigung öffentlicher Nahverkehrsunternehmen e.V. (AVN)
Kurt-Schumacher-Str. 24 . OG., 30159 Hannover
T: (0511) 91 10 90   Fax: 9 11 09 40
Vorsitzende(r): Dir. Dr. Ulf Lange (Vorstandsmitgl. der Hamburger Hochbahn AG, Steinstr. 20, 20095 Hamburg, T: (040) 3 28 80)
Geschäftsführer(in): RA Hermann Dimitri Ströhmberg

r 89
Arbeitgeberverband energie- und versorgungswirtschaftlicher Unternehmen e.V. (AVEU)
Kurt-Schumacher-Str. 24, 30159 Hannover
T: (0511) 91 10 90   Fax: 9 11 09 40
Vorsitzende(r): Dir. Gerhard Bräunlein (Mitglied des Vorstandes der VEAG Vereinigte Energiewerke AG, Chausseestr. 23, 10115 Berlin, T: (030) 51 50-0)
1. Geschäftsführer: RA Hermann Dimitri Ströhmberg

● R 90
Wirtschaftsverband Erdöl- und Erdgasgewinnung e.V. (WEG)
siehe F 376

● R 91
Arbeitsgemeinschaft der Arbeitgebervereinigungen im ländlichen Genossenschaftswesen
Postf. 12 02 20, 53106 Bonn
Adenauerallee 127, 53113 Bonn
T: (0228) 5 09-2 57   Fax: 50 91 05
Vorstand: RA Konrad Bielert-Hagemann (Vors.)
Geschäftsführer(in): Ass. Annette Kaiser
Mitgliedsverbände:
Badischer Genossenschaftsverband
Raiffeisen - Schulze-Delitzsch e. V., Karlsruhe
Arbeitgebervereinigung der genossenschaftlichen Milchwirtschaft in Bayern AGM, München
Genossenschaftlicher Arbeitgeberverband e.V. Niedersachsen/Bremen/Sachsen-Anhalt/Thüringen/Berlin/Brandenburg, Hannover
Genossenschaftsverband Hessen/Rheinland-Pfalz/Thüringen e.V., Frankfurt
Genossenschaftsverband Rheinland e.V., Köln
Saarländischer Genossenschaftsverband e.V., Saarbrücken
Genossenschaftlicher Arbeitgeberverband e.V., Kiel
Genossenschaftsverband Weser-Ems e. V., Oldenburg
Westfälischer Genossenschaftsverband e. V., Münster
Genossenschaftlicher Arbeitgeberverband Württemberg e. V., Stuttgart
Gesamtverband der Deutschen Land- und Forstwirtschaftlichen Arbeitgeberverbände e. V., Bonn-Bad Godesberg

● R 92
Arbeitsgemeinschaft der gärtnerischen Arbeitgeberverbände e.V.
Godesberger Allee 142-148, 53175 Bonn
T: (0228) 8 10 02 17, 8 10 02 18   Fax: 8 10 02 48
Vorsitzende(r): Jürgen Mertz (Grünborner Weg 22, 65589 Hadamar, T: (06433) 9 15 20, Fax: (06433) 91 52 50)
Geschäftsführerin: RA Romana Hoffmann

● R 93
Arbeitgeberverband der Deutschen Glasindustrie e.V.
Haus der Bayerischen Wirtschaft
Max-Joseph-Str. 5, 80333 München
T: (089) 5 51 78-400   Fax: 5 51 78-444
Gründung: 1946
Präsident(in): Peter Weinmann
Ehrenpräs: Dipl.-Ing. Günther Krüßmann
RA Konrad Vorpeil
Dir. Max W. Staudinger
Hauptgeschäftsführer(in): RA Gernot Steinbacher
Mitglieder: ca. 150 in den neuen und alten Bundesländern

● R 94
Hauptverband der Deutschen Holz und Kunststoffe verarbeitenden Industrie und verwandter Industriezweige e.V. (HDH)
siehe F 547

● R 95
Kaliverein e.V.
siehe f 127

● R 96
Bundesverband der Deutschen Kalkindustrie e.V.
Postf. 51 05 50, 50941 Köln
Annastr. 67-71, 50968 Köln
T: (0221) 93 46 74-0   Fax: 93 46 74 10 + 14
Vorsitzende(r): Klaus Schaefer (SCHAEFER KALK, Postfach 1361, 65572 Diez, T: (06432) 50 30, Fax: 50 31 29)
Geschäftsführer(in): Dr.-Ing. Bernhard Oppermann
Dipl.-Volksw. Dietmar Freiherr von Landsberg
Vors. Sozialpolitischer Ausschuß: Dr.-Ing. Hans-Peter Hennecke (Geschäftsführer Rheinkalk GmbH & Co. KG, 42489 Wülfrath, T: (02058) 17-0, TX: 8 591 861, Telefax: (02058) 17 22 10)
Angeschlossen:
Arbeitgeberverband der Industrie der Steine und Erden im Aachener Industriegebiet e.V., Abt. Kalkindustrie, Aachen
Arbeitgeberverband Zement und Baustoffe e.V., Beckum
Arbeitgeberverband der rechtsrheinischen und westfälischen Kalk- und Dolomitindustrie e.V., Wuppertal

● R 97
Arbeitgeberverband der Deutschen Kautschukindustrie (ADK) e.V.
Schiffgraben 36, 30175 Hannover
T: (0511) 85 05-0   Fax: 85 05-2 01, 85 05-2 05 (Rechts-

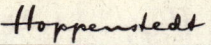

abt.), 85 05-2 91 (Presseabt.)
Vorsitzende(r) des Vorstandes: Dir. Dipl.-Volksw. Jürgen Krebaum (Vorstandsvors. Veritas Gummiwerke AG, Stettiner Str., 63571 Gelnhausen, Postf. 18 63, 63558 Gelnhausen)
Hauptgeschäftsführer(in): RA Dietrich Kröncke
Leitung Presseabteilung: Werner Fricke

● **R 98**

Genossenschaftlicher Arbeitgeberverband e.V.
Raiffeisenstr. 1, 24103 Kiel
T: (0431) 66 42-1 33 **Fax:** 67 59 75
Gründung: 1972
Vorsitzende(r) des Vorstandes: Verbandsdirektor WP Dipl.-Kfm. Horst Mathes
Geschäftsführer(in): RA Jürgen Jeswein
Mitglieder: 148

● **R 99**

Genossenschaftlicher Arbeitgeberverband e.V.
Niedersachsen/Bremen/Sachsen-Anhalt/Thüringen/Berlin/Brandenburg
Hannoversche Str. 149, 30627 Hannover
T: (0511) 9 57 45 00 **Fax:** 9 57 45 05
Vorsitzende(r) des Vorstandes: Dr. Wolfgang Vonscheidt
Geschäftsführer(in): RA Konrad Bielert-Hagemann
RA Reinhard Dargatz

● **R 100**

Zentralverband Deutsches Kraftfahrzeuggewerbe (ZDK)
siehe H 595

● **R 101**

Arbeitgeberverband der Deutschen Volksbanken und Raiffeisenbanken e.V.
Postf. 12 04 40, 53046 Bonn
Heussallee 5, 53113 Bonn
T: (0228) 5 09-2 24/2 66 **Fax:** 50 91 05
Gründung: 1979 (1. Januar)
Vorsitzende(r) des Vorstandes: RA Jochen Lehnhoff
Vorstand: Verbandsdir. RA Prof. Dr. Claus Peter Mossler
Bankdir. Dr. Wolfgang Vonscheidt
Geschäftsführer(in): Ass. Annette Kaiser
RA Andreas Pocha
Mitglieder: ca. 2250
Mitgliedsverbände:
Badischer Genossenschaftsverband Raiffeisen - Schulze-Delitzsch e. V., Karlsruhe
Arbeitgebervereinigung der bayerischen Kredit- und Warengenossenschaften AKW, München
Genossenschaftlicher Arbeitgeberverband e.V. Niedersachsen/Bremen/Sachsen-Anhalt/Thüringen/Berlin/Brandenburg, Hannover
Genossenschaftsverband Hessen/Rheinland-Pfalz/Thüringen e.V., Frankfurt
Genossenschaftlicher Arbeitgeberverband e.V., Kiel
Genossenschaftsverband Rheinland e.V., Köln
Saarländischer Genossenschaftsverband e. V., Saarbrücken
Arbeitgebervereinigung der Genossenschaften Sachsens e.V., Dresden
Genossenschaftsverband Weser-Ems e. V., Oldenburg
Arbeitgeberverband Landwirtschaft und Genossenschaften Weser-Ems e.V., Oldenburg
Westfälischer Genossenschaftsverband e. V., Münster
Genossenschaftlicher Arbeitgeberverband Württemberg e. V., Stuttgart

● **R 102**

Gesamtverband der Deutschen Land- und Forstwirtschaftlichen Arbeitgeberverbände e.V.
siehe Q 23

● **R 103**

Gesamtverband der metallindustriellen Arbeitgeberverbände e.V. (Gesamtmetall)
Postf. 25 01 25, 50517 Köln
Volksgartenstr. 54a, 50677 Köln
T: (0221) 33 99-0 **Fax:** 3 39 92 33, 3 39 92 11 (Presse)
Internet: http://www.gesamtmetall.de
Präsident(in): Dipl.-Kfm. Martin Kannegiesser (GeschfGes Herbert Kannegiesser GmbH & Co. Maschinenfabrik, Postf. 17 25, 32597 Vlotho, Kannegiesser Ring 7, 32602 Vlotho, Tel.: (05733) 12-0, Fax: (05733) 12-380)
Vizepräsident(in): Michael Jäger (Vorstandsmitgl. GKN Automotive AG, Lohmar)
Vizepräsident(in): Prof. Dipl.-Ing. Dieter Weidemann
Vizepräsident(in): Dr. Otmar Zwiebelhofer (GeschfGes König Metall GmbH, Gaggenau)
Hauptgeschäftsführer(in): Dr. Hans Werner Busch
Leitung Presseabteilung: Werner Riek
Mitgliedsverbände: 14

r 104
SÜDWESTMETALL
Verband der Metall- und Elektroindustrie Baden Württemberg e.V.
Postf. 70 05 01, 70574 Stuttgart
Löffelstr. 22-24, 70597 Stuttgart
T: (0711) 76 82-0 **Fax:** 7 68 21 85
Internet: http://www.suedwestmetall.de
E-Mail: info@suedwestmetall.de
Vorsitzende(r): Dr. Otmar Zwiebelhofer (Gesellschafter und Geschäftsführer der König Metall GmbH, Postf. 1360, 76553 Gaggenau, T: (07225) 68 03-1 00, Fax: (07225) 68 03-2 00)
Hauptgeschäftsführer(in): Dr. Ulrich Brocker
Hauptgeschäftsführer(in): Dr. Arnulf Jagenlauf
Leitung Presseabteilung: Werner Neitzel
Mitglieder: 890

r 105
Verband der Bayerischen Metall- und Elektro-Industrie e.V.
Postf. 20 20 26, 80020 München
Max-Joseph-Str. 5, 80333 München
T: (089) 55 17 81 00 **Fax:** 55 17 81 11
Vorsitzende(r): Dipl.-Phys. Randolf Rodenstock (Pers. haftender Gesellschafter Optische Werke G. Rodenstock, Isartalstr. 39-43, 80469 München, T: (089) 72 02-3 49, Fax: 72 02-1 40)
Hauptgeschäftsführer(in): Stephan Götzl
Leitung Presseabteilung: Dr. Peter Thelen (Informationszentrale der Bayerischen Wirtschaft)
Mitglieder: 650

r 106
Verband der Metall- und Elektroindustrie in Berlin und Brandenburg e.V.
Am Schillertheater 2, 10625 Berlin
T: (030) 3 10 05-0 **Fax:** 3 10 05-1 20
Vorsitzende(r): Direktor Erich Gerard (Chef des Berliner Büros d. Leitung der Siemens AG, Postf. 13 06 00, 13624 Berlin, Nonnendammallee 101, 13629 Berlin, T: (030) 3 86-2 90 01, Telefax: (030) 3 86-2 90 15)
Hauptgeschäftsführer(in): RA Dr. Hartmann Kleiner
Leitung Presseabteilung: Dipl.-Pol. Klaus-Hubert Fugger
Mitglieder: 300

r 107
METALL UNTERWESER
Verband der Metall-u. Elektro-Industrie e.V.
Postf. 10 07 27, 28007 Bremen
Schillerstr. 10, 28195 Bremen
T: (0421) 36 80 2-0 **Fax:** 3 68 02 49
E-Mail: mschierloh@uvhb.de
Vorsitzende(r): Dipl.-Wirtsch.-Ing. Ingo Kramer (J. H. K. Anlagenbau und Service GmbH, Labradorstr. 5, 27572 Bremerhaven, T: (0471) 97 21-3 21, Fax: 97 21-3 00)
Hauptgeschäftsführer(in): Eberhard Schodde
Geschäftsführer(in): Otto Brauch
Leitung Presseabteilung: Dipl.-Volksw. Ortwin Baum (GeschF)
Mitglieder: 128

r 108
NORDMETALL Verband der Metall- und Elektro-Industrie e.V.
Kapstadtring 10, 22297 Hamburg
T: (040) 63 78-4200 **Fax:** 63 78-4234
Internet: http://www.nordmetall.de
E-Mail: willich@nordmetall.de
Vorsitzende(r): Dr.-Ing. Herbert Müller (Kapstadtring 10, 22297 Hamburg)
Hauptgeschäftsführer(in): Dr. Thomas Klischan
Leitung Presseabteilung: Günter Willich
Mitglieder: 303

r 109
Verband der Metall- und Elektro-Unternehmen Hessen e.V. (HESSEN METALL)
Postf. 50 05 61, 60394 Frankfurt
Emil-von-Behring-Str. 4, 60439 Frankfurt
T: (069) 9 58 08-0 **Fax:** 9 58 08-1 26
Internet: http://www.hessen-metall.de
E-Mail: hm@hessen-metall.de
Vorsitzende(r): Prof. Dipl.-Ing. Dieter Weidemann (Emil-von-Behring-Str. 4, 60439 Frankfurt)
Hauptgeschäftsführer(in): RA Volker Fasbender
Pressesprecher: Thomas Schulz
Mitglieder: 509

r 110
Verband der Metallindustriellen Niedersachsens e.V.
Schiffgraben 36, 30175 Hannover
T: (0511) 85 05-0 **Fax:** 85 05-2 01
Vorsitzende(r): Fred Stang (Oestbergweg 1 A, 30559 Hannover)
Hauptgeschäftsführer(in): RA Dietrich Kröncke
Leitung Presseabteilung: Werner Fricke

r 111
METALL NRW
Verband der Metall- und Elektro-Industrie Nordrhein-Westfalen e.V.
Postf. 30 10 41, 40410 Düsseldorf
Uerdinger Str. 58-62, 40474 Düsseldorf
T: (0211) 45 73-0 **Fax:** 45 73-2 06
Internet: http://www.metallnrw.de
E-Mail: metall.nrw@metall.nrw.de
Präsident(in): Michael Jäger (Mitglied des Vorstands GKN Automotive AG, Postf. 11 52, 53784 Lohmar, Hauptstr. 150, 53797 Lohmar, T: (02246) 1 20, Fax: (02246) 12-23 07)
Hauptgeschäftsführer(in): Dr. jur. Hansjörg Döpp
Leitung Presseabteilung: Eberhard Vietinghoff
Mitgliedsverbände: 31

r 112
Verband der Pfälzischen Metall- und Elektroindustrie e.V. (PFALZMETALL)
Postf. 10 10 62, 67410 Neustadt
Friedrich-Ebert-Str. 11-13, 67433 Neustadt
T: (06321) 8 52-0 **Fax:** 85 22 65
Internet: http://www.pfalzmetall.de
Vorsitzende(r): Dipl.-Ing. Hans-Jakob Heger (HegerGuss GmbH, Postf. 12 62, 67673 Enkenbach-Alsenborn, Donnersbergstr. 48, 67677 Enkenbach-Alsenborn, T: (06303) 80 30, Telefax: (06303) 8 03-2 00)
Hauptgeschäftsführer(in): RA Werner Simon
Leitung Presseabteilung: Jürgen Fielstette
Mitglieder: 117

r 113
Verband der Metall- und Elektroindustrie Rheinland-Rheinhessen e.V.
Postf. 30 08 03, 56029 Koblenz
Ferdinand-Sauerbruch-Str. 9, 56073 Koblenz
T: (0261) 4 04 06-0 **Fax:** 4 04 06-26
Internet: http://www.vem.de
E-Mail: vem@rem.de
Vorsitzende(r): Dipl.-Ing. Edgar Georg (Fa. Edgar Georg, Auf der Seelshardt, 57638 Neitersen, T: (02681) 8 04-112/3, Fax: (02681) 8 04-1 10)
Hauptgeschäftsführer(in): Franz-Josef Mäckler
Leitung Presseabteilung: Siegbert Pinger
Mitglieder: ca. 200

r 114
Verband der Metall- und Elektroindustrie des Saarlandes e.V.
Postf. 650433, 66143 Saarbrücken
Harthweg 15, 66119 Saarbrücken
T: (0681) 9 54 34-0 **Fax:** 9 54 34 74
Internet: http://www.mesaar.de
Vorsitzende(r): Dr.-Ing. Walter Koch (Geschf.Ges. d. Dillinger Fabrik gel. Bleche GmbH, Postf. 12 60, 66745 Dillingen, Franz-Méguin-Str. 20, 66763 Dillingen, T: (06831) 7 00 31 19, Telefax: (06831) 70 03-3 50)
Hauptgeschäftsführer(in): Dipl.-Volksw. Dr. Heiko Jütte
Leitung Presseabteilung: Martin Schlechter
Mitglieder: ca. 145

r 115
Verband der Sächsischen Metall- und Elektroindustrie e.V.
Washingtonstr. 16-16a, 01139 Dresden
T: (0351) 25 59 30 **Fax:** 2 55 93 78
E-Mail: vsme-dresden@t-online.de
Präsident(in): Dipl.-Ing. Manfred Kreutel (Washingtonstr. 16-16a, 01139 Dresden, T: (0351) 2 55 93 31, Telefax: (0351) 2 55 93 78)
Hauptgeschäftsführer(in): Dr. Andreas Winkler
Leitung Presseabteilung: Frank Möhrer
Mitglieder: 200 Firmen

r 116
Verband der Metall- und Elektro-Industrie in Thüringen e.V.
Lossiusstr. 1, 99094 Erfurt
T: (0361) 6 75 90 **Fax:** 6 75 92 22
Internet: http://www.vmet.de
E-Mail: vwt-erfurt@t-online.de
Vorsitzende(r): Dipl.-Ing. Walter Botschatzki (Gesellschafter und Geschäftsführer Multicar Spezialfahrzeuge GmbH, Postf. 1 02, 99875 Waltershausen, Industriestr. 3, 99880 Waltershausen, T: (03622) 64 04 01, Telefax: (03622) 64 04 02)
Hauptgeschäftsführer(in): Dipl.-Vw. Lotar Schmidt
Leitung Presseabteilung: Dr. Inge Schubert

r 117
Verband der Metall- und Elektroindustrie Sachsen-Anhalt e.V.
Postf. 42 29, 39017 Magdeburg
Humboldtstr. 14, 39112 Magdeburg
T: (0391) 6 25 44-0   Fax: 6 25 44-70
Hauptgeschäftsführer(in): Jens-Peter Kreft
Leitung Presseabteilung: Manfred Czura

● R 118
Arbeitgeberverband der Eisen- und Metallindustrie für Bochum und Umgebung e.V.
Postf. 10 01 30, 44701 Bochum
Königsallee 67, 44789 Bochum
T: (0234) 3 72 11-13   Fax: 33 67 17
Internet: http://www.agv-metall.de
E-Mail: agv-bochum@t-online.de
Geschäftsführer(in): RA Dirk W. Erlhöfer

● R 119
Arbeitgeberverband der Metall- und Elektroindustrie Köln
Postf. 19 01 20, 50498 Köln
Herwarthstr. 18-20, 50672 Köln
T: (0221) 5 79 04-0   Fax: 5 79 04-55
E-Mail: agv@koeln.arbeitgebermetall.de
Vorsitzende(r): Michael Jäger (GKN Automotive AG, Hauptstr. 150, 53797 Lohmar, Postf. 11 52, 53784 Lohmar, T: (02246) 12-1, Telefax: (02246) 12-2307)
Geschäftsführer(in): Wolfgang Reß
Peter Nottelmann
Leitung Presseabteilung: Dr. Meinolf E. Sprengelmeier

● R 120
Arbeitgeberverband der Schrott-Recycling -Wirtschaft e.V.
Berliner Allee 48, 40212 Düsseldorf
T: (0211) 82 89 53-0   Fax: 82 89 53-20
E-Mail: detlef.cohrs@bdsv.de
Vorsitzende(r): Dipl.-Betriebsw. Bernhard Loscha (Personalleiter der HANSA RECYCLING GmbH, Dortmund)
Geschäftsführer(in): Dipl.-Kfm. Rolf Willeke

● R 121
Industrieller Arbeitgeberverband Osnabrück-Emsland e.V.
Verband der Metall- und Elektroindustrie Osnabrück-Emsland e.V.
IAV-Bildungswerk, Außenstelle Osnabrück-Emsland des BNW
Bohmter Str. 11, 49074 Osnabrück
T: (0541) 2 76 78/79   Fax: 2 50 61

● R 122
Arbeitgebervereinigung Nahrung und Genuß e.V.
Godesberger Allee 142-148, 53175 Bonn
T: (0228) 9 37 98 00   Fax: 9 37 98 03
Internet: http://www.ang-online.de
E-Mail: info@ang-online.de
Gründung: 1977
Vorsitzende(r): Dieter Cohrt (August Cohrt & Co. Getränke GmbH, Kiel)
Hauptgeschäftsführer(in): Dr. Christian Laack
Mitglieder: 22
Mitarbeiter: 2
Jahresetat: ca. DM 1,5 Mio, € 0,77 Mio

angeschlossene Landesverbände

r 123
Nordernährung Arbeitgeberverband der Ernährungsindustrie Hamburg/ Schleswig-Holstein/ Mecklenburg-Vorpommern e.V.
Hauptgeschäftsstelle:
Postf. 54 07 46, 22507 Hamburg
Reichsbahnstr. 95, 22525 Hamburg
T: (040) 5 47 21 00   Fax: 54 50 32
Geschäftsstelle Rostock:
Ernst-Barlach-Str. 8 II, 18055 Rostock, T.: (0381) 4 93 41 37, Fax: (0381) 45 40 72

r 124
Verband der Ernährungswirtschaft Niedersachsen/Bremen/Sachsen-Anhalt e.V.
Lortzingstr. 1, 30177 Hannover
T: (0511) 62 62 94-0   Fax: 62 62 94-70

r 125
Arbeitgeberverband der Ernährungsindustrie Nordrhein-Westfalen e.V.
Postf. 29 20, 47729 Krefeld
Ostwall 227, 47798 Krefeld
T: (02151) 6 27 00   Fax: 62 70 40
Vorsitzende(r): Dipl.-Betriebsw. Gerhard Keller (Storck Einkaufs- und Service GmbH, Halle)

r 126
Vereinigte Arbeitgeberverbände Nahrung und Genuss Hessen, Rheinland-Pfalz e.V.
Sonnenberger Str. 46, 65193 Wiesbaden
T: (0611) 80 80 28   Fax: 80 70 95

r 127
Arbeitgeberverband der Bayrischen Ernährungswirtschaft
Oskar-von-Miller-Ring 1 (Brauerhaus), 80333 München
T: (089) 28 81 89 60   Fax: 2 88 18 96 89

r 128
Arbeitgeberverband der Ernährungsindustrie Baden-Württemberg e.V.
Eduard-Pfeiffer-Str. 48, 70192 Stuttgart
T: (0711) 22 33 30   Fax: 2 23 33-99

r 129
Wirtschaftsvereinigung der Ernährungsindustrie in Berlin und Brandenburg e.V.
Am Schillertheater 2, 10625 Berlin
T: (030) 3 10 05-0   Fax: 3 10 05-160

r 130
Sächsischer Arbeitgeberverband Nahrung und Genuß e.V.
Bamberger Str. 7, 01187 Dresden
T: (0351) 4 69 83 45   Fax: 4 69 83 43
Vorsitzende(r): Martina Lassotta (Riesaer Ölwerke GmbH & Co. KG)
Geschäftsführer(in): Reinhard Zwanzig
Mitglieder: 82

r 131
Arbeitgeberverband Nahrung und Genuß Thüringen e.V.
Postf. 12 53, 37278 Wanfried
Unter der Tränke 1, 37281 Wanfried
T: (05655) 2 66   Fax: 85 54

angeschlossene Fachverbände

r 132
Deutscher Brauer-Bund e.V.
Postf. 20 04 52, 53134 Bonn
Annaberger Str. 28, 53175 Bonn
T: (0228) 9 59 06-0   Fax: 9 59 06-18
Internet: http://www.brauer-bund.de
E-Mail: info@brauer-bund.de
Internationaler Zusammenschluß: siehe unter izf 921, izf 2326

r 133
Verband Deutscher Großbäckereien e.V.
In den Diken 33, 40472 Düsseldorf
T: (0211) 65 30 86   Fax: 65 30 88
Internet: http://www.grossbaecker.com
E-Mail: info@grossbaecker.com

r 134
Wirtschaftsvereinigung Alkoholfreie Getränke e.V.
Königswinterer Str. 300, 53227 Bonn
T: (0228) 44 10 72, 44 27 13   Fax: 44 00 19
Internet: http://www.bde-online.de
E-Mail: mail@bde-online.de
Internationaler Zusammenschluß: siehe unter izf 2344

r 135
Deutscher Verband Tiernahrung e.V. (DVT)
Postf. 30 04 45, 53184 Bonn
Beueler Bahnhofsplatz 18, 53225 Bonn
T: (0228) 9 75 68-0   Fax: 9 75 68-68
Internet: http://www.dvtiernahrung.de
E-Mail: info@dvtiernahrung.de
Internationaler Zusammenschluß: siehe unter izf 1270

r 136
Milchindustrie-Verband e.V. (MIV)
Adenauerallee 148, 53113 Bonn
T: (0228) 9 59 69-0   Fax: 37 15 35
Internet: http://www.milchindustrie.de
E-Mail: info@milchindustrie.de
Internationaler Zusammenschluß: siehe unter izf 1001, izq 130

r 137
Verband Deutscher Mineralbrunnen e.V. (VDM)
Kennedyallee 28, 53175 Bonn
T: (0228) 95 99 00   Fax: 37 34 53
Internet: http://www.heilwasser.com, http://www.mineralwasser.com
E-Mail: vdm.bonn@t-online.de
Internationaler Zusammenschluß: siehe unter izf 2345

r 138
Verband Deutscher Mühlen e.V.
Postf. 30 01 62, 53181 Bonn
Beueler Bahnhofsplatz 18, 53225 Bonn
T: (0228) 9 76 10-0   Fax: 9 76 10-99
Internet: http://www.muehlen.org
E-Mail: vdm@muehlen.org
Internationaler Zusammenschluß: siehe unter izf 1646

r 139
Arbeitgebervereinigung Nahrungsfette-Industrie
c/o K. Bussert Union Deutsche Lebensmittelwerke GmbH
Dammtorwall 15, 20355 Hamburg
T: (040) 34 90-3420   Fax: 34 90-3450

r 140
Bundesverband der obst-, gemüse- und kartoffelverarbeitenden Industrie e.V.
Von-der-Heydt-Str. 9, 53177 Bonn
T: (0228) 35 40 25   Fax: 36 18 89
E-Mail: bogk-vds@t-online.de
Internationaler Zusammenschluß: siehe unter izf 437

r 141
Fachverband der Stärkeindustrie e.V.
Postf. 19 01 65, 53037 Bonn
An der Elisabthkirche 26, 53113 Bonn
T: (0228) 9 14 23-0   Fax: 9 14 23-20
E-Mail: info@verbaende-hees.de

r 142
Bundesverband der Deutschen Süßwarenindustrie e.V. - BDSI
Schumannstr. 4-6, 53113 Bonn
T: (0228) 2 60 07-0   Fax: 2 60 07-89
Internet: http://www.bdsi.de
E-Mail: bdsi@bdsi.de
Internationaler Zusammenschluß: siehe unter izf 1314, izf 2169, izf 2534

r 143
Verein der Zuckerindustrie
Postf. 25 45, 53015 Bonn
Am Hofgarten 8, 53113 Bonn
T: (0228) 22 85-0   Fax: 2 28 51 00
Internet: http://www.zuckerwirtschaft.de
E-Mail: wvz.wvz@t-online.de
Büro Berlin: Königin-Luise-Str. 29a, 14195 Berlin, T: (030) 83 22 63 43, Fax: 83 22 63 45
Internationaler Zusammenschluß: siehe unter izf 1361

Gastmitglied

r 144
Arbeitgeberverband der Cigarettenindustrie e.V.
Harvestehuder Weg 88, 20149 Hamburg
T: (040) 44 57 39   Fax: 44 30 39

● R 145
Vereinigte Arbeitgeberverbände Nahrung und Genuss Hessen, Rheinland-Pfalz e.V.
Sonnenberger Str. 46, 65193 Wiesbaden
T: (0611) 80 80 28   Fax: 80 70 95
Vorsitzende(r): Gottfried Thierfelder
Geschäftsführer(in): RA Axel Jürging

● R 146

Arbeitgeberverband Rheinisch-Westfälischer Mühlen e.V.
Postf. 14 01 65, 40071 Düsseldorf
Achenbachstr. 28, 40237 Düsseldorf
T: (0211) 6 69 08-0   **Fax:** 6 69 08-30
Internet: http://www.unternehmerschaft.de
Vorsitzende(r): Johann Andreas Werhahn (Geschäftsleitung Werhahn Mühlen KG, Postf. 10 16 42, 41416 Neuss, T: (02131) 27 95-4 10, Fax: (02131) 27 95-4 12)
Geschäftsführer(in): RA Karl Heinrich Wilke

● R 147

Verband Deutscher Ölmühlen e.V.
Gründung: 1900
siehe F 433

● R 148

VAP

Vereinigung der Arbeitgeberverbände der Deutschen Papierindustrie e.V.
Postf. 17 40, 53007 Bonn
Adenauerallee 55, 53113 Bonn
T: (0228) 26 72 81-0   **Fax:** 21 52 70
Internet: http://www.vap-online.de
Vorsitzende(r): Dipl.-Kfm. Heinrich August Schoeller (Heinrich August Schoeller Söhne, Kreuzauer Str. 18, 52355 Düren, T: (02421) 5 57-0, Telefax: (02421) 5 57-1 10)
Hauptgeschäftsführer(in): Ass. Peter Karthäuser
Mitglieder: 8

Landesverbände

r 149

Arbeitgeberverband der Papierindustrie Baden-Württemberg -AGP- e.V.
Tarifgemeinschaft Fiducia Konzern- u. Beteiligungsgesellschaften - TGF -
Tarifgemeinschaft Badischer Genossenschaften - TBG -
Postf. 12 32, 76585 Gernsbach
Scheffelstr. 29, 76593 Gernsbach
T: (07224) 64 01-192   **Fax:** 64 01-114
Vorsitzende(r): Dipl.-Ing. Wolfgang Furler (August Koehler AG, Hauptstr. 2-4, 77704 Oberkirch, T: (07802) 81-0, Fax: (07802) 81-5314)
Hauptgeschäftsführer(in): Stephan Meißner
Stellv. Hauptgeschäftsführer: Axel Stengel

r 150

Arbeitgeberverband Bayerischer Papierfabriken
Oberföhringer Str. 58, 81925 München
T: (089) 21 23 05-0   **Fax:** 21 23 05-55
Vorsitzende(r): Reinhold O. Schadler (SCA Hygiene Products AG, München Airport Center (MAC), Postfach 24 15 40, 85336 München-Flughafen)
Geschäftsführer(in): Dr. Peter Zahn

r 151

Arbeitgeberverband der rheinisch-westfälischen papiererzeugenden Industrie e.V.
Postf. 17 40, 53007 Bonn
Adenauerallee 55, 53113 Bonn
T: (0228) 26 72 82-0   **Fax:** 21 52 70
E-Mail: agv-papier-nrw@t-online.de
Gründung: 1947 (12. August)
Vorsitzende(r): Martin Krengel
Geschäftsführer(in): Ass. Walter Neuhalfen
Mitglieder: 35

r 152

Arbeitgeberverband der Papier erzeugenden Industrie von Düren, Jülich, Euskirchen und Umgebung e.V.
Postf. 10 21 51, 52321 Düren
Tivolistr. 76, 52349 Düren
T: (02421) 40 42-0   **Fax:** 40 42 25
Internet: http://www.vivdueren.de
E-Mail: info@vivdueren.de
Vorsitzende(r): Dipl.-Kfm. Heinrich August Schoeller (i. Fa. Papierfabrik Schoellershammer Heinr. Aug. Schoeller Söhne GmbH & Co KG, Postf., 52348 Düren, T: (02421) 55 70, TX: 833 809, Telefax: (02421) 55 71 10)
Geschäftsführer(in): RA Hans-Harald Sowka
Mitglieder: 20

Abschluß von Tarifverträgen, Beratung und Vertretung der Mitgliedsfirmen in arbeits- und sozialrechtlichen Fragen.

r 153

Verband Papierindustrie Rheinland-Pfalz e.V.
Postf. 10 10 62, 67410 Neustadt
T: (06321) 85 22 26   **Fax:** 85 22 72
E-Mail: Papier-Rheinland-Pfalz@t-online.de
Vorsitzende(r): Thomas Stark (Buchmann GmbH Kartonfabrik, Postf. 11 48, 76849 Annweiler)
Geschäftsführer(in): Dipl.-Sozialw. Gerhard Reiner

r 154

Verband der Papier- und Pappenindustrie Hessen e.V.
Abraham-Lincoln-Str. 24, 65189 Wiesbaden
T: (0611) 71 06-0   **Fax:** 70 21 66
Vorsitzende(r): Dr. Marietta Jass-Teichmann (Papierfabrik Adolf Jass GmbH & Co. KG, Postf. 13 40, 36013 Fulda)
Geschäftsführer(in): Dr. Rolf-Achim Eich

r 155

Verband Norddeutscher Papierfabriken e.V.
Bödekerstr. 18, 30161 Hannover
T: (0511) 34 82 66-3   **Fax:** 34 82 66-50
Vorsitzende(r): Dipl.-Kfm. Rainer Habbe (Papierfabrik Meldorf GmbH & Co. KG, Postf. 11 47, 25699 Meldorf)
Geschäftsführer(in): Joachim Heuke

Kooperationsverband

r 156

AGOP Arbeitgeberverband der ostdeutschen Papierindustrie e.V.
Brandenburgische Str. 27, 10707 Berlin
T: (030) 8 82 46 53   **Fax:** 8 83 33 35
E-Mail: vbp_agop-bresche@t-online.de
Vorsitzende(r): Dipl.-Kfm. Werner Gruß (Papierfabrik Louisenthal GmbH, Werk Königstein, Bielatalstr. 9, 01822 Königstein, T: (08022) 7 60-01, Fax: 7 60-300)
Geschäftsführer(in): Dipl.-Volksw. Monika Bresche

● R 157

Arbeitgeberverband der Papier, Pappe und Kunststoffe verarbeitenden Industrie
Sitz Köln
Postf. 19 01 20, 50498 Köln
Herwarthstr. 18-20, 50672 Köln
T: (0221) 5 79 04-0   **Fax:** 5 79 04-55
E-Mail: agv@koeln.arbeitgebermetall.de
Vorsitzende(r): Hans Günther Vollmer-Verheyen (Allpapp Voll- u. Wellpapp-Verpackungen GmbH, Bunsenstr. 13, 51145 Köln, Postf. 90 06 31, 51116 Köln, T: (02203) 3 98 88, Fax: (02203) 3 82 82)
Geschäftsführer(in): Wolfgang Reß
Peter Nottelmann
Leitung Presseabteilung: Dr. Meinolf E. Sprengelmeier

● R 158

Arbeitgeberverband der Papier und Pappe verarbeitenden Industrie und verwandter Industriezweige für Düsseldorf und Umgebung e.V.
Postf. 14 01 65, 40071 Düsseldorf
Achenbachstr. 28, 40237 Düsseldorf
T: (0211) 6 69 08-0   **Fax:** 6 69 08-30
Internet: http://www.unternehmerschaft.de
Vorsitzende(r): Jürgen Reuter (Geschäftsf. Gesellschafter der Merkur Papierverarbeitung GmbH, Niederstr. 41, 40789 Monheim, T: (02173) 5 00 51, Telefax: (02173) 5 00 51)
Geschäftsführer(in): RA Karl Heinrich Wilke

● R 159

Hauptverband der Papier, Pappe und Kunststoffe verarbeitenden Industrie e.V. Sozialpolitischer Hauptausschuß
Strubbergstr. 70, 60489 Frankfurt
T: (069) 97 82 81 20   **Fax:** 97 82 81 30
E-Mail: sh@hpv-ev.org
Vorsitzende(r): Manfred Lantermann (Schertler Verpackungen GmbH, Postf. 17 20, 86622 Neuburg/Donau)
Geschäftsführer(in): RA Dietmar Zellner
Sozialpolitische Untergliederungen
Landesverbände:
Verband der Papier, Pappe und Kunststoff verarbeitenden Industrie Baden-Württemberg e.V. (VPI)
Verband der Bayerischen Papier, Pappe und Kunststoff verarbeitenden Industrie e. V.
Verband der Papier, Pappe u. Kunststoffe verarbeitenden Unternehmen in Berlin, Brandenburg u. Mecklenburg-Vorpommern e. V. - VBP Nordost -
Verband Papier, Pappe u. Kunststoff verarbeitende Industrie Hessen e. V. (VPI)
Verband der Papier, Pappe u. Kunststoff verarbeitende Industrie Norddeutschlands e.V. - VPK Nord -
Industrie Rheinland/Pfalz u. Saarland e. V.
Unternehmensverband der Papier, Pappe und Kunststoffe verarbeitenden Industrie Nordrhein e. V.
Verband Papierverarbeitung u. Druck Südbaden e. V. (VPD)
Vereinigung der Papier, Pappe und Kunststoff verarbeitenden Industrie Westfalens e. V. (VPV Westfalen)
Verband der Papier, Pappe und Kunststoffe verarbeitenden Unternehmen Sachsen, Thüringen und Sachsen-Anhalt e.V. - VPU -

Sozialpolitisch tätiger Fachspitzenverband.

Fachverbände

r 160

Verband der Deutschen Tapetenindustrie e.V. (VDT)
Postf. 94 02 42, 60460 Frankfurt
Langer Weg 18, 60489 Frankfurt
T: (069) 52 00 33   **Fax:** 52 00 36
Geschäftsführer(in): Dipl.-Volksw. Klaus Kunkel

r 161

Verband Wohnraumleuchten-, Lampenschirm- und Zubehör-Industrie e.V. (VWLZ)
Strubbergstr. 70, 60489 Frankfurt
T: (069) 78 50 46   **Fax:** 97 82 81 30
E-Mail: vwlz@hpv-ev.org
Geschäftsführer(in): RA Dietmar Zellner

● R 162

Verband Deutscher Reeder e.V. (VDR)
Internationaler Zusammenschluß: siehe unter izm 177
siehe M 204

● R 163

Rhein-Ruhr-Hafenbetriebsverband e.V.
Dammstr. 15-17 Haus Rhein, 47119 Duisburg
T: (0203) 8 00 06-31   **Fax:** 8 00 06-28
Gründung: 1918 (19. Dezember)
Vorsitzende(r): Heinz Iffland
Geschäftsführer(in): Gunter Dütemeyer
Mitglieder: 24
Mitarbeiter: 2

● R 164

Arbeitgeberverband der deutschen Binnenschiffahrt e.V.
Dammstr. 15-17 Haus Rhein, 47119 Duisburg
T: (0203) 8 00 06-31   **Fax:** 8 00 06-28
Gründung: 1974 (17. Mai)
Präsident(in): Dr. Wolfgang Hönemann (Mitgl. d. Geschf. der Lehnkering Reederei GmbH, Duisburg)
Geschäftsführer(in): Gunter Dütemeyer
Mitglieder: 130
Mitarbeiter: 7

● R 165

Sozialpolitische Arbeitsgemeinschaft Steine und Erden
Postf. 15 01 62, 60061 Frankfurt
Friedrich-Ebert-Anlage 38, 60325 Frankfurt
T: (069) 75 60 82-0   **Fax:** 75 60 82-12
Vorsitzende(r): Dr.-Ing. Hans Otto Gardeik (Generalbevollmächtigter der Dyckerhoff AG, Postf. 22 47, 65012 Wiesbaden)
Geschäftsführer(in): RA Dr. Wolfgang Mack

Angeschlossen
Arbeitgeberverbände der Steine- und Erden-Industrie
Behandlung und Koordinierung von sozialpolitischen Angelegenheiten sowie ihre Vertretung im Rahmen der gefaßten Beschlüsse.

● R 166

Verband gewerblicher Tanklagerbetriebe e.V.
Hochallee 60, 20149 Hamburg
T: (040) 4 50 50 88   **Fax:** 4 50 50 90
Internet: http://www.tanklagerverband.de
E-Mail: tanklager@aol.com
Vorsitzender des Vorstandes: Walter Dornhof
Mitglieder: 15

Der Verband nimmt die gemeinsamen Interessen seiner Mitglieder wahr, soweit sie gewerbliche Tanklager betreffen. Er wird auch tätig gegenüber Behörden und Wirtschaftsverbänden. Ferner berät er seine Mitglieder und amtliche Stellen auf dem Gebiet des gewerblichen Tanklagerwesens. Der Zweck des Verbandes ist nicht auf einen wirtschaftlichen Geschäftsbetrieb ausgerichtet.

● R 167

Bundesverband Deutscher Wach- und Sicherheitsunternehmen Wirtschafts- und Arbeitgeberverband e. V. (BDWS)
Postf. 12 11, 61282 Bad Homburg
Norsk-Data-Str. 3, 61352 Bad Homburg
T: (06172) 94 80 50 **Fax:** 45 85 80
Internet: http://www.bdws.de
E-Mail: mail@bdws.de
Internationaler Zusammenschluß: siehe unter izg 138
Präsident: Rolf Wackerhagen (i. Fa. KWS Kieler Wach- und Sicherheitsgesellschaft mbH & Co. KG, Hamburger Chaussee 6, 24114 Kiel, T: (0431) 64 06 322, Telefax: (0431) 6 40 63 20)
Hauptgeschäftsführer: Dr. Harald Olschok (Leitung Presseabteilung)
Mitglieder: 420

Interessenvertretung und Betreuung der Mitglieder in allen Angelegenheiten ihres Gewerbes; Austausch wirtschaftlicher Nachrichten und Erfahrungen; Unterrichtung der Öffentlichkeit über Aufgaben und Ziele des Verbandes sowie Probleme des Bewachungsgewerbes. Einziger Arbeitgeberverband für das Gewerbe, Abschluss von Tarifverträgen mit der ÖTV und GÖD.

Landesgruppen

Geschäftsstelle für sämtliche
Landesgruppen ist der Bundesverband

r 168

Landesgruppe Baden-Württemberg des BDWS
Wilhelm-Raabe-Str. 14, 40470 Düsseldorf
T: (0211) 6 40 03-0 **Fax:** 6 40 03-100
Vorsitzende(r): Wolfgang Waschulewski (i. Fa. SECURITAS Sicherheitsdienste Holding GmbH, Wilhelm-Raabe-Str. 14, 40470 Düsseldorf, T: (0211) 6 40 03-0, Fax: (0211) 6 40 03-100)

r 169

Landesgruppe Bayern des BDWS
Fraunhoferstr. 10, 90409 Nürnberg
T: (0911) 5 19 96-0 **Fax:** 5 19 96-40
Vorsitzende(r): Uwe-Dirk Uhlig (i. Fa. Nürnberger Wach- und Schließgesellschaft mbH, Fraunhoferstr. 10, 90409 Nürnberg, T: (0911) 5 19 96-0, Fax: (0911) 5 19 96-40)

r 170

Landesgruppe Berlin des BDWS
Ebereschenallee 14, 14050 Berlin
T: (030) 30 69 78-0 **Fax:** 30 69 78-22
Vorsitzende(r): Hartmut Noll (i. Fa. ASK Allgemeine Sicherheits- und Kontrollges. mbH Berlin, Ebereschenallee 14, 14050 Berlin)

r 171

Landesgruppe Brandenburg des BDWS
Gerlachstr. 14, 14480 Potsdam
T: (0331) 6 49 99-26 **Fax:** 6 49 99-31
Vorsitzende(r): Michael Bock-Petzolt (i. Fa. GSE Gesellschaft für Sicherheit und Eigentumsschutz mbH & Co. Dienstleistungs KG, Gerlachstr. 14, 14480 Potsdam)

r 172

Landesgruppe Hamburg/Bremen des BDWS
Brinkstr. 9-11, 21680 Stade
T: (04141) 60 67-0 **Fax:** 6 72 69
Vorsitzende(r): Peter Schmidt (i. Fa. Überwachungs- und Sicherheitsdienst Hans H. Henning Nachf., Hamburg)

r 173

Landesgruppe Hessen des BDWS
Kölner Str. 4, 60327 Frankfurt
T: (069) 7 59 92-0 **Fax:** 7 59 92-111
Vorsitzende(r): Peter Bachus (BSG Bahn Schutz & Service GmbH, Kölner Str. 4, 60327 Frankfurt)

r 174

Landesgruppe Niedersachsen des BDWS
Brinkstr. 9-11, 21680 Stade
T: (04141) 60 67-0 **Fax:** 6 72 69
Vorsitzende(r): Peter Schmidt (WAKO Nord GmbH, Brinkstr. 9-11, 21680 Stade)

r 175

Landesgruppe Nordrhein-Westfalen des BDWS
Wilhelm-Beckmann-Str. 7, 45307 Essen
T: (0201) 2 78 82 04 **Fax:** 2 78 81 08
Vorsitzende(r): Fritz Kötter (i. Fa. Kötter Security, Wilhelm-Beckmann-Str. 7, 45307 Essen)

r 176

Landesgruppe Rheinland-Pfalz/Saarland des BDWS
Vopeliusstr. 12, 66280 Sulzbach
T: (06897) 49 99 **Fax:** 5 52 28
Vorsitzende(r): Peter Neuhardt (i. Fa. WUI Werk- und Industrieschutz GmbH, Vopeliusstr. 12, 66280 Sulzbach)

r 177

Landesgruppe Sachsen des BDWS
Zur Wetterwarte 29, 01109 Dresden
T: (0351) 88 36-0 **Fax:** 88 36-2 50
Vorsitzende(r): Dr. Franz Feuerstein (i. Fa. DWSI Dresdner Wach- und Sicherungs-Institut GmbH, Zur Wetterwarte 29, 01109 Dresden)

r 178

Landesgruppe Sachsen-Anhalt des BDWS
Fiete-Schulze-Str. 15, 06116 Halle
T: (0345) 56 76-0 **Fax:** 56 76-110
Vorsitzende(r): Ernst-Joachim Klein (i. Fa. b.i.g. sicherheit gmbH, Fiete-Schulze-Str. 15, 06116 Halle)

r 179

Landesgruppe Schleswig-Holstein des BDWS
Europastr. 11, 24941 Flensburg
T: (0461) 97 94 02 **Fax:** 97 94 10
Vorsitzende(r): Björn Wackerhagen (i. Fa. Sicherheit Nord GmbH, Europastr. 11, 24941 Flensburg)

r 180

Landesgruppe Thüringen des BDWS
Bonifaciusstr. 17, 99084 Erfurt
T: (0361) 5 98 46-0 **Fax:** 5 98 46-20
Vorsitzende(r): Karl Rohrberg (i. Fa. MSD Sicherheitsdienste GmbH, Bonifaciusstr. 17, 99084 Erfurt)

● R 181

Bundesvereinigung Deutscher Geld- und Wertdienste e.V. (BDGW)
Postf. 14 19, 61284 Bad Homburg
Norsk-Data-Str. 3, 61352 Bad Homburg
T: (06172) 94 80 50 **Fax:** 45 85 80
Internet: http://www.bdgw.de
E-Mail: mail@bdgw.de
Vorsitzende(r): Fritz Kötter (i. Fa. Westdeutscher Wach- und Schutzdienst Fritz Kötter GmbH & Co. KG, Am Zehnthof 66, 45307 Essen, T: (0201) 27 88-00)
Uwe-Dirk Uhlig (i. Fa. Nürnberger Wach- und Schliessgesellschaft mbH, Fraunhoferstr. 10a, 90409 Nürnberg, T: (0911) 5 19 96-0)
Jochen Segler (i. Fa. Geld- und Werttransporte GmbH, Hausmannstr. 6/7, 30159 Hannover, T: (0511) 16 32-0)
Axel Mauersberger (WSO Geld+Wert Logistik GmbH, Eduard-Pestel-Str 2, 49080 Osnabrück, T: (0541) 99 66-0, Fax: 99 66-188)
Geschäftsführer(in): Dr. Harald Olschok
Verbandszeitschrift: DSD-Der Sicherheitsdienst
Redaktion: Dr. Harald Olschok
Verlag: BDWS-Service GmbH, Postf. 12 01, 61282 Bad Homburg
Mitglieder: 90

Wahrnehmung der gemeinsamen Interessen derjenigen Unternehmen, die Geld- und Werttransporte durchführen, gegenüber Behörden, Versicherungsgesellschaften und anderen Stellen; Förderung des Erfahrungsaustausches seiner Mitglieder in allen einschlägigen Fachfragen.

● R 182

Arbeitgeberkreis Gesamttextil im Gesamtverband der Textilindustrie in der Bundesrepublik Deutschland e.V.
Frankfurter Str. 10-14, 65760 Eschborn
T: (06196) 9 66-0 **Fax:** 4 21 70
Vorsitzende(r): Hartmut Bielefeld
Geschäftsführer(in): Dr. Klaus Schmidt

Landesverbände
Verband der Baden-Württembergischen Textilindustrie e.V., Stuttgart
Verband der Bayerischen Textil- und Bekleidungsindustrie e.V., Sitz München, Geschäftsstelle in Hof (Saale)
Verband der Nord-Westdeutschen Textilindustrie e.V., Sitz Münster, Geschäftsstellen in Hamburg und Hannover
Verband der Textilindustrie von Hessen und Rheinland-Pfalz e.V., Sitz Neustadt a.d. Weinstraße, Geschäftsstelle in Bad Hersfeld
Arbeitgeberverband der Textilindustrie in Aachen und Umgebung e.V., Aachen
Arbeitgeberverband der Textilindustrie von Düren, Jülich, Euskirchen und Umgebung e.V., Düren
Verband der Rheinischen Textilindustrie e. V., Sitz Wuppertal, Geschäftsstelle in Mönchengladbach
Vereinigung der Textilindustrie von Berlin e. V., Berlin
Verband der Nord-Ostdeutschen Textil- und Bekleidungsindustrie e.V., Chemnitz

● R 183

**Arbeitgeberverband Verkehr
Baden-Württemberg**
Postf. 31 32, 73751 Ostfildern
Zeppelinstr. 39, 73760 Ostfildern
T: (0711) 45 42 03 **Fax:** 4 50 44 16
Vorsitzende(r): Wolfgang Langenberger (Otto Langenberger GmbH & Co. KG, Postf. 10 06, 71610 Ludwigsburg, T: (07141) 23 32-0)
Geschäftsführer(in): RA Michael Hüffner

● R 184

Arbeitgeberverband der Versicherungsunternehmen in Deutschland
Postf. 86 01 20, 81628 München
Arabellastr. 29, 81925 München
T: (089) 92 20 01-0 **Fax:** 92 20 01-50
Internet: http://www.agv-vers.de
E-Mail: agvvers@agv-vers.de
Gründung: 1950 (5. Oktober)
Vorsitzende(r): Hans Schreiber (Vorstandsvors. d. Mannheimer Aktiengesellschaft-Holding)
Stellvertretende(r) Vorsitzende(r): Volker Bremkamp (Vorstandsvors. Albingia Versicherungsgesellschaft, Hamburg)
Dr. Edgar Jannott (Aufsichtsratsvors. ERGO Versicherungsgruppe AG, Düsseldorf)
Geschäftsf. Vorstandsmitgl. u. HGeschF: RA Dr. Jörg Müller-Stein (Ltg. Presseabt.)
Mitglieder: 259
Mitarbeiter: 18

*Der Verband hat insbesondere die Aufgabe,
a) alle Verhandlungen mit den Organisationen der Arbeitnehmer zu führen und mit diesen Gesamtvereinbarungen zu treffen,
b) in allen sozialpolitischen Angelegenheiten die Mitglieder zu informieren und ihre Interessen gegenüber Staat, Verbänden und Öffentlichkeit geltend zu machen,
c) zu Fragen der Gesetzgebung des Arbeits- und Sozialrechts Stellung zu nehmen
d) Vertreter der Versicherungswirtschaft für die Arbeits- und Sozialgerichte sowie für die Selbstverwaltung der Sozialversicherung zu benennen, e) die Mitglieder in ihrer personalpolitischen Tätigkeit und Zielsetzung als Arbeitgeber zu unterstützen,
f) Fragen der beruflichen Aus- und Fortbildung zu behandeln.*

● R 185

Arbeitgeberverband der Verlage und Buchhandlungen Berlin-Brandenburg e.V.
Lützowstr. 33, 10785 Berlin
T: (030) 26 39 18-0 **Fax:** 26 39 18-18
E-Mail: verband@berlinerbuchhandel.de
Vorsitzende(r): Manfred Gast
Geschäftsführer(in): Detlef Bluhm

● R 186

Bundesverband Deutscher Zeitungsverleger e.V. (BDZV)
siehe O 449

● R 187

Verein der Zuckerindustrie
Postf. 25 45, 53015 Bonn
Am Hofgarten 8, 53113 Bonn
T: (0228) 22 85-0 **Fax:** 2 28 51 00
Internet: http://www.zuckerwirtschaft.de
E-Mail: wvz.wvz@t-online.de
Gründung: 1850

Internationaler Zusammenschluß: siehe unter izf 1361
Vorsitzende(r): Dr. Klaus Korn (Vorstandsmitglied Südzucker AG, Mannheim/Ochsenfurt in Ochsenfurt)
Stellvertretende(r) Vorsitzende(r): Dr. Jürgen Kohnke (Geschäftsführung Pfeifer & Langen, Köln)
Hauptgeschäftsführer(in): Dr. Dieter Langendorf
Mitglieder: 6

Regionale Organisationen

r 188
Arbeitgeberverband der Zuckerfabriken Norddeutschlands e.V.
Schiffgraben 36, 30175 Hannover
T: (0511) 85 05-0 **Fax:** 85 05-2 01
Vorsitzende(r): Günter Jakobiak (Nordzucker AG)
Hauptgeschäftsführer(in): RA Dietrich Kröncke
Geschäftsführer(in): RA Gerrit Wolter

r 189
Arbeitgeberverband der Zuckerindustrie Nordrhein-Westfalens e.V.
Herwarthstr. 18-20, 50670 Köln
T: (0221) 5 79 04-0 **Fax:** 5 79 04 22
Teletex: 172 214 164
T-Online: *5790415#
Vorsitzende(r): Dr. Herbert Müller von Blumencron (Pfeifer & Langen, Hauptverwaltung, Linnicher Str. 48, 50933 Köln, Postf. 45 10 80, 50885 Köln, T: (0221) 49 80-0, TX: 882 818, Telefax: (0221) 4 98 03 48)
Geschäftsführer(in): Wolfgang Reß

r 190
Arbeitgeberverband der Zuckerindustrie Süddeutschlands e.V.
Postf. 10 28 55, 68028 Mannheim
Maximilianstr. 10, 68165 Mannheim
T: (0621) 4 21-0 **Fax:** 42 13 93
Vorsitzende(r): Dr. Theo Spettmann
Geschäftsführer(in): Dr. Norbert Kailich

Sonstige Arbeitgeber- und Unternehmer-Organisationen

● **R 191**

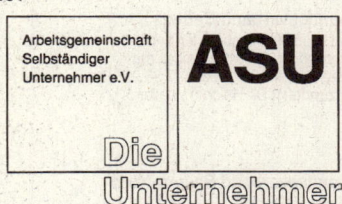

Arbeitsgemeinschaft Selbständiger Unternehmer e.V. (ASU)
Postf. 19 15 55, 14005 Berlin
Reichsstr. 17, 14052 Berlin
T: (030) 3 00 65-0 **Fax:** 3 00 65-500
Internet: http://www.asu.de
E-Mail: vogt@asu.de
Gründung: 1949
Präsident(in): Dr. Peter Barth (Geschäftsführender Gesellschafter der Lohmann GmbH & Co.KG, Neuwied (seit März 1999))
Vizepräsident(in): Günter Morsbach (W.P.T. promotion GmbH, Nürnberg)
Dr. Christoph Ralle (Ralle Landmaschinen GmbH, Großvoigtsberg)
Harald Riehle (IWA-F.Riehle GmbH & Co)
Geschäftsführer(in): Hans H. Stein
Leitung Presseabteilung: Barbara Vogt
Verbandszeitschrift: Unternehmer Magazin
Redaktion: Dr. Nenzel
Mitglieder: 6500
Mitarbeiter: 14

Förderung der Selbständigkeit, des Eigentumsgedankens und der Selbstverantwortung; Mitarbeit am Ausbau einer offenen Gesellschaft; Vertretung des Standpunktes und der Interessen der selbständigen Unternehmer; Anstreben eines fortschrittlichen Unternehmertums, das sich durch Leistung legitimiert, Förderung der Ausbildung und der Weiterbildung der selbständigen Unternehmer, des Unternehmernachwuchses und der Mitarbeiter. - 50 Regionalkreise.

● **R 192**
Bundesverband Mittelständischer Unternehmen und der Freien Berufe e.V. (BMF)
Nonn 83, 83435 Bad Reichenhall
T: (08651) 7 82 33 **Fax:** 7 12 30
Internet: http://www.bmf-ev.de
E-Mail: bmf-ev@telda.net
Gründung: 1995
Vorsitzende(r): Anke Pust
Hauptgeschäftsführer(in): Wolfgang Thiele
Leitung Presseabteilung: G. Müller
Verbandszeitschrift: EMF-news
Mitglieder: 4000
Mitarbeiter: 10

● **R 193**
Unternehmerverband Berlin e.V.
Genslerstr. 13, 13055 Berlin
T: (030) 9 81 85 00, 9 81 85 01 **Fax:** 9 82 72 39
Internet: http://www.uv-berlin.de
E-Mail: mail@uv-berlin.de
Gründung: 1991 (2. August)
Präsident(in): Dr. Wilhelm H. Lutz
Hauptgeschäftsführer(in): Michael Bose
Pressesprecher: Michael Büttner
Verbandszeitschrift: "UV-Nachrichten"
Redaktion: Gunter Fiedler
Verlag: Unternehmerverband Berlin e.V.

● **R 194**
Betreuungsverbund für Unternehmer und Selbständige e.V. (BUS)
Rosenheimer Str. 139/10, 81671 München
T: (089) 45 06 34-0 **Fax:** 45 06 34-31
Internet: http://www.bus-netzwerk.de
E-Mail: infoev@bus-netzwerk.de
Gründung: 1982
Präsident(in): Dipl.-Kfm. Dipl.-Hdl. Hans-Günther Schlembach
Vizepräsident(in): N. N.
Geschäftsführendes Vorstandsmitglied: Dr. Wolfgang Simon
Leitung Presseabteilung: Dr. Claudia Schlembach
Verbandszeitschrift: BID Betriebs-Informations-Dienst

● **R 195**

Bundesverband der Deutschen Entsorgungswirtschaft e.V. (BDE)
Wirtschafts- und Arbeitgeberverband
Schönhauser Str. 3, 50968 Köln
T: (0221) 93 47 00-0 **Fax:** 93 47 00-90
Internet: http://www.bde.org
E-Mail: info@bde.org
Gründung: 1961
Internationaler Zusammenschluß: siehe unter izf 253, izf 491
Präsident(in): Bernard Kemper (RWE Umwelt AG, Essen)
Vizepräsident(in): Jürgen Tönsmeier (Tönsmeier Entsorgung GmbH & Co KG, Porta Westfalica)
Dr. Hermann Niehues (Rethmann AG, Selm)
Hauptgeschäftsführer(in): Frank-Rainer Billigmann
Leitung Presseabteilung: Hanskarl Willms
Verbandszeitschrift: ENTSORGA-MAGAZIN
Redaktion: Hanskarl Willms, Bernd Wassmann
Verlag: Deutscher Fachverlag, Mainzer Landstr. 251, 60326 Frankfurt
Mitglieder: 1000
Mitarbeiter: 30

Landesverbände: Nord, West, Südwest, Ost, Mitte-Ost, Mitte-West
Fachbereiche: Logistiksystem, Abfallbeseitigungssysteme, Biologische Behandlungsverfahren, Sonderabfallwirtschaft, Wasserwirtschaft, Naßentsorgung und Kreislaufwirtschaft

Wahrnehmung der gemeinsamen Interessen seiner Mitglieder gegenüber Behörden und sonstigen Stellen; Betreuung der Mitglieder im Rahmen gemeinsamer Aufgaben und Anliegen; Abschluß von Tarifverträgen; Austausch wirtschaftlicher, sozialpolitischer und technischer Erfahrungen. Aus- und Fortbildung durch das Bildungswerk der deutschen Entsorgungswirtschaft (BWDE), Veranstaltung von Fachtagungen in der Entsorgungswirtschaft (ENTSORGA-CONGRESSE); ideeller Träger der Internationalen Fachmesse der Entsorgungswirtschaft ENTSORGA.

● **R 196**
Bundesverband Junger Unternehmer der Arbeitsgemeinschaft Selbständiger Unternehmer e.V. (BJU)
Postf. 19 15 55, 14005 Berlin
Reichsstr. 17, 14052 Berlin
T: (030) 3 00 65-0 **Fax:** 3 00 65-490
Internet: http://www.bju.de
E-Mail: info@bju.de
Gründung: 1950
Bundesvorsitzender: Dr. Christoph Zschocke (Geschäftsführender Gesellschafter der ÖKOTEC Management GmbH, Berlin)
Stellv. Bundesvorsitzender: lic.oec. Philipp Gross (Geschäftsführender Gesellschafter der Peter Gross GmbH & Co. KG, St. Ingbert)
Max Schön (Geschäftsführender Gesellschafter der MAX & Co. Küchenhandelsgesellschaft mbH, Lübeck)
Geschäftsführer(in): Dipl.-Volksw. Michael Kauch
Mitglieder: ca. 2500
Mitarbeiter: 12

● **R 197**

AGA Unternehmensverband Großhandel, Außenhandel, Dienstleistung e.V.
Postf. 10 03 29, 20002 Hamburg
Kurze Mühren 2, 20095 Hamburg
T: (040) 30 80 10 **Fax:** 30 80 11 07
Internet: http://www.aga.de
E-Mail: aga@aga.de
Präsident(in): Dr. Uwe Mehrtens (Heuer-Gruppe, Bremen)
Vorstand: Volker Schmidtchen (Sprecher)
RA Norbert Guhl
Mitglieder: 3000

● **R 198**
Deutscher Unternehmensverband Vermögensberatung e.V. (DUV)
Am Fronhof 1, 53177 Bonn
T: (0228) 36 69 71/72 **Fax:** 35 95 88
Vorsitzende(r): Ministerpräs. a. D. Dr. Walter Wallmann
Geschäftsführer(in): Manfred Schell
Mitglieder: 19 Unternehmen

● **R 199**
Arbeitgebervereinigung für Unternehmen aus dem Bereich EDV und Kommunikationstechnologie e. V. -AGEV-
Maximilianstr. 2, 53111 Bonn
T: (0228) 9 83 75-0 **Fax:** 9 83 75-19
Internet: http://www.agev.de
E-Mail: info@agev.de
Gründung: 1993 (8. Juli)
Vorstand: Uwe Schöpe (Vors.)
Ernst Sackmann (stellv. Vors.)
Geschäftsführer(in): Leonhard Müller
Leitung Presseabteilung: Franz Grömping
Verbandszeitschrift: AGEV-Magazin
Redaktion: Pressebüro Jürgen Döring
Mitglieder: 44900
Mitarbeiter: 8

● **R 200**
Unternehmerverband Brandenburg e.V.
Schillerstr. 71, 03046 Cottbus
T: (0355) 2 26 58 **Fax:** 2 26 59
E-Mail: uv-brandenburg-cbs@t-online.de
Präsident(in): Engelhard Judek
1. Vizepräsident: Torsten K. Bork
Vizepräsident(in): Norbert Kelling
Andreas Kleemann
Hauptgeschäftsführer(in): Rolf Schwarzenberger

● **R 201**
Unternehmerverband Thüringen e.V.
Geschäftsstelle
Wilhelm-Wolff-Str. 1, 99099 Erfurt
T: (0361) 4 26 71 17 **Fax:** 4 26 71 40
Präsident(in): Dr. Hans-Peter Döllekes

● **R 202**
Unternehmerverband für den Kreis Gütersloh e.V.
Postf. 31 44, 33261 Gütersloh
Kirchstr. 17, 33330 Gütersloh
T: (05241) 98 75-0 **Fax:** 98 75-19
Vorsitzende(r): Rudolf Miele, Gütersloh
Geschäftsführer(in): Ass. Dr. Helmut Klatt
Mitglieder: 180

● R 203
**Unternehmerverband
Rostock und Umgebung e.V.**
Rosa-Luxemburg-Str. 32, 18055 Rostock
T: (0381) 2 42 58-0, 2 42 58-11   **Fax:** 2 42 58-16, 2 42 58-18
Gründung: 1991 (18. Dezember)
Präsident(in): Eberhard Sohr (Stahl- und Maschinenbau GmbH, Langenort 10, Haus 14, 18147 Rostock, T: (0381) 6 70 71 00, Telefax: (0381) 6 70 72 00)
Geschäftsführer(in): Dr. Seidel
Mitglieder: ca. 550
Mitarbeiter: 6

● R 204
Allgemeiner Unternehmensverband Neubrandenburg e.V.
Feldstr. 2, 17033 Neubrandenburg
T: (0395) 56 34-0   **Fax:** 56 34-299
Präsident(in): Hans-Joachim Müller
Hauptgeschäftsführer(in): Dr. Hans Brandt

● R 205
**UV.G
UnternehmerverbandsGruppe**
Unternehmerverband Umweltschutz und Industrieservice e.V.
Postf. 10 13 63, 47013 Duisburg
Mülheimer Str. 48, 47057 Duisburg
T: (0203) 9 93 67-0   **Fax:** 35 57 14
Präsident(in): Heinz Lison (Geschäftsf. Gesellschafter Neumann Elektronik GmbH, Mainstr. 1, 45478 Mülheim an der Ruhr, T: (0208) 59 95-240, Fax: (0208) 59 95-105)
Geschäftsführendes Vorstandsmitglied: Hans Hermann Westedt

● R 206
Unternehmerverband Sachsen e.V.
Riesaer Str. 72-74, 04328 Leipzig
T: (0341) 2 57-9120, 2 57-9122   **Fax:** 2 57-9180
Internet: http://www.uv-sachsen.de
E-Mail: leipzig@uv-sachsen.de
Gründung: 1990
Präsident(in): Wolfgang Topf
Geschäftsführer(in): Dr. Andreas Golbs
Verbandszeitschrift: UV-aktuell
Mitglieder: 1200

● R 207
Unternehmerverband Südhessen e.V.
Postf. 11 01 64, 64216 Darmstadt
Adelungstr. 32, 64283 Darmstadt
T: (06151) 29 85-41 (Geschäftsführung), 29 85-0 (Rechtsabteilung), 29 85-42 (Öffentlichkeitsarbeit)   **Fax:** 29 85-21 (Geschäftsführung), 29 85-20 (Rechtsabteilung), 29 85-22 (Öffentlichkeitsarbeit)
Internet: http://www.agvda.de
E-Mail: agvda.gf@t-online.de (Geschäftsführung), agvda.ra@t-online.de (Rechtsabteilung), agvda.pr@t-online.de (Öffentlichkeitsarbeit)
Gründung: 1950
Vorsitzende(r): Dr. Jan Sombroek
Geschäftsführer(in): RA Wolfgang M. Drechsler
Mitglieder: 300 Unternehmen und Organisationen

● R 208
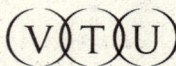
Vereinigung Trierer Unternehmer in der Region Trier e.V. (VTU)
Dietrichstr. 12, 54290 Trier
T: (0651) 9 75 79-0   **Fax:** 9 75 79-20
E-Mail: info@vtu.trier.de
Vorsitzende(r): Hanns Rendenbach (Fa. Joh. Rendenbach jr. GmbH + Co. KG, Lederfabrik)
Geschäftsführer(in): RA Ingo Becker

● R 209
Unternehmensverband Westfalen-Mitte e.V.
Postf. 25 87, 59015 Hamm
Marker Allee 90, 59071 Hamm
T: (02381) 9 80 85-0   **Fax:** 88 00 17
Vorsitzende(r): Dipl.-Ing. Dr. Peter Lipphardt (T: (02301) 91 60)
Geschäftsführer(in): Dipl.-Kfm. Dr. Hans H. Becker

● R 210

Wirtschaftliche Gesellschaft für Westfalen und Lippe e.V.
Sentmaringer Weg 61, 48151 Münster
T: (0251) 7 07-312   **Fax:** 7 07-377
Internet: http://www.wirtschaftliche-gesellschaft.de
Gründung: 1919
Vorsitzende(r): Dr. Horst Annecke, Bielefeld
Stellvertretende(r) Vorsitzende(r): Dr. Ernst F. Schröder, Bielefeld
Leitung Presseabteilung: Jost Springensguth
Mitglieder: 400

Vereinigung von Unternehmern, Unternehmen und unternehmerisch Tätigen, die sich verbands- und parteipolitisch neutral für die europäische Integration einsetzt und den „Westfälischen Friedenspreis" verleiht. Der Verein versteht sich als Interessenvertretung von Westfalen und Lippe.

● R 211
Arbeitskreis mittelständischer Pharmaunternehmen e.V. (AMP)
58634 Iserlohn
Kuhloweg 37-39, 58638 Iserlohn
T: (02371) 9 37-0
Vorsitzende(r): Dr. Sigurd Pütter
1. stellv. Vors.: Dr. Michael A. Popp
2. stellv. Vors.: Dr. Joachim Moormann
3. stellv. Vors.: Hans-Günther Nolden-Temke
Schatzmeister: Dr. Georg Meister
Leitung Presseabteilung: Gerhard Bourdon
Mitglieder: 50 **Angeschl. Organisationen:** 2
Mitarbeiter: 1-2

● R 212
Unternehmensverband Ratingen e.V. (UVR)
Goethestr. 2, 40878 Ratingen
T: (02102) 84 78 78   **Fax:** 84 78 80
Vorsitzende(r): Josef Gerhard Tünkers (Geschäftsführender Gesellschafter der Tünkers Maschinenbau GmbH, Am Rosenkothen 8, 40880 Ratingen, Postf. 10 18 65, 40838 Ratingen, T: (02102) 45 17-112, Fax: 44 58 08)
Geschäftsführer(in): Rechtsanwalt Burkhard J. Marcinkowski

● R 213
Unternehmensverband Westfalen-Nordwest e.V.
Postf. 25 87, 59015 Hamm
Marker Allee 90, 59071 Hamm
T: (02381) 9 80 85-0   **Fax:** 88 00 17
Vorsitzende(r): Hans-Jürgen Zegula (T: (02389) 78 80)
Geschäftsführer(in): Dipl.-Kfm. Dr. Hans H. Becker

● R 214
Unternehmensverband der Eisen- u. Metallindustrie Westfalen-Mitte e.V.
Postf. 25 87, 59015 Hamm
Marker Allee 90, 59071 Hamm
T: (02381) 9 80 85-0   **Fax:** 88 00 17
Vorsitzende(r): Dipl.-Ing. Dr. Peter Lipphardt (T: (02301) 91 60)
Geschäftsführer(in): Dipl.-Kfm. Dr. Hans H. Becker

● R 215
Verein der Zeitungsverleger in Berlin und Brandenburg e.V. (VZBB)
Markgrafenstr. 15, 10969 Berlin
T: (030) 25 29 19 80   **Fax:** 25 29 19 81
Gründung: 1993 (11. März)
Vorsitzende(r): Peter Asmussen (Märkische Verlags- und Druck GmbH, Friedrich-Engels-Str. 24, 14473 Potsdam)
Geschäftsführer(in): RA Alexander Bretz
Mitglieder: 6

Förderung und Schutz der gemeinsamen Interessen der Zeitungsverlage im Gebiet der Bundesländer Berlin und Brandenburg durch freiwillige Vereinigung der auf dem Gebiet der Zeitungsverlage beschäftigten Firmen.

● R 216

Verband deutscher Unternehmerinnen e.V. (VdU)
Breite Str. 29, 10178 Berlin
T: (030) 2 03 08 45-40, 2 03 08 45-41   **Fax:** 2 03 08 45-45
Internet: http://www.vdu.de
E-Mail: info@vdu.de
Gründung: 1954
Internationaler Zusammenschluß: siehe unter izr 61
Geschäftsführer(in): Lisa Heermann (Ltg. Presseabteilung)
Bundesvorstand:
Präsidentin: Inge Sandstedt (Sandstedt GmbH & Co., SANCO FEINKOST GmbH, In den Freuen 106, 28719 Bremen, T: (0421) 6 44 17 64, Fax: 6 44 91 15)
Vizepräsidentin und Schatzmeisterin: Charlotte Fell (K. Fell GmbH, Graphischer Betrieb, Am Kirchenhölzl 12, 82166 Gräfelfing, T: (089) 89 80 74-0, Fax: 89 80 74-28, E-Mail: fellgmbh@compuserve.com)
Vizepräsidentin: Elke Weber-Braun (ARTHUR ANDERSEN GmbH, Deutsch-Japanisches Zentrum, Düsternstr. 1, Postfach 30 01 20, 20355 Hamburg, T: (040) 3 76 52-1 00, Fax: 3 76 52-4 93, E-Mail: elke.weber-braun@us.arthurandersen.com)
Mitglieder: Dorothea Haller-Laible (Haller GmbH + Co KG - Internationale Spedition, Raiffeisenstr. 1, 71696 Möglingen, T: (07141) 48 61-0, Fax: 48 61-47, Internet: http://www.haller-logistics.com, E-Mail: center@haller-logistics.com)
Dorothea Ossenberg-Engels (Hubert Ossenberg-Engels, Architekten-Ingenieure, Kämpenstr. 2, Postfach 80 30, 58762 Altena, T: (02352) 7 10 43, Fax 7 10 47, E-Mail: post@hoe.ai.com)
Dr.rer Anita Plantikow (NORDUM, Umwelt u. Analytik GmbH & Co. KG, Gewerbepark, Am Weidenbruch 22, 18196 Kessin/Rostock, T: (038208) 6 37-0, Fax: (038208) 6 37-28, E-Mail: nordum@aol.com)
Verbandszeitschrift: Die Unternehmerin
Mitglieder: 1500
Mitarbeiter: 4

Landesverbände/Stützpunkte

r 217
VdU Landesverband Baden
c/o Sachverständigenbüro für Hausrat und Schmuck
Brückenkopfstr. 2, 69120 Heidelberg
T: (06221) 41 15 80   **Fax:** 47 56 06
Vorsitzende(r): Dr. Haidrun Wietler

r 218
VdU Landesverband Bayern-Nord
c/o Weigand GmbH
Goethestr. 19, 97318 Kitzingen
T: (09321) 92 16 01   **Fax:** 92 16 02
Internet: http://www.fetzer.samen.de
E-Mail: info@fetzersamen.de
Vorsitzende(r): Erna-Maria Weigand

r 219
VdU Landesverband Bayern-Süd
c/o Papier-Stein
Landsberger Str. 212, 80687 München
T: (089) 57 20 89   **Fax:** 5 70 69 93
Vorsitzende(r): Dr. rer.pol. Renate Maier-Stein

r 220
VdU Landesverband Berlin
c/o Flemming & Pehrsson GmbH
Ritterstr. 11, 10969 Berlin
T: (030) 61 67 65-0   **Fax:** 6 15 20 12
E-Mail: flemming@t-online.de
Vorsitzende(r): Regina Seidel

r 221
VdU Landesverband Brandenburg
c/o Brandenburgisches Institut GmbH
Otto-Erich-Str. 9-13, 14482 Potsdam
T: (0031) 74 75 30   **Fax:** (00331) 7 47 53 28
Internet: http://www.biaw.de
E-Mail: biaw-potsdam@t-online.de
Vorsitzende(r): Eva-Marie Meißner

r 222
VdU Landesverband Bremen-Weser-Ems
c/o Kanzlei
Lindenstr. 1a, 28755 Bremen
T: (0421) 65 75 50   **Fax:** 65 75 30
Vorsitzende(r): RA Hela Bahr

r 223
VdU Landesverband Hamburg
c/o Ahrons Druck GmbH
Gärtnerstr. 60-62, 20253 Hamburg
T: (040) 40 19 80-20   **Fax:** 40 19 80-19
Vorsitzende(r): Barbara Ahrons

r 224
VdU Landesverband Hessen
c/o Heilwagen GmbH-Spezialgerüste für den Hochbau
Postf. 10 16 69, 34016 Kassel
Angersbachstr. 12, 34127 Kassel
T: (0561) 8 09 91   **Fax:** 89 83 47
E-Mail: heilwagen-kassel@t-online.de
Vorsitzende(r): Dipl.-Ing. Sylvia Heilwagen

r 225
VdU Landesverband Mecklenburg-Vorpommern
c/o Schloßpark-Hotel Hohendorf
Am Park 7, 18445 Hohendorf
T: (038323) 2 50-0   **Fax:** 2 50-61
Vorsitzende(r): Gräfin Petra von Klot-Trautvetter

r 226
VdU Landesverband Niedersachsen
c/o MARGARETHA BOEHM MODEN
Schillerstr. 29, 30159 Hannover
T: (0511) 3 63 17 72   **Fax:** 3 63 23 33
Vorsitzende(r): Margaretha Böhm

r 227
VdU Landesverband Pfalz-Saar
c/o DATEY-Eyrich GmbH, Schulungs-Zentrum
Königsberger Str. 12-16, 66877 Ramstein-Miesenbach
T: (06371) 96 42-0   **Fax:** 96 42-53
E-Mail: datey@t-online.de
Vorsitzende(r): Marianne Eyrich

r 228
VdU Landesverband Rheinland
c/o gebeana - Günter Brücher
Goldlackstr. 24, 42369 Wuppertal
T: (0202) 2 46 54-0   **Fax:** 2 46 54-24
Vorsitzende(r): Dipl.-Kfm. Cornelia Geppert

r 229
VdU Landesverband Ruhrgebiet
c/o Krall & Partner Werbeagentur
Königstr. 64, 47051 Duisburg
T: (0203) 2 03 51   **Fax:** 2 50 23
Internet: http://www.krall-partner.de
E-Mail: krall.partner@p-net.de
Vorsitzende(r): Anne Krall

r 230
VdU Landesverband Sachsen
c/o Steuerbevollmächtigte
Karl-Heine-Str. 27, 04229 Leipzig
T: (0341) 4 87 88 00   **Fax:** 4 87 88 05
Vorsitzende(r): Dipl.-Ing.oec. Anita Böhme

r 231
VdU Landesverband Sachsen-Anhalt
c/o FÖBIS-Institut GmbH, Halle - Querfurt
Krausenstr. 22, 06112 Halle
T: (0345) 2 99 82-0   **Fax:** 2 99 82-22
E-Mail: foebis@t-online.de
Vorsitzende(r): Dr. Gerlinde Kempfer

r 232
VdU Landesverband Schleswig-Holstein
c/o Trave-Recycling-Centrum GmbH & Co.KG
Glashüttenweg 19-29, 23568 Lübeck
T: (0451) 3 55 66   **Fax:** 3 15 14
Vorsitzende(r): Anke Wiek

r 233
VdU Landesverband Thüringen
c/o WI Wirtschaftspsychologisches Institut Dr. B.Topp & T.Piehler
Friedrich-Ebert-Str. 6, 99096 Erfurt
T: (0361) 3 46 05 57   **Fax:** 3 46 05 58
E-Mail: wi.erfurt@t-online.de
Vorsitzende(r): Dr. Barbara Topp

r 234
VdU Landesverband Westfalen-Nord
c/o Firma Cornelia Delius
Albrecht-Delius-Weg 3, 33615 Bielefeld
T: (0521) 6 94 92   **Fax:** 6 72 98
Internet: http://www.antiquax.de, http://www.holick.de
E-Mail: cornelia.delius@t-online.de
Vorsitzende(r): Cornelia Delius

r 235
VdU Landesverband Westfalen-Süd
c/o CONACORD Voigt GmbH & Co. KG
Postf. 13 60, 59523 Lippstadt
Seilerweg 10, 59556 Lippstadt
T: (02941) 9 56-151   **Fax:** 9 56-204
Vorsitzende(r): Gabriele Maria Voigt

r 236
VdU Landesverband Württemberg
c/o JRA - Maschinenteile und Geräte GmbH, Hydraulik/Messtechnik
Postf. 11 69, 73258 Reichenbach
Breslauer Str. 47, 73262 Reichenbach
T: (07153) 98 38-0   **Fax:** 98 38-38
Internet: http://www.jra1.com
E-Mail: jra-gmbh@t-online.de
Vorsitzende: Jngrid R. Beeg

● R 237

Bundesverband Direktvertrieb Deutschland e.V.
Bundesallee 221, 10719 Berlin
T: (030) 23 63 56 80   **Fax:** 23 63 56 88
Internet: http://www.bundesverband-direktvertrieb.de
E-Mail: info@bundesverband-direktvertrieb.de
Gründung: 1967
Internationaler Zusammenschluß: siehe unter izh 449
Vorsitzende(r): Dr. Hans R. Adelmann (Director External Affairs)
Stellvertretende(r) Vorsitzende(r): Udo Floto (Beirat Eismann Tiefkühl-Heimservice GmbH, Mettmann)
Geschäftsführer(in): RA Wolfgang Bohle
Verbandszeitschrift: Bulletin des Direktvertriebs
Redaktion: Bundesverband Direktvertrieb Deutschland e.V., Berlin
Mitglieder: 30

● R 238
Bund Katholischer Unternehmer e.V. (BKU)
Georgstr. 18, 50676 Köln
T: (0221) 2 72 37-0   **Fax:** 2 72 37-27
Internet: http://www.bku.de
E-Mail: service@bku.de
Gründung: 1949 (27. März)
Internationaler Zusammenschluß: siehe unter izr 37
Bundesvorsitzende: Marie-Luise Dött (MdB)
Bundesgeschäftsführer: Georg Fell
Verbandszeitschrift: BKU-Journal
Redaktion: Peter Unterberg
Verlag: Druckerei Hans Zimmermann GmbH, Viktoriastr. 4, 50668 Köln
Mitglieder: 1200

● R 239
Arbeitskreis Evangelischer Unternehmer in Deutschland e.V. (AEU)
Klauprechtstr. 2, 76137 Karlsruhe
T: (0721) 81 28 35   **Fax:** 82 60 23
Gründung: 1966 (9. März)
Internationaler Zusammenschluß: siehe unter izr 36
Vorsitzende(r): Michael Freiherr Truchseß
Stellvertretende(r) Vorsitzende(r): Dr. Henning Brekenfeld
Geschäftsführer(in): Ass. jur. Stephan Klinghardt
Verbandszeitschrift: AEU-Nachrichtendienst
Mitglieder: 450

● R 240
Verband Türkischer Unternehmer und Industrieller in Europa e.V. (ATIAD)
Wiesenstr. 70, 40549 Düsseldorf
T: (0211) 50 21 21   **Fax:** 50 70 70
Internet: http://www.atiad.org
E-Mail: info@atiad.org
Vorstandsvorsitzender: Esraf Linsal

● R 241
Mittelstands- und Wirtschaftsvereinigung der CDU/CSU (MIT)
Charitestr. 5, 10117 Berlin
T: (030) 22 07 98-0   **Fax:** 22 07 98-22
Internet: http://www.mittelstand-deutschland.de
E-Mail: info@mittelstand-deutschland.de
Ehrenvorsitzender: Dipl.-Volksw. Elmar Pieroth
Bundesvorsitzender: Dipl.-Ing. Peter Rauen (MdB)
Stellvertretende(r) Vorsitzende(r): Horst Faber (MdA)
Barbara Ahrons (MdHB)
Ernst Hinsken (MdB)
Jürgen Presser (MdL)
Hartmut Schauerte (MdB)
Reinhold Uhl
Bundesschatzmeister: Dipl.-Volksw. Peter Jungen
Stellvertretender Schatzmeister: Hellmut Hausch
Hauptgeschäftsführer(in): Hans-Dieter Lehnen
Verbandszeitschrift: MIT-Magazin
Verlag: Mittelstandsverlags-GmbH, Charitestr. 5, 10117 Berlin
Mitglieder: 43000
Mitarbeiter: 5
Jahresetat: DM 3 Mio, € 1,53 Mio

r 242
Mittelstands- u. Wirtschaftsvereinigung der CDU Baden-Württemberg
c/o Landesgeschäftsstelle der MIT
Augustenstr. 44, 70178 Stuttgart
T: (0711) 6 69 05 25, 62 77 44   **Fax:** 6 69 05 99
Vorsitzende(r): Klaus E. Bregger (Schulze-Delitzsch-Str. 45, 70565 Stuttgart, T: (0711) 7 87 22 20, Fax: 7 80 28 97 (dienstl.))
Geschäftsführer(in): Bernadette Eck (Landesgeschäftsstelle der MIT, Augustenstr. 44, 70178 Stuttgart, T: (0711) 6 69 05-25, Telefax: (0711) 6 69 05-99)

r 243
Mittelstands-Union der CSU (MU)
Mittelstands-Union der CSU (MU), CSU-Landesleitung
Nymphenburger Str. 64, 80335 München
T: (089) 1 24 32 72   **Fax:** 1 24 32 92
Vorsitzende(r): Hans Michelbach (MdB)
Geschäftsführer(in): Stephan Rauhut (Mittelstands-Union der CSU (MU), CSU Landesleitung, Nymphenburger Str. 64, 80335 München, T: (089) 1 24 32 72, Fax: 1 24 32 92)

r 244
Mittelstands- und Wirtschaftsvereinigung der CDU Berlin
Landesgeschäftsstelle der CDU Berlin
10173 Berlin
Steifensandstr. 8, 14057 Berlin
T: (030) 32 69 04-0, 24 01-2273, 24 01-2271
Fax: 32 69 04 44, 24 01-2202
Vorsitzende(r): Horst Faber (Einzelhandelskaufmann und Vors. des Landesverbandes des Lebensmittelhandels Berlin e.V., Eisenhammer Weg 9, 13507 Berlin, T: (030) 4 34 10 83, Fax: 4 34 28 42 (dienstl.))
Geschäftsführer(in): Christian Michael Runge (Landesgeschäftsstelle der CDU Berlin, Senatskanzlei M, Berliner Rathaus, Steifensandstr. 8, 14057 Berlin, T: (030) 32 69 04-0, Hauptstadt Büro, 10173 Berlin, T: (030) 24 01-2273, 24 01-2271)

r 245
Mittelstands- und Wirtschaftsvereinigung der CDU Brandenburg
Landesgeschäftsstelle
Rudolf-Breitscheid-Str. 64, 14482 Potsdam
T: (0331) 7 06 37 60   **Fax:** 7 06 37 01
Vorsitzende(r): Dr. Christian Ehler (CDU Wahlkreisbüro, Neuendorfstr. 20 A, 16761 Hennigsdorf, T: (03302) 2 02 12 50, Fax: (03302) 2 02 12 57)
Geschäftsführer(in): Reinhard Krause (Landesgeschäftsstelle MIT)

r 246
Mittelstands- und Wirtschaftsvereinigung der CDU Bremen
Am Wall 135, 28195 Bremen
T: (0421) 3 08 94-0   **Fax:** 1 89 37
Vorsitzende(r): Stefan Bellinger
Geschäftsführer(in): Margarete Schmidtmann (Landesgeschäftsstelle MIT und Wirtschaftsvereinigung, Am Wall 135, 28195 Bremen, T: (0421) 3 08 94-38, Fax: 1 89 37)

r 247

Mittelstands- und Wirtschaftsvereinigung der CDU Hamburg
Leinpfad 74, 22299 Hamburg
T: (040) 4 60 22 61   **Fax:** 46 45 00
Vorsitzende(r): Barbara Ahrons (MdHB, Ahron Druck GmbH, Geschäftsführerin, Gärtnerstr. 60-62, 20253 Hamburg, T: (040) 40 19 80-0, Fax: 40 19 80 19)
Geschäftsführer(in): Hans Dietrich Kadelbach (Landesgeschäftsstelle MIT, Leinpfad 74, 22299 Hamburg, T: (040) 4 60 22 61, Fax: 46 45 00)

r 248

Mittelstands- und Wirtschaftsvereinigung der CDU Hessen
Frankfurter Str. 6, 65189 Wiesbaden
T: (0611) 37 21 52   **Fax:** 37 21 53
Vorsitzende(r): Dr. Klaus W. Lippold (MdB)
Geschäftsführer(in): Peter Werz (Mittelstandsvereinigung der CDU Hessen, Frankfurter Str. 6, 65189 Wiesbaden, T: (0611) 8 60 61, Fax: 37 36 11)

r 249

Mittelstands- und Wirtschaftsvereinigung der CDU Mecklenburg-Vorpommern
Wismarsche Str. 173, 19053 Schwerin
T: (0385) 5 90 04-14   **Fax:** 5 90 04-15
Vorsitzende(r): Mathias Stinnes
Geschäftsführer(in): Rainer Gerhahn

r 250

Mittelstands- und Wirtschaftsvereinigung der CDU in Niedersachsen
Böttcherstr. 7, 30419 Hannover
T: (0511) 2 79 91-23   **Fax:** 2 79 91-24
Internet: http://www.mittelstand-niedersachsen.de
E-Mail: mit-niedersachsen@t-online.de
Vorsitzende(r): Siegbert Martin (Hotelkaufmann, Am Badepark 7, 26160 Bad Zwischenahn, T: (04403) 92 30 80, Fax: 92 30 08)
Geschäftsführer(in): Andreas Sobotta (Böttcherstr. 7, 30419 Hannover, T: (0511) 2 79 91 23, Fax: 2 79 91 24)

r 251

Mittelstands- und Wirtschaftsvereinigung der CDU Nordrhein-Westfalen
Wasserstr. 5, 40213 Düsseldorf
T: (0211) 1 36 00 43, 1 36 00 44, 1 36 00 45
Fax: 1 36 00 42, 8 54 95 97
Internet: http://www.cdu-nrw.de/mit
E-Mail: mitnrw@aol.com
Vorsitzende(r): RA Hartmut Schauerte (MdB, Zu den vier Linden 18, 57399 Kirchhundem-Flape, T: (0228) 22 77 37 36, Fax: 22 77 62 92 (dienstl.))
Geschäftsführer(in): Klaus Fenske (Landesgeschäftsstelle der MIT Nordrhein-Westfalen, Wasserstr. 5, 40213 Düsseldorf, T: (0211) 1 36 00 44, Fax: 1 36 00 42)

r 252

Mittelstands- und Wirtschaftsvereinigung der CDU Rheinland-Pfalz
c/o Landesgeschäftsstelle der CDU Rheinland-Pfalz
Rheinallee 1, 55116 Mainz
T: (06131) 28 47-17   **Fax:** 22 09 85
Vorsitzende(r): Hansjürgen Doss (MdB, Wahlkreisbüro: Carl-Zeiss-Str. 24, 55129 Mainz, T: (06131) 58 24 33, 50 80 06)
Geschäftsführer(in): Hermann-Josef Oppenberg ((komm.), Landesgeschäftsstelle der CDU Rheinland-Pfalz, Rheinallee 1, 55116 Mainz, T: (06131) 28 47-17, Fax: 22 09 85)

r 253

Mittelstands- und Wirtschaftsvereinigung der CDU Saarland
c/o Landesgeschäftsstelle CDU-Saar
Stengelstr. 5 III, 66117 Saarbrücken
T: (0681) 5 84 53 30
Vorsitzende(r): Jürgen Presser (MdL, Saarland Versicherungen, Büro Landtag: Pasteurstr. 8-10, 66538 Neunkirchen, T: (0681) 5 00 22 31, Fax: 5 00 23 90)
Geschäftsführer(in): Ursula Schulz (Landesgeschäftsstelle der CDU-Saar, Stengelstr. 5/III, 66117 Saarbrücken, T: (0681) 5 84 53 30)

r 254

Mittelstands- und Wirtschaftsvereinigung der CDU Sachsen
Lortzingstr. 35 2. OG, 01307 Dresden
T: (0351) 4 49 17 00   **Fax:** 4 49 17 50, 4 49 17 60
Vorsitzende(r): Gerhard Schulz (komm.)
Geschäftsführer(in): Beate Bartsch (Landesgeschäftsstelle MIT, Lortzingstr. 35, 2. OG, 01307 Dresden, T: (0351) 4 49 17 00, Fax: (0351) 4 49 17 50 (Z), 4 40 17 60)

r 255

Mittelstands- und Wirtschaftsvereinigung der CDU Sachsen-Anhalt
Postf. 15 08, 39005 Magdeburg
Hegelstr. 23, 39104 Magdeburg
T: (0391) 5 66 68 14   **Fax:** 5 66 68 30
Vorsitzende(r): Detlef Gürth (Hecklinger Str. 7, 06449 Aschersleben, T: (0391) 5 60 20 07, Fax: 5 60 20 34)
Geschäftsführer(in): Tobias Schmidt (Hegelstraße 23, 39104 Magdeburg, T: (0391) 5 66 68 14, Fax: 5 66 68 30)

r 256

Wirtschafts- und Mittelstandsvereinigung der CDU Schleswig-Holstein
Postf. 45 06, 24044 Kiel
Sophienblatt 44-46, 24114 Kiel
T: (0431) 67 47 47   **Fax:** 67 10 18
Vorsitzende(r): Brita Schmitz-Hübsch (Fraktion: Klaus-Groth-Str. 1, 24937 Flensburg, T: (0461) 58 17 48, Fax: 5 35 19)

r 257

Mittelstands- und Wirtschaftsvereinigung der CDU Thüringen
Postf. 629, 99012 Erfurt
Heinrich-Mann-Str. 22, 99096 Erfurt
T: (0361) 3 44 92 55   **Fax:** 3 45 92 25
Vorsitzende(r): Thomas Kretschmer (MdL)
Geschäftsführer(in): Eckehard Heiduschka

● R 258

Aktionsgemeinschaft Wirtschaftlicher Mittelstand e.V. (AWM)
Bundesverband der deutschen mittelständischen Dienstleistungswirtschaft e.V.
Bundesgeschäftsstelle:
Luisenstr. 41, 10117 Berlin
T: (030) 28 88 07-0   **Fax:** 28 88 07-10
Internet: http://www.awm-online.de
E-Mail: info@awm-online.de
Präsident(in): Ludger Theilmeier, Gütersloh
Dipl.-Ing. Günter Schmitt-Bosslet, Utting
Vizepräsident(in): Dipl.-Volksw. Konrad Löcherbach, Bonn
Dipl.-Volksw. Rainald Meier, München
Werner Küsters, Neuss
Geschäftsführer(in): Markus Guhl
Mitglieder: 99 Verbände mit gut 100 000 selbständigen Unternehmen

Landesverbände

r 259

AWM Landesverband Bayern e.V.
Rüdesheimer Str. 15, 80686 München
T: (089) 57 24 65
Vorsitzende(r): Johann Straub (Lerchenauer Str. 147, 80935 München, T: (089) 3 51 52 47)

r 260

AWM-Landesverband Hessen e.V.
Dankmarshäuser Str. 7, 36208 Wildeck
T: (06626) 3 70
Vorsitzende(r): Albert Roth (Dankmarshäuser Str. 7, 36208 Wildeck, T: (06626) 3 70)

r 261

AWM-Landesverband Niedersachsen e.V.
Georgsplatz 12, 30159 Hannover
T: (0511) 32 76 98
Vorsitzende(r): RA Elmar Brehm (Georgsplatz 12, 30159 Hannover, T: (0511) 36 02 30)

r 262

AWM-Landesverband Rheinland-Pfalz-Saar e.V.
Bismarckstr. 42, 67059 Ludwigshafen
T: (0621) 5 95 09 70
Vorsitzende(r): Dieter Grau (Bismarckstr. 42, 67059 Ludwigshafen, T: (0621) 5 95 09 70)

● R 263

Arbeitgeberverband der finanzdienstleistenden Wirtschaft e.V. (AfW)
Markgrafenstr. 25, 10117 Berlin
T: (030) 20 45 44 03
Geschäftsführender Vorstand: Alexander Pohle
Vorstand: Siegfried Leifeld
Dr. Ulrich Hinkel
Mitglieder: 664

● R 264

Vereinigung Mittelständischer Unternehmer e.V. (VMU)
Bundessekretariat
Elisabethstr. 34, 80796 München
T: (089) 33 41 85   **Fax:** 33 31 86
Internet: http://www.mittelstand-vmu.de
Gründung: 1973
Vorstand:
Präsident(in): Jürgen Bock
Vizepräsident(in): Frido Flade
Vizepräsident(in): Andreas Pfannenberg
Mitglieder: 200

Mitgliedsverbände:

r 265

Industriegemeinschaft Geretsried e.V.
Postf. 14 44, 82525 Geretsried

r 266

UWW-Unternehmervereinigung Wolfratshausen
Akeleistr. 43, 82515 Wolfratshausen
T: (08171) 1 00 41   **Fax:** 48 98 90
E-Mail: wsz-Elektronik@T-online.de
Gründung: 1974
Leitung Presseabteilung: Kurt Greiner
Mitglieder: 2500
Mitarbeiter: 6

● R 267

Unternehmerverband mittelständische Wirtschaft e.V. (UMW)
Rizzastr. 41, 56068 Koblenz
T: (0261) 3 35 41, 1 71 64   **Fax:** 1 76 89
Internet: http://www.umw.org/
E-Mail: umw.mail@t-online.de
Gründung: 1990 (30. Mai)
Vorstand: Ursula Frerichs (Vors.; Hauptgeschäftsführerin)
Stellvertretende(r) Geschäftsführer(in): Dipl.-Ing. Arne Reichert
Verbandszeitschrift: UMW-Journal
Redaktion: Bundesgeschäftsstelle
Mitarbeiter: 3 (Bundesgeschäftsstelle)

● R 268

Union mittelständischer Unternehmen e.V. (UMU)
Bundesgeschäftsstelle
Edelsbergstr. 8, 80686 München
T: (089) 5 70 07-0   **Fax:** 5 70 07-2 60
Gründung: 1985 (22.Juli)
Präsident(in): Dipl.-Ing. Hermann Sturm (Edelsbergstr. 8, 80686 München)
Vizepräsident(in): Dipl.-Ing. (FH) Johann Straub (Lerchenauer Str. 147, 80935 München)
Ehrenpräsident: Dipl.-Kfm. Hugo Hettich (Burghaldenstr. 56, 72275 Alpirsbach)
Hauptgeschäftsführer(in): UMU-UFB-Geschäftsführungs-GmbH (Edelsbergstr. 8, 80686 München)
Mitglieder: 16100
Mitarbeiter: 4

● R 269

Arbeitsgemeinschaft Mittelständischer Unternehmen e.V. (AMU)
Im Haus der Selbständigen
Schlüterstr. 4, 10625 Berlin
T: (030) 7 84 20 38-39, 31 86 81-3   **Fax:** 7 87 40 66
Internationaler Zusammenschluß: siehe unter izr 2
1. Vorsitzende(r): Dipl.-Pol. Josef Stingl
Geschäftsführer(in): Ass. jur. Matthias Gröninger

R 270

Bundesverband mittelständische Wirtschaft Unternehmerverband Deutschlands e.V. (BVMW)
Mosse-Palais
Leipziger Platz 15, 10117 Berlin
T: (030) 53 32 06-0   **Fax:** 53 32 06-50
Hauptverwaltung Bonn:
Berliner Freiheit 36, 53111 Bonn, T: (0228) 6 04 77-0, Fax: (0228) 6 04 77-50
Gründung: 1975
Vorstand
Präsident(in): Mario Ohoven (Geschäftsführender Gesellschafter Investor Treuhand, Düsseldorf)
Vizepräsident(in): Joachim Kath (Unternehmer), München
Vizepräsident(in): Dr. Jochen Leonhardt (Steuerberater, Wirtschaftsprüfer), Dresden
Dipl.-Kfm. Helmut F. Bachmann (Unternehmensberater), Erftstadt
Andreas Kellner (Unternehmer), Erfurt
Christoph Krämer (Journalist, Verleger), Wiesbaden
Joachim Peters (Unternehmer), Rostock
Dr. Peter Schmidt (Rechtsanwalt, Notar), Münster
Bärbel Thomaß (Unternehmerin), Finsterwalde
Hauptgeschäftsführer(in): Dieter Härthe
Geschäftsführer(in): Heinz Kröse
Leitung Presseabteilung: Gerd Behnke
Verbandszeitschrift: Wirtschaftsmagazin "erfolgreich selbständig"
Mitgliederpublikation "BVMW-INTERN"
Verlag: erfolgreich selbständig GmbH & Co. KG, Berliner Freiheit 36, 53111 Bonn, T: (0228) 69 09 89
Mitgliedsunternehmen: rund 52000, rund 160 Geschäftsstellen im Bundesgebiet
Angeschlossen: 12 Landesverbände, 44 Interessenverbände der mittelständischen Wirtschaft

Der BVMW bietet als branchen- und berufsübergreifender, parteipolitisch neutraler Zusammenschluß kleiner und mittlerer Unternehmen umfangreiche Serviceleistungen und direkte Interessenvertretung für den unternehmerischen Mittelstand gegenüber Politik, Administration, Gewerkschaften und Großunternehmen auf lokaler, regionaler, nationaler und internationaler Ebene. Hierbei wird das Ziel verfolgt, bestehende Wettbewerbsnachteile gegenüber Großunternehmen zu vermindern und die Diskrepanz zwischen volkswirtschaftlicher Bedeutung der kleinen und mittleren Unternehmen und ihrem Einfluß auf die Gestaltung der wirtschaftlichen Rahmenbedingungen zu überwinden

R 271
Deutscher Mittelstands-Bund (DMB)
Schadowstr. 69, 40212 Düsseldorf
T: (0211) 17 92 57-0   **Fax:** 17 92 57-19
Internet: http://www.dmb-ev.de
E-Mail: info@dmb-ev.de
Gesch.Vorst.: Dipl.-Kfm. Klaus R. Vogel
Verbandszeitschrift: Der Mittelständler
Mitglieder: 16500

R 272
Arbeitgeberverband des Saarländischen Handwerks (AGVH)
Postf. 10 02 43, 66002 Saarbrücken
Grülingsstr. 115, 66113 Saarbrücken
T: (0681) 9 48 61-0   **Fax:** 9 48 61-99
Internet: http://www.agvh.de
E-Mail: agvh@agvh.de
Gründung: 1949
Präsident(in): Adalbert Massing
Geschäftsführer(in): Dipl.-Volksw. Martin Weisgerber
Stellvertretende(r) Geschäftsführer(in): Dr. Joachim Faber
GeschF der dem AGVH angeschlossenen saarländischen Handwerks-Innungen:
Dr. Joachim Faber
Ass. Isabel Fabry
Ass. Karl-Heinz Scherschel
Dipl.-Volksw. Martin Weisgerber
Verbandszeitschrift: Der SaarHandwerker
Mitglieder: 5000
Mitarbeiter: 18
Jahresetat: DM 2,1 Mio, € 1,07 Mio

R 273
Verband Bergbau, Geologie und Umwelt e.V.
Am Köllnischen Park 1, 10179 Berlin
T: (030) 22 33-6610   **Fax:** 22 33-6614
Gründung: 1990 (31. Mai)
Präsident(in): Dr.oec. Wolfgang Haase (GFE GmbH Halle, Köthener Str. 34, 06118 Halle)
Vizepräsident(in): Dr. Manfred Hagen (Wismut GmbH Chemnitz, Jagdschänkenstr. 29, 09117 Chemnitz)
Geschäftsführer(in): Dr. Bodo Schirmer
Mitglieder: 21
Mitarbeiter: 3

R 274
Arbeitgeber- und BerufsVerband Privater Pflege e.V. (ABVP)
Bundesgeschäftsstelle
Roscherstr. 13A, 30161 Hannover
T: (0511) 3 38 98-0   **Fax:** 3 38 98-98
Internet: http://www.abvp.net
E-Mail: dialog@abvp.net
Vorsitzende(r): Petra Höhn
Sprecher des Vorstands: Heiner Schülke
Hauptgeschäftsführer(in): Ekkehard Mittelstaedt

R 275
Tarifgemeinschaft deutscher Länder
Postf. 30 14 65, 53194 Bonn
Hans-Böckler-Str. 3, 53225 Bonn
T: (0228) 9 75 65-0   **Fax:** 9 72 14 22
Internet: http://www.tdl-online.de
E-Mail: tdlbonn@aol.com
Geschäftsführer(in): Dr. Wolf-Dieter Sponer

R 276
Interessengemeinschaft Nordbayerischer Zeitarbeitunternehmen e.V. (INZ)
Gleißbühlstr. 7, 90402 Nürnberg
T: (0911) 2 20 72   **Fax:** 2 41 90 14
Gründung: 1987 (März)
Geschf. Vorst.: Norbert Grünwald (Geschäftsf. Gesellschafter PERSONALHANSA GmbH)
Stellvertretender Vorstand: Rainer Hilbert
Mitglieder: 14

R 277
Vereinigung der kommunalen Arbeitgeberverbände (VKA)
Postf. 51 10 05, 50946 Köln
Lindenallee 24, 50968 Köln
T: (0221) 9 37 02 10   **Fax:** 93 70 21 26
Vorsitzende(r): Oberbürgermeister Ernst-Otto Stüber, Bochum
Stellvertretende(r) Vorsitzende(r): Bürgermeister Harald Seiter, Wörth am Rhein
Hauptgeschäftsführer(in): Gerhard Kappius

Landesverbände

r 278
Kommunaler Arbeitgeberverband Baden-Württemberg
Panoramastr. 27, 70174 Stuttgart
T: (0711) 2 22 99 80   **Fax:** 22 29 98 77
Vorsitzende(r): Oberbürgermeister Gerhard Widder, Mannheim
1. Stv. Vors: Heinz-Jürgen Koloczek, Tuttlingen
2. Stv. Vors: Landrat Hans Volle, Tuttlingen
Hauptgeschäftsführer(in): Hermann Gebert

r 279
Kommunaler Arbeitgeberverband Bayern
Hermann-Lingg-Str. 3, 80336 München
T: (089) 5 30 98 70   **Fax:** 53 09 87 26
Vorsitzende(r): Rechtsk. berufsm. Stadtrat Ulrich Tenzer, Würzburg
Stellvertretende(r) Vorsitzende(r): Berufsm. Stadtrat Dr. Thomas Böhle, München
Geschäftsführer(in): Dr. Armin Augat

r 280
Arbeitsrechtliche Vereinigung Berlin e.V.
Welserstr. 5-7, 10777 Berlin
T: (030) 2 14 58 10   **Fax:** 21 45 81 18
Vorsitzende(r): Senator Dr. Eckhart Werthebach, Berlin
Stellvertretende(r) Vorsitzende(r): Senatsdirigent Dr. Joachim Vetter, Berlin
Geschäftsführer(in): Andreas Klein

r 281
Kommunaler Arbeitgeberverband Brandenburg
Stephensonstr. 4a, 14482 Potsdam
T: (0331) 74 71 80   **Fax:** 7 47 18 30
Vorsitzende(r): Landrat Lothar Koch, Belzig
Stellvertretende(r) Vorsitzende(r): Verwaltungsdirektor Dr. Lutz Bütow, Potsdam
Geschäftsführer(in): Klaus-Dieter Klapproth

r 282
Kommunaler Arbeitgeberverband Bremen
Postf. 10 15 20, 28015 Bremen
Schillerstr. 1, 28195 Bremen
T: (0421) 3 61 23 41   **Fax:** 36 11 06 51
Vorsitzende(r): Staatsrat Dr. Günter Dannemann, Bremen
Stellvertretende(r) Vorsitzende(r): Oberbürgermeister Jörg Schulz, Bremerhaven
Geschäftsführer(in): Wolfgang Söller

r 283
Arbeitsrechtliche Vereinigung Hamburg e.V.
Bei dem Neuen Krahn 2, 20457 Hamburg
T: (040) 3 74 83 80   **Fax:** 37 48 38 28
Vorsitzende(r): Senator Hartmut Wrocklage, Hamburg
Stellvertretende(r) Vorsitzende(r): Senatsdirektor Dr. Volker Bonorden, Hamburg
Verbandsgeschäftsführer: Hans-Dietrich von Dassel

r 284
Hessischer Arbeitgeberverband der Gemeinden und Kommunalverbände
Postf. 11 09 53, 60044 Frankfurt
Allerheiligentor 2-4, 60311 Frankfurt
T: (069) 9 20 04 70   **Fax:** 28 99 32
Vorsitzende(r): Stadtkämmerer Albrecht Glaser, Frankfurt am Main
Stellvertretende(r) Vorsitzende(r): Landrat Fritz Kramer, Fulda
Verbandsgeschf.: Hilmar Reissner

r 285
Kommunaler Arbeitgeberverband Mecklenburg-Vorpommern
Bertha-von-Suttner-Str. 5, 19061 Schwerin
T: (0385) 30 31-0   **Fax:** 3 03 14 02
Vorsitzende(r): Landrat Gert Schultz, Waren
Stellvertretende(r) Vorsitzende(r): Landrat Thomas Leuchert, Bad Doberan
Geschäftsführer(in): Hans-Jürgen Langhoff

r 286
Kommunaler Arbeitgeberverband Niedersachsen
Rotermundstr. 11, 30165 Hannover
T: (0511) 35 81 90   **Fax:** 3 58 19 21
Präsident(in): Oberstadtdirektor Arno Schreiber, Wilhelmshaven
Vizepräsident(in): Oberstadtdirektor Henning Schultz, Wittmund
Hauptgeschäftsführer(in): Bernd Wilkening

r 287
Kommunaler Arbeitgeberverband Nordrhein-Westfalen (KAV NW)
Postf. 20 10 55, 42210 Wuppertal
Werth 79, 42275 Wuppertal
T: (0202) 2 55 13-0   **Fax:** 2 55 13-13, 2 55 13-14
Internet: http://www.kav-nw.de
E-Mail: kav-nw@t-online.de
Vorsitzende(r): Oberbürgermeister Ernst-Otto Stüber, Bochum
Stellvertretende(r) Vorsitzende(r): Dir. Karl-Heinz Lause, Düsseldorf
Hauptgeschäftsführer(in): Dr. Emil Vesper

Abschluß von Tarifverträgen; Interessenwahrnehmung der Mitglieder, Unterstützung in Fragen Arbeits- und Tarifrecht und bei Rechtsstreitigkeiten; Interessenausgleich zwischen den Mitgliedern und den bei ihnen Beschäftigten.

r 288
Kommunaler Arbeitgeberverband Rheinland-Pfalz
Postf. 27 05, 55017 Mainz
Deutschhausplatz 1, 55116 Mainz
T: (06131) 2 89 49-0   **Fax:** 2 89 49 28
Vorsitzende(r): Bürgermeister Harald Seiter, Wörth am Rhein
Stellvertretende(r) Vorsitzende(r): Bürgermeister Wilhelm Zeiser, Ludwigshafen
Verbandsgeschf.: Klaus Beckerle

r 289
Kommunaler Arbeitgeberverband Saar
Talstr. 9, 66119 Saarbrücken
T: (0681) 9 26 43 50   **Fax:** 9 26 43 15
Vorsitzende(r): Oberbürgermeister Hans Netzer, Völklingen
Stellvertretende(r) Vorsitzende(r): Bürgermeisterin Sigrid Morsch, Oberthal
Geschäftsführer(in): Prof. Dr. Wolfgang Knapp

r 290
Kommunaler Arbeitgeberverband Sachsen
Arndtstr. 11, 01099 Dresden
T: (0351) 8 00 80-0   **Fax:** 8 02 43 17
Vorsitzende(r): Bürgermeister Dr. Claus Förster, Oschatz
Stellvertretende(r) Vorsitzende(r): Direktor Wilhelm Hanss, Leipzig
Geschäftsführer(in): Frank Reinhardt

r 291
Kommunaler Arbeitgeberverband Sachsen-Anhalt
Köthener Str. 33a, 06118 Halle
T: (0345) 52 52 20   **Fax:** 5 25 22 22
Vorsitzende(r): Landrat Dr. Wulf Littke, Wittenberg
Stellvertretende(r) Vorsitzende(r): Geschäftsführer Walter Appelbaum, Sangerhausen
Verbandsgeschf.: Heinz Plage

r 292
Kommunaler Arbeitgeberverband Schleswig-Holstein
Reventloualle 6, 24105 Kiel
T: (0431) 57 92 20   **Fax:** 5 75 90
Vorsitzende(r): Landrat Dr. Burghard Rocke, Itzehoe
Stellvertretende(r) Vorsitzende(r): Oberbürgermeister Hartmut Unterlehberg, Neumünster
Verbandsgeschf.: Wilfried Kley

r 293
Kommunaler Arbeitgeberverband Thüringen
Alfred-Hess-Str. 31a, 99094 Erfurt
T: (0361) 2 20 11 10   **Fax:** 2 20 11 18
Vorsitzende(r): Landrat Jürgen Mascher, Eisenberg
Stellvertretende(r) Vorsitzende(r): Vorstandsvors. Dieter Bauhaus, Weimar
Geschäftsführer(in): Wilfried Rosenkranz

Arbeitnehmerorganisationen

Gewerkschaften

● **R 294**
Deutscher Gewerkschaftsbund (DGB)
Postf. 11 03 72, 10833 Berlin
Henriette-Herz-Platz 2, 10178 Berlin
T: (030) 2 40 60-0   **Fax:** 2 40 60-471
Internet: http://www.dgb.de
E-Mail: info@bundesvorstand.dgb.de
Internationaler Zusammenschluß: siehe unter izr 159, izr 276

Geschäftsführender Bundesvorstand:
Vorsitzende(r): Dieter Schulte
Stellvertretende(r) Vorsitzende(r): Dr. Ursula Engelen-Kefer

Weitere Vorstandsmitglieder:
Günter Dickhausen
Heinz Putzhammer
Ingrid Sehrbrock

Vertreter/-innen der Gewerkschaften im Bundesvorstand:
Klaus Wiesehügel (Bundesvorsitzender Ind.-Gew. Bauen-Agrar-Umwelt)
Hubertus Schmoldt (1. Vorsitzender Ind.-Gew. Bergbau, Chemie, Energie)
Norbert Hansen (Vorsitzender Transnet Gewerkschaft GdED)
Dr. Eva Maria Stange (Vorsitzende Gew. Erziehung und Wissenschaft)
Margret Mönig-Raane (Vorsitzende Gew. Handel, Banken und Versicherungen)
Detlef Hensche (Vorsitzender Ind.-Gew. Medien)
Klaus Zwickel (1. Vorsitzender Ind.-Gew. Metall)
Franz-Josef Möllenberg (1. Vorsitzender Gew. Nahrung, Genuss, Gaststätten)
Frank Bsirske (Vorsitzender Gew. Öffentliche Dienste, Transport und Verkehr)
Konrad Freiberg (Vorsitzender Gew. der Polizei)
Kurt van Haaren (Vorsitzender Deutsche Postgewerkschaft)
Mitglieder: 7770000 (Stand Ende 2000)

Landesbezirke des DGB

r 295
Deutscher Gewerkschaftsbund Landesbezirk Baden-Württemberg
Willi-Bleicher-Str. 20, 70174 Stuttgart
T: (0711) 2 02 80   **Fax:** 2 02 82 50
Internet: http://www.dgb-bw.de
E-Mail: info@dgb-bw.de
Landesbezirksvorsitzende(r): Rainer Bliesener
Pressesprecher(in): Jürgen Klose

r 296
Deutscher Gewerkschaftsbund Landesbezirk Bayern
Schwanthalerstr. 64, 80336 München
T: (089) 5 43 30 02   **Fax:** 5 32 83 14
Internet: http://www.dgb-bayern.de
E-Mail: bayern@dgb.de
Landesbezirksvorsitzende(r): Fritz Schösser
Pressesprecher(in): Heide Langguth

r 297
Deutscher Gewerkschaftsbund Landesbezirk Berlin-Brandenburg
Keithstr. 1-3, 10787 Berlin
T: (030) 2 12 40-0   **Fax:** 21 24 01 42
Internet: http://www.berlin-brandenburg.dgb.de
E-Mail: info@berlin-brandenburg.dgb.de
Landesbezirksvorsitzende(r): Dieter Scholz
Pressesprecher(in): Dieter Pienkny

r 298
Deutscher Gewerkschaftsbund Landesbezirk Hessen
Wilhelm-Leuschner-Str. 69-77, 60329 Frankfurt
T: (069) 2 73 00 50   **Fax:** 27 30 05 45, 27 30 05 55
Internet: http://www.hessen.dgb.de
E-Mail: hessen@dgb.de
Landesbezirksvorsitzende(r): Dieter Hooge
Pressesprecher(in): Marita Eilrich

r 299
Deutscher Gewerkschaftsbund Landesbezirk Niedersachsen/Bremen
Dreyerstr. 6, 30169 Hannover
T: (0511) 1 26 01-0   **Fax:** 1 26 01-57
Internet: http://www.nsb.dgb.de
Landesbezirksvorsitzende(r): Hartmut Tölle
Pressesprecher(in): Ulf Birch

r 300
Deutscher Gewerkschaftsbund Landesbezirk Nord
Besenbinderhof 60, 20097 Hamburg
T: (040) 28 58-0   **Fax:** 28 58-299
Internet: http://www.nordmark.dgb.de
E-Mail: info@nord.dgb.de
Landesbezirksvorsitzende(r): Peter Deutschland
Pressesprecher(in): Alfons Grundheber

r 301
Deutscher Gewerkschaftsbund Landesbezirk Nordrhein-Westfalen
Friedrich-Ebert-Str. 34-38, 40210 Düsseldorf
T: (0211) 36 83-0   **Fax:** 36 83-159
Internet: http://www.nrw.dgb.de
Landesbezirksvorsitzende(r): Walter Haas
Pressesprecher(in): Elke Hülsmann

r 302
Deutscher Gewerkschaftsbund Landesbezirk Rheinland-Pfalz
Kaiserstr. 26-30, 55116 Mainz
T: (06131) 28 16-0   **Fax:** 22 57 39
E-Mail: rita.schmitt@dgb.de
Landesbezirksvorsitzende(r): Dieter Kretschmer
Pressesprecher(in): Dominique Bendel

r 303
Deutscher Gewerkschaftsbund Landesbezirk Saar
Fritz-Dobisch-Str. 5, 66111 Saarbrücken
T: (0681) 4 00 01-0   **Fax:** 4 00 01-20
Landesbezirksvorsitzende(r): Eugen Roth (Presseverantwortlich)

r 304
Deutscher Gewerkschaftsbund Landesbezirk Sachsen
Schützenplatz 14, 01067 Dresden
T: (0351) 8 63 31 00   **Fax:** 8 63 31 58
Landesbezirksvorsitzende(r): Hanjo Lucassen
Pressesprecher(in): Markus Schlimbach

r 305
Deutscher Gewerkschaftsbund Landesbezirk Sachsen-Anhalt
Lennestr. 13, 39112 Magdeburg
T: (0391) 6 25 03-0   **Fax:** 6 25 03-27
Landesbezirksvorsitzende(r): Dr. Jürgen Weißbach
Pressesprecher(in): Bernhard Becker

r 306
Deutscher Gewerkschaftsbund Landesbezirk Thüringen
Rudolfstr. 47 Gebäude E 2, 99092 Erfurt
T: (0361) 59 61-399, 59 61-311   **Fax:** 59 61-444
Internet: http://www.dgb-thueringen.de
Landesbezirksvorsitzende(r): Frank Spieth
Pressesprecher(in): N.N.

Gewerkschaften und Industriegewerkschaften im DGB

● **R 307**

Industriegewerkschaft Bauen-Agrar-Umwelt

Industriegewerkschaft Bauen-Agrar-Umwelt (IG BAU)
Bundesvorstand
Olof-Palme-Str. 19, 60439 Frankfurt
T: (069) 9 57 37-0   **Fax:** 9 57 37-800
Internet: http://www.igbau.de
Gründung: 1949 (August)
Bundesvorsitzende(r): Klaus Wiesehügel
Stellv. Bundesvors.: Ernst-Ludwig Laux
Hans-Joachim Wilms
Leitung Presseabteilung: Michael Knoche
Verbandszeitschrift: Der Grundstein/Der Säemann
Redaktion: Jörg Herpich (verantwortlich), Gerlinde Dickert
Verlag: IG-Bauen-Agrar-Umwelt, Bundesvorst. Klaus Wiesehügel
Mitglieder: 560000
Mitarbeiter: rd. 1000

*Alle Gebiete der Gesellschaftspolitik sowie Wirtschafts-, Sozial-, Kultur- und Bildungspolitik. Der persönliche und fachliche Organisationsbereich umfaßt alle Arbeitnehmer, Beamte, die in der Berufsausbildung Stehenden (z.B. Auszubildende, Anlernlinge und Praktikanten) sowie die nicht mehr im Arbeitsleben stehenden Mitglieder folgender Wirtschaftszweige:
Baugewerbe, Bauausbaugewerbe, Bauerhaltungsgewerbe, Baustoffindustrie, Fertighausbau, Industrie der Steine und Erden, Städtebau, Umweltschutz, Entsorgung und Recycling, Gebäude-, Industrie- und Städtereinigung, Gebäudemanagement, Wohnungswirtschaft, Architektur- und Ingenieurbüros, Bauforschungsinstitute, Einrichtungen der Tarifvertragsparteien, Berufsbildungseinrichtungen, Landwirtschaft und Forstwirtschaft aller Besitzarten einschließlich der Unternehmen, Organisationen, Einrichtungen und Verbände, die Dienstleistungen für die Landwirtschaft bzw. Forstwirtschaft erbringen, Gartenbau, Garten- und Landschaftsbau, Floristik, Fischerei, Tierwirtschaft, Freizeit und Pferdesporteinrichtungen, Landschafts- und Naturschutz.*

Landesverbände:

r 308
IG Bauen-Agrar-Umwelt Landesverband Baden-Württemberg
Willi-Bleicher-Str. 20, 70174 Stuttgart
T: (0711) 22 83 36   **Fax:** 2 28 33 80
Landesvorsitzende(r): Hanspeter Kern

r 309

IG Bauen-Agrar-Umwelt
Landesverband Bayern
Schwanthalerstr. 64, 80336 München
T: (089) 5 44 28 10   **Fax:** 5 38 91 95
E-Mail: igbau.bayern@t-online.de
Landesvorsitzende(r): Karl Heinz Strobl

r 310

IG Bauen-Agrar-Umwelt
Landesverband Berlin-Brandenburg
Keithstr. 1 + 3, 10787 Berlin
T: (030) 2 35 05 60   **Fax:** 23 50 56 23
Landesvorsitzende(r): Klaus Pankau

r 311

IG Bauen-Agrar-Umwelt
Landesverband Hessen
Wilhelm-Leuschner-Str. 69-77, 60329 Frankfurt
T: (069) 2 42 93 50   **Fax:** 23 98 28
Landesvorsitzende(r): Ernst-Ludwig Laux

r 312

IG Bauen-Agrar-Umwelt
Landesverband Niedersachsen-Bremen
Otto-Brenner-Str. 1, 30159 Hannover
T: (0511) 70 07 60   **Fax:** 7 00 76 76
Landesvorsitzender: Peter Ebbrecht

r 313

IG Bauen-Agrar-Umwelt
Landesverband Nord
Jungestr. 1, 20535 Hamburg
T: (040) 2 51 60 70   **Fax:** 2 51 39 77
Landesvorsitzende(r): Christoph Burmester

r 314

IG Bauen-Agrar-Umwelt
Landesverband Nordrhein
Sonnenstr. 10, 40227 Düsseldorf
T: (0211) 9 77 87-0   **Fax:** 9 77 87 20
E-Mail: igbau.lv.nordrhein@t-online.de
Landesvorsitzende(r): Frank Wynands

r 315

IG Bauen-Agrar-Umwelt
Landesverband Rheinland-Pfalz-Saar
Kaiserstr. 26-30, 55116 Mainz
T: (06131) 23 24 08 u. 23 04 09   **Fax:** 23 74 09
Landesvorsitzende(r): Irmgard Meyer

r 316

IG Bauen-Agrar-Umwelt
Landesverband Sachsen
Ritzenbergstr. 3, 01067 Dresden
T: (0351) 4 92 99 50   **Fax:** 4 92 99 51
Landesvorsitzende(r): Frank Kunze

r 317

IG Bauen-Agrar-Umwelt
Landesverband Sachsen-Anhalt
Otto-von-Guericke-Str. 6, 39104 Magdeburg
T: (0391) 5 61 61 06/07   **Fax:** 5 61 61 10
E-Mail: igbaulvsa@aol.com
Landesvorsitzende(r): Andreas Steppuhn

r 318

IG Bauen-Agrar-Umwelt
Landesverband Thüringen
Rudolfstr. 47 /E2, 99092 Erfurt
T: (0361) 5 55 11-0   **Fax:** 5 55 11-14
E-Mail: igbauthueringen@aol.com
Landesvorsitzende(r): Achim Stachelhaus

r 319

IG Bauen-Agrar-Umwelt
Landesverband Westfalen
Kreuzstr. 22, 44139 Dortmund
T: (0231) 12 90 47   **Fax:** 12 78 90
E-Mail: igbau.lv.westfalen@t-online.de
Landesvorsitzende(r): Frank Wynands

● R 320

Industriegewerkschaft Bergbau, Chemie, Energie
Hauptvorstand
Königsworther Platz 6, 30167 Hannover
T: (0511) 7 63 10   **Fax:** 7 00 08 91
E-Mail: presse@igbce.de
Gründung: 1996 (01. Januar)
Internationaler Zusammenschluß: siehe unter izr 107
1. Vorsitzende(r): Hubertus Schmoldt
Stellvertretende(r) Vorsitzende(r): Klaus Südhofer
Leitung Presseabteilung: Bernd Leibfried
Verbandszeitschrift: "magazin" - Die Gewerkschaftszeitschrift
Redaktion: Königsworther Platz 6, 30167 Hannover; Anzeigenverwaltung: Buchdruckwerkstättten Hannover GmbH, Postf. 91 13 40, 30433 Hannover
Mitglieder: 953000 (Stand 31.7.99)

Landesbezirke

r 321

IG Bergbau, Chemie, Energie
Landesbezirk Baden-Württemberg
Willi-Bleicher-Str. 20, 70174 Stuttgart
T: (0711) 2 29 16-0   **Fax:** 2 29 16 99
Landesbezirksleiter: Ralf Stockheim

r 322

IG Bergbau, Chemie, Energie
Landesbezirk Bayern
Schwanthalerstr. 64, 80336 München
T: (089) 51 40 41 00   **Fax:** 51 40 41 20
Landesbezirksleiter: Helmut Beer

r 323

IG Bergbau, Chemie, Energie
Landesbezirk Hessen/Thüringen
Wilhelm-Leuschner-Str. 69-77, 60329 Frankfurt
T: (069) 2 38 56 60   **Fax:** 23 85 66 29
Landesbezirksleiter: Rainer Kumlehn

r 324

IG Bergbau, Chemie, Energie
Landesbezirk Nord
Königsworther Platz 6, 30167 Hannover
T: (0511) 76 31-500   **Fax:** 76 31-520
Landesbezirksleiter: Peter Hüttenmeister

r 325

IG Bergbau, Chemie, Energie
Landesbezirk Westfalen
Alte Hattinger Str. 19, 44789 Bochum
T: (0234) 3 19-0   **Fax:** 3 19-325
Landesbezirksleiter: Alfred Geißler

r 326

IG Bergbau, Chemie, Energie
Landesbezirk Nordrhein
Hans-Böckler-Str. 39, 40476 Düsseldorf
T: (0211) 4 30 16 40   **Fax:** 4 30 16 20
Landesbezirksleiter: Detlef Fahlbusch

r 327

IG Bergbau, Chemie, Energie
Landesbezirk Rheinland-Pfalz/Saarland
Kaiserstr. 26-30, 55116 Mainz
T: (06131) 2 87 28-0   **Fax:** 2 87 28 25
Landesbezirksleiter: Gerhard Zibell

r 328

IG Bergbau, Chemie, Energie
Landesbezirk Nordost
Inselstr. 6, 10179 Berlin
T: (030) 27 87 13-3   **Fax:** 27 87 13-44
Landesbezirksleiter: Hans-Jürgen Schmidt

● R 329

Industriegewerkschaft Medien
Druck und Papier, Publizistik und
Kunst (ver.di)
Fusion, siehe VER.DI R 398

● R 330

TRANSNET Gewerkschaft GdED
Hauptvorstand
Postf. 19 02 60, 60089 Frankfurt
Weilburger Str. 24, 60326 Frankfurt
T: (069) 75 36-0   **Fax:** 7 53 62 22
TGR: Gedelbahn Frankfurt
Gründung: 1948 (25. März)
Vorsitzende(r): Norbert Hansen
Stellvertretende(r) Vorsitzende(r): Günter Ostermann
Lothar Krauß
Leitung Presseabteilung: Hubert Kummer
Verbandszeitschrift: TRANSNET-inform
Mitglieder: 320264 (Stand 31.12.2000)
Mitarbeiter: 340

Bezirke

r 331

TRANSNET Gewerkschaft GdED
Regionalleitung Nord-Ost
Revaler Str. 100, 10243 Berlin
T: (030) 42 43 91-0   **Fax:** 42 43 91 40
Regionalleiter: Wolfgang Zell

r 332

TRANSNET Gewerkschaft GdED
Regionalleitung Sachsen/Sachsen-Anhalt/
Thüringen/Halle
Rosa-Luxemburg-Str. 25, 04103 Leipzig
T: (0341) 22 61 60   **Fax:** 2 26 16 23
Regionalleiter: Fritz Ehrecke

r 333

TRANSNET Gewerkschaft GdED
Regionalleitung Nord-/Ostbayern
München/Südbayern
Essenweinstr. 4-6, 90443 Nürnberg
T: (0911) 2 14 72-0   **Fax:** 2 14 72-20
Regionalleiter: Rudolf Zellerer

r 334

TRANSNET Gewerkschaft GdED
Regionalleitung Köln/Essen
Saar-Mosel-Westpfalz
Johannisstr. 54, 50668 Köln
T: (0221) 91 27 48-0   **Fax:** 91 27 48 20
Regionalleiter: Heinz van Booven

r 335

TRANSNET Gewerkschaft GdED
Regionalleitung Hessen/Rheinhessen
Württemberg/Baden/Rheinpfalz
Güterstr. 1, 60327 Frankfurt
T: (069) 97 58 00-0   **Fax:** 97 58 00-25
Regionalleiter: Rudi Hepf

r 336

TRANSNET Gewerkschaft GdED
Regionalleitung Niedersachsen/Bremen
Hamburg/Schleswig-Holstein
Otto-Brenner-Str. 1, 30159 Hannover
T: (0511) 76 86 60   **Fax:** 7 68 66 33
Regionalleiter: Peter Kuczora

● R 337

Gewerkschaft Erziehung und Wissenschaft (GEW)
Hauptvorstand
Reifenberger Str. 21, 60489 Frankfurt
T: (069) 7 89 73-0   **Fax:** 7 89 73-202
Internet: http://www.gew.de
Vorsitzende(r): Dr. Eva-Maria Stange
Stellvertretende(r) Vorsitzende(r): Norbert Hocke
Geschäftsführer(in): Ulrich Hinz

Landesverbände

r 338

Gewerkschaft Erziehung und Wissenschaft,
Landesverband Baden-Württemberg
Lazarettstr. 10, 70182 Stuttgart
T: (0711) 2 10 30-0   **Fax:** 2 10 30-45
Internet: http://www.bawue.gew.de
Vorsitzende(r): Rainer Dahlem

r 339

Gewerkschaft Erziehung und Wissenschaft,
Landesverband Bayern
Schwanthalerstr. 64, 80336 München
T: (089) 54 40 81-0   **Fax:** 5 38 94 87

Internet: http://www.bayern.gew.de
Vorsitzende(r): Georg Wiesmaier

r 340

Gewerkschaft Erziehung und Wissenschaft, Landesverband Berlin
Ahornstr. 5, 10787 Berlin
T: (030) 21 99 93-0 **Fax:** 21 99 93-50
Internet: http://www.gew-berlin.de
Vorsitzende(r): Ulrich Thöne

r 341

Gewerkschaft Erziehung und Wissenschaft, Landesverband Bremen
Löningstr. 35, 28195 Bremen
T: (0421) 3 37 64-0 **Fax:** 3 37 64-30
Internet: http://www.gew-hb.de
Vorsitzende: Jürgen Burger
Yasmina Wöbbekind

r 342

Gewerkschaft Erziehung und Wissenschaft, Landesverband Hamburg
Rothenbaumchaussee 15, 20148 Hamburg
T: (040) 41 46 33-0 **Fax:** 44 08 77
Internet: http://www.gew-hamburg.de
E-Mail: info@gew-hamburg.de
Vorsitzende: Anna Ammonn

r 343

Gewerkschaft Erziehung und Wissenschaft, Landesverband Hessen
Postf. 170316, 60077 Frankfurt
T: (069) 97 12 93-0 **Fax:** 97 12 93-93
Internet: http://www.hessen-gew.de
E-Mail: info@hessen.gew.de
Vorsitzende: Gonhild Gerecht

r 344

Gewerkschaft Erziehung und Wissenschaft, Landesverband Niedersachsen
Berliner Allee 16, 30175 Hannover
T: (0511) 3 38 04-0 **Fax:** 3 38 04-46
Internet: http://www.gew-nds.de
E-Mail: info@gew-nds.de
Vorsitzende(r): Torsten Post

r 345

Gewerkschaft Erziehung und Wissenschaft, Landesverband Nordrhein-Westfalen
Nünningstr. 11, 45141 Essen
T: (0201) 2 94 03-01 **Fax:** 2 94 03-51
Internet: http://www.gew-nw.de
E-Mail: info@gew-nw.de
Vorsitzende(r): Dr. Jürgen Schmitter

r 346

Gewerkschaft Erziehung und Wissenschaft Rheinland-Pfalz
Neubrunnenstr. 8, 55116 Mainz
T: (06131) 2 89 88-0 **Fax:** 2 89 88 80
Vorsitzende(r): Tilman Boehlkau

r 347

Gewerkschaft Erziehung und Wissenschaft, Landesverband Saarland
Mainzer Str. 84, 66121 Saarbrücken
T: (0681) 6 68 30-0 **Fax:** 6 68 30-17
Internet: http://www.gew-saarland.de
E-Mail: info@gew-saarland.de
Vorsitzende(r): Klaus Kessler

r 348

Gewerkschaft Erziehung und Wissenschaft, Landesverband Schleswig-Holstein
Legienstr. 22-24, 24103 Kiel
T: (0431) 55 42 20 **Fax:** 55 49 48
Vorsitzende: Rita Wittmaack

r 349

Gewerkschaft Erziehung und Wissenschaft, Landesverband Brandenburg
Postf. 60 07 63, 14407 Potsdam
Lindenstr. 34a, 14467 Potsdam
T: (0331) 2 71 84-0 **Fax:** 2 71 84-30
Internet: http://www.gew-brandenburg.de
Vorsitzende(r): Günther Fuchs

r 350

Gewerkschaft Erziehung und Wissenschaft, Landesverband Mecklenburg-Vorpommern
Lübecker Str. 265a, 19059 Schwerin
T: (0385) 4 85 27-13 **Fax:** 4 85 27 24
Vorsitzende: Heidrun Breyer

r 351

Gewerkschaft Erziehung und Wissenschaft Landesverband Sachsen
Nonnenstr. 58, 04229 Leipzig
T: (0341) 4 94 74 12 **Fax:** 4 94 74 06
Internet: http://www.gew-sachsen.de
E-Mail: gew-sachsen@t-online.de
Vorsitzende: Sabine Gerold

r 352

Gewerkschaft Erziehung und Wissenschaft, Landesverband Sachsen-Anhalt
Tismarstr. 20, 39108 Magdeburg
T: (0391) 7 35 54-0 **Fax:** 7 31 34 05
Internet: http://www.gew-sachsen-anhalt.de
E-Mail: lv@gew-sachsen-anhalt.de
Vorsitzende(r): Thomas Lippmann

r 353

Gewerkschaft Erziehung und Wissenschaft, Landesverband Thüringen
Geschwister-Scholl-Str. 45, 99085 Erfurt
T: (0361) 5 90 95-0 **Fax:** 5 90 95-60
Internet: http://www.gew-thueringen.de
E-Mail: info@gew-thueringen.de
Vorsitzende(r): Jürgen Röhreich

● R 354

Gewerkschaft Handel, Banken und Versicherungen (ver.di)
Fusion, siehe VER.DI R 398

● R 355

IG Metall
- Vorstand -
60519 Frankfurt
Lyoner Str. 32, 60528 Frankfurt
T: (069) 66 93-0 **Fax:** 66 93-2843
Internet: http://www.igmetall.de
E-Mail: vorstand@igmetall.de
Internationaler Zusammenschluß: siehe unter izr 108
1. Vorsitzende(r): Klaus Zwickel
2. Vorsitzende(r): Jürgen Peters
Hauptkassierer: Bertin Eichler
Leitung Presseabteilung: Claus Eilrich
Verbandszeitschrift: metall
Mitglieder: 2770000

Alle Gebiete der Gesellschaftspolitik sowie Wirtschafts-, Sozial-, Kultur- und Bildungspolitik. Der Organisationsbereich umfaßt Produktion und Dienstleistung der Bereiche Metall-Elektro, Textil-Bekleidung sowie Holz-Kunststoff

Bezirke

r 356

IG Metall
Bezirk Brandenburg-Sachsen
Alte Jakobstr. 148-149, 10969 Berlin
T: (030) 25 37 50-0 **Fax:** 25 37 50 25
E-Mail: bzl.berlin@igmetall.de
Bezirksleiter: Hasso Düvel

r 357

IG Metall
Bezirk Nordrhein-Westfalen
Roßstr. 94, 40476 Düsseldorf
T: (0211) 4 54 84-0 **Fax:** 4 54 84-101
E-Mail: bezirk.nrw@igmetall.de
Bezirksleiter: Peter Gasse

r 358

IG Metall
Bezirk Frankfurt
Lyoner Str. 19, 60528 Frankfurt
T: (069) 6 69 09 60 **Fax:** 66 90 96 33 14
E-Mail: bzl.frankfurt@igmetall.de
Bezirksleiter: Klaus Mehrens

r 359

IG Metall
Bezirk Küste
Kurt-Schumacher-Allee 10, 20097 Hamburg
T: (040) 2 80 09 00 **Fax:** 28 00 90 55
E-Mail: bezirk.kueste@igmetall.de
Bezirksleiter: Frank Teichmüller

r 360

IG Metall
Bezirk Hannover
Otto-Brenner-Str. 7, 30159 Hannover
T: (0511) 16 40 60 **Fax:** 1 61 22 73
E-Mail: bzl.hannover@igmetall.de
Bezirksleiter: Hartmut Meine

r 361

IG Metall
Bezirk Bayern
Schwanthalerstr. 64, 80336 München
T: (089) 53 29 49-0 **Fax:** 53 29 05 10
E-Mail: bzl.muenchen@igmetall.de
Bezirksleiter: Werner Neugebauer

r 362

IG Metall
Bezirk Baden-Württemberg
Hölzlweg 2, 70191 Stuttgart
T: (0711) 16 58 10 **Fax:** 1 65 81 30
E-Mail: bzl.stuttgart@igmetall.de
Bezirksleiter: Berthold Huber

● R 363

Gewerkschaft Nahrung-Genuss-Gaststätten
Hauptvorstand
Haubachstr. 76, 22765 Hamburg
T: (040) 3 80 13-0 **Fax:** 3 89 26 37
Internet: http://www.gewerkschaft-ngg.de
E-Mail: hauptverwaltung@ngg.net
Gründung: 1865 (26. Dezember)
1. Vorsitzende(r): Franz-Josef Möllenberg
2. Vorsitzende(r): Reiner Wittorf
Leitung Presseabteilung: Dr. Karin Vladimirov
Verbandszeitschrift: "einigkeit"
Redaktion: Hans Plück
Mitglieder: 260000
Mitarbeiter: 365

Alle Gebiete der Gesellschaftspolitik sowie der Tarif-, Wirtschafts-, Sozial-, Kultur- und Bildungspolitik. Der Organisationsbereich umfaßt alle Bereiche von Nahrung, Genuß und Verwaltungsgesellschaften der Nahrungs- und Genußmittelindustrie, Im- und Exportläger der Freihäfen, Hotels, Restaurants, Cafés, Beherbergung, Gaststätten und Kantinenbetriebe, Genossenschaften der Nahrungs- und Genußmittelindustrie und der Landwirtschaft sowie die Hauswirtschaft.

Landesbezirke

r 364

Gewerkschaft Nahrung-Genuss-Gaststätten Landesbezirk Baden-Württemberg
Willi-Bleicher-Str. 20, 70174 Stuttgart
T: (0711) 2 02 83 96 **Fax:** 2 02 83 99
Landesbezirksvorsitzende(r): Herbert Berger

r 365

Gewerkschaft Nahrung-Genuss-Gaststätten Landesbezirk Bayern
Schwanthalerstr. 64, 80336 München

T: (089) 54 41 57-0   **Fax:** 54 41 57-20
Landesbezirksvorsitzende(r): Hans Hartl

r 366

**Gewerkschaft Nahrung-Genuss-Gaststätten
Landesbezirk Ost**
Gotzkowskystr. 8, 10555 Berlin
T: (030) 39 99 15-0   **Fax:** 3 91 20 30
Landesbezirksvorsitzende(r): Edmund Mayer

r 367

**Gewerkschaft Nahrung-Genuss-Gaststätten
Landesbezirk Nord**
Haubachstr. 74, 22765 Hamburg
T: (040) 38 01 31 20-23   **Fax:** 38 01 31 24
Landesbezirksvorsitzende(r): Dr. Herbert Grimberg

r 368

**Gewerkschaft Nahrung-Genuss-Gaststätten
Landesbezirk Hessen/Rheinland-Pfalz/Saar**
Wilhelm-Leuschner-Str. 69-77, 60329 Frankfurt
T: (069) 25 35 84   **Fax:** 23 78 83
Landesbezirksvorsitzende(r): Gerhard Herbst

r 369

**Gewerkschaft Nahrung-Genuss-Gaststätten
Landesbezirk Niedersachsen/Bremen**
Otto-Brenner-Str. 1, 30159 Hannover
T: (0511) 7 00 94-0   **Fax:** 7 00 94-20
Landesbezirksvorsitzende(r): Gunold Fischer

r 370

**Gewerkschaft Nahrung-Genuss-Gaststätten
Landesbezirk Nordrhein-Westfalen**
Sonnenstr. 10, 40227 Düsseldorf
T: (0211) 72 02 08/9   **Fax:** 7 26 09 33
Landesbezirksvorsitzende(r): Thomas Gauger

● R 371

Gewerkschaft öffentliche Dienste, Transport und Verkehr (ver.di)
Fusion, siehe VER.DI R 398

● R 372

Gewerkschaft Pflege
Höllturm-Passage 5-6, 78315 Radolfzell
T: (07732) 5 25 73   **Fax:** 5 32 66
Internet: http://www.gewerkschaft-pflege.de
E-Mail: Gewerkschaft_Pflege@t-online.de
Gründung: 1991 (15. Juni)
Bundesvorsitzende(r): Winfried Mönig (E-Mail: wm@gewerkschaft-pflege.de)
Stellvertretende(r) Vorsitzende(r): Christian Ponocny
Eckart Bolle
Leitung Presseabteilung: N. N.
Verbandszeitschrift: Brennpunkt Pflege
Redaktion: Mirza Sopp
Verlag: Gewerkschaft Pflege, Höllturm-Passage 5/6, 78315 Radolfzell
Mitglieder: 2500

Landesverbände

r 373

**Gewerkschaft Pflege
Landesverband Baden-Württemberg**
Höllturm-Passage 5-6, 78315 Radolfzell
T: (07732) 5 25 73   **Fax:** (07753) 5 32 66
Landesvorsitzende(r): Maria Pfleghar

r 374

**Gewerkschaft Pflege
Landesverband Bayern**
Auf der Schanz 1c, 88161 Lindenberg
T: (08381) 32 67
Landesvorsitzende(r): Barbara Schlicht (T: (08381) 32 67)

r 375

**Gewerkschaft Pflege
Landesverband Niedersachsen/Bremen**
c/o Jörn Seffel
Hedwig-Heyl-Str. 40, 26127 Oldenburg
T: (0441) 6 64 04 35   **Fax:** 6 64 04 34
Landesvorsitzende(r): Jörn Seffel

r 376

**Gewerkschaft Pflege
Landesverband Nordrhein-Westfalen**
Zeppenheimer Weg 21, 40489 Düsseldorf
T: (0211) 4 08 00 98
Landesvorsitzende(r): Dieter Tillmanns (T: (0211) 28 22 06)

● R 377

Gewerkschaft der Polizei
Bundesvorstand
Forststr. 3a, 40721 Hilden
T: (0211) 71 04-0   **Fax:** 71 04-2 22
Gründung: 1950 (14. September)
Vorsitzende(r):
Konrad Freiberg
Helmut Hinsenhofen
Heinz Kiefer
Bernhard Witthaut
Hugo Müller
Bundeskassierer(in): Andreas Schuster
Bundesschriftführer(in): Frank Richter
Leitung Presseabteilung: Michael Zielasko
Verbandszeitschrift: Deutsche Polizei
Redaktion: Rüdiger Holicek
Verlag: VDP, Forststr. 3a, 40721 Hilden
Mitglieder: ca. 200000
Mitarbeiter: ca. 180 (bundesweit, mit Wirtschaftsunternehmen)

Landesbezirke

r 378

**Gewerkschaft der Polizei
Landesbezirk Baden-Württemberg**
Maybachstr. 2, 71735 Eberdingen
T: (07042) 8 79-0   **Fax:** 8 79-211
Landesbezirksvorsitzende(r): Josef Schneider

r 379

**Gewerkschaft der Polizei
Landesbezirk Bayern**
Hansastr. 17, 80686 München
T: (089) 57 83 88 01   **Fax:** 57 83 88 10
Landesbezirksvorsitzende(r): Gerhard Keller

r 380

**Gewerkschaft der Polizei
Landesbezirk Berlin**
Viktoria-Luise-Platz 12a, 10777 Berlin
T: (030) 21 00 04-0   **Fax:** 2 18 20 56
Landesbezirksvorsitzende(r): Eberhard Schönberg

r 381

**Gewerkschaft der Polizei
Landesbezirk Brandenburg**
Rudolf-Breitscheid-Str. 64, 14482 Potsdam
T: (0331) 74 73 20   **Fax:** 7 47 32 99
Landesbezirksvorsitzende(r): Andreas Schuster

r 382

**Gewerkschaft der Polizei
Landesbezirk Bremen**
Postfr. 10 54 66, 28054 Bremen
Altenwall 9 II, 28195 Bremen
T: (0421) 32 32 51   **Fax:** 32 32 79
Landesbezirksvorsitzende(r): Dieter Oehlschläger

r 383

**Gewerkschaft der Polizei
Bezirk Bundesgrenzschutz**
Industriestr. 180, 50999 Köln
T: (02236) 96 25 50   **Fax:** (96 25 55
Vorstand: Josef Scheuring (Vors.)

r 384

**Gewerkschaft der Polizei
Bezirk Bundeskriminalamt**
Sonnenberger Str. 83, 65191 Wiesbaden
T: (0611) 30 93 45   **Fax:** 30 93 45
Bezirksvorsitzende(r): Winfried Wahlig

r 385

**Gewerkschaft der Polizei
Landesbezirk Hamburg**
Hindenburgstr. 49, 22297 Hamburg
T: (040) 2 80 89 60   **Fax:** 28 08 96 18
Landesbezirksvorsitzende(r): Konrad Freiberg

r 386

**Gewerkschaft der Polizei
Landesbezirk Hessen**
Wilhelmstr. 60a, 65183 Wiesbaden
T: (0611) 9 92 27-0   **Fax:** 9 92 27-27
Landesbezirksvorsitzende(r): Jörg Stein

r 387

**Gewerkschaft der Polizei
Landesbezirk Mecklenburg-Vorpommern**
Eckdrift 83, 19061 Schwerin
T: (0385) 6 38 31 10   **Fax:** 6 38 31 00
Landesbezirksvorsitzende(r): Michael Silkeit

r 388

**Gewerkschaft der Polizei
Landesbezirk Niedersachsen**
Berckhusenstr. 133a, 30625 Hannover
T: (0511) 53 03 70   **Fax:** 5 30 37 50
Landesbezirksvorsitzende(r): Bernhard Witthaut

r 389

**Gewerkschaft der Polizei
Landesbezirk Nordrhein-Westfalen**
Gudastr. 5-7, 40625 Düsseldorf
T: (0211) 29 10 10   **Fax:** 2 91 01 46
Landesbezirksvorsitzende(r): Werner Swienty

r 390

**Gewerkschaft der Polizei
Landesbezirk Rheinland-Pfalz**
Forststr. 31, 55118 Mainz
T: (06131) 96 00 90   **Fax:** 61 10 94
Landesbezirksvorsitzende(r): Helmut Conradt

r 391

**Gewerkschaft der Polizei
Landesbezirk Saarland**
Kaiserstr. 258, 66133 Saarbrücken
T: (0681) 81 14 98   **Fax:** 81 52 31
Landesbezirksvorsitzende(r): Hugo Müller

r 392

**Gewerkschaft der Polizei
Landesbezirk Sachsen**
Sachsenallee 16, 01723 Kesselsdorf
T: (035204) 6 87 11   **Fax:** 6 87 50
Landesbezirksvorsitzende(r): Volker Groschupf

r 393

**Gewerkschaft der Polizei
Landesbezirk Sachsen-Anhalt**
Halberstädter Str. 120, 39112 Magdeburg
T: (0391) 60 03 57   **Fax:** 60 04 22
Landesbezirksvorsitzende(r): Karsten Schmidt

r 394

**Gewerkschaft der Polizei
Landesbezirk Schleswig-Holstein**
Sedanstr. 14c, 24116 Kiel
T: (0431) 1 70 91   **Fax:** 1 70 92
Landesbezirksvorsitzende(r): Oliver Malchow

r 395

**Gewerkschaft der Polizei
Landesbezirk Thüringen**
Juri-Gagarin-Ring 153, 99084 Erfurt
T: (0361) 5 98 95-0   **Fax:** 5 98 95 20
Landesbezirksvorsitzende(r): Jürgen Schlutter

● R 396

Deutsche Postgewerkschaft (ver.di)
Fusion, siehe VER.DI R 398

● R 397

Deutsche Angestellten-Gewerkschaft (ver.di)
Fusion, siehe VER.DI R 398

● R 398

ver.di - Vereinte Dienstleistungsgewerkschaft e.V.
Theodor-Heuss-Str. 2, 70174 Stuttgart
T: (0711) 20 97-0   **Fax:** 20 97
Internet: http://www2.verdi-net.de
E-Mail: info@verdi-net.de

Am 01. August 2001 zieht der Bundesvorstand mit 650 Mitarbeitern in die Park-Kolonnaden, 10785 Berlin
Vorstand: Frank Bsirske (Vors.; u. a. Politik und Planung, Europaangelegenheiten, Umweltpolitik, Kommunikationsmanagement, Controlling)
Margret Mönig-Raane (stellv. Vors.; tarifpolitische Grundsatzabteilung, Wirtschaftspolitik, Gleichstellungspolitik)
Gerd Herzverg (stellv. Vors.; u.a. Finanzen, Organisationsentwicklung, Mitgliederverwaltung und -service)
Gerd Nies (stellv. Vors.; u.a. Rechtsschutz, Justiziariat, freie Mitarbeiter und Selbständige, Ausländer, Erwerbslose)
Michael Sommer (stellv. Vors.; u.a. Organisation, Mitbestimmung, Senioren, Technologiepolitik, Mitgliederwerbung)
Beate Eggert (Personal, Datenschutz)
Hinrich Feddersen (FB 1: Finanzdienstleistungen)
Erhard Ott (FB 2: Ver- und Entsorgung)
Ulla Derwein (FB 3: Gesundheit, soziale Dienste, Wohlfahrt und Kirchen)
Isolde Kunkel-Weber (FB 4: Sozialversicherung)
Petra Gerstenkorn (FB 5: Bildung, Wissenschaft und Forschung)
Christian Zahn (FB 6: Bund und Länder, Beamte, Sozialpolitik)
Kurt Martin (FB 7: Gemeinsame Tarifpolitik im öffentlichen Dienst und für Arbeiter)
Frank Werneke (FB 8: Medien, Kunst und Kultur, Druck und Papier, industrielle Dienste und Produktion, Jugend)
Rüdiger Schulze (FB 9: Telekommunikation, Informationstechnologie, Datenverarbeitung)
Rolf Büttner (FB 10: Postdienste, Speditionen und Logistik)
Jan Kahmann (FB 11: Verkehr)
Franziska Wiethold (FB 12: Handel)
Dorothea Müller (FB 13: besondere Dienstleistungen, Bildung)

● R 399
Christlicher Gewerkschaftsbund Deutschlands (CGB)
- Bundesgeschäftsstelle -
Konstantinstr. 13, 53179 Bonn
T: (0228) 35 70 62   **Fax:** 35 70 83
E-Mail: cgbbonn@t-online.de
Gründung: 1959 (27. Juni)
Internationaler Zusammenschluß: siehe unter izr 76
Vorsitzende(r): Peter Konstroffer
Verbandszeitschrift: CGB-aktuell
Verlag: Konstantinstr. 13, 53179 Bonn
Mitglieder: 304910 (per 31.12.99)

r 400
Christlicher Gewerkschaftsbund Deutschlands Landesverband Baden-Württemberg
Landhausstr. 9, 69115 Heidelberg
T: (06221) 2 02 90   **Fax:** 2 02 90
Vorsitzende(r): Johann Weber

r 401
Christlicher Gewerkschaftsbund Deutschlands Landesverband Bayern
Goethestr. 28, 80336 München
T: (089) 53 25 50   **Fax:** 53 65 29
Vorsitzende(r): Götz Beyer

r 402
Christlicher Gewerkschaftsbund Deutschlands Landesverband Berlin-Brandenburg
Fechnerstr. 18, 10717 Berlin
T: (030) 86 42 07 12, 86 42 07 13, 86 42 07 14
Vorsitzende(r): Heinz-Jürgen Biedermann

r 403
Christlicher Gewerkschaftsbund Deutschlands Landesverband Bremen
Breitenweg 25, 28195 Bremen
T: (0421) 32 33 31   **Fax:** 32 33 21
Vorsitzende(r): Peter Rudolph

r 404
Christlicher Gewerkschaftsbund Deutschlands Landesverband Hamburg
Postf. 60 06 29, 22206 Hamburg
T: (040) 7 42 68 20

r 405
Christlicher Gewerkschaftsbund Deutschlands Landesverband Hessen (DHV)
Fahrgasse 4, 60311 Frankfurt
T: (069) 28 02 04   **Fax:** 28 04 68
Vorsitzende(r): Leo Brockmann (MdL)

r 406
Christlicher Gewerkschaftsbund Deutschlands Landesverband Niedersachsen
Heinrichstr. 31, 30175 Hannover
T: (0511) 34 17 98   **Fax:** 34 17 58
Vorsitzende(r): Ute Beese

r 407
Christlicher Gewerkschaftsbund Deutschlands Landesverband Nordrhein-Westfalen
Hohe Str. 5, 47051 Duisburg
T: (0203) 2 34 47   **Fax:** 28 76 44
Vorsitzende(r): Wolfgang Jaeger

r 408
Christlicher Gewerkschaftsbund Deutschlands Landesverband Rheinland-Pfalz
Ringener Str. 7-9, 53474 Bad Neuenahr-Ahrweiler
T: (02641) 3 12 63   **Fax:** 51 40
Vorsitzende(r): Siegfried Biebel

r 409
Christlicher Gewerkschaftsbund Deutschlands Landesverband Saarland
Eisenbahnstr. 25, 66117 Saarbrücken
T: (0681) 9 27 28-40   **Fax:** 9 27 28-43
Vorsitzende(r): Adalbert Ewen

r 410
Christlicher Gewerkschaftsbund Deutschlands Landesverband Sachsen
Damaschkestr. 22, 01259 Dresden
T: (0351) 2 01 91 76   **Fax:** 2 01 91 50
Vorsitzende(r): Hans-Ullrich Moik

r 411
Christlicher Gewerkschaftsbund Deutschlands Landesverband Sachsen-Anhalt
Rosenweg 22, 39307 Genthin
T: (03933) 8 76 01 32
E-Mail: lydia.dreyer@t-online.de
Vorsitzende(r): Lydia Dreyer

r 412
Christlicher Gewerkschaftsbund Deutschlands Landesverband Schleswig-Holstein
Rotdornallee 16c, 24536 Neumünster
T: (04321) 3 28 50   **Fax:** 3 28 90

r 413
Christlicher Gewerkschaftsbund Deutschlands Landesverband Thüringen
Zeulsdorfer Str. 59, 07549 Gera
T: (0365) 3 56 28   **Fax:** 3 56 28
Vorsitzende(r): Hans-Peter Fröhlich

Angeschlossen:

● R 414

Christliche Gewerkschaft Metall
Hauptvorstand:
Alexanderstr. 9b, 70184 Stuttgart
T: (0711) 24 75 69   **Fax:** 2 36 12 56
Internet: http://www.cgm.de
E-Mail: info@cgm.de
Bundesvorsitzende(r): Reinhardt Schiller

Die Christliche Gewerkschaft Metall erstrebt: die Wahrung und Förderung der Arbeits- und Wirtschaftsbedingungen gem. Paragraph 9, Abs. 3 GG, die Schaffung von Eigentum in Arbeitnehmerhand, die Mitbestimmung in der Wirtschaft, eine Staats-, Gesellschafts- und Wirtschaftsordnung nach christlich-sozialen Grundsätzen.

● R 415
Christliche Gewerkschaft Bergbau-Chemie-Energie (CGBCE)
Eisenbahnstr. 25, 66117 Saarbrücken
T: (0681) 9 27 28-10   **Fax:** 9 27 28-43
Internet: http://www.cgbce.de
E-Mail: CGB-Saar@t-online.de

Gründung: 1956
Vorsitzende(r): Adalbert Ewen
Stellvertretende(r) Vorsitzende(r): Werner Benedix
Wolfgang Jaeger
Mitglieder: 22500

● R 416
Bund der Hotel-, Restaurant- und Café-Angestellten
- Union Ganymed -
Konstantinstr. 13, 53179 Bonn
T: (0228) 36 51 51   **Fax:** 36 51 52
Vorsitzende(r): Rainer Burgunder
Geschäftsführer(in): Horst Albers

● R 417
Arbeitnehmerverband land- und ernährungswirtschaftlicher Berufe im CGB (ALEB)
Stöverskamp 4, 27798 Hude
T: (04408) 14 18
Vorsitzende(r): Paul-Heinz Pung

● R 418
Christliche Gewerkschaft Deutschlands (CGD)
Ziegelberg 2, 07545 Gera
T: (0365) 2 44 71   **Fax:** 5 46 74
Vorsitzende(r): Gerd Felzmann

● R 419
Gesamtverband Deutscher Angestellten-Gewerkschaften (GEDAG)
Postf. 60 06 29, 22206 Hamburg
Cesar-Klein-Ring 40, 22309 Hamburg
T: (040) 63 28 02-0   **Fax:** 63 28 02-18
E-Mail: gedag@dhv-cgb.de
Vorsitzende(r): Jörg Hebsacker

r 420
DHV-Deutscher Handels- und Industrieangestellten-Verband im CGB ((DHV))
Bundesfachgruppe Öffentlicher Dienst
Postf. 60 06 29, 22206 Hamburg
Cesar-Klein-Ring 40, 22309 Hamburg
T: (040) 63 28 02-0   **Fax:** 63 28 02-18
Internet: http://www.dhv-cgb.de
E-Mail: dhv@dhv-cgb.de
Vorsitzende(r): Manfred Raible

r 421
Deutscher Land- und Forstwirtschaftlicher Angestelltenbund
Kirchwehrener Str. 3a, 30989 Gehrden
T: (05108) 57 67
Vorsitzende(r): Herbert Enders

r 422
Arbeitnehmerverband Deutscher Milchkontroll- und Tierzuchtbediensteter (ADM)
Dorfstr. 15, 99510 Kleinromstedt
T: (03641) 62 23 45   **Fax:** 62 23 12
Vorsitzende(r): Günter Hunsicker
Geschäftsführer(in): Petra Kohlmann

r 423
Verband Deutscher Techniker (VDT)
Postf. 60 06 29, 22206 Hamburg
Cesar-Klein-Ring 40, 22309 Hamburg
T: (040) 63 28 02 20   **Fax:** 63 28 02 18
Internet: http://www.dhv-cgb.de/vdt
E-Mail: vdt@dhv-cgb.de
Vorsitzende(r): Bernward Willeke
BGF: Klaus Freund

● R 424
Kraftfahrergewerkschaft (KFG)
Hohe Str. 5, 47051 Duisburg
T: (0203) 2 34 47   **Fax:** 28 76 44
E-Mail: cgb-nrw@t-online.de
Gründung: 1992 (April)
Vorsitzende(r): Willy Schieders, Emstek
Verbandszeitschrift: Deutsche Gewerkschaftszeitung
Redaktion: Alexanderstr. 9 B, 70184 Stuttgart
Verlag: SDV-Service Gesellschaft f. Dr., Augustenstr. 44, 70178 Stuttgart
Mitglieder: über 500

● R 425
Christliche Gewerkschaft Deutscher Eisenbahner (CGDE)
Eisenbahnstr. 25, 66117 Saarbrücken
T: (0681) 9 27 28 50 Fax: 5 20 12
Gründung: 1908
Vorsitzende(r): Theodor Ahr (Am Pfarrgarten 1, 66787 Wadgassen)

● R 426
Christliche Gewerkschaft Postservice und Telekommunikation (CGPT)
Konstantinstr. 13, 53179 Bonn
T: (0228) 35 70 61 Fax: 35 70 91
Internet: http://www.cgpt.de
E-Mail: CGPTBonn@t-online.de
Verbandszeitschrift: Das Personal
Redaktion: Konstantinstr. 13, 53179 Bonn
Verlag: Bundesdruckerei GmbH, Zweigniederlassung Bonn, Südstr. 119, 53175 Bonn

● R 427
Arbeitsgemeinschaft Evangelischer Erzieher e.V. (AEED)
Postf. 11 02 30, 47142 Duisburg
T: (0203) 54 91 43 Fax: 54 87 26
Internet: http://www.ekir.de/aeed
Vorsitzende: Helga Frieber
Geschäftsführer(in): Bernd Giese

● R 428
Verein katholischer deutscher Lehrerinnen e.V. (VkdL)
Hedwig-Dransfeld-Platz 4, 45143 Essen
T: (0201) 62 30 29 Fax: 62 15 87
E-Mail: vkdl-essen@t-online.de
Gründung: 1885
Vorsitzende(r): Nelly Friedrich
Verbandszeitschrift: Katholische Bildung
Redaktion: Elisabeth Peerenboom, Nelly Friedrich (verantwortlich)
Verlag: Warlich Druck GmbH, Meckenheim

● R 429
DBB Tarifunion
Tarifunion des Deutschen Beamtenbundes
Peter-Hensen-Str. 5-7, 53175 Bonn
T: (0228) 30 81 70 Fax: 3 08 17 23
Gründung: 1969
1. Vorsitzende(r): Robert Dera
2. Vorsitzende(r): Frank Stöhr
Leiter des Geschäftsbereichs Tarif: Ulrich Hohendorf
Leitung Presseabteilung: Rüdiger von Woikowsky
Verbandszeitschrift: Nachrichtendienst TACHELES
Redaktion: Ulrich Hohndorf, Stephan Schmitz, Daniel Seine
Mitglieder: 365000
Mitarbeiter: 10

r 430
Verband Deutscher Straßenwärter (VDStra)
Postf. 95 01 67, 51086 Köln
Rösrather Str. 565, 51107 Köln
T: (0221) 9 86 70-0 Fax: 9 86 70-6
Internet: http://www.strassenwaerter.de
Vorsitzende(r): Siegfried Damm

r 431
Deutscher Berufsverband für Sozialarbeit, Sozialpädagogik, Heilpädagogik e.V. (DBSH)
Friedrich-Ebert-Str. 30, 45127 Essen
T: (0201) 8 20 78-0 Fax: 8 20 78-40
Internet: http://www.dbsh.de
E-Mail: geschaeftsstelle@dbsh.de
Gründung: 1993 (23. Juli)
Vorsitzende(r): Hille Gosejacob-Rolf
Geschäftsführer(in): Volker Schneider
Mitglieder: 6500
Mitarbeiter: 6

r 432
DHV-Deutscher Handels- und Industrieangestellten-Verband im CGB
Postf. 60 06 29, 22206 Hamburg
Cesar-Klein-Ring 40, 22309 Hamburg
T: (040) 63 28 02-0 Fax: 63 28 02-18
Internet: http://www.dhv-cgb.de
E-Mail: dhv@dhv-cgb.de
Vorsitzende(r): Jörg Hebsacker
Verbandszeitschrift: Deutsche Angestellten-Zeitung
Verlag: DHV-Verlags- und Werbe-Gesellschaft mbH, Adresse wie DHV
Mitglieder: 72203

r 433
Gewerkschaft Öffentlicher Dienst und Dienstleistungen (GÖD)
Goethestr. 28, 80336 München
T: (089) 53 25 50 Fax: 53 65 29
Vorsitzende(r): Götz Beyer

● R 434

dhg - Verband der Familienfrauen und -männer e.V.
unabhängig-überparteilich-gemeinnützig
Bundesgeschäftsstelle/Bundesvorsitzende
Berliner Str. 11, 67269 Grünstadt
T: (06359) 8 65 21 Fax: 8 65 21
Internet: http://www.dhg-frauen.de
E-Mail: kontakt@dhg-frauen.de
Gründung: 1979
1. Bundesvors.: Wiltraud Beckenbach (Berliner Str. 11, 67269 Grünstadt, T: (06359) 8 65 21, Telefax: (06359) 8 65 21)
Stellv. Bundesvors.: Sabine Niegel (Siegfriedstr. 28 a, 68199 Mannheim, T: (0621) 85 64 99, Fax: 85 62 01)
Monika Bunte (Keldenichstr. 82, 40629 Düsseldorf, T: (0211) 28 31 84)
Leitung Presseabteilung: Jacqueline Poetschke (Lohengrinstr. 18, 70597 Stuttgart, T/Fax: (0711) 76 02 48)
Verbandszeitschrift: Familienarbeit heute
Redaktion: Helga Vetter
Verlag: Helga Vetter, Probststr. 9, 67283 Obrigheim, T: (06359) 20 58 51
Mitglieder: ca. 9000 bundesweit

Verband zur Förderung der eigenständigen finanziellen und sozialen Sicherung bei Familienarbeit.

Landesverbände:

r 435
dgh - Verband der Familienfrauen und -männer e.V.
Landesverband Baden-Württemberg
Lohengrinstr. 18, 70597 Stuttgart
T: (0711) 76 02 48 Fax: 76 02 48
E-Mail: pressestelle@dhg-frauen.de
Kontakt: Jacqueline Poetschke

r 436
dhg - Verband der Familienfrauen und -männer e.V.
Landesverband Berlin
Breitensteinweg 17a, 14165 Berlin
T: (030) 88 18 30 74
Christine Klecha

r 437
dhg - Verband der Familienfrauen und -männer e.V.
Landesverband Bremen
Karkmeyerstr. 29, 28277 Bremen
T: (0421) 82 19 37
Ilse Zipper

r 438
dhg - Verband der Familienfrauen und -männer e.V.
Landesverband Hamburg
Kiefernweg 57, 25421 Pinneberg
T: (04101) 85 19 92 Fax: 6 21 99
Marita Bergmann

r 439
dhg - Verband der Familienfrauen und -männer e.V.
Landesverband Hessen
Breslauer Str. 20, 65779 Kelkheim
T: (06195) 7 47 55 Fax: 88 40

r 440
dhg - Verband der Familienfrauen und -männer e.V.
Landesverband Niedersachsen
Triftstr. 18, 31137 Hildesheim
T: (05121) 6 48 58 Fax: 6 48 58
Gerda Becker

r 441
dhg - Verband der Familienfrauen und -männer e.V.
Landesverband Nordrhein-Westfalen
Gneisenaustr. 21, 40477 Düsseldorf
T: (0211) 4 91 15 83
Heidede Morgenbrod

r 442
dhg - Verband der Familienfrauen und -männer e.V.
Landesverband Rheinland-Pfalz
Berliner Str. 11, 67269 Grünstadt
T: (06359) 8 65 21 Fax: 8 65 21
Wiltraud Beckenbach

r 443
dhg - Verband der Familienfrauen und -männer e.V.
Landesverband Sachsen
Ebereschenweg 21, 01474 Schönfeld
T: (0351) 2 69 14 81
Birgit Jira-Dietz

r 444
dhg - Verband der Familienfrauen und -männer e.V.
Landesverband Schleswig-Holstein
Masurenring 61, 24149 Kiel
T: (0431) 20 32 45
Marianne Grimm

● R 445
Aktion Neue Politik
Die Aktion für Recht, Ordnung und Wahrheit
Roseggerstr. 3, 86179 Augsburg
T: (0821) 81 27 82 Fax: 88 07 13
Gründung: 1982
Bundesvorsitzende(r): Albert Gotthold

Sonstige Arbeitnehmer-Organisationen

● R 446
Bundesverband der Katholischen Arbeitnehmer-Bewegung Deutschlands (KAB)
Bundesgeschäftsstelle:
Bernhard-Letterhaus-Str. 26, 50670 Köln
T: (0221) 77 22-133 Fax: 77 22-135
Gründung: 1971 (29. Mai)
Bundesvorsitzende(r): Hans Pappenheim
Bundes-Präses: Clemens August Haltermann
Bundes-GF: Renate Müller
Verbandszeitschrift: KAB-Impuls
Redaktion: (verantw) Matthias Rabbe
Mitglieder: 300000

● R 447
Katholische Arbeitnehmer-Bewegung / Frauen Westdeutschlands Verbandszentrale (KAB/F)
Bernhard-Letterhaus-Str. 26, 50670 Köln
T: (0221) 7 72 22 18 Fax: 7 72 21 16
Internet: http://www.kab.de
E-Mail: kabw@netcologne.de
Gründung: 1927
Frauenreferentinnen: Lucia Schneiders-Adams
Mechthild Hartmann-Schäfers

● R 448
Berufsverband Katholischer Arbeitnehmerinnen in der Hauswirtschaft in Deutschland e.V.
Zwillingstr. 4, 80807 München
T: (089) 3 56 75 94 Fax: 3 59 70 95
Gründung: 1907
Vorsitzende: Brigitte Rüb-Hering
Verbandszeitschrift: "bkh-Nachrichten"
Redaktion: Amalie Weber
Verlag: Zwillingstr. 4, 80807 München
Mitglieder: 6000
Mitarbeiter: 1

● R 449
Bundesverband Evangelischer Arbeitnehmerorganisationen e.V. (BVEA)
Auguststr. 80, 10117 Berlin
T: (030) 28 39 51 51 Fax: 28 39 51 67
E-Mail: bvea@bvea.de
Gründung: 1971 (14. Mai)
Bundesvorsitzende(r): Werner Schlegel, Baden
Bundesverbandspräses: Pfarrer Ekkehard Herrmann, Bayern
BundesGeschF: Dipl.-Betriebsw. Matthias Gehlhar
Ltd. Redakteur: Rolf Bartels, Hannover
Verbandszeitschrift: RUNDSCHAU der Evangelischen Arbeitnehmer

R 449

Redaktion: Bundesverband Evang. Arbeitnehmerorganisationen, Auguststr. 80, 10117 Berlin
Verlag: Selbstverlag
Mitglieder: 55000 in 20 Landesverbänden
Mitarbeiter: 4

Zusammenführung evangelischer Arbeitnehmer, sozialethisch begründete Beiträge zur Meinungsbildung, insbesondere für die Wirtschafts- und Sozialordnung, Bildungsarbeit für Arbeitnehmer in Seminaren und Vorträgen, Kontakte zu den Arbeitnehmerorganisationen sowie den politischen Parteien. Herausgabe einer eigenen Zeitschrift „Rundschau der evangelischen Arbeinehmer". Vertreter in Selbstverwaltungsorganen, Sozialversicherungsträger; über 100 ehrenamtliche Finanz-, Arbeits- und Sozialrichter.

● R 450

Bundesverband Evangelischer Erzieherinnen und Sozialpädagoginnen e.V.
Kurt-Schumacher-Str. 2, 34117 Kassel
T: (0561) 10 76 96   **Fax:** 10 76 01
Gründung: 1925
1. Vorsitzende: Margret Kern-Bechtold
Verbandszeitschrift: e+s - Nachrichten
Mitglieder: 1300

● R 451

Arbeitsgemeinschaft christl. Arbeitnehmer-Organisationen in der Bundesrepublik Deutschland (ACA)
Bundesvorstand:
St.-Norbert-Str. 13, 67677 Enkenbach-Alsenborn
T: (06303) 38 19
Internet: http://www.aca-online.de
E-Mail: refarbeitsozial@kolping.de
Gründung: 1907
Vorsitzende(r): Karl Nothof (Bundesvors.)
Geschäftsführer(in): Jürgen Peters (Kolpingplatz 5-11, 50667 Köln, T: (0221) 2 07 01-154, Fax: 2 07 01-38)
Mitglieder: 702000

● R 452

CDA Christlich-Demokratische Arbeitnehmerschaft Deutschlands
Oranienburger Str. 65, 10117 Berlin
T: (030) 30 87 77-0   **Fax:** 30 87 77-77
E-Mail: info@cda-bund.de
Vorsitzende(r): Rainer Eppelmann (MdB)
Hauptgeschäftsführer(in): Ulrich Hettinger
Verbandszeitschrift: Soziale Ordnung, Das Magazin von CDA und CSA für christlich-soziale Politik
Verlag: CDA-Verlagsgesellschaft mbH
Johannes-Albers-Allee 3, 53639 Königswinter
T: (02223) 90 76 30, Fax: (02223) 90 76 33
Herausgeber: Rainer Eppelmann (MdB)
Geschäftsführer: Ulrich Hettinger
Marketingleiter: Jürgen F. Wippermann

● R 453

Arbeitsgemeinschaft Berufstätiger Frauen in der Christlich-Demokratischen Arbeitnehmerschaft
CDA Hauptgeschäftsstelle
Postf. 04 01 49, 10061 Berlin
Gründung: 1969
Vorsitzende(r): Angelika Riedel
Geschäftsführer(in): Helga Bümmerstede
Mitglieder: ca. 4000
Landesverbände: Baden-Württemberg, Berlin, Brandenburg, Bremen, Hamburg, Hessen, Mecklenburg-Vorpommern, Niedersachsen, Nordrhein-Westfalen, Rheinland-Pfalz, Saarland, Sachsen, Sachsen-Anhalt, Schleswig-Holstein, Thüringen

● R 454

Deutscher Arbeitnehmer-Verband (DAV)
Postf. 13 80, 45743 Marl
Loestr. 28, 45768 Marl
T: (02365) 1 50 59, 1 50 50   **Fax:** 5 61 81
Gründung: 1952
1. Vorsitzende(r): Werner Sandrock
2. Vorsitzende(r): Horst Mialki

● R 455

Bundesarbeitsgemeinschaft für Arbeitskammern e.V. (BAAK)
Postf. 60 02 20, 81202 München
Bäckerstr. 59c, 81241 München
T: (089) 8 34 73 72   **Fax:** 8 34 73 72
Gründung: 1972 (Juni)
Vorsitzende(r): Peter Keller
Geschäftsf. Vorst.: Willibald Fink

● R 456

Verband der weiblichen Arbeitnehmer e.V. (VWA)
Konstantinstr. 33, 53179 Bonn
T: (0228) 9 56 39 77   **Fax:** 9 56 39 78
Gründung: 1889
Bundesvorsitzende(r): Christa Becker-Müller (Erftstr. 9, 53175 Bonn, T: (0228) 37 94 30)
Verbandszeitschrift: VWA Spektrum - Nicht nur für Frauen
Verlag: VWA

r 457

VWA im LFR Berlin
Tempelhofer Damm 2, 12101 Berlin
Heike Grützmacher (T: (030) 7 86 92 58)

● R 458

Deutscher Bankangestellten Verband
Oststr. 13, 40211 Düsseldorf
T: (0211) 3 69 45 58   **Fax:** 36 96 79
Internet: http://www.dbv-gewerkschaft.de
E-Mail: webmaster@dbv-gewerkschaft.de
Gründung: 1894
Vorsitzende(r): Lothar Wacker (Vors. d. Bundesvorstandes)
Geschäftsführerin: Sigrid Betzen
Verbandszeitschrift: der bankangestellte
Redaktion: Eigenverlag

Vertretung und Förderung gemeinsamer Belange der Mitglieder. Mitwirkung bei Neuordnung des Arbeits- und Sozialrechts. Verbesserung des Arbeitsschutzes. Fachliche Weiterbildung und Förderung des Berufsnachwuchses.

● R 459

Verband des PostVertriebspersonals
Bundesvorstand
Bundesgeschäftsstelle
Postf. 16 51, 49466 Ibbenbüren
Bockradener Str. 12, 49477 Ibbenbüren
T: (05451) 1 69 15   **Fax:** 10 72
Internet: http://www.vdpv.de
E-Mail: vdpv.bgst@t-online.de
Bundesvorsitzende(r): Tony Ilg
Stellv. Bundesvors.: Günther Petersen
Geschäftsführer(in): Werner Esch (Ltg. Presseabt.)
Verbandszeitschrift: Die Landpost
Redaktion: Verband des PostVertriebspersonals, Postf. 16 51, 49466 Ibbenbüren
Schriftleiter: Werner Esch
Mitglieder: 2000

● R 460

Vereinigung der Rundfunk-, Film- und Fernsehschaffenden (VRFF)
Bundesvorstand
Geschäftsstelle ZDF-Hochhaus
Postf. 31 01 25, 55062 Mainz
ZDF-Str. 1, 55127 Mainz
T: (06131) 70 46 87   **Fax:** 33 81 52
Gründung: 1965 (Mai)
Vorsitzende(r): Günter Dahlem (T: (0221) 50 61 25 05, Fax: (0221) 50 61 29 00)
Geschäftsführer(in): Karl-Rainer Müller (T: (06131) 70 45 30)

r 461

VRFF Betriebsgruppe ZDF
Postf. 31 01 25, 55062 Mainz
Vorsitzende(r): Dr. Reinhold Ferdinand (T: (06131) 70 95 00)

Landesverbände

r 462

VRFF Landesverband Hessen
c/o Hessischer Rundfunk
Bertramstr. 8, 60320 Frankfurt
Vorsitzende(r): Peter Moosmann (T: (069) 1 55 25 05)

r 463

VRFF Landesverband Saar
Postf. 10 32 18, 66032 Saarbrücken
Vorsitzende(r): Christine Frank (T: (0681) 6 02 22 41)

r 464

VRFF Landesverband West
Postf. 40 06 52, 50836 Köln
Vorsitzende(r): Karl Rink (T: (0221) 50 61 22 98)
Vorsitzender Betriebsgruppe GEZ: Gregor Keller (T: (0221) 50 61 27 21)
Vorsitzender Betriebsgruppe WDR: Marion Maslow (T: (0221) 2 20 62 25)
Vorsitzende Betriebsgruppe DW: Norbert Nix (T: (0221) 3 89 26 59)
Vorsitzender Betriebsgruppe DLR: Hans-Peter Salm (T: (0221) 3 45 42 81)

r 465

VRFF Betriebsgruppe RADIO BREMEN
Postf. 45 01 21, 28295 Bremen
T: (0421) 2 46-0
Vorsitzende(r): Rainer Wisweh (T: (0421) 2 46 22 41)

● R 466

Verband der Führungskräfte Deutscher Bahnen (VGB) e.V.
Bundesgeschäftsstelle
Güterstr. 1, 60327 Frankfurt
T: (069) 74 30 96 71   **Fax:** 74 30 96 72
E-Mail: vgb-geschaeftsstelle@t-online.de
Vorsitzende(r): Dipl.-Verw.-Betriebsw. Hartmut Berntßen (Lübecker Str. 15, 46485 Wesel)
Leiter (ehrenamtlich) der Bundesgeschäftsstelle: Dipl.-Verw.-Betriebsw. Lothar Schote (Am Huhlchen 7, 55130 Mainz)
Verbandszeitschrift: VGB-Kurier
Redaktion: Walter Henss, Bouguenais Allee 14, 65462 Ginsheim-Gustavsburg
Verlag: DZS GmbH, Bamlerstr. 20, 45141 Essen
Mitglieder: 4300

Einsatz für die berufsständischen Belange der Mitglieder, Förderung der fachlichen und allgemeinen Weiterbildung, Pflege des gesellschaftlichen Zusammenhalts.

● R 467

Führungskräfte der Deutschen Wirtschaft

Union der Leitenden Angestellten (ULA)
-Spitzenverband der Führungskräfte der deutschen Wirtschaft-
Postf. 19 14 46, 14004 Berlin
Kaiserdamm 31, 14057 Berlin
T: (030) 30 69 63-0   **Fax:** 30 69 63-13
Internet: http://www.ula.de
E-Mail: info@ula.de
Gründung: 1951
Internationaler Zusammenschluß: siehe unter izr 228
Präsident(in): Dr. Peter Weber
Vizepräsident(in): Dr. Karlheinz Messmer
Manfred Göbels
Dr. Norbert Schächter
Geschäftsführer: Ludger Ramme
Leitung Presseabteilung: Kay Uwe Berg
Verbandszeitschrift: ULA-Nachrichten
Redaktion: Kay Uwe Berg
Verlag: GVS-mbH, Kaiserdamm 31, 14057 Berlin
Mitglieder: 52000

Die ULA vertritt die gemeinsamen gesellschaftspolitischen, rechtlichen, wirtschaftlichen und sozialen Interessen der in den Mitgliedsverbänden zusammengeschlossenen Führungskräfte.

Angeschlossene Verbände

r 468

FÜHRUNGSKRÄFTE-VERBAND CHEMIE

Verband angestellter Akademiker und Leitender Angestellter der chemischen Industrie e.V. (VAA)
Postf. 10 12 10, 50452 Köln
T: (0221) 16 00 10   **Fax:** 16 00 16
Internet: http://www.vaa.de
E-Mail: info@vaa.de
Gründung: 1948 (16. November)
Internationaler Zusammenschluß: siehe unter izt 9
Vorsitzende(r): Dr. Joachim Betz
Hauptgeschäftsführer(in): Ansgar Fischer
Verbandszeitschrift: VAA-Nachrichten
Redaktion: Dr. Reiner Siekerkötter
Verlag: GVS-mbH, Kaiserdamm 31, 14057 Berlin
Mitglieder: 28000

VAA Büro Berlin
Kaiserdamm 31, 14057 Berlin
T: (030) 30 69 84-0, **Fax:** (030) 30 69 84-20

r 469
Verband der Führungskräfte e.V. (VDF)
Postf. 34 02 50, 45074 Essen
Alfredstr. 77-79, 45130 Essen
T: (0201) 77 20 11   **Fax:** 77 20 14
Internet: http://www.vdf.de
E-Mail: vdf@vdf.de
Gründung: 1919
Vorsitzende(r): Dr. Heinz-Norbert Schächter
Geschäftsführende(s) Vorstands-Mitglied(er): Dr. Eberhard Behnke
Geschäftsführer(in): RA Jörg ten Eicken
RA Ulrich Goldschmidt
RA Alfons Bleyleven
Verbandszeitschrift: "Führungskraft"
Redaktion: selbst
Verlag: BEW Verwaltungsgesellschaft mbH, Alfredstr. 77-79, 45130 Essen
Mitglieder: 8500

r 470

Verband angestellter Führungskräfte e.V. (VAF)
Hohenstaufenring 43, 50674 Köln
T: (0221) 92 18 29-0   **Fax:** 9 21 82 96
Internet: http://www.vaf.de
E-Mail: vaf-koeln@t-online.de
Gründung: 1919
Vorsitzende(r): Manfred Göbels
Hauptgeschäftsführer(in): RA Dr. Wolf-Rüdiger Janert
Verbandszeitschrift: VAF-Perspektiven
Redaktion: selbst
Mitglieder: 12000

Aufgabenbereich: Stahl, Metall- und Elektroindustrie; Bauwirtschaft, Handel, Bank, Telekommunikation, Dienstleistung; weitere Industrien und mittelständische Unternehmen.

r 471
VDL-Bundesverband
Berufsverband Agrar, Ernährung, Umwelt e.V.
- Sparte Privatangestellte -
Kasernenstr. 14, 53111 Bonn
T: (0228) 9 63 05-0   **Fax:** 9 63 05-11
Internet: http://www.vdl.de
E-Mail: vdlbv.bonn@t-online.de
Vorsitzende(r): Dr. Helmut Nieder
Geschäftsführer(in): Ursula Debour
Mitglieder: ca. 8000

kooperierend

r 472
Bundesverband der Assekuranzführungskräfte e.V. (VGA)
- Arbeitgeberverband für das private Versicherungsvermittlungsgewerbe -
Kaiser-Wilhelm-Ring 15, 50672 Köln
T: (0221) 9 52 12 80, 9 52 12 81   **Fax:** 9 52 12 82
Internet: http://www.vga-koeln.de
E-Mail: info@vga-koeln.de
Gründung: 1877 (1.April)
Internationaler Zusammenschluß: siehe unter izk 56
Vorsitzende(r): Horst Peil
Geschäftsführer(in): Dipl.-Volksw. Oliver Mathais
Verbandszeitschrift: VGA Nachrichten
Mitglieder: 1200

● R 473
Deutscher Akademikerinnenbund e.V. (DAB)
-Geschäftsstelle-
Innovationszentrum Lübeck
Breite Str. 6-8, 23552 Lübeck
T: (0451) 30 03-330   **Fax:** 30 03-331
Internet: http://www.dab-ev.org
E-Mail: dab@iz-luebeck.de
Gründung: 1926
Vorsitzende(r): Dagmar Pohl-Laukamp
Verbandszeitschrift: KONSENS
Verlag: Deutscher Akademikerinnenbund e.V., Breite Str. 6-8, 23552 Lübeck
Mitglieder: rd. 1600
Mitarbeiter: 1 (Mitarbeiterin)

● R 474
Arbeitnehmerkammer Bremen
Sitz:
Postf. 10 76 67, 28076 Bremen
Bürgerstr. 1, 28195 Bremen
T: (0421) 36 30 10   **Fax:** 3 63 01 89
Internet: http://www.arbeitnehmerkammer.de
E-Mail: info@arbeitnehmerkammer.de
Geschäftsstellen:
Bremen-Nord:
Lindenstr. 8, 28755 Bremen
T: (0421) 66 95 00, Fax: 6 69 50 41
Bremerhaven:
Friedrich-Ebert-Str. 3, 27570 Bremerhaven
T: (0471) 92 23 50, Fax: 9 22 35 49
Gründung: 1921
Präsident(in): Irmtrud Gläser
Geschäftsführer(in): Dr. Hans-L. Endl
Manfred Siebert
Heinz Möller
Leitung Presse- und Öffentlichkeitsarbeit: Theodor Klinger
Reinhard Janz
Verbandszeitschrift: Bremer Arbeitnehmer-Magazin
Redaktion: Theodor Klinger
Verlag: Eigenverlag, Bürgerstr. 1, 28195 Bremen
Mitglieder: 290000
Mitarbeiter: 160
Jahresetat: DM 23 Mio, € 11,76 Mio

Wahrnehmung und Förderung der wirtschaftlichen, sozialen und kulturellen Interessen der Arbeitnehmerinnen und Arbeitnehmer im Lande Bremen. Schwerpunkte der Arbeit sind Bildungs-, Beratungs- und Informationsdienste sowie kulturelle Aktivitäten.

● R 475
Arbeitskammer des Saarlandes
Fritz-Dobisch-Str. 6-8, 66111 Saarbrücken
T: (0681) 4 00 50   **Fax:** 4 00 54 01
Internet: http://www.arbeitskammer.de
E-Mail: oeffentlichkeitsarbeit@arbeitskammer.de
Gründung: 1951
Vorsitzende(r): Rüdiger Zakrzewski
Pressereferent, Chefredakteur: Peter Riede
Mitglieder: ca. 350000
Mitarbeiter: ca. 160
Jahresetat: DM 23 Mio, € 11,76 Mio
Mitgliedszeitschrift: "arbeitnehmer", Monatszeitschrift

Gesetzliche Vertretung aller im Saarland beschäftigten Arbeitnehmer.

● R 476
Bundesvereinigung der Berufskraftfahrer-Verbände e.V. (BdBV)
c/o Günter Hendrisch Verlag GmbH & Co. KG
Niederstr. 67, 41812 Erkelenz
T: (02164) 40 88   **Fax:** 40 80
Gründung: 1977
Präsident(in): Heinrich Koll (Zur Heide 17, 24991 Freienwill, T: (04602) 12 67, (0461) 80 61 40, Fax: (0461) 80 61 71)
Vizepräsident(in): Manfred Schäfer (In den Rosengärten 26, 63683 Ortenberg, T: (06046) 23 27)
Albert Michel (Pflieglweg 3, 82131 Gauting, T: (089) 89 30 86 70)
Mitglieder: ca. 400000

● R 477
Deutscher Archäologen-Verband
c/o Archäologisches Seminar der Universität Mannheim
Schloß, 68131 Mannheim
T: (0621) 1 81-2263   **Fax:** 1 81-3993
Internet: http://www.userpage.fu-berlin.de/~chelone/darv/welcome.html
E-Mail: stupperi@rumms.uni-mannheim.de
Vorsitzender: Prof. Dr. Reinhard Stupperich
Leitung Presseabteilung: Beate Bollmann (Flötenstr. 40A, 26125 Oldenburg)
Verbandszeitschrift: Mitteilungen des Deutschen Archäologen-Verbandes
Mitglieder: ca. 810

● R 478
VdA - Verband deutscher Archivarinnen und Archivare e.V.
c/o Westfälisches Archivamt
48133 Münster
T: (0251) 5 91 38 86   **Fax:** 59 12 69
Internet: http://www.vda.archiv.net
E-Mail: info@vda.archiv.net
Gründung: 1946
Vorsitzende(r): Ltd. Landesarchivdirektor Dr. Norbert Reimann
Verbandszeitschrift: "Der Archivar"
Redaktion: Dr. Dohms, Schriftleitung, Hauptstaatsarchiv, Zweigarchiv Schloß Kalkum, Düsseldorf
Mitglieder: 2100

● R 479

Vereinigung deutscher Wirtschaftsarchivare e.V.
DaimlerChrysler AG
Konzernarchiv, HPC G328
Mercedesstr. 137, 70546 Stuttgart
T: (0711) 17-22821   **Fax:** 17-53163
Internet: http://www.wirtschaftsarchive.de
Gründung: 1957
Vorsitzende(r): Dr. Harry Niemann (M.A.; DaimlerChrysler AG, HPC G328, 70546 Stuttgart)
Verbandszeitschrift: Archiv und Wirtschaft
Redaktion: Detlef Krause, M.A., Commerzbank AG, ZKV-Historische Dokumentation, 60261 Frankfurt
Mitglieder: 310

Beratung bei der Einrichtung von Unternehmensarchiven, Aus- und Weiterbildung von Wirtschaftsarchivaren.

● R 480
Stiftung
Rheinisch-Westfälisches
Wirtschaftsarchiv zu Köln
Büroräume: Unter Sachsenhausen 33
Unter Sachsenhausen 10-26, 50667 Köln
T: (0221) 16 40-800   **Fax:** 16 40-829
E-Mail: wwa@koeln.ihk.de
Gründung: 1906
Vorsitzende(r): Alfred Freiherr von Oppenheim
Stellvertretende(r) Vorsitzende(r): Ass. Eberhard Garnatz
Direktor(in): Dr. Ulrich S. Soénius
Mitarbeiter: 8
Jahresetat: DM 1,1 Mio, € 0,56 Mio

● R 481
Verein Deutscher Bibliothekare e.V.
Geschäftsstelle: Niedersächsische Landesbibliothek
Waterloostr. 8, 30169 Hannover
T: (0511) 1 26 73 01   **Fax:** 1 26 72 02
Gründung: 1900
Vorsitzende(r): Dr. Wolfgang Dittrich (E-Mail: dittrich@zb.nlb-hannover.de)
Schriftführer(in): Dr. Thomas Elsmann
Leitung Presseabteilung: Hannelore Benkert
Mitglieder: 1600

● R 482
Berufsverband Information Bibliothek e.V. (BIB)
Geschäftsstelle
Gartenstr. 18, 72764 Reutlingen
T: (07121) 34 91-0   **Fax:** 30 04 33
Internet: http://www.bib-info.de
E-Mail: bub.vba@t-online.de
Gründung: 2000
Vorsitzende(r): Klaus-Peter Böttger
Stellvertretende(r) Vorsitzende(r): Kerstin Cevajka
Sabine Stummeyer
Geschäftsführer(in): Katharina Bourlanger
Verbandszeitschrift: BuB
Mitglieder: ca. 7700

Wahrnehmung der berufspolitischen Interessen

● R 483

Bundesverband der Bilanzbuchhalter und Controller e.V. (BVBC)
Postf. 26 55, 53016 Bonn
Am Propsthof 15-17, 53121 Bonn
T: (0228) 7 66 98 11   **Fax:** 7 66 98 13
Internet: http://www.bvbc.de
E-Mail: kontakt@bvbc.de
Gründung: 1976 (30. Januar)
Präsident(in): Uwe Jüttner
Vizepräsident(in): Heike Kreten-Lenz
Generalsekretärin: Karla Mallick
Schatzmeister(in): Martin Wolf
Ehrenpräsident: Udo Binias
Verbandszeitschrift: Bilanzbuchhalter und Controller
Redaktion: Arnim Franke, Jürgen Kempenich

R 483

Verlag: Verlag C. H. Beck, München
Mitglieder: 5000
Mitarbeiter: 6
Jahresetat: DM 1,5 Mio, € 0,77 Mio

Der Bundesverband der Bilanzbuchhalter und Controller e.V. vertritt in erster Linie die wirtschaftlichen und berufspolitischen Interessen seiner Mitglieder. Er fördert berufsspezifische Aus- und Fortbildung, pflegt den Erfahrungsaustausch und berichtet durch seinen Informationsdienst. Der Verband setzt sich für den gesetzlichen Schutz der Berufsbezeichnungen "Bilanzbuchhalter" und "Controller" ein und entwickelt die Berufsbilder gemäß den Bedürfnissen der Wirtschaftspraxis weiter.

Landesverbände

r 484

Bundesverband der Bilanzbuchhalter und Controller e.V. (BVBC)
Landesverband Bayern e.V.
Geschäftsstelle
Peter Schmidt
Boschetsrieder Str. 53, 81379 München
T: (089) 78 07 80 35   **Fax:** 78 74 95 13
Internet: http://www.bvbc-bayern.de
E-Mail: bvbc.bayern@t-online.de
Vorsitzende(r): Peter Schmidt

r 485

Bundesverband der Bilanzbuchhalter und Controller e.V. (BVBC) e.V.
Landesverband Berlin/Brandenburg e.V.
Geschäftsstelle
Angelika Merory
Weinmeisterhornweg 113b, 13593 Berlin
T: (030) 3 61 47 01   **Fax:** 3 61 47 08
E-Mail: lvbcbb@aol.com
Vorsitzende(r): Angelika Merory

r 486

Bundesverband der Bilanzbuchhalter und Controller e.V. (BVBC)
Landesverband Westfalen Lippe e.V.
Geschäftsstelle:
Jörg Steding
Wielandstr. 2 A, 32758 Detmold
T: (05232) 99 02 24   **Fax:** 99 02 25
Internet: http://www.bvbc-wl.de
E-Mail: info@bvbc-wl.de
Vorsitzende(r): Jörg Steding

r 487

Bundesverband der Bilanzbuchhalter und Controller e.V. (BVBC)
Landesverband Baden-Württemberg e.V.
Geschäftsstelle:
Uwe Jüttner
Wolfsheck 18, 69254 Malsch
T: (07253) 92 44 46   **Fax:** 02 44 47
E-Mail: bvbc.lvbw@gmx.net
Vorsitzende(r): Uwe Jüttner

r 488

Bundesverband der Bilanzbuchhalter und Controller e.V. (BVBC)
Landesverband Rheinland-Pfalz e.V.
Geschäftsstelle
Christel Fries
Hauptstr. 1, 56204 Hillscheid
T: (02624) 46 68   **Fax:** 86 22
Vorsitzende(r): Christel Fries

r 489

Bundesverband der Bilanzbuchhalter und Controller e.V. (BVBC)
Landesverband Nordrhein e.V.
Geschäftsstelle
Hans-Joachim Dommermuth
Winkelheimer Str. 7, 50181 Bedburg
T: (02272) 93 07 62   **Fax:** 93 07 62
E-Mail: bvbclvnr@aol.com
Vorsitzende(r): Hans-Jürgen Bathe

r 490

Bundesverband der Bilanzbuchhalter und Controller e.V. (BVBC)
Landesverband Hessen e.V.
Geschäftsstelle:
Wolfgang Deißler
Tempelstr. 13-15, 63303 Dreieich
T: (06103) 6 31 00, 69 76 44   **Fax:** 6 71 39
E-Mail: wdeissler@t-online.de
Vorsitzende(r): Wolfgang Deißler

r 491

Bundesverband der Bilanzbuchhalter und Controller e.V. (BVBC)
Landesverband Sachsen e.V.
Geschäftsstelle
Christa Jungnickel
Adolf-Zschiedrich-Str. 4, 01900 Bretnig-Hauswalde
T: (035952) 5 86 04   **Fax:** 3 14 42
E-Mail: bvbc.sachsen@gmx.de
Vorsitzende: Christa Jungnickel

r 492

Bundesverband der Bilanzbuchhalter und Controller e.V. (BVBC)
Landesverband Thüringen e.V.
Geschäftsstelle
Elmar Pließ
Glauchauer Weg 1, 99085 Erfurt
T: (0361) 6 46 44 44   **Fax:** 6 46 44 00
Vorsitzende(r): Elmar Pließ

r 493

Bundesverband der Bilanzbuchhalter und Controller e.V. (BVBC)
Landesverband Norddeutschland e.V.
Geschäftsstelle
Georg Klotzke
Siedlungsweg 19, 24811 Owschlag
T: (04336) 38 78   **Fax:** 12 52
Vorsitzende(r): Georg Klotzke

r 494

Bundesverband der Bilanzbuchhalter und Controller e.V. (BVBC)
Landesverband Sachsen-Anhalt e.V.
Geschäftsstelle
Monika Godehardt
Friedrich-Ebert-Str. 17, 06420 Könnern
T: (034691) 2 89 96   **Fax:** 2 89 96
Vorsitzende: Monika Godehardt

● R 495

Buchführungshelfer BFH + Steuerbuchhalter STH e.V.
Postf. 21 07 18, 42357 Wuppertal
Staudenstr. 6, 42369 Wuppertal
T: (0202) 46 20 31   **Fax:** 46 20 29
Internet: http://www.taxius.de
E-Mail: taxius@taxius.ne

● R 496

Deutscher Bundeswehr-Verband e.V. (DBwV)
Interessenvertretung der Soldaten
-Bundesgeschäftsstelle-
Postf. 20 04 63, 53134 Bonn
Südstr. 123, 53175 Bonn
T: (0228) 38 23-0   **Fax:** 38 23-220
Internet: http://www.dbwv.de
E-Mail: presse@dbwv.de
Gründung: 1956 (14. Juli)
Bundesvorsitzende(r): Oberst Bernhard Gertz
Stellv. Bundesvorsitzender: Oberstabsfeldwebel d.D. Wolfgang Ostermeier
Schatzmeister: Hauptmann a.D. Martin Michels
Leitung Presseabteilung: Wilfried Stolze (Chefredakteur)
Verbandszeitschrift: Die Bundeswehr
Verlag: Lensing-Druck, Dortmund
Mitglieder: 240000 (Interessenvertretung von Berufssoldaten, Zeitsoldaten, Wehrpflichtigen, ehemaligen Soldaten einschl. Reservisten sowie ihrer Familienangehörigen)
Mitarbeiter: 100 hauptamtl.
Verbands-Magazin: Die Bundeswehr

Wahrnehmung der allgemeinen ideellen, sozialen und beruflichen Interessen der Mitglieder sowie ihrer Familienangehörigen und Hinterbliebenen als unabhängige Spitzenorganisation.

r 497

Deutscher Bundeswehr-Verband e.V.
Bundesgeschäftsstelle Berlin
Alemannstr. 16, 14129 Berlin
T: (030) 8 04 70 20   **Fax:** 80 47 02-19

r 498

Deutscher Bundeswehrverband-Verband e.V.
Landesverband Nord
Waschpohl 5-7, 24534 Neumünster
T: (04321) 4 20 06   **Fax:** 4 42 33
Landesvorsitzende(r): Oberstleutnant Dipl.-Ing. Günther Husemann
Landesgeschäftsführer(in): Hauptfeldwebel d.R. Joachim Berke
Landesgeschäftsführer(in): Oberstleutnant d.R. Josef Schöninck (Geschäftsstelle: Rühmkorffstr. 19, 30163 Hannover, T: (0511) 66 79 18, Fax: (0511) 66 89 65)

r 499

Deutscher Bundeswehr-Verband e.V.
Landesverband West
Südstr. 123, 53175 Bonn
T: (0228) 38 23-110/111   **Fax:** 3 82 32 33
Landesvorsitzende(r): Hauptmann Edgar P. Chatupa
Landesgeschäftsführer(in): Oberstleutnant d.R. Bruno Schäfer
Landesgeschäftsführer(in): Oberstleutnant d.R. Wolf Lattemann (Geschäftsstelle: Fritz-Kohl-Str. 13, 55122 Mainz, T: (06131) 3 10 07, Fax: (06131) 3 18 22)

r 500

Deutscher Bundeswehr-Verband e.V.
Landesverband Süddeutschland
Max-Eyth-Str. 16, 71229 Leonberg
T: (07152) 4 20 80   **Fax:** 7 38 80
Landesgeschäftsführer(in): Stabshauptmann a.D. Roland Walther
Landesgeschäftsführer(in): Oberstleutnant d.R. Bernd Schöpper
Landesgeschäftsführer(in): Benno Spitzweg (Geschäftsstelle: Prager Str. 3, 82008 Unterhaching, T: (089) 61 52 09-0, Fax: (089) 61 52 09 99)

r 501

Deutscher Bundeswehr-Verband e.V.
Landesverband Ost
Jungstr. 2, 10247 Berlin
T: (030) 29 34 71 70   **Fax:** 29 34 71 79
Landesvorsitzende(r): Oberstabsfeldwebel a.D. Holger Reimer
Landesgeschäftsführer(in): Horst Kirchhübel

● R 502

Verband der Reservisten der Deutschen Bundeswehr e.V. (VdRBw)
Provinzialstr. 91, 53127 Bonn
T: (0228) 2 59 09-0   **Fax:** 2 59 09 77
Internet: http://www.vdrbw.de
E-Mail: info@vdrbw.de
Gründung: 1960 (22. Januar)
Präsident: Helmut Rauber (MdB)
Leitung Presseabteilung: Gerhard Ulrich
Verbandszeitschrift: loyal
Mitglieder: über 135000

Verteidigungspolitische Information, militärische Förderung und Wahrnehmung der Interessen der Reservisten der Bundeswehr; außerhalb der Bundeswehr besonders beauftragter Träger der Reservistenarbeit gemäß der vom Parlament (Verteidigungsausschuß) gebilligten Reservistenkonzeption.

● R 503

Verband deutscher Soldaten e.V. (VdS)
Rheinallee 55, 53173 Bonn
T: (0228) 36 10 07   **Fax:** 36 10 08
Gründung: 1951 (8. September)
Bundesvorsitzende(r): Generalmajor a.D. Dr. Jürgen

Schreiber (Philippsonstr. 16, 53125 Bonn)
Verbandszeitschrift: "Soldat im Volk"
Redaktion: StHptm a.D. Wolfgang Beck
Verlag: Förderungsverein deutscher Soldatenverbände e.V., Rheinallee 55, 53173 Bonn

● R 504

Verband der Diätassistenten - Deutscher Bundesverband e.V.
German Association of Dietitians
Postf. 10 51 12, 40042 Düsseldorf
Bismarckstr. 96, 40210 Düsseldorf
T: (0211) 16 21 75   **Fax:** 35 73 89
Internet: http://www.vdd.de
E-Mail: vdd-duesseldorf@t-online.de
Gründung: 1957 (27. April)
1. Vorsitzende(r): Margit Schade
Geschäftsführer(in): Marcel Reinhard
Mitglieder: 4300

Weiterentwicklung einer qualifizierten Ausbildung; breitgefächertes Fortbildungsangebot. Durchsetzung berufsspezifischer Arbeitsbedingungen. Zusammenarbeit mit Krankenhausträgern, Institutionen/Verbänden des Krankenhaus-und des öffentl. Gesundheitswesens, sowie Regierungsstellen.

● R 505
Führungskräfte der Druckindustrie und Informationsverarbeitung - FDI - e.V.
Bundesgeschäftsstelle:
Gräfenhäuser Str. 26, 64293 Darmstadt
T: (06151) 89 35 33   **Fax:** 89 34 95
Internet: http://www.fdi-ev.de
E-Mail: fdi.bund@t-online.de
Gründung: 1896
Vorstand:
1. Bundesvorsitzender: Hans-Richard Bießmann
2. Bundesvorsitzender: Werner Buschky
Harald Eberle
Helmut Kohls
Horst Lafontaine
Jürgen Naujoks
Wolfgang Serafin
Boy F. Sühl
Dieter Welz
Verbandszeitschrift: Deutscher Drucker
Verlag: Riedstr. 25, 73760 Ostfildern
Mitglieder: über 6000 in 54 Bezirken
Mitarbeiter: 1

Mitglied der Gutenberg-Gesellschaft in Mainz

Landesverbände

r 506
Führungskräfte d. Druckindustrie
Landesverband I: Niedersachsen, Hamburg, Bremen, Schleswig-Holstein
Bispinger Weg 9, 30625 Hannover
T: (0511) 64 60 95 48 (d.)   **Fax:** 64 60 91 72 (d.)
1. Vorsitzende(r): Helmut Kohls

r 507
Führungskräfte der Druckindustrie
Landesverband II: Nordrhein/Westfalen und Rheinland
Schwalbenweg 9, 53123 Bonn
T: (0228) 1 81 83 51 (d.)   **Fax:** 1 81 84 58 (d.)
E-Mail: werner.buschky@telekom.de
1. Vorsitzende(r): Werner Buschky

r 508
Führungskräfte der Druckindustrie
Landesverband III: Hessen u. Thüringen
Geibelstr. 4, 60385 Frankfurt
T: (069) 94 41 95 52 (pr.)   **Fax:** 94 41 95 53 (pr.)
1. Vorsitzende(r): Harald Eberle

r 509
Führungskräfte der Druckindustrie
Landesverband IV: Baden-Württemberg, Pfalz, Saarland
Tholeyer Str. 45a, 66557 Illingen

T: (06825) 49 96 06 (p.), (0681) 5 02-1796 (d.)
E-Mail: a.ziegler@sz-sb.de
1. Vorsitzende(r): Andreas Ziegler

r 510
Führungskräfte der Druckindustrie
Landesverband V: Bayern
Zellinger Str. 3, 97250 Erlabrunn
T: (09364) 14 93
E-Mail: wserafin@main.de
1. Vorsitzende(r): Wolfgang Serafin

r 511
Führungskräfte der Druckindustrie
Landesverband VI: Berlin, Brandenburg, Mecklenburg-Vorpommern, Sachsen, Sachsen-Anhalt
Berliner Str. 45, 10713 Berlin
T: (030) 86 42 01 13 (pr.)   **Fax:** 86 42 01 13 (pr.)
E-Mail: J.Naujoks@t-online.de
1. Vorsitzende(r): Jürgen Naujoks

● R 512
Bundesverband Deutscher Fernsehproduzenten e.V.
Widenmayerstr. 32, 80538 München
T: (089) 21 21 47 10   **Fax:** 2 28 55 62
Vorstand: Bernd Burgemeister (Vors.)
Dagmar Rosenbauer (stellv. Vors.)
Mischa Hofmann
Ulrich Lenze
Prof. Dr. Georg Feil
Alexander Thies
Geschäftsf. Justitiar: Prof. Dr. Johannes Kreile
Ehrenvors.: Claus Hardt
Gründungs- u. Ehrenmitgl.: Konsul Max Gierke
Helmut Ringelmann
Ehrenmitgl.: Mohr von Chamier-Gliszinski
Prof. Gyula Trebitsch
Prof. Otto Meissner
Regina Ziegler
Prof. Dr. Günter Rohrbach
Mitglieder: 140

● R 513
Bundesverband der Fernseh- und Filmregisseure in Deutschland e.V. (BVR)
Brienner Str. 52, 80333 München
T: (089) 34 01 91 09   **Fax:** 34 01 91 10
Gründung: 1975
Geschäftsf. Vorst.: Eberhard Hauff, München
Volker Maria Arend, München
Stefan Meuschel, Hamburg
Peter Carpentier, München
Mitglieder: 700

● R 514
Bundesverband Kamera (bvk)
Brienner Str. 52, 80333 München
T: (089) 34 01 91 90   **Fax:** 34 01 91 91
Internet: http://www.bvkamera.org
E-Mail: bvk@bvkamera.org
Gründung: 1979
Mitglieder: 390

● R 515
Bundesverband der bildgestaltenden Kameramänner und -frauen in der Bundesrepublik Deutschland e.V. (bvk)
Brienner Str. 52, 80333 München
T: (089) 34 01 91 90   **Fax:** 34 01 91 91
Internet: http://www.bvkamera.org
E-Mail: bvk@bvkamera.org
Gründung: 1980
Präsident(in): Falko Ahsendorf
Vorstand: Rolf Coulanges
Rüdiger Laske
Benedict Neuenfels
Uli Schmidt
Gert Stallmann
Markus Ziegler
Geschäftsführer(in): Dr. Michael Neubauer
Mitglieder: 433
Mitarbeiter: 2

● R 516
Deutscher Zahntechniker Verband e.V. (DZV)
Neustädter Str. 21, 33602 Bielefeld
T: (0521) 9 66 49 66   **Fax:** 9 66 49 11
Internet: http://www.stu.de/dzv-prodent
E-Mail: dzv@stu.de, prodent@stu.de
Gründung: 1972 (3. Juni)
Vorsitzende(r): Zahntechniker Peter Fiedler (Niersteiner Str. 30, 70499 Stuttgart)
Stellvertretende(r) Vorsitzende(r): Ernst Kempkens (Neu-

felder Weg 89, 47608 Geldern)
Verbandszeitschrift: proDent
Redaktion: Dr. Ulrich Weisemann (Chefredakteur)
Verlag: Neustädter Str. 21, 33602 Bielefeld
Mitglieder: 1400

Freiwillige Vereinigung von Arbeitnehmern, zur Regelung der Arbeitsverhältnisse und Arbeitsbedingungen im zahntechnischen Handwerk.

● R 517
Pädagogische Arbeitsgemeinschaft Zahntechnik e.V.
Weimersgasse 19, 34130 Kassel
T: (0561) 6 47 37
Gründung: 1965
Vorsitzende(r): Helmut Rudolph (Weimersgasse 19, 34130 Kassel, T: (0561) 6 47 37)
Stellvertretende(r) Vorsitzende(r): Barbara Kuthe-Behrens (Heidebergenstr. 34, 53229 Bonn)
Mitglieder: ca. 300

● R 518
Verband Deutscher Flugleiter e.V. (VDF)
Geschäftsstelle:
Herzogstr. 41, 63263 Neu-Isenburg
T: (06102) 73 37 14   **Fax:** 73 37 15
Gründung: 1951 (3. Juli)
Verbandsvors.: Klaus Formel (T: (04221) 8 20 97, Telefax: (04221) 8 77 08)
Geschf u. Pressesprecher: Hannes Ziegler (T: (0711) 70 14 48, Fax: (0711) 70 14 48)
Verbandszeitschrift: "der flugleiter"
Redaktion: Werner Fischbach
Verlag: Schorndorfer Str. 81, 73730 Esslingen
Mitglieder: 3200

● R 519

Vereinigung Cockpit e.V.
Frankfurter Str. 233c, 63263 Neu-Isenburg
T: (06102) 3 70-0, (0700) 82 62 57 48 (vcockpit)
Fax: (06102) 3 70-298
Internet: http://www.vcockpit.de
E-Mail: office@vcockpit.de
Gründung: 1969
Mitglieder: 6500

Zweck des Vereins ist der Zusammenschluß des Cockpitpersonals im Geltungsbereich Deutschlands; seine Ziele sind Mitwirkung am Wohle der Zivilluftfahrt, Mitwirkung an der Verbesserung der Sicherheit im Luftverkehr, Einflußnahme auf die Qualifikation der Cockpitbesatzungen, Wahrung der Belange der Mitglieder, ihrer Angehörigen und ihrer Hinterbliebenen, Verfolgung berufspolitischer Interessen der Mitglieder, Verfolgung tariflicher Interessen der Mitglieder.

● R 520
Vereinigung Luftfahrt e.V.
Adolf-Kolping-Str. 4, 64521 Groß-Gerau
T: (06152) 8 26 99   **Fax:** 30 49
Vorsitzende(r): Werner Zielina (Stolberger Str. 59 a, 65205 Wiesbaden-Nordernstadt)

• R 521

Industriemeisterverband Deutschland e.V.
Postf. 1 49, 97219 Rimpar
T: (09365) 93 87
Gründung: 1958
1. Vorsitzende(r): Hans Steinhanses (Niederhoferstr. 105, 97222 Rimpar, T (09365) 93 82)
Verbandszeitschrift: Betrieb+Meister

Förderung und berufliche Weiterbildung der Mitglieder durch Erfahrungsaustausch, Seminare und sonstige Veranstaltungen mit berufsbildendem Charakter in Zusammenarbeit mit Verbänden, Institutionen und Behörden.

Landesverbände

r 522
Industriemeistervereinigung Landesverband Baden-Württemberg e.V.
Basler Str. 1a, 79588 Efringen-Kirchen
T: (07628) 94 05 60
Vorsitzende(r): Johannes Smeets

r 523
Industriemeisterverband Deutschland Landesverband Berlin
Wolfshorst 2F, 13591 Berlin
T: (030) 3 66 42 14
Vorsitzende(r): Peter Müller (Ltr. Personalwirtschaft)

r 524
Industriemeisterverband Deutschland Landesverband Niedersachsen
Bocksbartweg 6a, 30823 Garbsen
T: (05137) 7 39 61
Vorsitzende(r): Hermann Kubis

r 525
Industriemeisterverband Deutschland Landesverband Nordrhein-Westfalen
Bädekerstr. 1, 58636 Iserlohn
T: (02371) 6 37 83
Vorsitzende(r): Jürgen Humme

r 526
Industriemeisterverband Deutschland Landesverband Ost
Leipziger Str. 64, 07743 Jena
T: (03641) 42 38 83
Vorsitzende(r): Walter Hahn

r 527
Industriemeisterverband Deutschland Landesverband Südwest
Wetzlarer Str. 119, 35606 Solms
T: (06441) 5 63 30
Vorsitzende(r): Joachim Faust

r 528
Arbeitsgemeinschaft Bayerischer Industriemeister Regionalvertretung Nord
Vordere Bergstr. 6, 97270 Kist
T: (09306) 98 05 10
Kontaktperson: Alois Seewald

r 529
Arbeitsgemeinschaft Bayerischer Industriemeister Regionalvertretung Ost
Terofalstr. 74, 80689 München
T: (089) 70 84 26
Kontaktperson: Ernst Danner

r 530
Arbeitsgemeinschaft Bayerischer Industriemeister Regionalvertretung Süd
Nikolaus-Rüdinger-Str. 11, 80999 München
T: (089) 8 12 13 04
Kontaktperson: Helmut Kraft

• R 531
Zentralverband Deutscher Schornsteinfeger e.V. Gewerkschaftlicher Fachverband (ZDS)
Konrad-Zuse-Str. 19, 99099 Erfurt
T: (07001) 9 37 22 55 (zdscall), (07002) 9 37 22 55 (zdscall)
Gründung: 1907
Vorsitzende(r): Frank Weber (Unterdorfstr. 32 a, 99625 Backleben, T: (03635) 49 26 93)
Leitung Presseabteilung: Johannes Töx
Verbandszeitschrift: Schornsteinfeger
Redaktion: Johannes Töx, Sperberweg 7, 66839 Schmelz, T: (06887) 9 26 30
Verlag: ds Verlag GmbH, Postf. 12 19, 53822 Troisdorf
Mitglieder: ca. 7000
Mitarbeiter: 1
Landesverbände: In jedem Bundesland

Zusammenschluß aller Arbeitnehmer des Schornsteinfegerhandwerks im gesamten Bundesgebiet. Vollbeschäftigung und Sicherung der Existenz aller Arbeitnehmer des Schornsteinfegerhandwerks. Vertretung der wirtschaftlichen und sozialen Interessen aller Mitglieder. Förderung des Umweltschutzes und Unterstützung geeigneter Maßnahmen.

• R 532
Verband Deutscher Kapitäne und Schiffsoffiziere e.V. (VDKS)
Palmaille 29, 22767 Hamburg
T: (040) 38 49 81   **Fax:** 3 89 21 14
E-Mail: vdks.office@t-online.de
Mitglied der „International Federation of Shipmasters Associations (IFSMA)"
Mitglied der Confederation of European Shipmasters' Associations (CESMA)
Präsident(in): Kapitän Prof. Werner Huth (T: (040) 7 13 16 16)
Vizepräsident(in): Kapitän Karlheinz Römer
Kapitän Willi Wittig
Schatzmeister: Kapitän Bernd Wilken
Vorstand für Einzelmitglieder: Kapt. Christian Suhr (Dorotheenstr. 29, 22301 Hamburg, T: (040) 2 70 64 93)
Geschäftsführer(in): Kapitän Karlheinz Follert
Justitiar: RA Thomas Wanckel (i. Fa. Segelken & Suchopar, Baumwall 7, "Überseehaus", 20459 Hamburg, T: (040) 3 76 80 50)
Mitglieder: 1500

• R 533
Bundesarbeitsgemeinschaft Leitender Krankenpflegepersonen e.V. (BALK)
Geschäftsstelle
Postf. 14 46, 65004 Wiesbaden
T: (0611) 59 79 40   **Fax:** 59 79 40
Gründung: 1974
1. Vorsitzende: Marie-Luise Müller
Verbandszeitschrift: BALK-INFO
Redaktion: Eberleinstr. 46-48, 65195 Wiesbaden
Verlag: Urban & Vogel, München
Mitglieder: 1770
Mitgliedsverbände:
ALK Baden-Württemberg e.V.
VdP Bayern e.V.
AGP Berlin e.V.
ALK Bremen e.V.
ALK Thüringen e.V.
ALK Hamburg e.V.
VDP Hessen e.V.
ALK Mecklenburg-Vorpommern e.V.
FALK Niedersachsen e.V.
VPM Nordrhein-Westfalen e.V.
ALK Rheinland-Pfalz e.V.
ALK Saarland e.V.
ALK Sachsen e.V.
VDP Sachsen-Anhalt e.V.
ALK Schleswig-Holstein e.V.
Arbeitsgemeinschaft Leitender Evangelischer Krankenpflegepersonen

• R 534
Fachverband der Krankenpflege e.V. (FDK)
Gerhart-Hauptmann-Ring 396, 60439 Frankfurt
T: (069) 57 00 00 17   **Fax:** 57 16 27
Gründung: 1963
Bundesvorsitzende(r): Hermann Aierstock (Ltd. Krankenpfleger)
Pressesprecher: Wolfgang Jungbluth
Verbandszeitschrift: Rundbriefe alle 2 Monate
Redaktion: Hermann Aierstock
Verlag: Gerhart-Hauptmann-Ring 396, 60439 Frankfurt (Main)
Mitarbeiter: 4 ehrenamtl.

• R 535
Bundesfachvereinigung Leitender Krankenpflegekräfte in der Psychiatrie e.V.
Wilhelm-Breckow-Allee 20, 51643 Gummersbach
T: (02261) 17 15 15   **Fax:** 17 14 26
Gründung: 1974
1. Vorsitzende(r): Rainer Drevermann
Leitung Presseabteilung: Friedhelm Berg
Mitglieder: 290

• R 536
Katholischer Berufsverband der Familienpflegerinnen und Dorfhelferinnen e.V.
Geschäftsstelle:
Nordstr. 4, 51379 Leverkusen
T: (02171) 4 19 96
Gründung: 1958
Vorsitzende(r): Ursula Spark (Am Herberg 53, 55413 Weiler-Bingen, T: (06721) 3 56 60, (0177) 7 01 06 56)
Hauptgeschäftsführer(in): Monika Gründer
Diözesangemeinschaften in 20 Diözesen

• R 537
Föderation der Volksvereine türkischer Sozialdemokraten (HDF)
Oranienstr. 40, 47051 Duisburg
T: (0203) 33 64 37   **Fax:** 33 81 59
Internet: http://www.hdf-online.de
E-Mail: hdf-vorstand@hdf-online.de
Gründung: 1977 (29. Oktober)
Bundesvorsitzende(r): Ahmet Iyidirli
Stellvertretende(r) Bundesvorsitzende(r): Yildiz Akalin
Halis Durdu
Generalsekretär(in): Orhan Gül
Kassenwart: Kahraman Er
Geschäftsführer(in): Isik Catal
Verbandszeitschrift: HDF-Haberler
Redaktion: Oranienstr. 40, 47051 Duisburg
Mitglieder: 10 Regional- und Landesverbände und 45 Ortsverbände
Mitarbeiter: 2

• R 538
**AJT
Fachverband für touristische Aus- und Weiterbildung e.V.**
Siegmundstr. 17, 50739 Köln
T: (0221) 97 45 66-0   **Fax:** 97 45 66-39
E-Mail: info@ajt-fachverband.de
Gründung: 1980
1. Vorsitzende(r): Oliver Hauck
2. Vorsitzende(r): Dirk Aufermann
Geschäftsführer(in): Thomas Oepen
Leitung Presseabteilung: Georg Mörtter
Verbandszeitschrift: Newsletter
Redaktion: Thomas Oepen
Verlag: Verbandsgeschäftsstelle
Mitglieder: 123

• R 539
Arbeitsgemeinschaft Deutscher Schwesternverbände und Pflegeorganisationen e.V. (ADS)
Geschäftsstelle
Reinhäuser Landstr. 26, 37083 Göttingen
T: (0551) 3 70 89 05 (Sekretariat), 3 70 89 07 (Vorsitzende)
   Fax: 3 70 89 06
Gründung: 1951 (9. Mai)
Vorstand: Oberin Ute Herbst (Vors.)
Renate Heinzmann (1. stellv. Vors.)
Oberin Ellen Muxfeldt (2. stellv. Vors.)
Mitglieder: ca. 40000 indirekte Mitglieder, 9 Mitgliedsverbände
Mitarbeiter: 2 nebenamtl.

• R 540
Deutscher Berufsverband für Pflegeberufe e.V. (DBfK)
Bundesgeschäftsstelle:
Hauptstr. 392, 65760 Eschborn
T: (06173) 32 00 71   **Fax:** 32 00 47
Internet: http://www.dbfk.de
E-Mail: hrpst@dbfk.de
Gründung: 1903
Internationaler Zusammenschluß: siehe unter izr 292
Vorsitzende(r): Brunhilde Dissen
Leitung Presseabteilung: Eva-Maria Krampe
Verbandszeitschrift: Pflege aktuell
Redaktion: und Verlag: Hauptstr. 392, 65760 Eschborn, T:

(06173) 60 45 00, Fax: (06173) 60 45 99
Mitglieder: ca. 25000
Mitarbeiter: 8

Landesverbände

r 541

Deutscher Berufsverband für Pflegeberufe Landesverband Baden-Württemberg e.V.
Postf. 75 01 43, 70601 Stuttgart
Eduard-Steinle-Str. 9, 70619 Stuttgart
T: (0711) 47 50 61   **Fax:** 4 78 02 39
Internet: http://www.dbfk.de
E-Mail: bawue@dbfk.de
Geschäftsführerin: Hannelore Stephan

r 542

Deutscher Berufsverband für Pflegeberufe Landesverband Bayern e.V.
Romanstr. 67, 80639 München
T: (089) 17 70 88   **Fax:** 1 78 56 47
E-Mail: bayern@dbfk.de
Geschäftsführerin: Ilsedore Zopfy

r 543

Deutscher Berufsverband für Pflegeberufe e.V. Landesverbände Mecklenburg-Vorpommern und Berlin-Brandenburg
Koordinierende Geschäftsstelle
Kreuzstr. 7, 14482 Potsdam
T: (0331) 74 88 83   **Fax:** 7 48 88 55
E-Mail: bbmv@dbfk.de
Geschäftsführerin: Marita Bauer

r 544

Deutscher Berufsverband für Pflegeberufe Landesverband Bremen, Hamburg, Schleswig-Holstein e.V.
Hochkamp 14, 23611 Bad Schwartau
T: (0451) 2 92 34-0   **Fax:** 2 92 34-44
Internet: http://www.dbfk.de/bhs
E-Mail: nord@dbfk.de
Geschäftsführer(in): Gisela Maaß

r 545

Deutscher Berufsverband für Pflegeberufe Landesverband Hessen, Rheinland-Pfalz, Saarland und Thüringen e.V.
Hauptstr. 392, 65760 Eschborn
T: (06173) 32 00 71   **Fax:** 32 00 47
E-Mail: hrpst@dbfk.de
Geschäftsführer(in): Joachim Conrad

r 546

Deutscher Berufsverband für Pflegeberufe Landesverband Niedersachsen/Nordrhein-Westfalen e.V.
Lister Kirchweg 45, 30163 Hannover
T: (0511) 39 00 18-0   **Fax:** 39 00 18-26
Internet: http://www.dbfk.de/nie
E-Mail: nie@dbfk.de
Geschäftsführer(in): Richard Krebs
Institut für Fort- und Weiterbildung
T: (0511) 39 00 18-11, Telefax: (0511) 39 00 18-12

r 547

Deutscher Berufsverband für Pflegeberufe Landesverband Nordrhein-Westfalen e.V.
Altendorfer Str. 97-101, 45143 Essen
T: (0201) 23 71 85   **Fax:** 23 65 80
Internet: http://www.dbfk.de
E-Mail: nrw@dbfk.de

r 548

Deutscher Berufsverband für Pflegeberufe Landesverband Sachsen-Anhalt/Sachsen e.V.
Koordinierende Geschäftsstelle
Oberaltenburg 7, 06217 Merseburg
T: (03461) 20 09 75   **Fax:** 20 09 76
E-Mail: dbfk.uedost@gmx.de
Geschäftsführer(in): Gisela Vaak

● R 549

DGF
Deutsche Gesellschaft für Fachkrankenpflege e.V. (DGF)
- Geschäftsstelle-
Hermann-Simon-Str. 7, 33334 Gütersloh
T: (05241) 53 22 03   **Fax:** 53 22 05
Internet: http://www.dgf-online.de
E-Mail: dgf.guetersloh@t-online.de
1. Vorsitzende(r): Klaus Notz (Albstr. 26, 72581 Dettingen/Erms)
Geschäftsführer(in): Andreas Westerfellhaus
Verbandszeitschrift: DGF-Mitteilungen
Redaktion: Henning Paust
Verlag: Burg 2, 38723 Seesen, T: (05381) 74 12 91

● R 550

Bundesausschuss der Lehrerinnen und Lehrer für Pflegeberufe e.V. (BA)
Sadowastr. 60, 42115 Wuppertal
T: (0202) 3 70 39 43   **Fax:** 3 70 39 44
E-Mail: ba-ev@t-online.de
Gründung: 1972
Geschf. Vorst.: Gertrud Stöcker (T: (0202) 3 70 39 43, Telefax: (0202) 3 70 39 44, E-Mail: ba-ev@t-online.de)
Pressereferentin: Inge Kraus (Unterer Hofanger 17, 87600 Kaufbeuren, T: (08341) 42-297, Fax: 42-200)
Verbandszeitschrift: verbandseigener Mitglieder-Rundbrief
Mitglieder: 700
Korporative Mitglieder: Landesarbeitsgemeinschaft der Lehrerinnen und Lehrer für Pflegeberufe in Brandenburg e.V. Vorsitzende: Frau Dorothea Giese, Diedersdorfer Str. 8, 15306 Seelow, T: (03346) 8 77-7 00, Fax: 808-30
Landesarbeitsgemeinschaft der Lehrerinnen und Lehrer für Pflegeberufe in Rheinland-Pfalz e.V., Vorsitzende: Fr. Käte Roos, Slevogtstr. 2, 67346 Speyer, T: (06232) 22-14 11, Fax: (06232) 22-14 06

Nationale und internationale Interessenvertretung der Lehrerinnen und Lehrer für Pflege(Gesundheits-)berufe; Förderung der Gesundheitspflege, insbesondere Aus-, Fort- und Weiterbildung der gesundheits- und sozialpflegerischen Berufe; Mitwirkung bei der Erarbeitung und Durchführung von Gesetzen und Verordnungen; Förderung der Bildungsforschung, Fortbildung sowie der pflegeberuflichen Selbstverwaltung, Gründungsmitglied im Deutschen Pflegerat (DPR); Mitglied im Bündnis Gesundheit 2000; Mitglied im Beratenden Ausschuß für die Ausbildung in der Krankenpflege bei der EU-Kommission in Brüssel.

r 551

BA e.V. Landesarbeitsgemeinschaft Bayern
Isartalstr. 44, 80469 München
T: (08158) 23-680   **Fax:** 23-140
Sprecherin: Maria Faber (E-Mail: mariafaber@web.de)

r 552

BA e.V. Landesarbeitsgemeinschaft Brandenburg
Scheunhornweg 19, 14542 Werder
T: (03382) 76 86 22   **Fax:** 76 86 24
Sprecher: Reinhold Uebner (E-Mail: reinholduebner@stift-lehnin.de)

r 553

BA e.V. Landesarbeitsgemeinschaft Bremen
Alter Postweg 28e, 27578 Bremerhaven
T: (0471) 2 99-3550   **Fax:** 2 99-3554
Sprecherin: Bettina C. Flach

r 554

BA e.V. Landesarbeitsgemeinschaft Hessen
Ortsstr. 68, 64646 Heppenheim
T: (06252) 16-316   **Fax:** 16-323
Sprecher: Franz-Josef Beiwinkel

r 555

BA e.V. Landesarbeitsgemeinschaft Niedersachsen
Ludwig-Prandtl-Str. 34a, 37077 Göttingen
T: (0551) 50 34-319   **Fax:** 50 34-230
E-Mail: lag-nds.roth@gmx.de
Sprecherin: Ursula Roth

r 556

BA e.V. Landesarbeitsgemeinschaft Saarland
Uhlandstr. 4, 66578 Schiffweiler
T: (06834) 94 05-206   **Fax:** 94 05-228
Ralf Gergen

r 557

BA e.V. Landesarbeitsgemeinschaft Sachsen-Anhalt
Ernst-Abbe-Str. 24, 06122 Halle
T: (0345) 5 24-2642   **Fax:** 5 24-2644
Sprecherin: Brigitte Rost

r 558

BA e.V. Landesarbeitsgemeinschaft Schleswig-Holstein
Hermann-Ivers-Str. 51, 24340 Eckernförde
T: (04352) 80-6710   **Fax:** 80-8710
E-Mail: lag-schleswig-holstein@t-online.de
Sprecher: Michael Hümmling

● R 559

Bundesverband Sekretariat und Büromanagement e.V. (bSb)
Friedrichstr. 47, 68199 Mannheim
T: (0621) 8 41 48 20   **Fax:** 8 41 48 21
Internet: http://www.bsb-berufsverband.de
E-Mail: geschaeftsstelle@bsb-berufsverband.de
Gründung: 1997 aus Verschmelzung von Bund Deutscher Sekretärinnen e.V. (BDS) und Deutscher Sekretärinnen-Verband e.V. (DSV)
Sprecherinnen des Vorstandes:
Monika Gunkel (1. Vorsitzende)
Christine Schmidhuber (2. Vorsitzende)
Rita Nickel
Mitglieder: ca. 4000

● R 560

Deutscher Berufsverband für Sozialarbeit, Sozialpädagogik, Heilpädagogik e.V. (DBSH)
Friedrich-Ebert-Str. 30, 45127 Essen
T: (0201) 8 20 78-0   **Fax:** 8 20 78-40
Internet: http://www.dbsh.de
E-Mail: geschaeftsstelle@dbsh.de
Gründung: 1993 (23. Juli)
Geschäftsführender Vorstand: Hille Gosejacob-Rolf
Geschäftsführer(in): Volker Schneider
Leitung Presseabteilung: Wilfried Nodes
Verbandszeitschrift: forum Sozial
Redaktion: Wilfried Nodes
Verlag: Eigenverlag
Mitglieder: 6500
Mitarbeiter: 6

Landesverbände

r 561

Landesverband Baden-Württemberg des DBSH
B 1, 9, 68159 Mannheim
T: (06131) 28 26-285 (d), (0621) 1 22 30 56 (p)
Fax: (0621) 1 22 30 57 (p)
1. Vorsitzende(r): Friedrich Maus

r 562

Landesverband Bayern des DBSH
Schloß Spindlhof 3, 93128 Regenstauf
T: (09402) 78 45 17   **Fax:** (04902) 78 45 17
Internet: http://www.dbsh.net
E-Mail: lgst@dbsh.net
1. Vorsitzende(r): Andreas Faßler
Franziska Kindl-Feil (Landesgeschäftsstelle DBSH-Bayern)

r 563

Landesverband Berlin des DBSH
Wittelsbacherstr. 22a, 12309 Berlin
T: (030) 79 04-3558 (d), 7 44 36 66 (p)
1. Vorsitzende(r): Eckhard Weider

r 564

Landesverband Brandenburg des DBSH
Dollenchener Str. 7b, 03238 Sallgast
T: (035329) 5 52 96
1. Vorsitzende: Karin Piatyszek

r 565

Landesverband Bremen des DBSH
Halmstr. 1b, 28717 Bremen
T: (0421) 3 61 68 77 (d), 6 36 07 47 (p)
1. Vorsitzende: Else Klump

r 566

Landesverband Hamburg des DBSH
Langenfelder Damm 12, 20257 Hamburg
T: (040) 43 18 19 07   **Fax:** 43 18 19 07
1. Vorsitzende: Silvia Döppenschmitt

r 567
Landesverband Hessen des DBSH
Thiergartenstr. 84 b, 63654 Büdingen
T: (06042) 23 53 (p), 96 31-557 (d)   **Fax:** 96 31-551 (d)
1. Vorsitzende(r): Ruth Simon

r 568
Landesverband Mecklenburg-Vorpommern
Vulkanstr. 7, 17489 Greifswald
T: (03834) 79 61 11 (d), 50 45 24 (p)   **Fax:** 50 45 24 (p), 79 61 34 (d)
1. Vorsitzende(r): Klaus-Peter Glimm

r 569
Landesverband Niedersachsen
Strindbergstr. 4, 30629 Hannover
T: (0511) 1 68 88 12 (d), 58 08 66 (p)   **Fax:** 58 08 66 (p)
1. Vorsitzende: Erika Rautenberg

r 570
Landesverband Nordrhein-Westfalen des DBSH
Paderstr. 21, 33102 Paderborn
T: (05251) 2 36 14   **Fax:** 28 12 78
E-Mail: lv-nrw@dbsh.de
1. Vorsitzende(r): Hans-Ekkehardt Hübler
Landesgeschäftsstelle: Ute Stockhausen

r 571
Landesverband Rheinland-Pfalz des DBSH
Stefan-Andres-Str. 4, 54497 Morbach
T: (06781) 20 08-17 (d), (06533) 39 56 (p)
Fax: (06781) 2 51 02 (d)
E-Mail: lv-rheinland-pfalz@dbsh.de
1. Vorsitzende: Gertrud Werle

r 572
Landesverband Saar des DBSH
Meisenweg 25, 66538 Neunkirchen
T: (06821) 21 07 14 (p)   **Fax:** 2 30 57 (p)
1. Vorsitzende(r): Martin Eisenbeis

r 573
Landesverband Sachsen des DBSH
Landesgeschäftsstelle
Bernhardstr. 19, 01069 Dresden
T: (0351) 4 71 30 63   **Fax:** 4 71 30 63
1. Vorsitzende: Claudia Gansauge
Landesgeschäftsstelle: Edeltraut Seifert

r 574
Landesverband Sachsen-Anhalt des DBSH
Vor dem Klausentor 4, 06217 Merseburg
T: (03461) 20 22 09   **Fax:** 20 22 09
E-Mail: lv-sachsen-anhalt@dbsh.de
Landesgeschäftsstelle: Rolf-Udo Bücherl

r 575
Landesverband Schleswig-Holstein des DBSH
Amselweg 3, 24619 Rendswühren
T: (04394) 99 28 10   **Fax:** 16 03 21
E-Mail: heinz-forwergk@gmx.de
1. Vorsitzende(r): Heinz Forwergk (kommisarisch)

r 576
Landesverband Thüringen des DBSH
Industriestr. 2, 99091 Erfurt
T: (0361) 7 45 53 02
1. Vorsitzende: Stefanie Eberhardt

● R 577
Verband Deutscher Straßenwärter (VDStra)
Bundesgeschäftsstelle:
Postf. 95 01 67, 51086 Köln
Rösrather Str. 565, 51107 Köln
T: (0221) 9 86 70-0   **Fax:** 9 86 70-6
Internet: http://www.strassenwaerter.de
Gründung: 1895
Geschäftsführender Bundesvorstand:
Bundesvorsitzende(r): Siegfried Damm (Im Redelsbach 2, 35088 Battenberg (Eder), T: (06452) 36 76)
Stellv. Bundesvors.: Werner Ege (Zum Sauerbrunnen 1, 54552 Neichen, T: (02692) 89 96)
Peter Brosch (OT Scheergrund 10b, 04703 Leisnig, T: (034321) 1 24 12)
Klaus Eckl (Ödgarten 6, 94574 Wallerfing, T: (09936) 6 54)

Landesverbände

Landesverband Baden-Württemberg
Landesvorsitzende(r): N. N.
Stellvertretende(r) Vorsitzende(r): Norbert Morgenthaler (Talstr. 20, 77855 Achern, T: (07841) 14 79)

Landesverband Bayern
Landesvorsitzende(r): Klaus Eckl (Ödgarten 6, 94574 Wallerfing, T: (09936) 6 54)
Stellvertretende(r) Vorsitzende(r): Werner Hassel (Endsee 18, 91628 Steinsfeld, T: (09843) 36 55)

Landesverband Brandenburg
Landesvorsitzende(r): Franz-Josef Benzinger (Robert-Koch-Str. 26, 16225 Eberswalde, T: (03334) 23 55 80)
Stellvertretende(r) Vorsitzende(r): Frank Hundrieser (August-Heese-Str. 19, 16259 Bad Freienwalde, T: (03344) 33 01 56)

Landesverband Hessen
Landesvorsitzende(r): Holger Schmidt (Trift 21, 34281 Gudensberg, T: (05603) 14 58)
Stellvertretende(r) Vorsitzende(r): Harald Heinrich (Im Hasslocher Tann 1, 65428 Rüsselsheim, T: (06142) 5 25 92)

Landesverband Niedersachsen und Bremen
Landesvorsitzende(r): Bernd-Rüdiger Bahl (Warmser Weg 9, 31311 Uetze, T: (05173) 75 97)
Stellvertretende(r) Vorsitzende(r): Erwin Rolf (Albert-Schweitzer-Str. 4, 37110 Uslar, T: (05571) 59 79)

Landesverband Nordrhein-Westfalen
Landesvorsitzende(r): Klaus Schlüter (Ondrup 44, 59348 Lüdinghausen, T: (02591) 8 80 54)
Stellvertretende(r) Vorsitzende(r): Frank Nichtitz (Letherter Landstr. 24, 53902 Bad Münstereifel, T: (02257) 95 05 77)
Hans-Werner Köning (Am Stadion 1, 48712 Gescher, T: (02542) 71 85)
Otto Rabben (Bundesstr. 11, 52538 Gangelt, T: (02454) 85 89)

Landesverband Rheinland-Pfalz
Landesvorsitzende(r): Werner Ege (Zum Sauerbrunnen 1, 54552 Neichen, T: (02692) 89 96)
Stellvertretende(r) Vorsitzende(r): Hans-Georg Sauer (Brunnenstr. 9, 56154 Boppard, T: (06754) 14 43)

Landesverband Sachsen
Landesvorsitzende(r): Peter Brosch (OT Scheergrund 10b, 04703 Leisnig, T: (034321) 1 24 12)
Stellvertretende(r) Vorsitzende(r): Thomas Hirschel (Prellerstr. 72, 04155 Leipzig, T: (0341) 5 64 21 27)

Landesverband Sachsen-Anhalt
Landesvorsitzende(r): Lutz Köhler (Jacobstr. 21, 06110 Halle/Saale, T: (0345) 2 90 28 29)
Stellvertretende(r) Vorsitzende(r): Karsten Kirmse (Mennewitzer Weg 15, 06385 Aken, T: (03496) 21 17 65)

Landesverband Schleswig-Holstein, Hamburg und Meckl.-Vorpommern
Landesvorsitzende(r): Hans-Otto Buhmann (Berliner Str. 63, 25421 Pinneberg, T: (04101) 7 22 34)
Stellvertretende(r) Vorsitzende(r): Kay Holtz (Kamper Weg 52, 25524 Itzehoe, T: (04821) 8 66 83)

Landesverband Thüringen
Landesvorsitzende(r): Horst Schwiefert (Hauptstr. 105, 99734 Nordhausen, T: (03631) 97 12 76)
Stellv. Landesvors.: Jens Mondry (Gartenstr. 23, 07950 Triebes, T: (036622) 7 81 35)
Verbandszeitschrift: Straßenwärter
Redaktion: Siegfried Damm
Verlag: Donar Verlag GmbH, Rösrather Str. 565, 51107 Köln, T: (0221) 9 86 70-5, Telefax: (0221) 9 86 70-6

Pflege und Förderung des Straßenwärterberufes; Stärkung des wirtschaftlichen Wohls, Aufbau der sozialen Sicherheit, Interessenvertretung; Fortbildung aller im Straßenbau und Straßenunterhaltungsdienst Beschäftigten.

● R 578

Bundesverband staatlich geprüfter Techniker e.V. (BVT)
Baumschulweg 6, 53639 Königswinter
T: (02244) 9 24 27   **Fax:** 92 42 99
Vorsitzende(r): Fedor E. Mrozek (Hohwachter Weg 19, 24143 Kiel)
Geschäftsführer(in): Harald Schulte (Baumschulweg 6, 53639 Königswinter)
Verbandszeitschrift: tema
Redaktion: Harald Schulte
Verlag: Techniker Institut der BVT GmbH, Baumschulweg 6, 53639 Königswinter
Mitglieder: 15300

Förderung der Ausbildung zum staatlich geprüften Techniker sowie die Förderung der Weiterbildung der im Beruf stehenden Techniker. Aufklärung der Öffentlichkeit über Beruf und Ausbildung des staatlich geprüften Technikers sowie die Vertretung seiner Interessen gegenüber Behörden und Wirtschaftsorganen. Betreuung seiner Mitglieder in allgemeinen beruflichen und sozialen Fragen.

● R 579
Verein Deutscher Sicherheitstechniker e.V.
im Bundesverband staatlich geprüfter Techniker e.V.
Baumschulweg 6, 53639 Königswinter
T: (02244) 9 24 27   **Fax:** 92 42 99
E-Mail: bvt-online@online.de

● R 580
Bundesverband der Bediensteten der Technischen Überwachung
-BTÜ-Bundesverband-
Geschäftsstelle:
Kurfürstenstr. 56, 45138 Essen
T: (0201) 89 87-1 78
Gründung: 1985 (13. Juni)
Vorsitzende(r): Alfred Nagel (BTÜ Landesverband Bayern)
Stellvertretende(r) Vorsitzende(r): G. Hinrich Schaub (BTÜ VdTÜV)
Franz Höng (BTÜ Landesverband Bayern)
Mitglieder: 1500

● R 581
Arbeitsgemeinschaft unabhängiger Betriebsangehöriger e.V. (AUB)
AUB Die Unabhängigen e.V.
Kontumazgarten 3, 90429 Nürnberg
T: (0911) 2 87 08-0   **Fax:** 2 87 08-20
Internet: http://www.aub.de
Gründung: 1986
Vorstand:
BundesVors: Wilhelm Schelsky
Stellv. BundesVors: Ingrid Brand-Hückstädt
Heinz Mayer
Weitere Vorstandsmitglieder:
Rolf Dittmar
Traute Jäger
Roland Scholz
Rudolf Lutz
BundesGeschF: Dr. Gottfried Linn (Schatzmeister)
Verbandszeitschrift: INTERN
Mitglieder: 12000

● R 582

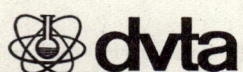

Deutscher Verband Technischer Assistenten in der Medizin e.V. (dvta)
Spaldingstr. 110B, 20097 Hamburg
T: (040) 23 14 36   **Fax:** 23 33 73
Gründung: 1969
Geschäfts-Leitung: Monika Simon
Mitglieder: 20000

Berufsverband med.-techn. Assistenten zur Wahrnehmung der Berufs- und Standesinteressen durch fachkundige Stellungnahme zur Arbeit des Gesetzgebers, Pflege der fachl. Fort- und beruflichen Weiterbildung und Zusammenarbeit mit Berufsorganisationen im In- und Ausland.

● R 583

Bundesverband Pharmazeutisch-technischer Assistenten e.V. (BVPTA)
Bismarckstr. 24, 66111 Saarbrücken
T: (0681) 63 82 00   **Fax:** 63 83 11
E-Mail: bvpta@t-online.de
Gründung: 1980 (Dezember)
1. Vorsitzende(r): Margit Meier
2. Vorsitzende(r): Charlotte Engl
Vorstand: Sabine Steffen
Christine Valks
Hauptgeschäftsführer(in): Margareta Ewers
Kassenwartin: Claudia Edler
Verbandszeitschrift: PTA heute
Redaktion: BVPTA-Info, Margit Meier
Verlag: Deutscher Apotheker Verlag, Postf. 10 10 61, 70009 Stuttgart
Mitglieder: 4500
Mitarbeiter: 4

BVPTA Organisation und Durchführung von Fortbildungen regional und überregional; Konzepte zur Weiterbildung; Vertretung der PTA in der Öffentlichkeit und Politik; Mitwirkung bei PTA-relevanten Gesetzesvorschlägen; Zusammenarbeit mit Apothekerorganisationen in berufsständischen Fragen.
Seit Mai 1995 eigenes Weiterbildungsinstitut pta, WIpta. Start Herbst 1996, Kurse: Dermopharmazie, Ernährung, Krankenhaus, Industrie

● R 584
Bundesverband der Tierzucht- und Besamungstechniker e.V. (BTB)
Postf. 12 04, 91402 Neustadt
Karl Eibl Str. 21-23, 91413 Neustadt
T: (09161) 97 29   Fax: 6 18 07
Gründung: 1969
Vorsitzende(r): Heinz Lefers (Ellinghausen 71, 42929 Wermelskirchen, T: (02196) 37 73, Fax: (02196) 97 40 21)
Geschäftsführer(in): Konrad Fröbel (Ltg. Presseabt., Riedfelder Ortsstr. 22, 91413 Neustadt, T: (09161) 97 29, Telefax: (09161) 61 80 7)
Verbandszeitschrift: Informationsblatt der Tierzucht- und Besamungstechniker (BTB)
Redaktion: Konrad Fröbel, Riedfelder Ortsstr. 22, 91413 Neustadt
Mitglieder: 1500
Jahresetat: DM 0,04 Mio, € 0,02 Mio

Landesverbände

r 585
Bundesverband der Tierzucht- und Besamungstechniker e.V.
Landesverband Nordrhein-Westfalen
Schelpstr. 28A, 32107 Bad Salzuflen
Kontaktperson: Johannes Hobrock

r 586
Bundesverband der Tierzucht- und Besamungstechniker e.V.
Landesverband Bayern
Adelsdorf 6, 90616 Neuhof
Kontaktperson: Friedrich Hitz

r 587
Bundesverband der Tierzucht- und Besamungstechniker e.V.
Landesverband Schleswig-Holstein
Brook 10, 24641 Stuvenborn
Kontaktperson: Helmut Steenbuck

r 588
Bundesverband der Tierzucht- und Besamungstechniker e.V.
Landesverband Hessen
Am Born 15, 36151 Burghaun
Kontaktperson: Harald Hochhaus

r 589
Bundesverband der Tierzucht- und Besamungstechniker e.V.
Landesverband Niedersachsen
Berner Str. 15, 27809 Lemwerder
Kontaktperson: Jürgen Rohwohl

r 590
Bundesverband der Tierzucht- und Besamungstechniker e.V.
Landesverband Baden-Württemberg
Gaenzenweiler 4, 88456 Ingoldingen
Kontaktperson: Anton Eisele

r 591
Bundesverband der Tierzucht- und Besamungstechniker e.V.
Landesverband Rheinland-Pfalz
Mühlstr. 19, 67811 Dielkirchen
Kontaktperson: Manfred Selzer

r 592
Bundesverband der Tierzucht- und Besamungstechniker e.V.
Landesverband Thüringen
Humboldtstr. 12, 98693 Ilmenau
Kontaktperson: Andreas Musch

r 593
Bundesverband der Tierzucht- und Besamungstechniker e.V.
Landesverband Sachsen-Anhalt
Zichtauer Str. 20, 39638 Engersen
Kontaktperson: Klaus Weber

r 594
Bundesverband der Tierzucht- und Besamungstechniker e.V.
Landesverband Sachsen
Zwönitzer Str. 50, 09366 Stollberg
Manfred Viehweger

r 595
Bundesverband der Tierzucht- und Besamungstechniker e.V.
Landesverband Brandenburg
Rudolf-Breitscheid-Str. 15, 15936 Dahme
Kontaktperson: Bernhard Schliebner

r 596
Bundesverband der Tierzucht- und Besamungstechniker e.V.
Landesverband Mecklenburg
Andrej-Sacharow-Str. 89, 19061 Schwerin
Kontaktperson: Erich Schröder

Beamten-Organisationen

● R 597

DBB-Beamtenbund und Tarifunion
(Bund der Gewerkschaften des öffentlichen Dienstes und des privaten Dienstleistungssektors)
Peter-Hensen-Str. 5-7, 53175 Bonn
T: (0228) 8 11-0   Fax: 8 11-171
Internet: http://www.dbb.de
E-Mail: post@dbb.de

Büro Brüssel: Avenue de la Joyeuse Entrée 1-5 / 2. Etage, B-1040 Bruxelles, T: (00322) 2 82 18 70, Fax: (00322) 2 82 18 71
Gründung: 1918 (4. Dezember), 2. Gründung 1949 (29. Januar)
Internationaler Zusammenschluß: siehe unter izr 75
Bundesvorsitzende(r): Erhard Geyer
Stellvertretende Bundesvorsitzende: Robert Dera
Peter Enders (MdB)
Peter Heesen
Dipl.-Verwaltungswirt Heinz Ossenkamp
Ilse Schedl
Kooptiertes Mitgl.: Frank Stöhr
Bundes-Geschäftsführer: Gerd Eßer
Pressesprecher: Rüdiger von Woikowsky
Leitung Öffentlichkeitsarbeit: Dr. Walter Schmitz
Verbandszeitschrift: DBB-Magazin
Redaktion: Peter-Hensen-Str. 5-7, 53175 Bonn
Mitglieder: rd. 1200000

Interessenvertretung der Einzelmitglieder der Mitgliedsgewerkschaften; Fortentwicklung des Rechts der Beamten und Arbeitnehmer des öffentlichen Dienstes und des privaten Dienstleistungssektors; Festigung des Leistungsprinzips bei Ausgestaltung von Berufgang, Personalsteuerung und Einkommenslage.

Landesbünde

r 598
Beamtenbund Baden-Württemberg e.V.
Postf. 10 05 22, 70004 Stuttgart
Am Hohengeren 12, 70188 Stuttgart
T: (0711) 1 68 76-0   Fax: 1 68 76-76
E-Mail: bbw@bbw.dbb.de
Gründung: 1949

Vorsitzende(r): Horst Bäuerle (T: (0711) 1 68 76-0 (dienstl.))
Stellvertretende(r) Vorsitzende(r): Christel Dettling (Laufener Str. 15, 79114 Freiburg, T: (0761) 2 01 17 52 (dienstl.), (0761) 49 21 40 (privat), Telefax: (0761) 2 01 17 99)
Dieter Berberich (Bruchhäuserweg 12, 69134 Heidelberg, T: (06221) 99 10 32 (dienstl.), (06221) 78 43 14 (privat), Fax: (06221) 78 43 15 (privat))
Dorothea Faisst-Steigleder (Am Wiesenrain 27, 89522 Heidenheim, T: (07321) 38 15 23 (dienstl.), (07321) 7 16 73 (privat), Fax: (07321) 97 30 93)
Volker Stich (Siegfriedstr. 31, 69198 Schriesheim, T: (0711) 2 39 62 50 (dienstl.), (06203) 95 27 50 (privat), Fax: (06203) 8 39 91 03)
Dr. Rainer Ullrich (Im Hörnle 34, 72800 Eningen, T: (0711) 2 79-38 56/7 (dienstl.), (07121) 8 87 63 (privat), Telefax: (07121) 88 03 24)
Geschäftsführer(in): Susanne Hauth (T: (0711) 1 68 76-0 dienstl.
Wolfgang Steng (T: (0711) 1 68 76-0 (dienstl.))
Verbandszeitschrift: BBW Magazin
Redaktion: Heike Eichmeier, Abraham-Wolf-Str. 50, 70597 Stuttgart
Verlag: VVA Düsseldorf

r 599
Bayerischer Beamtenbund e.V.
Schwanthalerstr. 21, 80336 München
T: (089) 55 25 88-0   Fax: 55 25 88-50
Internet: http://www.bbb.dbb.de
E-Mail: post@bbb.dbb.de
Vorsitzende(r): MdS Dieter Kattenbeck
Geschäftsführer(in): Michael Rosch

r 600
Deutscher Beamtenbund Landesbund Berlin
Mommsenstr. 58, 10629 Berlin
T: (030) 32 79 52-0   Fax: 32 79 52-20
Vorsitzende(r): Joachim Jetschmann

r 601
Deutscher Beamtenbund Brandenburg
Jägerallee 22, 14469 Potsdam
T: (0331) 2 75 36 00   Fax: 2 75 36 02
Vorsitzende(r): Heinz-Egon Müller

r 602
DBB - Landesbund Bremen
Dobbenweg 9, 28203 Bremen
T: (0421) 70 00 43   Fax: 70 28 26
Vorsitzende(r): Gerhard Godehus-Meyer
Leitung Presseabteilung: Ingo Riemer

r 603
DBB - Landesbund Hamburg
Axel-Springer-Platz 2, 20355 Hamburg
T: (040) 2 51 39 26   Fax: 2 51 38 27
Vorsitzende(r): Valentin Schiedek

r 604
DEUTSCHER BEAMTENBUND Hessen e.V.
Eschersheimer Landstr. 162, 60322 Frankfurt
T: (069) 28 17 80   Fax: 28 29 46
Internet: http://www.dbbhessen.de
E-Mail: mail@dbbhessen.de
Vorsitzende(r): Walter Spieß

r 605
DBB - Landesbund Mecklenburg-Vorpommern
Heinrich-Mann-Str. 18, 19053 Schwerin
T: (0385) 5 81 06 54, 5 81 10 50   Fax: 5 81 10 49
Vorsitzende(r): Hermann Warner

r 606
DBB - Landesbund Niedersachsen e.V.
Große Packhofstr. 28, 30159 Hannover
T: (0511) 3 53 98 83   Fax: 3 53 98 83-6
Vorsitzende(r): Roland Neßler

r 607
DBB - Landesbund Nordrhein-Westfalen
Postf. 32 02 46, 40417 Düsseldorf
Gartenstr. 22, 40479 Düsseldorf
T: (0211) 49 15 83-0   Fax: 49 15 83-10
Vorsitzende(r): Erich Steffen

r 608
DBB Rheinland-Pfalz
Postf. 17 06, 55007 Mainz
Adam-Karrillon-Str. 62, 55118 Mainz
T: (06131) 61 13 56   Fax: 67 99 95

r 608

E-Mail: post@dbb-rlp.de
Gründung: 1949
Vorsitzende(r): Brigitte Stopp
Leitung Presseabteilung: Malte Hestermann
Mitglieder: 62000 in Rheinland-Pfalz

r 609

DBB - Landesbund Saar
Postf. 10 06 64, 66006 Saarbrücken
Hohenzollernstr. 41, 66117 Saarbrücken
T: (0681) 5 17 08   Fax: 58 18 17
Internet: http://www.saar.dbb.de
E-Mail: post@dbb-saar.de
Vorsitzende(r): Artur Folz
Leitung Presseabteilung: Ewald Linn

r 610

Sächsischer Beamtenbund
Theresienstr. 15, 01097 Dresden
T: (0351) 81 15 70-20, 81 15 70-21, 81 15 70-22, 4 71 68 24
Fax: 81 15 70 28, 4 71 68 27
Internet: http://www.sbb.dbb.de
E-Mail: post@sbb.dbb.de
Vorsitzende(r): Frank Conrad (DPolG)
Geschäftsführer(in): Petra Uhlig

r 611

DBB - Landesbund Sachsen-Anhalt
Schleinufer 12, 39104 Magdeburg
T: (0391) 5 61 94 50   Fax: 5 61 94 59
Vorsitzende(r): Dr. Werner-Eckhard Böhm

r 612

DBB - Landesbund Schleswig-Holstein e.V.
Muhliusstr. 65, 24103 Kiel
T: (0431) 67 50 81   Fax: 67 50 84
Vorsitzende(r): Wolfgang Blödorn

r 613

Thüringer Beamtenbund (TBB)
Juri-Gagarin-Ring 68, 99084 Erfurt
T: (0361) 65 99 60   Fax: 6 59 96 99
Landesvorsitzende(r): Andreas Witschel (Max-Küstner-Str. 3, Friedrichroda, T: (03623) 30 48 05 (privat); Bildungszentrum der Thüringer Steuerverwaltung Gotha, T: (03621) 2 32 00)
Stellv. Landesvors.: Gunda Lämmer (Sankt Adelheid 23a, 07973 Greiz-Schönfeld, T: (03661) 67 28 77 (privat), (03661) 70 00 (dienstlich))
Helmut Liebermann (An den Gartenwiesen 5, 96524 Rottmar, T: (036764) 7 09 72)
Burkhard Zamboni (Lessingstr. 32, 99425 Weimar, T: (03643) 40 21 78 (privat), (036691) 4 41 07)

Bundesbeamtenverbände

● R 614

Postf. 17 03 01, 60077 Frankfurt
Westendstr. 52, 60325 Frankfurt
T: (069) 71 40 01-0   Fax: 71 40 01-41
Internet: http://www.gdba.de
E-Mail: service@gdba.de
Vorsitzende(r): Robert Dera

Wahrung und Förderung der beruflichen und sozialen Belange der Mitarbeiter im Konzern der Deutschen Bahn AG, in den für die Eisenbahnen des Bundes zuständigen Bundesbehörden sowie in Verkehrsbetrieben.

● R 615

Kommunikationsgewerkschaft DPV im DBB (DPVKOM)
Postf. 14 31, 53004 Bonn
Schaumburg-Lippe-Str. 5, 53113 Bonn
T: (0228) 9 11 40-0   Fax: 9 11 40-98
Internet: http://www.dpvkom.de
E-Mail: dpvkom-bgst@t-online.de
Gründung: 1890
Bundesvorsitzende(r): Willi Russ
Bundesgeschäftsführer(in): Robert Loosen
Leitung Presseabteilung: Peter Jagst
Verbandszeitschrift: DPV KOM Das Magazin
Redaktion: DPV KOM
Verlag: Wirtschafts GmbH d. DPV, Postf. 14 31, 53004 Bonn.
Mitglieder: 53000

● R 616

Bund der Deutschen Zollbeamten - Gewerkschaft Zoll und Finanzen - im Deutschen Beamtenbund (BDZ)
Rheinweg 33, 53113 Bonn
T: (0228) 23 00 31-32   Fax: 23 70 29
Internet: http://www.bdz.dbb.de
E-Mail: meyer@bdz.dbb.de
Gründung: 1948
Vorsitzende(r): Ronald Hilgert
Leitung Presseabteilung: Andreas Meyer
AnzeigenL.: Bianca Wölper
Verbandszeitschrift: BDZ Magazin/der deutsche Zollbeamte
Redaktion: ddz
Verlag: BDZ, Rheinweg 33, 53113 Bonn
Mitglieder: rd. 30000
Mitarbeiter: 10

Bezirksverbände in: Baden, Berlin, Brandenburg, Bremen, BMF, Düsseldorf, Hamburg, Hessen, Köln, Mecklenburg-Vorpommern, Niedersachsen, Nürnberg, Rheinland-Pfalz, Saarland, Sachsen, Sachsen-Anhalt, Schleswig-Holstein, Südbayern, Thüringen, Westfalen, Württemberg

Vertretung und Förderung der beruflichen und sozialen Belange der Angehörigen der Bundesfinanzverwaltung.

● R 617

Gewerkschaft Deutscher Lokomotivführer im Deutschen Beamtenbund (GDL)
Baumweg 45, 60316 Frankfurt
T: (069) 40 57 09-0   Fax: 40 57 09 40
E-Mail: gdl-hv@t-online.de
Gründung: 1867 (1. Januar)
Vorsitzende(r): Manfred Schell
Leitung Presseabteilung: Gerda Seibert
Verbandszeitschrift: GDL-Magazin VORAUS

● R 618

Gewerkschaft der Sozialversicherung (GdS) im DBB
Postf. 33 01 63, 53203 Bonn
Müldorfer Str. 23, 53229 Bonn
T: (0228) 97 76 10   Fax: 9 77 61-46
Vorsitzende(r): Klaus M. Dauderstädt
Geschäftsführer(in): Siglinde Hasse (Stv.)
Wilfried Macke (Stv.)

● R 619

Verband der Beamten der Bundeswehr e.V. im Deutschen Beamtenbund (VBB)
Baumschulallee 18a, 53115 Bonn
T: (0228) 65 23 38   Fax: 63 99 60
Internet: http://www.vbb.dbb.de
E-Mail: mail@vbb.dbb.de
Vorsitzende(r): Thorolf Schulte
Leitung Presseabteilung: Klaus-Jürgen Achterberg

● R 620

Verband der Beschäftigten der obersten und oberen Bundesbehörden e.V. im Deutschen Beamtenbund (VBOB)
Peter-Hensen-Str. 5-7, 53175 Bonn
T: (0228) 9 57 96 53   Fax: 9 57 96 54
Internet: http://www.vbob.de
E-Mail: vbob@vbob.de
Gründung: 1951 (21. Juni)
Vorsitzende(r): Rainer Schwierczinski
Verbandszeitschrift: VBOB Magazin
Redaktion: Herbert Müller
Mitglieder: 12000

Verfassungskonforme Fortentwicklung des öffentlichen Dienstrechts - Berufsbeamtentum und Tarifrecht des öffentlichen Dienstes. Vertretung und Förderung der berufsbedingten politischen, rechtlichen und sozialen Belange der Mitglieder.

● R 621

Verband der Bundesbankbeamten e.V. (VdB) im Deutschen Beamtenbund
Taunusanlage 5, 60329 Frankfurt

T: (069) 23 88 15 50   Fax: 23 88 15 55
E-Mail: post@vdb.dbb.de
Gründung: 1956
Vorsitzende(r): Karl-Heinz Schmidt (Ltg. Presseabt.)
Verbandszeitschrift: Der Bundesbankbeamte
Redaktion: K.-H. Schmidt, R. Fink, E. Grün
Verlag: Walhalla u. Praetoria Verlag, Wöhrdstr. 12-14, 93059 Regensburg
Mitglieder: 6500
Mitarbeiter: 1
Jahresetat: DM 0,5 Mio, € 0,26 Mio
Geschäftsstelle: Mahrweg 11, 35440 Linden
T: (06403) 27 75

● R 622

Verband der Beamten der Bundesanstalt für Arbeit im Deutschen Beamtenbund (VBBA)
Am Weinberg 2, 90602 Pyrbaum
T: (09180) 1 87 90 18   Fax: 1 87 90 16
Internet: http://www.vbba.dbb.de
E-Mail: vbba.gst@t-online.de
Gründung: 1954
Vorsitzende(r): VAR Heiner Schwarz (An der Schanze 10, 90547 Stein)
Stellvertretende(r) Vorsitzende(r): Waldemar Dombrowski (Stresemannallee 13, 36251 Bad Hersfeld)
Verbandszeitschrift: VBBA-Zeitung "Beamte in der Bundesanstalt für Arbeit"
Redaktion: Pellergasse 9 A, 90475 Nürnberg
Mitglieder: 8500
Mitarbeiter: 1

Landesgruppen

r 623

VBBA-Landesgruppe Nord
Diestelkamp 140, 24340 Eckernförde
Manfred Langhoff

r 624

VBBA-Landesgruppe Niedersachsen-Bremen
Brühlstr. 4, 30169 Hannover
Klaus-Peter Reinhardt

r 625

VBBA-Landesgruppe Nordrhein-Westfalen
Karl-Arnold-Str. 70, 41352 Korschenbroich
T: (02161) 67 31 74
Claudia Puck

r 626

VBBA-Landesgruppe Hessen
Afföllerstr. 25, 35039 Marburg
Axel Lehmann

r 627

VBBA-Landesgruppe Rheinland-Pfalz-Saarland
Ringstr. 40, 67112 Mutterstadt
Heinrich Dietz

r 628

VBBA-Landesgruppe Baden-Württemberg
Riederstr. 18, 70619 Stuttgart
Manfred Sebald

r 629

VBBA-Landesgruppe Bayern
Wilhelmshavener Str. 92, 90425 Nürnberg
Klaus Zenkel

r 630

VBBA-Landesgruppe Berlin-Brandenburg
(Arbeitsamt)
14462 Potsdam
Horstweg 96, 14482 Potsdam
Horst Wisniewski

r 631

VBBA-Landesgruppe Hauptstelle
Regensburger Str. 104, 90478 Nürnberg
Hermann Lahm

r 632

VBBA-Landesgruppe Fachhochschule
Seckenheimer Landstr. 16, 68163 Mannheim
Dr. Jürgen Schneider

r 633
VBBA-Landesgruppe Sachsen
im Landesarbeitsamt
Paracelsusstr. 12, 09114 Chemnitz
Emanuel Hildebrandt

r 634
VBBA-Landesgruppe Sachsen-Anhalt-Thüringen
Merseburger Str. 196 (LAA), 06110 Halle
Karlheinz Bicker

● R 635
Fachverband Wasser- und Schiffahrtsverwaltung im Deutschen Beamtenbund e.V. (FWSV)
Postf. 18 28, 26588 Aurich
T: (04941) 6 02-0   Fax: 60 23 78
Vorsitzende(r): Franz-Josef Mödden

● R 636
Bundesgrenzschutz-Verband -Gewerkschaft der Polizei des Bundes- (bgv)
Mitglied im Deutschen Beamtenbund u. in der Europäischen Polizei Union
Seelower Str. 7, 10439 Berlin
T: (030) 44 67 87 21   Fax: 44 71 43 20
Internet: http://www.bgs-verband.de
E-Mail: post@bgv.dbb.de
Vorsitzende(r): Knut Paul
Verbandszeitschrift: DIE BUNDESPOLIZEI
Redaktion: Ernst G. Walter
Verlag: dpu Verlag und Sozialwerk GmbH, Seelower Str. 7, 10439 Berlin
Berufsverband für den Bundesgrenzschutz.

● R 637
Bundesvereinigung fliegendes Personal der Polizei e.V. (BfPP)
Neue Str. 5, 21279 Wenzendorf
T: (04165) 21 13 60   Fax: 21 13 74
Internet: http://www.bfpp.de
E-Mail: manager@bfpp.de
Gründung: 1989 (8. August)
Bundesvorsitzender: Siegbert Heuser
Stellv. BundesVors: Dieter Lehr
Bundesgeschäftsführer: Ingo Schwarz
Verbandszeitschrift: BfPP-Info
Mitglieder: 450
Mitarbeiter: 5 ehrenamtliche Vorstandsmitglieder

● R 638
Verband der Beschäftigten des gewerblichen Rechtsschutzes im DBB (VBGR)
Morassistr. 2, 80469 München
T: (089) 21 57 84 33   Fax: 21 57 84 33
Vorsitzende(r): Dipl.-Ing. Jürgen Mume

● R 639
Verein der Rechtspfleger im Bundesdienst e.V. (VRB)
c/o Dipl.-Rpfl. Kappl
Mitterwieserstr. 1, 80797 München
T: (089) 6 99 37-226   Fax: 32 38 85 01
E-Mail: kapplt@buerohaus.de
Gründung: 1968 (20. Mai)
Vorsitzende(r): Thomas Kappl (Bundespatentgericht, München, T: (089) 6 99 37-2 26)
Stellv. Vors. u. GeschF: Dirk Eickhoff (Ltg. Presseabt.; Bundespatentgericht, München, T: (089) 6 99 37-2 23)
Verbandszeitschrift: VRB-Aktuell
Mitglieder: 150
Mitarbeiter: 7

● R 640
Deutsche Rechtspflegervereinigung e.V.
Prämienstr. 71, 52076 Aachen
T: (02408) 8 11 15
Bundesvorsitzender: Hubert Küppers
stellv. Bundesvors.: Rainer Ottke
Vorstand: Hans-Werner Lempke
Rudolf Heidrich
Kirsten Roes
Angeschl. Organisationen: 9

● R 641
Verband der Arbeitnehmer der Bundeswehr - VAB - im Deutschen Beamtenbund
Gewerkschaft der Angestellten, Arbeiter und Auszubildenden
Rochusstr. 178, 53123 Bonn
T: (0228) 61 10 12   Fax: 62 46 38
E-Mail: gewerkschaft@vab.dbb.de
Gründung: 1978
Vorsitzende(r): Wolfgang Weiler
Verbandszeitschrift: VAB-aktuell

Bundesfachverbände

● R 642

Fachgewerkschaft der Finanzverwaltung
In der Raste 14 (DSTG-Haus), 53129 Bonn
T: (0228) 5 30 05-0   Fax: 23 90 98
Internet: http://www.dstg.de
E-Mail: dstg-bonn@t-online.de
Vorsitzende(r): Dieter Ondracek
BundesGeschF: RA Rafael Zender
Verbandszeitschrift: "Die Steuer-Gewerkschaft" mit "Steuer-Warte"
Redaktion: Dieter Ondracek, Rafael Zender
Verlag: Steuer-Gewerkschaftsverlag, In der Raste 14, 53129 Bonn
Wahrnehmung der berufsbedingten politischen, rechtlichen, wirtschaftlichen und sozialen Belange aller Mitglieder, insbesondere beim Bundestag, Bundesrat, bei der Bundesregierung und bei den Spitzenorganisationen.

● R 643
KOMBA GEWERKSCHAFT IM DEUTSCHEN BEAMTENBUND FÜR DEN KOMMUNAL- UND LANDESDIENST
Godesberger Allee 125-127, 53175 Bonn
T: (0228) 8 10 01-0   Fax: 8 10 01-22
Internet: http://www.komba.de
E-Mail: bund@komba.de
Bundesvorsitzender: Dipl.-Verwaltungswirt Heinz Ossenkamp
Gewerkschaft für den Kommunal- und Landesdienst (KOMBA).

Landesgewerkschaften

r 644
KOMBA-Gewerkschaft Baden-Württemberg
Im Weingarten 17, 79219 Staufen
T: (07633) 50 03 54   Fax: 50 02 92
Vorsitzende(r): Rudi Thurn

r 645
KOMBA-Gewerkschaft Bayern
Pfeuferstr. 33, 81373 München
T: (089) 77 02 53   Fax: 7 25 09 57
Vorsitzende(r): Gerhard Sixt

r 646
KOMBA-Gewerkschaft Berlin
Uhlandstr. 137, 10717 Berlin
T: (030) 86 42 01 98   Fax: 86 42 01 99
Vorsitzende(r): Jörg Wreh

r 647
KOMBA-Gewerkschaft Brandenburg
Hauptstr. 1, 15377 Bollersdorf
T: (033433) 5 70 41
Vorsitzende(r): Detlef Daubitz

r 648
KOMBA-Gewerkschaft Bremen
Hemmstr. 120, 28215 Bremen
T: (0421) 37 13 60   Fax: 3 79 89 61
Vorsitzende(r): Lothar Rühl

r 649
KOMBA-Gewerkschaft Hamburg
Gerstäckerstr. 9, 20459 Hamburg
T: (040) 3 78 63 90   Fax: 37 86 39 11
Vorsitzende(r): Gerd Hoffmann

r 650
KOMBA-Gewerkschaft Hessen
Braubachstr. 10, 60311 Frankfurt
T: (069) 28 56 13   Fax: 28 56 13
Vorsitzende(r): Reinhard Althanß

r 651
KOMBA-Gewerkschaft Mecklenburg-Vorpommern
Pappelgrund 15A, 19055 Schwerin
T: (0385) 5 50 99 54   Fax: 5 50 99 54
Vorsitzende(r): Hans-Jürgen Gülck

r 652
KOMBA-Gewerkschaft Niedersachsen
Postf. 21 26, 30021 Hannover
Wedekindstr. 32, 30161 Hannover
T: (0511) 3 36 03 06   Fax: 3 36 03 19
Vorsitzende(r): Rüdiger Dittmann

r 653
KOMBA-Gewerkschaft Nordrhein-Westfalen
Postf. 10 10 54, 50450 Köln
Norbertstr. 3, 50670 Köln
T: (0221) 91 28 52-0   Fax: 9 12 85 25
Vorsitzende(r): Ralf Eisenhöfer

r 654
KOMBA-Gewerkschaft Rheinland-Pfalz
Görgenstr. 11, 56068 Koblenz
T: (0261) 3 57 66   Fax: 3 82 57
Vorsitzende(r): Klaus Geiser

r 655
KOMBA-Gewerkschaft Saarland
Rosenstr. 31, 66111 Saarbrücken
T: (0681) 6 13 50   Fax: 6 39 10
Vorsitzende(r): Walter Rodermann

r 656
KOMBA-Gewerkschaft Sachsen
Am Bergborn 3, 01848 Hohnstein
T: (035975) 8 04 97   Fax: 8 04 97
Vorsitzende(r): Helmut Wiersbinski

r 657
KOMBA-Gewerkschaft Sachsen-Anhalt
Kirchberg 11, 06198 Gimritz
T: (034607) 3 41 78
Vorsitzende(r): Sigune Ebert

r 658
KOMBA-Gewerkschaft Schleswig-Holstein
Lerchenstr. 17, 24103 Kiel
T: (0431) 67 33 18   Fax: 67 30 00
Vorsitzende(r): Kai Tellkamp

r 659
KOMBA-Gewerkschaft Thüringen
Juri-Gagarin-Ring 68, 99084 Erfurt
T: (0361) 6 59 96 13   Fax: 6 59 96 99
Vorsitzende(r): Peter Mühlbach

● R 660
Deutscher Philologenverband e.V. im DBB (DPhV)
Bahnhofsweg 8, 82008 Unterhaching
T: (089) 6 25 16 19, 6 25 17 19   Fax: 6 25 18 18
Internet: http://www.dphv.de
1. Vorsitzende(r): OStD Heinz Durner, Unterhaching
Leitung Presseabteilung: Dieter Fengels
Verbandszeitschrift: Profil
Redaktion: Dieter Fengels
Verlag: VVA, Vereinigte Verlagsanstalt GmbH, Höherweg 278, 40231 Düsseldorf

● R 661
Bund der Ruhestandsbeamten, Rentner und Hinterbliebenen im Deutschen Beamtenbund (BRH)
Alicenplatz 4, 55116 Mainz
T: (06131) 22 33 71   Fax: 22 56 25

Internet: http://www.brh.dbb.de
E-Mail: post@brh.de
Leitung Presseabteilung: Dr. Herbert Bartsch
Verbandszeitschrift: Aktiv im Ruhestand
Redaktion: Dr. Herbert Bartsch
Mitglieder: ca. 70000
Mitarbeiter: 5

● R 662
Bund Deutscher Forstleute (BDF)
Bundesgeschäftsstelle:
Lohmühlenstr. 9, 56422 Wirges
T: (02602) 8 17 03   **Fax:** 7 00 87
Internet: http://www.bdf-online.de
Gründung: 1949
Bundesvorsitzende(r): Ortgies Heider (Heitereweg 15, 79183 Waldkirch, T: (07681) 4 77 85 90/2 38 21, Fax: (07681) 4 77 85 99)
Leitung Presseabteilung: Armin Ristau
Verbandszeitschrift: BDF-Aktuell
Redaktion: Silberborner Str. 1, 37586 Dassel

Landesverbände

r 663
Bund Deutscher Forstleute
Landesverband Baden-Württemberg
Pfaffendobel 13, 79256 Buchenbach
T: (07661) 78 74   **Fax:** 9 95 11
Vorsitzende(r): Dieter Thomann (Steigäckerstr. 11, 97877 Wertheim-Waldenhausen)

r 664
Bund Deutscher Forstleute
Landesverband Bayern
An der Zeil 2, 97532 Üchtelhausen
T: (09720) 7 43   **Fax:** 6 03
Vorsitzende(r): Gunter Hahner

r 665
Bund Deutscher Forstleute
Landesverband Berlin
Koenigsallee 80, 14193 Berlin
T: (030) 89 72 77 95   **Fax:** 89 72 77 96
Vorsitzende(r): Elmar Kilz

r 666
Bund Deutscher Forstleute
Landesverband Brandenburg
Landesgeschäftsstelle
Seestr. 7a, 15374 Müncheberg
T: (033432) 73 60 30   **Fax:** 9 18 37
Vorsitzende(r): André Jander

r 667
Bund Deutscher Forstleute
Landesverband Hessen
Mainzer Str. 36, 65599 Dornburg
T: (06436) 64 24   **Fax:** 64 24
Vorsitzende(r): Peter Schönke

r 668
Bund Deutscher Forstleute
Landesverband Mecklenburg-Vorpommern
Dorfstr. 1a, 17379 Rothemühl
T: (039772) 2 03 22   **Fax:** 2 00 11
Vorsitzender: Peter Neumann

r 669
Bund Deutscher Forstleute
Landesverband Niedersachsen
Forsthaus Niederhaverbeck 14, 29646 Bispingen
T: (05198) 98 96 94   **Fax:** 98 96 92
Vorsitzende(r): Ernst-August Bergmann

r 670
Bund Deutscher Forstleute
Landesverband Nordrhein-Westfalen
Siegfriedstr. 48, 42117 Wuppertal
T: (0202) 7 48 98 19   **Fax:** 7 48 98 20
Vorsitzende(r): Bernhard Dierdorf

r 671
Bund Deutscher Forstleute
Landesverband Rheinland-Pfalz
Postf. 14 07, 54464 Bernkastel-Kues
T: (06531) 48 21   **Fax:** 97 15 46
Vorsitzende(r): Hans-Peter Schimpgen

r 672
Bund Deutscher Forstleute
Landesverband Saarland
Zur Keuchinger Flur 35, 66693 Mettlach
T: (06864) 25 93   **Fax:** (06861) 7 79 39
Vorsitzender: Jörg Thielmann

r 673
Bund Deutscher Forstleute
Landesverband Sachsen
Forstweg 4 (Brotenfeld), 08606 Tirpersdorf
T: (037463) 8 47-0   **Fax:** 8 47-20
Vorsitzender: Jan Prignitz

r 674
Bund Deutscher Forstleute
Landesverband Sachsen-Anhalt
Querfurter Str. 22, 06268 Ziegelroda
T: (034672) 6 03 57   **Fax:** 6 03 50
Vorsitzende(r): Thomas Roßbach

r 675
Bund Deutscher Forstleute
Landesverband Schleswig-Holstein
Kiebitzholm, 23795 Negernbötel
T: (04320) 59 73 15   **Fax:** 59 73 73
Vorsitzende(r): Hans Jacobs

r 676
Bund Deutscher Forstleute
Landesverband Thüringen
Waldhaus 7, 07987 Mohlsdorf
T: (03661) 44 06 33   **Fax:** 43 00 38
Vorsitzende(r): Michael Herrmann

r 677
Verband der Bundesforstbediensteten
Berkhoferstr. 14, 30900 Wedemark
T: (05130) 10 02   **Fax:** 10 02
Vorsitzende(r): Gerhard Berges

r 678
BDF - Fachverband Forst e.V.
Geschäftsstelle
Rathausplatz 3, 86420 Diedorf
T: (08238) 96 39 51   **Fax:** 96 39 55
Vorsitzende(r): Dr. Stefan Wagner (Augsburg, T: (0821) 15 56 79)

● R 679
Deutsche Polizeigewerkschaft im DBB (DPolG)
Postf. 10 20, 73010 Göppingen
Maybachstr. 19, 73037 Göppingen
T: (07161) 7 35 17, 7 93 82   **Fax:** 6 96 70
Internet: http://www.dpolg.de
E-Mail: post@dpolg.dbb.de
Verbindungsbüro Berlin: Prenzlauer Allee 36, 10405 Berlin, T: (030) 47 37 81 23 o. -24, Fax: (030) 47 37 81 25, E-Mail: dpolg-bund@t-online.de
Vorsitzende(r): Gerhard Vogler
Bundesgeschäftsführer(in): Paul Grimm
Presse- und Öffentlichkeitsarbeit: Sven-Erik Wecker
Verbandszeitschrift: Polizeispiegel
Redaktion: Hermann J. Friederich
Verlag: mediaS schröter verlag, Schwelmer Str. 156, 42389 Wuppertal

Landesverbände

r 680
Deutsche Polizeigewerkschaft
Landesverband Baden-Württemberg
Moserstr. 28, 70182 Stuttgart
T: (0711) 24 51 41   **Fax:** 2 36 10 53
Internet: http://www.dpolg-bw.de
E-Mail: dpolg-bw@t-online.de
Landesvorsitzende(r): Dieter Berberich
Geschäftsführer(in): Dieter Hoffmann

r 681
Deutsche Polizeigewerkschaft
Landesverband Bayern
Erzgießereistr. 20b, 80335 München
T: (089) 52 60 04   **Fax:** 52 97 25
Internet: http://www.dpolg-bayern.de
E-Mail: dpolg-bayern@t-online.de
Landesvorsitzende(r): Berend Jochem
Geschäftsführer(in): Matthias Godulla

r 682
Deutsche Polizeigewerkschaft
Landesverband Berlin
Calvinstr. 5A, 10557 Berlin
T: (030) 3 93 30 73   **Fax:** 3 93 50 92
Internet: http://www.dpolg-berlin.de
E-Mail: landesleitung@dpolg-berlin.de
Landesvorsitzende(r): Rolf Taßler
Geschäftsführer(in): Robert Tarnowski

r 683
Deutsche Polizeigewerkschaft
Landesverband Brandenburg
Alleestr. 4, 14469 Potsdam
T: (0331) 2 80 44 55   **Fax:** 2 70 85 39
Internet: http://www.dpolg-brandenburg.com
E-Mail: info@dpolg-brandenburg.com
Landesvorsitzende(r): Frank Domanski
Geschäftsführer(in): Thomas Schmidt

r 684
Deutsche Polizeigewerkschaft
Landesverband Bremen
Dobbenweg 9, 28203 Bremen
T: (0421) 6 98 68 13   **Fax:** 6 98 68 60
Internet: http://www.dpolg-bremen.de
E-Mail: landesvorstand@dpolg-bremen.de
Landesvorsitzende(r): Thomas Folz
Geschäftsführer(in): Anja Tietjen

r 685
Deutsche Polizeigewerkschaft
Landesverband Hamburg
Borgfelder Str. 32-34, 20537 Hamburg
T: (040) 25 40 26-0   **Fax:** 25 40 26-10
Internet: http://www.dpolg-hh.de
E-Mail: dpolg@dpolg-hh.de
Landesvorsitzende(r): Joachim Lenders
Geschäftsführer(in): Jibben Großmann
Geschäftsstellenleiterin: Rita Lefeber

r 686
Deutsche Polizeigewerkschaft
Landesverband Hessen
Friedrichstr. 41, 65185 Wiesbaden
T: (0611) 30 16 73   **Fax:** 3 90 89
Internet: http://www.dpolg-hessen.de
E-Mail: kontakt@dpolg-hessen.de
Landesvorsitzende(r): Bernd Vercruysse
Geschäftsführer(in): Karl-Heinz Höbig

r 687
Deutsche Polizeigewerkschaft
Landesverband Mecklenburg-Vorpommern
Dr.-Wilhelm-Külz-Str. 4, 18435 Stralsund
T: (03831) 39 77 16   **Fax:** 39 77 16
Landesvorsitzender: Wolfgang Brinktriene
Geschäftsführer(in): Volker Walther

r 688
Deutsche Polizeigewerkschaft
Landesverband Niedersachsen
Sedanstr. 18, 30161 Hannover
T: (0511) 3 40 97-0   **Fax:** 3 40 97-34
Internet: http://www.dpolg-nds.de
E-Mail: kontakt@dpolg-nds.de
Landesvorsitzende(r): Dirk Hallmann
Geschäftsführer(in): Petra Ersfeld

r 689
Deutsche Polizeigewerkschaft
Landesverband Nordrhein-Westfalen
Dr.-Alfred-Herrhausen-Allee 12, 47228 Duisburg
T: (02065) 70 14 82   **Fax:** 70 14 83
Internet: http://www.dpolg-nrw.de
E-Mail: dpolg-nrw@t-online.de
Landesvorsitzende(r): Rainer Wendt

r 690

**Deutsche Polizeigewerkschaft
Landesverband Rheinland-Pfalz**
Alicenplatz 4, 55116 Mainz
T: (06131) 23 44 88   **Fax:** 22 52 67
Internet: http://www.dpolg-rlp.de
E-Mail: dpolg@t-online.de
Landesvorsitzende(r): Werner Kasel
Geschäftsführer(in): Paul Skorny

r 691

**Deutsche Polizeigewerkschaft
Landesverband Saarland**
Hohenzollernstr. 41, 66117 Saarbrücken
T: (0681) 5 45 52   **Fax:** 76 84 01
E-Mail: dpolgsaar@t-online.de
Landesvorsitzende(r): Willi Kummer
Geschäftsführer(in): Stefan Malter

r 692

**Deutsche Polizeigewerkschaft
Landesverband Sachsen**
Theresienstr. 15, 01097 Dresden
T: (0351) 4 71 68 28   **Fax:** 4 71 68 27
Internet: http://www.dpolg-sachsen.de
E-Mail: geschaeftsstelle@dpolg-sachsen.de
Landesvorsitzende(r): Reinhard Gärtner
Geschäftsführer(in): Frank Conrad

r 693

**Deutsche Polizeigewerkschaft
Landesverband Sachsen-Anhalt**
Randauer Str. 52, 39218 Schönebeck
T: (03928) 40 33 15   **Fax:** 40 33 15
Landesvorsitzende(r): Günter Pruvost
Geschäftsführer(in): Wolfgang Klimeczek

r 694

**Deutsche Polizeigewerkschaft
Landesverband Schleswig-Holstein**
Am Kreishafen 2, 24768 Rendsburg
T: (04331) 2 91 31   **Fax:** 5 55 35
Internet: http://www.dpolg-sh.de
E-Mail: dpolg-sh@t-online.de
Landesvorsitzende(r): Hagen Elger

r 695

**Deutsche Polizeigewerkschaft
Landesverband Thüringen**
Schwerborner Str. 33, 99086 Erfurt
T: (0361) 7 39 72 51   **Fax:** 7 39 72 55
Internet: http://www.dpolg_thueringen.de
E-Mail: dpolg-thueringen@t-online.de
Landesvorsitzende(r): Jürgen Hoffmann
Geschäftsstelle: Andreas Blüml

r 696

**Deutsche Polizeigewerkschaft
Fachgruppe Bundeskriminalamt**
Thaerstr. 11, 65193 Wiesbaden
T: (0611) 55-12395
Vorsitzende(r): Brigitte Becker

r 697

**Deutsche Polizeigewerkschaft
Fachverband Bundespolizei**
Am Flugplatz 4, 23560 Lübeck
T: (0451) 50 40-155   **Fax:** 50 40-154
Internet: http://www.dpolg.com
E-Mail: dpolg.bupol@gmx.de
Vorsitzende(r): Hans-Joachim Zastrow
Geschäftsführer(in): Wolfgang Kwiring

● R 698

**Gewerkschaft der
Sozialverwaltung im DBB (GdV)**
Im Lag 25, 56112 Lahnstein
T: (02621) 6 15 47   **Fax:** 92 63 17
Internet: http://www.gdv.dbb.de
E-Mail: dornbusch@gdv.dbb.de
Gründung: 1949 in Köln
Vorsitzende(r): Adalbert Dornbusch (Im Lag 25, 56112 Lahnstein)
Verbandszeitschrift: Die Versorgungsverwaltung
Redaktion: Arnim Franke, Gildenstr. 1, 53474 Ahrweiler
Verlag: SZ Verlag, Herbert W. Schallowetz GmbH, Postf. 31 29, 53757 St. Augustin

● R 699

**Deutsche Justiz-Gewerkschaft im Deutschen
Beamtenbund (DJG)**
Geschäftsstelle
An der Mosebecke 13, 32758 Detmold
T: (05231) 35 91 36   **Fax:** 35 91 37
Internet: http://www.deutsche-justiz-gewerkschaft.de
E-Mail: mixdmix@aol.com
Bundesvorsitzende(r): Horst Mix
Stellvertretende(r) Vorsitzende(r): Friedhelm Stephan

Vertretung und Förderung der beruflichen, wirtschaftlichen und sozialen Interessen der seinen Mitgliedsverbänden angeschlossenen deutschen Justizbediensteten.

● R 700

Deutsche Justiz-Gewerkschaft
Fachbereich Soziale Dienste
Fritz-Hirsch-Str. 11, 76646 Bruchsal
T: (07251) 74-24 96   **Fax:** 74-20 55
E-Mail: maeder@djg.dbb.de
Vorsitzende(r): Rudolf Mäder
Stellvertretende(r) Vorsitzende(r): Hartmut Hirsch, Josef Greif
Verbandszeitschrift: DJG Magazin
Redaktion: Horst Mix, Kohlklinge 6, 69469 Weinheim, T: (06201) 2 24 28, Telefax: (06201) 2 24 28
Mitglieder: 450

Der Fachbereich Soziale Dienste ist die gewerkschaftliche Spitzenvertretung der hauptamtlichen Bewährungs- und Gerichtshelfer und der Sozialarbeiter in der Führungsaufsicht in Deutschland. Sein Zweck ist die Vertretung und die Förderung der berufspolitischen, rechtlichen und sozialen Belange seiner Mitglieder. Er ist die gewerkschaftliche Vertretung gegenüber der Bundesregierung und den Parteien des Deutschen Bundestages.

Mitgliedsverbände

r 701

**Deutsche Justiz-Gewerkschaft Landesverband
Baden-Württemberg**
Fachbereich soziale Dienste
Im Schloßhof 3, 76646 Bruchsal
T: (07251) 74-24 96   **Fax:** 74-20 55
Fachbereichsvors: Rudolf Mäder

r 702

**Deutsche Justiz-Gewerkschaft Landesverband
Bayern**
Brennerstr. 106, 96052 Bamberg
T: (0951) 8 33-2405
Vorsitzende(r): Franz Eckert

r 703

**Deutsche Justiz-Gewerkschaft Landesverband
Hessen**
Fachbereich Soziale Dienste
Darmstädter Str. 56, 64625 Bensheim
T: (06251) 6 40 84
Fachbereichsvors: Gerald Bender

r 704

**Deutsche Justiz-Gewerkschaft Landesverband
Rheinland-Pfalz**
Fachbereich Soziale Dienste
Brotstr. 8-9, 54290 Trier
T: (0651) 9 78 53-21   **Fax:** 9 78 53-19
Fachbereichsvors: Josef Greif

r 705

**Deutsche Justiz-Gewerkschaft Landesverband
Thüringen**
Fachbereich Soziale Dienste
Puschkinplatz 7, 07545 Gera
T: (0365) 8 22 37 43   **Fax:** 8 33 71 10
Fachbereichsvors: Anke Freitag

r 706

Verband der Sozialarbeiter in der Niedersächsischen Strafrechtspflege e.V.
Bödekerstr. 1, 30161 Hannover
T: (0511) 34 47 47
Vorsitzende(r): Karin-Ingeborg Froese

r 707

Landesverband der Sozialarbeiter in der Strafrechtspflege NW
Kaiserswerther Str. 256, 40474 Düsseldorf
T: (0211) 43 54-143
Vorsitzende(r): Sabine Libuda

r 708

Verband der Bewährungshelfer im Saarland
Saarbrücker Str. 2, 66538 Neunkirchen
T: (06821) 90 97 23   **Fax:** 90 97 97
Vorsitzende(r): Wolfgang Karb

r 709

**Deutsche Justiz-Gewerkschaft
Fachbereich Soziale Dienste**
Altonaer Str. 35, 24534 Neumünster
T: (04321) 4 40 14-12   **Fax:** 4 40 14-21
Vorsitzende(r): Burkhard Ertel

● R 710

**Bund der Strafvollzugsbediensteten
Deutschlands (BSBD)**
Vopeliusstr. 3a, 66280 Sulzbach
T: (06897) 5 31 77   **Fax:** 5 10 33
Gründung: 1950
Vorsitzende(r): Oberamtsrat Wolfgang Schröder
Verbandszeitschrift: Der Vollzugsdienst
Mitglieder: 25000
Mitarbeiter: 7

Vertretung und Förderung der beruflichen, wirtschaftlichen und sozialen Interessen der seinen Mitgliedsverbänden angeschlossenen deutschen Strafvollzugsbediensteten.

● R 711

**Deutscher Gerichtsvollzieher Bund e.V. im
Deutschen Beamtenbund Sitz Berlin (DGVB)**
Bundesgeschäftsstelle:
Longericher Str. 225, 50739 Köln
T: (0221) 1 70 35 15   **Fax:** 1 70 35 14
Gründung: 1909 (15. Januar)
Vorsitzende(r): Eduard Beischall
Verbandszeitschrift: Deutsche Gerichtsvollzieher-Zeitung
Verlag: Longericher Str. 225, 50739 Köln
Mitglieder: ca. 3500 in 16 Landesverbänden

● R 712

**Deutsche Verwaltungs-Gewerkschaft (DVG)
im Deutschen Beamtenbund (DBB)**
Postf. 41 23, 55031 Mainz
T: (06135) 12 58   **Fax:** 12 58
E-Mail: post@dvg.dbb.de
Gründung: 1960
Vorsitzende(r): Adolf Mittermeier, Landshut
Geschäftsführer(in): Hermann Emons, Gau-Bischofsheim

● R 713

Verband Bildung und Erziehung e.V. (VBE)
Dreizehnmorgenweg 36, 53175 Bonn
T: (0228) 95 99 30   **Fax:** 37 89 34
Internet: http://www.vbe.de
E-Mail: bundesverband@vbe.de
Gründung: 1974 (11. Oktober)
Vorsitzende(r): Dr. Ludwig Eckinger
Geschäftsführer(in): Michael Zimmermann
Verbandszeitschrift: FORUM E
Redaktion: Hjalmar Brandt
Verlag: Druck- und Verlagshaus Alois Erdl KG, Schließfach, Trostberg
Mitglieder: 140000 (1993)

Der VBE hat die Aufgabe, sich aller Fragen anzunehmen, die den Wirkungskreis der Lehrer und Erzieher und ihre Stellung in Staat und Gesellschaft berühren. Er arbeitet mit an einer zeitgerechten Gestaltung unseres Bildungswesens. Er vertritt die berufspolitischen, rechtlichen und sozialen Interessen der Mitglieder.

Geschäftsstellen der Landesverbände

r 714
VBE-Landesverband Baden-Württemberg e.V.
Am Hohengeren 12, 70188 Stuttgart
T: (0711) 46 18 46   Fax: 46 22 99
Internet: http://www.vbe-bw.de

r 715
Bayerischer Lehrer- und Lehrerinnenverband e.V. (BLLV) im VBE
Bavariaring 37, 80336 München
T: (089) 72 10 01-0   Fax: 7 25 03 24
Internet: http://www.bllv.de

r 716
VBE-Landesverband Berlin
Ebersstr. 10, 10827 Berlin
T: (030) 7 87 95 40   Fax: 78 79 54 11
Internet: http://members.aol.com/vbeberlin

r 717
Brandenburgischer Pädagogen-Verband (BPV) im VBE
Carl-von-Ossietzky-Str. 1, 03046 Cottbus
T: (0355) 82 11 63   Fax: 82 11 64

r 718
VBE-Landesverband Bremen e.V.
Körnerstr. 39, 27576 Bremerhaven
T: (0471) 5 32 80   Fax: 50 33 97

r 719
Deutscher Lehrerverband Hamburg e.V. (DL-H) im VBE
Papenstr. 18, 22089 Hamburg
T: (040) 25 52 72   Fax: 2 50 59 49

r 720
VBE-Landesverband Hessen
Niedergärtnerstr. 9, 63533 Mainhausen
T: (06182) 89 75 10   Fax: 89 75 11
Internet: http://come.to/vbe-hessen

r 721
VBE-Landesgeschäftsstelle Mecklenburg-Vorpommern
Pappelgrund 15a, 19055 Schwerin
T: (0385) 55 54 97   Fax: 5 50 74 13
Internet: http://www.vbe.mv.de

r 722
VBE-Landesverband Niedersachsen e.V.
Prof.-Algermissen-Str. 31, 31177 Harsum
T: (05127) 66 45   Fax: 61 81
Internet: http://www.vbe.nds.de

r 723
VBE-Landesverband Nordrhein-Westfalen
Westfalendamm 247, 44141 Dortmund
T: (0231) 43 38 61   Fax: 43 38 64
Internet: http://www.vbe-nrw.de

r 724
VBE-Landesverband Rheinland-Pfalz
Postf. 42 07, 55032 Mainz
T: (06131) 61 64 22   Fax: 61 64 25
Internet: http://www.vbe-rp.de

r 725
Saarländischer Lehrerinnen- und Lehrerverband e.V. (SLLV) im VBE
Lisdorfer Str. 21b, 66740 Saarlouis
T: (06831) 4 94 40   Fax: 4 66 01
Internet: http://www.sllv.de

r 726
VBE-Landesgeschäftsstelle Sachsen
Kaiserstr. 59, 08523 Plauen
T: (03741) 22 61 58   Fax: 22 61 58

r 727
VBE-Landesgeschäftsstelle Sachsen-Anhalt
Falladaweg 8, 06126 Halle
T: (0345) 6 87 21 77   Fax: 6 87 21 78
Internet: http://www.vbe-lsa.de

r 728
VBE-Landesverband Schleswig-Holstein
Muhliusstr. 65, 24103 Kiel
T: (0431) 67 47 00   Fax: 67 39 78
Internet: http://www.vbe-sh.de

r 729
Thüringer Lehrerverband (TLV) im VBE
Werner-Seelenbinder-Str. 14, 99096 Erfurt
T: (0361) 6 02 13 23   Fax: 6 02 13 24
Internet: http://www.tlv.de

● **R 730**

Verband Deutscher Realschullehrer

Verband Deutscher Realschullehrer im Deutschen Beamtenbund (VDR)
Bundesgeschäftsstelle:
Dachauer Str. 44b, 80335 München
T: (089) 55 38 76   Fax: 55 38 19
E-Mail: gross@vdr.dbb.de
Vorsitzende(r): Hans Thielen
Geschäftsführer(in): Susanne Groß
Verbandszeitschrift: Realschule in Deutschland

● **R 731**
BTE Gewerkschaft Meß- und Eichwesen im Deutschen Beamtenbund
Bund der Technischen Eichbeamten, Angestellten und Arbeiter
(Eichamt)
Postf. 10 03 40, 85003 Ingolstadt
Gerhart-Hauptmann-Str. 69, 85055 Ingolstadt
T: (0841) 9 54 76-0   Fax: 9 54 76 34
Internet: http://www.bte.dbb.de
E-Mail: bte@bte.dbb.de, BTE.Gewerkschaft@t-online.de
Gründung: 1954 (24. April)
Vorsitzende(r): Dipl.-Ing. (FH) Horst Krumpholz
Leitung Presseabteilung: Ewald Schmidt
Werner Köhler
Verbandszeitschrift: Informationen zum Eichwesen
Redaktion: Horst Krumpholz; Hans-Friedrich Behrendt; Ewald Schmidt
Verlag: Eigenverlag
Mitgliedsverbände: in sämtlichen Bundesländern Landesverbände

● **R 732**
Bundesverband der Ärzte des öffentlichen Gesundheitsdienstes e.V.
Am Irrgarten 3-9, 21073 Hamburg
T: (040) 4 28 71 23 01   Fax: 77 58 99
Gründung: 1950 (30. September)
1. Vorsitzende(r): Ltd.Med.Dir. Dr. Burkhardt Jaeschke (Gesundheits- und Umweltamt Harburg, Am Irrgarten 3-9, 21073 Hamburg, T: (040) 4 28 71 23 00, Telefax: (040) 77 58 99, e-mail: dr.jaeschke@aerzte.dbb.de
2. Vorsitzende(r): Dr. Dietmar Laue (Gesundheitsamt Borna, Pawlowstr. 56, 04552 Borna, T: (03433) 24 15 31, Telefax: (03433) 24 15 88)
Schatzmeister: Ltd.Med.Dir. Dr. Gerhard Reimers (Gesundheitsamt Hildesheim, Ludolfingerstr. 2, 31132 Hildesheim, T: (05121) 30 97 55, Telefax: (05121) 30 98 01)
Schriftführer(in): Ltd.Med.Dir. Dr. Harald Mayer (Gesundheitsamt Wiesbaden, Dotzheimer Str. 38, 65185 Wiesbaden, T: (0611) 31 28 17, Telefax: (0611) 31 39 71)
Verbandszeitschrift: Das Gesundheitswesen
Verlag: Thieme Verlag, Stuttgart
Berufsverband der vorwiegend an Gesundheitsämtern tätigen Ärzte und Zahnärzte des ÖGD.

Landesverbände

r 733
Bundesverband der Ärzte des öffentlichen Gesundheitsdienstes e.V.
Landesverband Baden-Württemberg
Ziegelstr. 27, 73431 Aalen
T: (07361) 93 03 44   Fax: 93 03 22
Vorsitzende(r): Dr. Klaus R. Walter

r 734
Bundesverband der Ärzte des öffentlichen Gesundheitsdienstes e.V.
Landesverband Bayern
Pater-Joseph-Anton-Str. 14, 84503 Altötting
T: (08671) 50 29 00   Fax: 50 29 30
Vorsitzende(r): Dr. August Leitl

r 735
Bundesverband der Ärzte des öffentlichen Gesundheitsdienstes e.V.
Landesverband Berlin
Grünstadter Weg 2, 12559 Berlin
T: (030) 98 20 75 07   Fax: 98 20 75 15
Vorsitzende(r): Dr. Waltraud Wiesner-Balcke

r 736
Bundesverband der Ärzte des öffentlichen Gesundheitsdienstes e.V.
Landesverband Brandenburg
Bäckerstr. 1, 14467 Potsdam
T: (0331) 2 89 23-79   Fax: 2 89 23-53
Vorsitzende(r): Dipl.-Med. Karola Kaiser

r 737
Bundesverband der Ärzte des öffentlichen Gesundheitsdienstes e.V.
Landesverband Bremen
Horner Str. 60-70, 28203 Bremen
T: (0421) 3 61 62 29   Fax: 36 11 56 00
Vorsitzende(r): Dr. Eberhard Zimmermann

r 738
Bundesverband der Ärzte des öffentlichen Gesundheitsdienstes e.V.
Landesverband Hamburg
Besenbinderhof 41, 20097 Hamburg
T: (040) 4 28 54 46 26   Fax: 4 28 54 25 85
Vorsitzende(r): Dr. Christa-Maria Ruf

r 739
Bundesverband der Ärzte des öffentlichen Gesundheitsdienstes e.V.
Landesverband Hessen
Schwanallee 23, 35037 Marburg
T: (06421) 18 91 00   Fax: 18 91 65
Vorsitzende(r): Dr. Claudia Kuhnhen

r 740
Bundesverband der Ärzte des öffentlichen Gesundheitsdienstes e.V.
Landesverband Mecklenburg-Vorpommern
Postf. 11 00, 17192 Waren
T: (03991) 78 23 80   Fax: 78 23 82
Vorsitzende(r): Dr. Stefan Merkel

r 741
Bundesverband der Ärzte des öffentlichen Gesundheitsdienstes e.V.
Landesverband Niedersachsen
Theaterplatz 4, 37073 Göttingen
T: (0551) 4 00 48 02   Fax: 4 00 49 30
Vorsitzende(r): Dr. Wilhelm-Reinhard Wienecke

r 742
Bundesverband der Ärzte des öffentlichen Gesundheitsdienstes e.V.
Landesverband Nordrhein-Westfalen
Neumarkt 15-21, 50667 Köln
T: (0221) 22 12 60 48   Fax: 22 12 47 75
Vorsitzende(r): Dr. Jan Leidel

r 743
Bundesverband der Ärzte des öffentlichen Gesundheitsdienstes e.V.
Landesverband Rheinland-Pfalz
Paulinstr. 60, 54292 Trier
T: (0651) 1 44 31 31   Fax: 1 44 31 00
Vorsitzende(r): Dr. Harald Michels

r 744

Bundesverband der Ärzte des öffentlichen Gesundheitsdienstes e.V.
Landesverband Saarland
Mommstr. 31, 66606 St Wendel
T: (06851) 80 14 78   Fax: 80 14 70
Vorsitzende(r): Dr. Thomas Lamberty

r 745

Bundesverband der Ärzte des öffentlichen Gesundheitsdienstes e.V.
Landesverband Sachsen
Großbothener Str. 31, 04668 Großbardau
T: (03437) 98 45 10   Fax: 98 45 13
Vorsitzende(r): Dr. Regine Krause-Döring

r 746

Bundesverband der Ärzte des öffentlichen Gesundheitsdienstes e.V.
Landesverband Sachsen-Anhalt
Nordstr. 5, 06618 Naumburg
T: (03445) 73 23 71   Fax: 20 27 82
Vorsitzende(r): Dipl.-Med. Hartmut Wurzbacher

r 747

Bundesverband der Ärzte des öffentlichen Gesundheitsdienstes e.V.
Landesverband Schleswig-Holstein
Kaiserstr. 8, 24768 Rendsburg
T: (04331) 20 22 45   Fax: 20 25 65
Vorsitzende(r): Dr. Peter Idel

r 748

Bundesverband der Ärzte des öffentlichen Gesundheitsdienstes e.V.
Landesverband Thüringen
Pauritzer Platz 2-3, 04600 Altenburg
T: (03447) 58 68 10   Fax: 58 68 44
Vorsitzende(r): Dr. Bernhard Blüher

● R 749

Verband Hochschule und Wissenschaft im Deutschen Beamtenbund (VHW)
Gartenstr. 6, 69493 Hirschberg
T: (06201) 5 11 33   Fax: 5 82 97
Internet: http://www.vhw-bund.de
E-Mail: drepw@aol.com
Gründung: 1973 (18. Juni)
Vorsitzende(r): Prof. Dr. Elke Platz-Waury (E-Mail: elke.platz-waury@vhw-bund.de)
Verbandszeitschrift: VHW Mitteilungen

● R 750

Bundesverband der Lehrer an Wirtschaftsschulen e.V. (VLW)
Geschäftsstelle:
Wehlauer Str. 107, 76139 Karlsruhe
T: (0721) 68 69 75   Fax: 6 76 14
Internet: http://www.vlw.de
E-Mail: vlw-bund@vlw.de
Gründung: 1908
Bundesvorsitzende(r): Dipl.rer.pol. (techn.) Manfred Weichhold (Wehlauer Str. 107, 76139 Karlsruhe)
Verbandszeitschrift: Wirtschaft und Erziehung
Redaktion: Helmut Hahn
Verlag: Heckners Verlag, Postf. 15 59, 38285 Wolfenbüttel
Mitglieder: 18000
Mitgliedsverbände: 16 Landesverbände

Mitgestaltung des kaufmännischen Schulwesens und der beruflichen Bildung; gewerkschaftliche Interessenvertretung der Einzelmitglieder unserer Landesverbände; Verbesserung der pädagogischen und der beruflichen Situation.

Landesverbände

r 751

Verband der Lehrer an Wirtschaftsschulen in Baden-Württemberg e.V.
Friedenstr. 4, 68542 Heddesheim
T: (06203) 49 24 14   Fax: 40 69 85
Internet: http://www.vlw-bw.de
E-Mail: vlw-bw@t-online.de

r 752

Verband der Lehrer an beruflichen Schulen (VLB)
Dachauer Str. 4, 80335 München
T: (089) 59 52 70   Fax: 5 50 44 43
Internet: http://www.vlb-bayern.de
E-Mail: vlbbayern@aol.com

r 753

Verband der Lehrer an Wirtschaftsschulen e.V.
Mommsenstr. 58, 10629 Berlin
T: (030) 32 79 52-0   Fax: 32 79 52-20
E-Mail: roswita.mw@t-online.de

r 754

Verband der Lehrer an Wirtschaftsschulen e.V.
Drebkauer Str. 43, 03050 Cottbus
T: (0355) 4 85 48 65   Fax: 4 85 48 65
E-Mail: vlw.cottbus@t-online.de

r 755

Verband der Lehrer an Wirtschaftsschulen Landesverband Bremen e.V.
Lindenstr. 19, 27721 Ritterhude
T: (0421) 6 36 14 57   Fax: 6 36 75 12

r 756

Verband Hamburg der Lehrer an Wirtschaftsschulen e.V.
c/o DL Hamburg
Papenstr. 18, 22089 Hamburg
T: (040) 25 52 72   Fax: 2 50 59 49
Internet: http://www.members.aol.com/vlwhh/de
E-Mail: vlwhh@aol.com

r 757

Gesamtverband der Lehrerinnen und Lehrer an beruflichen Schulen in Hessen e.V. (GLB)
Wallweg 38, 63450 Hanau
T: (06181) 25 22 78   Fax: 25 22 87
Internet: http://www.home.t-online.de/home/glb.hessen/
E-Mail: glb.hessen@t-online.de

r 758

Verband der Lehrer an Wirtschaftsschulen Landesverband Mecklenburg-Vorpommern
Friedensstr. 4, 19053 Schwerin
T: (0385) 7 85 18 50   Fax: 7 85 19 12
E-Mail: bs-wirtschaft-schwerin@t-online.de

r 759

Verband der Lehrerinnen und Lehrer an Wirtschaftsschulen
Landesverband Niedersachsen
Maschhop 38, 38536 Meinersen
T: (05372) 4 11   Fax: 97 43 03
E-Mail: vlwn@aol.com

r 760

Verband der Lehrerinnen und Lehrer an Wirtschaftsschulen
Landesverband Nordrhein-Westfalen e.V.
Klever Str. 35, 40477 Düsseldorf
T: (0211) 4 91 02 08   Fax: 4 98 34 18
E-Mail: info@vlw.de

r 761

Verband der Lehrerinnen und Lehrer an Wirtschaftsschulen e.V.
Landesverband Rheinland-Pfalz
Holbeinstr. 10, 67061 Ludwigshafen
T: (0621) 58 12 50   Fax: 58 12 60
Internet: http://www.vlw-rlp.de
E-Mail: jooss@vlw-rlp.de

r 762

Verband der Lehrerinnen und Lehrer an Wirtschaftsschulen im Saarland e.V.
Aehlenbach 31, 66646 Marpingen
T: (06853) 92 29 55   Fax: 92 29 56
E-Mail: hahn.vlw@t-online.de

r 763

Verband der Lehrer an Wirtschaftsschulen in Sachsen e.V.
Postf. 30 07 12, 02812 Görlitz
Untermarkt 21, 02826 Görlitz
T: (03581) 41 18 18
E-Mail: vlw.wolf@t-online.de

r 764

Verband der Lehrer an Wirtschaftsschulen Sachsen-Anhalt e.V.
BBS IV
Charlottenstr. 15, 06108 Halle
T: (0345) 2 14 68-0   Fax: 2 14 68-32
E-Mail: 320067982053-0001@t-online.de

r 765

Verband der Lehrerinnen und Lehrer an Wirtschaftsschulen
Landesverband Schleswig-Holstein e.V.
Feldstr. 9-11, 24105 Kiel
T: (0431) 57 97 00   Fax: 56 25 68
E-Mail: vlwsh@aol.com

r 766

Verband der Lehrer an Wirtschaftsschulen in Thüringen e.V.
Paradiesstr. 5, 07743 Jena
T: (03641) 45 36 12   Fax: 45 36 10
E-Mail: w.drescher@web.de

● R 767

Gewerkschaft Technik und Naturwissenschaft im öffentlichen Dienst im Deutschen Beamtenbund Bund der Technischen Beamten, Angestellten und Arbeiter (BTB)
Geschäftsstelle:
Dreizehnmorgenweg 36, 53175 Bonn
T: (0228) 9 57 96 55   Fax: 9 57 96 58
Internet: http://193.158.125.177/DBBInteraktiv/Artikel/btb/portrait.htm
Gründung: 1962 (1. Juni)
Bundesvorsitzende(r): Bernd Niesen (Maximerweg 10, 54318 Mertesdorf, T.: (0651) 9 95 00 77, Fax: (0651) 9 95 00 78, E-Mail: btb.BerndNiesen@t-online.de)
Stellv. Bundesvors.: Horst Bäuerle
Heribert Bittmann
Wolfgang Draken
Heinrich W. Röhrig
Schatzmeister: Manfred Stutz (Königsberger Str. 17; 74211 Leingarten, T.: (07131) 90 03 04, Fax: (07131) 90 03 05)
Verbandszeitschrift: BTB-Magazin
Redaktion: Dipl.-Ing. Otto Schnabel, Pappelallee 13, 53879 Euskirchen, T.: (02251) 67 92, Fax: (02251) 6 28 05
Verlag: VVA-Vereinigte Verlagsanstalten GmbH, Höherweg 278, 40231 Düsseldorf, T.: (0211) 73 57-0, Fax: (0211) 73 57-223
Mitglieder: 14000

Mitglieds- und Landesverbände

r 768

BTB-Fachgruppe Technische Beamte im VBOB (Oberste Bundesbehörden)
Emanuel-Leutze-Str. 19, 53125 Bonn
T: (0228) 28 43 06
Vorsitzende(r): Joachim Weber

r 769

BTB-Baden-Württemberg
Kalte Gasse 6, 74211 Leingarten
T: (07131) 90 03 04   Fax: 90 03 05
Vorsitzende(r): Manfred Stutz

r 770

BTB-Bayern
Bäumlstr. 10-0, 82178 Puchheim
T: (089) 80 52 07
Vorsitzende(r): Dipl.-Ing. (FH) Heribert Bittmann

r 771

BTB-Berlin
Fasanenstr. 87, 10623 Berlin
T: (030) 31 81-404
Vorsitzende(r): Siegfried Wittke

r 772

BTB-Brandenburg
Berliner Str. 30, 14467 Potsdam
T: (0331) 24 07 60   Fax: 24 07 59
Internet: http://www.btb-bb.de
E-Mail: btb-bb@gmx.de
Vorsitzende(r): Helmut Hagena

r 773
BTB-Hessen
c/o Jürgen Szablewski
Am Vogelanger 20a, 64572 Büttelborn
T: (06152) 4 01 91 (Jürgen Szablewski)
Vorsitzende(r): Wolfgang M. Wagner

r 774
BTB-Niedersachsen
c/o Wolfgang Draken
Eichenstr. 40, 29664 Walsrode
T: (05161) 91 14 60
Vorsitzende(r): Dipl.-Ing. Wolfgang Draken

r 775
BTB-Nordrhein-Westfalen
Gutenbergstr. 15, 48249 Dülmen
T: (02594) 78 32 34 **Fax:** 78 32 35
E-Mail: BTB-Sander@t-online.de
Vorsitzende(r): Reinhard Sander

r 776
BTB-Rheinland-Pfalz
Gartenweg 2, 57629 Merkelbach
T: (02662) 44 19 **Fax:** 44 19
Vorsitzende(r): Karl-Heinz Boll

r 777
BTB-Saarland
Remsinger Str. 9, 66333 Völklingen
T: (0681) 9 71 22 79
Vorsitzende(r): Hermann Wöstmann

r 778
BTB-Sachsen
c/o Steffen Hornig
Oberpesterwitzer Str. 43, 01705 Freital
T: (0351) 6 41 21 20
Vorsitzende(r): Steffen Hornig

r 779
BTB-Sachsen-Anhalt
c/o Werner Bleßmann
Hasselfelder Str. 26, 38899 Trautenstein
T: (039459) 7 19 51
Vorsitzende(r): Werner Bleßmann

r 780
BTB-Schleswig-Holstein
Heitmannskamp 28, 24220 Flintbek
T: (0431) 3 83 20 45
Vorsitzende(r): Berndt Newe

r 781
BTB-Thüringen
Am Rotacker 6, 07557 Köckritz
T: (036603) 6 37 39
Vorsitzende(r): Frank Fielitz

● **R 782**
Bundesverband der Lehrerinnen und Lehrer an beruflichen Schulen e.V. (BLBS) im Deutschen Beamtenbund
Dreizehnmorgenweg 36, 53175 Bonn
T: (0228) 9 57 98 89 **Fax:** 9 57 98 98
Internet: http://www.blbs.de
E-Mail: verband@blbs.de
Gründung: 1948
Vorsitzende(r): Oberstudiendirektor Günter Besenfelder
Geschäftsführer(in): Wilfried Leyhausen (Ltg. Presseabt.)
Verbandszeitschrift: Die berufsbildende Schule
Redaktion: Prof. Dr. Reinhard Bader, Im neuen Roth 4, 47918 Tönisvorst
Verlag: Heckner Druck- und Verlagsgesellschaft mbH u. Co. KG, Postf. 15 59, 38285 Wolfenbüttel
Mitglieder: 35000

Landesverbände
Landesgeschäftsstellen

Baden-Württemberg

r 783
Bundesverband der Lehrerinnen und Lehrer an beruflichen Schulen
Landesverband Baden-Württemberg e.V. (BLBS)
Charlottenstr. 23, 70182 Stuttgart
T: (0711) 23 29 86 **Fax:** 2 36 08 24
Vorsitzende(r): Rolf Dörflinger (Lortzingstr. 1, 76646 Bruchsal, T: (07251) 8 89 20 (priv.), 78 35 00 (dienstl.), Fax: (07251) 8 89 24 (priv.), 78 35 10 (dienstl.))

Bayern

r 784
Verband der Lehrer an beruflichen Schulen in Bayern e.V.
Dachauer Str. 4, 80335 München
T: (089) 59 52 70 **Fax:** 5 50 44 43
Vorsitzende(r): Hermann Sauerwein (Walther-von-der-Vogelweide Str. 22, 97074 Würzburg, T: (0931) 8 12 10 (priv.), 7 95 30 (dienstl.), Telefax: (0931) 7 95 31 13)

Berlin

r 785
Bundesverband der Lehrer an beruflichen Schulen
Landesverband Berlin e.V.
Mommsenstr. 58, 10629 Berlin
T: (030) 8 81 76 87
E-Mail: blbs-lv-bln@t-online.de
Vorsitzende(r): Klaus Stephan (Angerburger Allee 53/XII, 14055 Berlin, T: (030) 30 81 02 26 (priv.), Fax: (030) 30 81 02 27 (priv.), T: (030) 4 57 75 10 (dienstl.), Fax: (030) 45 75 75 53 (dienstl.))

Brandenburg

r 786
Verband der Lehrer an berufsbildenden Schulen
Landesverband Brandenburg e.V.
Seestr. 11, 14467 Potsdam
T: (033203) 2 22 81 **Fax:** 2 22 81
Vorsitzende(r): Dr. Bernd Bischof (Im Dickicht 28, 14532 Kleinmachnow, T: (033203) 2 48 85 (priv.), T: (0331) 29 15 80 (dienstl.), Fax: (0331) 29 36 17 (dienstl.))

Bremen

r 787
Verband der Lehrerinnen und Lehrer an beruflichen Schulen
Landesverband Bremen e.V.
Im Grunde 5, 28790 Schwanewede
T: (0421) 65 19 66 **Fax:** 66 25 24
Vorsitzende(r): Theodor Boerchers (Verdunstr. 15, 28211 Bremen, T: (0421) 4 09 66, Fax: (0421) 4 09 68)

Hamburg

r 788
DL Hamburg Verband der Lehrer an beruflichen Schulen
Papenstr. 18, 22089 Hamburg
T: (040) 25 52 72 **Fax:** 2 50 59 49
Vorsitzende(r): Rolf Sonnenberger (Im Mullsen 15, 21149 Hamburg, T: (040) 70 20 01 46, Fax: (040) 70 20 01 45)

Hessen

r 789
Gesamtverband der Lehrerinnen und Lehrer an beruflichen Schulen in Hessen e.V. (GLB)
Wallweg 38, 63450 Hanau
T: (06181) 25 22 78 **Fax:** 25 22 87
Internet: http://www.home.t-online.de/home/glb.hessen/
E-Mail: glb.hessen@t-online.de
Vorsitzende(r): Ullrich Kinz (Santo-Tirso-Ring 30, 64823 Groß-Umstadt, T: (06078) 7 10 05)

Mecklenburg-Vorpommern

r 790
Bundesverband der Lehrerinnen und Lehrer an beruflichen Schulen
Landesverband Mecklenburg-Vorpommern e.V.
Maxim-Gorki-Str. 67, 18106 Rostock
T: (0381) 71 80 47 **Fax:** 71 80 47
Vorsitzende(r): Birger Cleven (Bergstr. 40, 18107 Elmenhorst, T: (0381) 72 32 40 (priv.), 5 19 18 54 (dienstl.), Telefax: (0381) 7 61 21 32 (priv.), Telefax: (0381) 5 19 18 53)

Niedersachsen

r 791
Bundesverband der Lehrerinnen und Lehrer an beruflichen Schulen
Landesverband Niedersachsen e.V.
Große Packhofstr. 28, 30159 Hannover
T: (0511) 32 40 73 **Fax:** 3 63 22 03
Vorsitzende(r): Gerhard Lange (Steinberger Str. 56, 31675 Bückeburg, T: (05722) 2 34 33 (priv.); dienstl.: Berufsbildende Schule I der Landeshauptstadt Hannover, Lavesallee 16, 30169 Hannover, T: (0511) 1 68 36 59, Telefax: (0511) 1 68 47 97)

Nordrhein-Westfalen

r 792
Verband der Lehrer an berufsbildenden Schulen und Kollegschulen in Nordrhein-Westfalen e.V.
Klever Str. 35, 40477 Düsseldorf
T: (0211) 4 91 25 95 **Fax:** 4 92 01 82
Vorsitzende(r): Wolfgang Brückner (Kronprinzenstr. 29, 40217 Düsseldorf, T: (0211) 8 99 73 03 (priv.), (0211) 3 03 54 52 (dienstl.))

Rheinland-Pfalz

r 793
Verband der Lehrer an berufsbildenden Schulen Rheinland-Pfalz (vlbs)
Adam-Karrillon-Str. 62, 55118 Mainz
T: (06131) 61 24 50 **Fax:** 61 67 05
Vorsitzende(r): Jürgen Klenk (Hubertusweg 16, 54470 Bernkastel-Kues, T: (06531) 79 12 (priv.), 40 46 (dienstl.), Telefax: (06531) 79 12 (priv.), 76 23 (dienstl.))

Saarland

r 794
Verband der Lehrerinnen und Lehrer an beruflichen Schulen
Landesverband Saarland e.V.
Tiergartenstr. 24, 66740 Saarlouis
T: (06831) 6 04 59 **Fax:** 6 04 59
Vorsitzende(r): Peter Mertz (Tiergartenstr. 24, 66740 Saarlouis, T: (06831) 6 04 59, Telefax: (06831) 6 04 59)

Sachsen

r 795
Bundesverband der Lehrer an beruflichen Schulen
Landesverband Sachsen e.V.
Strehlener Platz 2, 01219 Dresden
T: (0351) 4 73 52 88 **Fax:** 4 73 52 88
Vorsitzende(r): Reinhard Plicka (Kirchstr. 14, 01734 Oelsa, T: (0351) 6 44 52 87 p., Fax: (0351) 6 44 52 87 p.)

Sachsen-Anhalt

r 796
Berufsschullehrerverband Sachsen-Anhalt e.V.
Landesverband im BLBS
Albert-Vater-Str. 90, 39108 Magdeburg
T: (0391) 7 26 70 11 **Fax:** 7 26 70 60
Vorsitzende(r): Hans-Jürgen Meier (Lilienweg 177, 39118 Magdeburg, T: (0391) 6 21 62 92 (priv.), (0391) 5 32 15 10 (dienstl.))

Schleswig-Holstein

r 797
Bundesverband der Lehrerinnen und Lehrer an berufsbildenden Schulen
Landesverband Schleswig-Holstein e.V.
Landesbüro
Muhliusstr. 65, 24103 Kiel
T: (0431) 67 86 86 **Fax:** 67 86 86
Vorsitzende(r): Wolfgang Gaedtke (Mozartstr. 15, 23617 Stockelsdorf, T: (0451) 4 99 28 63 (priv.), Fax: (0451) 4 99 28 63 (dienstl.), T: (04102) 4 24 12 (dienstl.), Fax: (04102) 4 01 85 (dienstl.))

Thüringen

r 798

Thüringer Verband der Berufsschulpädagogen e.V.
Damaschkeweg 4, 07745 Jena
T: (03641) 60 95 02   **Fax:** 6 09 98 43
Vorsitzende(r): Volker Rempke (Am Mühlhügel 5, 07751 Jena-Wogau, T: (03641) 60 75 62 (d), 44 89 33 (p))

● **R 799**

Deutscher Amtsanwaltsverein e.V. im Deutschen Beamtenbund
Tannenbergweg 14 (Korn), 64853 Otzberg
T: (06151) 70 72 16
Vorsitzende(r): Walter Zimmer, Heidelberg

● **R 800**

Bund Deutscher Rechtspfleger e.V. (BDR)
siehe S 596

Sonstige Beamten-Organisationen

● **R 801**

Deutsche Beamtenbund-Jugend - Bundesjugendleitung- (DBBJ)
Am Karlsbad 11, 10785 Berlin
T: (030) 26 09 30 29-0   **Fax:** 26 09 30 29-29
Internet: http://www.dbbj.de
E-Mail: info@dbbj.de
Gründung: 1956 (2. November)
Vorsitzende(r): Frank Becker
Stellvertretende(r) Vorsitzende(r): Jörg Aland (Bundesgeschäftsführer)
Michaela Schröder
Thomas Goiny
Klemens Burzlaff
Leitung Presseabteilung: Ulrich Werth
Verbandszeitschrift: BETREFF
Verlag: Verlagsanstalt des Deutschen Beamtenbundes, Peter-Hensen-Str. 5-7, 53175 Bonn
Mitglieder: ca. 145000
Mitarbeiter: 6

● **R 802**

Deutscher Beamtenbund - Bundesfrauenvertretung - (DBBF)
Peter-Hensen-Str. 5-7, 53175 Bonn
T: (0228) 8 11-165   **Fax:** 8 11-159
E-Mail: frauen@dbb.de
Vorsitzende: Helene Wildfeuer
Geschäftsstelle: Sibylle Schulz

● **R 803**

DBB Akademie Bildungs- und Sozialwerk e.V.
Dreizehnmorgenweg 36, 53175 Bonn
T: (0228) 81 93-0   **Fax:** 81 93-1 06
Internet: http://www.dbbakademie.de
Vorsitzende(r): Peter Heesen
Geschäftsführer(in): Dr. Wilhelm Ilbertz
Jürgen Marchand

r 804

DBB Akademie Bildungs- und Sozialwerk e.V.
Am Karlsbad 11, 10785 Berlin
T: (030) 25 40 05-0   **Fax:** 25 40 05-30

● **R 805**

Vereinigung Deutscher Auslandsbeamten e.V.
c/o Auswärtiges Amt
11013 Berlin
Werderscher Markt 1, 10117 Berlin
T: (01888) 17 33 38   **Fax:** 1 75 33 38
E-Mail: vdab@auswaertiges-amt.de
Gründung: 1919
1. Vorsitzende(r): Wolfgang Birmans
Verbandszeitschrift: Auswärtiger Dienst
Redaktion: Claudia Rohde
Verlag: Druckhaus Berlin Mitte, Schützenstr. 18, 10117 Berlin
Mitglieder: 800

● **R 806**

Arbeitsgemeinschaft der Beamten des gehobenen Dienstes bei den Finanzgerichten (ArgeBFinG)
Postf. 10 23 53, 40014 Düsseldorf
Ludwig-Erhard-Allee 21, 40227 Düsseldorf
T: (0211) 77 70 16 87   **Fax:** 77 70 26 87
E-Mail: lutz.oberdieck@mail.fgd.nrw.de
Vorsitzende(r): Thomas Zenke (Erich-Klausener-Str. 23, 41466 Neuss)
Mitglieder: 100

● **R 807**

Bund Deutscher Finanzrichter (BDFR)
Postf. 27 69, 48014 Münster
Warendorfer Str. 70, 48145 Münster
T: (0251) 3 78 40   **Fax:** 3 78 41 00
Internet: http://www.bdfr.de
E-Mail: info@bdfr.de
Gründung: 1954
Vorsitzende(r): Richter am Finanzgericht Degenhard Freiherr von Twickel (Finanzgericht Münster)
Stellvertretende(r) Vorsitzende(r): Richterin am Finanzgericht Bärbel Kempe (Finanzgericht Cottbus)
Stellvertretende(r) Vorsitzende(r): Richter am Finanzgericht Wolfgang Seibel (Finanzgericht Münster)
Kassenwart: Richter am Finanzgericht Ludger Hermes (Finanzgericht Münster)
Mitglieder: 435
Landesverbände: 15
Bezirksgruppen: 8

● **R 808**

Vereinigung der höheren Führungskräfte der Deutschen Bundespost (VHP)
Bundesgeschäftsstelle
Mittlerer Hasenpfad 66, 60598 Frankfurt
T: (069) 61 00 95 64
Gründung: 1954
Bundesvorsitzende(r): Dr. Hans-Jürgen Hühne
Bundesgeschäftsführer(in): Andreas Zimmer
Verbandszeitschrift: "VHP-Forum"
Redaktion: Frankfurt
Mitglieder: 1900
Bezirksvereine: 23

● **R 809**

Bund Deutscher Kriminalbeamter (BDK)
Bundesgeschäftsstelle
Theodor-Storm-Str. 17-18, 16547 Birkenwerder
T: (03303) 50 01 32, 50 29 60   **Fax:** 50 30 70
Internet: http://www.bdk-bund.de
E-Mail: lvbdkbka@t-online.de
Bundesgeschäftsführer(in): Hans-Jürgen Kulik

r 810

Bund Deutscher Kriminalbeamter Büro Bonn
Plittersdorfer Str. 133, 53173 Bonn
T: (0228) 3 67 50-0   **Fax:** 3 67 50-22
Internet: http://www.bdk.de
E-Mail: bdkbuvo@t-online.de
Bundesvorsitzende(r): Eike Bleibtreu
Mitglieder: 14000

Landesverbände

r 811

BDK-Landesverband Baden-Württemberg
Landesgeschäftsstelle BW
Max-Eyth-Str. 23, 71088 Holzgerlingen
T: (07031) 60 51 12   **Fax:** 60 51 75
E-Mail: lvbw@bdk.de

r 812

BDK-Landesverband Bayern
Landesgeschäftsstelle
Wilhelm-Löhe-Str. 10, 90443 Nürnberg
T: (0911) 42 92 90   **Fax:** 42 92 90
E-Mail: bdk.luby@t-online.de

r 813

BDK-Landesverband Berlin
Theodor-Storm-Str. 17-18, 16547 Birkenwerder
T: (03303) 50 02 95   **Fax:** 50 50 68
Internet: http://www.bdk-berlin.de
E-Mail: bdk_berlin@t-online.de

r 814

BDK-Landesverband Brandenburg
c/o Polizeipräsidium
Bonnaskenplatz 2-3, 03044 Cottbus
T: (0355) 7 89 33 17   **Fax:** 3 24 37
Internet: http://www.bdk-brandenburg.de
E-Mail: lvbb@bdk.de

r 815

BDK-Landesverband Bremen
Postf. 11 01 03, 28081 Bremen
T: (0421) 3 62-19102
E-Mail: bdk.lvbremen@nwn.de

r 816

BDK-Verband Bundeskriminalamt
c/o Büro Bonn
Plittersdorfer Str. 133, 53173 Bonn
T: (0228) 3 67 50-0   **Fax:** 3 67 50-22

r 817

BDK-Landesverband Hamburg
Alsterdorfer Str. 224, 22297 Hamburg
T: (040) 23 80 89 92   **Fax:** 23 80 89 93
E-Mail: bdk.lvhh@t-online.de

r 818

BDK-Landesverband Hessen
Alt Langenhain 37a, 65719 Hofheim
T: (06192) 2 43 81   **Fax:** 13 70
Internet: http://www.bdk-hessen.de
E-Mail: bdklvhe@bdk.de

r 819

BDK-Landesverband Mecklenburg-Vorpommern
LKA
Retgendorfer Str. 4 /Haus I, 19067 Rampe
T: (03866) 49 25 94   **Fax:** 49 25 98
E-Mail: bdk-mv@foni.net

r 820

BDK-Landesverband Niedersachsen
Landesgeschäftsstelle Niedersachsen
Postf. 10 64, 30010 Hannover
Richard-Wagner-Str. 23, 30177 Hannover
T: (0511) 62 60 26   **Fax:** 62 60 24
E-Mail: bdkndslgf@aol.com

r 821

BDK-Landesverband Nordrhein-Westfalen
Landesgeschäftsstelle NW
Kaiserswerther Str. 145a, 47249 Duisburg
T: (0203) 7 98 13 61   **Fax:** 7 98 13 62
Internet: http://www.bdk-nrw.de
E-Mail: bdk.nrw@t-online.de

r 822

BDK-Landesverband Rheinland-Pfalz
Birkenstr. 2, 55743 Idar-Oberstein
T: (06781) 9 00-285   **Fax:** 9 00-286
E-Mail: bdk.rp@t-online.de

r 823

BDK-Landesverband Saar
Regionalbüro Weißer Ring
Halbergstr. 44, 66121 Saarbrücken
T: (0681) 6 73 19   **Fax:** 63 85 14
Internet: http://www.vicus.de/bdk-saarland
E-Mail: w.kollmann@t-online.de

r 824

BDK-Landesverband Sachsen
Landesgeschäftsstelle
Postf. BDK
Schießgasse 7, 01067 Dresden
T: (0351) 4 96 10 01   **Fax:** 4 96 10 10
Internet: http://www.bdk-sachsen.de
E-Mail: bdk-sn@t-online.de

r 825

BDK-Landesverband Sachsen-Anhalt
Krausenstr. 22, 06112 Halle
T: (0345) 5 12 60 60   **Fax:** 5 12 60 80
E-Mail: lvst.bdk@t-online.de

r 826
BDK-Landesverband Schleswig-Holstein
Brunswiker Str. 50, 24105 Kiel
T: (0431) 5 79 64 56 Fax: 5 78 93 18
E-Mail: bdklvsh@vossnet.de

r 827
BDK-Landesverband Thüringen
Herrn Jörg Scheibe
Am Anger 30, 07743 Jena
T: (03641) 81 14 87 Fax: 81 14 99
E-Mail: joerg.scheibe@t-online.de

r 828
BDK-Betreuungsdienst und Konsumgütervermittlung für den BUND DEUTSCHER KRIMINALBEAMTER GMBH
Theodor-Storm-Str. 17, 16547 Birkenwerder
T: (03303) 50 29 61 Fax: 50 30 70
Geschäftsführer(in): Hans-Jürgen Kulik

● R 829
Vereinigung der technischen Mitglieder des Deutschen Patentamts - Prüfervereinigung - e.V.
Zweibrückenstr. 12, 80331 München
T: (089) 21 95-0 Fax: 21 95-22 21
Vorsitzende(r): Dipl.-Ing. Siegfried Günther
Geschäftsführer(in): Dr. Gerhard Eberle
Dipl.-Ing. Hubert Niestroy
Mitglieder: 520

● R 830
Arbeitsgemeinschaft der Polizeipräsidenten der Bundesrepublik Deutschland
Polizeipräsidium Berlin
Platz der Luftbrücke 6, 12101 Berlin
T: (030) 6 99-35020 Fax: 6 99-35800
Vorsitzende(r): PolPräs. Hagen Saberschinsky (T: (030) 6 99-3 50 02)
Geschäftsführer(in): Michael Dörr (Ltd. PD, T: (030) 69 93 50 20, Fax: (030) 69 93 58 00)

● R 831
BFPT-Deutsche Postgilde e.V.
Postf. 34 02 51, 45074 Essen
Alfredstr. 75-79, 45130 Essen
T: (0201) 8 77 62 12 Fax: 8 77 62 58
E-Mail: bfptbv@t-online.de
Vorsitzende(r): Guido Scheuren
Geschäftsführer(in): Heidi Engel

● R 832
Verband Deutscher Städtestatistiker
Schwartzstr. 73, 46045 Oberhausen
T: (0208) 8 25 23 87 Fax: 8 25 51 20
Gründung: 1879
Vorsitzende(r): Dr. Ernst-Joachim Richter (Ltd. Presseabt.)
Verbandszeitschrift: Stadtforschung und Statistik
Redaktion: Dr. Wienen, c/o Stadt Bochum, Amt 12, Postf. 10 22 70, 44722 Bochum
Verlag: Eigenverlag
Mitglieder: 310

● R 833
Arbeitsgemeinschaft des mittleren vermessungstechnischen Dienstes bei der Deutschen Bahn AG (AMVB)
Sitz: Frankfurt
Geschäftsführung:
Marienstr. 26, 46487 Wesel
Gründung: 1970 (28. Februar)
Geschäftsführer(in): Kurt Seesing
Mitglieder: 200

● R 834
Bundesverband der Verwaltungsbeamten des höheren Dienstes in der Bundesrepublik Deutschland e.V.
(Bundesverband der höheren Verwaltungsbeamten)
Odeonsplatz 3, 80539 München
T: (089) 2 80 01 11 Fax: 2 80 56 64
Vorsitzende(r): Min.-Dirig. a.D. Dr. Julius Schönhofer

● R 835
Deutscher Beamtenwirtschaftsring e.V.
Hans-Böckler-Str. 39, 40476 Düsseldorf
T: (0211) 4 30 12 55, (0171) 8 36 46 46 Fax: 5 32 92 26

Internet: http://www.dbw-online.de
E-Mail: info@dbw-online.de
Vorsitzende(r): Egbert Biermann
Peter Heesen
Geschäftsführer(in): Uwe Tillmann
Mitglieder: 34

● R 836
Hauptschul-Lehrer Verband e.V. (HLV)
Am Wellnerberg 3, 32760 Detmold
T: (05231) 4 73 49
Vorsitzende(r): Friedhelm Meyer
Verbandszeitschrift: Die Hauptschule
Verlag: Eigenverlag

● R 837
Berufsverband Deutscher Hörgeschädigtenpädagogen
Borsteler Chaussee 163, 22453 Hamburg
T: (040) 5 53 71 74 Fax: 55 77 34 90
Internet: http://www.b-d-h.de
E-Mail: christiane.hartmann-boerner@t-online.de
Gründung: 1894
1. Vorsitzende(r): OStRIN Christiane Hartmann-Börner
Verbandszeitschrift: HÖRPÄD
Redaktion: Manfred Breitinger, Schützenhausstr. 34, 69151 Neckargemünd
Verlag: Median Verlag, Hauptstraße 64, 69117 Heidelberg

● R 838
Deutscher Lehrerverband (DL)
Burbacher Str. 8, 53129 Bonn
T: (0228) 21 12 12 Fax: 21 12 24
Internet: http://www.lehrerverband.de
E-Mail: info@lehrerverband.de
Gründung: 1969 (3. Juli)
Präsident(in): Josef Kraus (T: (08741) 96 52-0 (dienstl.), (0871) 6 86 74 (priv.))
Mitglieder: ca. 150000 Sekundarlehrer

Angeschlossen

r 839
Deutscher Philologenverband e.V. (DPhV)
Mitglied des Deutschen Beamtenbundes
Bahnhofsweg 8, 82008 Unterhaching
T: (089) 6 25 16 19, 6 25 17 19 Fax: 6 25 18 18
Internet: http://www.dphv.de
Vorsitzende(r): OStD Heinz Durner
Leitung Presseabteilung: Dieter Fengels
Verbandszeitschrift: Profil
Redaktion: Dieter Fengels
Verlag: VVA, Höherweg 278, 40231 Düsseldorf

r 840
Verband Deutscher Realschullehrer (VDR)
Dachauer Str. 44b, 80335 München
T: (089) 55 38 76 Fax: 55 38 19
E-Mail: gross@vdr.dbb.de
Vorsitzende(r): Hans Thielen

r 841
Bundesverband der Lehrerinnen und Lehrer an beruflichen Schulen e.V. (BLBS) im Deutschen Beamtenbund
Dreizehnmorgenweg 36, 53175 Bonn
T: (0228) 9 57 98 89 Fax: 9 57 98 98
Internet: http://www.blbs.de
E-Mail: verband@blbs.de
Vorsitzende(r): Oberstudiendirektor Günter Besenfelder
Geschäftsführer(in): StD a.D. Wilfried Leyhausen

r 842

Bundesverband der Lehrer an Wirtschaftsschulen e.V. (VLW)
Geschäftsstelle:
Wehlauer Str. 107, 76139 Karlsruhe
T: (0721) 68 69 75 Fax: 6 76 14
Internet: http://www.vlw.de
E-Mail: vlw-bund@vlw.de
Vorsitzende(r): Dipl.rer.pol. (techn.) Manfred Weichhold
Mitgestaltung des kaufmännischen Schulwesens und der beruflichen Bildung; gewerkschaftliche Interessenvertretung der Einzelmitglieder unserer Landesverbände; Verbesserung der pädagogischen und der beruflichen Situation.

● R 843
Sächsischer Lehrerverband e.V. SLV
Landesgeschäftsstelle
Meißner Str. 69, 01445 Radebeul
T: (0351) 8 39 22-0 Fax: 8 39 22-13
Internet: http://www.slv-online.de
E-Mail: slv.ev@t-online.de
Vorsitzende(r): Ingrid Schwaar
Geschäftsführer(in): Claudia Raum
Schatzmeister: Rainer Jehmlich

● R 844
Verband Deutscher Lehrer im Ausland (VDLiA)
Friedrich-Naumann-Str. 17, 34101 Kassel
T: (0561) 3 16 06 58 Fax: 31 41 76
Internet: http://www.vdlia.de
E-Mail: vdlia.gries@t-online.de
Vorsitzende(r): Studiendirektor Waldemar Gries
Geschäftsführer(in): Alfred Doster
Mitglieder: 2010

● R 845
Deutscher Altphilologen-Verband (DAV)
Humboldt-Universität Berlin
Unter den Linden 6, 10117 Berlin
Vorsitzende(r): Prof. Dr. Friedrich Maier (Mitterlängstr. 13, 82178 Puchheim, T:(089) 80 38 14)
Leitung Presseabteilung: Dr. Ute Schmidt-Berger
Verbandszeitschrift: FORUM CLASSICUM
Redaktion: Prof. Andreas Fritsch, Wundtstr. 46, 14057 Berlin
Mitglieder: 6500
Landesverbände: 17

● R 846
Bundesverband Deutscher Berufsausbilder e.V. (BDBA)
Hauptgeschäftsstelle:
Kantstr. 10, 85080 Gaimersheim
T: (08458) 54 11 Fax: 33 15 78
Internet: http://www.bdba.de
E-Mail: info@bdba.de
Gründung: 1974 (9.November)
Präsident(in): Dipl.-Vw. Herbert Luckmann (Bergweg 14, 79331 Teningen)
Geschf. Präs.-Mitgl.: Manfred Thieme
Leitung Presseabteilung: Manfred Thieme
Mitglieder: 12 Landesverbände
Mitarbeiter: 5

Landesgeschäftsstellen

r 847
Berufsausbilderverband Baden-Württemberg e.V.
Kardelstr. 4, 88255 Baienfurt
T: (0751) 4 32 51 Fax: 4 93 47
Alfred Budde

r 848
Berufsausbilderverband Bayern e.V.
Goldmarktstr. 78, 80937 München
T: (089) 3 16 49 08
Wilhelm Pribyl

r 849
Berufsausbilderverband Hessen e.V.
Fritz-Schubert-Ring 37, 63486 Bruchköbel
Dieter Müller

r 850
Berufsausbilderverband Mecklenburg-Vorpommern e.V.
über Bundesgeschäftsstelle:
Kantstr. 10, 85080 Gaimersheim

r 851
Landesverband der Berufsausbilder Niedersachsen e.V.
Krähenberg 19, 29225 Celle
T: (05141) 4 70 40
Detlev Gummert

r 852
Berufsausbilder-Verband Nordrhein-Westfalen e.V.
Am Hofstück 4, 44227 Dortmund
T: (0231) 75 01 01
Heinz-Peter Engler

r 853
Berufsausbilderverband Rheinland-Pfalz e.V.
Londoner Ring 66, 67069 Ludwigshafen
Bernhard Walter

r 854
Berufsausbilderverband Sachsen
c/o Ulrich Jäpel
Dorothea-Erxleben-Str. 9, 01129 Dresden
T: (0351) 8 40 01 42
Kontakt: Ulrich Jäpel

r 855
Berufsausbilderverband Sachsen-Anhalt
Gießerweg 3, 38855 Wernigerode
T: (03943) 90 33 20   **Fax:** 90 33 30
Kontakt: Dieter Hahnel

r 856
Berufsausbilderverband Schleswig-Holstein e.V.
Tauernweg 12, 24147 Kiel
Hans Thomas Dressler

r 857
Berufsausbilderverband Thüringen
Theo-Neubauer-Str. 7, 98617 Untermaßfeld
T: (036949) 2 15 41
Kontaktperson: Hella Müller

r 858
Berufsausbilderverband Berlin/Brandenburg
Dorfaue 28, 16727 Bötzow
Stefan Gollhardt

● R 859
Deutscher Esperanto-Bund e.V. (DEB)
(Germana Esperanto-Asocio r.a.)
Immentalstr. 3, 79104 Freiburg
T: (0761) 28 92 99   **Fax:** 28 92 96
Internet: http://www.esperanto.de
E-Mail: DEB@esperanto.de
Gründung: 1906 -1936, 2. Gründung: 1949 (März)
Leitung Presseabteilung: Dr. Ulrich Matthias (Ohmstr. 13, 65199 Wiesbaden, T: (0611) 46 67 12)
Verbandszeitschrift: „Esperanto aktuell"
Redaktion: Alfred Knapp, Tiefengrubener Str. 51, 99438 Bad Berka, T: (036458) 3 02 41
Mitglieder: 4850
Deutsche Esperanto-Jugend (Germana Esperanto-Junularo), Grellstr. 36, 10409 Berlin, T: (030) 42 85 78 99
Verbreitung der internationalen Sprache Esperanto als Beitrag zur Völkerverständigung.

● R 860
**Institut für Kybernetik
gemeinnützige Forschungs- und Entwicklungsgesellschaft mbH (IfK)**
Kleinenberger Weg 16b, 33100 Paderborn
T: (05251) 6 42 00   **Fax:** 16 35 33
Gründung: 1964 (28. August)
Direktor(in): o. Prof. Dr. H. Frank (Kleinenberger Weg 16 A, 33100 Paderborn)
o.Prof. Dr. M. Lánsky
o.Prof. Dr. M. Wettler
Verbandszeitschrift: grkg/Humankybernetik
Verlag: AKADEMIA LIBRO-SERVO, Berlin-Paderborn
Mitglieder: ca. 10

● R 861
Esperanto-Centro e.V.
Rheinstr. 9, 12159 Berlin
T: (030) 85 96 13 83   **Fax:** 85 96 13 83
Internet: http://www.snafu.de/behrmann/
E-Mail: behrmann@snafu.de
Vorsitzende(r): Lehrer Hermann Behrmann

● R 862
**Gesellschaft für Pädagogik und
Information e.V. (gpi)**
Wissenschaftliche Gesellschaft zur Förderung von Multimedia, Mediendidaktik und Bildungstechnologie in Theorie und Praxis
c/o Dr. Bernd Mikuszeit, Berlin
Gadebuscher Str. 12, 12619 Berlin
T: (030) 51 06 93 33   **Fax:** 51 06 93 33
Internet: http://www.gpi-online.de
E-Mail: gpi@t-online.de

1. u. geschf. Vors.: Prof. Dr. Dr. Gerhard E. Ortner
Mitglieder: 400 Wissenschaftler und Bildungspraktiker aus dem In- und Ausland

● R 863
Arbeitskreis für liberale europäische Sprachpolitik e.V.
Sylter Weg 11, 33102 Paderborn
T: (05251) 48 05 40
Vorsitzende(r): Dipl.-Päd. Günter Lobin (Sylter Weg 11, 33102 Paderborn)
Mitglieder: 30 dem liberalen Lager nahestehende Personen

● R 864
Deutsche Esperanto-Jugend e.V.
Grellstr. 36, 10409 Berlin
T: (030) 42 85 78 99
Internet: http://www.esperanto.de
Gründung: 1951
Geschäftsführer(in): Steffen Pietsch
Vorsitzende(r): Gunnar Fischer
Leitung Presseabteilung: Britta Loose
Verbandszeitschrift: Kune
Redaktion: Felix Zesch, Kune, An der Försterei 19 b, 04463 Großpoesna, T: (03429) 71 26 31, kune@esperanto.de
Mitglieder: 3500 (im Alter bis 26 Jahre)
Landesverbände: 12

● R 865
Verband der Fachlehrerinnen und Fachlehrer e.V.
St.-Norbert-Str. 21, 52382 Niederzier
T: (02428) 20 03   **Fax:** 63 65
Internet: /http://www.vlw.de/nrw/vdfneu/
Gründung: 1966 (22. Januar)
Vorstand: Renate Bücker (Vors.)
Vorstand: Edith Sonntag, stellv. Vors.; Johanniskamp 6, 33378 Rheda-Wiedenbrück, Tel.: (05242) 4 84 14, Fax: (05242) 4 32 16)
Erika Kuckuck-Brackmann (stellv. Vors., Rolandstr. 24, 32312 Lübbecke, Tel.: (05741) 2 08 21, Fax: (05741) 31 64 57
Kassenführer(in): Sabine Treckentrup (Humboldtstr. 17, 32105 Bad Salzuflen, Tel.: (05222) 5 86 52, Fax: (05222) 5 86 52)
Geschäftsführer(in): Birgit Buchholz (Auf der Kloos 4a, 52224 Stolberg, Tel.: (02402) 7 35 50, Fax: (02402) 7 35 50)
Verbandszeitschrift: Bürowirtschaft im Unterricht
Verlag: Rolandstr. 24, 32312 Lübbecke, T: (05741) 2 08 21, Telefax: (05741) 31 64 57

● R 866
Berufsverband Deutscher Diplom-Pädagogen und Diplom-Pädagoginnen e.V. (BDDP)
Postf. 30 70 67, 28339 Bremen
T: (0421) 34 92 24   **Fax:** 34 35 77
Internet: http://www.diplom-paedagogen.de
E-Mail: bddpbremen@t-online.de
Präsident(in): Dipl.-Päd. Anke Fuchs
1. Vizepräsidentin: Dipl.-Päd. Heike Haberland
2. Vizepräsident: Dipl.-Päd. Thomas Rupf

● R 867
Verband der Geschichtslehrer Deutschlands e.V.
Kiefernweg 1, 82515 Wolfratshausen
T: (089) 92 14-2367 (d.)   **Fax:** 92 14-3600 (d.)
Gründung: 1913 (29. September; Wiederbegründung: München 1949)
Vorsitzende(r): OStD Rolf Ballof (T: (05381) 93 74-0, Telefax: (05381) 93 74 74 (Jacobson-Gymnasium, Seesen i.H.))
Stellvertretende(r) Vorsitzende: OStD Anita Mächler (Stubenrauchstr. 2, 12161 Berlin-Friedenau, T/Fax: (030) 8 51 32 07 (pr.), (030) 4 52 78 81 (d.))
Schatzmeister: StD Otto Werber (Am Krümmershof 87, 34132 Kassel, T: (0561) 40 13 82)
Beisitzer: OStD Dr. Freya Stephan-Kühn (Ritterstr. 224, 41238 Mönchengladbach, T: (02166) 2 32 47, Fax: (02151) 80 03 17 (d))
Marlies Friedrich (Gr. Weinmeister Str. 21, 14469 Potsdam, T: (0331) 2 70 95 05, dienstl. 64 99 80 20, Fax: 64 99 80 20)
Verbandszeitschrift: GWU - Geschichte in Wissenschaft und Unterricht
Redaktion: Dr. Michael Sauer
Verlag: Erhard Friedrich-Verlag, Postf. 10 01 50, 30917 Seelze
Verbandszeitschrift: GPD - Geschichte, Politik und ihre Didaktik
Redaktion: Dr. Erika Richter, Ulmenweg 8, 59872 Meschede
Verlag: Schöningh Verlag, Paderborn
Verbandszeitschrift: GPS - Geschichte und Politik in der Schule (Selbstverlag)
Redaktion: Dr. Wolfgang Böge, StD, Schlebuschweg 4, 21029 Hamburg
Verbandszeitschrift: Informationen für den Geschichts- und Gemeinschaftskundelehrer
Redaktion: OStD Werner Ripper, Im Waldwinkel 7, 64342 Seeheim-Jugenheim
Verlag: Wochenschau, Schwalbach
Mitglieder: 16 Landesverbände
Jahresetat: DM 0,050 Mio, € 0,03 Mio

Fortbildung für Geschichtslehrer (Seminare), Exkursionen für Fachkollegen.

Landesverbände

r 868
**Verband der Geschichtslehrer Deutschlands
Landesverband Baden-Württemberg**
Albrechtstr. 7, 72072 Tübingen
T: (07071) 7 45 25
StD Hans Woidt (Albrechtstr. 7, 72072 Tübingen, T: (07071) 7 45 25 (Südwestdt. Lehrerverband für Gesch. u. pol. Wissenschaften))

r 869
**Verband der Geschichtslehrer Deutschlands
Landesverband Bayern**
Kiefernweg 1, 82515 Wolfratshausen
T: (08171) 41 09 23 (pr.), (089) 74 55 04 20 (d.)
Fax: (08171) 41 09 27 (pr.), (089) 74 55 04 42 (d.)
E-Mail: willi.eisele@gmx.de
Gründung: 1949
Willi Eisele

r 870
**Verband der Geschichtslehrer Deutschlands
Landesverband Berlin**
Stubenrauchstr. 2, 12161 Berlin
T: (030) 4 51 04 82   **Fax:** 8 51 32 07
OStD Anita Mächler (T: (030) 8 51 32 07 (pr.), (030) 4 52 78 81 (d.))

r 871
**Verband der Geschichtslehrer Deutschlands
Landesverband Brandenburg**
Große Weinmeisterstr. 21, 14469 Potsdam
T: (0331) 2 70 95 05
Marlies Friedrich (Gr. Weinmeister Str. 21, 14469 Potsdam, T: (0331) 2 70 95 05)

r 872
**Verband der Geschichtslehrer Deutschlands
Landesverband Bremen**
Ritter-Raschen-Str. 39, 28219 Bremen
T: (0421) 39 31 48
Dipl.-Hdl. Erwin Faber (Ritter-Raschen-Str. 39, 28219 Bremen, T: (0421) 39 31 48 (Verband Bremischer Lehrerinnen und Lehrer für Geschichte und Politik))

r 873
**Verband der Geschichtslehrer Deutschlands
Landesverband Hamburg**
Schlebuschweg 4, 21029 Hamburg
T: (040) 7 24 37 51
StD Dr. Wolfgang Böge (T: (040) 7 21 50 12 (Verband der Lehrer f. Gesch. u. Pol.))

r 874
**Verband der Geschichtslehrer Deutschlands
Landesverband Hessen**
Auf der Treber 7, 34233 Fuldatal
T: (0561) 81 75 07
Gründung: 1952 (11. Oktober)
Leitung Presseabteilung: StD Manfred Lissek (Auf der Treber 7, 34233 Fuldatal, T: (0561) 81 75 07)
Verbandszeitschrift: Geschichte, Politik und ihre Didaktik (GPD)
Redaktion: Dr. Erika Richter/Meschede
Verlag: Aschendorff Verlag, Soester Str. 13, 48155 Münster
Mitglieder: 348 (Stand 1.1.2001)
Mitarbeiter: 4
Jahresetat: DM 0,02 Mio, € 0,01 Mio

r 875
**Verband der Geschichtslehrer Deutschlands
Landesverband Niedersachsen**
Am Rodelberg 9, 30952 Ronnenberg
T: (0511) 46 48 22   **Fax:** 43 68 02
OStD Brigitte Netzel

r 876
**Verband der Geschichtslehrer Deutschlands
Landesverband Nordrhein-Westfalen**
Ritterstr. 224, 41238 Mönchengladbach
T: (02166) 2 32 47
OStD Dr. Freya Stephan-Kühn (Ritterstr. 224, 41238 Mönchengladbach, T/Fax: (02166) 2 32 47)

r 877
**Verband der Geschichtslehrer Deutschlands
Landesverband Rheinland-Pfalz**
Am Obstmarkt 49b, 55126 Mainz
T: (06131) 47 86 19
Kontaktperson: Dr. Ralph Erbar (Am Obstmarkt 49b, 55126 Mainz, T: (06131) 47 86 19)

r 878
**Verband der Geschichtslehrer Deutschlands
Landesverband Saarland**
Karl-Uhl-Str. 2, 66386 Sankt Ingbert
T: (06894) 8 08 41
StD Klaus Rentzmann

r 879
**Verband der Geschichtslehrer Deutschlands
Landesverband Schleswig-Holstein**
Hölderlinstr. 3, 25451 Quickborn
T: (04106) 42 22
OStD Dr. Reinhard Mischke (T: (04106) 42 22 (pr.))

r 880
**Verband der Geschichtslehrer Deutschlands
Landesverband Mecklenburg-Vorpommern**
Am Wald 9, 18190 Gubkow
T: (038209) 8 04 92 (d), 8 05 32 (pr)
Christian Saegebarth

r 881
**Verband der Geschichtslehrer Deutschlands
Landesverband Sachsen**
Breite Str. 5b, 01640 Coswig
T: (03523) 6 13 13 (pr.), 83 80 (d)
Gründung: 1990 (7. April, Sächsischer Geschichtslehrerverband e.V.)
Leitung Presseabteilung: Harald Kunath
Verbandszeitschrift: Informationen für Geschichts- und Gesellschaftskundelehrer
Verlag: Wochenschau-Verlag
Mitglieder: 80

r 882
**Verband der Geschichtslehrer Deutschlands
Landesverband Sachsen-Anhalt**
Im Schrotetal 24, 39167 Niederndodeleben
T: (039204) 54 04, (03931) 7 13 76 (d)
Dr. Gunnar Möhring

● R 883
**Hochschullehrerbund e.V.,
Bundesvereinigung (HLB)**
Rüngsdorfer Str. 4c, 53173 Bonn
T: (0228) 35 22 71   **Fax:** 35 45 12
Internet: http://www.hlb.de
E-Mail: hlbbonn@aol.com
Gründung: 1972 (Mai)
Präsident(in): Prof. Dr. Siegel (TFH Berlin)
Vizepräsident(in): Prof. Dr. Godehart (FH Bund, Brühl)
Prof. Dr. Kulla (FH Regensburg)
Prof. Dr. Winkel (FH Köln, Gummersbach)
Geschäftsführer(in): Dr. Hubert Mücke
Verbandszeitschrift: DIE NEUE HOCHSCHULE
Redaktion: Prof. Dr. Dorit Loos

Landesverbände

r 884
**Hochschullehrerbund
Landesverband Baden-Württemberg**
Buchenländer Str. 60, 70569 Stuttgart
T: (0711) 68 25 08   **Fax:** 6 77 05 96
E-Mail: dorit.loos@stuttgart.de
Vorsitzende(r): Prof. Dr. Dorit Loos (FHöV Ludwigsburg)

r 885
**Hochschullehrerbund
Landesverband Bayern**
Vogelherd 2, 91058 Erlangen
T: (09131) 60 24 26   **Fax:** 60 24 84
E-Mail: dietrich.grille@fh-nuernberg.de
Vorsitzende(r): Prof. Dr. phil. Dietrich Grille (Georg-Simon-Ohm FH Nürnberg)

r 886
**Hochschullehrerbund
Landesverband Berlin**
FHTW Berlin
Blankenburger Pflasterweg 102, 13129 Berlin
T: (0177) 23 33-786
E-Mail: p.kolbe@fhtw-berlin.de
Vorsitzende(r): Prof. Dr. Peter Kolbe (FHTW Berlin)

r 887
**Hochschullehrerbund
Landesverband Brandenburg**
FH Brandenburg
FB Technik
Magdeburger Str. 53, 14770 Brandenburg
T: (03381) 2 69-13   **Fax:** 2 69-99
E-Mail: muendema@fh-brandenburg.de
Vorsitzende(r): Prof. Dr. Friedhelm Mündemann (FH Brandenburg)

r 888
**Hochschullehrerbund
Landesverband Bremen**
Postf. 15 55, 59335 Lüdinghausen
T: (02599) 72 75   **Fax:** 24 86
E-Mail: brinkmann@fbm.hs-bremen.de
Vorsitzende(r): Prof. Dr. Hans-Gerhard Brinkmann (HS Bremen)

r 889
**Hochschullehrerbund
Landesverband Hamburg**
FH Hamburg
FB E+IT und Informatik
Berliner Tor 3, 20099 Hamburg
T: (040) 4 28 59   **Fax:** 24 84-5880
E-Mail: maas@etech.fh-hamburg.de
Vorsitzende(r): Prof. Dr. Christoph Maas (FH Hamburg)

r 890
**Hochschullehrerbund
Landesverband Hessen**
c/o Anne Eckert
Schlesierstr. 79, 65205 Wiesbaden
T: (06122) 9 41-782   **Fax:** 9 41-781
E-Mail: jwiese@fbe.fh-darmstadt.de
Vorsitzende(r): Prof. Dr. Jürgen Wiese (FH Darmstadt)

r 891
**Hochschullehrerbund
Landesverband Niedersachsen/Sachsen-Anhalt**
Ricklinger Stadtweg 118, 30459 Hannover
T: (0511) 92 96-347   **Fax:** 92 96-111
E-Mail: hg.boese@t-online.de
Vorsitzende(r): Prof. Dr.-Ing. Hans-Georg Boese (FH Hannover)

r 892
**Hochschullehrerbund
Landesverband Nordrhein-Westfalen**
Geschäftsstelle des hlb-NRW
Rüngsdorfer Str. 4c, 53173 Bonn
T: (0228) 35 22 71   **Fax:** 35 45 12
E-Mail: hlbNRW@aol.com
Vorsitzende(r): Prof. Dr.-Ing. Helmut Winkel (FH Köln, E-Mail: winkel@werkstofflabor.de)

r 893
**Hochschullehrerbund
Landesverband Rheinland-Pfalz**
c/0 FH Trier, FB Versorgungstechnik
Postf. 18 26, 54208 Trier
T: (0651) 81 03-327
E-Mail: zellner@fh-trier.de
Vorsitzende(r): Prof. Dr.-Ing. Klaus Zellner (FH Trier)

r 894
**Hochschullehrerbund
Landesverband Saarland**
HTW Saarland
FB GIS
Goebenstr. 40, 66117 Saarbrücken
T: (0681) 56 67-238   **Fax:** 56 67-122
E-Mail: schurich@htw.uni-sb.de
Vorsitzende(r): Prof. Dr. Bernd Schurich (HTW Saarland)

r 895
**Hochschullehrerbund
Landesverband Sachsen**
HTWS
Zittau/Görlitz
Theodor-Körner-Allee 16, 02763 Zittau
T: (03583) 6 11-831   **Fax:** 6 11-804
E-Mail: h.theilig@hw-zittau.de
Vorsitzende(r): Prof. Dr. habil. Holger Theilig (HTWS Zittau/Görlitz)

r 896
**Hochschullehrerbund
Landesverband Schleswig-Holstein**
Geschwister-Scholl-Str. 31, 24340 Eckernförde
T: (04351) 82-941
E-Mail: helmut.offermann@fh-kiel.de
Vorsitzende(r): Prof. Dr.-Ing. Helmut Offermann (FH Kiel, Standort Eckernförde)

r 897
**Hochschullehrerbund
Landesverband Thüringen**
FH Jena
FB Wirtschafts-Ingenieurwesen
Postf. 10 03 14, 07703 Jena
T: (03641) 9 30-440   **Fax:** 9 30-441
E-Mail: wolfgang.eibner@fh-jena.de
Vorsitzende(r): Prof. Dr. Wolfgang Eibner (FH Jena)

● R 898
**Verband der Hochschullehrer für
Betriebswirtschaft e.V.**
c/o Humboldt-Universität zu Berlin, Institut für Industrielles Marketing-Management
Spandauer Str. 1, 10178 Berlin
T: (030) 20 93-5883   **Fax:** 20 93-5775
Internet: http://www.v-h-b.de
Vorsitzende(r): Prof. Dr. Wulff Plinke (Humboldt-Universität zu Berlin, Institut für Industrielles Marketing-Management, Spandauer Str. 1, 10178 Berlin, T: (030) 20 93-57 70, Fax: 20 93-57 75, e-mail: imm@wiwi.hu-berlin.de)
Stellvertretende(r) Vorsitzende(r): Prof. Dr. Theodor Siegel (Humboldt-Universität zu Berlin, Institut für Rechnungswesen und Wirtschaftsprüfung, Spandauer Str. 1, 10178 Berlin, T: (030) 20 93-57 64, Fax: 20 93- 56 70, e-mail: wpruefung@wiwi.hu-berlin.de)
Mitglieder: ca. 1200
16 wissenschaftliche Kommissionen

Der Verband dient der Entwicklung der Betriebswirtschaftslehre als Universitätsdisziplin.

● R 899
Verband der Geographen an Deutschen Hochschulen
c/o Institut für Geographie und Geoökologie der Universität Karlsruhe
76128 Karlsruhe
Kaiserstr. 12, 76131 Karlsruhe
T: (0721) 6 08-7850, 6 08-3482   **Fax:** 69 67 61
Internet: http://www.giub.uni-bonn.de/vgdh
E-Mail: vgdh@athos.giub.uni-bonn.de
Bundesgeschäftsstelle: GEO-Büro, Geographische Institute der Universität Bonn, Meckenheimer Allee 166, 53115 Bonn
Gründung: 1925
Vorsitzende(r): Prof. Dr. Manfred Meurer (Institut für Geographie und Geoökologie der Universität Karlsruhe, 76128 Karlsruhe, Tel.: (0721) 608-7850, E-Mail: Manfred.Meurer@bio-geo.uni-karlsruhe.de)
Schriftführer(in): PD Dr. Joachim Vogt (Institut für Geographie und Geoökologie der Universität Karlsruhe, 76128 Karlsruhe, Tel.: (0721) 608-3482, E-Mail: Joachim.Vogt@bio-geo.uni-karlsruhe.de)
Verbandszeitschrift: Rundbrief Geographie
Redaktion: Institut für Länderkunde, Schongauerstr. 9, 04329 Leipzig
Mitglieder: etwa 700

● R 900
Deutscher Hochschulverband
Rheinallee 18, 53173 Bonn
T: (0228) 36 40 02   **Fax:** 35 34 03
Internet: http://www.hochschulverband.de
E-Mail: dhv@hochschulverband.de
Präsident(in): Univ.-Prof. Dr. Hartmut Schiedermair
Geschäftsführer(in): RA Dr. Michael Hartmer
Pressesprecher: Dr. Kristijan Domiter
Verbandszeitschrift: Forschung & Lehre
Redaktion: Felix Grigat, M.A.
Verlag: Deutscher Hochschulverband, Bonn
Mitglieder: über 17000 Hochschullehrer an wiss. Hochschulen

Hochschulpolitik, Hochschulrecht, Beamten- und Besoldungsrecht der Hochschullehrer.

● R 901
Deutscher Sportlehrerverband e.V. (DSLV)
Bundesgeschäftsstelle
Am Rasselberg 16, 35578 Wetzlar
T: (06441) 92 12 10   Fax: 92 12 12
Internet: http://www.dslv.de
E-Mail: dslv-wetzlar@t-online.de
Gründung: 1949
Präsident(in): Claus Umbach (Stettiner Str. 2-4, 34225 Baunatal, T: (05601) 80 55, Fax: (05601) 80 50, E-Mail: clumbach@aol.com)
Geschäftsstelle: Irmgard Rau
Verbandszeitschrift: SPORTUNTERRICHT
Redaktion: DSLV
Verlag: Hofmann Verlag, 73614 Schorndorf
Mitglieder: 12000
16 Landes- und 9 Fachsportlehrerverbände

● R 902
Landesinstitut für Schulsport Baden-Württemberg
Reuteallee 42, 71634 Ludwigsburg
T: (07141) 1 40-624   Fax: 1 40-639
E-Mail: poststelle@lis.kv.bwl.de
Leiter(in): Dir. Wilfried Hurst

● R 903
Institut für Lehrerfortbildung
Felix-Dahn-Str. 3, 20357 Hamburg
T: (040) 4 28 01-2360   Fax: 4 28 01-2799
Internet: http://www.hh.schule.de/ifl

● R 904
Fachverband Moderne Fremdsprachen (FMF)
(Verbandsorgan: Neusprachliche Mitteilungen aus Wissenschaft und Praxis)
Marconistr. 30B, 86179 Augsburg
T: (0821) 5 98-2745   Fax: 5 98-5501
Gründung: 1880
Vorsitzende(r): Prof. Dr. Konrad Schröder
Geschäftsstelle: Prof. Dr. Ulrich Bliesener (T: (0511) 9 52-3736, Fax: 9 52-3756)
Mitglieder: 5000

Landesverbände

r 905
**Fachverband Moderne Fremdsprachen
Landesverband Baden-Württemberg**
Waldstr. 14, 75045 Walzbachtal
T: (07203) 15 43
1. Vorsitzende(r): Prof. Ottmar K. Siegrist

r 906
**Fachverband Moderne Fremdsprachen
Landesverband Bayern**
Beethovenstr. 4, 90513 Zirndorf
T: (0911) 60 41 54
StD Dipl.-Hdl. Walter Christ

r 907
**Fachverband Moderne Fremdsprachen
Landesverband Berlin**
Großbeerenstr. 1, 12209 Berlin
T: (030) 7 72 25 13
StD Dr. Herbert Krüger

r 908
**Fachverband Moderne Fremdsprachen
Landesverband Brandenburg**
K.-Ziolkowski-Ring 65, 15517 Fürstenwalde
Detlef Redmann

r 909
**Fachverband Moderne Fremdsprachen
Landesverband Bremen**
Heidberger Schweiz 18a, 28865 Lilienthal
T: (04298) 3 14 55
StD Henning Scholz

r 910
**Fachverband Moderne Fremdsprachen
Landesverband Hamburg**
Fuchsberg 6, 21217 Seevetal
StD H. Stiller

r 911
**Fachverband Moderne Fremdsprachen
Landesverband Hessen**
K.-Adenauer-Str. 9, 63165 Mühlheim
T: (06108) 7 29 03
Dr. Hans-Christoph Ramm

r 912
**Fachverband Moderne Fremdsprachen
Landesverband Mecklenburg-Vorpommern**
Max-Suhrbier-Str. 17, 19059 Schwerin
T: (0385) 71 61 03
StDin Gabriele Weitendorf

r 913
**Fachverband Moderne Fremdsprachen
Landesverband Niedersachsen**
Soltauer Str. 31, 30625 Hannover
StD Egbert Seifert

r 914
**Fachverband Moderne Fremdsprachen
Landesverband Nordrhein-Westfalen/Nordrhein**
Ronheider Winkel 23, 52066 Aachen
T: (0241) 60 17 57   Fax: 9 69 03 00
StD Erwin Klein

r 915
**Fachverband Moderne Fremdsprachen
Landesverband Westfalen-Lippe**
Avenstrothsweg 12, 33332 Gütersloh
T: (05241) 1 63 10
StD Max Bracht

r 916
**Fachverband Moderne Fremdsprachen
Landesverband Rheinland-Pfalz**
Im Speitel 128, 76229 Karlsruhe
Prof. Dr. Liesel Hermes

r 917
**Fachverband Moderne Fremdsprachen
Landesverband Saarland**
Weinbrennerstr. 11, 66123 Saarbrücken
T: (0681) 3 62 69   Fax: 3 63 59
StD Peter Geckeis

r 918
**Fachverband Moderne Fremdsprachen
Landesverband Sachsen**
Theodor-Kunz-Ring 8, 04451 Althen
Frank Weingarten

r 919
**Fachverband Moderne Fremdsprachen
Landesverband Sachsen-Anhalt**
Erste-Fünfte Vereinsstr. 3, 06110 Halle
T: (0345) 50 20 08
Dir. Dr. R. Berthelmann

r 920
**Fachverband Moderne Fremdsprachen
Landesverband Schleswig-Holstein**
An dem Lehmkuhl, 25885 Wester-Ohrstedt
T: (04847) 16 85
Hans-Jürgen Doose

● R 921
Verband Deutscher Schulgeographen e.V.
Bismarckweg 15, 74821 Mosbach
T: (06261) 72 09   Fax: 97 24 40
Internet: http://www.erdkunde.com
Gründung: 1912
Geschäftsführender Vorstand:
1. Vorsitzende(r): StD Dr. Eberhard Schallhorn (Breslauer Str. 34, 75015 Bretten, T: (07252) 95 73 36, Fax: (07252) 95 73 37, E-Mail: schallhorn@erdkunde.com)
2. Vorsitzende(r): StD Dr. Frank-Michael Czapek (Im Moore 25, 30167 Hannover, T/Fax: (0511) 70 42 25, E-Mail: fczapek@t-online.de)
1. Schriftführer: OStD Hans-Peter Haas (Bismarckweg 15, 74821 Mosbach, T: (06261) 72 09, Fax: (06261) 97 24 40 (d), E-Mail: haas@apg-mosbach.de)
2. Schriftführer: OStR Claudia Ninow (Kurze Str. 2, 12167 Berlin, T: (030) 8 32 66 47, Fax: (030) 8 31 22 51)
Schatzmeister: OStR Gerhard Könecke (Im Kunfe 14, 35410 Hungen, T/Fax: (06402) 16 93, E-Mail: gkoenecke@aol.com)

kooptiertes Mitglied: Manfred Oschwald (Adolf-Willbrandt-Str. 15, 18055 Rostock, T: (0381) 2 77 63, Fax: (0381) 4 99 66 16, E-Mail: moschwald@t-online.de)
Ehrenvors: OStD a.D. Dr. Heinz W. Friese (Andréezeile 26B, 14165 Berlin, T: (030) 8 15 53 52)
StD Dr. Dieter Richter (Breslauer Str. 26, 30938 Burgwedel, T: (05139) 12 05, Fax: (05139) 26 46)
Mitglieder: ca. 6000

Fachvertretung aller an der Förderung, Intensivierung und Entwicklung des geographischen Unterrichts Interessierten. Einsatz für optimale Präsenz der Geographie in allen Bereichen und Institutionen der allgemeinen, beruflichen und Erwachsenen-Bildung. Aus- und Weiterbildung der Fachkollegen in Zusammenarbeit mit Behörden, Hochschulen und anderen Institutionen.

Landesverbände

r 922
**Verband Deutscher Schulgeographen
Landesverband Baden-Württemberg**
Schönbergstr. 32, 79194 Gundelfingen
T: (0761) 58 27 27
1. Vorsitzende(r): OStD Dr. Wilfried Nübler (Schönbergstr. 32, 79194 Gundelfingen, T: (0761) 58 27 27, E-Mail: wnuebler@t-online.de)
Geschäftsführer(in): OStD. Hans-Peter Haas (Bismarckweg 15, 74821 Mosbach, T: (06261) 72 09, E-Mail: haas@apg-mosbach.de)

r 923
**Verband Deutscher Schulgeographen
Landesverband Bayern**
Hangstr. 9, 63768 Hösbach
T: (06021) 6 22 07   Fax: 6 22 07
1. Vorsitzende(r): StD Dr. Josef Gareis (Hangstr. 9, 63768 Hösbach, T/Fax: (06021) 6 22 07)
Schriftführer(in): RL Eva Gottstein (Pedettistr. 13, 85072 Eichstätt, T: (08421) 32 25, Fax: (08421) 8 06 83)

r 924
**Verband Deutscher Schulgeographen
Landesverband Berlin**
Gravensteinstr. 64, 13127 Berlin
T: (030) 4 75 83 01
1. Vorsitzende(r): Jutta Dreßler (Gravensteinstr. 64, 13127 Berlin, T: (030) 4 75 83 01, E-Mail: ulrike.dressler@student.hu-berlin.de)
Schriftführer(in): Dirk Lehmann (Elberfelder Str. 25, 10555 Berlin, T: (030) 3 45 43 20, E-Mail: dirko.lehmann@t-online.de)

r 925
**Verband Deutscher Schulgeographen
Landesverband Brandenburg**
Leipziger Str. 188, 15232 Frankfurt
T: (0335) 5 00 61 29
E-Mail: joergweigelt@aol.com
1. Vorsitzende(r): Jörg Weigelt (Leipziger Str. 188, 15232 Frankfurt/Oder, T: (0335) 5 00 61 29, E-Mail: joergweigelt@aol.com)
Schriftführer(in): Rita Werner (Prager Str. 4, 15234 Frankfurt/Oder, T: (0335) 6 26 83)

r 926
**Verband Deutscher Schulgeographen
Landesverband Bremen**
Franklinstr. 101, 28357 Bremen
T: (0421) 27 49 90
1. Vorsitzende(r): OStD Gerd Feller (Franklinstr. 101, 28357 Bremen, T: (0421) 27 49 90, Fax: (0421) 36 11 67 09, E-Mail: szhgy@uni-bremen.de)
1. Schriftführerin: Anke Uhlenwinkel (Postf. 33 04 40, Univ. Bremen, 28334 Bremen, T: (0421) 2 18 49 06)

r 927
**Verband Deutscher Schulgeographen
Landesverband Hamburg**
Deelwisch 27, 22529 Hamburg
T: (040) 58 97 87 50
1. Vorsitzende(r): StD Ulrich Brameier (Deelwisch 27, 22529 Hamburg, T: (040) 58 97 87 50)
Schriftführer(in): StR Bernd Kallweit (Goetenkamp 7, 22927 Großhansdorf, T: (04102) 6 46 02)

r 928
**Verband Deutscher Schulgeographen
Landesverband Hessen**
Karl-Glöckner-Str. 21, 35394 Gießen
T: (0641) 9 93 63 00, 9 93 63 02   Fax: 9 93 63 09

r 928

1. Vorsitzende(r): Prof. Dr. Johann-Bernhard Haversath (Karl-Glöckner-Str. 21, Haus G, 35394 Gießen, T: (0641) 9 93 63 00/02, Fax: (0641) 9 93 63 09, E-Mail: johann-bernhard.haversath@geogr.uni-giessen.de)
Schriftführer(in): StD Dr. Hartmut Schulze (Am unteren Krümmershof 4A, 34132 Kassel, T: (0561) 40 68 68)

r 929

Verband Deutscher Schulgeographen Landesverband Mecklenburg-Vorpommern
Hamburger Str. 137, 18069 Rostock
T: (0381) 8 00 21 92
1. Vorsitzende(r): Sabine Geisler (Hamburger Str. 137, 18069 Rostock, T: (0381) 8 00 21 92, E-Mail: geislersabine@gmx.de)
Schriftführer(in): Heike Rönnfeld (Wismarsche Str. 31a, 18233 Neubukow, T: (038249) 1 23 11)

r 930

Verband Deutscher Schulgeographen Landesverband Niedersachsen
Papiermühle 30, 49124 Georgsmarienhütte
T: (05401) 46 03 54 **Fax:** 46 03 55
1. Vorsitzende(r): Günther Palmes (Papiermühle 30, 49124 Georgsmarienhütte, T: (05401) 46 03 54, Fax: (05401) 46 03 55, E-Mail: gpalmes@t-online.de)
Schriftführer(in): Ulrike Lange (Barsinghäuser Str. 41, 30989 Gehrden, T: (05108) 92 43 60, Fax: (05108) 92 43 61, E-Mail: lange.u@t-online.de)

r 931

Verband Deutscher Schulgeographen Landesverband Nordrhein-Westfalen
Geschäftsstelle
Heideweg 111, 40470 Düsseldorf
T: (0211) 63 22 35 **Fax:** 63 22 35
1. Vorsitzende(r): StD a.D. Eberhard Lison (Heideweg 111, 40470 Düsseldorf, T/Fax: (0211) 63 22 35)
Schriftführer(in): Wiltrud Seiffert (Gilsingstr. 53, 44789 Bochum, T: (0234) 33 65 26)

r 932

Verband Deutscher Schulgeographen Landesverband Rheinland-Pfalz
Am Mühlenberg 41, 56182 Urbar
T: (0261) 6 80 13
1. Vorsitzende(r): OStD i.R. Dr. Dieter Börsch (Am Mühlenberg 41, 56182 Urbar, T: (0261) 6 80 13, Fax: (0261) 6 67 94 43)

r 933

Verband Deutscher Schulgeographen Landesverband Saarland
Vorm Wäldchen 48, 66571 Eppelborn
T: (06881) 85 66
1. Vorsitzende(r): OStR Uwe Klomann (Vorm Wäldchen 48, 66571 Eppelborn, T: (06881) 85 66, E-Mail: uklomann@t-online.de)
Schriftführer(in): OStR Helmut Recktenwald (An der Ronnhöd 19, 66740 Saarlouis, T: (06831) 6 26 63)

r 934

Verband Deutscher Schulgeographen Landesverband Sachsen
Alte Str. 35, 04229 Leipzig
T: (0341) 4 21 64 16 **Fax:** 9 83 21 28 (Schule)
1. Vorsitzende(r): Dr. Wolfgang Gerber (Alte Str. 35, 04229 Leipzig, T: (0341) 4 21 64 16, Fax: (0341) 9 83 21 28 (Schule))
Schriftführer(in): Rene Wiedrich (Lessingstr. 42, 09569 Oederan, T: (037292) 2 03 31)

r 935

Verband Deutscher Schulgeographen Landesverband Sachsen-Anhalt
An der Wassermühle 1, 39291 Grabow
T: (03921) 98 93 13 **Fax:** 98 48 24
1. Vorsitzende(r): Heike Kopf (An der Wassermühle 1, 39291 Grabow, T: (03921) 98 93 13, Fax: (03921) 98 48 24, E-Mail: geo.kopf@t-online.de)
Schriftführer(in): Sylvia Gemeiner (Johannesbrunnen 25, 38835 Halberstadt, T: (03941) 2 52 35)

r 936

Verband Deutscher Schulgeographen Landesverband Schleswig-Holstein
Weidenstieg 6, 25337 Kölln-Reisiek
T: (04121) 43 84 79 **Fax:** 43 84 79
1. Vorsitzende(r): OStR Rolf Krüger (Weidenstieg 6, 25337 Kölln-Reisiek, T/Fax: (04121) 43 84 79, E-Mail: rolf_krueger@t-online.de)
Schriftführer(in): Adelheid Rasch (Arnimstr. 61d, 23566 Lübeck, T: (0451) 6 45 03, Fax: (0451) 62 19 08)

r 937

Verband Deutscher Schulgeographen Landesverband Thüringen
Eichenstr. 9, 99334 Riechheim
T: (036200) 6 15 22 **Fax:** 6 15 24
E-Mail: p.koehler@t-online.de
1. Vorsitzende(r): Peter Köhler (Eichenstr. 9, 99334 Riechheim, T: (036200) 6 15 22, Fax: (036200) 6 15 24, E-Mail: p.koehler@t-online.de)
Schriftführer(in): Fred Thiem (Am Untertor 1, 99869 Mühlberg)

● R 938

Verband Deutscher Schulmusiker e.V. (VDS)
Weihergarten 5, 55116 Mainz
T: (06131) 23 40 49 **Fax:** 23 40 06
Internet: http://www.vds-musik.de
E-Mail: vds@vds-musik.de
Gründung: 1949
Vorsitzende(r): Prof. Dr. Hans Bäßler
Bundesgeschäftsführer(in): Monika Heinrich
Leitung Presseabteilung: Niels Schaefer (Pahlswinkel 1, 30826 Garbsen, T: (05131) 5 40 35)
Verbandszeitschrift: Musik und Bildung, Praxis Musikerziehung
Verlag: Schott Musik International, Weihergarten 5, 55116 Mainz
Mitglieder: ca. 5500
Mitarbeiter: 2

Landesverbände

r 939

Verband Deutscher Schulmusiker Landesverband Baden-Württemberg
Hamberweg 54, 71120 Grafenau
T: (07033) 4 47 92, (0172) 6 23 58 61
Fax: (07033) 4 47 92
Vorsitzende(r): Dr. Hermann Wilske

r 940

Verband Deutscher Schulmusiker Landesverband Bayern
Berliner Allee 26h, 86153 Augsburg
T: (0821) 51 18 44 **Fax:** 5 08 24 14
E-Mail: vbs@vds-musik.de, bayern@vds-musik.de, koehler@vds-musik.de
Vorsitzende(r): StR Markus Köhler

r 941

Verband Deutscher Schulmusiker Landesverband Berlin
Fohlenweide 7, 16767 Leegebruch
T: (03304) 50 35 15 **Fax:** 50 35 15
Vorsitzende(r): StD Dieter Ebert

r 942

Verband Deutscher Schulmusiker Landesverband Brandenburg
Maxim-Gorki-Str. 27, 15711 Königs Wusterhausen
T: (03375) 20 10 50
Vorsitzende(r): Reinhard Höhlig

r 943

Verband Deutscher Schulmusiker Landesverband Bremen
Metzer Str. 16b, 28211 Bremen
T: (0421) 44 43 42
Sprecher: Hans F. Jaspers

r 944

Verband Deutscher Schulmusiker Landesverband Hamburg
Kulenwisch 14, 22339 Hamburg
T: (040) 5 38 47 03
Vorsitzende(r): StD Uve Urban

r 945

Verband Deutscher Schulmusiker Landesverband Hessen
Heuchelheimer Str. 204, 61350 Bad Homburg
T: (06172) 93 71 50 **Fax:** 93 71 73
E-Mail: heukaeufer@t-online.de
Vorsitzende(r): OStR Norbert Heukäufer

r 946

Verband Deutscher Schulmusiker Landesverband Mecklenburg-Vorpommern
Franz-Wessel-Str. 9, 18439 Stralsund
T: (03831) 2 88 28 20 **Fax:** 2 88 28 25
E-Mail: buxot@vds-mv.de
Vorsitzende(r): Werner Buxot

r 947

Verband Deutscher Schulmusiker Landesverband Niedersachsen
Drohnenweg 6, 21397 Barendorf
T: (04137) 13 24 **Fax:** 13 63
E-Mail: mielke@vds-musik.de
Vorsitzende(r): OstR Karl-Friedrich Mielke

r 948

Verband Deutscher Schulmusiker Landesverband Nordrhein-Westfalen
Rinkerodeweg 37a, 48163 Münster
T: (0251) 7 62 40-24 **Fax:** 7 62 40-25
E-Mail: lindenbaum@vds-musik-nrw.de
Vorsitzende(r): Walter Lindenbaum

r 949

Verband Deutscher Schulmusiker Landesverband Rheinland-Pfalz
Brückenstr. 2, 56170 Bendorf
T: (02622) 1 08 88 **Fax:** (0261) 1 42 59 (dienstl.)
E-Mail: lotharbonin@aol.com
Vorsitzende(r): Lothar Bonin

r 950

Verband Deutscher Schulmusiker Landesverband Saarland
Gebr. Grimm-Str. 1, 66583 Spiesen-Elversberg
T: (06821) 7 38 81 **Fax:** 7 38 81
E-Mail: thull@jthull.de
Vorsitzende(r): Josef Thull

r 951

Verband Deutscher Schulmusiker Landesverband Sachsen
Waldstr. 5a, 08412 Königswalde
T: (03761) 8 19 07
Vorsitzende(r): Prof. Dr. Hans-Herbert Fehske

r 952

Verband Deutscher Schulmusiker Landesverband Sachsen-Anhalt
Bernburger Str. 31, 06369 Großpaschleben
T: (03496) 55 82 21
Vorsitzende(r): Dr. Hans-Peter Wolf

r 953

Verband Deutscher Schulmusiker Landesverband Schleswig-Holstein
Friedenskamp 15, 24119 Kronshagen
T: (0431) 58 82 77 **Fax:** 58 82 77
E-Mail: jgehl@t-online.de
Vorsitzende(r): Irmentraud Gehl

r 954

Verband Deutscher Schulmusiker Landesverband Thüringen
Am Hirzberg 18, 99887 Georgenthal
T: (036253) 4 49 87 **Fax:** 4 47 06
E-Mail: mueller-schmied@t-online.de
Vorsitzende(r): Martin Müller Schmied

● R 955

Deutsche Gesellschaft für Sprechwissenschaft u. -erziehung e.V. (DGSS)
c/o Johann-Wolfgang-Goethe-Universität
Sprechwissenschaftliche Arbeitsbereich
Senckenberganlage 27, 60325 Frankfurt
T: (069) 7 98-22276
1. Vorsitzende(r): Dr.habil. Freyr Roland Varwig
2. Vorsitzende(r): Dr. Marita Pabst-Weinschenk
Verbandszeitschrift: Reihe: Sprache u. Sprechen
Verlag: Reinhardt-Verlag, München
Mitglieder: 800

Die dgss widmet sich der Forschung, Lehre und Pflege der mündlichen Kommunikation in allen Bereichen der gesprochenen Sprache, insbesondere in Gespräch, Diskussion, Rede, Lesen, Erzählen, künstlerischem Sprechen, deren Voraussetzungen und störungsfreier

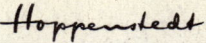

Funktion in unmittelbarer und medienvermittelter Kommunikation. Sie unterstützt die Aus- und Fortbildung der Angehörigen sprechender Berufe sowie der sprecherzieherisch Tätigen.

● R 956

Deutsche Gesellschaft für Sprachheilpädagogik e.V. (dgs)
Goldammerstr. 34, 12351 Berlin
T: (030) 6 61 60 04   Fax: 6 61 60 24
Gründung: 1927
1. Bundesvorsitzender: Kurt Bielfeld
2. Bundesvorsitzender: Theo Borbonus
Bundesgeschäftsführer: Gerhard Zupp
Verbandszeitschrift: Die Sprachheilarbeit
Redaktion: Prof. Dr. Grohnfeldt, Köln
Verlag: Verlagmodernes Lernen, Hohe Str. 39, 44139 Dortmund
Mitglieder: 6500

● R 957

Deutscher Bundesverband für Logopädie e.V. (dbl)
Augustinusstr. 11a, 50226 Frechen
T: (02234) 69 11 53   Fax: 96 51 10
Internet: http://www.dbl-ev.de
E-Mail: info@dbl-ev.de
Gründung: 1964
Präsident(in): Dietlinde Schrey-Dern
Vizepräsident(in): Karen Grosstück
Geschäftsführer(in): Lucas Rosenthal

Verbandszeitschrift: FORUM Logopädie
Redaktion: Michael Wilhelm
Verlag: Schulz-Kirchner-Verlag, Postf. 9, 65505 Idstein
Mitglieder: 7500
Mitarbeiter: 8
Jahresetat: DM 2,1 Mio, € 1,07 Mio

● R 958

Deutscher Verband der Lehrer für Bürokommunikation e.V. (DVLB)
Charlottenburger Str. 3, 14169 Berlin
T: (030) 8 01 22 68, 80 90 36 08   Fax: 80 90 46 09
E-Mail: re-ri@t-online.de
Gründung: 1946
Präsident(in): Reinhard Rickertsen (Charlottenburger Str. 3, 13086 Berlin, (030) 8 01 22 68)

r 959

Deutscher Verband der Lehrer für Bürokommunikation e.V.
Landesverband Bayern
Treustr. 22, 96050 Bamberg
T: (0951) 1 53 22

r 960

Deutscher Verband der Lehrer für Bürokommunikation e.V.
Landesverband Norddeutschland
Liegnitzer Str. 2, 38642 Goslar
T: (05321) 8 36 15

r 961

Deutscher Verband der Lehrer für Bürokommunikation e.V.
Landesverband Rheinland-Pfalz/Hessen/Saarland
Wilhelmstr. 21a, 53474 Bad Neuenahr-Ahrweiler
T: (02641) 3 63 29

r 962

Deutscher Verband der Lehrer für Bürokommunikation e.V.
Landesverband Baden-Württemberg
Am Hockenloch 7, 72574 Bad Urach
T: (07125) 93 30 99   Fax: 93 32 98
1. Vorsitzende(r): Norbert Schimanski

r 963

Deutscher Verband der Lehrer für Bürokommunikation e.V.
Landesverband Nordrhein-Westfalen
Laarmannstr. 46, 44879 Bochum

Notizen

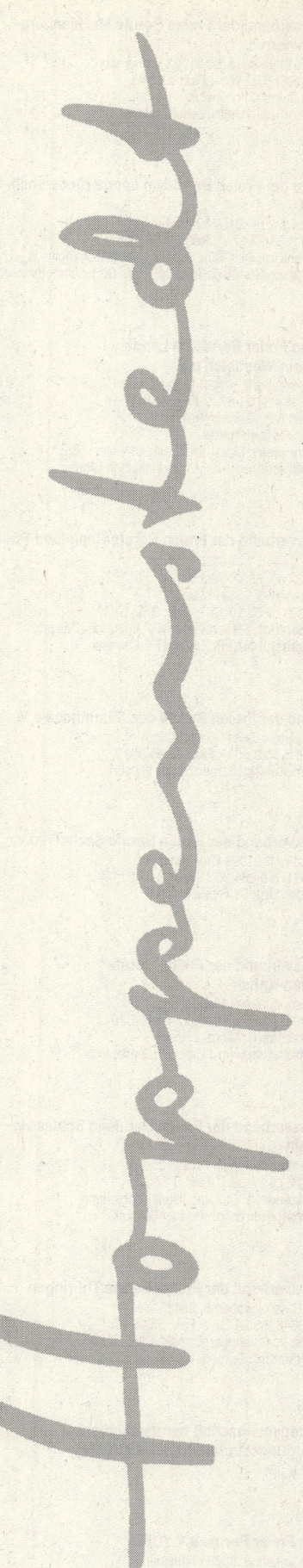

S Freie Berufe und andere Berufsverbände

Zum Auffinden einer bestimmten Dienststelle oder Organisation dient das Suchwortverzeichnis, eines Personennamens das Personenverzeichnis.

Bundesverband der Freien Berufe

Ärzte, Zahnärzte, Tierärzte, Apotheker, Medizinische Hilfsberufe

Anwälte, Notare, Richter, Staatsanwälte, Rechtsbeistände u. a.

Wirtschaftsprüfer, Steuerberater und -bevollmächtigte, Buchprüfer u. a.

Unternehmens- und Wirtschaftsberater, Volks- und Betriebswirte, Marktforscher u. a.

Architekten, Ingenieure, Chemiker, Designer, Technische Sachverständige, Lotsen, Wissenschaftler u. a.

Bildende Künstler, Grafik-Designer, Schriftsteller, Komponisten, Kritiker, Journalisten, Dolmetscher, Übersetzer u. a.

Sonstige Berufsverbände

Bundesverband der Freien Berufe

● S 1

BfB

Bundesverband der Freien Berufe (BFB)
Postf. 04 03 02, 10062 Berlin
Reinhardtstr. 34, 10117 Berlin
T: (030) 28 44 44-0   Fax: 28 44 44-40
Internet: http://www.freie-berufe.de
E-Mail: info-bfb@freie-berufe.de
Internationaler Zusammenschluß: siehe unter izs 21
Präsident(in): Dr.med. Ulrich Oesingmann
Hauptgeschäftsführer: RA Arno Metzler
Verbandszeitschrift: „der freie beruf"
Redaktion: E. Roemer, Barbara Kienle
Verlag: der freie beruf Dienstleistungs- und Verlags GmbH, Herbert-Lewin-Str. 3, 50931 Köln, T: (0221) 8 20 42 40, Fax: 8 20 42 44
Mitglieder: 16 Landesverbände; 68 Berufsorganisationen

Berufsorganisationen

Freie heilkundliche Berufe
Bundesärztekammer (Arbeitsgemeinschaft der Deutschen Ärztekammern)
Kassenärztliche Bundesvereinigung (Körperschaft des öffentlichen Rechts)
Bundesverband der Knappschaftsärzte e.V.
HARTMANNBUND - Verband der Ärzte Deutschlands e.V.
Verband der Privatärztlichen Verrechnungsstellen e.V.
Ludwig Sievers Stiftung - Stiftung zur Förderung der wissenschaftlichen Forschung über Wesen und Bedeutung der Freien Berufe
Bundeszahnärztekammer - Arbeitsgemeinschaft der Deutschen Zahnärztekammern
Kassenzahnärztliche Bundesvereinigung (Körperschaft des öffentlichen Rechts)
Bundesverband praktischer Tierärzte e.V.
Bundesvereinigung Deutscher Apothekerverbände - ABDA
Deutscher Verband für Physiotherapie - Zentralverband der Krankengymnasten/Physiotherapeuten (ZVK) e.V.
Bundesverband selbständiger Physioterapeutinnen IFK e.V.
Deutscher Bundesverband für Logopädie e.V.
Verband freiberuflicher Betreuer/innen
Deutscher Psychotherapeutenverband (DPTV) e.V.
Deutscher Verband der Ergotherapeuten (Beschäftigungs- und Arbeitstherapeuten) e.V.
Deutscher Berufsverband der MotopädInnen/MototherapeutInnen DBM e.V.

Freie rechts- und wirtschaftsberatende Berufe
Bundesrechtsanwaltskammer (Körperschaft des öffentlichen Rechts)
Deutscher Anwaltverein e.V. (DAV)
Bundesverband der Rentenberater e.V.
Patentanwaltskammer (Körperschaft des öffentlichen Rechts)
Bundesverband Deutscher Patentanwälte e.V.
Bundesnotarkammer (Körperschaft des öffentlichen Rechts)
Wirtschaftsprüferkammer (Körperschaft des öffentlichen Rechts)
Bundessteuerberaterkammer (Körperschaft des öffentlichen Rechts)
Deutscher Steuerberaterverband e.V.
Bundesverband der Steuerberater e.V.
HLBS Hauptverband der landwirtschaftlichen Buchstellen und Sachverständigen e.V.
Bundesverband der Wirtschaftsberater BVW e.V.
Bundesverband Deutscher Unternehmensberater BDU e.V.
Deutscher Notarverein
Vereinigung der unabhängigen freiberuflichen Aktuare e.V.
Deutsche Sektion der I.A.C.A.

Freie technische und naturwissenschaftliche Berufe
Bundesarchitektenkammer
Bund Deutscher Architekten BDA
Vereinigung Freischaffender Architekten Deutschlands e.V. - VFA
Bund Deutscher Landschafts-Architekten BDLA e.V.
Bund Deutscher Innenarchitekten BDIA e.V.
Verband Beratender Ingenieure VBI e.V.
Verband Selbständiger Ingenieure VSI e.V.
Bund der öffentlich bestellten Vermessungsingenieure e.V. (BDVI)
Bundesvereinigung der Prüfingenieure für Baustatik
Bundesverband freiberuflicher Sicherheitsingenieure und überbetrieblicher Dienste e.V. - BFSI
INGEWA Ingenieurverband Wasser- und Abfallwirtschaft e.V.
AHO Ausschuß d. Ingenieurverbände u. Ingenieurkammern für die Honorarordnung e.V.
Bundesverband öffentlich bestellter und vereidigter sowie qualifizierter Sachverständiger e.V.
Technische Organisation von Sachverständigen e.V. (TOS)
Bundeslotsenkammer
Fachgruppe "Freiberufliche Chemiker und Inhaber Freier Unabhängiger Laboratorien" in Gesellschaft Dt. Chemiker
Bundesverband Deutscher Geologen e.V. - Bund Deutscher Geowissenschaftler e.V. (BDG)
Verband Deutscher Biologen e.V. Fachsektion Freiberuflicher Biologen
Institut der Umweltgutachter und -berater in Deutschland (IdU)
Gesellschaft für Informatik - Fachgruppe Selbständige
Bundesingenieurkammer

Freie Kulturberufe
Deutsches Institut für Tiefenpsychologische Tanztherapie und Ausdruckstherapie e.V. (DITAT)
Bundesverband für Tanztherapie Deutschland e.V.
Berufsverband Deutscher Diplom-Pädagogen und Diplom Pädagoginnen e.V. (BDDP)
Bundesverband der Dolmetscher und Übersetzer e.V. (BDÜ) - Berufsgruppe Freiberufler
Internationaler Verband der Konferenzdolmetscher (AIIC) - Regionalgruppe Deutschland
Freier Deutscher Autorenverband (FDA) e.V.
Bundesverband Deutscher Schriftsteller-Ärzte e.V.
Deutscher Verband Freiberuflicher Restauratoren DVFR
Deutscher Restauratoren Verband e.V. (DRV)
Deutsche Ocularistische Gesellschaft (DOG) e.V.

Landesverbände

s 2
Landesverband der Freien Berufe Baden-Württemberg
Hegelstr. 33, 70174 Stuttgart
T: (0711) 6 19 48-405   Fax: 6 19 48-703
Internet: http://www.freie-berufe-bw.de
E-Mail: info@freie-berufe-bw.de
Gründung: 1949
Präsident(in): WP/StB Franz Longin
Geschäftsführer(in): Ass.jur. Ute Kemmann

s 3
Verband Freier Berufe in Bayern e.V.
Türkenstr. 55, 80799 München
T: (089) 2 72 34 24   Fax: 2 72 34 13
E-Mail: vfb-bayern@t-online.de
Präsident(in): Dipl.-Ing. Peter Lanz
Geschäftsführer(in): Hannelore Kreuter

s 4
Verband der Freien Berufe in Berlin e.V.
Littenstr. 10, 10179 Berlin
T: (030) 8 87 19 30   Fax: 88 71 93 20
Präsident(in): Dipl.-Vw. Dr. Peter Runge (WP, StB, RB)
Geschäftsführer(in): Dipl.-Kfm. Wolfgang Wehmeier

s 5
Landesverband der Freien Berufe Brandenburg e.V.
Helene-Lange-Str. 4, 14469 Potsdam
T: (0331) 29 77-413   Fax: 29 77-165
Vorstandsvorsitzender: Thomas Schmidt

s 6
Landesverband der Freien Berufe in der Freien Hansestadt Bremen
Dobbenweg 6, 28203 Bremen
T: (0421) 7 40 96
Präsident(in): Dr. med. Hermann Holzhüter

s 7
Verband Freier Berufe in der Freien und Hansestadt Hamburg e.V.
Neuer Wall 44, 20354 Hamburg
T: (040) 36 30 54
Vorsitzende(r): RA Gabriele Voltz
Geschäftsführer(in): RA Dr. Axel Holtz

s 8
Verband Freier Berufe in Hessen
Merianstr. 12, 61476 Kronberg
T: (06173) 16 31   Fax: (069) 7 95 02-599
Präsident(in): RA Hans-Wolfgang Pfeifer
Geschf. Präsidiumsmitgl.:
Ass. Rolf Zaengler

s 9
Landesverband der Freien Berufe Mecklenburg-Vorpommern
Wilhelm-Stahl-Allee 2, 18196 Dummerstorf
T: (038208) 6 02 46   Fax: 6 02 44
E-Mail: lfb-mv@t-online.de
Präsident(in): Dr.habil. Jost Bergfeld

s 10
Verband der Freien Berufe im Lande Niedersachsen e.V.
Rathenaustr. 9, 30159 Hannover
T: (0511) 36 37 17   Fax: 3 07 62 12
Präsident(in): Dipl.-Kfm. Prof. Dr. Hans Michael Korth
Hauptgeschäftsführer(in): Dipl.-Kfm. Dieter Gattermann

s 11
Verband Freier Berufe im Lande Nordrhein-Westfalen e.V.
Am Bonneshof 2, 40474 Düsseldorf
T: (0211) 4 54 21 67   Fax: 4 54 21 57
Internet: http://www.vfb-nw.de
E-Mail: info@vfb-nw.de
Vorsitzende(r): Dipl.-Kfm. Dr. Horst Vinken (StB/WP)
Geschäftsführer(in): RA'in Annekathrin Diemer

s 12
Landesverband der Freien Berufe Rheinland-Pfalz e.V.
Postf. 37 49, 55027 Mainz
Hölderlinstr. 8, 55131 Mainz
T: (06131) 9 52 10 14   Fax: 9 52 10 40
Präsident(in): Steuerberater/vBP Friedrich L. Jacob
Geschäftsführer(in): Elfriede Friesenhahn

s 13
Verband der Freien Berufe des Saarlandes e.V.
Faktoreistr. 4, 66111 Saarbrücken
T: (0681) 40 03-0   Fax: 40 03-360
Vorsitzende(r): Dr.-med. Klaus Giese

s 14
Landesverband der Freien Berufe Sachsen e.V.
Arndtstr. 11, 01099 Dresden
T: (0351) 8 04 84 33   Fax: 8 02 31 07
Präsident(in): Dr. Sylvia Heyser

s 15
Landesverband der Freien Berufe Sachsen-Anhalt
Porsestr. 8, 39104 Magdeburg
T: (0391) 40 55 40   Fax: 4 05 54 20
Vorsitzende(r): Michael Rösch
Geschäftsführer(in): Dipl. oec. Detlef Pilz

s 16
Landesverband der Freien Berufe in Schleswig-Holstein
Düsternbrooker Weg 71, 24105 Kiel
T: (0431) 9 27 33   Fax: 9 27 33
Vorsitzende(r): Dipl.-Ing. Hans Jungjohann
Geschäftsführer(in): Reimer Bracker

s 17
Landesverband der Freien Berufe Thüringen
Zum Hospitalgraben 8, 99425 Weimar
T: (03643) 55 98 30   Fax: 55 98 33
E-Mail: lfb-thueringen@t-online.de
Präsident(in): Dr.med. Wolf Höpker

● S 18
Arbeitsgemeinschaft berufsständischer Versorgungseinrichtungen e.V. (ABV)
siehe K 381

● S 19
Union Freier Berufe e.V. (UFB)
Edelsbergstr. 8, 80686 München
T: (089) 5 70 07-0   Fax: 5 70 07-260
E-Mail: umu-ufb@t-online.de
Vorsitzende(r): Dipl.-Ing. Hermann Sturm
Stellvertretende(r) Vorsitzende(r): Dipl.-Ing. Herbert Lorz
Hauptgeschäftsführer(in): UMU-UFB-Geschäftsführungs-

GmbH (Edelsbergstr. 8, 80686 München)

Sektionen:

Sektion I: Freie Heilberufe
Sektion II: Freie rechts- und wirtschaftsberatende, pädagogische, psychologische, übersetzende, künstlerische, publizierende und sonstige Freie Berufe
Sektion III: Freie technische und naturwissenschaftliche Berufe

Fachverbände:

Zentralverband Deutscher Ingenieure e.V. - ZDI
Bundesverband Freiberuflicher Ingenieure e.V. - BFI
Union Beratender Ingenieure e.V. - U.B.I.-D.
Berufsverband Freischaffender Ingenieure und Architekten e.V. - BFIA
Berufsverband der Apotheker e.V. - BDA
Union Deutscher Zahnärzte - UDZ
Union Freier Ärzte e.V. - UFÄ
Union Deutscher Unternehmensberater e.V. - UDU
Union Deutscher Personalberater e.V. - UDP
Unabhängige Vereinigung der Steuerberater e.V. - UDS
Unabhängige Vereinigung der Rechtsanwälte e.V. - UDR

● S 20
Arbeitgeberverband Freier Berufe e.V. (AFB)
Edelsbergstr. 8, 80686 München
T: (089) 5 70 07-0   **Fax:** 57 00 72 60
E-Mail: verband@t-online.de
Vorstand: Dipl.-Ing. Hermann Sturm (Vors.)
Dipl.-Ing. Herbert Lorz (stellv. Vors.)
Hauptgeschäftsführer(in): VM Verbands-Management GmbH (Edelsbergstr. 8, 80686 München)
Mitglieder: 6300
Anzahl der angeschlossenen Organisationen: 9

Sektionen:

Sektion I: Freie Heilberufe
Sektion II: Freie rechts- u. wirtschaftsberatende, pädagogische, psychologische, übersetzende, künstlerische, publizierende und sonstige Freie Berufe
Sektion III: Freie technische und naturwissenschaftliche Berufe

● S 21
Bundesverband der Frau im freien Beruf und Management e.V. (B.F.B.M.)
Bundesgeschäftsstelle:
Monheimsallee 21, 52062 Aachen
T: (0241) 4 01 84 58   **Fax:** 4 01 84 63
Internet: http://www.bfbm.de
Gründung: 1992
Vors. d. Bundesvorst: Andrea Pfundstein
Stellv. Vors. d. Bundesvorst.: Vera Nentwich
Verbandszeitschrift: B.F.B.M.-Newsletter
Redaktion: Ursula I. Meyer
Verlag: ein-FACH-verlag, Monheimsallee 21, 52062 Aachen
Mitglieder: 300
Der B.F.B.M. ist durch vierzehn Regionalgruppen vertreten in:
Aachen, Berlin, Bonn, Dortmund, Düsseldorf, Hamburg, Hannover, Köln, Märkischer Kreis, Mönchengladbach, München, Regensburg, Rhein-Main, Ruhrgebiet-Ost, Ruhrgebiet-West

Ärzte, Zahnärzte, Tierärzte, Apotheker, Medizinische Hilfsberufe

● S 22
Bundesärztekammer (Arbeitsgemeinschaft der deutschen Ärztekammern)
Postf. 41 02 20, 50862 Köln
Herbert-Lewin-Str. 1, 50931 Köln
T: (0221) 40 04-0   **Fax:** 4 00 43 88
Internet: http://www.bundesaerztekammer.de
E-Mail: baek@dgn.de
Präsident(in): Prof. Dr.med. Jörg-Dietrich Hoppe
Hauptgeschäftsführer(in): Prof. Dr.med. Christoph Fuchs
Pressestelle: Alexander Dückers

Landesärztekammern

s 23
Landesärztekammer Baden-Württemberg
Postf. 70 03 61, 70573 Stuttgart
Jahnstr. 40, 70597 Stuttgart
T: (0711) 7 69 89-0   **Fax:** 7 69 89 50
Internet: http://www.laekbw.arzt.de
E-Mail: laek-baden-wuerttemberg@dgn.de

Präsident(in): Prof. Dr.med. Friedrich-Wilhelm Kolkmann
Hauptgeschäftsführer(in): Dr. jur. Kurt Seizinger
Geschäftsführer(in): Ulrike Hespeler
Ludwig Ehrly

s 24
Bayerische Landesärztekammer
Mühlbaurstr. 16, 81677 München
T: (089) 41 47-1   **Fax:** 4 14 72 80
Internet: http://www.blaek.de
E-Mail: blaek@blaek.de
Präsident(in): Dr.med. Hans Hellmut Koch
Hauptgeschäftsführer(in): Dr. med. Enzo Amarotico
Dr. med. Horst Frenzel
Geschf. Arzt: Dr. Rudolf Burger
Thomas Schellhase
Dr. Joh. Wilh. Weidringer
Kaufmännischer Geschäftsführer: Dipl.-Vw. Frank Estler

s 25
Ärztekammer Berlin
Flottenstr. 28-42, 13407 Berlin
T: (030) 4 08 06-0   **Fax:** 40 80 61 26
Internet: http://www.aerztekammer-berlin.de
E-Mail: kammer@aerztekammer-berlin.de
Präsident(in): Dr.med. Günther Jonitz
Geschäftsführer(in): Dr. Gerhard Andersen

s 26
Landesärztekammer Brandenburg
Dreifertstr. 12, 03044 Cottbus
T: (0355) 78 01 00   **Fax:** 7 80 10 36
E-Mail: laek-brandenburg@dgn.de
Präsident(in): Dr. med. Udo Wolter
Hauptgeschäftsführer(in): Dr. R. Heiber

s 27
Ärztekammer Bremen
Postf. 10 77 29, 28077 Bremen
Schwachhauser Heerstr. 30, 28209 Bremen
T: (0421) 34 04-2 00   **Fax:** 34 04-2 09
Präsident(in): Dr.med. Ursula Auerswald
HGeschF u. Presse: Gerd Wenzel

s 28
Ärztekammer Hamburg
Humboldtstr. 56 (Ärztehaus), 22083 Hamburg
T: (040) 2 28 02-0   **Fax:** 2 20 99 80
E-Mail: aekh@aerztekammer-hamburg.de
Präsident(in): Dr.med. Frank Ulrich Montgomery
Geschf. Arzt: PD Dr. Klaus-H. Damm
Kaufmännischer Geschäftsführer: Dipl.-Volksw. Donald Horn

s 29
Landesärztekammer Hessen
Im Vogelsgesang 3, 60488 Frankfurt
T: (069) 97 67 20   **Fax:** 97 67 21 28
E-Mail: laek.hessen@dgn.de
Präsident(in): Dr.med. Alfred Möhrle
HGeschF u. Geschf. Arzt: Dr. med. Michael F.R. Popović
Kaufmännischer Geschäftsführer: Hans Schweikart
Justitiar: RA Christian J. Neupel

s 30
Ärztekammer Mecklenburg-Vorpommern
Humboldtstr. 6, 18055 Rostock
T: (0381) 49 28 00   **Fax:** 4 92 80 44
E-Mail: aek-mecklenburg-vorpommern@dgn.de
Präsident(in): Dr. Andreas Crusius
Geschäftsführer(in): Dr. jur. Karl-Heinz Moritz

s 31
Ärztekammer Niedersachsen
Postf. 3 07, 30003 Hannover
Berliner Allee 20, 30175 Hannover
T: (0511) 3 80-02   **Fax:** 3 80-22 40
Internet: http://www.aekn.de
E-Mail: info@aekn.de
Präsident(in): Prof. Dr. med. Heyo Eckel
HGeschF u. Justitiar: Dr. jur. Ulrich Kirchhoff
Hauptgeschäftsführer(in): Klaus Labuhn

s 32
Ärztekammer Nordrhein
Tersteegenstr. 31, 40474 Düsseldorf

T: (0211) 4 30 20   **Fax:** 4 30 22 00
Internet: http://www.aekno.de
E-Mail: aerztekammer@aekno.de
Präsident(in): Prof. Dr. med. Jörg-Dietrich Hoppe
Geschf. Arzt: Dr. med. Robert D. Schäfer
Geschäftsführer(in): Dr.rer.pol. Wolfgang Klitzsch
Leitung Presseabteilung: Horst Schumacher

s 33
Landesärztekammer Rheinland-Pfalz
Deutschhausplatz 3, 55116 Mainz
T: (06131) 28 82 20   **Fax:** 2 88 22 88
Internet: http://www.laek-rlp.de
E-Mail: kammer@laek-rlp.de
Präsident(in): Dr. med. Dieter Everz
Hauptgeschäftsführer(in): Dr.med. Jochen Wimmenauer

s 34
Ärztekammer des Saarlandes
Faktoreistr. 4, 66111 Saarbrücken
T: (0681) 4 00 30   **Fax:** 4 00 33 40
E-Mail: aerztekammer-saarland@t-online.de
Präsident(in): Dr.med. Franz Gadomski
Hauptgeschäftsführer(in): Assessor Heinz-Jürgen Lander

s 35
Sächsische Landesärztekammer
Postf. 10 05 10, 01075 Dresden
Schützenhöhe 16-18, 01099 Dresden
T: (0351) 82 67-0   **Fax:** 82 67-412
E-Mail: dresden@slaek.de
Präsident(in): Prof. Dr.med. Jan Schulze
Hauptgeschäftsführer(in): Dr.jur. Verena Diefenbach

s 36
Ärztekammer Sachsen-Anhalt
Doctor-Eisenbart-Ring 2, 39120 Magdeburg
T: (0391) 6 05 46   **Fax:** 6 05 47 00
E-Mail: info.aeksa@dgn.de
Präsident(in): Dr.med. Henning Friebel
Hauptgeschäftsführer(in): Dr. Jutta Synowitz
Kaufmännische Geschäftsführerin: Gisela Schmidt

s 37
Ärztekammer Schleswig-Holstein
Bismarckallee 8-12, 23795 Bad Segeberg
T: (04551) 80 30   **Fax:** 80 31 80
Internet: http://www.aeksh.de
E-Mail: kammer@aeksh.de
Präsident(in): Dr. med. Eckhard Weisner
HGeschF u. Geschf. Arzt: Dr. med. Karl-Werner Ratschko
Geschäftsführer(in): Horst Borchert

s 38
Landesärztekammer Thüringen
Postf. 10 07 40, 07707 Jena
T: (03641) 6 14-0   **Fax:** 6 14-199
E-Mail: lak_thuer@t-online.de
Präsident(in): Prof. Dr.med. Eggert Beleites
Ärztin i. GeschF: Dr. med. Christiane Becker
Kaufmännischer Geschäftsführer: Dr.rer.pol. Wolfgang Thöle
Jurist. GeschF: RA Helmut Heck

s 39
Ärztekammer Westfalen-Lippe
Postf. 40 67, 48022 Münster
Gartenstr. 210-214, 48147 Münster
T: (0251) 92 90   **Fax:** 9 29 29 99
Internet: http://www.aekwl.de
E-Mail: posteingang@aekwl.de
Präsident(in): Dr. med. Ingo Flenker
Hauptgeschäftsführer(in): Ass. Jörg-E. Speth
Geschäftsführer(in): Dr. Michael Schwarzenau

● S 40
Bundesvereinigung Deutscher Ärzteverbände e.V. (BDÄ)
Belfortstr. 9, 50668 Köln
T: (0221) 9 73 00 50   **Fax:** 7 39 12 39
Generalsekretär(in): Dr.med. Erwin Hirschmann

● S 41

Berufsverband Deutscher Anästhesisten
Geschäftsstelle:
Roritzerstr. 27, 90419 Nürnberg
T: (0911) 93 37 80   Fax: 3 93 81 95
Internet: http://www.bda-nuernberg.de
E-Mail: bda@dgai-ev.de
Gründung: 1961
Präsident(in): Prof. Dr. med. Bernd Landauer (Chefarzt der Abt. für Anästhesiologie und operative Intensivmedizin, Städt. Krankenhaus München-Bogenhausen, Englschalkinger Str. 77, 81925 München)
Schriftführer(in): Prof. Dr. med. Klaus Fischer (Chefarzt der Abteilung für Anästhesiologie und Operative Intensivmedizin, Ev. Diakonie-Krankenhaus gGmbH Bremen, Gröpelinger Heerstr. 406-408, 28239 Bremen)
Kassenführer: Dr. med. Jan-Peter Wittenburg (Am Oelzepark 9, 21335 Lüneburg)
Mitglieder: 12800

● S 42

Hartmannbund
Verband der Ärzte Deutschlands e.V.
Postf. 26 01 25, 53153 Bonn
Godesberger Allee 54, 53175 Bonn
T: (0228) 81 04-0   Fax: 81 04-1 55
Internet: http://www.hartmannbund.de
E-Mail: hb-info@hartmannbund.de
Internationaler Zusammenschluß: siehe unter izs 72
Vorsitzende(r): Dr.med. Hans-Jürgen Thomas
Hauptgeschäftsführer(in): Komm. Dipl.-Volksw. Dr. Bernd Hügle

Vertretung der politischen und wirtschaftlichen Interessen aller Ärzte gegenüber Parlamenten, Regierungen und anderen staatlichen Einrichtungen sowie gegenüber Parteien und gesellschaftlichen Organisationen.

Landesverbände

s 43

Hartmannbund
Landesverband Baden-Württemberg
Albstadtweg 4, 70567 Stuttgart
T: (0711) 73 10 24   Fax: 73 16 96
E-Mail: lv.bw@hbmail.hartmannbund.de

s 44

Hartmannbund
Landesverband Bayern
Mühlbaurstr. 16, 81677 München
T: (089) 47 08 70 34   Fax: 47 08 70 36
E-Mail: lv.by@hbmail.hartmannbund.de

s 45

Hartmannbund
Landesverband Berlin
Eichkampstr. 106, 14055 Berlin
T: (030) 30 82 04 11   Fax: 30 82 04 12
E-Mail: lv.be@hbmail.hartmannbund.de

s 46

Hartmannbund
Landesverband Brandenburg
Erlenbusch 1, 14913 Jüterbog
T: (03372) 40 46 97   Fax: 40 43 79
E-Mail: lv.bb@hbmail.hartmannbund.de

s 47

Hartmannbund
Landesverband Bremen
Schwachhauser Heerstr. 26-28, 28209 Bremen
T: (0421) 3 40 41 80   Fax: 3 40 41 89
E-Mail: lv.br@hbmail.hartmannbund.de

s 48

Hartmannbund
Landesverband Hamburg
Humboldtstr. 57-59, 22083 Hamburg
T: (040) 22 71 72 57   Fax: 22 71 72 58
E-Mail: lv.hh@hbmail.hartmannbund.de

s 49

Hartmannbund
Landesverband Hessen
Mendelssohnstr. 59, 60325 Frankfurt
T: (069) 97 40 96 98   Fax: 97 40 95 99
E-Mail: lv.he@hbmail.hartmannbund.de

s 50

Hartmannbund
Landesverband Mecklenburg-Vorpommern
Humboldtstr. 57-59, 22083 Hamburg
T: (040) 22 71 72 57   Fax: 22 71 72 58
E-Mail: lv.mv@hbmail.hartmannbund.de

s 51

Hartmannbund
Landesverband Niedersachsen
Berliner Allee 20, 30175 Hannover
T: (0511) 34 49 00   Fax: 3 48 18 33
E-Mail: lv.ns@hbmail.hartmannbund.de

s 52

Hartmannbund
Landesverband Nordrhein
Godesberger Allee 54, 53175 Bonn
T: (0228) 81 04-1 38   Fax: 81 04-1 39
E-Mail: lv.nr@hbmail.hartmannbund.de

s 53

Hartmannbund
Landesverband Rheinland-Pfalz
Bahnhofstr. 15, 55116 Mainz
T: (06131) 38 75 00   Fax: 38 58 15
E-Mail: lv.rp@hbmail.hartmannbund.de

s 54

Hartmannbund
Landesverband Saarland
Gartenstr. 49, 66459 Kirkel
T: (06841) 8 04 33   Fax: 8 04 43
E-Mail: lv.sl@hbmail.hartmannbund.de

s 55

Hartmannbund
Landesverband Sachsen und Sachsen-Anhalt
William-Zipperer-Str. 146, 04179 Leipzig
T: (0341) 4 41 68 20   Fax: 4 41 78 95
E-Mail: lv.sa@hbmail.hartmannbund.de (Sachsen-Anhalt), lv.sc@hbmail.hartmannbund.de (Sachsen)

s 56

Hartmannbund
Landesverband Schleswig-Holstein
Humboldtstr. 57-59, 22083 Hamburg
T: (040) 22 71 72 57   Fax: 22 71 72 58
E-Mail: lv.sh@hbmail.hartmannbund.de

s 57

Hartmannbund
Landesverband Thüringen
Zum Hospitalgraben 8, 99425 Weimar
T: (03643) 55 98 50   Fax: 55 98 52
E-Mail: lv.th@hbmail.hartmannbund.de

s 58

Hartmannbund
Landesverband Westfalen-Lippe
Westfalendamm 81, 44141 Dortmund
T: (0231) 43 37 97   Fax: 41 61 37
E-Mail: lv.wl@hbmail.hartmannbund.de

● S 59

Deutscher Ärztinnenbund e.V.
Sekretariat:
Herbert-Lewin-Str. 1, 50931 Köln
T: (0221) 40 04-5 40   Fax: 40 04-5 41
Internet: http://www.aerztinnenbund.de
E-Mail: aerztinnenbund@aerztinnenbund.de
Gründung: 1924
Präsident(in): Dr.med. Astrid Bühren (Hagener Str. 31, 82418 Murnau, T: (08841) 27 03, Fax: 27 08)
Leitung Presseabteilung: Gabriele Juvan
Verbandszeitschrift: "Ärztin"
Redaktion: Gabriele Juvan, Luisenstr. 63, 63067 Offenbach, T: (069) 82 36 52 18, Fax: 82 36 52 19
Verlag: WWF-Verlags GmbH, Postf. 17 49, 48256 Greven, T: (02571) 5 50 51, Telefax: (02571) 5 47 61
Mitglieder: 2000

● S 60

marburger bund

Verband der angestellten und beamteten Ärztinnen und Ärzte Deutschlands e.V.
(Bundesverband)
Riehler Str. 6, 50668 Köln
T: (0221) 97 31 68-0   Fax: 9 73 16 78
Internet: http://www.marburger-bund.de
E-Mail: bundesverband@marburger-bund.de
Gründung: 1947 (11. Juni)
1. Vorsitzende(r): Dr. med. Frank Ulrich Montgomery
2. Vorsitzende(r): Rudolf Henke
Hauptgeschäftsführer(in): Dr. Dieter Boeck
Stellv.HGeschF: Lutz Hammerschlag (Tarifpolitik)
Geschäftsführer(in): Dr. Magdalena Heuwing
Presse und Öffentlichkeitsarbeit: Anna von Borstell
Auslandsabteilung: Wally Esch
Verbandszeitschrift: marburger bund - Ärztliche Nachrichten
Verlag: Joh. Heider Verlag GmbH, Paffrather Str. 102-116, 51465 Berg. Gladbach
Mitglieder: 69542 (Stand: 01.01.2001)

Gesundheits- und Sozialpolitik, insbesondere Krankenhauswesen, ärztliche Aus- und Weiterbildung sowie öffentlicher Gesundheitsdienst. Der Marburger Bund ist der einzige Ärzteverband, der als tariffähige Gewerkschaft die Arbeitsbedingungen und die Bezahlung der angestellten und beamteten Ärztinnen und Ärzte aushandelt.

Landesverbände

s 61

Marburger Bund
Landesverband Baden-Württemberg
Stuttgarter Str. 72, 73230 Kirchheim
T: (07021) 9 23 90   Fax: 92 39 23
E-Mail: marburger_bund_bw@t-online.de
Vorsitzende(r): Dr. Josef Ungemach
Geschäftsführer(in): RA Bernhard Resemann
Mitglieder: 8996

s 62

Marburger Bund
Landesverband Bayern
Bavariaring 42, 80336 München
T: (089) 7 25 30 56-59   Fax: 7 21 19 08
E-Mail: geschaeftsstelle@marburger-bund-bayern.de
Vorsitzende(r): Prof. Dr. med. Detlef Kunze
Geschäftsführer(in): Dr. V. Saurwein
Stellvertretende(r) Geschäftsführer(in): Kurt Ossoinig
Mitglieder: 10391

s 63

Marburger Bund
Landesverband Berlin/Brandenburg
Schloßstr. 28, 12163 Berlin
T: (030) 7 92 00 25   Fax: 7 92 88 12
E-Mail: wvdberlin@aol.com
Vorsitzende(r): Dr. Udo Wolter
Geschäftsführer(in): Ann-Margret Baumann
Mitglieder: 4542

s 64

Marburger Bund
Landesverband Bremen
Schwachhauser Heerstr. 30, 28209 Bremen
T: (0421) 34 04-2 80   Fax: 34 04-2 89
E-Mail: marburger-bund-bremen@t-online.de
Vorsitzende(r): Dr. med. Heidrun Gitter
Geschäftsführer(in): Eliese Temmen
Mitglieder: 554

s 65

Marburger Bund
Landesverband Hamburg
Humboldtstr. 57-59, 22083 Hamburg
T: (040) 2 29 80 03 Fax: 2 27 94 28
Vorsitzende(r): Dr. med. Frank Ulrich Montgomery
Geschäftsführer(in): Brigitte Kietzmann
Mitglieder: 2692

s 66

Marburger Bund
Landesverband Hessen
Praunheimer Landstr. 32, 60488 Frankfurt
T: (069) 76 80 01-0 Fax: 7 68 25 45
Internet: http://www.mbhessen.de
E-Mail: mail@mbhessen.de
Vorsitzende(r): Priv.-Doz. Dr. Roland Wönne
Geschäftsführer(in): RA Udo Rein
Mitglieder: 4852

s 67

Marburger Bund
Landesverband Mecklenburg-Vorpommern
August-Bebel-Str. 10-12, 18055 Rostock
T: (0381) 24 28 00 Fax: 2 42 80 10
E-Mail: service@marburger-bund-mv.de
Vorsitzende(r): Dr. Thomas Jäckle
Geschäftsführer(in): Dr. Jörg-Peter Vandrey
Mitglieder: 996

s 68

Marburger Bund
Landesverband Niedersachsen
Berliner Allee 20, 30175 Hannover
T: (0511) 3 80-22 03 Fax: 3 80-22 00
E-Mail: mb-lvniedersachsen@t-online.de
Vorsitzende(r): Dr.med. Jörg Zimmermann
Geschäftsführer(in): Wolfgang Boss
Mitglieder: 6284

s 69

Marburger Bund
Landesverband Nordrhein-Westfalen/Rheinland-Pfalz
Postf. 10 25 44, 50465 Köln
T: (0221) 7 20 03 73 Fax: 7 20 03 86
E-Mail: marburger-bund.nw-rp@netcologne.de
Vorsitzende(r): Rudolf Henke (MdL)
Geschäftsführer(in): RA Rolf Lübke
Mitglieder: 22480

s 70

Marburger Bund
Landesverband Saarland
Talstr. 44, 66119 Saarbrücken
T: (0681) 58 11 00 Fax: 5 41 86
E-Mail: mb-saar@gmx.de
Vorsitzende(r): Hans-Jürgen Jesberger
Geschäftsführer(in): Horst Kammal
Mitglieder: 1126

s 71

Marburger Bund
Landesverband Sachsen
Schützenhöhe 16-18, 01099 Dresden
T: (0351) 8 26 72 06 Fax: 8 26 72 08
Vorsitzende(r): Dr. Thomas Fritz
Geschäftsführer(in): Dipl.-Jur. Bernhard Schlotmann
Mitglieder: 1556

s 72

Marburger Bund
Landesverband Sachsen-Anhalt
Doctor-Eisenbart-Ring 2, 39120 Magdeburg
T: (0391) 6 28 41-0 Fax: 6 28 41-23
E-Mail: marburgerbund.lvsa@t-online.de
Vorsitzende(r): Dr. med. Dieter Hoffmeyer
Geschäftsführer(in): Dr. Detlef Joswig
Mitglieder: 1157

s 73

Marburger Bund
Landesverband Schleswig-Holstein
Kurhausstr. 29, 23795 Bad Segeberg
T: (04551) 20 80 Fax: 9 39 94
E-Mail: marburger-bund.s-h@gmx.de
Vorsitzende(r): Dr. Hannelore Machnik
Geschäftsführer(in): Roswitha Pietzsch
Mitglieder: 2897

s 74

Marburger Bund
Landesverband Thüringen
Damaschkestr. 25, 99096 Erfurt
T: (0361) 3 45 41 52, 3 45 41 53 Fax: 3 45 41 52
E-Mail: marburgth@aol.com
Vorsitzende(r): Dr.med. Winfried Bertram
Geschäftsführer(in): Dipl.-Ökon. Christian Witzenhausen
Mitglieder: 1019

● **S 75**

Arzneimittelkommission der deutschen Ärzteschaft (AkdÄ)
Postf. 41 01 25, 50861 Köln
Aachener Str. 233-237, 50931 Köln
T: (0221) 40 04-525 Fax: 40 04-539
Internet: http://www.akdae.de
E-Mail: info@akdae.de
Gründung: 1952
Vorsitzende(r): Prof. Dr. med. Bruno Müller-Oerlinghausen
Stellvertretende(r) Vorsitzende(r): Prof. Dr. med. Dietrich Höffler
Geschäftsführer(in): Joerg David Tiaden
Verbandszeitschrift: Arzneiverordnung in der Praxis (AVP)
Mitarbeiter: 12

● **S 76**

Verband der Krankenhausdirektoren Deutschlands e.V. (VKD)
Geschäftsstelle
Oranienburger Str. 17, 10178 Berlin
T: (030) 28 88 59-11 Fax: 28 88 59-15
Gründung: 1903 (05. Juli)
Präsident(in): Heinz Kölking (Geschäftsführer Diakonissen Mutterhaus, Elise-Averdieck-Str. 17, 27356 Rotenburg/Wümme, T: (04261) 77 22 05, Fax: 77 20 02)
1. Vizepräsident: Manfred Gotthardt (Kaufmännischer Direktor Universitätsklinikum Münster, Domagkstr. 5, 48149 Münster, T: (0251) 8 35 58 02, Fax: 8 35 58 03)
2. Vizepräsident: Peter Löbus (Krankenhausdirektor, Klinikum Bernburg, Kustrenaer Str. 98, 06406 Bernburg, T: (03471) 34 10 01, Fax: 34 10 03)
Schatzmeister: Bernhard Unkel (Kaufmännischer Direktor, St.-Elisabeth-Krankenhaus, Ostallee 3, 56112 Lahnstein, T: (02621) 1 71 10 02, Fax: 1 71-1009)
Referent f. Fort- u. Weiterbildung: Paul Dörr (Vorsitzender des Vorstandes Saarländischer Schwesternverb., Im Eichenwäldchen, 66564 Ottweiler, T: (06824) 90 91 23, Fax: 90 91 40)
Referent f. Öffentlichkeitsarbeit: Dr. Rudolf Hartwig (Geschäftsführer Alfried Krupp Krankenhaus, Alfried-Krupp-Str. 21, 45117 Essen, T: (0201) 4 34-2330, Fax: 4 34-2397)
Schriftführer: Günter Schigulski (Kaufmännischer Direktor St. Josefs-Krankenhaus, Allee nach Sanssouci 7, 14471 Potsdam, T: (0331) 96 82-246, Fax: 96 82-300)
Geschäftsführerin: Gabriele Kirchner (Oranienburger Str. 17, 10178 Berlin, T: (030) 28 88 59-11, Fax: 28 88 59-15)
Verbandszeitschrift: Krankenhausumschau (KU)
Redaktion: Angelika Beyer-Rehfeld, Heiligenberger Str. 30, 10318 Berlin, T: (030) 50 81 34 8, Fax: 50 89 88 85
Verlag: Verlag E.C. Baumann KG, Postf. 11 49, 95301 Kulmbach
Mitglieder: 3600

● **S 77**

Berufsverband der Augenärzte Deutschlands e.V. (BVA)
Geschäftsstelle:
Tersteegenstr. 12, 40474 Düsseldorf
T: (0211) 4 30 37-00 Fax: 4 30 37-20
Internet: http://www.augeninfo.de
E-Mail: bva-duesseldorf@t-online.de
1. Vorsitzende(r): Dr.med. Uwe Kraffel (Kantstr. 75, 10627 Berlin, T: (030) 3 23 83 85, Fax: 4 33 77 38)
Leiter(in): Ingrid Niebel
Geschäftsführer(in): Ursula Hahn
Pressereferent: Dr. med. G. Mehrle (Stuttgarter Str. 54, 74321 Bietigheim-Bissingen, T: (07142) 6 36 30, Telefax: (07142) 6 26 23)

● **S 78**

Verband Deutscher Badeärzte e.V.
Elisabethstr. 7a, 32545 Bad Oeynhausen
T: (05731) 2 12 03 Fax: 26 08 80
E-Mail: vdb@badeaerzteverband.de
Gründung: 1947 (20. August)
Präsident(in): Dr. med. Wolfram Enders
Schriftführer(in): Dr. med. Dirk Kühn (Arzt für Allgemeinmedizin, Kurstr. 5, 18181 Graal-Müritz)
Mitglieder: 1000
Mitarbeiter: 3
Jahresetat: DM 0,25 Mio, € 0,13 Mio

● **S 79**

Berufsverband der Deutschen Dermatologen e.V.
Geschäftsstelle
Hofstr. 5 Ärztehaus, 97070 Würzburg
T: (0931) 3 53 47 33 Fax: 3 53 47 35
Präsident: Dr. med. Erich Schubert (T: (0931) 3 53 47 33), Würzburg
Verbandszeitschrift: Der Deutsche Dermatologe
Mitglieder: ca. 3300

● **S 80**

Bundesberufsverband der Fachkosmetiker(-innen) in Deutschland e.V. (BfD)
Postf. 15 36, 58244 Ennepetal
Voerder Str. 61, 58256 Ennepetal
T: (02333) 7 66 97 Fax: 7 14 44
Internet: http://www.bfd-ev.com
E-Mail: info@bfd-ev.com
Gründung: 1969 (14. Mai)
Präsident(in): Brigitte Sterz
Mitarbeiter: 3
siehe auch: CIDESCO Sektion Deutschland

Der BfD ist die offizielle Berufsorganisation der Kosmetikerinnen und Kosmetiker aller Branchen, Betriebsgrößen und Betriebsformen in Deutschland, die berufsständische Interessenvertretung gegenüber Parteien, Parlamenten, Ministerien, Behörden und Verbänden. Der sachkundige Berater und Ansprechpartner bei allen fachlichen und betrieblichen Problemen.

s 81

BfD-Fortbildungszentrum Rheinland
Siegburger Str. 77-79, 53229 Bonn
T: (0228) 47 04 40
Leiter(in): John Herfs

s 82

BfD-Fortbildungszentrum Bayern Nord
Ludwigstr. 67, 90402 Nürnberg
T: (0911) 22 26 27
Leiter(in): Helga Holland

● **S 83**

Gemeinschaft Fachärztlicher Berufsverbände (GFB)
Zermatter Str. 21-23, 28325 Bremen
T: (0421) 4 09 88 09 Fax: 42 97 40
E-Mail: dr.rueggeberg@t-online.de
Internationaler Zusammenschluß: siehe unter izs 86
Präsident(in): Dr. med. Jörg-Andreas Rüggeberg (Arzt für Chirurgie)
Vizepräsident(in): Dr. Klaus Schalkhäuser
Prof. Dr. Werner Schlake
Geschäftsführung: Dr. Rüggeberg
Mitglieder: 100000

● **S 84**

Berufsverband der Frauenärzte e.V.
Postf. 20 03 63, 80003 München
Pettenkoferstr. 35, 80336 München
T: (089) 5 32 84 32 Fax: 5 38 91 10
Internet: http://www.bvf.de
E-Mail: bvf@bvf.de
Präsident(in): Dr.med. Armin Malter
Hauptgeschäftsführer(in): Dr. med. Burkhard Scheele
Verbandszeitschrift: FRAUENARZT
Redaktion: Berufsverband der Frauenärzte e.V.
Herstellung: publimed Medizin und Medien GmbH, Paul-Heyse-Str. 31a, 80336 München
Mitglieder: ca. 12500

● **S 85**

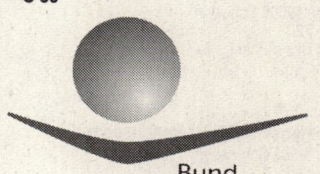

BUND DEUTSCHER HEBAMMEN e.V. (BDH)
Postf. 17 24, 76006 Karlsruhe
Gartenstr. 26, 76133 Karlsruhe
T: (0721) 9 81 89-0 Fax: 9 81 89-20
Internet: http://www.bdh.de
E-Mail: info@bdh.de, info@hebammenverband.de

Verbände, Behörden, Organisationen der Wirtschaft 2001

Gründung: 1885
Präsident(in): Magdalene Weiß
Geschäftsführer(in): Ingrid Pellin
Verbandszeitschrift: Hebammenforum
Herausgeber und Redaktion: BDH
Verlag: Rigotti-Klarhorst GmbH, Bonn
Mitglieder: ca. 12000
Mitarbeiter: 6 Vollzeit, 3 Teilzeit

Vertretung der Belange und Interessen der angestellten Hebammen, der freiberuflich tätigen Hebammen, der Lehrerinnen für Hebammenwesen und der Hebammenschülerinnen. Sicherung der Hebammenhilfe in Vorsorge, Geburt und Wochenbettbetreuung, Fort- und Weiterbildung der Hebammen, partnerschaftliche Zusammenarbeit mit allen in der Schwangerschaft und Geburt beteiligten Berufsgruppen.
Zusammenarbeit auf internationaler Ebene mit den Hebammenverbänden.

Landesverbände

s 86

Hebammenverband Baden-Württemberg e.V.
Alte Doblerstr. 2, 75323 Bad Wildbad
T: (07081) 37 87
1. Vorsitzende: Ursula Jahn-Zöhrens

s 87

Bayerischer Hebammenverband e.V.
Am Kastanienbaum 1, 86720 Nördlingen
1. Vorsitzende: Karen Brandl

s 88

Berliner Hebammenverband e.V.
Erkelenzdamm 33, 10999 Berlin
T: (030) 6 94 61 54
1. Vorsitzende: Marion Brüssel

s 89

Hebammenverband Brandenburg
Große Hagenstr. 8a, 14712 Rathenow
T: (03385) 50 18 50
1. Vorsitzende(r): Manuela Neubüser

s 90

Hebammenlandesverband Bremen e.V.
Hamburger Str. 46, 28205 Bremen
T: (0421) 49 82 90
1. Vorsitzende: Antje Kehrbach

s 91

Hebammenverband Hamburg e.V.
Nissenstr. 12, 20251 Hamburg
T: (040) 48 54 31
1. Vorsitzende: Rita Hülsmann

s 92

Landesverband der Hessischen Hebammen e.V.
Elisabethenstr. 1, 63579 Freigericht
T: (06055) 57 81
1. Vorsitzende: Anke Wiemer

s 93

Landeshebammenverband Mecklenburg-Vorpommern e.V.
Seehofer Str. 22, 19055 Schwerin
T: (0385) 56 37 72
1. Vorsitzende: Sigrid Ehle

s 94

Landeshebammenschaft Niedersachsen e.V.
Dalldorf Nr. 19, 29562 Suhlendorf
T: (05820) 15 90
1. Vorsitzende: Elmire Frick

s 95

Landesverband der Hebammen Nordrhein-Westfalen e.V.
Im Cäcilienbusch 12, 53340 Meckenheim
T: (02225) 1 59 56
1. Vorsitzende: Angelika Josten

s 96

Hebammen-Landesverband Rheinland-Pfalz e.V.
Bensheimer Ring 15c, 67227 Frankenthal
T: (06233) 6 10 26
1. Vorsitzende: Inge Kohlhaupt

s 97

Saarländischer Hebammenverband e.V.
Am Homburg 103, 66123 Saarbrücken
T: (0681) 30 14 04 30
1. Vorsitzende: Monika Greitzke

s 98

Sächsischer Hebammenverband e.V.
Rosa-Menzer-Str. 13, 01309 Dresden
T: (0351) 3 10 12 63
1. Vorsitzende: Brigitte Borrmann

s 99

Hebammenverband Sachsen-Anhalt
Fröbelstr. 9, 39110 Magdeburg
T: (0391) 7 31 10 71
1. Vorsitzende: Sabine Beneke

s 100

Hebammenlandesverband Schleswig-Holstein e.V.
Up'n Knust 25, 23619 Rehhorst
T: (04533) 70 48 63   Fax: 70 48 69
Vorsitzende(r): Elke Poppinga

s 101

Hebammenverband Thüringen e.V.
Ziegenhainer Str. 76c, 07749 Jena
T: (03641) 37 28 37
1. Vorsitzende(r): Anke Carl

● S 102

Bund freiberuflicher Hebammen Deutschlands e.V. (BFHD)
Geschäftsstelle
Am Alten Nordkanal 10, 41748 Viersen
T: (02162) 35 21 49   Fax: 35 85 92
Internet: http://www.bfhd.de
E-Mail: geschaeftsstelle@bfhd.de
Gründung: 1984
Leiterin: Clea Nuss-Troles
1. Vorsitzende(r): Viola Schilling
Rechtsstelle: Patricia Morgenthal
Verbandszeitschrift: Hebammeninfo
Mitglieder: ca. 750

Interessenvertretung der freiberuflichen Hebammen bei Volksvertretern, Behörden usw.; Aufklärung und Mitarbeit in der Gesundheitserziehung der Bevölkerung; Fortbildung der Hebammen.

● S 103

Deutscher Berufsverband für Altenpflege e.V. (DBVA)
Sonnenwall 15, 47051 Duisburg
T: (0203) 29 94 27   Fax: 2 74 68
Gründung: 1974 (01. Dezember)
Bundesvorsitzende: Gudrun Dill
Vorstand: Annie Oorthuis (geschäftsführendes Vorstandsmitglied, 1. Stellvertretung)
Christina Kaleve (geschäftsführendes Vorstandsmitglied, 2. Stellvertretung)
Christian Breitenbach
Dr. Thea Hoedt
Carmen Nemitz
Sonja Rupp
Verbandszeitschrift: Altenpflegerin + Altenpfleger (A + A)
Redaktion: Bundesgeschäftsstelle DBVA e.V., Sonnenwall 15, 47051 Duisburg, T: (0203) 29 94 27, Fax: (0203) 2 74 68
Mitglieder: 2000

Landesverbände

s 104

DBVA Landesverband Baden-Württemberg
Sonnenwall 15, 47051 Duisburg
T: (0203) 29 94 27   Fax: 2 74 68
Vorsitzende: Nina Willige-Witte

s 105

DBVA Landesverband Bayern
Wilhelm-Busch-Str. 33, 94535 Eging
T: (08544) 77 13   Fax: 77 13
Vorsitzende(r): Monika Richter

s 106

DBVA Landesverband Berlin
Fichtestr. 30, 10967 Berlin
T: (030) 6 94 66 88   Fax: 25 29 95 41
Vorsitzende(r): Beate Swoboda

s 107

DBVA Regionalverband Ost
Lärchenweg 2, 14641 Falkenrehde
T: (033233) 8 05 75   Fax: 8 05 75
Vorsitzende: Dr. Thea Hoedt

s 108

DBVA Regionalverband Hamburg/Schleswig-Holstein
Hein-Baxmann-Stieg 8, 22113 Hamburg
T: (040) 78 27 53
Vorsitzende(r): Helmut Cordes

s 109

DBVA Landesverband Hessen
Lindenallee 6, 61350 Bad Homburg
T: (06172) 30 46 87   Fax: 30 46 87
Vorsitzende(r): Patrick Welsch

s 110

DBVA Regionalverband Niedersachsen/Bremen
Haimarer Str. 20, 31319 Sehnde
T: (05138) 61 44 84   Fax: 61 44 86
Vorsitzende(r): Gudrun Dill (Geschäftsstelle)
Stellv. Vors.: Martin Petzold (Akazienallee 10, 31832 Springe, T: (05041) 21 57, Fax: (05041) 51 12)

s 111

DBVA Landesverband Nordrhein-Westfalen
Sonnenwall 15, 47051 Duisburg
T: (0203) 29 94 27   Fax: 2 74 68

s 112

DBVA Landesverband Rheinland-Pfalz
Kirchstr. 18, 54657 Badem
T: (06563) 21 69
Vorsitzende(r): Bernhard Bruch

s 113

DBVA Landesverband Saarland
In der Röth 7, 66115 Saarbrücken
T: (0681) 4 38 36
Vorsitzende: Anna Oorthuis

● S 114

Bundesverband der Ärzte des öffentlichen Gesundheitsdienstes e.V.
siehe "Bundesfachverbände des Deutschen Beamtenbundes, DBB" R 732

● S 115

VERBAND DEUTSCHER PRÄPARATOREN e.V.
Hauptstr. 22, 55283 Nierstein
T: (06131) 12 26 48 dienstl., (06133) 5 75 33 privat
Gründung: 1953
Vors. und GeschF: Bettina Henrich (Zoologie, Naturhistorisches Museeum, Reichklarastr. 1+10, 55116 Mainz)
1. Stellv. Vors.: Matthias Feuersenger (Reiss Museum, Zeughaus C5, 68159 Mannheim)
2. Stellv. Vors.: Jens Cordes (Medizin, Institut für Anatomie und Zellbiologie der Universität, Robert-Koch-Str. 6, 35033 Marburg)
Verbandszeitschrift: "Der Präparator"

Hoppenstedt

Redaktion: Schriftleitung: Carsten Wortmann, Wittekindstr. 10, 30449 Hannover
Mitglieder: 700

Landesgruppen:
Baden-Württemberg
Bayern
Berlin/Brandenburg
Hessen
Niedersachsen/Bremen
Nordrhein-Westfalen
Rheinland/Pfalz- Saarland
Sachsen-Anhalt
Thüringen

Vertritt die Interessen aller in der Bundesrep. lebenden Präparatoren u. Sektionsassistenten der Fachbereiche: Biologie, Medizin u. Geowissenschaft im öffentl. Dienst (Instituten u. Museen) u. der Privatwirtschaft (Lehrmittelindustrie).

● S 116

Deutscher Berufsverband der Hals-Nasen-Ohrenärzte e.V.
Bundesgeschäftsstelle:
Haart 221, 24539 Neumünster
T: (04321) 97 25-0   Fax: 97 26-11
Internet: http://www.hno-aerzte.de
E-Mail: bv@hno-aerzte.de
Gründung: 1951
1. Vorsitzende(r): Dr.med. Hans-Udo Homoth (Haart 221, 24539 Neumünster, T: (04321) 97 25-0, Fax: (04321) 97 26 11)
2. Vorsitzende(r): Dr. med. Kim Caroline Schmitz (Mathildenstr. 1, 80336 München, T: (089) 59 68 61, Fax: (089) 5 50 16 11)
3. Vorsitzende(r): Dr.med. Detlef Walter (Stresemannstr. 30, 06484 Quedlinburg, T: (03946) 70 63 11, Fax: (03946) 70 63 13)
Geschäftsführer(in): Renate Burghard
Verbandszeitschrift: HNO-Mitteilungen
Verlag: Deutscher Ärzte-Verlag GmbH, Dieselstr. 2, Köln
Mitglieder: 4200
Mitarbeiter: 6

Landesverbände

s 117

Deutscher Berufsverband der Hals-Nasen-Ohrenärzte
Landesverband Baden
Egonstr. 14, 79106 Freiburg
T: (0761) 27 24 95   Fax: 28 88 21
Vorsitzende(r): Dr.med. Michael Deeg

s 118

Deutscher Berufsverband der Hals-Nasen-Ohrenärzte
Landesverband Bayern
Mathildenstr. 1, 80336 München
T: (089) 59 68 61   Fax: 5 50 16 11
Vorsitzende(r): Dr.med. Kim Caroline Schmitz

s 119

Deutscher Berufsverband der Hals-Nasen-Ohrenärzte
Landesverband Berlin
Krumme Str. 70, 10627 Berlin
T: (030) 3 13 63 93   Fax: 3 13 38 24
Vorsitzende(r): Dr.med. Kunibert Hippel

s 120

Deutscher Berufsverband der Hals-Nasen-Ohrenärzte
Landesverband Brandenburg
Thierbacher Str. 1, 03048 Cottbus
T: (0355) 52 41 09   Fax: 4 99 76 77
Vorsitzende(r): Dr.med. Elvira Winter

s 121

Deutscher Berufsverband der Hals-Nasen-Ohrenärzte
Landesverband Bremen
Gerhard-Rohlfs-Str. 19, 28757 Bremen
T: (0421) 65 00 94   Fax: 65 35 02
Vorsitzende(r): Dr. med. Hans-Udo Homoth

s 122

Deutscher Berufsverband der Hals-Nasen-Ohrenärzte
Landesverband Hamburg
Tornquiststr. 55, 20259 Hamburg
T: (040) 4 91 74 74   Fax: 4 91 00 82
Vorsitzende(r): Dr. med. Bruno Schmolke

s 123

Deutscher Berufsverband der Hals-Nasen-Ohrenärzte
Landesverband Hessen
Hugenottenstr. 54-56, 61381 Friedrichsdorf
T: (06172) 77 80 53   Fax: 77 80 70
Vorsitzende(r): Dr.med. Ulrich Borgmann

s 124

Deutscher Berufsverband der Hals-Nasen-Ohrenärzte
Landesverband Mecklenburg/Vorpommern
Mühlenstr. 6a, 23936 Grevesmühlen
T: (03881) 7 91 03   Fax: 7 91 05
Vorsitzende(r): Dr.med Sylvia Schnitzer

s 125

Deutscher Berufsverband der Hals-Nasen-Ohrenärzte
Landesverband Niedersachsen
Am Hogen Hagen 11, 26160 Bad Zwischenahn
T: (04403) 44 28   Fax: 34 24
Vorsitzende(r): Dr.med. Gerd-Rainer Burmeister

s 126

Deutscher Berufsverband der Hals-Nasen-Ohrenärzte
Landesverband Nordrhein
Peterstr. 20-24, 52062 Aachen
T: (0241) 3 74 81   Fax: 40 76 67
Vorsitzende(r): Dr.med. Hans-Wolfgang Claßen

s 127

Deutscher Berufsverband der Hals-Nasen-Ohrenärzte
Landesverband Rheinland-Pfalz
Danziger Str. 25, 76887 Bad Bergzabern
T: (06343) 21 75   Fax: 95 03 55
Vorsitzende(r): Dr. med. Hans Werner Mollenhauer

s 128

Deutscher Berufsverband der Hals-Nasen-Ohrenärzte
Landesverband Saarland
Am Markt 4, 66280 Sulzbach
T: (06897) 22 84   Fax: 5 12 92
Vorsitzende(r): Dr.med. Wolfgang Hornberger

s 129

Deutscher Berufsverband der Hals-Nasen-Ohrenärzte
Landesverband Sachsen
Ludwig-Hartmann-Str. 45, 01277 Dresden
T: (0351) 2 51 82 32   Fax: 2 51 82 33
Vorsitzende(r): Dr.med. Christian Dörr

s 130

Deutscher Berufsverband der Hals-Nasen-Ohrenärzte
Landesverband Sachsen-Anhalt
Stresemannstr. 30, 06484 Quedlinburg
T: (03946) 70 63 11   Fax: 70 63 13
Vorsitzende(r): Dr.med. Detlef Walter

s 131

Deutscher Berufsverband der Hals-Nasen-Ohrenärzte
Landesverband Schleswig-Holstein
Moislinger Allee 7, 23558 Lübeck
T: (0451) 8 12 91   Fax: 8 58 37
Vorsitzende(r): Dr.med. Doris Hartwig-Bade

s 132

Deutscher Berufsverband der Hals-Nasen-Ohrenärzte
Landesverband Thüringen
Friedrich-König-Str. 21, 98527 Suhl
T: (03681) 72 10 80   Fax: 80 39 79
Vorsitzende(r): Dr.med. Rainer Kraußlach

s 133

Deutscher Berufsverband der Hals-Nasen-Ohrenärzte
Landesverband Westfalen
Tannenstr. 1, 44225 Dortmund
T: (0231) 71 88 89   Fax: 71 26 98
Vorsitzende(r): Dr. med. Frank Ebach

s 134

Deutscher Berufsverband der Hals-Nasen-Ohrenärzte
Landesverband Württemberg
Marktstr. 25, 73033 Göppingen
T: (07161) 7 00 11   Fax: 1 47 76
Vorsitzende(r): Dr.med. Michael Peter Jaumann

● S 135

Berufsverband Deutscher Internisten e.V. (BDI)
Geschäftsstelle:
Schöne Aussicht 5, 65193 Wiesbaden
T: (0611) 1 81 33-0   Fax: 1 81 33-50
Internet: http://www.bdi.de
E-Mail: info@bdi.de
Gründung: 1959 (07. April)
Präsident(in): Dr. med. Gerd Guido Hofmann (Isenschmidstr. 19, 81545 München, T: (089) 62 27 72 00, Fax: 62 27 71 94)
Hauptgeschäftsführer(in): RA Max Broglie
Ärztlicher Geschäftsführer: Prof. Dr.med. Peter Knuth
Mitglieder: 29000

● S 136

Berufsverband Deutscher Laborärzte e.V.
Geschäftsstelle:
Berliner Allee 32, 40212 Düsseldorf
T: (0211) 13 23 63   Fax: 13 25 22
1. Vorsitzende(r): Prof. Dr. med. H. Rodt (Happinger Str. 98, 83026 Rosenheim)
Schriftführer(in): PD Dr. med. Dr. rer. nat. A. Pickert (Inst. f. Laboratoriumsmed. u. Blutbank Heilbronn Klinikum Heilbronn GmbH, Am Gesundbrunnen 20, 74078 Heilbronn)
Geschäftsführer(in): RA H. Reineck
Verbandszeitschrift: LaboratoriumsMedizin
Verlag: Blackwell Wissenschafts-Verlag GmbH, Kurfürstendamm 57, 10707 Berlin
Mitglieder: 319

● S 137

Vereinigung Deutscher Staatlicher Gewerbeärzte e.V.
c/o Amt für Arbeitsschutz Staatlicher Gewerbearzt
Adolph-Schönfelder-Str. 5, 22083 Hamburg
T: (040) 4 28 63-3164   Fax: 4 28 63-4116
1. Vorsitzende(r): Dr. Ursula Weinssen
2. Vorsitzende(r): Dr. med. Jürgen Otto (Landesgewerbearzt Sachsen-Anhalt, Postfl. 18 02, 06815 Dessau, T: (0340) 50 23-0, Fax: 50 23-1 51)
Geschäftsführer(in): Helma Stahlkopf

● S 138

Kassenärztliche Bundesvereinigung
Postfl. 41 05 40, 50865 Köln
Herbert-Lewin-Str. 3, 50931 Köln
T: (0221) 40 05-0   Fax: 40 80 39
1. Vorsitzende(r): Dr. med. Manfred Richter-Reichhelm
2. Vorsitzende(r): Dr. Leonhard Hansen
Hauptgeschäftsführer(in): Dr. jur. Rainer Hess

Bayern

s 139

Kassenärztliche Vereinigung Bayern
Postfl. 81 05 60, 81905 München
Arabellastr. 30, 81925 München
T: (089) 9 20 96-0   Fax: 9 20 96-105
TX: 52 36 45 aehby d
E-Mail: presse@kvb.de
1. Vorsitzende(r): Dr. med. Axel Munte
Stellvertretende(r) Vorsitzende(r): Dr. med. Wolfgang Hoppenthaller
Hauptgeschäftsführer(in): Sigurd Duschek
Dr. Christian Thieme

s 139

Herbert Zeiner
Jur.: Dr. jur. Gerhard Till
Pressesprecher(in): Hans-Georg Roth

Berlin

s 140

Kassenärztliche Vereinigung Berlin
Bismarckstr. 95-96, 10625 Berlin
T: (030) 3 10 03-0   **Fax:** 3 10 03-302
Vorsitzende(r): Dr. med. Manfred Richter-Reichhelm
Stellvertretende(r) Vorsitzende(r): Dr. med. Angelika Prehn
Hauptgeschäftsführer(in): Dusan Tesic
Jur.: Ernst Jolitz

Brandenburg

s 141

Kassenärztliche Vereinigung Brandenburg
Gregor-Mendel-Str. 10-11, 14469 Potsdam
T: (0331) 28 68-0   **Fax:** 28 68-126, 28 68-191
Vorsitzende(r): Dr. med. Hans-Joachim Helming
Stellvertretende(r) Vorsitzende(r): MU Dr./CS Peter Noack
Hauptgeschäftsführer(in): Dr. Hans-Jörg Wilsky
Jur.: Frank Fischer

Bremen

s 142

Kassenärztliche Vereinigung Bremen
Postf. 10 43 29, 28043 Bremen
Schwachhauser Heerstr. 26-28, 28209 Bremen
T: (0421) 34 04-0   **Fax:** 34 04-108 (Vorstand und Geschäftsführung), 34 04-109
Vorsitzende(r): Dr. med. Jürgen Grote
Stellvertretende(r) Vorsitzende(r): Dr. med. Jörg-Andreas Rüggeberg
Geschäftsführer(in): Klaus Stratmann
Jur.: Andrea Schulz

Hamburg

s 143

Kassenärztliche Vereinigung Hamburg
Postf. 76 06 20, 22056 Hamburg
Humboldtstr. 56, 22083 Hamburg
T: (040) 2 28 02-0   **Fax:** 2 28 02-420
Internet: http://www.kvhh.de
E-Mail: kvhamburg@kvhh.de
Vorsitzende(r): Dr. med. Michael Späth
Stellvertretende(r) Vorsitzende(r): Dr. med. Wolfgang Wesiack
Hauptgeschäftsführer(in): Dieter Bollmann
Jur.: Ass. Gert Filler
Leitung Presseabteilung: Stefan Möllers
Mitarbeiter: 300

Hessen

s 144

Kassenärztliche Vereinigung Hessen
Postf. 15 02 04, 60062 Frankfurt
Georg-Voigt-Str. 15, 60325 Frankfurt
T: (069) 7 95 02-0   **Fax:** 7 95 02-500, 7 95 02-585 (Vorstandssekretariat)
1. Vorsitzende(r): Dr. med. Hans Friedrich Spies
2. Vorsitzende(r): Dr. med. Horst Rebscher-Seitz
Kaufmännischer Geschäftsführer: Dieter Gerlich
Jur. Geschäftsführer(in): Dr. jur. Karin Hahne-Reulecke
Verbandszeitschrift: Hessisches Ärzteblatt
Redaktion: Im Vogelsgesang 3, 60488 Frankfurt
Verlag: Verlag Kirchheim & Co., Mainz

Koblenz

s 145

Kassenärztliche Vereinigung Koblenz
Postf. 20 08 55, 56008 Koblenz
Emil-Schüller-Str. 14-16, 56073 Koblenz
T: (0261) 3 90 02-0   **Fax:** 3 90 02-111
Vorsitzende(r): Dr. med. Michael Kann
Stellvertretende(r) Vorsitzende(r): Dr. med. Peter Jungblut
Hauptgeschäftsführer(in): Helmut Schmidt
Jur.: Ass. Joachim Mentzel

Mecklenburg-Vorpommern

s 146

Kassenärztliche Vereinigung Mecklenburg-Vorpommern
Postf. 16 01 45, 19091 Schwerin
Neumühler Str. 22, 19057 Schwerin
T: (0385) 74 31-0   **Fax:** 74 31-222
Vorsitzende(r): Dr. med. Wolfgang Eckert
Stellvertretende(r) Vorsitzende(r): Dipl.-Med. Ingolf Otto
Hauptgeschäftsführer(in): Dr. Jürgen Grümmert
Jur.: Ass. Thomas Schmidt

Niedersachsen

s 147

Kassenärztliche Vereinigung Niedersachsen
Postf. 31 67, 30031 Hannover
Berliner Allee 22, 30175 Hannover
T: (0511) 3 80-03   **Fax:** 3 80-3236, 3 80-3200 (Vorstandssekretariat)
Vorsitzende(r): Eberhard Gramsch
Stellvertretende(r) Vorsitzende(r): Dr. med. Christoph Titz
Kaufm. Geschäftsführer: Wolfgang Schaepers
Jur.: Mark Barjenbruch

Nordbaden

s 148

Postf. 21 07 53, 76157 Karlsruhe
Keßlerstr. 1, 76185 Karlsruhe
T: (0721) 59 61-0   **Fax:** 59 61-188
Internet: http://www.kvnb.de
Vorsitzende(r): Dr. med. Wolfgang Herz
Stellvertretende(r) Vorsitzende(r): Dr. med. Wolfgang Streibl
Hauptgeschäftsführer(in): Dipl.-Kfm. Norbert Bonauer
Jur.: Ass. Andreas Hoffmann
Ass. Ulrich Krämer
Leitung Presseabteilung: Silvia Herzinger (E-Mail: presse@kvnb.de)

Nordrhein

s 149

Kassenärztliche Vereinigung Nordrhein
Postf. 11 06 49, 40506 Düsseldorf
Emanuel-Leutze-Str. 8, 40547 Düsseldorf
T: (0211) 59 70-0   **Fax:** 59 70-287
1. Vorsitzende(r): Dr. med. Leonhard Hansen
2. Vorsitzende(r): Dr. med. Peter Potthoff
Hauptgeschäftsführer(in): Bernhard Brautmeier
Jur.: Dr. jur. Horst Bartels

Nord-Württemberg

s 150

Kassenärztliche Vereinigung Nord-Württemberg
Postf. 80 06 08, 70506 Stuttgart
Albstadtweg 11, 70567 Stuttgart
T: (0711) 78 75-0   **Fax:** 78 75-274, 78 75-330 (Vorstand)
1. Vorsitzende(r): Dr. med. Werner Baumgärtner
Stellvertretende(r) Vorsitzende(r): Dr. med. Norbert Metke
Hauptgeschäftsführer(in): Dr.rer.pol. Thomas Zalewski
Jur.: RA Bernhard Schmidbauer

Pfalz

s 151

Kassenärztliche Vereinigung Pfalz
67429 Neustadt
Postf. 10 06 64, 67406 Neustadt
Maximilianstr. 22, 67433 Neustadt
T: (06321) 8 93-0   **Fax:** 8 93-119
Vorsitzende(r): Dr. med. Anton Coressel
Stellvertretende(r) Vorsitzende(r): Dr. med. Peter Athen
Hauptgeschäftsführer(in): Dipl.-Bw. Martin Schönung
Jur.: Dr. Jan Harenburg

Rheinhessen

s 152

Kassenärztliche Vereinigung Rheinhessen
Postf. 25 67, 55015 Mainz
Isaac-Fulda-Allee 14, 55124 Mainz
T: (06131) 3 26-0   **Fax:** 3 26-150
Vorsitzende(r): Dr. med. Günter Gerhardt
Stellvertretende(r) Vorsitzende(r): Rainer Hinterberger
Hauptgeschäftsführer(in): Gerhard Roth
Jur.: RA Ralf Luckhaupt

Saarland

s 153

Kassenärztliche Vereinigung Saarland
Postf. 10 16 43, 66016 Saarbrücken
Faktoreistr. 4, 66111 Saarbrücken
T: (0681) 40 03-0   **Fax:** 40 03-350
Vorsitzende(r): Dr. med. Reiner Flöthner
Stellvertretende(r) Vorsitzende(r): Wolfgang Meunier
Geschäftsführer(in): Dipl.-Kfm. Hans Jürgen Oettgen
Jur.: Ass. Andreas Geraldy

Sachsen

s 154

Kassenärztliche Vereinigung Sachsen
Postf. 10 06 36, 01076 Dresden
Schützenhöhe 12, 01099 Dresden
T: (0351) 82 90-50   **Fax:** 82 90-563
Vorsitzende(r): SR Dr.med.habil. Hans-Jürgen Hommel
Stellvertretende(r) Vorsitzende(r): Dr. med. Klaus Heckemann
Hauptgeschäftsführer(in): Günther Einer
Jur.: Ass. Wilhelm Zwingmann

Sachsen-Anhalt

s 155

Kassenärztliche Vereinigung Sachsen-Anhalt
Postf. 16 64, 39006 Magdeburg
Doctor-Eisenbart-Ring 2, 39120 Magdeburg
T: (0391) 6 27 60 00, 6 27 64 03   **Fax:** 6 27 84 03
Vorsitzende(r): Dr. med. Burkhard John
Stellvertretende(r) Vorsitzende(r): Dipl. Med. Andreas Petri
Hauptgeschäftsführer(in): Dipl.-Vw. Hans-Günter Spanuth
Jur.: Ass. Christian Hens

Schleswig-Holstein

s 156

Kassenärztliche Vereinigung Schleswig-Holstein
Bismarckallee 1-6, 23795 Bad Segeberg
T: (04551) 8 83-0   **Fax:** 8 83-209
1. Vorsitzende(r): Dr. med. Klaus Bittmann
Stellvertretende(r) Vorsitzende(r): Dr. med. Hans Köhler
Hauptgeschäftsführer(in): Dr. phil. Bodo Kosanke
Jur.: Ass. Bernd Schulz-Dusenschön
RA Klaus-Henning Sterzik

Südbaden

s 157

Kassenärztliche Vereinigung Südbaden
Postf. 62 69, 79038 Freiburg
Sundgauallee 27, 79114 Freiburg
T: (0761) 8 84-0   **Fax:** 8 84-145, 8 41 07
Internet: http://www.kvsb.de
Vorsitzende(r): Dr. med. Gerhard Dieter
Stellvertretende(r) Vorsitzende(r): Dr. med. Jan Geldmacher
Hauptgeschäftsführer(in): Siegfried Jaitner
Jur.: RA Dr. Christoph Rosset

Südwürttemberg

s 158

Kassenärztliche Vereinigung Südwürttemberg
Postf. 41 51, 72772 Reutlingen
Haldenaustr. 11, 72770 Reutlingen
T: (07121) 9 17-0   Fax: 9 17-100
E-Mail: burckhard.szidat@kvsw.de
1. Vorsitzende(r): Prof. Dr.med. Wolfgang Brech
2. Vorsitzende(r): Dr. med. Achim Hoffmann-Goldmayer
Hauptgeschäftsführer(in): Burckhard Szidat
Jur.: Prof. Dr. jur. Hans Kamps

Thüringen

s 159

Kassenärztliche Vereinigung Thüringen
Postf. 20 19, 99401 Weimar
Zum Hospitalgraben 8, 99425 Weimar
T: (03643) 5 59-0   Fax: 5 59-191
1. Vorsitzende(r): Dr. med. Karl Gröschel
2. Vorsitzende(r): Dr. med. Birgit Mehlhorn
Hauptgeschäftsführer(in): Dipl.-Ing. Sven Auerswald
Jur.: Ass. Bettina Jäger

Trier

s 160

Kassenärztliche Vereinigung Trier
Postf. 23 08, 54213 Trier
Balduinstr. 10-14, 54290 Trier
T: (0651) 46 03-0   Fax: 46 03-171
Vorsitzende(r): Dr. med. Carl-Heinz Müller
Stellvertretende(r) Vorsitzende(r): Friedrich-Wilhelm Schäffner
Hauptgeschäftsführer(in): Dipl.-Betriebsw. (FH) Leo Mattes
Jur.: RA Hartmut Rohde

Westfalen-Lippe

s 161

Kassenärztliche Vereinigung Westfalen-Lippe
Postf. 10 50 38, 44047 Dortmund
Robert-Schimrigk-Str. 4-6, 44141 Dortmund
T: (0231) 94 32-0   Fax: 94 32-130 (Vorstand), 94 32-197 (Hauptgeschäftsf.)
1. Vorsitzende(r): Dr. med. Ulrich Thamer
2. Vorsitzende(r): Dr. med. Wolfgang Aubke
Hauptgeschäftsführer(in): Dr.rer.pol. Rüdiger Balthasar
Jur.: Dr. jur. Gernot Steinhilper

● S 162

Deutscher Kassenarztverband e.V.
Am Alten Markt 4, 86845 Großaitingen
T: (08203) 9 02 02   Fax: 56 69
Gründung: 1959 (10. Sept.)
Vorsitzende(r): Dr.med. Hans-Peter Krepp (Am Rain 4, 86845 Großaitingen)
Mitglieder: 16000
Mitarbeiter: 6

● S 163

Vereinigung der Kassenpsychotherapeuten
Geschäftsstelle
Riedsaumstr. 4a, 67063 Ludwigshafen
T: (0621) 63 70 15   Fax: 63 70 16
Internet: http://www.vereinigung.de
E-Mail: info@vereinigung.de
Gründung: 1984 (25. Oktober)
Bundesvorsitzende(r): Dipl.-Psych. Hans-Jochen Weidhaas
Stellv. Bundesvors.:
Dipl.-Psych. Dieter Best
Erweiterter Vorstand: Dipl.-Psych. Drs. Joisten Hertel, Scharfenstein
Mitglieder: 3500

● S 164

Berufsverband der Kinder- und Jugendärzte e.V.
Geschäftsstelle:
Mielenforster Str. 2, 51069 Köln
T: (0221) 6 89 09-0   Fax: 68 32 04
E-Mail: bvkj-buero@talknet.de
Gründung: 1970
Präsident(in): Dr. Klaus Gritz
Hauptgeschäftsführer(in): Dipl.-Kfm. Stephan Eßer
Mitglieder: ca. 10000

● S 165

Bundesverband der Knappschaftsärzte e.V.
Uechtingstr. 128, 45881 Gelsenkirchen
T: (0209) 8 49 30   Fax: 81 68 62
E-Mail: knappschaftsaerzte@t-online.de
Vorsitzende(r): Dr. med. Ulrich Oesingmann

● S 166

Kneippärztebund e.V.
Gesellschaft für Naturheilverfahren
Postf. 14 36, 86817 Bad Wörishofen
Hahnenfeldstr. 21, 86825 Bad Wörishofen
T: (08247) 9 01 10   Fax: 9 01 11
Gründung: 1894
1. Vorsitzende(r): Dr.med. Heinz Leuchtgens
Geschäftsführer(in): Ute Ammerpohl
Schriftführer(in): Dr.med. Claudia Detmar, Bad Wörishofen
Verbandszeitschrift: KneippARZT
Mitglieder: ca. 750
Mitarbeiter: 5

● S 167

Verband der leitenden Krankenhausärzte Deutschlands e.V.
Tersteegenstr. 9, 40474 Düsseldorf
T: (0211) 45 49 90   Fax: 45 18 34
Gründung: 1912
Präsident(in): Prof. Dr.Dr.med. Hermann Hoffmann (44287 Dortmund)
Hauptgeschäftsführer(in): Dipl.-Volksw. Gerd Norden
Mitglieder: ca. 5300

● S 168

Berufsverband Deutscher Pathologen e.V.
Bundesgeschäftsstelle:
Postf. 10 03 38, 45803 Gelsenkirchen
Rotthauser Str. 19, 45879 Gelsenkirchen
T: (0209) 1 55 63-0   Fax: 1 55 63-15
E-Mail: bundesgeschaeftsstelle@bv-pathologie.dgn.de

● S 169

Bundesverband der Pneumologen
(Ärzte für Lungen- und Bronchialheilkunde)
Dachverband der Landesverbände der Pneumologen Deutschlands (BdP)
Geschäftsstelle: c/o med info GmbH
Sudetenstr. 35, 89518 Heidenheim
T: (07321) 94 99 19   Fax: 94 98 19
E-Mail: pneumologenverband@t-online.de
Vorsitzende(r): Dr. med. Andreas Hellmann

● S 170

Bundesverband Deutscher Ärzte für Mund-Kiefer-Gesichtschirurgie e.V.
Richmodstr. 10, 50667 Köln
T: (0221) 2 57 07 42
Präsident(in): Dr. Dr.med.habil. Peter Karl
Generalsekretär(in): Dr.Dr. Elisabeth Schwipper

● S 171

Zentralverband der Ärzte für Naturheilverfahren e.V.
Am Promenadeplatz 1, 72250 Freudenstadt
T: (07441) 9 18 58-0   Fax: 9 18 58-22
Internet: http://www.zaen.org
E-Mail: ZAEN-Freudenstadt@t-online.de
Gründung: 1951
Verbandszeitschrift: Arztzeitschrift für Naturheilverfahren
Mitglieder: ca. 8500

● S 172

Berufsverband der Yogalehrenden in Deutschland e.V.
Jüdenstr. 37, 37073 Göttingen
T: (0551) 4 88 38 08   Fax: 4 88 38 60
Internet: http://www.yoga.de, http://www.bdy.de
E-Mail: info@bdy.de
Gründung: 1967 (1. Mai)
Vorstand: Cornelia Galland
Thomas Bannenberg
Doris Schaeffer
Ulrich Fritsch (Ltg. Presseabt.)
Geschäftsführer(in): Horst Willems
Verbandszeitschrift: Deutsches Yoga-Forum
Redaktion: Margret Distelbarth
Verlag: Selbstverlag
Mitglieder: 1700
Mitarbeiter: 4
Jahresetat: DM 0,75 Mio, € 0,38 Mio
Ausbildung, Weiterbildung, Kontakte, Zeitschrift, Interessenvertretung.

● S 173

Berufsverband Deutscher Neurochirurgen e.V. (DGNC)
c/o Porstmann Kongresse GmbH
Friedrichstr. 130a, 10117 Berlin
T: (030) 28 44 99-22   Fax: 28 44 99-11
1. Vorsitzende(r): Prof. Dr Werner Dittmann (Direktor der Neurochirurgischen Klinik Krankenanstalten Gilead gGmbH, Burgsteig 13, 33617 Bielefeld, T:(0521) 1 44-2763, Fax: 1 44-4522, E-Mail: falk.oppel@t-online.de
2. Vorsitzender: Winfried Burkert (Direktor der Neurochirurgischen Klinik, Martin-Luther-Universität, Magdeburger Str. 16, 06097 Halle/Saale, T: (0345) 5 57-1407, Fax: 5 57-1412, E-mail: winfried.burkert@medizin.uni-halle.de)

● S 174

Verband Deutscher Ärzte für Algesiologie, Berufsverband Deutscher Schmerztherapeuten e.V. (VDÄA)
Jakobikirchhof 9, 20095 Hamburg
T: (040) 33 09 09   Fax: 33 57 44
Internet: http://www.vdaea.de
Präsident(in): Dr. Dietrich Jungck (Presse)
Vizepräsident(in): Dr. Thomas Flöter

● S 175

Deutsche Ärztegesellschaft für Akupunktur e.V.
Würmtalstr. 54, 81375 München
T: (089) 7 10 05-0   Fax: 7 10 05-25
Internet: http://www.daegfa.de
E-Mail: info@daegfa.de
Gründung: 1951

● S 176

NAV-Virchow-Bund,
Verband der niedergelassenen Ärzte Deutschlands e.V.
Postf. 10 26 61, 50466 Köln
Belfortstr. 9, 50668 Köln
T: (0221) 9 73 00 50   Fax: 7 39 12 39
Internet: http://www.nav-virchowbund.de
E-Mail: info@nav-virchowbund.de
Gründung: 1949
Bundes-Vors.: Dr.med. Maximilian Zollner
Stellv. Bundesvors.: Prof. Dr. Dr. Rainer Rix
Dr.med. Martin Junker
Hauptgeschäftsführer(in): Hartwig Lange
Geschäftsführer(in): Karl-Heinz Henke
Dr. Klaus Gebuhr
Irmgard Krämer
Leitung Presseabteilung: Ingrid Drexler
Verbandszeitschrift: Der niedergelassene Arzt
Verlag: WPV-Verlag, Riehler Str. 36, 50668 Köln
Mitglieder: 20015

Ziel des Verbandes ist die Sicherung und Förderung der freiberuflichen Tätigkeit niedergelassener Ärzte und Zahnärzte, Niederlassungsfreiheit, des freien Zugangs zur Kassenzulassung und der freien Arztwahl der Bevölkerung.

Landesverbände

s 177
**NAV-Virchow-Bund
Landesverband Baden-Württemberg**
Möwenstr. 21a, 88045 Friedrichshafen
T: (07541) 2 46 00
Vorsitzende(r): Dr. med. Maximilian Zollner (Möwenstr. 21 a, 88045 Friedrichshafen, T: (07541) 2 46 00, Telefax: (07541) 3 27 35)

s 178
**NAV-Virchow-Bund
Landesverband Bayern**
Bahnstr. 8, 89278 Nersingen
T: (07308) 38 98   **Fax:** 4 21 72
Vorsitzende(r): Hartmut Dethloff (Bahnstr. 8, 89278 Nersingen)

s 179
**NAV-Virchow-Bund
Geschäftsstelle Berlin**
Chausseestr. 99, 10115 Berlin
T: (030) 2 85 26 90   **Fax:** 28 52 69 15
Geschäftsführer(in): Dr. Klaus Gebuhr

s 180
**NAV-Virchow-Bund
Landesverband Berlin-Brandenburg**
Chausseestr. 99, 10115 Berlin
T: (030) 2 85 26 90   **Fax:** 28 52 69 15
Vorsitzende(r): Prof. Dr. Harald Mau (Chausseestr. 99, 10115 Berlin, T: (030) 28 52 69-0, Telefax: (030) 28 52 69-15)

s 181
**NAV-Virchow-Bund
Landesverband Hamburg**
Chrysanderstr. 20, 21029 Hamburg
T: (040) 7 24 28 28
Vorsitzende(r): Dr. med. Klaus-Otto Allmeling (Chrysanderstr. 20, 21029 Hamburg, T: (040) 7 24 28 28, Telefax: (040) 7 21 38 20)

s 182
**NAV-Virchow-Bund
Landesverband Hessen**
Ferdinand-Dirichs-Str. 16, 65549 Limburg
T: (06431) 67 00   **Fax:** 67 87
Vorsitzende(r): Dr. Jürgen Martin (Ferdinand-Dirichs-Str. 16, 65549 Limburg, T: (06431) 67 00, Fax: 67 87)

s 183
**NAV-Virchow-Bund
Landesverband Mecklenburg-Vorpommern**
Schützenstr. 9, 17489 Greifswald
T: (03834) 8 93 60
Vorsitzende(r): Dr. Andreas Donner (Schützenstr. 9, 17489 Greifswald, T: (03834) 8 93 60, Telefax: (03834) 89 36 66)

s 184
**NAV-Virchow-Bund
Landesverband Niedersachsen/Bremen**
Freboldstr. 16, 30455 Hannover
T: (0511) 94 98 00
Vorsitzende(r): Udo Birkenfeld (Freboldstr. 16, 30455 Hannover, T: (0511) 94 98 00, Fax: (0511) 9 49 80 80)

s 185
**NAV-Virchow-Bund
Landesverband Nordrhein e.V.**
Belfortstr. 9V, 50668 Köln
T: (0221) 9 73 00 50   **Fax:** 7 39 12 39
Vorsitzende(r): Dr. Lutz Kindt (Leineweberplatz 6, 47506 Neukirchen-Vluyn, T: (02845) 23 15, Telefax: (02845) 70 19)

s 186
**NAV-Virchow-Bund
Landesverband Rheinland-Pfalz**
Im Klostergarten 2, 67161 Gönnheim
T: (06322) 12 89
Vorsitzende(r): Dr. med. Gudrun von Thun-Blaul (Im Klostergarten 2, 67161 Gönnheim, T: (06322) 12 89, Telefax: (06322) 6 60 60)

s 187
**NAV-Virchow-Bund
Landesverband Saarland**
Holzer Platz 4, 66265 Heusweiler
T: (06894) 50 24
Vorsitzende(r): Dr.med. Wolfgang Holz (Holzerplatz 4, 66265 Heusweiler, T: (06894) 5024, Telefax: (06894) 50 29)

s 188
**NAV-Virchow-Bund
Landesverband Sachsen**
Ferdinandstr. 3, 04838 Eilenburg
T: (03423) 60 52 22   **Fax:** 60 52 25
Vorsitzende(r): Dr. med. Carola Paul (Ferdinandstr. 3, 04838 Eilenburg, T: (03423) 60 52 22, Telefax: (03423) 60 52 25)

s 189
**NAV-Virchow-Bund
Landesverband Sachsen-Anhalt**
Große Steinstr. 12, 06108 Halle
T: (0345) 2 08 05 73
Vorsitzende(r): Dr. med. Kerstin Jäger (Gr. Steinstr. 12, 06108 Halle, T: (0345) 2 08 05 73, Telefax: (0345) 2 08 05 74)

s 190
**NAV-Virchow-Bund
Landesverband Schleswig-Holstein**
Kücknitzer Hauptstr. 53, 23569 Lübeck
T: (0451) 30 23 10   **Fax:** 30 41 79
Vorsitzende(r): Peter H. Volkmann (Kücknitzer Hauptstr. 53, 23569 Lübeck, T: (0451) 30 23 10, Telefax: (0451) 30 41 79)

s 191
**NAV-Virchow-Bund
Landesverband Thüringen**
Riegenstr. 7, 04600 Altenburg
T: (03447) 46 58   **Fax:** 46 58
Vorsitzende(r): Dr. Michael Schleusing (Riegenstr. 7, 04600 Altenburg, T: (03447) 46 58, Fax: 46 58)

s 192
**NAV-Virchow-Bund
Landesverband Westfalen-Lippe**
Martinstr. 8, 57462 Olpe
T: (02761) 30 73   **Fax:** 6 33 26
Vorsitzende(r): Dr. Martin Junker (Martinstr. 8, 57462 Olpe, T: (02761) 30 73, Telefax: (02761) 6 33 26)

● S 193
Bundesvereinigung der Arbeitsgemeinschaften Notärzte Deutschlands (BAND)
Geschäftsstelle
Axel-Springer-Str. 52, 10969 Berlin
T: (030) 56 81 31 40   **Fax:** 56 81 32 50
Internet: http://www.band-online.de
E-Mail: band@ukb.de
Gründung: 1984 (Mai)
Vorsitzende(r): Dr.med. Dieter Stratmann (Klinik für Anaesthesiologie, Klinikum Minden, Friedrichstr. 4, 32429 Minden)
Verbandszeitschrift: Der Notarzt
Verlag: Georg Thieme Verlag, Stuttgart
Mitglieder: 10000

Mitgliedsverbände

s 194
Arbeitsgemeinschaft der in Bayern tätigen Notärzte e.V. (agbn)
Josef-Schneider-Str. 2, 97080 Würzburg
T: (0931) 2 01-5124   **Fax:** 2 01-3354
Internet: http://www.agbn.de
Vorsitzende(r): Prof. Dr.med. Peter Sefrin (Klinik f. Anaesthesiologie, Josef-Schneider-Str. 2, 97080 Würzburg, T: (0931) 201-51 24, Fax: 201 33 54, E-Mail: sefrsekr@anesthesie.uni-wuerzburg.de)

s 195
Arbeitsgemeinschaft Notarzt Berlin e.V. (AGNB)
Warener Str. 7, 12683 Berlin
T: (030) 56 81-0   **Fax:** 56 81-3250
Internet: http://www.band-online.de/html/agnb/html/agnb_fr.html
Vorsitzende(r): Dr. Jörg Beneker (E-Mail: joerg.beneker@ukb.de)
Mitglieder: 240

s 196
Arbeitsgemeinschaft in Brandenburg tätiger Notärzte e.V. (AGBrN)
c/o Landkreis Oberspreewald-Lausitz, Rettungsamt, Dr. Hartmut Handschak
Krankenhausstr. 11, 01968 Senftenberg
T: (03573) 3 70 50
Internet: http://www.band-online.de/agbrn_fr.html
Vorsitzende(r): Dr.med. H. Handschak (E-Mail: dr.handschak@notarzt.de)

s 197
Arbeitsgemeinschaft in Hessen tätiger Notärzte e.V. (AGHN)
c/o Städtische Kliniken Frankfurt a.M.-Höchst
65907 Frankfurt
T: (06196) 34 08   **Fax:** 34 50
Vorsitzende(r): Dr. Klaus Böhme, Kassel
Stellvertretende(r) Vorsitzende(r): Dr. med. Hilmar Herbst (Schlesienstr. 9, 65824 Schwalbach, T: (06196) 34 08, Fax: (06196) 34 50)

s 198
Arbeitsgemeinschaft der in Mecklenburg-Vorpommern tätigen Notärzte (AGMN)
Klinik für Anaesthesiologie und Intensivtherapie, Städt. Krankenhaus Wismar
Postf. 12 44, 23952 Wismar
Vorsitzende(r): Prof. Dr.med. Tanja Rosolski (E-Mail: rosolski@t-online.de)

s 199
Arbeitsgemeinschaft in Norddeutschland tätiger Notärzte e.V. (AGNN)
c/o Städtisches Klinikum Braunschweig
Holwedestr. 16, 38118 Braunschweig
T: (0531) 5 95 12 14   **Fax:** 5 95 14 66
Internet: http://www.agnn.com
Vorsitzende(r): Dr.med. Michael Schlaeger (Chefarzt der Anästesieabteilung Städtisches Klinikum Braunschweig, E-Mail: schlaeger.braunschweig@t-online.de)

s 200
Arbeitsgemeinschaft der in Nordrhein-Westfalen tätigen Notärzte e.V. (AGN-NW)
Geschäftsstelle: Städt. Krankenhaus
Reckenberger Str. 19, 33332 Gütersloh
T: (05241) 83-2260   **Fax:** 83-2260
Vorsitzende(r): Dr.med. A. Bartsch
Geschäftsstelle: Prof. Dr. D. Paravicini

s 201
Arbeitsgemeinschaft Sächsischer Notärzte e.V. (AGSN)
Gletschersteinstr. 34, 04299 Leipzig
T: (0341) 8 61-6868   **Fax:** 8 62-0378
Internet: http://www.band-online.de/html/agsn_fr.html
Vorsitzende(r): Dr.med. Michael Burgkhardt (E-Mail: docbu@t-online.de)

s 202
Arbeitsgemeinschaft in Sachsen-Anhalt tätiger Notärzte (AGSAN)
c/o Klinik für Anästhesiologie und Intensivtherapie
Städtisches Klinikum Magdeburg
Birkenallee 34, 39130 Magdeburg
T: (0391) 7 91-3100   **Fax:** 7 91-3103
Vorsitzende(r): Dr.med. Frank Heinrich (E-Mail: frank.heinrich@klinikum-magdeburg.de)

s 203
Arbeitsgemeinschaft Südwestdeutscher Notärzte e.V. (AGSWN)
Universitätsklinik für Anaesthesiologie
Sektion Notfallmedizin
89070 Ulm
Prittwitzstr. 43, 89075 Ulm
T: (0731) 50-27955   **Fax:** 50-26732
Internet: http://www.agswn.de
Vorsitzende(r): Dr. Dr.med. Burkhard Dirks (E-Mail: burkhard.dirks@medizin.uni-ulm.de)

s 204
Arbeitsgemeinschaft der in Thüringen tätigen Notärzte e.V. (AGTN)
Altersbacher Str. 8, 98587 Altersbach
T: (0170) 3 80 33 19   **Fax:** (036847) 4 09 06
Vorsitzende(r): Dipl.Med. Uwe Jäger (E-Mail: vorstand.agnt@t-online.de)

● S 205
Vereinigung der Ärzte der Medizinaluntersuchungsämter
c/o Landesgesundheitsamt Baden-Württemberg
Postf. 10 29 42, 70025 Stuttgart
Wiederholdstr. 15, 70174 Stuttgart
T: (0711) 18 49-2 47   **Fax:** 18 49-2 42
E-Mail: poststelle@lga.bwl.de
Vorsitzende(r): Prof. Dr.med.habil. Volker Hingst

● S 206
Berufsverband der Ärzte für Orthopädie e.V. (BVO)
Donaustr. 26, 89231 Neu-Ulm
T: (0731) 97 07 91-0   **Fax:** 97 07 91-16
E-Mail: bvo@bvonet.de
Stellv. 1. Vorsitzender: Dr. med. Siegfried Götte (Albert-Schweitzer-Str. 9a, 82008 Unterhaching, T: (089) 61 87 83, Fax: (089) 6 11 11 54)
2. Vorsitzende(r): Dr. med. Kirsten Leube, Weimar
3. Vorsitzender: PD Dr. Josef Zacher, Berlin
Mitglieder: 6410 (Stand Februar 2001)

● S 207

Berufsverband der Allgemeinärzte Deutschlands - Hausärzteverband - e.V. (BDA)
Theodor-Heuss-Ring 14, 50668 Köln
T: (0221) 16 06 70   **Fax:** 1 60 67-35
E-Mail: bda-bv@hausarzt-bda.de
Bundesvorsitzende(r): Prof. Dr. Klaus-Dieter Kossow (Am alten Mühlenberg 3, 28832 Achim, T: (04202) 97 90 87)
1. Stellv. Bundesvors.: Sanitätsrat Peter Sauermann (Sonnenweg 1, 54472 Veldenz, T: (06534) 3 59)
2. Stellv. Bundesvors.: Dr. Diethard Sturm (Vorsitzender des BDA-Landesverbandes Sachsen, T: (03723) 79 63, Fax: (03723) 41 11 97)
3. Stellv. Bundesvors.: Ulrich Weigeldt (Vorsitzender des BDA-Landesverbandes Bremen, T: (0421) 4 36 60 11, Fax: (0421) 4 36 60 12)
Schriftführer(in): Dr. Heinz Jarmatz (Vorsitzender des BDA-Landesverbandes Niedersachsen, Mühlenkamp 1, 21397 Barendorf, T: (04137) 71 77)
Schatzmeister: Wolfgang Meunier (Vorsitzender des BDA-Landesverbandes Saarland, Handwerkerstr. 1, 66740 Saarlouis, T: (06831) 22 61)
Beisitzer: Dr. Lothar Wittek (Postfach 14 29, 84130 Dingolfing, T: (08731) 77 29)
Dr. Eckhard Brüggemann (Neustr. 20, 44623 Herne, T: (02323) 5 00 43)
Dr. Gerd W. Zimmermann (Hauptstr. 42, 65719 Hofheim, T: (06192) 2 88 85)
Verbandszeitschrift: Zeitschrift für den Hausarzt
Redaktion: Dr. Monika Dielmann (Chefredakteurin)
Verlag: MED.KOMM. Gesellschaft für medizinische Kommunikation mbH, Neumarkter Str. 43, 81673 München, T: (089) 43 72 13 62, Fax: (089) 43 72 13 60

Landesverbände

s 208
BDA-Landesverband Baden-Württemberg
Geschäftsstelle
Austr. 107, 70376 Stuttgart
T: (0711) 59 30 78   **Fax:** 59 32 79
E-Mail: bda-bw@t-online.de
1. Vorsitzende(r): Dr. M. Schmid

s 209
BDA-Landesverband Bayern
Geschäftsstelle
Seybothstr. 17, 81545 München
T: (089) 6 42 10 88   **Fax:** 6 42 18 11
E-Mail: bdabayern@t-online.de
1. Vorsitzende(r): Dr. Wolfgang Hoppenthaller

s 210
BDA-Landesverband Berlin-Brandenburg
Geschäftsstelle
Bismarckstr. 97, 10625 Berlin
T: (030) 3 12 92 43   **Fax:** 3 13 78 27
E-Mail: bpa-bb@t-online.de
1. Vorsitzende(r): Dr. Hans-Dieter Bachmann

s 211
BDA-Landesverband Braunschweig
Geschäftsstelle
Hagenring 20, 38106 Braunschweig
T: (0531) 33 43 66   **Fax:** 33 33 67
E-Mail: bda-lv-bs@t-online.de
1. Vorsitzende(r): Dr. Ehrhard Kellner

s 212
BDA-Landesverband Bremen
Geschäftsstelle
Sonneberger Str. 2a, 28329 Bremen
T: (0421) 4 36 60 11   **Fax:** 4 36 60 12
E-Mail: bda.bremen@t-online.de
1. Vorsitzende(r): U. Weigeldt

s 213
BDA-Landesverband Hamburg
Geschäftsstelle
Heinrich-Hertz-Str. 106, 22083 Hamburg
T: (040) 69 70 24 77   **Fax:** 69 70 21 85
E-Mail: hausaerzte@t-online.de
1. Vorsitzende(r): Dr. Friedrich Hach

s 214
BDA-Landesverband Hessen
Geschäftsstelle
Karlshafener Str. 22, 34128 Kassel
T: (0561) 6 02 52 55   **Fax:** 6 02 52 57
E-Mail: hausaerzte.hessen@t-online.de
1. Vorsitzende(r): Dr. Georg E. Haas

s 215
BDA-Landesverband Mecklenburg-Vorpommern
Geschäftsstelle
Neumühler Str. 22, 19057 Schwerin
T: (0385) 7 43 14 66   **Fax:** 7 43 14 66
E-Mail: bda.mv@t-online.de
1. Vorsitzende(r): N. N.

s 216
BDA-Landesverband Niedersachsen
Geschäftsstelle
Berliner Allee 20, 30175 Hannover
T: (0511) 3 80 24 30   **Fax:** 3 18 07 72
E-Mail: bdahannover@t-online.de
1. Vorsitzende(r): Dr. Heinz Jarmatz

s 217
BDA-Landesverband Nordrhein
Geschäftsstelle
Theodor-Heuss-Ring 14, 50668 Köln
T: (0221) 1 60 67-15   **Fax:** 1 60 67 19
E-Mail: lv-no@hausarzt-bda.de
1. Vorsitzende(r): Dr. Dirk Mecking

s 218
BDA-Landesverband Rheinland-Pfalz
Geschäftsstelle
Bendorfer Str. 45a, 56191 Weitersburg
T: (02622) 1 59 99   **Fax:** 16 70 02
E-Mail: bda-rlp@t-online.de
1. Vorsitzende(r): Dr.med. Gernot Nick

s 219
BDA-Landesverband Saarland
Geschäftsstelle, Haus der Ärzte
Faktoreistr. 4, 66111 Saarbrücken
T: (0681) 4 00 32 83   **Fax:** 4 00 33 60
E-Mail: bda.saar@t-online.de
1. Vorsitzende(r): Wolfgang Meunier

s 220
BDA-Landesverband Sachsen
SBA-Geschäftsstelle
Weinkellerstr. 20, 09337 Hohenstein-Ernstthal
T: (03723) 79 63   **Fax:** 41 11 97
E-Mail: diethard.sturm@multimedica.de
1. Vorsitzende(r): Dr. Diethard Sturm

s 221
BDA-Landesverband Sachsen-Anhalt
Geschäftsstelle
Margaretenstr. 3, 39218 Schönebeck
T: (03928) 6 91 70   **Fax:** 90 05 55
E-Mail: bdasa@t-online.de
1. Vorsitzende(r): Dr. med. Gitta Kudela

s 222
BDA-Landesverband Schleswig-Holstein
Geschäftsstelle
Schloßstr. 6, 25876 Schwabstedt
T: (04884) 90 33 90   **Fax:** 90 33 91
E-Mail: bda-lv-schleswig-holstein@t-online.de
1. Vorsitzende(r): Dr. Nicolay Breyer

s 223
BDA-Landesverband Thüringen
Geschäftsstelle
Klosterstr. 22, 99831 Creuzburg
T: (036926) 8 22 33   **Fax:** 9 09 23
1. Vorsitzende(r): Dr. S. Freier

s 224
BDA-Landesverband Westfalen-Lippe
Geschäftsstelle
Schillerstr. 41, 44147 Dortmund
T: (0231) 82 11 75   **Fax:** 82 53 64
E-Mail: bda-westfalen-lippe@t-online.de
1. Vorsitzende(r): Dr. W.-A. Dryden

● S 225
Berufsverband der Sozialversicherungsärzte Deutschlands e.V.
Gablonzer Str. 35, 61440 Oberursel
T: (06171) 6 34-202   **Fax:** 6 34-155
Vorsitzende(r): Dr.med. Gert von Mittelstaedt (MDK Hessen)
Generalsekretär(in): Dr.med. Christian Alex

● S 226
Verein der leitenden Ärzte Deutscher Privatkrankenanstalten e.V.
Bonn-Center
Bundeskanzlerplatz 2-10, 53113 Bonn
T: (0228) 21 10 01   **Fax:** 21 22 11
E-Mail: BDPK@bonn-online.com
Vorsitzende(r): Dr. Christoph Smolenski (Dr.v. Ehrenwall'sche Klinik, Walporzheimer Str. 2, 53474 Bad Neuenahr-Ahrweiler)
Geschäftsführer(in): Dipl.-Volksw. Wolfram L. Boschke, Bonn

● S 227
Verband der Privatärztlichen VerrechnungsStellen e.V.
Tieckstr. 37, 10115 Berlin
T: (030) 28 04 96 30   **Fax:** 28 04 96 35
Internet: http://www.pvs.de
E-Mail: pvs@pvs.de
Vorsitzende(r) des Vorstandes: Dr. Jochen-Michael Schäfer
Geschäftsführer(in): Stefan Tilgner

● S 228
Berufsverband der Deutschen Radiologen e.V. (BDR)
Gottfried-Keller-Str. 20, 81245 München
T: (089) 89 62 36 10   **Fax:** 89 62 36 12
Internet: http://www.radiologenverband.de
E-Mail: bdr-muc@radiologenverband.de
Geschäftsführer(in): RA Dipl.-Kfm. Udo H. Cramer
Gerd Schumacher
1. Vorsitzende(r): Dr.med. Jürgen Fischer
Verbandszeitschrift: Der Radiologe mit Mitglieder-Info
Verlag: Springer, Heidelberg
Mitglieder: ca. 1600
Landesverbände
Berufsverband der Bayerischen Radiologen und Nuklearmediziner
Verband der Berliner Radiologen und Nuklearmediziner
Verband der Radiologen und Nuklearmediziner Brandenburg
Verband der Radiologen und Nuklearmediziner in Hamburg
Berufsverband der Hessischen Radiologen und Nuklearmediziner
Verband der Niedersächsischen Radiologen und Nuklearmediziner
Verband der Rheinland-Pfälzischen Radiologen und Nuklearmediziner
Fachgruppe der Radiologen und Nuklearmediziner im Saarländischen Ärztesyndikat
Verband der Sächsischen Radiologen und Nuklearmediziner
Verband der Radiologen und Nuklearmediziner Sachsen-Anhalt
Verband der Schleswig-Holsteinischen Radiologen und Nuklearmediziner
Verband Thüringischer Radiologen und Nuklearmediziner
Landesgruppen:
Mecklenburg-Vorpommern
Baden-Württemberg
Nordrhein
Westfalen-Lippe

● S 229
Vereinigung Deutscher Strahlenschutzärzte e.V. (VDSÄ)
c/o Radiologische Klinik, Knappschafts-Krankenhaus
Wieckesweg 27, 44309 Dortmund
T: (0231) 9 22-1601   **Fax:** 20 17 21
E-Mail: K.G.Hering@t-online.de
Gründung: 1958
Vorsitzende(r): Dr. Kurt Georg Hering (Ltg. Presseabt.)
Stellvertretende(r) Vorsitzende(r): Prof. Dr. W. Müller
Geschäftsführer(in): Dr. Th. Magin
Verbandszeitschrift: Buchserie "Strahlenschutz in Forschung und Praxis"
Redaktion: Chr. Reiners, Nuklearmedizin Uniklinik Würzburg, 97080 Würzburg
Verlag: Gustav Fischer Verlag, Wollgrasweg 49, 70599 Stuttgart
Mitglieder: 350

● S 230
Bundesverband der Hygieneinspektoren e.V. (BHV)
Neumarkt 15-21, 50667 Köln
Internet: http://www.hygieneinspektoren.de
E-Mail: ogweinig@addcom.de
Gründung: 1975 (Juli)
Bundes-GeschF: Wolfgang Wegener (Gesundheitsamt Köln, Neumarkt 15-21, 50667 Köln; Ltg. Presseabteilung)
Vorsitzende(r): Oskar G. Weinig (Am Sand 9, 97828 Marktheidenfeld, T: (09391) 30 71)
1. Stellv. Vors.: Amadeus Schubert (Berthelsdorfer Str. 4, 12043 Berlin)
2. Stellv. Vors.: Fritz Hörner (Staatl. Gesundheits-Amt, Friedenstr. 29, 67292 Kirchheimbolanden, T: (06352) 35 44)
Schatzmeister: Udo Riemel (Gesundheits-Amt Main-Kinzig-Kreis, Ludovica-von-Stumm-Str. 3, 36381 Schlüchtern, T: (06661) 97 01 02)
Erweiterter Vorstand (Vorsitzende der Landesverbände)
Baden-Württemberg Michael Gaßner (Staatl. Ges. Amt., Starkenstr. 44, 79104 Freiburg/Brsg., T:(0761) 2 04 28 73)
Bayern N. N.
Berlin Amadeus Schubert (Ges. Amt Tempelhof, Rathausstr. 27, 12105 Berlin, T: (030) 7 02 23 56-3 51)
Bremen Ralf Stelling (Kontaktadresse: Delmestr. 144, 28199 Bremen, T:(0421) 59 16 01)
Hamburg Manfred Lante (Bez. Amt Hamburg-Nord, Ges.- u. Umweltamt, Kümmellstr. 5-7, 20243 Hamburg, T: (040) 46 67-29 23)
Hessen Thomas Schmidt (Ges. Amt Main-Kinzig-Kreis, Barbarossastr. 24, 63571 Gelnhausen, T: (06051) 8 53 65, Telefax: (06051) 8 53 73)
Niedersachsen Rolf Grimme (Ges. Amt Landkrs. Helmstedt, Elzweg 19, 38350 Helmstedt, T:(05351) 1 21-4 77)
Nordrhein-Westfalen N. N.
Rheinland-Pfalz Fritz Hörner (Staatl. Ges. Amt, Friedenstr. 29, 67292 Kirchheimbolanden, T:(06352) 35 44)
Saarland Bernd Nagel (Staatl. Ges. Amt, Mommstr. 31, 66850 St. Wendel, T:(06851) 93 00-10)
Schleswig-Holstein Ingo Pittelkow (Ges. Amt Storman, Reimer-Hansen-Str., 23843 Bad Oldesloe, T:(04531) 80 02 86)
Bundeswehr Gisbert Müller (Zentr. Inst. d. San. Dienstes Abt. 1, Postfach 73 40, 56065 Koblenz, T: (0261) 4 00-69 48)
Verbandszeitschrift: Der Hygieneinspektor
Redaktion: Albert Leissner
Mitglieder: 1200

● S 231
Verband Deutscher Betriebs- und Werksärzte e.V. - Berufsverband Deutscher Arbeitsmediziner -
Sitz: Raunheim
Geschäftsstelle:
Friedrich-Eberle-Str. 4a, 76227 Karlsruhe
T: (0721) 3 36 60   **Fax:** 3 02 45
1. Vorsitzende (r): Dr. Wolfgang Panter
Mitglieder: 3190

● S 232
Arbeitsgemeinschaft hauptamtlicher Werksärzte e.V.
c/o Thyssen Krupp Stahl AG
Kaiser-Wilhelm-Str. 100, 47166 Duisburg
T: (0203) 5 22 43 59   **Fax:** 5 22 68 37
E-Mail: baed@tks.thyssenkrupp.com
Gründung: 1996 (09. März)
Sprecher: Dr.med. Klaus Etzler
Stellv. Sprecher: Dr. med. Berthold Oles
Dr. med. Klaus-Joachim Koffler
Mitglieder: 22

● S 233
Unabhängiger Ärzteverband Deutschlands e.V.
"Der freie Arzt"
Christianstr. 11, 50259 Pulheim
T: (02238) 8 14 39   **Fax:** 84 08 18
Gründung: 1961 (8. November)
Bundesvorsitzende(r): Dr.med. Wolfgang Grote (Bunzlauer Str. 4, 50858 Köln)

● S 234
Arbeitsgemeinschaft für Arztrecht
Postf. 41 01 65, 76201 Karlsruhe
Schinnrainstr. 15, 76227 Karlsruhe
T: (0721) 49 45 90   **Fax:** 49 63 20
Internet: http://www.arztr.de
E-Mail: arbeitsgemeinschaft@arztr.de
Gründung: 1984 (25. Oktober)
Vorsitzende(r): Prof. Dr.med. K. Junghanns
Verbandszeitschrift: Arztrecht
Verlag: Verlag für Arztrecht, Schinnrainstr. 15, 76227 Karlsruhe
Mitglieder: 11

● S 235
KVDA - Kraftfahrverband Deutscher Aerzte e.V.
"arzt und auto"
Langer Weg 18, 60489 Frankfurt
T: (069) 97 84 32 51   **Fax:** 97 84 32 53
E-Mail: kvda.de@t-online.de
Gründung: 1907
Präsident(in): Prof. Dr. med. Eckart Wernicke (65812 Bad Soden-Neuenhain/Ts.)
Vizepräsident(in): Apotheker Ulfert Uken (26419 Schortens)
Leitung Presseabteilung: Prof. Dr. med. Eckart Wernicke
Verbandszeitschrift: arzt + auto
Redaktion: KVDA-Verlag, Langer Weg 18, 60489 Frankfurt a. Main
Mitglieder: 3200

Landesverbände

s 236
KVDA-Landesverband Berlin-Brandenburg
Holbeinstr. 63, 12205 Berlin
T: (030) 7 74 13 13   **Fax:** 8 33 44 34
Kontaktperson: Dr. Albri

s 237
KVDA-Landesverband Hansa
Am Markt 11, 25355 Barmstedt
T: (04123) 25 82   **Fax:** 13 56
Kontaktperson: Apotheker Muenstedt

s 238
KVDA-Landesverband Hannover-Braunschweig
Am Buchhorn 19, 30890 Barsinghausen
T: (05105) 10 88   **Fax:** 51 53 52
Kontaktperson: ZA B. Schwarzer

s 239
KVDA-Landesverband Westfalen-Lippe
über Zentrale Frankfurt:
Langer Weg 18, 60489 Frankfurt
T: (069) 97 84 32 51   **Fax:** 97 84 32 53

s 240
KVDA-Landesverband Düsseldorf-Niederrhein
Grafenberger Allee 49, 40237 Düsseldorf
T: (0211) 67 34 09   **Fax:** 6 80 33 68
Kontaktperson: Dr. Serger

s 241
KVDA-Landesverband Ruhrgebiet
über Zentrale Frankfurt:
Langer Weg 18, 60489 Frankfurt
T: (069) 97 84 32 51   **Fax:** 97 84 32 53

s 242
KVDA-Landesverband Hessen
Langer Weg 18, 60489 Frankfurt
T: (069) 69 16 40   **Fax:** 69 59 15 98
Kontaktperson: Prof. Dr. E. Halberstadt

s 243
KVDA-Landesverband Baden-Württemberg
Walter-Flex-Str. 426, 70619 Stuttgart
T: (0711) 47 88 20   **Fax:** 47 88 08
Kontaktperson: Dr. Mattis

s 244
KVDA-Landesverband Bayern-Nord
Bahnhofstr. 25, 91601 Dombühl
T: (09868) 10 88   **Fax:** 51 03
Kontaktperson: Dr. Albrecht

s 245
KVDA-Landesverband Bayern-Süd
Krankenh.-München Bogenhausen
Englschalkinger Str. 77, 81925 München
T: (089) 92 70 23 10, 7 14 62 76   **Fax:** 92 70 20 67
Kontaktperson: Dr. Keiditsch

s 246
KVDA-Landesverband Rhein-Saar-Pfalz
Eichenstr. 46, 67067 Ludwigshafen
T: (0621) 55 99 11   **Fax:** 5 54 09 44
Kontaktperson: S. Meyer

s 247
KVDA-Landesverband Köln-Aachen
Martin-Luther-Str. 11, 52477 Alsdorf
T: (02404) 2 34 45   **Fax:** 46 31
Kontaktperson: Dr. Kempen

s 248
KVDA-Landesverband Schleswig-Holstein
Parsevalstr. 7, 24945 Flensburg
T: (0461) 1 82 60 02   **Fax:** 1 82 60 95
Kontaktperson: Dr. Joachim Paul

s 249
KVDA-Landesverband Nordsee
Menkestr. 10, 26419 Schortens
T: (04461) 88 66 (d), 88 34 (p)   **Fax:** 8 35 81
Kontaktperson: Apotheker U. Uken

s 250
KVDA-Landesverband Sachsen
Gletschersteinstr. 34, 04299 Leipzig
T: (0341) 8 61 68 68 (d), 8 78 19 94 (p)   **Fax:** 8 62 03 78
Kontaktperson: Dr. M. Burgkhardt

● S 251
Kongreßgesellschaft für ärztliche Fortbildung e.V.
c/o DRK-Kliniken Westend
Spandauer Damm 130, 14050 Berlin
T: (030) 30 35-4782, 30 35-4783   **Fax:** 30 35-4784
Vorst. u. Geschf.: Prof. Dr. R. Gotzen
Leitung Presseabteilung: Klaus Hechler

● S 252
Deutsche Ärztegemeinschaft für medizinische Zusammenarbeit e.V.
Anerkannte zentrale Beschaffungsstelle für Arzneimittel (DÄZ)
Prenzlauer Allee 90, 10409 Berlin
T: (030) 4 21 38 28/29   **Fax:** 4 21 38 28/29
Internet: http://www.daez.de
E-Mail: daez.berlin@t-online.de
Gründung: 1951
Vorsitzende(r): Dr. Rainer Kniebel
Mitglieder: 49
Mitarbeiter: 3 voll- u. teilzeit
Jahresetat: DM 0,3 Mio, € 0,15 Mio

● S 253
Ärztebund für Umwelt- und Lebensschutz e.V.
Am Knüll 8, 23881 Koberg
Gründung: 1979 (26. August)
Vorsitzende(r): N. N.
Hauptgeschäftsführer(in): Siegfried von Wedel
Mitglieder: 250

● S 254
Ökologischer Ärztebund e.V.
Fedelhören 88, 28203 Bremen
T: (0421) 4 98 42 51   **Fax:** 4 98 42 52
Internet: http://www.bremen.de/info/oekoaerztebund
E-Mail: oekologischer.aerztebund@t-online.de
Gründung: 1987
Vorsitzende(r): Dr.med. Alexander Mauckner
Dr. med. Joachim Hensel
Dr. med. Wolfgang Stück
Geschäftsführer(in): Erik Petersen (Ltg. Presseabt.)
Verbandszeitschrift: Umwelt•Medizin•Gesellschaft
Verlag: UMG Verlagsges. mbH, Fedelhören 88, 28203 Bremen
Mitglieder: ca. 500
Mitarbeiter: 1 hauptamtl., 10 ehrenamtl.

Zahnärztliche Berufsvertretungen in Deutschland

● S 255

Bundeszahnärztekammer
Arbeitsgemeinschaft der Deutschen
Zahnärztekammern e.V.
Postf. 04 01 80, 10061 Berlin
Chausseestr. 13, 10115 Berlin
T: (030) 4 00 05-0   **Fax:** 4 00 05-200
Internet: http://www.bzaek.de
Internationaler Zusammenschluß: siehe unter izs 169
Präsident(in): Dr. Dr. Jürgen Weitkamp
Vizepräsident(in): Dr. Wolfgang Sprekels (Johnsalee 19, 20148 Hamburg, T: (040) 44 29 18, Telefax: (040) 44 94 43)
Dr. Dietmar Oesterreich (Schultetusstr. 22, 17153 Reuterstadt Stavenhagen, T: (039954) 2 21 85, Telefax: (039954) 3 91 63)
Hauptgeschäftsführer(in): Dipl.-Kfm. Klaus Schlechtweg

Baden-Württemberg

● S 256

Landeszahnärztekammer Baden-Württemberg
Postf. 10 29 40, 70025 Stuttgart
Herdweg 59, 70174 Stuttgart
T: (0711) 2 28 45-0   **Fax:** 2 28 45-40
Präsident(in): Dr. Udo Lenke (Radbrunnengasse 1, 71665 Vaihingen/Enz, T: (07042) 1 62 77, Fax: (07042) 9 88 96)
Stellv. Präsidentin: Dr. Antoinette Röttele (Hauptstr. 319, 79576 Weil am Rhein, T: (07621) 7 12 80, Fax: (07621) 79 87 18)
Geschäftsführer(in): Dir. Johann Glück

Bayern

● S 257

Bayerische Landeszahnärztekammer
Fallstr. 34, 81369 München
T: (089) 7 24 80-0   **Fax:** 7 24 80-113
Präsident(in): Dr. Dr. Joseph Kastenbauer (Bahnhofstr. 14, 84503 Altötting, T: (08671) 54 77, Telefax: (08671) 54 34)
Vizepräsident(in): Dr. Wolfgang Heubisch (Rosenkavalierplatz 9, 81925 München, T: (089) 91 94 93, Telefax: (089) 91 12 19)
Hauptgeschäftsführer(in): Peter Knüpper
Leitung Presseabteilung: Ulrike Nover
Verbandszeitschrift: Zahnärzte Bayern (zBay)
Redaktion: Nover Ulrike
Verlag: Urban + Vogel
Mitglieder: ca. 12000, davon ca. 8000 niedergelassene Zahnärzte
Mitarbeiter: 53
Jahresetat: DM 15 Mio, € 7,67 Mio

Berlin

● S 258

Zahnärztekammer Berlin
Stallstr. 1, 10585 Berlin
T: (030) 3 48 08-0   **Fax:** 3 48 08-100
E-Mail: info@zahnaerztekammer-berlin.de
Gründung: 1963
Präsident(in): Dr. Christian Bolstorff (Habelschwerdter Allee 27, 14195 Berlin, T: (030) 84 10 88 50, Fax: (030) 84 10 88 52)
Vizepräsident(in): Dr. Jürgen Gromball (Pichelsdorfer Str. 63, 13595 Berlin, T: (030) 36 20 83 20, Fax: (030) 36 20 83 25)
Geschäftsführer(in): RA Reinhard Biker
Verbandszeitschrift: Mitteilungsblatt Berliner Zahnärzte (MBZ)
Verlag: Defot Druck, Gierkezeile 23, 10585 Berlin
Mitglieder: ca. 4700
Mitarbeiter: ca. 50

Brandenburg

● S 259

Landeszahnärztekammer Brandenburg
Parzellenstr. 94, 03046 Cottbus
T: (0355) 3 81 48-0   **Fax:** 3 81 48-48
Internet: http://www.lzkb.de
E-Mail: info@lzkb.de
Präsident(in): Jürgen Herbert (Karl-Liebknecht-Str. 3, 03046 Cottbus, T: (0355) 2 49 57, Telefax: (0355) 79 43 43)
Vizepräsident(in): Dr. Eberhard Steglich (Märkischer Ring 1, 03172 Guben, T: (03561) 5 20 48, Telefax: (03561) 54 03 32)
Geschäftsführer(in): Maria-Luise Decker

Bremen

● S 260

Zahnärztekammer Bremen
Postf. 33 03 69, 28333 Bremen
Universitätsallee 25, 28359 Bremen
T: (0421) 2 20 07-0   **Fax:** 2 20 07-31
Präsident(in): Dr. Brita Petersen (Kirchhuchtinger Landstr. 31, 28259 Bremen, T: (0421) 58 40 30, Telefax: (0421) 58 40 94)
Vizepräsident(in): Eugen Dawirs (Bismarckstr. 22, 27570 Bremerhaven, T: (0471) 9 22 00 22, Fax: (0471) 9 22 00 11)
Hauptgeschäftsführer(in): Andreas Scholz

Hamburg

● S 261

Zahnärztekammer Hamburg
Postf. 74 09 25, 22099 Hamburg
Möllner Landstr. 31, 22111 Hamburg
T: (040) 73 34 05-0   **Fax:** 7 32 58 28
Präsident(in): Dr. Wolfgang Sprekels (Johnsalee 19, 20148 Hamburg, T: (040) 44 29 18 od. 4 10 59 08, Telefax: (040) 44 94 43)
Vizepräsident(in): Dr. Helmut Pfeffer (Weidenbaumsweg 6, 21029 Hamburg, T: (040) 7 24 28 09, Telefax: (040) 7 24 02 98)
Geschäftsführer(in): Dipl.-Kfm. Edgar Oelrich

Hessen

● S 262

Landeszahnärztekammer Hessen
Postf. 39 40, 65029 Wiesbaden
Aarstr. 1, 65195 Wiesbaden
T: (0611) 40 80-0
Präsident(in): Dr. Michael Frank (Alte Viernheimer Str. 2, 68623 Lampertheim, T: (06206) 24 42, Fax: (06206) 21 72)
Vizepräsident(in): Dr. Giesbert Schulz-Freywald (Holbeinstr. 56, 60596 Frankfurt, T: (069) 63 64 85, Fax: (069) 63 72 17)
Hauptgeschäftsführer(in): Ass. Joachim Garth

Mecklenburg-Vorpommern

● S 263

Zahnärztekammer Mecklenburg-Vorpommern
Wismarsche Str. 304, 19055 Schwerin
T: (0385) 5 91 08-0   **Fax:** 5 91 08-20
Internet: http://www.zaekmv.de
E-Mail: zahnmv@aol.com
Präsident(in): Dr. Dietmar Oesterreich (Schultetusstr. 22, 17153 Stavenhagen, T: (039954) 2 21 85, Telefax: (039954) 3 91 63)
Vizepräsident(in): Dipl.-Stom. Andreas Wegener
Geschäftsführer(in): Dr. Peter Berg

Niedersachsen

● S 264

Zahnärztekammer Niedersachsen
Postf. 81 06 61, 30506 Hannover
Zeißstr. 11a, 30519 Hannover
T: (0511) 8 33 91-0   **Fax:** 8 33 91-116, 81 12-106 (Presseabt.)
Präsident(in): Dr. Dr. Henning Borchers (Sallstr. 6, 30171 Hannover, T: (0511) 81 63 65, Fax: (0511) 28 25 02)
Vizepräsident(in): Dr. Joachim Wömpner (Weserstr. 22, 31737 Rinteln, T: (05751) 95 75 00, Fax: (05751) 4 41 55)
Hauptgeschäftsführer(in): Dr. jur. Holger Andersen (T: (0511) 8 33 91-110)

Nordrhein

● S 265

Zahnärztekammer Nordrhein
Körperschaft des öffentlichen Rechts
Postf. 10 55 15, 40046 Düsseldorf
Emanuel-Leutze-Str. 8, 40547 Düsseldorf
T: (0211) 52 60 50   **Fax:** 5 26 05 21
Internet: http://www.zaek-nr.de
E-Mail: info@zaek-nr.de
Präsident(in): Dr. Peter Engel (Wiener Platz 5, 51065 Köln, T: (0221) 61 22 81, Fax: 62 18 12)
Vizepräsident(in): Dr. Rüdiger Butz (Neustr. 29, 47441 Moers, T: (02841) 2 16 88, Fax: 2 29 49)
Zahnärztl. Dir.: Dr. Peter Dierks

Rheinland-Pfalz

● S 266

Landeszahnärztekammer Rheinland-Pfalz
Frauenlobplatz 2, 55118 Mainz
T: (06131) 9 61 36 60   **Fax:** 9 61 36 89
E-Mail: lzk.rhp-mainz@t-online.de
Präsident(in): Dr. Rüdiger Krebs (Schillerplatz 3, 55232 Alzey, T: (06731) 25 32, Telefax: (06731) 21 69)
Stellv. Präs.: Dr. Otto W. Müller (Johannes-Str.7, 67346 Speyer, T: (06232) 7 33 22, Fax: 2 40 44)
Hauptgeschäftsführer(in): Dr. Markus Schulte
Stellv. Hauptgeschäftsführer: Archibald Salm

Saarland

● S 267

Ärztekammer des Saarlandes
- Abt. Zahnärzte -
Haus der Zahnärzte
Postf. 10 16 61, 66016 Saarbrücken
Puccinistr. 2, 66119 Saarbrücken
T: (0681) 58 60 80   **Fax:** 5 84 61 53
Vorsitzende(r): Dr. Wolfgang Weis (Eisenbahnstr. 25, 66117 Saarbrücken, T: (0681) 5 51 26, Telefax: (0681) 5 89 89 50)
Stellvertretende(r) Vorsitzende(r): Sanitätsrat Dr. Manfred Grub (Hochwaldstr. 10, 66679 Losheim, T: (06872) 20 30, Telefax: (06872) 83 51)
Geschäftsführer(in): Ass. Bernhard Kuntz

Sachsen

● S 268

Landeszahnärztekammer Sachsen
Geschäftsstelle:
Schützenhöhe 11, 01099 Dresden
T: (0351) 8 06 60   **Fax:** 8 06 62 41
Internet: http://www.zahnaerzte-in-sachsen.de
Präsident(in): Dr. Joachim Lüddecke
1. Vizepräs.: Dr. Jürgen Knepper
2. Vizepräs.: Dr. Stephan Albani
Geschäftsführer(in): Dipl.-Ing. Sabine Dudda

Sachsen-Anhalt

● S 269

Zahnärztekammer Sachsen-Anhalt
Geschäftsstelle:
Postf. 43 09, 39018 Magdeburg
Große Diesdorfer Str. 162, 39110 Magdeburg
T: (0391) 73 93 90   **Fax:** 7 39 39 20
Internet: http://www.zahnaerztekammer-sah.de
E-Mail: info@zahnaerztekammer-sah.de
Präsident(in): Dr. Frank Dreihaupt (Bismarckstr. 10, 39517 Tangerhütte, T: (03935) 2 84 24, Fax: (03935) 2 82 66)
1. Vizepräsident: Burkhard Labs (Krumme Str. 25 a, 39221 Welsleben, T: (039296) 2 02 37, Fax: (039296) 2 08 72)
2. Vizepräsident: Dr.Dr. Gerhard Rehmann (H.-Löns-Weg 22, 38855 Wernigerode, T: (03943) 63 29 14, Fax: (03943) 90 60 16)
Geschäftsführer(in): RA Hans-Hugo Rau

Schleswig-Holstein

● S 270

Zahnärztekammer Schleswig-Holstein KdöR
Westring 498, 24106 Kiel
T: (0431) 26 09 26-0   **Fax:** 26 09 26-15
Internet: http://www.zaek-sh.de
E-Mail: central@zaek-sh.de
Gründung: 1946 (27. April)
Präsident(in): Dr. Tycho Jürgensen (Friesische Str. 84, 24937 Flensburg, T: (0461) 5 90 50, Fax: (0461) 5 39 18)
Vizepräsident(in): ZA. Hans-Peter Küchenmeister (Daldorfer Str. 15, 24635 Rickling, T: (04328) 2 08, Telefax: (04328) 15 16)
Geschäftsführer(in): Dr.med.dent. Thomas Ruff

Thüringen

● S 271

Landeszahnärztekammer Thüringen
Barbarossahof 16, 99092 Erfurt
T: (0361) 7 43 20   **Fax:** 7 43 21 50
E-Mail: lzkth@t-online.de
Präsident(in): Dr. Lothar Bergholz (Sophienstraße 41, 99817 Eisenach, T: (03691) 7 52 19, Fax: 74 66 86)
Vizepräsident(in): Dr. Andreas Wagner (Bonifaciusstr. 4, 99084 Erfurt, T: (0361) 2 25 19 30, Telefax: (0361) 2 25 19 36)

S 272

Westfalen-Lippe

● S 272

Zahnärztekammer Westfalen-Lippe
Postf. 88 43, 48047 Münster
Auf der Horst 29, 48147 Münster
T: (0251) 5 07-0   Fax: 5 07-5 70
Internet: http://www.zahnaerzte-wl.de
E-Mail: zaekwl@t-online.de
Präsident(in): Dr. Dr. Jürgen Weitkamp (Osnabrücker Str. 30, 32312 Lübbecke, T: (05741) 56 66, Telefax: (05741) 9 02 74)
Vizepräsident(in): Dr. Klaus Bartling (Wambeler Hellweg 110, 44143 Dortmund, T: (0231) 59 00 81, Fax: 51 63 30)
Direktor(in): Dr. jur. Jochen Neumann-Wedekindt

Kassenzahnärztliche Vereinigungen in Deutschland

● S 273

Kassenzahnärztliche Bundesvereinigung
Universitätsstr. 73, 50931 Köln
T: (0221) 40 01-0   Fax: 40 40 35
Internet: http://www.kzbv.de
Gründung: 1953
Leiter(in): Dr. Karl Horst Schirbort (Vors.)
Dr. Peter Kuttruff (stellv. Vors.)
Dr. Michael Weber (Geschäftsführer)
Prof. Dr. Burkhard Tiemann (Vorstandsbevollmächtigter)
Geschäftsbereichsleitung: Ass. Holger Tadsen
Dr. Thomas Muschallik
Leiter(in): Institut der Deutschen Zahnärzte: Dr. Wolfgang Micheelis (wissenschaftl.)
Mitarbeiterin: KZBV PR: Dr. Alexandra Pütz (Leiterin)
Chefredakteur: Zahnärztliche Mitteilungen: Egbert Maibach-Nagel
Leiter(in): Vertretung der KZBV am Regierungssitz: Dipl.-Vw. Elfi Schmidt-Garrecht
Mitarbeiterin: Pressesprecherin der KZBV: Constanze Gräfin von der Schulenburg
Mitgliedsverbände: 22 Kassenzahnärztliche Vereinigungen (KZVen)

Baden-Württemberg

● S 274

Kassenzahnärztliche Vereinigung für den Regierungsbezirk Karlsruhe
Postf. 10 18 62, 68018 Mannheim
Joseph-Meyer-Str. 8-10, 68167 Mannheim
T: (0621) 3 80 00-0   Fax: 3 80 00-100
E-Mail: kzvbzkka@widat.de
Vorsitzende(r): Dr. Wolfgang Gutermann (Dossenheimer Landstr. 56, 69121 Heidelberg, T: (06221) 41 18 88, Telefax: (06221) 41 01 63)
Stellvertretende(r) Vorsitzende(r): Dr. Uwe Lückgen (Hauptstr. 100, 69207 Sandhausen, T: (06224) 59 91 00)
Hauptgeschäftsführer(in): Dir. Ass.jur. Christian Finster

● S 275

Kassenzahnärztliche Vereinigung für den Regierungsbezirk Freiburg
Merzhauser Str. 114-116, 79100 Freiburg
T: (0761) 45 06-0   Fax: 45 06-4 00, Vorst. u. Geschf.: (0761) 45 06-4 30
Internet: http://www.zahn-forum.de
E-Mail: info@kzv-freiburg.de
1. Vorsitzende(r): Dr. Konrad Hartmann (Appenweierer Str. 10, 77704 Oberkirch, T: (07802) 23 27, Fax: 58 37)
2. Vorsitzende(r): Dr. Konstantin Baer (Hauptstr. 70, 77855 Achern, T: (07841) 62900, Fax: 2 85 97)
Hauptgeschäftsführer(in): Dipl.-Volksw. Karl Schönenberger
Geschäftsführer(in): Dipl.-Volksw. Christoph Besters

● S 276

Kassenzahnärztliche Vereinigung für den Regierungsbezirk Stuttgart
Postf. 80 06 23, 70506 Stuttgart
Albstadtweg 9, 70567 Stuttgart
T: (0711) 78 77-0   Fax: 7 87 72 65
Vorsitzende(r): Dr. Peter Kuttruff (Solitudestr. 237, 70499 Stuttgart, T: (0711) 88 12 60/69, Telefax: (0711) 8 87 36 57)
Stellvertretende(r) Vorsitzende(r): Dr. Hans-Peter Zimmerer (Urbanstr. 17, 73433 Aalen, T: (07361) 97 59 45, Telefax: (07361) 97 59 44)
Hauptgeschäftsführer(in): Werner M. Pöhner

● S 277

Kassenzahnärztliche Vereinigung für den Regierungsbezirk Tübingen
Postf. 41 55, 72772 Reutlingen
Bismarckstr. 96, 72072 Tübingen

T: (07071) 9 11-0   Fax: 9 11-131, 9 11-132
1. Vorsitzende(r): Dr. Ute Maier (Wilhelmstr. 8, 72074 Tübingen, T: (07071) 2 63 08)
2. Vorsitzende(r): Dr. Wolfgang Knupfer (Schillerstr. 22, 89150 Laichingen, T: (07333) 40 16)
Hauptgeschäftsführer(in): Dir. Horst Cox (Telefax: (07071) 91 11 12)

Bayern

● S 278

Kassenzahnärztliche Vereinigung Bayerns (KZVB)
Fallstr. 34, 81369 München
T: (089) 7 24 01-91 (Zentrale), 7 24 01-261 (Empfang)
Internet: http://www.kob.de
1. Vorsitzende(r): Dr. Rolf-Jürgen Löffler (Salzburger Str. 52, 83071 Schloßberg, T: (08031) 7 29 99, Telefax: (08031) 7 10 31)
2. Vorsitzende(r): Dr. Manfred Kinner (Udalrichstr. 2, 80933 München, T: (089) 3 13 30 59, Telefax: (089) 3 13 58 43)
Geschäftsführer(in): Dipl.-Kfm. Dr. Walter Donhauser (kaufm.)
GeschF u. Justitiar: Dr. Christian Freund
Bereich Abrechnungsstelle der KZVB
Bereich d. Bereiches Abrechnungsstelle: Dr. Dieter Kloß (Klingerstr. 16/4, 81369 München, T: (089) 76 91 68)
Ltr. d. Hauptabt. Ausschüsse u. Gutachten: Dr. Wilhelm Kaspar (Fallstr. 34, 81369 München, T: (089) 7 24 01-4 01)
Öffentlichkeitsarbeit und Presseleitung: Hans Glatzl

Berlin

● S 279

Kassenzahnärztliche Vereinigung Berlin
-Körperschaft des öffentlichen Rechts -
10702 Berlin
Georg-Wilhelm-Str. 16, 10711 Berlin
T: (030) 8 90 04-0   Fax: 8 90 04-1 02
Vorsitzende(r): Dr. Jürgen Seligmann (Hauptstr. 68a, 12159 Berlin, T: (030) 8 52 75 30, Telefax: (030) 8 33 35 77; Postanschrift: Weddingenweg 71, 12205 Berlin (Lichterfelde))
Stellvertretende(r) Vorsitzende(r): Dr. Jörg-Peter Husemann (Mittelstr. 22, 12167 Berlin, T: (030) 7 91 16 66, Telefax: (030) 7 91 16 86)
Hauptgeschäftsführer(in): Peter Herzog

Brandenburg

● S 280

Kassenzahnärztliche Vereinigung Land Brandenburg
Helene-Lange-Str. 4-5, 14469 Potsdam
T: (0331) 29 77-0   Fax: 29 77-318
Internet: http://www.kzvlb.de
E-Mail: kzvlb.oa@t-online.de
Vorsitzende(r): Dr. Gerhard Bundschuh (Tristanstr. 47, 14476 Groß Glienicke, T: (033201) 3 12 33 (Praxis), (033201) 3 13 10 (privat), Telefax: (033201) 3 18 96 (privat))
Stellvertretende(r) Vorsitzende(r): ZA Thomas Schmidt (Schönfließer Str. 4, 16540 Hohen Neuendorf, T: (03303) 50 07 45, Fax: (03303) 50 21 22)
Hauptgeschäftsführer(in): Rainer Linke (T: (0331) 2 97 73 11, Fax: (0331) 2 97 73 15)
Kaufmännischer Geschäftsführer: Helmut Faulstroh (T: (0331) 2 97 73 13)

Bremen

● S 281

Kassenzahnärztliche Vereinigung im Lande Bremen
- Körperschaft des öffentlichen Rechts -
Postf. 33 03 69, 28333 Bremen
Universitätsallee 25, 28359 Bremen
T: (0421) 2 20 07-0   Fax: 2 20 07-31
Internet: http://www.bremer-zahnaerztehaus.de
E-Mail: info@bremer-zahnaerztehaus.de
Vorsitzende(r): Dr. Dirk Mittermeier (Alte Wede 2 A, 28325 Bremen, T: (0421) 40 07 87, Telefax: (0421) 40 66 77 (Praxis))
Stellvertretende(r) Vorsitzende(r): Dr. Wolfgang Menke (Osterdeich 139, 28205 Bremen, T: (0421) 44 90 25, Telefax: (0421) 44 30 54 (Praxis))
Hauptgeschäftsführer(in): Andreas Scholz (T: (0421) 2 20 07-0, Telefax: (0421) 2 20 07-96)

Hamburg

● S 282

Kassenzahnärztliche Vereinigung Hamburg
-Körperschaft des öffentlichen Rechts -
Zahnärztehaus
Postf. 11 12 13, 20412 Hamburg
Katharinenbrücke 1, 20457 Hamburg
T: (040) 36 14 70   Fax: 36 44 70
Internet: http://www.zahnaerzte-hh.de
E-Mail: kzv-hamburg@t-online.de
Vorsitzende(r): Dr./RO Eric Banthien (Papyrusweg 8, 22117 Hamburg, T: (040) 7 12 73 11, Fax: (040) 7 12 96 24)
Stellvertretende(r) Vorsitzende(r): Dr. Claus St. Franz (Thadenstr. 164, 22767 Hamburg, T: (040) 4 30 01 91, Fax: (040) 4 30 26 60)
Geschäftsführer(in): Wolfgang Leischner

Hessen

● S 283

Kassenzahnärztliche Vereinigung Hessen
- Körperschaft des öffentlichen Rechts -
Postf. 71 05 52, 60495 Frankfurt
Lyoner Str. 21, 60528 Frankfurt
T: (069) 66 07-0   Fax: 66 07-3 44
Vorsitzende(r): Dr. Jürgen Fedderwitz (Dotzheimer Str. 178, 65197 Wiesbaden, T: (0611) 42 07 30, Telefax: (0611) 42 16 77)
Stellvertretende(r) Vorsitzende(r): Dr. Ulf Utech (Lyoner Str. 44-48, 60528 Frankfurt, T: (069) 6 66 72 42, Telefax: (069) 6 66 89 34)
Geschäftsführer(in): Dipl.-Betriebsw. Günter Gerlach
Klaus Dieter Meyer

Mecklenburg-Vorpommern

● S 284

Kassenzahnärztliche Vereinigung Mecklenburg-Vorpommern
Postf. 16 02 43, 19092 Schwerin
Wismarsche Str. 304, 19055 Schwerin
T: (0385) 54 92-0   Fax: 54 92-498
Vorsitzende(r): Dr. Wilfried Kopp (Niklotstr. 39, 18273 Güstrow, T: (03843) 21 45 53, Telefax: (03843) 2 22 72)
Stellvertretende(r) Vorsitzende(r): Dr. Torsten Albrecht (Friedrich-Engels-Str. 12 b, 18435 Stralsund, T: (03831) 39 26 94, Telefax: (03831) 39 21 03)
Hauptgeschäftsführer(in): Dipl.-Betriebsw. Wolfgang Abeln (T: (0385) 54 92-0)

Niedersachsen

● S 285

Kassenzahnärztliche Vereinigung Niedersachsen
-Körperschaft des öffentlichen Rechts -
Postf. 81 03 64, 30503 Hannover
Zeißstr. 11, 30519 Hannover
T: (0511) 84 05-0   Fax: 34 93-300
1. Vorsitzende(r): Dr. Karl Horst Schirbort (Peiner Weg 13a, 31303 Burgdorf, T: (05136) 20 39, Telefax: (05136) 36 73)
2. Vorsitzende(r): Dr. Hans-Hermann Liepe (Mendelssohnstr. 10, 30173 Hannover, T: (0511) 8 80 819, Fax: 8 80 882)
Geschäftsführer(in): Rudolf Theinert (T: (0511) 84 05-2 12)

Nordrhein

● S 286

Kassenzahnärztliche Vereinigung Nordrhein
- Körperschaft des öffentlichen Rechts -
Postf. 14 03 52, 40073 Düsseldorf
Lindemannstr. 34-42, 40237 Düsseldorf
T: (0211) 96 84-0   Fax: 96 84-3 33
Vorsitzende(r) des Vorstandes: Ralf Wagner
Stellv. Vors. d. Vorst.: Dr. Wolfgang Eßer
Hauptgeschäftsführer(in): Assessor jur. Rolf Hehemann
Geschäftsführer(in): Hermann Rubbert

Rheinland-Pfalz

● S 287

Kassenzahnärztliche Vereinigung Koblenz-Trier
- Körperschaft des öffentlichen Rechts -
Bahnhofstr. 12, 56068 Koblenz

T: (0261) 91 20-0 **Fax:** 91 20-2 60
Vorsitzende(r): Dr. Rudolf Hegerl (Waldenburgert 3, 54550 Daun, T: (06592) 25 02, Telefax: (06592) 75 90)
Stellvertretende(r) Vorsitzende(r): Dr. Wolfgang Witzenhausen (Schloßstr. 34a, 56068 Koblenz, T: (0261) 3 23 87, Telefax: (0261) 3 52 44 23)
Geschf. Dir.: Dr. jur. Mirko Steudle

● **S 288**

Kassenzahnärztliche Vereinigung Pfalz
- Körperschaft des öffentlichen Rechts -
Postf. 21 73 20, 67073 Ludwigshafen
Brunhildenstr. 1, 67059 Ludwigshafen
T: (0621) 59 69-0 **Fax:** 62 29 72
Vorsitzende(r): Dr. Helmut Stein (Hauptstr. 2, 66978 Clausen, T: (06333) 26 72, Telefax: (06333) 31 33)
Stellvertretende(r) Vorsitzende(r): Dr. Ludwig Brokamp (Alleestr. 4, 67697 Otterberg, T: (06301) 21 95, Telefax: (06301) 3 14 20)
Hauptgeschäftsführer(in): Ass. Joachim Stöbener

● **S 289**

Kassenzahnärztliche Vereinigung Rheinhessen
- Körperschaft des öffentlichen Rechts -
Postf. 26 04, 55016 Mainz
Eppichmauergasse 1, 55116 Mainz
T: (06131) 28 77 60 **Fax:** 22 57 06
Vorsitzende(r): Dr. Jürgen Braun-Himmerich (Bleichweg 18, 55283 Nierstein, T: (06133) 53 07, Telefax: (06133) 53 73)
Stellvertretende(r) Vorsitzende(r): ZA Helmut Conrad (Heinrichstr. 10, 55411 Bingen, T: (06721) 99 10 70, Telefax: (06721) 1 50 58)
Geschäftsführer(in): Ass. Maxim Hasselwander

Saarland

● **S 290**

Kassenzahnärztliche Vereinigung Saarland
- Körperschaft des öffentlichen Rechts -
Haus der Zahnärzte
Puccinistr. 2, 66119 Saarbrücken
T: (0681) 58 60 80 **Fax:** 5 86 08 14
Präsident(in): Sanitätsrat Dr. Manfred Grub (Hochwaldstr. 10, 66679 Losheim, T: (06872) 20 30, Telefax: (06872) 83 51)
Vorsitzende(r): Dr. Frank Arenz (Rheinstr. 37, 66113 Saarbrücken, T: (0681) 74 04 66, Telefax: (0681) 7 48 41)
Geschäftsführer(in): Peter Schuler
Stellvertretende(r) Geschäftsführer(in): Ass. Bernhard Kuntz

Sachsen

● **S 291**

Kassenzahnärztliche Vereinigung Sachsen K.d.ö.R.
Postf. 10 09 54, 01079 Dresden
Schützenhöhe 11, 01099 Dresden
T: (0351) 80 53-620 **Fax:** 80 53-621
Vorsitzende(r): Dr. Dieter Natusch
Stellvertretende(r) Vorsitzende(r): Dr. Holger Weißig
Hauptgeschäftsführer(in): Dr. Ralph Nikolaus (KZV Sachsen, Schützenhöhe 11, 01099 Dresden
Geschäftsführer(in): N. N.

Sachsen-Anhalt

● **S 292**

Kassenzahnärztliche Vereinigung Sachsen-Anhalt
Postf. 18 80, 39008 Magdeburg
Doctor-Eisenbart-Ring 1, 39120 Magdeburg
T: (0391) 62 93-000 **Fax:** 62 93-234
1.Vorsitzende(r): Dr. Hans Hünecke (Halberstädter Str. 143, 39112 Magdeburg, T: (0391) 6 20 95 91, Fax: 6 20 95 92 (Praxis)
2.Vorsitzender:: Dr. Peter Schmidt (Brunnenstr. 76, 06846 Dessau, T: (0340) 61 66 54, Fax: (0340) 61 90 42 (Praxis))
Hauptgeschäftsführer(in): Werner Kleiner
Kaufm. Geschäftsführerin: Tilla Machner

Schleswig-Holstein

● **S 293**

Kassenzahnärztliche Vereinigung Schleswig-Holstein
- Körperschaft des öffentlichen Rechts -
Westring 498, 24106 Kiel
T: (0431) 38 97-0 **Fax:** 38 97-1 00
Vorsitzende(r): Dr. Peter Kriett (Kurhausstr. 56, 23795 Bad Segeberg, T: (04551) 37 73, Telefax: (04551) 8 17 58)

Stellvertretende(r) Vorsitzende(r): Dr. Gernot Seher (Markt 14, 24211 Preetz, T: (04342) 15 10, Fax: 71 51 22)
Kaufm. Geschäftsführer: Dipl.-Volksw. Helmut Steinmetz (T: (0431) 3 89 71 23)

Thüringen

● **S 294**

Kassenzahnärztliche Vereinigung Thüringen
Theo-Neubauer-Str. 14, 99085 Erfurt
T: (0361) 67 67-0 **Fax:** 67 67-104, 67 67-108
Vorsitzende(r): Dr. med. Karl-Friedrich Rommel (Schulhög 2, 99880 Mechterstädt, T: (03622) 90 72 04, Fax: (03622) 90 71 94 - Praxis)
Stellvertretende(r) Vorsitzende(r): Dipl.-Stom. Klaus-Dieter Panzner (Hoffmann-von-Fallersleben-Str. 6, 99423 Weimar, T: (03643) 90 19 76, Fax: (03643) 90 19 78 - Praxis)
Hauptgeschäftsführer(in): Michael Werner (T: (0361) 67 67-112)
Stellv. Hauptgeschäftsführer: Roul Rommeiß (T: (0361) 67 67-106)

Westfalen-Lippe

● **S 295**

Kassenzahnärztliche Vereinigung Westfalen-Lippe
- Körperschaft des öffentlichen Rechts -
Postf. 42 20, 48023 Münster
Auf der Horst 25, 48147 Münster
T: (0251) 5 07-0 **Fax:** 5 07-117
Vorsitzende(r): Dr. Dietmar Gorski (Eiserfelder Str. 429, 57080 Siegen, T: (0271) 35 60 50, Telefax: (0271) 38 32 40)
Stellvertretende(r) Vorsitzende(r): Dr. Günther E. Buchholz (Bassfeld 14, 48291 Telgte, T: (02504) 30 28, Telefax: (02504) 7 20 42)
Hauptgeschäftsführer(in): Peter Schmidt

● **S 296**

Freier Verband Deutscher Zahnärzte e.V.
Bundesgeschäftsstelle
Mallwitzstr. 16, 53177 Bonn
T: (0228) 85 57-0 (Berufs- u. Standespolitik)
Fax: 34 79 67 (Innere Organisation), 34 06 71 EDV/Service-Abteilung), 34 54 65 (Presse)
Internet: http://www.fvdz.de
E-Mail: info@fvdz.de
Berliner Büro:
Auguststr. 28, 10117 Berlin, T: (030) 24 34 27-0, Fax: 24 34 27-67, Kontaktpersonen: Cornelia Geigulat, e-mail: cg@fvdz.de; Christina Pöschel, e-mail: cp@fvdz.de; Dr. Eberhard Schröter, e-mail: es@fvdz.de; Wolfgang Straßmeir, e-mail: ws@fvdz.de
Bundesvorstand
Bundesvorsitzende(r): Dr. Wilfried Beckmann (Susannenstr. 7 a, 33335 Gütersloh, T: (05241) 97 05 16, Fax: 9 70 59, e-mail: wilfried_beckmann.notes-net.de)
1. Stellvertreter: Dr. Peter Kind (Leipziger Str. 9-11, 04425 Taucha, T: (034298) 6 47 70, Fax: 6 47 71, e-mail: peter.kind@fvdzmail.fvdz.de)
2. Stellvertreter: Dr. Karl-Heinz Sundmacher (Hebelstr. 6, 68766 Hockenheim, T: (06205) 92 39 10, Fax: 92 39 11, e-mail: karl-heinz.sundmacher@fvdzmail.fvdz.de)
Vorstand: Dr. Julius Beischer (Vogteistr. 34, 29683 Fallingbostel, T: (05162) 30 06, Fax: 30 63)
Dr. Jürgen Braun-Himmerich (Bleichweg 18, 55283 Nierstein, T: (06133) 53 07, Fax: 53 73, e-mail: juergen.braun-himmerich@fvdzmail.fvdz.de)
ZA Peter Eichinger (Grünaustr. 13, 94032 Passau, T: (0851) 95 55 00, Fax: 7 03 71, e-mail: peter.eichinger@fvdzmail.fvdz.de)
Dr. Kurt Gerritz (Voshalsfeld 03, 46562 Voerde, T: (02855) 41 41, Fax: 1 64 06)
Dipl.-Stom. Peter Luthardt (Weimarische Str. 50a, 99326 Stadtilm, T: (03629) 34 37, Fax: 34 37, e-mail: peter.luthardt@fvdzmail.fvdz.de)
Dr. Volker Plitz (Theresienstr. 29, 94032 Passau, T: (0851) 3 50 39, Fax: 3 22 00, e-mail: volker.plitz@fvdzmail.fvdz.de)
Dr. Jörg Seeger (Neuer Weg 2, 24568 Kaltenkirchen, T: (04191) 33 66, Fax: 8 80 50, e-mail: joerg.seeger@fvdzmail.fvdz.de)
Dr. Franz-Josef Wilde (von-Alpen-Str. 8, 48720 Rosendahl, T: (02547) 76 26, Fax: 50 76 58 07, e-mail: franz-josef.wilde@fvdzmail.fvdz.de)
Versammlungsleiter(in): Dr. Gunther Lichtblau (Am Wolfgraben 2, 90613 Großhabersdorf, T: (09105) 99 78 37, Fax: 16 59)
Verbandsdirektor: Manfred Gilles (e-mail: mg@fvdz.de)
Geschäftsführer(in): Hanspeter Schultze (e-mail: hps@fvdz.de)
Leiter der Rechtsabteilung: RA Michael Lennartz (T: (0228) 85 57/-0, Fax: 34 79 67, e-mail: ml@fvdz.de)
Presse-Referent: Dr. Eberhard Schröter (T: (030) 24 34 27-12, e-mail: es@fvdz.de)
Verbandszeitschrift: „Der Freie Zahnarzt"
Redaktion: Mallwitzstr. 16, 53177 Bonn, T: (0228) 85 57-0, Fax: 34 54 65
Chefredakteur: Dr. Peter Kind, Leipziger Str. 9-11, 04425

Taucha, T: (034298) 6 47 70, Fax: (034298) 6 47 71, I-Net: www.fvdz.de
Mitglieder: 24000
Vertretung und Förderung der beruflichen Interessen der deutschen Zahnärzte.

Landesverbände

s 297

Freier Verband Deutscher Zahnärzte
Landesverband Baden-Württemberg
Albstadtweg 9, 70567 Stuttgart
T: (0711) 7 80 30 90 **Fax:** 7 80 30 92
Vorsitzende(r): Dr.Dr. Heinrich Schneider (Innere Heerstr. 3, 72555 Metzingen, T: (07123) 47 47, Fax: 2 01 21)
Stellvertretende(r) Vorsitzende(r): Dr. Thomas Walther (Johannes-Daur-Str. 2, 70825 Korntal, T: (0711) 8 39 97 10, Fax: 83 99 71 33)
Dr. Bernhard Jäger (Straßburger Ring 16-18, 68229 Mannheim, T: (0621) 47 78 85, Fax: 47 84 41)

s 298

Freier Verband Deutscher Zahnärzte
Landesverband Bayern
Fallstr. 36, 81369 München
T: (089) 7 23 42 90 **Fax:** 7 23 19 07
Vorsitzende(r): ZA Thomas Thyroff (Eichhornstr. 5, 97970 Würzburg, T: (0931) 1 70 71, Fax: 1 70 17)
Stellvertretende(r) Vorsitzende(r): Dr. Michael Schmiz (Fünfzehnerstr. 1, 86633 Neuburg, T: (08431) 4 10 17, Fax: 31 77)
Rüdiger Schott (Wiesenstr. 13, 95234 Sparneck, T: (09251) 60 14, Fax: 60 15)

s 299

Freier Verband Deutscher Zahnärzte
Landesverband Berlin
Scharnweberstr. 138, 13405 Berlin
T: (030) 41 70 34 61 **Fax:** 41 70 00 04
Vorsitzende(r): ZA Albert Essink
Stellvertretende(r) Vorsitzende(r): ZA Karsten Geist (Gustav-Adolf-Str. 156, 13086 Berlin, T: (030) 4 71 30 34, Fax: 47 30 03 24)
Dr. Marius Radtke (Pistoriusstr. 8, 13086 Berlin, T: (030) 9 25 05 32, Fax: 50 89 84 26)

s 300

Freier Verband Deutscher Zahnärzte
Landesverband Brandenburg
Klosterstr. 2a, 16775 Gransee
T: (03306) 21 36 94 **Fax:** 21 36 95
Vorsitzende(r): Dr. Kerstin Löwe (Prenzlauer Allee 71 a, 17268 Templin, T: (03987) 62 18, Fax: 34 42 privat)
Stellvertretende(r) Vorsitzende(r): Dr. Matthias Müller (Leibnizstr. 1 B, 16225 Eberswalde, T: (03334) 23 82 42, Fax: 23 82 43)
Dr. Wolfram Sadowski (Geschäftsführer, Templiner Str. 4, 16775 Gransee, T: (03306) 2 14 93, Fax: 2 15 55)

s 301

Freier Verband Deutscher Zahnärzte
Landesverband Bremen
c/o Dr. Roger Alten
Nedderland 1, 28355 Bremen
T: (0421) 25 30 46 **Fax:** 25 11 08
Vorsitzende(r): Dr. Peter Warnecke (Bremerhavener Str. 17, 28217 Bremen, T: (0421) 39 30 20, Fax: 3 99 51 51)
Stellvertretende(r) Vorsitzende(r): Dr. Klaus-Jürgen Blanck (Morgenlandstr. 15, 28237 Bremen, T: (0421) 61 19 00, Fax: 61 29 86)
Dr. Martin Sztraka (Lindenstr. 25, 28755 Bremen, T: (0421) 66 66 17, Fax: 6 58 88 98)
Geschäftsführer(in): Dr. Roger Alten

s 302

Freier Verband Deutscher Zahnärzte
Landesverband Hamburg
Humboldtstr. 57-59, 22083 Hamburg
T: (040) 2 27 92 79 **Fax:** 22 26 53
Vorsitzende(r): Dr. Henning Baumbach (Harburger Rathausstr. 37, 21073 Hamburg, T: (040) 77 69 50, Fax: 7 65 20 04)
Stellvertretende(r) Vorsitzende(r): ZA Hans-Bernhard Heldmann (Schweriner Str. 8, 22143 Hamburg, T: (040) 6 77 39 11, Fax: 6 77 39 45)
ZA Peter Helms (Eppendorfer Landstr. 108, 20249 Hamburg, T: (040) 4 60 78-110, Fax: 4 60 78-141)

s 303
Freier Verband Deutscher Zahnärzte
Landesverband Hessen
Lyoner Str. 21, 60528 Frankfurt
T: (069) 6 60 72 86 **Fax:** 6 60 73 63
Vorsitzende(r): Dr. Ernst-J. Otterbach (Obergasse 1, 61250 Usingen, T: (06081) 30 71, Fax: 36 78)
Stellvertretende(r) Vorsitzende(r): Dr. Christoph Schlachter (Elisabethenstr. 2, 61462 Königstein, T: (06174) 71 24, Fax: 93 04 42)
Dr. Olaf Winzen (Pfannmüllerstr. 48, 60488 Frankfurt, T: (069) 7 89 30 88, Fax: 78 71 57)

s 304
Freier Verband Deutscher Zahnärzte
Landesverband Mecklenburg-Vorpommern
c/o Dr. Holger Garling
Körnerstr. 15, 19055 Schwerin
T: (0385) 51 27 76 **Fax:** 51 27 72
Vorsitzende(r): Dr. Rolf Schulz (Kirchenstr. 2, 18292 Krakow am See, T: (038457) 2 23 17, Fax: 2 43 93)
Stellvertretende(r) Vorsitzende(r): ZA Karsten Lüder (Bergstr. 6, 17429 Seebad Bansin, T: (038378) 2 94 85, Fax: 2 94 30)
Dr. Peter Bührens (Geschwister-Scholl-Str. 9, 19055 Schwerin, T: (0385) 5 50 74 41, Fax: 5 50 74 42)
Geschäftsführer(in): Dr. Holger Garling

s 305
Freier Verband Deutscher Zahnärzte
Landesverband Niedersachsen
Geschäftsstelle
Zeißstr. 14, 30519 Hannover
T: (0511) 8 44 17 70 **Fax:** 8 44 17 72
Vorsitzende(r): Dr. Julius Beischer (Vogteistr. 34, 29683 Fallingbostel, T: (05162) 30 05, Fax: 30 63)
Stellvertretende(r) Vorsitzende(r): Dr. Ulrich Keck (Neue Straße 41, 26826 Weener, T: (04951) 80 90, Fax: 18 84)
Dr. Karl-Uwe Mahnken (Scheideweg 272 A, 26127 Oldenburg, T: (0441) 30 32 31, Fax: 30 35 00)
Geschäftsführer(in): Dr. Eckhard Jung (Vogteistr. 34, 29683 Fallingbostel, T: (05162) 30 05, Fax: 30 63)

s 306
Freier Verband Deutscher Zahnärzte
Landesverband Nordrhein
Geschäftsstelle
Emanuel-Leutze-Str. 17, 40547 Düsseldorf
T: (0211) 59 50 08 **Fax:** 59 50 04
Vorsitzende(r): Dr. Jürgen Strakeljahn (Grafenberger Allee 135, 40237 Düsseldorf, T: (0211) 66 50 37 Praxis, T: 67 87 89 privat, Fax: 66 25 96)
Stellvertretende(r) Vorsitzende(r): ZÄ Beate Emunds (Rathausstr. 2, 52525 Heinsberg, T: (02452) 2 14 77, Fax: 2 33 84)
ZA Klaus-Peter Haustein (Raiffeisenstr. 132-136, 47259 Duisburg, T: (0203) 78 55 45, Fax: 78 35 57)
Geschäftsführer(in): Dr. Harald Holzer (Pippelstein 7, 51427 Bergisch Gladbach, T: (02204) 6 42 75, Fax: 4 16 17)

s 307
Freier Verband Deutscher Zahnärzte
Landesverband Rheinland-Pfalz
Geschäftsstelle
Ehrenhof 117er 3, 55118 Mainz
T: (06131) 61 20 66 **Fax:** 63 89 29
Vorsitzende(r): Dr. Otto Walter (Stromberger Str. 34, 55411 Bingen, T: (06721) 3 20 14, Fax: 99 27 03)
Stellvertretende(r) Vorsitzende(r): Dr. Marianne Biermeyer (Hauptstr. 33, 53567 Asbach, T: (02683) 4 33 28, Fax: 4 27 26)
Dr. Michael Herget (Granastr. 38, 54329 Konz, T: (06501) 30 73, Fax: 63 36)

s 308
Freier Verband Deutscher Zahnärzte
Landesverband Saarland
Holzer Platz 4, 66265 Heusweiler
T: (06806) 8 35 35 **Fax:** 8 62 42
Vorsitzende(r): Dr. Hans-Joachim Tascher (Holzer Platz 4, 66265 Heusweiler, T: (06806) 8 35 35, Fax: 8 62 42)
Stellvertretende(r) Vorsitzende(r): ZA Werner Dietz (Hohenzollernring 8, 66740 Saarlouis, T: (06831) 12 44 80, Fax: 12 44 81)
Dr. Jörn Kessler (Mühlenstr. 38, 66809 Nalbach, T: (06838) 70 21, Fax: 8 35 80)
Geschäftsführer(in): Dr. Hans-Joachim Tascher (kommissarisch)

s 309
Freier Verband Deutscher Zahnärzte
Landesverband Sachsen
Kohlenstr. 2, 04107 Leipzig
T: (0341) 9 60 21 39 **Fax:** 9 60 21 40
Vorsitzende(r): Dr. Hans-Lutz Erler (Frauensteiner Str. 14 h, 09600 Weißenborn, Tel/Fax: (03731) 20 42 07 Praxis, T: 20 41 87 privat)
Stellvertretende(r) Vorsitzende(r): Dr. Detlef Beyer (Großbersdorfer Str. 43, 09435 Scharfenstein, T: (03725) 7 07 10, Fax: 70 71 18)
Dr. Peter John (Neundorfer Str. 102, 08523 Plauen, T: (03741) 13 71 71, Fax: 13 71 72)

s 310
Freier Verband Deutscher Zahnärzte
Landesverband Sachsen-Anhalt
Raumerstr. 18, 06842 Dessau
T: (0340) 2 20 29 45 **Fax:** 2 20 29 42
Vorsitzende(r): Dr. Jochen Schmidt (Fischereiweg 24, 06846 Dessau, T: (0340) 61 47 58 Praxis, 61 92 31 Privat, Fax: 61 90 42)
Stellvertretende(r) Vorsitzende(r): Dr. Uwe Woytinas (Promenade 15, 06667 Weißenfels, T: (03443) 30 65 97, Fax: 30 30 98)

s 311
Freier Verband Deutscher Zahnärzte
Landesverband Schleswig-Holstein
Geschäftsstelle:
Theodor-Heuss-Ring 107, 23795 Bad Segeberg
T: (04551) 8 45 03 **Fax:** 8 45 03
Vorsitzende(r): Dr. Ulrich Rubehn (Kaltenweide 84, 25335 Elmshorn, T: (04121) 8 88 81, Fax: 8 10 20)
Stellvertretende(r) Vorsitzende(r): Dr. Jörg Seeger (Neuer Weg 2, 24568 Kaltenkirchen, T: (04191) 33 66, Fax: 8 80 50)
ZA Ruth Schröder (Mühlenstr. 1, 24619 Bornhöved, T: (04323) 9 67 76, Fax: 68 30)

s 312
Freier Verband Deutscher Zahnärzte
Landesverband Thüringen
Blücherstr. 38, 99099 Erfurt
T: (0361) 41 61 75 **Fax:** 4 17 02 43
Vorsitzende(r): Dr. Martina Radam (Blücherstr. 38, 99099 Erfurt, T: (0361) 41 61 75, Fax: 4 17 02 43)
Stellvertretende(r) Vorsitzende(r): Dr. Gunder Merkel (Welgerstal 37, 98574 Schmalkalden, T: (03683) 60 17 04)

s 313
Freier Verband Deutscher Zahnärzte
Landesverband Westfalen-Lippe
c/o Dr. Cord Michaelis
Herner Str. 1, 45657 Recklinghausen
T: (02361) 1 39 28 **Fax:** 10 97 91
Vorsitzende(r): Dr. Burkhard Branding (Friedrich-Ebert-Str. 112, 32760 Detmold, T: (05231) 8 89 00, Fax: 87 06 34)
Stellvertretende(r) Vorsitzende(r): Dr. Konrad Koch (Beckestr. 1, 58239 Schwerte, T: (02304) 1 30 54, Fax: 2 24 48)
N.N.
Geschäftsführer(in): Dr. Cord Michaelis

● S 314
Institut der Deutschen Zahnärzte (IDZ)
Postf. 41 01 68, 50861 Köln
Universitätsstr. 71-73, 50931 Köln
T: (0221) 40 01-0 **Fax:** 40 48 86
Internet: http://www.idz-koeln.de
E-Mail: idz@kzbv.de
Vorsitzende(r): Dr. Karl Horst Schirbort
Dr. Dr. Jürgen Weitkamp
(im jährlichen Wechsel)
Geschäftsführender Direktor: Prof. Dr. Burkhard Tiemann
Wissenschaftlicher Leiter: Dr. Wolfgang Micheelis
Trägerorganisationen:
Bundeszahnärztekammer - Arbeitsgemeinschaft der Deutschen Zahnärztekammern e.V.
Kassenzahnärztliche Bundesvereinigung K.d.ö.R.

● S 315
Aktion zahnfreundlich e.V.
Alt-Pempelfort 9, 40211 Düsseldorf
T: (0211) 1 62 32 18 **Fax:** 1 62 32 19
Internet: http://www.zahnmaennchen.de
E-Mail: aktion-zahnfreundlich@t-online.de
Gründung: 1985 (16. September)
Internationaler Zusammenschluß: siehe unter izs 57
Vorsitzende(r): Prof. Dr. Jean-François Roulet (Medizinische Fakultät der Humboldt-Universität zu Berlin, Campus Virchow Klinikum, Zentrum für Zahnmedizin, Abt. für Zahnerhaltung und Präventivzahnmedizin, Augsburger Platz 1, 13353 Berlin, T: (030) 4 50 56 26 72, Fax: (030) 4 50 56 26 91, E-Mail: jfroulet@aol.com)
Mitglieder: ca. 380

● S 316
Bundesverband der Zahnärzte des Öffentlichen Gesundheitsdienstes e.V.
Uelzener Dorfstr. 9, 59425 Unna
T: (02303) 9 47 89 51 **Fax:** 9 47 89 52
E-Mail: sauerland-unna@t-online.de
Gründung: 1954
Vorsitzende(r): Dr. Klaus Günther Dürr (Lacheweg 42, 63303 Dreieich, T: (06192) 2 01-1121 (dienstl.), (06103) 3 44 82 (privat), Fax: (089) 24 43-39185, E-Mail: klausduerr@planet-interkom.de)
2. Vorsitzende(r): Dr. Gudrun Rojas (Bergstr. 18, 14770 Brandenburg, T: (03381) 30 91 25 (privat), (03381) 58 53 04 (dienstl.), (03381) 30 42 20 (privat), E-Mail: g.rojas@t-online.de)
Geschäftsführer(in): Dr. Claudia Sauerland (Uelzener Dorfstr. 9, 59425 Unna, T: (02303) 27 26 53 (dienstl.), (02303) 9 47 89 51 (privat), Fax: (02303) 27 12 99 (dienstl.), (02303) 9 47 89 52 (privat), E-Mail: sauerland-unna@t-online.de)
Redakteur: Dr. Christoph Hollinger (Hesterstr. 43, 58135 Hagen, T: (02306) 10 05 50 (dienstl.), (02331) 58 88 15 (privat), Fax: (02331) 58 88 15, E-Mail: chri.hollinger@cityweb.de)
Verbandszeitschrift: Zahnärztlicher Gesundheitsdienst
Redaktion: Dr. Hollinger
Verlag: Gerhardts Verlag, 64686 Lautertal
Mitglieder: 550

● S 317
Bundesverband der naturheilkundlich tätigen Zahnärzte in Deutschland e.V. (BNZ)
Von-Groote-Str. 30, 50968 Köln
T: (0221) 3 76 10 05 **Fax:** 3 76 10 09
Internet: http://www.bnz.de
E-Mail: info@bnz.de
Gründung: 1991 (21. Juli)
Präsident(in): Prof. (RO) Dr. med. dent. Werner Becker
Vizepräsident(in): Dr. Christel Pfeifer
Geschäftsführer(in): Betriebswirt Uwe Leemhuis
Mitglieder: 350
Mitarbeiter: 2
Jahresetat: DM 0,4 Mio, € 0,2 Mio

Der BNZ vertritt naturheilkundlich/ganzheitlich interessierte oder bereits arbeitende Zahnärzte/Kieferorthopäden, die u.a. erkannt haben, dass es wechselseitige Beziehungen zwischen den Zähnen, Mundraum und dem gesamten Organismus gibt. Amalgam als Füllstoff lehnen sie grundsätzlich ab. Diese ganzheitliche Sichtweise in Bezug auf die Gesundheit des Menschen, steht im Mittelpunkt seiner Tätigkeit.

Der BNZ leistet Lobbyarbeit in Deutschland und Europa mit dem Ziel, im Rahmen europäischer Richtlinien die berufliche Ausübung der Natur- und Erfahrungsheilkunde innerhalb der Zahnheilkunde sicherzustellen. Er leistet Aufklärungsarbeit und vermittelt Zahnärzte/Kieferorthopäden an den Interessierten/Patienten. Die Aus- und Fortbildung auf dem Gebiet der Natur- und Erfahrungsheilkunde wird gefördert sowie die Qualifikation der Mitglieder konsequent überprüft.

● S 318
Verband Niedergelassener Zahnärzte Land Brandenburg
Helene-Lange-Str. 4-5, 14469 Potsdam
T: (0331) 2 97 71 04 **Fax:** 2 97 71 65
Gründung: 1990 (8. Mai)
Vorsitzende(r): Dr. Klaus Markula (Petzoldstr. 16, 03042 Cottbus)
2. Stellv. Vors: Dr. Gerhard Bundschuh (Hechtsprung 19, 14476 Groß Glienicke)
Geschäftsstellenleiterin: Dr. med. dent. Irmgard Buske (Auf der Drift 13a, 14532 Kleinmachnow)
Verbandszeitschrift: Mitteilungsblatt des Verbandes Niedergelassener Zahnärzte
Verlag: Quintessenz Verlag GmbH, Ifenpfad 2-4, 12107 Berlin
Mitglieder: 180
Mitarbeiter: 1

Tierärztevereinigungen

● S 319
Bundestierärztekammer e.V. (BTK)
Gemeinschaft der deutschen Tierärztekammern und tierärztlichen Vereinigungen
Oxfordstr. 10, 53111 Bonn

T: (0228) 7 25 46-0   **Fax:** 7 25 46 66
Internet: http://www.vetline.de/btk
E-Mail: geschaeftsstelle@btk-bonn.de
Gründung: 1954
Internationaler Zusammenschluß: siehe unter izs 111
Präsident(in): Prof. Dr. Günter Pschorn
Vizepräsident(in): Dr. U. Landsiedel
Dr. D. Beier
Geschäftsführer(in): Eberhardt Rösener
Verbandszeitschrift: Deutsches Tierärzteblatt
Chefredaktion: Dr. Margund Mrozek, E-Mail: mrozek@btk-bonn.de
Redaktion: Dr. Ellen Stähr, E-Mail: staehr@btk-bonn.de
Verlag: Schlütersche Verlagsanstalt und Druckerei GmbH, Postf. 54 40, 30054 Hannover
Mitglieder: 17 Tierärztekammern, 14 Vereinigungen
Mitarbeiter: 10
Jahresetat: DM 2 Mio, € 1,02 Mio

Landestierärztekammern

s 320

Landestierärztekammer Baden-Württemberg
Plieninger Str. 73, 70567 Stuttgart
T: (0711) 7 22 86 32-0   **Fax:** 7 22 86 32 20
E-Mail: info@ltk-bw.de
Präsident(in): Prof. Dr. Dr.h.c. O.C. Straub
Geschäftsführer(in): Ursula Pistikos

s 321

Bayerische Landestierärztekammer
Theatinerstr. 42 II, 80333 München
T: (089) 21 99 08-0   **Fax:** 21 99 08-33
Internet: http://www.bltk.de
E-Mail: kontakt@bltk.de
Präsident(in): Prof.Dr. Günter Pschorn
Geschäftsführer(in): Axel Stoltenhoff

s 322

Tierärztekammer Berlin
Königin-Luise-Str. 96, 14195 Berlin
T: (030) 3 12 18 75   **Fax:** 3 12 60 52
E-Mail: tieraerztekammer-berlin@t-online.de
Präsident(in): Dr. Volker Robl
Geschäftsführender Sekretär: Hajo Georg Haeckert

s 323

Tierärztekammer Bremen
St.-Jürgen-Str. 13, 28205 Bremen
T: (0421) 3 61 61 29, 36 11 00 20, 3 61 81 06
Fax: 3 61 82 25
E-Mail: lua@lua.bremen.de
Präsident(in): Dr. Franz-Christian Lenz
Geschäftsführer(in): Dr. G. Schmidt

s 324

Tierärztekammer Hamburg
Lagerstr. 36, 20357 Hamburg
T: (040) 4 39 16 23   **Fax:** 43 25 05 77
Internet: http://www.tieraerzte-hamburg.de
E-Mail: tk-hh@t-online.de
Präsident(in): Dr. Barbara Schöning

s 325

Landestierärztekammer Hessen
Postf. 14 09, 65524 Niederhausen
T: (06127) 90 75-0   **Fax:** 90 75-23
Internet: http://www.ltk-hessen.de
E-Mail: ltk-hessen@t-online.de
Präsident(in): Prof. Dr. Alexander Herzog
Geschäftsführer(in): RA Frank Menz

s 326

Tierärztekammer Niedersachsen
Postf. 69 02 39, 30611 Hannover
T: (0511) 55 50 91   **Fax:** 55 02 97
Präsident(in): Dr. Wilfried Cossmann
Geschäftsführer(in): Udo Pobanz

s 327

Tierärztekammer Nordrhein
Postf. 10 07 23, 47884 Kempen
T: (02152) 2 05 58-0   **Fax:** 2 05 58-50
Internet: http://www.tieraerztekammer-nordrhein.de
E-Mail: tieraerztekammer_nordrhein@t-online.de
Präsident(in): Dr. Hans-Joachim Bieniek
Geschäftsführer(in): Dipl.-Betriebsw. Harald Fischer

s 328

Tierärztekammer Westfalen-Lippe
Goebenstr. 50, 48151 Münster
T: (0251) 5 35 94-0   **Fax:** 5 35 94-24
Internet: http://www.tieraerztekammer-wl.de
E-Mail: info@tieraerztekammer-wl.de
Präsident(in): Ltd. KVD a.D. Dr. Karl Boesing
Geschäftsführer(in): Hans-Joachim Reichstein

s 329

Landestierärztekammer Rheinland-Pfalz
Im Weiherhölzchen 15, 56727 Mayen
T: (02651) 10 04   **Fax:** 7 64 43
E-Mail: ltk.rheinland.pfalz@t-online.de
Präsident(in): Dr. Wolfgang Luft
Geschäftsführer(in): OVR Walter Hanhart

s 330

Tierärztekammer des Saarlandes
Henri-Dunant-Weg 7, 66564 Ottweiler
T: (06824) 70 01 18   **Fax:** 66 40
Internet: http://www.tierarzt-saar.de
E-Mail: tieraerztekammer@t-online.de
Präsident(in): OVR Dr. Arnold Ludes

s 331

Tierärztekammer Schleswig-Holstein
Hamburgerstr. 99a, 25746 Heide
T: (0481) 55 42   **Fax:** 8 83 35
Internet: http://www.tieraerztekammer.de/schleswig-holstein/
E-Mail: schleswig-holstein@tieraerztekammer.de
Präsident(in): Dr. Siegfried Fickel
Geschäftsführer(in): RA Reimer

s 332

Landestierärztekammer Brandenburg
Ringstr. 1010, 15236 Frankfurt
T: (0335) 52 17-750   **Fax:** 52 17-752
Präsident(in): Dr. Hubertus Simon
Geschäftsführer(in): Dr. Ulrich Westpfahl

s 333

Landestierärztekammer Mecklenburg-Vorpommern
Griebnitzer Weg 2, 18196 Dummerstorf
T: (038208) 6 05 41   **Fax:** 8 03 16
E-Mail: ltk.mv@t-online.de
Präsident(in): Dr. habil. Hermann Seils
Geschäftsführer(in): Hans-Jörg Mösch

s 334

Sächsische Landestierärztekammer
Schützenhöhe 16-18, 01099 Dresden
T: (0351) 82 67-200   **Fax:** 82 67-202
Internet: http://www.tieraerzte-sachsen.de
E-Mail: taeksachs@t-online.de
Präsident(in): Dr. Hans-Georg Möckel
Geschäftsführer(in): Dr. Franz von Fritschen

s 335

Tierärztekammer Sachsen-Anhalt
Postf. 20 12 26, 06013 Halle
T: (0345) 5 60 05 54   **Fax:** 5 60 05 54
E-Mail: taek.sachsen-anhalt@t-online.de
Präsident(in): Dr. Reinhard Fritzsch

s 336

Landestierärztekammer Thüringen
Erfurter Str. 23, 99423 Weimar
T: (03643) 90 46 53   **Fax:** 90 46 56
E-Mail: ltk_thuer@t-online.de
Präsident(in): Dr. Uwe Landsiedel

● S 337

Bundesverband der beamteten Tierärzte
Vereinigung der Tierärztinnen und Tierärzte im öffentlichen Dienst
Postf. 13 40, 96203 Lichtenfels
T: (09571) 1 82 34 u. 1 82 32   **Fax:** 1 81 23
Präsident(in): VD Dr. Herbert Wohn (SVA, Postf. 13 40, 96203 Lichtenfels, T: (09571) 1 82 34 u. 1 82 32, Fax: (09571) 1 81 23, Privat: Am Goldberg 18, 96215 Lichtenfels, T: (09571) 56 76, Handy: (0172) 8 65 56 96, E-Mail: bbt-lif@t-online.de)
1. Vizepräsident (Tierseuchen): LVD Dr. Arno Piontkowski (Bezirksreg. Münster, Domplatz 1-3, 48148 Münster, T: (0251) 4 11-2108, Fax: (0251) 4 11-2115, Privat: Waldweg 32, 48163 Münster, T: (0251) 71 90 90, E-Mail: arno.piontkowski@bezreg-muenster.nrw.de)
2. Vizepräsident (Tierschutz): Dr. Cornelia Rossi-Broy (VLA Schöneberg, Erfurter Str. a, 10825 Berlin, T: (030) 75 60 68 95, Fax: (030) 75 60 44 32, Handy: (0172) 3 23 01 10, E-Mail: cornelia.rossi@t-online.de)
Vizepräsident (Lebensmittelhygiene): VD Dr. Otto Gaudlitz (VuLMÜ, Wilhelmstr. 24, 53474 Bad Neuenahr-Ahrweiler, T: (02641) 97 53 48, Fax: (02641) 97 55 06, Privat: Grafschaftstr. 28, 53474 Bad Neuenahr-Ahrweiler, T: (02641) 3 68 82, E-Mail: otto.gaudlitz@gmx.de)
Vizepräsident (Fleischhygiene): VD Dr. Eberhard Haunhorst (Lebensmittelüberwachungs-, Tierschutz- u. Veterinärdienst Bremen, Große Weidestr. 4-16, 28195 Bremen, T: (0421) 3 61-4763, Fax: (0421) 3 61-17466, Handy: (0172) 5 17 77 91, Privat: Kuckucksweg 22, 27299 Cluvenhagen, T: (04235) 25 64, E-Mail: pdrewes@veterinaer.bremen.de)
Vizepräsident (Organisation/Kasse): Dr. Gottfried Krommer (LRA - Vet.wese-, Kronacher Str. 30, 96215 Lichtenfels, T: (09571) 18-233, Fax: (09571) 18-123, Privat: Stettiner Str. 81a, 95326 Kulmbach, T: (09221) 70 11 88, E-Mail: g.krommer@baumann-online.net)
Ehrenmitglieder: Ltd. KVD a.D. Dr. Rainer Schieren (Geilenkirchener Str. 39, 52525 Heinsberg, T: (02452) 28 75)
VD a.D. Dr. Kurt Rupprecht (Seidmannsdorfer Str. 139, 96450 Coburg, T: (09561) 1 00 52)
Prof. Dr. Helmut Scheunemann (Hagenstr. 35 A, 14193 Berlin, T: (030) 8 26 34 54)
Prof. Dr. Hermann Trautwein (Justinus-Kerner-Str. 25, 72622 Nürtingen, T: (07022) 3 70 37, Fax: (07022) 3 71 70)
VD a.D. Dr. Wendelin Janson (Großer Ring 22, 65550 Limburg, T: (06431) 4 13 33)
LVD a.D. Dr. Arthur v. Maydell (Strindbergstr. 22, 30629 Hannover, T: (0511) 58 19 86, Fax: (0511) 9 58 42 17, E-Mail: a.v.maydell@t-online.de)
Verbandszeitschrift: "AMTSTIERÄRZTLICHER DIENST und Lebensmittelkontrolle"
Redaktion: ALPHA-Verlag, Finkenstr. 10, 68623 Lampertheim

● S 338

Bundesverband Praktischer Tierärzte e.V.
Hahnstr. 70, 60528 Frankfurt
T: (069) 66 98 18-0   **Fax:** 6 66 81 70
Gründung: 1951
Präsident(in): Dr. Karlheinz Simon
Vizepräsident(in): Dr. Heinrich Grußendorf
Geschäftsführer(in): Jürgen Neubrand
Mitglieder: 6000

● S 339

Verband Deutscher Tierarztfrauen und Tierärztinnen e.V. (VDTT)
Franklinstr. 46a, 40479 Düsseldorf
T: (04451) 8 27 95
Gründung: 1961
Präsident(in): Susanne Ostendorf (Bismarckstr. 4, 26316 Varel, T: (04451) 8 27 95, Fax: 86 15 01)
Vizepräsident(in): Vet.Dir. Dr. Ilona Sänger (Franklinstr. 46 a, 40479 Düsseldorf, T: (0211) 8 99 32 28)
Schriftführer(in): Dr. Dörthe Pittermann (Schwarzbachstr. 33, 40625 Düsseldorf, T: (0211) 28 27 66)
Schatzmeisterin: Ute Meyer-Buchtien (Heidhofstr. 134, 27257 Sudwalde, T: (04247) 13 13)
Leitung Presseabteilung: Susanne Ostendorf

Apothekervereinigungen

● S 340

Arbeitsgemeinschaft Deutscher Apothekerkammern
- Bundesapothekerkammer - (BAK)
Postf. 57 22, 65732 Eschborn
T: (06196) 9 28-0   **Fax:** 9 28-5 56
E-Mail: ABDA@ABDA.DE
Präsident(in): Johannes Metzger
Sprecher d. GeschF.: Dr.iur. Johannes Pieck

Landesapothekerkammern

s 341

Landesapothekerkammer Baden-Württemberg
- Körperschaft des öffentlichen Rechts -
Am Kräherwald 219, 70193 Stuttgart
T: (0711) 9 93 47-0   **Fax:** 9 93 47-43
E-Mail: karin.wahl@apothekerkammer-bw.de, baldur.kohm@apothekerkammer-bw.de
Präsident(in): Karin Wahl
Vizepräsident(in): Karin Graf
Geschäftsführer(in): Apotheker Baldur Kohm

s 342

Bayerische Landesapothekerkammer
- Körperschaft des öffentlichen Rechts -
Maria-Theresia-Str. 28, 81675 München
T: (089) 92 62-0   **Fax:** 92 62-22
E-Mail: geschaeftsstelle@blak.aponet.de
Präsident(in): Apotheker Johannes Metzger
Stellvertretende(r) Vorsitzende: Dr. Ulrich Krötsch
Dr. Jens Schneider
Geschäftsführer(in): Dr. jur. Michael Platzer
Stellvertretende(r) Geschäftsführer(in): Apotheker Dr. Gerhard Gensthaler
Apotheker Dr. Volker Schmitt

s 343
Apothekerkammer Berlin
- Körperschaft des öffentlichen Rechts -
Kantstr. 44-45, 10625 Berlin
T: (030) 31 59 64-0 **Fax:** 31 59 64-30
Präsident(in): Norbert Bartetzko
Vizepräsident(in): Annette Dunin von Przychowski
Geschäftsführer(in): RA Rainer Auerbach
Stellvertretende(r) Geschäftsführer(in): Dr. Stefan Wind

s 344
Landesapothekerkammer Brandenburg
Am Buchhorst 18, 14478 Potsdam
T: (0331) 8 88 66-0 **Fax:** 8 88 66-20
Präsident(in): Apotheker Dr. Jürgen Kögel
Vizepräsident(in): Stephan Creuzburg
Karla Meyer
Geschäftsführer(in): Barbara Dunke

s 345
Apothekerkammer Bremen
- Körperschaft des öffentlichen Rechts -
Bürgermeister-Smidt-Str. 16, 28195 Bremen
T: (0421) 17 09 17 **Fax:** 17 09 18
Internet: http://www.ak-bremen.de
E-Mail: geschaeftsstelle@ak-bremen.aponet.de
Präsident(in): Apotheker Dr. Richard Klämbt
Vizepräsident(in): Klaus Hofmann
Geschäftsführer(in): Dr. Michael Cramer

s 346
Apothekerkammer Hamburg
- Körperschaft des öffentlichen Rechts -
Alte Rabenstr. 11a, 20148 Hamburg
T: (040) 44 80 48-0 **Fax:** 44 38 68
E-Mail: geschaeftsstelle@ak-hamburg.aponet.de
Präsident(in): Apotheker Dr. Hans-Jochen Gelberg
Vizepräsident(in): Jutta Bewernitz
Geschäftsführer(in): Apotheker Dr. Reinhard Hanpft

s 347
Landesapothekerkammer Hessen
- Körperschaft des öffentlichen Rechts -
Postf. 90 06 43, 60446 Frankfurt
Am Leonhardsbrunn 5, 60487 Frankfurt
T: (069) 97 95 09-15 (U. Funke), 97 95 09-16 (U. Laut)
Fax: 97 95 09-22
E-Mail: geschaeftsstelle@lak-hessen.aponet.de
Präsident(in): Dr. Gabriele Bojunga
Vizepräsident(in): Dr. Silva Daus
Geschäftsführer(in): Ulrich Laut (Recht und Verwaltung)
Apothekerin Ursula Funke (Pharmazie)

s 348
Apothekerkammer Mecklenburg-Vorpommern
Wismarsche Str. 304, 19055 Schwerin
T: (0385) 5 92 54-0 **Fax:** 5 92 54-12
E-Mail: apothekerkammerMV@t-online.de
Präsident(in): Apotheker Wilhelm Soltau
Vizepräsident(in): Christel Johanns
Geschäftsführer(in): Dr. Heide Köster

s 349
Apothekerkammer Niedersachsen
- Körperschaft des öffentlichen Rechts -
Postf. 11 09 52, 30103 Hannover
An der Markuskirche 4, 30163 Hannover
T: (0511) 3 90 99-0 **Fax:** 3 90 99-36, 3 90 99-46
E-Mail: k.diers@lak-nds.aponet.de
Präsident(in): Dr. Herbert Gebler
Präsident(in): Apothekerin Magdalene Linz
Geschäftsführer(in): Götz Schütte
Stellv. Geschf., Just.: Hansjörg Mogwitz

s 350
Apothekerkammer Nordrhein
- Körperschaft des öffentlichen Rechts -
Poststr. 4, 40213 Düsseldorf
T: (0211) 83 88-0 **Fax:** 83 88-222
E-Mail: kammer@apotheker-nordrhein.de
Präsident(in): Apotheker Karl-Rudolf Mattenklotz
Vizepräsident(in): Harald Schmitz
Geschäftsführer(in): Dr. Franz-Josef Schulte-Löbbert

s 351
Landesapothekerkammer Rheinland-Pfalz
- Körperschaft des öffentlichen Rechts -
Am Gautor 15, 55131 Mainz
T: (06131) 2 70 12-0 **Fax:** 2 70 12-22
E-Mail: geschaeftsstelle@lak-rlp.aponet.de
Präsident(in): Apotheker Dr. Hartmut Schmall
Vizepräsident(in): Peter Heilmann
Geschäftsführer(in): Ass. Arnulf Klein

s 352
Apothekerkammer des Saarlandes
- Körperschaft des öffentlichen Rechts -
Zähringerstr. 5, 66119 Saarbrücken
T: (0681) 5 84 06-0 **Fax:** 5 84 06-20
E-Mail: geschaeftsstelle@apothekerkammer-saar.de
Präsident(in): Apotheker Dr. Horst Kiefer
Vizepräsident(in): Wolfgang Bertram
Geschäftsführer(in): Ass. Wolfdieter Brinkmann

s 353
Apothekerkammer Sachsen-Anhalt
Doctor-Eisenbart-Ring 2, 39120 Magdeburg
T: (0391) 6 09 04-0 **Fax:** 6 09 04-35
E-Mail: geschaeftsstelle@aksa.aponet.de
Präsident(in): Apotheker Gerd Haese
Vizepräsident(in): Marianne Reich
Martin Kuminek
Geschäftsführer(in): Apothekerin Dr. Friedgart Scholz
Stellvertretende(r) Geschäftsführer(in): Dr. Christine Heinrich

s 354
Sächsische Landesapothekerkammer
Pillnitzer Landstr. 10, 01326 Dresden
T: (0351) 2 63 93-0 **Fax:** 2 63 93-500
Präsident(in): Apotheker Hans Knoll
Vizepräsident(in): Dr. Brigitte Schilling
Geschäftsführer(in): Dr. Roswitha Grießmann

s 355
Apothekerkammer Schleswig-Holstein
- Körperschaft des öffentlichen Rechts -
Düsternbrooker Weg 75, 24105 Kiel
T: (0431) 5 79 35 10 **Fax:** 5 79 35 20
Präsident(in): Apotheker Ernst-Heinrich Wehle
Vizepräsident(in): Dr. Peter Heerklotz
geschf. Apotheker: Frank Jaschkowski
Justitiar: Dr. Karl Stefan Zerres

s 356
Landesapothekerkammer Thüringen
Thälmannstr. 6, 99085 Erfurt
T: (0361) 2 44 08-0 **Fax:** 2 44 08-69
Präsident(in): Apotheker Dr. Egon Mannetstätter
Vizepräsident(in): Dr. Siegfried Schellin
Dr. Lutz Gebert
Geschäftsführer(in): Dr. Jörg Jacob

s 357
Apothekerkammer Westfalen-Lippe
- Körperschaft des öffentlichen Rechts -
Bismarckallee 25, 48151 Münster
T: (0251) 52 00 50 **Fax:** 52 16 50
Präsident(in): Apotheker Hans-Günter Friese
Vizepräsident(in): Günther Bartels
Geschäftsführer(in): Dipl.-Volksw. Jochen Stahl
Dr. Andreas Walter (Pharmazie)

● S 358

ABDA - Bundesvereinigung Deutscher Apothekerverbände
Postf. 57 22, 65732 Eschborn
T: (06196) 9 28-0 **Fax:** 9 28-556
Internet: http://www.abda.de
E-Mail: abda@abda.de
Internationaler Zusammenschluß: siehe unter izs 187
Präsident(in): Apotheker Hans-Günter Friese, Fröndenberg
Sprecher d. GeschF: Dr.iur. Johannes Pieck
Leitung Presseabteilung: Elmar Esser
Verbandszeitschrift: Pharmazeutische Zeitung
Verlag: Govi Verlag, Postf. 57 22, 65732 Eschborn

Verhandlungen über Fragen der Arzneiversorgung mit Behörden, Körperschaften, Vereinigungen, Einrichtungen und sonstigen Stellen, die über den Bereich der einzelnen Mitgliedsorganisationen hinausgehen; Schaffung einheitlicher Grundsätze für die Tätigkeit der Apotheker in öffentlichen Apotheken, Krankenhausapotheken, Hochschulen, Industrie und Behörden, für das Apothekenwesen und den Arzneimittelverkehr sowie für die Beziehungen der Apotheker zu den Trägern der Sozialversicherung; Beratung und Information der Mitgliedsorganisationen über alle für die Apotheker wichtigen Vorgänge auf dem Gebiet des Gesundheits- und Arzneimittelwesens, des wirtschaftlichen und sozialen Lebens; Pflege des Meinungs- und Erfahrungsaustausches zwischen den Mitgliedsorganisationen, zur wissenschaftlichen Pharmazie und zu weiteren pharmazeutischen Organisationen des In- und Auslandes; Durchführung des Deutschen Apothekertages.

s 359
Bundesvereinigung Deutscher Apothekerverbände
- Büro Berlin
Reinhardtstr. 34, 10117 Berlin
T: (030) 28 88 15-0 **Fax:** 28 88 15-15
Internet: http://www.abda.de
Leiter: Dr. Emmi Wanghofer (e.wanghofer@abda.aponet.de)

● S 360
Deutscher Apothekerverband e.V. (DAV)
Postf. 57 22, 65732 Eschborn
T: (06196) 9 28-0 **Fax:** 9 28-5 56
T-Online: *0619641111#
Vorsitzende(r): Apotheker Hermann Stefan Keller (Mainz)
Sprecher d. GeschF.: Dr.iur. Johannes Pieck

Apothekervereine/-verbände

s 361
Landesapothekerverband Baden-Württemberg e.V.
Postf. 10 29 34, 70025 Stuttgart
Hölderlinstr. 12, 70174 Stuttgart
T: (0711) 2 23 34-0 **Fax:** 2 23 34-97, 2 23 34-98, 2 23 34-99
Internet: http://www.apotheker.de
E-Mail: info@apotheker.de
Präsident(in): Apotheker Fritz Becker
Vizepräsident(in): Uwe Geiß
Christoph Gulde
Geschäftsführer(in): RA Ina Hofferberth

s 362
BAV Bayerischer Apothekerverband e.V.
Maria-Theresia-Str. 28, 81675 München
T: (089) 99 83 82-0 **Fax:** 99 83 82-28
E-Mail: geschaeftsstelle@bav-bayern.de
Vorsitzende(r): Apotheker Gerhard Reichert
Stellvertretende(r) Vorsitzende(r): Peter Vanselow
Geschäftsführer(in): Dr. jur. Stefan Weber

s 363
Berliner Apotheker-Verein Apothekerverband Berlin (BAV) e.V.
Carmerstr. 3, 10623 Berlin
T: (030) 31 59 42-0 **Fax:** 3 12 30 81
Vorsitzende(r): Apotheker Dr. Rainer Bienfait
Stellvertretende(r) Vorsitzende(r): Apotheker Eckehard Liedmann
Geschäftsführer(in): Apotheker Friedrich-Wilhelm Wagner

s 364
Apothekerverband Brandenburg e.V.
Am Buchhorst 18, 14478 Potsdam
T: (0331) 8 88 65-0 **Fax:** 8 88 65-40
Vorsitzende(r): Dr. Andrea Lorenz
Stellvertretende(r) Vorsitzende(r): Ines Socha
Steffen Noeske-Heisinger
Geschäftsführer(in): Michael Klauß

s 365
Bremer Apothekerverein e.V.
Verband der Apothekenleiter im Lande Bremen
Bürgermeister-Smidt-Str. 16, 28195 Bremen
T: (0421) 1 43 84 **Fax:** 30 24 41
Vorsitzende(r): Apotheker Gerd Welge
Stellvertretende(r) Vorsitzende(r): Christiane Lutter

s 366
Hamburger Apothekerverein e.V.
Alte Rabenstr. 11a, 20148 Hamburg
T: (040) 44 80 48-0 **Fax:** 44 38 68
E-Mail: geschaeftsstelle@lav-hamburg.aponet.de
Vorsitzende(r): Apotheker Dr. Jörn Graue
Stellvertretende(r) Vorsitzende(r): Traute Köhler
Götz Sieckmann
Geschäftsführer(in): Peter Brinkmann

s 367
Hessischer Apothekerverband e.V.
Am Leonhardsbrunn 13, 60487 Frankfurt
T: (069) 79 20 05-10   **Fax:** 79 20 05-20, 79 20 05-22
E-Mail: geschaeftsstelle@lav-hessen.aponet.de
Vorsitzende(r): Apotheker Dr. Peter Homann
Stellvertretende(r) Vorsitzende(r): Dr. Herbert Roos
Geschäftsführer(in): Jürgen Schneider

s 368
Apothekerverband Mecklenburg-Vorpommern e.V.
Wismarsche Str. 304, 19055 Schwerin
T: (0385) 51 25 67   **Fax:** 51 25 32
E-Mail: geschaeftsstelle@avmv.aponet.de
Vorsitzende(r): Apotheker Dr. Gerhard Behnsen
Stellvertretende(r) Vorsitzende(r): Heiner Sellmann
Dr. Günter Kuhnke
Geschäftsführer(in): Dr. Heinz Weiß

s 369
Landesapothekerverband Niedersachsen e.V.
Rendsburger Str. 24, 30659 Hannover
T: (0511) 6 15 73-0   **Fax:** 6 15 73-30, 6 15 73-31
Vorsitzende(r): Apotheker Heinz-Günter Wolf
Stellvertretende(r) Vorsitzende(r): Günther Borchering
Peter Braem
Geschäftsführer(in): Dr. Peter Moormann

s 370
Apothekerverband Nordrhein e.V.
Tersteegenstr. 12, 40474 Düsseldorf
T: (0211) 4 39 17-0   **Fax:** 4 39 17-17
Vorsitzende(r): Apotheker Thomas Preis
Stellvertretende(r) Vorsitzende(r): Werner Heuking
Geschäftsführer(in): Dipl.-Math. Uwe Hüsgen

s 371
Apothekerverband Rheinland-Pfalz e.V. (LAV)
Weißliliengasse 3, 55116 Mainz
T: (06131) 2 04 91-0   **Fax:** 2 04 91-15
Vorsitzende(r): Apotheker Hermann Stefan Keller
Stellvertretende(r) Vorsitzende(r): Dr. Hans Althoff
Hildegard Dressino
Geschäftsführender Syndikus: RA Gunter Vogelsberger

s 372
Saarländischer Apothekerverein e.V.
Zähringerstr. 5, 66119 Saarbrücken
T: (0681) 5 84 06-0   **Fax:** 5 84 06-20
E-Mail: geschaeftsstelle@apothekerverein-saar.de
Vorsitzende(r): Eva-Maria Schmitt
Stellvertretende(r) Vorsitzende(r): Dorothee Bolliger
Geschäftsführer(in): Ass. Wolfdieter Brinkmann

s 373
Sächsischer Apothekerverband e.V.
Thomaskirchhof 12, 04109 Leipzig
T: (0341) 3 36 52-0   **Fax:** 3 36 52-10
Vorsitzende(r): Apothekerin Monika Koch
Stellvertretende(r) Vorsitzende(r): Friedemann Schmidt
Geschäftsführer(in): Dr. Ulrich Bethge

s 374
Landesapothekerverein Sachsen-Anhalt e.V.
Doctor-Eisenbart-Ring 2, 39120 Magdeburg
T: (0391) 6 09 65-0   **Fax:** 6 09 65-27
E-Mail: geschaeftsstelle@lav-s-a.aponet.de
Vorsitzende(r): Apotheker Knut Vocke
Stellvertretende(r) Vorsitzende(r): Konrad Riedel
Dr. Bärbel Pfeiffer
Geschäftsführer(in): Matthias Clasen

s 375
Apothekerverband Schleswig-Holstein e.V.
Steekberg 11, 24107 Kiel
T: (0431) 3 19 36-0   **Fax:** 3 19 36-15
Internet: http://www.apotheke-sh.de
E-Mail: apothekerverband.sh@t-online.de
Vorsitzende(r): Apotheker Volker Articus
Stellvertretende(r) Vorsitzende(r): Dieter Koch
Dr. Peter Froese
Geschäftsführer(in): Dr. Thomas Friedrich

s 376
Thüringer Apothekerverband e.V.
Thälmannstr. 6, 99085 Erfurt
T: (0361) 2 44 08 70   **Fax:** 2 44 08 99
Vorsitzende(r): Apotheker Dr. Helmut Wittig
Stellvertretende(r) Vorsitzende(r): Michael Karow
Harald Brandt
Geschäftsführer(in): Dr. Reinhard Giese

s 377
Apothekerverband Westfalen-Lippe e.V.
Bismarckallee 25, 48151 Münster
T: (0251) 5 39 38-0   **Fax:** 5 39 38-13
Internet: http://www.apothekerverband.de
E-Mail: apothekerverband@avwl.de
Vorsitzende(r): Apotheker Dr. Horst-Lothar Müller
Stellvertretende(r) Vorsitzende(r): Dr. Klaus Michels
Geschäftsführer(in): Dr. jur. Rötger Frhr. von Dellingshausen

● S 378
Apotheker in Wissenschaft, Industrie und Verwaltungen (Fachgruppe WIV-Apotheker)
c/o Merck KGaA
64271 Darmstadt
T: (06151) 72 28 73   **Fax:** 72 68 03
E-Mail: ursula.vierkotten@merck.de
Geschäftsführer(in): Dr. Ursula Vierkotten

● S 379

Berufsverband Medizinischer Informatiker e.V. (BVMI)
Postf. 10 13 08, 69003 Heidelberg
T: (06221) 56-2642   **Fax:** (06224) 95 08 55
Internet: http://www.bvmi.de
Gründung: 1983
Vorsitzende(r): Prof. Dr. D.P. Pretschner
Geschäftsführer(in): Dr. Karl-Heinz Ellsässer
Verbandszeitschrift: Forum der Medizin_Dokumentation und Medizin_Informatik
Verlag: Eigenverlag

● S 380
Gemeinschaft aktiver deutscher Apotheker und Apothekerinnen e.V. (GADA)
Liederbacher Str. 97, 65929 Frankfurt
T: (069) 31 24 64, 31 44 53   **Fax:** 31 33 35
Gründung: 1967
1. Vorsitzende(r): Apotheker Hans Möller
Geschäftsführer(in): RA Dr. Heinz Otto (Ltg. Presseabt.)
Verbandszeitschrift: Apotheke Aktuell

● S 381
Bundesverband Deutscher Apotheker e.V. (BVDA)
Geschäftsstelle:
Liederbacher Str. 97, 65929 Frankfurt
T: (069) 31 24 64, 31 44 53   **Fax:** 31 33 35
Gründung: 1954
Präsident(in): Barbara Frank (Ltg. Presse; 82131 Buchendorf)
Justitiar: RA Dr. Heinz Otto (Liederbacher Str. 97, 65929 Frankfurt, T: (069) 31 24 64)
Verbandszeitschrift: Apotheke Aktuell
Redaktion: Barbara Frank
Verlag: Medienservice Mack, Robert-Koch-Str. 3a, 82152 Planegg

● S 382
Arzneimittelkommission der Deutschen Apotheker
Postf. 57 22, 65732 Eschborn
Carl-Mannich-Str. 26, 65760 Eschborn
T: (06196) 9 28-170   **Fax:** 9 28-176
E-Mail: amk@abda.aponet.de
Vorsitzende(r): Prof. Dr. Volker Dinnendahl
Leitung Presseabteilung: Elmar Esser

● S 383

Bundesverband Deutscher Krankenhausapotheker e.V. (ADKA)
Geschäftsstelle:
Apotheke des Klinikums der Johannes Gutenberg Universität
Langenbeckstr. 1, 55131 Mainz
T: (06131) 17 72 09   **Fax:** 17 72 62
Internet: http://www.adka.de
Präsident(in): Chefapothekerin PD Dr. Irene Krämer (Apotheke des Klinikums der Johannes Gutenberg-Universität, Langenbeckstr. 1, 55131 Mainz, T: (06131) 17-7209, 17-2936, Fax: (06131) 17-6652, 17-5525, E-Mail: kraemer@apotheke.klinik.uni-mainz.de)
1. Vizepräsident: Chefapotheker Norbert Backes (Apotheke des Krankenhauses, 53721 Siegburg, Ringstr. 49, T: (02241) 1 82-338, Fax: (02241) 1 82-276, E-Mail: nbackes@krankenhaus-siegburg.de)
2. Vizepräsident: Chefapotheker Dr. Michael Baehr (Apotheke des Universitätsklinikums Eppendorf, Martinstr. 52, 20251 Hamburg, T: (040) 4 28 03-2086, Fax: (040) 4 28 03-4593, E-Mail: baehr@uke.uni-hamburg.de)
Schriftführer: Chefapotheker Dr. Torsten Hoppe-Tichy (Apotheke des Klinikums der Universität Heidelberg, Im Neuenheimer Feld 670, 69120 Heidelberg, T: (06221) 56-6760, Fax: (06221) 56-3570, E-Mail: torsten_hoppe-tichy@med.uni-heidelberg.de)
Schatzmeister: Apotheker Dr. Steffen Amann (Apotheke des Klinikums Rechts der Isar, Ismaninger Str. 22, 81675 München, T: (089) 41 40-2219, Fax: (089) 41 40-4836, E-Mail: steffen.amann@lrz.tum.de)
Geschäftsführer: Edgar J. Schmitt (Leitung Presseabteilung; Lichtingstr. 1, 81243 München, T: (089) 83 96 47 10, Fax: (089) 83 96 47 11, E-Mail: ejs@acredo.de)
Verbandszeitschrift: Krankenhauspharmazie
Verlag: Deutscher Apotheker Verlag, Birkenwaldstr. 44, 70191 Stuttgart
Mitglieder: 1562

Pflege und Weiterentwicklung der Krankenhauspharmazie in wissenschaftlicher und praktischer Hinsicht; Wahrung und Förderung der beruflichen, sozialen und sonstigen Interessen der Krankenhausapotheker; Vertretung in der Öffentlichkeit.

● S 384
Bundesverband krankenhausversorgender Apotheker e.V. (BVKA)
Geschäftsstelle
Hans-Lorenser-Str. 30, 89079 Ulm
T: (0731) 40 15-9 55
Gründung: 1986 (22. November)
Vorsitzende(r): Walter Schneider
Stellvertretende(r) Vorsitzende(r): Klaus Grimm

● S 385
Bundesverband der Apotheker im Öffentlichen Dienst e.V. (BApÖD)
Geschäftsstelle:
Postf. 20 02 25, 47422 Moers
T: (02841) 6 28 17   **Fax:** 65 90 49
Gründung: 1981 (7. Oktober)
Vorsitzende(r): Dr. Wolfgang Butz
Mitglieder: 200
Jahresetat: DM 0,020 Mio, € 0,01 Mio

● S 386
Arzneimittelkommission der Deutschen Heilpraktiker (AMK)
Max-Planck-Str. 1, 53177 Bonn
T: (0228) 9 52 78 26   **Fax:** 9 52 78 23
Gründung: 1976
Sprecher: Dieter Fendt
1. Stellv. Sprecher: Karl Liebau
2. Stellv. Sprecher: Dr. W. Widmaier

Vereinigungen der Heilpraktiker, Physiotherapeuten und anderer med. Berufe

● S 387

Kooperation Deutscher Heilpraktikerverbände e.V.
Glück-Auf-Str. 7, 50169 Kerpen
T: (02273) 45 15
Gründung: 1981 (6. März)
Vorstand: Peter Abels
Bernd Riemer
Heinz Wesner
Mitglieder: ca. 8000

● S 388
Fachverband Deutscher Heilpraktiker e.V.
Maarweg 10, 53123 Bonn
T: (0228) 61 10 49   **Fax:** 62 73 59
Internet: http://www.heilpraktiker.org
E-Mail: fdh-bonn@t-online.de

S 388

Geschf. Präsident: Peter A. Zizmann
Vizepräsident(in): Karl-Fritz König
Christian Wilms
Verbandszeitschrift: „Der Heilpraktiker"
Mitglieder: ca. 6200

*Der FACHVERBAND DEUTSCHER HEIL-
PRAKTIKER e.V. mit seinen 16 Landesverbän-
den hat als bundesweit tätiger Berufsverband
mit Sitz in Bonn den satzungsmäßigen Zweck
die Förderung der deutschen Heilpraktiker in
fachlicher, rechtlicher und berufsständischer
Hinsicht zu pflegen, sowie die Mitwirkung an
der Verbesserung der Gesundheitspflege
durch Zusammenarbeit mit anderen Heil- und
Gesundheitsberufen und deren Vertretungen
zu gestalten.*

● S 389

Bund Deutscher Heilpraktiker e.V. (BDH)
Geschäftsstelle
Südstr. 11, 48231 Warendorf
T: (02581) 6 15 50 **Fax:** 6 15 08
Internet: http://www.bdh-online.de
E-Mail: BundDeutscherHeilpraktiker@t-online.de
Gründung: 1972
Leitung Presseabteilung: Ulrich Sümper
Verbandszeitschrift: HP-Heilkunde
Verlag: Art + Image, Gewerbepark Meißen 10, 32423 Minden

● S 390

**Freier Verband Deutscher Heilpraktiker e.V.
(F.V.D.H.)**
HGF - Bundesgeschäftsstelle:
Erphostr. 23, 48145 Münster
T: (0251) 13 68 86 **Fax:** 39 27 36
Internet: http://www.fvdh.de
E-Mail: info@fvdh.de
Gründung: 1982
Vorstand: HP Berthold A. Mülleneisen (Schillerstr. 3, 85521 Ottobrunn, T: (089) 6 01 47 45, Fax: (089) 6 01 46 69)
Vorstand: HP Siegfried H.W. Schierstedt (Geschäftsstellenltr.), Geschäftsstelle: Erphostr. 23, 48145 Münster, T: (0251) 13 68 86, Fax: (0251) 39 27 36, E-Mail: sschierstedt@fvdh.de)
Mitglieder: 7600

Landesverbände: Baden-Württemberg, Bayern, Berlin, Brandenburg, Bremen, Hamburg, Hessen, Mecklenburg-Vorpommern, Niedersachsen, Nordrhein-Westfalen, Österreich/Rheinland-Pfalz, Saarland, Sachsen, Sachsen-Anhalt, Schleswig-Holstein, Schweiz, Thüringen

● S 391

Freie Heilpraktiker e.V. (FH)
Sternwartstr. 42, 40223 Düsseldorf
T: (0211) 90 17 29-0 **Fax:** 3 98 27 10
T-Online: *3982710#
Internet: http://www.freieheilpraktiker.com
E-Mail: BRSFH@t-online.de
Gründung: 1982 (15. September)
Vorsitzende(r): Heilpraktiker selbständig Bernd R. Schmidt (Sternwartstr. 42, 40223 Düsseldorf, T: (0211) 90 17 29-0, Telefax: (0211) 3 98 27 10)
Stellvertretende(r) Vorsitzende(r): Heilpraktikerin Irmgard Wenzel (Uhlandstr. 52, 40237 Düsseldorf, T: (0211) 67 13 81)
Hauptgeschäftsführer(in): Bernd R. Schmidt (Ltg. Presseabt.)
Verbandszeitschrift: WIR - Heilpraktiker-Organ
Redaktion: Bernd R. Schmidt
Verlag: Eigenverlag
Mitglieder: 3300
Mitarbeiter: 5
Jahresetat: DM 1 Mio, € 0,51 Mio

*Interessenvertretung von standes-, medizinal-
und berufspolitischen Belangen der Heilpraktiker.
Wahrnehmung der rechtlichen und fachli-
chen Interessen. Mitwirkung an einer naturge-
mäßen Gesundheitsfürsorge der Bevölkerung.*

● S 392

Verband Deutscher Heilpraktiker e.V.
Ernst-Grote-Str. 13, 30916 Isernhagen
T: (0511) 6 16 98-0 **Fax:** 6 16 98-20
Gründung: 1963
Präs. u. Geschf. Vors.: Ekkehard S. Scharnick (Lindenallee 15, 30657 Hannover)
Vizepräs. u. Stellv. Vors: Margitta Engler
Mitglieder: 3384
Mitarbeiter: 4

● S 393

**Deutscher Verband für Physiotherapie -
Zentralverband der Physiotherapeuten/Krankengymnasten (ZVK) e.V.**
Postf. 21 02 80, 50528 Köln
Deutzer Freiheit 72-74, 50679 Köln
T: (0221) 98 10 27-0 **Fax:** 98 10 27-25
Internet: http://www.zvk.org
E-Mail: info@zvk.org
Gründung: 1949 (Oktober)
Vorstand: Eckhardt Böhle, Köln
Gabriele Boie, Handewitt
Gerd Richter, Arnstadt
Bodo Schlag, Bochum
Dieter Welsink, Dormagen
Hauptgeschäftsführer(in): RA Heinz Christian Esser
Verbandszeitschrift: Krankengymnastik
Verlag: Pflaum Verlag, Lazarettstr. 4, 80636 München
Mitglieder: 34000

*Staatl. anerk. Weiterbildung, Fortbildung; För-
derung der Krankengymnastikausbildung; Kon-
takt mit med.-wiss. Gesellschaften und Ver-
bänden im In- und Ausland; Empfehlungen an
Gesetzgeber; Gebührenverträge für freiberr.
Krankengymnasten; Interessenvertretung der
angest. Krankengymnasten; Hilfe bei Stellen-
und Vertretungsangeboten u. Nachfragen im
In- und Ausland.*

Landesverbände

s 394

**Deutscher Verband für Physiotherapie (ZVK) e.V.
Landesverband Baden-Württemberg e.V.**
Metzstr. 1, 70190 Stuttgart
T: (0711) 9 25 41-0 **Fax:** 9 25 41 44
Vorstand: E. Zeisig
M. Austrup
W. Bodendorf
Geschäftsführer(in): RA Roland Hein

s 395

**Deutscher Verband für Physiotherapie
Landesverband Bayern**
Ludwig-van-Beethoven-Str. 17, 85540 Haar
T: (089) 46 23 23-0 **Fax:** 4 60 31 44
Internet: http://www.zvk-bay.de
E-Mail: mail@zvk-bay.de
1. Vorsitzende(r): Rüdiger von Esebeck
Geschäftsstelle: Ica Scheider

s 396

**Deutscher Verband für Physiotherapie
Landesverband Berlin**
Müllerstr. 56-58, 13349 Berlin
T: (030) 4 51 79 57 **Fax:** 4 51 82 31
Vorstand: John Elser
Olaf Seifert
Wolfgang Schäfer
Gabriele Hanne-Behnke
Christa Heyne
Geschäftsstelle: Beate Lange

s 397

**Deutscher Verband für Physiotherapie
Landesverband Brandenburg**
Fohrder Landstr. 11, 14772 Brandenburg
T: (03381) 75 32 30 **Fax:** 75 32 30
Vorsitzende(r): Dörte van de Kamp
Geschäftsstelle: Erika Fritze

s 398

**Deutscher Verband für Physiotherapie
Landesverband Bremen**
Schwachhauser Heerstr. 15, 28203 Bremen
T: (0421) 7 94 98 70 **Fax:** 7 94 98 71
1. Vorsitzende(r): Sibylle Görg
Geschäftsstelle: Karin Eisenbarth

s 399

**Deutscher Verband für Physiotherapie
Landesverband Hamburg und Schleswig-Holstein**
Sierichstr. 157, 22299 Hamburg
T: (040) 47 74 08 **Fax:** 47 37 82
Vorstand: Thomas Ilse
Elisabeth Budczies
Karin Recklies
Angelika Welske
Geschäftsstelle: Hanne Torres

s 400

**Deutscher Verband für Physiotherapie
Landesverband Hessen**
Niederräder Landstr. 66, 60528 Frankfurt
T: (069) 67 94 67 **Fax:** 6 77 13 01
1. Vorsitzende(r): Ferdinand De Paoli
Geschäftsstelle: Viktoria Schmitt

s 401

**Deutscher Verband für Physiotherapie
Landesverband Mecklenburg-Vorpommern**
Roald-Amundsen-Str. 24, 18106 Rostock
T: (0381) 1 21 41 35 **Fax:** 1 21 41 35
Vorstand: Gisela Klein
Bodo Clemens
Dörte Steinfeld
Maren Bohland
Geschäftsstelle: Gudrun Mielke

s 402

**Deutscher Verband für Physiotherapie
Zentralverband der Physiotherapeuten/Krankengymnasten (ZVK) e.V.
Landesverband Niedersachsen e.V.**
Bismarckstr. 65, 26384 Wilhelmshaven
T: (04421) 3 78 78 **Fax:** 3 37 89
1. Vorsitzende(r): Helgard Schodde
Geschäftsstelle: Heike Bruns

s 403

**Deutscher Verband für Physiotherapie
Landesverband Nordrhein-Westfalen**
Im Sionstal 29, 50678 Köln
T: (0221) 93 18 78-0 **Fax:** 93 18 78-5
1. Vorsitzende(r): Christel Flügge
Geschäftsstelle: Jürgen Querbach

s 404

**Deutscher Verband für Physiotherapie
Landesverband Rheinland-Pfalz**
Hauptstr. 67, 67305 Ramsen
T: (06351) 27 38 **Fax:** 32 43
1. Vorsitzende(r): Reiner Jochem
Geschäftsstelle: Stephanie Douglas

s 405

**Deutscher Verband für Physiotherapie
Landesverband Saarland**
Mainzer Str. 172, 66121 Saarbrücken
T: (0681) 81 79 03 **Fax:** 81 28 74
Vorstand: Eva Jacob-Wiemann
Ulrike Wolf
Ralf Anstätt
Geschäftsstelle: Bettina Bär

s 406

**Deutscher Verband für Physiotherapie
Landesverband Sachsen**
Heinrich-Zille-Str. 1, 01219 Dresden

T: (0351) 4 72 11 75 **Fax:** 4 72 11 76
Vorsitzende(r): Louise Schumann
Geschäftsstelle: Karin Franzel

s 407
Deutscher Verband für Physiotherapie
Landesverband Sachsen-Anhalt
Große Brauhausstr. 17, 06108 Halle
T: (0345) 2 02 16 72 **Fax:** 2 02 16 74
Vorsitzende(r): Barbara Popp

s 408
Deutscher Verband für Physiotherapie
Landesverband Thüringen
Dammweg 1, 99310 Arnstadt
T: (03628) 7 61 91 **Fax:** 64 00 04
Vorstand: Gerd Richter
Geschäftsstelle: Barbara Teichmann

● **S 409**
VDB-Physiotherapieverband e.V.
Berufs- und Wirtschaftsverband der Selbständigen in der Physiotherapie
Bundesgeschäftsstelle:
Prinz-Albert-Str. 41, 53113 Bonn
T: (0228) 21 05 06 **Fax:** 21 05 52
Gründung: 1903
Bundesvorstand:
Vorstand: Horst Trelenberg, Freiburg
Wilfried Hofmann, Dortmund
Rolf Methe, Bad Bevensen
Heike Scheffler, Chemnitz
Bundes-GeschF: RA Jörg Zenthöfer
Verbandszeitschrift: Therapie + Praxis
Redaktion: Jörg Zenthöfer
Verlag: VDB Wiko GmbH, Prinz-Albert-Str. 41, 53113 Bonn
Mitglieder: 3500
Mitarbeiter: 4
Landesverbände: 13

Landesverbände VDB

s 410
VDB-Physiotherapieverband
Landesverband Baden-Württemberg
Geschäftsstelle:
Marienstr. 10d, 70178 Stuttgart
T: (0711) 61 02 90 **Fax:** 61 03 74
Vorsitzende(r): Ludwig Blankenhorn

s 411
VDB-Physiotherapieverband
Landesverband Bayern
Geschäftsstelle:
Albert-Roßhaupter-Str. 65, 81369 München
T: (089) 7 60 70 57 **Fax:** 7 60 31 42
Vorsitzende(r): Horst Theuer
Geschäftsführer(in): Walter Suhr

s 412
VDB-Physiotherapieverband
Landesverband Berlin
Lipschitzallee 20-22, 12351 Berlin
T: (030) 60 25 83 51 **Fax:** 60 25 83 52
Vorstand: Bernd Lasch

s 413
VDB-Physiotherapieverband
Landesverband Brandenburg
Geschäftsstelle:
Waldstr. 56, 16761 Hennigsdorf
T: (03302) 80 15 77 **Fax:** 22 88 70
Geschäftsführender Vorsitzender: Bernd Liebenow

s 414
VDB-Physiotherapieverband
Landesverband Hamburg und Schleswig-Holstein
Geschäftsstelle:
Wahmstr. 59, 23552 Lübeck
T: (0451) 70 40 06 **Fax:** 70 55 54
Vorsitzende(r): Uwe-Jens Jacobsen

s 415
VDB-Physiotherapieverband
Landesverband Hessen
Geschäftsstelle:
Stephanstr. 44, 35390 Gießen
T: (0641) 7 66 27 **Fax:** 7 73 76
Vorsitzende(r): Karl-Heinz Engel
Geschäftsführer(in): Dr. Lagemann

s 416
VDB-Physiotherapieverband
Landesverband Mecklenburg-Vorpommern
Geschäftsstelle:
Pfahlweg 1, 18273 Güstrow
T: (03843) 84 34 18 **Fax:** 84 34 18
Vorsitzende(r): Angret Constien

s 417
VDB-Physiotherapieverband
Landesverband Niedersachsen-Bremen
Geschäftsstelle:
Bahnhofstr. 14, 29549 Bad Bevensen
T: (05821) 4 26 42 **Fax:** 4 25 41
Vorsitzende(r): Rolf Methe
Geschäftsführer(in): Gerda Meyer

s 418
VDB-Physiotherapieverband
Landesverband Nordrhein-Westfalen
Geschäftsstelle:
Wambeler Hellweg 36, 44143 Dortmund
T: (0231) 56 14 60 **Fax:** 56 14 93
Vorsitzende(r): Wilfried Hofmann
Dieter Warmbold

s 419
VDB-Physiotherapieverband
Landesverband Rheinland-Pfalz und Saar
Geschäftsstelle:
Dierdorfer Str. 4, 56564 Neuwied
T: (02631) 2 98 05 **Fax:** 3 29 98
Vorsitzende(r): Engelbert Hoischen

s 420
VDB-Physiotherapieverband
Landesverband Sachsen
Geschäftsstelle:
Gerader Steg 12, 01277 Dresden
T: (0351) 2 54 97 67 **Fax:** 2 54 97 69
Vorsitzende(r): Heike Scheffler
GeschL: Roselotte Schöne

s 421
VDB-Physiotherapieverband
Landesverband Sachsen-Anhalt
Geschäftsstelle:
Karl-Marx-Str. 30, 29410 Salzwedel
T: (05821) 4 26 42, (0391) 7 39 22 89
Fax: (05821) 4 25 41, (0391) 7 34 67 81
Vorsitzende(r): Manfred Gunder

s 422
VDB-Physiotherapieverband
Landesverband Thüringen
Kurpromenade 5, 99947 Bad Langensalza
T: (03603) 39 76 13 **Fax:** 39 76 41
Vorsitzende(r): Norbert Hehtke

● **S 423**
Bund der selbständigen Masseure e.V.
Reichsstr. 105, 14052 Berlin
T: (030) 3 06 25 81 **Fax:** 3 06 25 81

● **S 424**
Berufsverband der Pharmaberater e.V.
Deutschland
Postf. 18 30, 67508 Worms
Wilhelm-Leuschner-Str. 2, 67547 Worms
T: (06241) 2 42 39 **Fax:** 2 42 39
Internet: http://www.pharmaberater-bdp.de
E-Mail: BDP-WO@t-online.de
Gründung: 1973 (Oktober)
1. Vorsitzende(r): Hans-Joachim Goersch
Leitung Presseabteilung: E. Jörgens
Verbandszeitschrift: BdP - Nachrichten
Redaktion: E. Jörgens
Mitglieder: 1500
Mitarbeiter: 5
Landesverbände in: Baden-Württemberg, Bayern, Rheinland-Pfalz/Saar, Nordrhein-Westfalen, Schleswig

Der Berufsverband der Pharmaberater e. V. Deutschland versteht sich als Standesorganisation der Pharmaberater. Das Hauptziel ist die Erhaltung und Förderung des Berufsstandes der Pharmaberater.

● **S 425**
Deutscher Verband der Ergotherapeuten
(Beschäftigungs- und Arbeitstherapeuten) e.V.
Postf. 22 08, 76303 Karlsbad
Mittelweg 8, 76307 Karlsbad
T: (07248) 91 81-0 **Fax:** 91 81-71
Internet: http://www.ergotherapie-dve.de
E-Mail: dve.office@t-online.de
Gründung: 1954
Vorstand: Reinhild Ferber (Vors.)
Vorstand: Maria Miesen (stellv. Vors.)
Schriftführer(in): Veronika Findeisen
Schatzmeister(in): Arnd Longrée
Geschäftsführer(in): Wolfgang Schränkler
Verbandszeitschrift: Ergotherapie und Rehabilitation
Verlag: Schulz-Kirchner Verlag, Postf. 9, 65505 Idstein
Mitglieder: 11500

Für den gesamten Berufsstand sprechende berufsständische Vertretung.

● **S 426**

Berufsverband der Heilpädagogen e.V. (BHP)
Andreas-Gayk-Str. 13, 24103 Kiel
T: (0431) 9 71 04 00 **Fax:** 9 71 04 01
Internet: http://www.heilpaedagogik.de
E-Mail: bhp-berufsverband@t-online.de
Gründung: 1985 (22. November)
Vorstand: Dr. Martin Korte (Vors.)
Frank-Johannes Lemke (stellv. Vors.)
Wolfgang van Gulijk (Geschäftsführer)
Sybille Lenk (Redaktionsleitung)
Doris Albert (Aus- und Fortbildung)
Petra-Sisko Juckel (Freipraktizierende Heilpädagogin)
Robert Thürmer (Tarif- und Arbeitsrecht)
Jean-Paul Muller (Jugendhilfe)
Leitung Presseabteilung: Andreas Epping
Verbandszeitschrift: BHP-Informationen
Redaktion: Sybille Lenk, Steubenstr. 36, 99423 Weimar
Verlag: Eigenverlag
Mitglieder: 4400
Mitarbeiter: 5 (hauptamtl.)

Information seiner Mitglieder durch Rundbriefe, Verbandszeitschriften, Fachveröffentlichungen; Beratung und -Unterstützung in Ausbildungs- und Fachfragen, Tarif- und Eingruppierungsfragen, Arbeitsrechtsfragen; Stellungnahmen zu Fachfragen, Ausbildungsfragen, Gesetzesvorhaben; Europäische Akademie für Heilpädagogik im BHP e.V.-Fortbildungsinstitut des Verbandes

s 427
Berufsverband der Heilpädagogen
Land Baden-Württemberg
Max-Reger-Str. 2, 69245 Bammental
T: (06223) 4 09 11
Landesbeauftragte: Monika Muth
Stellvertretende Landesbeauftragte: Doris Albert (Wolfschlugener Str. 31, 70597 Stuttgart, T: (0711) 7 65 18 57)

s 428
Berufsverband der Heilpädagogen
Land Bayern
Waldstr. 19, 95191 Leupoldsgrün
T: (09292) 68 51
Landesbeauftragte: Heidi Herold-Lange

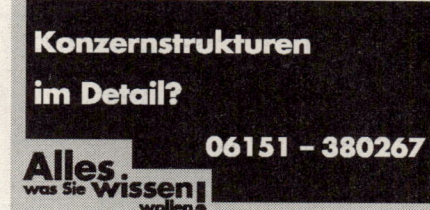

s 429

**Berufsverband der Heilpädagogen
Land Berlin und Brandenburg**
Elisabethkirchstr. 10, 10115 Berlin
T: (030) 4 48 71 74
Landesbeauftragte: Friederike Wiedemann
Stellvertretende Landesbeauftragte: Daniela Klähn (Oranienburger Str. 149c, 13437 Berlin, T: (030) 4 03 38 27)

s 430

**Berufsverband der Heilpädagogen
Land Hessen**
Stolzwiese 8, 65510 Idstein
T: (06126) 35 98
Landesbeauftragter: Hubertus Braun
Stellvertretender Landesbeauftragter: Franz-Josef Hartkemeyer (Hauptstr. 9, 35789 Weilmünster, T: (06472) 24 54)

s 431

**Berufsverband der Heilpädagogen
Land Niedersachsen und Bremen**
Altenboitzen 12, 29664 Walsrode
T: (05166) 16 54
Landesbeauftragter: Klaus Kistner
Stellvertretende Landesbeauftragte: Cornelia Oetken (Wilhelmshavener Str. 501, 26180 Rastede/Bekhausen, T: (04454) 12 80)

s 432

**Berufsverband der Heilpädagogen
Land Nordrhein-Westfalen**
Wilhelminenstr. 68, 45881 Gelsenkirchen
T: (0209) 49 31 47
Landesbeauftragter: Dieter Grigo
Stellvertretende Landesbeauftragte: Barbara Hüsecken (Husterstr. 15, 58093 Hagen)

s 433

**Berufsverband der Heilpädagogen
Land Rheinland-Pfalz**
Weinstr. 31, 76829 Ranschbach
T: (06345) 74 02
Landesbeauftragte: Ute Schwager
Stellvertretende Landesbeauftragte: Kornelia Frisch (An der Blenk 34, 67483 Edesheim, T: (06323) 98 99 18)

s 434

**Berufsverband der Heilpädagogen
Land Saarland**
Zu den Hütten 23, 66265 Heusweiler
T: (06806) 8 26 22   **Fax:** 6 15 66
Landesbeauftragter: Dietmar Finkler
Stellvertretende Landesbeauftragte: Kornelia Sinner (Max-Planck-Str. 1, 66386 St. Ingbert, T: (06894) 57 03 84)

s 435

**Berufsverband der Heilpädagogen
Land Sachsen-Anhalt**
Humboldtstr. 1, 06179 Teutschenthal
T: (034601) 5 52 63
Landesbeauftragte: Dagmar Gumbert
Stellvertretende Landesbeauftragte: Prof. Dr. Christine Krätzschmar (Perlenweg 16, 06179 Zscherben, T: (0345) 6 95 00 12)

s 436

**Berufsverband der Heilpädagogen
Land Schleswig-Holstein und Hamburg**
Hornheimer Weg 51, 24113 Kiel
T: (0431) 68 02 76   **Fax:** 3 28 89 08
Landesbeauftragte: Sabine Haberkorn

s 437

**Berufsverband der Heilpädagogen
Land Thüringen**
Am Sportplatz 6, 99998 Bollstedt
T: (03601) 81 43 16
Landesbeauftragter: Dr. Matthias Bickel
Stellvertretender Landesbeauftragter: Jochen Jahn (Wanfrieder-Landstr. 3b, 99974 Mühlhausen)

● **S 438**

Vereinigung Analytischer Kinder- und Jugendlichen-Psychotherapeuten e.V.
Geschäftsstelle
Tullastr. 16, 68161 Mannheim
T: (0621) 4 18 64 44   **Fax:** 41 31 69
Internet: http://www.vakjp.de
E-Mail: vakjp@a-gerlach.de

Gründung: 1953
1. Vorsitzende(r): Renate Höhfeld
Geschäftsführer(in): Hartmut Gerlach
Vorstand: Angela Proschwitz
Bernhard Moors
Peter Lehndorfer (Ltg. Presseabt.)
Verbandszeitschrift: INFO
Redaktion: Peter Lehndorfer, Bernhard Moors
Mitglieder: ca. 1300

● **S 439**

Berufsverband Kinderkrankenpflege Deutschland e.V.
Geschäftsstelle
c/o Kinderkrankenhaus auf der Bult
Janusz-Korczak-Allee 12, 30173 Hannover
T: (0511) 28 26 08   **Fax:** 85 15 16
E-Mail: bv-kinderkrankenpflege@t-online.de
Vorsitzende(r): Andreas Kray
Stellvertretende(r) Vorsitzende(r): Elfriede Zoller
Verbandszeitschrift: Die Kinderkrankenschwester
Redaktion: Die Kinderkrankenschwester, Krefeld
Verlag: Schmidt-Römhild, Mengstr. 16, 23552 Lübeck
Mitglieder: 2600
Mitarbeiter: 1,5
Jahresetat: DM 0,370 Mio, € 0,19 Mio

● **S 440**

Deutsche Vereinigung für Gestalttherapie e.V. (DVG)
Grupellostr. 30, 40210 Düsseldorf
T: (0211) 3 69 46 38   **Fax:** 1 64 07 48
Internet: http://www.dvg-gestalt.de
E-Mail: dvggest2@aol.com
Gründung: 1986 (9. Juni)
1.Vorsitzende: Cordula Zimmermann
Verbandszeitschrift: Gestalttherapie
Redaktion: Dr. Renate Becker, Berlin
Verlag: Edition Humanistische Psychologie, Am Haselbusch 16, 50827 Köln
Mitglieder: 1000

● **S 441**

DGKT Deutsche Gesellschaft für künstlerische Therapieformen e.V.
Berufs- und Dachverband
Sülldorfer Landstr. 114, 22589 Hamburg
T: (040) 8 70 65 56   **Fax:** 8 70 65 56
Internet: http://www.dgkt.de
E-Mail: verwaltung@dgkt.de
Gründung: 1981
Verbandszeitschrift: Kunst + Therapie
Verlag: Claus Richter Verlag, Rennbahnstr. 117, 50737 Köln
Mitglieder: 560 + Institute + Verbände
Mitarbeiter: 1

● **S 442**

Berufsverband für Beratung, Pädagogik & Psychotherapie (BVPPT)
Schubbendenweg 4, 52249 Eschweiler
T: (02403) 83 90 59   **Fax:** 2 04 47
Internet: http://www.bvppt.de
E-Mail: kontakt@bvppt.de, office@ihp.de
Gründung: 1986
Vorstand: Dagmar Lumma
Gerhard Kern
Wolfgang Röttsches
Leitung Presseabteilung: Dagmar Lumma
Verbandszeitschrift: „Halbjahrbuch Humanistische Psychologie"
Redaktion: IHP Bücherdienst
Verlag: Schubbendenweg 4, 52249 Eschweiler
Mitglieder: 350
Jahresetat: DM 0,050 Mio, € 0,03 Mio

● **S 443**

**Deutscher Bundesverband der Atem-, Sprech- und Stimmlehrer/innen (dba)
Lehrervereinigung Schlaffhorst-Andersen e.V.**
Holstenwall 12, 20355 Hamburg
T: (040) 35 71 38 00, 35 71 38 01   **Fax:** 35 71 38 03
E-Mail: info@dba-ev.de
Gründung: 1949
1. Bundesvorsitzende: Marion Walke (Leitung Presseabteilung)
Mitglieder: 660

Ausbildung von Atmung, Sprechen und Stimme; Therapie von Atem-, Sprech-, Sprach-, Stimm-, Hör- und Schluckstörungen

● **S 444**

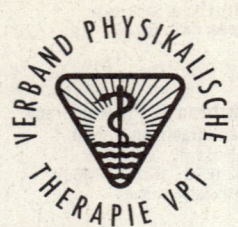

**Verband Physikalische Therapie -
Vereinigung für die physiotherapeutischen Berufe (VPT) e.V.**
Bundesgeschäftsstelle:
Hofweg 15, 22085 Hamburg
T: (040) 22 72 32 22   **Fax:** 22 72 32 29
Internet: http://www.vpt-online.de
E-Mail: bundesgeschaeftsstelle@vpt-online.de
Präsident(in): Bruno Blum (Rosenkavalierplatz 18/II, 81925 München, T: (089) 99 99 74-3)
BGeschF: Ass. Karin Lübberstedt
Mitglieder: ca. 22000

Wahrnehmung der Interessen der Masseure und medizinischen Bademeister sowie der Physiotherapeuten/Krankengymnasten in berufsrechtlichen, arbeitsrechtlichen, vergütungs- und gebühren- sowie sozialrechtlichen Fragen; Aus-, Fort- und Weiterbildung. Förderung der wissenschaftlichen Erkenntnisse auf dem Gebiet der Physikalischen Therapie/Physiotherapie, ihrer praktischen Anwendung und interdisziplinären Bedeutung.

Landesgruppen

s 445

**Verband Physikalische Therapie
Landesgruppe Hamburg-Schleswig-Holstein**
An der Alster 26 II., 20099 Hamburg
T: (040) 24 55 90   **Fax:** 2 80 24 63
Internet: http://home.t-online.de/home/vpt-hamburg
E-Mail: lg-hh-sh@vpt-online.de
Vorsitzende(r): Uwe Espersen
Geschäftsführer(in): Renate Drönner

s 446

**Verband Physikalische Therapie
Landesgruppe Weser-Ems**
Kirchhuchtinger Landstr. 3, 28259 Bremen
T: (0421) 57 06 62   **Fax:** 58 22 70
Internet: http://www.vpt-weser-ems.de
E-Mail: lg-weser-ems@vpt-online.de
Vorsitzende(r): Manfred Nordbrink
Geschäftsführer(in): Waltraud Honschopp

s 447

**Verband Physikalische Therapie
Landesgruppe Niedersachsen**
Lavesstr. 71, 30159 Hannover
T: (0511) 30 60 25   **Fax:** 30 60 19
E-Mail: lg-niedersachsen@vpt-online.de
Vorsitzende(r): Friedhelm Lüßmann
Geschäftsführer(in): Petra Eberhard

s 448

**Verband Physikalische Therapie
Landesgruppe Westfalen-Niederrhein**
Hafenweg 19, 59192 Bergkamen
T: (02389) 98 82 50   **Fax:** 98 82 58
E-Mail: lg-westfalen-niederrhein@vpt-online.de
Vorsitzende(r): Helmut Tadeusz
Geschäftsführer(in): Gerlinde Heppelmann

s 449

**Verband Physikalische Therapie
Landesgruppe Mittelrhein**
An der Alten Eiche 10, 53340 Meckenheim
T: (02225) 92 19-0   **Fax:** 92 19-7
E-Mail: lg-mittelrhein@vpt-online.de
Vorsitzende(r): Georg Zabawa
Geschäftsführer(in): Renate Schmitz

s 450

**Verband Physikalische Therapie
Landesgruppe Rheinland-Pfalz-Saar**
Thebäerstr. 51, 54292 Trier
T: (0651) 2 99 90   **Fax:** 2 44 21

s 451
**Verband Physikalische Therapie
Landesgruppe Hessen**
Postf. 11 31, 61268 Wehrheim
T: (06081) 5 73 48 **Fax:** 5 73 41
E-Mail: lg-hessen@vpt-online.de
Vorsitzende(r): Hans-Heinrich Hübbe
Geschäftsführer(in): Sylvia Nevermann

s 452
**Verband Physikalische Therapie
Landesgruppe Baden-Württemberg**
Stauferstr. 13, 70736 Fellbach
T: (0711) 95 19 10-0 **Fax:** 51 90 12
Internet: http://www.vpt-baden-wuertt.de
E-Mail: lg-baden-wuertt@vpt-online.de
Vorsitzende(r): Hans Hartogh
Geschäftsführer(in): Dorothee Althans

s 453
**Verband Physikalische Therapie
Landesgruppe Bayern**
Rosenkavalierplatz 18, 81925 München
T: (089) 99 99 74-3 **Fax:** 91 04 96 27
E-Mail: lg-bayern@vpt-online.de
Vorsitzende(r): Bruno Blum
Geschäftsführer(in): Ulrike Weicher

s 454
**Verband Physikalische Therapie
Landesgruppe Mecklenburg-Vorpommern**
Grunthalplatz 2, 19053 Schwerin
T: (0385) 5 50 79 89 **Fax:** 5 81 00 33
Internet: http://www.vpt-mv.de
E-Mail: lg-mv@vpt-online.de
Vorsitzende(r): Matthias T. Paulsen
Geschäftsführer(in): Nicole Grumblat

s 455
**Verband Physikalische Therapie
Landesgruppe Berlin-Brandenburg**
Rennbahnallee 110, 15366 Dahlwitz-Hoppegarten
T: (03342) 30 20 74, 30 20 75 **Fax:** 30 20 79
E-Mail: lg-berlin-brb@vpt-online.de
Vorsitzende(r): Barbara Michalski
Geschäftsführerin: Doris Tuchel

s 456
**Verband Physikalische Therapie
Landesgruppe Sachsen-Anhalt**
Coquistr. 19, 39104 Magdeburg
T: (0391) 4 01 17 15 **Fax:** 4 01 41 06
E-Mail: lg-sachsen-anhalt@vpt-online.de
Vorsitzende(r): Karl-Heinz Kellermann
Geschäftsführer(in): Jutta Hermann

s 457
**Verband Physikalische Therapie
Landesgruppe Thüringen**
Frankenweg 24, 07318 Saalfeld
T: (03671) 51 06 50 **Fax:** 52 04 19
E-Mail: lg-thueringen@vpt-online.de
Vorsitzende(r): Andrea Brakutt
Geschäftsführer(in): Heike Scholz

s 458
**Verband Physikalische Therapie
Landesgruppe Sachsen**
Kändlerstr. 30, 01129 Dresden
T: (0351) 8 58 33 68 **Fax:** 8 58 48 87
E-Mail: lg-sachsen@vpt-online.de
Vorsitzende(r): Elke Schliedermann
Geschäftsführer(in): Uta Zetzl

● S 459

**Bundesverband selbständiger
PhysiotherapeutInnen - IFK e.V.**
Königsallee 178a, 44799 Bochum
T: (0234) 9 77 45-0 **Fax:** 9 77 45-45
E-Mail: ifk@ifk.de
Gründung: 1981 (28. April)
1. Vorsitzende: Marita Wagner
Verbandszeitschrift: KG-Intern
Redaktion: Dr. Frank Dudda, Rick de Vries
Mitglieder: 3000
Mitarbeiter: 20

Die Vertretung der Interessen freiberuflich tätiger Krankengymnasten/Physiotherapeuten.

● S 460

**Zentralverband der Medizinischen Fußpfleger /
Podologen Deutschlands e.V. (ZFD)**
Hauptgeschäftsstelle:
Schaumburgstr. 14-16, 45657 Recklinghausen
T: (02361) 18 59-60 **Fax:** 18 59-61
Vorsitzende(r): Alfons Pöppinghaus
Syndikus: Dr. Horstdieter Niejahr
Verbandszeitschrift: der fuss
Mitglieder: 2000

Vertretung der berufsständischen Interessen der Medizinischen Fußpfleger und Fußpflegerinnen und Förderung ihrer gemeinschaftlichen Berufsbelange.

Landesverbände

s 461
**Zentralverband der Med. Fußpfleger / Podologen
Landesverband Baden-Württemberg**
Geschäftsstelle:
Kurpromenade 38, 76332 Bad Herrenalb
T: (07083) 79 84 **Fax:** 5 19 81
1. Vorsitzende(r): Renate Lorberg (Anschrift: Geschäftsstelle)

s 462
**Zentralverband der Med. Fußpfleger / Podologen
Landesverband Bayern**
Geschäftsstelle:
Fäustlestr. 14, 80339 München
T: (089) 8 71 43 65 **Fax:** 51 00 96 56
1. Vorsitzende(r): Christa Stranak (Kazmairstr. 47, 80339 München, T: (089) 5 02 27 32)

s 463
**Zentralverband der Med. Fußpfleger / Podologen
Landesverband Berlin-Brandenburg**
Geschäftsstelle:
Bundesallee 78, 12161 Berlin
T: (030) 8 52 00 11
1. Vorsitzende(r): Ingo Hansen (Bundesallee 78, 12161 Berlin, T: (030) 8 52 42 27, Fax: (030) 8 52 39 13)

s 464
**Zentralverband der Med. Fußpfleger / Podologen
Landesverband Hamburg und Schleswig-Holstein**
Geschäftsstelle:
Wandsbeker Chaussee 28, 22089 Hamburg
T: (040) 86 30 05 **Fax:** 86 30 05
1. Vorsitzende(r): Helga Uhrbrock (Anschrift: Geschäftsstelle)

s 465
**Zentralverband der Med. Fußpfleger / Podologen
Landesverband Hessen**
Geschäftsstelle:
Frankfurter Str. 12, 35647 Waldsolms
T: (06085) 29 50 **Fax:** 28 59
1. Vorsitzende(r): Angelika Baumhakl (Anschrift: Geschäftsstelle)

s 466
**Zentralverband der Med. Fußpfleger / Podologen
Landesverband Mecklenburg-Vorpommern**
Geschäftsstelle:
Schloßstr. 5, 18273 Güstrow
T: (03843) 68 65 50 **Fax:** 68 13 45
1. Vorsitzende(r): Manfred Vogt (Schloßstr. 5, 18273 Güstrow, T: (03843) 68 65 50, Fax: (03843) 68 13 45)

s 467
**Zentralverband der Med. Fußpfleger / Podologen
Landesverband Niedersachsen und Bremen**
Geschäftsstelle:
Schillerstr. 46, 38440 Wolfsburg
T: (05361) 2 11 00 **Fax:** 2 11 00
1. Vorsitzende(r): Wolfgang Heuberger (Porschestr. 47, 38440 Wolfsburg, T: (05361) 2 11 00)

s 468
**Zentralverband der Med. Fußpfleger / Podologen
Landesverband Nordrhein-Westfalen**
Geschäftsstelle:
Drosselweg 10, 59348 Lüdinghausen
T: (02591) 89 15 53 **Fax:** 89 15 53
1. Vorsitzende(r): Mechthild Geismann (Anschrift: Geschäftsstelle)

s 469
**Zentralverband der Med. Fußpfleger / Podologen
Landesverband Rheinland-Pfalz**
Geschäftsstelle:
Forsterstr. 29, 55118 Mainz
T: (06131) 67 68 06 **Fax:** 67 68 06
1. Vorsitzende(r): Ulrike Fuhrmann (Anschrift: Geschäftsstelle)

s 470
**Zentralverband der Med. Fußpfleger / Podologen
Landesverband Saar**
Geschäftsstelle:
Poststr. 19, 66333 Völklingen
T: (06898) 2 61 65 **Fax:** 95 23 27
1. Vorsitzende(r): Mechthild Köhl (Poststr. 19, 66333 Völklingen)

s 471
**Zentralverband der Med. Fußpfleger / Podologen
Landesverband Sachsen**
Geschäftsstelle:
Wolkensteiner Str. 3, 09496 Marienberg
T: (03735) 2 20 86 **Fax:** 2 24 02
1. Vorsitzende(r): Ingolf Nestler (Wolkensteiner Str. 3, 09496 Marienberg, T: (03735) 2 20 86)

s 472
**Zentralverband der Med. Fußpfleger / Podologen
Landesverband Sachsen-Anhalt**
Geschäftsstelle:
Gutenbergstr. 9, 39106 Magdeburg
T: (0391) 5 43 65 85 **Fax:** 2 54 49 33
1. Vorsitzende(r): Rolf Daßler (Gutenbergstr. 9, 39106 Magdeburg, T: (0391) 5 43 65 85)

s 473
**Zentralverband der Med. Fußpfleger / Podologen
Landesverband Thüringen**
Geschäftsstelle:
Geschwister-Scholl-Str. 3, 07749 Jena
T: (03641) 44 56 66
1. Vorsitzende(r): Irene Dorn

● S 474
Fachvereingung Medizin Produkte e.V. (f.m.p)
Salierring 44, 50677 Köln
T: (0221) 2 40 91 02 **Fax:** 2 40 86 70
E-Mail: fmp.koeln@gmx.de
Vorsitzende(r): Christoph Drescher
Stellvertretende(r) Vorsitzende(r): Walter Schuch

S 474

Geschäftsführer(in): Uwe Behrens
Stellvertretende(r) Geschäftsführer(in): Winfried Toubartz
Mitglieder: 18

● **S 475**

Berufsverband für den Rettungsdienst e.V.
Bundesgeschäftsstelle:
Gießener Str. 42, 35423 Lich
T: (06404) 95 00 65   **Fax:** 95 00 66
Internet: http://www.bvrd.org
E-Mail: redaktion@bvrd.org
Gründung: 1979
Präsident(in): Martin Ritter
Geschäftsführer(in): Oliver Meermann
Öffentlichkeitsarbeit: Christian Drschka
Öffentlichkeitsarbeit: Generalsekretariat
Verbandszeitschrift: "Rettungsdienst-Journal"
Mitglieder: ca. 3000
Organisationsstruktur: Landes- und Ortsverbände

● **S 476**

Verband Deutscher Rettungsassistenten und -sanitäter e.V. (VDRS)
Postf. 10 22 23, 63268 Dreieich
T: (06103) 8 83 44   **Fax:** 96 39 53
Internet: http://www.vdrs.de
E-Mail: info@vdrs.de
Gründung: 1986
Vorsitzende(r): Franz Zink
Verbandszeitschrift: subcutan
Redaktion: H. Neukirchinger
Verlag: VDRS, Postf. 10 22 23, 63268 Dreieich
Mitglieder: 1564

● **S 477**

Berufsverband der Arzt-, Zahnarzt- und Tierarzthelferinnen e.V. (BdA)
Postf. 10 04 64, 44004 Dortmund
Bissenkamp 12-16, 44135 Dortmund
T: (0231) 55 69 59-0   **Fax:** 55 35 59
Internet: http://www.bda-online.com
Gründung: 1963
Bundesvorsitzende: Bärbel Keim-Meermann
Geschäftsführer(in): Dagmar Wolff
Verbandszeitschrift: praxisnah
Mitglieder: 32000
Landesverbände:
Baden-Württemberg, Bayern, Berlin, Brandenburg, Bremen, Hamburg, Hessen, Mecklenburg-Vorpommern, Niedersachsen, Nordrhein, Rheinland-Pfalz, Saarland, Sachsen, Sachsen-Anhalt, Schleswig-Holstein, Thüringen, Westfalen-Lippe

Wahrnehmung und Vertretung der Interessen der Mitglieder auf gewerkschaftlicher Ebene, Informationsarbeit, Beratung der Mitglieder, Förderung der persönlichen Kontakte und des Meinungsaustausches, Überwachung der Arbeitsbedingungen, Mitwirkung bei Ausbildungsfragen.

● **S 478**

Verband freiberuflicher Betreuer/innen e.V. (VfB)
Sachsendorfer Str. 7, 03058 Groß Gaglow
T: (0355) 5 26 55 47   **Fax:** 53 64 59
Gründung: 1995 (27. November)
1. Vorsitzende(r): Dipl.-Soz.Arb. Gerold Oeschger
2. Vorsitzende(r): Dipl.-Oeconom Helge Wittrodt
Dipl.-Philosoph Klaus Uhlig
Geschäftsführer(in): N.N.
Leitung Presseabteilung: Dipl.-Soz.Arb. Gerold Oeschger
Verbandszeitschrift: bt-info
Redaktion: VfB e.V.
Verlag: Eigenverlag
Mitglieder: 600
Mitarbeiter: 8
Jahresetat: DM 0,14 Mio, € 0,07 Mio

● **S 479**

Verband der Elektrologisten Deutschlands e.V. (VdE)
Friedrichstr. 40a, 58300 Wetter
T: (02335) 40 15
Internet: http://www.elektrologisten.de
E-Mail: info@elektrologisten.de
Gründung: 1991
Präsident(in): Ruth Heinen-Schütz
Vizepräsident(in): Sybille Böhme
Mitglieder: 170
Mitarbeiter: 1

Anwälte, Notare, Richter, Staatsanwälte, Rechtsbeistände u. a.

● **S 480**

Bundesrechtsanwaltskammer
Körperschaft des öffentlichen Rechts
Littenstr. 9, 10179 Berlin
T: (030) 2 84 93 90   **Fax:** 28 49 39 11
Internet: http://www.brak.de
E-Mail: brak-bonn@t-online.de
Büro Brüssel: Avenue de Tervuren 142-144, B-1150 Brüssel,
T: (00322) 7 43 86 46, Fax: (00322) 7 43 86 56, E-Mail: brak.bruessel@skynet.be
Präsident(in): RA u. Notar Dr. Bernhard Dombek
Hauptgeschäftsführer(in): RA Anton Braun
Geschäftsführer(in): RA Frank Johnigk
RAin Dr. Heike Lörcher
Verbandszeitschrift: BRAK-Mitteilungen
Redaktion: RA Anton Braun, RA Frank Johnigk, RAin Dr. Heike Lörcher
Verlag: Dr. Otto Schmidt Verlag, Unter den Ulmen 96-98, 50968 Köln
Mitglieder: 28 regionale Mitgliedskammern mit ca. 110000 Mitgliedern

Rechtsanwaltskammern:

s 481

Rechtsanwaltskammer bei dem Bundesgerichtshof
Herrenstr. 45d, 76133 Karlsruhe
T: (0721) 2 26 56   **Fax:** 20 35 03
Präsident(in): RA Dr. Eilert Osterloh

s 482

Rechtsanwaltskammer Bamberg
Friedrichstr. 7, 96047 Bamberg
T: (0951) 98 62 00   **Fax:** 20 35 03
Präsident(in): RA Karlheinz Röschert
Geschäftsführer(in): RA Gregor Böhnlein

s 483

Rechtsanwaltskammer Berlin
Littenstr. 9, 10179 Berlin
T: (030) 30 69 31-0   **Fax:** 30 69 31 99
Internet: http://www.rak-berlin.de
E-Mail: inf@rak-berlin.de
Präsident(in): RA u. N. Kay-Thomas Pohl
Geschäftsführer(in): RAin Marion Pietrusky

s 484

Rechtsanwaltskammer des Landes Brandenburg
Grillendamm 2, 14776 Brandenburg
T: (03381) 2 53 30   **Fax:** 25 33 23
Präsident(in): RA Ulf Schulze
Geschäftsführer(in): RA Dr. Horst Schulze

s 485

Rechtsanwaltskammer Braunschweig
Bruchtorwall 12, 38100 Braunschweig
T: (0531) 1 23 35-0   **Fax:** 1 23 35-66
Präsident(in): RAuN Jörg Trittermann
Geschäftsführer(in): RA'in Carola Schucht

s 486

Hanseatische Rechtsanwaltskammer Bremen
Knochenhauerstr. 36-37, 28195 Bremen
T: (0421) 1 51 30   **Fax:** 1 54 95
Präsident(in): RAuN Dr. Henning Hübner
Geschäftsführer(in): RAinu.'Nin Petra Schulze-Grönda

s 487

Rechtsanwaltskammer für den Oberlandesgerichtsbezirk Celle
Postf. 12 11, 29202 Celle
Bahnhofstr. 5, 29221 Celle
T: (05141) 92 82-0   **Fax:** 92 82-42
Präsident(in): RAuN Dr. Ulrich Scharf
Hauptgeschäftsführer(in): RA'in Gerlinde Fischedick
Geschäftsführer(in): RA'in Marianne Bereska

s 488

Rechtsanwaltskammer Düsseldorf
Scheibenstr. 17, 40479 Düsseldorf
T: (0211) 49 50 2-0   **Fax:** 4 95 02 28
Präsident(in): RA Alfred Ulrich
Geschäftsführer(in): RA Dr. Thomas Holl
RA'in Sabine Marie Ecker
RA Jörg Stronczek

s 489

Rechtsanwaltskammer Frankfurt am Main
Bockenheimer Anlage 36, 60322 Frankfurt
T: (069) 17 00 98 01   **Fax:** 17 00 98 50
Präsident(in): RAuN Dr. Klaus Schmalz
Geschäftsführer(in): RA u. Notar Lutz Tauchert
RAin Dr. Andrea Müller-Freienfels
RA Dr. Rudolf Lauda

s 490

Rechtsanwaltskammer Freiburg
Gartenstr. 21, 79098 Freiburg
T: (0761) 3 25 63   **Fax:** 28 62 61
E-Mail: info@rak-freiburg.de
Präsident(in): Dr. Michael Krenzler
Geschäftsführer(in): RA Dr. Hans Klees

s 491

Hanseatische Rechtsanwaltskammer
Bleichenbrücke 9, 20354 Hamburg
T: (040) 3 57 44 10   **Fax:** 35 74 41 41
Präsident(in): RA Axel C. Filges
Geschäftsführer(in): RA Ove Simonsen
RA Hartmut Scharmer

s 492

Rechtsanwaltskammer für den Oberlandesgerichtsbezirk Hamm
Ostenallee 18, 59063 Hamm
T: (02381) 98 50 00   **Fax:** 98 50 50
Präsident(in): RAuN Dieter Finzel
Geschäftsführer(in): RA Dr. Ralf Büring
RA Christoph Podszun
RA Stefan Peitscher
RA Dr. Dag Weyland

s 493

Rechtsanwaltskammer Karlsruhe
Reinhold-Frank-Str. 72, 76133 Karlsruhe
T: (0721) 2 53 40   **Fax:** 2 66 27
Präsident(in): RA Dr. Jobst Wellensiek
Geschäftsführer(in): Maria Renner

s 494

Rechtsanwaltskammer Kassel
Karthäuserstr. 5A, 34117 Kassel
T: (0561) 1 20 21   **Fax:** 1 20 27
Präsident(in): RAuN Rolf Dieter Brämer
Geschäftsführer(in): Marianne Moser

s 495

Rechtsanwaltskammer Koblenz
Rheinstr. 24, 56068 Koblenz
T: (0261) 30 33 50   **Fax:** 3 03 35-22
Internet: http://koblenz.rechtsanwaltskammer.de
E-Mail: rak-koblenz@t-online.de
Präsident(in): RA JR. Dr. Norbert Westenberger
Geschäftsführer(in): RAin Marga Buschbell-Steeger

s 496

Rechtsanwaltskammer Köln
Riehler Str. 30, 50668 Köln
T: (0221) 9 73 01 00   **Fax:** 97 30 10 50
Präsident(in): RA Dr. Peter Thümmel
Geschäftsführer(in): RAin Dr. Susanne Offermann-Burckart
RA Albert Vosseburger
Verbandszeitschrift: Mitteilungen der Rechtsanwaltskammer Köln
Redaktion: RAin Dr. Susanne Offermann-Burckart
Verlag: Dr. Otto Schmidt Verlag, Unter den Ulmen 96-98, 50968 Köln

s 497

Rechtsanwaltskammer Mecklenburg-Vorpommern
Bornhövedstr. 19, 19055 Schwerin
T: (0385) 5 57 43 85   **Fax:** 5 57 43 88
Präsident(in): RA Dr. Axel Schöwe
Geschäftsführer(in): RA Franz-Joachim Hofer

s 498

Rechtsanwaltskammer für den Oberlandesgerichtsbezirk München
Landwehrstr. 61, 80336 München
T: (089) 53 29 44-0   **Fax:** 53 29 44 28
Präsident(in): RA Dr. Jürgen F. Ernst
Geschäftsführer(in): RA Dr. Wieland Horn
RA Stephan Kopp
RAin Elisabeth Schwärzer

s 499
Rechtsanwaltskammer Nürnberg
Zi. 236/II
Fürther Str. 115, 90429 Nürnberg
T: (0911) 92 63 30 **Fax:** 9 26 33 33
Präsident(in): RA Dr. Christian Bissel
Geschäftsführer(in): RAin Petra Röder
RA'in Gabriele Jungmeier

s 500
Rechtsanwaltskammer für den Oberlandesgerichtsbezirk Oldenburg
Staugraben 5, 26122 Oldenburg
T: (0441) 92 54 80 **Fax:** 9 25 43 29
Präsident(in): RAuN Herbert Moritz
Geschäftsführer(in): Theo Berling

s 501
Rechtsanwaltskammer des Saarlandes
Am Schloßberg 5, 66119 Saarbrücken
T: (0681) 58 82 80 **Fax:** 58 10 47
Präsident(in): RA JR Eberhard Gelzleichter
Geschäftsführer(in): RA Rainer Wierz

s 502
Rechtsanwaltskammer Sachsen
Glacisstr. 6, 01099 Dresden
T: (0351) 3 18 59-0 **Fax:** 3 36 08 99
Präsident(in): RA Dr. Gerhard Baatz
Geschäftsführer(in): Ass. jur. Jörg Zepnek

s 503
Rechtsanwaltskammer Sachsen-Anhalt
Gerhart-Hauptmann-Str. 5, 39108 Magdeburg
T: (0391) 2 52 72 10, 2 52 72 11 **Fax:** 2 52 72 03
Präsident(in): RA Dr. Joachim Sattler
Geschäftsführer(in): Brigitte Worg

s 504
Schleswig-Holsteinische Rechtsanwaltskammer
Postf. 20 49, 24830 Schleswig
Gottorfstr. 13, 24837 Schleswig
T: (04621) 9 39 10 **Fax:** 93 91 26
Präsident(in): RAuN Dr. Wolfram Schröder
Geschäftsführer(in): RA Elmar Berendes
RAin Birgit Zerres

s 505
Rechtsanwaltskammer Stuttgart
Werastr. 23, 70182 Stuttgart
T: (0711) 24 64 66-67 **Fax:** 24 63 96
Internet: http://www.rechtsanwaltskammer-stuttgart.de
E-Mail: rak.stuttgart@t-online.de
Präsident(in): RA Peter Ströbel
Geschäftsführer(in): RA Claus Benz
Stellvertretende(r) Geschäftsführer(in): RA Mario Axmann

s 506
Rechtsanwaltskammer Thüringen
Bahnhofstr. 27, 99084 Erfurt
T: (0361) 5 66 85 26 **Fax:** 5 66 85 28
Präsident(in): Dr. Marion Hempel
Geschäftsführer(in): RA Dr. Matthias Hechler

s 507
Rechtsanwaltskammer Tübingen
Pfrondorfer Str. 2/1, 72074 Tübingen
T: (07071) 8 41 94 **Fax:** 8 41 95
Präsident(in): RA Ekkehart Schäfer
Geschäftsführer(in): RA Rudolf Stumpf

s 508
Pfälzische Rechtsanwaltskammer Zweibrücken
Landauer Str. 17, 66482 Zweibrücken
T: (06332) 8 00 30 **Fax:** 80 03 19
E-Mail: pfaelz.rechtsanwaltskammer@t-online.de
Präsident(in): RA JR Dr. Matthias Weihrauch
Geschäftsführer(in): RAin Sabine Wagner

● S 509

DeutscherAnwaltVerein e.V. (DAV)
Littenstr. 11, 10179 Berlin
T: (030) 72 61 52-0 **Fax:** 72 61 52-190
Internet: http://www.anwaltverein.de
E-Mail: dav@anwaltverein.de
Gründung: 1871
Präsident(in): RA Michael Streck
Hauptgeschäftsführer(in): Dr. Dierk Mattik
Geschäftsführer(in): RAin Tanja Albert
RAin Stefanie Brettin
RAin Heidemarie Haack-Schmahl
RA Andreas Hagenkötter
RA Dr. Peter Hamacher
RA Udo W. Henke
RA Andreas Klein
RAin Angelika Rüstow
RA Swen Walentowski (Ltg. Presseabt.)
Mitglieder: 234 Anwaltvereine in der BR Deutschland, ca. 53000 Einzelmitglieder
Verbandszeitschrift: Anwaltsblatt
Schriftleitung: RA Dr. P. Hamacher u. RA Udo W. Henke, DeutscherAnwaltVerein, Littenstr. 11, 10179 Berlin

Wahrung, Pflege und Förderung aller beruflichen und wirtschaftlichen Interessen der Rechtsanwaltschaft, einschließlich des Anwaltsnotariats, insbesondere durch Förderung von Rechtspflege und Gesetzgebung, Aus- und Fortbildung, Pflege des Gemeinsinnes und des wissenschaftlichen Geistes der Rechtsanwaltschaft. Sein Ziel ist die Zusammenfassung aller Rechtsanwältinnen und Rechtsanwälte in Deutschland. Der Verein ist parteipolitisch und konfessionell neutral.

s 510
DeutscherAnwaltVerein e.V.
Büro Brüssel
Avenue de la Joyeuse, Entrée 1, B-1040 Brüssel
T: (00322) 2 80 28 12 **Fax:** 2 80 28 13
E-Mail: bruessel@anwaltverein.de
Geschäftsführer(in): RA Thomas Zerdick

s 511
DeutscheAnwaltAkademie
Gesellschaft für Aus- und Fortbildung sowie Serviceleistungen mbH
Littenstr. 11, 10179 Berlin
T: (030) 72 61 53-0 **Fax:** 72 61 53-111
Internet: http://www.anwaltakademie.de
E-Mail: daa@anwaltakademie.de
Geschäftsführer(in): Eva Isabel Spilker

s 512
DeutscherAnwaltverlag &
Institut der Anwaltschaft GmbH
Wachsbleiche 7, 53111 Bonn
T: (0228) 9 19 11-0 **Fax:** 9 19 11-23
Geschäftsführer(in): Dr. Alfred Hoffmann

Landesverbände

s 513
Anwaltsverband Baden-Württemberg im Deutschen Anwaltverein e.V.
Birkenwaldstr. 151, 70191 Stuttgart
T: (0711) 2 55 26 50 **Fax:** 2 55 26 55
Vorsitzende(r): RA Dr. Peter Kothe

s 514
Bayerischer Anwaltsverband
Maxburgstr. 4, 80333 München
T: (089) 29 50 86 **Fax:** 29 16 10 46
E-Mail: m.anwaltverein@t-online.de
Vorsitzende(r): RA Anton Mertl (Prinzregentenstr. 6-8, 83022 Rosenheim, T: (08031) 35 93 20, Telefax: (08031) 35 93 77)

s 515
Berliner Anwaltsverein e.V.
Obentrautstr. 27, 10963 Berlin
T: (030) 2 51 38 46 **Fax:** 2 51 32 63
Vorsitzende(r): RA u. Notar Uwe Kärgel (Kurfürstendamm 207-208, 10719 Berlin, T: (030) 88 57 71-0, Telefax: (030) 88 57 71-245)
Geschäftsführer: RA Mirko Röder

s 516
Anwaltverband Brandenburg im Deutschen Anwaltverein e.V.
Landgericht Potsdam, Raum K20
Friedrich-Ebert-Str. 32, 14469 Potsdam
Vorsitzende(r): RA Frank-W. Hülsenbeck

s 517
Landesverband Bremen im Deutschen Anwaltverein
Gerichtshaus-Neubau, Zimmer 10
Postf. 10 69 45, 28069 Bremen
Ostertorstr. 25-29, 28195 Bremen
T: (0421) 32 17 78 **Fax:** 1 20 97
E-Mail: anwaltsvereinhb@aol.com
Vorsitzende(r): RA Dieter Janßen (Marktstr. 3 - Börsenhof C, 28195 Bremen, T: (0421) 36 60 00, Telefax: (0421) 36 60 04 44)

s 518
Hamburgischer Anwaltverein e.V.
Sievekingplatz 1, Zimmer 700, 20355 Hamburg
T: (040) 34 20 68 **Fax:** 35 42 31
Internet: http://www.havev.de
E-Mail: hamburgischer.anwaltverein@t-online.de
1. Vorsitzende(r): RA Gerd Uecker (Jungfernstieg 30, 20354 Hamburg, T: (040) 35 74 72-0, Fax: 35 74 72-24)
Geschäftsführer(in): RA'in Anne C. Woywod
Verbandszeitschrift: HAV-Info
Mitglieder: 2442 (31.12.2000)
Mitarbeiter: 5

s 519
Landesverband Hessen im Deutschen Anwaltverein e.V.
Gerichtsstr. 2, 60313 Frankfurt
T: (069) 28 30 83 **Fax:** 28 74 84
E-Mail: lvhessen.dav@t-online.de
Vorsitzende: RAin Heide Krönert-Stolting (Ricarda-Huch-Str. 7, 61476 Kronberg, T: (06173) 6 81 47, Telefax: (06173) 6 83 47)

s 520
Landesverband Mecklenburg-Vorpommern im Deutschen Anwaltsverein
Strohstr. 5, 18507 Grimmen
T: (038326) 8 02 05/06 **Fax:** 8 02 07
E-Mail: eggert-richter@t-online.de
Vorsitzende(r): RA Rolf-Michael Eggert

s 521
Niedersächsischer Anwalt- und Notarverband im Deutschen Anwaltverein e.V.
Leisewitzstr. 28, 30175 Hannover
T: (0511) 8 56 09-0 **Fax:** 8 56 09-11
E-Mail: nds.anwalt-u.notarverband@t-online.de
Vorsitzende(r): RA u. Notar Hanspeter Grimke (Königstr. 26, 30175 Hannover, T: (0511) 3 40 94-0, Fax: (0511) 3 40 94-70)

s 522
Landesverband Nordrhein-Westfalen im Deutschen Anwaltverein e.V.
Mühlenstr. 34, 40213 Düsseldorf
T: (0211) 8 06 29 53 **Fax:** 13 43 43
Vorsitzende(r): RA Dr. Klaus Böhm (Burgplatz 21-22, 40213 Düsseldorf, T: (0211) 86 51 00, Telefax: (0211) 8 65 10 20)

s 523
Rheinland-Pfälzischer Anwaltsverband im Deutschen Anwaltverein e.V.
Epplergasse 3, 67657 Kaiserslautern
T: (0631) 3 66 52-0 **Fax:** 3 66 52-99
E-Mail: rae.matissek-barthel-rothley@t-online.de
Vorsitzende(r): RA Reinhard J. Matissek

s 524
Saarländischer Anwaltverein e.V.
Landgericht Saarbrücken, Zi. 120
Franz-Josef-Röder-Str. 15, 66119 Saarbrücken
T: (0681) 5 12 02 **Fax:** 5 12 59
Vorsitzende(r): RA Dr. Bernd Luxenburger (Faktoreistr. 4, 66111 Saarbrücken, T: (0681) 4 10 12 44, Telefax: (0681) 4 10 12 79)

s 525
Anwaltsverband Sachsen im Deutschen Anwaltverein
Barfußgäßchen 11, 04109 Leipzig
T: (0341) 4 79 62 16   Fax: 4 79 62 46
E-Mail: rakappel@aol.com
Vorsitzende(r): RA Horst Kappel

s 526
Landesanwaltverein Sachsen-Anhalt
Kleine Märkerstr. 10, 06108 Halle
T: (0345) 50 13 68   Fax: 2 02 32 35
Vorsitzende(r): RA Dr. Siegfried Brandt

s 527
Schleswig-Holsteinischer Anwalts- und Notarverband e.V.
Beselerallee 28, 24105 Kiel
T: (0431) 8 10 13, 8 10 33   Fax: 80 36 87
Vorsitzende(r): RA u. Notar Manfred Goerke

s 528
Landesverband Thüringen im Deutschen Anwaltverein e.V.
Cyriakstr. 16, 99094 Erfurt
T: (0361) 2 21 69-0   Fax: 2 21 69-20
E-Mail: umendel@t-online.de
Vorsitzende(r): RAin Ulrike Mendel

● S 529
Strafverteidigervereinigungen
Organisationsbüro
Mommsenstr. 45, 10629 Berlin
T: (030) 80 40 33 12   Fax: 80 40 33 14
E-Mail: m.v.galen@t-online.de
Geschäftsführer(in): Rechtsanwalt Volker Ratzmann
Landesverbände:
Baden-Württembergische Strafverteidiger e.V.
Initiative Bayerischer Strafverteidigerinnen und Strafverteidiger e.V.
Vereinigung Berliner Strafverteidiger e.V.
Hamburger Arbeitsgemeinschaft für Strafverteidigung
Vereinigung Hessischer Strafverteidiger e.V.
Strafrechtsausschuß des Kölner Anwaltvereins e.V.
Vereinigung Niedersächsischer und Bremer Strafverteidigerinnen und Strafverteidiger e.V.
Initiative Nordrhein-Westfälischer Strafverteidigerinnen und Strafverteidiger e.V.
Vereinigung Rheinland-Pfälzischer Strafverteidigerinnen und Strafverteidiger e.V.
Strafverteidiger Sachsen/Sachsen-Anhalt e.V.
Thüringer Strafverteidigerverein e.V.

● S 530
Deutsche Strafverteidiger e.V.
Wolfsgangstr. 92, 60322 Frankfurt
T: (069) 95 91 90-0   Fax: 55 84 00
Internet: http://www.deutsche-strafverteidiger.de
E-Mail: info@deutsche-strafverteidiger.de
Vorsitzende: RAin Dr. Regina Michalke (Wolfsgangstr. 92, 60322 Frankfurt/M., T: (069) 95 91 90-0, Fax: (069) 55 84 00)
Kontaktperson: RA Dr. Eckhard Küter (Siekerwall 21, 33602 Bielefeld, T: (0521) 6 10 00, Telefax: (0521) 17 49 17)

● S 531
Bundesnotarkammer
Burgmauer 53, 50667 Köln
T: (0221) 25 68 23   Fax: 25 68 08
Internet: http://www.bnotk.de
E-Mail: bnotk@bnotk.de
Internationaler Zusammenschluß: siehe unter izs 216
Präsident(in): Notar Dr. Hans-Dieter Vaasen (Aachen)
1. Vizepräs: RA u. Notar Johannes Stockebrand, Hamm
2. Vizepräs: Notar Dr. Tilman Götte
Hauptgeschäftsführer(in): Notar a.D. Dr. Timm Starke
Geschäftsführer(in): Notarassessor Dr. Jens Fleischhauer
Notar a.D. Dr. Gregor Rieger
Mitglieder: 21 Notarkammern

s 532
Landesnotarkammer Bayern
Ottostr. 10 III, 80333 München
T: (089) 55 16 60   Fax: 55 16 62 34
Präsident(in): Notar Dr. Helmut Keidel
Vizepräsident(in): Notar Dr. Jürgen Vollhardt
Notar Dr. Tilman Götte
Geschäftsführer(in): Notar a.D. Dr. Hans-Joachim Vollrath

s 533
Notarkammer Berlin
Kantstr. 21, 10623 Berlin
T: (030) 8 82 78 81   Fax: 88 55 15 77
Präsident(in): RA u. Notar Klaus Mock
Vizepräsidentin: RA'in, Notarin Brigitte Wagner
Geschäftsführer(in): RA Peter M. Gläser

s 534
Notarkammer Brandenburg
Dortustr. 71, 14467 Potsdam
T: (0331) 2 80 37 02   Fax: 2 80 37 05
Präsident(in): Notar Dietmar Böhmer
Vizepräsident(in): Notar Peter Arntz
Geschäftsführerin: Notarin a.D. Karin Bencze

s 535
Notarkammer Braunschweig
Bruchtorwall 12, 38100 Braunschweig
T: (0531) 1 23 35-0   Fax: 1 23 35-66
Präsident(in): RA u. Notar Dieter Schulte, Braunschweig
Vizepräsident(in): RA u. Notar Bernd Uhde, Braunschweig
Geschäftsführer(in): Bettina Schindler

s 536
Bremer Notarkammer
Knochenhauerstr. 36-37, 28195 Bremen
T: (0421) 1 68 97-0   Fax: 1 68 97-20
Präsident(in): RA u. Notar Axel Adamietz
Vizepräsident(in): RA u. Notar Dr. Henning Hübner
Geschäftsführerin: RAin u. Notarin Petra Schulze-Grönda

s 537
Notarkammer Celle
Riemannstr. 15, 29225 Celle
T: (05141) 94 94-0   Fax: 94 94 94
Präsident(in): RA u. Notar Burkhard Scherrer
Vizepräsident(in): RA u. Notar Dr. Horst Hochtritt
Geschäftsführer(in): RA u. Notar Diethard Heinemann

s 538
Notarkammer Frankfurt
Bockenheimer Anlage 36, 60322 Frankfurt
T: (069) 17 00 98-02   Fax: 17 00 98 25
Präsident(in): RA u. Notar Dr. Klaus-Dieter Hartmann
Vizepräsident(in): RA u. Notar Peter Haack
RA u. Notar Dr. Ernst Wolfgang Schäfer
RA u. Notar Dr. Klaus-R. Wagner
Hauptgeschäftsführer(in): RA u. Notar Lutz Tauchert
Geschäftsführer(in): RA Dr. Christian Strunz

s 539
Hamburgische Notarkammer
Große Theaterstr. 7, 20354 Hamburg
T: (040) 3 55 21 44   Fax: 35 52 14 50
Präsident(in): Notar Dr. Jens Röh
Vizepräsident(in): Notar Prof. Dr. Hans-Joachim Priester
Geschäftsführer(in): Notarassessor Dr. Thomas Nesemann

s 540
Notarkammer Hamm
Ostenallee 18, 59063 Hamm
T: (02381) 98 50-01   Fax: 98 50-51
Präsident(in): RA u. Notar Johannes Stockebrand
Vizepräsident(in): RA u. Notar Wolfgang Grebe
RA u. Notar Dr. Franzjosef Zacharias
Geschäftsführer(in): RA Christoph Sandkühler

s 541
Notarkammer Kassel
Karthäuserstr. 5a, 34117 Kassel
T: (0561) 1 20 21   Fax: 1 20 27
Präsident(in): RA u. Notar Wolf Nottelmann
Vizepräsident(in): RA u. Notar Rolf Dieter Brämer
Geschäftsführerin: Marianne Moser

s 542
Notarkammer Koblenz
Postf. 20 11 54, 56011 Koblenz
Hohenzollernstr. 18, 56068 Koblenz
T: (0261) 9 15 88-0   Fax: 9 15 88-20
Präsident(in): Notar JR Willi Decku
Vizepräsident(in): Notar JR Hanns Dieter Lohnes
Geschäftsführer(in): Notarassessor Dr. Andree Adler

s 543
Notarkammer Mecklenburg-Vorpommern
Weinbergstr. 17, 19061 Schwerin
T: (0385) 5 81 25 75   Fax: 5 81 25 74
Präsidentin: Notarin Hannelore Gamm
Vizepräsident(in): Notar Gerhard Heinze
Geschäftsführer(in): Notarassessor Dr. Moritz von Campe

s 544
Notarkammer Oldenburg
Staugraben 5, 26122 Oldenburg
T: (0441) 9 25 43-0   Fax: 9 25 43-29
Präsident(in): RA u. Notar Hermann Meiertöns
Vizepräsident(in): RA u. Notar Dr. Wolfgang Bischoff
RA u. Notar Uwe Miermeister
Geschäftsführer(in): Theo Berling

s 545
Notarkammer Pfalz
Am Altenhof 17, 67655 Kaiserslautern
T: (0631) 9 33 62   Fax: 6 41 78
Präsident(in): Notar JR Dr. Dieter Wischermann
Vizepräsident(in): Notar Klaus-Peter Seiberth
Geschäftsführer(in): Notarassessor Martin Naumann

s 546
Rheinische Notarkammer
Burgmauer 53, 50667 Köln
T: (0221) 2 57 52 91   Fax: 2 57 53 10
Präsident(in): Notar Dr. Walter Schmitz-Valckenberg
Vizepräsident(in): Notar Dr. Hans-Dieter Vaasen
RA u. Notar Wolfgang Heinser
Geschäftsführer(in): Notarassessor Dr. Marc Hermanns

s 547
Saarländische Notarkammer
Rondell 3, 66424 Homburg
T: (06841) 9 31 20   Fax: 93 12 31
Präsident(in): Notar Prof. Dr. Rolf Dieter Zawar
Vizepräsident(in): Notar Lothar Schoenes
Geschäftsführer(in): Hartmut Pfeifer

s 548
Notarkammer Sachsen
Königstr. 23, 01097 Dresden
T: (0351) 8 07 27-0   Fax: 8 07 27-50
Präsidentin: Notarin Bettina Sturm
Vizepräsident(in): Notar Dr. Alfons Hueber
Geschäftsführer(in): Notar a.D. Dr. Marcus Sommer

s 549
Notarkammer Sachsen-Anhalt
Postf. 14 04, 39004 Magdeburg
Winckelmannstr. 24, 39108 Magdeburg
T: (0391) 56 89 70   Fax: 5 68 97 20
Internet: http://www.bnotk.de/sachsen_anhalt/default.htm
E-Mail: notarkammer.sachsen-anhalt@t-online.de
Präsident(in): Notar Uwe Glöckner
Vizepräsident(in): Notarin Dr. Barbara Lilie
Geschäftsführer(in): Notarassessor Burkhard Lischka

s 550
Schleswig-Holsteinische Notarkammer
Gottorfstr. 13, 24837 Schleswig
T: (04621) 9 39 10   Fax: 93 91 26
Präsident(in): RA u. Notar Diethard Koch
Vizepräsident(in): RA u. Notar Gerd-Walter Jung
Geschäftsführer(in): RA Elmar Berendes

s 551
Notarkammer Stuttgart
Königstr. 21, 70173 Stuttgart
T: (0711) 29 19 34   Fax: 2 26 58 02
Präsident(in): Notar Siegfried Schmidt
Vizepräsident(in): RA u. Notar Dr. Rolf Jauch
Geschäftsführer(in): Stefan Schmittner
Jochen Hillebrandt

s 552
Notarkammer Thüringen
Schlösserstr. 8, 99084 Erfurt
T: (0361) 55 50 40   Fax: 5 55 04 44
Präsident(in): Notar Dr. Thomas Renner
Vizepräsident(in): Notar Klaus-Dietmar Schmidt
Geschäftsführer(in): Notarassessor Peter Janecek

● S 553
Deutscher Notarverein - Bundesverband der Notare im Hauptberuf
Kronenstr. 73/74, 10117 Berlin
T: (030) 20 45 42 84   Fax: 20 45 42 90
Gründung: 1991
Präsident(in): Notar Dr. Stefan Zimmermann
Vizepräsident(in): Notarin Eleonore Lohr
Notar Dr. Hans Wolfsteiner
Geschäftsführer(in): Notarassessor Detlef Heins
Verbandszeitschrift: notar
Verlag: DNotV GmbH, Kronenstr. 73/74, 10117 Berlin
Mitglieder: 2200

S 554
Verein der Richterinnen und Richter am Bundesfinanzhof
Postf. 86 02 40, 81629 München
Ismaninger Str. 109, 81675 München
T: (089) 9 23 12 31   Fax: 9 23 12 01
Vorsitzende(r): Richter am Bundesfinanzhof Dr. Heinrich Weber-Grellet
Stellvertretende(r) Vorsitzende(r): Richter am Bundesfinanzhof Kurt Rainer Kilches
Schatzmeister: Richter am Bundesfinanzhof Bernd Thürmer
Mitglieder: 90

S 555
Deutsche Vereinigung der Rechtsanwalts- und Notariatsangestellten e.V. (RENO)
Paulistr. 10, 40597 Düsseldorf
T: (0211) 3 84 94 94   Fax: 3 85 01 54
Internet: http://www.renobundesverband.de
E-Mail: geschaeftsstelle@renobundesverband.de
Gründung: 1954
1. Vorsitzende(r): Waltraud Rövekamp
2. Vorsitzende(r): Klaus Roos
Schatzmeisterin: Ingrid Urban
Schriftführerin: Kirsten Venus
Referent Bildung/Öffentlichkeitsarbeit: Michael Reinhard
Verbandszeitschrift: Reno-Report
Redaktion: Paulistr. 10, 40597 Düsseldorf
Mitglieder: 4500

s 556
RENO Sachsen e.V.
Landesverband der Rechtsanwalts- und Notariatsangestellten
c/o Rechtsanwälte Roth pp
Rudolf-Renner-Str. 1, 01157 Dresden
T: (0351) 4 28 05 19   Fax: 4 28 05 24
E-Mail: roth.pm@t-online.de

s 557
RENO Sachsen-Anhalt e.V.
Liliencronstr. 7, 39108 Magdeburg
T: (0391) 74 46 59 15   Fax: 74 46 59 19
Internet: http://www.reno-sachsenanhalt.de
E-Mail: info@reno-sachsenanhalt.de
Präsident(in): Dirk-Michael Nanke

s 558
Reno Landesverband der Rechtsanwalts- und Notariatsangestellten Schleswig-Holstein e.V.
Eckernförder Chaussee 20 K, 24214 Gettorf
T: (0436) 70 82   Fax: 86 01
Vorsitzende(r): Kay Schmidt (Friedrichsorter Str. 3, 24214 Gettorf)

S 559
Vereinigung Demokratischer Juristinnen und Juristen e.V. (VDJ)
Bundessekretariat:
Palisadenstr. 40, 10243 Berlin
T: (030) 42 78 08 55   Fax: 42 78 08 56
Internet: http://www.vdj.de
E-Mail: Bundessekretaer@vdj.de
Gründung: 1972
Bundessekretär: RA Ulf Wende
Verbandszeitschrift: Ansprüche - Forum demokratischer Juristinnen und Juristen
Redaktion: Redaktion Ansprüche: c/o Thomas Fruth, Oranienstr. 25, 10999 Berlin
Verlag: Selbstverlag
Mitglieder: ca. 1000
Regionalgruppen:
Berlin, Bonn, Bremen, Darmstadt, Dortmund, Dresden, Düsseldorf, Duisburg, Essen, Frankfurt, Hamburg, Hannover, Kassel, Mannheim/Heidelberg, München, Nürnberg, Oldenburg, Stuttgart und Tübingen
(Die jeweiligen Adressen sind beim Bundessekretariat zu erfragen)

S 560
Republikanischer Anwältinnen- und Anwälteverein e.V.
- Geschäftsstelle -
Hohenzollernstr. 7, 30161 Hannover
T: (0511) 31 28 09   Fax: 3 48 16 59
Internet: http://www.rav.de
E-Mail: RAVeV@t-online
Gründung: 1979
Vorsitzende(r): RA Wolfgang Kaleck
Stellvertretende(r) Vorsitzende(r): RAin Doris Dierbach
Geschäftsführer(in): RA Rainer Ahues
Redaktion: Rainer Ahues
Einflußnahme auf Gesetzgebungsorgane und anwaltliche Standesorganisationen; Öffentlichkeitsarbeit; Organisierung öffentlicher Diskussionsveranstaltungen und Anwaltstage; Unterstützung von Bürgerinitiativen und Bürgerrechtsvereinigungen; Beistand bei Ehrengerichts- und Strafverfahren gegen Kollegen/innen; Prozeßbeobachtungen/Solidarität mit verfolgten ausl. Kollegen/innen und Privatpersonen; Fortbildungsveranstaltungen für Rechtsanwälte/innen.

S 561
Deutscher Juristinnenbund (Vereinigung der Juristinnen, Volkswirtinnen und Betriebswirtinnen) e.V. (DJB)
Geschäftsstelle:
Reuterstr. 241, 53113 Bonn
T: (0228) 91 51 00   Fax: 21 10 09
Internet: http://www.djb.de
E-Mail: geschaeftsstelle@djb.de
Gründung: 1948 (28. August)
1. Vorsitzende(r): Prof. Dr. Ursula Nelles (Institut f. Kriminalwissenschaften, Westfälische-Wilhelms-Universität Münster, Bispinghof 24-25, 48143 Münster, T: (0251) 8 32 27 53, Fax: 8 32 23 76)
Stellvertretende(r) Vorsitzende(r): RA Margret Diwell (Unter den Eichen 96, 12205 Berlin, T: (030) 83 13-680, Fax: 83 12-688)
Senatsrätin Maria-Luise Löper (Senatskanzlei, Landesvertretung Berlin, Wilhelmstr. 67, 10117 Berlin)
Geschäftsführer(in): RA Martina Bosch
Schatzmeisterin: Finanzbeamtin Sigrid Brucker-Maschke (Oberhauser Str. 27, 72379 Hechingen, T: (07031) 13 26 27(d))
Schriftführer(in): Nimet Güller (Max-Planck-Institut für ausländisches und internationales Strafrecht, Günterstalstr. 73, 79100 Freiburg, T: (0761) 70 81-274 (d), Fax: (0761) 70 81-294 (d), E-Mail: n.gueller@iuscrim.mpg.de)
Verbandszeitschrift: Aktuelle Informationen
Redaktion: Anke Gimbal, E-Mail: anke.gimbal@bitel.net
Mitglieder: ca. 2750

Der DJB will beitragen zur Fortentwicklung des nationalen und internationalen Rechts, insbes. zur weltweiten Verwirklichung der Gleichberechtigung und Gleichstellung der Frau in Gesellschaft, Beruf und Familie auch in Zusammenarbeit mit gleichartigen nationalen und internationalen Vereinigungen.

S 562
Juristen-Vereinigung Lebensrecht e.V.
Postf. 50 13 30, 50973 Köln
T: (0221) 13 44 78   Fax: 2 22 59 57
Internet: http://www.juristen-vereinigung-lebensrecht.de
Gründung: 1984 (08. Juni)
Vorsitzende(r): Bernward Büchner (Vors; Vorsitzender Richter am Verwaltungsgericht), Freiburg
Stellvertretende(r) Vorsitzende(r): Prof. Dr. Herbert Tröndle, Waldshut
Staatsanwalt Rainer Beckmann, Würzburg
Sekretär: Notar a.D. Dr. Werner Esser, Köln
Verbandszeitschrift: Zeitschrift für Lebensrecht
Redaktion: RA Rudolf Repgen, Neuhauser Str. 3 a, 80331 München
Verlag: Eigenverlag
Mitglieder: rd. 800
Mitarbeiter: 2

S 563
Arbeitsgemeinschaft der Fachanwälte für Steuerrecht e.V.
Universitätsstr. 140, 44799 Bochum
T: (0234) 97 06 40   Fax: 70 35 07
Vorsitzende(r): RA, Notar u. Fachanwalt für Steuerrecht Franz Josef Haas

S 564
Deutsches Anwaltsinstitut e.V.
Universitätsstr. 140, 44799 Bochum
T: (0234) 97 06 40   Fax: 70 35 07
Vorsitzende(r): RA, Notar u. Fachanwalt für Steuerrecht Franz Josef Haas

S 565
Deutsche Bewährungshilfe e.V. (DBH)
siehe T 3527

S 566
Deutscher Richterbund
Bund der Richterinnen und Richter, Staatsanwältinnen und Staatsanwälte
Kronenstr. 73-74, 10117 Berlin
T: (030) 20 61 25-0   Fax: 20 61 25-25
Gründung: 1909 (01. Januar)
Vorsitzende(r): Geert Mackenroth (Präsident des Landgerichts Itzehoe)
Geschäftsführer(in): Uta Fölster
Verbandszeitschrift: Deutsche Richterzeitung
Redaktion: c/o Deutscher Richterbund
Verlag: Carl-Heymanns-Verlag, Köln
Mitglieder: 25 Verbände

S 567
Arbeitsgemeinschaft erstinstanzlicher Richter im Bundesdienst
(c/o Bundesdisziplinargericht)
Gervinusstr. 5-7, 60322 Frankfurt
T: (069) 15 30 00 01   Fax: 15 30 00 99
Geschäftsführer(in): Horst Klein (Vors. Richter am BDiG)
Stellvertretende(r) Geschäftsführer(in): Jürgen Karst (Vors. Richter am BDiG)

S 568
Bund Deutscher Verwaltungsrichter und Verwaltungsrichterinnen (BDVR)
(Oberverwaltungsgericht)
Aegidiikirchplatz 5, 48143 Münster
T: (0251) 5 05-224   Fax: 5 05-224
Vorsitzende(r): ROVG Hans-Jörg Lieberoth-Leden

S 569
Vereinigung deutscher, italienischer und französischer Verwaltungsrichterinnen und Verwaltungsrichter
Schloßplatz 10, 26122 Oldenburg
T: (0441) 2 20 61 01   Fax: 2 20 61 04
Präsident(in): Dr. Werner Hanisch

S 570
Deutsche Richterakademie
- Erste Tagungsstätte und Sitz der Direktorin
Berliner Allee 7, 54295 Trier
T: (0651) 93 61-0   Fax: 30 02 10
E-Mail: DRA-Trier@t-online.de
Gründung: 1973 (12. Januar); Erweiterung um zweite Tagungsstätte 1993 (1. Januar)
Direktor(in): Kerstin Lossin-Weimer
Mitarbeiter: 57
Jahresetat: DM 5,5 Mio, € 2,81 Mio

s 571
Deutsche Richterakademie Zweite Tagungsstätte
Am Schloß 1, 16818 Wustrau
T: (033925) 8 97-0   Fax: 7 02-09
E-Mail: DRA-Wustrau@t-online.de

S 572
Bundesverband Deutscher Patentanwälte e.V.
Deichmannhaus am Dom
Postf. 10 22 41, 50462 Köln
T: (0221) 91 65 20   Fax: 13 42 97
Gründung: 1974
Vorstand: Patentanwalt Dr. Karl-Ernst Müller (Präsident), Ratingen
Patentanwalt Jürgen Klinghardt (Schatzmeister), Bremen
Patentanwalt Dr. Thomas Weber (Schriftführer), Köln
Patentanwalt Dr. Thomas Mütschele, Stuttgart
Patentanwalt Bettina Auerbach, Zwickau
Patentanwalt Dr. Reimar König, Düsseldorf
Patentanwalt Gerd Koepe, München
Patentanwalt Dr. Christof Keussen, Hamburg
Patentanwalt Dr. Gerhard Schmitt-Nilson, München
Mitglieder: ca. 470

S 573
PJ-Patentdienst Jakwerth
Lehmannstr. 12, 30455 Hannover
T: (0511) 49 15 63   Fax: 49 25 62
Kontaktperson: Dipl.-Ing. Erwin C. Jakwerth

S 574
Patentanwaltskammer
- Körperschaft des öffentlichen Rechts -
Postf. 26 01 08, 80558 München
Tal 29, 80331 München
T: (089) 2 42 27 80   Fax: 24 22 78 24
Internet: http://www.patentanwalt.de
Präsident(in): Dipl.-Ing. Prof. Dr.jur. Uwe Dreiss (M.Sc.)
Geschäftsführer(in): RA'in Elisabeth Reinhard

Selbstverwaltungsorganisation der deutschen Patentanwälte mit gesetzlich zugewiesenen Aufgaben, z. B. im Rahmen der Ausbildung zum Patentanwalt, Prüfung der Auszubilden-

S 574

den, Gutachtenerstattung etc. Mitwirkung bei Gesetzesvorhaben auf dem Gebiet des gewerblichen Rechtsschutzes, Mitarbeit in internationalen Gremien.
Die Patentanwaltskammer hat die Aufgabe, die Belange des Berufsstandes zu wahren und zu fördern sowie die Einhaltung der Berufspflichten zu überwachen (Paragraph 54 PAO).

● S 575
Neue Richtervereinigung e.V.
- Zusammenschluß von Richterinnen und Richtern, Staatsanwältinnen und Staatsanwälten -
Sekretariat
Greifswalder Str. 4, 10405 Berlin
T: (030) 42 02 23 49   **Fax:** 42 02 23 50
Internet: http://www.nrv-net.de
E-Mail: sekretariat@nrv-net.de
Gründung: 1987 (7. März)
Vorstand: Ingo Hurlin (Vors.)
Inken Gallner
Eva Koch
Peter Vonnahme
Eike Weißenfels
Werner Sack
Leitung Presseabteilung: Wolfgang Neskovic
Mitglieder: ca. 600
Die Demokratisierung der Justiz und die Transparenz der Justiz für die Öffentlichkeit fördern.

● S 576
Bundesverband Deutscher Rechtsbeistände e.V. (BDR)
Geschäftsstelle
Rheinweg 24, 53113 Bonn
T: (0228) 92 39 91 20   **Fax:** 92 39 91 26
Internationaler Zusammenschluß: siehe unter izs 20
Präsident: Walter Heinze
Geschäftsführer(in): Dorothe Moraing
Mitglieder: rd. 1000

● S 577
Deutsche Vereinigung für Jugendgerichte und Jugendgerichtshilfen e.V. (DVJJ)
Lützerodestr. 9, 30161 Hannover
T: (0511) 3 48 36 40   **Fax:** 3 18 06 60
E-Mail: dvjjev@t-online.de
Gründung: 1917
Vorsitzende(r): Prof. Dr. Bernd-Rüdeger Sonnen, Hamburg
Verbandszeitschrift: DVJJ-Journal
Redaktion: Geschäftsstelle der DVJJ
Verlag: DVJJ, Lützerodestr. 9, 30161 Hannover
Mitglieder: 2000
Mitarbeiter: 2 1/2

Regional- u. Landesgruppen

s 578
Deutsche Vereinigung für Jugendgerichte
Landesgruppe Baden-Württemberg
Institut für Kriminologie der Ruprecht-Karls-Universität
Friedrich-Ebert-Anlage 6-10, 69117 Heidelberg
T: (06221) 54 74-89
Prof. Dr. Dieter Dölling, Heidelberg

s 579
Deutsche Vereinigung für Jugendgerichte
Landesgruppe Berlin
Amtsgericht Tiergarten
Turmstr. 91, 10559 Berlin
T: (030) 39 79-1
RiAG Hans-Jürgen Miller

s 580
Deutsche Vereinigung für Jugendgerichte
Regionalgruppe Bremen
Amt für Soziale Dienst - Ost, Abschnitt Jugenddelinquenz
Hans-Böckler-Str. 9, 28217 Bremen
T: (0421) 3 61-8007
Dipl.-Sozialpädagoge Bernd Rein

s 581
Deutsche Vereinigung für Jugendgerichte
Regionalgruppe Hessen
Jugendvollzugsanstalt Wiesbaden
Salmünsterer Str. 46, 63628 Bad Soden-Salmünster
T: (06660) 91 90 16
Kontaktperson: Dipl.-Pädagoge Frank Weyel

s 582
Deutsche Vereinigung für Jugendgerichte
Landesgruppe Mecklenburg-Vorpommern
Universität Greifswald, Jur. Fakultät
Domstr. 20, 17489 Greifswald
T: (03834) 86-2137
Prof. Dr. Frieder Dünkel

s 583
Deutsche Vereinigung für Jugendgerichte
Landesgruppe Niedersachsen
Lützerodestr. 9, 30161 Hannover
T: (03641) 9 30-417
Prof. Dr. Thomas Trenczek, Jena

s 584
Deutsche Vereinigung für Jugendgerichte
Regionalgruppe Nord
Amtsgericht Hamburg
Sievekingplatz 3, 20355 Hamburg
T: (040) 34 97-3131
Jugendrichter: Joachim Katz

s 585
Deutsche Vereinigung für Jugendgerichte
Regionalgruppe Nordbayern
Institut für Strafrecht, Strafprozeßrecht und Kriminologie der Friedrich-Alexander-Universität Erlangen-Nürnberg
Schillerstr. 1, 91054 Erlangen
T: (09131) 85-47 55
Prof.Dr. Franz Streng

s 586
Deutsche Vereinigung für Jugendgerichte
Regionalgruppe Nordrhein
Universität Köln, Kriminologische Forschungsstätte
50923 Köln
Albertus-Magnus-Platz, 50931 Köln
T: (0221) 4 70-4281
Prof. Dr. Michael Walter

s 587
Deutsche Vereinigung für Jugendgerichte
Landesgruppe Saarland
Staatsanwaltschaft Saarbrücken, Jugendabteilung
Franz-Josef-Röder-Str. 15, 66119 Saarbrücken
T: (0681) 5 05-1
Wendel Wintrich

s 588
Deutsche Vereinigung für Jugendgerichte
Landesgruppe Sachsen
Verein sozialpäd. Erziehungs- u. Familienhelfer
Am Quirlbusch 7, 09212 Limbach-Oberfrohna
T: (03722) 9 36 63
Siegfried Riedel, Limbach-Oberfrohna

s 589
Deutsche Vereinigung für Jugendgerichte
Landesgruppe Sachsen-Anhalt
Staatsanwaltschaft Magdeburg
Liebknechtstr. 75, 39110 Magdeburg
T: (0391) 6 06-4978
OStA Klaus Breymann

s 590
Deutsche Vereinigung für Jugendgerichte
Regionalgruppe Südbayern
Amtsgericht, Jugendgericht
Nymphenburger Str. 16, 80335 München
T: (089) 55 97-4371
Sophie von Ballestrem

s 591
Deutsche Vereinigung für Jugendgerichte
Landesgruppe Thüringen
Fachhochschule Jena Fachbereich Sozialwesen
Tatzendpromenade 1b, 07745 Jena
T: (03641) 9 30-402
Prof. Dr. Heike Ludwig

s 592
Deutsche Vereinigung für Jugendgerichte
Regionalgruppe Westfalen-Lippe
Amtsgericht Dortmund
Gerichtsstr. 22, 44135 Dortmund
T: (0231) 54 05-361
Ri'in Dagmar Vieten-Gross

s 593
Deutsche Vereinigung für Jugendgerichte
Landesgruppe Brandenburg
Soziale Dienste der Justiz
Berliner Str. 78, 14641 Nauen
T: (03321) 44 12 34
Dipl.-Sozialarb. Anett Petatz

● S 594
Bundesvereinigung der Anstaltsleiter im Strafvollzug e.V.
Vor den Löserbecken 4, 64331 Weiterstadt
T: (06150) 1 02-1001   **Fax:** 1 02-1150
Gründung: 1971
1. Vorsitzende(r): LtdRegDir Klaus Winchenbach
2. Vorsitzende(r): LtdRegDir'in Barbara Salewski
3. Vorsitzende(r): ORR Thomas Ullenbrand
Schatzmeister: RegDir Josef Paintner
Schriftführer(in): RD Dr. Rolf Herrfeldt

● S 595
BAG - Bundesarbeitsgemeinschaft der Sozialarbeiter im Vollzug
Wilhelmallee 49, 47198 Duisburg
T: (02066) 50 11 96
Vorsitzende(r): Brigitte Schultz (Ltg. Presseabteilung; Wilhelmallee 49, 47198 Duisburg, T./Fax: (02066) 50 11 96, Tel. (01772) 42 10 04)
2. Vorsitzende(r): Detlef Gasse
Schatzmeister: Andreas Bassendowski
Eintreten für die Belange der Sozialarbeit in den Justizvollzugsanstalten. Zusammenarbeit mit anderen Arbeitsgemeinschaften der Strafrechtspflege.

● S 596
Bund Deutscher Rechtspfleger e.V. (BDR)
Südergraben 22, 24937 Flensburg
Internet: http://www.bdr-online.de
Bundesvorsitzender: Dipl.-Rechtspfleger Hinrich Clausen
(T: (0461) 89-1 16, Fax: (0461) 89-4 34)
Stellv. Bundesvors: Dipl.-Rechtspfleger Wolfgang Mathias
(Geschäftsführer, T: (0261) 1 02-15 10, Fax: (0261) 1 02-15 03, eMail: post@bdr-online.de)
Dipl.-Rechtspfleger Mario Blödtner (Pressereferent)
Verbandszeitschrift: Rechtspflegerblatt
Redaktion: Dipl.-Rpfl. Rolf Scheffler
Verlag: Werner Gieseking Verlag, Deckerstr. 30, 33617 Bielefeld
Mitglieder: ca. 10000
Mitarbeiter: 7
Jahresetat: DM 0,2 Mio, € 0,1 Mio

Mitgliedsverbände

s 597
Bund Deutscher Rechtspfleger
Landesverband Baden Württemberg
Oberlandesgericht
Hoffstr. 10, 76133 Karlsruhe
T: (0721) 9 26-3482   **Fax:** 9 26-5002
E-Mail: bdr-4v-bm@t-online.de
Vorsitzende(r): Martin Haselmayer
Geschäftsführer(in): Nicole Uchatius

s 598
Verband Bayer. Rechtspfleger e.V.
Prielmayerstr. 7, 80335 München
T: (089) 55 97-2243
Vorsitzende(r): Gerhard Detter (München AG)
Geschäftsführer(in): Kurt Rosemann (Nürnberg AG)

s 599
Bund Deutscher Rechtspfleger
Landesverband Berlin
Wartenberger Str. 40, 13053 Berlin
T: (030) 90 25 61 61
Vorsitzende(r): Ulrich Schmelzer (AG Berlin-Hohenschönhausen)
Schriftführer(in): Ruth Heinrich (StA Berlin)

s 600
Bund Deutscher Rechtspfleger
Landesverband Brandenburg
c/o Martina Flüß, Ministerium der Justiz, für Bundes- u. Europaangelegenheiten
Heinrich-Mann-Allee 107, 14473 Potsdam

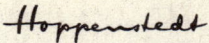

T: (0331) 8 66-3252　**Fax:** 8 66-3080
Vorsitzende(r): Martina Flüß (MdJ Potsdam)
Geschäftsführer(in): Michael Glombitza (AG Strausberg)

s 601

**Bund Deutscher Rechtspfleger
Landesverband Bremen**
Ostertorstr. 25-32, 28195 Bremen
T: (0421) 3 61-96602　**Fax:** 3 61-2820
Vorsitzende(r): Jürgen Schrader (AG Bremen)
Geschäftsführer(in): Jens-Michael Uhlhorn (AG Bremen)

s 602

**Bund Deutscher Rechtspfleger
Landesverband Hamburg**
Sievekingplatz 1, 20355 Hamburg
T: (040) 34 97-2863　**Fax:** 34 97-2999
Vorsitzende(r): Gerd Lindenau (AG Hamburg)
Geschäftsführer(in): Volker Laedtke (AG Hamburg)

s 603

**Bund Deutscher Rechtspfleger
Landesverband Hessen**
Gerichtsstr. 2, 60313 Frankfurt
T: (06151) 12 54 58　**Fax:** 12 61 98
Vorsitzende(r): Karl Heinz Fischer (LG Darmstadt)
Geschäftsführer(in): Hans Burster (LG Frankfurt)

s 604

**Bund Deutscher Rechtspfleger
Landesverband Mecklenburg-Vorpommern**
Amtsgericht Schwerin
Demmlerplatz, 19053 Schwerin
T: (0385) 74 15-645　**Fax:** 74 15-666
Vorsitzende(r): Uwe Mälck (AG Schwerin)
Geschäftsführerin: Dagmar Bänsch (AG Ludwigslust)

s 605

**Bund Deutscher Rechtspfleger
Landesverband Nordrhein-Westfalen**
Koloniestr. 72, 47057 Duisburg
T: (0203) 99 38-836　**Fax:** 99 38-888
Vorsitzende(r): Paul Thater (Duisburg, StA)
Geschäftsführer(in): Ulrich Kämpf (Justizakademie Recklinghausen)

s 606

**Bund Deutscher Rechtspfleger
Landesverband Rheinland-Pfalz**
Amtsgericht Koblenz
56065 Koblenz
T: (0651) 46 62 23　**Fax:** 46 62 39
Vorsitzende(r): Andrea Meyer (LG Trier)
Geschäftsführer(in): Gerd Neuhäuser (Koblenz, AG)

s 607

**Bund Deutscher Rechtspfleger
Landesverband Saarland e.V.**
Amtsgericht Saarbrücken
66104 Saarbrücken
T: (0681) 60 03-269, 5 01-5019　**Fax:** 5 01-6941
Vorsitzende(r): Axel Hahn (AG Saarbrücken)
Geschäftsführer(in): Antje Altmayer (StA Saarbrücken)

s 608

Verband Sächsischer Rechtspfleger
Amtsgericht Zwickau
Platz der Deutschen Einheit 1, 08056 Zwickau
Vorsitzende(r): Jan Förster (AG Zwickau)
Geschäftsführer(in): Peter Kripp (Justizschule Radebeul)

s 609

**Bund Deutscher Rechtspfleger
Sachsen-Anhalt e.V.**
Lindenplatz 11, 39326 Hermsdorf
T: (0391) 6 06-6099　**Fax:** 6 06-6005
Vorsitzende(r): Peter Damm (AG Magdeburg)
Geschäftsführer(in): Silvio Gentsch (ArbG Stendal)

s 610

**Bund Deutscher Rechtspfleger
Landesverband Schleswig-Holstein**
Südergraben 22, 24937 Flensburg
T: (0461) 8 91 16　**Fax:** 8 94 34
Vorsitzende(r): Hinrich Clausen (Flensburg, AG)
Geschäftsführer(in): Nicole Rohde (Rendsburg, AG)

s 611

**Bund Deutscher Rechtspfleger
Landesverband Thüringen**
Amtsgericht Mühlhausen
Untermarkt 17, 99974 Mühlhausen
T: (03601) 49 94-31　**Fax:** 49 94-44
Vorsitzende(r): Peter Schirmer (AG Mühlhausen)
Geschäftsführer(in): Monika Lenz (AG Jena)

s 612

Verein der Rechtspfleger im Bundesdienst e.V. (VRB)
Mitterwieserstr. 1, 80797 München
T: (089) 6 99 37-226　**Fax:** 32 38 85 01
E-Mail: kapplt@buerohaus.de
Vorsitzende(r): Thomas Kappl (Bundespatentgericht), München
Geschäftsführer(in): Dirk Eickhoff (Bundespatentgericht), München

● S 613

Arbeitskreis der Landschaftsanwälte (ADL)
Platanenhof 23, 30659 Hannover
T: (0511) 9 05 59 96　**Fax:** 9 05 59 83
E-Mail: ADL.Wille@t-online.de
Gründung: 1951
Vorsitzende(r): Dipl.-Ing. Sabine Webersinke
Geschäftsführer(in): Dr. Volker Wille
Mitglieder: 114 (Stand 01.01.2001)

Umweltschutz, Naturschutz, Vertreten der Belange der landschaftspflegerischen Erfordernisse in der Entwicklung und Planung.

● S 614

Bundessprecherkonferenz der Rechtsreferendarinnen und Rechtsreferendare e.V.
c/o RAe Eller & Ohly
Gabelsbergerstr. 9, 80333 München
T: (089) 28 98 65 65　**Fax:** 2 80 22 65
Internet: http://www.jumag.de/ju.3100.htm
Gründung: 1992 (10. November)
Vorsitzende(r): Daniel Eichmann
Stellvertretende(r) Vorsitzende(r): Thomas Stein
Leitung Presseabteilung: Manuela Kraus
Verbandszeitschrift: jumag
Redaktion: Gabelsbergerstr. 9, 80333 München
Verlag: medialog Verlag, Kapellenweg 6, 82340 Feldafing
Mitglieder: 55

● S 615

Deutsch-Amerikanische Juristen-Vereinigung e.V. (DAJV)
Postf. 20 04 42, 53134 Bonn
Alte Bahnhofstr. 10, 53173 Bonn
T: (0228) 36 13 76　**Fax:** 35 79 72
Partnerorganisation:
GERMAN AMERICAN Lawyers ASSOCIATION (GALA), New York, N.Y.
Gründung: 1975
Vorstand: Dr. Hans-Peter Ackmann (Vorsitzender)
Prof. Dr. Heribert Hirte (1. stellv. Vorsitzender)
Dr. Ludwig Leyendecker (2. stellv. Vorsitzender)
Micaela Dresen (Schatzmeisterin)
Dr. Michael R. Fischer (GALA-Koordinator)
Priv.-Doz. Dr. Karsten Otte (Newsletter)
Dr. Marc Eumann
Carsten Flaßhoff
Werner Hein
Sabine Kewlitsch
Dr. Christa Pfeil-Kammerer
Alexander Ressos
Augsburg: Prof. Dr. Thomas M. J. Möllers
Berlin: Dr. Margarete Mühl-Jäckel
Prof. Reimer von Borries
Bochum: Prof. Dr. Daniel Zimmer
Bonn: Prof. Dr. Gerhard Wagner
Chemnitz: Prof. Dr. Christian Westerhausen
Dresden: Prof. Dr. Wolfgang Lüke
Düsseldorf: Dr. Rainer Velten
Erlangen-Nürnberg: Prof. Dr. Wolfgang Blomeyer
Frankfurt (Main): Rudolf du Mesnil de Rochemont
Freiburg: Prof. Dr. Rolf Stürner
Hamburg: Prof. Dr. Jürgen Basedow
Gabriele Renken-Röhrs
Hannover: Prof. Dr. Thomas E. Abeltshauser
Dr. Jutta Stender-Vorwachs
Heidelberg: Prof. Dr. Winfried Brugger
Jena: Prof. Dr. Sharon Byrd
Prof. Dr. Karl Matthias Meessen
Köln: Dr. Ludwig Leyendecker
Leipzig: Prof. Dr. Thomas Rauscher
München: Dr. Peter Nussbaum
Gebhard Rehm
Münster: Prof. Dr. Heinz-Dietrich Steinmeyer
Rostock: Prof. Dr. Harald Koch
Stuttgart: Dr. Rolf M. Winkler
Verbandszeitschrift: DAJV-Newsletter
Redaktion: Priv.-Doz. Dr. Karsten Otte
Verlag: Selbstverlag
Mitglieder: 3800
Mitarbeiter: 3

● S 616

Deutsch-Britische Juristenvereinigung
Neuer Wall 42, 20354 Hamburg
E-Mail: bollmann-hamburg@t-online.de
Vorsitzende(r): Dr. Helmut Plambeck (Präs. a.D. des Hamburgischen Verfassungsgerichts und des Hanseatischen Oberlandesgerichts Hamburg)
Generalsekretär(in): Rechtsanwalt Dr. Knut Suhr (LL.M.)

● S 617

Deutsch-Griechische Juristenvereinigung e.V.
c/o Schlatius
Spitalerstr. 4, 20095 Hamburg
T: (040) 33 40 10　**Fax:** 33 68 69
Internet: http://www.dgjv.de
Gründung: 1984 (5. September)
1. Vorsitzender(r): VRiOLG Dr. Jürgen Daniels (Hans. Oberlandesgericht - 8. Zivilsenat -, Sievekingplatz, 20355 Hamburg)
1. Stellv. Vors.: Prof. Dr. Spiros Simitis (Johann-Wolfgang-Goethe-Universität, Institut für Arbeits-, Wirtschafts- und Zivilrecht, Senckenberganlage 31, 60325 Frankfurt)
2. Stellv. Vors.: RA Dr. Constantin Iliopoulos (A. Metaxa 2, GR-Athen 10681, Griechenland)
3. Stellv. Vors.: Prof. Dr. Gert Nicolaysen (Fachbereich Rechtswissenschaften I, Universität Hamburg, Schlüterstr. 28, 20146 Hamburg)
Generalsekretär(in): RA Dr. Jürgen Sparr (Schlatius, Spitalerstr. 4, 20095 Hamburg, T: (040) 33 40 10, Fax: (040) 33 68 69)
Schatzmeister: RA Ion Makris (Goltsteinstr. 22, 40211 Düsseldorf, T: (0211) 17 33 50, Fax: (0211) 35 94 12)
Mitglieder: 216

● S 618

Deutsch-Japanische Juristenvereinigung e.V.
Neuer Wall 54, 20354 Hamburg
T: (040) 37 21 35　**Fax:** 36 35 69
Internet: http://www.djjv.org
E-Mail: drscheer@aol.com
Gründung: 1988 (07. Juni)
Präsident(in): Dr. Jan Grotheer (Präs. des Finanzgerichts Hamburg)
Vizepräsident(in): RA Hironaga Kaneko
RA Dr. Harald Baum
Generalsekretär(in): RA Prof. Dr. Matthias K. Scheer (LL.M. Harvard)
Verbandszeitschrift: Zeitschrift für japanisches Recht
Redaktion: Dr. Harald Baum, Dr. Matthias K. Scheer, Neuer Wall 54, 20354 Hamburg
Mitglieder: 720
Jahresetat: DM 0,07 Mio, € 0,04 Mio

● S 619

Deutsch-Rumänische Juristen-Vereinigung e.V.
Asociatia germano-româna a juriștilor
c/o Stalfort & Partner, Rechtsanwälte GbR
Bogotastr. 21, 14163 Berlin
T: (030) 80 19 96-0　**Fax:** 80 19 96-25
Internet: http://www.drjv.de
E-Mail: de@drjv.de
Gründung: 1997 (Februar)
Vorsitzende(r): RA Dr. Gisbert Stalfort
Stellvertretende(r) Vorsitzende(r): Ioan Somesan
Schatzmeister: RA Klaus Jakubowski
Verbandszeitschrift: DRJV Newsletter
Mitglieder: 115

● S 620

Deutsch-Spanische Juristenvereinigung e.V.
Sant Pere mes Alt, 16, principal, E-08003 Barcelona
T: (003493) 3 19 01 85　**Fax:** 3 19 01 85
Internet: http://www.schwebs.de/jurist.dsjv
E-Mail: dsjv@retemaiil.es
Gründung: 1984 (April)
Präsident(in): Prof. Dr. Peter Gantzer (Frauenstr. 9, 80469 München)
Generalsekretär(in): RA Stefan Meyer (Barbara de Braganza, 11, E-28004 Madrid)
Mitglieder: 850

● S 621

Deutsch-Türkische Juristenvereinigung e.V.
c/o Prof. Dr. T. Ansay
Magdalenenstr. 35, 20148 Hamburg
T: (040) 41 78 73, 4 19 00-234　**Fax:** 41 78 73

S 621

Gründung: 1986 (29. April)
Vorsitzende(r): Prof. Dr. Jürgen Basedow (Direktor am Max-Planck-Institut für ausländisches u. internationales Privatrecht, Hamburg)
Stellv. Vors. u. GeschF: Prof. Dr. Tuğrul Ansay (Hamburg/Ankara)
Prof. Dr. Kurt Siehr (Universität Zürich)
Prof. Dr. Hilmar Krüger (Regierungsdirektor, bfai - Bundesstelle für Außenhandelsinformationen, Köln)
Rechtsanwalt Dr. Christian Rumpf, Stuttgart
Rechtsanwältin Bergü Ercan, Dortmund
Mitglieder: 295

Wirtschaftsprüfer, Steuerberater und -bevollmächtigte, Buchprüfer u. a.

● **S 622**
Wirtschaftsprüferkammer
- Körperschaft des öffentlichen Rechts -
Postf. 32 11 47, 40426 Düsseldorf
Tersteegenstr. 14, 40474 Düsseldorf
T: (0211) 45 61-0 **Fax:** 45 61-212
Internet: http://www.wpk.de
E-Mail: admin@wpk.de
Gründung: 1961
Präsident(in): WP/StB/RA Dr. Adalbert Wahl, München
1. Vizepräs.: WP/StB Dipl.-Kfm. Hubert Graf von Treuberg, Stuttgart
2. Vizepräs.: vBP/StB Dipl.-Volksw. Dieter Reinhard, Schönaich
Geschäftsführung: RA Peter Maxl
Dr. Reiner J. Veidt
Leitung Presseabteilung: RA David Thorn
Verbandszeitschrift: Wirtschaftsprüferkammer-Mitteilungen
Verlag: Verlag Dr. Otto Schmidt KG, Unter den Ulmen 96-98, 50968 Köln
Mitglieder: 16881
Mitarbeiter: 55

Die Wirtschaftsprüferkammer hat die Aufgabe, die beruflichen Belange der Gesamtheit der Mitglieder zu wahren und die Erfüllung der beruflichen Pflichten zu überwachen.

s 623
Wirtschaftsprüferkammer
Landesgeschäftsstelle Baden-Württemberg
Eugenstr. 9, 70182 Stuttgart
T: (0711) 2 39 77-0 **Fax:** 2 39 77-12

s 624
Wirtschaftsprüferkammer
Landesgeschäftsstelle Bayern
Landwehrstr. 61, 80336 München
T: (089) 54 46 16-0 **Fax:** 54 46 16-12

s 625
Wirtschaftsprüferkammer
Landesgeschäftsstelle Berlin
Johann-Sigismund-Str. 2, 10711 Berlin
T: (030) 8 93 66 90 **Fax:** 89 36 69 22

s 626
Wirtschaftsprüferkammer
Landesgeschäftsstelle Hessen, Rheinland-Pfalz, Saarland und Thüringen
Böhmerstr. 11, 60322 Frankfurt
T: (069) 28 26 67 **Fax:** 28 89 61

s 627
Wirtschaftsprüferkammer
Landesgeschäftsstelle Norddeutschland
Fehlandtstr. 50, 20354 Hamburg
T: (040) 34 53 94 **Fax:** 34 55 16
Zuständigkeit: Bremen, Hamburg, Mecklenburg-Vorpommern, Niedersachsen, Schleswig-Holstein

s 628
Wirtschaftsprüferkammer
Landesgeschäftsstelle Nordrhein-Westfalen
Tersteegenstr. 14, 40474 Düsseldorf
T: (0211) 45 61-0 **Fax:** 45 61-2 12
E-Mail: admin@wpk.de

s 629
Wirtschaftsprüferkammer
Landesgeschäftsstelle Sachsen
Pohlandstr. 2, 01309 Dresden
T: (0351) 3 17 95 62 **Fax:** 3 17 95 76

● **S 630**

INSTITUT DER WIRTSCHAFTSPRÜFER
IDW

Institut der Wirtschaftsprüfer in Deutschland e.V. (IDW)
Postf. 32 05 80, 40420 Düsseldorf
Tersteegenstr. 14, 40474 Düsseldorf
T: (0211) 45 61-0 **Fax:** 4 54 10 97
Internet: http://www.idw.de
E-Mail: info@idw.de
Gründung: 1932 (15. Februar)
Internationaler Zusammenschluß: siehe unter izs 326
Vorsitzende(r) des Vorstandes: WP/StB Dr. Siegfried Zitzelsberger
Hauptgeschäftsführer(in): WP/StB Prof. Dr. Klaus-Peter Naumann
Geschäftsführer(in): Dipl.-Kfm. Dr. Gerhard Gross
WP/StB Dipl.-Kfm. Peter Marks
Leitung Presseabteilung: Dr. Petra Wiedefeldt
Verbandszeitschrift: Fachnachrichten (Verantwortlich: HauptgeschF WP/StB Prof. Dr. Klaus-Peter Naumann)
Redaktion: StB Dipl.-Kfm. Dr. Helmut Klaas, Dipl.-Volksw. Cornelia Schrage
Verlag: Selbstverlag, Postf. 32 05 80, 40420 Düsseldorf, T: (0211) 45 61 (0)
Verbandszeitschrift: Die Wirtschaftsprüfung (Hauptschrift-Ltg.: Dr. Karl-Heinz Armeloh)
Verlag: IDW-Verlag GmbH, Tersteegenstr. 14, 40474 Düsseldorf, T: (0211) 45 61 (0)
Mitglieder: 10414 (Stand 01.01.2001)
Landesgeschäftsstellen in: Berlin, Düsseldorf, Hamburg, Frankfurt, Leipzig, München und Stuttgart

Das Institut hat die Fachgebiete des Wirtschaftsprüfers (wie die Bilanzierung, Prüfung, Beratung einschl. der Steuerberatung und das Treuhandwesen) sowie seine Mitglieder und den beruflichen Nachwuchs zu fördern und für die Interessen des Wirtschaftsprüferberufs einzutreten.

● **S 631**
Bundessteuerberaterkammer
- Körperschaft des öffentlichen Rechts -
Postf. 13 40, 53003 Bonn
Poppelsdorfer Allee 24, 53115 Bonn
T: (0228) 7 26 39-0 **Fax:** 7 26 39-52
Internet: http://www.bstbk.de
E-Mail: BStBK-Bonn@t-online.de
Neue Anschrift ab 1. Juli 2001:
Postf. 02 88 55, 10131 Berlin
Neue Promenade 4, 10178 Berlin
T: (030) 2 40 08 70, **Fax:** 24 00 87 99
E-Mail: zentrale@bstbk.de
Internationaler Zusammenschluß: siehe unter izs 299
Präsident(in): StB/WP Volker Fasolt
Hauptgeschäftsführer(in): StB Dipl.-Volksw. Dr. Heinrich Weiler
Stellv. HGeschF: StB Katrin Schulz-Kämpfer
RA Thomas Hund
Geschäftsführer(in): Brigitte Fenner
Referent f. Öffentlichkeitsarbeit: Dipl.-Volksw. Oliver Falk
Mitglieder: 21 Steuerberaterkammern mit ca. 70 000 Berufsangehörigen (Stand 1.1.2001)

Gesetzliche Berufsvertretung des steuerberatenden Berufs auf Bundesebene; wird gebildet von den 21 Steuerberaterkammern im Bundesgebiet. Zu ihren Aufgaben gehört insbesondere, in Fragen, welche die Gesamtheit der Berufskammern angehen, die Auffassung der einzelnen Kammern zu ermitteln und im Wege gemeinschaftlicher Aussprache die Auffassung der Mehrheit festzustellen; die allgemeine Auffassung über Fragen der Ausübung des Steuerberaterberufs in Richtlinien festzustellen; die Berufsordnung als Satzung zu erlassen und zu ändern; die Gesamtheit der Kammern gegenüber Behörden und Organisationen zu vertreten; Gutachten für Bundesgesetzgeber, Bundesbehörden und Bundesgerichte zu erstatten, sowie die berufliche Fortbildung im steuerberatenden Beruf zu fördern. Alljährlich führt sie den DEUTSCHEN STEUERBERATERKONGRESS durch.

Steuerberaterkammern

s 632
Steuerberaterkammer Berlin
- Körperschaft des öffentlichen Rechts -
Meierottostr. 7, 10719 Berlin
T: (030) 8 83 50 84/85 **Fax:** 8 83 24 83
Präsident(in): Steuerberater/Wirtschaftsprüfer Volker Fasolt
Hauptgeschäftsführer(in): Brigitte Hallmann

s 633
Steuerberaterkammer Brandenburg
- Körperschaft des öffentlichen Rechts -
Tuchmacherstr. 48b, 14482 Potsdam
T: (0331) 8 88 52-0 **Fax:** 8 88 52-22
Präsident(in): StB Reinhard Satory

s 634
Hanseatische Steuerberaterkammer Bremen
- Körperschaft des öffentlichen Rechts -
Am Wall 192, 28195 Bremen
T: (0421) 3 65 07-0
Präsident(in): Steuerberater Bodo Schenk
Geschäftsführer(in): RA Monika Will-Brinkmann

Berufskammer aller im Bezirk des Senators für Finanzen Bremen ansässigen Steuerberater, Steuerbevollmächtigten, Steuerberatungsgesellschaften und Personen gemäß Paragraph 74 Abs. 2 Steuerberatungsgesetz; Berufsaufsicht.

s 635
Steuerberaterkammer Düsseldorf
- Körperschaft des öffentlichen Rechts -
Uhlandstr. 11, 40237 Düsseldorf
T: (0211) 6 69 06-0 **Fax:** 6 69 06-60
E-Mail: mail@stbk-duesseldorf.de
Präsident(in): Dipl.-Kfm. Dr. Horst Vinken (Steuerberater, Wirtschaftsprüfer)
Hauptgeschäftsführer(in): Dipl.-Kfm. Dieter Müller
Geschäftsführer(in): Dipl.-Fw. RA Günter Koslowski

s 636
Steuerberaterkammer Hamburg
- Körperschaft des öffentlichen Rechts -
Raboisen 32, 20095 Hamburg
T: (040) 44 80 43-0 **Fax:** 44 58 85
Präsident(in): StB/vBP Dipl.-Kfm. Bernd Janssen
Geschäftsführer(in): RA Philipp Seifert

Berufsvertretung der Steuerberater, Steuerbevollmächtigten und Steuerberatungsgesellschaften in Hamburg gem. Paragraphen 73 ff. Steuerberatungsgesetz.

s 637
Steuerberaterkammer Hessen
- Körperschaft des öffentlichen Rechts -
Gutleutstr. 175, 60327 Frankfurt
T: (069) 15 30 02-0 **Fax:** 15 30 02-60
Präsident(in): Steuerberater/Wirtschaftsprüfer Dipl.-Kfm. Dr. Hans Günter Senger
Geschäftsführer(in): Ass. Georg Hartmann

s 638
Steuerberaterkammer Köln
- Körperschaft des öffentlichen Rechts -
Volksgartenstr. 48, 50677 Köln
T: (0221) 3 36 43-0 **Fax:** 3 36 43-43
Präsident(in): StB/vBP Dipl.-Vw. Ernst-Dieter Grafe
Hauptgeschäftsführer(in): RA Clemens Kuhls
Stellv. HGeschF: Ass. Theo Meurers
Geschäftsführer(in): Dipl.-Kfm./Dipl.-Hdl. Hartmut Demel

s 639
Steuerberaterkammer Mecklenburg-Vorpommern
- Körperschaft des öffentlichen Rechts -
Ostseeallee 40, 18107 Rostock
T: (0381) 7 76 76 76 **Fax:** 7 76 76 77
Präsident(in): StB Dipl.-Ing. oec. Ing Dieter Breitsprecher
Geschäftsführer(in): RA Jörg Hähnlein

s 640
Steuerberaterkammer München
- Körperschaft des öffentlichen Rechts -
Nederlinger Str. 9, 80638 München
T: (089) 15 79 02-0 **Fax:** 15 79 02 19
Internet: www.stbk-muc.de
E-Mail: info@stbk-muc.de
Gründung: 1961 (Dezember)
Präsident(in): Dipl.-Volksw. Erwin Stein (Steuerberater)

Geschäftsführer(in): RA Bernd Meggendorfer
RA'in Marianne Dollinger (Ltg. Presseabt.)
Verbandszeitschrift: Kammermitteilungen
Redaktion: Fr. Dollinger
Mitglieder: 8200
Mitarbeiter: 18

s 641
Steuerberaterkammer Niedersachsen
- Körperschaft des öffentlichen Rechts -
Detmoldstr. 10, 30171 Hannover
T: (0511) 2 88 90-0   **Fax:** 2 83 40 32
Präsident(in): Steuerberater vereidigter Buchprüfer Dipl.-Kfm. Dr. Harald Grürmann
Hauptgeschäftsführer(in): RA Franz Keil

s 642
Steuerberaterkammer Nordbaden
- Körperschaft des öffentlichen Rechts -
Poststr. 11, 69115 Heidelberg
T: (06221) 18 30 77, 18 30 78   **Fax:** 16 51 05
Präsident(in): Steuerberater Wirtschaftsprüfer Dipl.-Volksw. Dr. Klaus Heilgeist
Geschäftsführer(in): Dipl.-Volksw. Gerhard Hanno-Igels
Ass. Heinrich Winkler
Ass. Petra Brechter
Mitglieder: 2500

s 643
Steuerberaterkammer Nürnberg
- Körperschaft des öffentlichen Rechts -
Dürrenhofstr. 4, 90402 Nürnberg
T: (0911) 9 46 26-0   **Fax:** 49 33 98
Präsident(in): Steuerberater, vereidigter Buchprüfer/Rechtsbeistand, Dipl.-Kfm. Manfred Dehler
Geschäftsführer(in): RA_'in Marga Künne

s 644

Steuerberaterkammer Rheinland-Pfalz
- Körperschaft des öffentlichen Rechts -
Hölderlinstr. 8, 55131 Mainz
T: (06131) 9 52 10-0   **Fax:** 9 52 10 40
Präsident(in): Steuerberater, vereidigter Buchprüfer, Dipl.-Volksw. Edgar Wilk
Geschäftsführer(in): Ass. jur. Anne Ueberfeldt

s 645
Steuerberaterkammer Saarland
- Körperschaft des öffentlichen Rechts -
Am Kieselhumes 15, 66123 Saarbrücken
T: (0681) 6 68 32-0   **Fax:** 6 68 32-32
Präsident(in): Dipl.-Kfm. Dr. Wilfried Dann (Steuerberater, vereidigter Buchprüfer)
Geschäftsführer(in): Norbert Hillen

s 646
Steuerberaterkammer des Freistaates Sachsen
- Körperschaft des öffentlichen Rechts -
Emil-Fuchs-Str. 2, 04105 Leipzig
T: (0341) 56 33 60   **Fax:** 5 63 36 20
Präsident(in): Steuerberater Uwe Ronneberger
Geschäftsführer(in): RA Dr. Berthold Stoppelkamp

s 647
Steuerberaterkammer Sachsen-Anhalt
- Körperschaft des öffentlichen Rechts -
Kroatenweg 71, 39116 Magdeburg
T: (0391) 6 11 62-0   **Fax:** 6 11 62-16
Präsident: Steuerberater Dieter Kunze
Geschäftsführer(in): Lutz Stucke

s 648
Steuerberaterkammer Schleswig-Holstein
- Körperschaft des öffentlichen Rechts -
Holtenauer Str. 82, 24105 Kiel
T: (0431) 5 70 49-0   **Fax:** 5 70 49-10
Präsident(in): Dipl.-Vw., StB/WP Gerhard Flock
Geschäftsführer(in): RA Knut Henze

s 649
Steuerberaterkammer Stuttgart
- Körperschaft des öffentlichen Rechts -
Hegelstr. 33, 70174 Stuttgart
T: (0711) 6 19 48-0   **Fax:** 6 19 48-702, 6 19 48-703
Internet: http://www.stbk-stuttgart.de
E-Mail: mail@stbk-stuttgart.de
Präsident(in): Steuerberater/Wirtschaftsprüfer Franz Longin
Geschäftsführer(in): Ass. Thomas Kürner
Detlef Radtke

s 650
Steuerberaterkammer Südbaden
- Körperschaft des öffentlichen Rechts -
Kronenstr. 2, 79100 Freiburg
T: (0761) 7 05 26-0   **Fax:** 7 05 26-26
Internet: http://www.stbk-suedbaden.de
E-Mail: stbk-suedbaden@t-online.de
Präsident(in): StB WP RA Dr. Raoul Riedlinger
Geschäftsführer(in): RA Carl-Maria Best
RA Michael Klaeren

s 651
Steuerberaterkammer Thüringen
- Körperschaft des öffentlichen Rechts -
Kartäuserstr. 27a, 99084 Erfurt
T: (0361) 5 76 92-0   **Fax:** 5 76 92-19
Präsident(in): Steuerberater Günter Baumgarten
Geschäftsführer(in): Gerd Wagner

s 652
Steuerberaterkammer Westfalen-Lippe
- Körperschaft des öffentlichen Rechts -
Urbanstr. 1, 48143 Münster
T: (0251) 4 17 64-0   **Fax:** 5 54 84, 4 17 64-27
Internet: http://www.stbk-westfalen-lippe.de
E-Mail: mail@stbk-westfalen-lippe.de
Präsident(in): Steuerberater, vBP, RB Helmut Messing
Hauptgeschäftsführer(in): Dipl.-Volksw. Georg Richter

● S 653
DStV
Deutscher Steuerberaterverband e.V. (DStV)
Littenstr. 10, 10179 Berlin
T: (030) 27 87 62   **Fax:** 27 87 67 99
Internet: http://www.dstv.de
E-Mail: dstv.berlin@dstv.de
Internationaler Zusammenschluß: siehe unter izs 301
Präsident(in): Steuerberater/vBP Jürgen Pinne
Hauptgeschäftsführer(in): RA/FAStR Dr. Axel Pestke
Geschäftsführer(in): RA Wolfgang Strothe
Verbandszeitschrift: DIE STEUERBERATUNG
Verlag: Stollfuß Verlag GmbH & Co. KG, Französische Str. 13, 10117 Berlin (auch Redaktion)
Mitglieder: 15 Verbände, über 29.000 Angehörige des steuerberatenden und wirtschaftsprüfenden Berufs

Spitzenverband der Angehörigen des steuerberatenden Berufs in der Bundesrepublik Deutschland; Wahrung und Förderung der berufsständischen und berufspolitischen Interessen der Berufsangehörigen; Vertretung der Mitgliedsverbände bei allen Behörden sowie allen öffentlichen und privaten Stellen, deren Tätigkeit über den Bereich eines Bundeslandes hinausgeht; Unterstützung der fachlichen Unterrichtung und Förderung der Berufsangehörigen über die Mitgliedsverbände; Mitarbeit an der Fachgesetzgebung einschließlich des Berufsrechts; Zusammenarbeit mit in- und ausländischen Berufsorganisationen; Unterstützung bei der Gründung neuer Regionalverbände.

s 654
Deutsches Steuerberaterinstitut e.V. (DStI)
- Fachinstitut des Deutschen Steuerberaterverbandes -
Littenstr. 10, 10179 Berlin
T: (030) 2 46 26 69-0   **Fax:** 2 46 26 69-9
Internet: http://www.dstv.de/dsti.htm
E-Mail: dsti.berlin@dstv.de
Präsident(in): Steuerberater/vBP Jürgen Pinne
Direktor(in): RA/FAStR Dr. Axel Pestke
Geschäftsführer(in): RA Wolfgang Strothe

s 655
Landesverband der steuerberatenden und wirtschaftsprüfenden Berufe Baden-Württemberg e.V.
Hegelstr. 33, 70174 Stuttgart
T: (0711) 6 19 48-0   **Fax:** 6 19 48-703
E-Mail: info@stb-wpverband-bw.de
1. Vorsitzende(r): StB Heinz Euchner
Geschäftsführer(in): Ass. jur. Ute Kemmann

s 656
Landesverband der steuerberatenden und wirtschaftsprüfenden Berufe in Bayern e.V.
Isabellastr. 13, 80798 München
T: (089) 2 73 21 40   **Fax:** 2 73 06 56
Internet: http://www.stbverband-bayern.de
E-Mail: lswb_mchn@t-online.de
Präsident(in): StB Dipl.-Fw.(FH) Elfriede Bittner-Voigt
Geschäftsführer(in): RA Erich Alexander Helm

Fachliche Fortbildung, Fachauskünfte, Informationsdienst, Fachbibliothek, Betreuung der Mitglieder in fachlichen u. rechtlichen Fragen.

s 657
Steuerberaterverband Berlin-Brandenburg
Verband der steuerberatenden und wirtschaftsprüfenden Berufe e.V.
Joachimstaler Str. 15, 10719 Berlin
T: (030) 88 71 93-0   **Fax:** 88 71 93-20
Internet: http://www.stbverband-berlin-bb.de
E-Mail: stbverband-berlin-bb@t-online.de
1. Vorsitzende(r): StB/vBP/RB Marlene Großkreutz
Geschäftsführer(in): Dipl.-Kfm., Wirtsch.-Ing. Wolfgang Wehmeier

s 658
Steuerberaterverband im Lande Bremen e.V.
Am Deich 57, 28199 Bremen
T: (0421) 5 95 84-0   **Fax:** 5 95 84-22
E-Mail: stbverband-bremen@t-online.de
Vorsitzende(r): StB/vBP Karl-Heinz Meyer
Geschäftsführer(in): Helke Mähr

Wahrung und Förderung der gemeinsamen Interessen der im Lande Bremen und angrenzenden Gebiete ansässigen Steuerberater, Steuerbevollmächtigten, Steuerberatungsgesellschaften und weiterer Angehöriger steuerberatender Berufe. Fortbildungsveranstaltungen für Kollegen: Vorträge, Seminare; auch Spezialseminare für Fachgehilfen und Auszubildende.

s 659
Steuerberaterverband Düsseldorf e.V.
Verband der steuerberatenden und prüfenden Berufe
Uhlandstr. 11, 40237 Düsseldorf
T: (0211) 66 90 60   **Fax:** 6 69 06 80
Internet: http://www.stbverband-duesseldorf.de
E-Mail: mail@stbverband-duesseldorf.de
1. Vorsitzende(r): StB Volker Humeny
Hauptgeschäftsführer(in): Dipl.-Kfm. Dieter Müller
Geschäftsführer(in): RA Dipl.-Fw. Günter Koslowski

s 660
Steuerberaterverband Hamburg e.V.
Fontenay 1d, 20354 Hamburg
T: (040) 41 34 47-0   **Fax:** 41 34 47-59
E-Mail: steuerberaterverband-hamburg@t-online.de
Präsident(in): StB/vBP Manfred Marcks
Geschäftsführer(in): Edith Blohm

s 661
Steuerberaterverband Hessen e.V.
Verband der steuerberatenden und wirtschaftsprüfenden Berufe
Mannheimer Str. 15, 60329 Frankfurt
T: (069) 97 57 45-0   **Fax:** 97 57 45-25
Internet: http://www.stbverband-hessen.de
E-Mail: stbverbandhessen@t-online.de
Präsident(in): StB/WP/RB Rolf Kugelstadt
Geschäftsführer(in): RA Dipl.-Bw.(BA) Rainer von Borstel

s 662
Steuerberater-Verband e.V. Köln
- Verband der steuerberatenden und wirtschaftsprüfenden Berufe -
Weißhausstr. 23, 50939 Köln
T: (0221) 9 44 20 40   **Fax:** 94 42 04 22
Internet: http://www.stbverband-koeln.de
E-Mail: stb-verband-koeln@t-online.de
Präsident(in): StB Helmut Schmitz
Hauptgeschäftsführer(in): RA Manfred Hofstede
Geschäftsführer(in): Lieselotte Herion

s 663

Steuerberaterverband Mecklenburg-Vorpommern e.V.
Ostseeallee 40, 18107 Rostock
T: (0385) 7 76 76-50 Fax: 7 76 76-22
Internet: http://www.steuerberaterverband.de/mv
E-Mail: stbvm-v@t-online.de
1. Vorsitzende(r): StB Undine Moltmann
Geschäftsführer(in): Birgid Felter

s 664

Steuerberaterverband Niedersachsen • Sachsen-Anhalt e.V.
Geschäftsstelle Niedersachsen
Rathenaustr. 9, 30159 Hannover
T: (0511) 3 07 62-0 Fax: 3 07 62-12
Internet: http://www.steuerberater-verband.de
E-Mail: stbv-nds-sachsen-anhalt-e.v.@t-online.de
Präsident(in): StB/WP Dipl.-Kfm. Prof. Dr. Hans Michael Korth
Hauptgeschäftsführer(in): StB Dipl.-Kfm. Dieter Gattermann
Geschäftsführer(in): StB Dipl.-Vw. Dr. Anne Bader

s 665

Steuerberaterverband Niedersachsen • Sachsen-Anhalt e.V.
Geschäftsstelle Sachsen-Anhalt
Porsestr. 8, 39104 Magdeburg
T: (0391) 40 55-40 Fax: 4 05 54-20
Internet: http://www.steuerberater-verband.de
E-Mail: stbv.sa-anh.sam@t-online.de
Geschäftsführer(in): Dipl.-oec. Detlef Pilz

s 666

Steuerberaterverband Rheinland-Pfalz e.V.
Hölderlinstr. 8, 55131 Mainz
T: (06131) 5 12 25 Fax: 5 37 93
Internet: http://www.steuerberaterverband.de/rhein-pf
E-Mail: stb-verband-rlp@t-online.de
Präsident(in): StB/WP Dipl.-Kfm. Dr. Fritz Vogt
Geschäftsführer(in): Brunhilde Lingler

s 667

Steuerberaterverband Sachsen e.V.
Verband der steuerberatenden und wirtschaftsprüfenden Berufe
Bertolt-Brecht-Allee 24, 01309 Dresden
T: (0351) 31 99-3025 Fax: 31 99-3022
E-Mail: stbverband-sachsen@t-online.de
Präsident(in): StB Dr. Andreas Zönnchen
Geschf.Mitgl.d.Präs: RA Manfred Hofstede

s 668

Steuerberaterverband Schleswig-Holstein e.V. - Verband des steuer- und wirtschaftsberatenden Berufs -
Holstenstr. 100-102, 24103 Kiel
T: (0431) 99 79 70 Fax: 9 97 97 17
Internet: http://www.steuerberater-in.de/verband/vbsho.htm
E-Mail: steuerberaterverband_sh@t-online.de
Vorsitzende(r): StB/vBP Ingrid Lenk
Geschäftsführer(in): Helga Hein

s 669

Steuerberaterverband Thüringen e.V.
Kartäuserstr. 27a, 99084 Erfurt
T: (0361) 5 58 33-0 Fax: 5 58 33-10
Internet: http://www.stbverband-thueringen.de
E-Mail: steuerberatverband-thuer@t-online.de
Präsident(in): StB Dr. Herbert Becerer
Geschäftsführer(in): Dipl.-Wirtsch. Inge Kramer

s 670

Steuerberaterverband Westfalen-Lippe e.V.
Scharnhorststr. 46, 48151 Münster
T: (0251) 53 58 60 Fax: 5 35 86 60
Internet: http://www.stbv.de
E-Mail: info@stbv.de
Vorsitzende(r): StB/WP/RB Hans W. Haubruck
Geschäftsführer(in): RA Hans-Günther Gilgan

● S 671

Bundesverband der Steuerberater e.V.
Ludwigstr. 2, 50667 Köln
T: (0221) 9 25 36 37 Fax: 9 25 36 38
E-Mail: bv.steuerberater@t-online.de
Gründung: 1949 (21. Dezember)
Internationaler Zusammenschluß: siehe unter izs 300
Präsident(in): Dipl.-Kfm. Josef Sauerwald (Steuerberater/Wirtschaftsprüfer), Bensberg
1. Vizepräs.: Steuerberater/Wirtschaftsprüfer Prof. Dr. Werner Schülen, Stuttgart
2. Vizepräs.: Steuerberater/Wirtschaftsprüfer Dipl.-Kfm. Reinhard Weiser, Berlin
Ehrenvizepräs.: Steuerberater Heinz Henkel, Hannover
Verbandszeitschrift: Der Steuerberater
Verlag: Verlag Recht und Wirtschaft, Heidelberg

Wahrung und Förderung der berufsständischen und berufspolitischen Interessen der Steuerberater; Zusammenarbeit mit in- und ausländischen Berufsorganisationen; Vertretung der Mitgliedsverbände.

s 672

Berlin-Brandenburger Verband der Steuerberater, Wirtschaftsprüfer und vereidigten Buchprüfer e.V.
Uhlandstr. 97, 10715 Berlin
T: (030) 84 47 85-20 Fax: 84 47 85-55
Vorsitzende(r): WP/StB Dipl.-Kfm. Reinhard Weiser (T: (030) 84 47 85-0, Fax: (030) 84 47 85-55)

s 673

Institut der Steuerberater in Bayern e.V.
Universität Regensburg
Geschäftsstelle: Lehrstuhl Prof. Dr. Dirk Meyer-Scharenberg
93040 Regensburg
T: (0941) 9 43-2678 Fax: 9 43-4988
Vorsitzende(r): Steuerberater Prof. Dr. Dirk Meyer-Scharenberg

s 674

Institut der Steuerberater in Hamburg e.V.
Tinsdaler Kirchenweg 275A, 22559 Hamburg
T: (040) 81 40 77 Fax: 81 88 25
Vorsitzende(r): Steuerberater/Wirtschaftsprüfer Heinz H. Sdrenka

s 675

Niedersächsischer Verein der Steuerberater, vereidigten Buchprüfer und Wirtschaftsprüfer e.V.
Hannoversche Str. 36, 31134 Hildesheim
T: (05121) 17 88-0 Fax: 17 88 44
Gründung: 1954 (23. Januar)
Vorstand: StB/WP Dipl.-Kfm. Gerhard Krause

s 676

Steuerberaterverein Nordrhein-Westfalen e.V.
Postf. 32 11 47, 40426 Düsseldorf
Tersteegenstr. 14, 40474 Düsseldorf
T: (0211) 9 51 37-15 Fax: 9 51 37-18
Gründung: 1946 (13. Mai)
Vorsitzende(r) des Vorstandes: StB/WP Dipl.-Kfm. Gerd-Rudolf Volck
Geschäftsführer(in): RA Dr. Hans Wilhelm Korfmacher
Mitglieder: 368

s 677

Verein der Steuerberater, Wirtschaftsprüfer, vereidigten Buchprüfer Köln e.V.
Ludwigstr. 2, 50667 Köln
T: (0221) 9 25 36 36 Fax: 9 25 36 38
Gründung: 1945 (15. Oktober)
Vorsitzende(r): Steuerberater/Wirtschaftsprüfer Dipl.-Kfm. Josef Sauerwald

s 678

Vereinigung der Wirtschaftsprüfer, vereidigten Buchprüfer und Steuerberater in Baden-Württemberg e.V.
Eugenstr. 9, 70182 Stuttgart
T: (0711) 2 36 12 00 Fax: 2 39 77 12
Gründung: 1946
Vorsitzende(r): StB/WP Prof. Dr. Werner Schülen
Geschäftsführer(in): Josef Wroblewski
Mitglieder: 804

● S 679

Bundesverband der Lohnsteuerhilfevereine e.V. (BDL)
Kastanienallee 18, 14052 Berlin
T: (030) 30 10 86 10 Fax: 30 10 86 12
E-Mail: info@bdl-online.de
Gründung: 1973 (18. Oktober)
Vorsitzende(r): Werner Lenk (StB)
Stellvertretende(r) Vorsitzende(r): Harald Hafer
Michael Schmitt-Walter (RA)
Siegfried Stadter
Manfred Zieseniß
Geschäftsführer(in): Erich Nöll (RA)
Mitglieder: 112
Mitarbeiter: 3

Ausübung einer Berufsaufsicht über die angeschlossenen Lohnsteuerhilfevereine, Wahrnehmung der Interessen der angeschlossenen Vereine und deren Mitglieder gegenüber Gesetzgeber, Finanzverwaltung und Gerichtsbarkeit sowie gegenüber anderen berufsständischen Organisationen, Betätigung auf steuerpolitischem Sektor.

● S 680

Neuer Verband der Lohnsteuerhilfevereine e.V. (NVL)
Oranienburger Chaussee 51, 13465 Berlin
T: (030) 4 01 29 25 Fax: 4 01 36 75
Internet: http://www.nvl.de
E-Mail: info@nvl.de
Gründung: 1993 (1. August)
Vorsitzende(r): Ernst Strötzel
Stellvertretende(r) Vorsitzende(r): Karl Unshelm
Andreas Jorgs
Geschäftsführer(in): Uwe Rauhöft
Mitglieder: ca. 100 Vereine

● S 681

BvB - Bundesverband der vereidigten Buchprüfer e.V.
Postf. 32 01 43, 40416 Düsseldorf
Tersteegnstr. 14, 40474 Düsseldorf
T: (0211) 4 56 12 34 Fax: 4 56 12 69
Internet: http://www.bvb.de
E-Mail: office@bvb.org
1. Vorsitzende(r): Heinz Raschdorf (vereidigter Buchprüfer/Steuerberater, Reutlingen)
Geschäftsführer(in): Steuerberater, Dipl.-Kfm. Dr. Helmut Klaas

● S 682

DATEV eG
90329 Nürnberg
Paumgartnerstr. 6-14, 90429 Nürnberg
T: (0911) 2 76-0 Fax: 2 76-3196
Internet: http://www.datev.de
E-Mail: info@datev.de
Gründung: 1966
Vorsitzende(r): Dipl.-Kfm. Dieter Kempf
Stellvertretende(r) Vorsitzende(r): Dipl.-Betriebsw. (FH) Siegbert Rudolph
Dipl.-Kfm. Wolfgang Stegmann
Leitung Presseabteilung: Peter Willig
Verbandszeitschrift: DSWR - Datenverarbeitung, Steuer, Wirtschaft, Recht
Redaktion: DATEV eG, C.H. Beck, München
Verlag: C. H. Beck Verlag,
Wilhelmstr. 9, 80801 München
Mitglieder: 37673 (31.12.99); 36856 (31.12.98)
Mitarbeiter: 4940

Förderung des steuerberatenden Berufes durch ein umfassendes EDV-Dienstleistungssystem aus Software-, Service- und Rechenzentrumsangeboten für die Mandantenberatung.

● S 683

Hauptverband der landwirtschaftlichen Buchstellen und Sachverständigen e.V. (HLBS)
Kölnstr. 202, 53757 St Augustin
T: (02241) 92 80 81-84 Fax: 92 80 80
Internet: http://www.hlbs.de
E-Mail: info@hlbs.de
Gründung: 1922
Präsident(in): Dr. Rüdiger Wesche
1. Vizepräs.: StB Walter Stalbold
2. Vizepräs.: DI agr. Dr. Dieter Wenzl
Geschäftsführer(in): RA Hans-Josef Hartmann
DI agr. Dr. Peter Meinhardt
Verbandszeitschrift: HLBS-Report
Redaktion: Kölnstr. 202, 537 St. Augustin
Mitglieder: ca. 1500

Fachwissenschaftliche Förderung und Fortbildung der Mitglieder; Wahrnehmung und Förderung der fachlichen und wirtschaftlichen Berufsinteressen der Mitglieder; Förderung der Aus- und Fortbildung des Berufsnachwuchses.

● S 684
Verband der Buchstellen für Gewerbe und freie Berufe e.V.
Obentrautstr. 72, 10963 Berlin
T: (030) 21 01 49 24
Vorstand: StB Manfred Beyer
StB Dr. Thomas Schmidt
Dipl.-Volksw., StB Reinhard Garbe
Geschäftsführer(in): StB Michael Ellendorff

Unternehmens- und Wirtschaftsberater, Volks- und Betriebswirte, Marktforscher u. a.

● S 685

Bundesverband Deutscher Unternehmensberater BDU e.V.
Zitelmannstr. 22, 53113 Bonn
T: (0228) 91 61-0   Fax: 91 61-26
Internet: http://www.bdu.de
E-Mail: info@bdu.de
Gründung: 1954
Internationaler Zusammenschluß: siehe unter izs 248
Präsident(in): Rémi Redley
Geschäftsführer(in): Christoph Weyrather
PR Klaus Reiners
Mitglieder: 504 Firmen mit 16000 Mitarbeitern
Mitarbeiter: 15

Zusammenschluß der qualifizierten Unternehmensberater; enge Zusammenarbeit mit Behörden, Organisationen, Wirtschaftsgruppen und Fachverbänden.

s 686
Bundesverband Deutscher Unternehmensberater BDU e.V., Berlin
Kronprinzendamm 1, 10711 Berlin
T: (030) 8 93 10 70   Fax: 8 93 47 46

● S 687
Union Deutscher Unternehmensberater e.V. (UDU)
Edelsbergstr. 8, 80686 München
T: (089) 5 70 07-0   Fax: 5 70 07-260
E-Mail: verband@t-online.de
Präsident(in): Dipl.-Wirtsch.-Ing. Hatto Brenner
Geschf. Präs.: Dipl.-Kfm. Dieter Ibielski
Vizepräsident(in): Dipl.-Ing. Thomas Knoche
Hauptgeschäftsführer(in): VM Verbands-Management GmbH
Mitglieder: 52

● S 688

Deutsches Institut für Unternehmensberatung e.V. (difu)
Bruchhäuser Str. 19, 68723 Schwetzingen
T: (06202) 47 58   Fax: 1 44 54
Gründung: 1969 Namensergänzung 1976
Vorsitzende(r): lic.es.sc.pol. Herta Terzidis (Bruchhäuser Str. 19, 68723 Schwetzingen)
Stellvertretende(r) Vorsitzende(r): N. N.
Schatzmeister: Dipl.-Betriebsw. Rolf Utz (Karlsruher Str. 9, 70376 Stuttgart)
Mitglieder: 76 (geprüft)

Objektive Beratung von Behörden, Verbänden, Unternehmen und Organisationen der Wirtschaft und Umsetzung der Vorschläge durch geprüfte Sachverständige (DIN ISO 9000ff). Schwerpunkte: Unternehmensführung, Organisationsentwicklung, Informationsmanagement, Personalentwicklung, Kommunikation, Vertrieb, Außenhandel. Weiterbildung qualifizierter interner, externer Nachwuchsberater zum Qualitätsbeauftragten. Qualifikationsprüfung nach DIN ISO 9000ff. Beraterforen. Betriebswirtschaftliche u. technische Beratung, Management auf Zeit.

● S 689
Bundesverband der Wirtschaftsberater BVW e.V.
Geschäftsstelle:
Lerchenweg 14, 53909 Zülpich
T: (02252) 8 13 61   Fax: 29 10
Internet: http://www.bvw-ev.de
E-Mail: info@bvw-ev.de
Gründung: 1976 (Oktober)
Präsident(in): Wirtsch.-Berater Claus Walter Schmitz (Lerchenweg 14, 53909 Zülpich, T: (02252) 8 13 61, Fax: 29 10)
Vizepräsident(in): Wirtsch.-Beraterin Ute Steffenhagen (Schubertweg 21 a, 16727 Velten)
Wirtsch.-Berater R. Hans-Dieter Görres (An der Fuchshecke 4, 50126 Bergheim)
Ehrenpräsident: Wirtsch.-Berater Otto Keller (Danziger Str. 22, 78052 VS-Villingen)

● S 690
VRW - Bundesverband Rechts- und Wirtschaftsdienste e.v. Bonn
Karmeliterstr. 14, 67547 Worms
T: (06241) 2 48 52   Fax: 2 59 58
Gründung: 1966 (24. April)
Präsident(in): Hilmar Densau (Wirtschaftsberater)
Vizepräsident(in): RA Paul Nagel
Norbert Schott (Rechtsbeistand)
Hauptgeschäftsführer(in): Norbert Schott
Geschäftsführer(in): Dipl.-Kfm. Ralf Hammer
Verbandszeitschrift: Verbandsrundschreiben
Mitglieder: 8 Berufsverbände
Mitarbeiter: 2

● S 691
LIGA-Oeconomica
Europaverband Wirtschaftsberatender Berufe e.V.
Kirchbergstr. 23, 86157 Augsburg
T: (0821) 59 10-40   Fax: 59 10-60
E-Mail: ulrich.s.mueller@t-online.de
Gründung: 1989
Internationaler Zusammenschluß: siehe unter IZS 294
Präsident(in): Lothar Kühne (Stieglitzsteig 4, 16348 Groß Schönebeck)
Vizepräsident(in): RA Ulrich S. Müller
Verbandszeitschrift: LO-Kurier
Redaktion: Lothar Kühne
Verlag: Eigenverlag
Mitglieder: 60
Mitarbeiter: 1

● S 692
BundesVerband Deutscher Investmentberater e.V. (BVDI)
Kieler Str. 357-359, 22525 Hamburg
T: (040) 54 54 52   Fax: 54 53 55
Internet: http://www.bvdi-ev.de
Gründung: 1994 (08. September)
Präsident(in): Burkhard Baye (advisa Fonds-Service GmbH)
Vizepräsident(in): Peter Ludewig (F&V Investmentcenter)
Thorsten Pörschmann (Nordtreuhand)
Matthias Reinhardt (Fonds-Shop-Freiburg)
Schriftführer(in): Andreas Böker (Fonds Agentur Böker)
Mitglieder: 30

● S 693
Bundesverband öffentlich bestellter und vereidigter Sachverständiger sowie qualifizierter Sachverständiger e.V. (BVS)
Bundesgeschäftsstelle:
Lindenstr. 76, 10969 Berlin
T: (030) 25 59 38-0   Fax: 25 59 38 14
Internet: http://www.bvs-ev.de
E-Mail: bvs-ev@t-online.de
Präsident(in): Dipl.-Ing. Michael Staudt
Geschäftsführer(in): RA Wolfgang Jacobs
Syndikus: Dr. Wolf Grill
Bevollm. f. Berlin: Dietrich W. Rollmann
Verbandszeitschrift: "Der Sachverständige"
Redaktion: Michel Friedrichs
Verlag: Wißner-Verlag, Im Tal 12, 86179 Augsburg, T: (0821) 2 59 89 40, Fax: (0821) 57 60 33

Landesverbände

s 694
Landesverband Baden-Württemberg öffentlich bestellter und vereidigter Sachverständiger e.V.
Friedrichshaller Str. 11-1, 74177 Bad Friedrichshall
T: (07136) 2 55 03   Fax: 2 54 23
E-Mail: lvs-bw@t-online.de
Vorsitzende(r): Dipl.-Ing. Volker Altmann

s 695
Landesverband Bayern öffentlich bestellter und vereidigter Sachverständiger e.V.
Arcostr. 5, 80333 München
T: (089) 55 45 95   Fax: 5 50 39 38
E-Mail: lvs-bayern@t-online.de
Präsident(in): Dipl.-Ing. (FH) Michael Staudt (Marienplatz 11, 96142 Hollfeld)

s 696
Landesverband Berlin und Brandenburg öffentlich bestellter und vereidigter Sachverständiger e.V.
Kurfürstendamm 132a, 10711 Berlin
T: (030) 8 15 84 40   Fax: 8 15 84 40
Vorsitzende(r): Dipl.-Ing. Baldur Ubbelohde (Kuno-Fischer-Str. 18, 14057 Berlin, T: (030) 3 21 49 44, Telefax: (030) 3 21 32 36)

s 697
Landesverband Hamburg öffentlich bestellter und vereidigter Sachverständiger
Baurstr. 70, 22607 Hamburg
T: (040) 89 16 60   Fax: 89 16 33
Vorsitzende(r): Dipl.-Ing. Harald Lange

s 698
Landesverband Hessen öffentlich bestellter und vereidigter Sachverständiger e.V.
Börsenplatz 1, 60313 Frankfurt
T: (069) 28 78 50   Fax: 29 15 64
E-Mail: juergsgbr@aol.com
Vorsitzende(r): Dipl.-Ing. Dipl.-Kfm. Dietmar Jürgs (Eschersheimer Landstr. 1, 60322 Frankfurt, T: (069) 59 02 00, Telefax: (069) 59 02 00)

s 699
Landesverband Niedersachsen-Bremen öffentlich bestellter und vereidigter Sachverständiger e.V.
Nonnenweg 4, 38640 Goslar
T: (05321) 2 99 60   Fax: 2 21 74
E-Mail: kinzer@kinzer-bauexpert.de
Vorsitzende(r): Dipl.-Ing. Claus-Michael Kinzer

s 700
Landesverband Nordrhein-Westfalen öffentlich bestellter und vereidigter Sachverständiger e.V.
Moerser Str. 310, 47803 Krefeld
T: (02151) 95 06 71   Fax: 5 80 45
E-Mail: kp.gentgen@t-online.de
Vorsitzende(r): Dipl.-Ing. Klaus-Peter Gentgen

s 701
Landesverband Rheinland-Pfalz-Saar öffentlich bestellter und vereidigter Sachverständiger e.V.
St.-Josef-Str. 8, 56068 Koblenz
T: (0261) 3 57 84   Fax: 1 69 41
Vorsitzende(r): Dipl.-Volksw. Hans Jörg Altmeier

s 702
Landesverband Sachsen öffentlich bestellter und vereidigter Sachverständiger
Preußerstr. 3, 01445 Radebeul
T: (0351) 8 33 97 27   Fax: 8 33 97 28
E-Mail: ibblechschmidt@t-online.de
Vorsitzende(r): Dr.-Ing. Volker Blechschmidt (Werkstr. 7, 08144 Ebersbrunn, T: (037607) 62 81, Telefax: (037607) 62 89)

s 703
Landesverband Sachsen-Anhalt öffentlich bestellter und vereidigter Sachverständiger
Rudolf-Breitscheid-Str. 12, 06110 Halle
T: (0345) 2 02 98 76   Fax: 2 02 58 31
E-Mail: kfzpie7@aol.com
Vorsitzende(r): Dipl.-Ing. Volker Pieloth

s 704
Landesverband Schleswig-Holstein öffentlich bestellter und vereidigter Sachverständiger e.V.
Am Spargelhof 4, 23554 Lübeck
T: (0451) 4 80 04-0   **Fax:** 4 80 04-40
E-Mail: a.staisch@etm-staisch.de
Vorsitzende(r): Dipl.-Ing. Axel Staisch

s 705
Landesverband Thüringen öffentlich bestellter und vereidigter Sachverständiger
Schillerstr. 18, 99423 Weimar
T: (03643) 90 39 64   **Fax:** 50 55 11
E-Mail: buero_biskop-hweimar@t-online.de
Vorsitzende(r): Dr.-Ing. Siegfried Biskop

● S 706
Strategie Team Unternehmenssteuerung e.V. (STU)
Fachbereich für Institutionen des Gesundheitswesens
Postf. 10 59 29, 69049 Heidelberg
Mannheimer Str. 1, 69115 Heidelberg
T: (06221) 16 81 23   **Fax:** 18 23 53
Internet: http://www.stu-ev.de
E-Mail: info@stu-ev.de
Gründung: 1993
Bundesvorsitzende(r): Wolfram A. Candidus (Leitung Presseabteilung)
Stellvertretende(r) Vorsitzende(r): Dipl.-Ing. Dietrich Aeuer
Schatzmeister: Rainer Brutzer
Mitglieder: 45
Jahresetat: DM 0,1 Mio, € 0,05 Mio

● S 707
Bundesverband Deutscher Studentischer Unternehmensberatungen e.V. (BDSU)
Gustav-Lorenz-Str. 9, 64283 Darmstadt
T: (06151) 29 57 54   **Fax:** 2 84 05
Internet: http://www.bdsu.de
E-Mail: info@bdsu.de
1. Vorsitzende(r): Till Stolzenberg (Junior Comtec Darmstadt e.V., Im Münchfeld 19, 55122 Mainz, Tel.: (06131) 37 17 54, Mobil: (0172) 8 43 05 73, E-Mail: till.stolzenberg@gmx.de)
2. Vorsitzende(r): Holger Schmitt (Junior Beratung Bayreuth e.V.; Tiroler Str. 21, 95448 Bayreuth, Tel.: (0921) 9 80 03 05, Fax: (0921) 9 80 03 06, Mobil: (0179) 3 99 00 81, E-Mail: bdsu-kuratorium@gmx.de)

● S 708
Junior Comtec Darmstadt e.V.
Gustav-Lorenz-Str. 9, 64283 Darmstadt
T: (06151) 2 86 14   **Fax:** 2 84 05
Internet: http://www.junior-comtec.de
E-Mail: info@junior-comtec.de
Gründung: 1988
Vorsitzende(r) des Vorstandes: Stefanie Gutermuth
Mitarbeiter: ca. 70

● S 709
Bundesverband der vereidigten Sachverständigen für Raum und Ausstattung e.V. (BSR)
Burgstr. 81, 53177 Bonn
T: (0228) 93 59 93-0   **Fax:** 93 59 93-3
Gründung: 1980 (08. November)
Präsident(in): Alfons Brack
Vizepräsident(in): Reinhard Essers
Schriftführer(in): Wolfgang Schröter
Mitglieder: 220
Aus- und Weiterbildung von Sachverständigen, Gerichtssachverständigen und Schiedsgutachtern. Erstellung von neutralen Obergutachten.

● S 710
Deutsche Weinanalytiker e.V.
Verband der amtlich zugelassenen Weinlaboratorien
Naheweinstr. 10, 55559 Bretzenheim
T: (0671) 2 88 04   **Fax:** 4 61 79
Gründung: 1978 /1991
Vorsitzende(r): Günter Neitzer
Geschäftsführer(in): Wolfgang Vogt
Mitglieder: 102

● S 711
IBWF Institut für Betriebsberatung, Wirtschaftsförderung und -forschung e.V.
Beraternetzwerk für die mittelständische Wirtschaft, bestehend aus:
Unternehmensberatern, Steuerberatern/Wirtschaftsprüfern und Rechtsanwälten/Notaren
eine Einrichtung des BVMW Bundesverband mittelständische Wirtschaft e.V.
Berliner Freiheit 36, 53111 Bonn
T: (0228) 6 04 77-12   **Fax:** 6 04 77 50
Internet: http://www.ibwf.org
E-Mail: ibwf@ibwf.org
Geschäftsführender Vorstand: Dipl.-Kfm. Helmut F. Bachmann (Präsident, Unternehmensberater)
Dipl.-Volksw. Dr. Dorothee Böttges-Papendorf (Steuerberaterin)
Jochen Konicek (Rechtsanwalt)
Dipl.-Kfm. Martin Wagner (Rechtsanwalt)

● S 712
Bundesverband Finanzdienstleistungen e.V. (FiFa)
Kaiser-Friedrich-Höfe
Kaiser-Friedrich-Str. 90, 10585 Berlin
T: (030) 2 61 79 99   **Fax:** 2 61 85 58
Internet: http://www.fifa.de
Gründung: 1985 (Juni)
Präsident(in): Dipl.-Verwaltungswirt Carsten Lucht
Stellv. Präs.: Manuel Fernandes-Stacke
Schatzmeister: Karl-Ludwig Jänicke
Geschäftsführer(in): Dipl.-Verwaltungswirt Carsten Lucht (Ltg. Presseabteilung)
Beirat: Claus-D. Gießmann (Ottweiler Str. 11, 24114 Kiel, T: (0431) 68 69 15, Fax: (0431) 64 22 14)
Prof. Dr. Norbert Krawitz (Schwalbenweg 13, 57482 Wenden, T: (0271) 7 40 32 01, Fax: (0271) 7 40 23 10)
Gerhard L. Timm (Postfach 33 42, 23582 Lübeck, T: (0451) 8 99 50 00, Fax: (0451) 8 99 50 20)
Jürgen Tribowski (Kluckstr. 36, 10785 Berlin, T: (030) 2 61 14 37, Fax: (030) 2 62 92 01)
Hans-Jürgen Darboven (Radickestr. 28, 21079 Hamburg, T: (040) 7 64 16 40, Fax: (040) 7 63 79 95)
Bernd Pistor (Müllerstr. 39, 13353 Berlin, T: (030) 24 06 40, Fax: (030) 24 06 43 74)
Volker Spiegel (Kaiser-Wilhelm-Ring 24, 50672 Köln, T: (0221) 23 23 23-24, Fax: (0221) 12 49 82)
Ullrich Förster (An der Wiesenmühle 1, 09224 Grüna/Sa., T: (0371) 8 74 43 03, Fax: (0371) 8 74 43 90)
Hans-Peter Stumpf (Hohenzollerndamm 111, 14199 Berlin, T: (030) 8 25 40 77, Fax: (030) 8 26 31 53)
Cathy Matz (Hainstr. 2, 61476 Kronberg/Ts., T: (06173) 28 97, Fax: (06173) 44 97)
Richard Temmel (Prinz-Handjery-Str. 25, 14167 Berlin, T: (030) 81 29 51 00, Fax: (030) 81 29 51 01)
Verbandszeitschrift: FINANZ FORUM
Redaktion: Carsten Lucht
Verlag: FiFa e.V., Kaiser-Friedrich-Str. 90, 10585 Berlin
Mitglieder: rd. 800 mit rd. 6000 Außendienstmitarbeitern
Mitarbeiter: 14
Jahresetat: DM 1,9 Mio, € 0,97 Mio

Landesverbände

s 713
Bundesverband Finanzdienstleistungen Landesverband Berlin-Brandenburg
Büro Frankfurt/Oder
Gubener Str. 13b, 15230 Frankfurt
T: (0335) 4 00 39 13   **Fax:** 4 00 39 14
Kontaktperson: Frank Golz (Sprecher der LV)

s 714
Bundesverband Finanzdienstleistungen Landesverband Mecklenburg-Vorpommern
Büro Rostock
Postweg 9, 18239 Clausdorf
T: (038207) 7 38 87   **Fax:** 7 38 78
Kontaktperson: Eckhard Lentzner (Sprecher der LV)

s 715
Bundesverband Finanzdienstleistungen Landesverband Hamburg/Schleswig-Holstein
Büro Hamburg
Radickestr. 28, 21079 Hamburg
T: (040) 7 64 16 40   **Fax:** 7 63 79 95
Kontaktperson: Hans-Jürgen Darboven (Sprecher der LV)

s 716
Bundesverband Finanzdienstleistungen Landesverband Niedersachsen/Bremen Nordrhein-Westfalen
Büro Groß-Escherde
Schulstr. 7 (Groß-Escherde), 31171 Nordstemmen
T: (05069) 9 61 81   **Fax:** 9 61 82
Kontaktperson: Udo Köchy
Klaus Rode

s 717
Bundesverband Finanzdienstleistungen Landesverband Niedersachsen/Bremen Nordrhein-Westfalen
Büro Düsseldorf
Erftweg 20, 47807 Krefeld
T: (02151) 30 40 79   **Fax:** 30 62 48
Kontaktperson: Manuel Blomen (Sprecher der LV)

s 718
Bundesverband Finanzdienstleistungen Landesverband Bayern
Büro Wilder Süden
Kemptener Str. 91, 87600 Kaufbeuren
T: (08341) 7 40 01   **Fax:** 1 51 00
Kontaktperson: Ralf Wachter

s 719
Bundesverband Finanzdienstleistungen Landesverband Bayern
Büro Bayern Nord
Schweinauer Str. 54, 90439 Nürnberg
T: (0911) 6 58 88 01   **Fax:** 61 75 56
Kontaktperson: Erich Sembritzki

s 720
Bundesverband Finanzdienstleistungen Landesverband Bayern
Büro Bayern Süd
Straßbergerstr. 2, 80809 München
T: (089) 3 51 70 63   **Fax:** 3 51 55 03
Kontaktperson: Gerd A. Wilfling

s 721
Bundesverband Finanzdienstleistungen Landesverband Sachsen
Büro Grüna/Chemnitz
An der Wiesenmühle 1, 09224 Grüna
T: (0371) 8 74 43 03   **Fax:** 8 74 43 90
Kontaktperson: Ullrich Förster

s 722
Bundesverband Finanzdienstleistungen Landesverband Thüringen
Büro Hildburghausen
Unteres Kleinodsfeld 15, 98646 Hildburghausen
T: (03685) 79 78 26   **Fax:** 79 78 25
Kontaktperson: Eberhard Wiener

s 723
Bundesverband Finanzdienstleister Landesverband Thüringen
Büro Eisenberg
Unteres Kleinodsfeld 15, 98646 Hildburghausen
T: (03685) 79 78 26   **Fax:** 79 78 25
Kontaktperson: Eberhard Wiener

s 724
Bundesverband Finanzdienstleistungen Landesverband Baden-Württemberg Rheinland-Pfalz/Saarland
Büro Baden
Wingertsgasse 20, 69168 Wiesloch
T: (06222) 58 04-0   **Fax:** 58 04 11
Kontaktperson: Manfred Brenneisen (Sprecher der LV)

● S 725
Deutscher Finanzdienstleistungsverband für Finanz- und Vermögensberater, Makler und Mehrfachagenten e.V (DEFIMA)
Postf. 14 45, 82504 Wolfratshausen
Stegerwaldstr. 11, 82515 Wolfratshausen
T: (08171) 7 64 79   **Fax:** 7 80 91
Gründung: 1989 (12. Oktober)
Vorsitzende(r) des Vorstandes: Alexander F. Solya (Inhaber d. Fa. ALLFINANZ-GRUPPE Solya & Partner, Wolfratshausen)
Vorstand: Bernd Eckenbach (Inh. des Instituts für Finanzdienstleistungen, Freiburg i. Br.)
Mitglieder: 450

● S 726
Bundesverband unabhängiger Baufinanzberater (BuB) e.V.
Bundesgeschäftsstelle
c/o Klaus Dieter Girnt
Reichspräsidentenstr. 21-25, 45470 Mülheim
T: (0208) 3 08 95-32 **Fax:** 3 08 95-55
Gründung: 1987
Vorsitzende(r): Klaus Dieter Girnt
1. stellv. Vors.: Gerhard Kleinbauer
2. stellv. Vors.: Wolfgang Morlock
Finanzen: Gerda Christensen
Schriftführer(in): Dietmar Glöckner

● S 727
Bundesverband Finanz-Planer e.V. (BFP)
Verband der unabhängigen FINANZ-EXPERTEN
-Geschäftsstelle-
Seerobenstr. 17, 65195 Wiesbaden
Internet: http://www.bundesverband-finanz-planer.de
E-Mail: info@bundesverband-finanz-planer.de
Gründung: 1984
Vorsitzende(r): Prof. Heinrich Bockholt
Stellvertretende(r) Vorsitzende(r): Horst Peemöller
Schatzmeister: Helmut Weigt (Leiter der Geschäftsstelle)
Vorstand: Peter Edinger
Yan C. Steinschen
Mitglieder: 78

● S 728
DEVFP Deutscher Verband Financial Planners e.V.
Eschersheimer Landstr. 18, 60322 Frankfurt
T: (069) 90 55 08 66 **Fax:** 90 55 08 70
Internet: http://www.devfp.de
E-Mail: info@devfp.de
Gründung: 1997 (14. Oktober)
Vorsitzende(r): Dr. Wolfgang J. Reittinger (CFP)
Stellvertretende(r) Vorsitzende(r): Dr. Gerold F. Engenhardt (CFP)
Geschäftsführer(in): Günter Lange
Leitung Presseabteilung: Matthias von Debschitz
Verbandszeitschrift: CFP-News
Redaktion: M. von Debschitz
Mitglieder: 572

Lizenzierung von Finanzplanern, Einhaltung der Berufsgrundsätze, Führung eines öffentlich zugänglichen Registers.

● S 729

DVFA

DVFA Deutsche Vereinigung für Finanzanalyse und Asset Management e.V.
Postfach 10 10 30, 63264 Dreieich
Einsteinstr. 5, 63303 Dreieich
T: (06103) 58 33-0 **Fax:** 58 33-33
Internet: http://www.dvfa.de
E-Mail: info@dvfa.de
Gründung: 1960
Vorstand: Klaus M. Geiger
Dr. Michael Jean Gschrei
Andreas Heinrichs
Dr. Hans-Dieter Klein
Markus Plümer (CEFA)
Fritz H. Rau (Vorstandssprecher)
Dr. Karl Eugen Reis
Hans-Dieter Runte
Michael Schubert
Geschäftsführer(in): Ass.jur. Ulrike Diehl
Verbandszeitschrift: Beiträge zur Wertpapieranalyse
Redaktion: DVFA e.V.
Verlag: Einsteinstr. 5, 63303 Dreieich
Mitglieder: 1200

Internationalen Standards entsprechende Professionalisierung von Finanzanalyse und Assetmanagement; Stärkung des Vertrauens nationaler und internationaler Anleger; Standesrichtlinien zur Gewährleistung von professionellen Mindeststandards; international anerkannte Aus- und Weiterbildung; umfassender Mitgliederservice.

● S 730
Venture Capital Club e.V.
Maximilianstr. 35, 80539 München
T: (089) 21 63 60 **Fax:** 21 63 61 33
Vorsitzende(r): Dr. Wilhelm Haarmann
Stellvertretende(r) Vorsitzende(r): Dr. Werner Schauerte
Falk F. Strascheg, München

Kommunikationsforum aller am Thema Venture Capital Interessierter.

● S 731
Akademie Finanz-Marketing
Am Brüngersbroich 12, 40764 Langenfeld
T: (02173) 2 30 47/48 **Fax:** 2 35 75
Internet: http://www.finplan.de
E-Mail: finplan-akademie@t-online.de
Gründung: 1984 (1. Juni)
Präsident(in): Harold D. Kraemer (Ltg. Presseabt.)
Vizepräsident(in): Prof. Heinrich Bockholt
Verbandszeitschrift: Der Finanzberater
Mitglieder: 2300

● S 732
Berufsverband Deutscher Markt- und Sozialforscher e.V. (BVM)
Bundesgeschäftsstelle:
Postf. 10 03 12, 63003 Offenbach
Frankfurter Str. 22, 63065 Offenbach
T: (069) 8 00 15 52 **Fax:** 8 00 31 43
Internet: http://www.bvm.org
E-Mail: bvm.blos@t-online.de
Gründung: BVM 1965 (Vorgängerverband VBM 1955 (Verein betriebl. MF)
Bundesvorstand
Vorsitzende(r) des Vorstandes: Dr. Gerhard Breunig (Lange Stücken 7, 14109 Berlin)
Stellv. Vorstandsvorsitzende(r): Heinz-Jürgen Bock (zuständig f. Geschäftsstelle u. Finanzen, c/o MERCK Produkte Vertriebsgesellschaft & Co., Rößlerstr. 96, 64293 Darmstadt)
Vorstand: Stephan Götze
Dr. Holger Liljeberg
Walter W. Lulay
Dr. Jürgen Pitlinski
Geschäftsstellen-Sekretärin: Gwendolin Hübner-Blos
Mitglieder: ca. 900
Jahresetat: DM 0,5 Mio, € 0,26 Mio

Regionalgruppen:
Nord, Niedersachsen, Rhein-Ruhr, Köln-Bonn, Rhein-Main, Rhein-Neckar, Baden-Württemberg, Berlin, Leipzig, München, Franken (Nbg.).

Förderung der beruflichen Karriere durch fachliche Informationen und persönliche Kontakte zu Fachleuten aus Praxis und Theorie, zu Managern und Forschern. Vertretung der Interessen des Berufsstandes gegenüber der Öffentlichkeit.

● S 733

B'VM

B'VM Berater- und Service-Gruppe für Verbände und Nonprofit-Organisationen (B'VM AG)
Postgasse 17, CH-3011 Bern
T: (004131) 312 05 12 **Fax:** 312 12 50
Internet: http://www.bvm.ch
E-Mail: bvm.bern@bvm.ch
Gründung: 1983
Chefberater: Prof. Dr. Peter Schwarz
Geschäftsführer(in): Dr. Charles Giroud
Mitarbeiter: 24

Wir sind eine auf Verbände und Nonprofit-Organisationen (NPO) spezialisierte Beratergruppe. Unser Tätigkeitsgebiet liegt im gesamten deutschsprachigen Raum.

s 734
B'VM GmbH
Landstr. 84, A-4020 Linz
T: (0043732) 60 45 65 **Fax:** 60 45 65-13
E-Mail: bvm.linz@bvm.at
Gründung: 1992
Geschäftsführer(in): Dr. Gerlinde Stöbich
Mitarbeiter: 3

s 735
B'VM GmbH
Esslinger Str. 40, 70182 Stuttgart
T: (0711) 2 37 35 38 **Fax:** 24 73 48
E-Mail: bvm-stuttgart@t-online.de
Gründung: 1997
Geschäftsführer(in): Dipl.-Psych. Claus Philippi
Mitarbeiter: 3

● S 736

Deutscher Marketing-Verband e.V. (DMV)
Haroldstr. 14, 40213 Düsseldorf
T: (0211) 8 64 06-0 **Fax:** 8 64 06-40
Internet: http://www.marketingverband.de
E-Mail: info@marketingverband.de
Geschäftsführer(in): Dipl. oec Brigitte Pfeiffer

Präsidium
Präsident(in): Prof. Dr.Dr.h.c. Klaus E. Goehrmann (Vorsitzender des Vorstands Deutsche Messe AG, Messegelände, 30521 Hannover, T: (0511) 8 93 10 00, Fax: (0511) 8 93 26 47, Autotel.: (0161) 2 54 62 99, Sekretärin: Helga Kanapin, E-Mail: helga.kanapin@messe.de)
Vizepräsident(in): Gerd Bise (Vorsitzender des Vorstands Spielwarenmesse e.G., Münchener Str. 330, 90471 Nürnberg, T: (0911) 9 98 13 14, Fax: (0911) 8 14 80 54, Sekretärin: Marion Ewald, Handy: (0172) 6 70 75 22, E-Mail: info@spielwarenmesse.de)
Vizepräsident(in): Martina Busch (Geschäftsbereichsleitung Marketing & Organisationsentwicklung, KulturManagement Bremen GmbH, Knochenhauerstr. 20-35, 28195 Bremen, T: (0421) 1 60 89 19, Fax: (0421) 1 60 89 40, Handy: (0173) 3 40 79 23, E-Mail: mbusch@kmb.bremen.de)
Vizepräsident(in): Dipl.-Ing. Dieter Gertler, Mittelbach
Vizepräsident(in): Prof. Dr. Franz-Rudolf Esch (Justus-Liebig-Universität, Marketing-Betriebswirtschaftslehre I, Licher Str. 66, 35394 Gießen, T: (0641) 9 92 24 01, Fax: (0641) 9 92 24 09, Sekretärin: Yvonne Jakob, E-Mail: marketing@wirtschaft.uni-giessen.de)
Vizepräsident(in): Prof. Dipl.-Vw. Ingeborg Henzler (Fachhochschule Koblenz, Gesellschafterin Jac. Brien Söhne Nachf. 4 Türme GmbH & Co., Post an privat: Koblenz-Olper-Str. 24, 56170 Bendorf-Sayn, T: (02622) 73 09, Fax: (02622) 28 30)
Vizepräsident(in): Uwe Hoch (Geschäftsführer Verlagsgruppe Handelsblatt GmbH, Postfach 10 11 02, 40002 Düsseldorf, Kasernenstr. 67, 40213 Düsseldorf, T: (0211) 8 87 14 01, Fax: (0211) 8 87 14 10, Sekretärin: Christiane Schröder, E-Mail: c.schroeder@vhb.de)
Vizepräsident(in): Dr. Rüdiger Kapitza (Vorsitzender des Vorstands Gildemeister AG, Gildemeisterstr. 60, 33689 Bielefeld, T: (05205) 74 30 10, Fax: (05205) 74 30 78, Sekretärin: Konstanze Kühl, E-Mail: ruediger.kapitza@gildemeister.com)
Vizepräsident(in): Dr. Klaus Mangold (Vorsitzender des Vorstands DaimlerChrysler Services (debis) AG, debis Haus am Potsdamer Platz, 10875 Berlin, T: (030) 25 54 10 00, Fax: (030) 25 54 10 09)
Vizepräsident(in): Dipl.-Kfm. Rüdiger Wiechers (Mitglied des Vorstands Dresdner Bauspar AG, Am Sonnenplatz 1, 61118 Bad Vilbel, T: (069) 2 63 44 47, Fax: (069) 2 63 78 87, Autotel.: (0172) 6 50 14 32, Sekretärin: Ute Haas, T: (069) 2 63 22 35, E-Mail: ruediger.wiechers@dresdner-bauspar.com)
Vizepräsident(in): Dr. Herbert Wieneke (stellvertr. Vorsitzender des Vorstands Die Sparkasse Bremen, Am Brill 1-3, 28195 Bremen, T: (0421) 1 79 20 07 od. 1 79 36 17, Fax: (0421) 1 79 36 27, Sekretärin: Angela Kattner, E-Mail: dr.wieneke@sparkasse-bremen.de)

Der Deutsche Marketing-Verband ist Berufsverband des Marketing-Management. Ihm gehören in 59 angeschlossenen Marketing-Clubs 10000 Unternehmensleiter und Marketing-Verantwortliche als Mitglieder in Deutschland an. In jährlich 600 Fachvorträgen, Diskussionen und Seminaren werden Marketingwissens- und Erfahrungs-Transfer für das Management vermittelt.
Publikationen: Fachzeitschrift "absatzwirtschaft" (Handelsblatt-Verlag). **Veranstaltungen:** Jahreskongreß Deutscher Marketing-Tag, Marketing-Foren auf den Hannover-Messen Industrie und CeBIT.
Preise: Deutscher Marketing-Preis. Wissenschaftspreis des Deutschen Marketing-Verbandes.

● S 737

Deutscher Direktmarketing Verband e.V. (DDV)
Hasengartenstr. 14, 65189 Wiesbaden
T: (0611) 9 77 93-0 **Fax:** 9 77 93-99
Internet: http://www.ddv.de
E-Mail: info@ddv.de
Gründung: 1948
Internationaler Zusammenschluß: siehe unter izo 137
Vorstand:
Präsident(in): Prof. Bernd Kracke (MA Network Communica-

tion GmbH, Speckmannstr. 15, 22391 Hamburg, T: (040) 53 69 66 11, Fax: (040) 53 69 66 10, E-Mail: kracke@ddv.de)
Vizepräsident(in): Controlling & Geschäftsstelle: Horst Friedewald (W+V Werbung und Vertrieb GmbH & Co., Absatzförderungsgesellschaft, Oststr. 41-43, 22844 Norderstedt, T: (040) 5 26 60 61, Fax: (040) 5 26 46 53, E-Mail: w.u.v-norderstedt@t-online.de)
Vizepräsident(in): Distribution: Bodo Mann (INM - Internet + Neue Medien, Marketing + Vertriebs GmbH, Lenaustr. 5 b, 76344 Eggenstein, T: (0721) 7 81 93-04, Fax: (0721) 7 81 93-06, bmann@t-online.de)
Vizepräsident(in): eCommerce + Neue Medien: Patrick Palombo (WWL Internet AG, Südwestpark 60, 90449 Nürnberg, T: (0911) 25 26-101, Fax: (0911) 25 26-129, E-Mail: p.palombo@t-online.de)
Vizepräsident(in): Bildung + Forschung: Kerstin Plehwe (iCentric Gesellschaft für Kommunikations- und Wissensmanagement mbH, Obenhauptstr. 11, 22335 Hamburg, T: (040) 5 00 69-166, Fax: (040) 5 00 69-100, E-Mail: kplehwe@icentric.de)
Vizepräsident(in): International Networking: Sabine Wimmer (Lettershop Schonard GmbH & Co., Kelterstr. 69, 73265 Dettingen/Teck, T: (07021) 8 06-222, Fax: (07021) 8 06-98, E-Mail: wimmer.sabine@dmfactory.de)

Council-Vorsitzende und Stellvertreter:
Council „Dialogmarketing-Agenturen":
Vorsitzende(r): Monika Beumers (b.a.s. dialog GmbH, Ridlerstr. 31 b, 80339 München, T: (089) 2 78 11-0, Fax: (089) 2 78 11-220, E-Mail: mbeumers@bas.de)
Stellvertretende(r) Vorsitzende(r): Michael Horlacher (Energy Werbung GmbH, Ostendstr. 106-110, 70188 Stuttgart, T: (0711) 2 39 52-111, Fax: (0711) 2 39 52-18, E-Mail: mhorlacher@tequila-energy.de)
Council "Print und Service":
Vorsitzende(r): Siegfried Dorner (meiller direct GmbH, Gutenbergstr. 1-5, 92421 Schwandorf, T: (09431) 6 20-111, Fax: (09431) 6 20-180, E-Mail: dorner@meiller.de)
Stellvertretende(r) Vorsitzende(r): Rainer Rindfleisch (Kern GmbH, Elbinger Str. 12, 64625 Bensheim, T: (06251) 5 82-45, Fax: (06251) 5 82-50, E-Mail: rrindfleisch@kerngmbh.de)
Council "Listbroker":
Vorsitzende(r): Klaus Arnold (Arnold, Demmerer & Partner Ges. für creatives Zielgruppenmarketing mbH, Mittlerer Pfad 26, 70499 Stuttgart, T: (0711) 8 87 13-11, Fax: (0711) 8 87 13-44, E-Mail: arnold@arnold-demmerer.de)
Stellvertretende(r) Vorsitzende(r): Ulrich Braunbach (pro:tagon directmarketing GmbH, Lustheide 66, 51427 Bergisch Gladbach, T: (02204) 30 34-0, Fax: (02204) 30 34-80, E-Mail: braunbach@pro-tagon.de)
2. Stellv. Vors.: Sylvio Neumark (LAMMOTH, NEUMARK & Co. ADRESSMARKETING GmbH, Einsteinstr. 24, 76275 Ettlingen, T: (07243) 5 32-0, Fax: (07243) 5 32-190, E-Mail: lammothde@aol.com)
Council "DirectMail Services":
Vorsitzende(r): Gabriella Clauter-Schmitt (Dun & Bradstreet Deutschland GmbH, Hahnstr. 31-35, 60528 Frankfurt, T: (069) 66 09-2211, Fax: (069) 66 09-2302, E-Mail: clauter-schmittg@dnb.com)
Stellvertretende(r) Vorsitzende(r): Marc Howland (ABIS AG, Adalbertstr. 64, 60486 Frankfurt, T: (069) 79 20 09-0, Fax: (069) 79 20 09-20, E-Mail: mhowland@abis.ag.com)
2. Stellv. Vors.: Arne Peper (SOBA GmbH Unternehmensberatung, Linzerstr. 21, 53604 Bad Honnef, T: (02224) 9 18-376, Fax: (0224) 9 18-3 74, E-Mail: sobaub@soba.de)
Council "Direktmarketing-Anwender":
Vorsitzende(r): Daniela Zimmer (nimmt als Stellvertreterin die Interessen wahr)
Stellvertretende(r) Vorsitzende(r): Daniela Zimmer (Zimmer GmbH, Sonnenberger Str. 9, 65193 Wiesbaden, T: (0611) 1 80 91-12, Fax: (0611) 1 80 91-20, E-Mail: daniela@zimmergmbh.de)
Council "Zustellung":
Vorsitzende(r): Arnold Janssen (Werbeagentur Janssen GmbH, Ronsdorfer Str. 126, 40233 Düsseldorf, T: (0211) 98 49 50, Fax: (0211) 7 33 33 88, E-Mail: janssen@janssen.de)
Stellvertretende(r) Vorsitzende(r): Armin Fay (EGRO Direktwerbung GmbH, Bieberer Str. 137, 63179 Obertshausen, T: (06104) 49 70-0, Fax: (06104) 49 70-15)
Council "Interactive Media":
Vorsitzende(r): Christian Petersen (eprofessional GmbH, Friedensallee 50, 22765 Hamburg, T: (040) 39 92 78-71, Fax: (040) 39 92 78-78, E-Mail: cpetersen@eprofessional.de)
Stellvertretende(r) Vorsitzende(r): Andreas Lehr (Lehr & Brose Erste Dialogagentur GmbH & Co. KG, Gänsemarkt 35, 20354 Hamburg, T: (040) 35 75 33-0, Fax: (040) 35 75 33-33, E-Mail: al@lbonline.de)
2. Stellv. Vors.: Marcus Nowak (Concept! AG Niederlassung Düsseldorf, Franziusstr. 2, 40219 Düsseldorf, T: (0211) 30 09-50, Fax: (0211) 30 09-111, E-Mail: marcus.nowak@concept.com)
Council "TeleMedien- und CallCenter-Services":
Vorsitzende(r): Gerald Schreiber (defacto marketing GmbH, Am Pestalozziring 1-2, 91058 Erlangen, T: (09131) 7 72-0, Fax: (09131) 77 21 88, E-Mail: gerald.schreiber@defacto-gmbh.de)
Stellvertretende(r) Vorsitzende(r): Christoph Freiherr von Gleichen (MARKETFORCE Gesellschaft für Business Marketing mbH, Adickesallee 63-65, 60322 Frankfurt, T: (069) 9 59 30-0, Fax: (069) 9 59 30-333, E-Mail: christoph_von_gleichen@force-groupe.com)
Council "Consultants":
Vorsitzende(r): Gottlieb Lehr (Gottlieb Lehr Direktmarketingberatung, Albrecht-Dürer-Platz 4, 90403 Nürnberg, T: (0911) 20 88 37, Fax: (0911) 20 88 37, E-Mail: glehr@t-online.de)
Stellvertretende(r) Vorsitzende(r): Peter Schotthöfer (Schotthöfer, Jennes, Scharrer, Rechtsanwälte, Grillparzerstr. 38/I, 81675 München, T: (089) 4 70 50 70, Fax: (089) 47 32 71, E-Mail: pwsjur@aol.com)
Die Präsidiumsmitglieder und die Council-Vorsitzenden bilden den DDV-Vorstand.
Verbandszeitschrift: DIALOG DDV-Report
Mitglieder: 939
Mitarbeiter: 16
Jahresetat: DM 4,6 Mio, € 2,35 Mio

Der Deutsche Direktmarketing Verband vertritt die Interessen von Direktmarketing-Dienstleistern und -Anwendern. Diese sind in neun verschiedenen Councils und in zehn Foren (eCommerce, Online-Werbung, Database-Marketing, Kundenbindungsprogramme, Business-to-Business, Call Center Praxis, Response-Management, Die Junioren, Beschäftigungs- und Vertragsverhältnisse, Customer Relationship Management) organisiert. Mitgliedsunternehmen sind Direktmarketing-Agenturen, Hersteller (z.B. Druckereien, Papierumschlaghersteller etc.), Adressverlage, Adressbroker und Lettershops, Datenverarbeitungsunternehmen, Haushaltwerber (Prospektverteilunternehmen), Dienstleister im Bereich Interactive Media, Telefonmarketing-Agenturen sowie Anwender des Direktmarketing aus verschiedenen Branchen. Außerdem versteht sich der Verband als Schnittstelle zwischen der Direktmarketing-Branche und dem Verbraucher. Die Gesamtaufwendungen für Direktmarketing in Deutschland betrugen 2000 rund 40,9 Milliarden Mark.

• S 738

Deutsche Public Relations Gesellschaft e.V. (DPRG)

Sankt Augustiner Str. 21, 53225 Bonn
T: (0228) 9 73 92 87 **Fax:** 9 73 92 89
Internet: http://www.dprg.de
E-Mail: info@dprg.de
Gründung: 1958 (8. Dezember)
Internationaler Zusammenschluß: siehe unter izs 273
Vorstand der DPRG:
Vorstand: Stephan Becker-Sonnenschein (Präsident; more relations, Steinerstr. 15, 81369 München, T: (089) 72 44 91-28, Fax: 72 44 91-50, E-Mail: becker-sonnenschein@morerelations.de)
Franz Hermann (Vizepräsident; Hermann Presse- und Kommunikationsbüro, Kaierberg 30, 91599 Dentlein, T: (09855) 97 57 67, Fax: 97 57 69, E-Mail: fhpresse@aol.com)
Monika Prött (Vizepräsidentin; PRÖTT & PARTNER GbR - Presse & Kommunikation, Sertürnerstr. 18, 30559 Hannover, T: (0511) 9 53 94-0, Fax: 9 53 94-9, E-Mail: proett-hannover@t-online.de)
Jürgen Pitzer (Schatzmeister, Landesbank Rheinland-Pfalz, Grosse Bleiche 54-56, 55098 Mainz, T: (06131) 13 28 16, Fax: 13 25 60, E-Mail: presse@lrp.de)
Dirk Große-Leege (Deutsche Bahn AG, Am Potsdamer Platz 2, 10785 Berlin, T: (030) 29 76 11 80, Fax: 29 76 20 86, E-Mail: dirk.grosse-leege@bku.db.de)
Christina Kahlert (INDOC INDUSTRIE- UND FERNSEHFILM GMBH, Waldhornstr. 4, 80997 München, T: (089) 8 11 46 19, Fax: 8 11 01 73, E-Mail: indoc-film@t-online.de)
Dr. Susanne Knorre (Niedersächsisches Ministerium für Wirtschaft, Technologie und Verkehr, Friedrichswall 1, 30159 Hannover, T: (0511) 1 20 54-37, Fax: 1 20 54-82, E-Mail: susanne.knorre@mw.niedersachsen.de)
Dr. Felix Osterheider (KOKOS AG Kommunikation • Konzept • Service, Markt 22-23, 49074 Osnabrück, T: (0541) 3 38 26-0, Fax: 3 38 26-40, E-Mail: osterheider@kokos.ag.de)
Lutz Schildmann (12Cylinders Corporate Strategies GmbH, Saarbrücker Str. 20/21, 10405 Berlin, T: (030) 44 38 00 38, Fax: 44 38 00 44, E-Mail: lutz.schildmann@12cylinder.de)
Leiterin d. Geschäftsstelle: Rosemarie Büschel

Die Vorstände der Landesgruppen:

Baden-Württemberg:
Vorstand: Hans Eisele (designierter Vors.; Eisele & Partner PR, Agentur für Kommunikation, Kaiserstr. 36, 69115 Heidelberg, T: (06221) 16 30 65, Fax: 16 42 97)
Hans Eisele (Stellv. Vors. und Hauptausschuss)
N.N. (Stellv. Vors. und Hauptausschuss)
N.N. (Stellv. Vorsitzender und Hauptausschuss)
Detlef Hoppe (Presse)
Peter Verclas (Junioren)
Ansprechpartner Region Südbaden:
Ansprechpartner: Detlef Hoppe (Region Südbaden; Detlef Hoppe Medienkontor, Gymnasiumstr. 2a, 77652 Offenburg, T: (0781) 9 70 99 51, Fax: 2 20 36)
Ansprechpartner Region Rhein-Neckar:
Ansprechpartner: Hans Eisele (Region Rhein-Neckar; Eisele & Partner PR, Agentur für Kommunikation, Kaiserstr. 36, 69115 Heidelberg, T: (06221) 16 30 65, Fax: 16 42 97)
Ansprechpartner Region Württemberg:
Ansprechpartner: N.N. (Region Württemberg)

Bayern:
Vorstand: Christina Kahlert (Vors.; INDOC Industrie- und Fernsehfilm GmbH, Waldhornstr. 4, 80997 München, T: (089) 8 11 46 19, Fax: 8 11 01 73)
Michael Bürker (Stellv. Vors.)
Peter Frank (Stellv. Vors.)
Catharina Wilhelm (Stellv. Vors. und Presse)
Stephan Naundorf (Hauptausschuss)
Dr. Peter Thelen (Hauptausschuss)
Annette Wilkes (Hauptausschuss)
Dr. Peter J. Thelen (Hauptausschuß)
Sebastian Frei (Junioren)

Berlin/Brandenburg:
Vorstand: Matthias Koch (Vors.; Bundesratufer 5, 10555 Berlin, T: (030) 77 39 28 87, Fax: 77 39 28 89)
Dr. Maria Borgmann (Stellv. Vors. und Hauptausschuss)
Christian E. Fürstenwerth (Stellv. Vors.)
Achim Kühne-Henrichs (Stellv. Vors.)
Astrid Drabant-Schwalbach (Beisitzer, Hauptausschuss und Presse)
Gerhard Mahnken (Beisitzer)
Kerstin Sigl (Beisitzer)
Susanne Schneider (Junioren)

Hessen/Rheinland-Pfalz/Saarland:
Vorstand: Jürgen Pitzer (Vors.; Landesbank Rheinland-Pfalz, Große Bleiche 54-56, 55098 Mainz, T: (06131) 13 28 16, Fax: 13 25 60)
Hannelore Kröter (Stellv. Vors. und Hauptausschuß und Presse)
Hans-Christoph Bonfert (Beisitzer)
Bärbel Döhring (Beisitzer)
Armin Frohmann (Beisitzer)
F. Rainer Bechthold (Hauptausschuss)
Stephan M. Cremer (Hauptausschuss)
Volker Northoff (Hauptausschuss)
Ulrich Felix Schneider (Junioren)

Regionalgruppe Saarland:
Vorstand: N. N.

Niedersachsen/Bremen:
Vorstand: Monika Prött (Vors.; PRÖTT & PARTNER GbR - Presse & Kommunikation, Sertürner Str. 18, 30559 Hannover, T: (0511) 9 53 94-0, Fax: 9 53 94-9)
Armin Pollehn (Stellv. Vors.)
Thorsten Windus (Stellv. Vors.)
Sabine Hillmer (Hauptausschuss)
Lars Rademacher (Presse)
Christian Gundlach (Junioren)

Norddeutschland:
Vorstand: Carmen Golz (Vors.; Am Kroog 8, 22145 Stapelfeld, T: (040) 66 90 92 34, Fax: 66 90 92 35)
Dr. Frank Laurich (Stellv. Vors.)
Gesa Zimmermann (Stellv. Vors.)
Hans Peter Wehrle (Hauptausschuss)
N. N. (Presse)
Harm Dallmeyer (Junioren)
Thomas P. Reiter (Stellv. Junioren)

Nordrhein-Westfalen:
Vorstand: Hans-Christian Lohmann (Vors.; Bundesministerium der Verteidigung, Presse- und Informationsstab, Referat Öffentlichkeitsarbeit, Postf. 13 28, 53003 Bonn, T: (0228) 12 19 96, Fax: 12 63 15)
Regine Hellwig-Raub (Stellv. Vors. und Hauptausschuss)
Silke Hoffmann (Stellv. Vors. und Hauptausschuss)
Udo Seidel (Stellv. Vors. und Hauptausschuss)
N.N. (Stellv. Vors.)
Andreas Gerdau (Hauptausschuss)
Mathias Scheben (Hauptausschuss)
Bernd Berheide (Junioren Rheinland)
Adrian Schaffranietz (Junioren Ruhrgebiet)

Regionalgruppe Düsseldorf/Bergisches Land/Niederrhein:
Sprecherin: Silke Hoffmann (designierte Sprecherin; SH/Communication, Neuer Zollhof 3, 40221 Düsseldorf/MedienHafen, T: (0211) 87 63 54 19, Fax: 87 63 51 00, E-Mail: shcommunication@t-online.de)

Regionalgruppe Köln/Bonn:
Sprecher: Udo Seidel (mühlhaus & moers kommunikation gmbh, Moltkestr. 123-131, 50674 Köln, T: (0221) 95 15 33 28, Fax: 95 15 33 20)
Stellv. Sprecher: Bernd Berheide
Gregor Faßbender

Regionalgruppe Ruhr plus Westfalen:
Sprecher: Günter Blocks (Heinickestr. 26, 45128 Essen, T: (0201) 22 87 06 (p.), 8 81 53 06 (d.), Fax: 8 81 50 05 (d))
Stellv. Sprecher: Regine Hellwig-Raub
Benno Justfelder

Sachsen:
Vorstand: Dr. Roswitha Kerbus (Vors. und Junioren; Grunaer Str. 12/1005, 01069 Dresden, T: (0351) 4 95 43 64, Fax: 4 95 43 64)
Frank Woida (Stellv. Vors. und Hauptausschuss)
Dr. Uwe Winkler (Stellv. Vors. und Hauptausschuss)

Regionalgruppe Chemnitz:
Sprecherin: Bettina Schuster (c/o envia Energie Sachsen Brandenburg AG, Postf. 2 47, 09002 Chemnitz, T: (0371) 4 82 20 60, Fax: 4 82 20 65)
Stellv. Sprecher: N.N.

Regionalgruppe Dresden:

Sprecher: Andreas Rieger (Sparkasse Freital-Pirna, Rottwerndorfer Str. 41, 01796 Pirna, T: (03501) 5 59-1400, Fax: 5 59-800, E-Mail: spk-freital-pirna@t-online.de)
Stellv. Sprecher: N.N.

Regionalgruppe Leipzig:
Sprecher: Heiko Leske (c/o Stadt- und Kreissparkasse Leipzig, Postf. 10 08 40, 04008 Leipzig, T: (0341) 9 86 16 20, Fax: 9 86 16 09)
Stellv. Sprecher: N.N.

Regionalgruppe Thüringen:
Sprecher: N.N.

Sachsen-Anhalt:
Vorstand: Dr. Vazrik Bazil (Vors.; Lutherstr. 18, 06886 Lutherstadt Wittenberg, T: (03491) 41 38 58, Fax: 41 38 59)
Reinhard Artus (Stellv. Vors.)
Silvia Dammer (Stellv. Vors.)
Ruth Rosenthal (Hauptausschuss)

Die Sprecher/innen der Juniorenforen:

Baden-Württemberg:
Sprecher: Peter Verclas (Waggener Edstrom GmbH, Handschuhsheimer Landstr. 2, 69120 Heidelberg, T: (06221) 9 85 01 18, Fax: 9 85 01 44, E-Mail: peterv@wagged.de)

Bayern:
Sprecher: Sebastian Frei (Schaffhauser Str. 16, 81476 München, T: (089) 75 08 04 04 (p.), 5 51 78-391 (d.), Fax: 75 08 04 04, E-Mail: sebastian.frei@t-online.de)

Berlin/Brandenburg:
Sprecher: Susanne Schneider (Barbarossastr. 59, 10781 Berlin, T: (030) 21 75 55 87, Fax: 7 03 26 68, E-Mail: sschneider@zedat.fu-berlin.de)

Hessen/Rheinland-Pfalz/Saarland:
Sprecher: Ulrich Felix Schneider (Bäckerweg 34, 60316 Frankfurt, T: (069) 40 59 17 69, Fax: 40 59 17 62, E-Mail: u.f.schneider@t-online.de)

Niedersachsen:
Sprecher: Christian Gundlach (Königsberger Ring 194, 30559 Hannover, T: (0511) 9 52 34 96, Fax: 9 52 34 95, E-Mail: chgundlach@t-online.de)

Norddeutschland:
Sprecher: Harm Dallmeyer (TARA Kommunikation & Design, Dorfstr. 28, 25524 Itzehoe, T: (04821) 68 65 12, Fax: 68 65 10, E-Mail: dallmeyer@tara.de)

Rheinland:
Sprecher: Bernd Berheide (Riehler Str. 73, 50668 Köln, T: (0221) 2 22 04 69, Fax: 2 44 31 82 03, E-Mail: berheide@gmx.net)

Ruhrgebiet:
Sprecher: Adrian Schaffranietz (Dellmannsweg 59A, 45277 Essen, T: (0201) 58 47 84, Fax: 8 58 66 75, E-Mail: adrian.schaffranietz@uni-essen.de)
Verbandszeitschrift: PUBLIC RELATIONS Forum
Herausgeber u. Redaktion: Peter M. Gregor, Dr. Kurt, Hesse, Werner Wunder
Verlag: ERMA-Verlag, Breite Gasse 38, 90402 Nürnberg
Mitglieder: 1763

● **S 739**

Deutscher Rat für Public Relations (DRPR)
c/o Deutsche Public Relations Gesellschaft e.V. (DPRG)
Berufsverband Öffentlichkeitsarbeit
Sankt Augustiner Str. 21, 53225 Bonn
T: (0228) 9 73 92 87   **Fax:** 9 73 92 89
Internet: http://www.dprg.de
E-Mail: info@dprg.de
Gründung: 1987 (1. Mai)
Vorsitzende(r): Dr. Horst Avenarius
Leiterin d. Geschäftsst.: Rosemarie Büschel
Mitglieder: 9

● **S 740**

Förderkreis der DPRG für Öffentlichkeitsarbeit e.V.
Sankt Augustiner Str. 21, 53225 Bonn
T: (0228) 9 73 92 87   **Fax:** 9 73 92 89
E-Mail: info@dprg.de

● **S 741**

Gesellschaft Public Relations Agenturen e.V. (GPRA)
Schillerstr. 4, 60313 Frankfurt
T: (069) 2 06 28   **Fax:** 2 07 00
Internet: http://www.gpra.de
E-Mail: info@gpra.de
Gründung: 1973
Präsident(in): Rupert Ahrens (Geschf.Ges. Ahrens & Behrent, Agentur für Kommunikation GmbH (GPRA), Frankfurt am Main)
Vizepräsident(in): Olaf Arndt (Geschf. Partner Kohtes Klewes Kommunikation GmbH (GPRA), Hamburg)
Mitgliedsagenturen: 31

● **S 742**

Vereinigung zur Förderung der Public Relations-Forschung e.V.
Postf. 1563, 50379 Wesseling
Dreilindenstr. 4, 50389 Wesseling
T: (02236) 94 79 29   **Fax:** 84 28 79
Gründung: 1979 (2. Juli)
Vorsitzende(r): Wolfgang Reineke
Geschäftsführer(in): MA Jutta Flieger

● **S 743**

PR Akademie e.V.
Erwinstr. 29, 79102 Freiburg
T: (0761) 70 90 23   **Fax:** 70 90 84
Gründung: 1989 (19. April)
Vorsitzende(r): Dr. Burghard Flieger

● **S 744**

Berufsverband Deutscher Verkaufsförderer und Trainer e.V. (BDVT)
Bundesgeschäftsstelle:
Elisenstr. 12-14, 50667 Köln
T: (0221) 9 20 76-0   **Fax:** 9 20 76-10
Internet: http://www.bdvt.com
E-Mail: BDVT.Koeln@t-online.de
Gründung: 1964 (September)
Präsident(in): Ursula Widmann-Rapp (Verkaufstraining, Dachauer Str. 43, 82140 Olching, T: (08142) 44 71 10, Fax: (08142) 44 71 11, E-Mail: ursulawidmannrapp@compuserve.com)
Mitglieder: 1200
Regionalclubs: 15
Mitarbeiter: 3
Jahresetat: DM 0,85 Mio, € 0,43 Mio
Mitgliederzeitschrift: news & facts
Redaktion: mit Anzeigenannahme, Claus von Kutzschenbach, Bundesgeschäftsstelle, Elisenstr. 12-14, 50667 Köln, T: (0221) 9 20 76-0, Fax: (0221) 9 20 76-10

● **S 745**

Marketing-Business-Academy
Berufsverbandsakademie des BDV e.V.
Postf. 12 06 04, 53048 Bonn
T: (02224) 9 19 80 07
Gründung: 1986 in Luxemburg, 1991 in Deutschland
Präsidium: Prof. Dr. Rubin Goldstein (F)
Wolfgang M. Nitsche (BDV-Präs. (D))
Heribert-Gaston Blondiau (AESA-Präs. (B))
Dieter Schmieder (BDV-Vors. (D))
Mitglieder: 10 Akademien in EU
Mitarbeiter: 52
Jahresetat: DM 1,7 Mio, € 0,87 Mio

s 746

Marketing-Business-Akademie München e.V.
Postf. 12 06 04, 53048 Bonn
T: (02224) 9 19 80 07
Vorstand: Wolfgang M. Nitsche (Vorsitzender)
Gerd Meier (Verkaufstrainer/BDV)
Uwe Kriegeskotte (Verkaufstrainer/BDV)

● **S 747**

Bundesverband Deutscher Verkaufs- und Vertriebskräfte BDV e.V.
Postf. 12 06 04, 53048 Bonn
T: (02224) 9 19 80 07
Gründung: 1982
Präs. (h.c.): Wolfgang M. Nitsche
Vorstand: Heribert-Gaston Blondiau
Peter Baatz
Verbandszeitschrift: Verbandsblatt: BDVreport intern
Verlag: Verkaufen! Werbe- & Verlagsges. mbH, Postf. 12 06 04, 53048 Bonn
Mitglieder: 17429
Mitarbeiter: 3
Jahresetat: DM 0,7 Mio, € 0,36 Mio

● **S 748**

Bundesvereinigung Deutscher Betriebswirte e.V. (BDB)
-Geschäftsstelle c/o Dipl.-Kfm. Jürgen H. Hinzmann-
Karl-Schwering-Platz 3, 50931 Köln
T: (0221) 40 78 78
Vorstand: Dipl.-Betriebsw. Günter Groß (Vors., Postf. 12 01 85, 42331 Wuppertal)
Dipl.-Betriebsw. Wolfgang Franke (Franzstr. 52, 50935 Köln)
Dipl.-Kfm. Jürgen H. Hinzmann (Karl-Schwering-Platz 3, 50931 Köln)

● **S 749**

Bundesverband Deutscher Volks- und Betriebswirte e.V. (bdvb)
Geschäftsführung:
Florastr. 29, 40217 Düsseldorf
T: (0211) 37 10 22   **Fax:** 37 94 68
Internet: http://www.bdvb.de
E-Mail: info@bdvb.de
Gründung: 1901 (15. Dezember)
Präsident(in): Dipl.-Kfm. Dr. Klaus Bierle
GeschF, Vizepräs: Dipl.-Volksw. Dieter Schädiger
Leitung Presseabteilung: Dr. Arno Bothe
Verbandszeitschrift: bdvb-aktuell
Redaktion: Birgit Schoerke, Dr. Arno Bothe
Mitglieder: 5000

Der bdvb vertritt über Teildisziplinen hinweg die Interessen aller Wirtschafts- und Sozialwissenschaftler und steht seinen Mitgliedern unterstützend und fördernd in Beruf und Studium zur Seite.

● **S 750**

Forschungsinstitut der Deutschen Volks- und Betriebswirte e.V.
Florastr. 29, 40217 Düsseldorf
T: (0211) 37 10 22   **Fax:** 37 94 68
Internet: http://www.bdvb.de
E-Mail: info@bdvb.de
Vorsitzende(r): Prof. Dr. Fritz Bisani, Essen

● **S 751**

Bundesverband der Betriebswirte des Handwerks e.V.
Postf. 10 21 55, 70017 Stuttgart
Heilbronner Str. 43, 70191 Stuttgart
T: (0711) 16 57-2 78   **Fax:** 16 57-222
Internet: http://www.bv-bdh.de
E-Mail: info@bv-bdh.de
Gründung: 1986 (15. März)
Vorsitzende(r): Thomas Schepelmann, Bielefeld
Stellvertretende(r) Vorsitzende(r): Jan Henning Mehlfeldt (21244 Buchholz/Nordheide)
Geschäftsführer(in): Bernd-Michael Hümer
Mitglieder: ca. 2500

s 752

Bundesverband der Betriebswirte des Handwerks e.V.
Landesverband Baden-Württemberg
Zeppelinstr. 92, 70193 Stuttgart
Landesvorsitzende(r): Alfred Schaumann

s 753

Bundesverband der Betriebswirte des Handwerks e.V.
Landesverband Bayern
Haunstetter Str. 8, 86343 Königsbrunn
Landesvorsitzende(r): Marianne Wenninger

s 754

Bundesverband der Betriebswirte des Handwerks e.V.
Landesverband Hamburg
Schoenaich-Carolath-Str. 4, 22607 Hamburg
Landesvorsitzend(r): Klaus Schmorleiz

s 755

Bundesverband der Betriebswirte des Handwerks e.V.
Landesverband Nordrhein-Westfalen
Johanniskirchstr. 94, 45329 Essen
Landesvorsitzende(r): Jutta Deichmann

s 756

Bundesverband der Betriebswirte des Handwerks e.V.
Landesverband Schleswig-Holstein
Mohrweg 1, 24885 Sieverstedt
Landesvorsitzende(r): Hans-Christian Damerow

● **S 757**

Vereinigung beratender Betriebs- u. Volkswirte e.V. (VBV)
Holstenstr. 15, 25335 Elmshorn
T: (04121) 2 52 52   **Fax:** 2 58 67
Internet: http://www.vbv.de

E-Mail: info@vbv.de
Vorsitzende(r): Dr. Gunter Riechey
Stellvertretende(r) Vorsitzende(r): Dipl.-Vw. Wolfram Müller

● **S 758**
Evangelische Akademien in Deutschland e.V.
Geschäftsstelle
Akademieweg 11, 73087 Bad Boll
T: (07164) 79-203, 79-248 Fax: 79-410
Internet: http://www.evangelische-akademien.de
E-Mail: office@akademische-akademien.de
Gründung: 1947
Vorsitzende(r): Dr. Rolf Hanusch (Ev. Akademie zu Berlin, Charlottenstr. 53/54, 10117 Berlin)
Generalsekretär(in): Dr. Franz Grubauer
Geschäftsführer(in): Dr. Wolfgang Beer
Mitglieder: Evangelische Akademien

Ordentliche Mitglieder

s 759
Evangelische Akademie Arnoldshain
Am Eichwaldsfeld 3, 61389 Schmitten
T: (06084) 9 44-0 Fax: 9 44-1 38
Internet: http://www.evangelische-akademie.de
E-Mail: office@evangelische-akademie.de
Akademiedirektor: Dr. Hermann Düringer
Geschäftsführer(in): Ulrich Täuber

s 760
Evangelische Akademie Bad Boll
Akademieweg 11, 73087 Bad Boll
T: (07164) 79-0 Fax: 79-4 40
Internet: http://www.ev-akademie-boll.de
E-Mail: post@ev-akademie-boll.de
Direktor(in): Jo Krummacher (geschäftsführender Direktor)
Godlind Bigalke
Geschäftsführer(in): Volker Rendler-Bernhardt

s 761
Evangelische Akademie Baden
Postf. 22 69, 76010 Karlsruhe
Blumenstr. 1, 76133 Karlsruhe
T: (0721) 91 75-358 Fax: 91 75-350
Internet: http://www.ev-akademie-baden.de
E-Mail: info@ev-akademie-baden.de
Gründung: 1947
Geschf. Akademiedirektor: Klaus Nagorni
Pressereferent: Ralf Stieber

s 762
Evangelische Akademie zu Berlin
Charlottenstr. 53-54, 10117 Berlin
T: (030) 20 35 53 00 Fax: 2 03 55-550
Internet: http://www.eaberlin.de
E-Mail: akademie@eaberlin.de
Akademiedirektor: Dr. Rolf Hanusch
Geschäftsführer(in): Ralf Eilers

s 763
Evangelische Akademie Görlitz
Postf. 30 03 44, 02808 Görlitz
T: (03581) 74 42 55 Fax: 74 42 99
Geschf. Akademiedirektor: Dr. Hans-Wilhelm Pietz

s 764
Evangelische Akademie Kurhessen-Waldeck
Schlößchen Schönburg, 34369 Hofgeismar
T: (05671) 8 81-0 Fax: 8 81-1 54
Internet: http://ekkw.de/akademie.hofgeismar
E-Mail: ev.akademie.hofgeismar@ekkw.de
Direktor(in): Dr. Matthias Viertel
Stellvertretende(r) Direktor(en): Jens Haupt
Geschäftsführer(in): Anne Petrosson

s 765
Evangelische Akademie Iserlohn
im Institut für Kirche und Gesellschaft
Berliner Platz 12, 58638 Iserlohn
T: (02371) 3 52-0 Fax: 3 52-128, 3 52-129
E-Mail: akademie@kircheundgesellschaft.de
Direktor(in): Prof. Dr. Günter Ebbrecht
Stellvertretende(r) Direktor(en): Dr. Rüdiger Sareika
Geschäftsführer(in): Horst-Dieter Koch

s 766
Evangelische Akademie Loccum
Postf. 21 58, 31545 Rehburg-Loccum
T: (05766) 81-0 Fax: 81-900
Internet: http://www.loccum.de
E-Mail: eal@evlka.de

Akademiedirektor: Dr. Fritz Erich Anhelm
Stellv. Akademiedirektor: Dr. Jörg Calließ
Geschäftsführer(in): Ernst Bohnenkamp

s 767
Evangelische Akademie Mecklenburg-Vorpommern
Am Ziegenmarkt 4, 18055 Rostock
T: (0381) 2 52 24-30 Fax: 2 52 24-59
Internet: http://www.evakad-mv.de
E-Mail: mail@evakad-mv.de
Leiter(in): Dr. Fred Mahlburg

s 768
Evangelische Akademie Mülheim/Ruhr
Uhlenhorstweg 29, 45479 Mülheim
T: (0208) 5 99 06-0 Fax: 5 99 06-600
Internet: http://www.ekir.de/akademie.htm
E-Mail: evakademie.mh@t-online.de
Leiter(in): Klaus Heienbrock
Stellv. Leiter: Dr. Wolf-Dieter Just

s 769
Evangelische Akademie Nordelbien
Marienstr. 31, 23795 Bad Segeberg
T: (04551) 80 09-0 Fax: 80 09-50
E-Mail: ev-akademie-badsegeberg@kirnet.de
Leiter(in): Wolfgang Teichert
Heinke Heesch

s 770
Ev. Akademie Nordelbien
Tagungsstätte Hamburg
Esplanade 15-16, 20354 Hamburg
T: (040) 35 50 56-0 Fax: 35 50 56-16
E-Mail: ev-akademie-hamburg@kirnet.de
Leiter(in): Wolfgang Teichert
Heinke Heesch

s 771
Akademie der Ev.-luth. Kirche in Oldenburg
Haareneschstr. 60, 26121 Oldenburg
T: (0441) 77 01-431 Fax: 77 01-419
Internet: http://www.akademie-oldenburg.de
E-Mail: info@akademie-oldenburg.de
Leiter(in): Dieter Qualmann
Geschäftsführer(in): Uwe Fischer

s 772
Evangelische Akademie der Pfalz
Domplatz 5, 67346 Speyer
T: (06232) 60 20-0 Fax: 60 20-22
Internet: http://www.evangelische-akademie-pfalz.de
E-Mail: eapfalz@t-online.de
Leiter(in): Volker Hörner

s 773
Evangelische Akademie Sachsen-Anhalt e.V.
Schloßplatz 1 D, 06886 Lutherstadt Wittenberg
T: (03491) 49 88-0 Fax: 40 07 06
Internet: http://home.t-online.de/home/0349149880
E-Mail: ev-akademie-wittenberg@t-online.de
Leiter(in): Stephan Dorgerloh
Stellv. Leiter: Friedrich Schorlemmer
Geschäftsführer(in): Silke Kotzsch

s 774
Evangelische Akademie Meißen
Postf. 10 04 06, 01654 Meißen
T: (03521) 47 06-0 Fax: 47 06-99
Internet: http://www.ev-akademie-meissen.de
E-Mail: klosterhof@ev-akademie-meissen.de
Leiter(in): Peter Vogel
Geschäftsführer(in): Grita Reim

s 775
Evangelische Akademie Thüringen
Zinzendorfhaus, 99192 Neudietendorf
T: (036202) 9 84-0 Fax: 9 84-22
E-Mail: evakthue@t-online.de
Leiter(in): Thomas A. Seidel
Geschäftsführer(in): Monika Gräf (f. Akademie)

s 776
Evangelische Akademie Tutzing
Schloßstr. 2-4, 82327 Tutzing
T: (08158) 2 51-0 Fax: 9 64 44
Internet: http://www.ev-akademie-tutzing.de
E-Mail: info@ev-akademie-tutzing.de

Akademiedirektor: Dr. Friedemann Greiner
Stellv. Akademiedirektor: Dr. Christoph Meier
Geschäftsführer(in): Martin Kurz

Ausserordentliche Mitglieder

s 777
Evangelische Landjugendakademie Altenkirchen
Dieperzbergweg 13-17, 57610 Altenkirchen
T: (02681) 95 16-0 Fax: 7 02 06
Internet: http://www.lja.de
E-Mail: info@lja.de
Leiter(in): Dieter Sonnentag

s 778
Deutscher Ev. Kirchentag
Magdeburger Str. 59-61, 36037 Fulda
T: (0661) 9 69 50-0 Fax: 9 69 50-90
Internet: http://www.kirchentag.de
E-Mail: fulda@kirchentag.de
Kontaktperson: Dr. Christoph Quasch

s 779
Forschungsstätte der Evangelischen Studiengemeinschaft e.V. (FEST)
Schmeilweg 5, 69118 Heidelberg
T: (06221) 91 22 0 Fax: 16 72 57
Internet: http://www.fest-heidelberg.de
E-Mail: petra.bahr@fest-heidelberg.de
Kontaktperson: Dr. Petra Bahr

s 780
Ev. Sozialakademie Friedewald
Schloßstr. 2, 57520 Friedewald
T: (02743) 92 36-0 Fax: 92 36-11
E-Mail: ev.sozialakademie@t-online.de
Direktor(in): Volker Hergenhan

s 781
Ev. Medienakademie / Journalistenschule
Jebensstr. 3, 10623 Berlin
T: (030) 3 10 01-400 Fax: 3 10 01-440
Internet: http://www.gep.de/medien/medien.html
E-Mail: sseidel@ev-medienakademie.de
Leiter(in): Imme de Haen
Stellv. Leiterin: Dr. Maria Kniesburges

s 782
Ev. Akademie im Saarland
Großherzog-Friedrich-Str. 44, 66111 Saarbrücken
T: (0681) 3 87 00-51 Fax: 3 87 00-56
E-Mail: eas-ekir@t-online.de
Direktor(in): Dr. Sabine Plonz

● **S 783**
Bund der Diplom-Inhaber der Verwaltungs- und Wirtschafts-Akademien-Bundesverband e.V. (BDIVWA)
Bundesgeschäftsstelle:
Von-Bar-Str. 16, 37075 Göttingen
T: (0551) 4 39 50 Fax: 5 94 25
Internet: http://www.bdivwa.de
E-Mail: goehmann.ilse@t-online.de
Vorsitzende(r): Hans-Dieter Metternich (Markenbildchenweg 32, 56068 Koblenz, T: (0261) 1 59 86 (p))
Stellvertretende(r) Vorsitzende(r): Werner Finke (Alsweder Str. 16, 32312 Lübbecke, T: (0521) 51 20 81 (d), (05741) 52 68 (p) + Fax)
Bundesgeschäftsführer: Rainer von Nievenheim (Wallwitzer Str. 2, 06193 Nauendorf, T: (0177) 2 59 25 81 (p), Fax: (089) 14 88 21 02 52 (p))
Bundesschatzmeisterin: Ilse Göhmann (v.-Bar-Str. 16, 37075 Göttingen, T: (0551) 4 39 50 (p), Fax: 5 94 25 (p))
Pressereferent: Max Udo Quiske (Kirchstr. 8, 47918 Tönisvorst, T: (02151) 82 26 20 (d), 79 60 97 (p))
Verbandszeitschrift: Akademie
Redaktion: Prof. Dr. Helmut Brede
Verlag: Schürmann & Klagges, Postf. 102370, 44723 Bochum

● **S 784**
CA Controller Akademie privates Institut für Unternehmensplanung und Rechnungswesen Aktiengesellschaft
Postf. 11 68, 82116 Gauting
Leutstettener Str. 2, 82131 Gauting
T: (089) 89 31 34-0 Fax: 89 31 34 25
Internet: http://www.controllerakademie.de
E-Mail: akademie@controllerakademie.de
Gründung: 1972 (21. Oktober)
Gründer: Dipl.-Kfm. Dr. Albrecht Deyhle

Vorstand: RA Conrad Günther
Dipl.-Volkswirt Dr. Martin Hauser
Mitarbeiter: 28

● **S 785**

Controller Verein e.V.
Postf. 11 68, 82116 Gauting
Leutstettner Str. 2, 82131 Gauting
T: (089) 89 31 34-0   **Fax:** 89 31 34 31
Internet: http://www.controllerverein.com
E-Mail: verein@controllerverein.de
Gründung: 1975 (Februar)
Vorstand:
Vorsitzende(r): Dr. Wolfgang Berger-Vogel (Vorstandsmitglied Finanzen und Controlling, BBAG Österr. Brau-Beteiligungs-AG, Poschacherstr. 35, A-4020 Linz, T: (0043732) 69 79-555)
Stellvertretende(r) Vorsitzende(r): Ragnar Nilsson (Senior Vice President, CIO und Mitglied des Executive Committees der Aventis S.A. und Aventis Pharma AG, Frankfurt/Main, T: (069) 30 53 04 62)
Vorstandsmitglieder: Siegfried Gänßlen (Mitglied des Vorstandes und stellv. Vorstandsvors. der Hansgrohe AG in Schiltach, mit Zuständigkeit für Controlling, Finanzen, Personal und Informatik, T: (07838) 51 12 36)
Hermann Jenny (Schaffhausen am Rheinfall, Schweiz, T: (004152) 6 24 59 53)
Geschäftsführer(in): RA Conrad Günther (Controller Akademie, Leutstettner Str. 2, 82131 Gauting, T: (089) 89 31 34 19)
Leitung Presseabteilung: Hans-Peter Sander (Fischerei 24, 86911 Dießen/Ammersee, T: (08807) 94 90 94)
Verbandszeitschrift: Controller magazin
Redaktion: Verlag für ControllingWissen AG
Verlag: Münchner Str. 6, 82237 Wörthsee
Mitglieder: 3492 (Stand 31.12.2000)

● **S 786**

Bundesverband Zeitarbeit Personal-Dienstleistungen e.V. (BZA)
Prinz-Albert-Str. 73, 53113 Bonn
T: (0228) 7 66 12-0   **Fax:** 7 66 12-26
Internet: http://www.bza.de
E-Mail: info@bza.de
Präsident(in): RA Ernst Vollbracht
Geschäftsf. Präsidialmitgl.: RA Gert Denkhaus
Leitung Presseabteilung: Markus Saga

● **S 787**

Bundesverband Personalvermittlung e.V. (BPV)
Prinz-Albert-Str. 73, 53113 Bonn
T: (0228) 63 00 78   **Fax:** 7 66 12 26
Gründung: 1994 (03. März)
Vorsitzende(r): Diethelm Bender
Stellvertretende(r) Vorsitzende(r): Anke Peiniger
Geschäftsführer(in): RA Gert Denkhaus
Mitglieder: 748 Büros

● **S 788**

Verband Deutscher Honorarberater
Kapellenbruch 225, 41372 Niederkrüchten
T: (02163) 8 07 28   **Fax:** 8 30 82
Vorstand: Karlheinz Ihl

● **S 789**

Bundesverband Business Center e.V.
Postanschrift: Eichenkampstr. 13, 58135 Hagen
Billstr. 28, 20539 Hamburg
T: (0180) 5 25 51-92   **Fax:** 5 25 51-93
Internet: http://www.buero-service.de
Gründung: 1984
Vorsitzende(r): Bram Eldering
2. Vorsitzende(r): Harald Lais
Schriftführer(in): Petra Hevemeyer
Schatzmeisterin: Cornelia Weber
Pressereferentin: Konstanze Westbunk-Spatzier
Verbandszeitschrift: Büro Spezial
Redaktion: Konstanze Westbunk-Spatzier
Verlag: Bundesgeschäftsstelle
Mitglieder: 98 Betriebe

Architekten, Ingenieure, Chemiker, Designer, Technische Sachverständige, Lotsen, Wissenschaftler u.a.

● **S 790**

Bundesarchitektenkammer (Bundesgemeinschaft der Architektenkammern, Körperschaften des öffentlichen Rechts) e.V.
Postf. 61 03 28, 10925 Berlin
Askanischer Platz 4, 10963 Berlin
T: (030) 26 39 44-0   **Fax:** 26 39 44-90
Internet: http://www.bundesarchitektenkammer.de
E-Mail: info@bak.de
Präsident(in): Dipl.-Ing. Peter Conradi
Vizepräsident(in): Dipl.-Ing. Alfred Schlüter
Prof. Dipl.-Des. Hans Rollmann
Dipl.-Ing. Winfried Sziegoleit
BGeschF: Dr. Christoph Münzer
Justitiar: RA Thomas Maibaum
Ref. Öffentlichkeitsarbeit: Dipl.-Komm. Wirtin Susanne Boehncke
Verbandszeitschrift: Deutsches Architektenblatt (DAB)
Verlag: Forum Verlag, Schrempfstr. 8, 70597 Stuttgart, T: (0711) 7 67 27 16 oder -17, Fax: 7 67 27 28, E-Mail: info@forumverlag.de, I-Net: forumverlag.de
Mitglieder: 16

Die Bundesarchitektenkammer ist die Dachorganisation von 16 Architektenkammern. Sie koordiniert die berufspolitische Arbeit auf Bundes- und Europaebene. Die Bundesarchitektenkammer repräsentiert z. Zt. ca. 102.500 freischaffende, angestellte, beamtete und gewerblich tätige Architekten aller Fachrichtungen.

Baden-Württemberg

● **S 791**

Architektenkammer Baden-Württemberg
Danneckerstr. 54, 70182 Stuttgart
T: (0711) 21 96-0   **Fax:** 2 19 61 03
Gründung: 1958
Präsident(in): Dipl.-Ing. Wolfgang Riehle
Geschäftsführer(in): Just. RA Alfred Morlock
Mitglieder: 17500

Bayern

● **S 792**

Bayerische Architektenkammer
Waisenhausstr. 4, 80637 München
T: (089) 13 98 80-0   **Fax:** 13 98 80-99
Gründung: 1971 (1. Januar)
Präsident(in): Prof. Dipl.-Ing. Peter Kaup
Hauptgeschäftsführer(in): Ass. Wolfgang Pöschl
Verbandszeitschrift: Deutsches Architektenblatt Regionalteil Bayern
Verlag: Forum Verlag GmbH, 70597 Stuttgart
Mitglieder: 17000

Berlin

● **S 793**

Architektenkammer Berlin
Karl-Marx-Allee 78, 10243 Berlin
T: (030) 2 93 30 70   **Fax:** 29 33 07 16
Internet: http://www.ak-berlin.de
E-Mail: kammer@ak-berlin.de
Präsident(in): Dipl.-Ing. Cornelius Hertling
Geschäftsführer(in): Dipl.-Ing. Ingrid Kuldschun
Justitiar: RA Jürgen Becker
Mitglieder: ca. 6600

Brandenburg

● **S 794**

Brandenburgische Architektenkammer
Landesgeschäftsstelle
Kurfürstenstr. 52, 14467 Potsdam
T: (0331) 2 75 91-0   **Fax:** 29 40 11
E-Mail: bbgak@T-online.de
Präsident(in): Dipl.-Ing. Bernhard Schuster
Geschäftsführer(in): Dipl.-Ing. Hans-Gert Wilbricht
Mitglieder: 1109

Freie Hansestadt Bremen

● **S 795**

Architektenkammer der Freien Hansestadt Bremen
Geeren 41-43, 28195 Bremen
T: (0421) 17 00 07   **Fax:** 30 26 92
Präsident(in): Dipl.-Ing. Wilfried Turk
Geschäftsführer(in): Dipl.-Verwaltungsw. Ralf Körtge
Justitiar: RA Dr. Günter Wagner (T: (0421) 33 58 10)
Mitglieder: 1000

Hamburg

● **S 796**

Hamburgische Architektenkammer
Grindelhof 40, 20146 Hamburg
T: (040) 44 18 41-0   **Fax:** 44 18 41-44
Internet: http://www.ak-hh.de
E-Mail: info@ak-hh.de
Präsident(in): Dipl.-Ing. Konstantin Kleffel
Geschäftsführer(in): Dr. Ullrich Schwarz
Justitiar: RA Dr. Holger Matuschak
Mitglieder: 3071 Architekten

Hessen

● **S 797**

Architektenkammer Hessen
Mainzer Str. 10, 65185 Wiesbaden
T: (0611) 1 73 80   **Fax:** 17 38 40
Internet: http://www.akh.de
E-Mail: info@akh.de
Gründung: 1969 (1. Januar)
Präsident(in): Prof. Gerhard Bremmer
Hauptgeschäftsführer(in): RA'in Dr.jur. Evelin Portz
Geschäftsführer(in): Architekt Dipl.-Ing. Wolfgang Haack
Leitung Presseabteilung: Paul-Gerhard Lichtenthäler
Verbandszeitschrift: Deutsches Architektenblatt
Redaktion: Regionalteil Hessen
Verlag: Forum Verlag, Schrempfstr. 8, 70597 Stuttgart
Mitglieder: 11000
Mitarbeiter: 30

Mecklenburg-Vorpommern

● **S 798**

Architektenkammer Mecklenburg-Vorpommern
Karl-Marx-Str. 32, 19055 Schwerin
T: (0385) 5 90 79-0   **Fax:** 5 90 79-30
Internet: http://www.architektenkammer-mv.de
E-Mail: info@architektenkammer-mv.de
Gründung: 1991 (25. Mai)
Präsident(in): Dipl.-Ing. Joachim Brenncke
Vizepräsident(in): Dipl.-Ing. Christiane Falck-Steffens
Dipl.-Ing. Jörg Frank (FH)
Geschäftsführer(in): Dr.-Ing. Frank Horn
Mitglieder: 1156 (Stand: 31.12.00)
Mitarbeiter: 4

Niedersachsen

● **S 799**

Architektenkammer Niedersachsen
Körperschaft des öffentlichen Rechts
Laveshaus
Friedrichswall 5, 30159 Hannover
T: (0511) 2 80 96-0   **Fax:** 2 80 96 19
Internet: http://www.aknds.de
E-Mail: info@aknds.de
Präsident(in): Dipl.-Ing. Peter Stahrenberg
Geschäftsführer(in): Prof. Eike Schlömilch
Mitglieder: 9300 Architekten

Nordrhein-Westfalen

● **S 800**

Architektenkammer Nordrhein-Westfalen
Postf. 32 01 28, 40416 Düsseldorf
Inselstr. 27, 40479 Düsseldorf
T: (0211) 49 67-0   **Fax:** 4 91 14 75
Internet: http://www.aknw.de
E-Mail: Info@aknw.de

S 800

Gründung: 1969
Präsident(in): Dipl.-Ing. Hermannjosef Beu
Hauptgeschäftsführer(in): Dipl.-Ing. Hans-Ulrich Ruf
Geschäftsführer(in): Ass. Joachim Hoffmüller
Leitung Presseabteilung: Dipl.-Journ. Christof Rose
Verbandszeitschrift: Deutsches Architektenblatt - Regionalteil NRW
Mitglieder: 27000 (Stand: Januar 2000)
Mitarbeiter: 40

Rheinland-Pfalz

● S 801

Architektenkammer Rheinland-Pfalz
Rose Kuhn
Postf. 11 50, 55001 Mainz
Hindenburgplatz 6, 55118 Mainz
T: (06131) 99 60 18   **Fax:** 99 60 61
Internet: http://www.architekten-rheinland-pfalz.de
E-Mail: kuhn@akrp.de
Präsident(in): Architekt Günther Franz
Hauptgeschäftsführer(in): Dr. rer. pol. Michael E. Coridaß
Justitiar: RA Valentin Fett
Mitglieder: 4500

Saarland

● S 802

Architektenkammer des Saarlandes
Am Neumarkt 11, 66117 Saarbrücken
T: (0681) 5 43 43   **Fax:** 58 36 68
Präsident(in): Prof. Dipl.-Des. Hans Rollmann
Geschäftsführer(in): Rainer Christ
Justitiar: RA Herbert Beigel
Mitglieder: ca. 905 Architekten

Sachsen

● S 803

Architektenkammer Sachsen
HAUS DER ARCHITEKTEN
Goetheallee 37, 01309 Dresden
T: (0351) 3 11 12 75, 3 10 53 01   **Fax:** 3 11 12 86
Internet: http://www.AKSachsen.org
E-Mail: dresden@AKSachsen.de
Präsident(in): Dr.-Ing. Volker Benedix
Geschäftsführer(in): Dipl.-Ing. Olaf Doehler
Mitglieder: 2950

Sachsen-Anhalt

● S 804

Architektenkammer Sachsen-Anhalt
Fürstenwall 3, 39104 Magdeburg
T: (0391) 5 61 92 97   **Fax:** 5 61 92 96
Präsident(in): Prof. Ralf Niebergall
Geschäftsführer(in): Petra Heise
Mitglieder: 1000

Schleswig-Holstein

● S 805

Architekten- und Ingenieurkammer Schleswig-Holstein
Düsternbrooker Weg 71, 24105 Kiel
T: (0431) 5 70 65-0
Präsident(in): Dipl.-Ing. Uwe Ferdinand
Geschäftsführende(s) Vorstands-Mitglied(er): Dr. Klaus Alberts
Mitglieder: 2624

Thüringen

● S 806

Architektenkammer Thüringen
Bahnhofstr. 39, 99084 Erfurt
T: (0361) 21 05 00   **Fax:** 2 10 50 50
Internet: http://www.architekten-thueringen.org
E-Mail: info@architekten-thueringen.org
Gründung: 1991 (März)
Präsident(in): Dipl.-Ing. Hartmut Strube
Geschäftsführer(in): Michael Beier
Verbandszeitschrift: Deutsches Architektenblatt
Verlag: Forum Verlag, Schrempfstr. 8, 70597 Stuttgart
Mitglieder: 1710
Mitarbeiter: 5

● S 807

Bund Deutscher Architekten BDA
Bundessekretariat
Köpenicker Str. 48 /49, 10179 Berlin
T: (030) 2 78 79 90   **Fax:** 27 87 99 15
Internet: http://www.bda.baunetz.de
E-Mail: bda@baunetz.de
Gründung: 1903
Präsident(in): Dipl.-Ing. Heinrich Pfeffer (Friesenstr. 50, 50670 Köln, T: (0221) 9 12 66 00, Fax: 91 26 60 33, E-Mail: pfefferarch@baunetz.de)
Bundesgeschäftsführer: Dipl.-Volksw. Carl Steckeweh
Geschäftsführer: und Justitiar: Dr. jur. Tillman Prinz
Geschäftsführerin: Dipl.-Ing. Nicoletta Baumeister
Verbandszeitschrift: "Der Architekt"
Redaktion: Andreas Denk, Alice Sarosi-Schönmetz
Verlag: Rudolf Müller Verlag, Stolberger Str. 84, 50933 Köln
Mitglieder: ca. 4550 freiberufl. Architekten

Landesverbände

Baden-Württemberg

s 808

Bund Deutscher Architekten BDA
Landesverband Baden-Württemberg e.V.
Zellerstr. 82, 70180 Stuttgart
T: (0711) 6 40 40 39   **Fax:** 60 29 50
Vorsitzende(r): Prof. Dipl.-Ing. Rainer Zinsmeister (Schönbergstr. 29 A, 70599 Stuttgart, T: (0711) 4 79 38 85, Fax: 4 79 26 81)
Geschäftsführer(in): Lo Hammer-Gann

Bayern

s 809

Bund Deutscher Architekten BDA
in Bayern e.V.
Blutenburgstr. 88, 80636 München
T: (089) 18 60 61   **Fax:** 18 41 48
Vorsitzende(r): Dipl.-Ing. J. P. Meier-Scupin (Gabelsbergerstr. 85, 80333 München, T: (089) 5 42 64 30, Fax: 5 42 84 37, E-Mail: msp85@aol.com)
Geschäftsführer(in): Christa Weissenfeldt

Berlin

s 810

Bund Deutscher Architekten BDA
Berlin e.V.
Mommsenstr. 64, 10629 Berlin
T: (030) 88 68 32 06   **Fax:** 88 68 32 16
Vorsitzende(r): Prof. Dipl.-Ing. Rainer W. Ernst (Mommsenstr. 6, 10629 Berlin, T: (030) 88 03 29 50, Fax: 88 03 29 59)
Geschäftsführer(in): Petra Zillich

Brandenburg

s 811

Bund Deutscher Architekten BDA
Landesverband Brandenburg e.V.
Kurfürstenstr. 52, 14467 Potsdam
T: (0331) 2 70 27 07   **Fax:** 2 70 27 07
Vorsitzende(r): Dipl.-Ing. Hans Albeshausen (Logerstr. 13a, 15230 Frankfurt/Oder, T: (0335) 50 08 01 07, Fax: 50 08 01 13, E-Mail: albeshausen-haensel@t-online.de)
Geschäftsstelle: Monika Mehlhorn-Puff

Bremen

s 812

Bund Deutscher Architekten BDA
im Lande Bremen e.V.
Altenwall 7/8, 28195 Bremen
T: (0421) 32 54 76   **Fax:** 32 13 78
Vorsitzende(r): Dipl.-Ing. Ulrich-Johannes Tilgner (Ostertorsteinweg 46, 28203 Bremen, T: (0421) 33 49 20, Fax: 33 49 222, E-Mail: info@architekttilgner.de)
Justitiar: RA Dr. Eberhard Groscurth

Hamburg

s 813

Bund Deutscher Architekten und Architektinnen
der Freien und Hansestadt Hamburg e.V.
Architektur Centrum
Stephansplatz 5, 20354 Hamburg
T: (040) 41 33 10   **Fax:** 41 33 31 23
E-Mail: info@bda-hamburg.de
Vorsitzende(r): Dipl.-Ing. Bernhard Gössler (Brauerknechtgraben 45, 20459 Hamburg, T: (040) 3 74 12 60, Fax: 36 46 83, E-Mail: goessler-hh@baunetz.de)
Geschäftsführer(in): Dipl.-Ing. Volker Roscher

Hessen

s 814

Bund Deutscher Architekten BDA
im Lande Hessen e.V.
Braubachstr. 12, 60311 Frankfurt
T: (069) 28 31 56   **Fax:** 28 91 18
E-Mail: bda-hessen@t-online.de
Vorsitzende(r): Dipl.-Ing. Jürgen Engel (Hanauer Landstr. 287-289, 60314 Frankfurt, T: (069) 9 44 39 40, Fax: 44 99 61, E-Mail: j.engel@ksp-architekten.de)
Geschäftsführer(in): Dr. Manuel Cuadra

Mecklenburg-Vorpommern

s 815

Bund Deutscher Architekten BDA
Landesverband Mecklenburg-Vorpommern e.V.
c/o Büro Dipl.-Ing. Jasper Herrmann
Hafenstr. 12b, 18439 Stralsund
T: (03831) 2 63 20   **Fax:** 26 32 11
E-Mail: jasper-herrmann@t-online.de
Vorsitzende(r): Dipl.-Ing. Jasper Herrmann (c/o Büro Dipl.-Ing. Jasper Herrmann, Hafenstr. 12 b, 18439 Stralsund, T: (03831) 2 63 20, Fax: 26 32 11, E-Mail: jasper-herrmann@t-online.de)

Niedersachsen

s 816

Bund Deutscher Architekten BDA
in Niedersachsen e.V.
Alleehof 4, 30167 Hannover
T: (0511) 7 01 03 28   **Fax:** 7 01 11 44
E-Mail: mail@bda-niedersachsen.de
Vorsitzende(r): Dipl.-Ing. Wolfgang Schneider (Wilh.-Busch-Str. 12, 30167 Hannover, T: (0511) 7 01 14 43, Fax: 7 00 03 88)
Geschäftsstelle: Renate Reichert
Gabriele Czudaj-Schlotterer

Nordrhein-Westfalen

s 817

Bund Deutscher Architekten BDA
Landesverband Nordrhein-Westfalen e.V.
Marktplatz 10, 40213 Düsseldorf
T: (0211) 32 88 49   **Fax:** 32 59 51
E-Mail: bda-nrw@t-online.de
Vorsitzende(r): Dipl.-Ing. Joachim König (Kirberichshofer Weg 6, 52066 Aachen, T: (0241) 94 66 40, Fax: 9 46 64 34, E-Mail: jochen.koenig@awac.de)
Geschäftsführer(in): Dr. Uta Joeressen

Rheinland-Pfalz

s 818

Bund Deutscher Architekten BDA
Landesverband Rheinland-Pfalz e.V.
Im Glockenschall 19, 56235 Ransbach-Baumbach
T: (02623) 40 71   **Fax:** 40 99
E-Mail: architekt.stefan.musil@t-online.de
Vorsitzende(r): Prof. Dipl.-Ing. Horst Ermel (Fischerstr. 11, 67655 Kaiserslautern, T: (0631) 36 23 20, Fax: 6 49 11)
Geschäftsführer(in): Dipl.-Ing. Stefan Musil

Saarland

s 819

Bund Deutscher Architekten BDA
Landesverband Saarland e.V.
Nell-Breuning-Allee 8, 66115 Saarbrücken
T: (0681) 9 92 63-0   **Fax:** 9 92 63-25
E-Mail: saarbruecken@freese-architekten.de
Vorsitzende(r): Dipl.-Ing. Wolfgang Lorch (Dolomitenweg 19, 66119 Saarbrücken, T: (0681) 92 65 50, Fax: 9 26 55 95, E-Mail: wandelhoeferlorch@t-online.de)
Geschäftsführer(in): Dipl.-Ing. Henning Freese

Sachsen

s 820

Bund Deutscher Architekten BDA
Landesverband Sachsen e.V.
Karl-Liebknecht-Str. 19, 09111 Chemnitz
T: (0371) 41 56 64   **Fax:** 4 66 95 13
Vorsitzende(r): Dr. phil. Dipl.-Arch. Karl-Heinz Barth (Karl-Liebknecht-Str. 19, 09111 Chemnitz, T: (0371) 41 56 64, Fax: 4 66 95 13, E-Mail: arnoldbarth@aol.com)

Sachsen-Anhalt

s 821

Bund Deutscher Architekten BDA
Landesverband Sachsen-Anhalt e.V.
Fürstenwall 3, 39104 Magdeburg
T: (0391) 5 61 75 96   **Fax:** 5 61 75 96
Vorsitzende(r): Dipl.-Ing. Peter Schube (Mozartstr. 5, 39106 Magdeburg, T: (0391) 56 80 00, Fax: 5 68 00 37)

Schleswig-Holstein

s 822

Bund Deutscher Architekten BDA
Landesverband Schleswig-Holstein e.V.
Herderstr. 2, 24116 Kiel
T: (0431) 55 45 77   **Fax:** 5 16 65
E-Mail: bda.sh@onlinehome.de
Vorsitzende(r): Dipl.-Ing. Klaus Mai (An der Untertrave 17, 23552 Lübeck, T: (0451) 7 27 73, Fax: 7 52 27)
Geschäftsstelle: Verena Kuhlmann

Thüringen

s 823

Bund Deutscher Architekten BDA
Landesverband Thüringen e.V.
Bahnhofstr. 39, 99084 Erfurt
T: (0361) 5 61 73 83   **Fax:** 5 61 73 83
Vorsitzende(r): Dipl.-Ing. Ulrich Junk (Nordstr. 21, 99427 Weimar, T: (03643) 4 82 00, Fax: 48 20 20)
Geschäftsstelle: Heike Schieke

● S 824

Verband Deutscher Architekten e.V. (VDA)
Bundesgeschäftsstelle
Edelsbergstr. 8, 80686 München
T: (089) 57 00 7-0   **Fax:** 57 00 72 60
E-Mail: verband@t-online.de
Gründung: 1972
Präsident(in): Dipl.-Ing. Architekt Günter Schmitt-Bosslet (Hofstattstr. 14, 86919 Utting)
Hauptgeschäftsführer(in): UMU-UFB Geschäftsführungs GmbH (Edelsbergstr. 8, 80686 München)
Mitglieder: 3100
Mitarbeiter: 4

Landesverbände

s 825

Verband Deutscher Architekten
Landeskammergruppe Baden-Württemberg
Schillerweg 12, 76547 Sinzheim
Vorsitzende(r): Dipl.-Ing. (FH) Alexander Huck

s 826

Verband Deutscher Architekten
Landeskammergruppe Bayern
Staudenfeldweg 12, 83624 Otterfing
T: (08024) 9 13 85
Vorsitzende(r): Architekt Dipl.-Ing. Gerhard Zach

s 827

Verband Deutscher Architekten
Landeskammergruppe Berlin
Motzener Str. 5, 12277 Berlin
T: (030) 72 32 01 83   **Fax:** 7 22 60 09
Vorsitzende(r): Dipl.-Ing. Günter Nossinske

s 828

Verband Deutscher Architekten
Landeskammergruppe Hamburg
Duisburger Str. 218, 22419 Hamburg
Vorsitzende(r): Architekt Horst Alisch

s 829

Verband Deutscher Architekten
Landeskammergruppe Nordrhein-Westfalen
Hauptstr. 247, 51143 Köln
T: (02203) 9 88 96-0   **Fax:** 9 88 96-88
Vorsitzende(r): Dipl.-Ing. Reinhard Jo Billstein

s 830

Verband Deutscher Architekten
Landeskammergruppe Rheinland-Pfalz
Büngertsweg 58, 56070 Koblenz
T: (0261) 8 46 86   **Fax:** 80 37 62
Vorsitzende(r): Dipl.-Ing. (FH) Rolf Jahner

s 831

Verband Deutscher Architekten
Landeskammergruppe Sachsen
Plattleite 15, 01324 Dresden
T: (0351) 2 68 64 24
Vorsitzende(r): Prof. Gerhard Guder

● S 832

Vereinigung Freischaffender Architekten Deutschlands e.V. - VFA -
Bundesgeschäftsstelle
Oxfordstr. 20-22, 53111 Bonn
T: (0228) 63 15 68   **Fax:** 63 46 16
Gründung: 1958
Präsident(in): Dipl.-Ing. M. Irmscher
Vizepräsident(in): Dr.-Ing. Jürgen Rauch
Geschäftsführer(in): Astrid Schobries-Wilhelm
Presseabteilung: Christoph Koch (Publicom, Muffendorfer Hauptstr. 39, 53177 Bonn, T: (0228) 9 53 48 48, Telefax: (0228) 9 53 48 20)
Verbandszeitschrift: DBZ (VFA-press), VFA-Profil
Verlag: Bertelsmann Fachzeitschriften GmbH, Postf. 1 20, 33311 Gütersloh; Bauzeitschriften Verlags-GmbH, Stolberger Str. 84, 50933 Köln
Mitglieder: 1400

Landesgruppen

s 833

Vereinigung Freischaffender Architekten Deutschlands e.V.
Landesgruppe Baden-Württemberg
Kniebisstr. 25, 71254 Ditzingen
T: (07156) 3 93 33   **Fax:** 3 91 46
Vorsitzende(r): Dipl.-Ing. Norbert Beier-Xanke (T: (0721) 20 52 53, Fax: 9 20 35 60)
LandesGeschF: Dipl.-Ing. Bernhard Seitter

s 834

Vereinigung Freischaffender Architekten Deutschlands e.V.
Landesgruppe Bayern
Nachtigalstr. 29, 80638 München
T: (089) 7 73 85   **Fax:** 17 71 53
Vorsitzende(r): Dipl.-Ing. Lutz Heese (T: (089) 9 22 00 40, Telefax: (089) 92 20 04 10)
Landesgeschäftsführer: Dipl.-Ing. Peter Poppitz

s 835

Vereinigung Freischaffender Architekten Deutschlands e.V.
Landesgruppe Berlin-Brandenburg
Geschäftsstelle:
Dominicusstr. 38, 10827 Berlin
T: (030) 7 82 35 40   **Fax:** 7 82 84 65
Vorsitzende(r): Dipl.-Ing. Jürgen Schulz
LandesGeschF: Dipl.-Ing. Dieter Bormann

s 836

Vereinigung Freischaffender Architekten Deutschlands e.V.
Landesgruppe Hessen
An der Hexeneiche 9, 63538 Großkrotzenburg
T: (06186) 79 50   **Fax:** 79 51
Vorsitzende(r): Dipl.-Ing. Helmut-Horst Schmidt (T: (06151) 37 23 23, Telefax: (06151) 37 54 34)
Geschäftsführer(in): Dipl.-Ing. Peter C. Meinhardt

s 837

Vereinigung Freischaffender Architekten Deutschlands e.V.
Landesgruppe Mecklenburg-Vorpommern
Gerhart-Hauptmann-Str. 12, 19053 Schwerin

T: (0385) 73 42 53   **Fax:** 71 30 75
Geschf. Vors: Dr.-Ing. Henry Männich

s 838

Vereinigung Freischaffender Architekten Deutschlands e.V.
Landesgruppe Niedersachsen
Maximilian-Kolbe-Str. 8, 49076 Osnabrück
T: (0541) 66 96 60   **Fax:** 6 69 66 68
Geschf. u. Vors.: Dipl.-Des. Ralf D. Hantschel

s 839

Vereinigung Freischaffender Architekten Deutschlands e.V.
Landesgruppe Nord
Boytinstr. 25, 22143 Hamburg
T: (040) 67 57 22-0   **Fax:** 6 77 68 83
Vorsitzende(r): Dipl.-Ing. Klaus Demtröder (Pfarrstr. 13, 22149 Hamburg, T: (040) 6 72 57 47, Fax: (040) 6 72 57 18)
Geschäftsführer(in): Dipl.-Ing. Horst Reincke

s 840

Vereinigung Freischaffender Architekten Deutschlands e.V.
Landesgruppe Nordrhein-Westfalen
Kipdorf 35, 42103 Wuppertal
T: (0202) 45 08 18   **Fax:** 45 07 17
Vorsitzende(r): Dr.-Ing. Christian Schramm (Albertstr. 36, 45894 Gelsenkirchen, T: (0209) 9 33 11 40, Fax: 39 03 78)
Geschäftsführer(in): Dipl.-Ing. Günter Schnur

s 841

Vereinigung Freischaffender Architekten Deutschlands e.V.
Landesgruppe Rheinland-Pfalz
Geschäftsstelle
Am Schützenhaus 5, 55743 Idar-Oberstein
T: (06781) 4 36 42   **Fax:** 4 27 20
Vorsitzende(r): Jörg Bill
Geschäftsführer(in): Helmut Bill

s 842

Vereinigung Freischaffender Architekten Deutschlands e.V.
Landesgruppe Sachsen
Schneeberger Str. 38, 08121 Weißbach
T: (037603) 82 97
Vorsitzende(r): Dipl.-Ing. Michael Gronemann
Geschäftsführer(in): Bau-Ing. agr. Heinz Döhler

s 843

Vereinigung Freischaffender Architekten Deutschlands e.V.
Landesgruppe Thüringen
Goldbacher Str. 24a, 99867 Gotha
T: (03621) 8 50 26-0   **Fax:** 8 50 26-0
Vorsitzende(r): Dipl.-Ing. Roland Kummer
Geschäftsführer(in): Dipl.-Ing. Clemens Hahn

● S 844

Bund der Freunde und Förderer junger Architekten e.V. (BFF)
Kipdorf 35, 42103 Wuppertal
T: (0202) 45 08 18   **Fax:** 45 07 17
E-Mail: vfa.lg.nw@kdt.de
Gründung: 1986 (3. November)
Präsident(in): Dipl.-Ing. Günter Schnur, Wuppertal
Vizepräsident(in): Dipl.-Des. Ernst-Heribert Linke, Mönchengladbach
Dipl.-Ing. Holger W. Kruse, Lippstadt
Schatzmeister: Dipl.-Ing. Hans-Gerd Körfer, Mönchengladbach
Hauptgeschäftsführer(in): Dipl.-Ing. Christoph Kruppa, Aachen
Referat Recht: RA P.M. Kranzbühler, Wuppertal
Referat Steuern: Jochen Rudorf, Wuppertal
Referat Seminare u. Veranstaltungen: Dipl.-Ing. Karl-Heinz Friedrich, Dortmund

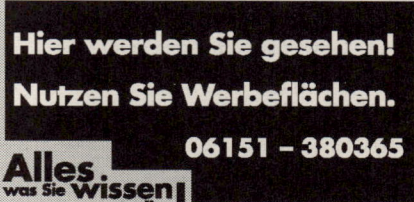

S 844

Referat EDV-Beratung: Dipl.-Ing. F. Hempel, Aachen
Verbandszeitschrift: praxis kontakt
Verlag: Eigenverlag

● **S 845**
Baugewerbliche Architekten und Ingenieure
Postf. 61 01 49, 30601 Hannover
Baumschulenallee 12, 30625 Hannover
T: (0511) 9 57 57-0   Fax: 9 57 57-40
Vorsitzende(r): Dipl.-Ing. Ralf Jünemann (Osterfeldstr. 1, 30890 Barsinghausen)
Geschäftsführer(in): RA Carsten Woll
Mitglieder: ca. 500

● **S 846**
Bund Deutscher Baumeister, Architekten und Ingenieure e.V. (BDB)
Willdenowstr. 6, 12203 Berlin
T: (030) 84 18 97-0   Fax: 84 18 97-22
Internet: http://www.baumeister-online.de
E-Mail: info@baumeister-online.de
Gründung: 1951 (Neugründung)
Internationaler Zusammenschluß: siehe unter izs 411
Präsident(in): Dipl.-Ing. Hans Georg Wagner (MdB, Architekt BDB, Zum Mühlenberg 6, 66571 Eppelborn, Fax: (06827) 36 11, Deutscher Bundestag, Luisenstr. 35, 10117 Berlin, T: (030) 2 27-7 38 33, Fax: 2 27-7 66 83)
Vizepräsident(in): Dr.-Ing. Wilfried Mollenhauer (Bauingenieur BDB, Stahnsdorfer Damm 63, 14532 Kleinmachnow, T: (033203) 2 41 85, Fax: 7 88 70)
Vizepräsident für Finanzen: Dipl.-Ing. (FH) Rudolf Miller (Architekt BDB, Mozartstraße 5, 86150 Augsburg, T: (0821) 51 40 78, Fax 5 02 74-22)
Präsidialmitgl.: Dipl.-Ing. Heidi Aschl (Beratende Ingenieurin BDB, Schöppingstraße 9, 81279 München, T: (089)8 11 23 13, Fax: 8 11 03 39)
Dipl.-Ing. Hartmut Miksch (Architekt BDB, Bismarckstr. 85, 40210 Düsseldorf, T: (0211) 31 20 77, Fax: 34 24 21)
Christoph Schild (Seestraße 159, 25469 Halstenbek, T: (04101) 29 36)
Dipl.-Ing. (FH) Helmut Zenker (Bauingenieur BDB, Frankenstr. 17, 79211 Denzlingen, T: (0761) 2 01 47 06 Fax: 2 01 46 99)
Ehrenpräs.: Dipl.-Ing. Heinz Kieselack (Baumeister BDB, Tönninger Weg 142, 22609 Hamburg, T: (040) 80 39 04)
Hauptgeschäftsführer(in): Dipl.-Volksw. Herbert Barton
Leitung Presseabteilung: Dipl.-Volksw. Marianne LeGans
Verbandszeitschrift: deutsche bauzeitung
Verlag: Deutsche Verlags-Anstalt, Stuttgart
Mitglieder: 27000
Er vertritt die gesellschafts- und berufspolitischen Belange aller Architekten und Ingenieure des Bauwesens. Beteiligung bei der das Bauwesen und die Umweltgestaltung berührenden Gesetzgebung auf Bundes-, Landes-, kommunaler sowie auf internationaler Ebene.

Geschäftsstellen-Landesverbände

s 847
BDB-Landesverband Baden-Württemberg e.V.
LV-Geschäftsstelle:
Werastr. 33, 70190 Stuttgart
T: (0711) 24 08 97   Fax: 2 36 04 55
Internet: http://www.bdb-akbsv.de
E-Mail: bdb-bw@t-online.de
Vorsitzende(r): Dipl.-Ing. (FH) Karl Heinz Besemer

s 848
BDB-Landesverband Bayern
Mariabergstr. 1a, 87487 Wiggensbach
T: (08370) 7 29   Fax: 16 83
Vorsitzende(r): Architekt Dipl.-Ing. Heinz Künzer

s 849
BDB-Landesverband Berlin
Geschäftsstelle
Willdenowstr. 6, 12203 Berlin
T: (030) 8 61 57 47   Fax: 86 42 21 40
Vorsitzende(r): Dipl.-Ing. Karl Ludwig Wiese

s 850
BDB-Landesverband Brandenburg
Stahnsdorfer Damm 63, 14532 Kleinmachnow
T: (033203) 2 41 85   Fax: 7 88 70
Gründung: 1991 (13. März)
Vorsitzende(r): Dr. Wilfried Mollenhauer (Dipl.-Bauing., Dipl.-Agraring.)
Verbandszeitschrift: Bau•Berlin•Brandenburg
Redaktion: Herr Tempel
Verlag: Deutsche Verlagsanstalt Stuttgart
Mitglieder: 350

s 851
BDB-Landesverband Bremen
Borgfelder Deich 17d, 28357 Bremen
T: (0421) 4 36 36 93   Fax: 25 55 14
E-Mail: triebold@stb-bremen.de
Dipl.-Ing. Josten Triebold (Beratender Ingenieur BDB)

s 852
BDB-Landesverband Hamburg
Johnsallee 53, 20148 Hamburg
T: (040) 45 03 77 47, 45 03 77 48   Fax: 45 03 77 49
Vorsitzende(r): Dipl.-Arch. Mahmood Sairally

s 853
BDB-Landesverband Hessen
Landesgeschäftsstelle:
Rheinweg 7, 34131 Kassel
T: (0561) 3 47 14   Fax: 3 98 72
Internet: http://www.bdbhessen.de
E-Mail: info@bdbhessen.de
Vorsitzende(r): Peter Blaschke

s 854
BDB-Landesverband Mecklenburg/Vorpommern
Geschäftsstelle: Architekturbüro Uwe Wahrmann
Am Teufelsbruch 18, 17094 Burg Stargard
T: (0395) 56 06 50   Fax: 5 60 65 20
Dipl.-Ing. Uwe Wahrmann

s 855
BDB-Landesverband Niedersachsen
Gellertstr. 7, 30175 Hannover
T: (0511) 81 02 07   Fax: 81 08 63
Vorsitzende(r): Dipl.-Ing. Uve Kühl

s 856
BDB-Landesverband Nordrhein-Westfalen
Friedrich-Ebert-Str. 9, 40210 Düsseldorf
T: (0211) 36 31 71   Fax: 35 61 41
Internet: http://www.bdb-nrw.de
E-Mail: bdb@bdb-nrw.de
Vorsitzende(r): Dipl.-Ing. Hartmut Miksch
Landesgeschäftsführer: Reiner Stracke

s 857
BDB-Landesverband Rheinland-Pfalz
Burgunderstr. 4, 67598 Gundersheim
T: (06244) 90 50 91   Fax: 90 50 92
E-Mail: Ernst.Storzum@t-online.de
Gründung: 1952
1. Vorsitzende(r): Dipl.-Ing. Ernst J. Storzum
Verbandszeitschrift: Landesnachrichten RLP-Saarland
Redaktion: Geschäftsstelle
Mitglieder: ca. 2000

s 858
BDB-Landesverband Saarland
Lehmkaulweg 29, 66119 Saarbrücken
T: (0681) 85 54 58   Fax: 85 54 58
Vorsitzende(r): Dipl.-Ing. Hugo Klein

s 859
BDB-Landesverband Sachsen
Steglichstr. 34, 01324 Dresden
T: (0351) 2 68 30 93   Fax: 2 68 30 93
Vorsitzende(r): Prof. Dr.-Ing. habil. Horst Peter Mosch

s 860
BDB-Landesverband Sachsen-Anhalt
Im Langen Feld 21, 06130 Halle
T: (0345) 4 78 72 26   Fax: 5 52 71 00
Vorsitzende(r): Dipl.-Ing. Horst Dieter Foerster

s 861
BDB-Landesverband Schleswig-Holstein
Semmelweisstr. 8, 24537 Neumünster
T: (04321) 95 34 76   Fax: 95 34 76
Vorsitzende(r): Dipl.-Ing. Wolfgang Fehrs

s 862
BDB-Landesverband Thüringen
Uthmannstr. 9, 99867 Gotha
T: (03621) 21 41 22   Fax: 21 41 25
Vorsitzende(r): Dipl.-Ing. Klaus Exner

● **S 863**
Bund Deutscher LandschaftsArchitekten e.V. (BDLA)
Bundesgeschäftsstelle
Köpenicker Str. 48/-49, 10179 Berlin
T: (030) 27 87 15-0   Fax: 27 87 15-55
Internet: http://www.bdla.de
E-Mail: info@bdla.de
Internationaler Zusammenschluß: siehe unter izq 34
Präsident(in): Teja Trüper
Geschäftsführer(in): Ingeborg Paland

Landesgruppen

s 864
Bund Deutscher LandschaftsArchitekten Landesgruppe Baden-Württemberg
Gaisburgstr. 12 B, 70182 Stuttgart
T: (0711) 24 07 92   Fax: 24 11 39
Internet: http://www.bw.bdla.de
E-Mail: bw@bdla.de
Vorsitzende(r): Dipl.-Ing. Hubert Möhrle
Geschäftsführer(in): Dipl.-Ing. Jürgen Pfaff

s 865
Bund Deutscher LandschaftsArchitekten Landesgruppe Bayern
Prinz-Ludwig-Str. 27, 85354 Freising
T: (08161) 6 43 29   Fax: 2 19 76
Internet: http://www.bayern.bdla.de
E-Mail: bayern@bdla.de
Vorsitzende(r): Irene Burkhardt
Geschäftsführer(in): Dipl.-Ing. Ursula Schwertl

s 866
Bund Deutscher LandschaftsArchitekten Landesgruppe Berlin-Brandenburg
Tuchmacherstr. 48 B, 14482 Potsdam
T: (0331) 74 98 40   Fax: 7 49 84 99
Internet: http://www.bdla-bb.bdla.de
E-Mail: bdla-bb@bdla.de
Vorsitzende(r): Dipl.-Ing. Martin Seebauer
Geschäftsführer(in): Dipl.-Ing. Johannes Grothaus

s 867
Bund Deutscher LandschaftsArchitekten Landesgruppe Hamburg
c/o Büro Bielfeld und Berg
Virchowstr. 18, 22767 Hamburg
T: (040) 3 89 39 39   Fax: 3 89 39 00
Internet: http://www.hh.bdla.de
E-Mail: bdla-hh@bdla.de
Vorsitzende(r): Dipl.-Ing. Lothar Steffen
Geschäftsführer(in): Dipl.-Ing. Vera Kroog

s 868
Bund Deutscher LandschaftsArchitekten Landesgruppe Hessen
Schützenstr. 26, 65195 Wiesbaden
T: (0611) 40 63 55   Fax: 40 58 19
Internet: http://www.hessen.bdla.de
E-Mail: hessen@bdla.de
Vorsitzende(r): Dipl.-Ing. Rainer Mühlinghaus
Geschäftsführer(in): Ulrike Schneider

s 869
Bund Deutscher LandschaftsArchitekten Landesgruppe Mecklenburg-Vorpommern
Feldstr. 45, 18057 Rostock
T: (0381) 4 90 63 92   Fax: 4 90 63 93
Vorsitzende(r): Dipl.-Ing. Petra-Christiane Krija
Geschäftsführer(in): Dipl.-Ing. Ulrich Kache

s 870
Bund Deutscher LandschaftsArchitekten Landesgruppe Niedersachsen + Bremen
Hallerstr. 28, 30161 Hannover
T: (0511) 34 56 89   Fax: 3 36 04 05
Internet: http://www.bdlanb.bdla.de
E-Mail: bdlanb@bdla.de
Vorsitzende(r): Dipl.-Ing. Andreas J. Ackermann
Geschäftsführer(in): Dipl.-Ing. Stephan Tietz

s 871
Bund Deutscher Landschafts Architekten Landesgruppe Nordrhein-Westfalen
Neue Bruchstr. 8, 58640 Iserlohn
T: (02304) 5 00 04   Fax: 5 17 38
Internet: http://www.bdlanw.bdla.de

s 872
Bund Deutscher LandschaftsArchitekten
Landesgruppe Rheinland-Pfalz und Saarland
Saarbrücker Str. 36, 66424 Homburg
T: (06841) 6 38 88   Fax: 6 80 55
Internet: http://www.rps.bdla.de
E-Mail: bdla-rps@bdla.de
Vorsitzende(r): Dipl.-Ing. Klaus-Dieter Aichele
Geschäftsführer(in): Dipl.-Ing. Peter Glaser

s 873
Bund Deutscher LandschaftsArchitekten
Landesgruppe Sachsen
Umweltzentrum Dresden
Schützengasse 18, 01067 Dresden
T: (0351) 4 94 33 46   Fax: 4 94 34 00
Internet: http://www.sachsen.bdla.de
E-Mail: sachsen@bdla.de
Geschäftsführer(in): Annette Dubbers

s 874
Bund Deutscher LandschaftsArchitekten
Landesgruppe Sachsen-Anhalt
Jakobstr. 43, 39218 Schönebeck
T: (03928) 7 61 67   Fax: 7 61 68
E-Mail: juergenklutzny@gmx.de
Vorsitzende(r): Dipl.-Ing. Hans-Jürgen Klutzny
Geschäftsführer(in): N. N.

s 875
Bund Deutscher LandschaftsArchitekten
Landesgruppe Schleswig-Holstein
Klosterkamp 24, 24111 Kiel
T: (0431) 6 91 28 12   Fax: 69 72 17
Internet: http://www.sh.bdla.de
Vorsitzende(r): Dr. Florian Liedl
Geschäftsführer(in): Dipl.-Ing. Gabriele Amelung

s 876
Bund Deutscher LandschaftsArchitekten
Landesgruppe Thüringen
Goethestr. 47, 99096 Erfurt
T: (0361) 3 45 64 71   Fax: 3 45 64 71
Internet: http://www.bdla-thuer.de
Vorsitzende(r): Dipl.-Ing. Wolfram Stock
Geschäftsführer(in): Kati Schuchert
BA DipLA ALI Michael Dane

● S 877
Bund Deutscher Innenarchitekten e.V. (BDIA)
Bundesgeschäftsstelle:
Königswinterer Str. 675, 53227 Bonn
T: (0228) 44 24 14   Fax: 44 43 87
Gründung: 1952
Präsident(in): Dipl.-Ing. Rainer Hilf (Schedelstr. 5, 90480 Nürnberg, T: (0911) 40 68 01, Telefax: (0911) 40 23 02)
Vizepräsident(in): Dipl.-Ing. Beate Döring (Bonner Talweg 24, 53113 Bonn, T: (0228) 21 78 00, Telefax: (0228) 21 78 05)
Dipl.-Ing. Axel Schulschenk (Auf der Gathe 11, 45259 Essen, T: (0201) 46 88 10, Fax: 4 68 10)
Prof. Dipl.-Ing. Rudolf Schricker (Lauterburgstr. 7, 70469 Stuttgart, T: (0711) 81 71 53, Telefax: (0711) 8 17 99 86)
Präs.-Mitgl: Dipl.-Des. Peter Jöhnk (Wandsbeker Königstr. 50, 22041 Hamburg, T: (040) 6 89 42 10, Fax: (040) 68 94 21 30)
Schatzmeister: Dipl.-Ing. Wolfgang Mayer (Stafflenbergstr. 26, 70184 Stuttgart, T: (0711) 24 56 65, Telefax: (0711) 2 36 92 41)
Geschäftsführerin: Dipl.-Ing. Elke Kaiser (Bundesgeschäftsstelle, Königswinterer Str. 675, 53227 Bonn, T: (0228) 44 24 14, Fax: 44 43 87)
Verbandszeitschrift: AIT
Verlag: Alexander Koch Verlag, Fasanenweg 18, 70771 Leinfelden-Echterdingen
Mitglieder: 2300
Mitarbeiter: 3

Landesverbände

s 878
Bund Deutscher Innenarchitekten
Landesverband Baden-Württemberg
Lauterburgstr. 7, 70469 Stuttgart
T: (0711) 81 71 53   Fax: 8 17 99 86
Vorsitzende(r): Prof. Dipl.-Ing. Rudolf Schricker

s 879
Bund Deutscher Innenarchitekten
Landesverband Bayern
Rosenaustr. 35, 86150 Augsburg
T: (0821) 54 47 37   Fax: 52 71 75
Vorsitzende(r): Dipl.-Ing. Margarete Kolb

s 880
Bund Deutscher Innenarchitekten
Landesverband Berlin/Brandenburg
Am Goldmannpark 12, 12587 Berlin
T: (030) 64 48 83 19, 64 48 83 20   Fax: 64 48 83 21
Vorsitzende(r): Dr.-Ing. Karlheinz Wendisch

s 881
Bund Deutscher Innenarchitekten
Landesverband Bremen/Niedersachsen
Osterstr. 28, 30159 Hannover
T: (0511) 28 23 04   Fax: 28 23 55
Vorsitzende(r): Dipl.-Ing. Holger Hempel

s 882
Bund Deutscher Innenarchitekten
Landesverband Hamburg/Schleswig-Holstein
Ruwoldtweg 1, 22309 Hamburg
T: (040) 6 30 00 70   Fax: 6 30 00 90
Vorsitzende(r): Dipl.-Ing. Axel Dürr

s 883
Bund Deutscher Innenarchitekten
Landesverband Hessen
Alt Schwanheim 18, 60529 Frankfurt
T: (069) 35 93 25   Fax: 35 62 60
Vorsitzende(r): Dipl.-Ing. Edith Heuser

s 884
Bund Deutscher Innenarchitekten
Landesverband Mecklenburg-Vorpommern
Mühlengrube 12, 23966 Wismar
T: (03841) 28 38 54   Fax: 21 52 39
Vorsitzende(r): Birgit Dürr

s 885
Bund Deutscher Innenarchitekten
Landesverband Nordrhein-Westfalen
Annastr. 31, 40477 Düsseldorf
T: (0211) 49 07 39   Fax: 4 98 10 75
Vorsitzende(r): Dipl.-Ing. Birgit Schwarzkopf

s 886
Bund Deutscher Innenarchitekten
Landesverband Rheinland-Pfalz/Saarland
Guerickestr. 65, 66123 Saarbrücken
T: (0681) 3 65 16   Fax: 3 57 05
Vorsitzende(r): Dipl.-Des. Pierre P. Gruen

s 887
Bund Deutscher Innenarchitekten
Landesverband Sachsen
Dorfstr. 9, 04824 Beucha
T: (034292) 7 61 93   Fax: 7 61 94
Vorsitzende(r): Dipl.-Ing. Bernd Fischer

s 888
Bund Deutscher Innenarchitekten
Landesverband Sachsen-Anhalt
Mühlweg 38, 06114 Halle
T: (0345) 5 23 35 27   Fax: 5 23 35 27
Vorsitzende(r): Dipl.-Arch. Dieter Schaller

s 889
Bund Deutscher Innenarchitekten
Landesverband Thüringen
Friedrich-List-Str. 13, 99096 Erfurt
T: (0361) 3 01 95-88   Fax: 3 01 95-77
Vorsitzende(r): Dipl.-Ing. Jutta Kehr

● S 890
Zentralverband der Ingenieurvereine e.V. (ZBI)
Bismarckstr. 33, 10625 Berlin
T: (030) 34 78 13 16   Fax: 34 78 13 17
Internet: http://www.zbi-berlin.de
E-Mail: info@zbi-berlin.de
Präsident(in): Dipl.-Ing. Christian Müller (MdB)
Vizepräsident(in): Dipl.-Ing. Peter Brinkmann
Dipl.-Ing. Wilfried Grunau
Dipl.-Ing. Rüdiger Lexau
Dipl.-Ing. (FH) Helmut Zenker
Geschäftsführer(in): Dr. Hans-Jürgen Heß
Mitglieder: 100000

Mitgliedsverbände

s 891

Bund Deutscher Baumeister, Architekten und Ingenieure e.V. (BDB)
Willdenowstr. 6, 12203 Berlin
T: (030) 84 18 97-0   Fax: 84 18 97-22
Internet: http://www.baumeister-online.de
E-Mail: info@baumeister-online.de
Internationaler Zusammenschluß: siehe unter izs 411
Präsident(in): Dipl.-Ing. Hans Georg Wagner (MdB, Architekt BDB, Zum Mühlenberg 6, 66571 Eppelborn, Deutscher Bundestag, Luisenstr. 35, 10117 Berlin, T: (030) 2 27-73833, Fax: 2 27-76683)
Bundesgeschäftsführer(in): Dipl.-Volksw. Herbert Barton
Geschäftsführer(in): Dipl.-Volksw. Marianne LeGans

s 892
Bund der Ingenieure für Wasserwirtschaft, Abfallwirtschaft und Kulturbau e.V. (BWK)
Pappelweg 31, 40489 Düsseldorf
T: (0211) 15 90-2212, 15 90-0   Fax: (0203) 74 25 21
Vorsitzende(r): Dr.-Ing. E.h. Dietrich Ruchay
Bundesgeschäftsführer(in): Dipl.-Ing. Horst-Sigurd Schelp

s 893
Verband Deutscher Eisenbahn-Ingenieure E.V. (VDEI)
Kaiserstr. 61, 60329 Frankfurt
T: (069) 23 61 71   Fax: 23 12 19
Internet: http://www.vdei.de
E-Mail: vdei.ev@t-online.de
Internationaler Zusammenschluß: siehe unter izs 574
Bundesvorsitzende(r): Dipl.-Ing. Gregor Janßen (Hattrather Weg 17, 52511 Geilenkirchen)

s 894
Verband Deutscher Vermessungsingenieure e.V. (VDV)
Weyerbuschweg 23, 42115 Wuppertal
T: (0202) 7 16 05 79   Fax: 7 16 05 79
Internet: http://vdv-online.de
E-Mail: info@vdv-online.de
Präsident(in): Dipl.-Ing. Wilfried Grunau
Geschäftsführer(in): Dipl.-Ing. Burkhard Kreuter

s 895
Ingenieurverband Wasser- und Schiffahrtsverwaltung e.V. (IWSV)
Sürser Weg 38, 30974 Wennigsen
T: (05103) 4 02
Vorsitzende(r): Dipl.-Ing. Paul Schmidtke
Geschäftsführer(in): Dipl.-Ing. Bernd Wallheinke

s 896
Bund der Ingenieure des Gartenbaues und der Landespflege e.V. (BIG)
Godesberger Allee 142-148, 53175 Bonn
T: (0228) 8 10 02-31   Fax: 8 10 02-48
E-Mail: info@gartenbauingenieure.de
Vorsitzende(r): Dipl.-Ing. (FH) Erwin Beyer
Geschäftsführer(in): Dipl.-Ing. (FH) Jörg Freimuth

s 897
Zentralverband der Ingenieure des Öffentlichen Dienstes in Deutschland e.V. (ZVI)
Eulerweg 3a, 42659 Solingen
T: (0212) 4 26 26
Vorsitzende(r): Dipl.-Ing. Peter Köpcke, Hamburg
Stellvertretende(r) Vorsitzende(r): Dipl.-Ing. Peter-Georg Manuth, Bielefeld
Vorstand:
Schatzmeister: Dipl.-Ing. Werner Lindenberg (NRW, Wiederwahl)
Schriftführer(in): Dipl.-Ing. Jörg Jung
Pressereferent: Dipl.-Ing. Dieter Günther
Beisitzer: Dipl.-Ing. Lothar Deppe

s 898
Bundesverband der Agraringenieure e.V. (BAI)
Bundesgeschäftsstelle: Dieter Wittner
Albrecht-Dürer-Str. 126, 97204 Höchberg
T: (0931) 90 24 14   **Fax:** 90 24 20
Gründung: 1965 (1. Januar)
Vorsitzende(r) des Vorstandes: Dr. Roland Fischer (Am Osterbach 15, 84079 Bruckberg, T: (08765) 6 19, Fax: (08765) 84 57)

s 899
Vereinigung der Straßenbau- und Verkehrsingenieure in Niedersachsen e.V.
Windmühlenstr. 3, 30159 Hannover
T: (0511) 32 53 60   **Fax:** 32 56 53
Präsident(in): Dipl.-Ing. Karl-Hermann Fastenau
Mitglieder: rd. 2700

s 900
Vereinigung der Straßenbau- und Verkehrsingenieure in Berlin e.V. (VSVI)
Karl-Marx-Str. 27, 14482 Potsdam
T: (0331) 7 44 61 21   **Fax:** 7 44 61 27
Präsident(in): Dipl.-Ing. Bernd Frischgesell
Mitglieder: rd. 560

s 901
Berufsverband der Architekten und Ingenieure e.V. (BAI)
Frauentorstr. 49, 86152 Augsburg
T: (0821) 51 36 00   **Fax:** 15 80 90
Vorsitzende(r): Dipl.-Ing. Alfred Schwendtner

s 902
Hochschullehrerbund e.V., Bundesvereinigung (HLB)
Rüngsdorfer Str. 4c, 53173 Bonn
T: (0228) 35 22 71   **Fax:** 35 45 12
Internet: http://www.hlb.de
E-Mail: hlbbonn@aol.com
Präsident(in): Prof. Werner Kuntze
Geschäftsführer(in): Dr. Hubert Mücke

s 903
Technischer Cartell Verband e.V. (TCV)
Grenzwehr 2d, 28325 Bremen
T: (0421) 40 22 72   **Fax:** 40 58 71
Vorsitzende(r): Dipl.-Ing. Klaus-Peter Sporleder

s 904
Ingenieurvereinigung Darmstadt e.V.
Alsbacher Str. 30, 64673 Zwingenberg
T: (06251) 7 13 01
Vorsitzende(r): Dipl.-Ing. Hans Hauck

s 905
Altherrenschaft der Ingenieurakademie Hannover e.V.
Danziger Ring 7, 30900 Wedemark
T: (05130) 29 68
Vorsitzende(r): Dipl.-Ing. Willy Ernst

s 906
Elektrotechnische Vereinigung der Fachhochschule Köln E.V. (ETV)
Geschäftsstelle
Wesselinger Str. 31, 50999 Köln
Vorsitzende(r): Dipl.-Ing. Klaus Kleinfeld

s 907
Landes-Mittelbau-Vereinigung an Fachhochschulen (LMV-NRW e.V.)
Josef-Gockeln-Str. 9, 40474 Düsseldorf
Vorsitzende(r): Dipl.-Ing. Josef Fuchs (FH Düsseldorf)

• S 908
Verband Selbständiger Ingenieure e.V. (VSI)
Bundesgeschäftsstelle
Schinkelstr. 7, 45138 Essen
T: (0201) 27 43 35   **Fax:** 27 46 00
Geschäftsführer(in): Dipl.-Ing. Herbert Michel
Präsident(in): Dipl.-Ing. Rainer Warnholz

Landesverbände

s 909
Verband Selbständiger Ingenieure Landesverband Berlin
Nachtweideweg 32, 13589 Berlin
T: (030) 3 75 20 61
1. Vorsitzende(r): Ing. Günter Krüger

s 910
Verband Selbständiger Ingenieure Landesverband Hamburg
Hochallee 44, 20149 Hamburg
T: (040) 44 94 91
1. Vorsitzende(r): Dipl.-Ing. Rainer Warnholz

s 911
Verband Selbständiger Ingenieure e.V. (VSI) Region Süd-Ost
Bayern-Hessen-Sachsen-Thüringen-Baden-Württemberg-Rheinland-Pfalz-Saarland
Postf. 13 06, 63804 Haibach
Johann-Schneider-Str. 9, 63808 Haibach
T: (06021) 61 05 11   **Fax:** 61 05 14
Internet: http://www.schliessmann.de
E-Mail: vsi@schliessmann.de
1. Vorsitzende(r): Dipl.-Ing. Alois W. Schließmann

s 912
Verband Selbständiger Ingenieure Landesverband Niedersachsen
Petritorwall 16, 38118 Braunschweig
T: (0531) 40 01 24
1. Vorsitzende(r): Dipl.-Ing. Erhard Beyerl

s 913
Verband Selbständiger Ingenieure Landesverband Nordrhein-Westfalen
Schinkelstr. 7, 45138 Essen
T: (0201) 27 43 35   **Fax:** 27 46 00
1. Vorsitzende(r): Dipl.-Ing. Herbert Michel

• S 914
Fachgruppe Vermessung im VBI - Verband Beratender Ingenieure
Rosa-Luxemburg-Str. 3a, 17291 Prenzlau
T: (03984) 85 75-0   **Fax:** 85 75-49
Vorsitzende(r): Dipl.-Ing. Robby Scholz

• S 915
Zentralverband Deutscher Ingenieure e.V. (ZDI)
Bundesgeschäftsstelle:
Edelsbergstr. 8, 80686 München
T: (089) 57 00 7-0   **Fax:** 57 00 72 60
E-Mail: verband@t-online.de
Gründung: 1969 (11. Januar)
Präsident(in): Dipl.-Ing. Architekt Herbert Lorz (Nordendstr. 36, 82178 Puchheim)
Vizepräsident(in): Dipl.-Ing. Architekt Günter Schmitt-Bosslet (Hofstattstr. 14, 86919 Utting)
Dipl.-Kfm. Friedrich Marx
Dr.-Ing. Olaf Hinz
Michael Straub
Dipl.-Ing. Hermann Sturm (Edelsbergstr. 8, 80686 München)
Geschäftsf. Vizepräs.: Elfriede Biedermann (Kömpelstr. 9, 82340 Feldafing)
Ehrenpräsident: Architekt Heinz Naumann (Schleißheimer Str. 274/V, 80809 München)
Hauptgeschäftsführer(in): VM Verbands-Management GmbH (Edelsbergstr. 8, 80686 München)
Mitarbeiter: 4

Tochterverband

s 916
Hilfswerk akademischer Berufe e.V.
Geschäftsstelle:
Edelsbergstr. 8, 80686 München
T: (089) 57 00 7-0   **Fax:** 5 70 07-260
Vorsitzende(r): Dipl.-Ing. Herbert Lorz

• S 917

Verband Selbständiger Ingenieure und Architekten e.V. (VSIA)
Sitz Karlsruhe
Bundesgeschäftsstelle:
Rheinstr. 129c, 76275 Ettlingen
T: (07243) 3 93 94   **Fax:** 3 93 95
Internet: http://www.vsia.de
E-Mail: info@vsia.de
Vorstand: Dipl.-Ing. Wolfgang Staubach (Beratender Ingenieur. Am Schwalbenloch 7, 76229 Karlsruhe (Vorstandsvorsitzender))
Albert Eibl, Donauwörth
Rudolf Vatter, Dahn

• S 918
Verband unabhängiger Medizin- und Labortechnik-Planer e.V. (VMLP)
Edelsbergstr. 8, 80686 München
T: (089) 5 70 07-0   **Fax:** 5 70 07-260
E-Mail: verband@t-online.de
Präsident(in): Renate Peuker-Kiefl
Vizepräsident(in): Burkhard Kardinal
Rudolf Daniel
Mitglieder: 30

• S 919
Verband für Fassadentechnik e.V. (VFT) Ganzheitliche Technik der Gebäudehülle
Sitz: Frankfurt am Main
Geschäftsstelle:
Luisenstr. 10-12, 64832 Babenhausen
T: (06073) 71 26 50   **Fax:** 71 26 51
Internet: http://www.v-f-t.de
E-Mail: v-f-t@t-online.de
Gründung: 1992 (16. Juni)
Präsident(in): Günter Lang
Pressesprecher: Hugo Philipp
Verbandszeitschrift: VFT - Nachrichten
Jahresetat: DM 0,15 Mio, € 0,08 Mio

Mitglieder sind die unabhängigen, selbständig tätigen Ingenieur-, Planungs- und Konstruktionsbüros, welche sich mit der Beratung, Projektierung, Planung und Statik auf dem Gebiet der Fassadentechnik (Alu, Stahl, Glas, Stein, Keramik etc.) und Metallbau befassen.

• S 920
Unabhängige Berater für Fassadentechnik e.V.
Postf. 13 18, 85703 Unterschleißheim
Furtweg 34b, 85716 Unterschleißheim
T: (089) 37 48 93 63   **Fax:** 37 40 53 53
Internet: http://www.ubfassade.de
E-Mail: ubfassde@aol.com
Gründung: 1993
1. Vorsitzende(r): Dipl.-Ing. Albrecht Memmert
2. Vorsitzende(r): Dipl.-Ing. Hans-H. Zimmermann
Schriftführer(in): Richard Fuchs
Schatzmeister(in): Dr.-Ing. Klaus-Peter Fritzsche
Mitglieder: 20

• S 921
deutscher ingenieurinnenbund e.V. (dib)
Postf. 11 03 05, 64218 Darmstadt
T: (0700) 34 23 83 42   **Fax:** 34 23 83 42
Internet: http://www.dibev.de
E-Mail: info@dibev.de
Gründung: 1986
Verbandszeitschrift: Rundbrief
Mitglieder: ca. 300
Ortsgruppen in:
Aachen, Berlin, Bremen, Darmstadt, Hamburg, Hannover, Karlsruhe, München, Nürnberg/Fürth/Erlangen, Stuttgart, Frankfurt, Kassel, Rheinland, Rhön, Wiesbaden

• S 922
Bundesverband der Agraringenieure e.V. (BAI)
Bundesgeschäftsstelle
Albrecht-Dürer-Str. 126, 97204 Höchberg
T: (0931) 90 24 14   **Fax:** 90 24 20
Gründung: 1965 (1. Januar)
Vorstand:
Vorsitzende(r) des Vorstandes: Dr. Roland Fischer (Vors.,

Am Osterbach 15, 84079 Bruckberg, T: (08765) 6 19, Fax: (08765) 84 57)
Vorstand: Michael Noll-Berchthold (stellv. Vors., Mühlbachstr. 18a, 85391 Allershausen, T: (08166) 83 42, Fax: (08161) 2 14 23)
Dipl.-Ing. Dieter Wittmer (Geschäftsführer, Albrecht-Dürer Str. 126, 97204 Höchberg, T: (0931) 90 24 14, Fax: 90 24 20)
Fritz Lehner (Bundesschatzmeister, Freihaslach 14, 96152 Burghaslach, T. u. Fax: (09552) 75 56)
Johannes Thomsen (Vertreter der Verbände, Amrum 8, 24783 Osterrönfeld, T: (04331) 85 45, Dienst: (0431) 9 79 72 62)
Albert Münz (BAI-Verlagsgeschäftsführer, Konrad-Adenauer-Str. 18, 34317 Habichtswald, T: (05606) 5 66 75, Fax: (05606) 5 66 74)
Ehrenmitglieder: Rudolf Fischer (Im Mosenborn 19, 67169 Kallstadt, T: (06322) 6 81 19)
Prof. Dr. Siegfried Sandner (Herzogstr. 95, 80796 München, T: (089) 3 00 70 55)
Dipl.-Ing. Heinz Heber (Bachstr. 45, 24389 Süderbrarup)
Heinrich Höpken (Danziger Str. 1, 25693 St. Michaelisdonn)
Leitung Presseabteilung: Albert Münz
BAI-Stellenanzeigen-Ausschnittdienst (SAD): Albert Münz (Konrad-Adenauer-Str. 18, 34317 Habichtswald, T: (05606) 5 66 75, Fax: (05606) 5 66 74)
BAI-Bildungswerk: Dipl.-Ing. Dieter Wittmer (Albrecht-Dürer Str. 126, 97204 Höchberg, T: (0931) 90 24 14, Fax: 90 24 20)
Landesbeauftragte des BAI
Baden-Württemberg: Dipl.-Ing. Uwe Lamparter (Stockach 1, 72525 Münsingen-Dottingen)
Bayern: Prof. Dr. Siegfried Sandner (Herzogstr. 95, 80796 München)
Bremen und Niedersachsen: Kurt Stoermer (Reihermoorweg 19, 30938 Burgwedel, T: (0511) 1 66 51, privat (05139) 83 52)
Hamburg: Hans-Joachim Otto (Weidenkoppel 23, 22399 Hamburg, T: (040) 6 02 14 19)
Hessen: Wolfgang H. Schneider (Donaustr. 3, 63667 Nidda, T: (06043) 85 70)
Nordrhein-Westfalen: C. von der Crone (Auf der Heite 23, 53604 Bad Honnef)
Rheinland-Pfalz: Rudolf Fischer (Im Mosenborn 19, 67169 Kallstadt, T: (06322) 6 81 19)
Saarland: Karl Kopp (Max-Müller-Str. 30, 66606 St. Wendel, T: (06851) 80 12 63)
Schleswig-Holstein: Dipl.-Ing. Heinz Heber (Bachstr. 45, 24392 Süderbrarup, T: (04641) 9 31 14, Fax: (04641) 9 31 15)
Verbandszeitschrift: Agraringenieur + Agrarmanager
Redaktion: BAI-Verlag GmbH, Konrad-Adenauer-Str. 18, 34317 Habichtswald, T: (05606) 5 66 75, Telefax: (05606) 5 66 74
Verlag: C. H. Mettker + Söhne, Wangerstr. 14, 26441 Jever

● **S 923**
Verband unabhängiger Energie- und Umweltberater e.V. (V.U.E.)
Mühlenweg 9, 29439 Lüchow
T: (05841) 62 68 **Fax:** 68 86
Gründung: 1985
Vorsitzende(r): Dipl.-Ing. Reinhold Waßmuth
Stellvertretende(r) Vorsitzende(r): Dr. Petra Rabe
Geschäftsführer(in): Dipl.-Ing. Rosemarie Waßmuth
Mitglieder: ca. 500

● **S 924**
BAI-Bildungswerk e.V.
Geschäftsstelle:
Albrecht-Dürer-Str. 126, 97204 Höchberg
T: (0931) 90 24 14 **Fax:** 90 24 20
Vorsitzende(r): Dr. Roland Fischer (Am Osterbach 15, 84079 Bruckberg, T: (08765) 6 19, Fax: (08765) 84 57)
Schatzmeister: Fritz Lehner (Freihaslach 4, 96152 Burghaslach)
Leitung Presseabteilung: Albert Münz
Verbandszeitschrift: agraringenieur, agrarmanager
Redaktion: Albert Münz
Verlag: BAI-Verlag GmbH, Konrad-Adenauer-Str. 18, 34317 Habichtswald

● **S 925**

Verband Beratender Ingenieure e.V. (VBI)
Interessenvertretung der unabhängigen Ingenieurunternehmen
Budapester Str. 31, 10787 Berlin
T: (030) 2 60 62-0 **Fax:** 2 60 62-100
Internet: http://www.vbi.de
E-Mail: vbi@vbi.de
Gründung: 1903 (Berlin)
Internationaler Zusammenschluß: siehe unter izs 409
Präsident(in): Dipl.-Ing. Martin Aßmann (Nordstr. 23, 38106 Braunschweig, T: (0531) 39 01-0, Telefax: (0531) 39 01-1 10)
Hauptgeschäftsführer: Dipl.-Ing. Klaus Rollenhagen
Verbandszeitschrift:
- VBI-Nachrichten, Redaktion/Pressesprecher Volker Zappe
- Zeitschrift des internationalen Consulting BERATENDE INGENIEURE, Redakteurin Ines Bronowski, Verlag: Springer - VDI-Verlag, Düsseldorf
Mitglieder: 4000
Mitarbeiter: 16
Jahresetat: DM 4,8 Mio, € 2,45 Mio
Der Verband Beratender Ingenieure VBI ist die repräsentative Berufsorganisation unabhängig beratender und planender Ingenieure und Ingenieurunternehmen in Deutschland. Mit seinen rund 3000 Mitgliedsunternehmen ist er einer der weltweit größten Consultingverbände. Für Politik, Wirtschaft und Verwaltung ist der VBI kompetenter und wichtiger Ansprechpartner.

s 926
VBI-Außenstelle Brüssel
Place des Chasseurs Ardennais 20, B-1030 Brüssel
Leiter: Dr. Reinhard Honert

Landesverbände

s 927
Verband Beratender Ingenieure Landesverband Baden-Württemberg
Lange Str. 4, 76199 Karlsruhe
T: (0721) 98 82 60 **Fax:** 9 88 26 36
Vorsitzende(r): Dipl.-Ing. Heinz Tomaschewski

s 928
Verband Beratender Ingenieure Landesverband Bayern
Geschäftsstelle: Dr. Hugendubel
Pacellistr. 2, 80333 München
T: (089) 29 86 47 **Fax:** 2 91 33 66
Vorsitzende(r): Dipl.-Ing. Dieter Rübel (Hansastr. 40, 80686 München, T: (089) 5 79 90, Fax: (089) 5 79 95 55)

s 929
Verband Beratender Ingenieure Landesverband Berlin-Brandenburg
Langobardenallee 12, 14052 Berlin
T: (030) 3 06 93 40 **Fax:** 30 69 34 40
Vorsitzende(r): Dr.-Ing. Manfred Flohrer
Geschäftsstelle: Dipl.-Ing. Jürgen Mickley (c/o Bundesgeschäftsstelle)

s 930
Verband Beratender Ingenieure Landesverband Bremen
Contrescarpe 132, 28195 Bremen
T: (0421) 17 46 30 **Fax:** 1 74 63 33
Vorsitzende(r): Prof. Dipl.-Ing. Horst Bellmer

s 931
Verband Beratender Ingenieure Landesverband Hamburg
Mühlenkamp 59, 22303 Hamburg
T: (040) 27 15 50 **Fax:** 2 70 41 63
Vorsitzende(r): Dr.-Ing. Martin Weber

s 932
Verband Beratender Ingenieure Landesverband Hessen
c/o Cornelius-Schwarz-Zeitler GmbH
Marienburgstr. 27, 64297 Darmstadt
T: (06151) 94 15 15 **Fax:** 59 62 31
Vorsitzende(r): Dr.-Ing. Volker Cornelius

s 933
Verband Beratender Ingenieure Landesverband Mecklenburg-Vorpommern
Rostocker Str. 5, 18311 Ribnitz-Damgarten
T: (03821) 8 86 60 **Fax:** 88 66 44
Vorsitzende(r): Dr.-Ing. Bernd Neubüser

s 934
Verband Beratender Ingenieure Landesverband Niedersachsen
Geschäftsstelle:
Schützenallee 5, 30519 Hannover
T: (0511) 98 49 40 **Fax:** 9 84 94 20
Vorsitzende(r): Dipl.-Ing. Hans-U. Böckler

s 935
Verband Beratender Ingenieure Landesverband Nordrhein-Westfalen
Auf der Bucht 29, 45259 Essen
T: (0201) 46 00 55 **Fax:** 46 00 58
Vorsitzende(r): Dipl.-Ing. Bernhard Spitthöver

s 936
Verband Beratender Ingenieure Landesverband Rheinland-Pfalz
Lämmchesbergstr. 14, 67663 Kaiserslautern
T: (0631) 2 01 01 00 **Fax:** 2 01 01 29
Vorsitzende(r): Dipl.-Ing. Karl Jagsch

s 937
Verband Beratender Ingenieure Landesverband Saarland
Königsbahnstr. 5, 66538 Neunkirchen
T: (06821) 90 62-0 **Fax:** 90 62 62
Vorsitzende(r): Dipl.-Ing. Werner Kohns

s 938
Verband Beratender Ingenieure Landesverband Sachsen
Alträcknitz 8, 01217 Dresden
T: (0351) 4 72 45 65, 4 72 45 66 **Fax:** 4 72 45 67
Vorsitzende(r): Dr.-Ing. Siegfried Lepenies

s 939
Verband Beratender Ingenieure Landesverband Sachsen-Anhalt
c/o Bautra GmbH
Herderstr. 31, 39108 Magdeburg
T: (0391) 7 39 60 **Fax:** 7 39 61 02
Vorsitzende(r): Dieter Drüg

s 940
Verband Beratender Ingenieure Landesverband Schleswig-Holstein
Sehestedter Str. 81, 24340 Eckernförde
T: (04351) 7 11 50 **Fax:** 71 15 91
Vorsitzende(r): Dipl.-Ing. Klaus Reichenberger

s 941
Verband Beratender Ingenieure Landesverband Thüringen
Dichterweg 2, 99425 Weimar
T: (03643) 85 04 72 **Fax:** 85 04 73
Vorsitzende(r): Prof. Dr.sc.techn. Frank Werner

● **S 942**
Bundesingenieurkammer e.V. (BIngK)
Bundesgemeinschaft der Ingenieurkammern
Körperschaft des öffentlichen Rechts e.V.
Kochstr. 22, 10969 Berlin
T: (030) 25 34-2900 **Fax:** 25 34-2903
Internet: http://www.bundesingenieurkammer.de
E-Mail: info@bundesingenieurkammer.de
Gründung: 1989
Präsident(in): Dr.-Ing. Karl Heinrich Schwinn
Vizepräsident(in): Dipl.-Ing. Hanspeter Klein
Prof. Dr.-Ing. Klaus Hoppe
Geschäftsführer(in): RA Thomas Noebel
Leitung Presseabteilung: Jost Hähnel
Verbandszeitschrift: Deutsches Ingenieurblatt
Redaktion: Klaus Werwath
Verlag: Vogel Baumedien GmbH, Blücherstr. 31A, 10961 Berlin, T: (030) 69 59 50-0, Fax: 95 99 50-10
Mitglieder: 40000
16 Angeschlossene Organisationen

● **S 943**
Ingenieurkammer Baden-Württemberg
Körperschaft des öffentlichen Rechts
Zellerstr. 26, 70180 Stuttgart
T: (0711) 6 49 71-0 **Fax:** 6 49 71-55
Internet: http://www.ingenieure.de
E-Mail: ingkbw@ingenieure.de
Präsident(in): Dipl.-Ing. Gert Kordes
1. Vizepräs: Dipl.-Ing.(FH) Volkmar Müller
2. Vizepräs: Ing.grad. Horst Bäuerle
Schatzmeister: Dipl.-Ing. Alfred Hils
Beisitzer: Dr.-Ing. Peter Geis
Prof. Dr.-Ing. Werner Sobek
Dipl.-Ing.(FH) Günther Volz
Dipl.-Ing.(FH) Helmut Zenker
Hauptgeschäftsführer(in): Manfred Pfaus
GeschF Recht u. Organisationsfragen/Justitiariat: RA Reinhard Weng
Verbandszeitschrift: "DIB" mit Beilage, „ingkamm"
Redaktion: Klaus Werwath, DIB

Mitglieder: ca. 1400 Pflichtmitglieder, ca. 800 freiwill. Mitglieder
Mitarbeiter: 9
Jahresetat: ca. DM 2,4 Mio, € 1,23 Mio
Förderung der Ingenieurtätigkeit zum Schutze der Allgemeinheit und der Umwelt; Förderung der berufl. Belange der Kammermitglieder und des Ansehens des Berufsstandes; Führung der Liste der Beratenden Ingenieure und Führung von Fachlisten.

● s 944

Ingenieurversorgung Baden-Württemberg
Einrichtung der Ingenieurkammer Baden-Württemberg
Zellerstr. 26, 70180 Stuttgart
T: (0711) 60 72 23-12   Fax: 60 72 23-25
E-Mail: ingversorgung@t-online.de
Geschäftsführer(in): Ingrid Urban

● S 945

Bayerische Ingenieurekammer Bau
Einsteinstr. 1-3, 81675 München
T: (089) 41 94 34-0   Fax: 41 94 34-20
Internet: http://www.bayika.de
E-Mail: info@bayika.de
Gründung: 1990 (25. Juli)
Präsident(in): Prof. Dipl.-Ing. Karl Kling
1. Vize-Präs: Dipl.-Ing. Rolf Sennewald
2. Vize-Präs: Ministerialdirigent Dipl.-Ing. Josef Poxleitner
Geschäftsführer(in): Torsten Knopp
Verbandszeitschrift: Deutsches Ingenieurblatt DIB
Mitglieder: z.Zt. ca. 5000
Mitarbeiter: 12

● S 946

Baukammer Berlin
Körperschaft des öffentlichen Rechts (BKB)
Gutsmuthsstr. 24, 12163 Berlin
T: (030) 79 70 14 80   Fax: 79 70 14 81
Internet: http://www.ingenieur.de/baukammer-berlin
E-Mail: baukammer-berlin@t-online.de
Gründung: 1985 (23. April)
Präsident(in): Dr.-Ing. Horst Fanke
Vizepräsident(in): Dipl.-Ing. Dieter Krüger
Prof. Dipl.-Ing. Axel C. Rahn
Vorstandsmitgl.: Dipl.-Ing. Ronald Berndt
Dipl.-Ing. Elfi Koch
Dipl.-Ing. Hans J. Wanderer
Dipl.-Ing. Joachim Wanjura
Geschäftsführer(in): RA Dr. Peter Traichel (Ltg. Presseabt.)
Verbandszeitschrift: BAUKAMMER BERLIN
Verlag: CB-Verlag Carl Boldt, Baseler Str. 80, 12205 Berlin
Mitglieder: 1631 Pflichtmitglieder, (davon 1242 Beratende Ingenieure), 775 Freiwillige Mitglieder

● S 947

Brandenburgische Ingenieurkammer
Geschäftsstelle
Stephensonstr. 4, 14482 Potsdam
T: (0331) 74 31 80   Fax: 7 43 18 30
Internet: http://www.ingenieur.de/brandenburg, http://www.bbik.de
E-Mail: brandenburg@ingenieur.de, brandenburg@bbik.de
Präsident(in): Dr. Wilfried Mollenhauer
Vizepräsident(in): Obering. Joachim Mösch
Dipl.-Ing. Bernd Herberger
Dr.-Ing. Heinz Humpal
Geschäftsführer(in): Dipl.-Wirtsch., Dipl.-Ing. (FH) Wieland Sommer
Mitglieder: 2264 (per 31.12.2000)

● S 948

Ingenieurkammer der Freien Hansestadt Bremen
Geeren 41-43, 28195 Bremen
T: (0421) 17 00 90   Fax: 30 26 92
Präsident(in): Dipl.-Ing. Karsten Zill
Geschäftsführer(in): Dipl.-Verwaltungsw. Ralf Körtge
Justitiar: RA Dr. Günter Wagner (T: (0421) 33 58 10)

● S 949

Hamburgische Ingenieurkammer-Bau
Grindelhof 40, 20146 Hamburg
T: (040) 4 13 45 46-0   Fax: 4 13 45 46-1
E-Mail: hamburg.ingkammer@on-line.de
Gründung: 1998 (15. Juni)
Präsident(in): Dr.-Ing. Karl H. Schwinn
Geschäftsführer(in): Dr. Holger Matuschak
Verbandszeitschrift: Deutsches Ingenieur Blatt
Verlag: Vogel Baumedien GmbH, Blücherstr. 31 A, 10961 Berlin
Mitglieder: 346

● S 950

Ingenieurkammer Mecklenburg-Vorpommern
Karl-Marx-Str. 32, 19055 Schwerin
T: (0385) 5 58 36-0   Fax: 5 58 36-30
Internet: http://www.ingenieur.de/ikmv
E-Mail: info@ikmv.ingenieur.de
Gründung: 1994
Präsident(in): Dr. Wilfried Haker
Geschäftsführer(in): Dietmar Zänker
Öffentlichkeitsarbeit: Frank Düsterhöft
Verbandszeitschrift: Kammerreport
Mitglieder: 2001
Mitarbeiter: 5

● S 951

Ingenieurkammer Niedersachsen, K.d.ö.R.
Hohenzollernstr. 52, 30161 Hannover
T: (0511) 3 97 89-0   Fax: 3 97 89-34
Internet: http://www.ingenieurkammer-niedersachsen.de
E-Mail: info@ingenieurkammer.de
Gründung: 1990
Präsident(in): Prof. Dr.-Ing. Victor Rizkallah
Vizepräsidenten: Dr.-Ing. Peter Martens
Dipl.-Ing. Kurt G. Vogel
Geschäftsführer: RA Jens Leuckel
Leitung Presseabteilung: Elke Rasche
Verbandszeitschrift: Deutsches IngenieurBlatt
Redaktion: Klaus Werwath, Königswinter
Verlag: Vogel Baumedien GmbH, Berlin
Mitglieder: 5030
Mitarbeiter: 11

● S 952

Ingenieurkammer-Bau Nordrhein-Westfalen
Körperschaft des öffentlichen Rechts
Alfredstr. 61, 45130 Essen
T: (0201) 4 35 05-0   Fax: 4 35 05-55
Internet: http://www.ikbaunrw.de
E-Mail: info@ikbaunrw.de
Vorstand:
Präsident(in): Dipl.-Ing. Peter Dübbert, Köln
Vizepräsident(in): Dipl.-Ing. Hans Haderer, Düsseldorf
Dipl.-Ing. Jochen Uhlenberg, Düsseldorf/Leverkusen
Beisitzer: Dr.-Ing. Heinrich Bökamp, Münster
Dipl.-Ing. Axel Conrads, Stolberg
Dipl.-Ing. Robert Dorff, Bonn
Dr.-Ing. Michael Fastabend, Duisburg
Dipl.-Ing. Stefan Hansdorfer, Köln
Dipl.-Ing. Horst Herrmann, Leverkusen
Dipl.-Ing. Stephan Müller, Köln
Dipl.-Ing. Michael Püthe, Dorsten
Dipl.-Ing. Wolfram Schlüter, Wenden
Dipl.-Ing. Elmar Wennekamp, Oberhausen
Hauptgeschäftsführer(in): Dr. Wolfgang Appold

● S 953

Ingenieurkammer Rheinland-Pfalz (KBI-RP)
-Körperschaft des öffentlichen Rechts-
Geschäftsstelle:
Im Euler 9, 55129 Mainz
T: (06131) 5 94 94   Fax: 59 20 90
Internet: http://www.ingenieurkammer-rlp.de
E-Mail: info@ingenieurkammer-rlp.de
Gründung: 1980 (25. April)
Präsident(in): Dr.-Ing. Hubert Verheyen
Vizepräsident(in): Dipl.-Ing. (FH) Gerd Juhre
Vorstand: Dipl.-Ing. Ulrich Bretschneider
Dipl.-Ing. Rolf Kittelberger
Dipl.-Ing. Guido Thiel
Geschäftsführer(in): Annelie Knab
Mitglieder: 800

● S 954

Kammer der Beratenden Ingenieure des Saarlandes (KBI-S)
-Körperschaft des öffentlichen Rechts-
Franz-Josef-Röder-Str. 9, 66119 Saarbrücken
T: (0681) 58 53 13   Fax: 58 53 90
E-Mail: kbi-saar@t-online.de
Gründung: 1975
Präsident(in): Dipl.-Ing. Werner M. Schmehr
Vizepräsident: Dipl.-Ing. Karl-Heinz Günther
Vorst.-Mitgl.: Dipl.-Ing. Albert Eich
Dipl.-Ing. Hans-Gerd Eisenbarth
Dipl.-Ing. Jörgen Kopper
Mitglieder: 233

Die Kammer ist die erste und somit älteste deutsche Ingenieurkammer. Die Kammermitglieder sind unabhängig, frei von eigenen und fremden Produktions-, Handels- und Lieferinteressen, die im Zusammenhang mit der Berufstätigkeit stehen. Die Berufsaufgabe des Beratenden Ingenieurs ist die freiberufliche Ausübung von Ingenieurleistungen. Die Kammer führt außer der Liste der Beratenden Ingenieure auch die Liste der bauvorlageberechtigten Ingenieure und die Liste der Aufsteller von Standsicherheitsnachweisen.

● S 955

Ingenieurkammer Sachsen
Postf. 50 02 53, 01032 Dresden
Kleine Brüdergasse 5, 01067 Dresden
T: (0351) 4 38 33 60   Fax: 4 38 33 80
Internet: http://www.ingenieure-sachsen.de
E-Mail: ingksn@ingenieure-sachsen.de
Präsident(in): Dr. sc. techn. Reinhard Erfurth
Geschäftsführer(in): Dr.-Ing. Andreas Klengel

● S 956

Ingenieurkammer Sachsen-Anhalt
Hegelstr. 23, 39104 Magdeburg
T: (0391) 6 28 89-0   Fax: 6 28 89-99
Internet: http://www.ing-net.de
E-Mail: ingenieurkammer.sachsen-anhalt@t-online.de
Präsident(in): Prof. Dr.-Ing. Klaus Hoppe
Geschäftsführer(in): Dr. Rainer Berger

● S 957

Ingenieurkammer Thüringen
Körperschaft öffentlichen Rechts
Postf. 10 19 08, 99019 Erfurt
Flughafenstr. 4, 99092 Erfurt
T: (0361) 2 28 73-0   Fax: 2 28 73-50
Internet: http://www.ingenieure-thueringen.de
E-Mail: ingenieurkammer@ingenieure-thueringen.de
Gründung: 1994 (28. Mai)
Präsident(in): Dr.-Ing. Dieter Brose
Geschäftsführer(in): Dipl.-Ing. (FH) Hans Fellmer (Ltg. Presseabteilung)
Verbandszeitschrift: Deutsches Ingenieurblatt (DIB)
Redaktion: Bundesingenieurkammer Berlin
Verlag: Vogel-Bau-Medien-Verlag GmbH, Blücherstr. 31a, 10961 Berlin
Mitglieder: 1860
Mitarbeiter: 4,5

● S 958

Verband Unabhängig Beratender Ingenieure und Consultants e.V. (VUBIC)
Wallstr. 23/24, 10179 Berlin
T: (030) 27 87 32-0   Fax: 27 87 32-20
Internet: http://www.vubic.de
E-Mail: info@vubic.de
Geschäftsstelle Dresden: Tannenstr. 4, 01099 Dresden, T: (0351) 81 86-250, Fax; 81 86-249
Gründung: 1954
Internationaler Zusammenschluß: siehe unter izs 410
Vorstand: Verbandsrat Dr.-Ing. Friedrich Steiger (BGS Ingenieursozietät, Hanauer Landstraße 135-137, 60314 Frankfurt/Main, Postfach 18 01 28, 60318 Frankfurt/Main, T: (069) 9 59 21-0, Fax: 9 59 21-204)
Dipl.-Ing. Ulrich Welter (Ingenieurbüro Welter GmbH & Co.KG, Talbotstr. 25, 52068 Aachen, T: (0241) 9 68 61-0, Fax: 9 68 61-66)
Dr. Martin Güldner (GOPA Consultants, Hindenburgring 18, 61348 Bad Homburg, Postfach 15 41, 61285 Bad Homburg, T: (06172) 93 01 12, Fax: 93 03 34)
Dipl.-Ing. Dieter Prieser (BPS Büro für Projektsteuerung

GmbH, Langenstr. 36, 28195 Bremen, T: (0421) 1 65 36 71, Fax: 1 65 36 74)
Dipl.-Ing. Martin Miklaw (Müller-Miklaw-Nickel Ingenieurgesellschaft mbH, Lindenhöhe 1, 01665 Miltitz-Meißen, T: (035244) 4 80-0, Fax: 4 80 31)
Dipl.-Ing. Klaus Mätzold (OBERMEYER Planen + Beraten, Hansastraße 40, 80686 München, Postfach 12 11 29, 80035 München, T: (089) 57 99-200, Fax: 57 99-205)
Vorsitzende(r) des Landesverbandes: Dipl.-Ing. Harald Miltner (Baden-Württemberg; Ingenieurbüro für Bauwesen, Am Storrenacker 1 b, 76139 Karlsruhe, T: (0721) 96 23- 20, Fax: 96 23-255)
Dipl.-Ing. Eckhard Heerde (Bayern; Ingenieurbüro E. Heerde, Schamhorststr. 6, 93049 Regensburg, T: (0941) 3 50 41, Fax: 3 75 58)
Dipl.-Ing. Otto Traute (Hessen-Rheinland-Pfalz-Saarland; KSM Ingenieurgemeinschaft GmbH, Kellerbüro Traute, Erzbergerstr. 81, 55120 Mainz, T: (06131) 96 84 40, Fax: 96 84 41)
Dipl.-Ing. Klaus Rothe (Nord; Ingenieurbüro Preußner & Rothe, Marxsenweg 1, 22605 Hamburg, T: (040) 82 28 06 52, Fax: 82 98 56)
Dipl.-Ing. Hans-Peter Müller (Nord/Ost; HPI Planungs- und Ingenieurgesellschaft mbH, Landesberger Str. 1, 06112 Halle, T: (0345) 5 70 65, Fax: 5 70 66 26)
Dipl.-Ing. Martin Borowski (NRW; Spiekermann GmbH, Fritz-Vomfelde-Str. 12, 40547 Düsseldorf, T: (0211) 52 36-100, Fax: 52 36-458)
Dipl.-Ing. Günter Thiele (Sachsen/Thüringen; Iprolan Chemnitz Planungsgesellschaft mbH, Bernhardstr. 68, 09126 Chemnitz, T: (0371) 5 26 50 56, Fax: 5 26 55 56)
Udo Gaspary (Ausland; IP Institut für Projektplanung GmbH, Stuttgarter Str. 48, 70469 Stuttgart, T: (0711) 89 69 05-0, Fax: 85 29 29)
Rainer Roschmann (Wasserwirtschaft; Büro für Ingenieurbau, Schleiermacherstr. 2, 90491 Nürnberg, T: (0911) 91 98 06-0, Fax: 91 98 06-60)
Vorsitzende(r) des Arbeitskreis: Dr. Rudolf Juli (Datenverarbeitung und Rationalisierung; Obermeyer Planen u. Beraten, Hansastr. 40, 80686 München, T: (089) 5 79 92-00, Fax: 5 79 92-05)
Dr.rer.nat. Jürgen Trischler (Geotechnik, angewandte Geowissenschaften und Bergbau; Arcadis Trischler & Partner GmbH, Berliner Allee 6, 64295 Darmstadt, T: (06151) 3 88-0, Fax: 3 88-999)
Dipl.-Ing. Dieter Prieser (Struktur; BPS Büro für Projektsteuerung GmbH, Langenstr. 36, 28195 Bremen, T: (0421) 1 65 36 71, Fax: 1 65 36 74)
Bernd Kordes (GKW-Gruppe, Ingenieurbüro für Infrastruktur und Umwelttechnik GmbH, Besselstr. 26, 68219 Mannheim, T: (0621) 87 90-00, Fax: 87 90-202)
Dr.-Ing. Hartmut Jeschke (BaUm Bau- und Umweltplanung GmbH, Seydelstr. 27, 10117 Berlin, T: (030) 2 01 98-330, Fax: 2 01 98-305)
Hauptgeschäftsführer(in): Dipl.-Ing. Ulrich Welter
Leitung Presseabteilung: Claudia Rechten
Verbandszeitschrift: info Consulting
Redaktion: Claudia Rechten
Verlag: Wallstr. 23/24, 10179 Berlin
Mitglieder: 500 Mitgliedsfirmen
Mitarbeiter: 8

● S 959
Union Beratender Ingenieure e.V.
Bundesverband Freiberuflicher Ingenieure
Bundesgeschäftsstelle
Edelsbergstr. 8, 80686 München
T: (089) 5 70 07-0   **Fax:** 5 70 07-260
E-Mail: verband@t-online.de
Gründung: 1982
Vorsitzende(r): Dipl.-Ing. Hermann Sturm
Hauptgeschäftsführer(in): UMU-UFB Geschäftsführungs GmbH (Edelsbergstr. 8, 80686 München)
Mitglieder: 2000
Mitarbeiter: 4

Landesverbände

s 960
Union Beratender Ingenieure
Landeskammergruppe Baden-Württemberg
Boschstr. 8, 89079 Ulm
Vorsitzende(r): Dipl.-Ing. Franz Bauer

s 961
Union Beratender Ingenieure
Landeskammergruppe Bayern
Bräuhausstr. 2, 82152 Planegg
T: (089) 89 93 43-0   **Fax:** 8 59 85 76
Vorsitzende(r): Ing. (grad) Erwin Binegger

s 962
Union Beratender Ingenieure
Landeskammergruppe Berlin
Kurfürstendamm 37, 10719 Berlin
Vorsitzende(r): Joachim Schürch

s 963
Union Beratender Ingenieure
Landeskammergruppe Niedersachsen und Bremen
Petritorwall 3, 38118 Braunschweig
T: (0531) 40 01 24   **Fax:** 40 02 70
Vorsitzende(r): Dipl.-Ing. Erhard Beyerl

s 964
Union Beratender Ingenieure
Landeskammergruppe Nordrhein-Westfalen
Jülicher Str. 22, 52249 Eschweiler
T: (02403) 3 26 01   **Fax:** 2 47 05
Vorsitzende(r): Dr. Carl-August Günther

● S 965

RDB e.V.
Ring Deutscher Bergingenieure
Juliusstr. 9, 45128 Essen
T: (0201) 23 22 38   **Fax:** 23 45 78
Internet: http://www.rdb-ev.de
E-Mail: rdb@rdb-ev.de
Gründung: 1949 (Mai)
1. Vorsitzende(r): Dipl.-Ing. Heinz Marbach (Paschacker 46, 47228 Duisburg, T: (02065) 6 19 96)
Geschäftsführer(in): Dipl.-Ing. Hans Franke (Lunekenweg 10, 59174 Kamen, T: (02307) 3 84 27)
Leitung Presseabteilung: Hans Niemöller
Verbandszeitschrift: bergbau
Redaktion: Eigenredaktion
Mitglieder: 11500
Mitarbeiter: 5
Der Zweck des Ringes ist: 1.) Fachliche Fortbildung in technischen und gesellschaftspolitischen Bereichen, 2.) Erfahrungsaustausch angewandter Techniken und Arbeitsverfahren, 3.) Wahrung der berufsständischen Interessen, 4.) Erhaltung und Pflege des bergmännischen Brauchtums, 5.) Förderung der bergmännischen Kameradschaft. Der RDB ist parteipolitisch, gewerkschaftlich und konfessionell neutral.

● S 966
Verein Deutscher Druckingenieure e.V.
Lyoner Str. 18, 60528 Frankfurt
T: (069) 66 03 14 54   **Fax:** 66 03 16 75
Gründung: 1956
Vorsitzende(r): Dipl.-Ing. Sibylle Goelling
Leitung Presseabteilung: Dipl.-Ing. Siegbert Holderried
Mitglieder: 140

● S 967
Arbeitsgemeinschaft Deutscher
Aufbereitungs-Ingenieure von 1935 e.V.
Postf. 13 01 40, 45291 Essen
Am Technologiepark 1, 45307 Essen
T: (0201) 1 72-15 94   **Fax:** 1 72-15 75
Gründung: 1935
Vorsitzende(r): Dipl.-Ing. H. Latsch (DSK: Deutsche Steinkohle AG, Shamrockring 1, 44623 Herne)
Geschäftsführer(in): Dr.-Ing. R.G. Jung (DMT: Deutsche Montan Technologie GmbH, Am Technologiepark 1, 45307 Essen)
Mitglieder: 200
Jahresetat: DM 0,02 Mio, € 0,01 Mio

● S 968

Verband Deutscher Eisenbahn-Ingenieure E.V.
(VDEI)
Kaiserstr. 61, 60329 Frankfurt
T: (069) 23 61 71   **Fax:** 23 12 19
Internet: http://www.vdei.de
E-Mail: vdei.ev@t-online.de
Gründung: 1949 (10. Dezember)
Internationaler Zusammenschluß: siehe unter izs 574
Bundesvorsitzende(r): Dipl.-Ing. Gregor Janßen
Verbandszeitschrift: DER EISENBAHNINGENIEUR
Eisenbahn Ingenieur Kalender
Verlag: Tetzlaff Verlag GmbH im Deutschen Verkehrs Verlag, Nordkanalstr. 36, 20097 Hamburg, T: (040) 23 71 41 94
Mitglieder: 8000
Mitgestaltung des Berufsbildes des Eisenbahningenieurs; Vertretung der berufspolitischen Belange der Eisenbahningenieure. Förderung der fachlichen Weiterbildung im Rahmen des technischen Fortschritts.

● S 969
Bund der Ingenieure des Gartenbaues und der Landespflege e.V. (BIG)
siehe Q 127

● S 970
Arbeitskreis selbständiger Kunststoff-Ingenieure und -Berater e.V. (K.I.B.)
Korporatives Mitglied im Gesamtverband kunststoffverarbeitende Industrie e. V. (GKV)
Am Hauptbahnhof 12, 60329 Frankfurt
T: (069) 2 71 05 24   **Fax:** 23 27 99
Internet: http://www.k-berater.de
E-Mail: sbrendgen@gkv.de
Gründung: 1963
Vorsitzende(r): Dipl.-Ing. Dirk Falke, Sukow b. Schwerin
Geschäftsführer(in): Sigrid Brendgen
Mitglieder: 21

● S 971
Bund Deutscher Verpackungsingenieure e.V. (BDVI)
Gustav-Meyer-Allee 25, 13355 Berlin
T: (030) 4 63 07-4 01   **Fax:** 4 63 07-4 00
Internet: http://www.verpackung.org
E-Mail: info@verpackung.org
Vorstand: Eckhart Thomas (Vors.; Geschäftsführer d. Keppler Verlag GmbH, Industriestr. 2, 63150 Heusenstamm, Tel.: (06104) 6 06-0, Fax: (06104) 6 06-323)
Geschäftsführer(in): Sonja Hoffmann

● S 972
Bundesverband der Lebensmittelkontrolleure e.V.
Herder Str. 1a, 38350 Helmstedt
T: (05351) 59 53 01   **Fax:** 59 53 02
Internet: http://www.lebensmittelkontrolle.de
E-Mail: lebensmittelkontrolleure@t-online.de
Gründung: 1978
Vorsitzende(r): Hans-Henning Viedt
Stellvertretende(r) Vorsitzende(r): Martin Müller
Andrea Zimmermann
Schriftführer(in): Wilfried Kuck
Schatzmeister: Alfred Bohl
Vorsitzende der Landesverbände:
Landesverband Bayern:
Vorsitzende(r): Robert Fischer (Am Kreuzstein 1, 95326 Kulmbach, T: (09221) 7 68 17 (priv.), (09221) 70 73 18 (dienstl.))
Landesverband Berlin/Brandenburg:
Vorsitzende(r): Antje Roloff (Körnerstr. 12, 15366 Neuenhagen, T: (03342) 20 11 73 (priv.), (030) 99 20 37 89 (dienstl.))
Landesverband Bremen:
Vorsitzende(r): Martin Maue (Große Weidestr. 7, 28195 Bremen, T: (0421) 1 69 17 01 (priv.), (0421) 36 11 56 19 (dienstl.))
Landesverband Hamburg:
Vorsitzende(r): Rainer Rackwitz (Ringstr. 71, 22145 Hamburg, T: (040) 6 78 29 89 (priv.), (040) 42 81 15 54 (dienstl.))
Landesverband Hessen:
Vorsitzende(r): Dietrich Fischer (In den Biegen 1, 60437 Frankfurt, T: (06101) 4 18 94 (priv.), (069) 79 58 65 64 (dienstl.))
Landesverband Mecklenburg-Vorpommern:
Vorsitzende(r): Peter Kjulbassanhoff (Leninstr. 87, 19370 Parchim, T: (03871) 44 28 91 (priv.), T: (03871) 72 22-74 oder -31 (dienstl.))
Landesverband Niedersachsen:
Vorsitzende(r): Karl-Heinz Kauczor (Försterweg 12, 38642 Goslar, T: (05321) 6 49 48 (priv.), (05321) 70 45 40 (dienstl.))
Landesverband Nordrhein-Westfalen:
Vorsitzende(r): Norbert Prinz (Schürenheck 15, 45711 Datteln, T: (023263) 73 46 68 (priv.), (02323) 16 27 60 (dienstl.))
Landesverband Rheinland-Pfalz:
Vorsitzende(r): Dieter Hausmann (Schweizertalstr. 31, 56182 Frücht, T: (02603) 50 43 96 (priv.), (02603) 97 21 48 (dienstl.))
Landesverband Saar:
Vorsitzende(r): Harry Sauer (Forststraße 26, 66793 Saarwellingen, T: (06838) 8 36 37 (priv.), (0681) 50 68 91 (dienstl.))
Landesverband Sachsen:
Vorsitzende(r): Dunja Junghans (Hauptstr. 47, 08393 Waldsachsen Post Meerane,T: (03764) 4 82 53 (priv.), T: (03761) 18 28 16 (dienstl.))
Landesverband Sachsen-Anhalt:
Vorsitzende(r): Barbara Charlie (Merseburger Str. 222, 06130 Halle, T: (0345) 4 44 32 63 (priv.), (0345) 5 14 26 54 (dienstl.))
Landesverband Schleswig-Holstein:
Vorsitzende(r): Alfred Bohl (Rosenweg 9, 25524 Itzehoe, T: (04821) 4 17 01 (priv.), (04821) 6 92 36 (dienstl.))
Landesverband Thüringen:
Vorsitzende(r): Gudrun Jaintsch (August-Bebel-Str. 10, 98527 Suhl, T: (03681) 72 88 68 (priv.), (03681) 38 62 51 (dienstl.))

S 973

Verbandszeitschrift: Der Lebensmittelkurier
Redaktion: Bundesverband der Lebensmittelkontrolleure e.V.
Mitglieder: 1800

● **S 973**

Ingenieure für Kommunikation e.V. (IfKom)
An der Windmühle 2, 53111 Bonn
T: (0228) 9 83 58-0   **Fax:** 9 83 58-74
Internet: http://www.ifkom.de
E-Mail: bundesgeschaeftsstelle@ifkom.de
Gründung: 1923
Bundesvorsitzende(r): Dipl.-Ing. Horst Peters (Dachsweg 4, 41542 Dormagen)
Bundesgeschäftsführer(in): Dipl.-Ökon. Benedikt Jerusalem (Willbecker Str. 80, 40699 Erkrath)
Verbandszeitschrift: NET
Mitglieder: 12000

Serviceleistungen zur Karriereförderung von Kommunikationsingenieuren und deren Interessenvertretung

● **S 974**

Verband Deutscher Flugsicherungs-Techniker und -Ingenieure e.V. (FTI)
Geschäftsstelle
Hofweg 12a, 64625 Bensheim
T: (06251) 6 39 55   **Fax:** 6 39 28
Gründung: 1960
Vorsitzende(r): Klaus P. Horbelt (T: (0931) 46 39 15, Mobil: (0173) 3 26 50 23, (069) 80 54-48 93 (dienstl.), Telefax: (0931) 46 35 21)
Geschäftsführer(in): Klaus Reifel

● **S 975**

VPP
Geschäftsstelle
Uhlandstr. 1, 47239 Duisburg
T: (0211) 8 20-2658, (02151) 94 02 36
Fax: (02151) 94 02 37
Internet: http://www.vpp-patent.de
Gründung: 1955
Präsident(in): PA Prof. Dr. K. P. Höller
Vizepräsident(in): PA Dipl.-Ing. Rolf W. Einsele
Leiterin d. Gesch.-Stelle: Sigrid Schilling
Verbandszeitschrift: Rundbrief
Redaktion: Dr. Erich Franke
Mitglieder: ca. 1400

● **S 976**

Ausschuß der Ingenieurverbände und Ingenieurkammern für die Honorarordnung e.V. (AHO)
Spandauer Damm 73, 14059 Berlin
T: (030) 32 60 78-70   **Fax:** 32 60 78-71
Internet: http://www.aho.de
E-Mail: aho@aho.de
Gründung: 1923 (AGO), 1993 (AHO)
Vorstand: Dipl.-Ing. Jürgen Horstmann (Vors.)
Vorstand: Dipl.-Ing. Karsten Zill (stellv. Vors.)
Dipl.-Ing. Martin Aßmann
Dipl.-Ing. Ronald Berndt
Dipl.-Ing. Uwe Blechschmidt
Dipl.-Ing. Hartmut Herrmann
Dipl.-Ing. Dipl.-Kfm. (FH) Paulus Müller
Dipl.-Ing. Horst F. Rademacher
Hauptgeschäftsführer(in): RA Dr. Norbert Küper
Verbandszeitschrift: AHO-Informationen
Mitglieder: 32 Verbände und Kammern
Mitarbeiter: 4

● **S 977**

Deutscher Verband der Projektsteuerer e.V. (DVP)
Pauluskirchstr. 7, 42285 Wuppertal
T: (0202) 2 80 13 30   **Fax:** 2 80 13 32
Internet: http://www.dvpev.de
E-Mail: dvpbau@uni-wuppertal.de
Gründung: 1984 (10. Juli)
Präsident(in): Prof. Dr.-Ing. Claus Jürgen Diederichs (BUW-FB 11, Pauluskirchstr. 7, 42285 Wuppertal)
Vizepräsident(in): Dr.-Ing. Wolfgang H. Müller
Verbandszeitschrift: DVP-Informationen
Mitglieder: 150 (Stand 04/2001)
Mitarbeiter: 3
Jahresetat: DM 0,35 Mio, € 0,18 Mio

Förderung der Aus- und Weiterbildung auf dem Gebiet der Projektsteuerung; Erstellung von Leitlinien für die Aus- und Weiterbildung; Festlegung von Qualifikationsmerkmalen für Projektsteuerer; Förderung des Verständnisses von Projektsteuerungsaufgaben; Austausch von Wissen und Erfahrung auf nationaler und internationaler Ebene; Initiator des „International Construction Project Management Forum" (ICPMF) jeweils im Anschluss an die MIPIM in Cannes, Frankreich; Herausgabe von Publikationen; Zusammenarbeit mit anderen nationalen und internationalen Vereinigun-

gen; Ausrichten von Fachtagungen und Kongressen; Vertretung der Ziele des Vereins, insbesondere gegenüber den gesetzgebenden Institutionen.

● **S 978**

Bundesvereinigung der Prüfingenieure für Bautechnik e. V.

Ferdinandstr. 38-40, 20095 Hamburg
T: (040) 3 03 79 50-0   **Fax:** 35 35 65
Gründung: 1950
Ehrenpräsident: Prof. Dr.-Ing. Heinrich Bechert (Teckstr. 44, 70190 Stuttgart, T: (0711) 16 63-3, Fax: (0711) 16 63-500)
Präsident(in): Dr.-Ing. Günter Timm (Ballindamm 17, 20095 Hamburg, T: (040) 3 50 09-0, Fax: (040) 3 50 09-100)
Vizepräsident(in): Dr.-Ing. Klaus Kunkel (Tußmannstr. 61, 40477 Düsseldorf, T: (0211) 94 88-0, Fax: (0211) 94 88-111)
Dr.-Ing. Dieter Winselmann (Varrentrappstr. 14, 38114 Braunschweig, T: (0531) 2 56 16-12, Fax: (0531) 2 56 16-19)
Geschäftsführer(in): Dr.-Ing. Hans-Jürgen Meyer (Ferdinandstr. 38-40, 20095 Hamburg, T: (040) 3 03 79 50-0, Fax: (040) 35 35 65)
Mitglieder: 880

Bautechnische Prüfung und Überwachung baulicher Anlagen im Rahmen des Baugenehmigungsverfahrens und nichtgenehmigungsbedürftiger Anlagen.

Landesverbände

s 979

Vereinigung der Prüfingenieure für Baustatik Landesvereinigung Baden-Württemberg e.V.
Besselstr. 16a, 68219 Mannheim
T: (0621) 4 19 49-0   **Fax:** 4 19 49-75
Vorsitzende(r): Dipl.-Ing. Josef Steiner
Mitglieder: 104

s 980

Vereinigung der Prüfingenieure für Baustatik in Bayern e.V.
Jägerweg 10, 85521 Ottobrunn
T: (089) 60 80 92-0   **Fax:** 60 80 92-10
Vorsitzende(r): Dr.-Ing. Jürgen Braun
Mitglieder: 81

s 981

Vereinigung der Prüfingenieure für Baustatik in Berlin e.V.
Reuchlinstr. 10-11, 10553 Berlin
T: (030) 34 97 72-0   **Fax:** 34 97 72-66
Vorsitzende(r): Dipl.-Ing. Hartmut Kalleja
Mitglieder: 60

s 982

Vereinigung der Prüfingenieure für Baustatik Land Brandenburg
Glasmeisterstr. 5-7, 14482 Potsdam
T: (0331) 7 47 61 40   **Fax:** 7 47 61 80
Vorsitzende(r): Dr.-Ing. Dieter Zauft
Mitglieder: 52

s 983

Vereinigung der Prüfingenieure für Baustatik Landesvereinigung Bremen
Alfred-Balzer-Str. 5, 27570 Bremerhaven
T: (0471) 9 31 57 31   **Fax:** 9 31 57 57
Vorsitzende(r): Dipl.-Ing. Gerhard Feld
Mitglieder: 15

s 984

Vereinigung der Prüfingenieure für Baustatik Landesvereinigung Hamburg
Ballindamm 17, 20095 Hamburg
T: (040) 3 50 09-0   **Fax:** 3 50 09-100
Vorsitzende(r): Dr.-Ing. Karl Morgen
Mitglieder: 42

s 985

Vereinigung der Prüfingenieure für Baustatik in Hessen
Oskar-Sommer-Str. 15-17, 60596 Frankfurt

T: (069) 63 00 08-0   **Fax:** 63 00 08-66
Vorsitzende(r): Dr.-Ing. Michael Heunisch
Mitglieder: 90

s 986

Vereinigung der Prüfingenieure für Baustatik in Mecklenburg-Vorpommern
Technologie- und Gewerbezentrum Schwerin/Wismar
Lübsche Str. 131, 23966 Wismar
T: (03841) 72 86-0   **Fax:** 72 86 20
Vorsitzende(r): Dipl.-Ing. Karl Seehase
Mitglieder: 24

s 987

Vereinigung der Prüfingenieure für Baustatik in Niedersachsen
Theodor-Heuss-Str. 158, 30853 Langenhagen
T: (0511) 77 84 33   **Fax:** 73 64 96
Vorsitzende(r): Dipl.-Ing. Hans-Ulrich Kammeyer
Mitglieder: 48

s 988

Vereinigung der Prüfingenieure für Baustatik Landesvereinigung Nordrhein-Westfalen
Lintorfer Waldstr. 10, 40489 Düsseldorf
T: (0203) 7 48 12 08   **Fax:** 7 48 12 14
Vorsitzende(r): Dr.-Ing. Jörg Erdmann
Mitglieder: 112

s 989

Vereinigung der Prüfingenieure für Baustatik in Rheinland-Pfalz e.V.
Planiger Str. 1a, 55543 Bad Kreuznach
T: (0671) 8 44 00-0   **Fax:** 8 44 00 50
Vorsitzende(r): Dr.-Ing. Hubert Verheyen
Mitglieder: 29

s 990

Vereinigung der Prüfingenieure für Baustatik im Saarland
Dürerstr. 33, 66424 Homburg
T: (06841) 7 90 31   **Fax:** 7 91 59
Vorsitzende(r): Dipl.-Ing. Gerhard Schaller
Mitglieder: 21

s 991

Vereinigung der Prüfingenieure für Baustatik in Sachsen
Hübnerstr. 27, 01187 Dresden
T: (0351) 4 71 11 35   **Fax:** 4 72 47 81
Vorsitzende(r): Prof. Dr.-Ing. habil. Bernd Dressel
Mitglieder: 76

s 992

Vereinigung der Prüfingenieure für Baustatik Landesvereinigung Sachsen-Anhalt
Humboldtstr. 3, 39112 Magdeburg
T: (0391) 6 10 89-0   **Fax:** 6 10 89-20
Vorsitzende(r): Dipl.-Ing. Ulrich Beyer
Mitglieder: 35

s 993

Vereinigung der Prüfingenieure für Baustatik des Landes Schleswig-Holstein e.V.
Bojestr. 31, 25541 Brunsbüttel
T: (04852) 96 05-0   **Fax:** 96 05-19
Vorsitzende(r): Dipl.-Ing. Gerhard Böhme
Mitglieder: 27

s 994

Vereinigung der Prüfingenieure für Baustatik in Thüringen
Futterstr. 17, 99084 Erfurt
T: (0361) 5 90 76-0   **Fax:** 5 66 00 04
Vorsitzende(r): Dipl.-Ing. Harald Baumgarten
Mitglieder: 29

● **S 995**

Verein Selbständiger Revisionsingenieure e.V. (VSR)
Ferdinandstr. 38-40, 20095 Hamburg
T: (040) 30 37 91 40   **Fax:** 35 35 65
1. Vorsitzende(r): Dr.-Ing. Harald Bitter (Kapuzinerweg 7, 70374 Stuttgart)
Geschäftsführer(in): Dr.-Ing. Hans-Jürgen Meyer
Mitglieder: 150

S 996
Bundesverband freiberuflicher Sicherheitsingenieure und überbetrieblicher Dienste e.V. (BFSI)
Landsberger Str. 246, 12623 Berlin
T: (030) 50 10 72 40   **Fax:** 50 10 72 10
Internet: http://www.bfsi.de
E-Mail: info@bfsi.de
Gründung: 1982 (13. Oktober) in Berlin
Vorsitzende(r): Obering. Dipl.-Ing. (FH) Rainer Siebert
Stellvertretende(r) Vorsitzende(r): Dipl.-Ing. Hans Piter
Leitung Presseabteilung: Hubert Lucks (Bundesgeschäftsstelle)
Mitglieder: 128

Landesverbände:
Baden-Württemberg, Bayern, Berlin/Brandenburg, Hamburg/Schleswig-Holstein, Hessen/Saarland/Rheinland-Pfalz, Mecklenburg-Vorpommern, Niedersachsen, Nordrhein-Westfalen, Sachsen, Sachsen-Anhalt, Thüringen

S 997
Verband Deutscher Sicherheitsingenieure e.V. (VDSI)
Geschäftsstelle:
Albert-Schweitzer-Allee 33, 65203 Wiesbaden
T: (0611) 60 04 00   **Fax:** 6 78 07
E-Mail: vdsi.gs@t-online.de
Gründung: 1951 (24. Mai)
Geschäftsführer(in): Dr.-Ing. Dieter Szewczyk
Geschäftsführender Vorstand
Ressort Ehrenvorsitzender: Dipl.-Ing. Christoph Huf (Asea Brown Boveri AG, FSU, Postf. 11 40, 68520 Ladenburg, T: (06203) 71-6690)
Ressort Vorsitzender: Dipl.-Ing. Gottfried Gehrmann (Siemens AG, KWV Ref. VAS 2, Postf. 10 17 55, 45466 Mülheim, T: (0208) 4 56-2555, Fax: (0208) 4 56-2062)
Ressort Bezirksgruppen: Dipl.-Ing. (FH) Margrit Stuhr (Daimler Chrysler Ludwigsfelde GmbH, Postf. 51, 14961 Ludwigsfelde, T: (03378) 83-20 14, Telefax: (03378) 83-21 47)
Ressort Grundsatzarbeit/Fachgruppen: Dr.-Ing. Rainer von Kiparski (IAS Institut für Arbeits- u. Sozialhygiene Stiftung, Steinhäuser Str. 19, 76135 Karlsruhe, T: (0721) 82 04-3 11, Telefax: (0721) 82 04-4 11)
Ressort Finanzen: Dipl.-Ing. (FH) Detlef Schwarze (Preussag AG, Hauptverwaltung, Postf. 61 02 09, 30602 Hannover, T: (0511) 5 66-17 95, Telefax: (0511) 5 66-11 53)
Ressort Aus- und Weiterbildung: Dipl.-Ing. (FH) Heinrich Wolf (Bayerische Motorenwerke AG, Abt. Sicherheit u. Umwelt TD 61, Postf. 11 20, 84122 Dingolfing, T: (08731) 76-27435, Telefax: (08731) 76-27429)
Ressort Öffentlichkeitsarbeit: Rudolf Dertinger (Martin-Legros-Str. 104, 53123 Bonn, T: (0228) 64 71 91, Fax: (0228) 64 03 11)
Ressort Nationale Zusammenarbeit: Dr. rer. nat. Udo Weis (ABB Management Support GmbH, MSU-SU/U, Postf. 11 40, 68520 Ladenburg, T: (06203) 71-6682, Fax: (06203) 71-6677)
Ohne Ressort: Dr.-Ing. Klaus Große (Deutsche Steinkohle AG, BV LAE/UI, Shamrockring 1, 44623 Herne, T: (02323) 15-2757, Telefax: (02323) 15-2487)
Ressort Internationale Zusammenarbeit: Dipl.-Ing. Rolf Maas (Braun AG, Umweltschutz u. Arbeitssicherheit, Postf. 11 20, 61466 Kronberg, T: (06173) 30-28 04, Fax: (06173) 30-14 15)
Mitglieder: ca. 4900 in 30 Bezirksgruppen

S 998
Bundesverband unabhängiger deutscher Sicherheitsberater und -Ingenieure e.V. (BdSI)
Weißdornstr. 3, 15827 Blankenfelde
T: (0700) 23 74 23 74   **Fax:** 23 74 23 75
Internet: http://www.bdsi-ev.de
E-Mail: bdsi.ev@web.de
Gründung: 1995
Vorsitzende(r): Rainer A. H. von zur Mühlen (von zur Mühlen'sche Unternehmensberatung GmbH Sicherheitsberatung, Alte Heerstr. 1, 53121 Bonn)
Stellvertretende(r) Vorsitzende(r): Hermann Feuerlein (ISMB Industrie, Security Management, Beratungs GmbH Hermann Feuerlein + Partner, Kleinreuther Weg 58, 90408 Nürnberg)
Geschäftsstellenleiter: Rochus Zalud (Weißdornstr. 3, 15827 Blankenfelde)
Mitglieder: 9

S 999
Kuratorium hessischer Ingenieurverbände
Kirchgasse 15, 65185 Wiesbaden
T: (0611) 30 76 79   **Fax:** 37 99 46
E-Mail: info@ingkh.de
Gründung: 1978
Vorsitzende(r): Dipl.-Ing. Otto Traute
Mitglieder: 14

Landesverbände:
AIV, ATV, BDB, BDVI, BWK, DAIH, INGEWA, VBI, VDE, VDEI, VDI, VDV, VPIH, VSVI

S 1 000
Ingenieurkammer des Landes Hessen (IngKH)
- Körperschaft des öffentlichen Rechts -
Kirchgasse 15, 65185 Wiesbaden
T: (0611) 30 76 79   **Fax:** 37 99 46
E-Mail: info@ingkh.de
Gründung: 1986 (1. Oktober)
Präsident(in): Dipl.-Ing. Herbert Riehl
Vizepräsident(in): Dr.-Ing. Peter Schwarz
Geschäftsführer(in): Dipl.-Ing. Helmut Geyer
Mitglieder: 1400

Führung der Liste der Beratenden Ingenieure, Aufnahme anderer Ingenieure als freiwillige Mitglieder, Vertretung der Ingenieure gegenüber hess. Landtag, hess. Landesregierung, hess. Behörden bei Gesetzesvorhaben u. Behördenmaßnahmen, Wahrnehmung der Berufsinteressen der Ingenieure, Verbraucherschutz, Fortbildung, Qualitätsmanagement.

S 1 001
Bundesvereinigung der Straßenbau- und Verkehrsingenieure e.V. (BSVI)
Geschäftsstelle:
Eichstr. 19, 30161 Hannover
T: (0511) 31 26 04   **Fax:** 3 88 51 42
Internet: http://www.bsvi.de
E-Mail: bsvi.hannover@t-online.de
Präsident(in): Dipl.-Ing. Peter Reuter (Erster Baudirektor Baubehörde Hamburg, Leiter des Tiefbauamtes)
Vizepräsident(in): Ministerialdirigent Dr.-Ing. Bernd Rohde (Sächsisches Staatsministerium für Wirtschaft und Arbeit, Dresden Abteilungsleiter der Abteilung Straßenbau, Straßenverkehr)
Schatzmeister: Dipl.-Oec. Stefan Eisenblätter (Niederlassungsleiter der Ilseder Mischwerke - Süd, Bad Harzburg)
Geschäftsstellenleiterin: Rosemarie Hollrotter

Arbeitsausschuss der Bundesvereinigung

Koordinierungsausschuss
Vorsitzende(r): Dipl.-Ing. Christiane Ehrhardt, Jena
Mitglieder: rd. 19000
Mitarbeiter: 1

Die 15 Landesvereinigungen der BSVI setzen sich für einen hohen technischen Leistungsstand ihrer Mitglieder durch vielfältige Seminare und Vortragsveranstaltungen, Betriebs- und Baustellenbesichtigungen sowie Studienreisen ins In- und Ausland; für eine angemessene Stellung der Ingenieure in der Gesellschaft durch Berufspolitik; umweltgerechte Straßen und vernünftige Verkehrspolitik. Die BSVI koordiniert Ziele und Aufgaben ihrer Landesvereinigungen, pflegt und fördert technische, wissenschaftliche, berufs- und verkehrspolitische Bestrebungen der Straßenbau- und Verkehrsingenieure auf nationaler und internationaler Ebene.
Sie arbeitet insbesondere auf dem Feld der Berufspolitik für die Belange aller deutschen Ingenieure eng mit anderen großen deutschen Ingenieurverbänden zusammen.

Landesverbände

s 1 002
Vereinigung der Straßenbau- und Verkehrsingenieure in Baden-Württemberg e.V.
Geschäftsstelle:
Schloßstr. 94, 70176 Stuttgart
T: (0711) 62 54 04   **Fax:** 6 16 39 13
Präsident(in): Min.-Dirigent Peter Neher
Mitglieder: rd. 3050

s 1 003
Vereinigung der Straßenbau- und Verkehrsingenieure in Bayern e.V.
Geschäftsstelle:
Seidlstr. 7-11, 80335 München
T: (089) 54 55 22 28   **Fax:** 54 55 26 23
Vorsitzende(r): Ministerialdirigent Dipl.-Ing. Hans Zillenbiller
Mitglieder: rd. 1800

s 1 004
Vereinigung der Straßenbau- und Verkehrsingenieure in Berlin e.V. (VSVI)
Geschäftsstelle:
Karl-Marx-Str. 27, 14482 Potsdam
T: (0331) 7 44 61 21   **Fax:** 7 44 61 27
Vorsitzende(r): Dipl.-Ing. Bernd Frischgesell
Mitglieder: rd. 560

s 1 005
Vereinigung der Straßenbau- und Verkehrsingenieure in Brandenburg e.V.
Geschäftsstelle:
Karl-Marx-Str. 27, 14482 Potsdam
T: (0331) 7 44 61 21   **Fax:** 7 44 61 27
Vorsitzende(r): Dr.-Ing. Hans-Reinhard Reuter
Mitglieder: ca. 760

s 1 006
Vereinigung der Straßenbau- und Straßenverkehrsingenieure der Freien Hansestadt Bremen e.V.
Geschäftsstelle:
Bürgermeister-Spitta-Allee 18, 28329 Bremen
T: (0421) 2 03 49 28   **Fax:** 2 03 49 34
Vorsitzende(r): Dipl.-Ing. Jürgen Mitz
Mitglieder: rd. 275

s 1 007
Vereinigung der Straßenbau- und Verkehrsingenieure in Hamburg e.V.
Stadthausbrücke 8, 20355 Hamburg
T: (040) 4 28 40 23 66
Vorsitzende(r): Erster Baudir. Dipl.-Ing. Peter Reuter
Mitglieder: rd. 510

s 1 008
Vereinigung der Straßenbau- und Verkehrsingenieure in Hessen e.V.
Geschäftsstelle:
Wilhelmstr. 10, 65185 Wiesbaden
T: (0611) 3 66-3363   **Fax:** 3 66-3435
Vorsitzende(r): Ltd. Baudir. Dipl.-Ing. G. Gumprecht
Mitglieder: rd. 1500

s 1 009
Vereinigung der Straßenbau- und Verkehrsingenieure in Mecklenburg-Vorpommern e.V.
Geschäftsstelle:
MJV Schwerin
Ludwigsluster Chaussee 72, 19061 Schwerin
T: (0385) 3 99 64 20   **Fax:** 3 97 71 27
Vorsitzende(r): Dipl.-Ing. Thomas Taschenbrecker
Mitglieder: rd. 350

s 1 010
Vereinigung der Straßenbau- und Verkehrsingenieure in Niedersachsen e.V.
Geschäftsstelle:
Windmühlenstr. 3, 30159 Hannover
T: (0511) 32 53 60   **Fax:** 32 56 53
Präsident(in): Dipl.-Ing. Karl-Hermann Fastenau
Mitglieder: 2700

s 1 011
Vereinigung der Straßenbau- und Verkehrsingenieure in Nordrhein-Westfalen e.V.
Geschäftsstelle: c/o Hans-Ewald Lutter
Bussardweg 5, 50858 Köln
T: (0221) 48 92 97   **Fax:** 48 92 97
Präsident(in): Dipl.-Ing. Helmut F. Nikolaus
Mitglieder: rd. 2760

s 1 012
Vereinigung der Straßenbau- und Verkehrsingenieure Rheinland-Pfalz und Saarland e.V.
- Landesgeschäftsstelle -
Südstr. 14, 56422 Wirges
T: (02602) 67 18 99   **Fax:** 93 63 30
Vorsitzende(r): Dipl.-Ing. Horst Oltersdorf
Mitglieder: 1710

s 1 013
Vereinigung der Straßenbau- und Verkehrsingenieure e.V. im Freistaat Sachsen
Geschäftsstelle:
Wilhelm-Buck-Str. 2, 01097 Dresden
T: (0351) 5 64 86 02   **Fax:** 5 64 86 09
Präsident(in): MinDir Dr.-Ing. Bernd Rohde
Mitglieder: rd. 560

s 1 014
Vereinigung der Straßenbau- und Verkehrsingenieure in Sachsen-Anhalt e.V.
Geschäftsstelle:
Königsborner Str. 19, 39175 Heyrothsberge

s 1 014

T: (039292) 76 10 Fax: 7 61 99
Vorsitzende(r): Dipl.-Ing. Gerhard Bischof
Mitglieder: rd. 845

s 1 015

Vereinigung der Straßenbau- und Verkehrsingenieure in Schleswig-Holstein e.V.
Geschäftsstelle:
c/o Wölfinger GmbH & Co. KG
Bundesstraße 13, 24878 Jagel
T: (04624) 9 57 Fax: 20 13
Vorsitzende(r): Dr.-Ing. Heinz Dressel, Pinneberg
Mitglieder: rd. 1170

s 1 016

Vereinigung der Straßenbau- und Verkehrsingenieure in Thüringen e.V.
Geschäftsstelle:
Steinplatz 1, 99085 Erfurt
T: (0361) 6 55 31 03 Fax: 6 55 31 78
Vorsitzende(r): Dr.-Ing. Horst Straßburger
Mitglieder: rd. 600

● **S 1 017**

Deutsche Maschinentechnische Gesellschaft (DMG)
c/o Verband der Bahnindustrie in Deutschland e.V.
Lindenstr. 30, 60325 Frankfurt
T: (069) 72 72 44 Fax: 72 72 94
Gründung: 1881
1. Vorsitzende(r): Dr.-Ing. Dieter Klumpp (Alstom LHB GmbH)
2. Vorsitzende(r): Dipl.-Ing. Roland Heinisch (Deutsche Bahn AG)
Geschäftsführer(in): Dipl.-Volksw. Ivo Wolz (Brentanostr. 35, 65187 Wiesbaden, T:(0611) 8 59 08, Fax: (0611) 8 59 72)
Leitung Presseabteilung: Dipl.-Ing. Axel Güldenpenning (Deutsche Bahn AG)
Verbandszeitschrift: ZEV-DET Glasers Annalen
Verlag: Georg-Siemens-Verlag, Postf. 45 01 69, 12171 Berlin
Mitglieder: 395 (30 korporativ, 365 persönlich)

● **S 1 018**

Verband Deutscher Vermessungsingenieure e.V. (VDV)
Weyerbuschweg 23, 42115 Wuppertal
T: (0202) 7 16 05 79 Fax: 7 16 05 79
Internet: http://vdv-online.de
E-Mail: info@vdv-online.de
Gründung: 1949
Präsident(in): Dipl.-Ing. Wilfried Grunau (Hainbuchenstr. 9, 26188 Edewecht)
Ehrenpräs.: Dipl.-Ing. Wolfgang Beicken (Brahmsstr. 4, 42289 Wuppertal)
Geschäftsführer(in): Dipl.-Ing. Burkhard Kreuter (Weyerbuschweg 23, 42115 Wuppertal)
Mitglieder: 6500
Der Verband gliedert sich in 14 Landesverbände und 42 Bezirke
Herausgeber der Fachzeitschrift „DER VERMESSUNGSINGENIEUR" (erscheint 6 x im Jahr)
Verbandseigenes Bildungswerk des Verbandes Deutscher Vermessungsingenieure e.V.
Stiftung: VDV-Preis für herausragende Diplomarbeiten im Vermessungswesen

Mitglied im "Zentralverband der Ingenieurvereine e.V. (ZBI)"
Mitglied im "Ausschuß für Honorarordnung e.V. (AHO)"
Mitglied in der "Deutschen Hydrographischen Gesellschaft e.V. (DHyG)"
Mitglied im Förderkreis Vermessungstechnisches Museum e.V.
Mitglied der Gauß-Gesellschaft e.V.
Mitglied im Deutschen Dachverband für Geoinformation e.V. (DDGI)
Mitglied im Deutschen Institut für Normung e.V. (DIN)
Mitglied in der Deutschen Gesellschaft für Verbandsmanagement e.V. (DGVM)
Mitglied in der "Arbeitsgemeinschaft der europäischen anerkannten Sachverständigen (AEXEA) e.V."
Mitglied in "European Group of Surveyors" EGOS)

● **S 1 019**

Bund der Öffentlich bestellten Vermessungsingenieure e.V. (BDVI)
Geschäftsstelle:
Lindenstr. 14, 50674 Köln
T: (0221) 92 18 39-300 Fax: 92 18 39-399
Internet: http://www.bdvi.de
E-Mail: bdvi@gebig.com
Internationaler Zusammenschluß: siehe unter izs 597
Präsident(in): Dipl.-Ing. Volkmar Teetzmann (Oher Weg 2 a, 21509 Glinde)
1. Vizepräsident: Dipl.-Ing. Peter Dübbert (Graf-Geßler-Str. 5, 50679 Köln)
2. Vizepräsident: Dipl.-Ing. Gunter Lencer (Margarethenstr. 39, 99867 Gotha)

3. Vizepräsident: Dipl.-Ing. Ulrich Schicke (Taunusstr. 7 a, 65183 Wiesbaden)
Mitglieder des Präsidiums: Dr.-Ing. Andreas Drees (Hohenzollernring 47, 48145 Münster)
Dipl.-Ing. Michael Rohardt (Heuerstr. 6, 30519 Hannover)
Dr.-Ing. Walter Schwenk (Maxstr. 3 a, 13347 Berlin)
Dipl.-Ing. Dieter Seitz (Amalie-Hofer-Str. 4, 77656 Offenburg)
Dipl.-Ing. Diethild Noormann-Wachs (Pfalzburger Str. 43-44, 10717 Berlin)
Dr. Ing. Hubertus Brauer (Am Brüll 3, 40878 Ratingen)
Geschäftsführer(in): Dipl.-Soz. Wiss. Bernhard Jacobs
Verbandszeitschrift: BDVI-Forum
Redaktion: Mosaik: Dipl.-Soz. Wiss. Bernhard Jacobs, Lindenstr. 14, 50674 Köln
Schriftltg.: Dr.-Ing. Walter Schwenk, Maxstr. 3a, 13347 Berlin
Mitglieder: 1330

Landesgruppen

s 1 020

Bund der öffentl. bestellten Vermessungsingenieure
Landesgruppe Baden-Württemberg
Amalie-Hofer-Str. 4, 77656 Offenburg
T: (0781) 9 65 00 Fax: 96 50 33
Vorsitzende(r): ÖbVI/Dipl.-Ing. Dieter Seitz

s 1 021

Bund der öffentl. bestellten Vermessungsingenieure
Landesgruppe Berlin
Breite Str. 9, 12167 Berlin
T: (030) 79 70 61 92 Fax: 79 70 61 93
Vorsitzende(r): Dipl.-Ing. Rudolf Darenberg

s 1 022

Bund der öffentl. bestellten Vermessungsingenieure
Landesgruppe Brandenburg
Madlower Hauptstr. 7, 03050 Cottbus
T: (0355) 58 44 30 Fax: 5 84 43 44
Vorsitzende(r): ÖbVI Dipl.-Ing. Wolfgang Schultz

s 1 023

Bund der öffentl. bestellten Vermessungsingenieure
Landesgruppe Bremen
Vegesacker Heerstr. 140, 28757 Bremen
T: (0421) 62 32 23 Fax: 62 16 76
Vorsitzende(r): ÖbVI Dipl.-Ing. Herbert Horst

s 1 024

Bund der öffentl. bestellten Vermessungsingenieure
Landesgruppe Hamburg
Langenhorst 1, 22453 Hamburg
T: (040) 55 49 16-0 Fax: 58 10 41
Vorsitzende(r): ÖbVI Dipl.-Ing. Walter Hanack

s 1 025

Bund der öffentl. bestellten Vermessungsingenieure
Landesgruppe Hessen
Taunusstr. 7a, 65183 Wiesbaden
T: (0611) 1 80 81-0 Fax: 1 80 81-50
Vorsitzende(r): ÖbVI Dipl.-Ing. Ulrich Schicke

s 1 026

Bund der öffentl. bestellten Vermessungsingenieure
Landesgruppe Mecklenburg-Vorpommern
An der Gartenanlage 9b, 18209 Bad Doberan
T: (038203) 43 00 Fax: 4 30 43
Vorsitzende(r): ÖbVI Dipl.-Ing. Werner Stechert

s 1 027

Bund der öffentl. bestellten Vermessungsingenieure
Landesgruppe Niedersachsen
Geschäftsstelle:
Eichstr. 19, 30161 Hannover
T: (0511) 8 42 40-0 Fax: 8 42 40 40
Vorsitzende(r): ÖbVI Dipl.-Ing. Michael Rohardt

s 1 028

Bund der öffentl. bestellten Vermessungsingenieure
Landesgruppe Nordrhein-Westfalen
Geschäftsstelle:
Lindenstr. 14, 50674 Köln
T: (0221) 92 18 39-300 Fax: 92 18 39-399
Vorsitzende(r): Dr.-Ing. Hubertus Brauer

s 1 029

Bund der öffentl. bestellten Vermessungsingenieure
Landesgruppe Rheinland-Pfalz
Ravenestr. 11, 56812 Cochem
T: (02671) 30 03 Fax: (2671) 30 02
Vorsitzende(r): ÖbVI Dipl.-Ing. Hans-Ulrich Esch

s 1 030

Bund der öffentl. bestellten Vermessungsingenieure
Landesgruppe Saarland
Neunkircher Str. 56, 66583 Spiesen-Elversberg
T: (06821) 97 01-0 Fax: 97 01-40
Vorsitzende(r): ÖbVI Dipl.-Ing. Volker Werny

s 1 031

Bund der öffentl. bestellten Vermessungsingenieure
Landesgruppe Sachsen
Schlüterstr. 19, 01277 Dresden
T: (0351) 31 55 70 Fax: 3 15 57 90
Vorsitzende(r): ÖbVI Dipl.-Ing. Wolfgang Heide

s 1 032

Bund der öffentl. bestellten Vermessungsingenieure
Landesgruppe Sachsen-Anhalt
Hermannstr. 1, 06108 Halle
T: (0345) 23 25 10 Fax: 2 32 51 30
Vorsitzende(r): ÖbVI Dipl.-Ing. Wilfried Borchers

s 1 033

Bund der öffentl. bestellten Vermessungsingenieure
Landesgruppe Schleswig-Holstein
Lise-Meitner-Str., 24941 Flensburg
T: (0461) 9 03 22-0 Fax: 9 03 22-20
Vorsitzende(r): ÖbVI Dipl.-Ing. Klaus Günter Nebel

s 1 034

Bund der öffentl. bestellten Vermessungsingenieure
Landesgruppe Thüringen
Geschwister-Scholl-Str. 12, 98646 Hildburghausen
T: (03685) 70 36 98 Fax; 70 36 99
Vorsitzende(r): ÖbVI, Dipl.-Ing. Uwe Eberhard

● **S 1 035**

Ingenieure der Versorgungstechnik e.V. (IDV)
Fachhochschule München
Lothstr. 34, 80335 München
T: (089) 12 65-15 01 Fax: 12 65-15 02
Gründung: 1974 (November)
Vorsitzende(r): Prof. Dr. Pietsch
Schatzmeister: Prof. Dr. Herz
Mitglieder: 250

● **S 1 036**

Bund der Ingenieure für Wasserwirtschaft, Abfallwirtschaft und Kulturbau e.V. (BWK)
Bundesverband:
Pappelweg 31, 40489 Düsseldorf
T: (0211) 15 90-2212, 15 90-0 Fax: (0203) 74 25 21
Vorsitzende(r): Präs. Dr.-Ing. E.h. Dietrich Ruchay (Jahnstr. 19, 40789 Monheim, T: (02173) 5 47 24 (privat), (0228) 3 05-25 00/01 (dienstl.))
Bundes-GeschF: Dipl.-Ing. Horst-Sigurd Schelp (Pappelweg 31, 40489 Düsseldorf, T: (0203) 74 78 65 (privat), (0211) 15 90-(0)-22 12 (dienstl.))

s 1 037

BWK - Landesverband Baden-Württemberg e.V.
Oberkircher Str. 7, 71034 Böblingen
T: (07031) 27 80 70 (privat), (0711) 9 70-26 17 (dienstl.)
Vorsitzende(r): Prof. Dr.-Ing. Ulrich Rott (Institut für Siedlungswasserbau, Wassergüte und Abfallwirtschaft, Bandtäle 1, 70569 Stuttgart, T: (0711) 6 85-37 11 (dienstl.), (07033) 4 24 99 (privat))

Geschäftsführer(in): Dipl.-Ing. Klaus Probst (Fraunhofer-Informationszentrum Raum und Bau (IRB), Nobelstr. 12, 70569 Stuttgart, T: (0711) 9 70-26 17 (dienstl.), (07031) 27 80 70 (privat))

s 1 038

BWK - Landesverband Bayern e.V.
Holbeinweg 2, 93051 Regensburg
T: (0941) 9 45 55 77   **Fax:** 9 45 55 77
Vorsitzende(r): Dr.-Ing. Helmut Steinlein (Frillenseestr. 11, 81379 München, T: (089) 78 97 88)
Geschäftsführer(in): Dipl.-Ing. Hans-Peter Plank (Holbeinweg 2, 93051 Regensburg, T: (0941) 9 45 55 77, Fax: (0941) 9 45 55 77)

s 1 039

BWK - Landesverband Brandenburg und Berlin e.V.
Weverstr. 27, 13595 Berlin
T: (030) 31 50 60 97   **Fax:** 31 50 60 98
Vorsitzende(r): Dipl.-Ing. Ulrich Blüher (Friedrich-Richter-Str. 51, 13125 Berlin, T: (030) 9 49 73 88 (privat), (030) 6 41 25 34 (dienstl.))
Geschäftsführer(in): Dipl.-Ing. Ulf Lammert (Weverstr. 27, 13595 Berlin, T: (030) 31 50 60 97, Fax: (030) 31 50 60 98)

s 1 040

BWK - Landesverband Hessen e.V.
Rumpenheimer Str. 28, 63165 Mühlheim
T: (06108) 7 35 95 (privat), (069) 21 23 48 85 (dienstl.)
Vorsitzende(r): Dipl.-Ing. Walther Holtschmidt (Friedrich-Ebert-Str. 3, 64297 Darmstadt, T: (06151) 5 91 81 (priv.), (06151) 12-1 (dienstl.))
Geschäftsführer(in): Dipl.-Ing. Peter Postleb (Rumpenheimerstr. 28, 63165 Mühlheim, T: (06108) 7 35 95 (privat), (069) 21 23 48 85 (dienstl.))

s 1 041

BWK - Landesverband Mecklenburg/Vorpommern e.V.
Mudder-Schulten-Str. 21, 17034 Neubrandenburg
T: (0395) 4 69 03 18 (privat), (0395) 5 68 71 04 (dienstl.)
Vorsitzende(r): Dipl.-Ing. Hans-Joachim Meier (Gartenstr. 7, 18209 Heiligendamm, T: (038203) 29 60 (privat), (0381) 5 47 (0) 2 04 (dienstl.))
Geschäftsführer(in): Dipl.-Ing. Günter Halberstadt (Mudder-Schulten-Str. 21, 17034 Neubrandenburg, T: (0395) 4 69 03 18 (privat), (0395) 5 68 71 04 (dienstl.))

s 1 042

BWK - Landesverband Niedersachsen und Bremen e.V.
Memelstr. 15, 27308 Kirchlintein
T: (04231) 8 82 (0)-1 29 (dienstl.), (04236) 6 03 (privat)
Vorsitzende(r): Dipl.-Ing. Jörg Müller (Birkenstr. 31, 31892 Springe, T: (05045) 72 61 (privat), (0511) 1 04-33 68 (dienstl.))
Geschäftsführer(in): Werner Kochta (Memelstr. 15, 27308 Kirchlintein, T: (04236) 6 03 (privat), (04231) 8 82-(0)-1 29 (dienstl.))

s 1 043

BWK - Landesverband Nordrhein-Westfalen e.V.
Schwannstr. 3, 40476 Düsseldorf
T: (0211) 45 66 (0)-3 86
Vorsitzende(r): Dr.-Ing. Harald Irmer (Landesumweltamt NRW, Wallneyer Str. 6, 45113 Essen, T: (0201) 79 95-0)
Stellvertretende(r) Vorsitzende(r): Dipl.-Ing. Wolfgang Sowa (Ingenieurbüro Sowa, Beckumer Str. 280, 59556 Lippstadt, T: (02941) 40 54)
Geschäftsführer(in): Dipl.-Ing. Dieter Klähn (Ministerium für Umwelt, Raumordnung und Landwirtschaft des Landes NRW, Schwannstr. 3, 40476 Düsseldorf, T: (0211) 45 66-(0)-3 86)

s 1 044

BWK - Landesverband Rheinland-Pfalz und Saarland e.V.
Am Nußbaum 5, 56077 Koblenz
T: (06131) 16 26 61 (dienstl.)
Vorsitzende(r): Dipl.-Ing. Heinz Dieter Scharenberg (St. Michaelisweg 6, 57577 Hamm, T: (02682) 44 88 (privat), (02742) 93 16 10/11 (dienstl.))
Geschäftsführer(in): Dipl.-Ing. (FH) Johannes Werner (Am Nußbaum 5, 56077 Koblenz, T: (06131) 16 26 61 (dienstl.))

s 1 045

BWK - Landesverband Sachsen e.V.
c/o MELIOR GmbH
Unabhängig Beratende Ingenieure
Zur Wetterwarte 62 /Haus 263, 01109 Dresden
T: (0351) 8 84 78-0
Vorsitzende(r): Prof. Dr.-Ing. habil. Michael Kinze (Neugersdorfer Str. 21, 01324 Dresden, T: (0351) 36 51-5 (privat),

(0351) 89 28-1 00 (dienstl.))
Geschäftsführer(in): Volker Hinke (Augustusweg 74a, 01445 Radebeul, T: (0351) 8 30 33 00 (privat))

s 1 046

BWK - Landesverband Sachsen-Anhalt e.V.
Wacholderweg 21, 06118 Halle
T: (0345) 5 22 90 54 (privat), 5 24 02 00 (dienstl.)
Vorsitzende(r): Dipl.-Ing. Manfred Simon (Johannes-Göderitz-Str. 33, 39130 Magdeburg, T: (0391) 71 29 52 (privat), (0391) 34 31 55 (dienstl.))
Geschäftsführer(in): Dr.-Ing. Hans-Werner Uhlmann (Wacholderweg 21, 06118 Halle/S., T: (0345) 5 22 90 54 (privat), (0345) 5 24 02 00 (dienstl.))

s 1 047

BWK - Landesverband Schleswig-Holstein und Hamburg e.V.
Wiesenstr. 10, 23847 Rethwisch
T: (04539) 2 31 (privat), (04531) 16 0 (0) 4 23 (dienstl.)
Vorsitzende(r): Dipl.-Ing. Peter Steiner (Katenhof 6, 24245 Großbarkau, Tel: (04302) 93 12 (privat), (0431) 9 88 73 05 (dienstl.), Telefax: (0431) 21 92 39)
Geschäftsführer(in): Dipl.-Ing. Manfred Tabken (Wiesenstr. 10, 23847 Rethwischdorf, T: (04539) 2 31 (privat), (04531) 1 60 (0) 4 23 (dienstl.))

s 1 048

BWK - Landesverband Thüringen e.V.
Am alten Berg 1, 99102 Waltersleben
T: (0361) 66 99 85 (privat), 3 45 99 85
Vorsitzende(r): Dipl.-Ing. Gunnar Kämmer (Jakob-Kaiser-Ring 35, 99087 Erfurt, T: (0361) 71 42 64 (privat), (0361) 2 14 40 (dienstl.))
Geschäftsführer(in): Dr.-Ing. Wolfram Thiele (Am alten Berg 1, 99102 Erfurt-Waltersleben, T: (0361) 66 99 85 (privat), (0361) 3 45 99 85 (dienstl.))

● S 1 049

Verband unabhängiger bayerischer Ingenieurbüros für Wasserwirtschaft e.V. (VIWA)
Nigglstr. 15, 80999 München
T: (089) 89 21 12 25   **Fax:** 8 12 52 57
Gründung: 1967 (31. Mai)
Vorsitzende(r): Dipl.-Ing. Robert Kacerovsky
Stellvertretende(r) Vorsitzende(r): Dipl.-Ing. Günther Riepl
Mitglieder: 11 Ingenieurbüros

● S 1 050

Ingenieurtechnischer Verband Altlasten e.V. (ITVA)
Pestalozzistr. 5-8, 13187 Berlin
T: (030) 48 63 82 80   **Fax:** 48 63 87 44
Internet: http://home.snafu.de/itva
E-Mail: itva@snafu.de
1. Vorsitzende(r): Prof.-Ing. Harald Burmeier
2. Vorsitzende(r): Dr.-Ing. Volker Franzius
Schriftführer(in): Dr. rer. nat. Wolfgang Haekel
Schatzmeister(in): Prof. Dr.-Ing. Horst Görg
Geschäftsführer(in): Dipl.-Geogr. Sabine Gier

● S 1 051

Bund Deutscher Oenologen e.V. (BDO)
Von-Lade-Str. 1, 65366 Geisenheim
T: (06722) 5 02 73 82   **Fax:** 5 02 73 84
Internet: http://www.oenologie.de
E-Mail: bernhard.gaubatz@oenologie.de
Gründung: 1955 (1. Februar)
Vorsitzende(r): Dipl.-Ing. Wolfgang Heeß (Carl-Orff-Str. 7, 55576 Sprendlingen, T: (06701) 70 23)
Verbandszeitschrift: Der Oenologe
Redaktion: H.J. Eisenbarth
Verlag: Kreuzweg 7, 65366 Geisenheim, T: (06722) 88 42, E-Mail: eisenbarth@oenologie.de
Mitglieder: 1380

Der BDO setzt sich für die Förderung der ideellen, fachlichen und wirtschaftlichen Interessen seiner Mitglieder ein und steht in fördernder Zusammenarbeit mit den Verbänden der Weinwirtschaft.

● S 1 052

Verband Deutscher Wirtschaftsingenieure e.V. (VWI)
c/o Institut für Unternehmensplanung
Hardenbergstr. 4-5, 10623 Berlin
T: (030) 31 50 57 77   **Fax:** 31 50 58 88
Internet: http://www.vwi-online.de
E-Mail: vwi@aol.com
Gründung: 1932
Präsident(in): Prof. Dr. Horst Geschka (Geschka & Partner Unternehmensberatung, Darmstadt)
Vizepräsident(in): Dipl.-Wirtsch.-Ing. Otmar Ehrl (ICCOM International GmbH, München)

Prof. Dr. Christian Schuchardt (Hochschule Bremen)
Geschäftsführer(in): Jan Dethloff, Hamburg
Verbandszeitschrift: technologie & management
Verlag: Springer-Verlag
Mitglieder: ca. 3700

● S 1 053

Gesellschaft Deutscher Chemiker Fachgruppe Freiberufliche Chemiker und Inhaber Freier Unabhängiger Laboratorien
Ernst-Simon-Str. 2-4, 72072 Tübingen
T: (07071) 70 07-0   **Fax:** 70 07-77
E-Mail: institut@institutdrjaeger.de
Vorsitzende(r): Prof. Dr. Walter Jäger
Verbandszeitschrift: Mitteilungsblatt
Redaktion: Prof. Dr. Walter Jäger
Mitglieder: 150
Verwaltung: Gesellschaft Deutscher Chemiker, Varrentrappstr. 40-42, 60486 Frankfurt

● S 1 054

Verein demokratischer Pharmazeutinnen und Pharmazeuten (VDPP)
c/o Thomas Hammer Fleming Apotheke
Grindelallee 182, 20144 Hamburg
T: (040) 45 87 68   **Fax:** 45 87 68
Internet: http://www.vdpp.de
E-Mail: eMail@vdpp.de
Gründung: 1989
Geschäftsführender Vorstand: Thomas Hammer
Jürgen Grosse
Isabella Sulger
Verbandszeitschrift: VDPP-Rundbrief
Redaktion: Dr. Christa Augustin
Verlag: Alsterdorfer Str. 18, 22299 Hamburg
Mitglieder: 160

● S 1 055

Bundesverband der öffentlich angestellten und vereidigten Chemiker (Handelschemiker) e.V.
Sitz Hamburg
Stenzelring 14b, 21107 Hamburg
T: (040) 75 27 09-0   **Fax:** 75 27 09-35
Vorsitzende(r): Dr. W. Winkelmann

● S 1 056

Verband Deutscher Chemotechniker und Chemisch-technischer Assistenten e.V. (VDC)
Breitscheidstr. 127, 70176 Stuttgart
T: (0711) 63 74 60   **Fax:** 6 37 46 18
Vorsitzende(r): Barbara Enke (Pappelweg 16, 42489 Wülfrath, T: (02058) 32 08)
Geschäftsführer(in): Bernhard Ruf
Mitglieder: ca. 1000

● S 1 057

Verein Deutscher Textilveredlungsfachleute (in Gründung)
Geschäftsstelle:
Weinbrennerstr. 4, 68723 Schwetzingen
T: (06202) 2 63 55   **Fax:** 2 63 55
Gründung: 2000 (1. Juni)
Vorstand: Prof. Dr. Eckhard Schollmeyer (DTNW, Frankenring 2, 47798 Krefeld)
Geschäftsführer(in): Dr. Wolfgang Möck
Mitglieder: 2500
Mitarbeiter: 1
Jahresetat: DM 0,2 Mio, € 0,1 Mio

● S 1 058

Vereinigung der Destillateurmeister e.V.
Schneckenbergstr. 29, 37603 Holzminden
T: (05531) 1 38 29   **Fax:** 14 07 62
Gründung: 1963
Vorsitzende(r): Dieter Wiese
Verbandszeitschrift: „DM"
Redaktion: Helmut Wenzel
Mitglieder: 180
Jahresetat: DM 0,008 Mio, € 0 Mio

● S 1 059

Bundesverband der Lebensmittelchemiker/-innen im öffentlichen Dienst e.V. (BLC)
c/o Volker Charné
Ludwig-Wucherer-Str. 86, 06108 Halle
T: (0345) 2 83 21 02
Gründung: 1990 (8. Dezember)
Internationaler Zusammenschluß: siehe unter izr 77
Vorsitzende(r): Helmut Streit
Stellvertretende(r) Vorsitzende(r): Gundula Thomas
Annette Neuhaus
Schatzmeister: Bernfried Glück
Schriftführer(in): Volker Charné
Verbandszeitschrift: Lebensmittelchemiker Mitteilungen

S 1 059

Redaktion: Bärbel Kowarsch, Wendel-Hippler-Str. 66, 01159 Dresden
Mitglieder: ca. 500

● S 1 060

Internationales Design Zentrum Berlin e.V. (IDZ Berlin)
Rotherstr. 16, 10245 Berlin
T: (030) 29 33 51-0   Fax: 29 33 51-11
Internet: http://www.idz.de
E-Mail: idz@idz.de
Gründung: 1969
Vorsitzende(r) des Vorstandes: Rudolf Stilcken
Geschäftsführer(in): Dr. Angela Schönberger
Mitglieder: 500
Mitarbeiter: 6

● S 1 061

Design Zentrum München (DZM)
Richard-Strauss-Str. 82, 81679 München
T: (089) 92 21-2311   Fax: 92 21-2349
E-Mail: info@d-z-m.de
Vorsitzende(r): Herbert H. Schultes
Geschäftsführer(in): Hans Hermann Wetcke

● S 1 062

DesignZentrum Mecklenburg-Vorpommern e.V.
Werderstr. 69-71, 19055 Schwerin
T: (0385) 56 52 75   Fax: 56 52 75
E-Mail: dz-mv@t-online.de

● S 1 063

Verband Deutscher Industrie-Designer e.V. (VDID)
Gelsenkirchener Str. 181, 45309 Essen
T: (0201) 8 30 40 10   Fax: 8 30 40 19
E-Mail: ddv@germandesign.de
Internationaler Zusammenschluß: siehe unter izs 623
Präsident(in): Susanne Lengyel
Geschäftsführer(in): Prof. Dr. Peter Zec

● S 1 064

Selbständige Design-Studios e.V. (SDSt)
Stobenstr. 13, 38100 Braunschweig
T: (0531) 4 41 24   Fax: 4 43 34
Gründung: 1978
1. Vorsitzende(r): Peter Riefenstahl
Mitglieder: 12
Mitgliedsverbände: BFB, DDT, Deutscher Kulturrat

● S 1 065

Bund Freischaffender Foto-Designer e.V.
Postf. 75 03 30, 70603 Stuttgart
T: (0711) 47 34 22, (0172) 9 37 36 21
Fax: (0711) 47 52 80
Internet: http://bff-pilot.igd.fhg.de, http://www.bffjunioren.de, http://www.bff.de
E-Mail: bff_de@compuserve.com
Gründung: 1969
Geschäftsführer(in): Norbert Waning
Verbandszeitschrift: BFF-Spots
Mitglieder: 500
Redaktion und Verlag: Bund Freischaffender Foto-Designer, Postf. 75 03 30, 70603 Stuttgart

● S 1 066

Arbeitsgemeinschaft Selbständige Industrie-Designer e.V. (ASID)
Schulplatz 2, 39343 Beendorf
T: (039050) 9 95 94   Fax: 9 95 96
Internet: http://www.asid.de
E-Mail: info@asid.de
Gründung: 1986
Vorsitzende(r): Christoph Kuri (GeschF)
Stellvertretende(r) Vorsitzende(r): Wolfgang Hesse Hans-Werner Mattis
Mitglieder: 30 Designstudios

● S 1 067

Design Zentrum Nordrhein Westfalen
Gelsenkirchener Str. 181, 45309 Essen
T: (0201) 3 01 04-0   Fax: 3 01 04-40
Internet: http://www.design-germany.de
E-Mail: info@dznrw.com
Gründung: 1954
Vorsitzende(r) des Vorstandes: Markus Ferstera

Geschf.Vorst.: Prof. Dr. Peter Zec
Presse- und Öffentlichkeitsarbeit: Sonja Lehnert
Verbandszeitschrift: red dot
Redaktion: Dagmar Ostermann
Verlag: Design Zentrum Nordrhein Westfalen, Essen
Mitglieder: 31
Mitarbeiter: 21
Jahresetat: DM 8 Mio, € 4,09 Mio

● S 1 068

Design Center Stuttgart
Landesgewerbeamt BW
Willi-Bleicher-Str. 19, 70174 Stuttgart
T: (0711) 1 23 27 81   Fax: 1 23 25 77
Internet: http://www.design-center.de
E-Mail: design@lgabw.de
Leiter(in): Henning Horn
Presse und Öffentlichkeitsarbeit: Sabine Skoecz (T: (0711) 1 23-25 70)

● S 1 069

Bund Technischer Experten e.V. (BTE)
Geschäftsstelle:
Postf. 34 01 02, 45073 Essen
Christophstr. 11, 45130 Essen
T: (0201) 77 70 77   Fax: 78 23 25
Vorstand:
Vorsitzende(r): Michael Heidl (Heckenrosenstr. 5, 82031 Grünwald, T: (089) 64 18 29-0, Telefax: (089) 6 41 14 23)
Stellv. Vors. u. Geschäftsstelle: Dipl.-Ing. Architekt Klaus G. Cors, Essen
Stellv. Vors. u. Verwaltungsstelle: Dipl.-Kfm. Uwe Adolph, Köln
Stellv. Vorsitzende(r): Dr.-Ing. Günter Schäffler, Stuttgart
Ehrenvors.: Dipl.-Ing. Architekt Wilhelm Klocke, Bremen
Fachgruppenleiter: Dipl.-Ing. Reinhold R. Urban (Maschinenwesen; München-Stockdorf)
Dipl.-Ing. Helmut Timmerbeil (FG Bauwesen), Mülheim/Ruhr
Dipl.-Kfm. Dieter Götz (FG Betriebswirtschaft; Planegg b. München)
Dr. Dieter Rackwitz (Naturwissenschaft u. Sondergebiete; Kürten b. Köln)

● S 1 070

Verband der Betriebsbeauftragten für Umweltschutz e.V. (VBU)
Postf. 34 02 50, 45074 Essen
Alfredstr. 77-79, 45130 Essen
T: (0201) 77 20 11   Fax: 77 20 14
Gründung: 1988 (Mai)
Vorsitzende(r): Prof.-Ing. Hubert-Peter Johann
Stellvertretende(r) Vorsitzende(r): Prof. Dr. Herwig Hulpke
Geschäftsführer(in): Dr. Eberhard Behnke
Jörg ten Eicken
Verbandszeitschrift: Umwelt-Magazin
Verlag: Vogel-Verlag, Würzburg
Mitglieder: 800

Regionalgruppen

s 1 071

Verband der Betriebsbeauftragten für Umweltschutz
Regionalgruppe Berlin, Brandenburg
c/o Geologisches Landesamt
Hubertusdamm 46, 14480 Potsdam
T: (0331) 61 28 35
Ansprechpartner: Gerd Weichelt (Hubertusdamm 46, 14480 Potsdamm, T: (0331) 61 28 35)
Reinald Strempel (Reifträgerweg 9d, 14129 Berlin, T/Fax: (030) 8 03 49 63)
Dr. Claus Hemmer (Pampower Str. 66-68, 19061 Schwein, T: (0385) 6 43 33 80)

s 1 072

Verband der Betriebsbeauftragten für Umweltschutz
Regionalgruppe Süd-Ost (Thüringen und Sachsen)
c/o ENVIA
Friedrich-Ebert-Str. 26, 04416 Markkleeberg
T: (0341) 1 20 79 70   Fax: 1 20 95 70 20
Ansprechpartner: Rolf Thamm (Energie Sachsen Brandenburg AG)

s 1 073

Verband der Betriebsbeauftragten für Umweltschutz
Regionalgruppe Sachsen-Anhalt
Bahnhofstr. 26, 39249 Barby
T: (039298) 32 12
Ansprechpartner: Michael Kobitsch-Meyer

s 1 074

Verband der Betriebsbeauftragten für Umweltschutz
Regionalgruppe Hamburg/Schleswig-Holstein
Ordulfstr. 78, 22459 Hamburg
T: (040) 2 79 83 90   Fax: 27 87 88 82
E-Mail: wolfganghansen.vdf@t-online.de
Ansprechpartner: Dipl.-Ing. Wolfgang Hansen

s 1 075

Verband der Betriebsbeauftragten für Umweltschutz
Regionalgruppe Osnabrück/Ems
Widum 9, 49504 Lotte
T: (05404) 67 58
Ansprechpartner: Dipl.-Ing. Jörg Kiel

s 1 076

Verband der Betriebsbeauftragten für Umweltschutz
Regionalgruppe Niedersachsen
c/o Brunk & Partner
Zuckerbergweg 42, 38124 Braunschweig
T: (0531) 68 29 30
Ansprechpartner: Michael Brunk (c/o Brunk & Partner, Zuckerbergweg 42, 38124 Braunschweig, T: (0531) 68 29 30)

s 1 077

Verband der Betriebsbeauftragten für Umweltschutz
Regionalgruppe Ruhr
Mathilde-Kaiser-Str. 31, 45138 Essen
T: (0201) 25 12 60
Ansprechpartner: Hans F. Becker

s 1 078

Verband der Betriebsbeauftragten für Umweltschutz
Regionalgruppe Niederrhein
Postf. 14 66, 47714 Krefeld
T: (02151) 56 43 05   Fax: 56 01 77
E-Mail: georg-janssen-umweltschutz@t-online.de
Ansprechpartner: Georg Janssen (Ingenieurbüro)

s 1 079

Verband der Betriebsbeauftragten für Umweltschutz
Regionalgruppe Bergisch Land
c/o Schwarz Pharma AG
Alfred-Nobel-Str. 10, 40789 Monheim
T: (02173) 48-1183   Fax: 48-1608
Ansprechpartner: Dr. Klaus Sandrock

s 1 080

Verband der Betriebsbeauftragten für Umweltschutz
Regionalgruppe Rhein-Main
c/o Mannesmann VDO AG
Abt. VP46A
Sodener Str. 9, 65824 Schwalbach
T: (06196) 87 28 40   Fax: 87 27 66
E-Mail: kalen01@de1.vdogrp.de
Ansprechpartner: Dr. H. H. Oppermann

s 1 081

Verband der Betriebsbeauftragten für Umweltschutz
Regionalgruppe Rheinland-Pfalz/Saarland
Gartenstr. 27b, 67433 Neustadt
T: (06321) 8 11 50
Ansprechpartner: Dieter Wasmuth

s 1 082

Verband der Betriebsbeauftragten für Umweltschutz e.V.
Regionalgruppe Baden-Württemberg
Rosmarinweg 5, 70374 Stuttgart
T: (0711) 5 17 44-70   Fax: 5 17 44-69
E-Mail: verifier@t-online.de
Ansprechpartner: Dipl.-Ing. R. Artischewski

s 1 083
Verband der Betriebsbeauftragten für Umweltschutz
Regionalgruppe Bayern und Österreich
c/o Linde AG, Werksgruppe VA,
Abt. Arbeitssicherheit und Umweltschutz
Dr.-Carl-von-Linde-Str. 6, 82049 Höllriegelskreuth
T: (089) 74 45-2255, 74 45-3141 **Fax:** 74 45-4938
Ansprechpartner: Otto J. Brandmaier

● S 1 084
Bundesverband Freier Sachverständiger e.V. (BVFS)
Goethestr. 11, 40237 Düsseldorf
T: (0211) 66 11 11 **Fax:** 68 11 61
Internet: http://www.bvfs.de
Gründung: 1988 (1. April)
Präsident(in): Prof. Dr. (EC) Franz Kanehl
Mitglieder: ca. 3500

● S 1 085
Union Freier Sachverständiger e.V. (UFS)
Bundesgeschäftsstelle
Edelsbergstr. 8, 80686 München
T: (089) 5 70 07-0 **Fax:** 57 00 72 60
E-Mail: verband@t-online.de
Präsident(in): Dipl.-Ing. (FH) Johann Straub
Hauptgeschäftsführer(in): RA Dr. Peter von Borch
(Geschäftsführer RA, UMU-UFB-Geschäftsführungs-GmbH, Edelbergstr. 8, 80686 München)
Mitglieder: 81

● S 1 086
Bundesverband öffentlich bestellter und vereidigter Kfz-Sachverständiger e.V. (BVK)
Am Sonnenberg 43-45, 44879 Bochum
T: (0234) 4 78 38 **Fax:** 47 03 09
Gründung: 1982
Geschäftsführer(in): Dipl.-Ing. Winfried Schimankowitz (Werkstr. 27, 45739 Oer-Erkenschwick, T: (02368) 6 00 45) Dipl.-Ing. Harald Rasche (Ltg. Presseabt.)
Verbandszeitschrift: BVK-Telegramm, Sachverständigen-Praxis
Mitglieder: ca. 50
Mitarbeiter: 6
Redaktion u. Verlag: Bundesverband öffentlich bestellter u. vereidigter KFz-Sachverständiger e.V., Am Sonnenberg 43-45, 44879 Bochum

● S 1 087
Bundesverband der freiberuflichen und unabhängigen Sachverständigen für das Kraftfahrzeugwesen e.V. (BVSK)
Geschäftsstelle:
Lindenstr. 76, 10969 Berlin
T: (030) 25 37 85-0 **Fax:** 25 37 85-10
Internet: http://www.bvsk.de
E-Mail: bvsk-berlin@t-online.de
Internationaler Zusammenschluß: siehe unter izs 680
Präsident(in): Dipl.-Ing. Wolfgang Küßner
Vizepräsident(in): Dr. Wem S. Hamlock Ing. (FH) Wolfgang Schrickel
Geschäftsführer(in): RA Elmar Fuchs
Wahrnehmung der berufsständischen Interessen der freiberuflichen und unabhängigen Kfz.-Sachverständigen.

● S 1 088
Kraftfahrzeug-Überwachungsorganisation freiberuflicher Kfz-Sachverständiger e.V. (KÜS)
Bundeszentrale
Ahlenweg 1-3, 66679 Losheim am See
T: (06872) 90 16-0 **Fax:** 16-123
Internet: http://www.kues.de
E-Mail: info@kues.de
Geschäftsführer(in): Dipl.-Ing. Peter Schuler

● S 1 089
Zertifizierte und Anerkannte hauptberufliche Kfz-Sachverständige e.V.
Kantering 57, 53639 Königswinter
T: (02223) 30 18
Präsident(in): Albert Krauthahn
Geschäftsführer(in): Dipl.-Volksw. A. Seidel, Königswinter

● S 1 090
Bundesverband Deutscher Sachverständiger und Fachgutachter e.V. (BDSF)
Fabrikstr. 5, 79539 Lörrach
T: (07621) 77 00-715 **Fax:** 77 00-716
Internet: http://www.bdsf.de
E-Mail: info@bdsf.de

Gründung: 1985
Vorsitzende(r): Ob. Ing. i.R. Werner Höferlin (79576 Weil a. Rhein)
Stellvertretende(r) Vorsitzende(r): G. Sick (79539 Lörrach)

● S 1 091
Bundesverband Deutscher Bausachverständiger e.V. (BBauSV)
Bundesgeschäftsstelle
Edelbergstr. 8, 80686 München
T: (089) 5 70 07-0 **Fax:** 57 00 72 60
E-Mail: verband@t-online.de
Präsident(in): Prof. Dr.-Ing. Heinz Klopfer
Hauptgeschäftsführer(in): VM Verbands-Management GmbH

● S 1 092
Bundesverband Deutscher Grundstückssachverständiger e.V. (BDGS)
Bundesgeschäftsstelle
Edelbergstr. 8, 80686 München
T: (089) 5 70 07-0 **Fax:** 57 00 72 60
E-Mail: verband@t-online.de
Präsident(in): Dipl.-Ing. (FH) Johann Straub
Hauptgeschäftsführer(in): RA Dr. Peter von Borch (Geschäftsführer UMU-UFB-Geschäftsführungs-GmbH, Edelbergstr. 8, 80686 München)
Verbandszeitschrift: GuG Grundstücksmarkt und Grundstückswert
Verlag: Hermann Luchterhand Verlag GmbH
Mitglieder: 310

● S 1 093
Vereinigung der Orgelsachverständigen Deutschlands
Postf. 22 69, 76010 Karlsruhe
Blumenstr. 1-7, 76133 Karlsruhe
T: (0721) 91 75-305 **Fax:** 91 75-306
E-Mail: martin.kares@ekiba.de
Gründung: 1971
Vorsitzende(r): Dr. Martin Kares
Stellvertretende(r) Vorsitzende(r): Martin Herrmann (KMD)
Verbandszeitschrift: VOD-Info
Mitglieder: 200

● S 1 094
Rat von Sachverständigen für Umweltfragen
65180 Wiesbaden
T: (0611) 75 42 10 **Fax:** 73 12 69
Internet: http://www.umweltrat.de
E-Mail: sru@uba.de
Generalsekretär(in): N. N.

● S 1 095
Bundesverband für Umweltberatung e.V. (bfub)
Bornstr. 12-13, 28195 Bremen
T: (0421) 34 34 00 **Fax:** 3 47 87 14
Internet: http://www.umweltberatung.org
E-Mail: bfubev@t-online.de
Gründung: 1989 (20. September)
Vorsitzende(r): Dr. Stefan Müssig
Stellvertretende(r) Vorsitzende(r): Kerstin Kräusche
Geschäftsführer(in): Gerd Adelmann
Verbandszeitschrift: Umweltberatung im Dialog
Redaktion: Renate Havlik M.A.
Mitglieder: 600
Mitarbeiter: 4
Jahresetat: DM 0,6 Mio, € 0,31 Mio

Landesverbände

s 1 096
Landesverband für Umweltberatung Hamburg (LAUB) e.V.
Sibylle Ahrens
Osterstr. 58, 20259 Hamburg
T: (040) 49 07-1520 **Fax:** 49 07-1521
E-Mail: wubahrens@aol.com

s 1 097
Landesverband für Umweltberatung in Niedersachsen und Bremen (NUB) e.V.
c/o Umweltzentrum
Hausmannstr. 9-10, 30159 Hannover
T: (0511) 1 64 03-29 **Fax:** 1 64 03-91
E-Mail: info@umweltzentrum-hannover.de

s 1 098
Verband für Umweltberatung in Nordrhein-Westfalen (vub) e.V.
Evinger Platz 11, 44339 Dortmund
T: (0231) 85 54 81 **Fax:** 85 55 18
E-Mail: vub@umweltberatung.de
Kontaktperson: Klaus Tschorn

s 1 099
Landesverein der Umweltberater/-innen in Berlin/Brandenburg (LaUB) e.V.
Osianderweg 52b, 13509 Berlin
T: (030) 3 32 82 83
E-Mail: haenlein@t-online.de
Kontaktperson: Gudrun Pinn

s 1 100
Umweltberatung Nordost e.V.
Verein der UmweltberaterInnen in den neuen Bundesländern
Greifswalder Str. 4, 10405 Berlin
T: (030) 2 04 44 16 **Fax:** 2 04 44 16
E-Mail: ubnordost@t-online.de
Kontaktperson: Lothar Hauser
Regionalverband für die neuen Bundesländer

s 1 101
Umweltberatungsverbund Saar
c/o Ministerium für Wirtschaft
Postf. 10 09 41, 66009 Saarbrücken
T: (0681) 5 01-2297 **Fax:** 5 01-4522
Kontaktperson: Dr. Andrea Ludwig

s 1 102
Landesverband für Umweltberatung Schleswig-Holstein (LVUB) e.V.
c/o Ökopartner
Eggerstedtstr. 11, 24103 Kiel
T: (0431) 97 94 02-60
E-Mail: oekopartner.kiel@t-online.de
Kontaktperson: Heike Hackmann

s 1 103
Umweltberatung und Kommunaler Umweltschutz in Hessen und Rheinland-Pfalz e.V.
c/o Ecoscop
Am Knieberg 29, 54293 Trier
T: (0651) 6 97 96 **Fax:** 6 52 95
E-Mail: gebauer@fh-trier.de
Kontaktperson: Matthias Gebauer

● S 1 104
Institut für integrierte Umweltforschung und -beratung
Schuhwiese 6, 23858 Heidekamp
T: (04533) 41 10 **Fax:** 21 93
Kontaktperson: Dr. Birgit Grahl

● S 1 105
ERV - Elektrotechnischer Revisions-Verein e.V.
- Geschäftsstelle -
Reetzstr. 58, 76327 Pfinztal
T: (07240) 63-0 **Fax:** 63-11
Internet: http://www.erg.de
E-Mail: harald.piontek@erg.de
Gründung: 1989 (7. Juli)
Vorsitzende(r): Dipl.-Ing. Dr. Kurt Zingraff (Ltg. Presseabt.) Rittnerstr. 46, 76227 Karlsruhe, T: (0721) 40 53 96)
Stellvertretende(r) Vorsitzende(r): Dr.-Ing. Hermann Krug (Julius-Bender-Str. 8, 76139 Karlsruhe, T: (0721) 68 52 95)
Geschäftsführer(in): Dipl.-Ing. Harald Piontek (Reetzstr. 58, Pfinztal)
Mitglieder: 34
Mitarbeiter: 4 (ehrenamtl.) u. 1 Angestellte (Teilzeit)
Jahresetat: DM 0,02 Mio, € 0,01 Mio (plus Umlagen nach Bedarf)

● S 1 106
Vereinigung für Stadt-, Regional- und Landesplanung e.V. (SRL)
Köpenicker Str. 48-49, 10179 Berlin
T: (030) 30 86 20 60 **Fax:** 30 86 20 62
Internet: http://www.srl.de
E-Mail: info@srl.de
Gründung: 1969 (April)
Internationaler Zusammenschluß: siehe unter izs 437
Vorstand: Dr.-Ing. Jörg Forßmann (Vors.; Christophstr. 60, 40225 Düsseldorf, T: (0231) 43 41-2 43, Fax: (0231) 43 41-3 25)
Vorstand: Dr.-Ing. Marta Doehler (stellv. Vors.; Büro für urbane Projekte, Erich-Zeigner-Allee 13, 04229 Leipzig, T: (0341) 4 80 30 91, Fax: 4 80 30 92, doehler@urbaneprojekte.de)
Schatzmeister: Dipl.-Ing. Wolfgang Voegele (Voegele + Partner, Fr. Architekten-Stadtplaner, Weinbrennerstr. 13, 76135 Karlsruhe, T: (0721) 83 10 30 (d), Fax: 85 34 10, voegele-

partner@voegelepartner.de)
Beisitzer: Dipl.-Ing. Urs Kohlbrenner (Arch. HBK, Planergemeinschaft Hannes Dubach, Kurfürstendamm 35, 10719 Berlin, T: (030) 88 59 14-0, Fax: (030) 88 59 14-99)
Dipl.-Ing. Gisela Kraft (Bonnaskenstr. 18/19, 03040 Cottbus, T: (0355) 26 00, Fax: 6 12-2603)
Dipl.-Ing. Gisela Stete (Frank und Stete Partnerinnen und Partner, Sandbergstr. 65, 64285 Darmstadt, T: (06151) 6 52 33, Telefax: (06151) 66 20 35)
Dipl.-Ing. Monika Wiebusch (planbar - Büro für Stadtplanung und Beratung, Friedrich-Engels-Str. 26, 34117 Kassel, T: (0561) 7 39 18 58 (p), 73 99 66-1, Fax: 73 99 66-2, E-Mail: monika.wiebusch@t-online.de)
Geschäftsführer(in): Dipl.-Ing. Rainer Bohne (Köpenicker Str. 48/49, 10179 Berlin, T: (030) 30 86 20 60, Telefax: (030) 30 86 20 62)

Regionalgruppen
Regionalgruppe Baden-Württemberg
Sprecher: Dipl.-Ing. Ingo Jehle (Jean-Monnet-Str. 23, 79111 Freiburg, T: (0761) 47 69 06 45)
Dipl.-Ing. Hans Martin Mader (Büro für Stadt- und Regionalplanung, Straifstr. 2-4, 70597 Stuttgart, T: (0711) 7 65 38 69, Fax: 7 65 38 44)
Gabriele Steffen (Schwärzlocher Str. 86, 72070 Tübingen, T: (07071) 4 05 41, Fax: 40 05 29)
Regionalgruppe Bayern
Sprecher: Dipl.-Ing. Johannes G. Dragomir (Maistr. 31, 80337 München, T: (089) 5 43 88 80, Fax: 5 43 88 82, E-Mail: dragomir@dragomir.de)
Dipl.-Geogr. Claus Sperr (PLANWERK, Königstr. 69, 90402 Nürnberg, T: (0911) 47 64 04, Fax: 47 16 32, E-Mail: sperr@planwerk.de)
Dipl.-Ing. Werner Schaffner (Hedwig-Dransfeld-Allee 38, 80637 München, T: (089) 1 57 63 75, Fax: 15 19 86)
Dipl.-Ing. Frank Schönfelder (Planungsgruppe Strunz, Promenadenstr. 8, 96047 Bamberg, T: (0951) 9 80 03-32, Fax: 9 80 03-40, E-Mail: schoenfelder@planungsgruppe-strunz.de)
Regionalgruppe Berlin-Brandenburg
Sprecher: Dipl.-Ing. Claudia Lenk (Martin-Luther-Str. 18, 10777 Berlin, T: (030) 90 25 16 41 (d), E-Mail: csclenk@aol.com)
Dipl.-Ing. Christian Voigt (Stadt-Land-Fluss, Schlesische Str. 29-30, 10997 Berlin, T: (030) 61 28 08 48, Fax: 61 28 08 55, E-Mail: slf@berlin.snafu.de)
Dipl.-Ing. Theo Winters (S.T.E.R.N., Schwedter Str. 263, 10119, Berlin, T: (030) 44 36 36 37, Fax: 44 36 36 31, E-Mail: pb@stern-berlin.de)
Dipl.-Ing. Dogan Yurdakul (Gesellschaft für Planung, Kottusser Damm 79, 10967 Berlin, T: (030) 69 59 95 50, Fax: 69 59 94 00, E-Mail: gfp@snafu.de)
Regionalgruppe Hessen/Rheinland-Pfalz/Saarland
Sprecher: Dipl.-Ing. Antje Hammer (Wilhelm-Leuschner-Str. 38, 64293 Darmstadt, T: (06151) 17 78 18, E-Mail: antje.hammer@gmx.de)
Dipl.-Ing. Ursula Stein (c/o Büro für Raumplanung und Kommunikation, Sommerringstr. 11, 60322 Frankfurt, T: (069) 95 52 41 62, Fax: 95 52 41 63)
Dipl.-Ing. Michael Volpert (Planungsgruppe Nord PGN, Dörnbergstr. 12, 34119 Kassel, T: (0561) 80 75 80, Fax: 80 75 858, E-Mail: pgn-volpert@pgn-kassel.de)
Regionalgruppe Mecklenburg-Vorpommern
Sprecher: Dr. Peter Hajny (Ministerium für Bau, Landesentw. und Umwelt, Schloßstr. 6-8, 19048 Schwerin, T: (0385) 5 88 38 20, Fax: 5 88 80 42)
Dipl.-Ing. Christoph Kaufmann (Kleine Wollweberstr. 10, 17033 Neubrandenburg, T: (0395) 3 80 29 73, Fax: 3 80 29 70)
Regionalgruppe Nord
Sprecher: Dr.-Ing. Rolf Grave (Steinbergstr. 7, 30559 Hannover, T./Fax: (0511) 9 52 60 07, E-Mail: grave@online.de)
Prof. Dr.-Ing. Dieter-J. Mehlhorn (FH-Kiel, FB Bauwesen, Lorenz-von-Stein-Ring 1, 24340 Eckernförde, T: (04351) 4 73-0, Fax: (04351) 4 73-14)
Dipl.-Ing. Wolfgang Oehler (Rübenhofstr. 20, 22335 Hamburg, T: (040) 59 89 52, Fax: 38 61 28 72)
Regionalgruppe Nordrhein-Westfalen
Sprecher: Prof. Dipl.-Ing. Dietmar Castro (Büro für Kommunal- und Regionalplanung, Dumatstr. 8, 52064 Aachen, T: (0241) 47 05 80, Fax: 4 70 58 15)
Dipl.-Ing. Detlef Kurth (Universität Dortmund, Fakultät Raumplanung, 44227 Dortmund, T: (0231) 7 55 22 55, Fax: 7 55 43 96, E-Mail: kurth@rp.uni-dortmund.de)
Dipl.-Ökol. Veronika Mook (Environment, Ruschenstr. 8, 45139 Essen, T: (0201) 42 55 48, Fax: 42 55 52)
Dr. Daniel Zerweck (Stadt Leverkusen, FB Stadtplanung, Rathaus, Friedrich-Ebert-Platz 1, 51379 Leverkusen, T: (0214) 4 06-6120, Fax: 4 06-6780, E-Mail: daniel.zerweck@stadt.leverkusen.de)
Regionalgruppe Sachsen/Sachsen-Anhalt/Thüringen
Sprecher: Dipl.-Ing. Ludwig Ehling (Newtonstr. 3, 04600 Altenburg, T: (03447) 31 61 44 (p), 59 46 13 (d) Fax: 59 46 09 (d))
Dipl.-Ing. Uta Schneider (Bergmannstr. 21, 01309 Dresden, T: (0351) 3 17 93-41, Fax: 3 17 93-43)
Dipl.-Ing. Klaus Schulz (Jakobstr. 7b, 39104 Magdeburg, T: (0391) 5 43 44 69)
Dipl.-Ing. Martin Stein (Fichtenbreite 62, 06846 Dessau, T:

(0341) 86 86-90 (d), 61 24 75 (p), Fax: 86 86-955, E-Mail: oekoplan@t-online.de)
Verbandszeitschrift: Planerin
Redaktion: SRL-Geschäftsstelle
Verlag: Eigenverlag
Mitglieder: 2000
Mitarbeiter: 3
Jahresetat: DM 0,5 Mio, € 0,26 Mio

● **s 1 107**
Vereinigung für Stadt-, Regional- u. Landesplanung
Fachgruppe Forum Mensch und Verkehr
c/o SRL
Köpenicker Str. 48-49, 10179 Berlin
T: (030) 30 86 20 60 **Fax:** 30 86 20 62
Sprecher: Dipl.-Ing. Joachim Bier-Kruse (Marjosser Weg 8, 36396 Steinau, T. u. Fax: (069) 80 65 21 61, Fax: 80 65 35 29)
Dipl.-Ing. Siegfried Dittrich (Johann-Georg-Str. 18/IV.re, 10709 Berlin, T: (030) 89 54 01 08)
Dipl.-Ing. Antje Janßen (Uhlandstr. 12, 34119 Kassel, T: (0561) 8 07 58-0, Fax: 8 07 58 58)
Dipl.-Ing. Juliane Krause (Plan & Rat, Georg-Westermann-Allee 23a, 38104 Braunschweig, T: (0531) 79 82 03, Telefax: (0531) 7 78 43)
Thomas Mager (Kreuzbergweg 20, 53115 Bonn, T: (02251) 1 41 40, Fax: 1 41 41 59)
Prof. Dr.-Ing. Hans-Henning von Winning (Westring 63, 34127 Kassel, T: (0561) 8 58 40, Fax: 89 80 10)

● **s 1 108**
Vereinigung für Stadt-, Regional- u. Landesplanung
Fachgruppe Frauen in der Planung
c/o SRL
Köpenicker Str. 48-49, 10179 Berlin
T: (030) 30 86 20 60 **Fax:** 30 86 20 62
Sprecherinnen: Dipl.-Ing. Petra Preuß (Haasemannstr. 6, 30449 Hannover, T: (0511) 2 15 26 06, E-Mail: pp@daneben.de)
Dipl.-Ing. Anke Schröder (Haasemannstr. 6, 30449 Hannover, T: (0511) 4 58 29 48, E-Mail: a.schroeder@mbox.iap.uni-hannover.de)

● **S 1 109**
Verband Deutscher Schiffahrts-Sachverständiger e.V. (V.D.S.S.)
Postf. 12 16, 22871 Wedel
Spitzerdorfstr. 16, 22880 Wedel
T: (04103) 1 70 90 **Fax:** 1 72 93
E-Mail: vdssexperts@aol.com
1. Vorsitzende(r): Dipl.-Ing. Jürgen Altstaedt
Mitglieder: 105

● **S 1 110**
Verband Deutscher Schiffsexperten e.V.
Straße des 17. Juni 110, 10623 Berlin
T: (030) 31 50 50 16 **Fax:** 31 50 50 17
Geschäftsführer(in): Werner Schillow (Kapitän, Bonhoeffer Ufer 14, 10589 Berlin)
Mitglieder: 37

● **S 1 111**
Bundeslotsenkammer
Körperschaft des öffentlichen Rechts
Nikischstr. 8, 22761 Hamburg
T: (040) 8 90 34 35 **Fax:** 8 90 52 50
Vorsitzende(r): Kapitän Hein Mehrkens

● **S 1 112**
Bundesverband der See- und Hafenlotsen e.V. (BSHL Hamburg)
Geschäftsstelle
Georgstr. 10, 27570 Bremerhaven
T: (0471) 2 50 26 **Fax:** 20 70 21
Internet: http://www.bshl.de
E-Mail: bshl-verb@t-online.de
Gründung: 1990 (29. Mai)
Präsident(in): Kpt. Kurt Steuer
Mitglieder: 453

● **S 1 113**
Freie Vereinigung von Fachleuten öffentlicher Verkehrsbetriebe (FV)
c/o Betriebe der Stadt Mülheim an der Ruhr
Duisburger Str. 78, 45479 Mülheim
T: (0208) 4 51-1001 **Fax:** 4 51-1009
E-Mail: foerster-bald@betriebe-muelheim.de
Gründung: 1950 (3. April)
Vorsitzende(r): Dipl.-Ing. Werner Foerster-Baldenius (Ltg. Presseabteilung)
Mitglieder: 241 (Stand: 01.01.2001)
Jahresetat: DM 0,01 Mio, € 0,01 Mio

● **S 1 114**
Berufsverband Selbständige in der Informatik e.V. (BVSI)
Hallingstr. 10, 25348 Glückstadt
T: (04124) 60 50 87 **Fax:** 60 50 75
Internet: http://www.bvsi.de
E-Mail: office@bvsi.de
Vorstand: Dr. Dirk Bisping
Peter Brenner
Benno Grunewald
Geschäftsführer(in): Susanne Bisping

● **S 1 115**
Verband Deutscher Fernmeldetechniker (VDFP) e.V.
(vormals Vereinigung Deutscher Fernmeldetechniker Post e.V.)
Bundesgeschäftsstelle
Stuttgarter Str. 11, 60329 Frankfurt
T: (069) 24 24 94 65 **Fax:** 24 24 94 66
Gründung: 1899 als Bund mittlerer technischer Reichs-Telegraphenbeamten E.V., Wiedergründung 1957 (17. März). Durch Beschluß des Bundesdelegiertentages 1996 umbenannt in: "Verband Deutscher Fernmeldetechniker (VDFP)".
Bundesvorsitzender: Franz Roschkowski (Erdstr. 10, 44388 Dortmund, T: (0231) 69 21 11)
Stellv. Bundesvors.: Dr. Martin Saupp (Hölderlinstr. 1, 74177 Bad Friedrichshall, T: (07136) 2 66 65)
Hermann Muth (Tannstr. 10, 78628 Rottweil, T: (0741) 4 10 03)
Verbandszeitschrift: VDFP-Nachrichten
Redaktion: Waldemar Hörle, Pr & PR, Gerh.-Hauptmann-Ring 137, 60439 Frankfurt am Main, T: (069) 57 16 55, Fax: (069) 58 98 66
Druck & Verlag: Druck- und Verlagshaus Daniel, Grünewaldstr. 15, 72366 Balingen
Mitglieder: rd. 8000

● **S 1 116**
Vereinigung Deutscher Wissenschaftler (VDW)
Geschäftsstelle:
Schopenhauerstr. 26, 14129 Berlin
T: (030) 80 30 88 66 **Fax:** 80 30 88 88
E-Mail: vdw@vossnet.de
Gründung: 1959 (1. Oktober)
Vorsitzende(r): Prof. Dr. Hans-Peter Dürr
Geschäftsführer(in): Dipl.-Pol. Annegret Falter
Mitglieder: 450

● **S 1 117**
Berufsverband Deutscher Soziologen e.V. (BDS)
Geschäftsstelle:
c/o Institut f. Soziologie
Babelsberger Str. 14-16, 10715 Berlin
T: (030) 8 50 02-230 **Fax:** 8 50 02-138
Internet: http://www.bds-soz.de
E-Mail: bds-berlin@bds-soz.de
Gründung: 1976 (14. März)
1. Vorsitzende(r): Dr. Erich Behrendt, Recklinghausen
Verbandszeitschrift: Sozialwissenschaften und Berufspraxis
Redaktion: Dr. Jens Luedtke
Mitglieder: 540

Ethik-Kommission (zus. mit Deutsche Gesellschaft für Soziologie)

Erfahrungsaustausch und Interessenvertretung außeruniversitär arbeitender Soziologen(inn)en.

Bildende Künstler, Grafik-Designer, Schriftsteller, Komponisten, Kritiker, Journalisten, Dolmetscher, Übersetzer u. a.

● **S 1 118**
Bundesverband Bildender Künstlerinnen und Künstler (BBK) e.V.
Bundesgeschäftsstelle:
Weberstr. 61, 53113 Bonn
T: (0228) 21 61 07, 21 61 08 **Fax:** 21 61 05
Internet: http://www.bbk-bundesverband.de
E-Mail: bbkigbk@aol.com
Gründung: 1971
Geschäftsf. Vorstand:
Bundesvors. u. Sprecher: Hans Wilhelm Sotrop
Bundesvorsitzender: Werner Schaub
Geschäftsführer(in): Dr. Ursula Cramer
Beauftr. für Kunst und Bauen: Manfred Kohlhaas (Ltg. Presseabteilung)
Verbandszeitschrift: „kultur politik"
Redaktion: Hans Wilhelm Sotrop, Werner Schaub
Mitglieder: 12500
Mitarbeiter: 4

Gesamt-Berufsvertretung der bildenden Künst-

ler den überregionalen deutschen Regierungs- und Verwaltungsstellen und dem Ausland gegenüber; Regelung aller über den regionalen Bereich seiner Mitgliedsverbände hinausgehenden Fragen, insbesondere: Vertretung der Belange der bildenden Künstler gegenüber dem Staat und in der Gesellschaft; Gewährung von Schutz vor unlauterem Wettbewerb; Sicherung der rechtlichen Stellung der bildenden Künstler durch den Ausbau des Berufsrechts; als Verwaltungs- und Nachrichtenstelle für alle Mitgliederverbände untereinander und auch zu anderen kulturellen Verbänden des In- und Auslandes zu dienen.

Landesverbände

s 1 119
Landesverband Bildender Künstler und Künstlerinnen Baden-Württemberg e.V.
Seyfferstr. 93, 70197 Stuttgart
T: (0711) 6 36 67 11 **Fax:** 6 36 67 11

s 1 120
Berufsverband Bildender Künstler Bayern e.V.
Isabellastr. 49, 80796 München
T: (089) 2 72 15 79 **Fax:** 2 71 52 13

s 1 121
Berufsverband Bildender Künstler Berlins e.V.
Köthener Str. 44, 10963 Berlin
T: (030) 2 30 89 90 **Fax:** 23 08 99 19

s 1 122
Brandenburgischer Verband Bildender Künstler e.V.
Geschäftsstelle
Mittelstr. 39, 14467 Potsdam
T: (0331) 2 70 65-38 **Fax:** 2 70 65-39
E-Mail: bvbk.ev@arcormail.de

s 1 123
Bremer Verband Bildender Künstlerinnen und Künstler e.V.
Am Deich 68, 28199 Bremen
T: (0421) 50 04 22 **Fax:** 5 97 95 15

s 1 124
Berufsverband Bildender Künstler Hamburgs e.V.
Klosterwall 15, 20095 Hamburg
T: (040) 33 65 14 **Fax:** 32 17 32

s 1 125
Bundesverband Bildender Künstlerinnen und Künstler Landesverband Hessen e.V.
Chattenpfad 7, 65232 Taunusstein
T: (06128) 7 37 33 **Fax:** 7 54 94

s 1 126
Künstlerbund Mecklenburg und Vorpommern e.V.
Puschkinstr. 12, 19055 Schwerin
T: (0385) 56 50 09 **Fax:** 56 50 09

s 1 127
Bund Bildender Künstlerinnen und Künstler für Niedersachsen e.V.
Goseriede 4 Galerie im Tiedthof, 30159 Hannover
T: (0511) 32 38 20 **Fax:** 32 38 20

s 1 128
Bundesverband Bildender Künstlerinnen und Künstler Landesverband Nordrhein-Westfalen e.V.
Kapellstr. 24, 40479 Düsseldorf
T: (0211) 4 92 13 24 **Fax:** 4 92 13 24

s 1 129
Berufsverband Bildender Künstler Rheinland-Pfalz e.V.
Am Judensand 57, 55122 Mainz
T: (06131) 3 71-424 **Fax:** 3 71-425

s 1 130
Bundesverband Bildender Künstler Landesverband Saar e.V.
Dr.-Eckener-Str. 10, 66117 Saarbrücken
T: (0681) 5 57 38 **Fax:** 5 89 69 02

s 1 131
Sächsischer Künstlerbund e.V.
Pulsnitzer Str. 6, 01099 Dresden
T: (0351) 8 01 55 16 **Fax:** 8 01 55 16
E-Mail: skb-kbd@dresden-art.de

s 1 132
Verband Bildender Künstler Sachsen-Anhalt e.V.
Markt 13, 06108 Halle
T: (0345) 2 02 68 21 **Fax:** 2 02 68 21

s 1 133
Bundesverband Bildender Künstler Landesverband Schleswig-Holstein e.V.
Brunswiker Str. 13, 24103 Kiel
T: (0431) 55 46 50 **Fax:** 5 16 91

s 1 134
Verband Bildender Künstler Thüringen e.V.
Krämerbrücke 4, 99084 Erfurt
T: (0361) 6 42 25 71 **Fax:** 6 42 25 63

● S 1 135
Internationale Gesellschaft der Bildenden Künste
- Sektion der Bundesrepublik Deutschland - (IGBK)
Weberstr. 61, 53113 Bonn
T: (0228) 21 61 41 **Fax:** 21 61 05
Internet: http://www.igbk.de
E-Mail: art@igbk.de
Gründung: 1957
Sprecher d. Vorst.: Andreas Schmid
Geschäftsführer(in): Thomas Weis

Mitgliedsverbände:

s 1 136
Bundesverband Bildender Künstlerinnen und Künstler (BBK) e.V.
Weberstr. 61, 53113 Bonn
T: (0228) 21 61 07, 21 61 08 **Fax:** 21 61 05
Internet: http://www.bbk-bundesverband.de
E-Mail: bbkigbk@aol.com
Gründung: 1971
Verbandszeitschrift: kultur politik, vtj.
Mitglieder: 12500
Mitarbeiter: 4

s 1 137
Deutscher Künstlerbund e.V.
Köthener Str. 44, 10963 Berlin
T: (030) 26 55 22 81 **Fax:** 26 55 22 83
Internet: http://www.kuenstlerbund.de
E-Mail: info@kuenstlerbund.de
Mitglieder: 400

s 1 138
GEDOK - Verband der Gemeinschaften der Künstlerinnen und Kunstfreunde e.V.
Einern 29, 42279 Wuppertal
T: (0202) 52 46 42, 52 02 23, 52 55 51 **Fax:** 52 25 39
Internet: http://www.gedok.de
E-Mail: gedok.ma.wpt@t-online.de
Präsident(in): Kathy Kaaf (Am Römerlager 15, 53117 Bonn)
Verbandszeitschrift: GEDOK-Rundbriefe
Redaktion: Einern 29, 42279 Wuppertal
Mitglieder: ca. 4500 Einzelmitglieder in 23 örtlichen Gruppen in der Bundesrepublik Deutschland und der Sektion Österreich

● S 1 139
Deutscher Tonkünstlerverband e.V. (DTKV)
Geschäftsstelle:
Bavariaring 14, 80336 München
T: (089) 54 21 20-63 **Fax:** 54 21 20-64
Internet: http://www.tonkuenstler.de
E-Mail: bundesverband@tonkuenstler.de, dtkv-bv@t-online.de
Gründung: 1847
Präsidentin: Prof. Dr. Inka Stampfl (80331 München, Zweibrückenstr. 10 oder Universität Passau, 94030 Passau; Mitglied der Fachausschüsse der Bundesministerien und des Deutschen Kulturrates)

1. Vizepräsident: Prof. Rolf Hempel (73733 Esslingen, Arnikastr. 49/1)
2. Vizepräsident: Prof. Jürgen Ulrich (32756 Detmold, Papenbergweg 33, Hauptausschuß "Jugend musiziert" des DMR)
Schriftführer: Wolfgang Büssenschütt (28195 Bremen, Altenwall 28; Mitglied im Beirat der Künstlersozialkasse)
Schatzmeister: Wilhelm Mixa (94036 Passau, Hunostr. 44; Mitglied des Planungsausschuß des Deutschen Musikrats)
Rechtsabteilung: RA Thomas Krekeler (81479 München, Dr. Carl v. Linde-Str. 11)
Verbandszeitschrift: Neue Musikzeitung, Musik & Bildung, Musikforum (Deutscher Musikrat)
Mitglieder: 6500

DTKV - Landesverbände

s 1 140
Tonkünstlerverband Baden-Württemberg e.V.
Kernerstr. 2a, 70182 Stuttgart
T: (0711) 2 23 71 26 **Fax:** 2 23 73 31
1. Vorsitzende(r): Prof. Rolf Hempel (73733 Esslingen, Arnikastr. 49/1)

s 1 141
Landesverband Bayerischer Tonkünstler e.V.
Sandstr. 31, 80335 München
T: (089) 54 21 20-80 **Fax:** 54 21 20-81
1. Vorsitzende(r): N.N.

s 1 142
Deutscher Tonkünstlerverband Landesverband Berlin
An der Rehwiese 24b, 14129 Berlin
T: (030) 8 03 69 96 **Fax:** 8 03 69 96
1. Vorsitzende: Dr. Adelheid Krause-Pichler (14197 Berlin, Landauer Str. 12, T: (030) 8 22 33 13, Fax: 8 22 13 13)

s 1 143
Deutscher Tonkünstlerverband Landesverband Brandenburg e.V.
Burgstr. 32, 14467 Potsdam
T: (0331) 2 70 31 68 **Fax:** 2 80 33 35
1. Vorsitzende(r): Björn O. Wiede (Burgstr. 32, 14467 Potsdam, T: (0331) 2 70 31 68, Fax: 2 80 33 35)

s 1 144
Deutscher Tonkünstlerverband Landesverband Bremen
Am Wall 74, 28195 Bremen
T: (0421) 17 08 09
1. Vorsitzende(r): Markus Menke (Waller Ring 8, 28219 Bremen, T: (0421) 3 80 96 88)

s 1 145
Deutscher Tonkünstlerverband Landesverband Hamburg
Waitzstr. 63, 22607 Hamburg
T: (040) 82 75 74
1. Vorsitzende(r): Detlef Saßmannshausen (Waitzstr. 63, 22607 Hamburg, T: (040) 82 75 74)

s 1 146
Deutscher Tonkünstlerverband Landesverband Hessen e.V.
Kirchweg 65, 34119 Kassel
T: (0561) 1 73 48 **Fax:** 31 44 16
1. Vorsitzende(r): Thomas Krug (Kirchweg 65, 34119 Kassel, T: (0561) 1 73 48)

s 1 147
Deutscher Tonkünstlerverband Landesverband Mecklenburg-Vorpommern e.V.
c/o Hochschule für Musik und Theater
Am Bussebart 11, 18055 Rostock
T: (0381) 2 02 06 21 **Fax:** 2 02 06 25
1. Vorsitzende(r): Prof. Wilfrid Jochims (Am Bussebart 11, 18055 Rostock, T: (0381) 2 02 06 21, Fax: 2 02 06 25)

s 1 148
Deutscher Tonkünstlerverband Landesverband Niedersachsen e.V.
Lützowstr. 5, 30159 Hannover
T: (0511) 1 31 97 99 **Fax:** 1 59 01
1. Vorsitzende(r): Prof. Bernd Goetzke (31234 Edemissen, Kochsweg 27, T: (05176) 12 89)

s 1 149
**Deutscher Tonkünstlerverband
Landesverband Nordrhein-Westfalen e.V.**
c/o Ang. Ruckdeschel
Pappenstr. 4, 47057 Duisburg
T: (0203) 35 92 55 Fax: 35 92 55
1. Vorsitzende(r): Prof. Jürgen Ulrich (32756 Detmold, Papensbergweg 33, T: (05231) 30 09 66,Fax: 3 89 91)

s 1 150
**Deutscher Tonkünstlerverband
Landesverband Rheinland-Pfalz e.V.**
Florian-Geyer-Str. 10, 55126 Mainz
T: (06131) 97 87 13 Fax: 94 87 91
1. Vorsitzende(r): Annerose Baab (67292 Kirchheimbolanden, Friedensstr. 27, T: (06352) 26 25)

s 1 151
**Deutscher Tonkünstlerverband
Landesverband Saar e.V.**
Annastr. 27, 66386 Sankt Ingbert
T: (06894) 9 66 21-8 Fax: 9 66 21-9
1. Vorsitzende(r): Everard Sigal (66386 St. Ingbert, Annastr. 27, T: (06894) 9 66 21-8, Fax: 9 66 21-9)

s 1 152
**Deutscher Tonkünstlerverband
Landesverband Sachsen e.V.**
Erikenweg 1, 04416 Markkleeberg
T: (0341) 3 58 17 20
1. Vorsitzende(r): Matthias Hübner (04416 Markkleeberg, Erikenweg 1, T: (0341) 3 58 17 20)

s 1 153
**Deutscher Tonkünstlerverband
Landesverband Sachsen-Anhalt**
Hermann-Löns-Str. 21, 39116 Magdeburg
T: (0391) 6 31 20 86 Fax: 6 31 20 86
Vorsitzende(r): Wilhelmine Unger (Hermannstr. 34, 06108 Halle/S., T: (0345) 3 88 19 42)
Dr. Sigrid Hansen (Hermann-Löns-Str. 21, 39116 Magdeburg, T: (0391) 63 120 86, Fax: 6 31 20 86)

s 1 154
**Deutscher Tonkünstlerverband
Landesverband Schleswig-Holstein e.V.**
Mühlenstr. 91, Haus 6, 23552 Lübeck
T: (0451) 7 98 28 43 Fax: 7 07 00 34
1. Vorsitzende(r): Prof. Albert Aigner (23552 Lübeck, Mühlenstr. 91, Haus 6, T: (0451) 7 98 28 43, Fax: 7 07 00 34)

s 1 155
**Deutscher Tonkünstlerverband
Landesverband Thüringen e.V.**
Brändströmstr. 41, 07749 Jena
T: (03641) 44 61 90 Fax: 82 86 86
1. Vorsitzende(r): Almut Auerswald (Brandström-Str. 41, 07749 Jena, T: (03641) 44 61 90, Fax: 82 86 86)

● S 1 156
Vereinigung Deutscher Musik-Bearbeiter e.V.
Kiesstr. 44a, 12209 Berlin
T: (030) 7 72 62 41 Fax: 7 72 62 41
Vorstand und Geschäftsführer: Jo Plée
Vorstand: Werner Theisen
Vorstand: Prof. Bernd Wefelmeyer

● S 1 157
GEMA Gesellschaft für musikalische Aufführungs- und mechanische Vervielfältigungsrechte
Gen.-Direktion:
Bayreuther Str. 37, 10787 Berlin
T: (030) 2 12 45-00, Telefax: 2 12 45-950
Rosenheimer Str. 11, 81667 München
T: (089) 4 80 03-00 Fax: 4 80 03-969
Internet: http://www.gema.de
E-Mail: gema@gema.de
Gründung: 1903
Vorsitzender des Aufsichtsrates: Christian Bruhn
Stellvertretende(r) Vorsitzende(r): Hans Hee
Prof. Dr. Hans W. Sikorski
Vorstand: Prof. Dr. Reinhold Kreile (Vorsitzender des Vorstands u.Generaldirektor)
Prof. Dr. Jürgen Becker (Mitglied des Vorstands und Chefsyndikus)
Dipl.-Oec. Rainer Hilpert (Mitglied des Vorstands u. Bereich Finanzen u. Wirtschaft)
Leiter Kommunikation: Dr. Hans-Herwig Geyer
Verbandszeitschrift: GEMA-Nachrichten, GEMA-News, GEMA-Brief, Redaktion: Dr. Hans-Herwig Geyer, Dr. Elfriede Oberhofer;
GEMA Jahrbuch, Redaktion: Dr. Hans-Herwig Geyer, Burghard Weißhuhn, Stefan Wohlgemuth
Mitarbeiter: 1100
Urheberrechtliche Verwertungsgesellschaft. Wahrnehmung von Nutzungsrechten an musikalischen Werken in Deutschland.

GEMA-Bezirksdirektionen

s 1 158
GEMA Bezirksdirektion Augsburg
Stettenstr. 6-8, 86150 Augsburg
T: (0821) 50 30 80 Fax: 5 03 08-88

s 1 159
GEMA-Bezirksdirektion Berlin
Keithstr. 7, 10787 Berlin
T: (030) 2 12 92-0 Fax: 2 12 92-7 95

s 1 160
GEMA Bezirksdirektion Nordrhein-Westfalen
Südwall 17-19, 44137 Dortmund
T: (0231) 5 77 01-0 Fax: 5 77 01-120

s 1 161
GEMA Bezirksdirektion Dresden
Zittauer Str. 31, 01099 Dresden
T: (0351) 81 84-60 Fax: 81 84-700

s 1 162
GEMA Bezirksdirektion Hamburg
Schierenberg 66, 22145 Hamburg
T: (040) 6 79 09 30 Fax: 67 90 93-11

s 1 163
GEMA Bezirksdirektion Hannover
Blücherstr. 6, 30175 Hannover
T: (0511) 28 38-0 Fax: 81 74 10

s 1 164
GEMA Bezirksdirektion München
Rosenheimer Str. 11, 81667 München
T: (089) 4 80 03-01 Fax: 4 80 03-9 40

s 1 165
GEMA Bezirksdirektion Nürnberg
Johannisstr. 1, 90419 Nürnberg
T: (0911) 9 33 59-0 Fax: 9 33 59-254

s 1 166
GEMA Bezirksdirektion Stuttgart
Herdweg 63, 70174 Stuttgart
T: (0711) 22 52-6 Fax: 22 52-8 00

s 1 167
GEMA Bezirksdirektion Wiesbaden
Abraham-Lincoln-Str. 20, 65189 Wiesbaden
T: (0611) 79 05-0 Fax: 79 05-197

● S 1 168
Gesellschaft zur Verwertung von Leistungsschutzrechten mbH (GVL)
Postf. 13 03 82, 20103 Hamburg
Heimhuder Str. 5, 20148 Hamburg
T: (040) 41 17 07-0 Fax: 4 10 38 66
Internet: http://www.gvl.de
E-Mail: kontakt@gvl.de
Geschäftsführung: Dr. Tilo Gerlach
Dipl.-Volksw. Hans-Peter Zombik
Mitglieder: 85997
Mitarbeiter: 33

● S 1 169
ZPÜ Zentralstelle für private Überspielungsrechte
Postf. 80 07 67, 81607 München
Rosenheimer Str. 11, 81667 München
T: (089) 4 80 03-00 Fax: 4 80 03-9 69
Geschäftsführer(in): GEMA, diese vertreten durch ihren Vorstand:
Prof. Dr. Reinhold Kreile
Prof.Dr. Jürgen Becker
Dipl.-Oec. Rainer Hilpert

● S 1 170
Zentralstelle für Video-Vermietung (ZVV)
c/o Gema, Direktion Inkassomandate
Rosenheimer Str. 11, 81667 München
T: (089) 4 80 03-00 Fax: 4 80 03-9 69
Geschäftsführer(in): GEMA, diese vertreten durch ihren Vorstand:
Prof. Dr. Reinhold Kreile
Prof. Dr. Jürgen Becker
Dipl.-Oec. Rainer Hilpert

● S 1 171
Staatliche Akademie der Bildenden Künste Karlsruhe
Reinhold-Frank-Str. 67, 76133 Karlsruhe
T: (0721) 8 50 18-0 Fax: 84 81 50
(Bildhauerei Stephanienstr. 80/82, Außenstelle Schloß Scheibenhardt,
T: (0721) 86 11 00;
Außenstelle Kirchstr. 4, 79100 Freiburg, T: (0761) 7 27 25
Rektor: Prof. Erwin Gross
1. Prorektor: Prof. Harald Klingelhöller
2. Prorektor: Prof. Ernst Caramelle
Verwaltung: OAR Rüdiger Weis
Prüfungsamt: Marianne Gröger-Schaffer
Rosemarie Mönsters
Studiensekretariat: Ingrid Tavernier-Durm

● S 1 172
Freie Akademie der Künste in Hamburg e.V.
Klosterwall 23, 20095 Hamburg
T: (040) 32 46 32 Fax: 32 69 29
Internet: http://www.akademie-der-kuenste.de
E-Mail: info@akademie-der-kuenste.de
Gründung: 1950
Präsident(in): Prof. Armin Sandig
Vizepräsident(in): Peter Striebeck
Leitung Presseabteilung: Marc-André Gustke
Mitglieder: 170
Mitarbeiter: 2

● S 1 173
Erich-Bödeker-Gesellschaft für naive Kunst e.V. Hannover
Wietzendiek 10, 30657 Hannover
T: (0511) 65 22 64
Vorsitzende(r): Dr. Volker Dallmeier
Mitglieder: 20 und zahlreiche Freunde

● S 1 174
Bund Deutscher Buchkünstler e.V. (BDB)
Sitz: Museum für Druckkunst Leipzig
Nonnenstr. 38, 04229 Leipzig
T: (0341) 49 04 90 Fax: 4 90 49 49
Gründung: 1927 (Leipzig, 3.4.1955 München)
1. Vorsitzende(r): Prof. Karl-Georg Hirsch (Kleiststr. 121, 04157 Leipzig, T: /0341) 9 01 67 10)
2. Vorsitzende(r): Sabine Golde (Brandvorwerkstr. 89, 04275 Leipzig, T. u. Fax: (0341) 5 90 12 47)
Mitglieder: 100, förd. Mitgl. 8, korresp. Mitgl. 50

● S 1 175
Bund bildender Künstlerinnen Württembergs e.V. (BBK)
Eugenstr. 17, 70182 Stuttgart
T: (0711) 24 01 80
Internet: http://www.bbk-wuerttemberg.de
Gründung: 1893
Vorsitzende(r): Ulli Heyd (Ltg. Presseabteilung)
Mitglieder: 112 aktive Künstlerinnen, 19 Fördermitgl.
Jahresetat: ca. DM 0,013 Mio, € 0,01 Mio

● S 1 176
Verein Berliner Künstler
Schöneberger Ufer 57, 10785 Berlin
T: (030) 2 61 23 99 Fax: 2 61 53 31
Internet: http://www.verein-berliner-kuenstler.de
Gründung: 1841
Vorsitzende(r): Kornelius Wilkens
Stellvertretende(r) Vorsitzende(r): Falko Hamm
Mitglieder: 100

● S 1 177
GEDOK - Verband der Gemeinschaften der Künstlerinnen und Kunstfreunde e.V.
Einern 29, 42279 Wuppertal
T: (0202) 52 46 42, 52 02 23, 52 55 51 Fax: 52 25 39
Internet: http://www.gedok.de
E-Mail: gedok.ma.wpt@t-online.de
Gründung: 1926
Präsident(in): Kathy Kaaf (Am Römerlager 15, 53117 Bonn)
Stellv. Vorsitzende: Nanna Zernack
Margrit Schulz aus dem Kahmen

Leitung Presseabteilung: Ursula Müller (T: (0202) 70 25 52)
Verbandszeitschrift: GEDOK-Rundbriefe
Redaktion: Einern 29, 42279 Wuppertal
Mitglieder: ca. 4500 Einzelmitglieder in 23 örtlichen Gruppen in der Bundesrepublik Deutschland und der Sektion Österreich
Mitglied der IGBK - Internationale Gesellschaft der Bildenden Künste Sektion Bundesrepublik Deutschland e.V.-(IAA/AIAP-UNESCO), Mitglied im Deutschen Musikrat, Mitglied im Deutschen Kulturrat, Mitglied im Deutschen Frauenrat, Gründungsmitglied des Kunstfonds, Gründungsmitglied des Kunstfonds, der VG-Bild-Kunst, des Künstlersozialwerks, Vertreten in der Künstlersozialkasse (KSK)
Spartenübergreifende Förderung von Künstlerinnen der Bildenden Kunst, Kunsthandwerk, Musik, Komposition, Literatur, Rezitation, Darstellende Kunst Gruppe Kunstfreunde.

● S 1 178
FJK Fördergemeinschaft Junger Kunst e.V.
Hauptstr. 25, 53604 Bad Honnef
T: (02224) 7 04 94 **Fax:** 94 92-20
Gründung: 1986
Vorsitzende(r): Ingo Maas
Leitung Presseabteilung: Alexandra Wendorf
Verbandszeitschrift: Junge Kunst
Verlag: Verlagsgesellschaft Ritterbach, Frechen
Mitglieder: 400

● S 1 179
Neuer Berliner Kunstverein e.V.
mit Artothek und Video-Forum
Chausseestr. 128-129, 10115 Berlin
T: (030) 2 80 70 20/22 **Fax:** 2 80 70 19
E-Mail: nbk@nbk.org
Gründung: 1969
Direktor(in): Dr. Alexander Tolnay
Vorsitzende(r): Prof.Dr.Dr. Ulf Göbel
Geschäftsführer(in): Dr. Inken Nowald
Mitglieder: 650
Mitarbeiter: 8
Jahresetat: DM 1,4 Mio, € 0,72 Mio
Vermittlung von aktueller Kunst.

● S 1 180
Künstlerhilfe-Sozialwerk e.V. (KSW)
Konrad-Adenauer-Ring 28, 65187 Wiesbaden
T: (0611) 80 19 99 **Fax:** 8 41 09 84
E-Mail: ksw.ev@web.de
Gründung: 1974 (April)
Geschf. Vors.: Prof. hc. Dr. hc. Rudolf A. Bräuker
Stellvertretende Vorsitzende: Dipl.-Betriebsw. Gabriele Bräuker
Leitung Presseabteilung: Marcus A. Bräuker
Mitglieder: 550

● S 1 181
Bundesverband Deutscher Kunstverleger e.V.
Postf. 70 02 10, 60552 Frankfurt
T: (069) 61 99 55 85 **Fax:** 62 91 20
E-Mail: BDK.Sturm@t-online.de
Gründung: 1989 (13. Oktober)
Vorsitzende(r): Klaus Gerrit Friese, Stuttgart
Stellvertretende(r) Vorsitzende(r): Ruth Leuchter
Schatzmeister: Hargen Depelmann
Gesch.-Stellen-Ltr: Birgit Maria Sturm
Mitglieder: 80
Mitarbeiter: 1
Interessenvertretung deutscher Verleger von Originaldruckgrafik und Auflagenobjekten.

● S 1 182
Gesellschaft für Kunst und Gestaltung e.V.
Hochstadenring 22, 53119 Bonn
T: (0228) 69 41 44
Vorstand: Dr. Walfried Pohl
Dagmar Weste
Horst Rave
Jacques Breuer
Walter Vitt
Geschäftsführer(in): Horst Rave

● S 1 183
Deutscher Verein für Kunstwissenschaft e.V.
Jebensstr. 2, 10623 Berlin
T: (030) 3 13 99 32 **Fax:** 3 13 99 32
Gründung: 1908
Vorsitzende(r): Prof. Dr. Rainer Kahsnitz (München)
Stellvertretende(r) Vorsitzende(r): Prof. Dr. Peter-Klaus Schuster, Berlin
Verbandszeitschrift: Zeitschrift des Deutschen Vereins für Kunstwissenschaft
Redaktion: Prof. Dr. Rainer Kahsnitz, Dr. Josef Riedmaier
Verlag: Deutscher Verlag für Kunstwissenschaft, Zimmerstr. 26-27, 10969 Berlin
Mitglieder: 1000
Mitarbeiter: 2

● S 1 184
Deutsche Orchestervereinigung e.V. in der DAG
Postf. 13 02 63, 20102 Hamburg
Heimhuder Str. 5, 20148 Hamburg
T: (040) 4 10 60 61 **Fax:** 4 10 60 34
Internet: http://www.dov.org
E-Mail: kontakt@dov.org
Vorsitzende(r): Rolf Becker
Geschäftsführer(in): Ass. Gerald Mertens

● S 1 185
Das Orchester
Organ der Deutschen Orchestervereinigung
Zeitschrift für Orchesterkultur und Rundfunk-Chorwesen
Postf. 2 12 75, 10124 Berlin
Littenstr. 10, 10179 Berlin
T: (030) 82 79 08-0 **Fax:** 82 79 08-17
Internet: http://www.dov.org
E-Mail: kontakt.berlin@dov.org

● S 1 186
Bund Deutscher Liebhaberorchester e.V.
Schlegelstr. 14, 90491 Nürnberg
T: (0911) 59 13 09
Internet: http://www.bdlo.de
Gründung: 1924
Vorsitzende(r): Dr. Joachim Conradi
Stellvertretende(r) Vorsitzende(r): Helge Lorenz
Dr. Günter Sauer
Geschäftsführer(in): Sabine Conradi
Verbandszeitschrift: Das Liebhaberorchester
Redaktion: Michael Goldbach, Talstr. 18, 96120 Bischberg, T: (0951) 60 16 53, Fax: 8 63 49 37
Mitglieder: 450 Orchester

Landesvertretungen

s 1 187
Landesverband Baden-Württembergischer Liebhaberorchester e.V.
Haydnstr. 19, 72336 Balingen
T: (07071) 7 52 45 **Fax:** (07433) 33 42
Präsident: Eckart Materna
Mitglieder: 125 Orchester

s 1 188
Landesverband Bayerischer Liebhaberorchester e.V
Ratoldstr. 32, 80995 München
T: (089) 3 14 89 45 **Fax:** 3 14 89 45
Präsident(in): Karin Grohmann

s 1 189
Landesverband Berliner Liebhaberorchester e.V.
c/o Rainer Vogt
Calandrellistr. 18 F, 12247 Berlin
T: (030) 7 71 97 01 **Fax:** 7 71 97 01
Gründung: 1992 (29. Februar)
Vorsitzende(r): Rainer Vogt (Ltg. Presseabt.)
Mitglieder: 16 korporative Mitglieder (Orchester)
Jahresetat: ca. DM 0,005 Mio, € 0 Mio

s 1 190
Bund Deutscher Liebhaberorchester e.V.
Landesvertretung Hamburg
Berner Heerweg 183, 22159 Hamburg
T: (040) 64 55 84 22, 60 31 57 85 **Fax:** 64 55 84 84
Landeswalter: Wulf Hilbert

s 1 191
Bund Deutscher Liebhaberorchester e.V.
Landesvertretung Hessen
Westring 46, 65824 Schwalbach
T: (06196) 10 88
Landesvertreter: Erast v. Jasienicki

s 1 192
Bund Deutscher Liebhaberorchester e.V.
Landesvertretung Mecklenburg-Vorpommern
Dalberger Weg 45, 19057 Schwerin
T: (0385) 4 84 30 46
Landeswalter: Wolfram Perlick

s 1 193
Bund Deutscher Liebhaberorchester e.V.
Landesverband Nordrhein-Westfalen
Weissenstein 11a, 51491 Overath
T: (02206) 57 51
Vorsitzende(r): Eberhard Maibaum
Leitung Presseabteilung: Meike Schulz
Mitglieder: 67
Mitarbeiter: 6

s 1 194
Landesverband Sächsischer Liebhaberorchester e.V.
Nöthnitzer Hang 8b, 01728 Bannewitz
T: (0351) 4 76 56 50 **Fax:** 4 76 56 50
Präsident(in): Dipl.-Ing. Peter Ringel

s 1 195
Landesverband Thüringer Laienorchester e.V.
Südring 15, 98693 Ilmenau
T: (03677) 87 75 70
E-Mail: mueller-poerlitz@t-online.de
Gründung: 1991 (6. April)
Präsident(in): Dr. Wolfgang Müller
Mitglieder: 250, davon 14 Orchester bzw. Kammervereinigungen
Jahresetat: DM 0,04 Mio, € 0,02 Mio

● S 1 196
Genossenschaft Deutscher Bühnen-Angehöriger (GDBA)
Postf. 13 02 70, 20102 Hamburg
Feldbrunnenstr. 74, 20148 Hamburg
T: (040) 44 51 85, 44 38 70 **Fax:** 45 93 52
Gründung: 1871 (17. Juli)
Präsident(in): Hans Herdlein
Verbandszeitschrift: "bühnengenossenschaft"
Redaktion: Hans Herdlein
Verlag: Bühnenschriften-Vertriebs-GmbH, Postf. 13 02 70, 20102 Hamburg
Mitglieder: rd. 8000

● S 1 197
Kartellverband deutschsprachiger Bühnenangehöriger
Johann-von-Werth-Str. 4, 80639 München
T: (089) 16 95 01 **Fax:** 16 98 30
Präsident(in): Hans Herdlein (Ltg. Presse)
Vizepräsident(in): Hans-Joachim Frick
Sekretär: Ingo Harms

● S 1 198
Gesellschaft für Literatur in Nordrhein-Westfalen e.V.
Wilmergasse 12-13, 48143 Münster
T: (0251) 4 68 77 **Fax:** 4 68 77
Gründung: 1977
Vorsitzende(r): Harry Böseke, Marienheide
Geschäftsführer(in): Marlis Damwerth, Münster

● S 1 199
Deutsches Jugendmedienwerk e.V.
Geschäftsstelle:
Fischtorplatz 23, 55116 Mainz
T: (06131) 2 88 90 23 **Fax:** 23 03 33
Vorstand: Heinrich Kreibich
Hermann Übelherr
Dr. Karl-Josef Schaltenberg
Wolfgang Frenken
Geschäftsführer(in): Günter Bergmann

● S 1 200
Jugendmedienzentrum
Zentrales Marketingbüro für Jugendmedienarbeit in Deutschland
Haus der Jugend
Hammacherstr. 33 Haus der Jugend, 45127 Essen
T: (0201) 24 80-358 **Fax:** 24 80-348
Internet: http://www.junge-presse.de/jmz
E-Mail: JMZentrum@aol.com
Gründung: 1996
Vorstand: Christian Kolb
Geschäftsführer(in): Alexander Schilling
Leitung Presseabteilung: Oliver Leismann
Mitarbeiter: ca. 50
Publikation: CONCEPT - Informationsdienst für junge Multiplikatoren

S 1 201
Deutsche Schillergesellschaft e.V.
Schillerhöhe 8-10, 71672 Marbach
T: (07144) 8 48-0
Internet: http://www.dla-marbach.de
E-Mail: dsg@dla-marbach.de
Gründung: 1895
Präsident(in): Prof. Dr. Eberhard Lämmert
Stellv. Präs.: Hans Dietmar Sauer
Geschäftsführer(in): Prof. Dr. Ulrich Ott
Pressestelle: Roland Kamzelak
Verbandszeitschrift: Jahrbuch der Deutschen Schillergesellschaft
Redaktion: Albrecht Bergold
Verlag: Alfred Kröner-Verlag, Stuttgart
Mitglieder: 3950
Mitarbeiter: 150
Jahresetat: DM 15 Mio, € 7,67 Mio.

S 1 202
Gesellschaft zur Förderung der Literatur aus Afrika, Asien und Lateinamerika e.V.
Postf. 10 01 16, 60001 Frankfurt
Reineckstr. 3, 60313 Frankfurt
T: (069) 21 02-2 47/2 50 Fax: 21 02-2 27
E-Mail: litprom@book-fair.com
Gründung: 1980
Vorstand: Peter Weidhaas (Direktor der Frankfurter Buchmesse 1975-2000, Vors.)
Dr. Ray-Güde Mertin (Literarische Agentur, stellv. Vors.)
Verleger Hermann Schulz
Daniel Cohn-Bendit (MdEP)
Prof. Hilmar Hoffmann
Lorenzo Rudolf (Direktor der Frankfurter Buchmesse)
Juan Villoro (Schriftsteller)
Geschäftsführer(in): Peter Ripken
Verbandszeitschrift: LITERATURNACHRICHTEN - Afrika, Asien, Lateinamerika
Redaktion: Peter Ripken
Verlag: Eigenverlag
Mitglieder: 70
Mitarbeiter: 4
Jahresetat: DM 0,600 Mio, € 0,31 Mio

S 1 203
Arbeitskreis für Jugendliteratur e.V.
Postf. 80 01 24, 81601 München
Metzstr. 14c, 81667 München
T: (089) 4 58 08 06 Fax: 45 80 80 88
Internet: http://www.bkj.de/akj
E-Mail: a.k.j@t-online.de
Gründung: 1955 (22. Januar)
Vorsitzende(r): Hannelore Daubert
Geschäftsführer(in): Franz Meyer
Verbandszeitschrift: JuLit
Mitglieder: 37 Mitgliedsverbände, 225 Einzelpersonen
Mitarbeiter: 5
AKJ-Mitgliedsverbände: Arbeitsgemeinschaft Kinder- und Jugendliteraturforschung, Heidelberg; Arbeitsgemeinschaft Jugendliteratur und Medien in der GEW (AJuM), Berlin; Universität für Leseforschung und Kinder- und Jugendmedien (ALEKI), Köln; Verband Bildung und Erziehung, Bonn; Börsenverein des Deutschen Buchhandels, Frankfurt; Berufsverband Information Bibliothek e.V. (BIB), Reutlingen; Deutsche Blindenstudienanstalt e.V. Deutsche Blinden-Bibliothek, Marburg; Arbeitsgemeinschaft für Jugendhilfe e.V., Bonn; AvJ Arbeitsgemeinschaft von Jugendbuchverlagen Geschäftsstelle, Deizisau; Bayerischer Lehrer- und Lehrerinnen-Verband/Jugendschriftenausschuß, München; Borromäusverein e.V., Bonn; Bund Deutscher Graphik-Designer e.V., Hamburg; Deutsche Akademie für Kinder-und Jugendliteratur Volkach, Volkach; Deutscher Ärztinnenbund e.V., Bonn; Deutscher Bibliotheksverband Deutsches Bibliotheksinstitut, Berlin; Deutscher Philologenverband, Unterhaching; Deutsches Jugendmedienwerk e.V., Mainz; Eselsohr e.V., Mainz; Bundesverband Evangel. Ausbildungsstätten für Sozialpolitik, Freiburg; Landesverband Friedrich-Bödecker-Kreis in Bayern, Bad Endorf; Landesverband Friedrich Bödecker-Kreis in NRW, Köln; Deutscher Bundesjugendring, Bonn; DVEB Deutscher Verband Evangelischer Büchereien, Göttingen; Europäische Märchengesellschaft e.V., Rheine; Landesverband Friedrich-Bödecker-Kreis in Niedersachsen, Hannover; Landesverband Friedrich-Bödecker-Kreis in Hessen, Weilburg; Gemeinschaft zur Förderung von Kinder- und Jugendliteratur e.V., Berlin; Institut für Jugendbuchforschung d. Johann Wolfgang Goethe-Universität, Frankfurt; Landesarbeitsgemeinschaft Jugend und Literatur NRW e.V., Köln-Ehrenfeld; Museum für Bilderbuch-Kunst und Jugendbuchillustration Troisdorf, Troisdorf; Stiftung Lesen, Mainz; Zentralstelle Medien, Bonn; Internationale Jugendbibliothek, München; Mecklenburgische Literatur-Gesellschaft, Neubrandenburg; Sankt Michaelsbund, München; Verband Deutscher Schriftsteller/VS, Stuttgart

S 1 204
Deutsches Literaturarchiv
Postf. 11 62, 71666 Marbach
Schillerhöhe 8-10, 71672 Marbach
T: (07144) 8 48-0 Fax: 8 48-2 99
Internet: http://www.dla-marbach.de
E-Mail: dsg@dla-marbach.de
Gründung: 1955
Direktor(in): Prof. Dr. Ulrich Ott
Verwaltungs-Ltr.: Friedbert Sommer
Pressestelle: Roland Kamzelak
Verbandszeitschrift: Jahrbuch der DSG
Redaktion: Albrecht Bergold
Verlag: Deutsche Schillergesellschaft, Schillerhöhe 8-10, 71672 Marbach
Mitarbeiter: 150
Jahresetat: DM 15 Mio, € 7,67 Mio.

S 1 205
Deutsche Literaturkonferenz e.V.
Köthener Str. 44, 10963 Berlin
T: (030) 2 61 27 51 Fax: 23 00 36 29
E-Mail: literaturkonferenz.bueroberlin@t-online.de
Gründung: 1986
Mitglieder: 23

Aufgabe der Literaturkonferenz ist es, die Belange der Literatur gemeinsam gegenüber der Öffentlichkeit sowie gegenüber Parlamenten, Behörden und Institutionen zu vertreten. Dazu gehören insbesondere Wahrung der Literaturfreiheit, medienpolitische Fragen, das Urheberrecht sowie Literatur- und Autorenförderung.

S 1 206
Hessisches Literaturbüro
c/o Künstlerhaus Mousonturm
Waldschmidtstr. 4, 60316 Frankfurt
T: (069) 40 58 95 23 Fax: 40 58 95 62
Geschäftsführer(in): Paulus Böhmer
Literaturzeitschrift: Der Literaturbote
Herausgegeben vom Hessischen Literaturbüro im Mousonturm e.V. in Zusammenarbeit mit dem Hessischen Ministerium für Wissenschaft und Kunst, mit finanzieller Unterstützung der Sparkassen-Kulturstiftung Hessen-Thüringen in Frankfurt am Main
Redaktion:
Paulus Böhmer, Frank Jakubzik, Harry Oberländer (verantwortlich), Werner Söllner
Junges Literaturforum Hessen/Thüringen:
Dr. Dieter Betz, Alban Nikolai Herbst, Renate Wiggershaus

S 1 207
Deutsche Akademie für Kinder- und Jugendliteratur e.V.
Hauptstr. 42, 97332 Volkach
T: (09381) 43 55 Fax: 71 62 32
Internet: http://www.volkach.de
E-Mail: akademie.kjl@t-online.de
Gründung: 1976
Präsident(in): Prof. Dr. Kurt Franz
Vizepräsident(in): Prof. Dr. Heinrich Pleticha
AOR Günter Lange
Geschäftsführer(in): Christel Schlier
Verbandszeitschrift: Volkacher Bote
Redaktion: Günter Lange
Mitglieder: 129
Mitarbeiter: 1

S 1 208
Humboldt-Gesellschaft für Wissenschaft, Kunst und Bildung e.V.
Hinter der Kapelle 30, 55128 Mainz
T: (06131) 57 71 01 Fax: 57 71 11 Akademie
Internet: http://www.aundwhumboldt.de
Gründung: 1962 (12. Mai)
Präsident(in): Prof. Dr. Herbert Kessler
Vizepräsident(in): Prof. Dr. Gudrun Höhl (em. o. Professor der Geographie an der Universität Mannheim)
Prof. Dr.-Ing. Dr. h.c. Dr. h.c. Wolfgang Weber (Universität Bochum)
Prof. Herbert Rosendorfer (Eppan/Südtirol)
Vorstand: Dr. Wulf Thommel (Vors.)
Dr. Hanna Jordan (Vertreter)
Dr. Detlef Haberland
Alexander Frhr. von Humboldt (Pressesekretär)
Udo Smid (Schatzmeister)
Prof. Dr. rer.nat. Heinz Fischer (FRGS, Ständiger Sekretär d. Akademischen Rates)
Mitglieder: 650
Jahresetat: DM 0,06 Mio, € 0,03 Mio

S 1 209
DDV Deutscher Designer-Verband e.V.
Gelsenkirchener Str. 181, 45309 Essen
T: (0201) 8 30 40 10 Fax: 8 30 40 19
E-Mail: ddv@germadesign.de
Geschäftsführer(in): Prof. Dr. Peter Zec

S 1 210
VDMD Verband Deutscher Mode- und Textil-Designer e.V.
Geschäftsstelle München
Rottmannstr. 24, 80333 München
T: (089) 52 83 90 Fax: 52 83 90
E-Mail: vdmd@germandesign.de
Präsidentin: Mara Michel
Geschäftsführer(in): Nora Kühner (E-Mail: kuehner.reisschmidt@t-online.de)

S 1 211
Deutscher Designertag e.V.
Dachverband deutscher Designerverbände, Interessenverband deutsche Designer
Postf. 13 03 33, 20103 Hamburg
Grindelberg 15a, 20144 Hamburg
T: (040) 45 48 34 Fax: 45 48 32
Internet: http://www.designertag.de
Gründung: 1975
Präsident(in): Kai Ehlert (geschäftsführend; Postf. 13 03 33, 20103 Hamburg, T: (040) 45 48 30/34, Fax: (040) 45 48 32)
Vizepräsident(in): Gisa Höber
K. Michael Kühne
Verbandszeitschrift: DT Informationen
Redaktion: Kai Ehlert

s 1 212
Arbeitsgemeinschaft Selbständige Industrie-Designer e.V. (ASID)
Schulplatz 2, 39343 Beendorf
T: (039050) 9 95 94 Fax: 9 95 96
Internet: http://www.asid.de
E-Mail: info@asid.de
1. Vorsitzende(r): Christoph Kuri
Vorst. u. Geschäftsstelle: Christoph Kuri

s 1 213
Arbeitsgemeinschaft Weiterbildende Seminare für Creative Berufe e.V. (AWSC)
Oelkersallee, 22769 Hamburg
T: (040) 3 90 10 35 Fax: 3 90 64 05
1. Vorsitzende(r): K. Michael Kühne

s 1 214
Bund Deutscher Grafik-Designer e.V. (BDG)
Flurstr. 30, 22549 Hamburg
T: (040) 83 29 30 43 Fax: 83 29 30 42
Internet: http://www.bdg-deutschland.de
E-Mail: info@bdg-deutschland.de
Internationaler Zusammenschluß: siehe unter izs 622
Präsident(in): Martin Curilla
Geschäftsstellenleiterin: Johanna Wunderlich
Geschäftsführendes Präsidium:
Martin Curilla
Jack Eichert
Michael Müller

s 1 215
Deutsches Archiv für Grafik-Design e.V.
Johann-Werner-Str. 19, 82131 Gauting
T: (089) 8 50 56 66 Fax: 47 55 58
1. Vorsitzende(r): Wolfgang Baum

s 1 216
Selbständige Design-Studios e.V. (SDSt)
Stobenstr. 13, 38100 Braunschweig
T: (0531) 4 41 24 Fax: 4 43 34
1. Vorsitzende(r): Peter Riefenstahl

s 1 217
Verband der Grafik-Designer e.V. (VGD)
Rykestr. 1, 10405 Berlin
T: (030) 4 41 13 13 Fax: 4 41 13 15
Geschäftsführer(in): Dr. Wilfried Karger
Vorsitzende(r): Prof. Alex Jordan

s 1 218
PYRAMIDE(Deutschland) e.V.
c/o RA Dr. Wolfgang Maaßen
Kreuzbergstr. 1, 40489 Düsseldorf
T: (0211) 40 40 37 Fax: 40 78 01
Präsidentin: Margot Klingsporn
Geschäftsführer(in): Dr. Wolfgang Maaßen

S 1 219
Allianz deutscher Designer e.V. (AGD)
Steinstr. 3, 38100 Braunschweig
T: (0531) 1 67 57 Fax: 1 69 89
Internet: http://www.agd.de

E-Mail: info@agd.de
Gründung: 1976 (25. November)
Vorstand: Peter Ritter (Vors.)
Geschäftsführender Vorstand: Lutz Hackenberg
Leitung Presseabteilung: Heide Hackenberg
Verbandszeitschrift: AGD Quartal
Redaktion: Heide Hackenberg
Verlag: Steinstr. 3, 38100 Braunschweig
Mitglieder: mehr als 3000
Mitarbeiter: 4
Jahresetat: DM 1,2 Mio, € 0,61 Mio

● S 1 220
DESIGNFORUM NÜRNBERG e.V.
Luitpoldstr. 3, 90402 Nürnberg
T: (0911) 2 40 22-30   Fax: 2 40 22-39
Internet: http://www.designforum-nbg.de
E-Mail: info@designforum-nbg.de
Gründung: 1987
Träger: DESIGNFORUM NÜRNBERG e.V.
Geschäftsführerin: Dipl.-Designerin Iris Laubstein
Vorsitzende(r): Anton-Wolfgang Graf von Faber-Castell
Stellvertretende(r) Vorsitzende(r): Elke Dauphin (Dauphin Office Interiors GmbH & Co. KG)
Schatzmeister: Dipl.-Wirtsch. Ing. Hermann Ueffing (Mitglied des Direktoriums der Landesgewerbeanstalt Bayern)
Schriftführer(in): Bernd A. Diederichs (GF NürnbergMesse GmbH)
Verbandszeitschrift: BAYERN DESIGN
Redaktion: Designforum Nürnberg
Mitglieder: 160
Mitarbeiter: 3
Mitglieder u.a.:
Georg-Simon-Ohm-Fachhochschule Nürnberg
Germanisches Nationalmuseum
Handwerkskammer für Mittelfranken
Landesgewerbeanstalt Bayern
Stadt Nürnberg
IHK Nürnberg
IHK Aschaffenburg
IHK für Oberfranken Bayreuth
IHK Coburg
IHK Würzburg-Schweinfurt
BDG Bund Deutscher Grafik-Designer, Gruppe Franken
Deutscher Werkbund Bayern
VDID Verband Deutscher Industrie-Designer e.V., Regionalgruppe Bayern und Franken u.a.
Förderung des Designs durch Veranstaltungen (Ausstellungen, Wettbewerbe, Tagungen, Seminare u. Vorträge) und Publikationen (Ausstellungskataloge u. Broschüren)

● S 1 221
Bund Deutscher Grafik-Designer e.V. (BDG)
Bundesgeschäftsstelle:
Flurstr. 30, 22549 Hamburg
T: (040) 83 29 30 43   Fax: 83 29 30 42
Internet: http://www.bdg-deutschland.de
E-Mail: info@bdg-deutschland.de
Gründung: 1919 (3. Mai)
Internationaler Zusammenschluß: siehe unter izs 622
Präsident(in): Martin Curilla
Vizepräsident(in): Jack Eichert
Schatzmeister: Michael Müller
Syndikus: RA Dr. Paul Lange
Dr. Peter Wilbert (Mitgl.-Beratung T: (0211) 43 43 24)
Verbandszeitschrift: BDG intern
Redaktion: Bundesgeschäftsstelle
Mitglieder: ca. 1700
Mitarbeiter: 2

Geschäftsstellen der BDG-Gruppen:

s 1 222
BDG-Gruppe Baden-Württemberg
Lehrstr. 2, 72401 Haigerloch
T: (07474) 91 69 40   Fax: 91 69 41
E-Mail: bdg-01@bdg-deutschland.de
1. Vorsitzende(r): Jack Eichert

s 1 223
BDG-Gruppe Bayern
Hartstr. 63a, 82110 Germering
T: (089) 89 43 52 11   Fax: 89 43 52 52
E-Mail: bdg-02@bdg-deutschland.de
1. Vorsitzende(r): Gert Schülke

s 1 224
BDG-Gruppe Berlin
Halberstädter Str. 7, 10711 Berlin
T: (030) 8 91 13 51   Fax: 8 93 28 94
E-Mail: bdg-03@bdg-deutschland.de
1. Vorsitzende(r): Christa Stammnitz (T: (030) 8 91 13 51)

s 1 225
BDG-Gruppe Braunschweig/Niedersachsen
Frankfurter Str. 4, 38122 Braunschweig
T: (0531) 2 80 88 51   Fax: 2 80 88 52
E-Mail: bdg-04@bdg-deutschland.de
Vorsitzende(r): Alwina Unruh

s 1 226
BDG-Gruppe Bremen
Schwachhauser Heerstr. 78, 28209 Bremen
T: (0421) 34 96 10   Fax: 34 38 71
E-Mail: bdg-05@bdg-deutschland.de
Vorsitzende(r): Dieter Blase

s 1 227
BDG-Gruppe Dresden
c/o CCP
Westendstr. 3, 01187 Dresden
T: (0351) 4 72 61 56   Fax: 4 71 93 46
E-Mail: bdg-19@bdg-deutschland.de
Vorsitzende(r): Wolfgang Riedel
Geschäftsstelle: Matthias Kummer

s 1 228
BDG-Gruppe Düsseldorf
Oststr. 119, 40210 Düsseldorf
T: (0211) 32 66 27   Fax: 32 22 77
E-Mail: bdg-06@bdg-deutschland.de
Vorsitzende(r): Ljiljana Vokovic

s 1 229
BDG-Gruppe Franken
Am Adlersberg 7, 92275 Hirschbach
T: (09151) 87 53   Fax: (09152) 8 98 32
E-Mail: bdg-07@bdg-deutschland.de
Vorsitzende(r): Herbert Carl Traue

s 1 230
BDG-Gruppe Hansa
Marschdamm 17, 25436 Tornesch
T: (040) 5 62 80   Fax: 5 45 56
E-Mail: bdg-08@bdg-deutschland.de
Vorsitzende(r): Martin Curilla

s 1 231
BDG-Gruppe Köln
Blumenallee 51, 50858 Köln
T: (0221) 9 48 68 56-7   Fax: 9 48 68 56-9
E-Mail: bdg-10@bdg-deutschland.de
Stellvertretende(r) Vorsitzende(r): Arne Leichert

s 1 232
BDG-Gruppe Ostwestfalen-Lippe
Spiegelstr. 13, 33602 Bielefeld
T: (0521) 17 82 18   Fax: 17 29 51
Vorsitzende(r): Michael Müller

s 1 233
BDG-Gruppe Rhein-Neckar
Schauinslandstr. 23, 75239 Eisingen
T: (07232) 87 85   Fax: 87 85
E-Mail: bdg-14@bdg-deutschland.de
Vorsitzende(r): Wolfgang Roß

s 1 234
BDG-Gruppe Rheinland-Pfalz
Lehrstr. 2, 72401 Haigerloch
T: (07474) 9 16 94-0   Fax: 9 16 94-1
E-Mail: bdg-15@bdg-deutschland.de
Vorsitzende(r): Jack Eichert

s 1 235
BDG-Gruppe Sachsen
Dresdener Str. 184, 09326 Geringswalde
T: (037382) 80 97 30   Fax: 1 22 76
E-Mail: bdg-18@bdg-deutschland.de
Vorsitzende(r): Eberhard Heinicker

s 1 236
BDG-Gruppe Westfalen-Ruhr
Arminiusstr. 1, 44149 Dortmund
T: (0231) 17 21 74   Fax: 17 91 48
E-Mail: bdg-17@bdg-deutschland.de
Vorsitzende(r): Reiner Schwalm

● S 1 237
Art Directors Club für Deutschland (ADC) e.V.
Melemstr. 22, 60322 Frankfurt
T: (069) 5 96 40 09   Fax: 5 96 46 02
Internet: http://www.adc.de
E-Mail: adc@adc.de
Gründung: 1964
Geschäftsführer(in): Elly Koszytorz
Sprecher d. Vorst.: Sebastian Turner
Mitglieder: 310
Mitarbeiter: 3
Publikationen: ADC Jahrbuch, Nachwuchsbroschüre, 'sushi' (Jahresheft des ADC-Nachwuchswettbewerbs)

● S 1 238
Gestalt-Institut Frankfurt e.V.
Wilhelm-Hauff-Str. 5, 60325 Frankfurt
T: (069) 74 06 99   Fax: 74 87 22
Internet: http://www.gestalt-institut-frankfurt.de
E-Mail: info@gestalt-institut-frankfurt.de
Geschäftsführer(in): Rolf Heinzmann
Verbandszeitschrift: Gestalt Zeitung
Redaktion: Gestalt-Institut

● S 1 239
Type Directors Club of New York
Deutsches Komitee
Robert-Koch-Str. 8, 55129 Mainz
T: (06131) 50 60-0   Fax: 50 60 80
Gründung: 1946
Vorsitzende(r): Bertram Schmidt-Friderichs (German Liaison Chairman)
Mitglieder: 600

● S 1 240
VS Verband deutscher Schriftsteller in der IG Medien
- Bundesgeschäftsstelle -
Postf. 10 24 51, 70020 Stuttgart
Friedrichstr. 15, 70174 Stuttgart
T: (0711) 20 18-237   Fax: 20 18-300
E-Mail: vs@igmedien.de
Gründung: 1969 (8. Juni)
Vorsitzende(r): Prof. Dr. Fred Breinersdorfer
Stellvertretende(r) Vorsitzende(r): Regine Möbius
Till Sailer
Jutta Sauer
Geschäftsführer(in): Sabine Herholz
Verbandszeitschrift: Kunst & Kultur
Redaktion: Baltzer Burkhard
Verlag: IG Medien, Postf. 10 24 51, 70020 Stuttgart
Mitglieder: 3800

s 1 241
Verband deutscher Schriftsteller Landesbezirk Baden-Württemberg
Willi-Bleicher-Str. 20, 70174 Stuttgart
T: (0711) 29 24 41-0   Fax: 29 24 41-49
1. Vorsitzende(r): Imre Török

s 1 242
Verband deutscher Schriftsteller Landesbezirk Bayern
Schwanthalerstr. 64, 80336 München
T: (089) 54 46 40 21   Fax: 54 46 40 51
1. Vorsitzende(r): Robert Stauffer

s 1 243
Verband deutscher Schriftsteller Landesbezirk Berlin
Dudenstr. 10, 10965 Berlin
T: (030) 78 80 09-43   Fax: 78 80 09-20
1. Vorsitzende(r): Prof. Dr. Horst Bosetzky

s 1 244
Verband deutscher Schriftsteller Landesbezirk Brandenburg
Breite Str. 7a, 14467 Potsdam
T: (0331) 29 85 39-0   Fax: 29 85 39-29
Dr. Ingrid Protze

s 1 245
Verband deutscher Schriftsteller Landesverband Hamburg
Besenbinderhof 60, 20097 Hamburg
T: (040) 28 58-5 08   Fax: 28 58-5 11
1. Vorsitzende(r): Dr. Reimer Eilers

s 1 246
Verband deutscher Schriftsteller
Landesbezirk Hessen
Wilhelm-Leuschner-Str. 69-77, 60329 Frankfurt
T: (069) 24 29 12 18   **Fax:** 25 20 94
1. Vorsitzende(r): Beate von Devivere

s 1 247
Verband deutscher Schriftsteller
Landesbezirk Mecklenburg-Vorpommern
Besenbinderhof 50, 20097 Hamburg
T: (040) 28 58-508   **Fax:** 28 58-511
1. Vorsitzende(r): N.N.

s 1 248
Verband deutscher Schriftsteller
Landesbezirk Niedersachsen-Bremen
Goseriede 10-12, 30159 Hannover
T: (0511) 70 08 10   **Fax:** 1 78 29
1. Vorsitzende(r): Peter Gerdes

s 1 249
Verband deutscher Schriftsteller
Landesbezirk Nordrhein-Westfalen
Hohenzollernring 85-87, 50672 Köln
T: (0221) 95 14 96 66   **Fax:** 52 81 95
Vorsitzende(r): Harry Böseke
Anna Dünnebier
Antje Dertinger

s 1 250
Verband deutscher Schriftsteller
Landesbezirk Rheinland-Pfalz
Binger Str. 20, 55122 Mainz
T: (06131) 38 30 04   **Fax:** 38 58 09
1. Vorsitzende(r): Thomas Krämer

s 1 251
Verband deutscher Schriftsteller
Landesbezirk Saarland
Karlstr. 1, 66111 Saarbrücken
T: (0681) 37 57 27   **Fax:** 7 17 78
1. Vorsitzende(r): Klaus Behringer

s 1 252
Verband deutscher Schriftsteller
Landesbezirk Sachsen
Täubchenweg 8, 04317 Leipzig
T: (0341) 6 88 98 17   **Fax:** 6 88 98 22
1. Vorsitzende(r): Regine Möbius

s 1 253
Verband deutscher Schriftsteller
Landesbezirk Sachsen-Anhalt
Thiemstr. 7, 39104 Magdeburg
T: (0391) 4 01 09 15
1. Vorsitzende(r): Martin Meissner

s 1 254
Verband deutscher Schriftsteller
Landesbezirk Schleswig-Holstein
Legienstr. 22, 24103 Kiel
T: (0431) 55 40 87   **Fax:** 55 14 33
1. Vorsitzende(r): Hannes Hansen

s 1 255
Verband deutscher Schriftsteller
Landesbezirk Thüringen
Rudolfstr. 47 /II E 2, 99092 Erfurt
T: (0361) 6 44 24 40   **Fax:** 6 44 24 41
1. Vorsitzende(r): Landolf Scherzer

s 1 256
Verband deutscher Schriftsteller
Bundessparte Übersetzer
Friedrichstr. 15, 70174 Stuttgart
T: (0711) 20 18-237   **Fax:** 20 18-300
1. Vorsitzende(r): Helga Pfetsch

s 1 257
Verband deutscher Schriftsteller
Auslandsgruppe
Friedrichstr. 15, 70174 Stuttgart
T: (0711) 20 18-237   **Fax:** 20 18-300
1. Vorsitzende(r): Axel Thormählen

S 1 258
P.E.N.-Zentrum
Deutschland
Kasinostr. 3, 64293 Darmstadt
T: (06151) 2 31 20   **Fax:** 29 34 14
Internet: http://www.pen-deutschland.de
E-Mail: pen@pen-deutschland.de
Geschäftsführer(in): Ursula Setzer
Vorstand:
Präsident(in): SAID
Generalsekretär(in): Johano Strasser
Schatzmeister: Dr. Sigfrid Gauch
Vizepräsident(in): Elsbeth Wolffheim
Dr. Karin Clark

S 1 259
Bundesverband Deutscher Schriftsteller-Ärzte e.V.
Carl-Oelemann-Weg 7, 61231 Bad Nauheim
T: (06032) 22 14   **Fax:** 22 16
Gründung: 1970
Präsident(in): Prof. Dr.med. Horst Joachim Rheindorf
1. Vizepräs.: Dr.med. Alfred Rottler
2. Vizepräs.: Dr. med. Rolf Lachner
Verbandszeitschrift: Rundbrief Deutscher Schriftsteller-Ärzte
Mitglieder: 201
Landesgruppen: Baden-Württemberg, Bayern, Hamburg, Hessen, Nordrhein-Westfalen, Sachsen, Schleswig-Holstein, Thüringen

S 1 260
Kulturwerk deutscher Schriftsteller e.V.
Postf. 10 24 51, 70020 Stuttgart
Friedrichstr. 15, 70174 Stuttgart
T: (0711) 20 18-2 36   **Fax:** 20 18-3 00
Internet: http://www.igmedien.de
E-Mail: vs@igmedien.de
Vorsitzende(r): Prof. Dr. Fred Breinersdorfer
Stellvertretende(r) Vorsitzende(r): Detlef Hensche
Geschäftsführer(in): Sabine Herholz (Ltg. Presse)

S 1 261
Verband der Redenschreiber deutscher Sprache (VRdS) e.V.
Auf der Steinkaule 2, 53639 Königswinter
T: (02244) 49 70   **Fax:** 8 10 04
Internet: http://www.vrds.de
Präsident(in): Dr. Thilo von Trotha
Stellvertretende(r) Vorsitzende(r): Minita Dütemeyer
Vorstand: Willi Vogler (Schriftführer)
Gerd Koslowski (Pressearbeit)
Stein (Kassenführer)

S 1 262
Berliner Autorenvereinigung e.V.
Braunlager Str. 19, 12347 Berlin
T: (030) 6 25 54 49   **Fax:** 6 25 54 49
Gründung: 1977 (Juni)
Vorsitzende(r): Elisa-Christa Baneth (Ltg. Presseabteilung)
Stellvertretende(r) Vorsitzende(r): Helmut Eikermann (Jan Eik)
Günther Odemann-Nöring
Kassenwart: Till-Torsten Klöpping

S 1 263
Deutsche Ocularistische Gesellschaft e.V. (DOG)
Heumarkt 52, 50667 Köln
T: (0221) 25 52 36   **Fax:** 25 33 47
Vorsitzende(r): Wolfgang Trester
Geschäftsführer(in): Friedrich Geusen

S 1 264
Hamburger Autorenvereinigung e.V.
Postf. 55 04 30, 22564 Hamburg
T: (040) 87 08 20 18
Internet: http://www.hamburg.de/behoerden/kulturbehoerde/autorenvereinigung/
Gründung: 1977 (November)
1. Vorsitzende(r): Rosemarie Fiedler-Winter
Mitglieder: 125

S 1 265
Bund Niederdeutscher Autoren e.V.
Mecklenburg-Vorpommern Uckermark
Pawlowstr. 18, 18059 Rostock
T: (0381) 4 00 38 22
Gründung: 1990 (22. Februar)
Vorsitzende(r): Wolfgang Mahnke
Stellvertretende(r) Vorsitzende(r): Dieter Lockenvitz
Mitglieder: 35

S 1 266
Interessengemeinschaft deutschsprachiger Autoren e.V. (IGdA)
Geschäftsstelle:
c/o Fritz Boss
Kuppelholzweg 20, 91362 Pretzfeld
Internet: http://www.igda.de
Gründung: 1966
1. Vorsitzende(r): Grete Weber-Wassertheurer (Hauptstr. 36, 71409 Schwaikheim, T: (07195) 96 66 22, Fax: 96 66 20)
Verbandszeitschrift: IGdA - aktuell
Redaktion: Roswitha Martell
Verlag: aktuell-Verlag für Literatur der Gegenwart, Margarete Weber, Postf. 22 29, 71371 Weinstadt
Mitglieder: 260

S 1 267
Fördererkreis deutscher Schriftsteller in Niedersachsen und Bremen e.V.
Dreyerstr. 6, 30169 Hannover
T: (0511) 32 90 88   **Fax:** 32 90 88
Gründung: 1974 (15. August)
Vorsitzende(r): Klaus Seehafer
Mitglieder: 31
Mitarbeiter: 2
Jahresetat: DM 0,3 Mio, € 0,15 Mio

S 1 268
Schriftsteller in Schleswig-Holstein e.V.
Meisenweg 18, 24147 Klausdorf
T: (0431) 79 07 42
1. Vorsitzende(r): Karin Kleemann-Strehlow
2. Vorsitzende(r): Jens Westermann (Alter Achterkamp 80, 22927 Großhansdorf, T: (04102) 6 32 66)
Schriftführerin: Antje Thietz-Bartram (Stavenhagenstr. 11, 22453 Hamburg, T: (040) 5 53 78 50)
Schatzmeisterin: Lotte Brügmann-Eberhardt (Schillerstr. 3, 24116 Kiel, T: (0431) 55 31 91)
Mitglieder: 130

S 1 269
Freier Deutscher Autoren-Verband
Schutzverband Deutscher Schriftsteller e.V. (FDA)
Eibenweg 5, 53757 St Augustin
T: (02241) 34 15 36, (0179) 6 92 74 10 (Funk)
Fax: (02241) 20 60 40
Internet: http://www.fda.de
E-Mail: datz46@aol.com
Präsident(in): Senator h.c. Klaus Jentzsch (Weilerhalde 41, 72070 Tübingen, T+Fax: (07071) 4 51 06)

Landesverbände

s 1 270
Freier Deutscher Autoren-Verband
Landesverband Baden-Württemberg
Hohe Mauer Str. 14, 72175 Dornhan
T: (07455) 26 28   **Fax:** 26 28
Kontaktperson: Gerda Wittmann-Zimmer

s 1 271
Freier Deutscher Autoren-Verband
Landesverband Bayern e.V.
Bergstr. 4, 96123 Litzendorf
T: (09505) 8 02 76   **Fax:** 8 02 76
E-Mail: fdabayern@aol.com
Vorsitzende(r): Céline B. Davis

s 1 272
Freier Deutscher Autorenverband
Landesverband Berlin e.V.
Soester Str. 25a, 12207 Berlin
T: (030) 7 12 22 67
1. Vorsitzende(r): Dipl.-Kfm. Lutz Fischer

s 1 273
Freier Deutscher Autoren-Verband
Landesverband Brandenburg
Franz-Mehring-Str. 2, 02977 Hoyerswerda
T: (03571) 2 32 85
Vorsitzende(r): Waltraud Skoddow

s 1 274
Freier Deutscher Autoren-Verband
Landesverband Hessen e.V.
Grazer Str. 10, 55246 Mainz-Kostheim
T: (06134) 2 24 12   **Fax:** 2 24 12
Vorsitzende(r): Willi H. Hartmann, Mainz-Kostheim
Stellvertretende(r) Vorsitzende(r): Inge Zahn, Dieburg
Ilse Kömpel-Quick, Egelsbach

Schatzmeister: Jürgen Dittmar, Frankfurt/M.
Schriftführerin: Angelika Lösto, Taunusstein
Verbandszeitschrift: FDA-Hessen-Rundbrief
Redaktion: Norbert von Dungen, Falkenstr. 5, 65553 Limburg, T: (06431) 7 21 60

s 1 275
Freier Deutscher Autorenverband
Landesverband Mecklenburg-Vorpommern
Dr. Albanstr. 24, 19395 Plau
T: (038735) 4 16 66
Vorsitzende(r): Ingeburg Baier

s 1 276
Freier Deutscher Autoren-Verband
Landesverband Niedersachsen
Jahnstr. 6, 27798 Hude
T: (04408) 17 16   **Fax:** 80 87 10
Vorsitzende(r): Krimhild Stöver (M.A.)

s 1 277
Freier Deutscher Autoren-Verband
Landesverband Nordrhein-Westfalen
Auf dem Kreuzbüchel 16, 53572 Unkel
T: (02224) 32 63   **Fax:** 7 94 33
Vorsitzende(r): Dr. Detlef Gojowy

s 1 278
Freier Deutscher Autoren-Verband
Landesverband Rheinland-Pfalz
Dantestr. 7, 55128 Mainz
T: (06131) 36 94 36
Vorsitzende(r): Dr. Jan Cattepoel

s 1 279
Freier Deutscher Autoren-Verband
Landesverband Saarland
Warndtstr. 50, 66352 Großrosseln
T: (06898) 4 06 09   **Fax:** 4 06 09
Vorsitzende(r): Irene Siegwart-Bierbrauer

s 1 280
Freier Deutscher Autoren-Verband
Landesverband Sachsen
Kanzlerstr. 36, 09112 Chemnitz
T: (0371) 31 19 87   **Fax:** 31 19 87
Vorsitzende(r): Hans-Dietrich Lindstedt

s 1 281
Freier Deutscher Autorenverband
Landesverband Sachsen-Anhalt
Zur Residenz 4, 39179 Barleben
T: (039203) 6 12 19   **Fax:** 6 12 19
Vorsitzende(r): Elisabeth Graul

s 1 282
Freier Deutscher Autoren-Verband
Landesverband Thüringen
Tieckstr. 52, 07747 Jena
T: (03641) 33 52 37
Vorsitzende(r): Dr. Albrecht Börner

s 1 283
Freier Deutscher Autoren-Verband
Landesverband Hamburg
Fruchtallee 34b, 20259 Hamburg
T: (041) 49 95 21
Vorsitzende(r): Heidrun Schaller

● S 1 284
Bundesverband junger Autoren und Autorinnen e.V.
Postf. 20 03 03, 53133 Bonn
T: (02225) 78 89   **Fax:** 78 89
Internet: http://www.bvja-online.de
E-Mail: bvjaa@t-online.de
Gründung: 1987 (15. April)
Vorsitzende(r): Heike Prassel
Leitung Presseabteilung: Ralf Paprotta
Verbandszeitschrift: Federwelt
Redaktion: Titus Müller
Verlag: Federwelt Verlag, Albrechtstr. 107, 12167 Berlin
Mitglieder: ca. 700
Jahresetat: DM 0,04 Mio, € 0,02 Mio

● S 1 285
Bundesverband der Friedrich-Bödecker-Kreise e.V.
Sitz: Hannover
Bundesgeschäftsstelle:
Fischtorplatz 23, 55116 Mainz
T: (06131) 2 88 90 27   **Fax:** 23 03 33
Gründung: 1981 (5. Oktober)
Vorsitzende(r): Hans Bödecker
Geschäftsführer(in): Günter Bergmann

● S 1 286
Unabhängige Schriftsteller-Assoziation Dresden e.V.
Liliengasse 18, 01067 Dresden
T: (0351) 4 95 43 56
Gründung: 1990 (9. Juli)
Vorsitzende(r): Norbert Weiß (Liliengasse 18, 01067 Dresden, T: (0351) 4 95 43 56)
Hauptgeschäftsführer(in): Wolfram Kanis (Omsewitzer Ring 26, 01169 Dresden)
Öffentlichkeitsarbeit: Anett Ramisch (Bischofsweg 72, 01099 Dresden)
Mitglieder: 40

● S 1 287
Dramatiker-Union e.V.
(Schriftsteller und Komponisten von Bühne und Film, Funk und Fernsehen)
Babelsberger Str. 43, 10715 Berlin
T: (030) 8 53 90 01   **Fax:** 8 53 90 04
Gründung: 1871
Präsident(in): Prof. Curth Flatow
Prof. Giselher Klebe
Geschäftsführer(in): Eckhard Schulz
Verbandszeitschrift: Der Autor
Redaktion: Eckhard Schulz
Verlag: Dramatiker-Union e.V., Babelsberger Str. 43, 10715 Berlin
Mitglieder: ca. 400

● S 1 288
Deutscher Laienspielverband (DELAV)
Bahnhofstr. 3, 55270 Klein-Winternheim
T: (06136) 8 57 37   **Fax:** 99 67 99
Gründung: 1952 (20. Juni)
Präsident(in): Jeremy D. Frei
Leitung Presseabteilung: Dominic Baehr
Verbandszeitschrift: UNSER VERBAND
Mitglieder: 10000 in 136 Vereinen
Bezirksverbände: 7

● S 1 289
IDKV - Bundesverband der Veranstaltungswirtschaft e.V.
Postf. 20 23 64, 20216 Hamburg
Lenhartzstr. 15, 20249 Hamburg
T: (040) 4 60 50 28   **Fax:** 46 88 14 17
Internet: http://www.idkv.com
E-Mail: idkv@idkv.com
Gründung: 1985
Vorstand: Jens Michow (Präs. u. GeschF)
Michael Bisping
Monika Ludwig
Annette Meisl
Joachim Rudolf
Michael Schacke
Dieter Weidenfeld
Leitung Presseabteilung: Dörte Schmidt
Verbandszeitschrift: IDKV Report
Mitglieder: 240
Mitarbeiter: 1
Jahresetat: DM 0,35 Mio, € 0,18 Mio

● S 1 290
Deutscher Komponistenverband e.V.
Kadettenweg 80b, 12205 Berlin
T: (030) 84 31 05 80   **Fax:** 84 31 05 82
Internet: http://dkv.allmusic.de
E-Mail: deutscher-komponistenverband@t-online.de
Gründung: 1954 (04. Januar)
Vorstand: Karl Heinz Wahren (Präsident), Berlin
Prof. Harald Banter (stellv. Präsident), Köln
Maria de Alvear, Köln
Christian Bruhn, München
Prof. Dr. Wolfgang Rihm, Karlsruhe
Prof. Manfred Schoof, Lohmar
Lothar Voigtländer, Berlin
Marianne Augustin (ständ. beratendes Mitglied), Berlin
Geschäftsführer(in): Manuel Neuendorf
Mitglieder: ca. 1400

Landesverbände des Deutschen Komponisten-Interessenverbandes:

Baden-Württemberg

s 1 291
Deutscher Komponistenverband e.V.
Landesverband Baden-Württemberg
Im Lohr 19, 68199 Mannheim
T: (0621) 81 52 74   **Fax:** 82 44 80
Vorsitzende(r): Peter Seiler (Im Lohr 19, 68199 Mannheim, T: (0621) 81 52 74, Fax: 82 44 80, Funk: (0172) 6 23 52 45)
Stellvertretende(r) Vorsitzende(r): Prof. Dr. Alexander Sumski (Waldeckstr. 12, 72074 Tübingen, T: (07071) 5 11 75, Fax: 55 02 68, E-Mail: alexander.sumski@uni-tuebingen.de)

Bayern

s 1 292
Deutscher Komponistenverband e.V.
Landesverband Bayern
Am Mitterfeld 13, 85622 Weißenfeld
T: (089) 90 46 88 45   **Fax:** 90 46 88 45
Vorsitzende(r): Werner Theisen (Am Mitterfeld 13, 85622 Weißenfeld b. München, T/Fax: (089) 90 46 88 45, E-Mail: theisen-musik@t-online.de)
Stellvertretende(r) Vorsitzende(r): Jörg Evers (Kanalstr. 10 A, 85774 Unterföhring, T: (089) 9 50 44 16, Fax: 9 50 30 57, Funk: (0171) 3 43 22 76)
Thomas Rebensburg (Seestr. 43, 83684 Tegernsee, T: (08022) 42 96)

Berlin

s 1 293
Deutscher Komponistenverband e.V.
Landesverband Berlin
Ifflandstr. 1, 10179 Berlin
T: (030) 2 41 94 39   **Fax:** 24 63 07 88
Vorsitzende(r): Hannes Zerbe (Ifflandstr. 1, 10179 Berlin, T/Fax: (030) 2 41 94 39, Funk: (0172) 3 92 41 29)
Stellvertretende(r) Vorsitzende(r): Lutz Gerlach (Karlstr. 45, 12557 Berlin, T: (030) 6 51 15 42, Funk: (0177) 2 98 05 13)
Raimond Erbe (Mellenseestr. 13, 10319 Berlin, T: (030) 5 12 25 47)

Brandenburg

s 1 294
Deutscher Komponistenverband e.V.
Landesverband Brandenburg
Frauendorfer Weg 2, 03051 Cottbus
T: (0355) 53 20 26   **Fax:** 53 20 26
Vorsitzende(r): Harald Lorscheider (Frauendofer Weg 2, 03051 Cottbus/Kahren, T/Fax: (0355) 53 20 26)
Ulrich Pogoda (Erfurter Str. 1, 03042 Cottbus, T: (0355) 3 81 44 10)

Hessen/Rheinland-Pfalz und Saarland

s 1 295
Deutscher Komponistenverband e.V.
Landesverband Hessen - Rheinland/Pfalz - Saarland
Ludwig-Engel-Weg-Park Rosenhöhe 15, 64287 Darmstadt
T: (06151) 7 79 79
Vorsitzende(r): Prof. Dr. Hans Ulrich Engelmann (Engelweg 15, 64287 Darmstadt, T: (06151) 7 79 79)
Stellvertretende(r) Vorsitzende(r): Michael Sell (Erbsengasse 12, 60439 Frankfurt/M., T: (069) 58 63 14, Fax: 57 65 79)

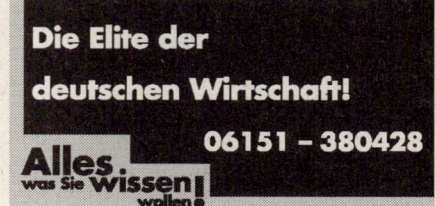

Mecklenburg-Vorpommern

s 1 296

Deutscher Komponistenverband e.V.
Landesverband Mecklenburg-Vorpommern
Am Mühlbachtal 3, 18184 Poppendorf
T: (038202) 3 02 26
Vorsitzende(r): Prof. Peter Manfred Wolf (Am Mühlbachtal 3, 18184 Poppendorf, T: (038202) 3 02 26, E-Mail: peter-manfred.wolf@t-online.de)
Stellvertretende(r) Vorsitzende(r): Thomas Ehricht (An den Bleichen 1, 18435 Stralsund, T: (03831) 39 40 40)

Norddeutschland

s 1 297

Deutscher Komponistenverband e.V.
Landesverband Norddeutschland
Heinrich-Barth-Str. 9, 20146 Hamburg
T: (040) 4 10 44 83   **Fax:** 43 89 54
Vorsitzende(r): Ladislav Geisler (Heinrich-Barth-Str. 9, 20146 Hamburg, T: (040) 4 10 44 83, Fax: 43 89 54)
Stellvertretende(r) Vorsitzende(r): Prof. Helmut W. Erdmann (Fortbildungszentrum für Neue Musik, An der Münze 7, 21335 Lüneburg, T/Fax: (04131) 30 93 90, E-Mail: erdmann@uni-lueneburg.de)
Prof. h.c. Siegrid Ernst (Hodenberger Str. 10, 28355 Bremen, T: (0421) 25 93 58)
Hartmut Kiesewetter (Bahrenfelder Marktweg 19, 22761 Hamburg, T: (040) 89 11 18, Fax: 89 48 35, Funk: (0171) 2 02 60 92, E-Mail: hartmut.kiesewetter@t-online.de)

Nordrhein/Westfalen

s 1 298

Deutscher Komponistenverband e.V.
Landesverband Nordrhein-Westfalen
Thomas-Mann-Str. 20, 41068 Mönchengladbach
T: (02161) 5 25 61   **Fax:** 95 28 52
Vorsitzende(r): Hermann Große-Schware (Thomas-Mann-Str. 20, 41068 Mönchengladbach, T: (02161) 5 25 61, Fax: 95 28 52, E-mail: grosseschw@aol.com)
Stellvertretende(r) Vorsitzende(r): Manfred Niehaus (Simrockstr. 18, 50823 Köln, T: (0221) 52 54 01, Fax: 5 89 27 42)
Dr. Gerhard Jussenhoven (Ehrenvorsitzender; Viktor-Schnitzler-Str. 10, 50935 Köln, T: (0221) 43 51 23)

Sachsen

s 1 299

Deutscher Komponistenverband e.V.
Landesverband Sachsen
Beipertstr. 5, 04229 Leipzig
T: (0341) 4 79 07 80   **Fax:** 4 79 07 80
Vorsitzende(r): Günter Neubert (Beipertstr. 5, 04229 Leipzig, T/Fax: (0341) 4 79 07 80)
Stellvertretende(r) Vorsitzende(r): Prof. Wilfried Krätzschmar (Röhrsdorfer Str. 12, 01257 Dresden, T: (0351) 4 92 36 41, Fax: 4 95 40 80)

Sachsen-Anhalt

s 1 300

Deutscher Komponistenverband e.V.
Landesverband Sachsen-Anhalt
Robert-Blum-Str. 8/9, 06114 Halle
T: (0345) 5 21 19 86   **Fax:** 5 21 19 87
Vorsitzende(r): Johannes Reiche (Robert-Blum-Str. 8/9, 06114 Halle, T: (0345) 5 21 19 86, Fax: 5 21 19 87, Funk: (0171) 3 12 58 28)
Stellvertretende(r) Vorsitzende(r): Warnfried Altmann (Am Grünnigkengraben 4, 39326 Lindhorst, T: (039207) 8 01 33, Fax: 8 19 18)

Thüringen

s 1 301

Deutscher Komponistenverband e.V.
Landesverband Thüringen
Untergraben 1, 99423 Weimar
T: (03643) 50 27 20   **Fax:** 50 27 20
Vorsitzende(r): Johannes K. Hildebrandt (Untergraben 1, 99423 Weimar, T/Fax: (03643) 50 27 20, Funk: (0171) 6 86 35 45, E-Mail: johanneshildebrandt@web.de)
Stellvertretende(r) Vorsitzende(r): Prof. Karl Dietrich (Auf dem Dürrbache 10, 99438 Weimar-Legefeld, T: (03643) 84 98 84)

● **S 1 302**

Verein der Komponisten und Musikwissenschaftler (VKM) e.V.
(vormals: Verband Deutscher Komponisten)
Lanker Str. 23, 16359 Biesenthal
T: (03337) 49 06 75
Vorsitzende(r): Thomas Heyn
Stellvertretende(r) Vorsitzende(r): Hans J. Wenzel
Geschäftsführer(in): Dr. Andreas Damm

● **S 1 303**

Fachverband Deutscher Berufschorleiter e.V. (FDB)
Märker Str. 29, 47169 Duisburg
T: (0203) 59 27 08   **Fax:** 59 01 15
Vorsitzende(r): Gerhard Wind
Stellvertretende(r) Vorsitzende(r): Michael Rinscheid
Hauptgeschäftsführer(in): Fritz Greis

● **S 1 304**

Verband der deutschen Kritiker e.V.
Geschäftsstelle
c/o Ute Grundmann
Volbedingstr. 31, 04357 Leipzig
T: (0341) 6 01 76 39   **Fax:** 6 01 76 39
Gründung: 1950
Vorsitzende(r): Dieter Schnabel
Geschäftsführer(in): Ute Grundmann
Verbandszeitschrift: Kritische Korrespondenz
Redaktion: Ute Grundmann
Mitglieder: 120

● **S 1 305**

Kunstwissenschaftler und Kunstkritiker Verband e.V. (K-K-V)
Postf. 5 40, 10149 Berlin
T: (030) 39 07 61 57   **Fax:** 44 05 14 55
Internet: http://www.itaw.hu-berlin.de/kkv.htm
Gründung: 1990
Stellvertretende(r) Vorsitzende(r): Hartmut Pätzke
Vorsitzende(r): Dipl.-Kuwi. Hans-Jörg Schirmbeck
Verbandszeitschrift: Jahresberichte des Kunst- und Informationszentrums
Redaktion: Hans-Jörg Schirmbeck
Verlag: kkv e.V., Postf. 5 40, 10149 Berlin
Mitglieder: 150

Überregionale Fachverbände und Landesverbände

s 1 306

Brandenburgischer Verband Bildender Künstler e.V.
Potsdam/Cottbus/Frankfurt
Mittelstr. 39, 14467 Potsdam
T: (0331) 2 70 65-38   **Fax:** 2 70 65-39
E-Mail: bvbk.ev@arcormail.de
Michael Wegener

s 1 307

Sächsischer Künstlerbund e.V.
Regionalverband Dresden
Pulsnitzer Str. 6, 01099 Dresden
T: (0351) 8 01 55 16   **Fax:** 8 01 55 16
E-Mail: skb-kbd@dresden-art.de
Geschäftsführer(in): K. du Vinage

s 1 308

Verband Bildender Künstler Sachsen-Anhalt e.V.
Halle/Magdeburg
Markt 13, 06108 Halle
T: (0345) 2 02 68 21   **Fax:** 2 02 68 21

s 1 309

Verband Bildender Künstler Thüringen e.V.
Landesgeschäftsstelle
Krämerbrücke 4, 99084 Erfurt
T: (0361) 6 42 25 71   **Fax:** 6 42 25 63
Geschäftsführer(in): Elvira Franz (98011 Willmersdorf, T: (036781) 93 52)

s 1 310

Künstlerbund Mecklenburg und Vorpommern e.V.
BBK-Landesverband
Puschkinstr. 12, 19055 Schwerin
T: (0385) 56 50 09   **Fax:** 56 50 09
Brehl

s 1 311

Kunst und Form e.V.
Rykestr. 2, 10405 Berlin
T: (030) 4 41 13 13   **Fax:** 4 41 13 15
Geschäftsführende(s) Vorstands-Mitglied(er): Dr. Wilfried Karger

s 1 312

Verband der Grafik-Designer e.V. (VGD)
Rykestr. 2, 10405 Berlin
T: (030) 4 41 13 13   **Fax:** 4 41 13 15
Geschäftsführer(in): Dr. Wilfried Karger

● **S 1 313**

Verband Deutscher Tonmeister e.V. (VDT)
Am Zaarshäuschen 9, 51427 Bergisch Gladbach
T: (02204) 2 35 95   **Fax:** 2 15 84
Internet: http://www.tonmeister.de
E-Mail: vdt@tonmeister.de
Gründung: 1950
Präsident(in): Wolfgang Köhnsen (Farnstr. 9, 22335 Hamburg, T: (040) 5 00 05 15, Fax: (040) 5 00 05 26)
Vorstand: Carlos Albrecht (Hülsenweg 13, 32760 Detmold, T: (05231) 39 05 30, Fax: (05231) 39 05 31)
Gisela Bruns (Amundsenstr. 11, 53881 Euskirchen, T: (02251) 7 55 11, Fax: (02251) 7 53 97)
Günter Griewisch (Am Kiefernhang 26, 14089 Berlin, T: (030) 3 65 51 11, Telefax: (030) 3 65 60 88)
Christian Leuschner (Tapachstr. 75 F, 70437 Stuttgart, T: (0711) 2 85 95 30)
Theodor Przybilla (Keithstr. 8, 10787 Berlin, T: (030) 21 96 80 48)
Redaktion Tonmeisterinformationen: Walter Schales (Derfflinger Str. 26, 12249 Berlin, T/Fax: (030) 76 80 36 76)

Fachgruppen
Audiovisuelle Produktion: Hans Schlosser (Am Lehn 3, 40625 Düsseldorf, T: (0211) 29 59 78)
Audioproduktion: Christian Leuschner (Tapachstr. 75 F, 70437 Stuttgart, T: (0711) 2 85 95 30)
Forschung u. Entwicklung, Industrie: Dr. Günther Theile (c/o Institut für Rundfunktechnik GmbH, Floriansmühlstr. 60, 80939 München, T: (089) 32 39 93 24)
Theater: Jürgen Hanelt (Obere Sandstr. 15, 96049 Bamberg, T: (0951) 87 14 58)

Regionale Gruppen
Bayern
(München)
Tobias R. Prager (Einsteinstr. 30, 85748 Garching, T: (089) 32 92 86 41, Fax: 32 92 86 42)
Hans-Joachim Röhrs (Steinsdorfstr. 18, 80538 München, T: (089) 29 16 27 33)
Berlin und Neue BL
Theodor Przybilla (Keithstr. 8, 10787 Berlin, T: (030) 21 96 80 48)
Matthias Stolte (Straße 5 Nr. 4, 13125 Berlin, T: (030) 9 49-39 90, Fax: (030) 9 41 67 56)
Köln
Christian Schmitt (Am Bodethof 1, 50259 Pulheim, T: (02238) 5 44 48)
Nord
Johannes Gerstengarbe (Reesenbüttler Redder 30c, 22949 Ammersbeck, T: (04102) 4 46 35, Fax: (04102) 47 11 79)
Rhein-Main
(Frankfurt, Mainz etc.)
Thomas Göttel (Bayernstr. 61, 67061 Ludwigshafen, T: (0621) 58 29 42, Fax: 58 27 56)
Karl Rudolf Gloss (Auf der Schloßweide 23, 44271 Stadeken-Elsheim, T: (06130) 63 97)
Südwest
(Stuttgart, Baden-Baden etc.)
Andreas Priemer (Nauheimer Str. 57, 70372 Stuttgart, T: (0711) 56 47 19)
Reiner Oppelland (Hauffstr. 30, 71696 Möglingen, T: (07141) 24 12 80)
Schweiz
Ernst Neukomm (Bleicherweg 22, CH-4102 Binningen, Schweiz, T: (004161) 4 23 87 44, Fax: (004161) 4 23 87 45)
Johannes Widmer (Guisanstr. 83, CH-9010 St. Gallen, Schweiz, T: (004171) 2 43 25 25)
Verbandszeitschrift: "Tonmeisterinformationen"
Redaktion: Walter Schales
Mitglieder: 1403
Mitarbeiter: 1

● **S 1 314**

Verband für Professionelle Licht- und Tontechnik e.V. (VPLT)
Walsroder Str. 159, 30853 Langenhagen
T: (0511) 2 70 74 74   **Fax:** 2 70 74 77
Internet: http://www.vplt.org
E-Mail: info@vplt.org
Gründung: 1981
Präsident(in): Peter Klotz (Fa. Klotz ais, Haar)
Vizepräsident(in): Harald Meidt (Fa. G&D Eventmarketing, Wuppertal)
Geschäftsführer(in): Florian von Hofen (Ltg. Presseabt.)
Schatzmeister: Michael Polten (Fa. Sennheiser, Wedemark)
Pressereferent: Gerd Gruss (Fa. Rock Shop GmbH, Karlsruhe)
Schriftführer(in): Detlev Koal (Amptown, Hamburg)
Verbandszeitschrift: VPLT-MAGAZIN
Redaktion: F. von Hofen

Verlag: wie Verband
Mitglieder: 750
Mitarbeiter: 5
Jahresetat: DM 1,2 Mio, € 0,61 Mio

● S 1 315
Fachverband Lichtkuppeln, Lichtband und RWA e.V.
Heumarkt 14, 50667 Köln
T: (0221) 2 40 15 67 **Fax:** 2 05 07 90

● S 1 316
Arbeitsgemeinschaft der Liedermacher aus der Bundesrepublik Deutschland (AG Song)
Mailänder Str. 14 /92, 60598 Frankfurt
T: (069) 68 62 69
Gründung: 1974 (15. April)
Geschäftsführer(in): Presseabt. Martin Winter
Leitung Presseabteilung: Stephan Rögner
Mitglieder: 1200

● S 1 317
Deutscher Akkordeonlehrer-Verband e.V. (DALV)
Postf. 11 35, 78635 Trossingen
T: (07425) 2 02 12
Gründung: 1953 (12. April)
Präsident(in): Dr. Wolfgang Eschenbacher (Ltg. Presse; Bärenweg 26, 76149 Karlsruhe, Postf. 31 12 65, 76142 Karlsruhe)
Geschäftsführer(in): Matthias Keller
Verbandszeitschrift: Das Akkordeon
Redaktion: Dr. Wolfgang Eschenbacher, Bärenweg 26, 76149 Karlsruhe, Postf. 31 12 65, 76142 Karlsruhe, Telefax: (0721) 78 24 25
Beschäftigte: ehrenamtlich
Mitglieder: ca. 480

● S 1 318
Vereinigung Deutscher Tanzlehrer und Tanzschulen e.V. (VDT)
Postf. 18 08, 53708 Siegburg
T: (02241) 6 14 74 **Fax:** 59 22 13
E-Mail: g.scholz@dsonile.de
Gründung: 1985 (20. November)
Präsident(in): Günter Scholz
Leitung Presseabteilung: Fred Birkel
Verbandszeitschrift: VDT-Infobrief
Mitglieder: 120
Mitarbeiter: 2
Jahresetat: DM 0,060 Mio, € 0,03 Mio

● S 1 319
Berufsverband der Tanz- und AusdruckstherapeutInnen Deutschland/Österreich e.V.
Marienburg
Hofstr. 16, 40789 Monheim
T: (02173) 93 66 94
Gründung: 1984 (26. Februar)
Vorsitzende(r): Rita Maaßen
Ltg. Presse u. PR: Wally Kaechele
Gisela Obst
Verbandszeitschrift: Tanz & Therapie
Redaktion: G. Obst
Verlag: Eigenverlag

● S 1 320
Bundesverband für Tanztherapie Deutschland e.V.
Marienburg
Hofstr. 16, 40789 Monheim
T: (02173) 93 66 94 **Fax:** 93 66 95
Gründung: 1980 (9. Dezember)
Vorsitzende(r): Wally Kaechele
Ltg. Presse u. PR: Gisela Obst
Fortbildung: Marianne Eberhard
Verbandszeitschrift: Tanz & Therapie
Redaktion: G. Obst
Verlag: Eigenverlag

● S 1 321
Deutscher Berufsverband für Tanzpädagogik e.V.
Hollestr. 1, 45127 Essen
T: (0201) 22 88 83 **Fax:** 22 64 44
Internet: http://www.dbft.de
E-Mail: info@dbft.de
Gründung: 1975
1. Vorsitzende(r): Ulrich Roehm
2. Vorsitzende(r): Prof. Martin Puttke
Stellvertretende(r) Vorsitzende(r): Prof. Egbert Strolka
Verbandszeitschrift: BALLETT INTERN
Redaktion: Horst Vollmer, Ulrich Roehm
Verlag: Deutscher Berufsverband für Tanzpädagogik e.V.

● S 1 322
Deutscher Journalisten-Verband e.V. (DJV)
Bennauerstr. 60, 53115 Bonn
T: (0228) 2 01 72-0 **Fax:** 2 01 72-33
Internet: http://www.djv.de
E-Mail: djv@djv.de
Gründung: 1949
Vorstand:
Vorsitzende(r): Prof. Dr. Siegfried Weischenberg, Hamburg
Rolf Lautenbach, Gelsenkirchen
Gustl Glattfelder, Rheinmünster
Volker Hummel (Schatzmeister), Kronberg
Karin Stemmler, Berlin
Renate Wolf-Götz, München
Klaus Meßenzehl, Nürnberg
Hauptgeschäftsführer(in): Hubert Engeroff
Presseabteilung: Gesine Dähn
Verbandszeitschrift: journalist - Das deutsche Medienmagazin
Mitglieder: ca. 37000

Landesverbände

s 1 323
DJV - Landesverband Baden-Württemberg
Gewerkschaft der Journalistinnen und Journalisten
Herdweg 63, 70174 Stuttgart
T: (0711) 2 22 49 54-0 **Fax:** 2 22 49 54-44
Internet: http://www.djv-bw.de
E-Mail: djv.bw@t-online.de
Gründung: 1986
Vorsitzende(r): Karl Geibel
Geschäftsführer(in): Thomas Schelberg
Verbandszeitschrift: DJV-Blickpunkt
Mitglieder: ca. 3200
Mitarbeiter: 4

s 1 324
Bayerischer Journalisten-Verband e.V.
Seidlstr. 8 VI. Stock, 80335 München
T: (089) 5 45 04-180 **Fax:** 5 45 04-1818
Internet: http://www.bjv.de
E-Mail: info@bjv.de
Gründung: 1946 (Juni)
Vorsitzende(r): Dr. Wolfgang Stöckel
Geschäftsführer(in): RA Frauke Ancker
Verbandszeitschrift: BJV-Report
Mitglieder: 7700
Mitarbeiter: 7

s 1 325
Journalisten-Verband Berlin e.V.
Lietzenburger Str. 77, 10719 Berlin
T: (030) 8 89 13 00 **Fax:** 88 91 30 22
Internet: http://www.jvb.org
E-Mail: JVBerlin@t-online.de
Vorsitzende(r): Alexander Kulpok
Geschäftsführer(in): Jürgen Grimming
Mitglieder: 3000

s 1 326
DJV - Landesverband Brandenburg
- Gewerkschaft der Journalisten -
Konrad-Wolf-Allee 1-3, 14480 Potsdam
T: (0331) 29 33 66 **Fax:** 29 35 11
Internet: http://home.t-online.de/home/spewi
E-Mail: djv-brandenburg@t-online.de
Vorsitzende(r): Wilfried Specht
Geschäftsführer(in): Monika Morgenstern
Mitglieder: 1055 (per 28.02.2001)

s 1 327
DJV - Landesverband Bremen e.V.
- Gewerkschaft der Journalistinnen und Journalisten -
Schnoor 27/-28, 28195 Bremen
T: (0421) 32 54 50 **Fax:** 3 37 81 20
E-Mail: djvbremen@aol.com
Vorsitzende(r): Wolfgang Kiesel
Mitglieder: 500

s 1 328
DJV-Landesverband Hamburg
- Gewerkschaft der Journalistinnen und Journalisten -
Rödingsmarkt 52, 20459 Hamburg
T: (040) 36 97 10-0 **Fax:** 36 97 10 22
E-Mail: djvhamburg@aol.com
Vorsitzende(r): Dr. Annegret Witt-Barthel
Geschäftsführer(in): RA Stefan Endter
Mitglieder: ca. 3000

s 1 329
Hessischer Journalisten-Verband e.V.
Rheinbahnstr. 3, 65185 Wiesbaden
T: (0611) 3 41 91 24 **Fax:** 3 41 91 30
Internet: http://www.hjvonline.de
E-Mail: hjv@hjvonline.de
Vorsitzende(r): Hans-U. Heuser
Geschäftsführer(in): RA Achim Wolff
Mitglieder: ca. 2300

s 1 330
Deutscher Journalisten-Verband e.V. Landesverband Mecklenburg-Vorpommern
Schusterstr. 3, 19055 Schwerin
T: (0385) 56 56 32, 5 50 83 88 **Fax:** 5 50 83 89
Vorsitzende(r): Reinhard Sobiech
Geschäftsführer(in): Sibylle Ekat
Mitglieder: 660

s 1 331
DJV - Landesverband Niedersachsen
- Gewerkschaft der Journalistinnen u. Journalisten -
Hinüberstr. 3, 30175 Hannover
T: (0511) 3 18 08 08 **Fax:** 3 18 08 44
Internet: http://www.djv-niedersachsen.de
E-Mail: kontakt@djv-niedersachsen.de
Gründung: 1946 (24. Juli)
Vorsitzende(r): Michael Konken
Geschäftsführer(in): Elisabeth Harries
Verbandszeitschrift: Thema
Mitglieder: 1800

s 1 332
DJV - Landesverband Nordrhein-Westfalen e.V.
- Gewerkschaft der Journalistinnen und Journalisten -
Humboldtstr. 9, 40237 Düsseldorf
T: (0211) 3 84 46 20 **Fax:** 38 44 62 22
Gründung: 1946
Vorsitzende(r): Michael Kroemer
Geschäftsführer(in): Karl-Josef Döhring
Heike Lambertus
Mitglieder: 7800
Mitarbeiter: 8

s 1 333
DJV-Landesverband Rheinland-Pfalz e.V.
Adam-Karrillon-Str. 17, 55118 Mainz
T: (06131) 97 75 75 **Fax:** 97 75 97
Internet: http://www.djv-rlp.de
E-Mail: DJVRPL@aol.com
Vorsitzende(r): Ulrich Remmel
Geschäftsführer(in): Gisela Schmoldt
Mitglieder: 1500
Mitarbeiter: 3

s 1 334
Saarländischer Journalistenverband
St. Johanner Markt 5, 66111 Saarbrücken
T: (0681) 3 90 86 68 **Fax:** 3 90 86 56
Vorsitzende(r): Hans-Georg Klein
Sekr.: Wilma Oettinger
Mitglieder: 595

s 1 335
DJV - Landesverband Sachsen e.V.
Hospitalstr. 4, 01097 Dresden
T: (0351) 2 52 74 64 **Fax:** 2 52 30 93
Internet: http://www.djv-sachsen.de
E-Mail: djv-sachs@t-online.de
Gründung: 1990
Vorsitzende(r): Sabine Bachert-Mertz von Quirnheim
Geschäftsführer(in): Michael Hiller
Verbandszeitschrift: DJV-Kurier
Mitglieder: 1600
Mitarbeiter: 3

s 1 336
Journalistenverband Sachsen-Anhalt
- Gewerkschaft der Journalisten -
Merseburger Str. 106, 06110 Halle
T: (0345) 21 21 90 **Fax:** 2 12 19 13
Internet: http://www.djv-sachsen-anhalt.de
E-Mail: buero@djv-sachsen-anhalt.de
Vorsitzende(r): Uwe Gajowski
Geschäftsführer(in): Manfred Behrend
Mitglieder: 807

s 1 337
Schleswig-Holsteinischer Journalisten Verband
Andreas-Gayk-Str. 7-11, 24103 Kiel
T: (0431) 9 58 86 **Fax:** 9 58 83
Internet: http://www.shjv.de
E-Mail: shjv.kiel@t-online.de
Vorsitzende(r): Peter Gollnik
Stellvertretende(r) Vorsitzende(r): Dr. Mechthild Mäsker
Geschäftsführer(in): Bettina Neitzel
Mitglieder: 636

s 1 338
DJV - Landesverband Thüringen
Anger 44, 99084 Erfurt
T: (0361) 5 66 05 29 **Fax:** 5 62 69 39
Internet: http://www.djv-thueringen.de
E-Mail: djvthuer@t-online.de
Gründung: 1990 (15. Juni)
Vorsitzende(r): Wolfgang Marr
Geschäftsführer(in): Ralf Leifer
Mitglieder: ca. 900
Mitarbeiter: 2
Mitgliederzeitschrift: DJV in Thüringen

● S 1 339
DJV-Fachausschuß Rundfunk
Bennauerstr. 60, 53115 Bonn
T: (0228) 2 01 72-27 **Fax:** 2 01 72-33
Vorsitzende(r): Hans-Georg Klein (Saarländischer Rundfunk)
Kontaktperson: Benno H. Pöppelmann (öffentlich-rechtlicher Rundfunk)
Michael Klehm (privater Rundfunk)

● S 1 340
Journalistinnenbund e.V.
In der Maar 10, 53175 Bonn
T: (0228) 31 27 47 **Fax:** 31 27 47
Internet: http://www.journalistinnen.de
E-Mail: journalistinnenbund@t-online.de
Gründung: 1987 (31. Oktober)
1.Vorsitzende: Ulrike Helwerth, Berlin
Geschäftsführerin: Marlies Hesse, Köln
Verbandszeitschrift: JOURNALISTINNEN
Verlag: Eigenverlag
Mitglieder: ca. 500
Netzwerk der im Journalismus tätigen Frauen, Forum zu Fragen, die sowohl die Stellung der Frau in den Medien als auch die Darstellung der Frau durch die Medien betreffen.

● S 1 341
Club Berliner Wirtschaftsjournalisten
Fasanenstr. 85, 10623 Berlin
T: (030) 31 51 02 76
Gründung: 1968
Sprecher: Dipl.-Volksw. Egbert Steinke
Schatzmeister Dieter Jaspert (Red. „Berliner Wirtschaft" (IHK Berlin))
Mitglieder: 102

● S 1 342
Journalistischer Arbeitsring e.V. (JAR)
Postf. 13 61, 31253 Lehrte
Heidering 17, 31275 Lehrte
T: (05132) 46 66 **Fax:** 46 66
E-Mail: journarb@aol.com
Gründung: 1960
Vorsitzende(r): Friedel Bödeker (Ltg. Presseabt.)
Verbandszeitschrift: JAR-Report
Redaktion: Heidering 17, 31275 Lehrte
Mitglieder: 300
Mitarbeiter: 3

● S 1 343
Fachgruppe Journalismus (dju/SWJV) in der IG Medien
Geschäftsstelle:
Postf. 10 24 51, 70020 Stuttgart
Friedrichstr. 15, 70174 Stuttgart
T: (0711) 20 18-238 **Fax:** 20 18-199
Internet: http://www.igmedien.de
E-Mail: munz@igmedien.de, journalismus@igmedien.de
Gründung: 1951 (1. April)
Geschäftsführer(in): Rudi Munz
Vorsitzende(r): Franziska Hundseder
Leitung Presseabteilung: Hermann Zoller
Verbandszeitschrift: "M-MENSCHEN MACHEN MEDIEN" sowie „IG Medien Forum"
Redaktion: Uli Maercks-Franzen, Hermann Zoller
Mitglieder: 20000

Landesbezirke

s 1 344
Fachgruppe Journalismus
Landesbezirk Baden-Württemberg
Theodor-Heuss-Str. 16, 70174 Stuttgart
T: (0711) 29 24 86
Vorsitzende(r): Ulrich Schreyer (Theodor-Heuss-Str. 16, 70174 Stuttgart, T: (0711) 29 24 86)

s 1 345
Fachgruppe Journalismus
Landesbezirk Bayern
Schwanthalerstr. 64, 80336 München
T: (089) 53 19 10
Vorsitzende(r): Veronika Mirschel (Schwanthaler Str. 64, 80336 München, T: (089) 53 19 10)

s 1 346
Fachgruppe Journalismus
Landesbezirk Berlin-Brandenburg
Dudenstr. 10, 10965 Berlin
T: (030) 78 80 09-33
Vorsitzende(r): Karin Wenk (T: (030) 78 80 09-33)

s 1 347
Fachgruppe Journalismus
Landesbezirk Hessen
Wilhelm-Leuschner-Str. 69-77, 60329 Frankfurt
T: (069) 25 20 92 /3
Vorsitzende(r): Michaela Böhm (Wilhelm-Leuschner-Str. 69-77, 60329 Frankfurt, T: (069) 25 20 92/3)

s 1 348
Fachgruppe Journalismus
Landesbezirk Niedersachsen/Bremen
Goseriede 10, 30159 Hannover
T: (0511) 1 31 86 83
Vorsitzende(r): Hartmut Dirks (Goseriede 10, 30159 Hannover, T: (0511) 1 31 86 83)

s 1 349
Fachgruppe Journalismus
Landesbezirk Nord
Besenbinderhof 60, 20097 Hamburg
T: (040) 2 85 85 05
Vorsitzende(r): Sigrid Meißner (Besenbinderhof 60, 20097 Hamburg, T: (040) 2 85 85 05)

s 1 350
Fachgruppe Journalismus
Landesbezirk Nordrhein-Westfalen
Hohenzollernring 85-87, 50672 Köln
T: (0221) 95 14 96 44
Vorsitzende(r): Peter Schröder-Metz

s 1 351
Fachgruppe Journalismus
Landesbezirk Rheinland-Pfalz/Saar
Binger Str. 20, 55122 Mainz
T: (06131) 38 30 04
Vorsitzende(r): Herbert Steins (Binger Str. 20, 55122 Mainz, T: (06131) 38 30 04)

s 1 352
Fachgruppe Journalismus
Landesbezirk Südost
Täubchenweg 8, 04317 Leipzig
T: (0341) 6 88 98-17 **Fax:** 6 88 98 22
Vorsitzende(r): Gundula Lasch
Landesbezirkssekretär: Bernd Ackermann (E-Mail: ackermann@igmedien.de)

● S 1 353
Vereinigung Europäischer Journalisten - Deutsche Gruppe e.V. -
Sitz: Maximilian-Kolbe-Str. 15, 53343 Wachtberg
Sekretariat:
Krumbeckstr. 21, 42553 Velbert
T: (02053) 39 23 **Fax:** 5 07 66
Internet: http://www.vej-aej.de
E-Mail: r.kindermann@vej-aej.de, ringhand@freenet.de
Gründung: 1963
Präsident(in): Rotger H. Kindermann
Generalsekretär(in): Heide Ringhand (Leitung Presseabteilung; Krumbeckstr. 21, 42553 Velbert)
Mitglieder: 350 national, 2800 international

Aktive Mitwirkung an der Herausbildung eines europäischen Bewußtseins in den Medien. Journalistenseminare, Presse- und Informationsgespräche, Informationsreisen, Kongresse

● S 1 354
Verband Deutscher Agrarjournalisten e.V. - VDAJ - Kommunikation Agrar
Bundesgeschäftsstelle:
Kasernenstr. 14, 53111 Bonn
T: (0228) 69 48 13 **Fax:** 9 63 05-11
Internet: http://www.vdaj.de
E-Mail: info@vdaj.de
1. Vorsitzende(r): Hans-Heinrich Matthiesen
2. Vorsitzende(r): Friedrich A. Pratz
Mitglieder: 740

● S 1 355
Verband der Deutschen Filmkritik e.V.
Im Brunnenhof 30, 50999 Köln
T: (02236) 96 75 73 **Fax:** 96 75 73
E-Mail: rolf-ruediger.hamacher@dvz.fh-koeln.de
Vorstand: Rolf-Rüdiger Hamacher (Sprecher)

● S 1 356
Journalisten-Vereinigung der Deutschen Handwerkspresse e.V.
Handwerkskammer Münster
Bismarckallee 1, 48151 Münster
T: (0251) 52 03-111 **Fax:** 52 03-130
Gründung: 1956
Vorsitzende(r): Hubertus Kost
Stellvertretende(r) Vorsitzende(r): Rudolf Baier
Mitglieder: 210

● S 1 357
Arbeitsgemeinschaft der Hochschulpressestellen in Deutschland
c/o Universität Mannheim
Presse- und Öffentlichkeitsarbeit
Schloß, 68131 Mannheim
T: (0621) 1 81-1013 **Fax:** 1 81-1014
E-Mail: presse@rektorat.uni-mannheim.de
Vorsitzende(r): Achim Fischer (Pressesprecher der Universität Mannheim)
Verbandszeitschrift: Newsletter der AG Hochschulpresse
Redaktion: Gerhard Schmücker
Verlag: FH Nürtingen, Presse- u. Öffentlichkeitsarbeit, Gerhard Schmücker, M.A., Neckarsteige 6, 72622 Nürtingen, T: (07022) 20 13 03
Mitglieder: 300

● S 1 358
Gesellschaft Katholischer Publizisten Deutschlands e.V.
Breite Str. 106, 50667 Köln
T: (0221) 2 57 61 11 **Fax:** 25 54 62
Vorsitzende(r): Michaela Pilters
Geschäftsführer(in): Hans Deckers

● S 1 359

Food Editors Club
Deutschland e. V.

Arbeitskreis kulinarischer Fachjournalisten
Food Editors Club Deutschland e.V.
c/o Bernd Neuner-Duttenhofer
Gut Neunthausen, OT Hopfau, 72172 Sulz
T: (07454) 96 97 98 **Fax:** 96 97 96
Internet: http://www.fec-online.de
E-Mail: info@fec-online.de
Gründung: 1968
Präsident(in): Bernd Neuner-Duttenhofer
Stellvertretende(r) Vorsitzende(r): Roswitha Schneider (Papenkamp 30, 22607 Hamburg)
Mitglieder: 122
Jahresetat: DM 0,02 Mio, € 0,01 Mio

● S 1 360
Luftfahrt-Presse-Club e.V. (LPC)
Geschäftsstelle
c/o DFS, VK
Kaiserleistr. 29-35, 63067 Offenbach
T: (069) 82 37-6120 **Fax:** 82 37-6140
Internet: http://www.luftfahrt-presse-club.de
E-Mail: lpcoffice@aol.com
Präsident(in): Peter Pletschacher, Oberhaching

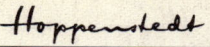

Vizepräsident(in): Ulrich Szablewski
Geschäftsführer(in): Clemens Bollinger
Schatzmeister: Sylvia Henseler-Trinkaus

● **S 1 361**
Kollegium der Medizinjournalisten
Fürstenackerstr. 20, 81477 München
T: (089) 7 80 90 20, 7 80 98 50 **Fax:** 7 80 90 50
E-Mail: lagev@aol.com
Gründung: 1965 (9. Februar)
Vorsitzende(r) des Vorstandes: Maria-E. Lange-Ernst (Fürstenackerstr. 20, 81477 München)
Stellvertreter: Michael Engel
Torsten Hoffmann
Mitglieder: 85

● **S 1 362**
Vereinigung der Deutschen Medizinischen Fach- und Standespresse e.V.
Löffelstr. 1, 70597 Stuttgart
T: (0711) 7 65 14 54 **Fax:** 76 69 92
E-Mail: presse@medizinjournalisten.de
1. Vorsitzende(r): Prof. Dr. med. Peter Sefrin (Inst. f. Anaesthesiologie d. Univ. Würzburg, Josef-Schneider-Str. 2, 97080 Würzburg, T: (0931) 2 01-51 24)
2. Vorsitzende(r): Christian Staehr (Georg-Thieme-Verlag, Rüdigerstr. 14, 70469 Stuttgart, T: (0711) 89 31-2 36)
Schriftführer(in): Gerd G. Fischer (Medica e.V. Löffelstr. 1, 70597 Stuttgart)
Mitglieder: 630

● **S 1 363**
Arbeitskreis Medizinpublizisten
- Klub der Wissenschaftsjournalisten e.V. -
Löffelstr. 1, 70597 Stuttgart
T: (0711) 76 34 43 **Fax:** 76 69 92
E-Mail: gs@medicacongress.de
Gründung: 1975 (2. September)
Vorstand: Dr.med. Andreas Priefler (Ansbacher Str. 73, 10777 Berlin)
Vorstand: Dr.med. Klaus Fleck (Brandtstr. 2A, 13467 Berlin)
Mitglieder: 78

● **S 1 364**
Verband der Motorjournalisten e.V. (VdM)
(-Sitz Berlin-)
Enzer Straße 83, 31655 Stadthagen
T: (05721) 7 71 23 **Fax:** 9 21 75
Gründung: 1952
Vorsitzende(r): Karl H. Menke
Geschf. Vors.: Peter Schwerdtmann
Verbandszeitschrift: Der Motorjournalist
Redaktion: Enzer Str. 83, 31655 Stadthagen
Mitglieder: 450

● **S 1 365**
Motor-Presse-Club e.V. (MPC)
Siemensstr. 17, 50170 Kerpen
T: (02203) 35 72 24 **Fax:** 35 72 50
Gründung: 1950 (18. März)
Vorsitzende(r): Jürgen Lewandowski
Geschf. Vors.: Barbara Schürmann-Arends
Mitglieder: 237

● **S 1 366**
Dokumentationsstelle Internationale Motor-Fachpresse
(Euro Journalisten- und Mediendatenbank)
Postf. 11 53, 82224 Seefeld
Bergstr. 10, 82229 Seefeld
T: (08152) 98 04 20 **Fax:** 7 92 22
E-Mail: jens-kroll@pressguide.de
Leiter(in): Dr. Jens M. Kroll
Geschäftsstelle u. Datenbank: Björn Kroll

● **S 1 367**
Dachverband der Jugendpresse e.V.
Gerichtsstr. 6, 46236 Bottrop
T: (02041) 1 86 60 52 **Fax:** 1 86 60 59
Internet: http://www.junge-medien.de/d/ddj/index.htm
E-Mail: DdJ@junge-medien.de
Gründung: 1981 (Mai)
Vorsitzende(r): Manfred Orle
Stellvertretende(r) Vorsitzende(r): Markus Holzmann
Mitglieder: 1500

● **S 1 368**
Bundesverband Jugendpresse e.V. (BVJ)
Lessingstr. 7, 04109 Leipzig
T: (0341) 9 60 32 52 **Fax:** 9 60 32 62
Internet: http://www.jugendpresse.de
E-Mail: bvj@jugendpresse.de
Gründung: 1987 (13. Februar)

Bundesvorsitzender: Raphael Neuner (Lessingstr. 7, 04109 Leipzig, T: (0341) 9 60 32 52, Fax: (0341) 9 60 32 62, E-Mail: r.neuner@gmx.de)
Bundesschatzmeister: Leif Erichsen
Verbandszeitschrift: MJM
Mitglieder: 5000
Anzahl der angeschlossenen Organisationen: 13 Landesverbände und Bundesverband junger Autoren und Autorinnen

● **S 1 369**
Club der Tourismus-Journalisten Berlin-Brandenburg (CTOUR)
Krokussteg 28, 16321 Ladeburg
T: (03338) 76 35 01 **Fax:** 76 35 01
E-Mail: bulgpiet@aol.com
Vorstand:
Richard Blumenthal
Hans-Peter Gaul
Helga Ernst
Christel Seifert
Manfred Knoll
Wolfgang Richter
Siegmar Krause

● **S 1 370**
Vereinigung Deutscher Reisejournalisten e.V. (VDRJ)
Postf. 15 14 02, 10676 Berlin
T: (0700) 00 00 83 75 **Fax:** 00 00 83 75
Internet: http://www.vdrj.org
E-Mail: office@vdrj.org
Gründung: 1956 (Oktober)
Sprecher: Jürgen Drensek, Berlin
Geschäftsführer(in): Gottfried Walsch, Dresden
Schatzmeister: Rolf Lohberg, Holzgerlingen
Mitglieder: unter 200

● **S 1 371**
Vereinigung der Caravan- und Touristik-Journalisten e.V. (CTJ)
Gellertweg 63, 42115 Wuppertal
T: (0202) 71 45 13 **Fax:** 71 45 13
E-Mail: karl-hugodierichs@t-online.de
1. Vorsitzende(r): Karl-Hugo Dierichs
2. Vorsitzende(r): Wolfgang Wuthe
Geschäftsführer(in): Oskar Woronowicz (Schatzmeister)
Ehrengerichts-Vors.: Dr. Gerold Lingnau

● **S 1 372**
Arbeitskreis Nordbayerischer Wirtschafsjournalist(inn)en (ANW)
c/o Dr. Wolf R. Scharff
Postf. 10 22, 90001 Nürnberg

● **S 1 373**

Verband Deutscher Sportjournalisten e.V. (VDS)
Postf. 10 09 06, 63009 Offenbach
Bernardstr. 77 1/10, 63067 Offenbach
T: (069) 82 36 48 66 **Fax:** 82 36 48 84
Internet: http://www.vds-press.de
E-Mail: vds-office@t-online.de
Gründung: 1927 (21. April) in Berlin und 1950 (18. Oktober) in Frankfurt am Main (Wiedergründung)
Präsident(in): Erich Laaser (privat: Knobelsdorffstr. 39, 14059 Berlin, T: (030) 3 21 51 11, Fax: (030) 3 21 51 22, dienstl.: SAT.1 Sport, Jägerstr. 32, 10117 Berlin, T: (030) 20 90 37 80, Fax: (030) 20 90 37 23)
1. Vizepräsident: Hans-Joachim Zwingmann (Hermann-Hesse-Str. 26, 30539 Hannover, T: (0511) 5 29 59 99 (p), (0511) 12 40 51 44 (d), Fax: (0511) 12 40 51 42 (d))
2. Vizepräsident: Hans-Reinhard Scheu (Pestalozziweg 15, 76530 Baden-Baden, T: (07221) 2 65 52 (p), T: (07221) 9 29 30 77 (d), Fax: (07221) 9 29 20 35 (d))
Schatzmeister: Christoph Schumann (Rahweg 81, 22453 Hamburg, T: (040) 33 96 66 55 (d), (040) 5 55 13 13 (p), Fax: (040) 33 96 66 99 (d), (040) 5 55 13 13 (p))
Beisitzer: Uwe Jentzsch (Eduard-Rosenthal-Str. 36, 99423 Weimar, T: (03643) 90 42 04 (p), (0361) 5 66 80 05 (d), Fax: (0361) 6 42 21 49 (d))
Markus Gilliar (Fotografensprecher, Am Hernacker 5, 76706 Dettenheim, T: (07247) 8 54 83, Fax: (07247) 8 56 82)
Ehrenpräsidenten: Günter Weise (Delpzeile 5, 13627 Berlin, T: (030) 3 81 50 74)
Karl-Heinz Cammann (Hochkamp 9, 25451 Quickborn, T: (04106) 29 45, Fax: (04106) 6 80 84)
Geschäftsführer(in): Jürgen R. Sülzbrück
Verbandszeitschrift: Der Sportjournalist
Herausgeber: Verband Deutscher Sportjournalisten e.V. (VDS), Bernardstr. 77 1/10, 63067 Offenbach, Postf. 10 09 06, 63009 Offenbach, T: (069) 82 36 48 66, Fax: (069) 82 36 48 84
Redaktion: Jürgen R. Sülzbrück (ViSdP), Jörg Hahn
Herstellung und Versand: Druckerei Köster GmbH, Im Heetwinkel 100, 46514 Schermbeck
Mitglieder: 3203 (Stand 31.03.2001)
VDS-Vereine: in Augsburg/Allgäu, Baden, Berlin, Bremen, Frankfurt (Main), Hamburg, Kurpfalz, Mittelrhein, München, Niedersachsen, Nordbayern, Osnabrück, Saarland, Schleswig-Holstein, West (Nordrhein-Westfalen), Württemberg, Mecklenburg-Vorpommern, Sachsen-Anhalt, Sachsen, Thüringen

Berufsständische Interessenvertretung der hauptberuflichen Sportjournalisten bei Printmedien, Rundfunk und Fernsehen.

VDS-Vereine:

s 1 374
Verein Augsburg-Allgäuer Sportpresse
Hagelmühlweg 14, 86316 Friedberg
T: (0821) 60 47 27 p.
Vorsitzende(r): Franz Neuhäuser

s 1 375
Sportjournalistenverein Baden-Pfalz
Pestalozziweg 15, 76530 Baden-Baden
T: (07221) 9 29 30 77 (d) **Fax:** 9 29 20 35 (d)
Vorsitzende(r): Hans-Reinhard Scheu

s 1 376
Verband der Sportjournalisten Berlin/Brandenburg
Jenaer Str. 20, 10717 Berlin
T: (030) 30 31-2913 (d) **Fax:** 30 31-2900 (d)
Vorsitzende(r): Lothar Hinze

s 1 377
Verein Bremer Sportjournalisten
Karl-Marx-Str. 166, 28279 Bremen
T: (0421) 36 71-416 (d) **Fax:** 32 83 27 (d)
Vorsitzende(r): Heinz Fricke

s 1 378
Verein Frankfurter Sportpresse
Jahnstr. 18, 65843 Sulzbach
T: (069) 67 00-228 (d) **Fax:** 6 70 23 17 (d)
Vorsitzende(r): Walter Mirwald

s 1 379
Verein Hamburger Sportjournalisten
Graf-Anton-Weg 14, 22459 Hamburg
T: (040) 3 47-24224 **Fax:** 3 47-24551
Vorsitzende(r): Carsten Harms

s 1 380
Verein Sportpresse Kurpfalz
Wimpfener Str. 13, 68259 Mannheim
T: (0621) 79 33 50 (p)
Vorsitzende(r): Ekkehard Etz

s 1 381
Verein Mittelrheinische Sportjournalisten
Talweg 48, 53498 Bad Breisig
T: (0261) 8 92-146 (d) **Fax:** 8 92-476 (d)
Vorsitzende(r): Peter Armitter

s 1 382
Verein Münchner Sportjournalisten
Agnes-Miegel-Str. 37, 81927 München
T: (089) 9 29 40 33
Vorsitzende(r): Hans Eiberle

s 1 383
Verein Niedersächsische Sportpresse
Hermann-Hesse-Str. 26, 30539 Hannover
T: (0511) 1 24 05-44 (d) **Fax:** 1 24 05-42 (d)
Vorsitzende(r): Hans-Joachim Zwingmann

s 1 384
Verein Nordbayerischer Sportjournalisten
Klopstockweg 7, 90547 Stein
T: (0911) 23 51-60 (d) **Fax:** 2 41 82 95
Vorsitzende(r): Dieter Bracke

s 1 385

Verein Osnabrücker Sportpresse
Dolfenstr. 1, 49084 Osnabrück
T: (0541) 3 10-237 (d)   **Fax:** 3 10-234 (d)
Vorsitzende(r): Harald Pistorius

s 1 386

Verein Saarländische Sportjournalisten
Farrenbergstr. 3, 66386 Sankt Ingbert
T: (0681) 6 02-3263 (d)   **Fax:** 6 02-3226 (d)
Vorsitzende(r): Roman Bonnaire

s 1 387

Vereinigung Schleswig-Holsteinischer Sportjournalisten
Dorfstr. 43, 24220 Böhnhusen
T: (04347) 70 86 44 (p)   **Fax:** 70 86 45 (p)
Vorsitzende(r): Andreas Kling

s 1 388

Verband Westdeutscher Sportjournalisten e.V.
Postf. 13 01 35, 53061 Bonn
T: (0228) 61 62 73   **Fax:** 62 30 52
Präsident(in): Addi Furler

s 1 389

Verein Sportpresse Württemberg
Stuttgarter Str. 133, 70771 Leinfelden-Echterdingen
T: (0711) 7 54 55 72   **Fax:** 7 54 55 73
Vorsitzende(r): Klaus-Joachim Dobbratz

s 1 390

Sportjournalisten-Verein Mecklenburg-Vorpommern
Drosselweg 9, 19069 Rugensee
T: (0385) 59 59-281 (d)   **Fax:** 59 59-368 (d)
Vorsitzende(r): André Keil

s 1 391

Sportpresse-Club Wiesbaden-Mainz
c/o ZDF
Essenheimer Str., 55128 Mainz
T: (06131) 70-1   **Fax:** 70 48 25
Vorsitzende: Sissy de Mas

s 1 392

Verein Sportjournalisten Sachsen-Anhalt
Straßburger Weg 2, 06120 Halle
T: (0345) 5 50 65 81 (p)
Vorsitzende(r): Horst Pohle

s 1 393

Sächsischer Sportjournalisten-Verein
Rudolf-Liebold-Str. 7, 09131 Chemnitz
T: (0351) 4 79 04 47 (d)   **Fax:** 48 64 27 93 (d)
Vorsitzende(r): Uwe Wicher

s 1 394

Thüringer Sportjournalisten-Club
Eduard-Rosenthal-Str. 36, 99423 Weimar
T: (0361) 5 66 80 05 (d)   **Fax:** 6 42 21 49 (d)
Vorsitzende(r): Uwe Jentzsch

● S 1 395

TELI Technisch-Literarische Gesellschaft e.V.
- Journalistenvereinigung für technisch - wissenschaftliche Publizistik -
Geschäftsstelle:
Nonnendammallee 101, 13629 Berlin
T: (030) 38 62 40 01   **Fax:** 38 62 40 11
Internet: http://www.teli.de
E-Mail: gerhard.kirsch@bln.siemens.de
Gründung: 1929
Vorsitzende(r): Dipl.-Volksw. Klaus Goschmann
Stellvertretende(r) Vorsitzende(r): Gerhard Kirsch
Mitglieder: 250

● S 1 396

Deutscher Literaturfonds e.V.
Alexandraweg 23, 64287 Darmstadt
T: (06151) 40 93-0   **Fax:** 40 93-33
E-Mail: deutscher.literaturfonds@t-online.de
Gründung: 1980 (Oktober)
Geschäftsführende(s) Vorstands-Mitglied(er): Dr. Dagmar Leupold
Vorstand: Friedhelm von Notz
Dr. Brigitte Burmeister

Geschäftsführer(in): Dr. Gerhard Dette
Mitglieder:
Börsenverein des Deutschen Buchhandels e.V.
Deutsche Akademie für Sprache und Dichtung e.V.
Deutscher Bibliotheksverband e.V.
Freier Deutscher Autorenverband e.V.
Kulturwerk deutscher Schriftsteller e.V. im Schriftstellerverband
PEN-Zentrum Bundesrepublik Deutschland e.V.
Verwertungsgesellschaft Wort e.V.

● S 1 397

Neue Gesellschaft für Literatur e.V. (NGL)
Rosenthaler Str. 6, 10119 Berlin
T: (030) 2 82 91 40 u. 2 83 39 83   **Fax:** 2 83 39 84
Internet: http://www.ngl-berlin.de
E-Mail: ngl@ngl-berlin.de
Gründung: 1973 (27. April)
Vorsitzende(r): Henry Kersting
Stellvertretende(r) Vorsitzende(r): Rolf Dürr
Kathrin Külow
Ltr. der Geschäftsstelle: Mareike Röper (Ltg. Presseabt.)
Verbandszeitschrift: Der Kulturbeutel
Redaktion: Mareike Röper
Mitglieder: 400
Mitarbeiter: 12
Jahresetat: ca. DM 0,8 Mio, € 0,41 Mio

● S 1 398

Arbeitsgemeinschaft Jugendliteratur und Medien in der Gewerkschaft Erziehung und Wissenschaft (AJuM)
Netzwerk Leseförderung
Geschäftsstelle: GEW Hauptvorstand, VB Schule
Badenallee 27, 14052 Berlin
T: (030) 3 04 03 96
Gründung: 1893
Vorstand:
1. Vorsitzende(r): Dr. Jörg Knobloch, Freising
Stellvertretende(r) Vorsitzende(r): Dr. Gabriele Binroth, Leipzig
Regina Pantos, Berlin
Verbandszeitschrift: Beiträge Jugendliteratur und Medien
Redaktion: Prof. Dr. Malte Dahrendorf, Hamburg, Dr. Steffen Peltsch, Eberswalde, Dr. Gudrun Stenzel, Wohldorf
Verlag: Juventa Verlag GmbH, Ehretstr. 3, 69469 Weinheim

● S 1 399

Bundesverband der Dolmetscher und Übersetzer e.V. (BDÜ)
Bundesgeschäftsstelle:
Rüdigerstr. 79a, 53179 Bonn
T: (0228) 85 81 51   **Fax:** 85 81 45
Internet: http://www.bdue.de
E-Mail: bdue-bgs@t-online.de
Gründung: 1955
Bundesvorstand
Präsident(in): Prof.h.c. Dr. Ulrich Daum (Karl-Schmolz-Str.3, 80997 München, T: (089) 81 89 49 94, Fax: 81 89 49 93, E-Mail: dr.ulrich.daum@t-online.de)
Vizepräsident(in): Klaus Knoppe (Merowingerstr. 52, 97249 Eisingen, T: (09306) 82 55, Fax: 82 75, E-Mail: bdue@knoppe.de)
Dr. Christiane-J. Driesen (Kanalstr. 16, 22085 Hamburg, T: (040) 2 29 84 73, Fax: 2 29 91 83, E-Mail: Christianedriesen@compuserve.com)
Norbert Zänker (Lietzenburger Str. 102, 10707 Berlin, T: (030) 88 43 02 70, Fax: 88 43 02 71, E-Mail: post@zaenker.de)
Bundesschatzmeisterin: Barbara Böer Alves (Tillystr. 25, 76669 Bad Schönborn, T: (07253) 41 13, Fax: 3 26 44, E-Mail: boer.alves@t-online.de)
Bundesgeschäftsstelle: Brigitte Siermann (Rüdigerstr. 79a, 53179 Bonn, T: (0228) 85 81 51, Fax: 85 81 45, E-Mail: bdue-bgs@t-online.de)
Bundesgeschäftsführer(in): Katharina Trifterer (Rüdigerstr. 79 a, 53179 Bonn, T: (0228) 85 81 18, Fax: 85 81 45, E-Mail: bdue-trifterer@t-online.de)
Verbandszeitschrift: Mitteilungen für Dolmetscher und Übersetzer
Redaktion: Bundesgeschäftsstelle, Rüdigerstr. 79a, 53179 Bonn, T: (0228) 85 81 51, Fax: 85 81 45; Freigang, Mauro & Reinke Verlagsgesellschaft bR, Zasiusstr. 104, 79102 Freiburg, T: (0761) 7 07 56 16, Fax: (0761) 2 68 46, E-Mail: mdue.redaktion@t-online.de
Mitglieder: 5000

Vertretung der berufsständischen Interessen der Dolmetscher, Übersetzer und verwandter sprachmittelnder Berufe.

Landesverbände

s 1 400

Bundesverband der Dolmetscher und Übersetzer Landesverband Baden-Württemberg
Geschäftsstelle: Fabienne Brouillard
Akademiestr. 48, 76133 Karlsruhe
T: (0721) 9 21 14 30   **Fax:** 9 21 14 31
E-Mail: BDUE-LV-BW@t-online.de
1. Vorsitzende(r): Isa Höflich (Postf. 11 01 44, 69071 Heidelberg, T: (06221) 78 02 92, Fax: 78 03 15, E-Mail: ih@icsi.fv.de)

s 1 401

Bundesverband der Dolmetscher und Übersetzer Landesverband Bayern
Geschäftsstelle:
Postf. 34 02 32, 80099 München
Amalienstr. 45 /1. Rgb., 80799 München
T: (089) 28 33 30   **Fax:** 2 80 54 51
1. Vorsitzende(r): Francisco Ludovice-Moreira (Hinterm Bahnhof 26, 90459 Nürnberg, T: (0911) 44 55 64, Fax: (0911) 45 92 40, E-Mail: moreira@t-online.de)

s 1 402

Bundesverband der Dolmetscher und Übersetzer e.V. (BDÜ) Landesverband Berlin-Brandenburg e.V.
Geschäftsstelle:
Elberfelder Str. 27, 10555 Berlin
T: (030) 3 99 66 34   **Fax:** 3 99 67 31
Internet: http://www.bdue-berlin.de
E-Mail: office@bdue-berlin.de
1. Vorsitzende(r): Carmen v. Samson-Himmelstjerna (Bleibtreustr. 8-9, 10623 Berlin, T: (030) 88 55 47 00, Fax: (030) 88 55 47 01, E-Mail: carmen.samson@usa.net)

s 1 403

Bundesverband der Dolmetscher und Übersetzer Landesverband Bremen und Niedersachsen
Geschäftsstelle:
Akazienweg 56a, 37083 Göttingen
T: (0551) 7 73 41   **Fax:** 7 73 41
E-Mail: bduebn@aol.com
1. Vorsitzende(r): Anja Casties-Bergfeld (Hüttenweg 2, 38685 Langelsheim, T: (05326) 9 39 26, Fax: 9 39 27, E-Mail: acasties-bergfeld@t-online.de)
Referat Bremen: Enrique López-Ebri (Violenstr. 37, 28195 Bremen, T: (0421) 32 30 99, Fax: 3 36 56 33, E-Mail: elopezebri@ad.com)

s 1 404

Bundesverband der Dolmetscher und Übersetzer e.V. (BDÜ) Landesverband Hessen e.V.
Geschäftsstelle:
Taunusstr. 63b, 65183 Wiesbaden
T: (0611) 52 30 00   **Fax:** 52 20 11
Internet: http://www.bdue.de
E-Mail: bdue.hessen@t-online.de
1. Vorsitzende(r): Regina Simmes (Kleiner Holzweg 7, 34121 Kassel, T: (0561) 8 04 35 79, Fax: 9 20 92 00 96, E-Mail: simmes@hrz.uni-kassel.de)

s 1 405

Bundesverband der Dolmetscher und Übersetzer Landesverband Mecklenburg-Vorpommern
Geschäftsstelle:
Haus 3, 17166 Neu Ziddorf
T: (039933) 7 08 71   **Fax:** 7 08 75
1. Vorsitzende(r): Christian Flechtenmacher (Haus 3, 17166 Neu Ziddorf, T: (039933) 7 06 52, Telefax: (039933) 7 08 75, E-Mail: bdü_m-v@t-online.de)

s 1 406

Bundesverband der Dolmetscher und Übersetzer e.V. (BDÜ) Dolmetscher- und Übersetzer-Verband Nordrhein-Westfalen e.V.
1. Vorsitzender und Geschäftsstelle:
Christopher McPartlin
Dechenstr. 40, 40699 Erkrath
T: (02104) 4 82 81   **Fax:** 4 82 81

s 1 407

Bundesverband der Dolmetscher und Übersetzer Landesverband Rheinland-Pfalz
Geschäftsstelle:
Druslachstr. 18, 67360 Lingenfeld
T: (06344) 93 76 60   **Fax:** 93 76 61
E-Mail: ratzeldolm@t-online.de

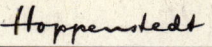

1. Vorsitzende(r): Kurosh Nekouvi (Am Rossprung 90, 67346 Speyer, T: (06232) 29 07 87, Fax: 7 85 47, E-Mail: kn@branek.com)

s 1 408

Bundesverband der Dolmetscher und Übersetzer Landesverband Saar
Geschäftsstelle: Heiko Hegewisch
Dudweilerstr. 20, 66111 Saarbrücken
T: (0681) 9 38 81 11   Fax: 9 38 81 00
Gründung: 1957
1. Vorsitzende(r): Ingrid Schreiber (Im Adrian 8, 54411 Hermeskeil, T: (06503) 80 03 73, Fax: 80 03 74, E-Mail: ingrid-schreiber@t-online.de
Verbandszeitschrift: Savoir traduire
Verlag: Dudweilerstr. 20, 66111 Saarbrücken
Mitglieder: 245

s 1 409

Bundesverband der Dolmetscher und Übersetzer Landesverband Sachsen
Geschäftsstelle: Dr. Stanislaw Gierlicki
Grauwackeweg 66, 04249 Leipzig
T: (0341) 9 40 43 70   Fax: 9 40 43 71
E-Mail: info@bduesn.de
Vorsitzende(r): Karin Pobbig (Hermannstädter Str. 31, 01279 Dresden, T: (0351) 2 57 10 03, Fax: (0351) 2 57 10 02, E-Mail: kpobbig@bduesn.de)

s 1 410

Bundesverband der Dolmetscher und Übersetzer Landesverband Sachsen-Anhalt
Geschäftsstelle
Robinienstr. 14, 39126 Magdeburg
T: (0391) 5 41 48 45   Fax: 5 41 09 95
1. Vorsitzende(r): Veronika Bekele (Robinienstr. 14, 39126 Magdeburg, T: (0391) 5 41 48 45, Fax: 5 41 09 95)

s 1 411

Bundesverband der Dolmetscher und Übersetzer Landesverband Thüringen
Geschäftsstelle: Christine Bauer
Dorfstr. 13, 07646 Tautendorf
T: (036426) 5 08 03   Fax: 5 08 03
E-Mail: bauer.tau@t-online.de
Gründung: 1990
1. Vorsitzende(r): Dietrich Hucke (Otto-Schott-Str. 13, Gebäude 56, 07745 Jena, T/Fax: (03641) 68 18 44, E-Mail: fujara@twinwave.net)
Verbandszeitschrift: Mitteilungen für Mitglieder
Mitglieder: 128

● **S 1 412**

ATICOM - Fachverband der Berufsübersetzer und Berufsdolmetscher e.V.
Winzermarkstr. 89, 45529 Hattingen
T: (02324) 59 35 99   Fax: 68 10 03
Internet: http://www.aticom.de
E-Mail: geschaeftsstelle@aticom.de
Vorsitzende(r): Reiner Heard
Stellvertretende(r) Vorsitzende(r): Dragoslava Gradincevic-Savic

● **S 1 413**

Arbeitsgemeinschaft Frankfurter Konferenzdolmetscher - AFK
Mitglieder des Internationalen Verbandes der Konferenzdolmetscher (AIIC)
Kontaktadresse:
I. Schütz
Waldstr. 72, 60528 Frankfurt
T: (069) 66 11 33 62   Fax: 6 66 78 81
E-Mail: afk-interpreters@gmx.de
Leitung Presseabteilung: Irmentraud Schütz
Mitglieder: 11

● **S 1 414**

Universität Heidelberg Institut für Übersetzen und Dolmetschen
Plöck 57a, 69117 Heidelberg
T: (06221) 54 75 60
Internet: http://www.iued.uni-heidelberg.de
Geschf. Direktor: Nelson Cartagena (T: (06221) 54 72 46, Fax: (06221) 54 75 61)

● **S 1 415**

Verband der Übersetzungsbüros e.V. (VÜ)
Heerstr. 33, 53111 Bonn
T: (0228) 63 24 61   Fax: 69 60 26
Präsident(in): Johannes Nobeleri
Generalsekretär(in): Gitta Höhner-Kayser

Sonstige Berufsverbände

● **S 1 416**

Deutscher Verband der Lehrer für Bürokommunikation e.V. (DVLB)
siehe R 958

● **S 1 417**

Deutscher Verband für Berufsberatung e.V. (dvb)
Bergstr. 9, 55595 Roxheim
T: (0671) 4 55 92   Fax: 4 55 92
Internet: http://www.berufsberater.de
E-Mail: dvb1.haas@t-online.de
Gründung: 1956 (28.September)
Vorsitzende(r): Dipl.-Verw.-wirt. Hubert Haas
Leitung Presseabteilung: Birgit Lohmann
Verbandszeitschrift: dvb-forum
Redaktion: Birgit Lohmann, Eschenweg 68, 58239 Schwerte (auch Verlag), T: (02304) 4 10 07
Mitglieder: 1000

Landesgruppen

s 1 418

Deutscher Verband für Berufsberatung Landesgruppe Baden-Württemberg
Hundsbergstr. 13, 74076 Heilbronn
T: (07131) 16 16 71
E-Mail: gauch.heilbronn@t-online.de
Ansprechpartner: Peter Gauch

s 1 419

Deutscher Verband für Berufsberatung Landesgruppe Bayern
Dreherstr. 31 1/2, 87439 Kempten
T: (0831) 9 72 18   Fax: 5 90 23 07
E-Mail: degenbusch@allgaeu.org
Ansprechpartnerin: Dr. Christine Buschbeck

s 1 420

Deutscher Verband für Berufsberatung Landesgruppe Berlin/Brandenburg
Linienstr. 31, 10178 Berlin
T: (030) 24 72 09 44
Ansprechpartnerin: Monika Rogge-Meißner

s 1 421

Deutscher Verband für Berufsberatung Landesgruppe Hessen
Im Sandfeld 12, 36093 Künzell
T: (0661) 60 71 76
Ansprechpartnerin: Jutta Rothmeier

s 1 422

Deutscher Verband für Berufsberatung Landesgruppe Niedersachsen/Bremen
Am Popendorf 3, 37124 Rosdorf
T: (05509) 25 07
Ansprechpartnerin: Bastienne Raacke-Kottlorz

s 1 423

Deutscher Verband für Berufsberatung Landesgruppe Nordrhein-Westfalen
Düerring 4, 40878 Ratingen
T: (02102) 2 18 71   Fax: 2 18 71
Ansprechpartnerin: Susanne Twardy

s 1 424

Deutscher Verband für Berufsberatung Landesgruppe Rheinland-Pfalz/Saarland
Siebenpfeifferstr. 4, 66424 Homburg
T: (06841) 15 05 01   Fax: 15 05 02
E-Mail: hans-peter_koch@t-online.de
Ansprechpartner: Hans-Peter Koch

s 1 425

Deutscher Verband für Berufsberatung Landesgruppe Schleswig-Holstein/Hamburg/Mecklenburg-Vorpommern
Yorckstr. 2, 24105 Kiel
T: (0431) 3 00 39 40
Ansprechpartner: Ingo Kulle

s 1 426

Deutscher Verband für Berufsberatung Landesgruppe Sachsen/Sachsen-Anhalt/Thüringen
Stiftstr. 15, 08056 Zwickau
T: (0375) 29 86 94   Fax: 3 60 33-68222
E-Mail: noehring@hotmail.com
Ansprechpartnerin: Bärbel Nöhring

● **S 1 427**

Berufsverband der Datenschutzbeauftragten Deutschlands (BvD) e.V.
Geschäftsstelle
Ehinger Str. 19, 89077 Ulm
T: (0731) 6 02 62 65   Fax: 9 60 85 11
Internet: http://www.bvdnet.de
E-Mail: bvd@fh-ulm.de
Gründung: 1989 (30. Sept.)
Bundesvorsitzende(r): Prof. Dr. Gerhard Kongehl (FHU-Hochschule f. Technik, Ulm)
Stellvertretende(r) Vorsitzende(r): Dipl.-Ing. (FH) Markus Mix
Justitiar: Dr. Armin Herb (Südwestdeutscher Rundfunk)
Finanzreferent: Dieter Gusenbauer (PC GmbH)
Dr. Alwin Baumeister (AAI Neu-Ulm)
DV-Sicherheitsreferent: Dr.-Ing. Hannes Federrath (Universität Dresden)
Verbandszeitschrift: Datenschutz und Datensicherung (DUD)
Redaktion: Dr. J. Bizer, Hanau
Verlag: Vieweg Verlag, Wiesbaden
Mitglieder: 170

● **S 1 428**

Deutsche Discotheken Unternehmer (DDU)
Postf. 42 02 48, 52037 Aachen
Kaiser-Friedrich-Allee 1-3, 52074 Aachen
T: (0241) 9 20 92 77   Fax: 9 20 92 78
Internet: http://www.ddu.de
E-Mail: verband@ddu.de
Gründung: 1970
Ansprechpartner: Helga Quirini
Klaus Quirini

● **S 1 429**

Deutsche Disc-Jockey Organisation (DDO)
Postf. 42 02 48, 52037 Aachen
Kaiser-Friedrich-Allee 1-3, 52074 Aachen
T: (0241) 9 20 92 77   Fax: 9 20 92 78
Internet: http://www.ddo.de
E-Mail: verband@ddo.de
Gründung: 1963
Ansprechpartner: Klaus Quirini

● **S 1 430**

Kundendienst-Verband Deutschland e.V. (KVD)
Pliesterbecker Str. 167, 46284 Dorsten
T: (02362) 98 73-0   Fax: 98 73-98
Gründung: 1982 (August)
Vorstand: Jürgen Hartz
Michael Grzenkowitz
Werner Ziemann
Geschäftsführer(in): Werner Fischer
Verbandszeitschrift: Service Today
Redaktion: KVD
Mitglieder: 1350

● **S 1 431**

Bundesvereinigung der Fahrlehrerverbände e.V.
Postf. 71 09 69, 81459 München
Hofbrunnstr. 13, 81479 München
T: (089) 74 91 49 41   Fax: 74 91 49 44
Internet: http://www.fahrschule-online.de
E-Mail: bvmuc@t-online.de
Vorsitzende(r): Gerhard von Bressensdorf
Verbandszeitschrift: FAHRSCHULE
Verlag: Verlag Heinrich Vogel GmbH, Fachverlag, München
Mitglieder: ca. 16000

Mitgliederverbände

s 1 432

Fahrlehrerverband Baden-Württemberg e.V.
Postf. 12 60, 70808 Korntal-Münchingen
T: (0711) 83 98 75-0   Fax: 8 38 02 11
E-Mail: hotline@fahrlehrerverband-bw.de
Vorsitzende(r): Peter Tschöpe

s 1 433

Landesverband Bayerischer Fahrlehrer e.V.
Postf. 71 09 69, 81459 München
Hofbrunnstr. 13, 81479 München
T: (089) 74 91 49-30   Fax: 74 91 49-55

s 1 433

E-Mail: fahrlehrerverband.bayern@t-online.de
Vorsitzende(r): Gerhard von Bressendorf

s 1 434

Fahrlehrer-Verband Berlin e.V.
Magirusstr. 5, 12103 Berlin
T: (030) 75 49 18-0 **Fax:** 75 49 18 22
E-Mail: fahrlehrer-verband-berlin@t-online.de
Vorsitzende(r): Peter Glowalla

s 1 435

Fahrlehrer-Verband Land Brandenburg e.V.
Semmelweisstr. 40, 14482 Potsdam
T: (0331) 70 50 89 **Fax:** 7 40 80 69
Vorsitzende(r): Bernhard Katritzki

s 1 436

Landes-Fahrlehrerverband Bremen e.V.
Alfelder Str. 62, 28207 Bremen
T: (0421) 4 99 20 31 **Fax:** 44 14 95
E-Mail: fahrlehrerverband-bremen@t-online.de
Vorsitzende(r): Rüdiger Grollmann

s 1 437

Fahrlehrer-Verband Hamburg e.V.
Spaldingstr. 64, 20097 Hamburg
T: (040) 23 33 40 **Fax:** 23 07 52
E-Mail: fahrlehrerverband-hh@gmx.de
Vorsitzende(r): Hans-Detlef Engel

s 1 438

Landesverband der Hessischen Fahrlehrer e.V.
Bert-Brecht-Str. 2, 63069 Offenbach
T: (069) 84 63 97 **Fax:** 84 65 80
Vorsitzende(r): Willy Heisch

s 1 439

Fahrlehrerverband Mecklenburg/Vorpommern e.V.
Charles-Darwin-Ring 7, 18059 Rostock
T: (0381) 4 00 06 35 **Fax:** 4 00 06 33
E-Mail: office@fahrlehrerverbandmv.de
Vorsitzende(r): Hans-Joachim Bahls

s 1 440

Fahrlehrerverband Niedersachsen e.V.
Postf. 61, 29553 Bienenbüttel
T: (05823) 70 11 **Fax:** 72 06
Vorsitzende(r): Ernst Templin

s 1 441

Fahrlehrerverband Nordrhein e.V.
Berrenrather Str. 342, 50937 Köln
T: (0221) 44 35 34 **Fax:** 41 27 71
E-Mail: fahrlehrerverband-nordrhein@t-online.de
Vorsitzende(r): Arnold Wymar

s 1 442

Fahrlehrerverband Pfalz e.V.
Wiesenstr. 1, 67433 Neustadt
T: (06321) 3 44 62 **Fax:** 3 41 53
E-Mail: fahrlehrerverband-pfalz@t-online.de
Vorsitzende(r): Rudolf Ebel

s 1 443

Fahrlehrer-Verband Rheinland e.V.
Hans-Böckler-Str. 2, 56070 Koblenz
T: (0261) 8 30 64 **Fax:** 8 68 47
E-Mail: fahrlehrerverband-rheinland@t-online.de
Vorsitzende(r): Heinrich Haas

s 1 444

Landesverband der Fahrlehrer Saar e.V.
Bliesstr. 32, 66701 Kleinblittersdorf
T: (06805) 61 54 40 **Fax:** 61 54 41
Vorsitzende(r): Winfried Schwaben

s 1 445

Fahrlehrer-Verband Sachsen/Anhalt
Gutenbergstr. 20, 39106 Magdeburg
T: (0391) 5 41 54 06 **Fax:** 5 61 93 05
Vorsitzende(r): Georg Lisewitzki

s 1 446

Landesverband Sächsischer Fahrlehrer e.V.
Bernhardstr. 35, 01187 Dresden
T: (0351) 4 78 68-0 **Fax:** 4 78 68-12
E-Mail: fs9892@aol.com
Vorsitzende(r): Horst Richter

s 1 447

Fahrlehrer-Verband Schleswig-Holstein e.V.
Postf. 50 66, 24062 Kiel
T: (0431) 3 07 48 **Fax:** 33 66 45
E-Mail: fahrlehrer-verband-sh@freenet.de
Vorsitzende(r): Heiner Göttsche

s 1 448

Thüringer Fahrlehrerverband e.V.
Lagerstr. 2, 99086 Erfurt
T: (0361) 7 31 52 70 **Fax:** 7 31 52 71
E-Mail: thueringer.fahrlehrerverband@t-online.de
Vorsitzende(r): Rüdiger Brandes

s 1 449

Fahrlehrer-Verband Westfalen e.V.
Erlbruch 19, 45657 Recklinghausen
T: (02361) 2 69 88 **Fax:** 1 75 49
Vorsitzende(r): Hans Plitt

● S 1 450

Bundesverband Ferienfahrschulen e.V. (Guide)
Praunheimer Weg 39, 60439 Frankfurt
T: (069) 58 20 91 **Fax:** 58 32 19
Vorsitzende(r): Hans Joachim Herold (Praunheimer Weg 39, 60439 Frankfurt)
Leitung Presseabteilung: Claus-Dieter Herold (Konrad Adenauer Str. 62, 63322 Rödermark)

● S 1 451

Bund Deutscher Feuerwerker und Wehrtechniker e.V. (BDFWT)
c/o Thorsten Heyer
Mainstr. 25a, 65203 Wiesbaden
T: (0611) 60 34 94 **Fax:** 60 34 94
Internet: http://www.eod-ied-dbfwt.de
Gründung: 1965 (3. Juli)
Vorsitzende(r): Gerhard Schmitt (Zum Nöchel 2, 56479 Stein Neukirch, T: (02667) 3 09, Telefax: (02667) 3 09)
Geschäftsführer(in): Thorsten Heyer (Mainstr. 25 a, 65203 Wiesbaden, T./Fax: (0611) 60 34 94)
Verbandszeitschrift: Mitteilungen
Redaktion: und Verlag: Roland Glöckner, Kreuzstr. 20, 53489 Sinzig-Löhndorf, T: (02642) 4 36 30
Mitglieder: 1600
Jahresetat: DM 0,08 Mio, € 0,04 Mio
Landesgruppen: Berlin, Hamburg, Saar, Schleswig-Holstein, Thüringen
Ortsgruppen: Aachen, Bad Neuenahr, Baumholder, Berchtesgadener Land, Dresden, Dülmen, Frankfurt, Hammelburg, Hannover, Karlsruhe, Kaufbeuren, Koblenz, Laage, Lorup-Hümmling, Magdeburg, Mannheim, Munster, Neuburg/Donau, Nürnberg, Ohrdruf, Rehden, Rheine-Saerbeck, Sankt Augustin/Bonn/Köln, Schwarzenborn, Ulm, Unterlüß, Weißwasser/Nochten, Wiesbaden, Wilhelmshaven, Laage

● S 1 452

Unabhängige Flugbegleiter Organisation e.V. (UFO)
Nordendstr. 24, 64546 Mörfelden-Walldorf
T: (06105) 97 13-0 **Fax:** 97 13-49
Internet: http://www.ufo-online.com
E-Mail: info@ufo-online.com
Gründung: 1992 (7. Juli)
Vorsitzende(r): Mirco A. Vorwerk (LH)
Stellvertretende(r) Vorsitzende(r): Thomas Klappert (LTU)
Geschäftsführender Vorstand: Uwe Hien
Pressesprecher: Peter Jacobus
Verbandszeitschrift: UFO-Report
Redaktion: UFO-intern
Mitglieder: ca. 3700
Mitarbeiter: 4

● S 1 453

Vereinigung Deutscher Pilotinnen e.V.
Osttor 32, 48165 Münster
T: (02501) 2 51 45, (0172) 9 75 67 57 (mobil)
Fax: (02501) 92 76 20
Internet: http://www.pilotinnen.de
E-Mail: carola.hiemeier@t-online.de
Präsident(in): Heidi Galland

● S 1 454

Deutscher Verband für Angewandte Geographie e.V. (DVAG)
Geschäftsstelle:
Adenauerallee 13c, 53111 Bonn
T: (0228) 9 14 88 11 **Fax:** 9 14 88 49
Internet: http://www.geographie.de/dvag
E-Mail: dvag@uni-bonn.de
Gründung: 1950 (29. Juli)
Vorstand: Dipl.-Geogr. Klaus Mensing (Vors.; Ottenser Hauptstr. 26, 22765 Hamburg, T: (040) 39 39 64, E-Mail: convent@poweronline.de)
Prof. Dr. Klaus Greve (stellv. Vors.; Trierer Str. 151, 53115 Bonn, T: (0228) 28 30 22, Fax: 28 30 93, E-Mail: klaus.greve@uni-bonn.de)
Dipl.-Geogr. Ralf Fischer (Parkstr. 33, 13187 Berlin, T: (030) 48 09 82 96, E-Mail: ralf.fischer@bleg.de)
Prof. Dr. Klaus Kost (Ostpreußenstr. 108, 45259 Essen, T: (0201) 46 75 49, Fax: 1 05 92 79, E-Mail: prco@compuserve.com)
Dr. Anke Matuschewski (Gerhardstr. 91, 24105 Kiel, T: (0431) 8 06 53 54, Fax: 8 06 53 54, E-Mail: matuschewski@geographie.uni-kiel.de)
Dipl.-Geogr., RA Holger Schmitz (Kluckstr. 33, 10785 Berlin, T: (030) 2 62 13 90, E-Mail: potsdam@ggsc.de)
Dr. Andreas Spaeth (Galgenberg 5, 35638 Leun, T/Fax: (06473) 16 38, E-Mail: dr.andreas.spaeth@t-online.de)
Sonja Vieten (Peter-Rosegger-Str. 19a, 40699 Erkrath, T: (0170) 5 44 90 01, Fax: (0211) 8 11 34 64, E-Mail: vieten@uni-duesseldorf.de)
Dipl.-Geogr. Christoph Winkelkötter (Rupprechtstr. 13, 80636 München, T: (089) 12 14 15 51, E-Mail: winkelkoetter@dynamis-online.com)
Schriftleiter: Dipl.-Geogr. Arnulf Marquardt-Kuron (Lessingstr. 38, 53113 Bonn, T: (0228) 21 21 23, Fax: (0228) 9 14 88 49; Stadt Bonn, Amt für Wirtschaftsförderung und Tourismus, Rathausgasse 5-7, 53103 Bonn, T: (0228) 77 20 53, fax: (0228) 77 31 00, E-Mail: arnulf.marquardt-kuron@bonn.de)
Stellv. Schriftleiter: Dr. Peter M. Klecker (Halfmannswiese 53 d, 44879 Bochum, T: (0234) 49 66 27, E-Mail: peter.m.klecker@ruhr-uni-bochum.de)
Verbandszeitschrift: STANDORT-Zeitschrift für Angewandte Geographie
Verlag: Springer-Verlag, Heidelberger Platz 3, 14197 Berlin
Mitglieder: ca. 1450

Der DVAG vertritt die Interessen der Angewandten Geographie. Der DVAG engagiert sich für ein angemessenes Image der Angewandten Geographie in der Öffentlichkeit. Er bietet aktive und berufsfeldbezogene Mitarbeit in verschiedenen Arbeitsgruppen, ist Herausgeber von Schriftenreihen, organisiert Fachtagungen und Vorträge und bietet Service- und Beratungsleistungen in allen Fragen der Angewandten Geographie.

Arbeitskreise

s 1 455

Deutscher Verband für Angewandte Geographie e.V.

Arbeitskreis Bauen • Wohnen • Immobilien
Am Bieberbach 12, 63128 Dietzenbach
T: (06074) 40 46 15 **Fax:** 40 46 15
1. Sprecher: Dipl.-Geogr. Peter J.J. Elspaß (Am Bieberbach 12, 63128 Dietzenbach, T: (06074) 40 46 15, Fax: 40 46 15)
2. Sprecher: Dipl.-Geogr. Jan Dirk Poppinga (Jonasstr. 4, 10551 Berlin, T: (030) 39 03 45 38, E-Mail: poppinga@planet-intercom.com)

s 1 456

Deutscher Verband für Angewandte Geographie e.V.

Arbeitskreis Europäische Integration
Zingsheimstr. 30, 53225 Bonn
T: (0228) 46 57 56 **Fax:** 46 57 56
1. Sprecher: Roman Noetzel (Zingsheimstr. 30, 53225 Bonn, T/Fax: (0228) 46 57 56, E-Mail: roman_noetzel@hotmail.com)
2. Sprecher: Dipl.-Geogr. Juan-J. Carmona-Schneider (Postkutschenweg 4, 44803 Bochum, T: (0234) 35 23 49, E-Mail jcarmona@isa-consult.de)

s 1 457

Deutscher Verband für Angewandte Geographie e.V.

Arbeitskreis GeoMediation
Am Herrengarten 50, 53229 Bonn
E-Mail: akgeomed@borneo.gmd.de
1. Sprecher: Dipl.-Geogr. Oliver Märker (Am Herrengarten 50, 53229 Bonn, E-Mail: akgeomed@borneo.gmd.de)
2. Sprecher: Dipl.-Geogr. Johannes Fulgraft (Wehrscheid 3, 53474 Ahrweiler, T: (02641) 35 96 15)

s 1 458

Deutscher Verband für Angewandte Geographie e.V.

Arbeitskreis GIS
Im Ellig 1, 53343 Wachtberg
T: (0228) 64 29 69

E-Mail: jens.fitzke@uni-bonn.de
Sprecher: Dipl.-Geogr. Jens Fitzke (Im Ellig 1, 53343 Wachtberg, T: (0228) 64 29 69, E-Mail: jens.fitzke@uni-bonn.de)

s 1 459
Deutscher Verband für Angewandte Geographie e.V.
Arbeitskreis Naturschutz
Volmerswerther Str. 103, 40221 Düsseldorf
T: (0211) 3 03 25 33
E-Mail: ewertc@uni-duesseldorf.de
1. Sprecherin: Christine Ewert (Volmerswerther Str. 103, 40221 Düsseldorf, T: (0211) 3 03 25 33,, E-Mail: ewertc@uni-duesseldorf.de)
2. Sprecherin: Stephanie Uhrich (Bergstr. 100, 53129 Bonn, T: (0228) 23 59 77)

s 1 460
Deutscher Verband für Angewandte Geographie e.V.
Arbeitskreis Regionalentwicklung
Friedrich-Ebert-Str. 85, 34119 Kassel
T: (0561) 77 81 63
1. Sprecher: Benjamin Schäfer (M.A., Friedrich-Ebert-Str. 85, 34119 Kassel, T: (0561) 77 81 63, E-Mail: anke.schmeling@t-online.de)
2. Sprecher: Dipl.-Geogr. Michael Droß (Reitmorstr. 10, 80538 München, T: (089) 72 57 98 63)

s 1 461
Deutscher Verband für Angewandte Geographie e.V.
Arbeitskreis Stadtplanung
Alter Teichweg 49, 22049 Hamburg
T: (040) 69 79 71 79
E-Mail: hschote@gmx.de
1. Sprecher: Dipl.-Geogr. Heiner Schote (Alter Teichweg 49, 22049 Hamburg, T: (040) 69 79 71 79, E-Mail: hschote@gmx.de)
2. Sprecher: Robert Fischer (M.A., Rhönring 133, 64289 Darmstadt, T: (06151) 71 26 98, E-Mail: robert.fischer@em.uni-frankfurt.de)

s 1 462
Deutscher Verband für Angewandte Geographie e.V.
Arbeitskreis Tourismus
Hensenstr. 174, 48161 Münster
T: (0251) 8 72 54 84
1. Sprecher: Dipl.-Geogr. Kim Potthoff (Hensenstr. 174, 48161 Münster, T: (0251) 8 72 54 84, E-Mail: kim.potthoff@uni-muenster.de)
2. Sprecher: Dipl.-Geogr. Frank Simoneit (Lange Kuhle 56, 48163 Münster, T: (02501) 52 05, E-Mail: fsimoneit@t-online.de)

s 1 463
Deutscher Verband für Angewandte Geographie e.V.
Arbeitskreis Umweltplanung und Ressourcenmanagement
Cottastr. 35, 88048 Friedrichshafen
T: (07541) 4 10 07
Sprecher: Burghard Rauschelbach (Deutsche Gesellschaft für Technische Zusammenarbeit GmbH, Postf. 51 80, 65726 Eschborn, T: (06196) 79-1356, Fax: (06196) 79-7151, E-Mail: burghard.rauschelbach@gtz.de)

s 1 464
Deutscher Verband für Angewandte Geographie e.V.
Arbeitskreis Verkehr
Geschäftsstelle:
Adenauerallee 13c, 53111 Bonn
T: (0228) 9 14 88-11   **Fax:** 9 14 88-49

s 1 465
Deutscher Verband für Angewandte Geographie e.V.
Arbeitskreis Wirtschaftsförderung
Robert-Koch-Str. 4, 58453 Witten
T: (02302) 96 34 26   **Fax:** 96 34 27
1. Sprecher: Dipl.-Geogr. Oliver Reitz (Robert-Koch-Str. 4, 58453 Witten, T: (02302) 96 34 26, Fax: 96 34 27, E-Mail: oreitz@aol.com)
2. Sprecher: Frank Osterhoff (Hugo-Schultz-Str. 40, 44789 Bochum, T: (0234) 30 95 75, E-Mail: frank.osterhoff@ruhr-uni-bochum.de)

Regionale Foren

s 1 466
Deutscher Verband für angewandte Geographie e.V.
Forum Aachen-Dreiländereck
Wallstr. 22 /24, 52064 Aachen
T: (0241) 2 71 26   **Fax:** 2 71 26
Sprecher: Dr. Rudolf Juchelka (RWTH Aachen, Geographisches Institut, Templergraben 55, 52056 Aachen, T: (0241) 80-6057, Fax: (0241) 8 88 83 09, E-Mail: rudolf.juchelka@geo.rwth-aachen.de)

s 1 467
Deutscher Verband für Angewandte Geographie e.V.
Forum Berlin/Brandenburg
Delbrückstr. 35, 12051 Berlin
T: (030) 6 26 94 95
1. Sprecher: Dr. Christof Ellger (Freie Universität Berlin, Institut für Geographische Wissenschaften, Malteserstr. 74-100, 12249 Berlin, T:(030) 83 87 02 26, Fax: (030) 76 70 64 36, E-Mail: cellger@geog.fu-berlin.de)
2. Sprecher: Dr. Klaus Birkholz (Helenenhof 2, 10245 Berlin, T: (030) 2 91 35 73, E-Mail: klaus.birkholz@munr-gl.brandenburg.de)

s 1 468
Deutscher Verband für Angewandte Geographie e.V.
Forum Bonn/Rhein-Sieg/Ahr
Rheinallee 21, 53173 Bonn
T: (0228) 35 93 46
E-Mail: t.nielsen@spnv-nord.de
1. Sprecher: Thomas Nielsen (Rheinallee 21, 53173 Bonn, T: (0228) 35 93 46, E-Mail: t.nielsen@spnv-nord.de)
2. Sprecher: Bodo Sakowski (Sternenburgstr. 45, Zi. 242, 53115 Bonn, T: (0228) 22 03 05, E-Mail: uszz0@uni-bonn.de)

s 1 469
Deutscher Verband für Angewandte Geographie e.V.
Forum Dresden/Ostsachsen
Am Steinbruch 16, 01900 Großröhrsdorf
T: (035952) 4 85 30
1. Sprecher: Dr. Peter Wirth (Institut für ökologische Raumentwicklung e.V. Dresden, Weberplatz 1, 01217 Dresden, T: (0351) 46 79-232, Fax: (0351) 46 79-212, E-Mail: wirth@rcs.urz.tu-dresden.de)
2. Sprecher: Dipl.-Geogr. Bruno Buls (Kieler Str. 31, 01109 Dresden, T: (0351) 8 90 26 04, E-Mail: bruno.buls@knuut.de)

s 1 470
Deutscher Verband für Angewandte Geographie e.V.
Forum Halle/Leipzig
Rotfuchsstr. 21, 04329 Leipzig
T: (0341) 2 52 09 71
E-Mail: dietmar.roehl@t-online.de
Sprecher: Dr. Dietmar Röhl (Regierungspräsidium Leipzig, Referat Raumordnung, Braustr. 2, 04107 Leipzig, T: (0341) 9 77-5400, Fax: (0341) 9 77-5099, E-Mail: dietmar.roehl@a5.rpl.sachsen.de)

s 1 471
Deutscher Verband für Angewandte Geographie e.V.
Forum Hamburg
Brombeerweg 12, 21423 Winsen
T: (04171) 78 24 11
Sprecher: Dipl.-Geogr. Burkhard Jansen (Brombeerweg 12, 21423 Winsen, T: (04171) 78 24 11, E-Mail: b.jansen@ikharburg.de)

s 1 472
Deutscher Verband für Angewandte Geographie e.V.
Forum Kurpfalz
Ladenburger Str. 7, 68723 Plankstadt
T: (06202) 1 81 07
Sprecher: Götz Junk

s 1 473
Deutscher Verband für Angewandte Geographie e.V.
Forum Region Magdeburg
Pestalozzistr. 1, 39110 Magdeburg
T: (0391) 7 33-9366

Sprecher: Dipl.-Geogr. Burkhard Rönick (Landeshauptstadt Magdeburg, Stadtplanungsamt, Lorenzweg 77-87, 39090 Magdeburg, T: (0391) 5 40 53 71, Fax: (0391) 5 40 52 92)

s 1 474
Deutscher Verband für Angewandte Geographie e.V.
Forum Mittelhessen
Rasteberweg 4, 34123 Kassel
T: (0561) 5 29 67 36
Sprecher: Dipl.-Geogr. Joachim Kothe (Hessische Landesgesellschaft (HLG), Wilhelmshöher Allee 157-159, 34121 Kassel, T: (0561) 30 85-147, Fax: (0561) 30 85-153, E-Mail: kothe@hlg.org)

s 1 475
Deutscher Verband für Angewandte Geographie e.V.
Forum Region München
Pestalozzistr. 40c, 80469 München
T: (089) 26 72 04   **Fax:** 26 72 04
E-Mail: ralf.popien@t-online.de
Sprecher: Dipl.-Geogr. Dr. Ralf Popien (Technische Universität München, Geographisches Institut, 80290 München, T: (089) 2 89-25439, 2 89-25438, Fax: (089) 2 89-22804, E-Mail: ralf.popien@ws.tum.de)

s 1 476
Deutscher Verband für Angewandte Geographie e.V.
Forum Münsterland
Esterfelder Stiege 21, 49716 Meppen
T: (05931) 1 30 00
E-Mail: sorge@t-online.de
Sprecher: Dipl.-Geogr. Christian Sorge (Amt für Wirtschaftsförderung, Ordeniederung 1, 49716 Meppen, T: (05931) 4 43 32, Fax: (05931) 4 42 45, E-Mail: emsland@t-online.de)
Bereich Osnabrück:
Dipl.-Geogr. Uwe Noetzel (Teigelhügel 16, 48268 Greven, T: (02571) 98 66 06, Fax: (02571) 98 66 07, E-Mail: uwe.noetzel@gmx.de)

s 1 477
Deutscher Verband für Angewandte Geographie e.V.
Forum Nordbayern/Franken
Mittlerer Steinbachweg 13, 97082 Würzburg
T: (0931) 8 24 23   **Fax:** 8 88 55 56
Sprecher: Dipl.-Geogr. Dr. Konrad Schliephake (Universität Würzburg, Geographisches Institut, Am Hubland, 97074 Würzburg, T: (0931) 8 88-5548, 8 88-5553, E-Mail: k.schliephake@mail.uni-wuerzburg.de)

s 1 478
Deutscher Verband für Angewandte Geographie e.V.
Forum Oberfranken
Postf. 10 03 33, 95403 Bayreuth
T: (09221) 69 93 34   **Fax:** (0180) 50 25 52 05 48 00
E-Mail: dvag_oberfranken@yahoo.de
Sprecher: Dipl.-Geogr. Peter Belina (Industrie- und Handelskammer für Oberfranken, Abt. Struktur, Statistik, Öffentlichkeitsarbeit, Bahnhofstr. 25-27, 95444 Bayreuth, T: (0921) 8 86-102, 8 86-121, Fax: (0921) 1 27 78, E-Mail: belina@bayreuth.ihk.de)

s 1 479
Deutscher Verband für Angewandte Geographie e.V.
Forum Rhein-Main
Flensburger Str. 5, 60435 Frankfurt
T: (069) 56 68 06   **Fax:** 56 68 06
E-Mail: gutfleisch@em.uni-frankfurt.de
Sprecher: Dipl.-Geogr. Ralf Gutfleisch

s 1 480
Deutscher Verband für Angewandte Geographie e.V.
Forum Ruhrgebiet
Robert-Koch-Str. 4, 58453 Witten
T: (02302) 96 34 26   **Fax:** 25 57 73 27
E-Mail: oreitz@aol.com
Sprecher: Dipl.-Geogr. Oliver Reitz (artemedia ag, Ludwig Erhard Haus Berlin, Fasanenstr. 85, 10623 Berlin, T: (030) 3 99 80-267, Fax: (030) 3 99 80-285, E-Mail: oliver.reitz@artemedia.de)

s 1 481
Deutscher Verband für Angewandte Geographie e.V.
Forum Saar/Mosel/Pfalz
Saarbrücker Str. 141, 66292 Riegelsberg
T: (06806) 30 69 80
Sprecher: Rüdiger Bär (M.A.; Ministerium für Umwelt, Energie und Verkehr, Halbergstr. 50, 66121 Saarbrücken, T: (0681) 5 01-4185, Fax: (0681) 5 01-4299, E-Mail: baer@muev.x400.saarland.de)
Dipl.-Geogr. Frank Hömme (Hauptstr. 20, 54340 Pölich, T: (06507) 80 26 70, Fax: (06507) 80 26 73; Büro für Raumanalyse + Raumentwicklung, Schloßstr. 2, 54340 Bekond, T: (06502) 98 82 01, Fax: (06502) 98 82 02, E-Mail: frank.hoemme@t-online.de)

s 1 482
Deutscher Verband für Angewandte Geographie e.V.
Forum Schleswig-Holstein
Gerhardstr. 91, 24105 Kiel
T: (0431) 8 06 53 54   Fax: 8 06 53 54
Sprecherin: Dr. Anke Matuschewski (Universität Kiel, Geographisches Institut, Olshausenstr. 40-60, 24098 Kiel, T: (0431) 8 80 29 49, Fax: (0431) 8 80 46 58, E-Mail: matuschewski@geographie.uni-kiel.de)

s 1 483
Deutscher Verband für Angewandte Geographie e.V.
Forum Südliches Niedersachsen
Hainholzweg 52, 37085 Göttingen
T: (0551) 4 88 90 59
E-Mail: susanne_meyer@t-online.de
Göttingen:
Sprecherin: Dipl.-Geogr. Susanne Meyer (Hainholzweg 52, 37085 Göttingen, T: (0551) 4 88 90 59, E-Mail: susanne-meyer@t-online.de; dienstl.: Birkigt-Quentin - Büro f. Landschaftsplanung, Höbelweg 4, 37139 Adelebsen, T: (05506) 95 55-0, Fax: (05506) 95 55-11)
Sprecher: Dipl.-Geogr. Andreas Obst (Hainholzweg 52, 37085 Göttingen, T: (0551) 4 88 90 59, E-Mail: aobst1@t-online.de; dienstl.: Ingenieurbüro Walther GmbH, Kiefernweg 5, 37085 Göttingen, T: (0551) 79 00 70, Fax: (0551) 7 90 07 79)
Hannover:
Sprecherin: Dipl.-Geogr. Katrin Wolter (Fuchswinkel 22, 37581 Bad Gandersheim, E-Mail: kwwolter@aol.com)

s 1 484
Deutscher Verband für Angewandte Geographie e.V.
Forum Weser-Ems
Struthoffs Kamp 27, 26127 Oldenburg
T: (0441) 6 34 48
Sprecher: Peter Spengemann
Andreas Gräfe (Ungerstr. 1, 30451 Hannover, T: (0511) 21 20 18, E-Mail: a.graefe@redseven.de)

s 1 485
Deutscher Verband für Angewandte Geographie e.V.
Forum Württemberg
Völkerweg 15, 72072 Tübingen
T: (07071) 36 73 73
E-Mail: ralf.lattner@bigfoot.de
Sprecher: Dipl.-Geogr. Ralf Lattner (Universität Tübingen, Geographisches Institut, Hölderlinstr. 12, 72074 Tübingen, T: (07071) 2 97 75 24, E-Mail: ralf.lattner@uni-tuebingen.de)
Dipl.-Geogr. Dirk Eisenreich (Eugenstr. 25, 72072 Tübingen, T: (07071) 65 01 89)

● S 1 486
Deutsche Graphologische Vereinigung e.V.
- Berufsverband gepr. Deutscher Graphologen - (DGV)
Geschäftsstelle:
Gottfried-Böhm-Ring 24, 81369 München
T: (089) 7 85 49 93
Gründung: 1950
1. Vorsitzende(r): Gepr. Graphologin DGV Ingeborg Rudolph (Gottfried-Böhm-Rg. 24, 81369 München)
2. Vorsitzende(r): Gepr. Graphologin Renate Kümmell (Drosselhörn 4, 24226 Heikendorf/Kitzeberg)
Verbandszeitschrift: "Verbandsmitteilungen"
Mitglieder: 60
Mitarbeiter: 6

● S 1 487
Fachverband Deutsche Graphologen e.V.
Sitz Celle
Am Rodelberg 20, 30952 Ronnenberg
T: (0511) 46 52 45
Vorsitzende(r): Egon Schulze
Mitglieder: 43

● S 1 488
Dachverband Deutscher Immobilienverwalter e.V. (DDIV)
Friedbergstr. 47, 14057 Berlin
T: (030) 3 00 96 79-0   Fax: 88 42 89 10
Präsident(in): Dr. Wolf-Rüdiger Bub, München
Präsidiumsmitglied(er): Hans-Jürgen Wapler, Stuttgart
Joachim Schmidt, Frankfurt/M.
Geschäftsführer(in): Karlheinz Körner
Verbandszeitschrift: Der Immobilienverwalter (DIV)

s 1 489
Verband der Immobilienverwalter Bayern e.V.
Karlstr. 53, 80333 München
T: (089) 55 39 16   Fax: 5 50 12 07
Internet: http://www.immobilienverwalter-bayern.de
E-Mail: info@immobilienverwalter-bayern.de
Vorsitzende(r): Brigitte Stenders
Geschäftsführer(in): Edgar Oswald

s 1 490
Verband der Immobilienverwalter Berlin-Brandenburg e.V.
Friedbergstr. 47, 14057 Berlin
T: (030) 8 84 69 30   Fax: 88 42 89 10
Vorsitzende(r): Wolfgang Kruse
Geschäftsführer(in): Monika Schultze

s 1 491
Verband der Immobilienverwalter Hessen e.V.
Böhmerstr. 9, 60322 Frankfurt
T: (069) 95 91 43 14   Fax: 95 91 43 88
Internet: http://www.hausverwalter.de
Vorsitzende(r): Stephan Kiehl
Geschäftsführer(in): Joachim Schmidt

s 1 492
Verband der Immobilienverwalter Niedersachsen/Bremen e.V.
Sonnenweg 35, 30171 Hannover
T: (0511) 8 38 66 60   Fax: 8 38 66 61
Vorsitzende(r): Horst Rabbe
Geschäftsführer(in): Dietrich Heidelauf

s 1 493
Verband der nordrhein-westfälischen Immobilienverwalter e.V.
Hafenweg 46-48, 48155 Münster
T: (0251) 23 01-225   Fax: 23 01-132
Geschäftsf. Vorst.: Hans-Joachim Mergen

s 1 494
Verband der Immobilienverwalter Rheinland-Pfalz/Saarland e.V.
Fischerstr. 18, 76726 Germersheim
T: (07274) 70 11-0   Fax: 70 11-50
Internet: http://www.info-x.de/vdiv-rp
Vorsitzende(r): Karlheinz Körner
Geschäftsführer(in): Achim Roloff

s 1 495
Verband der Immobilienverwalter Sachsen e.V.
Zschopauer Str. 216, 09126 Chemnitz
T: (0371) 5 35 38 00   Fax: 5 35 38 88
Vorsitzende(r): Dietmar Strunz

s 1 496
Verband der Immobilienverwalter Sachsen-Anhalt e.V.
Frauentorplatz 2, 39261 Zerbst
T: (03923) 78 04 93   Fax: 78 84 83
Vorsitzende(r): Dieter Kaselow
Geschäftsführer(in): Herbert Metzker

s 1 497
Verband der Immobilienverwalter Schleswig-Holstein/Hamburg/Mecklenburg-Vorpommern e.V.
Düppelstr. 71, 24105 Kiel
T: (0431) 8 47 57   Fax: 8 47 25
Vorsitzende(r): Holger Zychski
Geschäftsführer(in): Wolfgang Mattern

s 1 498
Verband der Immobilienverwalter Baden-Württemberg
Berliner Str. 19, 74321 Bietigheim-Bissingen
T: (07142) 76-296   Fax: 76-297
Vorsitzende(r): Wolfgang D. Heckeler

s 1 499
Verband der Hausverwalter Thüringen e.V.
Thälmannstr. 24, 99085 Erfurt
T: (0361) 6 43 83 36   Fax: 5 58 10 44
Vorsitzende(r): Jens Fickenscher
Geschäftsführer(in): Uwe Dubiel

● S 1 500
Hoteldirektorenvereinigung Deutschland e.V. (HDV)
Sponheimweg 3, 53604 Bad Honnef
T: (02224) 9 80 91-0   Fax: 9 80 91-1
Internet: http://www.hdvnet.de
E-Mail: elke.missner@hdvnet.de
Gründung: 1981
Vorsitzende(r): Olaf Feuerstein
Verbandszeitschrift: HDV Depesche
Redaktion: G. E. Boness
Verlag: Hoteldirektorenvereinigung Deutschland e.V.
Mitglieder: 185

● S 1 501
Berufsverband hauswirtschaftlicher Fach- und Führungskräfte e.V. (bhf)
Waiblinger Str. 11 /3, 71384 Weinstadt
T: (07151) 4 37 70   Fax: 4 76 25
Internet: http://www.bhfev.de
E-Mail: bhf@bhfev.de
Gründung: 1971
1. Vorsitzende(r): Maria Fink
2. Vorsitzende(r): Marie Christine Klöber
Hauptgeschäftsführer(in): Beate Imhof-Gildein
Verbandszeitschrift: "INFODIENST"
Verlag: bhf, Waiblinger Str. 11/3, 71384 Weinstadt (auch Redaktion)
Mitglieder: ca. 2200
Mitarbeiter: 4

Landesverbände: Baden-Württemberg, Bayern, Berlin-Brandenburg, Nordrhein-Westfalen, Rheinland-Pfalz, Saarland, Schleswig-Holstein/Hamburg, Hessen

● S 1 502
Gesellschaft für Forensische Schriftuntersuchung (GFS) e.V.
Branichstr. 8, 69198 Schriesheim
T: (06203) 6 32 44, (0621) 2 92-8486
Fax: (06203) 6 32 44, (0621) 2 92-8487
E-Mail: pebaier@aol.com
Gründung: 1951 (14. Oktober)
Präsident(in): Dr. Cornelia Tollkamp-Schierjott (Ostring 27, 45711 Datteln, E-Mail: cts@soft.imaging.de)
Geschäftsführer(in): Dr. Peter E. Baier (Branichstr. 8, 69198 Schriesheim, T: (06203) 6 32 44, (0621) 1 81-3538, Telefax: (06203) 6 32 44, (0621) 1 81-3948, E-Mail: pebaier@aol.com)
Mitglieder: 68
Die Gesellschaft ist hervorgegangen aus dem "Fachverband der Sachverständigen für gerichtliche Schriftuntersuchung e.V.".

● S 1 503
Bund für deutsche Schrift und Sprache e.V.
Sitz Hannover, Geschäftsstelle:
Postf. 11 10, 26189 Großenkneten
T: (04435) 13 13   Fax: 36 23
Internet: http://www.bfds.de
E-Mail: schriftleiter@bfds.de
Gründung: 1918 (1. April) und 1951 (15. Februar) nach Zwangsauflösung durch NS 1941
Vorsitzende(r): Helmut Delbanco
Stellvertretende(r) Vorsitzende(r): Hanno Blohm
Geschäftsführer(in): Helmut Delbanco
Verbandszeitschrift: Die deutsche Schrift
Redaktion: Harald Rösler
Verlag: Selbstverlag
Mitglieder: 900
Mitarbeiter: 10 (ehrenamtl.)

● S 1 504
Deutscher Fachverband für Meister im Schwimmbad e.V. (DFMS)
Postfach 20 02 03, 70751 Leinfelden-Echterdingen
T: (0711) 7 97 80 04   Fax: 7 97 80 04
E-Mail: fisherman@t-online.de
Präsident(in): Walter-V. Marquardt
Bundesgeschäftsführer(in): Karl-Gustav Gies
Mitglieder: 104

● S 1 505
Bundesvereinigung Liberaler Kommunalpolitiker e.V. (VLK)
Postfr. 04 03 49, 10062 Berlin
Reinhardtstr. 14, 10117 Berlin
T: (030) 28 49 58-51 **Fax:** 28 49 58-52
Gründung: 1982 (Juli)
Vorsitzende(r): Bürgermeister Werner Becker-Blonigen (Hauptstr. 40, 51674 Wiehl, T: (02262) 9 92 54 (d))
Geschäftsführer(in): Gabriele Renatus
Ehrenvors: Wolfgang Knoll
Verbandszeitschrift: "das rathaus" Zeitschrift für Kommunalpolitik
Redaktion: Rathaus Verlagsgesellschaft mbH, Kronprinzenstr. 13, 45128 Essen
Verlag: Uwe Nabersberg, Solseifen Nr. 5, 51597 Morsbach, T: (02294) 63 36

● S 1 506
Berufsverband Deutscher Psychologinnen und Psychologen e.V., Bonn (BDP)
Bundesgeschäftsstelle:
Glinkastr. 5-7, 10117 Berlin
T: (030) 22 60 56 99 **Fax:** 22 60 56 98
Internet: http://www.bdp-verband.org
E-Mail: info@bdp-verband.org
Servicezentrum:
Heilsbachstr. 22-24, 53123 Bonn
T: (0228) 9 87 31-0 **Fax:** 9 87 31-70
Gründung: 1946
Internationaler Zusammenschluß: siehe unter izs 19
Präsident(in): Dipl.-Psych. Lothar J. Hellfritsch
Vizepräsident(in): Dipl.-Psych. Gertraud Richardt
Dipl.-Psych. Harald Ackerschott
Beisitzer im Präsidium: Dipl.-Psych. Inge Neiser
Dipl.-Psych. Laszlo Pota
Hauptgeschäftsführer(in): Dipl.-Psych. Armin Traute
Leitung Presseabteilung: Christa Schaffmann
Verbandszeitschrift: Report Psychologie
Redaktion: Prof. Dr. Günter Krampen, Hans-Werner Drewe, Petra Walkenbach
Verlag: Deutscher Psychologen Verlag, Bonn
Mitglieder: ca. 18000

● S 1 507

Soroptimist International, Deutsche Union
Seelhorststr. 51, 30175 Hannover
T: (0511) 2 88 03 26 **Fax:** 2 88 03 27
Internet: http://www.soroptimist.de
E-Mail: soroptimist.du@htp-tel.de
Gründung: 1921 (3. Oktober) Oakland/Californien
Präsidentin: Marlies Hampel (1999-2001), Düsseldorf
Leitung Presseabteilung: Christine Cromwell-Ahrens
Verbandszeitschrift: soroptimist intern
Redaktion: Dr. Hildegard Koehler
Mitglieder: 124 Clubs mit mehr als 3500 Mitgliedern in Deutschland, weltweit 3150 Clubs mit rund 95000 Mitgliedern Als NGO gehört Soroptimist International zahlreichen Unterorganisationen der Vereinten Nationen an.

● S 1 508
Deutscher Hausfrauen-Bund e.V. (DHB)
Berufsverband der Haushaltsführenden
Coburger Str. 19, 53113 Bonn
T: (0228) 23 77 99, 23 77 18 **Fax:** 23 88 58
Internet: http://www.hausfrauenbund.de
E-Mail: hausfrauenbund@t-online.de
Präsident(in): Pia Gaßmann, Köln
Mitglieder: ca. 100000
Landesverbände: 18

● S 1 509
Rastatter Kreis Chef International
Vereinigung der Küchenchefs und Restaurateure in Deutschland
Verwaltungsbüro:
Aichgasse 3, 65239 Hochheim
T: (06146) 40 71-72 **Fax:** 29 76
Gründung: 1978 (April)
Leiter d. Verwaltungsbüros: Arne Krüger, Aichgasse 3, 65239 Hochheim, T: (06146) 40 71-72, Telefax: (06146) 29 76)
Verbandszeitschrift: INTERNATIONAL CHEF-BRIEF
Verlag: Arne-Verlag, Aichgasse 3, 65239 Hochheim
Mitglieder: 600

● S 1 510
Deutscher Verband freiberuflicher Restauratoren e.V. (DVFR)
Gutshof 3, 24802 Emkendorf
T: (04330) 2 40 **Fax:** 7 25
Gründung: 1981 (März)
Vorsitzende(r): Andreas Scheideck (Kindlebildstr. 5, 78467 Konstanz, T: (07531) 7 21 06)
Stellvertretende(r) Vorsitzende(r): Roger Kossan
Geschäftsführer(in): Peter Rau (Burgauer Weg 19 (Wiblingen), 89079 Ulm, T: (0731) 4 52 84, Telefax: (07346) 21 42)
Mitglieder: ca. 120

● S 1 511
Restauratoren Fachverband e.V. (RFV)
Geschäftsstelle
Erika Rediner
Schulstr. 25, 13187 Berlin
T: (030) 48 09 62 42 **Fax:** 4 85 54 55
E-Mail: r.f.v.@gmx.de
Gründung: 1991 (25. Februar)
Vorsitzende(r): Prof. Thomas Staemmler
Stellvertretende(r) Vorsitzende(r): Holger Reinhardt
Verbandszeitschrift: "Beiträge zur Erhaltung von Kunstwerken"
Redaktion: Ingo Timm
Mitglieder: 180

● S 1 512
Verband der Restauratoren im Zimmererhandwerk e.V.
Hackländerstr. 43, 70184 Stuttgart
T: (0711) 2 39 96-50 **Fax:** 2 39 96-60
Internet: http://www.restauratoren-verband.de
E-Mail: info@restauratoren-verband.de
Geschäftsführer(in): Dipl.-Betriebsw. Joachim Hörrmann
Vorsitzende(r): Jürgen Lauffer (i. Fa. Lauffer, Renningen)
Leitung Presseabteilung: Peter Mackowiack
Mitglieder: ca. 85

● S 1 513
Arbeitsgemeinschaft der Restauratoren e.V. (AdR)
Im Großacker 28, 79252 Stegen
T: (07661) 6 10 35 **Fax:** 6 21 50
Gründung: 1956
Vorsitzende(r): Kornelius Götz
Stellvertretende(r) Vorsitzende(r): Heidemarie Farke
Schriftführer(in): Monika Lehmann
RechnF: Rolf-Dieter Blumer
Verbandszeitschrift: "Abeitsblätter der Restauratoren"
Redaktion: Römisch-German. Zentralmuseum
Verlag: Ernst-Ludwig-Platz 2, 55116 Mainz
Mitglieder: 1750
Mitarbeiter: 1

● S 1 514
Deutscher Restauratoren Verband e.V. (DRV)
Bischofsgartenstr. 1, 50667 Köln
T: (0221) 25 64 55 **Fax:** 9 25 21 26
Gründung: 1957
Vorsitzende(r): Andreas Menrad
Geschäftsstelle: Ingrid Di Lieto
Kassenwart: Pater Volkmer
Verbandszeitschrift: Zeitschrift für Kunsttechnologie und Konservierung
Redaktion: DRV
Verlag: Wernersche Verlagsanstalt, Worms
Mitglieder: 950

● S 1 515
Sommelier-Union Deutschland e.V.
Fachvereinigung der Weinfachleute in der Gastronomie
Sekretariat:
Aichgasse 10, 65239 Hochheim
T: (06146) 40 71-73 **Fax:** 29 76
Internet: http://www.sommelier-union.de
Präsident(in): Karl Koniarski (Rest. Kirchmühle, Kirchstr. 31, 64319 Pfungstadt)
Verwaltungsbüro: Arne Krüger
Mitglieder: 400

● S 1 516
Gesellschaft Deutscher Lebensmitteltechnologen e.V. (GDL)
Godesberger Allee 142-148, 53175 Bonn
T: (0228) 37 90 80 **Fax:** 37 64 01
Internet: http://www.gdl-ev.de
E-Mail: gdl@gdl-ev.bn.shuttle.de
Gründung: 1954 (2. Januar)
Vorsitzende(r): Prof. Dr. Herbert J. Buckenhüskes
Stellvertretende(r) Vorsitzende(r): Prof. Dr. Werner Lorig
Volker Herrmann (Leitung Presseabteilung)
Vorstandsmitglied: Prof. Dr. Dietrich Lehmann
Geschäftsführende(s) Vorstands-Mitglied(er): Dipl.-oec.- troph. Hans-Peter Walbröl
Verbandszeitschrift: Lebensmitteltechnik
Verlag: LT Food Medien-Verlag GmbH & Co. KG, Bugdahnstr. 5, 22767 Hamburg
Mitglieder: 2800
Mitarbeiter: 2
Jahresetat: DM 0,4 Mio, € 0,2 Mio

● S 1 517
Verband Freier Deutscher Markenimporteure e.V. (VFDM)
Gotenstr. 21, 20097 Hamburg
T: (040) 23 60 16-0 **Fax:** 23 60 16-10, -11, -40
E-Mail: vfdm@wga-hh.de
Gründung: 1997 (6. November)
Vorsitzende(r): Jürgen Lorenz
Geschäftsführer(in): RA Lutz Düshop

● S 1 518
Verband der Parlaments- und Verhandlungsstenographen e.V.
Postfr. 30 95 07, 10762 Berlin
T: (030) 30 81 53 53 **Fax:** 30 81 53 54
E-Mail: wolfbehm@aol.com
Gründung: 1953 Vorgängerverband 1908-1933
Vorsitzende(r): Dr. Wolfgang Behm (Bayernallee 25, 14052 Berlin)
Verbandszeitschrift: Neue Stenographische Praxis
Mitglieder: 190
Jahresetat: DM 0,02 Mio, € 0,01 Mio

Vertretung der Belange der in den Parlamenten angestellten Parlamentsstenographen sowie der freiberuflichen Verhandlungsstenographen.

● S 1 519
Arbeitsgemeinschaft der Sozialdemokratinnen und Sozialdemokraten im Gesundheitswesen
Willy-Brandt-Haus
10911 Berlin
Wilhelmstr. 141, 10963 Berlin
T: (030) 2 59 91-470 **Fax:** 2 59 91-287
Internet: http://www.spd.de/asg
E-Mail: asg@spd.de
Vorsitzende(r): Prof. Dr. Martin Pfaff

● S 1 520
Deutsche Fotografische Akademie e.V.
Sitz: Leinfelden-Echterdingen
Schloßstr. 39, 75245 Neulingen
T: (07237) 94 08 **Fax:** 54 78
E-Mail: schmal@fh-pforzheim.de
Gründung: 1919
Präsidium:
Präsident(in): Prof. Manfred Schmalriede (Schloßstr. 39, 75245 Neulingen-Bauschlott, T: (07237) 94 08)
Vizepräsident(in): Prof. Charles Compére (Hittorfstr. 117, 50735 Köln, T: (0221) 76 85 55)
Geschäftsführer(in): Günter Hildenhagen (Weseler Str. 356, 48163 Münster, T: (0251) 75 45 61)
Präsidiumsmitglied(er): Hansi Müller-Schorp (Keßlerweg 9, 70771 Leinfelden-Echterdingen, T: (0711) 7 54 31 29)
Präsidiumsmitglied(er): Wolfgang Zurborn (Steinbergerstr. 21, 50733 Köln, T: (0221) 72 91 49)
Leitung Presseabteilung: Dipl.-Ing. Birgit Bursch
Verbandszeitschrift: BULLETIN - Mitteilungen der Deutschen Fotografischen Akademie
Redaktion: Birgit Bursch, Hittorfstr. 17, 50735 Köln, T: (0221) 76 85 55
Verlag: Stadt Leinfelden-Echterdingen
Mitglieder: 120

● S 1 521
VDEB - Verband der EDV-Berater e.V.
Borchersstr. 2, 52072 Aachen
T: (0241) 8 89 55 58 **Fax:** 8 79 40 42
Internet: http://www.vdeb.de
E-Mail: vdeb@vdeb.de
Gründung: 1989 (Mai)
Vorsitzende(r) des Vorstandes: Oliver Grün (Grün Software AG, Aachen)
Stellvertretende(r) Vorsitzende(r): Dipl.-Kfm. Thomas Ebbinghaus (Ebbinghaus Team GmbH, Würzburg)
Leitung Presseabteilung: Oliver Grün
Verbandszeitschrift: VDEB aktuell
Redaktion: Stefan Mantl
Mitglieder: 50
Mitarbeiter: 1

● S 1 522
Microcomputer Managers Association Germany e.V. (MMA)
Erikastr. 8c, 82194 Gröbenzell
T: (08142) 59 72 06
Gründung: 1992 (17. November)

S 1 522

Präsident(in): Dipl.-Wirtschaftsing. (FH) Dietrich Lüben
Vizepräsident(in): Dipl.-Ing. Ernst Schindler (Pulverturmstr. 58, 80935 München)
Mitglieder: 20 (BRD); 2000 (USA)

● S 1 523

Deutsche Gesellschaft zur Förderung und Entwicklung des Seminar- und Tagungswesens e.V. (DeGefest)
Heinrich-Heine-Platz 9a, 10179 Berlin
T: (030) 24 72 67 98   **Fax:** 24 72 67 97
Internet: http://www.degefest.de
E-Mail: info@degefest.de
Gründung: 1984
Vorsitzende(r): Dr. Bernhard Odenkirchen (PALATIN, Ringstr. 17-19, 69168 Wiesloch, T: (06222) 58 26 20, Telefax: (06222) 58 26 21)
1. stellv. Vors.: Dietmar Hennig
Verbandszeitschrift: DeGefest. Journal
Redaktion: H. Urban
Mitglieder: 190
Die branchenübergreifende Vereinigung von Tagungsfachleuten, Weiterbildnern, Hoteliers und Ausstattern.

● S 1 524

Vereinigung Deutscher Executive-Search-Berater (VDESB)
Frankfurt Airport Center I
Hugo-Eckener-Ring, 60549 Frankfurt
T: (069) 69 35 40
Vorstand:
Vorsitzende(r): Thomas Deininger (i.Fa. Deininger Unternehmensberatung GmbH, Hamburger Allee 2-10, 60486 Frankfurt/Main)
Kassenwart: Jon N. Nedelcu (i.Fa. Leaders Trust, 81679 München)
Schriftführer(in): Werner Schwab (i. Fa. Ray & Berndtson, 60393 Frankfurt)
Public Relations: Dr. Hubert Stampler (i.Fa. H. Neumann International, 40474 Düsseldorf)
Mitglieder: 20

● S 1 525

Verband der GmbH-Geschäftsführer e.V.
Simonshofer Str. 7, 91207 Lauf
T: (09123) 8 25 28   **Fax:** 8 29 97
Gründung: 1988 (6. Mai)
1.Vors. u. GeschF: Eric Mommer
Mitglieder: 1800
Mitarbeiter: 4
Jahresetat: DM 1 Mio, € 0,51 Mio

● S 1 526

Bund Deutscher Geschäftsführer und Vorstandsmitglieder e.V. (BGV)
Hauptgeschäftsführer:
VM VERBANDS-MANAGEMENT GmbH
Edelsbergstr. 8, 80686 München
T: (089) 5 70 07-0   **Fax:** 57 00 72 60
Präsident(in): Dipl.-Kfm. Karlernst Kalkbrenner

● S 1 527

Golf Management Verband Deutschland e.V. (GMVD)
Ernst-Robert-Curtius-Str. 14, 53117 Bonn
T: (0228) 9 89 82 35   **Fax:** 9 89 82 99
Internet: http://www.gmvd.de
E-Mail: info@gmvd.de
Präsident(in): Bernhard Lindenbuß
Vizepräsident(in): Matthias Nicolaus
Frank Thonig
Michael Siebold
Verbandszeitschrift: Golf Manager
Redaktion: Hortus, Bonn
Verlag: Hortus-Zeitschriften, Postfach 410354, 53025 Bonn
Mitglieder: 356 (Stand 06.03.2001)

● S 1 528

Vereinigte Inhaber optischer Geschäfte e.V.
Bei dem Neuen Krahn 2, 20457 Hamburg
T: (040) 36 98 12-0
Vorsitzende(r): Hans-Jürgen Unger
Geschäftsführer(in): Dipl.-Kfm. Ulf Kalkmann

● S 1 529

Verband der Geschäftsführer deutscher Industrie- und Handelskammern
c/o Handelskammer Hamburg
Postf. 11 14 49, 20414 Hamburg
Adolphsplatz 1, 20457 Hamburg
T: (040) 3 61 38-214   **Fax:** 3 61 38-220
Gründung: 1890
Vorsitzende(r): Prof. Dr. Hans-Jörg Schmidt-Trenz
Mitglieder: 625 (Stand: März 2001)

● S 1 530

Fachverband der Kommunalkassenverwalter e.V.
Stadtkasse Villingen-Schwenningen
Postf. 12 60, 78002 Villingen-Schwenningen
T: (07721) 82 13 30   **Fax:** 82 13 37
Gründung: 1889 (Juni)
Bundesvorsitzender: Albert Kärcher
Stellv. Bundesvorsitzender: Jürgen Lelanz (Stadtkasse Dresden, Postf. 1 20 02, 01001 Dresden, T: (0351) 4 88 26 28, Fax: (0351) 4 88 29 84)
Bundesgeschäftsführer(in): Henry Kolb (Rathaus/Stadtkasse, Postf. 21 20, 91111 Schwabach, T: (09122) 86 02 51, Telefax: (09122) 86 03 96)
Bundesschatzmeister: Rondo Beckmann (Rathaus/Finanzverwaltung, 30890 Barsinghausen, T: (05105) 77 42 60, Telefax: (05105) 51 43 61)
Verbandszeitschrift: KKZ (Kommunale-Kassen-Zeitschrift)
Redaktion: Schriftleiter H.-J. Glotzbach, Bgmstr.-Klingler-Str. 35, 64546 Mörfelden-Walldorf, T: (06105) 93 82 37, Fax: (06105) 93 82 22
Verlag: Reckinger u. Co., Postf. 17 54, 53707 Siegburg
Mitglieder: 3200

● S 1 531

VDL-Bundesverband
Berufsverband Agrar, Ernährung, Umwelt e.V.
Kasernenstr. 14, 53111 Bonn
T: (0228) 9 63 05-0   **Fax:** 9 63 05-11
Internet: http://www.vdl.de
E-Mail: vdlbv.bonn@t-online.de
Vorsitzende(r): Dr. Helmut Nieder
Geschäftsführer(in): Ursula Debour
Verbandszeitschrift: VDL-Journal
Redaktion: Dr. Dieter Barth
Verlag: Landwirtschaftsverlag GmbH, Hülsbrockstr. 2, 48165 Münster
Mitglieder: ca. 8000

Landesverbände

s 1 532

Berufsverband Agrar, Ernährung, Umwelt e.V.
Landesverband Baden-Württemberg
Kernerplatz 10, 70182 Stuttgart
T: (0711) 1 26-2413   **Fax:** 1 26-2413
Vorsitzende(r): Ursula Hiller
Geschäftsführer(in): Dr. Manfred Büchele

s 1 533

Berufsverband Agrar, Ernährung, Umwelt e.V.
Landesverband Bayern
Freisingerstr. 22, 85417 Marzling
Vorsitzende(r): Dr. Hans Pfister (Bayerische Hauptversuchsanstalt, Freising-Weihenstephan)
Geschäftsführer(in): Dr. Ludwig Nätscher

s 1 534

Berufsverband Agrar, Ernährung, Umwelt e.V.
Landesverband Berlin-Brandenburg
Rosenorter Steig 10, 13503 Berlin
T: (030) 4 31 59 20   **Fax:** 43 67 34 90
Vorsitzende(r): Dr. Horst Hübl

s 1 535

Verband Deutscher Diplomlandwirte
Landesverband Hamburg e.V.
Brennerhof 121, 22113 Hamburg
T: (040) 78 12 91-20   **Fax:** 78 76 93
Vorsitzende(r): Dlagr. Hans-Peter Pohl

s 1 536

Berufsverband Agrar, Ernährung, Umwelt e.V.
Landesverband Hannover
Im Lindenfelde 4, 30974 Wennigsen
T: (05103) 92 77 79
Vorsitzende(r): Dirk Rentel
Geschäftsführer(in): Christine Hoppe

s 1 537

Berufsverband Agrar, Ernährung, Umwelt e.V.
Landesverband Hessen
Schwarzacker 45, 35392 Gießen
T: (0641) 9 20 35 51   **Fax:** 9 20 35 52
Gründung: 1949 (7. April)
Vorsitzende(r): Dr. Markus W. Ebel-Waldmann
Geschäftsführer(in): Dr. Thomas Bodensohn
Mitglieder: 600

s 1 538

Berufsverband Agrar, Ernährung, Umwelt e.V.
Landesverband Nordrhein-Westfalen
Von-Weichs-Str. 1, 53121 Bonn
T: (0228) 6 20 41 11
E-Mail: vdl-nrw@gmx.de
Vorsitzende(r): Ludwig Schulten
Geschäftsführer(in): Volker Kühnen
Stellvertretende(r) Vorsitzende(r): Dipl.-Ing.agr. Monika Baaken
Leitung Presseabteilung: Monika Baaken

s 1 539

Berufsverband Agrar, Ernährung, Umwelt e.V.
Landesverband Rheinland-Pfalz
Breitenweg 71, 67435 Neustadt
T: (06321) 67 12 21   **Fax:** 67 12 22
E-Mail: wback.slva-nw@agrarinfo.rpl.de
Vorsitzende(r): Otto Doppler
Geschäftsführer(in): Werner Back

s 1 540

Berufsverband Agrar, Ernährung, Umwelt e.V.
Landesverband Sachsen
Bergstr. 17, 01809 Heidenau
T: (0351) 56 40
Geschäftsführer(in): Peter Leichsenring

s 1 541

Berufsverband Agrar, Ernährung, Umwelt e.V.
Landesverband Sachsen-Anhalt
Wartenberger Chaussee 1, 39629 Bismark
T: (039089) 24 78
Vorsitzende(r): Birgit Braun
Geschäftsführer(in): Friedhelm Ruths

s 1 542

Berufsverband Agrar, Ernährung, Umwelt e.V.
Landesverband Schleswig-Holstein
Wilhelm-Harz-Str. 36, 24783 Osterrönfeld
T: (04331) 85 23
Vorsitzende(r): Prof. Dr. Hans-Heinrich Kohnke (Wilhelm-Harz-Str. 36, 24783 Osterrönfeld)
Geschäftsführer(in): Dipl.-Ing. agr. Anne Katrin Kittmann

s 1 543

Berufsverband Agrar, Ernährung, Umwelt e.V.
Landesverband Thüringen
Ortsstr. 27, 07985 Noßwitz
T: (03641) 42 49 12
Gründung: 1990 (6. September)
Vorsitzende(r): Friedmar Müller
Geschäftsführende(s) Vorstands-Mitglied(er): Dr. Wolfgang Thämert (T: (03641) 42 49 12)
Mitglieder: 180

s 1 544

Berufsverband Agrar, Ernährung, Umwelt e.V.
Landesverband Weser-Ems
Brandsweg 43a, 26131 Oldenburg
T: (0441) 5 15 69
Vorsitzende(r): Gustav Wehner
Geschäftsführer(in): Dipl.-Landw. Otto Nolte

● S 1 545

Bundesverband der Diplom-Ingenieure Gartenbau und Landespflege e.V. (BDGL)
Kasernenstr. 14, 53111 Bonn
T: (0228) 9 63 05-0   **Fax:** 9 63 05-11
E-Mail: vdlbv.bonn@t-online.de
Präsident(in): Dipl.-Ing. agr. Dieter Aust (Ernastr. 22, 53881 Euskirchen)
Geschäftsführer(in): Dr. Ursula Debour (Kasernenstr. 14, 53111 Bonn, T: (0228) 9 63 05-0, Fax: (0228) 9 63 05-11)
Mitglieder: 500

● S 1 546

Arbeitskreis Forstliches Berufsbild (AKFB) e.V.
Postf. 56 32, 79023 Freiburg

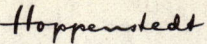

Gründung: 1983 (25. Juli)
1. Vorsitzende(r): Thomas Schneider (Neue Eisenbahnstr. 9, 77716 Haslach i.K., T: (07832) 41 75, Telefax: (07832) 51 35)
2. Vorsitzende(r): Reinhard Feisel (Am Steinbühl 7, 97337 Dettelbach, T: (09324) 52 39, Telefax: (09324) 53 58)
Kassierer: Raymund Ball (Pommernstr. 18c, 86842 Türkheim, T: (08245) 90 32 39)
Mitglieder: 1011

Arbeitsgemeinschaften

s 1 547
Arbeitsgemeinschaft Forstsachverständige im Arbeitskreis Forstliches Berufsbild (AKFB) e.V.
Hinterm Ziel 6, 79227 Schallstadt
T: (07664) 83 47   Fax: 62 71
Leiter(in): Jens-Peter Stadle

s 1 548
Arbeitsgemeinschaft Forstsachverständige, Landesvertretung Bayern
Mischenrieder Weg 14, 82234 Weßling
T: (08153) 95 26 86   Fax: 95 26 87 20
Ass. d. FD.: Robby Reißig

s 1 549
Arbeitsgemeinschaft Entwicklungshilfe
An der Aula 2, 36280 Oberaula
T: (06628) 83 73
Leiter(in): Dipl.-Forstw. Cornelia Sepp

s 1 550
Arbeitsgemeinschaft Angewandter Naturschutz und Umweltpflege
Laubacher Str. 3, 63679 Schotten
T: (06044) 16 77
Leiter(in): FR Dr. Manfred Johann

● S 1 551
Verband der Diplom-Oecotrophologen e.V.
Sitz
Giershausener Weg 15a, 50767 Köln
T: (0221) 79 93 43   Fax: 79 94 01
Internet: http://www.vdoe.de
E-Mail: vdoe@vdoe.de
Gründung: 1973
Vorstand: Dr. Andrea Dittrich
Leitung Presseabteilung: Bettina Hermey
Verbandszeitschrift: VDOE-Position
Mitglieder: ca. 3000
Mitarbeiter: 6

● S 1 552
Vereinigung umweltwissenschaftlicher Berufsverbände Deutschlands e.V. (VUBD)
Hessestr. 4, 90443 Nürnberg
T: (0911) 2 87 29-49   Fax: 2 87 29-64
E-Mail: boeb.vubd@t-online.de
Gründung: 1989
Vorstand: Franz Moder (1.Vors., c/o OPUS, Alexanderstr., 95444 Bayreuth)
Vorstand: Michael Grossmann (2.Vors., Höhenbrunn 127, 94568 St. Oswald)
Verbandszeitschrift: VUBD-Rundbrief
Redaktion: W. Pustal, Hohe Str. 9, 72793 Pfullingen
Mitglieder: 1200
Jahresetat: DM 0,012 Mio, € 0,01 Mio

● S 1 553
Bundesverband der Rentenberater e.V.
Postf. 26 01 50, 50514 Köln
Hohenstaufenring 17, 50674 Köln
T: (0221) 2 40 66 42   Fax: 2 40 69 46
Internet: http://www.rentenberater.de
Gründung: 1958 /1976
Präsident(in): Rolf Ponzelet
Geschäftsstelle: RA Karl-Dieter Lorenzen
Leitung Presseabteilung: Rolf Ponzelet (Benrodestr. 41, 40597 Düsseldorf)
Verbandszeitschrift: Die Rentenversicherung
Verlag: Asgard Dr. Hippe KG, St. Augustin
Mitglieder: 285

● S 1 554
Deutscher Stenografenbund E. V. (DStB)
Zentralverband für Kurzschrift, Maschinenschreiben und Bürokommunikation
Postf. 11 39, 61236 Ober-Mörlen
Nieder-Mörler-Str. 12, 61239 Ober-Mörlen
T: (06002) 55 06   Fax: 55 06
Internet: http://www.stenografenbund.de
E-Mail: henke@stenografenbund.de

Gründung: 1868 (12. August)
Präsident(in): Karl-Wilhelm Henke
Vizepräsident(in): Wolfgang Klein
Konrad Weber
Schatzmeister(in): Waltraud Gallasch
Schriftführer(in): Barbara Kijek
Verbandszeitschrift: Deutsche Stenografenzeitung
Redaktion: Peter Flühr, Postf. 30 04 15, 53184 Bonn
Verlag: Heckners Verlag, Postf. 13 63, 38283 Wolfenbüttel
Mitglieder: 260 Stenografen-Vereine

s 1 555
Norddeutscher Stenografenverband e. V.
Hans-Holbein-Str. 23, 31515 Wunstorf
T: (05031) 45 05
Vorsitzende(r): Gerhard Meinel

s 1 556
Hessischer Stenografenverband E. V.
Sonnenring 12, 65520 Bad Camberg
T: (06434) 89 11   Fax: 90 20 68
Internet: http://www.hessen-steno.de
E-Mail: senzig@t-online.de
Gründung: 1879
Vorsitzende(r): Stephan Senzig
Leitung Presseabteilung: Helmut Körner
Verbandszeitschrift: Mitteilungen
Verlag: Selbstverlag, Druck bei Sauer, Friedberg
Mitglieder: 35 Stenografenvereine
Mitarbeiter: Vorstand mit 13 Personen
Jahresetat: DM 0,045 Mio, € 0,02 Mio

s 1 557
Bayerischer Stenografenverband e.V.
Amperstr. 1, 93057 Regensburg
T: (0941) 4 78 04   Fax: 4 24 47
Vorsitzende(r): Wolfgang Klein

s 1 558
Südwestdeutscher Stenografenverband e.V.
Wattkopfstr. 60, 76189 Karlsruhe
T: (0721) 2 59 56
Vorsitzende(r): Gerd Huber

s 1 559
Nordwestdeutscher Stenografenverband E. V.
Donnerschweer Str. 166a, 26123 Oldenburg
T: (0441) 8 59 31   Fax: 8 59 31
Vorsitzende(r): Hannelore Schindelasch

s 1 560
Berliner Stenografenverband E. V.
Billstedter Pfad 17c, 13591 Berlin
T: (030) 3 66 76 32   Fax: 3 66 49 73
Vorsitzende(r): Ingolf Weber

s 1 561
Stenografenverband Rhein-Mosel e.V.
Marienholzstr. 35, 54292 Trier
T: (0651) 5 25 78
Vorsitzende(r): Klaus Lenzen

s 1 562
Pfälzischer Stenografenverband E. V.
Postf. 12 19 14, 68070 Mannheim
T: (0621) 2 45 47
Gründung: 1904 (29. Februar)
Vorsitzende: Gertrud Thaumüller

s 1 563
Forschungs- und Ausbildungsstätte für Kurzschrift und Textverarbeitung in Bayreuth E.V.
Bernecker Str. 11, 95448 Bayreuth
T: (0921) 2 34 45   Fax: 7 85 74 75
Internet: http://www.forschungsstaette.de
E-Mail: forschungsstaette@t-online.de
Vorsitzende(r): Dr. Hans-Jürgen Bäse
Mitglieder: 275

s 1 564
Thüringer Stenografenverband 1882 e.V.
Allersheimer Kirchweg 14, 37603 Holzminden
T: (05531) 44 41   Fax: 44 41
Vorsitzende(r): Konrad Weber

s 1 565
Ostdeutscher Stenografenverband e.V.
Stralsunder Str. 44c, 18445 Altenpleen
T: (038323) 8 08 71
Vorsitzende(r): Regina Hofmann

s 1 566
Verband der Parlaments- und Verhandlungsstenographen e.V.
Postf. 30 95 07, 10762 Berlin
T: (030) 30 81 53 53   Fax: 30 81 53 54
E-Mail: wolfbehm@aol.com
Gründung: 1953 Vorgängerverband 1908-1933
Vorsitzende(r): Dr. Wolfgang Behm
Verbandszeitschrift: Neue Stenographische Praxis
Verlag: Postf. 30 95 07, 10762 Berlin

● S 1 567
Deutscher Terminologie-Tag e.V.
Am Flutgraben 22, 47198 Duisburg
T: (02066) 3 33 18   Fax: 37 09 99
Internet: http://translation.uibk.ac.at/dtt.html
E-Mail: johndgraham@t-online.de
Gründung: 1987
Vorsitzende(r): John D. Graham
Stellvertretende(r) Vorsitzende(r): Dr. Felix Mayer, Bozen
Prof. Dr. Klaus-Dirk Schmitz, Köln
Geschäftsführer(in): Katharina Schmalenbach (kommissarisch), Duisburg
Mitglieder: üb. 200

● S 1 568
Deutscher Terminhandel Verband e.V. (DTV)
Bockenheimer Landstr. 92, 60323 Frankfurt
T: (069) 74 50 26   Fax: 7 41 16 16
Internet: http://www.dtv-terminhandel.de
E-Mail: DTVeV@aol.com
Gründung: 1986 (September)
Vorstand: Bruno Herbst
René Strittmatter
Mitglieder: ca. 40
Mitarbeiter: 2 (hauptamtl.)

Förderung und Vertretung der berufsständischen Belange der Terminmakler und Vermittler von Termingeschäften in der BRD und die Wahrung der gemeinsamen Interessen seiner Mitglieder. Zu seinen Aufgaben gehören insbesondere: die Vertretung der Rechte und Interessen des Berufstandes, d.h. Erteilung von Rat und Hilfe in Rechtsangelegenheiten seiner Mitglieder; die Zusammenstellung von Regeln im Hinblick auf Wettbewerbsverhalten, Werbung und Kundenberatung; die Beratung und Unterstützung von Behörden; die Auswahl und Benennung von Gutachtern; die Einrichtung und Unterhaltung eines Schiedsgerichts; die Schulung von Mitarbeitern der Mitgliedsfirmen; die Aufklärung der Öffentlichkeit über den Terminhandel; die Sammlung von Informationen über den internationalen Terminhandel.

● S 1 569
Stenografenverband Stolze-Schrey
Tinkrathstr. 83, 45472 Mülheim
T: (0208) 37 11 16   Fax: 37 11 16
Gründung: 1897 ; Wiederbegründung: 1953
Vorsitzende(r): Ernst-August Jost (Tinkrathstr. 83, 45472 Mülheim)
Stellvertretende(r) Vorsitzende(r): Dietrich Kluge (Paul-Engelhard-Weg 26, 48167 Münster)
Verbandszeitschrift: Stolze-Schrey Post
Mitglieder: unter 1000

Pflege und Verbreitung des Kurzschriftsystems Stolze-Schrey; Zusammenschluß aller Vereine und einzelner Systemanhänger in der gesamten Bundesrepublik.

Landesverbände

s 1 570
Westbund Stolze-Schrey
Oststr. 60, 59065 Hamm
T: (02381) 2 41 16
Vorsitzende(r): Dr. Walter Kruschewski (Oststr. 60, 59065 Hamm)

s 1 571
Schriftwechselbund Stolze-Schrey
Hangstr. 11, 33659 Bielefeld

S 1 571

T: (0521) 49 10 16   Fax: 49 10 16
Vorsitzende(r): Erika Schwedes (Hangstr. 11, 33659 Bielefeld)

● S 1 572
Allgemeiner Deutscher Tanzlehrerverband e.V. (ADTV)
Obenhauptstr. 3, 22335 Hamburg
T: (040) 50 02 09-0   Fax: 50 02 09-20
Internet: http://www.adtv.de
E-Mail: info@gs.adtv.de
Präsident(in): Heiko Feltens
Geschäftsführer(in): Dr. Jens Uwe Bazin
Pressesprecher(in): Michael Meiners
Verbandszeitschrift: ADTV-News
Redaktion: Wolfgang Steuer, Schützenstr. 8, 80335 München
Verlag: Graphik und Druck, Landsberger Str. 318, 80687 München
Mitglieder: 2300

● S 1 573
Arbeitsgemeinschaft der Testamentsvollstrecker (AGT) e.V
Postf. 30 01 05, 53181 Bonn
Am Hofgarten 7, 53113 Bonn
T: (0228) 2 42 67 72   Fax: 2 42 67 73
E-Mail: agt-bonn@t-online.de
Gründung: 1997
Vorsitzender: Dr. iur. Christian Borris (LL.M.)
stellv. Vors.: WP StB Dipl.-Volksw. Konrad Löcherbach
Notar Dr. iur. Karl Winkler
Hauptgeschäftsführer: GenSekr. Dr. rer. oec. Wolfgang Deuker

● S 1 574
Bundesverband der Orientteppich-Importeure e.V.
Borsteler Chaussee 85-99a, 22453 Hamburg
T: (040) 5 11 60 77   Fax: 5 11 60 78
E-Mail: info@bvoi.de
Geschäftsführer(in): K. R. Beekmann
Mitglieder: ca. 70
Mitarbeiter: 2

Förderung der wirtschaftlichen und beruflichen Belange der Mitglieder, Vertretung der gemeinschaftlichen Interessen bei Landes-, Bundes- und EU-Behörden, Werbung für den Orientteppich, Verbesserung der Qualitäten, Stärkung der deutschen Position im Import- und Transithandel, Aufklärung und Information der Mitglieder über Fragen der Einfuhr-, Steuer- und Zollpolitik.

● S 1 575
Vereinigung der Saarländischen Versicherungs-Generalagenten e.V.
siehe K 42

● S 1 576

Versicherungs-Makler-Verband e.V.
Vereinsregister München 11270
Versicherungs-Makler-Verband e.V. (VMV)
Käthe-Bauer-Weg 17 II, 80686 München
T: (089) 89 16 16 02   Fax: 89 16 16 04
Internet: http://www.vmv.de
E-Mail: info@vmv.de
Gründung: 1984 (06. November)
Internationaler Zusammenschluß: siehe unter izk 57
Vorsitzende(r): Wolfgang Staun (Grundsatzfragen, Verbandspolitik, Kontakte, Sitzungen und Versammlungen; Staun GmbH Versicherungsmakler, Fürstenrieder Str. 281, 81337 München, T: (089) 74 11 54-10, Fax: 74 11 54 90)
Stellvertretende(r) Vorsitzende(r): Heinrich W. Grassl (BIPAR, Recht; VIVA Versicherungsmakler GmbH, Sohnckestr. 17, 81479 München, T: (089) 74 85 35-0, Fax: 74 85 35 35)
Vorstand: Uwe-Jörg Beckmann (Schatzmeister Finanzen; Versicherungsbüro Beckmann, Bahnstr. 4, 65205 Wiesbaden, T: (0611) 9 77 29-0, Fax: 9 77 29-29)
Herbert Richthammer (Mitglieder (Aufnahme, Register, Betreuung); Herbert Richthammer, Versicherungsmakler oHG, Zum Burgstall 38, 92637 Weiden, T: (0961) 4 81 01-0, Fax: 4 81 01 99)
Andreas Brunner (EDV-Themen, Aus- und Fortbildung, Seminare; VHH Versicherungsservice für Handel & Handwerk, Steinhäuser Str. 3, 76131 Karlsruhe, T: (0721) 81 43 00, Fax: 81 43 90)

Rainer Melchin (Pressearbeit; Rainer Melchin, Versicherungsmakler, Kleiststr. 19-21, 10787 Berlin, T: (030) 21 47 83 80, Fax: 21 47 83 82)
Reinhold Weinmann (Regionalkreise; Bader & Weinmann Assekuranzmakler GmbH, Heckenstr. 17, 89516 Heidenheim, T: (0711) 6 87 16 88, Fax: 6 87 16 87)
Geschäftsführer(in): Reinhold Friele ((089) 89 16 16 03, Fax: 89 16 16 04)
Geschäftsstelle:
Ingrid Wesner
Rita Tiffe
Christiane Abmayr
Verbandszeitschrift: VMV-Mitteilungen
Redaktion: Rainer Melchin
Verlag: Eigenverlag
Mitglieder: 290
Mitarbeiter: 4

Vertretung der berufsständischen Interessen mittelständischer Versicherungsmakler.

● S 1 577
Verband der Fachwirte Mittelhessen e.V. (VdFM)
Talstr. 27, 35112 Fronhausen
T: (06426) 12 49
Gründung: 1983 (Berufsverb. Handels- u. Industriefachwirte)
Vorsitzende(r): Reiner Krausch (Talstr. 27, 35112 Fronhausen)
Stellvertretende(r) Vorsitzende(r): Manuela Thurm (Nolweg 2, 35415 Pohlheim)
Mitglieder: ca. 140

● S 1 578
Vereinigung der unabhängigen freiberuflichen Aktuare e.V. (I.A.C.A.)
(Deutsche Sektion der International Association of Consulting Actuaries)
Kanalstr. 44, 22085 Hamburg
T: (040) 22 71 11-0   Fax: 22 71 11-22
E-Mail: IACA.DE@T-ONLINE.DE
Vorsitzende(r) des Vorstandes: Dr. Horst-Günther Zimmermann, Hamburg
Vorstand: Dipl.-Math. Dr. Joachim Bode, Grünwald
Dipl.-Math. Hans-Dieter Oberer, Stuttgart
Mitglieder: 17

● S 1 579
Verband Verbraucherorientierter Versicherungs- und Finanzmakler e.V. (VVV)
Otto-Brenner-Str. 38, 33607 Bielefeld
T: (0521) 2 70 02 23   Fax: 9 28 03 34
Internet: http://www.vvv.de
E-Mail: info@vvv.de
Vorsitzende(r) des Vorstandes: Dipl.-Kfm. Hartmut Goebel
Schatzmeister(in): Henning Kahle
Schriftführer(in): Hanfried Bargen
Geschäftsführer(in): Hans-Uwe Klaß
Mitglieder: ca. 270

● S 1 580
Zentralverband des Deutschen Pfandkreditgewerbes e.V.
Verbandsgeschäftsstelle
Oberdorfstr. 26, 70567 Stuttgart
T: (0711) 16 16 10   Fax: 1 61 61 61
Internet: http://www.pfandkredit.org
E-Mail: struck@pfandkredit.org
Vorsitzende(r): Dipl.-Kfm. Joachim Struck, Düsseldorf
Stellvertretende(r) Vorsitzende(r): Jörg Walther, München
Geschäftsführer(in): RA Dr. Klaus Germann (Oberdorfstr. 26, 70567 Stuttgart, T: (0711) 16 16 10, Telefax: (0711) 1 61 61 61)
Mitglieder: 100
Sitz: Oberdorfstr. 26, 70567 Stuttgart

Landesverbände

s 1 581
Pfandkreditbetriebe Mitteldeutschland e.V.
Müllerstr. 164, 13353 Berlin
T: (030) 46 50 77 61   Fax: 46 50 77 63
Vorsitzende(r): Guntram Goebel

s 1 582
Pfandkreditverband Nord e.V.
c/o F.Werdier
Osterstr. 84, 20259 Hamburg
T: (040) 4 91 20 32   Fax: 40 01 24
Vorsitzende(r): Thomas Struck, Hamburg

s 1 583
Vereinigung Privater Pfandkreditbetriebe Westdeutschlands e.V.
Zülpicher Str. 221, 50937 Köln
T: (0221) 41 61 29   Fax: 9 21 83 68
Vorsitzende(r): Günter Kemp

s 1 584
Vereinigung Süddeutscher Privater Pfandleihanstalten e.V.
Tübinger Str. 27, 70178 Stuttgart
T: (0711) 60 85 40
Vorsitzende(r): Helga Germann

● S 1 585
Vereinigung der Versicherungs-Betriebswirte e.V.
Geschäftsstelle:
Uhlandstr. 22, 50171 Kerpen
T: (02237) 5 21 45   Fax: 26 51
Internet: http://www.vvb-koeln.de
E-Mail: gs@vvb-koeln.de
Gründung: 1951
Vorsitzende(r): Wolfgang Franke, Köln
Stellvertretende(r) Vorsitzende(r): Hans-Theo Multhaup, München
Hans-Dieter Vosen, Oberursel
Schriftführer(in): Monika Barth, Köln
Schatzmeister(in): Karola Kurtze, Köln
Leitung Presseabteilung: Kai K. Waldmann, Düsseldorf
Sonderbeauftragte: Michael Kugelmeier, Köln
Stefan Blawth, München
Jürgen H. Hinzmann, Köln
Hartmut W. Stein, Köln
Geschäftsführer(in): Frank Ackermann, Kerpen
Verbandszeitschrift: Versicherungs Betriebswirt
Mitglieder: 1800
Jahresetat: DM 0,3 Mio, € 0,15 Mio
Anzeigenverwaltung: Grit Stein, Göttinger Str. 21, 50858 Köln, T: (02234) 94 27 10, Fax: 94 27 11

● S 1 586
ARGE GL in Bayern e.V.
Arbeitsgemeinschaft der Geschäftsstellenleiter von Verwaltungsgemeinschaften und geschäftsleitenden Beamten von Einheitsgemeinden e.V.
Pfr.-Sales-Baur-Str. 3, 86866 Mickhausen
T: (08204) 10 55   Fax: 10 54
Internet: http://www.arge-gl-bayern.de
E-Mail: ARGE-GL.Bayern@t-online.de
1. Vorsitzende(r): Rainer Waschke

● S 1 587
Vereinigung der Vertragsfußballspieler e.V. (VdV)
Schmidtstr. 12, 60326 Frankfurt
T: (069) 7 39 38 50   Fax: 7 39 38 52
Gründung: 1987 (15. Juni)
Präsident(in): Florian Gothe
Vizepräsident(in): Michael Preetz
Schatzmeister: Heinz Pudell
Geschäftsführer(in): Ernst Thoman (kommissarisch)
Verbandszeitschrift: Wir Profis
Mitglieder: 900
Mitarbeiter: 14

● S 1 588
Unternehmerverband "Historische Baustoffe" e.V.
Dreihäusle 3, 78112 St Georgen
T: (07724) 75 89   Fax: 32 85
Internet: http://www.historische-baustoffe.de
E-Mail: verband@historische-baustoffe.de
Gründung: 1992 (Oktober)
Vorstand: Jan Ihns
Rainer Leonhardt
Christian Metzeroth
Geschäftsführer(in): Hans-Christoph Freudenberger
Mitglieder: 40
Mitarbeiter: 2

● S 1 589
Deutscher Sprengverband e.V.
Postf. 21 24, 57241 Netphen
Feldwasserstr. 28, 57250 Netphen
T: (0271) 7 65 66   Fax: 79 08 05
E-Mail: deutscher-sprengverband@t-online.de
Gründung: 1978
Vorsitzende(r): Jörg Rennert (Hohe Str. 82, 01187 Dresden, Geschäftsstelle)
Stellvertretende(r) Vorsitzende(r): Manfred Dax
Günther Moseler
Verbandszeitschrift: Sprenginfo
Redaktion: Dipl.-oec. Siegfried Rosemann, 39218 Schönebeck/Elbe
Mitglieder: 1300
Jahresetat: DM 0,03 Mio, € 0,02 Mio

● **S 1 590**

Deutscher Tarifeur-Verein e.V. (DTV)
Kolpingstr. 9, 55270 Zornheim
T: (06136) 4 31 27
Gründung: 1972 (7. September)
Präsident(in): Ernst-Günther Prang (Die Rappenwiesen 25, 61350 Bad Homburg)
Vorsitzende(r): Gerhard Oswald (Kolpingstr. 9, 55270 Zornheim)
Stellvertretende(r) Vorsitzende(r): Paul Urban (Heinrichstr. 56, 40239 Düsseldorf)
Mitglieder: 277

● **S 1 591**

ACI Deutschland e.V.
The Financial Markets Association
c/o Bankges. Berlin AG
Alexanderplatz 2, 10178 Berlin
T: (030) 24 56-3000   **Fax:** 24 56-3050
Internet: http://www.aci-germany.de
President: Arnd Stricher (Landesbank Hessen-Thüringen -Girozentrale-, Neue Mainzer Str. 46-50, 60297 Frankfurt/M., **T:** (069) 91 32-01, Fax: (069) 91 32-3483)
Secretary: Jochen Zimmermann

● **S 1 592**

FORUM für Automatenunternehmer in Europa e.V.
Dircksenstr. 49, 10178 Berlin
T: (030) 2 88 77 39-0, 2 88 77 38-0
Internet: http://www.forum-europa.de
Gründung: 1990 (März)
1. Vorsitzende(r): Elvira Winter
2. Vorsitzende(r): Peter Albinger
Werner H. Jacobs
Stefan Knüpling
Hans-Dieter Pohlkötter
Geschäftsführer(in): Jürgen Constroffer (Ltg. Presseabt.)
Mitarbeiter: 3

Notizen

T Technisch-wissenschaftliche Vereinigungen

Zum Auffinden einer bestimmten Dienststelle oder Organisation dient das Suchwortverzeichnis, eines Personennamens das Personenverzeichnis.

Forschungsvereinigungen

Universitäten und Hochschulen

Stiftungen

Technisch-wissenschaftliche Vereine, Gesellschaften und Institute

Technische Überwachungsvereine, Materialprüfungsämter, Vermessungsverwaltungen

Akkreditierte QM-Zertifizierer und Personalzertifizierer

Rationalisierungsgemeinschaften

Wirtschafts- und sozialwissenschaftliche Vereinigungen und Institute, Markt- und Meinungsforschung

Bank- und versicherungswissenschaftliche Vereinigungen und Institute

Ernährungs-, land- und forstwissenschaftliche Vereinigungen, Institute, Versuchsanstalten

Medizinisch-wissenschaftliche Vereinigungen und Institute, Gesundheitswesen, Veterinärmedizin

Rechtswissenschaftliche Vereinigungen und Institute

Verkehrswissenschaftliche Vereinigungen und Institute

Kommunikations- und zeitungswissenschaftliche Vereinigungen und Institute

Berufliche und fachliche Aus- und Fortbildung, Nachwuchsförderung

T 1

Forschungsvereinigungen

● T 1
Wissenschaftsrat
Brohler Str. 11, 50968 Köln
T: (0221) 37 76-0 **Fax:** 38 84 40
Internet: http://www.wissenschaftsrat.de
E-Mail: post@wissenschaftsrat.de
Gründung: 1957
Vorsitzende(r): Prof. Dr. Karl Max Einhäupl
Generalsekretär(in): Dr. Winfried Benz
Leitung Presseabteilung: Dr. Dietmar Goll
Mitarbeiter: rd. 65 Mitarbeiter, davon ca. 25 wissenschaftliche Mitarbeiter

● T 2
Deutsche Forschungsgemeinschaft (DFG)
Kennedyallee 40, 53175 Bonn
T: (0228) 8 85-1 **Fax:** 8 85 27 77, 8 85 21 80 PR
Internet: http://www.dfg.de
Internationaler Zusammenschluß: siehe unter izt 35, izt 56
Vorstand: Prof. Dr. Ernst-Ludwig Winnacker
Generalsekretär Dr. Reinhard Grunwald
Präsidium
Präsident(in): Prof. Dr. Ernst-Ludwig Winnacker (Biologe)
Vizepräsident(in): Prof. Dr.-Ing. Wolfram Boeck (Lehrstuhl für Hochspannungs- und Anlagentechnik der Technischen Universität, Arcisstr. 21, 80333 München, T: (089) 28 92-20 01, Fax: 28 92-50 89)
Prof. Dr. Johannes Dichgans (Neurologische Universitätsklinik, Kliniken Scharrenberg, Hoppe-Seyler-Str.3, 72076 Tübingen, T: (07071) 2 98-20 49, Fax: 29-52 60)
Prof. DR.-Ing. Gerhart Eigenberger (Institut für Chemische Verfahrenstechnik, Universität Stuttgart, Böblinger Str. 72, 70199 Stuttgart, T: (0711) 6 41-22 29/30, Fax: 6 41-22 42)
Prof. Dr. Gerhard Ertl (Fritz-Haber-Institut der Max-Planck-Gesellschaft, Faradayweg 4-6, 14195 Berlin, T: (030) 84 13-51 00/04, Fax: 84 13-51 06)
Prof. Dr. Bärbel Friedrich (Institut für Biologie, Humboldt-Universität zu Berlin, Chausseestr. 117, 10115 Berlin, T: (030) 20 93-81 00/01, Fax: 20 93-81 02)
Prof. Dr. Jürgen Mlynek (Präsident der Humboldt-Universität zu Berlin, Unter den Linden 6, 10117 Berlin)
Prof. Dr. Ursula Peters (Institut für Deutsche Sprache und Literatur, Universität zu Köln, Albertus-Magnus-Platz, 50931 Köln)
Prof. Dr. Rüdiger Wolfrum (Max-Planck-Institut für ausländisches, öffentliches Recht und Völkerrecht, Im Neuenheimer Feld 535, 69120 Heidelberg)
Dr. Arend Oetker (z.Hd. Herrn Generalsekretär Prof. Dr. M. Erhardt, Barkhovenallee 1, 45239 Essen, T: (0201) 84 01-0, Fax: 84 01-3 01)
Leitung Presseabteilung: Dr. Eva-Maria Streier

Mitglieder:

I. Wissenschaftliche Hochschulen

t 3
Rheinisch-Westfälische Technische Hochschule Aachen
52056 Aachen
Templergraben 55, 52062 Aachen
T: (0241) 80-1 (Zentrale) **Fax:** 88 88-100
Internet: http://www.rwth-aachen.de
Rektor: Univ. Prof. Dr. Roland Walter
Kanzler: Jürgen Keßler
Pressestelle: Toni Wimmer (M.A., T: (0241) 80 43 22, Telefax: (0241) 8 88 83 24)

t 4
Universität Augsburg
86135 Augsburg
Universitätsstr. 2, 86159 Augsburg
T: (0821) 5 98-1 **Fax:** 5 98-5505
Internet: http://www.uni-augsburg.de/
Gründung: 1970
Mitglieder: 12000
Mitarbeiter: 1300
Jahresetat: DM 127 Mio, € 64,93 Mio (2000)

t 5
Otto-Friedrich-Universität Bamberg
96045 Bamberg
Kapuzinerstr. 16, 96047 Bamberg
T: (0951) 8 63-1021 **Fax:** 8 63-4021
Internet: http://www.uni-bamberg.de

E-Mail: pressestelle@zuv.uni-bamberg.de
Leiter: Günter Barthenheier (M.A., Referat Presse- und Öffentlichkeitsarbeit)

t 6
Universität Bayreuth
95440 Bayreuth
Universitätsstr. 30, 95447 Bayreuth
T: (0921) 55-0 **Fax:** 55-5290
Internet: http://www.uni-bayreuth.de
E-Mail: poststelle@uvw.uni-bayreuth.de
Gründung: 1972 (01. Januar)
Mitglieder: 6800 Studenten
Mitarbeiter: ca. 1000

t 7
Freie Universität Berlin
Kaiserswerther Str. 16-18, 14195 Berlin
T: (030) 8 38-1 **Fax:** 8 38-6463
Internet: http://www.fu-berlin.de
E-Mail: pressestelle@fu-berlin.de

t 8
Humboldt-Universität zu Berlin
10099 Berlin
Unter den Linden 6, 10117 Berlin
T: (030) 20 93-0 **Fax:** 20 93-2770
Internet: http://www.hu-berlin.de

t 9
Technische Universität Berlin
Straße des 17. Juni 135, 10623 Berlin
T: (030) 3 14-23922 **Fax:** 3 14-23909
Internet: http://www.tu-berlin.de
E-Mail: pressestelle@tu-berlin.de

t 10
Universität Bielefeld
Postf. 10 01 31, 33501 Bielefeld
Universitätsstr. 25, 33615 Bielefeld
T: (0521) 1 06-00 **Fax:** 1 06-5844, -2964
Internet: http://www.uni-bielefeld.de
E-Mail: post@uni-bielefeld.de
Gründung: 1969
Mitarbeiter: 777 wiss. Personal, 873 nichtwiss. Personal
Jahresetat: DM 241 Mio, € 123,22 Mio

t 11
Ruhr-Universität Bochum
Postf. 10 21 48, 44721 Bochum
Universitätsstr. 150, 44801 Bochum
T: (0234) 32-201 **Fax:** 32-14201
Internet: http://www.ruhr-uni-bochum.de
E-Mail: Birgit.Gremski@uv.ruhr-uni-bochum.de

t 12
Rheinische Friedrich-Wilhelms-Universität
Postf. 22 20, 53012 Bonn
Regina-Pacis-Weg 3, 53113 Bonn
T: (0228) 73-1 **Fax:** 73 55 79
Internet: http://www.uni-bonn.de
E-Mail: presse.info@uni-bonn.de

t 13
Technische Universität Braunschweig
Postf. 33 29, 38023 Braunschweig
Pockelsstr. 14, 38106 Braunschweig
T: (0531) 3 91-0 **Fax:** 3 91-4577
Internet: http://www.tu-bs.de
E-Mail: president@tu-bs.de
Gründung: 1745

t 14
Universität Bremen
Postf. 33 04 40, 28334 Bremen
Bibliothekstr. 1, 28359 Bremen
T: (0421) 2 18-1 **Fax:** 2 18-4259
Internet: http://www.uni-bremen.de
E-Mail: ugundrum@presse.uni-bremen.de
Gründung: 1971
Mitarbeiter: 2800 (davon 1700 Wissenschaftler)
Jahresetat: DM 300 Mio, € 153,39 Mio

t 15
Technische Universität Chemnitz
09107 Chemnitz
Straße der Nationen 62, 09111 Chemnitz
T: (0371) 5 31-0 **Fax:** 5 31-1342
Internet: http://www.tu-chemnitz.de
E-Mail: pressestelle@tu-chemnitz.de
Gründung: 1836 (2. Mai)

t 16
Technische Universität Clausthal
Postf. 12 53, 38670 Clausthal-Zellerfeld
Adolph-Roemer-Str. 2A, 38678 Clausthal-Zellerfeld
T: (05323) 72-0 **Fax:** 72-3500
Internet: http://www.tu-clausthal.de
E-Mail: amtsberg@tu-clausthal.de

t 17
Technische Universität Darmstadt
Karolinenplatz 5, 64289 Darmstadt
T: (06151) 16-0 **Fax:** 16-4128
Internet: http://www.tu-darmstadt.de
E-Mail: presse@pvw.tu-darmstadt.de

t 18
Universität Dortmund
44221 Dortmund
August-Schmidt-Str. 4, 44227 Dortmund
T: (0231) 7 55-0 **Fax:** 7 55-2050
Internet: http://www.uni-dortmund.de
Mitglieder: 28000
Mitarbeiter: 3000

t 19
Technische Universität Dresden
01062 Dresden
Mommsenstr. 13, 01069 Dresden
T: (0351) 4 63-0 **Fax:** 4 71 02 94
Internet: http://www.tu-dresden.de
E-Mail: b_berg@rcs.urz.tu-dresden.de

t 20
Heinrich-Heine-Universität Düsseldorf
Universitätsstr. 1, 40225 Düsseldorf
T: (0211) 81-00 **Fax:** 34 22 29
Internet: http://www.uni-duesseldorf.de

t 21
Gerhard-Mercator-Universität Duisburg
Postf. 10 15 03, 47048 Duisburg
Lotharstr. 65, 47057 Duisburg
T: (0203) 37 90 **Fax:** 3 79 33 33
Internet: http://www.uni-duisburg.de
E-Mail: kanzler@verwaltung.uni-duisburg.de

t 22
Friedrich-Alexander-Universität Erlangen-Nürnberg
Postf. 35 20, 91023 Erlangen
Schloßplatz 4, 91054 Erlangen
T: (09131) 85-0 **Fax:** 85-22131
Internet: http://www.uni-erlangen.de
E-Mail: pressestelle@zuv.uni-erlangen.de

t 23
Universität-Gesamthochschule Essen
45117 Essen
Universitätsstr. 2, 45141 Essen
T: (0201) 1 83-1 **Fax:** 1 83-3536, 1 83-2151
Internet: http://www.uni-essen.de
E-Mail: universität@uni.essen.de
Gründung: 1972 (1.August, Gründung d. Uni Essen)

t 24
Johann Wolfgang Goethe-Universität Frankfurt am Main
Postf. 11 19 32, 60054 Frankfurt
Senckenberganlage 31, 60325 Frankfurt
T: (069) 7 98-1 **Fax:** 7 98-28383
Internet: http://www.uni-frankfurt.de
E-Mail: presse@pvw.uni-frankfurt.de

Hoppenstedt

t 25
Technische Universität - Bergakademie Freiberg
09596 Freiberg
Akademiestr. 6, 09599 Freiberg
T: (03731) 39-0 **Fax:** 2 21 95
Internet: http://www.tu-freiberg.de
E-Mail: transfer@zuv.tu-freiberg.de

t 26
Albert-Ludwigs-Universität Freiburg im Breisgau
79085 Freiburg
Fahnenbergplatz, 79098 Freiburg
T: (0761) 2 03-0 **Fax:** 2 03-4369
Internet: http://www.uni-freiburg.de
E-Mail: info@verwaltung.uni-freiburg.de

t 27
Justus-Liebig-Universität Gießen
Postf. 11 14 40, 35359 Gießen
Ludwigstr. 23, 35390 Gießen
T: (0641) 99-0 **Fax:** 99-12659
Internet: http://www.uni-giessen.de

t 28
Georg-August-Universität Göttingen
Postf. 37 44, 37027 Göttingen
Goßlerstr. 5-7, 37073 Göttingen
T: (0551) 39-0 **Fax:** 39-9612
Internet: http://www.uni-goettingen.de
E-Mail: pressestelle@zvw.uni-goettingen.de

t 29
Ernst-Moritz-Arndt-Universität Greifswald
Domstr. 11, 17489 Greifswald
T: (03834) 86-0 **Fax:** 86-1248
Internet: http://www.uni-greifswald.de
E-Mail: rektor@uni-greifswald.de

t 30
Martin-Luther-Universität Halle-Wittenberg
06099 Halle
Universitätsplatz 10, 06108 Halle
T: (0345) 55-20 **Fax:** 55-27077
Internet: http://www.uni-halle.de

t 31
Universität Hamburg
Edmund-Siemers-Allee 1, 20146 Hamburg
T: (040) 4 28 38-0 **Fax:** 4 28 38-2449
Internet: http://www.uni-hamburg.de
E-Mail: presse@rrz.uni-hamburg.de

t 32
Technische Universität Hamburg-Harburg
21071 Hamburg
Schwarzenbergstr. 95, 21073 Hamburg
T: (040) 4 28 78-0 **Fax:** 4 28 78-2040
Internet: http://www.tu-harburg.de

t 33
Universität Hannover
Postf. 6009, 30060 Hannover
Welfengarten 1, 30167 Hannover
T: (0511) 7 62-0 **Fax:** 7 62-3456
Internet: http://www.uni-hannover.de
E-Mail: praesidialamt@uni-hannover.de

t 34
Medizinische Hochschule Hannover
30623 Hannover
T: (0511) 5 32-1 **Fax:** 5 32-6003
Internet: http://www.mh-hannover.de

t 35
FernUniversität - Gesamthochschule Hagen
58084 Hagen
T: (02331) 9 87-01 **Fax:** 9 87-27 63
Internet: http://www.fernuni-hagen.de
E-Mail: Rektorat@FernUni-Hagen.de

t 36
Tierärztliche Hochschule Hannover
Postf. 71 11 80, 30545 Hannover
Bünteweg 2, 30559 Hannover
T: (0511) 9 53-6 **Fax:** 9 53-8050
Internet: http://www.tiho-hannover.de
E-Mail: mflachs@vw.tiho-hannover.de
Gründung: 1778
Mitarbeiter: 1000

t 37
Ruprecht-Karls-Universität Heidelberg
Postf. 10 57 60, 69047 Heidelberg
Seminarstr. 2, 69117 Heidelberg
T: (06221) 54-0 **Fax:** 54-2618
Internet: http://www.uni-heidelberg.de
E-Mail: gb@zuv.uni-heidelberg.de

t 38
Universität Hohenheim
70593 Stuttgart
Schloß Hohenheim, 70599 Stuttgart
T: (0711) 4 59-0 **Fax:** 4 59-3960
Internet: http://www.uni-hohenheim.de
E-Mail: post@uni-hohenheim.de
Gründung: 1818
Presse und Forschungsinformation: Dr. Klaus H. Grabowski (T: (0711) 4 59 20 01/3, Telefax: (0711) 4 59 32 89)
Präsident(in): Prof. Dr. Klaus Macharzina
Kanzler: Elgar Rödler
Dekan: Fakultät I: Allgemeine und Angewandte Naturwissenschaften Prof. Dr. K. Bosch
Dekan: Fakultät II: Biologie Prof. Dr. A. Kuhn
Dekan: Fakultät III: Pflanzenproduktion und Landschaftsökologie Prof. Dr. K. Stahr
Dekan: Fakultät IV: Agrarökonomie, Agrartechnik und Tierproduktion Prof. Dr. S. Dabbert
Dekan: Fakultät V: Wirtschafts- und Sozialwissenschaften Prof. Dr. H. Kremar
Mitarbeiter: 2000, davon 140 Professoren, zusätzlich gut 5000 Studierende

t 39
Friedrich-Schiller-Universität Jena
07740 Jena
Fürstengraben 1, 07743 Jena
T: (03641) 93-00 **Fax:** 93-1682
Teletex: 331 506 uni d
Internet: http://www.uni-jena.de

t 40
Universität Kaiserslautern
67653 Kaiserslautern
Gottlieb-Daimler-Str., 67663 Kaiserslautern
T: (0631) 2 05-1 **Fax:** 2 05-3200
Internet: http://www.uni-kl.de
Gründung: 1970
Mitarbeiter: 1600
Jahresetat: DM 200 Mio, € 102,26 Mio

t 41
Universität Fridericiana zu Karlsruhe
Postf. 69 80, 76128 Karlsruhe
Kaiserstr. 12, 76131 Karlsruhe
T: (0721) 6 08-0 **Fax:** 6 08-4290
Internet: http://www.uni-karlsruhe.de
E-Mail: posteingang@verwaltung.uni-karlsruhe.de

t 42
Universität Gesamthochschule Kassel
34109 Kassel
Mönchebergstr. 19, 34125 Kassel
T: (0561) 8 04-0 **Fax:** 8 04-2330
Internet: http://www.uni-kassel.de
E-Mail: praesident@verwaltung.uni-kassel.de

t 43
Christian-Albrechts-Universität zu Kiel
24098 Kiel
Olshausenstr. 40, 24118 Kiel
T: (0431) 8 80-00 **Fax:** 8 80-2072
TX: 292 979 ifkki
Internet: http://www.uni-kiel.de
E-Mail: ps@rektorat.uni-kiel.de

t 44
Universität zu Köln
50923 Köln
Albertus-Magnus-Platz, 50931 Köln
T: (0221) 4 70-1 **Fax:** 4 70-5151

t 45
Universität Konstanz
Postanschrift für alle Universitätseinrichtungen:
78457 Konstanz
T: (07531) 88-0 **Fax:** 88-3688
Internet: http://www.uni-konstanz.de
Besucheranschrift:
Universitätsstr. 10, 78464 Konstanz
Rektor: Prof. Dr. phil. Gerhart von Graevenitz
Kanzler: Jens Apitz (T: (07531) 88-2294, Fax: 88-4077)
Pressestelle: Dr. Manuela Müller-Windisch (T: (07531) 88-2662, Fax: 88-3766)

t 46
Universität Leipzig
04081 Leipzig
Postf. 10 09 20, 04009 Leipzig
Ritterstr. 26, 04109 Leipzig
T: (0341) 97-108, 97-109 **Fax:** 97-30099
Internet: http://www.uni-leipzig.de/

t 47
Medizinische Universität zu Lübeck
Ratzeburger Allee 160, 23562 Lübeck
T: (0451) 5 00-0 **Fax:** 5 00-3016
Internet: http://www.mu-luebeck.de
E-Mail: presse@zuv.mu-luebeck.de
Gründung: 1964 (3. November)
Mitarbeiter: 5107 (einschließlich Klinikum)

t 48
Otto-von-Guericke-Universität Magdeburg
Postf. 41 20, 39016 Magdeburg
Universitätsplatz 2, 39106 Magdeburg
T: (0391) 67-01 **Fax:** 67-11156
Internet: http://www.uni-magdeburg.de

t 49
Johannes Gutenberg-Universität Mainz
55099 Mainz
Saarstr. 21, 55122 Mainz
T: (06131) 39-0 **Fax:** 39-22919
Internet: http://www.uni-mainz.de
E-Mail: ldpb@verwaltung.uni-mainz.de

t 50
Universität Mannheim
Schloß, 68131 Mannheim
Postf. 10 34 62, 68034 Mannheim
T: (0621) 1 81-0 **Fax:** 1 81-1050
Internet: http://www.uni-mannheim.de
E-Mail: presse@.uni-mannheim.de

t 51
Philipps-Universität
35032 Marburg
Biegenstr. 10-12, 35037 Marburg
T: (06421) 2 82-0 **Fax:** 2 82-2500
Internet: http://www.uni-marburg.de

t 52
Ludwig-Maximilians-Universität München
Geschwister-Scholl-Platz 1, 80539 München
T: (089) 21 80-0 **Fax:** 33 82 97
Internet: http://www.uni-muenchen.de
E-Mail: kommunikation@verwaltung.uni-muenchen.de

t 53
Technische Universität München
80290 München
Arcisstr. 21, 80333 München
T: (089) 2 89-01 **Fax:** 2 89-22000
Internet: http://www.tum.de
E-Mail: pressestelle@tum.de

t 54
Westfälische Wilhelms-Universität Münster
Schloßplatz 2, 48149 Münster

t 54
T: (0251) 83-0   Fax: 83-24831
Internet: http://www.uni-muenster.de

t 55
Carl von Ossietzky Universität Oldenburg
26111 Oldenburg
Ammerländer Heerstr. 114-118, 26129 Oldenburg
T: (0441) 7 98-5446   Fax: 7 98-5545
Internet: http://www.uni-oldenburg.de
E-Mail: presse@uni-oldenburg.de

t 56
Universität Osnabrück
Neuer Graben Schloß, 49074 Osnabrück
T: (0541) 9 69-0   Fax: 9 69-4570
Internet: http://www.uni-osnabrueck.de
E-Mail: pressestelle@uni-osnabrueck.de

t 57
Universität Paderborn
Postf. 16 21, 33046 Paderborn
Warburger Str. 100, 33098 Paderborn
T: (05251) 60-1   Fax: 60-2519
Internet: http://www.uni-paderborn.de
E-Mail: rektorat@zv.uni-paderborn.de
Gründung: 1972 (1. August)
Mitarbeiter: 1700
Jahresetat: DM 200 Mio, € 102,26 Mio

t 58
Universität Passau
94030 Passau
Dr.-Hans-Kapfinger-Str. 22, 94032 Passau
T: (0851) 5 09-0   Fax: 5 09-1005
Internet: http://www.uni-passau.de
E-Mail: pressestelle@fsuni.rz.uni-passau.de

t 59
Universität Potsdam
Postf. 60 15 53, 14415 Potsdam
Am Neuen Palais 10, 14469 Potsdam
T: (0331) 9 77-0   Fax: 97 21 63
Internet: http://www.uni-potsdam.de
E-Mail: presse@rz.uni-potsdam.de

t 60
Universität Regensburg
93040 Regensburg
Universitätsstr. 31, 93053 Regensburg
T: (0941) 9 43 01   Fax: 9 43 23 05
Internet: http://www.uni-regensburg.de
E-Mail: walburga.bender@verwaltung.uni-regensburg.de

t 61
Universität Rostock
Universitätsplatz 1, 18055 Rostock
T: (0381) 4 98-0   Fax: 4 98-1006
Internet: http://www.uni-rostock.de
E-Mail: rektor@rektorat.uni-rostock.de
Gründung: 1419

t 62
Universität des Saarlandes
Am Stadtwald, 66123 Saarbrücken
T: (0681) 3 02-0   Fax: 3 02-2609
Internet: http://www.uni-saarland.de
E-Mail: presse@uni-saarland.de
Gründung: 1948
Jahresetat: DM 307 Mio, € 156,97 Mio

t 63
Universität-Gesamthochschule Siegen
57068 Siegen
Herrengarten 3, 57072 Siegen
T: (0271) 7 40-1   Fax: 7 40-4911
Internet: http://www.uni-siegen.de
E-Mail: Georgi@vrz.uni-siegen.de
Gründung: 1972
Mitarbeiter: 1100
Jahresetat: DM 183 Mio, € 93,57 Mio

t 64
Universität Stuttgart
Postf. 10 60 37, 70049 Stuttgart
Keplerstr. 7, 70174 Stuttgart
T: (0711) 1 21-0   Fax: 1 21-2271
Internet: http://www.uni-stuttgart.de
E-Mail: post@verwaltung.uni-stuttgart.de
Gründung: 1829

t 65
Universität Trier
54286 Trier
Universitätsring 15, 54296 Trier
T: (0651) 2 01-0   Fax: 2 01-4247
Internet: http://www.uni-trier.de
Mitarbeiter: 2-4

t 66
Eberhard-Karls-Universität Tübingen
Wilhelmstr. 7, 72074 Tübingen
T: (07071) 29-0   Fax: 29-5990
Internet: http://www.uni-tuebingen.de

t 67
Universität Ulm
89069 Ulm
Grüner Hof 5c, 89073 Ulm
T: (0731) 5 02-01   Fax: 5 02-2038
Internet: http://www.uni-ulm.de
Gründung: 1967

t 68
Bergische Universität Gesamthochschule Wuppertal
42097 Wuppertal
Gaußstr. 20, 42119 Wuppertal
T: (0202) 4 39-1   Fax: 4 39-2899
Internet: http://www.uni-wuppertal.de
E-Mail: presse@uni-wuppertal.de
Gründung: 1972 (1. August)
Mitarbeiter: 1400
Jahresetat: DM 180 Mio, € 92,03 Mio

t 69
Bayerische Julius-Maximilians-Universität Würzburg
Sanderring 2, 97070 Würzburg
T: (0931) 31-0   Fax: 31-2600
Internet: http://www.uni-wuerzburg.de
E-Mail: universitaet@zv.uni-wuerzburg.de

II. Andere Forschungseinrichtungen

t 70
Deutsches Archäologisches Institut
Podbielskiallee 69-71, 14195 Berlin
T: (01888) 77 11-0   Fax: 77 11-168
Internet: http://www.dainst.de
E-Mail: info@dainst.de

t 71
Deutsches Zentrum für Luft- und Raumfahrt e.V.
51170 Köln
Linder Höhe, 51147 Köln
T: (02203) 6 01-0   Fax: 6 73 10
Internet: http://www.dlr.de/

t 72
Deutsches Elektronen-Synchrotron (DESY)
Notkestr. 85, 22607 Hamburg
T: (040) 8 99 80   Fax: 89 98-32 82
Internet: http://www.desy.de
E-Mail: desyinfo@desy.de
Gründung: 1959 (18. Dezember)

t 73
Deutsches Krebsforschungszentrum (dkfz)
Im Neuenheimer Feld 280, 69120 Heidelberg
T: (06221) 42-0   Fax: 42-2995
Internet: http://www.dkfz.de

t 74
Fraunhofer-Gesellschaft zur Förderung der angewandten Forschung e.V.
Leonrodstr. 54, 80636 München
T: (089) 12 05-01   Fax: 12 05-317
Internet: http://www.fhg.de
E-Mail: info@zv.fhg.de

t 75
Gesellschaft für Schwerionenforschung mbH (GSI)
Postf. 11 05 52, 64220 Darmstadt
Planckstr. 1, 64291 Darmstadt
T: (06159) 71-0   Fax: 71-2785
Internet: http://www.gsi.de

t 76
GSF-Forschungszentrum für Umwelt und Gesundheit GmbH
85758 Neuherberg
Postf. 11 29, 85758 Oberschleißheim
Ingolstädter Landstr. 1, 85764 Oberschleißheim
T: (089) 31 87-0   Fax: 31 87-3322
Internet: http://www.gsf.de
E-Mail: buff@gsf.de

t 77
Hahn-Meitner-Institut Berlin GmbH
Glienicker Str. 100, 14109 Berlin
T: (030) 80 62-0   Fax: 80 62-2181
TX: 1 85 763
Internet: http://www.hmi.de
E-Mail: postmaster@hmi.de

t 78
Forschungszentrum Jülich GmbH
52425 Jülich
Leo-Brandt-Str., 52428 Jülich
T: (02461) 6 10   Fax: 61 81 00
Internet: http://www.fz-juelich.de
E-Mail: fzj@fz-juelich.de

t 79
Forschungszentrum Karlsruhe GmbH
Postf. 36 40, 76021 Karlsruhe
Hermann-von-Helmholtz-Platz 1, 76344 Eggenstein-Leopoldshafen
T: (07247) 8 21, 82 27 03   Fax: 82 39 49
E-Mail: arendt@psa.fzk.de
Internationaler Zusammenschluß: siehe unter izt 668

t 80
Max-Planck-Gesellschaft zur Förderung der Wissenschaften e.V.
Postf. 10 10 62, 80084 München
Hofgartenstr. 8, 80539 München
T: (089) 21 08-0   Fax: 21 08-1111
Gründung: 1948 (26. Februar)
Internationaler Zusammenschluß: siehe unter izt 58
Mitglieder: ca. 900 Fördernde Mitgl.
ca. 240 Wissenschaftl. Mitgl.
Mitarbeiter: ca. 11500
Jahresetat: DM 2338 Mio, € 1195,4 Mio (2000)

t 81
Physikalisch-Technische Bundesanstalt (PTB)
Postf. 33 45, 38023 Braunschweig
Bundesallee 100, 38116 Braunschweig
T: (0531) 5 92-3005   Fax: 5 92-3008
Internet: http://www.ptb.de
E-Mail: presse@ptb.de

t 82
Museum Europäischer Kulturen - Staatliche Museen zu Berlin
Stauffenbergstr. 41, 10785 Berlin
T: (030) 8 39 01-01   Fax: 8 39 01-283

III. Akademien der Wissenschaften

t 83
Berlin-Brandenburgische Akademie der Wissenschaften
Jägerstr. 22-23, 10117 Berlin
T: (030) 2 03 70-0   Fax: 2 03 70-600
Internet: http://www.bbaw.de

t 84
Akademie der Wissenschaften zu Göttingen
Theaterstr. 7, 37073 Göttingen
T: (0551) 39-5362   **Fax:** 39-5365
Internet: http://www.adw-goettingen.gwdg.de

t 85
Nordrhein-Westfälische Akademie der Wissenschaften
c/o Karl-Arnold-Haus, Haus der Wissenschaften
Palmenstr. 16, 40217 Düsseldorf
T: (0211) 34 20 51   **Fax:** 34 14 75
Internet: http://www.akdw.nrw.de
E-Mail: akdw@mail.akdw.nrw.de

t 86
Akademie der Wissenschaften und der Literatur, Mainz
Geschwister-Scholl-Str. 2, 55131 Mainz
T: (06131) 5 77-101   **Fax:** 5 77-111
Internet: http://www.adwmainz.de/
Gründung: 1949 (9.Juli)
Präsident(in): Prof. Dr. Clemens Zintzen

t 87
Bayerische Akademie der Wissenschaften
Marstallplatz 8, 80539 München
T: (089) 2 30 31-0   **Fax:** 2 30 31-100
Internet: http://www.badw.de
E-Mail: webmaster@badw.de
Gründung: 1759
Vorstand
Präsident(in): Prof. Dr. Dr.h.c.mult. Heinrich Nöth (Chemiker)
Prof. Dr. Dr.h.c.mult. Horst Fuhrmann (Historiker)
Sekretär der Philosophisch-historischen Klasse: Prof. Dr. Klaus Albert Strunk (Sprachwissenschaftler)
Prof. Dr. Dr.h.c.mult. Peter Landau (Jurist)
Sekretär der Mathematisch-naturwissenschaftlichen Klasse: Prof. Dr. Dr.h.c.mult. Hubert Ziegler (Botaniker)
Prof. Dr. Dr.h.c. Roland Bulirsch (Mathematiker)
Syndika: Monika Stoermer
Leitung Presseabteilung: Myriam Hönig
Mitglieder: 120 ordentliche + 180 korrespondierende
Mitarbeiter: ca. 320

t 88
Heidelberger Akademie der Wissenschaften, Körperschaft des öffentlichen Rechts
Postf. 10 27 69, 69017 Heidelberg
Karlstr. 4, 69117 Heidelberg
T: (06221) 54-32 65   **Fax:** 54-33 55
Internet: http://www.haw.baden-wuerttemberg.de
E-Mail: haw@baden-wuerttemberg.de

t 89
Sächsische Akademie der Wissenschaften zu Leipzig
Karl-Tauchnitz-Str. 1, 04107 Leipzig
T: (0341) 7 11 53 13   **Fax:** 7 11 53 44
Internet: http://www.saw-leipzig.de

IV. Wissenschaftliche Verbände

t 90
Arbeitsgemeinschaft industrieller Forschungsvereinigungen "Otto von Guericke" e.V. (AiF)
Bayenthalgürtel 23, 50968 Köln
T: (0221) 3 76 80-0   **Fax:** 3 76 80 27
Internet: http://www.aif.de
E-Mail: info@aif.de
Gründung: 1954
Präsident: Dipl.-Ing. Hans Wohlfart
Hauptgeschäftsführer(in): Dr.-Ing. Michael Maurer
Öffentlichkeitsarbeit: Alexandra Dick
Pressearbeit: Silvia Behr
Verbandszeitschrift: AiF aktuell
Redaktion: Alexandra Dick

t 91
Deutscher Verband technisch-wissenschaftlicher Vereine (DVT)
Postf. 10 11 39, 40002 Düsseldorf
Graf-Recke-Str. 84, 40239 Düsseldorf
T: (0211) 62 14-499   **Fax:** 62 14-172
Internet: http://www.dvt-verband.de
E-Mail: dvt@vdi.de
Internationaler Zusammenschluß: siehe unter izs 471

t 92
Gesellschaft Deutscher Naturforscher und Ärzte e.V.
Hauptstr. 5, 53604 Bad Honnef
T: (02224) 98 07 13   **Fax:** 98 07 89
Internet: http://www.gdnae.de
E-Mail: gdnae@gdnae.de

t 93
MDC Max-Delbrück-Centrum
Robert-Rössle-Str. 10, 13125 Berlin
T: (030) 94 06-0   **Fax:** 9 49-4161

t 94
Alfred-Wegener-Institut für Polar- und Meeresforschung (AWI)
Postf. 12 01 61, 27515 Bremerhaven
T: (0471) 4 83 10   **Fax:** 48 31 11 49
Internet: http://www.awi-bremerhaven.de
E-Mail: awi-pr@awi-bremerhaven.de

● T 95
Stifterverband für die Deutsche Wissenschaft
Stifterverband für die Deutsche Wissenschaft e.V. (Stifterverband)
Hauptverwaltung:
Postf. 16 44 60, 45224 Essen
Barkhovenallee 1, 45239 Essen
T: (0201) 84 01-0   **Fax:** 8 40 13 01
Internet: http://www.stifterverband.de
E-Mail: mail@stifterverband.de
Gründung: 1920
Präsident(in): Dr. Arend Oetker
Schatzmeister: Nikolaus Schweickart
Generalsekretär(in): Prof. Dr.iur. Manfred Erhardt
Leitung Presse- und Öffentlichkeitsarbeit: Dr. Angela Lindner
Geschäftsleitung:
Dr. Ekkehard Winter
Dr. Wilhelm Ahrens
Dr. Ambros Schindler
Heidi Schädlich
Finanzen, Personal, Organisation:
Dr. Wilhelm Ahrens
Peter Anders
Rainer Platzek
Volker Malcharek
Klaus Komp
Ulrike Lenk
Martina Spaan-Cordes
Programm und Förderung:
Dr. Ekkehard Winter
Dr. Heinz-Rudi Spiegel
Dr. Volker Meyer-Guckel
Dr. Heide Radlanski
Marketing und Akquisition:
Heidi Schädlich
Evelin Manteuffel
Stiftungszentrum:
Dr. Ambros Schindler (Geschäftsführer)
Dr. Wilhelm Ahrens (Geschäftsführer)
Erich Steinsdörfer
Helen Wild
Peter Beck
Ute Berkel
Markus Heuel
Dr. Marilen Macher
Dr. Kai de Weldige
Wissenschaftsstatistik:
Dr. Christoph Grenzmann (Geschäftsführer)
Dr. Wilhelm Ahrens (Geschäftsführer)
Joachim Wudtke
Rüdiger Marquardt
Christa Revermann
Wissenschaftszentrum Bonn:
Dipl.-Kfm. Heinz Rüdiger Grunewald (Geschäftsführer)
Presse- und Öffentlichkeitsarbeit:
Dr. Angela Lindner
Michael Sonnabend
Verbandszeitschrift: "Wirtschaft & Wissenschaft"
Redaktion: Michael Sonnabend, Cornelia Herting
Verlag: Verwaltungsges. f. Wissenschaftspflege, Barkhovenallee 1, 45239 Essen
Mitglieder: 4000
Mitarbeiter: 80
Jahresetat: DM 171 Mio, € 87,43 Mio

● T 96
Wissenschaftsstatistik GmbH im Stifterverband für die Deutsche Wissenschaft
Postf. 16 44 60, 45224 Essen
Barkhovenallee 1, 45239 Essen
T: (0201) 84 01-0, 84 01-400   **Fax:** 84 01-431
Internet: http://www.wissenschaftsstatistik.de
E-Mail: wissenschaftsstatistik@stifterverband.de
Gründung: 1982
Geschäftsführer(in): Dr. Christoph Grenzmann
Dr. Wilhelm Ahrens
Mitarbeiter: 9
Jahresetat: DM 1,5 Mio, € 0,77 Mio

Durchführung von statistischen Erhebungen, insbesondere im Bereich von Wissenschaft und Forschung.

● T 97

Max-Planck-Gesellschaft zur Förderung der Wissenschaften e.V.
Generalverwaltung:
Postf. 10 10 62, 80084 München
Hofgartenstr. 8, 80539 München
T: (089) 21 08-0   **Fax:** 21 08-1111
Gründung: 1948 (26. Februar)
Internationaler Zusammenschluß: siehe unter izt 58
Verwaltungsrat
Präs. u. Vors: Prof. Dr. Hubert Markl (Hofgartenstr. 8, 80539 München, T: (089) 21 08-12 12, Telefax: (089) 21 08-11 12)
Vizepräsidenten: Prof. Dr. Jochen Abr. Frowein (Wissenschaftl. Mitglied des Max-Planck-Instituts für ausländisches öffentliches Recht und Völkerrecht, Direktor am Institut, Im Neuenheimer Feld 535, 69120 Heidelberg, T: (06221) 4 82-257, Fax: (06221) 4 82-677)
Prof. Dr. Klaus Hahlbrock (Wissenschaftl. Mitgl. des Max-Planck-Inst. für Züchtungsforschung, Direktor am Institut, Carl-von-Linné-Weg 10, 50829 Köln, T: (0221) 50 62-3 01, Telefax: (0221) 50 62-3 13)
Prof. Dr. Gerhard Wegner (Wissenschaftl. Mitglied des Max-Planck-Instituts für Polymerforschung, Direktor am Institut, Ackermannweg 10, 55128 Mainz, T: (06131) 3 79-1 31, Telefax: (06131) 3 79-3 30)
Schatzmeister: Dr. Hans-Jürgen Schinzler (Vors. des Vorstands der Münchener Rückversicherungs-Gesellschaft, Königstr. 107, 80802 München, T: (089) 38 91-3535, Fax: (089) 38 91-2300)
Weitere Mitglieder: Prof. Dr. Hans-Jürgen Quadbeck-Seeger (BASF AG, 67056 Ludwigshafen, T: (0621) 60-4 84 88, Telefax: (0621) 60-4 59 76)
Prof. Dr. Günter Stock (Mitgl. d. Vorst. der Schering AG, Müllerstr. 170-178, 13353 Berlin, T: (030) 4 68-1 50 92, Telefax: (030) 4 68-1 53 09)
Generalsekretärin: Dr. Barbara Bludau
Leitung Pressereferat: Dr. Bernd Wirsing
Verbandszeitschrift: MaxPlanckForschung
Redaktion: Hofgartenstr. 8, 80539 München
Verlag: Generalverwaltung der MPG
Mitglieder: ca. 900 Fördernde Mitgl.
ca. 240 Wissenschaftl. Mitgl.
Mitarbeiter: ca. 11500
Jahresetat: DM 2338 Mio, € 1195,4 Mio (2000)

Forschungseinrichtungen der Max-Planck-Gesellschaft

t 98
Max-Planck-Institut für Aeronomie
Max-Planck-Str. 2, 37191 Katlenburg-Lindau
T: (05556) 9 79-0   **Fax:** 9 79-2 40
Internet: http://www.linmpi.mpg.de
Geschf. Dir.: Prof. Dr. Sami K. Solanki
Wissenschaftliche Mitglieder, Direktoren: Prof. Sir Ian Axford (FRS)

t 98

Dr.-Ing. Helmut Rosenbauer
Prof. Dr. Sami K. Solanki
Prof. Dr. Vytenis M. Vasyliunas

t 99

Max-Planck-Institut für evolutionäre Anthropologie
Inselstr. 22, 04103 Leipzig
T: (0341) 99 52-0   **Fax:** 99 52-119
Internet: http://www.eva.mpg.de
Geschf. Dir.: Prof. Dr. Bernard Comrie
Wissenschaftliche Mitglieder, Direktoren: Prof. Dr. Christophe A. Boesch
Prof. Dr. Bernard Comrie
Prof. Dr. Svante Pääbo
Prof. Dr. Michael Tomasello

t 100

Max-Planck-Institut für Astronomie
Königstuhl 17, 69117 Heidelberg
T: (06221) 5 28-0   **Fax:** 52 82 46
Internet: http://www.mpia-hd.mpg.de
Geschf. Dir.: Prof. Dr. Hans-Walter Rix
Weiteres Wiss. Mitglied: Prof. Dr. Steven V.W. Beckwith (beurlaubt)

Außenstelle:

Observatorium Calar Alto/Centro Astronómico Hispano-Alemán
(Deutsch-Spanisches Astronomisches Zentrum)
Büro Almeria
c/Jesus Durban Remon 2,2, E-04004 Almeria
Apartado Corres 511, E-04080 Almeria
T: (0034950) 2 30-988, **Fax:** (0034950) 2 30-373,
E-Mail: gredel@caha.es

t 101

Max-Planck-Institut für Astrophysik
Karl-Schwarzschild-Str. 1, 85748 Garching
T: (089) 3 00 00-0   **Fax:** 3 00 00-2235
Internet: http://www.mpa-garching.mpg.de
Geschf. Dir: Prof. Dr. Wolfgang Hillebrandt
Wissenschaftliche Mitglieder, Direktoren: Prof. Dr. Wolfgang Hillebrandt
Prof. Dr. Rashid Sunyaev
Prof. Dr. Simon D. M. White
Weiteres Wissenschaftliches Mitglied: Prof. Dr. Rolf-Peter Kudritzki (beurlaubt)

t 102

Bibliotheca Hertziana - Max-Planck-Institut
Palazzo Zuccari, via Gregoriana 28, I-00187 Rom
T: (003906) 6 99 93-1   **Fax:** 6 99 93-33
Internet: http://www.biblhertz.it
Geschf. Dir.: Prof. Dr. Elisabeth Kieven
Wissenschaftliche Mitglieder, Direktoren: Prof. Dr. Sybille Ebert-Schifferer
Prof. Dr. Christoph Luitpold Frommel
Prof. Dr. Elisabeth Kieven

t 103

Max-Planck-Institut für Bildungsforschung
Lentzeallee 94, 14195 Berlin
T: (030) 8 24 06-0 ISDN   **Fax:** 8 24 99 39
Geschf. Dir.: Prof. Dr. Gerd Gigerenzer
Wissenschaftliche Mitglieder, Direktoren: Prof. Dr. Paul B. Baltes
Prof. Dr. Jürgen Baumert
Prof. Dr. Gerd Gigerenzer
Prof. Dr. Karl Ulrich Mayer

t 104

Max-Planck-Institut für Biochemie
Am Klopferspitz 18a (Martinsried), 82152 Planegg
T: (089) 85 78-1   **Fax:** 85 78-37 77
Internet: http://www.biochem.mpg.de
Geschf. Leitung: Prof. Dr. Wolfgang Baumeister (Geschf. Direktor)
Prof. Dr. Franz-Ulrich Hartl
Prof. Dr. Stefan Jentsch
Wissenschaftliche Mitglieder, Direktoren: Prof. Dr. Wolfgang Baumeister
Prof. Dr. Peter Fromherz
Prof. Dr. Franz-Ulrich Hartl
Prof. Dr. Robert Huber
Prof. Dr. Stefan Jentsch
Prof. Dr. Erich A. Nigg
Prof. Dr. Dieter Oesterhelt
Dr. Rupert Timpl
Prof. Dr. Axel Ullrich

t 105

Max-Planck-Institut für Biogeochemie
Postf. 10 01 64, 07701 Jena
Carl-Zeiss-Promenade 10, 07745 Jena
T: (03641) 64-3705   **Fax:** 64-3710
Internet: http://www.bgc-jena.mpg.de
Geschf. Dir.: Prof. Dr. David Schimel
Wissenschaftliche Mitglieder, Direktoren: Prof. Dr. Colin Prentice
Prof. Dr. David Schimel
Prof. Dr. Ernst-Detlef Schulze

t 106

Max-Planck-Institut für Biologie
Verwaltung:
Spemannstr. 32, 72076 Tübingen
T: (07071) 6 01-7 50   **Fax:** 6 01-7 59
Geschf. Dir.: Prof. Dr. Jan Klein
Wissenschaftliche Mitglieder, Direktoren: Prof. Dr. Jan Klein
Prof. Dr. Peter Overath

t 107

Max-Planck-Institut für Biophysik
Kennedyallee 70, 60596 Frankfurt
T: (069) 63 03-1   **Fax:** 63 03-2 44
Internet: http://www.biophys.mpg.de
Geschf. Dir.: Prof. Dr. Hartmut Michel
Wissenschaftliche Mitglieder, Direktoren: Prof. Dr. Ernst Bamberg
Prof. Dr. Werner Kühlbrandt
Prof. Dr. Hartmut Michel

t 108

**Max-Planck-Institut für Chemie
(Otto-Hahn-Institut)**
Postf. 30 60, 55020 Mainz
Joh.-Joachim-Becher-Weg 27, 55128 Mainz
T: (06131) 3 05-0   **Fax:** 3 05-388
Internet: http://www.mpch-mainz.mpg.de
Geschf. Dir.: Prof. Dr. Günter W. Lugmair
Wissenschaftliche Mitglieder, Direktoren: Prof. Dr. Meinrat O. Andreae
Priv.-Doz. Dr. Stephan Borrmann
Prof. Dr. Albrecht W. Hofmann
Prof. Dr. Johannes Lelieveld
Prof. Dr. Günter W. Lugmair

t 109

**Max-Planck-Institut für biophysikalische Chemie
(Karl-Friedrich-Bonhoeffer-Institut)**
Am Faßberg 11, 37077 Göttingen
T: (0551) 2 01-0   **Fax:** 2 01-1222
Internet: http://www.mpibpc.gwdg.de
Geschf. Dir.: Prof. Dr. Reinhard Jahn
Wissenschaftliche Mitglieder, Direktoren: Prof. Dr. Dieter Gallwitz
Prof. Dr. Christian Griesinger
Prof. Dr. Peter Gruss
Prof. Dr. Herbert Jäckle
Prof. Dr. Reinhard Jahn
Dr. Thomas M. Jovin
Prof. Dr. Reinhard Lührmann
Prof. Dr. Erwin Neher
Prof. Dr. Jürgen Troe
Prof. Dr. Klaus Weber

t 110

Max-Planck-Institut für demografische Forschung
Doberaner Str. 114, 18057 Rostock
T: (0381) 20 81-0   **Fax:** 2 00 81-219
Internet: http://www.demogr.mpg.de
Geschf. Dir.: Prof. Dr. James W. Vaupel
Wissenschaftliche Mitglieder, Direktoren: Prof. Dr. Jan M. Hoem
Prof. Dr. James W. Vaupel

t 111

Max-Planck-Institut für Dynamik komplexer technischer Systeme
Leipziger Str. 44, 39120 Magdeburg
T: (0391) 61 17-502   **Fax:** 61 17-501
Internet: http://www.mpi-magdeburg.mpg.de
Geschf. Dir.: Prof. Dr.-Ing. Ernst Dieter Gilles
Wissenschaftliche Mitglieder, Direktoren: Prof. Dr.-Ing. Ernst Dieter Gilles
Prof. Dr.-Ing. Udo Reichl

t 112

Max-Planck-Institut für Eisenforschung GmbH
Postf. 14 04 44, 40074 Düsseldorf
Max-Planck-Str. 1, 40237 Düsseldorf
T: (0211) 67 92-0   **Fax:** 67 92-268
Internet: http://www.mpie-duesseldorf.mpg.de
Hauptgeschäftsführer(in): Prof. Dr. Peter Neumann
Geschäftsführer(in): Dipl.-Kfm. Herbert Wilk
Wissenschaftliche Mitglieder, Direktoren: Prof. Dr. Peter Neumann
Priv.-Doz. Dr.-Ing. Dierk Raabe
Prof. Dr. Martin Stratmann

t 113

Max-Planck-Institut für experimentelle Endokrinologie
Postf. 61 03 09, 30603 Hannover
Feodor-Lynen-Str. 7, 30625 Hannover
T: (0511) 53 59-0   **Fax:** 53 59-148
Internet: http://www.endo.mpg.de
Direktor, Wiss. Mitglied: Prof. Dr. Gregor Eichele

t 114

Max-Planck-Institut für Entwicklungsbiologie
Postf. 21 09, 72011 Tübingen
Spemannstr. 35, 72076 Tübingen
T: (07071) 6 01-374   **Fax:** 6 01-3 00
Internet: http://www.eb.tuebingen.mpg.de
Geschf. Dir.: Dr. Ralf J. Sommer
Wissenschaftliche Mitglieder, Direktoren: Prof. Dr. Peter Hausen
Prof. Dr. Christiane Nüsslein-Volhard
Prof. Dr. Uli Schwarz
Dr. Ralf J. Sommer

t 115

Forschungsstelle "Enzymologie der Proteinfaltung" der Max-Planck-Gesellschaft
Weinbergweg 22, 06120 Halle
T: (0345) 5 52-2801   **Fax:** 5 51 19 72
Internet: http://www.enzyme-halle.mpg.de
Wissenschaftliches Mitglied, Direktor: Prof. Dr. Gunter S. Fischer

t 116

Max-Planck-Institut für ethnologische Forschung
Postf. 11 03 51, 06017 Halle
Leipziger Str. 91, 06108 Halle
T: (0345) 29 27-0   **Fax:** 29 27-102
Internet: http://www.eth.mpg.de
Geschf. Dir.: Prof. Dr. Günther Schlee
Wissenschaftliche Mitglieder, Direktoren: Prof. Dr. Christopher M. Hann
Prof. Dr. Günther Schlee

t 117

Max-Planck-Institut für Festkörperforschung
Postf. 80 06 65, 70506 Stuttgart
Heisenbergstr. 1, 70569 Stuttgart
T: (0711) 6 89-0   **Fax:** 6 89-10 10
Internet: http://www.mpi-stuttgart.mpg.de
Geschf. Dir.: Prof. Dr. Martin Jansen
Wissenschaftliche Mitglieder, Direktoren: Prof. Dr. Ole Krogh Andersen
Prof. Dr. Martin Jansen
Prof. Dr. Bernhard Keimer
Prof. Dr. Klaus Kern
Prof. Dr. Klaus von Klitzing
Prof. Dr. Joachim Maier
Prof. Dr. Michele Parrinello
Prof. Dr. Arndt Simon
Prof. Dr. Peter R. Wyder

Außenstelle:

Hochfeld-Magnetlabor Grenoble
Postf. 166, F-38042 Grenoble CEDEX 9
avenue des Martyrs 25, F-38042 Grenoble
T: (0033476) 85 56 00, **Fax:** (0033476) 85 56 10

t 118

**Friedrich-Miescher-Laboratorium
für biologische Arbeitsgruppen
in der Max-Planck-Gesellschaft**
Postf. 21 09, 72011 Tübingen
Spemannstr. 37-39, 72076 Tübingen
T: (07071) 6 01-4 60   **Fax:** 6 01-4 55
Internet: http://www.fml.tuebingen.mpg.de
Selbständige Nachwuchsgruppen:
Leiter(in): Dr. Andreas Mayer
Dr. Christoph M. Schuster
Priv.-Doz. Dr. Gudrun Schwarzer
Dr. Anne Spang (Sprecherin)

t 119

**Fritz-Haber-Institut
der Max-Planck-Gesellschaft**
Faradayweg 4-6, 14195 Berlin
T: (030) 84 13-30   **Fax:** 84 13-3155
Internet: http://www.fhi-berlin.mpg.de
Geschf. Dir.: Prof. Dr. Gerhard Ertl
Wissenschaftliche Mitglieder, Direktoren: Prof. Dr. Gerhard Ertl

Prof. Dr. Hans-Joachim Freund
Prof. Dr. Matthias Scheffler
Prof. Dr. Robert Schlögl
Weiteres Wiss. Mitglied: Prof. Dr. A. M. Bradshaw (beurlaubt)

t 120

Max-Planck-Institut für molekulare Genetik
Ihnestr. 63-73, 14195 Berlin
T: (030) 84 13-0
Internet: http://www.molgen.mpg.de
Geschf. Dir.: Prof. Dr. Hans-Hilger Ropers
Wissenschaftliche Mitglieder, Direktoren: Prof. Dr. Hans Lehrach
Prof. Dr. Hans-Hilger Ropers
Dr. Martin Vingron

t 121

Max-Planck-Institut für Geschichte
Postf. 28 33, 37018 Göttingen
Hermann-Föge-Weg 11, 37073 Göttingen
T: (0551) 49 56-0   **Fax:** 49 56-170
Internet: http://www.geschichte.mpg.de
Geschf. Dir.: Prof. Dr. Hartmut Lehmann
Wissenschaftliche Mitglieder, Direktoren: Prof. Dr. Hartmut Lehmann
Prof. Dr. Otto Gerhard Oexle

t 122

Max-Planck-Institut für Gesellschaftsforschung
Paulstr. 3, 50676 Köln
T: (0221) 27 67 0   **Fax:** 27 67 555
Internet: http://www.mpi-fg-koeln.mpg.de/index.html
Geschf. Dir.: Prof. Dr. Wolfgang Streeck
Wissenschaftliche Mitglieder, Direktoren: Prof. Dr. Fritz W. Scharpf
Prof. Dr. Wolfgang Streeck

t 123

Max-Planck-Institut für Gravitationsphysik
(Albert-Einstein-Institut)
Am Mühlenberg 1, 14476 Golm
T: (0331) 5 67-70   **Fax:** 5 67-7697
Geschf. Dir.: Prof. Dr. Hermann Nicolai
Wissenschaftliche Mitglieder, Direktoren: Prof. Dr. Hermann Nicolai
Prof. Dr. Bernard Frederick Schutz

t 124

Max-Planck-Institut für Hirnforschung
Postf. 71 06 62, 60496 Frankfurt
Deutschordenstr. 46, 60528 Frankfurt
T: (069) 9 67 69-0
Internet: http://www.mpih-frankfurt.mpg.de
Geschf. Dir.: Prof. Dr. Heinrich Betz
Wissenschaftliche Mitglieder, Direktoren: Prof. Dr. Heinrich Betz
Prof. Dr. Wolf Singer
Prof. Dr. Heinz Wässle

t 125

Max-Planck-Institut für Immunbiologie
Postf. 11 69, 79011 Freiburg
Stübeweg 51, 79108 Freiburg
T: (0761) 51 08-0   **Fax:** 51 08-2 21
Internet: http://www.immunbio.mpg.de
Geschf. Dir.: Prof. Dr. Klaus Eichmann
Wissenschaftliche Mitglieder, Direktoren: Prof. Dr. Thomas Boehm
Prof. Dr. Klaus Eichmann
Prof. Dr. Rolf Kemler
Prof. Dr. Davor Solter

t 126

Max-Planck-Institut für Infektionsbiologie
Schumannstr. 21 /22, 10117 Berlin
T: (030) 2 84 60-0   **Fax:** 2 84 60-111
Internet: http://www.mpiib-berlin.mpg.de
Wissenschaftliche Mitglieder, Direktoren: Prof. Dr. Stefan H.E. Kaufmann
Prof. Dr. Thomas F. Meyer

t 127

Max-Planck-Institut für Informatik
Stuhlsatzenhausweg 85, 66123 Saarbrücken
T: (0681) 93 25-0   **Fax:** 93 25-999
Internet: http://www.mpi-sb.mpg.de
Geschf. Dir.: Prof. Dr. Kurt Mehlhorn
Wissenschaftliche Mitglieder, Direktoren: Prof. Dr. Harald Ganzinger
Prof. Dr. Kurt Mehlhorn
Prof. Dr. Hans-Peter Seidel

t 128

Max-Planck-Institut für Kernphysik
Postf. 10 39 80, 69029 Heidelberg
Saupfercheckweg 1, 69117 Heidelberg
T: (06221) 51 60   **Fax:** 5 16-601
Internet: http://www.mpi-hd.mpg.de
Geschf. Dir.: Prof. Dr. Werner Hofmann
Wissenschaftliche Mitglieder, Direktoren: Prof. Dr. Werner Hofmann
Prof. Dr. Konrad Mauersberger
Prof. Dr. Dirk Schwalm
Prof. Dr. Hermann Ullrich
Prof. Dr. Heinrich J. Völk
Prof. Dr. Hans A. Weidenmüller

t 129

Max-Planck-Institut für Kohlenforschung
(rechtsfähige Stiftung)
Postf. 10 13 53, 45413 Mülheim
Kaiser-Wilhelm-Platz 1, 45470 Mülheim
T: (0208) 3 06-1   **Fax:** 3 06-29 80
Internet: http://www.mpi-muelheim.mpg.de/mpi-kofo_home.html
Direktor(in): Prof. Dr. Manfred T. Reetz
Wissenschaftliche Mitglieder, Direktoren: Prof. Dr. Alois Fürstner
Prof. Dr. Manfred T. Reetz
Prof. Dr. Ferdi Schüth
Prof. Dr. Walther Thiel

t 130

Max-Planck-Institut für Kolloid- und Grenzflächenforschung
Am Mühlenberg 2, 14476 Golm
T: (0331) 5 67-90   **Fax:** 5 67-9102
E-Mail: info@mpikg-golm.mpg.de
Geschf. Dir.: Prof. Dr. Markus Antonietti
Wissenschaftliche Mitglieder, Direktoren: Prof. Dr. Markus Antonietti
Prof. Dr. Reinhard Lipowsky
Prof. Dr. Helmuth Möhwald

t 131

Max-Planck-Institut für biologische Kybernetik
Spemannstr. 38, 72076 Tübingen
T: (07071) 6 01-5 00   **Fax:** 6 01-520
Internet: http://www.kyb.tuebingen.mpg.de
Geschf. Dir.: Prof. Dr. Nikos K. Logothetis
Wissenschaftliche Mitglieder, Direktoren: Prof. Dr. Heinrich H. Bülthoff
Prof. Dr. Kuno Kirschfeld
Prof. Dr. Nikos K. Logothetis

t 132

Max-Planck-Institut für Limnologie
Postf. 1 65, 24302 Plön
August-Thienemann-Str. 2, 24306 Plön
T: (04522) 7 63-0   **Fax:** 7 63-3 10
Internet: http://www.mpil-ploen.mpg.de
Geschf. Dir.: Prof. Dr. Manfred Milinski
Wissenschaftliche Mitglieder, Direktoren: Prof. Dr. Winfried Lampert
Prof. Dr. Manfred Milinski

Außenstelle Manaus/Amazonas:

c/o Instituto Nacional de Pesquisas da Amazonia (INPA)
Caixa Postal 478, BR-69011970 Manaus/Amazonas (Brasilien)
Fax: (005592) 6 42-1503

t 133

Max-Planck-Institut für Mathematik
Vivatsgasse 7, 53111 Bonn
T: (0228) 4 02-0   **Fax:** 4 02-277
Internet: http://www.mpim-bonn.mpg.de
Geschf. Dir.: Prof. Dr. Yuri I. Manin
Wissenschaftliche Mitglieder, Direktoren: Prof. Dr. Gerd Faltings
Prof. Dr. Günter Harder
Prof. Dr. Yuri I. Manin
Prof. Dr. Don B. Zagier

t 134

Max-Planck-Institut für Mathematik in den Naturwissenschaften
Inselstr. 22-26, 04103 Leipzig
T: (0341) 99 59-50   **Fax:** 99 59-658
Internet: http://www.mis.mpg.de
Geschf. Dir.: Prof. Dr. Eberhard Zeidler
Wissenschaftliche Mitglieder, Direktoren: Prof. Dr. Wolfgang Hackbusch

Prof. Dr. Jürgen Jost
Prof. Dr. Stefan Müller
Prof. Dr. Eberhard Zeidler

t 135

Max-Planck-Institut für experimentelle Medizin
Hermann-Rein-Str. 3, 37075 Göttingen
T: (0551) 38 99-0   **Fax:** 38 99-389
Internet: http://www.mpiem.gwdg.de
Geschf. Dir.: Prof. Dr. Klaus-Armin Nave
Wissenschaftliche Mitglieder, Direktoren: Prof. Dr. Klaus-Armin Nave
Dr. Dr. Joachim Spiess (Adj. Prof. (UCSD u. Salk Inst.))
Prof. Dr. Walter Stühmer

t 136

Max-Planck-Institut für medizinische Forschung
Postf. 10 38 20, 69028 Heidelberg
Jahnstr. 29, 69120 Heidelberg
T: (06221) 4 86-0   **Fax:** 4 86-3 51
Internet: http://www.mpimf-heidelberg.mpg.de
Geschf. Dir.: Prof. Dr. Kenneth C. Holmes
Wissenschaftliche Mitglieder, Direktoren: Dr. Winfried Denk
Prof. Dr. Kenneth C. Holmes
Prof. Dr. Bert Sakmann
Prof. Dr. Peter H. Seeburg
Weiteres Wissenschaftliches Mitglied: Prof. Dr. Eckhard Mandelkow

t 137

Max-Planck-Institut für Metallforschung
Heisenbergstr. 5, 70569 Stuttgart
T: (0711) 68 61-0   **Fax:** 68 61-255
Internet: http://www.mpi-stuttgart.mpg.de
Geschf. Dir.: Prof. Dr. Fritz Aldinger
Wissenschaftliche Mitglieder, Direktoren:
Wissenschaftliche Mitglieder, Direktoren: Prof. Dr. Fritz Aldinger
Prof. Dr. Eduard Arzt
Prof. Dr. Siegfried Dietrich
Prof. Dr. Helmut Dosch
Prof. Dr. Huajian Gao
Prof. Dr. Eric Jan Mittemeijer
Prof. Dr. Manfred Rühle

t 138

Max-Planck-Institut für Meteorologie
Bundesstr. 55, 20146 Hamburg
T: (040) 4 11 73-0   **Fax:** 4 11 73-298
Internet: http://www.mpimet.mpg.de
Geschf. Dir.: Prof. Dr. Hartmut Graßl
Wissenschaftliche Mitglieder, Direktoren: Prof. Dr. Guy P. Brasseur
Prof. Dr. Hartmut Graßl

t 139

Max-Planck-Institut für marine Mikrobiologie
Celsiusstr. 1, 28359 Bremen
T: (0421) 20 28-50   **Fax:** 20 28-580
Internet: http://www.mpi-bremen.de
Geschf. Dir.: Prof. Dr. Bo Barker Jørgensen
Wissenschaftliche Mitglieder, Direktoren: Prof. Dr. Bo Barker Jørgensen
Prof. Dr. Friedrich Widdel

t 140

Max-Planck-Institut für terrestrische Mikrobiologie
Karl-von-Frisch-Str., 35043 Marburg
T: (06421) 1 78-0   **Fax:** 1 78-999
Internet: http://www.uni-marburg.de/mpi
Geschf. Dir.: Prof. Dr. Ralf Conrad
Wissenschaftliche Mitglieder, Direktoren: Prof. Dr. Ralf Conrad
Prof. Dr. Regine Kahmann
Prof. Dr. Rudolf K. Thauer

t 141

Max-Planck-Institut für Mikrostrukturphysik
Weinberg 2, 06120 Halle
T: (0345) 55 82-50   **Fax:** 55 11-223
Internet: http://www.mpi-halle.de
Geschf. Dir.: Prof. Dr. Patrick Bruno
Wissenschaftliche Mitglieder, Direktoren: Prof. Dr. Patrick Bruno
Prof. Dr. Ulrich M. Gösele
Prof. Dr. Jürgen Kirschner

t 142
Arbeitsgruppen für strukturelle Molekularbiologie der Max-Planck-Gesellschaft am DESY
c/o DESY
Notkestr. 85 Gebäude 25 b, 22607 Hamburg
T: (040) 89 98-2801   Fax: 89 71 68-10
Internet: http://www.mpasmb-hamburg.mpg.de
E-Mail: office@mpasmb.desy.de

Arbeitsgruppe Proteindynamik
(Außenstelle des Max-Planck-Instituts für Biochemie)
Leitung der Arbeitsgruppe: Dr. Hans-Dieter Bartunik

Arbeitsgruppe Ribosamenstruktur der Max-Planck-Gesellschaft am DESY
Leitung der Arbeitsgruppe: Prof. Dr. Ada E. Yonath

Arbeitsgruppe Zytoskelett
(Außenstelle des Max-Planck-Instituts für medizinische Forschung)
Leitung der Arbeitsgruppe: Prof. Dr. Eckhard Mandelkow (Sprecher)

t 143
Max-Planck-Institut für Neurobiologie
Am Klopferspitz 18a (Martinsried), 82152 Planegg
T: (089) 85 78-1   Fax: 85 78-3541
Internet: http://www.neuro.mpg.de
Geschf. Dir.: Priv.-Doz. Dr. Tobias Bonhoeffer
Wissenschaftliche Mitglieder, Direktoren: Priv.-Doz. Dr. Tobias Bonhoeffer
Dr. Rüdiger Klein
Prof. Dr. Hartmut Wekerle

t 144
Max-Planck-Institut für neurologische Forschung
Postf. 41 06 29, 50866 Köln
Gleueler Str. 50, 50931 Köln
T: (0221) 47 26-0   Fax: 47 26-298
Internet: http://www.mpin-koeln.mpg.de
Geschf. Dir.: Prof. Dr. Wolf-Dieter Heiss
Wissenschaftliche Mitglieder, Direktoren: Prof. Dr. Wolf-Dieter Heiss
Prof. Dr. Konstantin-Alexander Hossmann

t 145
Max-Planck-Institut für neuropsychologische Forschung
Postf. 50 03 55, 04303 Leipzig
Stephanstr. 1a, 04103 Leipzig
T: (0341) 99 40-00
Internet: http://www.cns.mpg.de
Wissenschaftliche Mitglieder, Direktoren: Prof. Dr. D. Yves von Cramon
Prof. Dr. Angela D. Friederici

t 146
Max-Planck-Institut für chemische Ökologie
Carl-Zeiss-Promenade 10, 07745 Jena
T: (03641) 64-3633   Fax: 64-3671
Internet: http://www.ice.mpg.de
Geschf. Dir.: Prof. Dr. Wilhelm Boland
Wissenschaftliche Mitglieder, Direktoren: Prof. Dr. Ian Baldwin
Prof. Dr. Wilhelm Boland
Prof. Dr. Jonathan Gershenzon
Prof. Dr. Thomas Mitchell-Olds

t 147
Forschungsstelle für Ornithologie der Max-Planck-Gesellschaft
Von-der-Tann-Str. 7, 82346 Andechs
T: (08152) 3 73-111   Fax: 3 73-133
Internet: http://www.erl.ornithol.mpg.de
Schlossallee 2, 78315 Radolfzell
T: (07732) 15 01-0 Fax: 15 01-69
Geschf. Dir.: Prof. Dr. Peter Berthold
Wissenschaftliche Mitglieder, Direktoren: Prof. Dr. Peter Berthold
Wissenschaftliche Mitglieder, Direktoren: Prof. Dr. Eberhard Gwinner

t 148
Max-Planck-Institut für ausländisches und internationales Patent-, Urheber- und Wettbewerbsrecht
Marstallplatz 1, 80539 München
T: (089) 2 42 46-0   Fax: 2 42 46-501
Internet: http://www.intellecprop.mpg.de
Geschf. Dir., Wissenschaftliches Mitglied: Prof. Dr. Gerhard Schricker

t 149
Max-Planck-Institut für molekulare Pflanzenphysiologie
Am Mühlenberg 1, 14476 Golm
T: (0331) 56 78-0   Fax: 56 78-408
Internet: http://www.mpimp-golm.mpg.de
Geschf. Dir.: Prof. Dr. Lothar Willmitzer
Wissenschaftliche Mitglieder, Direktoren: Prof. Dr. Mark Stitt
Prof. Dr. Lothar Willmitzer

t 150
Max-Planck-Institut für Physik (Werner-Heisenberg-Institut)
Postf. 40 12 12, 80712 München
Föhringer Ring 6, 80805 München
T: (089) 3 23 54-0   Fax: 3 22 67 04
Internet: http://www.mppmu.mpg.de
Geschf. Dir.: Prof. Dr. Siegfried Bethke
Wissenschaftliche Mitglieder, Direktoren: Prof. Dr. Siegfried Bethke
Prof. Dr. Gerd Buschhorn
Prof. Dr. Norbert Schmitz
Dr. Leo Stodolsky
Prof. Dr. Julius Wess

t 151
Max-Planck-Institut für Physik komplexer Systeme
Nöthnitzer Str. 38, 01187 Dresden
T: (0351) 8 71-0   Fax: 8 71-1999
Internet: http://www.mpipks-dresden.mpg.de
Geschf. Dir.: Prof. Dr. Peter Fulde
Wissenschaftliche Mitglieder, Direktoren: Prof. Dr. Peter Fulde
Prof. Dr. Jan-Michael Rost

t 152
Max-Planck-Institut für chemische Physik fester Stoffe
Nöthnitzer Str. 40, 01187 Dresden
T: (0351) 46 46-0   Fax: 46 46-10
Internet: http://www.cpfs.mpg.de
Geschf. Dir.: Prof. Dr. Rüdiger Kniep
Wissenschaftliche Mitglieder, Direktoren: Prof. Dr. Rüdiger Kniep
Prof. Dr. Frank Steglich

t 153
Max-Planck-Institut für extraterrestrische Physik
Gießenbachstr., 85748 Garching
T: (089) 3 00 00-0   Fax: 3 00 00-3569
Internet: http://www.mpe.mpg.de/mpe-f-d.html
E-Mail: user@mpe.mpg.de
Geschf. Dir.: Prof. Dr. Gregor Eugen Morfill
Wissenschaftliche Mitglieder, Direktoren: Prof. Dr. Reinhard Genzel
Prof. Dr. Günther Masinger
Prof. Dr. Gregor Eugen Morfill
Prof. Dr. Joachim E. Trümper

t 154
Max-Planck-Institut für molekulare Physiologie
Postf. 50 02 47, 44202 Dortmund
Otto-Hahn-Str. 11, 44227 Dortmund
T: (0231) 1 33-0   Fax: 1 33-2699
Internet: http://www.mpi-dortmund.mpg.de
Geschf. Dir.: Prof. Dr. Roger S. Goody
Wissenschaftliche Mitglieder, Direktoren: Prof. Dr. Roger S. Goody
Prof. Dr. Rolf K. H. Kinne
Prof. Dr. Herbert Waldmann
Prof. Dr. Alfred Wittinghofer

t 155
Max-Planck-Institut für physiologische und klinische Forschung, W. G. Kerckhoff-Institut
Parkstr. 1, 61231 Bad Nauheim
T: (06032) 7 05-1   Fax: 7 05-2 11
Internet: http://www.kerckhoff.mpg.de/default.html
Geschf. Dir.: Prof. Dr. Wolfgang Schaper
Wissenschaftliche Mitglieder, Direktoren: Prof. Dr. Wolfgang Schaper
Prof. Dr. Dietmar Vestweber

t 156
Max-Planck-Institut für Plasmaphysik
Postf. 13 22, 85741 Garching
Boltzmannstr. 2, 85748 Garching
T: (089) 32 99-01   Fax: 32 99-2200
Internet: http://www.ipp.mpg.de
Direktorium: Prof. Dr. Alexander M. Bradshaw (Vorsitzender, Wissenschaftl. Dir.)
Prof. Dr. Michael Kaufmann
Prof. Dr. Friedrich Wagner
Dr.-Ing. Karl Tichmann (Geschäftsführer)
Wissenschaftliche Mitglieder, Direktoren: Prof. Dr. Kurt Behringer
Prof. Dr. Dr. Hans-Harald Bolt
Prof. Dr. Alexander Marian Bradshaw
Prof. Dr. h.c. Volker Dose
Prof. Dr. Gerd Fußmann
Priv.-Doz. Dr. Sibylle Günter
Prof. Dr. Michael Kaufmann
Prof. Dr. Jürgen Küppers
Prof. Dr. Jürgen Nührenberg
Prof. Dr. Friedrich Wagner
Prof. Dr. Rolf Wilhelm
Prof. Dr. Hartmut Zohm
Weiteres Wissenschaftliches Mitglied: Prof. Dr. Karl Lackner (beurlaubt)

Teilinstitut Greifswald
Wendelsteinstr. 1, 17491 Greifswald
T: (03834) 88-2001 Fax: 88-2009
Internet: http://www.ipp.mpg.de

t 157
Max-Planck-Institut für Polymerforschung
Postf. 31 48, 55021 Mainz
Ackermannweg 10, 55128 Mainz
T: (06131) 3 79-0   Fax: 3 79-1 00
Internet: http://www.mpip-mainz.mpg.de
Geschf. Dir.: Prof. Dr. Hans Wolfgang Spiess
Wissenschaftliche Mitglieder, Direktoren: Prof. Dr. Wolfgang Knoll
Prof. Dr. Kurt Kremer
Prof. Dr. Klaus Müllen
Prof. Dr. Hans Wolfgang Spiess
Prof. Dr. Gerhard Wegner

t 158
Max-Planck-Institut für ausländisches und internationales Privatrecht
Mittelweg 187, 20148 Hamburg
T: (040) 4 19 00-0   Fax: 4 19 00-2 88
Internet: http://www.mpipriv-hh.mpg.de
Geschf. Dir.: Prof. Dr. Dr. Klaus J. Hopt
Wissenschaftliche Mitglieder, Direktoren: Prof. Dr. Jürgen Basedow
Prof. Dr. Dr. Klaus J. Hopt

t 159
Max-Planck-Institut für Psychiatrie (Deutsche Forschungsanstalt für Psychiatrie)
Postf. 40 12 40, 80712 München
Kraepelinstr. 2 u.10, 80804 München
T: (089) 3 06 22-1   Fax: 3 06 22-605
Internet: http://www.mpipsykl.mpg.de
Geschf. Dir., Wissenschaftliches Mitglied: Prof. Dr. Dr. Florian Holsboer

t 160
Max-Planck-Institut für Psycholinguistik
Postfach 310, NL-6500 AH Nijmwegen
Wundtlaan 1, NL-6525 XD Nijmwegen
T: (003124) 35 21-911   Fax: 35 21-213
Internet: http://www.mpi.nl
Geschf. Dir.: Prof. Dr. Anne Cutler
Wissenschaftliche Mitglieder, Direktoren: Prof. Dr. Anne Cutler
Prof. Dr. Wolfgang Klein
Prof. Dr. Willem J. M. Levelt
Prof. Dr. Stephen C. Levinson

t 161
Max-Planck-Institut für psychologische Forschung
Postf. 34 01 21, 80098 München
Amalienstr. 33, 80799 München
T: (089) 3 86 02-0   Fax: 3 86 02-199
Internet: http://www.mpipf-muenchen.mpg.de
Geschf. Dir.: Prof. Dr. Wolfgang Prinz
Wissenschaftliche Mitglieder, Direktoren: Prof. Dr. Wolfgang Prinz
N.N.

t 162
Max-Planck-Institut für Quantenoptik
Hans-Kopfermann-Str. 1, 85748 Garching
T: (089) 3 29 05-0   Fax: 3 29 05-2 00
Internet: http://www.mpq.mpg.de
Geschf. Dir.: Prof. Dr. Gerhard Rempe
Wissenschaftliche Mitglieder, Direktoren: Prof. Dr. Theodor W. Hänsch
Prof. Dr. Karl-Ludwig Kompa
Prof. Dr. Gerhard Rempe
Prof. Dr. Herbert Walther

Hoppenstedt

Außenstelle Hannover
Callinstr. 38, 30167 Hannover
T: (0511) 7 62-2356 Fax: 7 62-5861
Örtl. Ltg: Prof. Dr. Karsten Danzmann

t 163

Max-Planck-Institut für Radioastronomie
Postf. 20 24, 53010 Bonn
Auf dem Hügel 69, 53121 Bonn
T: (0228) 5 25-0 Fax: 52 52 29
Internet: http://www.mpifr-bonn.mpg.de
Geschf. Dir.: Dr. Karl M. Menten
Wissenschaftliche Mitglieder, Direktoren: Dr. Karl M. Menten
Prof. Dr. Gerd Weigelt
Prof. Dr. Richard Wielebinski
Dr. J. Anton Zensus

Außenstelle:

Radio-Observatorium Effelsberg
T: (02257) 3 01-100, Fax: (02257) 3 01-105

t 164

Projektgruppe "Recht der Gemeinschaftsgüter" der Max-Planck-Gesellschaft
Poppelsdorfer Allee 45, 53115 Bonn
T: (0228) 9 14 16-0 Fax: 9 14 16-55
Internet: http://www.mpp-rdg.mpg.de/deutsch/home1.html
Leiter(in): Prof. Dr. Christoph Engel
Prof. Dr. Adrienne Héritier

t 165

Max-Planck-Institut für europäische Rechtsgeschichte
Postf. 93 02 27, 60457 Frankfurt
Hausener Weg 120, 60489 Frankfurt
T: (069) 7 89 78-0 Fax: 78 97 81 69
Geschf. Dir.: Prof. Dr. Michael Stolleis
Wissenschaftliche Mitglieder, Direktoren: Prof. Dr. Dieter Simon
Prof. Dr. Michael Stolleis

t 166

Max-Planck-Institut für ausländisches und internationales Sozialrecht
Postf. 34 01 21, 80098 München
Amalienstr. 33, 80799 München
T: (089) 3 86 02-0 Fax: 3 86 02-490
Internet: http://www.mpipf-muenchen.mpg.de/mpisr
Geschf. Dir., Wissenschaftliches Mitglied: Prof. Dr. Bernd Baron von Maydell

t 167

Max-Planck-Institut für ausländisches und internationales Strafrecht
Günterstalstr. 73, 79100 Freiburg
T: (0761) 70 81-1 Fax: 7 08 12 94
Internet: http://www.iuscrim.mpg.de
Wissenschaftliche Mitglieder, Direktoren: Prof. Dr. Hans-Jörg Albrecht
Prof. Dr. Albin Eser

t 168

Max-Planck-Institut für Strahlenchemie
Postf. 10 13 65, 45413 Mülheim
Stiftstr. 34-36, 45470 Mülheim
T: (0208) 3 06-0 Fax: 3 06-39 51
Internet: http://www.mpi-muelheim.mpg.de/mpistr_home.html
Geschf. Dir.: Prof. Dr. Karl Wieghardt
Wissenschaftliche Mitglieder, Direktoren: Prof. Dr. Wolfgang Lubitz
Prof. Dr. Karl Wieghardt

t 169

Max-Planck-Institut für Strömungsforschung
Postf. 28 53, 37018 Göttingen
Bunsenstr. 10, 37073 Göttingen
T: (0551) 51 76-0 Fax: 51 76-669
Internet: http://www.mpisf.mpg.de
Geschf. Dir.: Prof. Dr. Theo Geisel
Wissenschaftliche Mitglieder, Direktoren: Prof. Dr. Theo Geisel
N. N.

t 170

Max-Planck-Institut für Verhaltensphysiologie
(in Liquidation)
Postf. 15 64, 82305 Starnberg
Post Starnberg, 82319 Seewiesen
T: (08157) 9 32-0 Fax: 9 32-209
Internet: http://www.mpi-seewiesen.mpg.de

Komm. Leiter: Prof. Dr. Wolfgang Wickler
Wissenschaftliches Mitglied: Prof. Dr. Karl-Ernst Kaißling (bis 30.04.01)

t 171

Max-Planck-Institut für ausländisches öffentliches Recht und Völkerrecht
Im Neuenheimer Feld 535, 69120 Heidelberg
T: (06221) 4 82-1 Fax: 4 82-2 88
Internet: http://www.mpiv-hd.mpg.de
Geschf. Dir.: Prof. Dr. Rüdiger Wolfrum
Wissenschaftliche Mitglieder, Direktoren: Prof. Dr. Jochen Abr. Frowein
Prof. Dr. Rüdiger Wolfrum

t 172

Max-Planck-Institut zur Erforschung von Wirtschaftssystemen
Kahlaische Str. 10, 07745 Jena
T: (03641) 6 86-5 Fax: 6 86-990
Internet: http://www.mpiew-jena.mpg.de
Geschf. Dir.: Prof. Dr. Ulrich Witt
Wissenschaftliche Mitglieder, Direktoren: Prof. Dr. Ulrich Witt
N. N.

t 173

Max-Planck-Institut für Wissenschaftsgeschichte
Wilhelmstr. 44, 10117 Berlin
T: (030) 2 26 67-0 Fax: 2 26 67-2 99
Internet: http://www.mpiwg-berlin.mpg.de
Geschf. Dir.: Prof. Dr. Hans-Jörg Rheinberger
Wissenschaftliche Mitglieder, Direktoren: Prof. Dr. Lorraine Daston
Prof. Dr. Jürgen Renn
Prof. Dr. Hans-Jörg Rheinberger

t 174

Max-Planck-Institut für Zellbiologie
Rosenhof, 68526 Ladenburg
T: (06203) 1 06-0 Fax: 10 61 22
Geschf. Dir., Wissenschaftliches Mitglied: Prof. Dr. Peter Traub

t 175

Max-Planck-Institut für molekulare Zellbiologie und Genetik, Dresden
Verwaltung:
Pfotenhauerstr. 108, 01307 Dresden
T: (0351) 2 10-2572 Fax: 2 10-1679
Geschf. Dir.: Prof. Dr. Kai L. Simons
Wissenschaftliche Mitglieder, Direktoren: Prof. Dr. Jonathon Howard (z. Zt. Seattle/USA)
Prof. Dr. Wieland B. Huttner (z.Z. Uni Heidelberg)
Dr. Anthony A. Hyman (z.Z. EMBL)
Prof. Dr. Kai L. Simons (z. Z. EMBL)
Dr. Marino Zerial (z.Z. EMBL)

t 176

Max-Planck-Institut für Züchtungsforschung
Carl-von-Linne-Weg 10, 50829 Köln
T: (0221) 50 62-0 Fax: 5 06 25 13
Internet: http://www.mpiz-koeln.mpg.de
Geschf. Dir.: Prof. Dr. Heinz Saedler
Wissenschaftliche Mitglieder, Direktoren: Dr. George Coupland
Prof. Dr. Klaus Hahlbrock
Prof. Dr. Heinz Saedler
Prof. Dr. Francesco Salamini
Prof. Dr. Paul Schulze-Lefert

Tochtergesellschaften, Beteiligungen weitere Einrichtungen

t 177

Archiv zur Geschichte der Max-Planck-Gesellschaft
Otto-Warburg-Haus
Boltzmannstr. 14, 14195 Berlin
T: (030) 84 13-3701 Fax: 84 13-3700
E-Mail: archiv@mpg-archiv.mpg.de
Direktor(in): Prof. Dr. Eckart Henning

t 178

Büro Brüssel der Max-Planck-Gesellschaft
Rue du Commerce 31, B-1000 Brüssel
T: (00322) 5 03-3203 Fax: 5 03-3162
Leiter(in): Dr. Rüdiger Hesse

t 179

RZPD Deutsches Ressourcenzentrum für Genomforschung GmbH
Heubnerweg 6, 14059 Berlin
T: (030) 3 26 39-0 Fax: 3 26 39-262
Geschäftsführer(in): Prof. Dr. Hans Lehrach

t 180

Garching Innovation GmbH
Hofgartenstr. 8, 80539 München
T: (089) 29 09 19-0 Fax: 29 09 19-99
Internet: http://www.garching-innovation.mpg.de
E-Mail: gi@ipp.mpg.de
Geschäftsführer(in): Dr. Bernhard Hertel

t 181

Gesellschaft für wissenschaftliche Datenverarbeitung mbH Göttingen
Am Faßberg, 37077 Göttingen
T: (0551) 2 01 15 10 Fax: 2 11 19
Internet: http://www.gwdg.de
E-Mail: gwdg@gwdg.de
Wiss. Geschäftsführer: Prof. Dr. Gerhard Schneider

t 182

Koordinierungsstelle EG der Wissenschaftsorganisationen (KoWi)
Büro Bonn:
Godesberger Allee 127, 53175 Bonn
T: (0228) 9 59 97-0 Fax: 9 59 97-99
Leiter(in): N.N.

Büro Brüssel:
Rue du Trône 98, B-1050 Brüssel
T: (00322) 5 48 02 10, Fax: 5 02 75 33
Leiter: Martin Grabert

t 183

MINERVA Stiftung - Gesellschaft für die Forschung mbH
Postf. 10 10 62, 80084 München
Hofgartenstr. 8, 80539 München
T: (089) 21 08-1270 Fax: 21 08-1451
Geschäftsführer(in): Prof. Dr. Jochen Abr. Frowein
Dr. Berthold Neizert

t 184

Rechenzentrum Garching (RZG)
Boltzmannstr. 2, 85748 Garching
T: (089) 32 99-1340 Fax: 32 99-1301
Internet: http://www.rzg.mpq.de
Leiter(in): Stefan Heinzel

t 185

Tagungsstätte Harnack-Haus Berlin
Ihnestr. 16-20, 14195 Berlin
T: (030) 84 13-3800 Fax: 84 13-3801
Leiterin: Nicole Bendig

t 186

Tagungsstätte Schloß Ringberg
Gemeinde Kreuth, Ortsteil Oberhof, 83700 Rottach-Egern
T: (08022) 2 79-0 Fax: 27 92 59
Internet: http://www.rzg.mpg.de/ringberg-castle
Leiter(in): Dipl.-Kfm. Axel Hörmann

t 187

Wissenschaft im Dialog gGmbH
Markgrafenstr. 37, 10117 Berlin
T: (030) 20 64-9200 Fax: 20 64-9205
Geschäftsführer(in): Andreas Meyer-Schwickerath

t 188

Wissenschaftsforum Berlin
Markgrafenstr. 37, 10117 Berlin
T: (030) 20 61 21-0 Fax: 20 61 21-77

● T 189

Fraunhofer Gesellschaft

Fraunhofer-Gesellschaft zur Förderung der angewandten Forschung e.V.
Leonrodstr. 54, 80636 München

T: (089) 12 05-01 **Fax:** 12 05-317
Internet: http://www.fhg.de
E-Mail: info@zv.fhg.de
Vorstand: o. Prof. Dr.-Ing. Dr.h.c.mult. Dr.-Ing. E.h. Hans-Jürgen Warnecke (Präsident)
Dr.rer.pol. Hans-Ulrich Wiese
Dr. jur. Dirk Meints Polter
Öffentlichkeitsarbeit: Dr. Ingo Heinemann
Presse: Franz Miller

Die Fraunhofer-Gesellschaft ist mit 48 Forschungsinstituten und einem Forschungsvolumen von rund 760 Millionen Euro die führende Organisation für Forschungsdienstleistungen in Europa. Rund 9600 Mitarbeiter setzen ihr Know-how dafür ein, differenzierte Forschungsaufgaben und akute technische Probleme aus nahezu allen natur- und ingenieurwissenschaftlichen Bereichen im Auftrag von Wirtschaft und Staat zu lösen. Die Fraunhofer-Gesellschaft ist als gemeinnützig anerkannt. Ihre Aufgabe ist es, Ergebnisse der Grundlagenforschung möglichst rasch in die industrielle Praxis umzusetzen. Sie berechnet in der Auftragsforschung nur die Selbstkosten.
Neben den Forschungsleistungen, die Entwicklungen bis zum Prototyp beinhalten können, bietet die Fraunhofer-Gesellschaft ihren Auftraggebern vielfältige Dienstleistungen wie Finanzierungsberatung für Forschungsvorhaben mittelständischer Unternehmen, Prüfdienste, Machbarkeitsstudien, Innovationsberatungen, Demonstrationszentren und Anwenderschulungen.
Die Schwerpunkte der Vertragsforschung: Werkstofftechnik/Bauteilverhalten, Produktionstechnik/Fertigungstechnologie, Informations- und Kommunikationstechnik, Mikroelektronik/Mikrosystemtechnik, Sensorsysteme, Prüftechnik, Verfahrenstechnik, Energie- und Bautechnik, Umwelt- und Gesundheitsforschung, Technisch-Ökonomische Studien/Informationsvermittlung.

t 190

Fraunhofer-Institut für Angewandte Festkörperphysik IAF
Tullastr. 72, 79108 Freiburg
T: (0761) 51 59-0 **Fax:** 51 59-400
Internet: http://www.iaf.fhg.de
E-Mail: info@iaf.fhg.de
Gründung: 1957
Leiter(in): Prof. Dr. Günter Weimann
Leitung Presseabteilung: Dr. Roland Diehl
Mitarbeiter: 200
Jahresetat: DM 30 Mio, € 15,34 Mio

Schwerpunkte: Bauelemente- und Schaltkreisentwicklung auf dem Gebiet der GaAs-Mikroelektronik und -Optoelektronik; Materialforschung an Verbindungshalbleitern (GaN, GaSb, etc.); Hochleistungsdiodenlaser; Physik und Technologie aktiver und passiver Komponenten für Wärmebildsysteme; Abscheidung von Diamantschichten für optische Anwendungen sowie als Wärmesenken für Hochleistungsdiodenlaser.

t 191

Fraunhofer Einrichtung Systeme der Kommunikationstechnik

Fraunhofer Einrichtung für Systeme der Kommunikationstechnik ESK
Hansastr. 32, 80686 München
T: (089) 54 70 88-222 **Fax:** 54 70 88-220
Internet: http://www.esk.fhg.de
E-Mail: information@esk.fhg.de
Gründung: 1999
Leiter(in): Prof. Dr. Ingolf Ruge
Mitarbeiter: 35
Jahresetat: DM 5,4 Mio, € 2,76 Mio

Schwerpunkte: Teilnehmeranschluß- und Inhouse-Kommunikation, Übertragungstechniken für moderne breitbandige Netzstrukturen, Kommunikationsprotokolle/-komponenten und Endgeräte, System- und Diensteintegration im Bereich Sprach-und Datenkommunikation, Systementwicklung/Fast Prototyping für Demonstratoren und Prototypen, Umsetzung der Ergebnisse im Rahmen von Demozentren und Pilotvorhaben, Dienstleistungen und Studien.

t 192

Fraunhofer-Institut für Integrierte Schaltungen IIS
Bereich Angewandte Elektronik
Am Weichselgarten 3, 91058 Erlangen
T: (09131) 7 76-0 **Fax:** 7 76-9 99
Internet: http://www.iis.fhg.de
E-Mail: info@iis.fhg.de
Gründung: 1985 (1. Juli)
Leiter(in): Prof. Dr.-Ing. H. Gerhäuser
Mitarbeiter: 350

t 193

Fraunhofer-Institut für Integrierte Schaltungen IIS
Außenstelle Entwurfsautomatisierung
Zeunerstr. 38, 01069 Dresden
T: (0351) 46 40-700 **Fax:** 46 40-703
Internet: http://www.eas.iis.fhg.de
E-Mail: info@eas.iis.fhg.de
Gründung: 1992
Leiter(in): Prof. Dr.-Ing. Günter Elst
Mitarbeiter: 60

t 194

Fraunhofer-Institut für Integrierte Schaltungen IIS
Schulungszentrum für IC-Anwendungen
Am Weichselgarten 3, 91058 Erlangen
T: (09131) 7 76-777 **Fax:** 7 76-499
Dipl.-Ing. Karlheinz Ronge

t 195

Fraunhofer-Institut für Integrierte Schaltungen IIS
Bereich Bauelementetechnologie
Schottkystr. 10, 91058 Erlangen
T: (09131) 7 61-0 **Fax:** 7 61-3 90
Gründung: 1985
Leiter(in): Prof. Dr.-Ing. Heiner Ryssel
Kontakt: Dr. Claus Schneider
Mitarbeiter: 90

t 196

Fraunhofer-Institut für Mikroelektronische Schaltungen und Systeme IMS Duisburg
Finkenstr. 61, 47057 Duisburg
T: (0203) 37 83-0 **Fax:** 37 83-2 66
Leiter(in): Prof. Dr. rer. nat. habil. Günter Zimmer
PR-Beauftragte(r): Dr. Andreas Höch

t 197

Fraunhofer-Institut für Mikroelektronische Schaltungen und Systeme IMS Dresden
Grenzstr. 28, 01109 Dresden
T: (0351) 88 23-0 **Fax:** 88 23-2 66
Leiter: Prof. Dr. rer. nat. habil. Günter Zimmer
PR-Beauftragte(r): Dr. Andreas Höch

t 198

Fraunhofer-Institut für Mikroelektronische Schaltungen und Systeme IMS München
Hansastr. 27d, 80686 München
T: (089) 5 47 59-000 **Fax:** 5 47 59-100
Leiter(in): Prof. Dr. rer. nat. habil. Günter Zimmer

t 199

Fraunhofer-Institut für Siliziumtechnologie ISIT
Fraunhoferstr. 1, 25524 Itzehoe
T: (04821) 17-4211 (Sekretariat) **Fax:** 17-4250
Internet: http://www.isit.fhg.de
E-Mail: info@isit.fhg.de
Gründung: 1984
Leiter(in): Prof. Dr. Anton Heuberger
Mitarbeiter: 150
Jahresetat: DM 32 Mio, € 16,36 Mio

Arbeitsschwerpunkte
Das Fraunhofer-Institut für Siliziumtechnologie ISIT beschäftigt sich mit dem Entwurf, der Entwicklung und der Fertigung von Bauelementen der Mikroelektronik sowie von Mikrosensoren, -aktuatoren und weiteren Komponenten der Mikrosystemtechnik. Die Bauelemente können sowohl als Prototypen als auch in kundenspezifischen Serien geliefert werden.
Das Institut betreibt mit der Firma Vishay Semiconductor Itzehoe GmbH eine professionelle Halbleiterproduktionslinie mit allen erforderlichen Zertifizierungen. Diese Linie wird sowohl für die Produktion von mikroelektronischen Bauelementen (PowerMOS) und Mikrosystemen als auch für F. u. E.-Projekte für neue Bauelemente und technologische Prozesse genutzt.
Darüber hinaus bietet das ISIT weitere Dienst-

leistungen an: Analyse und Technologieentwicklung zur Qualität und Zuverlässigkeit von elektronischen Baugruppen sowie Gehäuse- und Aufbautechnik für Mikrosysteme, Sensoren und Multichip-Module. Einen Schwerpunkt bilden hierbei neue Gehäusetechniken für großflächige Mikrosysteme. Ein neues Arbeitsgebiet ist die Entwicklung anwendungsspezifischer Energieversorgungskomponenten für elektronische Systeme.
Das Institut beschäftigt einschließlich der zeitlich befristeten Verträge etwa 150 Mitarbeiterinnen und Mitarbeiter.

t 200

Fraunhofer Institut für Zuverlässigkeit und Mikrointegration IZM
Gustav-Meyer-Allee 25, Geb. 17.2, 13355 Berlin
T: (030) 4 64 03-1 00 **Fax:** 4 64 03-1 11
Internet: http://www.izm.fhg.de
Leiter(in): Prof. Dr.-Ing. Dr.-Ing. E.h. Herbert Reichl (T: (030) 4 64 03-122)
Leitung Presseabteilung: Ortrud Hinkel (M.A., T: (030) 4 64 03-178)

t 201

Fraunhofer-Institut für Zuverlässigkeit und Mikrointegration IZM
Qualifikations- und Prüfzentrum für elektronische Baugruppen
Gustav-Meyer-Allee 25 Geb. 17.2, 13355 Berlin
T: (030) 46 40 32 75 **Fax:** 46 40 32 71
E-Mail: halser@izm.fhg.de
Leiter(in): Dr.-Ing. Klaus Halser

t 202

Fraunhofer-Institut für Zuverlässigkeit und Mikrointegration IZM
Außenstelle für Mechanische Zuverlässigkeit in der Mikrotechnik
Reichenhainer Str. 88, 09126 Chemnitz
T: (0371) 53 97-462 **Fax:** 53 97-463
Prof. Dr. Bernd Michel

t 203

Fraunhofer-Institut für Angewandte Optik und Feinmechanik IOF
Schillerstr. 1, 07745 Jena
T: (03641) 8 07-201 **Fax:** 8 07-600
Internet: http://www.iof.fhg.de
E-Mail: info@iof.fhg.de
Gründung: 1992 (1. Januar)
Leiter(in): Prof. Dr. Wolfgang Karthe
Leitung Presseabteilung: Astrid Deppe
Mitarbeiter: 80

t 204

Fraunhofer Institut Arbeitswirtschaft und Organisation

Fraunhofer-Institut für Arbeitswirtschaft und Organisation
Postf. 80 04 69, 70504 Stuttgart
Nobelstr. 12, 70569 Stuttgart
T: (0711) 9 70-01 **Fax:** 9 70-22 99
Internet: http://www.iao.fhg.de
E-Mail: info@iao.fhg.de
Gründung: 1981 (1. Januar)
Leiter(in): Univ. Prof. Dr.-Ing. habil. Prof.E.h. Dr.h.c. Hans-Jörg Bullinger
Leitung Presseabteilung: Dipl.-Ing. Henning Hinderer (E-Mail: henning.hinderer@iao.fhg.de)
Mitarbeiter: 125
Jahresetat: DM 40,1 Mio, € 20,5 Mio

Schwerpunkte: Dienstleistungswirtschaft, FuE-Management, Human Engineering, Personalmanagement, Produktionsmanagement, Informationssysteme, Softwaretechnik, Softwaremanagement, Rapid Product Development, Virtuelle Realität, E-Business, E-Production, Arbeit der Zukunft

t 205
Fraunhofer-Institut für Fabrikbetrieb und -automatisierung IFF
Sandtorstr. 22, 39106 Magdeburg
T: (0391) 40 90-100   **Fax:** 40 90-102
Internet: http://www.iff.fhg.de
E-Mail: info@iff.fhg.de
Leiter(in): o. Prof. Dr.-Ing. Hermann Kühnle (geschäftsführend)
Prof. Dr.-Ing. habil. Michael Schenk

t 206
Fraunhofer-Institut für Informations- und Datenverarbeitung IITB
Fraunhoferstr. 1, 76131 Karlsruhe
T: (0721) 60 91-0   **Fax:** 60 91-4 13
Internet: http://www.iitb.fhg.de
E-Mail: info@iitb.fhg.de
Gründung: 1956
Leiter(in): Prof. Dr. Hartwig U. Steusloff (geschäftsführend)
Dr.-Ing. Hans-Achim Kuhr
Leitung Presseabteilung: Sibylle Wirth
Verbandszeitschrift: Jahresbericht, VisIT
Mitarbeiter: 180
Jahresetat: DM 38 Mio, € 19,43 Mio

t 207
Fraunhofer-Institut für Verkehrs- und Infrastruktursysteme IVI
Teilinstitut des Fraunhofer IITB
(ehemals Außenstelle für Prozeßsteuerung)
Zeunerstr. 38, 01069 Dresden
T: (0351) 46 40-800   **Fax:** 46 40-803
Internet: http://www.ivi.fhg.de
E-Mail: schuette@ivi.fhg.de
Leiter(in): Prof. Dr. Jörg Schütte

t 208
Fraunhofer-Anwendungszentrum Systemtechnik AST
Am Ehrenberg 8, 98693 Ilmenau
T: (03677) 6 69-4000   **Fax:** 6 69-4001
E-Mail: wst@ast.iitb.fhg.de
Prof. Dr. Jürgen Wernstedt

t 209
Fraunhofer-Institut für Graphische Datenverarbeitung IGD
Rundeturmstr. 6, 64283 Darmstadt
T: (06151) 1 55-0   **Fax:** 1 55-199
Internet: http://www.igd.fhg.de
E-Mail: jle@igd.fhg.de
Gründung: 1987
Leiter(in): Prof. Dr.-Ing. Dr.h.c. Dr.E.h. José L. Encarnação
Leitung Presseabteilung: Bernad Lukacin
Mitarbeiter: 150 (Darmstadt u. Rostock)
Jahresetat: DM 40,88 Mio, € 20,9 Mio (Darmstadt u. Rostock)

t 210
Fraunhofer Center for Research in Computer Graphics, Inc.
321 South Main Street, USA- Providence, Rhode Island 02903
T: (001401) 4 53-63 63   **Fax:** 4 53-04 44
Internet: http://www.crcg.edu/
E-Mail: bherzog@crcg.edu
Ansprechpartner: Dr. Bertram Herzog

t 211
Fraunhofer-Institut für Graphische Datenverarbeitung IGD
Institutsteil Rostock
Joachim-Jungius-Str. 11, 18059 Rostock
T: (0381) 40 24-110   **Fax:** 40 24-199
Internet: http://www.rostock.igd.fhg.de
E-Mail: urban@rostock.igd.fhg.de
Ansprechpartner: Prof. Dr. Bodo Urban

t 212
Centre for Advanced Media Technology
c/o Nanyang Technological University
Block N4 2A-32, Nanyang Avenue, SGP- Singapur 639798
T: (0065790) 69 88, -6949   **Fax:** (0065792) 41 17
Internet: http://www.camtech.ntu.edu.sg/
E-Mail: info@camtech.ntu.edu.sg
Ansprechpartner: Dr. Wolfgang Felger

t 213
Fraunhofer-Institut für Materialfluss und Logistik IML
Joseph-von-Fraunhofer-Str. 2-4, 44227 Dortmund
T: (0231) 97 43-0   **Fax:** 97 43-211
Internet: http://www.iml.fhg.de
E-Mail: info@iml.fhg.de
Gründung: 1980
Leiter des IML: Univ.-Prof. Dr.-Ing. Axel Kuhn (geschäftsführend)
Univ.-Prof. Dr. Michael ten Hompel
Univ.-Prof. Dr.-Ing. Uwe Clausen
Leitung Presseabteilung: Dipl.-Ing. Stefan Schmidt
Mitarbeiter: 160 + 240 studentische Hilfskräfte
Jahresetat: DM 32 Mio, € 16,36 Mio

Schwerpunkte: Materialfluss: Planung, Simulation, Automation; fördertechnische Geräte und Anlagen: Konstruktion und Entwicklung, Erprobung, Zuverlässigkeitsuntersuchungen; Materialflusssteuerung; Einsatz neuer Technologien und Entwicklung neuer Strukturen, Sensoren, Leittechnik; DV in der Disposition; Verpackungstechnik und Ladeeinheitenbildung; Standortplanung, Distributionslogistik, Kreislaufwirtschaft, Informationslogistik, Supply Chain Management; E-Commerce; Mobilität und Verkehr; Aus- und Weiterbildung.

t 214
Fraunhofer-Institut für Produktionsanlagen und Konstruktionstechnik IPK
Pascalstr. 8-9, 10587 Berlin
T: (030) 3 90 06-0   **Fax:** 3 91 10-37, 3 92 29-37
Leiter(in): Prof. Dr.-Ing. Eckart Uhlmann

t 215
Fraunhofer-Institut für Physikalische Messtechnik IPM
Heidenhofstr. 8, 79110 Freiburg
T: (0761) 88 57-0   **Fax:** 88 57-2 24
Internet: http://www.ipm.fhg.de
E-Mail: info@ipm.fhg.de
Gründung: 1973
Leiter(in): Prof. Dr. Elmar Wagner
Leitung Presseabteilung: Dr. Annette Braun
Mitarbeiter: 130

Schwerpunkte: Entwicklung neuer Messverfahren und Systeme in Kombination von Optik, Elektronik und Datenverarbeitung auf der Basis moderner Sensorprinzipien (z.B. Laserspektroskopie, Integrierte Optik, dünnschichttechnische Sensoren) für Bioanalytik, Produktions- und Prozesskontrolle, Verkehr, Weltraumforschung. Optische Systeme und Komponenten für Druck und Medien.

t 216
Fraunhofer-Institut für Produktionstechnik und Automatisierung (IPA)
Postf. 80 04 69, 70504 Stuttgart
Nobelstr. 12, 70569 Stuttgart
T: (0711) 9 70-00   **Fax:** 9 70-1399
Internet: http://www.ipa.fhg.de
Gründung: 1959
Leiter(in): Prof. Dr.-Ing. Dr. h.c. mult. Rolf Dieter Schraft (Sprecher)
Prof. Dr.-Ing. Dr.h.c. Engelbert Westkämper
Leitung Presseabteilung: Hubert Grosser (M.A.)
Mitarbeiter: 250
Jahresetat: DM 65 Mio, € 33,23 Mio

Unternehmensentwicklung und Logistik, Produktionsplanung, Informationssysteme: Strategische Planung - Produktion der Zukunft, Fabrikplanung - Fraktale Fabrik. Logistikplanung, Materialflußsysteme für die ganzheitliche Erfüllung logistischer Aufgaben. Integrierte Informations- und Planungssysteme, Simulationsunterstützung der Produktionssteuerung und Terminierung. Produkt- und Technologiemanagement, Produktion, Logistik und Informationssysteme, Umweltmanagement, Recycling. Instandhaltungsmanagement, Organisations- und Informationssysteme im Instandhaltungsbereich, Personaleinsatzkonzepte, Montageorganisation. *Produktionsverfahren und Oberflächentechnik, Qualitätstechnik:* Beratungszentrum für Oberflächentechnik und Umweltschutz, Mikrofügen, mechanische Oberflächenreinigung, Aufdampfen, Sputtern, Galvanisieren, industrielle und handwerkliche Lackieranlagen, Spritz- und Sprühsysteme für Flüssiglacke und Pulvermaterialien. TQM-Methoden, Unterstützung bei der Einführung und Dokumentation von QS-Systemen rechnerunterstützte Systeme zur Qualitätskontrolle, generative Fertigung. Rapid Prototyping, Koordinatenmeßtechnik, optische Meß- und Prüftechnik, Bildverarbeitung, akustische Qualitätsprüfung. *Montage- und Handhabungssysteme, Anwendung von Industrierobotern:* Simulation und Einsatzplanung von Handhabungsgeräten. Planungsverfahren für automatische Fertigungs- und Montagesysteme. Sensoranwendung in der Montage. Programmierbare Montagesysteme. Montagegerechte Produktgestaltung. Flexible Zubring- und Magazinsysteme. Prüfung von Industrierobotern. Beratungsstelle für flexible Montageautomatisierung, Technologiestudien. *Fertigungstechnik im Reinraum-Halbleiter-Fertigungsgeräte:* Abluftanalytik, Reinraumplanung, Medienver- und -entsorgung, strömungstechnische Meßgeräte, Mikromechanik, Montage in der Halbleitertechnik, Halbleiter-Fertigungsgeräte, Entwicklung und Erprobung, Beratung für Anwendung Mikrosystemtechnik.

t 217
Fraunhofer-Institut für Software- und Systemtechnik ISST
Mollstr. 1, 10178 Berlin
T: (030) 2 43 06-100   **Fax:** 2 43 06-199
Gründung: 1992
Leiter(in): Prof. Dr. Herbert Weber
Leitung Presseabteilung: Ines Jansky
Mitarbeiter: 80

t 218
Institutsteil Dortmund
Fraunhofer ISST Dortmund
Joseph-von-Fraunhofer-Str. 20, 44227 Dortmund
T: (0231) 97 00-7 00, -7 01   **Fax:** 97 00-7 99
Leiter(in): Prof. Dr. Herbert Weber

t 219
Fraunhofer-Institut für Experimentelles Software Engineering IESE
Sauerwiesen 6, 67661 Kaiserslautern
T: (06301) 7 07-101   **Fax:** 7 07-200
Leiter(in): Prof. Dr. Dieter Rombach

t 220

Fraunhofer Technologie-Entwicklungsgruppe

Fraunhofer-Technologie-Entwicklungsgruppe TEG
Nobelstr. 12, 70569 Stuttgart
T: (0711) 9 70-3500   **Fax:** 9 70-3999
Internet: http://www.teg.fhg.de
E-Mail: info@teg.fhg.de
Gründung: 1980
Leiter(in): Dipl.-Ing. Dieter Maier
Stellvertretender Leiter: Dipl.-Ing. Harald Egner
Dr.-Ing. Jürgen Hoffmann
Leitung Presseabteilung: Dipl.-Wirt.-Ing. (FH) Axel Storz
Mitarbeiter: 78
Jahresetat: DM 22 Mio, € 11,25 Mio

Schwerpunkte: Produktentwicklung, Produktplanung und Produktgestaltung, Konzeption und Entwicklung von Serien und Sonderanlagen, Mechatronik, Software, Steuerungstechnik, Prototypenbau, Versuch und Erprobung, Fabrikplanung, Produktionslogistik und Materialfluss, Fertigungstechnologien und -verfahren, Automatisierung und Handhabung, mechanische Verfahrenstechnik, Innovationsmanagement, technologieorientierte Neugründungen, Personalmanagement, Geschäftsprozesse und Managementsysteme, Projektmanagement, QFD, Medizintechnik, Reinigung, Schienenverkehrstechnik, Hochtemperaturwerkstoffe, Dichtheitsprüfung.
Institutsprofil: Die Fraunhofer-Technologie-Entwicklungsgruppe TEG ist der Entwicklungsspezialist innerhalb der Fraunhofer-Gesellschaft und somit ein spezielles Bindeglied zwischen Forschung und Industrie. Durch eine enge und konsequente Kooperation der Fraunhofer TEG mit ihren 49 Schwesterinstituten und Industriepartnern sind die gemeinsam erarbeiteten Ergebnisse stets kundenspezifi-

sche und praxisnahe Lösungen zum wirtschaftlichen Nutzen unserer Kunden. Die Steigerung der Wettbewerbfähigkeit - auch im Bereich Kleiner und Mittlerer Unternehmen (KMU) - ist eines der zentralen Anliegen der Fraunhofer-Technologie-Entwicklungsgruppe TEG. Ziel der Fraunhofer TEG ist daher die Realisierung innovativer und patentfähiger Produkte, Verfahren und Lösungen in den Bereichen Produktionstechnik, Produktentwicklung und Organisation. Hinzu kommt die interdisziplinäre Realisierung von Systemen und Anlagen. Die Fraunhofer TEG verfügt über alle notwendigen Kompetenzen und Ressourcen, um anspruchsvolle Entwicklungsprojekte erfolgreich und ganzheitlich durchzuführen. Hierzu werden Werkzeuge wie Simulation und qualitätssichernde Arbeitstechniken (QFD, FMEA) sowie Praktiken der Versuchsmethodik eingesetzt. Zu den Ergebnissen zählen Prototypen, Produktionsanlagen und Systeme ebenso wie Versuchseinrichtungen und Labormodelle. Ergänzend werden Dienstleistungen in Form von Studien und Beratungsprojekten durchgeführt.

t 221

Fraunhofer-Institut für Fertigungstechnik und Angewandte Materialforschung (IFAM)
Wiener Str. 12, 28359 Bremen
T: (0421) 22 46-400   Fax: 22 46-430
Gründung: 1968
Leiter(in): Univ.-Prof. Dr.-Ing. Hans-Dieter Kunze
Prof. Dr. Otto-Diedrich Hennemann
Leitung Presseabteilung: Dipl.-Ing. Uwe Echterhoff
Mitarbeiter: 130
Jahresetat: DM 25 Mio, € 12,78 Mio

t 222

Fraunhofer-Institut für Fertigungstechnik und Angewandte Materialforschung - IFAM
Bereich Klebtechnik und Polymere
Wiener Str. 12, 28359 Bremen
T: (0421) 22 46-400   Fax: 22 46-430
Institutsleiter: Prof. Dr. Otto-Diedrich Hennemann

t 223

Fraunhofer-Institut für Angewandte Polymerforschung IAP
Geiselbergstr. 69, 14476 Golm
T: (0331) 5 68-0   Fax: 5 68-3000
Internet: http://www.iap.fhg.de
E-Mail: info@iap.fhg.de
Gründung: 1992 (01. Januar)
Leiter(in): Dr. Ulrich Buller
Stellv. Leiter: Dipl.-Ing. Jürgen Koehler
Leitung Presseabteilung: Dipl.-Phys. Susanne Langer (T: (0331) 6 58 11 51, Fax: 5 68 30 00, E-mail: susanne.langer@iap.fhg.de)
Mitarbeiter: 150
Jahresetat: 7,7 Mio Euro

t 224

Fraunhofer-Institut für Betriebsfestigkeit LBF
Bartningstr. 47, 64289 Darmstadt
T: (06151) 7 05-1   Fax: 7 05-214
Internet: http://www.lbf.fhg.de
E-Mail: info@lbf.fhg.de
Gründung: 1938
Leiter(in): Prof. Dr. Gerd Müller
Leitung Presseabteilung: Anke Zeidler-Finsel
Mitarbeiter: etwa 72

t 225

Fraunhofer-Institut für Elektronenstrahl- und Plasmatechnik FEP
Winterbergstr. 28, 01277 Dresden
T: (0351) 25 86-0   Fax: 25 86-105
Internet: http://www.fep.fhg.de
E-Mail: info@fep.fhg.de
Institutsleiter: Prof. Dr. Günter Bräuer
Stellv. Institutsleiter: Dr. Volker Kirchhoff

t 226

Fraunhofer-Institut Keramische Technologien und Sinterwerkstoffe (IKTS)
Winterbergstr. 28, 01277 Dresden
T: (0351) 25 53-5 19   Fax: 25 53-6 00
Internet: http://www.ikts.fhg.de
E-Mail: info@ikts.fhg.de
Gründung: 1992 (1. Januar)
Leiter(in): Prof. Dr.rer.nat.habil Waldemar Hermel
PR-Beauftragte(r): Dipl.-Chem. Katrin Schwarz (T: (0351) 25 53-720)

Privatdozenten: Dr. rer.nat.habil Udo Gerlach
Mitglieder: ca. 120
Jahresetat: ca. DM 20 Mio, € 10,23 Mio

t 227

Fraunhofer-Institut für Kurzzeitdynamik "Ernst-Mach-Institut" EMI
Eckerstr. 4, 79104 Freiburg
T: (0761) 27 14-0   Fax: 27 14-3 16
E-Mail: info@emi.fhg.de
Gründung: 1959
Leiter(in): Prof. Dr.rer.nat. Klaus Thoma
Leitung Presseabteilung: Evelyn Adam
Mitarbeiter: 200

t 228

Fraunhofer-Institut für Kurzzeitdynamik EMI Institutsteil Efringen-Kirchen
Am Klingelberg 1, 79588 Efringen-Kirchen
T: (07628) 90 50-0   Fax: 90 50-77

t 229

Fraunhofer-Institut für Lasertechnik
Steinbachstr. 15, 52074 Aachen
T: (0241) 89 06-0   Fax: 89 06-1 21
Internet: http://www.ilt.fhg.de
E-Mail: info@ilt.fhg.de
Gründung: 1985
Leiter(in): Prof. Dr. rer. nat. Reinhart Poprawe (M.A.)
Ltg. Marketing u. Kommunikation: Dipl.-Phys. Axel Bauer
Mitarbeiter: 239 (1999)
Jahresetat: DM 28,75 Mio, € 14,7 Mio (1999)

Das Institut führt F & E-Aufträge aus den Bereichen der Laseranwendung und der Laseranlagenentwicklung durch. Schwerpunkte sind neben der Entwicklung von Laserstrahlquellen und peripheren Systemen, die Optimierung von lasergestützten Fertigungsverfahren wie Schneiden, Bohren, Abtragen, Schweißen, Löten und Oberflächenveredeln und deren Integration in industrielle Fertigungsumgebungen. Zur Produktionssicherheit werden Prozeßregelungssysteme entwickelt. Qualitätssicherung durch lasergestützte Meß- und Prüftechnik ist ebenso Bestandteil der F&E-Arbeiten, wie Stoffanalyse und Bauteilprüfungen. Die Verbreitung der Lasertechnik wird durch Beratung, Ausbildungsprogramme sowie Unterstützung beim Produktionsanlauf gefördert. Zusätzlich entwickelt das Institut Plasma-unterstützte Reinigungsverfahren für Abgase und EDV-Strahlquellen für die Lithographie.

t 230

Fraunhofer-Institut für Produktionstechnologie IPT
Steinbachstr. 17, 52074 Aachen
T: (0241) 89 04-0   Fax: 89 04-1 98
Leiter(in): Prof. Dr.-Ing. Fritz Klocke
Leitung Presseabteilung: Dipl.-Journ. Andrea Dillitzer

t 231

Fraunhofer-Institut für Schicht- und Oberflächentechnik IST
Bienroder Weg 54E, 38108 Braunschweig
T: (0531) 21 55-0   Fax: 21 55-900
Internet: http://www.ist.fhg.de
E-Mail: info@ist.fhg.de
Gründung: 1990
Leiter(in): Prof. Dr. Günter Bräuer
Leitung Presseabteilung: Dr. Simone Kondruweit
Mitarbeiter: 75 (2000)
Jahresetat: DM 15,26 Mio, € 7,8 Mio (2000)

t 232

Fraunhofer-Institut für Silicatforschung ISC
Neunerplatz 2, 97082 Würzburg
T: (0931) 41 00-0   Fax: 41 00-199
Internet: http://www.isc.fhg.de
Leiter(in): Prof. Dr. Gerd Müller

Die Forschungs- und Entwicklungsarbeiten des Instituts umfassen den Bereich der nichtmetallischen anorganischen Werkstoffe, wobei insbesondere Systemlösungen mit neuen Werkstoffen im Vordergrund stehen. Das Spektrum reicht von Fragen der Rohstoffverarbeitung über Werkstoffprüfung und -charakterisierung bis zur Synthese und Applikation neuer Materialien. Schwerpunkte: Glas, Keramik, anorganisch-organische Polymere (ORMOCER®e).

t 233

Fraunhofer-Institut für Werkzeugmaschinen und Umformtechnik IWU
Reichenhainer Str. 88, 09126 Chemnitz
T: (0371) 53 97-400   Fax: 53 97-404
Internet: http://www.iwu.fhg.de
E-Mail: info@iwu.fhg.de
Gründung: 1992 (1. Januar)
Institutsleiter: Prof. Dr.-Ing. habil. Reimund Neugebauer
Kontaktperson u. PR-Beauftragte: Dipl.-Ing. Daniela López
Mitarbeiter: 130

t 234

Fraunhofer-Institut für Werkstoffmechanik IWM
Wöhlerstr. 11, 79108 Freiburg
T: (0761) 51 42-0   Fax: 51 42-1 10
Internet: http://www.iwm.fhg.de
E-Mail: info@iwm.fhg.de
Gründung: 1971
Leiter(in): Prof. Dr. Erwin Sommer
Presse u. Öffentlichkeitsarbeit: Thomas Götz
Mitarbeiter: 100
Jahresetat: DM 16 Mio, € 8,18 Mio

t 235

Fraunhofer-Institut für Werkstoffmechanik IWM Institutsteil Halle
Heideallee 19, 06120 Halle
T: (0345) 55 89-0   Fax: 55 89-101

t 236

Fraunhofer-Institut für Werkstoff- und Strahltechnik IWS
Winterbergstr. 28, 01277 Dresden
T: (0351) 25 83-3 24   Fax: 25 83-300
Internet: http://www.iws.fhg.de
E-Mail: info@iws.fhg.de
Institutsleiter: Prof. Dr.-Ing. habil. Eckhard Beyer

t 237

Fraunhofer-Institut für Zerstörungsfreie Prüfverfahren IZFP
Universität Gebäude 37, 66123 Saarbrücken
T: (0681) 93 02-0   Fax: 93 02-5901
Gründung: 1972
Leiter(in): Prof. Dr. Michael Kröning
Mitarbeiter: 229

t 238

Fraunhofer-Institut für Zerstörungsfreie Prüfverfahren IZFP
Außenstelle für Akustische Diagnose und Qualitätssicherung
Krügerstr. 22, 01326 Dresden
T: (0351) 2 64 82-0   Fax: 2 64 82-18
Leiter(in): Dr. Eckhard Pridöhl

t 239

Fraunhofer-Institut für Bauphysik IBP
Postf. 80 04 69, 70504 Stuttgart
Nobelstr. 12, 70569 Stuttgart
T: (0711) 9 70-00   Fax: 9 70-33 95
Institutsleiter: Univ.-Prof. Dr.-Ing. Dr. h.c. mult. Karl Gertis
(In Personalunion Inhaber des Lehrstuhls Konstruktive Bauphysik an der Uni Stuttgart)

t 240

Fraunhofer Institut für Bauphysik IBP Institutsteil Holzkirchen
Postf. 11 52, 83601 Holzkirchen
Fraunhoferstr. 10, 83626 Valley
T: (08024) 6 43-0   Fax: 6 43-66

t 241

Fraunhofer-Institut für Chemische Technologie ICT
Joseph-von-Fraunhofer-Str. 7, 76327 Pfinztal
T: (0721) 46 40-0   Fax: 46 40-1 11
Internet: http://www.ict.fhg.de
E-Mail: info@ict.fhg.de
Leiter(in): Prof. Dr.-Ing. Eyerer
Dr.-Ing. Elsner

Auftragsforschung für Wirtschaft und öffentliche Hand in den Schwerpunkten: Verfahrenstechnik sowie Stoff- und Bauteileigenschaften von Polymeren, insbesondere gefüllten Polymeren, Kunststoff-Compounds und chemischen Energieträgern, Verbrennung und Reaktionskinetik, Umwelt- und Sicherheitstechnik, Umweltsimulation und Umweltqualifikation technischer Systeme, Störfallforschung Transportbeanspruchungen und Verpackungsforschung, Elektrochemie und Energiespeicherung und chemischer Sensorik.

t 242

Fraunhofer-Institut für Grenzflächen- und Bioverfahrenstechnik (IGB)
Nobelstr. 12, 70569 Stuttgart
T: (0711) 9 70-4001 **Fax:** 9 70-4200
Internet: http://www.igb.fhg.de
E-Mail: info@igb.fhg.de
Gründung: 1976
Leiter(in): Prof. Dr. techn. Herwig Brunner
Leitung Presseabteilung: Dr. Claudia Vorbeck
Mitarbeiter: 150

Umwelt-Bioverfahrenstechnik: Altlastensanierung, Produktion von Massenchemikalien und Energie aus Abfallstoffen, Abwasserreinigung mit Bioreaktoren, Stoffproduktion mit Mikroalgen. Bio-/Gentechnik und Zellbiologie: Biokatalysatoren, Biomaterialien, Pharmaproteine (Interferone, MIF), DNA-Diagnostik, Zellkulturen als Test-Systeme und für Transplantation, biomimetische Grenzflächen, Biomaterialien. Membrantechnik: Mikro-, Ultra-, Nanofiltration, Gastrennung, Pervaporation, bipolare Membranen, Elektrodialyse, Membranmodule, Lösemittelrückgewinnung, Abluftreinigung. Grenzflächenverfahrenstechnik: Reinigung und Beschichtung von Bauteilen, Plasmaverfahren, Oberflächencharakterisierung.

t 243

Fraunhofer-Institut für Holzforschung Wilhelm-Klauditz-Institut WKI
Bienroder Weg 54E, 38108 Braunschweig
T: (0531) 21 55-0 **Fax:** 35 15 87
Internet: http://www.wki.fhg.de
E-Mail: info@wki.fhg.de
Leiter(in): Prof. Dr. Rainer Marutzky
Umwelt und Gesundheit

Schwerpunkte: Werkstoffentwicklung und Verfahrenstechnik (Holzwerkstoffe, Zellstoffe); Vergütung von Holz und Holzwerkstoffen; chemische Technologie und Umweltschutz; Analyse der Gebrauchseigenschaft und Einsatzmöglichkeit hölzerner Bauelemente; Verbesserung der Rohstoffnutzung; Prozeßautomatisierung.

t 244

Fraunhofer-Institut für Verfahrenstechnik und Verpackung IVV
Giggenhauser Str. 35, 85354 Freising
T: (08161) 4 91-0 **Fax:** 4 91-491
Internet: http://www.ivv.fhg.de
E-Mail: info@ivv.fhg.de
Gründung: 1942
Leiter(in): Dr.-Ing. Wolfgang Holley
Leitung Presseabteilung: Regina Walz
Mitarbeiter: 120

Umwelttechnik; Störstoffanalytik in Stoffkreisläufen; Raffination und Verwertung von Polymeren; Entwicklung verwertungsfähiger polymerer Funktionswerkstoffe; Verfahrenstechnik; Materialentwicklung Polymere; Analytik; Technische Veredelung nachwachsender Rohstoffe; Packstoffveredelung; Lebensmittelprozeßtechnik; Entwicklung von Packmitteln; Analytik funktionaler Eigenschaften von Verpackungen; Lebensmitteltechnologie; Qualitätserhalt/-analytik

t 245

Fraunhofer-Institut für Solare Energiesysteme ISE
Adresse bis 30.06.2001:
Oltmannsstr. 5, 79100 Freiburg
T: (0761) 45 88-0 **Fax:** 45 88-1 00
Adresse ab 01.07.2001:
Heidenhofstr. 2, 79110 Freiburg
Gründung: 1981
Leiter(in): Prof. Dr. Joachim Luther
Leitung Presseabteilung: Karin Schneider
Mitarbeiter: ca. 300

Jahresetat: DM 33,25 Mio, € 17 Mio

Solarthermie, Solares Bauen, Solarzellen, Elektrische Energieversorgung, Mikroenergietechnik, chemische Energiewandlung und Speicherung sowie rationale Energienutzung

t 246

Fraunhofer-Institut für Atmosphärische Umweltforschung IFU
Kreuzeckbahnstr. 19, 82467 Garmisch-Partenkirchen
T: (08821) 1 83-0 **Fax:** 7 35 73
Gründung: 1964
Leiter(in): Prof. Dr. Wolfgang Seiler
Pressesprecher: Priv.-Doz. Dr. Hans Papen
Verbandszeitschrift: Fraunhofer Magazin
Redaktion: Franz Miller
Verlag: Fraunhofer-Gesellschaft, Abt. Presse, Leonrod-Str. 54, 80636 München
Mitglieder: 55
Mitarbeiter: 85
Jahresetat: DM 15 Mio, € 7,67 Mio

t 247

Fraunhofer-Institut für Biomedizinische Technik IBMT
Ensheimer Str. 48, 66386 Sankt Ingbert
T: (06894) 9 80-0 **Fax:** 9 80-4 00
Internet: http://www.ibmt.fhg.de
E-Mail: info@ibmt.fhg.de
Gründung: 1987
Leiter(in): Prof. Dr. Klaus Gersonde
Leitung Presseabteilung: Dipl.-Phys. Annette Eva Maurer
Mitarbeiter: 120
Technisch-wirtschaftliche Studien, Fachinformationen

t 248

Fraunhofer Institut
Toxikologie und
Aerosolforschung
Pharmaforschung und
Klinische Inhalation

Fraunhofer-Institut für Toxikologie und Aerosolforschung, Pharmaforschung und klinische Inhalation (ITA)
Nikolai-Fuchs-Str. 1, 30625 Hannover
T: (0511) 53 50-0 **Fax:** 53 50-1 55
Internet: http://www.ita.fhg.de
E-Mail: info@ita.fhg.de
Leiter(in): Prof.Dr. Uwe Heinrich

Schwerpunkte; Toxikologie von Umweltchemikalien und Pharmaka in vitro und in vivo, Biochemie und Pathologie, Inhalationstoxikologie, Schadstoffwirkungen in Zell- und Gewebekulturen, physikalische und chemische Analytik von Luft, Boden, Wasser; Staubmeßtechnik, Medizinische Biotechnologie, rekombinante Proteine, transgene Tiere, Gefahrstoffdokumentation, molekulare Toxikologie, Metabolismusstudien, Bioanalytik, Pharmako-Toxikokinetik, Wirkungsmechanismen luftgetragener Stoffe, molekulare Mechanismen, Pharmakogenetik, Genpolymorphismen, Pharmaforschung, biologische F + E

t 249

Fraunhofer-Institut für Umweltchemie und Ökotoxikologie (IUCT)
Auf dem Aberg 1, 57392 Schmallenberg
T: (02972) 3 02-0 **Fax:** 3 02-319
Internet: http://www.iuct.fhg.de
E-Mail: info@iuct.fhg.de
Gründung: 1959
Institutsleitung: Prof. Dr. Werner Klein
Leitung Presseabteilung: Dr. Ulrich Fritsche
Mitarbeiter: ca. 80

t 250

Fraunhofer-Institut für Naturwissenschaftlich-Technische Trendanalysen INT
Appelsgarten 2, 53879 Euskirchen
T: (02251) 18-1 **Fax:** 18-2 77
Internet: http://www.int.fhg.de
E-Mail: info@int.fhg.de
Gründung: 1974
Leiter(in): Dr. habil. Klaus-Dieter Leuthäuser
Mitarbeiter: 51
Jahresetat: DM 8,5 Mio, € 4,35 Mio

t 251

Fraunhofer-Institut für Systemtechnik und Innovationsforschung (ISI)
Breslauer Str. 48, 76139 Karlsruhe
T: (0721) 68 09-0 **Fax:** 68 91 52
Internet: http://www.isi.fhg.de
Gründung: 1972
Leiter(in): Prof. Dr.rer.pol. Frieder Meyer-Krahmer
Presse: Dipl.-Phys. Gerhard Samulat
Mitarbeiter: 135
Jahresetat: DM 21,91 Mio, € 11,2 Mio

t 252

Fraunhofer-Informationszentrum Raum und Bau IRB
Postf. 80 04 69, 70504 Stuttgart
Nobelstr. 12, 70569 Stuttgart
T: (0711) 9 70-2500, 9 70-2600 **Fax:** 9 70-2507, 9 70-2508, 9 70-2900, 9 70-2599
Internet: http://www.irb.fhg.de
E-Mail: irb@irb.fhg.de
Gründung: 1941
Leiter(in): Dr.-Ing. Wilhelm Wissmann
Leitung Presseabteilung: Hans Kindt (M.A.)
Verlag: Fraunhofer IRB Verlag, Fraunhofer-Informationszentrum Raum und Bau, Postf. 80 04 69, 70504 Stuttgart
Mitarbeiter: 93

Datenbanken (CD-ROM und online), Fachbücher, -Zeitschriften, Forschungsveröffentlichungen, Bearbeitung individueller Anfragen, Literaturservice

t 253

Fraunhofer-Patentstelle für die Deutsche Forschung PST
Leonrodstr. 68, 80636 München
T: (089) 12 05-404 **Fax:** 12 05-498
Internet: http://www.pst.fhg.de
E-Mail: info@pst.fhg.de
Leiter: Dr.-Ing. Manfred Paulus
Presse: Dr. Alrun Straudi

Schwerpunkte: Schutzrechte und Lizenzen der Fraunhofer-Gesellschaft; Förderung von Erfindungen Freier Erfinder; Lizenzvermittlung; Technologieberatung für Unternehmen.

t 254

Fraunhofer-Institut für Umwelt-, Sicherheits- und Energietechnik UMSICHT
Osterfelder Str. 3, 46047 Oberhausen
T: (0208) 85 98-0 **Fax:** 85 98-290
Internet: http://www.umsicht.fhg.de
E-Mail: info@umsicht.fhg.de
Gründung: 1990 (16. Juni)
Geschäftsführer(in): Prof. Dr.-Ing. Hans Fahlenkamp
Leitung Presseabteilung: Dr.-Ing. Hartmut Pflaum
Mitarbeiter: 200

t 255

Fraunhofer Institut Techno- und Wirtschaftsmathematik
67653 Kaiserslautern
Gottlieb-Daimler-Str. Geb. 49, 67663 Kaiserslautern
T: (0631) 2 05-4141 **Fax:** 2 05-4139
Internet: http://www.itwm.fhg.de
E-Mail: info@itwm.fhg.de
Gründung: 1995 (seit 01.01.01 in die Fraunhofer-Gesellschaft eingegliedert)
Institutsleitung: Prof. Dr. Dieter Prätzel-Wolters (Tel.: (0631) 2 05-4442, E-Mail: praetzel_wolters@itwm.fhg.de
Geschäftsführung: Dr. Marion Schulz-Reese (Tel.: (0631) 2 05-4140, E-Mail: schulz_reese@itwm.fhg.de
Presse und Öffentlichkeitsarbeit: Steffen Grützner (Tel.: (0631) 2 05-3242, E-Mail: presse@itwm.fhg.de
Mitarbeiter: rd. 130 (2000)
Jahresetat: DM 10,5 Mio, € 5,37 Mio (2000)

● T 256

Informationszentrum Benchmarking (IZB)
Pascalstr. 8-9, 10587 Berlin
T: (030) 3 90 06-171, 3 90 06-168
Internet: http://www.izb.ipk.fhg.de/
E-Mail: izb@ipk.fhg.de

● T 257

Gesellschaft für Umweltsimulation e.V. (GUS)
Joseph-von-Fraunhofer-Str. 7, 76327 Pfinztal
T: (0721) 46 40-0/-3 91 **Fax:** 46 40-345/111
Internet: http://www.gus-ev.de
E-Mail: ht@gus-ev.de
Gründung: 1969
Präsident(in): Prof. Dr. Hiltmar Schubert (Fraunhofer ICT)
Vizepräsident(in): Prof. Dr.-Ing. Klaus Grefen (KRdL im VDI und DIN e.V.)

T 257

Geschäftsführer(in): Dr.-Ing. Diether Schmitt
Sekretariat: Sonja Holatka
Leitung Pressabteilung: Dr.-Ing. Karl-Friedrich Ziegahn
Verbandszeitschrift: Der Versuchs- und Forschungsingenieur (VFI)
Verlag: Baltz-Verlag, München
Mitglieder: 300

Förderung der Entwicklung der Umweltsimulation, z. B. durch fachlichen Austausch. Zu diesem Zweck werden Tagungen, Seminare veranstaltet und Arbeitskreise gebildet. Vermittlung von Kontakten zu Umweltlabors, sowie zwischen Anwendern und Herstellern von Umweltsimulationseinrichtungen und der damit verbundenen Meßtechnik.

• T 258

Deutsches Asphaltinstitut e.V.
Schieffelingsweg 6, 53123 Bonn
T: (0228) 9 79 65-0   Fax: 9 79 65-11
Internet: http://www.asphalt.de
E-Mail: dai@asphalt.de
Gründung: 1979 (7. Juni)
Vorsitzende(r): Dr. Volker Potschka, Linz
Geschäftsführer(in): Dipl.-Ing. Horst Erhardt
RA Jürgen Reifig (Ltg. Presseabt.)
Dr.-Ing. Heinrich Els
Mitglieder: 323
Mitarbeiter: 4
Jahresetat: DM 1,2 Mio, € 0,61 Mio

• T 259

Hermann von Helmholtz - Gemeinschaft Deutscher Forschungszentren (HGF)
Postf. 201448, 53144 Bonn
Ahrstr. 45, 53175 Bonn
T: (0228) 3 08 18-0   Fax: 3 08 18-30
Internet: http://www.helmholtz.de
E-Mail: hgf@helmholtz.de
Gründung: 1970
Internationaler Zusammenschluß: siehe unter izt 59
Vorsitzende(r): Prof. Dr.med. Detlev Ganten
Geschäftsführer(in): Dr. Klaus Fleischmann
Pressereferat: Cordula Tegen
Verbandszeitschrift: HGF-Jahresheft
Redaktion: HGF-Pressereferat
Mitglieder: 16
Mitarbeiter: 22600
Jahresetat: DM 4340 Mio, € 2219,01 Mio
Stiftung Alfred-Wegener-Institut für Polar- und Meeresforschung (AWI)
Stiftung Deutsches Elektronen-Synchrotron (DESY)
Stiftung Deutsches Krebsforschungszentrum (DKFZ)
Deutsches Zentrum für Luft- und Raumfahrt e.V. (DLR)
Forschungszentrum Jülich GmbH (FZJ)
Forschungszentrum Karlsruhe (FZK)
Gesellschaft für Biotechnologische Forschung mbH (GBF)
Stiftung GeoForschungsZentrum Potsdam (GFZ)
GKSS-Forschungszentrum Geesthacht GmbH (GKSS)
GMD-Forschungszentrum Informationstechnik GmbH (GMD)
GSF-Forschungszentrum für Umwelt und Gesundheit (GSF)
Gesellschaft für Schwerionenforschung mbH (GSI)
Hahn-Meitner-Institut Berlin GmbH (HMI)
Max-Planck-Institut für Plasmaphysik (IPP)
Stiftung Max-Delbrück-Centrum für Molekulare Medizin (MDC)
Umweltforschungszentrum Leipzig-Halle (UFZ)

• T 260

Forschungsgesellschaft für Angewandte Naturwissenschaften e.V. (FGAN)
Neuenahrer Str. 20, 53343 Wachtberg
T: (0228) 94 35-0   Fax: 94 35-617
Internet: http://www.fgan.de
E-Mail: dornhaus@fgan.de
Gründung: 1955 (9. Dezember)
Vorsitzende(r) des Vorstandes: Dr. Ralf Dornhaus
Geschäftsführende(s) Vorstands-Mitglied(er): Horst Heger
Leitung Pressabteilung: Gloria Post
Mitglieder: 13
Mitarbeiter: ca. 450
Jahresetat: DM 72 Mio, € 36,81 Mio

• T 261

Deutsche Gesellschaft für Kristallwachstum und Kristallzüchtung e.V. (DGKK)
Max-Born-Str. 2, 12489 Berlin
T: (030) 63 92 30 76   Fax: 63 92 30 03
Internet: http://www.dgkk.de
E-Mail: luedge@ikz-berlin.de
Gründung: 1970 (01. Januar)
Schriftführer(in): Dr. Anke Lüdge
Verbandszeitschrift: Mitteilungsblatt
Redaktion: Dr. F. Ritter
Verlag: Eigenverlag (2x jährlich)
Mitglieder: 460

• T 262

Wissenschaftskolleg zu Berlin
Wallotstr. 19, 14193 Berlin
T: (030) 8 90 01-0   Fax: 8 90 01-3 00
Internet: http://www.wiko-berlin.de
E-Mail: wiko@wiko-berlin.de
Gründung: 1981
Rektor: Prof. Dr. Wolf Lepenies
Sekretär: Dr. Joachim Nettelbeck
Presse/Information: Iris Helene Angerer

• T 263

Alfred-Wegener-Institut für Polar- und Meeresforschung (AWI)
Postf. 12 01 61, 27515 Bremerhaven
T: (0471) 4 83 10   Fax: 48 31 11 49
Internet: http://www.awi-bremerhaven.de
E-Mail: awi-pr@awi-bremerhaven.de
Gründung: 1980
Direktor(in): Prof. Dr. Jörn Thiede
Leitung Pressabteilung: Dipl.-Ing. Margarete Pauls (T: (0471) 48 31-11 80)
Mitarbeiter: 700
Jahresetat: ca. DM 160 Mio, € 81,81 Mio

• T 264

Deutsche Gesellschaft für Polarforschung e.V.
c/o Alfred-Wegener-Institut für Polar- und Meeresforschung
Postf. 12 01 61, 27515 Bremerhaven
Columbusstr. 3, 27568 Bremerhaven
T: (0471) 48 31-1210   Fax: 48 31-1149
Vorsitzende(r): Univ.-Prof. Dr. Georg Kleinschmidt (Geologisch-Paläontologisches Institut, Johann-Wolfgang Goethe Universität, Postf. 11 19 32, 60054 Frankfurt, T: (069) 7 98-2 23 18, Fax: (069) 7 98-2 87 55)
Geschäftsführer(in): Prof. Dr. Heinz Miller (Alfred-Wegener Institut für Polar- und Meeresforschung, Columbusstr. 3, 27568 Bremerhaven, T: (0471) 48 31-12 10)

• T 265

Wissenschaftsgemeinschaft Gottfried Wilhelm Leibniz e.V. (WGL)
Geschäftsstelle:
Postf. 12 01 69, 53043 Bonn
Hermann-Ehlers-Str. 10, 53113 Bonn
T: (0228) 3 08 15-210   Fax: 3 08 15-255
Internet: http://www.wgl.de
E-Mail: wgl@wgl.de
Gründung: 1995
Geschäftsführer: Dr. Jörg Schneider
Vorstand:
Präsident(in): Prof. Dr.-Ing. E.h. Hans-Olaf Henkel
Wissensch. Vizepräs: Prof. Dr. Henning Scheich (Leibniz-Institut für Neurobiologie, Brennecketr. 6, 39118 Magdeburg)
Prof. Dr. Ekkehard Nuissl von Rein (Deutsches Institut für Erwachsenenbildung, Hansaallee 150, 60320 Frankfurt/M.)
Administr. Vizepräs: Christiane Neumann (Wissenschaftszentrum Berlin für Sozialforschung, Reichpietschufer 50, 10785 Berlin)
Verbandszeitschrift: Leibniz
Redaktion: Redaktionsausschuss WGL, Bonn
Mitglieder: 78
Mitarbeiter: 12

• T 266

Arbeitsgemeinschaft industrieller Forschungsvereinigungen "Otto von Guericke" e.V. (AiF)
Bayenthalgürtel 23, 50968 Köln
T: (0221) 3 76 80-0   Fax: 3 76 80 27
Internet: http://www.aif.de
E-Mail: info@aif.de
Gründung: 1954
Präsident(in): Dipl.-Ing. Hans Wohlfart
Hauptgeschäftsführer(in): Dr.-Ing. Michael Maurer
Öffentlichkeitsarbeit: Alexandra Dick
Pressearbeit: Silvia Behr
Verbandszeitschrift: AiF aktuell
Redaktion: Alexandra Dick

Dachverband der Forschungsvereinigungen der gewerblichen Wirtschaft. Verwaltungs- und Beratungsstelle für Maßnahmen der öffentlichen Forschungsförderung.

t 267

AiF-Geschäftsstelle Berlin
Tschaikowskistr. 49, 13156 Berlin
T: (030) 4 81 63-3   Fax: 4 81 63-401, 4 81 63-402
E-Mail: gsb@aif.de
Leiter(in): Dr. Wolfgang Hergarten (Geschäftsführer der AiF)

Ordentliche Mitglieder

t 268

Forschungsvereinigung Antriebstechnik e.V.
Postf. 71 08 64, 60498 Frankfurt
Lyoner Str. 18, 60528 Frankfurt
T: (069) 6 60 30 (VDMA)   Fax: 66 03 14 59

t 269

Forschungsvereinigung der Arzneimittel-Hersteller e.V. (FAH)
Kranzweiher Weg 10, 53489 Sinzig
T: (02642) 98 37-00   Fax: 98 37-20
E-Mail: fah@za-sinzig.de
Gründung: 1992
Vorsitzende(r): Ap. Yvonne Proppert
Geschäftsführer(in): Dr. Elmar Kroth

t 270

Deutsches Asphaltinstitut e.V.
Schieffelingsweg 6, 53123 Bonn
T: (0228) 9 79 65-0   Fax: 9 79 65-11
Internet: http://www.asphalt.de
E-Mail: dai@asphalt.de
Gründung: 1979 (7. Juni)
Vorsitzende(r): Dr. Volker Potschka, Linz
Geschäftsführer(in): RA Jürgen Reifig (Ltg. Presseabt.)
Dipl.-Ing. Horst Erhardt
Dr.-Ing. Heinrich Els
Mitglieder: 323
Mitarbeiter: 4
Jahresetat: DM 1,2 Mio, € 0,61 Mio

t 271

Forschungsvereinigung Automobiltechnik e.V. (FAT)
Postf. 17 05 63, 60079 Frankfurt
Westendstr. 61, 60325 Frankfurt
T: (069) 97 50 70   Fax: 9 75 07-261

t 272

Forschungsgemeinschaft Bekleidungsindustrie e.V.
Mevissenstr. 15, 50668 Köln
T: (0221) 77 44-144, 77 44-145   Fax: 77 44-141
Internet: http://www.fb-network.de
E-Mail: fb@bbi-online.de
Gründung: 1964

t 273

Deutscher Beton- und Bautechnik-Verein E.V. (DBV)
Postf. 11 05 12, 10835 Berlin
Kurfürstenstr. 129, 10785 Berlin
T: (030) 23 60 96-0   Fax: 23 60 96-23
Internet: http://www.betonverein.de
E-Mail: dbv.berlin@t-online.de
Gründung: 1898
Internationaler Zusammenschluß: siehe unter izf 1756

t 274

Forschungsvereinigung der deutschen Beton- und Fertigteilindustrie e.V.
Schloßallee 10, 53179 Bonn
T: (0228) 9 54 56-0   Fax: 9 54 56 90
E-Mail: fvfertigteile@betoninfo.de

t 275

Forschungsvereinigung Leichtbeton e.V. (FoV)
Sandkauler Weg 1, 56564 Neuwied
T: (02631) 2 22 27-8   Fax: 3 13 36

t 276

VBD - Europäisches Entwicklungszentrum für Binnen- und Küstenschiffahrt e.V.
Oststr. 77, 47198 Duisburg
T: (0203) 9 93 69-0   Fax: 36 13 73

t 277

Europäische Forschungsgesellschaft für Blechverarbeitung e.V.
Welfengarten 1A, 30167 Hannover
T: (0511) 9 71 75-0   **Fax:** 97 17-519
Internet: http://www.efb.de
E-Mail: info@efb.de
Gründung: 1949 (1980)
Vorsitzende(r): Prof. Dr.-Ing. E. F. Wend
Geschäftsführer(in): Dr.-Ing. H. D. Stenzel

t 278

Versuchs- und Lehranstalt für Brauerei in Berlin (VLB)
Seestr. 13, 13353 Berlin
T: (030) 4 50 80-0   **Fax:** 4 53 60 69
Internet: http://www.vlb-berlin.org
E-Mail: brewmaster@vlb-berlin.org
Gründung: 1883
Präsident(in): Dr. Axel Th. Simon
Geschäftsführung: Dipl.-Ing. Klaus Beyer
Dipl.-Kfm. Eberhard Weinmann

t 279

Wissenschaftsförderung der Deutschen Brauwirtschaft e.V.
Postf. 20 04 52, 53134 Bonn
Annaberger Str. 28, 53175 Bonn
T: (0228) 9 59 06-33   **Fax:** 9 37 99 63
E-Mail: wifoe@brauer-bund.de, hjbosch@brauer-bund.de, ljunkersfeld@brauer-bund.de
Gründung: 1957
Geschäftsführer(in): Dipl.-Ing.,Dipl.-Wirtsch.-Ing. Hansjörg Bosch
Referentin: Dr. Lydia Junkersfeld

t 280

Forschungsgemeinschaft Deutsche Braunkohlen-Industrie e.V.
Postf. 40 02 52, 50832 Köln
Max-Planck-Str. 37, 50858 Köln
T: (02234) 18 64-0   **Fax:** 18 64-18
Internet: http://www.braunkohle.de
E-Mail: debriv@t-online.de

t 281

DECHEMA Gesellschaft für Chemische Technik und Biotechnologie e.V.
Postf. 15 01 04, 60061 Frankfurt
Theodor-Heuss-Allee 25, 60486 Frankfurt
T: (069) 75 64-0   **Fax:** 75 64-201
Internet: http://www.dechema.de
E-Mail: info@dechema.de
Internationaler Zusammenschluß: siehe unter izt 10

t 282

Forschungsgesellschaft Druckmaschinen e.V.
Postf. 71 08 64, 60498 Frankfurt
Lyoner Str. 18, 60528 Frankfurt
T: (069) 66 03-1451   **Fax:** 66 03-1675

t 283

Forschungsgesellschaft Druck e.V. FOGRA
Postf. 80 04 69, 81604 München
Streitfeldstr. 19, 81673 München
T: (089) 4 31 82-0   **Fax:** 4 31 82-100
Internet: http://www.fogra.org
E-Mail: fogra@fogra.org

t 284

Europäische Forschungsgesellschaft Dünne Schichten e.V.
Transferzentrum Oberflächen- und Schichttechnologien
Gostritzer Str. 61-63, 01217 Dresden
T: (0351) 8 71 83 70   **Fax:** 8 71 84 31
Internet: http://www.fds.tz-dd.de
E-Mail: tos@fds.tz-dd.de

t 285

Verein für das Forschungsinstitut für Edelmetalle und Metallchemie e.V. (FEM)
Katharinenstr. 17, 73525 Schwäbisch Gmünd
T: (07171) 10 06-0   **Fax:** 10 06-54
Internet: http://www.fem-online.de
E-Mail: fem@fem-online.de
Gründung: 1922
Mitglieder: 68

t 286

VDEh-Gesellschaft zur Förderung der Eisenforschung mbH
Postf. 10 51 45, 40042 Düsseldorf
Sohnstr. 65, 40237 Düsseldorf
T: (0211) 67 07-0   **Fax:** 67 07-3 10
TX: 8 582 512 ste d

t 287

Forschungsvereinigung Elektrotechnik beim ZVEI e.V.
Stresemannallee 19, 60596 Frankfurt
T: (069) 63 02 (0) 2 18   **Fax:** 6 30 23 17
Gründung: 1972 (12. Oktober)

t 288

Forschungsvereinigung Räumliche Elektronische Baugruppen 3-D MID e.V.
Egerlandstr. 7, 91058 Erlangen
T: (09131) 8 52 71 77   **Fax:** 8 52 77 13
Internet: http://www.3dmid.de
E-Mail: info@3dmid.de
Vorsitzende(r): Prof. Dr. K. Feldmann
Geschäftsführer(in): Dipl.-Ing. R. Meier

t 289

Deutscher Email Verband e.V. (DEV)
An dem Heerwege 10, 58093 Hagen
T: (02331) 78 86 51   **Fax:** 2 26 62
Internet: http://www.emailverband.de
E-Mail: kontakt@emailverband.de
Gründung: 1996

t 290

Deutsche Wissenschaftliche Gesellschaft für Erdöl, Erdgas und Kohle e.V. (DGMK)
Postf. 60 05 49, 22205 Hamburg
Kapstadtring 2, 22297 Hamburg
T: (040) 63 90 04-0   **Fax:** 6 30 07 36
Internet: http://www.dgmk.de
E-Mail: dgmk@online.de
Gründung: 1933
Vorsitzende(r): Dr.-Ing. G. von Hantelmann
Geschäftsführer(in): Dr. Gisa Teßmer

t 291

Forschungskreis der Ernährungsindustrie e.V. (FEI)
Godesberger Allee 142-148, 53175 Bonn
T: (0228) 37 20 31   **Fax:** 37 61 50
Geschäftsführender Vorsitz: Dr. Jürgen Kohnke
Geschäftsführer(in): Dr. Volker Häusser

t 292

Forschungsvereinigung Feinmechanik und Optik e.V.
Kirchweg 2, 50858 Köln
T: (0221) 94 86 28-0   **Fax:** 48 34 28
Internet: http://www.feinoptik.de
E-Mail: info@feinoptik.de

t 293

Fernwärme-Forschungsinstitut in Hannover e.V.
Max-von-Laue-Str. 23, 30966 Hemmingen
T: (0511) 9 43 70-0   **Fax:** 9 43 70-70
E-Mail: ffi@fernwaerme.de
Internet: http://www.fernwaerme.de
Gründung: 1980 (4. Juli)
Institutsleitung: Dipl.-Ing. Thomas Grage
Leitung Presseabteilung: Dipl.-Ing. Holger Pareidt
Mitglieder: ca. 100

t 294

Forschungsgemeinschaft Feuerfest e.V.
An der Elisabethkirche 27, 53113 Bonn
T: (0228) 9 15 08-0   **Fax:** 9 15 08-55

t 295

Internationale Forschungsgemeinschaft Futtermitteltechnik e.V.
Frickenmühle, 38110 Braunschweig
T: (05307) 92 22-0   **Fax:** 46 87
Internet: http://www.iff-braunschweig.de
E-Mail: iff@iff-braunschweig.de

t 296

Deutsche Gesellschaft für Galvano- und Oberflächentechnik e.V. (DGO)
Horionplatz 6, 40213 Düsseldorf
T: (0211) 13 23 81   **Fax:** 32 71 99
Internet: http://www.dgo-online.de
E-Mail: DGO.AGG.Duesseldorf@t-online.de

t 297

DVGW Deutsche Vereinigung des Gas- und Wasserfaches e.V.
- Technisch-Wissenschaftlicher Verein -
Postf. 14 03 62, 53058 Bonn
Josef-Wirmer-Str. 1-3, 53123 Bonn
T: (0228) 91 88-5   **Fax:** 91 88-990
Internet: http://www.dvgw.de
E-Mail: dvgw@dvgw.de
Internationaler Zusammenschluß: siehe unter izl 106
Präsident(in): Dr.-Ing. Werner Hauenherm
Geschäftsführer(in): Dr.-Ing. Walter Thielen

Der Verein hat den Zweck, das Gas- und Wasserfach in technischer und technisch-wissenschaftlicher Hinsicht unter besonderer Berücksichtigung der Sicherheit, des Umweltschutzes und der Hygiene zu fördern. Zur Erfüllung dieses Vereinszweckes dienen folgende Aufgabenfelder: Regelsetzung und Normung, Prüfung und Zertifizierung, Forschung und Entwicklung, Berufsbildung, Information, Beratung.

t 298

Gaswärme-Institut Essen e.V. (GWI)
Postf. 27 01 52, 45342 Essen
Hafenstr. 101, 45356 Essen
T: (0201) 36 18-0   **Fax:** 36 18-119
Internet: http://www.gwi-essen.de
E-Mail: info@gwi-essen.de
Gründung: 1937
Institutsleiter: Dr. rer.nat. H.-W. Etzkorn

t 299

Forschungskuratorium Textil e.V.
Postf. 53 40, 65728 Eschborn
Frankfurter Str. 10-14, 65760 Eschborn
T: (06196) 9 66-0   **Fax:** 4 21 70

t 300

Verein Deutscher Giessereifachleute
Sohnstr. 70, 40237 Düsseldorf
T: (0211) 68 71-0   **Fax:** 68 71-3 33
Internet: http://www.vdg.de
E-Mail: sekretariat@vdg.de
Gründung: 1909 (10. Juli)

t 301

Forschungsvereinigung der Gipsindustrie e.V.
Birkenweg 13, 64295 Darmstadt
T: (06151) 3 66 82-0   **Fax:** 3 66 82 22

t 302

Hüttentechnische Vereinigung der Deutschen Glasindustrie e.V. (HVG)
Mendelssohnstr. 75-77, 60325 Frankfurt
T: (069) 97 58 61-0   **Fax:** 97 58 61-99
Internet: http://www.hvg-dgg.de
E-Mail: hvg@hvg-dgg.de
Gründung: 1920
Mitglieder: 90 einzelne Unternehmen
Mitarbeiter: 19

t 303

Forschungsgemeinschaft Technik und Glas e.V.
Bronnbach 28, 97877 Wertheim
T: (09342) 91 23 90   **Fax:** (03942) 91 23 92

t 303
Gründung: 1951 (20. April)
Vorstand: P. Hahmann
Geschäftsführer(in): K.-J. Hermann

t 304
VGB - Forschungsstiftung (Gemeinschaftsforschung-Organisation der VGB Technische Vereinigung der Großkraftwerksbetreiber e.V.)
Klinkestr. 27-31, 45136 Essen
T: (0201) 81 28-216   Fax: 81 28-345
Internet: http://www.vgb-power.de
E-Mail: res@vgb-power.de
Gründung: 1970
Vorsitzende(r): Dr. Gerd Jäger
Geschäftsführer(in): Dr.-Ing. Karl A. Theis

t 305
Hahn-Schickard-Gesellschaft für angewandte Forschung e.V.
Institut für Mikro- und Informationstechnik
Wilhelm-Schickard-Str. 10, 78052 Villingen-Schwenningen
T: (07721) 9 43-0   Fax: 9 43-2 10
Vorsitzende(r): Dr. Harald Stallforth

t 306
Versuchsanstalt der Hefeindustrie e.V.
Seestr. 13, 13353 Berlin
T: (030) 4 50 80-0   Fax: 4 53 60 67

t 307
Verein der Förderer der Forschung im Bereich Heizung, Lüftung, Klimatechnik Stuttgart e.V. (HLK)
Pfaffenwaldring 6A, 70569 Stuttgart
T: (0711) 6 85 20 90   Fax: 6 85 20 96

t 308
Forschungsgemeinschaft für Elektrische Anlagen und Stromwirtschaft e.V. (FGH)
Postf. 81 01 69, 68201 Mannheim
Hallenweg 40, 68219 Mannheim
T: (0621) 80 47-0   Fax: 80 47-112
E-Mail: fgh@fgh-ma.de

t 309
Deutsche Gesellschaft für Holzforschung e.V. (DGfH)
Bayerstr. 57-59, 80335 München
T: (089) 51 61 70-0   Fax: 53 16 57
Internet: http://www.dgfh.de
E-Mail: mail@dgfh.de
Gründung: 1931
Präsident(in): Dipl.-Ing. Karl Moser
Geschäftsführer(in): Dipl.-Ing. Joachim Tebbe

t 310
Verein für Technische Holzfragen e.V.
Bienroder Weg 54E, 38108 Braunschweig
T: (0531) 21 55-0   Fax: 21 55-3 34
TX: 952 942 wkibs d
Gründung: 1946

t 311
GFaI Gesellschaft zur Förderung angewandter Informatik e.V.
Rudower Chaussee 30, 12489 Berlin
T: (030) 63 92 16 00   Fax: 63 92 16 02
Internet: http://www.gfai.de
Vorstand: Alfred Iwainsky (Vors.; IIEF Institut für Informatik in Entwurf und Fertigung zu Berlin GmbH,)
Vorstand: Dr. Wolfgang Schade (stellv. Vors.; WIDIS GmbH)
Geschäftsführer(in): Dr. Hagen Tiedtke

t 312
Forschungsrat Kältetechnik e.V.
Postf. 71 08 64, 60498 Frankfurt
Lyoner Str. 18, 60528 Frankfurt
T: (069) 66 03-12 77   Fax: 66 03-22 76
Geschäftsführer(in): Dr. Karin Jahn

t 313
Forschungsgemeinschaft Kalk und Mörtel e.V.
Annastr. 67-71, 50968 Köln
T: (0221) 93 46 74-0   Fax: 93 46 74-14

t 314
Forschungsvereinigung "Kalk-Sand" e.V.
Postf. 21 01 60, 30401 Hannover
Entenfangweg 15, 30419 Hannover
T: (0511) 2 79 54-0   Fax: 2 79 54-54
Internet: http://www.kalksandstein.de
E-Mail: info@kalksandstein.de
Vorsitzende(r): Dipl.-Kfm. Frank Fugmann (Union Norddeutscher Kalksandsteinwerke (UNK) GmbH & Co. KG, 24790 Schacht-Audorf)
Geschäftsführer(in): Dr. jur. Walter Erasmy
Dr.-Ing. Dieter Kasten
Grundlagenforschung im Bereich Technologie dampfgehärteter Kalkkieselsäuremassen, Optimierung der Produkteigenschaften.

t 315
Gemeinschaftsausschuß Kaltformgebung e.V.
Kaiserswerther Str. 137, 40474 Düsseldorf
T: (0211) 45 64-258   Fax: 45 64-246

t 316
Deutsche Kautschuk-Gesellschaft e.V. (DKG)
Postf. 90 03 60, 60443 Frankfurt
Zeppelinallee 69, 60487 Frankfurt
T: (069) 7 93 61 53   Fax: 7 93 61 55
Internet: http://www.rubber-dkg.de
E-Mail: rubber.dkg@t-online.de
Gründung: 1926 (25. September)
Vorsitzende(r): Prof. Dr. U. Masberg
Geschäftsführer(in): Dipl.-Volksw. F. Katzensteiner
Förderung wissenschaftlicher Erkenntnisse über die Herstellung und das chemische, physikalische und technische Verhalten von Kautschuk und gummielastischen Stoffen.

t 317
Deutsche Keramische Gesellschaft e.V. (DKG)
Am Grott 7, 51147 Köln
T: (02203) 9 66 48-0   Fax: 6 93 01
Internet: http://www.dkg.de
E-Mail: info@dkg.de

t 318

GfKORR – Gesellschaft für Korrosionsschutz e.V.
Hauptgeschäftsstelle:
Theodor-Heuss-Allee 25, 60486 Frankfurt
T: (069) 75 64-359   Fax: 75 64-391
Internet: http://www.gfkorr.de
E-Mail: gfkorr@dechema.de

t 319
Forschungsgemeinschaft für die kosmetische Industrie e.V.
Husumer Str. 37, 20249 Hamburg
T: (040) 48 69 55   Fax: 46 47 04

t 320
Forschungsgesellschaft Kunststoffe e.V.
Schloßgartenstr. 6, 64289 Darmstadt
T: (06151) 16 21 04   Fax: 29 28 55
Internet: http://www.dki.tu-darmstadt.de
E-Mail: central@dki.tu-darmstadt.de

t 321
Vereinigung zur Förderung des Instituts für Kunststoffverarbeitung in Industrie und Handwerk an der Rhein.-Westf. Technischen Hochschule Aachen e.V.
Pontstr. 49, 52062 Aachen
T: (0241) 80 38 06   Fax: 8 88 82 62
Internet: http://www.ikv-aachen.de
E-Mail: zentrale@ikv.rwth-aachen.de

t 322
Fördergemeinschaft für das Süddeutsche Kunststoff-Zentrum e.V.
Frankfurter Str. 15-17, 97082 Würzburg
T: (0931) 41 04-0   Fax: 41 04-1 77
Gründung: 1961 (1. März)
Vorsitzende(r): Dr. U. Guhr
Geschäftsführer(in): Prof. Burghard Schmitt

t 323
Industrievereinigung für Lebensmitteltechnologie u. Verpackung e.V.
Schragenhofstr. 35, 80992 München
T: (089) 14 90 09-0   Fax: 14 90 09-80
E-Mail: office@ivlv.de
Gründung: 1941
Mitglieder: 138
Mitarbeiter: 5

t 324
Forschungsgemeinschaft Leder e.V.
Fuchstanzstr. 61, 60489 Frankfurt
T: (069) 97 84 31 41   Fax: 78 80 00 09
Internet: http://www.vdl-web.de
E-Mail: info@vdl-web.de
Organisation und Koordinierung der vorwettbewerblichen Gemeinschaftsforschung der Lederindustrie und Förderung des Lederinstituts Gerberschule Reutlingen als Ausbildungs-, Forschungs- und Prüfinstitut der deutschen Lederwirtschaft.

t 325
Verein zur Förderung des Forschungsinstitutes für Leder- und Kunstledertechnologie (FILK) Freiberg/Sachsen e.V.
Meißner Ring 1, 09599 Freiberg
T: (03731) 3 66-0   Fax: 3 66-1 30
E-Mail: verein@filkfreiberg.de
Gründung: 1992 (1. Oktober)
Vorsitzende(r) des Vorstandes: Dipl.-Ing. J. Holzapfel
Mitglieder: 70
Jahresetat: DM 0,1 Mio, € 0,05 Mio

t 326
Forschungsvereinigung für Luft- und Trocknungstechnik e.V. (FLT)
Postf. 71 08 64, 60498 Frankfurt
Lyoner Str. 18, 60528 Frankfurt
T: (069) 66 03-1821   Fax: 66 03-1673
Gründung: 1964 (8.10.)
Vorsitzende(r): Dr.-Ing. Gerd Schaal
Geschäftsführer(in): Dipl.-Ing. Dietmar Goericke
Förderung der wissenschaftlichen Erkenntnis- und Zweckforschung und deren praktische Auswirkungen auf den Bau und die Anwendung von Maschinen, Geräten u. techn. Zubehör für die Luft-, Lüftungs- und Trocknungstechnik.

t 327
Gesellschaft für Maritime Technik e.V.
c/o HSVA
Bramfelder Str. 164, 22305 Hamburg
T: (040) 69 20 30   Fax: 69 20 33 45

t 328
Forschungskuratorium Maschinenbau e.V.
Postf. 71 08 64, 60498 Frankfurt
Lyoner Str. 18, 60528 Frankfurt
T: (069) 66 03-1821   Fax: 66 03-1673
Internet: http://www.vdma.org
E-Mail: dietmar.goericke@vdma.org
Gründung: 1968
Vorsitzende(r): Prof. Dr.-Ing. habil. Helmut Kipphan
Geschäftsführer(in): Dipl.-Ing. Dietmar Goericke
Förderung und Pflege der Gemeinschaftsforschung im Bereich des gesamten Maschinenbaus; Forschungsförderberatung.

t 329
Deutsche Forschungsvereinigung für Meß-, Regelungs- und Systemtechnik e.V. (DFMRS)
Postf. 10 63 64, 28063 Bremen
T: (0421) 35 03-247, 2 18-9468, (04232) 34 82
Fax: (0421) 35 03-531, 2 18-2934, (04232) 34 82

t 330
Forschungsgesellschaft für Meß- und Sensortechnik e.V., Dresden
DECHEMA-Haus
Theodor-Heuss-Allee 25, 60486 Frankfurt
T: (069) 75 64-374   Fax: 75 64-201

t 331

Stifterverband Metalle - Gesellschaft zur Förderung der Metallforschung -
Postf. 10 54 63, 40045 Düsseldorf
Am Bonneshof 5, 40474 Düsseldorf
T: (0211) 47 96-0   **Fax:** 47 96-4 00

t 332

Deutsche Forschungsgesellschaft für die Anwendung der Mikroelektronik e.V. (DFAM)
Postf. 71 08 64, 60498 Frankfurt
Lyoner Str. 18, 60528 Frankfurt
T: (069) 66 03-1315   **Fax:** 66 03-1463
Vorsitzende(r): Dr. G. Dittrich

t 333

Forschungsgemeinschaft Musikinstrumente e.V.
Tennelbachstr. 25, 65193 Wiesbaden
T: (0611) 95 45-8 86   **Fax:** 95 45-8 85
Geschäftsführer(in): Winfried Baumbach
Vorsitzende(r): Hanns-Peter Wagner

t 334

Forschungsgemeinschaft Naturstein-Industrie e.V.
Postf. 51 06 65, 50942 Köln
Annastr. 67-71, 50968 Köln
T: (0221) 93 46 74-63   **Fax:** 93 46 74-64
E-Mail: fg-naturstein@netcologne.de
Vorsitzende(r): Dipl.-Ing. Günter Sauer
Geschäftsführer(in): Dr.-Ing. Ulrich Hahn

t 335

Deutsche Forschungsgesellschaft für Oberflächenbehandlung e.V. (DFO)
Adersstr. 94, 40215 Düsseldorf
T: (0211) 93 88 95 70   **Fax:** 93 88 95 71
Internet: http://www.dfo-online.de
E-Mail: service@dfo-online.de
Gründung: 1949
Vorsitzende(r): Dr.-Ing. Klaus Werner Thomer
Geschäftsführer(in): Dipl.-Ing. H. Vesper

t 336

PTS München
Heßstr. 134, 80797 München
T: (089) 1 21 46-0   **Fax:** 1 21 46 36
Internet: http://www.ptspaper.de
E-Mail: info@pts-papertech.de
Pirnaer Str. 37, 01809 Heidenau, T: (03529) 55 16-0, Telefax: (03529) 55 18 99
Gründung: 1951 (Dezember)
Vorsitzender des Stiftungsrates: Dr. Alois-Bernhard Kerkhoff
GeschF u. Institutsleiter: Dr. Paul W. Rizzi

t 337

Gemeinschaft zur Förderung der privaten deutschen Pflanzenzüchtung e.V. (GFP)
Kaufmannstr. 71, 53115 Bonn
T: (0228) 9 85 81-40   **Fax:** 9 85 81-49
E-Mail: gfp@bdp-online.de
Vorsitzende(r): Dr. Andreas J. Büchting
Geschäftsführer(in): Dr. Carl Bulich

t 338

Forschungsinstitut für Pigmente und Lacke e.V.
Allmandring 37, 70569 Stuttgart
T: (0711) 6 87 80-0   **Fax:** 6 87 80-79
Internet: http://www.fpl.uni-stuttgart.de
E-Mail: fpl@fpl.uni-stuttgart.de
Vorsitzende(r): Dr. W.-D. Griebler (c/o Sachtleben Chemie GmbH, Duisburg)
Stellvertretende(r) Vorsitzende(r): N. N.
Inst. Leiter: Prof. Dr. C. D. Eisenbach
Geschäftsführer(in): Dr. W. Ph. Öchsner

t 339

Forschungsvereinigung Porenbetonindustrie e.V.
Dostojewskistr. 10, 65187 Wiesbaden
T: (0611) 8 50 86-7   **Fax:** 80 97 07
Vorsitzende(r): Manfred Leist

t 340

Forschungsvereinigung Programmiersprachen für Fertigungseinrichtungen e.V.
Postf. 5 87, 52006 Aachen
Peterstr. 17, 52062 Aachen
T: (0241) 47 79 40   **Fax:** 4 85 71

t 341

FQS-Forschungsgemeinschaft Qualität e.V.
Postf. 50 07 63, 60395 Frankfurt
August-Schanz-Str. 21A, 60433 Frankfurt
T: (069) 9 54 24-0   **Fax:** 9 54 24-133

t 342

Forschungsinstitut für Rationalisierung e.V.
Pontdriesch 14/16, 52062 Aachen
T: (0241) 4 77 05-0   **Fax:** 4 77 05-199
Internet: http://www.fir.rwth-aachen.de
E-Mail: info@fir.rwth-aachen.de
Gründung: 1953
Vorstand: Prof. Dr.-Ing. Dipl.-Wirt.-Ing. Holger Luczak
Geschäftsführer(in): Dr.-Ing. Volker Stich

t 343

Forschungsgemeinschaft Reinigungs- und Pflegetechnologie e.V. (FRT)
Campus Fichtenhain 11, 47807 Krefeld
T: (02151) 77 80 42   **Fax:** 8 21 01 99
Internet: http://www.frt.de
E-Mail: info@frt.de
Geschäftsführer(in): Dr. Helmut Krüßmann

t 344

Forschungszentrum des Deutschen Schiffbaus e.V.
Bramfelder Str. 164, 22305 Hamburg
T: (040) 6 91 99 47, 6 91 99 64   **Fax:** 6 91 99 73

t 345

Forschungsvereinigung für angewandte Schloß-, Beschlag- und präventive Sicherheitstechnik e.V.
Offerstr. 12, 42551 Velbert
T: (02051) 9 50 60   **Fax:** 95 06 20
Gründung: 1980
Geschäftsführer(in): Dipl.-Kfm. Karlheinz Kemminer
Mitglieder: 40

t 346

PFI Prüf- und Forschungsinstitut Pirmasens - Innovation & Service Center -
Postf. 22 25, 66930 Pirmasens
Hans-Sachs-Str. 2, 66955 Pirmasens
T: (06331) 24 90-0   **Fax:** 24 90-60
Internet: http://www.pfi-ps.de
E-Mail: info@pfi-ps.de

t 347

Forschungsvereinigung Schweißen und verwandte Verfahren e.V. des DVS
Postf. 10 19 65, 40010 Düsseldorf
Aachener Str. 172, 40223 Düsseldorf
T: (0211) 1 59 10   **Fax:** 1 59 12 00

t 348

Versuchs- und Lehranstalt für Spiritusfabrikation und Fermentationstechnologie in Berlin (VLSF)
Seestr. 13, 13353 Berlin
T: (030) 4 50 80-0   **Fax:** 4 53 60 67
Präsident(in): Administrator Gerhard Richter

t 349

Studiengesellschaft Stahlanwendung e.V.
Postf. 10 48 42, 40039 Düsseldorf
Sohnstr. 65, 40237 Düsseldorf
T: (0211) 6 707-856   **Fax:** 6 707-840
Internet: http://www.stahl-online.de, http://www.stahlforschung.de
E-Mail: stud.ges@stahlforschung.de

t 350

Deutscher Ausschuß für Stahlbau (DASt)
Postf. 10 51 45, 40042 Düsseldorf
Sohnstr. 65, 40237 Düsseldorf
T: (0211) 6 70 78-00   **Fax:** 6 70 78-20
Internet: http://www.deutscherstahlbau.de/dast/documents/dast_frame.html

t 351

Forschungsgesellschaft Stahlverformung e.V. (FSV)
Postf. 40 09, 58040 Hagen
Goldene Pforte 1, 58093 Hagen
T: (02331) 95 88-41   **Fax:** 5 10 46
Internet: http://www.ids.wsu.de/internet/portrait/fsv.html
E-Mail: swiderm@ids.wsu.de

Gründung: 1958
Vorsitzende(r): Dr.-Ing. Thomas Herlan
Geschäftsführer(in): Dipl.-Math. Sabine Widdermann

t 352

Forschungsgesellschaft Steinzeugindustrie e.V.
Postf. 40 02 62, 50832 Köln
Max-Planck-Str. 6, 50858 Köln
T: (02234) 5 07-261   **Fax:** 5 07-204

t 353

Forschungsgesellschaft für Straßen- und Verkehrswesen e.V. (FGSV)
Postf. 50 13 62, 50973 Köln
Konrad-Adenauer-Str. 13, 50996 Köln
T: (0221) 9 35 83-0   **Fax:** 9 35 83-73
Internet: http://www.fgsv.de
E-Mail: koeln@fgsv.de
Präsident(in): Dr.-Ing. Ph.D./USA J. Sparmann
Geschäftsführer(in): Dipl.-Ing. Hans Walter Horz

t 354

Forschungsvereinigung Styropor e.V.
Kurpfalzring 100a, 69123 Heidelberg
T: (06221) 77 60 71   **Fax:** 77 51 06
Gründung: 1990 (8. Mai)
Vorsitzende(r): Dipl.-Ing. Michael Rygol
Geschäftsführer(in): Dipl.-Ing. Claus W. Doppler

t 355

Forschungsgemeinschaft Transportbeton e.V. (FTB)
Am Jostenhof 25, 47441 Moers
T: (02841) 9 08 17 22

t 356

Forschungsgemeinschaft Ultrapräzisionstechnik e.V.
Steinbachstr. 17, 52074 Aachen
T: (0241) 89 04-1 12   **Fax:** 89 04-1 98
E-Mail: hmm@ipt.rwth-aachen.de

t 357

Verein zur Förderung der Energie- und Umwelttechnik e.V. (VEU)
Bliersheimer Str. 60, 47229 Duisburg
T: (02065) 4 18-0   **Fax:** 4 18-211
Gründung: 1989
Vorsitzende(r): Dr.rer.nat. Günther Holtmeyer
Geschäftsführer(in): Dipl.-Volksw. Günter Schöppe
Dr.-Ing. Stefan Haep

t 358

Institut für Unternehmenskybernetik e.V.
Zeppelinstr. 301, 45470 Mülheim
T: (0208) 99 25-479   **Fax:** 99 25-570
Vorstand: Prof. Dipl. rer.pol.techn. Helmut Schulte
Prof. Dr.-Ing. Klaus Henning

t 359

Deutsche Vereinigung für Verbrennungsforschung e.V. (DVV)
Geschäftsstelle c/o DMT-Ges. für Forschung u. Prüfung mbH
Franz-Fischer-Weg 61, 45307 Essen
T: (0201) 1 72 13 86   **Fax:** 1 72 17 79
Gründung: 1962

t 360

Forschungsvereinigung Verbrennungskraftmaschinen e.V.
Postf. 71 08 64, 60498 Frankfurt
Lyoner Str. 18, 60528 Frankfurt
T: (069) 66 03-1345   **Fax:** 66 03-1673
Internet: http://www.vdma.org
E-Mail: geisendorf_fvv@vdma.org
Gründung: 1956
Vorsitzende(r): Horst Marchart
Geschäftsführer(in): Dipl.-Ing. Hartmut Geisendorf

t 361

Forschungs-Gesellschaft Verfahrens-Technik e.V. (GVT)
Postf. 10 11 39, 40002 Düsseldorf
Graf-Recke-Str. 84 VDI-Haus, 40239 Düsseldorf
T: (0211) 62 14-553   **Fax:** 62 14-159

E-Mail: gvt@vdi.de
Vorsitzende(r): Dipl.-Phys. Helmut Becks
Geschäftsführer(in): Prof. Dr.-Ing. Helmut Cremer

t 362
Gesellschaft für Verkehrsbetriebswirtschaft und Logistik (GVB) e.V.
Theodorstr. 1, 90489 Nürnberg
T: (0911) 53 21 12   **Fax:** 53 02-460

t 363
DVEU - Deutscher Forschungsverbund Verpackungs-, Entsorgungs- und Umwelttechnik e.V.
Geschäftsstelle Dortmund
Hauert 12, 44227 Dortmund
T: (0231) 9 75 21 98   **Fax:** 7 27 43 70
Gründung: 1990
Vorstand: Prof. Richard Eschke (Vors.)
Vorstand: Prof. Rolf Jansen (stellv. Vors.)

t 364
Gemeinschaftsausschuß Verzinken e.V. (GAV)
Sohnstr. 70, 40237 Düsseldorf
T: (0211) 68 58 52   **Fax:** 68 95 99
Vorsitzende(r): Dipl.-Wirtsch.-Ing. Klaus Schuster
Geschäftsführer(in): Dipl.-Ing. Jürgen Marberg

t 365
AWT.
Arbeitsgemeinschaft Wärmebehandlung und Werkstoff-Technik e.V.
Geschäftsstelle:
Rosenstr. 11, 65388 Schlangenbad
T: (06129) 5 90 43   **Fax:** 5 90 45
Internet: http://www.awt-online.org
E-Mail: awt.ev@t-online.de
Mitglieder: 700 davon 500 Personen und 200 Firmen

t 366
Forschungsinstitut für Wärmeschutz e.V. München (FIW München)
Postf. 15 25, 82157 Gräfelfing
Lochhamer Schlag 4, 82166 Gräfelfing
T: (089) 8 58 00-0   **Fax:** 8 58 00-40
Internet: http://www.fiw-muenchen.de
E-Mail: info@fiw-muenchen.de
Gründung: 1918 (Oktober)
Vorsitzende(r): Peter Hefter
Geschäftsführer(in): Dr. rer. nat. Roland Gellert

t 367
Forschungsgemeinschaft Werkzeuge und Werkstoffe e.V. (FGW)
Berghauser Str. 62, 42859 Remscheid
T: (02191) 90 03 00   **Fax:** 90 03 20
Internet: http://www.fgw.de
E-Mail: fgw@fgw.de

t 368
Verein Deutscher Werkzeugmaschinenfabriken e.V. (VDW)
Corneliusstr. 4, 60325 Frankfurt
T: (069) 75 60 81-0   **Fax:** 75 60 81-11
Internet: http://www.vdw.de
E-Mail: vdw@vdw.de
Internationaler Zusammenschluß: siehe unter izf 1451

t 369
Forschungsvereinigung Recycling und Wertstoffverwertung im Bauwesen e.V. (RWB)
Paul-Feller-Str. 1, 28199 Bremen
T: (0421) 5 37 08 24   **Fax:** 5 37 08 10

t 370
Verein Deutscher Zementwerke e.V.
Postf. 30 10 63, 40410 Düsseldorf
Tannenstr. 2, 40476 Düsseldorf
T: (0211) 45 78-1   **Fax:** 45 78-296
Internet: http://www.vdz-online.de
E-Mail: info@vdz-online.de, lit@vdz-online.de

t 371
Forschungsvereinigung Ziegelindustrie
Schaumburg-Lippe-Str. 4, 53113 Bonn
T: (0228) 9 14 93-0   **Fax:** 9 14 93-27
Internet: http://www.ziegel.de
E-Mail: forschungsstelle@ziegel.de
Geschäftsführer(in): RA Martin Roth

t 372
Forschungsgemeinschaft ZINK e.V.
Vagedesstr. 4, 40479 Düsseldorf
T: (0211) 35 08 67   **Fax:** 35 08 69
Geschäftsführer(in): Dr.-Ing. W. E. Kallenberger

● T 373
Deutsches Forschungsnetz
Verein zur Förderung eines Deutschen Forschungsnetzes (DFN-Verein)
Anhalter Str. 1, 10963 Berlin
T: (030) 88 42 99-23/24   **Fax:** 88 42 99 70
Internet: http://www.dfn.de
E-Mail: dfn-verein@dfn.de
Gründung: 1984 (1. Januar)
Vorsitzende(r) des Vorstandes: Prof. Dr. E. Jessen (TU-München)
Stellv. Vors. d. Vorst.: Prof. Dr. H.-G. Hegering (Leibniz-Rechenzentrum der Bayer. Akademie der Wissenschaften)
Dr. Bernhard Raiser (GeoForschungsZentrum Potsdam)
Verwaltungsratsmitglieder:
Kornelia Hartmann (Fachhochschule Magdeburg)
Dr. Bruno Lix (Universität-GH-Essen)
Prof. Dr. Manfred Paul (Universitaet Trier)
Prof. Dr. Gerhard Peter (Fachhochschule Heilbronn)
Dr. Wolfgang Slaby (Katholische Universitaet Eichstaett)
Guenter Springer (Technische Universitaet Ilmenau)
Prof. Dr. Friedel Hossfeld (Forschungszentrum Jülich)
Prof. Dr. Gerhard Schneider (Gesellschaft für Wissenschaftliche Datenverarbeitung Goettingen)
Dr. Heinz-Georg Sundermann (GMD-FZ Informationstechnik St. Augustin)
Dr. Karl-Ulrich Stein (Siemens AG München)
Geschäftsführer(in): Dr. K.-E. Maass (administr. Geschf., T: (030) 88 42 99-23)
K. Ullmann (wiss.-techn. Geschf., T: (030) 88 42 99-24)
Verbandszeitschrift: DFN Mitteilungen
Redaktion: Dr. Gudrun Quandel
Verlag: DFN-Verein
Mitglieder: 393
Mitarbeiter: 30
Jahresetat: ca. DM 100 Mio, € 51,13 Mio
Förderung des Aufbaus, des Betriebs und der Nutzung des rechnergestützten Kommunikationssystems Deutsches Forschungsnetz als Infrastruktureinrichtung für die Wissenschaft in Deutschland.

● T 374
Forschungsgemeinschaft Ultrapräzisionstechnik e.V.
Steinbachstr. 17, 52074 Aachen
T: (0241) 89 04-1 12   **Fax:** 89 04-1 98
E-Mail: hmm@ipt.rwth-aachen.de
Gründung: 1986
Vorsitzende(r): Prof. Dr.-Ing. M. Weck
Hauptgeschäftsführer(in): Dipl.-Ing. J. Hümmler
Mitglieder: 25
Jahresetat: DM 0,5 Mio, € 0,26 Mio

● T 375
Deutsch-Französisches Institut für Automation und Robotik (IAR)
Teilinstitut Duisburg
c/o Gerhard-Mercator-Universität -GH Duisburg
Bismarckstr. 81, 47057 Duisburg
T: (0203) 3 79-33 86   **Fax:** 3 79-2928
Internet: http://www.uni-duisburg.de/iar
E-Mail: p.m.frank@uni-duisburg.de
Gründung: 1988
Sprecher: Prof. Dr.-Ing. Dr.h.c.mult. Paul M. Frank
Verlag: Forschung & Entwicklung (Automatisierungstechnik, Meß- und Regelungstechnik)

● T 376
Forschungszentrum Borstel
Zentrum für Medizin und Biowissenschaften
Parkallee 1 -40, 23845 Borstel
T: (04537) 1 88-0   **Fax:** 1 88-404
Internet: http://www.fz-borstel.de
E-Mail: fzb@fz-borstel.de
Vorstand:
Geschf. Dir: Prof. Dr.rer.nat. E. Th. Rietschel
Vors. d. Stiftungsversammlung: Regierungdirektor Michael Wagner
Vors. d. Kuratoriums: Staatssekretär Dr. Ralf Stegner
Direktorium:
Prof. Dr.rer.nat. Ernst-Theodor Rietschel (Immunchemie u. Biochemische Mikrobiologie)
Prof. Dr. med. Dr.rer.nat. Silvia Bulfone-Paus (Immunologie und Zellbiologie)
Peter Zabel (Klinische Medizin u. zugl. Ärztl. Direktor d. Medizinischen Klinik)
Verwaltungsdirektor: N.N.
Stellvertretender Verwaltungsdirektor: SGL HKR Marian Szymczak (T: (04537) 1 88-271, Fax: (04537) 1 88-7 21)
Bibliothek und Dokumentation: Leiter PD Dr. Stefan Uhlig (T: (04537) 1 88-276, -478)

● T 377
Johann-Gottfried-Herder-Forschungsrat (JGHF)
Domerschulstr. 16, 97070 Würzburg
T: (0931) 31 23 63   **Fax:** 31 21 03
Gründung: 1950
Präsident(in): Prof. Dr. Dietmar Willoweit
Mitglieder: 92

● T 378
Deutscher Dachverband für Geoinformation (DDGI)
Geschäftsstelle:
GeoForschungsZentrum Potsdam
Telegrafenberg A 3, 14473 Potsdam
T: (0331) 2 88-1681   **Fax:** 2 88-1703
Internationaler Zusammenschluß: siehe unter izt 175
Präsident(in): Dr. rer. nat. Joachim Wächter (GeoForschungsZentrum Potsdam, Telegrafenberg A3, T.: (0331) 2 88 16 80, Fax: (0331) 2 88 17 03, E-Mail: wae@gfz-potsdam.de)
Vizepräsident(in): Dipl.-Ing. Volker Weidemann (Wirtschaftsministerium Baden-Württemberg, Theodor-Heuss-Str. 4, T.: (0711) 1 23 20 70, Fax: (0711) 1 23 20 94, E-Mail: volker.weidemann@wm.bwl.de; Aufgabenbereich: Öffentlichkeitsarbeit)
Vizepräsident(in): Dipl.-Ing. Helmut Lebeau (Vereinigung Deutscher Elektrizitätswerke e.V., Stresemannallee 23, 60596 Frankfurt, T.: (069) 63 04-240, Fax: (069) 63 04-367, E-Mail: hlebeau@t-online.de; Aufgabenbereich: Facharbeit)
Vizepräsident(in): Dr. rer.pol. Jürgen Born (born & partner Informationstechnologie für Menschen, Postf. 13 02 38, 64287 Darmstadt-Eberstadt, T.: (06151) 94 12-0, Fax: (06151) 94 12-20, E-Mail: j.born@bornundpartner.com; Aufgabenbereich: Finanzen)
Geschäftsführer(in): Dipl.-Ing. Martin Knabenschuh (Landesvermessungsamt Nordrhein-Westfalen, E-Mail: knabenschuh@lverma.nrw.de)
Fachberater d. Vorstandes: Dipl.-Ing. Klaus Barwinski (Landesvermessungsamt Nordrhein-Westfalen, Muffendorferstr. 19-21, 53177 Bonn, T.: (0228) 8 46-50 00/50 01, Fax: (0228) 8 46- 50 02, e-mail: barwinski@verma.nrw.de)
Berliner Bevollmächtigter: Dietrich Rollmann (Lindenstr. 76, 10969 Berlin, T.: (030) 25 29 54 29, Fax: (030) 25 29 54 31)
EUROGI-Beauftragter: Dr. rer.nat. Wolfgang Steinborn (Deutsches Zentrum f. Luft- u. Raumfahrt e.V. (DLR), Königswinterer Str. 522-524, 53227 Bonn, T: (0228) 4 47-5 99, Fax: (0228) 4 47-7 13, e-mail: wolfgang.steinborn@dlr.de)
Verbandszeitschrift: DDGI aktuell, erscheint als Beilage zur Zeitschrift GIS
Redaktion: Dipl.-Ing. Volker Weidemann, Wirtschaftsministerium Baden-Württemberg und Elke Adolph, DDGI
Verlag: Herbert Wichmann Verlag

● T 379
Forschungszentrum für marine Geowissenschaften der Christian-Albrechts-Universität Kiel (GEOMAR)
Wischhofstr. 1-3, 24148 Kiel
T: (0431) 6 00-0   **Fax:** 6 00-2900, 6 00-2928
Internet: http://www.geomar.de
Gründung: 1987 (2. Juli)
Geschft.-Direktor: Prof. Dr. Wolf-Christian Dullo
Verwaltungsleitung: Oberamtsrat Horst Heyn
Pressereferent: Bibliotheksrat Gerhard Haaß
Mitarbeiter: ca. 250
Jahresetat: DM 38 Mio, € 19,43 Mio

● T 380
GFZ GeoForschungsZentrum Potsdam
Postf. 60 07 51, 14407 Potsdam
Telegrafenberg, 14473 Potsdam
T: (0331) 2 88-0   **Fax:** 2 88 10-02
Internet: http://www.gfz-potsdam.de
E-Mail: postmaster@gfz-potsdam.de
Gründung: 1992 (1. Januar)
Wissenschaftl. Vorst. u. Vorstandsvorsitzender: Prof. Dr. Rolf Emmermann
Administrativer Vorst: Dr. Bernhard Raiser
Leitung Öffentlichkeitsarbeit: Franz Ossing (T: (0331) 2 88 10 40)
Mitarbeiter: 600
Jahresetat: DM 95 Mio, € 36,81 Mio

● T 381
Geothermische Vereinigung e.V.
Gartenstr. 36, 49744 Geeste
T: (05907) 5 45   **Fax:** 73 79
E-Mail: geothermische-vereinigung@t-online.de
Gründung: 1991 (4. Dezember)
1. Vorsitzende(r): Dr. Burkhard Sanner (Asternweg 2, 35633 Lahnau, T: (06441) 96 34 16, Fax: (06441) 96 25 26)
2. Vorsitzende(r): Dr. Prof. Dr. Horst Rüter (Dr. Schürbankstr. 20a, 44207 Bochum, T u. Fax: (0231) 44 57 66)
Leitung Presseabteilung: Werner Bußmann (Gartenstr. 36, 49744 Geeste)
Verbandszeitschrift: Geothermische Energie
Redaktion: Werner Bußmann, Gartenstr. 36, 49744 Geeste,

T: (05907) 5 45, Fax: (05907) 73 79
Mitglieder: 300
Jahresetat: DM 0,2 Mio, € 0,1 Mio
Erforschung, Erkundung, Bewertung, Gewinnung und Nutzung der Erdwärme und Förderung deren Träger, Zusammenführung aller auf diesem Gebiet tätigen Fachleute.

● T 382

Gesellschaft für Fertigungstechnik und Entwicklung e.V. (GFE)
Postf. 10 01 61, 98561 Schmalkalden
Am Bad 2, 98574 Schmalkalden
T: (03683) 6 90 00   **Fax:** 69 00 16
Internet: http://www.gfe-net.de
E-Mail: info@GFE-net.de
Gründung: 1992 (17. Juni), Rechtsvorgänger 1978
Vorsitzende(r): Dipl.-Ing. (FH) Edgar Wilhelm (Rennsteig Werkzeuge GmbH, Altersbach)
Stellvertretende(r) Vorsitzende(r): Prof. Dr.-Ing. Walter Lehmann (FH Schmalkalden)
Mitglieder: Dipl.-Kfm. Günther Heim (Fa. August Beck GmbH & Co. Winterlingen)
Dr.-Ing. habil Wolfgang Horn (Fa. EX-CELL-O, Eislingen)
Schatzmeister: Dipl.-Betriebsw. Hans-Peter Kämpfer, Herborn/Essen
Geschäftsführer(in): Dr.rer.nat. Klaus Holland-Letz
Mitglieder: 63
Mitarbeiter: 81
Jahresetat: ca. DM 9 Mio, € 4,6 Mio
Förderung und Durchführung von Grundlagen- und angewandter Forschung auf dem Gebiet der Fertigungstechnik im allgemeinen sowie der Werkzeugtechnik, der Schichtverbundtechnik und des Qualitätsmanagements im besonderen.

t 383

GFE - Institut für Werkzeugtechnik und Qualitätsmanagement (IWQ)
Am Bad 2, 98574 Schmalkalden
T: (03683) 69 00 20   **Fax:** 69 00 16
Leiter(in): Dipl.-Ing. Frank Barthelmä
Anwendungsorientierte Grundlagenforschung, angewandte Forschung (Verbund- und Gemeinschaftsforschung) und Auftragsforschung sowie Beratungs- und Dienstleistungen auf den Gebieten der Werkzeug- und Zerspanungstechnik, Hartbearbeitung, Trockenbearbeitung (u.a. Hochgeschwindigkeitszerspanung) und des Qualitätsmanagements.

t 384

GFE e.V. - Institut für Physikalische und Mechanische Technologien (IPMT)
Lassallestr. 14, 09117 Chemnitz
T: (0371) 2 71 04 26   **Fax:** 2 71 04 28
Internet: http://www.gfe-ipmt.de
E-Mail: info@gfe-ipmt.de
Leiter: Dr.-Ing. Gerhard Ebersbach (komm)

● T 385

Institut für Land- und Seeverkehr der Technischen Universität Berlin
Fachgebiet Verbrennungskraftmaschinen
Carnotstr. 1A, 10587 Berlin
T: (030) 31 42 33 53   **Fax:** 3 14-2 61 05
Internet: http://www.vkm.tu-berlin.de
E-Mail: vkm@tu-berlin.de
Direktor(in): Prof.-Ing. Helmut Pucher

● T 386

FPH Forschungs- und Prüfgemeinschaft Holzbearbeitungsmaschinen e.V.
Postf. 71 08 64, 60498 Frankfurt
Lyoner Str. 18, 60528 Frankfurt
T: (069) 66 03-13 40   **Fax:** 66 03-16 21
Internet: http://www.wood.vdma.org
E-Mail: infoholz@vdma.org
Geschäftsführer(in): Dr. Werner Neubauer
Vorsitzende(r): Dipl.-Ing. Jürgen Heesemann (Karl Heesemann Maschinenfabrik GmbH & Co. KG, Postf. 10 05 52, 32505 Bad Oeynhausen)

● T 387

Deutsches National-Komitee für die Welt-Erdöl-Kongresse (DNK)
Postf. 60 05 49, 22205 Hamburg
Kapstadtring 2, 22297 Hamburg
T: (040) 63 90 04-0   **Fax:** 6 30 07 36
Internet: http://www.dgmk.de
E-Mail: dgmk@online.de
Vorsitzende(r): Dipl.-Ing. Wilhelm Bonse-Geuking
Sekretär: Dr. Gisa Teßmer

● T 388

Institut für Maschinenkonstruktionslehre und Kraftfahrzeugbau der Universität Karlsruhe
76128 Karlsruhe
Kaiserstr. 12, 76131 Karlsruhe
T: (0721) 6 08-2371, 6 08-2372   **Fax:** 6 08-6051
E-Mail: Sekretariat@mkl-mail.mach.uni-karlsruhe.de
Gründung: 1825
Leiter(in): Prof. Dr.-Ing. Dr. h.c. Albert Albers
Prof. Dr.-Ing. Rolf Gnadler
Mitarbeiter: 50

● T 389

Institut für Thermodynamik und Wärmetechnik
70550 Stuttgart
Pfaffenwaldring 6, 70569 Stuttgart
T: (0711) 6 85 35 36   **Fax:** 6 85 35 03
TX: 7 255 445 univ d
E-Mail: pm@itw.uni-stuttgart.de
Leiter(in): Prof. Dr.-Ing. H. Müller-Steinhagen

● T 390

Pfleiderer-Institut für Strömungsmaschinen der Technischen Universität Braunschweig
Langer Kamp 6, 38106 Braunschweig
T: (0531) 3 91-29 28   **Fax:** 3 91-57 69
Internet: http://www.pfi.ing.tu-bs.de/
E-Mail: g.kosyna@tu-bs.de
Leiter(in): Prof. Dr.-Ing. Günter Kosyna

● T 391

Forschungsverband für Immobilien-, Hypotheken- u. Baurecht e.V.
Mönckebergstr. 27, 20095 Hamburg
T: (040) 32 56 48-0
Gründung: 1968
Vorsitzende(r): Otto Stöben (Schülperbaum 31, 24103 Kiel)
Geschäftsführer(in): RA Hans-Eberhard Langemaack (Mönckebergstr. 27, 20095 Hamburg)
Mitglieder: 90
Zweck des Vereins ist die wissenschaftliche Forschung auf dem Gebiet des Immobilien-, Hypotheken- und Baurechtes, insbesondere durch Vergabe von Forschungsaufträgen, deren Auswertung und Veröffentlichung der Ergebnisse.

● T 392

Verband der Wissenschaftler an Forschungsinstituten e.V. (VWF)
c/o Gerhard König
Lauenburger Str. 45, 76139 Karlsruhe
T: (0721) 86 51 03
E-Mail: GK@fiz-karlsruhe.de

● T 393

Forschungsinstitut für öffentliche Verwaltung
bei der Deutschen Hochschule für Verwaltungswissenschaften Speyer
Postf. 14 09, 67324 Speyer
Freiherr-vom-Stein-Str. 2, 67346 Speyer
T: (06232) 6 54-3 86   **Fax:** 6 54-2 90
Internet: http://foev.dhv-speyer.de
E-Mail: foev@dhv-speyer.de
Direktor(in): Univ.-Prof. Dr. Karl-Peter Sommermann (T: (06232) 6 54-3 85)
Institutsreferent: Privatdozent Dr. Matthias Niedobitek (T: (06232) 6 54-3 87)

● T 394

Gesellschaft zur Förderung pädagogischer Forschung e.V. (GFPF)
Schloßstr. 29, 60486 Frankfurt
T: (069) 7 07 38 90   **Fax:** 24 70 84 44
Gründung: 1950
Präsident(in): Staatsmin. a.D. Hans Krollmann
Vizepräsident(in): Prof. Dr. Hermann Avenarius (DIPF)
Geschäftsführer(in): Peter Döbrich (DIPF)
Mitglieder: 360

● T 395

Lebensmittelinstitut-KIN e.V. (KIN)
Postf. 1820, 24508 Neumünster
Wasbeker Str. 324, 24537 Neumünster
T: (04321) 6 01-0   **Fax:** 6 01-40
Internet: http://www.kin.de
E-Mail: info(@)kin.de
Gründung: 1965
Vorstand: T. Buckenberger
R. Hornig
G. Wolf
Institutsleitung: H. Lingelbach
Forschung u. Entwicklung: Dipl.oec.troph. S. Wagner
Berufliche Bildung: Dipl.-Ing. E. Hoffmann
Qualitätssicherung: Med.-vet. M. Benner
Fachschule: G. Apfelt
Leitung Presseabteilung: Dipl.-oec. troph. G. Albertsen
Verbandszeitschrift: KIN-Mitteilungen
Redaktion: G. Albertsen
Mitglieder: 300
Mitarbeiter: 46
Jahresetat: DM 4,8 Mio, € 2,45 Mio

● T 396

Forschungsvereinigung der Arzneimittel-Hersteller e.V. (FAH)
Kranzweiher Weg 10, 53489 Sinzig
T: (02642) 98 37-00   **Fax:** 98 37-20
E-Mail: fah@za-sinzig.de
Gründung: 1992
Vorsitzende: Ap. Yvonne Proppert
Geschäftsführung: Dr. Elmar Kroth
Mitglieder: 114

● T 397

Säurefliesner-Vereinigung e.V.
Untersuchungs- u. Beratungsinstitut für Wand- und Bodenbeläge
Postf. 12 54, 30928 Burgwedel
Im Langen Felde 4, 30938 Burgwedel
T: (05139) 99 82-0   **Fax:** 99 82-40
Gründung: 1941
Vorsitzende(r): Karl Heddenhausen
Stellvertretende(r) Vorsitzende(r): Mathias Grimm
Geschäftsführer(in): Dr.-Ing. Erich-H. Nolting
Stellvertretende(r) Geschäftsführer(in): Dipl.-Ing. Hansjürgen Kaufhold
Mitglieder: 130

Universitäten und Hochschulen

● T 398

Hochschulrektorenkonferenz (HRK)
Ahrstr. 39, 53175 Bonn
T: (0228) 8 87-0   **Fax:** 8 87-110
Internet: http://www.hrk.de/
E-Mail: sekr@hrk.de
Gründung: 1949
Präsident(in): Prof. Dr. Klaus Landfried (Politikwissenschaft, Universität Kaiserslautern)
Vizepräsident(in): Prof. Dr.-Ing. Klaus Borchard (Städtebau und Siedlungswesen Rheinische Friedrich-Wilhelms-Universität Bonn, Sprecher der Mitgliedergruppe Universitäten)
Prof. Dr. Peter Frankenberg (Geographie, Rektor der Universität Mannheim, Vorsitzender der Ständigen Kommission für Forschung und wissenschaftlichen Nachwuchs)
Prof. Dr. Kurt Kutzler (Mathematik, Erster Vizepräsident der TU Berlin, Vorsitzender der Ständigen Kommission für Planung und Organisation)
Prof. Dr. Erhard Mielenhausen (Betriebswirtschaft; Präsident der FH Osnabrück; Sprecher der Mitgliedergruppe Fachhochschulen)
Prof. Dr. h.c. Ronald Mönch (Bürgerl. Recht, Handels- u. Wirtschaftsrecht, Arbeits- u. Sozialrecht; Rektor der Hochschule Bremen; Vorsitzender der Ständigen Kommission für Studentische Angelegenheiten)
Prof. Dr. Werner Schaal (Mathematik, Vorsitzender der Ständigen Kommission für Internationale Angelegenheiten)
Ing. Gerd Zimmermann (Entwerfen u. Architekturtheorie, Bauhaus Universität Weimar, Vorsitzender der Ständigen Kommission für Lehre und Studium)
Generalsekretär(in): Dr. Jürgen Heß
Ltg. Pressereferat: Susanne Schilden
Mitglieder: 258 (Universitäten und gleichgestellte wissenschaftl. Hochschulen, Fachhochschulen, Kunst- und Musikhochschulen, Kirchliche Hochschulen, sonstige Hochschulen)

Aachen

● T 399

Fachhochschule Aachen
Kalverbenden 6, 52066 Aachen
T: (0241) 60 09-0   **Fax:** 60 09-1090
Internet: http://www.fh-aachen.de
E-Mail: rektor@fh-aachen.de

Rektor: Prof. Dipl.-Phys. Hermann-Josef Buchkremer
Prorektor I: Prof. Dr.-Ing. Norbert Winkler
Prorektorin II: Prof. Dr.rer.nat. Gisela Engeln-Müllges
Prorektor III: Prof. Dr.-Ing. Manfred Schulte-Zurhausen
Kanzler: N. N.
Leitung Presseabteilung: Dr. Roger Uhle

● T 400

Rheinisch-Westfälische Technische Hochschule Aachen
52056 Aachen
Templergraben 55, 52062 Aachen
T: (0241) 80-1 (Zentrale)   Fax: 88 88-100
Internet: http://www.rwth-aachen.de
Rektor: Univ.-Prof. Dr. Roland Walter

Aalen

● T 401

Fachhochschule Aalen
Hochschule für Technik und Wirtschaft
Postf. 17 28, 73428 Aalen
Beethovenstr. 1, 73430 Aalen
T: (07361) 5 76-0   Fax: 5 76-250
Internet: http://www.fh-aalen.de
E-Mail: ekbert.hering@fh-aalen.de
Gründung: 1962
Rektor: Prof. Dr. Dr. Ekbert Hering
Prorektoren: Prof. Dr. Gerhard Schneider
Prof. Dr. Michael Bauer
Leitung Presseabteilung: Axel Burchardt
Verbandszeitschrift: Bulletin der FH Aalen
Redaktion: Axel Burchardt
Verlag: Eigenverlag

Amberg

● T 402

Fachhochschule Amberg-Weiden
Hochschule für Technik und Wirtschaft
Postf. 1462, 92204 Amberg
Kaiser-Wilhelm-Ring 23, 92224 Amberg
T: (09621) 4 82-0   Fax: 4 82-110
Internet: http://www.fh-amberg-weiden.de
E-Mail: amberg@fh-amberg-weiden.de, weiden@fh-amberg-weiden.de
Hetzenrichter Weg 15, 92637 Weiden
T: (0961) 3 82-0, Fax: 3 82-110
Gründung: 1994 (1. Mai)
Präsident(in): Prof. Dr.rer.nat. August W. Behr
Vizepräsident(in): Prof. Dr. Alfred Meiser
Prof. Dr. Johann Hauer
Kanzler: Norbert Gärtner
Stellv. Kanzler: Josef Duschner
Leitung Presseabteilung: Prof. Dr. Erich Bauer
Dr. Wolfgang Weber
Mitarbeiter: 50 Professoren, 52 Verwaltung/Zentrale Einrichtungen

Ansbach

● T 403

Fachhochschule Ansbach
Postf. 19 63, 91510 Ansbach
Residenzstr. 8, 91522 Ansbach
T: (0981) 48 77-0   Fax: 48 77-188
Internet: http://www.fh-ansbach.de
Gründung: 1996 (01. Mai)
Präsident(in): Prof. Dipl.-Kfm. Bernhard Krämer
Kanzler: Hans-Peter Smolka
Leitung Presseabteilung: Dieter Amon
Mitglieder: 776
Mitarbeiter: 60

Augsburg

● T 404

Fachhochschule Augsburg
Baumgartnerstr. 16, 86161 Augsburg
T: (0821) 55 86-0   Fax: 55 86-222
Internet: http://www.fh-augsburg.de
E-Mail: praes@verwaltung.fh-augsburg.de
Gründung: 1710
Präsident(in): Prof. Hans-Jürgen Körner
Vizepräsident(in): Dr. Hans vor der Brück (Ltg. Presseabteilung)
Prof. Hans-Eberhard Schurk
Hochschulzeitschrift: FHA-Nachrichten + Berichte
Verlag: Eigenverlag
Mitglieder: ca. 3500
Mitarbeiter: 220

● T 405

Universität Augsburg
86135 Augsburg
Universitätsstr. 2, 86159 Augsburg
T: (0821) 5 98-1   Fax: 5 98-5505
Internet: http://www.uni-augsburg.de/
Gründung: 1970
Rektor: Prof. Dr. Wilfried Bottke
Prorektoren: Prof. Dr. Karin Aschenbrücker
Prof. Dr. Ulrich Eckern
Prof. Dr. Hanspeter Heinz
Kanzler: Dr. Dieter Köhler
Leitung Presseabteilung: Klaus P. Prem
Mitglieder: 12000
Mitarbeiter: 1300
Jahresetat: DM 127 Mio, € 64,93 Mio (2000)
Zeitschrift: UniPress
Redaktion: Pressestelle der Univ. Augsburg, 86135 Augsburg

Bad Münstereifel

● T 406

Fachhochschule für Rechtspflege Nordrhein-Westfalen
Schleidtalstr. 3, 53902 Bad Münstereifel
T: (02253) 31 80   Fax: 31 81 46
Internet: http://www.fhr.nrw.de
E-Mail: fhr@mail.fhr.nrw.de
Direktor(in): Hanno Allolio

Bamberg

● T 407

Otto-Friedrich-Universität Bamberg
96045 Bamberg
Kapuzinerstr. 16, 96047 Bamberg
T: (0951) 8 63-1021   Fax: 8 63-4021
Internet: http://www.uni-bamberg.de
E-Mail: pressestelle@zuv.uni-bamberg.de
Gründung: 1972 /1647
Rektor: Prof. Dr. Dr. Godehard Ruppert
Prorektoren: Prof. Dr. Johann Engelhard (Lehre)
Prof. Dr. Ingrid Bennewitz (Forschung)
Kanzlerin: Martina Petermann
Leitung Presseabteilung: Günter Barthenheier (M.A.)
Verbandszeitschrift: uni.vers, Universitätsmagazin
Redaktion: Referat Presse- und Öffentlichkeitsarbeit
Mitarbeiter: 700 (wissenschaftliche und nichtwissenschaftliche, ohne Studierende)

Bayreuth

● T 408

Universität Bayreuth
95440 Bayreuth
Universitätsstr. 30, 95447 Bayreuth
T: (0921) 55-0   Fax: 55-5290
Internet: http://www.uni-bayreuth.de
E-Mail: poststelle@uvw.uni-bayreuth.de
Präsident(in): Prof. Dr.Dr.h.c. Helmut Ruppert
Leitung Presseabteilung: Jürgen Abel (M.A.)

Benediktbeuern

● T 409

Philosophisch-Theologische Hochschule der Salesianer Don Boscos Benediktbeuern (PTH)
Theologische Fakultät
Don-Bosco-Str. 1, 83671 Benediktbeuern
T: (08857) 88-201   Fax: 88-249
Internet: http://www.pth-bb.de
E-Mail: info@pth-bb.de
Gründung: 1931
Präsident(in): Prof. P. Dr. Karl Bopp (SDB)
Vizepräsident(in): Prof. P. Dr. Horacio E. Lona (SDB)
Leitung Presseabteilung: P. Dr. Norbert Wolff (SDB)
Mitarbeiter: 67

Bergisch Gladbach

● T 410

Fachhochschule der Wirtschaft (FHDW)
Staatlich anerkannte Fachhochschule für das Duale Studium
Hauptstr. 2, 51465 Bergisch Gladbach
T: (02202) 9 52 72 20   Fax: 9 52 72 00
Internet: http://www.FHDW.de
E-Mail: FHDW@bg.bib.de
Leiter: Prof. Dr. Hubert Schäfer

Berlin

● T 411

Alice-Salomon-Fachhochschule Berlin
-University of Applied Sciences-
Studiengänge:
Sozialarbeit/Sozialpädagogik
Pflege/Pflegemanagement
Alice-Salomon-Platz 5, 12627 Berlin
T: (030) 9 92 45-0   Fax: 9 92 45-245
Internet: http://www.asfh-berlin.de
E-Mail: asfh@asfh-berlin.de
Gründung: 1908 als "Soziale Frauenschule"
Rektorin: Prof. Dr. Christine Labonté-Roset
Prorektorinnen: Prof. Dr. Birgit Rommelspacher
Prof. Dr. Brigitte Geißler-Piltz
Kanzler: Dieter Kohlase
Presseabteilung: N.N.
Verbandszeitschrift: "alice-magazin"
Redaktion: Andreas Brünning
Mitarbeiter: 53

● T 412

ESCP-EAP Europäische Wirtschaftshochschule Berlin
Heubnerweg 6, 14059 Berlin
T: (030) 3 20 07-0   Fax: 3 20 07-111
Internet: http://www.escp-eap.net
E-Mail: hdunger@eap.net
Gründung: 1973
Rektor: Prof. Dr. Jürgen Weitkamp
Wissenschaftl. Dir.: Prof. Dr. Herwig Haase
Leitung Presseabteilung: Hella Dunger-Löper (M.A.)

● T 413

Evangelische Fachhochschule Berlin
Fachhochschule für Sozialarbeit und Sozialpädagogik
Teltower Damm 118-122, 14167 Berlin
T: (030) 8 45 82-0   Fax: 8 45 82-450
Internet: http://www.evfh-berlin.de
E-Mail: info@evfh-berlin.de
Gründung: 1971
Rektorin: Prof. Dr. Marianne Meinhold

● T 414

Fachhochschule für Technik und Wirtschaft Berlin
Treskowallee 8, 10318 Berlin
T: (030) 50 19-0   Fax: 5 09 01 34
Internet: http://www.fhtw-berlin.de
Gründung: 1994 (1. April)
Präsident(in): Prof.Dr.-Ing. Helmut Schmidt
1. Vizepräs: Prof.Dr. Bernd Reissert
Leitung Presseabteilung: Gisela Hüttinger
Verbandszeitschrift: campusfünf
Verlag: FHTW Berlin, Treskowallee 8, 10318 Berlin

● T 415

Fachhochschule für Verwaltung und Rechtspflege Berlin (FHVR)
Alt-Friedrichsfelde 60, 10315 Berlin
T: (030) 90 21 40 05   Fax: 90 21 40 06
Internet: http://www.fhvr.berlin.de
E-Mail: fhvr.berlin@fhv.verwalt-berlin.de
Gründung: 1973
Rektor: Prof. Dr. Peter Heinrich
Prorektor: Prof. Dr. Claudius Ohder
Leitung Presseabteilung: Dr. Brigitte Thiem-Schräder
Verbandszeitschrift: FHVR-Info
Redaktion: Manja Zschiedrich

● T 416

Fachhochschule für Wirtschaft Berlin
Badensche Str. 50-51, 10825 Berlin
T: (030) 8 57 89-0   Fax: 8 57 89-199
Internet: http://www.fhw-berlin.de
E-Mail: fhwbln@fhw-berlin.de
Gründung: 1971
Rektor: Prof. Dr. Franz Herbert Rieger
Leitung Presseabteilung: Petra Schubert
Verbandszeitschrift: Semester Journal

● T 417

Freie Universität Berlin
Kaiserswerther Str. 16-18, 14195 Berlin
T: (030) 8 38-1   Fax: 8 38-6463
Internet: http://www.fu-berlin.de
E-Mail: pressestelle@fu-berlin.de
Präsident(in): Univ.-Prof. Dr. Peter Gaethgens
Leiterin Pressestelle: Dr. Felicitas von Aretin

● T 418
Hochschule der Künste Berlin
Postf. 12 04 55, 10594 Berlin
Einsteinufer 43-53, 10587 Berlin
T: (030) 31 85-0   Fax: 31 85-2635, 31 85-2758
Internet: http://www.hdk-berlin.de
E-Mail: presse@hdk-berlin.de
Gründung: 1975
Präsident(in): Prof. Lothar Romain
Vizepräsident(in): Prof. Peter Bayerer
Leitung Presseabteilung: Anja Karrasch

● T 419
Hochschule für Musik "Hanns Eisler" Berlin
Charlottenstr. 55, 10117 Berlin
T: (030) 2 03 09-2411   Fax: 2 03 09-2408
Internet: http://www.hfm-berlin.de
E-Mail: rektorat.hfm@berlin.de, haushalt.hfm@berlin.de, personal.hfm@berlin.de, bibliothek.hfm@berlin.de, studieninfo.hfm@berlin.de, auslandsinfo.hfm@berlin.de, veranstaltungen.hfm@berlin.de, abteilung.a@berlin.de, abteilung.b@berlin.de, abteilung.c@berlin.de, abteilung.d@berlin.de, abteilung.e@berlin.de, ikm.hfm@berlin.de, komposition.hfm@berlin.de, licht.hfm@berlin.de, pr@hfm-berlin.de
Gründung: 1950 (1. Oktober)
Rektor: Prof. Christhard Gössling
Prorektor: Prof. Michael Vogler
Kanzler: Günter Schwarz
Leitung Presseabteilung: Dr. Pamela Steiner

● T 420
Hochschule für Schauspielkunst "Ernst Busch" Berlin
Schnellerstr. 104, 12439 Berlin
T: (030) 63 99 75-0   Fax: 63 99 75 75
Rektor: Prof. Klaus Völker
Prorektor: Prof. Bernd Kunstmann
Kanzler: Caspar Graf von Rex

● T 421
Humboldt-Universität zu Berlin
10099 Berlin
Unter den Linden 6, 10117 Berlin
T: (030) 20 93-0   Fax: 20 93-2770
Internet: http://www.hu-berlin.de
Präsident(in): Prof. Dr. Jürgen Mlynek
Vizepräsident(in): Prof. Dr. Heinz-Elmar Tenorth
Prof. Dr. Hans Jürgen Prömel
Prof. Dr. Anne-Barbara Eschinger
Dr. Frank Eveslage
Pressesprecherin: Heike Zappe

● T 422
Katholische Fachhochschule Berlin
Staatlich anerkannte Fachhochschule für Sozialwesen
Köpenicker Allee 39-57, 10318 Berlin
T: (030) 50 10 10-0   Fax: 50 10 10-88
Internet: http://www.kfb-berlin.de
E-Mail: rektorat@kfb-berlin.de
Gründung: 1991
Rektor: Prof. Dr. Andreas Lob-Hüdepohl (Ltg. Presseabt., Fax: (030) 50 10 10-94)
Prorektor: Prof. Dr. Ralf-Bruno Zimmermann
Mitglieder: 657 (Studierende)
Mitarbeiter: 47 (Lehre, Verwaltung)
Jahresetat: DM 7 Mio, € 3,58 Mio

● T 423
Kunsthochschule Berlin-Weißensee
Hochschule für Gestaltung
Bühringstr. 20, 13086 Berlin
T: (030) 4 77 05-0   Fax: 4 77 05-290
Internet: http://www.kh-berlin.de
E-Mail: presse@kh-berlin.de
Gründung: 1946
Präsident(in): Prof. Rainer W. Ernst (Rektor)
Leitung Presseabteilung: Birgit Fleischmann

● T 424
Technische Fachhochschule Berlin (TFH)
University of Applied Sciences
Luxemburger Str. 10, 13353 Berlin
T: (030) 45 04-0   Fax: 45 04-2705
Internet: http://www.tfh-berlin.de
E-Mail: presse@tfh-berlin.de
Gründung: 1971 (01. April)
Präsident(in): Prof. Dr. Gerhard Ackermann
Vizepräsident(in): Prof. Dr.-Ing. Reinhard Thümer
Kanzlerin: Gisela Krieg
Leitung Presseabteilung: Monika Jansen

● T 425
Technische Universität Berlin
Straße des 17. Juni 135, 10623 Berlin
T: (030) 3 14-23922   Fax: 3 14-23909
Internet: http://www.tu-berlin.de
E-Mail: pressestelle@tu-berlin.de
Präsident(in): Prof. Dr. rer.pol. Hans-Jürgen Ewers
Leitung Presseabteilung: Dr. Kristina Zerges
Verbandszeitschrift: TU intern

Biberach

● T 426
Fachhochschule Biberach
Postf. 12 60, 88382 Biberach
Karlstr. 11, 88400 Biberach
T: (07351) 5 82-0   Fax: 5 82-109
Internet: http://www.fh-biberach.de
E-Mail: fissenewert@fh-biberach.de
Gründung: 1964
Präsident(in): Prof. Dr.rer.pol. Horst Fissenewert (Rektor)

Bielefeld

● T 427
Fachhochschule Bielefeld
Postf. 10 11 13, 33511 Bielefeld
Kurt-Schumacher-Str. 6, 33615 Bielefeld
T: (0521) 1 06-01   Fax: 1 06-7790
Internet: http://www.fh-bielefeld.de
Gründung: 1971
Präsident(in): Prof. Dr.Dr.h.c.rer.nat. Dipl.-Phys. Heinrich Ostholt (Rektor)

● T 428
Kirchliche Hochschule Bethel
Postf. 13 01 40, 33544 Bielefeld
Remterweg 45, 33617 Bielefeld
T: (0521) 1 44-3948   Fax: 1 44-4700, 1 44-3961
Internet: http://www.bethel.de/kiho
E-Mail: studsek.kihobethel@uni-bielefeld.de
Gründung: 1905
Rektorin: Prof. Dr. Christa Schäfer-Lichtenberger

● T 429
Universität Bielefeld
Postf. 10 01 31, 33501 Bielefeld
Universitätsstr. 25, 33615 Bielefeld
T: (0521) 1 06-00   Fax: 1 06-5844, -2964
Internet: http://www.uni-bielefeld.de
E-Mail: post@uni-bielefeld.de
Rektor: Prof. Dr. Gert Rickheit
Kanzler: Karl Hermann Huvendick
Leitung Presseabteilung: Dr. Gerhard Trott
Verbandszeitschrift: Bielefelder Universitätszeitung
Redaktion: Dr. Gerhard Trott

Bingen

● T 430
Fachhochschule Bingen
Berlinstr. 109, 55411 Bingen
T: (06721) 4 09-0   Fax: 4 09-100
Internet: http://www.fh-bingen.de
E-Mail: sekretariat@fh-bingen.de
Gründung: 1897
Präsident(in): Dr.rer.pol. Bärbel Sorensen
Vizepräsident(in): Prof. Dr.-Ing. Klaus Lang
Kanzlerin: Ass.iur. Astrid Clesius
Vertreter der Kanzlerin: Dipl.-Verw.-Wirt (FH) W. Steinbrecher
Mitglieder: 1500
Mitarbeiter: 150

Bochum

● T 431
Evangelische Fachhochschule Rheinland-Westfalen-Lippe
Immanuel-Kant-Str. 18-20, 44803 Bochum
T: (0234) 3 69 01-0   Fax: 3 69 01-100
Internet: http://www.efh-bochum.de
E-Mail: efh@efh-bochum.de
Rektor: Prof. Dr. Ernst-Ulrich Huster

● T 432
Fachhochschule Bochum
Postf. 10 07 41, 44707 Bochum
Universitätsstr. 150, 44801 Bochum
T: (0234) 3 21 07 01   Fax: 3 21 43 12
Internet: http://www.fh-bochum.de
E-Mail: kit@fh-bochum.de
Gründung: 1972
Rektor: Prof. Dr. rer.pol. Martin Grote
Prorektoren: Prof. Dr.-Ing. Bernhard Haber (Lehre, Studium und Studienreform)
Prof. Dr.-Ing. Reiner Dudziak (Forschungs- und Entwicklungsaufgaben)
Prof. Dr.-Ing. Frank Schneeberger (Planung und Finanzen)
Kanzler: Dr. Rainer Ambrosy
Dez. 3 KIT Kommunikation, Innovation, Transfer: Dipl.-Geogr. Norbert Dohms
Verbandszeitschrift: FH BO Journal
Mitarbeiter: ca. 320
Jahresetat: ca. DM 33 Mio, € 16,87 Mio

● T 433
Ruhr-Universität Bochum
Postf. 10 21 48, 44721 Bochum
Universitätsstr. 150, 44801 Bochum
T: (0234) 32-201   Fax: 32-14201
Internet: http://www.ruhr-uni-bochum.de
E-Mail: Birgit.Gremski@uv.ruhr-uni-bochum.de
Gründung: 1961 (18. Juli)
Rektor: Prof. Dr. Dietmar Petzina
Prorektoren: Prof. Dr. Volker Nienhaus
Prof. Dr.-Ing. Gerhard Wagner
Prof. Dr. Roland Fischer
Kanzler: Gerhard Möller
Vertreter des Kanzlers: LRD Manfred Nettehoven
Leitung Presseabteilung: Dr. Josef König
Mitarbeiter: 6627
Jahresetat: DM 500 Mio, € 255,65 Mio

● T 434
Technische Fachhochschule Georg Agricola zu Bochum
Herner Str. 45, 44787 Bochum
T: (0234) 9 68-02   Fax: 9 68-3359
Internet: http://www.tfh-bochum.de
E-Mail: rektor@tfh-bochum.de
Rektor: Prof. Dr.-Ing. K. Diekmann

Bonn

● T 435
Fachhochschule für das öffentliche Bibliothekswesen Bonn (FHÖBB)
Postf. 12 67, 53002 Bonn
Wittelsbacherring 9, 53115 Bonn
T: (0228) 72 58-0   Fax: 72 58-189
E-Mail: fhoebb@borro.de
Gründung: 1921
Leiter(in): Rolf Pitsch

● T 436
Rheinische Friedrich-Wilhelms-Universität
Postf. 22 20, 53012 Bonn
Regina-Pacis-Weg 3, 53113 Bonn
T: (0228) 73-1   Fax: 73 55 79
Internet: http://www.uni-bonn.de
E-Mail: presse.info@uni-bonn.de
Gründung: 1818
Rektor: Prof. Dr.-Ing. Klaus Borchard
Leitung Presseabteilung: Dr. Andreas Archut

Brandenburg

● T 437
Fachhochschule Brandenburg
Postf. 2132, 14737 Brandenburg
Magdeburger Str. 50, 14770 Brandenburg
T: (03381) 3 55-0   Fax: 3 55-199
Internet: http://www.fh-brandenburg.de
E-Mail: info@fh-brandenburg.de
Gründung: 1992
Rektor: Prof. Dr. rer. pol. Rainer Janisch
Prorektor: Prof. Dr.rer.nat. Thomas Kern
Referentin für Presse- und Öffentlichkeitsarbeit: Aurora Angelina Miano-Bünger (M.A.)

Braunschweig

● T 438
Hochschule für Bildende Künste Braunschweig
Postf. 25 38, 38015 Braunschweig
Johannes-Selenka-Platz 1, 38118 Braunschweig
T: (0531) 3 91-9122   Fax: 3 91-9292
Internet: http://www.hbk-bs.de
Gründung: 1963
Präsident(in): Prof. Dr. Michael Schwarz

Referat für Öffentlichkeitsarbeit und Weiterbildung:
T: (0531) 3 91-9123, Fax: (0531) 3 91-9292, E-Mail: c.preissler@hbk-bs.de

● **T 439**

Technische Universität Braunschweig
Postf. 33 29, 38023 Braunschweig
Pockelsstr. 14, 38106 Braunschweig
T: (0531) 3 91-0   Fax: 3 91-4577
Internet: http://www.tu-bs.de
E-Mail: president@tu-bs.de
Präsident(in): Prof. Dr.rer.nat. Jochen Litterst
Leitung Presseabteilung: Dr. Elisabeth Hoffmann

Bremen

● **T 440**

Hochschule Bremen
Neustadtswall 30, 28199 Bremen
T: (0421) 59 05-0   Fax: 59 05-292, -150
Internet: http://www.hs-bremen.de
Gründung: 1982
Präsident(in): Prof. Dr.h.c. Ronald Mönch (Rektor)
Vizepräsident(in): Prof. Heinz-Hermann Albers
Prof. Dr. Karl-Marten Barfuß
Leitung Presseabteilung: Ulrich Berlin

● **T 441**

Hochschule für Künste
Am Wandrahm 23, 28195 Bremen
T: (0421) 3 01 91 00   Fax: 3 01 91 09
Gründung: 1873
Rektor: Prof. Jürgen Waller
Konrektoren: Prof. Dr. Peter Rautmann
Prof. Thomas Klug
Kanzler: Klaus Güse
Leitung Presseabteilung: Ralf Schneider
Mitarbeiter: 83

● **T 442**

Hochschule für Öffentliche Verwaltung
Doventorscontrescarpe 172, 28195 Bremen
T: (0421) 3 61 52 06   Fax: 3 61 51 73
Gründung: 1979 (1. August)
Rektor: Prof. Bernd Wesche
Mitarbeiter: 14

● **T 443**

Universität Bremen
Postf. 33 04 40, 28334 Bremen
Bibliothekstr. 1, 28359 Bremen
T: (0421) 2 18-1   Fax: 2 18-4259
Internet: http://www.uni-bremen.de
E-Mail: ugundrum@presse.uni-bremen.de
Rektor: Prof. Dr.rer.nat. Jürgen Timm
Leitung Presseabteilung: Uwe Gundrum
Verbandszeitschrift: Impulse aus der Forschung
Redaktion: Uni-Pressestelle
Verlag: Universität Bremen, Pressestelle

Bremerhaven

● **T 444**

Hochschule Bremerhaven
An der Karlstadt 8, 27568 Bremerhaven
T: (0471) 48 23-0   Fax: 48 23-555
Internet: http://www.hs-bremerhaven.de
E-Mail: info@hs-bremerhaven.de, rektorat@hs-bremerhaven.de, kanzler@hs-bremerhaven.de
Gründung: 1975
Rektor: Prof. Dr.-Ing. Hans-Albert Kurzhals (T: (0471) 48 23-100)
Konrektoren: Prof. Dr.-Ing. Wolfgang Schwanebeck (T: (0471) 48 23-110)
Prof. Dr.-Ing. Uwe Großmann (T: (0471) 48 23-110)
Kanzler: Dipl.-Volksw. Heinz Feldmann (T: (0471) 48 23-120)
Pressesprecherin und Leitung Marketing u. Öffentlichkeitsarbeit: Dipl.-Pol. Lic. rer.publ. Daniela Krause-Behrens (T: (0471) 48 23-132)
Verbandszeitschrift: Karlsburg intern
Redaktion: Daniela Krause-Behrens
Mitglieder: 1400
Mitarbeiter: 125
Jahresetat: DM 16 Mio, € 8,18 Mio

Brühl

● **T 445**

Fachhochschule des Bundes für öffentliche Verwaltung
Zentralbereich
Postf. 16 60, 50306 Brühl
Willy-Brandt-Str. 1, 50321 Brühl
T: (02232) 9 29-0   Fax: 9 29-5100
Internet: http://www.fhbund.de
E-Mail: postzb@fhbund.de
Gründung: 1979
Präsident(in): Dr. Olaf Koglin
Ltg. Presseref.: Dr. Uta Gräfin zu Dohna-Lauck
Verbandszeitschrift: Rechtsgrundlagen der Fachhochschule des Bundes für öffentliche Verwaltung. Kurzdarstellung der FH Bund. Jahresbericht.
Mitarbeiter: 150
Jahresetat: DM 25 Mio, € 12,78 Mio (nur Zentralbereich und Fachbereich Allgemeine Innere Verwaltung, zehn weitere Fachbereiche mit je eigenem Etat)

Ausbildung des gehobenen nichttechn. und Fortbildung des gehobenen und mittleren Bundesdienstes.

Chemnitz

● **T 446**

Technische Universität Chemnitz
09107 Chemnitz
Straße der Nationen 62, 09111 Chemnitz
T: (0371) 5 31-0   Fax: 5 31-1342
Internet: http://www.tu-chemnitz.de
E-Mail: pressestelle@tu-chemnitz.de
Gründung: 1836 (2. Mai)
Rektor: Prof. Dr. Günther Grünthal
Prorektoren: Prof. Dr. Klaus-Jürgen Matthes (Forschung)
Prof. Dr. Rainhart Lang (Lehre und Studium)
Prof. Dr. Dieter Happel (Planung und Hochschulentwicklung)
Kanzler: Regierungsdirektor Eberhard Alles
Leitung Presseabteilung: Dipl.-Ing. Mario Steinebach
Verbandszeitschrift: TU-Spektrum
Redaktion: Pressestelle
Verlag: TU Chemnitz, 09107 Chemnitz

Clausthal-Zellerfeld

● **T 447**

Technische Universität Clausthal
Postf. 12 53, 38670 Clausthal-Zellerfeld
Adolph-Roemer-Str. 2A, 38678 Clausthal-Zellerfeld
T: (05323) 72-0   Fax: 72-3500
Internet: http://www.tu-clausthal.de
E-Mail: amtsberg@tu-clausthal.de
Rektor: Prof. Dr. Peter Dietz

Coburg

● **T 448**

Fachhochschule Coburg
Postf. 16 52, 96406 Coburg
Friedrich-Streib-Str. 2, 96450 Coburg
T: (09561) 3 17-0   Fax: 3 17-273
Internet: http://www.fh-coburg.de
E-Mail: poststelle@fh-coburg.de
Gründung: 1971
Präsident(in): Dr.rer.nat.habil. Gerhard Lindner

Cottbus

● **T 449**

Brandenburgische Technische Universität Cottbus
Postf. 10 13 44, 03013 Cottbus
Universitätsplatz 3-4, 03044 Cottbus
T: (0355) 69-0   Fax: 69-2156
Internet: http://www.tu-cottbus.de
E-Mail: marita.mueller@tu-cottbus.de
Gründung: 1991
Präsident(in): Prof. Dr. Ernst Sigmund (Rektor)
Leitung Presseabteilung: Dr. Marita Müller
Verbandszeitschrift: Forum der Forschung (Wissenschaftsmagazin)
Redaktion: Dr. Marita Müller
Verlag: BTU, Cottbus, Pressestelle i.H.
Mitarbeiter: 1100
Jahresetat: DM 110 Mio, € 56,24 Mio

Darmstadt

● **T 450**

Evangelische Fachhochschule Darmstadt
Zweifalltorweg 12, 64293 Darmstadt
T: (06151) 87 98-0   Fax: 87 98-58
E-Mail: efhd@efh-darmstadt.de
Gründung: 1971 (15. Juli)
Rektorin: Prof. Dr. Alexa Köhler-Offierski
Verbandszeitschrift: Hochschulbrief der Evangelischen Fachhochschulen Darmstadt, Freiburg, Ludwigshafen, Reutlingen
Mitarbeiter: 36 Professoren/innen, 25 Verwaltungsmitarbeiter/innen

● **T 451**

Fachhochschule Darmstadt
Haardtring 100, 64295 Darmstadt
T: (06151) 16-02   Fax: 16-8949
Internet: http://www.fh-darmstadt.de
Gründung: 1971
Präsident(in): Prof. Dr.rer.pol. Christoph Wentzel

● **T 452**

Technische Universität Darmstadt
Karolinenplatz 5, 64289 Darmstadt
T: (06151) 16-0   Fax: 16-4128
Internet: http://www.tu-darmstadt.de
E-Mail: presse@pvw.tu-darmstadt.de
Präsident: Prof. Dr.-Ing. Johann-Dietrich Wörner

Deggendorf

● **T 453**

Fachhochschule Deggendorf
Postf. 13 20, 94453 Deggendorf
Edlmairstr. 6 + 8, 94469 Deggendorf
T: (0991) 36 15-0   Fax: 36 15-297
Internet: http://www.fh-deggendorf.de
E-Mail: praesident@fh-deggendorf.de, pressestelle@fh-deggendorf.de
Gründung: 1994
Präsident(in): Prof. Dr. Reinhard Höpfl
Leitung Presseabteilung: Peter Kaiser

Detmold

● **T 454**

Hochschule für Musik Detmold
Neustadt 22, 32756 Detmold
T: (05231) 97 55   Fax: 97 59 72
Internet: http://www.hfm-detmold.de
E-Mail: info@hfm-detmold.de
Gründung: 1947
Rektor: Prof. Martin Christoph Redel

Dortmund

● **T 455**

Fachhochschule Dortmund
Postf. 10 50 18, 44047 Dortmund
Sonnenstr. 96, 44139 Dortmund
T: (0231) 91 12-0   Fax: 91 12-313
Internet: http://www.fh-dortmund.de
Gründung: 1890 /1971
Rektor: Prof. Dr. Hans-Jürgen Kottmann
Prorektoren: Prof. Dr. Herbert Heiderich
Prof. Annette Fink
Prof. Dr. Ingo Kunold
Kanzler: Hans-Joachim von Buchka
Leitung Presseabteilung: Jürgen Andrae
Redaktion: Sonnenstr. 96, 44139 Dortmund
Mitarbeiter: 500
Jahresetat: DM 67 Mio, € 34,26 Mio
Hochschulzeitschrift: FH-presse

● **T 456**

ISM International School of Management GmbH
Otto-Hahn-Str. 37, 44227 Dortmund
T: (0231) 97 51 39-0   Fax: 97 51 39-39
Internet: http://www.ism-dortmund.de
E-Mail: ism@ism-dortmund.de
Präsident(in): Prof. Dr. Winfried Schlaffke
Geschäftsführer(in): Pierre Semidei
Geschäftsführer(in): Dr. Thoralf Held (Kanzler)
Leitung Presseabteilung: N. N.

● **T 457**

Universität Dortmund
44221 Dortmund
August-Schmidt-Str. 4, 44227 Dortmund
T: (0231) 7 55-0   Fax: 7 55-2050
Internet: http://www.uni-dortmund.de
Eröffnung: 16.12.1968
Rektor: Prof. Dr. Dr. h.c. Albert Klein
Pressesprecher: Klaus Commer
Hochschulzeitschrift: Unizet
Redaktion: Angelika Willers
Mitglieder: 28000
Mitarbeiter: 3000

Dresden

● T 458

Evangelische Hochschule für Soziale Arbeit Dresden (FH)
Postf. 20 01 43, 01191 Dresden
Semperstr. 2a, 01069 Dresden
T: (0351) 4 69 02-0   **Fax:** 4 71 59 93
E-Mail: rektorat@ehs-dresden.de
Gründung: 1991
Rektorin: Prof. Dr. Angelika Engelmann

● T 459

Hochschule für Bildende Künste Dresden
01288 Dresden
T: (0351) 4 92 67-0   **Fax:** 4 95 20 23
Internet: http://www.hfbk-dresden.de
E-Mail: presse@serv1.hfbk-dresden.de
Gründung: 1764
Rektor: Prof. Dipl.-Rest. Dr. Ulrich Schießl
Prorektoren: Prof. Ralf Kerbach
Prof. Dr. Wolfgang Rother
Dekan: Prof. Jens Büttner (FB II)
Prof. Klaus-Michael Stephan (FB I)
Leitung Presseabteilung: Andrea Weippert (M.A.)
Verbandszeitschrift: Akt
Redaktion: Hochschule für Bildende Künste Dresden, Pressestelle

● T 460

Hochschule für Kirchenmusik der Evangelisch-Lutherischen Landeskirche Sachsens
Käthe-Kollwitz-Ufer 97, 01309 Dresden
T: (0351) 3 18 64-0   **Fax:** 3 18 64-22
E-Mail: hfkimudd@t-online.de
Gründung: 1949
Rektor: Prof. Dr. Dr.h.c. Christfried Brödel

● T 461

Hochschule für Musik "Carl Maria von Weber"
Postf. 12 00 39, 01001 Dresden
Wettiner Platz 13, 01067 Dresden
T: (0351) 49 23-600   **Fax:** 49 23-657
Internet: http://www.hfmdd.de
E-Mail: rektorat@hfmdd.smwk.sachsen.de
Gründung: 1856
Rektor: Prof. Wilfried Krätzschmar
Prorektorin für Lehre und Studium: Prof. Heidrun Richter
Prorektor für Künstlerische Praxis: Prof. Günter Sommer
Kanzler: Peter Neuner
Dezernentin Öffentlichkeitsarbeit: Dr. Katrin Bauer
Verbandszeitschrift: Jahrbuch
Redaktion: Prof. Dr. Ingo Zimmermann
Dr. Katrin Bauer
Verlag: Eigenverlag
Mitarbeiter: 645 Studenten, 255 Lehrkräfte im Honorarvertrag, 114 hauptamtlich Beschäftigte

● T 462

Hochschule für Technik und Wirtschaft Dresden (FH)
Postf. 12 07 01, 01008 Dresden
Friedrich-List-Platz 1, 01069 Dresden
T: (0351) 4 62 31 02   **Fax:** 4 62 21 85
Internet: http://www.htw-dresden.de
E-Mail: rektor@htw-dresden.de
Gründung: 1992
Rektor: Prof. Dr.-Ing. Dr. h.c. Günther Otto
Leitung Presseabteilung: Dr. Dieter Preuß
Verbandszeitschrift: Berichte und Informationen
Redaktion: Pressestelle
Verlag: Eigenverlag

● T 463

Technische Universität Dresden
01062 Dresden
Mommsenstr. 13, 01069 Dresden
T: (0351) 4 63-0   **Fax:** 4 71 02 94
Internet: http://www.tu-dresden.de
E-Mail: b_berg@rcs.urz.tu-dresden.de
Präsident(in): Prof. Dr.rer.nat.habil. Achim Mehlhorn (Rektor)

Düsseldorf

● T 464

Fachhochschule Düsseldorf
Universitätsstr. 1 Geb. 2332, 40225 Düsseldorf
T: (0211) 81-00   **Fax:** 81-14916
Internet: http://www.fh-duesseldorf.de
Gründung: 1971
Präsident(in): Prof. Dr.-Ing. Sabine Staniek (Rektorin)

● T 465

Heinrich-Heine-Universität Düsseldorf
Universitätsstr. 1, 40225 Düsseldorf
T: (0211) 81-00   **Fax:** 34 22 29
Internet: http://www.uni-duesseldorf.de
Rektor: Prof. Dr.phil. Dr.h.c. Gert Kaiser (T: (0211) 81-10000, Fax: 81-15193)
Kanzler: Ulf Pallme König (T: (0211) 81-11000, Fax: 81-14534)
Pressereferent: Rolf Willhardt (T: (0211) 81-12439, Fax: 81-15279)

● T 466

Kunstakademie Düsseldorf
Eiskellerstr. 1, 40213 Düsseldorf
T: (0211) 13 96-0   **Fax:** 13 96-225
E-Mail: kwheinri@uni-duesseldorf.de
Gründung: 1773
Präsident(in): Prof. Markus Lüpertz (Rektor)

● T 467

Robert-Schumann-Hochschule
Fischerstr. 110, 40476 Düsseldorf
T: (0211) 49 18-0   **Fax:** 4 91 16 18
Gründung: 1987
Präsident(in): Prof. Claus Reichardt (Rektor)

Duisburg

● T 468

Gerhard-Mercator-Universität Duisburg
Postf. 10 15 03, 47048 Duisburg
Lotharstr. 65, 47057 Duisburg
T: (0203) 37 90   **Fax:** 3 79 33 33
Internet: http://www.uni-duisburg.de
E-Mail: kanzler@verwaltung.uni-duisburg.de
Gründung: 1972
Rektor: Prof. Dr.-Ing. Ingo Wolff
Prorektor: Prof. Dr. Thomas Kohnen (Forschung und wissenschaftl. Nachwuchs)
Prof. Dr. paed. Werner Habel (Lehre, Studium und Studienreform)
Prof. Dr. rer. nat. Werner Haußmann (Planung und Finanzen)
Kanzler: Carl-Friedrich Neuhaus
Leitung Presseabteilung: Beate Kostka (M.A.)

Eberswalde

● T 469

Fachhochschule Eberswalde
Friedrich-Ebert-Str. 28, 16225 Eberswalde
T: (03334) 6 57-150   **Fax:** 6 57-142
Internet: http://www.fh-eberswalde.de
E-Mail: rektorat@fh-eberswalde.de
Gründung: 1992 (01. April)
Präsident(in): Prof. Dr. habil. Wilhelm-Günther Vahrson
Vizepräsident(in): Prof. Dr.habil. Herbert Grüner
Leitung Presseabteilung: Dr. Dietmar Felden
Verbandszeitschrift: Beiträge für Forstwirtschaft und Landschaftsökologie
Redaktion: Chefredakteur Dr. Dietmar Felden
Verlag: Deutscher Landwirtschaftsverlag Berlin GmbH, Grabbeallee 41, 13156 Berlin
Mitglieder: 1200
Mitarbeiter: ca. 150
Jahresetat: DM 12,0 Mio, € 6,14 Mio

Edenkoben

● T 470

Fachhochschule für Finanzen
Luitpoldstr. 33, 67480 Edenkoben
T: (06323) 94 60   **Fax:** 94 62 00
Gründung: 1981
Direktor(in): Dir. e. VFH Wolfgang Lemmert
Geschäftsstellenleiter: StAR Hans-Dieter Beek

Eichstätt

● T 471

Katholische Universität Eichstätt
85071 Eichstätt
Ostenstr. 26, 85072 Eichstätt
T: (08421) 93-0   **Fax:** 93-1788
Internet: http://www.ku-eichstaett.de/
E-Mail: info@ku-eichstaett.de
Gründung: 1980
Präsident(in): Prof. Dr. Ruprecht Wimmer
Leitung Presseabteilung: Dr. Thomas Pleil

Emden

● T 472

Fachhochschule Oldenburg/Ostfriesland/Wilhelmshaven
Constantiaplatz 4, 26723 Emden
T: (04921) 8 07-0   **Fax:** 8 07-1000
Internet: http://www.fho-emden.de, http://www.fh-oldenburg.de, http://www.fh-wilhelmshaven.de
E-Mail: praesident@fho-emden.de
Gründung: 2000 (1. Jan)
Präsident(in): Prof. Dr. Arno Jaudzims
Vizepräsident(in): Prof. Dipl.-Ing. Wolf-Dieter Haaß (Standort Emden)
Prof. Dipl.-Ing. Klaus-Peter Hämmerling (Standort Oldenburg)
Prof. Ingo Poth (Standort Wilhelmshaven)
Kanzler: Dr. Christian Blomeyer
Leiterin d. Präsidialbüros, Pressesprecherin: Dipl.-Päd. Antje Gronewold (T: (04921) 8 07-1006, E-Mail: antje.gronewold@fho-emden.de)
Verbandszeitschrift: blickpunkt
Redaktion: Pressestelle der FH
Mitarbeiter: ca 800 in Lehre, Forschung und Verwaltung
Weitere Standorte:
Weserstr. 52, 26931 Elsfleth
T: (04404) 92 88-0, Fax: 92 88-41
Bergmannstr. 36, 26789 Leer
T: (0491) 9 28 17-0, Fax: 9 28 17-11
Ofener Str. 16-19, 26121 Oldenburg
T: (0441) 77 08-0, Fax: 77 08-100
Friedrich-Paffrath-Str. 101, 26389 Wilhelmshaven
T: (04421) 9 85-0, Fax: 9 85-304

Erfurt

● T 473

Fachhochschule Erfurt
Postf. 10 13 63, 99013 Erfurt
Altonaer Str. 25a, 99085 Erfurt
T: (0361) 67 00-0   **Fax:** 67 00-703
Internet: http://www.fh-erfurt.de
E-Mail: rektorat@fh-erfurt.de
Gründung: 1991 (1. Oktober)
Rektor: Prof. Dr. Wolfgang Storm
Kanzler: Rudolf Tilly
Leitung Presseabteilung: Roland Hahn
Verbandszeitschrift: Quadratmeter
Redaktion: Pressestelle
Mitarbeiter: 3800 Studierende, ca. 140 Professoren u. 150 Mitarb.

● T 474

Universität Erfurt
Nordhäuser Str. 63, 99089 Erfurt
T: (0361) 7 37-0   **Fax:** 7 37-5009
Internet: http://www.uni-erfurt.de
E-Mail: rektorat@uni-erfurt.de
Gründung: 1994 (1. Januar)
Präsident(in): Dr. habil. Wolfgang Bergsdorf
Pressesprecher: Jens Panse

Erlangen

● T 475

Friedrich-Alexander-Universität Erlangen-Nürnberg
Postf. 35 20, 91023 Erlangen
Schloßplatz 4, 91054 Erlangen
T: (09131) 85-0   **Fax:** 85-22131
Internet: http://www.uni-erlangen.de
E-Mail: pressestelle@zuv.uni-erlangen.de
Gründung: 1743
Rektor: Prof. Dr.phil. Gotthard Jasper
Komm. Leitung Presseabteilung: Ute Missel (MA)

Essen

● T 476

Fachhochschule für Oekonomie und Management (FOM)
Staatlich anerkannte Fachhochschule für Berufstätige
Herkulesstr. 32, 45127 Essen
T: (0201) 8 10 04-400   **Fax:** 8 10 04-410
Internet: http://www.fom.de
Präsident(in): Prof. Dr. Burghard Hermeier

● T 477

Folkwang-Hochschule Essen
Klemensborn 39, 45239 Essen
T: (0201) 49 03-0   **Fax:** 49 03-288

Internet: http://www.folkwang.uni-essen.de
Präsident(in): Prof. Dr. Martin Pfeffer (Rektor)

● **T 478**

Universität-Gesamthochschule Essen
45117 Essen
Universitätsstr. 2, 45141 Essen
T: (0201) 1 83-1   **Fax:** 1 83-3536, 1 83-2151
Internet: http://www.uni-essen.de
E-Mail: universitaet@uni.essen.de
Rektorin: Prof. Dr. rer.soc.oec. Ursula Boos-Nünning
Ltg. Pressestelle: Monika Rögge
Verbandszeitschrift: CAMPUS
Redaktion: Monika Rögge
Verlag: Druck- u. Verlagszentrum GmbH + Co. KG, Postf. 39 28, 58039 Hagen

Esslingen

● **T 479**

Fachhochschule Esslingen
Hochschule für Sozialwesen
Flandernstr. 101, 73732 Esslingen
T: (0711) 3 97-49   **Fax:** 3 97-4595
Internet: http://www.hfs-esslingen.de
E-Mail: verw@vw.hfs-esslingen.de
Rektor: Prof. Dr. Falk Roscher

● **T 480**

Fachhochschule Esslingen
Hochschule für Technik
Kanalstr. 33, 73728 Esslingen
T: (0711) 3 97-49   **Fax:** 3 97-3100
Internet: http://www.fht-esslingen.de
E-Mail: presse@fht-esslingen.de
Gründung: 1868
Rektor: Prof. Dr.-Ing. Jürgen van der List
Prorektor: Prof. Dr.-Ing. Manfred Stilz
Prof. Dipl.-Ing. Richard Aubele
Presse u. Öffentlichkeitsarbeit: Dipl. Übers. Cornelia Mack (Referentin)
Mitarbeiter: 350

Flensburg

● **T 481**

Universität Flensburg
Mürwiker Str. 77, 24943 Flensburg
T: (0461) 31 30-0   **Fax:** 3 85 43
Internet: http://www.uni-flensburg.de
E-Mail: info@uni-flensburg.de
Gründung: 1946 (21. März)
Rektor: Prof. Dr. Gerd Jürgen Müller
Leitung Presseabteilung: Ute Burbach-Tasso
Mitarbeiter: 180

● **T 482**

Fachhochschule Flensburg
University of Applied Sciences
Kanzleistr. 91-93, 24943 Flensburg
T: (0461) 8 05-01   **Fax:** 8 05-1300
Internet: http://www.fh-flensburg.de
E-Mail: presse@fh-flensburg.de
Gründung: 1969
Rektor: Prof. Dr. Werner Schurawitzki
Leitung Presseabteilung: Torsten Haase (T: (0461) 8 05-13 04, Fax: (0461) 8 05-13 00)

Frankfurt (am Main)

● **T 483**

Bibliotheksschule in Frankfurt am Main
Fachhochschule für Bibliothekswesen
Ohmstr. 48, 60486 Frankfurt
T: (069) 21 23 92 03   **Fax:** 21 23 90 84
Internet: http://www.fhsbib.uni-frankfurt.de
E-Mail: fhsbib@stub.uni-frankfurt.de
Gründung: 1946
Direktor(in): Berndt Dugall
Studienleiter: Dr. Herbert Buck

● **T 484**

Fachhochschule Frankfurt am Main
University of Applied Sciences
Nibelungenplatz 1, 60318 Frankfurt
T: (069) 15 33-0   **Fax:** 15 33-2400
Internet: http://www.fh-frankfurt.de
E-Mail: post@fh-frankfurt.de
Gründung: 1971 (1. August)
Präsident(in): Prof. Rolf Kessler
Leitung Presseabteilung: Gaby von Rauner
Verbandszeitschrift: Frankfurter Fachhochschulzeitung
Redaktion: Barbara Faller
Verlag: FH FFM, Referat Presse- und Öffentlichkeitsarbeit
Mitglieder: ca. 10000 Studierende

● **T 485**

Hochschule für Bankwirtschaft (HfB)
Private Fachhochschule der Bankakademie e.V.
Postf. 10 03 41, 60003 Frankfurt
Sonnemannstr. 9-11, 60314 Frankfurt
T: (069) 9 59 46-35   **Fax:** 9 59 46-28
Internet: http://www.hfb.de
E-Mail: info@hfb.de
Gründung: 1990
Rektor: Prof. Dr. Udo Steffens
Dekan: Prof. Dr. Thomas Heimer
Leitung Presseabteilung: Thomas Krause

● **T 486**

Hochschule für Musik und Darstellende Kunst Frankfurt am Main
Eschersheimer Landstr. 29-39, 60322 Frankfurt
T: (069) 15 40 07-0   **Fax:** 15 40 07-108
Gründung: 1878
Präsident(in): N.N.
Vizepräsident(in): Prof. Hubert Buchberger

● **T 487**

Johann Wolfgang Goethe-Universität Frankfurt am Main
Postf. 11 19 32, 60054 Frankfurt
Senckenberganlage 31, 60325 Frankfurt
T: (069) 7 98-1   **Fax:** 7 98-28383
Internet: http://www.uni-frankfurt.de
E-Mail: presse@pvw.uni-frankfurt.de
Gründung: 1914
Präsident(in): Prof. Dr. Rudolf Steinberg
Leitung Presseabteilung: Dr. Ralf Breyer
Mitarbeiter: 8000
Jahresetat: DM 469 Mio, € 239,8 Mio

● **T 488**

Philosophisch-Theologische Hochschule Sankt Georgen
Theologische Fakultät
Offenbacher Landstr. 224, 60599 Frankfurt
T: (069) 60 61-0   **Fax:** 60 61-307
Internet: http://www.sankt-georgen.de
E-Mail: rektorat@st-georgen.uni-frankfurt.de
Gründung: 1926
Rektor: Prof. Dr. Helmut Engel
Hochschulsekretär: Jürgen Stegmeyer

● **T 489**

Staatliche Hochschule für Bildende Künste (Städelschule) Frankfurt am Main
Dürerstr. 10, 60596 Frankfurt
T: (069) 60 50 08-0   **Fax:** 60 50 08-66
Präsident(in): Prof. Dr. Daniel Birnbaum (Rektor)

Frankfurt (Oder)

● **T 490**

Europa-Universität Viadrina Frankfurt (Oder)
Große Scharrnstr. 59, 15230 Frankfurt
T: (0335) 55 34-0   **Fax:** 55 34-305
Internet: http://www.euv-frankfurt-o.de
E-Mail: presidents@euv-frankfurt-o.de
Gründung: 1991 (15. Juli)
Präsidentin: Prof. Dr. Gesine Schwan
Kanzler: Peter Stahl
Leitung Presseabteilung: Annette Bauer
Verbandszeitschrift: Universitätszeitung "Uni on"
Redaktion: Referat Presse- u. Öffentlichkeitsarbeit
Mitarbeiter: 414

Freiberg

● **T 491**

Technische Universität - Bergakademie Freiberg
09596 Freiberg
Akademiestr. 6, 09599 Freiberg
T: (03731) 39-0   **Fax:** 2 21 95
Internet: http://www.tu-freiberg.de
E-Mail: transfer@zuv.tu-freiberg.de
Rektor: Prof. Dr.-Ing. Georg Unland

Freiburg

● **T 492**

Albert-Ludwigs-Universität Freiburg im Breisgau
79085 Freiburg
Fahnenbergplatz, 79098 Freiburg
T: (0761) 2 03-0   **Fax:** 2 03-4369
Internet: http://www.uni-freiburg.de
E-Mail: info@verwaltung.uni-freiburg.de
Gründung: 1457 (21. September)
Rektor: Prof. Dr.Dr.h.c. Wolfgang Jäger
Prorektoren: Prof. Dr. Klaus-W. Benz
Prof. Dr. Gerhard Oesten
Prof. Dr. Dr.h.c. Stefan Pollak
Kanzler: Helmut Fangmann
Leiter Kommunikation und Presse: Rudolf-Werner Dreier

● **T 493**

Evangelische Fachhochschule Freiburg
Hochschule für soziale Arbeit, Diakonie und Religionspädagogik
Bugginger Str. 38, 79114 Freiburg
T: (0761) 4 78 12-0   **Fax:** 4 78 12-30
Gründung: 1972
Präsident(in): Prof. Dr. Joachim Walter (Rektor)

● **T 494**

Katholische Fachhochschule Freiburg
Hochschule für Sozialwesen, Religionspädagogik und Pflege
Karlstr. 63, 79104 Freiburg
T: (0761) 2 00-486   **Fax:** 2 00-444
E-Mail: rektorat@kfh-freiburg.de
Rektor: Prof. Dr. Christoph Steinebach

● **T 495**

Pädagogische Hochschule Freiburg
Kunzenweg 21, 79117 Freiburg
T: (0761) 6 82-1   **Fax:** 6 82-402
Internet: http://www.ph-freiburg.de
Rektor: Prof. Dr. Wolfgang Schwark
Prorektor: Prof. Dr. Uwe Bong
Prorektorin: Prof.'in Dr. Ingelore Oomen-Welke

● **T 496**

Staatliche Hochschule für Musik Freiburg im Breisgau
79095 Freiburg
Schwarzwaldstr. 141, 79102 Freiburg
T: (0761) 3 19 15-0   **Fax:** 3 19 15-42
Internet: http://www.mh-freiburg.de
E-Mail: info@mh-freiburg.de
Rektorin: Prof. Dr. Mirjam Nastasi

Freising

● **T 497**

Fachhochschule Weihenstephan
85350 Freising
Weihenstephaner Berg, 85354 Freising
T: (08161) 71-4428   **Fax:** 71-4428
Internet: http://www.fh-weihenstephan.de
E-Mail: praesidialbuero@fh-weihenstephan.de
Gründung: 1971 (1. August)
Präsident(in): Prof. Dr. Dr. h.c. Josef Herz
Vizepräsident(in): Prof. Dr. Donnchadh Mac Cárthaigh
Prof. Ingrid Schegk
Kanzler: Dr. Burkhard von Urff
Mitarbeiter: 393
Jahresetat: DM 33 Mio, € 16,87 Mio

Friedensau

● T 498

Theologische Hochschule Friedensau
An der Ihle 19, 39291 Friedensau
T: (03921) 9 16-0 **Fax:** 9 16-120
Internet: http://www.thh-friedensau.de
E-Mail: hochschule@thh-friedensau.de
Gründung: 1899
Präsident(in): Prof. Dr. Udo Worschech (Rektor)
Vizepräsident(in): Dr. Johann Gerhardt
Kanzler: Dipl. f. Wirtsch. Roland Nickel

Fulda

● T 499

Fachhochschule Fulda
Marquardstr. 35, 36039 Fulda
T: (0661) 96 40-0 **Fax:** 96 40-199
Internet: http://www.fh-fulda.de
Gründung: 1974
Präsident(in): Prof. Dr. Roland Schopf

● T 500

Theologische Fakultät Fulda
Domplatz 2, 36037 Fulda
T: (0661) 87-220 **Fax:** 87-224
E-Mail: theologischefakultaetfulda@t-online.de
Gründung: 1734
Rektor: Prof. Dr. theol. Dr. phil. Bernd Willmes (M.A.)

Furtwangen

● T 501

Fachhochschule Furtwangen
Hochschule für Technik und Wirtschaft
Postf. 11 52, 78113 Furtwangen
Gerwigstr. 11, 78120 Furtwangen
T: (07723) 9 20-0 **Fax:** 9 20-610
Internet: http://www.fh-furtwangen.de
E-Mail: fhf@fh-furtwangen.de
Gründung: 1850 /1947/1971
Präsident(in): Prof. Dr. Rainer Scheithauer (Rektor)
Vizepräsident(in): Prof. Dr. Gerald Higelin (Prorektor)
Prof. Dipl.-Ing. Werner Ruoss (Prorektor)
Verwaltungsdirektor: Dipl.-Vw.Wirt (FH) Helmut Köstermenke
Leitung Presseabteilung: Prof. Dipl.-Ing. Werner Ruoss
Mitarbeiter: 130 Professoren, 160 feste sonstige Mitarbeiter und ca. 50 Projektmitarbeiter
Jahresetat: ca. DM 35 Mio, € 17,9 Mio

Gelsenkirchen

● T 502

Fachhochschule Gelsenkirchen
45877 Gelsenkirchen
Neidenburger Str. 10/43, 45897 Gelsenkirchen
T: (0209) 95 96-0 **Fax:** 95 96-445
Internet: http://www.fh-gelsenkirchen.de
E-Mail: public.relations@fh-gelsenkirchen.de
Gründung: 1992 (1. August)
Rektor: Prof. Dr. Peter Schulte
Leitung Presseabteilung: Dr. Barbara Laaser
Verbandszeitschrift: Trikon
Redaktion: i. Hs. Fachhochschule Gelsenkirchen, 45877 Gelsenkirchen
Mitglieder: ca. 4200
Mitarbeiter: 345

● T 503

Fachhochschule für öffentliche Verwaltung Nordrhein-Westfalen
Postf. 10 07 42, 45807 Gelsenkirchen
Haidekamp 73, 45886 Gelsenkirchen
T: (0209) 16 59-0 **Fax:** 16 59-300
Internet: http://www.fhoev.nrw.de
Gründung: 1976
Präsident(in): Dr. Dieprand von Richthofen

Gießen

● T 504

Fachhochschule Gießen-Friedberg
University of Applied Sciences
Wiesenstr. 14, 35390 Gießen
T: (0641) 3 09-0 **Fax:** 3 09-2901
Internet: http://www.fh-giessen.de
Gründung: 1971 (1. August)
Vizepräsident(in): Prof. Christian Vogel
Leitung Presseabteilung: Erhard Jakobs

● T 505

Justus-Liebig-Universität Gießen
Postf. 11 14 40, 35359 Gießen
Ludwigstr. 23, 35390 Gießen
T: (0641) 99-0 **Fax:** 99-12659
Internet: http://www.uni-giessen.de
Gründung: 1607
Präsident(in): Prof. Dr. S. Hormuth
Vizepräsident(in): Prof. Dr. Hannes Neumann
Kanzler: Dr. Michael Breitbach
Leitung Presseabteilung: Christel Lauterbach
Verbandszeitschrift: Spiegel der Forschung, UNI-FORUM
Redaktion: Christel Lauterbach, Charlotte Brückner-Ihl (UF)
Verlag: Pressestelle d. Universität Gießen, Ludwigstr. 23, 35390 Gießen
Mitarbeiter: ca. 3300 JLU, ca. 5500 Klinikum
Jahresetat: DM 857,9 Mio, € 438,64 Mio, davon JLU: DM 305,3 Mio, Klinikum: DM 582,3 Mio

Göttingen

● T 506

Georg-August-Universität Göttingen
Postf. 37 44, 37027 Göttingen
Goßlerstr. 5-7, 37073 Göttingen
T: (0551) 39-0 **Fax:** 39-9612
Internet: http://www.uni-goettingen.de
E-Mail: pressestelle@zvw.uni-goettingen.de
Gründung: 1737
Präsident: Prof. Dr. Horst Kern

● T 507

Private Fachhochschule Göttingen
Weender Landstr. 3-7, 37073 Göttingen
T: (0551) 5 47 00-0 **Fax:** 5 47 00-1901
Internet: http://www.pfh-goettingen.de
E-Mail: studieninfo@pfh-goettingen.de
Präsident(in): Prof. Dr. Bernt R. A. Sierke
Geschäftsführer(in): Martin Löwer

Greifswald

● T 508

Ernst-Moritz-Arndt-Universität Greifswald
Domstr. 11, 17489 Greifswald
T: (03834) 86-0 **Fax:** 86-1248
Internet: http://www.uni-greifswald.de
E-Mail: rektor@uni-greifswald.de
Gründung: 1456
Präsident(in): Prof. Dr. Hans-Robert Metelmann (Rektor)
Leitung Presseabteilung: Dr. Edmund von Pechmann

Güstrow

● T 509

Fachhochschule für öffentliche Verwaltung und Rechtspflege
Goldberger Str. 12, 18273 Güstrow
T: (03843) 2 83-0 **Fax:** 33 40 97
Internet: http://www.fh-guestrow.de
E-Mail: poststelle@fh-guestrow.de
Gründung: 1991
Direktor(in): Dr. Stefan Rudolph
Stellv. Direktor(en):
Dr. Eckart Wehser (Fachbereichsleiter Allgemeine Verwaltung)
Verwaltungsleiter: Eckart Siemer
Fachbereichsleiter Rechtspflege: Manfred Pander
Fachbereichsleiter FB Polizei:
Rolf Sievers
Fachbereichsleiter FB Steuerverwaltung:
Ulrich Neumann
Ausbildungsinstitut für die Kommunal- und Landesverwaltung M-V
Fortbildungsinstitut für die Landesverwaltung M-V

Hachenburg

● T 510

Fachhochschule der Deutschen Bundesbank
Zentralgeschäftsstelle:
Postf. 11 71, 57620 Hachenburg
T: (02662) 8 31 **Fax:** 8 34 99
Gründung: 1980
Rektor: Dr. Dietrich Schönwitz
Stellv. d. Rektors: Dr. Hans-Jürgen Weber

Hagen

● T 511

FernUniversität - Gesamthochschule Hagen
58084 Hagen
T: (02331) 9 87-01 **Fax:** 9 87-27 63
Internet: http://www.fernuni-hagen.de
E-Mail: Rektorat@FernUni-Hagen.de
Gründung: 1974 (1. Dezember)
Rektor: Prof. Dr.-Ing. Helmut Hoyer
Ltg. Pressestelle: Susanne Bossemeyer
Mitglieder: 58000
Mitarbeiter: 1200
Jahresetat: DM 120 Mio, € 61,36 Mio

Halle

● T 512

Burg Giebichenstein - Hochschule für Kunst und Design Halle
Postf. 20 02 52, 06003 Halle
Neuwerk 7, 06108 Halle
T: (0345) 77 51-50 **Fax:** 77 51-569
Internet: http://www.burg-halle.de
E-Mail: burgpost@burg-halle.de
Gründung: 1915
Rektor: Prof. Ludwig Ehrler
Leitung Presseabteilung: Dr. Renate Luckner-Bien

● T 513

Evangelische Hochschule für Kirchenmusik Halle an der Saale
Emil-Abderhalden-Str. 10, 06108 Halle
T: (0345) 2 19 69-0 **Fax:** 2 19 69-29
Internet: http://www.ehk-halle.de
E-Mail: sekretariat@ehk-halle.de
Gründung: 1926
Rektor: KMD Wolfgang Kupke

● T 514

Martin-Luther-Universität Halle-Wittenberg
06099 Halle
Universitätsplatz 10, 06108 Halle
T: (0345) 55-20 **Fax:** 55-27077
Internet: http://www.uni-halle.de
Rektor: Prof. Dr. Wilfried Grecksch

Hamburg

● T 515

Evangelische Fachhochschule für Sozialpädagogik der Diakonenanstalt des Rauhen Hauses
Horner Weg 170, 22111 Hamburg
T: (040) 6 55 91-180 **Fax:** 6 55 91-228
Internet: http://www.rauheshaus.de/fachhochschule
E-Mail: ev-fhs-hh@t-online.de
Gründung: 1834 /35
Rektorin: Prof.i.K. Barbara Rose

● T 516
Fachhochschule Hamburg
Postf. 760380, 22053 Hamburg
Winterhuder Weg 29, 22085 Hamburg
T: (040) 4 28 63-0　**Fax:** 4 28 63-3905
Internet: http://www.fh-hamburg.de
E-Mail: praesident@fh-hamburg.de
Gründung: 1970 (1. April)
Präsident(in): Dr. Hans-Gerhard Husung
Leitung Presseabteilung: Marion Hintloglou (T: (040) 4 28 63 35 89, Fax: (040) 4 28 63-43 87)
Verbandszeitschrift: Fachhochschulzeitung
Redaktion: Marion Hintloglou
Mitarbeiter: 1400

● T 517
Fachhochschule für Öffentliche Verwaltung Hamburg
Schwenckestr. 100, 20255 Hamburg
T: (040) 4 28 01 36 30　**Fax:** 4 28 01 25 00
Gründung: 1978
Präsident(in): Prof. Dr. Thomas Weise
Vizepräsident(in): Prof. Dieter Kück

● T 518
Hochschule für Musik und Theater
Harvestehuder Weg 12, 20148 Hamburg
T: (040) 4 28 48-2586　**Fax:** 4 28 48-2666
Internet: http://www.musikhochschule-hamburg.de
E-Mail: pressestelle@hfmt.hamburg.de

● T 519
Hochschule für Bildende Künste Hamburg
Lerchenfeld 2, 22081 Hamburg
T: (040) 4 28 32-3255　**Fax:** 4 28 32-2279
Gründung: 1972
Präsident(in): Adrienne Goehler
Vizepräsident(in): N. N.
Leitender Verwaltungsbeamter: Jörn Müller-Ruhnau

● T 520
Hochschule für Wirtschaft und Politik
Von-Melle-Park 9, 20146 Hamburg
T: (040) 4 28 38-2181　**Fax:** 4 28 38-4150
Internet: http://www.hwp.uni-hamburg.de
Gründung: 1948
Präsident(in): Dr. Dorothee Bittscheidt
Vizepräsident(in): Prof. Dr. Karl-Jürgen Bieback (biebackk@hwp-hamburg.de)
Leitung Presseabteilung: Anne Ernst (ErnstA@hwp-hamburg.de)
Verbandszeitschrift: HWP-Magazin, HWP-Forschung
Ausbildungsziele: Dipl. Betriebswirt, Dipl. Sozialwirt, Dipl. Volkswirt, Dipl. in Wirtschafts- u. Arbeitsrecht, Dipl. Sozialökonom, Master in europäischer Unternehmensführung, Master in internationaler Unternehmensführung

● T 521
Technische Universität Hamburg-Harburg
21071 Hamburg
Schwarzenbergstr. 95, 21073 Hamburg
T: (040) 4 28 78-0　**Fax:** 4 28 78-2040
Internet: http://www.tu-harburg.de
Präsident(in): Prof. Dr.-Ing. Christian Nedeß

● T 522
Universität Hamburg
Edmund-Siemers-Allee 1, 20146 Hamburg
T: (040) 4 28 38-0　**Fax:** 4 28 38-2449
Internet: http://www.uni-hamburg.de
E-Mail: presse@rrz.uni-hamburg.de
Präsident(in): Dr. Jürgen Lüthje
Leitung Presseabteilung: Dr. Jörg Lippert

● T 523
Universität der Bundeswehr Hamburg
Postf. 70 08 22, 22008 Hamburg
Holstenhofweg 85, 22043 Hamburg
T: (040) 65 41-1　**Fax:** 65 41-2702
Internet: http://www.unibw-hamburg.de
E-Mail: dietmar.strey@unibw-hamburg.de
Gründung: 1973 (29. September)
Präsident(in): Dr.jur. Hans-Georg Schultz-Gerstein
Vizepräsident(in): Prof. Dr. phil. Eckardt Opitz
Leitung Presseabteilung: Dietmar Strey
Verbandszeitschrift: Uniform, Uniforung
Redaktion: Dietmar Strey/Pressestelle

Hannover

● T 524
Evangelische Fachhochschule Hannover
Postf. 690363, 30612 Hannover
Blumhardtstr. 2, 30625 Hannover
T: (0511) 53 01-0　**Fax:** 53 01-203, 53 01-195
Gründung: 1971
Rektor: Prof. Dr. Gregor Terbuyken
Prorektor: Prof. Dr. Michael Brömse
Leitung Presseabteilung: Martina Walter

● T 525
Fachhochschule Hannover (FHH)
Postf. 92 02 51, 30441 Hannover
T: (0511) 92 96-0　**Fax:** 92 96-120
Internet: http://www.fh-hannover.de
E-Mail: pressestelle@fh-hannover.de
Besucheradresse: Ricklinger Stadtweg 118
Gründung: 1971 (1. August)
Präsident(in): Prof. Dr.-Ing. Werner Andres (T: (0511) 92 96-1 01)
Vizepräsident(in): Prof. Dr.-Ing. Peter Blumendorf (T: (0511) 92 96-1 13)
Prof. Dr.-Ing. Falk Höhn (T: (0511) 92 96-118)
Kanzler: Christoph Wiedemann (T: (0511) 92 96-1 00)
Leiterin d. Präsidialbüros, Pressesprecherin: Dagmar Thomsen (M.A., T: (0511) 92 96-1 22, Fax: (0511) 92 96-1 20)
Verbandszeitschrift: Spectrum
Mitarbeiter: ca. 550
Jahresetat: ca. DM 50 Mio, € 25,56 Mio

● T 526
Hochschule für Musik und Theater Hannover
Emmichplatz 1, 30175 Hannover
T: (0511) 31 00-1　**Fax:** 31 00-200
Internet: http://www.hmt-hannover.de
Gründung: 1950
Präsident(in): Dr. Klaus-Ernst Behne
Vizepräsident(in): Prof. Martin Brauß
Prof. Gudrun Schröfel-Gatzmann
Kanzlerin: Karin Vehrenkamp
Leitung Presseabteilung: Claudia Schurz

● T 527
Fachhochschule für die Wirtschaft Hannover (FHDW)
Staatlich anerkannte Fachhochschule für das Duale Studium
Freundallee 15, 30173 Hannover
T: (0511) 2 84 83-70, 2 84 83-76　**Fax:** 2 84 83 72
Gründung: 1996
Präsident(in): Prof. Dr. Karl Müller-Siebers
Studiengang Betriebswirtschaft: Prof. Dr. Karl Müller-Siebers

● T 528
Medizinische Hochschule Hannover
30623 Hannover
T: (0511) 5 32-1　**Fax:** 5 32-6003
Internet: http://www.mh-hannover.de
Rektor: Prof. Dr.med. Horst von der Hardt
Prorektoren: Prof. Dr. Wolfram Knapp (Studium u. Lehre)
Dr. R. Pabst (Forschung und wissenschaftl. Nachwuchs)
Leitung Presseabteilung: Möller
Leitung Presseabteilung: Dr. Schweitzer

● T 529
Tierärztliche Hochschule Hannover
Postf. 71 11 80, 30545 Hannover
Bünteweg 2, 30559 Hannover
T: (0511) 9 53-6　**Fax:** 9 53-8050
Internet: http://www.tiho-hannover.de
E-Mail: mflachs@vw.tiho-hannover.de
Gründung: 1778
Rektor: Prof. Dr. Volker Moennig
Leitung Presseabteilung: Dr. Annette Wegner
Mitarbeiter: 1000

● T 530
Universität Hannover
Postf. 6009, 30060 Hannover
Welfengarten 1, 30167 Hannover
T: (0511) 7 62-0　**Fax:** 7 62-3456
Internet: http://www.uni-hannover.de
E-Mail: praesidialamt@uni-hannover.de
Präsident(in): Prof. Dr. oec.publ. Ludwig Schätzl
Vizepräsident(in): Prof. Dr. phil. Liselotte Glage
Prof. Dr.-Ing. Peter Pirsch
Kanzler: Jan Gehlsen
Leitung Presseabteilung: Monika Brickwedde

Heide

● T 531
Fachhochschule Westküste
Hochschule für Wirtschaft und Technik
Fritz-Thiedemann-Ring 20, 25746 Heide
T: (0481) 85 55-0　**Fax:** 85 55-820
Internet: http://www.fh-westkueste.de
E-Mail: rektorat@fh-westkueste.de
Gründung: 1994
Präsident(in): Prof. Dr.-Ing. Jürgen Teifke
Leitung Pressestelle: Michael Engelbrecht

Heidelberg

● T 532
Fachhochschule Heidelberg
Staatl. anerkannte Hochschule der SRH-Gruppe
Postf. 10 14 09, 69004 Heidelberg
Bonhoefferstr. 1, 69123 Heidelberg
T: (06221) 88-1000　**Fax:** 88-2787
Internet: http://www.fh-heidelberg.de
Gründung: 1969
Rektor: Prof. Dr. Wolfram Hahn

● T 533
Hochschule für Jüdische Studien
Friedrichstr. 9, 69117 Heidelberg
T: (06221) 2 25 76　**Fax:** 16 76 96
E-Mail: info@aleph.hjs.uni-heidelberg.de
Gründung: 1979
Rektor: Prof. Dr. Michael Graetz

● T 534
Hochschule für Kirchenmusik der Evangelischen Landeskirche in Baden
Hildastr. 8, 69115 Heidelberg
T: (06221) 2 70 62　**Fax:** 2 18 76
Internet: http://www.hfk-heidelberg.de
E-Mail: sekr@hfk-heidelberg.de
Gründung: 1931
Präsident(in): Prof. Hermann Schäffer (Rektor)

● T 535
Pädagogische Hochschule Heidelberg
Keplerstr. 87, 69120 Heidelberg
T: (06221) 4 77-0　**Fax:** 4 77-432
Internet: http://www.ph-heidelberg.de
E-Mail: ph@ph-heidelberg.de
Gründung: 1962
Rektor: Prof. Dr. Ludwig Schwinger
Leitung Presseabteilung: Dr. Birgita Soultanian
Verbandszeitschrift: Daktylos
Redaktion: Dr. Soultanian
Verlag: PH Heidelberg

● T 536
Ruprecht-Karls-Universität Heidelberg
Postf. 10 57 60, 69047 Heidelberg
Seminarstr. 2, 69117 Heidelberg
T: (06221) 54-0　**Fax:** 54-2618
Internet: http://www.uni-heidelberg.de
E-Mail: gb@zuv.uni-heidelberg.de
Rektor: Prof. Dr.rer.pol. Jürgen Siebke
Prorektoren: Prof. Dr.rer.nat. Heinz Horner
Prof. Dr.med. Jochen Tröger
Prof. Dr.phil. Susanne Weigelin-Schwiedrzik
Kanzlerin: Romana Gräfin von Hagen
Leitung Pressestelle: Dr. Michael Schwarz

Heilbronn

● T 537
Fachhochschule Heilbronn
Hochschule für Technik und Wirtschaft
Max-Planck-Str. 39, 74081 Heilbronn
T: (07131) 5 04-0　**Fax:** 25 24 70
Internet: http://www.fh-heilbronn.de
E-Mail: studienberatung@fh-heilbronn.de
Gründung: 1971
Rektor: Prof. Dr. Otto Grandi
Prorektoren: Prof. Dr. Christian Schrödter
Prof. Dr. Burkhard Lohrengel
Leitung Presseabteilung: Gudrun Heller

t 538
Fachhochschule Heilbronn
Standort Künzelsau
Daimlerstr. 35, 74653 Künzelsau
T: (07940) 13 06-0　**Fax:** 13 06-20

Herford

● T 539

Hochschule für Kirchenmusik der Evangelischen Kirche von Westfalen
Parkstr. 6, 32049 Herford
T: (05221) 99 14 50 **Fax:** 83 08 09
Präsident(in): KMD Prof. Rolf Schönstedt (Rektor)

Hildesheim

● T 540

Fachhochschule Hildesheim/Holzminden/Göttingen
Hohnsen 4, 31134 Hildesheim
T: (05121) 8 81-0 **Fax:** 8 81-125
Internet: http://www.fh-hildesheim.de
Gründung: 1971
Präsident(in): Prof. Dr. Johannes Kolb
Vizepräsident(in): Prof. Dr. Olaf Paulsen
Prof. Dr. Hubert Merkel
Kanzler: Gerd Sutor
Leitung Presseabteilung: Sabine zu Klampen

● T 541

Niedersächsische Fachhochschule für Verwaltung und Rechtspflege
Goslarsche Str. 3, 31134 Hildesheim
T: (05121) 1 63-183 **Fax:** 1 63-207
Gründung: 1979
Rektor: Prof. Dr. Lothar Krumsiek
Prorektor: Prof. Jürgen Sucka
Verwaltungsleiter: N.N.

● T 542

Universität Hildesheim
Postf. 10 13 63, 31113 Hildesheim
Marienburger Platz 22, 31141 Hildesheim
T: (05121) 8 83-0 **Fax:** 8 83-177
Internet: http://www.uni-hildesheim.de
E-Mail: presse@rz.uni-hildesheim.de
Gründung: 1978
Präsident(in): Dr. Ursula Bosse
Leitung Presseabteilung: Dr. Iris Klaßen
Mitarbeiter: 368 ; **Studierende:** 4000

Hof

● T 543

Fachhochschule Hof
Alfons-Goppel-Platz 1, 95028 Hof
T: (09281) 40 93-00 **Fax:** 40 94-00
Internet: http://www.fh-hof.de
E-Mail: post@fh-hof.de
Gründung: 1994 /95
Präsident(in): Prof. Dr. Georg Nagler
Stellv. Präsident: Prof. Dr. Maximilian Walter
Prof. Dr. Hartmut Wunderatsch
Kanzler: RD Dr. Franz-Rudolf Herber

● T 544

Virtuelle Hochschule Bayern
Alfons-Goppel-Platz 1, 95028 Hof
T: (09281) 4 09-571 **Fax:** 4 09-572
Internet: http://www.vhb.org
E-Mail: geschaeftsstelle@vhb.org
Präsident(in): Prof. Dr. G. Jasper
Vizepräsident(in): Prof. Dr. H. Weber
Geschäftsführer(in): Dr. Paul Rühl

Idstein

● T 545

Europa Fachhochschule Fresenius
Limburger Str. 2, 65510 Idstein
T: (06126) 93 52-0 **Fax:** 93 52-10
Internet: http://www.fh-fresenius.de
E-Mail: info@fh-fresenius.de
Gründung: 1848
Präsident(in): Dipl.-Ing.Päd. Hans-Jörg Bähr
Marketing: Corinna Glenz
Mitarbeiter: 50

Ilmenau

● T 546

Technische Universität Ilmenau
Postf. 100565, 98684 Ilmenau
Max-Planck-Ring 14, 98693 Ilmenau
T: (03677) 69-0 **Fax:** 69-1701
TX: 338 423 tuil d
Internet: http://www.tu-ilmenau.de
E-Mail: pressestelle.org@zv.tu-ilmenau.de
Rektor: Univ.-Prof. Dr.-Ing. habil. Heinrich Kern
Leitung Presseabteilung: Wilfried Nax (M.A.)

Ingolstadt

● T 547

Fachhochschule Ingolstadt
Postf. 210454, 85019 Ingolstadt
Esplanade 10, 85049 Ingolstadt
T: (0841) 93 48-0 **Fax:** 93 48-200
Internet: http://www.fh-ingolstadt.de
E-Mail: praesident@fh-ingolstadt.de
Gründung: 1994
Präsident(in): Prof. Dr.-Ing. Gunter Schweiger
Vizepräsident(in): Prof. Dr. Walter Schober
Kanzler: Johann Schelle

Iserlohn

● T 548

Märkische Fachhochschule Iserlohn
Postf. 20 61, 58590 Iserlohn
Frauenstuhlweg 31, 58644 Iserlohn
T: (02371) 5 66-0 **Fax:** 5 66-274
Internet: http://www.mfh-iserlohn.de
E-Mail: MFH@mfh-iserlohn.de
Gründung: 1988 (1. April)
Rektor: Prof. Dr.rer.nat. Michael Teusner
Kanzler: Hellmut Cramer
Mitarbeiter: 259 (1999)
Jahresetat: rd. DM 27,8 Mio, € 14,21 Mio, eingeworbene Dritt- und Forschungsmittel: DM 6,26 Mio, Zentralmittel: DM 6,3 Mio (1999)
Hochschulzeitung: MFH-Forum
Redaktion: Presse- u. Informationsstelle
Verlag: Selbstverlag

Isny

● T 549

Fachhochschule und Berufskollegs NTA Prof. Dr. Grübler, gemein. GmbH, Isny
Seidenstr. 12-35, 88316 Isny
T: (07562) 97 07-0 **Fax:** 97 07-71
Internet: http://www.fh-isny.de
E-Mail: bergler@server3.fh-isny.de
Gründung: 1945
Präsident(in): Prof. Dr. Friedrich Bergler

Jena

● T 550

Fachhochschule Jena
Postf. 10 03 14, 07703 Jena
Carl-Zeiss-Promenade 2, 07745 Jena
T: (03641) 20 50 (Zentrale Vermittlung)
Internet: http://www.fh-jena.de
E-Mail: info@fh-jena.de
Gründung: 1991 (01. Oktober)
Rektor: Prof. Dr.-Ing. Werner Bornkessel
Prorektoren: Prof. Dr. sc. oec. Gabriele Beibst
Prof. Dr. rer. nat. Ellen Hansen
Öffentlichkeitsarbeit: Annette Sell
Mitarbeiter: ca. 290 Mitarb./Prof.; ca. 3500 Studierende

● T 551

Friedrich-Schiller-Universität Jena
07740 Jena
Fürstengraben 1, 07743 Jena
T: (03641) 93-00 **Fax:** 93-1682
Teletex: 331 506 uni d
Internet: http://www.uni-jena.de
Gründung: 1558
Rektor: Prof. Dr. jur. habil. Karl-Ulrich Meyn
Prorektoren: Prof. Dr. rer.pol. habil. Reinhard Haupt
Prof. Dr. rer.nat. habil. Roland Mäusbacher
Kanzler: Dr. Klaus Kübel
Referat Öffentlichkeitsarbeit: Dr. Wolfgang Hirsch
Verbandszeitschrift: Uni-Journal Jena
Mitglieder: 15800 Studenten
Mitarbeiter: 6612
Jahresetat: DM 0,23 Mio, € 0,12 Mio
Uni-Zeitschrift: Uni-Journal Jena
Redaktion: Fürstengraben 1, 07743 Jena

Kaiserslautern

● T 552

Fachhochschule Kaiserslautern
Postf. 15 73, 67604 Kaiserslautern
Morlauterer Str. 31, 67657 Kaiserslautern
T: (0631) 37 24-0 **Fax:** 37 24-105
Internet: http://www.FH-KL.DE
E-Mail: PRESSE@VERW-KL.FH-KL.DE (Öffentlichkeitsarbeit)
Gründung: 1996
Präsident(in): Prof. Dr. Richard Herbrik
Vizepräsident(in): Prof. Kurt Neumeier
Kanzler: N. N.
Stellvertretender Kanzler: Rudolf Becker
Leitung Presseabteilung: Hubert H. Grimm
Mitarbeiter: 250
Jahresetat: DM 22 Mio, € 11,25 Mio

● T 553

Universität Kaiserslautern
67653 Kaiserslautern
Gottlieb-Daimler-Str., 67663 Kaiserslautern
T: (0631) 2 05-1 **Fax:** 2 05-3200
Internet: http://www.uni-kl.de
Präsident(in): Prof. Dr.-Ing. Günter Warnecke
Vizepräsident(in): Prof. Dr. Helmut J. Schmidt
Prof. Dr. Hartmut Hofrichter
Leitung Presseabteilung: Elmar Hein
Verbandszeitschrift: UNI-SPECTRUM
Verlag: Alpha, Postf. 14 80, 68604 Lampertheim

Karlsruhe

● T 554

Fachhochschule Karlsruhe
Hochschule für Technik
Postf. 24 40, 76012 Karlsruhe
Moltkestr. 30, 76133 Karlsruhe
T: (0721) 9 25-0 **Fax:** 9 25-2000
Internet: http://www.fh-karlsruhe.de
E-Mail: mailbox@fh-karlsruhe.de
Gründung: 1878
Rektor: Prof. Dr.-Ing. Werner Fischer
Prorektoren: Prof. Dr.-Ing. Wolfgang Fritz
Prof. Dr.rer.nat. Karl-Heinz Meisel
Verwaltungsdirektorin: ORR Daniela Schweitzer
Geschäftsstelle f. Öffentlichkeitsarb.: Holger Gust (M.A.)
Institut für Innovation und Transfer (IIT): Dipl.-Ing. Arno Lagaly

● T 555

Pädagogische Hochschule Karlsruhe
Postf. 11 10 62, 76060 Karlsruhe
Bismarckstr. 10, 76133 Karlsruhe
T: (0721) 9 25-3 **Fax:** 9 25-4000
Internet: http://www.ph-karlsruhe.de
E-Mail: info@ph-karlsruhe.de
Gründung: 1962
Präsident(in): Prof. Dr. Jürgen Nebel (Rektor)

● T 556

Staatliche Hochschule für Gestaltung Karlsruhe
Lorenzstr. 15, 76135 Karlsruhe
T: (0721) 82 03-0
Internet: http://www.hfg-karlsruhe.de
Gründung: 1992
Rektor: Prof. Gunter Rambow
Leitung Presseabteilung: Dr. Michael Schuster

● T 557

Staatliche Hochschule für Musik Karlsruhe
Postf. 60 40, 76040 Karlsruhe
Wolfartsweierer Str. 7a, 76131 Karlsruhe
T: (0721) 66 29-0 **Fax:** 66 29-266
Internet: http://www.karlsruhe.de/Kultur/Musikhochschule
Gründung: 1929
Präsident(in): Prof. Fany Solter (Rektorin)
Vizepräsident(in): Prof. Wolfgang Meyer (Prorektor)
Prof. Michael Uhde (Prorektor)
Leitung Presseabteilung: Katrin Winkler

● T 558

Universität Fridericiana zu Karlsruhe
Postf. 69 80, 76128 Karlsruhe
Kaiserstr. 12, 76131 Karlsruhe
T: (0721) 6 08-0 **Fax:** 6 08-4290
Internet: http://www.uni-karlsruhe.de
E-Mail: posteingang@verwaltung.uni-karlsruhe.de
Gründung: 1825
Rektor: Prof. Dr.-Ing. Sigmar Wittig

Kassel

● T 559

Universität Gesamthochschule Kassel
34109 Kassel
Mönchebergstr. 19, 34125 Kassel
T: (0561) 8 04-0   **Fax:** 8 04-2330
Internet: http://www.uni-kassel.de
E-Mail: praesident@verwaltung.uni-kassel.de
Präsident(in): Prof. Dr. Rolf-Dieter Postlep

Kehl

● T 560

Fachhochschule Kehl
Hochschule für öffentliche Verwaltung
Postf. 1549, 77675 Kehl
Kinzigallee 1, 77694 Kehl
T: (07851) 8 94-0   **Fax:** 8 94-120
E-Mail: post@fh-kehl.de
Gründung: 1971
Präsident(in): Prof. Hans-Jürgen Sperling

Kempten

● T 561

Fachhochschule Kempten
Hochschule für Technik und Wirtschaft
Postf. 16 80, 87406 Kempten
Immenstädter Str. 69, 87435 Kempten
T: (0831) 25 23-0   **Fax:** 25 23-104
Internet: http://www.fh-kempten.de
E-Mail: post@fh-kempten.de
Gründung: 1978
Rektor: Prof. Dr.-Ing. Klaus Seidel

Kiel

● T 562

Christian-Albrechts-Universität zu Kiel
24098 Kiel
Olshausenstr. 40, 24118 Kiel
T: (0431) 8 80-00   **Fax:** 8 80-2072
TX: 292 979 ifkki
Internet: http://www.uni-kiel.de
E-Mail: ps@rektorat.uni-kiel.de
Gründung: 1665
Rektor: Prof. Dr.rer.nat. Reinhard Demuth
Syndikus: Claus Frömsdorf
Leitung Presse- u. Öffentlichkeitsarbeit I: Susanne Schuck-Zöller
Halbjahresschrift: CHRISTIANA ALBERTINA
Mitglieder: ca. 20000 (Stud.) + 2500 Mitarbeiter
Mitarbeiter: ca. 2500
Jahresetat: DM 265 Mio, € 135,49 Mio
Die Universität ist Mitglied folgender Organisationen und Vereinigungen:
Hochschulrektorenkonferenz
Ständige Konferenz der Rektoren und Vizekanzler der Europäischen Universitäten
Association Internationale des Universités
Konferenz der Baltischen Universitäts-Rektoren
Landesrektoren-Konferenz Schleswig-Holstein
Deutsche Forschungsgemeinschaft
Deutscher Akademischer Austauschdienst

● T 563

Fachhochschule Kiel
Sokratesplatz 1, 24149 Kiel
T: (0431) 2 10-0   **Fax:** 2 10-1900
Internet: http://www.fh-kiel.de
Gründung: 1969
Rektor: Prof. Dr. Walter Reimers
Prorektoren: Prof. Dr. Gerd Stock
Prof. Dr. Bodo Biedermann
Kanzler: Dietmar Wabbel
Leitung Presseabteilung: Klaus Nilius (T: (0431) 2 10 10 20, Fax: (0431) 2 10-6-1030)

● T 564

Muthesius-Hochschule
Fachhochschule für Kunst und Gestaltung
Lorentzendamm 6-8, 24103 Kiel
T: (0431) 51 98-400   **Fax:** 51 98-408
Internet: http://www.muthesius.de
E-Mail: presse@muthesius.de
Gründung: 1907
Rektor: Prof. Dr. Ludwig Fromm
Prorektor: Prof. Hannes Brunner
Leitung Presseabteilung: Ursula Schmitz-Bünder

Koblenz

● T 565

Fachhochschule Koblenz
Finkenherd 4, 56075 Koblenz
T: (0261) 95 28-0   **Fax:** 95 28-567
Internet: http://www.fh-koblenz.de
E-Mail: verwaltung@fh-koblenz.de
Präsident(in): Prof. Dr.-Ing. Hans-Dieter Kirschbaum
Vizepräsident(in): Prof. Dr.jur. Joachim Voigt
Kanzler: Werner Dörr
Stellvertretender Kanzler: Arno Kreck

Köln

● T 566

Deutsche Sporthochschule Köln
Carl-Diem-Weg 6, 50933 Köln
T: (0221) 49 82-0   **Fax:** 49 82-833
Internet: http://www.dshs-koeln.de
Gründung: 1947
Rektor: Prof. Dr.rer.pol. Walter Tokarski
Leitung Presseabteilung: Sabine Maas
Verbandszeitschrift: F.I.T.-Wissenschaftsmagazin
Redaktion: Sabine Maas
Mitarbeiter: ca. 400

● T 567

Fachhochschule Köln
Claudiusstr. 1, 50678 Köln
T: (0221) 82 75-0   **Fax:** 82 75-3131
Internet: http://www.fh-koeln.de
E-Mail: pressestelle@fh-koeln.de
Gründung: 1971
Rektor: Prof. Dr.phil. Joachim Metzner

● T 568

Hochschule für Musik Köln
Dagobertstr. 38, 50668 Köln
T: (0221) 91 28 18-0   **Fax:** 13 12 04
Internet: http://www.mhs-koeln.de
E-Mail: heike.sauer@uni-koeln.de
Gründung: 1925
Rektor: Prof. Dr. Werner Lohmann
Kanzlerin: Ursula Wirtz-Knapstein
Leitung Presseabteilung: Dr. Heike Sauer
Verbandszeitschrift: Journal
Redaktion: Dr. Heike Sauer

● T 569

Katholische Fachhochschule Nordrhein-Westfalen
Wörthstr. 10, 50668 Köln
T: (0221) 97 31 47-0   **Fax:** 97 31 47-13
Internet: http://www.kfhnw.de
Gründung: 1971
Präsident(in): Prof. Dr. Peter Berker (Rektor)
Vizepräsident(in): Prof. Dr. Angelika Schmidt-Koddenberg (Prorektorin)
Geschäftsführer(in): Karl Heinz Müller (Kanzler)
Pressereferent: Bernhard Schorn
Leitung Presseabteilung: Klaus Herkenrath
Verbandszeitschrift: FORUM KFH NW
Redaktion: Klaus Herkenrath

Forschung (Soziale Arbeit, Pflege, Religionspädagogik); Studiengänge: Heilpädagogik, Pflegemanagement, Pflegepädagogik, Sozialarbeit, Sozialpädagogik, Religionspädagogik; Abteilungen in Aachen, Köln, Münster, Paderborn

● T 570

Kunsthochschule für Medien Köln
Peter-Welter-Platz 2, 50676 Köln
T: (0221) 20 1 89-0   **Fax:** 2 01 89-17
Internet: http://www.khm.de
E-Mail: gr@khm.de
Gründung: 1990
Rektor: Prof. Anthony Moore
Kanzler: Hans Horst Rossa
Leitung Presseabteilung: Regina Maas

● T 571

Rheinische Fachhochschule Köln
Hohenstaufenring 16-18, 50674 Köln
T: (0221) 2 03 02-0   **Fax:** 2 03 02-49
Internet: http://www.rfh-koeln.de
E-Mail: verw@rfh-koeln.de
Gründung: 1971
Präsident(in): Prof. Dr. Bernd Harjes (Rektor)

● T 572

Universität zu Köln
50923 Köln
Albertus-Magnus-Platz, 50931 Köln
T: (0221) 4 70-1   **Fax:** 4 70-5151
Präsident(in): Prof. Dr. Jens-Peter Meincke (Rektor)

Königs Wusterhausen

● T 573

Fachhochschule für Finanzen des Landes Brandenburg
Bildungszentrum der Finanzverwaltung
Schillerstr. 6, 15711 Königs Wusterhausen
T: (03375) 67 20   **Fax:** 67 23 00
E-Mail: poststellefhf@fhf.brandenburg.de
Gründung: 1991
Direktor(in): Rudolf Oehmen

Köthen

● T 574

Hochschule Anhalt
Postf. 1458, 06354 Köthen
Bernburger Str. 55, 06366 Köthen
T: (03496) 67-0   **Fax:** 21 21 52
Internet: http://www.hs-anhalt.de
E-Mail: rektorat@hs-anhalt.de
Gründung: 1991 (1. Oktober)
Rektor: Prof. Dr.habil. Dieter Orzessek
Kanzler: Dipl.-Verwaltungswirt Wolf-G. Rasche
Presse- u. Öffentlichkeitsarbeit: Petra Becker

Konstanz

● T 575

Fachhochschule Konstanz
Hochschule für Technik, Wirtschaft und Gestaltung
Postf. 10 05 43, 78405 Konstanz
Brauneggerstr. 55, 78462 Konstanz
T: (07531) 2 06-0   **Fax:** 2 06-400
Internet: http://www.fh-konstanz.de
Gründung: 1906
Rektor: Prof. Olaf Harder
Mitarbeiter: 280
Hochschulzeitschrift: FHK-JOURNAL
Redaktion: Dr. Adrian Ciupuliga
Verlag: Labhard-Verlag, Zum Hussenstein 7, 78462 Konstanz

● T 576

Universität Konstanz
Postanschrift für alle Universitätseinrichtungen:
78457 Konstanz
T: (07531) 88-0   **Fax:** 88-3688
Internet: http://www.uni-konstanz.de
Besucheranschrift:
Universitätsstr. 10, 78464 Konstanz
Präsident(in): Prof. Dr.phil. Gerhart von Graevenitz (Rektor)

Krefeld

● T 577

Fachhochschule Niederrhein
Postf. 10 07 62, 47707 Krefeld
Reinarzstr. 49, 47805 Krefeld
T: (02151) 8 22-0   **Fax:** 8 22-555
Internet: http://www.fh-niederrhein.de
E-Mail: rektor@fh-niederrhein.de
Gründung: 1971 (01. August)
Präsident(in): Prof. Dr. Hermann Ostendorf (Rektor)
Leitung Presseabteilung: Rudolf Haupt
Verbandszeitschrift: FHN-REPORT
Redaktion: R. Haupt
Verlag: Reinarzstr. 49, 47805 Krefeld
Mitglieder: 8200 (Studenten)
Mitarbeiter: 543,5
Jahresetat: DM 71 Mio, € 36,3 Mio

Landshut

● T 578

Fachhochschule Landshut
Hochschule für Wirtschaft - Sozialwesen - Technik
Am Lurzenhof 1, 84036 Landshut
T: (0871) 5 06-0　**Fax:** 5 06-506
Internet: http://www.fh-landshut.de
E-Mail: fh-landshut@fh-landshut.de
Gründung: 1978
Präsident(in): Prof. Dr. Erwin Blum
Kanzler: Hansgeorg Falterer
Leitung Presseabteilung: Maria Birnkammer
Verbandszeitschrift: Studienführer
Redaktion: FH Landshut
Verlag: Context-Verlag, Brühlstr. 9, 63179 Obertshausen
Mitarbeiter: 123
Jahresetat: ca. DM 11 Mio, € 5,62 Mio

Leipzig

● T 579

Deutsche Telekom Fachhochschule Leipzig
Gustav-Freytag-Str. 43-45, 04277 Leipzig
T: (0341) 30 62-0　**Fax:** 3 01 50 69
T-Online: *191134#
Internet: http://www.fh-telekom-leipzig.de
Gründung: 1991
Rektor: Prof. Dr.sc.nat. Volkmar Brückner
Leitung Presseabteilung: Dipl.-Verwaltungswirtin (FH) Hilke Michaelis (T: (0341) 30 62-120)

● T 580

Handelshochschule Leipzig gGmbH
Jahnallee 59, 04109 Leipzig
T: (0341) 98 51-60　**Fax:** 4 77 32 43
Internet: http://www.hhl.de
E-Mail: info@hhl.de
Gründung: 1992
Präsident(in): Dr. h.c. Friedel Neuber
Rektor: Prof. Dr. Arnis Vilks
Leitung Presseabteilung: Dr. Hans Georg Helmstädter
Mitarbeiter: 38

● T 581

Hochschule für Grafik und Buchkunst Leipzig
Postf. 100805, 04008 Leipzig
Wächterstr. 11, 04107 Leipzig
T: (0341) 21 35-0　**Fax:** 21 35-166
Internet: http://www.hgb-leipzig.de
E-Mail: hgb@hgb-leipzig.de
Gründung: 1764
Rektor: Prof. Dr. Klaus Werner
Prorektoren: Prof. Günter Karl Bose
Prof. Dr. Dieter Daniels
Kanzler: Dietmar Niemann
Öffentlichkeitsarbeit: Christine Rink
Mitarbeiter: 85

● T 582

Hochschule für Musik und Theater "Felix Mendelssohn Bartholdy" Leipzig
Postf. 10 08 09, 04008 Leipzig
Grassistr. 8, 04107 Leipzig
T: (0341) 21 44 55　**Fax:** 2 14 45 03
Internet: http://www.hmt-leipzig.de
E-Mail: presse@hmt-leipzig.de
Gründung: 1843
Rektor: Prof. Dr. Christoph Krummacher

● T 583

Hochschule für Technik, Wirtschaft und Kultur Leipzig (FH)
Karl-Liebknecht-Str. 132, 04277 Leipzig
T: (0341) 3 07-60　**Fax:** 3 07-6456
Internet: http://www.htwk-leipzig.de
E-Mail: rektor@htwk-leipzig.de
Gründung: 1992
Rektor: Prof. Dr.-Ing. Klaus Steinbock
Prorektoren: Prof. Dr.rer.nat. Klaus Dibowski (Bildung)
Prof. Dr.-Ing. Manfred Nietner (Wissenschaftsentwicklung)
Kanzler: Prof. Dr.rer.nat. Ulrich Ziegler
Referent f. Auslands- u. Öffentlichkeitsarb.: Dr. Bernd Ebert
Hochschulzeitschrift: "Podium" - Beiträge zu Lehre und Forschung
Redaktionskomm., Vors.: Prof. Dr. phil. Thomas Fabian

● T 584

Universität Leipzig
04081 Leipzig
Postf. 10 09 20, 04009 Leipzig
Ritterstr. 26, 04109 Leipzig

T: (0341) 97-108, 97-109　**Fax:** 97-30099
Internet: http://www.uni-leipzig.de/
Rektor: Prof. Dr. Volker Bigl
Prorektorin für Lehre und Studium: Prof. Dr. Monika Krüger
Prorektor für Forschung und wissenschaftlichen Nachwuchs: Prof. Dr. Helmut Papp
Prorektor für strukturelle Entwicklung: Prof. Dr. Adolf Wagner
Kanzler: Peter Gutjahr-Löser
Pressestelle: Volker Schulte

Fakultäten:

Theologische Fakultät
Dekan: Prof. Dr. Dr. Günther Wartenberg

Juristenfakultät
Dekan: Prof. Dr. Franz Häuser

Fakultät für Geschichte, Kunst- und Orientwissenschaften
Dekan: Prof. Dr. Holger Preißler

Philologische Fakultät
Dekan: Prof. Dr. Wolfgang F. Schwarz

Erziehungswissenschaftliche Fakultät
Dekan: Prof. Dr. Dieter Schulz

Fakultät für Sozialwissenschaften und Philosophie
Dekan: Prof. Dr. Georg Vobruba

Wirtschaftswissenschaftliche Fakultät
Dekan: Prof. Dr. Hans Günter Rautenberg

Sportwissenschaftliche Fakultät
Dekan: Prof. Dr. Helmut Kirchgässner

Medizinische Fakultät
Dekan: Prof. Dr. Joachim Mössner

Fakultät für Mathematik und Informatik
Dekan: Prof. Dr. Matthias Günther

Fakultät für Biowissenschaften, Pharmazie und Psychologie
Dekan: Prof. Dr. Martin Schlegel

Fakultät für Physik und Geowissenschaften
Dekan: Prof. Dr. Gerd Tetzlaff

Fakultät für Chemie und Mineralogie
Dekan: Prof. Dr. Peter Welzel

Veterinärmedizinische Fakultät
Dekan: Prof. Dr. Jürgen Gropp

Lemgo

● T 585

Fachhochschule Lippe
Liebigstr. 87, 32657 Lemgo
T: (05261) 7 02-0　**Fax:** 7 02-222
Internet: http://www.fh-lippe.de
E-Mail: rektorat@mail.fh-lippe.de
Gründung: 1971
Rektor: Prof. Dr.sc.agr. Dietrich Lehmann
Kanzler: Helmuth Hoffstetter
Leitung Presseabteilung: Grewe-König

Ludwigsburg

● T 586

Fachhochschule Ludwigsburg
Hochschule für öffentliche Verwaltung und Finanzen
Reuteallee 36, 71634 Ludwigsburg
T: (07141) 14 00　**Fax:** 14 05 44
Internet: http://www.fhoev-ludwigsburg.de
E-Mail: goller@rz.fhov-Ludwigsburg.de
Rektor: Prof. Jost Goller
Leitung Presseabteilung: Prof. Hans Thoma
Verbandszeitschrift: Dialog
Redaktion: Hans Thoma
Mitglieder: 1400 (Studenten)
Mitarbeiter: 123
Jahresetat: DM 16 Mio, € 8,18 Mio

● T 587

Pädagogische Hochschule Ludwigsburg
Postf. 2 20, 71602 Ludwigsburg
Reuteallee 46, 71634 Ludwigsburg
T: (07141) 1 40-0　**Fax:** 1 40-434
Internet: http://www.ph-ludwigsburg.de
Gründung: 1962
Rektor: Prof. Dr. Hartmut Melenk
Prorektoren: Prof. Dr. Iris Füssenich
Prof. Dr. Walter Kern
Pressereferent: Dr. Gottfried Deetjen

Ludwigshafen

● T 588

Evangelische Fachhochschule Ludwigshafen
Hochschule für Sozial- und Gesundheitswesen
Postf. 21 06 28, 67006 Ludwigshafen
Maxstr. 29, 67059 Ludwigshafen
T: (0621) 5 91 13-0　**Fax:** 5 91 13-59
Internet: http://www.evpfalz.de/efh-ludwigshafen
E-Mail: efh-ludwigshafen@t-online.de
Gründung: 1971
Präsident(in): Prof. Dr. Dieter Wittmann (Rektor)

● T 589

Fachhochschule Ludwigshafen
Hochschule für Wirtschaft
Ernst-Boehe-Str. 4, 67059 Ludwigshafen
T: (0621) 52 03-0　**Fax:** 6 22-467
Internet: http://www.fh-ludwigshafen.de
E-Mail: presse@fh-ludwigshafen.de
Gründung: 1971
Präsident(in): Prof. Dr. Wolfgang Anders
Vizepräsident(in): Prof. Dr. Johannes Kals
Kanzler: Dirk Grüner
Stellvertretender Kanzler: Willi Kästel
Leitung Presseabteilung: Kerstin Gallenstein (M.A.)
Mitarbeiter: 2 in der Presseabteilung

Lübeck

● T 590

Fachhochschule Lübeck
Stephensonstr. 3, 23562 Lübeck
T: (0451) 5 00-0　**Fax:** 5 00-5100
Internet: http://www.fh-luebeck.de
E-Mail: rektorat@fh-luebeck.de
Gründung: 1969
Rektor: Prof. Dr.-Ing. H. W. Orth
Prorektor: Prof. Dr.-Ing. J. Litz
Kanzler: Carsten Riege

● T 591

Medizinische Universität zu Lübeck
Ratzeburger Allee 160, 23562 Lübeck
T: (0451) 5 00-0　**Fax:** 5 00-3016
Internet: http://www.mu-luebeck.de
E-Mail: presse@zuv.mu-luebeck.de
Rektor: Prof. Dr. med. Hans Arnold
Leitung Presseabteilung: Rüdiger Labahn
Verbandszeitschrift: Focus MUL
Redaktion: MUL-Pressestelle
Verlag: Schmidt-Römhild, Lübeck
Mitarbeiter: 5107 (einschließlich Klinikum)

● T 592

Musikhochschule Lübeck
Große Petersgrube 17-29, 23552 Lübeck
T: (0451) 15 05-0　**Fax:** 15 05-300
Internet: http://www.mh-luebeck.de
E-Mail: info@mh-luebeck.de
Gründung: 1933
Präsident(in): Prof. Inge-Susann Römhild (Rektorin)

Lüneburg

● T 593

Fachhochschule Nordostniedersachsen
Volgershall 1, 21339 Lüneburg
T: (04131) 6 77-0　**Fax:** 6 77-511
Internet: http://www.fh-nordostniedersachsen.de
E-Mail: zv@fhnon.de
Gründung: 1971
Präsident(in): Prof. Dr. Christa Cremer-Renz
Vizepräsident(in): Prof. Dr. Horst Meyer-Wachsmuth
Kanzler: Roland Schmidt
Leitung Presseabteilung: Kathleen Battke
Mitarbeiter: ca. 336

● T 594

Universität Lüneburg
21332 Lüneburg
Scharnhorststr. 1, 21335 Lüneburg
T: (04131) 78-0　**Fax:** 78-1091
Internet: http://www.uni-lueneburg.de
E-Mail: praesident@uni-lueneburg.de
Gründung: 1946
Präsident(in): Prof. Dr. Hartwig Donner
Vizepräsident(in): Prof. Dr. Joachim Heilmann
Prof. Dr. Edgar Kreilkamp
Prof. Dr. Matthias v. Sattern
Kanzler: Frank Chantelau
Leitung Presseabteilung: Henning Zühlsdorff
Mitarbeiter: 389

Jahresetat: DM 40 Mio, € 20,45 Mio
Zeitschrift: Universität Lüneburg
Redaktion: H. Zühlsdorff, Uni Lüneburg

Magdeburg

● T 595

Hochschule Magdeburg-Stendal (FH)
Breitscheidstr. 2, 39114 Magdeburg
T: (0391) 8 86 30   Fax: 8 86 41 04
Internet: http://www.hs-magdeburg.de
Gründung: 1991
Rektor: Prof. Dr. Andreas Geiger
Leitung Presseabteilung: Norbert Doktor

● T 596

Otto-von-Guericke-Universität Magdeburg
Postf. 41 20, 39016 Magdeburg
Universitätsplatz 2, 39106 Magdeburg
T: (0391) 67-01   Fax: 67-11156
Internet: http://www.uni-magdeburg.de
Gründung: 1993 (3. Oktober)
Präsident(in): Prof. Dr. Klaus Erich Pollmann (Rektor)
Vizepräsident(in): Prof. Dr. Gunter Saake (Prorektor für Planung und Haushalt)
Hauptgeschäftsführer(in): Wolfgang Lehnecke (Kanzler)
Leitung Presseabteilung: Waltraud Rieß
Zeitschrift: Magdeburger Wissenschaftsjournal, Preprint-Reihe

Mainz

● T 597

Fachhochschule Mainz
Zentrale Verwaltung
Postf. 19 67, 55009 Mainz
Seppel-Glückert-Passage 10, 55116 Mainz
T: (06131) 23 92-0   Fax: 23 92-12
Internet: http://www.fh-mainz.de
E-Mail: zentrale@fh-mainz.de
Gründung: 1996
Präsident(in): Dr. Michael Morath
Vizepräsident(in): Prof. Eur. Ing. Karl J. Waninger
Kanzler: Franz Pfadt
Leitung Presseabteilung: Bettina Augustin (M.A.)
Hochschulzeitschrift: "FH Mainz-Forum"
Redaktion: B. Augustin

● T 598

Johannes Gutenberg-Universität Mainz
55099 Mainz
Saarstr. 21, 55122 Mainz
T: (06131) 39-0   Fax: 39-22919
Internet: http://www.uni-mainz.de
E-Mail: ldpb@verwaltung.uni-mainz.de
Gründung: 1476
Präsident(in): Prof. Dr.phil. Josef Reiter

● T 599

Katholische Fachhochschule Mainz
Postf. 23 40, 55013 Mainz
Saarstr. 3, 55122 Mainz
T: (06131) 2 89 44-0   Fax: 2 89 44-50
Gründung: 1972
Rektor: Prof. Dr. Hans Zeimentz
Leitung Presseabteilung: Winfried Piel

● T 600

Universität Koblenz-Landau
Präsidialamt
Postf. 18 64, 55008 Mainz
Isaac-Fulda-Allee 3, 55124 Mainz
T: (06131) 3 74 60-0   Fax: 3 74 60-40
Internet: http://www.uni-koblenz-landau.de
Gründung: 1990
Präsident(in): Prof. Dr. Josef Klein
Vizepräsident(in): Prof. Dr. Herbert Druxes
Prof. Dr. Roman Heiligenthal
Leitung Presseabteilung: Bernd Hegen
Mitarbeiter: 600

Mannheim

● T 601

Fachhochschule Mannheim
Hochschule für Sozialwesen
Ludolph-Krehl-Str. 7-11, 68167 Mannheim
T: (0621) 39 26-0   Fax: 39 26-222
E-Mail: rektorat@alpha.fhs-mannheim.de
Präsident(in): Prof. Joachim Auer (Rektor)

● T 602

Fachhochschule Mannheim
Hochschule für Technik und Gestaltung
Windeckstr. 110, 68163 Mannheim
T: (0621) 2 92-6111   Fax: 2 92-6420
Internet: http://www.fh-mannheim.de
E-Mail: hoy@fh-mannheim.de
Gründung: 1971
Rektor: Prof. Dr.h.c. Dipl.-Ing. Dietmar v. Hoyningen-Huene
Prorektoren: Prof. Dr.rer.nat. Georg Winterstein
Prof. Dr.rer.nat. Harald Hoffmann
Verw. Dir: Eckardt Grunewald

● T 603

Staatliche Hochschule für Musik und Darstellende Kunst Mannheim
N 7 18, 68161 Mannheim
T: (0621) 2 92-0   Fax: 2 92-2072
Internet: http://www.muho-mannheim.de
E-Mail: rektorat@muho-mannheim.de, fischer@muho-mannheim.de
Rektor: Prof. Rudolf Meister

● T 604

Universität Mannheim
Schloß, 68131 Mannheim
Postf. 10 34 62, 68034 Mannheim
T: (0621) 1 81-0   Fax: 1 81-1050
Internet: http://www.uni-mannheim.de
E-Mail: presse@.uni-mannheim.de
Rektor: Prof. Dr. Dr.h.c. Peter Frankenberg (T: (0621) 1 81-1000, Fax: (0621) 1 81-1010, E-Mail: rektor@rektorat.uni-mannheim.de)
Prorektoren: Prof. Dr. Meinhard Winkgens
Prof. Dr. Eibe Riedel
Prof. Dr. Walter A. Oechsler
Leitung Presseabteilung: Achim Fischer (T: (0621) 1 81-1013, Fax: (0621) 1 81-1014, E-Mail: presse@rektorat.uni-mannheim.de)

Marburg

● T 605

Archivschule Marburg
Institut für Archivwissenschaft
Fachhochschule für Archivwesen
Bismarckstr. 32, 35037 Marburg
T: (06421) 1 69 71-0   Fax: 1 69 71-10
Internet: http://www.archivschule.de
E-Mail: archivschule@mailer.uni-marburg.de
Gründung: 1949 (2. Juni)
Leiterin: PD Dr. Angelika Menne-Haritz (Ltg. Presseabteilung)
Mitarbeiter: 13
Jahresetat: DM 1,3 Mio, € 0,66 Mio

● T 606

Philipps-Universität
Der Präsident
35032 Marburg
Biegenstr. 10-12, 35037 Marburg
T: (06421) 2 82-0   Fax: 2 82-2500
Internet: http://www.uni-marburg.de
Gründung: 1527
Präsident(in): Prof. Dr. Horst-Franz Kern
Vizepräsident(in): Prof. Dr. Theo Schiller
Prof. Dr. Heinrich Dingeldein
Kanzler: Bernd Höhmann

Mayen

● T 607

Fachhochschule für öffentliche Verwaltung
Zentrale Verwaltungsschule Rheinland-Pfalz
Postf. 20 53, 56710 Mayen
St.-Veit-Str. 26-28, 56727 Mayen
T: (02651) 98 30   Fax: 7 64 88
Gründung: 1981
Direktor(in): Christian Kaiser
Stellv. Dir: Hans Holbach
Verwaltungsleiter: Peter Wilbert
Petra Blattner (stellv.)

Merseburg

● T 608

Fachhochschule Merseburg
Geusaer Str., 06217 Merseburg
T: (03461) 46-0   Fax: 46-2370
Internet: http://www.fh-merseburg.de
E-Mail: postmaster@fh-merseburg.de
Gründung: 1992
Rektor: Prof. Dr. habil. Heinz W. Zwanziger
Stabsstelle Presse- u. Öffentlichkeitsarb.: N. N. (T: (03461) 46-2909)

Mittweida

● T 609

Hochschule Mittweida (FH)
University of Applied Sciences
Technikumplatz 17, 09648 Mittweida
T: (03727) 58-0   Fax: 58-1379
Internet: http://www.htw-mittweida.de
E-Mail: info@htwm.de
Gründung: 1867
Rektor: Prof. Dr.-Ing. habil. Werner Totzauer
Prorektoren: Prof. Dr.-Ing. habil. Gerhard Thiem (Forschung)
Prof. Dr.rer.comm. Rainer Jesenberger (Studium und Bildung)
Leitung Presseabteilung: Dipl.-Ing. Klaus Sass (T: (03727) 58 12 26, Fax: (03727) 58 13 14)
Dekane: Prof. Dr.-Ing. habil. Reinhard Sporbert (FB Medien & Elektrotechnik)
Prof. Dr.-Ing. Eckhard Wißuwa (FB Maschinenbau/Feinwerktechnik)
Prof. Dr.rer.nat. Andreas Fischer (FB Mathematik/Physik/Informatik)
Prof. Dr.rer.pol. René-Claude Urbatsch (FB Wirtschaftswissenschaften)
Prof. Dr.phil. Matthias Pfüller (FB Soziale Arbeit)
Mitglieder: 3200 Studenten
Mitarbeiter: 300

Moritzburg

● T 610

Evangelische Fachhochschule für Religionspädagogik und Gemeindediakonie Moritzburg
Bahnhofstr. 9, 01468 Moritzburg
T: (035207) 8 43 00   Fax: 8 43 10
Gründung: 1992
Rektor: Prof. Dr. Peter Meis

München

● T 611

Akademie der Bildenden Künste
Akademiestr. 2, 80799 München
T: (089) 38 52-0   Fax: 38 52-203
Internet: http://www.adbk.mhn.de
Gründung: 1808
Präsident(in): Prof. Ben Willikens (Rektor)
Vizepräsident(in): Prof. Dr. Walter Grasskamp
Kanzlerin: Bianca Marzocca
Leitung Presseabteilung: Dr. Jutta Tezmen-Siegel

● T 612

Fachhochschule München
Postf. 20 01 13, 80001 München
Lothstr. 34, 80335 München
T: (089) 12 65-0   Fax: 12 65-1490
Internet: http://www.fh-muenchen.de
E-Mail: schoellm@rz.fh-muenchen.de
Gründung: 1971
Präsidentin: Prof. Marion Schick
Leitung Presseabteilung: Prof. Othmar Wickenheiser (Vizepräsident)
Verbandszeitschrift: FHM-Journal

● T 613

Hochschule für Musik und Theater
Arcisstr. 12, 80333 München
T: (089) 2 89-03   Fax: 2 89-27419
Gründung: 1846
Rektor: Prof. Robert M. Helmschrott
Mitarbeiter: ca. 390
Studenten: ca. 900 (1998)

● T 614

Hochschule für Philosophie
Philosophische Fakultät S.J.
Kaulbachstr. 31a, 80539 München
T: (089) 23 86-2300   Fax: 23 86-2302

Internet: http://www.hfph.mwn.de
E-Mail: admin@hfph.mwn.de
Gründung: 1925
Präsident(in): Prof. Dr. Norbert Brieskorn S. J. (Rektor)

● T 615
Hochschule für Politik München
Ludwigstr. 8, 80539 München
T: (089) 28 50 18   Fax: 28 37 05
Internet: http://www.hochschule-fuer-politik.mhn.de
E-Mail: hfp-muenchen@hfp.mhn.de
Gründung: 1950
Rektor: Prof. Dr. Franz Knöpfle
Prorektor: Prof. Dr. Peter Cornelius Mayer-Tasch
Syndikus: Elmar R. Schiecke

● T 616
Katholische Stiftungsfachhochschule München
Abteilung Benediktbeuern
Don-Bosco-Str. 1, 83671 Benediktbeuern
T: (08857) 88-501   Fax: 88-599
Internet: http://www.ksfh.de
E-Mail: verwaltung.bb@ksfh.de
Abteilung München
Preysingstr. 83, 81667 München
T: (089) 4 80 92-271, Fax: 4 80 19 07
E-Mail: ksfh@ksfh.de
Gründung: 1971
Präsident(in): Prof. Karljörg Schäflein

● T 617
Ludwig-Maximilians-Universität München
Geschwister-Scholl-Platz 1, 80539 München
T: (089) 21 80-0   Fax: 33 82 97
Internet: http://www.uni-muenchen.de
E-Mail: kommunikation@verwaltung.uni-muenchen.de
Gründung: 1472
Rektor: Prof. Dr.jur. Andreas Heldrich
Leitung Presseabteilung: Cornelia Glees zur Bonsen
Verbandszeitschrift: Münchner Uni Magazin
Redaktion: Cornelia Glees zur Bonsen
Verlag: Eigenverlag
Mitarbeiter: ca. 15000
Jahresetat: DM 1400 Mio, € 715,81 Mio

● T 618
Technische Universität München
80290 München
Arcisstr. 21, 80333 München
T: (089) 2 89-01   Fax: 2 89-22000
Internet: http://www.tum.de
E-Mail: pressestelle@tum.de
Präsident(in): Prof. Dr.rer.nat. Dr.h.c.mult. Wolfgang A. Herrmann
Vizepräsident(in): Prof. Dr.-Ing. Joachim Heinzl
Prof. Dr. Arnulf Melzer
Prof. Dr. Arndt Bode
Dr. Hannemor Keidel
Kanzler: Dr. Ludwig Kronthaler
Ltg. Öffentlichkeitsarb.-Pressestelle: Dieter Heinrichsen

Münster

● T 619
Fachhochschule Münster
Postf. 30 20, 48016 Münster
Hüfferstr. 27, 48149 Münster
T: (0251) 83-64000   Fax: 83-64015
Internet: http://www.FH-Muenster.DE
E-Mail: Verwaltung@FH-Muenster.DE
Gründung: 1971
Rektor: Prof. Dr.rer.nat. Klaus Niederdrenk
Kanzler: Dr. Werner Jubelius
Leitung Presseabteilung: Christoph Hachtkemper

● T 620
Kunstakademie Münster
Hochschule für Bildende Künste
Leonardo-Campus 2, 48149 Münster
T: (0251) 8 36 13 17   Fax: 8 36 14 17
Internet: http://www.kunstakademie-muenster.de
E-Mail: kunstakademie@muenster.de
Gründung: 1971
Rektor: Prof. Dr. Manfred Schneckenburger
Kanzler: N. N.
Leitung Presseabteilung: Hans-Peter Kipp
Mitarbeiter: 45

● T 621
Philosophisch-Theologische Hochschule Münster
Hörsterplatz 4, 48147 Münster
T: (0251) 4 82 56-0   Fax: 4 82 56-19
E-Mail: pth@muenster.org
Gründung: 1971

Rektor: Prof. Dr. Franz-Josef Bäumer
Studiengang:
Kathol. Theologie Diplom/Lizentiat

● T 622
Westfälische Wilhelms-Universität Münster
Schloßplatz 2, 48149 Münster
T: (0251) 83-0   Fax: 83-24831
Internet: http://www.uni-muenster.de
Gründung: 1780
Präsident(in): Prof. Dr.jur. Jürgen Schmidt (Rektor)
Leitung Presseabteilung: Norbert Frie
Mitglieder: ca. 45000 Studenten
Mitarbeiter: ca. 10000
Jahresetat: DM 1170 Mio, € 598,21 Mio

Neubiberg

● T 623
Universität der Bundeswehr München
85577 Neubiberg
Werner-Heisenberg-Weg 39, 85579 Neubiberg
T: (089) 60 04-1   Fax: 60 04-3560
Internet: http://www.unibw-muenchen.de
E-Mail: h11cpost@unibw-muenchen.de
Gründung: 1973
Präsident(in): Dr. theol. Hans Georg Lößl
Leitung Presseabteilung: Norbert Hörpel
Verbandszeitschrift: Hochschulkurier
Redaktion: Pressestelle
Verlag: VMK-Verlag, Hafenstr. 99, 67547 Worms

Neubrandenburg

● T 624
Fachhochschule Neubrandenburg
Postf. 11 01 21, 17041 Neubrandenburg
Brodaer Str. 2, 17033 Neubrandenburg
T: (0395) 56 93-0   Fax: 56 93-199
Internet: http://www.fh-nb.de
E-Mail: refoe@fh-nb.de
Gründung: 1991
Präsident(in): Prof. Dr. jur. Dipl.-Psych. Robert Northoff (Rektor)
Leitung Presseabteilung: Dipl.-Päd. Christine Manthe

Neuendettelsau

● T 625
Augustana-Hochschule Neuendettelsau
Theologische Hochschule der Evangelisch-Lutherischen Kirche in Bayern
Postf. 20, 91561 Neuendettelsau
Waldstr. 11, 91564 Neuendettelsau
T: (09874) 50 90   Fax: 50 95 55
Internet: http://www.augustana.de
E-Mail: augustana@t-online.de
Gründung: 1947
Rektor: Prof. Dr. Dieter Becker

Neu-Ulm

● T 626
Fachhochschule Neu-Ulm
Steubenstr. 17, 89231 Neu-Ulm
T: (0731) 97 62-0   Fax: 97 62-299
Internet: http://www.fh-neu-ulm.de
E-Mail: webmaster@fh-neu-ulm.de
Präsident(in): Prof. Dr. Gerhard Hack
Kanzler: Maximilian Simon

Nordkirchen

● T 627
Fachhochschule für Finanzen Nordrhein-Westfalen
Schloß, 59394 Nordkirchen
T: (02596) 93 30   Fax: 93 33 44
E-Mail: poststelle@fhf.fin-nrw.de
Direktor(in): Franz-Josef Flacke

Nürnberg

● T 628
Akademie der Bildenden Künste in Nürnberg
Bingstr. 60, 90480 Nürnberg
T: (0911) 94 04-0   Fax: 94 04-150
Gründung: 1662

Präsident(in): Prof. Dr. Karlheinz Lüdeking
Vizepräsident(in): Prof. Rolf-Gunter Dienst
Leitung Presseabteilung: AD Hans-Peter Vollath

● T 629
Evangelische Fachhochschule Nürnberg
Bärenschanzstr. 4, 90429 Nürnberg
T: (0911) 2 72 53-6   Fax: 2 72 53-799
Gründung: 1971
Präsident(in): Prof. Dr.jur. Roland Proksch
Vizepräsident(in): Prof. Dr. Gerd E. Stolz
Kanzler: Dipl. Soz. Päd. (FH), Betriebsw. Uwe Reißmann

● T 630
Georg-Simon-Ohm-Fachhochschule Nürnberg
Postf. 21 03 20, 90121 Nürnberg
Keßlerplatz 12, 90489 Nürnberg
T: (0911) 58 80-0   Fax: 5 88 08-222
Internet: http://www.fh-nuernberg.de
E-Mail: presse@fh-nuernberg.de (Presseabt.)
Gründung: 1971
Rektor: Prof. Dr. Herbert Eichele
Leitung Presseabteilung: Thoralf Dietz
Verbandszeitschrift: FH-Nachrichten
Redaktion: Thoralf Dietz
Verlag: Fachhochschule Nürnberg, Keßlerplatz 12, 90489 Nürnberg
Mitglieder: 7300 Studierende

Nürtingen

● T 631
Fachhochschule für Kunsttherapie Nürtingen
Sigmaringer Str. 15, 72622 Nürtingen
T: (07022) 9 33 36-0   Fax: 9 33 36 23
Internet: http://www.fhkt.de
E-Mail: fhkt@fh-nuertingen.de
Gründung: 1987
Präsident(in): Prof. Fritz Marburg (Rektor)

● T 632
Fachhochschule Nürtingen
Hochschule für Wirtschaft, Landwirtschaft und Landespflege
Postf. 13 49, 72603 Nürtingen
Neckarsteige 6-10, 72622 Nürtingen
T: (07022) 2 01-0   Fax: 2 01-303
Internet: http://www.fh-nuertingen.de
E-Mail: info@fh-nuertingen.de
Gründung: 1949
Rektor: Prof. Dr. Eduard Mändle
Prorektoren: Prof. Dr. Michael Lerchenmüller
Prof. Dr. Karl-Heinz Kappelmann
Verwaltungsdirektor: ORR Roland Bosch
Leitung Presseabteilung: Gerhard Schmücker (M.A.)
Verbandszeitschrift: "journal"
Redaktion: Gerhard Schmücker
Verlag: FH Nürtingen
Mitarbeiter: 192
Jahresetat: DM 18,0 Mio, € 9,2 Mio

Oberursel

● T 633
Lutherische Theologische Hochschule Oberursel
Altkönigstr. 150, 61440 Oberursel
T: (06171) 2 43 40   Fax: 92 61 78
Internet: http://www.lthh-oberursel.de
E-Mail: lthh@lthh-oberursel.de
Gründung: 1947
Rektor: Prof. Dr. Jorg Christian Salzmann

Offenbach

● T 634
Hochschule für Gestaltung Offenbach am Main
Postf. 10 08 23, 63008 Offenbach
Schloßstr. 31, 63065 Offenbach
T: (069) 8 00 59-0   Fax: 88 07 91
Internet: http://www.hfg-offenbach.de
Präsident(in): Frank Mußmann

Offenburg

● T 635
Fachhochschule Offenburg
Hochschule für Technik und Wirtschaft
- University of Applied Sciences
Badstr. 24, 77652 Offenburg
T: (0781) 2 05-0   Fax: 2 05-214

T 635

Internet: http://www.fh-offenburg.de
E-Mail: info@fh-offenburg.de
Gründung: 1964
Rektor: Prof. Dr. Winfried Lieber
Prorektoren: Prof. Dr. Rainer Bender
Prof. Dr. Arthur Ihnen
Verwaltungsdirektor: Thomas Wiedemer
Presse- und Öffentlichkeitsarbeit: Nicole Hauser
Mitarbeiter: 189 festangest., 76 Lehrbeauftragte
Jahresetat: DM 16 Mio, € 8,18 Mio
Hochschulzeitschrift: Campus

Oldenburg

● T 636

Carl von Ossietzky Universität Oldenburg
26111 Oldenburg
Ammerländer Heerstr. 114-118, 26129 Oldenburg
T: (0441) 7 98-5446 **Fax:** 7 98-5545
Internet: http://www.uni-oldenburg.de
E-Mail: presse@uni-oldenburg.de
Gründung: 1973
Präsident(in): Prof. Dr. Siegfried Grubitzsch
Leitung Presseabteilung: Gerhard Harms
Verbandszeitschrift: Uni-Info, Forschungsmagazin Einblicke
Redaktion: Presse und Kommunikationstion
Mitarbeiter: 6

Osnabrück

● T 637

Fachhochschule Osnabrück
Postf. 19 40, 49009 Osnabrück
Albrechtstr. 30, 49076 Osnabrück
T: (0541) 9 69-0 **Fax:** 9 69-2066
Internet: http://www.fh-osnabrueck.de
E-Mail: pressestelle@fh-osnabrueck.de
Gründung: 1971
Präsident(in): Prof. Dr. Erhard Mielenhausen

● T 638

Katholische Fachhochschule Norddeutschland
Staatliche anerkannte Hochschule für Soziale Arbeit und Gesundheitspflege
Detmarstr. 2-8, 49074 Osnabrück
T: (0541) 35 88 50 **Fax:** 3 58 85 35
E-Mail: rektor@kath-fh-nord.de
Driverstr. 23, 49377 Vechta
T: (04441) 92 26-0, Fax: 51 40
Gründung: 1971
Rektor: Prof. Dr. Wittstruck
Dekan: Prof. Dr. Harthogh (Soziale Arbeit)
Dekanin: Prof. Dr. Busch (Gesundheitspflege)

● T 639

Universität Osnabrück
Neuer Graben Schloß, 49074 Osnabrück
T: (0541) 9 69-0 **Fax:** 9 69-4570
Internet: http://www.uni-osnabrueck.de
E-Mail: pressestelle@uni-osnabrueck.de
Präsident(in): Prof. Dr. Rainer Künzel
Vizepräsident(in): Prof. Dr. Klaus Busch
Prof. Dr. Peter Hertel
Kanzler: Christoph Ehrenberg
Leitung Presseabteilung: Marietta Fuhrmann-Koch

Ottersberg

● T 640

Freie Kunst-Studienstätte Ottersberg
Fachhochschule für Kunsttherapie, Kunstpädagogik und Kunst
Am Wiestebruch 66-68, 28870 Ottersberg
T: (04205) 39 49-0 **Fax:** 39 49 79
Internet: http://www.fh-ottersberg.de
Gründung: 1967
Rektor: Prof. Peer de Smit
Prorektor: Johannes Maurer
Vorsitzende(r) des Vorstandes: Siegfried Neumann
Stellvertretende(r) Vorsitzende(r): Prof. Dr. Anna Dorothea Brockmann
Kurator: Albrecht Lampe
Verbandszeitschrift: Parität
Mitglieder: ca. 22
Mitarbeiter: ca. 30
Jahresetat: ca. DM 3,0 Mio, € 1,53 Mio

● T 641

Hochschulverein Ottersberg für das soziale Wirken der Kunst e.V.
Am Wiestebruch 66-68, 28870 Ottersberg
T: (04205) 3 94 90 **Fax:** 39 49 79
Internet: http://www.fh-ottersberg.de

Paderborn

● T 642

Fachhochschule der Wirtschaft
Staatlich anerkannte Fachhochschule für das Duale Studium
Fürstenallee 3-5, 33102 Paderborn
T: (05251) 3 01-02 **Fax:** 3 01-188
Gründung: 1993
Leiter d. FHDW: Prof. Dr. Franz Wagner
Stellv. Leiter: Prof. Dr. Wilbert

● T 643

Theologische Fakultät Paderborn
Kamp 6, 33098 Paderborn
T: (05251) 1 21-6 **Fax:** 1 21-700
Internet: http://www.paderborn.de/theofak
E-Mail: theol-fakultaet-paderborn@t-online.de
Gründung: 1615
Präsident(in): Prof. Dr. Libero Gerosa (Rektor)

● T 644

Universität Paderborn
Postf. 16 21, 33046 Paderborn
Warburger Str. 100, 33098 Paderborn
T: (05251) 60-1 **Fax:** 60-2519
Internet: http://www.uni-paderborn.de
E-Mail: rektorat@zv.uni-paderborn.de
Gründung: 1972 (1. August)
Rektor: Prof. Dr.rer.pol. Wolfgang Weber
Kanzlerin: Dr. Beate Wieland
Leiter Presse- und Informationsstelle: Tibor Werner Szolnoki
Verbandszeitschrift: Paderborner Universitätszeitschrift
Redaktion: Ramona Wiesner
Verlag: Univ. Paderborn
Studenten: 15.000

Passau

● T 645

Universität Passau
94030 Passau
Dr.-Hans-Kapfinger-Str. 22, 94032 Passau
T: (0851) 5 09-0 **Fax:** 5 09-1005
Internet: http://www.uni-passau.de
E-Mail: pressestelle@fsuni.rz.uni-passau.de
Rektor: Prof. Dr. Walter Schweitzer
Prorektoren: Prof. Dr. Michael Schweitzer
Prof. Dr. Klaus Dirscherl
Kanzler: Dr. Karl August Friedrichs
Vizekanzler: Ludwig Bloch
Leitung Presseabteilung: Dr. Horst Kämmerer

Pforzheim

● T 646

Fachhochschule Pforzheim
Hochschule für Gestaltung, Technik und Wirtschaft
Tiefenbronner Str. 65, 75175 Pforzheim
T: (07231) 28-6000 **Fax:** 28-6006
Internet: http://www.fh-pforzheim.de
Gründung: 1992
Rektor: Prof. Dr.-Ing. Norbert Höptner
Prorektoren: Prof. Klaus Limberg (Gestaltung)
Prof. Alfred Schätter (Technik)
Prof. Dr. Fritz Wegner (Wirtschaft)
Leitung Presseabteilung: Isa-Dorothe Gardiewski (M.A.)
Verbandszeitschrift: Konturen
Redaktion: Prof. Dr. Christa Wehner
Mitarbeiter: ca. 300

Potsdam

● T 647

Fachhochschule Potsdam
Postf. 60 06 08, 14406 Potsdam
Pappelallee 8-9, 14469 Potsdam
T: (0331) 5 80-00 **Fax:** 5 80-2999
Internet: http://www.fh-potsdam.de
E-Mail: presse@fh-potsdam.de
Gründung: 1991 (1. August)
Rektorin: Prof. Dr. Helene Kleine
Prorektoren: Prof. Dr. Harry Hermanns (Lehre, Studium und Studienreform)
Prof. Dr. Dagmar Jank (Forschung u. Entwicklung)
Prof. Klaus Landwehrs (Planung u. Finanzen)
Kanzler: Volker Bley
Leitung Presseabteilung: Patrizia Reicherl
Redaktion: Pressestelle
Verlag: Eigenverlag
Mitarbeiter: 234
Jahresetat: DM 22 Mio, € 11,25 Mio

Organisationen, denen die Fachhochschule Potsdam angeschlossen ist:
HRK - Hochschulrektorenkonferenz
DJH - Deutscher Jugendherbergsverband
DAAD - Deutscher Akademischer Austauschdienst
DFN-Verein
Deutscher Bibliotheksverbund
FBT Sozialwesen
Allgemeiner Deutscher Hochschulverband
DPRG - Deutsche Gesellschaft für Public Relations
DGD - Deutsche Gesellschaft für Dokumentation
Deutscher Verein Frankfurt
wissenschaftliche Buchgesellschaft
BAK Information
DiG
PRO Wissenschaft e.V.
Europäische Rektorenkonferenz
International Association Work
European Association for International Education
EUPRIO - European Universities Public Relations and Information Officer's Association

● T 648

Hochschule für Film und Fernsehen "Konrad Wolf" Potsdam-Babelsberg
Postf. 90 01 31, 14437 Potsdam
Marlene-Dietrich-Allee 11, 14482 Potsdam
T: (0331) 62 02-0 **Fax:** 62 02-549
Internet: http://www.hff-potsdam.de
Gründung: 1954
Präsident(in): Prof. Dr. Dieter Wiedemann
Leitung Presseabteilung: Angela Brendel-Herrmann

● T 649

Universität Potsdam
Postf. 60 15 53, 14415 Potsdam
Am Neuen Palais 10, 14469 Potsdam
T: (0331) 9 77-0 **Fax:** 97 21 63
Internet: http://www.uni-potsdam.de
E-Mail: presse@rz.uni-potsdam.de
Gründung: 1991 (15. Juli)
Rektor: Prof. Dr. jur. Wolfgang Loschelder
Kanzlerin: Steffi Kirchner (amt. Kanzlerin)
Leitung Presseabteilung: Janny Glaesmer
Verbandszeitschrift: PUTZ-Die Potsdamer Universitätszeitung
Verlag: Universität Potsdam, Referat für Presse-, Öffentlichkeits- und Kulturarbeit, Postf. 60 15 53, 14415 Potsdam, T: (0331) 9 77-14 96, -14 74, Telefax: (0331) 9 77-11 45, -11 30
Mitarbeiter: 1775 hauptberufl., 1038 nebenberufl.
Jahresetat: Haushaltsmittel 2000: DM 147 Mio, € 75,16 Mio
Drittmittel 1999: DM 26 Mio

Regensburg

● T 650

Fachhochschule Regensburg
Hochschule für Technik, Wirtschaft und Sozialwesen
Postf. 12 03 27, 93025 Regensburg
Prüfeninger Str. 58, 93049 Regensburg
T: (0941) 9 43-02 **Fax:** 9 43-1422
Internet: http://www.fh-regensburg.de
E-Mail: poststelle@fh-regensburg.de
Gründung: 1971
Präsident(in): Prof. Dr. Erich Kohnhäuser
1. Vizepräsident: Prof. Dr. Josef Eckstein
2. Vizepräsidentin: Prof. Dr. Christine Süß-Gebhard
Kanzler: Ltd. RD Karlheinz Kreppmeier
Leitung Presseabteilung: Claudia Feldmeier

● T 651

Universität Regensburg
93040 Regensburg
Universitätsstr. 31, 93053 Regensburg
T: (0941) 9 43 01 **Fax:** 9 43 23 05
Internet: http://www.uni-regensburg.de
E-Mail: walburga.bender@verwaltung.uni-regensburg.de
Rektor: Prof. Dr.rer.nat. Helmut Altner
Pressestelle: Dr. Rudolf F. Dietze (M.A.)

Reutlingen

● T 652

Evangelische Fachhochschule Reutlingen-Ludwigsburg
Auf der Karlshöhe 2, 71638 Ludwigsburg
T: (07141) 9 65-0 **Fax:** 9 65-234
Gründung: 1972
Rektor: Prof. Roland Ensinger
Prorektoren: Rainer Merz
Hans-Eckart Opdenhoff
Verwaltungsdirektorin: Beate Kaiser
Mitarbeiter: 63
Studierende: 600

● T 653
Fachhochschule Reutlingen
Hochschule für Technik und Wirtschaft
Alteburgstr. 150, 72762 Reutlingen
T: (07121) 2 71-0   Fax: 2 71-688
Internet: http://www.fh-reutlingen.de
E-Mail: winfried.hermanutz@fh-reutlingen.de
Gründung: 1855
Präsident(in): Prof. Dr.-Ing. Georg Obieglo (Rektor)

Rosenheim

● T 654
Fachhochschule Rosenheim
Marienbergerstr. 26, 83024 Rosenheim
T: (08031) 8 05-0   Fax: 8 05-105
Internet: http://www.fh-rosenheim.de
Gründung: 1971
Präsident(in): Prof. Dr. Hans Zang

Rostock

● T 655
Hochschule für Musik und Theater Rostock
Beim St. Katharinenstift 8, 18055 Rostock
T: (0381) 51 08-0
Internet: http://www.hmt-rostock.de
E-Mail: hmt@hmt.uni-rostock.de
Gründung: 1994 (01. Januar)
Rektor: Prof. Wilfrid Jochims
Prorektor: Prof. Thomas Vallentin
Kanzler: Sebastian Schröder
Leitung Presseabteilung: Angelika Thönes
Verbandszeitschrift: "Profile"
Redaktion: Angelika Thönes
Mitglieder: 450
Mitarbeiter: 50

● T 656
Universität Rostock
Universitätsplatz 1, 18055 Rostock
T: (0381) 4 98-0   Fax: 4 98-1006
Internet: http://www.uni-rostock.de
E-Mail: rektor@rektorat.uni-rostock.de
Gründung: 1419
Rektor: Prof. Dr. Günther Wildenhain
Kanzler: Joachim Wittern
Leitung Presseabteilung: Dr. Karl-Heinz Kutz
Verbandszeitschrift: RUZ - Rostocker Universitätszeitung, Forschungsmagazin, Traditio et Innovatio

Rotenburg

● T 657
Verwaltungsfachhochschule Rotenburg
Postf. 11 20, 36187 Rotenburg
Josef-Durstewitz-Str. 2-6, 36199 Rotenburg
T: (06623) 9 32-0   Fax: 9 32-555
E-Mail: vfhs.rof@t-online.de
Gründung: 1980 (1. Januar)
Rektor: Richter am OLG Dr. Jochen Bengsohn
Stellv. Rektor: Prof. Guth
Kanzler: ROR Reuter
Mitarbeiter: 99
Jahresetat: DM 9,5 Mio, € 4,86 Mio

Rottenburg

● T 658
Fachhochschule Rottenburg
Hochschule für Forstwirtschaft
Schadenweilerhof, 72108 Rottenburg
T: (07472) 9 51-0   Fax: 9 51-200
Internet: http://www.fh-rottenburg.de
E-Mail: fhr@fh-rottenburg.de
Gründung: 1954
Rektor: Prof. Dr. Bastian Kaiser
Prorektor: Prof. Ulrich Bort
Verwaltungsdirektor: OAR D. Kienzle
Leitung Presseabteilung: Prof. Roland Irslinger
Mitarbeiter: 38

Saarbrücken

● T 659
Fachhochschule für Bergbau Saarbrücken
Trierer Str. 4, 66111 Saarbrücken
T: (0681) 4 05-2544   Fax: 4 05-1085
Gründung: 1991
Rektor: Dr. Mathias Bauer (PD, T: (0681) 4 05-2001)

● T 660
Fachhochschule für Verwaltung
Beethovenstr. 26, 66125 Saarbrücken
T: (06897) 79 08 40   Fax: 79 08 32
E-Mail: fhsv@fhsv.saarland.de
Gründung: 1981
Rektor: Reg.-Direktor Klaus-Ludwig Haus
Stellvertretender Rektor: Ltd. Polizeidirektor Dietmar Hünnefeld
Hauptgeschäftsführer(in): Reg.-Amtsrat Paul Hans
Mitarbeiter: 32

● T 661
Hochschule der Bildenden Künste Saar
Keplerstr. 3-5, 66117 Saarbrücken
T: (0681) 9 26 52-0   Fax: 58 47-287
Internet: http://www.hbks.uni-sb.de
E-Mail: info@hbks.uni-sb.de
Rektor: Prof. Horst Gerhard Haberl (bis 30.09.01)
Prorektor: Prof. Andreas Brandolini (bis 30.09.01)
Verwaltungsleiter: Heinrich Scherber

● T 662
Hochschule des Saarlandes für Musik und Theater
Bismarckstr. 1, 66111 Saarbrücken
T: (0681) 9 67 31-0   Fax: 9 67 31-30
Internet: http://www.hmt.uni-sb.de
E-Mail: t.wolter@hmt.uni-sb.de
Gründung: 1947
Präsident(in): Prof. Thomas Krämer (Rektor)
Leitung Presseabteilung: Thomas Wolter
Verbandszeitschrift: alla breve
Redaktion: Thomas Wolter
Mitarbeiter: ca. 480

● T 663
Hochschule für Technik und Wirtschaft des Saarlandes
Goebenstr. 40, 66117 Saarbrücken
T: (0681) 58 67-0   Fax: 58 67-122
Internet: http://www.htw-saarland.de
E-Mail: pressestelle@htw-saarland.de
Gründung: 1971
Rektor: Prof. Dr. Wolfgang Cornetz
Leitung Presseabteilung: Katja Jung

● T 664
Katholische Hochschule für Soziale Arbeit Saarbrücken
Rastpfuhl 12a, 66113 Saarbrücken
T: (0681) 9 71 32-0   Fax: 9 71 32-40
E-Mail: verwaltung@khsa.de
Rektor: Prof. Reiner Feth

● T 665
Universität des Saarlandes
Am Stadtwald, 66123 Saarbrücken
T: (0681) 3 02-0   Fax: 3 02-2609
Internet: http://www.uni-saarland.de
E-Mail: presse@uni-saarland.de
Gründung: 1948
Präsident(in): Prof. Dr. rer.nat. Margret Wintermantel
Vizepräsident(in): Prof. Dr. Stefan Hüfner
Vizepräs. für Forschung u. Technologietransfer: Prof. Dr. Raimund Seidel (Ph.D.)
Vizepräs. für Lehre u. Studium: Prof. Dr. Walter Hoffmann
Kanzler: Dr. jur. Hartwig Cremers
Leitung Presseabteilung: Dr. Manfred Leber
Jahresetat: DM 307 Mio, € 156,97 Mio
Studenten: ca. 17 000
Universitätszeitschrift: campus
Red.: Claudia Brettar, Dr. Manfred Leber
Verlag: Ottweiler Druckerei + Verlag, Postf. 12 61, 66564 Ottweiler

Sankt Augustin

● T 666
Fachhochschule Bonn-Rhein-Sieg
53754 St Augustin
Grantham-Allee 20, 53757 St Augustin
T: (02241) 8 65-0   Fax: 8 65-609
Internet: http://www.fh-bonn-rhein-sieg.de
E-Mail: presse@fh-rhein-sieg.de
Gründung: 1995 (1. Januar), noch im Aufbau
Gründungsrektor: Prof. Dr. rer. nat. Wulf Fischer
Prorektor: Prof. Dr. Karl W. Neunast (F & E)
Kanzler: Hans Stender
Leitung Presseabteilung: Eva Tritschler
Wissens- und Technologietransfer: Dr. Udo Scheuer
Mitarbeiter: Verwaltung: ca. 50 ; Bibliothek: ca. 15; Forschung & Lehre: ca. 100; Sprachenzentrum: 4

t 667
Fachhochschule Bonn-Rhein-Sieg
Abteilung Rheinbach
von-Liebig-Str. 20, 53359 Rheinbach
T: (02241) 8 65-0

● T 668
Philosophisch-Theologische Hochschule SVD St. Augustin
- Theologische Fakultät -
53754 St Augustin
Arnold-Janssen-Str. 30, 53757 St Augustin
T: (02241) 2 37-222   Fax: 2 37-204
Internet: http://www.steyler.de/hochschule.htm
E-Mail: philtheol-augustin@t-online.de
Gründung: 1932
Rektor: Prof. Dr. Joachim Piepke
Prorektor: Doz. Josef Rieger
Studiensekretär: Prof. Dr. Anton Quack

Schmalkalden

● T 669
Fachhochschule Schmalkalden
Postf. 10 04 52, 98564 Schmalkalden
Blechhammer 4, 98574 Schmalkalden
T: (03683) 6 88-0   Fax: 6 88-1999
Internet: http://www.fh-schmalkalden.de
E-Mail: info@fh-schmalkalden
Gründung: 1991
Rektor: Prof. Dr. Jürgen Müller
Prorektoren: Prof. Dr. Wolf Rieck
Prof. Hartmut Hoffmann
Kanzler: Dipl.-Sozialw. Thomas Losse
Leitung Presseabteilung: Carsten Feller (M.A.)
Verbandszeitschrift: fhs-Journal, Das Magazin der FH Schmalkalden
Redaktion: Carsten Feller, M.A.
Mitarbeiter: 203

Schwäbisch Gmünd

● T 670
Fachhochschule Schwäbisch Gmünd - Hochschule für Gestaltung
Postf. 13 08, 73503 Schwäbisch Gmünd
Rektor-Klaus-Str. 100, 73525 Schwäbisch Gmünd
T: (07171) 60 26 00   Fax: 6 92 59
Internet: http://www.hfg-gmuend.de
E-Mail: sekretariat@hfg-gmuend.de
Gründung: 1971
Rektor: Prof. Dr. Wilfried Reinke
Prorektoren: Prof. Dr. Jürgen Hoffmann
Prof. Frank Hess
Mitarbeiter: 50
Jahresetat: DM 5,2 Mio, € 2,66 Mio

Schwetzingen

● T 671
Fachhochschule Schwetzingen - Hochschule für Rechtspflege
Postf. 17 40, 68707 Schwetzingen
T: (06202) 8 13 91   Fax: 8 13 24
E-Mail: fhschwetzingen@web.de
Rektor: Dr. Klaus Gehrig

Senftenberg

● T 672
Fachhochschule Lausitz
Postf. 15 38, 01958 Senftenberg
Großenhainer Str. 57, 01968 Senftenberg
T: (03573) 85-0   Fax: 85-209
Internet: http://www.fh-lausitz.de
E-Mail: rektor-office@fh-lausitz.de
Gründung: 1991
Präsidentin: Dipl.-Jur. Brigitte Klotz

Siegen

● T 673
Universität-Gesamthochschule Siegen
57068 Siegen
Herrengarten 3, 57072 Siegen
T: (0271) 7 40-1   Fax: 7 40-4911
Internet: http://www.uni-siegen.de
E-Mail: rektor@uni-siegen.de
Rektor: Prof. Dr.rer.nat. Albert H. Walenta
Leitung Presseabteilung: Dipl.-Pol. Ullrich Georgi

Verbandszeitschrift: Hochschulzeitung "Uni-Aktuell"
Redaktion: Pressestelle
Verlag: Zentrale Vervielfältigung

Sigmaringen

● T 674

Fachhochschule Albstadt-Sigmaringen
Hochschule für Technik und Wirtschaft
Postf. 12 54, 72481 Sigmaringen
Anton-Günther-Str. 51, 72488 Sigmaringen
T: (07571) 7 32-0 **Fax:** 7 32-229
Internet: http://www.fh-albsig.de
Gründung: 1971
Rektor: Prof. Dr.-Ing. Günter Rexer
Verwaltungsdirektorin: Bernadette Boden
Presseabteilung: Rektorat

Speyer

● T 675

Deutsche Hochschule für Verwaltungswissenschaften Speyer
Postf. 14 09, 67324 Speyer
Freiherr-vom-Stein-Str. 2, 67346 Speyer
T: (06232) 6 54-0 **Fax:** 6 54-2 08
E-Mail: rektorat@dhv-speyer.de
Gründung: 1947
Rektor: Univ.-Prof. Dr. Hermann Hill
Prorektor: Univ.-Prof. Dr. Rudolf Fisch
Leitung Presseabteilung: Sabine Brieger
Verbandszeitschrift: SpeyerBrief
Redaktion: Sabine Brieger

Stendal

● T 676

Fachhochschule Altmark
Am Dom 13, 39576 Stendal
T: (03931) 21 72 14 **Fax:** 79 47 00
Internet: http://www.stendal.fh-magdeburg.de
Präsident(in): Prof. Hans-J. Kaschade (Rektor)

Stralsund

● T 677

Fachhochschule Stralsund
Zur Schwedenschanze 15, 18435 Stralsund
T: (03831) 45-5 **Fax:** 4 56-680
Internet: http://www.fh-stralsund.de
Gründung: 1991 (1. September)
Rektor: Prof. Dr. oec. Ulrich Schempp
Prorektoren: Prof. Dr.math. Josef Meyer-Fujara
Prof. Dr.-Ing. Wolfgang Schikorr
Kanzler: Dipl.-Verwaltungsw. Manfred Hülsmann
Leitung Presseabteilung: Dr.-Ing. Rudi Wendorf
Verbandszeitschrift: Hochschulanzeiger
Redaktion: Technologie- u. Informationstransferstelle
Verlag: Fachhochschule Stralsund
Mitarbeiter: ca. 200

Stuttgart

● T 678

Fachhochschule Stuttgart
Hochschule für Bibliotheks- und Informationswesen (HBI)
Wolframstr. 32 u. 34, 70191 Stuttgart
T: (0711) 2 57 06-0 **Fax:** 2 57 06-300
Internet: http://www.hbi-stuttgart.de
E-Mail: office@hbi-stuttgart.de
Gründung: 1942
Verwaltungsdirektor: Peter Marquardt
Cornelia Klaus (stellv.)
Rektor: Prof. Dr. Peter Vodosek
Prorektor: Prof. Askan Blum
Dekanin: Prof. Agnes Jülkenbeck (Fachbereich Bibliothek u. Inform.)
Studiengangleitung: Prof. Dr. Martin Michelson (Informationswirtschaft)
Prof. Dr. Wolfgang von Keitz (Master-Studiengang Informationswirtschaft)
Prof. Bernhard Hütter (Bibliotheks- und Medienmanagement)
Prof. Dr. Wolfgang Krueger (Musikbibliothek, Zusatzstudium)
Verbandszeitschrift: HBI aktuell
Redaktion: Prof. Dr. Stefan Grudowski
Verlag: HBI, Wolframstr. 32 u. 34, 70191 Stuttgart
Mitarbeiter: 30 Professorinnen u. Professoren, 24 Sonstige Mitarbeiterinnen
Jahresetat: DM 5 Mio, € 2,56 Mio

● T 679

Fachhochschule Stuttgart
Hochschule für Druck und Medien
Nobelstr. 10, 70569 Stuttgart
T: (0711) 6 85-28 07 **Fax:** 6 85-66 50
Vorsitzende(r): Rektor Prof. Dr. Uwe Schlegel (T: (0711) 6 85-28 05)
Stellvertretende(r) Vorsitzende(r): Prorektor Prof. Dr. Erich Steiner (T: (0711) 6 85-2806)
Hauptgeschäftsführer(in): Ltd. Verwaltungsbeamter, Regierungsrat Gerold Müller (T: (0711) 6 85-28 01)
Landesverband: Verband der Druckindustrie in Baden-Württemberg e.V.

● T 680

Fachhochschule Stuttgart
Hochschule für Technik
Postf. 10 14 52, 70013 Stuttgart
Schellingstr. 24, 70174 Stuttgart
T: (0711) 1 21-0 **Fax:** 1 21-2666
Internet: http://www.fht-stuttgart.de
E-Mail: rektorat@fht-stuttgart.de
Präsident(in): Prof. Dr. Martin Stohrer (Rektor)

● T 681

Merz Akademie - Hochschule für Gestaltung Stuttgart
Staatlich anerkannte Fachochschule
Teckstr. 58 Kulturpark Berg, 70190 Stuttgart
T: (0711) 2 68 66-0 **Fax:** 2 68 66-21
Internet: http://www.merz-akademie.de
E-Mail: info@merz-akademie.de
Gründung: 1918
Präsident(in): Markus Merz (Geschf. (gGmbH))
Leitung Presseabteilung: Regine Koch-Scheinpflug

● T 682

Staatliche Akademie der Bildenden Künste
Am Weißenhof 1, 70191 Stuttgart
T: (0711) 25 75-0 **Fax:** 25 75-102
Internet: http://www.abk-stuttgart.de
Gründung: 1761
Rektor: Prof. Dr. h.c. Paul Uwe Dreyer
Prorektoren: Prof. Peter Litzlbauer
Prof. Günter Jacki
Verwaltungsdirektor: Günter Oelberger
Leitung Presseabteilung: Wolfgang Heger

● T 683

Staatliche Hochschule für Musik und Darstellende Kunst Stuttgart
Urbanstr. 25, 70182 Stuttgart
T: (0711) 2 12-4636, -46 31 **Fax:** 2 12-4639
Gründung: 1922
Präsident(in): Prof. Rainer Wehinger (Rektor)

● T 684

Universität Hohenheim
70593 Stuttgart
Schloß Hohenheim, 70599 Stuttgart
T: (0711) 4 59-0 **Fax:** 4 59-3960
Internet: http://www.uni-hohenheim.de
E-Mail: post@uni-hohenheim.de
Gründung: 1818
Präsident(in): Prof. Dr. Klaus Macharzina
Vizepräsident(in): Prof. Dr. H.-P. Liebig
Prof. Dr. K. Jetter
Kanzler: Elgar Rödler
Presse u. Forschungsinfo: Dr. Klaus H. Grabowski
Mitarbeiter: 2000, davon 140 Professoren, zusätzlich gut 5000 Studierende

● T 685

Universität Stuttgart
Postf. 10 60 37, 70049 Stuttgart
Keplerstr. 7, 70174 Stuttgart
T: (0711) 1 21-0 **Fax:** 1 21-2271
Internet: http://www.uni-stuttgart.de
E-Mail: post@verwaltung.uni-stuttgart.de
Gründung: 1829
Rektor: Prof. Dr.-Ing. Dieter Fritsch
Leitung Presseabteilung: Ursula Zitzler

Trier

● T 686

Fachhochschule Trier
Hochschule für Technik, Wirtschaft und Gestaltung
Postf. 18 26, 54208 Trier
Schneidershof, 54293 Trier
T: (0651) 81 03-0 **Fax:** 81 03-333
Internet: http://www.fh-trier.de

E-Mail: info@fh-trier.de
Präsident(in): Dr. Adelheid Ehmke
Kanzler: Detlef Jahn
Wirtschaftskontakte und Forschungsförderung: Prof. Dr. Hartmut Zoppke
Referat für Öffentlichkeitsarbeit: Konstanze Kristina Jacob

● T 687

Theologische Fakultät Trier
Universitätsring 19, 54296 Trier
T: (0651) 2 01-3520 **Fax:** 2 01-3951
Internet: http://www.uni-trier.de/uni/theo
E-Mail: theofak@uni-trier.de
Rektor: Prof. Dr. Wolfgang Lentzen-Deis
Dekan: Prof. Dr. Reinhold Bohlen
Pressereferent: Prof. Dr. Wolfgang Ockenfels

● T 688

Universität Trier
54286 Trier
Universitätsring 15, 54296 Trier
T: (0651) 2 01-0 **Fax:** 2 01-4247
Internet: http://www.uni-trier.de
Präsident(in): Prof. Dr. Peter Schwenkmezger
Vizepräsident(in): Prof. Dr. Helga Schnabel-Schüle
Prof. Dr. Roland Baumhauer
Kanzler: Ignaz Bender
Leitung Presseabteilung: Heidi Neyses (M.A., e-mail: neyses@olewig.uni-trier.de)
Verbandszeitschrift: Unijournal
Redaktion: Pressestelle Heidi Neyses
Verlag: Universität Trier, 54286 Trier

Trossingen

● T 689

Staatliche Hochschule für Musik Trossingen
Schultheiß-Koch-Platz 3, 78647 Trossingen
T: (07425) 94 91-0 **Fax:** 94 91-48
E-Mail: rektorat@mh-trossingen.de
Rektor: Prof. Jürgen Weimer
Prorektoren: Prof. Dr. Linde Brunmayr-Tutz
Prof. Irmgard Priester
Leitung Presseabteilung: Christine Mannhardt

Tübingen

● T 690

Eberhard-Karls-Universität Tübingen
Wilhelmstr. 7, 72074 Tübingen
T: (07071) 29-0 **Fax:** 29-5990
Internet: http://www.uni-tuebingen.de
Gründung: 1477
Präsident(in): Prof. Dr. Eberhard Schaich (Rektor)
Leitung Presseabteilung: Michael Seifert

● T 691

Hochschule für Kirchenmusik der Evangelischen Landeskirche in Württemberg
Gartenstr. 12, 72074 Tübingen
T: (07071) 92 59-97 **Fax:** 92 59-98
Internet: http://www.kirchenmusikhochschule.de
E-Mail: hkm.tuebingen@t-online.de
Gründung: 1945
Rektor: Prof. Ingo Bredenbach

Ulm

● T 692

Fachhochschule Ulm
Hochschule für Technik
Postf. 38 60, 89028 Ulm
Prittwitzstr. 10, 89075 Ulm
T: (0731) 50-208 **Fax:** 50-28270
Internet: http://www.fh-ulm.de
E-Mail: info@fh-ulm.de
Gründung: 1960 (27. Mai)
Rektor: Prof. Dr. Günther Hentschel
Prorektoren: Prof. Dipl.-Ing. Gerhard Bauer
Prof. Dipl.-Ing. Fritz Krien
Verwaltungsdirektor: Herbert Jarosch (ORR)
Leitung Presseabteilung: Dr. Ingrid Horn

● T 693

Universität Ulm
Dez.V/Innerer Dienst
89069 Ulm
Grüner Hof 5c, 89073 Ulm
T: (0731) 5 02-01 **Fax:** 5 02-2038
Internet: http://www.uni-ulm.de
Gründung: 1967
Präsident(in): Prof. Dr.rer.nat. Hans Wolff (Rektor)

Verbandszeitschrift: uni ulm intern
Redaktion: Pressestelle Uni Ulm
Verlag: Universitätsverlag Ulm GmbH, Postf. 42 04, 89032 Ulm

Vallendar

● T 694

Philosophisch-Theologische Hochschule Vallendar der Gesellschaft des Katholischen Apostolates (Pallottiner) - Theologische Fakultät -
Postf. 14 06, 56174 Vallendar
Pallottistr. 3, 56179 Vallendar
T: (0261) 64 02-0 **Fax:** 64 02-300
Gründung: 1979
Rektor: Prof. Dr.theol. Paul Rheinbay

● T 695

WHU Wissenschaftliche Hochschule für Unternehmensführung Otto-Beisheim-Hochschule
Burgplatz 2, 56179 Vallendar
T: (0261) 65 09-0 **Fax:** 65 09-509
Internet: http://www.whu.edu
E-Mail: whu@whu.edu
Gründung: 1984
Rektor: Prof. Dr. Klaus Brockhoff
Leitung Presseabteilung: Dipl.-Volksw. Jürgen Neumann

Vechta

● T 696

Hochschule Vechta
Postf. 15 53, 49364 Vechta
Driverstr. 22, 49377 Vechta
T: (04441) 15-1 **Fax:** 15-444
Internet: http://www.uni-vechta.de
Gründung: 1995
Rektor: Prof. Dr. Jürgen Howe
Pressesprecher: Sven Pieper

● T 697

Katholische Fachhochschule Norddeutschland
Postf. 13 65, 49362 Vechta
Driverstr. 23, 49377 Vechta
T: (04441) 92 26-0 **Fax:** 51 40
Internet: http://www.kath-fh-nord.de
E-Mail: rektor@kath-fh-nord.de, kfh.vechta@t-online.de (Verwaltung)
Präsident(in): Prof. Dr. Wilfried Wittstruck (Rektor)

Villingen-Schwenningen

● T 698

Fachhochschule Villingen-Schwenningen Hochschule für Polizei
Sturmbühlstr. 250, 78054 Villingen-Schwenningen
T: (07720) 30 90
E-Mail: ThomasFeltes@fhpol-vs.de
Gründung: 1979
Rektor: Prof. Dr. Thomas Feltes
Leitung Presseabteilung: Wolfgang Kupper
Mitarbeiter: 140
Studenten: 1300

Wedel

● T 699

Fachhochschule Wedel
Feldstr. 143, 22880 Wedel
T: (04103) 80 48-0 **Fax:** 80 48-39
Internet: http://www.fh-wedel.de
E-Mail: sekretariat@fh-wedel.de
Gründung: 1969
Präsident(in): Prof. Dr. Dirk Harms (Rektor)

Weilheim

● T 700

Gustav-Siewerth-Akademie Staatlich anerkannte wissenschaftliche Hochschule
Bierbronnen, 79809 Weilheim
T: (07755) 3 64 **Fax:** 8 01 09
Internet: http://www.siewerth-akademie.de
E-Mail: Gustav-Siewerth-Akademie@t-online.de
Gründung: 1985 /1993
Präsident(in): Albrecht Graf von Brandenstein-Zeppelin (Rektor)

Weimar

● T 701

Bauhaus-Universität Weimar
99421 Weimar
Geschwister-Scholl-Str. 8, 99423 Weimar
T: (03643) 58-0 **Fax:** 58-1120
Internet: http://www.uni-weimar.de
Gründung: 1860
Rektor: Prof. Dr.-Ing. Gerd Zimmermann
Prorektoren: Prof. Dr. Karl Beuchke
Prof. Liz Bachhaber
Leitung Presseabteilung: Reiner Bensch (M.A.)
Verbandszeitschrift: "Thesis"-wissenschaftl. Zeitschrift
Redaktion: Frau Dr. Schirmer
Verlag: Universitätsverlag, 99421 Weimar
Mitarbeiter: ca. 500

● T 702

Hochschule für Musik "Franz Liszt" Weimar
Postf. 25 52, 99406 Weimar
Platz der Demokratie 2 /3, 99423 Weimar
T: (03643) 5 55-0 **Fax:** 5 55-199
Internet: http://www.hfm-weimar.de
Gründung: 1872
Rektor: Prof. Dr. Wolfram Huschke
Leitung Presseabteilung: Christine Hartlieb

Weingarten

● T 703

Fachhochschule Ravensburg-Weingarten
Postf. 12 61, 88241 Weingarten
Doggenriedstr., 88250 Weingarten
T: (0751) 5 01-0 **Fax:** 5 01-9876
Internet: http://www.fh-weingarten.de
E-Mail: info@fh-weingarten.de
Präsident(in): Prof. Dr.-Ing. Peter Jany
Prorektor: Prof. Dr.-Ing. Hans-Jürgen Adermann

● T 704

Pädagogische Hochschule Weingarten
Kirchplatz 2, 88250 Weingarten
T: (0751) 5 01-0 **Fax:** 5 01-200
Internet: http://www.ph-weingarten.de
E-Mail: poststelle@ph-weingarten.de
Rektor: Prof. Dr. Rudolf Meissner (E-Mail: rektor@ph-weingarten.de)
Verwaltungsdirektor: Ulrich Kleiner (E-Mail: kleiner@ph-weingarten.de)
Prorektor für Forschung und Entwicklung: Prof. Dr. Anton Brenner (E-Mail: brenner@ph-weingarten.de)
Prorektor für Lehre, Studium und Öffentlichkeitsarbeit: Prof. Dr. Norbert Feinäugle (Pressestelle, E-Mail: feinaeugle@ph-weingarten.de)

Wernigerode

● T 705

Hochschule Harz Hochschule für angewandte Wissenschaften (FH)
Friedrichstr. 57-59, 38855 Wernigerode
T: (03943) 6 59-0 **Fax:** 6 59-109
Internet: http://www.hs-harz.de
Gründung: 1991
Rektorin: Prof. Dr. Marianne Assenmacher
Mitarbeiter: 151

Wiesbaden

● T 706

Fachhochschule Wiesbaden
Kurt-Schumacher-Ring 18, 65197 Wiesbaden
T: (0611) 94 95-01 **Fax:** 94 95-159
Internet: http://www.fh-wiesbaden.de
E-Mail: emstiegler@rz.fh-wiesbaden.de
Präsident(in): Prof. Dr.h.c. Clemens Klockner
Vizepräsident(in): Prof. Dr. Michael Stawicki
Leitung Presseabteilung: Dr. E.-Michael Stiegler

Wildau

● T 707

Technische Fachhochschule Wildau
Bahnhofstr., 15745 Wildau
T: (03375) 5 08-0 **Fax:** 50 03 24
Internet: http://www.tfh-wildau.de
E-Mail: arlt@rkt.tfh-wildau.de
Präsident(in): Prof. Dr. László Ungvári (T: (03375) 50 81 01, Fax: (03375) 50 03 24, E-Mail: ungvari@wi-bw.ffh-wildau.de

Wismar

● T 708

Hochschule Wismar - Fachhochschule für Technik, Wirtschaft und Gestaltung
Postf. 12 10, 23952 Wismar
Philipp-Müller-Str., 23966 Wismar
T: (03841) 7 53-0 **Fax:** 7 53-383
Internet: http://www.hs-wismar.de
E-Mail: postmaster@hs-wismar.de
Rektor: Prof. Dr.-Ing. Burckhard Simmen
Kanzler: Bernd Klöver
Öffentlichkeitsarbeit: Klaus Schimmel

Witten

● T 709

Private Universität Witten/Herdecke gGmbH
58448 Witten
Alfred-Herrhausen-Str. 50, 58455 Witten
T: (02302) 9 26-0 **Fax:** 9 26-407
Internet: http://www.uni-wh.de
E-Mail: public@uni-wh.de
Präsident(in): Prof. Dr. Walther Ch. Zimmerli
Kaufm. Geschäftsführer: Dr. Ulla-Christiane Kopp
Geschäftsführer(in): Michael Bleks (Leiter d. Bereichs Universitätsentwicklung)
Referat Öffentlichkeitsarbeit: Christiane Bensch
Mitarbeiter: 640 (1998/1999; Jahresdurchschnitt)

Wolfenbüttel

● T 710

Fachhochschule Braunschweig/Wolfenbüttel
Salzdahlumer Str. 46 /48, 38302 Wolfenbüttel
T: (05331) 9 39-0 **Fax:** 9 39-118
Internet: http://www.fh-wolfenbuettel.de
E-Mail: e.meyer@fh-wolfenbuettel.de
Gründung: 1971 (1. August)
Präsident(in): Prof. Dr.rer.nat. Wolf-Rüdiger Umbach
Vizepräsident(in): em. Prof. Dr. jur. Winfried Huck
Dipl.-Ing. Volker Küch
Kanzler: Dipl.-Volksw. Wilfried Kroll
Leitung Presseabteilung: Evelyn Meyer
Mitarbeiter: 500
Studenten: ca. 5300

Worms

● T 711

Fachhochschule Worms
Erenburgerstr. 19, 67549 Worms
T: (06241) 5 09-0 **Fax:** 5 09-222
Internet: http://www.fh-worms.de
E-Mail: kontakt@fh-worms.de
Gründung: 1996 (1. September)
Präsident(in): Prof. Dr. Norbert Varnholt
Vizepräsident(in): Prof. Dr. Jutta Binder-Hobbach
Kanzlerin: Erika Rudel
Presse- und Öffentlichkeitsarbeit: Maria Malcherek
Leander Jedamus

Würzburg

● T 712

Bayerische Julius-Maximilians-Universität Würzburg
Sanderring 2, 97070 Würzburg
T: (0931) 31-0 **Fax:** 31-2600
Internet: http://www.uni-wuerzburg.de
E-Mail: universitaet@zv.uni-wuerzburg.de
Gründung: 1402 (Erstgründung; Neugründung 1582)
Präsident(in): Prof. Dr. Theodor Berchem
Leitung Presseabteilung: Adolf Käser

● T 713

Fachhochschule Würzburg - Schweinfurt
Münzstr. 12, 97070 Würzburg
T: (0931) 35 11-0 **Fax:** 35 11-159
Internet: http://www.fh-wuerzburg.de
E-Mail: p-amt@fh-wuerzburg.de
Präsident(in): Prof. Dr. Heribert Weber
Vizepräsident(in): Prof. Dr. Fritz Schmidt
Vizepräsident(in): Prof. Dr. Johannes Brändlein
Kanzler: Dr. Jürgen Herzog
Ltg. Präsidialamt: RAR Roland Weigand

● T 714

Hochschule für Musik Würzburg
Hofstallstr. 6-8, 97070 Würzburg

Wuppertal

● **T 715**

Bergische Universität Gesamthochschule Wuppertal
42097 Wuppertal
Gaußstr. 20, 42119 Wuppertal
T: (0202) 4 39-1 **Fax:** 4 39-2899
Internet: http://www.uni-wuppertal.de
E-Mail: presse@uni-wuppertal.de
Gründung: 1972 (1. August)
Rektor: Prof. Dr.rer.pol. Volker Ronge
Leitung Presseabteilung: Michael Kroemer
Studenten: 18 000

● **T 716**

Kirchliche Hochschule Wuppertal
Missionsstr. 9b, 42285 Wuppertal
T: (0202) 28 20-0 **Fax:** 28 20-101
Internet: http://www.uni-wuppertal.de/inst.kiho
E-Mail: ua0051@uni-wuppertal.de
Rektor: Prof. Dr. Haacker

Zittau

● **T 717**

Hochschule Zittau/Görlitz (FH)
Postf. 14 54, 02754 Zittau
Theodor-Körner-Allee 16, 02763 Zittau
T: (03583) 61-0 **Fax:** 51 06 26
Internet: http://www.hs-zigr.de
E-Mail: h.trillenberg@hs-zigr.de
Gründung: 1992
Rektor: Prof. Dr.-Ing. Dietmar Reichel
Prorektoren: Prof. Dr. phil. Jutta Blin (Bildung)
Prof. Dr.-Ing. habil. Manfred Schmidt (Forschung)
Kanzler: Dr.-Ing. Peter Reinhold
Leitung Presseabteilung: Hella Trillenberg

● **T 718**

Internationales Hochschulinstitut Zittau (IHI)
Markt 23, 02763 Zittau
T: (03583) 77 15-0 **Fax:** 77 15-34
E-Mail: markert@ihi-zittau.de
Direktor(in): Univ.-Prof. Dr.rer.nat.habil. Bernd Markert
Verwaltungs-Ltg: RD'in Dr.-Ing. Rosemarie Konschak

Zwickau

● **T 719**

Westsächsische Hochschule Zwickau (FH)
Postf. 20 10 37, 08012 Zwickau
Dr.-Friedrichs-Ring 2A, 08056 Zwickau
T: (0375) 5 36-0 **Fax:** 5 36-1127
Internet: http://www.fh-zwickau.de
E-Mail: Rektorat@fh-zwickau.de
Gründung: 1992
Rektor: Prof. Dr.-Ing. habil. Karl-Friedrich Fischer (Tel: (0375) 5 36-10 00, Fax: (0375) 5 36-10 11, e-mail: karl.friedrich.fischer@fh-zwickau.de)
Prorektor für Lehre und Studium: Prof. Dr.-Ing. habil. Dieter Sperling (Tel: (0375) 5 36-10 20, Fax: (0375) 5 36-10 33, e-mail: dieter.sperling@fh-zwickau.de)
Prorektor für Wissenschaftsentwicklung u. Forschung: Prof. Dr. oec.habil. Gerhard Sommerer (Tel: (0375) 5 36-10 30, Fax: (0375) 5 36-10 33, e-mail: gerhard.sommerer@fh-zwickau.de)
Kanzler: Dr.oec.habil. Joachim Körner (Tel: (0375) 5 36-11 00, Fax: (0375) 5 36-11 03, e-mail: joachim.koerner@fh-zwickau.de)
Studienwerbung/Öffentlichkeitsarbeit: Dr. rer.nat. Detlef Solondz (Tel: (0375) 5 36-10 50, Fax: 5 36-10 07, e-mail: pressestelle@fh-zwickau.de)
Dezernat Studienangelegenheiten: Dezernentin Siglinde Meier (Tel: (0375) 5 36-11 80, Fax: (0375) 5 36-16 32, e-mail: dezernat.studienangelegenheiten@fh-zwickau.de)
Dezernat Forschung, Wissens- u. Technologietransfer: Dezernent Dr.-Ing. Wolfram Melzer (Tel: (0375) 5 36-11 90, Fax: (0375) 5 36-11 93, e-mail: wolfram.melzer@fh-zwickau.de)
Fachbereich Maschinenbau u. Kraftfahrzeugtechnik: Dekan Prof. Dr.-Ing. Wolfgang Foken (Tel: (0375) 5 36-17 00, Fax: (0375) 5 36-17 54, e-mail: maschinenbau.kraftfahrzeugtechnik@fh-zwickau.de)
Fachbereich Elektrotechnik: Dekan Prof. Dr.-Ing. habil. Manfred Schulze (Tel: (0375) 5 36-14 00, Fax: (0375) 5 36-14 03, e-mail: elektrotechnik@fh-zwickau.de)
Fachbereich Physikalische Technik/Informatik: Dekan Prof. Dr.-Ing. habil. Gunter Krautheim (Tel: (0375) 5 36-15 00, Fax: (0375) 5 36-15 03, e-mail: physikalische.technik@fh-zwickau.de)

Fachbereich Wirtschaftswissenschaften: Dekan Prof. Dr. oec. Matthias Schwarz (Tel: (0375) 5 36-32 41, Fax: (0375) 5 36-31 04, e-mail: wirtschaftswissenschaften@fh-zwickau.de)
Fachbereich Angewandte Kunst: Dekan Prof. Dipl.-Designer (FH) Gerd Kaden (Sitz: Hochschulteil Schneeberg, Goethestr. 1, 08289 Schneeberg; Studiengang Musikinstrumentenbau, Adorfer Str. 38, 08258 Markneukirchen, Tel: (03772) 3 50 70, Fax: (03772) 2 89 42, e-mail: angewandte.kunst.schneeberg@fh-zwickau.de)
Fachbereich Textil- und Ledertechnik i.G.: Gründungsdekan Dr.-Ing. Frank Anders (Sitz: Hochschulteil Reichenbach, Klinkhardtstr. 30, 08468 Reichenbach, Tel: (03765) 55 21-0, Fax: (03765) 55 21-11, e-mail: textil.ledertechnik@fh-zwickau.de)
Fachbereich Architektur: Dekan Prof. Dipl.-Ing. Architekt Christian Knoche (Sitz: Hochschulteil Reichenbach, Klinkhardstr. 10, 08468 Reichenbach, Tel: (03765) 55 21-41, Fax: (03765) 55 21-42, e-mail: architektur@fh-zwickau.de)
Fachbereich Gesundheits- und Pflegewissenschaften i.G.: Gründungsdekan Prof. Dr.rer.pol. Michael Klausing (Tel: (0375) 5 36-34 49, -32 59, Fax: (0375) 5 36-32 60, e-mail: gesundheits.pflegewissenschaften@fh-zwickau.de)
Fachbereich Sprachen: Dekanin Prof. Dr. phil. Susanne Bleich (M.A., Tel: (0375) 5 36-35 01, Fax: (0375) 5 36-35 61, e-mail: sprachen@fh-zwickau.de)
Hochschulrechenzentrum: Dir. Dipl.-Ing. Alfred Brunner (Tel: (0375) 5 36-12 00, Fax: (0375) 5 36-12 02, e-mail: hochschulrechenzentrum@fh-zwickau.de)
Hochschulbibliothek: Dir. Dr. Steffi Leistner (Tel: (0375) 5 36-12 50, Fax: (0375) 5 36-12 52, e-mail: hochschulbibliothek@fh-zwickau.de)
Akademisches Auslandsamt: Leiter Dr. phil. Lothar Wolf (Tel: (0375) 5 36-10 60, Fax: (0375) 5 36-10 33, e-mail: akademisches.auslandsamt@fh-zwickau.de, interstud@fh-zwickau.de)
Hochschulsportzentrum: Leiterin Dipl.-Sportlehrerin Marianne Müller (Tel: (0375) 5 36-13 55, e-mail: hochschulsportzentrum@fh-zwickau.de)
Hochschularchiv: Leiterin Dipl.-Lehrerin Sabine Körner (Tel: (0375) 5 36-12 61, e-mail: hochschularchiv@fh-zwickau.de)
Zentrum für neue Studienformen: Dir. Prof. Dr.-Ing.habil. Christian-Andreas Schumann (Tel: (0375) 5 36-31 03, Fax: (0375) 5 36-31 04, e-mail: zns@fh-zwickau.de)
Forschungs- und Transferzentrum e.V. an der Westsächsischen Hochschule Zwickau (FH):
Wissenschaftlicher Direktor: Prof. Dr.-Ing. habil. Cornel Stan (E-Mail: cornel.stan@fh-zwickau.de)
Geschäftsführender Direktor: Dr.-Ing. Wolfram Melzer (T/Fax: (0375) 5 36-16 05, E-Mail: wolfram.melzer@fh-zwickau.de)

Stiftungen

● **T 720**

Bertha von Suttner Stiftung der DFG-VK
Braunschweiger Str. 22, 44145 Dortmund
T: (0231) 81 80 32 **Fax:** 81 80 31
E-Mail: stiftung@dfg-vk.de
Gründung: 1993
Vorsitzende(r): Leo Sauer
Stellvertretende(r) Vorsitzende(r): Thomas Rödl

● **T 721**

Bundesverband Deutscher Stiftungen e.V.
Alfried-Krupp-Haus
Binger Str. 40, 14197 Berlin
T: (030) 89 79 47-0 **Fax:** 89 79 47-11
Internet: http://www.stiftungen.org
E-Mail: bundesverband@stiftungen.org
Gründung: 1948 (20. September)
Vorstand: Prof. Dr. Axel Frhr. von Campenhausen (Erster Vorsitzender) (Staatssekretär a.D.; Präsident der Klosterkammer Hannover i.R.; seit 1993 Mitglied des Vorstandes des Bundesverbandes; seit 1996 Erster Vorsitzender; Oppenbornstr. 5, 30559 Hannover, T: (0511) 5 10 60 56, Fax: (0511) 5 10 60 57)
Vorstand: Ulrich Voswinckel (Zweiter Vorsitzender) (seit 1987 Vorstandsvorsitzender der Körber-Stiftung (Hamburg); seit 1991 Beiratsmitglied; 1996 Mitglied des Vorstandes; Körber-Stiftung, Kurt-A.-Körber-Chaussee 10, 21033 Hamburg, T: (040) 72 50-2457, Fax: (040) 72 50-3645, Internet: http://www.koerber.de, E-Mail: info@stiftung.koerber.de)
Vorstand: Fritz Brickwedde (Generalsekretär der Deutschen Bundesstiftung Umwelt; seit 1994 Beiratsmitglied; seit 1999 Mitglied des Vorstandes; Deutsche Bundesstiftung Umwelt, An der Bornau 2, 49090 Osnabrück, T: (0541) 96 33-0, Fax: (0541) 96 33-190, Internet: http://www.dbu.de, E-Mail: dbu@umweltschutz.de)
Vorstand: RA Dr. Peter Lex (Vorstandsvorsitzender der Dr. Leo Mohren-Stiftung (München); seit 1993 Mitglied des Vorstandes; Sozietät Dr. Mohren & Partner, Max-Joseph-Str. 7b, 80333 München, T: (089) 55 17 08-0, Fax: (089) 55 17 08-10)
Vorstand: Birte Toepfer (Vorstandsvorsitzende der Alfred Toepfer Stiftung F.V.S.; seit 1993 Mitglied des Beirates Verband Deutscher Wohltätigkeitsstiftungen; seit 1999 Mitglied des Vorstandes; Alfred Toepfer Stiftung F.V.S., Georgsplatz 10, 20095 Hamburg, Postf. 10 60 25, 20041 Hamburg, T: (040) 3 34 02 12, Fax: (040) 33 58 60, Internet: http://www.toepfer-fvs.de, E-Mail: mail@toepfer-fvs.de)

Ehrenvorsitzender: Dr. Rolf Hauer (Ministerialdirigent a.D.) (Präsident der Klosterkammer Hannover i.R.; von 1970-1990 Mitglied des Vorstands des Bundesverbandes, zunächst als Zweiter Vorsitzender, ab 1975 als Erster Vorsitzender, seit 1990 Ehrenvorsitzender; 1998 Medaille für Verdienste um das Stiftungswesen; Lindemannallee 34, 30173 Hannover, T: (0511) 81 01 48)
Geschäftsführer(in): RA Dr. Christoph Mecking (seit 1997 Geschäftsführer des Bundesverbandes Deutscher Stiftungen (Berlin); seit 1998 Geschäftsführer der Deutschen Stiftungs-Akademie (Berlin))
Leitung Presseabteilung: Ulrich Ferdinand Brömmling (M.A.)
Verbandszeitschrift: Deutsche Stiftungen: Mitteilungen
Redaktion: Janine Maurer M.A.
Verlag: Bundesverband Deutscher Stiftungen
Mitglieder: 1300 Stiftungen und Stiftungsverwaltungen mit über 4000 Stiftungen
Mitarbeiter: 15

● **T 722**

Deutsche StiftungsAkademie
Alfried-Krupp-Haus
Binger Str. 40, 14197 Berlin
T: (030) 89 79 47-0 **Fax:** 89 79 41-11
Internet: http://www.stiftungen.org
E-Mail: .bundesverband@stiftungen.org
Gründung: 1998 (5. Februar)
Geschäftsführer(in): RA Dr. Christoph Mecking
RA Erich Steinsdörfer
Pressearbeit: Ulrich F. Brömmling (M.A.)
Cornelia Herting
Michael Sonnabend (M.A.)

● **T 723**

Bayerische Landesstiftung
Kardinal-Döpfner-Str. 4, 80333 München
T: (089) 28 60 68 **Fax:** 28 06 94
Gründung: 1972
Vorsitzende(r) des Vorstandes: Staatsminister a.D. Hans Maurer
Jahresetat: rd. DM 45 Mio, € 23,01 Mio

● **T 724**

Deutsche Stiftung für internationale rechtliche Zusammenarbeit e.V.
Postf. 20 04 09, 53134 Bonn
Ubierstr. 92, 53173 Bonn
T: (0228) 95 55-0 **Fax:** 95 55-1 00
Gründung: 1992 (11. Mai)
Vors. d. Kuratoriums: Dr. Franz Schoser (Hauptgeschäftsführer des DIHT)
Geschäftsführer(in): Matthias Weckerling
Mitglieder: 37 natürliche und juristische Personen
Mitarbeiter: 18

Beratungshilfe auf dem Gebiet des Rechts für Staaten Mittel- und Osteuropas (MOE) sowie der Neuen Unabhängigen Staaten (NUS) sowie der ehemaligen Sowjetunion.

● **T 725**

Bertelsmann Stiftung
33311 Gütersloh
Carl-Bertelsmann-Str. 256, 33335 Gütersloh
T: (05241) 8 17-0 **Fax:** 81 66 77
Internet: http://www.bertelsmann-stiftung.de
E-Mail: info@bertelsmann-stiftung.de
Gründung: 1977 (14. März)
Präsidium: Reinhard Mohn (Stifter, Vorsitzender)
Gerd Schulte-Hillen (stellv. Vorsitzender)
Liz Mohn
Dr. Gunter Thielen
Prof. Dr. Dr.h.c. Werner Weidenfeld
Geschäfts-Leitung: Dr. Gunter Thielen (Vorsitzender)
Wolfgang Koeckstadt (stellv. Vorsitzender)
Kuratorium: Dr. Hans D. Barbier
Prof. Dr. Ernst Buschor
Caio K. Koch-Weser
Dr. Thomas Middelhoff
Liz Mohn
Reinhard Mohn (Stifter, Vorsitzender)
Gerd Schulte-Hillen
Prof. Dr. h.c. Dieter Stolte
Prof. Dr. Rita Süssmuth
Dr. Gunter Thielen
Prof. Dr. Dr. h.c. mult. Hans-Jürgen Warnecke
Prof. Dr. Dr. h.c. Werner Weidenfeld
Ltg. Bereich Kommunikation: Tim Arnold
Leitung Pressestelle: Andreas Henke
Verbandszeitschrift: FORUM (deutsch und englisch)
Redaktion: Dr. Ulrike Naim

Mitarbeiter: 250
Jahresetat: DM 95 Mio, € 48,57 Mio (1999/2000)

Die Bertelsmann Stiftung ist eine selbständige Stiftung des privaten Rechts im Sinne von Paragraph 2 Absatz 1 des Stiftungsgesetzes für das Land Nordrhein-Westfalen und verfolgt ausschließlich und unmittelbar gemeinnützige Zwecke. Ihre Förderungsschwerpunkte liegen u.a. auf den Gebieten "Wirtschaft", "Staat und Verwaltung", "Öffentliche Bibliotheken", "Medien", "Politik", "Kultur", "Medizin und Gesundheitswesen", "Hochschule" und "Stiftungswesen".

● T 726
Ludwig-Bölkow-Stiftung
Daimlerstr. 15, 85521 Ottobrunn
T: (089) 60 81 10-0   **Fax:** 6 09 97 31
Internet: http://www.lbst.de
E-Mail: brunnen@lbst.tnet.de
Gründung: 1983 (22. Dezember)
Vors. d. Stiftungsrates: Dipl.-Ing. Dr.-Ing. E.h.mult. Ludwig Bölkow
Stiftungsvorstand: Rupert Graf Strachwitz

● T 727
Verband Deutscher Wohltätigkeitsstiftungen e.V.
Alfried-Krupp-Haus
Binger Str. 40, 14197 Berlin
T: (030) 89 79 47-0   **Fax:** 89 79 47-11
Internet: http://www.stiftungen.org
Gründung: 1948 (20. September)
1. Vorsitzende(r): Prof. Dr. Axel Frhr. von Campenhausen (Präsident der Klosterkammer Hannover i.R.)
2. Vorsitzende(r): Dipl.-Volksw. Ulrich Voswinckel (Vors. d. Stiftungsrats der Körber-Stiftung)
Vorst.-Mitgl.: Fritz Brickwedde (Generalsekr. Deutsche Bundesstiftung Umwelt)
RA Dr. Peter Lex (Vorstandsvors. d. Leo-Mohren-Stiftung)
Birte Toepfer (Vorstandsvors. Alfred Toepfer Stiftung F.V.S.)
Geschäftsführer(in): RA Dr. Christoph Mecking
Leitung Presseabteilung: Ulrich F. Brömmling (M.A.)
Verbandszeitschrift: Deutsche Stiftungen: Mitteilungen
Redaktion: Janine Maurer M.A.
Verlag: Bundesverband Deutscher Stiftungen
Mitarbeiter: 14

Wahrung, Sicherung und Vertretung der Interessen deutscher Wohltätigkeitsstiftungen, Publikationen, Veranstaltungen, Bibliothek, Datenbank

● T 728
Deutsche Stiftung für UNO-Flüchtlingshilfe e.V.
Rheinallee 4a, 53173 Bonn
T: (0228) 35 50 57-58   **Fax:** 35 50 59
E-Mail: info@dsuf.de
Gründung: 1980 (1. September)
1. Vorsitzende: Editha Limbach
Stellvertretende(r) Vorsitzende(r): Bernhard von Grünberg
Ilse Bueren
Geschäftsführer(in): Carsten Scholz
Mitglieder: 120
Mitarbeiter: 5
Jahresetat: DM 3-10 Mio, € 1,53-5,11 Mio (je nach Spendenaufkommen)

● T 729
Deutsche Afrika Stiftung e.V.
Afrika-Haus
Ziegelstr. 30, 10117 Berlin
T: (030) 28 09 47 27
E-Mail: deutsche.afrika.stiftung@t-online.de
Gründung: 1978 (20.Juni)
Vorsitzende(r): Prof. Dr. Karl-Heinz Hornhues (MdB, Deutscher Bundestag, 11011 Berlin)
Stellvertretende(r) Vorsitzende(r): Dr. Volkmar Köhler (PSts. a.D., Schulenburgallee 110, 38448 Wolfsburg)
Hans-Günther Toetemeyer (Am Pferdemarkt 12, 54290 Trier)
Geschäftsführer(in): Gero Schmitz (Tannenallee 8, 53179 Bonn)
Justitiar: Dr. Wolfgang Burr (Am Düsterbäumchen 8, 53340 Meckenheim)
Schatzmeister: Werner Kuhn (Neue Reihe 8 d, 18374 Zingst)
Beisitzer: Prof. Dr. Hans-Gert Braun (DEG, Belvederestr. 40, 50933 Köln)
Dr. Ursula Eid (MdB, Deutscher Bundestag, 11011 Berlin)
Ulrich Irmer (MdB, Deutscher Bundestag, 11011 Berlin)
Dr.-Ing. Dietmar Kansy (MdB, Deutscher Bundestag, 11011 Berlin)
Eduard Lintner (MdB, Deutscher Bundestag, 11011 Berlin)
Joachim Tappe (MdB, Deutscher Bundestag, 11011 Berlin)
Mitglieder: 60
Mitarbeiter: 3
Herausgeber des Magazins: Afrika-Post

● T 730
Stiftung Diakonie e.V.
Postf. 10 11 42, 70010 Stuttgart
Stafflenbergstr. 76, 70184 Stuttgart
T: (0711) 21 59-230
TGR: Diakonie Stiftung Stuttgart
Gründung: 1983 (7.6.)
Vorstand: Landespfarrer Manfred Berner (Haus der Diakonie, Klostergang 66, 38104 Braunschweig, T: (0531) 3 70 30 00)
Geschäftsführer(in): Direktor Dr. Wolfgang Teske
Mitglieder: 20

● T 731
Fürst Donnersmarck-Stiftung zu Berlin
Dalandweg 19, 12167 Berlin
T: (030) 7 69 70 00   **Fax:** 7 69 70-0 30
Internet: http://www.fdst.de
E-Mail: post.fdst@fdst.de
Gründung: 1916
Vorsitzende(r): Dr.jur. Guidotto Graf Henckel Fürst von Donnersmarck
Stellvertretende(r) Vorsitzende(r): Pastor Eckhard Kutzer
Geschäftsführer(in): Wolfgang Schrödter
Leitung Presseabteilung: Thomas Golka
Mitarbeiter: ca. 550
Fachverbände:
Diakonisches Werk Berlin-Brandenburg
Bundesverband Deutscher Stiftungen

● T 732
Europa-Kolleg Hamburg
Windmühlenweg 27, 22607 Hamburg
T: (040) 82 27 27-0   **Fax:** 82 75 20
Gründung: 1953
Vors.d.Kuratoriums: Dr. Günter Burghardt
Vorsitzende(r) des Vorstandes: Dr. Hans-Joachim Seeler
Geschäftsführerin: Sabina Kuhlmann

● T 733
Institut für Integrationsforschung der Stiftung Europa-Kolleg Hamburg
Windmühlenweg 27, 22607 Hamburg
T: (040) 82 27 27-0   **Fax:** 82 75 20
Gründung: 1977
Direktor(in): Prof. Dr. Peter Behrens
Prof. Dr. Thomas Straubhaar
Prof. Dr. Karl-Ernst Schenk
Prof. Dr. Gert Nicolaysen
Prof. Dr. Thomas Bruha

● T 734
Stiftung Freiheit der Presse
Graf-Vollrath-Weg 6, 60489 Frankfurt
T: (069) 97 84 54-0   **Fax:** 97 84 54-54
E-Mail: vhzv@ffh.de
Vorstand: Dr. Peter Udo Bintz
Geschf. Vorstand: RA Gebhard Ohnesorge

● T 735
Friedrich Flick Förderungsstiftung
Postf. 10 23 61, 40014 Düsseldorf
Inselstr. 18, 40479 Düsseldorf
T: (0211) 4 38 22 50
Vorstand: Dr. Hans-Henning Pistor (Vors.)
Dieter Koenen
Dr. Gerhard S. Linden
Vors. d. Kuratoriums: Dr. Friedrich Karl Flick

● T 736
Stiftung PRIX JEUNESSE
(Prix Jeunesse International / Wettbewerbe / Seminare für Kinder- und Jugendfernsehprogramme)
Bayerischer Rundfunk
80300 München
T: (089) 59 00 20 58   **Fax:** 59 00 30 53
Internet: http://www.prixjeunesse.de
E-Mail: uvz@prixjeunesse.de, info@prixjeunesse.de
Vors.d.Präsidiums: Staatsministerin Monika Hohlmeier
Geschäftsführer(in): Ursula von Zallinger

● T 737
Alfred Toepfer Stiftung F.V.S.
Postf. 10 60 25, 20041 Hamburg
Georgsplatz 10, 20099 Hamburg
T: (040) 3 34 02-0   **Fax:** 33 58 60
Internet: http://www.toepfer-fvs.de
E-Mail: mail@toepfer-fvs.de
Gründung: 1931
Vorstand: Birte Toepfer (Vors.)
Dr. Ulrich-Christian Pallach
Helmut Schmidt
Jahresetat: DM 4 Mio, € 2,05 Mio

● T 738
GEERS-STIFTUNG
Gemeinnützige und rechtsfähige Stiftung des privaten Rechts
Zur Förderung wissenschaftlicher Vorhaben zum Wohle der Hörbehinderten, insbesondere dem der hörbehinderten Kinder
c/o Stifterverband für die deutsche Wissenschaft
Barkhovenallee 1, 45239 Essen
T: (0201) 84 01-161   **Fax:** 84 01-301
Vorsitzende(r) des Vorstandes: Prof. Dr. Peter Plath
Kuratoriumsvors.: Dr. Volker J. Geers, Dortmund

● T 739
Alfons Goppel-Stiftung
Oberanger 32, 80331 München
T: (089) 26 40 18   **Fax:** 26 90 00
Gründung: 1980 (08. Januar)
Vors. d. Stiftungsrates: Senator E.h. Gerhart Klamert
Vorsitzende(r) des Vorstandes: Ernst Michl

Hilfsprojekte für Kinder in Ländern der Dritten Welt.

● T 740
Gerda Henkel Stiftung
Malkastenstr. 15, 40211 Düsseldorf
T: (0211) 35 98 53   **Fax:** 35 71 37
Internet: http://www.gerda-henkel-stiftung.de
E-Mail: info@gerda-henkel-stiftung.de
Gründung: 1976 (Juni)
Vors. d. Kuratoriums: Julia Schulz-Dornburg
Vorstand: E. Hemfort

Förderung der historischen Geisteswissenschaften.

● T 741
Peter Klöckner-Stiftung
Neudorfer Str. 3-5, 47057 Duisburg
T: (0203) 33 10 14   **Fax:** 3 07-51 30
Vorsitzende(r): J. A. Henle
Geschäftsstellen-Ltg.: Dipl.-Betriebsw. Regina Rex-Strater

● T 742
IMPULS-Stiftung für den Maschinenbau, den Anlagenbau und die Informationstechnik
Lyoner Str. 18, 60528 Frankfurt
T: (069) 66 03-0
Gründung: 1989
Vorstand: Ulrich P. Hermani

● T 743
Brillat Savarin-Stiftung e.V.
Geschäftsstelle:
Postf. 20 04 50, 53134 Bonn
Bürgerstr. 21, 53173 Bonn
T: (0228) 82 00 80   **Fax:** 36 69 51
Stellvertretende(r) Vorsitzende(r): Rolf Wegeler
Mitglieder: 350

● T 744
Heinrich-Böll-Stiftung e.V.
Rosenthaler Str. 40 /41, Hackesche Höfe, 10178 Berlin
T: (030) 28 53 40   **Fax:** 28 53 41 09
Internet: http://www.boell.de
E-Mail: info@boell.de
Gründung: 1997 (1.Juli)
Vorstand: Ralf Fücks
Dr. Claudia Neusüß
Petra Streit
Leitung Presseabteilung: Albert Eckert
Verbandszeitschrift: www.boell.de
Mitarbeiter: ca. 160
Jahresetat: DM 70 Mio, € 35,79 Mio

● T 745
Friedrich-Naumann-Stiftung
Alt Nowawes 67, 14482 Potsdam
T: (0331) 70 19-0
Internet: http://www.fnst.org
Gründung: 1958 (19.5.)
Vorsitzende(r): Dr. Otto Graf Lambsdorff
Geschäftsführende(s) Vorstands-Mitglied(er): Rolf Berndt
Leitung Stab Presse- und Öffentlichkeitsarbeit: N. N.
Verbandszeitschrift: liberal
Redaktion: Liberal
Verlag: liberal Verlag, Eifelstr. 14, 53757 Sankt Augustin

● T 746
Heinz-Naumann-Stiftung
Edelsbergstr. 8, 80686 München
T: (089) 57 00 7-0   **Fax:** 57 00 72 60

Kuratorium:
Vorsitzende(r): Dr. Achim Kann (Generaldir., stv. Vors. d. Aufsichtsrats der ERC FRANKONA-Rückversicherungs-AG, München; Vors. d. Aufsichtsrats der Vereinigten Haftpflichtversicherung V.a.G., Hannover)
Stellvertretende(r) Vorsitzende(r): Prof. Dr. Marion Schick (Präsidentin der Fachhochschule München)
Kuratoriums-Mitgl.: Prof. Dr.jur. Andreas Heldrich (Rektor der Ludwig-Maximilians-Universität München)
Prof. Dr.rer.nat. Dres.h.c. Wolfgang A. Herrmann (Präsident der Technischen Universität München)
Dipl.-Kfm. Dieter Maßberg (Geschäftsführer des Studentenwerkes München)
Dr. Gerhard Merkl (MdL, Staatssekretär, a.D.)
Dipl.-Ing. Hermann Sturm (Beratender Ingenieur, Vorsitzender der UNION BERATENDER INGENIEURE- U.B.I.-D., München)
Ehrenmitglieder d. Kuratoriums: Architekt Heinz Naumann (Ehrenpräsident des Zentralverbandes Deutscher Ingenieure-ZDI)
Dir. i.R. Josef Metz
Dipl.-Kfm. Karlernst Kalkbrenner (Mitglied des Vorstandes a.D. AEG AG, Vors. d. Vorstandes a.D. OLYMPIA AG)
Prof. Dipl.-Ing. Hans Koch (Ministerialdir. a.D.)
Dipl.-Ing. (FH) Hans Metz (Architekt und Baumeister Prokurist a.D. der Fa. Fritz Hummel Heizungsbau GmbH)
Stiftungs-Vorstand:
Vorsitzende(r): Dipl.-Ing. Günter Schmitt-Bosslet (Freier Architekt, Präsident des VERBANDES DEUTSCHER ARCHITEKTEN-VDA, 86919 Utting)
Stellvertretende(r) Vorsitzende(r): Michael Straub, München
Schriftführer(in): Ass. jur. Ulrike Biebelmann, München

● **T 747**
Jürgen Ponto-Stiftung zur Förderung junger Künstler
60301 Frankfurt
Jürgen-Ponto-Platz 1, 60329 Frankfurt
T: (069) 26 35 23 96   **Fax:** 26 35 47 32
Internet: http://www.dresdner-bank.de
E-Mail: ponto-stiftung@dresdner-bank.com
Gründung: 1977
Vorstand: Dr. Bernhard Frhr. Loeffelholz von Colberg
Dr. Helge Gondesen
Karin Heyl
Mitglieder: 10 Kuratorium; 3 Vorstand
Mitarbeiter: 6

● **T 748**
Kulturstiftung Dresden der Dresdner Bank
Jürgen-Ponto-Platz 1, 60329 Frankfurt
T: (069) 2 63-52396   **Fax:** 2 63-54732
Internet: http://www.dresdner-bank.de
E-Mail: kulturstiftung-dresden@dresdner-bank.com
Gründung: 1991
Vorstand: Karin Heyl (geschäftsführend)
Dr. Helge Gondesen
Dr. Klaus Stiebert
Ehrenvors. d. Kuratoriums: Dr. Wolfgang Röller
Mitglieder: Kuratorium 5, Vorstand 3
Mitarbeiter: 6

● **T 749**
Friedrich-Wilhelm-Murnau-Stiftung
Postf. 51 29, 65041 Wiesbaden
Kreuzberger Ring 56, 65205 Wiesbaden
T: (0611) 9 77 08-0   **Fax:** 9 77 08-19
Internet: http://www.murnaustiftung.de
E-Mail: technik@murnaustiftung.de, rechtsabteilung@murnaustiftung.de
Vorstand: Peter Franz
Die Stiftung hat die Aufgabe, im Hinblick auf die kulturhistorische Bedeutung des deutschen Films die Filmstöcke des sog. ehemaligen reichseigenen Filmvermögens und die Rechte sowie das Filmmaterial aus Nachkriegsproduktionen bis 1962 und sonstige Rechte und Filmmaterialien von Filmen mit kultureller und historischer Bedeutung zu erhalten, zu verwalten und auszuwerten zu lassen.

● **T 750**
Heinz Daemen-Stiftung für Jugend- und Erwachsenenbildung
Darmstädter Str. 30, 64385 Reichelsheim
T: (06164) 30 24   **Fax:** 58 26
Vorsitzende(r): Dr. Heinrich Werner
Geschäftsführer(in): R. A. Norbert Meyer

● **T 751**
Grundig Akademie für Wirtschaft und Technik Gemeinnützige Stiftung e.V.
Beuthener Str. 45, 90471 Nürnberg
T: (0911) 4 09 05 01   **Fax:** 4 09 05-33
Gründung: 1978
Vorstand: Werner Böhner

● **T 752**
Kultur-Stiftung der Deutschen Bank
Geschäftsstelle:
60262 Frankfurt
T: (069) 9 10-35866   **Fax:** 9 10-36154
Internet: http://www.kultur-stiftung.org
Vorstand: Dr. Rolf-E. Breuer (Vors.; Vorstandssprecher der Deutsche Bank AG)
Dr. Walter Homolka (stellv. Vors.)
Michael Münch (Geschäftsführender Vorstand)
Beirat: Carl-L. Boehm-Bezing (Vors.)
Dr. Tessen von Heydebreck
Hanns Michael Hölz
Jahresetat: DM 5,8-6,8 Mio, € 2,97-3,48 Mio

● **T 753**
Hypo-Kulturstiftung
Theatinerstr. 8, 80333 München
T: (089) 37 84 28 09   **Fax:** 37 84 85 94
Gründung: 1983
Vorsitzende(r): Dr. Johann Georg Prinz von Hohenzollern
Geschäftsführer(in): Hans-Dieter Eckstein

● **T 754**
Stiftung Niedersächsischer Volksbanken und Raiffeisenbanken
Hannoversche Str. 149, 30627 Hannover
T: (0511) 95 74-340   **Fax:** 95 74-351
Vors.d.Stiftungsrates: Berthold Engelke
Vorstand: Dr. Rainer Hartig
Dieter Mockprang
Bernd Bauer
Heiner Hansemann
Friedrich Schmidt

● **T 755**
Dr. Mildred Scheel Stiftung für Krebsforschung
Postf. 14 67, 53004 Bonn
Thomas-Mann-Str. 40, 53111 Bonn
T: (0228) 7 29 90-0   **Fax:** 7 29 90-11
Internet: http://www.krebshilfe.de
E-Mail: deutsche@krebshilfe.de
Gründung: 1976 (16. Februar)
Vorsitzende(r) des Vorstandes: Dr. Hans-Joachim Möhle
Geschäftsführer(in): Dipl.-Kfm. Achim Ebert
Gerd Nettekoven

● **T 756**
Stiftung Deutsche Schlaganfall-Hilfe
Postf. 104, 33311 Gütersloh
T: (05241) 97 70-0   **Fax:** 70 20 71
Gründung: 1993 (31. Januar)
Schirmherrin: Liz Mohn
Vorsitzende(r): Prof. Michael Hennerici
1. Stellv. Vors.: Dr. Klaus Eierhoff
Geschäftsführer(in): Jan Wiegels
Leitung Presseabteilung: Norbert Osterwinter
Verbandszeitschrift: Das Schlaganfallmagazin
Mitarbeiter: 23
Jahresetat: DM 8 Mio, € 4,09 Mio

● **T 757**

Stiftung Phönikks
Familien leben - mit Krebs
Mittelweg 121, 20148 Hamburg
T: (040) 44 54 71   **Fax:** 44 88 87
Internet: http://www.phoenikks.de
E-Mail: info@phoenikks.de
Gründung: 1986 (15. Oktober)
Geschäftsf. Vorsitzende: Christl Rehmenklau-Bremer
Vorstand: Irene Görtitz
Dr. Klaus Günzel
Priv.-Doz. Dr. Thomas Küchler
Mitarbeiter: 6
Die Stiftung hat die Aufgabe, psychosoziale Hilfe krebskranken Kindern, Jugendlichen, jungen Erwachsenen und deren Angehörigen zu gewähren. Ein weiterer ausschließlicher und unmittelbarer Zweck ist die Betreibung eines Beratungs-und Hilfszentrums.

● **T 758**
Stiftung Sozialpädagogisches Institut
Gemeinnützige Stiftung des bürgerlichen Rechts
Müllerstr. 74, 13349 Berlin
T: (030) 45 97 93-0   **Fax:** 45 97 93-66
Internet: http://www.spiftung-spi.de
E-Mail: info@stiftung-spi.de
Direktor(in): Hartmut Brocke
Stellvertretender Direktor: Karl-Friedrich Schnur
Stellvertretende Direktorin: Dr. Birgit Hoppe

● **T 759**
GEMA-Stiftung
Sitz München
Öffentliche Stiftung des bürgerlichen Rechts
Rosenheimer Str. 11, 81667 München
T: (089) 4 80 03-00   **Fax:** 4 80 03-450
Vorstand: Prof. Dr. Reinhold Kreile
Prof. Dr. Jürgen Becker
Dipl. Oec. Rainer Hilpert
Geschäftsführer(in): Prof. Dr. Michael Karbaum
Beiratsvorsitzender: Hans-Jürgen Radecke

● **T 760**
Deutsche Stiftung Musikleben
Stubbenhuk 7, 20459 Hamburg
T: (040) 37 03 53 90   **Fax:** 37 03 58 43
Internet: http://www.dsm-hamburg.de (ab September 2001)
E-Mail: dsm@dsm-hamburg.de
Gründung: 1962 (25. Oktober)
Präsident(in): Dr. Arend Oetker
Präsidium: Erhard Bouillon
Prof. Dr. Richard Jakoby
Prof. Jobst Plog
Gerd Schulte-Hillen
Prof. Dr. Hans W. Sikorski
Vorsitzende des Vorstands: Irene Schulte-Hillen (geschäftsführend)
Leitung Geschäftsstelle: Saskia Egger
Öffentlichkeitsarbeit: Esther Schulte
Mitglieder: 51 (Präsidium, Kuratorium, Vorstand)
Mitarbeiter: 4
Jahresetat: ca. DM 1,8 Mio, € 0,92 Mio (1999)
Bundesweite Hochbegabtenförderung:
1. Streichinstrumentenverleih über den Deutschen Musikinstrumentenfonds
2. Konzertreihe "Foyer Junger Künstler"
3. Graduiertenstipendien

● **T 761**
Bundesstiftung "Mutter und Kind - Schutz des ungeborenen Lebens"
53107 Bonn
T: (0228) 9 30-0   **Fax:** 9 30-2221
Gründung: 1984 (13. Juli)

● **T 762**
Erwin-von-Steinbach-Stiftung
Mendelssohnstr. 70, 60325 Frankfurt
T: (069) 9 75 83 90   **Fax:** 97 58 39 19
Gründung: 1960
Vors. des Stiftungsrates: Hans-Jürgen Sick (Mendelssohnstr. 70, 60325 Frankfurt)
Jahresetat: DM 1,1 Mio, € 0,56 Mio
Elsass-Lothringen Bibliothek; Förderung wissenschaftlicher und kultureller Interessen und Arbeiten zu Elsass und Lothringen.

● **T 763**

Konrad-Adenauer-Stiftung

Konrad-Adenauer-Stiftung e.V.
Rathausallee 12, 53757 St Augustin
T: (02241) 2 46-0   **Fax:** 2 46-508
Internet: http://www.kas.de
E-Mail: zentrale@kas.de
Gründung: 1964
Vorsitzende(r): Ministerpräsident Dr. Bernhard Vogel
Stellvertretende(r) Vorsitzende(r): Anton Pfeifer (MdB)
Dr. Norbert Lammert (MdB)
Prof. Dr. Beate Neuss
Schatzmeister(in): Dr. Wolfgang Peiner
Generalsekretär(in): Wilhelm Karl Staudacher
Presse- u. Öffentlichkeitsarbeit: Ralf Jaksch
Vermittlung politischer Bildung, Begabtenförderung, wissenschaftliche Forschung, Internationale Zusammenarbeit, Förderung von Kunst und Künstlern, Herausgabe von Publikationen.

t 764
Konrad-Adenauer-Stiftung e.V.
Akademie
Tiergartenstr. 35, 10785 Berlin
T: (030) 2 69 96-0   **Fax:** 2 69 96-217
Leiter(in): Dr. Melanie Piepenschneider

t 765
Konrad-Adenauer-Stiftung e.V.
Institut für Politische Bildung
Schloß Eichholz
Urfelder Str. 221, 50389 Wesseling
T: (02236) 7 07-0   **Fax:** 7 07-230

● T 766
Hans Böckler Stiftung
Hans-Böckler-Stiftung
Mitbestimmungs-, Forschungs- und Studienförderungswerk des Deutschen Gewerkschaftsbundes
Bertha-von-Suttner-Platz 1, 40227 Düsseldorf
T: (0211) 77 78-0   **Fax:** 77 78-120
Internet: http://www.boeckler.de
Vorsitzende(r) des Vorstandes: Dieter Schulte
Geschäftsführer(in): Prof. Dr. Heide Pfarr
Nikolaus Simon
Leitung Presseabteilung: Sabine Nehls (T: (0211) 7 77 81 50, Fax: (0211) 7 77 82 25)
Verbandszeitschrift: Die Mitbestimmung
Redaktion: Margarete Hasel
Verlag: Bund-Verlag, Postf. 90 01 68, 60441 Frankfurt/M.
Mitarbeiter: 130

Mitbestimmungs-, Forschungs- und Studienförderungswerk des DGB.

● T 767
Waldemar-Bonsels-Stiftung
Gemeinnützige rechtsfähige öffentliche Stiftung des bürgerlichen Rechts
Geschäftsstelle:
Von-der-Tann-Str. 5, 80539 München
T: (089) 7 90 11 90   **Fax:** 7 90 14 19
Gründung: 1977 (31. Juli)
Stiftungs-Vorstand: Prof. Dr. Ludwig Delp

● T 768
Gottlieb Daimler- und Karl Benz-Stiftung
Dr.-Carl-Benz-Platz 2, 68526 Ladenburg
T: (06203) 10 92-0   **Fax:** 10 92-5
Internet: http://www.daimler-benz-stiftung.de
E-Mail: info@daimler-benz-stiftung.de
Gründung: 1986
Vorstand: Prof. Dr. Gisbert Frhr. zu Putlitz (Vors.)
Dr.-Ing. Diethard Schade
Geschäftsführer(in): Dr. Jörg Klein

● T 769
Deutsche Bundesstiftung Umwelt
Postf. 17 05, 49007 Osnabrück
An der Bornau 2, 49090 Osnabrück
T: (0541) 96 33-0   **Fax:** 96 33-190
Internet: http://www.dbu.de
Gründung: 1990 (18.Juli)
Vors. d. Kuratoriums: Prof. Dr. Dr.h.c.mult. Hans Tietmeyer (Präsident der Deutschen Bundesbank i.R.)
Generalsekretär der Deutschen Bundesstiftung Umwelt:
Fritz Brickwedde
Ltg. Presseref.: Franz-Georg Elpers
Mitarbeiter: ca. 100
Fördermittel pro Jahr: ca. DM 155 Mio
Jahresbericht 2000: "Deutsche Bundesstiftung Umwelt"

● T 770
Stiftung Ökologie & Landbau
Postf. 15 16, 67089 Bad Dürkheim
Weinstr. Süd 51, 67098 Bad Dürkheim
T: (06322) 86 66   **Fax:** 98 97 01
Internet: http://www.soel.de
E-Mail: info@soel.de
Gründung: 1962
Präsident(in): Dagi Kieffer (Vors. des Stiftungsrats), Bad Dürkheim
Vorstand: Dipl.-Kfm. Peter Kieffer
Dipl.-Ing. agr. Immo Lünzer (Ltg. Presseabt.)
Verbandszeitschrift: Ökologie & Landbau
Redaktion: Immo Lünzer (verantwortl. Redakteur)
Verlag: Stiftung Ökologie & Landbau, Weinstr. Süd 51, 67098 Bad Dürkheim
Mitarbeiter: 10
Jahresetat: DM 1 Mio, € 0,51 Mio

● T 771
Stiftung Hessischer Naturschutz
c/o Hess. Ministerium für Umwelt, Landwirtschaft und Forsten
Hölderlinstr. 1-3, 65187 Wiesbaden
T: (0611) 8 17-2998   **Fax:** 8 17-2185
Gründung: 1978 (29. August)
Vors. d. Stiftungsrates: Prof. Goerlich
Geschäftsführer(in): Albert Langsdorf
Mitarbeiter: 2
Stiftungsvermögen: DM 7 Mio

● T 772
Nordrhein-Westfalen-Stiftung
Naturschutz, Heimat- und Kulturpflege
Roßstr. 133, 40476 Düsseldorf
T: (0211) 4 54 85-0   **Fax:** 4 54 85-22
Internet: http://www.nrw-stiftung.de
E-Mail: info@nrw-stiftung.de
Gründung: 1986
Präs. d. Vorst.: Landesdirektor i.R. Herbert Neseker
Vize-Präs. d. Vorst.: Prof. Dr. Eberhard Weise
Vors. d. Stiftungsrates: Ministerpräsident Wolfgang Clement
Geschäftsführer(in): Hartmut Schulz
Stellvertretende(r) Geschäftsführer(in): Werner Stulier
Verbandszeitschrift: Die NRW-Stiftung
Redaktion: Nordrhein-Westfalen Stiftung Naturschutz, Heimat u. Kulturpflege, Roßstr. 133, 40476 Düsseldorf

● T 773
Internationale Bachakademie Stuttgart
Johann-Sebastian-Bach-Platz, 70178 Stuttgart
T: (0711) 6 19 21-0   **Fax:** 6 19 21-23
Internet: http://www.bachakademie.de
E-Mail: office@bachakademie.de
Gründung: 1981 (November)
Präsident(in): KMD Prof. D. Dr.h.c. mult. Helmuth Rilling (Künstl. Leiter)
Vorsitzende(r): Senator Prof. Dr.-Ing. E.h. Berthold Leibinger (Trumpf GmbH & Co.)
Stellvertretende(r) Vorsitzende(r): Prof. Dr. Marcus Bierich (Robert Bosch GmbH)
Geschäftsführer(in): Andreas Keller
Presse- und Öffentlichkeitsarbeit: Dr. Brigitte Schöning
Verbandszeitschrift: Forum Bachakademie
Redaktion: Dr. Brigitte Schöning
Verlag: Selbstverlag
Mitarbeiter: 20

● T 774
Stiftung politische und christliche Jugendbildung e.V.
Kottenforststr. 20, 53340 Meckenheim
T: (02225) 9 14 64-0   **Fax:** 91 46 90
Vorsitzende(r): R.A. Norbert Meyer
Vors. d. Beirats: Dipl.-Psych. Reinhard Werner

● T 775
Stiftung für ehemalige politische Häftlinge
Wurzerstr. 106, 53175 Bonn
T: (0228) 3 68 93-70
Gründung: 1970
Vors. d. Stiftungsvorst.: Heinz Lehmann
Geschäftsführer(in): Dr. Klaus Ludwig
Mitarbeiter: 9

● T 776
Thomas-Dehler-Stiftung
Agnesstr. 47, 80798 München
T: (089) 18 31 84   **Fax:** 18 02 55
Internet: http://www.thomas-dehler-stiftung.de
E-Mail: thomas.dehler@camelot.de
Gründung: 1979
Präsident(in): Hermann Rind
Geschäftsführer(in): Günter Meuschel
Mitarbeiter: 10
Jahresetat: DM 1 Mio, € 0,51 Mio

● T 777
Ludwig-Delp-Stiftung
Gemeinnützige rechtsfähige öffentliche Stiftung des bürgerlichen Rechts
Geschäftsstelle:
Von-der-Tann-Str. 5, 80539 München
T: (089) 7 90 11 90   **Fax:** 7 90 14 19
Gründung: 1985 (1. Oktober)
Stiftungs-Vorstand: Prof. Dr. Ludwig Delp

● T 778
Ludwig-Erhard-Stiftung e.V.
Johanniterstr. 8, 53113 Bonn
T: (0228) 5 39 88-0   **Fax:** 5 39 88-49
Internet: http://www.ludwig-erhard-stiftung.de
E-Mail: info@ludwig-erhard-stiftung.de
Gründung: 1967
Vorsitzende(r): Prof. Dr. Otto Schlecht
Stellvertretende(r) Vorsitzende(r): Dr. Hans D. Barbier
Dr. Otmar Franz
Dr. Michael Fuchs
Prof. Dr. Christian Watrin
Geschäftsführer(in): Dr. Horst Friedrich Wünsche
Schatzmeister: Martin Grüner
Verbandszeitschrift: Orientierungen zur Wirtschafts- und Gesellschaftspolitik
Mitarbeiter: ca. 10

● T 779
Hermann-Ehlers-Stiftung e.V.
Gurlittstr. 3, 24106 Kiel
T: (0431) 38 92-0   **Fax:** 38 92 38
E-Mail: info@hermann-ehlers.de
Gründung: 1968

● T 780
Rettungsstiftung Jürgen Pegler e.V.
Schellengasse 8, 74072 Heilbronn
T: (07131) 8 00 80   **Fax:** 8 12 19
Gründung: 1976 (17. April)
Vorsitzende(r): Wolfgang Pegler (Eulenbergstr. 45, 74248 Ellhofen)
Leitung Presseabteilung: Wolfgang Pegler
Verbandszeitschrift: Die Antwort
Redaktion: Schellengasse 8, 74072 Heilbronn
Mitglieder: ca. 50
Mitarbeiter: 7
Jahresetat: DM 1,6 Mio, € 0,82 Mio

● T 781
Jakob-Kaiser-Stiftung e.V.
Jakob-Kaiser-Haus Weimar
Wilhelm-Külz-Str. 22, 99423 Weimar
T: (03643) 2 46 30   **Fax:** 24 63 15
Internet: http://www.jakobkaiser.de
E-Mail: jks-weimar@t-online.de
Jakob-Kaiser-Haus Weimar
Wilhelm-Külz-Str. 22, 99423 Weimar
T: (03643) 24 63-0, **Fax:** (03643) 24 63-15
Vorsitzende(r): Staatssekretär a.D. Dr. Walter Priesnitz
Stellvertretende(r) Vorsitzende(r): Ernst O. Constantin
Geschäftsführer(in): Richard Blömer (MdL)

Zweck des Vereins ist a) die Förderung der Volks- und Berufsbildung im berufs-, sozial- und staatspolitischen Sinne b) die Förderung der Jugendpflege und Jugendfürsorge c) die Förderung des europäischen Integrationsprozesses und einer europäischen Friedensordnung.

● T 782
Körber-Stiftung
Kurt-A.-Körber-Chaussee 10, 21033 Hamburg
T: (040) 72 50 24 57   **Fax:** 72 50 36 45
Internet: http://www.koerber-stiftung.de
E-Mail: info@stiftung.koerber.de
Gründung: 1959
Vorstand: Christian Wriedt (Vors.)
Dr. Klaus Wehmeier (stellv. Vors.)
Dr. Wolf Schmidt
Jahresetat: DM 20 Mio, € 10,23 Mio

Operativ arbeitende Stiftung mit Projekten in den Bereichen Völkerverständigung, Wissenschaft und Forschung, Bildung und Erziehung, kulturelle Vorhaben und Einrichtungen, Fürsorge für ältere und kranke Menschen

● T 783
Deutsche Kunststiftung der Wirtschaft e.V.
Denninger Str. 110, 81925 München
T: (089) 91 30 58
Vorsitzende(r): Karl Günther Stempel
Geschäftsführer(in): Gisela Wunderlich-Stempel

● T 784
Wilhelm Sander-Stiftung
Sandweg 11, 93333 Neustadt
T: (09445) 6 54   **Fax:** 97 02 42
E-Mail: w.sander-stiftung@t-online.de
Gründung: 1974 (11. Dezember)
Vorsitzender des Stiftungsrates: Dr. h.c. Christian Schelter
Stellv. Vorsitzender des Stiftungsrates: Prof. Dr. Udo Löhrs
Geschäftsführer(in): Dr. Jörg Koppenhöfer
Mitarbeiter: 30
Jahresetat: DM 18 Mio, € 9,2 Mio

● T 785
Hans-Sauer-Stiftung
Fichtenstr. 5, 82041 Deisenhofen
T: (089) 6 13 67 20 **Fax:** 61 36 72 16
E-Mail: sauer@hanssauerstiftung.m.uunet.de
Gründung: 1989

● T 786
Hanns Martin Schleyer-Stiftung
Bachemer Str. 312, 50935 Köln
T: (0221) 38 40 85 **Fax:** 34 46 97
Internet: http://www.schleyer-stiftung.de
E-Mail: info@schleyer-stiftung.de
Gründung: 1977
Vors. d. Kuratoriums: Dr. Jürgen Deilmann
Vorsitzende(r) des Vorstandes: Dr. Manfred Gentz
Geschäftsführer(in): Dipl.-Kfm. Wolfgang Bruncken

● T 787
Wilhelm und Else Heraeus-Stiftung
Kurt-Blaum-Platz 1, 63450 Hanau
T: (06181) 92 32 50 **Fax:** 9 23 25 15
Internet: http://www.we-heraeus-stiftung.de
E-Mail: lang@we-heraeus-stiftung.de
Vorstand: Prof. Dr. Dieter Röss
Wilhelm Ernst Heraeus
Prof. Dr. Joachim Treusch
Geschäftsführer(in): Dr. Ernst Dreisigacker

● T 788
Jakob Wilhelm Mengler Stiftung
Postfl. 11 10 31, 64225 Darmstadt
Im Carree 1, 64283 Darmstadt
T: (06151) 3 84-0 **Fax:** 3 84-101

● T 789
Heimkehrerstiftung
Stiftung für ehemalige Kriegsgefangene
Bundesunmittelbare Stiftung des öffentlichen Rechts
Postfl. 20 06 53, 53136 Bonn
Konstantinstr. 56, 53179 Bonn
T: (0228) 9 35 76-0 **Fax:** 9 35 76-99
Internet: http://www.heimkehrstiftung.de
E-Mail: heimkehrstiftung@t-online.de
VdVorst: Heinz Oppermann
Dienststellen-Ltr: Frank Levien
Mitarbeiter: ca. 25

● T 790
Walter Scheel-Stiftung
Barkhovenallee 1, 45239 Essen
T: (0201) 84 01-183 **Fax:** 84 01-255
Gründung: 1974
Vorsitzende(r): Drs. Walter Scheel (Alt-Bundespräsident)
Stellvertretende(r) Vorsitzende(r): Rolf Berndt (Geschäftsführendes Vorstandsmitgl. der Friedrich-Naumann-Stiftung, Bonn)
Geschäftsführung: Stifterverband für die Deutsche Wissenschaft

● T 791
Deutschland-Stiftung e.V.
Kampenwandstr. 16, 83209 Prien
T: (08051) 30 41 **Fax:** 6 24 97
Gründung: 1966
Ehrenpräsidium: Dr. Max Adenauer
Prof. Rupert Scholz
Dr. Bernhard Vogel
Prof. Dr. Gertrud Höhler
Vorsitzende(r): Adelbert Reif
Stellvertretende(r) Vorsitzende(r): Alexander Klein
Eugen Spindler
Hauptgeschäftsführer(in): Elisabeth Hager
Leitung Presseabteilung: Nadira Hurnaus
Verbandszeitschrift: Deutschland-Magazin
Verlag: Kampenwandstr. 16, 83209 Prien
Mitarbeiter: 8

● T 792
Hanns-Seidel-Stiftung e.V.
Lazarettstr. 33, 80636 München
T: (089) 12 58-0 **Fax:** 12 58 356 Siemens
Internet: http://www.hss.de
E-Mail: info@hss.de
Gründung: 1967
Vorsitzende(r): Alfred Bayer
Hauptgeschäftsführer(in): Manfred Baumgärtel
Leitung Presseabteilung: Burkhard Haneke
Mitarbeiter: 271 (2000)
Jahresetat: DM 83 Mio, € 42,44 Mio (2000)

● T 793
Deutsche Stiftung für Umweltpolitik
Postfl. 12 03 69, 53045 Bonn
T: (0228) 2 69 22 16-17 **Fax:** 2 69 22 51, 2 69 22 52
E-Mail: intlawpol@cs.com
Leitung Presseabteilung: Werner Koep

● T 794
**Alcatel SEL Stiftung
für Kommunikationsforschung**
Postfl. 40 07 49, 70407 Stuttgart
Lorenzstr. 10, 70435 Stuttgart
T: (0711) 8 21-4 50 02 **Fax:** 8 21-4 22 53
Gründung: 1979
Vorsitzende(r): Prof. Dr. Jürgen Mittelstraß
Geschäftsführer(in): Dr. Dieter Klumpp

Förderung der Kommunikationsforschung durch Vergabe von Preisen und Auszeichnungen sowie Veranstaltungen und Publikationen.

● T 795
Stiftung Stahlanwendungsforschung
c/o Stifterverband für die Deutsche Wissenschaft
Postfl. 16 44 60, 45224 Essen
Barkhovenallee 1, 45239 Essen
T: (0201) 8 40 11 47 **Fax:** 8 40 12 55
Gründung: 1986 (10. Januar)
Vorsitzende(r): Dr.-Ing. Lothar Albano-Müller (Geschäftsführer der Schwelm Anlagenbau GmbH, Loher Str. 1, 58332 Schwelm)
Geschäftsführer(in): Dr. Ambros Schindler
Jahresetat: DM 8,8 Mio, € 4,5 Mio

● T 796
Deutsche Stiftung für Verbrechensverhütung und Straffälligenhilfe (DVS)
Aachener Str. 1064, 50858 Köln
T: (0221) 94 86 51 40 **Fax:** 94 86 51 41
E-Mail: 101502.1160@compuserve.com
Gründung: 1993
Vorsitzende(r): Prof. Dr. Hans-Jürgen Kerner
Präsident d. Stiftungsrates: Prof. Dr. Hans-Dieter Schwind
Vors. d. Kuratoriums: Jürgen Mutz
Geschäftsführer(in): Erich Marks

● T 797
Stiftung Buchkunst
Adickesallee 1, 60322 Frankfurt
T: (069) 15 25-1800 **Fax:** 15 25-1805
Internet: http://www.stiftung-buchkunst.de
E-Mail: buchkunst@dbf.ddb.de
Gründung: 1966
Vorsitzende(r): Dieter Beuermann
Geschäftsführer(in): Uta Schneider
Mitarbeiter: 4

● T 798
Stiftung Europäisches Naturerbe
Konstanzer Str. 22, 78315 Radolfzell
T: (07732) 92 72-0 **Fax:** 92 72-22
Internet: http://www.euronatur.org
E-Mail: info@euronatur.org
Gründung: 1987
Präsident(in): Claus-Peter Hutter
Vizepräsident(in): Dr. Fedor Strahl
Geschäftsführer(in): Gabriel Schwaderer
Verbandszeitschrift: euronatur
Redaktion: Gabriel Schwaderer
Verlag: Euronatur Service GmbH
Mitarbeiter: 21 Angest. u. ca. 5-10 Honorarempf.
Jahresetat: ca. DM 4,5 Mio, € 2,3 Mio

● T 799
Eurocentres, Stiftung für europäische Sprach- und Bildungszentren
Sedanstr. 31-33, 50668 Köln
T: (0221) 9 73 09 20 **Fax:** 7 20 09 19
Geschäftsführer(in): Michael C. Gerber
Schulleitung: Dr. Jannie Roos

● T 800
**FrauenMediaTurm
Das Feministische Archiv und Dokumentationszentrum**
Am Bayenturm, 50678 Köln
T: (0221) 93 18 81-0 **Fax:** 93 18 81-18
Internet: http://www.frauenmediaturm.de
E-Mail: womeninfo@frauenmediaturm.de
Gründung: 1984 (5. April)
Vorsitzende des Vorstands: Alice Schwarzer
Stellvertrende Vorsitzende: Ursula Scheu

● T 801
Stiftung zur Förderung der wissenschaftlichen Forschung über Wesen und Bedeutung der Freien Berufe - Ludwig Sievers Stiftung
Herbert-Lewin-Str. 3, 50931 Köln
T: (0221) 4 00 53 41
Vors. d. Kuratoriums: Dr.med. Ulrich Oesingmann

● T 802
Stiftung zur Förderung der innovativen Systemergonomie und Gesundheit im Büro (Stiftung ISG gem.)
Postfl. 11 53, 56576 Rengsdorf
Friedrich-Ebert-Str. 12-14, 56579 Rengsdorf
T: (02634) 25 48 **Fax:** 71 08
Internet: http://www.isg-systemergonomie.org
E-Mail: info@isg-systemergonomie.org
Gründung: 1997
Geschäftsführer(in): Markus Lorenz

● T 803
**Stiftung Wissenschaft und Politik (SWP)
Deutsches Institut für internationale Politik und Sicherheit**
Ludwigkirchplatz 3-4, 10719 Berlin
T: (030) 8 80 07-0 **Fax:** 8 80 07-100
Internet: http://www.swp-berlin.org
E-Mail: swp@swp-berlin.org
Gründung: 1962
Stiftungsrat:
Präsident(in): Ulrich Hartmann (Vorsitzender des Vorstands E.on AG)
Stellv. Präsidenten: Dr. Frank-Walter Steinmeier (Staatssekretär und Chef des Bundeskanzleramtes)
Prof. Dr. Reimar Lüst (Alexander von Humboldt-Stiftung)
Mitglieder: MinDir Wedige von Dewitz (Bundesministerium für Wirtschaft und Technologie)
Prof. Dr. Peter Graf Kielmansegg (Universität Mannheim)
Hans-Ulrich Klose (MdB, Vorsitzender des Auswärtigen Ausschusses des Deutschen Bundestages)
Dr. Dr. h.c. Klaus Liesen (Vorsitzender des Aufsichtsrats der Ruhrgas AG)
Prof. Dr. Hubert Markl (Präsident der Max-Planck-Gesellschaft)
Minister a.D. Markus Meckel (MdB)
Prof. Dr. Dr. h.c. mult. Gisbert Freiherr zu Putlitz (Universität Heidelberg)
Bundesminister a.D. Volker Rühe (MdB)
Staatsminister a.D. Peter M. Schmidhuber
Joachim Schmillen (Leiter des Planungsstabes, Auswärtiges Amt)
MinDir´ in Sigrid Selz (Bundesministerium der Finanzen)
Dr. Hermann Otto Solms (MdB, Vizepräsident des Deutschen Bundestages)
MinDir Michael Steiner (Bundeskanzleramt)
Dr. Walther Stützle (Staatssekretär, Bundesministerium der Verteidigung)
MinDirig Hansvolker Ziegler (Bundesministerium für Bildung und Forschung)
Vorstand: Dr. Christoph Bertram (geschäftsführender Vorsitzender)
Prof. Dr. Heinrich Vogel, Köln
Prof. Dr. Christian Tomuschat, Berlin
Leitung:
Direktor(in): Dr. Christoph Bertram
Stellvertretende(r) Direktor(en): Dr. Albrecht Zunker
Leiter(in): Dr. Winrich Kühne
Volker Steidle (Servicebereich)
Dr. Michael Paul (Forschungssekretariat)
Dietrich Seydel (Fachinformationsbereich)
Dr. Reinhardt Rummel (Conflict Prevention Network (CPN))
Leitung Presseabteilung: Dr. Michael Paul
Mitarbeiter: 140
Jahresetat: DM 16 Mio, € 8,18 Mio

Wissenschaftliche Untersuchungen auf dem Gebiet der Außen- und Internationalen Politik, der internationalen Wirtschaftsentwicklung und der modernen Technologie.

● T 804
Herbert Quandt Stiftung
80788 München
Hanauer Str. 46, 80992 München
T: (089) 3 82-11630 **Fax:** 3 82-11636
Internet: http://www.herbertquandtstiftung.com
E-Mail: hq.stiftung@bmw.de
Gründung: 1970 (22. Juni)
Vorsitzende(r): Dr. Horst Teltschik
Hauptgeschäftsführer(in): Dr. Kai Schellhorn (BMW)
Mitarbeiter: 8
Jahresetat: DM 4 Mio, € 2,05 Mio

● T 805
Verband Deutscher Naturlandstiftungen e.V.
Niebuhrstr. 16c, 53113 Bonn
T: (0228) 9 49 06-31 **Fax:** 9 49 06-30

Gründung: 1991 (20. Februar)
Vorsitzende(r): Dr. Erhard Jauch
Schatzmeister: Bernhard Bottermann
Schriftführer: Dr. Armin Winter

Mitglieder

t 806

Naturland Baden-Württemberg Gesellschaft zur Erhaltung der Lebensräume freilebender Tiere und Pflanzen m.b.H.
Kernerstr. 9, 70182 Stuttgart
T: (0711) 26 84 36 14   **Fax:** 26 84 36 29

t 807

Wildland Bayern GmbH
Hohenlindner Str. 12, 85622 Feldkirchen
T: (089) 99 02 34 17   **Fax:** 99 02 34 37

t 808

Verein zur Förderung des Naturschutzes e.V. (VFN)
Hansastr. 5, 20149 Hamburg
T: (040) 44 77 12   **Fax:** 44 61 03

t 809

Naturlandstiftung Hessen e.V.
Taunusstr. 151, 61381 Friedrichsdorf
T: (06172) 7 10 61 67   **Fax:** 71 06 10
Geschäftsführer(in): Dr. Christof Nüsse
Verbandszeitschrift: Lebensraum - Zeitschrift für Naturschutz in der Kulturlandschaft
Redaktion: Dr. Christof Nüsse
Verlag: Landwirtschaftsverlag Hessen GmbH, Postf. 13 29, 61364 Friedrichsdorf

t 810

Verein Stiftung Lebensraum Thüringen e.V.
Halle-Kasseler-Str. 27, 37327 Leinefelde
T: (03605) 51 26 90

t 811

Wildtier- und Biotopschutz-Stiftung Nordrhein-Westfalen
Gabelsbergerstr. 2, 44141 Dortmund
T: (0231) 2 86 86 00   **Fax:** 2 86 86 66

● T 812

Stiftung Wald in Not
Gemeinschaftswerk zur Rettung des Waldes
Herrn Dr. Christoph Abs
Godesberger Allee 142-148, 53175 Bonn
T: (0228) 81 98-191   **Fax:** 81 98-192
Internet: http://www.wald-in-not.de
E-Mail: stiftung@wald-in-not.de
Gründung: 1984
Vors.d.Stiftungsrates: Ministerpräsident Dr. Bernhard Vogel
Vorsitzende(r) des Vorstandes: Dr. Hedda von Wedel (Präsidentin des Bundesrechnungshofes)
Geschäftsführer(in): Dr. Christoph Abs (Ltg. Presseabt.)
Mitglieder: 75 (im Stifungsrat)
Mitarbeiter: 2
Jahresetat: ca. DM 0,6 Mio, € 0,31 Mio

● T 813

ORO VERDE - Die Tropenwaldstiftung
Radilostr. 17-19, 60489 Frankfurt
T: (069) 60 91 95-0   **Fax:** 62 09 79
Internet: http://www.oroverde.de
E-Mail: info@oroverde.de
Gründung: 1989 (8. Mai)
Präsident(in): Prof. Dr. Wolfgang Engelhardt (Generaldir. der Staatl. Naturwiss. Sammlungen Bayerns i.R.)
Vorsitzende(r): Eduard Graf von Westphalen-Fürstenberg
Generalsekretär(in): Frieder Stede (M.A.)
Verbandszeitschrift: OroVerde-Spezial
Mitarbeiter: 6, 1-2 Praktikanten und zahlr. feste Ehrenamtl.
Jahresetat: ca. DM 2 Mio, € 1,02 Mio

Pilotprojekte vor Ort, Bildungsarbeit zum Tropenwaldschutz, individuell zugeschnittene Konzepte für Spender, Sponsoren, Politik und Wissenschaft.

t 814

ORO VERDE - Stiftung zur Rettung der Tropenwälder
Vorstand:
c/o Eduard Graf von Westphalen
Widenmayerstr. 5, 80538 München
T: (089) 16 77 99

● T 815

Stiftung Reichspräsident-Friedrich-Ebert-Gedenkstätte
Geschäftsführung und Verwaltung:
Untere Str. 27, 69117 Heidelberg
T: (06221) 9 10 70   **Fax:** 91 07 10
Internet: http://www.ebert-gedenkstaette.de
E-Mail: friedrich@ebert-gedenkstaette.de
Museum: Pfaffengasse 18, 69117 Heidelberg

● T 816

RUEFACH-Stiftung
Eberhard-Finckh-Str. 55, 89075 Ulm
T: (0731) 92 72-0   **Fax:** 92 72-1 60
Gründung: 1988
Geschäftsführer(in): Dr. Karl-Bernh. Hillen

● T 817

Stiftung Werner-von-Siemens-Ring
Postf. 10 11 39, 40002 Düsseldorf
Graf-Recke-Str. 84, 40239 Düsseldorf
T: (0211) 62 14-499   **Fax:** 62 14-172
Gründung: 1916 (13. Dezember)
Vorsitzende(r): Prof. Dr. Ernst O. Göbel
Geschäftsführer(in): Dr. J. Debelius

● T 818

Stiftung MITARBEIT
Bornheimer Str. 37, 53111 Bonn
T: (0228) 6 04 24-0   **Fax:** 6 04 24-22
Internet: http://www.mitarbeit.de
E-Mail: info@mitarbeit.de
Stiftungsrat: Dr. Diemut Schnetz (Vorsitzende des Stiftungsrates)
Marianne Birthler
Stojan Gugutschkow (Ausländerbeauftragter der Stadt Leipzig)
Gerald Häfner (Mitglied des Deutschen Bundestages a. D)
Michael Lingenthal (Konrad-Adenauer-Stiftung)
Birgit Moos-Hofius (Organisationsberaterin)
Dr. Winfried Nacken (Wirtschafts- und Unternehmensberater)
Ulrike Poppe (Studienleiterin an der Ev. Akademie Berlin-Brandenburg)
Dr.-Ing. Heinrich Richard (Erster Stadtrat der Stadt Limburg)
Ulrike Rietz (Beraterin für Personal- und Organisationsentwicklung)
Prof. Dr. Lothar Rolke (Fachhochschule Mainz)
Klaus Steinke (Dozent für Kommunikation und Rhetorik)
Dr. Henning von Vieregge (Hauptgeschäftsführer GWA Gesamtverband Werbeagentur e.V.)
Vorstand: Prof.Dr. Karl-Heinz Boeßenecker (Fachhochschule Düsseldorf/Universität Siegen)
Joachim Ropertz (Journalist)
Rosi Wolf-Almanasreh (Leiterin des Amtes für mulitkulturelle Angelegenheiten Stadt Frankfurt/Main)
Kuratorium: Msgr. Dr. Karl-Heinz Ducke (Pfarrer)
Ulf Fink (Mitglied des Deutschen Bundestages)
Liselotte Funcke (Staatsministerin a. D.)
Prof. Dr. Walter Hildebrandt (Vorstand des Europäischen Studienwerkes a. D.)
Prof. Dr. Helmut Klages (Hochschule für Verwaltungswissenschaften Speyer)
Eberhard Köhler (European Foundation for the Improvement of Living and Working Conditions)
Christine Lieberknecht (Präsidentin des Thüringer Landtages)
Prof. Dr. Christian Pfeiffer (Leiter des Kriminologischen Forschungsinstitutes Niedersachsen e.V.)
Fritz Pleitgen (Intendant des Westdeutschen Rundfunks)
Karl Heinz Potthast (Landeskirchenrat a.D.)
Walter Scheel (Bundespräsident a.D.)
Cornelia Schmalz-Jacobsen (Beauftragte der Bundesregierung für Ausländerfragen a.D.)
Renate Schmidt (Vorsitzende der SPD Fraktion im Bayrischen Landtag)
Dr. Dr.h.c. Helmut Simon (Bundesverfassungsrichter a.D.)
Prof. Dr. Uwe Thaysen (Universität Lüneburg, Chefredakteur der Zeitschrift für Parlamentsfragen)
Dr. Wolfgang Ullmann (Mitglied des Europäischen Parlaments a.D.)
Beate Weber (Oberbürgermeisterin der Stadt Heidelberg)
Dr. Richard von Weizsäcker (Bundespräsident a.D)
Prof. Dr. Horst Zilleßen (Carl von Ossietzky Universität Oldenburg)
Geschäftsführer(in): Dr. Dipl.-Sozialw. Adrian Reinert (Bundeszentrale Geschäftsführung, Gesamtplanung, Koordination)

● T 819

Stiftung Lesen
Fischtorplatz 23, 55116 Mainz
T: (06131) 2 88 90-0   **Fax:** 23 03 33
Internet: http://www.StiftungLesen.de
E-Mail: mail@StiftungLesen.de
Gründung: 1987 (2. November)
Schirmherr: Dr.h.c. Johannes Rau (Bundespräsident)
Vorstand: Frank Wössner (Vors.)
Prof. Dr.h.c. Hilmar Hoffmann (Vors.)
Dr. Georg Ruppelt (stellv. Vors.)
Dr. Heinz Dürr
Helmut Heinen
Prof. Britta Naumann
Rolf Pitsch
Werner Schoenicke
Geschäftsführung: Prof. Dr. Klaus Ring (Geschäftsführer/Sprecher)
Heinrich Kreibich (Geschäftsführer)
Hans Braun (Geschäftsstelle)
Vors. d. Kuratoriums: J. Jürgen Jeske
Stifterrat: Stadt Mainz (Vors.)
Bertelsmann AG
BOL.de
Börsenverein des Deutschen Buchhandels e.V.
Bundesministerium des Inneren
Bundesverband Deutscher Zeitungsverleger e.V.
Commerzbank AG
DaimlerChrysler AG
Deutsche Bahn AG
Dresdner Bank AG
Frankfurter Allgemeine Zeitung GmbH
Freistaat Sachsen
Freunde der Stiftung Lesen e.V.
Gruner+Jahr AG & Co.
Heinrich Hugendubel
Kinowelt Medien AG
Kultur-Stiftung der Deutschen Bank
Land Hessen
Land Niedersachsen
Land Rheinland-Pfalz
Otto Maier Verlag Ravensburg
Mitsubishi Motors Deutschland
Julius-Springer-Verlag
Stiftergemeinschaft Land Baden-Württemberg/Baden-Württembergische Bank AG
Stiftung Pressehaus NRZ
Sudienkreis
Twentieth Century Fox of Germany
Ullstein Verlag GmbH
Verband Deutscher Zeitschriftenverleger e.V.
Verlagsgruppe Georg von Holtzbrinck
Stiftungsrat: Deutsche Bischofskonferenz (Vors.)
Arbeitsgemeinschaft von Jugendbuchverlagen in der BRD e.V.
Arbeitskreis für Jugendliteratur e.V.
Bundeselternrat
Bundesverband der Friedrich-Bödecker-Kreise e.V.
Deutsche Akademie für Kinder- und Jugendliteratur e.V.
Deutscher Bibliotheksverband e.V.
Deutscher Gewerkschaftsbund
Deutscher Paritätischer Wohlfahrtsverband
Deutscher Philologenverband
Deutscher Sportbund
Deutscher Volkshochschulverband e.V.
Deutsches Jugendmedienwerk e.V.
Friedrich-Naumann-Stiftung
Gewerkschaft Erziehung und Wissenschaft
Goethe-Institut
Hochschul-Rektoren-Konferenz
Kulturkreis der Deutschen Wirtschaft im Bundesverband der Deutschen Industrie e.V.
Rat der Evangelischen Kirche in Deutschland
Verband Bildung und Erziehung
Leitung Presseabteilung: Christoph Schäfer
Verbandszeitschrift: Forum Lesen
Verlag: Stiftung Lesen

● T 820

Stiftung Naturschutz Berlin (SNB)
Gemeinnützige Stiftung öffentlichen Rechts
Potsdamer Str. 68, 10785 Berlin
T: (030) 2 63 94-0   **Fax:** 2 61 52 77
Internet: http://www.stiftung-naturschutz.de
E-Mail: mail@stiftung-naturschutz.de
Gründung: 1981
Stiftungsrat: Dr. Norbert Meisner (Senator a.D. (Vors.))
Stiftungsrat: Dr. Hartwig Berger (MdA (Stellv.))
Vorstand: Dr. Johann-Wolfgang Landsberg-Becher (Vors.)
Reinhard Schubert (Stellv.)
Geschäftsführer(in): Holger Wonneberg
Leitung Presseabteilung: Heidrun Grüttner
Mitarbeiter: 35

● T 821

Stiftung Niedersachsen
Sophienstr. 2 Künstlerhaus, 30159 Hannover
T: (0511) 9 90 54-0   **Fax:** 9 90 54 99
Internet: http://www.stnds.de
E-Mail: info@stnds.de

T 821
Präsident(in): Dr. Dietrich H. Hoppenstedt
Generalsekretär(in): Dr. Dominik Frhr. von König
Jahresetat: DM 6 Mio, € 3,07 Mio

● **T 822**
Stiftung Naturschutz Hamburg und Stiftung zum Schutze gefährdeter Pflanzen
Stiftung bürgerlichen Rechts
Steintorweg 8 II, 20099 Hamburg
T: (040) 24 34 43   **Fax:** 24 31 75
E-Mail: stiftung-naturschutz-hh@t-online.de
Gründung: 1979 /1986/Fusion 1991
Stiftungsratvors.: Senator a.D. Wolfgang Curilla
Vorstand: Dr. Eberhard Schürmann (Vors.)
Karl G. Lindenlaub
Prof. Dr. h.c. Hannelore „Loki" Schmidt
Werner Kruspe
Horst Bertram
Geschäftsführer(in): Dr. Johannes Martens

● **T 823**
Kuratorium Deutsche Altershilfe (KDA) Wilhelmine-Lübke-Stiftung e.V.
An der Pauluskirche 3, 50677 Köln
T: (0221) 93 18 47-0   **Fax:** 93 18 47-6
Internet: http://www.kda.de
E-Mail: publicrelations@kda.de
Gründung: 1962
Vorsitzende(r): Dr. Hartmut Dietrich
Geschäftsführer(in): Klaus Großjohann
Leitung Presseabteilung: Dipl.-Volksw. Hans Nakielski
Verbandszeitschrift: Pro ALTER
Redaktion: Eigenverlag
Verlag: Kuratorium Deutsche Altershilfe, An der Pauluskirche 3, 50677 Köln
Mitarbeiter: rund 50
Jahresetat: DM 14 Mio, € 7,16 Mio

Das Kuratorium entwickelt und fördert zeitgemäße Konzepte der Altenhilfe, berät Fachleute bei Altenhilfe-Planung, Altenwohnbau und Pflegeorganisation und informiert in über 100 Publikationen. Ziel: mehr Lebensqualität im Alter.

● **T 824**
Helga Stödter-Stiftung zur Förderung von Frauen für Führungspositionen
Golfstr. 7, 21465 Wentorf
T: (040) 7 20 10 99   **Fax:** 7 20 49 83
E-Mail: helga.stoedter.stiftung@planet-interkom.de
Gründung: 1988 (15. April)
Vorsitzende(r) des Vorstandes: Rechtsanwältin Dr. Helga Stödter (Golfstr. 7, 21465 Wentorf)

● **T 825**
Stiftung Haus der Geschichte der Bundesrepublik Deutschland
Postf. 12 06 15, 53048 Bonn
Willy-Brandt-Allee 14, 53113 Bonn
T: (0228) 91 65-0   **Fax:** 91 65-302
Internet: http://www.hdg.de
E-Mail: post@hdg.de
Eröffnung: 1994 (14. Juni)
Direktor(in): Prof. Dr. Hermann Schäfer
Mitarbeiter: 129

● **T 826**
Studienstiftung des deutschen Volkes
Mirbachstr. 7, 53173 Bonn
T: (0228) 82 09 60   **Fax:** 8 20 96 67
Präsident(in): Prof. Dr. Helmut Altner
Generalsekretär(in): Dr. Gerhard Teufel
Leitung Presseabteilung: Dr. Sabine Dahmen

● **T 827**
Stiftung Deutsche Sporthilfe
Burnitzstr. 42, 60596 Frankfurt
T: (069) 6 78 03-0   **Fax:** 67 65 68
Gründung: 1967 (26. Mai)
Vorsitzende(r): Hans-Ludwig Grüschow
Stellvertretende(r) Vorsitzende(r): Erika Dienstl
Hemjö Klein
Prof. Walther Tröger
Geschäftsführer(in): Gerd Klein
Leitung Presseabteilung: Hans-Joachim Elz
Mitglieder: 26
Jahresetat: DM 30 Mio, € 15,34 Mio

Ideelle und materielle Förderung von Sportlerinnen und Sportlern zum Ausgleich für ihre Inanspruchnahme durch die Gesellschaft bei internationalen Meisterschaften und bei nationaler Repräsentation.

● **T 828**
VolkswagenStiftung
Postf. 81 05 09, 30505 Hannover
Kastanienallee 35, 30519 Hannover
T: (0511) 83 81-0   **Fax:** 83 81-344
Internet: http://www.volkswagenstiftung.de
E-Mail: mail@volkswagenstiftung.de
Gründung: 1961 (19. Mai)
Vors. d. Kuratoriums: Min. a.D. Helga Schuchardt
Generalsekretär(in): Dr. Wilhelm Krull
Presse- und Öffentlichkeitsarbeit: Christian Jung

Unabhängige Stiftung zur Förderung von Wissenschaft und Technik in Forschung und Lehre. Stiftungskapital 3,8 Mrd DM. Vergabe von zweckgebundenen Fördermitteln an wissenschaftliche Einrichtungen.

● **T 829**
Stiftung Öffentlichkeitsarbeit für die Wissenschaft e.V.
Postf. 20 50 06, 53170 Bonn
Ahrstr. 45, 53175 Bonn
T: (0228) 37 38 66   **Fax:** 30 22 70
Gründung: 1984
Vorsitzende(r): Karl-Heinz Preuß
Stellvertretende(r) Vorsitzende(r): Dietrich Zimmermann

● **T 830**
Stiftung Preußischer Kulturbesitz
Von-der-Heydt-Str. 16-18, 10785 Berlin
T: (030) 2 54 63-0   **Fax:** 2 54 63-2 68
E-Mail: post@hv.spk-berlin.de
Gründung: 1961 (25. September)
Präsident(in): Prof. Dr. h.c. Klaus-Dieter Lehmann
Vizepräsident(in): Norbert Zimmermann
Leitung Presseabteilung: Wolfgang Kahlcke
Verbandszeitschrift: Jahrbuch Preußischer Kulturbesitz
Verlag: Gebr. Mann Verlag, Berlin

● **T 831**
Stiftung Mitteldeutscher Kulturrat
Graurheindorfer Str. 79, 53111 Bonn
T: (0228) 65 51 38   **Fax:** 69 77 10
Präsident(in): Prof. Dr. Dr. Hermann Heckmann, Hamburg
Vizepräsident(in): Dr. Christof Römer, Braunschweig
Ratsvors.: Harro Kieser, Bad Homburg
Beiratsvors.: Dr. Heinz Schönemann, Potsdam
Geschäftsführer(in): Elfriede Stoffels, Bonn
Verbandszeitschrift: Kultur-Report
Redaktion: Franz Heinz, T: (0228) 69 54 54

● **T 832**
Stiftung Deutscher Architekten
Inselstr. 27, 40479 Düsseldorf
T: (0211) 49 67-24   **Fax:** 4 91 14 75
Gründung: 1985

● **T 833**
Stiftung Wissenschaftliche Hochschule für Unternehmensführung
Burgplatz 2, 56179 Vallendar
T: (0261) 65 09-100   **Fax:** 65 09-109

● **T 834**
Deutsches Diamant Institut, Stiftung (DDI)
Poststr. 1, 75172 Pforzheim
T: (07231) 3 22 11   **Fax:** 14 08 78
E-Mail: ddi.diamant@t-online.de
Vorstand: Dr. Alfred Schneider
Geschäftsführer(in): Jeanette Fiedler-Schwab

● **T 835**
Stiftung Jugend forscht e.V.
Baumwall 5, 20459 Hamburg
T: (040) 37 47 09-0   **Fax:** 37 47 09-99
Internet: http://www.jugend-forscht.de
E-Mail: info@jugend-forscht.de
Gründung: 1965
Kuratoriumsvorsitz: Edelgard Bulmahn
Geschäftsführer(in): Dr. soz. wiss. Uta Krautkrämer-Wagner
Presseabt.: Inga Kruskop
Verbandszeitschrift: jugend forscht - das Magazin

● **T 836**
Stiftung Technologiezentrum Freiburg
Rathausplatz 2-4, 79098 Freiburg
T: (0761) 38 81-826   **Fax:** 2 02 04 74
Gründung: 1985
Stiftungsratsvors.: Oberbürgermeister Dr. Rolf Böhme
Vorsitzende(r) des Vorstandes: Dr. Bernd Dallmann

● **T 837**
Stiftung BioMed Freiburg
Rotteckring 14, 79098 Freiburg
T: (0761) 38 81-826   **Fax:** 2 02 04 74
Gründung: 1996
Stiftungsratsvors.: Dr. Rolf Böhme
Vorstand: Dr. Bernd Dallmann
Vorstand: Dr. Thea Siegenführ (stellv. Vors.)

● **T 838**
Technologiestiftung Schleswig-Holstein
Lorentzendamm 21, 24103 Kiel
T: (0431) 5 19 37-10   **Fax:** 5 19 37-37
Internet: http://www.tsh.de
E-Mail: info@tsh.de
Gründung: 1991 (1. Dezember)
Direktor(in): Prof. Dr. H.-J. Block
Leitung Presseabteilung: Michael Fornahl
Mitarbeiter: 7
Jahresetat: DM 5,7 Mio, € 2,91 Mio

● **T 839**
Dräger-Stiftung
Moislinger Allee 53-55, 23558 Lübeck
T: (0451) 8 82 21 51   **Fax:** 8 82 30 50
E-Mail: draeger-stiftung@draeger.com
Gründung: 1974
Vorstand: Dr. Christian Dräger
Prof. Dr. Dieter Feddersen
Direktor(in): Dipl.-Vw. Petra Pissulla

● **T 840**

Postf. 10 14 09, 69004 Heidelberg
Bonhoefferstr. 1, 69123 Heidelberg
T: (06221) 82 23-0   **Fax:** 82 23-109
Internet: http://www.srh.de
Vorsitzende(r) des Vorstandes: Klaus Hekking
Leitung Presseabteilung: Christine Hirdina

18 Dienstleistungsunternehmen des Gesundheits- und Bildungswesens.

● **T 841**
Stiftung des Landes Niedersachsen für berufliche Rehabilitation Behinderter Berufsförderungswerk Bad Pyrmont
Winzenbergstr. 43, 31812 Bad Pyrmont
T: (05281) 60 10   **Fax:** 6 01-1 06
Internet: http://www.bfw-badpyrmont.de
E-Mail: info@bfw-badpyrmont.de

● **T 842**
Deutsche Bank Stiftung Alfred Herrhausen "Hilfe zur Selbsthilfe"
Bockenheimer Landstr. 42, 60323 Frankfurt
T: (069) 72 09 11   **Fax:** 91 03-88 36

● **T 843**
Stiftung Deutsches Hilfswerk
Harvestehuder Weg 88, 20149 Hamburg
T: (040) 41 41 04-0   **Fax:** 41 41 04-14
E-Mail: info@ard-fernsehlotterie.de
Gründung: 1967
Vorsitzende(r): Dr. Wolfgang Hamberger
Geschäftsführer(in): Ingo Meyer
Leiter der Presse- und Öffentlichkeitsarbeit: Miguel-Pascal Schaar

t 844
Stiftung Deutsches Hilfswerk Geschäftsstelle Köln
Lindenallee 13-17, 50968 Köln
T: (0221) 37 50 23   **Fax:** 37 84 45
Vorsitzende(r): Dr. Wolfgang Hamberger
Geschäftsführer(in): Dr. Stephan Articus
Leiter der Presse- und Öffentlichkeitsarbeit: Miguel-Pascal Schaar

● **T 845**
Stiftung Hilfswerk Berlin
Neue Kräme 32, 60311 Frankfurt
T: (069) 29 40 65   **Fax:** 28 91 97

Technisch-wissenschaftliche Vereine, Gesellschaften und Institute

● T 846

Alfred-Wegener-Stiftung zur Förderung der Geowissenschaften (AWS)
Arno-Holz-Str. 14, 12165 Berlin
T: (030) 7 90 13 74-0 **Fax:** 7 90 13 74-1
Internet: http://www.aw-stiftung.de
E-Mail: infos@aw-stiftung.de
Errichtung: 25. Februar 1980
20 Trägergesellschaften
Gründung: 1980 (28. Februar)

Geschäftsführendes Präsidium:
Präsident(in): Prof. Dr. Rolf Emmermann (GeoForschungs-Zentrum Potsdam, Telegrafenberg A 17, 14473 Potsdam, T: (0331) 2 88-1000, Fax: (0331) 2 88-1002)
Vizepräsident(in): Prof. Dr. D. Fütterer (Alfred-Wegener-Institut für Polar- und Meeresforschung, Columbusstr. 26, 27568 Bremerhaven, T: (0471) 48 31-200, Fax: (0471) 48 31-149)
Vizepräsident(in): Prof. Dr.-Ing. Friedrich Wilhelm Wellmer (Bundesanstalt für Geowissenschaften und Rohstoffe, Postf. 51 01 53, 30631 Hannover, T: (0511) 6 43-2354/-2353, Fax: (0511) 6 43-3676)
Vizepräsident(in): Prof. Dr. H. Voßmerbäumer (Institut für Geologie der Universität Würzburg, Pleicherwall 1, 97070 Würzburg, T: (0931) 31-2567, Fax: (0931) 31-2378)
Geschäftsführer(in): Prof. Dr.-Ing. Jochen Steudel (Ravensberger Str. 5, 52428 Jülich, T: (02461) 5 62 27)
Geschäftsführer(in): Dipl.-Geogr. Peter Krückel (AW-Förder-GmbH, - als ständiger Gast -, Weyerstr. 34-40, 50676 Köln, T: (0221) 92 18 25 10, Fax: (0221) 9 21 82 54)
Schatzmeister: Steuerberater Wolfgang Dorsel (Rondorfer Str. 32, 50354 Hürth, T: (02233) 96 36 20, Fax: (02233) 9 63 62 50)
Sachverständiger für Stiftungsfragen: MinDir. a.D. Kurt Kreuser (Leonardusstr. 42, 53175 Bonn, T: (0228) 37 56 71, Fax: (0228) 37 18 76)
Sachverständiger für AWS-Veröffentlichungen: Prof. Dr. Heinrich Ristedt (Institut für Paläontologie, Universität Bonn, Nussallee 8, 53115 Bonn, T: (0228) 7 32-935, Fax: (0228) 7 32-508)

Mitglieder des Präsidiums:

1. Vertreter der Trägergesellschaften:
Deutsche Bodenkundliche Gesellschaft: Prof. Dr. W. Burghardt (Univ. Gesamthochschule Essen, FB 9, Universitätsstr. 15, 45141 Essen, T: (0201) 1 83-3754, Fax: (0201) 1 83-2390)
Deutsche Geodätische Kommission an der Bay. Akademie der Wissenschaften: Prof. Dr. H. Pelzer (Geodätisches Institut der TU, Nieburgerstr. 1, 30167 Hannover, T: (0511) 7 62-2461)
Deutsche Geologische Gesellschaft: Prof. Dr. Hubert Miller (Institut für Allgemeine und Angewandte Geologie, Luisenstr. 37, 80333 München, T: (089) 52 03-210, Fax: (089) 52 03-293)
Deutsche Geophysikalische Gesellschaft: Dr. habil. Christoph Clauser (Gewissen. Gemeinschaftsaufgaben, Stilleweg 2, 30655 Hannover, T: (0511) 6 43-3538, Fax: (0511) 6 43-3665, E-Mail: c.clauser@bgr.de)
Deutsche Gesellschaft für Kartographie: Prof. Dr. Theodor Wintges (FH München Fachbereich VK 08, Karlstr. 6, 80333 München, T: (089) 12 65-2635, Fax: (089) 12 65-2698)
Deutsche Gesellschaft für Photogrammetrie und Fernerkundung e.V.: Dr.-Ing. H. Kuhn (Oldenburger Str. 73, 26203 Wardenburg, T: (04407) 22 35, Fax: (04407) 22 35)
Deutsche Hydrographische Gesellschaft: Dipl.-Met. M. Hecht (Bundesamt für Seeschiffahrt und Hydrographie, Bernhard-Nocht-Str. 78, 20359 Hamburg, T: (040) 31 90-4000, Fax: (040) 31 90-5000)
Deutsche Meteorologische Gesellschaft: Prof. Dr. G. Tetzlaff (Institut für Meteorologie der Universität Leipzig, Stephanstr. 3, 04103 Leipzig, T: (0341) 9 73 28 50, Fax: (0341) 2 11 09 37)
Deutsche Mineralogische Gesellschaft: Prof. Dr. R. Altherr (Institut für Mineralogie und Petrographie, Universität Heidelberg, Im Neuenheimer Feld 234, 69120 Heidelberg)
Deutscher Markscheider-Verein e.V.: Prof.-Dr.-Ing. Jochen Steudel (Ravensburger Str. 5, 52428 Jülich, T: (02461) 5 62 27)
Deutsche Quartärvereinigung: Prof. Dr. H. Müller-Beck (Institut für Ur- und Frühgeschichte, Ältere Abteilung, Schloß, Burgsteige 11, 72070 Tübingen, T: (07071) 2 97 24 16, Fax: (07071) 29-4995)
Deutscher Verein für Vermessungswesen: Dipl.-Ing. Eberhard Ziem (Landeshauptstadt Düsseldorf, Vermessungs- und Katasteramt, Brinckmannstr. 5, 40200 Düsseldorf, T: (0211) 8 99-4221, Fax: (0211) 8 92-9076)

Deutsche Gesellschaft für Polarforschung e.V.: Prof. Dr. Georg Kleinschmidt (Geologisch-Paläontologisches Institut Johann-Wolfgang-Goethe-Universität, Senckenberganlage 32-34, 60054 Frankfurt, T: (069) 7 98-22318, Fax: (069) 7 98-28383)
Forschungskollegium Physik des Erdkörpers: Prof. Dr. P. Giese (Freie Universität Berlin, Fachrichtung Geophysik, Malteserstr. 74-100, 12249 Berlin, T: (030) 7 79 28 00/8 30, Fax: (030) 7 75 80 56)
Geologische Vereinigung: Dr. C.-D. Cornelius (Vulkanstr. 23, 56743 Mendig, T: (02652) 98 93-60, Fax: (02652) 98 93-61)
Gesellschaft für Bergbau, Metallurgie, Rohstoff- und Umwelttechnik e.V. (GDMB): Prof. Dr. K. Fesefeldt (Fachsektion Lagerstättenforschung, Bundesanstalt für Geowissenschaften und Rohstoffe, Postf. 51 01 53, 30631 Hannover, T: (0511) 6 43-2374, Fax: (0511) 6 43-2304)
Paläontologische Gesellschaft: Prof. Dr. F. Strauch (Geolog.-Paläontologisches Institut der Universität Münster, Corrensstr. 24, 48149 Münster, T: (0251) 83-3951, Fax: (0251) 83-3968)
Deutsche Gesellschaft für Geographie: Prof. Dr. Dieter Wolf Blümel (Institut für Geographie der Universität Stuttgart, Azenberg Str. 12, 70174 Stuttgart, T: (0711) 1 21-1410, Fax: (0711) 1 21-1472)
Gesellschaft für Geowissenschaften e.V. (GGW): Dr. K. Hoth (Halsbrückerstr. 31 a, 09599 Freiberg, T: (03731) 2 94-0, Fax: (03731) 2 29 18)
Ministerialdirektor a.D. Kurt Kreuser (Sachverständiger für Stiftungsfragen, Leonardusstr. 42, 53175 Bonn, T: (0228) 37 56 71, Fax: (0228) 37 18 76)

2. Kooptierte Mitglieder:
Steuerberater Wolfgang Dorsel (Rondorfer Str. 32, 50354 Hürth, T: (02233) 96 36 20, Fax: (02233) 9 63 62 50)
Prof. Dr. R. Meißner (Institut für Geophysik der Universität Kiel, Olshausenstr. 40, 24098 Kiel, T: (0431) 8 80-3908, Fax: (0431) 8 80-4432)
Prof. Dr. G. Müller (Institut für Sedimentforschung der Universität Heidelberg, Im Neuenheimer Feld 236, 69120 Heidelberg, T: (06221) 56 48 03, Fax: (06221) 56 52 28)
Prof. Dr. J.F.W. Negendank (GeoForschungsZentrum Potsdam, Telegrafenberg A 17, 14473 Potsdam, T: (0331) 2 88-1300, Fax: (0331) 2 88-1302)
Prof. Dr. Rolf Emmermann (GeoForschungsZentrum Potsdam, Telegrafenberg A 17, 14473 Potsdam, T: (0331) 2 88-1000, Fax: (0331) 2 88-1002, E-Mail: emmermann@gfz-potsdam.de)

Kuratorium:
Prof. Dr. Dr. h.c. E. Althaus (Institut für Mineralogie, Universität Fridericiana Karlsruhe, Kaiserstr. 12, 76131 Karlsruhe, T: (0721) 6 08-3316, Fax: (0721) 69 76 82)
Prof. Dr. D. Betz (Buchenweg 6, 30916 Isernhagen; UB GmbH, In langen Felde 3-5, 30933 Burgwedel)
Prof. Dr. Rolf Emmermann (GeoForschungsZentrum Potsdam, Telegrafenberg A 17, 14473 Potsdam, T: (0331) 2 88-1000, Fax: (0331) 2 88-1002)
Dipl.-Met. Udo Gärtner (Präsident des Deutschen Wetterdienstes, Frankfurter Str. 135, 63067 Offenbach, T: (069) 80 62-2305, Fax: (069) 80 62-2483 oder 80 62-2374)
Rechtsanwalt G. Glattes (Höhenring 66, 53913 Swisttal)
Dr. F. Goerlich (Drachenfelsstr. 5, 53343 Wachtberg-Niederbachem, T: (0228) 34 49 99)
Rechtsanwalt P. Hanemann (Direktor der Holsten-Brauerei AG, Grasweg 2, 24118 Kiel)
Prof. Dr. K.-H. Heitfeld (Heitfeld-Schetelig GmbH, Reimser Str. 76, 52074 Aachen, T: (0241) 7 63 07, Fax: (0241) 70 94 36)
Regierungsdirektor a.D. Prof. Dr. O. Höflich (Blumenau 61, 22089 Hamburg)
Dr. R. Homrighausen (Celler Brunnenbau GmbH, Postfach 11 71, 29220 Celle, T: (05141) 8 84 40)
Prof. Dr. M. Kürsten (Tiefe Trift 11, 30916 Isernhagen, T: (05139) 8 76 73, Fax: (05139) 8 71 42)
Prof. Dr. H.-J. Pickel (HARRESS PICKEL CONSULT GmbH, Niedervellmarsche Str. 30, 34233 Fuldatal, T: (0561) 9 81 83 10, Fax: (0561) 9 81 83 82)
Klaus Reichenbach (Geschäftsführer der Alfred-Wegener-Stiftung, Alte Bohle 58, 50321 Brühl, T: (02232) 2 27 44, Fax: (02232) 92 53 98)
Prof. Dr. W. Ziegler (Forschungsinstitut Senckenberg, Senckenberganlage 25, 60325 Frankfurt)
Verbandszeitschrift: GEOspektrum
Redaktion: Ralf Immendorf
Mitarbeiter: 1
Jahresetat: DM 0,2 Mio, € 0,1 Mio

● T 847

Görres-Gesellschaft zur Pflege der Wissenschaft
Postf. 10 16 18, 50456 Köln
Belfortstr. 9, 50668 Köln
T: (0221) 73 83 17 **Fax:** 73 70 63
Gründung: 1876
Präsident(in): Prof. Dr.Dr.h.c.mult. Paul Mikat

● T 848

Joachim Jungius Gesellschaft der Wissenschaften
Edmund-Siemers-Allee 1, 20146 Hamburg
T: (040) 41 74 44 **Fax:** 4 48 07 52
Internet: http://www.jungius-gesellschaft.de
E-Mail: jungiusges@uni-hamburg.de
Gründung: 1947
Präsident(in): Prof. Dr. Kurt Pawlik (Psychologisches Institut I, Universität Hamburg, Von-Melle-Platz 11, 20146 Hamburg)
Vizepräsident(in): Prof. Dr. Erhard Kantzenbach (Hilgendorfweg 3, 22587 Hamburg)
Verbandszeitschrift: Veröff. Joachim-Jungius-Ges. d. Wissensch.; Ber. Sitz. Joachim Jungius-Ges. d. Wissensch.
Redaktion: Edmund-Siemers-Allee 1, 20146 Hamburg
Verlag: Vandenhoeck & Ruprecht, Theaterstr. 13, 37073 Göttingen
Mitglieder: 151
Mitarbeiter: 5

● T 849

Friedrich-Deich-Stiftung zur Förderung des Wissenschaftsjournalismus
Postf. 16 44 60, 45224 Essen
T: (0201) 84 01-163
Internet: http://www.stifterverband.de
E-Mail: ulrike.johannig@stifterverband.de
Vors. d. Kuratoriums: Dr. Rainer Flöhl (Frankfurter Allgemeine Zeitung, Hellerhofstr. 2-4, 60327 Frankfurt)
Geschäftsführer(in): Stifterverband für die Deutsche Wissenschaft (45224 Essen, T: (0201) 84 01-163)

● T 850

Forschungsinstitut für anwendungsorientierte Wissensverarbeitung (FAW)
Postf. 20 60, 89010 Ulm
Helmholtzstr. 16, 89081 Ulm
T: (0731) 5 01-0 **Fax:** 5 01-9 99
Internet: http://www.faw.uni-ulm.de
E-Mail: info@faw.uni-ulm.de
Gründung: 1987 (27. Oktober)
Vorsitzende(r) des Vorstandes: Prof. Dr. Dr. F.J. Radermacher
Stellv. Vorstandsvorsitzende(r): Dipl.-Betriebsw. P. Spiertz
Mitarbeiter: 80

● T 851

Wissenschaftliche Gesellschaft Freiburg im Breisgau
Albertstr. 21, 79104 Freiburg
T: (0761) 2 03 51 90 **Fax:** 2 03 87 20
Internet: http://www.uni-freiburg.de/wiss-ges
E-Mail: wissges@uni-freiburg.de
Gründung: 1911

● T 852

Deutscher Verband technisch-wissenschaftlicher Vereine (DVT)
Postf. 10 11 39, 40002 Düsseldorf
Graf-Recke-Str. 84, 40239 Düsseldorf
T: (0211) 62 14-499 **Fax:** 62 14-172
Internet: http://www.dvt-verband.de
E-Mail: dvt@vdi.de
Internationaler Zusammenschluß: siehe unter izs 471
Vorsitzende(r): Prof. Dr. Joachim Treusch
Geschäftsführende(s) Vorstands-Mitglied(er): Dr. J. Debelius
Mitglieder: 80

● T 853

KOLLEGIUM DER TECHNIKER, INGENIEURE UND WIRTSCHAFTLER IN DEUTSCHLAND e.V.
Postf. 6 68, 10128 Berlin
Ribnitzer Str. 39, 13051 Berlin
T: (030) 9 28 61 11 **Fax:** 9 28 61 11
Gründung: 1994 (24. Juni)
Vorsitzende(r): Dozent Dipl.-Wirtsch. Dipl.-Ing. Hans Rolf Besser
Stellvertretende(r) Vorsitzende(r): Prof. Dr. Gerhard Müller
Schatzmeister: Dipl.-Wirtsch. Wolfgang Hammer
Verbandszeitschrift: Ingenieur-Nachrichten
Redaktion: Dietrich Wolf
Verlag: Desotron Verlagsgesellschaft, Dr. Günter Hartmann & Partner GbR, Liebknechtstr. 42, 99086 Erfurt, T: (0361) 5 62 18 65, Fax: 5 62 18 76
Mitglieder: 35 u. 8 koop. Partner

● T 854

Gesellschaft für Verantwortung in der Wissenschaft e.V. (GVW)
Ahornweg 6, 35043 Marburg
T: (06421) 74 76 **Fax:** 74 76
Internet: http://staff-www.uni-marburg.de/~gvw
E-Mail: gvw@mailer.uni-marburg.de
Gründung: 1965 (27. Dezember)
Vorsitzende(r): Prof. Dr.Dr.h.c. Werner Luck
Stellvertretende(r) Vorsitzende(r): Prof. Dr. Otten
Verbandszeitschrift: Wissenschaftler und Verantwortung
Redaktion: Werner Luck
Mitglieder: 250

● T 855

Deutsche Gesellschaft für angewandte Wissenschaften e.V.
Postf. 12 38, 27718 Ritterhude
Vor Vierhausen 40a, 27721 Ritterhude
T: (04292) 15 05   **Fax:** 15 05
Präsident(in): Prof. Dr. H.-J. Scheibe (Referat Logistik, Wirtschaft u. Presse)
Vizepräsident(in): Prof. Dr. K. Scheibe (Technik)
Vors. d. Beirats: General a.D. W. Altenburg
Stellv. Vors. d. Beirats: Prof. Dr. E. Stoffers

● T 856

Union der deutschen Akademien der Wissenschaften e.V.
Geschäftsstelle:
Geschwister-Scholl-Str. 2, 55131 Mainz
T: (06131) 21 85 28-10   **Fax:** 21 85 28-11
Internet: http://www.akademienunion.de
E-Mail: uaw@mail.uni-mainz.de
Gründung: 1973
Internationaler Zusammenschluß: siehe unter izt 57
Vorsitzende(r): Prof. Dr. Clemens Zintzen
Stellvertretende(r) Vorsitzende(r): Prof. Dr. Rudolf Smend
Geschäftsführer(in): Dr. Dieter Herrmann
Leitung Presseabteilung: Dr. Katharina Weisrock
Verbandszeitschrift: Akademie-Journal
Verlag: ALPHA, Finkenstr. 10, 68623 Lampertheim
Mitglieder: 7 Akademien der Wissenschaften
Mitarbeiter: 5
Jahresetat: DM 2 Mio, € 1,02 Mio

III. Akademien der Wissenschaften

● T 857

Berlin-Brandenburgische Akademie der Wissenschaften
Jägerstr. 22-23, 10117 Berlin
T: (030) 2 03 70-0   **Fax:** 2 03 70-600
Internet: http://www.bbaw.de
Präsident(in): Prof. Dr. Dieter Simon
Vizepräsident(in): Prof. Dr. Helmut Schwarz
Generalsekretär(in): Beatrice Fromm

● T 858

Akademie der Wissenschaften zu Göttingen
Theaterstr. 7, 37073 Göttingen
T: (0551) 39-5362   **Fax:** 39-5365
Internet: http://www.adw-goettingen.gwdg.de
Präsident(in): Prof. Dr. Rudolf Smend (D.D. zugleich Vorsitzender der Philologisch-Historischen Klasse)
Vizepräsident(in): Prof. Dr. Gerhard Gottschalk (Vorsitzender der Mathematisch-Physikalischen Klasse)
Geschäftsführender Sekretär: Prof. Dr. Dr.h.c. Heinz Georg Wagner

● T 859

Bayerische Akademie der Wissenschaften
Marstallplatz 8, 80539 München
T: (089) 2 30 31-0   **Fax:** 2 30 31-100
Internet: http://www.badw.de
E-Mail: webmaster@badw.de
Gründung: 1759
Präsident(in): Prof. Dr.rer.nat., Dr.h.c.mult. Heinrich Nöth (T: (089) 2 30 31-136, E-Mail: praesident@badw.de)
Generalsekretär(in): Ltd. Reg. Direktorin Monika Stoermer (T: (089) 2 30 31-139, E-Mail: monika.stoermer@badw.de)
Pressestelle: Myriam Hönig (T: (089) 2 30 31-141, Fax: 2 30 31-281, E-Mail: myriam.hoenig@lrz.badw-muenchen.de)
Verbandszeitschrift: Akademie Aktuell
Redaktion: Myriam Hönig
Mitglieder: 120 ordentliche + 180 korrespondierende
Mitarbeiter: ca. 320

● T 860

Heidelberger Akademie der Wissenschaften, Körperschaft des öffentlichen Rechts
Postf. 10 27 69, 69017 Heidelberg
Karlstr. 4, 69117 Heidelberg
T: (06221) 54-32 65   **Fax:** 54-33 55
Internet: http://www.haw.baden-wuerttemberg.de
E-Mail: haw@baden-wuerttemberg.de
Gründung: 1909
Präsident(in): Prof. Dr. Gisbert Frhr. zu Putlitz
Sekretar d. Math.-nat. Klasse: Prof. Dr. Willi Jäger
Stellv. Sekretar: Prof. Dr.h.c. Friedrich Vogel
Sekretar der Phil.-hist. Klasse: Prof. Dr. Peter Graf Kielmansegg
Stellv. Sekretar: Prof. Dr. Eike Wolgast
Geschäftsführer(in): Gunther Jost (M.A.)
Mitglieder: 235

● T 861

Sächsische Akademie der Wissenschaften zu Leipzig
Karl-Tauchnitz-Str. 1, 04107 Leipzig
T: (0341) 7 11 53 13   **Fax:** 7 11 53 44
Internet: http://www.saw-leipzig.de
Präsident(in): Prof. Dr. Gotthard Lerchner (Universität Leipzig)
Vizepräsident(in): Prof. Dr. Heinz Penzlin (Universität Jena)
Generalsekretär(in): Dr. Ute Ecker

● T 862

Akademie der Wissenschaften und der Literatur, Mainz
Geschwister-Scholl-Str. 2, 55131 Mainz
T: (06131) 5 77-101   **Fax:** 5 77-111
Internet: http://www.adwmainz.de/
Gründung: 1949 (9.Juli)
Präsident(in): Prof. Dr. Clemens Zintzen
Generalsekretär(in): Dr. iur. Wulf Thommel (E-Mail: generalsekretariat@adwmainz.de)

● T 863

Nordrhein-Westfälische Akademie der Wissenschaften
c/o Karl-Arnold-Haus, Haus der Wissenschaften
Palmenstr. 16, 40217 Düsseldorf
T: (0211) 34 20 51   **Fax:** 34 14 75
Internet: http://www.akdw.nrw.de
E-Mail: akdw@mail.akdw.nrw.de
Präsident(in): Prof. Dr. Dr.h.c.mult. Paul Mikat
Geschäftsführendes Präsidialmitglied: Prof. Dr. Martin Honecker
Geschäftsführer(in): Ministerialrat Udo Hennebőhle

● T 864

Akademie für Technikfolgenabschätzung in Baden-Württemberg
Industriestr. 5, 70565 Stuttgart
T: (0711) 90 63-0   **Fax:** 90 63-299
Internet: http://www.ta-akademie.de
E-Mail: info@ta-akademie.de
Gründung: 1991 (24. Juni)
Vorstand: Prof. Dr. Ortwin Renn (Sprecher)
Vorstand: Dr.-Ing. Diethard Schade (Stellv. Sprecher)
Geschäftsführer(in): Ulrich Mack
Mitarbeiter: 78

● T 865

caesar (center of advanced european studies and research)
Friedensplatz 16, 53111 Bonn
T: (0228) 96 56-0   **Fax:** 96 56-111
Internet: http://www.caesar.de
E-Mail: office@caesar.de
Direktor(in): Prof. Dr. Dr. h.c. Karl-Heinz Hoffmann (Wissenschaftlicher Direktor)
Dr. Hartwig Bechte (Verwaltung)
Vorsitzende(r) des Stiftungsrates: Wolf-Michael Catenhusen (Staatssekretär im Bundesministerium für Bildung und Forschung)
Wissenschaftlicher Beirat: Gerhard Wegener (Vors.; Max-Planck-Institut für Polymerforschung, Mainz)
Mitarbeiter: ca. 100

● T 866

Deutsche Gesellschaft für Zerstörungsfreie Prüfung e.V. (DGZfP)
Geschäftsstelle
Max-Planck-Str. 6, 12489 Berlin
T: (030) 6 78 07-0   **Fax:** 6 78 07-109
Internet: http://www.dgzfp.de
E-Mail: mail@dgzfp.de
Gründung: 1933
Geschäftsführer(in): Dr. Rainer Link
Verbandszeitschrift: ZfP-Zeitung
Redaktion: Dipl.-Journ. H. Rienecker
Mitglieder: 1500
Mitarbeiter: 40

Erforschung, Entwicklung, Anwendung, Verbreitung der zerstörungsfreien Prüfverfahren durch Tagungen, Ausbildung, Prüfungen, Personalzertifizierung, Veröffentlichungen, Richtlinien, Vorträge, Literaturdokumentation, Mitgliederzeitung, Internet.

● T 867

WissPrax
Verein zur Förderung der Zusammenarbeit von Wissenschaft und Praxis sowie der Region Südniedersachsen e.V. Göttingen
Hannoversche Str. 53a, 37075 Göttingen
T: (0551) 38 33 10
Gründung: 1985
1. Vors. d. Vorst.: Prof. Dr. C. Hufenbach (T.: (0551) 38 33 10)
2. Vors. d. Vorst.: Jürgen Haese (T: (05508) 9 74-0)
Vors. d. Beirats: Prof. Dr. Herbert C. Freyhardt (T: (0551) 39 44 92)
Mitglieder: 94
Mitarbeiter: 2
Jahresetat: DM 0,1 Mio, € 0,05 Mio

● T 868

Wissenschaftliches Institut der AOK (WIdO)
Postf. 20 03 44, 53133 Bonn
Kortrijker Str. 1, 53177 Bonn
T: (0228) 8 43-393   **Fax:** 8 43-144
E-Mail: wido@wido.bv.aok.de
Gründung: 1976 (14. Juli)
Institutsleiter: Martin Litsch
Stellv. Institutsleiter: Jürgen Klauber
Mitarbeiter: 33

● T 869

Gesundheitstechnische Gesellschaft e.V.
Technisch-wissenschaftliche Vereinigung (GG)
Postf. 27 04 40, 13474 Berlin
T: (030) 43 40 28 38   **Fax:** 43 40 28 37
Gründung: 1949 (01. November)
Vorsitzende(r): Dipl.-Ing. Peter Lein
Geschäftsführer(in): Dipl.-Ing. Mario Trinkhaus
Schatzmeister: Dipl.-Kfm. Gunter Goetz
Verbandszeitschrift: GG-Nachrichten
Mitglieder: 650

● T 870

Arbeitsgemeinschaft Staub- und Silikosebekämpfung Nordrhein-Westfalen
Haroldstr. 4, 40213 Düsseldorf
T: (0211) 8 37 02   **Fax:** 8 37 22 00
Gründung: 1954
Vorsitzende(r): MR Friedrich Wilhelm Wagner (Ministerium für Wirtschaft und Mittelstand, Energie und Verkehr Nordrhein-Westfalen, 40190 Düsseldorf)
Geschäftsführer(in): RAnge'r Gerhard Peter (Ministerium für Wirtschaft und Mittelstand, Energie und Verkehr Nordrhein-Westfalen, 40190 Düsseldorf)
Verbandszeitschrift: Silikosebericht Nordrhein-Westfalen
Redaktion: Steinkohlenbergbauverein, Am Technologiepark 1, 45307 Essen
Mitglieder: 9

● T 871

ATV-DVWK Deutsche Vereinigung für Wasserwirtschaft, Abwasser und Abfall e.V.
Postf. 11 65, 53758 Hennef
Theodor-Heuss-Allee 17, 53773 Hennef
T: (02242) 8 72-0   **Fax:** 8 72-1 35
Internet: http://www.atv.de
Gründung: 1948
Internationaler Zusammenschluß: siehe unter izt 636
Präsident(in): Prof. Hermann H. Hahn
Hauptgeschäftsführer(in): Dr.-Ing. Sigurd van Riesen
Leitung Presseabteilung: Dr. Frank Bringewski
Verbandszeitschrift: KA - Wasserwirtschaft, Abwasser, Abfall
Redaktion: Dr. Frank Bringewski
Mitglieder: 16000
Mitarbeiter: 60

Die ATV-DVWK ist der deutsche Repräsentant der in Abwasser, Abfall und Wasserwirtschaft tätigen Fachleute. Zu den Haupttätigkeitsgebieten des Verbandes zählen technisch-wissenschaftliche Themen und die wirtschaftlichen sowie rechtlichen Belange des Umweltschutzes. Die politisch und wirtschaftlich unabhängige Vereinigung arbeitet national und international in den Bereichen Gewässerschutz, Abwasser, wassergefährdende Stoffe, Abfall, Wasserbau, Wasserkraft, Hydrologie, Bodenschutz und Altlasten. Die ca. 16.000 Mitglieder sind in Kommunen, Ingenieurbüros, Behörden, Unternehmen und Hochschulen tätig. Davon besteht bei 10.000 Fachleuten eine persönliche Mitgliedschaft; dies sind Ingenieure, Naturwissenschaftler, Betriebspersonal, Techniker, Juristen und Kaufleute. Über die fördernde Mitgliedschaft in der ATV-DVWK werden ca. 160.000 Fachleute erreicht. Jedes ATV-DVWK Mitglied ist einer der sieben Landesverbände zugeordnet. Zentrale Aufgaben sind die Erarbeitung und Fortschreibung des ATV-DVWK Regelwerkes, die Durchführung der beruflichen Bildung und die umfassende Information der Mitglieder.

Landesgruppen

t 872
ATV-Landesverband Baden-Württemberg
Wilhelm-Geiger-Platz 10, 70469 Stuttgart
T: (0711) 89 66 31-0 **Fax:** 89 66 31-11
E-Mail: atv-dvwk-lv-bw@t-online.de
Geschäftsführer(in): Dipl.-Volkswirt André Hildebrand
Landesverbandsvorsitzender: Bürgermeister Dipl.-Ing. Franz Albrecht

t 873
ATV-DVWK Landesverband Bayern
Friedenstr. 40, 81671 München
T: (089) 23 36 25-90 **Fax:** 23 36 25-95
E-Mail: atv_bayern@compuserve.com
Geschäftsführer(in): Dipl.-Ing. agr. Martina Dzienian-Barta
Landesverbandsvorsitzender: Stadtdirektor a.D. Dipl.-Ing. Kurt Wittmann

t 874
ATV-Landesverband Hessen/Rheinland-Pfalz/Saarland
Frauenlobplatz 2, 55118 Mainz
T: (06131) 60 47 12 **Fax:** 60 47 14
E-Mail: atv-mainz@-online.de
Geschäftsführerin: Dipl.-Ing. (FH) Vera Heckeroth
Landesverbandsvorsitzender: Ltd. MR a.D. Dipl.-Ing. Hermann Fischer

t 875
ATV-Landesverband Nordrhein-Westfalen
Postf. 10 11 61, 45011 Essen
T: (0201) 1 04 21 41 **Fax:** 1 04 21 41
E-Mail: aschley@eglv.de
Geschäftsführer(in): Anett Schley
Landesverbandsvorsitzender: Dr.-Ing. Christian Baumgart

t 876
ATV-Landesverband Nord
An der Scharlake 39, 31135 Hildesheim
T: (05121) 5 09-8 00, 5 09-801 **Fax:** 5 09-8 02
E-Mail: atv-lg-nord@-online.de
Geschäftsführer(in): Dipl.-Ing. Ralf Hilmer
Landesverbandsvorsitzender: Dipl.-Ing. Fritz Tolle

t 877
ATV-Landesverband Nord-Ost
Große Diesdorfer Str. 4, 39108 Magdeburg
T: (0391) 7 34 88 15 **Fax:** 7 34 88 17
E-Mail: atv-nordost@t-online.de
Geschäftsführer(in): Dr. Dieter Bauer
Landesverbandsvorsitzender: Martin Döring

t 878
ATV-Landesverband Sachsen/Thüringen
Lockwitztalstr. 20, 01259 Dresden
T: (0351) 2 03 20 25 **Fax:** 2 03 20 26
E-Mail: lang.atv@t-online.de
Geschäftsführer(in): Dr. Gabriele Lang
Landesverbandsvorsitzender: Prof. Dr.-Ing. Klaus Lützner

t 879
GFA-Gesellschaft zur Förderung der Abwassertechnik e.V.
Postf. 11 65, 53758 Hennef
Theodor-Heuss-Allee 17, 53773 Hennef
T: (02242) 8 72-0 **Fax:** 8 72-100
Internet: http://www.gfa-verlag.de
E-Mail: lumma@atv.de
Gründung: 1970
Verbandszeitschrift: KA - Wasserwirtschaft, Abwasser, Abfall (monatl.) inkl. der regelmäßigen Beilagen KA-Betriebs-Info, gewässer-info
Herausgabe des ATV-DVWK-Regelwerkes und anderer Publikationen der ATV-DVWK sowie der Mitvertrieb anderer Fachverlage
Redaktion: Dr. Bringewski
Verlag: GFA, Theodor-Heuss-Allee 17, 53773 Hennef

• T 880
Fachvereinigung Arbeitssicherheit e.V. (FASI)
Geschäftsstelle
Albert-Schweitzer-Allee 33, 65203 Wiesbaden
T: (0611) 60 04 00 **Fax:** 6 78 07
Internet: http://www.fasi.de
E-Mail: info@fasi.de
Gründung: 1983 (21. November)
Präsident(in): MinDirig Dipl.-Chem. Gerd Albrecht (Hessisches Sozialministerium, Abt. III Arbeitsschutz, Postf. 31 40, 65021 Wiesbaden, T: (0611) 8 17-33 48)
Vizepräsident(in): Dipl.-Ing. Gottfried Gehrmann (Siemens AG, KWV Ref. VAS 2, Postf. 10 17 55, 45466 Mülheim, T: (0208) 4 56-2555, Fax: (0208) 4 56-2062)
Dr.-Ing. Klaus Scheuermann (BG Nahrungsmittel- und Gaststätten, Bereich Prävention, Dynamostr. 7-11, 68165 Mannheim, T: (0621) 44 56-3403)
Die Fachvereinigung Arbeitssicherheit - FASI e.V. ist der Dachverband der drei technisch-wissenschaftlichen Vereine:
Verein Deutscher Gewerbeaufsichtsbeamten (VDGAB e.V.), Mitglieder sind die technischen Aufsichtsbeamten der Gewerbeaufsichtsämter
Verein Deutscher Revisionsingenieure (VDRI e.V.), Mitglieder sind die technischen Aufsichtsbeamten der Berufsgenossenschaften
Verband Deutscher Sicherheitsingenieure (VDSI e.V.) Mitglieder sind betrieblich und freiberuflich Tätige auf dem Gebiet der Sicherheit und des Gesundheitsschutzes bei der Arbeit.

• T 881
Deutsche Gesellschaft für Arbeitshygiene e.V. (DGAH)
Geschäftsstelle: c/o Michael Masuth
Kolberger Str. 43, 50997 Köln
T: (02233) 25 56, 9 01 45 81 **Fax:** 25 06, (0221) 9 01 52 97
Internet: http://www.dgah.de
E-Mail: mmasuth@ford.com
Gründung: 1990 (22. Mai)
Geschäftsführer(in): Michael Masuth (Ford Werke AG, Abt. NM/IRG-2, Henry-Ford-Str. 1, 50735 Köln, T: (0221) 9 01 45 81, Telefax: (0221) 9 01 52 97)
Geschäftsführender Vorstand: Dr. Hildegard Blank (Salvador-Allende-Str. 39, 12559 Berlin, T/Fax: (030) 64 84 97 16)
Dipl.-Chem. Elke Pätzold (AUA Agrar- und Umweltanalytik GmbH, Bereich Immissionsschutz, Ichtershäuser Str. 72, 99310 Arnstadt, T: (03628) 6 99 60 20 oder 64 19 24, Fax: (03628) 64 19 21)
Heinz G. Kretz (Rue des Azalees 6, L-6413 Echternach/Luxemburg, T: (00) 3 52 72 05 79, Telefax: (00) 3 52 72 63 37)
Mitglieder: 105

• T 882
IAS Institut für Arbeits- und Sozialhygiene Stiftung
Steinhäuserstr. 19, 76135 Karlsruhe
T: (0721) 82 04-0 **Fax:** 82 04-400
Internet: http://www.ias-stiftung.de
E-Mail: ias@ias-stiftung.de
Gründung: 1976
Vorstand: Dipl.rer.pol. Karl Hoppe
Prof. Dr. Michael Kentner
Leitung Presseabteilung: Dr. Sabine Marquardt
Verbandszeitschrift: IAS impulse; Ihre Gesundheit
Redaktion: Dr. Sabine Marquardt
Verlag: Eigenverlag
Mitarbeiter: 540

Niederlassungen: 76, u. a. in: Berlin, Chemnitz, Dessau, Dresden, Düsseldorf, Erfurt, Frankfurt/M., Freiburg, Gera, Hamburg, Karlsruhe, München, Mannheim, Offenburg, Pforzheim, Stuttgart, Zwickau

Arbeitsmedizinische Betreuung, Manager-Check-ups, sicherheitstechnische Betreuung, Umweltschutz, Betriebs- und Krankenhaushygiene, Messtechnik, Verkehrsmedizin und Verkehrspsychologie, Betriebs-, und Organisationspsychologie, Reisemedizin.

• T 883
Bundesarbeitsgemeinschaft für Sicherheit und Gesundheit bei der Arbeit (Basi) e.V.
Alte Heerstr. 111, 53757 St Augustin
T: (02241) 2 31-6000 **Fax:** 2 31-6111
Internet: http://www.basi.de
E-Mail: basi@hvbg.de
Gründung: 1961
Geschäftsführer(in): Bruno Zwingmann
Verbandszeitschrift: Basi-Infoprint
Redaktion: Wolfgang Rau
Mitglieder: 54 Institutionen und Verbände

• T 884
Deutsche Gesellschaft für Recht und Informatik e.V. (DGRI)
Sitz: Berlin
Geschäftsstelle:
Schöne Aussicht 30, 61348 Bad Homburg
T: (06172) 92 09 30 **Fax:** 92 09 33
Gründung: 1992
Vorstand: Prof. Dr. Alfred Büllesbach (Vors.; DaimlerChrysler AG, HPC 0824 - Konzernbeauftragter für den DS, 70546 Stuttgart, T: (0711) 17-97702, Fax: (0711) 17-97699, E-Mail: alfred.buellesbach@daimlerchrysler.com)
RA Dr. Wolfgang Büchner (stellv. Vors.; Marstallstr. 8, 80539 München, T: (089) 2 90 12-0, Fax: (089) 2 90 12-222, E-Mail: buechner@muc.boesebeck-droste.com)
Prof. Dr. Gerald Spindler (stellv. Vors.; Georg-August-Universität Göttingen, Platz der Göttinger Sieben 6, 37073 Göttingen, T: (0551) 39-7374, Fax: (0551) 39-4633, E-Mail: gspindl@gwdg.de)
RA Dr. Anselm Brandi-Dohrn (Mauerstr. 77, 10117 Berlin, T: (030) 22 69 22-0, Fax: (030) 22 69 22-22, E-Mail: brandi-dohrn.berlin@seeligpreubohlig.de)
RA Thomas Heymann (An der Welle 4, 60322 Frankfurt/M., T: (069) 6 14 82-76, Fax: (069) 9 71 25 55 31, E-Mail: theymann@willkie.com)
RAin Dr. Irini Vassilaki (Herzberger Landstr. 1, 37085 Göttingen, T: (0551) 55 36-0, Fax: (0551) 55 36-1, E-Mail: ivassil1@gwdg.de)
Ulrike Weinbrenner (Tennelbachstr. 15, 65192 Wiesbaden, T: (0611) 5 41 06-29, Fax: (0611) 5 41 06-30, E-Mail: uweinbrenner@t-online.de)
Dr. Andreas Wiebe (Wördenfelstr. 29, 30890 Barsinghausen, T: (0511) 76 28-166, Fax: (0511) 76 28-290, E-Mail: a_wiebe@t-online.de)
Dr. Bernd Wißner (Im Tal 12, 86159 Augsburg, T: (0821) 25 98 10, Fax: (0821) 59 49 32, E-Mail: wissner@wissner.com)
Geschäftsführer(in): RA Prof. Dr. Jürgen W. Goebel (Schöne Aussicht 30, 61348 Bad Homburg, T: (06172) 92 09-30, Fax: (06172) 92 09-33, E-Mail: xgoebel@aol.com)
Kassenprüfer: RA Walter Trickl (Biebricher Allee 175, 65203 Wiesbaden, T: (0611) 6 50-77, Fax: (0611) 6 50-86, E-Mail: waltertrickl@compuserve.com)
RA Wolfgang Zimmermann (Smidtstr. 16, 20535 Hamburg, T: (040) 8 18-780, Fax: (040) 8 18-790, E-Mail: rawoziham@compuserve.com)
Mitglieder: ca. 470

• T 885
Förderkreis der Angewandten Informatik e.V.
Mendelstr. 11, 48149 Münster
T: (0251) 9 81 35-0 **Fax:** 8 85 90
Gründung: 1985
Vorstand: Wilhelm Füting (GAD Ges. für Automatische Datenverarbeitung eG)
Wieland Pieper (Industrie- und Handelskammer zu Münster)
Dieter Pahlen (Westdeutsche Genossenschafts-Zentralbank eG)
Direktorium: Prof. Dr. Wolfram-Manfred Lippe (Institut für Numerische und Instrumentelle Mathematik der WWU)
Prof. Dr. Heinz Lothar Grob (Institut für Wirtschaftsinformatik der WWU)
Dr. Wilhelm Held (Rechenzentrum der WWU Münster)
Mitglieder: 40
Mitarbeiter: 4

• T 886
Zentrum für angewandte Informatik e.V. (ZAI)
Schöfferstr. 8b, 64295 Darmstadt
T: (06106) 1 44 78 **Fax:** 1 44 78
Internet: http://www.zai.fh-darmstadt.de
E-Mail: info@zai.fh-darmstadt.de
Vorsitzende(r): Prof. Dr. U. Bleimann

• T 887
Verein regionaler Informationstechnik-Zentren e.V. (itz)
Gottbillstr. 34a, 54294 Trier
T: (0651) 8 27 09-11
Gründung: 1993 (15. November)
Vorsitzende(r) des Vorstandes: Ralf Maxheim (ttt Technologie Transfer Trier GmbH, Gottbillstr. 34a, 54294 Trier)
Vorstand: Klaus Echtermeyer (BIT Korbach, Kreis-VHS Waldeck-Frankenberg, Klosterstr. 11, 34497 Korbach, T: (05631) 9 77-30, Fax: 9 77-3 22)
Dr. Bernd Göde (InKom MV Rostock im Technikzentrum Warnemünde, Richard-Wagner-Str. 31, 18199 Warnemünde, T: (0381) 51 96-1 05, Fax: 51 96-1 54)
Klaus Lach (Memeler Str. 11, 23879 Mölln, T: (04542) 47 13, Fax: 47 13)
Bernd Müller (PC-Labor Uni Bremen, Postf. 33 04 40, 28334 Bremen, T: (0421) 2 18-48 49, Fax: 2 18-27 20)
Geschäftsführer(in): Ralf Maxheim (ttt Technologie Transfer Trier GmbH, Gottbillstr. 34 a, 54294 Trier, T: (0651) 8 27 09-11, Fax: 8 27 09-33)
Schatzmeister: Peter Eisenburger (Gesellschaft für Informations- und Kommunikationstechnik Schotten mbH, Vogelsbergstr. 137 a, 63679 Schotten, T: (06044) 7 27, Fax: 7 29)
Mitglieder: Uwe Hügel (Telehaus Adlershof im IGZ, Rudower Chaussee 5, 12489 Berlin, T: (030) 63 92 61 30, Fax: 6 77 41 81)
Uwe Christen (wfm Wirtschaftsförderung Müritz GmbH, See-

T 887

badstr. 25, 17207 Röbel, T: (039931) 5 74-0, Fax: 5 74-21)
Gabi Fladung (Telehaus Wetter, Verein für Frauenförderung, Alter Graben 2, 35083 Wetter, T: (06423) 35 10, Telefax: 39 54)
Hans Förstemann (Telekommunikationszentrum Oberfranken e.V., Bürgerreuther Str. 7, 95444 Bayreuth, T: (0921) 7 21 00 40, Fax: 7 21 00 44)
Ulrich Graumann (KITZ-Kieler Innovations- und Technologiezentrum GmbH, Schauenburger Str. 114-116, 24103 Kiel, z. Zt. T: (0431) 9 01-10 72, Telefax: 9 01-23 40)
Günter Kroës (Universität Dortmund, FB Raumplanung, August-Schmidt-Str. 10, 44221 Dortmund, T: (0231) 7 55-22 47, Fax: 7 55-25 08; priv.: Pater-Kolbe-Str. 47, 48163 Münster, T: (02501) 5 83 30, Fax: 5 81 25)
Anne-Dore Lutze (Telehaus Wetter, Verein für Frauenförderung, Alter Graben 2, 35083 Wetter, T: (06423) 35 10, Fax: 39 54)
Winfried Piezonka (ttz sh Technologie Transfer Zentrale Schleswig-Holstein GmbH, Lorentzendamm 22, 24103 Kiel, T: (0431) 5 19 62-29, Telefax: 5 19 62-33)
Eberhard Richter (BIT Sachsen, AGIL GmbH Leipzig, Goerdelerring 5, 04109 Leipzig, T: (0341) 12 67-4 60, Fax: 12 67-4 62)
Prof. Dr. Rainer Schlegel (Infratel Sachsen-Anhalt e.V., Gewerbehof, Wasserkunststr. 27 a, 39124 Magdeburg, T: (0391) 2 55 68 90, Telefax: 27 32 71 <2 55 68 98>)
Rudolf Veldscholten (Telematikzentrum der GAG Norden, Uffenstr. 1, 26506 Norden, T: (04931) 92 22 68, Fax: 92 21 50)
Mitglieder: 14
Jahresetat: ca. DM 0,01 Mio, € 0,01 Mio

● T 888

Konrad-Zuse-Zentrum für Informationstechnik (ZIB)
Takustr. 7, 14195 Berlin
T: (030) 8 41 85-0 **Fax:** 8 41 85-125
Internet: http://www.zib.de
E-Mail: leitung@zib.de
Gründung: 1984
Präsident(in): Prof. Dr. Peter Deuflhard
Vizepräsident(in): Prof. Dr. Martin Grötschel
Mitarbeiter: 150

● T 889

Initiative D21 e.V.
Ernst-Reuter-Platz 2, 10587 Berlin
T: (030) 31 15-1390 **Fax:** 31 15-1650
Internet: http://www.initiatived21.de
E-Mail: kontakt@initiatived21.de
Ehrenvorsitzender: Prof. Dr. Roman Herzog (Bundespräsident a.D.)
Vorsitzender des Vorstandes: Erwin Staudt (Vorsitzender der Geschäftsführung IBM Deutschland GmbH)
Vorsitzender des Beirates: Bundeskanzler Gerhard Schröder
Geschäftsführung: Ass. iur. Ariane Alpmann
Leiter Marketing u. Öffentlichkeitsarbeit: Norbert Eder
Mitglieder: 122 Firmen und Institutionen (Stand März 2001)
Förderer: 41 Firmen und Institutionen (Stand März 2001)

● T 890

REFA Bundesverband e.V.
Wittichstr. 2, 64295 Darmstadt
T: (06151) 88 01-0 **Fax:** 88 01-27
Internet: http://www.refa.de
E-Mail: presse@refa.de, presse@refa.de

t 891

REFA-Informatik-Center Dortmund
Emil-Figge-Str. 43, 44227 Dortmund
T: (0231) 97 96-0 **Fax:** 9 79 61 97

● T 892

DAI-Verband Deutscher Architekten- und Ingenieurvereine e.V.
Keithstr. 2-4, 10787 Berlin
T: (030) 21 47 31 74 **Fax:** 21 47 31 82
Internet: http://www.architekt.de/dai
E-Mail: dai@architekt.de
Gründung: 1871
Präsident(in): Dipl.-Ing. Jens Krause, Berlin
Geschäftsführer(in): Dipl.-Ing. Hans-Martin Schutte (AIV Oldenburg)
Verbandszeitschrift: BAUZENTRUM/BAUKULTUR
Verlag: Das Beispiel GmbH, Spreestr. 9, 64295 Darmstadt
Mitglieder: 5000

● T 893

Astronomische Gesellschaft
c/o Astrophysikalisches Institut und Universitäts-Sternwarte Jena
Schillergäßchen 2, 07745 Jena
T: (03641) 94 75 26 **Fax:** 94 75 02
Internet: http://www.astro.uni-jena.de/Astron_Ges/
E-Mail: schie@astro.uni-jena.de
Gründung: 1863

Vorsitzende(r): Prof. Dr. Erwin Sedlmayr (Institut für Astronomie und Astrophysik der Technischen Universität Berlin, Hardenbergstraße 36, 10623 Berlin, T: (030) 31 42 37 83, Fax: 31 42 48 85)
Schriftführer(in): Dr. Reinhard E. Schielicke
Mitglieder: 800

● T 894

Kerntechnische Gesellschaft e.V. (KTG)
Heussallee 10, 53113 Bonn
T: (0228) 50 72 59 **Fax:** 50 72 58
Internet: http://www.ktg.org
Gründung: 1969
Internationaler Zusammenschluß: siehe unter izl 32
Vorsitzende(r): Prof. Dr. Jürgen Knorr
Stellvertretende(r) Vorsitzende(r): Dr. Wolf-Dieter Krebs, Bubenreuth
Geschäftsführer(in): Dr. Peter Haug, Bonn
Mitglieder: 2400
Sektionen: Berlin/Brandenburg/Greifswald, Erlangen/Nürnberg, Frauen in der Kerntechnik, Hannover/Braunschweig, Junge Generation, Karlsruhe/Mannheim/Stuttgart, München, Norddeutschland, Rheinland, Rhein/Main, Rhein/Ruhr, Sachsen, Senioren
Fachgruppen:
Betrieb kerntechnischer Anlagen
Brennelemente
Chemie und Entsorgung
Energiesysteme - Energiewirtschaft
Kernfusion
Nutzen der Kerntechnik
Reaktorphysik und Berechnungsmethoden
Reaktorsicherheit
Stilllegung
Strahlenschutz
Thermo- und Fluiddynamik

● T 895

Deutsches Atomforum e.V. (DAtF)
Tulpenfeld 10, 53113 Bonn
T: (0228) 5 07-215 **Fax:** 5 07-219
Internet: http://www.atomforum.de
Gründung: 1959 (26.05.)
Internationaler Zusammenschluß: siehe unter izl 7
Präsident(in): Dr. Gert Maichel
Generalbevollmächtigter: Dr. Peter Haug
Leitung Presseabteilung: Christian Wilson
Mitglieder: 240

● T 896

Wissenschaftliche Vereinigung für Augenoptik und Optometrie e.V. (WVAO)
Adam-Karrillon-Str. 32, 55118 Mainz
T: (06131) 61 30 61 **Fax:** 61 48 72
Internet: http://www.WVAO.org
E-Mail: wvao-mainz@t-online.de
1. Vorsitzende(r): Uwe Hurlin (Adam-Karrillon-Str. 32, 55118 Mainz)
Geschäftsführer(in): RA Hartmut Glaser
Verbandszeitschrift: Optometrie
Mitglieder: 2400 ; 26 Landesgruppen

Fachwissenschaftliche Organisation der Augenoptiker.

● T 897

VDI-Gesellschaft Bautechnik (VDI-Bau)
Postf. 10 11 39, 40002 Düsseldorf
Graf-Recke-Str. 84, 40239 Düsseldorf
T: (0211) 62 14-5 31 **Fax:** 62 14-575, 62 14-151
Internet: http://www.vdi.de/bau/bau.htm
E-Mail: bau@vdi.de
Vorsitzende(r): Prof. Dr.-Ing. E.h. Manfred Nußbaumer (M.Sc)
Geschäftsführer(in): Dipl.-Ing. Reinhold Jesorsky

● T 898

Länderausschuß Bergbau
c/o Bundesministerium für Wirtschaft und Technologie
Postf. 14 02 60, 53057 Bonn
T: (0228) 6 15-34 53 **Fax:** 6 15-3502
Vorsitzende(r): MinR Hartmut Schneider
Geschäftsführer(in): MinR Dr. Ulrich Kullmann

● T 899

Betriebswirtschaftliches Institut der Bauindustrie GmbH (BWI-Bau)
Postf. 10 15 54, 40006 Düsseldorf

Schillerstr. 33, 4C237 Düsseldorf
T: (0211) 67 03-276 **Fax:** 67 03-282
Internet: http://www.BWI-Bau.de
E-Mail: Info@BWI-Bau.de
Gründung: 1964
Leiter(in): Prof. Dr. Bruno Refisch
Verbandszugehörigkeit: Tochtergesellschaft der Verbände der Bauindustrie

Informationsdienste (Bau), Fachliteratur (Bau), Datenservice (Bau), Fernkurse (Bau), Betriebs- u. Unternehmensberatung (Bau), Fortbildungsmaßnahmen (Bau)

● T 900

Deutsche Montan Technologie für Rohstoff, Energie, Umwelt e.V. (DMT e.V.)
Sitz: Essen
Postanschrift:
Shamrockring 1, 44623 Herne
T: (02323) 15-20 40 **Fax:** 15-23 43
Gründung: 1990
Vorsitzende(r) des Vorstandes: Bergwerksdirektor Wilhelm Beermann
Geschäftsführer(in): Dr.-Ing. Hans-Jürgen Czwalinna
Dipl.-Kfm. Hans-Rainer Kost

● T 901

Deutsche Montan Technologie GmbH
Postanschrift:
Postf. 13 01 01, 45291 Essen
Am Technologiepark 1, 45307 Essen
T: (0201) 1 72-01 **Fax:** 1 72-1462
Internet: http://www.dmt.de
E-Mail: dmt@dmt.de
Gründung: 1990 (01. Januar)
Geschäftsführung: Dr.-Ing. Rolf Petry (Vors.)
Dr.-Ing. Reinhard Bassier
Heinz-Gerd Körner
Dipl.-Kfm. Udo Scheer
Ltg. Öffentlichkeitsarbeit: Dr. Michael Beyer
Mitarbeiter: 848
Jahresetat: DM 138 Mio, € 74,65 Mio

Ingenieurleistungen aller Art einschließlich Forschung und Entwicklung auf allen Gebieten der Rohstoff-, Energie- und Umwelttechnik sowie die Durchführung von technischen Prüfungen, Abnahmen und Beratungen, vor allem aufgrund von Rechtsvorschriften, insbesondere im Sinne des Paragraph 65 Nr. 3 und Nr. 4 BBergG, einschließlich der hierfür erforderlichen sicherheitstechnischen Forschung.

● T 902

DMT-Gesellschaft für Lehre und Bildung mbH
Postanschrift:
Herner Str. 45, 44787 Bochum
T: (0234) 9 68-01 **Fax:** 9 68-3606
Internet: http://www.lehre.dmt.de
E-Mail: info@lehre.dmt.de
Gründung: 1991
Geschäftsführung: Willi Kaminski (Sprecher)
Dieter Sehrt
Leitung Öffentlichkeitsarbeit: Ulrich Bäumer

Förderung der Aus-, Fort- und Weiterbildung und die Pflege des bergbaulichen Kulturgutes.

● T 903

**TÜV Akademie GmbH
- Unternehmensgruppe RWTÜV -**
Steubenstr. 53, 45138 Essen
T: (0209) 60 44-120 **Fax:** 60 44-111
Gründung: 1989
Geschäftsführer(in): Jürgen Braun (Sprecher)
Frank Müller
Leitung Presseabteilung: Gabriele Schimmel
Mitarbeiter: 137

● T 904

Verein für die bergbaulichen Interessen e.V.
Postf. 10 36 63, 45036 Essen
Rellinghauser Str. 1, 45128 Essen
T: (0201) 1 77-08 **Fax:** 1 77-4288
Gründung: 1358 (20. November)
Vorstand: Dr. Peter Schörner (Vors.)
Wilfried Beimann (stellv. Vors.)
Dr. Bruno Kühn
Dipl.-Ök. Rainer Platzek
Dipl.-Volksw. Wolfgang Reichel

● T 905

Georg-Agricola-Gesellschaft zur Förderung der Geschichte der Naturwissenschaften und der Technik e.V.
Am Bergbaumuseum 28, 44791 Bochum
T: (0234) 58 77-1 40   **Fax:** 58 77-1 11
Internet: http://www.bergbaumuseum.dmt.de/agesellh.htm
E-Mail: gag@lb.dmt.de
Vorsitzende(r): Senator E.h. Dr.-Ing. Herbert Gassert
Geschäftsführer(in): Dr. phil. Werner Kroker

● T 906

Deutscher Beton- und Bautechnik-Verein E.V. (DBV)
Postf. 11 05 12, 10835 Berlin
Kurfürstenstr. 129, 10785 Berlin
T: (030) 23 60 96-0   **Fax:** 23 60 96-23
Internet: http://www.betonverein.de
E-Mail: dbv.berlin@t-online.de
Gründung: 1898
Internationaler Zusammenschluß: siehe unter izf 1756
Vorsitzende(r): Dipl.-Ing. Dieter Rappert
Hauptgeschäftsführer(in): Dr.-Ing. Hans-Ulrich Litzner
Presseabteilung: Ralf Gigerich (M.A.)
Verbandszeitschrift: DBV-Rundschreiben
Verlag: Eigenverlag
Mitglieder: 1600
Mitarbeiter: 25

● T 907

Verband Deutscher Biologen und biowissenschaftlicher Fachgesellschaften e.V. (VDBiol)
Zentrale Geschäftsstelle
Corneliusstr. 6, 80469 München
T: (089) 26 02 45 73   **Fax:** 26 02 45 74
Internet: http://www.vdbiol.de
E-Mail: info@vdbiol.de
Gründung: 1954
Präsident(in): Prof. Dr. Hans-Jörg Jacobsen (Sektion Hochschulbiologie; LG Molekulargenetik, Universität Hannover, Herrenhäuserstr. 2, 30419 Hannover, T: (0511) 7 62 40-82, Fax: (0511) 7 62 40-88, e-mail: jacobsen@mbox.lgm.uni-hannover.de)
Vizepräsident(in): Dr. Rüdiger Marquardt (Sektion Biotechnologie; DECHEMA e.V., Informationssekretariat Biotechnologie, Theodor-Heuss-Allee 25, 60486 Frankfurt/M., T: (069) 75 64-163, Fax: (069) 75 64-169, e-mail: marquardt@dechema.de)
Prof. Dr. Klaus Dierßen (Sektion Biodiversität, Natur und Umweltschutz; Botanisches Institut Universität Kiel, Schauenburgerstr. 112, 24118 Kiel, T: (0431) 8 80-4285, Fax: (0431) 8 80-1522, e-mail: kdierssen@bot.uni-kiel.de)
Prof. Dr. Rainer Klee (Sektion Biologiedidaktik; Institut für Biodidaktik Universität Gießen, Karl-Glöckner-Str. 21 c, 35394 Gießen, T: (0641) 9 93 55-10, Fax: (0641) 9 93 55-09, e-mail: rainer.klee@didaktik.bio.uni-giessen.de)
StD Jürgen Langlet (Sektion Schulbiologie; Am Hang 17, 21403 Wendisch-Evern, T/Fax: (04131) 5 84 04, e-mail: langlet@t-online.de)
Sprecher neue Bundesländer/Fachgesellschaften: Prof. Dr. Jochen Oehler (TU Dresden, Uniklinikum AG Neurobiologie, Fetscherstr. 74, 01307 Dresden, T: (0351) 4 58-4450, Fax: (0351) 4 58-5350, e-mail: jochen.oehler@mailbox.tu-dresden.de)
Sprecher der Landesverbände: Prof. Dr. Hans Dieter Frey (Institut für Botanik, Universität Tübingen, Auf der Morgenstelle 1, 72076 Tübingen, T: (07071) 29-73086, Fax: (07071) 29-3086, e-mail: hdfrey@uni-tuebingen.de)
Geschäftsführer(in): Dr. Georg Kääb (Leitung Presseabteilung)
Geschäftsführer(in): Dr. Carsten Roller
Verbandszeitschrift: Biologen heute
Redaktion: Dr. Georg Kääb, Zentrale Geschäftsstelle, München
Mitglieder: 5700

t 908

Verband Deutscher Biologen und biowissenschaftlicher Fachgesellschaften e.V.
Landesverband Baden-Württemberg
c/o Botanisches Institut der Universität Tübingen
Auf der Morgenstelle 1, 72076 Tübingen
T: (07071) 2 97-3086   **Fax:** 29 30 86
Internet: http://www.uni-tuebingen.de/vdbiol/
E-Mail: hdfrey@uni-tuebingen.de
Kontakt: Prof. Dr. Hans-Dieter Frey

t 909

Verband Deutscher Biologen und biowissenschaftlicher Fachgesellschaften e.V.
Landesverband Bayern
Geschäftsstelle: Katrin Ketterer
Corneliusstr. 6, 80469 München
T: (089) 5 32 82 93   **Fax:** 51 39 92 22
Internet: http://www.vdbiol.de/bayern/
E-Mail: vdbiol.bayern@lrz.uni-muenchen.de
Kontakt: Oberstudienrat Johann Staudinger (Holbein Gymnasium, Hallstr. 10, 86150 Augsburg, Tel.: (0821) 3 24 16 11, Fax: (0821) 3 24 16 06, E-Mail: staudinger.vdbiol@gmx.de)

t 910

Verband Deutscher Biologen und biowissenschaftlicher Fachgesellschaften e.V.
Landesverband Berlin
Waldowstr. 14, 13403 Berlin
T: (030) 49 89 35 66   **Fax:** 66 61 74 90 56
E-Mail: bertsch@berlin.snafu.de
Kontakt: Detlev Bertsch

t 911

Verband Deutscher Biologen und biowissenschaftlicher Fachgesellschaften e.V.
Landesverband Brandenburg
Brodberg 38, 14532 Kleinmachnow
T: (033203) 7 91 66 (privat)
E-Mail: edelgard@pohlheim.com
Kontakt: Dr. Edelgard Pohlheim

t 912

Verband Deutscher Biologen und biowissenschaftlicher Fachgesellschaften e.V.
Landesverband Bremen
c/o Landesinstitut für Schule
Am Weidedamm 20, 28215 Bremen
T: (0421) 37 06 69 (privat)   **Fax:** 3 50 90 78 (privat)
Internet: http://www.1.uni-bremen.de/~vdbiol/
E-Mail: hgraf@zfu.uni-bremen.de
Kontakt: Dr. Hans-Udo Graf

t 913

Verband Deutscher Biologen und biowissenschaftlicher Fachgesellschaften e.V.
Landesverband Hamburg
c/o Institut für Allgemeine Botanik,
Universität Hamburg
Ohnhorststr. 18, 22609 Hamburg
T: (040) 4 28 16-290   **Fax:** 4 28 16-254
Internet: http://www.vdbiol.de/hamburg/
E-Mail: muehlbach@botanik.uni-hamburg.de
Kontakt: Prof. Dr. Hans-Peter Mühlbach

t 914

Verband Deutscher Biologen und biowissenschaftlicher Fachgesellschaften e.V.
Landesverband Hessen
c/o Institut für Biologiedidaktik,
Universität Gießen
Karl-Glöckner-Str. 21c, 35394 Gießen
T: (0641) 9 93 55 04   **Fax:** 9 93 55 09
Internet: http://www.uni-giessen.de/~gf1002/vdbiol/
E-Mail: dittmar.graf@didaktik.bio.uni-giessen.de
Kontakt: Dr. Dittmar Graf

t 915

Verband Deutscher Biologen und biowissenschaftlicher Fachgesellschaften e.V.
Landesverband Mecklenburg-Vorpommern
c/o FB Biologie, Universität Rostock
18051 Rostock
Wismarsche Str. 8, 18057 Rostock
T: (0381) 4 98 19 96   **Fax:** 4 98 19 80
E-Mail: frank.horn@biologie.uni-rostock.de
Kontakt: Prof. Dr. Frank Horn

t 916

Verband Deutscher Biologen und biowissenschaftlicher Fachgesellschaften e.V.
Landesverband Niedersachsen
Blumenhaller Weg 26, 49078 Osnabrück
T: (0541) 43 42 84   **Fax:** 4 09 50 23
Internet: http://home.t-online.de/home/e.falkenhausen/index.htm
E-Mail: hoegermann@t-online.de
Kontakt: Dr. Christiane Högermann

t 917

Verband Deutscher Biologen und biowissenschaftlicher Fachgesellschaften e.V.
Landesverband Nordrhein-Westfalen
c/o Institut für Biologie IV, RWTH Aachen
52056 Aachen
Worringerweg, 52074 Aachen
T: (0241) 80 66 01   **Fax:** 8 88 81 80
Internet: http://www.vdbiol.de/nrw/
E-Mail: klaus.wolf@rwth-aachen.de
Kontakt: Prof. Dr. Klaus Wolf

t 918

Verband Deutscher Biologen und biowissenschaftlicher Fachgesellschaften e.V.
Landesverband Rheinland-Pfalz
Mittelstr. 7, 56412 Großholbach
T: (02602) 1 75 20 (privat)
Internet: http://www.vdbiol.de/rh-pf/
E-Mail: sabel@sil.bildung-rp.de
Kontakt: Dr. Peter Sabel

t 919

Verband Deutscher Biologen und biowissenschaftlicher Fachgesellschaften e.V.
Landesverband Saarland
Lützowstr. 3, 66119 Saarbrücken
T: (0681) 85 32 65
Internet: http://www.handshake.de/user/vdbiol-saar
E-Mail: wolfgang.kirsch@t-online.de
Kontakt: Studienrat Dipl.-Biol. Wolfgang Kirsch

t 920

Verband Deutscher Biologen und biowissenschaftlicher Fachgesellschaften e.V.
Landesverband Sachsen
August-Böckstiegel-Str. 8, 01326 Dresden
T: (0351) 2 61 08 68   **Fax:** 2 61 08 68
Internet: http://www.saxonet.de/vdbiol/
E-Mail: vdbiol.kempe@t-online.de
Kontakt: Renate Kempe

t 921

Verband Deutscher Biologen und biowissenschaftlicher Fachgesellschaften e.V.
Landesverband Sachsen-Anhalt
c/o FB Biologie, Institut für Zoologie
Martin-Luther-Universität
Domplatz 4, 06108 Halle
T: (0345) 5 52 64 66   **Fax:** 5 52 71 52
Internet: http://www.vdbiol.uni-halle.de
E-Mail: weinandy@zoologie.uni-halle.de
Kontakt: Dr. René Weinandy

t 922

Verband Deutscher Biologen und biowissenschaftlicher Fachgesellschaften e.V.
Landesverband Schleswig-Holstein
c/o IPN-Abt. Biologie
24098 Kiel
Olshausenstr. 62, 24118 Kiel
T: (0431) 8 80 31 37   **Fax:** 8 80 31 32
Internet: http://www.ipn.uni-kiel.de/aktuelles/vdb_webo.htm
E-Mail: lucius@ipn.uni-kiel.de
Kontakt: Dr. Eckhard R. Lucius

t 923

Verband Deutscher Biologen und biowissenschaftlicher Fachgesellschaften e.V.
Landesverband Thüringen
c/o AG Fachdidaktik, Biologisch-Pharmazeutische Fakultät
Universität Jena
Dornburger Str. 159, 07743 Jena
T: (03641) 94 94 94   **Fax:** 94 94 92
Internet: http://www.uni-jena.de/biologie/didaktik/vdbiol.html
E-Mail: b6rowo@rz.uni-jena.de
Kontakt: Dr. Wolfgang Rödiger

● T 924

Union Deutscher Biologischer Gesellschaften e.V. (UDBio)
Universitätsstr. 1 Gebäude 26.03, 40225 Düsseldorf
T: (0211) 8 11 30 52   **Fax:** 8 11 44 99
Internet: http://www.udbio.de
E-Mail: mehlhorn@uni-duessseldorf.de
Gründung: 1991
Präsident(in): Prof. Dr. Heinz Mehlhorn (Inst. f. Zoomorphologie, Zellbiol. und Parasitologie Heinrich-Heine-Universität Düsseldorf, Universitätsstr. 1, 40225 Düsseldorf)
Leitung Presseabteilung: Monika Möller
Mitglieder: 20000

Zusammenschluß von 21 biowissenschaftlichen Fachgesellschaften mit 20000 Mitgliedern. Ziele sind Förderung der biologischen Forschung und des wissenschaftlichen Erfahrungsaustausches und Förderung des Einflusses der Biologen auf Politik und Gesellschaft (z.B. Bildungsfragen, Gesetzgebung etc.). Vertritt die Deutsche Biologie bei der IUBS.

● **T 925**
Deutsche Forschungsgesellschaft für Oberflächenbehandlung e.V. (DFO)
Aderssstr. 94, 40215 Düsseldorf
T: (0211) 93 88 95 70 **Fax:** 93 88 95 71
Internet: http://www.dfo-online.de
E-Mail: service@dfo-online.de
Gründung: 1949
Vorsitzende(r): Dr.-Ing. Klaus Werner Thomer
Geschäftsführer(in): Dipl.-Ing. H. Vesper
Verbandszeitschrift: DFO-Kurzmitteilungen für Mitglieder

Vereinigung für Gemeinschaftsforschung, Erfahrungsaustausch, Aus- und Weiterbildung und Technologieberatung auf dem Gebiet der industriellen Lackiertechnik.

● **T 926**
WETTI Westbayerisches Technologie-Transfer-Institut e.V.
Schäufelinstr. 14, 86720 Nördlingen
T: (09081) 2 90 18 50 **Fax:** 2 27 51
Internet: http://www.wetti.de
E-Mail: wetti@t-online.de
Gründung: 1987 (19. Dezember)
Vorsitzende(r) des Vorstandes: Senator Wolfgang C.-O. Kurz
Stellvertretende(r) Vorsitzende(r): Regierungspräs. Karl Inhofer (Regierung von Mittelfranken)
Geschäftsführer(in): Dipl.-Ing. Jörg Führmann
Kontaktperson: Maria Schäble
Mitarbeiter: 8

Fachgebiete: Know-how-Träger für Computer-Techniken, Elektrotechnik, Maschinenbau; technische Umfeldgebiete zusammen mit Kooperationspartnern. Leistungsangebot: Allg. Technologie-Transfer; Innovationsberatung und -betreuung; Auftragsforschung und -entwicklung; Informationsvermittlung; Förderungsberatung; Ausbildung techn.-wiss. Nachwuchskräfte (Praktika, Diplomarbeiten); Seminare.

● **T 927**
Deutsche Botanische Gesellschaft e.V.
c/o Institut für Pflanzenphysiologie
Freie Universität Berlin
Geschäftsstelle
Königin-Luise-Str. 12-16, 14195 Berlin
T: (030) 8 38-53128 **Fax:** 8 38-54357
Internet: http://www.deutsche-botanische-gesellschaft.de
E-Mail: haschke@zedat.fu-berlin.de
Gründung: 1882
Vorsitzende(r): Prof. Dr. Erwin Beck (Universität Bayreuth, Lehrstuhl für Pflanzenphysiologie, Universitätsstr. 30, 95440 Bayreuth, Tel.: (0921) 55 26 30, Fax: (0921) 55 26 42, E-Mail: erwin.beck@uni-bayreuth.de)
Generalsekretär(in): Prof. Dr. Rudolf Ehwald (Humboldt-Universität Berlin, Institut für Biologie und Zellbiologie, Invalidenstr. 43, 10115 Berlin, Tel.: (030) 20 93 88 16, Fax: (030) 20 93 88 35, E-Mail: rudolf=ewald@biologie.hu-berlin.de)
Schatzmeister: Dr. Hans-Peter Haschke (Freie Universität Berlin, Institut für Biologie - Pflanzenphysiologie), Berlin
Schriftführer(in): Prof. Dr. Guido Baumann (Department of Biology, Universität Potsdam, Postfach 60 15 33, 14415 Potsdam, T: (0331) 9 77 51 30, Fax: (0331) 9 77 50 50, E-Mail: baumann@rz.uni-potsdam.de)
Verbandszeitschrift: Actualia
Redaktion: Prof. Dr. Christian Wilhelm, Institut für Botanik, Universität Leipzig, Johannisallee 19-21, 04103 Leipzig, Tel.: (0341) 9 73 68 74, Fax: (0341) 9 73 68 99, E-Mail: cwilhelm@rz.uni-leipzig.de
Mitglieder: 1000

● **T 928**
Bayerische Botanische Gesellschaft e.V. (BBG)
Menzinger Str. 67, 80638 München
T: (089) 1 78 61-2 64, -2 57 **Fax:** 1 78 61-193
Gründung: 1890
Vorsitzende(r): Dr. Wolfgang Lippert
Verbandszeitschrift: Berichte der Bayerischen Botanischen Gesellschaft
Redaktion: Dr. Wolfgang Lippert
Verlag: Eigenverlag
Mitglieder: 915

● **T 929**
Vereinigung für Angewandte Botanik e.V.
Grisebachstr. 6, 37077 Göttingen
T: (0551) 39 37 48-52 **Fax:** 39-37 59
Internet: http://www.uni-giessen.de/vab
E-Mail: hkoch@gwdg.de
Gründung: 1902
Präsident(in): Prof. Dr. Reinhard Lieberei
Schriftführer(in): Prof. Dr. Hans-Jürgen Jäger, Gießen
Verbandszeitschrift: Angewandte Botanik/Journal of Applied Botany
Redaktion: Prof. Dr. Hans-Jürgen Jäger
Mitglieder: ca. 290

● **T 930**
Deutscher Braumeister- und Malzmeister-Bund (Techn.-wissenschaftl. Vereinigung) e.V. (DBMB)
Arndtstr. 47, 44135 Dortmund
T: (0231) 57 11 21 **Fax:** 52 42 61
Internet: http://www.dbmb.de
E-Mail: geschaeftsstelle@dbmb.de
Präsident(in): Dipl.-Ing. Betriebsw. (VWA) Fritz Michael Klein (Geschäftsführer der Bavaria-St. Pauli-Brauerei GmbH, Hamburg)
Dipl.-Ing. Peter Düll
Geschäftsführer(in): Dipl.-Braum. Gregor Schneider
Mitglieder: 2800

Landesgruppen

t 931
Deutscher Braumeister- und Malzmeister-Bund e.V.
Landesgruppe Baden
Am Kehler Tor 3, 76437 Rastatt
T: (07222) 7 65 50
1. Vorsitzende(r): Dipl.-Braum. Michael Riedl

t 932
Deutscher Braumeister- und Malzmeister-Bund e.V.
Landesgruppe Berlin-Brandenburg
Schloßallee 8, 13156 Berlin
T: (030) 9 60 95 28
1. Vorsitzende(r): Dipl.-Ing. Peter Weichenhain

t 933
Deutscher Braumeister- und Malzmeister-Bund e.V.
Landesgruppe Hamburg/Schleswig-Holstein
Diesterwegstr. 34, 25421 Pinneberg
T: (04101) 85 20 96
1. Vorsitzende(r): Dipl.-Ing. Gebhard Ludwig (Geschäftsführer Tivoli-Malz GmbH, Hamburg)

t 934
Deutscher Braumeister- und Malzmeister-Bund e.V.
Landesgruppe Hessen
Danziger Str. 9, 34260 Kaufungen
T: (05605) 61 13
1. Vorsitzende(r): Dipl.-Braum. Klaus Jahn (Techn. Direktor i.R.)

t 935
Deutscher Braumeister- und Malzmeister-Bund e.V.
Landesgruppe Kurpfalz
Kalckreuthstr. 6, 67659 Kaiserslautern
T: (0631) 9 78 44
1. Vorsitzende(r): Dipl.-Braum. Elmar Bohm

t 936
Deutscher Braumeister- und Malzmeister-Bund e.V.
Landesgruppe Mecklenburg/Vorpommern
Parchimer Str. 31, 19386 Lübz
T: (038731) 3 62 40
1. Vorsitzende(r): Michael Doetsch (Holsten-Brauerei AG, Hamburg)

t 937
Deutscher Braumeister- und Malzmeister-Bund e.V.
Landesgruppe Niedersachsen
Luisenstr. 34a, 31224 Peine
T: (05171) 7 30 08
1. Vorsitzende(r): Dipl.-Braum. Betriebsw. Klaus Schoknecht

t 938
Deutscher Braumeister- und Malzmeister-Bund e.V.
Landesgruppe Nordbayern
Brunnenstr. 6, 90562 Heroldsberg
T: (089) 29 40 86
1. Vorsitzende(r): Dipl.-Ing. Manfred Unkel (Hauptgeschäftsführer Verband mittelständischer Privatbrauereien in Bayern e.V., München)

t 939
Deutscher Braumeister- und Malzmeister-Bund e.V.
Landesgruppe Nordrhein-Westfalen
Arndtstr. 47, 44135 Dortmund
T: (0231) 57 11 21 **Fax:** 52 42 61
1. Vorsitzende(r): Dipl.-Braum. Herbert Groppe (Betriebsleiter Brauerei Iserlohn AG)

t 940
Deutscher Braumeister- und Malzmeister-Bund e.V.
Landesgruppe Saar
Karlsbergstr. 77, 66424 Homburg
T: (06841) 10 53 80
1. Vorsitzende(r): Dr.-Ing. Gerd Bender (Produktionsleiter, Karlsberg-Brauerei GmbH & Co. KG, Weber, Homburg-Saar)

t 941
Deutscher Braumeister- und Malzmeister-Bund e.V.
Landesgruppe Sachsen
Cunnersdorfer Str. 25, 01189 Dresden
T: (0351) 40 83-302
1. Vorsitzende(r): Dipl.-Braum. Heinz-Joachim Marre (Vorstandsmitglied Technik, Feldschlößchen AG, Dresden)

t 942
Deutscher Braumeister- und Malzmeister-Bund e.V.
Landesgruppe Sachsen-Anhalt
Auerhahnring 1, 38855 Wernigerode
T: (03943) 93 61 20
1. Vorsitzende(r): Dipl.-Br.-Ing. Stephan Gimpel-Henning (Geschäftsführer, Hasseröder Brauerei GmbH)

t 943
Deutscher Braumeister- und Malzmeister-Bund e.V.
Landesgruppe Südbayern
Siedlerweg 4, 87600 Kaufbeuren
T: (08341) 43 04 25
1. Vorsitzende(r): Dipl.-Braum. Horst Hubner (Techn. Betriebsleiter Aktienbrauerei Kaufbeuren)

t 944
Deutscher Braumeister- und Malzmeister-Bund e.V.
Landesgruppe Thüringen
Leinastr. 50, 99867 Gotha
T: (03621) 46 70
1. Vorsitzende(r): Dipl.-Ing. Richard Wenig (Techn. Betriebsleiter Brauerei Gotha GmbH)

t 945
Deutscher Braumeister- und Malzmeister-Bund e.V.
Landesgruppe Weser/Ems
Am Schweerscrt 3, 28197 Bremen
T: (0421) 50 94 43 14
1. Vorsitzende(r): Dr.-Ing. Hans-Georg Eils (Hauptabteilungsleiter Brautechnik Brauerei Beck & Co., Bremen)

t 946
Deutscher Braumeister- und Malzmeister-Bund e.V.
Landesgruppe Württemberg
Sombartstr. 38c, 70565 Stuttgart
T: (0711) 6 48 83 12
1. Vorsitzende(r): Dipl.-Ing. Franz-Xaver Brummer (Betriebsdirektor, Stuttgarter Hofbräu AG)

● **T 947**
Braunschweigische Wissenschaftliche Gesellschaft
Fallersleber-Tor-Wall 16, 38100 Braunschweig
T: (0531) 1 44 66 **T:** 1 44 60
Präsident(in): Prof. Dr.rer.nat. J. Klein

● **T 948**

Technische Informationsbibliothek (TIB)
Postf. 60 80, 30060 Hannover
Welfengarten 1B, 30167 Hannover
T: (0511) 7 62-22 68 **Fax:** 71 59 36
Internet: http://www.tib.uni-hannover.de
E-Mail: ubtib@tib.uni-hannover.de
Gründung: 1959
Direktor(in): Dipl.-Math. Uwe Rosemann
Kontaktperson: Dipl.-Bibl. Sabine Ronge (E-Mail:sabine.ronge@tib.uni-hannover.de)
Leitung Presseabteilung: Nicole Petri
Mitarbeiter: 150
Jahresetat: DM 32,5 Mio, € 16,62 Mio

Literaturversorgung. Die TIB ist die deutsche

Zentrale Fachbibliothek für Technik und deren Grundlagenwissenschaften, insbesondere Chemie, Informatik, Mathematik und Physik. Sie bildet mit der Universitätsbibliothek Hannover einen engen räumlichen und organisatorischen Verbund.

• T 949
Die Deutsche Bibliothek
Bundesunmittelbare Anstalt des öffentlichen Rechts
(Deutsche Bücherei Leipzig, Deutsche Bibliothek Frankfurt am Main, Deutsches Musikarchiv Berlin)
Adickesallee 1, 60322 Frankfurt
T: (069) 15 25-0 **Fax:** 15 25-1010
Internet: http://www.ddb.de
E-Mail: info@dbf.ddb.de
Gründung: 1912
VdVR: Dr. Knut Nevermann
Leiter(in): Gen.-Dir. Dr. Elisabeth Niggemann
Beiräte: Prof. Dr.h.c.mult. Klaus Gerhard Saur
Dr. Hartmut Schaefer
Leitung Presseabteilung: Kathrin Ansorge
Verbandszeitschrift: "Dialog mit Bibliotheken"
Redaktion: Die Deutsche Bibliothek
Verlag: Die Deutsche Bibliothek, Adickesallee 1, 60322 Frankfurt
Mitarbeiter: 618,5
Jahresetat: DM 67 Mio, € 34,26 Mio
Kundenzeitschrift: Dialog mit Bibliotheken
Redaktion: Deutsche Bibliothek, Frankfurt am Main

t 950
Deutsche Bücherei
Deutscher Platz 1, 04103 Leipzig
T: (0341) 22 71-0 **Fax:** 22 71-4 44
E-Mail: info@dbl.ddb.de

t 951
Deutsches Musikarchiv
Gärtnerstr. 25-32, 12207 Berlin
T: (030) 7 70 02-0 **Fax:** 7 70 02-2 99
E-Mail: info@dma.ddb.de

• T 952
Deutscher Bibliotheksverband e.V. (DBV)
Straße des 17. Juni 114, 10623 Berlin
T: (030) 39 00-1480, 39 00-1481 **Fax:** 39 00-1484
Internet: http://www.bibliotheksverband.de
E-Mail: dbv@bibliotheksverband.de
Gründung: 1949
Präsident(in): Dr. Christof Eichert (Oberbürgermeister, Stadtverwaltung, Wilhelmstr. 11, 71638 Ludwigsburg, T: (07141) 9 10 28 20, Fax: 9 10 22 20, E-Mail: dr.eichert@stadt.ludwigsburg.de)
Vizepräsident(in): Ministerialdirigent Jürgen Schlegel (Generalsekretär der Bund-Länder-Kommission (BLK) für Bildungsplanung und Forschungsförderung, Hermann-Ehlers-Str. 10, 53113 Bonn, T: (0228) 5 40 21 12, Fax: 5 40 21 60, E-Mail: schlegel@blk-bonn.de)
Geschäftsstelle des DBV: Elke Dämpfert (Straße des 17.Juni 114, 10623 Berlin, T: (030) 39 00 14 80, Fax: 39 00 14 84, E-Mail: dbv@bdbibl.de)
Judith Gärtner (Straße des 17. Juni 114, 10623 Berlin, T: (030) 39 00 14 81, Fax: 39 00 14 84, E-Mail: dbv@bdbibl.de)
Geschäftsführer(in): Prof. Günter Beyersdorff (Ehem. Deutsches Bibliotheksinstitut, Kurt-Schumacher-Damm 12-16, 13405 Berlin, T: (030) 41 03 44 00, Fax: 41 03 41 00, E-Mail: beyersdorff@dbi-berlin.de)
Vorsitzende(r) des Vorstandes: Dr. Arend Flemming (Direktor der Städtischen Bibliotheken Dresden, Postfach 120737, 01008 Dresden, Freiberger Straße 33, 01067 Dresden, T: (0351) 8 64 81 01, Fax: 8 64 81 02, E-Mail: flemming@bibo-dresden.de)
Vorstandsmitglied der wissenschaftlichen Bibliotheken: Ltd. Bibl.Dir Albert Bilo (Direktor der Universitätsbibliothek Essen, Universitätsstraße 9, 45141 Essen, T: (0201) 1 83 36 99, Fax: 1 83 32 31, E-Mail: bilo@bibl.uni-essen.de)
Vorstandsmitglied der wissenschaftlichen Bibliotheken: Dr. Hermann Leskien (Generaldirektor der Bayerischen Staatsbibliothek, Kaiserstraße 12, 80328 München, Ludwigstr. 16, 80539 München, T: (089) 2 86 38 22 06 / 2 86 38 23 22 Fax: 2 86 38 22 93, E-Mail: leskien@bsb.badw-muenchen.de)
Vorstandsmitglied der wissenschaftlichen Bibliotheken:: Christoph-Hubert Schütte (Ltd. Bibliotheksdirektor der Universitätsbibliothek Karlsruhe, Postfach 6920, 76049 Karlsruhe, Tel: (0721) 6 08 31 01, Fax: 6 08 48 86, E-Mail: ub@ubka.uni-karlsruhe.de)
Vorstandsmitgl. der Öffentlichen Bibliotheken des DBV: Brigitte Krompholz-Roehl (Leiterin der Stadtbibliothek Göttingen, Postfach 3842, 37028 Göttingen, Gotmarstraße 8, 37037 Göttingen, Tel: (0551) 4 00 28 23, Fax: 4 00 27 60, E-Mail: krompholz@goettingen.de)
Vorstandsmitgl. der Öffentlichen Bibliotheken des DBV: Dr. Claudia Lux (Generaldirektorin der Zentral- und Landesbibliothek Berlin, Postfach 610179, 10922 Berlin, Breite Straße 36, 10178 Berlin, Tel: (030) 90 22 64 50, Fax: 90 22 64 94, E-Mail: lux@zlb.de)
Vorstandsmitgl. der Öffentlichen Bibliotheken des DBV:: Jürgen Seefeldt (Leiter der Landesbüchereistelle Rheinland-Pfalz - Görreshaus -, Eltzerhofstr. 6a, 56068 Koblenz, Tel: (0261) 3 01 22 04, Fax: 3 01 22 50, E-Mail: seefeldt@landesbuechereistelle.de)
Verbandszeitschrift: DBV-Jahrbuch
Mitglieder: 1820
Mitarbeiter: 2

Landesverbände

t 953
Deutscher Bibliotheksverband e.V.
Landesverband Baden-Württemberg
Badische Landesbibliothek
Postf. 14 29, 76003 Karlsruhe
Erbprinzenstr. 15, 76133 Karlsruhe
T: (0721) 1 75-0, 1 75-201, 1 75-202 **Fax:** 1 75-333
Vorsitzende(r): Oberbürgermeister Gerhard Stratthaus (68723 Schwetzingen, T: (06202) 8 72 01, Fax: 8 72 02)
Geschäftsführer(in): Dr. Michael Ehrle

t 954
Deutscher Bibliotheksverband e.V.
Landesverband Bayern
Stadtbücherei Erlangen
Postf. 31 60, 91019 Erlangen
Marktplatz 1, 91054 Erlangen
T: (09131) 86 22 82 **Fax:** 86 24 31
Geschäftsführer(in): Joachim Bahler

t 955
Deutscher Bibliotheksverband e.V.
Landesverband Berlin
Stiftung Zentral- und Landesbibliothek Berlin
-Berliner Stadtbibliothek-
Postf. 2 79, 10124 Berlin
Breite Str. 30-36, 10178 Berlin
T: (030) 90 22 63 50 **Fax:** 90 22 64 94
Internet: http://dbv-berlin.zlb.de
E-Mail: beger@zlb.de
Vorsitzende(r): Dr. Dieter Biewald (Zietenstr. 32 b, 12249 Berlin, T: (030) 7 72 60 60)
Geschäftsführer(in): Gabriele Beger

t 956
Deutscher Bibliotheksverband e.V.
Landesverband Brandenburg
Stadt- und Landesbibliothek Potsdam
Postf. 60 14 64, 14414 Potsdam
Am Kanal 47, 14467 Potsdam
T: (0331) 2 84 21 11 **Fax:** 2 84 21 02
Vorsitzende(r): Karen Falke
Rosemarie Spatz
Verbandszeitschrift: Weitblick, Mitteilungsblatt der Bibliotheken in Berlin und Brandenburg

t 957
Deutscher Bibliotheksverband e.V.
Landesverband Bremen
Stadtbibliothek Bremen
Friedrich-Ebert-Str. 101-105, 28199 Bremen
T: (0421) 3 61 40 46 **Fax:** 3 61 69 03
E-Mail: bali@edvserv.stabi.uni-bremen.de
Vorsitzende(r): Volker Kröning (MdB)
Geschäftsführer(in): Barbara Lison

t 958
Deutscher Bibliotheksverband e.V.
Landesverband Hamburg
TU-Hamburg-Harburg, Universitätsbibliothek
Denickestr. 22, 21073 Hamburg
T: (040) 77 18 30 04 **Fax:** 77 18 25 27
Vorsitzende(r): Dipl.-Ing. Inken Feldsien-Sudhaus (E-Mail: feldsien-sudhaus@tu-harburg.de)

t 959
Deutscher Bibliotheksverband e.V.
Landesverband Hessen
Stadtbücherei Frankfurt am Main
Zeil 17-21, 60313 Frankfurt
T: (069) 2 12-34482 **Fax:** 2 12-37949
E-Mail: stabue@stadt-frankfurt.de
Vorsitzende(r): Landtagsabgeordneter Aloys Lenz (Haingärten 6, 63538 Großkrotzenburg, T: (06186) 27 37, Fax: (06186) 27 43)
Geschäftsführer(in): Dr. Barbara Purbs

t 960
Landesverband Mecklenburg-Vorpommern im Deutschen Bibliotheksverband e.V.
c/o Landesbibliothek Mecklenburg-Vorpommern
Am Dom 2, 19055 Schwerin
T: (0385) 5 58 44-0 **Fax:** 5 58 44 24
Vorsitzende(r): Thomas Beyer (Senator f. Bildung und Kultur der Hansestadt Wismar)
Geschäftsführer(in): Dr. Rolf-Jürgen Wegener (Landesbibliothek Mecklenburg-Vorpommern)

t 961
Deutscher Bibliotheksverband e.V.
Landesverband Niedersachsen e.V.
Niedersächsische Landesbibliothek
Waterloostr. 8, 30169 Hannover
T: (0511) 12 67-220 **Fax:** 12 67-202
Vorsitzende(r): MinDir Winfried Hartmann (Iriswreg 8, 49716 Meppen)
Geschäftsführer(in): Rolf Manfred Hasse (Geschäftsstelle des Landesverbandes Niedersachsen e.V., c/o Niedersächsische Landesbibliothek, Waterloostr. 8, 30169 Hannover, T: (0511) 12 67-220, Fax: (0511) 12 67-202)

t 962
Deutscher Bibliotheksverband e.V.
Landesverband Nordrhein-Westfalen
Universitätsbibliothek
Postf. 16 21, 33046 Paderborn
Warburger Str. 100, 33098 Paderborn
T: (05251) 60 20 48 **Fax:** 60 38 29
Vorsitzende(r): Ltd. Bibl.Dir Klaus Barckow
Geschäftsführer(in): Klaus-Peter Hommes (Hochschulbibliothekszentrum d. Landes NRW)

t 963
Deutscher Bibliotheksverband e.V.
Landesverband Rheinland-Pfalz
Landesbüchereistelle Rheinland-Pfalz
Eltzerhofstr. 6a, 56068 Koblenz
T: (0261) 3 01 22 04 **Fax:** 3 01 22 50
Vorsitzende(r): RA Axel Redmer (MdL, Rechtsanwalt in Idar-Oberstein,)
Geschäftsführer(in): Jürgen Seefeldt (E-Mail: seefeldt@landesbuechereistelle.de)

t 964
Deutscher Bibliotheksverband e.V.
Landesverband Saarland
Stadtbibliothek Saarbrücken
Gustav-Regler-Platz 1, 66111 Saarbrücken
T: (0681) 9 05-1480 **Fax:** 9 05-1265
Internet: http://www.saarbruecken.de/bibliothek
E-Mail: karin.laufimmesberger@saarbruecken.de
Vorsitzende(r): Reinhard Klimmt
Stellvertretende(r) Vorsitzende(r): Prof. Dr. Bernd Hagenau (Dir. d. Saarl. Univ. u. Landesbibliothek, Postfach 15 11 41, 66041 Saarbrücken, T: (0681) 3 02 25 10, Fax: (0681) 3 02 27 96, E-Mail: sulb@rz.uni-sb.de)
Geschäftsführer(in): Karin Lauf-Immesberger (Stadtbibliothek Saarbrücken)

t 965
Deutscher Bibliotheksverband e.V.
Landesverband Sachsen
Postf. 10 09 27, 04009 Leipzig
Wilhelm-Leuschner-Platz 10, 04107 Leipzig
T: (0341) 1 23 53 00, 1 23 53 09 **Fax:** 1 23 53 05
Vorsitzende(r): Reinhard Stridde (Amtsleiter der Leipziger Städtischen Bibliotheken, E-Mail: rstidde@leipzig.de)

t 966
Deutscher Bibliotheksverband e.V.
Landesverband Sachsen-Anhalt
c/o Hochschulbibliothek FHS Anhalt
Bernburger Str. 52, 06366 Köthen
T: (03496) 6 72 30 **Fax:** 21 66 11
E-Mail: schlenter@hsb.hs.anhalt.de
Vorsitzende(r): Siegfried Schlenter (Direktor der Hochschulbibliothek FHS Anhalt
Geschf. Vors: Prof. Dr. Klaus Krug (Fachhochschule Merseburg/Hochschulbibliothek, Geusaer Str. 88, 06217 Merseburg, T: (03461) 46 22 69)
Geschäftsführerin: Dr. Monika Kohlmann

t 967
Deutscher Bibliotheksverband e.V.
Landesverband Schleswig-Holstein e.V.
Büchereizentrale Schleswig-Holstein
Postf. 6 80, 24752 Rendsburg
Wrangelstr. 1, 24768 Rendsburg

T: (04331) 1 25-3, 1 25-526   Fax: 1 25-522
Geschäftsführer(in): Dr. Heinz-Jürgen Lorenzen

t 968
**Deutscher Bibliotheksverband e.V.
Landesverband Thüringen**
Stadt- und Regionalbibliothek
Postf. 2 43, 99005 Erfurt
Domplatz 1, 99084 Erfurt
T: (0361) 6 55 15 90   Fax: 6 55 15 99
Geschäftsführer(in): Heidemarie Trenkamm

● T 969
Bundesvereinigung Deutscher Bibliotheksverbände e.V.
Straße des 17. Juni 114, 10623 Berlin
T: (030) 39 00 14 80   Fax: 39 00 14 84
Internet: http://www.bdbverband.de
E-Mail: dbv@bibliothekenverband.de
Gründung: 1989 (20. September)
Sprecher: Dr. Georg Ruppelt (Herzog August Bibliothek, Schloßplatz 2, 38304 Wolfenbüttel, T: (05331) 80 83 00, Fax: 80 82 48)
Ltg. Geschäftsstelle: Elke Dämpfer
Verbandszeitschrift: Bibliotheksdienst (monatl.)
Redaktion: EDBI
Mitglieder:
DBV, VDB, ekz, BIB

● T 970
Ehemaliges Deutsches Bibliotheksinstitut (EDBI)
Kurt-Schumacher-Damm 12-16, 13405 Berlin
T: (030) 4 10 34-0   Fax: 4 10 34-100
Internet: http://www.dbi-berlin.de
E-Mail: thun@dbi-berlin.de
Gründung: 1978
Direktor(in): Hans-Peter Thun
Presseabteilung: Katharina Schleef
Verbandszeitschrift: Bibliotheksdienst
Redaktion: Deutsches Bibliotheksinstitut, Kurt-Schumacher-Damm 12-16, 13405 Berlin, T: (030) 4 10 34-1 80, Telefax: (030) 4 10 34-1 00
Mitarbeiter: 101
Jahresetat: rd. DM 14 Mio, € 7,16 Mio

● T 971
Verband Deutscher Werkbibliotheken e.V. (VDW)
Geschäftsstelle:
Werkbibl. Bayer AG
51368 Leverkusen
Kaiser-Wilhelm-Allee Geb. W 17, 51373 Leverkusen
T: (0214) 3 07 22 90   Fax: 3 05 00 15
E-Mail: heinrich.moeller.hm@bayer-ag.de
Gründung: 1956
1. Vorsitzende(r): Detlef Geissler
2. Vorsitzende(r): Susanne Diehl

● T 972
**Deutscher Verband Evangelischer Büchereien e.V.
-Zentralstelle der Büchereiarbeit in der Evangelischen Kirche in Deutschland-**
Bürgerstr. 2a, 37073 Göttingen
T: (0551) 7 49 17, 7 52 00   Fax: 70 44 15
Internet: http://www.evlka.de/extern/dveb
E-Mail: dveb@evlka.de
Vorsitzende(r): Dr. Eckhart von Vietinghoff
Geschäftsführer(in): Gabriele Kassenbrock
Verbandszeitschrift: Der Evangelische Buchberater
Verlag: Deutscher Verband Ev. Büchereien, Bürgerstr. 2 a, 37073 Göttingen

● T 973
Verband der Bibliotheken des Landes Nordrhein-Westfalen e.V.
c/o Stadtbüchereien Düsseldorf
Bertha-von-Suttner-Platz 1, 40227 Düsseldorf
T: (0211) 8 99 44 01   Fax: 8 93 44 01
Gründung: 1948
Geschäftsführer(in): Klaus Peter Hommes
Verbandszeitschrift: ProLibris
Redaktion: Universitätsbibliothek Bonn
Verlag: Pomp, Bottrop
Mitglieder: 332 Bibliotheken und Büchereien in NRW

● T 974
Borromäusverein e.V.
Wittelsbacherring 9, 53115 Bonn
T: (0228) 72 58-0   Fax: 72 58-1 89
Gründung: 1844 (20. März)
Präsident(in): Prof.Dr. Norbert Trippen
Direktor(in): Rolf Pitsch (M.A.)
Verbandszeitschrift: KöB - Die Katholische öffentliche Bibliothek; Rezensionszeitschrift: Buchprofile für die Katholische Büchereiarbeit"
Mitglieder: 16
Mitarbeiter: 70

● T 975
Deutsches Bucharchiv München - Institut für Buchwissenschaften
Bibliothek:
Salvatorplatz 1, 80333 München, T: (089) 29 19 51-0, Fax: (089) 29 19 51-95
Geschäftsstelle:
Von-der-Tann-Str. 5 /1, 80539 München
T: (089) 7 90 12 20   Fax: 7 90 14 19
Internet: http://www.muenchen.de/bucharchiv.
Gründung: 1948 (01. Januar)
Leiter(in): Prof. Dr. Ludwig Delp

Fachverbände

t 976
Verband Bayerischer Verlage und Buchhandlungen e.V.
Salvatorplatz 1, 80333 München
T: (089) 29 19 42-0   Fax: 29 19 42-49
Internet: http://www.buchhandel-bayern.de
E-Mail: buchhandelsverband.bay@buchhandel.de
Vorsitzende(r): Dr. Christoph Wild
Geschäftsführer(in): Rose Backes

t 977
Börsenverein des Deutschen Buchhandels e.V.
Postf. 10 04 42, 60004 Frankfurt
T: (069) 13 06-0   Fax: 13 06-2 01
Internet: http://www.boersenverein.de
E-Mail: info@boev.de
Internationaler Zusammenschluß: siehe unter izo 86

● T 978
Arbeitsgemeinschaft der Parlaments- und Behördenbibliotheken
c/o Hessischer Landtag, Bibliothek
65022 Wiesbaden
T: (0611) 3 50-380   Fax: 3 50-379
Internet: http://www.apbb.de
Gründung: 1957
1. Vorsitzende(r): Dr. Jürgen Kaestner (e-mail: j.kaestner@ltg.hessen.de)
Verbandszeitschrift: Mitteilungen
Redaktion: Ingeborg Kieser
Verlag: Selbstverlag
Mitglieder: ca. 500

● T 979
Arbeitsgemeinschaft für juristisches Bibliotheks- und Dokumentationswesen (AjBD)
(Deutschsprachige Sektion der International Association of Law Libraries)
Ismaninger Str. 109, 81675 München
T: (089) 92 31-228   Fax: 92 31-201
Gründung: 1971 (2. Juni)
Vorsitzende(r): Dr. Hans-Peter Ziegler (Bibliothek des Bundesfinanzhofs)
Verbandszeitschrift: Recht-Bibliothek-Dokumentation
Redaktion: H.-G. Black, UB Regensburg, Teilbibliothek Recht, 93042 Regensburg
Mitglieder: 178

● T 980
**Universität Freiburg
Bibliothek für Rechtswissenschaft**
79085 Freiburg
T: (0761) 2 03-21 54   Fax: 2 03-21 44
Gründung: 1889
Ltd. Dir.: Prof. Dr. Rainer Frank
Geschf. Dir.: Akademischer Dir. Günter Franz Paschek
Mitglieder: 4000 Benutzer

● T 981
Freunde und Förderer der Hochschule für Bibliotheks- und Informationswesen Stuttgart e.V.
Wolframstr. 32, 70191 Stuttgart
T: (0711) 2 57 06-0   Fax: 2 57 06-300
Internet: http://foerderverein.hbi-stuttgart.de
E-Mail: foerderverein@hbi-stuttgart.de
Gründung: 1987 (2. Juni)
Vorsitzende(r): Prof. Andreas Papendieck
Hauptgeschäftsführer(in): Verw. Dir. P. Marquardt
Mitglieder: 155

● T 982
**ASpB Arbeitsgemeinschaft der Spezialbibliotheken e.V.
Sektion 5 im DBV**
Geschäftsstelle: E.Salz
Forschungszentrum Jülich GmbH, Zentralbibliothek
52425 Jülich
T: (02461) 61-2907   Fax: 61-6103
Internet: http://www.aspb.de
E-Mail: e.salz@fz-juelich.de
Gründung: 1946
Vorsitzende(r): Dr. Rafael Ball (Forschungszentrum Jülich GmbH/Zentralbibliothek, 52425 Jülich)
Mitglieder: 668
Tagungsberichte erhältlich über die Geschäftsstelle

● T 983
Deutsche Bunsen-Gesellschaft für Physikalische Chemie e.V.
Geschäftsstelle: Varrentrappstr. 40-42, 60486 Frankfurt
Varrentrappstr. 40-42, 60486 Frankfurt
T: (069) 79 17-201   Fax: 79 17-450
Internet: http://www.bunsen.de
E-Mail: H.Behret@bunsen.de
Gründung: 1894
Internationaler Zusammenschluß: siehe unter izt 114
Vorsitzende(r): Dr. Hans-Jürgen Leuchs
Geschäftsführer(in): Dr. H. Behret, Frankfurt
Verbandszeitschrift: Bunsen-Magazin, Physical Chemistry Chemical Physics PCCP
Mitglieder: 1800

● T 984

Gesellschaft Deutscher Chemiker e.V.
Carl Bosch-Haus
Postf. 90 04 40, 60444 Frankfurt
Varrentrappstr. 40-42, 60486 Frankfurt
T: (069) 79 17-1   Fax: 79 17-322
Internet: http://www.gdch.de
E-Mail: gdch@gdch.de
Internationaler Zusammenschluß: siehe unter izt 8, izt 116
Präsident(in): Prof. Dr. Gerhard Erker
Geschäftsführer(in): Prof. Dr. Dr.h.c. Heindirk tom Dieck
Leitung Presseabteilung: Dr. Kurt Begitt
Mitglieder: ca. 30000, 61 Ortsverbände, 22 Fachgruppen
Mitgliederzeitschrift: Nachrichten aus der Chemie

Zu den Aufgaben der GDCh zählen neben der Förderung der Chemie die Beratung staatlicher, politischer und anderer öffentlicher bzw. dem Gemeinwohl verpflichteter Institutionen, die Fortbildung, die Organisation von Tagungen, Herausgabe von Fachzeitschriften (WILEY-VCH, Weinheim), Studien- und Berufsfragen sowie die fachorientierte internationale Kooperation. Die GDCh vergibt für herausragende Leistungen eine Reihe höchst angesehener Auszeichnungen.

● T 985
Institut für Chemie-Information, Pharma, Umwelt, Patente (IFC)
Klingmooseweg 1, 83139 Söchtenau
T: (08055) 90 46 96   Fax: 90 46 89
Dr. Reiner Schwarz-Kaske (e-mail: Schwarz-Kaske@t-online.de)

● T 986
Deutscher Zentralausschuß für Chemie
Carl-Bosch-Haus
Postf. 90 04 40, 60444 Frankfurt
Varrentrappstr. 40-42, 60486 Frankfurt
T: (069) 7 91 73 23   Fax: 7 91 75 13
Internet: http://www.gdch.de
E-Mail: j.broell@gdch.de
Vorsitzende(r): Prof. Dr. Dr.h.c. Lutz F. Tietze
Geschäftsführer(in): Prof. Dr.h.c. Heindirk tom Dieck
Mitgliedsverbände:
DECHEMA, Deutsche Gesellschaft für Chem. Apparatewesen e.V.
Deutsche Bunsen-Gesellschaft für Physikal. Chemie
Deutsche Kautschuk-Gesellschaft e.V.
Deutsche Wissenschaftliche Gesellschaft für Erdöl, Erdgas und Kohle e.V.
Gesellschaft Deutscher Chemiker e.V.
Kolloid-Gesellschaft e.V.
Verband der Chemischen Industrie e.V.

Dachverband für Verbände in der BRD auf dem Gebiet der Chemie; Vertretung dieser

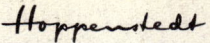

Vereinigungen. Der Zentralausschuß ist National Adhering Organization der Bundesrepublik Deutschland in der Internationalen Union für Reine und Angewandte Chemie (IUPAC).

● T 987

Institut für Energie- und Umwelttechnik e.V. (IUTA)
Bliersheimer Str. 60, 47229 Duisburg
T: (02065) 4 18-0   Fax: 4 18-2 11
Internet: http://www.iuta.de
E-Mail: info@iuta.de
Gründung: 1989
Wiss. Geschäftsführer: Prof. Dr.-Ing. K.G. Schmidt
Kaufm. Geschäftsführer: Dipl.-Volksw. Günter Schöppe
Stellvertretende(r) Geschäftsführer(in): Dr.-Ing. Stefan Haep
Dr.-Ing. Egon Erich
Mitglieder: 50
Mitarbeiter: 85
Jahresetat: DM 10 Mio, € 5,11 Mio

● T 988

Bund/Länder-Ausschuß Chemikaliensicherheit (BLAC)
c/o Sächsisches Staatsministerium für Umwelt und Landwirtschaft
Wilhelm-Buck-Str. 2, 01097 Dresden
T: (0351) 5 64 22 79   Fax: 5 64 20 69
Vorsitzende(r): zu Hohenlohe
Mitglieder: 16 Länder und Bund

● T 989

Chemie und Umwelt e.V.
Hausmannstr. 9-10, 30159 Hannover
T: (0511) 1 64 03-22   Fax: 1 64 03-91
Gründung: 1984 (10. Oktober)
Vorsitzende(r): Rafael Grella
Dr. Herta Gerdes
Bernd Rosenthal
Mitglieder: 30

● T 990

Chemisches Institut im Amt für Umweltschutz der Landeshauptstadt Stuttgart
Stafflenbergstr. 81, 70184 Stuttgart
T: (0711) 2 16-71 83   Fax: 2 16-65 99
E-Mail: Chem.Institut@Stuttgart.de
Leiter: Chemiedirektor Dr. Reiner Amend

● T 991

DECHEMA Gesellschaft für Chemische Technik und Biotechnologie e.V.
Postf. 15 01 04, 60061 Frankfurt
Theodor-Heuss-Allee 25, 60486 Frankfurt
T: (069) 75 64-0   Fax: 75 64-201
Internet: http://www.dechema.de
E-Mail: info@dechema.de
Gründung: 1926
Internationaler Zusammenschluß: siehe unter izt 10
Vorsitzende(r): Prof. Dr.rer.nat.Dr.h.c. Utz-Hellmuth Felcht
Geschäftsführer(in): Prof. Dr.rer.nat. Dr.-Ing. E.h. Gerhard Kreysa
Leitung Presseabteilung: Dr.rer.nat. Christina Hirche
Mitglieder: 4800
Mitarbeiter: 170

Förderung der Chemischen Technik, des Umweltschutzes, der Biotechnologie und deren wissenschaftlichen Grundlagen. Veranstaltung von nationalen und internationalen Kongressen und Ausstellungstagungen. Veranstalter der ACHEMA-Ausstellungstagung in Frankfurt am Main und der ACHEMASIA in China. Verwaltung der Max-Buchner-Forschungsstiftung, Aus- und Weiterbildung, Informationsdienste und Datenbanken, Forschungsförderung.

● T 992

Arbeitsgemeinschaft Biotechnologie
c/o DECHEMA e.V.
Postf. 15 01 04, 60061 Frankfurt
T: (069) 75 64-163   Fax: 75 64-201
Internet: http://www.dechema.de

Gründung: 1978 (20. Februar)
Vorsitzende(r): Prof. Dr.rer.nat. A. Pühler (Universität Bielefeld, Bielefeld)
Geschäftsführer(in): Prof. Dr.rer.nat. Gerhard Kreysa (DECHEMA e.V.)
Mitglieder: 12 Mitgliedsvereine + 1 korrespondierender Mitgliedsverein

Koordinierung der deutschen Beteiligung an der Arbeit der Europäischen Föderation Biotechnologie, Veranstaltung gemeinsamer Vortragstagungen in Deutschland, Bildung von Arbeitsausschüssen, Dokumentation und Information, Fortbildung.

● T 993

Deutsche Gesellschaft für wissenschaftliche und angewandte Kosmetik e.V. (DGK)
Konrad-Zirkel-Str. 22, 97769 Bad Brückenau
T: (09741) 43 23   Fax: 39 34
Internet: http://www.dgk-ev.de
E-Mail: dgk.ev@t-online.de
Gründung: 1957
Vorsitzende(r): Dr. Andreas Domsch (i. Fa. Goldschmidt Rewo, Steinau)
Stellvertretende(r) Vorsitzende(r): Dr. Rudolf Bimczok (i. Fa. Wella, Darmstadt)
Mitglieder: ca. 850
Mitarbeiter: 1

Zweck der DGK ist die Förderung der wissenschaftlichen Forschung und Lehre sowie der technischen Entwicklung auf dem Gebiet der Kosmetik, die Vertretung der gewonnenen Erkenntnisse in öffentlichen Publikationen zum Nutzen der Allgemeinheit.

● T 994

Verein für Kommunalwissenschaften e.V. (VfK)
Straße des 17. Juni 112, 10623 Berlin
T: (030) 3 90 01-0   Fax: 3 90 01-1 00
Internet: http://www.vfk.de
E-Mail: loehr@vfk.de
Gründung: 1951
Geschäftsführer(in): Prof. Dr. Heinrich Mäding
Dr. jur. Rolf-Peter Löhr

Rechtsträger des Deutschen Instituts für Urbanistik (Difu) sowie von Projekten zur Jugendhilfe (Fachtagungen u. Fortbildung)

● T 995

GfKORR – Gesellschaft für Korrosionsschutz e.V.
Hauptgeschäftsstelle:
Theodor-Heuss-Allee 25, 60486 Frankfurt
T: (069) 75 64-359   Fax: 75 64-391
Internet: http://www.gfkorr.de
E-Mail: gfkorr@dechema.de
Regionalsektionen:
Süd: Prof. Dr.-Ing. habil. Ulf Nürnberger, Stuttgart, T: (0711) 6 85 27 45
West: Prof. Dr. rer. nat. habil. Günter Schmitt, Iserlohn, T: (02371) 56 61 60
Ost: Dr. W.-D. Schulz, Dresden, T: (0351) 8 71-71 01
Nord: z. Zt. unbesetzt
Gründung: 1995 ; Hervorgegangen aus den technischen Vereinigungen AGK-Ges.KKs und VDKORR
Vorsitzende(r): Prof. Dr.rer.nat.habil. Günter Schmitt, Iserlohn
Geschäftsführer(in): Dipl.-Betriebsw. Thomas Schwab, Frankfurt/Main
Mitglieder: 555 (497 persönliche Mitglieder; 20 Vereine, Verbände, Institute; 38 Firmenmitgliedschaften; Stand: 01.01.2001)

Förderung der technischen und wissenschaftlichen Entwicklung auf dem Gebiet der Korrosion und des Korrosionsschutzes.

● T 996

Arbeitskreis "Computer im Chemieunterricht"
Ringstr. 81, 48165 Münster
T: (02501) 2 80 18   Fax: 2 80 87
Internet: http://www.kappenberg.com
Vorsitzende(r): Dr. Franz Kappenberg
Mitglieder: 80

● T 997

Industrie-Gemeinschaft Aerosole e.V. (IGA)
Karlstr. 21, 60329 Frankfurt
T: (069) 25 56-15 08   Fax: 25 56-16 08
E-Mail: info@igaerosole.de

1. Vorsitzende(r): Franz Guck
Geschäftsführer(in): Matthias Ibel
Mitglieder: 85

● T 998

Deutsche Gesellschaft für Chronometrie e.V.
Schlittweg 9, 69198 Schriesheim
T: (06203) 66 00 20
Internet: http://www.dg-chrono.de
Präsident(in): Klaus Schlaefer

● T 999

Verein Deutscher Eisenhüttenleute (VDEh)
Postf. 10 51 45, 40042 Düsseldorf
Sohnstr. 65, 40237 Düsseldorf
T: (0211) 67 07-0   Fax: 67 07-3 10
Internet: http://www.vdeh.de, http://www.stahl-online.de
E-Mail: vdeh@vdeh.de
Gründung: 1860
Vorsitzende(r): Prof. Dr.-Ing. Dieter Ameling
Stellvertretende(r) Vorsitzende(r): Dr.-Ing. Helmut Hadrys
Öffentlichkeitsarbeit: Beate Brüninghaus (E-Mail: beate.brueninghaus@wvstaul.de)
Mitglieder: 10000
Mitarbeiter: 55

● T 1 000

Studiengesellschaft für Eisenerzaufbereitung GbR
Grubenstr. 5, 38704 Liebenburg
T: (05346) 99 01-0   Fax: 99 01-20
Internet: http://www.sga-liebenburg.de
E-Mail: sga@sga-liebenburg.de
Gründung: 1922 (10. November)
Vorsitzende(r): Dr. mont. Dipl.-Ing. Wolf Lanzer (HKM, Duisburg)
Stellvertretende(r) Vorsitzende(r): Dipl.-Ing. Klaus-Henning Großpietsch (Salzgitter AG, Salzgitter)
Hauptgeschäftsführer(in): Dr.-Ing. Volker Ritz
Geschäftsführer(in): Dr.-Ing. Ekkehart Mertins
Mitarbeiter: 17,5
Jahresetat: DM 3 Mio, € 1,53 Mio

● T 1 001

Studiengesellschaft Stahlanwendung e.V.
Stahl-Zentrum
Postf. 10 48 42, 40039 Düsseldorf
Sohnstr. 65, 40237 Düsseldorf
T: (0211) 67 07-856   Fax: 67 07-840
Internet: http://www.stahl-online.de, http://www.stahlforschung.de
E-Mail: stud.ges@stahlforschung.de
Gründung: 1968
Vorsitzende(r): Dr.rer.oec. Jürgen Kolb
Geschäftsführer(in): Dr.-Ing. Franz-Josef Floßdorf
Mitglieder: 10

Zweck der Studiengesellschaft ist die Förderung von Forschung und Entwicklung der Stahlanwendung auf unmittelbar und ausschließlich gemeinnütziger Grundlage.

● T 1 002

Deutsche Gesellschaft für Elektronenmikroskopie e.V.
Priv. Doz. Dr. U.-R. Heinrich
Ziegelhofstr. 27a, 79110 Freiburg
T: (0761) 8 68 82   Fax: 2 03 50 16
Gründung: 1949
Geschf. Vors.: Priv.Doz.Dr. Ulf-Rüdiger Heinrich
1. Vorsitzende(r): Prof. Dr. Harald Rose (Institut für Angewandte Physik, Hochschulstr. 6, Technische Hochschule Darmstadt, 64289 Darmstadt, T: (06151) 16 24 81, Fax: (06151) 16 60 53)
Stellvertretende(r) Vorsitzende(r): Prof. Dr. Rudolf Reichelt (Institut für Medizinische Physik und Biophysik, Robert-Koch-Str. 31, 48149 Münster, T: (0251) 8 35 51 01, Fax: (0251) 8 35 51 44)
Schatzmeister: Dr. Bernd Tesche (Max-Planck-Inst. f. Kohlenforschung, Kaiser-Wilhelm-Platz 1, 45470 Mülheim (Ruhr))
Verbandszeitschrift: Elektronenmikroskopie
Redaktion: Dr. Bernd Tesche
Verlag: S. Hirzel, Birkenwaldstr. 44, 70191 Stuttgart
Mitglieder: 900

● T 1 003

Arbeitsgemeinschaft für Elektronenoptik e.V.
Robert-Koch-Str. 31, 48149 Münster
T: (0251) 8 35 51 13/8 35 51 34   Fax: 8 35 51 44
E-Mail: kreftin@uni-muenster.de
Geschäftsführer(in): Dr. E.-R. Krefting
Vorsitzende(r): Dr. Harald Hantsche
Stellvertretende(r) Vorsitzende(r): Dr. H.-P. Wiesmann
Mitglieder: 30

Förderung der Elektronenmikroskopie/-optik.

T 1 003

Aus- und Weiterbildungskurse in Raster-Elektronenmikroskopie und Mikrobereichsanalyse.

● **T 1 004**
Deutsches Elektronen-Synchrotron (DESY)
(Mitglied in der Hermann von Helmholtz-Gemeinschaft Deutscher Forschungszentren HGF
22603 Hamburg
Notkestr. 85, 22607 Hamburg
T: (040) 8 99 80 **Fax:** 89 98-32 82
Internet: http://www.desy.de
E-Mail: desyinfo@desy.de
Gründung: 1959 (18. Dezember)
Leitung Presseabteilung: Petra Folkerts
Mitarbeiter: 1370
Jahresetat: DM 270 Mio, € 138,05 Mio

t 1 005
DESY Zeuthen
Platanenallee 6, 15738 Zeuthen
T: (033762) 77-0 **Fax:** 77-2 82
E-Mail: desyinfo@ifh.de
Mitarbeiter: 170
Jahresetat: DM 25 Mio, € 12,78 Mio

● **T 1 006**
VDE Verband der Elektrotechnik Elektronik Informationstechnik e.V.
Stresemannallee 15, 60596 Frankfurt
T: (069) 63 08-0 **Fax:** 6 31 29 25
Internet: http://www.vde.com
E-Mail: service@vde.com
Gründung: 1893
Vorsitzende(r): Dipl.-Ing. Gerd Tenzer
Stellvertretende(r) Vorsitzende(r): Dr.-Ing. Klaus Wucherer
Dr.-Ing. Rolf Windmöller
Generalsekretär(in): Dr.-Ing. Friedrich Dankward Althoff
Leiter Presse u. Öffentlichkeitsarbeit: Dr. Walter Börmann
Verbandszeitschrift: dialog - VDE-Mitgliederzeitschrift
Redaktion: Abteilung Presse- und Öffentlichkeitsarbeit
Mitglieder: 33000

Fachgesellschaften

t 1 007
Informationstechnische Gesellschaft im VDE (ITG)
Stresemannallee 15, 60596 Frankfurt
Vorsitzende(r): Prof. Dr.-Ing. Jörg Eberspächer
Geschäftsführer(in): Dr.-Ing. Volker Schanz (VDE-Haus, T: (069) 63 08-360, E-Mail: itg@vde.com, Internet: http://www.vde.com/itg)

t 1 008
Energietechnische Gesellschaft im VDE (ETG)
Stresemannallee 15, 60596 Frankfurt
Vorsitzende(r): Prof. Dr.-Ing. Hans-Jürgen Haubrich
Geschäftsführer(in): Dr.rer.nat. Gerhard Jesse (VDE-Haus, T: (069) 63 08-345, E-Mail: etg@vde.com, Internet: http://www.vde.com/etg)

t 1 009
VDE/VDI-Gesellschaft Mikroelektronik, Mikro- und Feinwerktechnik (GMM)
Stresemannallee 15, 60596 Frankfurt
Vorsitzende(r): Prof. Dr.-Ing. Peter M. Knoll
Geschäftsführer(in): Dipl.-Ing. Rainer Theobald (VDE-Haus, T: (069) 63 08-330, E-Mail: gmm@vde.com, Internet: http://www.vde.com/gmm)

t 1 010
VDI/VDE-Gesellschaft Mess- und Automatisierungstechnik (GMA)
Postf. 10 11 39, 40002 Düsseldorf
Graf-Recke-Str. 84, 40239 Düsseldorf
T: (0211) 62 14-224 **Fax:** 62 14-161
Internet: http://www.vdi.de/gma/gma.htm,
http://www.vde.com/gma
E-Mail: gma@vdi.de
Gründung: 1973
Vorsitzende(r): Prof. Dr.-Ing. Georg Bretthauer
Geschäftsführer(in): Dipl.-Ing. Manfred Schatz
Mitglieder: 14000
Mitarbeiter: 6

Geschäftsstellen

t 1 011
VDE-Bezirk Regio Aachen e.V.
i.H. Siemens AG
Kurbrunnenstr. 22, 52066 Aachen
T: (0241) 4 51-323 **Fax:** 4 51-224
Internet: http://www.vde-aachen.de
E-Mail: vde-regio-aachen@vde-online.de

t 1 012
Elektrotechnischer Verein (ETV) e.V.
Bezirksverein Berlin-Brandenburg im VDE
Bismarckstr. 33, 10625 Berlin
T: (030) 3 41 45 66 **Fax:** 3 42 07 17
Internet: http://www.etv-berlin.de
E-Mail: vde-etv-berlin@vde-online.de

t 1 013
VDE Ostwestfalen-Lippe e.V.
im VDE e.V.
Postf. 10 29 50, 33529 Bielefeld
T: (0521) 4 17 58 53 **Fax:** 4 17 58 70
Internet: http://www.vde-owl.de
E-Mail: vde-ostwestfalen-lippe@vde-online.de

t 1 014
VDE-Bezirksverein Braunschweig e.V.
c/o Siemens AG
Ackerstr. 22, 38126 Braunschweig
T: (0531) 2 26 25 59 **Fax:** 2 26-4100
E-Mail: vde-braunschweig@vde-online.de

t 1 015
VDE-Bezirksverein Bremen e.V.
i.H. Deutsche Telekom, NL 1
Utbremer Str. 94, 28217 Bremen
T: (0421) 3 80-9910 **Fax:** 3 80-9913
Internet: http://www.vde-bremen.de
E-Mail: vde-bremen@vde-online.de

t 1 016
VDE-Bezirksverein Chemnitz e.V.
c/o Technische Universität Chemnitz
Fakultät Elektro und Informationstechnik
Reichenhainer Str. 70, 09126 Chemnitz
T: (0371) 5 31-33 40 **Fax:** 5 31-33 76
Internet: http://www.tu-chemnitz.de/vde/
E-Mail: vde-chemnitz@vde-online.de

t 1 017
VDE-Bezirksverein Lausitz e.V.
c/o Städtische Werke Spremberg (Lausitz) GmbH
Lustgartenstr. 4a, 03130 Spremberg
T: (03563) 39 07 17 **Fax:** 39 07 99
Internet: http://www.lausitz.net/vde/
E-Mail: vde-lausitz@vde-online.de

t 1 018
VDE-Bezirksverein Dresden e.V.
c/o TU Dresden
Institut für Elektroenergieversorgung
01062 Dresden
T: (0351) 4 63-4374 **Fax:** 4 63 70 36
Internet: http://www.tu-dresden.de/vde/
E-Mail: vde-dresden@vde-online.de

t 1 019
VDE-Bezirk Düsseldorf e.V.
c/o Stadtwerke Düsseldorf AG
Luisenstr. 105, 40215 Düsseldorf
T: (0211) 8 21 82 62 **Fax:** 8 21 30 47
Internet: http://www.vde-duesseldorf.de
E-Mail: vde-duesseldorf@vde-online.de

t 1 020
VDE-Bezirksverein Thüringen e.V.
c/o Alstom Energietechnik GmbH
Arnstädter Str. 28, 99096 Erfurt
T: (0361) 3 45 49 94 **Fax:** 3 45 49 95
E-Mail: vde-thueringen@vde-online.de

t 1 021
VDE-Bezirksverein Rhein-Ruhr e.V.
Altenessener Str. 32, 45141 Essen
T: (0201) 1 86 22 75 **Fax:** 1 86 27 74
Internet: http://www.energie.rwe.de/
E-Mail: vde-rhein-ruhr@vde-online.de

t 1 022
VDE Rhein-Main e.V.
Stresemannallee 15, 60596 Frankfurt
T: (069) 63 93 22 **Fax:** 63 98 16
Internet: http://www.vde.com/rhein.main
E-Mail: vde-rhein-main@vde-online.de

t 1 023
VDE-Bezirksverein Südbaden e.V.
Renate Scheffel
Geschäftsstelle
Drei-Ähren-Str. 17, 79115 Freiburg
T: (0761) 4 70 39 30 **Fax:** 47 22 23
Internet: http://www.fh-furtwangen.de/~hel/vde.htm
E-Mail: vde-suedbaden@vde-online.de

t 1 024
VDE-Bezirk Hamburg e.V.
Stadtbahnstr. 114, 22391 Hamburg
T: (040) 2 70 27 21 **Fax:** 2 79 40 84
E-Mail: vde-hamburg@vde-online.de

t 1 025
VDE-Bezirksverein Hannover e.V.
Hamburger Allee 27, 30161 Hannover
T: (0511) 34 20 81 **Fax:** 34 20 88
Internet: http://www.vde.fh-hannover.de/
E-Mail: vde-hannover@vde-online.de

t 1 026
VDE-Bezirksverein Mittelbaden e.V.
c/o Stadtwerke Karlsruhe
Daxlander Str. 72, 76185 Karlsruhe
T: (0721) 55 62 52 **Fax:** 5 31 23 16
Internet: http://www.vde-mittelbaden.de/
E-Mail: vde-mittelbaden@vde-online.de

t 1 027
VDE-Bezirksverein Kassel e.V.
c/o ALSTOM Energietechnik Hochspannungstechnik GmbH
Lilienthalstr. 150, 34123 Kassel
T: (0561) 5 02-2410 **Fax:** 5 02-2403
Internet: http://www.vde-kassel.de
E-Mail: vde-kassel@vde-online.de

t 1 028
VDE/Landesverband Schleswig-Holstein e.V.
i.H. FH Kiel Frau Burckardt
Legienstr. 35, 24103 Kiel
T: (0431) 5 45 84-85 **Fax:** 5 45 84 85
E-Mail: vde-schleswig-holstein@vde-online.de

t 1 029
VDE-Bezirk Köln e.V.
Parkgürtel 24, 50823 Köln
T: (0221) 1 78-3300 **Fax:** 1 78-2346
Internet: http://www.vde-koeln.de
E-Mail: vde-koeln@vde-online.de

t 1 030
VDE-Bezirk Niederrhein e.V.
Auf dem Haspel 51, 47918 Tönisvorst
T: (02151) 79 17 79 **Fax:** 70 94 68
Internet: http://www.vde-niederrhein.de
E-Mail: vde-niederrhein@vde-online.de

t 1 031
VDE-Bezirksverein Leipzig/Halle e.V.
c/o i.H. envia Energie Sachsen Brandenburg AG
Friedrich-Ebert-Str. 26, 04416 Markkleeberg
T: (0341) 1 20 74 92 **Fax:** 1 20 74 93
Internet: http://www.vde-leipzig-halle.de
E-Mail: vde-leipzig-halle@vde-online.de

t 1 032
VDE-Bezirksverein Magdeburg e.V.
c/o Otto-von-Guericke-Universität, Institut für Elektrische Energiesysteme
Postf. 41 20, 39016 Magdeburg
T: (0391) 67-12434 **Fax:** 67-12481
Internet: http://www.vde-magdeburg.de
E-Mail: vde-magdeburg@vde-online.de

t 1 033
VDE-Bezirk Kurpfalz e.V.
S 1, 5, 68161 Mannheim
T: (0621) 2 26 57 **Fax:** 2 02 85
Internet: http://www.vde-kurpfalz.de/
E-Mail: vde-kurpfalz@vde-online.de

t 1 034
VDE-Bezirksverein Südbayern e.V.
80286 München
T: (089) 91 07-2110 **Fax:** 91 07-2309

t 1 035
VDE-Bezirksverein Nordbayern e.V.
c/o Fachhochschule
Keßlerplatz 12, 90489 Nürnberg
T: (0911) 53 53 20   **Fax:** 53 32 24
Internet: http://www.iii.fh-nuernberg.de/n-bay/default.html
E-Mail: vde-nordbayern@vde-online.de

t 1 036
VDE-Bezirksverein Oldenburg e.V.
c/o Bundesfachlehranstalt für Elektrotechnik e.V.
Donnerschweer Str. 184, 26123 Oldenburg
T: (0441) 3 40 92-118   **Fax:** 3 40 92-209
Internet: http://www.vde-oldenburg.de/
E-Mail: vde-oldenburg@vde-online.de

t 1 037
VDE/Osnabrück-Emsland e.V.
c/o FH Osnabrück
Postf. 19 40, 49009 Osnabrück
T: (0541) 9 69-3241   **Fax:** 9 69-3242
Internet: http://vde2.sow.fh-osnabrueck.de/
E-Mail: vde-osnabrueck-emsland@vde-online.de

t 1 038
VDE-Bezirk Mecklenburg/Vorpommern
c/o TZW
Friedrich-Barnewitz-Str. 3, 18119 Rostock
T: (0381) 51 96-219   **Fax:** 51 96-219
E-Mail: vde-mecklenburg-vorpommern@vde-online.de

t 1 039
VDE-Bezirk Saar e.V.
c/o VSE Kraftwerk Ensdorf
Kurt-Kessler-Str. 1, 66806 Ensdorf
T: (06831) 5 02-6600   **Fax:** 5 02-6300
Internet: http://www.vde-saar.de
E-Mail: vde-saar@vde-online.de

t 1 040
VDE-Bezirksverein Württemberg e.V.
Kriegsbergstr. 32, 70174 Stuttgart
T: (0711) 22 34 10   **Fax:** 2 23 41 55
Internet: http://www.vde-wuerttemberg.de
E-Mail: vde-wuerttemberg@vde-online.de

t 1 041
VDE-Bezirk Trier e.V.
c/o RWE Energie AG, Netzregion Südwest
Eurener Str. 33, 54294 Trier
T: (0651) 8 12-2348   **Fax:** 8 12-2673
Internet: http://www.vde-trier.de
E-Mail: vde-trier@vde-online.de

t 1 042
VDE-Bezirksverein Wilhelmshaven-Ostfriesland e.V.
c/o Gas- und Elektrizitätswerke Wilhelmshaven GmbH
Postf. 25 36, 26365 Wilhelmshaven
T: (04421) 4 04-902   **Fax:** 4 04-909
E-Mail: vde-wilhelmshaven-ostfriesland@vde-online.de

t 1 043
VDE-Bezirksverein Bergisch Land e.V.
Siegelberg 135, 42399 Wuppertal
T: (0202) 2 61 12 01   **Fax:** 2 61 12 02
Internet: http://www.dasp.uni-wuppertal.de/vde
E-Mail: vde-bergisch-land@vde-online.de

● T 1 044
Deutsche Gesellschaft für Akustik e.V. (DEGA)
c/o Universität Oldenburg
FB Physik/Akustik
26111 Oldenburg
T: (0441) 7 98-35 72   **Fax:** 7 98-36 98
Internet: http://www.dega.itap.de
E-Mail: dega@aku.physik.uni-oldenburg.de
Gründung: 1989
Präsident(in): Dr. Joachim Scheuren
Präsident(in): Prof. Dr. Jürgen Meyer
Verbandszeitschrift: ACUSTICA/ACTA ACUSTICA
Mitglieder: 950

● T 1 045
Deutsches Komitee der Internationalen Hochspannungskonferenz beim VDE (DK-CIGRE)
Stresemannallee 15, 60596 Frankfurt
T: (069) 63 08-235   **Fax:** 6 31 29 25
Internet: http://www.vde.de
E-Mail: cigre@vde.com
Vorsitzende(r): Dr.-Ing. Jürgen Schwarz (Deutsche Verbundgesellschaft e.V., Heidelberg)

● T 1 046
Informationstechnische Gesellschaft im VDE (ITG)
Stresemannallee 15, 60596 Frankfurt
T: (069) 63 08-3 60   **Fax:** 63 12-9 25
Internet: http://www.vde.com
E-Mail: itg@vde.com
Gründung: 1954 (6. April)
Vorsitzende(r): Prof. Dr.-Ing. Jörg Eberspächer
Geschäftsführer(in): Dr.-Ing. Volker Schanz, Frankfurt
Mitglieder: 13000

● T 1 047
VDI-Gesellschaft Energietechnik (VDI-GET)
Postf. 10 11 39, 40002 Düsseldorf
Graf-Recke-Str. 84, 40239 Düsseldorf
T: (0211) 6 21 44 16   **Fax:** 6 21 41 61
Internet: http://www.vdi.de
E-Mail: get@vdi.de
Vorsitzende(r): Prof. Dr.-Ing. Herrmann-Josef Wagner
Geschäftsführer(in): Dr.-Ing. Ernst-Günter Hencke

● T 1 048
Fusions-Energie-Forum e.V.
Postf. 70 06 46, 81306 München
T: (089) 50 19 83
Gründung: 1976
Verbandszeitschrift: FUSION - Wissenschaft und Technik für das 21. Jahrhundert
Redaktion: Fusions-Energie-Forum eV, Postf. 24 48, 65014 Wiesbaden
Mitglieder: 200
Mitarbeiter: 8

● T 1 049
Deutsche Energie-Gesellschaft e.V. (DEG)
Geschäftsstelle:
Würmtalstr. 25, 81375 München
T: (089) 7 19 11 97   **Fax:** (08208) 18 11
TGR: Deutsche Energiegesellschaft München
Gründung: 1979 (17. Oktober)
Präsident(in): Peter Hettich (Würmtalstr. 25, 81375 München, T: (0171) 3 65 03 05)
Vizepräsident(in): Axel Urbanek (Sarreiterweg 79, 85560 Ebersberg)
Mitglieder: 350

● T 1 050
ARBEITSGEMEINSCHAFT FÜR SPARSAMEN UND UMWELTFREUNDLICHEN ENERGIEVERBRAUCH E.V.
Postf. 25 47, 67613 Kaiserslautern
Bismarckstr. 16, 67655 Kaiserslautern
T: (0631) 3 60 90 70   **Fax:** 3 60 90 71
Internet: http://www.asue.de
E-Mail: ASUE@compuserve.com
Gründung: 1977
Präsident(in): Reinhard Schüler (Mitglied des Vorstands der Gasanstalt Kaiserslautern AG)
Geschäftsführer(in): Dr. Klaus Telges
Bernd Utesch
Mitglieder: 40 Firmen der deutschen Gaswirtschaft

Der Verein fördert die sparsame und umweltschonende Energieanwendung, vor allem auf der Basis von Erdgas, z.B. Brennwerttechnik im häuslichen Bereich, über Blockheizkraftwerke im kommunalen und gewerblichen Bereich bis hin zu Gasturbinen, im industriellen Bereich.

● T 1 051
Zentrum für Energie-, Wasser- und Umwelttechnik (ZEWU)
Buxtehuder Str. 76, 21073 Hamburg
T: (040) 3 59 05-0   **Fax:** 3 59 05-842
Internet: http://www.hwk-hamburg.de
E-Mail: ufenger@hwk-hamburg.de
Gründung: 1985 (25. April)
Präsident(in): Peter Becker (Handwerkskammer Hamburg, Holstenwall 12, 20355 Hamburg, T: (040) 3 59 05-1)
Hauptgeschäftsführer(in): Dr. Jürgen Hogeforster (Handwerkskammer Hamburg)
Geschäftsführer(in): Rolf de Vries (Leiter des ZEWU)
Leitung Presseabteilung: Ulrich Fenger
Mitglieder: ca. 13000 Betriebe mit ca. 100 000 Beschäftigten

● T 1 052
Zentrum für Energie- und Umwelttechnik Wismar e.V. (ZEUT)
Postf. 12 10, 23952 Wismar
Philipp-Müller-Str., 23966 Wismar
T: (03841) 75 35 22   **Fax:** 75 33 21
Gründung: 1991 (18. Oktober)
Vorsitzende(r): Prof. Dr.-Ing. habil. H. Müller
Stellv. Vors., Schatzmeister: Prof. Dr. A. Platzhoff
Stellvertretende(r) Vorsitzende(r): Dr. Hans-Georg Porep
Prof. Dr. Winfried Schauer
VorstMitgl: Prof. Dr.-Ing. habil. Kurt W. Helbing
Dr. Dieter Grey
Mitglieder: 30
Mitarbeiter: 8

Wissenstransfer, Forschung und Beratung auf den Gebieten: Energietechnik, Umwelttechnik, Recyclingtechnik, Abfalltechnik, Ökologie und Naturschutz, Baustoffe

● T 1 053
Deutsche Vereinigung für Raumenergie e.V. (DVR)
German Association for Space Energy (GASE)
DVR-Geschäftsstelle:
Postf. 9 40, 58009 Hagen
Feithstr. 140, 58097 Hagen
T: (02331) 9 87-2615   **Fax:** 9 87-350
Internet: http://www.fernuni-hagen.de/STATISTIK/DVR/
E-Mail: elke.greber@fernuni-hagen.de
Präsident: Prof. (em.) Dr.Dr. Dr.h.c Josef Gruber (FernUniversität Hagen; An der Herberge 7, 58119 Hagen, T: (02334) 32 13, Fax: (02334) 32 13)
1. Vizepräsident: Dr.-Ing. Gerd Harms (E-Mail: harms@iee.uni-hannover.de), Hannover
2. Vizepräsident: Prof. Dr. Konstantin Meyl (E-Mail: meyl@fh-furtwangen.de)
Mitglieder: 350

● T 1 054
Deutscher Email Verband e.V. (DEV)
An dem Heerwege 10, 58093 Hagen
T: (02331) 78 86 51   **Fax:** 2 26 62
Internet: http://www.emailverband.de
E-Mail: kontakt@emailverband.de
Gründung: 1996
Vorsitzende(r): Karl Heinz Moritz (c/o Pemco Emailtechnik GmbH, Köln)
Verbandszeitschrift: Mitteilungen des DEV
Redaktion: Prof. Dr. P. Hellmold
Verlag: Verlag des DEV
Mitglieder: 280

● T 1 055
Deutsche Gesellschaft für allgemeine und angewandte Entomologie e.V.
Schicklerstr. 5, 16225 Eberswalde
T: (03334) 58 98 18   **Fax:** 21 23 79
Gründung: 1976
Präsident(in): Prof. Dr. Konrad Dettner
Schriftführer: PD Dr. Wolfgang Völkl (Leitung Presseabteilung)
Verbandszeitschrift: DGaaE Nachrichten, Mitteilungen der Deutschen Gesellschaft für allgemeine u. angew. Entomologie
Mitglieder: 850

● T 1 056
Deutsche Gesellschaft für Geotechnik e.V. (DGGT)
eingetragen beim AG Berlin-Charlottenburg
Geschäftsstelle:
Hohenzollernstr. 52, 45128 Essen
T: (0201) 78 27 23   **Fax:** 78 27 43
Gründung: 1950
Vorsitzende(r): Prof. Dr.-Ing. Dr.-Ing.E.h. W. Wittke
Geschäftsführer(in): Dr. Kirsten Laackmann
Verbandszeitschrift: Geotechnik
Redaktion: Dr.-Ing. Richter
Verlag: Verlag GLÜCKAUF, Montebruchstr. 2, 45219 Essen
Mitglieder: 2000
Mitarbeiter: 3

● T 1 057
Deutsche Forschungsgesellschaft für Bodenmechanik an der Techn. Universität
Ackerstr. 76, 13355 Berlin
T: (030) 3 14-72610, 3 14-72855   **Fax:** 3 14-72857
Gründung: 1928 (05. April)
Stellvertretender Direktor: Dipl.-Ing. Peter Raimund
Mitglieder: 17

● T 1 058
Forschungsstelle für Energiewirtschaft der Gesellschaft für praktische Energiekunde e.V.
Am Blütenanger 71, 80995 München
T: (089) 15 81 21-0   Fax: 15 81 21-10
Internet: http://www.ffe.de
E-Mail: gfpe@ffe.de
Gründung: 1949 (29. März)
Vorsitzende(r): Dr.-Ing. Rolf Bierhoff (RWE Energie AG, Essen)
1.Stellv. Vorsitzende(r): Dr.-Ing. Klaus Bechtold (BEWAG, Berlin)
2.Stellv. Vorsitzende(r): Dipl.-Ing. Klaus Forster (Bayernwerk AG, München)
Geschäftsleitung: Prof. Dr.-Ing. Ulrich Wagner
Dr.-Ing. Wolfgang Mauch
Mitglieder: 144
Mitarbeiter: 23

● T 1 059
Gesellschaft für Energiewissenschaft und Energiepolitik e.V. (GEE)
Deutsche Sektion der International Association for Energy Economics (IAEE)
c/o Bremer Energie-Institut
Fahrenheitstr. 8, 28359 Bremen
T: (0421) 2 01 43 50   Fax: 2 01 43 77
Internet: http://www.gee.de
E-Mail: gee@bei.uni-bremen.de
Gründung: 1981 (Frühjahr)
Vorsitzende(r): Prof. Dr. Georg Erdmann (Technische Universität Berlin)
Stellvertretende(r) Vorsitzende(r): Dr. Claudia Eßer-Scherbeck (SE Scherbeck Energy GmbH, stellv. Vors.)
Prof. Dr. Wolfgang Pfaffenberger (Carl-von-Ossietzky Universität, bremer energie institut)
Schriftführer(in): Prof. Dr.-Ing. Hermann-Josef Wagner (Universität Essen)
Geschäftsstelle: c/o bremer energie institut
Mitglieder: 213

● T 1 060
Verband Deutscher Energie-Manager e.V. (VDEM)
Edelsbergstr. 8, 80686 München
T: (089) 5 70 07-0   Fax: 57 00 72 60
E-Mail: verband@t-online.de
Gründung: 1994 (6. Juni)
Präsident(in): Karl Heinrich Maier
Vizepräsident(in): Prof. Dr.-Ing. Peter Herberholz
Dr. Wolfgang Horrighs
Dipl.-Ing. (FH) Werner Lutsch
Dr.-Ing. Arnold Tolle
Geschf. Präsident: Helmut Sendner (Chefredakteur)
Hauptgeschäftsführer(in): VM Verbands-Management GmbH
Verbandszeitschrift: Energie & Management
Mitglieder: 21 incl. Verbände
Mitarbeiter: 1 Mitarb./Teilzeit

● T 1 061
Forum für Zukunftsenergien e.V.
Ehrenbergstr. 11 14, 10245 Berlin
T: (030) 72 61 59 98-0   Fax: 72 61 59 98-99
Internet: http://www.zukunftsenergien.de
E-Mail: info@zukunftsenergien.de
Gründung: 1989 (15. Juni)
Vorsitzende(r): Prof. Dr. Fritz Vahrenholt
Stellvertretende(r) Vorsitzende(r): Prof. Dr.-Ing. Carl-Jochen Winter
Dr. Ulrich Eichhorn
Dr.-Ing. Sigfrid Michelfelder
Prof. Dr. Dietmar Winje
Geschäftsführer(in): Dr.rer.nat. Wolf Rasch
Mitglieder: 250

Das Forum ist eine interessenneutrale Plattform des energiepolitischen Dialogs.

● T 1 062
Internationales Wirtschaftsforum Regenerative Energien (IWR)
Robert-Koch-Str. 26-28, 48149 Münster
T: (0251) 83-33995   Fax: 83-38352
Internet: http://www.iwr.de
E-Mail: info@iwrenergie.de
Gründung: 1996
Präsident(in): Dr. Norbert Allnoch
Mitarbeiter: 15

● T 1 063
Deutsche Gemmologische Gesellschaft (Deutsche Gesellschaft für Edelsteinkunde) e.V.
Postf. 12 22 60, 55714 Idar-Oberstein
Prof.-Schloßmacher-Str. 1, 55743 Idar-Oberstein
T: (06781) 4 30 11   Fax: 4 16 16
Internet: http://www.dgemg.com
E-Mail: info@dgemg.com
Gründung: 1932
Präsident(in): Dipl.-Min. Thomas Lind
Geschäftsführer(in): Dr. Ulrich Henn
Verbandszeitschrift: "GEMMOLOGIE" Zeitschrift der Deutschen Gemmologischen Gesellschaft
Redaktion: Dr. U. Henn
Mitglieder: 2000

● T 1 064
Deutsche Stiftung Edelsteinforschung (DSEF)
Postf. 12 22 60, 55714 Idar-Oberstein
Prof.-Schloßmacher-Str. 1, 55743 Idar-Oberstein
T: (06781) 4 30 12   Fax: 4 16 16
Internet: http://www.gemcertificate.com
E-Mail: info@gemcertificate.com
Stiftungsratsvors.: Dipl. Min. Thomas Lind
Geschäftsführer(in): Dr. Claudio C. Milisenda

● T 1 065
**GEMOLOGISCHES INSTITUT - GIE
JUWELEN-TEST-INSTITUT
Gilde Internationaler Edelsteinexperten**
Institutssitz:
Kaiserfeld 2, 55758 Hettenrodt
Postf. 12 23 06, 55715 Idar-Oberstein
T: (06781) 3 61 61   Fax: 3 61 62
Chairman: Peter O. Reiter, Basel
Geschäftsführer(in): Peter O. Reiter (Edelstein- u. Juwelen-Spezialist, Gemologie-Experte, Privat-Dozent)

● T 1 066
Institut für Fahrzeuglackierung
Vilbeler Landstr. 255, 60388 Frankfurt
T: (06109) 72 28 20   Fax: 72 28-50
Gründung: 1988
Vorsitzende(r): Georg Fluck
Institutsleiter: Jürgen Müller

● T 1 067
VDI-Gesellschaft Fahrzeug- und Verkehrstechnik (VDI-FVT)
Postf. 10 11 39, 40002 Düsseldorf
Graf-Recke-Str. 84, 40239 Düsseldorf
T: (0211) 62 14-264   Fax: 62 14-163
Internet: http://www.vdi.de/fvt/fvt.htm
E-Mail: fvt@vdi.de
Vorsitzende(r): Prof. Dr.-Ing. Uwe Loos
Geschäftsführer(in): Dr.-Ing. Armin Simbürger

● T 1 068
**Institut für Land- und Seeverkehr
Fachgebiet Kraftfahrzeuge**
c/o Fakultät V, Sekr. TIB 13
Gustav-Meyer-Allee 25, 13355 Berlin
T: (030) 3 14-72970   Fax: 3 14-72505
Gründung: 1903
Leiter(in): Prof. Dr. rer. nat. Volker Schindler
Fachgebiet Kraftfahrzeuge
Gebietsleitung: N. N.
Fachgebiet Kraftfahrwesen
Gebietsleitung: N. N.
Fachgebiet Spurgebundene Fahrzeuge
Gebietsleitung: N. N.
Mitarbeiter: 100

● T 1 069
Institut für Fahrzeugtechnik der Technischen Universität Braunschweig
Hans-Sommer-Str. 4, 38106 Braunschweig
T: (0531) 3 91-2610   Fax: 3 91-2601
Internet: http://www.tu-bs.de/institute/iff
E-Mail: f.kuecuekay@tu-bs.de
Leiter(in): Univ.-Prof. Dr.-Ing. Ferit Küçükay

● T 1 070
Forschungsvereinigung Feinmechanik und Optik e.V.
Kirchweg 2, 50858 Köln
T: (0221) 94 86 28-0   Fax: 48 34 28
Internet: http://www.feinoptik.de
E-Mail: info@feinoptik.de
Vorsitzende(r): Prof. Dr. Manfred Jacksch (Leica Mikrosysteme Wetzlar GmbH, 35530 Wetzlar)
Geschäftsführer(in): Dr. E. Pohlen

● T 1 071
Ausschuß für Wirtschaftliche Fertigung e.V. (AWF)
Voltastr. 5, 13355 Berlin
T: (030) 4 64 50 79   Fax: 46 45 69 01
E-Mail: awf.ev@awf.de
Vorsitzende(r): Prof. Dr.-Ing. habil. Michael Schenk

● T 1 072
Deutsche Gesellschaft für Fettwissenschaft e.V.
Postf. 90 04 40, 60444 Frankfurt
Varrentrappstr. 40-42, 60486 Frankfurt
T: (069) 7 91 75 29   Fax: 7 91 75 64
Internet: http://www.dgfett.de
E-Mail: info@dgfett.de
Gründung: 1936
Präsident(in): Prof. Dr. Michael Bockisch (Union Deutsche Lebensmittelwerke, Hamburg)
Geschäftsführer(in): Dr. Frank Amoneit
Verbandszeitschrift: European Journal of Lipid Science and Technology
Redaktion: Ines Chyla
Verlag: Wiley-VCH-Verlag, Pappelallee 3, 69469 Weinheim
Mitglieder: 250 persönliche Mitglieder und 100 Firmen

● T 1 073
Landesanstalt für Arbeitsschutz Nordrhein-Westfalen
Ulenbergstr. 127-131, 40225 Düsseldorf
T: (0211) 31 01-0   Fax: 31 01 11 89
Internet: http://www.arbeitsschutz.nrw.de
E-Mail: poststelle@lafa.nrw.de
Gründung: 1994 (1. April)
Präsidentin: Dr. E. Lehmann
Bedienstete: 200

● T 1 074
Wissenschaftliche Gesellschaft für Produktionstechnik e.V., Berlin (WGP)
c/o Universität Stuttgart, Institut für Steuerungstechnik der Werkzeugmaschinen und Fertigungseinrichtungen (ISW)
Seidenstr. 36, 70174 Stuttgart
T: (0711) 1 21-2410, 1 21-2420   Fax: 1 21-2413
Gründung: 1986 (15. Oktober)
Vorsitzende(r): o. Prof. Dr.-Ing. Dr.h.c.mult. G. Pritschow (E-Mail: guenter.pritschow@isw.uni-stuttgart.de)
Leitung Presseabteilung: Dipl.-Ing. Sebastian Fritz
Verbandszeitschrift: wt-Produktion und Management
Verlag: Springer-VDI-Verlag GmbH + Co. KG, Verlag für techn. Zeitschriften, Heinrichstr. 24, 40239 Düsseldorf
Mitglieder: 41

● T 1 075
Wissenschaftliche Gesellschaft an der Johann Wolfgang Goethe-Universität
Postf. 11 19 32, 60054 Frankfurt
Kettenhofweg 135, 60325 Frankfurt
T: (069) 7 98-22139
Präsident(in): Prof. Dr. Werner Thomas

● T 1 076

**Rat für Formgebung
German Design Council**
Messegelände
Postf. 15 03 11, 60063 Frankfurt
Ludwig-Erhard-Anlage 1, 60327 Frankfurt
T: (069) 74 79 19   Fax: 7 41 09 11
Internet: http://www.german-design-council.de
E-Mail: info@german-design-council.de
Gründung: 1953
Geschäftsführer(in): Andrej Kupetz
Leitung Presseabteilung: Stephan Ott
Verbandszeitschrift: Design Report
Mitglieder: 100
Mitarbeiter: 7
Jahresetat: DM 1,6 Mio, € 0,82 Mio

Förderung und Kommunikation bedeutender Segmente des deutschen Designgeschehens auf nationaler und internationaler Ebene.

● T 1 077

Deutsche Gesellschaft für Galvano- und Oberflächentechnik e.V. (DGO)
Horionplatz 6, 40213 Düsseldorf
T: (0211) 13 23 81   Fax: 32 71 99
Internet: http://www.dgo-online.de
E-Mail: DGO.AGG.Duesseldorf@t-online.de
Vorsitzende(r): W. Huber (c/o Atotech Deutschland GmbH,

Industriestr. 69, 90537 Feucht)
Geschäftsführer(in): E. Laube
Mitglieder: 2000

● **T 1 078**
Deutscher Verband für Oberflächenvergütung e.V. (DVO)
Postf. 12 20, 25772 Lunden
Brunnenstr. 10b, 25774 Lunden
T: (04882) 8 20 **Fax:** 3 50
Gründung: 1987
Präs. u. Vors: Helmut Müller-Greven
Vizepräsident(in): Collin Heap
Stellvertretende(r) Vorsitzende(r): I. Müller-Greven
Leitung Presseabteilung: Bodo Greif
Mitglieder: 72
Mitarbeiter: 2
Härtung, Beschichtung, Beschriftung durch Laser oder Funkenerosion. Praxisnahe Entwicklungsprojekte besonders für Klein- und Mittelbetriebe. Gütesicherung, Ausbildungsförderung

● **T 1 079**

DVGW Deutsche Vereinigung des Gas- und Wasserfaches e.V.
- Technisch-wissenschaftlicher Verein -
Postf. 14 03 62, 53058 Bonn
Josef-Wirmer-Str. 1-3, 53123 Bonn
T: (0228) 91 88-5 **Fax:** 91 88-990
Internet: http://www.dvgw.de
E-Mail: dvgw@dvgw.de
Gründung: 1859
Internationaler Zusammenschluß: siehe unter izl 106
Präsident(in): Dr.-Ing. Werner Hauenherm
Hauptgeschäftsführer(in): Dr.-Ing. Walter Thielen
Vizepräsident Gas: Dipl.-Ing. Olaf Schabow
Vizepräsident Wasser: Dr.-Ing. Hanno Hames
1. Vizepräsident: Dipl.-Ing. Helmut Haumann
Vizepräsident: Dipl.-Ing. Michael Buckler
Referentin Öffentlichkeitsarbeit: Dr. Susanne Hinz
Verbandszeitschrift: DVGW PRAXIS, gwf Das Gas- und Wasserfach, Ausgaben Gas/Erdgas und Wasser/Abwasser
Verlag: R. Oldenbourg-Verlag, München
Mitglieder: ca. 12500
Mitarbeiter: ca. 90
Förderung des Gas- und Wasserfachs in technischer und technisch-wissenschaftlicher Hinsicht unter besonderer Berücksichtigung der Sicherheit, der Hygiene und des Umweltschutzes. Zur Erfüllung dieses Vereinszweckes dienen folgende Aufgabenfelder: Regelsetzung und Normung, Prüfung und Zertifizierung, Forschung und Entwicklung, Berufsbildung, Information, Beratung.

Landesgruppen

t 1 080
DVGW Landesgruppe Baden-Württemberg
Stöckachstr. 48, 70190 Stuttgart
T: (0711) 2 62 29 80 **Fax:** 2 62 41 75

t 1 081
DVGW Landesgruppe Bayern
Akademiestr. 7, 80799 München
T: (089) 3 81 58 70 **Fax:** 38 15 87 11

t 1 082
DVGW Landesgruppe Berlin/Brandenburg
Bismarckstr. 63, 12169 Berlin
T: (030) 79 47 36-11 **Fax:** 79 47 36-20

t 1 083
DVGW Landesgruppe Hessen
Bahnstr. 8, 65205 Wiesbaden
T: (0611) 70 00 61 **Fax:** 70 00 65

t 1 084
DVGW Landesgruppe Nord
Heidenkampsweg 101, 20097 Hamburg
T: (040) 23 00 15 **Fax:** 23 00 99

t 1 085
DVGW Landesgruppe Nordrhein-Westfalen
Josef-Wirmer-Str. 3, 53123 Bonn
T: (0228) 2 59 84 50 **Fax:** 2 59 84 59

t 1 086
DVGW Landesgruppe Ost
Sachsenallee 24, 01723 Kesselsdorf
T: (035204) 7 02-0 **Fax:** 7 02-99

t 1 087
DVGW Landesgruppe Rheinland-Pfalz
Josefsstr. 54-56, 55118 Mainz
T: (06131) 61 30 35 **Fax:** 61 25 31

t 1 088
DVGW Landesgruppe Saarland
Schlachthofstr. 11a, 66280 Sulzbach
T: (06897) 21 71 **Fax:** 22 28

● **T 1 089**
Bundesvereinigung der Firmen im Gas- und Wasserfach e.V. (FIGAWA)
Marienburger Str. 15, 50968 Köln
T: (0221) 3 76 68 20 (Wasser-Rohrleitungen), 3 76 48 30 (Gas, Gas- und Wassermessung)
Fax: 3 76 68 60 (Wasser-Rohrleitungen), 3 76 48 61 (Gas, Gas- und Wassermessung)
Internet: http://www.figawa.de
E-Mail: figawa@t-online.de (Gas), info@figawa.de
Präsident(in): Dr.-Ing. Thomas Wagner
Geschäftsführer(in): Dr.-Ing. Friedrich Tillmann (Gas, Gas- und Wassermessung)
Dipl.-Ing. Arnd Böhme (Wasser, Rohrleitungen)
Mitglieder: 1300

● **T 1 090**
Frontinus-Gesellschaft e.V.
c/o GEW Köln AG
Parkgürtel 24, 50823 Köln
T: (0221) 1 78-2991 **Fax:** 1 78-2258
Gründung: 1976 (16. Oktober)
Präsident(in): Dipl.-Kfm. Herbert Oster (Hauptgeschäftsführer a.D., Heerstr. 25, 53340 Meckenheim)
Mitglieder: 400

● **T 1 091**
Deutsche Gesellschaft für Kartographie (DGfK)
Karlstr. 6, 80333 München
T: (089) 12 65-2619 **Fax:** 12 65-2635
Gründung: 1950
Präsident(in): Prof. Dr. Theodor Wintges (FH München, Fachb. 08: Vermessung u. Kartographie, Karlstr. 6, 80333 München, T: (089) 54 50 68 20, 12 65-2619, Fax: (089) 54 50 68 20, 12 65-2698, e-mail: wintges@vm.fh-muenchen.de)
Vizepräsident(in): Prof. Dr. Martina Müller (Hochschule f. Technik u. Wirtschaft Dresden, Fachb. Vermessungswesen u. Kartographie, Friedrich-List-Platz 1, 01069 Dresden, T: (0351) 4 62-31 49, Fax: (0351) 4 62-21 91, E-Mail: muellerm@vermessung.htw.dresden.de)
Vizepräsident(in): Dr.-Ing. Jürgen Behrens (Am Graben 3, 16230 Lichterfelde; BGR, DB Berlin, Wilhelmstr. 25-30, 13593 Berlin, T: (030) 3 69 93-270, Fax: (030) 3 69 93-214, E-Mail: jhbehrens@t-online.de, j.behrens@bgr.de)
Schatzmeister: Dipl.-Ing. (FH) Uwe G.F. Kleim (Univ. d. Bundeswehr München (UniBwM), Fakultät Bauingenieur- u. Vermessungswesen, Inst. 10: Photogrammetrie u. Kartographie, Werner-Heisenberg-Weg 39, 85577 Neubiberg, T: (089) 60 04-3548, Fax: (089) 60 04-4090, e-mail: uwe.kleim@rz.unibw-muenchen.de)
Sekretär: Dipl.-Geogr. Carsten Recknagel (IVU-Ges. f. Informatik, Verkehrs- u. Umweltplanung mbH, Bundesallee 88, 12161 Berlin, T: (030) 85 90 61-33, Fax: (030) 85 90 61-11, e-mail: re@ivu.de)
Sprecher der Sektionen: Dr. Peter Aschenberner (Ingenieurbüro f. Kartographie E. Hornung/Dr. P. Aschenbrenner, Bergkammstr. 13, 30453 Hannover, T: (0511) 4 87 80-0, Fax: (0511) 4 87 80-99, e-mail: dr.aschenberner@t-online.de)
Sprecher der Kommissionen: Univ.-Prof. Dr. Wolfgang Scharfe (FU Berlin, Institut f. Geographische Wissenschaften, Fachrichtung Kartographie, Maltestr. 74-100, 12249 Berlin, T: (030) 77 92-330, Fax: (030) 76 70 64 51, E-Mail: scharfe@geog.fu-berlin.de)
Verbandszeitschrift: Kartographische Nachrichten
Redaktion: Prof. Dr. Meine Uwe Behrens
Verlag: Kirschbaum Verlag, Postfach 21 02 09, 53157 Bonn
Mitglieder: ca. 2100

Sektionen

t 1 092
Deutsche Gesellschaft für Kartographie Sektion Südbayern
Hubertusweg 13, 85540 Haar
T: (089) 4 60 56 38
Leiter(in): Jürgen H.L. Sailler

t 1 093
Deutsche Gesellschaft für Kartographie Sektion Berlin-Brandenburg
Döberitzer Str. 51, 14476 Fahrland
T: (033208) 5 24 13
Leiter(in): Dr.-Ing. Anita Neupert

t 1 094
Deutsche Gesellschaft für Kartographie Sektion Braunschweig
Nußbergstr. 23, 38104 Braunschweig
T: (0531) 7 71 24
Leiter(in): Dipl.-Ing. (FH) Gesa Wolff

t 1 095
Deutsche Gesellschaft für Kartographie Sektion Dresden
Steinbachstr. 7, 01445 Radebeul
T: (0351) 8 30 57 86
E-Mail: wilfert@karst9.geo.tu-dresden.de
Leiter(in): Univ.-Prof. Dr.-Ing. Ingeborg Wilfert

t 1 096
Deutsche Gesellschaft für Kartographie Sektion Halle-Leipzig
Buchfinkenweg 38, 04159 Leipzig
T: (0341) 4 61 73 09
E-Mail: ahoppe@leipzig.ifag.de
Leiter(in): Dipl.-Ing. Achim Hoppe

t 1 097
Deutsche Gesellschaft für Kartographie Sektion Hamburg
Lärchenstieg 19, 22850 Norderstedt
T: (040) 5 23 63 33 **Fax:** 5 23 94 79
Leiter(in): Dipl.-Ing. (FH) Detlef Maiwald

t 1 098
Deutsche Gesellschaft für Kartographie Sektion Hannover
Bergkammstr. 13, 30453 Hannover
T: (0511) 4 87 80-0 **Fax:** 4 87 80-99
E-Mail: dr.aschenberner@t-online.de
Leiter(in): Dr. Peter Aschenberner

t 1 099
Deutsche Gesellschaft für Kartographie Sektion Hessen
Karl-Josef-Schlitt-Str. 1, 65195 Wiesbaden
T: (0611) 4 06 01 58
E-Mail: stabeknut@aol.com
Leiter(in): Dipl.-Ing. Knut Hans Stabe

t 1 100
Deutsche Gesellschaft für Kartographie Sektion Karlsruhe
c/o FHS Karlsruhe, FB Geoinformationswesen
Rotensoler Str. 32 (Schielberg), 76359 Marxzell
T: (07248) 93 21 25
Leiter(in): Prof., Dipl.-Math. Hans F. Kern

t 1 101
Deutsche Gesellschaft für Kartographie Sektion Mittelrhein
Zedernweg 173b (Niederpleis), 53757 St Augustin
T: (02241) 33 49 87
Leiter(in): Dipl.-Ing. Manfred Oster

t 1 102
Deutsche Gesellschaft für Kartographie Sektion Münster
Sophienstr. 45, 48145 Münster
T: (0251) 3 63 80 **Fax:** 13 18 45
E-Mail: hstaudinger@t-online.de
Leiter(in): Helmut Staudinger

t 1 103
**Deutsche Gesellschaft für Kartographie
Sektion Rhein-Neckar**
Etzwiesenweg 14, 69226 Nußloch
T: (06224) 91 90 53
Leiter(in): Dipl.-Geogr. Gerold Olbrich

t 1 104
**Deutsche Gesellschaft für Kartographie
Sektion Rhein-Ruhr**
Aggerstr. 58, 44807 Bochum
T: (0234) 50 25 75
E-Mail: herzog@geographie.ruhr-uni-bochum.de
Leiter(in): Dr. Werner Herzog

t 1 105
**Deutsche Gesellschaft für Kartographie
Sektion Schleswig-Holstein**
Schaarberg 3, 24211 Wahlstorf
T: (04342) 88 96 95
E-Mail: dege@geographie.uni-kiel.de
Leiter(in): Univ.-Prof. Dr. Eckart Dege

t 1 106
**Deutsche Gesellschaft für Kartographie
Sektion Schwerin**
Dorfstr. 1a, 19069 Seehof
T: (0385) 56 82 23
Leiter(in): Dipl.-Ing. (FH) Heidi Rick

t 1 107
**Deutsche Gesellschaft für Kartographie
Sektion Stuttgart**
Schirmerstr. 28, 70378 Stuttgart
T: (0711) 53 35 08
E-Mail: morhard@gmx.net
Leiter(in): Dipl.-Ing. (FH) Heinz Morhard

t 1 108
**Deutsche Gesellschaft für Kartographie
Sektion Südbaden**
Löffeltalweg 65, 79856 Hinterzarten
T: (07652) 52 14
Leiter(in): Dipl.-Ing. Wolfgang Schlüter

t 1 109
**Deutsche Gesellschaft für Kartographie
Sektion Thüringen**
Kirchtalweg 4, 99198 Vieselbach
T: (036203) 9 10 11
E-Mail: p.roland@tlverma.thueringen.de
Leiter(in): Dipl.-Ing. Peter Roland

t 1 110
**Deutsche Gesellschaft für Kartographie
Sektion Weser-Ems**
Wilkenweg 37c, 26127 Oldenburg
T: (0441) 30 38 18
E-Mail: peter.luetje@br-we.niedersachsen.de
Leiter(in): Peter Lütje

● T 1 111
Deutsche Geodätische Kommission (DGK)
Marstallplatz 8, 80539 München
T: (089) 23 03 11 13   **Fax:** 2 30 31-100
E-Mail: hornik@dgfi.badw-muenchen.de
Geschäftsführer(in): Helmut Hornik

● T 1 112
Deutsche Gesellschaft für Geographie (DGfG)
c/o Institut für Geographie und Geoökologie der Universität Karlsruhe
76128 Karlsruhe
Kaiserstr. 12, 76131 Karlsruhe
T: (0721) 6 08-7850, 6 08-3482   **Fax:** 69 67 61
Internet: http://www.geographie.de
Präsident(in): Prof. Dr. Manfred Meurer (Institut für Geographie und Geoökologie der Universität Karlsruhe, 76128 Karlsruhe, Tel.: (0721) 608-7850, E-Mail: Manfred.Meurer@bio-geo.uni-karlsruhe.de)
Vizepräsidenten: Prof. Dr. Eberhard Schallhorn (Breslauer Str. 34, 75105 Bretten)
Prof. Dr. Eberhard Kroß (Geographisches Institut der Ruhr-Universität Bochum, 44801 Bochum)
Schriftführer(in): PD Dr. Joachim Vogt (Institut für Geographie und Geoökologie der Universität Karlsruhe, 76128 Karlsruhe, Tel.: (0721) 608-3482, E-Mail: Joachim.Vogt@bio-geo.uni-karlsruhe.de)
Dachverband für folgende geographische Teilverbände:

1) Verband der Geographie an Deutschen Hochschulen (VGDH)
2) Hochschulverband für Geographie und ihre Didaktik (HGD)
3) Verband Deutscher Schulgeographen (VDSG)
4) Deutscher Verband für Angewandte Geographie (DVAG)

● T 1 113
Deutsche Gesellschaft für Volkskunde e.V.
24098 Kiel
T: (0431) 8 80-4623   **Fax:** 8 80-1705
Internet: http://www.gwdu19.gwdg.de/~uhvs/dgv.htm
E-Mail: dgv@volkskunde.uni-kiel.de
Vorsitzende(r): Prof. Dr. Silke Göttsch
Geschäftsführer(in): Sandra Scherreiks
Mitglieder: 1150 (persönliche und korporative)

● T 1 114
GERMANWATCH e.V. - Nord-Süd Initiative
Kaiserstr. 201, 53113 Bonn
T: (0228) 6 04 92-0   **Fax:** 6 04 92-19
Internet: http://www.germanwatch.org
E-Mail: germanwatch@germanwatch.org
Gründung: 1991
1. Vorsitzende(r): Michael Windfuhr
Stellvertretende(r) Vorsitzende(r): Dörte Bernhardt
Geschäftsführer(in): Dr. Rainer Engels
Verbandszeitschrift: Germanwatch
Redaktion: Dörte Bernhardt
Verlag: Selbstverlag
Mitglieder: 500
Mitarbeiter: 7
Jahresetat: DM 0,8 Mio, € 0,41 Mio

● T 1 115
Deutsche Gesellschaft für Völkerkunde e.V.
Institut für Ethnologie
Sandgasse 7, 69117 Heidelberg
T: (06221) 54 22 36   **Fax:** 54 35 56
Gründung: 1929
Vorsitzende(r): Prof. Dr. Jürg Wassmann
Stellvertretende(r) Vorsitzende(r): Prof. Dr. Peter Köpping
Leitung Presseabteilung: Dr. Shahnaz Nadjmabadi
PD Dr. Burkhard Schnepel
Verbandszeitschrift: Mitteilungen der Deutschen Gesellschaft für Völkerkunde
Verlag: Museum für Völkerkunde
Mitglieder: ca. 850
Jahresetat: DM 0,013 Mio, € 0,01 Mio

● T 1 116
Gesellschaft für Völkerkunde
(Verein zur Förderung des Rautenstrauch-Joest-Museums der Stadt Köln)
Ubierring 45, 50678 Köln
T: (0221) 3 36 94-0   **Fax:** 3 36 94-10
Internet: http://www.museenkoeln.de
E-Mail: rjm@rjm.museenkoeln.de
Gründung: 1906
Vorsitzende(r): Ludwig Theodor von Rautenstrauch
Geschäftsführer(in): Prof. Dr. Gisela Völger
Mitglieder: ca. 500
Mitarbeiter: 1
Verbandspublikation: Ethnologica (Buchserie)
Redaktion: Rautenstrauch-Joest-Museum, Prof. Dr. Gisela Völger, Ubierring 45, 50678 Köln

● T 1 117
Rheinische Vereinigung für Volkskunde
Am Hofgarten 22, 53113 Bonn
T: (0228) 73 76 18   **Fax:** 73 94 40
Vorsitzende(r): Prof. Dr. H. L. Cox
Verbandszeitschrift: Rheinisches Jahrbuch für Volkskunde; Bonner kleine Reihe zur Alltagskultur
Verlage: F. Schmitt, Siegburg, Waxmann-Verlag, Münster

● T 1 118
Gesellschaft für Erd- und Völkerkunde zu Stuttgart e.V.
c/o Linden-Museum
Hegelplatz 1, 70174 Stuttgart
T: (0711) 20 22-3   **Fax:** 20 22-590
E-Mail: sekretariat@lindenmuseum.de

● T 1 119
Gesellschaft für Erdkunde zu Berlin
Arno-Holz-Str. 14, 12165 Berlin
T: (030) 79 00 66-0   **Fax:** 79 00 66-12
Internet: http://www.gfe-berlin.de, http://www.die-erde.de
E-Mail: mail@gfe-berlin.de, redaktion@die-erde.de
Gründung: 1828 (April)
Vorsitzende(r): Dr. Dieter Biewald
Hauptgeschäftsführer(in): Dr. Kirsten Gehrenkemper (Ltg. Presseabt.)
Verbandszeitschrift: DIE ERDE
Redaktion: Dr. Kirsten Gehrenkemper

Verlag: Gesellschaft für Erdkunde zu Berlin, Arno-Holz-Str. 14, 12165 Berlin
Mitglieder: 550
Mitarbeiter: 7
Förderung und Verbreitung der Geographie.

● T 1 120
Gesellschaft für Erdkunde zu Köln
c/o Geographisches Institut der Universität
Albertus-Magnus-Platz, 50931 Köln
T: (0221) 4 70 22 61   **Fax:** 4 70 49 17
Internet: http://www.uni-koeln.de/themen/geographie
Gründung: 1887
Vorsitzende(r): PD Dr. Manfred Nutz (Uni Köln)
Mitglieder: 630

● T 1 121
Bonner Geographische Gesellschaft
Meckenheimer Allee 166, 53115 Bonn
T: (0228) 73 72 25   **Fax:** 73 53 93
Internet: http://www.giub.uni-bonn.de/gesellschaften/index.html
E-Mail: hdlaux.@.giub.uni-bonn.de
Vorsitzende(r): Prof. Dr. Hans Dieter Laux
Geschäftsführer(in): Dr. Andreas Dittmann

● T 1 122
Fränkische Geographische Gesellschaft
Kochstr. 4, 91054 Erlangen
T: (09131) 8 52 26 45   **Fax:** 8 52 20 13
Internet: http://www.ffg.uni-erlangen.de
Gründung: 1954
Präsident(in): Prof. Dr. Horst Kopp (Institut f. Geographie d. Uni)
Vizepräsident(in): Dipl.-Ing. Helmut Mai (Siemens AG)
Leitung Presseabteilung: Akad. Dir. Dr. Manfred Schneider
Verbandszeitschrift: Mitteilungen der Fränkischen Geographischen Ges.
Redaktion: Prof. Dr. Hilmar Schröder
Verlag: im Selbstverlag; in Kommission bei Palm + Enke, Erlangen
Mitglieder: 1000
Mitarbeiter: nur ehrenamtliche Mitarbeiter

● T 1 123
Geographische Gesellschaft in Hamburg e.V.
Bundesstr. 55, 20146 Hamburg
T: (040) 4 10 17 14
Internet: http://www.geographie-hamburg.de
E-Mail: ggh@geographie-hamburg.de
Gründung: 1873
Vorsitzende(r): Prof. Dr. Dieter Jaschke
Stellvertretende(r) Vorsitzende(r): Prof. Dr. Dietbert Thannheiser
Verbandszeitschrift: Mitteilungen der Geographischen Gesellschaft in Hamburg
Redaktion: Prof. Dr. Frank N. Nagel
Verlag: Franz Steiner Verlag, Stuttgart
Mitglieder: 509

● T 1 124
Geographische Gesellschaft zu Hannover
Schneiderberg 50, 30167 Hannover
T: (0511) 7 62 43 90   **Fax:** 7 62 35 33
Gründung: 1878
Vorsitzende(r): Prof. Dr. H. J. Buchholz
Stellvertretende(r) Vorsitzende(r): StDir. a.D. E. Steinmeyer
Hauptgeschäftsführer(in): Prof. Dr. A. Arnold
Mitglieder: 600

● T 1 125
Geographische Gesellschaft Würzburg e.V.
Am Hubland, 97074 Würzburg
T: (0931) 8 88 55 53   **Fax:** 8 88 55 56
E-Mail: wolfgang.pinkwart@mail.uni-wuerzburg.de
Gründung: 1925
Vorsitzende(r): Prof. Dr. Horst Hagedorn
Stellvertretende(r) Vorsitzende(r): Georg Münzhuber
Generalsekretär(in): Dr. Wolfgang Pinkwart
Verbandszeitschrift: Würzburger Geographische Arbeiten
Redaktion: Geogr. Institut der Universität Würzburg
Verlag: Böhler-Verlag GmbH, Seilerstr. 10, 97084 Würzburg
Mitglieder: 140

T 1 126

Berufsverband Deutscher Geowissenschaftler e.V. (BDG)
Oxfordstr. 20-22, 53111 Bonn
T: (0228) 69 66 01 Fax: 69 66 03
Internet: http://www.geoberuf.de
E-Mail: BDGBonn@t-online.de
Gründung: 1984 (23. Juni)
Vorsitzende(r): Prof. Dr. D. Doherr (Panoramaweg 6, 77723 Gengenbach)
Geschäftsführer(in): Dr. Hans-Jürgen Weyer (52134 Herzogenrath)
Verbandszeitschrift: Mitteilungsblatt des BDG
Mitglieder: 2600 (Stand 1.1.1999)
Mitarbeiter: 3
Fachverbände: Mitglied der European Federation of Geologists (EFG/FEG), Affiliated Society der American Association of Petroleum Geologists (AAPG), Ausschuß für die Honorarordnung AHO

Berufsständische Vertretung von Geologen, Geophysikern und Mineralogen in der BRD.

T 1 127

Verband für Geoökologie in Deutschland e.V. (VGöD)
Hauptgeschäftsstelle
Alexanderstr. 9, 95444 Bayreuth
T: (0921) 72 15 92 15 Fax: 85 14 97
Internet: http://www.gooekologie.de
E-Mail: vgoed@geooekologie.de
Gründung: 1986 (20. Juni) als Verein der Geoökologen e.V. (VdG); Umbenennung in VGöD im Dezember 1991
1. Vorsitzende(r): Dieter Schäfer (AGREVO Umweltforschung G 836, Werk Höchst, Brüningstr. 50, 65926 Frankfurt)
2. Vorsitzende(r): Till Bachmann (Inst. f. Energiewirtschaft Univ. Stuttgart, 70550 Stuttgart)
Geschäftsführer(in): Sibylle Kaiser
Verbandszeitschrift: Forum der Geoökologie
Redaktion: Michael Süßer, Alexanderstr. 9, 95444 Bayreuth

T 1 128

Deutsche Geologische Gesellschaft (D.G.G.)
Alfred-Bentz-Haus
Postf. 51 01 53, 30631 Hannover
Stilleweg 2, 30655 Hannover
T: (0511) 6 43-2507 Fax: 6 43-2695
Gründung: 1848
Vorsitzende(r): Prof. Dr. Josef Klostermann, Krefeld
Verbandszeitschrift: Zeitschrift und Schriften der Deutschen Geologischen Gesellschaft, Geowissenschaftliche Mitteilungen (GMit)
Mitglieder: 2700

T 1 129

Geologische Vereinigung e.V.
Geschäftsstelle:
Vulkanstr. 23, 56743 Mendig
T: (02652) 98 93 60 Fax: 98 93 61
Internet: http://www.g-v.de
E-Mail: geol.ver@t-online.de
Gründung: 1910
Kassenführer: Dr. C.-D. Cornelius, Hessisch Lichtenau
Vorsitzende(r): Prof. Dr. W. Franke, Gießen
Verbandszeitschrift: GEOLOGISCHE RUNDSCHAU
Redaktion: Prof. Dr. W.-C. Dullo, Kiel
Verlag: Springer-Verlag, Heidelberg
Mitglieder: 2200

T 1 130

Frauen in Naturwissenschaft und Technik e.V. (NUT)
Haus der Demokratie
Greifswalder Str. 4, 10405 Berlin
T: (030) 2 04 44 58
E-Mail: nut.geschaeftsstelle@t-online.de
Gründung: 1988
Mitglieder: 310

T 1 131

Deutsche Quartärvereinigung
Geschäftsstelle:
Stilleweg 2, 30655 Hannover
T: (0511) 6 43-2487 Fax: 6 43-2304
Internet: http://www.deuqua.de
Gründung: 1948
Präsident(in): Prof. Dr. Wolfgang Schirmer (Universität Düsseldorf, Abt. Geologie, Universitätsstr. 1, 40225 Düsseldorf, T: (0211) 8 11 20 42, e-mail: schirmer@uni-duesseldorf.de)
Schatzmeister: Dr. E.-R. Look (Stilleweg 2, 30655 Hannover, T: (0511) 6 43 24 87, Telefax: (0511) 6 43 36 68)
Schriftleitung: "Eiszeitalter und Gegenwart" Dr. J. Klostermann (Geolog. Landesamt Nordrhein-Westfalen, De-Greiff-Str. 195, 47803 Krefeld, T: (02151) 89 73 00, Telefax: (02151) 89 75 05)

T 1 132

Deutsche Geophysikalische Gesellschaft e.V. (DGG)
c/o GeoForschungsZentrum
Telegrafenberg, 14473 Potsdam
T: (0331) 2 88 12 32 Fax: 2 88 12 35
Gründung: 1922
Vorsitzende(r): Prof. Dr. Burkhard Buttkus
Schriftführer(in): Dr. Wigor Webers (GeoForschungsZentrum, Telegrafenberg, 14473 Potsdam)
Kassenwart: Dr. Martin Pätzold
Verbandszeitschrift: Mitteilungen, Geophysical Journal International
Mitglieder: 950

T 1 133

Forschungsanstalt der Bundeswehr für Wasserschall und Geophysik
Klausdorfer Weg 2-24, 24148 Kiel
T: (0431) 6 07-0 Fax: 6 07-4150
E-Mail: FWG@FWG-KIEL.DE
Gründung: 1960
Direktor(in): Prof. Dr. Peter C. Wille
Vertreter: Dr. Rolf Thiele

T 1 134

Nationales Komitee für Geodäsie und Geophysik (NKGG)
Stephanstr. 3, 04103 Leipzig
T: (0341) 9 73-2851
Vorsitzende(r): Prof. Dr. G. Tetzlaff (Institut für Meteorologie, Stephanstr. 3, 04103 Leipzig)
Mitglieder: 16

Mitgliedsverbände:
Deutsche Geodätische Kommission
Deutscher Verein für Vermessungswesen
Deutsche Gesellschaft für Photogrammetrie
Deutsche Meteorologische Gesellschaft e.V.
Deutsche Geophysikalische Gesellschaft
Deutsche Mineralogische Gesellschaft
Deutscher Verband für Wasserwirtschaft und Kulturbau e.V.

T 1 135

Wissenschaftliche Gesellschaft für Gefahrguttransport e.V. (WGGT)
c/o Dr. E. Schmidt
Moritzburger Str. 79d, 01640 Coswig
T: (03523) 6 70 23 Fax: 6 70 23
Gründung: 1991 (12. April)
Vorsitzende(r): Dr. Dr. Elmar Schmidt
Geschäftsführende(s) Vorstands-Mitglied(er): Dipl.-Ing. Gernot Paul
Mitglieder: 50
Jahresetat: DM 0,005 Mio, € 0 Mio

T 1 136

Verein für Gerberei-Chemie und -Technik e.V. (VGCT)
c/o Institut für Biochemie
Petersenstr. 22, 64287 Darmstadt
1. Vorsitzende(r): Fritz Schweizer (Maienweg 14, 71540 Murrhardt)
2. Vorsitzende(r): Dr. H. Francke (Westerwaldstr. 14, 56335 Neuhäusel)
Schriftführer(in): Dipl.-Ing. Kiene (Lortzingstr. 2, 55127 Mainz)

T 1 137

Deutsches Verpackungsinstitut e.V.
Gustav-Meyer-Allee 25, 13355 Berlin
T: (030) 4 63 07-401 Fax: 4 63 07-400
Internet: http://www.verpackung.org
E-Mail: info@verpackung.org
Gründung: 1990
Vorstand: Prof. Dieter Berndt (Vors.; TFH Berlin, Studiengang Verpackungstechnik, Kurfürstenstr. 141, 10785 Berlin, T.: (030) 45 04-4128, Fax: (030) 2 61 54 84)
Schriftführer: Prof. Dr. Dr. Günter Grundke (Leiter der DVI Arbeitstelle Leipzig, Baaderstr. 29, 04157 Leipzig, T.: (0341) 9 11 93 35, Fax: (0341) 9 12 72 00)
Kassenwart: Thomas Reiner (GeschF. der Berndt & Partner GmbH, Gustav-Meyer-Allee 25, 13355 Berlin, T.: (030) 4 63 07-272, Fax: (030) 4 63 07-270)
Geschäftsführer(in): Sonja Hoffmann

T 1 138

Arbeitskreis Moderne Getränkeverpackung (der Deutschen Erfrischungsgetränke-Industrie) e.V. (AMG)
Königswinterer Str. 300, 53227 Bonn
T: (0228) 44 27 13 Fax: 44 00 19
Gründung: 1964
Geschäftsführer(in): Dipl.-Volksw. Carl Jakob Bachem
Mitglieder: 7 Verbände

t 1 139

POOL AMG 2000 e.V.
Königswinterer Str. 300, 53227 Bonn
T: (0228) 44 27 13 Fax: 44 01 15
Gründung: 1995

T 1 140

Vereinigung Deutscher Gewässerschutz e.V. (VDG)
Matthias-Grünewald-Str. 1-3, 53175 Bonn
T: (0228) 37 50 07 Fax: 37 55 15
Internet: http://www.vdg-online.de
E-Mail: info@vdg-online.de
Präsident(in): Dieter Bongert
Geschäftsführer(in): Dipl.-Biologe Rainer Berg

T 1 141

Institut für Gewässerökologie und Binnenfischerei (IGB)
Müggelseedamm 310, 12587 Berlin
T: (030) 6 41 81-5 Fax: 6 41 81-600, 6 41 81-700
Internet: http://www.igb-berlin.de
Gründung: 1992 (1. Januar)
Direktor: Prof. Dr. C. E. W. Steinberg (Tel.: (030) 6 41 81-601, E-Mail: stein@igb-berlin.de)

T 1 142

Verein Deutscher Giessereifachleute
Postf. 10 51 44, 40042 Düsseldorf
Sohnstr. 70, 40237 Düsseldorf
T: (0211) 68 71-0 Fax: 68 71-3 33
Internet: http://www.vdg.de
E-Mail: sekretariat@vdg.de
Gründung: 1909 (10. Juli)
Präsident(in): Dipl.-Ing. Wilhelm Kuhlgatz
Hauptgeschäftsführer(in): Dr.-Ing. Niels Ketscher
Leitung Presseabteilung: Dipl.-Ing. Peter Haensel
Verbandszeitschrift: GIESSEREI
Verlag: Giesserei-Verlag GmbH, Postf. 10 25 32, 40016 Düsseldorf
Mitglieder: 637 Firmen, 2 505 persönl. Mitglieder

Förderung von Forschung und Entwicklung; Fortbildungsseminare; Bibliothek und Literaturdokumentation; Herausgabe von Informationsdiensten, VDG-Merkblättern, Fachzeitschriften und Fachbüchern; Fachausschüsse, Kongresse und Studienreisen.

T 1 143

Deutsche Glastechnische Gesellschaft e.V. (DGG)
Mendelssohnstr. 75-77, 60325 Frankfurt
T: (069) 97 58 61-0 Fax: 97 58 61-99
Internet: http://www.hvg-dgg.de
E-Mail: dgg@hvg-dgg.de
Gründung: 1922
Vorsitzende(r): Prof. Dr.rer.nat. Gerd Müller (Fraunhofer-Institut für Silicatforschung, Würzburg)
Geschäftsführer(in): Prof. Dr. Helmut A. Schaeffer
Schriftleiter: Dr. Dieter Kaboth
Mitglieder: 1400
Mitarbeiter: 8

Förderung der technischen und wissenschaftlichen Arbeit auf den Gebieten der Herstellung, der Verarbeitung, der Veredelung und der Anwendung von Glas. Koordinierung praxisbezogener Forschungsarbeiten; Zusammenarbeit mit nationalen und internationalen Institutionen und Verbänden; Glastechnische Tagungen, Fachausschüsse, Verlag, Zeitschrift GLASS SCIENCE AND TECHNOLOGY-Glastechnische Berichte (Originalarbeiten auf Englisch), Dokumentation, Fachbibliothek, Literaturdienst.

● T 1 144

Hüttentechnische Vereinigung der Deutschen Glasindustrie e.V. (HVG)
Mendelssohnstr. 75-77, 60325 Frankfurt
T: (069) 97 58 61-0 **Fax:** 97 58 61-99
Internet: http://www.hvg-dgg.de
E-Mail: hvg@hvg-dgg.de
Gründung: 1920
Vorsitzende(r): Prof. Dr. Jürgen Petzoldt (ehem. Vorstandsmitgl. der Schott Glaswerke, Mainz)
Geschäftsführer(in): Prof.Dr. Helmut A. Schaeffer
Mitglieder: 90 einzelne Unternehmen
Mitarbeiter: 19
Glastechnische Forschung und Entwicklung (Mitglied der AiF). Emissionsmessungen hinter Glasschmelzöfen; wärme- und schmelztechnische Untersuchungen; technische Beratung; Schriftreihen; Kurse; Kolloquien; Niels-von-Bülow-Stiftung (Stipendien an Studenten).

● T 1 145

Gesellschaft für Goldschmiedekunst e.V.
Deutsches Goldschmiedehaus
Altstädter Markt 6, 63450 Hanau
T: (06181) 25 65 56 **Fax:** 25 65 54
Gründung: 1932
Präsident(in): Dipl.-Kfm. Walter Behning
Ehrenvors. d. Präsidiums: Altbundespräs. Walter Scheel
Geschäftsführer(in): Dr. Christianne Weber-Stöber
Mitglieder: 500

● T 1 146

Forschungsgesellschaft Druck e.V. FOGRA
Postf. 80 04 69, 81604 München
Streitfeldstr. 19, 81673 München
T: (089) 4 31 82-0 **Fax:** 4 31 82-100
Internet: http://www.fogra.org
E-Mail: fogra@fogra.org
Gründung: 1951
Vorsitzende(r): Dipl.-Ing. Jan te Neues
Institutsleiter: Dr.habil. Hans-Joachim Falge
Datenbank: Dipl.-Ing. (FH) Wolfgang Hergl (T: (089) 4 31 82-4 12)
Leitung Presseabteilung: Rainer Pietzsch
Verbandszeitschrift: FOGRA-Aktuell
Redaktion: Rainer Pietzsch
Verlag: Streitfeldstr. 19, 81673 München
Mitglieder: 600
Mitarbeiter: 53
Jahresetat: DM 9,5 Mio, € 4,86 Mio
Förderung der Drucktechnik in den Bereichen Forschung, Entwicklung und Anwendung, Seminare (Druckindustrie)

● T 1 147

Institut für Technologie und Planung Druck an der Hochschule der Künste Berlin
Einsteinufer 43-53, 10587 Berlin
T: (030) 31 85-0 **Fax:** 31 85-2685
TX: 308 066 hdkbin
E-Mail: webmaster@komm.HDK-Berlin.de
Gründung: 1975 Hochschule der Künste Berlin; Institut für Technologie und Planung Druck: 1982
Präsident(in): Prof. Lothar Romain (Ernst-Reuter-Platz 10, 10587 Berlin, T: (030) 31 85 26 47/48)
Vorsitzende(r): geschf. Dir. Prof. Dr.-Ing. Henning Schreyer (T: (030) 31 85 21 41-44)
Stellvertretende(r) Vorsitzende(r): Prof. Dr.-Ing. Helmut Rech (T: (030) 31 85 21 32)
Mitglieder: 13 Professoren und Dozenten, 9 wissenschaftl. Mitarbeiter, 20 technische Angestellte, 300 Studenten

● T 1 148

VGB PowerTech e.V.
Postf. 10 39 32, 45039 Essen
Klinkestr. 27-31, 45136 Essen
T: (0201) 81 28-1 **Fax:** 8 12 83 06
Internet: http://www.vgb-power.de
E-Mail: ceo@vgb-power.de
Gründung: 1920
Vorsitzende(r): Dr. Gerd Jäger, Essen
Geschäftsführer(in): Dr. Karl A. Theis
Leitung Presseabteilung: Helmut Bleßmann
Verbandszeitschrift: VGB PowerTech
Redaktion: H. Bleßmann
Verlag: VGB PowerTech Service GmbH, Klinkestr. 27-31, 45136 Essen
Mitglieder: 430
Mitarbeiter: 80
Jahresetat: DM 19 Mio, € 9,71 Mio
Förderung und Hebung der Betriebssicherheit, Verfügbarkeit und Umweltfreundlichkeit der bei den Mitgliedern bestehenden und neu zu errichtenden Wärmekraftanlagen. Mitarbeit an Normung und Aufstellung technischer Richtlinien und Regeln. Mitwirkung bei der Interessenvertretung der Mitglieder gegenüber Behörden, Organisationen und Öffentlichkeit.

● T 1 149

Bundesverband Motorkraftwerke e.V. (BVMKW)
Geisnangstr. 3, 71640 Ludwigsburg
T: (07141) 38 07 01 **Fax:** 38 07 05
Vorsitzende(r): Dipl.-Ing. Gottfried Rössle

● T 1 150

**AWT.
Arbeitsgemeinschaft Wärmebehandlung und Werkstoff-Technik e.V.**
Rosenstr. 11, 65388 Schlangenbad
T: (06129) 5 90 43 **Fax:** 5 90 45
Internet: http://www.awt-online.org
E-Mail: awt.ev@t-online.de
Ltg. Geschäftsst.: D. V. Krämer
Vorsitzende(r): Dipl.-Ing. Helmut Mallener
Mitglieder: 700 davon 500 Personen und 200 Firmen
Arbeitskreise in: Berlin, Bremen, Chemnitz/Freiberg, Düsseldorf, Frankfurt, Friedrichshafen, Hagen, Hamburg, Hannover, Homburg/Saar, Kassel, Mannheim, München, Nürnberg, Offenburg, Schweinfurt, Stuttgart, Suhl, Ulm sowie 24 Fachausschüsse

● T 1 151

Hafenbautechnische Gesellschaft e.V.
Dalmannstr. 1, 20457 Hamburg
T: (040) 4 28 47-2178 **Fax:** 4 28 47-2179
Internet: http://www.htg-online.de
E-Mail: service@htg-online.de
Gründung: 1914 (22. Mai)
Vorsitzende(r): Staatsrat Prof. Dr.-Ing. Heinz Giszas, Hamburg
Geschäftsführer(in): Dipl.-Ing. Karlheinz Pröpping, Hamburg
Mitglieder: 1600

● T 1 152

Forschungsgemeinschaft für Elektrische Anlagen und Stromwirtschaft e.V. (FGH)
Postf. 81 01 69, 68201 Mannheim
Hallenweg 40, 68219 Mannheim
T: (0621) 80 47-0 **Fax:** 80 47-112
E-Mail: fgh@fgh-ma.de
Präsident(in): Dr.-Ing. Michael Müller, Kassel
Vorstand: Dr.-Ing. Wolfram H. Wellßow, Ketsch

● T 1 153

Union der Hörgeräte-Akustiker e.V. (UHA)
Postf. 40 06, 55030 Mainz
Neubrunnenstr. 3, 55116 Mainz
T: (06131) 28 30-0 **Fax:** 28 30-30
Internet: http://www.uha.de
E-Mail: uhamainz@t-online.de
1. Vorsitzende(r): Dr. Bernd Hähle (Berliner Str. 97, 03046 Cottbus, T: (0355) 79 79 88, Fax: (0355) 79 28 74, e-mail: Dr.Bernd_Hähle@t-online.de)
Geschäftsführer(in): Sigrid Weissgerber
Mitglieder: 800
Fachwissenschaftliche Organisation des Hörgeräte-Akustiker-Handwerks.

● T 1 154

Verein für Technische Holzfragen e.V.
Bienroder Weg 54E, 38108 Braunschweig
T: (0531) 21 55-0 **Fax:** 35 15 87
Internet: http://www.wki.fhg.de
E-Mail: info@wki.fhg.de
Gründung: 1946
Mitglieder: 140
Jahresetat: DM 2,1 Mio, € 1,07 Mio
Der Verein für Technische Holzfragen fördert vorrangig das Wilhelm-Klauditz-Institut (WKI) Fraunhofer-Institut für Holzforschung, das angewandte Forschung durchführt.

● T 1 155

Studiengesellschaft Holzschwellenoberbau in der DGfH e.V.
Bayerstr. 57-59 V. Stock, 80335 München
T: (089) 51 61 70-0 **Fax:** 53 16 57
E-Mail: mail@dgfh.de
Gründung: 1906 (12. Juni)
Geschäftsführer(in): Dipl.-Ing. Joachim Tebbe

● T 1 156

Forschungsgemeinschaft Industrieofenbau e.V. (FOGI)
Postf. 71 08 64, 60498 Frankfurt
Lyoner Str. 18, 60528 Frankfurt
T: (069) 66 03-14 13 **Fax:** 66 03-16 92
Internet: http://www.vdma.org
E-Mail: gutmann.habig@vdma.org
Vorsitzende(r): Dr. Bernd Edenhofer
Geschäftsführer(in): Dr. Gutmann Habig

● T 1 157

Bundesverband Telearbeit e.V. (BVTA)
c/o Alpenland GmbH
Graf-Arbo-Str. 18, 82284 Grafrath
Internet: http://www.telearbeit.org
E-Mail: presse@telearbeit.org
Gründung: 1995 (30. März)
Präsident(in): Meinrad Müller
Hauptgeschäftsführer(in): Doris Müller
Verbandszeitschrift: Telearbeit
Redaktion: Telearbeit aktuell, Bahnhofstr. 91, 82284 Grafrath (auch Verlag)
Mitglieder: 8700
Jahresetat: DM 0,24 Mio, € 0,12 Mio

● T 1 158

Institut für Software, Elektronik, Bahntechnik (ISEB) in der TÜV InterTraffic GmbH
51101 Köln
Am Grauen Stein 1, 51105 Köln
T: (0221) 8 06-21 25 **Fax:** 8 06-3940
Internet: http://www.iseb.com
E-Mail: jansen@iseb.com
Gründung: 1986 (1. Januar)
Direktor(in): Dr.-Ing. Herbert Jansen
Mitglieder: 8000 (TÜV Rheinland gesamt)

● T 1 159

**AS-International Association e.V.
Verein zur Förderung busfähiger Interfaces für binäre Aktuatoren und Sensoren e.V.**
Auf dem Broich 4a, 51519 Odenthal
T: (02174) 4 07 56 **Fax:** 4 15 71
Internet: http://www.as-interface.com
E-Mail: AS-Interface@t-online.DE
Gründung: 1991
Vorsitzende(r): Ing. grad. Heinz Walker (c/o Siemens AG, Gerätewerk Amberg)
Geschäftsführer(in): Dr.rer.nat. Otto W. Madelung (Auf dem Broich 4 a, 51519 Odenthal, T: (02174) 4 07 56, Telefax: (02174) 4 15 71)
Mitglieder: 80

● T 1 160

Institut für Mikroelektronik Stuttgart
Allmandring 30A, 70569 Stuttgart
T: (0711) 6 85-7333 **Fax:** 6 85-5930
Internet: http://www.ims-chips.de
E-Mail: info@ims-chips.de
Gründung: 1983
Vorsitzende(r): Dir.Prof.Dr.rer.nat. Bernd Höfflinger
Stellvertretende(r) Vorsitzende(r): Dr. Horst Fischer (Fa. Siemens AG, München)
Mitglieder: Vorstand: 5 Mitglieder, Kuratorium: 25 Mitglieder
Mitarbeiter: 72
Stiftungszweck: Die Stiftung hat die Aufgabe, Forschung u. Entwicklung auf dem Gebiet mikroelektronischer Schaltungen und Systeme zu betreiben u. für die Umsetzung der Arbeitsergebnisse in die industrielle Praxis zu sorgen.

● T 1 161

TZM Transferzentrum Mikroelektronik e.V.
In den Weiden 7, 99099 Erfurt
T: (0361) 4 20 51 70 **Fax:** 4 20 51 76
Internet: http://www.tzm.de
E-Mail: tzm.erfurt@t-online.de
Gründung: 1993 (08. März)

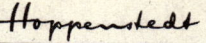

Vorsitzende(r): Dr. Wolfgang Hecker (MAZeT GmbH)
Stellvertretende(r) Vorsitzende(r): Dr. Claus Dittrich (GEMAC mbH)
Prof. Dr. Gerd Scarbata (IMMSG mbH)
Geschäftsführer(in): Dipl.-Phys. Wolfram Männel
Mitglieder: 18

● **T 1 162**

Deutsche Forschungsgesellschaft für die Anwendung der Mikroelektronik e.V. (DFAM)
Postf. 71 08 64, 60498 Frankfurt
Lyoner Str. 18, 60528 Frankfurt
T: (069) 66 03-1315 **Fax:** 66 03-1463
Gründung: 1990
Vorstand: Dr. Dittrich (GEMAC GmbH, Chemnitz)
Dr. Dittrich (Endress + Hauser GmbH & Co, Maulburg)
Dipl.-Ing. Rauen (VDMA, Frankfurt)
Dr. Diegner (ZVEI, Frankfurt)
Dr. Müller (Heidelberger Druckmaschinen AG)
Prof. Gerhäuser (FhG-IIS, Erlangen)
Dipl.-Ing. Prangenberg (KSB Fluidtechnik, Frankenthal)

● **T 1 163**

VDE/VDI - Gesellschaft Mikroelektronik, Mikro- und Feinwerktechnik ((GMM))
Stresemannallee 15 VDE-Haus, 60596 Frankfurt
T: (069) 63 08-330, 63 08-227 **Fax:** 6 31 29 25
E-Mail: gmm@vde.com
Vorsitzende(r): Prof. Dr.-Ing. Peter M. Knoll
Geschäftsführer(in): Dipl.-Ing. Rainer Theobald

● **T 1 164**

Dachverband für Medizinische Technik (DVMT)
VDE-Haus
Stresemannallee 15, 60596 Frankfurt
T: (069) 63 08-208 **Fax:** 96 31 52 19
Internet: http://www.dvmt.de
E-Mail: dvmt@vde.com
Gründung: 1992 (November)
Vorsitzende(r): Prof. Dr.-Ing. H. Ermert
Stellvertretende(r) Vorsitzende(r): Dr.-Ing. J. Nippa
Geschäftsführer(in): Dr.-Ing. T. Becks
Leitung Presseabteilung: Dr. W. Börmann
Mitglieder: 5000

● **T 1 165**

Verein Deutscher Ingenieure e.V. (VDI)
Postf. 10 11 39, 40002 Düsseldorf
Graf-Recke-Str. 84, 40239 Düsseldorf
T: (0211) 62 14-0, 62 14-640 (Kundencenter) **Fax:** 62 14-575
Internet: http://www.vdi.de
E-Mail: vdi@vdi.de
Gründung: 1856
Präsident(in): Prof. Dr.-Ing. Hubertus Christ
Direktor(in): Dr.-Ing. Willi Johannes Fuchs
Pressestelle:
Pressesprecher: N. N.
Pressereferent: Ralf Kistermann (M.A.)
Mitgliederservice und Marketing: Dipl.-Ing. Walter Hechinger
Mitglieder: rund 126 000

Struktur:
-regional: 45 VDI-Bezirksvereine
-technisch-wissenschaftlich: 17 VDI-Fachgliederungen mit 4 Kompetenzfeldern und Interdisziplinäre Gremien
-berufspolitisch: VDI-Hauptgruppe
dazu:
-VDI-Technologiezentrum Physikalische Technologien, Düsseldorf
-VDI/VDE-Technologiezentrum Informationstechnik GmbH, Teltow
-VDI-Wissensforum GmbH
-VDI-Ingenieurhilfe e.V.
-VDI-Versicherungsdienst GmbH
-VDI-Projekt und Service GmbH
-VDI Verlag GmbH
-Springer-VDI-Verlag GmbH + Co

VDI-Hauptgruppe - Der Ingenieur in Beruf und Gesellschaft
Vorsitzende(r): Prof. Dr.-Ing. Klaus Henning
Geschäftsführer(in): Dipl.-Ing. Karl-Heinz Simsheuser

Bereich Berufs- und Standesfragen
Vorsitzende(r): Prof. Dr.-Ing. Moniko Greif
Ref.: Dr.rer.pol. Holger Hillmer (Ing. M.A.)

Bereich Ingenieuraus- und -weiterbildung
Vorsitzende(r): Dr.-Ing. Kruno Hernaut

Ref.: Dipl.-Ing. Kathrin Sevink

Bereich Mensch und Technik
Vorsitzende(r): Prof. Dr. Christoph Hubig
Ref.: Dr. Volker Brennecke

Bereich Technikgeschichte
Vorsitzende(r): Prof. Dr. Ulrich Wengenroth
Ref.: Dr.rer.pol. Holger Hillmer (Ing. M.A.)

Bereich Technik und Recht
Vorsitzende(r): Prof. Dr.-Ing. Helge B. Cohausz
Ref.: Ass. Dieter Anders

Bereich Technik und Wirtschaft
Vorsitzende(r): Prof. Dr. Dr.h.c. Ralf Reichwald
Ref.: Dr. Volker Brennecke

Bereich Technikbewertung
Vorsitzende(r): Prof. Dr. Herwig Hulpke
Ref.: Dr. Volker Brennecke

Bereich Technik und Bildung
Vorsitzende(r): Prof. Dr. Hans Schulte
Ref.: Michael Kussmann

Bereich Frauen im Ingenieurberuf
Vorsitzende(r): Prof. Dr.-Ing. Burghilde Wieneke-Tautaoui
Ref.: Dipl.-Ing. Kathrin Pieper

Bereich Studenten und Jungingenieure
Vorsitzende(r): Mark Scherr
Ref.: Dr. Susanne Ihsen (M.A.)

VDI-Auskunftsstelle für berufspolitische Fragen
Ref.: Dr. Susanne Ihsen (M.A.)

Fachgliederungen des VDI
Vorsitzender des Wissenschaftlichen Beirates: Ing.(grad.) Helmut Petri
Leiter d. VDI-Fachgl.: Dipl.-Ing. Volker Wanduch

Max-Eyth-Gesellschaft Agrartechnik im VDI
Vorsitzende(r): Dr. Jens-Peter Ratschow
Geschäftsführer(in): Dr.-Ing. Armin Simbürger

VDI-Gesellschaft Bautechnik
Vorsitzende(r): Prof. Dr.-Ing. E.h. Manfred Nußbaumer (M.Sc.)
Geschäftsführer(in): Dipl.-Ing. R. Jesorsky

VDI-Gesellschaft Energietechnik
Vorsitzende(r): Prof. Dr.-Ing. Hermann-Josef Wagner
Geschäftsführer(in): Dipl.-Ing. Ernst-Günter Hencke

VDI-Gesellschaft Fahrzeug- und Verkehrstechnik
Vorsitzende(r): Prof. Dr.-Ing. Uwe Loos
Geschäftsführer(in): Dr.-Ing. Armin Simbürger

VDI-Gesellschaft Entwicklung Konstruktion Vertrieb
Vorsitzende(r): Prof. Dr.-Ing. Bernd-Robert Höhn
Geschäftsführer(in): Dipl.-Ing. Volker Wanduch

VDI-Gesellschaft Kunststofftechnik
Vorsitzende(r): Dr.rer.nat. Alf Löffler
Geschäftsführer(in): Dr.-Ing. Ludwig Vollrath

VDI-Gesellschaft Fördertechnik Materialfluss Logistik
Vorsitzende(r): Dipl.-Wirtsch.-Ing. Heimo Thomas
Geschäftsführer(in): Dr.-Ing. Kurt Redeker

VDI/VDE-Gesellschaft Mess- und Automatisierungstechnik
Vorsitzende(r): Prof. Dr.-Ing.habil. Georg Bretthauer
Geschäftsführer(in): Dipl.-Ing. (FH) Manfred Schatz

VDE/VDI-Gesellschaft Mikroelektronik, Mikro- und Feinwerktechnik
Vorsitzende(r): Prof. Dr.-Ing. Peter Knoll
Geschäftsführer(in): Dipl.-Ing. Rainer Theobald

VDI-Gesellschaft Produktionstechnik (ADB)
Vorsitzende(r): Dr.-Ing. W. Hans Engelskirchen
Geschäftsführer(in): Dr.-Ing. Kurt Redeker

VDI-Gesellschaft Technische Gebäudeausrüstung
Vorsitzende(r): Dipl.-Ing. Bernd Pasterkamp
Geschäftsführer(in): Dipl.-Ing. Undine Stricker-Berghoff (CEng MinstE)

VDI-Gesellschaft Verfahrenstechnik und Chemieingenieurwesen
Vorsitzende(r): Dipl.-Phys. Helmut Becks
Geschäftsführer(in): Prof. Dr.-Ing. H. Cremer

VDI-Gesellschaft Werkstofftechnik
Vorsitzende(r): Prof. Dr.-Ing. Karl-Heinz Habig
Geschäftsführer(in): Dr.-Ing. Ludwig Vollrath

Normenausschuß Akustik, Lärmminderung und Schwingungstechnik im DIN und VDI
Vorsitzende(r): Dr.-Ing. Ulrich J. Kurze
Geschäftsführer(in): Dipl.-Ing. Hans-Peter Grode

Stellvertretende(r) Geschäftsführer(in): Dipl.-Ing. Siegfried Jud

Kommission Reinhaltung der Luft (KRdL) im VDI und DIN - Normenausschuß
Vorsitzende(r): Dr.-Ing. Peter Davids
Geschäftsführer(in): Prof. Dr.-Ing. Klaus Grefen

VDI Koordinierungsstelle Umwelttechnik
Vorsitzende(r): Dr.-Ing. Hans-Friedrich Hinrichs
Geschäftsführer(in): Dipl.-Ing. Rüdiger Wolfertz

VDI-Gesellschaft Systementwicklung und Projektgestaltung
Vorsitzende(r): Prof. Dr.-Ing. Udo Lindemann
Geschäftsführer(in): Dipl.-Ing. Volker Wanduch
VDI-Kompetenzfelder in den Fachgliederungen:

VDI-Kompetenzfeld Betrieblicher Umweltschutz und Umweltmanagement
Leiter: Dipl.-Ing. Rüdiger Wolfertz
Vorsitzende(r): Dr.-Ing. Hans-Friedrich Hinrichs

VDI-Kompetenzfeld Informationstechnik
Leiter: Dipl.-Ing. Gregor Gonsoir
Vorsitzende(r): Prof. Dr.-Ing. Hartwig Steusloff

VDI-Kompetenzfeld Nanotechnik
Leiter: Michael Hirschfeld
Vorsitzende(r): Dr. Dirk Vollmerhaus

VDI-Kompetenzfeld Optische Technologien
Leiter: Dr. Marcus Scholl
Vorsitzende(r): Prof. Dr.-Ing. Gerd Herziger

Die VDI-Hauptgruppe und alle VDI-Fachgliederungen und alle VDI-Kompetenzfelder sowie die Gremien und Bereiche sind zu erreichen über die Adresse:

VDI Verein Deutscher Ingenieure e.V.
Graf-Recke-Str. 84, 40239 Düsseldorf
Postf. 10 11 39, 40002 Düsseldorf
T: (0211) 62 14-0, Fax: (0211) 62 14-5 75
Internet: http://www.vdi.de
E-Mail: vdi@vdi.de

Aufgaben: Wissens- und Erfahrungsaustausch unter Ingenieuren sowie mit Vertretern anderer Wissenschafts- und Berufsbereiche; Erstellen von Richtlinien, Dokumentationen u. ä.; Durchführung von Tagungen, Kongressen, Seminaren etc.; beratende Mitwirkung im Bildungswesen und im Vorfeld technologie-politischer Entscheidungen (VDI-Büro Berlin/Brüssel); Kooperation mit anderen technisch-wissenschaftlichen Institutionen, Ausbildungs- und Forschungsstätten, Ministerien und Behörden des In- und Auslandes; Projektbezogene Technologieberatung im Rahmen von Förderprogrammen der Bundesregierung; Publikationen (Wochenzeitung "VDI nachrichten", Fachbücher und -zeitschriften Berichte, Stellungnahmen etc.); Serviceleistungen (z. B. individuelle Auskünfte, Expertenvermittlung, Fachinformationsschauen); Öffentlichkeitsarbeit "in Sachen Technik und Ingenieure". Behandelt werden nahezu alle Gebiete der Technik unter Einbezug gesellschaftlich relevanter Fragen, unabhängig von Einzelinteressen, politisch neutral.

VDI-Bezirksvereine

Bayern

t 1 166

VDI Augsburger Bezirksverein
Siemens Technopark
Werner-von-Siemens-Str. 6, 86159 Augsburg
T: (0821) 59 50 53 **Fax:** 59 50 54
E-Mail: bv-augsburger@vdi.de
Vorsitzende(r): Dipl.-Ing. Klaus-Peter Mellwig

t 1 167

VDI Bezirksverein München, Ober- und Niederbayern
TÜV-Haus
Westendstr. 199, 80686 München
T: (089) 57 91-2200 **Fax:** 57 91-2161
E-Mail: bv-muenchen@vdi.de
Vorsitzende(r): Dr. rer. nat. Lutz Cleemann

t 1 168

VDI Nürnberger Bezirksverein
Keßlerplatz 12, 90489 Nürnberg
T: (0911) 55 40 30 **Fax:** 53 32 24
E-Mail: vdi@fh-nuernberg.de
Vorsitzende(r): Dr.-techn. Robert Kugler

t 1 169
VDI Unterfränkischer Bezirksverein e.V.
Postf. 15 27, 97405 Schweinfurt
T: (09721) 80 14 77   **Fax:** 8 36 04
Vorsitzende(r): Dr.-Ing. Klaus Büdicker

Berlin und Brandenburg

t 1 170
VDI Bezirksverein Berlin-Brandenburg
Reinhardtstr. 27b, 10117 Berlin
T: (030) 3 41 01 77   **Fax:** 3 41 02 61
E-Mail: bv-berlin-brandenburg@vdi.de
Stellvertretende(r) Vorsitzende(r): Dipl.-Ing. Siegfried Brandt

Niedersachsen

t 1 171
VDI Braunschweiger Bezirksverein
Langer Kamp 19b, 38106 Braunschweig
T: (0531) 2 33-8273   **Fax:** 2 33-7974
E-Mail: vdi@iwf.ing.tu-bs.de
Vorsitzende(r): Prof. Dr.-Ing. Jürgen Hesselbach

t 1 172
VDI Hannoverscher Bezirksverein
Am TÜV 1, 30519 Hannover
T: (0511) 9 86-2120   **Fax:** 9 86-2121
E-Mail: vdi-hannover@vdi.de
Vorsitzende(r): Prof. Dr.-Ing. Marina Schlünz
Geschäftsführer(in): Dr.-Ing. Eckart Schlomach

t 1 173
VDI Osnabrücker Bezirksverein
Postf. 42 28, 49032 Osnabrück
T: (0541) 25 86 94   **Fax:** 25 86 82
E-Mail: vdios@t-online.de
Vorsitzende(r): Dipl.-Ing. Dieter Arndt

Hessen

t 1 174
VDI Bezirksverein Frankfurt-Darmstadt
Mergenthalerallee 27, 65760 Eschborn
T: (06196) 94 89-43   **Fax:** 94 89-45
E-Mail: bv-frankfurt@vdi.de
Vorsitzende(r): Dr.-Ing. Hermann H. Oppermann
Geschäftsführer(in): Dr.-Ing. Winfried Görlich

t 1 175
VDI Bezirksverein Lahn-Dill
Heinrich-Ziegler-Str. 21, 35619 Braunfels
T: (06442) 63 86   **Fax:** 63 85
Vorsitzende(r): Dr. rer. nat. Claus Gunkel

t 1 176
VDI Nordhessischer Bezirksverein
Resotec GmbH
Eisenstr. 7, 34225 Baunatal
T: (0561) 9 49 87-27   **Fax:** 49 80 89
Internet: http://www.vdi-nh.de
E-Mail: ujo@resotec.de
Vorsitzende(r): Dipl.-Ing. Ulrich Jonas

t 1 177
VDI Rheingau-Bezirksverein
Langenbeckstr. 3, 65189 Wiesbaden
T: (0611) 3 41 44 38   **Fax:** 3 41 44 61
E-Mail: bv-rheingau@vdi.de
Vorsitzende(r): Dipl.-Wirt.-Ing. Dieter Münk
Geschäftsführer(in): Dipl.-Ing. Jürgen W. Nicolaus

Thüringen

t 1 178
VDI Thüringer Bezirksverein
Konrad-Zuse-Str. 5, 99099 Erfurt
T: (0361) 4 26-2509   **Fax:** 4 26-2511
E-Mail: vdi.thueringen@t-online.de
Vorsitzende(r): Dipl.-Phys. Michael Reuße

Sachsen

t 1 179
VDI Dresdner Bezirksverein
ABAKUS Business Center
Am Brauhaus 12, 01099 Dresden
T: (0351) 8 13 41 66   **Fax:** 8 13 42 00
E-Mail: vdi-dd@cdnet.de
Vorsitzende(r): Dr.-Ing. Manfred Bergmann
Geschäftsführer(in): Dipl.-Ing. Andrea Nickol

Sachsen-Anhalt

t 1 180
VDI Hallescher Bezirksverein
Weinbergweg 23 (TGZ Halle), 06120 Halle
T: (0345) 55 83-691   **Fax:** 55 83-691
E-Mail: bv-halle@vdi.de
Vorsitzende(r): Dr.-Ing. Franz Wege
Geschäftsführer(in): Dipl.-Ing. Rolf Heckel

t 1 181
VDI Bezirksverein Leipzig
MaxicoM Euro-Asia Business-Center
Messe-Allee 2, 04356 Leipzig
T: (0341) 6 02 18 42   **Fax:** 6 02 18 45
E-Mail: bvleipzig@aol.com
Vorsitzende(r): Prof. Dr.-Ing. habil. Dagmar Hentschel

t 1 182
VDI Magdeburger Bezirksverein
Breitscheidstr. 51, 39114 Magdeburg
T: (0391) 8 10 73 33   **Fax:** 8 10 73 31
E-Mail: vdi.magdeburg@t-online.de
Vorsitzende(r): Dr.-Ing. Horst Lewy

t 1 183
VDI Westsächsischer Bezirksverein Chemnitz
c/o Technische Universität Chemnitz/Rühlmannbau
09107 Chemnitz
Reichenhainer Str. 70, 09126 Chemnitz
T: (0371) 5 31-3290   **Fax:** 5 31-3290
Vorsitzende(r): Prof. Dr.-Ing. habil. Christian A. Schumann
Geschäftsführer(in): Dr.-Ing. Albrecht Fischer

Bremen

t 1 184
VDI Bremer Bezirksverein
Wiener Str. 12 /IFAM, 28359 Bremen
T: (0421) 17 16 13   **Fax:** 17 15 12
Vorsitzende(r): Dr.-Ing. Frank Petzoldt

Hamburg

t 1 185
VDI Hamburger Bezirksverein
Stadtbahnstr. 114, 22391 Hamburg
T: (040) 2 70 28 07   **Fax:** 27 87 70 28
E-Mail: bvhamburg@vdi.de
Vorsitzende(r): Dr.-Ing. Joachim Knoop
Geschäftsführer(in): Dipl.-Ing. Uwe Bandhold

Schleswig-Holstein

t 1 186
VDI Lübecker Bezirksverein
Postf. 24 29, 23512 Lübeck
T: (0451) 3 88 59 88   **Fax:** 3 88 59 80
E-Mail: dr.knaack@t-online.de
Vorsitzende(r): Dr.-Ing. Klaus Knaack

t 1 187
VDI Ostfriesischer Bezirksverein
Ingenieurbüro Reinhold Schnieders
Ruhrstr. 10, 26382 Wilhelmshaven
T: (04421) 9 40 00   **Fax:** 94 00 94
Vorsitzende(r): Prof. Dipl.-Ing. Manfred G. Siegle

Mecklenburg-Vorpommern

t 1 188
VDI Bezirksverein Mecklenburg-Vorpommern e.V. / TZW
Friedrich-Barnewitz-Str. 3, 18119 Rostock
T: (0381) 51 96-148   **Fax:** 51 96-148
Vorsitzende(r): Prof. Dr.-Ing. Ulf Hansen
Geschäftsführer(in): Dipl.-Ing. Wolfgang Müller

t 1 189
VDI Schleswig-Holsteinischer Bezirksverein
FH Kiel / FB Maschinenwesen
Legienstr. 35, 24103 Kiel
T: (0431) 55 17 59   **Fax:** 55 17 59
E-Mail: bv-schleswig-holstein@vdi.de
Vorsitzende(r): Prof. Dipl.-Ing. Ernst Gottfried Schmidt

t 1 190
VDI Unterweser Bezirksverein
Postf. 10 10 43, 27510 Bremerhaven
T: (0471) 8 47 12 (priv.)
Vorsitzende(r): Dipl.-Ing. Dietrich Roffmann

Nordrhein-Westfalen

t 1 191
VDI Bergischer Bezirksverein
Müngstener Str. 10, 42285 Wuppertal
T: (0202) 2 58 11 12   **Fax:** 2 58 11 09
E-Mail: bergischer-bv@vdi.de
Vorsitzende(r): Obering. Gero Panskus

t 1 192
VDI Bochumer Bezirksverein
TZ an der Ruhr-Universität
Universitätsstr. 142, 44799 Bochum
T: (0234) 9 71 94 94   **Fax:** 9 71 94 96
Vorsitzende(r): Dr.-Ing. Siegfried Müller

t 1 193
VDI Emscher-Lippe Bezirksverein
z. Hd. Dipl.-Ing. Edgar Trost
Degussa-Hüls AG, Bau 1076, PB 14
Paul-Baumann-Str. 1, 45772 Marl
T: (02365) 49-5185   **Fax:** 49-6074
Vorsitzende(r): Dipl.-Ing. Horst Werner Möller

t 1 194
VDI Lenne-Bezirksverein
Körnerstr. 80, 58095 Hagen
T: (02331) 18 25 39   **Fax:** 18 25 41
E-Mail: lenne-bv@vdi.de
Vorsitzende(r): Prof. Dr.-Ing. Fritz Mehner

t 1 195
VDI Münsterländer Bezirksverein
Technologie-Hof Münster
Mendelstr. 11, 48149 Münster
T: (0251) 98 01-209   **Fax:** 9 80-1210
Vorsitzende(r): Dipl.-Ing. Hubertus Kopatschek

t 1 196
VDI Ruhrbezirksverein
Dipl.-Ing. Hermann-Georg Opalka
Spechtweg 8, 45289 Essen
T: (0201) 57 92 46   **Fax:** 8 57 58 95
E-Mail: bv-ruhr@vdi.de
Vorsitzende(r): Prof. Dr.-Ing. Dieter Elbracht

t 1 197
VDI Teutoburger Bezirksverein
Krackser Str. 12, 33659 Bielefeld
T: (0521) 40-3356   **Fax:** 42 99 56
E-Mail: vdi.teuto@t-online.de
Vorsitzende(r): Prof. Dr.-Ing. Gerhard Zenke

t 1 198
VDI Westfälischer Bezirksverein
Wilhelm-Nabe-Str. 15, 59077 Hamm
T: (02381) 40 66 72   **Fax:** 40 66 85
Vorsitzende(r): Dr.-Ing. Juergen-Peter Voigt

Baden-Württemberg

t 1 199
VDI Bodensee-Bezirksverein
Postf. 24 64, 88014 Friedrichshafen
Buchhornplatz 15, 88045 Friedrichshafen
T: (07541) 7 51 80   **Fax:** 37 19 60
Vorsitzende(r): Dipl.-Ing. (FH) Johann Heitzmann

t 1 200

VDI Karlsruher Bezirksverein
Karl-Friedrich-Str. 17, 76133 Karlsruhe
T: (0721) 9 26 40-11   **Fax:** 37 92 11
E-Mail: bv-karlsruhe@vdi.de
Vorsitzende(r): Dipl.-Ing. Univ. Berthold Best

t 1 201

VDI Nordbadisch-Pfälzischer Bezirksverein
S 1, 5, 68161 Mannheim
T: (0621) 2 26 57   **Fax:** 2 02 85
E-Mail: vdi-mannheim@t-online.de
Vorsitzende(r): Dr.-Ing. Gerwig Köster

t 1 202

VDI Bezirksverein Schwarzwald
Mitscherlichstr. 5, 79108 Freiburg
T: (0761) 50-137   **Fax:** 50-529
E-Mail: bv-schwarzwald@vdi.de
Vorsitzende(r): Dr.-Ing. Hans Georg Scheerer

t 1 203

VDI Württembergischer Ingenieurverein
Hamletstr. 11 (VDI-Haus), 70563 Stuttgart
T: (0711) 1 31 63-0   **Fax:** 1 31 63-60
Internet: http://www.vdi.de/wiv
E-Mail: wiv-vdi@t-online.de
Vorsitzende(r): Prof. Dipl.-Ing. Klaus-Dieter Vöhringer
Geschäftsführer(in): Dipl.-Ing. Gerhard Isenmann

Saarland

t 1 204

VDI Bezirksverein Saar
Kerlinger Weg 1a, 66798 Wallerfangen
T: (06837) 9 17 20   **Fax:** 9 17 21
E-Mail: bv-saar@vdi.de
Vorsitzende(r): Prof. Dr.-Ing. Jürgen Althoff

t 1 205

VDI Aachener Bezirksverein
Kasernenstr. 34-36, 52064 Aachen
T: (0241) 3 16 53   **Fax:** 2 47 41
E-Mail: rolf.scheiffert@post.rwth-aachen.de
Vorsitzende(r): Prof. Dr.-Ing. Hubertus Murrenhoff

t 1 206

VDI Kölner Bezirksverein
Fachhochschule Köln
Betzdorfer Str. 2, 50679 Köln
T: (0221) 88 19 09   **Fax:** 8 80 08 67
E-Mail: bv-koeln@vdi.de
Vorsitzende(r): Dipl.-Ing. Peter Zschernack
Geschäftsführer(in): Ing. Josef Declair

Rheinland-Pfalz

t 1 207

VDI Mittelrheinischer Bezirksverein
(KEVAG)
Postf. 20 09 61, 56009 Koblenz
Schützenstr. 80 /82, 56068 Koblenz
T: (0261) 3 92-1163   **Fax:** 3 92-1164
E-Mail: bv-miitelrhein@vdi.de
Vorsitzende(r): Prof. Dr.-Ing. Peter Wiegner

t 1 208

VDI Moselbezirksverein
Stadtwerke Trier
Ostallee 7-13, 54290 Trier
T: (0651) 7 17-1203   **Fax:** 7 17-1299
Vorsitzende(r): Dipl.-Ing. (FH) Wolfgang Reiland

t 1 209

VDI Niederrheinischer Bezirksverein
Postf. 10 11 39, 40002 Düsseldorf
Graf-Recke-Str. 84 (VDI-Haus), 40239 Düsseldorf
T: (0211) 62 14-439   **Fax:** 62 14-575
E-Mail: bv-niederrhein@vdi.de, skibbe@vdi.de
Vorsitzende(r): Dipl.-Ing. Norbert Schüßler

t 1 210

VDI Siegener Bezirksverein
Dipl.-Ing. Horst Stein
Ostlandstr. 3, 57234 Wilnsdorf
T: (02737) 31 36   **Fax:** 59 18 06

E-Mail: hg-stein@t-online.de
Vorsitzende(r): Prof. Dr.-Ing. Peter Scharf

VDI-Landesvertretungen

t 1 211

VDI Landesvertretung Baden-Württemberg
Hamletstr. 11, 70563 Stuttgart
T: (0711) 1 31 63-0   **Fax:** 1 31 63-60
E-Mail: wiv-vdi@t-online.de
Landesvertreter: Prof. Dipl.-Ing. Klaus-Dieter Vöhringer
Leiter der Geschäftsstelle: Dipl.-Ing. Gerhard Isenmann

t 1 212

VDI Landesvertretung Bayern
TÜV-Haus
Westendstr. 199, 80686 München
T: (089) 57 91-2226   **Fax:** 57 91-2161
E-Mail: bv-muenchen@vdi.de
Landesvertreter: Dr.-Ing. Kurt A. Detzer
Leiter der Geschäftsstelle: Dr. Thomas Bruder

t 1 213

VDI Landesvertretung Berlin und Brandenburg
Reinhardtstr. 27 B, 10117 Berlin
T: (030) 34 70 31 89   **Fax:** 34 70 91 62
E-Mail: bv-berlin-brandenburg@vdi.de
Landesvertreter: Dipl.-Ing. Siegfried Brandt

t 1 214

VDI Landesvertretung Bremen
IFAM
Wiener Str. 12, 28359 Bremen
T: (0421) 22 37 94 14   **Fax:** 22 37 94 15
Landesvertreter: Dr. Reinhard Hesse
Leiterin der Geschäftsstelle: Dr. Iris Spiess

t 1 215

VDI Landesvertretung Hamburg
Stadtbahnstr. 114, 22391 Hamburg
T: (040) 2 70 28 07   **Fax:** 27 87 70 28
E-Mail: bvhamburg@vdi.de
Landesvertreter: Dr.-Ing. Joachim Knoop
Leiter der Geschäftsstelle: Dipl.-Ing. Uwe F. H. Bandhold

t 1 216

VDI Landesvertretung Hessen
Langenbeckstr. 3, 65189 Wiesbaden
T: (0611) 3 41 47 60   **Fax:** 3 41 47 61
E-Mail: lv-hessen@vdi.de
Landesvertreter: Prof. Dr.-Ing. Rainer Hirschberg
Leiter der Geschäftsstelle: Gerd Weyrauther

t 1 217

VDI Landesvertretung Niedersachsen
Am TÜV 1, 30519 Hannover
T: (0511) 9 86-2120   **Fax:** 9 86-2121
E-Mail: vdi-hannover@vdi.de
Landesvertreter: Dipl.-Ing. Rolf Schüler
Leiter der Geschäftsstelle: Dipl.-Ing. Karlheinz Schönemann

t 1 218

VDI Landesvertretung Nordrhein-Westfalen
Gerhard-Mercator-Universität Duisburg
FB 10 Physik - Technologie
Sektion Didaktik der Physik
47048 Duisburg
T: (0203) 3 79-2237 (Frau Bachor)   **Fax:** 3 79-1679
Landesvertreter: Prof. Dr. Gernot Born

t 1 219

VDI Landesvertretung Rheinland-Pfalz
Langenbeckstr. 3, 65189 Wiesbaden
T: (0611) 3 41 47 60   **Fax:** 3 41 47 61
E-Mail: lv-rheinland-pfalz@vdi.de
Landesvertreter: Prof. Dr.-Ing. Gunter Schaumann
Leiter der Geschäftsstelle: Dipl.-Ing. Gerd Weyrauther

t 1 220

VDI Landesvertretung Saarland
c/o TÜV Saarland e.V.
Postf. 13 61, 66274 Sulzbach
Saarbrücker Str. 8, 66280 Sulzbach
T: (06897) 5 06-100   **Fax:** 5 06-218
Landesvertreter: Prof. Dr.-Ing. Jürgen Althoff

t 1 221

VDI Landesvertretung Sachsen
ABAKUS Business Center
Am Brauhaus 12, 01099 Dresden
T: (0351) 8 13 41 66   **Fax:** 8 13 42 00
E-Mail: vdi-dd@cdnet.de
Landesvertreter: Prof. Dr.-Ing. habil. Christian-A. Schumann
Leiterin der Geschäftsstelle: Dipl.-Ing. Andrea Nickol

t 1 222

VDI Landesvertretung Sachsen-Anhalt
Breitscheidstr. 51, 39114 Magdeburg
T: (0391) 8 10 73 33   **Fax:** 8 10 73 31
E-Mail: vdi.magdeburg@t-online.de
Landesvertreter: Prof. Dr.-Ing. Klaus Hoppe
Leiter der Geschäftsstelle: Prof. Dr.-Ing. habil. Adolf Lingener

t 1 223

VDI Landesverband Schleswig-Holstein
Medelbyer Weg 43, 24983 Handewitt
T: (04608) 12 81 (priv.), (0461) 8 05-200 (dienstl.)
Fax: (0461) 8 05-511 (dienstl.)
Landesvertreter: Prof. Dipl.-Ing. Ernst Gottfried Schmidt

t 1 224

VDI Landesverband Thüringen
Konrad-Zuse-Str. 5, 99099 Erfurt
T: (0361) 4 26 25 09   **Fax:** 4 26 25 11
E-Mail: vdi-thueringen@t-online.de
Landesvertreter: Dipl.-Phys. Michael Reuße
Leiter der Geschäftsstelle: Dr.-Ing. Peter Vogel

Tochtergesellschaften und Einrichtungen

t 1 225

VDI/VDE-Technologiezentrum Informationstechnik GmbH
Rheinstr. 10b, 14513 Teltow
T: (03328) 4 35-0   **Fax:** 4 35-141
Internet: http://www.vdivde-it.de
E-Mail: vdivde-it@vdivde-it.de
Geschäftsführer(in): Dipl.-Kfm. Peter Dortans
Dr. Werner Wilke

t 1 226

VDI-Technologiezentrum Physikalische Technologien, Düsseldorf
Postf. 10 11 39, 40002 Düsseldorf
Graf-Recke-Str. 84, 40239 Düsseldorf
T: (0211) 62 14-401   **Fax:** 62 14-147, 62 14-484
Internet: http://www.vdi.de/tz-pt/tz-pt.htm
E-Mail: vditz@vdi.de
Geschäftsführer(in): Dr. Ralph Jürgen Peters

t 1 227

VDI Verlag GmbH
Postf. 10 10 54, 40001 Düsseldorf
Heinrichstr. 24, 40239 Düsseldorf
T: (0211) 61 88-0   **Fax:** 61 88-112
Internet: http://www.ingenieurkarriere.de, http://www.vdi-nachrichten.com, http://www.vdi.literatur.de, http://www.technical-toys.de
Vors. d. Verwaltungsrates: Prof. Dr.-Ing. Hubertus Christ
Stellv. Vors. d. Verwaltungsrates: Dr. Heinz-Werner Nienstedt
Geschäftsführer(in): Raymond Johnson-Ohla

t 1 228

VDI-Wissensforum GmbH
Postf. 10 11 39, 40002 Düsseldorf
Graf-Recke-Str. 84, 40239 Düsseldorf
T: (0211) 62 14-201   **Fax:** 62 14-154
Internet: http://www.vdi-wissensforum.de
E-Mail: wissensforum@vdi.de
Vorsitzender des Beirates:
Prof. Dr.-Ing. Christian Nedeß
Geschäftsführer(in):
Dipl.-Oec. Dipl.-Ing. Joachim Neuerburg

t 1 229

VDI-Versicherungsdienst GmbH
Postf. 10 11 39, 40002 Düsseldorf
Graf-Recke-Str. 84, 40239 Düsseldorf
T: (0211) 62 14-543   **Fax:** 62 14-170
Internet: http://www.vdi.de/versich
E-Mail: versicherungen@vdi.de
Geschäftsführer(in): Ass. Wolfgang Schröter

t 1 230
VDI-Ingenieurhilfe e.V.
Postf. 10 11 39, 40002 Düsseldorf
Graf-Recke-Str. 84, 40239 Düsseldorf
T: (0211) 62 14-282 Fax: 62 14-169
Internet: http://www.vdi.de
Vorsitzende(r): Dipl.-Ing. Heinrich Grothaus
Geschäftsführer(in): Dipl.-Ing. (FH) Walter Hechinger

t 1 231
VDI-Projekt und Service GmbH
Postf. 10 11 39, 40002 Düsseldorf
Graf-Recke-Str. 84, 40239 Düsseldorf
T: (0211) 62 14-431 Fax: 62 14-164
Internet: http://www.vdi.de/gps/
E-Mail: gps@vdi.de
Geschäftsführer(in): Dr. Ralph Jürgen Peters

t 1 232
VDI Büro Berlin
Reinhardtstr. 27b, 10117 Berlin
T: (030) 27 59 57-0, (0170) 5 16 88 81 (Mobil)
Fax: (030) 27 59 57-10
E-Mail: vdiberlin@vdi.de
Leiter(in): Klaus Siebertz

t 1 233
VDI Büro Brüssel
Rue du Commerce 31, B-1000 Brüssel
T: (00322) 5 00 89 65 Fax: 5 11 33 67
E-Mail: bruxelles@vdi.de
Leiter(in): Dr. Jörg Niehoff

● **T 1 234**
Deutsch-Französische Gesellschaft für Wissenschaft und Technologie e.V. (DFGWT)
-Deutsche Sektion-
Postf. 20 14 48, 53144 Bonn
Ahrstr. 45, 53175 Bonn
T: (0228) 30 22 41 Fax: 37 63 07
Internet: http://www.dfgwt.org
E-Mail: info@dfgwt.bn.shuttle.de
Gründung: 1981
Präsident(in): Dr. Hermann Krämer
Stellvertretende(r) Vorsitzende(r): MinDirig a.D. Volker Knoerich
Hartmut Grübel
Geschäftsführer(in): Ulrich Huth
Mitglieder: 130

AFAST-französische Sektion:

t 1 235
Association Franco-Allemande pour la Science et la Technologie
1 rue Descartes, F-75005 Paris
T: (00331) 55 55 89 89 (Secr.) Fax: 55 83 62
Vorsitzende(r): Prof. Pierre Laffitte (Sénateur des Alpes-Maritimes, Prés. du Comité de Coordination des Ecoles des Mines, 60 Boulevard Saint-Michel, 75006 Paris)
Stellvertretende(r) Vorsitzende(r): Roger Pagezy (Délégué Général A.N.R.T., 101 Ave. Raymond Poincaré, 75016 Paris)
Jean-Pierre Chevillot (Dir. de Recherche au CNRS, Commission de l'Union Européenne DG XII, Rue de la Loi 200 B, 1049 Bruxelles)
Geschäftsführer(in): Jacqueline Mirabel (Ministère de la Recherche/DRIC, 1 Rue Descartes, 75231 Paris Cedex 05)

● **T 1 236**
Deutsch-Französisches Forschungsinstitut Saint-Louis (ISL)
Postf. 12 60, 79574 Weil am Rhein
5, Rue du Général Cassagnou, F-68300 Saint Louis
T: (00333) 89 69 50 00 Fax: 89 69 50 02
Direktion: Dipl.-Ing. Hermann Sitterberg
Ing. Gén. Yves de Longueville

● **T 1 237**
Deutscher Kälte- und Klimatechnischer Verein e.V. (DKV)
Pfaffenwaldring 10, 70569 Stuttgart
T: (0711) 6 85 32 00 Fax: 6 85 32 42
Internet: http://www.dkv.org
E-Mail: dkv@itw.uni-stuttgart.de
Gründung: 1909
Vorsitzende(r): Dr.-Ing. Harald Kaiser
Geschäftsführer(in): Irene Reichert (Ltg. Presseabt.)
Arbeitsabt. I: Kryotechnik
Arbeitsabt. II.1: Grundlagen und Stoffe der Kälte- und Wärmepumpentechnik
Arbeitsabt. II.2: Anlagen und Komponenten der Kälte und Wärmepumpentechnik
Arbeitsabt. III: Kälteanwendung
Arbeitsabt. IV: Klimatechnik und Wärmepumpenanwendung
Mitglieder: 1300

● **T 1 238**
Deutsche Vakuum-Gesellschaft e.V. (DVG)
c/o IFOS GmbH an der Universität Kaiserslautern
Erwin-Schrödinger-Str. Geb. 56/331, 67663 Kaiserslautern
T: (0631) 2 05-4029 Fax: 2 05-4301
Internet: http://www.physik.uni-kl.de/dvg
E-Mail: dvg@ifos.uni-kl.de
Präsident: Prof. Dr. Hans Oechsner
Leiter der Geschäftsstelle: Dr. Michael Scheib

● **T 1 239**
Potsdam-Institut für Klimafolgenforschung e.V. (PIK)
Postf. 60 12 03, 14412 Potsdam
Telegrafenberg Gebäude C4, 14473 Potsdam
T: (0331) 2 88-2500 Fax: 2 88-2600
Gründung: 1992 (1. Januar)
Direktor(in): Prof. Dr. Hans Joachim Schellnhuber (T: 2 88-2501, Fax: 2 88-2510)
Stellv. Dir: Dr. Manfred Stock (T: 2 88-2506, Fax: 2 88-2510)
Jur. Berater im Nebenamt: Dr. Bernd-Uwe Jahn
Abteilungsleiter:
Prof. Dr. Wolfgang Cramer (Abt. Globaler Wandel & Natürliche Systeme)
Prof. Dr. Juri Svirezhev (Abt. Integrierte Systemanalyse)
Prof. Dr. Ferenc Tóth (Abt. Globaler Wandel & Soziale Systeme)
Prof. Dr. Martin Claußen (Abt. Klima-System)
Prof. Dr. Rupert Klein (Abt. Data & Computation)
Verwaltungsleiterin: Kerstin Heuer (T: 288-25 08)
Public Relations: Margret Boysen (T: 2 88-2507, Fax: 2 88 25 52)
Mitarbeiter: 118
Jahresetat: DM 19,7 Mio, € 10,07 Mio

● **T 1 240**

Deutsche Kautschuk-Gesellschaft e.V. (DKG)
Postf. 90 03 60, 60443 Frankfurt
Zeppelinallee 69, 60487 Frankfurt
T: (069) 7 93 61 53 Fax: 7 93 61 55
Internet: http://www.rubber-dkg.de
E-Mail: rubber.dkg@t-online.de
Gründung: 1926 (25. September)
Vorsitzende(r): Prof. Dr. U. Masberg
Geschäftsführer(in): Dipl.-Volksw. F. Katzensteiner
Mitglieder: 1300 persönliche, 114 Firmen

● **T 1 241**
Deutsches Institut für Kautschuktechnologie e.V. (DIK)
Eupener Str. 33, 30519 Hannover
T: (0511) 8 42 01-0 Fax: 8 38 68 26
Internet: http://www.dikautschuk.de
E-Mail: info@dikautschuk.de
Gründung: 1981 (14. Dezember)
Vorstand: Prof. Dr. Robert H. Schuster (Institutsleitung)
Vorstand: Dr. Manfred Grothe
Prof. Dr. Manfred L. Hallensleben
Prof. Dr. Hartmut Louis
Mitglieder: 74
Mitarbeiter: 49

● **T 1 242**
Deutsche Keramische Gesellschaft e.V. (DKG)
Am Grott 7, 51147 Köln
T: (02203) 9 66 48-0 Fax: 6 93 01
Internet: http://www.dkg.de
E-Mail: info@dkg.de
Gründung: 1919
Präsident(in): Prof. Dr. Wolfgang Schulle, Freiberg
Geschäftsführer(in): Dr. Markus Blumenberg
Mitglieder: 1370

● **T 1 243**
Forschungsgemeinschaft der Deutschen Keramischen Gesellschaft e.V.
Am Grott 7, 51147 Köln
T: (02203) 9 66 48-0 Fax: 6 93 01
Präsident(in): Prof. Dr. Wolfgang Schulle, Freiberg
Geschäftsführer(in): Dr. Markus Blumenberg

● **T 1 244**

Verein zur Förderung von Innovationen in der Keramik e.V. Keramik-Institut
Ossietzkystr. 37a, 01662 Meißen
T: (03521) 4 63-515 Fax: 4 63-516
Internet: http://www.keramikinstitut.de
E-Mail: info@keramikinstitut.de
Gründung: 1992 (14. Oktober)
Vorstandsvorsitzender: W. Schulle (Bergakademie Freiberg)
Institutsleiter: Dr. Joachim Uebel
Mitglieder: 16
Mitarbeiter: 25

Forschung und Forschungsleistungen auf dem Keramiksektor.

● **T 1 245**
Forschungszentrum Rossendorf e.V.
Postf. 51 01 19, 01314 Dresden
Bautzner Landstr. 128, 01328 Dresden
T: (0351) 2 60-0 Fax: 2 69 04 61
Gründung: 1992 (01. Januar)
Wissenschaftl. Dir.: Prof. Dr. Frank Pobell
Kaufm. Dir.: Gerd Parniewski
Öffentlichkeitsarbeit: Silke Ottow
Mitarbeiter: ca. 600

● **T 1 246**
Kerntechnischer Ausschuß (KTA)
Geschäftsstelle: beim Bundesamt für Strahlenschutz
Postf. 10 01 49, 38201 Salzgitter
Willy-Brandt-Str. 5, 38226 Salzgitter
T: (05341) 8 85-901 Fax: 8 85-905
Internet: http://www.kta-gs.de
E-Mail: AHihn@BfS.DE
Gründung: 1972 (01. September)
Vorsitzende(r): MinDirig Dr. A. Matting (Bundesministerium für Umwelt, Naturschutz und Reaktorsicherheit (BMU), Postfach 120629, 53048 Bonn)
Stellvertretende(r) Vorsitzende(r): Dipl.-Ing. W. Bürkle (Siemens Nuclear Power GmbH, Postfach 3220, 91050 Erlangen)
Geschäftsführer(in): Dr. Ivar Kalinowski

● **T 1 247**
Länderausschuß für Atomkernenergie (Hauptausschuss)
c/o Bundesministerium für Umwelt, Naturschutz und Reaktorsicherheit
Postf. 12 06 29, 53048 Bonn
T: (0228) 3 05-2812
Vorsitzende(r): MinDir. Wolfgang Renneberg
Geschäftsführer(in): MR Dr. Horst Schneider

● **T 1 248**
Institut für Kernenergetik und Energiesysteme der Universität Stuttgart (IKE)
70550 Stuttgart
Pfaffenwaldring 31, 70569 Stuttgart
T: (0711) 6 85 21 38 Fax: 6 85-20 10
Internet: http://www.ike.uni-stuttgart.de
E-Mail: ike@ike.uni-stuttgart.de
Leiter(in): Prof. G. Lohnert (PhD)
Geschäftsführer(in): Dr. J. Göbel

● **T 1 249**
VDI-Gesellschaft Entwicklung Konstruktion Vertrieb (VDI-EKV)
Postf. 10 11 39, 40002 Düsseldorf
Graf-Recke-Str. 84, 40239 Düsseldorf
T: (0211) 62 14-239 Fax: 62 14-171
Internet: http://www.vdi.de/ekv/ekv.htm
E-Mail: ekv@vdi.de
Vorsitzende(r): Prof. Dr.-Ing. Bernd-Robert Höhn
Geschäftsführer(in): Dipl.-Ing. V. Wanduch

● **T 1 250**
Forschungsgesellschaft Kunststoffe e.V.
Schloßgartenstr. 6, 64289 Darmstadt
T: (06151) 16 21 04 Fax: 29 28 55
Internet: http://www.dki-darmstadt.de
E-Mail: central@dki.tu-darmstadt.de
Gründung: 1953
Vorsitzende(r): Dr. Winfried Wunderlich

Stellvertretende(r) Vorsitzende(r): Dr. Dietrich Fleischer (Ticona GmbH, Frankfurt/M.)
Schatzmeister: Dr. Uwe Eisenlohr, Worms
Mitglieder: 100
Mitarbeiter: 100
Jahresetat: DM 8 Mio, € 4,09 Mio
Forschung und Dokumentation auf dem Kunststoffsektor; Nachwuchsausbildung; Beratung und Unterstützung bei der Lösung wissenschaftlicher und technischer Probleme auf dem Kunststoffsektor.

● T 1 251

Gesellschaft für Kunststoffe im Landbau e.V. (GKL)
c/o KTBL
Godesberger Allee 142-148, 53175 Bonn
T: (0228) 8 10 02 20   **Fax:** 8 10 02 48
Internet: http://www.ktbl.de/gkl
E-Mail: ktbl.labowsky@g-net.de
Gründung: 1971
Präsident(in): Prof. Dr. Christian von Zabeltitz (Institut für Technik im Gartenbau, Univ. Hannover)
Geschäftsführer(in): Dr. Hans-Joachim Lobowsky (KTBL Bonn)

● T 1 252

VDI-Gesellschaft Kunststofftechnik (VDI-K)
Postf. 10 11 39, 40002 Düsseldorf
Graf-Recke-Str. 84, 40239 Düsseldorf
T: (0211) 62 14-527   **Fax:** 62 14-1 60
Internet: http://www.vdi.de/kunststoffe
E-Mail: kunststoffe@vdi.de
Vorsitzende(r): Dr.rer.nat. Alf Löffler
Geschäftsführer(in): Dr.-Ing. L. Vollrath

● T 1 253

Deutsche farbwissenschaftliche Gesellschaft (DfwG)
Hardyweg 16, 14055 Berlin
T: (030) 30 81 15 12   **Fax:** 30 81 15 13
E-Mail: Heinz.Terstiege@t-online.de
Gründung: 1974 (24. Oktober)
Präsident(in): Prof. Dr.-Ing. Heinz Terstiege (Hardyweg 16, 14055 Berlin)
Stellvertretende(r) Vorsitzende(r): Dr. Gerhard Rösler (Bleichenanger 5, 82256 Fürstenfeldbruck)
Geschäftsführer(in): Dipl.-Ing. Frank Rochow (LMT Lichtmeßtechnik GmbH Berlin, Helmholtzstr. 9, 10587 Berlin)
Mitglieder: 350

● T 1 254

Deutsches Farbenzentrum e.V. - Zentralinstitut für Farbe in Wissenschaft und Gestaltung
Bozener Str. 11-12, 10825 Berlin
T: (030) 8 54 63 61   **Fax:** 8 54 63 61
Gründung: 1962
Vorstand: Prof. Klaus Palm (Presse), Berlin
Prof. Dr. Klaus Richter, Berlin
Mitarbeiter: 3 (ehrenamtl.)

● T 1 255

Deutsche Gesellschaft für Lackforschung e.V.
c/o Forschungsinstitut für Pigmente und Lacke e.V.
Allmandring 37, 70569 Stuttgart
T: (0711) 6 87 80-0   **Fax:** 6 87 80 79
Vorstand
Vorsitzende(r): Dr. Rolf-Dieter Henkler (c/o ICI Lacke Farben GmbH, Hilden)
Stellvertretende(r) Vorsitzende(r): Dr. Fritz Sadowski (c/o Herberts GmbH, Köln)
Fachwart: Dipl.-Chem.Dr. Helmut Haagen (Schwabstr. 100, 71032 Böblingen)
Kassenverwalter: Dipl.-Chem. Dr. Joachim F. Engemann (c/o Forschungsinstitut für Pigmente und Lacke e. V., Stuttgart)

● T 1 256

Bundesvereinigung gegen Fluglärm e.V. (BVF)
Westendstr. 26, 64546 Mörfelden-Walldorf
T: (06105) 2 22 69, 93 82 83   **Fax:** 93 82 38
Internet: http://www.fluglaerm.de
E-Mail: joachimhans.beckers@t-online.de
Gründung: 1967 (November)
Vorsitzende(r): Prof. Dr.-Ing. E.h. Kurt Oeser (Westendstr. 26, 64546 Mörfelden-Walldorf, Pfarrer)
Stellvertretende(r) Vorsitzende(r): Dipl.-Ing. Joachim Hans Beckers, Ratingen
Stellvertretende(r) Vorsitzende(r): Helmut Breidenbach, Köln

● T 1 257

Deutscher Arbeitsring für Lärmbekämpfung e.V. (DAL)
Bundesgeschäftsstelle:
Frankenstr. 25, 40476 Düsseldorf
T: (0211) 48 84 99   **Fax:** 44 26 34
Internet: http://www.dalaerm.de
E-Mail: dalaerm@aol.com
Gründung: 1952 (03. Dezember)
Vorsitzende(r): Min.Dirig. a.D. Dieter Krane
Geschäftsführer(in): L. H. Visse
Verbandszeitschrift: Zeitschrift für Lärmbekämpfung, Lärm Report
Verlag: Springer VDI-Verlag
Mitglieder: 600

● T 1 258

Normenausschuß Akustik, Lärmminderung und Schwingungstechnik (NALS) im DIN und VDI
Postf. 10 11 39, 40002 Düsseldorf
Graf-Recke-Str. 84, 40239 Düsseldorf
T: (0211) 62 14-250/261   **Fax:** 62 14-149
Internet: http://www.vdi.de/nals/nals.htm
Geschäftsführer(in): Dr.-Ing. Ulrich J. Kurze
Geschäftsführer(in): Dipl.-Ing. Hans-Peter Grode
Stellvertretende(r) Geschäftsführer(in): Dipl.-Ing. Siegfried Jud

● T 1 259

Max-Eyth-Gesellschaft Agrartechnik im VDI (VDI-MEG)
Postf. 10 11 39, 40002 Düsseldorf
Graf-Recke-Str. 84, 40239 Düsseldorf
T: (0211) 62 14-264   **Fax:** 62 14-163
Internet: http://www.vdi.de/meg/meg.htm
E-Mail: meg@vdi.de
Vorsitzende(r): Dr. Jens-Peter Ratschow
Geschäftsführer(in): Dr.-Ing. Armin Simbürger

● T 1 260

Kuratorium für Technik und Bauwesen in der Landwirtschaft e.V. (KTBL)
(Institutszentrum)
Bartningstr. 49, 64289 Darmstadt
T: (06151) 7 00 10   **Fax:** 7 00 11 23
T-Online: *7001#
Internet: http://www.dainet.de/ktbl
E-Mail: ktbl@ktbl.de
Gründung: 1927
Präsident(in): Prof. Dr.Dr.h.c.(AE) Hans Schön
Hauptgeschäftsführer(in): Dipl.-Landw. Harald Kühner (T: (06151) 7 00 11 20)
Leitung Presseabteilung: Dr. Rainer Metzner (T: (06151) 7 00 11 27)
Verbandszeitschrift: LANDTECHNIK
Redaktion: Dr. Metzner
Mitglieder: ca. 360
Mitarbeiter: ca. 70
Jahresetat: DM 9,6 Mio, € 4,91 Mio

mit

t 1 261

KTBL-Versuchsstation Dethlingen
29633 Munster
T: (05192) 22 82
Leiter(in): Dr. Rolf Peters

t 1 262

KTBL-Fachgruppe Technik und Bauwesen im Gartenbau
Godesberger Allee 142-148, 53175 Bonn
T: (0228) 81 00 20
Leiter(in): Dr. Hans-Joachim Labowsky (T: (0228) 8 10 02 20)

● T 1 263

Arbeitsgemeinschaft für Landtechnik und ländliches Bauwesen Nordrhein-Westfalen e.V. (ALB-NRW)
Postf. 19 69, 53009 Bonn
Vermittlung zwischen Wissenschaft und Praxis auf dem Gebiete des landwirtschaftlichen Bauwesens, der Technik in der Landwirtschaft und der städtebaulichen Entwicklung im ländlichen Raum.

● T 1 264

Deutsche Lichttechnische Gesellschaft e.V. (LiTG)
Geschäftsstelle:
Burggrafenstr. 6, 10787 Berlin
T: (030) 26 01-2439   **Fax:** 26 01-1255
Gründung: 1912
Vorsitzende(r): Dipl.-Ing. Ha.-Jo. Richter (TRILUX-LENZE GmbH + Co KG, Heidestraße, 59759 Arnsberg)
Geschäftsführer(in): Dr.-Ing. M. Seidl (Deutsche Lichttechnische Ges. e.V. LiTG, Burggrafenstr. 6, 10787 Berlin)
Verbandszeitschrift: Licht
Redaktion: Regina Welk
Verlag: Richard Pflaum Verlag GmbH & Co. KG, Postf. 19 07 37, 80607 München
Mitglieder: 2600

● T 1 265

Licensing Executive Society Deutsche Landesgruppe e.V.
Sekretariat: Dr. Bernhard H. Geissler, Bardehle, Pagenberg, Dost, Altenburg, Frohwitter, Geissler, Isenbruck
Galileiplatz 1, 81679 München
T: (089) 92 80-50   **Fax:** 92 80-5444
Gründung: 1977
Präsident(in): Dr. Rolf W. Einsele (DaimlerChrysler AG, Intellectual Property Management (FTP), HPC 0533, 70546 Stuttgart, T: (0711) 1 79 31 19, Fax: (0711) 1 79 41 91)
28 Landesgruppen

● T 1 266

Deutsches Zentrum für Luft- und Raumfahrt e.V.
51170 Köln
Linder Höhe, 51147 Köln
T: (02203) 6 01-0   **Fax:** 6 73 10
Internet: http://www.dlr.de/
Gründung: 1969
Vorstand: Prof.Dr. Walter Kröll (Vors.)
Prof. Dr. Jürgen Blum (stellv. Vors.)
Prof. Dr. Achim Bachem
Prof. Dr. Volker von Tein

Abteilung Presse und Öffentlichkeitsarbeit
Dr. Kratzenberg-Annies (Linder Höhe, 51147 Köln, T: (02203) 6 01 21 16, Telefax: (02203) 6 73 10)

Institut für Flugsystemtechnik
Prof. P. Hamel (Lilienthalplatz 7, 38108 Braunschweig, T: (0531) 2 95-26 00, Telefax: (0531) 35 26 41)

Institut für Flugführung
Dr. U. Völckers (Lilienthalplatz 7, 38108 Braunschweig, T: (0531) 2 95-25 00, Telefax: (0531) 3 95 25 50)

Institut für Robotik und Mechatronik
Prof. Dr. Jürgen E. Ackermann (Oberpfaffenhofen, 82234 Weßling (Obb.), T: (08153) 2 82-4 23, Telefax: (08153) 28-11 34)

Institut für Luft- und Raumfahrtmedizin
Prof. Dr. R. Gerzer (Linder Höhe, 51147 Köln, T: (02203) 6 01-31 15, Telefax: (02203) 6 73 10)

Institut für Verkehrsforschung
Prof. Dr. R. Kühne (Rutherfordstr. 2, T: (030) 67 05 52 00, Fax: (030) 67 05 52 02)

Institut für Strömungsmechanik
Prof. Dr. G. E. A. Meier (Bunsenstr. 10, 37073 Göttingen, T: (0551) 7 09-21 78, Telefax: (0551) 7 09-28 70)

Institut für Antriebstechnik
Prof. Dr. H. Weyer (Linder Höhe, 51147 Köln, T: (02203) 6 01-22 50, Telefax: (02203) 6 01-23 53)

Institut für Entwurfsaerodynamik
Prof. Dr. H. Körner (Lilienthalplatz 7, 38108 Braunschweig, T: (0531) 2 95-24 00, Telefax: (0531) 35 26 95)

Institut für Werkstoff-Forschung
Prof. Dr. Wolfgang A. Kaysser (Linder Höhe, 51147 Köln, T: (02203) 6 01-24 50, Telefax: (02203) 6 01-24 55)

Institut für Strukturmechanik
Prof. Dr. E. Breitbach (Lilienthalplatz 7, 38108 Braunschweig, T: (0531) 2 95-23 00, Telefax: (0531) 35 26 95)

Institut für Bauweisen- und Konstruktionsforschung
Prof. R. Kochendörfer (Pfaffenwaldring 38/40, 70569 Stuttgart, T: (0711) 68 62-4 43, Telefax: (0711) 68 62-2 27)

Institut für Aeroelastik
Dr. H. Hönlinger (Bunsenstr. 10, 37073 Göttingen, T: (0551) 7 09-23 41, Telefax: (0551) 7 09-28 62)

Institut für Raumsimulation
Prof. Dr.rer.nat. B. Feuerbacher (Linder Höhe, 51147 Köln, T: (02203) 6 01-21 76, Telefax: (02203) 6 01-20 94)

Institut für Hochfrequenztechnik und Radarsysteme
Dr. W. Keydel (Oberpfaffenhofen, 82234 Weßling (Obb.), T: (08153) 2 82-3 06, Telefax: (08153) 28-11 35)

Institut für Physik der Atmosphäre
Prof. Dr. U. Schumann (Oberpfaffenhofen, 82234 Weßling (Obb.), T: (08153) 2 82-5 07 (5 21), Telefax: (08153) 28-2 43)

Institut für Kommunikation und Navigation
Dr. F. Kühne (Oberpfaffenhofen, 82234 Weßling (Obb.), T: (08153) 2 82-8 11, Telefax: (08153) 28-14 42)

Institut für Methodik der Fernerkundung
N. N. (Oberpfaffenhofen, 82234 Weßling (Obb.), T: (08153) 2 82-7 86, Telefax: (08153) 28-13 49)

Institut für Weltraumsensorik und Planetenerkundung
Prof. Dr. Gerhard Neukum (Rutherfordstr. 2, 12489 Berlin, T: (030) 6 70 75-5 00, Telefax: (030) 6 70 75-5 03)
Prof. Dr. Hans-Peter Röser (Rutherfordstr. 2, 12489 Berlin, T: (030) 6 70 75-5 00, Telefax: (030) 6 70 75-5 02)

Institut für Technische Physik
Prof. Dr. H. Opower (Pfaffenwaldring 38-40, 70569 Stuttgart, T: (0711) 68 62-7 70, Telefax: (0711) 68 62-3 49)

Institut für Technische Thermodynamik
Prof. Hans Müller-Steinhagen (Pfaffenwaldring 38-40, 70569 Stuttgart, T: (0711) 68 62-3 58, Telefax: (0711) 68 62-3 49)

Institut für Verbrennungstechnik
Prof.Dr. Manfred Aigner (Pfaffenwaldring 38-40, 70569 Stuttgart, T: (0711) 68 62-3 09, Telefax: (0711) 68 62-3 49)

Raumfahrtantriebe
Prof.Dr. Wolfgang Koschel (Lampoldshausen, Langer Grund, 74239 Hardthausen, T: (06298) 28-203, Telefax: (06298) 28-190)

Deutsches Fernerkundungsdatenzentrum (DFD)
Dr. Dech (Oberpfaffenhofen, 82234 Weßling (Obb.), T: (08153) 2 82-6 72, Telefax: (08153) 28-14 46)

Flugbetrieb
Dipl.-Wirtsch.-Ing. V. Harbers (Oberpfaffenhofen, 82234 Weßling (Obb.), T: (08153) 2 82-9 71, Telefax: (08153) 28-2 43)

Windkanäle
Dr. Eitelberg (Bunsenstr. 10, 37073 Göttingen, T: (0551) 70 91-21 44, Telefax: (0551) 7 09-21 01)

Raumflugbetrieb
Prof. K. Wittmann (Oberpfaffenhofen, 82234 Weßling (Obb.), T: (08153) 2 82-7 00, Telefax: (08153) 28-2 43, GSOC (08153) 14 38/2 44)

Hauptabteilung Qualität und Sicherheit
Dr. R. Wieynk (Linder Höhe, 51147 Köln, T: (02203) 6 01-28 88, Telefax: (02203) 6 73 10)

Finanzen und Personal
K. Hamacher (Linder Höhe, 51147 Köln, T: (02203) 6 01-23 95, Telefax: (02203) 6 73 10)

Projektträgerschaften
Dr. H. Klein (Südstr. 125, 53175 Bonn, T: (0228) 3 82 11 00, Telefax: (0228) 3 82-12 29)
Mitarbeiter: ca. 4600
Publikationen: DLR Nachrichten
Jahresbericht
DLR-Forschungsberichte und -Mitteilungen
Flug- und Reisemedizin
Verlag: Viavital Verlag, Postf. 13 03 63, 50497 Köln

● **T 1 267**
Flughistorische Forschungsgemeinschaft Gustav Weißkopf
Bahnhofstr. 20, 91578 Leutershausen
T: (09823) 3 84 **Fax:** 3 84
Internet: http://www.weisskopf.de
E-Mail: 101505.3145@compuserve.com
Gründung: 1973
1. Vorsitzende(r): Hermann Betscher
Stellvertretende(r) Vorsitzende(r): Matthias Lechner
Mitglieder: 100

● **T 1 268**
Astrophysikalisches Institut Potsdam (AIP)
Stiftung Privaten Rechts
Mitglied der Wissenschaftsgemeinschaft
Gottfried Wilhelm Leibniz
An der Sternwarte 16, 14482 Potsdam
T: (0331) 74 99-0 **Fax:** 7 49 92 67, 7 49 93 62
Internet: http://www.aip.de:8080
Gründung: 1992
Vorstand: Prof. Dr. Günther Hasinger (E-Mail: ghasinger@aip.de)
Peter A. Stolz (E-Mail: pastolz@aip.de)
Mitarbeiter: 130

● **T 1 269**
Deutsche Gesellschaft für Luft- und Raumfahrt - Lilienthal-Oberth e.V. (DGLR)
-Wissenschaftlich-Technische Vereinigung-
Godesberger Allee 70, 53175 Bonn
T: (0228) 3 08 05-0 **Fax:** 3 08 05-24
Internet: http://www.dglr.de
E-Mail: geschaeftsstelle@dglr.de

Gründung: 1912 (03. April)
Vorsitzende(r): Dr.-Ing. J. Szodruch
Generalsekretär(in): Hans Lüttgen
Leitung Presseabteilung: Ferdi Olbert
Verbandszeitschrift: „Luft- und Raumfahrt"
Redaktion: AVIATIC-VERLAG Peter Pletschacher, 82041 Oberhaching
Mitglieder: 3000

● **T 1 270**
Kuratorium der Mensch und der Weltraum e.V.
Dresdenerstr. 6, 53359 Rheinbach
T: (02226) 43 25, 37 28
Verbandsdir: Senator E.h. Herbert Knierim
Vors. d. Vorstandsbeir.: Wissenschaft Technik: Dipl.-Ing. Oscar Bauschinger
Vors. d. Vorstandsbeir: Literatur Geisteswissenschaften: Dr. Johannes Sobotta
Beratendes Vorst.-Mitgl. f. Wirtschaft u. Finanzen: Senator Günther Klinge (Geschf.Ges. d. Chemisch-Pharmazeutischen Fabrik Adolf Klinge & Co.)
Beratendes Vorst.-Mitgl. f. Politik, Kultur, Erziehung: Staatssekretär a.D. Erwin Lauerbach
Collegium Astronauticum: Prof. Dr. Felix Schmeidler (Universitätssternwarte München)
Stellv.: Prof. Dr. H. Ruppe (Techn. Universität München)
Collegium Oecologicum: Prof. Dr.med. Albers (Lehrstuhl für Physiologie, Universität Regensburg)
Stellv.: Dipl.-Ing. Oscar Bauschinger, München
Collegium Mare Nostrum: Dr. Jaques Piccard, Genf
Stellv.: ORR Dr. Dorschel, Kiel
Vors. Collegium Urbs Humana: Prof. Dr. A. K. Boesler (Universität Bonn)

● **T 1 271**
Verein zur Förderung der Raumfahrt in e.V. (VFR)
Postf. 80 19 66, 81619 München
T: (0745) 8 99 49 **Fax:** (089) 4 50 98 99-7375
Internet: http://www.vfr.de
E-Mail: vorstand@vfr.de
Gründung: 1988
Vorstand: Bernhard Schmidt (Vors.)
Vorstand: Andreas Drexler (stellv. Vors.)
Vorstand: Sascha Simon (stellv. Vors.)
Leitung Presseabteilung: Antje Kurz
Mitglieder: 150
Jahresetat: DM 0,005 Mio, € 0 Mio

● **T 1 272**
GPM Deutsche Gesellschaft für Projektmanagement e.V.
Roritzerstr. 27, 90419 Nürnberg
T: (0911) 3 93 14 99 **Fax:** 3 93 14 98
Gründung: 1979
Vorsitzende(r) des Vorstandes: Dr. Ulrich Wolff
Vorstand: Prof. Dr. Nino Grau
Jürgen Blume
Dipl.-Ing. Walter Eschwei
Dipl.-Betrw. Roland Ottmann
Dipl.-Kfm. Günter Rackelmann
Dr. Dietmar Lange
Norbert Hillebrand
Verbandszeitschrift: Projektmanagement
Verlag: TÜV Rheinland, Viktoriastr. 26, 51149 Köln
Mitglieder: 1700
Mitarbeiter: 4
Zweck des Vereins ist die Förderung des Projektmanagements, insbesondere der Aus- und Weiterbildung sowie der Forschung und Information auf diesem Gebiet.

● **T 1 273**
Sternwarte der Stadt Bochum mit Zeiss Planetarium
44777 Bochum
Castroper Str. 67, 44791 Bochum
T: (0234) 5 16 06-0, 5 16 06-13 **Fax:** 5 16 06-51
Internet: http://www.planetarium-bochum.de
E-Mail: planetarium@bochum.de
Gründung: 1947
Direktor(in): Prof. Dr. J. V. Feitzinger

● **T 1 274**
Sternwarte der Stadt Nürnberg
90317 Nürnberg
Regiomontanusweg 1, 90491 Nürnberg
T: (0911) 26 54 67 **Fax:** 9 29 65 54
E-Mail: planetarium@osn.de

● **T 1 275**
Nicolaus-Copernicus-Planetarium
90317 Nürnberg
Am Plärrer 41, 90429 Nürnberg
T: (0911) 26 54 67 **Fax:** 9 29 65 54
Internet: http://www.planetarium-nuernberg.de

E-Mail: planetarium@osn.de
Gründung: 1961

● **T 1 276**
Arbeitskreis Sternfreunde Lübeck e.V.
Postf. 22 09, 23510 Lübeck
T: (0451) 60 24 96
Gründung: 1977 (1. April)
Vorsitzende(r): Uwe Freitag
Geschäftsführer(in): Michael Kremin
Schriftführer(in): Felicitas Rose
Verbandszeitschrift: Polaris
Redaktion: Dennis Boller
Verlag: Eigenverlag
Mitglieder: 75
Jahresetat: DM 0,005 Mio, € 0 Mio

● **T 1 277**
Planetarium Hamburg
Hindenburgstr. Ö 1, 22303 Hamburg
T: (040) 51 49 85-0 **Fax:** 51 49 85-10
Internet: http://www.hamburg.de/Planetarium
E-Mail: planetarium@kulturbehoerde.hamburg.de
Gründung: 1930 (22. April)
Leiter(in): Thomas W. Kraupe
Mitarbeiter: 11

● **T 1 278**
Bayerische Volkssternwarte München e.V.
Rosenheimer Str. 145h, 81671 München
T: (089) 40 62 39 **Fax:** 49 49 87
Internet: http://www.sternwarte-muenchen.de
E-Mail: volkssternwarte@lrz.tum.de
Gründung: 1947 (31. Mai)
Präsident(in): Peter Stättmayer
Vorsitzende(r): Hans-Georg Schmidt
Mitglieder: über 600

● **T 1 279**
Richard-Fehrenbach-Planetarium
Friedrichstr. 51, 79098 Freiburg
T: (0761) 27 60 99
Gründung: 1975 (März)
Leiter(in): Otto Wöhrbach

● **T 1 280**
Planetarium Stuttgart
Mittlerer Schloßgarten, 70173 Stuttgart
T: (0711) 1 62 92 15 **Fax:** 2 16 39 12
Internet: http://www.planetarium.stuttgart.de
E-Mail: planetarium@stuttgart.de
Gründung: 1977 (22. April)
Direktor(in): Prof. Dr. Hans-Ulrich Keller
Mitarbeiter: 14
Jahresetat: DM 2,0 Mio, € 1,02 Mio

● **T 1 281**
Wilhelm-Foerster-Sternwarte e.V.
Munsterdamm 90, 12169 Berlin
T: (030) 79 00 93-0 **Fax:** 79 00 93-12
Internet: http://www.wfs.be.schule.de
E-Mail: wfs@wfs.be.schule.de
Gründung: 1947
1. Vorsitzende(r): Dr. Karl-Friedrich Hoffmann
Wiss. Ltr: Dipl.-Phys. Jochen Rose (Ltg. Presseabt.)
Verbandszeitschrift: Veranstaltungs- und Mitteilungsheft "ALL-ZEIT"
Redaktion: Jochen Rose
Verlag: Wilhelm-Foerster-Sternwarte, Munsterdamm 90, 12169 Berlin
Mitglieder: 2000
Mitarbeiter: 7

● **T 1 282**
Landessternwarte Heidelberg
Königstuhl 12, 69117 Heidelberg
T: (06221) 50 90 **Fax:** 50 92 02
Internet: http://www.lsw.uni-heidelberg.de
E-Mail: postmaster@lsw.uni-heidelberg.de
Direktor(in): Prof. Dr. Immo Appenzeller (69117 Heidelberg-Königstuhl, T: (06221) 50 90)

● **T 1 283**
Astronomisches Rechen-Institut
Mönchhofstr. 12-14, 69120 Heidelberg
T: (06221) 4 05-0 **Fax:** 40 52 97
Gründung: 1700
Direktor(in): Prof. Dr. Roland Wielen (Ltg. Presseabt.)
Stellvertretender Direktor: Prof. Dr. Heiner Schwan
GeschF. u. Ltr. d. Verwaltung: Dipl.-Betriebsw. (FH) Diana Schwalbe
Mitglieder: 50
Jahresetat: ca. DM 4,0 Mio, € 2,05 Mio

● **T 1 284**
Deutscher Markscheider-Verein e.V. (DMV)
Shamrockring 1, 44623 Herne
T: (02323) 15-2977   Fax: 15-3980, 15-2380
Gründung: 1879 (20. Juli)
Geschäftsführer(in): Ass. d. Markscheidefachs Jörg Glocker
Vorsitzende(r): Ass. d. Markscheidefachs Prof. Dr. Klaus-Peter Gilles
Stellvertretende(r) Vorsitzende(r): Ass. d. Markscheidefachs Michael Meisen
Schatzmeister: Ass. d. Markscheidefachs Dietrich Wanke
Schriftleiter: Markscheider Prof. Dr. Carl Walther
Verbandszeitschrift: Das Markscheidewesen
Redaktion: Markscheider Prof. Dr. Carl Walther
Verlag: Verlag Glückauf GmbH, Postf. 10 39 45, 45039 Essen
Mitglieder: 500

● **T 1 285**
Gesellschaft zur Förderung des Maschinenbaues mbH
Postf. 71 08 64, 60498 Frankfurt
Lyoner Str. 18, 60528 Frankfurt
T: (069) 66 03 14 08, 6 66 18 86   Fax: 66 03 16 28
Gründung: 1951 (15. Dezember)
Mitarbeiter: 60

Gegenstand des Unternehmens sind alle Maßnahmen, die der Förderung des deutschen Maschinenbaues dienen, insbesondere die Beteiligung des deutschen Maschinenbaues an Messen und Ausstellungen im In- und Ausland. Die GmbH ist eine Dienstleistungsgesellschaft des VDMA Verband Deutscher Maschinen- und Anlagenbau e.V., Frankfurt/M.

● **T 1 286**
VDI-Gesellschaft Fördertechnik Materialfluss Logistik (VDI-FML)
Postf. 10 11 39, 40002 Düsseldorf
Graf-Recke-Str. 84, 40239 Düsseldorf
T: (0211) 62 14-232   Fax: 62 14-155
Internet: http://www.vdi.de/fml/fml.htm
E-Mail: fml@vdi.de
Vorsitzende(r): Dipl.-Wirtsch.-Ing. Heimo Thomas
Geschäftsführer(in): Dr.-Ing. Kurt Redeker
Verbandszeitschrift: Logistik für Unternehmen
Redaktion: Springer-VDI-Verlag
Verlag: Heinrichstr. 24, 40329 Düsseldorf
Mitglieder: 4000

● **T 1 287**
Deutscher Verband für Materialforschung und -prüfung e.V. (DVM)
Unter den Eichen 87, 12205 Berlin
T: (030) 8 11 30 66   Fax: 8 11 93 59
Internet: http://www.dvm-berlin.de
E-Mail: office@dvm-berlin.de
Gründung: 1896
Internationaler Zusammenschluß: siehe unter izt 518
Vorsitzende(r): Prof. Dr.-Ing. Joachim W. Bergmann
Geschäftsführer(in): Ingrid Maslinski
Verbandszeitschrift: Materialprüfung
Verlag: Carl Hanser Verlag, Kolbergerstr. 22, 81679 München
Mitglieder: 350

● **T 1 288**
Bund zur Förderung der Menschenerkenntnis e.V.
Richard-Strauß-Allee 35, 42289 Wuppertal
T: (0202) 62 17 69
Gründung: 1919 (09. Dezember)
Geschäftsführer(in): Roswitha Nöthling

● **T 1 289**
VDI/VDE-Gesellschaft Mess- und Automatisierungstechnik (GMA)
Postf. 10 11 39, 40002 Düsseldorf
Graf-Recke-Str. 84, 40239 Düsseldorf
T: (0211) 62 14-224   Fax: 62 14-161
Internet: http://www.vdi.de/gma/gma.htm, http://www.vde.com/gma
E-Mail: gma@vdi.de
Gründung: 1973
Vorsitzende(r): Prof. Dr.-Ing. Georg Bretthauer
Geschäftsführer(in): Dipl.-Ing. (FH) Manfred Schatz
Verbandszeitschrift: at; atp
Verlag: Oldenbourg Verlag, Rosenheimer Str. 145, 81671 München
Mitglieder: 14000
Mitarbeiter: 6

● **T 1 290**

Institut für Werkzeugmaschinen und Fertigungstechnik der Technischen Universität Braunschweig
Postf. 33 29, 38023 Braunschweig
Langer Kamp 19b, 38106 Braunschweig
T: (0531) 3 91-7601   Fax: 3 91-5842
Internet: http://www.iwf.ing.tu-bs.de
E-Mail: iwf@tu-bs.de
Dr.-Ing. Hanfried Kerle (Leiter Fertigungsautomatisierung und Werkzeugmaschinen, E-Mail: h.kerle@tu-bs.de)
Mitarbeiter: 65

● **T 1 291**
AMA Fachverband für Sensorik e.V.
Geschäftsstelle:
Hannoversche Str. 47, 37075 Göttingen
T: (0551) 2 16 95   Fax: 2 51 55
Internet: http://www.ama-sensorik.de
E-Mail: ama-sensorik@t-online.de
Gründung: 1981 (1. Januar)
Vorsitzende(r): Peter A. Vizenetz (c/o MEGATRON Elektronik AG & Co., Herm.-Oberth-Str. 7, 85640 Putzbrunn, T: (089) 4 60 94-233, Fax: 4 60 94-2 23)
Stellvertretende(r) Vorsitzende(r): Reinhold Rösemann (c/o Kipp & Zonen B.V., Röntgenweg 1, NL-2624 BD Delft, T: (0031) 15 2 69 80 00)
Schriftführer(in): Jochem Kreutzer (c/o ENDRESS + HAUSER GmbH + Co. - GB ENVEC, Colmarer Str. 6, 79576 Weil am Rhein, T: (07621) 9 75-874, Fax: 9 75-975)
Schatzmeister: Dr. Peter Klemm (c/o electrotherm GmbH, Elgersburger Straße 1, 98716 Geraberg, T: (03677) 7 95 60, Fax: 79 75 70)
Beisitzer: Prof. Dr. Roland Werthschützky (c/o TU Darmstadt, Inst. f. Elektromechanische Konstruktionen, Merckstr. 25, 64283 Darmstadt, T: (06151) 16-2296, Fax: (06151) 16-4096)
Geschäftsführung: Dr. Dirk Rein (unter Presseabteilung)
Verbandszeitschrift: SENSORIK aktuell
Redaktion: Dr. Dirk Rein
Mitglieder: 382 Firmen und Institute

● **T 1 292**
GDMB Gesellschaft für Bergbau, Metallurgie, Rohstoff- und Umwelttechnik
Postf. 10 54, 38668 Clausthal-Zellerfeld
Paul-Ernst-Str. 10, 38678 Clausthal-Zellerfeld
T: (05323) 9 37 90   Fax: 93 79 37
Internet: http://www.gdmb.de
E-Mail: gdmb@gdmb.de
Gründung: 1912
Präsident(in): Dr.-Ing. Kunibert Hanusch
Geschäftsführer(in): Dipl.-Ing. Detlev Dornbusch
Verbandszeitschrift: Erzmetall
Redaktion: GDMB
Verlag: GDMB, Postf. 10 54, 38668 Clausthal-Zellerfeld
Mitglieder: 2000
Mitarbeiter: 6
Jahresetat: DM 1,4 Mio, € 0,72 Mio

Bezirksgruppen:
Nord, Ruhr, West, Mitte, Harz, Süd, Freiberg/Sachsen, Berlin, Saar-Lor-Lux

● **T 1 293**
Deutsche Gesellschaft für Materialkunde e.V. (DGM)
Geschäftsstelle:
Hamburger Allee 26, 60486 Frankfurt
T: (069) 7 91 77 50   Fax: 7 91 77 33
Internet: http://www.dgm.de
E-Mail: dgm@dgm.de
Gründung: 1919
Internationaler Zusammenschluß: siehe unter izt 519
Vorsitzende(r): Prof. Dr. Manfred Rühle
Geschäftsführer(in): Dr. Peter Paul Schepp
Verbandszeitschrift: Advanced Engineering Materials
Redaktion: Gregory, Ritterbusch, Schepp
Verlag: Wiley-VCH, Weinheim
Mitglieder: 3000

● **T 1 294**
Deutsche Meteorologische Gesellschaft e.V. (DMG)
c/o Institut für Meteorologie der FU Berlin
Carl-Heinrich-Becker-Weg 6-10, 12165 Berlin
T: (030) 8 38-71197   Fax: 7 91-9002
Gründung: 1883
Vorsitzende(r): Prof. Dr. Werner Wehry
Verbandszeitschrift: Mitteilungen der Deutschen Meteorologischen Gesellschaft
Verlag: Mont Royal, 56841 Traben-Trarbach
Mitglieder: 1620
Jahresetat: DM 0,2 Mio, € 0,1 Mio

● **T 1 295**
Deutsche Wissenschaftliche Gesellschaft für Erdöl, Erdgas und Kohle e.V. (DGMK)
Postf. 60 05 49, 22205 Hamburg
Kapstadtring 2, 22297 Hamburg
T: (040) 63 90 04-0   Fax: 6 30 07 36
Internet: http://www.dgmk.de
E-Mail: dgmk@online.de
Gründung: 1933
Vorsitzende(r): Dr.-Ing. G. von Hantelmann
Geschäftsführer(in): Dr. Gisa Teßmer
Verbandszeitschrift: Erdöl Erdgas Kohle
Verlag: Urban Verlag, Hamburg
Mitglieder: 1700
Mitarbeiter: 10

Bezirksgruppen

t 1 296
DGMK Bezirksgruppe Bayern
Dipl.-Ing. V. Woyke, Bayernoil, Raffinerieges. mbH
Postf. 10 08 58, 85008 Ingolstadt
T: (08457) 8 22 00   Fax: 8 22 07

t 1 297
DGMK Bezirksgruppe Berlin-Brandenburg
Lindenallee 40, 16303 Schwedt
T: (03332) 2 23 93
Prof. Dr. D. Bohlmann

t 1 298
DGMK-Bezirksgruppe Hamburg-Bremen
Deutsche Shell AG, Werk Grasbrook/WDP
Worthdamm 32, 20457 Hamburg
T: (040) 78 10 82 30   Fax: 78 10 82 18
Dr.-Ing. Ch. Diederichsen

t 1 299
DGMK-Bezirksgruppe Hannover
Bundesanstalt für Geowissenschaften und Rohstoffe (BGR)
Stilleweg, 30655 Hannover
T: (0511) 6 43 23 74   Fax: 6 43 36 61
Prof. Dr.rer.nat. P. Kehrer

t 1 300
DGMK Bezirksgruppe Mitteldeutschland
Maienweg 1, 06237 Spergau
T: (03461) 48 12 23   Fax: 48 12 26
Dipl.-Chem. K.-D. Ebster (Mitteldeutsche Erdoel-Raffinerie GmbH)

t 1 301
DGMK Bezirksgruppe Oberrhein
c/o MIRO Mineralölraffinerie Oberrhein GmbH + Co. KG
Nördliche Raffineriestr. 1, 76185 Karlsruhe
T: (0721) 9 58-3266   Fax: 9 58-3268
Dipl.-Ing. H. Göbel

t 1 302
DGMK Bezirksgruppe Ruhr
Rheinische Str. 24, 45770 Marl
T: (02365) 4 75 97
Dr.rer.nat. R. Müller

● **T 1 303**
Deutsche Mineralogische Gesellschaft e.V.
Sitz: Bonn
Poppelsdorfer Schloß, 53115 Bonn
T: (0228) 73 27 33
E-Mail: stephan.hoernes@uni-bonn.de
Gründung: 1908
Vorsitzende(r): Prof. Dr. W. Maresch (Institut für Geologie, Mineralogie und Geophysik, Ruhr-Universität Bochum, 44780 Bochum, T: (0234) 3 22 81 55, Fax: 3 21 44 33, E-Mail: walter.maresch@ruhr-uni-bochum.de)
Schriftführer(in): Prof. Dr. Stephan Hoernes (Mineralogisch-

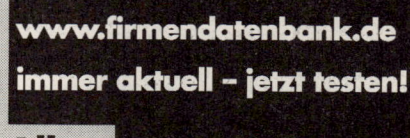

Petrologisches Institut, Poppelsdorfer Schloß, 53115 Bonn, T: (0228) 73 27 33)
Leitung Presseabteilung: Dr. Renate Schumacher (Mineralogisch-Petrologisches Institut und Museum, Poppelsdorfer Schloß, 53115 Bonn, T: (0228) 73 27 64)
Verbandszeitschrift: European Journal of Mineralogy (EJM)
Redaktion: Prof. Dr. R. Altherr, Heidelberg
Verlag: E. Schweizerbart'sche Verlagsbuchhandlung (Nägele u. Obermiller), Stuttgart
Mitglieder: ca. 1650

Zusammenschluß der in Hochschulen, Behörden und Wirtschaft tätigen Mineralogen.

● **T 1 304**

Stifterverband Metalle, Gesellschaft zur Förderung der Metallforschung
Postf. 10 54 63, 40045 Düsseldorf
Am Bonneshof 5, 40474 Düsseldorf
T: (0211) 47 96-0   **Fax:** 47 96-4 00

● **T 1 305**

Deutsche Rheologische Gesellschaft (DRG) e.V.
c/o Bundesanstalt für Materialforschung und -prüfung (BAM)
Unter den Eichen 87, 12205 Berlin
T: (030) 81 04 16 10   **Fax:** 81 04 16 17
Gründung: 1951 (5. Oktober)
Vorsitzende(r): Prof. Dr. M. H. Wagner (TU Berlin)
Stellvertretende(r) Vorsitzende(r): Prof. Dr. H. Münstedt (Universität Erlangen)
Prof. Dr. R. Schnabel (M-L-Universität Halle Wittenberg)
Geschäftsführer(in): Dr. W. Mielke (BAM Berlin)
Mitglieder: ca. 230

● **T 1 306**

DIN Deutsches Institut für Normung e. V.
10772 Berlin
Burggrafenstr. 6, 10787 Berlin
T: (030) 26 01-0   **Fax:** 26 01-1231
TGR: deutschnormen berlin
Internet: http://www.din.de
Zweigstelle Köln: Kamekestr. 8, 50672 Köln, T: (0221) 57 13-0, Telefax: (0221) 5 71 34 14
Gründung: 1917
Internationaler Zusammenschluß: siehe unter izt 498
Präsident(in): Dr.-Ing. Gerd Weber
Direktor(in): Dr.-Ing. Torsten Bahke
Leitung Presseabteilung: Dipl.-Pol.,Ing. Albrecht Geuther

NA Akustik, Lärmminderung und Schwingungstechnik (NALS) im DIN und VDI; NA Beschichtungsstoffe und Beschichtungen (NAB); NA Armaturen (NAA); NA Bauwesen (NABau); NA Bergbau (FABERG); NA Bibliotheks- und Dokumentationswesen (NABD); NA Bild und Film (photokinonorm); Kom. Bildungswesen (KBw); NA Bühnentechnik in Theatern und Mehrzweckhallen (FNTh); NA Bürowesen (NBü); NA Chemischer Apparatebau (FNCA); NA Daten- und Warenverkehr in der Konsumgüterwirtschaft (NDWK); NA Dental (NADENT); Deutsche Elektrotechnische Kommission im DIN und VDE (DKE); Deutscher Rat für Konformitätsbewertung im DIN (DIN KonRat); Deutsches Informationszentrum für technische Regeln (DITR); NA Druckgasanlagen (NDG); NA Druck- und Reproduktionstechnik (NDR); NA Eisen-, Blech- und Metallwaren (NAEBM); NA Eisen und Stahl (FES); N Elektrotechnik (NE); NA Erdöl- u. Erdgasgewinnung (NÖG); NA Ergonomie (FNErg); NA Farbe (FNF); A Federn (AF); NA Feinmechanik und Optik (NAFuO); NA Feuerwehrwesen (FNFW); NA Gastechnik (NAGas); NA Gebrauchstauglichkeit und Dienstleistungen (NAGD); A Gefahrstoffe/Arbeitsschutz (AGSA); Kom. Gesundheitswesen (KGw); NA Gießereiwesen (GINA); NA Gleitlager (NGL); NA Grundlagen der Normung (NG); NA Grundlagen des Umweltschutzes (NAGUS); NA Heiz-, Koch- und Wärmgerät (FNH); NA Heiz- und Raumlufttechnik (NHRS) mit GAA Reinraumtechnik im DIN und VDI (GAA-RR); NA Holzwirtschaft und Möbel (NHM); NA Informationsgesellschaft (KIG); NA Informationstechnik (NI); NA Instandhaltung (NIN); NA Kältetechnik (FNKä); NA Kautschuktechnik (FAKAU); NA Kommunale Technik (NKT); NA Kraftfahrzeuge (FAKRA); NA Kunststoffe (FNK); NA Laborgeräte und Laboreinrichtungen (FNLa); NA Lebensmittel- und landwirtschaftliche Produkte (NAL); NA Lichttechnik (FNL); N Luftfahrt (NL); NA Maschinenbau (NAM); NA Materialprüfung (NMP) mit FA Mineralöl- und Brennstoffnormung des NMP (FAM); NA Mechanische Verbindungselemente (FMV); NA Medizin (NAMed); NA Nichteisenmetalle (FNNE); A Normenpraxis (ANP); A Normungsgrundsätze (ANG); NA Papier und Pappe (NPa); NA Persönliche Schutzausrüstung (NPS); NA Pigmente und Füllstoffe (NPF); NA Qualitätsmanagement, Statistik u. Zertifizierungsgrundlagen (NQSZ); NA Radiologie (NAR); Kom. Reinhaltung der Luft im VDI und DIN - Normenausschuß (KRdL); NA Rettungsdienst und Krankenhaus (NARK); NA Rohrleitungen und Dampfkesselanlagen (NARD); NA Rundstahlketten (NRK); NA Sachmerkmale (NSM); NA Schienenfahrzeuge (FSF); N Schiffs-

und Meerestechnik (NSMT); NA Schweißtechnik (NAS); Kom. Sicherheitstechnik (KS); NA Sicherheitstechnische Grundsätze (NASG); NA Sport- und Freizeitgerät (NASport); NA Stahldraht und Stahldrahterzeugnisse (NAD); NA Tankanlagen (NATank); NA Technische Grundlagen (NATG); NA Terminologie (NAT); NA Textil und Textilmaschinen (Textilnorm); Kom. Transportkette (KTK); NA Koordinierungsstelle Umweltschutz (KU); Verbraucherrat (VR); NA Verpackungswesen (NAVp); A Wälzlager (AWL); NA Werkstofftechnologie (NWT); NA Wasserwesen (NAW); NA Werkzeuge und Spannzeuge (FWS); NA Werkzeugmaschinen (NWM)
NA=Normenausschuss
A=Selbständiger Arbeitsausschuss
Kom=Kommission
N=Normenstelle
Verbandszeitschrift: DIN-Mitteilungen + elektronorm (mit ständiger Beilage DIN-Anzeiger für technische Regeln)
Redaktion: R. Schulz
Verlag: Beuth Verlag GmbH, 10772 Berlin; Burggrafenstr. 6, 10787 Berlin
Mitglieder: 1639

Beteiligungen des DIN:
Beuth Verlag GmbH (BV)
Deutsche Akkreditierungsstelle Chemie GmbH (DACH)
DIN CERTCO Gesellschaft für Konformitätsbewertung mbH
DQS Deutsche Gesellschaft zur Zertifizierung von Managementsystemen mbH
DIN Software GmbH
DIN GOST TÜV Berlin-Brandenburg Gesellschaft für Zertifizierung in Europa mbH
DIN/DQS Technorga GmbH
DIN VSB ZERT Zertifizierungsgesellschaft mbH Verkehr • Systeme • Bahnen
DIN IT Service GmbH

Aufstellung und Veröffentlichung von Deutschen Normen, die der Rationalisierung, der Qualitätssicherung, der Sicherheit und der Verständigung in der Wirtschaft, Technik, Wissenschaft, Verwaltung und Öffentlichkeit dienen. Förderung und Vertretung der Deutschen Normung im In- und Ausland. Information und Beratung der Bundesregierung und der einzelnen Bundesministerien auf dem Gebiet der Normung.

● **T 1 307**

Deutsche Elektrotechnische Kommission im DIN und VDE (DKE)
Stresemannallee 15, 60596 Frankfurt
T: (069) 63 08-0   **Fax:** 6 31 29 25
Internet: http://www.dke.de
E-Mail: dke.zbi@vde.com
Internationaler Zusammenschluß: siehe unter izt 478
Geschäftsführer(in): Dipl.-Ing. E. Liess

● **T 1 308**

Deutsches Informationszentrum für technische Regeln (DITR)
im DIN Deutsches Institut für Normung e.V.
Burggrafenstr. 6, 10787 Berlin
T: (0190) 88 26 00   **Fax:** (030) 2 62 81 25
Gründung: 1979 (1. Oktober)
Hauptgeschäftsführer(in): Dipl.-Pol. Horst-Werner Marschall
Öffentlichkeitsarbeit: Andrea Hillers (M.A.)
Mitarbeiter: 37
Jahresetat: DM 10 Mio, € 5,11 Mio

● **T 1 309**

RAL Deutsches Institut für Gütesicherung und Kennzeichnung e.V.
siehe U 555

● **T 1 310**

Arbeitsgemeinschaft Energiebilanzen
Königin-Luise-Str. 5, 14195 Berlin
T: (030) 8 97 89-696   **Fax:** 8 97 89-200
Internet: http://www.ag-energiebilanzen.de
Gründung: 1971 (26. März)
Geschäftsführer(in): Dipl.-Volksw. Uwe Maaßen (Postfach 4 02 52, 50832 Köln)
Dr. Hans-Joachim Ziesing (Deutsches Institut für Wirtschaftsforschung (DIW), Königin-Luise-Str. 5, 14195 Berlin)
Mitglieder: 8

● **T 1 311**

Süderstr. 73a, 20097 Hamburg

T: (040) 2 35 11 30   **Fax:** 23 51 13 29
Internet: http://www.IWO.de
E-Mail: IWOeV@aol.com
Gründung: 1984 (August)
Geschäftsführer(in): Dr. Christian Küchen
Dr. Jürgen Schmid
Leitung Presseabteilung: Alexander Fack
Verbandszeitschrift: Ölheizung Aktuell

Publikation von Sachinformationen zu den Themen Wirtschaftlichkeit und Umweltverträglichkeit moderner Ölheizungstechnik, Heizöl Extra Leicht (Produkt und Anwendung). Energieberatung zur Heizungstechnik für Endverbraucher. Forschungs- und Entwicklungsarbeiten im Bereich der Ölfeuerung.

● **T 1 312**

Deutsches Optisches Komitee
c/o DLR-Oberpfaffenhofen Institut für Optoelektronik
Postf. 11 16, 82230 Weßling
T: (08153) 28-27 86   **Fax:** 28-13 49
Präsident(in): Prof.Dr.rer.nat. F. Lanzl (DLR, FZ Oberpfaffenhofen, Dir. d. Inst. f. Optoelektronik, 82234 Oberpfaffenhofen, T: (08153) 28-27 86, Telefax: (08153) 28-13 49)

● **T 1 313**

Verband Organisations- und Informationssysteme e.V. (VOI)
Bismarckstr. 59, 64293 Darmstadt
T: (06151) 6 68 45-20   **Fax:** 6 68 45-71
Internet: http://www.voi.de
E-Mail: voi@voi.de
Vorstand: Lothar Leger (Vors., B&L Management Consulting GmbH, E-Mail: leger@bulmc.de)
Joachim Bleckmann (Easy Software AG, E-Mail: jble@easy.de)
Ulf Freiberg (CSC Ploenzke AG, E-Mail: ufreiber@csc.com)
Bernd Liske (Liske Informations-Managementsysteme, E-Mail: bernd.liske@liske.de)
Gert J. Reinhardt (SER Systeme AG, E-Mail: reinhardt@ser.de)
Peter J. Schmerler (CE Computer Equipment AG, E-Mail: schmerler@ce-ag.com)
Geschäftsführer(in): Henner von der Banck (E-Mail: hvdbanck@voi.de)

● **T 1 314**

Deutsche Gesellschaft für angewandte Optik e.V.
Sitz Heidenheim (Brenz)
c/o Carl Zeiss, Oberkochen
GB Weltraumtechnik/Sonderoptik
Schillerstr. 1, 07745 Jena
T: (03641) 8 07-440   **Fax:** 8 07-600
Internet: http://www.dgao.de
E-Mail: dgao@iof.fhg.de
Gründung: 1923
1. Vorsitzende(r): Prof. Dr. Richard Kowarschik (Friedrich-Schiller-Universität Jena, Institut für Angewandte Optik, Froebelstieg 1, 07743 Jena)
Stellvertreter: Dr. Fritz Merkle (OHB-System GmbH, Universitätsallee 27-29, 28359 Bremen)
Schriftführer: Dr. Christel Budzinski (Straße 12, Nr. 14, 15827 Dahlewitz, T: (033) 70 83 05 21)
Schatzmeister: Dr. Wolfgang Vollrath (Leica Mikroskopie und Systeme GmbH, Postf. 20 40, 35530 Wetzlar, T: (06441) 29 26 51)
Mitglieder: 670

● **T 1 315**

Vereinigung zur Förderung der technischen Optik e.V.
c/o LINOS Photonics GmbH
Königsallee 23, 37081 Göttingen
T: (0551) 69 35-1 90   **Fax:** 69 35-1 66
Internet: http://www.linos-photonics.de
E-Mail: Schuhmann@linos-photonics.de
Vorsitzende(r): H.-J. Preuß (c/o Leica Mikrosystems GmbH, Postf. 20 40, 35530 Wetzlar, T: (06441) 29 22 38)
Schriftführer(in): Dr.-Ing. R. Schuhmann (c/o LINOS Photonics GmbH, Königsallee 23, 37081 Göttingen, T: (0551) 69 35-1 90, Telefax: (0551) 69 35-1 66)

● **T 1 316**

Gesellschaft für Organisation e.V. (GfürO)
Kaiserstr. 3, 53113 Bonn
T: (0228) 21 00 21, 21 10 05   **Fax:** 21 88 58
Internet: http://www.gfuero.org
E-Mail: gfuero@gfuero.org
Gründung: 1922
1. Vorsitzende(r): Peter Quirin (Rathjensdorf 21, 25709 Kronprinzenkoog)
Geschäftsführer(in): Dipl.-Kfm. Dr. Reiner Chrobok
Verbandszeitschrift: zfo (Zeitschrift Führung + Organisation)
Redaktion: Schäffer Poeschel-Verlag, Stuttgart
Verlag: Stuttgart

Weiterbildungsorgan: Akademie Führung + Organisation (afo)
Mitglieder: ca. 800
Mitarbeiter: 8

● **T 1 317**

Gesellschaft für Instandhaltung e.V. (GfIN)
Geschäftsstelle
Haus-Endt-Str. 134, 40593 Düsseldorf
T: (0211) 71 49 93   **Fax:** (02195) 6 78 24
Internet: http://www.gfin.de
Gründung: 1981
Vorsitzende(r): Dipl.-Ing. Manfred Wünnenberg
Stellvertretende(r) Vorsitzende(r): Prof. Dr. Georg-Wilhelm Werner
Geschäftsführer(in): Dipl.-Ing. Helmut Winkler
Vorstand: Prof. Dr.-Ing. Götz Ihle
Dipl.-Ing. Klaus Huttelmaier
Prof. Dr.-Ing. Dieter Troppens
Dr.-Ing. Jürgen Unser
Verbandszeitschrift: GFIN - Information
Redaktion: Dr.-Ing. Manfred Böhm
Mitglieder: 200

● **T 1 318**

Deutsche Gesellschaft für Ortung und Navigation e.V.
Geschäftsstelle:
Adenauerallee 118, 53113 Bonn
T: (0228) 2 01 97-0   **Fax:** 2 01 97-19
Vorsitzende(r): Dr. Boucke (Senior Consulting, Ulm)
Stellvertretende(r) Vorsitzende(r): Dr.-Ing. Vörsmann (Aerodata Flugmeßtechnik GmbH, Braunschweig)
Schatzmeister: Dipl.-Ing. Schick (ELNA GmbH, Rellingen)
Geschäftsführer(in): H.D. Maurer
Schriftleiter: K. Tzschiesche

● **T 1 319**

PTS München
Heßstr. 134, 80797 München
T: (089) 1 21 46-0   **Fax:** 1 21 46 36
Internet: http://www.ptspaper.de
E-Mail: info@pts-papertech.de
Gründung: 1951 (Dezember)
Vorstand: Dr. Paul W. Rizzi (Vors.)
Dr.-Ing. H. Großmann (F&E)
Ressortleiter: Dr. J. Murr (Faserstofftechnik)
H. Runge (Papiererzeugung und Streichtechnik)
Dr. rer. nat. R. Wilken (Papierverarbeitung)
Dipl.-Ing. I. Demel (Umwelttechnik)
A. Kant (Unternehmensberatung)
Leitung Presseabteilung: Dipl.-Ing. Erwin Polmann
Mitarbeiter: 154
Forschung und Beratung für die Zellstoff-, Holzstoff-, Altpapierstoff-, Papier- und Pappeerzeugung sowie für die Papier-, Pappe- und Kunststoffverarbeitung; Umwelttechnik

t 1 320

PTS Heidenau
Pirnaer Str. 37, 01809 Heidenau
T: (03529) 5 51 60   **Fax:** 55 18 99
E-Mail: info@pts-papertech.de
Gründung: 1951 (Dezember)
Vorstand: Dr. Paul W. Rizzi (Vors.)
Dr.-Ing. H. Großmann (F&E)
Ressortleiter: Dr. J. Murr (Papierhalbstoff-Technik, Zellstoff- und Holzstoff-Technik, Faserstoffveredelung)
Dipl.-Ing. R. Ocken (Meß- und Prüftechnik)

● **T 1 321**

Deutsches Pelz Institut e.V.
Niddastr. 66-68, 60329 Frankfurt
T: (069) 24 26 35-0   **Fax:** 24 26 35 21
Internet: http://www.pelzinstitut.de
E-Mail: info@pelzinstitut.de
Gründung: 1987 (29. September)
Vorsitzende(r): Andreas Lenhart (c/o Rosenberg & Lenhart)
Geschäftsführer(in): Susanne Kolb-Wachtel
Presseabteilung: Hans-Peter Lemm
Mitglieder: 155

● **T 1 322**

Deutscher Pelzverband e.V.
Niddastr. 66-68, 60329 Frankfurt
T: (069) 24 26 35-0   **Fax:** 24 26 35-21
Internet: http://www.deutscherpelzverband.de
E-Mail: bs@fur-fashion-frankfurt.de
Gründung: 1950 (4. April)

Fachgruppe Pelzveredlung:
Vorsitzende(r): Ulrich Fleig

Fachgruppe Manipulation:
Vorsitzende(r): Dietmar Linke

Fachgruppe Konfektion:
Vorsitzende(r): Peter Funke

Fachgruppe Kommission:
Vorsitzende(r): Hans-Josef Braun
Geschäftsführer(in): Dr. Barbara Sixt
Präsident(in): Herbert Würker

● **T 1 323**

Deutsche Pharmazeutische Gesellschaft e.V. (DPhG)
Sitz: Berlin-Charlottenburg
Geschäftsstelle
Postf. 90 04 40, 60444 Frankfurt
Hamburger Allee 26-28, 60486 Frankfurt
T: (069) 79 17-555   **Fax:** 70 17-553
Internet: http://www.biozentrum.uni-frankfurt.de/DPhG
E-Mail: dphg@dphg.de
Präsident(in): Prof. Dr. rer.nat. Theodor Dingermann (Johann Wolfgang Goethe-Universität, Institut für Pharmazeutische Biologie, Biozentrum Niederursel, Marie-Curie-Str. 9, 60439 Frankfurt a.M., T: (069) 7 98-29650, Fax: (069) 7 98-29662, E-Mail: dingermann@em.uni-frankfurt.de)
Schatzmeister(in): Kurt Michel (Humboldt-Apotheke, Konrad-Adenauer-Str. 40, 51149 Köln, Tel.: (02203) 3 46 18, Fax: (02203) 3 93 93, E-Mail: Humboldt-Apotheke_Dr.Michel@t-online.de)
Generalsekretär(in): Prof. Dr. Manfred Schubert-Zsilavecz (Johann Wolfgang Goethe-Universität, Institut für Pharmazeutische Biologie, Biozentrum Niederursel, Marie-Curie-Str. 9, 60439 Frankfurt a.M., T: (069) 7 98-29339, Fax: (069) 7 98-29352, E-Mail: schubert-zsilavecz@pharmchem.uni-frankfurt.de)
Geschäftsstellenleiterin: K. Köhler

● **T 1 324**

Deutsche Gesellschaft für Photogrammetrie und Fernerkundung e.V. (DGPF)
c/o EFTAS Fernerkundung
Technologietransfer GmbH
Ostmarkstr. 92, 48145 Münster
T: (0251) 1 33-070   **Fax:** 1 33-0733
Internet: http://www.dgpf.de
Gründung: 1909
Präsident(in): Dr. Klaus-Ulrich Komp
Vizepräsident(in): Prof. Dr. Thomas Luhmann
Sekretär: Dr.-Ing. Manfred Wiggenhagen
Schatzmeister: Dr.-Ing. H. Krauß
Verbandszeitschrift: Photogrammetrie - Fernerkundung - Geoinformation (PFG)
Redaktion: Prof. Dr. Klaus Szangolies
Verlag: Schweizerbart'sche Verlagsbuchhandlung Stuttgart
Mitglieder: ca. 900
Angeschlossen an: International Society for Photogrammetry and Remote Sensing (ISPRS)

● **T 1 325**

Deutsche Gesellschaft für Photographie e.V.
Overstolzenhaus
Rheingasse 8-12, 50676 Köln
T: (0221) 9 23 20 69   **Fax:** 9 23 20 70
Internet: http://www.dgph.de
E-Mail: dgph@dgph.de
Gründung: 1951 (April)
Geschäftsführender Vorstand:
Vorsitzende(r): Hansjoachim Nierentz
Stellvertretende(r) Vorsitzende(r): Prof. Gottfried Jäger, Bielefeld
Schatzmeister: Dipl.-Ing. Hans Aisenbrey
Koordination Sektionen: Dr. Marlene Schnelle-Schneyder
Presse- und Öffentlichkeitsarbeit: Hans-Günther von Zydowitz
Erweiterter Vorstand:
Vorsitzender Sektion Geschichte: Ass. Gert Koshofer
Vorsitzender Sektion Wissenschaft und Technik: Prof. Dr. Ulrich Nickel
Vorsitzender Sektion Medizin- und Wissenschaftsphotographie: Horst Wesche
Verbandszeitschrift: DGPh-Intern
Mitglieder: 1100
Mitarbeiter: 1

● **T 1 326**

Deutsche Physikalische Gesellschaft e.V. (DPG)
Geschäftsstelle:
Hauptstr. 5, 53604 Bad Honnef
T: (02224) 92 32-0   **Fax:** 92 32-50
Internet: http://www.dpg-physik.de
E-Mail: dpg@dpg-physik.de
Präsident(in): Dr. Dirk Basting (Lambda Physik AG, Hans-Böckler-Str. 12, 37079 Göttingen, T: (0551) 69 38-100, Fax: (0551) 69 38-104, E-Mail: basting@lambdaphysik.com)
Hauptgeschäftsführer(in): Dr. Volker Häselbarth

Regionale Untergliederungen

t 1 327

Deutsche Physikalische Gesellschaft Regionalverband Bayern e.V.
Lehrstuhl für Festkörperphysik, Universität Erlangen-Nürnberg
Staudtstr. 7, 91058 Erlangen
T: (09131) 8 52-8402   **Fax:** 8 52-8400
E-Mail: fauster@fkp.physik.uni-erlangen.de
Vorsitzende(r): Prof. Dr. Thomas Fauster (Lehrstuhl für Festkörperphysik, Universität Erlangen-Nürnberg, Staudtstr. 7, Bau A3, 91058 Erlangen, T: (09131) 8 52-84 02, Fax: 8 52-84 00, e-mail: fauster@fkp.physik.uni-erlangen.de)
Geschäftsführer(in): Dr. Lutz Hammer (Lehrstuhl für Festkörperphysik, Universität Erlangen-Nürnberg, Staudtstr. 7, 91058 Erlangen, T: (0911) 8 52-84 04, Fax: 8 52-84 00)

t 1 328

Regionalverband Physikalische Gesellschaft zu Berlin e.V.
Institut f. Festkörperphysik, Technische Universität
Hardenbergstr. 36, 10623 Berlin
T: (030) 3 14-22078   **Fax:** 3 14-21769
E-Mail: wolfgang.richter@tu-berlin.de
Vorsitzende(r): Prof. Dr. Wolfgang Richter (Institut für Festkörperphysik, Sekr. PN 6-1/Technische Universität, Hardenbergstr. 36, 10623 Berlin, T: (030) 3 14-2 20 78, Fax: 3 14-2 17 69, email: wolfgang.richter@tu-berlin.de)
Geschäftsführer(in): Dr. Heinz-Detlef Kronfeldt (Optisches Institut der TU Berlin, Sekr. PNo-1, Hardenbergstr. 36, 10623 Berlin, T: (030) 31 42 48 07/8, Fax: (030) 31 42 68 88, email: kf.@mail.physik.tu-berlin.de)

t 1 329

Deutsche Physikalische Gesellschaft Regionalverband Hessen-Mittelrhein e.V.
Schloßgartenstr. 7, 64289 Darmstadt
T: (06151) 16 23 22   **Fax:** 16 30 22
Vorsitzende(r): Dr. Eberhard Schultheiss (Institut für Mikrostrukturtechnologie und Optoelektronik (IMO), Im Amtmann 6, 35578 Wetzlar, T:(06441) 97 88-0, Fax 97 88-17, E-Mail: imo@lahn-dill-net.de)
Schriftführer(in): Dipl.-Phys. Peter Daab (Inst. f. Angewandte Physik der Techn. Hochschule, Schloßgartenstr. 7, 64289 Darmstadt, T: (06151) 16 23 22, Fax: 16-30 22)

● **T 1 330**

VDI-Gesellschaft Produktionstechnik (ADB)
Postf. 10 11 39, 40002 Düsseldorf
Graf-Recke-Str. 84, 40239 Düsseldorf
T: (0211) 62 14-2 31/2 32   **Fax:** 62 14-155
Internet: http://www.vdi.de/adb/adb.htm
Vorsitzende(r): Dr.-Ing. W. Hans Engelskirchen
Geschäftsführer(in): Dr.-Ing. Kurt Redeker
Verbandszeitschrift: VDI-Z Integrierte Produktion
Redaktion: Springer VDS Verlag, Heinrichstr. 24, 40329 Düsseldorf
Mitglieder: 14000

● **T 1 331**

Arbeitsgemeinschaft der Wirtschaft für Produktdesign und Produktplanung e.V. (AW produktplanung)
Sitz Stuttgart
Geschäftsstelle:
Holteyer Str. 6, 45289 Essen
T: (0201) 57 02 94
Geschäftsführende(s) Vorstands-Mitglied(er): Prof. Dipl. rer. pol. (techn.) Erich Geyer (Universität Essen)

● **T 1 332**

Deutsche Gesellschaft für Qualität e.V.
German Society for Quality
Postf. 50 07 63, 60395 Frankfurt
August-Schanz-Str. 21A, 60433 Frankfurt
T: (069) 9 54 24-0   **Fax:** 9 54 24-1 33
Internet: http://www.dgq.de
E-Mail: info@dgq.de
Gründung: 1952 (Oktober)
Internationaler Zusammenschluß: siehe unter izt 384
Präsident(in): Dr. Friedrich Clever
Geschäftsführer(in): Dr. Wolfgang Kaerkes
Ltg. PR: Rolf Henning
Verbandszeitschrift: Qualität und Zuverlässigkeit
Verlag: Carl Hanser Verlag, Kolbergerstr. 22, 81679 Mün-

chen
Mitglieder: 8200 (Stand 1.1.99)
Mitarbeiter: 61
Jahresetat: DM 23 Mio, € 11,76 Mio
Förderung der Qualität und der entsprechenden wissenschaftlichen Forschung, Weiterentwicklung der wirtschaftlichen Methoden des Qualitätsmanagements, Durchführung von Lehrgängen und Seminaren, Erarbeiten und Herausgeben der DGQ-Fachliteratur.

t 1 333

Deutsche Gesellschaft für Qualität Landesgeschäftsstelle Ost
Unter den Eichen 128, 12203 Berlin
T: (030) 8 44 91 70   **Fax:** 84 49 17 22

t 1 334

Deutsche Gesellschaft für Qualität Landesgeschäftsstelle Mitte
August-Schanz-Str. 21a, 60433 Frankfurt
T: (069) 9 54 24-124   **Fax:** 9 54 24-133

t 1 335

Deutsche Gesellschaft für Qualität Landesgeschäftsstelle Nord
Rahestr. 29, 49525 Lengerich
T: (05481) 8 10 00   **Fax:** 8 22 11

t 1 336

Deutsche Gesellschaft für Qualität Landesgeschäftsstelle Süd
Taubenheimstr. 24, 70372 Stuttgart
T: (0711) 9 56 11 60   **Fax:** 9 56 11 62

● T 1 337

Verband der Datenverarbeiter e.V. (VDD)
Hauptgeschäftsstelle
Wandalenweg 26, 20097 Hamburg
T: (040) 23 52 04 99   **Fax:** 23 17 68
Internet: http://www.vdd.org
E-Mail: info@vdd.org
Gründung: 1967
Vorsitzende(r): Fritz Schmidt

● T 1 338

Bundesverband Offene Kanäle e.V. (BOK)
Voltastr. 5, 13355 Berlin
T: (030) 46 40 05-0   **Fax:** 46 40 05 98
Internet: http://www.bok.de
E-Mail: info@okb.de
Vorstand: Wolfram Müller (Vors.)
Mitglieder: 34

● T 1 339

Kommission Reinhaltung der Luft (KRdL) im VDI und DIN - Normenausschuss
Postf. 10 11 39, 40002 Düsseldorf
Robert-Stolz-Str. 5, 40470 Düsseldorf
T: (0211) 62 14-532   **Fax:** 62 14-157
Internet: http://www.vdi.de/krdl/krdl.htm, http://www.din.de
E-Mail: krdl@vdi.de
Gründung: 1957
Vorsitzende(r): Dr.-Ing. Peter Davids
Geschäftsführer(in): Prof. Dr.-Ing. Klaus Grefen
Verbandszeitschrift: Gefahrstoffe
Redaktion: KRdL-BIA
Mitarbeiter: 20

● T 1 340

Zentrum für Kunst und Medientechnologie Karlsruhe
Postf. 69 09, 76049 Karlsruhe
Lorenzstr. 5, 76135 Karlsruhe
T: (0721) 81 00-0   **Fax:** 81 00-1139
Internet: http://www.zkm.de
E-Mail: info@zkm.de
Gründung: 1989 (Juli)
Leiter: Peter Weibel
Geschäftsführer(in): Dr. Gerd Schwandner
Leitung Presseabteilung: Sibylle Peine
Mitarbeiter: 63

● T 1 341

Gesellschaft zur Förderung der Kunst und Medientechnologie e.V.
Lorenzstr. 19, 76135 Karlsruhe
T: (0721) 81 00-1260   **Fax:** 81 00-1269

E-Mail: FOERDERE@ZKM.DE
Gründung: 1988 (25. Oktober)
Vorsitzende(r): Hans Bretz
Stellvertretende(r) Vorsitzende(r): Prof. Dr. Hellmut Wagner
Mitglieder: ca. 450

● T 1 342

Gesellschaft für elektronische Kunst e.V. (GeK)
Fördergesellschaft für Computer-, Licht-, Video- und Medienkunst
Gemarkenweg 1, 51467 Bergisch Gladbach
T: (02202) 8 15 66
Gründung: 1987
Vorsitzende(r) des Vorstandes: Dipl.-Ing. Wolfgang Blobel (Ltg. Presse)
Vorstand: Prof. Dr. Hans Dehlinger
Dr. Wolfgang Schneider
Gerd Struwe
Dipl.-Des. Helmuth Tholen
Beratendes Mitgl.: Helmut Jakobs
Prof. Gerd Mathias
Verbandszeitschrift: Kunst & Elektronik

● T 1 343

Institut zur Förderung von Wissenschaft und Ausbildung im Bereich der Neuen Medien e.V. (IFM)
"Radio aus Bruchsal", Lernradio
Postf. 17 64, 76607 Bruchsal
T: (07251) 9 12 30   **Fax:** 91 23 50
Gründung: 1988
1.Vorsitzende: Edith Zimmermann (Medienpädagogin, Doktorandin)

● T 1 344

Institut für Informationsvermittlung e.V.
Postf. 56 26, 79023 Freiburg
T: (0761) 6 01 94   **Fax:** 6 56 66
E-Mail: m.hassler@geist-soz.uni-karlsruhe.de
Gründung: 1988 (Dezemb.)
Kontaktperson: Michael Haßler
Sachgebiete: Neue Medien, Wirtschaftsinformationen, Umwelt

● T 1 345

Verband der Anbieter von Telekommunikations- und Mehrwertdiensten e.V. (VATM)
Oberländer Ufer 180-182, 50968 Köln
T: (0221) 3 76 77-25   **Fax:** 3 76 77-26
Internet: http://www.vatm.de
E-Mail: vatm@vatm.de
Gründung: 1998 (1. Januar)
Präsident(in): Dr. Joachim Dreyer (debitel AG)
Vizepräsident(in): Harald Stöber (Mannesmann Arcor AG & Co.)
Geschäftsführer(in): Jürgen Grützner
Leitung Presseabteilung: Marion Krause
Mitglieder: 54
Mitarbeiter: 6

● T 1 346

Call Center Forum Deutschland e.V.
Kronacher Str. 60, 96052 Bamberg
T: (0180) 52 66-422   **Fax:** 52 66-423
Internet: http://www.call-center-forum.de
Präsident(in): Ursula Steinmetz (Leitung Call Center der Firma Walter Günther, T.: (0951) 9 42 41 98, Fax: (0951) 9 42 42 99, E-Mail: U.Steinmetz@guenther.de)
Vizepräsident(in): Manfred Stockmann (Leiter Organisation, ADIG Investment, Tel.: (089) 46 26 82 56, Fax: (089) 46 26 84 75, E-Mail: manfred.stockmann@adig.de)
Schatzmeister(in): Michael Bönig (Geschäftsführer CallSokrates internationales Callcenter GmbH, Tel.: (03671) 55 40-0, Fax: (03671) 55 40-55, E-Mail: m.boenig@callsokrates.de)
Mitglieder: ca. 330 aus den Branchen Handel, Banken, Versicherungen, Industriegüter, Dienstleistungsunternehmen, Agenturen, Telekommunikation, Tourismus, Unternehmensberatungen und TK- und Software-Hersteller

● T 1 347

Pfarrer & PC e.V.
Fischhausweg 20, 33397 Rietberg
T: (05244) 97 39 20   **Fax:** 97 39 21
Internet: http://www.pfarrer-pc.de
E-Mail: verein@pfarrer-pc.de
Gründung: 1986 (7. August) in Frankfurt
1. Vorsitzende(r): Pfr. Klaus-Peter Brandl (Von-der-Recke-Str. 28, 58300 Wetter, T.: (02335) 68 98 77, Fax: 68 98 78, E-Mail: kpbran1@attglobal.net)
2. Vorsitzende(r): Pfr. Martin Karras (Moritz-Katz-Str. 22, 37115 Duderstadt, T.: (05527) 99 90 71, Fax: 99 90 73, E-Mail: martin.karras@t-online.de)
Geschäftsführer(in): Diakon Hans Dieter Vormittag (Fischhausweg 20, 33397 Rietberg, T.: (05244) 97 39 20, Fax: 97 39 21, E-Mail: hd.vormittag@t-online.de)
Verbandszeitschrift: Pfarrer & PC

Redaktion: Georg Dlugosch
Mitglieder: 510 Seelsorger/innen + kirchl. Mitarbeiter/innen sowie Firmen mit kirchenspezifischer Software

● T 1 348

Verein für Computergenealogie e.V. - zur Förderung EDV-gestützter familienkundlicher Forschungen - (CompGen)
Dorffeldstr. 18, 48161 Münster
T: (02534) 78 36
Internet: http://compgen.genealogy.net
E-Mail: compgen@genealogy.net
Gründung: 1989 (26. Oktober)
1. Vorsitzende(r): Arthur Teschler (Dorffeldstr. 18, 48161 Münster)
2. Vorsitzende(r): Klaus-Peter Wessel, Bremen
Schatzmeister(in): René Gränz, Dresden
Schriftführer(in): Jesper Zedlitz, Kiel
Mitglieder: 373 (3/2001)
Jahresetat: DM 0,02 Mio, € 0,01 Mio

● T 1 349

TELECOM e.V.
Vereinigung von Anwendern der geschäftlichen Telekommunikation
Schnitzbüchel 27a, 51491 Overath
T: (02204) 97 02 48   **Fax:** 97 04 12
Gründung: 1978
Vorsitzende(r) des Vorstandes: Dipl.-Wirtschaftsing. Erwin H. Schäfer
Mitglieder: ca. 300

● T 1 350

Telecommunication Akademie e.V. (telak)
Schnitzbüchel 27a, 51491 Overath
T: (02204) 97 02 50
Vorsitzende(r) des Vorstandes: Dipl.-Wirtsch.-Ing. Erwin H. Schäfer
Mitglieder: ca. 180

● T 1 351

Telekommunikationszentrum Oberfranken e.V.
(Telehaus)
Bürgerreuther Str. 7a, 95444 Bayreuth
T: (0921) 7 26 76-0   **Fax:** 7 26 76-22
Gründung: 1989 (14. Dezember)
Vorsitzende(r): Dr. rer. pol. Bodo Schultheiß (IHK)
Stellvertretende(r) Vorsitzende(r): Heinz Eggers (HWK)
Landrat Dr. Klaus-Günter Dietel, Bayreuth
Dr. Rittich (Telekom)
Geschäftsführer(in): Dr. Hans F. Trunzer (IHK)
Schatzmeister(in): Karlheinz Löbl
Mitglieder: 40
Mitarbeiter: 5
Jahresetat: DM 0,8 Mio, € 0,41 Mio

● T 1 352

Interdisziplinäre Arbeitsgruppe Kabelkommunikation Berlin (IKB)
c/o Institut für Zukunftsstudien und Technologiebewertung gemeinn. GmbH
Schopenhauerstr. 26, 14129 Berlin
T: (030) 80 30 88-0   **Fax:** 80 30 88-88
Gründung: 1978
Geschäftsführer(in): Prof. Dr.phil.Dipl.-Phys. Rolf Kreibich
Beteiligte: ca. 30 Personen

● T 1 353

Gesellschaft für Informatik e.V. (GI)
Wissenschaftszentrum
Ahrstr. 45, 53175 Bonn
T: (0228) 3 02-145   **Fax:** 3 02-167
Internet: http://www.gi-ev.de
E-Mail: gs@gi-ev.de
Gründung: 1969
Präsident(in): o.Univ.-Prof. Dr. Heinrich C. Mayr (Universität Klagenfurt, Institut für Wirtschaftsinformatik und Anwendungssysteme, Universitätsstr. 65-67, A-9022 Klagenfurt, T: (0043463) 27 00-578, Fax: (0043463) 27 00-505, E-Mail: mayr@ifi.uni-klu.ac.at)
Vizepräsident(in): Dr. Andrea Grimm (IBM Deutschland GmbH, Application Management Services Executive, Europe, Middle East & Africa, Pascalstr. 100, 70569 Stuttgart, T: (0711) 7 85-3987, Fax: (0711) 7 85-7415, E-Mail:

agrimm@de.ibm.com)
Prof. Dr. Matthias Jarke (RWTH Aachen, Informatik V (Informationssysteme) Ahornstr. 55, 52056 Aachen, T: (0241) 80 21-500, Fax: (0241) 88 88-321, E-Mail: jarke@informatik.rwth-aachen.de)
Dipl.-Math. Andreas Stöckigt (LIST Unternehmensberatung GmbH, Finkenstr. 5, 58239 Schwerte, T: (02304) 78 91 66, Fax: (02304) 7 43 32, E-Mail: as@list-ub.de)
Geschäftsführer(in): Dipl.-Pol. Jörg Maas
Leitung Presseabteilung: Cornelia Winter
Verbandszeitschrift: Informatik-Spektrum
Redaktion: Hermann Engesser
Verlag: Springer-Verlag, Postfach 10 52 80, 69042 Heidelberg
Mitglieder: 22000
Mitarbeiter: 9
Jahresetat: DM 4,4 Mio, € 2,25 Mio

● T 1 354

Akademie für Datenverarbeitung (ADV)
Danziger Str. 6, 71034 Böblingen
T: (07031) 6 27-0   **Fax:** 6 27-101
E-Mail: verwaltg@adv-boeblingen.de
Leiter(in): OStD Rainer Kurz
Stellvertretende Leiterin: StD'in Ingrun Brah

● T 1 355

Fakultätentag Informatik
c/o Universität Rostock, Fachbereich Informatik
Albert-Einstein-Str. 21, 18059 Rostock
T: (0381) 4 98-3400   **Fax:** 4 98-3399
Internet: http://www.ft-informatik.de
E-Mail: hantzschmann@informatik.uni-rostock.de
Vorsitzende(r): Prof. Dr. Karl Hantzschmann

● T 1 356

Informatik-Verbund-Stuttgart (IVS)
Pfaffenwaldring 47, 70569 Stuttgart
T: (0711) 6 85-7292, 6 85-7301   **Fax:** 6 85-7302
Internet: http://www.informatik.uni-stuttgart.de/is/ivs.html
E-Mail: ivs@informatik.uni-stuttgart.de
Gründung: 1987 (28. Oktober)
Vorstand: Prof. Dr.-Ing. B. Mitschang (Sprecher)
Prof. Dr.-Ing. habil. E. Roos
Prof. Dr.-Ing. Dr. h.c. P. Göhner
Ltg. der Geschäftsstelle: Dipl.-Ing. Th. Strobel
Mitglieder: 27 Institute und Teilinstitute
Mitarbeiter: 1

● T 1 357

FZI Forschungszentrum Informatik
Haid-und-Neu-Str. 10-14, 76131 Karlsruhe
T: (0721) 96 54-0   **Fax:** 96 54-9 39
Internet: http://www.fzi.de
E-Mail: fzi@fzi.de
Gründung: 1985 (01. Januar)
Vorstand: Prof. Dr. P. Lockemann
Prof. Dr.-Ing. K. Müller-Glaser
Prof. Dr.rer.nat. Stücky
Geschäftsführer(in): Dipl.-Wirtsch.-Ing. Michael Flor
Leitung Presseabteilung: Ulrike Strauss
Mitarbeiter: 100

● T 1 358

Forum InformatikerInnen für Frieden und Gesellschaftliche Verantwortung e.V. (FIFF)
Goetheplatz 4, 28203 Bremen
T: (0421) 33 65 92-55   **Fax:** 33 65 92-56
Internet: http://www.fiff.de
E-Mail: fiff@fiff.de
Gründung: 1984
Vorsitzende(r): Prof. Dr. Reinhard Keil-Slawik
Stellvertretende(r) Vorsitzende(r): Ute Bernhardt
Vorstand: Peter Bittner
Dagmar Boedicker
Prof. Dr. Leonie Dreschler-Fischer
Eva Hornecker
Werner Hülsmann
Ingo Ruhmann
Prof. Dr. Britta Schinzel
Ralf E. Streibl
Verbandszeitschrift: FIFF - Kommunikation
Redaktion: Verlag
Verlag: FIfF e.V., Goetheplatz 4, 28203 Bremen
Mitglieder: 920
Mitarbeiter: 1

● T 1 359

Deutsche Gesellschaft für Säugetierkunde e.V. (Sitz Berlin)
c/o Institut für Haustierkunde
Christian-Albrechts-Universität Kiel
Olshausenstr. 40-60, 24118 Kiel
T: (0431) 8 80 45 07   **Fax:** 8 80 13 89
Internet: http://www.biologie.uni-osnabrueck.de/etholdid/dgs/index.html

E-Mail: ghartl@ifh.uni-kiel.de
Geschäftsführer(in): Prof. Dr. Günther B. Hartl
Verbandszeitschrift: Mammalian Biology
Redaktion: Prof. Dr. D. Kruska, Institut für Haustierkunde, Kiel
Mitglieder: 600

Förderung der Erforschung und des Schutzes der Säugetiere.

● T 1 360

Schiffbautechnische Gesellschaft e.V.
Lämmersieth 72, 22305 Hamburg
T: (040) 6 90 49 10   **Fax:** 6 90 03 41
Internet: http://www.stg-online.de
E-Mail: stg-schiffbau@t-online.de
Gründung: 1899 (23.Mai)
Vorsitzende(r): Prof. Dr.mult. E. Lehmann
Geschäftsführer(in): Dipl.-Ing. H. Schmidt
Verbandszeitschrift: Organ:"Schiff u. Hafen"; Jahrbuch
Verlag: Seehafen Verlag, Hamburg; Springer Verlag, Berlin
Mitglieder: 1700
Mitarbeiter: 4

● T 1 361

DVS - Deutscher Verband für Schweißen und verwandte Verfahren e.V.
Postfach 10 19 65, 40010 Düsseldorf
Aachener Str. 172, 40223 Düsseldorf
T: (0211) 15 91-0   **Fax:** 15 91-2 00
Internet: http://www.dvs-ev.de
E-Mail: verwaltung@dvs-hg.de
Internationaler Zusammenschluß: siehe unter izg 58
Präsident(in): Dr. Adolf Gärtner, Ratingen
Hauptgeschäftsführer(in): Prof. Dr.-Ing. Detlef von Hofe
Mitglieder: 21000
Bezirksverbände: 93
Landesverbände: 14
Ausbildungsstätten: 545

● T 1 362

Schweisstechnische Lehr- und Versuchsanstalt Fellbach gemeinn. GmbH (SLV)
Stuttgarter Str. 86, 70736 Fellbach
T: (0711) 5 75 44-0   **Fax:** 5 75 44-33
Internet: http://www.slv-fellbach.de
E-Mail: slv-fellbach@t-online.de
Gründung: 1978 (01. Januar)
Leiter(in): Dipl.-Ing. H. Roth
Mitarbeiter: 25

● T 1 363

Naturhistorischer Verein der Rheinlande und Westfalens e.V. (NHV)
Postfach 24 60, 53014 Bonn
Nußallee 15a, 53115 Bonn
T: (0228) 73 55 25   **Fax:** 69 23 77
Internet: http://www.uni-bonn.de/nhv
E-Mail: nhv@uni-bonn.de
1. Vorsitzende(r): Prof. Dr. W. Schumacher, Bonn
2. Vorsitzende(r): Dr. U. Wasner, Dülmen
Schatzmeister: Dr. Th. Schönert, Bonn
1. GeschF: Dr. G. Matzke-Hajek, Bonn
2. GeschF: Dr. B. M. Möseler, Bonn

● T 1 364

Senckenbergische Naturforschende Gesellschaft (Naturmuseum und Forschungsinstitut)
Senckenberganlage 25, 60325 Frankfurt
T: (069) 75 42-0   **Fax:** 74 62 38
Gründung: 1817
Direktor(in): Prof. Dr. Fritz F. Steininger
Leitung Presseabteilung: Dr. Peter Königshof
Verlag: Eigenverlag
Mitgliederzeitschrift: Natur und Museum

● T 1 365

Rheinische Naturforschende Gesellschaft e.V.
c/o Naturhistorisches Museum Mainz
Reichklarastr. 10, 55116 Mainz
T: (06131) 12 26 47
1. Vorsitzende(r): Prof. Dr. D. E. Berg (Joh. Gutenberg-Universität Mainz)
Stellvertretende(r) Vorsitzende(r): Prof. Dr. A. Siegert (Universität Mainz)

Dr. U. Schmidt (Naturhistor. Museum Mainz)
Verbandszeitschrift: Mitteilungen der RNG
Verlag: Naturhistor. Museum Mainz, Reichklarastr. 10, 55116 Mainz
Mitglieder: ca. 330

● T 1 366

Naturforschende Gesellschaft Freiburg im Breisgau
c/o Geologisches Institut der Universität
Albertstr. 23B, 79104 Freiburg
T: (0761) 2 03-64 84   **Fax:** 2 03-64 83
Gründung: 1821
Präsident(in): Prof. Dr. R. Mäckel
Kassenführerin: Dr. Ursula Leppig
Bibliothekar: Dr. H. Kowark
Dr. F. Reimers
Verbandszeitschrift: Berichte der Naturforschenden Gesellschaft Freiburg i. Br.
Verlag: Selbstverlag
Mitglieder: ca. 300

● T 1 367

Naturwissenschaftlicher Verein in Hamburg
Martin-Luther-King-Platz 3, 20146 Hamburg
T: (040) 4 28 38 56 35   **Fax:** 41 23-39 37
Gründung: 1837 (18. November)
Vorsitzende(r): Prof. Dr. N. Peters
Stellvertretende(r) Vorsitzende(r): Prof. Dr. L. Kies (Sassenburger Weg 16a, 22147 Hamburg)
Verbandszeitschrift: Verhandlungen des naturwissenschaftl. Vereins in Hamburg
Abhandlungen des naturwissenschaftl. Vereins in Hamburg
Redaktion: Prof. Dr. Otto Kraus
Verlag: Goecke & Evers, Sportplatzweg 5, 75210 Keltern-Weiler
Mitglieder: 480
Mitarbeiter: 6 (ehrenamtl.)

● T 1 368

Naturwissenschaftlicher Verein zu Bremen
c/o Übersee-Museum
Bahnhofsplatz 13, 28195 Bremen
T: (0421) 21 47 00   **Fax:** 3 61-9291
Präsident(in): Heinrich Kuhbier (Vors.)
Vizepräsident(in): Dr. Hans-Konrad Nettmann (Stellv. Vors.)
Hauptgeschäftsführer(in): Dr. Maike Isermann
Verbandszeitschrift: Abhandlungen des Naturwissenschaftlichen Vereins
Redaktion: Dipl.-Biol. D. Metzing
Verlag: Eigenverlag

● T 1 369

Arbeitskreis für die Nutzbarmachung von Siedlungsabfällen e.V. (ANS)
Beethovenstr. 51a, 38106 Braunschweig
T: (0531) 3 91-3967   **Fax:** 3 91-4584
Internet: http://www.ans-ev.de
E-Mail: info@ans-ev.de
Gründung: 1966
Vorstand:
Vorsitzende(r): Prof. Dr.-Ing. Klaus Fricke (Leichtweiß-Institut der Technischen Universität Braunschweig, Beethovenstr. 51a, 38106 Braunschweig)
1. Stellvertretende(r) Vorsitzende(r): Dr. Rainer Wallmann (IGW, Ingenieurgemeinschaft Witzenhausen, Fricke & Turk GmbH, Bischhäuser Aue 12, 37213 Witzenhausen)
2. Stellvertretende(r) Vorsitzende(r): Dipl.-Ing. Martin Burth (BSR-Berlin, Stadtreinigungsbetriebe, Geschäftseinheit Logistik/ALD, Ringbahnstr. 96, 12103 Berlin)
Vorstandsmitglied(er): Hartlieb Euler (TBW GmbH, Baumweg 10, 60316 Frankfurt am Main)
Dipl.-Geogr. Hermann Otto Hangen (AWB, Landkreis Bad-Kreuznach-Eigenbetrieb, Salinenstr. 47, 55543 Bad Kreuznach)
Dr. Rudolf Mach (Umweltbundesamt, Postf. 33 00 22, 14191 Berlin)
Dipl.-Ing. Georg Kosak (RPS Altvater GmbH & Co., In der Nauroth 2, 67158 Ellerstadt)
Prof. Gerhard Rettenberger (Ingenieurgruppe RUK, Auf dem Haigst 21, 70597 Stuttgart)
Ehrenvorsitzende(r): Anne Lösche (Mühlenbergweg 47, 40628 Düsseldorf)
Mitglieder: 300
Mitarbeiter: 1

● T 1 370

Gesellschaft für Sicherheitswissenschaft (GfS)
Geschäftsstelle
51101 Köln
Am Grauen Stein, 51105 Köln
T: (0221) 8 06-1334   **Fax:** 8 06-1357
Internet: http://www.gfs-aktuell.de
Gründung: 1978 (Febr.)
Vorstand:
Präsident(in): Prof. Dr.-Ing. Siegfried Radandt (Geschäftsf. Forschungsgesellschaft für angewandte Systemsicherheit und Arbeitsmedizin e.V. (FSA))

T 1 370

Vizepräsident(in): Dr.rer.nat. Hans-Peter Musahl (Gerhard-Mercator-Universität - Gesamthochschule Duisburg Fachbereich 2 - Psychologie, Bismarckstr. 90, 47048 Duisburg, T: (0203) 3 79-25 43, -25 48, Telefax: (0203) 3 79-25 54)
Geschäftsführer(in): Dr. Christoph Heger (TÜV Rheinland Holding AG)
Stellvertretende(r) Geschäftsführer(in): Monika Feller (M.A., Fa. Mediendesign)
Schatzmeister: Dipl.-Ing. Christoph-Johannes Kirchner (Dezernent für Kommunikation und Koordination, BGN Berufsgenossenschaft Nahrungsmittel und Gaststätten, Geschäftsbereich Prävention)
Weitere Vorst.-Mitglieder: Dr. phil. Adolf Staffe, Leverkusen
Dr.-Ing. Rainer Wittenbecher (Deutsche Lufthansa AG, Arbeitsschutz (Lufthansawerft), 22313 Hamburg, T: (040) 50 70-27 51, -27 52, Telefax: (040) 50 70-37 94)
Lothar Wormuth (Gerhard-Mercator-Universität-Duisburg)
Mitglieder: ca. 250

● **T 1 371**
Wissenschaftliches Forum für Internationale Sicherheit e.V. (WIFIS)
Blomkamp 61, 22549 Hamburg
T: (040) 8 00 54 16 **Fax:** 8 00 56 88
Gründung: 1991 (1. April)
1. Vorsitzende(r): Prof. Dr. Eckardt Opitz
2. Vorsitzende(r): Dr. Gerhard
Geschäftsführer(in): Dr. Krech

● **T 1 372**
Deutsche Gesellschaft für Sonnenenergie e.V. (DGS)
Deutsche Sektion der International Solar Energy Society (ISES)
Augustenstr. 79, 80333 München
T: (089) 52 40 71 **Fax:** 52 16 68
Internet: http://www.dgs-solar.org
E-Mail: info@dgs-solar.org
Gründung: 1975 (Oktober)
Internationaler Zusammenschluß: siehe unter izl 130
Präsident(in): Prof. Dr. Sigrid Jannsen (Schubertstr. 20, 79104 Freiburg)
1. Vizepräsident(in): Dr. Uwe Hartmann (Mauschbacher Steig 12, 13437 Berlin)
2. Vizepräsident(in): Dr. Konrad Schreitmüller (Ostpreussenweg 10, 31840 Hessisch Oldendorf)
Schatzmeister: Horst Rödiger (Langestr. 16, 06255 Schafstädt)
Schriftführer(in): Hartmut Will (Orthstr. 44, 81245 München)
Geschäftsführer(in): Ludwig Klehr
Verbandszeitschrift: SONNENENERGIE (zweimonatlich erscheinend)
Redaktion: Joachim Berner
Verlag: Solar Promotion GmbH, Augustenstr. 79, 80333 München
Mitglieder: 4000
Mitarbeiter: 3

● **T 1 373**
Zentrum für Sonnenenergie- und Wasserstoff-Forschung Baden-Württemberg (ZSW)
Heßbrühlstr. 21c, 70565 Stuttgart
T: (0711) 78 70-0 **Fax:** 78 70-1 00
Internet: http://www.zsw-bw.de
Gründung: 1988
Geschäftsf. Vorst.: Dr.rer.nat. Thomas Schott
Verbandszeitschrift: Jahresbericht
Redaktion: Frietsch
Mitarbeiter: 115
Jahresetat: DM 25 Mio, € 12,78 Mio

● **T 1 374**
Deutscher Wasserstoff-Verband e.V. (DWV)
Unter den Eichen 87, 12205 Berlin
T: (0700) 49 37 68 35 **Fax:** 49 37 63 29
Internet: http://www.dwv-info.de
E-Mail: h2@dwv-info.de
Gründung: 1996 (12. Juni)
Vorstand: Dr. Rolf Ewald (Vors.)
Dr. Ulrich Schmidtchen (Sekretär)
Eberhard Behrend (Schatzmeister)
Dr. Oliver Weinmann (Beisitzer)
Reinhold Wurster (Beisitzer)
Verbandszeitschrift: Wasserstoff-Spiegel
Mitglieder: 147 dav. 29 Firmen, 118 natürliche Personen

● **T 1 375**
Arbeitsgemeinschaft Solartechnik Bergstrasse e.V. (AGSB)
Geschäftsstelle
Lindenfelser Str. 7, 64678 Lindenfels
T: (06254) 95 99 72 **Fax:** 95 99 71
Gründung: 1978 (November)
Vorsitzende(r): Dipl.-Ing. (FH) Peter Tampe
Mitglieder: 150

● **T 1 376**
Stuttgart SOLAR e.V.
Rotebühlstr. 86a, 70178 Stuttgart
T: (0711) 6 40 09 07 **Fax:** 6 40 64 38
Internet: http://www.stuttgart-solar.de
E-Mail: info@stuttgart-solar.de
Gründung: 1989 (6. Juni)
Vorsitzende(r): Dipl.-Ing. Holger Grimrath (Ltg. Presseabt., T: (0711) 65 16 87, Telefax: (0711) 6 57 20 90)
Stellvertretende(r) Vorsitzende(r): Dieter Gudjons
Geschäftsführer(in): Dipl.-Ing. Elektrotech. (FH) Jörg Bammert
Verbandszeitschrift: solar+, solar+intern, SolarCalender
Verlag: Eigenverlag
Mitglieder: 300
Mitarbeiter: 1
Jahresetat: DM 0,2 Mio, € 0,1 Mio

● **T 1 377**
Bundesverband Solarmobil e.V.
Reifenberg 85, 91365 Weilersbach
T: (09194) 89 00 **Fax:** 42 62
E-Mail: solarmobil@t-online.de
Gründung: 1989
1. Vorsitzende(r): Roland Reichel
2. Vorsitzender: Thomic Ruschmeyer
Verbandszeitschrift: Solarmobil Mitteilungen
Redaktion: Roland Reichel
Mitglieder: 52

● **T 1 378**
Institut für Solare Energieversorgungstechnik e.V. (ISET)
Königstor 59, 34119 Kassel
T: (0561) 72 94-0 **Fax:** 72 94-1 00
Internet: http://www.iset.uni-kassel.de
E-Mail: mbox@iset.uni-kassel.de
Gründung: 1988 (11. Februar)
Prof. Dr.-Ing. Jürgen Schmid
Dr.rer.nat. Oliver Führer
Mitglieder: 13 (u.a. Vertretungen aus den Hess. Ministerien für Wissenschaft u. Kunst; Wirtschaft u. Technik)
Mitarbeiter: 70
Jahresetat: DM 14,1 Mio, € 7,21 Mio

Fachverband

t 1 379
ForschungsVerbund Sonnenenergie
c/o Hahn-Meitner-Institut Berlin
Kekuléstr. 5, 12489 Berlin
T: (030) 67 05-3338 **Fax:** 67 05-3333
Internet: http://www.fv-sonnenenergie.de
E-Mail: fvs@hmi.de
Gründung: 1990
Sprecher: Dr. Thomas Schott
Geschäftsführer(in): Dr. Gerd Stadermann
Mitglieder: 8 (4 Forschungszentren, 1 Fraunhofer-Institut, 3 Solarenergieforschungsinstitute)

● **T 1 380**
Fördergesellschaft Windenergie e.V. (FGW)
Federation of German Windpower
Weidestr. 126, 22083 Hamburg
T: (040) 27 80 91-82 **Fax:** 27 80 91-76
Internet: http://www.wind-fgw.de
E-Mail: fgw-hh@t-online.de
Gründung: 1985
Geschäftsführer(in): Detlef Matthiessen
Mitglieder: z. Z. 85

● **T 1 381**
Gesellschaft zur Förderung der Spektrochemie und angewandten Spektroskopie e.V.
Bunsen-Kirchhoff-Str. 11, 44139 Dortmund
T: (0231) 13 92-0 **Fax:** 1 39 21 20
Internet: http://www.isas-dortmund.de
E-Mail: infomaster@isas-dortmund.de
Gründung: 1952
Vorstand: Prof. Dr. H. Hartig (Emingstr. 50, 46284 Dorsten (Vors.))
Vorstand: Prof. Dr. K. H. Koch (Auf dem Mühlenhofe 40, 44267 Dortmund, Rektor der Universität Dortmund)
Mitglieder: 46
Mitarbeiter: 153

● **T 1 382**
Institut für Spektrochemie und Angewandte Spektroskopie (ISAS)
Bunsen-Kirchhoff-Str. 11, 44139 Dortmund
T: (0231) 13 92-0 **Fax:** 1 39 21 20
Internet: http://www.isas-dortmund.de
E-Mail: postmaster@isas-dortmund.de
Gründung: 1952

Direktor(in): Prof. Dr. Kay Niemax
Mitglieder: 49
Mitarbeiter: 153

Institutsteil Berlin

t 1 383
ISAS Institutsteil Berlin
Albert-Einstein-Str. 9, 12489 Berlin
T: (030) 63 92 35 30 **Fax:** 63 92 35 44
Internet: http://berlin.isas-dortmund.de
E-Mail: info@isas-berlin.de

● **T 1 384**
Deutscher Ausschuß für Stahlbau (DASt)
Postfach 10 51 45, 40042 Düsseldorf
Sohnstr. 65, 40237 Düsseldorf
T: (0211) 6 70 78-00 **Fax:** 6 70 78-20
Internet: http://www.deutscherstahlbau.de/dast/documents/dast_frame.html
Gründung: 1908
Vorsitzende(r): Prof. Dr.-Ing. Horst Bossenmayer (Präsident des Deutschen Instituts für Bautechnik DIBt, Kolonnenstr. 30, 10829 Berlin)
Geschäftsführer(in): Dipl.-Ing. Volker Hüller
Mitglieder: 28

● **T 1 385**
Studiengesellschaft für Stahlschutzplanken e.V.
Spandauer Str. 25, 57072 Siegen
T: (0271) 5 30 39 **Fax:** 5 67 69
E-Mail: ivs-siegen@t-online.de
Vorsitzende(r): Manfred Bongard (c/o Bongard GmbH & Co. KG, Nentershausen)
Geschäftsführer(in): Dipl.-Ing. Volker Goergen

● **T 1 386**

Steinbeis-Stiftung für Wirtschaftsförderung
Haus der Wirtschaft
Postf. 10 43 62, 70038 Stuttgart
Willi-Bleicher-Str. 19, 70174 Stuttgart
T: (0711) 18 39-5 **Fax:** 2 26 10 76
Internet: http://www.stw.de
E-Mail: stw@stw.de
Vorsitzende(r) des Vorstandes: Prof. Dr. Johann Löhn (Regierungsbeauftragter für Technologietransfer)
Vorstand: Josef Pfeffer

Steinbeis-Transferzentren

t 1 387
Steinbeis-Transferzentrum Angewandtes Management
73428 Aalen
Heinrich-Rieger-Str. 22 /1, 73430 Aalen
T: (07361) 94 30 20 **Fax:** 94 30 22
Internet: http://www.stw.de/stz/217.htm
E-Mail: stz217@stw.de
Leiter(in): Prof. Dr. Ulrich Holzbaur

t 1 388
Steinbeis-Transferzentrum Arbeitsgemeinschaft Metallguß an der Fachhochschule Aalen
Gartenstr. 131, 73430 Aalen
T: (07361) 92 74-0 **Fax:** 92 74 99
Internet: http://www.stw.de/stz/41.htm
E-Mail: stz41@stw.de
Leiter(in): Prof. Dr. Friedrich Klein

t 1 389
Steinbeis-Transferzentrum Institut für Augenoptik
Gartenstr. 133, 73430 Aalen
T: (07361) 56 01 60 **Fax:** 56 01 69
Internet: http://www.stw.de/stz/42.htm
E-Mail: stz42@stw.de
Leiter(in): Prof. Dr. Bernd Lingelbach

t 1 390
Steinbeis-Transferzentrum
Kunststofftechnik
Beethovenstr. 1, 73430 Aalen
T: (07361) 5 76-260   **Fax:** 5 76-270
Internet: http://www.stw.de/stz/16.htm
E-Mail: stz16@stw.de
Leiter(in): Prof. Dipl.-Ing. Peter Wippenbeck

t 1 391
Steinbeis-Transferzentrum
Oberflächentechnik und Umwelttechnik
Gemsweg 15, 73434 Aalen
T: (07361) 4 42 08   **Fax:** 4 42 65
Internet: http://www.stw.de/stz/81.htm
E-Mail: stz81@stw.de
Leiter(in): Prof. Dr.-Ing. Karl-Helmut Tostmann

t 1 392
Steinbeis-Transferzentrum
Technische Beratung an der Fachhochschule Aalen
Beethovenstr. 1, 73430 Aalen
T: (07361) 5 76-143   **Fax:** 94 30 04
Internet: http://www.stw.de/stz/21.htm
E-Mail: stz21@stw.de
Leiter(in): Prof. Dr.-Ing. Günter Dittmar

t 1 393
Steinbeis-Transferzentrum
Prüfinstitut für Bodensysteme
Beethovenstr. 1, 73430 Aalen
T: (07361) 5 76-229   **Fax:** 5 76-300
Internet: http://www.stw.de/stz/386.htm
E-Mail: stz386@stw.de
Leiter(in): Dipl.-Ing. (FH) Peter Strobel

t 1 394
Steinbeis-Transferzentrum
Polymer Engineering (PETZ)
Kantstr. 1, 73431 Aalen
T: (07361) 93 19 97   **Fax:** 50 06 00
Internet: http://www.stw.de/stz/466.htm
E-Mail: stz466@stw.de
Leiter(in): Prof. Dr. Achim Frick

t 1 395
Steinbeis-Transferzentrum
Metallische Werkstoffe und Bauweisen
Beethovenstr. 1, 73430 Aalen
T: (07361) 5 76-178   **Fax:** 5 76-250
Internet: http://www.stw.de/stz/474.htm
E-Mail: stz474@stw.de
Leiter(in): Prof. Dr. Burckhard Heine

t 1 396
Steinbeis-Transferzentrum
Materials Engineering
Beethovenstr. 1, 73430 Aalen
T: (07361) 5 76-113   **Fax:** 5 76-250
Internet: http://www.stw.de/stz/476.htm
E-Mail: stz476@stw.de
Leiter(in): Prof. Dr. Gerhard Schneider
Dr. Alwin Nagel

t 1 397
Steinbeis-Transferzentrum
Bildverarbeitung und Angewandte Informatik
St.-Johann-Str. 11, 73430 Aalen
T: (07361) 55 55 20   **Fax:** 55 50 21
Internet: http://www.stw.de/stz/530.htm
E-Mail: stz530@stw.de
Leiter(in): Prof. Dr. Ulrich Klauck

t 1 398
Steinbeis-Transferzentrum
Korrosion und Korrosionsschutz
Jakobstr. 1, 72458 Albstadt
T: (07541) 4 43 14   **Fax:** 4 43 14
Internet: http://www.stw.de/stz/312.htm
E-Mail: stz312@stw.de
Leiter(in): Prof. Dr.-Ing. Reinhold Holbein

t 1 399
Steinbeis-Transferzentrum
Technische Beratung an der Fachhochschule Sigmaringen
Poststr. 6, 72458 Albstadt
T: (07431) 5 79-0, 5 79-221   **Fax:** 5 84 48
Internet: http://www.stw.de/stz/33.htm
E-Mail: stz33@stw.de
Leiter(in): Prof. Dipl.-Ing. Dieter Kluge

t 1 400
Steinbeis-Transferzentrum
Textil- und Bekleidungstechnik
Poststr. 6, 72458 Albstadt
T: (07431) 5 79-221   **Fax:** 5 84 48
Internet: http://www.stw.de/stz/52.htm
E-Mail: stz52@stw.de
Leiter(in): Prof. Dipl.-Ing. Dieter Liekweg

t 1 401
Steinbeis-Transferzentrum
Qualitätsmanagement in der Lebensmittelindustrie
Öhmdwiesenweg 6, 78476 Allensbach
T: (07533) 9 71 97   **Fax:** 9 71 98
Internet: http://www.stw.de/stz/487.htm
E-Mail: stz487@stw.de
Leiter(in): Prof. Dr. Reinhard Kimmich

t 1 402
Steinbeis-Transferzentrum
Emissionsrechtehandel und Klimaschutz
Burgauer Str. 44, 86156 Augsburg
T: (0171) 7 55 74-80   **Fax:** (069) 7 91 26 18 13
Internet: http://www.stw.de/stz/563.htm
E-Mail: stz563@stw.de
Leiter(in): Tobias Koch

t 1 403
Steinbeis-Transferzentrum
Organisation und Produktion
Auf dem Hagenbach 43, 71522 Backnang
T: (07191) 8 81 19   **Fax:** 8 81 26
Internet: http://www.stw.de/stz/293.htm
E-Mail: stz293@stw.de
Leiter(in): Prof. Dr.-Ing. Wolfgang Schwalbe

t 1 404
Steinbeis-Transferzentrum
Aktorik und moderne
Prozeßvisualisierung
Willmannstr. 26, 78073 Bad Dürrheim
T: (07726) 67 39   **Fax:** 14 16
Internet: http://www.stw.de/stz/219.htm
E-Mail: stz219@stw.de
Leiter(in): Prof. Dr.-Ing. Falk-Dietmar Küstermann

t 1 405
Steinbeis-Transferzentrum
Maschinenbau
Königsberger Str. 10, 78073 Bad Dürrheim
T: (07726) 44 42   **Fax:** (07720) 3 07-207
Internet: http://www.stw.de/stz/164.htm
E-Mail: stz164@stw.de
Leiter(in): Prof. Dr.-Ing. Jürgen Kubisch

t 1 406
Steinbeis-Transferzentrum
Unternehmensführung, Marketing und Gesundheitsökonomie
Johanniterhof 7, 97980 Bad Mergentheim
T: (07129) 6 02 40   **Fax:** 50 36
Internet: http://www.stw.de/stz/266.htm
E-Mail: stz266@stw.de
Leiter(in): Prof. Dr. Ditmar Hilpert

t 1 407
Steinbeis-Transferzentrum
Management Consulting
Adolf-Menzel-Str. 10, 31162 Bad Salzdetfurth
T: (05063) 5 66-0   **Fax:** 5 66-2
Internet: http://www.stw.de/stz/521.htm
E-Mail: stz521@stw.de
Leiter(in): Prof. Dr. Günter Buchholz

t 1 408
Steinbeis-Transferzentrum
Markt und Kommunikation
Stephanienstr. 7, 76530 Baden-Baden
T: (07221) 3 37 17   **Fax:** 3 37 18
Internet: http://www.stw.de/stz/446.htm
E-Mail: stz446@stw.de
Leiter(in): Dipl.-Wirt.-Ing. Stefan Gaier
Dipl.-Wirt.-Ing. (FH) Georg Villinger

t 1 409
Steinbeis-Transferzentrum
Wissensmanagement
Keltenweg 60, 76532 Baden-Baden
T: (07221) 1 78 22   **Fax:** 1 78 24
Internet: http://www.stw.de/stz/461.htm
E-Mail: stz461@stw.de
Leiter(in): Dipl.-Betriebswirt (FH) Thomas Veith

t 1 410
Steinbeis-Transferzentrum
Angewandte Thermodynamik, Energie- und Verbrennung
Elbering 15, 95445 Bayreuth
T: (0921) 55 71 60
Internet: http://www.stw.de/stz/311.htm
E-Mail: stz311@stw.de
Leiter(in): Prof. Dr.-Ing. Dieter Brüggemann

t 1 411
Steinbeis-Transferzentrum
Design und Produktentwicklung
Untere Ortsstr. 31, 64743 Beerfelden
T: (06068) 91 26 21   **Fax:** 91 26 20
Internet: http://www.stw.de/stz/324.htm
E-Mail: stz324@stw.de
Leiter(in): Dipl.-Ing. Arch./Design Ulrich Thierling

t 1 412
Steinbeis-Transferzentrum
Medien, Marketing, Marktforschung
Oberer Sonnenberg 32, 88368 Bergatreute
T: (0751) 8 06-2790   **Fax:** 8 06-2798
Internet: http://www.stw.de/stz/172.htm
E-Mail: stz172@stw.de
Leiter(in): Prof. Dr. Josef-P. Benzinger

t 1 413
Max-Biedermann-Institut - Berlin
Gürtelstr. 29a /30, 10247 Berlin
T: (0711) 18 39-789   **Fax:** 2 26 10 76
Internet: http://www.stw.de/stz/338.htm
E-Mail: stz338@stw.de
Leiter(in): Prof. Dr. Johann Löhn

t 1 414
Steinbeis-Hochschule Berlin
Gürtelstr. 29a /30, 10247 Berlin
T: (030) 29 33 09-0   **Fax:** 29 33 09-20
Internet: http://www.stw.de/stz/403.htm
E-Mail: stz403@stw.de
Leiter(in): Prof. Dr. Johann Löhn (Präsident)
Dr. Michael Auer

t 1 415
Steinbeis-Transferzentrum
Technische Beratung und Technologiemarketing
Treskowallee 8, 10318 Berlin
T: (030) 50 19-2283   **Fax:** 50 19-2477
Internet: http://www.stw.de/stz/268.htm
E-Mail: stz268@stw.de
Leiter(in): Dipl.-Kfm. Ansgar Keller

t 1 416
Steinbeis-Transferzentrum
Umwelt und Wirtschaft
Josef-Orlopp-Str. 54, 10365 Berlin
T: (030) 55 68 88-20   **Fax:** 55 68 88-21
Internet: http://www.stw.de/stz/231.htm
E-Mail: stz231@stw.de
Leiter(in): Prof. Dr.sc.nat. Wolfgang Lausch

t 1 417
Steinbeis-Transferzentrum
Projekt- und Umweltmanagement
Voltastr. 5, 13355 Berlin
T: (030) 47 51 18 16   **Fax:** 47 51 18 12
Internet: http://www.stw.de/stz/388.htm
E-Mail: stz388@stw.de
Leiter(in): Dipl.-Biol. Brigitte Wiedemann

t 1 418
Steinbeis-Transfer-Institut
Business and Engineering an der Steinbeis-Hochschule Berlin
Gürtelstr. 29a /30, 10247 Berlin
T: (030) 29 33 09-0   **Fax:** 29 33 09-20
Internet: http://www.stw.de/stz/404.htm

t 1 418

E-Mail: stz404@stw.de
Leiter(in): Dipl.-Ing. (BA), Dipl.-Exportwirt Walter Beck
Dipl.-Ing. (FH) Rainer Gehrung

t 1 419

Steinbeis-Transfer-Institut
Business Administration in Media Management
Gürtelstr. 29a /30, 10247 Berlin
T: (07032) 94 58-20   **Fax:** 94 58-58
Internet: http://www.stw.de/stz/405.htm
E-Mail: stz405@stw.de
Leiter(in): Dipl.-Betriebswirt (BA) Carsten Rasner

t 1 420

Steinbeis-Transfer-Institut
Business Administration in Entrepreuneurial Management
Gürtelstr. 29a /30, 10247 Berlin
T: (030) 29 33 09-0   **Fax:** 29 33 09-20
Internet: http://www.stw.de/stz/406.htm
E-Mail: stz406@stw.de
Leiter(in): Dipl.-Ing. (BA), Dipl.-Exportwirt Walter Beck
Dipl.-Ing. (FH) Rainer Gehrung

t 1 421

Steinbeis-Transfer-Institut
Business Administration and Internat. Entrepreneurship
Gürtelstr. 29a /30, 10247 Berlin
T: (07032) 94 58-0   **Fax:** 94 58-58
Internet: http://www.stw.de/stz/407.htm
E-Mail: stz407@stw.de
Leiter(in): Prof. Dr. Werner Gesa Faix

t 1 422

Steinbeis-Transfer-Institut
Management und Innovation
Gürtelstr. 29a /30, 10247 Berlin
T: (030) 29 33 09-0   **Fax:** 29 33 09-20
Internet: http://www.stw.de/stz/409.htm
E-Mail: stz409@stw.de
Leiter(in): Dipl.-Ing. (FH) Jürgen G. Kerner
Dipl.-Ing. (FH) Bernd Kentner

t 1 423

Steinbeis-Transferzentrum
Umweltbewußtes Bauen und Baustoffe an der Berufsakademie Berlin
Neue Bahnhofstr. 11-17, 10245 Berlin
T: (030) 2 93 84-522   **Fax:** 2 93 84-5
Internet: http://www.stw.de/stz/522.htm
E-Mail: stz522@stw.de
Leiter(in): Prof. Dr.-Ing. habil Hans-Volker Huth

t 1 424

Steinbeis-Transfer-Institut
Systemische Qualifizierung Steinbeis-Hochschule Berlin
Gürtelstr. 29a /30, 10247 Berlin
T: (030) 29 33 09-0   **Fax:** 29 33 09-20
Internet: http://www.stw.de/stz/569.htm
E-Mail: stz569@stw.de
Leiter(in): Dipl.-Soz.Päd. (BA) Patricia Kuppinger-Beck
Dipl.-Ing. (BA), Dipl.-Exportwirt Walter Beck

t 1 425

Steinbeis-Transferzentrum
Wirtschaftsinformatik
Strenzfelder Allee 28, 06406 Bernburg
T: (03471) 35 54 43   **Fax:** 35 54 46
Internet: http://www.stw.de/stz/204.htm
E-Mail: stz204@stw.de
Leiter(in): Prof. Dr. Dipl.-Math. Peter Kaufmann
Prof. Dr. Rainer Schlegel

t 1 426

Steinbeis-Transferzentrum
Bauwirtschaft
Karpfengasse 11, 88400 Biberach
T: (07351) 91 68   **Fax:** 7 35 17
Internet: http://www.stw.de/stz/57.htm
E-Mail: stz57@stw.de
Leiter(in): Prof. Eckhard Klett

t 1 427

Steinbeis-Transferzentrum
Computergestützte Simulation
Schulstr. 54, 73266 Bissingen
T: (0711) 3 97-3826   **Fax:** 3 97-3839

Internet: http://www.stw.de/stz/51.htm
E-Mail: stz51@stw.de
Leiter(in): Prof. Dr.-Ing. Erich Theuer

t 1 428

Steinbeis-Transferzentrum
Pharmatechnik
Niemegker Str. 20, 06749 Bitterfeld
T: (0171) 6 93-7979   **Fax:** (07566) 91 00 19
Internet: http://www.stw.de/stz/245.htm
E-Mail: stz245@stw.de
Leiter(in): Prof. Ronald Ziegler

t 1 429

Steinbeis-Transferzentrum
Öffentliche Verwaltung
Beethovenstr. 12, 71032 Böblingen
T: (07031) 23 01 30   **Fax:** 23 01 31
Internet: http://www.stw.de/stz/380.htm
E-Mail: stz380@stw.de
Leiter(in): Bertram Räder

t 1 430

Steinbeis-Transferzentrum
für Kommunikation und Wirtschaftsmediation
Otto-Lilienthal-Str. 36, 71034 Böblingen
T: (0711) 25 19 92   **Fax:** 2 56 03 89
Internet: http://www.stw.de/stz/394.htm
E-Mail: stz394@stw.de
Leiter(in): Dipl.-Wirtsch.-Ing. (FH) Thomas Haberbosch
Dr. Clemens Heynen

t 1 431

Steinbeis-Transferzentrum
Technologie- und Unternehmensmanagement
Auf dem Backenberg 13, 44801 Bochum
T: (0234) 9 70 55 01   **Fax:** 9 70 55 02
Internet: http://www.stw.de/stz/473.htm
E-Mail: stz473@stw.de
Leiter(in): Prof. Dr. Dr. Radu Mihalcea

t 1 432

Steinbeis-Transferzentrum
Oberflächentechnik
Kiesselbachstr. 19, 28329 Bremen
T: (0421) 2 44 99 55
Internet: http://www.stw.de/stz/115.htm
E-Mail: stz115@stw.de
Leiter(in): Dipl.-Ing. (FH) Harald Hoffmann

t 1 433

Steinbeis-Transferzentrum
Innovative Systemgestaltung und personale Kompetenzentwicklung - Bremen
Hochschulring 20, 28359 Bremen
T: (0421) 2 18-5594   **Fax:** 2 18-5510
Internet: http://www.stw.de/stz/319.htm
E-Mail: stz319@stw.de
Leiter(in): Prof. Dr.-Ing. Franz-Josef Heeg

t 1 434

Steinbeis-Transferzentrum
Institut für integriertes Design
Flughafenallee 26, 28199 Bremen
T: (0421) 5 25 19-30   **Fax:** 5 25 19-31
Internet: http://www.stw.de/stz/417.htm
E-Mail: stz417@stw.de
Leiter(in): Prof. Dipl.-Des. (FH) Detlef Rahe (MFA)

t 1 435

Steinbeis-Transferzentrum
Kunststoffcenter
Kirchgärten 12, 74626 Bretzfeld
T: (07946) 9 54 57   **Fax:** 9 54 58
Internet: http://www.stw.de/stz/529.htm
E-Mail: stz529@stw.de
Leiter(in): Prof. Dr. August Burr

t 1 436

Steinbeis-Transferzentrum
Technische Beratung und Konversion
Im Technologiedorf 6a, 76646 Bruchsal
T: (07251) 38 62-21   **Fax:** 38 62-11
Internet: http://www.stw.de/stz/185.htm
E-Mail: stz185@stw.de
Leiter(in): Dipl.-Inform. Armin Rupalla

t 1 437

Steinbeis-Transferzentrum
Advanced Engineering Technology Freiburg
Haurihofweg 14, 79256 Buchenbach
T: (07661) 15 93   **Fax:** 15 83
Internet: http://www.stw.de/stz/349.htm
E-Mail: stz349@stw.de
Leiter(in): Prof. Dr.-Ing. Taghi Tawakoli

t 1 438

Steinbeis-Transferzentrum
Antriebs- und Handhabungstechnik im Maschinenbau
Albert-Jentzsch-Str. 75, 09127 Chemnitz
T: (0371) 5 31-22 97   **Fax:** 5 31-22 83
Internet: http://www.stw.de/stz/122.htm
E-Mail: stz122@stw.de
Leiter(in): Prof. Dr. Eberhard Köhler

t 1 439

Steinbeis-Transferzentrum
Energie- und Umwelttechnik
Postf. 63, 09054 Chemnitz
T: (0371) 5 31-2540   **Fax:** 5 31-2349
Internet: http://www.stw.de/stz/340.htm
E-Mail: stz340@stw.de
Leiter(in): Dr.-Ing. Jens Göring
Dr.-Ing. Ulrich Schirmer

t 1 440

Steinbeis-Transferzentrum
Fabrikplanung, -ökologie und automatisierter Fabrikbetrieb
Erfenschlager Str. 73, 09125 Chemnitz
T: (0371) 5 31-0   **Fax:** 5 80 51
Internet: http://www.stw.de/stz/187.htm
E-Mail: stz187@stw.de
Leiter(in): Prof. Dr. Dr.-Ing. Siegfried Wirth

t 1 441

Steinbeis-Transferzentrum
Logische Systeme
Nelkentor 7, 09126 Chemnitz
T: (0371) 5 38 19 28   **Fax:** 5 38 19 29
Internet: http://www.stw.de/stz/158.htm
E-Mail: stz158@stw.de
Leiter(in): Prof. Dr.-Ing. Bernd Steinbach
Prof. Dr.-Ing. Dieter Bochmann

t 1 442

Steinbeis-Transferzentrum
Qualität und Umwelt
Neefestr. 82, 09119 Chemnitz
T: (0371) 30 05 13   **Fax:** 30 03 81
Internet: http://www.stw.de/stz/141.htm
E-Mail: stz141@stw.de
Leiter(in): Dr.-Ing. habil. Rolf Ehnert

t 1 443

Steinbeis-Transferzentrum
Wärme- und Verarbeitungstechnik, Systemanalyse
Am Schösserholz 3, 09127 Chemnitz
T: (0371) 77 25 87   **Fax:** 77 25 87
Internet: http://www.stw.de/stz/159.htm
E-Mail: stz159@stw.de
Leiter(in): Prof. Dr.-Ing. Eberhard Löser
Prof. Dr.-Ing. Joachim Jentzsch

t 1 444

Steinbeis-Transferzentrum
Apparatebau, Anlagen- und Fördertechnik
Brückenstr. 25, 09111 Chemnitz
T: (0371) 5 31-2354   **Fax:** 5 31-822
Internet: http://www.stw.de/stz/463.htm
E-Mail: stz463@stw.de
Leiter(in): Prof. Dr. Wilfried Franke

t 1 445

Steinbeis-Transferzentrum
Oldenburger Münsterland
Eschstr. 29, 49661 Cloppenburg
T: (04471) 91 34-98   **Fax:** 9 13-48
Internet: http://www.stw.de/stz/515.htm
E-Mail: stz515@stw.de
Leiter(in): Dipl.-Ing. (FH) Hermann Blanke

t 1 446
Steinbeis-Transferzentrum
Biokraftstoffe und Umweltmeßtechnik
Draesekestr. 10, 96450 Coburg
T: (09561) 3 68 69 **Fax:** 31 96 54
Internet: http://www.stw.de/stz/371.htm
E-Mail: stz371@stw.de
Leiter(in): Prof. Dr. Jürgen Krahl

t 1 447
Steinbeis-Transferzentrum
Umwelt- und Verfahrenstechnik
Heimatring 35d, 96450 Coburg
T: (09561) 3 17-1 89 **Fax:** 3 17-2 73
Internet: http://www.stw.de/stz/228.htm
E-Mail: stz228@stw.de
Leiter(in): Prof. Dr. Reinhard Konrad

t 1 448
Steinbeis-Transferzentrum
Betriebswirtschaft und Wirtschaftsinformatik
Schalkauer Str. 5, 96450 Coburg
T: (09561) 3 17-377 **Fax:** 3 17-377
Internet: http://www.stw.de/stz/233.htm
E-Mail: stz233@stw.de
Leiter(in): Prof. Dipl.-Vw. Geribert E. Jakob

t 1 449
Steinbeis-Transferzentrum
Qualitätsmanagement
Buchenweg 8, 96450 Coburg
T: (09561) 6 05 24
Internet: http://www.stw.de/stz/399.htm
E-Mail: stz399@stw.de
Leiter(in): Prof. Dr.-Ing. Volker Schenk

t 1 450
Steinbeis-Transferzentrum
Unternehmens- und Projektcoaching
Schießbergstr. 37, 74564 Crailsheim
T: (07951) 4 27 85 **Fax:** 3 43 57
Internet: http://www.stw.de/stz/341.htm
E-Mail: stz341@stw.de
Leiter(in): Dr.-Ing. Wolfgang Klapdor

t 1 451
Steinbeis-Transferzentrum
OST-WEST-Kooperationen
Königstr. 8, 73326 Deggingen
T: (07334) 92 21 12 **Fax:** 50 07
Internet: http://www.stw.de/stz/236.htm
E-Mail: stz236@stw.de
Leiter(in): Dipl.-Betriebsw. (FH) Jürgen Raizner

t 1 452
Steinbeis-Transferzentrum
Biomedizinische Technik
Auf der Wacht 12, 78166 Donaueschingen
T: (0771) 1 28 13 **Fax:** 89 89
Internet: http://www.stw.de/stz/214.htm
E-Mail: stz214@stw.de
Leiter(in): Prof. Dr.-Ing. Bernhard Vondenbusch

t 1 453
Steinbeis-Transferzentrum
Analytische Elektronenmikroskopie, Biomedizin, Biotechnologie
Im Linsenbühl 21, 69221 Dossenheim
T: (06221) 42-3227 **Fax:** 42-3459
Internet: http://www.stw.de/stz/536.htm
E-Mail: stz536@stw.de
Leiter(in): Prof. Dr. Michael Trendelenburg

t 1 454
Steinbeis-Transferzentrum
Betriebliches Informations-Management (BIM)
01062 Dresden
Mommsenstr. 13, 01069 Dresden
T: (0351) 4 71-6660 **Fax:** 4 71-6660
Internet: http://www.stw.de/stz/257.htm
E-Mail: stz257@stw.de
Leiter(in): Prof. Dr. Eric Schoop

t 1 455
Steinbeis-Transferzentrum
Produktionstechnik und Entsorgungslogistik
01062 Dresden
Mommsenstr. 13 Zeunerbau, Zimmer 11, 01069 Dresden
T: (0351) 4 63-1993 **Fax:** 4 63-1994
Internet: http://www.stw.de/stz/205.htm
E-Mail: stz205@stw.de
Leiter(in): Prof. Dr.-Ing. Ulrich Günther
Prof. Dr.-Ing. Roland Koch

t 1 456
Steinbeis-Transferzentrum
EIPOS
Goetheallee 24, 01309 Dresden
T: (0351) 4 40-7210 **Fax:** 4 40-7220
Internet: http://www.stw.de/stz/462.htm
E-Mail: stz462@stw.de
Leiter(in): Prof. Dr. Günter Lehmann

t 1 457
Steinbeis-Transferzentrum
Lern- und Beschäftigungsanlagen für Zootiere
Parkweg 11, 18196 Dummerstorf
T: (038208) 6 88 14 **Fax:** 6 88 01
Internet: http://www.stw.de/stz/541.htm
E-Mail: stz541@stw.de
Leiter(in): Prof. Dr. Ragnar Kinzelbach
Dr. Hartmut Franz

t 1 458
Steinbeis-Transferzentrum
Finanzierungsmodelle, Privatisierung
Austr. 66, 72144 Dußlingen
T: (07072) 22 73 **Fax:** 22 73
Internet: http://www.stw.de/stz/565.htm
E-Mail: stz565@stw.de
Leiter(in): Prof. Wolfgang Hafner

t 1 459
Steinbeis-Transferzentrum
Statistische Datenanalyse und Visualisierung
Fritz-Müller-Weg 2, A-9065 Ebenthal
T: (0043463) 2 70-0 **Fax:** 2 70-834
Internet: http://www.stw.de/stz/255.htm
E-Mail: stz255@stw.de
Leiter(in): Prof. Dr. Jürgen Pilz

t 1 460
Steinbeis-Transferzentrum
Identität und Image
Im Schloßpark Gern 2, 84307 Eggenfelden
T: (08721) 39 16 **Fax:** 1 02 05
Internet: http://www.stw.de/stz/485.htm
E-Mail: stz485@stw.de
Leiter(in): Wolfgang Grubwinkler

t 1 461
Steinbeis-Transferzentrum
Gründung-Nachfolge-Kooperation
Fasaneriestr. 35, 36124 Eichenzell
T: (06659) 52 95 **Fax:** 52 91
Internet: http://www.stw.de/stz/379.htm
E-Mail: stz379@stw.de
Leiter(in): Dipl.-Betriebsw. Achim Weber

t 1 462
Steinbeis-Transferzentrum
Innovation und Organisation
Heiligenwiesenweg 2, 73054 Eislingen
T: (07161) 98 61 83 **Fax:** 98 61 84
Internet: http://www.stw.de/stz/539.htm
E-Mail: stz539@stw.de
Leiter(in): Prof. Dr.-Ing. Joachim Frech

t 1 463
Steinbeis-Transferzentrum
Lasertechnik
Constantiaplatz 4, 26723 Emden
T: (04921) 99 67 98 **Fax:** 99 68 08
Internet: http://www.stw.de/stz/488.htm
E-Mail: stz488@stw.de
Leiter(in): Prof. Dr. Horst Kreitlow

t 1 464
Steinbeis-Transferzentrum
Prozesstechnik und Umwelttechnik
Constantiaplatz 4, 26723 Emden
T: (04921) 8 07-1613 **Fax:** 8 07-1593
Internet: http://www.stw.de/stz/519.htm
E-Mail: stz519@stw.de
Leiter(in): Prof. Dr. Michael Schlaak
Prof. Dr. Reiner Lohmüller

t 1 465
Steinbeis-Transferzentrum
Produktentwicklung
Grunbacher Weg 16, 75331 Engelsbrand
T: (07235) 98 06 90 **Fax:** (07231) 28-6606
Internet: http://www.stw.de/stz/170.htm
E-Mail: stz170@stw.de
Leiter(in): Prof. Dr. Roland Scherr

t 1 466
Steinbeis-Transferzentrum
Computer Aided Industry (CAI)
Am Wall 12, 89155 Erbach
T: (07305) 9 19-068 **Fax:** 9 19-069
Internet: http://www.stw.de/stz/448.htm
E-Mail: stz448@stw.de
Leiter(in): Prof. Dr.-Ing. Friedrich-Wilhelm Winter

t 1 467
Steinbeis-Transferzentrum
Energie- und Gebäudemanagement
Fachhochschule Erfurt
Fachbereich Versorgungstechnik
Postf. 10 13 63, 99013 Erfurt
T: (0361) 67 00-306 **Fax:** 6 70
Internet: http://www.stw.de/stz/486.htm
E-Mail: stz486@stw.de
Leiter(in): Prof. Dr.-Ing. Michael Kappert

t 1 468
Steinbeis-Transferzentrum
Marketing und Vertriebsplanung
Ginsterweg 6, 91058 Erlangen
T: (09131) 30 32 20 **Fax:** 30 31 45
Internet: http://www.stw.de/stz/362.htm
E-Mail: stz362@stw.de
Leiter(in): Prof. Dr. Roland Hertrich

t 1 469
Steinbeis-Transferzentrum
Automatisierungstechnik
Alemannenstr. 49, 73457 Essingen
T: (07365) 52 88 **Fax:** 52 88
Internet: http://www.stw.de/stz/55.htm
E-Mail: stz55@stw.de
Leiter(in): Prof. Dr. Dietmar Schmid

t 1 470
Steinbeis-Transferzentrum
Fahrzeugtechnik
Kanalstr. 33, 73728 Esslingen
T: (0711) 3 97-3324 **Fax:** 3 97-3306
Internet: http://www.stw.de/stz/270.htm
E-Mail: stz270@stw.de
Leiter(in): Prof. Dipl.-Ing. Gerhard Walliser

t 1 471
Steinbeis-Transferzentrum
Physikalische Oberflächenmodifikation
Grüner Weg 8, 73728 Esslingen
T: (0711) 9 37-1536 **Fax:** 9 37-1536
Internet: http://www.stw.de/stz/174.htm
E-Mail: stz174@stw.de
Leiter(in): Dr. Dorothee M. Rück

t 1 472
Steinbeis-Transferzentrum
Rechnereinsatz
Flandernstr. 101, 73732 Esslingen
T: (0711) 3 70 60 07 **Fax:** 3 70 60 09
Internet: http://www.stw.de/stz/74.htm
E-Mail: stz74@stw.de
Leiter(in): Prof. Dr.-Ing. Nikolaus Kappen

t 1 473
Steinbeis-Transferzentrum
Softwaretechnik
Im Gaugenmaier 20, 73730 Esslingen
T: (0711) 36 63 58 **Fax:** 36 69 53
Internet: http://www.stw.de/stz/221.htm
E-Mail: stz221@stw.de
Leiter(in): Prof. Dr. rer. nat. Joachim Goll

t 1 474
Steinbeis-Transferzentrum
System- und Simulationstechnik/Automotive
Flandernstr. 101, 73732 Esslingen
T: (0711) 3 70-7253 **Fax:** 3 70-7111

t 1 474

Internet: http://www.stw.de/stz/259.htm
E-Mail: stz259@stw.de
Leiter(in): Prof. Dr.-Ing. Hermann Kull

t 1 475

Steinbeis-Transferzentrum
Technische Beratung an der Fachhochschule Esslingen - Hochschule für Technik
Kanalstr. 33, 73728 Esslingen
T: (0711) 3 97-3170   Fax: 3 97-3170
Internet: http://www.stw.de/stz/22.htm
E-Mail: stz22@stw.de
Leiter(in): Prof. Dr.-Ing. Eberhard Birkel

t 1 476

Steinbeis-Transferzentrum
Projektmanagement und Prozesscontrolling
Flandernstr. 101, 73732 Esslingen
T: (0711) 3 97-4351   Fax: 3 97-4322
Internet: http://www.stw.de/stz/467.htm
E-Mail: stz467@stw.de
Leiter(in): Prof. Dr.-Ing. Dieter Kluck
Dipl.-Kfm. Thomas Mair

t 1 477

Steinbeis-Transferzentrum
MediaKomm
Flandernstr. 101, 73732 Esslingen
T: (0711) 3 70-7253   Fax: 3 70-7111
Internet: http://www.stw.de/stz/509.htm
E-Mail: stz509@stw.de
Leiter(in): Prof. Dr.-Ing. Hermann Kull
Prof. Dr. Reinhard Schmidt

t 1 478

Steinbeis-Transferzentrum
Umformtechnik und Arbeitsorganisation
Kanalstr. 33, 73728 Esslingen
T: (0711) 3 97-3002   Fax: 3 97-3271
Internet: http://www.stw.de/stz/181.htm
E-Mail: stz181@stw.de
Leiter(in): Prof. Dr.-Ing. Manfred Stilz

t 1 479

Steinbeis-Transferzentrum
TOP, Esslingen
Im Gaugenmaier 20, 73730 Esslingen
T: (0711) 36 63 58   Fax: 36 69 53
Internet: http://www.stw.de/stz/549.htm
E-Mail: stz549@stw.de
Leiter(in): Prof. Dr. rer. nat. Joachim Goll

t 1 480

Steinbeis-Transferzentrum
Physikalische Sensorik
Büsägestr. 14, 77955 Ettenheim
T: (07822) 26 50   Fax: 89 57 88
Internet: http://www.stw.de/stz/123.htm
E-Mail: stz123@stw.de
Leiter(in): Prof. Dr. Werner Schröder

t 1 481

Steinbeis-Transferzentrum
Innovations- und Umweltmanagement
Rems-Murr
Cannstatter Str. 132, 70736 Fellbach
T: (0711) 5 78-3333   Fax: 5 78-3334
Internet: http://www.stw.de/stz/243.htm
E-Mail: stz243@stw.de
Leiter(in): Prof. Dr. rer. nat. Jürgen Feßmann
M.A. Kyra Carola Tsongas

t 1 482

ABAG-itm Gesellschaft für innovative Technologie- und Managementberatung mbH
Stauferstr. 15, 70736 Fellbach
T: (0711) 9 51 91 10   Fax: 95 19 11 20
Internet: http://www.stw.de/stz/454.htm
E-Mail: stz454@stw.de
Leiter(in): Dipl.-Ing. Lutz Mertins

t 1 483

Steinbeis-Transferzentrum
Euro-Venture-Consulting
Pestalozzistr. 15, 70736 Fellbach
T: (0711) 5 78 18 94   Fax: 5 78 18 90
Internet: http://www.stw.de/stz/472.htm
E-Mail: stz472@stw.de
Leiter(in): Prof. Dr. Rolf Daxhammer

t 1 484

Steinbeis-Transferzentrum
Informationssysteme
Bachweg 4, 65439 Flörsheim
T: (06145) 5 94-50   Fax: 5 94-44
Internet: http://www.stw.de/stz/331.htm
E-Mail: stz331@stw.de
Leiter(in): Dipl.-Phys. Dipl.-Wirtsch.-Ing. Thomas Müller

t 1 485

Steinbeis-Transferzentrum
Vakuumphysik und -technik
Weisbachstr. 2, 09599 Freiberg
T: (03731) 2 25 32   Fax: 2 25 32
Internet: http://www.stw.de/stz/183.htm
E-Mail: stz183@stw.de
Leiter(in): Prof. Dr. rer. nat. habil Christian Edelmann

t 1 486

Steinbeis-Transferzentrum
ForsTrans
Tennenbacher Str. 4, 79106 Freiburg
T: (0761) 2 03-3699   Fax: 2 03-3701
Internet: http://www.stw.de/stz/369.htm
E-Mail: stz369@stw.de
Leiter(in): Prof. Dr. Gero Becker
Prof. Dr. Barbara Koch

t 1 487

Steinbeis-Transferzentrum
Informations- und Kommunikationsmanagement
Tullastr. 87, 79108 Freiburg
T: (0761) 50 70 38   Fax: 5 05 16
Internet: http://www.stw.de/stz/86.htm
E-Mail: stz86@stw.de
Leiter(in): Prof. Manfred Bues

t 1 488

Steinbeis-Transferzentrum
Strömungs- und Finite-Elemente- Berechnungen/ HTCO
Wippertstr. 2, 79100 Freiburg
T: (0761) 4 09 88 83   Fax: 4 09 88 81
Internet: http://www.stw.de/stz/168.htm
E-Mail: stz168@stw.de
Leiter(in): Dr. Dipl.-Phys. Axel Müller

t 1 489

Steinbeis-Transferzentrum
Angewandte Biomechanik
Schwarzwaldstr. 175, 79117 Freiburg
T: (0761) 2 03-4510   Fax: 2 03-4534
Internet: http://www.stw.de/stz/345.htm
E-Mail: stz345@stw.de
Leiter(in): Prof. Dr. Albert Gollhofer

t 1 490

Steinbeis-Transferzentrum
Gerontologie, Gesundheit und Soziales
Bugginger Str. 38, 79114 Freiburg
T: (0761) 4 78 12-32   Fax: 4 78 12-22
Internet: http://www.stw.de/stz/471.htm
E-Mail: stz471@stw.de
Leiter(in): Prof. Dr. jur. Thomas Klie

t 1 491

Steinbeis-Transferzentrum
Innovative Systeme und Dienstleistungen
Am Seemooser Horn 20, 88045 Friedrichshafen
T: (07541) 3 99 02-11   Fax: 3 99 02-88
Internet: http://www.stw.de/stz/377.htm
E-Mail: stz377@stw.de
Leiter(in): Dr. Axel Hoff

t 1 492

Steinbeis-Transferzentrum
Medizin-Elektronik
Reibschenberg 1, 78120 Furtwangen
T: (0761) 80 68 72   Fax: (07723) 30 54
Internet: http://www.stw.de/stz/12.htm
E-Mail: stz12@stw.de
Leiter(in): Prof. Dr.-Ing. Walter Kuntz

t 1 493

Steinbeis-Transferzentrum
Automatisierungstechnik
Sommerbergstr. 22, 78120 Furtwangen
T: (07723) 53 70   Fax: 49 83
Internet: http://www.stw.de/stz/161.htm
E-Mail: stz161@stw.de
Leiter(in): Prof. Dipl.-Ing. Manfred Kühne

t 1 494

Steinbeis-Transferzentrum
Mikroelektronik und Systemtechnik
Ziriakenhofstr. 1, 78120 Furtwangen
T: (07723) 93 16-0   Fax: 93 16-20
Internet: http://www.stw.de/stz/56.htm
E-Mail: stz56@stw.de
Leiter(in): Dipl.-Ing. Bernhard Schmid
Prof. Dr.-Ing. Walter Kuntz

t 1 495

Steinbeis-Transferzentrum
Online Marketing und Elektronische Märkte
Josef-Dorer-Str. 54, 78120 Furtwangen
T: (07723) 5 02 66   Fax: 5 02 67
Internet: http://www.stw.de/stz/287.htm
E-Mail: stz287@stw.de
Leiter(in): Prof. Dipl.-Inform. J. Anton Illik

t 1 496

Steinbeis-Transferzentrum
Optoelektronik und industrielle Meßtechnik
Bismarckstr. 9, 78120 Furtwangen
T: (07723) 53 70   Fax: 49 83
Internet: http://www.stw.de/stz/2.htm
E-Mail: stz2@stw.de
Leiter(in): Prof. Dr.-Ing. Harmut Federle
Prof. Dipl.-Ing. Manfred Kühne

t 1 497

Steinbeis-Transferzentrum
Prozeßmanagement & Systemlösungen
Zur Langeck 1, 78120 Furtwangen
T: (07723) 17 87   Fax: 91 26 56
Internet: http://www.stw.de/stz/314.htm
E-Mail: stz314@stw.de
Leiter(in): Prof. Dr.-Ing. Heinz Sauerburger
Dipl.-Ing. (FH) Reinhold Häußler

t 1 498

Steinbeis-Transferzentrum
Systemtheorie und Anwendungen
Zur Langeck 1, 78120 Furtwangen
T: (07723) 17 87   Fax: 91 26 56
Internet: http://www.stw.de/stz/220.htm
E-Mail: stz220@stw.de
Leiter(in): Prof. Dr.-Ing. Heinz Sauerburger
Dipl.-Ing. (FH) Reinhold Häußler

t 1 499

Steinbeis-Transferzentrum
Technische Beratung an der Fachhochschule Furtwangen
Gerwigstr. 11, 78120 Furtwangen
T: (07723) 9 20-150   Fax: 9 20-610
Internet: http://www.stw.de/stz/23.htm
E-Mail: stz23@stw.de
Leiter(in): Prof. Dr.-Ing. Gerhard Dinius

t 1 500

Steinbeis-Transferzentrum
Mikrocomputer- und Softwaresystemtechnik
Kussenhofstr. 11, 78120 Furtwangen
T: (07723) 33 25   Fax: (089) 24 43-29376
Internet: http://www.stw.de/stz/523.htm
E-Mail: stz523@stw.de
Leiter(in): Dr. Jiri Spale

t 1 501

Steinbeis-Transferzentrum
Raumfahrt
Rötestr. 15, 71126 Gäufelden
T: (07032) 99 40 45   Fax: 99 40 46
Internet: http://www.stw.de/stz/103.htm
E-Mail: stz103@stw.de
Leiter(in): Dipl.-Ing. Klaus Wüst
Dr.-Ing. Felix Huber

t 1 502

Steinbeis-Transferzentrum
Innovative Werkstoffe Technologien, Nano- und Biotec-Werstoffe (IWT)
Heinrich-Zille-Weg 2, 52511 Geilenkirchen
T: (02451) 92 98 93   Fax: 92 98 62
Internet: http://www.stw.de/stz/508.htm

E-Mail: stz508@stw.de
Leiter(in): Doz. Dr. rer. nat. habil. Christian Schöefeld

t 1 503

Steinbeis-Transferzentrum
Fertigungsautomatisierung und EMV
Südmährer Str. 13, 73312 Geislingen
T: (07331) 96 17 24   Fax: 9 61 17 66
Internet: http://www.stw.de/stz/48.htm
E-Mail: stz48@stw.de
Leiter(in): Prof. Dipl.-Ing. Ludwig Kolb

t 1 504

Steinbeis-Transferzentrum
Marketing und Unternehmensanalyse an der Fachhochschule Nürtingen
Bahnhofstr. 62, 73312 Geislingen
T: (07331) 22-484   Fax: 22-500
Internet: http://www.stw.de/stz/360.htm
E-Mail: stz360@stw.de
Leiter(in): Prof. Dr. Werner Ziegler

t 1 505

Steinbeis-Transferzentrum
Umweltinformatik
Panoramaweg 6, 77723 Gengenbach
T: (07803) 20 24   Fax: 20 24
Internet: http://www.stw.de/stz/19.htm
E-Mail: stz19@stw.de
Leiter(in): Prof. Dr. Detlev Doherr

t 1 506

Steinbeis-Transferzentrum
Innovationsmanagement - Gernrode/Harz
Willi-Lohmann-Str. 10, 06507 Gernrode
T: (03948) 53 19   Fax: 53 19
Internet: http://www.stw.de/stz335.htm
E-Mail: stz335@stw.de
Leiter(in): Dipl.-Ing. Bernd Sternal

t 1 507

Steinbeis-Transferzentrum
Unternehmensmanagement und Anwendungen der Informationstechnologie
Ziegelstr. 3, 89547 Gerstetten
T: (07324) 9 82-393   Fax: 9 82-252
Internet: http://www.stw.de/stz/112.htm
E-Mail: stz112@stw.de
Leiter(in): Prof. Dr. Herbert Zott
Dipl.-Hdl. Axel Zott

t 1 508

Fachschule für Technik der StW - Glauchau
Talstr. 87, 08371 Glauchau
T: (03763) 18 48-1   Fax: 18 48-1
Internet: http://www.stw.de/stz/203.htm
E-Mail: stz203@stw.de
Leiter(in): Dipl.-Lehrerin Ingrid Reinhold

t 1 509

Steinbeis-Transferzentrum
Logistik und Fabrikplanung Göppingen
Alfons-Feifel-Str. 9, 73037 Göppingen
T: (07161) 96 87 30   Fax: 96 87 35
Internet: http://www.stw.de/stz/344.htm
E-Mail: stz344@stw.de
Leiter(in): Dipl.-Betriebsw. (FH) Dietmar Ausländer
Dipl.-Wirtsch.-Ing. Dietmar Alt

t 1 510

Steinbeis-Transferzentrum
Management + Qualifizierung
Östliche Ringstr. 61, 73033 Göppingen
T: (07161) 96 46 60   Fax: 9 64 66 50
Internet: http://www.stw.de/stz/365.htm
E-Mail: stz365@stw.de
Leiter(in): Rudolf Seybold

t 1 511

Steinbeis-Transferzentrum
Mikroelektronik
Robert-Bosch-Str. 1, 73037 Göppingen
T: (07161) 6 79-159   Fax: 6 79-108
Internet: http://www.stw.de/stz/130.htm
E-Mail: stz130@stw.de
Leiter(in): Prof. Dr.-Ing. Jürgen van der List

t 1 512

Steinbeis-Transferzentrum
Lack-, Oberflächen- und Umwelttechnologie
Robert-Bosch-Str. 1, 73037 Göppingen
T: (07161) 6 79-0   Fax: (07151) 2 47 27
Internet: http://www.stw.de/stz/184.htm
E-Mail: stz184@stw.de
Leiter(in): Prof. Dr. rer. nat. Jürgen Feßmann
Prof. Dr. Georg Meichsner

t 1 513

Steinbeis-Transferzentrum
Wärme- und Strömungstechnik
Robert-Bosch-Str. 1, 73037 Göppingen
T: (0711) 3 97 32 59   Fax: (07123) 3 59 84
Internet: http://www.stw.de/stz/145.htm
E-Mail: stz145@stw.de
Leiter(in): Prof. Dr.-Ing. Ulrich Gärtner

t 1 514

Steinbeis-Zentrum
Qualität und Umwelt - Gosheim
Daimlerstr. 8, 78559 Gosheim
T: (07426) 94 96-0   Fax: 94 96-13
Internet: http://www.stw.de/stz/106.htm
E-Mail: stz106@stw.de
Leiter(in): Petra Ohlhauser

t 1 515

Steinbeis-Transferzentrum
Technologie - Organisation - Personal (TOP)
Industriepark 210, 78244 Gottmadingen
T: (07731) 90 58-0   Fax: 90 58-13
Internet: http://www.stw.de/stz/151.htm
E-Mail: stz151@stw.de
Leiter(in): Dipl.-Wirtsch.-Ing. Edmund Haupenthal

t 1 516

Steinbeis-Transferzentrum
Information und Kommunikation
Postf. 13 25, 64842 Groß-Zimmern
T: (07231) 28-6637   Fax: 28-6080
Internet: http://www.stw.de/stz/8.htm
E-Mail: stz8@stw.de
Leiter(in): Prof. Karel Vejsada

t 1 517

Steinbeis Transfer Center
Contact Office Haifa
28 Shoham St., IL- Haifa
T: (009724) 82 42-278
Internet: http://www.stw.de/stz/254.htm
E-Mail: stz254@stw.de
Leiter(in): Dr.-Ing. Juval Mantel

t 1 518

Steinbeis-Transferzentrum
Elektrochemische Untersuchungsverfahren
Sonnenblumenweg 15, 06116 Halle
T: (0345) 5 63 01 89   Fax: 5 63 01 91
Internet: http://www.stw.de/stz/209.htm
E-Mail: stz209@stw.de
Leiter(in): Prof. Dr. Wieland Schäfer

t 1 519

Steinbeis-Transferzentrum
Industrie-Design
Burg Giebichenstein HKD
Neuwerk 7, 06108 Halle
T: (0345) 7 75 19 41   Fax: 7 75 18 93
Internet: http://www.stw.de/stz/288.htm
E-Mail: stz288@stw.de
Leiter(in): Prof. Paul Jung

t 1 520

Steinbeis-Transferzentrum
Angewandte Verfahrens- und Umwelttechnik
Fiete-Schulze-Str. 14, 06116 Halle
T: (0345) 56 63 13
Internet: http://www.stw.de/stz/197.htm
E-Mail: stz197@stw.de
Leiter(in): Prof. Dr.-Ing. Ewald Pruckner

t 1 521

Steinbeis-Transferzentrum
Integriertes Organisations- und Prozeßmanagement
Vahrenwalder Str. 7, 30165 Hannover
T: (0511) 93 57-360   Fax: 93 57-369
Internet: http://www.stw.de/stz/296.htm
E-Mail: stz296@stw.de
Leiter(in): Prof. Dr.-Ing. Hartmut-F. Binner

t 1 522

Steinbeis-Transferzentrum
Genominformatik
Im Neuenheimer Feld 370 /App42, 69120 Heidelberg
T: (06221) 42 23 72   Fax: 43 96 33
Internet: http://www.stw.de/stz/264.htm
E-Mail: stz264@stw.de
Leiter(in): Dr. Sándor Suhai

t 1 523

Steinbeis-Transferzentrum
Glycokonjugate - Synthese, Funktion und Molecular Modelling
Im Neuenheimer Feld 280, 69120 Heidelberg
T: (06221) 42 33 74   Fax: 42 33 75
Internet: http://www.stw.de/stz/333.htm
E-Mail: stz333@stw.de
Leiter(in): Prof. Dr. Manfred Wießler

t 1 524

Steinbeis-Transferzentrum
Kommunales Management
Hauptstr. 102, 69117 Heidelberg
T: (06221) 9 05 42-11   Fax: 9 05 42-22
Internet: http://www.stw.de/stz/375.htm
E-Mail: stz375@stw.de
Leiter(in): Dr. Gerhard Pfreundschuh

t 1 525

Steinbeis-Transferzentrum
Laser Processing und Diagnostik
Physikalisch-Chemisches Institut
Im Neuenheimer Feld 253, 69120 Heidelberg
T: (06221) 54-5205   Fax: 54-4255
Internet: http://www.stw.de/stz/269.htm
E-Mail: stz269@stw.de
Leiter(in): Prof. Dr. Peter Hess

t 1 526

Steinbeis-Transferzentrum
Medizinische Informatik
Technologiepark
Im Neuenheimer Feld 517, 69120 Heidelberg
T: (06221) 6 41 11   Fax: 6 41 13
Internet: http://www.stw.de/stz/242.htm
E-Mail: stz242@stw.de
Leiter(in): Prof. Dr. Hans-Peter Meinzer

t 1 527

Steinbeis-Transferzentrum
Oberflächentechnik und Analytik
an der Universität Heidelberg
Im Neuenheimer Feld 500, 69120 Heidelberg
T: (06221) 54 85 11   Fax: 54 60 82
Internet: http://www.stw.de/stz/303.htm
E-Mail: stz303@stw.de
Leiter(in): Prof. Gerhard K. Wolf

t 1 528

Steinbeis-Transferzentrum
Simulation reaktiver Strömungen
c/o Dr. Frank Behrendt
Ringstr. 19b, 69115 Heidelberg
T: (0171) 5 06 49-16   Fax: (06221) 60 19 70
Internet: http://www.stw.de/stz/240.htm
E-Mail: stz240@stw.de
Leiter(in): Dr. Frank Behrendt
Prof. Dr. Jürgen Warnatz

t 1 529

Steinbeis-Transferzentrum
Biopharmazie und Analytik
Im Neuenheimer Feld 366, 69120 Heidelberg
T: (06221) 54 83 36   Fax: 5 45 97
Internet: http://www.stw.de/stz/427.htm
E-Mail: stz427@stw.de
Leiter(in): Prof. Dr. Gert Fricker
Prof. Dr. Michael Wink

t 1 530

Steinbeis-Transferzentrum
Biophysikalische Analytik
Im Neuenheimer Feld 280, 69120 Heidelberg
T: (06221) 42-3390   Fax: 42-523390

t 1 530
Internet: http://www.stw.de/stz/577.htm
E-Mail: stz577@stw.de
Leiter(in): Prof. Dr. rer. nat. Jörg Langowski

t 1 531
Steinbeis-Transferzentrum
Simulation und Optimierung
Zwingerstr. 14-16, 69117 Heidelberg
T: (06261) 16 67 51 Fax: 54 54 44
Internet: http://www.stw.de/stz/582.htm
E-Mail: stz582@stw.de
Leiter(in): Prof. Dr. Dr. h.c. Hans-Georg Bock
Dr. Johannes P. Schlöder

t 1 532
Steinbeis-Transferzentrum
Intermedia
Wilhelmstr. 10, 89518 Heidenheim
T: (0171) 8 13 65 40 Fax: (07321) 95 16 82
Internet: http://www.stw.de/stz/317.htm
E-Mail: stz317@stw.de
Leiter(in): Dipl.-Ing. (BA) Günter Aigle

t 1 533
Steinbeis-Transferzentrum
Personal- und Unternehmensentwicklung
Bahnhofplatz 4, 89518 Heidenheim
T: (07321) 9 29-650 Fax: 92 96 54
Internet: http://www.stw.de/stz/154.htm
E-Mail: stz154@stw.de
Leiter(in): Prof. Dr. Hans-Joachim Merk

t 1 534
Steinbeis-Transferzentrum
Marketing-Forschung an der BA Heidenheim
Wilhelmstr. 10, 89518 Heidenheim
T: (07321) 38 19 66
Internet: http://www.stw.de/stz/422.htm
E-Mail: stz422@stw.de
Leiter(in): Prof. Dr. Michael Froböse

t 1 535
Steinbeis-Transferzentrum
Wirtschafts- und Sozialmanagement
Wilhelmstr. 10, 89518 Heidenheim
T: (07321) 38-1977 Fax: 38-1972
Internet: http://www.stw.de/stz/503.htm
E-Mail: stz503@stw.de
Leiter(in): Prof. Dr. Bernd Eisinger
Prof. Dr. Peter K. Warndorf

t 1 536
Steinbeis-Management-Zentrum
für die mittelständische Wirtschaft
Wilhelmstr. 10, 89518 Heidenheim
T: (07321) 3 19 55 Fax: 3 19 59
Internet: http://www.stw.de/stz/230.htm
E-Mail: stz230@stw.de
Leiter(in): Prof. Ulrich Hummel

t 1 537
Steinbeis-Transferzentrum
Produkt- und Verfahrensbewertung
Heidenfahrt 31, 55262 Heidesheim
T: (06132) 5 69 24 Fax: 5 69 34
Internet: http://www.stw.de/stz/178.htm
E-Mail: stz178@stw.de
Leiter(in): Dr. Dipl.-Phys. Karlheinz Hasenburg

t 1 538
Steinbeis-Transferzentrum
Angewandte Elektronik
Robert-Bosch-Str. 32, 74081 Heilbronn
T: (07131) 5 80 89-0 Fax: 5 80 89-3
Internet: http://www.stw.de/stz/58.htm
E-Mail: stz58@stw.de
Leiter(in): Prof. Dipl.-Ing. Manfred Dorsch

t 1 539
Steinbeis-Transferzentrum
Angewandte Informatik
Robert-Bosch-Str. 32, 74081 Heilbronn
T: (07131) 58 04 06 Fax: 58 04 07
Internet: http://www.stw.de/stz/95.htm
E-Mail: stz95@stw.de
Leiter(in): Prof. Dipl.-Ing. Heinrich Krayl

t 1 540
Steinbeis-Transferzentrum
Betriebswirtschaft
Robert-Bosch-Str. 32, 74081 Heilbronn
T: (07131) 58 96-10 Fax: 58 96-18
Internet: http://www.stw.de/stz/14.htm
E-Mail: stz14@stw.de
Leiter(in): Prof. Dr. Karlheinz Haberlandt

t 1 541
Steinbeis-Transferzentrum
Bildverarbeitung, Mikroelektronik, Systemtechnik
Robert-Bosch-Str. 32, 74081 Heilbronn
T: (07131) 50 78 92 Fax: 50 78 94
Internet: http://www.stw.de/stz/117.htm
E-Mail: stz117@stw.de
Leiter(in): Prof. Dr. Uwe Jäger

t 1 542
Steinbeis-Transferzentrum
Industrielle Meßtechnik
Robert-Bosch-Str. 32, 74081 Heilbronn
T: (07131) 5 80-370 Fax: 5 80-371
Internet: http://www.stw.de/stz/111.htm
E-Mail: stz111@stw.de
Leiter(in): Prof. Dr. Georg Bucher

t 1 543
Steinbeis-Transferzentrum
Technische Beratung an der Fachhochschule Heilbronn
Robert-Bosch-Str. 32, 74081 Heilbronn
T: (07131) 25 70 02 Fax: 25 70 03
Internet: http://www.stw.de/stz/24.htm
E-Mail: stz24@stw.de
Leiter(in): Prof. Dr.-Ing. Klaus Boelke

t 1 544
Steinbeis-Transferzentrum
Verfahrens-, Energie- und Umwelttechnik
Robert-Bosch-Str. 32, 74081 Heilbronn
T: (07131) 58 64-0 Fax: 58 64-30
Internet: http://www.stw.de/stz/97.htm
E-Mail: stz97@stw.de
Leiter(in): Prof. Dr.-Ing. Ewald Pruckner

t 1 545
Steinbeis-Transferzentrum
Vernetzte Informatiksysteme - Verteilte Anwendungen
Robert-Bosch-Str. 32, 74081 Heilbronn
T: (07131) 5 89 14-0 Fax: 5 89 14-19
Internet: http://www.stw.de/stz/134.htm
E-Mail: stz134@stw.de
Leiter(in): Prof. Dr. Gerhard Peter

t 1 546
Steinbeis-Transferzentrum
Licht
Schlehenweg 36, 24558 Henstedt-Ulzburg
T: (04193) 99-3660 Fax: 99-3661
Internet: http://www.stw.de/stz/108.htm
E-Mail: stz108@stw.de
Leiter(in): Prof. Dr.-Ing. Roland Greule

t 1 547
Steinbeis-Transferzentrum
Akademie für Unternehmensführung
Haus der Ingenieure
Benzstr. 33, 71083 Herrenberg
T: (07032) 94 58-0 Fax: 94 58-58
Internet: http://www.stw.de/stz/207.htm
E-Mail: stz207@stw.de
Leiter(in): Prof. Dr. Werner Gesa Faix

t 1 548
Steinbeis-Transferzentrum
Markt und Wachstum
Haus der Ingenieure
Benzstr. 33, 71083 Herrenberg
T: (07032) 94 58-0 Fax: 94 58-58
Internet: http://www.stw.de/stz/339.htm
E-Mail: stz339@stw.de
Leiter(in): Prof. Dr. Werner Gesa Faix

t 1 549
Steinbeis-Transferzentrum
Wasser-Abfall-Boden
Stockäcker 1, 88454 Hochdorf
T: (07355) 9 11-75 Fax: 9 11 73
Internet: http://www.stw.de/stz/136.htm
E-Mail: stz136@stw.de
Leiter(in): Dipl.-Ing. (FH) Max Huchler

t 1 550
Steinbeis-Transferzentrum
Betriebswirtschaft und Wirtschaftsinformatik
Außenstelle Rhein/Main
Schwedenstr. 16, 65239 Hochheim
T: (06146) 83 59 17
Internet: http://www.stw.de/stz/233.htm
E-Mail: stz233@stw.de
Leiter(in): Prof. Dipl.-Vw. Geribert E. Jakob

t 1 551
Steinbeis-Transferzentrum
Innovation & Umsetzung
Strittberg 68, 79862 Höchenschwand
T: (07755) 91 96 70 Fax: 91 96 71
Internet: http://www.stw.de/stz/397.htm
E-Mail: stz397@stw.de
Leiter(in): Dipl.-Wirt.-Ing. Georg Villinger

t 1 552
Steinbeis-Transferzentrum
Energie-Umwelt-Information
Bernhard-Anger-Str. 12, 09337 Hohenstein-Ernstthal
T: (03723) 6 81 03 38 Fax: 68 10 33
Internet: http://www.stw.de/stz/308.htm
E-Mail: stz308@stw.de
Leiter(in): Prof. Dr. sc.techn. Uwe Schmidt

t 1 553
Steinbeis-Transferzentrum
Elektronenmikroskopie Life Science
Universitätskliniken
Gebäude 61
66421 Homburg
T: (06841) 16 61 41
Internet: http://www.stw.de/stz/580.htm
E-Mail: stz580@stw.de
Leiter(in): Prof. Dr. med. Pedro Mestres

t 1 554
Steinbeis-Transferzentrum
Entwicklungstechnik an der Berufsakademie in Horb
Florianstr. 15, 72160 Horb
T: (07451) 5 21-131 Fax: 5 21-111
Internet: http://www.stw.de/stz/374.htm
E-Mail: stz374@stw.de
Leiter(in): Prof. Dr.-Ing. Jürgen Gundrum

t 1 555
Steinbeis-Transferzentrum
High Speed Prototyping & Manufacturing
Am Wachberg 24, 86497 Horgau
T: (08294) 80 26 46 Fax: 80 26 47
Internet: http://www.stw.de/stz/323.htm
E-Mail: stz323@stw.de
Leiter(in): Prof. Dr.-Ing. Michael Kaufeld

t 1 556
Steinbeis-Europa-Zentrum Strasbourg
Rue Jean Sapidus, F-67400 Illkirch-Grafenstaden
T: (00333) 90 40 33 90 Fax: 90 40 33 99
Internet: http://www.stw.de/stz/517.htm
E-Mail: stz517@stw.de
Leiter(in): Prof.-Dr.-Ing. Peter Niess
Dr. Jonathan Loeffler

t 1 557
Steinbeis-Transferzentrum
Mechatronik
Ehrenbergstr. 11, 98693 Ilmenau
T: (03677) 66 85 00 Fax: 66 85 01
Internet: http://www.stw.de/stz/144.htm
E-Mail: stz144@stw.de
Leiter(in): Prof. Dr.-Ing. Eberhard Kallenbach

t 1 558
Steinbeis-Transferzentrum
Diagnosesysteme in Technik und Umwelt
Grenzhammer 53, 98693 Ilmenau

Hoppenstedt

T: (03677) 89 42 08   Fax: 6 68-279
Internet: http://www.stw.de/stz/166.htm
E-Mail: stz166@stw.de
Leiter(in): Prof. Dr.-Ing. Dirk Heinze

t 1 559
Steinbeis-Transferzentrum
Interaktive Computergrafiksysteme
Weimarer Str. 15, 98693 Ilmenau
T: (03677) 6 70-913   Fax: 6 70-914
Internet: http://www.stw.de/stz/489.htm
E-Mail: stz489@stw.de
Leiter(in): Prof. Dr. Beat Brüderlin

t 1 560
Steinbeis-Transferzentrum
Federntechnik
Max-Planck-Ring 12 (Haus F), 98693 Ilmenau
T: (03677) 69-1820   Fax: 69-1259
Internet: http://www.stw.de/stz548.htm
E-Mail: stz548@stw.de
Leiter(in): Prof. Dr.-Ing. habil. Hans-Jürgen Schorcht
Prof. Dr.-Ing. habil. Mathias Weiß

t 1 561
Steinbeis-Transferzentrum
Management Internationaler Kooperationen
Hersbergweg 10, 88090 Immenstaad
T: (07545) 91 10 95   Fax: 91 10 96
Internet: http://www.stw.de/stz/261.htm
E-Mail: stz261@stw.de
Leiter(in): Dipl.-Ing. (FH) Hartmut Boche
Dipl.-Ing., Dipl.-Wirtsch.-Ing. Kurt Fettelschoß

t 1 562
Steinbeis-Transferzentrum
Pharmatechnik
Panoramstr. 4, 78597 Irndorf
T: (07152) 93 79 76   Fax: 93 79 77
Internet: http://www.stw.de/stz/225.htm
E-Mail: stz225@stw.de
Leiter(in): Prof. Dipl.-Informatiker Ronald Ziegler

t 1 563
Steinbeis-Transferzentrum
Fügetechnik
Am Kochersgraben 2, 07749 Jena
T: (03641) 33 52 94   Fax: 33 65 74
Internet: http://www.stw.de/stz/143.htm
E-Mail: stz143@stw.de
Leiter(in): Prof. Dr.-Ing. Günter Köhler

t 1 564
Steinbeis-Transferzentrum
Qualitätssicherung und Qualitätsmeßtechnik
Erfurter Str. 11, 07743 Jena
T: (03641) 44 87 35   Fax: 82 93 11
Internet: http://www.stw.de/stz/147.htm
E-Mail: stz147@stw.de
Leiter(in): Prof. Dr.-Ing. Dietrich Hofmann

t 1 565
Steinbeis-Transferzentrum
Systemanalyse und Automatisierungstechnik
Fachhochschule Jena
Fachbereich Elektrotechnik
Carl-Zeiss-Promenade 2, 07745 Jena
T: (03641) 2 05-700   Fax: 2 05-701
Internet: http://www.stw.de/stz/381.htm
E-Mail: stz381@stw.de
Leiter(in): Prof. Dr.-Ing. Karl-Dietrich Morgeneier

t 1 566
Steinbeis-Transferzentrum
Grenzflächenanalytik und Sensorik
@ostraum Fachbereich Physik
Erwin-Schrödinger-Str. 56, 67663 Kaiserslautern
T: (0631) 2 05-2855   Fax: 2 05-2854
Internet: http://www.stw.de/stz/271.htm
E-Mail: stz271@stw.de
Leiter(in): Prof. Dr. Christiane Ziegler
Dr. Udo Weimar

t 1 567
Steinbeis-Transferzentrum
Industrielle Datenverarbeitung und Automation
Moltkestr. 30, 76133 Karlsruhe
T: (0721) 9 25-1580   Fax: 9 25-1488
Internet: http://www.stw.de/stz/60.htm
E-Mail: stz60@stw.de
Leiter(in): Prof. Dr. Karl-Heinz Meisel

t 1 568
Steinbeis-Transferzentrum
Kälte- und Klimatechnik
Moltkestr. 30, 76133 Karlsruhe
T: (0721) 2 21 84   Fax: 2 02 30
Internet: http://www.stw.de/stz/38.htm
E-Mail: stz38@stw.de
Leiter(in): Prof. Dr.-Ing. Johannes Reichelt

t 1 569
Steinbeis-Transferzentrum
Design @ Workflow
Unterer Dammweg 3, 76149 Karlsruhe
T: (0721) 9 70 50-0   Fax: 9 70 50-19
Internet: http://www.stw.de/stz/213.htm
E-Mail: stz213@stw.de
Leiter(in): Prof. DDI Hans-Jürgen Zebisch

t 1 570
Steinbeis-Transferzentrum
Digitale Signalverarbeitung und Meßtechnik
Moltkestr. 30, 76133 Karlsruhe
T: (0721) 97 35-831   Fax: 97 35-805
Internet: http://www.stw.de/stz/383.htm
E-Mail: stz383@stw.de
Leiter(in): Prof. Dr.-Ing. Joachim Stöckle

t 1 571
Steinbeis-Transferzentrum
Kunststofftechnologie
Bismarckstr. 45, 76133 Karlsruhe
T: (0721) 9 12 31-26   Fax: 2 81 44
Internet: http://www.stw.de/stz/107.htm
E-Mail: stz107@stw.de
Leiter(in): Prof. Dr.-Ing. Kurt Heitel

t 1 572
Steinbeis-Transferzentrum
Mikrocontroller und Industrie-Elektronik
Erzbergerstr. 121, 76133 Karlsruhe
T: (0721) 97 35-802   Fax: 97 35-600
Internet: http://www.stw.de/stz/237.htm
E-Mail: stz237@stw.de
Leiter(in): Prof. Dr.-Ing. Jürgen Hilpert

t 1 573
Steinbeis-Transferzentrum
Mikro- und Systemtechnik
Moltkestr. 30, 76133 Karlsruhe
T: (0721) 9 25-1753   Fax: 9 21-1740
Internet: http://www.stw.de/stz/305.htm
E-Mail: stz305@stw.de
Leiter(in): Prof. Jürgen Walter

t 1 574
Steinbeis-Transferzentrum
Optoelektronik und Sensorik
Moltkestr. 30, 76133 Karlsruhe
T: (0721) 9 25-1352   Fax: 9 25-1351
Internet: http://www.stw.de/stz/62.htm
E-Mail: stz62@stw.de
Leiter(in): Prof. Dr.-Ing. Gunther Krieg

t 1 575
Steinbeis-Transferzentrum
Prozeßorientierte Organisationsentwicklung
Erzbergerstr. 121, 76133 Karlsruhe
T: (0721) 9 70 36 30   Fax: 9 70 36 31
Internet: http://www.stw.de/stz/265.htm
E-Mail: stz265@stw.de
Leiter(in): Prof. Dr. Rüdiger Schäfer

t 1 576
Steinbeis-Transferzentrum
Rechnereinsatz im Maschinenbau
Bismarckstr. 45, 76133 Karlsruhe
T: (0721) 2 57 13   Fax: 2 81 44
Internet: http://www.stw.de/stz/61.htm
E-Mail: stz61@stw.de
Leiter(in): Prof. Dr.-Ing. Wolfgang Hoheisel

t 1 577
Steinbeis-Transferzentrum
Technische Beratung an der Fachhochschule Karlsruhe
Moltkestr. 30, 76133 Karlsruhe
T: (0721) 9 25-2172   Fax: 9 25-1467
Internet: http://www.stw.de/stz/25.htm
E-Mail: stz25@stw.de
Leiter(in): Prof. Dr.-Ing. Dieter K. Adler

t 1 578
Steinbeis-Transferzentrum
Informationsmanagement und Unternehmenssteuerung
Kolbengärten 8, 76187 Karlsruhe
T: (07276) 9 60 68   Fax: (0721) 5 31 54 61
Internet: http://www.stw.de/stz/420.htm
E-Mail: stz420@stw.de
Leiter(in): Prof. Bernd Dannemayer
Prof. Dr. Martin Detzel
Prof. Erich Riess

t 1 579
Steinbeis-Transferzentrum
Mechatronik - Karlsruhe
Diakonissenstr. 18, 76199 Karlsruhe
T: (0721) 98 90-230   Fax: 9 25 17 07
Internet: http://www.stw.de/stz/479.htm
E-Mail: stz479@stw.de
Leiter(in): Prof. Fritz J. Neff

t 1 580
Steinbeis-Europa-Zentrum
Beratungsstelle Karlsruhe
Karl-Friedrich-Str. 17, 76133 Karlsruhe
T: (0721) 9 35-190   Fax: 9 35-1910
Internet: http://www.stw.de/stz/517.htm
E-Mail: stz517@stw.de
Leiter(in): Prof. Dr.-Ing. Peter Niess
Dr. Jonathan Loeffler

t 1 581
Steinbeis-Transferzentrum
Customer Innovative Solutions (CIS)
Unterreut 6, 76135 Karlsruhe
T: (0721) 8 64 26 11   Fax: 8 64 26 17
Internet: http://www.stw.de/stz/571.htm
E-Mail: stz571@stw.de
Leiter(in): Dipl.-Ing. Gerhard Burg

t 1 582
Steinbeis-Transferzentrum
KommunalBeratung
Kinzigallee 1, 77694 Kehl
T: (07851) 8 94-143   Fax: 8 94-100
Internet: http://www.stw.de/stz/198.htm
E-Mail: stz198@stw.de
Leiter(in): Prof. Hartmut Kübler

t 1 583
Steinbeis-Transferzentrum
Internationale Strategien
Am Sundheimer Fort 7, 77694 Kehl
T: (07851) 4 83-702   Fax: 4 83-710
Internet: http://www.stw.de/stz/395.htm
E-Mail: stz395@stw.de
Leiter(in): Prof. Michel Ph. Mattoug
Prof. Ralf Pixa

t 1 584
Steinbeis-Transferzentrum
Technische Akustik
Kohlstattstr. 8a, 83088 Kiefersfelden
T: (08033) 9 81 81   Fax: 9 81 82
Internet: http://www.stw.de/stz/254.htm
E-Mail: stz254@stw.de
Leiter(in): Dr.-Ing. Juval Mantel

t 1 585
Steinbeis-Transferzentrum
Raumfahrt-Nutzung und -Technologie
Linder Höhe, 51147 Köln
T: (02203) 6 01-4565   Fax: 6 14 71
Internet: http://www.stw.de/stz/247.htm
E-Mail: stz247@stw.de
Leiter(in): Prof. Dr. rer. nat. Berndt Feuerbacher

t 1 586
Steinbeis-Transferzentrum
Akademie Medien & Management
Dohlenweg 48, 50829 Köln
T: (0221) 9 58 93 21 **Fax:** 9 58 93 22
Internet: http://www.stw.de/stz/568.htm
E-Mail: stz568@stw.de
Leiter(in): Dr. jur. Markus Braunewell
Harald Korsten (M.A.)

t 1 587
Steinbeis-Transferzentrum
Informations- und Kommunikationstechnik
Wadenbrunner Str. 10, 97509 Kolitzheim
T: (09385) 98 01 50 **Fax:** 98 01 52 51
Internet: http://www.stw.de/stz/431.htm
E-Mail: stz431@stw.de
Leiter(in): Prof. Dr.-Ing. Friedrich Freiherr von Loeffelholz

t 1 588
Steinbeis-Transferzentrum
Betriebliche Systemforschung
Brauneggerstr. 55, 78462 Konstanz
T: (0171) 2 72 01 18 **Fax:** 1 32 72 01 18
Internet: http://www.stw.de/stz/7.htm
E-Mail: stz7@stw.de
Leiter(in): Prof. Dr. Michael Grütz

t 1 589
Steinbeis-Transferzentrum
Biomolekulare Medizin an der Universität Konstanz
Universitätsstr. 10 (M 613), 78464 Konstanz
T: (07531) 88-2109 **Fax:** 88-4036
Internet: http://www.stw.de/stz/276.htm
E-Mail: stz276@stw.de
Leiter(in): Prof. Dr. med. Rolf Knippers
Prof. Dr. med. Rolf-Dieter Hesch

t 1 590
Steinbeis-Transferzentrum
Energieversorgungstechnik
Glockenbrunnenstr. 29, 78465 Konstanz
T: (07533) 99 77 38 **Fax:** 99 77 39
Internet: http://www.stw.de/stz/75.htm
E-Mail: stz75@stw.de
Leiter(in): Prof. Dr.-Ing. Klaus Krüger

t 1 591
Steinbeis-Transferzentrum
In-Vitro Pharmakologie und Toxikologie an der Universität Konstanz
Universitätsstr. 10, 78464 Konstanz
T: (07531) 88-4116 **Fax:** 88-3099
Internet: http://www.stw.de/stz/272.htm
E-Mail: stz272@stw.de
Leiter(in): Dr. Dr. med. Thomas Hartung
Prof. Dr. Albrecht Wendel

t 1 592
Steinbeis-Transferzentrum
Maschinendynamik, Ölhydraulik und Pneumatik
Brauneggerstr. 55, 78462 Konstanz
T: (07531) 2 06-289 **Fax:** 2 06-294
Internet: http://www.stw.de/stz/9.htm
E-Mail: stz9@stw.de
Leiter(in): Prof. Dr.-Ing. Florin Ionescu

t 1 593
Steinbeis-Transferzentrum
System- und Software-Engineering
Reichenaustr. 81c, 78467 Konstanz
T: (07531) 5 75 01 **Fax:** 5 06 60
Internet: http://www.stw.de/stz/65.htm
E-Mail: stz65@stw.de
Leiter(in): Prof. Dr.-Ing. F. Wolfgang Arndt
Jürgen Häusele

t 1 594
Steinbeis-Transferzentrum
Technische Beratung an der Fachhochschule Konstanz
Brauneggerstr. 55, 78462 Konstanz
T: (07531) 2 06-278 **Fax:** 2 06-312
Internet: http://www.stw.de/stz/26.htm
E-Mail: stz26@stw.de
Leiter(in): Prof. Dr.-Ing. Andreas Willige

t 1 595
Steinbeis-Transferzentrum
Umwelttechnik
Technologiezentrum Konstanz
Macairestr. 11, 78467 Konstanz
T: (07531) 1 89-557 **Fax:** 45 80 83
Internet: http://www.stw.de/stz/190.htm
E-Mail: stz190@stw.de
Leiter(in): Prof. Dr. Bernd Wurster

t 1 596
Steinbeis-Transferzentrum
Informationsmärkte und Informations Engineering (IMIE)
Universitätsstr. 10, 78464 Konstanz
T: (07531) 8 88-0 **Fax:** 90 39 47
Internet: http://www.stw.de/stz/258.htm
E-Mail: stz258@stw.de
Leiter(in): Prof. Dr. Rainer Kuhlen
Dr. Marc Rittberger

t 1 597
Steinbeis-Transferzentrum
Werkstoffe im System
Brauneggerstr. 55, 78462 Konstanz
T: (07531) 2 06-308 **Fax:** 2 06-450
Internet: http://www.stw.de/stz/477.htm
E-Mail: stz477@stw.de
Leiter(in): Dipl.-Ing. (FH) Torsten Bogatzky

t 1 598
Steinbeis-Transferzentrum
Produkt- und Organisationsgestaltung
Daimlerstr. 35, 74653 Künzelsau
T: (07940) 1 30 06 48
Internet: http://www.stw.de/stz/535.htm
E-Mail: stz535@stw.de
Leiter(in): Prof. Dr. rer. pol. Henning Kontny

t 1 599
Steinbeis-Transferzentrum
Ganzheitliche Unternehmensentwicklung
Gaußstr. 5, 68623 Lampertheim
T: (06241) 5 09-265 **Fax:** 5 09-125
Internet: http://www.stw.de/stz/428.htm
E-Mail: stz428@stw.de
Leiter(in): Prof. Dr. Claus W. Gerberich

t 1 600
Steinbeis-Transferzentrum
Präzisions Meßtechnik
Hohe Loga 9, 26789 Leer
T: (0491) 41 25 **Fax:** 9 25 03 34
Internet: http://www.stw.de/stz/393.htm
E-Mail: stz393@stw.de
Leiter(in): Prof. Dr. Helmut Kellner
Betriebswirt Grad. Harald Wiesner

t 1 601
Steinbeis-Transferzentrum
Automatisierungs-, Informations- und Elektrosysteme
Wächterstr. 13, 04107 Leipzig
T: (0341) 97 86-152, 97 86-178, 97 86-136 **Fax:** 97 86-131
Internet: http://www.stw.de/stz/216.htm
E-Mail: stz216@stw.de
Leiter(in): Prof. Dr. Werner Kriesel

t 1 602
Steinbeis-Transferzentrum
Ideen-Produkte-Märkte
Brandvorwerkstr. 68, 04275 Leipzig
T: (0341) 3 91 69 41 **Fax:** 3 91 69 43
Internet: http://www.stw.de/stz/223.htm
E-Mail: stz223@stw.de
Leiter(in): Dipl.-Ing. (FH) Anke Hauptmann-Gerland

t 1 603
Steinbeis-Transferzentrum
Limburg-Weilburg-Diez
Dr.-Wolff-Str. 4, 65549 Limburg
T: (06431) 91 79-0
Internet: http://www.stw.de/stz/238.htm
E-Mail: stz238@stw.de
Leiter(in): Dipl.-Ing. (FH) Siegfried Walter

t 1 604
Steinbeis-Transferzentrum
IT-Business Consulting
Hangstr. 48, 79539 Lörrach
T: (07621) 20 71-160 **Fax:** 2 07 11 59
Internet: http://www.stw.de/stz/199.htm
E-Mail: stz199@stw.de
Leiter(in): Prof. Dr. Jürgen Treffert

t 1 605
Steinbeis-Transferzentrum
Industrie-Elektronik und Sensorik
Berufsakademie
Hangstr. 48, 79539 Lörrach
T: (07621) 4 90 10, 20 71-122 **Fax:** 20 71-139
Internet: http://www.stw.de/stz/90.htm
E-Mail: stz90@stw.de
Leiter(in): Prof. Dipl.-Ing. Karl-Heinz Dröge
Dipl.-Ing. (BA) Hubert Gerspacher

t 1 606
Steinbeis-Transferzentrum
Abwassertechnik und rationelle Energieverwendung
In den Pflänzern 14, 55278 Ludwigshöhe
T: (06249) 12 06 **Fax:** 12 06
Internet: http://www.stw.de/stz/426.htm
E-Mail: stz426@stw.de
Leiter(in): Dipl.-Ing. Werner Lamberth

t 1 607
Steinbeis-Transferzentrum
Integrierte Produktentwicklung
Postf. 41 20, 39016 Magdeburg
T: (0391) 67-18794 **Fax:** 67-11167
Internet: http://www.stw.de/stz/302.htm
E-Mail: stz302@stw.de
Leiter(in): Prof. Dr.-Ing. Sándor Vajna

t 1 608
Steinbeis-Transferzentrum
Leistungselektronik - Elektrothermische Verfahren
Am Deichwall 5, 39126 Magdeburg
T: (0391) 50 33 05 **Fax:** 50 33 05
Internet: http://www.stw.de/stz/175.htm
E-Mail: stz175@stw.de
Leiter(in): Prof. Dr.-Ing. habil. Hubert Mecke

t 1 609
Steinbeis-Transferzentrum
Magdeburg
Beimsstr. 89a, 39110 Magdeburg
T: (0391) 7 36 02 34 **Fax:** 7 36 02 34
Internet: http://www.stw.de/stz/163.htm
E-Mail: stz163@stw.de
Leiter(in): Dipl.-Ing. Klaus-Jürgen Magarin

t 1 610
Steinbeis-Transferzentrum
Materialflußtechnik und -logistik
Universitätsplatz 2, 39106 Magdeburg
T: (0391) 6 71 87 61 **Fax:** 6 71 26 46
Internet: http://www.stw.de/stz/188.htm
E-Mail: stz188@stw.de
Leiter(in): Dr.-Ing. Klaus Richter

t 1 611
Steinbeis-Transferzentrum
Konstruktion, Tribologie und Prototypenbau
Universitätsplatz 2, 39106 Magdeburg
T: (0391) 6 71 86 94 **Fax:** 6 71 27 06
Internet: http://www.stw.de/stz/186.htm
E-Mail: stz186@stw.de
Leiter(in): Dr.-Ing. habil. Rüdiger Kluge

t 1 612
Steinbeis-Transferzentrum
Verbrennungsmotoren, Kolbenmaschinen und Meßtechnik
Universitätsplatz 2 Geb. 14, 39106 Magdeburg
T: (0391) 67-18712
Internet: http://www.stw.de/stz/416.htm
E-Mail: stz416@stw.de
Leiter(in): Prof. Dr.-Ing. Helmut Tschöke

t 1 613
Steinbeis-Transferzentrum
Elektrische Netze und Regenerative Energiequellen
Mittelstr. 28, 39114 Magdeburg
T: (0391) 5 63 97
Internet: http://www.stw.de/stz/510.htm
E-Mail: stz510@stw.de
Leiter(in): Prof. Dr.-Ing. habil. Zbigniew Antoni Styczynski

t 1 614
Steinbeis-Transferzentrum
Investitionsgüter-Marketing
Am Feldsaum 5a, 76316 Malsch
T: (07246) 94 20 33   **Fax:** 94 20 35
Internet: http://www.stw.de/stz/482.htm
E-Mail: stz482@stw.de
Leiter(in): Prof. Dr. Dieter Hoppen

t 1 615
Steinbeis-Transferzentrum
Anwenderorientierte CIM-Technologie
Coblitzweg 7, 68163 Mannheim
T: (0621) 41 05-231   **Fax:** (06167) 91 26 57
Internet: http://www.stw.de/stz/146.htm
E-Mail: stz146@stw.de
Leiter(in): Prof. Dr.-Ing. Werner Weinert

t 1 616
Steinbeis-Transferzentrum
Mikroelektronik, Sensorik und Softwaretechnik
Windeckstr. 110, 68163 Mannheim
T: (0621) 2 92-6351   **Fax:** 2 92-6311
Internet: http://www.stw.de/stz/84.htm
E-Mail: stz84@stw.de
Leiter(in): Prof. Dr.-Ing. Gerhard Albert

t 1 617
Steinbeis-Transferzentrum
Technische Beratung an der Fachhochschule Mannheim
Windeckstr. 110, 68163 Mannheim
T: (0621) 2 92-6316   **Fax:** 2 92-6452
Internet: http://www.stw.de/stz/27.htm
E-Mail: stz27@stw.de
Leiter(in): Prof. Dr. Heinz Trasch

t 1 618
Steinbeis-Transferzentrum
Verfahrenstechnik, Bio- und Umwelttechnik an der Fachhochschule Mannheim
Windeckstr. 110, 68163 Mannheim
T: (0621) 2 92-63 82   **Fax:** 2 92-64 19
Internet: http://www.stw.de/stz/66.htm
E-Mail: stz66@stw.de
Leiter(in): Prof. Dr. Jens Hagen

t 1 619
Steinbeis-Transferzentrum
für angewandte biologische Chemie
Schulzenstr. 4, 68259 Mannheim
T: (0621) 7 02 64 83   **Fax:** 7 02 64 86
Internet: http://www.stw.de/stz/359.htm
E-Mail: stz359@stw.de
Leiter(in): Dr.rer.nat. Manfred Frey

t 1 620
Steinbeis-Transferzentrum
Technologiebewertung und Innovationsberatung (TIB)
Steubenstr. 104, 68199 Mannheim
T: (0621) 8 33 75-0   **Fax:** 8 33 75 22
Internet: http://www.stw.de/stz/413.htm
E-Mail: stz413@stw.de
Leiter(in): Prof. Dr. Udo Wupperfeld

t 1 621
Steinbeis-Transferzentrum
Marketing- und Dienstleistungsmanagement (MDM)
Am Südhang 16, 76359 Marxzell
T: (07248) 43 72   **Fax:** 41 65
Internet: http://www.stw.de/stz/513.htm
E-Mail: stz513@stw.de
Leiter(in): Prof. Peter J. Lehmeier

t 1 622
Steinbeis-Transferzentrum Winterthur
Ländischstr. 107, CH-8706 Meilen
T: (004152) 203-1238   **Fax:** (00411) 7 93 19 28
Internet: http://www.stw.de/stz/290.htm
E-Mail: stz290@stw.de
Leiter(in): Sigrid Friedrichs

t 1 623
Steinbeis-Transferzentrum
Betriebsorganisation (TBO)
Unterer Prielweg 4, 87700 Memmingen
T: (08221) 91 64 01   **Fax:** (08331) 96 20 69
Internet: http://www.stw.de/stz/444.htm
E-Mail: stz444@stw.de
Leiter(in): Prof. Dr.-Ing. Dieter Buchberger
Prof. Dr.-Ing. Helmut Hartberger

t 1 624
Steinbeis-Transferzentrum
Emsland/Leer
Lohberg 10, 49716 Meppen
T: (05931) 97 03 05   **Fax:** 97 03 07
Internet: http://www.stw.de/stz/398.htm
E-Mail: stz398@stw.de
Leiter(in): Dipl.-Ing. (FH) Hermann Blanke
Dipl.-Ing. (FH) Uwe Fritsch

t 1 625
Steinbeis-Transferzentrum
Umweltverfahrenstechnik und Wasserwirtschaft
Peter-Wiese-Str. 1, 59872 Meschede
T: (0291) 5 13 18   **Fax:** 5 13 20
Internet: http://www.stw.de/stz/357.htm
E-Mail: stz357@stw.de
Leiter(in): Prof. Dr.-Ing. Claus Schuster

t 1 626
Steinbeis-Transferzentrum
Wasser- und Abfallwirtschaft
Technisch-Wirtschaftliche Optimierung von Abwasserbehandlungsanlagen
Artilleriestr. 9, 32427 Minden
T: (0571) 83 85-133
Internet: http://www.stw.de/stz/396.htm
E-Mail: stz396@stw.de
Leiter(in): Prof. Dr.-Ing. Johannes Weinig

t 1 627
Steinbeis-Transferzentrum
Team Adventure
Haydnstr. 21, 40789 Monheim
T: (0173) 69 09 02   **Fax:** (02173) 69 09 03
Internet: http://www.stw.de/stz/464.htm
E-Mail: stz464@stw.de
Leiter(in): Dipl.-Ing. Andreas Kötter

t 1 628
Steinbeis-Transferzentrum
Design + Kommunikation
Lohrtalweg 10, 74821 Mosbach
T: (06261) 8 75 52   **Fax:** 8 75 04
Internet: http://www.stw.de/stz/292.htm
E-Mail: stz292@stw.de
Leiter(in): Dipl.-Ing. (FH) Martin Schlusnus

t 1 629
Steinbeis-Transferzentrum
Kunststoffprüfung
Lohrtalweg 10, 74821 Mosbach
T: (06261) 8 75 95   **Fax:** 8 75 33
Internet: http://www.stw.de/stz/202.htm
E-Mail: stz202@stw.de
Leiter(in): Dr. Karl-Heinz Moos

t 1 630
Steinbeis-Transferzentrum
Technologie und Management
Lohrtalweg 10, 74821 Mosbach
T: (06261) 8 75 03   **Fax:** 8 75 33
Internet: http://www.stw.de/stz/43.htm
E-Mail: stz43@stw.de
Leiter(in): Prof. Dipl.-Ing. Reinhold Geilsdörfer

t 1 631
Steinbeis-Transferzentrum
Innovation und Umwelt
Wasemweg 5, 74821 Mosbach
T: (06261) 8 91-500   **Fax:** 8 91-549
Internet: http://www.stw.de/stz/235.htm
E-Mail: stz235@stw.de
Leiter(in): Dipl.-Ing. (FH) Manfred Weigler

t 1 632
Steinbeis-Transferzentrum
Sensorik und Neue Technologien
Lindengasse 6, 74821 Mosbach
T: (06261) 8 75 48   **Fax:** 67 23 79
Internet: http://www.stw.de/stz/543.htm
E-Mail: stz543@stw.de
Leiter(in): Prof. Dr. Rainer Klein

t 1 633
Steinbeis-Transferzentrum
Textiltechnik und Design
Kulmbacher Str. 76, 95213 Münchberg
T: (09251) 99 32 12   **Fax:** 99 32 70
Internet: http://www.stw.de/stz/392.htm
E-Mail: stz392@stw.de
Leiter(in): Prof. Dr. Reinhart Möckel

t 1 634
Steinbeis-Transferzentrum
Regionalentwicklung München
Sonnenstr. 1, 80331 München
T: (089) 54 09 02 30   **Fax:** 54 09 02 32
Internet: http://www.stw.de/stz/326.htm
E-Mail: stz326@stw.de
Leiter(in): Dipl.-Kfm. Franz Dietrich

t 1 635
Steinbeis-Transferzentrum
Zellchip-Technologien (AVZT)
Arcisstr. 21, 80333 München
T: (089) 2 89-22947   **Fax:** 2 89-22950
Internet: http://www.stw.de/stz/564.htm
E-Mail: stz564@stw.de
Leiter(in): Prof. Dr. Bernhard Wolf

t 1 636
Steinbeis-Transferzentrum
TQU@Nord
Maximilianstr. 20, 48147 Münster
Internet: http://www.stw.de/stz/458.htm
E-Mail: stz458@stw.de
Leiter(in): Oliver Kruppa

t 1 637
Steinbeis-Transferzentrum
Objektmanagement
Schloßstr. 131, 73272 Neidlingen
T: (07023) 7 16 23
Internet: http://www.stw.de/stz/584.htm
E-Mail: stz584@stw.de
Leiter(in): Dr.-Ing. Ulrich Lutz

t 1 638
Steinbeis-Transferzentrum
Fabrikplanung
Marlene-Dietrich-Str. 1, 89231 Neu-Ulm
T: (0731) 9 80 62-80   **Fax:** 9 80 62-82
Internet: http://www.stw.de/stz/96.htm
E-Mail: stz96@stw.de
Leiter(in): Dipl.-Ing. Klaus Danksagmüller

t 1 639
Steinbeis-Transferzentrum
Marketing und Finanzierung
Hauptstr. 3, 63843 Niedernberg
T: (06028) 99 65 70   **Fax:** 84 87
Internet: http://www.stw.de/stz/104.htm
E-Mail: stz104@stw.de
Leiter(in): Dipl.-Kffr. Angelika Meier
Peter Wache

t 1 640
Steinbeis-Transferzentrum
Technische Beratung an der Fachhochschule Nürtingen
Schelmenwasen 4-8, 72622 Nürtingen
T: (07022) 4 04-0, 4 04-157   **Fax:** 4 04-166
Internet: http://www.stw.de/stz/28.htm
E-Mail: stz28@stw.de
Leiter(in): Prof. Dipl.-Ing. Klaus Fischer

t 1 641
Steinbeis-Transferzentrum
Erzeugnisentwicklung
c/o
Hauptstr. 5, 09569 Oederan
T: (0371) 5 31-2297   **Fax:** 5 31-2283
Internet: http://www.stw.de/stz/229.htm

t 1 641
E-Mail: stz229@stw.de
Leiter(in): Prof. Dr.-Ing. Eberhard Köhler
Dr.-Ing. Wolfgang Nendel

t 1 642
Steinbeis-Transferzentrum
Technische Simulation
Schillerstr. 21, 75248 Ölbronn-Dürrn
T: (07043) 92 03 15   Fax: 80 51 35
Internet: http://www.stw.de/stz/506.htm
E-Mail: stz506@stw.de
Leiter(in): Dr. Peter Bastian
Prof. Dr. Gabriel Wittum

t 1 643
Steinbeis-Transferzentrum
Sanierung und Finanzierung
Kreuzstr. 27, 76470 Ötigheim
T: (07222) 50 19 84   Fax: 50 19 85
Internet: http://www.stw.de/stz/578.htm
E-Mail: stz578@stw.de
Leiter(in): Klaus Weiers

t 1 644
Steinbeis-Transferzentrum
Dienstleistungs- und Gesundheitsmanagement
Ötisheimerstr. 23, 75443 Ötisheim
T: (0721) 97 35-905   Fax: 97 35-921
Internet: http://www.stw.de/stz/389.htm
E-Mail: stz389@stw.de
Leiter(in): Prof. Dr. Helmut Börkircher
Horst Cox

t 1 645
Steinbeis-Transferzentrum
Energie-, Umwelt- und Reinraumtechnik Offenburg
Badstr. 24a, 77652 Offenburg
T: (0781) 7 83 52   Fax: 7 83 53
Internet: http://www.stw.de/stz/94.htm
E-Mail: stz94@stw.de
Leiter(in): Prof. Dr.-Ing. Siegmar Hesslinger

t 1 646
Steinbeis-Transferzentrum
Meß- und Verfahrenstechnik
Zur Kinzigau 5, 77652 Offenburg
T: (0781) 2 24 48   Fax: 9 70 99 06
Internet: http://www.stw.de/stz/218.htm
E-Mail: stz218@stw.de
Leiter(in): Dipl.-Ing. (FH) Franz Knopf

t 1 647
Steinbeis-Transferzentrum
System- und Regelungstechnik
Robert-Bosch-Str. 3, 77656 Offenburg
T: (0781) 96 54-0   Fax: 96 54-11
Internet: http://www.stw.de/stz/67.htm
E-Mail: stz67@stw.de
Leiter(in): Prof. Dipl.-Ing. Franz Kolb

t 1 648
Steinbeis-Transferzentrum
Technische Beratung
Sternenstr. 10, 77656 Offenburg
T: (0781) 7 01 17   Fax: 7 01 17
Internet: http://www.stw.de/stz/29.htm
E-Mail: stz29@stw.de
Leiter(in): Prof. Dr. Uwe Coehne

t 1 649
Steinbeis-Transferzentrum
Wirtschaftsinformatik
Mühleckle 10, 77797 Ohlsbach
T: (07803) 53 63   Fax: 53 63
Internet: http://www.stw.de/stz/4.htm
E-Mail: stz4@stw.de
Leiter(in): Prof. Dr. Gundolf Riese

t 1 650
Steinbeis-Transferzentrum
Umwelt- und Biotechnologie - Oranienburg
Lehnitzstr. 73, 16515 Oranienburg
T: (03301) 6 98-100   Fax: 6 98-210
Internet: http://www.stw.de/stz/505.htm
E-Mail: stz505@stw.de
Leiter(in): Prof. Dr. rer. nat. Lothar Ebner

t 1 651
Steinbeis-Transferzentrum
Schwingungs- und Biomechanik
Ellenriederstr. 9, 77799 Ortenberg
T: (0781) 7 60 71   Fax: 7 60 71
Internet: http://www.stw.de/stz/124.htm
E-Mail: stz124@stw.de
Leiter(in): Prof. Dr.-Ing. Hans Müller-Storz

t 1 652
Steinbeis-Transferzentrum
für deutsch-japanische Wirtschaftsbeziehungen
Adalbert-Stifter-Str. 27, 85521 Ottobrunn
T: (089) 60 19 04 55   Fax: 66 00 25 56
Internet: http://www.stw.de/stz/500.htm
E-Mail: stz500@stw.de
Leiter(in): Prof. Dr. Franz Waldenberger

t 1 653
Steinbeis-Transferzentrum
Institut für Industriemanagement
Technologiepark 12, 33100 Paderborn
T: (05251) 6 98 98 40   Fax: 6 98 98 41
Internet: http://www.stw.de/stz/442.htm
E-Mail: 442@stw.de
Leiter(in): Prof. Dr. Thomas Knobloch

t 1 654
Steinbeis-Transferzentrum
Integrierter Pflanzenschutz und Ökosysteme
Untere Kirchstr. 6, 07952 Pausa
T: (037432) 76 30   Fax: 2 26 88
Internet: http://www.stw.de/stz/212.htm
E-Mail: stz212@stw.de
Leiter(in): Prof. Dr. rer.nat.habil. Theo Wetzel

t 1 655
Steinbeis-Transferzentrum
Betriebswirtschaft und Arbeitsmedizin an der Fachhochschule Pforzheim
Weinsteige 28, 75177 Pforzheim
T: (07231) 10 54 00   Fax: 35 88 36
Internet: http://www.stw.de/stz/361.htm
E-Mail: stz361@stw.de
Leiter(in): Prof. Dr. phil. Günther Bergmann
Dr.rer.pol. Dr.med. Georg Mall

t 1 656
Steinbeis-Transferzentrum
Design-Innovation
Lindenstr. 46, 75175 Pforzheim
T: (07231) 6 69 09   Fax: 35 21 84
Internet: http://www.stw.de/stz/82.htm
E-Mail: stz82@stw.de
Leiter(in): Prof. Dipl.-Ing. Klaus Limberg

t 1 657
Steinbeis-Transferzentrum
Marketing, Logistik und Unternehmensplanung
Tiefenbronner Str. 65, 75175 Pforzheim
T: (07231) 28-6670
Internet: http://www.stw.de/stz/273.htm
E-Mail: stz273@stw.de
Leiter(in): Prof. Uwe Dittmann

t 1 658
Steinbeis-Transferzentrum
Signalverarbeitungssysteme an der Fachhochschule Pforzheim
Tiefenbronner Str. 65, 75175 Pforzheim
T: (07231) 28 60 64   Fax: 28 65 71
Internet: http://www.stw.de/stz/139.htm
E-Mail: stz139@stw.de
Leiter(in): Prof. Dr.-Ing. Norbert Höptner
Prof. Dr.-Ing. Frank Kesel

t 1 659
Steinbeis-Transferzentrum
Wertanalyse für Kosten- und Produktivitätssteuerung
Tiefenbronner Str. 65, 75175 Pforzheim
T: (07041) 4 22 50   Fax: 4 22 50
Internet: http://www.stw.de/stz/215.htm
E-Mail: stz215@stw.de
Leiter(in): Prof. h.c. Heinrich Mühlbrandt

t 1 660
Steinbeis-Transferzentrum
Regenerative Energien, Umwelt-, Werkstofftechnik
Institut für Berufspädagogik / Elektro-Metalltechnik
Universität Potsdam
Karl-Liebknecht-Str. 24-25 Haus 11, 14482 Potsdam
T: (0331) 9 77-2407   Fax: 9 77-2077
Internet: http://www.stw.de/stz/370.htm
E-Mail: stz370@stw.de
Leiter(in): Prof. Dr. Ernst Schmeer

t 1 661
Steinbeis-Transferzentrum
Digitale Signalverarbeitung
Ländlestr. 8, 78315 Radolfzell
T: (07732) 91 01 20   Fax: 91 01 21
Internet: http://www.stw.de/stz/98.htm
E-Mail: stz98@stw.de
Leiter(in): Prof. Dr.-Ing. Rüdiger Reiß

t 1 662
Steinbeis-Transferzentrum
Unternehmens- und Verwaltungsmanagement
Rauentaler Str. 22 /1, 76437 Rastatt
T: (07222) 94 96-85   Fax: 94 96-86
Internet: http://www.stw.de/stz/177.htm
E-Mail: stz177@stw.de
Leiter(in): Prof. Dr. Peter Dohm
Dipl.-Wirtsch.-Ing. (FH) Klaus Manzke

t 1 663
Steinbeis-Transferzentrum
Südosteuropa
Rauentaler Str. 22 /1, 76437 Rastatt
T: (07221) 18 11 30   Fax: 80 15 77
Internet: http://www.stw.de/stz/573.htm
E-Mail: stz573@stw.de
Leiter(in): Dragana Oberst

t 1 664
Steinbeis-Transferzentrum
Tourismus und Hotellerie
Marienplatz 2, 88212 Ravensburg
T: (0751) 1 42 24   Fax: 35 23 33
Internet: http://www.stw.de/stz/329.htm
E-Mail: stz329@stw.de
Leiter(in): Prof. Dipl.-Hdl. Karl Heinz Hänssler

t 1 665
Steinbeis-Transferzentrum
Landkreis Ravensburg
Marktstr. 10, 88212 Ravensburg
T: (0751) 3 59 06-60   Fax: 3 59 06-70
Internet: http://www.stw.de/stz/561.htm
E-Mail: stz561@stw.de
Leiter(in): Dipl.-Wirtsch.-Ing. (FH) Wolfram Dreier

t 1 666
Steinbeis-Transferzentrum
Werkzeug- & Formenbau
Greutweg 2, 73098 Rechberghausen
T: (0711) 3 18 01 33   Fax: (07161) 5 77 46
Internet: http://www.stw.de/stz/113.htm
E-Mail: stz113@stw.de
Leiter(in): Prof. Dr.-Ing. Thomas Garbrecht

t 1 667
Steinbeis-Transferzentrum
Angewandte und Umwelt-Chemie an der Fachhochschule Reutlingen
Alteburgstr. 150, 72762 Reutlingen
T: (07121) 2 71-478   Fax: 2 71-4
Internet: http://www.stw.de/stz/69.htm
E-Mail: stz69@stw.de
Leiter(in): Prof. Dr. Wolfgang Honnen

t 1 668
Steinbeis-Transferzentrum
Bioanalytik und Produktentwicklung
Alteburgstr. 150, 72762 Reutlingen
T: (07121) 2 71-541   Fax: 2 71-537
Internet: http://www.stw.de/stz/256.htm
E-Mail: stz256@stw.de
Leiter(in): Prof. Dr. Reinhard Kuhn

t 1 669
Steinbeis-Transferzentrum
CAD/CAM
Alteburgstr. 150, 72762 Reutlingen

T: (07121) 2 71-376 Fax: 2 71-605
Internet: http://www.stw.de/stz/93.htm
E-Mail: stz93@stw.de
Leiter(in): Prof. Dipl.-Phys. Norbert Fieles-Kahl

t 1 670
Steinbeis-Transferzentrum
Energie-, Prozeß- und Umwelttechnik
Lange Äcker 4, 72768 Reutlingen
T: (07121) 61 02 45 Fax: 61 02 06
Internet: http://www.stw.de/stz/176.htm
E-Mail: stz176@stw.de
Leiter(in): Dr.-Ing. Gerd Gaiser

t 1 671
Steinbeis-Transferzentrum
Euro-Management-Institut
Pestalozzistr. 73, 72762 Reutlingen
T: (07121) 2 71-428 Fax: 24 09 71
Internet: http://www.stw.de/stz/49.htm
E-Mail: stz49@stw.de
Leiter(in): Prof. Dr. Hans-Werner Stahl

t 1 672
Steinbeis-Transferzentrum
Laser- und Wasserstrahltechnik
Alteburgstr. 150, 72762 Reutlingen
T: (07121) 2 71-530 Fax: 2 71-319
Internet: http://www.stw.de/stz/53.htm
E-Mail: stz53@stw.de
Leiter(in): Prof. Dipl.-Ing. Herbert Sigloch

t 1 673
Steinbeis-Transferzentrum
Automatisierung (STA)
Alteburgstr. 150, 72762 Reutlingen
T: (07121) 2 58 13 Fax: 2 57 13
Internet: http://www.stw.de/stz/87.htm
E-Mail: stz87@stw.de
Leiter(in): Prof. Dr.-Ing. Werner Eißler
Prof. Dr.-Ing. Gerhard Gruhler

t 1 674
Steinbeis-Transferzentrum
Technische Beratung an der Fachhochschule Reutlingen
Alteburgstr. 150, 72762 Reutlingen
T: (07121) 2 71-475 Fax: 2 71-224
Internet: http://www.stw.de/stz/31.htm
E-Mail: stz31@stw.de
Leiter(in): Prof. Dr. Jörg Wurster

t 1 675
Steinbeis-Transferzentrum
Technische Chemie
Hans-Böckler-Str. 14, 72770 Reutlingen
T: (07121) 56 52-0 Fax: 56 52-55
Internet: http://www.stw.de/stz/348.htm
E-Mail: stz348@stw.de
Leiter(in): Dr. rer. nat. Ulrich Schekulin

t 1 676
Steinbeis-Transferzentrum
Technische Elektronik
Hans-Böckler-Str. 14, 72770 Reutlingen
T: (07121) 56 52 20 Fax: 56 52-55
Internet: http://www.stw.de/stz/346.htm
E-Mail: stz346@stw.de
Leiter(in): Dr.-Ing. Dirk Schekulin

t 1 677
Steinbeis-Transferzentrum
Textilveredlung
Alteburgstr. 150, 72762 Reutlingen
T: (07128) 27 76 Fax: 13 88
Internet: http://www.stw.de/stz/157.htm
E-Mail: stz157@stw.de
Leiter(in): Prof. Dipl.-Chem. Gunter Grüninger

t 1 678
Steinbeis-Transferzentrum
Verfahrensentwicklung
Hans-Böckler-Str. 14, 72770 Reutlingen
T: (07121) 56 52-0 Fax: 56 52-55
Internet: http://www.stw.de/stz/76.htm
E-Mail: stz76@stw.de
Leiter(in): Prof. Dipl.-Ing. Karl Schekulin

t 1 679
Steinbeis-Transferzentrum
Logistik und Kommunikation
Alteburgstr. 150, 72762 Reutlingen
T: (07121) 2 71-218 Fax: 6 76 57
Internet: http://www.stw.de/stz/387.htm
E-Mail: stz387@stw.de
Leiter(in): Prof. Dr.-Ing. Günther Happersberger
Prof. Dr.-Ing. Dieter Kunz

t 1 680
Steinbeis-Transferzentrum
Ertragskraftmanagement und Controlling
Alteburgstr. 150, 72762 Reutlingen
T: (07121) 2 71-638 Fax: 2 71-683
Internet: http://www.stw.de/stz/425.htm
E-Mail: stz425@stw.de
Leiter(in): Prof. Dr.-Ing. Thomas Baltzer-Fabarius

t 1 681
Steinbeis-Transferzentrum
Unternehmensentwicklung
Rommelsbacher Str. 27, 72760 Reutlingen
T: (07121) 33 35 67 Fax: 33 35 65
Internet: http://www.stw.de/stz/470.htm
E-Mail: stz470@stw.de
Leiter(in): Prof. PhD Roland Heger

t 1 682
Steinbeis-Transferzentrum
Nationales und Internationales Wirtschaftsrecht
Leibnizstr. 4 /1, 72760 Reutlingen
T: (07121) 57 98 70 Fax: 33 35 65
Internet: http://www.stw.de/stz/504.htm
E-Mail: stz504@stw.de
Leiter(in): Prof. Dr. iur. Bernd Banke

t 1 683
Steinbeis-Transferzentrum
Institut für Europäische Wirtschaftsstudien
Alteburgstr. 150, 72762 Reutlingen
T: (07121) 2 71-407 Fax: 24 09 71
Internet: http://www.stw.de/stz/525.htm
E-Mail: stz525@stw.de
Leiter(in): Prof. Dr. Ottmar Schneck

t 1 684
Steinbeis-Transferzentrum
für Wissensmanagement & Kommunikation
Am Heilbrunnen 47, 72766 Reutlingen
T: (07121) 94 63-330 Fax: 94 63-150
Internet: http://www.stw.de/stz/532.htm
E-Mail: stz532@stw.de
Leiter(in): Dr.-Ing. Wolfgang Sturz

t 1 685
Steinbeis-Transferzentrum
Prozesskontrolle und Datenanalyse
Herderstr. 47, 72762 Reutlingen
T: (07121) 20 62 14 Fax: 20 62 15
Internet: http://www.stw.de/stz/575.htm
E-Mail: stz575@stw.de
Leiter(in): Prof. Dr. Rudolf Kessler
Dipl.-Phys. Waltraud Kessler

t 1 686
Steinbeis-Transferzentrum
Angewandte Einzellanalyse
Waldparkstr. 70a, 85521 Riemerling
T: (089) 60 85 17 04 Fax: 5 99 66 18
Internet: http://www.stw.de/stz/524.htm
E-Mail: stz524@stw.de
Leiter(in): Dr. med. Dipl.-Ing. Michael Speicher

t 1 687
Steinbeis-Transferzentrum
Entwicklung, Meß- und Prüftechnik
Klosterstr. 5, 97222 Rimpar
T: (09365) 89 70 92 Fax: 89 70 93
Internet: http://www.stw.de/stz/415.htm
E-Mail: stz415@stw.de
Leiter(in): Prof. Dr.-Ing. Egon Füglein

t 1 688
Steinbeis-Transferzentrum
Proteom-Analyse
Am Reifergraben 2, 18055 Rostock
T: (0381) 4 94-5871 Fax: 4 94-5882
Internet: http://www.stw.de/stz/424.htm
E-Mail: stz424@stw.de
Leiter(in): Prof. Dr. Hans-Jürgen Thiesen

t 1 689
Steinbeis-Transferzentrum
Geoinformatik Rostock-Greifswald Standort Rostock
Justus-v.-Liebig-Weg 6, 18059 Rostock
T: (0381) 4 98-2185 Fax: 4 98-2188
Internet: http://www.stw.de/stz/447.htm
E-Mail: stz447@stw.de
Leiter(in): Prof. Dr.-Ing. Ralf Bill
Prof. Dr. rer. nat. Reinhard Zölitz-Möller

t 1 690
Steinbeis-Transferzentrum
Wasserwirtschaft und Bodenschutz
c/o Institut für Bodenkunde
Agrarwissenschaftliche Fakultät
Justus-v.-Liebig-Weg 6, 18059 Rostock
T: (0381) 4 98-2088 Fax: 1 98-2159
Internet: http://www.stw.de/stz/468.htm
E-Mail: stz468@stw.de
Leiter(in): Prof. Dr. Peter Leinweber
Dr.-Ing. habil. Hartmut Eckstädt

t 1 691
Steinbeis-Transferzentrum
Analytische Visualisierungstechniken und Zellchip-Technologien (AVZT)
c/o Universität Rostock
Fachbereich Biologie
18051 Rostock
T: (0381) 4 98-1974 Fax: 4 98-1969
Internet: http://www.stw.de/stz/483.htm
E-Mail: stz483@stw.de
Leiter(in): Prof. Dr. Dieter G. Weiss

t 1 692
Steinbeis-Transferzentrum
Biomedizinische Technik und angewandte Pharmakologie in der Ophtalmologie
c/o Universitäts-Augenklinik Rostock
Doberaner Str. 140, 18057 Rostock
T: (0381) 4 94-8500 Fax: 4 94-8502
Internet: http://www.stw.de/stz/507.htm
E-Mail: stz507@stw.de
Leiter(in): Prof. Dr. med. Rudolf F. Guthoff

t 1 693
Steinbeis-Transferzentrum
Datenbanken, Suchmaschinen und Digitale Bibliotheken
c/o Universität Rostock
Fachbereich Informatik
Albert-Einstein-Str. 21, 18059 Rostock
T: (0381) 4 98-3401 Fax: 4 98-3443
Internet: http://www.stw.de/stz/546.htm
E-Mail: stz546@stw.de
Leiter(in): Prof. Dr. Andreas Heuer

t 1 694
Steinbeis-Transferzentrum
Entwicklung von biotechnologischen Diagnose- und Therapieverfahren
Gehlsheimer Str. 20, 18147 Rostock
T: (0381) 4 94-9540 Fax: 4 94-9542
Internet: http://www.stw.de/stz/572.htm
E-Mail: stz572@stw.de
Leiter(in): Prof. Dr. Arndt Rolfs

t 1 695
Steinbeis-Transferzentrum
Ökotoxikologie und Ökophysiologie
Kreuzlinger Str. 1, 72108 Rottenburg
T: (07472) 91 74 99 Fax: 28 18 86
Internet: http://www.stw.de/stz/537.htm
E-Mail: stz537@stw.de
Leiter(in): Dr. Rita Triebskorn

t 1 696
Steinbeis-Transferzentrum
Ressourcenmanagement, Forst- und Holzwirtschaft
Schadenweilerhof 1, 72108 Rottenburg
T: (07472) 9 51-236 Fax: 9 51-200
Internet: http://www.stw.de/stz/313.htm
E-Mail: stz313@stw.de
Leiter(in): Prof. Rainer Wagelaar

t 1 697
Steinbeis-Transferzentrum
Innovations- und Technologiemanagement
U1. OF 10, SLO-62342 Ruse/Maribor
T: (00386) 62-22840   Fax: 62-21207
Internet: http://www.stw.de/stz/297.htm
E-Mail: stz297@stw.de
Leiter(in): Magister Blaz Rafolt

t 1 698
Steinbeis-Transferzentrum
Informationstechnische Systeme am AiS
Schloß Birlinghoven, 53757 St Augustin
T: (02241) 14-2677
Internet: http://www.stw.de/stz/481.htm
E-Mail: stz481@stw.de
Leiter(in): Prof. Dr. rer. nat. Thomas Christaller

t 1 699
Steinbeis-Transferzentrum
Antriebstechnik
Leopoldstr. 1, 78112 St Georgen
T: (07724) 17 70   Fax: 53 69
Internet: http://www.stw.de/stz/46.htm
E-Mail: stz46@stw.de
Leiter(in): Prof. Dr.-Ing. Konstantin Meyl

t 1 700
Steinbeis-Transferzentrum
Neue Medien - Marketing - Kommunikation
Leopoldstr. 1, 78112 St Georgen
T: (07721) 5 87 41   Fax: 5 14 78
Internet: http://www.stw.de/stz/232.htm
E-Mail: stz232@stw.de
Leiter(in): Prof. Dr. Fritz Steimer
Dipl.-Inform. Dieter Friedrich

t 1 701
OOO Steinbeis-Zentrum - Sankt Petersburg
Uliza Karawannaja 1, RUS-191011 St. Petersburg
T: (007812) 3 46 82-14   Fax: 1 10 59 08
Internet: http://www.stw.de/stz/553.htm
E-Mail: stz553@stw.de
Leiter(in): Dipl.-Kfm. Angelika Meier

t 1 702
Steinbeis-Transferzentrum St. Wendel
Werschweiler Str. 40, 66606 St Wendel
T: (06851) 9 03-191   Fax: 9 03-104
Internet: http://www.stw.de/stz/540.htm
E-Mail: stz540@stw.de
Leiter(in): Dipl.-Ing. Alexander Stückler

t 1 703
Steinbeis-Transferzentrum
Technische Beratung an der Fachhochschule Schmalkalden
Blechhammer 4-9, 98574 Schmalkalden
T: (03683) 6 88-141   Fax: 6 88-199
Internet: http://www.stw.de/stz/260.htm
E-Mail: stz260@stw.de
Leiter(in): Dipl.-Ing. Harald Eckardt

t 1 704
Steinbeis-Transferzentrum
Informationssysteme und Angewandte Analytik
Garbsener Str. 16, 39218 Schönebeck
T: (03928) 8 07 51   Fax: 1 94 41
Internet: http://www.stw.de/stz/343.htm
E-Mail: stz343@stw.de
Leiter(in): Dr. rer. nat. Bernd Feuerstein

t 1 705
Steinbeis-Transferzentrum
Gestaltung innovativer Prozesse und Systeme
Paul-Illhardt-Str. 76, 39218 Schönebeck
T: (03928) 40 57 33   Fax: 40 57 35
Internet: http://www.stw.de/stz/465.htm
E-Mail: stz465@stw.de
Leiter(in): Dr.-Ing. Harald Apel

t 1 706
Steinbeis-Transferzentrum
Intelligente Bioinformatiksysteme
Strahlenberger Str. 26, 69198 Schriesheim
T: (0172) 76 49 41
Internet: http://www.stw.de/stz/356.htm

E-Mail: stz356@stw.de
Leiter(in): Dr. Roland Eils
Privatdoz. Dr. Hans-Hermann Gerdes

t 1 707
Steinbeis-Transferzentrum
Technische Beratung
Rektor-Klaus-Str. 100, 73525 Schwäbisch Gmünd
T: (07171) 6 02-614   Fax: 6 92 59
Internet: http://www.stw.de/stz/32.htm
E-Mail: stz32@stw.de
Leiter(in): Prof. George Burden

t 1 708
Steinbeis-Transferzentrum
Geräte und Hygienetechnik in Haushalt und Großküche
Anton-Günther-Str. 51, 72488 Sigmaringen
T: (07571) 7 32-238   Fax: 8 32-250
Internet: http://www.stw.de/stz/531.htm
E-Mail: stz531@stw.de
Leiter(in): Prof. Dr. Gerhard Schwarze

t 1 709
Steinbeis-Transferzentrum
Stade der Landschaft
Archivstr. 3-5, 21682 Stade
T: (04141) 92 29-41, 92 29-42   Fax: 92 29-43
Internet: http://www.stw.de/stz/469.htm
E-Mail: stz469@stw.de
Leiter(in): Dipl.-Wirtsch.-Ing. (FH) Arne Engelke-Denker

t 1 710
Steinbeis-Transferzentrum
Produktionsmanagement
Fischerweg 2, CH-9323 Steinach
T: (004156) 4 50 37 33   Fax: (040) 36 03-086251
Internet: http://www.stw.de/stz/298.htm
E-Mail: stz298@stw.de
Leiter(in): Dr. Dipl.-Ing. Peter Hüttebräuker

t 1 711
Steinbeis-Transferzentrum
Bildverarbeitung und Medizininformatik
Dr.-Wilhelm-Külz-Str. 16, 18435 Stralsund
T: (03831) 38 30 84   Fax: 38 30 85
Internet: http://www.stw.de/stz/384.htm
E-Mail: stz384@stw.de
Leiter(in): Prof. Dr. Hans-Heino Ehricke

t 1 712
Steinbeis-Transferzentrum
Projektierung und Evaluierung von Netzwerken
Zur Schwedenschanze 15, 18435 Stralsund
T: (03831) 49-1458
Internet: http://www.stw.de/stz/391.htm
E-Mail: stz391@stw.de
Leiter(in): Prof. Dr. rer. nat. Bernhard Stütz
Prof. Dr.-Ing. Bernd Zehner

t 1 713
Steinbeis-Transferzentrum
Internationale Strategien
c/o ULP-Industrie
19 rue Maréchal Lefèbvre, F-67100 Straßburg
T: (0033388) 54 30 00   Fax: 54 36 90
Internet: http://www.stw.de/stz/395.htm
E-Mail: stz395@stw.de
Leiter(in): Prof. Michel Ph. Mattoug
Prof. Ralf Pixa

t 1 714
Steinbeis-Transferzentrum
Aerodynamik, Flugzeug- und Leichtbau
Ruppmannstr. 41, 70565 Stuttgart
T: (0711) 78 19 26-0   Fax: 78 19 26-19
Internet: http://www.stw.de/stz/267.htm
E-Mail: stz267@stw.de
Leiter(in): Prof. Dipl.-Ing. Rudolf Voit-Nitschmann
Dipl.-Ing. Berthold Karrais

t 1 715
Steinbeis-Transferzentrum
Agrar-, Umwelt- und Energietechnik an der Universität Hohenheim
Garbenstr. 9, 70599 Stuttgart
T: (07022) 25 04 40   Fax: (0711) 95 96 83
Internet: http://www.stw.de/stz/277.htm

E-Mail: stz277@stw.de
Leiter(in): Prof. Dr.-Ing. Werner Mühlbauer

t 1 716
Steinbeis-Transferzentrum
Angewandte Systemanalyse
Rotwiesenstr. 22, 70599 Stuttgart
T: (0711) 4 79 01 81
Internet: http://www.stw.de/stz/262.htm
E-Mail: stz262@stw.de
Leiter(in): Prof. Dr.rer.nat. Günter Haag

t 1 717
Steinbeis-Transferzentrum
Business-Service International
Willi-Bleicher-Str. 19, 70174 Stuttgart
T: (0711) 18 39-5   Fax: 2 26 10 76
Internet: http://www.stw.de/stz/291.htm
E-Mail: stz291@stw.de
Leiter(in): Sigrid Friedrichs

t 1 718
Steinbeis-Transferzentrum
China-Projekte
Nobelstr. 10, 70569 Stuttgart
T: (0711) 6 85 66 19
Internet: http://www.stw.de/stz/351.htm
E-Mail: stz351@stw.de
Leiter(in): Prof. Eberhard Wüst

t 1 719
Steinbeis-Transferzentrum
Computergrafik, -animation und Video
Nobelstr. 10, 70569 Stuttgart
T: (0711) 6 85-28 30   Fax: 6 85-28 50
Internet: http://www.stw.de/stz/10.htm
E-Mail: stz10@stw.de
Leiter(in): Prof. Dr. Uwe Schlegel

t 1 720
DFTA-TZ Stuttgart
Flexodruck-Technologiezentrum an der Hochschule für Druck und Medien
Nobelstr. 10, 70569 Stuttgart
T: (0711) 67 89 60   Fax: 6 78 96-10
Internet: http://www.stw.de/stz/189.htm
E-Mail: stz189@stw.de
Leiter(in): Prof. Dipl.-Ing. Karl-Heinz Meyer

t 1 721
Steinbeis-Transferzentrum
Druck und Verpackung
Nobelstr. 10, 70569 Stuttgart
T: (07032) 2 85 39   Fax: 2 85 39
Internet: http://www.stw.de/stz/3.htm
E-Mail: stz3@stw.de
Leiter(in): Prof. Dipl.-Phys. Axel Ritz

t 1 722
Steinbeis-Transferzentrum
Energie-, Gebäude- und Solartechnik - Stuttgart
Heßbrühlstr. 15, 70565 Stuttgart
T: (0711) 9 90 07-60   Fax: 9 90 07-99
Internet: http://www.stw.de/stz/327.htm
E-Mail: stz327@stw.de
Leiter(in): Prof. Dr.-Ing. Norbert Manfred Fisch

t 1 723
Steinbeis-Transferzentrum
Internationale Technologische Zusammenarbeit
Kienestr. 35, 70174 Stuttgart
T: (0711) 18 39-652   Fax: 18 39-685
Internet: http://www.stw.de/stz/138.htm
E-Mail: stz138@stw.de
Leiter(in): Dipl.-Ing. Jan Eric Bandera
Dipl.-Ing. Oliver Damnik

t 1 724
ISW-Institut für Südwestdeutsche Wirtschaftsforschung
Baumreute 12, 70199 Stuttgart
T: (0711) 6 49 84 07   Fax: 6 49 20 40
Internet: http://www.stw.de/stz/15.htm
E-Mail: stz15@stw.de
Leiter(in): Dipl.-Volksw. Bernd Volkert

t 1 725

Steinbeis-Transferzentrum
Kraftwerks- und Feuerungstechnik, Luftreinhaltung
Pfaffenwaldring 23, 70569 Stuttgart
T: (0711) 6 77 30 07   **Fax:** 6 77 30 07
Internet: http://www.stw.de/stz/281.htm
E-Mail: stz281@stw.de
Leiter(in): Prof. Dr.-Ing. Klaus R.G. Hein
Dipl.-Ing. (FH) Bernhard Pfau

t 1 726

Steinbeis-Transferzentrum
Finanzierung und Controlling
Chopinstr. 17, 70195 Stuttgart
T: (0711) 69 64 22   **Fax:** 69 64 28
Internet: http://www.stw.de/stz/129.htm
E-Mail: stz129@stw.de
Leiter(in): Dipl.-Kfm. lic.oec. Rüdiger Kraus

t 1 727

Steinbeis-Transferzentrum
Marketing und Vertriebsmanagement
Kienestr. 37, 70174 Stuttgart
T: (0711) 18 39-674   **Fax:** 2 26 10 76
Internet: http://www.stw.de/stz/196.htm
E-Mail: stz196@stw.de
Leiter(in): Dipl.-Ing. (FH) Rainer Gehrung

t 1 728

Steinbeis-Transferzentrum
Marktorientierte Unternehmensführung an der Universität Hohenheim
70593 Stuttgart
Schloß Hohenheim 1 Schloß Osthof-Ost/510 D,
70599 Stuttgart
T: (0711) 4 59-2925   **Fax:** 4 59-3718
Internet: http://www.stw.de/stz/307.htm
E-Mail: stz307@stw.de
Leiter(in): Prof. Dr. Hans Hörschgen

t 1 729

Steinbeis-Transferzentrum
Produktion und Management
Kienestr. 37, 70174 Stuttgart
T: (0711) 18 39-705   **Fax:** 18 39-706
Internet: http://www.stw.de/stz/92.htm
E-Mail: stz92@stw.de
Leiter(in): Dipl.-Wirtsch.-Ing. Arno Voegele

t 1 730

Steinbeis-Transferzentrum
Qualifizierung
Willi-Bleicher-Str. 19, 70174 Stuttgart
T: (0711) 18 39-650, 18 39-634   **Fax:** 18 39-687
Internet: http://www.stw.de/stz/246.htm
E-Mail: stz246@stw.de
Leiter(in): Dipl.-Soz.Päd. (BA) Patricia Kuppinger-Beck
Dipl.-Ing. (BA) Dipl.-Exportwirt Walter Beck

t 1 731

Steinbeis-Transferzentrum
Technische Beratung an der Fachhochschule Stuttgart
Postf. 10 14 52, 70013 Stuttgart
T: (0711) 1 21-2686   **Fax:** 1 21-2666
Internet: http://www.stw.de/stz/35.htm
E-Mail: stz35@stw.de
Leiter(in): Prof. Dr.-Ing. Peter Breuer

t 1 732

Steinbeis-Transferzentrum
Technologiemanagement
Königstr. 80, 70173 Stuttgart
T: (0711) 2 22 94 64 34   **Fax:** 2 22 94 64 35
Internet: http://www.stw.de/stz/545.htm
E-Mail: stz545@stw.de
Leiter(in): Wolfgang C. Vogel

t 1 733

Steinbeis-Transferzentrum
Technologiemarketing
Willi-Bleicher-Str. 19, 70174 Stuttgart
T: (0711) 18 39-5   **Fax:** 2 26 10 76
Internet: http://www.stw.de/stz/195.htm
E-Mail: stz195@stw.de
Leiter(in): Dipl.-Ing. (FH) Hermann Blanke
Dipl.-Ing. (FH) Uwe Fritsch

t 1 734

Steinbeis-Transferzentrum
Technologie- und Umweltmanagement
Willi-Bleicher-Str. 19, 70174 Stuttgart
T: (0711) 18 39-666   **Fax:** 2 26 10 76
Internet: http://www.stw.de/stz/44.htm
E-Mail: stz44@stw.de
Leiter(in): Dipl.-Ing. (FH) Reiner Lohse

t 1 735

Steinbeis-Transferzentrum
Verkehrssysteme an der Berufsakademie Stuttgart
Jägerstr. 58, 70174 Stuttgart
T: (0711) 18 49-6 34   **Fax:** 18 49-6 51
Internet: http://www.stw.de/stz/250.htm
E-Mail: stz250@stw.de
Leiter(in): Prof. Dipl.-Math. Burkard Neumayer

t 1 736

Steinbeis-Transferzentrum
Internet-Broadcasting
Wolframstr. 32-34, 70191 Stuttgart
T: (0711) 2 57 06 48   **Fax:** 2 57 06 47
Internet: http://www.stw.de/stz/478.htm
E-Mail: stz478@stw.de
Leiter(in): Prof. Dr. rer. oec. Wolfgang von Keitz
Prof. Susanne Speck

t 1 737

Steinbeis-Transferzentrum
Biotechnologie-Agentur Baden-Württemberg
Willi-Bleicher-Str. 19, 70174 Stuttgart
T: (0711) 18 39-5   **Fax:** 2 26 10 76
Internet: http://www.stw.de/stz/480.htm
E-Mail: stz480@stw.de
Leiter(in): Prof. Dr. Johann Löhn

t 1 738

Steinbeis-Transferzentrum
Projektentwicklung
Willi-Bleicher-Str. 19, 70174 Stuttgart
T: (0711) 18 39-633   **Fax:** 2 26 10 76
Internet: http://www.stw.de/stz/514.htm
E-Mail: stz514@stw.de
Leiter(in): Dipl.-Ing. (FH) Siegfried Walter

t 1 739

Steinbeis-Europa-Zentrum - Stuttgart
Willi-Bleicher-Str. 19, 70174 Stuttgart
T: (0711) 1 23-40 10   **Fax:** 1 23-40 11
Internet: http://www.stw.de/stz/516.htm
E-Mail: stz516@stw.de
Leiter(in): Prof. Dr.-Ing. Peter S. Nieß

t 1 740

Steinbeis Beteiligungs-Holding GmbH
Willi-Bleicher-Str. 19, 70174 Stuttgart
T: (0711) 18 39-5   **Fax:** 2 26 10 76
Internet: http://www.stw.de/stz/550.htm
E-Mail: stz550@stw.de
Leiter(in): Dipl.-Kfm. Manfred Mattulat

t 1 741

Steinbeis Beteiligungs-Beratung GmbH
Willi-Bleicher-Str. 19, 70174 Stuttgart
T: (0711) 18 39-704   **Fax:** 2 26 10 76
Internet: http://www.stw.de/stz/551.htm
E-Mail: stz551@stw.de
Leiter(in): Dipl.-Ing. (FH) Peter Wittmann

t 1 742

Steinbeis-Transferzentrum XI-Works
Olgastr. 86, 70180 Stuttgart
T: (0711) 24 83 98-10   **Fax:** 24 83 98-29
Internet: http://www.stw.de/stz/576.htm
E-Mail: stz576@stw.de
Leiter(in): Herbert Klein

t 1 743

Steinbeis-Transferzentrum
Biotech-Consult
Willi-Bleicher-Str. 19, 70174 Stuttgart
T: (0711) 18 39-772   **Fax:** 18 39-655
Internet: http://www.stw.de/stz/579.htm
E-Mail: stz579@stw.de
Leiter(in): Dipl.-Biologe Dr. Frank Mühlenbeck

t 1 744

Steinbeis-Transferzentrum
Angewandte Photovoltaik und Dünnschichttechnik
Paulusstr. 46a, 70197 Stuttgart
T: (0711) 6 85-7140   **Fax:** 6 85-7141
Internet: http://www.stw.de/stz/583.htm
E-Mail: stz583@stw.de
Leiter(in): Prof. Dr. habil. Jürgen H. Werner

t 1 745

SBG Steinbeis GmbH
Willi-Bleicher-Str. 19, 70174 Stuttgart
T: (0711) 18 39-5   **Fax:** 2 26 10 76
Leiter(in): Prof. Dr. Johann Löhn

t 1 746

ImmoTech Steinbeis GmbH
Willi-Bleicher-Str. 19, 70174 Stuttgart
T: (0711) 18 39-5   **Fax:** 2 26 10 76
Leiter(in): Prof. Dr. Johann Löhn

t 1 747

Steinbeis-Transferzentrum
Wirtschaftlicher und sozialer Wandel
Azenbergstr. 12, 70174 Stuttgart
T: (0711) 1 21-1450   **Fax:** 1 21-1455
Internet: http://www.stw.de/stz/373.htm
E-Mail: stz373@stw.de
Leiter(in): Prof. Dr. Wolf Gaebe
Prof. Dr. Dieter Urban

t 1 748

Steinbeis-Transferzentrum Kapital
Willi-Bleicher-Str. 19, 70174 Stuttgart
T: (0711) 18 39-5   **Fax:** 2 66 10 76
Internet: http://www.stw.de/stz/153.htm
E-Mail: stz153@stw.de
Leiter(in): Emil Kremm

t 1 749

Steinbeis-Transferzentrum Immobilien
Willi-Bleicher-Str. 19, 70174 Stuttgart
T: (0711) 18 39-5   **Fax:** 2 26 10 76
Internet: http://www.stw.de/stz/299.htm
E-Mail: stz299@stw.de
Leiter(in): Emil Kremm

t 1 750

Steinbeis-Transferzentrum
Internationales Institut für Integrales Design
Alarichstr. 19, 70469 Stuttgart
T: (0711) 25 75-236   **Fax:** 25 75-235
Internet: http://www.stw.de/stz/353.htm
E-Mail: stz353@stw.de
Leiter(in): Prof. Dipl.-Ing. Architekt George Teodorescu

t 1 751

Steinbeis-Transferzentrum
Technische Keramik
Heisenbergstr. 5, 70569 Stuttgart
T: (0711) 68 61-109   **Fax:** 68 61-255
Internet: http://www.stw.de/stz/382.htm
E-Mail: stz382@stw.de
Leiter(in): Prof. Dr. rer. nat. Fritz Aldinger

t 1 752

Steinbeis-Transferzentrum
Management-Innovation-Technologie (MIT)
Kienestr. 37, 70174 Stuttgart
T: (0711) 18 39-794   **Fax:** 18 39-658
Internet: http://www.stw.de/stz/438.htm
E-Mail: stz438@stw.de
Leiter(in): Dr.-Ing. Günther Würtz

t 1 753

Steinbeis-Transferzentrum DiAccent
Postf. 10 14 52, 70013 Stuttgart
T: (0711) 1 21-2610   **Fax:** 1 21-2711
Internet: http://www.stw.de/stz/445.htm
E-Mail: stz445@stw.de
Leiter(in): Prof. Dr. Hans F. Mohl

t 1 754

TZ Kommunikationstechnik GmbH
Wilhelmstr. 12, 70182 Stuttgart
T: (0711) 4 60 99 0   **Fax:** 4 60 99 99
Internet: http://www.stw.de/stz/450.htm

t 1 754
E-Mail: stz450@stw.de
Leiter(in): Dipl.-Ing. Christoph Schmitt

t 1 755
Steinbeis-Transferzentrum object-IT
Kienestr. 35, 70174 Stuttgart
T: (0711) 18 39-786
Internet: http://www.stw.de/stz/475.htm
E-Mail: stz475@stw.de
Leiter(in): Dipl.-Ing. (FH) Peter Schupp

t 1 756
Steinbeis-Transferzentrum
Computational Engineering
Schillerstr. 7, 66280 Sulzbach
T: (06897) 9 24 89 11   Fax: 9 24 89 20
Internet: http://www.stw.de/stz/533.htm
E-Mail: stz533@stw.de
Leiter(in): Prof. Dr.-Ing. Uwe Reinert

t 1 757
Steinbeis Japan Inc.
Nogizaka Building
9-6-41, Akasaka, Minato-ku, J- Tokyo 107-0052
T: (00813) 34 75 53 37   Fax: 34 75 53 35
Internet: http://www.stw.de/stz/200.htm
E-Mail: stz200@stw.de
Leiter(in): Sachihiko Kobori

t 1 758
Steinbeis-Transferzentrum
ASICON Suginami-Ku
3-39-8-207 Shoan, J- Tokyo 167-0054
T: (00813) 53 25-3055   Fax: 53 36-8799
Internet: http://www.stw.de/stz/385.htm
E-Mail: stz385@stw.de
Leiter(in): Dr. Michael Becht

t 1 759
Steinbeis-Transferzentrum
Produktion und Qualität
Talhauserstr. 27 /1, 78647 Trossingen
T: (07723) 9 20-175   Fax: (07425) 3 24 11
Internet: http://www.stw.de/stz/120.htm
E-Mail: stz120@stw.de
Leiter(in): Prof. Dr.-Ing. Jürgen Schmidt

t 1 760
Steinbeis-Transferzentrum
Biomedizinische Optik und Funktionsprüfung
Jasminweg 23, 72076 Tübingen
T: (07071) 65 05-10, 65 05-11, 65 05-14   Fax: 65 05-15
Internet: http://www.stw.de/stz/378.htm
E-Mail: stz378@stw.de
Leiter(in): Prof. Dr. med. Eberhart Zrenner

t 1 761
Steinbeis-Transferzentrum
Bioorganische Chemie an der Universität Tübingen
Auf der Morgenstelle 18, 72076 Tübingen
T: (07071) 2 97-6925   Fax: 29-6925
Internet: http://www.stw.de/stz/309.htm
E-Mail: stz309@stw.de
Leiter(in): Prof. Dr. Günther Jung

t 1 762
Steinbeis-Transferzentrum
Dental Products-Clinical Testing/Certification (DCTC)
ZZMK
Osianderstr. 2-8, 72076 Tübingen
T: (07071) 2 98 51 52   Fax: 29 59 67
Internet: http://www.stw.de/stz/342.htm
E-Mail: stz342@stw.de
Leiter(in): Prof. Dr. med. dent. Heiner Weber

t 1 763
Steinbeis-Transferzentrum
Dentalmedizin an der Universität Tübingen
Osianderstr. 2-8, 72076 Tübingen
T: (07071) 2 97-6180   Fax: 29-7525
Internet: http://www.stw.de/stz/330.htm
E-Mail: stz330@stw.de
Leiter(in): Prof. Dr. med. dent. Claus Löst

t 1 764
Steinbeis-Transferzentrum
Graphische Datenverarbeitung und Bildverarbeitung (G+B) an der Universität Tübingen
Auf der Morgenstelle 10, C9, 72076 Tübingen
T: (07071) 2 97-6356   Fax: 64 04 99
Internet: http://www.stw.de/stz/279.htm
E-Mail: stz279@stw.de
Leiter(in): Prof. Dr.-Ing. Wolfgang Straßer

t 1 765
Steinbeis-Transferzentrum
Molekulare Pathophysiologie und -pharmakologie
Gmelinstr. 5, 72076 Tübingen
T: (07071) 2 97-2194   Fax: 29-5618
Internet: http://www.stw.de/stz/332.htm
E-Mail: stz332@stw.de
Leiter(in): Prof. Dr. med. Florian Lang

t 1 766
Steinbeis-Transferzentrum
Multimediale Kommunikation und Maschinelle Sprachverarbeitung an der Universität Tübingen
Wilhelmstr. 50, 72074 Tübingen
T: (07071) 29-74035   Fax: 29-4282
Internet: http://www.stw.de/stz/306.htm
E-Mail: stz306@stw.de
Leiter(in): Prof. Dr. Eberhard W. Hinrichs
Dr. Norbert Hofmann
Prof. Dr. Uwe Mönnich

t 1 767
Steinbeis-Transferzentrum
Softwaretechnologie an der Universität Tübingen
Wilhelm-Schickard-Institut für Informatik
Sand 13, 72076 Tübingen
T: (07071) 2 97-5457   Fax: 61 07 84
Internet: http://www.stw.de/stz/372.htm
E-Mail: stz372@stw.de
Leiter(in): Prof. Dr. rer. nat. Herbert Klaeren

t 1 768
Steinbeis-Transferzentrum
Internationales Marketing
Schlossbergstr. 10, 72070 Tübingen
T: (07071) 55 97-0   Fax: 55 97-30
Internet: http://www.stw.de/stz/179.htm
E-Mail: stz179@stw.de
Leiter(in): Dipl.-Ing. Dipl.-Expw. Bernd Zeutschel

t 1 769
Steinbeis-Transferzentrum
Gesundheitstechnologie
Zentrum für medizinische Forschung
Waldhörnlestr. 22, 72072 Tübingen
T: (07071) 29 81 23   Fax: 29 55 69
Internet: http://www.stw.de/stz/280.htm
E-Mail: stz280@stw.de
Leiter(in): Prof. Dr. Gerhard Fritz Bueß
Dr. Marc O. Schurr

t 1 770
Steinbeis-Transferzentrum
Objekt- und Internet-Technologien
Sand 13, 72076 Tübingen
T: (07071) 29-77047   Fax: 29-5060
Internet: http://www.stw.de/stz/411.htm
E-Mail: stz411@stw.de
Leiter(in): Prof. Dr. Dipl.-Inform. Wolfgang Küchlin

t 1 771
Steinbeis-Transferzentrum
Qualitätsmanagement für Energiespeicher und Wandler
Auf der Morgenstelle 8, 72076 Tübingen
T: (07071) 2 97 69 04   Fax: 29 54 90
Internet: http://www.stw.de/stz/414.htm
E-Mail: stz414@stw.de
Leiter(in): Prof. Dr. Christiane Ziegler
Prof. Dr. J. Schoonman
Dr. Markus Schweizer-Berberich

t 1 772
Steinbeis-Transferzentrum
Radiopharmazie
Ziegelhüttestr. 46, 72072 Tübingen
T: (07071) 29-87443   Fax: 29-5264
Internet: http://www.stw.de/stz/418.htm
E-Mail: stz418@stw.de
Leiter(in): Prof. Dr. rer. nat. Hans-Jürgen Machulla

t 1 773
Steinbeis-Transferzentrum
Sprachtraining und Kommunikation
Wilhelmstr. 50, 72074 Tübingen
T: (07071) 2 97-2377   Fax: 29-5079
Internet: http://www.stw.de/stz/423.htm
E-Mail: stz423@stw.de
Leiter(in): Prof. Dr. Kurt Kohn

t 1 774
Steinbeis-Transferzentrum
Effiziente Algorithmen und Visualisierung Diskreter Strukturen an der Universität Tübingen
Wilhelm-Schickard-Institut für Informatik
Sand 13, 72076 Tübingen
T: (07071) 2 97-7404   Fax: 29-5061
Internet: http://www.stw.de/stz/512.htm
E-Mail: stz512@stw.de
Leiter(in): Prof. Dr.rer.nat. Michael Kaufmann

t 1 775
Steinbeis-Transferzentrum
Diagnostic & Therapeutic, Medical & Laser-Technology
Derendinger Str. 41, 72072 Tübingen
T: (07071) 7 60 06 52   Fax: 76 04 35
Internet: http://www.stw.de/stz/527.htm
E-Mail: stz527@stw.de
Leiter(in): Prof. Dr.med. Benedikt Jean
Prof. Dr.rer.nat. Dipl.-Phys. Thomas Bende

t 1 776
Steinbeis-Transferzentrum
Biochemische Pharmakologie und Toxikologie
Wilhelmstr. 56, 72074 Tübingen
T: (07071) 29-72274   Fax: 29-2273
Internet: http://www.stw.de/stz/542.htm
E-Mail: stz542@stw.de
Leiter(in): Prof. Dr. med. Karl Walter Bock
Prof. Dr. Michael Schwarz

t 1 777
Steinbeis-Transferzentrum
Optische Chemo- und Biosensoren
Auf der Morgenstelle 8, 72076 Tübingen
T: (07071) 2 97 24 77   Fax: 2 97 69 27
Internet: http://www.stw.de/stz/570.htm
E-Mail: stz570@stw.de
Leiter(in): Prof. Dr. Günter Gauglitz

t 1 778
Steinbeis-Transferzentrum
Computergeführte Antriebs- und Steuerungssysteme (CAS)
Karlstr. 36, 89073 Ulm
T: (0731) 9 68 87-0   Fax: 9 68 87-10
Internet: http://www.stw.de/stz/73.htm
E-Mail: stz73@stw.de
Leiter(in): Prof. Dipl.-Ing. Peter Fleischauer

t 1 779
Steinbeis-Transferzentrum
Energietechnik
Eberhard-Finckh-Str. 11, 89075 Ulm
T: (0731) 9 26 60 81   Fax: 9 26 60 83
Internet: http://www.stw.de/stz/37.htm
E-Mail: stz37@stw.de
Leiter(in): Prof. Dipl.-Ing. Peter Obert

t 1 780
EQ ZERT
Europäisches Institut zur Zertifizierung von Managementsystemen und Personal
Auchertwiesenweg 5, 89081 Ulm
T: (0731) 9 36 64 0   Fax: 9 36 64 40
Internet: http://www.stw.de/stz/316.htm
E-Mail: stz316@stw.de
Leiter(in): Dipl.-Ing. (FH) Jürgen G. Kerner
Dipl.-Ing. (FH) Bernd Kentner

t 1 781
Steinbeis-Transferzentrum
Europäisches Software Design
Prittwitzstr. 10, 89075 Ulm
T: (0731) 5 02-4408   Fax: 5 02-8290
Internet: http://www.stw.de/stz/126.htm
E-Mail: stz126@stw.de
Leiter(in): Prof. Dipl.-Math. Siegward Backes

t 1 782

**Steinbeis-Transferzentrum
Halbleiterbauelemente an der Universität Ulm**
Albert-Einstein-Allee 45, 89081 Ulm
T: (0731) 5 02-6151 **Fax:** 5 02-6155
Internet: http://www.stw.de/stz/284.htm
E-Mail: stz284@stw.de
Leiter(in): Prof. Dr.-Ing. Erhard Kohn
Prof. Dr.-Ing. Hermann Schumacher

t 1 783

**Steinbeis-Transferzentrum
Medizintechnik an der Fachhochschule Ulm**
Albert-Einstein-Allee 45, 89081 Ulm
T: (0731) 50-28606 **Fax:** 50-28505
Internet: http://www.stw.de/stz/18.htm
E-Mail: stz18@stw.de
Leiter(in): Prof. Dr. Klaus Paulat

t 1 784

**Steinbeis-Transferzentrum
Mikroelektronik**
Prittwitzstr. 10, 89075 Ulm
T: (0731) 50-28338 **Fax:** 9 21 77 18
Internet: http://www.stw.de/stz/72.htm
E-Mail: stz72@stw.de
Leiter(in): Prof. Arnold Führer

t 1 785

**Steinbeis-Transferzentrum
Neue Technologien in der Verkehrstechnik**
Prittwitzstr. 10, 89075 Ulm
T: (07325) 33 06 **Fax:** 49 92
Internet: http://www.stw.de/stz/89.htm
E-Mail: stz89@stw.de
Leiter(in): Prof. Dr.-Ing. Günter Willmerding

t 1 786

**Steinbeis-Transferzentrum
Qualität und Umwelt (TQU)**
Riedwiesenweg 6, 89081 Ulm
T: (0731) 9 37 62-0 **Fax:** 9 37 62-62
Internet: http://www.stw.de/stz/79.htm
E-Mail: stz79@stw.de
Leiter(in): Prof. Dr.-Ing. Jürgen P. Bläsing

t 1 787

**Steinbeis-Transferzentrum
Technische Beratung an der Fachhochschule Ulm**
Prittwitzstr. 10, 89075 Ulm
T: (0731) 50-28247 **Fax:** 9 21-7718
Internet: http://www.stw.de/stz/36.htm
E-Mail: stz36@stw.de
Leiter(in): Prof. Dipl.-Ing. Peter Leifeld

t 1 788

**Steinbeis-Transferzentrum
Managementsysteme (TMS)**
Frauenstr. 47, 89073 Ulm
T: (0731) 9 68-920 **Fax:** 9 68-9222
Internet: http://www.stw.de/stz/325.htm
E-Mail: stz325@stw.de
Leiter(in): Dipl.-Ing. Rainer Göppel

t 1 789

**Steinbeis-Transferzentrum
Werkstofftechnik**
Prittwitzstr. 10, 89075 Ulm
T: (0731) 5 02-8266 **Fax:** 9 21 77 18
Internet: http://www.stw.de/stz/109.htm
E-Mail: stz109@stw.de
Leiter(in): Prof. Dr.-Ing. Eberhard Frank

t 1 790

**Steinbeis-Transferzentrum
Werkzeugmaschinen und Roboter**
Prittwitzstr. 10, 89075 Ulm
T: (0731) 5 02-8186 **Fax:** 5 02-8203
Internet: http://www.stw.de/stz/17.htm
E-Mail: stz17@stw.de
Leiter(in): Prof. Dipl.-Ing. Peter Leifeld

t 1 791

**Steinbeis-Transfer-Institut
Management und Innovation**
Auchertwiesenweg 5 B, 89081 Ulm
T: (0731) 93 66-430 **Fax:** 93 66-439
Internet: http://www.stw.de/stz/409.htm
E-Mail: stz409@stw.de
Leiter(in): Dipl.-Ing. (FH) Jürgen G. Kerner
Dipl.-Ing. (FH) Bernd Kentner

t 1 792

**Steinbeis-Transferzentrum
Datenbanken, Multimedia, Workflow-Management und Verteilte Anwendungen**
c/o Universität Ulm
Fakultät für Informatik (DBIS)
89069 Ulm
T: (0731) 5 03-1300 **Fax:** 5 02-4134
Internet: http://www.stw.de/stz/429.htm
E-Mail: stz429@stw.de
Leiter(in): Prof. Dr. Peter Dadam
Prof. Dr. Michael Weber
Prof. Dr. Wolfgang Klas

t 1 793

**Steinbeis-Transferzentrum
Global Management**
Haßlerstr. 52, 89077 Ulm
T: (0731) 9 31 61 97 **Fax:** 9 31 61 99
Internet: http://www.stw.de/stz/439.htm
E-Mail: stz439@stw.de
Leiter(in): Prof. Dr. Dr. Jürgen Plaschke
Prof. Dr. Werner Sauter

t 1 794

TQU International GmbH
Riedwiesenweg 6, 89081 Ulm
T: (0731) 9 37 62-0 **Fax:** 9 37 62-62
Internet: http://www.stw.de/stz/455.htm
E-Mail: stz455@stw.de
Leiter(in): Dipl.-Ing. (FH) Helmut Bayer
Dipl.-Ing. (FH) Elmar Zeller

t 1 795

**Steinbeis-Transferzentrum
TQU Akademie**
Riedwiesenweg 6, 89081 Ulm
T: (0731) 9 37 62-0 **Fax:** 9 37 62-62
Internet: http://www.stw.de/stz/534.htm
E-Mail: stz534@stw.de
Leiter(in): Gudrun Jürß
Sabine Köhle

t 1 796

**Steinbeis-Transferzentrum
ifqm Institut für Qualitätsmanagement im Gesundheits- und Sozialbereich**
Riedwiesenweg 6, 89081 Ulm
T: (0731) 9 37 62-0 **Fax:** 9 37 62-32
Internet: http://www.stw.de/stz/547.htm
E-Mail: stz547@stw.de
Leiter(in): Prof. Dr.-Ing. Jürgen P. Bläsing

t 1 797

**Steinbeis-Transferzentrum
Entwicklungstechnik**
Steinweg 24, 96253 Untersiemau
T: (09565) 68 74 **Fax:** 68 74
Internet: http://www.stw.de/stz/390.htm
E-Mail: stz390@stw.de
Leiter(in): Prof. Dr.-Ing. Karl-Heinz Mohr

t 1 798

**Steinbeis-Transferzentrum
Technologie und Organisation**
Traubenstr. 23, 71665 Vaihingen
T: (07042) 2 52 71 **Fax:** 2 52 76
Internet: http://www.stw.de/stz/526.htm
E-Mail: stz526@stw.de
Leiter(in): Prof. Dr.-Ing. Peter Thole

t 1 799

**Steinbeis-Transferzentrum
Oldenburger Münsterland**
Ravensberger Str. 20, 49377 Vechta
T: (04441) 92 18 27 **Fax:** 92 18 29
Internet: http://www.stw.de/stz/119.htm
E-Mail: stz119@stw.de
Leiter(in): Dipl.-Ing. (FH) Hermann Blanke

t 1 800

**Steinbeis-Transferzentrum
Angewandte Geoinformatik und Umweltforschung (STAGU)**
Tannenweg 17, 49377 Vechta
T: (04441) 9 19 00 52 **Fax:** 9 19 00 52
Internet: http://www.stw.de/stz/520.htm
E-Mail: stz520@stw.de
Leiter(in): Prof. Dr.-Ing. habil. Manfred Ehlers

t 1 801

**Steinbeis-Transferzentrum
Angewandte Mathematik, Datenverarbeitung und Rechnernetze**
Jakob-Kienzle-Str. 17, 78054 Villingen-Schwenningen
T: (07720) 3 07-278 **Fax:** 3 07-210
Internet: http://www.stw.de/stz/211.htm
E-Mail: stz211@stw.de
Leiter(in): Prof. Dr. Edgar Jäger

t 1 802

**Steinbeis-Transferzentrum
Infothek**
Schwedendammstr. 6, 78050 Villingen-Schwenningen
T: (07721) 2 86 83 **Fax:** 2 86 22
Internet: http://www.stw.de/stz/252.htm
E-Mail: stz252@stw.de
Leiter(in): Dipl.-Ing. (FH) Wolfgang Müller
Dipl.-Ing. (FH) Norbert Schmidt

t 1 803

**Steinbeis-Transferzentrum
Neue Produkte**
Schwedendammstr. 6, 78050 Villingen-Schwenningen
T: (07721) 2 86 83 **Fax:** 2 86 22
Internet: http://www.stw.de/stz/54.htm
E-Mail: stz54@stw.de
Leiter(in): Prof. Dr. Werner Bornholdt
Dipl.-Ing. (FH) Norbert Schmidt

t 1 804

**Steinbeis-Transferzentrum
Angewandte Wirtschafts- und Sozialforschung an der Berufsakademie Villingen-Schwenningen**
Karlstr. 19, 78054 Villingen-Schwenningen
Internet: http://www.stw.de/stz/421.htm
E-Mail: stz421@stw.de
Leiter(in): Prof. Dr. Winfried Sennekamp

t 1 805

**Steinbeis-Transferzentrum
Medizin und Technik**
Kremserstr. 11, 78052 Villingen-Schwenningen
T: (07721) 99 03 26 **Fax:** 99 03 27
Internet: http://www.stw.de/stz/538.htm
E-Mail: stz538@stw.de
Leiter(in): Prof. Dr.-Ing. Johannes Ebberink
Prof. Dr. med. Dipl.-Ing. Gerd Haimerl

t 1 806

**Steinbeis-Transferzentrum
Prozeßautomatisierung in der Papier- und Folienindustrie**
Am Felsen 1, 78147 Vöhrenbach
T: (07727) 77 51 **Fax:** 9 10 80
Internet: http://www.stw.de/stz/137.htm
E-Mail: stz137@stw.de
Leiter(in): Prof. Dr.-Ing. Hartmut Federle

t 1 807

**Steinbeis-Transferzentrum
Bildung und Medien**
Propsteistr. 29, 79183 Waldkirch
T: (07681) 49 00 14 **Fax:** 49 00 15
Internet: http://www.stw.de/stz/419.htm
E-Mail: stz419@stw.de
Leiter(in): Prof. Dr. Michael Kerres

t 1 808
Steinbeis-Transferzentrum
Angewandte Rechner- und Softwaretechnologie (ARS)
Doggenriedstr. 40, 88250 Weingarten
T: (0751) 4 85 42   Fax: 4 85 23
Internet: http://www.stw.de/stz/162.htm
E-Mail: stz162@stw.de
Leiter(in): Prof. Dr.-Ing. Hubert Roth
Prof. Dr. K. Schilling

t 1 809
Steinbeis-Transferzentrum
Leuchtentechnik
Doggenriedstr. 40, 88250 Weingarten
T: (0751) 5 01-412   Fax: 5 01-424
Internet: http://www.stw.de/stz/192.htm
E-Mail: stz192@stw.de
Leiter(in): Prof. Dr. Eilert Hamer

t 1 810
Steinbeis-Transferzentrum
Meßdatenverarbeitung
Doggenriedstr. 40, 88250 Weingarten
T: (0751) 5 01-9708   Fax: 5 01-9735
Internet: http://www.stw.de/stz/171.htm
E-Mail: stz171@stw.de
Leiter(in): Prof. Dipl.-Math. Wolfgang Georgi

t 1 811
Steinbeis-Transferzentrum
Prozeßautomatisierung
Leibnizstr. 15, 88250 Weingarten
T: (0751) 5 61-460   Fax: 5 61-4629
Internet: http://www.stw.de/stz/85.htm
E-Mail: stz85@Stw.de
Leiter(in): Prof. Dr.-Ing. Konrad Etschberger

t 1 812
Steinbeis-Transferzentrum
Sozialplanung, Qualifizierung und Innovation
Doggenriedstr. 40, 88250 Weingarten
T: (0751) 5 43 55   Fax: 5 43 55
Internet: http://www.stw.de/stz/20.htm
E-Mail: stz20@stw.de
Leiter(in): Prof. Dr. Sigrid Kallfass

t 1 813
Steinbeis-Transferzentrum
Technische Beratung an der Fachhochschule Ravensburg-Weingarten
Postf. 12 61, 88241 Weingarten
T: (0751) 4 47 72   Fax: 4 92 40
Internet: http://www.stw.de/stz/30.htm
E-Mail: stz30@stw.de
Leiter(in): Prof. Dipl.-Ing. Walter Krökel

t 1 814
Steinbeis-Transferzentrum
Werkstofftechnik
Doggenriedstr. 40, 88250 Weingarten
T: (0751) 5 01-9698   Fax: 5 01-9696
Internet: http://www.stw.de/stz/77.htm
E-Mail: stz77@stw.de
Leiter(in): Prof. Dipl.-Ing. Klaus Ernsberger

t 1 815
Steinbeis-Transferzentrum
Neue Technologien und Werkstoffe
Eichenstr. 24, 71384 Weinstadt
T: (07151) 6 42 64   Fax: 6 42 64
Internet: http://www.stw.de/stz/295.htm
E-Mail: stz295@stw.de
Leiter(in): Dr. Horst Bühl

t 1 816
Steinbeis-Transferzentrum
Computer Assisted Technical Simulations (CATS)
Mühlenstr. 11, 79367 Weisweil
T: (07646) 91 57 47   Fax: (040) 36 03 41 28 95
Internet: http://www.stw.de/stz/574.htm
E-Mail: stz574@stw.de
Leiter(in): Dipl.-Ing. (FH) Dieter Matthis

t 1 817
Steinbeis-Transferzentrum
Betriebswirtschaft und Controlling
Breiter Rain 15, 96479 Weitramsdorf
T: (09561) 3 17-119   Fax: 8 69-299
Internet: http://www.stw.de/stz/226.htm
E-Mail: stz226@stw.de
Leiter(in): Prof. Dr. Rainer Kalwait

t 1 818
Steinbeis-Transferzentrum
Fuzzy-Systemtechniken
Ernst-Thälmann-Str. 19, 98590 Wernshausen
T: (036848) 2 07 23   Fax: (03683) 6 88-599
Internet: http://www.stw.de/stz/241.htm
E-Mail: stz241@stw.de
Leiter(in): Prof. Dr.-Ing. Hans-Peter Lipp

t 1 819
Steinbeis-Transferzentrum
BioMed Consulting
Pirolweg 1, 69168 Wiesloch
T: (06221) 42 49 32   Fax: 42 46 45
Internet: http://www.stw.de/stz/567.htm
E-Mail: stz567@stw.de
Leiter(in): Prof. Dr. rer. nat. Lutz Gissmann
Dr. med. Michael Pawlita

t 1 820
Steinbeis-Transferzentrum
Angewandte Technologie
Winkwitzer Str. 8, 01665 Winkwitz
T: (03521) 73 23 80   Fax: 73 23 81
Internet: http://www.stw.de/stz/566.htm
E-Mail: stz566@stw.de
Leiter(in): Prof. Dr.-Ing. Ulrich Günther

t 1 821
Steinbeis-Transferzentrum
Mittelstandsberatung
Silcherstr. 16, 71364 Winnenden
T: (07195) 7 57 58   Fax: 7 57 58
Internet: http://www.stw.de/stz/367.htm
E-Mail: stz367@stw.de
Leiter(in): Dr. Oliver Hettmer

t 1 822
TQU AG
Neumühlestr. 42, CH- Winterthur
T: (00731) 9 37 62-0, (00415220) 72 75 52
Fax: (00731) 9 37 62-62
Internet: http://www.stw.de/stz/456.htm
E-Mail: stz456@stw.de
Leiter(in): Dipl.-Ing. (FH) Daniel Eiche

t 1 823
Steinbeis-Transferzentrum
Technologieentwicklung und -management
Neumühlenstr. 42, CH- Winterthur
T: (004152) 2 02 75 53   Fax: 2 02 75 52
Internet: http://www.stw.de/stz/581.htm
Leiter(in): Prof. Dr.-Ing. Ulrich Günther

t 1 824
Steinbeis-Transferzentrum
Integrierte Fertigung an der Hochschule Wismar
Ulmenstr. 12, 23966 Wismar
T: (03841) 7 32-627   Fax: 7 32-628
Internet: http://www.stw.de/stz/347.htm
E-Mail: stz347@stw.de
Leiter(in): Prof. Dr. Gerhard Müller

t 1 825
Steinbeis-Transferzentrum
Kunststoff- und Recycling-Technik an der Hochschule Wismar
TGZ
Philipp-Müller-Str. 12, 23966 Wismar
T: (03841) 7 58-390   Fax: 7 58-401
Internet: http://www.stw.de/stz/358.htm
E-Mail: stz358@stw.de
Leiter(in): Prof. Dr.-Ing. Harald Hansmann

t 1 826
Steinbeis-Transferzentrum
Beschichtungs- und Spezialmeßtechnik
ChemiePark Bitterfeld-Wolfen Areal A
Geb. 060
06766 Wolfen
T: (03494) 63 68 32   Fax: 63 60 95
Internet: http://www.stw.de/stz/275.htm
E-Mail: stz275@stw.de
Leiter(in): Dipl.-Chem. Jochen Reh

t 1 827
Steinbeis-Transferzentrum
Innovatives Qualitäts- und Umweltmanagement für kleine und mittelständische Unternehmen (KMU)
ChemiePark Bitterfeld Wolfen
Areal A
Röntgenstr., 06766 Wolfen
T: (03494) 3 69-605   Fax: 3 69-606
Internet: http://www.stw.de/stz/274.htm
E-Mail: stz274@stw.de
Leiter(in): Dipl.-Chem. Jochen Reh

t 1 828
Steinbeis-Transferzentrum
Automation & Information Systems
Sedanstr. 27, 97082 Würzburg
T: (0931) 41 94-555   Fax: 41 94-554
Internet: http://www.stw.de/stz/363.htm
E-Mail: stz363@stw.de
Leiter(in): Prof. Eberhard Grötsch

t 1 829
Steinbeis-Transferzentrum
FuturE-Business
Gattingerstr. 11, 97076 Würzburg
T: (0931) 7 96 67-0   Fax: 7 96 67-29
Internet: http://www.stw.de/stz/544.htm
E-Mail: stz544@stw.de
Leiter(in): Prof. Michael Müssig

t 1 830
Steinbeis-Transferzentrum
Fahrzeugtechnik
Industriestr. 27, 98544 Zella-Mehlis
T: (03682) 45 12 24   Fax: 45 12 23
Internet: http://www.stw.de/stz/562.htm
E-Mail: stz562@stw.de
Leiter(in): Prof. Dr.-Ing. Klaus Augsburg

t 1 831
Steinbeis-Transferzentrum
Qualitätssicherung und Bildverarbeitung
Industriestr. 27, 98544 Zella-Mehlis
T: (03682) 4 51-0   Fax: 4 51-233
Internet: http://www.stw.de/stz/156.htm
E-Mail: stz156@stw.de
Leiter(in): Dr.-Ing. Peter Brückner
Prof. Dr.-Ing. habil. Gerhard Linß

● T 1 832

GSF – Forschungszentrum für Umwelt und Gesundheit

GSF-Forschungszentrum für Umwelt und Gesundheit GmbH
Postf. 11 29, 85758 Oberschleißheim
Ingolstädter Landstr. 1, 85764 Oberschleißheim
T: (089) 31 87-0   Fax: 31 87-3322
Internet: http://www.gsf.de
E-Mail: buff@gsf.de
Gründung: 1964
Aufsichtsr.-Vors.: Ministerialdirektor Dr. Ludwig Baumgarten
Wiss.-Techn. GeschF: Prof. Dr.Dr. Ernst-Günter Afting
Kfm. GeschF: Dr. Hans Jahreiß
Leitung Presseabteilung: Heinz-Jörg Haury
Mitglieder: 1600

*In der Umweltforschung liegt ein Schwerpunkt der Untersuchungen in der Erfassung, Bewertung und Prognose der Belastung von Ökosystemen mit Chemikalien (z.B. persistente Xenobiotika, Schwermetalle, Radionuklide), Strahlung (auch UV-B) sowie durch nutzungsbedingte Eingriffe.
In der Gesundheitsforschung steht der Mensch im Zentrum der Forschungsaktivitäten, die sich von klinisch-experimenteller Grundlagenforschung im Bereich Hämato-Onkologie über epidemiologische Untersuchungen bis hin zur medizinischen Informatik und Gesundheitssystemforschung erstrecken.*

● T 1 833
Verband zur Förderung angepaßter, sozial- und umweltverträglicher Technologien e.V.
Alexanderstr. 17, 53111 Bonn
T: (0228) 63 14 21   Fax: 63 14 27
Internet: http://members.aol.com/atverband

T 1 834
BIFAU e.V.
Berliner Institut für Analytik und Umweltforschung e.V.
Obentrautstr. 60-62, 10963 Berlin
T: (030) 2 17 29 02   Fax: 2 16 60 33
Internet: http://www.inter-networks.com/bifau
E-Mail: bifau@berlin.snafu.de
Gründung: 1986
Geschäftsführer(in): Dipl.-Ing. Sylvia Lehmann
Dr. Frank Selke
Jürgen Steinke
Techn. Ltg.: Dr. Christian Moerler
Qualitätssicherung: Bettina Strauß
Weiterbildung: Marianne Rappolder

T 1 835
Institut für Umweltforschung Schlieben e.V.
Gartenstr. 43, 04936 Schlieben
T: (035361) 5 34   Fax: 7 22
Internet: http://www.ifu-schlieben.de
E-Mail: ifu@ifu-schlieben.de
Gründung: 1992 (5. Oktober)
Vorsitzende(r) des Vorstandes: Dr. Wolfgang Zahn
Stellvertretende(r) Vorsitzende(r): Dipl.-Ing. Jost Ulrich Kügler
Mitarbeiter: 12

T 1 836
Umweltinstitut Leipzig e.V. (UIL)
Wilhelm-Leuschner-Platz 12, 04107 Leipzig
T: (0341) 3 91 20 83   Fax: 3 91 10 06
Internet: http://www.uil.de
E-Mail: info@uil.de
Gründung: 1990 (26. April)
Vorsitzende(r): Dr. Lutz Prager
Stellvertretende(r) Vorsitzende(r): Dipl.-Phys. Dieter Marlow
Geschäftsführer(in): Dr. Matthias Wolf
Mitglieder: 30
Mitarbeiter: 6

T 1 837
VDI-Gesellschaft
Technische Gebäudeausrüstung (VDI-TGA)
Postf. 10 11 39, 40002 Düsseldorf
Graf-Recke-Str. 84, 40239 Düsseldorf
T: (0211) 62 14-251   Fax: 62 14-177
Internet: http://www.vdi.de
E-Mail: tga@vdi.de
Gründung: 1856
Internationaler Zusammenschluß: siehe unter izf 129
Vorsitzende(r): Dipl.-Ing. Bernd Pasterkamp
Geschäftsführer(in): Dipl.-Ing. (TU) Undine Stricker-Berghoff (CEng MInstE)
Verbandszeitschrift: HLH
Redaktion: Herr Bliesener
Verlag: Springer-VDI-Verlag, Heinrichstr. 24, 40239 Düsseldorf
Mitglieder: 125000

T 1 838
Gesellschaft für Tribologie e.V.
Ernststr. 12, 47443 Moers
T: (02841) 5 42 13   Fax: 5 94 78
Internet: http://www.gft-ev.de
E-Mail: tribologie@gft-ev.de
Vorsitzende(r): Dr.-Ing. K. Dobler
Geschäftsführer(in): Dr.-Ing. R.W. Schmitt

T 1 839
VDI-Gesellschaft Verfahrenstechnik und Chemieingenieurwesen (VDI-GVC)
Postf. 10 11 39, 40002 Düsseldorf
Graf-Recke-Str. 84, 40239 Düsseldorf
T: (0211) 62 14-0   Fax: 62 14-162
Internet: http://www.vdi.de/gvc/gvc.htm
E-Mail: gvc@vdi.de
Vorsitzende(r): Dipl.-Phys. Helmut Becks
Geschäftsführer(in): Prof. Dr.-Ing. H. Cremer

T 1 840
Wissenschaftlich-technische Gesellschaft für Verfahrenstechnik FIA e.V.
Chemnitzer Str. 40, 09599 Freiberg
T: (03731) 79 72 09   Fax: 79 72 21
E-Mail: uvr-fia@t-online.de

Gründung: 1990 (September)
Vorsitzende(r) des Vorstandes: Prof. Dr. H. Heegn
Mitglieder: 25

T 1 841
VTI Thüringer Verfahrenstechnisches Institut für Umwelt und Energie e.V.
Postf. 20 05, 07306 Saalfeld
Wittmannsgereuther Str. 101, 07318 Saalfeld
T: (03671) 8 22-0   Fax: 8 22-180
Internet: http://www.vti-saalfeld.de
E-Mail: vti-saalfeld@t-online.de
Gründung: 1992 (8. Juli)
Geschäftsführender Direktor: Dr.-Ing. Ulrich Knopf
Stellv. Geschäftsf. Dir.: Dipl.-Ing. Bernd Noack
Vorstand: Prof. Dr. Jürgen Pfotenhauer (Vorsitzender)
Mitarbeiter: 21

T 1 842
Energieagentur Nordrhein-Westfalen
Morianstr. 32, 42103 Wuppertal
T: (0202) 2 45 52-0   Fax: 2 45 52-30
Internet: http://www.ea-nrw.de
Außenstelle: Bismarckstr. 142, 47057 Duisburg, T: (0203) 3 06 12 60, Fax: (0203) 3 06 12 99
Gründung: 1990
Geschäftsführer(in): Dr.-Ing. Dipl.-Phys. Norbert Hüttenhölscher
Leitung Presseabteilung: Dr. Joachim Frielingsdorf
Verbandszeitschrift: Brennpunkt Energie
Mitarbeiter: 52

T 1 843
Studiengesellschaft für den kombinierten Verkehr e.V. (SGKV)
Börsenplatz 1, 60313 Frankfurt
T: (069) 28 35 71 u. 28 35 72   Fax: 28 59 20
Internet: http://www.sgkv.de
E-Mail: sgkv@sgkv.de
Gründung: 1928
Vorstand: Dr.rer.pol. K.-H. Schmidt
Dipl.-Ing. Johannes Ebner
Geschf. Vorst.-Mitgl. u. wiss. Ltr.: Dr.rer.pol. Christoph Seidelmann
Mitglieder: 100

Arbeitsgebiete
Logistik und kombinierter Verkehr
Palettentransport
Containertransport
Huckepacktransport
Kombinierter Verkehr bei Luftfracht
Elektronischer Datenaustausch im Güterverkehr
Recht des kombinierten Verkehrs
Technik des kombinierten Verkehrs
Transportbeanspruchungen
Dokumentation des kombinierten Verkehrs

T 1 844
Studiengesellschaft für unterirdische Verkehrsanlagen e.V. (STUVA)
Mathias-Brüggen-Str. 41, 50827 Köln
T: (0221) 5 97 95-0   Fax: 5 97 95-50
Internet: http://www.stuva.de
E-Mail: info@stuva.de
Gründung: 1960 (15. Juni)
Präsident(in): Prof. Dr.-Ing. Walter Rodatz
Geschäftsführende(s) Vorstands-Mitglied(er): Prof. Dr.-Ing. Alfred Haack
Geschäftsführer(in): Dr.-Ing. Friedhelm Blennemann
Verbandszeitschrift: Tunnel
Verlag: Bertelsmann Fachzeitschriften GmbH, Gütersloh
Mitglieder: 250

T 1 845
Deutscher Verein für Vermessungswesen e.V. (DVW)
Geschäftsstelle
Am Badenberg 28, 79235 Vogtsburg
T: (07662) 9 49-287   Fax: 9 49-288
Internet: http://www.dvw.de
E-Mail: dvw-office@t-online.de
Gründung: 1871 (16.Dezember)
Vorsitzende(r): Dr.-Ing. Hagen Graeff (c/o Baubehörde - Amt für Geoinformation und Vermessung, Postfach 100504, 20003 Hamburg, T: (040) 4 28 26-5050, Fax: 4 28 26-5966)
Geschäftsstellenleiterin: Dipl.-Ing. Christiane Salbach
Verbandszeitschrift: Zeitschrift für Vermessungswesen
Redaktion: Univ. Prof. Dr.-Ing. Wolfgang Torge und Dr.-Ing. Hartmut Fritzsche
Verlag: Konrad Wittwer GmbH, Nordbahnhofstr. 16, 70191 Stuttgart, Postf. 10 53 43, 70046 Stuttgart, T: (0711) 25 07-0
Mitglieder: 8700

Landesvereine

t 1 846
Deutscher Verein für Vermessungswesen e.V.
Landesverein Baden-Württemberg
c/o Landesvermessungsamt
Postf. 10 34 51, 70029 Stuttgart
T: (0711) 1 23 29 11
Vorsitzende(r): Dipl.-Ing. Bernd Holzhausen

t 1 847
Deutscher Verein für Vermessungswesen - Bayern (DVW-Bayern) e.V.
c/o Landesvermessungsamt
Alexandrastr. 4, 80538 München
T: (089) 21 29 15 22
Vorsitzende(r): Dipl.-Ing. Andreas Hennemann

t 1 848
Deutscher Verein für Vermessungswesen e.V.
Landesverein Berlin-Brandenburg
c/o Senatsverwaltung für Bauen, Wohnen, Verkauf LUV V Geoinformation, Vermessung
Mansfelder Str. 16, 10713 Berlin
T: (030) 2 78 79 60
Vorsitzende(r): Dr.-Ing. Horst Borgmann

t 1 849
Deutscher Verein für Vermessungswesen e.V.
Landesverein Schleswig-Holstein
c/o Baubehörde - Amt für Geoinformation und Vermessung
Postf. 10 18 20, 20012 Hamburg
T: (040) 4 28 26-5317
Vorsitzende(r): Dipl.-Ing. Berend Döhle

t 1 850
Deutscher Verein für Vermessungswesen e.V.
Landesverein Hessen
c/o Hessisches Landesvermessungsamt
Postf. 22 40, 65012 Wiesbaden
T: (0611) 53 52 33
Vorsitzende(r): Dipl.-Ing. Jürgen Knab

t 1 851
Deutscher Verein für Vermessungswesen e.V.
Landesverein Mecklenburg-Vorpommern
c/o Landesvermessungsamt
Lübecker Str. 289, 19059 Schwerin
T: (0385) 7 44 44 45
Vorsitzende(r): Dipl.-Ing. Carsten Kleinfeldt

t 1 852
Deutscher Verein für Vermessungswesen e.V.
Landesverein Niedersachsen/Bremen
c/o ÖbVI Büro Riemann, Meyer, Koch
Breite Str. 32, 29221 Celle
T: (05141) 90 60-97
Vorsitzende(r): Dipl.-Ing. Klaus Kertscher

t 1 853
Deutscher Verein für Vermessungswesen e.V.
Landesverein Nordrhein-Westfalen
c/o Kreis Unna - Vermessungs- u. Katasteramt -
Postf. 21 12, 59411 Unna
T: (02303) 27 10 62
Vorsitzende(r): Prof. Dr.-Ing. Wilhelm Benning

t 1 854
Deutscher Verein für Vermessungswesen e.V.
Landesverein Rheinland-Pfalz
c/o Ministerium des Innern u. für Sport
Schillerplatz 3-5, 55116 Mainz
T: (06131) 16 33 95
Vorsitzende(r): Dipl.-Ing. Hans Gerd Stoffel

t 1 855
Deutscher Verein für Vermessungswesen e.V.
Landesverein Saarland
c/o Landesamt für Kataster-, Vermessungs- u. Kartenwesen
Von-der-Heydt 22, 66115 Saarbrücken
T: (0681) 97 12-240
Vorsitzende(r): Dipl.-Ing. Herbert Simon

t 1 856

Deutscher Verein für Vermessungswesen e.V. Landesverein Sachsen
c/o Landesvermessungsamt Sachsen
Postf. 10 03 06, 01073 Dresden
Wilhelm-Buck-Str. 2, 01097 Dresden
T: (0351) 82 83-215
Vorsitzende(r): Dipl.-Ing. Dietmar Schenk

t 1 857

Deutscher Verein für Vermessungswesen e.V. Landesverein Sachsen-Anhalt
c/o Landesamt f. Landesvermessung und Datenverarbeitung
Postf. 20 08 53, 06009 Halle
T: (0345) 13 04-999
Vorsitzende(r): Dipl.-Ing. Rainer Warpakowski

t 1 858

Deutscher Verein für Vermessungswesen e.V. Landesverein Thüringen
c/o Flurneuordnungsamt
Am Nützleber Feld 2, 99867 Gotha
T: (03621) 35 82 21
Vorsitzende(r): Dipl.-Ing. (FH) Peter Albert

• T 1 859

VDI/VDE-Technologiezentrum Informationstechnik GmbH
Rheinstr. 10b, 14513 Teltow
T: (03328) 4 35-0 Fax: 4 35-141
Internet: http://www.vdivde-it.de
E-Mail: vdivde-it@vdivde-it.de
Geschäftsführer(in): Peter Dortans
Dr. Werner Wilke

• T 1 860

Gemeinschaftsausschuß Verzinken e.V. (GAV)
Sohnstr. 70, 40237 Düsseldorf
T: (0211) 68 58 52 Fax: 68 95 99
Vorsitzende(r): Dipl.-Wirtsch.-Ing. Klaus Schuster
Geschäftsführer(in): Dipl.-Ing. Jürgen Marberg
(siehe auch Unterabschnitt „Forschungsvereinigungen")

• T 1 861

Verband Der Videoanwender VCM e.V.
Postf. 75 09 79, 81339 München
T: (089) 7 55 32 08 Fax: 7 80 98 87
Gründung: 1979
Präsident(in): Georg Höhenleitner
Vizepräsident(in): Rudolf Hillebrand
Leitung Presseabteilung: Heinz Wolfgang Köhler
Mitglieder: 170
Mitarbeiter: 4

• T 1 862

Interessenverband des Video- und Medien-Fachhandels in Deutschland e.V. (IVD)
Hartwichstr. 15, 40547 Düsseldorf
T: (0211) 57 73 90-0 Fax: 57 73 90-69
Internet: http://www.ivd-online.de
E-Mail: ivdev@aol.com
Gründung: 1983 (13. August)
Vorsitzende(r): Hans-Peter Lackhoff
Stellvertretende(r) Vorsitzende(r): Rainer Ordegel
Michael Schwerdtfeger
Hauptgeschäftsführer(in): Hans-Peter Lackhoff
Leitung Presseabteilung: Ulrich Mahne (Feldstr. 263 b, 45701 Herten, T: (02366) 58 46 06, Telefax: (02366) 58 46 07)
Verbandszeitschrift: IVD-News
Mitglieder: 1600
Landesverbände: Norddeutschland, NRW, Baden-Württemberg, Bayern, Ost, Mitte

• T 1 863

MEDIOPOLIS BERLIN e.V.
Bülowstr. 66, 10783 Berlin
T: (030) 23 55 60-0 Fax: 23 55 60-66
Internet: http://www.mediopolis.de
E-Mail: office@mediopolis.de
Gründung: 1977
Vorsitzende(r): Pim Richter
Mitglieder: 7
Mitarbeiter: 12

• T 1 864

ITVA Deutschland e.V.
Forum für Medien & Kommunikation
Lindenschmitstr. 34, 81371 München
T: (089) 7 47 00 31 Fax: 77 47 57
E-Mail: info@itva.de
Gründung: 1983 (Februar)
Präs./Manager Intern. Realisations: Peter Hielscher (Film- und Videoproduktion GmbH, Drudardstr. 14 A, 80995 München, T: (089) 3 12 14 40, Telefax: (089) 31 21 44 10, email: peter@hielscher.de)
Vizepräs.,Fachtagungen, Videofestival: Susanne Stramm
Finanzen, Mitgliederwerbung, -betreuung: Siegfried Nestle (MSS Medien System Service GmbH, Zeppelinstr. 1, 73274 Notzingen, T: (07021) 92 30-0, Telefax: (07021) 92 30 30 od. 92 30 40, email: sn@mss-medien.de)
Presse- u. Öffentlichkeitsarbeit: Walter H. Spohn (Spohn Vision, Lindenschmitstr. 34, 81371 München, T: (089) 7 25 73 91, Fax: 7 25 72 45, email: WSphnI@compuserve.com)
Verbandszeitschrift: ITVA Insider
Redaktion: Walter H. Spohn
Mitglieder: 150, über 13.000 weltweit
Zweigorganisation der ITVA International Television Association/USA

• T 1 865

Deutsche Gesellschaft für Warenkunde und Technologie e.V. (DGWT)
Carl-Peters-Str. 11, 36251 Bad Hersfeld
T: (06621) 36 63 Fax: 36 63
Gründung: 1971
Geschäftsführendes Präsidium:
Präsident(in): OStD, Dipl.-Hdl. Günter Otto (Carl-Peters-Str. 11, 36251 Bad Hersfeld, T: (06621) 36 63)
Vizepräsident(in): o.Prof. Dr.rer.nat. Otto E. Ahlhaus (Köhlerwaldweg 2, 69259 Wilhelmsfeld, T: (06220) 91 34 68, Fax: (06220) 91 34 68)
Vizepräsident(in): Studiendirektor Dipl.-Hdl. Dr. Reinhard Löbbert (Bredeneyer Str. 64 C, 45133 Essen, T: (0201) 47 39 09)
Vizepräsident(in): Prof. Dr. Dietlind Hanrieder (Fachhochschule Anhalt, Abt. Bernburg, Strenzfelder Allee 28, 06406 Bernburg, T: (03471) 43-6 27, Telefax: (03471) 2 38 47)
Vizepräsident(in): Dr. habil. Heidrun Niemann (Hochschullehrerin an der Universität Leipzig, Studienprogramm Handelshochschule Leipzig, Marschnerstr. 31, 04109 Leipzig, T: (0341) 4 94 11 10, Dorfstr. 15, 17168 Tenze, T: (039976) 4 37)
Schriftführer(in): Oberstudienrätin Ulrike Koeppe (Schweidnitzweg 7, 91058 Erlangen, T: (09131) 1 48 27)
Schatzmeister: Studienrat Joachim Beck (Albert-Einstein-Str. 17/4, 74357 Bönnigheim, T: (07143) 2 34 02)
Wissenschaftlicher Beirat: Dipl.-Hdl. Dr. Helmut Lungershausen (Oberstudiendirektor der Berufsbildenden Schule 12 in 30169 Hannover, Brühlstr. 7, T: (0511) 1 68-39 21)
Prof. Dr. Heinrich Schanz (Schlesierstr. 19, 67134 Birkenheide, T: (06237) 27 31)
Dipl.-Hdl. Reimer Schmidtpott (Leitender.Regierungsschuldirektor i.R., Hasenburger Weg 69, 21335 Lüneburg, T: (04131) 40 14 62)
Dr. Ingrid Wagner (Akademische Oberrätin an der Wirtschaftsuniversität Wien, Institut für Technologie und Warenwirtschaftslehre, Augasse 2-4, A-1090 Wien, T: (00431) 3 13 36-48 06, Telefax: (00431) 3 13 36-17 06)
Verbandszeitschrift: Forum Ware
Redaktion: Günter Otto
Verlag: Carl-Peters-Str. 11, 36251 Bad Hersfeld, T: (06621) 36 63, Telefax: (06621) 36 63
Mitglieder: 210
Mitglied der IGWT - Internationale Gesellschaft für Warenkunde und Technologie e.V., Wien
Präsidialstelle: DGWT, Günter Otto, Carl-Peters-Str. 11, 36251 Bad Hersfeld, T: (06621) 36 63, Telefax: (06621) 4 12 27 u. 36 63

• T 1 866

Verein für Wasser-, Boden- und Lufthygiene E.V.
Postf. 2 46 34, 10128 Berlin
T: (030) 4 14 67 08 Fax: 4 14 58 00
Internet: http://www.wabolu.de
E-Mail: verein@wabolu.de
Gründung: 1902
Vorsitzende(r): Dr. Helmut Eiteneyer, Gelsenkirchen
Schriftführer(in): Dipl.-Ing. Ludwig Pawlowski, Berlin
Geschäftsführer(in): Dipl.-Ing. Heiner Nobis-Wicherding
Mitglieder: ca. 140

• T 1 867

Forschungs- und Entwicklungszentrum Sondermüll (FES) (FES)
Postf. 14 69, 91104 Schwabach
Siemensstr. 3-5, 91126 Rednitzhembach
T: (09122) 63 13-0 Fax: 63 13-11
Internet: http://www.fes-schwabach.de
E-Mail: kontakt@fes-schwabach.de
Gründung: 1989
Vorstand: Dr. Frank-Michael Müller (T: (09122) 63 13-20)

• T 1 868

Münchener Arbeitsgemeinschaft für Luftschadstoffe (MAGL)
c/o GSF
Postf. 11 29, 85758 Oberschleißheim
T: (089) 31 87 24 52 Fax: 31 87 44 31
Teletex: 898 942 stral
E-Mail: m.moser@gsf.de
Gründung: 1983
Vorsitzende(r): Prof. Dr. J. C. Munch (GSF - Forschungszentrum für Umwelt und Gesundheit GmbH, Inst. Bodenökologie Neuherberg, Postf. 11 29, 85758 Oberschleißheim)
Sekretariat: Dr. Hans-D. Payer (GSF Expositionskammern)
Leitung Presseabteilung: Heinz-Jörg Haury (c/o GSF)
Mitarbeiter: ca. 100 (von ca. 1700 der GSF-Forschungszentrum)

Erforschung der biologischen/biochemischen Wirkung von Luftschadstoffen auf Pflanzen.

• T 1 869

Arbeitsgemeinschaft ökologischer Forschungsinstitute e.V. (AGÖF)
Geschäftsstelle:
Im Energie- und Umweltzentrum
Am Elmschenbruch, 31832 Springe
T: (05044) 97 57-5 Fax: 97 57-7
Internet: http://www.agoef.de
E-Mail: agoef@t-online.de

• T 1 870

Gesellschaft für Militärökonomie e.V.
- Gemeinnütziger Verein -
Postf. 13 44, 85203 Dachau
Pollnstr. 3a, 85221 Dachau
T: (08131) 1 08 07 Fax: 2 67 37
Internet: http://www.militaeroekonomie.de
E-Mail: Info@militaeroekonomie.de
Gründung: 1981 (26. März)
Ehrenvors.: Generalmajor a.D. Dipl. Kfm. Dr.rer.pol. Johannes Gerber (Kaiserin-Augusta-Anlagen 10, 56068 Koblenz)
1. Vorsitzende(r): Prof. Dipl.-Kfm. Dr.oec.publ. Günter Kirchhoff (Pollnstr. 3 a, 85221 Dachau)
2. Vorsitzende(r): N.N.
1. Stellvertretende(r) Vorsitzende(r): Oberst a.D. Dr.oec. Ing. Rolf Wagner (Hauptstr. 57, 98587 Bermbach)
2. Stellvertretende(r) Vorsitzende(r): Dipl.-Verww. Johann Saalbaum (Am Steinfeld 13, 91710 Gunzenhausen)
Verbandszeitschrift: Infodienst - Sicherheit und Ökonomie
Verlag: Gesellschaft für Militärökonomie e.V., Postf. 13 44, 85203 Dachau
Mitglieder: ca. 200
Mitarbeiter: 8 ehrenamtlich
Angeschlossen:
Forschungsinstitut für Militärökonomie und angewandte Konversion der Gesellschaft für Militärökonomie e.V. im Fliegerhorst Fürstenfeldbruck (OSLw)

• T 1 871

Deutsche Gesellschaft für Wehrtechnik e.V. (DWT)
Bertha-von-Suttner-Platz 1-7, 53111 Bonn
T: (0228) 7 66 82 82 Fax: 65 63 66
Internet: http://www.dwt-sgw.de
E-Mail: dwt.sgw@t-online.de
Gründung: 1957
Präsident(in): Dr. Norbert Servatius
Vizepräsident(in): MdB Helmut Wieczorek
Vorsitzende(r): GenLt. a.D. Bernhard Mende
Verbandszeitschrift: Soldat und Technik
Verlag: Umschau Zeitschriftenverlag, Frankfurt/Main

Fördergesellschaft:
Studiengesellschaft der Deutschen Gesellschaft für Wehrtechnik mbH

• T 1 872

Bundesakademie für Wehrverwaltung und Wehrtechnik (BAkWVT)
Seckenheimer Landstr. 8-10, 68163 Mannheim
T: (0621) 42 95-0 Fax: 42 95-463
E-Mail: bakwvt@bwb.org
Gründung: 1961 (5. Mai)
Präsident(in): Peter J. George
Leitung Presse- u. Öffentlichkeitsarbeit: Hans-Peter Löcherer

• T 1 873

Deutscher Werkbund e.V.
Brehmstr. 27, 64291 Darmstadt
T: (06151) 67 02 50 Fax: 67 02 60
Internet: http://www.deutscher-werkbund.de
E-Mail: dwb@deutscher-werkbund.de
Gründung: 1907 (5. Oktober)
Vorsitzende(r): Dipl.-Ing. Hans-Rudolf Güdemann
Publikationen: werk und zeit
Verlag und Redaktion: Ardenku-Verlag, Brüninghausstr. 10, 58089 Hagen

Landesverbände

t 1 874
Deutscher Werkbund Baden-Württemberg e.V.
Gluckstr. 18, 76185 Karlsruhe
T: (0721) 55 25 47   **Fax:** 55 34 71
Internet: http://www.deutscher-werkbund.de
Vorsitzende(r): Prof. Klaus Lehmann
Geschäftsführer(in): Yvonne Endes

t 1 875
Deutscher Werkbund Hessen e.V.
Varrentrappstr. 40-42, 60486 Frankfurt
T: (069) 28 55 80   **Fax:** 2 97 99 91
Vorsitzende(r): Wilhelm H. Krahn
Geschäftsführer(in): Roswitha Nees

t 1 876
Deutscher Werkbund Nordrhein-Westfalen e.V.
Graf-Adolf-Str. 49, 40210 Düsseldorf
T: (0211) 3 84 09 20   **Fax:** 3 84 03 74
Vorsitzende(r): Hanns Uelner
Geschäftsführer(in): Maria Heidenheim

t 1 877
Deutscher Werkbund Saarland e.V.
Saarbrücker Str. 160, 66130 Saarbrücken
T: (0681) 87 84 57   **Fax:** 87 84 58
Vorsitzende(r): Marlen Dittmann
Geschäftsführer(in): Dr. Wolf Heer

t 1 878
Deutscher Werkbund Rheinland-Pfalz e.V.
Am Pulverturm 1, 55131 Mainz
T: (06131) 23 59 10   **Fax:** 23 59 11
1. Vorsitzende(r): Rolf Peter Hennes
Geschäftsführer(in): Gabriele Führ

t 1 879
Deutscher Werkbund Sachsen
Karl-Liebknecht-Str. 56, 01109 Dresden
T: (0351) 8 80 20 07   **Fax:** 8 84 80 16
Vorsitzende(r): Bernd Sikora

● T 1 880
Deutscher Werkbund Bayern e.V.
Nikolaiplatz 1b, 80802 München
T: (089) 34 65 80   **Fax:** 39 76 40
Vorsitzende(r): Peter Bohn
Geschäftsführer(in): Antoinette Cherbuliez

● T 1 881
Deutscher Werkbund Berlin e.V.
Goethestr. 13, 10623 Berlin
T: (030) 3 13 85 75   **Fax:** 3 13 49 35
Vorsitzende(r): Helga Schmidt-Thomsen
Geschäftsführer(in): Angelika Günter

● T 1 882
Deutscher Werkbund Nord e.V.
Am Holzgraben 1-2, 30161 Hannover
T: (0511) 32 61 97   **Fax:** 32 77 46
Vorsitzende(r): Prof. Herbert Lindinger
Geschäftsführerin: Rita Lohr

● T 1 883
VDI-Gesellschaft Werkstofftechnik (VDI-W)
Postf. 10 11 39, 40002 Düsseldorf
Graf-Recke-Str. 84, 40239 Düsseldorf
T: (0211) 62 14-556   **Fax:** 62 14-160
Internet: http://www.vdi.de/werk/werk.htm
E-Mail: werkstoffe@vdi.de
Vorsitzende(r): Prof. Dr.-Ing. Karl-Heinz Habig
Geschäftsführer(in): Dr.-Ing. Ludwig Vollrath

● T 1 884
Forschungsgemeinschaft Werkzeuge und Werkstoffe e.V. (FGW)
Berghauser Str. 62, 42859 Remscheid
T: (02191) 90 03 00   **Fax:** 90 03 20
Internet: http://www.fgw.de
E-Mail: fgw@fgw.de
Gründung: 1952 (13.11.)
Vorsitzende(r): Henner Blecher
Stellvertretende(r) Vorsitzende(r): Dipl.-Ing. Harald Wüsthof
Geschäftsführer(in): Dr.-Ing. G. C. Stehr
Mitglieder: 120

● T 1 885
Institut für Werkzeugforschung und Werkstoffe (IFW)
Berghauser Str. 62, 42859 Remscheid
T: (02191) 90 03 00   **Fax:** 90 03 20
Internet: http://www.fgw.de
E-Mail: fgw@fgw.de
Gründung: 1952
Institutsleiter: Dr.-Ing. G. C. Stehr
Stellv. Ltr.: Dipl.-Ing. (FH) U. V. Münz

● T 1 886
Verein der Zellstoff- und Papier-Chemiker und -Ingenieure e.V. (ZELLCHEMING)
Emilstr. 21, 64293 Darmstadt
T: (06151) 3 32 64, 3 32 65   **Fax:** 31 10 76
Gründung: 1905
Vorsitzende(r): Dr. techn. Hartmut Wurster (Lechfeldstr. 36A, 86316 Friedberg, i. Fa. Haindl Papier GmbH & CoKG, 86153 Augsburg)
Geschäftsführer(in): Dr.-Ing. Wilhelm Busse
Zeitschrift: ipw-featuring: Das Papier
Fachredaktion: Dipl.-Ing. (FH) Gertraud Bouillon, Emilstr. 21, 64293 Darmstadt
Verlag: dpw-Verlagsgesellschaft mbH, Borsigstr. 1-3, 63150 Heusenstamm, T: (06104) 6 06-350, Fax: (06104) 6 06-317, E-Mail: ipw@kepplermediengruppe.de
Mitglieder: 1920
Mitarbeiter: 5

● T 1 887

Verein Deutscher Zementwerke e.V.
Forschungsinstitut der Zementindustrie
Postf. 30 10 63, 40410 Düsseldorf
Tannenstr. 2, 40476 Düsseldorf
T: (0211) 45 78-1   **Fax:** 45 78-296
Internet: http://www.vdz-online.de
E-Mail: info@vdz-online.de, lit@vdz-online.de
Gründung: 1877 (24. Januar)
Vorsitzende(r): Dr. K. Kroboth (Heidelberger Zement AG, Heidelberg)
Hauptgeschäftsführer(in): Dr.rer.nat. Martin Schneider
Geschäftsführer(in): Prof. Dr.-Ing. Gerd Thielen
Leitung des Forschungsinstituts: Dr.rer.nat. Martin Schneider (Vors.)
Prof. Dr.-Ing. Gerd Thielen
Mitglieder: 33 ordentl. und 36 außerordentl.

Hauptaufgaben: Weiterentwicklung der Zemente, Verbesserung ihrer Herstellverfahren, sachgemäße und erweiterte Anwendung von Zement und Beton in der Praxis, Güteüberwachung, Baustoffökologie, Förderung von Umweltschutz- und Arbeitssicherheitsmaßnahmen.

● T 1 888
Verein Deutscher Zuckertechniker (VDZ)
Mitglied Deutscher Verband Technisch-Wissenschaftlicher Vereine, Dvt, Nordzucker AG, Werk Uelzen
Lüneburger Str. 118, 29525 Uelzen
T: (0581) 89-111   **Fax:** 89-100
Gründung: 1891
Vorsitzende(r): Dir. Dr.rer.nat. Arnd Reinefeld
Geschäftsf. Dir.: Axel Aumüller
Mitglieder: 663

● T 1 889
Institut für Zweiradsicherheit e.V.
Postf. 12 04 04, 45314 Essen
T: (0201) 8 35 39-0   **Fax:** 36 85 14
Internet: http://www.ifz.de
E-Mail: ifz.essen@t-online.de
Gründung: 1981
Institutsleiter: Reiner Brendicke

● T 1 890
Bauhaus-Archiv, Museum für Gestaltung
Klingelhöferstr. 14, 10785 Berlin
T: (030) 25 40 02-0   **Fax:** 25 40 02 10
E-Mail: bauhaus@bauhaus.de
Leiter(in): Dr. Peter Hahn
Presseabteilung: Bärbel Mees
Mitglieder: ca. 600
Mitarbeiter: 16

● T 1 891
Bund Architektur und Baubiologie e.V.
Geschäftsstelle
Cronestr. 3, 48653 Coesfeld
T: (02541) 7 11 10   **Fax:** 8 52 74
Leitung Presseabteilung: Dipl.-Ing. Architekt Klaus-Dieter Luckmann

● T 1 892
Bauhaus-Universität Weimar
Dezernat Forschungstransfer und Haushalt
99421 Weimar
Coudraystr. 7, 99423 Weimar
T: (03643) 58 25 02 Sekretariat   **Fax:** 58 25 03
Gründung: 1860
Referent für Öffentlichkeit und Medien: Reiner Bensch (MA)

Wissenschafts- und Technologievermittlung an Firmen, Verbände etc. aller Wissenschaftsbereiche der Hochschule.

● T 1 893
Institut für Regionalentwicklung und Strukturplanung e.V.
Flakenstr. 28-31, 15537 Erkner
T: (03362) 7 93-0   **Fax:** 7 93-111
Internet: http://www.los.shuttle.de/irs
E-Mail: regional@irs.los.shuttle.de
Öffentlichkeitsarbeit: Gerhard Mahnken (T: (03362) 7 93-1 13)
Verbandszeitschrift: Newsletter"IRS AKTUELL„
Redaktion: Gerhard Mahnken

● T 1 894
Institut für Bauforschung e.V.
An der Markuskirche 1, 30163 Hannover
T: (0511) 96 51 60   **Fax:** 9 65 16 26
Internet: http://www.bauforschung.de
E-Mail: office@bauforschung.de
Gründung: 1946 (23. Mai)
Direktor(in): Prof. Dr.-Ing. Joachim Arlt
Mitglieder: 30

● T 1 895

Institut für das Bauen mit Kunststoffen e.V. (IBK Darmstadt)
unabhängig - gemeinnützig
Osannstr. 37, 64285 Darmstadt
T: (06151) 4 80 97   **Fax:** 42 11 01, 42 15 60
E-Mail: ibk-darmstadt@t-online.de
Gründung: 1957
Vorsitzende(r) des Vorstandes: Dipl.-Ing. Elmar Boy (BASF AG, Ludwigshafen)
Stellvertretende(r) Vorsitzende(r): Dr. Reinhard Saffert (SOLVIN GmbH & Co. KG, Rheinberg)
Heino Zeller (Strabag AG, Hamburg)
Geschäftsführer(in): Dipl.-Ing. Dieter Arlt (IBK Darmstadt, Osannstr. 37, 64285 Darmstadt)
Mitglieder: 420 aus allen Bereichen der Bauwirtschaft
Mitarbeiter: 12
Offizielles Organ: Fachzeitschrift DAS BAUZENTRUM BAU-KULTUR
Redaktion: BmK im IBK Darmstadt, Osannstr. 37, 64285 Darmstadt
Verlag: Das Beispiel, Darmstadt

Organisation von Tagungen, Kongressen, Events etc., Bau-Forschung, Marktanalysen, Produktentwicklungsstudien, Gutachten, Beratungen, Kontaktvermittlung, Bau-Fachredaktion, Fachliteratur, Recherchen etc.

t 1 896
IBK-Zweigstelle Brandenburg
Grabenstr. 16, 14776 Brandenburg
T: (03381) 30 85 90   **Fax:** 30 85 76
Leiterin: Dr.rer.nat. Monika Jennes

● T 1 897
Institut für Baustoffprüfung und Fußbodenforschung (IBF)
Industriestr. 19, 53842 Troisdorf
T: (02241) 4 20 42   **Fax:** 4 17 98

E-Mail: ibf_troisdorf@t-online.de
Leiter(in): Dipl.-Ing. Werner Schnell

● T 1 898

Deutsches Institut für Bautechnik (DIBt)
Anstalt des öffentlichen Rechts
Kolonnenstr. 30 L, 10829 Berlin
T: (030) 7 87 30-0   **Fax:** 7 87 30-320
Internet: http://www.dibt.de
E-Mail: dibt@dibt.de
Gründung: 1968
Internationaler Zusammenschluß: siehe unter izt 410
Präsident(in): Prof. Dr.-Ing. Horst Bossenmayer
Leitung Pressabteilung: Renate Schmidt-Staudinger
Verbandszeitschrift: DIBt Mitteilungen
Verlag: Ernst & Sohn Verlag, Bührringstr. 10, 13086 Berlin

● T 1 899

Institut für Fenstertechnik e.V.
Postf. 10 04 51, 83004 Rosenheim
Theodor-Gietl-Str. 7-9, 83026 Rosenheim
T: (08031) 2 61-0   **Fax:** 2 61-2 90
Internet: http://www.ift-rosenheim.de
E-Mail: info@ift-rosenheim.de
Gründung: 1966
Vorsitzende(r) des Vorstandes: Erich Losch (Hocoplast Bauelemente GmbH, Eggenfelden)
Sprecher des Beirates: Dr.-Ing. Harald Schulz (Ing.-Büro Dr. Schulz)
Geschäftsführer(in): Dr. Helmut Hohenstein (Institutsleitung)
Stellvertretender Leiter: Dipl.-Ing. (FH) Ulrich Sieberath
Leitung Pressabteilung: Dipl.-Ing. (FH) Gaby Tengler
Verbandszeitschrift: ift forum
Redaktion: Dipl.-Ing. (FH) Gaby Tengler
Verlag: Eigenverlag (Hauszeitschrift)
Mitarbeiter: 75

● T 1 900

Institut für Bildungsmedien e.V.
Postf. 90 05 40, 60445 Frankfurt
Zeppelinallee 33, 60325 Frankfurt
T: (069) 70 90 46   **Fax:** 70 79 01 69
E-Mail: institut@vds-bildungsmedien.de
Gründung: 1971 (14. Januar)
Vorstand: Andreas Baer (M. A., Ltg. Presseabt.)

Sammlung und Verbreitung von wissenschaftlichen, schulpolitischen und allgemeinen Informationen über Unterrichtsmittel, besonders Schulbücher, Arbeitsmittel, Lernprogramme sowie über Medienkunde, Unterrichtstechnologie und damit zusammenhängende Gebiete.

● T 1 901

Deutsche Aktionsgemeinschaft Bildung-Erfindung-Innovation e.V. (DABEI)
Am Lenkert 11, 53177 Bonn
Gründung: 1982
Präsidium:
Präsident(in): N.N.
Vizepräsident(in): Dr. Alexander Kantner

Vorstand:
Vorsitzende(r): Prof. Dr. Matthias Eickhoff (BWL-Marketing-Innovationsmanagement, FH Mainz)
Stellvertretende(r) Vorsitzende(r): Dr. Wolfgang Ziegler (Leiter der Patentinformationsstelle Jena)
Schatzmeister: Daniel König (Unternehmensberater, Nekkarhausen)
Schriftführer(in): Lars Thomsen (Geschäftsführender Gesellschafter Thomsen & Thomsen Mediaintegration GmbH, München)

Kuratorium:
Dipl.-Ing. Joachim Bader (Unternehmer, Vorsitzender des Deutschen Erfinderverbandes, Nürnberg)
Dr. Rolf Berth (Leiter der Akademie für Innovation, Düsseldorf)
Dr. Helga Breuninger (Brenninger Stiftung GmbH, Stuttgart)
Dr. Willi Fuchs (Direktor des Vereins Deutscher Ingenieure, Düsseldorf)
Prof. Dr. Horst Geschka (Unternehmensberater, Präsident des VWI)
Heinz Grüne (Geschäftsführender Gesellschafter von rheingold, Institut für qualitative Markt- und Medienanalysen)
Dr. Alexander Kantner (Geschäftsführer der Wickeder Westfalenstahl GmbH)
em. Prof. Dr. Gert von Kortzfleisch (Universität Mannheim, Mannheim)
Dr. Wolfgang Lerch (Vorstand d. Stiftung Industrieforschung, Köln)
MinDirig. a.D. Manfred Sauer (ehem. Unterabteilungsleiter im Bundesministerium für Wirtschaft und Kurator der Stiftung Industrieforschung, Bonn)
MinDirig. Jürgen Schlegel (Generalsekretär der Bund-Länder Kommission für Bildungsplanung und Forschungsförderung, Bonn)
Dr. Tom Sommerlatte (Vice President Arthur D. Little, Chairman Management Consulting Worldwide)
Prof. Dr. Hans-Jürgen Warnecke (Präsident der Fraunhofer Gesellschaft, München)
Dr. habil. Dietmar Zobel (Unternehmensberater, Wittenberg-Lutherstadt)
Prof. Dr. Reinhard Zulauf (FH Gießen Friedberg, Vorsitzender der Stiftung Innovation und Initiator der Aktion Ideenfieber)

Ehrenmitglieder
Prof. Dr.rer.nat. Gerd Binnig (Ludwig-Maximilians-Universität, München (Nobelpreis f. Physik 1986) IBM Research Division Zürich, Research Laboratory)
Dipl.-Ing. Dr.-Ing. E.h.mult. Ludwig Bölkow (Erfinder und Firmengründer, Grünwald)
Honorargeneralkonsul Prof. Dr. h.c. Viktor Dulger (Prominent Dosiertechnik GmbH)
Prof. Dr. Manfred Eigen (Direktor der Abt. f. Biochem. Kinetik am Max-Planck-Institut für biophysikalische Chemie, Göttingen (Nobelpreis f. Chemie 1967)
Prof. Dr. Ernst O. Fischer (Ordinarius für Anorganische Chemie an der Universität München (Nobelpreis für Chemie 1973))
Senator E.h. Prof. Dr. phil. h.c. Artur Fischer (fischerwerke GmbH & Co KG)
Dr.rer.pol. Matthias Heister (Stv. Generalsekretär der Bund-Länder Kommission für Bildungsplanung + Forschungsförderung a. D., Bonn)
Dr.-Ing. Reinhard Menger (ehem. Direktor des Vereins Deutscher Ingenieure (VDI), Chieming)
Prof. Dr. h.c. mult. Ilya Prigogine (Professeur Ordinaire en Chemie Physique an der Freien Universität Brüssel (Nobelpreis für Chemie 1977))
Dr.rer.nat. Günter Schuster (ehem. Generaldirektor der EG-Kommission Brüssel, Bonn)
Dr. h.c. Lothar Späth (Vorsitzender der Geschäftsführung Jenoptik GmbH, Jena)
Richard Vetter (Veritherm-Heizungstechnik GmbH)
Verbandszeitschrift: DABEI-Aktuell
Mitglieder: ca. 300

● T 1 902

Arbeitsgemeinschaft Deutscher Patentinformationszentren e.V.
c/o Handelskammer Hamburg
Postf. 11 14 49, 20414 Hamburg
T: (040) 3 61 38-249   **Fax:** 3 61 38-270
Gründung: 1992 (Mai)
Vorstand: Dr. Michael Kuckartz (Vors.)
Gesine Kluge (Schriftführerin)
Dipl.-Ing. Heidrun Krestel (Schatzmeisterin)

● T 1 903

**Universität Essen
FET & WW Zentralstelle für Forschungs- und Entwicklungstransfer und Wissenschaftliche Weiterbildung**
Universitätsstr. 2, 45141 Essen
T: (0201) 1 83-2066, 1 83-2060   **Fax:** 1 83-2134
Internet: http://www.uni-essen.de/fet&ww
E-Mail: fet@uni-essen.de
Gründung: 1985
Leiter: Dr. Ali-Akbar Pourzal

● T 1 904

Forschungs- und Technologietransfer Universität Regensburg (FUTUR)
93040 Regensburg
Universitätsstr. 31, 93053 Regensburg
T: (0941) 9 43-20 99   **Fax:** 9 43-24 00
Internet: http://www.uni-regensburg.de/Einrichtungen/FUTUR
E-Mail: futur@uni-regensburg.de
Gründung: 1989
Hauptgeschäftsführer(in): Dr. Harald Schnell

● T 1 905

Carl-Cranz-Gesellschaft e. V.
Postf. 11 12, 82230 Weßling
T: (08153) 28-24 13   **Fax:** 28-13 45
Internet: http://www.ccg-ev.de
E-Mail: ccg@ccg-ev.de
Gründung: 1960 (November)
Vorsitzende(r): Prof. Dr.-Ing. Arno Schroth
Geschäftsführer(in): Karlheinz Steffek
Mitglieder: 100

Fachverbände:
DVT Deutscher Verband Technisch-Wissenschaftlicher Vereine
Gesellschaft für Informatik e. V.

● T 1 906

Institut für Sozialökonomische Strukturanalysen e.V. (SÖSTRA)
Torstr. 178, 10115 Berlin
T: (030) 2 80 71 67   **Fax:** 2 80 71 66
E-Mail: soestra@soestra.de
Gründung: 1990 (21. Oktober)
Vorsitzende(r): Dr. Udo Papies
Geschäftsführer(in): Dr. Heidrun Fritzsche
Verbandszeitschrift: SÖSTRA - Berichte und Informationen
Mitglieder: 22

● T 1 907

Institut für angewandte Innovationsforschung Bochum e.V.
Buscheyplatz 13, 44801 Bochum
T: (0234) 97 11 70   **Fax:** 9 71 17 20
Internet: http://www.iai-bochum.de
E-Mail: info@iai-bochum.de
Gründung: 1986
Geschäftsführer(in): Michael Krause
Markus Schroll
Mitarbeiter: 20

● T 1 908

Gesellschaft zur Erforschung des UFO-Phänomens e.V.
Postf. 23 61, 58473 Lüdenscheid
Luisenstr. 4, 58511 Lüdenscheid
T: (02351) 2 33 77   **Fax:** 2 33 35
Internet: http://www.ufo-forschung.de
E-Mail: gep.eV@t-online.de
Gründung: 1972
Vorsitzende(r): Hans-Werner Peiniger
Verbandszeitschrift: Journal für UFO-Forschung
Mitglieder: ca. 140
Mitarbeiter: ca. 10

● T 1 909

Heinrich-Pette-Institut für Experimentelle Virologie und Immunologie an der Universität Hamburg (HPI)
Martinistr. 52, 20251 Hamburg
T: (040) 4 80 51-0   **Fax:** 4 80 51-103
Internet: http://www.hpi-hamburg.de
E-Mail: hpi@hpi.uni-hamburg.de
Gründung: 1948
Mitarbeiter: ca. 150

Erforschung der Biologie humaner Virusarten, der Pathogenese von Viruserkrankungen und der Abwehrreaktion des Organismus und damit zusammenhängender Probleme.

● T 1 910

Zentrum für Molekulare Biologie der Universität Heidelberg (ZMBH)
Im Neuenheimer Feld 282, 69120 Heidelberg
T: (06221) 56 68 00   **Fax:** 56 55 07
Gründung: 1982
Direktor(in): Prof. Dr.Dr.h.c. Konrad Beyreuther
Mitarbeiter: 250

● T 1 911

Fachbereich Chemie der Universität Hamburg
Martin-Luther-King-Platz 6, 20146 Hamburg
T: (040) 4 28 38-2511   **Fax:** 4 28 38-2893
Internet: http://www.chemie.uni-hamburg.de
Dekan: Prof. Dr. Jürgen Heck
Fachbereichsplaner: Dipl.-Chem. Dietrich Helling
Verwaltung der Institute für Chemie und Pharmazie:
Leiter(in): Frank Schröder
Bibliothek:
Leiter(in): Dipl.-Bibl. Gerda Oetken
Institut für Anorganische und Angewandte Chemie
Geschf. Dir.: Prof. Dr. Rainer D. Fischer
Institut für Organische Chemie
Geschf. Dir.: Prof. Dr. Paul Margaretha
Institut für Biochemie und Lebensmittelchemie
Geschf. Dir.: Prof. Dr. Dr. Hans Steinhart
Abt. f. Organomeereschemie
Leiter(in): Prof. Dr. Dr.h.c. W. Francke
Abt. f. Biochemie
Leiter(in): Prof. Dr. R. Bredehorst (i.V.)
Abt. f. Lebensmittelchemie
Leiter(in): Prof.Dr. Hans Steinhart
Institut für Gewerblich-Technische Wissenschaften
Geschf. Dir.: Prof. Dr. Udo Beier
Mitarbeiter: 600 + 1200 Studenten

t 1 912

Institut für Pharmazie
Bundesstr. 45, 20146 Hamburg
T: (040) 4 28 38-3491   **Fax:** 4 28 38-6573

Internet: http://www.chemie.uni-hamburg.de/pac
Geschf. Dir.: Prof. Dr. Detlef Geffken

t 1 913
Institut für Physikalische Chemie
Bundesstr. 45, 20146 Hamburg
T: (040) 4 28 38-3459 Fax: 4 28 38-3452
Internet: http://www.chemie.uni-hamburg.de/pc
Geschf. Dir.: Prof. Dr. Horst Weller

t 1 914
Institut für Technische und Makromolekulare Chemie
Bundesstr. 45, 20146 Hamburg
T: (040) 4 28 38-3164, 4 28 38-3169, 4 28 38-6002
Fax: 4 28 38-6008
Internet: http://www.chemie.uni-hamburg.de/tmc
Geschf. Dir.: Prof. Dr. W. Kaminsky

● T 1 915
Institut für Makromolekulare Chemie der Universität Freiburg i.Br.
Hermann-Staudinger-Haus
Stefan-Meier-Str. 31, 79104 Freiburg
T: (0761) 2 03-6273 Fax: 2 03-6319
E-Mail: Mulhaupt@fmf.uni-freiburg.de
Direktor(in): Prof. Dr. H. Finkelmann
Prof. Dr. R. Mülhaupt

● T 1 916
Institut für Polymerforschung Dresden e.V.
Postf. 12 04 11, 01005 Dresden
Hohe Str. 6, 01069 Dresden
T: (0351) 46 58-0 Fax: 46 58-284
Internet: http://www.ipfdd.de
E-Mail: ipf@ipfdd.de
Gründung: 1992 (1. Januar)
Wissenschaftl. Dir.:
Prof.Dr.rer.nat.habil. Klaus Lunkwitz
Kaufm. Dir.: G. Mateika
Presse- und Öffentlichkeitsarbeit: Dipl.-Sprachmittler Kerstin Wustrack
Mitarbeiter: 279 (31.12.00)

● T 1 917
Institut für Angewandte Chemie Berlin-Adlershof e.V. (ACA)
Richard-Willstätter-Str. 12, 12489 Berlin
T: (030) 63 92 44 44 Fax: 63 92 44 54
Internet: http://www.aca-berlin.de/
Gründung: 1994 (1. Januar)
Wissenschaftl. Direktor: Prof. Dr. Manfred Baerns (T: (030) 63 92 44 44, Telefax: (030) 63 92 44 54)
Administrativer GeschF: Dipl.-Finw. Rolf Pfrengle (T: (030) 63 92 40 01, Telefax: (030) 63 92 40 04)
Mitarbeiter: 140

● T 1 918

Deutsche Gesellschaft für Informationswissenschaft und Informationspraxis (DGI)
Ostbahnhofstr. 13, 60314 Frankfurt
T: (069) 43 03 13 Fax: 4 90 90 96
Internet: http://www.dgi-info.de
E-Mail: zentrale@dgi-info.de
Gründung: 1948
Vizepräsident(in): Dr. Klaus-Steffen Dittrich
Dr. Karl Südekum
Vorstand und Geschäftsführer: Dr. Horst Neißer (Präsident)
Prof. Dr. Robert Funk (Schatzmeister)
Leitung Presseabteilung: Hans Nerlich
Verbandszeitschrift: nfd Information-Wissenschaft und Praxis
Redaktion: Marlies Ockenfeld, GMD Forschungszentrum Informationstechnik GmbH, Dolivostr. 15, 64293 Darmstadt
Mitglieder: 2000
Mitarbeiter: 5

Förderung der Informationswissenschaft und -praxis. Erarbeitung von Grundlagen und Arbeitsmethoden auf allen Gebieten der Informationswissenschaften und -praxis, Vereinheitlichung der Terminologie der Informationswissenschaft und -praxis. Fortbildung von Fachkräften. Pflege der internationalen Zusammenarbeit.

● T 1 919
Gesellschaft für angewandte Informationswissenschaft Konstanz e.V.
c/o Universität Konstanz
Informationswissenschaft
Postf. 55 60, 78434 Konstanz
T: (07531) 88-3595, -37 04 Fax: 88-2048
E-Mail: marc.rittberger@uni-konstanz.de
Gründung: 1989 (24. November)
Kontaktperson: Prof. Dr. R. Kuhlen
Dr. Marc Rittberger

● T 1 920
Zentrum für Psychologische Information und Dokumentation (ZPID)
Universität Trier
54286 Trier
Universitätsring 15, 54296 Trier
T: (0651) 2 01 28 77 Fax: 2 01 20 71
Internet: http://www.zpid.de
E-Mail: info@zpid.de

● T 1 921
Institut für Information und Dokumentation
Friedrich-Ebert-Str. 4, 14467 Potsdam
T: (0331) 5 80-2411 Fax: 5 80-2419
E-Mail: iid@fh-potsdam.de
Gründung: 1992
Mitarbeiter: 6

Ausbildung zum/zur Wissenschaftlichen Dokumentar/in sowie Fort- und Weiterbildungsangebote.

● T 1 922
Forschungsinstitut für Edelmetalle und Metallchemie (FEM)
Katharinenstr. 17, 73525 Schwäbisch Gmünd
T: (07171) 10 06-0 Fax: 10 06-54
Internet: http://www.fem-online.de
E-Mail: fem@fem-online.de
Gründung: 1922
Leiter(in): Dr.-Ing. Andreas Zielonka
Mitglieder: 68

Entwicklung und Forschung auf dem Gebiet der Edelmetalle und weniger gebräuchlichen Metalle sowie der Elektrochemie, Korrosion; Fragen des Umweltschutzes, Oberflächenbeschichtung von Aluminium, Physikalische Oberflächen-und Dünnschichttechnologie.

● T 1 923
Engler-Bunte-Institut der Universität Karlsruhe
76128 Karlsruhe
Engler-Bunte-Ring 1, 76131 Karlsruhe
T: (0721) 6 08 25 56 Fax: 9 64 02 31
Leiter:
Bereich I: Prof. Dr.-Ing. R. Reimert (Sprecher)
Bereich II: Prof. Dr. A. Braun (kommissarisch)
Bereich III: Prof. Dr.-Ing. H. Bockhorn
Bereich IV: Prof. Dr.rer.nat. F. Frimmel
Bereich V: Prof. Dr. A. Braun

Bereich I: Gas, Erdöl und Kohle
Bereich II: Petrochemie
Bereich III: Verbrennungstechnik
Bereich IV: Wasserchemie
Bereich V: Umweltmeßtechnik
DVGW-Forschungsstelle (Bereiche I,III u. IV)

● T 1 924
Fachausschuss Mineralöl- und Brennstoffnormung (FAM)
Kapstadtring 2, 22297 Hamburg
T: (040) 63 90 04-61 Fax: 6 30 07 36
Vorsitzende(r): Dr. H.-H. Giere (Aral Forschung GmbH, 44776 Bochum)
Stellvertretende(r) Vorsitzende(r): Dipl.-Ing. A. Barsch (ESSO Deutschland GmbH, Bargteheide)
Geschäftsführer(in): Dr. H. T. Feuerhelm
Mitglieder: ca. 600 ehrenamtliche Mitarbeiter

Der FAM (Fachausschuss Mineralöl- und Brennstoffnormung) ist ein Organ des DIN und ist für die Erstellung und Bearbeitung von DIN-Normen des Fachgebietes Mineralöle und verwandte Erzeugnisse verantwortlich.

● T 1 925
Technische Vereinigung für Mineralöl-Additive in Deutschland e.V. (TAD)
Postf. 10 01 46, 52301 Düren

T: (02421) 49 23 22 Fax: 49 23 70
E-Mail: matthias.volkholz@akzonobel.com
Gründung: 1989
Vorsitzende(r): Dr. M. Volkholz
Stellvertretende(r) Vorsitzende(r): Dr. H. Mach
Schatzmeister: Stefan Knittel
Mitglieder: 10

● T 1 926
Hannoversches Forschungsinstitut für Fertigungsfragen e.V. (HFF)
Welfengarten 1A, 30167 Hannover
T: (0511) 7 62-2264 Fax: 7 62-3007
Vorstand: Prof. Dr.-Ing. Eckart Doege

Entwicklung neuer Technologien im Bereich Umformtechnik durch Auftragsforschung, praktische Versuche, theoretische Studien, Komplettlösungen.

● T 1 927
Institut für Neue Technische Form
Eugen-Bracht-Weg 6, 64287 Darmstadt
T: (06151) 4 80 08 Fax: 4 65 53
Gründung: 1952
Geschäftsführer(in): Michael Schneider
1. Vorsitzende(r): Landgraf Moritz von Hessen
Mitglieder: 103

● T 1 928
Stiftung Institut für Werkstofftechnik
Badgasteiner Str. 3, 28359 Bremen
T: (0421) 2 18 00 Fax: 2 18-5333
Internet: http://www.iwt-bremen.de
E-Mail: iwt@iwt.uni-bremen.de
Gründung: 1986
Geschf. Dir.: Prof. Dr.-Ing.habil. Peter Mayr
Leitung Presseabteilung: Dipl.-Ing. Sascha Laue
Mitglieder: z.Z. 155 Industrieunternehmen
Mitarbeiter: ca. 150

● T 1 929
Gesellschaft zur Förderung Angewandter Verbindungstechnik e.V. (GFAV)
Postf. 17 03 49, 60077 Frankfurt
Unterlindau 16, 60323 Frankfurt
T: (069) 72 29 38 Fax: 17 26 47
Gründung: 1981
Präsident(in): Dipl.-Volksw. Klaus Jehring

● T 1 930

ALPHA
Gesellschaft zur Prüfung und Zertifizierung von Niederspannungsgeräten e.V.
Sitz der Gesellschaft
Darmstädter Landstr. 199, 60598 Frankfurt
T: (069) 96 20 63 43 Fax: 96 20 63 44
Internet: http://www.alpha-cert.de
E-Mail: office@alpha-cert.de
Gründung: 1990
Vorsitzende(r) des Vorstandes: Dr. Erich Voss
Verbandszeitschrift: ALPHA-INFO
Redaktion: ALPHA-Geschäftsstelle
Mitglieder: 24

Die Gesellschaft ist tätig auf dem Fachgebiet der industriellen Niederspannungsgeräte. Sie unterstützt über Arbeitskreise die Konformitätserklärung der Hersteller und zertifiziert aufgrund von Testergebnissen in akkreditierten Labors.
ALPHA ist akkreditiert bei der Deutschen Akkreditierungsstelle Technik und ist Mitglied bei
LOVAG zur gegenseitigen Anerkennung von Zertifizierungen in der EU.

● T 1 931

Schloßgartenstr. 6, 64289 Darmstadt
T: (06151) 16 21 04 Fax: 29 28 55

T 1 931

Internet: http://www.dki.tu-darmstadt.de/
E-Mail: central@dki.tu-darmstadt.de
Gründung: 1957
Institutsleiter: Prof. Dr. M. Rehahn
Ltr. Abt. Chemie: Prof. Dr. M. Rehahn
Ltr. Abt. Physik: Dr. I. Alig
Ltr. Abt. Technologie: Dr. M. Bastian
Ltr. Abt. Dokumentation: Dr. R. Kiwus
Ltr.Abt. Dienstleistungen: Dr.-Ing. R. Wäber
Ltr. Abt. Analytik: Dr. H. Pasch
Mitarbeiter: 100

● **T 1 932**

Thüringisches Institut für Textil- und Kunststoff-Forschung e.V.
Breitscheidstr. 97, 07407 Rudolstadt
T: (03672) 3 79-100   **Fax:** 3 79-379
Internet: http://www.titk.de
E-Mail: management-TITK-OMPG@TITK.de
Vorstand: Direktor Bernhard Haug (Bayerische Hypo- und Vereinsbank AG, Erfurt)
Dipl.-Ing. Richard Beetz (Bürgermeister Saalfeld)
Dipl.-Ing. Siegfried Roth, Salem
Dr. rer. nat. Ties Karstens (Vors. des wissenschaftlichen Beirates, Rhodia Acetow AG, Freiburg)
Dr. Günter Link (Thüringer Landesentwicklungsgesellschaft, Erfurt)
Vorstand und geschäftsführender Direktor: Dr.-Ing. Horst Bürger, Rudolstadt
Mitglieder: 86 (dav. 75 Unternehmen, Institute, Verbände etc.; 11 persönliche Mitglieder)

● **T 1 933**

Süddeutsches Kunststoff-Zentrum (SKZ)
Zertifiziertes Institut (ISO 9001) und akkreditiertes Prüflabor für die Kunststoffbranche (ISO Guide 25)
Frankfurter Str. 15-17, 97082 Würzburg
T: (0931) 41 04-0   **Fax:** 41 04-1 77
Internet: http://www.skz.de
E-Mail: info@skz.de
Gründung: 1961 (1.März)
Mitglieder: 200
Mitarbeiter: 120

Fortbildung von Fach- und Führungskräften der Industrie, Ausbildern und Lehrern, Ausbildung von Industriemeistern der Fachrichtung Kunststoff und Kautschuk, Fortbildung von ausländischen Fach- und Führungskräften. Prüfung von Kunststoffen und Kunststofferzeugnissen, Gutachten, Überwachung, Zulassungsprüfungen Forschungs- und Entwicklungsarbeiten zur Verarbeitungs- und Anwendungstechnik, Beratung und Information. Akkreditierte Prüfanstalt für Kunststoffe und Kunststofferzeugnisse.

Zweigstellen

t 1 934

SKZ Zweigstelle Dresden
Hohe Str. 6, 01069 Dresden
T: (0351) 47 19-3 77

t 1 935

SKZ Zweigstelle Halle
Köthener Str. 33a, 06118 Halle
T: (0345) 5 30 45-0   **Fax:** 5 30 45-22
E-Mail: halle@skz.de

t 1 936

SKZ Zweigstelle Peine
Unternehmenspark II
Woltorfer Str. 77, 31224 Peine
T: (05171) 4 89 35   **Fax:** 1 84 26
E-Mail: peine@skz.de

t 1 937

SKZ Zweigstelle Stuttgart
Holderäckerstr. 37, 70499 Stuttgart
T: (0711) 13 81 20-0   **Fax:** 13 81 20-20
E-Mail: stuttgart@skz.de

● **T 1 938**

Institut für Kunststoffverarbeitung in Industrie und Handwerk an der Rheinisch-Westf. Techn. Hochschule Aachen
Lehrstuhl für Kunststoffverarbeitung
RWTH Aachen, 52056 Aachen
Hausanschrift:
Pontstr. 49, 52062 Aachen
T: (0241) 80 38-06   **Fax:** 8 88 82 62
Internet: http://www.rwth-aachen.de/ikv/

E-Mail: zentrale@ikv.rwth-aachen.de
Gründung: 1950 (28. Oktober)
Institutsleiter u. Inhaber des Lehrstuhls Kunststoffverarbeitung: Prof. Dr.-Ing. Dr.-Ing. E.h. Walter Michaeli
Lehr- und Forschungsgebiet Kautschuktechnologie: Prof. Dr.-Ing. Edmund Haberstroh
Leitung Presseabteilung: Bernd Lauer
Mitglieder: 312
Mitarbeiter: ca. 332 (Stand: 01.01.01)

● **T 1 939**

Institut für Kunststofftechnologie und -recycling (IKTR) e.V.
Radegaster Str. 14, 06369 Weißandt-Gölzau
T: (034978) 2 12 03   **Fax:** 2 12 03
E-Mail: iktr_e.v@t-online.de
Gründung: 1993
Geschäftsführer(in): Prof. Dr.-Ing. habil. Dr.h.c. Slaweyko Marinow
Geschäftstätigkeit: Forschung und Entwicklung auf dem gesamten Kunststoff- und Kunststoffrecyclingsektor, Übernahme von Auftragsforschungen, umfangreiches Dienstleistungsangebot
Mitarbeiter: 14

● **T 1 940**

Deutscher Verein zur Förderung des Mathematischen und Naturwissenschaftlichen Unterrichts e.V. (MNU)
Walter-Frahm-Stieg 30, 22041 Hamburg
T: (040) 6 57 01 62   **Fax:** 6 57 01 62
Internet: http://www.mnu.de
Gründung: 1891 (5. Oktober)
1. Vorsitzende(r): Wolfgang Asselborn
Geschäftsführer(in): Karsten Reckleben
Verbandszeitschrift: Der Mathematische und Naturwissenschaftliche Unterricht
Redaktion: Prof. Dr. Bernd Ralle
Verlag: Stam-Verlag, Fuggerstr. 7, 51149 Köln
Mitglieder: 6000

● **T 1 941**

Mathematisches Forschungsinstitut Oberwolfach
Geschäftsstelle:
Lorenzenhof, 77709 Oberwolfach
T: (07834) 9 79-50   **Fax:** 9 79-55
Internet: http://www.mfo.de
E-Mail: admin@mfo.de
Leiter(in): Prof. Dr. Matthias Kreck

● **T 1 942**

Deutsche Mathematiker Vereinigung e.V. (DMV)
c/o WIAS
Mohrenstr. 39, 10117 Berlin
T: (030) 2 03 72-306   **Fax:** 2 03 72-307
E-Mail: dmv@wias-berlin.de
Gründung: 1890
Präsident(in): Prof. Dr. Gernot Stroth
Schriftführer(in): Prof. Dr. Ehrhard Behrends
Schatzmeister: Prof. Dr. J. Brüning
Mitglieder: 3320

Förderung der Mathematik, insbesondere in Forschung und Lehre.

● **T 1 943**

Gesellschaft für Angewandte Mathematik und Mechanik (GAMM)
c/o Technische Universität Dresden, Fakultät Maschinenwesen, Institut für Festkörpermechanik
01062 Dresden
Mommsenstr. 13, 01069 Dresden
T: (0351) 4 63-4285   **Fax:** 4 63-7061
Gründung: 1922
Präsident(in): Prof. Dr. G. Alefeld
Vizepräsident(in): Prof. Dr. techn. Franz Ziegler
Sekretär: Prof. Dr.-Ing. V. Ulbricht
Vizesekretär: Prof. Dr.-Ing. L. Gaul
Verbandszeitschrift: Mitteilungen der GAMM
Redaktion: Prof. Dr. R. Mennicken, Regensburg
Mitglieder: ca. 2500

● **T 1 944**

Forschungsinstitut für Diskrete Mathematik
Lennestr. 2, 53113 Bonn
T: (0228) 73 87 70   **Fax:** 73 87 71
Internet: http://www.or.uni-bonn.de
E-Mail: dm@or.uni-bonn.de
Gründung: 1988 (1. Januar)
Direktor(in): Prof. Dr.Dr.h.c. Bernhard Korte
Geschäftsführer(in): Dr. Bodo Karnbach

● **T 1 945**

Gauß-Gesellschaft e.V. Göttingen
c/o Wohnstift Göttingen
Charlottenburger Str. 19, 37085 Göttingen
T: (0551) 7 99 26 27
Gründung: 1962 (21. September)
Geschäftsführer(in): Prof. Dr. H. H. Voigt (Charlottenburgerstr. 19, 37085 Göttingen, T: (0551) 7 99 26 27)
Verbandszeitschrift: Mitteilungen der Gauß-Gesellschaft
Redaktion: H. H. Voigt
Mitglieder: ca. 180
Jahresetat: DM 0,01 Mio, € 0,01 Mio

● **T 1 946**

Physikalischer Verein
Robert-Mayer-Str. 2-4, 60325 Frankfurt
T: (069) 70 46 30, 7 98-2 34 97   **Fax:** 97 98 13 42
Internet: http://www.physikalischer-verein.de
E-Mail: info@physikalischer-verein.de
Gründung: 1824
Vorsitzende(r): Dr. phil. nat. Gerd Sandstede
Stellvertretende(r) Vorsitzende(r): Prof. Dr. Fritz Siemsen
Geschäftsführer(in): Dr. Bruno Deiss
Mitglieder: 800

Verbreitung naturwissenschaftlicher Kenntnisse und Forschungsergebnisse (besonders Physik, Chemie, Technik, Umwelt) in der Bevölkerung. Betreibt die VOLKSSTERNWARTE FRANKFURT. Arbeitsbereich: populär wissenschaftliche Astronomie.

● **T 1 947**

Kiepenheuer-Institut für Sonnenphysik
Schöneckstr. 6, 79104 Freiburg
T: (0761) 31 98-0   **Fax:** 31 98-1 11
Internet: http://www.kis.uni-freiburg.de
E-Mail: hw@kis.uni-freiburg.de
Gründung: 1942/43
Direktor(in): Prof. Dr. Oskar von der Lühe
Stellvertretender Direktor: Prof. Dr. M. Stix
Leitung Presseabteilung: Dr. Hubertus Wöhl
Mitarbeiter: 40

Das Kiepenheuer-Institut ist eine Forschungseinrichtung des Landes Baden-Württemberg. Es untersteht dem Ministerium für Wissenschaft und Forschung des Landes B.-W. in Stuttgart.

● **T 1 948**

Universität Hamburg
II. Institut für Experimentalphysik
Luruper Chaussee 149, 22761 Hamburg
T: (040) 89 98-0   **Fax:** 89 98 21 96
Geschf. Dir.: Prof. Dr. W. Schmidt-Parzefall
Stellv.: Prof. Dr. B. Sonntag
Verwaltungsltr.: RA H. Wessel

● **T 1 949**

Institut für Strahlen- und Kernphysik der Universität Bonn
Nußallee 14-16, 53115 Bonn
T: (0228) 73-2203   **Fax:** 73 25 05
Internet: http://www.iskp.uni-bonn.de
E-Mail: sekretar@iskp.uni-bonn.de
Direktor(in): Prof. Dr. K. Maier

● **T 1 950**

Forschungsinstitut für Pigmente und Lacke e.V.
Allmandring 37, 70569 Stuttgart
T: (0711) 6 87 80-0   **Fax:** 6 87 80-79
Internet: http://www.fpl.uni-stuttgart.de
E-Mail: fpl@fpl.uni-stuttgart.de
Gründung: 1951
Vorsitzende(r): Dr. Wolf-Dieter Griebler (c/o Sachtleben Chemie GmbH, Duisburg)
Stellvertretende(r) Vorsitzende(r): N. N.
Institutsleiter: Prof. Dr. C. D. Eisenbach
Geschäftsführer(in): Dr. W. Ph. Öchsner

● **T 1 951**

Gesellschaft für Anlagen- und Reaktorsicherheit (GRS) mbH
Schwertnergasse 1, 50667 Köln
T: (0221) 20 68-0   **Fax:** 20 68-888
Internet: http://www.grs.de
Aufsichtsratsvors.: Staatssekretär Rainer Baake (BMU)
Geschäftsführer(in): Prof. Dr. Dr.-Ing.E.h. Adolf Birkhofer
Dr. Walter Leder
Leitung Presseabteilung: Dr. H.-P. Butz (but@grs.de)

T 1 952
Bundesamt für Strahlenschutz
Reaktor-Sicherheitskommission
RSK-Geschäftsstelle
Postf. 12 06 29, 53048 Bonn
T: (0228) 3 05-37 25   **Fax:** 67 03 88
Gründung: 1958
Vorsitzende(r): Dipl.-Phys. Lothar Hahn
1. Stellv. Vorsitzender: Dipl.-Ing. Edmund Kersting
2. Stellv. Vorsitzender: Dipl.-Ing. Rudolf Wieland
Mitglieder: 15

T 1 953
Strahlenschutzkommission beim Bundesamt für Strahlenschutz (SSK)
Postf. 12 06 29, 53048 Bonn
Hermann-Ehlers-Str. 10, 53113 Bonn
T: (0228) 3 05-0   **Fax:** 67 64 59
Internet: http://www.ssk.de
Vorsitzende(r): Prof. Dr. Maria Blettner
Stellvertretende(r) Vorsitzende(r): Prof. Dr. Köhnlein
Prof. Dr. Dietze
Geschäftsführer(in): Dr. Detlef Gumprecht (SSK-Geschäftsstelle)

T 1 954
Gesellschaft für Strahlenschutz e.V.
Geschäftsstelle:
Parkallee 87, 28209 Bremen
T: (0421) 3 46 82 85   **Fax:** 3 46 82 85
Internet: http://www.gfstrahlenschutz.de
E-Mail: isf@physik.uni-bremen.de
Vorstand: Sebastian Pflugbeil DSc (Präs.)
Dr. Helga Dieckmann (stellv. Präs.)
Geschäftsführer(in): Prof. Dr. Inge Schmitz-Feuerhake
Verbandszeitschrift: Berichte des Otto-Hug-Strahleninstituts
Verlag: Thomas Dersee, Strahlentelex, Rauxeler Weg 6, 13507 Berlin

T 1 955
Deutsch-Schweiz. Fachverband für Strahlenschutz e.V. (FS)
Postf. 66 02 20, 10267 Berlin
T: (03303) 21 03 26   **Fax:** 21 03 27
Internet: http://www.fs.fzk.de
E-Mail: fs-sek@web.de
Präsident(in): Dr. Klaus Henrichs
Hauptgeschäftsführer(in): Dipl.-Phys. Renate Czarwinski (Geschf.)
Informationsleiter u. Schriftleiter: Dr. R. Maushart
Verbandszeitschrift: Strahlenschutz Praxis
Redaktion: Dr. Maushart, Pappelweg 38, 75334 Straubenhardt
Verlag: Verlag TÜV Rheinland GmbH
Mitglieder: ca. 1400

T 1 956
Zentralstelle des Bundes für die Überwachung der Umweltradioaktivität
Bundesamt für Strahlenschutz
Institut für Strahlenhygiene
Postf. 11 08, 85758 Oberschleißheim
Ingolstädter Landstr. 1, 85764 Oberschleißheim
T: (089) 31 60 32 40   **Fax:** 31 60 33 31
Leiter(in): Hermann Leeb

T 1 957
Hans-Bredow-Institut für Medienforschung an der Universität Hamburg
Heimhuder Str. 21, 20148 Hamburg
T: (040) 45 02 17-0   **Fax:** 45 02 17-77
Internet: http://www.hans-bredow-institut.de
E-Mail: info@hans-bredow-institut.de
Gründung: 1950 (30. Mai)
Direktorium: Prof. Dr. Otfried Jarren
Referenten: Dr. Uwe Hasebrink (Geschäftsf.)
Dr. Hardy Dreier
Dr. Friedrich Krotz
Claudia Lampert
Hermann-Dieter Schröder
Dr. Wolfgang Schulz
Dr. Ralph Weiß
Wiss. Redakteurin: Christiane Matzen (Presseabt.)
Verbandszeitschrift: Medien & Kommunikationswissenschaft
Redaktion: im HBI
Verlag: NOMOS Verlag, Postf. 6 10, 76484 Baden-Baden

T 1 958
Fernseh- und Kinotechnische Gesellschaft FKTG e.V.
Malvenstr. 12, 12203 Berlin
T: (030) 8 31 28 10   **Fax:** 8 31 25 65
Internet: http://www.fktg.de
E-Mail: bolewski@t-online.de
Gründung: 1972 (9. Oktober)
Vorsitzende(r): Prof. Dr.-Ing. Ulrich Reimers (Institut für Nachrichtentechnik der TU Braunschweig)
Stellvertretende(r) Vorsitzende(r): Horst Przybyla
Hauptgeschäftsführer(in): Norbert Bolewski, Berlin
Verbandszeitschrift: Fernseh- und Kino-Technik
Chefredakteur: Norbert Bolewski
Verlag: Hüthig GmbH, Im Weiher 10, 69121 Heidelberg
Mitglieder: 1300
Regionalgruppen in: Berlin, Dresden, Erfurt, Hamburg, Köln, Mainz, München, Stuttgart, Wien, Zürich

T 1 959
Georg-Eckert-Institut für internationale Schulbuchforschung
-Anstalt des öffentlichen Rechts-
Celler Str. 3, 38114 Braunschweig
T: (0531) 5 90 99-0   **Fax:** 5 90 99 99
Internet: http://www.gei.de
E-Mail: GEInst@gei.de
Direktor(in): Prof. Dr. Wolfgang Höpken

T 1 960
Deutsches Textilforschungszentrum Nord-West e.V.
Institut an der Gerhard Mercator Universität Duisburg Gesamthochschule
Adlerstr. 1, 47798 Krefeld
T: (02151) 8 43-0   **Fax:** 8 43-1 43
E-Mail: dtnw@uni-duisburg.de
Geschf. Dir.: Prof. Dr. Eckhard Schollmeyer

T 1 961
Öffentliche Prüfstelle und Textilinstitut für Vertragsforschung e.V.
Adlerstr. 1, 47798 Krefeld
T: (02151) 84 31 50   **Fax:** 84 31 43
E-Mail: 101654.21@compuserve.com
Leiter(in): Prof. Dr. Eckhard Schollmeyer (T: (02151) 8 43-1 50)

T 1 962
Öffentliche Prüfstelle für das Textilwesen
Rheydter Str. 291, 41065 Mönchengladbach
T: (02161) 1 86-761 (phys. Abteilung), 1 86-764 (chem. Abteilung)   **Fax:** 20 88 47
Internet: http://www.fh-niederrhein.de
E-Mail: oeffentl.textilpruefstelle@fh-niederrhein.de
Leiter(in): Prof. Dr. Joachim Hilden
Prof. Dr. Marie-Louise Klotz

T 1 963
Verein Textildokumentation und -information e.V. (VTDI)
Postf. 53 40, 65728 Eschborn
Frankfurter Str. 10-14, 65760 Eschborn
T: (06196) 9 66-2 29   **Fax:** 4 21 70
Gründung: 1980 (17. November)
Vorsitzende(r): Dr. Walter Begemann (Gesamttextil)
Stellvertretende(r) Vorsitzende(r): Dipl.-Wirtsch.-Ing. Thomas Waldmann (VDMA Fachgruppe Textilmaschinen)
Prof. Dr. Eckhard Schollmeyer (Deutsches Textilforschungszentrum Nord-West)
Geschäftsführer(in): Birgit Großmeier

T 1 964
Deutsche Institute für Textil- und Faserforschung Stuttgart
Körschtalstr. 26, 73770 Denkendorf
T: (0711) 93 40-0   **Fax:** 93 40-2 97

T 1 965
Sächsisches Textilforschungsinstitut e.V.
Postf. 13 25, 09072 Chemnitz
Annaberger Str. 240, 09125 Chemnitz
T: (0371) 52 74-0   **Fax:** 52 74-153
Internet: http://www.stfi.de
E-Mail: stfi@stfi.de
Gründung: 1992
Geschäftsf. Dir: Prof. Dr.-Ing. Hilmar Fuchs
Verbandszeitschrift: tt-information
Redaktion: Dipl.-Ing. Sigrun Adler
Mitarbeiter: 90

Technische Textilien, Vliesstoffe/Folien, Gewirke/Gewebe, Veredlung/Ökologie, Textilrecycling, Schutztextilien, Technische Netze und Stränge, Textile Materialforschung, Nachwachsende Rohstoffe; Transferzentrum Textiltechnologie: Prüf- und Zertifizierungsstelle (DIN-EN 45001, 45011, 45012); Prüfungen nach Öko-Tex Standard 100; Prüf- und Zertifizierungsstelle für Persönliche Schutzausrüstungen (CE-Zeichen).

T 1 966
Textilforschungsinstitut Thüringen-Vogtland e.V.
Zeulenrodaer Str. 42, 07973 Greiz
T: (03661) 6 11-0   **Fax:** 6 11-222
Internet: http://www.titv-greiz.de
E-Mail: mail@titv-greiz.de
Gründung: 1992 (18. Februar)
Vorsitzende(r): Ing. Werner Kick
Geschäftsführender Direktor: Dipl.-Ing. (FH) Dieter Obenauf
Wissenschaftlicher Leiter: Dr.rer.nat. Walter Müller-Litz
Mitarbeiter: ca. 50

T 1 967
FASERINSTITUT BREMEN e.V.
Postf. 10 58 07, 28058 Bremen
Wachtstr. 17-24, 28195 Bremen
T: (0421) 3 60 89-0   **Fax:** 3 39 84 99
Internet: http://www.fb4.uni-bremen.de/fibre/
E-Mail: harig@fibre.uni-bremen.de
Gründung: 1969
Vorstand: Wolfgang Vogt-Jordan
Rüdiger Ruppert
Hauptgeschäftsführer(in): Prof. Dr.-Ing. H. Harig
Mitgliedsverbände:
Bremer Baumwollbörse
Bremer Verein der Baumwollhändler
Verband des Baumwollabfall- und Lintershandels e.V.
Forschungskuratorium Textil e.V. Frankfurt
Vereinigung des Wollhandels e.V.
Industrieverband Garne & Gewebe

T 1 968
Deutsches Wollforschungsinstitut an der RWTH Aachen e.V.
Veltmanplatz 8, 52062 Aachen
T: (0241) 44 69-0   **Fax:** 44 69-1 00
Internet: http://www.dwi.rwth-aachen.de
E-Mail: contact@dwi.rwth-aachen.de
Gründung: 1952 (1. April)
Vorsitzende(r): Dipl.-Ing. Hans Wohlfart
Stellvertretende(r) Vorsitzende(r): Dr. Rainer Hoffmann (Rektor der RWTH Aachen)
Prof. Dr. Burkhard Rauhut
Hauptgeschäftsführer(in): Prof. Dr. Hartwig Höcker
Geschäftsführer(in): Ute Schloßmacher
Stellvertretende(r)-Hauptgeschäftsführer: Dr.-Ing. Karl-Heinz Lehmann
Leitung Presseabteilung: Dipl.-Biol., Dr.rer.nat. Brigitte Küppers
Verbandszeitschrift: DWI-Roports
Redaktion: Deutsches Wollforschungsinstitut, B. Küppers, Veltmanplatz 8, 52062 Aachen
Mitglieder: 114
Mitarbeiter: ca. 130
Jahresetat: ca. DM 7 Mio, € 3,58 Mio

T 1 969
ITV Institut für Textil- und Verfahrenstechnik Denkendorf
der Deutschen Institute für Textil- und Faserforschung
Körschtalstr. 26, 73770 Denkendorf
T: (0711) 93 40-0   **Fax:** 93 40-297
Internet: http://www.itv-denkendorf.de
Gründung: 1921
Direktor(in): Prof. Dr.-Ing. Heinrich Planck

T 1 970
Institut für Textiltechnik der Rhein.-Westf. Technischen Hochschule Aachen
Eilfschornsteinstr. 18, 52062 Aachen
T: (0241) 80 56 21   **Fax:** 88 88-1 49
Internet: http://www.ita.rwth-aachen.de/~vth/
E-Mail: buero@itantserver1.ita.rwth-aachen.de
Gründung: 1934
Institutsdir.: Univ. Prof. Dr.-Ing. Burkhard Wulfhorst

T 1 971
Fachverband Textilunterricht e.V.
c/o Heidi Büngeler
Höhenweg 13A, 49082 Osnabrück
T: (0541) 5 10 09   **Fax:** 5 10 09
Gründung: 1975
Vorstand: Romana Schweizer (Schönblick 19, 76275 Ettlingen-Schluttenbach, T: (07243) 52 60 77, Telefax: (07243) 52 60 79, E-Mail: schweizer@ba-karlsruhe.de)
Heidi Büngeler (Höhenweg 13a, 49082 Osnabrück, T: (0541) 5 10 09, Telefax: (0541) 5 10 09)
Prof. Dr. Waltraud Rusch (Ahornweg 11, 76461 Muggensturm, T: (07222) 91 64 80, Telefax: (07222) 9 25-4012)
Christiane Trunz (Spiekerskamp 20, 59348 Lüdinghausen, T: (02591) 8 81 10, Telefax: (02591) 8 88 65)

T 1 971

Leitung Presseabteilung: Prof. Dr. Waltraud Rusch
Beiratsmitglieder/Landesverbände:
Baden-Württemberg:
Romana Schweizer (Schönblick 19, 76275 Ettlingen-Schluttenbach, T: (07243) 52 60 77, Telefax: (07243) 52 60 79, E-Mail: schweizer@ba-karlsruhe.de)
Ulrike Frank (Saarlandstr. 47, 76187 Karlsruhe, T: (0721) 56 71 28, Telefax: (0721) 56 71 28)
Bayern:
Ulrike Kirchner (Diethersheimer Str. 21, 85716 Unterschleißheim, T: (089) 3 10 53 27, Telefax: (089) 32 10 01 30, E-Mail: kirchner.ush@t-online.de)
Dr. Waltraud Rusch (Am Kirchfeld 5, 84431 Heldenstein, T: (08636) 6 61 44)
Berlin:
Ruth Fiedler (Backbergstr. 6h, 12359 Berlin, T: (030) 6 06 93 45)
Rosemarie Fechteler-Borchert (Weddigenweg 55a, 12205 Berlin, T: (030) 8 33 30 25)
Brandenburg:
Jutta Lademann (Forststr. 8, 14471 Potsdam, T: (0331) 97 37 40)
Monika Leschik-Berndt (Am Stinthorn 31, 14476 Neufahrland, T: (033208) 5 02 70)
Hessen (ohne Landesgruppe):
Helga Boss (Walltorstr. 8, 35390 Gießen, T: (0641) 38 93 50)
Niedersachsen/Bremen:
Renate Eilers (Tanger Hauptstr. 46, 26689 Tange, T: (04499) 91 91 71)
Ute Nehring (Eibenweg 17, 26131 Oldenburg, T/F: (0441) 50 86 54, E-Mail: ute.nehring@nwn.de)
Nordrhein-Westfalen:
Christiane Trunz (Spiekerskamp 20, 59348 Lüdinghausen, T: (02591) 8 81 10, Fax: 8 88 65)
Christiane Winz-Völkert (Burgwall 64, 48165 Münster, T: (02501) 1 65 03)
Rheinland-Pfalz/Saarland:
Dorothea Didlaukies (Amselpfad 1, 55590 Meisenheim, T: (06753) 36 03)
Ursula Ackermann (Obere Wallstr. 66, 56626 Andernach, T: (02632) 49 62 42, Fax: (02632) 49 62 43)
Sachsen/Sachsen-Anhalt:
Sabine Seydel (Dorfhainer Str. 20, 01189 Dresden, T: (0351) 40 32534)
Cornelia Unterseher (Tschaikowskistr. 89, 09599 Freiberg, T: (03731) 6 83 56)
Schleswig-Holstein/Hamburg:
Karin Voss (Schulstr. 5-7, 23843 Travenbrück, T: (04531) 51 75, Telefax: (04531) 51 75)
Ingrid Höft (Bokholm 22, 24960 Glücksburg, T: (04631) 76 25)
Verbandszeitschrift: ...textil... Wissenschaft - Forschung - Unterricht
Redaktion: Prof. Dr. Waltraud Rusch, Ahornweg 11, 76461 Muggensturm, T: (07222) 91 64 80, Dienst.: (0721) 9 25-4012
Verlag: Schneider Verlag Hohengehren GmbH, Wilhelmstr. 13, 73666 Baltmannsweiler
Mitglieder: 750
Mitarbeiter: ca. 30 (ehrenamtlich)
Jahresetat: DM 0,05 Mio, € 0,03 Mio

T 1 972

Bekleidungsphysiologisches Institut Hohenstein e.V.
Schloß Hohenstein, 74357 Bönnigheim
T: (07143) 27 10   **Fax:** 2 71 51
Internet: http://www.hohenstein.de
E-Mail: info@hohenstein.de
Gründung: 1961
Vorsitzende(r): Hanns A. Pielenz (Amann & Söhne, 74357 Bönnigheim)
Stellvertretende(r) Vorsitzende(r): Dieter Braun (73540 Heubach)
Werner zu Jeddeloh (Büsing & Fasch, 26123 Oldenburg)
Geschäftsführer(in): Dr. Stefan Mecheele
Leitung Presseabteilung: Dipl.-Journalistin Petra Knecht
Mitglieder: ca. 50
Mitarbeiter: 50

T 1 973

Bekleidungstechnisches Institut e.V.
Kaiserstr. 133, 41061 Mönchengladbach
T: (02161) 1 30 29   **Fax:** 20 08 80
E-Mail: info@bti-gmbh.de
Gründung: 1948
Geschäftsführer(in): Dipl.-Ing. Heinz-Peter Werminghaus
Leitung Presseabteilung: Jürgen Schnitzler
Mitglieder: 100
Mitarbeiter: 9

T 1 974

Forschungsinstitut Hohenstein
Schloß Hohenstein, 74357 Bönnigheim
T: (07143) 27 10   **Fax:** 2 71 51
Internet: http://www.hohenstein.de
E-Mail: info@hohenstein.de
Gründung: 1946
Internationaler Zusammenschluß: siehe unter izt 280
Geschäftsführer(in): Dr. Stefan Mecheels
Leitung Presseabteilung: Dipl.-Journalistin Petra Knecht
Mitarbeiter: 160

T 1 975

Forschungsinstitut u. Naturmuseum Senckenberg der Senckenbergischen Naturforschenden Gesellschaft (SNG)
Senckenberganlage 25, 60325 Frankfurt
T: (069) 75 42-213   **Fax:** 75 42-242
E-Mail: fsteinin@sng.uni-frankfurt.de
Gründung: 1817 (22. November)
Präsident(in): Wolfgang Strutz
Vizepräsident(in): Prof. Dr. Ernst Schadow
Direktor(in): Prof. Dr. Fritz F. Steininger
Geschäftsführer(in): Paul Casper
Stellvertretende(r) Geschäftsführer(in): Gerd Fritz
Leitung Presseabteilung: Dr. Peter Königshof
Verbandszeitschrift: "Natur und Museum"
Verlag: selbst
Mitglieder: ca. 4100
Mitarbeiter: ca. 200
Jahresetat: DM 30 Mio, € 15,34 Mio

T 1 976

Forschungsstelle Textilreinigung e.V. (FTR)
Schloß Hohenstein, 74357 Bönnigheim
T: (07143) 2 71-0   **Fax:** 2 71-51
Internet: http://www.textilecare.de
Gründung: 1953
Vorsitzende(r): Ludwig Egelhof (Gerock-Reinigung, Charlottenstr. 10, 74074 Heilbronn)
Stellvertretende(r) Vorsitzende(r): Anna Nieß (Willy Bogner GmbH & Co KG, Sankt-Veit-Str. 4, 81673 München)
Hans-Wilhelm Strothotte (Textilpflege Strothotte, Nordwall 7, 47608 Geldern)
Geschäftsführer(in): Dr. Stefan Mecheels
Dipl.-Ing. Josef Kurz
Leitung Presseabteilung: Dipl.-Journalistin Petra Knecht
Verbandszeitschrift: Akt. FTR-Informationen u. Warenkundl. Berichte; Textilreiniger in den Medien
Mitglieder: ca. 900
Mitarbeiter: 20

Gemeinnütziger Verein von Textilreinigern, der seine Mitglieder in allen fachlichen, technischen, umwelt- und textilbezogenen Fragen berät und unterstützt. Die FTR Hohenstein ist eine anerkannte Meßstelle der Textilreinigungen. Ziel der FTR: Forschungs-, Entwicklungs- und Beratungsarbeit.

T 1 977

Deutsches Teppich-Forschungsinstitut e.V.
Charlottenburger Allee 41, 52068 Aachen
T: (0241) 96 79-00   **Fax:** 9 67 92 00
Internet: http://www.tfi-online.de
E-Mail: postmaster@tfi-online.de
Gründung: 1964 (1. Dezember)
Vorsitzende(r): Klaus Hölzel (Vorwerk & Co., Hameln)
Geschäftsführer(in): Dr. Ernst Schröder (Deutsches Teppich-Forschungsinstitut, Charlottenburger Allee 41, 52068 Aachen, E-Mail: eschroeder@tfi-online.de)
Mitglieder: 52 (Mitglieder u. Fördermitglieder)

T 1 978

WALTHER-MEISSNER-INSTITUT für Tieftemperaturforschung der Bayer. Akademie der Wissenschaften
Walther-Meißner-Str. 8, 85748 Garching
T: (089) 28 91 42 02   **Fax:** 28 91 42 06
E-Mail: rudolf.gross@wmi.badw.de
Kontaktperson: Prof. Dr. Rudolf Gross

T 1 979

Forschungsinstitut für Wärmeschutz e.V. München (FIW München)
Postfl. 15 25, 82157 Gräfelfing
Lochhamer Schlag 4, 82166 Gräfelfing
T: (089) 8 58 00-0   **Fax:** 8 58 00-40
Internet: http://www.fiw-muenchen.de
E-Mail: info@fiw-muenchen.de
Gründung: 1918 (Oktober)
Vorsitzende(r): Peter Hefter
Geschäftsführer(in): Dr. rer. nat. Roland Gellert
Verbandszeitschrift: FIW-Mitteilungen
Redaktion: FIW München, Gräfelfing
Mitglieder: 130
Mitarbeiter: 45

Forschungsarbeiten, Prüfungen, Berechnungen und Gutachten auf dem Gebiet des Wärme- und Kälteschutzes von Gebäuden und industriellen Anlagen.

T 1 980

Gaswärme-Institut e.V. Essen
Postfl. 27 01 52, 45342 Essen
Hafenstr. 101, 45356 Essen
T: (0201) 36 18-0   **Fax:** 36 18-119
Internet: http://www.gwi-essen.de
E-Mail: info@gwi-essen.de
Gründung: 1937
Institutsleitung: Dr. rer. nat. H.-W. Etzkorn (Ltg. Presseabt.)
Wissenschaftliche-Ltg.: Dipl.-Ing. H. Kremer
Kaufm. Ltg.: Dr.rer.pol. R. Gzuk
Verbandszeitschrift: "GASWÄRME International"
Verlag: Vulkan Verlag, Hollestr. 1, 45127
Mitglieder: 99
Mitarbeiter: 57
Jahresetat: DM 8 Mio, € 4,09 Mio
Mitglieder des Institutes: AVU AG für Versorgungs-Unternehmen, Badenwerk Aktiengesellschaft, Bayerngas GmbH, BEB Erdgas und Erdöl GmbH, GASAG Berliner Gaswerke Aktiengesellschaft, Buderus Heiztechnik GmbH, Contigas, Deutsche Energie-Aktiengesellschaft, Dechema e.V., Dessauer Gasgeräte GmbH, DVGW Deutscher Verein des Gas- und Wasserfaches e.V., Deutsche Glastechnische Gesellschaft e.V., Deutscher Verband Flüssiggas e.V., Dresden Gas GmbH, DVFG, Deutsche Vereinigung für Verbrennungsforschung e.V., Dortmunder Energie- und Wasserversorgung GmbH, EMB Erdgas Mark Brandenburg GmbH, EWAG Energie- und Wasserversorgung AG, Energieversorgung Leverkusen GmbH, Energieversorgung Mittelrhein GmbH, Erdgas Südbayern GmbH, Erdgas-Verkaufs-Gesellschaft mbH, Erdgasversorgungsgesellschaft Thüringen-Sachsen mbH, EWE Aktiengesellschaft, Ferngas Nordbayern GmbH, Ferngas Salzgitter GmbH, FIGAWA-Bundesvereinigung der Firmen im Gas- und Wasserfach e.V., Gas- ,Elektrizitäts- u. Wasserwerke Köln AG, Gas-Union GmbH, Gasanstalt Kaiserslautern AG, Gasversorgung Euskirchen GmbH, Gasversorgung Sachsen Ost GmbH, egm Erdgas Mitteldeutschland GmbH, Gasversorgung Westerwald GmbH, Gasversorgung Westfalica GmbH, Gasversorgungsgesellschaft mbH Rhein-Erft, Gaz de France Deutschland GmbH, Seppelfricke Haus- und Küchentechnik GmbH, Gogas Goch GmbH u. Co., GSA Gasversorgung Sachsen-Anhalt GmbH, Gaspower Coenergy Systems GmbH, Hamburger Gaswerke GmbH, Industrieverband Haus-, Heiz- und Küchentechnik HKI e.V., Innung für Sanitär- und Heizungstechnik Essen, Joh. Vaillant GmbH u. Co., Kromschröder AG, Krupp Uhde GmbH, Landesgasversorgung Niedersachsen AG, Main-Kraftwerke Aktiengesellschaft, Maingas AG, Mannheimer Versorgungs- und Verkehrsgesellschaft mbH, Neckarwerke Stuttgart AG, NGT, Neue Gebäudetechnik GmbH, Niederrheinische Gas- und Wasserwerke GmbH, Niederrheinische Licht- und Kraftwerke AG, Nordharzer Kraftwerke GmbH, Norsk Hydro Deutschland GmbH, Pfalzgas GmbH, Pipeline Engineering GmbH, Progas GmbH u. Co. KG, Regel u. Meßtechnik GmbH, Rohrleitungsbauverband e.V., RGW Rechtsrheinische Gas- u. Wasserversorgung AG, rhenag, Rheinische Energie Aktiengesellschaft, Richter und Weinberg GmbH, Robert Bosch GmbH, Geschäftsbereich Thermotechnik, Ruhrgas AG, Saar-Ferngas AG, Schwank GmbH, Siegener Versorgungsbetriebe GmbH, SpreeGas GmbH, Städtische Werke Krefeld AG, Stadtwerke Aachen AG, Stadtwerke Bochum GmbH, Stadtwerke Bremen AG, Stadtwerke Chemnitz AG, Stadtwerke Düsseldorf AG, Stadtwerke Essen AG, Stadtwerke Gelsenkirchen AG, Stadtwerke Hagen AG, Stadtwerke Hannover AG, Stadtwerke Herne AG, Stadtwerke Lübeck AG, Stadtwerke Mainz AG, Stadtwerke Mönchengladbach GmbH, Stadtwerke Neuss AG, Stadtwerke Osnabrück AG, Stadtwerke Reutlingen, Stadtwerke Velbert, Hydrotherm Gerätebau GmbH (vorm. Stiebel Eltron), Südhessische Gas- und Wasser AG, Thüga Aktiengesellschaft, Thyssengas GmbH, VNG Verbundnetz Gas AG, VEW Energie Aktiengesellschaft, Viess-

mann Werke GmbH & Co., WFG Westfälische Ferngas AG, Wolf Klimatechnik GmbH, Wuppertaler Stadtwerke AG, zebra GmbH

● T 1 981
**Technische Universität München
Lehrstuhl und Versuchsanstalt für Wasserbau und Wasserwirtschaft**
Oskar von Miller-Institut
Walchensee, 82432 Obernach
T: (08858) 92 03-0, 92 03-22   Fax: 92 03-33
E-Mail: vao@vao.gaponline.de
Direktor(in): Univ.-Prof. Dr.-Ing. Theodor Strobl (Ordinarius)

● T 1 982
Institut für Wasserchemie und Chemische Balneologie d. Techn. Universität München
Marchioninistr. 17, 81377 München
T: (089) 70 95-7980, 70 95-7981, 70 95-7982   Fax: 70 95-7999
Internet: http://www.ws.chemie.tu-muenchen.de
E-Mail: R.Niessner@ws.chemie.tu-muenchen.de
Leiter(in): Prof. Dr. Reinhard Niessner

● T 1 983
Forschungsstelle der Deutschen Ziegelindustrie e.V.
Schaumburg-Lippe-Str. 4, 53113 Bonn
T: (0228) 9 14 93-0   Fax: 9 14 93-27
Internet: http://www.ziegel.de
E-Mail: forschungsstelle@ziegel.de
Geschäftsführer(in): RA Martin Roth, Bonn

● T 1 984
Institut für Ziegelforschung Essen e.V. (IZF)
Am Zehnthof 197-203, 45307 Essen
T: (0201) 5 92 13 01   Fax: 5 92 13 20
Vorsitzende(r) des Vorstandes: Rüdiger Sattler
Geschäftsführer(in): Dr.-Ing. Karsten Junge

Technische Überwachungsvereine, Materialprüfungsämter, Vermessungsverwaltungen

---

● T 1 985

Verband der Technischen Überwachungs-Vereine e.V. (VdTÜV)
Postf. 10 38 34, 45038 Essen
Kurfürstenstr. 56, 45138 Essen
T: (0201) 89 87-0   Fax: 89 87-120
Internet: http://www.vdtuev.de
E-Mail: vdtuev.essen@t-online.de
Gründung: 1884 (14. Juni)
Internationaler Zusammenschluß: siehe unter izt 443
Vorsitzende(r): Prof. Dr.-Ing. Bruno O. Braun (VdVorst TÜV Rheinland/Berlin-Brandenburg)
Hauptgeschäftsführer(in): Dr.jur. Lutz K. Wessely
Leitung Presseabteilung: Annette Lindackers
Verbandszeitschrift: TÜ - Technische Überwachung
Redaktion: Dr. Elisabeth Zimmermann
Verlag: Springer-VDI-Verlag GmbH, Postf. 10 10 22, 40001 Düsseldorf
Mitglieder: 15
Mitarbeiter: 42
Jahresetat: DM 9,5 Mio, € 4,86 Mio
Wahrnehmung der gemeinsamen überregionalen Angelegenheiten und Aufgaben der Mitglieder; Beratung der Behörden bei der einschlägigen Gesetz- und Vorschriftengebung; Herbeiführung der Einheitlichkeit in der Handhabung der Technischen Überwachung; Mitarbeit an der Gestaltung von Normen, Regeln und Richtlinien der Technik auf den Arbeitsgebieten der Technischen Überwachungs-Vereine.

t 1 986
VdTÜV Büro Berlin
Albrechtstr. 10, 10117 Berlin
T: (030) 76 00 95-30   Fax: 76 00 95-40
E-Mail: vdtuev.berlin@t-online.de

t 1 987
VdTÜV Büro Brüssel
Rue de la Bonté 4a, B-1000 Bruxelles
T: (00322) 5 34 82 77   Fax: 5 34 31 10
E-Mail: vdtuev.bruessel@t-online.de

TÜV NORD GRUPPE

● T 1 988

TÜV Nord e.V.
Postf. 54 02 20, 22502 Hamburg
Große Bahnstr. 31, 22525 Hamburg
T: (040) 85 57-0   Fax: 85 57-2295
Internet: http://www.tuev-nord.de
E-Mail: hamburg@tuev-nord.de
Gründung: 1869
Aufsichtsrat: Dipl.-Ing. Horst Wilmsmeyer (Vors.)
Vorstand: Dr.rer.nat. Klaus-D. Röker (Vors.)
Dipl.-Ing. Volker Drube
Dr.rer.nat. Klaus Kleinherbers
Dr.-Ing. Guido Rettig
Dipl.-Kfm. Holger W. Sievers
Verbandszeitschrift: TÜV direkt

t 1 989
**TÜV Nord e.V.
Niederlassung Bremen**
Postf. 11 03 09, 28083 Bremen
Bei den Drei Pfählen 41, 28205 Bremen
T: (0421) 44 98-0   Fax: 44 98-144

t 1 990
**TÜV Nord e.V.
Zentrale Hamburg**
Postf. 54 02 20, 22502 Hamburg
Große Bahnstr. 31, 22525 Hamburg
T: (040) 85 57-0   Fax: 85 57-2655

t 1 991
**TÜV Nord e.V.
Niederlassung Kiel**
Segeberger Landstr. 2b, 24145 Kiel
T: (0431) 73 07-0   Fax: 73 07-142

t 1 992
**TÜV Nord e.V.
Geschäftsstelle Greifswald**
Brandteichstr. 19, 17489 Greifswald
T: (03834) 57 54-0   Fax: 57 54-11

t 1 993
**TÜV Nord e.V.
Geschäftsstelle Neubrandenburg**
Adolf-Kolping-Str. 17, 17034 Neubrandenburg
T: (0395) 4 29 63-0   Fax: 4 29 63-26

t 1 994
**TÜV Nord e.V.
Niederlassung Rostock**
Trelleborger Str. 15, 18107 Rostock
T: (0381) 77 03-3   Fax: 77 03-462

● T 1 995

TÜV Hannover/Sachsen-Anhalt e.V.
Postf. 81 05 51, 30505 Hannover
Am TÜV 1, 30519 Hannover
T: (0511) 9 86-0   Fax: 9 86-1237
Internet: http://www.tuev-nord.de
E-Mail: hannover@tuev-nord.de
Gründung: 1873
Vors. d. Aufsichtsrates: Dipl.-Ing. Horst Wilmsmeyer
Vorstand: Dr. Klaus-D. Röker (Vors.)
Dipl.-Ing. Volker Drube
Dr.rer.nat. Klaus Kleinherbers
Dr.-Ing. Guido Rettig
Dipl.-Kfm. Holger W. Sievers
Verbandszeitschrift: TÜV direkt
Verlag: TÜV Hannover/Sachsen-Anhalt

t 1 996
**TÜV Hannover/Sachsen-Anhalt e.V.
Niederlassung Bielefeld**
Böttcherstr. 11, 33609 Bielefeld
T: (0521) 7 86-0   Fax: 7 86-244

t 1 997
**TÜV Hannover/Sachsen-Anhalt e.V.
Geschäftsstelle Braunschweig**
Schmalbachstr. 8, 38112 Braunschweig
T: (0531) 23 90-0   Fax: 23 90-234

t 1 998
**TÜV Hannover/Sachsen-Anhalt e.V.
Geschäftsstelle Göttingen**
Rudolf-Diesel-Str. 5, 37075 Göttingen
T: (0551) 38 55-0   Fax: 38 55-121

t 1 999
**TÜV Hannover/Sachsen-Anhalt e.V.
Niederlassung Halle**
Saalfelder Str. 33-34, 06116 Halle
T: (0345) 56 86-5   Fax: 56 86-617

t 2 000
**TÜV Hannover/Sachsen-Anhalt e.V.
Zentrale Hannover**
Postf. 81 05 51, 30505 Hannover
Am TÜV 1, 30519 Hannover
T: (0511) 9 86-0   Fax: 9 86-1237

t 2 001
**TÜV Hannover/Sachsen-Anhalt e.V.
Geschäftsstelle Paderborn**
An der Talle 7, 33102 Paderborn
T: (05251) 1 41-0   Fax: 1 41-101

t 2 002
**TÜV Hannover/Sachsen-Anhalt e.V.
Landesgeschäftsstelle Magdeburg**
Adelheidring 16, 39108 Magdeburg
T: (0391) 73 66-0   Fax: 73 66-366

t 2 003
**TÜV Hannover/Sachsen-Anhalt e.V.
Geschäftsstelle Osnabrück**
Rheinische Str. 15, 49084 Osnabrück
T: (0541) 58 23-0   Fax: 58 23-459

● T 2 004
TÜV Pfalz e.V.
Postf. 13 60, 67603 Kaiserslautern
Merkurstr. 45, 67663 Kaiserslautern
T: (0631) 35 45-0   Fax: 35 45-1 81
Internet: http://www.tuev-pfalz.de
E-Mail: information@tuev-pfalz.de
Gründung: 1871 (6. August)
Leitung Presseabteilung: Fliege
Mitarbeiter: 392

t 2 005
**TÜV Pfalz e.V.
Geschäftsstelle Kaiserslautern**
Merkurstr. 45, 67663 Kaiserslautern
T: (0631) 35 45-0   Fax: 35 45-181

t 2 006
**TÜV Pfalz e.V.
Geschäftsstelle Ludwigshafen**
Achtmorgenstr. 5, 67065 Ludwigshafen
T: (0621) 5 70 07-0   Fax: 5 70 07-20

● T 2 007

Rheinisch-Westfälischer Technischer Überwachungsverein e.V. (RWTÜV)
Postf. 10 32 61, 45032 Essen
Steubenstr. 53, 45138 Essen

T: (0201) 8 25-0 **Fax:** 8 25-2517
Gründung: 1872
Vorstand: Prof. Dr.-Ing. Werner Hlubek (Vors.), Essen
Dr.-Ing. Claus Wolff (stellv. Vors.)
Dr. Elmar Legge
Dr.-Ing. Udo Haß
Verwaltungsrat: Dr.-Ing. Joachim Adams (Vors.; Lingen/Ems)
Dipl.-Ing. Volker Goergen (stellv. Vors.; Geschf. d. Industrieverbandes Druckbehälter, Apparate und Stahlkonstruktionen e.V., Siegen)
Dr.-Ing. E.h. Wulf Bohnenkamp (Vors. d. Vorstandes der MAN Turbomaschinen AG GHH BORSIG, Oberhausen)
Dipl.-Ing. Gerhard Brandsmöller (RWTÜV Fahrzeug GmbH, Bocholt)
Bernhard Enning (Enning GmbH, Recklinghausen)
Prof. Dr. rer. nat. Karl Friedrich Jakob (stellv. Vors. d. Vorstandes RAG Coal International AG, Essen)
Dr. rer. nat. Dirk Kallmeyer (Mitglied des Direktionskreises RWE Power AG, Essen)
Dipl.-Ing. Gerd Pflugstaedt (RWTÜV e.V., Essen)
Dr.-Ing. Heinz Scholtholt (Mitglied d. Vorstandes der STEAG AG, Essen)
Dr. rer. pol. Gerd Wiedemann (Geschf. Vorstandsmitglied der Alters- und Hinterbliebenen Versorgungsstelle der Technischen Überwachungs-Vereine, Essen)
Dipl.-Wirtsch.-Ing. Bernhard Wirtz (Fahrzeugwerke LUEG GmbH, Bochum)
Leitung Presseabteilung: Gabriele Schimmel
Mitglieder: 2700
Mitarbeiter: 3686 (Konzern)

t 2 008

RWTÜV e.V. Dienststelle Dortmund
Berliner Str. 2, 44143 Dortmund
T: (0231) 51 86-0 **Fax:** 51 86-260

t 2 009

RWTÜV e.V. Dienststelle Duisburg
Meidericher Str. 14-16, 47058 Duisburg
T: (0203) 3 04-0 **Fax:** 3 04-220

t 2 010

RWTÜV e.V. Dienststelle Hagen
Feithstr. 188, 58097 Hagen
T: (02331) 8 03-0 **Fax:** 8 03-202

t 2 011

RWTÜV e.V. Dienststelle Siegen
Leimbachstr. 227, 57074 Siegen
T: (0271) 33 78-0 **Fax:** 33 78-113

● T 2 012

TÜV Rheinland/Berlin-Brandenburg

TÜV Rheinland/Berlin-Brandenburg e.V.
51101 Köln
Postf. 10 17 50, 50457 Köln
Am Grauen Stein, 51105 Köln
T: (0221) 8 06-0 **Fax:** 8 06-114
TX: 8 873 659
Internet: http://www.tuev-rheinland.de
Gründung: 1872 (Fusion TÜV Rheinland e.V. mit TÜV Berlin-Brandenburg e.V. am 1.01.1997)
Vorstand: Prof. Dr.-Ing. habil. Bruno Braun (Honorarkonsul der Republik Lettland, (Vors.))
Dr. Wolfram Oppermann
Verwaltungsrat: Dr.jur. Heinz Malangré
Presse- u. Öffentlichkeitsarbeit: Rainer Strang
Mitarbeiter: 7056

t 2 013

TÜV Rheinland/Berlin-Brandenburg e.V.
Geschäftsstelle Berlin
10882 Berlin
Magirusstr. 5, 12103 Berlin
T: (030) 75 62-0 **Fax:** 75 62-1298
Internet: http://www.tuev-berlin.de

t 2 014

TÜV-Rheinland Holding Aktiengesellschaft
51101 Köln
Postf. 10 17 50, 50457 Köln
Am Grauen Stein, 51105 Köln
T: (0221) 8 06-0 **Fax:** 8 06-114
Internet: http://www.tuev-rheinland.de
Vorstand: Prof. Dr.-Ing. habil. Bruno Braun (Honorarkonsul der Republik Lettland, Vors.)

Gottfried G. Schega (Finanzen, Controlling)
Dr.-jur. Christoph.Hack (Personal und Recht)
Ulrich Feik
AR: Dr.rer.nat. Eberhard Schwarz
Mitarbeiter: 278

t 2 015

TÜV Anlagentechnik GmbH - Unternehmensgruppe TÜV Rheinland/Berlin-Brandenburg
51101 Köln
Am Grauen Stein, 51105 Köln
T: (0221) 8 06-2339 **Fax:** 8 06-1753
Internet: http://www.tuev-anlagentechnik.de
E-Mail: anlagent@tuev-rheinland.de
Geschäftsführer(in): Dr.-Ing. Wolfram Oppermann
Dipl.-Ing. Peter Tolls
Dr. Bernd Joachim Müller
Ulrich Fietz
Mitarbeiter: 658

t 2 016

TÜV Kraftfahrt GmbH - Unternehmensgruppe TÜV Rheinland/Berlin-Brandenburg
51101 Köln
Am Grauen Stein, 51105 Köln
T: (0221) 8 06-2754 **Fax:** 8 06-3458
Internet: http://www.tuev-kraftfahrt.de
Geschäftsführer(in): Dr. Jürgen Brauckmann (Vors.)
Dipl.-Ing. Hans-Peter Brumm
Mitarbeiter: 1413

t 2 017

TÜV Rheinland Product Safety GmbH -Unternehmensgruppe TÜV Rheinland/Berlin-Brandenburg
51101 Köln
Am Grauen Stein, 51105 Köln
T: (0221) 8 06-2211 **Fax:** 8 06-1358
Internet: http://www.tuv.com/safety
E-Mail: safety@tuv.com
Gründung: 1995
Geschäftsführer(in): Dipl.-Ing. Michael Jungnitsch
Mitarbeiter: 170

t 2 018

TÜV Akademie GmbH - Unternehmensgruppe TÜV Rheinland/Berlin-Brandenburg
10882 Berlin
Magirusstr. 5, 12103 Berlin
T: (030) 75 62-1740 **Fax:** 75 62-1744
Internet: http://www.tuev-akademie.de
Gründung: 1990
Geschäftsführer(in): Friedrich Wilhelm Winskowski (Sprecher)
Dipl.-Ing. Klaus Emde
Mitarbeiter: 489

t 2 019

TÜV-Akademie Rheinland GmbH
51101 Köln
Am Grauen Stein, 51105 Köln
T: (0221) 8 06-3001 **Fax:** 8 06-3003
Internet: http://www.tuev-akademie.de
Gründung: 1987
Geschäftsführer(in): Dipl.-Ing. Klaus Emde (Sprecher)
Friedrich Wilhelm Winskowski
Mitarbeiter: 279

● T 2 020

TÜV Saarland e.V.
Postf. 13 61, 66274 Sulzbach
Am Tüv 1, 66280 Sulzbach
T: (06897) 5 06-0 **Fax:** 5 06-1 02

● T 2 021

Unternehmensgruppe TÜV Süddeutschland
TÜV Bayern Hessen Sachsen Südwest e.V.

TÜV Süddeutschland Holding Aktiengesellschaft
Sitz:
Westendstr. 199, 80686 München
T: (089) 57 91-0 **Fax:** 57 91-1551
Internet: http://www.tuev-sued.de

Vorstand: Dr. Wolfhart Hauser (Vors.)
Dr.-Ing. Peter Hupfer
Dipl.-Volksw. Hermann Mund
Dipl.-Ing. Karsten Puell
Prof. Dr.-Ing. Manfred Schlagenhauf
Aufsichtsrat: Prof. Dr.-Ing. Karl Eugen Becker (Vors.)
Mitarbeiter: 9000

t 2 022

TÜV Bayern Hessen Sachsen Südwest e.V.
Sitz:
Dudenstr. 28, 68167 Mannheim
T: (0621) 3 95-0 **Fax:** 3 95-454
Gründung: 1866

● T 2 023

TÜV Thüringen e.V.
Postf. 10 21 21, 99021 Erfurt
Melchendorfer Str. 64, 99096 Erfurt
T: (0361) 42 83-0 **Fax:** 4 28 32 42
Internet: http://www.tuev-thueringen.de
E-Mail: info@tuev-thueringen.de
Gründung: 1990 (27. April)
Vorstand: Bernd Moser (Vors.)
Wilhelm Deibel (stellv. Vors.)
Leitung Presseabteilung: Wolfram Liebscher
Mitglieder: 287

● T 2 024

DEKRA e.V.
Handwerkstr. 15, 70565 Stuttgart
T: (0711) 78 61-0 **Fax:** 78 61-2240
Internet: http://www.dekra.de
Vorstand: Prof. Dr.-Ing. Gerhard Zeidler (Vors.)
Dipl.-Kfm. Klaus Schmidt

● T 2 025

Dokumentation Kraftfahrwesen e.V. (DKF)
Ulrichstr. 14, 74321 Bietigheim-Bissingen
T: (07142) 5 40 11 **Fax:** 6 58 98
Internet: http://www.dkf-ev.de
E-Mail: info@dkf-ev.de
Gründung: 1974 (12. November)
Vorsitzende(r) des Vorstandes: Dipl.-Ing. Gerald Liegl
Vorstand: Dipl.-Ing. Volker Plogmann
Dr. Jörg Schweikhardt
Geschäftsführer(in): Erich Feldhaus
Joachim Stelzl
Leitung Presseabteilung: Wolfram Schürmann
Mitglieder: 60
Mitarbeiter: 6

Dokumentation fahrzeugtechnischer Literatur, Literaturdatenbank, Literaturinformationsdienst, Literaturrecherchen, Sammlung fahrzeugtechnischer Vorschriften und Richtlinien, Datenbank Fahrzeugteste.

● T 2 026

Institut für Verbrennungsmotoren und Kraftfahrwesen Universität Stuttgart
Pfaffenwaldring 12, 70569 Stuttgart
T: (0711) 6 85-5646 **Fax:** 6 85-5644
Geschf. Dir: Prof. Dr.-Ing. Michael Bargende

● T 2 027

Institut für Verbrennungskraftmaschinen der Technischen Universität Braunschweig
Langer Kamp 6, 38106 Braunschweig
T: (0531) 3 91 29 29 **Fax:** 3 91 29 49
E-Mail: E.Mueller@tu-bs.de
Vorstand: Prof. Dr.-Ing. Eckart Müller

● T 2 028

Verband der Materialprüfungsämter e.V. (VMPA)
Geschäftsstelle:
Müggelseedamm 109, 12587 Berlin
T: (030) 6 41 86-115 **Fax:** 6 41 86-119
Internet: http://www.vmpa.de
E-Mail: berlin@vmpa.de
1. Vorsitzende(r): Univ.-Prof. Dr.-Ing. habil. Kurt Ziegler (Müggelseedamm 109, 12587 Berlin, T: (030) 6 41 86-151, Fax: 6 41 86-177)
2. Vorsitzende(r): Univ.-Prof. Dr.-Ing. Joachim Bergmann (Amalienstr. 13, 99423 Weimar, T: (03643) 5 64-309, Fax: 5 64-201)
Geschäftsführer: Dipl.-Ing. Dipl.-Volksw. Günther Schwarz (Müggelseedamm 109, 12587 Berlin, T: (030) 6 41 86-1 15)

Der Verband tritt für die Neutralität und Unabhängigkeit seiner Mitglieder, die Qualitätserhaltung im Wettbewerb sowie der Erhaltung und der Vergabe von Prüf- und überwachungs-

zeichen ein. Verzeichnisführung für Schallschutz- und Betonprüfstellen. Vergabe von Zertifikaten für die Prüfstellen. Förderung des Erfahrungsaustausches und der Nutzung von Forschungsmitteln. Beratung von Mitgliedern, Organisationen, Körperschaften und sonstigen Einrichtungen. Interessenvertretung der Mitglieder nach außen. Kooperation mit nationalen, europäischen und internationalen Organisationen.

Ordentliche Mitglieder

t 2 029
Bundesanstalt für Materialforschung und -prüfung (BAM)
Unter den Eichen 87, 12205 Berlin
T: (030) 81 04-0 **Fax:** 8 11 20 29
Internet: http://www.bam.de/
E-Mail: info@bam.de
Gründung: 1870
Präsident(in): Prof. Dr.-Ing. Dr.h.c. Horst Czichos
Pressesprecher: Dr.-Ing. Jürgen Lexow
Verbandszeitschrift: Materialprüfung
Redaktion: Dr. Frauke Zbikowski
Verlag: Carl Hanser Verlag, Kolbergerstr. 22, 81679 München
Mitarbeiter: ca. 1700
Jahresetat: ca. DM 180 Mio, € 92,03 Mio

t 2 030
Institut für Werkstoffkunde und Schweißtechnik Fachhochschule Hamburg
Berliner Tor 21, 20099 Hamburg
T: (040) 4 28 59-3096 **Fax:** 4 28 59-2654
Leiter(in): Prof. Dr. Horn

t 2 031
Amtliche Materialprüfanstalt der Freien Hansestadt Bremen
Paul-Feller-Str. 1, 28199 Bremen
T: (0421) 5 37 08-0 **Fax:** 5 37 08-10
Leiter(in): Prof. Dr.-Ing.habil. Peter Mayr

t 2 032
Materialprüfanstalt für Werkstoffe des Maschinenwesens und Kunststoffe beim Institut für Werkstoffkunde der Universität Hannover
Appelstr. 11A, 30167 Hannover
T: (0511) 7 62-4362 **Fax:** 7 62-52 45
Internet: http://www.mpa-hannover.de
E-Mail: info@mpa-hannover.de
Leiter(in): Prof.Dr.-Ing.Dr.-Ing.E.h.mult. Heinz Haferkamp

t 2 033
Materialprüfanstalt für das Bauwesen Hannover
Universität Hannover
Nienburger Str. 3, 30167 Hannover
T: (0511) 7 62-3104 **Fax:** 7 62-4001
Internet: http://www.mpa-bau.de
E-Mail: office@mpa-bau.de
Leiter(in): Prof. Dr.-Ing. Ludger Lohaus

t 2 034
Materialprüfanstalt für Werkzeuge, Werkzeugmaschinen und Fertigungstechnik
Welfengarten 1A, 30167 Hannover
T: (0511) 7 62-2155 **Fax:** 7 62-3002
Direktor(in): Prof. Dr.-Ing. Eckart Doege

t 2 035
Landesmaterialprüfamt Sachsen-Anhalt
Große Steinernetischstr. 4, 39104 Magdeburg
T: (0391) 56 92-310 **Fax:** 56 92-111
E-Mail: info@lmpa.mw.lsa-net.de
Leiter(in): Direktor Dipl.-Ing. Thiele

t 2 036
Materialprüfanstalt für das Bauwesen MPA, Institut für Baustoffe, Massivbau und Brandschutz iBMB
Beethovenstr. 52, 38106 Braunschweig
T: (0531) 3 91-5431 **Fax:** 3 91-4573
Internet: http://www.mpa.tu-bs.de
E-Mail: mpa@tu-bs.de
Leiter: Prof. Dr.-Ing. H. Falkner
Prof. Dr.-Ing. H. Budelmann

Die MPA Braunschweig erfüllt unter der Aufsicht des Niedersächsischen Ministers für Wirtschaft, Technologie und Verkehr als unabhängige Landeseinrichtung vielfältige Aufgaben u.a.:
Durchführung von mechanischen, thermischen, chemischen, physikalischen und elektrischen Prüfungen an Baustoffen, Werkstoffen und Konstruktionen zur Gütebestimmung, Festigkeitsforschung oder zur Abwehr von Sach- und Personenschäden; Prüfung und Überwachung von industriellen und sonstigen Erzeugnissen auf ihre Übereinstimmung mit technischen Anforderungen oder Angaben in Rechts- und Verwaltungsvorschriften, Normen, Lieferbedingungen, Gütevorschriften oder Vereinbarungen; Beratung und Information zur Förderung der gewerblichen Wirtschaft; Prüfungen und Bewertungen zur Einhaltung bauaufsichtlicher oder anderer gutachterlicher Forderungen; Zulassungsprüfungen neuer Baustoffe und Bauarten; Entwicklung und Verbesserung von Prüfverfahren, Maschinen und neuen Technologien; Mitarbeit bei der Erstellung von Normen und Richtlinien im nationalen und internationalen Bereich
Seit Jahrzehnten ist die MPA Braunschweig im bauaufsichtlichen Bereich als Prüf-, Überwachungs- und neuerdings auch als Zertifizierungsstelle anerkannt und seit 1995 als Prüflabor nach DIN EN 45001 akkreditiert. Organisatorisch ist die MPA Braunschweig in acht Abteilungen untergliedert.

t 2 037
Materialprüfanstalt für Nichtmetallische Werkstoffe
Landesbetrieb
Zehntnerstr. 2a, 38678 Clausthal-Zellerfeld
T: (05323) 72 22 90 **Fax:** 72 35 10
Internet: http://www.naw.tu-clausthal.de/ampa
E-Mail: mpa@tu-clausthal.de
Leiter(in): Prof. Albrecht Wolter
Stellvertretender Leiter: RD Dr.-Ing. Wilfried Hinrichs

t 2 038

Materialprüfungsamt Nordrhein-Westfalen (MPA NRW)
Marsbruchstr. 186, 44287 Dortmund
T: (0231) 45 02-0 **Fax:** 45 85 49
Internet: http://www.mpanrw.de
E-Mail: info@mpanrw.de
Gründung: 1947 (20. Mai)
Leiter(in): Jens-Peter Steuck

t 2 039
Staatliche Materialprüfungsanstalt an der Technischen Universität Darmstadt
Postf. 11 14 52, 64229 Darmstadt
Grafenstr. 2, 64283 Darmstadt
T: (06151) 16.23 51 **Fax:** 16 61 18
Leiterin: Prof. Dr.-Ing. C. Berger

t 2 040
Universität Kaiserslautern -Materialprüfamt-
Gottlieb-Daimler-Str. 60, 67663 Kaiserslautern
T: (0631) 2 05-3003 **Fax:** 2 05-30 57
Leiter(in): Akad. Dir. Dr.-Ing. K. Grünter

t 2 041
Forschungs- und Materialprüfungsanstalt Baden-Württemberg (FMPA)
- Otto-Graf-Institut -
Pfaffenwaldring 4, 70569 Stuttgart
T: (0711) 6 85-3323 **Fax:** 6 85-7681
Leiter(in): Univ.-Prof. Dr.-Ing. H.-W. Reinhardt

t 2 042
Staatliche Materialprüfungsanstalt (MPA) Universität Stuttgart
Pfaffenwaldring 32, 70569 Stuttgart
T: (0711) 6 85-2604 **Fax:** 6 85-26 35
Internet: http://www.mpa.uni-stuttgart.de
E-Mail: mpa@mpa.uni-stuttgart.de
Leiter(in): Prof. Dr.-Ing. habil. E. Roos

t 2 043
Universität Karlsruhe Institut für Massivbau u. Baustofftechnologie
Am Fasanengarten, 76128 Karlsruhe
T: (0721) 6 08-2262, 6 08-3891 **Fax:** 69 30 75, 66 12 50
E-Mail: gd11@rz.uni-karlsruhe.de
Leiter(in): Prof. Dr.-Ing. Dr.-Ing. E.h. Dr.techn.h.c. Josef Eibl
Prof. Dr.-Ing. H. S. Müller
Mitglieder: 100

t 2 044
Versuchsanstalt für Stahl, Holz und Steine
Amtl. Materialprüfungsanstalt
Universität Karlsruhe
76128 Karlsruhe
Kaiserstr. 12, 76131 Karlsruhe
T: (0721) 6 08-22 05
Gründung: 1921
Kollegiale Leitung:
Prof. Dr.-Ing H. J. Blaß (T: (0721) 6 08-22 11, Fax: (0721) 6 98-1 16)
Prof. Dr.-Ing. Saal (T: (0721) 6 08-22 05, Telefax: (0721) 6 08 40 78)

t 2 045
Materialprüfungsamt für das Bauwesen der Techn. Universität München
Theresienstr. 90, 80333 München
T: (089) 2 89-23039 **Fax:** 2 89-23057
Leiter(in): Prof. Dr.-Ing. G. Albrecht
Prof. Dr.-Ing. P. Schießl
Prof. Dr.-Ing. K. Zilch

t 2 046
Staatliches Materialprüfamt für den Maschinenbau der Technischen Universität München
Boltzmannstr. 15, 85748 Garching
T: (089) 2 89-15259 **Fax:** 2 89-15248
E-Mail: mpa@lam.mw.tu-muenchen.de
Gründung: 1925
Leiter(in): Prof. Dr.mont. E. Werner
Dr. V. Mannl
Mitarbeiter: ca. 10

t 2 047
Baustoffinstitut - Prüfamt für bituminöse Baustoffe und Kunststoffe der TU München
Baumbachstr. 7, 81245 München
T: (089) 2 89-27061 **Fax:** 2 89-27064
E-Mail: bituminoese@baustoffe.bauwesen.tu-muenchen.de
Leiter(in): Prof. Dr.-Ing. P. Schießl

t 2 048
Wehrwissenschaftliches Institut für Werk-, Explosiv- und Betriebsstoffe (WIWEB)
Landshuter Str. 70, 85435 Erding
T: (08122) 57-2 20 **Fax:** 57-3 12
Internet: http://www.bwb.org/organisation/wiweb
Leiter(in): Direktor u. Professor Johann Kunz

t 2 049

LGA (Landesgewerbeanstalt Bayern)
Postf. 30 22, 90014 Nürnberg
Tillystr. 2, 90431 Nürnberg
T: (0911) 6 55-4234 **Fax:** 6 55-4235
Internet: http://www.lga.de
E-Mail: lga@lga.de
Gründung: 1869 (28. April)
Geschäftsf. Direktor: Prof. Dr.-Ing. Reiner Gast
Leitung Presseabteilung: Anne Brunner
Verbandszeitschrift: LGA-Rundschau
Redaktion: Dieter Balzer
Mitglieder: 344
Mitarbeiter: 857

Die LGA ist ein modernes und leistungsfähiges Prüf- und Dienstleistungsunternehmen. In über 70 Labors und Testeinrichtungen lassen Kunden aus aller Welt ihre Produkte und Systeme prüfen. Zeitgemäße und praxisnahe Prüfungen sowie kompetente Beratung und Gutachten bietet die LGA insbesondere zu Qualitäts-, Umwelt- und Technologiefragen.

t 2 050

Versuchs- und Forschungsanstalt der Stadt Wien
- Magistratsabteilung 39
11, Rinnböckstr. 15, A-1110 Wien
T: (00431) 74 36 31   Fax: 74 33 51
Leiter(in): Dr.-techn. Miedler

t 2 051

Eidgenössische Materialprüfungs- und Forschungsanstalt (EMPA)
Überlandstr. 129, CH-8600 Dübendorf
T: (00411) 823 55 11   Fax: 821 62 44
Internet: http://www.empa.ch
Direktionspräsident: Prof. Dr. F. Eggimann

t 2 052

MFPA Materialforschungs- und Prüfanstalt an der Bauhaus-Universität Weimar
Postf. 23 10, 99404 Weimar
Amalienstr. 13, 99423 Weimar
T: (03643) 5 64-0   Fax: 5 64-201
Internet: http://www.mfpa.de
E-Mail: mfpa@mfpa.de
Direktor(in): Prof. Dr. J. Bergmann

t 2 053

Materialprüfanstalt Eckernförde (MPA)
Öffentliche Baustoffprüfstelle
Lorenz-von-Stein-Ring 1, 24340 Eckernförde
T: (04351) 4 71 62 00   Fax: 4 71 62 01
Leiter(in): Prof. Dr.-Ing. Bausch
Prof. Dr.-Ing. Haase

t 2 054

Materialprüfungsanstalt für das Bauwesen
MPA Dresden
Georg-Schumann-Str. 7, 01187 Dresden
T: (0351) 46 41-2 42   Fax: 46 41-2 14
Internet: http://www.mpa-dresden.de
Geschäftsf. Leiter: Dipl.-Ing. Malsch

t 2 055

Materialprüfungsamt des Landes Brandenburg
Müggelseedamm 109, 12587 Berlin
T: (030) 6 41 86-0   Fax: 6 41 86-177
Direktor(in): Prof. Dr.-Ing. K. Ziegler

t 2 056

Universität Gesamthochschule Kassel Amtliche Baustoff- und Betonprüfstelle
34109 Kassel
Möncheberstr. 7, 34125 Kassel
T: (0561) 8 04-2601   Fax: 8 04-2662
Internet: http://www.uni-kassel.de/fb14/baustoffkunde/Welcome.html
E-Mail: baupruef@uni-kassel.de

t 2 057

MPA Materialprüfamt für Bauwesen Fachhochschule Wiesbaden
Kurt-Schumacher-Ring 18, 65197 Wiesbaden
T: (0611) 94 95-470   Fax: 94 95-472
Leiter(in): Prof. Dr. Schäper

Außerordentliche Mitglieder

t 2 058

Verband der Technischen Überwachungs-Vereine e.V. (VdTÜV)
Postf. 10 38 34, 45038 Essen
Kurfürstenstr. 56, 45138 Essen
T: (0201) 89 87-0   Fax: 89 87-120
Internet: http://www.vdtuev.de
E-Mail: vdtuev.essen@t-online.de
Internationaler Zusammenschluß: siehe unter izt 443
Geschäftsführendes Vorstandsmitgl. u. Direktor: Dr. jur. Lutz K. Wessely
Leitung Presseabteilung: Annette Lindackers
Verbandszeitschrift: Technische Überwachung
Redaktion: Springer-VDI-Verlag
Verlag: Heinrichstr. 24, 40239 Düsseldorf

t 2 059

Süddeutsches Kunststoff-Zentrum (SKZ)
Weiterbildungs- und Technologieforum, Akkreditierte und amtl. anerkannte Prüfanstalt, Anwendungsbezogene Entwicklung
Frankfurter Str. 15-17, 97082 Würzburg
T: (0931) 41 04-0   Fax: 41 04-1 77

Internet: http://www.skz.de
E-Mail: info@skz.de
Leiter(in): Prof. Dr. Burghard Schmitt

t 2 060

Institut für Bauforschung (ibac) Rheinisch-Westfälische Technische Hochschule
Schinkelstr. 3, 52062 Aachen
T: (0241) 80 51 00   Fax: 88 88-139
Internet: http://www.rwth-aachen.de
E-Mail: postmaster@ibac.rwth-aachen.de
Leiter: Prof. Dr.-Ing. W. Brameshuber
Prof. Dr.-Ing. M. Raupach

t 2 061

Institut für Kunststoffprüfung und Kunststoffkunde Universität Stuttgart
Pfaffenwaldring 32, 70569 Stuttgart
T: (0711) 6 85-2660   Fax: 6 85-2066
Internet: http://www.ikp.uni-stuttgart.de
E-Mail: ikp@ikp.uni-stuttgart.de
Leiter(in): Prof. Dr.-Ing. Eyerer
Prof. Dr.rer.nat.habil. Busse

t 2 062

DVS - Deutscher Verband für Schweißen und verwandte Verfahren e.V.
Aachener Str. 172, 40223 Düsseldorf
T: (0211) 15 91-0   Fax: 15 91-2 00
Internet: http://www.dvs-ev.de
E-Mail: verwaltung@dvs-hg.de
Internationaler Zusammenschluß: siehe unter izg 58
Hauptgeschäftsführer(in): Prof. Dr.-Ing. Detlef von Hofe

t 2 063

Germanischer Lloyd

Germanischer Lloyd Aktiengesellschaft (GL)
Postf. 11 16 06, 20416 Hamburg
Vorsetzen 32 /35, 20459 Hamburg
T: (040) 3 61 49-0   Fax: 3 61 49-200
Internet: http://www.germanlloyd.org
E-Mail: headoffice@germanlloyd.org
Gründung: 1867 (16. März)
Vorstand: Dr.tech. Hans G. Payer
Prof. Dr.-Ing. Dr.-Ing. E.h. Dr. h.c. Eike Lehmann
Konsul Rainer Schöndube
Leitung Presseabteilung: Claus Peter Davenport
Mitarbeiter: 1738 i. d. GL-Gruppe

t 2 064

Kunststoff-Zentrum in Leipzig
Technologie-, Prüf- und Demonstrationszentrum
Erich-Zeigner-Allee 44, 04229 Leipzig
T: (0341) 4 94 15 00   Fax: 4 94 15 55
Gründung: 1990
Leiter(in): Dr.-Ing. Herbert Patzschke
Mitarbeiter: 60

t 2 065

DIN CERTCO Gesellschaft für Konformitätsbewertung mbH
Postf. 30 11 07, 10722 Berlin
Burggrafenstr. 6, 10787 Berlin
T: (030) 26 01-2108   Fax: 26 01-1610
Internet: http://www.dincertco.de
E-Mail: zentrale@dincertco.de
Geschäftsführer(in): Dipl.-Ing. Jürgen Neun
Gesellschafter: DIN Deutsches Institut für Normung e.V.
Mitarbeiter: 23

Konformitätsbewertung und Zertifizierung von Produkten und Dienstleistungen auf der Grundlage von Normen und anderen Festlegungen, Registrierung der Kennzeichnung mit den Verbandszeichen DIN und DIN EN, von der Europäischen Kommission benannte Prüf- und Zertifizierungsstelle.

t 2 066

POLYMER INSTITUT Forschungsinstitut für polymere Baustoffe Dr. R. Stenner GmbH
Quellenstr. 3, 65439 Flörsheim

T: (06145) 5 97 10   Fax: 5 97 19
Leiter(in): Dr. rer.nat. R. Stenner

t 2 067

Technický a Skúsobný Ústav Stavebný SKTC-105
Technisches Prüfinstitut für Bauwesen
Studená 3, SK-82634 Bratislava
T: (0427) 29 08-100, -110   Fax: 27 11 34
Leiter(in): Generaldir. Dr.-Ing. M. Nič

t 2 068

DEKRA - ETS Gesellschaft für Technische Sicherheit mbH
Untertürkheimer Str. 25, 66117 Saarbrücken
T: (0681) 50 01-0   Fax: 50 01-666
Leiter(in): Dr.-Ing. Busse

t 2 069

Bundesanstalt für Geowissenschaften und Rohstoffe (BGR)
Postf. 51 01 53, 30631 Hannover
Stilleweg 2, 30655 Hannover
T: (0511) 6 43-0   Fax: 6 43-2304
Internet: http://www.bgr.de
E-Mail: info@bgr.de
Gründung: 1958
Präsident: Prof. Dr.-Ing. Dr.h.c. Friedrich-Wilhelm Wellmer
Leitung Presseabteilung: Dr. Arnt Müller
Mitarbeiter: 729

t 2 070

Institut für Standardisierung und Dokumentation im Medizinischen Laboratorium e.V. (INSTAND)
Postf. 25 02 11, 40093 Düsseldorf
Ubierstr. 20, 40223 Düsseldorf
T: (0211) 15 92 13-0   Fax: 15 92 13 30
Internet: http://www.uni-duesseldorf.de/WWW/INSTAND/instand.htm
Vorsitzende(r): Prof. Dr.med. Hans Reinauer

t 2 071

DIFK Deutsches Institut für Feuerfest und Keramik GmbH
An der Elisabethkirche 27, 53113 Bonn
T: (0228) 9 15 08-23   Fax: 9 15 08-55
Internet: http://www.feuerfest-bonn.de
E-Mail: DIFK-Bonn@t-online.de
Gründung: 1949
Leiter(in): Prof. Dr. J. Pötschke
Mitarbeiter: 20

Persönlich korrespondierende Mitgliedschaft

t 2 072

Deutsche Gesellschaft für Zerstörungsfreie Prüfung e.V. (DGZfP)
Max-Planck-Str. 6, 12489 Berlin
T: (030) 6 78 07-0   Fax: 6 78 07-109
Internet: http://www.dgzfp.de
E-Mail: mail@dgzfp.de
Gründung: 1933
Geschäftsführer(in): Dr. Rainer Link
Mitglieder: 1500
Mitarbeiter: 40

t 2 073

igi Niedermeyer Institute Untersuchen Beraten Planen GmbH
Hohentrüdinger Str. 11, 91747 Westheim
T: (09082) 73-0   Fax: 84 60, 73-530
Internet: http://www.igi-niedermeyer.de
E-Mail: igi@igi-niedermeyer.de
Gründung: 1960
Leiter(in): Dr. Niedermeyer
Mitarbeiter: ca. 230 (Sept.)

● **T 2 074**

Postf. 30 22, 90014 Nürnberg
Tillystr. 2, 90431 Nürnberg
T: (0911) 6 55-4234   Fax: 6 55-4235
Internet: http://www.lga.de
E-Mail: lga@lga.de
Gründung: 1869 (28. April)

Direktorium:
Geschäftsf. Dir.: Prof. Dr.-Ing. Reiner Gast
Kaufm. Dir.: Dipl.-Wirtsch.-Ing. Hans-Hermann Ueffing
Pressestelle: Anne Brunner
Marketing: Rainer Weiskirchen

Aufgabengebiete der LGA

BEREICH STATIK:
Leiter(in): Dr. Tuercke (T: (0911) 6 55-4700, Prüfämter für Baustatik in Augsburg, Hof, Landshut, München, Nürnberg, Regensburg und Würzburg)

BEREICH BAUEN UND UMWELT:
Leiter(in): Ellner (T: (0911) 6 55-5572, Bau-Produkt-Zertifizierung, CAD u. Zeichenbüro)
Geotechnik:
Leiter(in): Knappe (T: (0911) 6 55-5551, Grundbauinstitut, Institut f. Kunststoffbauteile, Deponiebauwerke, Rohre, Messtechnik, Geologie und Hydrologie, Erd- und Wasserbau, Verkehrswegebau)
Bau-Innovation:
Leiter(in): Dr. Brändlein (T: (0911) 6 55-5501)
Bauprodukte:
Leiter(in): Höllein (T: (0911) 6 55-5301, Baustoffe, Betontechnologie, Bauteile u. Konstruktionen, mineralische und bituminöse Straßenbaustoffe, Betonzuschlagstoffe, Metallbauprodukte, Güteschutz Schweißtechnik, Betonstahl, SV f. Gewässerschutz)
Bautechnik:
Leiter(in): Dr. Weißmantel (T: (0911) 6 55-5542, Bauphysik, Beweissicherung, Bauschäden, Bewertungen, Sonderstatiken, Werkstofflabore, Brückenerhalt, Baudynamik)
Umweltschutz:
Leiter(in): Dr. Krieger (T: (0911) 6 55-5440, Immissionsschutz, Lärmschutz u. Geräuschemission, Umweltberatung, Gewässerschutz, Ökologische Produktprüfung, Altlasten und Umweltgeologie, Raumluftmessungen, Energiemanagement)

BEREICH LABORZENTRUM BAU:
Leiter(in): Helmprobst (T: (0911) 6 55-4120, Bindemittellabor, Prüfhalle Baukonstruktionen, Brandlabor, Bitumenlabor, Korrosionslabor, Prüfmaschinen, Sanitär- und Abscheidetechnik, Feldversuche, Boden u. Felsmechanik, Zuschlagstoffe)

BEREICH PRODUKTPRÜFUNG:
Leiter(in): Dr. Schubert (T: (0911) 6 55-585761)

Institut für Warenprüfung u. Qualitätsüberwachung:
Leiter(in): Schwarz (T: (0911) 6 55-5811, Möbelprüfung, Spielwaren, Sport- u. Freizeitgeräte, Haus-, Haushalts- u. Gartengeräte, Werkzeuge, Powertools, Gebrauchsanweisungen, ökologische Produktprüfung)
Lebensmittel-, Bedarfsgegenstände und Mikrobiologie:
Leiter(in): Dr. Franke (T: (0911) 6 55-5858, Getränke, Lebensmittel u. Bedarfsgegenstände, Strahlenschutz und Strahlenphysik, Mikrobiologie und Hygiene, Baubiologie, BSE-Tierartenidentifizierung)
Elektro-, Maschinen- u. Anlagetechnik:
Leiter(in): Friedrich (T: (0911) 6 55-5801, Elektrotechnik, Kalibrierung u. Beglaubigung, Sicherheits-, Material- und Gebrauchstauglichkeitsprüfungen, Informationstechnologie, EMV, Zertifizierungsstelle, Elektroanlagen Landshut)
Chemisches Analytikzentrum:
Leiter(in): Dr. Boeck (T: (0911) 6 55-5661)

TECHNISCHES INFORMATIONSZENTRUM
Leiter(in): Dipl.-Ing. Krestel (T: (0911) 6 55-4920, Patente, Normen, Euro Info Centre, Bibliothek, Technologietransfer, Marktforschung)

TECHNISCHE FORTBILDUNG
Leiter(in): Dr. Bias (T: (0911) 6 55-4960, Seminarwesen, Fachschule für Umweltschutz, Galvano- u. Biotechnik, Meisterschule für das Bauhandwerk, Süddeutsches Baustoff-Forum Würzburg)

INNOVATIONSBERATUNGSSTELLE NORDBAYERN
Innovationsberatung- und -förderung
Leiter(in): Dipl.-Ing. Kartmann (T: (0911) 6 55-4140)
Verbandszeitschrift: LGA-Rundschau
Redaktion: Balzer
Mitglieder: 344
Mitarbeiter: 857
Umsatz: DM 122 Mio

Technische Prüfung und Beratung, Gutachten für Firmen, Behörden und Verbraucher.

● **T 2 075**
GTÜ Gesellschaft für Technische Überwachung mbH
Jahnstr. 12 (Degerloch), 70597 Stuttgart
T: (0711) 9 76 76-0   **Fax:** 9 76 76-99
Internet: http://www.gtue.de
E-Mail: info@gtue.de
Geschäftsführer(in): Dr. Henner Hörl
Gesellschafter: AGS-DAT
BVS
BVSK
Kundenzeitschrift: Auto Mobil Expert

● **T 2 076**
Holz- und Feuerschutz-Überwachungsverband e.V.
Alexandersfeld 27A, 26127 Oldenburg
T: (0441) 6 32 44   **Fax:** 6 23 06
Gründung: 1973 (09. März)
Geschf. Präs.: Ing. Heinz Stöckigt (Alexandersfeld 27 A, 26127 Oldenburg, T: (0441) 6 32 44, Fax: (0441) 6 23 06)
Stellv. Präs: Bertram Stötzel (Prischoßstr. 14, 63755 Alzenau)
Christian Böhme (Bäkenkamp 46, 26131 Oldenburg)
Mitglieder: 676

● **T 2 077**
Überwachungsgemeinschaft Polyurethan-Hartschaum e.V. (ÜGPU)
Kriegerstr. 17, 70191 Stuttgart
T: (0711) 29 17 16   **Fax:** 29 49 02
Internet: http://www.ugpu.de
E-Mail: ugpu@ugpu.de
Geschäftsführer(in): Dipl.-Ing. P. Kindermann

● **T 2 078**
Überwachungsgemeinschaft Kälte- und Klimatechnik e.V. (ÜWG)
Kaiser-Friedrich-Str. 7, 53113 Bonn
T: (0228) 2 49 89-51   **Fax:** 2 49 89-50
E-Mail: uewg-kaelte@t-online.de
Gründung: 1988
Vorstand: Kurt Jeske (1. Vors.)
Dirk Rauschenbach (stellv. Vors.)
Dipl.-Ing. Lutz Auschner
Geschäftsführer(in): Herbert Trachte
Mitglieder: 570

Überwachung von Fachbetrieben nach § 19 l WHG. Verleihung und Führung des Überwachungszeichens im Überwachungsverfahren gem. Wasserhaushaltsgesetz.

● **T 2 079**
Überwachungsgemeinschaft Heizung - Klima - Sanitär - Technische Gebäudeausrüstung e.V. (ÜHKS-TGA)
Bonner Talweg 42, 53113 Bonn
T: (0228) 21 46 26   **Fax:** 26 50 82
Internet: http://www.uehks.de
E-Mail: info@uehks.de
Gründung: 1987 (27. März)
Vorsitzende(r): Dipl.-oec. Reinhard Veneman (Veneman GmbH & Co. KG, Iserlohn)
Geschäftsführer(in): Wulf Minning
Mitglieder: 330

Erteilung der gesetzlich vorgeschriebenen Fachbetriebsqualifikation nach Paragraph 19 l des Wasserhaushaltsgesetzes.

● **T 2 080**
Nordwestdeutsches Institut für Möbel- und Materialprüfung (NIMM)
Klingenbergstr. 2, 32758 Detmold
T: (05231) 60 83 00   **Fax:** 60 83 78
Gründung: 1981 (11. September)
Geschäftsführer(in): Dr.-Ing. Bernd Meyer
Mitarbeiter: 2

● **T 2 081**
EAB
Allgemeine Bauüberwachungs-Gemeinschaft Bayern e.V.
Postf. 10 05 53, 80079 München
Malerwinkel 4, 81479 München
T: (089) 79 19 91 19   **Fax:** 79 19 91 03
1. Vorsitzende(r): Dipl.-Betriebsw. Heinz Johann Schwaiger (Bausachverständiger)
Leitung Presseabteilung: Klaus Dabrowski
Mitglieder: 32

● **T 2 082**
Bau-Überwachungsverein e.V. (BÜV)
Ferdinandstr. 38-40, 20095 Hamburg
T: (040) 3 03 79 50-0   **Fax:** 35 35 65
Gründung: 1986 (18. Februar)
1. Vorsitzende(r): Dr.-Ing. Günter Timm (Ballindamm 17, 20095 Hamburg, T: (040) 3 50 09-0, Telefax: (040) 3 50 09-100)
Stellv.: Dr.-Ing. Klaus Kunkel (Tußmannstr. 61, 40477 Düsseldorf, T: (0211) 94 88-0, Telefax: 94 88-111)
Dr.-Ing. Dieter Winselmann (Varrentrappstr. 14, 38114 Braunschweig, T: (0531) 2 56 16-12, Fax: (0531) 2 56 16-19)
Geschäftsführer(in): Dr.-Ing. Hans-Jürgen Meyer (Ferdinandstr. 38-40, 20095 Hamburg, T: (040) 3 03 79 50-0, Telefax: (040) 35 35 65)
Mitglieder: 180

● **T 2 083**
Forschungs- und Materialprüfungsanstalt für das Bauwesen
(Otto-Graf-Institut)
Pfaffenwaldring 4, 70569 Stuttgart
T: (0711) 6 85-3323   **Fax:** 6 85-7681
Gründung: 1884
Direktor(in): Univ.-Prof. Dr.-Ing. H.-W. Reinhardt

Tätigkeitsgebiete: Forschung und Materialprüfung auf allen Gebieten des Bauwesens (incl. Chemie/Umweltschutz).

● **T 2 084**
Bundesüberwachungsverband Kies, Sand und Splitt e.V. (BÜV KSS)
Düsseldorfer Str. 50, 47051 Duisburg
T: (0203) 99 23 90   **Fax:** 9 92 39 97
Vorsitzende(r): Christoph Holemanns (Niederrheinische Kies- u. Sandbaggerei GmbH, Vor dem Rheintor 17, 46459 Rees)
Hauptgeschäftsführer(in): RA Hans-Peter Braus

Mitglieder:

t 2 085
Baustoffüberwachungs- u. Zertifizierungsverband Baden-Württemberg e.V.
Abt. Kies und Sand (BÜVZERT BaWü)
Robert-Bosch-Str. 30, 73760 Ostfildern
T: (0711) 3 48 37-0   **Fax:** 3 48 37-27
E-Mail: ISTE-BW@compuserve.com
Gründung: 1968
Vorsitzende(r): Karl Ulrich Epple (i.Fa. Karl Epple GmbH & Co. KG, Baustoffwerke, Transporte, Tiefbau, Brückenstr. 23, 70376 Stuttgart, T: (0711) 5 03 00, Fax: (0711) 54 68 48)
Geschäftsführer(in): Dipl.-Ing. Karl-Heinz Lawatsch

t 2 086
Güteschutzgemeinschaft Alpine-Moräne-Edelsplitt Baden-Württemberg e.V.
Robert-Bosch-Str. 30, 73760 Ostfildern
T: (0711) 3 48 37-0   **Fax:** 3 48 37-27
Gründung: 1966
Vorsitzende(r): Hans Peter (i. Fa. Hermann Peter KG, Rheinstr. 120, 77866 Rheinau, T: (07844) 40 50, Telefax: (07844) 4 05 15)
Geschäftsführer(in): Dipl.-Ing. Karl-Heinz Lawatsch

t 2 087

Überwachungs- und Zertifizierungsverein Sand, Kies, Splitt und Recycling-Baustoffe Bayern e.V.
Beethovenstr. 8, 80336 München
T: (089) 51 40 30   **Fax:** 53 48 32
Vorsitzende(r): Dipl.-Ing. Siegfried Moßandl (i.Fa. Karl Mossandl GmbH & Co KG, 84130 Dingolfing)
Geschäftsführer(in): Dr. Fritz Johann Dingethal
Dipl.-Ing. R. Mertin

t 2 088
Baustoffüberwachungs- und Zertifizierungsverband Nord-Ost e.V. (BÜV NO)
Abteilung Kies, Sand, Splitt und Recyclingbaustoffe
Prinzessinnenstr. 8, 10969 Berlin
T: (030) 61 69 57-0   **Fax:** 61 69 57 40
Vorsitzende(r): Dipl.-Ing. Jürgen Haase
Geschäftsführer(in): Dipl.-Ing. Reinhard Kieslich

t 2 089
Güteüberwachung Kies und Sand Niedersachsen-Bremen e.V.
Raiffeisenstr. 8, 30938 Burgwedel
T: (05139) 50 58   **Fax:** 55 97
Vorsitzende(r): Dr.-Ing. Ulf-Ekhard Dorstewitz (i. Fa. Gropengießer Sand-Kies-Baustoffe GmbH, 38723 Seesen)
Geschäftsführer(in): Dr.-Ing. Franz Blume

t 2 090
Baustoffüberwachungs- und Zertifizierungsverein Nord e.V. (Hamburg/Schleswig-Holstein) (BÜV N)
Abteilung Kies und Sand
Eiffestr. 462, 20537 Hamburg
T: (040) 25 17 29-0   Fax: 25 17 29-20
Vorsitzende(r): Dipl.-Ing. Wilh. Ludwig Andresen (Kieswerke Andresen GmbH, Tarbeker Landstr. 7, 23824 Damsdorf)
Geschäftsführer(in): Dipl.-Volksw. Rüdiger Pabst
Dipl.-Ing. Detlef Zeh

t 2 091
Baustoffüberwachung Kies und Sand Hessen/Rheinland-Pfalz e.V.
Friedrich-Ebert-Str. 11-13, 67433 Neustadt
T: (06321) 85 20   Fax: 85 22 16
Vorsitzende(r): Reinhard Waibel jun. (Flettner & Co. GmbH Kiesvertriebsgesellschaft mbH, Franziusstr. 24, 60314 Frankfurt/M.)
Geschäftsführer(in): RA Heinrich Klotz

t 2 092
Baustoffüberwachungsverein NW e.V. (BÜV NW)
Abteilung Kies, Sand und Splitt
Düsseldorfer Str. 50, 47051 Duisburg
T: (0203) 99 23 90   Fax: 9 92 39 97
E-Mail: buev_nw@baustoffverbaende.de
Vorsitzende(r): Christoph Holemanns (Niederrheinische Kies- u. Sandbaggerei GmbH, Vor dem Rheintor 17, 46459 Rees)
Hauptgeschäftsführer(in): RA Hans-Peter Braus
Geschäftsführer(in): Dr. Ing. Wolfgang Zäschke

t 2 093
Güteschutzvereinigung Baustoffe Saar e.V.
Franz-Josef-Röder-Str. 9V, 66119 Saarbrücken
T: (0681) 5 35 21   Fax: 58 42 47
Vorsitzende(r): Michael Arweiler (Gebr. Arweiler KG, Mittelstr. 2, 66763 Dillingen)
Geschäftsführer(in): RA Armin Dietzen

t 2 094
Baustoffüberwachungs- und Zertifizierungsverein Sachsen e.V. (BÜV S)
Abteilung Kies und Sand pp.
Uhlandstr. 39, 01069 Dresden
T: (0351) 4 70 58-0   Fax: 4 70 58-20
Vorsitzende(r): Dr.-Ing. Claus Rüter (i. Fa. Bilfinger + Berger Baustoffe GmbH, Leipzig)
Geschäftsführer(in): Dr.-Ing. Steffen Wiedenfeld

t 2 095
Baustoffüberwachungs- und Zertifizierungsverein Thüringen und Sachsen-Anhalt e.V. (BÜV TSA)
Abteilung: Sand, Kies u. Splitt
Postf. 2 80, 99725 Nordhausen
August-Bebel-Platz 29, 99734 Nordhausen
T: (03631) 99 03 25, 99 03 24   Fax: 99 03 32
Vorsitzende(r): Dipl.-Ing. Georg Teubner (i.Fa. Kies- und Beton GmbH Erfurt, Schwerborner Straße, 99086 Erfurt)
Geschäftsführer(in): RA Gert-Dietrich Reuter
Dr. P. König

● T 2 096
Gütegemeinschaft Membranbau e.V.
Sitz Frankfurt
Geschäftsstelle:
Postf. 27, 83251 Rimsting
Nordstr. 1, 83253 Rimsting
T: (08051) 69 09-0
Vorsitzende(r): Klaus-Michael Koch (Nordstr. 1, 83253 Rimsting)

● T 2 097
Bundesüberwachungsverband Recycling-Baustoffe e.V. (BÜV RB)
Postf. 10 04 64, 47004 Duisburg
Düsseldorfer Str. 50, 47051 Duisburg
T: (0203) 9 92 39-0   Fax: 9 92 39-97/98
Vorsitzende(r): Dipl.-Volksw. Eberhard Manzke (Manzke GmbH & Co., Postfach 22 04, 21312 Lüneburg)
Hauptgeschäftsführer(in): RA Hans-Peter Braus
TGeschF: Dr. Ing. Wolfgang Zäschke

Regionale Mitgliedsverbände

t 2 098
Abteilung Recycling-Baustoffe im Überwachungsverein Sand, Kies, Splitt und Recycling-Baustoffe Bayern e.V.
Beethovenstr. 8, 80336 München
T: (089) 5 14 03-0   Fax: 53 48 32

t 2 099
Baustoffüberwachungs- und Zertifizierungsverband Nord-Ost (BÜV NO) e.V.
Abt. Kies, Sand und Recyclingbaustoffe
Prinzessinnenstr. 8, 10969 Berlin
T: (030) 61 69 57-0
Vorsitzende(r): Dipl.-Ing. Jürgen Haase
Geschäftsführer(in): Dipl.-Ing. Reinhard Kieslich

t 2 100
Abteilung Recycling-Baustoffe in Güteüberwachung Kies und Sand Niedersachsen-Bremen e.V.
Raiffeisenstr. 8, 30938 Burgwedel
T: (05139) 99 94-40

t 2 101
Baustoffüberwachungs- und Zertifizierungsverein Kies, Sand und Splitt Hessen - Rheinland-Pfalz e.V.
Fachabteilung Recyclingbaustoffe
Friedrich-Ebert-Str. 11-13, 67433 Neustadt
T: (06321) 85 20   Fax: 85 22 16
Vorsitzende(r): Erich Freyer (i.Fa. Freyer GmbH, Philippsburger Str. 3-7, 76726 Germersheim)
Geschäftsführer(in): Dipl.-Ing. Armin Neunast

t 2 102
Abteilung Recycling-Baustoffe im Baustoffüberwachungsverein Nordrhein-Westfalen e.V.
Düsseldorfer Str. 50, 47051 Duisburg
T: (0203) 9 92 39-0   Fax: 9 92 39-98
Vorsitzende(r): Fritz Möller (i. A.S.D. Augustdorfer Sandgruben und Deponie GmbH, Postfach 80 80, 32736 Detmold)
Hauptgeschäftsführer(in): RA Hans-Peter Braus
Geschäftsführer(in): Dr. Ing. Wolfgang Zäschke

t 2 103
Abteilung Recycling-Baustoffe in Güteschutzvereinigung Baustoffe Saar e.V.
Franz-Josef-Röder-Str. 9V, 66119 Saarbrücken
T: (0681) 5 35 21   Fax: 58 42 47

t 2 104
Abteilung Recycling-Baustoffe im Baustoffüberwachungsverein Sachsen e.V.
Uhlandstr. 39, 01069 Dresden
T: (0351) 4 70 58-0

t 2 105
Abteilung Recycling-Baustoffe im Baustoffüberwachungsverein Thüringen und Sachsen-Anhalt e.V.
August-Bebel-Platz 29, 99734 Nordhausen
T: (03631) 99 03 25, 99 03 24   Fax: 99 03 32

● T 2 106
Bundesüberwachungsverband Mörtel e.V. (BÜV M)
Postf. 10 04 64, 47004 Duisburg
Düsseldorfer Str. 50, 47051 Duisburg
T: (0203) 9 92 39-0   Fax: 9 92 39 97
Vorsitzende(r): Kurt Bischof (Beton-Union Köln-Bonn GmbH, An der Wachsfabrik 17, 50996 Köln)
Hauptgeschäftsführer(in): RA Hans-Peter Braus

Mitglieder

t 2 107
Baustoffüberwachungs- und Zertifizierungsverband Baden-Württemberg e.V. (BÜVZERT BaWü)
Industriegebiet, Schertlenswald IV
Schuckertstr. 22, 71277 Rutesheim
T: (07152) 5 20 37   Fax: 5 83 99
Vorsitzende(r): Dipl.-Ing. Manfred Lehmann (c/o Betonwerk Feuerbach GmbH & Co. KG, Steiermärker Str. 48, 70469 Stuttgart)
Geschäftsführer(in): Dipl.-Ing. Günter Schade

t 2 108
Überwachungs- und Zertifizierungsverein Trockenmörtel Land Bayern e.V.
Beethovenstr. 8, 80336 München
T: (089) 51 40 30   Fax: 5 32 83 59
Vorsitzende(r): Wolfgang Franz (i. Fa. Porphyr-Werke GmbH, Porphyrweg 10, 92271 Freihung)
Geschäftsführer(in): Dipl.-Ing. Guntram Zanker

t 2 109
Überwachungsverein Transportbeton und Werk-Frischmörtel Land Bayern e.V.
Beethovenstr. 8, 80336 München
T: (089) 51 40 30   Fax: 53 48 32
Vorsitzende(r): Gerhard Uhl (Readymix Beton Nordbayern-Thüringen GmbH, Christian-Ritter-von-Langheinrich-Str. 7, 95448 Bayreuth)
Geschäftsführer(in): Dipl.-Kfm. Rainer Hohenwarter

t 2 110
Baustoffüberwachungs- und Zertifizierungsverband Nord-Ost e.V. (BÜV NO)
Abteilung Mörtel/Trockenbaustoffe
Prinzessinnenstr. 8, 10969 Berlin
T: (030) 61 69 57-0   Fax: 61 69 57 40
Vorsitzende(r): Dipl.-Ing. Werner Theis
Geschäftsführer(in): Dipl.-Ing. Reinhard Kieslich

t 2 111
Baustoffüberwachungs- und Zertifizierungsverein Nord e.V. (Hamburg/Schleswig-Holstein) (BÜV N)
Abteilung Mörtel
Eiffestr. 462, 20537 Hamburg
T: (040) 25 17 29-0   Fax: 25 17 29-20
Vorsitzende(r): Dipl.-Ing. Dipl.-Wirtschafts-Ing. Michael Jester (WIKA Beton GmbH & Co. KG, Auf der Halloh 1, 21684 Stade-Wiepenkathen)
Geschäftsführer(in): Dipl.-Volksw. Rüdiger Pabst
Dipl.-Ing. Detlef Zeh

t 2 112
Baustoffüberwachung und Zertifizierung Transportbeton-Mörtel Mitte e.V.
Friedrich-Ebert-Str. 11-13, 67433 Neustadt
T: (06321) 85 20   Fax: 85 22 16
Gründung: 1968 (12. Dezember)
Vorsitzende(r): Heinz Lauermann (i. Kann Beton GmbH & Co. KG, Bendorfer Str. 180, 56170 Bendorf)
Geschäftsführer(in): Dipl.-Ing. Armin Neunast
Mitglieder: 125 Firmen mit 264 Transportbetonwerken, 36 Firmen mit 75 Mörtelwerken

t 2 113
Baustoffüberwachungsverein NW e.V. (BÜV NW)
Abteilung Mörtel
Düsseldorfer Str. 50, 47051 Duisburg
T: (0203) 99 23 90   Fax: 9 92 39 97
E-Mail: buev_nw@baustoffverbaende.de
Vorsitzende(r): Kurt Bischof (i. Fa. Beton-Union Köln-Bonn GmbH, An der Wachsfabrik 17, 50996 Köln)
Hauptgeschäftsführer(in): RA Hans-Peter Braus
Geschäftsführer(in): Dr. Ing. Wolfgang Zäschke

t 2 114
Baustoffüberwachungs- und Zertifizierungsverein Sachsen e.V. (BÜV S)
Abteilung Mörtel
Uhlandstr. 39, 01069 Dresden
T: (0351) 4 70 58-0   Fax: 4 70 58-20
Vorsitzende(r): Dr. Ing. Michael Zocher (i. Readymix Beton Sachsen GmbH & Co. KG, Niedersedlitzerstr. 54-62, 01239 Dresden)
Geschäftsführer(in): Dr.-Ing. Steffen Wiedenfeld

t 2 115
Baustoffüberwachungs- und Zertifizierungsverein Thüringen und Sachsen-Anhalt e.V. (BÜV TSA)
Abteilung Mörtel
Postf. 2 80, 99725 Nordhausen
August-Bebel-Platz 29, 99734 Nordhausen
T: (03631) 99 03 25, 99 03 24   Fax: 99 03 32
Vorsitzende(r): Dipl.-Kfm. Oskar Aulich (i. Fa. sibobeton Thüringen GmbH & Co. KG)
Geschäftsführer(in): RA Gert-Dietrich Reuter
Dr. Peter König

● T 2 116
Bundesüberwachungsverband Transportbeton e.V. (BÜV TB)
Düsseldorfer Str. 50, 47051 Duisburg

T: (0203) 99 23 90 Fax: 9 92 39 97
E-Mail: buev@baustoffversaende.de
Vorsitzende(r): Johann-Heinrich Frankenfeld (i. Fa. Emsland Transportbeton GmbH & Co KG, Avenwedder Str. 64, 33335 Gütersloh)
Hauptgeschäftsführer(in): RA Hans-Peter Braus

Mitglieder:

t 2 117

Baustoffüberwachungs- und Zertifizierungsverband Baden-Württemberg e.V. (BÜVZERT BaWü)
Industriegebiet
Schuckertstr. 22, 71277 Rutesheim
T: (07152) 5 20 37 Fax: 5 83 99
Vorsitzende(r): Dipl.-Ing. Manfred Lehmann (i. Fa. Frischbeton West GmbH & Co. KG, Steiermärker Str. 48, 70469 Stuttgart, T: (0711) 81 05-1 13, Telefax: (0711) 8 10 52 23)
Geschäftsführer(in): Dipl.-Ing. Günter Schade

t 2 118

Überwachungsverein Transportbeton und Werk-Frischmörtel Land Bayern e.V.
Beethovenstr. 8, 80336 München
T: (089) 51 40 30 Fax: 53 48 32
Vorsitzende(r): Gerhard Uhl (Readymix Beton Nordbayern-Thüringen, Christian-Ritter-von-Langheinrich-Str. 7, 95448 Bayreuth)
Geschäftsführer(in): Dipl.-Kfm. Rainer Hohenwarter

t 2 119

Baustoffüberwachungs- und Zertifizierungsverband Nord-Ost e.V. (BÜV NO)
Abt. Transportbeton
Prinzessinnenstr. 8, 10969 Berlin
T: (030) 61 69 57 30
Vorsitzende(r): Dipl.-Ing. Burkhard Lichtner (i. Fa. Lichtner Beton GmbH & Co. Betriebs-KG, Sitz Velten, Südhafen, 13597 Berlin)
Geschäftsführer(in): Dipl.-Ing. Reinhard Kieslich

t 2 120

Baustoffüberwachungs- und Zertifizierungsverein Nord e.V. (Hamburg/Schleswig-Holstein) (BÜV N)
Abt. Transportbeton
Eiffestr. 462, 20537 Hamburg
T: (040) 25 17 29-0 Fax: 25 17 29-20
Vorsitzende(r): Dipl.-Ing. Oskar Aulich (i. Fa. Sibo-Gruppe GmbH & Co. KG, 49090 Osnabrück)
Geschäftsführer(in): Dipl.-Volksw. Rüdiger Pabst
Dipl.-Ing. Detlef Zeh

t 2 121

Baustoffüberwachung und Zertifizierung Transportbeton-Mörtel Mitte e.V.
Friedrich-Ebert-Str. 11-13, 67433 Neustadt
T: (06321) 85 20 Fax: 85 22 16
Gründung: 1968 (12. Dezember)
Vorsitzende(r): Heinz Lauermann (i. Kann Beton GmbH & Co. KG, Bendorfer Str. 180, 56170 Bendorf)
Geschäftsführer(in): Dipl.-Ing. Armin Neunast
Mitglieder: 125 Firmen mit 264 Transportbetonwerken, 36 Firmen mit 75 Mörtelwerken

t 2 122

Baustoffüberwachungsverein NW e.V. (BÜV NW)
Abteilung Transportbeton
Düsseldorfer Str. 50, 47051 Duisburg
T: (0203) 99 23 90 Fax: 9 92 39 97
E-Mail: buev_nw@baustoffverbaende.de
Vorsitzende(r): Johann-Heinrich Frankenfeld (i. Emsland Transportbeton GmbH & Co. KG, Avenwedder Str. 64, 33335 Gütersloh)
Hauptgeschäftsführer(in): RA Hans-Peter Braus

t 2 123

Baustoffüberwachungs- und Zertifizierungsverein Sachsen e.V. (BÜV S)
Abteilung Transportbeton
Uhlandstr. 39, 01069 Dresden
T: (0351) 4 70 58-0 Fax: 4 70 58-20
Vorsitzende(r): Dipl.-Ing. Ulrich Gebhardt (i. Fa. SARI-Betonpumpenfabrik GmbH & Co.KG, Obere Hauptstr. 228, 09228 Wittgensdorf)
Geschäftsführer(in): Dr.-Ing. Steffen Wiedenfeld

t 2 124

Baustoffüberwachungs- und Zertifizierungsverein Thüringen und Sachsen-Anhalt e.V. (BÜV TSA)
Abteilung Transportbeton
Postf. 2 80, 99725 Nordhausen
August-Bebel-Platz 29, 99734 Nordhausen
T: (03631) 99 03 25, 99 03 24 Fax: 99 03 32
Vorsitzende(r): Dipl.-Ing. Olaf Heinicke (siboteton Thüringen GmbH & Co. KG, Thälmannstr. 17, 99869 Wechmar)
Geschäftsführer(in): RA Gert-Dietrich Reuter
Dr. Peter König

● **T 2 125**

MFPA Materialforschungs- und Prüfanstalt an der Bauhaus-Universität Weimar
Postf. 23 10, 99404 Weimar
Amalienstr. 13, 99423 Weimar
T: (03643) 5 64-0 Fax: 5 64-201
Internet: http://www.mfpa.de
E-Mail: mfpa@mfpa.de
Gründung: 1992 (1. Januar)
Direktor(in): Prof. Dr.-Ing. J. Bergmann
Leitung Marketing: Dr. Konrad Nitsche
Mitarbeiter: ca. 90
Jahresetat: DM 11 Mio, € 5,62 Mio

● **T 2 126**

Güteüberwachungsverein von Betonzuschlagstoffen e.V. (Gübet)
Güterbahnhofstr. 1b, 63450 Hanau
T: (06181) 9 33 90 Fax: 93 39 19
Vorsitzende(r): Hans-Gotthard Lorch, 63667 Nidda

● **T 2 127**

Güteüberwachung Beton BII-Baustellen E.V. (GÜBII)
Postf. 11 06 12, 10836 Berlin
Kurfürstenstr. 130, 10785 Berlin
T: (030) 23 60 96-64 Fax: 23 60 96-73
Internet: http://www.gueb2-online.com
E-Mail: gueb2.berlin@gmx.de
Gründung: 1970
Vorsitzende(r): Dipl.-Ing. Dieter Rappert
Geschäftsführung: Dipl.-Ing. Wolfgang Schild (Leiter der ÜZ-Stelle)
Verbandszeitschrift: Rundschreiben
Mitglieder: 470
Mitarbeiter: 20

● **T 2 128**

Bundesarbeitskreis Altbauerneuerung e.V. (BAKA)
Elisabethweg 10, 13187 Berlin
T: (030) 4 84 90 78-55 Fax: 4 84 90 78-99
Internet: http://www.altbauerneuerung.de
E-Mail: info@altbauerneuerung.de
Gründung: 1969 (19. März)
Vorsitzende(r): Dipl.-Ing. Ulrich Zink
Stellvertretende(r) Vorsitzende(r): Prof. Dr. Karl Robl
Mitglieder: 100
Mitarbeiter: 3

● **T 2 129**

Deutscher Verband unabhängiger Überwachungsgesellschaften für Umweltschutz e.V. (DVÜ)
Gyrenkampstr. 5, 45239 Essen
T: (0201) 49 71 11 Fax: 49 72 12
Internet: http://www.dvue.de
Gründung: 1988 (28. Mai)
Geschäftsführer(in): Dr. M. Buck
Vorstand: Prof. Dr. W. Jäger (1. Vors.)
Dr. S. Biernath-Wüpping
Dipl.-Ing. H. Feldbaum
Mitglieder: 18

● **T 2 130**

Berufsverband Prüfer von Luftfahrtgerät e.V. (BPvL)
Frauenstr. 298, 53819 Neunkirchen-Seelscheid
T: (02247) 64 95 Fax: 7 50 97
E-Mail: bpvl.hkarich@t-online.de
Gründung: 1985 (22. Juli)
Vorstand:
1. Vorsitzende(r): Ulrich Wirtz (Schützheiderweg 25, 51465 Bergisch-Gladbach, T: (02202) 3 93 56)
Stellvertretende(r) Vorsitzende(r): Stephan Wahl (Meisenburgstr. 267, 45133 Essen, T: (0172) 2 90 09 78)
Sekretär: Olaf Kielstein (Spatzenwinkel 13, 22547 Hamburg, T: (040) 83 20 01 21, Fax: (040) 83 01 84 56)
Schatzmeister: Holger Diefenbacher (Seestücken 6, 22952 Lütjensee, T: (04154) 71 68, Fax: (04154) 74 10 29)
Leitung Presseabteilung: Olaf Kielstein, Hamburg
Verbandszeitschrift: "PRÜFER-INFO"
Redaktion: Frauenstr. 298, 53819 Neunkirchen-Seelscheid

Mitglieder: 351
Jahresetat: ca. DM 0,031 Mio, € 0,02 Mio

Förderung der allgemeinen Luftfahrt, beratende Einflußnahme auf die Tätigkeiten der Luftfahrtbehörden des Bundes und der Länder, die Aus- und Weiterbildung der Prüfer von Luftfahrtgerät, Beratung in prüftechnischen Belangen, Aufklärung der Öffentlichkeit über prüftechnische Fragen.

Akkreditierte QM-Zertifizierer und Personalzertifizierer

● **T 2 131**

DEKRA ITS Certification Services GmbH
Handwerkstr. 15, 70565 Stuttgart
T: (0711) 78 61 25 66 Fax: 78 61 26 15
Internet: http://www.dekra.de
Gründung: 1996 (1. Januar)
Geschäftsführer(in): Dipl.-Wirtschaftsing. (FH) Stephan Baus, Steinenbronn
Leitung Presseabteilung: Nicola Baus
Mitarbeiter: 110 weltweit festangestellt
Umsatz: DM 21 Mio

● **T 2 132**

**Dasa-Zert
Zertifizierungsstelle der DaimlerChrysler Aerospace**
Postf. 80 05 28, 81663 München
T: (089) 6 07-2 30 60 Fax: 6 07-2 37 66
Gründung: 1993 (1. Januar)
Geschäftsführer(in): Dipl.-Ing. Werner Eberle
Stellvertretende(r) Geschäftsführer(in): Dr. Rainer Hornischer
Mitarbeiter: 30

● **T 2 133**

DQS Deutsche Gesellschaft zur Zertifizierung von Managementsystemen mbH
August-Schanz-Str. 21, 60433 Frankfurt
T: (069) 9 54 27-0, Fax: (069) 9 54 27-111
Burggrafenstr. 6, 10787 Berlin
T: (030) 26 01 25 44 Fax: 26 01 19 72
Internet: http://www.dqs.de
E-Mail: dqs.zentrale@dqs.de
Gründung: 1985 (1. Februar)
Vors. d. AR: Dr. Friedrich Clever
Geschäftsführer(in): Dr. Klaus Petrick
Dipl.-Ing. Stefan Heinloth
Pressestelle: Dagmar Blaha
Mitarbeiter: 140
Kundenzeitschrift: DQS im Dialog
Redaktion: DQS
Verlag: Selbstverlag

● **T 2 134**

DVS ZERT e.V.
Postf. 10 19 65, 40110 Düsseldorf
Aachener Str. 172, 40223 Düsseldorf
T: (0211) 15 91-2 03 Fax: 15 91-2 00
Internet: http://www.dvs-zert.de
E-Mail: dvs-zert@dvs-hg.de
Gründung: 1994 (13. Januar)
Vorsitzende(r): Dipl.-Ing. H. Hesse
Stellvertretende(r) Vorsitzende(r): Dr. Köstermann
Prof. Dr. Böhme
Geschäftsführer(in): H. Kempgen (stellv. Hauptgeschf. des Deutschen Verbandes für Schweißen und verwandte Verfahren e.V.)
Leitung Presseabteilung: Dipl.-Ing. Martin Lehmann
Mitglieder: 13 korporative Mitglieder, 14 persönliche Mitglieder

● **T 2 135**

AGQS Qualitäts- und Umweltmanagement GmbH (AGQS)
Postf. 10 03 70, 42503 Velbert
Offerstr. 12, 42551 Velbert
T: (02051) 9 50 60 Fax: 95 06 25
Internet: http://www.agqs.de
Geschäftsführer(in): Dipl.-Kfm. Karlheinz Kemminer
Karl-Heinz Ruberg
Mitarbeiter: 13

Zertifizierung von QM- und UM-Systemen.

● T 2 136
EQ ZERT
Europäisches Institut zur Zertifizierung von Managementsystemen und Personal
Ein Institut der Steinbeis-Stiftung für Wirtschaftsförderung
Auchertwiesenweg 5, 89081 Ulm
T: (0731) 9 36 64-0   Fax: 9 36 64-40
Internet: http://www.eqzert.de
E-Mail: eqzert@t-online.de
Gründung: 1993
Leiter(in): Jürgen G. Kerner
Stellvertretender Leiter: Bernd Kentner

● T 2 137
DIN GOST TÜV Berlin-Brandenburg
Gesellschaft für Zertifizierung in Europa mbH
Budapester Str. 31, 10787 Berlin
T: (030) 26 01-2110   Fax: 26 01-1210
Internet: http://www.din-gost.de
E-Mail: service@din-gost.de
Mitarbeiter: 13

● T 2 138
Allianz Cert Zertifizierungsgesellschaft mbH
Krausstr. 22, 85737 Ismaning
T: (089) 9 69 89 58-0   Fax: 9 69 89 58-9
E-Mail: allianz.cert@t-online.de
Gründung: 1994 (09. Januar)
Geschäftsführer(in): Dipl.-Ing. (FH) Ernst Christoph
Dr. Lutz Cleemann
Mitarbeiter: z. Zt. 3 und ca. 20 freie Mitarbeiter
Jahresetat: DM 0,6 Mio, € 0,31 Mio

● T 2 139
Zertifizierungs- und Prüfstelle (VPS) bei der Gesellschaft für Fertigungstechnik und Entwicklung e.V.
Postf. 10 01 61, 98561 Schmalkalden
Am Bad 2, 98574 Schmalkalden
T: (03683) 6 90 00   Fax: 69 00 16
Internet: http://www.gfe-net.de
E-Mail: info@gfe-net.de
Leiter der Zertifizierungsstelle: Dr. Klaus Holland-Letz
Geschäftstätigkeit: Akkreditierte GS - Prüfstelle für Werkzeuge

● T 2 140
Germanischer Lloyd Certification GmbH Qualitäts-, Umwelt-, Sicherheitsgutachter
Postf. 11 16 06, 20416 Hamburg
Vorsetzen 32, 20459 Hamburg
T: (040) 3 61 49-2 88   Fax: 3 61 49-6 50
TX: 212 828 glhh d
Internet: http://www.glc.de
E-Mail: glc@germanlloyd.org
Gründung: 1993 (1. Januar)
Geschäftsführer(in): Dr. Weber
Mitarbeiter: 25

● T 2 141
ifta-CERT
Zertifizierungsstelle der ifta Institut für Tiergesundheit und Agrarökologie AG
Neukirchstr. 26, 13089 Berlin
T: (030) 4 78 80 30   Fax: 47 88 03 20
Internet: http://www.ifta-ag.de
E-Mail: info@ifta-ag.de
Gründung: 1991 (April)
Leiter(in): Prof. Dr. habil. Eberhard Karge
Mitarbeiter: 12

● T 2 142
VDE Prüf- und Zertifizierungsinstitut
Merianstr. 28, 63069 Offenbach
T: (069) 83 06-0   Fax: 83 06-5 55
Internet: http://www.vde.de
E-Mail: vde-info@vde-institut.com
Gründung: 1920
Geschäftsführer(in): Dr.-Ing. Gerhard Dreger
Dipl.-Kfm., Dipl.-Ing. Wilfried Jäger
Leitung Presseabteilung: Dr. Walter Börmann
Mitarbeiter: 430
Informationsdienst: VDE-geprüft

● T 2 143
Zertifizierungsstelle im Materialprüfungsamt für das Bauwesen der Techn. Univ. München
80290 München
Theresienstr. 90 (Geb. N6), 80333 München
T: (089) 2 89-23000 (MPA-Zentrale), 2 89-23022 (ZQ-Leitung)   Fax: 2 89-23057
E-Mail: barlet@mb.bv.tum.de
Gründung: 1870 (MPA), 1993 (ZQ)
Mitarbeiter: 3

Zertifizierung nach DIN EN ISO 9001 bis 3 und den Produktnormen bei Baustoff- und Bauteilherstellern, Baufirmen und Bauhandwerksbetrieben und bei Ingenieurbüros.

● T 2 144

Materialprüfungsamt Nordrhein-Westfalen (MPA NRW)
Marsbruchstr. 186, 44287 Dortmund
T: (0231) 45 02-0   Fax: 45 85 49
Internet: http://www.mpanrw.de
E-Mail: info@mpanrw.de
Gründung: 1947 (20. Mai)
Leiter: Jens-Peter Steuck
Ständiger Vertreter: Dr. Hans-Rudolf Wilde
Öffentlichkeitsarbeit: Volker Roos
Marketing: Martina Fahnemann
Redaktion: Öffentlichkeitsarb. im MPA NRW
Mitarbeiter: 300
Zeitschrift: Gesamtprospekt MPA NRW

Intensiver und vorrangiger Einsatz auf den Gebieten der Bausicherheit, der Energieeinsparung, der Brandschutzes, der Grubensicherheit, der Dosimetrie und des Strahlenschutzes, sowie des Umweltschutzes, des Verbraucherschutzes und der Verkehrssicherheit.

● T 2 145
NIS Zertifizierungs- und Umweltgutachter GmbH
Dörnigheimer Str. 2, 63450 Hanau
T: (06181) 99 37-0   Fax: 99 37-99
E-Mail: info@nis-zert.de
Geschäftsführer(in): Manfred Kruschel
Franz Kaiser
Dr. Hartmut Heyn

● T 2 146
PFI Prüf- und Forschungsinstitut Pirmasens - Innovation & Service Center -
Postf. 22 25, 66930 Pirmasens
Hans-Sachs-Str. 2, 66955 Pirmasens
T: (06331) 24 90-0   Fax: 24 90-60
Internet: http://www.pfi-ps.de
E-Mail: info@pfi-ps.de
Gründung: 1956
Vorsitzende(r): Ralph Rieker (Ricosta Schuhfabriken, Donaueschingen)
Stellvertretende(r) Vorsitzende(r): Franz Panhofer (Gabor, Rosenheim)
Geschäftsführer(in): Dr.-Ing. Gerd-Georg Kwauka (Ltg. Presseabt.)
Dr. Gerhard Nickolaus
Mitglieder: 134
Mitarbeiter: 34
Jahresetat: DM 4,5 Mio, € 2,3 Mio

● T 2 147
Moody Q-Zert GmbH
Bleichstr. 19, 75173 Pforzheim
T: (07231) 92 96-0   Fax: 92 96-20
Internet: http://www.qzert.de
E-Mail: info@qzert.de
Gründung: 1993 (26. April)
Geschäftsführer(in): Dietfried Baier
Stellvertretende(r) Geschäftsführer(in): Uwe Sälzle
Mitarbeiter: 5
Jahresetat: DM 3 Mio, € 0,51 Mio

● T 2 148
SGS-ICS Gesellschaft für Zertifizierungen m.b.H. und Umweltgutachter
Postf. 10 55 24, 20038 Hamburg
Raboisen 28, 20095 Hamburg
T: (040) 3 01 01-361   Fax: 33 04 08
Internet: http://www.sgs.com
E-Mail: sgsics.germany@sgsgroup.com
Gründung: 1993 (August)
Geschäftsführer(in): Dr. Karen Schulze-Bergmann
Leitung Presseabteilung: Dipl.-Ing. Stefan Ziehm

● T 2 149
SKZ-Cert GmbH Zertifizierungen
Frankfurter Str. 15, 97082 Würzburg
T: (0931) 41 04-310   Fax: 41 04-320
Internet: http://www.skz-cert.de
E-Mail: zertis@skz-cert.de
Gründung: 1994 (1. Juli)
Vorsitzende(r): Dr. Guhr
Hauptgeschäftsführer(in): Dipl.-Ing. Robert Schmitt (Ltg. Presseabt.)

Fachgerechte Zertifizierung von QMS und UMS in der Kunststoff-Branche

● T 2 150
TÜV-Zertifizierungsgemeinschaft e.V. (TÜV CERT)
Reuterstr. 159, 53113 Bonn
T: (0228) 2 01 22-0   Fax: 2 01 22-20
Internet: http://www.tuev-cert.de
E-Mail: tuev-cert@t-online.de

● T 2 151
TÜV Anlagentechnik GmbH
TÜV CERT - Zertifizierungsstelle für QM-Systeme
51101 Köln
Am Grauen Stein, 51105 Köln
T: (0221) 8 06-2218   Fax: 8 06-1573
Internet: http://www.de.tuv.com
E-Mail: tuevatzm@de.tuv.com

● T 2 152
VdS Schadenverhütung GmbH (VdS-Zert)
Zertifizierungsstelle
Postf. 10 37 53, 50477 Köln
Amsterdamer Str. 174, 50735 Köln
T: (0221) 77 66-0   Fax: 77 66-341
Internet: http://www.vds.de
E-Mail: info@vds.de
Gründung: 1995 (1. Januar)
Geschäftsführer(in): Dipl.-Betrw. Gero F. Poppe
Hans Schüngel
Leiter(in): Reinhard Conrads
Stellvertretender Leiter: Günter Molt

● T 2 153
Deutsche Gesellschaft für Qualität e.V. (DGQ)
German Society for Quality
Internationaler Zusammenschluß: siehe unter izt 384
siehe T 1332

● T 2 154
DGZfP-Personalzertifizierungsstelle (DPZ)
Max-Planck-Str. 6, 12489 Berlin
T: (030) 6 78 07-140   Fax: 6 78 07-149
Gründung: 1993
Vorsitzende(r): Dipl.-Ing. Hans Aisenbrey
Geschäftsführer(in): Dr.rer.nat. Rainer Link

Zertifizierung von Personal der zerstörungsfreien Prüfung.

● T 2 155
EdDE-Entsorgergemeinschaft der Deutschen Entsorgungswirtschaft e.V.
Schönhauser Str. 3, 50968 Köln
T: (0221) 93 47 00-45   Fax: 93 47 00-49
Internet: http://www.entsorgergemeinschaft.de
Gründung: 1996 (7. September)
Vorsitzende(r): Karl-Joachim Neuhaus
stellv. Vors.: Bernd Schönmackers
Geschäftsführer(in): Dr. Markus Weyers
Geschäftsführer(in): Ulrich Cronauge
Verbandszeitschrift: EdDE-Infobrief
Mitglieder: 450

Rationalisierungsgemeinschaften

● T 2 156

RKW - Rationalisierungs- und Innovationszentrum der Deutschen Wirtschaft e.V.
Bundesgeschäftsstelle
Postf. 58 67, 65733 Eschborn
Düsseldorfer Str. 40, 65760 Eschborn
T: (06196) 4 95-1   Fax: 4 95-303
Internet: http://www.rkw.de
E-Mail: rkw@rkw.de
Gründung: 1921
Internationaler Zusammenschluß: siehe unter izu 6
Vorsitzende(r) des Vorstandes: Dr. Otmar Franz
Stellvertretende(r) Vorsitzende(r): Manfred Schallmeyer

(Gesch.Vorst.Mitgl. der IG Metall, Frankfurt)
Günter Schwank
Geschäftsführer(in): Carsten Ullrich
Verbandszeitschrift: Wirtschaft & Produktivität
Redaktion: RKW, Eschborn
Verlag: pwd Presseverlag GmbH, Goethestr. 21, 80336 München
Mitglieder: ca. 6000
RKW-Gliederung: 11 selbständige Vereine
Mitarbeiter: 90 (Bundesgeschäftsstelle)
Jahresetat: DM 16,8 Mio, € 8,59 Mio

Aufgabe des RKW ist die Förderung des deutschen Mittelstandes, insbesondere in den Bereichen Innovation und Rationalisierung. Arbeitsschwerpunkte sind die Beratung, Weiterbildung und Forschung sowie Informationsbeschaffung und -vermittlung

Landesverbände

t 2 157

RKW Baden-Württemberg Rationalisierungs- und Innovationszentrum der Deutschen Wirtschaft e.V.
Postf. 10 40 62, 70035 Stuttgart
Königstr. 49 (Passage), 70173 Stuttgart
T: (0711) 2 29 98-0   **Fax:** 2 29 98-10
Internet: http://www.rkw-bw.de
E-Mail: info@rkw-bw.de
Vorsitzende(r): Sen. e.h. Richard G. Hirschmann

RKW Baden-Württemberg GmbH
Geschäftsführer(in): Dr. Albrecht Fridrich

t 2 158

RKW Bayern, Rationalisierungs- und Innovationszentrum der Deutschen Wirtschaft e.V.
Postf. 83 07 49, 81707 München
Gustav-Heinemann-Ring 212, 81739 München
T: (089) 67 00 40-0   **Fax:** 67 00 40-40
Internet: http://www.rkw-bayern.de
E-Mail: info@rkw-bayern.de
Vorsitzende(r): Dipl.-Ing. Winfried Hain

RKW Bayern GmbH
Geschäftsführer(in): Martin Scheinert

t 2 159

RKW Berlin, Rationalisierungs- und Innovationszentrum der Deutschen Wirtschaft e.V.
Rudeloffweg 9, 14195 Berlin
T: (030) 8 84 48 00
Internet: http://www.rkw-berlin.de
E-Mail: info@rkw-berlin.de
Vorsitzende(r): Ernst-Henning Graf von Hardenberg

RIB GmbH
Geschäftsführer(in): Gerd Schleichert
Manuela Hesse

t 2 160

RKW Brandenburg Rationalisierungs- und Innovationszentrum der Deutschen Wirtschaft e.V.
Zeppelinstr. 136, 14471 Potsdam
T: (0331) 9 67 45-0   **Fax:** 9 67 45-20
Internet: http://www.rkw-brandenburg.de
E-Mail: info@rkw-brandenburg.de
Vorsitzende(r): Dipl.-Wirtsch. Volker Kempa

RKW Brandenburg GmbH
Geschäftsführer(in): Dr.-Ing. Ulrich Hoffmann

t 2 161

RKW Bremen, Rationalisierungs- und Innovationszentrum der Deutschen Wirtschaft e.V.
Postf. 10 24 62, 28024 Bremen
Balgebrückstr. 3-5, 28195 Bremen
T: (0421) 32 34 64-0   **Fax:** 32 62 18
Internet: http://www.rkw-bremen.de
E-Mail: info@rkw-bremen.de
Vorsitzende(r): Dipl.-Kfm. Wolfgang Deter Lüken

RKW Bremen GmbH
Geschäftsführer(in): Dr. Andreas Otto

t 2 162

RKW Nord, Rationalisierungs- und Innovationszentrum der Deutschen Wirtschaft e.V. Landesgruppe Hamburg
Hammer Steindamm 40, 22089 Hamburg
T: (040) 20 94 16-0   **Fax:** 20 94 16-50
Internet: http://www.rkw-nord.de
E-Mail: info@rkw-nord.de
Vorsitzende(r): Dipl.-Bw. Jürgen Lauber
Leiter: Dipl.-Verwaltungsw. Alois Vilgis

t 2 163

RKW Hessen, Rationalisierungs- und Innovationszentrum der Deutschen Wirtschaft e.V.
Postf. 58 67, 65733 Eschborn
Düsseldorfer Str. 40, 65760 Eschborn
T: (06196) 4 95-357, 4 95-358   **Fax:** 4 95-393
Internet: http://www.rkw-hessen.de
E-Mail: eschborn@rkw-hessen.de
Vorsitzende(r): Hans-Ludwig Blaas

RKW Hessen GmbH
Geschäftsführer(in): Dipl.-Kauff. Bettina Ardelt

t 2 164

RKW Nord, Rationalisierungs- und Innovationszentrum der Deutschen Wirtschaft e.V. Landesgruppe Niedersachsen
Postf. 49 46, 30049 Hannover
Friesenstr. 14, 30161 Hannover
T: (0511) 3 38 03-0   **Fax:** 3 38 03-38
Internet: http://www.rkw-nord.de
E-Mail: info@rkw-nord.de
Vorsitzende(r): Günter Schwank
Leiter: Dipl.-Verwaltungsw. Alois Vilgis

t 2 165

RKW Nord, Rationalisierungs- und Innovationszentrum der Deutschen Wirtschaft e.V. Landesgruppe Schleswig-Holstein
Dammstr. 32, 24103 Kiel
T: (0431) 5 57 37-0   **Fax:** 5 57 37-70
Internet: http://www.rkw-nord.de
E-Mail: schleswig-holstein@rkw-nord.de
Vorsitzende(r): A. Friedrich Stein
Leiter: Dipl.-Verwaltungsw. Alois Vilgis

t 2 166

RKW Nordrhein-Westfalen, Rationalisierungs- und Innovationszentrum d. Deutschen Wirtschaft e.V.
Sohnstr. 70, 40237 Düsseldorf
T: (0211) 6 80 01-0   **Fax:** 6 80 01-68
Internet: http://www.rkw-nrw.de
E-Mail: info@rkw-nrw.de
Vorsitzende(r): Dr. Ernst-Heinrich Rohe
Geschäftsführer(in): Dipl.-Phys. Wilfried Hedderich

t 2 167

RKW Geschäftsstelle Saarland, Zentrale für Produktivität u. Technologie e.V.
Franz-Josef-Röder-Str. 9, 66119 Saarbrücken
T: (0681) 95 20-0   **Fax:** 95 20-888
Internet: http://www.saarland/ihk.de
E-Mail: giersch@zpt.de
Präsident(in): Dr. Hanspeter Georgi
Leiter: Dipl.-Volksw. Volker Giersch

t 2 168

RKW Sachsen, Rationalisierungs- und Innovationszentrum d. Deutschen Wirtschaft e.V.
im World Trade Center
Postf. 12 05 62, 01006 Dresden
Freiberger Str. 35, 01067 Dresden
T: (0351) 8 32 23-0   **Fax:** 8 32 24 00
Internet: http://www.rkw-sachsen.de
E-Mail: gf@rkw-sachsen.de
Vorsitzende(r): Günter Haferkorn

RKW Sachsen GmbH
Geschäftsführer(in): Dipl.-Ing. Helmut Müller

t 2 169

RKW Sachsen-Anhalt, Rationalisierungs- und Innovationszentrum der Deutschen Wirtschaft e.V.
Tismarstr. 20, 39108 Magdeburg
T: (0391) 7 36 19-0   **Fax:** 7 36 19-33
Internet: http://www.rkw.de
E-Mail: rkwsaxanh@aol.com
Vorsitzende(r): Dipl.-Ing. Hartmut Röglin

RKW Sachsen-Anhalt GmbH
Geschäftsführer(in): Dr. oec. habil. Peter Ruß

t 2 170

RKW Thüringen, Rationalisierungs- und Innovationszentrum der Deutschen Wirtschaft e.V.
Postf. 7 49, 99014 Erfurt
Europaplatz 5, 99091 Erfurt
T: (0361) 74 47-300   **Fax:** 74 47-307
Internet: http://www.rkw-thueringen.de
E-Mail: rkw.thueringen@t-online.de
Vorsitzende(r): Dr. Franz-Ferdinand von Falkenhausen

RKW Thüringen GmbH
Geschäftsführer(in): Dipl.-Kfm. Ing. Ewald Hempel

t 2 171

RKW Nord, Rationalisierungs- und Innovationszentrum der Deutschen Wirtschaft e.V. Landesgruppe Mecklenburg-Vorpommern
Postf. 49 46, 30049 Hannover
Friesenstr. 14, 30161 Hannover
T: (0511) 3 38 03-0   **Fax:** 3 38 03-38
Internet: http://www.rkw-nord.de
E-Mail: info@rkw-nord.de
Leiter: Dipl.-Verwaltungsw. Alois Vilgis

● T 2 172

RG-Bau im RKW • Rationalisierungs-Gemeinschaft „Bauwesen" im Rationalisierungs- und Innovationszentrum der Deutschen Wirtschaft e.V.
Postf. 58 67, 65733 Eschborn
Düsseldorfer Str. 40, 65760 Eschborn
T: (06196) 4 95-313   **Fax:** 4 95-393
Internet: http://www.rkw.de
E-Mail: rgb@rkw.de
Geschäftsführer(in): Dipl.-Ing. Erwin W. Marsch
Verbandszeitschrift: Informationen Bau-Rationalisierung (ibr)
Redaktion: Richard Michalski, Hans Mahlstedt, Günter Blochmann, Erwin W. Marsch
Verlag: Selbstverlag

● T 2 173

RG Verpackung (RGV) im Rationalisierungs- und Innovationszentrum der Deutschen Wirtschaft e.V.
Postf. 58 67, 65733 Eschborn
Düsseldorfer Str. 40, 65760 Eschborn
T: (06196) 4 95-202   **Fax:** 4 95-301
Internet: http://www.rkw.de
E-Mail: rgv@rkw.de
Vorsitzende(r): Erich Krämer
Geschäftsführer(in): Dipl.-Ing. Erwin W. Marsch
Mitarbeiter: 5

● T 2 174

Rationalisierungs-Kuratorium für Landwirtschaft e.V.
Am Kamp 13, 24768 Rendsburg
T: (04331) 84 79 40   **Fax:** 84 79 50
Internet: http://www.rkl-info.de
E-Mail: mail@rkl-info
Vorsitzende(r): Eberhard Herweg, Roklum
Leiter: Dr. Hardwin Traulsen (Am Waldbach, 24582 Hoffeld, Post Bordesholm)

● T 2 175

Studiengemeinschaft für Fertigbau e.V.
Parkstr. 71-73, 65191 Wiesbaden
T: (0611) 56 21 91   **Fax:** 56 46 99
Internet: http://www.sg-fertigbau.de
E-Mail: info@sg.fertigbau.de
Gründung: 1959
Vorsitzende(r): Dipl.-Ing. Günter Schäfer, Biedenkopf
Vorstand: G. Knees, Neuhaus
Dipl.-Ing. G. Schrader, Groß-Gerau
K. Walter, Geseke
Prof. Dr.-Ing. T. Bock, München
Geschäftsführer(in): Dipl.-Ing. Peter Bohlen

● T 2 176

Gesellschaft des Bauwesens e.V. (GdB)
Düsseldorfer Str. 40, 65760 Eschborn
T: (06196) 4 31 43
Vorsitzende(r): Dipl.-Ing. Wolfram Zeller
Geschäftsleitung: Dipl.-Ing. Erwin W. Marsch

● T 2 177

Bau-Atelier - Vereinigung der Koordination für Sicherheit und Gesundheitsschutz - BVKSG e.V.
Robert-Blum-Str. 15a, 04448 Wiederitzsch
T: (0341) 5 21 36 65   **Fax:** 5 21 38 61
Internet: http://www.bau-atelier.de
Vorstand: Dipl.-Physiker Michael Jäger (Vors.)
Architekt Aribert Just
Mitglieder: 110

● T 2 178
Institut für rationale Unternehmensführung in der Druckindustrie IRD e.V. (IRD)
Fasaneriestr. 12, 63456 Hanau
T: (06181) 9 64 06-0 **Fax:** 9 64 06-19
Internet: http://www.ird-online.de
E-Mail: hotline@ird-online.de
Gründung: 1965 (April)
Vorsitzende(r): Dieter Lipp (Lipp GmbH Graphische Betriebe, Meglinger Str. 60, 81477 München)
Stellvertretende(r) Vorsitzende(r): Karl-Heinz Weinbrenner (Karl Weinbrenner & Söhne GmbH & Co., Fasanenweg 18, 70771 Leinfelden)
Angelo Eberle (A.K. Eberle Holding AG, CH-3122 Kehrsatz)
Magister Michael Seyss (Seyss GmbH, Hüttelforfer Str. 219, A-1140 Wien)
Institutsleiter: Dipl.-Ing. Eckhard Bölke
Dipl.-Wirt.-Ing. (FH) Frank Freudenberg
Mitglieder: über 700 Produktionsbetriebe in der Druckindustrie, Verbände und Lieferfirmen in Deutschland, in der Schweiz und in Österreich

● T 2 179
Forschungsinstitut für Rationalisierung e.V.
Pontdriesch 14/16, 52062 Aachen
T: (0241) 4 77 05-0 **Fax:** 4 77 05-199
Internet: http://www.fir.rwth-aachen.de
E-Mail: info@fir.rwth-aachen.de
Gründung: 1953
Institutsdirektoren: Univ.-Prof. Dr.-Ing. Dipl.-Wirt.-Ing. Holger Luczak
Univ.-Prof. Dr.-Ing. Dr.h.c. Dipl.-Wirt.-Ing. Walter Eversheim
Geschäftsführer(in): Dr.-Ing. Volker Stich
Leitung Presseabteilung: Bruno Kloubert (M.A.)
Verbandszeitschrift: Unternehmen der Zukunft (FIR + IAW Zeitschrift für Organisation und Arbeit in Produktion und Dienstleistung)
Verlag: Eigenverlag
Mitglieder: 123
Mitarbeiter: 130
Jahresetat: DM 9,2 Mio, € 4,7 Mio

● T 2 180

Centrale für Coorganisation GmbH
Postf. 30 02 51, 50772 Köln
Maarweg 133, 50825 Köln
T: (0221) 9 47 14-0 **Fax:** 9 47 14-990
Internet: http://www.ccg.de
E-Mail: info@ccg.de
Gründung: 1974
Vors. d. Aufsichtsrats: Günter Lerch (Kaufring AG)
Stellv. Vors. d. Aufsichtsrats: Dr. Peter E. Bauer (Bosch und Siemens Hausgeräte GmbH)
Geschäftsführer(in): Erich Hagel
Verbandszeitschrift: Coorganisation

Rationalisierungsverband
Erarbeitung und Veröffentlichung von Empfehlungen oder anderen Arbeitsergebnissen, die der Rationalisierung des Daten- und Warenverkehrs und der Organisationsabläufe zwischen Herstellern und Handel dienen
Förderung der Anwendung dieser Ergebnisse ('Coorganisation'). Mitglied und Nummernvergabestelle der "International Article Numbering Association" (EAN), Brüssel.
Nummernvergabestelle für Identifikationskarten nach DIN 33 859.
Normenausschuß Daten- und Warenverkehr in der Konsumgüterwirtschaft im DIN (NDWK).

Wirtschafts- und sozialwissenschaftliche Vereinigungen und Institute, Markt- und Meinungsforschung

● T 2 181
Sachverständigenrat zur Begutachtung der gesamtwirtschaftlichen Entwicklung
65180 Wiesbaden
Gustav-Stresemann-Ring 11, 65189 Wiesbaden
T: (0611) 75 23 90 **Fax:** 75 25 38
Internet: http://www.sachverstaendigenrat-wirtschaft.de
E-Mail: srw@statistik-bund.de
Gründung: 1963
Vorsitzende(r): Prof. Dr. Juergen B. Donges

Prof. Dr. Jürgen Kromphardt
Prof. Dr. Horst Siebert
Prof. Dr. Wolfgang Wiegard
Prof. Dr. Bert Rürup
Geschäftsführer(in): RD Wolfgang Glöckler
Generalsekretär(in): Dr. Jens Weidmann

● T 2 182
Absatzwirtschaftliche Gesellschaft e.V. (AWG)
Postf. 91 02 66, 90260 Nürnberg
T: (0911) 5 27 29 30 **Fax:** 5 27 29 31
Gründung: 1950
1. Vorsitzende(r): Prof. Dr. L. Berekoven
Geschäftsführer(in): Dipl.-Kfm. B.-R. Riedmüller
Mitglieder: 250

● T 2 183
Wirtschaftsministerkonferenz der Länder
c/o Bundesrat
11055 Berlin
T: (01888) 91 00-200 **Fax:** 91 00-218
E-Mail: mail-wmk@bundesrat.de
Vorsitzende(r): Staatsminister Hans-Artur Bauckhage
Stellvertretende(r) Vorsitzende(r): Senator Wolfgang Branoner
Geschäftsführer(in): Ministerialrat Dr. Horst Risse
Stellvertretende(r) Geschäftsführer(in): N. N.

● T 2 184
Institut der deutschen Wirtschaft e.V. (IW)
Postf. 51 06 69, 50942 Köln
Gustav-Heinemann-Ufer 84-88, 50968 Köln
T: (0221) 49 81-1 **Fax:** 49 81-592
Internet: http://www.iwkoeln.de
E-Mail: iwd@iwkoeln.de
Gründung: 1951
Präsident(in): Dr. Hans-Dietrich Winkhaus
Ehrenpräsident: Dipl.-Ing. Dr.-Ing. Dr.-Ing. E.h. Manfred Lennings
Direktor(in): Prof. Dr. Gerhard Fels
Leitung Presseabteilung: M. Sc. Axel Rhein
Verbandszeitschrift: iwd Informationsdienst des Instituts der deutschen Wirtschaft
Redaktion: Klaus Schäfer
Verlag: Deutscher Instituts-Verlag GmbH, Gustav-Heinemann-Ufer 84-88, 50968 Köln
Mitglieder: 38 Wirtschafts- und Arbeitgeberverbände (ordentl. Mitglieder), 70 Fach- und Regionalverbände sowie Unternehmen (außerordentl. Mitglieder)
Mitarbeiter: rd. 110
Jahresetat: DM 18 Mio, € 9,2 Mio

t 2 185
Institut der deutschen Wirtschaft e.V. Hauptstadtbüro
Wallstr. 15 /15a, 10179 Berlin
T: (030) 2 78 77-0 **Fax:** 2 78 77-150
Leiter(in): Prof. Dr. Klaus-Werner Schatz

● T 2 186
Europäisches Beratungs-Zentrum der Deutschen Wirtschaft (EBZ)
-Euro Info Centre-
Breite Str. 29, 10178 Berlin
T: (030) 20 28-1623, 20 28-1491 **Fax:** 20 28-2623, 20 28-2491
Leiter(in): Fabian Wehnert

● T 2 187
Bundesarbeitsgemeinschaft Schule Wirtschaft
Postf. 51 06 69, 50942 Köln
Gustav-Heinemann-Ufer 84-88, 50968 Köln
T: (0221) 49 81-723 **Fax:** 49 81-799
Internet: http://www.schule-wirtschaft.de
E-Mail: schule-wirtschaft@iwkoeln.de
Gründung: 1965
Vorsitzende(r): OStD Ulrich Wiethaup
Dr. Roland Delbos
Geschäftsführer(in): Hans-Jürgen Brackmann
Marion Hüchtermann (Ltg. Presseabt.)
Verbandszeitschrift: Forum SCHULE WIRTSCHAFT
Redaktion: Marion Hüchtermann (verantw.)

● T 2 188
Deutsche Gesellschaft für Agrar- und Umweltpolitik e.V. (D.G.A.U.)
Meckenheimer Allee 128, 53115 Bonn
T: (0228) 63 23 25 **Fax:** 63 17 34
Internet: http://www.dgau.de
E-Mail: dgau-bonn@t-online.de
Präsident(in): Peter Harry Carstensen (MdB)
Geschäftsführer(in): M.A. Birgit Hensen
Mitglieder: 136

● T 2 189
Verein zur Förderung des Internationalen Transfers von Umwelttechnologie (ITUT e.V.)
Euro-Asia Business Center
Messe-Allee 2, 04356 Leipzig
T: (0341) 6 08 72 00 **Fax:** 6 08 72 10
Internet: http://www.itut.org
E-Mail: genschow@itut.org
Gründung: 1996
Vorstand: Dr. Dr. h.c. Alfred Voßschulte (Vors.)
Dr. Flanderka (stellv. Vors.)
Dr. jur. Koban (Schatzmeister)
MinDir a.D. Dr. Rudolf Vieregge
Geschäftsführer(in): Dr.-Ing. Klaus-Christian Fischer
Mitarbeiter: 11

● T 2 190
Gesellschaft zur Förderung anwendungsorientierter Betriebswirtschaft und Aktiver Lehrmethoden in Hochschule und Praxis e.V. (GABAL)
Budenheimer Weg 67, 55262 Heidesheim
T: (06132) 50 95 90 **Fax:** 50 95 99
E-Mail: gabalev@t-online.de
Gründung: 1976 (11. Juli)
Vorstand: Dipl.-Ökon. Wolfgang Neumann
Iris Brünjes
Dr. Werner Siegert
Wolfgang Sutterluti
Mitglieder: ca. 1100

● T 2 191
Arbeitskreis Hauptschule e.V.
Förderverein des Hauptschulbildungsgangs
Westfalendamm 247, 44141 Dortmund
T: (0231) 43 38 61 **Fax:** 43 38 64
Internet: http://www.ak-hauptschule.de
E-Mail: info@ak-hauptschule.de
Gründung: 1975 (1. Juli)
1. Vorsitzende(r): Dietmar J. Bronder
Stellvertretende(r) Vorsitzende(r): Alfred Kruft (Nordrhein-Westfalen)
Horst Seidel (Berlin)
Beirat: Hermann Beck (Hessen)
Udo Beckmann (NRW)
Horst Henrich (Bayern)
Prof. Dr. Heinz-Jürgen Ipfling (Bayern)
Prof. Dr. Jürgen Rekus (Baden-Württemberg)
Dr. Ernst Rösner (NRW)
Heiner Sievert (Berlin)
Prof. Dr. Karl G. Zenke (Baden-Württemberg)
Verbandszeitschrift: Schulmagazin 5 bis 10
Redaktion: Prof. Dr. H.J. Ipfling
Verlag: Oldenbourg-Verlag, Rosenheimer Str. 145, 81671 München
Mitglieder: 250
Standardwerk der Lehrerausbildung: Handbuch Hauptschulbildungsgang, Verlag Julius Klinkhardt

● T 2 192
Gesellschaft für Arbeitswissenschaft e.V.
Ardeystr. 67, 44139 Dortmund
T: (0231) 12 42 43 **Fax:** 7 21 21 54
Internet: http://www.gfa-online.de
E-Mail: gfa@ifado.de
Gründung: 1953 (16. Oktober)
Internationaler Zusammenschluß: siehe unter 207
Präsident(in): Prof. Dr. H. Bubb
Stellvertretende(r) Vorsitzende(r): Prof. Dr.habil. Klaus. J. Zink
Leitung Presseabteilung: G. Offergeld
Verbandszeitschrift: Zeitschrift für Arbeitswissenschaft
Redaktion: Prof. Dr.-Ing. Kurt Landau, Inst. f. Arbeitswissenschaft TU Darmstadt, Petersenstr. 30, 64287 Darmstadt
Verlag: Verlag Dr. Otto Schmidt KG, Köln
Mitglieder: 670
Mitarbeiter: 1

● T 2 193
Institut für angewandte Arbeitswissenschaft e.V. (IfaA)
Marienburger Str. 7, 50968 Köln
T: (0221) 93 46 14-0 **Fax:** 93 46 14-37
Internet: http://www.ifaa-koeln.de
E-Mail: ifaa_koeln@m-e.org
Vorsitzende(r) des Vorstandes: Dipl.-Volksw. Günther Bittelmeyer (MTU Friedrichshafen GmbH, Olgastr. 16, 88040 Friedrichshafen, T: (07541) 90 24 29, Fax: (07541) 90 39 09)
Direktor(in): Dipl.-Ing. Wolfgang Schultetus

Thematische Schwerpunkte Arbeitsorganisation, Arbeitszeitgestaltung, Arbeitsplatzgestaltung, Belastung/Beanspruchung am Arbeitsplatz, Datenermittlung, Kennzahlen, Benchmarking, Entgeltgestaltung, Qualifizierung.

● T 2 194
Arbeitskreis für Organisationskultur, Teamarbeit und Persönlichkeitsbildung e.V. (OTP)
Luckenwalder Str. 9, 15837 Schöbendorf
T: (033704) 6 54 10   **Fax:** 6 54 12
E-Mail: thkornb@aol.com
Gründung: 1992 (18. Juni)
Vorsitzende(r): Dr. Thomas Kornbichler
Verbandszeitschrift: Veröffentlichung zur Organisationskultur, Teamarbeit und Persönlichkeitsbildung

● T 2 195
ASB Management - Zentrum - Heidelberg e.V.
Postf. 10 11 08, 69001 Heidelberg
Gaisbergstr. 11-13, 69115 Heidelberg
T: (06221) 98 88   **Fax:** 98 86 82
Internet: http://www.asb-hd.de
E-Mail: info@asb-hd.de
Gründung: 1948
Geschäftsführer(in): Heinz-Jürgen Kochann
Leitung Presseabteilung: Bettina Kapahnke
Mitglieder: 103

● T 2 196
Arbeitsgemeinschaft für angewandte Forschung und Entwicklung von Mitgliedern der Fachhochschule Wiesbaden e.V. (AGAFE)
Am Brückweg 26, 65428 Rüsselsheim
T: (06142) 8 23 31   **Fax:** 8 23 31
Internet: http://www.e-technik.fh-wiesbaden.de/forschung+entwicklung
E-Mail: agafe@e-technik.fh-wiesbaden.de
Gründung: 1979
Vorsitzende(r): Prof. S. Schulien
Stellvertretende(r) Vorsitzende(r): Prof. E. Lertes
Prof. Albrecht
Verbandszeitschrift: AGAFE-Mitteilungen
Redaktion: Prof. S. Schulien, Prof. Dr. Lertes, Prof. Albrecht
Verlag: AGAFE e.V., Am Brückweg 26, 65428 Rüsselsheim
Mitglieder: 95
Mitarbeiter: 5
Jahresetat: DM 0,65 Mio, € 0,33 Mio

● T 2 197
Bundesausschuß Betriebswirtschaft (BBW)
Postf. 58 67, 65733 Eschborn
Düsseldorfer Str. 40, 65760 Eschborn
T: (06196) 4 95-255   **Fax:** 4 95-392
Internet: http://www.rkw.de
Vorsitzende(r): Dr. Hannspeter Neubert, Bad Mergentheim
Geschäftsführer(in): Dipl.-Kfm. Bernhard Feldhaar, Eschborn

● T 2 198
Forschungsstelle für Betriebswirtschaft und Sozialpraxis e.V. (FBS)
68131 Mannheim
Postf. 10 34 62, 68034 Mannheim
T: (0621) 1 81-1502   **Fax:** 1 81-1505
Gründung: 1951
Vorsitzende(r): Prof.Dr.Dres.h.c. Eduard Gaugler

● T 2 199
Schmalenbach-Gesellschaft für Betriebswirtschaft e.V. (SG)
Bunzlauer Str. 1, 50858 Köln
T: (02234) 48 00 97   **Fax:** 48 00 05
Internet: http://www.schmalenbach.org
E-Mail: sg@schmalenbach.org
Präsident(in): Prof. Clemens Börsig (Mitglied des Vorstand der Deutsche Bank AG, Frankfurt/M.)
Vizepräsident(in): Prof. Dr.h.c. Adolf G. Coenenberg (Universität Augsburg)
Geschäftsführer(in): Dr. Maria Engels
Verbandszeitschrift: Zeitschrift für betriebswirtschaftliche Forschung/Schmalenbach Business Review (zfbf/sbr)
Verlag: Handelsblatt Verlag, Postf. 10 11 02, 40002 Düsseldorf
Mitglieder: 2000
Bearbeitung aktueller betriebswirtschaftlicher Fragen in Gemeinschaft von Wirtschaftswissenschaft und -praxis; Erfahrungsaustausch über die Anwendung neuer betriebswirtschaftlicher Erkenntnisse in der Praxis; Veranstaltung des Deutschen Betriebswirtschafter-Tages.

● T 2 200

Deutsches Institut für Betriebswirtschaft e.V. (dib)
Friedrichstr. 10-12, 60323 Frankfurt
T: (069) 9 71 65-0   **Fax:** 9 71 65-25
Teletex: 69 97 175 ÖA
T-Online: *9 6902 5254#
Internet: http://www.dib-ev.de
E-Mail: dib-info@dib-ev.de
Gründung: 1943
Geschäftsführer(in): Dipl.-Volksw. Wolfgang Werner
Weiterbildungsseminare für Fach- und Führungskräfte der Wirtschaft.

● T 2 201
Akademische Gesellschaft für Finanzwirtschaft e.V. (AGF)
Verwaltung
Postf. 15 67, 78005 Villingen-Schwenningen
Margarethe-Scherb-Str. 48, 78050 Villingen-Schwenningen
T: (07721) 2 68 63   **Fax:** 2 84 28
Vorsitzende(r) des Vorstandes: RB, Justitiar Karl-Otto Kersting

● T 2 202
Gesellschaft für Finanzwirtschaft in der Unternehmensführung e.V. (GEFIU)
Geschäftsstelle: GEFIU per Adresse KPMG Deutsche Treuhand-Gesellschaft AG
Barbarossaplatz 1a, 50674 Köln
T: (0221) 20 73-348   **Fax:** 20 73-2 18
Vorsitzende(r): Dr. Klaus von Lindelner-Wildau
Geschäftsführer(in): Guido Mager
Mitglied der International Association of Financial Executives Institutes (IAFEI)
International Group of Treasury Associations (IGTA)
Praxisorientierte Erörterung von Problemen und Methoden der finanzwirtschaftlichen Unternehmensführung. Erfahrungsaustausch der Mitglieder - unter anderem in Form von Arbeitskreisen auf neutraler, sachbezogener Ebene, Information der Mitglieder und gegebenenfalls der Öffentlichkeit über erarbeitete Problemlösungen, Zusammenarbeit mit Organisationen ähnlicher Art im In- und Ausland

● T 2 203
Gesellschaft für Sozialen Fortschritt e.V.
Stockenstr. 19, 53113 Bonn
T: (0228) 69 68 28   **Fax:** 63 49 48
Internet: http://www.sozialerfortschritt.de
E-Mail: sozialerfortschritt@t-online.de
Vorstand und Geschäftsführer: Prof. Dr. Frank Schulz-Nieswandt (Vors., Universität zu Köln)
Dipl.-Kfm. Achim Seffen (stellv. Vors., Köln)
Dr. Erich Standfest (stellv. Vors., Deutscher Gewerkschaftsbund, Bundesvorstand, Düsseldorf)
Dipl.-Pol. Harald Eichner (Berufsgenossenschaftliche Akademie, Hennef; Schatzmeister)
Prof. Dr. Jürgen Wasem (Universität Greifswald)
Erweiterter Vorstand: Prof. Dr. Gerhard Bäcker (Fachhochschule Niederrhein, Mönchengladbach)
Prof. Dr. Diether Döring (Akademie der Arbeit in der Universität Frankfurt/M.)
Elisabeth Haines (MinR´n, Bundesministerium für Familie, Senioren, Frauen und Jugend, Bonn)
Dr. Ute Klammer (Wirtschafts- und Sozialwissenschaftliches Institut in der Hans Böckler Stiftung, Düsseldorf)
Franz Knieps (Leiter Verbandspolitik, AOK-Bundesverband, Bonn)
Dr. Anne Meurer (Direktorin der Bundesversicherungsanstalt für Angestellte, Berlin)
Dipl.-Volksw. Eugen Müller (Bundesvereinigung der Deutschen Arbeitgeberverbände, Berlin)
Dr. Franz Josef Oldiges (Hauptgeschäftsführer a.D. des AOK-Bundesverbandes, Bonn)
Dr. Robert Paquet (Leiter der Außenstelle Berlin, Bundesverband der Betriebskrankenkassen, Berlin)
Dr. Doris Pfeiffer (Verband der Angestellten-Krankenkassen e.V., Siegburg)
Dr. Peter Rosenberg (Min.-Dir., Bundesministerium für Arbeit und Sozialordnung, Bonn)
Prof. Dr. Franz Ruland (Geschäftsführer, Verband Deutscher Rentenversicherungsträger, Frankfurt a.M.)
Prof. Dr. Stefan Sell (Fachhochschule Koblenz, Rhein Ahr Campus Remagen)
Peter Sochacki (DGB-Rechtsschutz GmbH)
Prof. Dr. Gert Wagner (Deutsches Institut für Wirtschaftsforschung, Berlin/Europa-Universität Viadrina, Frankfurt (Oder))
Ehrenvorstand: Dieter Schewe (Min.Dir. a.D., Oberwinter, Ehrenvors.)
Werner Steinjan (Min.Dirig. a.D., Ehrenmitglied des Vorstands)
Prof. Dr. Max Wingen (Min.Dir. a.D., Bonn, Ehrenmitglied des Vorstands)
Prof. Dr. Detlev Zöllner (Min.Dir. a.D., Bonn, Ehrenmitglied des Vorstands)
Leitung Presseabteilung: Prof. Dr. Stefan Sell
Verbandszeitschrift: Sozialer Fortschritt
Redaktion: Prof. Dr. Stefan Sell, Stockenstr. 19, 53113 Bonn, T: (0228) 69 68 28, Telefax: (0228) 63 49 48, e-mail: sozialerfortschritt@t-online.de
Verlag: Duncker & Humblot, Berlin

● T 2 204
Studienkreis für Staatsbürgerliche Arbeit e.V.
Peter-Schwingen-Str. 11, 53177 Bonn
T: (0228) 32 10 00   **Fax:** 9 32 42 33
Gründung: 1957
Vorsitzende(r): Dipl.-Pol. Heinz J. H. Fleischhauer (Ltg. Presseabt.)
Stellvertretende(r) Vorsitzende(r): Teja G. J. Schöps
Hauptgeschäftsführer(in): Renate Fleischhauer

● T 2 205
CDH - Forschungsverband Centralvereinigung
Am Weidendamm 1a, 10117 Berlin
T: (030) 7 26 25-600   **Fax:** 7 26 25-699
Internet: http://www.cdh.de
E-Mail: centralvereinigung@cdh.de
Gründung: 1952
Vorsitzende(r): Eberhard Runge
Geschäftsführer(in): Dipl.-Kfm. Dr. Andreas Paffhausen
Mitglieder: 400

● T 2 206
Hans-Böckler-Stiftung
Mitbestimmungs-, Forschungs- und Studienförderungswerk des Deutschen Gewerkschaftsbundes
Bertha-von-Suttner-Platz 1, 40227 Düsseldorf
T: (0211) 77 78-0   **Fax:** 77 78-120
Internet: http://www.boeckler.de
Vorsitzende(r): Dieter Schulte
Geschäftsführer(in): Prof. Dr. Heide Pfarr
Nikolaus Simon
Leitung Presseabteilung: Sabine Nehls (T: (0211) 7 77 81 50, Fax: (0211) 7 77 82 25)
Verbandszeitschrift: Die Mitbestimmung
Redaktion: Margarete Hasel
Verlag: Bund-Verlag, Postf. 90 01 68, 60441 Frankfurt/M.
Mitarbeiter: 130

Mitbestimmungs-, Forschungs- und Studienförderungswerk des DGB. Stipendiaten- und Graduiertenförderung; Beratung der Mitbestimmungsträger; arbeitnehmer- und mitbestimmungsorientierte Forschungsförderung; Wirtschafts- und sozialwissenschaftliches Institut (WSI); Herausgabe der Monatszeitschriften "Die Mitbestimmung" und WSI-Mitteilungen.

● T 2 207
Hermann Lindrath Gesellschaft e.V. Hannover -Internationale Vereinigung für Gesellschaftspolitik-
Am Südbahnhof 2, 30171 Hannover
T: (0511) 81 09 06
Gründung: 1960 (11. November)
Vorsitzende(r) des Vorstandes: Sparkassendir.a.D. Carl Doehring, Hannover
Vorst.-Mitgl.: RA Dieter Lüft, München
Vorst.-Mitgl.: Journalistin Barbara Kosler, München
Leitung Presseabteilung: Carl Doehring
Mitglieder: ca. 150 einschl. Förderkreis und Gastmitglieder

● T 2 208
Freundeskreis internationaler Begegnungen -Internationaler Club von Hannover-
Am Südbahnhof 2, 30171 Hannover
T: (0511) 81 09 06
Gründung: 1940
Präsident(in): Bankdir.a.D. Carl Doehring (Ltg. Presseabteilung)
Mitglieder: 100 (einschl. Gastmitglieder)
Mitarbeiter: 2-3

● T 2 209

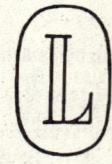

List Gesellschaft e.V.
Westfälische Wilhelms-Universität Münster
Am Stadtgraben 9, 48143 Münster
T: (0251) 8 32 29 04   **Fax:** 8 32 83 95
Internet: http://www.list-gesellschaft.de
E-Mail: mail@list-gesellschaft.de
Gründung: 1954
Vorstand:
Dr. Friedrich Janssen (Vors.)
Prof. Dr.rer.pol. Norbert Berthold (stellv. Vors.)
Prof. Dr. Karl-Hans Hartwig (Schriftführer)
Dr. Joachim Donath (Schatzmeister)
Dr. Karlheinz Blessing
Dr. Kurt Demmer
Prof. Dr. Wolfgang Harbrecht
Dr. Michael Heise
Prof. Dr. Bernhard Pellens
Dr. Udo Siepmann
Prof. Dr.jur. Dr.-Ing. E.h. Dieter Spethmann
Prof. Dr. Norbert Walter
Prof. Dr. Werner Zohlnhöfer
Verbandszeitschrift: List Forum für Wirtschafts- und Finanzpolitik

Wissenschaftliche Behandlung von internationalen, insbesondere europäisch bedeutsamen Problemen auf sozialem, wirtschaftlichem und wirtschaftspolitischem Gebiet unter Beteiligung aller gesellschaftlich relevanten Gruppen mittels Publikationen sowie Zusammenkünften von Vertretern aus Wirtschaft, Wissenschaft, Verwaltung und Politik.

● T 2 210
Aktionsgemeinschaft Soziale Marktwirtschaft e.V.
Mohlstr. 26, 72074 Tübingen
T: (07071) 55 06 00   **Fax:** 55 06 01
E-Mail: ASM-eV@t-online.de
Gründung: 1953 (23. Januar)
Vorsitzende(r): Prof. Dr.Dr.h.c. Joachim Starbatty (Ordinarius für Volkswirtschaftslehre an der Universität Tübingen)
Geschäftsführer(in): Dipl.-Vw. Axel Stühmer
Verbandszeitschrift: ASM - Bulletin

● T 2 211
Gesellschaft zur Förderung der Entbürokratisierung e.V. (- GFE -)
Postf. 2 12 22, 10123 Berlin
Gründung: 1982 (11. März)
Vorstand: Herbert Helmrich (Vorsitzender, Minister a.D.)
Georg-Berndt Oschatz (stellv. Vorsitzender, Direktor des Bundesrates)
Dr. Jürgen Bornecke (Schatzmeister)
Geschäftsführerin: RAin Martina Oschatz

● T 2 212
Deutsche MTM-Vereinigung e.V.
Elbchaussee 352, 22609 Hamburg
T: (040) 82 30 11   **Fax:** 82 65 94
Internet: http://www.dmtm.com
E-Mail: email@dmtm.com
Vorsitzende(r): Dipl.-Ing. Christian Vogt (Siemens AG, München)
Stellvertretende(r) Vorsitzende(r):
Dipl.-Ing. Reiner Lehr (DaimlerChrysler AG, Stuttgart)
Dipl.-Ing. Bernd Heitzer (Ministerialrat im sächsischen Staatsministerium des Inneren, Dresden)
Geschäftsführer(in): Dr. Hans Fischer
Mitglieder: ca. 700

Verbreitung und Weiterentwicklung des MTM-Verfahrens und des Industrial Engineering durch öffentliche und innerbetriebliche Ausbildungen

● T 2 213

Postf. 11 03 47, 40503 Düsseldorf
Niederkasseler Lohweg 16, 40547 Düsseldorf
T: (0211) 5 97 80   **Fax:** 5 97 81 99
Internet: http://www.dgfp.de
E-Mail: zentralakademie@dgfp.de
Vorsitzende(r): Dr. Roland Schulz
Geschäftsführer(in): Dr. Hans Böhm
Mitglieder: 1800

● T 2 214

Deutsche Gesellschaft für Personalwesen e.V. (DGP)
Stammestr. 40D, 30459 Hannover
T: (0511) 9 43 93-0   **Fax:** 9 43 93-43
Internet: http://www.dgp.de
E-Mail: dgpersonal@aol.com, hannover@dgp.de

Ziel der Gesellschaft ist es, am Aufbau und Ausbau eines sachorientierten, leistungsfähigen Personalwesens in Verwaltung und Wirtschaft mitzuwirken. Die Gesellschaft bietet dazu psychologische Eignungsuntersuchungen für Personalauswahl-und -plazierungsentscheidungen an, die auf den Erkenntnissen eigener wissenschaftlicher Forschung und der Forschungsergebnisse aus dem In- und Ausland aufgebaut sind. Außerdem bietet sie Fortbildungsveranstaltungen für Mitarbeiter aller Ebenen zu psychologischen und arbeitsplatzbezogenen Themen an.

t 2 215
Deutsche Gesellschaft für Personalwesen e.V. Zweigstelle Berlin
Straße des 17. Juni 114, 10623 Berlin
T: (030) 3 90 01-470   **Fax:** 3 90 01-472
E-Mail: berlin@dgp.de

t 2 216
Deutsche Gesellschaft für Personalwesen e.V. Zweigstelle Düsseldorf
Konrad-Adenauer-Platz 12, 40210 Düsseldorf
T: (0211) 36 09 91/92   **Fax:** 36 52 67
E-Mail: duesseldorf@dgp.de

t 2 217
Deutsche Gesellschaft für Personalwesen e.V. Zweigstelle Leipzig
Grassistr. 12, 04107 Leipzig
T: (0341) 9 78 22 23   **Fax:** 9 78 22 25
E-Mail: leipzig@dgp.de
Gründung: 1948 (1. April) in Frankfurt
Vorsitzende(r) des Vorstandes: Ltd. Stadtverwaltungsdirektor K.-H. Hagen, Mönchengladbach
Ltd. Psych.: Dr. Bernd Wolf

● T 2 218
Forschungsstelle für Umweltpolitik (FFU)
Freie Universität Berlin Fachbereich Politik und Sozialwissenschaften
Ihnestr. 22, 14195 Berlin
T: (030) 83 85-5098, 83 85-5585   **Fax:** 83 85-6685
Internet: http://www.fu-berlin.de/ffu
E-Mail: ffu@zedat.fu-berlin.de
Leiter(in): Prof. Dr. Martin Jänicke
Geschäftsführer(in): Dr. Lutz Mez
Presse: Dipl.-Pol. Harriet Hauptmann

● T 2 219
AGPLAN Gesellschaft für Planung e.V.
Neckarstr. 5, 41469 Neuss

T: (02137) 33 63   **Fax:** 45 70
Vorsitzende(r): Dir. W. Seiff, Nümbrecht

● T 2 220
Bund demokratischer Wissenschaftlerinnen und Wissenschaftler (BdWi)
Gisselberger Str. 7, 35037 Marburg
T: (06421) 2 13 95   **Fax:** 2 46 54
Internet: http://www.bdwi.de
E-Mail: bdwi@bdwi.de
Reuterstr. 44, 53113 Bonn, T: (0228) 21 99 46, Fax: 21 49 24, E-Mail: bdwi.bonn@bdwi.de
Gründung: 1968 (Wiedergründung am 05.07.1972)
Vorstand: Dr. Monika Gibas
Ulrike Gonzales
Christina Kaindl
Dr. Rolf Weitkamp
Erweiterter Vorstand: Dr. Wolfgang Adamczak
Marcus Gottsleben
Barbara Hoffmann
Andreas Keller
Sabine Kiel
Prof. Dr. Reinhard Kühnl
Dr. Morus Markard
Emilija Mitrovic
Prof. Dr. Wolfgang Nitsch
Barbara Nohr
Dieter Plehwe
Heike Weinbach
Peter Wolter
Geschäftsführer(in): Torsten Bultmann
Vera Klier
Dr. Klaus Labsch
Leitung Presseabteilung: N.N.
Verbandszeitschrift: Forum Wissenschaft
Redaktion: Martina Koelschtzky
Verlag: BdWi-Verlag
Ltg. Verlag: Werner Zentner
Mitglieder: 1300
Mitarbeiter: 9
Jahresetat: DM 0,4 Mio, € 0,2 Mio

● T 2 221
Deutsche Vereinigung für Politische Wissenschaft (DVPW)
c/o Universität Osnabrück
FB Sozialwissenschaften
49069 Osnabrück
T: (0541) 9 69-6264   **Fax:** 9 69-6266
Internet: http://www.dvpw.de
E-Mail: dvpw@uos.de
Gründung: 1951 (10. Februar)
Vorstand: Prof. Dr. Jürgen Falter (Vors.; Johannes-Gutenberg-Universität Mainz)
Prof. Dr. Ulrich von Alemann (stellv. Vors.; Heinrich-Heine-Universität Düsseldorf)
Prof. Dr. Suzanne S. Schüttemeyer (stellv. Vors.; Martin-Luther-Universität Halle-Wittenberg)
Prof. Dr. Everhard Holtmann (Martin-Luther-Universität Halle-Wittenberg)
Prof. Dr. Max Kaase (International University Bremen, IPSA-Vertreter)
Prof. Dr. Ursula Lehmkuhl (Universität Erfurt)
Prof. Dr. Rainer Schmalz-Bruns (Technische Universität Darmstadt)
Prof. Dr. Wolfgang Seibel (Universität Konstanz, PVS)
Prof. Dr. Annette Zimmer (Westfälische Wilhelms-Universität Münster)
Beirat: Prof. Dr. Sigrid Baringhorst (Universität-GH Siegen)
Dr. Patricia Bauer (Universität Osnabrück)
Prof. Dr. Roland Czada (FernUniversität - GH - Hagen)
Dr. Michèle Knodt (Universität Mannheim)
Prof. Dr. Heinrich Oberreuter (Universität Passau)
Prof. Dr. Hans Rattinger (Otto-Friedrich-Universität Bamberg)
Dr. Ulrich Willems (Universität Hamburg)
Prof. Dr. Reinhard Zintl (Otto-Friedrich-Universität Bamberg)
Geschäftsführer(in): Dipl.-Soz.Wiss., M.A. (USA) Felix W. Wurm (DVPW Osnabrück)
Verbandszeitschrift: Politische Vierteljahresschrift (PVS)
Verlag: Westdeutscher Verlag, Postf. 58 29, 65048 Wiesbaden
Mitglieder: 1377

● T 2 222
Deutscher-Politologen-Verband e.V.
Sitz Berlin
Peter-Schwingen-Str. 11, 53177 Bonn
T: (0228) 32 65 00   **Fax:** 9 32 42 33
E-Mail: intermedia.bonn@t-online.de
Vorstand
Vorsitzende(r) des Vorstandes: Dipl.-Pol. Heinz J. H. Fleischhauer (Ltg. Presseabt., Journalist), Bonn
Dipl.-Pol. Klaus Golombek (Unternehmer), Meerbusch
Prof. Dr. Roman Herzog (Bundespräsident), a.D.Dachau
Dr. Waldemar Ritter (stellv. Vors., Ministerialdirigent), Bonn
Dr. Annemarie Renger (Bundestagspräsidentin a.D.), Berlin
Geschäftsführer(in): Renate Fleischhauer

● T 2 223
Gottfried-Wilhelm-Leibniz-Gesellschaft e.V.
Waterloostr. 8, 30169 Hannover
T: (0511) 12 67-3 31   **Fax:** 12 67-2 02
Internet: http://www.nlb-hannover.de/leibniz/gesellschaft.htm
E-Mail: leibnizgesellschaft@zb.nlb-hannover.de
Gründung: 1966
Präsident(in): Prof. Dr. Ernst Gottfried Mahrenholz
Verbandszeitschrift: Studia Leibnitiana
Redaktion: Jürgen Herbst
Verlag: Franz Steiner Verlag Wiesbaden GmbH, Sitz Stuttgart, Birkenwaldstr. 44, 70191 Stuttgart
Mitglieder: 385

● T 2 224
Institut für Sachverständigenwesen e.V.
Gereonstr. 50, 50670 Köln
T: (0221) 91 27 71-0   **Fax:** 91 27 71-99
Internet: http://www.ifsforum.de
E-Mail: info@ifsforum.de
Gründung: 1974
Vorsitzende(r): Dr. Jürgen Möllering
Geschäftsführende(s) Vorstands-Mitglied(er): Dipl.-Betriebsw. Bernhard Floter
Verbandszeitschrift: IfS-Informationen
Redaktion: Dr. Peter Bleutge
Mitglieder: ca. 306

Förderung des Sachverständigenwesens, insbesondere dessen wirtschaftliche Erforschung sowie die Auswertung der Forschungsergebnisse für die Praxis, die Förderung der Zusammenarbeit und des Meinungsaustausches unter den Sachverständigen sowie zwischen Sachverständigen und ihren Auftraggebern, Institutionen und Zusammenschlüssen die Zusammenarbeit mit öffentlichen und privaten Einrichtungen auf dem Gebiet des Gutachten- und Sachverständigenwesens, die Planung und Durchführung von Aus- und Fortbildungsmaßnahmen für Sachverständige.

● T 2 225

Verein für Socialpolitik - Gesellschaft für Wirtschafts- und Sozialwissenschaften
Universität Mannheim
68131 Mannheim
T: (0621) 1 81-1832
Internet: http://www.socialpolitik.org
E-Mail: vfs@vwl.uni-mannheim.de
Gründung: 1873
Vorsitzende(r): Prof. Martin Hellwig (Ph.D.)
Stellvertretende(r) Vorsitzende(r): Prof. Dr. Wolfgang Bühler
Schatzmeister: Prof. Dr. Hermann Remsperger
Schriftführer(in): Dr. Christian Laux
Verbandszeitschrift: German Economic Review und Perspektiven der Wirtschaftspolitik
Redaktion: Prof. Dr. Bernhard Felderer und Prof. Dr. Friedrich Schneider
Verlag: Blackwell Publ., 108 Cowley Rd., UK-Oxford, OX4 1JF
Mitglieder: ca. 2900 (Stand Januar 2000)
Mitarbeiter: 3

Wissenschaftliche Erörterung wirtschafts- und sozialwissenschaftlicher sowie wirtschafts- und sozialpolitischer Probleme und Pflege der Beziehungen zur Fachwissenschaft des Auslands.

● T 2 226
Deutscher Bundesverband für Steuer-, Finanz- und Sozialpolitik e.V. (DBSFS)
Brahmsstr. 24a, 81677 München
T: (089) 41 60 07-41   **Fax:** 41 60 07-25
Internet: http://www.dbsfs.de
E-Mail: dbsfs@t-online.de
Gründung: 1988 (8. August)
Präsident(in): Hans-Wolff Graf (Ltg. Presseabt.)
Vizepräsident(in): Frank Amann
Joachim Haller
Verbandszeitschrift: Zeitreport
Redaktion: München (Zentrale) und lokal in Berlin und Böblingen
Mitglieder: 600
Jahresetat: ca. DM 0,5 Mio, € 0,26 Mio

● T 2 227
MONTAG-CLUB für politische und gesellschaftliche Kontakte
Herderstr. 53, 53173 Bonn
T: (0228) 35 69 27   **Fax:** 3 69 86 53
E-Mail: fuchs.montag-club@t-online.de
Gründung: 1967 (11. Dezember)
Geschäftsführende(s) Vorstands-Mitglied(er): Hannelore Fuchs
Mitglieder: 500
Jahresetat: ca. DM 0,06 Mio, € 0,03 Mio
Präsidium: 5-köpfiger Kollegialvorstand

Freie und ungebundene Vereinigung zum Zwecke der Emanzipation der Gesellschaft.

● T 2 228
Sozialwissenschaftliche Gesellschaft 1950 e.V.
Postf. 15 50, 37145 Northeim
T: (05503) 32 05   **Fax:** 32 05
Vorsitzende(r): Prof. Dr. Dirk Löhr
Vors. u. GeschF: Ekkehard Lindner
Verbandszeitschrift: Zeitschrift für Sozialökonomie
Redaktion: Dipl.-Ökonom Werner Onken, Varel
Verlag: Gauke Verlag, Postf. 13 20, 24319 Lütjenburg

● T 2 229
Forschungsinstitut für Gesellschaftspolitik und beratende Sozialwissenschaften e.V.
Mühlstr. 28 1, 72622 Nürtingen
T: (07022) 21 21 13   **Fax:** 21 21 16
Vorsitzende(r): Prof. Dr. Lothar F. Neumann
Prof. Dr. Heinrich Henkel (WissDir.)
Dipl.-Volksw. Wolfgang Mudra

● T 2 230
Verein für Sozialpolitik, Bildung und Berufsförderung e.V.
Postf. 10 02 49, 34002 Kassel
Karthäuserstr. 23, 34117 Kassel
T: (0561) 10 91 53   **Fax:** 71 33 92
Geschäftsführer(in): Reinhard Friedrichs
Leiterin Weiterbildung u. Beratung: Silvia Schröder
Leiter Bereich Berufsbildung: Hans-Ulrich Hummel
Mitarbeiter: 53

● T 2 231
Wirtschafts- und Sozialwissenschaftlicher Fakultätentag
c/o Justus-Liebig-Universität Gießen
Licher Str. 66, 35394 Gießen
T: (0641) 99-22200   **Fax:** 99-22209
E-Mail: hans-rimbert.hemmer@wirtschaft.uni-giessen.de
Gründung: 1950 (Wiedergr.).
Vorsitzende(r): Prof. Dr. Hans-Rimbert Hemmer
Mitglieder: 74 Fakultäten

● T 2 232
ORDO SOCIALIS - Wissenschaftliche Vereinigung zur Förderung der christlichen Gesellschaftslehre e.V.
c/o Bund Katholischer Unternehmer e.V.
Georgstr. 18, 50676 Köln
T: (0221) 2 72 37-0   **Fax:** 2 72 37-27
Vorstand: Cornelius G. Fetsch (Vors.)
Dr. Erwin Müller (stellv. Vors.)
Franz-Josef Schelnberger (stellv. Vors.)
Dr. Johannes Stemmler (GeschF)
Mitglieder: 16

● T 2 233
Sozialwissenschaftliches Institut der Evangelischen Kirche in Deutschland
Postf. 25 05 63, 44743 Bochum
Querenburger Höhe 294, 44801 Bochum
T: (0234) 7 09 92 60   **Fax:** 7 09 92 77
E-Mail: swi-ekd-bochum@tmr-online.de
Geschf. Leiter: Dr. Hartmut Przybylski

● T 2 234
Deutsche Gesellschaft für Soziologie (DGS)
c/o Institut für Soziologie der Universität München
Konradstr. 6, 80801 München
T: (089) 21 80-2923   **Fax:** 21 80-2922
Internet: http://www.soziologie.de
E-Mail: ls.allmendinger@lrz.uni-muenchen.de
Gründung: 1909
Vorstand: Prof. Dr. Jutta Allmendinger (Vors.)
Prof. Dr. Karin Knorr-Cetina
Prof. Dr. Karl Ulrich Mayer
Prof. Dr. Heiner Meulemann
Prof. Dr. Karl-Siegbert Rehberg

Prof. Dr. Hans-Georg Soeffner
Prof. Dr. Johannes Weiß
Verbandszeitschrift: "Soziologie"
Redaktion: Prof. Dr. Johannes Weiß, Universität/GH Kassel
Verlag: Leske + Budrich, Postf. 30 05 51, 51334 Leverkusen
Mitglieder: 1200

Erörterung von soziologischen und sozialwissenschaftlichen Problemen in Wort und Schrift. Förderung des Gedankenaustausches ihrer Mitglieder. Mitwirkung an der Verbreitung und Vertiefung soziologischer Denkweise. Beteiligung an der Klärung von Fach- und Studienfragen der Soziologie. Pflege der Beziehungen zur Soziologie des Auslandes.

● T 2 235
Deutsche Statistische Gesellschaft
Geschäftsstelle im DIW Berlin
Königin-Luise-Str. 5, 14195 Berlin
T: (030) 8 97 89-552   **Fax:** 8 97 89-118
Internet: http://www.dstatg.de
E-Mail: post@dstatg.de
Gründung: 1911
Vorsitzende(r): Prof. Dr. Reiner Staeglin
Stellvertretende(r) Vorsitzende(r): Günter Kopsch (Abteilungspräsident im Statistischen Bundesamt, Wiesbaden)
Prof. Dr. Peter-Theodor Wilrich (Freie Universität Berlin)
Schatzmeister: Dr. Almut Steger (Bundesbankdirektorin in der Deutschen Bundesbank, Frankfurt am Main)
Geschäftsführer(in): Dipl.-Soz. Hartmut Bömermann
Verbandszeitschrift: Allgemeines Statistisches Archiv
Redaktion: Prof. Dr. Karl Mosler
Verlag: Physica-Verlag, Tiergartenstr. 17, 69121 Heidelberg
Mitglieder: 800

● T 2 236
Gesellschaft für Strategische Planung e.V. (GSP)
Heppenheimer Str. 78, 68519 Viernheim
T: (06204) 83 74   **Fax:** 15 04
E-Mail: gsp.e.V.@gmx.net
Gründung: 1983 (10. Mai)
Vorstand: Prof. Dr. J. M. Ruhland (Friedrich-Schiller-Universität, Jena)
Dr. A. Schweiger (Kath. Univ. Eichstätt)
Dr. A. Maringer (Siemens AG)
Geschäftsführer(in): Helga Hölzl
Mitglieder: ca. 80

● T 2 237
Statistik der Kohlenwirtschaft e.V.
siehe F 141

● T 2 238
GESELLSCHAFT ZUM STUDIUM STRUKTURPOLITISCHER FRAGEN E.V.
Breite Str. 29, 10178 Berlin
T: (030) 20 45 16 33
E-Mail: strukturgesellschaft@t-online.de
Gründung: 1959 (26. Februar)
Vorstand: Dr. Ludolf von Wartenberg (Vors.)
Dr. Jens Odewald (stellv. Vors.)
RA Peter Schmidhuber (stellv. Vors.)
Friedrich Merz (stellv. Vors.; MdB)
Dr. Wolfgang Bötsch (MdB)
Walter Hirche (MdB)
Staatsmin. Prof. Dr. Kurt Falthauser
Rainer Funke (MdB)
Dr. Friedrich-Leopold Frhr. von Stechow
Vors. d. wiss. Beirats: Prof. Dr. Hans-Jürgen Ewers
Mitglieder: 180

● T 2 239
Arbeitsgemeinschaft für wirtschaftliche Verwaltung e.V. (AWV)
Postf. 51 29, 65726 Eschborn
Düsseldorfer Str. 40, 65760 Eschborn
T: (06196) 4 95-3 88   **Fax:** 49 53 51
Internet: http://www.awv-net.de
E-Mail: info@awv-net.de
Gründung: 1926
Präsident(in): Dr. Winfried Materna, Dortmund
Geschäftsführer(in): Dr. Ulrich Naujokat
Leitung Öffentlichkeitsarbeit: Gottfried Glöckner

● T 2 240
Wirtschaftliche Vereinigung Bergedorf e.V.
Bergedorfer Str. 162, 21029 Hamburg
T: (040) 7 21 30 18   **Fax:** 7 21 19 35
Internet: http://www.wvbergedorf.de
E-Mail: office@wvbergedorf.de
Gründung: 1919
Vorsitzende(r): Norbert Deiters (Norbert Deiters & Ulrich

Florin GbR, Auf der Böge 28 b, 21039 Hamburg)
Geschäftsführer(in): Dipl.-Kfm. Joachim Wagner
Mitglieder: 130

● T 2 241
Gesellschaft für öffentliche Wirtschaft e.V. (GÖW)
Sponholzstr. 11, 12159 Berlin
T: (030) 8 52 10 45 **Fax:** 8 52 51 11
Gründung: 1951
Präsident(in): Michael Schöneich
Vors.d.Wiss.Beirates: Prof.Dr. Peter Eichhorn
Geschäftsführer(in): Dipl.-Volksw. Wolf Leetz
Mitglieder: ca. 80

● T 2 242
Deutsches Institut für Urbanistik (Difu)
Postf. 12 03 21, 10593 Berlin
Straße des 17. Juni 112, 10623 Berlin
T: (030) 3 90 01-0
Fax: 3 90 00 11 00
Internet: http://www.difu.de
E-Mail: difu@difu.de
Abteilung Köln: Lindenallee 11, 50968 Köln,
T: (0221) 37 71-1 44, Fax: 3 77 11 46
Gründung: 1973
Institutsleiter: Prof. Dr. Heinrich Mäding
Leitung Presse- und Öffentlichkeitsarbeit:
Sybille Wenke-Thiem (T: (030) 3 90 01-208/209, Fax: 3 90 01-130, E-Mail: pressestelle@difu.de)
Verbandszeitschrift: Berichte
Redaktion: Sybille Wenke-Thiem
Verlag: Deutsches Institut für Urbanistik, Straße des 17. Juni 112, 10623 Berlin
Mitglieder: rund 140 (Mitgliedsstädte - genannt: Zuwenderstädte, Kommunalverbände sowie Planungsgemeinschaften)
Mitarbeiter: rund 100
Jahresetat: DM 15 Mio, € 7,67 Mio

Praxisorientierte Forschungs- und Fortbildungseinrichtung der deutschen Städte. Arbeitsschwerpunkte: Stadt- und Regionalentwicklung, Recht, Wirtschaft, Finanzen, Umwelt, Verkehr, Soziales, Kultur, Kommunalverwaltung.

● T 2 243
Akademie für Kommunalpolitik e.V.
Rößlerstr. 7, 65193 Wiesbaden
T: (0611) 52 30 45 **Fax:** 52 07 40
Internet: http://www.politik-training.de
E-Mail: info@afk-akademie.de
Vorsitzende(r): Peter Benz
Geschäftsführer(in): Achim Moeller

● T 2 244
Staatliche Zentralstelle für Fernunterricht (ZFU)
Peter-Welter-Platz 2, 50676 Köln
T: (0221) 92 12 07-0 **Fax:** 92 12 07-20
Internet: http://www.zfu.de
E-Mail: zfu@zfu.de
Gründung: 1971 (01. Januar)
Vors. d. Verw.-Ausschusses: Min.-Dirig. K. Rauber (Kultusministerium d. Landes Sachsen-Anhalt, Turmschanzenstr. 32, 39114 Magdeburg)
Ltr. der Zentralstelle: Michael Vennemann (Ltd. Regierungsdirektor)
Der Verwaltungsausschuss: 16 Ländervertreter - Baden-Württemberg, Bayern, Berlin, Brandenburg, Bremen, Hamburg, Hessen, Mecklenburg-Vorpommern, Niedersachsen, Nordrhein-Westfalen, Rheinland-Pfalz, Saarland, Sachsen, Sachsen-Anhalt, Schleswig-Holstein, Thüringen
Verbandszeitschrift: Amtliches Mitteilungsblatt; Informationsbroschüren: Ratgeber für Fernunterricht/Rechtsgrundlagen zur Ordnung des Fernunterrichts
Redaktion: Michael Vennemann
Verlag: Selbstverlag
Mitglieder: Der Verwaltungsausschuss hat 16 Mitglieder. Jede Landesregierung benennt ein ständiges Mitglied und dessen Stellvertreter
Mitarbeiter: 19

Zulassungsbehörde für alle Fernlehrgänge in der Bundesrepublik Deutschland (Durchführung des Fernunterrichtsschutzgesetzes des Bundes für die Länder). Kontrollbehörde zur Qualitätssicherung von Weiterbildungsangeboten im Rahmen des Fernunterrichts/Fernstudiums

● T 2 245
Volks- und Betriebswirtschaftliche Vereinigung im Rheinisch-Westfälischen Industriegebiet e.V.
Postf. 10 15 08, 47015 Duisburg
Mercatorstr. 22-24, 47051 Duisburg
T: (0203) 28 21-264 **Fax:** 2 85 34 92 64 (Niederrh. Industrie- u. Handelsk.)
Gründung: 1920 (01. Januar)
Vorsitzende(r): Dipl.-Volksw. Hans-Jürgen Reitzig
Geschäftsführer(in): Dipl.-Vw. Harald Schoelen

Zusammenführung aller an den Problemen von Ballungsräumen interessierten Persönlichkeiten in Wirtschaft, Politik, Verwaltung und Wissenschaft. Vorträge, Symposien; wissenschaftliche Untersuchungen.

● T 2 246
Deutsche Weltwirtschaftliche Gesellschaft e.V. (DWG)
Kurfürstendamm 188, 10707 Berlin
T: (030) 8 81 55 62 **Fax:** 8 81 75 62
Präsident(in): Hartwig Piepenbrock
Ehrenpräs.: Senator h.c. Horst Elfe (CBE, Ehrenpräs. d. Industrie- u. Handelsk. zu Berlin)
Geschäftsführende(s) Vorstands-Mitglied(er): K. M. Roscher

● T 2 247
Deutsche Werbewissenschaftliche Gesellschaft e.V. (DWG)
Adenauerallee 118, 53113 Bonn
T: (0228) 9 49 13-0 **Fax:** 9 49 13-13
Gründung: 1919
Präsident(in): Prof. Dr. Volker Trommsdorff
Geschäftsführer(in): Lutz E. Weidner
Mitglieder: 125

● T 2 248
Forschungsinstitut für Wirtschaftsverfassung und Wettbewerb e.V.
Theodor-Heuss-Ring 26, 50668 Köln
T: (0221) 12 20 51/52 **Fax:** 12 20 52
E-Mail: schwirten,fiw@t-online.de
Gründung: 1960
Vorsitzende(r): Dr. Hans-Dietrich Winkhaus (Vors. d. Geschäftsführung d. Henkel KGaA, Düsseldorf)
Stellvertretende(r) Vorsitzende(r): Dr. Ludolf von Wartenberg (Hauptgeschf. d. Bundesverbandes der Deutschen Industrie, Köln)
Geschäftsführer(in): RA Dr. Friedrich Kretschmer
Stellvertretende(r) Geschäftsführer(in): Dipl.-Vw. Lioba Jüttner-Kramny
Mitglieder: 27 Unternehmensverbände des In- und Auslandes zuzügl. Förderer aus Unternehmen, Verbänden, Sozietäten

Wissenschaftl. Forschungen auf den Gebieten der Wettbewerbsordnung und des deutschen und europäischen Kartellrechts, Vortragsveranstaltungen, Seminare, Schriftenreihe, Rundschreiben.

● T 2 249

Wirtschaftspolitischer Club Deutschland e.V. (WPC Deutschland)
Sekretariat:
Hobsweg 172a, 53125 Bonn
T: (0228) 91 91 91 **Fax:** 91 91 99
Präsident(in): für Berlin: Volkmar W. Kübler, Berlin
Präsident(in): für Bonn: Dipl.-Ing. Ludwig-Udo Kontz, Bonn
Vizepräsident(in): für Berlin: Dr. Michael Lippert, Erfurt
Vizepräsident(in): für Bonn: Jochen Lewalder
Dr. Eberhard Luetjohann
Generalsekretär(in): Peter Sattler, Bonn
Schatzmeister(in): Werner Kleine, Bonn
Mitglieder: 450

● T 2 250
Wirtschaftspolitische Gesellschaft von 1947 e.V.
Hindenburgring 44, 61348 Bad Homburg
T: (06172) 93 69 01 **Fax:** 93 69 02
Internet: http://www.wipog.de
E-Mail: info@wipog.de
Gründung: 1947 (9. Nov.)
Vorstand
Ehrenvorsitzender: Dr. Harti Schwarz
Geschf. Vors.: Prof. Dr. Siegfried Blasche
Stellv. Geschf. Vors.: Dr. Jens Harms
Prof. Dr. Michael v. Hauff
Gründungsmitglied: Ludwig Erhard
Mitglieder: 240

● T 2 251
Institut für Entwicklungsforschung und Entwicklungspolitik der Ruhr-Universität Bochum
Postf. 10 21 48, 44721 Bochum
T: (0234) 32-22418 **Fax:** 32 14-294
Internet: http://www.ruhr-uni-bochum.de/iee
E-Mail: ieeoffice@ruhr-uni-bochum.de
Gründung: 1966
Geschf. Dir.: Prof. Dr. Uwe Andersen
GeschF u. Forschungskoord.: Dr. Wilhelm Löwenstein

● T 2 252
Institut für Außenhandel und Wirtschaftsintegration
Universität Hamburg
Von-Melle-Park 5, 20146 Hamburg
T: (040) 4 28 38-0, 4 28 38-46 22 **Fax:** 4 28 38-62 51
Prof. Dr. Wolfgang Maennig
Mitarbeiter: 8

t 2 253
Institut für Verkehrswissenschaft
Universität Hamburg
Von-Melle-Park 5, 20146 Hamburg
Geschf. Dir.: Prof. Dr. Wolfgang Maennig
Prof. Dr. Hautau
Mitarbeiter: 5

● T 2 254
FRANKFURTER INSTITUT Stiftung Marktwirtschaft und Politik
Kisseleffstr. 10, 61348 Bad Homburg
T: (06172) 66 47-0 **Fax:** 2 22-92
Internet: http://www.frankfurter-institut.de
E-Mail: institut@frankfurter-institut.de
Gründung: 1993 (1. Mai; Institut gegr. 1982)
Vorstand: Dr. Gert Dahlmanns
Presseabteilung: Mechthild Brenner

● T 2 255

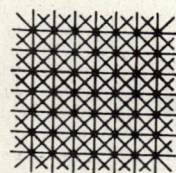

Wissenschaftszentrum - Gemeinsame Dienste e.V.
Postf. 20 14 48, 53144 Bonn
Ahrstr. 45, 53175 Bonn
T: (0228) 3 02-0 **Fax:** 302 270
TGR: Wissenschaftszentrum
Internet: http://www.wzbonn.de
E-Mail: wissenschaftszentrum@wzbonn.de
Gründung: 1976 (20. Januar)
Vorsitzende(r): Prof. Dr.jur. Manfred Erhardt (Senator a.D., Generalsekretär, Stifterverband für die Deutsche Wissenschaft, Barkhovenallee 1, 45239 Essen)
Stellvertretende(r) Vorsitzende(r): Dr. Wilhelm Ahrens (Stifterverband für die Deutsche Wissenschaft, Barkhovenallee 1, 45239 Essen)
Geschäftsführer(in): Dipl.-Kfm. Heinz Rüdiger Grunewald
Mitglieder: 7

Bereitstellung von Einrichtungen und Diensten im Wissenschaftszentrum zur Förderung der Wissenschaft und ihrer Selbstverwaltungsorganisationen, zur Förderung der nationalen und internationalen wissenschaftlichen Beziehungen, zur Förderung der Wissenschaft und Technik in Forschung und Lehre sowie zur Förderung des wissenschaftlichen und technischen Nachwuchses.

● T 2 256
NETZ für Selbstverwaltung und Selbstorganisation e.V. (NETZ)
Schildstr. 12-19, 28203 Bremen
T: (0421) 7 94 90 44 **Fax:** 7 94 90 46
Internet: http://www.netz-bund.de
E-Mail: info@netz-bund.de

● T 2 257
Organisationsforum Wirtschaftskongress e.V.
Salierring 48, 50677 Köln
T: (0221) 92 18 26-0 **Fax:** 92 18 26-9
Internet: http://www.ofw.de
E-Mail: ofw@ofw.de
Gründung: 1985 (Januar)
1. Vorsitzende(r): Andreas Langner
2. Vorsitzende(r): Stefan Menden

3. Vorsitzender: Daniel Wolf
Verbandszeitschrift: KEY-Die OFW Semesterzeitschrift
Mitglieder: ca. 30

● T 2 258
**Die Internationale Studentenorganisation
Dt. Komitee der AIESEC e.V. (AIESEC)**
Internationaler Zusammenschluß: siehe unter IZT 981
siehe IZT 981

● T 2 259
bonding-studenteninitiative e.V.
Hochschulgruppe Aachen
Mauerstr. 110, 52064 Aachen
T: (0241) 40 33 52   Fax: 3 74 75
Internet: http://www.bonding.de
E-Mail: aachen@bonding.de
Gründung: 1988 (Februar)
1. Vereinsvorstand: Hauke Timm
2. Vereinsvorstand: Christof Rymarczyk
3. Vereinsvorstand: Bianka Stumpe
4. Vereinsvorstand: Ivo Fischer
Mitglieder: 10 Hochschulgruppen, ca. 300

t 2 260
bonding-studenteninitiative e.V.
Hochschulgruppe Berlin
Sekretariat B 12
Straße des 17. Juni 135, 10623 Berlin
T: (030) 3 15 06 84-0   Fax: 3 15 06 84-1
E-Mail: berlin@bonding.de

t 2 261
bonding-studenteninitiative e.V.
Hochschulgruppe Braunschweig
Katharinenstr. 7, 38106 Braunschweig
T: (0531) 34 42 67   Fax: 34 42 85
E-Mail: braunschweig@bonding.de

t 2 262
bonding-studenteninitiative e.V.
Hochschulgruppe Bochum
44780 Bochum
Universitätsstr. 150, 44801 Bochum
T: (0234) 97 19-600   Fax: 97 19-602
Internet: http://www.bonding.de/bochum
E-Mail: bochum@bonding.de

t 2 263
bonding-studenteninitiative e.V.
Hochschulgruppe Dresden
George-Bähr-Str. 20, 01069 Dresden
T: (0351) 4 71 11 47   Fax: 4 71 11 57
E-Mail: dresden@bonding.de

t 2 264
bonding-studenteninitiative e.V.
Hochschulgruppe Erlangen
Schenkstr. 166, 91052 Erlangen
T: (09131) 12 79 01   Fax: 12 79 02
E-Mail: erlangen@bonding.de

t 2 265
bonding-studenteninitiative e.V.
Hochschulgruppe Hamburg
Grindelallee 188, 20144 Hamburg
T: (040) 45 03 80-21   Fax: 45 03 80-41
E-Mail: hamburg@bonding.de

t 2 266
bonding-studenteninitiative e.V.
Hochschulgruppe Karlsruhe
Rintheimer Str. 50, 76131 Karlsruhe
T: (0721) 96 16 50   Fax: 9 61 65 55
E-Mail: karlsruhe@bonding.de

t 2 267
bonding-studenteninitiative e.V.
Hochschulgruppe Stuttgart
Endelbangstr. 18, 70569 Stuttgart
T: (0711) 6 87 30 60   Fax: 6 87 30 61
E-Mail: stuttgart@bonding.de

t 2 268
bonding-studenteninitiative e.V.
67653 Kaiserslautern
T: (0631) 2 05 46 51   Fax: 2 05 46 52

● T 2 269
Arbeitsgemeinschaft deutscher wirtschaftswissenschaftlicher Forschungsinstitute e.V.
Hohenzollernstr. 1-3, 45128 Essen
T: (0201) 81 49-261   Fax: 81 49-200
E-Mail: gehle@rwi-essen.de
Gründung: 1949 (April)
Vorstand: Prof. Dr. Paul Klemmer (Vors.), Essen
Prof. Dr. Johann Eckhoff (stellv. Vors.), Köln
Prof. Dr. Rüdiger Pohl (stellv. Vors.), Halle
Prof. Dr. Horst Siebert (stellv. Vors.), Kiel
Prof. Dr. Dr. h.c. Hans-Werner Sinn (stellv. Vors.), München
Prof. Dr. Thomas Straubhaar (stellv. Vors.), Hamburg
Prof. Dr. Klaus F. Zimmermann (stellv. Vors.), Berlin
Generalsekretär(in): Ralf Messer (e-mail: ralfmesser@t-online.de), Bonn

t 2 270
Deutsches Institut für Wirtschaftsforschung (DIW Berlin)
Postf., 14191 Berlin
Königin-Luise-Str. 5, 14195 Berlin
T: (030) 8 97 89-0   Fax: 8 97 89-100
Internet: http://www.diw-berlin.de
E-Mail: postmaster@diw.de
Gründung: 1925
Internationaler Zusammenschluß: siehe unter izt 577
Präsident(in): Prof. Dr. Klaus F. Zimmermann
Mitarbeiter: ca. 200
Jahresetat: ca. DM 31 Mio, € 15,85 Mio

t 2 271
Forschungsinstitut der Internationalen Wissenschaftlichen Vereinigung Weltwirtschaft und Weltpolitik e.V. (IWV WW)
Waltersdorfer Str. 51, 12526 Berlin
T: (030) 6 76 33 87, 67 68 98 55   Fax: 6 76 33 87
E-Mail: iwvww@t-online.de
Direktor(in): Prof. Dr. habil. Dr. sc. K.-H. Domdey

t 2 272
Institut für ökologische Wirtschaftsforschung (IÖW) gGmbH
Potsdamer Str. 105, 10785 Berlin
T: (030) 88 45 94-0   Fax: 8 82 54 39
Internet: http://www.ioew.de
E-Mail: mailbox@ioew.de
Geschäftsführer(in): Thomas Korbun (wiss.)
Marion Wiegand (kaufm.)
Ansprechpartner für ARGE: Heinz Kottmann

t 2 273
Wirtschafts- und sozialpolitisches Forschungs- und Beratungszentrum der Friedrich-Ebert-Stiftung
Godesberger Allee 149, 53175 Bonn
T: (0228) 8 83-220   Fax: 8 83-299
Leiter: Dr. Jochem Langkau

t 2 274
Forschungsinstitut zur Zukunft der Arbeit (IZA)
Postf. 72 40, 53072 Bonn
Schaumburg-Lippe-Str. 9, 53113 Bonn
T: (0228) 38 94-201   Fax: 38 94-210
E-Mail: iza@iza.org
Direktor(in): Prof. Dr. Klaus F. Zimmermann
Pressesprecher: Holger Hinte
Ansprechpartner für ARGE: Dr. Michael Vogler (E-Mail: vogler@iza.org)

t 2 275
Institut für Wirtschaft und Gesellschaft Bonn e.V. (IWG-BONN)
Wissenschaftszentrum
Ahrstr. 45, 53175 Bonn
T: (0228) 37 20 44-45   Fax: 37 58 69
Internet: http://www.iwg-bonn.de
E-Mail: iwg.bonn@t-online.de
Gründung: 1977
Vorstand: Prof. Dr. Meinhard Miegel (geschäftsführend)
Prof. Dr. Kurt H. Biedenkopf
Wiss. Leiter: Prof. Dr. Meinhard Miegel
Leitung Öffentlichkeitsarbeit: Stefanie Wahl
Mitarbeiter: 8

t 2 276
Institut für Mittelstandsforschung Bonn
Maximilianstr. 20, 53111 Bonn
T: (0228) 7 29 97-0   Fax: 7 29 97-34/90
E-Mail: post@ifm-bonn.org
Vorstand: Prof. Dr. Dr. Dieter Bös
Prof. Dr. Uschi Backes-Gellner
Wiss. GeschF: Gunter Kayser (Ansprechpartner für die ARGE)

t 2 277
Institut für Marktanalyse und Agrarhandelspolitik der Bundesforschungsanstalt für Landwirtschaft (FAL)
Bundesallee 50, 38116 Braunschweig
T: (0531) 5 96-0 (Zentr.), 5 96-5302 (Durchwahl)
Fax: 5 96-5399
Internet: http://www.ma.fal.de
E-Mail: martina.brockmeier@fal.de
Direktor(in): Dr. Martina Brockmeier

t 2 278
BAW Institut für Wirtschaftsforschung GmbH (BAW)
Wilhelm-Herbst-Str. 5, 28359 Bremen
T: (0421) 2 06 99 20   Fax: 2 06 99 99 61
E-Mail: baw@uni-bremen.de
Geschäftsführende(r) Direktor(en): Prof. Dr. Frank Haller
Dr. Martha Pohl (E-Mail: mpohl@uni-bremen.de)

t 2 279
Wirtschafts- und Sozialwissenschaftliches Institut in der Hans-Böckler-Stiftung
Bertha-von-Suttner-Platz 1, 40227 Düsseldorf
T: (0211) 77 78-186, 77 78-187   Fax: 77 78-190
Internet: http://www.boeckler.de
Geschäftsführer(in): Prof. Dr. Heide Pfarr (Wiss. Direktorin, E-Mail: heide-pfarr@boeckler.de)
Ansprechpartner für ARGE: Dr. Arne Heise (Tel.: (0211) 77 78-233, Fax: (0211) 77 78-190)
Bernd Mülhaupt (Tel.: (0211) 77 78-234, Fax: (0211) 77 78-190)

t 2 280
Rheinisch-Westfälisches Institut für Wirtschaftsforschung (RWI)
Hohenzollernstr. 1-3, 45128 Essen
T: (0201) 81 49-0   Fax: 81 49-2 00
Internet: http://www.rwi-essen.de
E-Mail: rwi@rwi-essen.de
Gründung: 1926, selbständig seit 1943
Internationaler Zusammenschluß: siehe unter izt 578
Vorstand: Prof. Dr. Paul Klemmer (Präsident)
Prof. Dr. Ullrich Heilemann
Leitung Presseabteilung: Dipl.-Volksw. Joachim Schmidt
Ansprechpartner für ARGE: Dr. Silke Gehle (T: (0201) 8 14 92 61, Fax: (0201) 8 14 92 00, E-Mail: gehle@rwi-essen.de)

t 2 281
Walter Eucken Institut e.V.
Goethestr. 10, 79100 Freiburg
T: (0761) 7 90 97-0   Fax: 7 90 97-97
E-Mail: wei@ruf.uni-freiburg.de
Direktor(in): Dr.habil. Lüder Gerken

t 2 282
Institut für Wirtschaftsforschung Halle (IWH)
Postf. 11 03 61, 06017 Halle
Kleine Märkerstr. 8, 06108 Halle
T: (0345) 7 75 37 00   Fax: 7 75 38 20
Internet: http://www.iwh-halle.de
E-Mail: mpk@iwh-halle.de
Gründung: 1992 (1. Januar)
Präsident(in): Prof. Dr. Rüdiger Pohl (E-Mail: rph@iwh.uni-halle.de)
Mitarbeiter: 70, davon 41 Wissenschaftler
Jahresetat: DM 8,4 Mio, € 4,29 Mio

t 2 283
Hamburgisches Welt-Wirtschafts-Archiv (HWWA)
Hamburg Institute of International Economics
20347 Hamburg
Neuer Jungfernstieg 21, 20354 Hamburg
T: (040) 4 28 34-0   Fax: 4 28 34-451
Internet: http://www.hwwa.de
E-Mail: weinert@hwwa.de
Gründung: 1908
Internationaler Zusammenschluß: siehe unter izt 579
Präsident(in): Prof. Dr. Thomas Straubhaar (E-Mail: straubhaar@hwwa.de)
Vizepräsident(in): Prof. Dr. Hans-Eckhart Scharrer (scharrer@hwwa.de)
Ltg. Abt. f. Öffentlichk.: Dipl.-Kfm. H.-G. Schoop
Ansprechpartner für ARGE: Dr. Otto G. Mayer (Tel.: (040) 4 28 34-352, E-Mail: mayer@hwwa.uni-hamburg.de)

t 2 284
Niedersächsisches Institut für Wirtschaftsforschung e.V.
Schiffgraben 33, 30175 Hannover
T: (0511) 34 13 92   3 18 04 00
Internet: http://www.niw.de
E-Mail: niw@niw.de

t 2 284

Gründung: 1981 (12. August)
Vorsitzende(r): Prof. Dr. oec. publ. Ludwig Schätzl
Geschäftsführer(in): Dr. Rainer Ertel (Ansprechpartner für ARGE, E-Mail: ertel@niw.de)

t 2 285

Institut für Weltwirtschaft an der Universität Kiel (IfW)
24100 Kiel
Düsternbrooker Weg 120, 24105 Kiel
T: (0431) 88 14-1 **Fax:** 8 58 53
Internet: http://www.uni-kiel.de/ifw/
E-Mail: info@ifw.uni-kiel.de
Gründung: 1914
Internationaler Zusammenschluß: siehe unter izt 580
Präsident(in): Prof. Dr. Dr. h.c. Horst Siebert (T: (0431) 88 14-2 36, Fax: 88 14-5 01)
Vizepräsident(in): Prof. Dr. Rolf J. Langhammer
Verwaltungsleiter: Hans Uwe Vieth (T: (0431) 88 14-239, Fax: 88 14-528)
Prof. Dr. Harmen Lehment (Information, Redaktion und Außenbeziehungen, T: (0431) 88 14-2 32)
Horst Thomsen (Deutsche Zentralbibliothek für Wirtschaftswissenschaften (ZBW), T: (0431) 88 14-444)
Prof. Dr. Joachim Scheide (Ltg. Forschungsabteilung Konjunktur)
Prof. Dr. Henning Klodt (Ltg. Forschungsabteilung Wachstum, Strukturwandel und internationale Arbeitsteilung)
Prof. Dr. Gernot Klepper (Ph. D., Ltg. Forschungsabteilung Umwelt- und Ressourcenökonomie)
Prof. Dr. Rüdiger Soltwedel (Ltg. Forschungsabteilung Raumwirtschaft)
Prof. Dr. Rolf J. Langhammer (Ltg. Forschungsabteilung Entwicklungsökonomie und weltwirtschaftliche Integration; Ansprechpartner für ARGE; E-Mail: rlanghammer@ifw.uni-kiel.de)
Leitung Presseabteilung: Bernhard Klein (Wirtschaftsarchiv)
Mitarbeiter: 295, davon 90 Wissenschaftler

t 2 286

Energiewirtschaftliches Institut an der Universität Köln
Sitz: Meister-Ekkehard-Str. 11
50923 Köln
Albertus-Magnus-Platz, 50931 Köln
T: (0221) 4 70 22 58 **Fax:** 44 65 37
Direktor(in): Prof. Dr. Carl Christian von Weizsäcker
Geschäftsführer(in): Prof. Dr. Walter Schulz (E-Mail: schulz@wiso.uni-koeln.de)

t 2 287

Institut der deutschen Wirtschaft e.V. (IW)
Postf. 51 06 69, 50942 Köln
Gustav-Heinemann-Ufer 84-88, 50968 Köln
T: (0221) 49 81-1 **Fax:** 49 81-592
Internet: http://www.iwkoeln.de
E-Mail: iwd@iwkoeln.de
Gründung: 1951
Präsident(in): Dipl.-Ing. Dr.-Ing. Dr.-Ing. E.h. Manfred Lennings
Direktor(in): Prof. Dr. Gerhard Fels (Ansprechpartner für ARGE, E-Mail: gerhard.fels@iwkoeln.de)
Leitung Presseabteilung: Axel Rhein (M. Sc.)

t 2 288

Institut für Handelsforschung an der Universität zu Köln (IfH)
Postf. 41 05 20, 50865 Köln
Säckinger Str. 5, 50935 Köln
T: (0221) 94 36 07-0 **Fax:** 94 36 07-99
Internet: http://www.ifhkoeln.de
E-Mail: info@ifhkoeln.de
Direktor(in): Prof. Dr. Lothar Müller-Hagedorn
Geschäftsführer(in): Andreas Kaapke (Ansprechpartner für ARGE, a.kaapke@ifhkoeln.de)

t 2 289

Institut für Wirtschaftspolitik an der Universität zu Köln
Pohligstr. 1, 50969 Köln
T: (0221) 4 70-53 47 **Fax:** 4 70-53 50
Internet: http://www.uni-koeln.de/wiso-fak/iwp/
Direktor(in): Prof. Dr. Juergen Donges (T: (0221) 4 70-34 48)
Prof. Dr. Johann Eekhoff (T: (0221) 4 70-23 19)
Geschäftsführer(in): Dr. Andreas Freytag (Ansprechpartner für ARGE, T: (0221) 4 70-53 48, E-Mail: andreas.freytag@uni-koeln.de)
Redaktion: Gabriele Bartel (Zeitschrift für Wirtschaftspolitik, T: (0221) 4 70- 53 49)
Ansprechpartner für ARGE: Birgit Lohenstein (E-Mail: lohenstein@wis-r10.wiso.uni-koeln.de)

t 2 290

Schmalenbach-Gesellschaft für Betriebswirtschaft e.V. (SG)
Köln
Bunzlauer Str. 1, 50858 Köln
T: (02234) 48 00 97 **Fax:** 48 00 05
Internet: http://www.schmalenbach.org
E-Mail: sg@schmalenbach.org
Präsident(in): Prof. Dr. Clemens Börsig
Vizepräsident(in): Prof. Dr. Dr.h.c. Adolf G. Coenenberg
Geschäftsführer(in): Dr. Gertrud Fuchs-Wegner (Ansprechpartner für ARGE, E-Mail: dr.fuchs-wegner@sg-dgfb.de)

t 2 291

Forschungsinstitut für Wirtschaftspolitik an der Universität Mainz e.V. (FfW)
Haus Recht und Wirtschaft II
55099 Mainz
Jakob-Welder-Weg 4, 55128 Mainz
T: (06131) 3 74 77-0 **Fax:** 37 23 23
Internet: http://www.ffw-mainz.de
Vorstand: Prof.Dr. H. Bartling
Prof. Dr. Werner Zohlnhöfer
Wiss. Ltg.: Prof. Dr. H. Bartling
Prof. Dr. H. Diederich
Prof. Dr. W. Hamm
Prof. Dr. Werner Zohlnhöfer
Geschäftsführer(in): Dr. Frank Fichert (Ansprechpartner für ARGE, E-Mail: fichert@jura1.jura.uni-mainz.de)

t 2 292

Zentrum für Europäische Wirtschaftsforschung GmbH (ZEW)
Postf. 10 34 43, 68034 Mannheim
L 7 1, 68161 Mannheim
T: (0621) 12 35-01 **Fax:** 12 35-224
Internet: http://www.zew.de
Präsident(in): Prof. Dr. Wolfgang Franz (E-Mail: franz@zew.de)
Ansprechpartner für ARGE: Dr. Herbert Buscher (Tel.: (0621) 12 35-135, Fax: (0621) 12 35-225, E-Mail: buscher@zew.de)

t 2 293

IFO-INSTITUT für Wirtschaftsforschung e.V.
Postf. 86 04 60, 81631 München
Poschingerstr. 5, 81679 München
T: (089) 92 24-0 **Fax:** 98 53 69
Internet: http://www.ifo.de
E-Mail: ifo@ifo.de
Gründung: 1949
Internationaler Zusammenschluß: siehe unter izt 581
Präsident(in): Prof. Dr. Dr.h.c. Hans-Werner Sinn (sinn@ifo.de)
Leitung Presseabteilung: Dr. Heidemarie Sherman
Mitglieder: 700

t 2 294

Osteuropa-Institut München
Scheinerstr. 11, 81679 München
T: (089) 98 83 96-0 **Fax:** 9 81 01 10
Gründung: 1952
Direktor(in): Prof. Dr. G. Hedtkamp
Leitung Presseabteilung: Dr. Hermann Clement (Ansprechpartner für ARGE, E-Mail: hclement@lrz.uni-muenchen.de)
Mitarbeiter: 26

t 2 295

Forschungsstelle für allgemeine und textile Marktwirtschaft an der Universität Münster (FATM)
Fliednerstr. 21, 48149 Münster
T: (0251) 8 32 29 39 **Fax:** 83-31268
Direktor(in): Prof. Dr. rer. pol. Gustav Dieckheuer
Prof. Dr. rer. pol. Dieter Ahlert
Geschäftsführer(in): Dipl.-Volksw. Friedrich Aumann (Ansprechpartner für ARGE, E-Mail: 22fatm@wiwi.uni-muenster.de)

t 2 296

GfK-Nürnberg e.V.
90319 Nürnberg
Nordwestring 101, 90419 Nürnberg
T: (0911) 3 95-2368, 3 95-2231 **Fax:** 3 95-2715
E-Mail: gfk_verein@gfk.de
Präsidium: Peter Zühlsdorff
Helga Haub
Prof. Dr. Frank Wimmer
Geschäftsführer(in): Dr. Raimund Wildner
Ansprechpartner für ARGE: Rolf Bürkl (Tel.: (0911) 3 95-3056, Fax: (0911) 3 95-4036)
Claudia Gaspar (Tel.: (0911) 3 95-2624, Fax: (0911) 3 95-4036)

t 2 297

Institut für Arbeitsmarkt- und Berufsforschung der Bundesanstalt für Arbeit (IAB)
Regensburger Str. 104, 90327 Nürnberg
T: (0911) 1 79-0 **Fax:** 1 79-3258
Teletex: 9 118 197 BA nbg
Internet: http://www.iab.de
E-Mail: iab.ba@t-online.de
Gründung: 1967
Direktor(in): Prof. Dr. Gerhard Kleinhenz
Stellv. Dir: Dr. Werner Karr
Mitglieder: 108 Planstellen
Hauszeitschrift: Mitteilungen aus der Arbeitsmarkt- und Berufsforschung
Verlag: Kohlhammer, Stuttgart

t 2 298

Institut für Angewandte Wirtschaftsforschung (IAW)
Ob dem Himmelreich 1, 72074 Tübingen
T: (07071) 98 96-0 **Fax:** 98 96-99
Internet: http://www.uni-tuebingen.de/iaw
E-Mail: iaw@oe.uni-tuebingen.de, iaw@iaw.edu
Sachgebiet: T8 - Wirtschafts- und sozialwissenschaftliche Vereinigungen und Institute, Markt- und Meinungsforschung
Gründung: 1957
Direktor(in): Prof. Dr. Gerd Ronning
Geschäftsführung: Günther Klee (M.A.)
Verbandszeitschrift: IAW-Mitteilungen
Redaktion: Dr. Ulrike Batz
Mitglieder: 50
Mitarbeiter: 20 (einschl. Berater)
Jahresetat: DM 2,5 Mio, € 1,28 Mio

Anwendungsbezogene Forschung in den wichtigsten Bereichen der theoretischen und empirischen Wirtschaftsforschung; Politikberatung.

t 2 299

Statistisches Bundesamt
Gustav-Stresemann-Ring 11, 65189 Wiesbaden
T: (0611) 75-1 (Zentrale), 75-2405 (Info Allgemein), 75-3444 (Info Presse) **Fax:** 72-4000
Internet: http://www.statistik-bund.de
E-Mail: pressestelle@statistik-bund.de
Präsident(in): Johann Hahlen
Pressestelle: Angela Schaff
Ansprechpartner für ARGE: Jürgen Chlumsky (Tel.: (0611) 75-2325, E-Mail: juergen.chlumsky@statistik-bund.de)
Mitarbeiter: 2857

● T 2 300

Institut für Wirtschaftsforschung Halle (IWH)
Postf. 11 03 61, 06017 Halle
Kleine Märkerstr. 8, 06108 Halle
T: (0345) 7 75 37 00 **Fax:** 7 75 38 20
Internet: http://www.iwh-halle.de
E-Mail: mpk@iwh-halle.de
Gründung: 1992 (1. Januar)
Präsident(in): Prof. Dr. Rüdiger Pohl
Geschäftsführer(in): Frowin Gensch
Leitung Öffentlichkeitsarbeit: Dr. Manfred Packeiser
Mitarbeiter: 70, davon 41 Wissenschaftler
Jahresetat: DM 8,4 Mio, € 4,29 Mio

● T 2 301

VERBAND INNOVATIVER UNTERNEHMEN E.V. (VIU)
c/o IMA Materialforschung und Anwendungstechnik GmbH
Postf. 80 01 44, 01101 Dresden
T: (0351) 88 37-3 40 **Fax:** 88 37-3 42
Internet: http://www.viunet.de
Gründung: 1992 (12. März)
Vorsitzende(r) des Vorstandes: Prof. Dr.rer.nat. Christian Wegerdt

Geschäftsführer(in): Dr. Helmut Rösner
Verbandszeitschrift: Informationsblatt (4x jährl.) Innovation & Markt
Verlag: Eigenverlag
Mitglieder: 139 (Stand 12/2000)
Mitarbeiter: 1,5

Politische Handlungsempfehlungen zum Erhalt des industrienahen Forschungspotentials; Anpassung der FuE-Förderprogramme an die Gegebenheiten der industrienahen Forschungseinrichtungen; Erarbeitung regionaler Entwicklungskonzepte; Unterstützung bei der Festigung der Marktposition und Findung von Arbeitsfeldern; Beitrag zur Gestaltung des gesamtdeutschen Forschungsmarktes.

● **T 2 302**

Der Übersee-Club e.V.
Neuer Jungfernstieg 19, 20354 Hamburg
T: (040) 35 52 90-0 **Fax:** 35 52 90-10
Internet: http://www.der-uebersee-club.de
E-Mail: ueberseeclub@t-online.de
Gründung: 1922
Präsident(in): Dr. Peter von Foerster
Geschäftsführer(in): Klaus D. Dettweiler
Mitglieder: 1950
Mitarbeiter: 6
Jahresetat: DM 1,5 Mio, € 0,77 Mio

● **T 2 303**

Deutsches Übersee-Institut (DÜI)
Neuer Jungfernstieg 21, 20354 Hamburg
T: (040) 4 28 34-5 93 **Fax:** 4 28 34-5 47
Internet: http://www.duei.de
E-Mail: duei@duei.de
Gründung: 1964
Vorsitzende(r) des Vorstandes: Dr. Werner Draguhn
Verwaltungsltr: Ingo Luplow
Ltr. d. Übersee-Dokumentation: Dr. Gottfried Reinknecht
(E-Mail: dok@duei.de, Internet: http://www.rrz.uni-hamburg.de/duei-dok)
Mitarbeiter: 119

Der Vorstand der Stiftung Deutsches Übersee-Institut wird von den Direktoren der nachfolgenden Institute gebildet:

t 2 304

Institut für Allgemeine Überseeforschung
Neuer Jungfernstieg 21, 20354 Hamburg
T: (040) 4 28 34-5 93 **Fax:** 4 28 34-5 47
Internet: http://www.rrz.uni-hamburg.de/duei/iaue/
E-Mail: duei@duei.de
Gründung: 1964
Direktor(in): Dr. Werner Draguhn

t 2 305

Institut für Asienkunde
Rothenbaumchaussee 32, 20148 Hamburg
T: (040) 42 88 74-0 **Fax:** 4 10 79 45
Internet: http://www.duei.de/ifa/
E-Mail: ifahh@uni-hamburg.de
Vorsitzende(r): Dr.Dr. Wilhelm Röhl
Direktor(in): Dr. Werner Draguhn

t 2 306

Deutsches Orient-Institut
Mittelweg 150, 20148 Hamburg
T: (040) 4 13 20 50 **Fax:** 44 14 84
Internet: http://www.doihh.de
E-Mail: doihh@uni-hamburg.de
Vorsitzende(r) des Vorstandes: Dr. Hanns Kippenberger
Direktor(in): Prof. Dr. Udo Steinbach

t 2 307

Institut für Iberoamerika-Kunde
Alsterglacis 8, 20354 Hamburg
T: (040) 41 47 82-01 **Fax:** 41 47 82-41
Internet: http://www.rrz.uni-hamburg.de/iik/
E-Mail: iikhh@uni-hamburg.de
Direktor(in): Prof. Dr. Klaus Bodemer
Vorsitzende(r) des Vorstandes: Dr. Georg Engelbrecht

t 2 308

Institut für Afrika-Kunde
Neuer Jungfernstieg 21, 20354 Hamburg
T: (040) 4 28 34-5 23 **Fax:** 4 28 34-5 11
Internet: http://www.rrz.uni-hamburg.de/iak/
E-Mail: iakhh@uni-hamburg.de
Vorsitzende(r) des Vorstandes: Prof.Dr. Friedrich Mühlenberg
Direktor(in): Prof. Dr. Cord Jakobeit

● **T 2 309**

Bremer Gesellschaft für Wirtschaftsforschung e.V.
Am Brill 21-23, 28195 Bremen
T: (0421) 50 08 07
Vorsitzende(r) des Vorstandes: Dr. Jürgen Fischer
Stellvertretende(r) Vorsitzende(r): Carlos A.C. Landmark
Dipl.-Kfm. Horst-Günter Lucke

● **T 2 310**

Deutsches Institut für Wirtschaftsforschung (DIW Berlin)
Postf., 14191 Berlin
Königin-Luise-Str. 5, 14195 Berlin
T: (030) 8 97 89-0 **Fax:** 8 97 89-100
Internet: http://www.diw-berlin.de
E-Mail: postmaster@diw.de
Gründung: 1925
Internationaler Zusammenschluß: siehe unter izt 577
Präsident(in): Prof. Dr. Klaus F. Zimmermann
Leitung Presseabteilung: Dr. Bernhard Seidel
Verbandszeitschrift: DIW-Wochenberichte
Redaktion: Michaela Engelmann
Mitarbeiter: ca. 200
Jahresetat: ca. DM 31 Mio, € 15,85 Mio

● **T 2 311**

Hamburgisches Welt-Wirtschafts-Archiv (HWWA)
Hamburg Institute of International Economics
20347 Hamburg
Neuer Jungfernstieg 21, 20354 Hamburg
T: (040) 4 28 34-0 **Fax:** 4 28 34-451
Internet: http://www.hwwa.de
E-Mail: weinert@hwwa.de
Gründung: 1908
Internationaler Zusammenschluß: siehe unter izt 579
Präsident(in): Prof. Dr. Thomas Straubhaar
Ltg. Abt. f. Öffentlichk.: Dipl.-Kfm. H.-G. Schoop

● **T 2 312**

Vereinigung für ökologische Wirtschaftsforschung e.V. (VÖW)
Potsdamer Str. 105, 10785 Berlin
T: (030) 8 85 18 00 **Fax:** 8 82 54 39
Internet: http://www.snafu.de/~voew/
E-Mail: VOEW@berlin.snafu.de
Gründung: 1985
Vorsitzende(r): Prof. Dr. Uwe Schneidewind (Universität Oldenburg)
Leitung Presseabteilung: Dieter Wunderlich
Verbandszeitschrift: Ökologisches Wirtschaften; Rundbrief des Studierendenkreises der VÖW
Redaktion: Jan Nill
Verlag: ÖKOM, München
Mitglieder: 400 Einzelpersonen u. 60 Initiativen
Mitarbeiter: 2
Jahresetat: DM 0,07 Mio, € 0,04 Mio

● **T 2 313**

Deutsches Institut für Interne Revision e.V. (IIR)
Ohmstr. 59, 60486 Frankfurt
T: (069) 71 37 69-0 **Fax:** 71 37 69-69
Internet: http://www.iir-ev.de
E-Mail: info@iir-ev.de
Gründung: 1958 (8. November)
Sprecher d. Vorstandes: Dipl.-Kfm. Hanns Grögler
Geschäftsführer(in): Dipl.-Kfm. Winfried Hohloch
Verbandszeitschrift: Zeitschrift Interne Revision (ZIR)
Redaktion: Dipl.-Kfm. Winfried Hohloch
Verlag: Erich-Schmidt-Verlag GmbH, Genthiner Str. 30G, 10785 Berlin
Mitglieder: 1250

● **T 2 314**

Institut für Auslandsbeziehungen e.V.
Postf. 10 24 63, 70020 Stuttgart
Charlottenplatz 17, 70173 Stuttgart
T: (0711) 22 25-0 **Fax:** 2 26 43 46
Gründung: 1917
Präsident(in): Alois Graf von Waldburg-Zeil
Generalsekretär(in): Dr. Kurt-Jürgen Maaß ("sz")
Presse: Georg Scholl
Redaktion: Sebastian Körber
Verlag: Institut für Auslandsbeziehungen, Postf. 10 24 63, 70020 Stuttgart
Mitglieder: 63
Mitarbeiter: 77 (Mitarbeiter/innen)
Zeitschrift: Zeitschrift für Kulturaustausch

● **T 2 315**

Institut für Deutsche Sprache
Postf. 10 16 21, 68016 Mannheim
R 5 6-13, 68161 Mannheim
T: (0621) 15 81-0 **Fax:** 15 81-2 00
Internet: http://www.ids-mannheim.de
Gründung: 1964 (19. April)
Vorstand: Prof. Dr. Gerhard Stickel
Leitung Presseabteilung: Dr. Annette Trabold
Verbandszeitschrift: Sprachreport - Informationen und Meinungen zur deutschen Sprache
Redaktion: Dr. Heidrun Kämper, Prof. Dr. D. Herberg, E. Teubert, Dr. Karl-Heinz Bausch, Dr. A. Trabold
Verlag: Institut für Deutsche Sprache
Mitarbeiter: 105
Jahresetat: DM 14,8 Mio, € 7,57 Mio

● **T 2 316**

Mediävistenverband e.V.
c/o Institut für Deutsche Sprache und Literatur II
Postf. 11 19 32, 60054 Frankfurt
T: (069) 7 98-1
Gründung: 1983
Präsident(in): Prof. Dr. Wilhelm G. Busse (Universität Düsseldorf)
Vizepräsident(in): Prof. Dr. Hans-Werner Goetz (Universität Hamburg)
Schriftführer(in): Dr. Frank Fürbeth (Universität Frankfurt)
Schatzmeisterin: Prof. Dr. Ursula Schaefer (Humboldt-Universität zu Berlin)
Verbandszeitschrift: Das Mittelalter - Perspektiven mediävistischer Forschung
Redaktion: Vivien Hacker
Mitglieder: ca. 700

● **T 2 317**

Auslandsgesellschaft Nordrhein-Westfalen e.V.
Postf. 10 33 34, 44033 Dortmund
Steinstr. 48, 44147 Dortmund
T: (0231) 8 38 00-0 **Fax:** 8 38 00-55
E-Mail: verwaltung@auslandsgesellschaft.de
mit Tagungszentrum Ackerscheune: Alter Markt 5, 34439 Willebadessen, T: (05646) 9 81-0, Telefax: (05646) 9 81-2 99
Gründung: 1946
Internationaler Zusammenschluß: siehe unter izu 692
Präsident(in): Heinz Fennekold
Stellvertretende(r) Vorsitzende(r): Erich Fritz (MdB)
Solweig Heil
Prof. Theo Uhlmann
Schatzmeister: Alfred Bußmann
Beisitzer: Ilse Brusis (MdL)
Magdalene Hoff (MdEP)
Dr. Fritz Hofmann
Prof. Dr. Wolfgang Laurig
Geschäftsführer(in): Norbert Althofen
Verbandszeitschrift: Brücken
Redaktion: Pascale Gauchard (Presseabteilung)
Verlag: Auslandsgesellschaft Nordrhein-Westfalen e.V., Steinstr. 48, 44147 Dortmund, T: (0231) 8 38 00 12
Mitglieder: 2500
Mitarbeiter: 57
Jahresetat: DM 12,0 Mio, € 6,14 Mio

● **T 2 318**

Walter Eucken Institut e.V.
Goethestr. 10, 79100 Freiburg
T: (0761) 7 90 97-0 **Fax:** 7 90 97-97
E-Mail: wei@ruf.uni-freiburg.de
Gründung: 1954 (11. Januar)
Vorsitzende(r): Prof. Dr. Helmut Gröner
Prof. Dr. Wernhard Möschel
Prof. Dr. Alfred Schüller
Direktor(in): Dr.habil. Lüder Gerken
Mitglieder: 42

● **T 2 319**

Europa-Institut der Universität des Saarlandes
Sektion Rechtswissenschaft
Postf. 15 11 50, 66041 Saarbrücken
T: (0681) 3 02-3653, 3 02-2253 **Fax:** 3 02-4369
Internet: http://www.europainstitut.de
E-Mail: llm@europainstitut.de
Direktor(in): Prof. Dr. Werner Meng
Prof.Dr. Torsten Stein
Mitarbeiter: ca. 30

● **T 2 320**

Institut für Exportforschung an der Fakultät Wirtschafts- und Sozialwissenschaften der Friedrich-Alexander-Universität Erlangen-Nürnberg
Lange Gasse 20, 90403 Nürnberg
T: (0911) 53 02-2 14 **Fax:** 5 30 22 10
Internet: http://www.marketing.wiso.uni-erlangen.de/index.html
E-Mail: wsma01@wiso.uni-erlangen.de
Leiter(in): Prof. Dr. H. Diller

● T 2 321
Förderkreis für Regional- und Tourismusforschung e.V. Greifswald (FFTF)
c/o Geograph. Institut Universität Greifswald
Friedrich-Ludwig-Jahn-Str. 16, 17489 Greifswald
T: (03834) 86 45 36 **Fax:** 86 45 42
Vorsitzende(r): Prof. Dr. Wilhelm Steingrube
Geschäftsführer(in): Dr. Martin Bütow (E-Mail: fftf@rz.uni-greifswald.de)

● T 2 322
Forschungsinstitut für Balneologie und Kurortwissenschaft
Lindenstr. 5, 08645 Bad Elster
T: (037437) 55 70 **Fax:** 5 57 77
E-Mail: poststelle@fbk.sms.sachsen.de
Direktor: Prof. Dr. med. Karl-Ludwig Resch

● T 2 323
Vereinigung für Bäder- und Klimakunde e.V.
(ACADEMY of Balneology and Climatology)
An den Heilquellen 4, 79111 Freiburg i. Br.
T: (0761) 4 90 59-0 **Fax:** (07961) 4 90 59-70
Gründung: 1911
Präsident(in): Priv.-Doz. Dr. B. Hartmann
Vizepräsident(in): Priv.-Doz. Dr. A. Falkenbach, Bad Gastein
Leitung Presseabteilung: Herbert Renn
Mitglieder: 321
Mitarbeiter: 6
Jahresetat: DM 0,8 Mio, € 0,41 Mio
Sektionen: Naturwissenschaft und Technik, KurOrtMedizin/PhysioMedizin, MedizinMeteorologie und Umwelt/Evidence/Competence/Sp

● T 2 324
Deutsches Wirtschaftswissenschaftliches Institut für Fremdenverkehr e.V. an der Universität München (dwif)
Hermann-Sack-Str. 2, 80331 München
T: (089) 26 70 91 **Fax:** 26 76 13
Internet: http://www.dwif.de
E-Mail: info@dwif.de
Wissenschaftlicher Vorstand: Univ.-Prof. Dr. Hubert Job
Univ.-Prof. Dr. Manfred Schwaiger
Geschäftsführender Vorstand: Dr. Joachim Maschke

t 2 325
dwif-Büro Berlin
Werderstr. 14, 12105 Berlin
T: (030) 7 57 94 90 **Fax:** 7 51 65 10
E-Mail: dwif@snafu.de
Leiter(in): Dr. Mathias Feige

● T 2 326
Institut "Finanzen und Steuern" e.V.
Postf. 72 69, 53072 Bonn
Markt 10 und 14, 53111 Bonn
T: (0228) 98 22 10 **Fax:** 9 82 21 50
Gründung: 1949
Geschäftsführende(s) Vorstands-Mitglied(er): Dr. Adalbert Uelner

● T 2 327
Forschungsinstitut für Genossenschaftswesen an der Universität Erlangen-Nürnberg e.V.
Königstorgraben 11, 90402 Nürnberg
T: (0911) 2 05 55 90 **Fax:** 20 55 59 20
Internet: http://www.genossenschaftsinstitut.de
E-Mail: geno-institut.nbg@t-online.de
Vorsitzende(r) des Vorstandes: Prof. Dr. Wolfgang Harbrecht
Geschäftsführer(in): Dr. Wolfgang Vogel

● T 2 328
Institut für Genossenschaftswesen der Westfälischen Wilhelms-Universität Münster
Am Stadtgraben 9, 48143 Münster
T: (0251) 8 32 28 91/2 28 01 **Fax:** 8 32 28 04
Internet: http://www.ifg-muenster.de
E-Mail: info@ifg-muenster.de
Gründung: 1947
Leiter(in): Prof. Dr. Theresia Theurl
Geschäftsführer(in): Dr. Rolf Greve

● T 2 329
Verein zur Förderung des Genossenschaftsgedankens e.V.
Wernerstr. 24, 42653 Solingen
T: (0212) 3 83 75 55 **Fax:** 3 83 75 56
Internet: http://www.genossenschaftsgedanke.de
E-Mail: pro-geno@t-online.de

Gründung: 1986 (14. März)
Präsident(in): Staatsminister Dr. Christoph Zöpel (MdB)
Vorsitzende(r): Jan Kuhnert
Stellvertretende(r) Vorsitzende(r): Dr. Burghard Flieger
Dr. Sonja Menzel
Schatzmeister/Geschäftsstelle: Wolfram Püschel
Mitglieder: 180
Mitarbeiter: 1 ehrenamtl.

● T 2 330
Institut für Kooperation in Entwicklungsländern der Philipps-Universität Marburg
35032 Marburg
Am Plan 2, 35037 Marburg
T: (06421) 2 82 37 30 **Fax:** 2 82 89 12
Internet: http://www.wiwi.uni-marburg.de
E-Mail: ICDC@wiwi.Uni-Marburg.De
Geschf. Dir.: Prof. Dr. M. Kirk

● T 2 331
Institut für ländliches Genossenschaftswesen an der Justus-Liebig-Universität Giessen
Senckenbergstr. 3, 35390 Giessen
T: (0641) 9 93 72 71 **Fax:** 9 93 72 79
Internet: http://www.uni-giessen.de/fbr09/geno/
E-Mail: geno@agrar.uni-giessen.de
Geschäftsführender Direktor: Prof. Dr. Rainer Kühl
Geschäftsführer(in): Dipl.-Ing. agr. Thorsten Michaelis

● T 2 332
Forschungsgemeinschaft für Außenwirtschaft, Struktur- und Technologiepolitik e.V. (FAST)
Schöneberger Str. 19, 10963 Berlin
T: (030) 26 55 02 13 **Fax:** 26 55 02 15
Internet: http://www.fastev-berlin.de
E-Mail: fastev-berlin@t-online.de
Gründung: 1986
Vorstand: Dr. Ulrich Bochum
Christoph Dörrenbächer
Dr. Heinz-Rudolf Meißner
Michael Wortmann
Verlag: Eigenverlag
Mitarbeiter: 6
Vereinszeitschrift: FAST-Studien

● T 2 333
Institut für Strukturpolitik und Wirtschaftsförderung Halle-Leipzig e.V. (isw)
Heinrich-Heine-Str. 10, 06114 Halle
T: (0345) 52 13 60 **Fax:** 5 17 07 06
Internet: http://www.isw-online.org
E-Mail: isw.Halle-Leipzig@t-online.de
Gründung: 1991 (20. Juni)
Geschäftsführende(s) Vorstands-Mitglied(er): Dr. habil. Gunthard Bratzke
Dr. habil. Lothar Abicht
Dr. Michael Schädlich
Leitung Presseabteilung: Dr. Rainer Lüdigk
Verbandszeitschrift: isw-report; isw-akzente
Redaktion: Dr. Bratzke, Dr. Schädlich, Dr. Lüdigk, Dr. Abicht, A. Kunze
Verlag: isw GmbH, Magdeburger Str. 23, 06112 Halle
Mitglieder: 30
Mitarbeiter: 35
Jahresetat: DM 3,5 Mio, € 1,79 Mio

● T 2 334
Deutsches Handwerksinstitut (DHI)
Mohrenstr. 20-21, 10117 Berlin
T: (030) 2 06 19-401 **Fax:** 2 06 19 59-401
Internet: http://www.dhi.zdh.de
E-Mail: dhi@dhi.de
Vorsitzende(r) des Vorstandes: Hanns-Eberhard Schleyer (Generalsekretär des ZDH)
Stellv. Vors. d. Vorst.: Ehrenpräs. Paul Schnitker
Bernd Lenze (HGF der HK für München und Oberbayern)
Geschäftsführer(in): Dr. Wolf-Hermann Böcker (GF des DHKT)
Geschäftsstellenleiter: Dr. Knut Heldt

Institute im Deutschen Handwerksinstitut

t 2 335
Institut für Kunststoffverarbeitung in Industrie und Handwerk an der Rheinisch-Westf. Techn. Hochschule Aachen
Pontstr. 49, 52062 Aachen
T: (0241) 80 38-06 **Fax:** 8 88 82 62
Internet: http://www.rwth-aachen.de/ikv/
E-Mail: zentrale@ikv.rwth-aachen.de
Leiter(in): Prof. Dr.-Ing. Dr.-Ing. E.h. Walter Michaeli
Leiter(in): Dipl.-Ing. Leo Wolters (Abteilung Handwerk)

t 2 336
Seminar für Handwerkswesen an der Universität Göttingen (SFH)
Postf. 37 44, 37027 Göttingen
Goßlerstr. 12, 37073 Göttingen
T: (0551) 39 48 82-48 86 **Fax:** 39 95 53
Internet: http://www.sfh.wiso.uni-goettingen.de
E-Mail: sfhgoe@uni-goettingen.de
Direktor(in): Prof. Dr. W. König
Prof. Dr. G. Kucera

t 2 337
Heinz-Piest-Institut für Handwerkstechnik an der Universität Hannover (HPI)
Wilhelm-Busch-Str. 18, 30167 Hannover
T: (0511) 7 01 55-0 **Fax:** 7 01 55 32
Internet: http://www.hpi-hannover.de
E-Mail: info@hpi-hannover.de
Leiter(in): N.N.

t 2 338
Institut für Technik der Betriebsführung im Handwerk (itb)
Postf. 33 24, 76019 Karlsruhe
Karl-Friedrich-Str. 17, 76133 Karlsruhe
T: (0721) 9 31 03-0 **Fax:** 9 31 03-50
Internet: http://www.itb.de
E-Mail: info@itb.de
Gründung: 1919 (24. Oktober)
Leiter(in): Dr. G. Hantsch
Leitung Presseabteilung: Ewald Heinen
Mitarbeiter: ca. 20
Jahresetat: DM 1,8 Mio, € 0,92 Mio

t 2 339
Forschungsinstitut für Berufsbildung im Handwerk an der Universität zu Köln (FBH)
Herbert-Lewin-Str. 2, 50931 Köln
T: (0221) 4 70 25 82 **Fax:** 40 11 83
Internet: http://www.uni-koeln.de/wiso-fak/fbh/
E-Mail: forschungsinstitut.berufsbildung@uni-koeln.de
Leiter(in): Prof. Dr. M. Twardy

t 2 340
Ludwig-Fröhler-Institut für Handwerkswissenschaften (LFi) - Abt. Handwerksrecht
Max-Joseph-Str. 4, 80333 München
T: (089) 59 43 30 **Fax:** 5 50 11 77
Internet: http://www.dhi.zdh.de/hri
E-Mail: recht.lfi@t-online.de
Leiter: Prof. Dr. H.-U. Küpper
Leiter der Abteilung Handwerksrecht: Dr.jur. Joachim Kormann

t 2 341
Ludwig-Fröhler-Institut für Handwerkswissenschaften (LFi) - Abt. Handwerkswirtschaft
Max-Joseph-Str. 41 IV, 80333 München
T: (089) 59 36 71, 59 41 32 **Fax:** 55 34 53
Internet: http://www.dhi.zdh.de/ihw
E-Mail: ihw.lfi@t-online.de
Leiter: Prof. Dr. K.-U. Küpper

● T 2 342
EHI - EuroHandelsinstitut e.V.
Spichernstr. 55, 50672 Köln
T: (0221) 5 79 93-0 **Fax:** 5 79 93 45
Präsident u. Vors.: Karl-Heinz Schmidt
Geschäftsführer(in): Dr. Bernd Hallier
Dipl.-Kfm. Michael Gerling
Verbandszeitschrift: "Dynamik im Handel", mit den Specials stores + shops, retail technology journal
Verlag: EHI-Euro Handelsinstitut GmbH, Spichernstr. 55, 50672 Köln, T: (0221) 57 99 30, Fax: (0221) 5 79 93 45

● T 2 343
Deutsche Steuerjuristische Gesellschaft e.V.
Bayenthalgürtel 13, 50968 Köln
T: (0221) 9 37 38-06 **Fax:** 9 37 38-969
Gründung: 1975
Vorsitzende(r): Prof. Dr. Paul Kirchhof (Institut für Finanz- und Steuerrecht der Universität Heidelberg, Zeppelinstr. 151, 89121 Heidelberg)
Stellvertretende(r) Vorsitzende: RA u. Notar Franz Josef Haas (Kurt-Schumacher-Platz 11-12, 44787 Bochum)
Schatzmeister, Ltr. d. Geschäftsstelle: Karl-Peter Winters (Verlag Dr. Otto Schmidt)
Mitglieder: 890 (Januar 2000)

● T 2 344
Internationales Fachinstitut für Steuer- und Wirtschaftsrecht e.V. (IFS)
Sitz: Frankfurt/Main
Geschäftsstelle:
Dotzheimer Str. 118, 65197 Wiesbaden
T: (0611) 44 24 64   Fax: 4 70 48
Internet: http://www.IFS-info.de
Gründung: 1981 (26. März)
Vorsitzende(r): Dr. jur. Jochen Merkel (Ministerialrat a.D. Bundeswirtschaftsministerium Bonn)
Vize-Vors.: Senatorin u. Generalkonsulin Hannetraud Schultheiß (M.O.M. (Steuerberaterin, Mainz))
Schatzmeister: Klaus-Joachim Eichhorn (Wirtschaftsprüfer und Steuerberater, Garmisch-Partenkirchen)
Geschäftsführer(in): RA'in Brigitte Brunnett
Mitglieder: 200
Mitarbeiter: 5

● T 2 345
Fachinstitut des Verbandes der steuerberatenden Berufe Westfalen-Lippe e.V.
Postf. 80 28, 48043 Münster
Scharnhorststr. 46, 48151 Münster
T: (0251) 5 35 86-0   Fax: 5 35 86-60
Internet: http://www.fachinstitut.de
E-Mail: info@fachinstitut.de
Vors. d. Kuratoriums: WP/StB/RB Hans W. Haubruck

● T 2 346
Deutsche Sektion des Internationalen Instituts für Verwaltungswissenschaften
Alt-Moabit 101 D, 10559 Berlin
T: (01888) 6 81-1918   Fax: 6 81-2029
Präsident(in): Oberbürgermeisterin Beate Weber, Heidelberg
Generalsekretär(in): Dr. Christoph Hauschild (BMI, Alt-Moabit 101 D, 10559 Berlin, T: (01888) 6 81-1918)

● T 2 347
ISW-Institut für südwestdeutsche Wirtschaftsforschung der Steinbeis-Stiftung
Baumreute 12, 70199 Stuttgart
T: (0711) 6 49 84 07   Fax: 6 49 20 40
E-Mail: iswstw@debitel.net
Gründung: 1950
Leiter(in): Dipl.-Volksw. Bernd Volkert
Mitarbeiter: 4

● T 2 348
Institut für Zukunftsstudien und Technologiebewertung Gemeinnützige GmbH (IZT)
Schopenhauerstr. 26, 14129 Berlin
T: (030) 80 30 88-0   Fax: 80 30 88-88
Internet: http://www.izt.de
E-Mail: info@izt.de
Gründung: 1981 (28. August)
Aufsichtsratsvors.: RAN Eckard Lullies
Geschäftsführer(in): Prof. Dr.phil.Dipl.-Phys. Rolf Kreibich
Mitglieder: 32
Forschung u. Entwicklung, Durchführung von Forschungsaufträgen und Gutachten: Beratung politischer, wirtschaftlicher, technischer, sozialer und kultureller Institutionen und Entscheidungsträger; Zukunftsstudien, Technologiefolgeabschätzung, Technologiebewertung. Ökologische Wirtschaftsforschung und Infrastrukturen, Informations- und Kommunikationsforschung, Telematik.

● T 2 349
Institut für Umwelt- und Zukunftsforschung e.V. (IUZ)
Sternwarte Bochum
Blankensteiner Str. 200 A, 44797 Bochum
T: (0234) 4 77 11   Fax: 46 15 04
Internet: http://www.iuz-bochum.de
E-Mail: office@iuz-bochum.de
Vorsitzende(r): Heinrich Klosterkamp (Kommissarisch)
Hauptgeschäftsführer(in): Prof. Heinz Kaminski
Leitung Presseabteilung: Martin Fliegner
Mitglieder: 245
Mitarbeiter: 14

● T 2 350
Forschungsinstitut zur Zukunft der Arbeit (IZA)
Postf. 72 40, 53072 Bonn
Schaumburg-Lippe-Str. 9, 53113 Bonn
T: (0228) 38 94-0   Fax: 38 94-210
E-Mail: iza@iza.org
Leiter(in): Prof. Dr. Klaus F. Zimmermann

● T 2 351
Seniorenkreis Wirtschaft Braunschweig e.V.
Rebenring 33, 38106 Braunschweig
T: (0531) 3 80 41 20   Fax: 3 80 11 52
Teletex: 5 318 216=TECHP BS
Gründung: 1988
Vorsitzende(r): Dipl.-Ing. H. P. Kaeding
Stellvertreter: Dipl.-Ing. W. Bense
Mitglieder: 24

● T 2 352
Arbeitskreis Europäische Integration e.V. (AEI)
Walter-Flex-Str. 3, 53113 Bonn
T: (0228) 73 40 23   Fax: 73 18 29
E-Mail: aeibonn@uni-bonn.de
Gründung: 1969
Präsident(in): Dr. Karl-Heinz Narjes, Bonn
Vorsitzende(r): Prof. Dr. Rudolf Hrbek, Tübingen
Stellvertretende(r) Vorsitzende(r): Prof. Dr. Rolf Caesar, Stuttgart-Hohenheim
Prof. Dr. Peter-Christian Müller-Graff, Heidelberg
Prof. Dr. Wulfdiether Zippel, München
Schatzmeister: Dr. Michèle Knodt, Mannheim
Geschäftsführerin: Meike Leube
Mitglieder: 430

● T 2 353
Europäischer Bund für Bildung und Wissenschaft (EBB/AEDE)
Sektion Deutschland
Weinstr. 8b, 60435 Frankfurt
T: (069) 95 40 30 40   Fax: 95 40 30 40
Internet: http://www.aede.org/ebb.html
E-Mail: ebb.aede@t-online.de
Gründung: 1956
Bundesvorsitzender: Bundesvorsitzender a.i. und Geschäftsführender Bundesvorsitzender: Oberstudienrat Jürgen Kummetat
Bundesschriftführer(in): Beatrix Palt (Henriettenstr. 20, 20259 Hamburg, Tel.: (040) 43 18 01 02, Fax: (040) 43 18 01 03, E-Mail: beatrix.palt@t-online.de)
Bundesschatzmeister: Dirk Hanschke (Pfeffinger Str. 26, 04277 Leipzig, Tel.: (0341) 6 88 25 48, E-Mail: dhanschke@web.de)
Verbandszeitschrift: Europäische Erziehung; Bildung für Europa
Redaktion: Jürgen Kummetat
Landesverbände: In allen Bundesländern

● T 2 354
Institut für Wirtschafts- und Sozialwissenschaften der Universität Münster
Universitätsstr. 14-16, 48143 Münster
T: (0251) 8 32 28 32   Fax: 8 32 28 32
Internet: http://www.wiwi.uni-muenster.de/~23
E-Mail: 23albr@wiwi.uni-muenster.de
Geschf. Dir.: Prof.Dr. Wolfgang von Zwehl

● T 2 355
Fachbereichsbibliothek Wirtschaftswissenschaften an der Johann Wolfgang Goethe-Universität Frankfurt (Main)
Mertonstr. 17, 60325 Frankfurt
T: (069) 7 98, App. 22217   Fax: 7 98-28979
Internet: http://www.wiwi.uni-frankfurt.de/fbb/
E-Mail: junkes-kirchen@em.uni-frankfurt.de
Leiter(in): Dr. Klaus Junkes-Kirchen

● T 2 356
Institut für angewandte Wirtschaftswissenschaften e.V. (iaw)
Nibelungenplatz 1, 60318 Frankfurt
T: (069) 15 33-2951   Fax: 15 33-2903
Internet: http://www.fbw.fh-frankfurt.de
E-Mail: hewel@fbw.fh-frankfurt.de
Direktor(in): Prof. Dr. Brigitte Hewel

● T 2 357
Institut Neue Wirtschaft e.V.
Postf. 10 03 29, 20002 Hamburg
Kurze Mühren 2, 20095 Hamburg
T: (040) 3 08 01-0   Fax: 30 80 11 07

● T 2 358
Wirtschaftswissenschaftliche Fakultät der Bayerischen Julius-Maximilians-Universität Würzburg
Sanderring 2 Zi. 286, 97070 Würzburg
T: (0931) 31 29 01
E-Mail: dekanat@wifak.uni-wuerzburg.de
Dekanin: Prof. Dr.rer.pol. Margit Meyer
Prodekan: Prof. Norbert Schulz (Ph.D.)
Dekanat: Neue Universität, Sanderring 2, Zi. 286, 97070 Würzburg, T: (0931) 31 29 01
Fachbereichsrat
Vertreter der Professoren:
Prof. Dr.rer.pol. Norbert Berthold
Prof. Dr.rer.pol. Peter Bofinger
Prof. Dr.rer.pol. Hansrudi Lenz
Prof. Dr.rer.pol. Hans G. Monissen
Prof. Norbert Schulz (Ph.D.)
Prof. Dr.rer.pol. Rainer Thome
Prof. Dr.rer.pol. Ekkehard Wenger
Prof. Dr.rer.pol. Stefan Winter
Vertreter der wissenschaftlichen und künstlerischen Mitarbeiter:
Dipl.-Volksw. Patrick Beschorner
Dipl.-Kfm. Claus Böhnlein
Vertreterin der sonstigen Mitarbeiter: Karin Scheid
Vertreter der Studenten: Linda Döler
Helen Gebru
Honorarprofessoren:
Prof. Dr.rer.pol. Kurt Nagel
Prof. Dr.h.c.mult. Otmar Issing
Privatdozenten:
Dr.rer.pol. Andreas M. Bouveret
Dr.rer.pol. Leonhard Knoll
Dr.oec.publ. Hans-Erich Rau-Bredow
Dr.rer.pol. Adalbert Winkler
Institute
Neue Universität, Sanderring 2, 97070 Würzburg
Teilbibliothek der Wirtschaftswissenschaftlichen Fakultät:
Diplom-Bibliothekarin Beatrix Bruch (T: (0931) 31 29 05)
Diplom-Bibliothekarin Johanna Helfrich
Volkswirtschaftliches Institut:
Geschäftsführung: Prof. Dr.rer.pol. Hans G. Monissen
Lehrstuhl für Volkswirtschaftslehre, Geld und internationale Wirtschaftsbeziehungen:
Univ.-Prof. Dr. Peter Bofinger (T: (0931) 31 29 14)
Lehrstuhl für Volkswirtschaftslehre, insbesondere Allgemeine Wirtschaftspolitik:
Univ.-Prof. Dr. Hans Georg Monissen (T: (0931) 31 29 50)
Lehrstuhl für Volkswirtschaftslehre, insbesondere Industrieökonomik:
Univ.-Prof. Ph.D. Norbert Schulz (T: (0931) 31 29 60)
Lehrstuhl für Volkswirtschaftslehre, insbesondere Wirtschaftsordnung und Sozialpolitik:
Univ.-Prof. Dr. Norbert Berthold (T: (0931) 31 29 24)
Lehrstuhl für Finanzwissenschaft: N. N. (T: (0931) 31 29 72)
Universitätsprofessoren:
Prof. Dr. apl. Elart von Collani
Prof. Dr. apl. Jürgen Kopf

Betriebswirtschaftliches Institut:
Geschäftsführung: Prof. Dr.rer.pol. Stefan Winter
Lehrstuhl für Betriebswirtschaftslehre, insbesondere Marketing:
Univ.-Prof. Dr. Margit Meyer (Josef-Stangl-Platz 2, 97070 Würzburg, T: (0931) 31 29 18)
Lehrstuhl für Betriebswirtschaftslehre und Industriebetriebslehre: Prof. Dr. Ronald Bogaschewsky (T: (0931) 31 29 36)
Lehrstuhl für Betriebswirtschaftslehre, Wirtschaftsprüfungs- und Beratungswesen:
Univ.-Prof. Dr. Hansrudi Lenz (T: (0931) 31 29 40)
Lehrstuhl für Betriebswirtschaftslehre, Bank- und Kreditwirtschaft:
Univ.-Prof. Dr. Ekkehard Wenger (T: (0931) 31 29 30)
Lehrstuhl für Betriebswirtschaftslehre und Betriebswirtschaftliche Steuerlehre:
Univ.-Prof. Dr. Wolfgang Freericks (T: (0931) 31 29 62)
Lehrstuhl für Betriebswirtschaftslehre und Wirtschaftsinformatik:
Univ.-Prof. Dr. Rainer Thome (Josef-Stangl-Platz 2, 97070 Würzburg, T: (0931) 31 29 49 u. 3 50 10)
Lehrstuhl für Betriebswirtschaftslehre, Personalwesen und Organisation:
Univ.-Prof. Dr. Stefan Winter (T: (0931) 31 27 55)

● T 2 359
Arbeitsgemeinschaft Sozialwissenschaftlicher Institute e.V. (ASI)
Sitz: Bonn, Geschäftsstelle:
Lennestr. 30, 53113 Bonn
T: (0228) 22 81-0   Fax: 2 28 11 20
Internet: http://www.bonn.iz-soz.de
E-Mail: sl@bonn.iz-soz.de
Gründung: 1949
Vorstand:
Prof. Dr. Heinz Sahner (Vors.; Martin-Luther-Universität Halle-Wittenberg, Institut für Soziologie, Emil-Abderhaldenstr. 7, 06099 Halle, T: (0345) 5 52 42 52, Fax: 5 52 71 50)
Prof. Dr. Nils Diederich (1. stellv. Vors.; Freie Universität Berlin, FB Politikwissenschaften (Otto-Stammer-Zentrum), Ihnestr. 26, 14195 Berlin, T: (030) 83 85-5039, Fax: 83 85-4960, E-Mail: ndiederich@t-online.de)
Prof. Dr. Heiner Meulemann (2. stellv. Vors.; Institut für Angewandte Sozialforschung der Universität zu Köln (IfAS), Greinstr. 2, 50939 Köln, T: (0221) 4 70-56 58 Sekr. -57 14, Fax: 4 70-51 69, e-mail: Meulemann@wis)
Prof. Dr. Heinrich Best (Direktor d. Instituts für Soziologie, Friedrich-Schiller-Universität Jena, Otto-Schott-Str. 41, 07740 Jena, T: (03641) 63 10 88, Fax: 63 10 75, e-mail: best@soziologie.uni-jena.de)
Prof. Dr. Uwe Engel (Universität Bremen, Institut für empiri-

T 2 359

sche und angewandte Soziologie (EMPAS), Postf. 33 04 40, 28334 Bremen, T: (0421) 2 18-7402, Fax: 2 18-7474, E-Mail: uengel@sfb186.uni-bremen.de
Prof. Dr. Uta Gerhardt (Ruprechts-Karls-Universität, Institut für Soziologie, Sandgasse 9, 69117 Heidelberg, T: (06221) 54 29 75/6, Fax: 54 29 96)
Dipl.-Vw. Wolfgang G. Gibowski (Im Fischgrund 48, 13465 Berlin, T: (030) 40 63 76 33, E-Mail: gibowski@stiftungsinitiative.de)
Prof. Dr. H. J. Hummell (Gerhard Mercator Universität Duisburg, Fachbereich 1 Gesellschafts- u. Geisteswissenschaften, Lothar Str. 65, 47057 Duisburg, T: (0203) 3 79 27 33, Fax: 3 79 43 50, E-Mail: hummell@rz.uni-duisburg.de)
Prof. Dr. Erwin K. Scheuch (Vorstandsvors. Kölner Gesellschaft für Sozialforschung e.V., Liliencronstr. 6, 50931 Köln, T: (0221) 4 76 94-62 dienstl., Fax: 4 76 94-98)
Geschäftsführer(in): Dipl.-Volksw. Matthias Stahl
Verbandszeitschrift: Soziale Welt, Zeitschrift für sozialwissenschaftliche Forschung und Praxis
Redaktion: Dr. André Kieserling, Institut für Soziologie, Konradstr. 6, 80801 München, T: (089) 21 80-32 21/32 20
Mitglieder: 77 korporative, 27 persönliche

Förderung und Intensivierung der sozialwissenschaftlichen Forschung; Anregung wissenschaftlicher Kommunikation und Kooperation; Rechtlicher Träger des Informationszentrums Sozialwissenschaften; Veröffentlichungen: jährliche Tagungsberichte.

Verein ist Rechtsträger des:

t 2 360

INFORMATIONSZENTRUM SOZIALWISSENSCHAFTEN der Arbeitsgemeinschaft Sozialwissenschaftlicher Institute e.V.
Mitglied der Gesellschaft Sozialwissenschaftlicher Infrastruktureinrichtungen e.V. (GESIS)
Lennéstr. 30, 53113 Bonn
T: (0228) 22 81-0 **Fax:** 2 28 11 20
Internet: http://www.bonn.iz-soz.de
E-Mail: iz@bonn.iz-soz.de
Gründung: 1969
Verw.-Rat: Prof. Dr. Nils Diederich (Vors., Freie Universität Berlin, FB Politikwissenschaften (Otto-Stammer-Zentrum), Ihnestr. 26, 14195 Berlin, T: (030) 83 85-5039, Fax: (030) 83 85-4960, E-Mail: ndieosz@zedat.fu-berlin.de)
Prof. Dr. Heinz Sahner (1. stv. Vors., Martin-Luther-Universität Halle, Institut für Soziologie, Emil-Abderhalden-Str. 7, 06099 Halle, T: (0345) 5 52 42 52, Fax: (0345) 5 52 71 50, e-mail: sahner@soziologie.uni-halle.de)
Prof. Dr. Uwe Engel (2. stv. Vors., Universität Potsdam, LS für Sozialstrukturanalyse, Komplex III/1, Haus 1, Raum 124, August-Bebel-Str. 89, 14482 Potsdam, T: (0331) 9 77 34 19, Fax: (0331) 9 77 32 16, E-Mail: engel@rz.uni-potsdam.de)
Prof. Dr. Hans J. Hummell (Gerhard-Mercator-Universität, Gesamthochschule Duisburg, FB 1/Soziologie, 47048 Duisburg, T: (0203) 3 79-2738/2733, Fax: (0203) 3 79-4350, E-Mail: hummell@uni-duisburg.de)
Prof. Dr. Gerhard Knorz (Fachhochschule Darmstadt, FB Information und Dokumentation, Haardtring 100, 64295 Darmstadt, T: (06151) 16-8499, Fax: (06151) 16-8980, E-Mail: knorz@iud.fh-darmstadt.de)
Prof. Dr. Hermann Saterdag (Präsident der Universität Koblenz-Landau, Isaac-Fulda-Allee 3, 55124 Mainz, T: (06131) 3 74 60-14, Fax: (06131) 3 74 60-40, E-Mail: saterdag@uni-ko-ld.de)
Prof. Dr. Wolfgang Sodeur (Universität-Gesamthochschule Essen, Universitätsstr. 12, 45141 Essen, T: (0201) 1 83-3629/-3627 dienstl., (02234) 94 29 48 priv., Fax: (0201) 1 83-3621, E-Mail: wolfgang.sodeur@uni-koeln.de)
Wiss. Direktor: Prof. Dr. Jürgen Krause

Gemeinnütziges Dienstleistungsunternehmen; Anbieter allgemein zugänglicher und kostengünstiger Informationsdienste zu sozialwissenschaftlicher Forschung und Literatur in den deutschsprachigen Ländern.

Korporative Mitglieder der ASI:

t 2 361

Institut für Soziologie der RWTH Aachen
Eilfschornsteinstr. 7, 52062 Aachen
T: (0241) 80 60 94
Leiter(in): Prof. Dr. Karl H. Hörning

t 2 362

Staatsinstitut für Familienforschung an der Universität Bamberg
Heinrichsdamm 4, 96047 Bamberg
T: (0951) 9 65 25-0 **Fax:** 9 65 25-29
Prof. Dr. Laszlo A. Vaskovics

t 2 363

Humboldt-Universität zu Berlin
Institut für Sozialwissenschaften
10099 Berlin
Unter den Linden 6, 10117 Berlin
Prof. Dr. Bernd Wegener

t 2 364

Bundesinstitut für Berufsbildung (BiBB)
Hermann-Ehlers-Str. 10, 53113 Bonn
T: (0228) 1 07-0
Internet: http://www.bibb.de
E-Mail: zentrale@bibb.de
Gründung: 1970
Generalsekretär(in): Dr. Helmut Pütz
Stellv. Gen.s., Ltr. d. Forschungsbereichs: Walter Brosi
PR-Ltr: Dr. Ilona Zeuch-Wiese
Mitarbeiter: ca. 400

t 2 365

Freie Universität Berlin
Institut für Soziologie
Babelsberger Str. 14-16, 10715 Berlin
T: (030) 8 50 02-222 **Fax:** 8 50 02-205
E-Mail: jgordesch@zedat.fu-berlin.de
Leiter: Prof. Dr. Johannes Gordesch

t 2 366

Gesellschaft für Sozialwissenschaftliche Forschung und Publizistik mbH (GSFP)
Erich-Weinert-Str. 19, 10439 Berlin
T: (030) 44 65 13 56 **Fax:** 44 65 13 58
Geschäftsführer(in): Dr. Erhard Crome
Dr. Rainer Land

t 2 367

ISDA Institut für Sozialdatenanalyse e.V. Berlin
Franz-Mehring-Platz 1, 10243 Berlin
T: (030) 44 05 02 46
Gründung: 1990 (27. April)
Geschäftsführer(in): Dr. Dietmar Wittich

t 2 368

Max-Planck-Institut für Bildungsforschung
Lentzeallee 94, 14195 Berlin
T: (030) 8 24 06-0 ISDN **Fax:** 8 24 99 39
Geschf. Dir.: Prof. Dr. Jürgen Baumert

Erforschung der Bildungsprozesse und des Bildungswesens.

t 2 369

Wissenschaftszentrum Berlin für Sozialforschung gGmbH (WZB)
Reichpietschufer 50, 10785 Berlin
T: (030) 2 54 91-0 **Fax:** 2 54 91-684
Internet: http://www.wz-berlin.de
E-Mail: presse@medea.wz-berlin.de
Gründung: 1969
Präsident(in): Prof. Dr. Friedhelm Neidhardt
Administrativ GeschF: Christiane Neumann
Leitung Presseabteilung: Burckhard Wiebe
Verbandszeitschrift: WZB-Mitteilungen
Redaktion: Burckhard Wiebe
Mitarbeiter: 145,5 Planstellen
Jahresetat: rd. DM 24 Mio, € 12,27 Mio

t 2 370

Ruhr-Universität Bochum
Psychologisches Institut
Postf. 10 21 48, 44721 Bochum
Universitätsstr. 150, 44801 Bochum
Prof. Dr. Heinrich Wottawa

t 2 371

Wirtschafts- und sozialpolitisches Forschungs- und Beratungszentrum der Friedrich-Ebert-Stiftung
Godesberger Allee 149, 53175 Bonn
T: (0228) 88 32 28 **Fax:** 8 83-6 25
Leiter(in): Dipl.-Kfm. Gerhard Stümpfig
Leitung Presseabteilung: Klaus-Peter Schneider

t 2 372

Universität Bonn
Seminar für Soziologie
Adenauerallee 98a, 53113 Bonn
Prof. Dr. Friedrich Fürstenberg

t 2 373

Institut für Wirtschaft und Gesellschaft Bonn e.V. (IWG-BONN)
Wissenschaftszentrum
Ahrstr. 45, 53175 Bonn
T: (0228) 37 20 44/45 **Fax:** 37 58 69
Gründung: 1977
Leiter(in): Prof.Dr. Meinhard Miegel
Stefanie Wahl

t 2 374

Institut für Empirische und Angewandte Soziologie (EMPAS)
Universität Bremen
Postf. 33 04 40, 28334 Bremen
T: (0421) 2 18-3033/-2041 **Fax:** 2 18-7058
Internet: http://www.uni-bremen.de/-empas
E-Mail: AWeymann@Sfb186.uni-bremen.de
Prof. Dr. Ansgar Weymann

t 2 375

Technische Universität Chemnitz-Zwickau
Institut für Soziologie
Postf. 9 64, 09009 Chemnitz
T: (0371) 5 31 24 02 **Fax:** 5 31 23 87
Leiter(in): Prof. Dr. Bernhard Nauck
Prof. Dr. Dietmar Brock

t 2 376

Institut für Soziologie der Technischen Universität Darmstadt
Residenzschloß
Marktplatz 15, 64283 Darmstadt
T: (06151) 16-5266 **Fax:** 16-60 42
E-Mail: schmiede@ifs.tu-darmstadt.de
Prof. Dr. Rudi Schmiede
Mitarbeiter: 20

t 2 377

Landesinstitut Sozialforschungsstelle Dortmund
Evinger Platz 17, 44339 Dortmund
T: (0231) 85 96-0
Geschf. Dir.: Dr. Gerd Peter

t 2 378

Wirtschafts- und Sozialwissenschaftliches Institut in der Hans-Böckler-Stiftung
Bertha-von-Suttner-Platz 1, 40227 Düsseldorf
T: (0211) 77 78-186, 77 78-187 **Fax:** 77 78-190
Internet: http://www.boeckler.de

t 2 379

Brandenburgisches Institut für Arbeitsmarkt- und Beschäftigungsentwicklung e.V.
Semnonenring 40, 15537 Erkner
Dr. habil. Horst Miethe

t 2 380

Institut für Soziologie der Universität Erlangen-Nürnberg
Kochstr. 4, 91054 Erlangen
T: (09131) 8 52 23 78, 8 52 23 87 **Fax:** 8 52 20 87
E-Mail: instfsoz@phil.uni-erlangen.de
Kollegiale Leitung: Prof. Dr. Elisabeth Beck-Gernsheim
Prof. Dr. Johann Handl
Prof. Dr. Michael von Engelhardt
Prof. Dr. Gert Schmidt (Geschäftsführender Vorstand 1999/2000)
Prof. Dr. Ilja Srubar

t 2 381

Johann-Wolfgang-Goethe-Universität
WBE Methodologie
Senckenberganlage 15, 60325 Frankfurt
Prof. Dr. Klaus Allerbeck

t 2 382

Freiburger Institut für angewandte Sozialwissenschaft e.V. (FIFAS)
Wannerstr. 33, 79106 Freiburg
T: (0761) 28 83 64 **Fax:** 2 03 34 93

t 2 383

Gesellschaft für sozialwissenschaftliche Forschung in der Medizin mbH (GESOMED)
St.-Erentrudis-Str. 14, 79112 Freiburg
T: (07664) 4 01 44   Fax: 5 99 06
Gründung: 1979 (24. Juli)
Geschäftsführer(in): Klaus Riemann

t 2 384

Justus-Liebig-Universität Gießen
Med. Zentrum f. Psychosomatische Medizin
Abt. für Medizinische Soziologie
Friedrichstr. 24, 35392 Gießen
T: (0641) 7 02 24 95
Dipl.-Soz. Bernhard Borgetto

t 2 385

Soziologisches Forschungsinstitut Göttingen an der Georg-August-Universität Göttingen e.V. -Gemeinnütziger Verein- (SOFI)
Friedländer Weg 31, 37085 Göttingen
T: (0551) 52 20 50   Fax: 5 22 05 88
Internet: http://www.gwdg.de/sofi
E-Mail: dgsf@gwdg.de
Geschäftsführer(in): Prof. Dr. Martin Baethge

t 2 386

Soziologisches Seminar der Georg-August-Universität
Platz der Göttinger Sieben 3, 37073 Göttingen
T: (0551) 39 72 01, 72 05, 71 70, 97 82, 93 44

t 2 387

Martin-Luther-Universität Halle-Wittenberg
Institut für Soziologie
06099 Halle
Emil-Abderhalden-Str. 7, 06108 Halle
T: (0345) 55-24252   Fax: 55-27150
E-Mail: sahner@soziologie.uni-halle.de
Prof. Dr. Heinz Sahner

t 2 388

Sozialwissenschaftliche Bibliothek des FB 05 der Universität Hamburg
Allende-Platz 1, 20146 Hamburg
T: (040) 4 28 38-3550
Lakota-Hansen
Mitarbeiter: 7
Jahresetat: DM 0,135 Mio, € 0,07 Mio

t 2 389

Forschungsstelle der Hochschule für Wirtschaft und Politik
Von-Melle-Park 9, 20146 Hamburg
Präsident(in): Norbert Aust

t 2 390

Hans-Bredow-Institut für Medienforschung an der Universität Hamburg
Heimhuder Str. 21, 20148 Hamburg
T: (040) 45 02 17-0   Fax: 45 02 17-77
Internet: http://www.hans-bredow-institut.de
E-Mail: info@hans-bredow-institut.de
Gründung: 1950 (30. Mai)
Direktor(in): Prof. Dr. Otfried Jarren
Dr. Uwe Hasebrink

t 2 391

Institut für Entwicklungsplanung und Strukturforschung GmbH (IES)
an der Universität Hannover
Lister Str. 15, 30163 Hannover
T: (0511) 39 97-0   Fax: 39 97-229
Internet: http://www.ies.uni-hannover.de
E-Mail: mailbox@uni-hannover.de
Stellvertretende(r) Geschäftsführer(in): Dipl.-Volksw. Hans-Jürgen Back
Mitarbeiter: 60 (Apr.)

t 2 392

Kriminologisches Forschungsinstitut Niedersachsen e.V. (KFN)
Lützerodestr. 9, Hs. 4, 30161 Hannover
T: (0511) 34 83 60   Fax: 3 48 36 10
Sylvia Christochowitz

t 2 393

Institut für Soziologie der Universität Heidelberg
Sandgasse 9, 69117 Heidelberg
T: (06221) 54 29 76   Fax: 54 29 96
Internet: http://www.soz.uni-heidelberg.de
E-Mail: soziologie@urz.uni-heidelberg.de
Leiter(in): Prof. Dr. Jürgen Kohl
Prof. Dr. Christiane Bender
Prof. Dr. Uta Gerhardt
Prof. Dr. Thomas Klein
Prof. Dr. Wolfgang Schluchter
Prof. Dr. Hansjörg Weitbrecht

t 2 394

Friedrich-Schiller-Universität Jena
Institut für Soziologie
Otto-Schott-Str. 41, 07745 Jena
T: (03641) 63 10 88   Fax: 63 10 75
Gründung: 1993 (13. Mai)
Leiter(in): Prof. Dr. Heinrich Best
Prof. Dr. Rudi Schmidt
Verbandszeitschrift: Jenaer Beiträge zur Soziologie
Mitarbeiter: 20

t 2 395

Programmgruppe Mensch, Umwelt, Technik (MUT)
Forschungszentrum Jülich GmbH
52425 Jülich
T: (02461) 61-48 06   Fax: 61-29 50
Internet: http://www.kfa-juelich.de/mut/mut.html
E-Mail: p.wiedemann@fz-juelich.de
Leiter(in): Dr. Peter M. Wiedemann
Dr. Hans Peter Peters

t 2 396

Fraunhofer-Institut für Systemtechnik und Innovationsforschung (ISI)
Breslauer Str. 48, 76139 Karlsruhe
T: (0721) 68 09-0   Fax: 68 91 52
Internet: http://www.isi.fhg.de
Gründung: 1972
Leiter(in): Prof. Dr.rer.pol. Frieder Meyer-Krahmer
Presse: Gerhard Samulat
Mitarbeiter: 135
Jahresetat: DM 21,91 Mio, € 11,2 Mio

t 2 397

Institut für Soziologie der Christian-Albrechts-Universität
Olshausenstr. 40, 24118 Kiel
T: (0431) 8 80-21 67   Fax: 8 80 34 67
Internet: http://www.soziologie.uni-kiel.de
Gründung: 1972
Direktor(in): Prof. Dr. Lars Clausen
Prof. Dr. Günter Endruweit
Mitarbeiter: 10

t 2 398

Forschungsinstitut für Sozialpolitik der Universität zu Köln
Klosterstr. 79b, 50931 Köln
T: (0221) 4 70-4486   Fax: 4 70-2151
E-Mail: zerche@wiso.uni-koeln.de
Leiter(in): Prof. Dr.Dr.h.c. Jürgen Zerche

t 2 399

Forschungsinstitut für Soziologie der Universität zu Köln
Greinstr. 2, 50939 Köln
T: (0221) 47 01-2341, 47 01-2409   Fax: 4 70 51 80
E-Mail: fisoz@wiso.uni-koeln.de
Gründung: 1919
Leiter(in): Prof. Dr. Jürgen Friedrichs
Dr. Robert Kecskes
Dr. Heine von Alemann (Lindenburger Allee 15, 50931 Köln)
Mitarbeiter: 20

t 2 400

Forschungsstelle für Empirische Sozialökonomik (Prof. Dr. G. Schmölders) e.V.
Klosterstr. 1, 50931 Köln
T: (0221) 40 26 48   Fax: 40 70 95
Gründung: 1958 (1. Januar)
Mitarbeiter: 10

t 2 401

Institut der deutschen Wirtschaft e.V. (IW)
Postf. 51 06 69, 50942 Köln
Gustav-Heinemann-Ufer 84-88, 50968 Köln
T: (0221) 49 81-1   Fax: 49 81-592
Internet: http://www.iwkoeln.de
E-Mail: iwd@iwkoeln.de
Gründung: 1951
Präsident(in): Dipl.-Ing. Dr.-Ing. Dr.-Ing. E.h. Manfred Lennings
Direktor(in): Prof.Dr. Gerhard Fels
Ansprechpartner: Dr.rer.pol. Bernd Meier
Leitung Presseabteilung: Axel Rhein

t 2 402

Institut für Angewandte Sozialforschung der Univ. zu Köln (IfAS)
Greinstr. 2, 50939 Köln
T: (0221) 4 70/5658, 45 08   Fax: 4 70 51 69
Internet: http://www.uni-koeln.de/wiso-fak/ifas/
Gründung: 1965
Leiter(in): Prof. Dr. Heiner Meulemann (E-Mail: Meulemann@wiso.uni-koeln.de)
Prof. Dr. Wolfgang Jagodzinski (E-Mail: Jagodzinski@wiso.uni-koeln.de)
Geschäftsführer(in): Dipl.-Volksw. Karl-Wilhelm Grümer (E-Mail: Gruemer@wiso.uni-koeln.de)

Familiensoziologie; Methoden der empirischen Sozialforschung; Methodenprobleme; Politische Soziologie; Religionssoziologie; Bildungssoziologie.

t 2 403

Institut für angewandte Verbraucherforschung e.V. (IFAV)
Aachener Str. 1089, 50858 Köln
T: (02234) 4 07 70   Fax: 40 77 22
Internet: http://www.ifav.de
E-Mail: ifav.mail@ifav.de
Vorstand: Prof.Dr. Gerhard Scherhorn
Dipl.-Kfm. Dr. Tilmann Höhfeld

Grundlagenforschung; Informationssysteme; Preisvergleiche; Bildschirmtextprogramme.

t 2 404

Institut zur Erforschung sozialer Chancen (Berufsforschungsinstitut) e.V. (ISO)
Kuenstr. 1b, 50733 Köln
T: (0221) 97 30 43-0   Fax: 97 30 43-10
Internet: http://www.iso-koeln.de
E-Mail: renate.schneider@iso-koeln.de
Gründung: 1971
Leiter(in): Prof. Dr. Walter R. Heinz
Geschäftsführer(in): Dr. Hermann Groß
Leitung Presseabteilung: Renate Schneider
Verbandszeitschrift: ISO-Informationen
Mitarbeiter: 30

t 2 405

Max-Planck-Institut für Gesellschaftsforschung
Max Planck Institute for the Study of Societies
Paulstr. 3, 50676 Köln
T: (0221) 27 67-0   Fax: 27 67-555
Internet: http://www.mpi-fg-koeln.mpg.de
E-Mail: info@mpi-fg-koeln.mpg.de
Geschf. Dir.: Prof. Dr. Wolfgang Streeck
Direktor(in): Prof. Dr. Fritz W. Scharpf
Öffentlichkeitsarbeit: Christel Schommertz

t 2 406

Institut für Sozialforschung und Gesellschaftspolitik e.V.
Postf. 26 02 44, 50515 Köln
Barbarossaplatz 2, 50674 Köln
T: (0221) 23 54 73-76   Fax: 21 52 67
Gründung: 1952
Vorstand: Prof. Dr. Lothar F. Neumann
Dr. Wilhelm Breuer
Dr. Werner Friedrich
Dr. Dietrich Engels

t 2 407

Universität zu Köln
Institut für Wirtschafts- und Sozialpsychologie
Herbert-Lewin-Str. 2, 50931 Köln
T: (0221) 4 70-25 00   Fax: 4 70-51 75
Leiter(in): Prof. Dr. Günter Wiswede
Prof. Dr. Lorenz Fischer

t 2 408
Zentralarchiv für Empirische Sozialforschung an der Univ. zu Köln
Mitglied der Gesellschaft sozialwissenschaftlicher Infrastruktureinrichtungen e.V. (GESIS)
Postf. 41 09 60, 50869 Köln
Bachemer Str. 40, 50931 Köln
T: (0221) 4 76 94-0 Fax: 4 76 94 44
Internet: http://www.za.uni-koeln.de
E-Mail: za@za.uni-koeln.de
Gründung: 1960
Leiter(in): Prof. Dr. Wolfgang Jagodzinski
Geschäftsführer(in): Dipl.-Kfm. Ekkehard Mochmann
Verbandszeitschrift: Hauszeitschrift: ZA-Information
Redaktion: Franz Bauske
Mitarbeiter: 52

t 2 409
Universität Leipzig
Institut für Soziologie
Augustusplatz 9, 04109 Leipzig
Prof. Dr. Karl Dieter Opp

t 2 410
FB Wirtschafts- und Sozialwissenschaften
Institut für Sozialwissenschaften
Universität Lüneburg
Postfachanschrift:
21332 Lüneburg
T: (04131) 78-25 01 Fax: 78-25 07
Prof.Dr. Lutz Zündorf

t 2 411
Universität Lüneburg
Fachbereich Wirtschafts- und Sozialwissenschaften
Forschungsinstitut Freie Berufe (FFB)
FB Wirtschafts- und Sozialwissenschaften
21332 Lüneburg
Scharnhorststr. 1 Geb. 4, 21335 Lüneburg
T: (04131) 78-20 51 Fax: 78-20 59
Internet: http://www.uni-lueneburg.de/fb2/ffb/ffbhome.htm
E-Mail: merz@uni-lueneburg.de
Direktor(in): Prof. Dr. Joachim Merz

t 2 412
Forschungsgruppe Wahlen e.V.
Institut für Wahlanalysen und Gesellschaftsbeobachtung
Postf. 10 11 21, 68011 Mannheim
N 7 13-15, 68161 Mannheim
T: (0621) 1 23 30 Fax: 1 23 31 99
Internet: http://www.fgw-online.de
Gründung: 1974
Vorstand: Dipl.-Volksw.Dr. Dieter Roth
Dipl.-Volksw. Matthias Jung
Dipl.-Kfm. Manfred Berger
Mitarbeiter: 30

t 2 413
Mannheimer Zentrum für Europäische Sozialforschung (MZES) Universität Mannheim
Besucheradresse:
Postf., 68131 Mannheim
L 7 1, 68161 Mannheim
T: (0621) 1 81-2868 Fax: 1 81-2866
Internet: http://www.mzes.uni-mannheim.de
E-Mail: direkt@mzes.uni-mannheim.de
Gründung: 1989
Direktor(in): Prof. Dr. Jan W. van Deth
Geschäftsführer(in): Dr. Reinhart Schneider
Mitarbeiter: 70

t 2 414
Zentrum für Umfragen, Methoden und Analysen (ZUMA)
Postf. 12 21 55, 68072 Mannheim
B 2 1, 68159 Mannheim
T: (0621) 12 46-0 Fax: 12 46-1 00
Direktor(in): Prof. Dr. Peter Ph. Mohler

t 2 415
Institut für Medizinische Soziologie und Sozialmedizin
FB Humanmedizin
35033 Marburg
Bunsenstr. 2, 35037 Marburg
T: (06421) 6 62 44 Fax: 6 56 60
Internet: http://www.med.uni-marburg.de/medsozio/
E-Mail: harmsa@mailer.uni-marburg.de
Prof. Dr. Dr. Ulrich Mueller

t 2 416
Institut für Soziologie
FB Gesellschaftswissenschaften und Philosophie der Philipps-Universität Marburg
35032 Marburg
Wilhelm-Röpke-Str. 6, 35039 Marburg
T: (06421) 28 47 20 Fax: 28 66 42
Geschf. Direktorin: Dr. Gabriele Sturm

t 2 417
IMU-Institut für Medienforschung und Urbanistik e.V.
Hermann-Lingg-Str. 10, 80336 München
T: (089) 54 41 26-0 Fax: 54 41 26-11
Internet: http://www.imu-institut.de
E-Mail: imu-muenchen@imu-institut.de
Leiter: Dr. Gerhard Richter
Leiter: Dr. Detlev Stratär

t 2 418
Institut für Soziologie
Universität München
Konradstr. 6, 80801 München

t 2 419
Lehrstuhl für Soziologie
Lothstr. 17, 80335 München
T: (089) 289-24303 Fax: 2 89-24302
E-Mail: soziologie@lrz.tu-muenchen.de
Leiter(in): Prof. Dr. Rainer Trinczek (TU München)

t 2 420
Deutsches Jugendinstitut e.V. (DJI)
Postf. 90 03 52, 81503 München
Nockherstr. 2, 81541 München
T: (089) 6 23 06-0 Fax: 62 30 61 62
Internet: http://www.dji.de
Gründung: 1961
Direktor(in): Prof. Dr. Ingo Richter (Nockherstr. 2, 81541 München, Postf. 90 03 52, 81503 München, T: (089) 6 23 06-2 80, Telefax: (089) 62 30 61 62)
Verwaltungsdirektor: Wolfgang Müller
Öffentlichkeitsarbeit: Dipl.-Soz. Barbara Keddi
Mitarbeiter: ca. 140
Mitglieder des DJI-Vereins: 40

t 2 421
Institut für Sozialwissenschaftliche Forschung e.V. (ISF)
Jakob-Klar-Str. 9, 80796 München
T: (089) 2 72 92 10 Fax: 27 29 21 60
Internet: http://www.isf-muenchen.de
E-Mail: isf@lrz.uni-muenchen.de
Vorsitzende(r) des Vorstandes: Prof. Dr. Fritz Böhle
Forschung in den Bereichen Unternehmensreorganisation, Entwicklung von Arbeit, Aus- und Weiterbildung, industrielle Beziehungen u.ä.

t 2 422
Institut für Christliche Sozialwissenschaften
Hüfferstr. 27, 48149 Münster
T: (0251) 8 33 26 40 Fax: 8 32 50 52
E-Mail: ics@uni-muenster.de
Gründung: 1957
Leiter(in): Prof. Dr. Dr. Karl Gabriel
Verbandszeitschrift: Jahrbuch für Christliche Sozialwissenschaften
Redaktion: Prof. Dr. Dr. Karl Gabriel
Verlag: Regensberg, Daimlerweg 58, 48163 Münster

t 2 423
Institut für Politikwissenschaft der Westfälischen Wilhelms-Universität Münster
Scharnhorststr. 100, 48151 Münster
T: (0251) 8 32 43 70, 8 32 43 71 Fax: 8 32 43 72
Internet: http://www.uni-muenster.de/politikwissenschaft/
E-Mail: Kevenh@uni-muenster.de
Direktor(in): Prof. Dr. Paul Kevenhörster (c/o Westfälische Wihelms-Universität, Institut für Politikwissenschaft, Scharnhorststr. 100, 48151 Münster, T: (0251) 8 32 43 70/1)

t 2 424
Institut für soziale Arbeit e.V. (ISA)
Fortbildung, Praxisberatung, Forschung
Studtstr. 20, 48149 Münster
T: (0251) 92 53 60
Vorsitzende(r): Dr. Erwin Jordan

t 2 425
Institut für Arbeitsmarkt- und Berufsforschung der Bundesanstalt für Arbeit (IAB)
Regensburger Str. 104, 90327 Nürnberg
T: (0911) 1 79-0 Fax: 1 79-3258
Teletex: 9 118 197 BA nbg
Internet: http://www.iab.de
E-Mail: iab.ba@t-online.de
Gründung: 1967
Leiter(in): Prof. Dr. Gerhard Kleinhenz
Mitglieder: 108 Planstellen

t 2 426
Sozialwissenschaftliches Forschungszentrum (SFZ) der Universität Erlangen-Nürnberg
Ludwig-Erhard-Gebäude
Findelgasse 7-9, 90402 Nürnberg
T: (0911) 53 02-604 Fax: 53 02-637
Internet: http://www.wiso.uni-erlangen.de/WiSo/SFZ
E-Mail: sfz@wiso.uni-erlangen.de
Direktorium: Prof. Dr. Günter Buttler
Prof. Dr. Hanns-Dieter Dann
Prof. Dr. Gert Schmidt
Geschäftsführer(in): Prof. Dr. Manfred Stosberg

t 2 427
Institut für Sozialforschung und Sozialwirtschaft e.V. (ISO)
Trillerweg 68, 66117 Saarbrücken
T: (0681) 9 54 24-0 Fax: 9 54 24-27
Internet: http://www.iso-institut.de
E-Mail: iso-institut@hit.handshake.de
Geschäftsführer(in): Priv.-Doz. Dr. Hermann Kotthoff (Institutsleiter)

t 2 428
Internationales Institut für Empirische Sozialökonomie (INIFES)
Haldenweg 23 OT Leitershofen, 86391 Stadtbergen
T: (0821) 43 10 52/53/54 Fax: 43 25 31
E-Mail: inifes@t-online.de
Gründung: 1975
Leiter(in): Prof.Dr. Martin Pfaff

t 2 429
Sozialwissenschaftliches Institut der Bundeswehr (SOWI)
Prötzeler Chaussee 20, 15344 Strausberg
T: (03341) 58 18 30 Fax: 58 18 02
E-Mail: mackewitsch@swinstbw.de
Gründung: 1974
Oberstleutnant Reinhard Mackewitsch (Ltg. Presseabteilung)
Mitarbeiter: 29

t 2 430
Institut für Sozialwissenschaften des Agrarbereichs (430) Universität Hohenheim
70593 Stuttgart
T: (0711) 4 59-2640 Fax: 4 59-2652
E-Mail: maulbets@uni-hohenheim.de
Prof. Dr.Dr.habil. Franz Kromka

t 2 431
Institut für Politikwissenschaft der Eberhard-Karls Universität Tübingen
Melanchthonstr. 36, 72074 Tübingen
T: (07071) 2 97 54 45 Fax: 29 24 17
Internet: http://www.uni-tuebingen.de/uni/spi
Direktor(in): Prof. Dr. Volker Rittberger
Prof. Dr. Rudolf Hrbek
Prof. Dr. Andreas Boeckh

t 2 432
Institut für Soziologie der Universität Tübingen
Wilhelmstr. 36, 72074 Tübingen
T: (07071) 2 97 68 92
Geschäftsführer(in): Prof. Dr. W. M. Sprondel

● T 2 433
Wissenschaftszentrum Nordrhein-Westfalen
Postfach, 40190 Düsseldorf
Reichsstr. 45, 40217 Düsseldorf
T: (0211) 3 87 90-0 Fax: 37 05 86
Internet: http://www.wz.nrw.de
E-Mail: pr@mail.wz.nrw.de
Präsident(in): Prof. Dr. Dr. h.c. Gert Kaiser
Geschäftsführer(in): Dr. Dirk Matejovski
Leitung Presseabteilung: Carolin Grape
Verbandszeitschrift: Das MAGAZIN
Redaktion: Dr. Sabine Schmidt

t 2 434
Institut für Arbeit und Technik im Wissenschaftszentrum Nordrhein-Westfalen
Munscheidstr. 14, 45886 Gelsenkirchen
T: (0209) 17 07-0 **Fax:** 17 07-110
Internet: http://www.iatge.de

t 2 435
Kulturwissenschaftliches Institut im Wissenschaftszentrum Nordrhein-Westfalen
Goethestr. 31, 45128 Essen
T: (0201) 72 04-0 **Fax:** 72 04-111
Internet: http://www.kwi-nrw.de
E-Mail: presse@kwi-nrw.de

t 2 436
Wuppertal-Institut für Klima, Umwelt, Energie GmbH im Wissenschaftszentrum Nordrhein-Westfalen
Döppersberg 19, 42103 Wuppertal
T: (0202) 24 92-0 **Fax:** 24 92-108
Internet: http://www.wupperinst.org
E-Mail: info@wupperinst.org

● T 2 437
Institut für angewandte Kulturforschung e.V. (IfAK)
Nikolaistr. 15, 37073 Göttingen
T: (0551) 48 71 41 **Fax:** 48 71 41
Internet: http://www.ifak-goettingen.de
E-Mail: ifak@comlink.de
Gründung: 1988
Vorstand: Dr. Holger Martem
Vorstand: Dr. Roland Drubig
Verbandszeitschrift: Kritische Ökologie
Mitarbeiter: 5

● T 2 438
Bund Freiheit der Wissenschaft e.V.
Charlottenstr. 65, 10117 Berlin
T: (030) 20 45 47 04 **Fax:** 20 45 47 06
Internet: http://www.bund-freiheit-der-wissenschaft.de
Gründung: 1970 (18. November)
Vorsitzende(r): Dr. Winfried Holzapfel, Kevelaer
Prof. Dr. Erwin K. Scheuch, Köln
Dr. Hans-Joachim Geisler, Berlin
Schatzmeister: Prof. Dr. Günter Püttner
Verbandszeitschrift: Freiheit der Wissenschaft
Redaktion: Dr. Winfried Holzapfel
Verlag: Vereinigte Verlagsanstalten GmbH, Höherweg 278, 40231 Düsseldorf
Mitglieder: 2000 (incl. Förderer)

● T 2 439
Gesellschaft Sozialwissenschaftlicher Infrastruktureinrichtungen e.V. (GESIS)
Sitz: Mannheim
Geschäftsstelle:
Bachemer Str. 40, 50931 Köln
T: (0221) 4 76 94-0 **Fax:** 4 76 94-44
Gründung: 1986 (08. Dezember)
Direktorium: Prof. Dr. Wolfgang Jagodzinski (Zentralarchiv für Empirische Sozialforschung, Bachemer Str. 40, 50931 Köln, T: (0221) 4 70 45 08)
Prof. Dr. Jürgen Krause (Informationszentrum Sozialwissenschaften, Lennéstr. 30, 53113 Bonn, T: (0228) 22 81-(0)-1 45)
Dipl.-Kfm. Ekkehard Mochmann (Zentralarchiv für Empirische Sozialforschung, Bachemer Str. 40, 50931 Köln, T: (0221) 4 76 94-12)
Geschäftsführender Direktor: Prof. Dr. Peter Ph. Mohler (Zentrum für Umfragen, Methoden und Analysen (ZUMA), Postf. 12 21 55, 68072 Mannheim, T: (0621) 12 46-1 73)
Verbandszeitschrift: IZ-Telegramm, ZA-Information, Historical Social Research (HSR), ZUMA-Nachrichten, Informationsdienst soziale Indikatoren
Mitglieder: 3 korporative
Mitarbeiter: ca. 230

● T 2 440
Hauptverband für den Ausbau der Infrastrukturen in den Neuen Bundesländern (INFRANEU) e.V.
Kurfürstenstr. 84, 10787 Berlin
T: (030) 2 30 97 84-0 **Fax:** 2 30 97 84-29
Internet: http://www.infraneu.de
E-Mail: infraneu@infraneu.de
Vorsitzende(r): Dr. Peter von Dierkes (Berliner Stadtreinigungsbetriebe)
Stellvertretende(r) Vorsitzende(r): Dr. Dieter Flämig (geschäftsführend; STRATEGY Wirtschaftsberatungsgesellschaft mbH)
Dr. Rudolf Schulten (GASAG Berliner Gaswerke AG)
Jörg Simon (Berliner Wasser Betriebe)
Prof. Rainer Tepasse (ATD Überbetrieblicher Sicherheits-, Umwelttechnischer und Arbeitsmedizinischer Dienst mbH)

● T 2 441
Institut für Siedlungs- und Wohnungswesen der Westf.-Wilhelms-Universität Münster
Am Stadtgraben 9, 48143 Münster
T: (0251) 83-22971 **Fax:** 83-22970
Internet: http://www.wiwi.uni-muenster.de
E-Mail: 17wimi@wiwi.uni-muenster.de
Gründung: 1929
Leiter: Dir. Prof. Dr. Ulrich van Suntum
Geschäftsführer(in): AOR Dr. Winfried Michels

● T 2 442
Gesellschaft für empirische soziologische Forschung e.V.
Marienstr. 2 IV, 90402 Nürnberg
T: (0911) 2 35 65-0 **Fax:** 2 35 65-50
Gründung: 1950
Vorsitzende(r): Dr. Walter Schusser
Geschäftsführer(in): Dr. Rainer Wasilewski
Mitglieder: 10

● T 2 443
Institut für empirische Soziologie
Marienstr. 2 IV, 90402 Nürnberg
T: (0911) 2 35 65-0 **Fax:** 2 35 65-50
Gründung: 1950
Direktor(in): Prof. Dr. Günter Büschges
Geschäftsführer(in): Dr. Rainer Wasilewski

Forschung/Beratung: Rehabilitation, Sozial-, Gesundheitsökonomie, Altenhilfe, Betriebssoziologie, Verkehrssicherheit, Kriminologie

● T 2 444
Institut für Freie Berufe an der Friedrich-Alexander-Universität Erlangen-Nürnberg e.V.
Marienstr. 2 IV, 90402 Nürnberg
T: (0911) 2 35 65 20 **Fax:** 2 35 65 50
Internet: http://www.uni-erlangen.de/ifb
E-Mail: ifb@rzmail.uni-erlangen.de
Gründung: 1964
Vorsitzende(r): Dipl.-Ing. Peter Lanz
Direktor(in): Prof. Dr. Günter Büschges
Prof. Dr. Günter Buttler
Dr. Rainer Wasilewski (Geschäftsf.)
Mitglieder: 36
Mitarbeiter: 10

Politikberatung; Berufsforschung

● T 2 445
Studiengruppe für Sozialforschung e.V.
Postf. 12 65, 83248 Marquartstein
Staudacher Str. 14, 83250 Marquartstein
T: (08641) 71 30 **Fax:** 6 32 42
E-Mail: sfs@chiemsee-net.de
Gründung: 1972 (20. Juli)
Wiss. Dir.: Dipl.Soz. Gerd-Uwe Watzawczik

● T 2 446
Wissenschaftliche Gesellschaft zur Förderung der Psychologie e.V. (WiGFaP)
Aloys-Schulte-Str. 22, 53129 Bonn
T: (0228) 9 14 06 15 **Fax:** 9 14 06 14
E-Mail: wigfap@intelligenz.de
Gründung: 1994 (2. Juni)
Vorstand: Dipl.-Psych. Harald Ackerschott (1. Vors., Bonn)
Dipl.-Psych. Gabriele Bertram (Geschf. Ges. Intelligenz System Transfer GmbH, Bonn)
Dipl.-Psych. Norbert Gantner (Geschf. Ges. teme GmbH, Wien)
Geschäftsführer(in): N. N.

Förderung der Anwendung wissenschaftlicher Psychologie in Gesellschaft, Wirtschaft und Politik sowie Förderung eines realistischen Bildes von der Psychologie und ihren Dienstleistungen in der Öffentlichkeit durch: 1. Psychologische Expertendatenbank mit Presseservice, 2. Ausschreibung eines Preises für Diplomarbeiten in angewandter Psychologie, 3. Special events.

● T 2 447
Forschungsgesellschaft für Arbeitsphysiologie und Arbeitsschutz e.V.
Rechtsträger des Instituts f. Arbeitsphysiologie
Ardeystr. 67, 44139 Dortmund
T: (0231) 10 84-0 **Fax:** 10 84-326

Gründung: 1969 (2. Juli)
Vorsitzende(r): Dr. Fritz-Jürgen Kador
Stellvertretende(r) Vorsitzende(r): Prof. Dr. A. Klein
Geschäftsführer(in): Wolfdieter Homann
Mitglieder: 30
Mitarbeiter: 200
Jahresetat: DM 15,0 Mio, € 7,67 Mio

● T 2 448
Deutsche Gesellschaft für Supervision e.V. (DGSv)
Geschäftsstelle
Flandrische Str. 2, 50674 Köln
T: (0221) 9 20 04-0 **Fax:** 9 20 04-29
Internet: http://www.dgsv.de
E-Mail: info@dgsv.de
Gründung: 1989
Vorstand: Paul Fortmeier (Vors.)
Monika Möller (stellv. Vors.)
Marlies Müller-Becker (stellv. Vors.)
Geschäftsführer(in): Jörg Fellermann (Geschäftsführer der DGSv-Tochtergesellschaft AS Agentur für Supervision GmbH)
Stellv. Geschäftsführerin: Sofia Bengel (Leiterin der DGSv-Geschäftsstelle)
Mitglieder: 3200

● T 2 449
Werkstatt Ökonomie e.V.
Obere Seegasse 18, 69124 Heidelberg
T: (06221) 72 02 96 **Fax:** 78 11 83
Internet: http://www.woek.de
E-Mail: info@woek.de
Gründung: 1983
Vorstand: Dr. Angelika Köster-Loßack (MdB), Heidelberg
Prof. Dr. Kristian Hungar, Heidelberg
Hiltrud Broockmann, Stuttgart
Dr. Walter Sohn, Frankfurt am Main

● T 2 450
Kriminologische Zentralstelle e.V. (KrimZ)
Viktoriastr. 35, 65189 Wiesbaden
T: (0611) 1 57 58-0 **Fax:** 1 57 58-10
Internet: http://www.krimz.de
E-Mail: krimz@aol.com
Gründung: Vereinsgründung 1981 (21.Sept.), Arbeitsaufnahme 1986 (1.Jan.)
Vors. d. wissenschaftl. Beirats: Prof. Dr.jur. Heinz Schöch (Universität München)
Direktor(in): Prof. Dr. Rudolf Egg
Mitglieder: 16 (Bundesrepublik Deutschland, Bundesländer ohne Niedersachsen)

Dokumentation kriminologisch relevanter Literatur; Erfassung aktueller Projekte und Modelle; Durchführung eigener Forschung; Beratung von forschenden Stellen und Einrichtungen.

● T 2 451
Deutsches Zentralinstitut für soziale Fragen/DZI (Archiv für Wohlfahrtspflege)
Bernadottestr. 94, 14195 Berlin
T: (030) 83 90 01-0 **Fax:** 8 31 47 50
Internet: http://www.dzi.de
E-Mail: sozialinfo@dzi.de
Gründung: 1893
GeschF u. wiss. Leiter: Burkhard Wilke
Verbandszeitschrift: Fachzeitschrift Soziale Arbeit
Redaktion: Heidi Koschwitz, Burkhard Wilke
Verlag: DZI, Bernadottestr. 94, 14195 Berlin
Mitarbeiter: 22

● T 2 452
Institut für Ethnologie der Freien Universität Berlin
Drosselweg 1-3, 14195 Berlin
T: (030) 83 85 65 05 (Regionalbereich Asien/Ozeanien), 83 85 67 25 (Regionalbereich Afrika) **Fax:** 83 85 67 28, 5 23 82
Mitarbeiter: 21

● T 2 453
Institut für Gesellschaftswissenschaften Walberberg e.V.
Simrockstr. 19, 53113 Bonn
T: (0228) 21 68 52 **Fax:** 22 02 44
Gründung: 1951
Vorsitzende(r): P.Dr. Heinrich B. Streithofen
Verbandszeitschrift: DIE NEUE ORDNUNG
Redaktion: Prof.DDr. W. Ockenfels, Dr. H.B. Streithofen, Dr. Bernd Kettern

T 2 454
Hannah-Arendt-Institut für Totalitarismusforschung e.V.
an der Technischen Universität Dresden
01062 Dresden
Helmholtzstr. 6, 01069 Dresden
T: (0351) 4 63-2802 **Fax:** 4 63-6079
Internet: http://www.tu-dresden.de/hait
E-Mail: hait@rcs.urz.tu-dresden.de
Direktor: Prof. Dr. Klaus-Dietmar Henke
Stellvertretende Direktoren: PD Dr. Uwe Backes
Dr. Clemens Vollnhals (M.A.)
Vorsitzender des Kuratoriums: Matthias Rößler (Sächsischer Staatsminister für Kultus)
Wissenschaftlicher Beirat: N.N.

T 2 455
Förderverein Espenhain e.V.
Margarethenhain 7, 04579 Espenhain
T: (034206) 6 33 33 **Fax:** 6 33 30
E-Mail: ce.mail@campus-espenhain.de
Vorsitzende(r): Walter Christian Steinbach (Regierungspräsident RB Leipzig)
Stellvertretende(r) Vorsitzende(r): Rainer Wünsche (Geschäftsführer ALLTEC GmbH)
Jürgen Frisch (Bürgermeister)
Mitglieder: 51

T 2 456
Campus Espenhain gGmbH
Margarethenhain 7, 04579 Espenhain
T: (034206) 6 33 00 **Fax:** 6 33 30
E-Mail: ce.mail@campus-espenhain.de
Gründung: 1997 (26. November)
Geschäftsführer(in): Hansjörg Großert
Mitarbeiter: DM 6, € 3,07

T 2 457
Institut für Gesellschafts- und Wirtschaftswissenschaften
Rheinische Friedrich-Wilhelms-Universität Bonn
Betriebswirtschaftliche Abt. III-Marketing
Adenauerallee 24-42, 53113 Bonn
T: (0228) 73 92 26 **Fax:** 73 50 48
Internet: http://www.bw13.uni-bonn.de
E-Mail: bw13@uni-bonn.de
Direktor(in): Prof.Dr. Dieter Sondermann (geschäftsführend)
Ph.D.Prof.Dr.Dr. Dieter Bös
Prof. Dr. Wolfgang Breuer
Prof. Dr. J. Frerich
Prof. Dr.Dr.h.c. Bernhard Korte
Prof.Dr.Dres.h.c. Wilhelm Krelle
Prof.Dr.Dr.h.c. Hans-Jacob Krümmel
Prof.Dr. Manfred J. M. Neumann
Prof. Dr. Hermann Sabel
Prof. Dr. Peter Schönfeld
Prof. Dr. Klaus Schürger
Prof.Dr. Urs Schweizer
Prof.Dr. Reinhard Selten
Prof. Aver Shaked (Ph.D.)
Prof. Dr. Axel Weber

T 2 458
Gesellschaft für Sozial- und Wirtschaftsgeschichte
c/o Universität Jena
Carl-Zeiss-Str. 3, 07743 Jena
T: (03641) 94 33 20
Gründung: 1961
Vorsitzende(r): Prof. Dr. Jürgen Schneider (Universität Bamberg, Postf. 15 49, 96045 Bamberg)
Stellvertretende(r) Vorsitzende(r): Prof.Dr. Rainer Gömmel (Universität Regensburg, Wirtschaftswiss. Fakultät, Lehrstuhl für Wirtschaftsgeschichte, Universitätsstr. 31, 93053 Regensburg)
Schriftführer(in): Prof. Dr. Rolf Walter (Universität Jena, Wirtschaftswissenschaftliche Fakultät, Lehrstuhl für Wirtschafts- und Sozialgeschichte, Carl-Zeiss-Str. 3, 07743 Jena)
Mitglieder: 225

T 2 459
Arbeitskreis für moderne Sozialgeschichte e.V.
Hauptstr. 113, 69117 Heidelberg
T: (06221) 16 56 65 **Fax:** 16 56 65
Vorsitzende(r): Prof. Dr.h.c. Wolfgang Schieder
Geschäftsführer(in): Prof. Dr. Ulrich Engelhardt

T 2 460
Forschungsstelle Anthropoökonomie im USD
(Wirtschaftswissenschaftliche Kulturforschungsaufgaben)
Im Geigersberg 11, 74348 Lauffen
T: (07133) 79 56 **Fax:** 96 28 58
E-Mail: info@dr-auerbach.de
Gründung: 2000 (April)

Leiter(in): Dr. Klaus Peter Auerbach
Angeschlossene Partner: anwendungswissenschaftliche und forschungswissenschaftliche Facheinrichtungen im In- und Ausland

T 2 461
Institut für Mittelstandsforschung Bonn
Maximilianstr. 20, 53111 Bonn
T: (0228) 7 29 97-0 **Fax:** 7 29 97-34/90
E-Mail: post@ifm-bonn.org
Vorstand: Prof.Dr.Dr. Dieter Bös
Prof. Dr. Uschi Backes-Gellner
Wiss. GeschF: Dr. Gunter Kayser

T 2 462
Gesellschaft für Controlling e.V. (GfC)
c/o Universität Dortmund
Otto-Hahn-Str. 6a, 44227 Dortmund
T: (0231) 7 55-31 40 **Fax:** 7 55-3141
Gründung: 1986
Vorsitzende(r): Prof. Dr. Thomas Reichmann
Stellvertretende(r) Vorsitzende(r): Dr. Hermann Richter
Verbandszeitschrift: Zeitschrift für Controlling
Redaktion: Dipl.-Kfm. Volker Busch
Verlag: Beck-Verlag, Wilhelmstr. 9, 80801 München
Mitglieder: ca. 150

T 2 463
Katholisch-Soziales Institut der Erzdiözese Köln
Kardinal-Frings-Haus
Selhofer Str. 11, 53604 Bad Honnef
T: (02224) 9 55-0 **Fax:** 9 55-100
Internet: http://www.ksi.de
Vorsitzende(r): Dompropst Bernard Henrichs
Direktor(in): Joachim Sikora

T 2 464
KKV-Bundesverband der Katholiken in Wirtschaft und Verwaltung e.V.
Postf. 34 02 52, 45074 Essen
Bismarckstr. 61, 45128 Essen
T: (0201) 8 79 23-0 **Fax:** 8 79 23-33
Internet: http://www.kkv-bund.de
E-Mail: info@kkv-bund.de
Gründung: 1877 (8.-10. September in Mainz)
Vorsitzende(r): Georg Konen (Bundesvorsitzender)
Geistl. Beirat: Prälat Prof. Dr. F. Janssen (Feldmannskamp 1, 49377 Vechta)
Geschäftsführer(in): Alfons Scholten (Leitung Presseabteilung)
Verbandszeitschrift: KKV-Forum/Neue Mitte
Redaktion: KKV-Bundesverband
Verlag: Gebr. Wilke GmbH, Postf. 27 67, 59017 Hamm
Mitglieder: 12500
Mitarbeiter: 5
Jahresetat: DM 0,5 Mio, € 0,26 Mio
Landesverbände:
Diözesanverband Aachen
Landesverband Bayern
Diözesanverband Essen
Diözesanverband Freiburg
Diözesanverband Fulda
Diözesanverband Hildesheim
Diözesanverband Köln
Diözesanverband Limburg
Diözesanverband Mainz
Diözesanverband Münster
Diözesanverband Osnabrück-Hamburg
Diözesanverband Paderborn
Diözesanverband Speyer
Diözesanverband Trier
Regionalverband Ost

T 2 465
Lehrstuhl für Volkswirtschaftslehre, insb. Wirtschaftsordnung und Sozialpolitik an der Universität Würzburg
Sanderring 2, 97070 Würzburg
T: (0931) 31 29 24 **Fax:** 31 27 74
E-Mail: norbert.berthold@mail.uni-wuerzburg.de
Vorstand: Prof. Dr.rer.pol. Norbert Berthold

T 2 466
Universität zu Köln
Wirtschafts- und Sozialgeographisches Institut
50923 Köln
Albertus-Magnus-Platz, 50931 Köln
T: (0221) 4 70-2372 **Fax:** 4 70-5009
Internet: http://www.uni-koeln.de
E-Mail: agj05@uni-koeln.de
Gründung: 1950
Geschäftsführender Direktor: Prof. Dr. Rolf Sternberg (Universitätsprofessor der Universität zu Köln)

Vorstandsmitglied: Prof. Dr. Ewald Gläßer (Universitätsprofessor der Universität zu Köln)
Mitarbeiter: 10

T 2 467
Institut für Markt- und Motivforschung
Konrad-Adenauer-Allee 39, 86150 Augsburg
T: (0821) 2 58 66-0 **Fax:** 2 58 66-50
E-Mail: mafo.augsburg@t-online.de
Gründung: 1959
Institutsltg.: Dipl.-Soz. Axel Wellhoener

T 2 468
AIK - Kohlhaas & Partner
Wirtschafts-Informationen
Augustastr. 16, 47829 Krefeld
T: (02151) 80 25 77 **Fax:** 80 25 79
Internet: http://www.aik-online.de
E-Mail: aik@aik-online.de
Gründung: 1988
Kontaktperson: Dipl.-Oec. Edgar E. Kohlhaas
Mitarbeiter: 8
Sachgebiete: Marktforschung/Marktstudien; Verpackungstechnik; Wirtschaftsinformationen
Branchenreporte, Datenbank-Recherchen.

T 2 469
Arbeitsgemeinschaft Fernsehforschung (AGF)
Geschäftsstelle
Eschersheimer Landstr. 25-27, 60322 Frankfurt
T: (069) 9 55 52 60-0 **Fax:** 9 55 52 60-60
E-Mail: info@agf-online.de
Leitung der Geschäftsstelle: Anke Weber

T 2 470

ADM Arbeitskreis Deutscher Markt- und Sozialforschungsinstitute e.V.
Geschäftsstelle
Langer Weg 18, 60489 Frankfurt
T: (069) 97 84 31 36 **Fax:** 97 84 31 37
Internet: http://www.adm-ev.de
Gründung: 1955 (20.Juni)
Vorstand: Dr. Rudolf Sommer (Vors.)
Dr. Klaus L. Wübbenhorst
Hella Glagow
Geschäftsführer(in): Erich Wiegand
Mitglieder: 43 Mitgliedsinstitute

Mitglieds-Institute

t 2 471
Alpha-Institut GmbH
Kaiserstr. 29, 55116 Mainz
T: (06131) 6 30 68-0 **Fax:** 6 30 68-50
Internet: http://www.alpha-institut.de
E-Mail: info@alpha-institut.de
Geschäftsführer(in): Heinz R. Kuntzsch (M.A.)
Dipl.-Psych. Petra Schöneberger

t 2 472
AMR Advanced Market Research GmbH
Bilker Str. 27, 40213 Düsseldorf
T: (0211) 8 65 87-0 **Fax:** 8 65 87-15
E-Mail: amrgmbh@aol.com
Geschäftsführer(in): Ulrich Buchholz
Theresa Gibson

t 2 473
ASK Gesellschaft für Sozial- und Konsumforschung mbH
Mönckebergstr. 10, 20095 Hamburg
T: (040) 32 56 72-0 **Fax:** 32 56 72-99
Internet: http://www.ask-de.com
Geschf. Ges.: Dipl.-Psych. B. Borgmann
Dipl.-Soz. R. Plette

t 2 474

Roland Berger Forschungs-Institut für Markt- u. Systemforschung GmbH
Postf. 81 01 40, 81901 München
Arabellastr. 33, 81925 München
T: (089) 92 23-231 **Fax:** 92 23-338
Internet: http://www.rolandberger.com
E-Mail: marketresearch@de.rolandberger.com
Geschäftsführer(in): Roland Berger
Hela Prosteder
Peter Miller
Mitarbeiter: 29 (März)

Bedarfsprognosen, Potentialerhebungen, psychologische und repräsentative Erhebungen, Telefonscreenings, Szenariotechniken, Kreativ-Workshops, Typologien, Produktpositionierungen, Conjoint-Analysen, Kommunikations- und Werbemittelforschung, Personalforschung/Corporate Identity und Imageforschung, Sekundäranalysen, strategische Kommunikationskonzepte, Wettbewerbsanalysen, etc. für fast alle Branchen im internationalen Ansatz.

t 2 475

BIK ASCHPURWIS + BEHRENS GmbH
Feldbrunnenstr. 7, 20148 Hamburg
T: (040) 4 14 78 70 **Fax:** 41 47 87 15
Internet: http://www.bik-gmbh.de
E-Mail: mafo@bik-gmbh.de
Geschäftsführer(in): K. Behrens

t 2 476

Marmas Bonn - Bonner Institut für Markt-Meinungs-, Absatz- und Sozialforschung GmbH
Plittersdorfer Str. 106, 53173 Bonn
T: (0228) 36 48 32, 9 55 95-0 **Fax:** 36 48 46
E-Mail: info@marmasbonn.de
Geschäftsführer(in): Wilhelm H. Ennemann

t 2 477

C.M.R. Institut für Communication - & Marketing-Research Aktiengesellschaft
Rastatter Str. 12, 68239 Mannheim
T: (0621) 2 22 69 **Fax:** 2 27 15
E-Mail: c.m.r.@t-online.de
Geschäftsführer(in): Werner Dieing
Claudia Muff

t 2 478

Compagnon Marktforschung GmbH & Co. KG
Institut für psychologische Marketing- und Werbeforschung
Nöllenstr. 11, 70195 Stuttgart
T: (0711) 6 99 18-0 **Fax:** 6 99 18-10
Internet: http://www.compagnon.de
E-Mail: compagnon@compagnon.de
Geschäftsführer(in): Franz Liebel
Marina Klusendick
Mitarbeiter: 16 feste, 15 freie, 300 Interviewer

t 2 479

Czaia Marktforschung GmbH / Tecum
Kleiner Ort 1, 28357 Bremen
T: (0421) 20 71 30-0 **Fax:** 2 07 13 30
Internet: http://www.tecum.de
E-Mail: info@czaia-marktforschung.de, info@tecum.de
Geschäftsführer(in): Uwe Czaia

t 2 480

TNS EMNID GmbH & Co.
Markt-, Media- und Meinungsforschung
Stieghorster Str. 90, 33605 Bielefeld
T: (0521) 92 57-0 **Fax:** 92 57-333
Internet: http://www.emnid.tnsofres.com
E-Mail: info@emnid.tnsofres.com
Geschäftsführer(in): Claude Bénazeth
Gunter Bierbaum
Hartmut Scheffler
Klaus-Peter Schöppner

t 2 481

ENIGMA Institut für Markt- und Sozialforschung Jürgen Ignaczak GmbH
Burgstr. 3, 65183 Wiesbaden
T: (0611) 9 99 60-0 **Fax:** 9 99 60-60
Internet: http://www.enigma-institut.de
E-Mail: mail@enigma-institut.d
Geschäftsführer(in): Jürgen Ignaczak

t 2 482

facit Marketing-Forschung GmbH
Schwanthalerstr. 91, 80336 München
T: (089) 54 46 17-0 **Fax:** 54 46 17-12
Internet: http://www.facit-mafo.de
E-Mail: info@facit-mafo.de
Geschäftsführer(in): Dr. Otto Maran

t 2 483

FORSA Gesellschaft für Sozialforschung und statistische Analysen mbH
Max-Beer-Str. 2-4, 10119 Berlin
T: (030) 6 28 82-0 **Fax:** 6 28 82-400
E-Mail: forsaberlin@compuserve.com
Niederlassung
Am Kaiserhain 19, 44139 Dortmund
T: (0231) 9 02 20, Telefax: (0231) 9 02 22 70
Gründung: 1984 (3. Juli)
Geschäftsführer(in): Manfred Güllner
Mitarbeiter: 51

t 2 484

GfK Aktiengesellschaft
GfK Gruppe Gesellschaft für Konsum-, Markt- und Absatzforschung
90319 Nürnberg
Nordwestring 101, 90425 Nürnberg
T: (0911) 3 95-0 **Fax:** 3 95-2209
Internet: http://www.gfk.de
E-Mail: public.affairs@gfk.de, investor.relations@gfk.de
Vorstand: Dr. Klaus L. Wübbenhorst (Vors.)
Dr. Gérard Hermet
Gerhard Kirschner
Heinrich Litzenroth
Wilhelm Wessels

t 2 485

**IFAK Institut GmbH & Co,
Markt- und Sozialforschung**
Postf. 13 51, 65221 Taunusstein
Georg-Ohm-Str. 1, 65232 Taunusstein
T: (06128) 7 47-0 **Fax:** 7 35 18
TGR: ifak taunusstein
Internet: http://www.ifak.de
E-Mail: mailto@ifak.de
Geschf. Ges.: Jens Winicker
Geschäftsführer(in): Martina Winicker

t 2 486

**Impulse
Forschungsgesellschaft für Marketing und Organisation mbH**
Mannheimer Str. 1, 69115 Heidelberg
T: (06221) 14 88-0 **Fax:** 14 88-14
Geschäftsführer(in): Jürgen Häussler
Alfred Schmitt
Bernd Siegert

t 2 487

infas Institut für angewandte Sozialwissenschaft GmbH
Margarethenstr. 1, 53175 Bonn
T: (0228) 38 22-0 **Fax:** 31 00 71
Internet: http://www.infas.de
Geschäftsführer(in): Menno Smid

t 2 488

NFO Europe GmbH & Co. KG
Infratest Burke/Info Europe
Landsberger Str. 338, 80687 München
T: (089) 56 00-0 **Fax:** 56 00-313
Internet: http://www.infratest-burke.com
E-Mail: ib@hqde.infrabrk.com
Vorstand: Dr. Hartmut Kiock
Werner Hampf
Mitarbeiter: 1200

t 2 489

INRA Deutschland GmbH
Markt- und Sozialforschung
Papenkamp 2-6, 23879 Mölln
T: (04542) 8 01-0 **Fax:** 8 01-201
Internet: http://www.inra.de
E-Mail: mailbox@inra.de
Geschäftsführer(in): Hella Glagow

t 2 490

**Institut für Demoskopie Allensbach
Gesellschaft zum Studium der öffentlichen Meinung mbH (IfD)**
Radolfzeller Str. 8, 78476 Allensbach
T: (07533) 8 05-0 **Fax:** 30 48
Internet: http://www.ifd-allensbach.de
E-Mail: ifd@allensbach.de
Geschäftsführer(in): Prof.Dr.Dr.h.c.
Elisabeth Noelle-Neumann
Dr. Renate Köcher

Repräsentative Befragungen (allgemeine Bevölkerung, Spezialquerschnitte bei Industrieunternehmen, Handel, Handwerk, freien Berufen, Meinungsführern). Psychologische Studien; Sozialwissenschaftliche Experimente; Markt- und Meinungsforschung; Mediaforschung; Produkt- und Werbetests; Copytests; Umfragen im Dienst der Rechtspraxis, Betriebsumfragen; Soziologische und politische Studien.

t 2 491

Institut für Marktforschung GmbH - IM Leipzig
Markt 10, 04109 Leipzig
T: (0341) 99 50-0 **Fax:** 99 50-111
Internet: http://www.imleipzig.de
E-Mail: imleipzig@t-online.de
Geschäftsführer(in): Hans-R. Günther

t 2 492

Intermarket Gesellschaft für internationale Markt- und Meinungsforschung mbH
Lindemannstr. 82, 40237 Düsseldorf
T: (0211) 67 04-0 **Fax:** 66 00 02
Internet: http://www.rsg-ddf.de
E-Mail: rsg-ddf@t-online.de
Geschäftsführer(in): Dr. Rudolf Sommer
Elke Wilkesmann

t 2 493

Ipsos Deutschland GmbH Marketing-, Medien- und Sozial-Forschung
Langelohstr. 134, 22549 Hamburg
T: (040) 8 00 96-0 **Fax:** 8 00 96-100
Internet: http://www.ipsos.de
E-Mail: hoppe@ipsos.de
Geschäftsführer(in): Dr. Michael Hoppe (Vors.)
Ulrich Boes
Harald Hasselmann
Rüdiger Fritz
Leitung Presseabteilung: Daniela Weingärtner

t 2 494

IRES Gesellschaft für Unternehmens-, Marketing- und Kommunikationsforschung m.b.H.
Hunsrückenstr. 54, 40213 Düsseldorf
T: (0211) 32 50 93, 32 50 94, 32 50 95, 32 50 96
Fax: 32 56 56
Geschäftsführer(in): Dieter Franke
Jürgen Kersjes
H. Jochen Steiner
Michael Ströhle

t 2 495

Dr. von Keitz GmbH
Große Bleichen 16, 20354 Hamburg
T: (040) 35 53 80-0 **Fax:** 35 53 80-20
Gründung: 1983
Geschäftsführer(in): Dr. Beate von Keitz
Mitarbeiter: 8

t 2 496

Krämer Marktforschung GmbH
Hansestr. 69, 48165 Münster
T: (0250) 8 02-0 **Fax:** 8 02-100
Internet: http://www.kraemer-germany.com
E-Mail: kraemer@kraemer-mafo.de, contact@kraemer-germany.com
Geschäftsführer(in): Michael Krämer

t 2 497

**LINK + Partner GMBH
Institut für computergesteuerte Befragungen - CATI**
Burgstr. 106, 60389 Frankfurt
T: (069) 9 45 40-0 **Fax:** 9 45 40-105
Internet: http://www.linkundpartner.de
E-Mail: info@linkp.rhein-main.com
Geschäftsführer(in): Johannes Klass
Mitarbeiter: 26

t 2 498
M & E Deutsche Gesellschaft für Markt- und Engpaßforschung mbH
Waidmannstr. 2, 60596 Frankfurt
T: (069) 96 36 47-0 **Fax:** 96 36 47-10
E-Mail: info@dmue.de
Geschäftsführer(in): Karl Ludwig Börtzler

t 2 499
Mafo-Institut GmbH & Co. KG
Altkönigstr. 2, 65824 Schwalbach
T: (06196) 5 03 90 **Fax:** 8 51 88
Internet: http://www.mafo-institut.de
E-Mail: mail@mafo-institut.de
Geschäftsführer(in): Dr. Emil Bruckert
Andreas Bruckert
Dr. Reinhard Deimer

t 2 500
Marplan Forschungsgesellschaft mbH
Marktplatz 9, 63065 Offenbach
T: (069) 80 59-0 **Fax:** 80 59-243
Geschäftsführer(in): Klaus Stumpf

t 2 501
mc Markt-Consult
Institut für Stukturforschung und Marketingberatung GmbH
Blücherstr. 11, 22767 Hamburg
T: (040) 38 60 42-0 **Fax:** 38 60 42 18
Internet: http://www.markt-consult.de
E-Mail: info@markt-consult.de
Geschäftsführer(in): Arnd von Romatowski
Mitarbeiter: 7

t 2 502
Media Markt Analysen GmbH & Co. KG
Lyoner Str. 11a, 60528 Frankfurt
T: (069) 6 10 04-0 **Fax:** 6 10 04-150
Internet: http://www.mma-frankfurt.de
E-Mail: info@mma-frankfurt.de
Geschäftsführer(in): Dr. Eva-Maria Hess

t 2 503
Millward Brown Germany GmbH & Co. KG
Postf. 19 01 90, 60088 Frankfurt
Kleyerstr. 90, 60326 Frankfurt
T: (069) 7 39 44-0 **Fax:** 7 39 44-100
Internet: http://www.millwardbrown.com
E-Mail: millwardbrown@de.millwardbrown.de
Geschäftsführer(in): Andreas Sperling

t 2 504
polis Gesellschaft für Politik- und Sozialforschung mbH
Dessauerstr. 6, 80992 München
T: (089) 14 36 97 10 **Fax:** 14 36 97 40
Internet: http://www.polis-forschung.de
E-Mail: kontakt@polis-forschung.de
Geschäftsführer(in): Horst Becker
Dr. Walter Ruhland

t 2 505
psyma - arbeitsgruppe für psychologische marktanalysen GmbH
Fliedersteig 17, 90607 Rückersdorf
T: (0911) 9 95 74-0 **Fax:** 9 95 74-33
Internet: http://www.psyma.com
Geschäftsführer(in): Christian Ryssel
Ralf Maser
Bernd Wachter

t 2 506
result medienforschung GmbH
Im Mediapark 5a, 50670 Köln
T: (0221) 95 29 71-0 **Fax:** 95 29 71-396
E-Mail: result@result.de
Geschäftsführerin: Sabine Haas

t 2 507

Rheingold Institut für qualitative Markt- und Medienanalysen
Kaiser-Wilhelm-Ring 46, 50672 Köln
T: (0221) 91 27 77-0 **Fax:** 91 27 77-55
Internet: http://www.rheingold-online.de
Geschäftsführer(in): Heinz Grüne
Stephan Grünewald
Jens Lönneker
Leitung Presseabteilung: Thomas Stratling

t 2 508
RMM Marketing Research International GmbH
Uhlandstr. 68, 22087 Hamburg
T: (040) 25 15 82-00 **Fax:** 25 15 82-22
E-Mail: rmm@rmm.de
Geschäftsführer(in): John Attfield

t 2 509
Schaefer Marktforschung GmbH
Warnstedtstr. 57, 22525 Hamburg
T: (040) 54 73 49-0 **Fax:** 54 73 49 34
Internet: http://www.schaefer-mafo.de
E-Mail: email@schaefer-mafo.de
Geschf. Gesellschafter: Felix Schaefer

t 2 510
SINUS Sociovision GmbH
Ezanvillestr. 59, 69118 Heidelberg
T: (06221) 80 89-0 **Fax:** 80 89-25
E-Mail: sinus@sociovision.de
Geschäftsführer(in): Dorothea Nowak
Berthold Flaig
Dr. Joachim Heuser

t 2 511
Umfrageninstitut Klaus Peinelt GmbH
Leopoldstr. 32, 80802 München
T: (089) 34 75 14 **Fax:** 34 92 82
Internet: http://www.umfrageinstitut.de
E-Mail: kpeinelt@t-online.de
Geschäftsführer(in): Klaus Peinelt
Helmut Aumüller

t 2 512
Unabhängiges Meinungsforschungsinstitut Info GmbH
Schönholzer Str. 1a, 13187 Berlin
T: (030) 4 85 58 20, 4 85 58 17 **Fax:** 4 85 58 19
Internet: http://www.infogmbh.de
E-Mail: mail@infogmbh.de
Gründung: 1990 (18. Juni)
Geschäftsführer(in): Dr. Holger Liljeberg

t 2 513
USUMA GmbH - Markt-, Meinungs- und Sozialforschung
Berliner Allee 96, 13088 Berlin
T: (030) 9 27 02 81-0 **Fax:** 9 27 02 81-1
Internet: http://www.usuma.de
Geschäftsführer(in): Wolfgang Reymann
Rainer Schwarz

● T 2 514
Betriebswirtschaftliches Institut für empirische Gründungs- und Organisationsforschung e.V. (bifego)
c/o EUROPEAN BUSINESS SCHOOL
Schloß Reichartshausen, 65375 Oestrich-Winkel
T: (06723) 69-231 **Fax:** 69-235
Internet: http://www.bifego.de
E-Mail: heinz.klandt@ebs.de
Gründung: 1985
Geschäftsführer(in): Dipl.-Kfm. Dirk Daniels
Direktor(in): Prof.Dr. Detlef Müller-Böling (Fachgebiet Empirische Wirtschafts- und Sozialforschung, Universität Dortmund)
Direktor(in): Prof. Dr. Heinz Klandt (Stiftungslehrstuhl für Gründungsmanagement und Entrepreneurship EUROPEAN BUSINESS SCHOOL)
Mitglieder: 85

● T 2 515
MMM-Club (Moderne Markt-Methoden) e.V.
Postf. 45, 82055 Icking
T: (08178) 12 15 **Fax:** 13 75
Internet: http://www.mmm-club.de
E-Mail: mmm-club@t-online.de
Gründung: 1962
Mitglieder: 1010

● T 2 516
LAVES CHEMIE Consulting
Königsteiner Str. 80, 65812 Bad Soden
T: (06196) 6 20 57 **Fax:** 2 78 37
E-Mail: laveschemie@t-online.de
Geschäftsführer(in): Dipl.-Chem. Dr. Gerhard Wallenwein
Einzelstudien, Mehrklientenstudien in den Bereichen Marketing, Geschäftsentwicklung, Akquisitionen, Technologie-Transfer.

● T 2 517
Freie Universität Berlin
Arbeitsbereich MEDIENFORSCHUNG
Habelschwerdter Allee 45, 14195 Berlin
T: (030) 8 38-55971 **Fax:** 8 38-55972
Gründung: 1972
Leiter(in): Professorin Dorothea Kretschermer
Mitarbeiter: 7

● T 2 518
Arbeitsgemeinschaft Media-Analyse e.V. (AG.MA)
Am Weingarten 25, 60487 Frankfurt
T: (069) 15 68 05-0 **Fax:** 15 68 05-40
E-Mail: AGMA@agma-mmc.de
Gründung: 1954 (12. Januar)
Vorstand: Hans Georg Stolz (Vors.)
Mathias Bonn
Margret Buhse
Dieter K. Müller
Dr. Walter Neuhauser
Michael Walter
Geschäftsführer(in): Jürgen Wiegand
Mitglieder: 240

● T 2 519
Deutsches Werbemuseum e.V.
Forum für Marketing und Kommunikation
Löwengasse 27, 60385 Frankfurt
T: (069) 96 86 01 52 **Fax:** 96 86 01 53
Internet: http://www.deutscheswerbemuseum.de
E-Mail: nmk-r.scholze@t-online.de
Vorsitzende(r): Werner Lippert
Geschäftsführer(in): Rainer Scholze

● T 2 520
Institut für Marktorientierte Unternehmensführung
68131 Mannheim
L 5, 1, 68161 Mannheim
T: (0621) 1 81-1755 **Fax:** 1 81-1571
Internet: http://www.bwl.uni-mannheim.de/IMU/
E-Mail: service@imu-mannheim.de
Direktor(in): Prof. Dr. Hans H. Bauer (Tel.: (0621) 1 81-1572, Fax: (06121) 1 81-1571, E-Mail: hans.bauer@bwl.uni.mannheim.de)
Prof. Dr. Christian Homburg (Tel.: (0621) 1 81-1551, Fax: (0621) 1 81-1556, E-Mail: prof.homburg@bwl.uni.mannheim.de)

● T 2 521
Fördergemeinschaft für Absatz- und Werbeforschung e.V.
c/o GWA
Friedensstr. 11, 60311 Frankfurt
T: (069) 2 56 00 80 **Fax:** 23 68 83

● T 2 522
Rhein-Neckar-Dreieck e.V.
P 7 20-21, 68161 Mannheim
T: (0621) 10 30 84, 10 30 85 **Fax:** 10 30 86
Internet: http://www.rnd.de
E-Mail: info@rnd.de
Gründung: 1989
Vorsitzende(r): Prof. Dr.h.c. Peter Frankenberg
Stellvertretende(r) Vorsitzende(r): Dr. Hans Joachim Bremme
Geschäftsführer(in): Edelgard Seitz
Mitglieder: 170
Jahresetat: DM 1,2 Mio, € 0,61 Mio

● T 2 523

TECHNOMAR GMBH
Gesellschaft für Investitionsgütermarktforschung und Unternehmensberatung
Ismaninger Str. 68, 81675 München
T: (089) 41 94 18-0   **Fax:** 4 70 50 08
Internet: http://www.technomar.de
E-Mail: technomar@t-online.de
Gründung: 1978
Geschäftsführer(in): Dipl.-Ing. Volkmar Ebert
Dipl.-Ing.Dipl.-Wirtsch.-Ing. Bernd Stulz
Mitarbeiter: 15

Marktanalysen und Marketingberatung für die Investitionsgüterindustrie.

t 2 524

Technomar GmbH
Niederlassung Rhein/Main
Kirchstr. 29, 69514 Laudenbach
T: (06201) 49 22 26

● T 2 525

FGM Fördergesellschaft Marketing e.V.
c/o Univ.-Prof. Dr. Anton Meyer, LMU München, Fakultät für Betriebswirtschaftslehre
Ludwigstr. 28 RG, 80539 München
T: (089) 21 80-33 21   **Fax:** 21 80-33 22
E-Mail: schnitzer@bwl.uni-muenchen.de
Gründung: 1972
Vorstand: Univ.-Prof. Dr. Anton Meyer (Vors.)
Dr. Christian Blümelhuber
Dipl.-Kfm. Florian Dullinger
Dipl.-Kfm. Roland Kantsperger
Dipl.-Kfm. Kerstin Oppermann
Geschäftsführer(in): Dipl.-Kfm. Tobias Schnitzer
Verbandszeitschrift: FGM aktuell
Mitglieder: 643
Mitarbeiter: 2 Festangestellte, 7 Frei berufl., 30 Interviewer

● T 2 526

item Institut für Markt- und Verbraucherforschung e.V.
Bonner Str. 224, 50968 Köln
T: (0221) 37 34 37   **Fax:** 37 40 00
Internet: http://www.marktforschung.org
E-Mail: itemmafo@aol.com
Gründung: 1986
Geschäftsführer(in): Wolfgang Uhle
Wiss. Beirat: Dipl.-Oec. I. Abel
Prof. Dr. K.-Chr. Bergmann (Facharzt für Lungenheilkunde und Allergologie)
Dipl.-agr. Dr. M. Böhmer
Dr. U. Boikat (Radioökologin)
Dipl.-Phys. Prof. Dr. L. Magloire
Dipl.-Ing. L. Pohl
Dr. K. Schulze-Hennings (Arzt für Allgemeinmedizin)
RA S. Schuster
Dipl.-Chem. Dr. G. Zwiener
Mitarbeiter: 17 und 60 Interviewer

● T 2 527

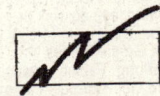

HEINS + PARTNER GmbH
Deciusstr. 6, 33611 Bielefeld
T: (0521) 9 82 16-0   **Fax:** 8 58 12
Gründung: 1984
Geschäftsführer(in): Dipl.-Betriebsw. Peter Heins
Dipl.-Soz. Raimund Ukas
Mitarbeiter: 15

Marktanalysen für Elektrotechnik/Elektronik, Kommunikations- und Datentechnik, Meß- u. Regeltechnik, Sicherheitstechnik.

● T 2 528

GMF Vereinigung Getreide-, Markt- und Ernährungsforschung GmbH
Postf. 30 01 65, 53181 Bonn
T: (0228) 42 12 50   **Fax:** 4 79 75 59
Internet: http://www.gmf-info.de
E-Mail: info@gmf-info.de
Geschäftsführer(in): Dr. Heiko Zentgraf

● T 2 529

IFAV

Institut für angewandte Verbraucherforschung e.V. (IFAV)
Aachener Str. 1089, 50858 Köln
T: (02234) 4 07 70   **Fax:** 40 77 22
Internet: http://www.ifav.de
E-Mail: ifav.info@ifav.de
Vorstand: Prof.Dr. Gerhard Scherhorn
Dipl.-Kfm. Dr. Tilmann Höhfeld

● T 2 530

Deutsche Gesellschaft für Erziehungswissenschaft e.V.
c/o Prof. Dr. Ingrid Gogolin
Universität Hamburg, FB Erziehungswissenschaft, Institut für Schulpädagogik
Von-Melle-Park 8, 20146 Hamburg
T: (040) 4 28 38-2127   **Fax:** 4 28 38-4298
Vorstand: Prof. Dr. Ingrid Gogolin (Vors.); Universität Hamburg, FB Erziehungswissenschaften, Institut für Schulpädagogik, Von-Melle-Park 8, 20146 Hamburg, T: (040) 4 28 38-21 27, Telefax: (040) 4 28 38-42 98, E-Mail: gogolin@erzwiss.uni-hamburg.de, Privat: Maria-Louisen-Str. 65, 22301 Hamburg, T: (040) 48 88 50)
Prof. Dr. Elisabeth Fuhrmann (Privat: Liebstadter Gang 4, 12587 Berlin, T/Fax: (030) 6 45 24 79)
Prof. Dr. Margret Kraul (Universität Koblenz/Landau Abteilung Koblenz, FB Erziehungswissenschaften, Rheinau 1, 56075 Koblenz, T: (0261) 91 19-1 32, Telefax: (0261) 91 19-1 37 od. 1 36, E-Mail: oeser@uni-koblenz.de, Privat: Schwarzer Weg 24, 33824 Werther, T: (05203) 63 03, Telefax: (05203) 58 24)
Prof. Dr. Winfried Marotzki (Otto-von-Guericke-Universität Magdeburg, Allgemeine Pädagogik, Stresemannstr. 23, 39104 Magdeburg, T: (0391) 6 71 47-18 (Sek.), Telefax: (0391) 6 71 47-03, Privat: Asternweg 3, 31141 Hildesheim, T: (05064) 96 07 82, E-Mail: marotzki@compuserve.com, Funk: (0172) 4 51 99 37)
Prof. Dr. Hans Merkens (Freie Universität Berlin, FB Erziehungswissenschaft, Psychologie und Sportwissenschaft, Institut f. Allgemeine Pädagogik (WE 1), Fabeckstr. 13, 14195 Berlin, T: (030) 8 38 52 24-52 26, Telefax: (030) 8 38 47 96, E-Mail: merken@fub46.zedat.fu-berlin.de, Privat: Kapaunenstr. 11, 12555 Berlin, T: (030) 6 63 72 02)
Prof. Dr. Jan-Hendrik Olbertz (Martin-Luther-Universität Halle-Wittenberg, FB Erziehungswissenschaft, Institut für Pädagogik, Franckeplatz 1, Haus 7, 06110 Halle (Saale), T: (0345) 55-2 37 88, Telefax: (0345) 55-2 71 81, E-Mail: olbertz@paedagogik.uni-halle.de, Privat: Uhuweg 4, 06120 Halle, T: (0345) 5 50 77 02)
Prof. Dr. Rudolf Tippelt (Ludwig-Maximilians-Universität München, Lehrstuhl Allgemeine Pädagogik und Bildungsforschung, Leopoldstr. 13, 80802 München, T: (089) 21 80 51 40 oder 51 41 (Sekretariat), Telefax: (089) 21 80 51 37, E-Mail: tippelt@edu.uni-muenchen.de, Privat: Landfriedstr. 8, 69117 Heidelberg; Am Glockenbach 12, 80469 München, T: (0171) 7 80 71 77)
Geschäftsstelle: Claudia Lemke (Universität Hamburg, FB Erziehungswissenschaft, Institut für Schulpädagogik, Von-Melle-Park 8, 20146 Hamburg, T: (040) 4 28 38-4299, Telefax: (040) 4 28 38-4298, Privat: Eppendorfer Landstr. 92, 20249 Hamburg, e-mail: Lemke-M'Kinlay@erzwiss.uni-hamburg.de)
Verbandszeitschrift: Mitteilungsblatt „Erziehungswissenschaft"
Redaktion: Prof. Dr. W. Marotzki, Otto-von-Guericke-Universität Magdeburg, Stresemannstr. 23, 39104 Magdeburg
Mitglieder: 1900

Förderung der erziehungswissenschaftlichen Forschung und Theorieentwicklung; Klärung von Strukturfragen der erziehungswissenschaftlichen Studiengänge; Pflege von Kontakten zu internationalen erziehungswissenschaftlichen Gesellschaften und benachbarten Disziplinen; Eintreten für die Förderung des erziehungswissenschaftlichen Nachwuchses; Förderung des wissenschaftlichen Informationsaustausches durch Kongresse, Tagungen von Sektionen und Kommissionen sowie durch Schriftenreihen und durch das Mitteilungsblatt "Erziehungswissenschaft".

Bank- und versicherungswissenschaftliche Vereinigungen und Institute

● T 2 531

Vereinigung für Bankbetriebsorganisation e.V.
Postf. 70 11 52, 60561 Frankfurt
Darmstädter Landstr. 125, 60598 Frankfurt
T: (069) 96 22 03-0   **Fax:** 96 22 03-21
Geschf.Vorst.: Manfred Gogolin

● T 2 532

Institut für bankhistorische Forschung e.V.
Kennedyallee 89, 60596 Frankfurt
T: (069) 6 31 41 67   **Fax:** 6 31 11 34
E-Mail: info@ibf-frankfurt.de
Vorstand: Dr. Joachim v. Harbou (Vors.)
Andreas de Maizière
Theo Meinz
Prof.Dr. Hans Pohl
Dr. Michael Heise
Geschäftsführer(in): Hanna Floto-Degener (M.A.)

● T 2 533

Arbeitskreis der Länder -Sparkassen, Girozentralen, Landesbausparkassen-
c/o Finanzministerium Nordrhein-Westfalen
Jägerhofstr. 6, 40479 Düsseldorf
T: (0211) 49 72-2720   **Fax:** 49 72-2765
Vorsitzende(r): MinR Dr. jur. Reinhart Schmitt

● T 2 534

Informations- und Kommunikationsring der Finanzdienstleister e.V. (IK)
Sekretariat:
Stegstr. 79, 60594 Frankfurt
T: (069) 66 37 27 82   **Fax:** 66 37 28 43
Internet: http://www.ik-info.de
E-Mail: ik.office@planet-interkom.de
Gründung: 1978/1987
Vorsitzende(r): Bruno Kesseler (Westdeutsche Landesbank, Düsseldorf)
Stellvertretende Vorsitzende: Annelie Gabriel (LRP Landesbank Rheinland-Pfalz)
Mitglieder: 45

● T 2 535

Institut für Kredit- und Finanzwirtschaft (IKF)
c/o Ruhr-Universität Bochum,
Gebäude GC 4/129
44780 Bochum
T: (0234) 32-23320   **Fax:** 32-14699
Gründung: 1974 (7. Juni)
Vors. d. VR: Fritz Bahlo
Vorstand: Prof. Dr. Wim Kösters
Prof. Dr. Stephan Paul
Bernd-Lutz Greulich
Leitung Presseabteilung: Dipl.-Ökonomin Heike Brost
Verbandszeitschrift: Semesterbericht des Instituts für Kredit- und Finanzwirtschaft
Verlag: Institut für Kredit- u. Finanzwirtschaft, Ruhr-Universität Bochum, 44780 Bochum
Mitglieder: 94
Mitarbeiter: 10
Hrsg.: Prof. Dr. W. Kösters, Dr. St. Paul, Prof. (em.) Dr. Dr.h.c. J. Süchting, Ruhr-Universität Bochum

● T 2 536

Deutsche Gesellschaft für Versicherungsmathematik e.V. (DGVM)
Unter Sachsenhausen 33, 50667 Köln
T: (0221) 9 12 55 40   **Fax:** 91 25 54 44
Gründung: 1948
Vorsitzende(r): Dr. Martin Balleer, Göttingen
Geschäftsführerin: Barbara Schneider (Ltg. Presseabteilung), Köln
Verbandszeitschrift: Der Aktuar
Redaktion: (Schriftleitung) Barbara Schneider, DAV, Unter Sachsenhausen 33, 50667 Köln
Verlag: Verlag Versicherungswirtschaft GmbH, Klosterstr. 20-24, 76137 Karlsruhe
Mitglieder: 1560 pers., 136 förd.
Mitarbeiter: 4

t 2 537

Deutsche Aktuarvereinigung (DAV) e.V.
Unter Sachsenhausen 33, 50667 Köln
T: (0221) 9 12 55 40   **Fax:** 91 25 54 44
Gründung: 1993
Internationaler Zusammenschluß: siehe unter izt 615
Vorstand: Dr. Martin Balleer, Göttingen
Geschäftsführer(in): Barbara Schneider (Ltg. Presseabteilung), Köln
Verbandszeitschrift: Blätter
Redaktion: (Schriftleitung) Prof. Dr. Edgar Neuburger, Schneeglöckchenstr. 103, 80995 München
Verlag: Konrad Triltsch Print und Digitale Medien GmbH, Johannes-Gutenberg-Str. 1-3, 97199 Ochsenfurt-Hohestadt
Mitglieder: 1529 pers.
Mitarbeiter: 4

● T 2 538

Gesellschaft für Versicherungswissenschaft und -gestaltung e.V. (GVG)
Hansaring 43, 50670 Köln
T: (0221) 91 28 67-0   **Fax:** 91 28 67-6

Gründung: 1947
Vorsitzende(r): Dr. Herbert Rische
Geschäftsführer(in): Dr. Volker Leienbach (Ltg. Presseabt.)
Verbandszeitschrift: Informationsdienst
Schriftenreihe
Mitglieder: 166
Mitarbeiter: 15

● **T 2 539**
Deutscher Verein für Versicherungswissenschaft e.V.
Johannisberger Str. 31, 14197 Berlin
T: (030) 8 21 20 31 **Fax:** 8 22 28 75
Gründung: 1899
Vorsitzende(r) des Vorstandes: Dr. Georg Büchner
Geschäftsführer(in): Dr. Ulrich Schlie, Berlin
Mitglieder: 230 körperschaftliche,
1270 persönliche
Herausgeber: Zeitschrift für die gesamte Versicherungswissenschaft
Redaktion: Prof. Dr. J.-Matthias Graf v.d. Schulenburg, Hannover
Fachabteilungen im Deutschen Verein für Versicherungswissenschaft:
Abt. für Versicherungswirtschaft
Abt. für Sozialversicherung
Abt. für Privatversicherungsrecht
Abt. für Versicherungsmathematik
Abt. für Versicherungsmedizin
Abt. für Versicherung und Technik
Abt. für Versicherungslehre
Arbeitsgemeinschaft für internationales Versicherungsrecht (zugleich deutsche Landesgruppe der Internationalen Vereinigung von Versicherungsjuristen)

● **T 2 540**
Institut für Versicherungswissenschaft an der Universität zu Köln
50923 Köln
Kerpener Str. 30, 50937 Köln
T: (0221) 47 01 **Fax:** 42 83 49
Bibliothek: **T:** (0221) 4 70 22 34, **Fax:** (0221) 4 70 50 88, e-Mail: Maria.Odenahl@uni-koeln.de, Internet: www.uni-koeln.de/wiso-falk/versich/index.html/
Abteilung Versicherungswirtschaft
Direktor(in): Prof.Dr. Heinrich R. Schradin (T: (0221) 4 70 23 08)
Abteilung Versicherungsrecht
Direktor(in): Prof. Dr.jur. Ulrich Hübner (T: (0221) 4 70 24 33)
Abteilung Versicherungsmathematik
Direktor(in): Prof. Dr.phil. Hartmut Milbrodt (T: (0221) 4 70 33 64)

● **T 2 541**
Institut für Versicherungswissenschaft der Universität Mannheim
Schloß
68131 Mannheim
T: (0621) 1 81-0 **Fax:** 1 81-1364
Internet: http://www.uni-mannheim.de/i3v/00000700/00099491.htm
Geschf. Dir.: Prof. Dr. Egon Lorenz
Abteilung I: Versicherungsbetriebslehre
Direktor(in): Prof. Dr. Peter Albrecht (T: (0621) 1 81-16-82, Fax: (0621) 1 81-16-81)
Abteilung II: Deutsches, ausländisches und internationales Versicherungsrecht
Direktor(in): Prof.Dr. Egon Lorenz (T: (0621) 1 81-1362, Fax: (0621) 1 81-1364)
Abteilung III: Versicherungsmathematik
Direktor(in): Prof. Dr. Hans-Jochen Bartels (T: (0621) 1 81-2450)

● **T 2 542**
Institut für Versicherungswissenschaft
Postfr. 39 31, 90020 Nürnberg
Lange Gasse 20, 90403 Nürnberg
T: (0911) 53 02-2 67 **Fax:** 5 30 21 77
Internet: http://www.wiso.uni-erlangen.de
E-Mail: herrmann@wiso.uni-erlangen.de
Vorsitzende(r): Prof. Dr. Harald Herrmann

● **T 2 543**
Seminar für Versicherungswissenschaft der Universität Hamburg
Schlüterstr. 28 IV, 20146 Hamburg
T: (040) 4 28 38-4584 **Fax:** 4 28 38-6706
Geschf. Dir.: Prof. Dr. Manfred Werber
Stellv. Geschf. Dir.: Prof. Dr. Gerrit Winter

● **T 2 544**
Verein zur Förderung der Versicherungswissenschaft in Hamburg e.V.
Kurze Mühren 20, 20095 Hamburg

T: (040) 3 09 04-209
Vorstand: Wolfgang Poppelbaum (Vors.)
Dr. Gerd-Winand Imeyer (stellv. Vors.)
Bodo Goschler (Schriftführer)
Beratende Vorst.-Mitglieder: Prof. Dr. Walter Karten
Prof. Dr. Dietmar Pfeifer
Prof. Dr. Manfred Werber
Prof. Dr. Gerrit Winter
Mitglieder: 32 Versicherungsunternehmen, 2 Versicherungsmakler, 8 persönliche Mitglieder

● **T 2 545**
Versicherungswissenschaftlicher Verein in Hamburg e.V.
Schlüterstr. 28 IV (Rechtshaus), 20146 Hamburg
T: (040) 4 28 38-2629 **Fax:** 4 28 38-6706
Vorsitzende(r) des Vorstandes: Prof. Dr. Manfred Werber
Mitglieder: 737

● **T 2 546**
VDI-Versicherungsdienst GmbH
Postfr. 10 11 39, 40002 Düsseldorf
Graf-Recke-Str. 84, 40239 Düsseldorf
T: (0211) 62 14-543 **Fax:** 62 14-170
Internet: http://www.vdi.de/versich
E-Mail: versicherungen@vdi.de
Geschäftsführer(in): Ass. Wolfgang Schröter

● **T 2 547**
Institut für Betriebswirtschaftliche Risikoforschung und Versicherungswirtschaft (INRIVER)
Ludwig-Maximilians-Universität München
Institutsgebäude:
Schackstr. 4, 80539 München
Postanschrift:
Geschwister-Scholl-Platz 1, 80539 München
T: (089) 21 80-21 71 **Fax:** 21 80-20 92
Internet: http://www.inriver.bwl.uni-muenchen.de
Gründung: 1987
Vorstand: Prof. Dr. Elmar Helten

Ernährungs-, land- und forstwissenschaftliche Vereinigungen, Institute und Versuchsanstalten

● **T 2 548**
Deutsche Gesellschaft für Ernährung e.V. (DGE)
Godesberger Allee 18, 53175 Bonn
T: (0228) 37 76-600 **Fax:** 37 76-800
Gründung: 1953 (4. November)
Präsident(in): Prof. Dr.med.vet. Helmut Erbersdobler (Institut für Humanernährung und Lebensmittelkunde der Universität Kiel, 24105 Kiel)
Vizepräsident(in): Prof. Dr.med. Günther Wolfram (Institut für Ernährungswissenschaft der Technischen Universität München, 85350 Freising-Weihenstephan)
Prof. Dr.rer.nat. Peter Stehle (Universität Bonn, Instit. f. Ernährungswissenschaft, 53117 Bonn)
Geschäftsführer(in): Dr. Helmut Oberritter (Wiss.-Leiter)
Karl-Heinz Sölter (Verw.-Leiter)
Leitung Presseabteilung: Monika Erdmann
Verbandszeitschrift: Ernährung-Umschau
Verlag: Umschau Verlag, Frankfurt
Mitglieder: 3500

● **T 2 549**
Verein zur Förderungen der gesunden Ernährung und Diätetik e.V. (VFED)
St. Franziskus-Hospital
Morillenhag 27, 52074 Aachen
T: (0241) 50 73 00, 4 09 19 95 **Fax:** 50 73 11, 4 09 19 95
Internet: http://www.vfed.de
E-Mail: vfed@rmi.de
Gründung: 1992 (Februar)
Präsident(in): Sven-David Müller (Presseabteilung)
1. Vizepräsident: Axel-Günther Hugot
2. Vizepräsidentin: Birgit Tollkühn-Prott
Hauptgeschäftsführer(in): Hedwig Hugot
Wiss. Leiter: Dr. Volker Steudle
Leitung Presseabteilung: Sven-David Müller
Verbandszeitschrift: VFEDaktuell, VitaMinSpur und Kochpraxis und Gemeinschaftsverpflegung
Redaktion: Sven-David Müller, Gegorstr. 16, 52066 Bad Aachen; Hanno Kretschmer, Rüdigerstr. 14, Stuttgart; Martin Schneider, Olgastr. 87, Stuttgart
Verlag: VFED e.V.; Hippokrates Verlag GmbH, Stuttgart und Matthaes Verlag GmbH, Stuttgart
Mitglieder: 2000
Mitarbeiter: 2
Jahresetat: DM 1 Mio, € 0,51 Mio
Landesverbände:
Hessen und Rheinland-Pfalz: Martin Gorny, Klinikum Darmstadt, Grafenstr. 9, 64276 Darmstadt, T: (06151) 31 91 14
Nordrhein-Westfalen: Mechthild Wellmeier, Klinikum Aachen,

Pauwelsstr. 30, 52074 Aachen, T: (0241) 8 08 84 30
Berlin und neue Bundesländer: Frau B. Werblow, Frau A. Rimmelspacher, T: (030) 28 02 36 49, Fax: (030) 28 02 35 16
Niedersachsen, Schleswig Holstein, Bremen und Hamburg: Frau K. Borgwardt, T/Fax: (04144) 47 97, Frau F. Doehring, T: (04141) 6 84 14, E-Mail: buuushido@t-online.de
Österreich: Manuela Kopriva, Löblweg 6, A-1220 Wien, T: (00431) 2 02 40 81, E-Mail: manuela_kopriva@yahoo.de
Fachverbände:
Wissenschaft: Sprecher Prof. Dr. Walter Feldheim
Fortbildung: Tagungspräsident Prof. Dr. Klaus-Dieter Jany
Freiberufliche Tätigkeit: Esther Linker, Am Talacker 32a, 61137 Schöneck-B, T: (06187) 86 37, Fax: (06187) 95 90 98
Tag der gesunden Ernährung: Margret Tacke, Deichstr. 26, 46414 Rhede, T/Fax: (02872) 98 03 47
Mangelernährung: Bärbel Wigge, Bulksmühle 12, 44809 Bochum, T (privat): (0234) 53 84 83, T (dienstlich): (0234) 3 04 79 26, Fax: (0234) 3 04 79 30, ARGE, Universitätsstr. 140, 44799 Bochum
Diabetes mellitus: Birgit Schumacher, c/o Schröder, Börnerstr. 5, 50829 Köln, E-Mail: b.schumi@hotmail.com
Internationale Kontakte: Cécile Voss, 2653 route de Vanasque, F-84380 Mazan, T: (00336) 14 82 08 79

● **T 2 550**
Gesellschaft für Ernährungsbiologie e.V. München
Veterinärstr. 13, 80539 München
E-Mail: mail@ernaehrungsbiologie.de
Präsident(in): Prof.Dr.med. Günther Wolfram (Veterinärstr. 13, 80539 München, T: (089) 21 80 25 26)
Geschäftsführer(in): Dr.med.vet. Hans Marx (Ltg. Presse)
Mitglieder: ca. 200

● **T 2 551**
Leibniz-Institut für Pflanzenbiochemie (IPB)
Weinberg 3, 06120 Halle
T: (0345) 55 82-0 **Fax:** 55 82-1009
Gründung: 1992 (1. Januar)
Geschäfts. Dir.: Prof. Dr. Dierk Scheel
Administr. Leiter: Verw.-Dipl. Lothar Franzen
Mitarbeiter: 160
Jahresetat: DM 22 Mio, € 11,25 Mio
Mitglied der Wissenschaftsgemeinschaft Gottfried Wilhelm Leibniz (WGL)

● **T 2 552**
Arbeitsgemeinschaft Gentechnik in Darmstadt
Institut für Biochemie/TH Darmstadt
Petersenstr. 22, 64287 Darmstadt
T: (06151) 16 36 57 **Fax:** 16 53 99
Gründung: 1986 (23. Oktober)
Vorsitzende(r): Prof.Dr. H. G. Gassen

● **T 2 553**
Bundesarbeitsgemeinschaft Gentechnologie und Recht (BGR)
Rebenweg 16, 61348 Bad Homburg
T: (06172) 45 09 78 **Fax:** 45 09 78
Gründung: 1987
Vorsitzende(r): RA Dr. jur. Franz J. Vogel

● **T 2 554**
Gen-ethisches Netzwerk e.V. (GeN)
Brunnenstr. 4, 10119 Berlin
T: (030) 6 85 70 73 **Fax:** 6 84 11 83
Internet: http://www.gen-ethisches-netzwerk.de
E-Mail: gen@gen-ethisches-netzwerk.de
Gründung: 1986
Vorstandssprecher: Gregor Bornes
Leitung Presseabteilung: Sabine Riewenherm
Verbandszeitschrift: Gen-ethischer Informationsdienst (GID)
Redaktion: Sabine Riewenherm
Verlag: Brunnenstr. 4, 10119 Berlin, T: (030) 6 85 60 88
Mitglieder: 500
Mitarbeiter: 7

● **T 2 555**
Deutsche Forschungsanstalt für Lebensmittelchemie Stiftung des öffentl. Rechts München
Chemiegebäude
Lichtenbergstr. 4, 85748 Garching
T: (089) 2 89-14170 **Fax:** 2 89-14183
Teletex: 898 174
Internet: http://dfa.leb.chemie.tu-muenchen.de
E-Mail: lebchem.schieberle@lrz.tu-muenchen.de
Gründung: 1918 (3. April)
Direktor(in): Prof. Dr. Peter Schieberle
Stellvertreter: Dr. rer. nat. habil Thomas Hofmann
Mitarbeiter: 38
Jahresetat: DM 5,0 Mio, € 2,56 Mio

● T 2 556
Forschungskreis der Ernährungsindustrie e.V. (FEI)
Godesberger Allee 142-148, 53175 Bonn
T: (0228) 37 20 31 **Fax:** 37 61 50
Gründung: 1953
Vorsitzende(r): Dr. Jürgen Kohnke
Geschäftsführer(in): Dr. Volker Häusser (Ltg.-Presseabt.)
Verbandszeitschrift: "FEI-Diskussionstagung"; "FEI-Projekte"; "FEI-Handbuch"
Verlag: Selbstverlag
Mitglieder: 44 Fachverbände, 50 Unternehmen, 90 Forschungsinstitute
Jahresetat: DM 6 Mio, € 3,07 Mio (Fördermitteletat 1995)

● T 2 557
Deutscher Verband Neutraler Klassifizierungs- und Kontrollunternehmen (DVK) e.V.
- Geschäftsstelle -
Rudolf-Kinau-Str. 42, 26188 Edewecht
T: (04486) 9 40-12 **Fax:** 9 40-20
E-Mail: dvk_bonn@web.de
Gründung: 1989
Vorsitzende(r): Karl Zimmermann (NKV-Treuhand GmbH, Reetzestr. 7, 79353 Bahlingen)
Stellvertretende(r) Vorsitzende(r): Dr. Hermann-J. Nienhoff (SGS Controll-Co m.b.H., Raboisen 28, 20095 Hamburg)
Geschäftsführer(in): Christoph Schildmann (Ltg. Presseabt.)
Mitglieder: 13
Mitarbeiter: 1

● T 2 558
Gesellschaft für Informatik in der Land-, Forst- u. Ernährungswirtschaft (GIL)
c/o Dr. U Birkner
Am Tierpark 66, 10319 Berlin
T: (030) 51 06 98 77 **Fax:** 51 06 98 77
Internet: http://www.agrarinformatik.de
Gründung: 1980
1. Vorsitzende(r): Prof. Dr. Joachim Spilke (Martin-Luther-Universität Halle-Wittenberg, Arbeitsgruppe Biometrie und Agrarinformatik, Ludwig-Wucherer-Str. 82-85, 06108 Halle/Saale, T: (0345) 5 52 26 90, Fax: (0345) 5 52 71 28, E-Mail: spilke@landw.uni-halle.de)
2. Vorsitzende(r): Prof. Dr. Hermann Auernhammer (Technische Universität München, Institut für Landtechnik, Am Staudengarten 2, 85350 Freising-Weihenstephan,, T: (08161) 71-3442, Fax: (08161) 71-3895, E-Mail: auernhammer@tec.agrar.tu-muenchen.de)
Geschäftsführer(in): Dr. Ursula Birkner
Verbandszeitschrift: Zeitschrift für Agrarinformatik
Verlag: Landwirtschaftsverlag GmbH, Hülsebrockstr. 2, 48165 Münster, T: (02501) 80 10, Telefax: (02501) 80 12 04
Mitglieder: 430
Buchreihen: AGRARINFORMATIK, Berichte der GIL

● T 2 559
Deutsche Gesellschaft für Qualitätsforschung (Pflanzl. Nahrungsmittel) e.V. (DGQ)
Geschäftsstelle: Fachgebiet für Obstbau der Technischen Universität München
85350 Freising
T: (08161) 71 37 53 **Fax:** 71 53 85
Gründung: 1966 (Okt.)
Präsident(in): Dr. Dieter Treutter (Technische Universität München)
Vizepräsident(in): Dr. Torsten Nilsson (Univ. Alnarp/Schweden)
Mitglieder: 160

● T 2 560
Bund für Lebensmittelrecht und Lebensmittelkunde e.V.
Godesberger Allee 142-148, 53175 Bonn
T: (0228) 81 99 30 **Fax:** 37 50 69
Internet: http://www.bll-online.de
E-Mail: bll@bll-online.de
Gründung: 1955 (10. März)
Internationaler Zusammenschluß: siehe unter izf 2362
Präsident(in): Dr. Manfred Nekola (Mitglied des Vorstandes Nestlé Deutschland AG, 60523 Frankfurt)
Hauptgeschäftsführer(in): RA Prof. Dr. Matthias Horst
Geschäftsführer(in): RA Michael Welsch
RA'in Angelika Mrohs
Bettina Muermann
Mitglieder: 550
Mitwirkung an der Vereinheitlichung und Fortbildung des Lebensmittelrechts und der Lebensmittelkunde in Anpassung an die Entwicklung von Wissenschaft und Technik.

● T 2 561
Backmittelinstitut, Informationszentrale für Backmittel und Backgrundstoffe zur Herstellung von Brot und Feinen Backwaren e.V.
Markt 9, 53111 Bonn
T: (0228) 96 97 70 **Fax:** 9 69 77 77
Internet: http://www.backmittelinstitut.de
E-Mail: backmittelinstitut@t-online.de
Gründung: 1983
1. Vorsitzende(r): Prof. Dr. Bärbel Kniel (Meister Marken GmbH, Theodor-Heuss-Allee 8, 28215 Bremen)
Geschäftsführer(in): RA Amin Werner (Markt 9, Bonn; Ltg. Presseabteilung)
Mitglieder: 38
Mitarbeiter: 2

● T 2 562
Forschungsinstitut für Kinderernährung Dortmund (FKE)
Heinstück 11, 44225 Dortmund
T: (0231) 7 92 21 00 **Fax:** 71 15 81
Internet: http://www.fke-do.de

● T 2 563
DIL Deutsches Institut für Lebensmitteltechnik e.V.
Postf. 11 65, 49601 Quakenbrück
Prof.-von-Klitzing-Str. 7, 49610 Quakenbrück
T: (05431) 1 83-0 **Fax:** 18 31 14
E-Mail: dil-eV@t-online.de
Gründung: 1985
Vors. u. Instituts-Ltg: Dr.-Ing. H.-D. Jansen
Verbandszeitschrift: DIL-Mitteilungen
Verlag: Selbst-Verlag
Mitglieder: 150
Mitarbeiter: 60

● T 2 564
Institut für Lebensmitteltechnologie und Verpackung e.V.
Gründung: 1942
siehe Unterabschnitt "Forschungsvereinigungen" unter "Fraunhofer-Gesellschaft zur Förderung der angewandten Forschung e.V. (FhG)."
siehe t 244

● T 2 565
Institut für Ernährungswissenschaft der Justus-Liebig-Universität
Wilhelmstr. 20, 35392 Gießen
T: (0641) 99-39048 **Fax:** 99-39039
Geschf.-Direktor: Prof. Dr. M. Krawinkel

● T 2 566
Deutsche Gesellschaft für Fettwissenschaft e.V.
siehe T 1072

● T 2 567
Institut für Gärungsgewerbe und Biotechnologie zu Berlin
Seestr. 13, 13353 Berlin
T: (030) 4 50 80-0 **Fax:** 4 53 60 67, 4 53 60 69
Geschäftsführer(in): Dipl.-Volksw. Rolf Beckmann
Dipl.-Ing. Klaus Beyer

● T 2 568
Arbeitsgemeinschaft PhysioMedizin - Health Resort Science
An den Heilquellen 4, 79111 Freiburg
Gründung: 1911 (Wiedergründung: 1957)
Präsident(in): PD Dr. B. Hartmann
Vizepräsident(in): PD Dr. A. Falkenbach
Vorsitzende(r): PD Dr. M. Berliner
Stellvertretende(r) Vorsitzende(r): Dir. Mag. H. Remm (Ltg. Presseabt.)
Mitglieder: 240
Mitarbeiter: 8
Jahresetat: DM 0,4 Mio, € 0,2 Mio

● T 2 569
Leibniz-Institut für Neurobiologie
Brenneckestr. 6, 39118 Magdeburg
T: (0391) 6 26 32 19 **Fax:** 61 61 60
Internet: http://www.ifn-magdeburg.de

● T 2 570
Institut für Angewandte Mikrobiologie Justus Liebig-Universität Gießen
Heinrich-Buff-Ring 26-32, 35392 Gießen
T: (0641) 9 93 73 50 **Fax:** 9 93 73 59
E-Mail: peter.kaempfer@agrar.uni-giessen.de
Gründung: 1952
Präsident(in): Prof. Dr. S. Hormuth
Abteilungen:
Prof. Dr. Sylvia Schnell (Allgemeine u. Bodenmikrobiologie)
Prof. Dr. Dr.-Ing. P. Kämpfer (Mikrobiologie der Recycling Prozesse)
Doz. Dr. M. Weidenbörner (Lebensmittelmikrobiologie, Vorratshaltung)
Leitung Presseabteilung: Dr. I. Dienstbach (Ludwigstr. 27, Gießen)
Mitglieder: 30
Landesverband: Universität des Landes Hessen

● T 2 571
VAAM - Vereinigung für Allgemeine und Angewandte Mikrobiologie e. V.
Ringstr. 2, 06120 Lieskau
T: (0345) 5 50 93 18 **Fax:** 5 50 93 19
Internet: http://www.vaam.de
E-Mail: mail@vaam.uni-halle.de
Gründung: 1985 (bzw. 1974 der rechtliche Vorläufer)
Internationaler Zusammenschluß: siehe unter izt 333
Präsident(in): Prof. Dr. Wolfgang Hillen, Erlangen
1. Vizepräsident: Prof. Dr. Harald Labischinski, Wuppertal
2. Vizepräsident: Prof. Dr. Klaus-Peter Koller, Frankfurt
Schriftführer(in): Prof. Dr. Hubert Bahl, Rostock
Schatzmeister: Prof. Dr. Jan Remmer Andreesen, Halle
Beirat: Prof. Dr. Axel Brakhage (Mykologie), Hannover
Dr. Petra Esswein (Qualitätskontrolle), Frankfurt
Prof. Dr. Regine Hengge-Aronis (Molekulare Mikrobiologie), Berlin
Dr. Burkhard Kröger (Angewandte u. Industrielle Mikrobiologie), Ludwigshafen
Dr. Walter Pfefferle (Biotransformationen), Halle-Künsebeck
Prof. Dr. Rudolf Thauer (Biochemie der Mikroorganismen), Marburg
Prof. Dr. Achim Kröger (Promotionspreis-Kommission), Frankfurt a. M.
Prof. Dr. Bernhard Schink (FEMS und IUMS-Delegierter), Konstanz
Verbandszeitschrift: BIOspektrum
Redaktion: Dr. Anja Störiko, Herderstr. 48, 65719 Hofheim, Tel. u. Fax: (06192) 2 36 05
Verlag: Spektrum Akademischer Verlag, Heidelberg
Mitglieder: 3300

● T 2 572
Arbeitsgemeinschaft Getreideforschung e.V.
Postf. 13 54, 32703 Detmold
Schützenberg 10, 32756 Detmold
T: (05231) 2 55 30 **Fax:** 2 05 05
Gründung: 1946
Präsident(in): Dr. G. Kröner, Ibbenbüren
Geschäftsführer(in): Dipl.-Volksw. K. Niebuhr
Verbandszeitschrift: Getreide, Mehl und Brot
Redaktion: Prof. Dr. W. Seibel
Verlag: Deutscher Bäcker-Verlag, Postf. 10 20 50, 44702 Bochum
Mitglieder: 600
Fachausschüsse: Ausschuß f. Müllerei-Technologie, Ausschuß f. Bäckerei-Technologie, Ausschuß für Getreidechemie, Stärkeausschuß, Getreideausschuß, Durum- u. Teigwarenausschuß, Getreidenährmittel-Ausschuß und Ausschuß für Ausbildung, Ausschuß für Lebensmittelrheologie

● T 2 573
Institut für Pflanzengenetik und Kulturpflanzenforschung
Corrensstr. 3, 06466 Gatersleben
T: (039482) 50 **Fax:** 51 39
Internet: http://www.ipk-gatersleben.de
Geschäftsführender Direktor: Prof. Dr. Ulrich Wobus
Administrativer Leiter: Bernd Eise

● T 2 574
Arbeitsgemeinschaft Kartoffelforschung e.V.
Postf. 13 54, 32703 Detmold
Schützenberg 10, 32756 Detmold
T: (05231) 2 55 30 **Fax:** 2 05 05
Präsident(in): Dipl.-Ing. K. Petutschnig
Geschäftsführer(in): Dipl.-Volksw. K. Niebuhr, Detmold
Fachausschuß: Kartoffelfachausschuß

● T 2 575
Bundeslehranstalt Burg Warberg e.V.
An der Burg 3, 38378 Warberg
T: (05355) 9 61-0 **Fax:** 9 61-200
Lehranstalt des deutschen Getreide-, Futter- und Düngemittelhandels und Kartoffelhandels, Ausbildungswerk des Fachverbandes der Futtermittelindustrie e. V
Gründung: 1937
Geschäftsführer(in): Dipl.-Ing.agr. Peter Link
Verbandszeitschrift: Warberger Merkur

T 2 576
Bundesvereinigung der Deutschen Kartoffelwirtschaft e.V. (BDK)
Godesberger Allee 142-148, 53175 Bonn
T: (0228) 81 98-2 24   Fax: 81 98-2 03
E-Mail: u.meiners@bauernverband.de
Vorsitzende(r): Werner Hilse
Geschäftsführer(in): Uta Meiners

T 2 577
Margarine-Institut für gesunde Ernährung
Adenauerallee 148, 53113 Bonn
T: (0228) 2 61 81 48   Fax: 9 10 74 28
Internet: http://www.margarine-institut.de
E-Mail: margarin@mediascape.de
Vorsitzende(r): Dr. Ortwin Klang
Geschäftsführer(in): Gerhard Gnodtke
Leitung Presseabteilung: Barbara Huttanus
Informationsmaterial für Multiplikatoren (Ernährungsberater, Lehrer, Ärzte, Journalisten) zum Thema "Die Rolle der Fette in der gesunden Ernährung".

T 2 578
Eltern für unbelastete Nahrung e.V.
Bundesgeschäftsstelle
Königsweg 7, 24103 Kiel
T: (0431) 67 20 41   Fax: 6 19 17
E-Mail: efun.ev@t-online.de
Gründung: 1986 (5. Juni)
Bundesvorsitzende: Marion Lewandowski
Stellvertretende(r) Vorsitzende(r): Mathilde Hurst
Bundesgeschäftsführer(in): Helga E. Rommel
Verbandszeitschrift: EfuN-Info
Mitglieder: ca. 4000

T 2 579
Aktionsgruppe Babynahrung AGB e.V.
Untere Masch Str. 21, 37073 Göttingen
T: (0551) 53 10 34   Fax: 53 10 35
Internet: http://www.babynahrung.org
E-Mail: actionbabyfood@oln.comlink.apc.org
Vorstand: Dr. Thomas Koch
Marina Weidenbach
Geschäftsführer(in): Andreas W. Adelberger

T 2 580
Forschungszentrum für Milch und Lebensmittel Weihenstephan
Weihenstephaner Berg 1, 85354 Freising
T: (08161) 71 35 12   Fax: 71 50 29
Internet: http://www.weihenstephan.de/blm/fml
Leiter(in): Prof. Dr. Siegfried Scherer
Stellvertretende(r) Geschäftsführer(in): Prof. Dr. Heinrich H. D. Meyer (T: (08161) 71 35 08)
I. Institut für Physiologie
Inst.-Dir.: Prof. Dr. Heinrich H. D. Meyer (T: (08161) 71 35 08)
II. Institut für Mikrobiologie
Inst.-Dir.: Prof. Dr. Siegfried Scherer (T: (08161) 71 35 16)
III. Institut für Chemie und Physik
Inst.-Dir.: Prof. Dr. Henning Klostermeyer (T: (08161) 71 35 00, Telefax: (08161) 71 44 04)
IV. Institut für Betriebswirtschaftslehre
Inst.-Dir.: Prof. Dr. Hannes Weindlmaier (T: (08161) 71 35 40)
V. Institut für Lebensmittelverfahrenstechnik
Inst.-Dir.: Prof. Dr. Ulrich Kulozik (T: (08161) 71 42 05)

T 2 581
Technische Universität Berlin Institut für Lebensmitteltechnologie Getreidetechnologie
Seestr. 11, 13353 Berlin
T: (030) 31 42 75 50-51   Fax: 31 42 75 57
E-Mail: meus1533@mailsrz.rz.TU-Berlin.DE
Leiter(in): Prof. Dr.Dr.e.h. Friedrich Meuser
Vertreter: Dr. Joachim Dörfer

T 2 582
Gesellschaft für die Geschichte und Bibliographie des Brauwesens e.V. (GGB)
Seestr. 13, 13353 Berlin
T: (030) 4 50 80-267, 4 50 80-264   Fax: 45 36-0 69
Internet: http://www.vlb-berlin.org/ggb
E-Mail: ggb@vlb-berlin.org
Gründung: 1913
Vorstand
Dr. Heinrich Brand (Vors.), Dortmund
Dr.-Ing. Axel Th. Simon (stellv. Vors.), Bitburg
Uwe Hieber, München
Dr. Friedrich Georg Hoepfner, Karlsruhe
Dipl.-Br.-Ing. Martin Hürlimann, Zürich/Schweiz
Brauereibesitzer Jean Martens, Bocholt/Belgien
Dr. Wilfried Rinke, Hamburg
Dipl.-Br.-Ing. Gino Späth, Celerina/Schweiz
Dipl.-Ing. Michael Weidner, Berlin
Geschäftsführer(in): Dipl.-Ing. Klaus Beyer
Verbandszeitschrift: Jahrbuch der GGB
Mitglieder: 285
Jahresetat: DM 0,04 Mio, € 0,02 Mio

T 2 583
Staatliche Milchwirtschaftliche Lehr- und Forschungsanstalt
- Dr.-Oskar-Farny-Institut -
Postf. 15 52, 88231 Wangen
Am Maierhof 7, 88239 Wangen
T: (07522) 71-501   Fax: 71-502
Internet: http://www.landwirtschaft-mlr.baden-wuerttemberg.de/la/mlf
E-Mail: poststelle@mlf.bwl.de
Gründung: 1911
Direktor(in): Dr. Richard Gerlach
Stellv. Dir.: E. Hirschle
Abt.-Ltg. Hygiene u. Mikrobiologie: Dr. J. Buck
Abt.-Ltg. Chemie: Dr. W. Strohmar
Abt.-Ltg. Fachschule f. d. Molkereiwesen: E. Hirschle
Abt.-Ltg. Verwaltung: J. Boneberger
Techn.-Ltg. Lehr- u. Versuchsmolkerei: P. Rädler

T 2 584
Institut für Rurale Entwicklung der Georg-August-Universität Göttingen
Waldweg 26, 37073 Göttingen
T: (0551) 39 39 02   Fax: 39-30 76
Gründung: 1963
Mitarbeiter: 40

T 2 585
Institut für Landwirtschaftliche Betriebslehre 410 der Universität Hohenheim
70593 Stuttgart
T: (0711) 4 59-2541 (Dw.)   Fax: 4 59-2555
E-Mail: dabbert@uni-hohenheim.de
Geschf. Dir.: Prof. Dr. Stephan Dabbert

T 2 586
Forschungsstelle für internationale Agrar- und Wirtschaftsentwicklung e.V. (FIA)
Ringstr. 19, 69115 Heidelberg
T: (06221) 18 30 56   Fax: 16 74 82
Internet: http://www.rzuser.uni-heidelberg.de/-t08
E-Mail: fia@urz.uni-heidelberg.de
Gründung: 1965
Leiter(in): Prof.Dr. Oskar Gans (Direktor)
Dr. Ottfried C. Kirsch (Geschäftsführer)
Mitglieder: 70
Mitarbeiter: 12
Jahresetat: DM 1 Mio, € 0,51 Mio
Verbandszeitschrift/Schriftenreihe: Heidelberg Studies in Applied Economics and Rural Institutions
Verlag: Verlag für Entwicklungspolitik, Saarbrücken

T 2 587
Humboldt-Universität zu Berlin Landwirtschaftlich-Gärtnerische Fakultät Institut für Wirtschafts- und Sozialwissenschaften des Landbaus
10099 Berlin
Luisenstr. 56, 10117 Berlin
T: (030) 20 93 63 17   Fax: 20 93 64 74
Geschäftsführender Direktor: Prof. Dr. K. Jaster
Stellv. geschäftsf. Direktor: Prof. Dr. H. von Witzke

T 2 588
Institut für Marktanalyse und Agrarhandelspolitik der Bundesforschungsanstalt für Landwirtschaft (FAL)
Bundesallee 50, 38116 Braunschweig
T: (0531) 5 96-0 (Zentr.), 5 96-5302 (Durchwahl)
Fax: 5 96-5399
Internet: http://www.ma.fal.de
E-Mail: martina.brockmeier@fal.de
Direktorin: Dr. Martina Brockmeier

T 2 589
Landesanstalt für Entwicklung der Landwirtschaft und der ländlichen Räume mit Landestelle für landwirtschaftliche Marktkunde
Oberbettringer Str. 162, 73525 Schwäbisch Gmünd
T: (07171) 91 71 00   Fax: 91 71 01
Internet: http://www.lel.bwl.de
E-Mail: poststelle@lel.bwl.de
Leiter(in): Dir. W. Messner (Oberbettringer Str. 162, 73525 Schwäbisch Gmünd, T: (07171) 91 72 30, Fax: (07171) 91 71 01)

T 2 590
Institut für Agrarökonomie der Universität Göttingen
Platz der Göttinger Sieben 5, 37073 Göttingen
T: (0551) 39 48 03   Fax: 39-48 23, -48 12, -20 30

T 2 591
Universität Hohenheim Institut f. Agrar- und Sozialökonomie in den Tropen und Subtropen (490)
Postf. 70 05 62, 70593 Stuttgart
T: (0711) 4 59-2581   Fax: 4 59-2582
E-Mail: www490a@uni-hohenheim.de
Geschäftsführender Direktor: Prof. Dr. M. von Oppen

T 2 592
Forschungsgesellschaft für Agrarpolitik und Agrarsoziologie e.V.
Meckenheimer Allee 125, 53115 Bonn
T: (0228) 63 47 81 +88   Fax: 63 47 88
Internet: http://www.dainet.de/faa
E-Mail: faabonn@t-online.de
Gründung: 1952
Vorsitzende(r): Prof.Dr. Wilhelm Henrichsmeyer (53115 Bonn)
GeschF u. wiss. Ltg. der Forschungsstelle::
Dr. Heinrich Becker (53115 Bonn, kommissarisch)
Mitglieder: 70
Mitarbeiter: 10
Jahresetat: DM 1 Mio, € 0,51 Mio

T 2 593
Institut für Agrarpolitik und Marktforschung der Justus-Liebig-Universität
Professur für Marktlehre der Agrar- und Ernährungswirtschaft; Professur für Agrar- und Umweltpolitik
Senckenbergstr. 3, 35390 Gießen
T: (0641) 99-37020   Fax: 99-37029
Internet: http://www.uni-giessen.de
E-Mail: roland.herrmann@agrar.uni-giessen.de
Leiter(in): Prof. Dr. R. Herrmann
Professur für Agrar- und Entwicklungspolitik
Leiter(in):
Prof. Dr. P. M. Schmitz (Diezstr. 15, 35390 Gießen, T: (0641) 99-3 70 60, Fax: (0641) 99-3 70 69)

T 2 594
Institut für Agrarökonomie der Christian-Albrechts-Universität Kiel
24098 Kiel
Olshausenstr. 40, 24118 Kiel
T: (0431) 8 80-4416   Fax: 8 80-2044
Internet: http://www.agric-econ.uni-kiel.de
Lehrstuhlinhaber: Prof. Dr. R. v. Alvensleben (Agrarmarketing; T: (0431) 8 80 44 15, Fax: (0431) 8 80 44 14, E-Mail: valvensleben@agric-econ.uni-kiel.de)
Prof. Dr. Dr. Ch. Henning (Agrarpolitik; T: (0431) 8 80 44 53, Fax: (0431) 8 80 13 97, E-Mail: chenning@agric-econ.uni-kiel.de)
Prof. Dr. C.-H. Hanf (Agrarunternehmenslehre; T: (0431) 8 80 44 16, Fax: (0431) 8 80 20 44, E-Mail: chanf@agric-econ.uni-kiel.de)
Prof. Dr. C. Langbehn (Angewandte Landwirtschaftliche Betriebslehre; T: (0431) 8 80 44 00, Fax: (0431) 8 80 44 21)
Prof. Dr. R. A. E. Müller (Innovation und Information; T: (0431) 8 80 44 18, Fax: (0431) 8 80 20 44, E-Mail: raem@agric-econ.uni-kiel.de)
Prof. Dr. U. Koester (Marktlehre; T: (0431) 8 80 44 36, Fax: (0431) 8 80 45 92, E-Mail: ukoester@agric-econ.uni-kiel.de)

T 2 595
Lehrstuhl für Volkswirtschaftslehre der Technischen Universität München
mit den Schwerpunkten Umweltökonomie, Ressourcenschutz / Agrarpolitik
85350 Freising
Alte Akademie 14, 85354 Freising
T: (08161) 71-3490   Fax: 71-3779
Internet: http://www.weihenstephan.de/ap/
E-Mail: heissenh@weihenstephan.de
Leiter(in): Prof. Dr. Alois Heißenhuber (kommissarisch)

T 2 596
Agrarsoziale Gesellschaft e.V. (ASG)
Kurze Geismarstr. 33, 37073 Göttingen
T: (0551) 49 70 90   Fax: 49 70 91 6
Internet: http://www.asg-goe.de
E-Mail: asggoe@gwdg.de
Gründung: 1947
Präsident(in): Dipl.-Ing. Landwirt Heinz Christian Bär

Vorsitzende(r): Staatssekretär a.D. Dr. Hans-Hermann Bentrup (Ministerium für Ernährung, Landwirtschaft und Forsten des Landes Brandenburg, Heinrich-Mann-Allee 107, 14473 Potsdam)
Geschäftsführer(in): Dr. Dieter Czech
Verbandszeitschrift: Ländlicher Raum
Redaktion: Dipl.-Ing. agr. Ines Fahning
Mitglieder: 405 Einzelmitglieder
Korporative Mitglieder: 160

● **T 2 597**

Institut für ländliche Strukturforschung an der Johann-Wolfgang Goethe-Universität (IfIS)
Zeppelinallee 31, 60325 Frankfurt
T: (069) 77 50 01 **Fax:** 77 77 84
Internet: http://www.wiwi.uni-frankfurt.de/professoren/IfIS
E-Mail: ifls@em.uni-frankfurt.de
Vors. d. Kuratoriums: Prof. Dr. Otmar Seibert (FH Weihenstephan, Abt. Triesdorf)
Vorsitzende(r) des Vorstandes: Prof. Dr. Winfried von Urff (TU München)
Direktor(in): Prof.Dr. Dieter Biehl

● **T 2 598**

Bundesverband der gemeinnützigen Landgesellschaften (BLG)
Meckenheimer Allee 128, 53115 Bonn I
T: (0228) 63 33 14 **Fax:** 63 17 34
Internet: http://www.blg-bonn.de
E-Mail: blg-bonn@t-online.de
Gründung: 1949
Internationaler Zusammenschluß: siehe unter izq 57
Vorsitzende(r) des Vorstandes: Dr. Waldemar Endter
Geschäftsführer(in): Karl-Heinz Goetz (Ltg. Presseabt.)
Verbandszeitschrift: Landentwicklung aktuell
Redaktion: K.-H. Goetz
Verlag: Eigenverlag
Mitglieder: 10
Mitarbeiter: 2

● **T 2 599**

Institut für Umweltgeschichte und Regionalentwicklung e.V.
Schwedter Str. 37-40, 10435 Berlin
T: (030) 4 48 15 90 **Fax:** 4 48 15 90
Gründung: 1991
Vorsitzende(r): Dr. Thomas Hartmann
Geschäftsführer(in): Prof. Dr. Hermann Behrens
Verbandszeitschrift: Studienarchiv Umweltgeschichte
Redaktion: Prof. Dr. Hermann Behrens, Regine Auster
Verlag: Eigenverlag

● **T 2 600**

Lehrstuhl für Wirtschaftslehre des Landbaues der Technischen Universität München
85350 Freising
Alte Akademie 14, 85354 Freising
T: (08161) 71-3409 **Fax:** 71-4426
Internet: http://wdl.weihenstephan.de
E-Mail: heissenhuber@weihenstephan.de
Ordinarius: Prof. Dr. Alois Heißenhuber

● **T 2 601**

Gesellschaft für Wirtschafts- und Sozialwissenschaften des Landbaues e.V. (GEWISOLA)
Breite-Heide-Str. 23, 53619 Rheinbreitbach
T: (02224) 69 73
Gründung: 1959 (23. Oktober)
Vorsitzende(r): Prof. Dr. Dr.h.c. F. Kuhlmann
Stellvertretende(r) Vorsitzende(r): Prof. Dr. S. Tangermann
Hauptgeschäftsführer(in): Dr.agr. Günther Fratzscher

● **T 2 602**

Institut für Lebensmitteltechnologie der Universität Hohenheim (150)
70593 Stuttgart
Garbenstr. 25, 70599 Stuttgart
T: (0711) 4 59-0 **Fax:** 4 59 41 10
Fachgebiete:
Allgemeine Lebensmitteltechnologie und -mikrobiologie:
Prof. Dr. Hammes (T: (0711) 4 59-23 05)
Biotechnologie:
Prof. Dr. L. Fischer (T: (0711) 4 59-23 13)
Lebensmittelverfahrenstechnik:
Prof. Dr. Kottke (T: (0711) 4 59-32 58)
Fleischtechnologie:
Prof. Dr. A. Fischer (T: (0711) 4 59-22 88)
Gärungstechnologie:
Prof. Dr. Heinisch (T: (0711) 4 59-2310)
Lebensmittel pflanzlicher Herkunft:
Prof. Dr. Carle (Geschäftsf. Dir., T: (0711) 4 59-23 14)
Getreidetechnologie:
Prof. Dr. Kuhn (T: (0711) 4 59-32 84)
Lebensmittel tierischer Herkunft:

N. N. (T: (0711) 4 59-23 19)
Arbeitsbereich Lebensmittelanalytik:
Prof. Dr. Isengard (T: (0711) 4 59-32 85)

● **T 2 603**

Deutscher Verband unabhängiger Institute für Lebensmittelanalytik und Qualitätssicherung e.V.
Florianstr. 13, 70188 Stuttgart
T: (0711) 2 85 28-0 **Fax:** 2 85 28 55
E-Mail: institut@bostel.de
Gründung: 1989 (21. Januar)
Vorsitzende(r): Wulf Bostel (Lebensmittelchemiker Analytisches Institut Wulf Bostel, Florianstr. 13, 70188 Stuttgart)
Stellvertretende(r) Vorsitzende(r): Dietrich Gorny (Ziegelhüttenweg 43, 60598 Frankfurt/Main)
Kassierer: Dr. Hans-Jürgen Hofsommer (Landgrafenstr. 16, 10787 Berlin)
Mitglieder: 19
Zweck des Verbandes ist die aktive Förderung der Qualitätssicherung allgemein und insbesondere in lebensmittelanalytischen Laboratorien zur Erlangung eines festzulegenden Qualitätsstandards.

● **T 2 604**

Verband Deutscher Landwirtschaftlicher Untersuchungs- und Forschungsanstalten e.V. (VDLUFA)
Bismarckstr. 41A, 64293 Darmstadt
T: (06151) 9 55 84-0 **Fax:** 29 33 70
Internet: http://www.vdlufa.de
E-Mail: info@vdlufa.de
Gründung: 1888
Präsident(in): Prof. Dr.habil. Gerhard Breitschuh
Geschäftsführer(in): Dr. Hans-Georg Brod
Mitglieder: 550

● **T 2 605**

Deutsches Institut für Ernährungsforschung (DIfE)
Arthur-Scheunert-Allee 114-116, 14558 Bergholz-Rehbrücke
T: (033200) 88-0 **Fax:** 88-444
Internet: http://www.dife.de
E-Mail: barth@dife.de
Gründung: 1992 (1. Januar)
Vorstand: Prof. Dr. C. A. Barth (Wiss. Direktor)
Dr. H. Schulz (Administr. Direktor)
Leitung Presseabteilung: Dr. Jörg Häseler
Mitarbeiter: ca. 185 (Stand Jan. 1998)
Jahresetat: DM 19,8 Mio, € 10,12 Mio (2001)

● **T 2 606**

Biochemischer Bund Deutschlands e.V. (BBD)
In der Kuhtrift 18, 41541 Dormagen
T: (02133) 7 20 03 **Fax:** 73 91 38
Präsident(in): Dierk Schildt
Mitglieder: 17000

● **T 2 607**

Dachverband wissenschaftlicher Gesellschaften der Agrar-, Forst-, Ernährungs-, Veterinär- und Umweltforschung e.V.
Eschborner Landstr. 122, 60489 Frankfurt
T: (069) 2 47 88-306 **Fax:** 2 47 88-114
E-Mail: l.hoevelmann@dlg-frankfurt.de
Präsident(in): Prof.Dr.Dr.h.c. Wilfried Werner (Inst. f. Agrikulturchemie der Univ. Bonn, Meckenheimer Allee 176, 53115 Bonn, T: (0228) 73 28 50, Telefax: (0228) 73 24 89)
Geschäftsführer(in): Dr. Lothar Hövelmann
Verbandszeitschrift: AGRARSPECTRUM
Redaktion: Dr. Lothar Hövelmann
Verlag: DLG-Verlag, Eschborner Landstr. 122, 60489 Frankfurt
Angeschlossen: 29 wissenschaftliche Gesellschaften

● **T 2 608**

Zentrum für Agrarlandschafts- und Landnutzungsforschung (ZALF) e.V.
Eberswalder Str. 84, 15374 Müncheberg
T: (033432) 8 22 00 **Fax:** 8 22 23, 8 22 12
Internet: http://www.zalf.de/
E-Mail: zalf@zalf.de
Gründung: 1992 (02. Januar)
Direktor(in): Prof. Dr. Hubert Wiggering
Leiter der Verwaltung: Dr. Heinz Socher
Forschungskoordination: Dr. Sigrid Baur (T: (033432) 8 22

01)
Öffentlichkeitsarbeit: Dr. Claus Dalchow (T: (033432) 8 22 02)
Mitarbeiter: 274
F/E-Arbeiten auf den Gebieten Bodenlandschaftsforschung, Landschaftssystemanalyse, Landschaftswasserhaushalt, Landnutzungssysteme und Landschaftsökologie, Sozioökonomie, Primärproduktion und Mikrobielle Ökologie sowie Entomologie.

t 2 609

Institut für Bodenlandschaftsforschung
Eberswalder Str. 84, 15374 Müncheberg
T: (033432) 8 22 82 **Fax:** 8 22 80
Leiter(in): Prof. Dr. Monika Frielinghaus

t 2 610

Institut für Landschaftswasserhaushalt
Eberswalder Str. 84, 15374 Müncheberg
T: (033432) 8 23 00 **Fax:** 8 23 01
Leiter(in): Prof. Dr. Joachim Quast

t 2 611

Institut für Landschaftssystemanalyse
Eberswalder Str. 84, 15374 Müncheberg
T: (033432) 8 23 79 **Fax:** 8 23 34
Leiter(in): Dr. Karl-Otto Wenkel

t 2 612

Institut für Landnutzungssysteme und Landschaftsökologie
Eberswalder Str. 84, 15374 Müncheberg
T: (033432) 8 23 10 **Fax:** 8 23 87
Leiter(in): Dr. Armin Werner

t 2 613

Institut für Sozioökonomie
Eberswalder Str. 84, 15374 Müncheberg
T: (033432) 8 22 07 **Fax:** 8 23 08
Leiter(in): Prof. Dr. Klaus Müller

t 2 614

Institut für Primärproduktion und Mikrobielle Ökologie
Eberswalder Str. 84, 15374 Müncheberg
T: (033432) 8 22 62 **Fax:** 8 23 43
Leiter(in): Dr. sc. Wolfgang Seyfarth

t 2 615

Deutsches Entomologisches Institut
Schicklerstr. 5, 16225 Eberswalde
T: (03334) 5 89 80 **Fax:** 21 23 79
Leiter(in): Prof. Dr. Holger Dathe

● **T 2 616**

Deutsche Gesellschaft für Züchtungskunde e.V.
Adenauerallee 174, 53113 Bonn
T: (0228) 21 34 11 **Fax:** 22 34 97
E-Mail: dgfz-bonn@t-online.de
Gründung: 1905
Präsident(in): Philipp R. Fürst zu Solms, Lich
Geschäftsführer(in): Dr. Klaus Meyer
Dr. Horst Brandt (ab. 01.04.2001)
Verbandszeitschrift: Züchtungskunde
Redaktion: Prof. Dr. F. Schmitten, Bonn
Verlag: Eugen Ulmer, Stuttgart
Mitglieder: 1000

● **T 2 617**

Institut für Organischen Landbau
Rheinische Friedrich-Wilhelms-Universität Bonn
Katzenburgweg 3, 53115 Bonn
T: (0228) 73 56 15/16 **Fax:** 73 56 17
Internet: http://www.uni-bonn.de/iol/

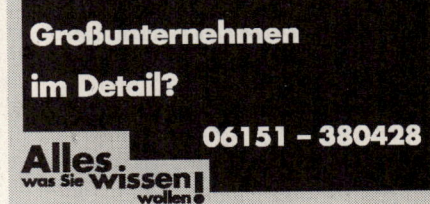

T 2 617
E-Mail: iol@uni-bonn.de
Direktor(in): Prof. Dr. U. Köpke

● T 2 618
Institut für Angewandte Botanik
Universität Hamburg
Marseiller Str. 7, 20355 Hamburg
T: (040) 4 28 38-23 31 Fax: 4 28 38-65 93
Internet: http://www.physnet.uni-hamburg.de/botany
E-Mail: iangbot@iangbot.uni-hamburg.de
Geschf. Dir: Prof. Dr. G. Adam

t 2 619
Universität Hamburg
Institut für Angewandte Botanik
Amtliche Pflanzenbeschau
Versmannstr. 4, 20457 Hamburg
T: (040) 4 28 38-6873, 4 28 38-6874 Fax: 4 28 38-6879
E-Mail: pflanzenbeschau@iangbot.uni-hamburg.de

● T 2 620
Zentralstelle für Pilzforschung und Pilzverwertung
Alte Landstr. 72, 69488 Birkenau
T: (06201) 29 22 52 Fax: 29 22 52
Dr. B. Bötticher (staatl. gepr. Lebensmittelchemiker, Facharzt für Kinder und Jugendmedizin, vereidigter Sachverständiger)
Fachverband:
G.D.Ch. (Gesellschaft Deutscher Chemiker), Fachgruppe: Lebensmittelchemie u. Selbständige Chemiker

● T 2 621
Deutsche Gesellschaft für Mykologie e.V. (DGfM)
Institut für Systematische Botanik
Section Mykologie
Menzinger Str. 67, 80638 München
T: (089) 17 86 12 34 Fax: 17 26 38
Internet: http://www.dgfm-ev.de
E-Mail: myrrhmvk@botanik.biologie.uni-muenchen.de
Gründung: 1921
Präsident(in): Prof. Dr. Reinhard Agerer
Vizepräsident(in): Till R. Lohmeyer
Karl-Heinz Rexer
Informations- und Pressewart: Heinz Ebert (T: (06574) 5 75, E-Mail: ebert@dgfm-ev.de)
Schriftführer(in): Peter Reil
Schatzmeister: Wolfgang Thurn
Verbandszeitschrift: Zeitschrift für Mykologie
Verlag: IHW-Verlag, Postfach 11 19, 85378 Eching (auch Redaktion)
Mitglieder: 1520
Jahresetat: DM 0,1 Mio, € 0,05 Mio

● T 2 622
Institut für Pflanzenbau und Tierproduktion in den Tropen und Subtropen der Georg-August-Universität Göttingen
Grisebachstr. 6, 37077 Göttingen
T: (0551) 39 37 52 Fax: 39 37 59
Internet: http://www.gwdg.de/~uatr/general/indexde.htm
E-Mail: hkoch@gwdg.de
Gründung: 1967
Vorstand: Prof. Dr. H. Böhnel
Prof. Dr. J.M. King
Dr. U. ter Meulen

● T 2 623
Arbeitsgemeinschaft für Tropische und Subtropische Agrarforschung (ATSAF) e.V.
c/o Universität Hohenheim
70593 Stuttgart
T: (0711) 4 70 69 00 Fax: 4 59-2652
Internet: http://www.atsaf.de
E-Mail: atsaf@atsaf.de
Gründung: 1976
Vorsitzende(r): Prof. Dr. Volker Hoffmann (Universität Hohenheim)
Mitglieder: ca. 220
Mitarbeiter: 1

● T 2 624
Universität Hohenheim
Pflanzenproduktion und Agrarökologie in den Tropen und Subtropen
70593 Stuttgart
Kirchnerstr. 5, 70599 Stuttgart
T: (0711) 4 59-24 38 Fax: 4 59 23 04
Internet: http://www.uni-hohenheim.de/~www380
E-Mail: inst380@uni-hohenheim.de
Korrespondenzadresse: Universität Hohenheim (380), 70593 Stuttgart
Leiter(in): Prof. Dr. Rainer Schultze-Kraft

● T 2 625
Gesellschaft für Arzneipflanzenforschung e.V.
c/o Dr. B. Frank
Am Grundbach 5, 97271 Kleinrinderfeld
T: (0931) 8 00 22 71 Fax: 8 00 22 75
Internet: http://www.ga-online.org
E-Mail: ga-secretary@t-online.de
Gründung: 1953 (08. April)
1. Vorsitzende(r): Prof. Dr. J.J.C. Scheffer (Division of Pharmacognosy, Gorlaeus Laboratories, P.O. Box 9502, NL-2300 RA Leiden, T: (0031/71) 5 27 44 74, Fax: 5 27 45 11, E-Mail: scheffer@chem.leidenuniv.nl)
Stellvertretende(r) Vorsitzende(r): Prof. Dr. Brigitte Kopp (Institut f. Pharmakognosie, Pharmazie-Zentrum, Althanstr.14, A-1090 Wien, T: (00431) 42 77-55255, Fax: 42 77-55256, E-Mail: brigitte.kopp@univie.ac.at)
Prof. Dr. R. Bauer (Institut f. Pharm. Biologie, Geb.26.23, Universitätsstr. 1, 40225 Düsseldorf, T: (0211) 81-14180, Fax: 81-1745, E-Mail: rudolf.bauer@uni-duesseldorf.de)
Schriftführer (Secretary): Dr. B. Frank (Am Grundbach 5, 97271 Kleinrinderfeld, T: (0931) 8 00 22 70)
Schatzmeister (Treasurer): PD. Dr. Gudrun Abel (Bionorica Arzneimittel GmbH, Kerschensteinerstr. 11-15, D-92318 Neumarkt, T: (09181) 2 31-250, Fax: 2 31-265, E-Mail: abel.ferchheim@t-online.de)
Verbandszeitschrift: Planta Medica
Redaktion: Prof. Dr. A. Nahrstedt, Münster
Verlag: Thieme, Stuttgart

Förderung der Arzneipflanzenforschung und Arzneipflanzenanwendung.

● T 2 626
Arbeitsgemeinschaft Grünland und Futterbau in der Gesellschaft für Pflanzenbauwissenschaften
Atzenberger Weg 99, 88326 Aulendorf
T: (07525) 94 23 51
Gründung: 1956
Vorsitzende(r): P.D. Dr. sc. agr. Martin Elsäßer
Verbandszeitschrift: Tagungsbericht mit Vorträgen u. Postern, jährlich
Mitglieder: ca. 220

● T 2 627
Verein zur Förderung des Heil- und Gewürzpflanzenanbaus in Bayern e.V.
Max-Joseph-Str. 9, 80333 München
T: (089) 5 58 73-1 01 Fax: 5 58 73-5 05
Gründung: 1985 (7. Mai)
1. Vorsitzende(r): Hans Fischer (Hadergasse 23, 97525 Schwebheim)
2. Vorsitzende(r): Dr. Hans-Jürgen Hannig (91487 Vestenbergsgreuth)
Geschäftsführer(in): Dipl.-Ing. agr. Theo Däxl (Max-Joseph-Str. 9, 80333 München)
Mitglieder: 145

● T 2 628
Deutsche Gesellschaft für Hopfenforschung e.V.
Postfach 11 48, 85259 Wolnzach
Hüll 5 1/3, 85283 Wolnzach
T: (08442) 35 97 Fax: 28 71
E-Mail: dgfh.huell@gmx.de
Vorstandsvorsitzende(r): Dipl.-Ing. Georg Balk (Brauereidirektor Spaten-Franziskaner-Bräu KgaA, München)
Geschäftsführer(in): Dr. Fritz-Ludwig Schmucker
Mitglieder: 142

● T 2 629
Institut für Pflanzenbauwissenschaften Landwirt.-Gärtnerische Fakultät der Humboldt-Universität zu Berlin
Albrecht-Thaer-Weg 5, 14195 Berlin
T: (030) 31 47 13 60 Fax: 31 47 12 11
E-Mail: helmut.herzog@rz.hu-berlin.de
Leiter(in): Prof. Dr. H. Herzog (Fachgebiet Pflanzenbau in den Tropen und Subtropen)

● T 2 630
Institut für Pflanzenbauwissenschaften
Humbold Universität zu Berlin
Landwirtschaftlich-Gärtnerische Fakultät
Geschäftsstelle
Invalidenstr. 42, 10115 Berlin
T: (030) 20 93 88 26 Fax: 20 93 83 69
Geschäftl. Dir.: Prof. Dr. H. Peschke

● T 2 631
Landesanstalt für Pflanzenbau Forchheim
Kutschenweg 20, 76287 Rheinstetten
T: (0721) 95 18-30 Fax: 95 18-2 02
E-Mail: poststelle@lap.bwl.de
Direktor(in): Dr. P. Schweiger

● T 2 632
Staatliches Weinbauinstitut
Versuchs- und Forschungsanstalt für Weinbau und Weinbehandlung
(mit Staatsweingut Freiburg & Blankenhornsberg)
Merzhauser Str. 119, 79100 Freiburg
T: (0761) 40 16 50 Fax: 4 01 65 70
E-Mail: poststelle@wbi.bwl.de
Gründung: 1920
Leiter(in): Dr. Dr. K. Rühl (Merzhauser Str. 119, 79100 Freiburg, T: (0761) 4 01 65 12)

● T 2 633
Staatliche Lehr- und Versuchsanstalt für Landwirtschaft, Weinbau und Gartenbau
Berufsbildende Schule Ahrweiler/Mayen
mit Staatlicher Weinbaudomäne Marienthal
Walporzheimer Str. 48, 53474 Bad Neuenahr-Ahrweiler
T: (02641) 97 86-0 Fax: 97 86-66
E-Mail: poststelle.slva-aw@agrarinfo.rpl.de

● T 2 634
Staatliche Lehr- und Versuchsanstalt für Landwirtschaft, Weinbau und Gartenbau, Berufsbildende Schule Oppenheim
Wormser Str. 111, 55276 Oppenheim
T: (06133) 9 30-0 Fax: 93 01 03
Internet: http://www.agrarinfo.rlp.de
E-Mail: webmaster@agrarinfo.rlp.de
Gründung: 1885
Leiter(in): Otto Schätzel
Mitarbeiter: 140
Jahresetat: DM 14 Mio, € 7,16 Mio

● T 2 635
Staatliche Lehr- und Versuchsanstalt für Landwirtschaft, Weinbau und Gartenbau
- Berufsbildende Schule - Oppenheim
Fachbereich Rebenzüchtung
Postf. 1269, 55220 Alzey
Georg-Scheu-Str. 1, 55232 Alzey
T: (06731) 95 75-0 Fax: 95 75-20
Gründung: 1909
Direktor(in): Dr. W. Hofäcker
Mitarbeiter: 15

● T 2 636

Forschungsanstalt Geisenheim
Postf. 11 54, 65358 Geisenheim
Von-Lade-Str. 1, 65366 Geisenheim
T: (06722) 5 02-0 Fax: 50 22 12
Internet: http://www.forschungsanstalt-geisenheim.de
Gründung: 1872
Direktor(in): Prof. Dr. Klaus Schaller (NSt 201)

1. Institut für Weinbau und Rebenzüchtung
Leiter(in): Prof. Dr. M. Christmann (NSt 171)
Fachgebiete:
- Rebenzüchtung und Rebenveredlung
- Weinbau
- Kellerwirtschaft

2. Institut für Oenologie und Getränkeforschung
Leiter(in): Prof. Dr. M. Großmann (NSt 331)
Fachgebiete:
- Weinanalytik und Getränkeforschung
- Mikrobiologie und Biochemie

3. Institut für Gartenbau und Landschaftsbau
Leiter(in): Prof. Dr. L. Hendriks (NSt 531)
Fachgebiete:
- Gemüsebau
- Obstbau
- Zierpflanzenbau
- Landschaftsbau

4. Institut für Biologie
Leiter(in): Prof. Dr. Ö. Löhnertz (NSt 431)
Fachgebiete:
- Botanik
- Bodenkunde und Pflanzenernährung
- Phytomedizin

5. Institut für Betriebswirtschaft und Technik
Leiter(in): Prof. Dr. D. Hoffmann (NSt 381)
Fachgebiete:
- Betriebswirtschaft und Marktforschung

- Technik
Mitarbeiter: 341
Jahresetat: DM 28 Mio, € 14,32 Mio

● **T 2 637**
Deutsche Gesellschaft für Pflanzenernährung e.V. (DGP)
Institut für Bodenkunde und Pflanzenernährung
Adam-Kuckhoff-Str. 17b, 06108 Halle
T: (0345) 5 52 24 21
Vorsitzende(r): Prof. Dr. Wolfgang Merbach (Institut für Bodenkunde und Pflanzenernährung, Adam-Kuckhoff-Str. 17b, 06108 Halle/Saale, T: (0345) 5 52 24 21)
Stellvertretende(r) Vorsitzende(r): Prof. Dr. Sven Schubert (Institut für Pflanzenernährung, Südanlage 6, 35390 Gießen, T: (0641) 9 93 91 60)
Verbandszeitschrift: Zeitschrift für Pflanzenernährung und Bodenkunde
Redaktion: Bodenkunde: Prof. Dr. P. Leinweber, J.-v.-Liebig-Weg 6, 19051 Rostock; Pflanzenernährung: Prof. Dr. H. Beringer, Zur Hünschen Burg 10, 34369 Hofgeismar
Förderung der Lehre, Forschung und des wissenschaflichen Nachwuchses des Fachgebietes Pflanzenernährung, Pflege wissenschaftlicher Beziehungen, Beratung von Behörden.

● **T 2 638**
PRO RIESLING e.V.
Am Augustinerhof Rathaus, 54290 Trier
T: (0651) 7 18-3025   **Fax:** 7 18-3025
TX: 472 712
T-Online: ∗718 (Stadt Trier)#
Gründung: 1985 (25. April)
Vorsitzende(r): Dipl.-Ing. Georg Raquet (67157 Wachenheim)
Stellvertretende(r) Vorsitzende(r): Claus Piedmont (Weingut Piedmont, Saartal 1, 54329 Konz-Filzen)
Geschäftsführer(in): Hermann Rosch
Mitglieder: 440
Mitarbeiter: 1
Jahresetat: DM 0,060 Mio, € 0,03 Mio

● **T 2 639**
Staatliche Lehr- und Versuchsanstalt für Wein- und Obstbau Weinsberg
-Staatsweingut-
Traubenplatz 5, 74189 Weinsberg
T: (07134) 5 04-0   **Fax:** 5 04-133
E-Mail: poststelle@lvwo.bwl.de
Gründung: 1868
Dir. u. HGeschF: Dr. Günter Bäder
Mitarbeiter: 100
Mitglied im Weinbauverband Württemberg
Mitglied im Verband deutscher Prädikatsweingüter (VdP)

● **T 2 640**
Versuchs- und Lehranstalt für Spiritusfabrikation und Fermentationstechnologie in Berlin (VLSF)
Seestr. 13, 13353 Berlin
T: (030) 4 50 80-0   **Fax:** 4 53 60 67
Präsident(in): Administrator Gerhard Richter
Verbandszeitschrift: Branntweinwirtschaft
Verlag: Eigenverlag

● **T 2 641**
Universität Hannover
Institut für Zierpflanzenbau, Baumschule und Pflanzenzüchtung
Herrenhäuser Str. 2, 30419 Hannover
T: (0511) 7 62 26 57   **Fax:** 7 62 26 54
Geschäftsführender Direktor: Univ.-Prof. Dr. Margrethe Serek

● **T 2 642**
Institut für Zierpflanzenzüchtung
Bornkampsweg 31, 22926 Ahrensburg
T: (04102) 8 02-0   **Fax:** 5 11 24
Gründung: 1993 (1. Januar)
Leiter(in): Prof. Dr. Jürgen Grunewaldt (Ltg. Presseabt.)
Verbandszeitschrift: Jahresbericht
Mitarbeiter: 74

● **T 2 643**
Institut für Zuckerrübenforschung
Postf. 40 51, 37030 Göttingen
Holtenser Landstr. 77, 37079 Göttingen
T: (0551) 5 05 62-0   **Fax:** 5 05 62-99
E-Mail: mail@ifz-goettingen.de
Direktor(in): Prof. Dr. B. Märländer

● **T 2 644**
Institut für Pflanzenernährung der Universität Hannover
Herrenhäuser Str. 2, 30419 Hannover
T: (0511) 7 62-26 26   **Fax:** 7 62-36 11
Teletex: 923 868 unihu d
Internet: http://www.ipe.uni-hannover.de
E-Mail: horst@mbox.pflern.uni-hannover.de
Geschf. Dir.: Prof. Dr. W. J. Horst

● **T 2 645**
Institut für Pflanzenernährung und Bodenkunde der Christian-Albrechts-Universität Kiel
Olshausenstr. 40 Haus S 20, 24118 Kiel
T: (0431) 8 80/25 73 + 8 80/32 55   **Fax:** 8 80 29 40
Gründung: 1948
Geschäftsführender Direktor: Prof. Dr. Rainer Horn (Inst. f. Pflanzenernähr. u. Bodenkunde, Olshausenstr. 40, 24118 Kiel, T: (0431) 8 80-3189)
Verbandszeitschrift: Schriftenreihe Inst. f. Pflanzenernährung und Bodenkunde
Redaktion: H.-P. Blume, R. Horn, B. Sattelmacher
Verlag: Eigenverlag, Olshausenstr. 40-60, Haus S 20 a, 24118 Kiel 1
Mitarbeiter: 60

Fachverband

t 2 646
Deutsche Bodenkundliche Gesellschaft (DBG)
Wilhelmstr. 19, 26121 Oldenburg
T: (0441) 2 57 00   **Fax:** 2 48 98 28
Internet: http://members.aol.com/dbges, http://www.dbges.de
E-Mail: dbg@dbges.de
Präsident(in): Prof. Dr. Karl Stahr
Vizepräsident(in): Prof. Dr. Manfred Altermann
Prof. Dr. Monika Frielinghaus
Prof. Dr. Bernd Marschner
Geschäftsführer(in): Dr. Peter Hugenroth

● **T 2 647**

Deutsche Gartenbau-Gesellschaft 1822 e.V.
Webersteig 3, 78462 Konstanz
T: (07531) 1 52 88   **Fax:** 2 65 30
E-Mail: dgg1822ev@t-online.de
Gründung: 1822 (4. Juli)
Präsident(in): Gräfin Sonja Bernadotte
Geschäftsführerin, Generalsekretärin: Dr. Inge Schenk
Verbandszeitschrift: Garten-Pavillon
Redaktion: DGG
Verlag: DGG
Mitglieder: 650
Mitarbeiter: 3

● **T 2 648**
Deutsche Gartenbauwissenschaftliche Gesellschaft e.V.
Geschäftsstelle:
Herrenhäuser Str. 2, 30419 Hannover
T: (0511) 1 69 09-55   **Fax:** 1 69 09-56
Internet: http://www.ifgb.uni-hannover.de/gabainfo/dgg/index.htm
E-Mail: dgg.schulpin@t-online.de
Gründung: 1961 (11. Juli)
Präsident(in): Prof. Dr. M. Schenk, Hannover
Verbandszeitschrift: Gartenbauwissenschaft
Verlag: Ulmer-Verlag, Wollgrasweg 41, 70599 Stuttgart
Mitglieder: knapp 400

● **T 2 649**
Deutsche Dendrologische Gesellschaft e.V.
Hünstollenstr. 32, 37136 Waake
T: (05507) 91 38 7/ 89   **Fax:** 9 13 88
Gründung: 1892
Präsident(in): Dr. Ulrich Hecker (Bentzelweg 9, 55099 Mainz, T: (06131) 39 26 28, Telefax: (06131) 39 35 24)
Stellv. Präs.: Dipl.-Ing Andreas Bärtels (Hünstollenstr. 32, 37136 Waake, T: (05507) 91 3 87/89, Telefax: (05507) 9 13 88)
Geschäftsführer(in): Dipl.-Ing. Hubertus Nimsch
Schatzmeister: Rainer Jansen (Lehmkaule 3, 53773 Hennef, T: (02248) 23 92)

Verbandszeitschrift: Mitteilungen der DDG
Redaktion: Dr. H. Hieter
Verlag: E. Ulmer, Stuttgart
Mitglieder: 1500

● **T 2 650**
Institut für Gartenbauökonomie der Universität Hannover
Herrenhäuser Str. 2, 30419 Hannover
T: (0511) 7 62/26 66   **Fax:** 7 62/26 67
Prof. Dr. Erich Schmidt (Marktlehre, Agrarpolitik)
Prof. Dr. Ernst-Wilhelm Schenk (Entscheidungslehre, Rechnungswesen)
Geschäftl. Ltr: Prof. Dr. Hermann Waibel (Betriebslehre)

● **T 2 651**
Universität Hohenheim
Staatsschule für Gartenbau und Landwirtschaft
70593 Stuttgart
T: (0711) 4 59-27 26   **Fax:** 4 59-27 30
E-Mail: sgartbau@uni-hohenheim.de
Leiter(in): R. Eichin

● **T 2 652**
Gesellschaft für Agrargeschichte
c/o Deutsches Landwirtschaftsmuseum (650)
70593 Stuttgart
Schloß Hohenheim Universität Hohenheim, 70599 Stuttgart
T: (0711) 4 59-2146   **Fax:** 4 59-3404
Gründung: 1904
Vorsitzende(r): Dr. Dietrich Rieger
Geschäftsführer(in): Dr. Klaus Herrmann
Verbandszeitschrift: Zeitschrift für Agrargeschichte und Agrarsoziologie
Verlag: DLG-Verlag, Eschborner-Land-Str. 122, 60489 Frankfurt
Mitglieder: 225

● **T 2 653**
Lehrstuhl für Gemüsebau der Technischen Universität München
Weihenstephan, 85350 Freising
T: (08161) 71 34 27   **Fax:** 71 44 91
Internet: http://www.vegetable.de
E-Mail: veginst@edv.agrar.tu-muenchen.de
Leiter(in): Prof. Dr. Wilfried H. Schnitzler

● **T 2 654**
Institut für Obstbau und Gemüsebau der Universität Bonn
Auf dem Hügel 6, 53121 Bonn
T: (0228) 73 51 35   **Fax:** 73 57 64
E-Mail: nogao@uni-bonn.de
Prof. Dr. G. Noga

● **T 2 655**
Bayreuther Institut für Terrestrische Ökosystemforschung (BITÖK)
Universität Bayreuth
95440 Bayreuth
T: (0921) 55 57 00   **Fax:** 55 57 09
Internet: http://www.bitoek.uni-bayreuth.de
E-Mail: gollan@bitoek.uni-bayreuth.de
Gründung: 1990
Vorsitzende(r): Prof. Dr. Egbert Matzner
Leitung Presseabteilung: Dr. Thomas Gollan
Verbandszeitschrift: Bayreuther Forum Ökologie (bfö)
Mitarbeiter: 80

● **T 2 656**
Deutsche Rasengesellschaft e.V.
Postf. 20 14 63, 53144 Bonn
Godesberger Allee 142-148, 53175 Bonn
T: (0228) 8 10 02-0   **Fax:** 8 10 02-48
Internet: http://www.rasengesellschaft.de
Gründung: 1964 (April)
Vorsitzende(r): Dr. Klaus Müller-Beck (Am Gresshoff 5, 48231 Warendorf)
Geschäftsführer(in): Anna Maria Euler
Verbandszeitschrift: Rasen
Redaktion: Klaus-Jürgen Bleeck
Verlag: Hortus-Verlag GmbH, Postf. 41 03 54, 53025 Bonn
Mitglieder: 200
Jahresetat: DM 0,060 Mio, € 0,03 Mio

● **T 2 657**
Institut für Pflanzenkrankheiten der Rheinischen Friedrich-Wilhelms-Universität
Nußallee 9, 53115 Bonn
T: (0228) 73 24 43   **Fax:** 73 24 42
Internet: http://www.uni-bonn.de/Pflanzenkrankheiten

Vorstand: Prof. Dr. H.-W. Dehne
Prof. Dr. C. Sengonça
Prof. Dr. R. Sikora
Prof. Dr. J. Krämer

● T 2 658
Floristisch-Soziologische Arbeitsgemeinschaft e.V.
Wilhelm-Weber-Str. 2, 37073 Göttingen
T: (0551) 39 57 00/05 **Fax:** 39 22 87
Gründung: 1927
Präsident(in): Prof. Dr. Hartmut Dierschke
Verbandszeitschrift: Tuexenia
Redaktion: Prof. Dr. H. Dierschke
Verlag: Selbstverlag
Mitglieder: 1500

● T 2 659
Landwirtschaftskammer Westfalen-Lippe
Landbau und Pflanzenschutz
Nevinghoff 40, 48147 Münster
T: (0251) 23 76-6 26 **Fax:** 23 76-6 44
Internet: http://www.lk-wl.de
E-Mail: refer.31_muenster@t-online.de
Leiter(in): Dr. Johann Frahm (Referatsleiter 31)

● T 2 660
Institut für Nutztierwissenschaften Humboldt-Universität zu Berlin
Philippstr. 13, 10115 Berlin
T: (030) 20 93 60 39 **Fax:** 20 93 63 25
Geschäftsführender Direktor: Prof. Dr. O. Kaufmann

Fachgebiete:
Züchtungsmethodik u. Züchtungsplanung: Prof. Dr. G. Seeland (Invalidenstr. 42, 10115 Berlin, T: (030) 20 93 84 46, Fax: 20 93 85 56)
Nutztierökologie: Prof. Dr. Horst Jürgen Schwartz (Lentzeallee 75, 14195 Berlin, T: (030) 31 47 11 03)
Populationsgenetik: Prof. Dr. Werner Schlote (Lentzeallee 75, 14195 Berlin, T: (030) 31 47 11 20)
Züchtungsbiologie u. molekulare Tierzüchtung: Prof. Dr. Gottfried Leuthold (Philippstr. 13, 10115 Berlin, T: (030) 20 93-6449)
Tierernährung: Prof. Dr. Horst Münchow (Philippstr. 13, 10115 Berlin, T: (030) 20 93-6079)
Futtermittelkunde: Prof. Dr. Ehrengard Kaiser (Invalidenstr. 42, 10115 Berlin, T: (030) 20 93-8370)
Tierhaltungssysteme: Prof. Dr. E. Lindemann (Philippstr. 13, 10115 Berlin, T: (030) 20 93 60 39, Fax: 20 93 63 25)
Technik i.d. Tierhaltung: Prof. Dr. O. Kaufmann (Philippstr. 15, 10115 Berlin, T: (030) 20 93 60 39)
Tierzucht in den Tropen und Subtropen: Prof. Dr. K.J. Peters (Philippstr. 13, 10115 Berlin, T: (030) 20 93 63 62, Fax: 20 93 63 70)
Landwirtschaftliches Bauwesen: Doz. Dr.-Ing. Th. Lüpfert (Philippstr. 13, 10115 Berlin, T: (030) 20 93 60 39, Fax: 20 93 63 25)

● T 2 661
Forschungsinstitut für die Biologie landwirtschaftlicher Nutztiere
Wilhelm-Stahl-Allee 2, 18196 Dummerstorf
T: (038208) 6 85 **Fax:** 6 86 02
Internet: http://www.fbn-dummerstorf.de
E-Mail: fbn@fbn-dummerstorf.de
Gründung: 1939 Inst. f. Tierzuchtforschung; seit 1970 Forschungszentrum; 1993 Neugründung
Kommissarischer Vorstand: Prof. Dr. habil. K. Ender
Verbandszeitschrift: Archiv für Tierzucht
Mitarbeiter: 237

Grundlagenforschung zu den Fachgebieten: Genetik und Biometrie, Molekularbiologie, Fortpflanzungsbiologie, Physiologische Grundlagen der Tierhaltung, Muskelbiologie und Wachstum, Ernährungsphysiologie

● T 2 662
Gesellschaft für Tierzuchtwissenschaften
Olshausenstr. 40, 24118 Kiel
T: (0431) 8 80 25 86 **Fax:** 8 80 25 88
Internet: http://www.tierzucht.uni-kiel.de
E-Mail: ekalm@tierzucht.uni-kiel.de
Vorsitzende(r): Prof. Dr. Dr.h.c. Ernst Kalm (Institut für Tierzucht und Tierhaltung der Christian-Albrechts-Universität zu Kiel, 24098 Kiel)
Stellvertretende(r) Vorsitzende(r): Prof. Dr. G. von Lengerken (Institut für Tierzucht und Tierhaltung der Martin-Luther-Universität Halle-Wittenberg, 06108 Halle)
Prof. Dr.Dr.h.c. G. Brem (Institut für Tierzucht und Genetik, Linke Bahngasse, A-1030 Wien)
Mitglieder: 102

● T 2 663
Gesellschaft für Ernährungsphysiologie
Eschborner Landstr. 122, 60489 Frankfurt
T: (069) 2 47 88-3 20 **Fax:** 24 78 81 14
E-Mail: w.staudacher@dlg-frankfurt.de
Gründung: 1953 (11. März)
Vorsitzende(r): Prof. Dr. Gerhard Breves
Geschäftsführer(in): Dr. Walter Staudacher
Verbandszeitschrift: Proceedings of the Society of Nutrition Physiology
Herausgeber: Gerhard Breves, Hannover
Redaktion: Walter Staudacher, Frankfurt
Verlag: DLG Verlag, Frankfurt
Mitglieder: 159
Mitarbeiter: 1

Zusammenarbeit auf nationaler und internationaler Ebene; Beratung von Behörden und Organisationen, Nachwuchsförderung.

● T 2 664
Institut für Tierernährung der Rheinischen Friedrich-Wilhelms-Universität
Endenicher Allee 15, 53115 Bonn
T: (0228) 73-22 87/22 92 **Fax:** 73 22 95
Leiter(in): Prof.Dr. Ernst Pfeffer

Forschung und Lehre auf dem Gebiet der Tierernährung.

● T 2 665
Institut für Tierphysiologie und Tierernährung der Universität Göttingen
Kellnerweg 6, 37077 Göttingen
T: (0551) 39 33 30, 39 33 32 **Fax:** 39 33 43
Direktor(in): Prof. Dr. F. Liebert
Prof. Dr. Hj. Abel
Prof. Dr. U. ter Meulen
Prof. Dr. K. D. Günther (emer.)
Prof. Dr. S. Molnar (I. Ruhestand)

● T 2 666
Kuratorium für Technik und Bauwesen in der Landwirtschaft e.V. (KTBL)
siehe unter Technisch-wissenschaftliche Vereine und Institute
siehe T 1260

● T 2 667
Technische Universität Berlin
Fachbereich 7 - Umwelt und Gesellschaft
Institut für Landschaftsentwicklung
ehem. Institut für Kulturtechnik u. Grünlandwirtschaft
Lentzeallee 76, 14195 Berlin
T: (030) 31 47 12 30 **Fax:** 31 47 12 26
E-Mail: bmwilke@ile.tu-berlin.de
Geschf. Dir.: Prof. Dr. Dr. B.-M. Wilke

● T 2 668
Forschungsgesellschaft Landschaftsentwicklung - Landschaftsbau e.V. (FLL)
Colmantstr. 32, 53115 Bonn
T: (0228) 69 00 28 **Fax:** 69 00 29
Internet: http://www.fll.de
E-Mail: info@fll.de
Gründung: 1975
Präsident(in): Dipl.-Ing. Prof. Albert Schmidt
Geschäftsführer(in): Dipl.-Ing. agr. Jürgen Rohrbach
Verbandszeitschrift: Schriftenreihe der Forschungsgesellschaft Landschaftsentwicklung Landschaftsbau e.V.
Mitglieder: 270
Mitarbeiter: 6
Jahresetat: DM 0,7 Mio, € 0,36 Mio

● T 2 669
Fachvereinigung Bauwerksbegrünung e.V. (FBB)
Postf. 13 03, 59403 Unna
Alfred-Nobel-Str. 8, 59423 Unna
T: (02303) 2 53 30-0 **Fax:** 2 53 30-3
Internet: http://www.fbb.de
E-Mail: infoline@fbb.de
Gründung: 1990 (Februar)
Vorsitzende(r): Konrad Ben Köthner
Stellvertretende(r) Vorsitzende(r): Rudolf Harzmann
Leiterin Geschäftsstelle: Cornelia Stelzmann-Liebert (Ltg. Presseabt.)
Mitglieder: 68
Mitarbeiter: 1

● T 2 670
Agrikulturchemisches Institut der Universität Bonn
Karlrobert-Kreiten-Str. 13, 53115 Bonn
T: (0228) 73 28 50/51 **Fax:** 73 24 89
Internet: http://www.uni-bonn.de/akci
E-Mail: aci@uni-bonn.de, h.goldbach@uni-bonn.de
Geschäftsf. Dir.: Prof. Dr. Heiner Goldbach

● T 2 671
Institut für Agrikulturchemie der Georg-August-Universität Göttingen
Von-Siebold-Str. 6, 37075 Göttingen
T: (0551) 39 55 68 **Fax:** 39 55 70
Teletex: 96 703 unigoe
E-Mail: uaac@gwdg.de
Prof. Dr. N. Claassen (Email: nclaass@gwdg.de, Direktor)
Prof. Dr. Elke Pawelzik (Email: epawelz@gwdg.de)
Prof. Dr. E. Przemeck (a.D., Email: eprzeme@gwdg.de)
Prof. Dr. W. Römer (Email: uaac@gwdg.de)
Prof. Dr. E. Welte (em.)
Prof. Dr. A. Jungk (a.D.)

● T 2 672
Institut und Bayer. Landesanstalt für Landtechnik der Technischen Universität München-Weihenstephan
Vöttinger Str. 36, 85354 Freising
T: (08161) 71 34 40 **Fax:** 71 40 48
Teletex: 5 270 905 Ltd
T-Online: ✱081 61710 0007#
Internet: http://www.tec.agrar.tu-muenchen.de
E-Mail: postmaster@tec-agrar.tu-muenchen.de
Direktor(in): Prof. Dr. Dr.h.c.(AE) Hans Schön

● T 2 673
Institut für Agrartechnik der Universität Göttingen
Gutenbergstr. 33, 37075 Göttingen
T: (0551) 39 55 92 **Fax:** 39 55 95
Internet: http://www.gwdg.de/~uaat
E-Mail: uaat@gwdg.de
Direktor(in): Prof. Dr. W. Lücke

● T 2 674
Institut für Agrartechnik Bornim e.V.
Max-Eyth-Allee 100, 14469 Potsdam
T: (0331) 56 99-0 **Fax:** 56 99-849, 5 49 63-0
Internet: http://www.atb-potsdam.de
E-Mail: atb@atb-potsdam.de
Gründung: 1992 (01.Januar)
Wissensch.Dir.: Prof. Dr.-Ing. Zaske (T: (0331) 56 99-100)
Mitarbeiter: 135

● T 2 675
Institut für Landwirtschaftliche Verfahrenstechnik der Universität Kiel
Neue Univ. Ha
24098 Kiel
Max-Eyth-Str. 6, 24118 Kiel
T: (0431) 8 80 (1) 23 55 **Fax:** 8 80-42 83
Internet: http://www.ilv.uni-kiel.de
E-Mail: andtechnik@ilv.uni-kiel.de
Direktor(in): Prof.Dr. Isensee

● T 2 676
Deutsche Gesellschaft für Hydrokultur e.V.
Berger 14, 59394 Nordkirchen
T: (02596) 93 73 83
Gründung: 1954 (14. Juli)
Präsident(in): Günter Gregg

● T 2 677
Institut für Umwelt-Analyse e.V. (IFUA)
Milser Str. 37, 33729 Bielefeld
T: (0521) 9 77 10-0 **Fax:** 9 77 10-20
Gründung: 1983 (Februar)
Mitglieder: ca. 150

● T 2 678
Beratung und Analyse Verein für Umweltchemie e.V. (B.A.U.CH.)
Wilsnacker Str. 15, 10559 Berlin
T: (030) 3 94 49 08 **Fax:** 3 94 73 79

● T 2 679
Fachverband Hydrokultur
Raumbegrünung-Fachhandel-Produktion
Postf. 20 14 63, 53144 Bonn
Godesberger Allee 142-148, 53175 Bonn
T: (0228) 8 10 02 31 **Fax:** 8 10 02 48
Vorstand: Hans-Martin Ruof
Wilhelm Höfer (stellv. Vors.)
Geschäftsführer(in): Dipl.-Ing. (FH) Jörg Freimuth
Mitglieder: 120

● T 2 680

Landesanstalt für Ökologie, Bodenordnung und Forsten Nordrhein-Westfalen
Postf. 10 10 52, 45610 Recklinghausen
Leibnizstr. 10, 45659 Recklinghausen
T: (02361) 3 05-0   **Fax:** 3 05-215
Internet: http://www.loebf.nrw.de
E-Mail: poststelle@loebf.nrw.de
Gründung: 1994 (01. April)
Präsident(in): Rolf Kalkkuhl
Leitung Presseabteilung: Peter Schütz
Mitarbeiter: rd. 320

● T 2 681

Institut für ökologische Raumentwicklung e.V.
Weberplatz 1, 01217 Dresden
T: (0351) 46 79-0   **Fax:** 46 79-2 12
Internet: http://www.ioer.de
E-Mail: raumentwicklung@ioer.de
Gründung: 1992 (1. Januar)
Dir. u. Vorst.: Univ.-Prof. Dr.rer.nat. Dr.rer.hort.habil. Bernhard Müller
Stellvertretender Direktor: Dipl.-Ing. Bernd Hirsemann
Verwaltungs-Leiterin: Dipl.-Ing. oec. Heike Bernhardt
Verbandszeitschrift: IÖR-Schriften
Redaktion: Jörg Rathmann
Verlag: Selbstverlag
Mitarbeiter: ca. 80
Jahresetat: DM 7,5 Mio, € 3,83 Mio

● T 2 682

Eine-Welt-Verein e.V.
(Dachverband NRO)
Türkenlouisstr. 7, 77815 Bühl
T: (07223) 2 47 40   **Fax:** 2 47 40
Gründung: 1988
Präsident(in): Dipl.-Ing. Heinrich Kirrwald (auch Ltg. Presseabt.)
Verbandszeitschrift: JWÖK journal
Mitglieder: 200 wissenschaftl. Mitglieder
Mitarbeiter: 8
Jahresetat: DM 0,06 Mio, € 0,03 Mio

● T 2 683

Gesellschaft für ökologische Forschung e.V.
Frohschammerstr. 14, 80807 München
T: (089) 3 59 85 86   **Fax:** 3 59 66 22
Gründung: 1977 (10. August)
Vorsitzende(r): Sylvia Hamberger
Stellvertretende(r) Vorsitzende(r): Hellmut Ambos
Mitglieder: 15

● T 2 684

Lehrstuhl und Institut für Wasserbau und Wasserwirtschaft, Rheinisch-Westfälische Technische Hochschule Aachen
Univ.-Prof. Dr.-Ing. Jürgen Köngeter
Mies-van-der-Rohe-Str. 1, 52074 Aachen
T: (0241) 80 52 62   **Fax:** 8 88 83 48

● T 2 685

Technische Universität Braunschweig Hydromechanik und Küsteningenieurwesen
Postf. 33 29, 38023 Braunschweig
Beethovenstr. 51a, 38106 Braunschweig
T: (0531) 3 91-39 30   **Fax:** 3 91-82 17
Internet: http://www.tu-bs.de/institute/lwi/german/hyku.html
E-Mail: H.Oumeraci@tu-bs.de
Leiter(in): Prof. Dr.-Ing. Hocine Oumeraci

● T 2 686

Institut für Wasserbau und Wasserwirtschaft
Rundeturmstr. 1, 64283 Darmstadt
T: (06151) 16 25 23
E-Mail: wabau@hrzl.hrz.tu-darmstadt.de
Fachgebiet Wasserbau: Prof. Dr.-Ing. habil. U. Zanke (Rundeturmstr. 1, 64283 Darmstadt, T: (06151) 16 25 23, Fax: (06151) 16-3223)
Fachgebiet Ingenieurhydrologie und Wasserbewirtschaftung: Prof. Dr.-Ing. M. Ostrowski (Petersenstr. 13, 64287 Darmstadt, T: (06151) 16 21 43, Telefax: (06151) 16 32 43)
Fachgebiet Hydromechanik und Hydraulik: Prof. Dr.-Ing. habil. M. Oberlack (Petersenstr. 13, 64287 Darmstadt, T: (06151) 16 70 60, Telefax: (06151) 16 70 61)
Verbandszeitschrift: Wasserbau - Mitteilungen der TU Darmstadt
Verlag: Eigenverlag des Inst. f. Wasserbau u. Wasserwirtsch.

● T 2 687

Institut für Wasserbau der Universität Stuttgart
70550 Stuttgart
Pfaffenwaldring 61, 70569 Stuttgart
T: (0711) 6 85-4714, 6 85-4753   **Fax:** 6 85-7020, 6 85-4681, 6 85-4746
E-Mail: iws@iws.uni-stuttgart.de
Direktor(in): Prof. Dr.h.c. H. Kobus (Ph.D.)
Prof. Dr.-Ing. habil. J. Giesecke
Prof. Dr.-Ing. E.h. J. Giesecke
Prof. Dr.-Ing. R. Helmig
Ltr. d. Versuchsanstalt: Prof. Dr.-Ing. habil. B. Westrich (Akad. Oberrat)

t 2 688

VEGAS Versuchseinrichtung zur Grundwasser- und Altlastensanierung
70550 Stuttgart
Pfaffenwaldring 61, 70569 Stuttgart
T: (0711) 6 85-4717, 6 85-7018   **Fax:** 6 85-7020
E-Mail: vegas@iws.uni-stuttgart.de
Wissenschaftlicher Leiter: Dr.-Ing. B. Barczewski
Technischer Leiter: Dr.-Ing. H.-P. Koschitzky

● T 2 689

Institut für Wasserwirtschaft, Hydrologie und landwirtschaftlichen Wasserbau, Universität Hannover
Appelstr. 9A, 30167 Hannover
T: (0511) 7 62-22 37   **Fax:** 7 62-37 31
Internet: http://www.wawi.uni-hannover.de
Gründung: 1901
Geschf. Leiter: Prof. Dr.-Ing. Rolf Mull
Leitung Presseabteilung: Prof. Dr. Max Billib
Verbandszeitschrift: Mitteilungen
Verlag: Eigenverlag
Mitarbeiter: 30
Jahresetat: DM 3 Mio, € 1,53 Mio

● T 2 690

Institut für Wasserwirtschaft und Landschaftsökologie der Christian-Albrechts-Universität
Olshausenstr. 40, 24118 Kiel
T: (0431) 8 80-4030   **Fax:** 8 80-4083
E-Mail: sekretariat@ecology.uni-kiel.de
Geschäftsführender Vorstand: Prof. Dr. Hartmut Roweck (T: (0431) 8 80-4013)
Lehrstuhl Wasserwirtschaft und Meliorationswesen:
N. N.
Wiss. Mitarbeiter: N. N.
Lehrstuhl Landschaftsökologie:
Prof. Dr. Hartmut Roweck (App. 40 13)
Wiss. Mitarbeiter: Prof. Dr. habil. Wolfgang Schütz (App. 29 87)
Dr. Heinrich Reck (App. 45 38)
Techniker: Dipl.-Ing. Gerd Klose (App. 34 99)

● T 2 691

IWM Institut für Wasserwirtschaft GmbH
Winckelmannstr. 24, 39108 Magdeburg
T: (0391) 7 31 66 66   **Fax:** 7 31 66 69
E-Mail: iwm.magdeburg@t-online.de
Gründung: 1994
Geschäftsführer(in): Dr.-Ing. Dirk-Th. Kollatsch
Mitarbeiter: 8

● T 2 692

Deutsche Hydrographische Gesellschaft e.V.
Geschäftsstelle:
c/o Dipl.-Ing. H. Neumann
Parkstr. 8, 21682 Stade
T: (04141) 4 53 53   **Fax:** 4 53 43
Internet: http://www.dhyg.de
E-Mail: dhyg-neumann@t-online.de
Gründung: 1984
Vorstand: Dipl.-Met. Horst Hecht
Verbandszeitschrift: Hydrographische Nachrichten
Mitglieder: 230

● T 2 693

Deutsche Bodenkundliche Gesellschaft (DBG)
Wilhelmstr. 19, 26121 Oldenburg
T: (0441) 2 57 00   **Fax:** 2 48 98 28
Internet: http://members.aol.com/dbgs, http://www.dbges.de
E-Mail: dbg@dbges.de
Präsident(in): Prof. Dr. Karl Stahr
Vizepräsident(in): Dr. Manfred Altermann
Prof. Dr. Monika Frielinghaus
Prof. Dr. Bernd Marschner
Geschäftsführer(in): Dr. Peter Hugenroth
Mitglieder: 2400

● T 2 694

Institut für Geowissenschaftliche Gemeinschaftsaufgaben (GGA)
Postf. 51 01 53, 30631 Hannover
Stilleweg 2, 30655 Hannover
T: (0511) 6 43-0   **Fax:** 6 43-3665

Internet: http://www.gga-hannover.de
E-Mail: info@nlfb.de
Direktor(in): Prof. Dr. H.-J. Dürbaum (komm.)
Mitarbeiter: 70
Jahresetat: DM 8,5 Mio, € 4,35 Mio

● T 2 695

Arbeitskreis Bodenschutz
Babelsberger Str. 17-18, 10715 Berlin
T: (030) 8 54 41 53
Martin Böhme

● T 2 696

Deutsche Landeskulturgesellschaft (DLKG)
c/o Zentrum für Agrarlandschafts- und Landnutzungsforschung (ZALF)
Eberswalder Str. 84, 15374 Müncheberg
T: (033432) 8 23 10   **Fax:** 8 23 87
Internet: http://www.zalf.de/dlkg/dlkg.html
E-Mail: awerner@zalf.de
Gründung: 1976
Vorsitzende(r): Dr. A. Werner (ZALF Müncheberg)
Stellvertretende(r) Vorsitzende(r): Prof. Dr. Ulrike Grabski-Kieron (Institut f. Geographie, Universität Münster, Robert-Koch-Str. 26, 48149 Münster)
Geschäftsführer(in): Dr. W. Haberstock (ZALF Müncheberg)
Verbandszeitschrift: Zeitschrift für Kulturtechnik und Landentwicklung
Verlag: Blackwell Wissenschafts-Verlag GmbH, Berlin
Mitglieder: 250

● T 2 697

Institut für Städtebau, Bodenordnung und Kulturtechnik der Rheinischen Friedrich-Wilhelms-Universität Bonn
Nußallee 1, 53115 Bonn
T: (0228) 73 37 05   **Fax:** 73 37 08
Lehrstuhl für Städtebau und Siedlungswesen Prof.Dr.-Ing. Klaus Borchard (T: (0228) 73 26 10/26 12, Telefax: (0228) 73 37 08, e-mail: uls100@uni-bonn.de, Internet: http://www.uni-bonn.de/isbk z.Zt. Rektor d. Univ. Bonn)
Prof. Dr.-Ing. Bernd Streich (Vertreter)
Lehrstuhl für Bodenordnung und Bodenwirtschaft Prof. Dr.-Ing. Erich Weiß (T: (0228) 73 74 98/74 99)
Abteilung Landeskultur (Wasserwirtschaft, Kulturtechnik, Landschaftspflege) Prof. Dr.-Ing. Helmut Eggers (T: (0228) 73 31 18, 73 21 59, Fax: (0228) 73 26 19)

● T 2 698

Auswertungs- und Informationsdienst für Ernährung, Landwirtschaft und Forsten e.V. (aid)
Friedrich-Ebert-Str. 3, 53177 Bonn
T: (0228) 84 99-0   **Fax:** 84 99-177
Internet: http://www.aid.de
Gründung: 1950
Vors. d. Verwaltungsrates: MinDirig K.-W. Schulze-Weslarn
Geschäftsführender Vorstand: Dr. Regina Wollersheim
Presseinfo: Friederike Eversheim
Pressesprecher: Harald Seitz
Chefredaktion: Dr. Birgit Jähnig (
Ernährung im Fokus)
Britta Ziegler (
Ausbildung und Beratung)
Mitglieder: 55
Mitarbeiter: 43

● T 2 699

Deutsche Agrarwissenschaftliche Gesellschaft e.V. (awig)
Palmnicken, 15517 Fürstenwalde
T: (03361) 26 49   **Fax:** 26 49
Gründung: 1990 (24. Oktober)
Präsident(in): Dr.sc. Ulrich Steffin (Universitätsdozent)
Vizepräsident(in): Dr. Siegfried Pfannkuchen (Gutsverwalter)
Dr. Horst Schando (Vorstandsvors.)
Geschäftsführer(in): DL Gerhard Stegemann (Ltg. Presseabt.)
Verbandszeitschrift: awig-Mitteilungen
Redaktion: G. Stegmann
Mitglieder: 600
Mitarbeiter: 4

● T 2 700

Arbeitskreis Ernährungswirtschaft in Baden-Württemberg (AKE)
Eduard-Pfeiffer-Str. 48, 70192 Stuttgart
T: (0711) 2 23 33-0   **Fax:** 2 23 33 99

T 2 700

Gründung: 1984 (April)
Vorsitzende(r): Dr. Helmut Hengstenberg (Rich. Hengstenberg GmbH & Co., Mettinger Str. 109, 73728 Esslingen)
Geschäftsführer(in): RA Dr.jur. Axel B. Stemmer
Mitglieder: 15

T 2 701

Deutsche Gesellschaft für Hauswirtschaft e.V. (DGH)
Mühlenstr. 8, 52080 Aachen
T: (0241) 16 64 29   **Fax:** 96 24 46
Gründung: 1952 (Juni)
Vorsitzende(r): Prof. Dr. Michael-Burkhard Piorkowsky (Universität Bonn)
Stellvertretende(r) Vorsitzende(r): Prof. Dr. Barbara Seel (Universität Stuttgart-Hohenheim)
Birgit Bornemann (Abteilungsdirektorin Geld und Haushalt / Beratungsdienst der Sparkassen, Sparkassen und Giroverband, Bonn)
Dipl.-Päd. Klaus Werner (Referent, Verbraucherinstitut Berlin)
Geschäftsführende(s) Vorstands-Mitglied(er): Ursula Wilkens
Rechnungsführendes Vorst. Mitgl.: Dipl. oecptroph. Fritz Kropholler, Reinbek
Verbandszeitschrift: Hauswirtschaft und Wissenschaft
Mitglieder: 650

T 2 702

Deutscher Verband Forstlicher Forschungsanstalten
Sekretariat:
Schloss, 67705 Trippstadt
T: (06306) 91 11 11   **Fax:** 91 12 00
Internet: http://www.uni-kl.de/fva/ovffa.html
E-Mail: fva@rhrk.uni-kl.de
Gründung: 1951
Präsident(in): Prof. Dr. A. Roeder
Mitglieder: 70

T 2 703

Forstwissenschaftliche Fakultät der Albert-Ludwigs-Universität
Dekanat
79085 Freiburg
Tennenbacher Str. 4, 79106 Freiburg
T: (0761) 2 03-3601   **Fax:** 2 03-3600
Internet: http://www.forst.uni-freiburg.de
E-Mail: dekforst@uni-freiburg.de
Dekan: Prof. Dr. Gero Becker
Prodekan: Prof. Dr. Michel Becker
Studiendekan: Prof. Dr. Werner Konold

T 2 704

Lehrstuhl für Waldwachstumskunde Universität München
Am Hochanger 13, 85354 Freising
T: (08161) 71-47 11   **Fax:** 71-47 21
Vorstand: Prof. Dr. Hans Pretzsch

T 2 705

Lehrstuhl für Forstliche Arbeitswissenschaft und Angewandte Informatik
Am Hochanger 13, 85354 Freising
T: (08161) 71 47 61   **Fax:** 71 47 67
Internet: http://www.forst.tu-muenchen.de
E-Mail: warkotsch@forst.tu-muenchen.de
Vorstand: Prof. Dr. W. Warkotsch

T 2 706

Institut für Forstbenutzung und Forstl. Arbeitswissenschaft der Albert-Ludwigs-Universität Freiburg
79085 Freiburg
Werderring 6, 79098 Freiburg
T: (0761) 2 03-37 64   **Fax:** 2 03-37 63
E-Mail: fobawi@ruf.uni-freiburg.de
Gründung: 1958
Direktor(in): Prof. Dr.Dr.h.c. Gero Becker

T 2 707

Institut für Forstökonomie der Georg-August-Universität Göttingen
Büsgenweg 5, 37077 Göttingen
T: (0551) 39-3421, 39-3422   **Fax:** 39-3423
Internet: http://www.uni-forst.gwdg.de/forst/ufbl/forstoek.htm
E-Mail: forecon@uni-forst.gwdg.de
Vorstand: Prof. Dr. V. Bergen
Prof. Dr. B. Möhring (Direktor)

T 2 708

Fachgebiet Waldernährung und Wasserhaushalt Wissenschaftszentrum Weihenstephan TU München
Am Hochanger 13, 85354 Freising
T: (08161) 71-4727   **Fax:** 71-4738
Leiter(in): Prof. Dr. Dr. A. Göttlein

T 2 709

Institut für Forstbotanik und Forstzoologie
Pienner Str. 7, 01737 Tharandt
T: (035203) 38 12 02   **Fax:** 38 12 72
Internet: http://www.tu-dresden.de/fgh/forst_de/Botanik/index
E-Mail: forstbot@forst.tu-dresden.de
Gründung: 1816
Direktor(in): Prof. Dr. Andreas Roloff
Mitarbeiter: 30

T 2 710

Institut für Forstgenetik und Forstpflanzenzüchtung der Universität Göttingen
Büsgenweg 2, 37077 Göttingen
T: (0551) 39 35 32   **Fax:** 39 83 67
Internet: http://www.uni-forst.gwdg.de
E-Mail: forstgenetik@gwdg.de
Gründung: 1966
Leiter(in): Prof. Dr. H.-R. Gregorius
Prof.Dr. Hans H. Hattemer
Dr. Reiner Finkeldey (PD)
Dr. Sven Herzog (PD)
Dr. Martin Ziehe (PD)

T 2 711

Lehrstuhl für Bioklimatologie und Immissionsforschung der Universität München
Am Hochanger 13, 85354 Freising
T: (08161) 71 47 40   **Fax:** 71 47 53
Internet: http://www.forst.uni-muenchen.de/lst/meteor/index.html
E-Mail: fabian@met.forst.uni-muenchen.de
Gründung: 1973
Vorstand: Prof.Dr.Dr.h.c. Peter Fabian
Mitglieder: 15

T 2 712

Lehrstuhl für Forstliche Wirtschaftslehre der Technischen Universität München
Am Hochanger 13, 85354 Freising
T: (08161) 71 46-30   **Fax:** 71 46-31
Internet: http://www.forst.tu-muenchen.de
E-Mail: fwl@forst.tu-muenchen.de
Gründung: 1878
Geschäftsführer(in): Prof. Dr. M. Moog
Mitglieder: 6

T 2 713

Lehrstuhl für Forstpolitik und Forstgeschichte der Technischen Universität München
Am Hochanger 13, 85354 Freising
T: (08161) 71-46 25   **Fax:** 71-46 23
Internet: http://www.forst.tu-muenchen.de/lgp/lst/index.html
E-Mail: bongo@forst.tu-muenchen.de
Leiter(in): Prof. Dr. Michael Suda

T 2 714

Forstliche Versuchs- und Forschungsanstalt Baden-Württemberg
Wonnhaldestr. 4, 79100 Freiburg
T: (0761) 40 18-0   **Fax:** 40 18-3 33
Internet: http://www.fva-bw.de
E-Mail: poststelle@fva.bwl.de
Direktion: Prof. Frhr. v. Teuffel

T 2 715

Kuratorium für Waldarbeit und Forsttechnik e.V. (KWF)
Spremberger Str. 1, 64823 Groß-Umstadt
T: (06078) 7 85-0   **Fax:** 7 85-50
Internet: http://www.kwf-online.de
E-Mail: kwf@kwf-online.de
Gründung: 1962
Vorsitzende(r) des Vorstandes: Ministerialdirigent Gerd Janßen (Calenberger Str. 2, 30169 Hannover)
Zentralstelle
Geschäfts. Dir.: FD Dr. Klaus Dummel
Fachbereich Prüfwesen und Normung
Fachbereichs-Leiter: Dipl.-Ing. Jochen Graupner
Fachbereich Verfahrens- u. Systemuntersuchungen
Fachbereichs-Leiter: Forstrat Dr. Andreas Forbrig
Fachbereich Forsttechnische Informationszentrale
Fachbereichs-Leiter: Forstass. Dr. Reiner Hofmann
Fachbereich Mensch und Arbeit/Aus- u. Fortbildung
Fachbereichs-Leiter: Forstoberrat Jörg Hartfiel
Fachbereichs-Leiter: Forstass. Joachim Morat
Arbeits- und Prüfausschüsse
Leitung Presseabteilung: Dr. Reiner Hofmann
Verbandszeitschrift: "Forsttechnische Informationen"
Mitglieder: 1400
Mitarbeiter: 30

T 2 716

Institut für Forstliche Arbeitswissenschaft und Verfahrenstechnologie der Georg-August-Universität
Büsgenweg 4, 37077 Göttingen
T: (0551) 39-3571, 39-3572   **Fax:** 39-3510
E-Mail: ifav@uni-forst.gwdg.de
Leiter(in): Prof. Dr. H. Jacke

T 2 717

Deutsche Zoologische Gesellschaft (DZG)
c/o Zoologisches Institut
Universität München
Luisenstr. 14, 80333 München
T: (089) 5 90 22 73   **Fax:** 5 90 24 74
Internet: http://www.dzg-ev.de
Gründung: 1890
Präsident(in): Prof. Dr. G. Neuweiler (Zoologisches Institut, Universität München, T: (089) 59 02-315, Fax: (089) 59 02-450, E-Mail: neuweil@zi.biologie.uni-muenchen.de)
1. Schriftführer: Prof. Dr. W. Schartau (Zoologisches Institut, Universität München)
Verbandszeitschrift: Verhandlungen der DZG
Verlag: G.-Fischer-Verlag, Stuttgart
Mitglieder: 1900

T 2 718

Lehrstuhl für Angewandte Zoologie der Technischen Universität München
Am Hochanger 13, 85354 Freising
T: (08161) 71 45 89   **Fax:** 71 45 98
Internet: http://www.forst.uni-muenchen.de/LST/ZOO
E-Mail: schopf@zoo.forst.uni-muenchen.de
Leiter(in): Prof. Dr. R. Schopf

T 2 719

Zoologisches Forschungsinstitut und Museum Alexander Koenig (ZFMK)
Adenauerallee 160, 53113 Bonn
T: (0228) 91 22-0   **Fax:** 9 12 22 02
Gründung: 1934
Direktor: Prof. Dr. Clas M. Naumann
Stellvertretender Direktor: Prof. Dr. Wolfgang Böhme
Leitung Presseabteilung: Dipl.-Biol. Sabine Heine
Mitarbeiter: 50 feste Mitarbeiter, ca. 10 Zeitstellen
Jahresetat: DM 7,5 Mio, € 3,83 Mio
Fachzeitschriften: Bonner Zoologische Beiträge; Bonner Zoologische Monographien; Myotis

T 2 720

Deutscher Naturkundeverein e.V.
Tilsiter Str. 11, 71638 Ludwigsburg
T: (07141) 8 11 94
Gründung: 1887
Vorsitzende(r): Dr. Helmut Greb
Stellvertretende(r) Vorsitzende(r): Dr. Rose Krehl
Verbandszeitschrift: Schriftenreihe des Deutschen Naturkundevereins e.V.
Mitglieder: rd. 1600

T 2 721

Verein für Naturkunde e.V.
Geschäftsstelle:
Karolingerallee 4, 81545 München
T: (089) 64 07 85
Gründung: 1898
Vorsitzende(r): OStD Dr. Peter Wiesend (Ltg. Presseabt.)
Stellvertretende(r) Vorsitzende(r): Prof. Dr. Otto Siebeck
Hauptgeschäftsführer(in): Ingrid Wiesend
Mitglieder: 252
Mitarbeiter: 3 ehrenamtl.
Jahresetat: ca. DM 0,010 Mio, € 0,01 Mio

T 2 722

Gesellschaft für Naturkunde in Württemberg e.V.
Rosenstein, Gewann 1, 70191 Stuttgart
T: (0711) 89 36-0
Gründung: 1844
Vorsitzende(r): Prof. Dr. Volkmar Wirth
Geschäftsführer(in): N.N.
Verbandszeitschrift: Jahreshefte der Gesellschaft für Naturkunde in Württemberg
Verlag: Selbstverlag
Mitglieder: 850

● T 2 723
Deutscher Holzwirtschaftsrat
Postf. 61 28, 65051 Wiesbaden
Bahnstr. 4, 65205 Wiesbaden
T: (0611) 9 77 06-0   **Fax:** 9 77 06-22
E-Mail: dhwr@saegeindustrie.de
Sprecher: Albert Lüghausen (Otto Albert Lüghausen KG, Postf. 16 53, 53706 Siegburg, T: (02241) 54 32 51, Telefax: (02241) 54 31 23)
Geschäftsführer(in): Dipl.-Volkswirt Gerhard Heider
Der Deutsche Holzwirtschaftsrat ist ein Gremium aller holzwirtschaftlichen Verbände, das im Bedarfsfalle zusammentritt
Mitglieder
Vereinigung Deutscher Sägewerksverbände e.V.
Bundesverband Deutscher Fertigbau e.V.
Hauptverband der Deutschen Holz und Kunststoffe verarbeitenden Industrie und verwandter Industriezweige e.V.
Verband der Deutschen Holzwerkstoffindustrie e.V.
Verband Deutscher Papierfabriken e.V.
Bundesverband des holz- und kunststoffverarbeitenden Handwerks
Zentralverband des Deutschen Baugewerbes
Centralvereinigung Deutscher Wirtschaftsverbände für Handelsvermittlung und Vertrieb (CDH), Bundesfachabteilung Holzmakler
Deutscher Holzschutzverband für großtechnische Imprägnierung e.V.
Initiative Furnier + Natur e.V.
Gesamtverband Holzhandel (BD HOLZ - VDH) e.V.

● T 2 724
Deutsche Gesellschaft für Holzforschung e.V. (DGfH)
siehe unter Technisch-wissenschaftliche Vereine und Institute
siehe t 309

● T 2 725
Verein für Technische Holzfragen e.V.
siehe Unterabschnitt "Technisch-wissenschaftliche Vereine und Institute".
siehe T 1154

● T 2 726
Wilhelm-Klauditz-Institut für Holzforschung (WKI)
siehe Unterabschnitt "Forschungsvereinigungen" unter "Fraunhofer-Gesellschaft zur Förderung der angewandten Forschung e. V. (FhG)".
siehe t 243

● T 2 727
Arbeitsgemeinschaft wildbiologischer und jagdkundlicher Forschungsstätten
Institut für veterinärmedizinische Genetik und Zytogenetik der Justus-Liebig-Universität Gießen
Hofmannstr. 10, 35392 Gießen
T: (0641) 99-37700   **Fax:** 99-37709
Gründung: 1968
Vorsitzender(in): Prof. Dr. A. Herzog (Tel. 0641- 4 55 35)
Mitglieder: 26 Institutionen

● T 2 728
Landwirtschaftskammer Rheinland
Landwirtschaftliche Untersuchungs- und Forschungsanstalt
Postf. 30 08 64, 53188 Bonn
Siebengebirgsstr. 200, 53229 Bonn
T: (0228) 43 42 00   **Fax:** 43 42 02, 43 44 27
Direktor(in): Dr. V. Potthast

● T 2 729
Landwirtschaftskammer Hannover
Landwirtschaftliche Untersuchungs- und Forschungsanstalt
Postf. 10 06 55, 31756 Hameln
Finkenborner Weg 1A, 31787 Hameln
T: (05151) 98 71-0   **Fax:** 98 71 11
Internet: http://www.lwk-hannover.de
E-Mail: lufa.hameln-lwkh@t-online.de
Gründung: 1862
Ltd. Dir: Dr. D. Möhring (T: (05151) 98 71-13)
Mitarbeiter: 65

● T 2 730
Staatl. Landw. Untersuchungs- und Forschungsanstalt Augustenberg
Postf. 43 02 30, 76217 Karlsruhe
Neßlerstr. 23, 76227 Karlsruhe
T: (0721) 94 68-0   **Fax:** 94 68-112
T-Online: *4802 0001/0001#
Gründung: 1859 (7. Juli)
Direktor(in): Prof. Dr. F. Timmermann
Mitglieder: 134
Jahresetat: DM 11 Mio, € 5,62 Mio

● T 2 731
Landwirtschaftliche Untersuchungs- und Forschungsanstalt und Institut für Tiergesundheit und Lebensmittelqualität
Postf. 30 67, 24029 Kiel
Gutenbergstr. 75-77, 24116 Kiel
T: (0431) 12 28-0   **Fax:** 12 28-498
E-Mail: iz@lufa-itl.de
Leiter: Dir. Dr. Achim Jacob

● T 2 732
Bayerische Landesanstalt für Bodenkultur und Pflanzenbau Freising-München
Vöttinger Str. 38, 85354 Freising
T: (08161) 7 10   **Fax:** 71-41 02
Internet: http://www.lbp.bayern.de
E-Mail: webmail@lbp.bayern.de
Menzinger Str. 54, 80638 München, T: (089) 1 78 00-0, Fax: (089) 1 78 00-313
Präsident(in): Dr. W. Ruppert
Presseref.: Dr. Heinzpeter Kienzl
Mitarbeiter: 560

● T 2 733
Staatliche Lehr- und Forschungsanstalt für Landwirtschaft, Weinbau und Gartenbau, Berufsbildende Schule
Breitenweg 71, 67435 Neustadt
T: (06321) 67 11   **Fax:** 67 12 22
Internet: http://www.slfa-neustadt.de
E-Mail: poststelle.slfa-nw@agrarinfo.rlp.de
Gründung: 1899
Präsident(in): Dr. Hans-Peter Lorenz
Vizepräsident(in): Dr. Fritz Schumann
Hauptgeschäftsführer(in): Bernhard Hoffmann
Leitung Presseabteilung: Dr. Hans-Peter Lorenz
Verbandszeitschrift: Forschung-Schule-Praxis
Mitarbeiter: 250

Ausbildung, Weiterbildung, Beratung und Forschung auf dem Agrarsektor, insbesondere Weinbau, Gartenbau, Land- und Hauswirtschaft

● T 2 734
Gesellschaft für Pflanzenbauwissenschaften e.V.
85350 Freising
Alte Akademie 12, 85354 Freising
Präsident(in): Prof. Dr. W. Diepenbrock (Institut für Acker- und Pflanzenbau, Martin-Luther-Universität Halle, Ludwig-Wucherer-Str. 2, 06108 Halle/Saale)
Geschäftsführer(in): Akad. Dir. Dr. F. X. Maidl (Lehrstuhl für Pflanzenbau und Pflanzenzüchtung, 85350 Freising-Weihenstephan)
Mitglieder: 590

● T 2 735
Landwirtschaftliche Untersuchungs- und Forschungsanstalt Speyer
Obere Langgasse 40, 67346 Speyer
T: (06232) 1 36-0   **Fax:** 62 95 44
E-Mail: lufa@lufa-sp.vdlufa.de
Gründung: 1875
Direktor(in): Prof.Dr. Rudolf Aldag
Mitarbeiter: ca. 100

● T 2 736
Untersuchungszentrum Münster -LUFA- der Landwirtschaftskammer Westfalen-Lippe
Nevinghoff 40, 48147 Münster
T: (0251) 23 76-0, 23 76-686   **Fax:** 23 76-846, 23 76-597
Leiter(in): Dr. Wolfgang Leyk

● T 2 737
Bayerische Hauptversuchsanstalt für Landwirtschaft der Technischen Universität München
85350 Freising
Alte Akademie 10, 85354 Freising
T: (08161) 71 33 81/33 82   **Fax:** 71 42 16
E-Mail: bayhva@weihenstephan.de
Direktorium: N. N.

● T 2 738
Hessisches Dienstleistungszentrum für Landwirtschaft, Gartenbau und Naturschutz
Am Versuchsfeld 11-13, 34128 Kassel
T: (0561) 98 88-0   **Fax:** 98 88-300
Leiter(in): Dr. Enno Janßen
Am Versuchsfeld 11-13, 34128 Kassel
T: (0561) 98 88-0, Fax: 98 88-300

● T 2 739
Landesanstalt für landw. Chemie (710) der Universität Hohenheim
70593 Stuttgart
Emil-Wolf-Str. 14, 70599 Stuttgart
T: (0711) 4 59-26 71   **Fax:** 4 59-34 95
Leiter(in): Prof. Dr. Hans Schenkel

Untersuchung von Böden, Düngemittel, Futtermittel, Zusatz- und Schadstoffe, Müllkomposte, Klärschlämme, Siedlungsabfälle, gärtnerische Erden u.a.m., Qualitätsuntersuchungen bei Weizen und Zuckerrüben.

● T 2 740
Landesanstalt für Pflanzenschutz
Reinsburgstr. 107, 70197 Stuttgart
T: (0711) 66 42-400   **Fax:** 66 42-499
E-Mail: poststelle@lfpst.bwl.de
Gründung: 1955 (1. April)
Leiter(in): Dir. Dr. Georg Meinert
Mitarbeiter: 53

● T 2 741
Praxiswissenschaftliches Institut für erneuerbare Energie und Rohstoffe e.V. (PIER)
Kochstr. 1 B, 04275 Leipzig
T: (0341) 6 89 61 49   **Fax:** 6 89 61 49
Internet: http://www.pier-solarhausbau.de
E-Mail: pier-erfinder-oeko-solarhaus@t-online.de
Gründung: 1991
Vors. u. GeschF: Dr.-Ing. Michael Herrlich (Innovations- und Unternehmensberater)
Mitglieder: 29
Mitarbeiter: 3
Jahresetat: DM 0,2 Mio, € 0,1 Mio

● T 2 742
FACHAGENTUR NACHWACHSENDE ROHSTOFFE e.V. (FNR)
Hofplatz 1, 18276 Gülzow
T: (03843) 69 30-0   **Fax:** 69 30-102
Internet: http://www.fnr.de
E-Mail: info@fnr.de
Gründung: 1993 (25. Oktober)
Vorstand: Dr. Klaus Kliem (Vors.; Präs. des Thüringischen Bauernverbandes)
F. Heinz Fochem (stellv. Vors.; Henkel KGaA)
Dr. Paul Breloh (Abt.-Ltr. im Bundesministerium für Ernährung, Landwirtschaft und Forsten)
Karsten Pellnitz (Ministerium für Landwirtschaft und Naturschutz Mecklenburg-Vorpommern)
Dr. Albert Deß (MdB)
Karl Eigen (Ehrenvors.)
Geschäftsführer(in): Dr. Andreas Schütte
Stellvertretende(r) Geschäftsführer(in): Dr. Steffen Daebeler
Leitung Presseabteilung: Dr. Torsten Gabriel
Mitglieder: 60
Mitarbeiter: 24
Jahresetat: DM 50 Mio, € 25,56 Mio

Medizinisch-wissenschaftliche Vereinigungen und Institute, Gesundheitswesen, Veterinärmedizin

● T 2 743
Marfan Hilfe (Deutschland) e.V.
Vereinsbüro
Auestr. 15, 23701 Eutin
T: (0700) 22 33 40 00   **Fax:** (04521) 7 32 02
E-Mail: kontakt@marfan.de
Gründung: 1991
Stellvertretende(r) Vorsitzende(r): Dirk Braackmann
Verbandszeitschrift: V.i.S.d.P.
Redaktion: Wolfgang Crummenauer, Staufenstr. 16, 65817 Eppstein
Mitglieder: 350

● T 2 744
Deutsche AIDS-Stiftung SdbR
Markt 26, 53111 Bonn
T: (0228) 6 04 69-0   **Fax:** 6 04 69-99
Internet: http://www.aids-stiftung.de
E-Mail: info@aids-stiftung.de
Gründung: 1987 (20. April Vorgängerstiftung)
Stiftungsrat/Vorsitzender: Dr. Hans Karl Jäkel
Stiftungsrat/stellv. Vors.: Dr. Elisabeth Chowaniec
Kuratorium/Vorsitzende: Prof. Dr.phil. Rita Süssmuth
Vorstand: Prof. Dr. Rudolf Kopf
Dr. Ulrich Heide

Harriet Langanke
Leitung Presseabteilung: Dr. Volker Mertens
Mitarbeiter: 14

● **T 2 745**
Bundesausschuß der Ärzte und Krankenkassen
Postf. 41 05 40, 50865 Köln
Herbert-Lewin-Str. 3, 50931 Köln
T: (0221) 40 05-0   **Fax:** 4 00 51 77
Vorsitzende(r): Karl Jung
Geschäftsführer(in): Dr. Kerstin Kamke

● **T 2 746**
Nationaler AIDS-Beirat
c/o Bundesministerium für Gesundheit, Ref. 321
Am Propsthof 78A, 53121 Bonn
T: (0228) 9 41-0 (Zentrale)   **Fax:** 9 41-49 32
Referatsleiterin: Dorle Miesala-Edel

● **T 2 747**
AIDS-AUFKLÄRUNG e.V.
Verein zur Förderung von Informationen über die HIV-Infektion
Heddernheimer Kirchstr. 14, 60439 Frankfurt
T: (069) 76 29 33   **Fax:** 76 10 55
Internet: http://www.hivnet.de
E-Mail: info@hivnet.de
Gründung: 1986 (8. Dezember)
Vorsitzende(r): Dr.med. Dagmar Charrier (Ärztin)
Stellvertretende(r) Vorsitzende(r): Prof. Dr.med. Wolfgang Stille
Dr. med. Karl Becker
Geschäftsstellenleitung: Dipl.Soz.Päd. Angela Kleine-Borgmann
Mitglieder: 118
Mitarbeiter: 3 Teilzeit, 2 Honorar, ca. 16 ehrenamtliche
Jahresetat: ca. DM 0,26 Mio, € 0,13 Mio
Mitglied sind: Aliud Pharma, Laichingen, BKK Landesverband Hessen, Brystol Myers Squibb, München; Frankfurter Sparkasse; Kissel-Apotheke; Holbein-Apotheke; Landesärztekammer Hessen; Landeszahnärztekammer Hessen, Wiesbaden; limes datentechnik, Friedrichsdorf; Ratiolab, Dreieich

Aufgabe und Ziel des Vereins ist es, bundesweit sachgerecht über AIDS zu informieren und der Diskriminierung Betroffener entgegenzuwirken.

● **T 2 748**
Institut für Arbeits- und Sozialmedizinische Allergiediagnostik
im Erich-Schütz-Forschungsinstitut an der Westf. Wilhelms-Univ. Münster
Parkstr. 46 u. 40, 32105 Bad Salzuflen
T: (05222) 6 12 96, 1 07 99   **Fax:** 1 29 88
Gründung: 1980
Ärztlicher Direktor: Prof. Dr. E. Stresemann
Mitarbeiter: 25

● **T 2 749**
Verband arbeits- und berufsbedingt Erkrankter e.V. (abekra)
Vogelsbergstr. 30a, 63674 Altenstadt
T: (06047) 9 52 66-0   **Fax:** 9 52 66-2
Internet: http://home.t-online.de/home/abekra/abekra.htm
E-Mail: abekra@t-online.de
Gründung: 1992 (05. April)
Vorsitzende(r): Dr. Werner Neumann
Stellvertretende(r) Vorsitzende(r): Dr. Angela Vogel
Mitglieder: 660

● **T 2 750**
Gesellschaft für biologische Anthropologie, Eugenik und Verhaltensforschung e.V.
Postf. 55 03 80, 22563 Hamburg
T: (040) 86 39 86   **Fax:** 86 46 07
Gründung: 1972
Vorsitzende(r): Jürgen Rieger
Stellvertretende(r) Vorsitzende(r): Dr. Siegward Knof
Verbandszeitschrift: Neue Anthropologie
Mitglieder: 300
Mitarbeiter: 2
Jahresetat: DM 0,03 Mio, € 0,02 Mio

● **T 2 751**
Berliner Gesellschaft für Anthropologie, Ethnologie und Urgeschichte e.V.
Schloß Charlottenburg Langhansbau, 14059 Berlin
T: (030) 32 67 48 17   **Fax:** 32 67 48 12
Gründung: 1869
Vorsitzende(r): Dr. Heidi Peter-Röcher
Stellvertretende(r) Vorsitzende(r): Dr. Herbert Ullrich
Prof. Dr. Georg Pfeffer
Schriftführer(in): Dr. Claudius Müller

Schatzmeister: Dr. Alix Hänsel
Verbandszeitschrift: Mitteilungen der Berliner Gesellschaft für Anthropologie, Ethnologie und Urgeschichte
Mitglieder: 225

● **T 2 752**
Wissenschaftliche Gesellschaft für Arthroskopische Chirurgie e.V.
Holzhausenstr. 21, 60322 Frankfurt
T: (069) 15 20 03-0   **Fax:** 15 20 03-33
TGR: HUNZINGER FRANKFURT MAIN
Gründung: 1984
Präsident(in): Dr.med. Jürgen Toft (Asgardstr. 5, 81925 München)
Vizepräsident(in): Moritz Hunzinger (Ltg. Presseabt.; Geschäftsführer Hunzinger PR GmbH, 60322 Frankfurt, T:(069) 15 20 03-0)
Mitglieder: 70

● **T 2 753**
Deutsche Gesellschaft Venen e.V.
Postf. 18 10, 90007 Nürnberg
Dr.-Carlo-Schmid-Str. 204, 90491 Nürnberg
T: (0911) 5 98 86 00   **Fax:** 59 12 19
E-Mail: DGVenen@bigfoot.de
Gründung: 1990 (18. Juni)
Präsident(in): Prof. Dr.med. Dirk A. Loose, Hamburg
Vizepräsident(in): Priv.-Doz. Dr.med. Thomas Klyscz, Neukirchen b. Hl. Blut
Dr.med.vet. Brigitte Müller-Kaulen, Bremen
Generalsekretär(in): Christian M. Silinsky (Ltg. Presseabt.), Nürnberg
Verbandszeitschrift: VenenJournal
Verlag: Verlag Christian M. Silinsky, Postf. 48 08, 90026 Nürnberg, Dr.-Carlo-Schmid-Str. 204, 90491 Nürnberg, T: (0911) 5 98 00 14, Telefax: (0911) 59 12 19, E-Mail: cmsilinsky@t-online.de

● **T 2 754**
Deutsche Gesellschaft für Lymphologie
Lindenstr. 8, 79877 Friedenweiler
T: (07651) 97 16 11   **Fax:** 97 16 12
Internet: http://www.dt-gesellschaft-fuer-lymphologie.de
E-Mail: lymphdgl@t-online.de
Gründung: 1977
Präsident(in): Prof. Dr.med. H. Weissleder
Generalsekretär(in): Dr.med. U. Herpertz
Verbandszeitschrift: "Lymphologie in Forschung und Praxis"
Redaktion: Prof. Dr.med. H. Weissleder
Verlag: Viavital Verlag GmbH, Postfach 130363, 50497 Köln
Mitglieder: ca. 850
Mitarbeiter: 1

Förderung der Forschung, Aus- und Fortbildung in lymphologischer Medizin; Vermittlung von Forschungsergebnissen.

● **T 2 755**
Deutsche Diabetes Union e.V. (DDU)
Dachverband für den Deutschen Diabetiker Bund, für die Deutsche Diabetes Gesellschaft, für den Bund diabetischer Kinder und Jugendlicher
Danziger Str. 10, 49610 Quakenbrück
T: (05431) 15 28 30   **Fax:** 15 28 33
Internet: http://www.diabetes-union.de
E-Mail: info@diabetes-union.de
Gründung: 1990 (28. September)
Präsident(in): Prof. Dr. med. Helmut R. Henrichs
Vizepräsident(in): Jutta Bürger-Büsing
Dr. oec. Klaus Fehrmann
Schatzmeister: Dietmar Simoneit
Schriftführer: Wolfgang Fraas
Prof. Dr. Peter Bottermann
Prof. Dr. Hermann Liebermeister
Verbandszeitschrift: Diabetes Journal
Redaktion: Prof. Dr. med. Helmut R. Henrichs
Verlag: Kirchheim-Verlag, Kaiserstr. 41, 55116 Mainz, Postf. 25 24, 55015 Mainz
Mitglieder: ca. 50000

● **T 2 756**
Deutscher Diabetiker-Verband E.V.
Hahnbrunner Str. 46, 67659 Kaiserslautern
T: (0631) 7 64 88   **Fax:** 9 72 22
Präsidentin u. Geschäftsführerin: Jutta Bürger-Büsing (M.A.)
Leitung Presseabteilung: Tamara Bacon Lara
Verbandszeitschrift: "Diabetes aktuell"

● **T 2 757**
Bund diabetischer Kinder und Jugendlicher e.V. (BdKJ)
Hahnbrunner Str. 46, 67659 Kaiserslautern
T: (0631) 7 64 88   **Fax:** 9 72 22
E-Mail: diabeteskl@aol.com
Präsidentin u. Geschäftsführerin: Jutta Bürger-Büsing (M.A.)
Leitung Presseabteilung: Tamara Bacon Lara
Verbandszeitschrift: "Diabetes aktuell/Hallo, Du auch"

● **T 2 758**
MEDICA Deutsche Gesellschaft zur Förderung der Medizinischen Diagnostik e.V.
Postf. 70 01 49, 70571 Stuttgart
Löffelstr. 1, 70597 Stuttgart
T: (0711) 7 65 14 54 und 76 34 43   **Fax:** 76 69 92
E-Mail: medica@medicacongress.de
Generalsekretär(in): Gerd G. Fischer (Löffelstr. 1, 70597 Stuttgart)

● **T 2 759**
Gesellschaft für Epilepsieforschung e.V.
Saronweg 3, 33617 Bielefeld
Vorsitzende(r): Pastor Friedrich Schophaus (Königsweg 1, 33617 Bielefeld)
Geschäftsführer(in): Rolf Eickholt (Saronweg 46, 33617 Bielefeld)
Mitglieder: 52

● **T 2 760**
Gesellschaft für wissenschaftliche Gesprächspsychotherapie e.V. (GwG)
Postf. 27 01 65, 50508 Köln
Richard-Wagner-Str. 12, 50674 Köln
T: (0221) 92 59 08-0   **Fax:** 25 12 76
Internet: http://www.gwg-ev.org
E-Mail: gwg@gwg-ev.org
Gründung: 1970
Verbandszeitschrift: Gesprächspsychotherapie und Personzentrierte Beratung
Verlag: GwG (Geschäftsstelle)
Mitglieder: ca. 6000
Mitarbeiter: 15

● **T 2 761**
Deutsche Gesellschaft für Gesundheitsvorsorge e.V. (DGG)
Driescher Hecke 19, 51375 Leverkusen
T: (0214) 5 67 44   **Fax:** 5 76 26
Gründung: 1968
Vorstand: Dr.med. Michael Eberlein (Vors.)
Prof. Dr.med. Uwe Stocksmeier
Privatdozent Dr. Sven Tönnies

● **T 2 762**
Verband für Unabhängige Gesundheitsberatung Deutschland e.V. (UGB)
Sandusweg 3, 35435 Wettenberg
T: (0641) 8 08 96-0   **Fax:** 8 08 96-50
Internet: http://www.ugb.de
E-Mail: info@ugb.de
Gründung: 1981 (13. Oktober)
Präsident(in): Gisela Fritzen
Vizepräsident(in): Dr. Kurt Zimmermann
Hauptgeschäftsführer(in): Thomas Männle
Stellvertretende(r) Geschäftsführer(in): Elisabeth Klumpp
Leitung Presseabteilung: Stefan Weigt
Verbandszeitschrift: UGB-Forum, Fachzeitschrift für Gesundheitsförderung
Redaktion: Kathi Dittrich
Verlag: UGB-Verlags GmbH, Sandusweg 3, 35435 Gießen-Wettenberg
Mitglieder: 2000
Mitarbeiter: 12

● **T 2 763**

Deutsches Grünes Kreuz
-Gemeinnützige Vereinigung für Gesundheitsprophylaxe und Gesundheitsaufklärung-
Postf. 12 07, 35002 Marburg
Schuhmarkt 4, 35037 Marburg
T: (06421) 2 93-0   **Fax:** 2 29 10
Internet: http://www.Kilian.de, http://www.dgk.de
E-Mail: dgk@kilian.de
Gründung: 1948
Präsident(in): Prof. Dr.med. Burghard Stück, Berlin
Vorstand: Dr. Hans H. von Stackelberg, Marburg
Mitarbeiter: 52

Gemeinnützige Vereinigung für Gesundheitsaufklärung, Gesundheitserziehung und Schadenverhütung.

T 2 764
Gesellschaft für Gesundheitsberatung (GGB)
Taunusblick 1a, 56112 Lahnstein
T: (02621) 91 70 10   Fax: 91 70 33
Gründung: 1978
Vorsitzende(r): Ilse Gutjahr
Verbandszeitschrift: Der Gesundheitsberater
Verlag: emu-Verlags GmbH, 56112 Lahnstein
Mitglieder: 3900
Mitarbeiter: 10

T 2 765
Deutsche Gruppenpsychotherapeutische Gesellschaft e.V. (DGG)
Kantstr. 120-121, 10625 Berlin
T: (030) 3 13 28 93, 3 13 26 98   Fax: 3 13 69 59
Präsident(in): Dr.med. Dorothea Doldinger
Verbandszeitschrift: Dynamische Psychiatrie/Dynamic Psychiatry
Redaktion: Hauptschriftltg.: Dipl.-Psych. Maria Ammon
Verlag: «PINEL» Verlag für humanistische Psychiatrie und Philosophie GmbH, Kantstr. 120/121, 10625 Berlin

T 2 766
Verband der Osteopathen Deutschland e.V. (VOD)
Untere Albrechtstr. 5, 65185 Wiesbaden
T: (0611) 9 10 36 61   Fax: 9 10 36 62
Internet: http://www.osteopathie.de
E-Mail: sekretariat@osteopathie.de
Gründung: 1994 (7. Mai)
1.Vorsitzende(r): Frank Schröter (E-Mail: vorstand@osteopathie.de)
2.Vorsitzende(r): Ulrike Schwartz (E-Mail: vize@osteopatie.de)
Mitglieder: ca. 500
Mitarbeiter: 1

T 2 767
Deutsche Medizinische Arbeitsgemeinschaft für Herd- und Regulationsforschung e.V. (DAH)
Sekretariat:
Kuhtor 1, 47051 Duisburg
T: (0203) 28 66 80   Fax: 2 63 61
Vorsitzende(r): Dr.med.dent. Hans Jürgen Klose (Kuhtor 1, 47051 Duisburg, T: (0203) 28 66 80)

T 2 768
Deutscher Zentralverein Homöopathischer Ärzte e.V. (DZVhÄ)
Am Hofgarten 5, 53113 Bonn
T: (0228) 2 42 53 30   Fax: 2 42 53 31
Internet: http://www.homoeopathy.de
E-Mail: dzvhaepr@aol.com
Gründung: 1829
1. Vorsitzende(r): Dr. med. Lucia Zekorn (Mittelweg 20, 20148 Hamburg, T+Fax Praxis: (040) 4 50 04 80, e-mail: zekorn@yahoo.com)
2. Vorsitzende(r): Dr. Gerhard Bleul (Alt-Oranischer Platz 6, 65520 Bad Camberg, T: (06434) 72 07 (Praxis), Fax: (06434) 3 71 99 (Praxis), e-mail: gerhard.bleul@t-online.de)
Ärztl. Geschäftsführer: Dr. med. Thomas Röhrig (Lagerstr. 6, 59872 Meschede, T: (0291) 36 89 (Praxis), Fax: (0291) 9 08 18 66 (Praxis), e-mail: dr.thomasroehrig@cityweb.de)
Schatzmeister: Peter Großgott (Schubertstr. 3, 99423 Weimar, T: (03643) 90 31 01 (Praxis), Fax: (03643) 90 31 02 (Praxis), e-mail: praxis_grossgott@t-online.de)
Beisitzer: Dr. med. Gisela Steinhoff (Knüllstr. 30, 37671 Höxter, T: (05271) 3 74 74 (Praxis), Fax: (05271) 18 04 61 (Praxis), e-mail: fam.steinhoff@t-online.de)
Beisitzer: Dr. med. Ulrich Fischer (Grünwälder Str. 10-14, 79098 Freiburg, T:(0761) 3 48 31 (Praxis), Fax: (0761) 3 09 60 (Praxis), e-mail: aufischer.wittnau@t-online.de)
Pressestelle: Christoph Trapp (Am Hofgarten 5, 53113 Bonn, T: (0228) 63 92 30 (Büro), Fax: (0228) 63 92 70 (Büro), e-mail: dzvhaepr@aol.com)
Geschäftsstelle: Elke Gold-Beckmann (Am Hofgarten 5, 53113 Bonn, T: (0228) 2 42 53 30 (Büro), Fax: (0228) 2 42 53 31 (Büro), e-mail: dzvhae@aol.com)
Verbandszeitschrift: Homöopathische Nachrichten, Allg. Homöop. Zeitung (AHZ), Homöopathie direkt
Redaktion: Pressestelle
Mitglieder: 3900

Landesverbände

t 2 769
Deutscher Zentralverein Homöopathischer Ärzte e.V.
Landesverband Baden-Württemberg
Schlierbacher Str. 43, 73095 Albershausen
T: (07161) 93 47 93   Fax: 93 47 94
1. Vorsitzende: Andreas Gärtner (Schlierbacher Str. 43, 73095 Albershausen, T: (07161) 93 47 93, Fax: (07161) 93 47 94)

t 2 770
Deutscher Zentralverein Homöopathischer Ärzte e.V.
Landesverband Bayern
Marktplatz 13, 83607 Holzkirchen
T: (08024) 9 32 32   Fax: 9 32 34
1. Vorsitzende: Renate Grötsch (Marktplatz 13, 83607 Holzkirchen, T: (08024) 9 32 32, Fax: 9 32 34)

Berlin-Brandenburg

t 2 771
Berliner Verein homöopathischer Ärzte e.V.
Landesverband Berlin-Brandenburg im DZVhÄ
Geschäftsstelle:
Im Schwarzen Grund 14, 14195 Berlin
T: (030) 8 31 49 50
1. Vorsitzende: Dr. Karin Bandelin (Im Schwarzen Grund 14, 14195 Berlin, T: (030) 8 31 49 50)

t 2 772
Deutscher Zentralverein Homöopathischer Ärzte e.V.
Landesverband Hessen, Rheinland-Pfalz, Saarland
Am Fasanenhof 35, 34125 Kassel
T: (0561) 87 20 96   Fax: 87 20 97
1. Vorsitzende(r): K.-W. Steuernagel (Am Fasanenhof 35, 34125 Kassel, T: (0561) 87 20 96, Telefax: (0561) 87 20 97)

t 2 773
Deutscher Zentralverein Homöopathischer Ärzte e.V.
Landesverband Mecklenburg-Vorpommern
Asbacher Str. 47, 53545 Linz
T: (02644) 80 70 41
1. Vorsitzende: Dr. Martha Schütte (Asbacher Str. 47, 53545 Linz, T: (02644) 80 70 41)

t 2 774
Deutscher Zentralverein Homöopathischer Ärzte e.V.
Landesverband Niedersachsen
Straßburger Str. 2a, 26123 Oldenburg
T: (0441) 8 73 02   Fax: 8 73 03
1. Vorsitzende(r): Dr. Wilhelm Tasche (Straßburger Str. 2 a, 26123 Oldenburg, T: (0441) 8 73 02, Telefax: (0441) 8 73 03)

t 2 775
Deutscher Zentralverein Homöopathischer Ärzte e.V.
Landesverband Nordrhein-Westfalen
Rüschhausweg 3, 48161 Münster
T: (0251) 86 82 28   Fax: 86 82 29
1. Vorsitzende(r): Dr. Michael Mertner (Rüschhausweg 3, 48161 Münster, T: (0251) 86 82 28, Telefax: (0251) 86 82 29)

t 2 776
Deutscher Zentralverein Homöopathischer Ärzte e.V.
Landesverband Schleswig-Holstein und Hansestädte
Eggerstedtstr. 56/-58, 22765 Hamburg
T: (040) 38 58 20   Fax: 38 58 20
1. Vorsitzende(r): Curt Kösters (Eggerstedtstr. 56/58, 22765 Hamburg, T: (040) 38 58 20, Telefax: (040) 38 58 20)

t 2 777
Deutscher Zentralverein Homöopathischer Ärzte e.V.
Landesverband Thüringen
Gartenweg 5, 07973 Greiz
T: (03661) 67 09 67   Fax: 68 74 93
1. Vorsitzende(r): Dr. med. Uwe Reuter (Gartenweg 5, 07973 Greiz, T: (03661) 67 09 67, Telefax: (03661) 68 74 93)

t 2 778
Deutscher Zentralverein Homöopathischer Ärzte e.V.
Landesverband Sachsen-Anhalt
Reilstr. 22, 06114 Halle
T: (0345) 5 32 05 91
1. Vorsitzende: Dr. Ingrid Bockholt (Reilstr. 22, 06114 Halle, T: (0345) 5 32 05 91)

t 2 779
Deutscher Zentralverein Homöopathischer Ärzte e.V.
Landesverband Sachsen
Schillerstr. 12, 09366 Stollberg
T: (037296) 8 44 55   Fax: 8 44 55
1. Vorsitzende: Dr.med. Katharina Tost (Schillerstr. 12, 09366 Stollberg, T/Fax: (037296) 8 44 55)

t 2 780
Wolfgang-Schweitzer-Bibliothek
Homöopathische Bibliothek Hamburg des DZVHÄ
Von-Melle-Park 3, 20146 Hamburg
T: (040) 4 10 14 69   Fax: 4 10 14 69
Bibliotheksleiter: Dr. Conrad Frevert (T: (040) 7 22 25 55)

T 2 781
Homöopatische Vertragsärzte Bundesverband e.V.
Wallstr. 11, 79098 Freiburg
T: (0761) 3 44 21   Fax: 28 67 23
Gründung: 1997 (16. März)
Vorsitzende: Dr.med. Sylvia Lusser-Brady
Stellv. Vorsitzende: Dr.med. Sonja Reitz
Hauptgeschäftsführer(in): Dr.med. Dipl.-psych. Helmut Cubasch
Verbandszeitschrift: Vertragsärztliche Homöopath. Nachrichten, Mitgliederrundbriefe
Redaktion: Dr. S. Reitz
Verlag: selbst
Mitglieder: 120
Mitarbeiter: 4
Jahresetat: DM 0,051 Mio, € 0,03 Mio

T 2 782
Deutsche Liga für das Kind in Familie und Gesellschaft e.V.
Geschäftsführung
Chausseestr. 17, 10115 Berlin
T: (030) 28 59 99 70   Fax: 28 59 99 71
Internet: http://www.liga-kind.de
E-Mail: post@liga-kind.de
Gründung: 1977
Präsident(in): Prof. Franz Resch, Heidelberg
Geschäftsführer(in): Dr. Jörg Maywald
Leitung Presseabteilung: Dr. Jörg Maywald
Verbandszeitschrift: frühe Kindheit
Redaktion: Dr.Jörg Maywald
Mitglieder: 750
Mitarbeiter: 2
Jahresetat: DM 0,5 Mio, € 0,26 Mio

T 2 783
Deutsche Akademie für Kinderheilkunde und Jugendmedizin e.V.
Geschäftsstelle:
Mielenforster Str. 2, 51069 Köln
T: (0221) 6 80 56 27   Fax: 68 32 04
Internet: http://www.kinderheilkunde.org, http://www.jugendmedizin.org
E-Mail: kontakt@kinderheilkunde.org
Gründung: 1989 (4. Dezember)
Generalsekretär(in): Prof. Dr.med. Johannes Brodehl
Geschäftsführer(in): Monika Benigni
Gesundheit und Wohlergehen von Kindern und Jugendlichen und deren medizinischen Versorgung.

T 2 784
Deutsche Vereinigung zur Bekämpfung der Viruskrankheiten e.V. (DVV)
Geschäftsstelle:
c/o Institut für Med. Virologie d. Uni Frankfurt, Klinikumsabt. i. Zentrum d. Hygiene-Medizinaluntersuchungsamt
Paul-Ehrlich-Str. 40, 60596 Frankfurt
T: (069) 63 01 52 19   Fax: 63 01 64 77
Präsident(in): Prof. Dr. med. H. W. Doerr
Verbandszeitschrift: Infektion u. Prävention
Redaktion: Dr. Ley, Dipl.-Biol. Thienemann-Reith
Verlag: Deutsches Grünes Kreuz, Schuhmarkt 4, 35037 Marburg
Mitglieder: 25 (juristische Mitglieder)
Mitarbeiter: 2

T 2 785
Genesendenhilfe e.V.
Steindamm 87, 20099 Hamburg
T: (040) 24 69 76   Fax: 24 99 64
Gründung: 1956 (13. September)
Vorsitzende(r): Herbert Bienk
Geschäftsführer(in): Wolfram G. Boye
Mitglieder: 40
Mitarbeiter: ca. 130
Jahresetat: DM 11 Mio, € 5,62 Mio

Landesverband

t 2 786
Deutscher Paritätischer Wohlfahrtsverband Landesverband Hamburg e.V.
Mittelweg 115a, 20149 Hamburg
T: (040) 41 52 01 51 **Fax:** 41 52 01 90
Vorsitzende(r): Manfred Klee
Geschäftsführer(in): Richard Wahser
340 Mitgliedsorganisationen mit rund 800 Einrichtungen im Bereich frei-gemeinnütziger Sozialarbeit

● T 2 787
Deutsche Krebshilfe e.V.
Postf. 14 67, 53004 Bonn
Thomas-Mann-Str. 40, 53111 Bonn
T: (0228) 7 29 90-0 **Fax:** 7 29 90-11
Internet: http://www.krebshilfe.de
E-Mail: deutsche@krebshilfe.de
Gründung: 1974 (25. September)
Präsident(in): Prof. Dr. Dagmar Schipanski
Vorsitzende(r) des Vorstandes: Dr. Hans-Joachim Möhle
Geschäftsführer(in): Dipl.-Kfm. Achim Ebert
Gerd Nettekoven

● T 2 788
Gesellschaft zur Förderung der Krebstherapie e.V.
Am Eichhof, 75223 Niefern-Öschelbronn
T: (07233) 6 84 10 **Fax:** 6 84 13
Gründung: 1967 (1. Januar)
Vorstand: Dr. Matthias Woernle
Thomas Christoph Götte
Barbara Burrer
Michael Feles
Dr. Armin Scheffler
Mitglieder: 300

● T 2 789
Gesellschaft für Biologische Krebsabwehr e.V.
Hauptgeschäftsstelle
Postf. 10 25 49, 69015 Heidelberg
Hauptstr. 44, 69117 Heidelberg
T: (06221) 1 38 02-0 **Fax:** 1 38 02-20
Internet: http://www.biokrebs.de
Gründung: 1982 (Oktober)
Präsident(in): Prof. Dr. K. F. Klippel
Vizepräsident(in): Dr. Heinz Mastall
Leitung Presseabteilung: Dietrich Beyersdorff
Verbandszeitschrift: „Biologische Krebsabwehr"
Mitglieder: 7500

Arbeitskreise

t 2 790
Beratungsstelle Nord der GfBK
Werfelring 40, 22175 Hamburg
T: (040) 6 40 46 27 **Fax:** 6 40 46 27

t 2 791
Beratungsstelle Berlin der GfBK
Münstersche Str. 7a, 10709 Berlin
T: (030) 3 42 50 41, 86 42 19 18 **Fax:** 86 42 19 19

t 2 792
Beratungsstelle Nordrhein der GfBK
Auf dem Hochfeld 11, 40699 Erkrath
T: (0211) 24 12 19 **Fax:** 24 12 19

t 2 793
Beratungsstelle West der GfBK
Luisenstr. 18, 65185 Wiesbaden
T: (0611) 37 61 98 **Fax:** 9 57 09 73

t 2 794
Beratungsstelle Süd der GfBK
Pestalozzistr. 40b, 80469 München
T: (089) 26 86 90 **Fax:** 26 33 81

t 2 795
Beratungsstelle Dresden der GfBK
Schlesischer Platz 2, 01097 Dresden
T: (0351) 8 02 60 93 **Fax:** 8 02 60 95

t 2 796
Beratungsstelle Chemnitz der GfBK
Ringstr. 3, 09247 Röhrsdorf
T: (03722) 9 83 16 **Fax:** 9 83 17

t 2 797
Beratungsstelle Thüringen der GfBK
Thomas-Müntzer-Str. 2, 07407 Rudolstadt
T: (03672) 34 70 00 **Fax:** 34 70 01

● T 2 798

Förderkreis Krebskranke Kinder e.V.
Geschäftsstelle
Büchsenstr. 22, 70174 Stuttgart
T: (0711) 29 73 56 **Fax:** 29 40 91
Gründung: 1982 (3. Juni)
1. Vorsitzende(r): Dr. Klaus-Peter Baatz
2. Vorsitzende(r): Georg Rummel
Schriftführer(in): Eberhard Lüdemann
Kassierer: Helmut Meyer
Mitglieder: 764 ordentliche Mitglieder, 58 fördernde Mitglieder
Mitarbeiter: 5

Mitglied der Arbeitsgemeinschaft baden-württembergischer Förderkreise krebskranker Kinder e.V.

Betreuung krebskranker Kinder und deren Familien.

● T 2 799
Deutsche Herzstiftung e.V.
Postf. 18 01 71, 60082 Frankfurt
Vogtstr. 50, 60322 Frankfurt
T: (069) 95 51 28-0 **Fax:** 95 51 28-313
Internet: http://www.herzstiftung.de
E-Mail: info@herzstiftung.de
Gründung: 1979
Vorsitzende(r): Prof. Dr.med. Hans-Jürgen Becker
Stellvertretende(r) Vorsitzende(r): Harald C. Bieler
Geschäftsführerin: Renate Geus
Stellvertretende(r) Geschäftsführer(in): Martin Vestweber (Ltg. Presseabt.)
Verbandszeitschrift: Herz heute, Zeitschrift der Deutschen Herzstiftung e.V.
Redaktion: Dr. Irene Oswalt
Verlag: VOD Vereinigte Offsetdruckereien, Postf. 10 58 49, 69048 Heidelberg
Mitglieder: 35000
Mitarbeiter: 22
Jahresetat: DM 8 Mio, € 4,09 Mio

● T 2 800
Deutsche Sektion der Internationalen Liga gegen Epilepsie e.V.
Herforder Str. 5-7, 33602 Bielefeld
T: (0521) 12 41 92 (10.00-12.00 Uhr) **Fax:** 12 41 72
Gründung: 1957
1. Vorsitzende(r): Prof. Dr.med. U. Runge (Neurologische Universitätsklinik, Epilepsiezentrum, Ellernholzstr. 1-2, 17487 Greifswald, T: (03834) 8 66-827, Fax: 8 66-875, Email: runge@neurologie.uni-greifswald.de)
2. Vorsitzende(r): Prof. Dr. G. Groß-Selbeck (Kinderneurologisches Zentrum, Khs Gerresheim, Gräulinger Str. 120, 40625 Düsseldorf, T: (0211) 28 00-35 57)
1. Sekretär: Prof. Dr.med U. Stephani (Univ.-Kinderklinik, Klinik für Neuropädiatrie, Schwanenweg 20, 24105 Kiel, T: (0431) 5 97 17 61, Fax: 5 97 17 69, Email: stephani@pedneuro.uni-kiel.de)
2. Sekretär: PD Dr.med J. Bauer (Klinik für Epileptologie d. Univ. Bonn, Sigmund-Freud-Str. 25, 53105 Bonn, T: (0228) 2 87-69 54, Fax: 56 94 91, Email: elger@mailer.meb.uni-bonn.de)
Schatzmeister: Dr.med. D. Dennig (Seelbergstr. 9, 70372 Stuttgart, T: (0711) 56 18 98, Fax: 56 18 97)
ILAE-Delegierte: Dr. I. Tuxhorn (Epilepsie-Zentrum Bethel, Klinik f. Anfallkranke Mara I, 33617 Bielefeld, Marawega 21, T: (0521) 1 44-46 07-8, Fax: 1 44-35 53, Email: tux@neuro.mara.de)
Verbandszeitschrift: Epilepsie-Blätter
Redaktion: Dr.med. M. Hoppe
Herausgeber: PD Dr. J. Bauer, Dr. med. Dipl.Psych. R. Ebner
Verlag: Bethel-Verlag, 33617 Bielefeld
Mitglieder: 1626

● T 2 801
Deutsche Gesellschaft für Lichtforschung
Moorenstr. 5, 40225 Düsseldorf
T: (0211) 8 11-7627 **Fax:** 8 11-8830
Präsident(in): Prof. Dr. E. Hölxle (Hautklinik Universitätskrankenhaus Hamburg-Eppendorf, Martinistr. 52, 20251 Hamburg)
Generalsekretär(in): Prof. Dr. J. Krutmann (UniversitätsHautklinik, Moorenstr. 5, 40225 Düsseldorf, T: (0211) 8 11 76

27)
Schatzmeister: Dr. P. Bocionek (Cosmedico Licht GmbH, Kölner Str. 8, 70376 Stuttgart)

● T 2 802
Deutsche Gesellschaft für Luft- und Raumfahrtmedizin e.V. (DGLRM)
c/o Institut für Luft- und Raumfahrtmedizin des DLR
Linder Höhe, 51147 Köln
T: (02203) 6 01-0
Gründung: 1961 (Dezember)
Präsident(in): Prof. Dr. med. R. Gerzer (Leiter Institut für Luft- und Raumfahrtmedizin der DLR, Linder Höhe (Porz-Wahnheide), 51147 Köln)
Vizepräsident(in): Prof. Dr. med. H. Landgraf (Wenckebach-Krankenhaus, Berlin)
Dipl.-Ing. Dr. med H. Pongratz (Leiter Abt. III des Flugmedizinischen Instituts der Luftwaffe)
Sekretär: Dr. med. C. Stern (Institut für Luft- und Raumfahrtmedizin des DLR, Köln)
Schatzmeister: Dr. med. A. Samel (Institut für Luft- und Raumfahrtmedizin des DLR, Köln)
Verbandszeitschrift: Journal für Flug- und Reisemedizin (enthält Mitteilungen der DGLRM)
Verlag: UPE GmbH, Bahnstr. 8, 50181 Bedburg
Mitglieder: 700
Jahresetat: DM 0,05 Mio, € 0,03 Mio

● T 2 803
Gesamtdeutsche Gesellschaft für manuelle Medizin e.V. (GGMM)
Robert-Koch-Platz 7, 10115 Berlin
T: (030) 28 38-7097 **Fax:** 28 38-7099
Präsident(in): MR Dr. med. Wolfgang Bartel
Vizepräsident(in): Dr. med. Joachim Barthels

● T 2 804
Ärztevereinigung für Manuelle Medizin - Ärzteseminar Berlin e.V. (ÄMM)
Frankfurter Allee 263, 10317 Berlin
E-Mail: AEMM.Berlin@t-online.de
Gründung: 1990 (15. Oktober)
Vorsitzende(r): Prof. Dr.med. Ulrich Smolenski
Stellvertretende(r) Vorsitzende(r): Dr.med. Johannes Buchmann
Geschäftsführer(in): Prof. Dr.med. Lothar Beyer
Verbandszeitschrift: Manuelle Medizin
Redaktion: Dr. Baumgartner, Dr. Fröhlich, Prof.Dr. Graf-Baumann
Verlag: Springer Verlag, Postf. 10 52 80, 69042 Heidelberg
Mitglieder: 926
Mitarbeiter: 6

● T 2 805
Deutsche Gesellschaft für Manuelle Medizin -Ärzteseminar Hamm-Boppard (FAC) e.V.
Obere Rheingasse 3, 56154 Boppard
T: (06742) 80 01-0 **Fax:** 80 01-27
Internet: http://www.dgmm-fac.de
E-Mail: dgmm-fac@aerzteseminar.de
1. Vorsitzende(r): Dr. med. M. Psczolla (Loreley Kliniken, Gründelbach 38, 56329 St. Goar, T: (06741) 9 20 10, Telefax: (06741) 8 00-2 07)

● T 2 806
Deutsche Gesellschaft für Manuelle Medizin Dr. Karl-Sell-Ärzteseminar Neutrauchburg (MWE) e.V.
Riedstr. 5, 88316 Isny
T: (07562) 97 18-0 **Fax:** 97 18-22
Internet: http://www.aerzteseminar-mwe.de
E-Mail: info@aerzteseminar-mwe.de
1. Vorsitzende(r): Dr. H.-P. Bischoff, Isny-Neutrauchburg

● T 2 807

Cystische Fibrose (CF)/Mucoviscidose - Selbsthilfe Bundesverband e.V.
Meyerholz 3, 28832 Achim
T: (04202) 8 22 80 **Fax:** 60 73
Internet: http://www.cf-bv.de
E-Mail: cf-selbsthilfe-bv@t-online.de
Gründung: 1981
1. Vorsitzende(r): Harro Bossen (Meyerholz 3, 28832 Achim, T: (04202) 8 22 80, Telefax: (04202) 60 73 (priv.), T: (0421) 3

64 20 93, Telefax: (0421) 3 64 21 07 (dienstl.))
Stellvertreter: Helmut Fritzen (Auf der Höhe 16, 53859 Niederkassel, T: (02208) 51 35 (priv.))
Elke Pötschke (Holbeinstr. 153, 01309 Dresden, T: (0351) 3 11 31 95 (priv.))
Kassierer: Ralf Wagner (Weißdornstr. 26, 01257 Dresden, T: (0351) 2 03 98 30 (priv.))
Beisitzer: Helmut Plum (Bendenweg 4, 52146 Würselen T:(02405) 7 10 65)
Margrit Habick (Zeppelinstr. 165/25, 14471 Potsdam, T: (0331) 90 35 22)
Ingo Sparenberg (Wolfgang-Wilhelm-Platz 167, 86633 Neuburg, T: (08431) 61 71 12)
Thomas Malenke (Rhenusallee 25, 53227 Bonn, T: (0228) 4 22 35 33)
Margarete Brenner (Würzburger Str. 10, 64850 Schaafheim, T: (06073) 83 17 (priv.))
Wiltrud Fastabend (Adenauerallee 15b, 61440 Oberursel, T: (06171) 5 61 35)
Klaus Jeschag (Kastanienstr. 12, 07747 Jena T: (03641) 37 00 08)
Andrea Bosse (Lengericher Str. 62, 49479 Ibbenbüren, T: (05451) 7 33 20 (priv.))
Peter Pfeiffer (Am Haskamp 18, 26759 Hinte, T: (04925) 99 07 18)
Schirmherrin: Regina Schmidt-Zadel (MdB, Düsseldorfer Str. 86, 40878 Rathingen)
Verbandszeitschrift: Klopfzeichen
Redaktion: Thomas Malenke, Rhenusallee 25, 53227 Bonn, T: (0228) 4 22 35 33
Mitglieder: 3400
Jahresetat: DM 0,15 Mio, € 0,08 Mio
Bundesweite Interessenvertretung der an Cystischer Fibrose/Mucoviszidose erkrankter Menschen und ihrer Angehörigen.

Regionale Vereine

t 2 808

CF-Selbsthilfe Aachen e.V.
Geschäftsstelle:
Lothringerstr. 105, 52070 Aachen
T: (0241) 40 96 09   **Fax:** 6 54 69
Vorsitzende(r): Helga Brands-Schlusche

t 2 809

MUKO AKTIV Augsburg e.V.
Rentmeisterstr. 3, 86179 Augsburg
T: (0821) 8 15 67 15
Vorsitzende(r): Manfred Riedel

t 2 810

CF-Selbsthilfe Bochum e.V.
Marktstr. 266, 44866 Bochum
T: (0234) 77 26 75
Vorsitzende(r): Mechthild Hovemann

t 2 811

Mukoviszidose-Selbsthilfe-Verein Brandenburg
Schönwalder Str. 36, 14612 Falkensee
T: (03322) 20 03 09   **Fax:** 20 03 09
Vorsitzende(r): Volker Krengel

t 2 812

CF-Selbsthilfe Braunschweig e.V.
Mühlenstr. 13, 29393 Groß Oesingen
T: (05838) 5 71
Vorsitzende(r): Hermann Prietzsch

t 2 813

CF-Selbsthilfe Bremen e.V.
Vorstr. 30b, 28359 Bremen
T: (0421) 46 26 47
Vorsitzende(r): Harro Bossen

t 2 814

CF-Selbsthilfe Dresden e.V.
Holbeinstr. 153, 01309 Dresden
T: (0351) 3 11 31 95   **Fax:** 3 11 31 95
Vorsitzende(r): Elke Pötschke

t 2 815

CF-Selbsthilfe Duisburg e.V.
Hoffeldstr. 112, 40721 Hilden
T: (02103) 4 74 84   **Fax:** 36 07 12
Vorsitzende(r): Ingeburg Grote

t 2 816

CF-Selbsthilfe Frankfurt e.V.
Marktplatz 4, 64385 Reichelsheim
T: (06164) 40 65
Vorsitzende(r): Walter Ripper

t 2 817

CF-Selbsthilfe Halle (Saale) e.V.
Bernsdorfer Str. 19, 06862 Roßlau
T: (034901) 8 44 42
Vorsitzende(r): Annette Dornburg

t 2 818

CF-Selbsthilfe Hannover e.V.
Ginsterweg 12, 30880 Laatzen
T: (0511) 82 29 98
Vorsitzende(r): Dirk Schostack

t 2 819

Mukoviszidose Förderverein Oberland e.V.
König-Ludwig-Str. 5a, 82487 Oberammergau
T: (08822) 2 33
Vorsitzende(r): Dr. Josef König

t 2 820

CF-Selbsthilfe Koblenz e.V.
Hospitalstr. 26, 56072 Koblenz
T: (0261) 40 96 09   **Fax:** 40 96 09
Vorsitzende(r): Brigitte Ternes

t 2 821

CF-Selbsthilfe Köln e.V.
Altonaer Str. 17, 50737 Köln
T: (0221) 74 61 30
Vorsitzende(r): Enno Buss

t 2 822

CF-Selbsthilfe Leipzig e.V.
Windmühlenweg 5a, 04849 Bad Düben
T: (034243) 2 38 87   **Fax:** 2 38 87
Vorsitzende(r): Rainer Winkelmann

t 2 823

CF-Selbsthilfe Magdeburg e.V.
Am Seeufer 5, 39126 Magdeburg
T: (0391) 2 53 08 58
Vorsitzende(r): Olaf Welzer

t 2 824

CF-Selbsthilfe Osnabrück e.V.
Laerschestr. 2, 49219 Glandorf
T: (05426) 39 58
Vorsitzende(r): Georg Wigge

t 2 825

CF-Selbsthilfe Potsdam e.V.
Zeppelinstr. 165 /25, 14471 Potsdam
T: (0331) 90 35 22   **Fax:** 90 35 22
Vorsitzende(r): Margrit Habick

t 2 826

Förderkreis Pro Mukoviszidose e.V.
Frühlingstr. 4, 73119 Zell
T: (07164) 1 23 78   **Fax:** 14 63 57
Internet: http://www.muko.net/promuko
E-Mail: bandelfinger@t-online.de
Vorsitzende(r): Ulrich Andelfinger

t 2 827

Klinikpädagogik e.V.
Hoppe-Seyler-Str. 1, 72076 Tübingen
T: (07071) 2 98 13 71   **Fax:** 29 52 54
Vorsitzende(r): Michael Klemm

t 2 828

Mukoviszidose e.V.
Bendenweg 101, 53121 Bonn
T: (0228) 9 87 80-0   **Fax:** 9 87 80-77
Internet: http://www.mukoviszidose-ev.de
E-Mail: info@mukoviszidose-ev.de

t 2 829

Christiane Herzog Stiftung für Mukoviszidose-Kranke
Geißstr. 4, 70173 Stuttgart
T: (0711) 24 63 46   **Fax:** 24 26 31
Vorsitzende(r): Rolf Hacker

t 2 830

Selbsthilfegruppe Erwachsene mit CF
Rhenusallee 25, 53227 Bonn
T: (0228) 4 22 35 33

t 2 831

CF-Selbsthilfe Kassel e.V.
Dachsbergstr. 8a, 34131 Kassel
T: (0561) 3 16 07 58
Vorsitzende(r): Frank Herwig

t 2 832

Mukoviszidose Förderverein Gießen e.V.
Jahnstr. 37, 35394 Gießen
T: (0641) 4 88 46
Vorsitzende(r): R. Lindemann

● **T 2 833**

Deutsche Myasthenie Gesellschaft e.V.
Geschäftsstelle
Langemarckstr. 106, 28199 Bremen
T: (0421) 59 20 60   **Fax:** 50 82 26
E-Mail: dmg-info@t-online.de
Gründung: 1986
1. Vorsitzende(r): Rosemarie Amann
Leitung Presseabteilung: K. P. Leitner
Verbandszeitschrift: DMG-AKTUELL
Redaktion: Klaus Peter Leitner
Verlag: DPWV + BAGH, Hans-Brühlmann-Weg 8, 72793 Pfullingen, T: (07121) 79 84 14, Telefax: (07121) 70 46 14
Mitglieder: 2000
Mitarbeiter: 3
Jahresetat: DM 0,06 Mio, € 0,03 Mio

● **T 2 834**

Gemeinnützige Hertie-Stiftung
Lyoner Str. 15 Im Atricom, 60528 Frankfurt
T: (069) 6 60 75 60   **Fax:** 6 60 75 69 99
Gründung: 1974
Vorstand: Dr. Michael Endres (Vors.)

● **T 2 835**

Gesellschaft Deutscher Naturforscher und Ärzte e.V.
Hauptstr. 5, 53604 Bad Honnef
T: (02224) 98 07 13   **Fax:** 98 07 89
Internet: http://www.gdnae.de
E-Mail: gdnae@gdnae.de
Gründung: 1822
Präsident(in): Prof. Dr. Rolf Emmermann
Generalsekretär(in): Dr. Wolfgang T. Donner
Mitglieder: 5000

● **T 2 836**

Berufsverband Deutscher Nervenärzte e.V. (BVDN)
Geschäftsstelle
Hammer Landstr. 1a, 41460 Neuss
T: (02131) 2 20 99 20   **Fax:** 2 20 99 22
E-Mail: bvdnne@t-online.de
Gründung: 1962
1. Vorsitzende(r): Dr. med. Gunther Carl (Friedenstr. 7, 97318 Kitzingen, T: (09321) 53 55, Fax: (09321) 89 30, E-Mail: carlg@t-online.de)
2. Vorsitzende(r): Dr. med. Arne Brosig (Röntgenstr. 9-15, 41515 Grevenbroich, T: (02181) 2 33 99 33, Fax: (02181) 2 33 99 11, E-Mail: nordrhein@bvdn.de)
Schatzmeister: Dipl. Med. Ralf Bodenschatz (Albert-Schweitzer Str. 22, 09648 Mittweida, T: (03727) 94 18 11, Fax: 94 18 13, E-Mail: rbodenschatz@t-online.de)
Schriftführer(in): Dr. med. Roland Urban (Turmstr. 76 a, 10551 Berlin, T: (030) 3 92 20 21, Telefax: (030) 8 13 53 17, E-Mail: 101733.2630@compuserve.com)
Beisitzer: Julius Zacher (Watmarkt 9, 93047 Regensburg, T: (0941) 56 16 72, Fax: 5 27 04, E-Mail: bvdnzacher@t-online.de)
PD Dr. med. Paul Reuther (Jesuitenstr. 11, 53474 Bad Neuenahr, E-Mail: preuther@rz-online.de)
Dr. med. Frank Bergmann (Theaterplatz 17, 52062 Aachen, T: (0241) 36 33-0, Fax: (0241) 40 49 72, E-Mail: dr.frank.bergmann-aachen@t-online.de)
Verbandszeitschrift: Neuro Transmitter
Redaktion: Hammer Landstr. 1 a, 41460 Neuss
Verlag: Urban + Vogel, Neumarkter Str. 43, 81673 München
Mitglieder: ca. 3000

Landesverbände in:
Baden-Württemberg Nord, Baden-Süd, Bayern, Berlin, Bran-

denburg, Bremen, Hamburg, Hessen, Mecklenburg-Vorpommern, Niedersachsen, Nordrhein, Rheinland-Pfalz, Saarland, Sachsen, Sachsen-Anhalt, Schleswig-Holstein, Thüringen, Westfalen, Württemberg-Süd

● **T 2 837**

Bundesverband Neurodermitiskranker in Deutschland e.V.
Postf. 11 65, 56135 Boppard
Oberstr. 171, 56154 Boppard
T: (06742) 87 13-0 **Fax:** 27 95
Internet: http://www.neurodermitis.net
E-Mail: Bvneuro@aol.com, info@neurodermitis.net
Gründung: 1985 (2. Februar)
Vors.u.Bundes-Geschf: Jürgen Pfeifer (Ltg. Presseabt.), Boppard
Verbandszeitschrift: neurodermitis
Redaktion: Bundesverband, Oberstr. 171, 56154 Boppard
Mitglieder: ca. 15000
Mitarbeiter: 13
Jahresetat: DM 0,6 Mio, € 0,31 Mio
3 Landesverbände,
58 Selbsthilfe-Gruppen in der ganzen BRD (Kreis-, Stadt- und Ortsverbände)

● **T 2 838**

Gesellschaft für Primatologie e.V.
Tierärztliche Hochschule Hannover
Institut für Zoologie
Postf. 71 11 80, 30545 Hannover
T: (0511) 9 53 87 40 **Fax:** 9 53 85 86
E-Mail: ezimmer@zoologie.tiho-hannover.de
Gründung: 1988
Vorstand: Prof. Dr. Elke Zimmermann (Vors.)
Dr. Signe Preuschoft (Schriftführerin)
Dr. Angela Meder (Schatzmeisterin)
Dr. Thomas Geissmann (1. Beisitzer)
Dr. Kurt Hammerschmidt (2. Beisitzer)
Sachverständige, Beauftragte: Dr. Paul Winkler
Dr. Jutta Küster
Mitglieder: 250

● **T 2 839**

Deutsche Vereinigung für Orthopädische Sporttraumatologie (DVOST)
c/o Prof. Dr. Wolfgang Pförringer
Vilshofener Str. 6a, 81679 München
T: (0172) 2 38 21 40 **Fax:** (089) 98 78 88
Gründung: 1994 (November)
Präsident(in): Prof. Dr. med. Rainer Neugebauer, Regensburg
Schriftführer(in): Dr. Volker Lindner
Verbandszeitschrift: Sportverletzung-Sportschaden
Redaktion: Thieme Verlag
Herausgeber: Prof. Scharf, Ulm
Mitglieder: 200

● **T 2 840**

Institut für Med. Parasitologie der Universität Bonn
Sigmund-Freud-Str. 25, 53127 Bonn
T: (0228) 2 87 56 73/74 **Fax:** 2 87 43 30
Direktor: Prof.Dr.med. H. M. Seitz

● **T 2 841**

Institut für Parasitologie
Justus-Liebig-Universität Gießen
Rudolf-Buchheim-Str. 2, 35392 Gießen
T: (0641) 9 93 84 60 **Fax:** 9 93 84 69
Geschf.-Direktor: Prof. Dr. H. Zahner

● **T 2 842**

Hufelandgesellschaft für Gesamtmedizin e.V.
Vereinigung der Ärztegesellschaften für biologische Medizin
Ortenaustr. 10, 76199 Karlsruhe
T: (0721) 88 62 76/77 **Fax:** 88 62 78
Gründung: 1974
Präsident(in): Dr.med. Karl-Heinz Gebhardt
Vizepräsident(in): Dr.med. Karl Buchleitner
Justitiar: Dr. Gernot Baur
Verbandszeitschrift: Erfahrungsheilkunde
Verlag: Medizin-Verlag Heidelberg, Fritz-Frey-Str. 21, 69121 Heidelberg
Mitglieder: ca. 15000

● **T 2 843**

Verein für Anthroposophisches Heilwesen e.V.
Postf. 11 10, 75374 Bad Liebenzell
Johannes-Kepler-Str. 56, 75378 Bad Liebenzell
T: (07052) 93 01-0 **Fax:** 93 01-10
Internet: http://www.heilwesen.de
E-Mail: verein@heilwesen.de
Vorstand: Felicitas Vogt

Claudia McKeen
Wolfram Schlegel
Geschäftsführer(in): Felicitas Vogt

● **T 2 844**

Deutsche Gesellschaft für Perinatale Medizin
c/o Universitäts-Frauenklinik
Schanzenstr. 46, CH-4031 Basel
T: (004161) 325 90 12 **Fax:** 325 90 31
Gründung: 1967
Vorsitzende(r): Prof. Dr.h.c. W. Holzgreve, Basel
Schriftführer(in): Prof.Dr. K. T. M. Schneider (Frauen- u. Poliklinik des Klinikums rechts der Isar der TU, Ismaninger Str. 22, 81675 München)
Verbandszeitschrift: Geburtshilfe und Neonatologie
Redaktion: Prof. Dr.Dr.h.c W. Holzgreve, Universitäts-Frauenklinik, Schanzenstr. 46, CH-4031 Basel
Verlag: Enke Verlag
Mitglieder: ca. 1100

● **T 2 845**

Psychodiagnostisches Zentrum e.V. (PdZ)
Korisumhof 1-5, 14482 Potsdam
T: (0331) 7 47 00-0 **Fax:** 7 47 00-99
Gründung: 1996 (3. April)
Vorstand: Dipl.-Psych. Dr. Gerd Reimann

● **T 2 846**

Arbeitsgemeinschaft für Pharmazeutische Verfahrenstechnik e.V. (APV)
Kurfürstenstr. 59, 55118 Mainz
T: (06131) 97 69-0 **Fax:** 97 69-69
E-Mail: apv@apv-mainz.de
Gründung: 1954
Präsident(in): Dr. Günther Hanke
Vizepräsident(in): Dr. Arnim Laicher
Schriftführer(in): Dr. Hartmut Morck
Verbandszeitschrift: European Journal of Pharmaceutics and Biopharmaceutics
Redaktion: Prof.Dr. Robert Gurny, Université de Genève, Section de Pharmacie, 30, Quai Ernest-Ansermet, CH-1211 Genève 4
Verlag: Elsevier Science, P.O. Box 211, 1000 AE Amsterdam
Mitglieder: 2300

● **T 2 847**

Institut für Pharmazeutische Biologie an der Albert-Ludwigs-Universität
Stefan-Meier-Str. 19 (VF), 79104 Freiburg
T: (0761) 2 03-28 01 **Fax:** 2 03-28 03
Direktor(in): Andreas Bechthold

● **T 2 848**

Interdisziplinäre Gesellschaft für Umweltmedizin e.V. (IGUMED)
Bergseestr. 57, 79713 Bad Säckingen
T: (07761) 91 34 90 **Fax:** 91 34 91
Internet: http://www.igumed.de
E-Mail: IGUMED@gmx.de
Gründung: 1992 (22. November)
Vorstand: Dr. med. Franz-Josef Knust
Vorstand: Dr. phil. Iris Ganzke, Berlin
Vorstand: Dr. med. Arndt Dohmen
Vorstand: Silvia Stolz, Zweibrücken
Vorstand: RA Hanspeter Schmidt, Freiburg
Verbandszeitschrift: Umwelt, Medizin, Gesellschaft
Redaktion: Erik Petersen, 28205 Bremen; Till Bastian, 88316 Isny
Verlag: Ökologischer Ärztebund e.V., Braunschweiger Str. 53 b, 28205 Bremen

● **T 2 849**

Deutsche Gesellschaft für Biomedizinische Technik e.V. (DGBMT)
German Association of Biomedical Engineering
Geschäftsstelle
Markgrafenstr. 11, 10969 Berlin
T: (030) 25 37 52-37 **Fax:** 2 51 72 48
Internet: http://www.dgbmt.de
E-Mail: dgbmt.bln@t-online.de
Gründung: 1961
Vorsitzende(r): Prof. Dr. Armin Bolz
Stellvertretende(r) Vorsitzende(r): Prof. Dr. E.G. Hahn
Geschäftsführer(in): Peter Schön
Verbandszeitschrift: Biomedizinische Technik-Biomedical Engineering
Redaktion: Prof. Boenick, Berlin
Verlag: Fachverlag Schiele & Schön GmbH, Markgrafenstr. 11, 10969 Berlin
Mitglieder: ca. 600

● **T 2 850**

Aktion für Biologische Medizin e.V.
Goethestr. 15, 75173 Pforzheim

T: (07231) 14 78-0 **Fax:** 14 78-29
Internet: http://www.aktion-f-biolog-medizin.de
E-Mail: info@aktion-f-biolog-medizin.de
Vorsitzende(r): Dr.med. Karl Buchleitner
Geschäftsführer(in): Ursula Garncarz-Buchleitner

● **T 2 851**

Verein für Medizinische Frührehabilitation Osnabrück-Bad Iburg e.V.
Charlottenburger Ring 16, 49186 Bad Iburg
T: (05403) 43 40
Gründung: 1976 (03. Mai)
Vorsitzende(r): Heiner Thyssen
Geschäftsführer(in): Heinz Köhne
Mitglieder: 19
Mitarbeiter: 30
Jahresetat: DM 1,2 Mio, € 0,61 Mio

● **T 2 852**

Arbeitskreis der Pankreatektomierten e.V. (AdP)
Zentrale Beratungsstelle
Krefelder Str. 3, 41539 Dormagen
T: (02133) 4 23 29 **Fax:** 4 26 91
Internet: http://www.adp-dormagen.de
E-Mail: adp-dormagen@t-online.de
Gründung: 1976 (25. September)
Vorsitzende(r): Dieter Prey
1. Stellv. Vors.: Hartmut Kotyrba
2. Stellv. Vors.: Adelheid Feil
Schatzmeister: Anton Nowak
Beisitzer: Manfred Lechner
Günter Bykowski
Wolfgang Heyden
Verbandszeitschrift: Handbuch für Pankreatektomierte (Loseblattsammlung)
Redaktion: Arbeitskreis der Pankreatektomierten e.V.
Verlag: Zentrale Beratungsstelle, Krefelder Str. 3, 41539 Dormagen
Mitglieder: 870

● **T 2 853**

Verband Physikalische Therapie - Vereinigung für die physiotherapeutischen Berufe (VPT) e.V.
Bundesgeschäftsstelle
Hofweg 15, 22085 Hamburg
T: (040) 22 72 32 22 **Fax:** 22 72 32 29
Internet: http://www.vpt-online.de
E-Mail: bundesgeschaeftsstelle@vpt-online.de
Präsident(in): Bruno Blum (Rosenkavalierplatz 18/II, 81925 München, T: (089) 99 99 74-3)
BGeschF: Ass. Karin Lübberstedt
Mitglieder: ca. 22000

Wahrnehmung der Interessen der Masseure und medizinischen Bademeister sowie der Physiotherapeuten/Krankengymnasten in berufsrechtlichen, arbeitsrechtlichen, vergütungs- und gebühren- sowie sozialrechtlichen Fragen; Aus-, Fort- und Weiterbildung. Förderung der wissenschaftlichen Erkenntnisse auf dem Gebiet der Physikalischen Therapie/Physiotherapie, ihrer praktischen Anwendung und interdisziplinären Bedeutung.

Landesgruppen

t 2 854

Verband Physikalische Therapie Landesgruppe Hamburg-Schleswig-Holstein
An der Alster 26 II., 20099 Hamburg
T: (040) 24 55 90 **Fax:** 2 80 24 63
Internet: http://home.t-online.de/home/vpt-hamburg
E-Mail: lg-hh-sh@vpt-online.de
Vorsitzende(r): Uwe Espersen
Geschäftsführerin: Renate Drönner

t 2 855

Verband Physikalische Therapie Landesgruppe Weser-Ems
Kirchhuchtinger Landstr. 3, 28259 Bremen
T: (0421) 57 06 62 **Fax:** 58 22 70

t 2 856
Verband Physikalische Therapie
Landesgruppe Niedersachsen
Lavesstr. 71, 30159 Hannover
T: (0511) 30 60 25 **Fax:** 30 60 19
E-Mail: lg-niedersachsen@vpt-online.de
Vorsitzende(r): Friedhelm Lüßmann
Geschäftsführer(in): Petra Eberhard

t 2 857
Verband Physikalische Therapie
Landesgruppe Westfalen-Niederrhein
Hafenweg 19, 59192 Bergkamen
T: (02389) 98 82 50 **Fax:** 98 82 58
E-Mail: lg-westfalen-niederrhein@vpt-online.de
Vorsitzende(r): Helmut Tadeusz
Geschäftsführerin: Gerlinde Heppelmann

t 2 858
Verband Physikalische Therapie
Landesgruppe Mittelrhein
An der Alten Eiche 10, 53340 Meckenheim
T: (02225) 92 19-0 **Fax:** 92 19-7
E-Mail: lg-mittelrhein@vpt-online.de
Vorsitzende(r): Georg Zabawa
Geschäftsführerin: Renate Schmitz

t 2 859
Verband Physikalische Therapie
Landesgruppe Rheinland-Pfalz-Saar
Thebäerstr. 51, 54292 Trier
T: (0651) 2 99 90 **Fax:** 2 44 21
E-Mail: lg-rps@vpt-online.de
Vorsitzende(r): Stefan Schmitt
Geschäftsführer(in): Herbert Schneider

t 2 860
Verband Physikalische Therapie
Landesgruppe Hessen
Postf. 11 31, 61268 Wehrheim
T: (06081) 5 73 48 **Fax:** 5 73 41
E-Mail: lg-hessen@vpt-online.de
Vorsitzende(r): Hans-Heinrich Hübbe
Geschäftsführerin: Sylvia Nevermann

t 2 861
Verband Physikalische Therapie
Landesgruppe Baden-Württemberg
Stauferstr. 13, 70736 Fellbach
T: (0711) 95 19 10-0 **Fax:** 51 90 12
Internet: http://www.vpt-baden-wuertt.de
E-Mail: lg-baden-wuert@vpt-online.de
Vorsitzende(r): Hans Hartogh
Geschäftsführerin: Dorothee Althans

t 2 862
Verband Physikalische Therapie
Landesgruppe Bayern
Rosenkavalierplatz 18, 81925 München
T: (089) 99 99 74-3 **Fax:** 91 04 96 27
E-Mail: lg-bayern@vpt-online.de
Vorsitzende(r): Bruno Blum
Geschäftsführerin: Ulrike Weicher

t 2 863
Verband Physikalische Therapie
Landesgruppe Berlin-Brandenburg
Rennbahnallee 110, 15366 Dahlwitz-Hoppegarten
T: (03342) 30 20 74, 30 20 75 **Fax:** 30 20 79
E-Mail: lg-berlin-brb@vpt-online.de
Vorsitzende: Barbara Michalski
Geschäftsführerin: Doris Tuchel

t 2 864
Verband Physikalische Therapie
Landesgruppe Mecklenburg-Vorpommern
Grunthalplatz 2, 19053 Schwerin
T: (0385) 5 50 79 89 **Fax:** 5 81 00 33
Internet: http://www.vpt-mv.de
E-Mail: lg-mv@vpt-online.de
Vorsitzende(r): Matthias Paulsen
Geschäftsführer(in): Nicole Grumblat

t 2 865
Verband Physikalische Therapie
Landesgruppe Sachsen-Anhalt
Coquistr. 19, 39104 Magdeburg
T: (0391) 4 01 17 15 **Fax:** 4 01 41 06
E-Mail: lg-sachsen-anhalt@vpt-online.de
Vorsitzende(r): Karl-Heinz Kellermann
Geschäftsführerin: Jutta Hermann

t 2 866
Verband Physikalische Therapie
Landesgruppe Thüringen
Frankenweg 24, 07318 Saalfeld
T: (03671) 51 06 50 **Fax:** 52 04 19
E-Mail: lg-thueringen@vpt-online.de
Vorsitzende: Andrea Brakutt
Geschäftsführerin: Heike Scholz

t 2 867
Verband Physikalische Therapie
Landesgruppe Sachsen
Kändlerstr. 30, 01129 Dresden
T: (0351) 8 58 33 68 **Fax:** 8 58 48 87
E-Mail: lg-sachsen@vpt-online.de
Vorsitzende: Elke Schliedermann
Geschäftsführerin: Uta Zetzl

● T 2 868
Deutsche Gesellschaft für Soziale Psychiatrie e.V. (DGSP)
Stuppstr. 14, 50823 Köln
T: (0221) 51 10 02 **Fax:** 52 99 03
Internet: http://www.psychiatrie.de
E-Mail: dgsp@netcologne.de
Vorst.-Sprecherin: Ruth Vogel
Geschäftsführer(in): Richard Suhre
Leitung Presseabteilung: Michaela Hoffmann
Verbandszeitschrift: Soziale Psychiatrie
Redaktion: Eigenverlag
Mitglieder: ca. 3000

● T 2 869
Institut für Sozialarbeit und Sozialpädagogik e.V. (ISS)
Am Stockborn 5-7, 60439 Frankfurt
T: (069) 9 57 89-0 **Fax:** 9 57 89-190
Internet: http://www.iss-ffm.de
E-Mail: info@iss-ffm.de
Gründung: 1991 (11. März)
Vorsitzende(r): Dr. Helga Henke-Berndt
Geschäftsführer(in): Hans-Georg Weigel
Mitarbeiter: 50
Jahresetat: DM 6 Mio, € 3,07 Mio

● T 2 870
Deutsche Gesellschaft für Sozialpädiatrie und Jugendmedizin e.V.
Schillerstr. 15, 89077 Ulm
T: (0731) 5 02 17 30 **Fax:** 5 02 17 32
Präsident(in): Univ.Prof. Dr.med. Harald Bode

● T 2 871
Pinel-Gesellschaft e.V.
Nürnberger Str. 17, 10789 Berlin
T: (030) 21 45 94-3 **Fax:** 21 45 94-50
Internet: http://www.pinel.de
Vorsitzende(r): Dipl.-Psych., Psychoanalytiker Hans-Otto Böckheler

● T 2 872
AKTION PSYCHISCH KRANKE
Vereinigung zur Reform der Versorgung psychisch Kranker e.V.
Brungsgasse 4-6, 53117 Bonn
T: (0228) 67 67 40 **Fax:** 67 67 42
E-Mail: apk-bonn@netcologne.de
Gründung: 1971
Vorsitzende(r): Regina Schmidt-Zadel (MdB)
Stellvertende(r) Vorsitzende(r): Prof. Dr. Heinrich Kunze
Geschäftsführer(in): Jörg Holke
Ulrich Krüger
Wiss. Mitarbeiter: Bernd Jäger
Beate Kubny-Lüke
Mitglieder: 150

● T 2 873
Deutsche Akademie für Psychoanalyse (DAP) e.V.
Geschäftsstelle
Kantstr. 120-121, 10625 Berlin
T: (030) 3 13 28 93, 3 13 26 98 **Fax:** 3 13 69 59
Sitz: München

Goethestr. 54, 80336 München,
T: (089) 53 96 74/75,
Telefax: (089) 5 32 88 37
Präsident(in): Dipl.-Psych. Maria Ammon
Leitung Presseabteilung: Dr. Ilse Burbiel
Verbandszeitschrift: Dynamische Psychiatrie/Dynamic Psychiatry
Redaktion: Kantstr. 120/121, 10625 Berlin
Verlag: "Pinel" Verlag GmbH, Kantstr. 120/121, Berlin

● T 2 874
Sigmund-Freud-Institut
Forschungsinstitut für Psychoanalyse und ihre Anwendungen
Stiftung des öffentlichen Rechts
Myliusstr. 20, 60323 Frankfurt
T: (069) 97 12 04-0 **Fax:** 97 12 04-4
Internet: http://www.sfi-frankfurt.de
E-Mail: sigmund-freud-institut@t-online.de
Geschf. Dir.: Prof. Dr. Dr. Horst-Eberhard Richter

● T 2 875

DPG

Deutsche Psychoanalytische Gesellschaft e.V. (gegr. 1910) (DPG)
c/o Freie Universität
Arnimallee 11, 14195 Berlin
T: (030) 8 38-55277 **Fax:** 8 38-75481
E-Mail: koerner@zedat.fu-berlin.de
Gründung: 1910 (Wiedergründung 1946)
Vorsitzende(r): Prof. Dr. disc. pol. Jürgen Körner (Arnimallee 11, 14195 Berlin)
Stellvertretende(r) Vorsitzende(r): Dr. med. Otto Allwein (Askaripfad 4, 81827 München)
Verbandszeitschrift: Forum der Psychoanalyse
Verlag: Springer, Heidelberg
Mitglieder: 670
Örtliche Arbeitsgruppen in: Bad Berleburg, Berlin, Bielefeld, Düsseldorf, Frankfurt a.M., Freiburg, Göttingen, Hannover, Hamburg, Kassel, Mannheim-Heidelberg, München, Nürnberg, Saarland und Stuttgart

Pflege, Weiterentwicklung und Verbreitung der von Sigmund Freud begründeten psychoanalytischen Wissenschaften in Forschung, Lehre, Therapie durch regelmäßige wissenschaftliche Sitzungen, Arbeitstagungen und Kongresse, Ausbildung und Förderung von wiss. und therapeut. Nachwuchs, Aufnahme und Pflege von wiss. Kontakten mit anderen in- und ausländischen Fachgesellschaften.

● T 2 876
Deutsche Psychoanalytische Vereinigung (Zweig der Internationalen Psychoanalyt. Vereinigung) e.V.
Körnerstr. 11, 10785 Berlin
T: (030) 26 55 25 04 **Fax:** 26 55 25 05
E-Mail: geschaeftsstelle@dpv-psa.de
Vorsitzende(r): Dr.phil. Werner Bohleber
Stellvertretende(r) Vorsitzende(r): Dr. med. Georg Bruns
Dr.med. Winfrid Trimborn
Sekr.: Dr. phil. Franziska Henningsen

● T 2 877
Berliner Psychoanalytisches Institut
Karl-Abraham-Institut e.V.
(Zweig der Internationalen Psychoanalytischen Vereinigung e.V.)
Ausbildungs-Institut der Deutschen Psychoanalytischen Vereinigung
Körnerstr. 11, 10785 Berlin
T: (030) 26 55 49 18 **Fax:** 26 55 49 19
Leiter u. Vors.: Dr.med. Axel Schwaarz

● T 2 878
Deutsche Gesellschaft für Psychologie e.V. (DGPs)
c/o Geschäftsstelle, Sibylle Claßen
Hollandtstr. 61, 48161 Münster
T: (0251) 86 28 10 **Fax:** 86 99 33
E-Mail: clasen@uni-muenster.de
Gründung: 1904
Präsident(in): Prof. Dr. Rainer H. Kluwe (Institut für Kognitionsforschung der Universität der Bundeswehr Hamburg, Holstenhofweg 85, 22043 Hamburg, T: (040) 65 41 28 63, Fax: (040) 65 41 28 63, e-mail: rk@unibw-hamburg.de)
1. Vize-Präsident: Prof. Dr. Manfred Amelang (Psychologisches Institut der Universität Heidelberg, Hauptstr. 47-51, 69117 Heidelberg, T: (06221) 54 73 28, -3 29, Fax: (06221) 54 73 25, e-mail: amelang@psi-sv1.psi-uni-heidelberg.de)
2. Vize-Präsident: Prof. Dr. Klaus Grawe (Psychologisches Institut der Universität Bern, Muesmattstr. 45, CH-3009 Bern,

T: (+41-31) 6 31 47 31, Fax: (+41-31) 6 31 82 12, e-mail: grawe@psy.unibe.ch)
Schriftführer(in): Prof. Dr. Ursula Piontkowski (Psychologisches Institut IV der Universität Münster, Fliedernstr. 21, 48149 Münster, T.: (0251) 8 33 41 93, Fax: (0251) 8 33 13 35, e-mail: pio@psy.uni-muenster.de)
Schatzmeister: Prof. Dr. Hartmut Wandke (Institut für Psychologie der Humboldt-Universität Berlin, Oranienburger Str. 18, 10178 Berlin, T.: (030) 2 85 16 52 45, Fax: (030) 2 82 40 46, e-mail: hartmut.wandke@psychologie.hu-berlin.de)
Beisitzer: Prof. Dr. Rainer K. Silbereisen (Lehrstuhl für Entwicklungspsychologie, Universität Jena, Am Steiger 3/Haus 1, 07743 Jena, T.: (03641) 94 52 01, Fax: (03641) 94 52 02, e-mail: sii@rz.uni-jena.de)
Verbandszeitschrift: Psychologische Rundschau
Verlag: Verlag für Psychologie Dr. Hogrefe, Postf. 37 51, 37027 Göttingen
Mitglieder: ca. 1900
Fachgruppen:
Allgemeine Psychologie
Arbeits- und Organisationspsychologie
Biologische Psychologie
Differentielle Psychologie, Persönlichkeitspsychologie und Psychologische Diagnostik
Entwicklungspsychologie
Geschichte der Psychologie
Gesundheitspsychologie
Klinische Psychologie
Methoden
Pädagogische Psychologie
Rechtspsychologie
Sozialpsychologie
Umweltpsychologie

● T 2 879
Deutscher Arbeitskreis für Gruppenpsychotherapie und Gruppendynamik (DAGG)
Landaustr. 18, 34121 Kassel
T: (0561) 28 45 67   **Fax:** 28 44 18
Internet: http://www.dagg.de
E-Mail: dagg.ks@t-online.de
Gründung: 1968
1. Vorsitzende(r): Dr.med. Jörg Burmeister
2. Vorsitzende(r): Dr. Hella Gephart
Schriftführer(in): Dr. Manfred Drücke
Leitung Presseabteilung: Jutta Bohnhorst
Verbandszeitschrift: Gruppenpsychotherapie u. Gruppendynamik
Verlag: Vandenhoeck + Ruprecht
Mitglieder: 1100
Mitarbeiter: 1

● T 2 880
Deutsche Gesellschaft für Psychosomatische Medizin e.V. (DGPM)
Geiselgasteigstr. 203, 81545 München
T: (089) 64 27 23-0   **Fax:** 64 27 23-95
Internet: http://www.dynpsych.de/dgpm
E-Mail: dgpm@dynpsych.de
Präsident(in): Dr.med. Rolf Schmidts
Schatzmeister: Dr.med. Anette Binder

● T 2 881
Zentralinstitut für Seelische Gesundheit
Landesstiftung des öffentlichen Rechts
Postf. 12 21 20, 68072 Mannheim
J 5, 68159 Mannheim
T: (0621) 17 03-0   **Fax:** 2 34 29
Gründung: 1975 (8. April)
Direktor(in): Prof.Dr.Dr. Fritz A. Henn (T: (0621) 17 03-7 39)
Stellvertretender Direktor: Prof.Dr.Dr. Martin Schmidt
Verwaltungsdirektor: Winfried Busche
Referat Öffentlichkeitsarbeit: Dr. Marina Martini
Mitarbeiter: ca. 600
Zusammenarbeit mit der Weltgesundheitsorganisation (WHO) als Collaborating Centre for Research and Training in Mental Health

● T 2 882
Internationale Gesellschaft für Tiefenpsychologie e.V.
Erweiterte Gemeinschaft Arzt und Seelsorger
Sitz: Stuttgart
Geschäftsstelle:
Postf. 11 47, 73201 Plochingen
T: (07153) 2 10 62
Gründung: 1949
Vorsitzende(r): Prof. Dr. phil. Verena Kast
Stellvertretende(r) Vorsitzende(r): Prof. Dr. med. Dr. phil. Hinderk M. Emrich
Prof. Dr. med. Günter Hole
Hauptgeschäftsführer(in): Brigitte Schmid
Mitglieder: 1500
Mitarbeiter: 2

● T 2 883
Forschungsstelle für Psychotherapie Stuttgart des Psychotherapeutischen Zentrums e.V.
Christian-Belser-Str. 79a, 70597 Stuttgart
T: (0711) 67 81-4 00   **Fax:** 6 87 69 02
Internet: http://www.psyres-stuttgart.de
E-Mail: fost@psyres-stuttgart.de
Leiter(in): Prof. Dr.med. Horst Kächele (Universitätsklinikum Ulm, Abteilung Psychotherapie und Psychosomatik und Forschungsstelle für Psychotherapie, Stuttgart, Ulm, Am Hochsträß 8, 89081 Ulm)

● T 2 884
Deutsche Gesellschaft für Transaktionsanalyse e.V
Geschäftsstelle:
Silvanerweg 8, 78464 Konstanz
T: (07531) 9 52 70   **Fax:** 9 52 71
Internet: http://www.dgta.de
E-Mail: gs@dgta.de
Gründung: 1975
1. Vorsitzende(r): Dr. Jan Hennig (Kapellenstr. 3, 63867 Johannesberg, Tel.: (06029) 53 73, Fax: (06029) 58 81, E-Mail: j.hennig@dgta.de)
2. Vorsitzende(r): Richard Reith (Birkenweg 8, 79183 Waldkirch, Tel.: (07681) 61 79, Fax: (07681) 65 94, E-Mail: r.reith@dgta.de)
Schatzmeister(in): Anna Krieb (Vogelsangstr. 19, 70176 Stuttgart, Tel.: (0711) 62 72 19, Fax: (0711) 6 15 39 12, E-Mail: a.krieb@dgta.de)
Leiterin der Geschäftsstelle: Dipl.-Kauffr. Marianne Rauter
Verbandszeitschrift: ZTA Zeitschrift für Transaktionsanalyse
Redaktion: s. Geschäftsstelle
Verlag: Juntermann-Verlag, Imadstr. 40, 33102 Paderborn
Mitglieder: ca. 1300 (Juni 1998)

● T 2 885
Interdisziplinäre Studiengesellschaft für praktische Psychologie e.V.
Goethestr. 40, 80336 München
T: (089) 54 34 49 60
Internet: http://www.studiengesellschaft.de
E-Mail: dieter.korczak@gp-forschungsgruppe.de
Gründung: 1947
Vorsitzende(r): Dr.rer.pol. Dipl.-Volksw. Dieter Korczak (Soziologe)
Verbandszeitschrift: Schriftenreihe Praktische Psychologie
Verlag: ISL-Verlag, Hagen
Mitglieder: 104
Herausgeber: Dr. Dieter Korczak

● T 2 886
Bundesarbeitsgemeinschaft für Rehabilitation
Walter-Kolb-Str. 9-11, 60594 Frankfurt
T: (069) 60 50 18-0   **Fax:** 60 50 18-29
Internet: http://www.bar-frankfurt.de
E-Mail: info@bar-frankfurt.de
Gründung: 1969
Vorsitzende(r) des Vorstandes: Reinhard Ebert, Köln
Ursula Kleinert, Berlin
- im jährlichen Wechsel -
Geschäftsführer(in): Bernd Steinke
Stellvertretende(r) Geschäftsführer(in): Hennig Kirsten
Leitung Presseabteilung: Ingo Müller-Baron
Mitglieder: 31
Mitarbeiter: 25

● T 2 887
KfH Kuratorium für Dialyse und Nierentransplantation e.V.
Martin-Behaim-Str. 20, 63263 Neu-Isenburg
T: (06102) 35 90   **Fax:** 35 93 44
Internet: http://www.kfh-dialyse.de
Gründung: 1969 (7. Oktober)
Präsidiumsmitglied(er): Armin Clauss (Vors.)
Vorstand: Prof. Dr. med. Wilhelm Schoeppe (Vors.)
Dr. med. Klaus Finke
Dr. rer.nat. Jürgen Kaemper
Claus Schreiber
Mitglieder: rd. 400
Mitarbeiter: ca. 6500
Jahresetat: rd. DM 1100 Mio, € 562,42 Mio

● T 2 888
Arbeitskreis Organspende
Postf. 15 62, 63235 Neu-Isenburg
Martin-Behaim-Str. 20, 63263 Neu-Isenburg
T: (06102) 35 92 25   **Fax:** 35 94 10
Internet: http://www.akos.de
E-Mail: presse@akos.de
Gründung: 1979 (9. November)
Öffentlichkeitsarbeit: Anna Viek
Geschäftsführendes Mitglied: KfH Kuratorium für Dialyse und Nierentransplantation e.V., Neu-Isenburg

● T 2 889
Deutsche Vereinigung für die Rehabilitation Behinderter e.V. (DVfR)
Friedrich-Ebert-Anlage 9, 69117 Heidelberg
T: (06221) 2 54 85   **Fax:** 16 60 09
E-Mail: info@dvfr.de
Gründung: 1909
Vorsitzende(r): Prof. Dr. Dr. Paul W. Schönle
Geschäftsführer(in): Dipl.-Volksw. Martin Schmollinger
Verbandszeitschrift: Die Rehabilitation, Reha aktuell
Redaktion: DVfR
Verlag: Thieme, Stuttgart
Mitglieder: ca. 500

● T 2 890
Deutsches Aussätzigen-Hilfswerk e.V. (DAHW)
Mariannhillstr. 1c, 97074 Würzburg
T: (0931) 79 48-0   **Fax:** 79 48-160
Internet: http://www.dahw.de
E-Mail: info@dahw.de
Gründung: 1957 (18. Januar)
Präsident(in): Dr. Horst Frank
Vizepräsident(in): J. Martin Thees
Leitung Presseabteilung: Dr. Gerhard Kunath
Verbandszeitschrift: miteinander
Redaktion: Heike Windmeißer
Mitglieder: 40
Mitarbeiter: 60
Gründungsmitglied der Internationalen Vereinigung der Leprahilfswerke (ILEP)

● T 2 891
Deutscher Behindertenrat (DBR)
Kirchfeldstr. 149, 40215 Düsseldorf
T: (0211) 3 10 06-22   **Fax:** 3 10 06-48
Internet: http://www.behindertenrat.de
E-Mail: bagh@behindertenrat.de
Mitglied im Sprecherrat: Walter Hirrlinger (VdK)
Sven Picker, Reichsbund
Stellv. Mitglied im Sprecherrat: Erwin Weißenberg (BDH)
Friedrich-Wilhelm Herkelmann, Reichsbund
Mitglieder: 68 Verbände

● T 2 892
Bundesarbeitsgemeinschaft Hilfe für Behinderte e.V. (BAGH)
Kirchfeldstr. 149, 40215 Düsseldorf
T: (0211) 31 00 60   **Fax:** 3 10 06 48
Internet: http://www.bagh.de
E-Mail: info@bagh.de
Vorsitzende(r): Friedel Rinn
Geschäftsführer(in): Christoph Nachtigäller
Verbandszeitschrift: Selbsthilfe
Mitglieder: ca. 850000

Landesarbeitsgemeinschaften

t 2 893
Landesarbeitsgemeinschaft Hilfe für Behinderte Baden-Württemberg e.V.
Hackstr. 74, 70190 Stuttgart
T: (0711) 25 11 81-0   **Fax:** 25 11 81-1
E-Mail: lagh.bw@t-online.de
Gründung: 1987
Geschäftsführerin: Irene Kolb-Specht
Vorsitzende(r): Horst Mehl
Mitglieder: 38 Landesverbände

t 2 894
Landesarbeitsgemeinschaft Hilfe für Behinderte in Bayern e.V.
Weißenburger Str. 43, 81667 München
T: (089) 45 99 24-0   **Fax:** 45 99 24-13
Vorsitzende(r): Maximilian H. Maurer
Geschäftsstelle: Reinhard Kirchner

t 2 895
Landesarbeitsgemeinschaft "Hilfe für Behinderte" Berlin e.V.
Rungestr. 3-6, 10179 Berlin
T: (030) 27 59 25 25   **Fax:** 27 59 25 26
Gründung: 1979 (29. Juni)
Vorsitzende(r): Dr. Manfred Schmidt
Geschäftsstelle: Martina Haase
Mitglieder: 13500
Mitarbeiter: 2

t 2 896
Landesarbeitsgemeinschaft Hilfe für Behinderte Brandenburg e.V.
Heinersdorfer Str. 4, 16303 Schwedt

T: (03332) 52 17 35, 52 17 51 **Fax:** 52 17 51
Vorsitzende(r): Heinz Strüwing
Geschäftsstelle: Brigitte Matthey

t 2 897
Landesarbeitsgemeinschaft Hilfe für Behinderte Bremen e.V.
Waller Heerstr. 55, 28217 Bremen
T: (0421) 3 87 77-14 **Fax:** 3 87 77-99
Vorsitzende(r): Matthias Weinert
Geschäftsstelle: Hans-Peter Keck

t 2 898
Hamburger Landesarbeitsgemeinschaft für behinderte Menschen e.V.
Richardstr. 45, 22081 Hamburg
T: (040) 29 99 56 66 **Fax:** 29 36 01
Vorsitzende(r): Wolfgang Doege
Geschäftsstelle: N.N.

t 2 899
Landesarbeitsgemeinschaft Hessen Hilfe für Behinderte e.V.
Raiffeisenstr. 15, 35043 Marburg
T: (06421) 4 20 44 **Fax:** 5 17 15
Vorsitzende(r): Dr. Georg Maraun

t 2 900
Landesarbeitsgemeinschaft Selbsthilfe Behinderter Mecklenburg-Vorpommern
Henrik-Ibsen-Str. 20, 18106 Rostock
T: (0381) 7 69 03 40, 7 69 12 35 **Fax:** 7 69 03 40
Vorsitzende(r): Dr. Ulrike Müller
Geschäftsstelle: Anja Schießer

t 2 901
Landesarbeitsgemeinschaft Selbsthilfe Behinderter Niedersachsen
Paulstr. 13, 48529 Nordhorn
T: (05921) 72 37 52 **Fax:** 72 37 53
Vorsitzende(r): Georg Kotmann
Geschäftsstelle: Hans Günter Kasan

t 2 902
Landesarbeitsgemeinschaft Selbsthilfe Behinderter Nordrhein-Westfalen e.V.
Neubrückenstr. 12-14, 48143 Münster
T: (0251) 4 34 00, 4 34 09 **Fax:** 51 90 51
Vorsitzende(r): Geesken Wörmann
Geschäftsstelle: Dr. Willibert Strunz

t 2 903
Landesarbeitsgemeinschaft Rheinland-Pfalz Selbsthilfe Behinderter
Drechslerweg 2, 55128 Mainz
T: (06131) 33 62 80 **Fax:** 9 36 60 90
Vorsitzende(r): Heinz Eble
Geschäftsstelle: Anna Schädler

t 2 904
Landesarbeitsgemeinschaft Hilfe für Behinderte Saarland e.V.
Kaiserstr. 10, 66111 Saarbrücken
T: (0681) 37 57 48 **Fax:** 37 57 48
Vorsitzende(r): Norbert Klein
Geschäftsstelle: Annette Pauli

t 2 905
Landesarbeitsgemeinschaft Hilfe für Behinderte Sachsen e.V.
Beratungs- und Geschäftsstelle
Michelangelostr. 2, 01217 Dresden
T: (0351) 4 72 49 41 **Fax:** 4 71 74 01
Gründung: 1990 (27. Oktober)
Vorsitzende(r): Dr. Peter Münzberg
Geschäftsstelle: Wolfgang Doberenz
Mitglieder: 40000
Mitarbeiter: 5

t 2 906
Landesarbeitsgemeinschaft Hilfe für Behinderte Thüringen e.V.
Musäusring 24c, 07747 Jena
T: (03641) 33 43 95
Vorsitzende(r): Charlotte-Rosita Baake

t 2 907
Landesarbeitskreis Schleswig-Holstein
Kontaktadresse:
Kastanienstr. 27, 24114 Kiel
T: (0431) 6 61 18-0
Kontaktperson: Rainer Dillenberg

● **T 2 908**
Bundesarbeitsgemeinschaft der Werkstätten für Behinderte e.V. (BAG/WfB)
Sonnemannstr. 5, 60314 Frankfurt
T: (069) 94 33 94-0 **Fax:** 94 33 94-25
Internet: http://www.bagwfb.de
E-Mail: degennaro@bagwfb.de
Gründung: 1975
1. Vorsitzende(r): Günter Mosen
Geschäftsführer(in): Ulrich Scheibner (Leitung Presseabteilung)
Verbandszeitschrift: Werkstatt: Dialog
Mitglieder: 600 Hauptwerkstätten, 719 Zweigwerkstätten
Mitarbeiter: über 200000 behinderte Beschäftigte

● **T 2 909**
Arbeitsgemeinschaft Allergiekrankes Kind Hilfen für Kinder mit Asthma, Ekzem oder Heuschnupfen (AAK) e.V.
mildt. Verein
Bundesverband - Informations-, Begegnungs- u. Fortbildungszentrum der AAK
Nassaustr. 32, 35745 Herborn
T: (02772) 92 87-0 **Fax:** 92 87-48
Internet: http://www.aak.de
E-Mail: aak-ev@t-online.de
Gründung: 1977 (14. Dezember)
Geschäftsführer(in): Marianne Stock
Vorstand: Gehle
Kesting
Dr. Schade
Verbandszeitschrift: Infoblatt
Redaktion: AAK-Team
Mitglieder: 5500
Mitarbeiter: 8

Selbsthilfegruppen, Regional-AAK's sind in der Bundesgeschäftsstelle, Informations-Begegnungs- und Fortbildungszentrum zu erfragen

● **T 2 910**
Arbeitsgemeinschaft Spina bifida und Hydrocephalus e.V. (ASbH)
Bundesverband
Münsterstr. 13, 44145 Dortmund
T: (0231) 86 10 50-0 **Fax:** 86 10 50-50
Internet: http://www.asbh.de
E-Mail: asbh@asbh.de
Gründung: 1966 (16. März)
Vorstand: Klaus Seidenstücker (Vors.; Postf. 11 43, 57235 Netphen)
Andreas Fritsch (stellv. Vors.; Broicher Feld 25, 51467 Bergisch-Gladbach)
Schatzmeister(in): Hans Peter Jürgensen (Mittelreihe 67, 24879 Neuberen)
Leitung Presseabteilung: Wilhelm Langenhorst
Verbandszeitschrift: ASbH-Brief
Mitglieder: 3500 Betroffene und ihre Angehörigen
Mitarbeiter: 4
Jahresetat: DM 1,2 Mio, € 0,61 Mio

● **T 2 911**
Arbeitskreis Kunstfehler in der Geburtshilfe e.V.
Münsterstr. 261, 44145 Dortmund
T: (0231) 57 48 46 **Fax:** 52 60 48

● **T 2 912**
Bundesverband Arbeitskreis überaktives Kind e.V.
Postf. 41 07 24, 12117 Berlin
T: (030) 85 60 59 02 **Fax:** 85 60 59 70
Internet: http://www.auek.de
E-Mail: bv.auek@t-online.de
Gründung: 1980
Verbandszeitschrift: Akzente
Redaktion: über Geschäftsstelle Berlin
Verlag: Pädagogischer Verlag, Berlin
Mitglieder: ca. 2000
Mitarbeiter: 2

● **T 2 913**
Bundesarbeitsgemeinschaft Hörbehinderter Studenten und Absolventen e.V. (BHSA)
Hinter der Hochstätte 2a, 65239 Hochheim
T: (06146) 83 55-37 **Fax:** 83 55-38
Internet: http://www.bhsa.de
E-Mail: bhsa@uni.de
Gründung: 1986 (3. Mai)
Geschf. Bundesvorstand: Andreas Kammerbauer

(Geschäftsf.)
Finanzverwalter: Andreas Döhne
Leitung Presseabteilung: Tanja Knoke
Verbandszeitschrift: BHSA-Journal
Mitglieder: 280
Jahresetat: DM 0,05 Mio, € 0,03 Mio

● **T 2 914**
Bundeselternvereinigung für anthroposophische Heilpädagogik und Sozialtherapie e.V.
Schloßstr. 9, 61209 Echzell
T: (06035) 8 11 90 **Fax:** 8 12 17

● **T 2 915**
Anthroposophische Gesellschaft in Deutschland e.V.
Zur Uhlandshöhe 10, 70188 Stuttgart
T: (0711) 1 64 31 21 **Fax:** 1 64 31 30
Internet: http://www.anthroposophie-de.com
E-Mail: agid.deutschland@t-online.de
Gründung: 1954 (31. Oktober)
Generalsekretär(in): Charlotte Roder
Dieter Pommerening (Beauftragter des Vorstandes/Geschäftsführer)
Verbandszeitschrift: Mitteilungen aus der anthrop. Arbeit
Redaktion: Alt-Niederursel 51, 60439 Frankfurt
Verlag: Selbstverlag
Mitglieder: 20000
Mitarbeiter: 18 hauptamtl.
Jahresetat: DM 16 Mio, € 8,18 Mio

● **T 2 916**
Bundesselbsthilfeverband für Osteoporose e.V.
Kirchfeldstr. 149, 40215 Düsseldorf
T: (0211) 31 91 65 **Fax:** 33 22 02
Internet: http://www.bfo-aktuell.de
E-Mail: bfo-aktuell@t-online.de
Gründung: 1987 (August)
Präsident(in): Hildegard Kaltenstadler
Verbandszeitschrift: "Aktuell"
Mitglieder: ca. 12000

Landesverbände

t 2 917
Bundesselbsthilfeverband für Osteoporose e.V.
Landesverband Nordrhein-Westfalen
Rheydter Str. 58, 41515 Grevenbroich
T: (02181) 24 26 47 **Fax:** 24 26 49
Internet: http://www.selbsthilfenetz.de
Kontaktperson: Schiwa Heinz-Fazelian

t 2 918
Bundesselbsthilfeverband für Osteoporose e.V.
Landesverband Hessen
Am Grimmen 4, 65343 Eltville
T: (06123) 57 35 **Fax:** 6 32 73
Dr. Hanshenning Powilleit

t 2 919
Bundesselbsthilfeverband für Osteoporose e.V.
Landesverband Bayern
Bahnhofstr. 19, 93128 Altdorf
Erna Gemeinhardt

t 2 920
Bundesselbsthilfeverband für Osteoporose e.V.
Landesverband Niedersachsen
Ludolfstr. 1a, 37581 Bad Gandersheim
T: (05382) 26 06 **Fax:** 26 16
Klaus Schöne

t 2 921
Bundesselbsthilfeverband für Osteoporose e.V.
Landesverband Rheinland-Pfalz
Hauptstr. 5, 57520 Steinebach
T: (02747) 91 24 57 **Fax:** 91 24 59
Katharina Wolf

t 2 922
Bundesselbsthilfeverband für Osteoporose e.V.
Landesverband Baden-Württemberg
Untere Dorfstr. 1, 97877 Wertheim
T: (09342) 91 43 83 **Fax:** 91 43 83

T 2 923
Bundesselbsthilfeverband Kleinwüchsiger Menschen e.V.
c/o Ulrike Förster
Veilchenweg 55, 74722 Buchen
T: (06281) 56 37 26
Internet: http://www.kleinwuchs.de
E-Mail: vkm@kleinwuchs.de
Gründung: 1968 (November)
1. Vorsitzende(r): Ulrike Förster
Leitung Presseabteilung: Sabine Popp (Beintweg 26, 69181 Leimen, T: (06224) 7 70 07)
Verbandszeitschrift: TROTZDEM
Redaktion: Monika Centmayer
Verlag: Schwabstr. 100, 71032 Böblingen
Mitglieder: 400
Mitarbeiter: 20 (alle ehrenamtlich)
Jahresetat: DM 0,2 Mio, € 0,1 Mio
Landesverbände in: Baden-Württemberg, Bayern, Brandenburg-Berlin, Hamburg/Schleswig-Holstein, Kurhessen-Harz, Nordrhein-Westfalen, Rhein-Hessen-Saar

T 2 924
Bundesverband Contergangeschädigter e.V.
-Hilfswerk vorgeburtlich Geschädigter-
Paffrather Str. 132-134, 51069 Köln
T: (0221) 6 80 34 79   Fax: 68 20 10
E-Mail: contergan-bundesverband@web.de
Gründung: 1963
1. Vorsitzende(r): Margit Hudelmaier (Schwimmbadweg 33, 89604 Allmendingen, T./Fax: (07391) 47 19)
Mitglieder: 38 Landes- und Ortsverbände

T 2 925
Bundesverband der Angehörigen psychisch Kranker e.V. (BAPK)
Thomas-Mann-Str. 49a, 53111 Bonn
T: (0228) 63 26 46   Fax: 65 80 63
Pressebüro: Mannheimer Str. 32, 10713 Berlin, T: (030) 86 39 57-04, Fax: (030) 86 39 57-05
Gründung: 1985
Vorstand: Dr. Alfred Speidel (Vors.), Lahnstein
Marianne Bredendiek (stellv. Vors.), Berlin
Leonore Julius (Schatzmeisterin), Mainz
RA Egbert Schaeffer, Düsseldorf
Ursel Brand, Konstanz
Günter Kosch, Jena
Irene Norberger, Stadtroda
Geschäftsführer(in): Margit Fischer-Breihofer (M.A.)
Verbandszeitschrift: Psychosoziale Umschau
Redaktion: Beate Lisofsky
Verlag: Psychiatrie-Verlag, Thomas-Mann-Str. 49a, 53111 Bonn
Mitglieder: 15 Landesverbände mit zusammen 2800 Mitgliedern in 500 Basisgruppen

Landesverbände

t 2 926
Landesverband Baden-Württemberg der Angehörigen psychisch Kranker e.V.
Schwätzgässle 1-3, 74321 Bietigheim-Bissingen
T: (07142) 77 37 40   Fax: 77 37 41
E-Mail: wilhelm.krauspe@t-online.de
Vorsitzende(r): Wilhelm Krauspe

t 2 927
Landesverband Bayern der Angehörigen psychisch Kranker e.V.
Landsberger Str. 135 /IIIr, 80339 München
T: (08406) 6 31   Fax: 6 31
Terminpost an: Bergstr. 29, 85080 Gaimersheim
Vorsitzende(r): Eva Straub (E-Mail: es3372@bingo-ev.de)

t 2 928
Landesverband Berlin der Angehörigen psychisch Kranker e.V.
Albrecht-Achilles-Str. 65, 10709 Berlin
T: (030) 86 39 57 01 (AB)   Fax: 86 39 57 02
Vorsitzende(r): Jutta Cremer (Privat: Halberstätter Str. 2, 10711 Berlin)

t 2 929
Landesverband Brandenburg der Angehörigen psychisch Kranker e.V.
Kirchplatz 16, 14712 Rathenow
T: (03385) 51 21 46   Fax: 51 21 46
Vorsitzende(r): Frank Richter

t 2 930
Landesverband Hamburg der Angehörigen psychisch Kranker e.V.
Postf. 71 01 21, 22161 Hamburg
T: (040) 65 05 54 93
Vorsitzende(r): Detlef Schmidt

t 2 931
Landesverband Hessen der Angehörigen psychisch Kranker e.V.
Postf. 10 11 09, 63011 Offenbach
Ludwigstr. 32, 63067 Offenbach
T: (069) 81 12 55   Fax: 81 12 53
Vorsitzende(r): Prof. Dr. Reinhard Peukert

t 2 932
Landesverband Mecklenburg-Vorpommern der Angehörigen psychisch Kranker e.V.
Henrik-Ibsen-Str. 20, 18106 Rostock
T: (0381) 72 20 25   Fax: 72 20 25
Internet: http://www.lichtblick99.de
E-Mail: lichtblick-m-v@t-online.de
Vorsitzende(r): Ulrike Schob

t 2 933
Arbeitsgemeinschaft der Angehörigen psychisch Kranker in Niedersachsen und Bremen e.V. (AANB)
Wedekindplatz 3, 30161 Hannover
T: (0511) 62 26 76   Fax: 62 49 77
E-Mail: info@aanb.de
Vorsitzende: Rose-Marie Seelhorst

t 2 934
Landesverband Nordrhein-Westfalen der Angehörigen psychisch Kranker e.V.
Graelstr. 35, 48153 Münster
T: (0251) 5 20 95 22   Fax: 5 20 95 23
E-Mail: angehoerige@muenster.de
Vorsitzende(r): Gudrun Schliebener (E-Mail: schliebener.herford@t-online.de)

t 2 935
Landesverband Rheinland-Pfalz der Angehörigen psychisch Kranker e.V.
Postf. 30 01, 55020 Mainz
T: (06131) 5 39 72   Fax: 55 71 28
Vorsitzende(r): Monika Zindorf

t 2 936
Landesverband Saarland der Angehörigen psychisch Kranker e.V.
Königsberger Str. 42, 66121 Saarbrücken
T: (0681) 83 16 82   Fax: (06897) 83 16 82
Vorsitzende(r): Irma Klein

t 2 937
Landesverband Sachsen der Angehörigen psychisch Kranker e.V.
Kontakt- und Beratungsstelle „Wege e.V."
Viertelsweg 62-64, 04157 Leipzig
T: (0341) 9 12 83 17   Fax: 9 12 83 17
Vorsitzende(r): Monika Schöpe (Privat: (0341) 9 11 87 24)

t 2 938
Landesverband Sachsen-Anhalt der Angehörigen psychisch Kranker e.V.
Talstr. 32b, 06120 Halle
T: (0345) 5 50 48 56, 5 50 55 94   Fax: 5 50 48 56, 5 50 55 94
Vorsitzende: Karin Hanschke

t 2 939
Landesverband Schleswig-Holstein der Angehörigen und Freunde psychisch Kranker e.V.
Volkerstr. 14, 23562 Lübeck
T: (0451) 4 98 89 29   Fax: 4 99 43 36
Vorsitzende(r): Ernst Maß (Privat: Dorfstr. 3, 23617 Stokelsdorf)

t 2 940
Landesverband Thüringen der Angehörigen psychisch Kranker e.V.
Geschäftsstelle
Landesfachkrankenhaus für Psychiatrie und Neurologie
Bahnhofstr. 1a, 07646 Stadtroda
T: (036428) 5 62 18   Fax: 5 62 18
Vorsitzende: Irene Norberger (Privat: E.-Weinert-Str. 6, 07629 Hermsdorf, T: (036601) 4 58 21, E-Mail: irenenorberger@arcomail.de)

t 2 941
European Union of Family Organizations - EUFAMI
c/o Annegret Eck
Uerdinger Str. 26, 40474 Düsseldorf
T: (0211) 45 25 07   Fax: 45 22 07

T 2 942
Bundesverband der Kehlkopflosen e.V.
Sitz Aachen
Bundesgeschäftsstelle:
Obererle 65, 45897 Gelsenkirchen
T: (0209) 59 22 82   Fax: 59 77 48
Internet: http://www.paritaet.org/bvkl
E-Mail: 101.64289@germanynet.de
Gründung: 1974
Bundesvorstand: Artur Mehring (1. Vors. u. Ltg. Presseabt.; Obererle 65, 45897 Gelsenkirchen, T: (0209) 59 22 82, Telefax: (0209) 59 77 48)
Hans Krause (2. Vors.; Nußdorfer Str. 12, 70435 Stuttgart, T: (0711) 8 26 35 19, Telefax: (0711) 8 26 35 19)
Ärztl. Berater: Prof.Dr.med. Peter Plath
Leitung Presseabteilung: Artur Mehring
Verbandszeitschrift: Sprachrohr
Redaktionelle-Mitarbeit: Sabine Stanislawski
Verlag: Bundesverband der Kehlkopflosen e.V., Obererle 65, 45897 Gelsenkirchen
Mitglieder: 7100
Mitarbeiter: hauptamtl. 2 / ehrenamt. ca. 120
Jahresetat: DM 0,500 Mio, € 0,26 Mio

Landesverbände

t 2 943
Bundesverband der Kehlkopflosen e. V.
Landesverband Baden-Württemberg
Katharinenstr. 16, 70736 Fellbach
T: (0711) 57 42 01   Fax: 57 42 01
Vorsitzende(r): Eugen Räpple

t 2 944
Bundesverband der Kehlkopflosen e.V.
Landesverband Bayern
Schmellerstr. 12, 80337 München
T: (089) 7 25 17 89   Fax: 7 25 17 89
Vorsitzende(r): W. Herold

t 2 945
Bundesverband der Kehlkopflosen e.V.
Landesverband Brandenburg
Sächsischer Ring 8, 03172 Guben
T: (03561) 5 22 47   Fax: 5 22 47
1. Vorsitzende(r): Peter Fischer

t 2 946
Bundesverband der Kehlkopflosen e.V.
Landesverband Bremen
Ruppertshainer Str. 9, 28307 Bremen
T: (0421) 48 09 93   Fax: 58 09 93
Vorsitzende(r): Hans-Joachim Fricke

t 2 947
Bundesverband der Kehlkopflosen e.V.
Landesverband Hamburg
Schlicksweg 42, 22307 Hamburg
T: (040) 6 91 39 13
Vorsitzende(r): Herbert Makies

t 2 948
Bundesverband der Kehlkopflosen e.V.
Landesverband Hessen
An der Linde 4, 65835 Liederbach
T: (069) 31 76 22
Vorsitzende(r): Willi Müller

t 2 949
Bundesverband der Kehlkopflosen e.V.
Landesverband Mecklenburg-Vorpommern
Obotritenring 132, 19053 Schwerin
T: (0385) 2 01 31 10   Fax: 2 01 31 10
Vorsitzende(r): Uwe Pahl

t 2 950
Bundesverband der Kehlkopflosen e.V.
Landesverband Niedersachsen
Rehabilitationsklinik Bad Münder
Deisterallee 36, 31848 Bad Münder
T: (05042) 6 02-2653
Komm. Vors.: Christian Johannes

t 2 951
Bundesverband der Kehlkopflosen e.V.
Landesverband Nordrhein-Westfalen
Bömmerstr. 51, 44892 Bochum
T: (0234) 28 36 02   Fax: 28 36 02
Vorsitzende(r): Gerhard Rühwald

t 2 952
Bundesverband der Kehlkopflosen e.V.
Landesverband Rheinland-Pfalz
Burgstr. 7, 65594 Runkel
T: (06482) 44 14   Fax: 44 14
Vorsitzende(r): K. Steinborn

t 2 953
Bundesverband der Kehlkopflosen e.V.
Landesverband Saarland
Lilienstr. 46, 66299 Friedrichsthal
T: (06897) 8 71 98
Vorsitzende(r): H. Theobald

t 2 954
Bundesverband der Kehlkopflosen e.V.
Landesverband Sachsen
Friedrich-Hähnel-Str. 9, 09120 Chemnitz
T: (0371) 22 11 18   Fax: 22 11 25
1. Vorsitzende(r): Frank Mädler

t 2 955
Bundesverband der Kehlkopflosen e.V.
Landesverband Sachsen-Anhalt
Kleine Schloßbreite 7, 06406 Bernburg
T: (03471) 22 11 18, 22 11 23   Fax: 22 11 25
Vorsitzende(r): Volkmar Brumme

t 2 956
Bundesverband der Kehlkopflosen e.V.
Landesverband Schleswig-Holstein
Bornkamp 29, 25524 Itzehoe
T: (04821) 8 55 21   Fax: 8 55 21
Vorsitzende(r): Gerd Sincke

t 2 957
Bundesverband der Kehlkopflosen e.V.
Landesverband Thüringen
Bertholt-Brecht-Str. 9, 04600 Altenburg
T: (03447) 50 00 55   Fax: 50 00 55
Vorsitzende(r): Otto Herrmann

● T 2 958
Bundesverband der Organtransplantierten e.V. (BDO)
Paul-Rücker-Str. 22, 47059 Duisburg
T: (0203) 44 20 10   Fax: 44 21 27
Internet: http://www.bdo-ev.de
E-Mail: geschaeftsstelle@bdo-ev.de
Gründung: 1986 (6. März)
Vorstand: Monika Kracht (Vors.; Vors.)
Ulrich Boltz (1. stellv. Vors.)
Hans-Peter Wohn (2. stellv. Vors.)
Hermann H. Heußen (Schriftführer)
Verbandszeitschrift: transplantation aktuell
Redaktion: Burkhard Tapp, Berliner Platz 18, 58638 Iserlohn, T/Fax: (02371) 35 01 42, E-Mail: transplantation-aktuell@bdo-ev.de
Verlag: Wolfgang Pabst, Pabst Science Publishers, Eichengrund 28, 49525 Lengerich, T: (05484) 3 08, Fax: (05484) 5 50, E-Mail: pabst.publishers@t-online.de
Mitglieder: 1100

● T 2 959
Bundesverband für die Rehabilitation der Aphasiker e.V.
Robert-Koch-Str. 34, 97080 Würzburg
T: (0931) 2 50 13 00   Fax: 25 01 30 39
Internet: http://www.aphasiker.de
E-Mail: info@aphasiker.de
Gründung: 1978 (März)
Geschäftsführer(in): Dr.iur. Erich Rieger
1. Vorsitzende(r): Prof. Dr.iur. Joachim Baltes
Leitung Presseabteilung: Susanne Grether

Verbandszeitschrift: Aphasie & Schlaganfall
Redaktion: Sibylle Werner
Mitglieder: 4500

● T 2 960
Bundesverband für Körper- und Mehrfachbehinderte e.V.
Brehmstr. 5-7, 40239 Düsseldorf
T: (0211) 6 40 04-0   Fax: 6 40 04-20
Internet: http://www.bvkm.de
E-Mail: bv-km@t-online.de
Gründung: 1959
Vorsitzende(r): Aribert Reimann
Leitung Presseabteilung: Kirsten Andrä
Verbandszeitschrift: DAS BAND
Redaktion: Stephanie Wilken-Dapper
Verlag: Bundesverband für Körper- u. Mehrfachbehinderte e.V., Brehmstr. 5-7, 40239 Düsseldorf
Mitglieder: 21000
Jahresetat: DM 2,2 Mio, € 1,12 Mio

t 2 961
Landesverband für Körper- und Mehrfachbehinderte Baden-Württemberg e.V.
Haußmannstr. 6, 70188 Stuttgart
T: (0711) 21 55-220   Fax: 21 55-222
E-Mail: lv-koerperbehinderte-bw@t-online.de
Vorsitzende(r): Werner Bitz

t 2 962
Landesverband Bayern für Körper- und Mehrfachbehinderte e.V.
Frankfurter Ring 15, 80807 München
T: (089) 35 74 81-0   Fax: 35 74 81-81
Vorsitzende(r): Hans Schöbel

t 2 963
Landesverband für Körper- und Mehrfachbehinderte Berlin-Brandenburg e.V.
Hölderlinstr. 29, 03050 Cottbus
T: (0355) 53 08 10   Fax: 53 88 99
Vorsitzende(r): Peter Löbel

t 2 964
Spastikerhilfe Bremen e.V.
Osterholzer Heerstr. 194, 28325 Bremen
T: (0421) 40 60 06
Vorsitzende(r): Ingrid Lomberg

t 2 965
Leben mit Behinderung Hamburg Elternverein e.V.
Postf. 60 53 10, 22248 Hamburg
Südring 36, 22303 Hamburg
T: (040) 27 07 90-0   Fax: 27 07 90 48
Gründung: 1956
Vorsitzende(r): Horst Franke

t 2 966
Landesverband für Körper- und Mehrfachbehinderte Hessen e.V.
Mauerfeldstr. 51, 61440 Oberursel
T: (06171) 98 21 12   Fax: 98 10 42
Vorsitzende(r): Nasser Djafari

t 2 967
NLK Niedersächsischer Landesverband für Körper- und Mehrfachbehinderte e.V.
Markgrafstr. 5, 30419 Hannover
T: (0511) 35 22-147   Fax: 35 21-667
Vorsitzende(r): Klaus Dicknelte

t 2 968
Landesverband Nordrhein-Westfalen für Körper- und Mehrfachbehinderte e.V.
Brehmstr. 5-7, 40239 Düsseldorf
T: (0211) 61 20 98   Fax: 61 39 72
Vorsitzende(r): Maria Theresia Hendrix

t 2 969
Landesverband Rheinland-Pfalz für Körperbehinderte
Jahnstr. 2, 67307 Göllheim
T: (06351) 64 00   Fax: 4 46 00

t 2 970
Verein für spastisch Gelähmte und andere Körperbehinderte im Saarland e.V.
Dudweilerstr. 70-72, 66111 Saarbrücken
T: (0681) 93 62 10   Fax: 9 36 21-100
Vorsitzende(r): Hans-Jürgen Born

t 2 971
Landesverband für Körper- und Mehrfachbehinderte in Sachsen e.V.
Stuttgarter Allee 6, 04209 Leipzig
T: (0341) 4 21 10 72   Fax: 4 21 04 42
Vorsitzende(r): Andreas Plischek

t 2 972
Landesverband für Körper- und Mehrfachbehinderte Schleswig-Holstein e.V.
Villenweg 18, 24119 Kronshagen
T: (0431) 58 98 18   Fax: 58 82 13
Vorsitzende(r): Aribert Reimann

t 2 973
Landesverband für Körper- und Mehrfachbehinderte Thüringen e.V.
Rudolf-Breitscheid-Str. 7a, 99817 Eisenach
T: (03691) 89 17 00   Fax: 89 17 57
Vorsitzende(r): Gabriele Kaufhold

● T 2 974
Bundesverband Hilfe für das autistische Kind Vereinigung zur Förderung autistischer Menschen e.V.
Bebelallee 141, 22297 Hamburg
T: (040) 5 11 56 04   Fax: 5 11 08 13
Internet: http://www.autismus.de
E-Mail: autismus-bv-hak@t-online.de
Gründung: 1970 (23. November)
Vorsitzende(r): Maria Kaminski, Osnabrück
Stellv. Vorsitzende(r): Hans David, Adelsdorf

● T 2 975
Bundesverband Kleinwüchsige Menschen und ihre Familien e.V. (BKMF)
Geschäftsadresse
Hillmannplatz 6, 28195 Bremen
T: (0421) 50 21 22   Fax: 50 57 52
Internet: http://www.bkmf.de
E-Mail: info@bkmf.de
Gründung: 1988
1. Vorsitzende(r): Doris Michel (Haselhain 1a, 21640 Horneburg, T/Fax: (04163) 34 60)
Geschäftsführer(in): Karl-Heinz Klingebiel
Leitung Presseabteilung: Dipl.-Ing. Wolfgang Küssner
Verbandszeitschrift: betrifft kleinwuchs
Redaktion: W. Küssner
Verlag: Hermann-vom-Endt-Str. 42, 40595 Düsseldorf
Mitglieder: 2500
Mitarbeiter: 9
Jahresetat: DM 1,2 Mio, € 0,61 Mio

Landesverbände

t 2 976
Bundesverband Kleinwüchsige Menschen und ihre Familien e.V.
Landesverband Schleswig-Holstein/Hamburg
Alter Graben 3, 24214 Gettorf
T: (04346) 47 81
E-Mail: moskos.vogiatzis@t-online.de
Moschos Vogiatzis

t 2 977
Bundesverband Kleinwüchsige Menschen und ihre Familien e.V.
Landesverband Niedersachsen/Bremen
Lübecker Str. 28, 34369 Hofgeismar
T: (05671) 4 01 93   Fax: 5 04 01
E-Mail: forum.immobilien@t-online.de
Andrea Schippmann

t 2 978
Bundesverband Kleinwüchsige Menschen und ihre Familien e.V.
Landesverband Berlin/Brandenburg/Mecklenburg-Vorpommern
Westfalenring 57, 12207 Berlin
T: (030) 7 12 31 14   Fax: 7 12 31 14
Helga Engel

t 2 979

Bundesverband Kleinwüchsige Menschen und ihre Familien e.V.
Landesverband Sachsen-Anhalt
Bahnhofstr. 47, 06773 Radis
T: (034953) 3 94 68
Kerstin Wagner
Uwe Wagner

t 2 980

Bundesverband Kleinwüchsige Menschen und ihre Familien e.V.
Landesverband Sachsen/Thüringen
August-Bebel-Str. 9, 07629 Hermsdorf
T: (036601) 4 00 04
Andrea Hesse

t 2 981

Bundesverband Kleinwüchsige Menschen und ihre Familien e.V.
Landesverband Hessen
Kontaktadresse Hessen
Damaschkeweg 12, 35039 Marburg
T: (06421) 4 48 97   Fax: 4 48 97
E-Mail: clasani@aol.com
Andrea Clasani

t 2 982

Bundesverband Kleinwüchsige Menschen und ihre Familien e.V.
Landesverband Saarland
Kontaktadresse Saarland
Rechelsberg 30, 66646 Marpingen
T: (06853) 5 00 20
E-Mail: peterlaubalsweiler@t-online.de
Peter Laub

t 2 983

Bundesverband Kleinwüchsige Menschen und ihre Familien e.V.
Landesverband Rheinland-Pfalz
Kontaktadresse Rheinland-Pfalz
Im Meisental 13, 67433 Neustadt
T: (06321) 3 34 59
E-Mail: doerte.topp@gmx.de
Kontaktperson: Dörte Topp

t 2 984

Bundesverband Kleinwüchsige Menschen und ihre Familien e.V.
Landesverband Nordrhein-Westfalen e.V.
Lenzholzer Str. 101a, 51515 Kürten
T: (02207) 25 07   Fax: 25 07
Internet: http://www.lkmf.de
E-Mail: nc-davepono@netcologne.de
Norbert Davepon

t 2 985

Bundesverband Kleinwüchsige Menschen und ihre Familien e.V.
Landesverband Baden-Württemberg e.V.
Haselbrunnenweg 8, 73614 Schorndorf
T: (07181) 7 38 49   Fax: 25 88 45
E-Mail: sibyllekessel@t-online.de
Kontakt: Sibylle Kessel

t 2 986

Bundesverband Kleinwüchsige Menschen und ihre Familien e.V.
Landesverband Bayern
Peulendorf 65, 96110 Scheßlitz
T: (09542) 17 29   Fax: 17 29
Claudia Wiesmann

● **T 2 987**

Bundesverband Legasthenie e.V. (BVL)
Königstr. 32, 30175 Hannover
T: (0511) 31 87 38   Fax: 31 87 39
Internet: http://www.legasthenie.net
E-Mail: legasthenie@aol.com
Gründung: 1974
Verbandszeitschrift: „Legasthenie"
Mitglieder: 8000

● **T 2 988**

Bundesverband Alphabetisierung e.V.
Goebenstr. 13, 48151 Münster
T: (0251) 5 34 69-40   Fax: 5 34 69-41
Internet: http://www.alphabetisierung.de
E-Mail: bundesverband@alphabetisierung.de
Gründung: 1984
Geschäftsführer(in): Peter Hubertus
Verbandszeitschrift: Alfa-Forum
Mitglieder: 200

● **T 2 989**

Bundesverband Polio e.V.
im Hause der Weserbergland-Klinik
Grüne Mühle 90, 37671 Höxter
T: (05271) 98 34 43   Fax: 98 35 43
Internet: http://www.polio.sh
E-Mail: bundesverband@polio.sh
Ehrenvors.: Gertrud Weiss
1. Vorsitzende(r): Hans-Joachim Wöbbeking
2. Vorsitzende(r): Inge Paare-Renkhoff
1. Beisitzer/Schatzmeister: Eckhard Hettinger
2. Beisitzer/Regionalgruppenbetreuung: Maria Tanneberger
Verbandszeitschrift: Polio-Nachrichten (vierteljährlich); Medizinische Fachinformationen
Mitglieder: 1900
Mitarbeiter: 100 (ehrenamtlich)
Jahresetat: ca. DM 0,240 Mio, € 0,12 Mio

● **T 2 990**

POLIO INITIATIVE EUROPA e.V.
Thaerstr. 27, 35392 Gießen
T: (0641) 2 34 33   Fax: 20 19 84
E-Mail: hendrich-giessen@t-online.de
1. Vorsitzende(r): Edeltraud Hendrich
2. Vorsitzende(r): Dr. Claus-Peter Kos
3. Vorsitzende(r): Gerhard Wohlmutheder
Schatzmeister: Fred Schindler
Verbandszeitschrift: POLIO EUROPA AKTUELL, viertelj.; POLIO INFO EUROPA (Informationsschrift), sowie Verlagsausgabe, Reihe: Annalen der Wissenschaft Reihe A u. B (Naturwissenschaften u. Geisteswissenschaft)

● **T 2 991**

Bundesverband Selbsthilfe Körperbehinderter e.V. (BSK)
Postf. 20, 74236 Krautheim
Altkrautheimer Str. 20, 74238 Krautheim
T: (06294) 6 81 10   Fax: 9 53 83
Internet: http://www.bsk-ev.de
E-Mail: bsk.ev@t-online.de
Gründung: 1955
Vorsitzende(r): Hannelore Krüger (Rothesoodstr. 2, 20459 Hamburg)
Geschäftsf. Vors.: Bernd Henrichmann (Mönchshang 25, 97503 Gädheim-Ottendorf)
Jürgen Siebe (Obere Bahnhofstr. 2, 08294 Lößnitz)
Geschäftsführer(in): Robert Keppner
Leitung Presseabteilung: Peter Reichert
Verbandszeitschrift: Leben und Weg
Redaktion: BSK, Krautheim
Mitglieder: 69000 Behinderte und Nichtbehinderte
Mitarbeiter: 30

Der BSK hat bisher erreicht:
- Den Aufbau von 160 Selbsthilfegruppen, Kontaktstellen in verantwortlicher Führung körperbehinderter Menschen.
- Den Rückhalt von über 69.000 behinderten Mitgliedern und Fördermitgliedern.
- Den Bau und die Führung eines Wohnheimes in Krautheim, eines Wohnheimes in Heidenheim, in Trägerschaft des Bundesverbandes und des Landesverbandes Bayern.
- Den Bau und die Trägerschaft von Service-Häusern unserer Selbsthilfegruppen Aachen, Bonn und Hanau-Erlensee.
- Ein umfassendes Angebot für körperbehinderte Touristen, z.B. jährliche Gruppenreisen mit Reiseassistenten, Schulung und Vermittlung von Reiseassistenten, Hotelinformationsdienst, ein jährliches Reise-ABC als unentbehrliches Nachschlagewerk.
- Die Vermittlung einer individuellen Beratung und kompetente Adressen für barrierefreies Bauen.
- Einen festen Platz in der Anhörung sozialpolitischer Interessen körperbehinderter Menschen auf Bundes- und Landesebene.
- Die Gestaltung und Durchführung eines der größten Breitensportfeste in Europa für körperbehinderte Menschen.

● **T 2 992**

Bundesverband Skoliose Selbsthilfe e.V. Interessengemeinschaft für Wirbelsäulengeschädigte
c/o Herrn Walter Gellner
Mühlweg 12, 74838 Limbach
T: (06287) 47 92, (0177) 7 32 33 34 (Mobil), 7 32 33 35 (Mobil)   Fax: (06287) 47 92
Gründung: 1971
1. Vorst.: Dagmar Jürgensen
2. Vorst.: Walter Gellner
Verbandszeitschrift: "Lichtblick" (vierteljährl.)
Mitglieder: 1400
Mitglied in: Deutscher Paritätischer Wohlfahrtsverband (DPWV) e.V.
Bundesarbeitsgemeinschaft Hilfe für Behinderte e.V.
International Federation of Scoliosis Associations

● **T 2 993**

Bundesvereinigung Lebenshilfe für Menschen mit geistiger Behinderung e.V.
Postf. 70 11 63, 35020 Marburg
Raiffeisenstr. 18, 35043 Marburg
T: (06421) 4 91-0   Fax: 4 91-167
Internet: http://www.lebenshilfe.de
E-Mail: bundesvereinigung@lebenshilfe.de
Gründung: 1958
Vorsitzende(r): Robert Antretter
BundesGF: Dr. Bernhard Conrads
Leitung Öffentlichkeitsarbeit: Jürgen Reuter
Leitung Presseabteilung: Gertrud Genvo
Mitglieder: ca. 130000 in 16 Landesverbänden und ca. 540 örtlichen Vereinigungen

ca. 3000 Einrichtungen, mobile und ambulante Dienste zur Förderung geistig behinderter Menschen und zur Unterstützung ihrer Angehörigen; breites Angebot an Büchern, Broschüren, Zeitschriften, Filmen und Austellungen zum Thema "Geistige Behinderung"

Landesverbände

t 2 994

Lebenshilfe für Menschen mit geistiger Behinderung e.V.
Landesverband Baden-Württemberg
Jägerstr. 12, 70174 Stuttgart
T: (0711) 2 55 89-0   Fax: 2 55 89-55
E-Mail: lebenshilfe.bawue@t-online.de
Vorsitzende(r): Prof. Dr. Ulrich Bauder
Geschäftsführer(in): Rudi Sack

t 2 995

Lebenshilfe für Menschen mit geistiger Behinderung e.V.
Landesverband Bayern
Kitzinger Str. 6, 91056 Erlangen
T: (09131) 7 54 61-0   Fax: 7 54 61-90
E-Mail: lvlh-bay@t-online.de
Vorsitzende(r): Nikolaus Schratzenstaller
Geschäftsführer(in): Ludger Kusche

t 2 996

Lebenshilfe für Menschen mit geistiger Behinderung e.V.
Landesverband Berlin
Wallstr. 15 /15A, 10179 Berlin
T: (030) 8 29 99 80   Fax: 8 29 99 81 42
E-Mail: lv@lebenshilfe-berlin.de
Vorsitzende(r): Christiane Müller-Zurek
Geschäftsführer(in): Helmut Forner

t 2 997

Lebenshilfe für Menschen mit geistiger Behinderung e.V.
Landesverband Brandenburg
Mahlsdorfer Str. 61, 15366 Hönow
T: (03099) 28 95-0   Fax: 28 95 50
E-Mail: lebenshilfe-brandenburg@web.de
Vorsitzende(r): Wolfgang Pohl

t 2 998

Lebenshilfe für Menschen mit geistiger Behinderung e.V.
Landesverband Bremen
Waller Heerstr. 55, 28217 Bremen
T: (0421) 3 87 77-0   **Fax:** 3 87 77 99
E-Mail: lvlh-bremen@t-online.de
Vorsitzende(r): Katriena Gotthard
Geschäftsführer(in): Gerhard Iglhaut

t 2 999

Lebenshilfe für Menschen mit geistiger Behinderung e.V.
Landesverband Hamburg
Rantzaustr. 74c, 22041 Hamburg
T: (040) 68 94 33 11   **Fax:** 68 94 33 13
Vorsitzende(r): Rolf Hendricks
Geschäftsführer(in): Ingrid Völker

t 3 000

Lebenshilfe für Menschen mit geistiger Behinderung e.V.
Landesverband Hessen
Raiffeisenstr. 15, 35043 Marburg
T: (06421) 9 48 40-0   **Fax:** 9 48 40-11
E-Mail: info@lebenshilfe-hessen.de
Vorsitzende(r): Friedel Rinn
Geschäftsführer(in): Klaus Tüxsen

t 3 001

Lebenshilfe für Menschen mit geistiger Behinderung e.V.
Landesverband Mecklenburg-Vorpommern
Julius-Polentz-Str. 3, 19057 Schwerin
T: (0385) 4 78 03 42   **Fax:** 4 78 03 41
E-Mail: lebenshilfe.mv@freenet.de
Vorsitzende(r): Hannelore Lüdtke
Geschäftsführer(in): Dr. Karin Holinski-Wegerich

t 3 002

Lebenshilfe für Menschen mit geistiger Behinderung e.V.
Landesverband Niedersachsen
Pelikanstr. 4, 30177 Hannover
T: (0511) 9 09 25 70   **Fax:** 90 92 57 11
E-Mail: landesverband@lebenshilfe-nds.de
Vorsitzende(r): Herbert Burger
Geschäftsführer(in): Kersten Röhr

t 3 003

Lebenshilfe für Menschen mit geistiger Behinderung e.V.
Landesverband Nordrhein-Westfalen
Abtstr. 21, 50354 Hürth
T: (02233) 9 32 45-0   **Fax:** 9 32 45-10
E-Mail: landesverband@lebenshilfe-nrw.de
Vorsitzende(r): Ulrich Schmidt
Geschäftsführer(in): Hans Jürgen Wagner

t 3 004

Lebenshilfe für Menschen mit geistiger Behinderung e.V.
Landesverband Rheinland-Pfalz
Drechslerweg 25, 55128 Mainz
T: (06131) 9 36 60-0   **Fax:** 9 36 60-90
E-Mail: llebensh@mainz-online.de
Vorsitzende(r): Emil Weichlein
Geschäftsführer(in): Anna Schädler

t 3 005

Lebenshilfe für Menschen mit geistiger Behinderung e.V.
Landesverband Saarland
Grumbachtalweg 220, 66121 Saarbrücken
T: (0681) 89 40 38   **Fax:** 89 44 12
E-Mail: lsaarbruecken@t-online.de
Vorsitzende(r): Franz-Rudolph Kronenberger
Geschäftsführer(in): Brigitte Bier

t 3 006

Lebenshilfe für Menschen mit geistiger Behinderung e.V.
Landesverband Sachsen
Heinrich-Beck-Str. 47, 09112 Chemnitz
T: (0371) 30 02 25   **Fax:** 30 59 20
E-Mail: info@lebenshilfe-sachsen.de
Vorsitzende(r): Prof. Dr. Achim Trogisch
Geschäftsführer(in): Thomas Richter

t 3 007

Lebenshilfe für Menschen mit geistiger Behinderung e.V.
Landesverband Sachsen-Anhalt
Ackerstr. 23 /Am Fuchsberg, 39112 Magdeburg
T: (0391) 6 23 03 11   **Fax:** 6 23 03 12
E-Mail: lebenshilfe.lsa@t-online.de
Vorsitzende(r): Dieter Labudde
Geschäftsführer(in): Birgit Garlipp

t 3 008

Lebenshilfe für Menschen mit geistiger Behinderung e.V.
Landesverband Schleswig-Holstein
Kastanienstr. 27, 24114 Kiel
T: (0431) 6 61 18-0   **Fax:** 6 61 18-40
E-Mail: lebenshilfe-sh@t-online.de
Vorsitzende(r): Susanne Stojan-Rayer
Geschäftsführer(in): Rainer Dillenberg

t 3 009

Lebenshilfe für Menschen mit geistiger Behinderung e.V.
Landesverband Thüringen
Otto-Schott-Str. 13, 07745 Jena
T: (03641) 33 43 95   **Fax:** 33 65 07
E-Mail: lebenshilfe_thueringen@t-online.de
Vorsitzende(r): Charlotte-Rosita Baake
Geschäftsführer(in): Christa Niedner

● T 3 010

Bundesvereinigung Stotterer-Selbsthilfe e.V.
Gereonswall 112, 50670 Köln
T: (0221) 1 39 11 06-07   **Fax:** 1 39 13 70
Internet: http://www.bvss.de
E-Mail: info@bvss.de
Gründung: 1979 (18. November)
1. Vorsitzende(r): Susann Albrecht
Geschäftsführer(in): Dipl.-Päd. Ruth Heap (Ltg. Presseabt.)
Schatzmeister: Dr. Reiner Nonnenberg
Verbandszeitschrift: Der Kieselstein
Redaktion: Dr. Michael Koop, Ottendorfer Weg 9a, 24119 Kiel-Kronshagen
Mitglieder: 1250 bei 800000 Betroffenen in Dt.
Mitarbeiter: 5
Angeschlossene Organisationen:
7 Landesverbände
75 angeschlossene Selbsthilfegruppen

● T 3 011

Bund zur Förderung Sehbehinderter e.V. (BFS)
Perleberger Str. 22, 41564 Kaarst
T: (02131) 60 68 23   **Fax:** 60 68 24
Internet: http://www.medizin-forum.de/bfs
E-Mail: bfsev.mreinhardt@gmx.de
Gründung: 1962
1. Vorsitzende(r): Hannelore Loskill (Ehrenstr. 19, 40479 Düsseldorf, T/Fax: (0211) 44 28 36)
Verbandszeitschrift: VISUS
Redaktion: Robert Heuser, im Mittelfeld 11, 52074 Aachen
Mitglieder: 2000
Jahresetat: DM 0,015 Mio, € 0,01 Mio

Landesverbände

t 3 012

Sehbehinderten-Verband Baden-Württemberg e.V.
Schurwaldstr. 36, 70186 Stuttgart
T: (0711) 8 40 28 31 (dienstl.), 46 25 66 (priv.)
W. Hietler

t 3 013

BSF Berlin-Brandenburg e.V.
Gawanstr. 41, 13465 Berlin
T: (030) 4 34 47 72
Stephan Kuperion

t 3 014

BSF-NW e.V.
Rotterdamer Str. 51b, 52351 Düren
T: (02421) 77 02 15
Sabine Epple

t 3 015

Verein zur Förderung sehgeschädigter Kinder und Jugendlicher Schleswig-Holstein e.V.
Klausdorfer Str. 104b, 24161 Altenholz
T: (0431) 3 25 30
Vauth

● T 3 016

Dachverband Psychosozialer Hilfsvereinigungen e.V.
Thomas-Mann-Str. 49a, 53111 Bonn
T: (0228) 63 26 46   **Fax:** 65 80 63
Internet: http://www.psychiatrie.de
E-Mail: dachverband@psychiatrie.de
Gründung: 1976
Geschäftsführer(in): Birgit Görres
Verbandszeitschrift: Psychosoziale Umschau
Redaktion: Karl-Ernst Brill, Beate Lisofsky
Verlag: Psychiatrie-Verlag gGmbH, Postf. 21 45, 53011 Bonn
Mitglieder: 18000 ; 200 Mitgliedsorganisationen

● T 3 017

Bundesverband Psychiatrie-Erfahrener e.V. (BPE)
c/o DV. Psychosoziale Hilfsvereinigungen
Thomas-Mann-Str. 49a, 53111 Bonn
T: (0228) 63 26 46   **Fax:** 65 80 63
Internet: http://www.bpe.berlinet.de
Ehrenvorsitzende: Dorothea Buck
Geschf. Vorstand: Karin Haehn
Bärbel Kaiser-Burkart
Regina Kucharski
Klaus Laupichler
Brigitte Siebrasse
Franz-Josef Wagner
Ursula Zingler
Mitglieder: ca. 700

● T 3 018

Deutsche AIDS-Hilfe e.V.
Postf. 61 01 49, 10921 Berlin
T: (030) 69 00 87-0   **Fax:** 69 00 87-42
Internet: http://www.aidshilfe.de
E-Mail: dah@aidshilfe.de
Gründung: 1983 (Herbst)
Vorstand: Martin Hasenkamp
Beate Jagla
Rüdiger Kriegel
Dirk Meyer
Maya Czajka
Leiterin der Geschäftsstelle: Hannelore Knittel
Geschäftsstelle: Deutsche AIDS-Hilfe, Dieffenbachstr. 33, 10967 Berlin
Mitglieder: 350
Mitarbeiter: 42
Jahresetat: ca. DM 7 Mio, € 3,58 Mio

*Der Verband gliedert sich in Landesverbände und umfaßt (Stand November 2000) ca. 130 regionale AIDS-Hilfen. Die Beratungstelefone der regionalen AIDS-Hilfen sind im allgemeinen unter der Nr. 1 94 11 erreichbar.
Die Deutsche AIDS-Hilfe bietet bundesweit Informations- und Aufklärungsmaterialien, sowie Fortbildung. Die regionalen AIDS-Hilfen leisten die örtliche Beratung, Betreuung, Hilfe zur Selbsthilfe und Öffentlichkeitsarbeit.*

Landesverbände bzw. Landesarbeitsgemeinschaften

t 3 019

AIDS-Hilfe Baden-Württemberg
Haußmannstr. 6, 70188 Stuttgart
T: (0711) 21 55-244   **Fax:** 21 55-245
E-Mail: aidshilfe.bawue@t-online.de

t 3 020

Arbeitsgemeinschaft der Bayerischen AIDS-Hilfen
c/o Münchener AIDS-Hilfe
Lindwurmstr. 71-73, 80337 München
T: (089) 54 45 69 18   **Fax:** 54 45 69 18

t 3 021

Landesverband der Berliner AIDS-Selbsthilfegruppen (LaBAS) e.V.
Kantstr. 152, 10623 Berlin
T: (030) 31 50 46 80   **Fax:** 31 50 46 82
E-Mail: verband@labas.de

t 3 022

AIDS-Hilfe Hessen e.V.
Friedberger Anlage 24, 60316 Frankfurt

t 3 023
T: (069) 59 07 11   Fax: 59 07 19
E-Mail: aids-hilfe-hessen@t-online.de

t 3 023
Niedersächsische AIDS-Hilfe Landesverband e.V.
Schuhstr. 4, 30159 Hannover
T: (0511) 3 06 87 87   Fax: 3 06 87 88
E-Mail: aids-hilfe.niedersachsen@t-online.de

t 3 024
AIDS-Hilfe NRW e.V.
Hohenzollernring 48, 50672 Köln
T: (0221) 92 59 96-0   Fax: 92 59 96-9
Internet: http://www.aids-hilfe-nrw.org
E-Mail: info@nrw.aidshilfe.de

t 3 025
Landesverband der AIDS-Hilfen in Rheinland-Pfalz e.V.
c/o AIDS-Hilfe Trier e.V.
Saarstr. 48, 54290 Trier
T: (0651) 9 70 44 20   Fax: 9 70 44 21

t 3 026
Landesverband der AIDS-Hilfen und Positivengruppen Schleswig-Holstein
c/o Lübecker AIDS-Hilfe
Engelsgrube 16, 23552 Lübeck
T: (0451) 7 25 51   Fax: 7 07 02 18

t 3 027
Hamburger Landesarbeitsgemeinschaft AIDS
c/o Hein & Fiete
Kleiner Pulverteich 17, 20099 Hamburg
T: (040) 24 04 40   Fax: 24 06 75

● T 3 028
Deutsche Alzheimer Gesellschaft e.V.
Friedrichstr. 236, 10969 Berlin
T: (030) 31 50 57-33   Fax: 31 50 57-35
Internet: http://www.deutsche-alzheimer.de
E-Mail: deutsche.alzheimer.ges@t-online.de
Gründung: 1989
Verbandszeitschrift: Alzheimer Info

● T 3 029
Deutsche Epilepsievereinigung e.V.
Zillestr. 102, 10585 Berlin
T: (030) 3 42 44 14   Fax: 3 42 44 66
Internet: http://www.epilepsie.sh
E-Mail: info@epilepsie.sh
Gründung: 1988
Leitung Presseabteilung: Renate Schultuer
Verlag: Redaktion einfälle, Zillestr. 102, 10585 Berlin
Mitglieder: ca. 600
Mitarbeiter: 1
Jahresetat: DM 0,2 Mio, € 0,1 Mio

● T 3 030
Deutsche Gesellschaft für Muskelkranke e.V.
- Bundesgeschäftsstelle -
Im Moos 4, 79112 Freiburg
T: (07665) 94 47-0   Fax: 94 47-20
Internet: http://www.dgm.org
E-Mail: dgm-fr@t-online.de

Landesgruppenleitungen und Sozialberatungsstellen

t 3 031
Sozialberatungsstelle Süd
Im Moos 4, 79112 Freiburg
T: (07665) 94 47 32

t 3 032
Deutsche Gesellschaft für Muskelkranke e.V.
Sozialberatungsstelle Nord
Überseering 9 /3, Stock R5, 22297 Hamburg
T: (040) 63 97 52 00   Fax: 63 97 52 01

t 3 033
Deutsche Gesellschaft für Muskelkranke e.V.
Landesgruppe Baden-Württemberg
Deutschordensstr. 1, 79104 Freiburg
T: (0761) 28 68 16
Landesgruppenleiter: Bernd Ruf

t 3 034
Deutsche Gesellschaft für Muskelkranke e.V.
Landesverband Bayern e.V.
Altstädter Kirchenplatz 6, 91054 Erlangen
T: (09131) 9 67 62 25   Fax: 2 46 84
Landesgruppenleiter: Kurt-Helge Paulus

t 3 035
Deutsche Gesellschaft für Muskelkranke e.V.
Landesverband Berlin
Krusauer Str. 89, 12305 Berlin
T: (030) 76 50 30 12   Fax: 76 50 30 14
Landesgruppenleiterin: Helga Groener

t 3 036
Deutsche Gesellschaft für Muskelkranke e.V.
Landesverband Bremen und Niedersachsen
Graf-Stauffenberg-Str. 2, 49078 Osnabrück
T: (0541) 44 41 80   Fax: 4 48 04 70
Landesgruppenleiter: Manfred Schulz

t 3 037
Deutsche Gesellschaft für Muskelkranke e.V.
Landesgruppe Hamburg
Heidelerchenweg 30, 22399 Hamburg
T: (040) 60 67 93 69   Fax: 6 02 49 50
Landesgruppenleiterin: Waltraut Wießner

t 3 038
Deutsche Gesellschaft für Muskelkranke e.V.
Landesgruppe Hessen
Cappeler Gleiche 13, 35043 Marburg
T: (06421) 4 57 98   Fax: 4 57 98
Landesgruppenleiter: Richard May

t 3 039
Deutsche Gesellschaft für Muskelkranke e.V.
Landesgruppe Mecklenburg-Vorpommern
Silvia Voigt/Sozialberatungsstelle Nord
Überseering 9 /3, Stock R5, 22297 Hamburg
T: (040) 63 97 52 00   Fax: 63 97 52 01

t 3 040
Deutsche Gesellschaft für Muskelkranke e.V.
Landesgruppe Nordrhein-Westfalen
Kölner Str. 68, 42651 Solingen
T: (0212) 2 24 51-51   Fax: 2 24 51-52
Landesgruppenleiter: Guido Niebur

t 3 041
Deutsche Gesellschaft für Muskelkranke e.V.
Landesgruppe Rheinland-Pfalz
An der Kuhtränke 7, 55543 Bad Kreuznach
T: (0671) 8 96 04 33   Fax: 8 96 04 34
Landesgruppenleiter: Edgar Döll

t 3 042
Deutsche Gesellschaft für Muskelkranke e.V.
Landesgruppe Saarland
66421 Homburg
T: (06841) 16 41 16   Fax: 16 41 38
Landesgruppenleiter: PD Dr. Ulrich Dillmann (Uni-Klinik Neurologie)

t 3 043
Deutsche Gesellschaft für Muskelkranke e.V.
Landesgruppe Schleswig-Holstein
Stiller Winkel 3, 23562 Lübeck
T: (0451) 50 30 34   Fax: 50 35 26
Landesgruppenleiterin: Erika Bade

t 3 044
Deutsche Gesellschaft für Muskelkranke e.V.
Landesgruppe Brandenburg
Heinersdorfer Str. 41, 16303 Schwedt
T: (03332) 46 50 93   Fax: 52 17 51
Landesgruppenleiter: Heinz Strüwing

t 3 045
Deutsche Gesellschaft für Muskelkranke e.V.
Landesgruppe Sachsen-Anhalt
Am Kulk 2, 38820 Halberstadt
T: (03941) 60 57 38
Landesgruppenleiter: Michael Mook

t 3 046
Deutsche Gesellschaft für Muskelkranke e.V.
Landesgruppe Thüringen
Schobersmühlenweg 8, 99089 Erfurt
T: (0361) 2 11 15 90
Landesgruppenleiter: Dr. Gunter Stoll

t 3 047
Deutsche Gesellschaft für Muskelkranke e.V.
Landesgruppe Sachsen
Johann-Meyer-Str. 13d, 01097 Dresden
T: (0351) 4 11 39 23   Fax: 4 11 39 25
Landesgruppenleiterin: Ute Müller

● T 3 048
Spitzenverband ambulante Nerven- und Muskelstimulation e.V. (sanum)
Salierring 44, 50677 Köln
T: (0221) 9 23 67 91   Fax: 2 40 86 70
E-Mail: sanum@verbandsbuero.de
Vorsitzende(r): Peter Schönknecht
Stellvertretende(r) Vorsitzende(r): Klaus Rowedder
Robert Jan Troost
Geschäftsführer(in): Uwe Behrens

● T 3 049
Deutsche Gesellschaft für Osteogenesis imperfecta (Glasknochen) Betroffene e.V.
Postf. 15 46, 63155 Mühlheim
T: (06108) 6 92 76   Fax: 7 63 34
Internet: http://www.oi-gesellschaft.de
Gründung: 1984
1. Vorsitzende(r): Karlheinz Henn (Offenbacher Str. 60, 63165 Mühlheim, T: (06108) 6 92 76, Fax: 7 63 34; Leitung Presseabteilung)
2. Vorsitzende(r): Helmut Thauer (Heidestr. 53, 45476 Mülheim/Ruhr, T: (0208) 40 76 05)
Verbandszeitschrift: DURCHBRUCH
Mitglieder: ca. 1000
Mitarbeiter: 1

● T 3 050
Deutsche Gesellschaft zur Förderung der Gehörlosen und Schwerhörigen e.V.
- Zentrale Fachorganisation d. Jugendhilfe, gefördert v. Bundesminister f. Familie, Senioren, Frauen u. Jugend -
Paradeplatz 3, 24768 Rendsburg
T: (04331) 58 97 22   Fax: 58 97 45
Gründung: 1962 (Vorgängerverband 1954)
Vorsitzende(r): Dr. Ulrich Hase
1. Stellv. Vors.: Andreas Kammerbauer (MdL)
2. Stellv. Vors.: Dr. Harald Seidler
Verbandszeitschrift: hörgeschädigte kinder
Redaktion: Prof. Dr. Klaus-B. Günther
Verlag: Verlag hörgeschädigte kinder gGmbH, Bernadottestr. 126, 22605 Hamburg
Mitglieder: 42100

Mitgliedsverbände

t 3 051
Arbeitsgemeinschaft der katholischen Gehörlosenseelsorger Deutschlands
Drovestr. 124, 52372 Kreuzau
T: (02422) 78 90
Vorsitzende(r): Wolfgang Römer
Mitglieder: 104

t 3 052
Arbeitsgemeinschaft Erzieher bei Hörgeschädigten e.V.
Elisabethstr. 48, 56564 Neuwied
T: (02631) 2 90 55   Fax: 2 38 37
E-Mail: meyer-aeh@young-net.de
Vorsitzende(r): Karl-Heinz Meyer
Mitglieder: 100

t 3 053
Bundesverband der Sozialarbeiter/Innen/Sozialpädagog/Innen für Hörgeschädigte e.V.
Hanseler Str. 41, 48161 Münster
T: (02533) 9 33 01 16   Fax: 9 33 01 19
E-Mail: bvsh.ms@t-online.de
Vorsitzende(r): Klaus-Dieter Hoffmann
Mitglieder: 133

t 3 054
Bundesarbeitsgemeinschaft Hörbehinderter Studenten und Absolventen e.V. (BHSA)
Hinter der Hochstätte 2a, 65239 Hochheim

T: (06146) 83 55-37   **Fax:** 83 55-38
Internet: http://www.bhsa.de
E-Mail: bhsa@uni.de
Vorstand und Geschäftsführer: Andreas Kammerbauer
Mitglieder: 280
Jahresetat: DM 0,05 Mio, € 0,03 Mio

t 3 055
Bundesarbeitsgemeinschaft kath. Einrichtungen für sinnesbehinderte Menschen e.V.
Karlstr. 40, 79104 Freiburg
T: (0761) 2 00-365   **Fax:** 2 00-666
Vorsitzende(r): Norbert Rapp
Mitglieder: 53

t 3 056
Bundesgemeinschaft der Studierenden der Gehörlosen- und Schwerhörigenpädagogik
Kaemmererufer 13 261 E, 22303 Hamburg
T: (040) 27 88 15 80   **Fax:** (089) 2 44 33 53 38
E-Mail: anke_chmella@public.uni-hamburg.de
Vorsitzende(r): Anke Chmella
Mitglieder: 60

t 3 057
Bundesjugend im Deutschen Schwerhörigenbund e.V.
Lotharstr. 24, 53115 Bonn
T: (0228) 22 25 46   **Fax:** 2 42 77 19
E-Mail: lista@agq.uni-bonn.de
Vorsitzende(r): Michael Karthäuser
2. Vorsitzende(r): Patricia Lista
Mitglieder: 704

t 3 058
Bundesverband der Gebärdensprachdolmetscher/innen Deutschlands e.V.
Ebersbrunner Str. 25, 08064 Zwickau
T: (0375) 77 04 40   **Fax:** 7 70 44 10
E-Mail: ldz.sachsen@t-online.de
Vorsitzende(r): Stephan Pöhler
Mitglieder: 153

t 3 059
Bundesverband zur Förderung von Rehabilitation, Selbsthilfegruppen und Nachsorge Hörgeschädigter, Rendsburg e.V.
Paradeplatz 3, 24768 Rendsburg
T: (04331) 58 97-0   **Fax:** 58 97 45
Vorsitzende(r): Erika Classen
Mitglieder: 101

t 3 060
Deutsche Arbeitsgemeinschaft für Evangelische Gehörlosenseelsorge e.V.
Garde-du-Corps-Str. 7, 34117 Kassel
T: (0561) 7 39 40 51   **Fax:** 7 39 40 51
E-Mail: dafeg@t-online.de
Vorsitzende(r): Martin Kunze
Mitglieder: 330

t 3 061
Deutscher Fachverband für Gehörlosen- und Schwerhörigenpädagogik (DFGS)
Friedrichstr. 12, 10969 Berlin
T: (030) 2 51 70 51   **Fax:** 2 51 70 51
Vorsitzende(r): Manfred Wloka
Mitglieder: 50

t 3 062
Deutscher Gehörlosen-Bund e.V.
Hasseer Str. 47, 24113 Kiel
T: (0431) 6 43 44 76 Schreibtelefon, 6 43 44 68, 6 43 46 56 Bildtelefon   **Fax:** 6 43 44 93
Internet: http://www.gehoerlosen-bund.de
E-Mail: info@gehoerlosen-bund.de
Vorsitzende(r): Gerlinde Gerkens
Mitglieder: 35000
Mitarbeiter: 3

t 3 063
Deutscher Wohlfahrtsverband für Gehör- und Sprachgeschädigte e.V.
Quinckestr. 72, 69120 Heidelberg
T: (06221) 41 21 66   **Fax:** 47 52 14
E-Mail: bwg.hd@t-online.de
Vorsitzende(r): Gunter Erbe
Mitglieder: 500

t 3 064
Bundeselternverband gehörloser Kinder e.V.
Schenefelder Landstr. 126b, 22589 Hamburg
T: (040) 8 70 45 28   **Fax:** 87 76 80
Vorsitzende(r): Dr. Andreas Schwab
Mitglieder: 3214

t 3 065
Fördergemeinschaft für Taubblinde e.V.
Bundeselternvertretung Deutschland
Basteistr. 83a, 53173 Bonn
T: (0228) 9 56 37 63   **Fax:** 9 56 37 65
Internet: http://taubblind.selbsthilfe-online.de
E-Mail: taubblind@selbsthilfe-online.de
Geschäftsführer(in): Wolf-Dietrich Trenner
Mitglieder: 174

t 3 066
Gesellschaft für Gebärdensprache und Kommunikation Gehörloser e.V.
Binderstr. 34, 20146 Hamburg
T: (040) 4 28 38-6735   **Fax:** 4 28 38-6109
Vorsitzende(r): Prof. Dr. Helen Leuninger
Mitglieder: 1650

t 3 067
Gesellschaft zur Förderung der Gehörlosen und Schwerhörigen NRW e.V.
Kerckhoffstr. 100, 45144 Essen
T: (0201) 75 56 09   **Fax:** 75 46 18
Vorsitzende(r): Paul Hemmert
Mitglieder: 9 Landesverbände

● **T 3 068**
Deutsche Hämophiliegesellschaft zur Bekämpfung von Blutungskrankheiten e.V. (DHG)
Halenseering 3, 22149 Hamburg
T: (040) 6 72 29 70   **Fax:** 6 72 49 44
Internet: http://www.dhg.de
E-Mail: dhg@dhg.de
Gründung: 1956
Mitglieder: 3000

● **T 3 069**
Deutsche Heredo Ataxie Gesellschaft - Bundesverband e.V.
Haußmannstr. 6, 70188 Stuttgart
T: (0711) 21 55-114   **Fax:** 21 55-119
E-Mail: dhag@ataxie.de
Gründung: 1983 (21. April)
Leitung Presseabteilung: Hermann Stimm
Verbandszeitschrift: HERAX-FUNDUS

● **T 3 070**
Deutsche Huntington-Hilfe e.V.
Geschäftsstelle „Soziale Dienste"
Börsenstr. 10, 47051 Duisburg
T: (0203) 2 29 15   **Fax:** 2 29 25
E-Mail: dhh@dhh-ev.de
Gründung: 1970
Leitung Presseabteilung: Christiane Lohkamp
Verbandszeitschrift: Huntington-Kurier
Verlag: Deutsche Huntington-Hilfe e.V., Börsenstr. 10, 47051 Duisburg
Mitglieder: 1250
Mitarbeiter: 2

Landesverbände in: Bayern, Berlin-Brandenburg, Hessen, Nordrhein-Westfalen, Mitteldeutschland (Sachsen-Anhalt, Sachsen, Thüringen), Mecklenburg-Vorpommern

● **T 3 071**
Deutsche Ileostomie-Colostomie-Urostomie-Vereinigung e.V. (ILCO)
Postf. 12 65, 85312 Freising
Landshuter Str. 30, 85356 Freising
T: (08161) 93 43 01, 93 43 02 (vormittags)   **Fax:** 93 43 04
Gründung: 1972 (28. Januar)
1. Vorsitzende(r): Prof. Dr.rer.nat. Gerhard Englert
Vorsitzende(r): Klaus Schröter
Maria Haß
VorstMitgl: Dr. Harry Dorst
Hiltrud Schröter
Walter Schuster
Ingrid Schumacher
Geschäftsführer(in): Helga Englert
Verbandszeitschrift: ILCO-PRAXIS
Redaktion: Helga Englert
Verlag: Eigenverlag
Mitglieder: 10000
Mitarbeiter: ca. 600

● **T 3 072**
Deutsche Interessengemeinschaft Phenylketonurie (PKU) und verwandte angeborene Stoffwechselstörungen e.V.
c/o Hansjörg Schmidt
Adlerstr. 6, 91077 Kleinsendelbach
T: (09126) 44 53   **Fax:** 3 09 46

● **T 3 073**
Deutsche Leberhilfe e.V.
Postf. 42 02 03, 50896 Köln
Luxemburger Str. 150, 50937 Köln
T: (0221) 2 82 99 80   **Fax:** 2 82 99 81
Internet: http://www.leberhilfe.org
E-Mail: info@leberhilfe.org
Gründung: 1987
Geschäftsleitung: Achim Kautz
Verbandszeitschrift: "Lebenszeichen"
Redaktion: Ingo van Thiel
Verlag: Hannoversche Ärzte-Verlags-Union, Berliner Allee 20, 30175 Hannover
Mitglieder: 1400
Mitarbeiter: 4

● **T 3 074**

Deutsche Leukämie-Forschungshilfe-Aktion für krebskranke Kinder e.V., Dachverband
Joachimstr. 20, 53113 Bonn
T: (0228) 9 13 94-30   **Fax:** 9 13 94-33
Internet: http://www.kinderkrebsstiftung.de
E-Mail: dlfhbonn@t-online.de
Vorsitzende(r): Ulrike Baum
Stellvertretende(r) Vorsitzende(r): Ulrich Ropertz
Thomas Greiner
Leitung Presseabteilung: Dr. phil. Gerlind Bode
Verbandszeitschrift: WIR
Verlag: DLFH, Joachimstr. 20, 53113 Bonn
Mitglieder: 60 Mitgliedsorganisationen
Mitarbeiter: 5
Jahresetat: DM 3 Mio, € 1,53 Mio (Spendenvolumen)

Unterstützung der Elterngruppen zugunsten krebskranker Kinder; Fortbildung, Öffentlichkeitsarbeit, finanzielle Hilfe für bedürftige Familien, Forschungsförderung.

● **T 3 075**
Deutsche Morbus Crohn/Colitis ulcerosa Vereinigung
Bundesverband für chronisch entzündliche Erkrankungen des Verdauungstraktes e.V. (DCCV)
Paracelsusstr. 15, 51375 Leverkusen
T: (0214) 8 76 08-0   **Fax:** 8 76 08-88
Internet: http://www.dccv.de
E-Mail: info@dccv.de
Gründung: 1982
Schirmherrschaft: Prof. Dr. jur. Herta Däubler-Gmelin (MdB, Bundesministerin der Justiz)
Vorstand: Gudrun Möller (Vors., Humperdinckweg 2, 63452 Hanau, T: (06181) 8 63 31, Telefax: (06181) 85 04 69)
Heino Holtz (Volksdorf 7, 31715 Meerbeck, T: (05721) 7 27 88, Fax: (05721) 7 28 88)
Marga Ratzlaff (Burgundweg 7, 72766 Reutlingen, T: (07127) 7 18 76, Telefax: (07127) 89 00 16)
Gerd Sann (Gärtnerstr. 5 b, 63450 Hanau, T: (06181) 27 00 02, Fax: 27 00 03)
Birgit Kaltz (Distelkompsweg 50 a, 28357 Bremen, T: (0421) 2 76 93 49, Fax: (0421) 2 76 93 49)
Maria Vorrath (Brunnenstr. 17, 06366 Köthen, T: (03496) 55 47 58, Telefax: (03496) 51 01 52)
Leitung Presseabteilung: Reinhard Schüren
Verbandszeitschrift: Bauchredner
Redaktion: Marga Ratzlaff
Verlag: Riekom, Gartenstr. 40, 72666 Neckartailfingen
Mitglieder: 14000

T 3 075

Beratung von Betroffenen; Kontaktvermittlung zu Selbsthilfegruppen, Ärzten, Krankenhäusern und Kurkliniken; Hilfe bei sozialrechtlichen Problemen; Organisation von Fortbildungsveranstaltungen; Verbesserung der ambulanten und klinischen Versorgung; Öffentlichkeitsarbeit; Forschungsförderung.

Landesverbände

t 3 076
Deutsche Morbus Crohn/Colitis ulcerosa Vereinigung
Landesverband Baden-Württemberg
Paradiesstr. 16, 73230 Kirchheim
T: (07021) 4 29 97   Fax: 4 29 97
Waltraud Müller
Erica Rieth (Jägerhalde 121, 70327 Stuttgart, T: (0711) 42 45 74, Telefax: (0711) 42 45 74)

t 3 077
Deutsche Morbus Crohn/Colitis ulcerosa Vereinigung
Landesverband Bayern
Jägerhalde 121, 70327 Stuttgart
T: (0711) 42 45 74   Fax: 42 45 74
Erica Rieth

t 3 078
Deutsche Morbus Crohn/Colitis ulcerosa Vereinigung
Landesverband Berlin/Brandenburg
Schönower Str. 63, 16341 Zepernick
T: (030) 9 44 25 76   Fax: 9 44 25 76
Kerstin Gläser

t 3 079
Deutsche Morbus Crohn/Colitis ulcerosa Vereinigung
Landesverband Hamburg/Schleswig-Holstein
Am Eichholz 64c, 25436 Uetersen
T: (04122) 90 06 92   Fax: 4 80 83
Horst Eder
Rosemarie Rett (Zum Bruch 10a, 24620 Husberg, Tel./Fax: (04321) 2 92 39)

t 3 080
Deutsche Morbus Crohn/Colitis ulcerosa Vereinigung
Landesverband Hessen
Horbacher Str, 2, 63579 Freigericht
T: (06055) 8 39 64   Fax: 8 39 64
Dagmar Weidner
Anne Eceterski (An der Schwarzbachmühle 28, 60529 Frankfurt/Main, T: (069) 66 16 01 78, Telefax: (069) 66 16 01 77)

t 3 081
Deutsche Morbus Crohn/Colitis ulcerosa Vereinigung
Landesverband Mecklenburg-Vorpommern
Gutenbergstr. 1, 06774 Mühlbeck
T: (03493) 51 01 39   Fax: 51 01 38
Ronald Plettau
Anja Randow (Berta-von-Suttner-Str. 25, 19061 Schwerin, T: (0385) 3 97 91 64, Fax: 3 97 91 64)
Bärbel Steltner (Langestr. 37, 17091 Philippshof, T: (039600) 2 03 97, Fax: (039600) 2 99 45)

t 3 082
Deutsche Morbus Crohn/Colitis ulcerosa Vereinigung
Landesverband Niedersachsen/Bremen
Volksdorf 7, 31715 Meerbeck
T: (05721) 7 27 88   Fax: 7 28 88
Heino Holtz
Torsten Dreyer (In den Kämpen 6 a, 28816 Stuhr, T: (0421) 56 33 99, Fax: (0180) 50 52 55 47 60 05)

t 3 083
Deutsche Morbus Crohn/Colitis ulcerosa Vereinigung
Landesverband Nordrhein-Westfalen
Mannsfelder Str. 18A, 50968 Köln
T: (0221) 37 38 80   Fax: 37 38 80
Renate Grade
Elsbeth Twelenkamp (Auf dem Hafk 22a, 32289 Rödinghausen, T: (05746) 92 07 80, Fax: (05746) 92 07 80)

t 3 084
Deutsche Morbus Crohn/Colitis ulcerosa Vereinigung
Landesverband Rheinland-Pfalz
Hüttelbrett 15, 66969 Lemberg
T: (06331) 4 00 04   Fax: 4 00 04
Ingrid Laux
Klaus Märkl (Hauptstr. 74, 56659 Burgbrohl, T: (02636) 92 99 46, Fax: (02636) 92 99 47)

t 3 085
Deutsche Morbus Crohn/Colitis ulcerosa Vereinigung
Landesverband Saarland
Grüner Flur 21, 66564 Ottweiler
T: (06858) 6 05 31   Fax: 6 05 31
Iris Stöecklin

t 3 086
Deutsche Morbus Crohn/Colitis ulcerosa Vereinigung
Landesverband Sachsen
Liliensteinstr. 38, 04207 Leipzig
T: (0341) 9 41 00 98   Fax: 9 41 00 98
Jörg Barthel
Anja Lange (Alte Str. 35, 04229 Leipzig, T: (0341) 4 22 32 99, Telefax: (0341) 4 22 32 99)

t 3 087
Deutsche Morbus Crohn/Colitis ulcerosa Vereinigung
Landesverband Sachsen-Anhalt
Gutenbergstr. 1, 06774 Mühlbeck
T: (03493) 51 01 39   Fax: 51 01 38
Ulrike Plettau

t 3 088
Deutsche Morbus Crohn/Colitis ulcerosa Vereinigung
Landesverband Thüringen
Südstr. 7, 99330 Crawinkel
T: (03624) 31 28 55   Fax: 31 28 55
Renate Eichhorn

● T 3 089

DMSG
DEUTSCHE MULTIPLE SKLEROSE GESELLSCHAFT

Deutsche Multiple Sklerose Gesellschaft
Bundesverband e.V.
Vahrenwalder Str. 205-207, 30165 Hannover
T: (0511) 9 68 34-0   Fax: 9 68 34-50
Internet: http://www.dmsg.de
E-Mail: dmsg@dmsg.de
Gründung: 1952
Vorsitzende(r): Staatsminister a.D. Gottfried Milde
Vors. d. Ärztl. Beirats: Prof. Dr.med. Klaus V. Toyka, Würzburg
Geschäftsführer(in): Dorothea Pitschnau (M.A.)
Verbandszeitschrift: AKTIV
Redaktion: Vahrenwalder Str. 205-207, 30165 Hannover
Mitglieder: 41535

Beratung, Dienstleistung für MS-Kranke, Öffentlichkeitsarbeit, Förderung MS-Forschung.

Landesverbände:

t 3 090
AMSEL Aktion Multiple Sklerose Erkrankter, Landesverband der DMSG in Baden-Württemberg e.V.
Regerstr. 18, 70195 Stuttgart
T: (0711) 6 97 86-0   Fax: 6 97 86 99
E-Mail: amsel@dmsg.de
Schirmherrin: Ursula Späth
Vorsitzende(r): Peter Koch
Geschäftsführer(in): Hans-Adam Michel
Soziale Dienste: Helmut Geiger
Verbandszeitschrift: AMSEL-Nachrichten (vierteljährlich, gesonderter Versand)

t 3 091
Deutsche Multiple Sklerose Gesellschaft
Landesverband Bayern e.V.
St.-Jakobs-Platz 10, 80331 München
T: (089) 23 66 41-0   Fax: 23 66 41-33
E-Mail: dmsg-bayern@dmsg.de
Schirmherrin: Monika Hohlmeier (MdL)
Vorsitzende(r): RA Karl Bayer
Vors. Ärztl. Beirat: Dr. med. Nicolaus König
Vors. Patientenbeirat: Ellen Galle
Geschäftsführer(in): Marieluise Gilch
Soziale Dienste: Monika Rehm
Verbandszeitschrift: Kontakt (vierteljährlich, gesonderter Versand)

t 3 092
Deutsche Multiple Sklerose Gesellschaft
Landesverband Berlin e.V.
Knesebeckstr. 3, 10623 Berlin
T: (030) 3 13 06 47   Fax: 3 12 66 04
E-Mail: dmsg-berlin@dmsg.de
Schirmherrin: Die Präsidentin des Abgeordnetenhauses von Berlin a.D. Dr. Hanna-Renate Laurien
Vorsitzende(r): Staatssekretär a.D. Hanns-Peter Herz
Ärztlicher Berater: Prof. Dr. Holger Altenkirch
Vors. Patientenbeirat: Bärbel Machander
Geschäftsführer(in): Dipl.-Pol. Ilona Nippert (M.A.)
Psychol. Dienst: Gertrud Finke
Jutta Willen
Verbandszeitschrift: Betroffene informieren Betroffene (mehrmals jährlich, gesonderter Versand)

t 3 093
Deutsche Multiple Sklerose Gesellschaft
Landesverband Brandenburg e.V.
Jägerstr. 17-18, 14467 Potsdam
T: (0331) 29 26 76   Fax: 2 80 01 46
E-Mail: dmsg-brandenburg@dmsg.de
Schirmherr: Ministerpräsident Dr. Manfred Stolpe
Vorsitzende(r): Marianne Seibert
Ärztl. Vorstands-Mitgl.: CHA. Dr. med. Eckhard Marg
Geschäftsführer(in): Dr. Regine Priller
Verbandszeitschrift: Märkisches MS-Magazin (vierteljährlich)

t 3 094
Deutsche Multiple Sklerose Gesellschaft
Landesverband Bremen e.V.
Fedelhören 44, 28203 Bremen
T: (0421) 32 66 19   Fax: 32 40 92
E-Mail: dmsg-bremen@dmsg.de
Schirmherr: Manfred Richter (Oberbürgermeister)
Vorsitzende(r): Dieter Kaacksteen
Medizinischer Beirat: Prof. Dr.med. G. Schwendemann
Patientvertreterin: Gerda Wiggert
Soziale Dienste: Christina Werner
Annemarie Grotmaack
Verbandszeitschrift: MS-Kontakt (vierteljährlich)

t 3 095
Deutsche Multiple Sklerose Gesellschaft
Landesverband Hamburg e.V.
Eppendorfer Weg 154, 20253 Hamburg
T: (040) 4 22 44 33   Fax: 4 22 44 40
E-Mail: dmsg-hamburg@dmsg.de
Schirmherr: Dr. Harald Schulze (Rechnungshofpräsident a.D.)
Vorsitzende(r): Dr. Hans de la Motte (Oberfinanzpräsident)
Vors. d. Ärztl. Beirat: Dr. med. Wolfgang Gerhard Elias
Vors. Patientenbeirat: Susanne Preiss-Kelch
Geschäftsführer(in): Christel Hartlef
Soziale Dienste: Christa Ruschmeier
Verbandszeitschrift: Gemeinsam (vierteljährlich als Beilage AKTIV)

t 3 096
Deutsche Multiple Sklerose Gesellschaft
Landesverband Hessen e.V.
Wittelsbacherallee 86, 60385 Frankfurt
T: (069) 40 58 98-0   Fax: 40 58 98-40
E-Mail: dmsg-hessen@dmsg.de
Schirmherrin: Petra Roth (Oberbürgermeisterin)
Vorsitzende(r): Renate von Metzler
Vors. Ärztl. Beirat: Prof. Dr. med. Erwin Stark
Vors. Patientenbeirat: Ute Wallner
Geschäftsführer(in): Wolfgang Steinmetz
Soziale Dienste: Sylvia Buxmann
Verbandszeitschrift: Dabei (vierteljährlich, gesonderter Versand)

t 3 097
Deutsche Multiple Sklerose Gesellschaft
Landesverband Mecklenburg-Vorpommern e.V.
Anne-Frank-Str. 47, 19061 Schwerin
T: (0385) 3 92 20 22   Fax: 3 94 11 39
E-Mail: dmsg-mecklenburg-vorpommern@dmsg.de
Schirmherrin: Dr. Annemarie Seite
Vorsitzende(r): Gudrun Schoefer-Timpe
Vors. d. Ärztebeirates: Prof. Dr. med. Reiner Benecke
Vors. Patientenbeirat: Peter Schütt
Verbandszeitschrift: Mensch sein (vierteljährlich als Beilage AKTIV)

t 3 098

Deutsche Multiple Sklerose Gesellschaft Landesverband Niedersachsen e.V.
Herrenhäuser Kirchweg 14, 30167 Hannover
T: (0511) 70 33 38 Fax: 70 89 81
E-Mail: dmsg-niedersachsen@dmsg.de
Schirmherrin: IHD Erbprinzessin Marie-Luise zu Schaumburg-Lippe
Vorsitzende(r): Prof. Dr.med. Wolfgang Weinrich
Vors. Ärztl. Beirat: PD Dr. med. Fedor Heidenreich
Dr. med. Bernhard Schaffartzik
Geschäftsführer(in): Elke Sylvester
Verbandszeitschrift: MS-Info Niedersachsen (vierteljährlich als Beilage AKTIV)

t 3 099

Deutsche Multiple Sklerose Gesellschaft Landesverband Nordrhein-Westfalen e.V.
Kirchfeldstr. 149, 40215 Düsseldorf
T: (0211) 9 33 04-0 Fax: 31 20 19
E-Mail: dmsg-nrw@dmsg.de
Schirmherr: Ministerpräsident Wolfgang Clement
Vorsitzende(r): Harry Wermuth
Vors. Medizinischer Beirat: Prof. Dr. med. Walter Gehlen
Vors. Patientenbeirat: Detlef Weirich
Geschäftsführer(in): Markus Wirtz
Psychologischer Dienst und Soziale Dienste: Dipl.-Psych. Harriet-Angelika Rink
Verbandszeitschrift: MS-Magazin NRW (vierteljährlich, gesonderter Versand)

t 3 100

Deutsche Multiple Sklerose Gesellschaft Landesverband Rheinland-Pfalz e.V.
Hindenburgstr. 32, 55118 Mainz
T: (06131) 60 47 04 Fax: 60 49 30
E-Mail: dmsg-rheinland-pfalz@dmsg.de
Vorsitzende(r): Hubertus v. Kluge
Vors. Ärztl. Beirat: Prof. Dr.med. Klaus Lowitzsch
Vors. Patientenbeirat: Martin Bender
Geschäftsführer(in): Ralf Beyer
Verbandszeitschrift: helfen (vierteljährlich als Beilage AKTIV)

t 3 101

Deutsche Multiple Sklerose Gesellschaft Landesverband Saar e.V.
Richard-Wagner-Str. 62, 66111 Saarbrücken
T: (0681) 3 79 10-0 Fax: 3 79 10-16
E-Mail: dmsg-saarland@dmsg.de
Vors. u. Ärztl. Mitgl. im Vorst: Prof. Dr. med. Klaus Schimrigk
Geschäftsführung: Herbert Temmes
Soziale Dienste: Marita Mayers
Verbandszeitschrift: MS-Aktuell (vierteljährlich als Beilage AKTIV)

t 3 102

Deutsche Multiple Sklerose Gesellschaft Landesverband Sachsen e.V.
Borsbergstr. 12, 01309 Dresden
T: (0351) 4 59 33 81 Fax: 4 41 60 81
E-Mail: dmsg-sachsen@dmsg.de
Schirmherrin: Ingrid Biedenkopf
Vorsitzende(r): Hans-Joachim Raden
Vors. Ärztl. Beirat: Prof. Dr.med.habil. Bernhard Kunath
Vors. Patientenbeirat: Günter Albrecht
Verbandszeitschrift: LV Sachsen (vierteljährlich als Beilage AKTIV)

t 3 103

Deutsche Multiple Sklerose Gesellschaft Landesverband Sachsen-Anhalt e.V.
Taubenstr. 4, 06110 Halle
T: (0345) 2 02 98 31 Fax: 2 02 98 36
E-Mail: dmsg-sachsen-anhalt@dmsg.de
Schirmherr: Wolfgang Schaefer (Landtagspräsident)
Vorsitzende(r): Wilhelm Faßhauer
Vors. Ärztl. Beirat: Dr. med. Michael Sailer
Vors. Patientenbeirat: Dr. med. Edeltraud Faßhauer
Geschäftsführer(in): Carola Lange
Verbandszeitschrift: dabeisein (vierteljährlich als Beilage AKTIV)

t 3 104

Deutsche Multiple Sklerose Gesellschaft Landesverband Schleswig-Holstein e.V.
Beselerallee 57, 24105 Kiel
T: (0431) 5 60 15-0 Fax: 5 60 15-20
Internet: http://www.dmsg-sh.de
E-Mail: dmsg-schleswig-holstein@dmsg.de
Schirmherr: Dr. Klaus Murmann
Ärztl. Vorst.-Mitgl.: Dr. med. Hans-Adolf Paul

Dr. med. Helmut Kropp
Vors. Patientenbeirat: Peter Endler
Geschäftsführer(in): Elke Haake-Wiese
Soziale Dienste: Andrea Patzina
Verbandszeitschrift: Informationsblatt (vierteljährlich als Beilage AKTIV)

t 3 105

Deutsche Multiple Sklerose Gesellschaft Landesverband Thüringen e.V.
Zittauer Str. 27, Haus 1, 99091 Erfurt
T: (0361) 7 10 04 60 Fax: 7 10 04 61
E-Mail: dmsg-thueringen@dmsg.de
Schirmherr: Ministerpräsident Dr. Bernhard Vogel
Vorsitzende(r): Justizminister Dr. Andreas Birkmann
Vors.Ärztl.Beirat: Dr. med. Gerlinde Schock
Vors. Patientenbeirat: Brigitte Hellmann
Geschäftsführer(in): Erhard Faupel
Verbandszeitschrift: Gemeinsam leben (vierteljährlich als Beilage AKTIV)

● **T 3 106**

Deutsche Narkolepsie-Gesellschaft e.V.
Postfl. 11 07, 42755 Haan
T: (02129) 95 96 85 Fax: 3 29 45
Internet: http://www.dng-ev.de
E-Mail: dnger@wtal.de
Gründung: 1980 (1. Oktober)
Vorstand:
1. Vorsitzende(r): K. Günter Baus (Postfl. 11 07, 42755 Haan, T: (02129) 95 96 85, Telefax: (02129) 3 29 45, E-Mail: dnger@wtal.de)
1. stellv. Vors.: Gerhard Steiner (Limburger Str. 39, 58644 Iserlohn, T: (02371) 59 05, Fax: (02371) 95 45 69)
2. stellv. Vors. und Kassenwartin: Katharina Hennecke-Schneider (Postfl. 11 65, 50239 Pulheim, T/Fax: (02238) 5 92 58, E-Mail: hennecke-schneider@t-online.de)
Beisitzer: Marga Grimm (Paul-Keller-Weg 10, 42929 Wermelskirchen, T: (02196) 8 11 01)
Roger Reiter (Im Scheurenboll 44, 78234 Engen, T: (07733) 13 17)
Elke Säuberlich (Hegelstr. 35, 03050 Cottbus, T: (0355) 52 52 17)
Wissenschaftlicher Beirat:
Vorsitzende(r): PD Dr. habil. Geert Mayer (Chefarzt Neurol. Klinik HEPHATA, Schwalmstadt-Treysa)
Ärztliche Beratung: Deutsche Gesellschaft für Schlafforschung und Schlafmed. e.V. (DGSM)
Leitung Presseabteilung: K. Günter Baus (Postfl. 11 07, 42755 Haan, T: (02129) 95 96 85, Fax: (02129) 3 29 45, E-Mail: dnger@wtal.de)
Verbandszeitschrift: DER WECKER
Redaktion: Marga Grimm, Paul-Keller-Weg 10, 42929 Wermelskirchen, T: (02196) 8 11 01
Mitglieder: ca. 1000
Mitarbeiter: ca. 50 ehrenamtl., 1 hauptamtl.
Jahresetat: ca. DM 0,2 Mio, € 0,1 Mio (Mitgliederbeiträge, Zuschüsse, Spenden)

Landesverbände

t 3 107

Deutsche Narkolepsie-Gesellschaft e.V. Landesverband Baden-Württemberg
Carl-Peters-Str. 42, 70825 Korntal-Münchingen
T: (0711) 8 38 66 75 Fax: 8 38 66 75
1. Vorsitzende(r): Hartmut Meyer

t 3 108

Deutsche Narkolepsie-Gesellschaft e.V. Landesverband Bayern
Hauptstr. 28, 94356 Kirchroth
T: (09428) 4 73 Fax: 94 98 40
E-Mail: dng-bayern@gmx.de
1. Vorsitzende(r): Margit Kleebauer

● **T 3 109**

Deutsche Parkinson-Vereinigung -Bundesverband- e.V. (dPV)
Moselstr. 31, 41464 Neuss
T: (02131) 4 10 16, 4 10 17 Fax: 4 54 45
E-Mail: parkinsonv@aol.com
Gründung: 1981 (21. Oktober)
1. Vorsitzende(r): Dr. Wolfgang Götz
Geschäftsführer(in): RA F.-W. Mehrhoff
Verbandszeitschrift: dPV-Nachrichten für Mitglieder
Verlag: Moselstr. 31, 41464 Neuss
Mitglieder: 21000
258 Regionalgruppen, 34 Kontaktstellen
Landesverbände in Baden-Württemberg, Bayern, Hessen, Sachsen-Anhalt

● **T 3 110**

Pro Retina Deutschland e.V.
Selbsthilfevereinigung von Menschen mit Netzhautdegenerationen
c/o Frau Ingrid Fritze
Vaalser Str. 108, 52074 Aachen
T: (0241) 87 00 18 Fax: 87 39 61
Internet: http://www.pro-retina.de
E-Mail: pro-retina@t-online.de
Gründung: 1977
Vorstandsvorsitz: Dr. Rainald von Gizycki (Ernst-Ludwig-Ring 44, 61231 Bad Nauheim, T: (06032) 30 66 90, Fax: 3 21 72)
Ltg. Öffentlichkeitsarbeit: Horst Schwerger (Postfl. 11 62, 73761 Neuhausen, T: (07158) 6 84 81, Fax: 95 13 31)
Verbandszeitschrift: RP-Aktuell
Redaktion: Ina Jonas, Matthias-Claudius-Str. 5, 53757 St. Augustin, T. + Fax: (02241) 20 50 36
Verlag: Görres-Druckerei GmbH, Koblenz, T: (0261) 8 30 75
Mitglieder: ca. 5000

● **T 3 111**

Deutsche Rheuma-Liga, Bundesverband e.V.
Hilfs- und Selbsthilfegemeinschaft rheumakranker Menschen
Maximilianstr. 14, 53111 Bonn
T: (0228) 76 60 60 Fax: 7 66 06 20
Internet: http://www.rheuma-liga.de
E-Mail: bv@rheuma-liga.de
Präsident(in): Dr. Christine Jakob
Geschäftsführerin: Silvia Wollersheim
Leitung Presseabteilung: Susanne Walia
Verbandszeitschrift: mobil
Verlag: Redaktion, Postfach 22, 67133 Maxdorf
Mitglieder: 200000
19 Landes- Mitgliedsverbände in allen Bundesländern mit 800 örtl. Arbeitsgemeinschaften und Beratungsstellen, Deutsche Vereinigung Morbus Bechterew e.V., Lupus Erythematodes Selbsthilfegemeinschaft e.V., Selbsthilfegruppe Sklerodermie in Deutschland e.V., "Elternkreise rheumakranker Kinder und Jugendliche" "Clubs junger Rheumatiker", eigene Gesprächsgruppen für Fibromyalgie- und Vaskulitis-Betroffene, ca. 200.000 Einzelmitglieder; seit 1982 Deutsche Rheumahilfe e.V., Fördergemeinschaft der Deutschen Rheuma-Liga.

● **T 3 112**

Deutsche Sarkoidose-Vereinigung gemeinnütziger e.V.
Postfl. 30 43, 40650 Meerbusch
Uerdinger Str. 43, 40668 Meerbusch
T: (02150) 73 60 Fax: 73 60
Internet: http://www.sarkoidose.de
E-Mail: Sarkoidose@aol.com
Gründung: 1987 (24. Januar)
Vorsitzende: Renate Braune
Verbandszeitschrift: Sarkoidose Nachrichten und Berichte

● **T 3 113**

Deutsche Tinnitus-Liga e.V. (DTL)
Am Lohsiepen 18, 42369 Wuppertal
T: (0202) 24 65 20 Fax: 2 46 52 20
Internet: http://www.tinnitus-liga.de
E-Mail: dtl@tinnitus-liga.de
Gründung: 1986
Leitung Presseabteilung: Matthias Renner
Verbandszeitschrift: Tinnitus-Forum
Verlag: Deutsche Tinnitus-Liga, 42369 Wuppertal
Mitglieder: 22000
Mitarbeiter: 12

● **T 3 114**

Deutsche Vereinigung Morbus Bechterew e.V. (DVMB)
Metzgergasse 16, 97421 Schweinfurt
T: (09721) 2 20 33 Fax: 2 29 55
E-Mail: dvmb@talknet.de
Gründung: 1980
Geschäftsführer(in): Ludwig Hammel (Ltg. Presseabt.)
Verbandszeitschrift: Bechterew-Brief
Redaktion: DVMB, Schweinfurt
Verlag: DVMB, Metzgergasse 16, 97421 Schweinfurt
Mitglieder: 14725
Mitarbeiter: 6
Jahresetat: ca. DM 1 Mio, € 0,51 Mio

● **T 3 115**

Deutsche Zöliakie-Gesellschaft e.V.
Filderhauptstr. 61, 70599 Stuttgart

T 3 115

T: (0711) 45 45 14 Fax: 4 56 78 17
Internet: http://www.dzg-online.de
E-Mail: info@dzg-online.de
Gründung: 1974 (29. Oktober)
Vorstand: Christina Feußner-Koßick, Tettnang
Ute Freibrodt, Fahrland
Dr. Heide Mecke, Villingen-Schwenningen
Ingo Paus, Mannheim
Ina Rischbieter, Wolfsburg
Leiter(in) der Geschäftsstelle: Sofia Beisel
Mitglieder: 14800

Der Verein hat das Ziel, an Zöliakie/Sprue erkrankten Personen und Dermatitis herpetiformis Duhring-Patienten, die ebenfalls eine glutenfreie Kost benötigen, zu helfen. Umfassende Informationen für Betroffene enthält das Zöliakie-Handbuch mit seinen Bestandteilen: Aufstellung glutenfreier Lebensmittel, Rezeptsammlung, Kur- und Ferienführer, DZG-medizin. Daneben bieten wir regionale Gesprächsgruppen für den Erfahrungsaustausch an.

● **T 3 116**

Deutscher Allergie- und Asthmabund e.V. (DAAB)
Beratungstelefon: (02161) 1 02 07
Hindenburgstr. 110, 41061 Mönchengladbach
T: (02161) 81 49 40, 8 14 94 30 Fax: 20 85 02
Internet: http://www.daab.de
E-Mail: info@daab.de
Gründung: 1897
Ltg. Presseabt. u. Geschf: Andrea Wallrafen
Verbandszeitschrift: ALLERGIE konkret
Redaktion: Andrea Wallrafen, Manfred Fammler
Mitglieder: 18000
140 Mitgliedsverbände, 4 Landesverbände
Mitarbeiter: 16

Beratung, Hilfestellungen, Information, Schulung bei Allergien, Asthma und Neurodermitis, Organisation von Kinder- u. Familienfreizeiten, Publikationen, Öffentlichkeitsarbeit, Lobbyismus.

t 3 117

Deutscher Allergie- und Asthmabund e.V. Landesbüro
Beratungszentrum Nord
Landesgeschäftsstelle
Uhlenhorst 5, 21493 Schwarzenbek
T: (04151) 89 46 30 Fax: 89 54 42
Landesverbandsvorsitzende: Elke Alsdorf

t 3 118

Deutscher Allergie- und Asthmabund e.V. Landesverband Nordrhein-Westfalen
Landesgeschäftsstelle
Hindenburgstr. 110, 41061 Mönchengladbach
T: (02161) 8 14 94-0, 1 02 07 Fax: 20 85 02, 8 14 94 30

t 3 119

Deutscher Allergie- und Asthmabund e.V. Landesverband Rheinland-Pfalz
Landesgeschäftsstelle
Blücherstr. 31, 67063 Ludwigshafen
T: (0621) 52 48 77 Fax: 52 78 63
Landesverbandsvorsitzende: Marliese Köster

t 3 120

Deutscher Allergie- und Asthmabund e.V. Landesverband Sachsen
Landesgeschäftsstelle
Kohlenstr. 2, 04107 Leipzig
T: (0341) 2 13 21 37 Fax: 2 13 21 39
Landesverbandsvorsitzende: Hella Zimmermann

● **T 3 121**

Deutsche Haut- und Allergiehilfe e.V.
Gotenstr. 164, 53175 Bonn
T: (0228) 3 67 91-0 Fax: 3 67 91-90
E-Mail: bv-dha@t-online.de
Präsident(in): Prof. Dr. Dr. Otto Braun-Falco
Vorsitzende(r): Prof. Dr. Enno Christophers
Geschäftsführer(in): Erhard Hackler

● **T 3 122**

Deutscher Blinden- und Sehbehindertenverband e.V.
Bismarckallee 30, 53173 Bonn
T: (0228) 95 58 20 Fax: 35 77 19
Internet: http://www.dbsv.org
E-Mail: info@dbsv.org

Leitung Presseabteilung: Dr. Thomas Nicolai
Verbandszeitschrift: Die Gegenwart
Verlag: DBSV-Außenstelle, Rungestr. 19, 10179 Berlin, T: (030) 28 53 87-0, Fax: (030) 28 53 87 20

Mitgliedsorganisationen

t 3 123

Bayerischer Blinden- und Sehbehindertenbund e.V.
Landesgeschäftsstelle
Arnulfstr. 22, 80335 München
T: (089) 5 59 88-0 Fax: 5 59 88-266
Internet: http://www.bayer-blindenbund.de
E-Mail: landesgeschaeftsstelle@bbsb.org

t 3 124

Blinden- und Sehbehindertenverein Südbaden e.V.
Wölflinstr. 13, 79104 Freiburg
T: (0761) 3 61 22 Fax: 3 61 23

t 3 125

Blinden- und Sehbehindertenverband Ost-Baden-Württemberg e.V.
Moserstr. 6, 70182 Stuttgart
T: (0711) 21 06 00 Fax: 2 10 60 99
Internet: http://www.bsvobw.de
E-Mail: vgs@bsvobw.de

t 3 126

Badischer Blinden- und Sehbehindertenverein V.m.K.
Augartenstr. 55, 68165 Mannheim
T: (0621) 40 20 31 Fax: 40 23 04
Internet: http://www.bbv-bw.de
E-Mail: info@bbv-bw.de

t 3 127

Blinden- und Sehbehindertenverein für das Saarland e.V.
Hoxbergstr. 1, 66809 Nalbach
T: (06838) 36 62 Fax: 31 06
E-Mail: h.reck@hit.handshake.de

t 3 128

Blindenbund in Hessen e.V.
Eschersheimer Landstr. 80, 60322 Frankfurt
T: (069) 1 50 59 66 Fax: 15 05 96 77
E-Mail: bbh_mey@compuserve.com

t 3 129

Landesblindenverband Rheinland-Pfalz e.V.
Schumannstr. 13, 57518 Betzdorf
T: (02741) 2 15 51 Fax: 2 15 51

t 3 130

Blinden- und Sehbehindertenverband Nordrhein e.V.
Helen-Keller-Str. 5, 40670 Meerbusch
T: (02159) 9 65 50 Fax: 96 55 44

t 3 131

Blinden- und Sehbehindertenverein Westfalen e.V.
Märkische Str. 61, 44141 Dortmund
T: (0231) 55 75 90-0 Fax: 5 86 25 28
E-Mail: bsvwev@cityweb.de

t 3 132

Lippischer Blindenverein e.V.
Kiefernweg 1, 32758 Detmold
T: (05231) 6 30 00 Fax: 6 30 04 40
Internet: http://www.lippischer-blindenverein.de
E-Mail: info@lippischer-blindenverein.de

t 3 133

Blinden- und Sehbehindertenverband Niedersachsen e.V.
Kühnsstr. 18, 30559 Hannover
T: (0511) 51 04-0 Fax: 51 04-444
Internet: http://www.blindenverband.de
E-Mail: info@blindenverband.de

t 3 134

Allgemeiner Blinden- und Sehbehindertenverein Berlin gegr. 1874 e.V.
Auerbacher Str. 7, 14193 Berlin

T: (030) 8 95 88-0 Fax: 8 95 88-99
Internet: http://www.absv.de
E-Mail: absv-berlin@t-online.de

t 3 135

Blinden- und Sehbehindertenverein Bremen e.V.
Contrescarpe 3, 28203 Bremen
T: (0421) 32 77 33 Fax: 3 39 88 13

t 3 136

Blinden- und Sehbehindertenverein Hamburg e.V.
Holsteinischer Kamp 26, 22081 Hamburg
T: (040) 20 94 04-0 Fax: 20 94 04-30
E-Mail: bsv-hamburg@t-online.de

t 3 137

Blinden- und Sehbehindertenverein Schleswig-Holstein e.V.
Memelstr. 4, 23554 Lübeck
T: (0451) 40 85 08-0 Fax: 40 75 30

t 3 138

Blinden- und Sehbehinderten-Verband Brandenburg (BSVB) e.V.
Heinrich-Zille-Str. 1-6 Haus 9, 03042 Cottbus
T: (0355) 2 25 49 Fax: 7 29 39 74
Internet: http://www.bsvb.de
E-Mail: bsvb@bsvb.de

t 3 139

Blinden- und Sehbehinderten-Verein Mecklenburg-Vorpommern e.V.
Henrik-Ibsen-Str. 20, 18106 Rostock
T: (0381) 77 89 80 Fax: 7 99 85 58
Internet: http://www.bsvmv.laesst-gruessen.de
E-Mail: bsvmvev@t-online.de

t 3 140

Blinden- und Sehbehinderten-Verband Sachsen e.V.
Louis-Braille-Str. 6, 01099 Dresden
T: (0351) 8 09 06 11 Fax: 8 09 06 12
E-Mail: bsvs.dd@t-online.de

t 3 141

Blinden- und Sehbehinderten-Verband Sachsen-Anhalt e.V.
Postf. 18 01 52, 39028 Magdeburg
T: (0391) 2 89 62 39 Fax: 2 89 62 34
Internet: http://www.bsv-sachsen-anhalt.de
E-Mail: bsvsa@t-online.de

t 3 142

Blinden- und Sehbehindertenverband Thüringen e.V.
Greizer Str. 9 /Nicolaiberg 5a, 07545 Gera
T: (0365) 8 32 22 73 Fax: 5 29 86
Internet: http://www.uni-jena.de/jena/bsvt/
E-Mail: bsvt.e.v@t-online.de

● **T 3 143**

Deutscher Diabetiker-Bund e.V. (DDB)
Bundesgeschäftsstelle
Danziger Weg 1, 58511 Lüdenscheid
T: (02351) 98 91 53 Fax: 98 91 50
Internet: http://www.diabetikerbund.de
Gründung: 1951
Verbandszeitschrift: Diabetes-Journal
Verlag: Verlag Kirchheim, Postf. 25 24, 55015 Mainz
Mitglieder: 33000
Mitarbeiter: 590 (ehrenamtlich)

DDB-Landesverbände

t 3 144

Deutscher Diabetiker-Bund Landesverband Baden-Württemberg e.V.
Hauptstr. 71, 74889 Sinsheim
T: (07261) 1 27 62 Fax: (06202) 1 33 82

t 3 145

Deutscher Diabetiker-Bund Landesverband Bayern e.V.
Liebherrstr. 5 IV, 80538 München
T: (089) 22 73 41 Fax: 22 58 81

t 3 146

**Deutscher Diabetiker-Bund
Landesverband Berlin e.V.**
Rungestr. 3-6, 10179 Berlin
T: (030) 2 78 67 37 **Fax:** 2 78 67 37

t 3 147

**Deutscher Diabetiker-Bund
Landesverband Brandenburg e.V.**
Schopenhauerstr. 37, 14467 Potsdam
T: (0331) 95 10-588 **Fax:** 95 10-590

t 3 148

**Deutscher Diabetiker-Bund
Landesverband Bremen e.V.**
Eduard-Grunow-Str. 24, 28203 Bremen
T: (0421) 6 16 43 23 **Fax:** 6 16 86 07

t 3 149

**Deutscher Diabetiker-Bund
Landesverband Hamburg e.V.**
Von-Essen-Str. 85, 22081 Hamburg
T: (040) 2 00 04 38-0 **Fax:** 2 00 04 38-8

t 3 150

**Deutscher Diabetiker-Bund
Landesverband Hessen e.V.**
Friedrich-Ebert-Str. 5, 34613 Schwalmstadt
T: (06691) 2 49 57 **Fax:** 2 49 58

t 3 151

**Deutscher Diabetiker-Bund
Landesverband Mecklenburg-Vorpommern e.V.**
Bundesgeschäftsstelle
Danziger Weg 1, 58511 Lüdenscheid
T: (02351) 98 91 53 **Fax:** 98 91 50

t 3 152

**Deutscher Diabetiker-Bund
Landesverband Niedersachsen e.V.**
Elsa-Brändström-Weg 22, 31141 Hildesheim
T: (05121) 87 61 73 **Fax:** 87 61 81

t 3 153

**Deutscher Diabetiker-Bund
Landesverband Nordrhein-Westfalen e.V.**
Johanniterstr. 45, 47053 Duisburg
T: (0203) 6 08 44-0 **Fax:** 6 08 44-77

t 3 154

**Deutscher Diabetiker-Bund
Landesverband Rheinland-Pfalz e.V.**
Brückenstr. 12, 57627 Heuzert
T: (02688) 98 91 93 **Fax:** 98 91 94

t 3 155

**Deutscher Diabetiker-Bund
Landesverband Saarland e.V.**
Hemmersweiher 5, 66386 Sankt Ingbert
T: (06894) 16 98 98 **Fax:** 16 98 99
Internet: http://www.diabetiker-saar.de
E-Mail: landesverband@diabetiker-saar.de
1. **Vorsitzende(r):** Volker Petzinger

t 3 156

**Deutscher Diabetiker-Bund
Landesverband Sachsen e.V.**
Striesener Str. 39, 01307 Dresden
T: (0351) 4 41 86 04 **Fax:** 4 41 86 04

t 3 157

**Deutscher Diabetiker-Bund
Landesverband Sachsen-Anhalt e.V.**
Wittenberger Str. 21, 39106 Magdeburg
T: (0391) 5 93 31 68 **Fax:** 6 23 20 73

t 3 158

**Deutscher Diabetiker-Bund
Landesverband Schleswig-Holstein e.V.**
Kronshagener Weg 15, 24114 Kiel
T: (0431) 18 00 09 **Fax:** 18 00 09

t 3 159

**Deutscher Diabetiker-Bund
Landesverband Thüringen e.V.**
Thälmannstr. 25, 99085 Erfurt
T: (0361) 7 31 48 19 **Fax:** 7 31 48 19
Vorsitzende(r): Edith Claußen

t 3 160

Arbeitskreis der Pankreatektomierten e.V. (AdP)
Krefelder Str. 3, 41539 Dormagen
T: (02133) 4 23 29 **Fax:** 4 26 91
Internet: http://www.adp-dormagen.de
E-Mail: adp-dormagen@t-online.de

t 3 161

Berliner Fördergemeinschaft junger Diabetiker e.V.
Lepsiusstr. 49, 12163 Berlin
T: (030) 79 70 54 26 **Fax:** 79 70 54 26

t 3 162

BVI - Bundesverband Insulinpumpenträger e.V.
Reinekestr. 31, 51145 Köln
T: (02203) 2 58 62

t 3 163

Förderkreis Eltern diabetischer Kinder und Jugendlicher e.V.
Ochsenberg 23, 67659 Kaiserslautern
T: (0631) 4 24 22

● **T 3 164**

Deutscher Gehörlosen-Bund e.V.
Hasseer Str. 47, 24113 Kiel
T: (0431) 6 43 44 76 Schreibtelefon, 6 43 44 68, 6 43 46 56 Bildtelefon **Fax:** 6 43 44 93
Internet: http://www.gehoerlosen-bund.de
E-Mail: info@gehoerlosen-bund.de
Gründung: 1950
Präsident(in): Gerlinde Gerkens
Vizepräsident(in): Willi Huck
Rudi Sailer
Erhard Müller
Verbandszeitschrift: Deutsche Gehörlosen-Zeitung
Verlag: Postf. 34 02 31, 45074 Essen
Mitglieder: 35000
Mitarbeiter: 3

t 3 165

**Landesverband der Gehörlosen
Baden-Württemberg e.V.**
Geschäftsstelle
Albert-Schneble-Str. 30, 77830 Bühlertal
T: (07223) 7 41 67 **Fax:** 7 41 97
Gründung: 1881
1. **Vorsitzende(r):** Willi Huck (Oberer Rain 16, 76571 Gaggenau)

t 3 166

Landesverband Bayern der Gehörlosen e.V.
Beratungs- u. Informationszentrum
Schwanthalerstr. 76, 80336 München
T: (089) 5 43 81 10 **Fax:** 5 43 97 92
Internet: http://www.lbg-gehoerlos.de

t 3 167

Gehörlosendolmetscher-Landeszentrale
im Landesverband Bayern der Gehörlosen e.V.
Schwanthalerstr. 76 Rgb., 80336 München
T: (089) 5 43 81 91 **Fax:** 5 43 97 92
Gründung: 1951
1. **Vorsitzende(r):** Rudolf Gast (Schwanthaler Str. 76, 80336 München)

t 3 168

Landesverband der Gehörlosen Berlin e.V.
Landesgeschäftsstelle
Friedrichstr. 12, 10969 Berlin
T: (030) 25 29 30 30 **Fax:** 25 29 80 31
Internet: http://www.gehoerlosenverband-berlin.de
Gründung: 1952

t 3 169

**Landesverband der Gehörlosen
Brandenburg e.V.**
Geschäftsstelle
Max-Grünebaum-Str. 9, 03042 Cottbus
T: (0355) 2 27 79 **Fax:** 2 27 79
Internet: http://www.lvb-gl-brb.de
E-Mail: gehoerlose@online.de

Gründung: 1990
1. **Vorsitzende(r):** Günter Gräfe (Parzellenstr. 8, 03058 Gallinchen, T: (0355) 53 16 15, Telefax: (0355) 53 16 15)

t 3 170

Landesverband der Gehörlosen Bremen e.V.
Geschäftsstelle
Steffensweg 59, 28217 Bremen
T: (0421) 3 80 78 29 **Fax:** 3 96 67 72
Gründung: 1961
1. **Vorsitzende(r):** Käthe George (Steffensweg 59, 28217 Bremen, E-Mail: kathigeorge@t-online.de)

t 3 171

Landesverband der Gehörlosen Hamburg e.V.
Geschäftsstelle
Bernadottestr. 126, 22605 Hamburg
T: (040) 8 80 90 88 18 **Fax:** 8 81 15 36
Internet: http://www.gehoerlosenverband-hamburg.de
E-Mail: lv.gl.hh@t-online.de
Gründung: 1947
1. **Vorsitzende(r):** Alexander von Meyenn (Bernadottestr. 126, 22175 Hamburg, T: (040) 6 95 79 89)

t 3 172

Landesverband der Gehörlosen Hessen e.V.
Geschäftsstelle
Rothschildallee 16a, 60389 Frankfurt
T: (069) 4 69 34 34, 46 99 91 15 Bildtelefon
Fax: 4 69 20 84
Internet: http://www.gl-hessen.de
E-Mail: vorstand@gl-hessen.de
Gründung: 1923
1. **Vorsitzende(r):** Horst D. Krämer (Rothschildallee 16 a, 60389 Frankfurt/Main)

t 3 173

**Landesverband der Gehörlosen
Mecklenburg-Vorpommern e.V.**
Geschäftsstelle
Ladenstr. (03874) 6 79 28, 19288 Ludwigslust
Gründung: 1991
1. **Vorsitzende(r):** Jürgen Teegler (Leninstr. 55, 19370 Parchim, T: (03871) 4 14 11)

t 3 174

**Landesverband der Gehörlosen
Niedersachsen e.V.**
Geschäftsstelle
Westerfeldstr. 15, 31177 Harsum
T: (05127) 6 95 44 **Fax:** 6 95 57
E-Mail: lvdgl.nds@t-online.de
Gründung: 1950
1. **Vorsitzende(r):** Bernhard Bock (Lohmannstr. 2a, 31785 Hameln, T: (05151) 4 42 05, Telefax: (05151) 4 39 14)

t 3 175

**Landesverband der Gehörlosen
Nordrhein-Westfalen e.V.**
Geschäftsstelle
Simsonstr. 29, 45147 Essen
T: (0201) 70 51 04 **Fax:** 70 31 49
Internet: http://www.lvglnrw.de
E-Mail: lvglnrw@t-online.de
Gründung: 1899
1. **Vorsitzende(r):** Hermann Riekötter (Simsonstr. 29, 45147 Essen, T: (0201) 70 51 04, Telefax: (0201) 70 31 49)

t 3 176

**Landesverband der Gehörlosen
Rheinland-Pfalz e.V.**
Geschäftsstelle
Frankenthaler Str. 59, 67227 Frankenthal
T: (06233) 43 64 28 **Fax:** 43 64 29
E-Mail: e-j.thein@t-online.de
Gründung: 1950
1. **Vorsitzende(r):** Robert Brück (Feldbergstr. 1, 55118 Mainz)

t 3 177

Landesverband der Gehörlosen Saar e.V.
Geschäftsstelle
Kirchstr. 25, 66606 St Wendel
T: (06854) 71 43 **Fax:** 7 69 43
Gründung: 1958
1. **Vorsitzende(r):** Harald Körner (Kirchstr. 25, 66606 St. Wendel)

t 3 178
Landesverband der Gehörlosen Sachsen-Anhalt e.V.
Geschäftsstelle
Kroatenweg 70, 39116 Magdeburg
T: (0391) 6 09 94 50　**Fax:** 6 09 94 55
Internet: http://www.t-online.de/home/gehoerlosenverband-sa
E-Mail: gehoerlosenverband-sa@t-online.de
Gründung: 1990
1. Vorsitzende(r): Adolf Kuss (Fritz-Heckert-Ring 37, 39576 Stendal, T: (03931) 41 53 67, Telefax: (03931) 41 53 67)

t 3 179
Landesverband der Gehörlosen Sachsen e.V.
Geschäftsstelle
Carolinenstr. 10, 01097 Dresden
T: (0351) 8 04 18 79　**Fax:** 8 03 07 72
Internet: http://www.t-online.de/home/lv_gehoerlose_sachsen
E-Mail: lv_gehoerlose_sachsen@t-online.de
Gründung: 1990
1. Vorsitzende(r): Martin Domke

t 3 180
Gehörlosenverband Schleswig-Holstein e.V.
Geschäftsstelle
Hasseer Str. 47, 24113 Kiel
T: (0431) 6 45 61, 6 47 60 28 Bildtelefon　**Fax:** 68 88 52
Internet: http://www.gehoerlosenverband-sh.de
E-Mail: info@gehoerlosenverband-sh.de
Gründung: 1882
1. Vorsitzende(r): Gerlinde Gerkens (Hasseer Str. 47, 24113 Kiel, T: (0431) 24 32 21 (pr.))

t 3 181
Landesverband der Gehörlosen Thüringen e.V.
Geschäftsstelle
Holbeinstr. 67, 99099 Erfurt
T: (0361) 3 45 29 63　**Fax:** 3 45 29 65
Gründung: 1990
1. Vorsitzende(r): Erhard Müller (Dornheimstr. 4, 99099 Erfurt)

● T 3 182
Deutscher Neurodermitiker Bund e.V.
Spaldingstr. 210, 20097 Hamburg
T: (040) 23 08 10　**Fax:** 23 10 08
Internet: http://www.dnb-ev.de
E-Mail: info@dnb-ev.de
Gründung: 1986
1. Vorsitzende(r): Thomas Schwennesen
Geschäftsstelle: Dorothea Schlotte
Elke Zimmer
Verbandszeitschrift: HAUTFREUND
Redaktion: Manfred Sandau
Verlag: Thomas Schwennesen Verlag, Lattenkamp 90, 22299 Hamburg
Mitglieder: 3000
Mitarbeiter: 2

● T 3 183
Deutscher Psoriasis Bund e.V. (DPB)
Selbsthilfe Organisation der an Schuppenflechte leidenden Menschen
Oberaltenallee 20a, 22081 Hamburg
T: (040) 22 33 99-0　**Fax:** 22 33 99 22
Internet: http://www.psoriasis-bund.de
E-Mail: dpb.hamburg@t-online.de
Gründung: 1973 (17. April)
Geschäftsführer(in): Hans-Detlev Kunz
Verbandszeitschrift: PSO Magazin
Redaktion: Dt. Psoriasis Bund, Oberaltenallee 20 a, 22081 Hamburg
Mitglieder: ca. 9000
Mitarbeiter: 5

● T 3 184
Deutscher Schwerhörigenbund e.V.
Bundesverband der Schwerhörigen und Ertaubten (DSB)
Postanschrift:
Breite Str. 3, 13187 Berlin
T: (030) 47 54 11 14　**Fax:** 47 54 11 16
Internet: http://www.schwerhoerigkeit.de
E-Mail: dsb@schwerhoerigkeit.de
Gründung: 1949 (Mai)
Vorstand
Präsident(in): Dr.med. Harald Seidler
Vizepräsident(in): Detlev Schilling
Adolf Becker
Weitere Vorstandsmitglieder: Matthias Leschke
Hans Brotzmann
Dieter F. Glembek
Marcel Karthäuser
Hans-Jürgen Meyer
Geschäftsführer(in): Edeltraud Cordes (Ltg. Presseabt.; Breite Str. 3, 13187 Berlin)
Verbandszeitschrift: DSB-Report
Redaktion: E. Cordes
Verlag: Mierau GmbH, Kanalstr. 36, 42657 Solingen
Mitglieder: 7000
Mitarbeiter: 2

Landesverbände

t 3 185
Deutscher Schwerhörigenbund e.V.
Landesverband Baden-Württemberg
Haußmannstr. 6, 70188 Stuttgart
T: (0711) 2 15 51 90　**Fax:** 2 15 51 91
Franz Boob

t 3 186
Deutscher Schwerhörigenbund e.V.
Landesverband Bayern
Oberes Tor 4, 97450 Arnstein
T: (09363) 10 90　**Fax:** 67 79
Manfred Hartmann

t 3 187
Deutscher Schwerhörigenbund e.V.
Landesverband Berlin
Sophie-Charlotten-Str. 23a, 14059 Berlin
T: (030) 32 60 23 75　**Fax:** 32 60 23 76
Vorsitzende(r): Fritz-Bernd Kneisel

t 3 188
Deutscher Schwerhörigenbund e.V.
Landesverband Brandenburg
Geschwister-Scholl-Str. 78, 14471 Potsdam
T: (0331) 90 16 22　**Fax:** 90 16 22
Rudolf Schenk

t 3 189
Deutscher Schwerhörigenbund e.V.
Landesverband Hamburg
Wagnerstr. 42, 22081 Hamburg
T: (040) 29 16 05　**Fax:** 2 99 72 65
Manfred Hobusch

t 3 190
Deutscher Schwerhörigenbund e.V.
Landesverband Hessen
Lindenbergweg 20, 64367 Mühltal
T: (06151) 1 40 10　**Fax:** 1 40 10
Günther Petrick

t 3 191
Deutscher Schwerhörigenbund e.V.
Landesverband Mecklenburg-Vorpommern
Pawlowstr. 12, 17036 Neubrandenburg
T: (0395) 7 07 18 33　**Fax:** 7 07 43 22
Kontakt: Knut Friedrich

t 3 192
Deutscher Schwerhörigenbund e.V.
Landesverband Niedersachsen
Linzer Str. 4, 30519 Hannover
T: (0511) 8 38 65 23　**Fax:** 8 38 65 23
Rolf Erdmann

t 3 193
Deutscher Schwerhörigenbund e.V.
Landesverband Nordrhein-Westfalen
Weberstr. 17, 48268 Greven
T: (02571) 46 82　**Fax:** 5 48 75
Norbert Merschieve

t 3 194
Deutscher Schwerhörigenbund e.V.
Landesverband Rheinland-Pfalz
Schloßstr. 23, 56068 Koblenz
T: (0261) 3 50 50
Brigitte Hilgert-Becker

t 3 195
Deutscher Schwerhörigenbund e.V.
Landesverband Saarland
Herkeswald 60, 66679 Losheim am See
T: (06872) 29 03　**Fax:** 29 03
Otto R. Gauf

t 3 196
Deutscher Schwerhörigenbund e.V.
Landesverband Sachsen
Sauerbruchstr. 19, 04552 Borna
T: (03433) 80 06 16
Renate Seidl

t 3 197
Deutscher Schwerhörigenbund e.V.
Landesverband Sachsen-Anhalt
Gellertstr. 25-27, 06126 Halle
T: (0345) 6 90 23 23　**Fax:** 6 90 23 22
Thomas Hauf

t 3 198
Deutscher Schwerhörigenbund e.V.
Landesverband Schleswig-Holstein
Neuer Krug, 21502 Geesthacht
T: (04152) 7 17 75　**Fax:** 7 17 75
Hermine Leesch

t 3 199
Deutscher Schwerhörigenbund e.V.
Landesverband Thüringen
Geschäftsstelle
Wartburgallee 52, 99817 Eisenach
T: (03691) 21 02 23　**Fax:** 21 02 23
Kontakt: Siegfried Adolf (Allendestr. 55, 98574 Schmalkalden, Tel./Fax: (03683) 78 04 64)

● T 3 200
Deutscher Verein der Blinden und Sehbehinderten in Studium und Beruf e.V. (DVBS)
Frauenbergstr. 8, 35039 Marburg
T: (06421) 9 48 88-0　**Fax:** 9 48 88-10
Internet: http://www.dvbs-online.de
E-Mail: info@dvbs-online.de
Gründung: 1916
Ehrenmitgl. d. Vorst.: Prof. Dr. Heinrich Scholler (Zwengauerweg 5, 81479 München, T: (089) 79 64 24)
Vorstand: Dr. Otto Hauck (1. Vors.; Plantage 16, 35043 Marburg, T: (06424) 15 15)
Uwe Boysen (2. Vors.; Wätjenstr. 132, 28213 Bremen, T: (0421) 2 23 58 54)
Hans Peter Brass (Beisitzer; Kissinger Str. 6, 12157 Berlin, T: (030) 79 78 13 01 oder (0172)/3 11 65 60)
Rita Schwörer (Beisitzerin; Steinbeisstr. 18, 73730 Esslingen, T: (0711) 36 72 73)
Karsten Warnke (Borner Stieg 15, 22417 Hamburg, T: (040) 5 20 98 94)
Prof. Dr. Heinrich Scholler (Ehrenmitglied; Zwengauerweg 5, 81479 München, T: (089) 79 64 24)
Klaus Sommer (Vors. des Arbeitsausschusses, mit beratender Stimme; In der Augst 8, 56335 Neuhäusel, T: (02620) 12 11)
Andrea Katemann (Direktorin der Deutschen Blindenstudienanstalt, mit beratender Stimme; Ernst-Lemmer-Str. 14, 35041 Marburg, T: (06421) 8 53 88)
Vorsitzende des Arbeitsausschusses (Kontrollorgan des Vereinsvorstandes)
Vorsitzende(r): Klaus Sommer (In der Augst 8, 56335 Neuhäusel, T: (02620) 12 11)
Stellvertretende(r) Vorsitzende(r): Wolfgang Angermann (Bergener Str. 23, 30625 Hannover, T: (0511) 57 79 63)
Peter Beck (Obere Str. 11, 70190 Stuttgart, T: (0711) 28 10 96)
Leitung Presseabteilung: Andreas Bethke
Verbandszeitschrift: horus - Marburger Beiträge zur Integration Blinder und Sehbehinderter
Verlag: Deutscher Verein der Blinden und Sehbehinderten in Studium und Beruf e.V., Marburg
Mitglieder: 1302
Mitarbeiter: 10

● T 3 201
Dialysepatienten Deutschlands e.V. (DD)
Weberstr. 2, 55130 Mainz
T: (06131) 8 51 52　**Fax:** 83 51 98
Internet: http://www.dialysepatienten-deutschlands.de
E-Mail: geschaeftsstelle@ddev.de
Gründung: 1975 (02. März)
1. Vorsitzende(r): Peter Gilmer (Weberstr. 2, 55130 Mainz, T: (06131) 8 51 52, T: (06131) 83 51 98)
Verbandszeitschrift: der dialysepatient
Redaktion: Margarete Löwi, Weberstr. 2, 55130 Mainz
Verlag: Kirchheim + Co GmbH, Kaiserstr. 41, 55116 Mainz
Mitglieder: 18000, Mitgliedsvereine: 49
Mitarbeiter: 8

● T 3 202
Fördergemeinschaft für Taubblinde e.V.
Basteistr. 83a, 53173 Bonn
T: (0228) 9 56 37 63 **Fax:** 9 56 37 65
Internet: http://taubblind.selbsthilfe-online.de
E-Mail: taubblind@selbsthilfe-online.de
Gründung: 1992 (12. Juni)
Vorsitzende(r): Hermann-Ulrich Pfeuffer
Stellvertretende(r) Vorsitzende(r): Ines Julitz
Geschäftsführer(in): Wolf-Dietrich Trenner
Verbandszeitschrift: Taubblind
Redaktion: W. D. Trenner
Verlag: Eigenverlag
Mitglieder: 174

● T 3 203
Frauenselbsthilfe nach Krebs Bundesverband e.V.
B 6 10-11, 68159 Mannheim
T: (0621) 2 44 34 **Fax:** 15 48 77
Gründung: 1976 (September)
Mitglieder des geschäftsführenden Vorstandes
Vorstand: Irmgard Ehrlich
Marlore Massolle (Sprecherin)
Ingrid-Ellen Maurischat
Hilde Schulte
Almuth von Wietersheim (Öffentlichkeitsarbeit)
Werner Braun
Christa Schildknecht
Verbandszeitschrift: Rundbrief
Mitglieder: 400 Gruppen

t 3 204
Frauenselbsthilfe nach Krebs Landesverband Baden-Württemberg e.V.
Büro:
Schwenninger Str. 24, 78652 Deißlingen
T: (07420) 91 02 51 **Fax:** 91 02 59
Kontaktperson: Angelika Grudke

t 3 205
Frauenselbsthilfe nach Krebs Landesverband Bayern e.V.
Hertzweg 8, 86420 Diedorf
T: (0821) 4 83 71-0 **Fax:** 48 39 14
Kontaktperson: Heidrun Zingraf

t 3 206
Frauenselbsthilfe nach Krebs Landesverband Brandenburg e.V.
Wismarer Str. 11, 15366 Neuenhagen
T: (03342) 20 76 81 **Fax:** 20 76 81
Kontaktperson: Gisela Holm

t 3 207
Frauenselbsthilfe nach Krebs Landesverband Hamburg-Schleswig-Holstein e.V.
Schellingstr. 35, 22089 Hamburg
T: (040) 2 00 79 72
Kontaktperson: Christa Hentschel

t 3 208
Frauenselbsthilfe nach Krebs Landesverband Hessen e.V.
Hügelstr. 47, 64283 Darmstadt
T: (06151) 29 24 14 **Fax:** 27 20 13
Kontaktperson: Barbara Seeber

t 3 209
Frauenselbsthilfe nach Krebs Landesverband Mecklenburg-Vorpommern e.V.
Herweghstr. 16, 18055 Rostock
T: (0381) 2 54 27 **Fax:** 2 54 19
Kontaktperson: Dipl.-Med. Hannelore Horstmann

t 3 210
Frauenselbsthilfe nach Krebs Landesverband Niedersachsen e.V.
Auf der Höhe 30, 37444 St Andreasberg
T: (05582) 10 16 **Fax:** 80 99 92
Kontaktperson: Elly Wiegand

t 3 211
Frauenselbsthilfe nach Krebs Landesverband Nordrhein-Westfalen e.V.
Büro:
Kirchfeldstr. 149, 40215 Düsseldorf
T: (0211) 34 17 09 **Fax:** 31 87 81
Kontaktperson: Anneliese Aretz

t 3 212
Frauenselbsthilfe nach Krebs Landesverband Rheinland-Pfalz e.V.
Am Griesböhl 24, 66994 Dahn
T: (06391) 16 50 **Fax:** 16 50
Kontaktperson: Ingrid Meigel

t 3 213
Frauenselbsthilfe nach Krebs Landesverband Sachsen e.V.
Oberweg 3, 04779 Wermsdorf
T: (03435) 92 67 97 **Fax:** 93 96 22
Kontaktperson: Christina Reichel

t 3 214
Frauenselbsthilfe nach Krebs Landesverband Sachsen-Anhalt e.V.
Hobuschgasse 5, 06844 Dessau
T: (0340) 21 22 31 **Fax:** 21 22 31
Kontaktperson: Rosemarie Bareinz

t 3 215
Frauenselbsthilfe nach Krebs Landesverband Thüringen e.V.
Carl-von-Brueger-Str. 22, 07749 Jena
T: (03641) 44 57 90, 3 97 20 (dienstl.) **Fax:** 39 72 19
Kontaktperson: Dr. Renate Estel

● T 3 216
Freundeskreis Camphill e.V.
c/o Walter Steiner
Postf. 13 23, 78067 Bad Dürrheim
T: (07726) 56 87
Gründung: 1965
Vorsitzende(r): Walter Steiner
Verbandszeitschrift: Die Brücke
Redaktion: Erika Lange
Mitglieder: ca. 1150

● T 3 217
Gaucher Gesellschaft Deutschland e.V.
An der Ausschacht 9, 59556 Lippstadt
T: (02941) 1 88 70 **Fax:** 1 88 70
E-Mail: ggdev@gmx.de
Gründung: 1992 (19. Mai)
1. Vors. u. Geschf.: Ursula Rudat
Verbandszeitschrift: go-schee brief

● T 3 218
LERNEN FÖRDERN - Bundesverband zur Förderung Lernbehinderter e.V.
Rolandstr. 61, 50677 Köln
T: (0221) 38 06 66 **Fax:** 38 59 54
Internet: http://www.lernen-foerdern.de
E-Mail: lernenfoerdernbv@netcologne.de
Gründung: 1968 (7. Dezember)
1. Vorsitzende(r): Jürgen Eppendorf
Bundesgeschäftsstelle: Dipl.-Psych. Rudolf C. Zelfel
Leitung Presseabteilung: N. N.
Mitglieder: 15000
Fachzeitschrift: LERNEN FÖRDERN - Zeitschrift für Eltern, Lehrer- und ErzieherInnen
Verlag: LERNEN FÖRDERN - Bundesverband zu Förderung Lernbehinderter e.V., Köln

● T 3 219
Mukoviszidose e.V.
Deutsche Gesellschaft zur Bekämpfung der Mukoviszidose, gem. Verein
Bendenweg 101, 53121 Bonn
T: (0228) 9 87 80-0 **Fax:** 9 87 80-77
Internet: http://www.mukoviszidose-ev.de
E-Mail: info@mukoviszidose-ev.de
Gründung: 1965
1. Vorsitzende(r): Dipl.-Ing. Horst Mehl (Tulpenstr. 50, 71394 Kernen, T: (07151) 4 10 48; priv. Hasenäckerstr. 21, 71364 Winnenden-Breuningsweiler, T: (07195) 7 39 98)
2. Vorsitzende(r): Prof. Dr. med. Gerd Dockter (Universitäts-Kinderklinik, 66424 Homburg (Saar), T: (06841) 16 83 13; priv.: Am Gedünner 17, 66424 Homburg (Saar), T: (06841) 6 47 59)
Schriftführer: Gerhard Eißing (Caspar-von-Saldern-Weg 5, 24582 Bordesholm, T: dienstl. (0431) 9 91 14 53, priv. (04322) 97 02)
Geschäftsführer(in): Dipl.-Kfm. Michael Hartje
Leitung Presseabteilung: Dr. Heike Diekmann
Verbandszeitschrift: Mukoviszidose-Aktuell
Redaktion: Dr. Heike Diekmann
Mitglieder: 4300
Mitarbeiter: 15
Jahresetat: DM 6,0 Mio, € 3,07 Mio

● T 3 220
NCL-Gruppe Deutschland e.V.
Vierkaten 32b, 21629 Neu Wulmstorf
T: (040) 7 00 75 21
Rudolf Nölke

● T 3 221
Sklerodermie Selbsthilfe e.V.
Friedhofstr. 16, 74076 Heilbronn
T: (07131) 16 16 56 **Fax:** 16 16 57
Gründung: 1984 (7. Juli)
Vorsitzende(r): Emma Margarete Reil (Ltg. Presseabt.)
Stellvertretende(r) Vorsitzende(r): Karlheinz Schönemann
Helga Kandora
Schriftführer(in): Helga Semmler
Schatzmeisterin: Dagmar Gimm
Schirmherrin: Ingrid Biedenkopf
Verbandszeitschrift: Rundschreiben
Redaktion: Karlheinz Schönemann, Emma M. Reil
Verlag: Kaliweg 32, 30952 Ronnenberg
Mitglieder: 1500 in 40 Regionalgruppen -bundesweit- (davon 5 Gruppen in d. neuen Bundesländern)

● T 3 222
Selbsthilfevereinigung für Lippen-Gaumen-Fehlbildungen e.V.
- Wolfgang Rosenthal Gesellschaft -
Geschäftsstelle
Hauptstr. 184, 35625 Hüttenberg
T: (06403) 55 75 **Fax:** 92 67 27
Internet: http://www.t-online.de/home/wrg-huettenberg
E-Mail: wrg-huettenberg@t-online.de
Gründung: 1981
Verbandszeitschrift: Gesichter
Mitglieder: 2000

● T 3 223
Schutzverband für Impfgeschädigte e.V.
Postf. 1 25, 57540 Kirchen
T: (02741) 93 02 96 **Fax:** 93 02 97
Franz-Josef Pfeifer

● T 3 224
Von Recklinghausen-Gesellschaft e.V.
c/o Klinikum Nord Ochsenzoll
Langenhorner Chaussee 560, 22419 Hamburg
T: (040) 52 71-2822 **Fax:** 5 27 74 62
E-Mail: vrges@aol.com
Gründung: 1987
Verbandszeitschrift: NF-Aktuell
Redaktion: Dr. V.F. Mautner, Marion Steenfatt
Mitglieder: 1029
Mitarbeiter: 7

● T 3 225
Christiane Herzog Stiftung für Mukoviszidose-Kranke
Geißstr. 4, 70173 Stuttgart
T: (0711) 24 63 46 **Fax:** 24 26 31
Vorsitzende: Christiane Herzog

● T 3 226
Verband für Anthroposophische Heilpädagogik, Sozialtherapie und soziale Arbeit e.V.
Schloßstr. 9, 61209 Echzell
T: (06035) 8 11 90 **Fax:** 8 12 17
Internet: http://www.verband-anthro.de
E-Mail: info@verband-anthro.de
Geschäftsführer(in): Ina Krause-Trapp (Schlossstr. 9, 61209 Echzell)
Vorsitzende(r): Ekkehard Fiedler (Schlossstr. 9, 61209 Echzell)

● T 3 227
Arbeitskreis DOWN-SYNDROM e.V.
Hilfe für Menschen mit Down-Syndrom, für ihre Eltern und Geschwister in Deutschland
Gadderbaumer Str. 28, 33602 Bielefeld
T: (0521) 44 29 98 **Fax:** 94 29 04
Internet: http://www.down-syndrom.org
E-Mail: ak@down-syndrom.org
Gründung: 1977, seit 1987 e.V.
Vorsitzende(r): N. N.
Stellvertretende(r) Vorsitzende(r): Rita Lawrenz (im Bracksiek 28, 33611 Bielefeld, T: (0521) 87 17 20)
Martin Weber (Nelkenweg 11, 32052 Herford, T: (05221) 7 17 96)
Verbandszeitschrift: Mitteilungen
Mitglieder: ca. 1800
Mitarbeiter: 12 (ehrenamtlich)

Wir wollen Kinder, Jugendliche und Erwachsene mit Down-Syndrom - d.s. Menschen mit der Chromosomenveränderung "Trisomie 21" oder einer der zugehörigen Varianten - im Rahmen ihrer Möglichkeiten fördern, ihre Interessen vertreten und dahin wirken, daß diesen Menschen die notwendige besondere Hilfe geleistet wird.

● **T 3 228**

Verband Deutscher Sonderschulen e.V.
-Fachverband für Behinderten-
pädagogik- (VDS)
Ohmstr. 7, 97076 Würzburg
T: (0931) 2 40 20 **Fax:** 2 40 23
Internet: http://www.vds-bundesverband.de
E-Mail: vds.fachverband@t-online.de
Gründung: 1898
Bundesvorsitzende(r): Franz Rumpler (Waldseestr. 14, 91056 Erlangen, T: (09135) 72 99 51 (P), E-mail: franz.rumpler@t-online.de)
Stellv. Bundesvors.: Prof. Norbert Stoellger (Schorlemer Allee 17 B, 14195 Berlin, T: (030) 8 24 43 79 (P)
Bundes-GeschF: Ortwin Krieg (T: (0931) 46 17 29 (P)
Leitung Presseabteilung: Waltraud Oeffner (T: (05066) 69 03 04 (P)
Verbandszeitschrift: Zeitschrift für Heilpädagogik
Redaktion: Prof. Walter Spiess, Dr. Peter Wachtel
Verlag: vds, Ohmstr. 7, 97076 Würzburg
Mitglieder: 12000

Geschäftsstellen der Landesverbände:

t 3 229

Verband Deutscher Sonderschulen e.V.
Landesverband Baden-Württemberg
Schöllbronner Str. 56, 76199 Karlsruhe
T: (0721) 9 88 71 40 (P)
Geschäftsführung: Wolfgang Jansen

t 3 230

Verband Deutscher Sonderschulen e.V.
Landesverband Bayern
Welserstr. 11, 90489 Nürnberg
T: (0911) 5 30 38 61 (P)
Wolfgang Braun

t 3 231

Verband Deutscher Sonderschulen e.V.
Landesverband Berlin
Cheruskerstr. 9, 10829 Berlin
T: (030) 78 70 39 58 (P)
Gerd Migulla

t 3 232

Verband Deutscher Sonderschulen e.V.
Landesverband Brandenburg
Siemensstr. 1, 14482 Potsdam
T: (0331) 70 75 63 (P)
Dr. Karin Salzberg-Ludwig

t 3 233

Verband Deutscher Sonderschulen e.V.
Landesverband Bremen
Schule an der Fritz Gansberg Straße
Fritz-Gansberg-Str. 22, 28213 Bremen
T: (0421) 35 48 54 (P)
Gudrun Max

t 3 234

Verband Deutscher Sonderschulen e.V.
Landesverband Hamburg
Grenzweg 2, 21629 Neu Wulmstorf
T: (040) 7 00 82 74 (P)
Horst-Friedrich Schmidt

t 3 235

Verband Deutscher Sonderschulen e.V.
Landesverband Hessen
Feytiatring 20, 35638 Leun
T: (06473) 87 20 (P)
Magdalene Georg

t 3 236

Verband Deutscher Sonderschulen e.V.
Landesverband Mecklenburg-Vorpommern
Rostocker Str. 6 G, 18236 Kröpelin
T: (038292) 7 80 83 (P)
Dr. Hans Schalwig

t 3 237

Verband Deutscher Sonderschulen e.V.
Landesverband Niedersachsen
Friedrich-August-Str. 34, 26316 Varel
T: (04451) 86 25 05 (P)
Hayo Kayßer

t 3 238

Verband Deutscher Sonderschulen e.V.
Landesverband Nordrhein-Westfalen
Holunderweg 35, 53340 Meckenheim
T: (02225) 94 60 46 (P)
Kontaktperson: Christian Riegel

t 3 239

Verband Deutscher Sonderschulen e.V.
Landesverband Rheinland-Pfalz
Hochwaldstr. 31, 55758 Bruchweiler
T: (06786) 73 91 (P)
Franz Mück

t 3 240

Verband Deutscher Sonderschulen e.V.
Landesverband Sachsen
Helenenstr. 36A, 04279 Leipzig
T: (0341) 3 38 43 98 (P)
Wolfgang Seebach

t 3 241

Verband Deutscher Sonderschulen e.V.
Landesverband Sachsen-Anhalt
Am Wall 2, 39326 Hermsdorf
T: (039206) 5 25 44 (P)
Burkhardt Schmidt

t 3 242

Verband Deutscher Sonderschulen e.V.
Landesverband Schleswig-Holstein
Wiesengrund 22, 24941 Jarplund-Weding
T: (04630) 15 71 (P)
Anke Duus

t 3 243

Verband Deutscher Sonderschulen e.V.
Landesverband Thüringen
August-Feine-Str. 3, 99625 Kölleda
T: (03635) 40 05 85 (P)
Rolf Schirrmeister

● **T 3 244**

Gesellschaft für Gebärdensprache und Kommunikation Gehörloser e.V.
Binderstr. 34, 20146 Hamburg
T: (040) 4 28 38-6735 **Fax:** 4 28 38-6109
Gründung: 1987
Vorsitzende(r): Prof. Dr. Helen Leuninger
Stellvertretende(r) Vorsitzende(r): Käthe George
Geschäftsführer(in): Karin Wempe
Verbandszeitschrift: Das Zeichen
Redaktion: Karin Wempe
Verlag: SIGNUM Verlag, Hans-Albers-Platz 2, 20359 Hamburg; Redaktion DAS ZEICHEN, Binderstr. 34, 20146 Hamburg
Mitglieder: 1650

● **T 3 245**

Arbeitsgemeinschaft Humane Sexualität e.V. (ahs)
-Geschäftsstelle-
Carl-Vogt-Str. 4, 35394 Gießen
T: (0641) 7 73 47
Gründung: 1982
Kuratorium: Dr. Frits Bernard
Ralf Dose (M.A.)
Dr. Jörg Hutter
Elisabeth Kilali
Oswalt Kolle
Prof. Dr. Fritz Sack
Dr. Theo Sandfort
Dr. Hans-Georg Wiedemann
Verbandszeitschrift: Material AHS
Mitglieder: 136

● **T 3 246**

Deutsche Gesellschaft für Sexualforschung e.V.
c/o Abteilung für Sexualforschung, Universitätskrankenhaus Eppendorf
Martinistr. 52, 20251 Hamburg
T: (040) 4 28 03-2225

Vorsitzende(r): Prof. Dr. Hertha Richter-Appelt (Abteilung für Sexualforschung, Universitätskrankenhaus Eppendorf, Martinstr. 52, 20251 Hamburg, T: (040) 4 28 03 22 25, Fax: (040) 4 28 03 64 06)
Geschäftsführer(in): Dr. Andreas Hill (Klinik f. Psychiatrie und Psychotherapie, Uni Hamburg, Martinistr. 52, 20251 Hamburg, T: (040) 4 28 03-22 25, Fax: (040) 4 28 03-64 06)
Die Gesellschaft dient über ihre Forschungsstellen, die Veranstaltung wissenschaftlicher Tagungen, Förderung persönlicher und wissenschaftlicher Arbeiten sowie Pflege der persönlichen und wissenschaftlichen Kontakte ihrer Mitglieder der Erarbeitung und Verbreitung sexualwissenschaftlicher Erkenntnisse.

● **T 3 247**

Deutsche Gesellschaft für Sozialwissenschaftliche Sexualforschung e.V. (DGSS)
Gerresheimer Str. 20, 40211 Düsseldorf
T: (0211) 35 45 91 **Fax:** 36 07 77
Internet: http://www.sexologie.org
E-Mail: sexualforschung@sexologie.org
Gründung: 1971 (1. Oktober)
Präsident(in): Prof. Dr. Dr. Erwin J. Haeberle
Sekretär: Wolfgang Christiaens
Leitung Presseabteilung: Rolf Gindorf
Verbandszeitschrift: DGSS-Mitteilungen
Redaktion: Rolf Gindorf
Mitglieder: 150

angegliedert:

t 3 248

Institut für Lebens- und Sexualberatung (DGSS-Institut)
Gerresheimer Str. 20, 40211 Düsseldorf
T: (0211) 35 45 91 **Fax:** 36 07 77
Internet: http://www.sexologie.org
E-Mail: Beratung@sexologie.org

● **T 3 249**

PRO FAMILIA
Deutsche Gesellschaft für Familienplanung,
Sexualpädagogik und Sexualberatung e.V.,
Bundesverband
Stresemannallee 3, 60596 Frankfurt
T: (069) 63 90 02 **Fax:** 63 98 52
Internet: http://www.profamilia.de
E-Mail: profamilia.info@t-online.de
Gründung: 1952
Vorsitzende(r): Eva Rühmkorf (Ministerin a.D., Hamburg)
Stellvertretende(r) Vorsitzende(r): Annemarie Rufer, Nürnberg
Renate Kingma, Frankfurt/M.
Geschäftsführer(in): Dipl.-Soziologin Elke Thoß
Schatzmeister: Paul Soemer, Frankfurt/M.
Schriftführer(in): Prof. Dr. Monika Häußler-Sczepan, München/Roßwein
Verbandszeitschrift: PRO FAMILIA MAGAZIN
Redaktion: Pro Familia-Bundesverband, Stresemannallee 3, 60596 Frankfurt
Mitglieder: 6000

Landesverbände der PRO FAMILIA

t 3 250

Pro Familia e.V.
Landesverband Baden-Württemberg
Haußmannstr. 6, 70188 Stuttgart
T: (0711) 21 55-10 8/9 **Fax:** 21 55-107

t 3 251

Pro Familia e.V.
Landesverband Bayern
Türkenstr. 103l, 80799 München
T: (089) 33 00 84-0 **Fax:** 33 00 84-16

t 3 252

Pro Familia e.V.
Landesverband Berlin
Ansbacher Str. 11, 10787 Berlin
T: (030) 2 13 90 20 **Fax:** 21 47 64 24

t 3 253

Pro Familia e.V.
Landesverband Brandenburg
Gartenstr. 42, 14482 Potsdam
T: (0331) 7 40 83 97 **Fax:** 7 40 83 99

t 3 254
Pro Familia e.V.
Landesverband Bremen
Hollerallee 24, 28209 Bremen
T: (0421) 3 40 60 60   Fax: 3 40 60 65

t 3 255
Pro Familia e.V.
Landesverband Hamburg
Kohlhöfen 21, 20355 Hamburg
T: (040) 34 33 44   Fax: 34 33 63

t 3 256
Pro Familia e.V.
Landesverband Hessen
Schichaustr. 3-5, 60314 Frankfurt
T: (069) 44 70 61   Fax: 49 36 12

t 3 257
Pro Familia e.V.
Landesverband Mecklenburg-Vorpommern
Barnstorfer Weg 50, 18057 Rostock
T: (0381) 3 13 05   Fax: 3 13 05

t 3 258
Pro Familia e.V.
Landesverband Niedersachsen
Steintorstr. 6, 30159 Hannover
T: (0511) 30 18 57 80   Fax: 30 18 57 87

t 3 259
Pro Familia e.V.
Landesverband Nordrhein-Westfalen
Postfl. 13 09 01, 42036 Wuppertal
T: (0202) 2 45 65-10   Fax: 2 46 56-30

t 3 260
Pro Familia e.V.
Landesverband Rheinland-Pfalz
Schießgartenstr. 7, 55116 Mainz
T: (06131) 23 63 50, 23 63 54   Fax: 23 63 25

t 3 261
Pro Familia e.V.
Landesverband Saarland
Mainzer Str. 106, 66121 Saarbrücken
T: (0681) 6 45 66   Fax: 63 83 29

t 3 262
Pro Familia e.V.
Landesverband Sachsen
Kaßbergstr. 22, 09112 Chemnitz
T: (0371) 30 21 02   Fax: (03) 3 54 20 19

t 3 263
Pro Familia e.V.
Landesverband Sachsen-Anhalt
Richard-Wagner-Str. 29, 06114 Halle
T: (0345) 5 22 06 36   Fax: 5 22 06 37

t 3 264
Pro Familia e.V.
Landesverband Schleswig-Holstein
Marienstr. 29-31, 24937 Flensburg
T: (0461) 9 09 26-20   Fax: 9 09 26-49

t 3 265
Pro Familia e.V.
Landesverband Thüringen
Bahnhofstr. 27-28, 99084 Erfurt
T: (0361) 6 43 85 14   Fax: 6 43 85 15

● **T 3 266**
Deutsches Zentralkomitee zur Bekämpfung der Tuberkulose
Lungenklinik Heckeshorn
Zum Heckeshorn 33, 14109 Berlin
T: (030) 80 02-2435   Fax: 80 02-2286
E-Mail: loddheck@zedat.fu-berlin.de
Gründung: 1895
Generalsekretär(in): Prof. Dr. R. Loddenkemper
Verbandszeitschrift: Pneumologie
Redaktion: Prof. Dr. R. Loddenkemper (Beirat)

Verlag: G. Thieme Verlag, Postf. 30 11 20, 70451 Stuttgart
Mitglieder: 22 juristische Personen
Mitarbeiter: 3

● **T 3 267**
Deutsche Gesellschaft für Suizidprävention (DGS)
neuhland, Hilfen für suizidgefährdete Kinder und Jugendliche e.V.
Nikolsburger Platz 6, 10717 Berlin
T: (030) 53 65 08 36   Fax: 8 73 42 15
Internet: http://www.suizidprophylaxe.de
E-Mail: dgs.gf@suizidprophylaxe.de
Gründung: 1972
Vorsitzende(r): Prof. Dr.med. Werner Felber (Psyiatrische Universitätsklinik, Dresden)
Stellvertretende(r) Vorsitzende(r): Prof. Dr. Dipl.-Psych. Armin Schmidtke, Würzburg
Dipl.-Psych. Jürgen Schramm, Krefeld
Hauptgeschäftsführer(in): Dipl.-Soz. Michael Witte (neuhland, Hilfen für suizidgefährdete Kinder u. Jugendliche e.V., Nikolsburger Platz 6, 10717 Berlin)
Verbandszeitschrift: SUIZIDPROPHYLAXE
Verlag: S. Roderer, Regensburg
Mitglieder: ca. 400

Förderung der Suizidologie, der Suizidprävention, von Institutionen mit dieser Aufgabenstellung, Förderung von Forschung in diesem Bereich.

● **T 3 268**
Deutsche Gesellschaft für Verhaltenstherapie e.V. (DGVT)
Postfl. 13 43, 72003 Tübingen
Neckarhalde 55, 72070 Tübingen
T: (07071) 94 34-0   Fax: 94 34-35
Internet: http://www.dgvt.de
E-Mail: dgvt@dgvt.de
Gründung: 1976
Vorstand: Mechthild Greive
Ulla López-Frank
Heiner Vogel
Leitung Presseabteilung: Waltraud Deubert
Bernhard Scholten
Verbandszeitschrift: VPP - Verhaltenstherapie + Psychosoziale Praxis
Redaktion: Otmar Koschar, T: (07071) 79 28 50, Fax: (07071) 79 28 51
Verlag: DGVT-Verlag, Sudhaus, Hechinger Str. 203, 72072 Tübingen
Mitglieder: ca. 5000
Mitarbeiter: 20

● **T 3 269**
Deutsche Gesellschaft für Verhaltensmedizin und Verhaltensmodifikation e.V. (DGVM)
c/o Prof. Rüddel, St. Franziska Stift
Franziska-Puricelli-Str. 3, 55543 Bad Kreuznach
T: (0671) 88 20-0   Fax: 88 20-190
Gründung: 1985
1. Vorsitzende(r): Prof. Dr. Wolfgang H. R. Miltner (Institut für Psychologie der Friedrich-Schiller-Universität Jena, Am Steiger 3, Haus 1, 07743 Jena, T: (03641) 94 51 40, Telefax: (03641) 94 51 42)
2. Vorsitzende(r): Prof. Dr. Manfred Fichter (Klinik Roseneck, Am Roseneck 6, 83209 Prien/Chiemsee, T: (08051) 68 35 10, Fax: (08051) 68 35 32)
Beisitzerin: Prof. Dr. Gudrun Sartory (Institut für Psychologie, Universität Wuppertal, Max-Horkheimer-Str. 20, 42097 Wuppertal, T: (0202) 4 39 27 22, Telefax: (0202) 4 39 28 24)
Schriftführer(in): PD Dr. Ulrike Ehlert (Forschungszentrum für Psychobiologie und Psychosomatik der Universität Trier, Friedrich-Wilhelm-Str. 23, 54290 Trier, T: (0651) 9 75 04 52, Fax: (0651) 9 75 04 90)
Schatzmeister: Dr. Ingmar Gutberlet (Institut für Psychologie, Friedrich-Schiller-Universität Jena, Am Steiger 3, Haus 1, 07743 Jena, T: (03641) 94 51 45, Telefax: (03641) 94 51 42)

● **T 3 270**
Ausschuß für Wohnmedizin und Bauhygiene der Gesellschaft für Hygiene und Umweltmedizin
Sitz: Jena
Geschäftsstelle:
Institut für Allgemeine, Krankenhaus- und Umwelthygiene
07740 Jena
Fürstengraben 23, 07743 Jena
T: (03641) 93 79 00   Fax: 93 79 02
Gründung: 1967
Vorsitzende(r): Prof. Dr. Klaus Fiedler
Verbandszeitschrift: Wohnmedizin
Verlag: Institut für Allgemeine, Krankenhaus- und Umwelthygiene, Jena

Interdisziplinärer Erfahrungsaustausch über Wechselwirkungen zwischen Wohnumwelt, Gesundheit und Sicherheit. Förderung gesunder Wohnbedingungen. Öffentlichkeitsarbeit.

● **T 3 271**
Bundesverband Deutsche Schmerzhilfe e.V.
Sietwende 20, 21720 Grünendeich
T: (04142) 81 04 34   Fax: 81 04 35
Internet: http://www.schmerzselbsthilfe.de, http://www.schmerzhilfe.org
E-Mail: schmerzhilfe@t-online.de
Gründung: 1978 (1. April)
Präsident(in): Rüdiger Fabian
Vizepräsident(in): Prof. Dr.med. Dipl.-Psych. Gunter Haag
Christa Wunderlich
Hauptgeschäftsführer(in): Rüdiger Fabian (Ltg. Presseabt.)
Verbandszeitschrift: Die Schmerzhilfe
Redaktion: Bundesverband
Verlag: Eigenverlag
Mitglieder: ca. 5000
Mitarbeiter: ca. 6

● **T 3 272**
Deutsche Gesellschaft für Zahnerhaltung e.V. (DGZ)
Universitätsklinik für ZMK-Heilkunde
Hugstetter Str. 55, 79106 Freiburg
T: (0761) 2 70 49 50   Fax: 2 70 47 62
Präsident(in): Prof. Dr. E. Hellwig (Universitätsklinik für ZMK-Heilkunde, Hugstetter Str. 55, 79106 Freiburg, T: (0761) 2 70 49 50, Fax: 2 70 47 62)
Generalsekretär(in): Prof. Dr. A. M. Kielbassa (Klinik und Poliklinik für ZMK-Heilkunde, Aßmannshauser Str. 4-6, 14197 Berlin)

● **T 3 273**
Internationale Gesellschaft für Ganzheitliche Zahn-Medizin (GZM)
Seckenheimer Hauptstr. 111, 68239 Mannheim
T: (0621) 47 64 00   Fax: 47 39 49
Internet: http://www.gzm.org
E-Mail: gzm-mannheim@t-online.de
Gründung: 1985
1. Vorsitzende(r): ZA Peter Helms
Stellvertretende(r) Vorsitzende(r): Dr. Wolfgang H. Koch
Dr. Erich Wühr
Verbandszeitschrift: GPW Ganzheitliche Zahnmedizin - in Praxis und Wissenschaft
Redaktion: Dr. Beate I. Kreisel, Aeskulap-Klinik, CH-6440 Brunnen
Verlag: Agathe Koch, Schulstr. 26, 44623 Herne
Mitglieder: üb. 1100

● **T 3 274**
Medizinischer Fakultätentag der Bundesrepublik Deutschland (MFT)
Geschäftsstelle:
Schillerstr. 29, 91054 Erlangen
T: (09131) 85-26130   Fax: 85-25885
Internet: http://www.mft-online.de
E-Mail: mft@mft-online.de
Gründung: 1913
Präsident(in): Prof. Dr. med. Gebhard von Jagow (Universität Frankfurt)
Mitglieder: Alle medizinischen Fakultäten (außer Münster) in Deutschland

● **T 3 275**
Deutscher Verband Medizinischer Dokumentare e.V. (DVMD)
Postfl. 10 01 29, 68001 Mannheim
T: (06205) 10 26 04
Internet: http://www.dvmd.de
E-Mail: dvmd@dvmd.de
Gründung: 1972 (10. März)
Vorsitzende(r): Markus Stein (komm.)
Stellvertretende(r) Vorsitzende(r): Katharina Ahrens
Verbandszeitschrift: Forum der Medizin_Dokumentation und Medizin_Informatik
Redaktion: BVMI e.V., Postfach 10 13 08, 69003 Heidelberg
Mitglieder: 1150

● **T 3 276**
Deutsches Institut für medizinische Dokumentation und Information (DIMDI)
Geschäftsbereich des Bundesministeriums für Gesundheit
Postf. 42 05 80, 50899 Köln
Waisenhausgasse 36-38a, 50676 Köln
T: (0221) 47 24-1   Fax: 41 14 29
Internet: http://www.dimdi.de
E-Mail: helpdesk@dimdi.de
Gründung: 1969 (01. September)
Präsident(in): Prof. Dr. Harald G. Schweim
Kontaktperson: Dr. Werner Stöber
Mitarbeiter: 100

● **T 3 277**
Bundesarbeitsgemeinschaft Überbetrieblicher Arbeitsmedizinischer Dienste (BAGA)
Herbert-Rabius-Str. 1, 53225 Bonn
T: (0228) 40 07 21 76   **Fax:** 4 00 72 15
Geschäftsführer(in): Dr. Friedrich Pappai
Mitglieder: 11

● **T 3 278**
Arbeitsgemeinschaft der Wissenschaftlichen Medizinischen Fachgesellschaften (AWMF)
Geschäftsstelle und Zentrum für Öffentlichkeitsarbeit
Moorenstr. 5, 40225 Düsseldorf
T: (0211) 31 28 28   **Fax:** 31 68 19
Internet: http://www.awmf-online.de, http://www.awmf.org
E-Mail: awmf@uni-duesseldorf.de
Gründung: 1962 (10. November)
Ehrenpräsident: Prof. Dr. Karl-Heinz Vosteen (HNO-Heilkunde, Hamburg)
Präsident(in): Prof. Dr. med. A. Encke (Univ.-Klinik f. Allgemein- und Gefäßchirurgie, Theodor-Stern-Kai 7, 60590 Frankfurt/Main, T: (069) 63 01-5251, Fax: (069) 63 01-7452, E-Mail: a.encke@em.uni-frankfurt.de)
Past-Präsident: Prof. Dr. Hans Reinauer (Diabetes-Forschungsinstitut, Auf'm Hennekamp 65, 40225 Düsseldorf, T: (0211) 33 82-240, Fax: (0211) 33 40 06, E-Mail: hans.reinauer@uni-duesseldorf.de)
Stellv. Präsidenten: Prof. Dr. Wolfgang Gaebel (Psychiatrische Univ.-Klinik, Bergische Landstr. 2, 40629 Düsseldorf, T: (0211) 9 22-2000, Fax: (0211) 9 22-2020, E-Mail: wolfgang.gaebel@uni-duesseldorf.de)
Prof. Dr. Peter von Wichert (Eppendorfer Landstr. 14, 20249 Hamburg, T: (040) 46 85 62 20, Fax: (040) 46 85 62 23)
Erweitertes Präsidium:
Vorsitzende(r):
Aufnahme-Kommission + Kommission "Rahmenbedingungen der Forschung": Prof. Dr. med. Karl-Friedrich Sewing (Vorsitzender des Wiss. Beirats der BÄK, 30175 Hannover, E-Mail: karl-friedrich.sewing@dgn.de)

Leitlinien-Kommission: Prof. Dr. med. Wilfried Lorenz (Institut für Theoretische Chirurgie, 35033 Marburg/Lahn, E-Mail: lorenz@mailer.uni-marburg.de)

Kommission "Bibliometrie": Prof. Dr. Elmar Brähler (Inst. für Medizin. Psychologie, 04103 Leipzig, E-Mail: brae@server3.medizin.uni-leipzig.de)
Leiter(in): Geschäftsstelle und Zentrum für Öffentlichkeitsarbeit:
Wolfgang Müller (M.A., Moorenstr. 5, Geb. 15.12 (H.-Heine-Univ.), 40225 Düsseldorf, T: (0211) 31 28 28, Telefax: (0211) 31 68 19)
Schriftführer(in): Prof. Dr. Jürgen von Troschke (Institut für Medizinische Soziologie, Hebelstr. 29, 79104 Freiburg i. Br., T: (0761) 2 03-5518, Fax: (0761) 2 03-5516, E-Mail: jvt@uni-freiburg.de)
Schatzmeister: Prof. Dr. Wolfgang J. Bock (Neurochirurgische Universitätsklinik, Moorenstr. 5, 40225 Düsseldorf, T: (0211) 81-17910, Fax: (0211) 31 65 12)
Mitglieder: 134 Fachgesellschaften

● **T 3 279**
Deutsche Adipositas-Gesellschaft
Romanstr. 93, 80639 München
T: (089) 1 79-72401   **Fax:** 1 79-7905060
Internet: http://www.adipositas-gesellschaft.de
Präsident(in): Prof. Dr. J.G. Wechsler (Krankenhaus d. Barmherzigen Brüder)
Generalsekretär(in): Prof. Dr. H. Hauner (Diabetes-Forschungsinstitut, Auf'm Hennekamp 65, 40225 Düsseldorf, T: (0211) 33 82-3 15, Fax: (0211) 33 82-6 03, e-mail: hauner@dfi.uni-duesseldorf.de)
Mitglieder: 500

● **T 3 280**
Deutsche Gesellschaft für Allergologie und klinische Immunologie (DGAI)
c/o Dermatologische Klinik und Poliklinik - am Biederstein - der Technischen Universität München
Biedersteiner Str. 29, 80802 München
T: (089) 38 49-3170   **Fax:** 38 49-3171
Gründung: 1951
Präsident: Univ.-Prof. Dr. med., Dr. phil. J. Ring (Direktor der Dermatologischen Klinik und Poliklinik - am Biederstein - der Technischen Universität München, Biedersteiner Str. 29, 80802 München, T: (089) 38 49 31 70, Telefax: (089) 38 49 31 71)
Schriftführer: Prof. Dr. med. A. Kapp (Direktor d. Hautklinik Linden, Medizinische Hochschule Hannover, Ricklinger Str. 5, 30449 Hannover, Tel.: (0511) 9 24 62 33, Fax: (0511) 9 24 62 34)
Verbandszeitschrift: Allergo Journal
Verlag: MMC Verlag, Neumarkter Str. 18, 81673 München
Mitglieder: 700
Jahresetat: DM 0,030 Mio, € 0,02 Mio

● **T 3 281**
Deutsche Gesellschaft für Allgemeinmedizin und Familienmedizin e.V. (DEGAM)
Geschäftsstelle:
c/o Abteil. Allgemeinmedizin Univers. Düsseldorf
Moorenstr. 5, 40225 Düsseldorf
T: (0211) 8 11-7771   **Fax:** 8 11-8755
Gründung: 1966 /67
Präsident(in): Univ. Prof. Dr.med. Heinz-Harald Abholz (Abt. Allgemeinmed., Heinrich-Heine-Universität Düsseldorf, Moorenstr. 5)
Generalsekretär(in): Dr.med.habil. Christian Köhler (Roschützer Str. 10, 07546 Gera, T: (0365) 4 20 09 25)
Verbandszeitschrift: Zeitschrift f. Allgemeinmedizin (ZFA)
Verlag: Hippokrates Vlg. Stuttgart
Mitglieder: 1600

● **T 3 282**
Deutsche Gesellschaft für Anästhesiologie und Intensivmedizin (DGAI)
Roritzerstr. 27, 90419 Nürnberg
T: (0911) 93 37 80   **Fax:** 3 93 81 95
Internet: http://www.dgai-nuernberg.de
E-Mail: dgai@dgai-ev.de
Gründung: 1953
Präsident(in): Prof. Dr. med. Eberhard Götz (Institut für Anästhesiologie und operative Intensivmedizin, Klinikum Darmstadt, Grafenstr. 9, 64283 Darmstadt)
Generalsekretär(in): Prof. Dr. med. Dr. med. h.c. Klaus van Ackern (Institut für Anästhesiologie und operative Intensivmedizin, Universitätsklinikum Mannheim, Theodor-Kutzer-Ufer, 68167 Mannheim)
Geschäftsführer(in): Dipl.-Sozw. Holger Sorgatz
Verbandszeitschrift: Anästhesiologie und Intensivmedizin
Mitglieder: 9110

● **T 3 283**
Anatomische Gesellschaft
23538, Lübeck
Ratzeburger Allee 160, 23562 Lübeck
T: (0451) 5 00-4030/1   **Fax:** 5 00-4034
Internet: http://www.anat.mu-luebeck.de/anatges.html
E-Mail: kuehnel@anat.mu-luebeck.de
Gründung: 1886 (23. September)
Vorstand: Prof. Dr.med. Michail Davidoff (Anatomisches Institut, Martinistr. 52, D-20246 Hamburg)
Prof. Dr.med. Jochen Fanghänel (Institut für Anatomie, Fr.-Loeffler-Str. 23c, D-17489 Greifswald)
Prof. Dr. med. Michael Frotscher (Anatomisches Institut, Postfach 1 11, D-79001 Freiburg)
Prof. Dr.med. Reinhard Putz (Anatomische Anstalt, Pettenkoferstr. 11, D-80336 München)
Schriftführer(in): Prof. Dr.med. Dr.h.c. Wolfgang Kühnel (Institut für Anatomie, Medizinische Universität zu Lübeck, Ratzeburger Allee 160, 23538 Lübeck, T: (0451) 5 00 40 30/1, Telefax: (0451) 5 00 40 34, E-Mail: kuehnel@anat.mu-luebeck.de, Homepage: http://www.anat.mu-luebeck.de/anatpes.html)
Mitglieder: 1085

● **T 3 284**
Deutsche Gesellschaft für Andrologie
Gaffkystr. 14, 35392 Gießen
T: (0641) 9 94-3200   **Fax:** 9 94-3209
E-Mail: Wolf-Bernhard.Schill@derma.med.uni-giessen.de
Präsident(in): Prof. Dr. Wolf-Bernhard Schill (Dir. de Hautklinik)
Generalsekretär(in): Prof. Dr. W. Weidner (Urologische Klinik, Klinikstr. 29, 35385 Gießen, T: (0641) 9 94-45 00, Fax: (0641) 9 94-45 09)
Mitglieder: 500

● **T 3 285**
Arbeitsgemeinschaft für Angewandte Humanpharmakologie e.V. (AGAH)
Geschäftsstelle c/o C. Hinze
Postf. 13 27, 77673 Kehl
T: (07851) 89 86-0   **Fax:** 89 86-70
E-Mail: agah@agah-web.de
Gründung: 1991
Präsident(in): Prof. Dr. med. Hermann Fuder (Speyerer Str. 73, 67112 Mutterstadt, E-Mail: hfuder@aol.com, T: (06234) 3 05-415, Fax: 3 05-416)
Mitglieder: 323

● **T 3 286**
Deutsche Gesellschaft für Angiologie
c/o Universitätsklinikum Carl Gustav Carus Dresden, Med. Klinik III, Abt. f. Angiologie
Fetscherstr. 74, 01307 Dresden
T: (0351) 4 58-3659   **Fax:** 4 58-4359
Präsident(in): Prof. Dr. Floretin Spengel (Fachklinik für Innere Medizin, Angiologie / Phlebologie, Dr. Appelhaus-Weg 6, 82340 Feldafing, T: (08157) 2 87 17, Fax: 2 87 18)
Generalsekretär(in): PD Dr.med Sebastian Schellong (Universitätsklinikum Carl Gustav Carus Dresden, Med. Klinik III, Abt. Angiologie, Fetscherstr. 74, 01307 Dresden)
Mitglieder: 900

● **T 3 287**
Deutsche Gesellschaft für Arbeitsmedizin und Umweltmedizin e.V.
c/o Institut für Arbeitsmedizin der Medizinischen Universität zu Lübeck
Ratzeburger Allee 160, 23538 Lübeck
T: (0451) 5 00-30 55   **Fax:** 5 00-36 32
Präsident(in): Prof. Dr. med. C. Piekarski (Lehrstuhl für Arbeitsmedizin, Sozialmedizin und Sozialhygiene der Universität Köln, Institut für Arbeitswissenschaften der RAG Aktiengesellschaft, Hülshof 28, 44369 Dortmund, T: (0231) 3 15 15 64, Fax: (0231) 3 15 16 26)
Geschf. Vorst.: Prof. Dr. Dr. R. Kessel (Institut für Arbeitsmedizin der Medizinischen Universität zu Lübeck, Ratzeburger Allee 160, 23538 Lübeck, T: (0451) 5 00-30 55, Fax: 5 00-36 32)
Mitglieder: 1034

● **T 3 288**
Gesellschaft für Arzneimittelanwendungsforschung und Arzneimittelepidemiologie (GAA)
c/o Institut für Klinische Pharmakologie
Fiedlerstr. 27, 01307 Dresden
T: (0351) 4 58-3318   **Fax:** 4 58-4341
E-Mail: jukrappw@cs.urz.tu-dresden.de
Gründung: 1993
Präsident(in): Prof. Dr. Jörg Hasford (Institut für Medizinische Informationsverarbeitung, Biometrie und Epidemiologie, Ludwig-Maximilians-Universität München, Postf. 70 12 60, 81377 München, T: (089) 5 44 20 20, Telefax: (089) 54 42 02 14, E-Mail: has@ibe.med.uni-muenchen.de)
Generalsekretär(in): Prof. Dr. Jutta Krappweis (Institut für Klinische Pharmakologie, Fiedlerstr. 27, 01307 Dresden, T: (0351) 4 58 33 13, Telefax: (0351) 4 58 43 41)
Mitglieder: 51

● **T 3 289**
Deutsche Gesellschaft für ärztliche Hypnose und autogenes Training e.V.
Postf. 22 13 65, 41436 Neuss
T: (02131) 46 33 70   **Fax:** 46 33 71
1. Vorsitzende(r): Dr. med. G. R. Clausen (Tokiostr. 9, 41472 Neuss, Fax: (02131) 46 33 71)
Generalsekretär(in): M. Brodowski-Stetter (Postf. 50 28, 32457 Porta-Westfalica)
Mitglieder: 504

● **T 3 290**

Gesellschaft für Biochemie und Molekularbiologie e.V. (GBM)
Geschäftsstelle:
Kennedyallee 70, 60596 Frankfurt
T: (069) 63 03-395   **Fax:** 63 03-397
Internet: http://www.gbm-online.de
E-Mail: maxton@gbm-online.de
Gründung: 1947
Präsident: Prof. Dr. Frieder Scheller (Universität Potsdam)
Schriftführer: Prof. Dr. Ulrich Brandt (Univ. Klinikum Frankfurt, T: (069) 63 01-69 25, Telefax: (069) 63 01-69 70)
Schatzmeister: Dr. Heinz Metzger (T: (0172) 6 50 10 05, Telefax: (06198) 3 31 83)
Verbandszeitschrift: BIOspektrum
Verlag: Spektrum Akadem. Verlag, Vangerowstr. 20, 69115 Heidelberg
Mitglieder: 5500
Mitarbeiter: 2,5
Jahresetat: DM 0,8 Mio, € 0,41 Mio

Zweck der Gesellschaft ist die Förderung von Wissenschaft und Forschung der Biochemie, Molekularbiologie und der zellulären Biologie, sowie die Förderung der Bildung eines geeigneten wissenschaftlichen Nachwuchses.

● **T 3 291**
Deutsche Gesellschaft für Biologische Psychiatrie
Mitglied der World Federation of Societies of Biological Psychiatry
c/o Rheinische Landes- und Hochschulklinik Psychiatrische Klinik der Heinrich-Heine-Universität
Bergische Landstr. 2, 40629 Düsseldorf
T: (0211) 9 22-2000   **Fax:** 9 22-2020
E-Mail: wolfgang.gaebel@uni-duesseldorf.de
Präsident(in): Prof. Dr. W. Gaebel (Rheinische Landes- und Hochschulklinik, Psychiatrische Klinik der Heinrich-Heine-Universität, Bergische Landstr. 2, 40629 Düsseldorf, T:

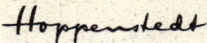

(0211) 9 22-2000, Fax: 9 22-2020, E-Mail: wolfgang.gaebel@uni-duesseldorf.de)
Vizepräsident(in): Prof. Dr. P. Riederer (Klinik und Poliklinik für Psychiatrie und Psychotherapie, Universitäts-Nervenklinik, -Klinische Neurochemie-, Füchsleinstr. 15, 97080 Würzburg, T: (0931) 2 01-7720, Fax: 2 01-7722, E-Mail: peter.riederer@mail.uni-wuerzburg.de)
Sekretär: Prof. Dr. J.-C. Krieg (Klinik für Psychiatrie und Psychotherapie der Philipps-Universität, Rudolf-Bultmann-Str. 8, 35033 Marburg, T: (06421) 28-66218, Fax: 28-68939, E-Mail: kriegj@mailer.uni-marburg.de)
Schatzmeister: Prof. Dr. N. Müller (Psychiatrische Klinik und Poliklinik der Ludwig-Maximilians-Universität, Nußbaumstr. 7, 80336 München, T: (089) 51 60-3397, Fax: 51 60-4548, E-Mail: nmueller@psy.med.uni-muenchen.de)
Mitglieder: 242

● **T 3 292**
Deutsche Gesellschaft für Chirurgie (DGFCH)
Luisenstr. 58-59, 10117 Berlin
T: (030) 2 80 04-200 **Fax:** 2 80 04-209
Internet: http://www.dgch.de
E-Mail: dgchirurgie@t-online.de
Gründung: 1872
Generalsekretär(in): Prof. Dr.med. Wilhelm Hartel (Steinhölzle 16, 89198 Westerstetten-Vorderdenkental, T: (07348) 71 00, Fax: (07348) 41 11)
Schatzmeister: Prof. Dr. med. K. Junghanns (Chefarzt d. Allgem.-Chir. Klinik, Klinikum Ludwigsburg, Posilipostr. 4, 71640 Ludwigsburg, T: (07141) 99 63 61, Telefax: (07141) 99 74 58)
Verbandszeitschrift: MITTEILUNGEN der Deutschen Gesellschaft für Chirurgie
Redaktion: Prof. Dr.med. Wilhelm Hartel, Steinhölzle 16, 89198 Westerstetten
Verlag: DEMETER-Verlag GmbH, Stuttgart
Mitglieder: ca. 5900
Mitarbeiter: 3

● **T 3 293**

Deutsche Dermatologische Gesellschaft e.V. Vereinigung deutschsprachiger Dermatologen (DDG)
Geschäftsstelle:
c/o Congress Project Management GmbH
Letzter Hasenpfad 61, 60589 Frankfurt
T: (069) 60 90 95 31 **Fax:** 60 90 95 40
Gründung: 1889
Präsident(in): Prof. Dr.med. Erwin Schöpf (Direktor der Universitäts-Hautklinik, Hauptstr. 7, 79104 Freiburg)
Generalsekretär(in): Prof. Dr.med. W. Sterry (Direktor der Dermatologischen Klinik und Poliklinik der Med. Fakultät "Charité", Schumannstr. 20/21, 10117 Berlin)
Verbandszeitschrift: Hautarzt
Verlag: Springer-Verlag
Mitglieder: ca. 2200

● **T 3 294**
Deutsche Diabetes-Gesellschaft (DDG)
c/o BG-Kliniken Bergmannsheil
Bürkle de la Camp-Platz 1, 44789 Bochum
T: (0234) 93 09 56 **Fax:** 93 09 57
Internet: http://www.deutsche-diabetes-gesellschaft.de
E-Mail: deutsche-diabetes-ges.ddg@t-online.de
Gründung: 1965 (14. Oktober)
Präsident(in): Prof. Dr. med. Rüdiger Landgraf
Vorsitz: zweijähriger Wechsel
Geschäftsführer(in): Ass. Gerd-Peter Buyken (BG-Kliniken Bergmannsheil, Bürkle-de-la-Camp-Platz 1, 44789 Bochum, T: (0234) 93 09 56, Telefax: (0234) 93 09 57)
Pressesprecher: Prof. Dr. med. Peter Bottermann (T: (089) 41 40 22 61)
Verbandszeitschrift:
Experimental and Clinical Endocrinology,
Redaktion: Prof. Dr. Helmut Schatz,
Verlag: J.A. Barth, Hüthing GmbH
Diabetes und Stoffwechsel,
Redaktion: Prof. E. Standl, Prof. B. Willms,
Verlag: Verlag Kirchheim & Co GmbH
Mitglieder: 5000
Mitarbeiter: 6
Jahresetat: ca. DM 0,4 Mio, € 0,2 Mio

Landesverbände

t 3 295
Arbeitsgemeinschaft Diabetologie Baden-Würtemberg
c/o Praxis
Walther-Blumenstock-Str. 23, 77654 Offenburg
T: (0781) 9 23 93 60 **Fax:** 9 23 93 89
E-Mail: lippmann-Grob@t-online.de
Vorsitzende(r): Dr. Bernhard Lippmann-Grob

t 3 296
Fachkommission Diabetes in Bayern
c/o Krankenhaus München-Schwabing
Institut für Diabetesforschung
Kölner Platz 1, 80804 München
T: (089) 30 68-2456, 30 68-2388 **Fax:** 30 68-3796
Vorsitzende(r): Univ.-Prof. Dr. Manfred Haslbeck

t 3 297
Interessen-Gemeinschaft der Diabetologen des Landes Brandenburg
Jahnstr. 4, 15926 Luckau
T: (03544) 61 66 **Fax:** 50 80 30
Vorsitzende(r): Dipl.-Med. Annelie Lange

t 3 298
Berliner Diabetesgesellschaft
Uhlandstr. 173-174, 10719 Berlin
T: (030) 8 81 22 50 **Fax:** 8 81 22 50
Vorsitzende(r): Dr. Thea Schirop

t 3 299
Hamburger Gesellschaft für Diabetes e.V.
c/o Allgemeines Krankenhaus Barmbeck
II. Medizinische Abteilung
Rübenkamp 148, 22307 Hamburg
T: (040) 63 85-3517 **Fax:** 63 85-2167
Vorsitzende(r): Univ.-Prof. Dr. Ulrich Schwedes

t 3 300
Hessische Fachvereinigung für Diabetes e.V.
Klinikum d. Johann-Wolfgang-Goethe-Universität
Medizinische Klinik I
60590 Frankfurt
Theodor-Stern-Kai 7, 60596 Frankfurt
T: (069) 63 01-5396 **Fax:** 63 01-6405
Internet: http://www.med.uni-giessen.de/hfd
Vorsitzende(r): Univ.-Prof. Dr. K.-H. Usadel

t 3 301
Verein der Diabetologen Mecklenburg-Vorpommern e.V.
Buchenstr. 28, 18575 Ostseebad Prerow
T: (038233) 3 50 **Fax:** 3 50
E-Mail: lv.mecklenburg-vorpommern@deutsche-diabetes-gesellschaft.de
Vorsitzende(r): Univ.-Prof. Dr. Dietrich Michaelis

t 3 302
Landesgruppe Niedersachsen/Bremen der Deutschen Diabetes-Gesellschaft
c/o Zentralkrankenhaus Bremen-Nord
Hammersbecker Str. 228, 28755 Bremen
T: (0421) 66 06-1301 **Fax:** 66 06-1679
E-Mail: niedersachsen-bremen@deutsche-diabetes-gesellschaft.de
Vorsitzende(r): Univ.-Prof. Dr. Hans-Uwe Janka

t 3 303
Nordrhein-Westfälische Gesellschaft für Endokrinologie und Diabetologie
c/o Deutsches Diabetes-Forschungsinstitut der Heinrich-Heine-Universität Düsseldorf
Auf'm Hennekamp 65, 40225 Düsseldorf
T: (0211) 3 38 22 00 **Fax:** 3 36 91 03
E-Mail: nrw@deutsche-diabetes-gesellschaft.de
Vorsitzende(r): Univ.-Prof. Dr. Werner Scherbaum

t 3 304
Arbeitsgemeinschaft Diabetologie und Endokrinologie in Rheinland-Pfalz e.V.
c/o Klinikum der Joh.-Gutenberg-Universität, Klinik u. Poliklinik Innere Medizin
55101 Mainz
Langenbeckstr. 1, 55131 Mainz
T: (06131) 17-7260, 17-2367 **Fax:** 17-5609

E-Mail: ade.rheinland-pfalz@deutsche-diabetes-gesellschaft.de
Vorsitzende(r): Univ.-Prof. Dr. Jürgen Beyer

t 3 305
Arbeitskreis Diabetes im Ärzteverband des Saarlandes
66421 Homburg
Erikastr. 22, 66424 Homburg
T: (06841) 51 55 **Fax:** 1 55 82
Vorsitzende(r): Univ.-Prof. Dr. Peter Strohfeldt

t 3 306
Diabetesgesellschaft Sachsen-Anhalt
c/o Universitätsklinikum
Leipziger Str. 44, 39120 Magdeburg
T: (0391) 6 71 32 58 **Fax:** 6 71 44 98
E-Mail: sachsen-anhalt@deutsche-diabetes-gesellschaft.de
Vorsitzende(r): Prof. Dr. H. Lehnert (Direktor der Klinik für Endokrinologie und Stoffwechselkrankheiten)

t 3 307
Sächsische Gesellschaft für Stoffwechselkrankheiten u. Endokrinopathien e. V.
c/o Klinik Bavaria Kreischa
Abt. Diabetes, Stoffwechsel und Endokrinologie
An der Wolfsschlucht 1-3, 01731 Kreischa
T: (035206) 6 29 70 **Fax:** 6 12 41
E-Mail: matthias.Weck@t-online.de
Vorsitzende(r): Dr. Matthias Weck

t 3 308
Schleswig-Holsteinische Gesellschaft für Diabetes e.V.
c/o Krankenhaus Stormarn
Schützenstr. 55, 23843 Bad Oldesloe
T: (04531) 68-0 **Fax:** 68-1589
E-Mail: schleswig-holstein@deutsche-diabetes-gesellschaft.de
Vorsitzende(r): Prof. Dr. Gerhard Hintze

t 3 309
Thüringer Gesellschaft für Diabetes und Stoffwechselkrankheiten e.V.
c/o Sophien- und Hufeland-Klinikum gGmbH
Henry-van-de-Velde-Str. 2, 99425 Weimar
T: (03643) 57-1150 **Fax:** 57-1102
Vorsitzende(r): Prof. Dr. Harald Schmechel (Chefarzt der Klinik für Innere Medizin I)

● **T 3 310**
Deutsche Gesellschaft für Endokrinologie (DGE)
Röntgenring 11, 97070 Würzburg
T: (0931) 2 01-7106 **Fax:** 2 01-7117
Internet: http://www.endokrinologie.net
E-Mail: dge@mail.uni-wuerzburg.de
Gründung: 1953 (27. Februar)
Präsident(in): Prof. Dr. K. Voigt (Institut für Normale und Pathologische Physiologie, Phillips-Universität Marburg, Deutschausstr. 1-2, 35037 Marburg, T: (06421) 2 86-64 44, Fax: (06421) 2 86-23 06)
Sekretär: Prof. Dr.rer.nat. Josef Köhrle (Schatzmeister), Medizinische Poliklinik der Universität Würzburg, Röntgenring 11, 97070 Würzburg, T: (0931) 2 01-71 06, Fax: 2 01-71 17)
Verbandszeitschrift: "Endokrinologie-Informationen"; Wissenschaftliche Fachzeitschrift: Journal of Experimental and Clinical Endocrinology and Diabetes
Verlag: Georg Thieme Verlag, Rüdigerstr. 14, 70469 Stuttgart, T: (0711) 89 31-0
Mitglieder: 1500
Mitarbeiter: 1

Wissenschaftliche Vereinigung auf dem Gebiet der Hormone und des Stoffwechsels (Grundlagen, Anwendung, Klinik); Veranstaltung von gemeinsamen wissenschaftlichen Tagungen, Förderung wissenschaftlicher Arbeiten auf dem Gebiet der Endokrinologie und Pflege internationaler Beziehungen zu den endokrinologischen Gesellschaften des Auslands.

● **T 3 311**
Deutsche Gesellschaft für Endoskopie und bildgebende Verfahren
c/o Evangelisches Krankenhaus
Kirchfeldstr. 40, 40217 Düsseldorf
T: (0211) 91 90-1600 **Fax:** 91 90-3960
Präsident(in): Prof. Dr. med. W. Steiner (Univ.-HNO-Klinik, Robert-Koch-Str. 40, 37075 Göttingen)
Generalsekretär(in): Prof. Dr. Horst Neuhaus (Ltg. Presseabteilung; Evangelisches Krankenhaus, Kirchfeldstr. 40, 40217 Düsseldorf, T: (0211) 91 90-16 00, Telefax: (0211) 91

90-39 60)
Verbandszeitschrift: Endoskopie heute
Verlag: Demeter Verlag, Postf. 10 02 09, 72302 Balingen
Mitglieder: 700

● **T 3 312**

Deutsche Gesellschaft für Ernährungsmedizin
c/o Klinik für Anästhesie, Operative Intensivmedizin und Rettungsmedizin, Stadtkrankenhaus Wolfsburg
Sauerbrunchstr. 7, 38440 Wolfsburg
T: (05361) 80-1410   **Fax:** 80-1624
E-Mail: dgem.deutschland@t-online.de
Gründung: 1991
Präsident(in): Prof. Dr. H. Lochs (Charité Berlin, Schumannstr. 20-21, 10117 Berlin)
Sekretär: Priv. Doz. Dr. M. Adolph (Deutsche Gesellschaft für Ernährungsmedizin, Sauerbruchstr. 7, 38440 Wolfsburg)
Verbandszeitschrift: Aktuelle Ernährungsmedizin
Verlag: Georg Thieme Verlag, Rüdigerstraße, Stuttgart
Mitglieder: 1510

● **T 3 313**

Deutsches Institut für Ernährungsmedizin und Diätetik (D.I.E.T.) e.V
Kurbrunnenstr. 5, 52066 Aachen
T: (0241) 6 08 08 30   **Fax:** 6 08 08 34
Internet: http://www.diet-aachen.de
E-Mail: info@diet-aachen.de
Gründung: 1999 (16. November)
Präsident(in): Prof. Dr. rer. nat. Rudolf Schmitz
Vizepräsident: Steffen Dreher
Präsidiumsmitglied(er): Ingrid Bartmann
Hans W. Schaller
Volker Paul Bartz
Hauptgeschäftsführer: Sven-David Müller (Diätassistent, Diabetesberater DDG; Presseabteilung)
Wissenschaftlicher Direktor: Prof. Dr. med. Helmut Mann
Medizinischer Leiter: Dr. med. Edmund Purucker
Ernährungsmedizinische Leiterin: Privatdozentin Dr. med. Dr. med. sc. Christine Metzner
Ernährungswissenschaftliche Leitung: Dr. oec. troph. Bettina Dörr
Dr. oec. troph. Dietmar Stippler
Dipl. oec. troph. Tina-Alexa Lachmann
Dr. oec. troph. Markus Brüngel
Naturwissenschaftlicher Leiter: Dr. rer. nat. Wolfgang Lüder
Justiziar(in): Elke Meuthen (Rechtsanwältin)
Verbandszeitschrift: Ernährungsmedizin und Diätetik
Redaktion: Klaudia Hörist, Ines Drewe, Birgit Junghans
Verlag: Eigenverlag
Mitglieder: 8
Mitarbeiter: 4,5
Jahresetat: DM 0,75 Mio, € 0,38 Mio

● **T 3 314**

Deutsche Gesellschaft für experimentelle und klinische Pharmakologie und Toxikologie e.V.
c/o Universität Konstanz, FB Biologie, Fach M668
78457 Konstanz
T: (07531) 88-4522   **Fax:** 88-3099
E-Mail: wendel.dgpt@uni-konstanz.de
Gründung: 1920
Präsident: Prof. Dr.med. Kay Brune (Institut für exp. und klin. Pharmakologie und Toxikologie, Universität Erlangen Nürnberg, Fahrstr. 17, 91054 Erlangen, T: (09131) 8 52 22 92, Fax: (09131) 8 52 21 74, E-Mail: brune@pharmakologie.uni-erlangen.de)
Geschäftsführer: Prof. Dr. Albrecht Wendel (Universität Konstanz, Lehrstuhl Biochem. Pharmakologie, Fach M668, Universitätsstr. 10, 78457 Konstanz, T: (07531) 88 45 22, Fax: (07531) 88 30 99, E-Mail: wendel.dgpt@uni-konstanz.de)
Mitglieder: 2500
Fachorgan: Naunyn-Schmiedeberg's Archives of Pharmacology
Springer International

● **T 3 315**

Deutsche Gesellschaft für Gefäßchirurgie
c/o Städtisches Krankenhaus
Röntgenstr. 1, 88048 Friedrichshafen
T: (07541) 96-1301   **Fax:** 96-1306
Internet: http://www.gefaesschirurgie.de
E-Mail: zehle@pop.bodensee.de
Präsident(in): Prof. Dr.med. Hans Schweiger (Chefarzt der Abt. für Gefäßchirurgie, Herz- und Gefäßklinik GmbH Bad Neustadt, Salzburger Leite 1, 97616 Bad Neustadt, T: (09771) 66-21 01, Fax: (09771) 65-92 05, e-mail: cagef@herzchirurgie.de)
Sekretär: Prof. Dr. Andreas Zehle (Städtisches Krankenhaus, Röntgenstr. 1, 88048 Friedrichshafen, T: (07541) 96-13 01, Telefax: (07541) 96-13 06)
Mitglieder: 742

● **T 3 316**

Deutsche Gesellschaft für Geriatrie
c/o Geriatr. Krankenhaus
Am Falder 6, 40589 Düsseldorf

T: (0211) 75 60-0   **Fax:** 75 60-209
Gründung: 1985
Präsident(in): Prof. Dr.med. I. Füsgen (III. Med. Klinik-Geriatrie -der Kliniken St. Antonius, Tönisheiderstr. 24, 42553 Velbert, T: (02053) 49 40, Fax: (02053) 49 46, E-Mail: geriatrie@geriatrie-online.de, Internet: http://www.geriatrie-online.de)
Generalsekretär(in): Dr. med. Wolfdieter Bernard (Geriatr. Krankenhaus, Am Falder 6, 40589 Düsseldorf, T: (0211) 75 60-0, Telefax: (0211) 75 60-209)
Verbandszeitschrift: European Journal of Geriatrics
Redaktion: Holge Göpel
Verlag: Vincentz Verlag, Schiffgraben 43, 30175 Hannover
Mitglieder: 1340

● **T 3 317**

Deutsche Gesellschaft für Gerontologie und Geriatrie
c/o Institut für Psychogerontologie
Nägelsbachstr. 25, 91052 Erlangen
T: (09131) 8 52 65 26   **Fax:** 8 52 65 54
Präsident(in): Prof. Dr. Wolf-Dieter Oswald (Institut für Psychogerontologie, Universität Erlangen-Nürnberg, Nägelsbachstr. 25, 91052 Erlangen, T: (09131) 852 65 26, Fax: 852 65 54, E-Mail: dggg@geronto.uni-erlangen.de, Internet: http://www.uni-erlangen.de)
1. Vizepräsident: Prof. Dr. Thomas Klie (Evangelische Fachhochschule, Hochschule für Soziale Arbeit, Diakonie und Religionspädagogik, Bugginger Str. 38, 79114 Freiburg, T: (0761) 4 78 12 32, Fax: 4 78 12 30, Internet: http://www.efh-freiburg.de, E-Mail: klie@ruf.uni-freiburg.de)
Geschäftsführender Vizepräsident: Prof. Dr. Heinz Jürgen Kaiser (Institut für Psychogerontologie, Universität Erlangen-Nürnberg, Nägelsbachstr. 25, 91052 Erlangen, T: (09131) 8 52 65 28, Fax: 8 52 65 54, Internet: http://www.geronto.uni-erlangen.de, E-Mail: kaiser@geronto.uni-erlangen.de)
Mitglieder: 1200

● **T 3 318**

Deutsche Gesellschaft für Gerontopsychiatrie und -psychotherapie e.V.
c/o Rheinische Landesklinik Bonn
Postf. 17 01 69, 53027 Bonn
T: (0228) 5 51-2392   **Fax:** 5 51-2484
Präsident(in): Prof. Dr.med. Dipl.-Psych. Rolf D. Hirsch (Rheinische Landesklinik Bonn, Postf. 17 01 69, 53027 Bonn, T: (0228) 5 51-23 92, Telefax: (0228) 5 51-24 84)
Generalsekretär(in): Prof. Dr. M. Teising (FH Frankfurt, FB Pflege-Gesundheit, Nibelungenplatz 1, 60318 Frankfurt, T: (069) 15 33 28 54, Fax: 15 33 28 57)
Mitglieder: 190

● **T 3 319**

Deutsche Gesellschaft für Gynäkologie und Geburtshilfe e.V.
Pettenkoferstr. 35, 80336 München
T: (089) 5 38 99 85   **Fax:** 5 38 92 32
Gründung: 1885
Präsident(in): Prof. Dr. med. Hans Georg Bender (Direktor der Universitätsfrauenklinik Düsseldorf)
Schriftführer(in): Prof. Dr. med. K. Vetter (Chefarzt d. Abt. für Geburtsmedizin Krankenhaus Neukölln, Mariendorfer Weg 28, 12051 Berlin)
Verbandszeitschrift: Frauenarzt
Redaktion: Prof. K. Vetter
Verlag: publimed Medizin und Medien GmbH, Paul-Heyse-Str. 31 a, 80336 München
Mitglieder: 3500
Mitarbeiter: 4

● **T 3 320**

Deutsche Gesellschaft für Hämatologie und Onkologie e.V.
c/o Abt. Hämatologie und Onkologie Univ.-Klinikum Rostock
Ernst-Heydemann-Str. 6, 18057 Rostock
T: (0381) 4 94 74 20   **Fax:** 4 94 74 22
Internet: http://www.dgho.de
Gründung: 1937
Geschf. Vors: Prof. Dr.med. Volker Diehl (Direktor der Klinik I für Innere Medizin, Universität zu Köln, Joseph-Stelzmann-Str. 9, 50924 Köln, T: (0221) 4 78-4479, Fax: (0221) 4 78-5455, E-Mail: dgho@uni-koeln.de)
Sekretär u. Schatzmeister: Prof. Dr. Mathias Freund (Direktor der Abt. Hämatologie und Onkologie der Klinik und Poliklinik für Innere Medizin, Universität Rostock, Ernst-Heydemann-Str. 6, 18055 Rostock, T: (0381) 4 94-7420, -7421, Fax: (0381) 4 94-7422, E-Mail: mathias.freund@medizin.uni-rostock.de)
Mitglieder: ca. 1200

● **T 3 321**

Deutsche Gesellschaft für Hals-Nasen-Ohren-Heilkunde, Kopf- und Hals-Chirurgie
Geschäftsstelle
Hittorfstr. 7, 53129 Bonn
T: (0228) 23 17 70   **Fax:** 23 93 85
Gründung: 1921
Präsident(in): Prof. Dr. Ulrich Koch (Univ. Hals-Nasen-Ohren-Klinik, Martinistr. 52, 20246 Hamburg, T: (040) 4 28 03 23 60, Fax: (040) 4 28 03 63 19)
Generalsekretär(in): Prof. Dr. Hans Peter Zenner (Univ. HNO-Klinik, Silcherstr. 5, 72076 Tübingen, T: (07071) 2 98 41 64, Fax: (07071) 29 56 74)
Leiterin Geschäftsstelle: Anneliese Karwel (Hittorfstr. 7, 53129 Bonn, T: (0228) 23 17 70, Telefax: (0228) 23 93 85)
Verbandszeitschrift: HNO-INFORMATIONEN
Redaktion: Prof. Dr. Dr. Miehlke
Verlag: Demeter Verlag, 70469 Stuttgart
Mitglieder: 3600

● **T 3 322**

Deutsche Gesellschaft für Handchirurgie
Lilienmattstr. 5, 76530 Baden-Baden
T: (07221) 3 58-218   **Fax:** 3 58-229
Gründung: 1990
Präsident(in): Dr. R. Neumann (Chefarzt der Handchirurgischen Abteilung Krankenhaus Elim, Hohe Weide 17, 20259 Hamburg, T: (040) 49 06 64 32, Fax: (040) 49 06 66 97)
Generalsekretär(in): Prof. Dr. Peter Haußmann (Chefarzt der Hand- und Plastischen Chirurgie, Lilienmattstr. 5, 76530 Baden-Baden, T: (07221) 3 58-218, Fax: 3 58-229)
Mitglieder: 396

● **T 3 323**

Deutsche Gesellschaft für Humangenetik e.V. (GfH)
Geschäftsstelle:
Goethestr. 29, 80336 München
T: (089) 55 02-7855   **Fax:** 55 02-7856
Internet: http://www.gfhev.de
E-Mail: gfh@medgenetik.de
Vorsitzende(r): Prof. Dr.rer.nat. Karl Sperling (Institut für Humangenetik Charité-Humboldt Universität, Augustenburger Platz 1, 13353 Berlin, T: (030) 45 06-60 52, Fax: (030) 45 06-69 04, E-Mail: karl.sperling@charite.de)
Stellvertretende(r) Vorsitzende(r): Prof. Dr.med. Claus Bartram, Heidelberg
Prof. Dr.med. Helga Rehder, Marburg
Schriftführer(in): Prof. Dr. med. Ingo Kennerknecht (Institut für Humangenetik, Uni Münster)
Verbandszeitschrift: Medizinische Genetik
Redaktion: Dipl.-Soz. Christine Scholz, München
Verlag: medizinischegenetik, Goethestr. 29, 80336 München
Mitglieder: ca. 1000

● **T 3 324**

Deutsche Gesellschaft für Hygiene und Mikrobiologie e.V. (DGHM)
Institut für Hygiene und Mikrobiologie
Josef-Schneider-Str. 2, 97080 Würzburg
T: (0931) 2 01 39 36   **Fax:** 2 01 34 45
Gründung: 1906 (01. Juni)
Internationaler Zusammenschluß: siehe unter izt 332
Präsident(in): Prof. Dr. Dr. h.c. H.-G. Sonntag (Hygiene Institut der Uni Heidelberg, Im Nauenheimer Feld 324, 69120 Heidelberg)
Schatzmeister: Prof. Dr. med. Reinhard Marre (Institut für Mikrobiologie, Abt. Med. Mikrobiologie der Universität, Robert-Koch-Str. 8, 89081 Ulm)
Schriftführer: Prof. Dr. med. Matthias Frosch (Institut für Hygiene und Mikrobiologie, Josef-Schneider-Str. 2, 97080 Würzburg)
Geschäftsführer(in): Dr. Nicole Freifrau von Maltzahn (Institut für Hygiene und Mikrobiologie, Josef-Schneider-Str.2, 97080 Würzburg, T: (0931) 2 01 39 36, Fax: 2 01 34 45)
Verbandszeitschrift: Hygiene und Mikrobiologie
Verlag: Einhorn-Presse Verlag, Gutenbergstr. 26-30, 21465 Reinbeck
Mitglieder: 1800
Mitglied in: IUMS, FEMS

Mikrobiologie und Hygiene im Bereich von Forschung, Lehre und Praxis.

● **T 3 325**

Gesellschaft für Hygiene und Umweltmedizin
c/o Institut für Hygiene und Umweltmedizin
Universitätsstr. 150, 44801 Bochum
T: (0234) 3 22 23 65   **Fax:** 3 21 41 99
Internet: http://www.hygiene.ruhr-uni-bochum.de
E-Mail: wilhelm@hygiene.ruhr-uni-bochum.de
Präsident: Prof. Dr. Martin Exner, Bonn
1. Vizepräsident(in): Prof. Dr. Volker Mersch-Sundermann, Trier
2. Vizepräsident(in): H.-Erich Wichmann, Neuherberg
Schriftführer(in): Prof. Dr. Michael Wilhelm (Institut für Hygiene, Sozial- und Umweltmedizin), Bochum
Schatzmeister: Prof. Dr. Hartmut Dunkelberg, Göttingen
Mitglieder: 251

● **T 3 326**

Deutsche Hypertonie Gesellschaft
Deutsche Liga zur Bekämpfung des hohen Blutdruckes e.V.
Berliner Str. 46, 69120 Heidelberg
T: (06221) 41 17 74   **Fax:** 40 22 74

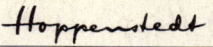

E-Mail: hochdruckliga@t-online.de
Gründung: 1974
Schirmherrin: Dr. med. Marianne Koch, München
Geschäftsführer(in): Dipl.-Betriebsw. Joachim Leiblein
Vorstand: Prof. Dr.med P. Dominiak (Vors.), Lübeck
Prof. Dr.med. Th. Unger (stellv. Vors.), Kiel
Prof. Dr.med. W. Zidek (Schatzmeister), Herne
Prof. Dr.med. J. Schrader, Cloppenburg
Prof. Dr.med M. Böhm, Köln
Prof. Dr.med M. Middeke, Burg/Spreewald
Prof. Dr.med W. Motz, Karlsburg
Leitung Presseabteilung: Eckard Böttcher-Bühler
Verbandszeitschrift: Druckpunkt (Patientenzeitschrift)
Mitglieder: ca. 3000

● T 3 327
Deutsche Gesellschaft für Immungenetik (DGI)
Delitzscher Str. 135, 04129 Leipzig
T: (0341) 9 72-5314 **Fax:** 9 72-5359
Gründung: 1993
Präsident(in): Prof. Dr. med. Hans Grosse-Wilde (Universitätsklinikum Essen, Institut für Immunologie, Virchowstr. 171, 45122 Essen, T: (0201) 7 23-4200/4201, Fax: (0201) 7 23-5906, E-Mail: immunologie@uni-essen.de)
Generalsekretär(in): Dr. Sabine Schröder (Delitzscher Str. 135, 04129 Leipzig, T: (0341) 9 72-5314, Fax: (0341) 9 72-5359)
Verbandszeitschrift: DGI-Aktuell
Redaktion: Dr. Joannis Mytilineos - ehrenamtlich
Mitglieder: 254 (Stand 11.01.01)

● T 3 328
Deutsche Gesellschaft für Infektiologie e.V.
c/o Medizinische Klinik II (Infektiologie)
Virchow-Klinikum der Humboldt-Universität
Augustenburger Platz 1, 13353 Berlin
T: (030) 4 50-53638 **Fax:** 4 50-53911
Internet: http://www.dgi.mwn.de
E-Mail: dgi@charite.de
Präsident(in): Prof. Dr. Bernhard Ruf (Städt. Klinikum "St.Georg", 2. Klinik f. Innere Medizin, Delitzscher Str. 141, 04129 Leipzig, T: (0341) 9 09-26 00, Telefax: (0341) 9 09-26 30)
Geschäftsführer(in): PD Dr. Dieter Nothdurft (Abt. Infektions- u. Tropenmedizin d. Universität München, Leopoldstr. 5, 80802 München, T: (089) 21 80-38 30, Telefax: (089) 33 60 38)
Mitglieder: 341

● T 3 329
Deutsche Gesellschaft für Innere Medizin e.V. (DGIM)
Humboldtstr. 14, 65189 Wiesbaden
T: (0611) 30 79 46 **Fax:** 37 82 60
Internet: http://www.dgim.de/adresse.htm
E-Mail: info@dgim.de
Gründung: 1882
Vorsitzende(r): Prof. Dr. med. Jürgen Meyer (Direktor der II. Med. Klinik und Poliklinik der Johannes Gutenberg-Universität, Langenbeckstr. 1, 55131 Mainz)
Generalsekretär(in): Prof. Dr. h.c.mult. Hanns-Gotthard Lasch (Humboldtstr. 14, 65189 Wiesbaden, T: (0611) 30 79 46, Fax: 37 82 60)
Kassenführer: Prof. Dr. H. Schmidt
Verbandszeitschrift: Medizinische Klinik
Redaktion: Dr. Oliver Renn
Verlag: Urban & Vogel, Neumarkter Str. 43, 81673 München
Mitglieder: ca. 8000
Mitarbeiter: 2

● T 3 330
Deutsche Interdisziplinäre Vereinigung für Intensiv- und Notfallmedizin (DIVI)
Chirurgische Klinik und Poliklinik - Großhadern
Klinikum der Universität München
Marchioninistr. 15, 81377 München
T: (089) 70 95-2791 **Fax:** 70 95-8893
E-Mail: divi@gch.med.uni-muenchen.de
Präsident(in): Prof. Dr. med. Dr. h.c. Friedrich W. Schildberg (Chirurgische Klinik und Poliklinik - Großhadern, Klinikum der Universität München, Marchioninistr. 15, 81377 München, T: (089) 70 95-2791, Fax: 70 95-8893, E-Mail: divi@gch.med.uni-muenchen.de)
Generalsekretär(in): Prof. Dr. med. H. Burchardi (Abteilungsvorstand am Zentrum Anästhesiologie der Universität Göttingen, Robert-Koch-Str. 40, 37075 Göttingen, T: (0551) 39-6027, Fax: 39-6530, E-Mail: hburcha@gwdg.de)
Mitglieder: 33 (Institutionen)

● T 3 331
Deutsche Gesellschaft für Internistische Intensivmedizin und Notfallmedizin
c/o Universitätsklinikum Charité
Campus Virchow-Klinikum
Nephrologie und Intensivmedizin
Augustenburger Platz 1, 13353 Berlin
T: (030) 45 05 31 31 **Fax:** 45 05 39 22
Präsident(in): Prof. Dr. Werner Seeger (Zentrum für Innere Medizin, Medizinische Klinik und Poliklinik II, Klinikstr. 36, 35392 Giessen, T: (0641) 99-4 23 50, Fax: (0641) 99-4 23 59 - bis Juni 2001)
Sekretär: Prof. Dr. D. Barckow (Universitätsklinikum Charité, Campus Virchow-Klinikum, Nephrologie und Intensivmedizin, Augustenburger Platz 1, 13353 Berlin, T: (030) 45 05 31 31, Fax: (030) 45 05 39 22)
Mitglieder: 1124

● T 3 332

Deutsche Gesellschaft für Kardiologie -Herz- und Kreislaufforschung
German Cardiac Society
Goethestr. 38a, 40237 Düsseldorf
T: (0211) 60 06 92-0 **Fax:** 60 06 92-10
Internet: http://www.dgkardio.de
E-Mail: info@dgkardio.de
Gründung: 1927
Ständ. GeschF: Prof. Dr. G. Arnold, Düsseldorf
Präsident(in): Prof. Dr. G. Breithardt (1999/2001), Münster
Pressereferent: Prof. Dr. E. Fleck, Berlin
Verbandszeitschrift: Zeitschrift für Kardiologie/Basic Research in Cardiology
Verlag: Dr. D. Steinkopff Verlag, Darmstadt
Mitglieder: 4400 (Stand 01/2001)
Offizielles Organ (Monatszeitung): Cardio News
Jährliche Jahres- u. Herbsttagungen

Zweck ist die Förderung der Erforschung des Herzens, des Gefäßsystems und des Blutkreislaufs sowie die Förderung der Verhütung und der Behandlung von Herz- und Kreislaufkrankheiten.

● T 3 333
Deutsche Gesellschaft für Kieferorthopädie e.V.
C/o Poliklinik für Kieferorthopädie
Theodor-Stern-Kai 7, 60596 Frankfurt
T: (069) 63 01-5635
Gründung: 1908
Vorsitzende: Prof. Dr. P. Schopf
Generalsekretär(in): N. N.
Verbandszeitschrift: Fortschritte der Kieferorthopädie
Verlag: Urban und Vogel, München
Mitglieder: 2100

● T 3 334
Deutsche Gesellschaft für Kinderchirurgie
c/o Klinik und Poliklinik für Kinderchirurgie
Langenbeckstr. 1, 55131 Mainz
T: (06131) 17-7111 **Fax:** 17-6636
Präsident(in): (bis Ende 2001): Prof. Dr. med. J. Engert (Kinderchirurgische Klinik der Ruhr-Universität Bochum, Marienhospital Herne, Widumer Str. 8, 44627 Herne, T: (02323) 4 99 24 50 oder 4 55 24 51, Fax: 49 93 28)
Präsident(in): (ab 2002): Prof. Dr. med. H. Mau (Kinderchirurgische Klinik, Charité - CVK, Augustenburger Platz 1, 13353 Berlin, T: (030) 45 05 66-111, Fax: 45 05 66-905)
Mitglieder: 596

● T 3 335
Deutsche Gesellschaft für Kinderheilkunde u. Jugendmedizin
Kinderklinik der Universität
Holwedestr. 16, 38118 Braunschweig
T: (0531) 5 95-1276, 5 95-1401 **Fax:** 5 95-1400
Präsident(in): Prof. Dr.med. Günter Mau
Generalsekretär(in): N. N.
Mitglieder: 10400

● T 3 336
Deutsche Gesellschaft für Kinder- und Jugendpsychiatrie und Psychotherapie e.V.
Geschäftsstelle:
Hans-Sachs-Str. 6, 35039 Marburg
T: (06421) 2 86-6258 **Fax:** 28-8975
Vorsitzende(r): Prof.Dr.med. Ulrike Lehmkuhl (HU Berlin, Charité, CVK, Klinik f. Psychiatrie, Psychosomatik und Psychotherapie des Kindes- und Jugendalters, Augustenburger Platz 1, 13353 Berlin, T: (030) 45 06 62 01, Fax: (030) 45 06 69 21, E-Mail: ulrike.lehmkuhl@charite.de)
Mitglieder: 700

● T 3 337
Deutsche Gesellschaft für Klinische Chemie
Geschäftsstelle:
Carl-Thiem-Klinikum, Institut für Klinische Chemie und Laboratoriumsdiagnostik
Thiemstr. 111, 03048 Cottbus
T: (0335) 46-2480, 42 28 **Fax:** (0355) 46-2003, 21 00
Gründung: 1964
Internationaler Zusammenschluß: siehe unter izt 115
Präsident(in): Prof. Dr. A. Gressner (RWTH Universitätsklinikum Institut für Klinische Chemie und Pathobiochemie, Zentrallabor, Pauwelstr. 30, 52057 Aachen, T: (0241) 80 88-6 78, Fax: (0241) 8 88-5 12, e-mail: gressner@rwth-aachen.de)
Vizepräsident(in): Prof. Dr. Th. Deufel (Markt 12, 07743 Jena, T: (03641) 44 26 31, Fax: (03641) 42 18 25, E-Mail: tom.deufel@t-online.de)
Geschäftsführer: Dr. Joachim Muche (Carl-Thiem-Klinikum, Institut f. Klinische Chemie und Laboratoriumsdiagnostik, Thiemstr. 111, 03048 Cottbus, T: (0335) 46-24 80/42 28, Fax: (0355) 46-20 03/21 00)
Schatzmeister: Prof. Dr. H. Patscheke (Städt. Klinikum Karlsruhe, Medizinisch-Diagnostisches Institut, Moltkestr. 90, 76133 Karlsruhe, T: (0721) 9 74-17 51, Fax: (0721) 9 74-17 69)
Mitglieder: 872

● T 3 338
Deutsche Arbeitsgemeinschaft für Klinische Nephrologie
c/o Prof. Dr.med. W. Fassbinder
Klinikum Fulda
Pacelliallee 4, 36043 Fulda
T: (0661) 84 54 51 **Fax:** 84-5452
Präsident(in): Prof. Dr.med. K. Kühn (Klinikum Karlsruhe, Moltkestr. 90, 76133 Karlsruhe, T: (0721) 9 74 28 00, Telefax: (0721) 9 74 28 09)
Schriftführer(in): Prof. Dr.med. W. Fassbinder (Klinikum Fulda, Pacelliallee 4, 36043 Fulda, T: (0661) 84 54 51, Telefax: (0661) 84 54 52)
Mitglieder: 900

● T 3 339
Deutsche Gesellschaft für Klinische Neurophysiologie
(vorm. EEG-Gesellschaft)
c/o Klinikum Darmstadt
Heidelberger Landstr. 379, 64297 Darmstadt
T: (06151) 1 07-4410 **Fax:** 1 07-4597
Gründung: 1950
Präsident(in): Prof. Dr. med. Christian E. Elger (Sigmund-Freud-Str. 25, 53105 Bonn, T: (0228) 2 87-5727, Fax: (0228) 2 87-4328, E-Mail: elger@mailer.meb.uni-bonn.de)
Generalsekretär(in): Prof. Dr. Detlef Claus (Klinikum Darmstadt, Neurologische Klinik, Heidelberger Landstr. 379, 64297 Darmstadt, T: (06151) 1 07-4410, Fax: 1 07-4597)
Verbandszeitschrift: Klin. Neurophysiologie
Verlag: Thieme-Verlag
Mitglieder: ca. 3400
Mitarbeiter: 2
Mitglied: Gesamtverband Deutscher Nervenärzte, Arbeitsgemeinschaft der wissenschaftlichen medizinischen Fachgesellschaften (AWMF), Deutsche Physiologische Gesellschaft

● T 3 340
Deutsche Gesellschaft für Klinische Pharmakologie und Therapie e.V.
c/o Dr.med. Ursula Sinterhauf
An der Johanneskirche 5, 35390 Gießen
T: (06409) 81 02 12 **Fax:** 81 02 45
Gründung: 1990 (20. September)
Präsident(in): Prof. Dr. Ivar Roots (Inst. f. Klin. Pharmakologie, Charité, Humboldt-Universität, Schuhmannstr. 20/21, 10098 Berlin)
Schriftführer(in): Dr.med. Ursula Sinterhauf (An der Johanneskirche 5, 35390 Gießen, T: (06409) 81 02 12, Fax: 81 02 45)
Verbandszeitschrift: Klinische Pharmakologie aktuell
Redaktion: PD. Dr.med. Barry G.Woodcock
Verlag: Dustri Verlag, 82032 München
Mitglieder: 520

● T 3 341
Deutsche Gesellschaft für Krankenhaushygiene
c/o Inst. für Hygiene + Umweltmed. der Universität Greifswald
Hainstr. 26, 17493 Greifswald
T: (03834) 83 46 10 **Fax:** 83 46 00
Präsident(in): Prof. Dr. Axel Kramer (Inst. f. Hygiene + Umweltmed., Hainstr. 26, 17493 Greifswald, T: (03834) 83 46 10, Telefax: (03834) 83 46 00)
Generalsekretär(in): Dr. F. von Rheinbaben (Laboratorium für Virologie, Henkelstr. 67, 40589 Düsseldorf, T: (0211) 7 97-6944, Fax: 7 98-2245)
Verbandszeitschrift: Hygiene + Medizin
Verlag: mhp-Verlag, Wiesbaden
Mitglieder: 820

● T 3 342

DEUTSCHE KREBSGESELLSCHAFT E.V.

Deutsche Krebsgesellschaft e.V.
Geschäftsstelle:
Hanauer Landstr. 194, 60314 Frankfurt
T: (069) 63 00 96-0 **Fax:** 63 00 96-66
Internet: http://www.krebsgesellschaft.de
E-Mail: service@krebsgesellschaft.de
Präsident(in): Prof. Dr. R. Kreienberg
Vizepräsident(in): Prof. Dr. K. Höffken (Sektion A) Prof. Dr. Dr.h.c. P. M. Schlag (Sektion B) Dr. R. A. Kudielka (Sektion C)
Geschäftsführer(in): Dr. Bernhard Koch (Hanauer Landstr. 194, 60314 Frankfurt, T: (069) 63 00 96-0, Telefax: (069) 63 00 96 66)
Generalsekretär(in): Prof. Dr. P. Drings
Schatzmeister: W. R. Schürk
Schriftführer(in): Prof. Dr. R. Engenhart-Cabillic
Verbandszeitschrift: FORUM Deutsche Krebsgesellschaft e.V.
Verlag: Konzept Verlagsgesellschaft, 60327 Frankfurt
Mitglieder: 4900

Gesundheitsförderung und Krebsprävention, Verbesserung der Krebstherapie durch Forschung, Qualitätssicherung in der medizinischen Versorgung, Helfen durch Information und psychosoziale Beratung.

● T 3 343

Deutschsprachige Gesellschaft für Kunst und Psychopathologie des Ausdrucks
Theatinerstr. 44V, 80333 München
T: (089) 22 15 80 **Fax:** 2 91 33 34
Präsident(in): Prof. Dr. M. P. Heuser (Theatinerstr. 44/V, 80333 München, T: (089) 2 28 38 68, Fax: 2 91 33 34)
Mitglieder: 200

● T 3 344

Deutsche Gesellschaft für Laboratoriumsmedizin e.V.
Geschäftsstelle:
Berliner Allee 32, 40212 Düsseldorf
T: (0211) 13 24 64 **Fax:** 13 25 22
Präsident(in): Prof. Dr. med. Gerd Assmann (Westfälische Wilhelms-Universität, Institut f. Klin. Chemie u. Laboratoriumsmedizin, Albert-Schweitzer-Str. 33, 48149 Münster, T: (0251) 8 34 72 22, Fax: 8 34 72 25)
Verbandszeitschrift: Laboratoriums Medizin
Verlag: Blackwell Wissenschafts-Verlag GmbH, Berlin
Mitglieder: 717
Mitarbeiter: 1

● T 3 345

Gesellschaft Deutschsprachiger Lymphologen
Földiklinik, Fachklinik für Lymphologie
Rößlehofweg 2-6, 79856 Hinterzarten
T: (07652) 1 24-0 **Fax:** 1 24-116
Präsident(in): Dr. med. E. Földi (Földiklinik, Fachklinik für Lymphologie, Rößlehofweg 2-6, 79856 Hinterzarten, T: (07652) 1 24-0)
Generalsekretär(in): Dr. med. K. P. Martin (Földiklinik, Fachklinik für Lymphologie, Rößlehofweg 2-6, 79856 Hinterzarten, T: (07652) 1 24-0)
Mitglieder: 140

● T 3 346

Deutsche Gesellschaft für Manuelle Medizin
- Ärzteseminar Berlin ÄMM -
- Ärzteseminar Hamm-Boppard FAC -
- Ärzteseminar Isny-Neutrauchburg MWE -
Königsteiner Str. 68, 65812 Bad Soden
T: (06196) 2 84 00
Gründung: 1966
Präsident(in): Dr.med. Alfred Möhrle
Verbandszeitschrift: Manuelle Medizin
Verlag: Springer-Verlag, Heidelberg
Mitglieder: 4600

● T 3 347

Gesellschaft für Medizinische Ausbildung
c/o Klinikum Innenstadt, Chirurgie
Nußbaumstr. 20, 80336 München
T: (089) 51 60-2580 **Fax:** 51 60-4493
Gründung: 1978
Präsident(in): Prof. Dr. Florian Eitel (Klinikum Innenstadt, Chirurgie, Nußbaumstr. 20, 80336 München, T: (089) 51 60-25 80, Telefax: (089) 51 60-44 93)
Generalsekretär(in): Dr.med. W. Strake (MDKN/Krankenhausreferat, Hildesheimer Str. 41, 30169 Hannover, T: (0511) 81 17-2 11)

Verbandszeitschrift: Medizinische Ausbildung Supplement der Zeitschrift „Das Gesundheitswesen"
Redaktion: Vera Seehausen, Berlin
Verlag: Eigenverlag
Mitglieder: 218

● T 3 348

Fachverband Medizingeschichte
Institut für Geschichte der Medizin
Klingsorstr. 119, 12203 Berlin
T: (030) 83 00 92-0
Präsident(in): Prof. Dr.phil. Renate Wittern (Institut für Geschichte der Medizin, Glückstr. 10, 91054 Erlangen, T: (09131) 85 23 08, Fax: 85 28 52)
Generalsekretär(in): PD Dr.med Volker Hess (Institut für Geschichte der Medizin, Klingsorstr. 119, 12203 Berlin, T: (030) 83 00 92 22, Fax: (030) 83 00 92 37)
Mitglieder: 140

● T 3 349

Deutsche Gesellschaft für Medizinische Informatik, Biometrie und Epidemiologie e.V. (GMDS)
Schedestr. 9, 53113 Bonn
T: (0228) 2 42 22 24 **Fax:** 3 68 26 47
Internet: http://www.gmds.de
E-Mail: gmds@dgn.de
Gründung: 1955
Präsident(in): Prof. Dr. Rüdiger Klar (Medizinische Informatik, Universität Freiburg, Stefan-Meier-Str. 26, 79104 Freiburg, T: (0761) 76 12 03-6701, Fax: (0761) 76 12 03-6711)
Geschäftsführer(in): Friederike Sträter (Schedestr. 9, 53113 Bonn, T: (0228) 2 42 22 24, Fax: (0228) 3 68 26 47)
Verbandszeitschrift: Med. Informatik, Biometrie u. Epidemiologie in Medizin u. Biologie
Redaktion: Prof. Dr. Wolfgang Köpcke
Verlag: Eugen Ulmer Verlag, Postf. 70 05 61, 70574 Stuttgart
Mitglieder: 1500
Mitarbeiter: 2
Jahresetat: DM 0,5 Mio, € 0,26 Mio

● T 3 350

Deutsche Gesellschaft für Medizinische Physik e.V. (DGMP)
Geschäftsstelle
Postf. 10 10 20, 50450 Köln
Kreuzgasse 2-4, 50667 Köln
T: (0221) 9 25 48-253 **Fax:** 9 25 48-282
Internet: http://www.dgmp.de
E-Mail: dgmp@ccmkoeln.de
Gründung: 1969
Internationaler Zusammenschluß: siehe unter izt 755
Präsident(in): Dr. Michael Wucherer (Klinikum Nürnberg Nord, Inst. für med. Physik Prof. Ernst, Nathanstr. 1, 90430 Nürnberg)
Verbandszeitschrift: Zeitschrift für Medizinische Physik
Redaktion: Dipl.-Ing. D. Puppe
Mitglieder: 1200

● T 3 351

Deutsche Gesellschaft für Medizinische Psychologie (DGMP)
30623 Hannover
T: (0511) 5 32 44 36 **Fax:** 5 32 42 14
Internet: http://www.dgmp-online.de
Gründung: 1979
Präsident(in): Prof. Dr. med. Dr. phil. Uwe Koch (Abt. f. Med. Psychologie, Universität Hamurg, Martinistr. 52, 20246 Hamburg, T: (040) 4 28 03-2863, Fax: (040) 4 28 03-4965, E-Mail: koch@uke.uni-hamburg.de)
Generalsekretär(in): Dr. Klaus Wildgrube (Abt. Med. Psychologie, Medizinische Hochschule Hannover, Carl-Neuberg-Str. 1, 30625 Hannover, T: (0511) 5 32 44 36, Fax: 5 32 42 14)
Verbandszeitschrift: Mitteilungen der DGMP (vierteljährlich)
Redaktion: Dr. Klaus Wildgrube
Verlag: Pabst Signs Publishers
Mitglieder: 304

● T 3 352

Deutsche Gesellschaft für Medizinische Psychologie und Psychopathometrie
Psychiatr. Univ.-Klinik
Klarastr. 7, 60433 Frankfurt
T: (069) 51 58 39
Präsident(in): Prof. Dr. Ingrid M. Deusinger (Klarastr. 7, 60433 Frankfurt/Main)
Mitglieder: 52

● T 3 353

Deutsche Gesellschaft für Medizinische Soziologie e.V.
c/o Medizinische Soziologie
Hebelstr. 29, 79104 Freiburg
T: (0761) 2 03-5518 **Fax:** 2 03-5516
Internet: http://www.uni-freiburg.de/medsoz/dgms.htm
E-Mail: stoessel@uni-freiburg.de

Präsident(in): Prof. Dr.med. Jürgen von Troschke (Abt. für Med. Soziologie, Med. Fakultät d. Albert-Ludwigs-Univ. Freiburg, Hebelstr. 29, 79104 Freiburg, T: (0761) 2 03-5518, Telefax: (0761) 2 03-5516)
Generalsekretär(in): Dr. Ulrich Stößel (Med. Soziologie, Hebelstr. 29, 79104 Freiburg, T: (0761) 2 03-5520, Telefax: (0761) 2 03-5516)
Mitglieder: 170

● T 3 354

Deutsche Gesellschaft für Medizinrecht
Von-Stadion-Str. 1, 89134 Blaustein
T: (0731) 50 02 60 70 **Fax:** 50 02 60 69
Internet: http://www.medizin.uni-koeln.de/dgmr
E-Mail: hans-dieter.lippert@rektoramt.uni-ulm.de
Präsident(in): PD Dr. iur. Dr. med. Ch. Dierks (Kurfürstendamm 57, 10707 Berlin, Tel.: (030) 3 27 78 70, Fax: (030) 32 77 87 77)
Vizepräsident(in): Prof. Dr. W. Eisenmenger (Institut für Rechtsmedizin, Frauenlobstr. 7a, 80337 München, Tel.: (089) 51 60-5111, Fax: (089) 51 60-5144)
Generalsekretär(in): Dr. iur. A. Wienke (Bonner Str. 323, 50968 Köln, Tel.: (0221) 3 76 53 10, Fax: (0221) 3 76 53 12)
Schatzmeister(in): Dr. iur. Dr. med. H.-J. Kramer (Blombergweg 18, 825538 Geretsried, Tel.: (08171) 3 22 25, Fax: (08171) 3 22 58)
Schriftführer(in): Dr. iur. H.-D. Lippert (Von-Stadion-Str. 1, 89134 Blaustein, T: (0731) 50 02 60 70, Fax: (0731) 50 02 60 69)
Mitglieder: 118

● T 3 355

Deutsche Migräne- und Kopfschmerzgesellschaft
c/o Klinik und Poliklinik für Neurologie im Bezirksklinikum, Universitätsstr. 84, 93053 Regensburg
Pfauenstr. 6, 79215 Elzach
T: (0941) 9 41 30 70 **Fax:** 9 41 30 75
Präsident(in): Prof. Dr. G. Haag (Chefarzt Elztal Klinik, Pfauenstr. 6, 79215 Elzach-Oberprechtal, Tel: (07682) 8 05-135, Fax: 8 05-113)
Generalsekretär(in): Dr. Arne May (Klinik und Poliklinik für Neurologie im Bezirksklinikum, Universitätsstr. 84, 93053 Regensburg, T: (0941) 9 41 30 70, Fax: 9 41 30 75)
Mitglieder: 470

● T 3 356

Deutsches Institut für Migräne- und Kopfschmerzforschung
c/o Schmerzklinik Kiel
Heikendorfer Weg 9-27, 24149 Kiel
T: (0431) 2 00 99-0 **Fax:** 2 00 99-35
Direktor(in): Prof. Dr. Hartmut Göbel (Schmerzklinik Kiel, Heikendorfer Weg 9-27, 24149 Kiel, T: (0431) 2 00 99-65, Fax: 2 00 99-35)

● T 3 357

Deutsche Gesellschaft für Mund-, Kiefer- und Gesichtschirurgie e.V.
Schoppastr. 4, 65719 Hofheim
T: (06192) 20 63 03 **Fax:** 20 63 04
Präsident(in): Univ.-Prof. Dr. Dr. J. Mühling (Universität Heidelberg, Im Neuenheimer Feld 400, 69120 Heidelberg, T: (06221) 56 73 01, Fax: 56 43 75)
Vizepräsident(in): Prof. Dr. Hans-Peter Ulrich (Breite Straße 44-46, 23552 Lübeck, T: (0451) 7 66 22, Fax: (0451) 7 60 94)
Schatzmeister(in): Elisabeth Schwipper (Burgstr.31, 48151 Münster, T: (0251) 77 87 47, Fax: (0251) 79 04 51)
Mitglieder: 1150

● T 3 358

Deutschsprachige Mykologische Gesellschaft e.V.
c/o Dermatologische Klinik und Poliklinik der Ludwig-Maximilians-Universität
Frauenlobstr. 9-11, 80337 München
T: (089) 51 60-6203 **Fax:** 51 60-6204
Vorsitzende(r): Prof. Dr. H.C. Korting (Dermatologische Klinik und Poliklinik der Ludwig-Maximilians-Universität, Frauenlobstr. 9-11, 80337 München)
Stellvertretende(r) Vorsitzende(r): Prof. Dr. H. Hof (Direktor des Instituts für Medizinische Mikrobiologie und Hygiene, Klinikum Mannheim der Universität Heidelberg, Theodor-Kutzer-Ufer 1-3, 68167 Mannheim)
Schriftführer(in): Prof. Dr. C. Seebacher (Chefarzt der Hautklinik des Krankenhauses Dresden-Friedrichstadt, Friedrichstr. 41, 01067 Dresden)
Kassenwart: Priv.-Doz. Dr. W. Fegeler (Institut für Medizinische Mikrobiologie, Westfälische Wilhelms-Univ., Domagkstr. 10, 48149 Münster)
Verbandszeitschrift: mycoses
Mitglieder: 870

● T 3 359
Gesellschaft für Neonatologie und Pädiatrische Intensivmedizin
c/o Klinik für Allgemeine Pädiatrie und Neonatologie der Otto-von-Guericke Universität Magdeburg
Wiener Str., 39112 Magdeburg
T: (0391) 6 71 70 00 **Fax:** 6 71 71 10
E-Mail: gerhard.jorch@medizin.uni-magdeburg.de
Präsident(in): Prof. Dr. Gerhard Jorch (Klinik für Allgemeine Pädiatrie und Neonatologie der Otto-von-Guericke Universität Magdeburg, Wiener Straße, 39112 Magdeburg, T: (0391) 6 71 70 00, Fax: 6 71 71 10, e-mail: gerhard.joch@medizin.uni-magdeburg.de)
Generalsekretär(in): N. N.
Mitglieder: 700

● T 3 360
Gesellschaft für Nephrologie
Gmelinstr. 5, 72076 Tübingen
T: (07071) 29-72194 **Fax:** 29-5618
Internet: http://www.gfn-online.com
Generalsekretär(in): Prof. Dr. med. Florian Lang (Physiologisches Institut, Gmelinstr. 5, 72076 Tübingen, (07071) 2 97 21 94, Fax: 29 56 18, E-Mail: florian.lang@uni-tuebingen.de)
Stellv. Generalsekretär(in): Prof. Dr. med. W. H. Hörl (Tagungspräsident 2000; Klin. Abteilung f. Nephrologie und Dialyse, III. Medizinische Klinik, Währinger Gürtel 18-20, A-1090 Wien/Österreich; T: (0043 1) 4 04 00 43 90, Fax: (0043 1) 4 04 00 43 92, E-Mail: hoerl@nephro.imed3.akh-wien.ac.at)
Tagungspräsident 1999: Prof. Dr. R. Greger (Physiologisches Institut, Herrmann-Herder-Str. 7, 79104 Freiburg, T: (0761) 2 03 51 75, Fax: (0761) 2 03 51 91)
Tagungspräsident 2001: Prof. Dr. K. H. Rahn (Med. Poliklinik, Westf. Wilhelms-Universität, Albert-Schweitzer-Str. 33, 48149 Münster, T: (0251) 8 34 75 16, Fax: (0251) 8 34 69 79, E-Mail: rahn@uni-muenster.de)
Verbandszeitschrift: Kidney and Blood Pressure Research
Redaktion: Karger Verlag
Mitglieder: 960

● T 3 361
Neurowissenschaftliche Gesellschaft e.V.
German Neuroscience Society
Robert-Rössle-Str. 10, 13125 Berlin
T: (030) 94 06-3133 **Fax:** 94 06-3819
Internet: http://nwg.glia.mdc-berlin.de
Gründung: 1994 (19. April)
Vorstand der Amtsperiode 2001/2002
Präsident(in): Prof. Herbert Zimmermann, Frankfurt/Main
Vizepräsident(in): Dr. Katharina Braun, Magdeburg
Schatzmeister: Prof. Hans-Joachim Pflüger, Berlin
Generalsekretär(in): Prof. Helmut Kettenmann, Berlin
Verbandszeitschrift: Neuroforum
Verlag: Spektrum Akademischer Verlag, Heidelberg

● T 3 362
Deutsche Gesellschaft für Neurochirurgie
Geschäftsstelle: c/o Porstmann Kongresse GmbH
Friedrichstr. 130a, 10117 Berlin
T: (030) 28 44 99-22 **Fax:** 28 44 99-11
Internet: http://www.dgnc.de
E-Mail: gs@dgnc.de
Gründung: 1950 (13. September)
1. Vorsitzende(r): Prof. Dr.med. Falk Oppel (Direktor der Neurochirurgischen Klinik, Krankenanstalten Gilead gGmbH, Burgsteig 13, 33617 Bielefeld, T: (0521) 1 44 27 63, Fax: (0521) 1 44 45 22, E-mail: falk.oppel@t-online.de)
Sprecher des Beirats: Prof. Dr.med. Hans Arnold (Direktor der Neurochirurgischen Universitäts-Klinik, Medizinische Universität zu Lübeck, Ratzeburger Allee 160, 23538 Lübeck, T: (0451) 5 00-20 75/2076, Fax: 5 00-61 91, E-mail arnold@medinf.mu-luebeck.de)
2. Vorsitzender: Prof. Dr.med. Hans-Peter Richter (Direktor der Neurochirurgischen Universitäts-Klinik Ulm Bezirkskrankenhaus Günzburg, T: (08221) 96-2252, Fax: 96-2110, E-mail: 2.vors-dgnc@medizin.uni-ulm.de)
Schriftführer(in): H. Maximilian Mehdorn (Direktor der Neurochirurgischen Universitäts-Klinik Kiel, Weimarer Str. 8, 24106 Kiel, T: (0431) 5 97-4800, Fax: 5 97-4918, E-mail: mehdorn@nch.uni-kiel.de)
Kassenwart: Prof. Dr.med. Thomas Grumme (Chefarzt der Neurochirurgischen Klinik Zentralklinikum Augsburg, Stenglinstr. 2, 86156 Augsburg, (0821) 4 00-2250, Fax: 4 00-3314, E-mail: neurochirurgie@klinikum-augsburg.de)
Verbandszeitschrift: Mitteilungen der Deutschen Gesellschaft für Neurochirurgie
Redaktion: Prof. Dr.med. H. Maximilian Mehdorn (Direktor d. neurochirurg. Univ.-Klinik Kiel)
Geschäftsstelle: Porstmann Kongresse GmbH, Friedrichstr. 130a, 10117 Berlin
Mitglieder: 980

● T 3 363
Deutsche Gesellschaft für Neurologie
c/o Neurolog. Klinik am Allgemeinen Krankenhaus St. Georg
Lohmühlenstr. 5, 20099 Hamburg
T: (040) 28 90-2267 **Fax:** 28 90-4185
E-Mail: pevog@prof-p-vogel.de
Präsident(in): Prof. Dr. W. Hacke (Neurologische Univ.-Klinik, Im Neuenheimer Feld 400, 69120 Heidelberg)
Schriftführer(in): Prof. Dr. Peter Vogel (Allgem. Krankenhaus St. Georg, Neurologische Klinik, Lohmühlstr. 5, 20099 Hamburg, T: (040) 28 90-22 67, Telefax: (040) 28 90-41 85)
Mitglieder: 3500

● T 3 364
Gesellschaft für Neuropädiatrie
Geschäftsstelle
c/o Olgahospital, Kinderklinik
Bismarckstr. 8, 70176 Stuttgart
T: (0711) 9 92-2410 **Fax:** 63 66-784
Präsident(in): Prof. Dr. Ulrich Stephani (Klinik für Neuropädiatrie der Universität Kiel, Schwanenweg 20, 24105 Kiel, Tel.: (0431) 5 97-1622)
Generalsekretär(in): Dr. Burkhard Köhler
Mitglieder: ca. 450

● T 3 365
Deutsche Gesellschaft für Neuropathologie und -anatomie
c/o Inst. f. Neuropathologie
Langenbeckstr. 1, 55101 Mainz
T: (06131) 17-73 08 **Fax:** 17-66 06
Vorsitzende(r): Prof. Dr. B. Volk (Dir. d. Abt. Neuropathologie, Neurozentrum, Breisacher Str. 64, 79106 Freiburg, T: (0761) 2 70-51 06, Fax: (0761) 2 70-5050)
Sekr.: Prof. Dr. Hans Hilmar Goebel (Abt. f. Neuropathologie, Langenbeckstr. 1, 55131 Mainz, T: (06131) 17-73 08, Telefax: (06131) 17-66 06)
Mitglieder: 388

● T 3 366
Deutsche Gesellschaft für Neuroradiologie DGNR
Universitätsklinik Freiburg
Neurozentrum
Breisacher Str. 64, 79106 Freiburg
T: (0761) 2 70-5180 **Fax:** 2 70-5195
E-Mail: fichter@nz.ukl.uni-freiburg.de
Gründung: 1965
Präsident(in): Prof. Dr. M. Schumacher
Verbandszeitschrift: Klin. Neuroradiologie
Redaktion: Prof. Dr. K. Voigt
Verlag: Urban und Vogel GmbH, Lindwurmstr. 95, 80052 München
Mitglieder: 440
Mitarbeiter: 12

● T 3 367
Deutsche Gesellschaft für Nuklearmedizin (DGN)
c/o Radiologische Klinik
Hugstetter Str. 55, 79106 Freiburg
T: (0761) 2 70-3913 **Fax:** 2 70-3930
Präsident(in): Prof. Dr. Dr. E. Moser (Radiologische Universitätsklinik, Abt. Nuklearmedizin, Hugstetter Str. 55, 79106 Freiburg, T: (0761) 2 70-39 13, Telefax: (0761) 2 70-39 30, e-mail: emosev@uni-freiburg.de)
Generalsekretär(in): PD. Dr. T. Krause (Radiologische Universitätsklinik, Hugstetter Str. 55, 79106 Freiburg, T: (0761) 2 70-39 13, Telefax: (0761) 2 70-39 30, e-mail: krauseth@uni-freiburg.de)
Verbandszeitschrift: NUKLEARMEDIZIN
Verlag: Schattauer-Verlag, Lenzhalde 3, 70192 Stuttgart
Mitglieder: 1200

● T 3 368
Vereinigung für Operative und Onkologische Dermatologie
c/o Klinik und Poliklinik für Dermatologie
Fetscherstr. 74, 01307 Dresden
T: (0351) 4 58-2232 **Fax:** 4 58-4338
Präsident(in): Prof. Dr. P.A. Müller (Dermatologische Klinik, Rintelner Str. 85, 32657 Lemgo, T: (05261) 2 64-186, Fax: 2 64-034)
Generalsekretär(in): Prof. Dr. Günther Sebastian (Klinik und Poliklinik für Dermatologie, Fetscherstr. 74, 01307 Dresden, T: (0351) 4 58-22 32, Telefax: (0351) 4 58-57 59)
Mitglieder: 372

● T 3 369
Deutsche Ophthalmologische Gesellschaft
Berliner Str. 14, 69120 Heidelberg
T: (06221) 41 17 87 **Fax:** 48 46 16
Internet: http://www.dog.org
E-Mail: dog-hd@t-online.de
Gründung: 1857
Präsident(in): Prof. Dr. R. Guthoff (Dir. der Univ.-Augenklinik, Doberaner Str. 140, 18057 Rostock)
Schriftführer(in): Prof.Dr. Hans Eberhard Völcker (Dir. der Univ.-Augenklinik, Im Neuenheimer Feld 400, 69120 Heidelberg, T: (06221) 41 17 87)
Verbandszeitschrift: Der Ophthalmologe
Redaktion: Prof. Dr. H. E. Völcker, Heidelberg
Verlag: Springer Verlag, Postfach, Heidelberg
Mitglieder: 3800

● T 3 370
Deutsche Gesellschaft für Orthopädie und Traumatologie (DGOT)
Marienburgstr. 2, 60528 Frankfurt
T: (069) 67 05-377 **Fax:** 67 05-367
Internet: http://www.dgot.de
E-Mail: dgot-frankfurt@t-online.de
Gründung: 1901
Präsident(in): Prof. Dr. med. Werner Hein (Orthop. Univ.-Klinik, T: (0391) 6 71 40 00, (0391) 6 71 40 06; ab 2002: Martin Luther-Univ., Magdeburger Str. 22, 06097 Halle, T: (0345) 5 57-4805, Fax: (0345) 5 57-4809)
Generalsekretär(in): Prof. Dr. Lutz Jani (Orthopädische Klinik Mannheim d. Univ. Heidelberg, Theodor-Kutzer-Ufer 1-3, 68167 Mannheim, T: (0621) 3 83 45 06)
Verbandszeitschrift: Orthopädie Mitteilungen
Verlag: Georg Thieme Velag, Rüdigerstr. 14, 70469 Stuttgart
Mitglieder: 2200

● T 3 371
Deutsche Gesellschaft für Osteologie e.V.
c/o Prof.Dr.Dr.med. E. Keck
Paulinenstr. 4, 65189 Wiesbaden
T: (0611) 3 94 39 **Fax:** 37 90 76
Gründung: 1984
Präsident(in): Prof. Dr.Dr.med. Elmar Keck (Forschungsinstitut für Osteologie und Rheumatologie, Rhön-Klinik, Gersfeld, Paulinenstr. 4, 65189 Wiesbaden, T: (0611) 3 94 39, Telefax: (0611) 37 90 76)
Vizepräsident(in): Prof. Dr.med. R. Ascherl (Chefarzt der Orthopädischen Klinik, Klinikum Ingolstadt, Krumenauer Straße 25, 85049 Ingolstadt, T:(0841) 8 80 26 01, Fax: 8 80 26 09)
Schriftführer(in): Dr. phil. nat. Eckhard Werner (GSF - Inst. für Strahlenschutz, Ingolstädter Landstr. 1, 85764 Oberschleißheim, T: (089) 31 87-42 47, Telefax: (089) 31 87 25 17)
Verbandszeitschrift: Osteologie
Redaktion: Prof. Willert
Verlag: Huber Verlag, Länggassstr. 76, 3000 Bern (Schweiz)
Mitglieder: 330

Förderung der osteologischen Forschung

● T 3 372
Gesellschaft für Pädiatrische Radiologie e.V.
c/o Klinikum Krefeld, Institut für Röntgendiagnostik/Kinderklinik
Lutherplatz 40, 47805 Krefeld
T: (02151) 32 23 62 **Fax:** 32 23 53
Internet: http://www.kinder-radiologie.de
Gründung: 1963 (17. September)
Präsident(in): Dr. Alfred E. Horwitz (Klinikum Krefeld, Kinderradiologie, Lutherplatz 40, 47805 Krefeld, T: (02151) 3 22-362)
Generalsekretär(in): B. Reither (Ohmstr. 5, 90552 Röthenbach, T: (0911) 5 76-96, Fax: 5 76-96)
Mitglieder: 302

● T 3 373
Deutsche Gesellschaft für Palliativmedizin
Von-Hompesch-Str. 1, 53123 Bonn
T: (0228) 64 81-361 **Fax:** 64 81-851
E-Mail: dgp-bonn@clinet.de
Gründung: 1994
Präsident(in): Prof. Dr. med. E. Klaschik (Rheinische Friedrich-Wilhelms-Universität Bonn, Zentrum für Palliativmedizin am Malteser Krankenhaus Bonn, Von-Hompesch-Str. 1, 53123 Bonn)
Sekretär: Dr. med. Michael Cremer, Flensburg
Verbandszeitschrift: Zeitschrift für Palliativmedizin
Redaktion: Prof. Aulbert, Berlin; Prof. Kettler, Göttingen; Prof. Hartenstein, München
Verlag: Georg Thieme, Stuttgart
Mitglieder: 700
Mitarbeiter: 1

● T 3 374
Deutsche Gesellschaft für Pathologie
Geschäftsstelle:
Krankenhausstr. 8-10, 91054 Erlangen
T: (09131) 8 52-2286 **Fax:** 8 52-4745
Internet: http://www.dgp.pathologie.med.uni-erlangen.de
E-Mail: sekretariat.dgp@patho.imed.uni-erlangen.de
Gründung: 1897
Vorsitzende(r): Prof. Dr. med. H. Nizze (Institut für Pathologie, Universität Rostock, Strempelstr. 14, 18055 Rostock, T: (0381) 4 94-5800, Fax: (0381) 4 94-5802, E-Mail: horst.nizze@med.uni-rostock.de)
Schriftführer(in): Prof. Dr. Th. Kirchner (Institut für Pathologie der Universität, Krankenhausstr. 8-10, 91054 Erlangen, T: (09131) 8 52-2286, Fax: (09131) 8 52-4745, E-Mail: sekretariat.dgp@patho.imed.uni-erlangen.de)
Mitglieder: 1208

● T 3 375
Deutsche Gesellschaft für Pharmazeutische Medizin e.V. (DGPharMed)
Gneisenaustr. 23, 30175 Hannover
T: (0511) 8 57-27 31 **Fax:** 81 91 38
Internet: http://www.dgpharmed.de
Gründung: 1973
Präsident(in): Dr. med. Michael Henschel (Glaxo Wellcome GmbH & Co., Alsterufer 1, 20354 Hamburg, T: (040) 4 15 23-199, Fax: (040) 4 15 23-195)
Stellvertretende(r) Vorsitzende(r): Dr.med. Norbert Clemens (Intersan GmbH, Einsteinstr. 30, 76275 Ettlingen, T: (07243) 1 84-31, Fax: 1 84-75)
Leitung Presseabteilung: Dr.med. Claus Kori-Lindner (T: (089) 5 38 01 94, (0172) 9 61 47 86, Telefax: (089) 51 45 08 39)
Verbandszeitschrift: DGPharMed News
Redaktion: Dr.med. C. Kori-Lindner
Mitglieder: ca. 1400

● T 3 376
Deutsche Gesellschaft für Phlebologie
Sekretariat c/o Allergie- und Hautklinik Norderney, Gemeinnütziges Krankenhaus
Lippestr. 9-11, 26548 Norderney
T: (04932) 8 05-420 Di.-Do. 8.00-10.30 Uhr
Geschäftsführender Vorstand:
Präsident(in): PD Dr.med. Eberhard Rabe (Dermatologische Universitätsklinik Bonn, Sigmund-Freud-Str. 25, 53105 Bonn, T: (0228) 2 87-53 70 oder 66 30, Telefax: (0228) 2 87-43 33, Internet: http://www.meb.uni-bonn.de/dermatologie/dgp1.htm, E-Mail: phlebo@mailer.meb.uni-bonn.de)
Vizepräsident(in): Prof. Dr.med. Walter Lechner (Allergie- und Hautklinik Norderney, Lippestr. 9-11, 26548 Norderney, T: (04932) 8 05-4 04, Telefax: (04932) 8 05-3 77, E-Mail: Prof.Lechner@t-online.de)
Generalsekretär(in): Dr. med. Lutz Schimmelpfennig (Steigerwaldklinik Burgebrach, Am Eichelberg, 96138 Burgebrach, T: (09546) 8 80 oder 8 82 10, Telefax: (09546) 8 82 01, Internet: http://www.steigerwaldklinik.de, E-Mail: dr.schimmelpfennig@steigerwaldklinik.de)
Schatzmeister: Dr. med. Horst Gerlach (T 6/25, 68161 Mannheim, T: (0621) 10 46 98, Telefax: (0621) 2 04 65)
Verbandszeitschrift: Phlebologie
Hauptschriftleitung: Prof. Schultz-Ehrenburg, Berlin
Verlag: Schattauer Verlag, Lenzhalde 3, 70192 Stuttgart
Mitglieder: 1350

● T 3 377
Deutsche Gesellschaft für Phoniatrie und Pädaudiologie e.V.
Abt. für Phoniatrie und Pädaudiologie
Universitätsklinikum Heidelberg
Im Neuenheimer Feld 400, 69120 Heidelberg
T: (06221) 56-7238 **Fax:** 56-5732
E-Mail: ute_proeschel@med.uni-heidelberg.de
Gründung: 1986
Präsident(in): Univ.-Prof. Dr. Eberhard Kruse (Abt. Phoniatrie und Pädaudiologie, Georg-August-Universität Göttingen, Robert-Koch-Str. 40, 37075 Göttingen, T: (0551) 39-2811, Telefax: (0551) 39-2812, E-Mail: ekruse@med.uni-goettingen.de)
Schriftführer(in): Univ.-Prof. Dr. U. Pröschel (Abt. f. Phoniatrie und Pädaudiologie, Universitätsklinikum Heidelberg, Im Neuenheimer Feld 400, 69120 Heidelberg, T: (06221) 56-7238, Telefax: (06221) 56-5732, E-Mail: ute_proeschel@med.uni-heidelberg.de)
Schatzmeister: Univ.-Prof. Dr. M. Ptok (Klinik und Poliklinik für Phoniatrie und Pädaudiologie, Medizinische Hochschule Hannover, Carl-Neuberg-Str. 1, 30625 Hannover, T: (0511) 5 32-9104, Telefax: (0511) 5 32-4609, E-Mail: ptok.martin@mh-hannover.de)
Verbandszeitschrift: Sprache-Stimme-Gehör
Redaktion: Prof. Ptok
Verlag: Thieme, Stuttgart
Mitglieder: 193

Förderung der Phoniatrie und Pädaudiologie in Forschung und Lehre sowie klinischer Praxis. Durchführung von Jahreskongressen und Fortbildungsveranstaltungen.

● T 3 378
Deutsche Gesellschaft für Physikalische Medizin und Rehabilitation
- Wissenschaftliche Gesellschaft für Physikalische Medizin und Rehabilitation einschließlich Balneologie und Bioklimatologie - e.V.
Englschalkinger Str. 77, 81925 München
T: (089) 92 70-2401
Vorsitzende(r): Prof. Dr. med. Ulrich Smolenski (Institut für Physiotherapie der Friedrich-Schiller-Universität, 07740 Jena)
2. Vorsitzende(r): Prof. Dr.med. C. Gutenbrunner (Klinik f. Physikalische u. Rehabilitative Medizin, Med. Hochschule, 30623 Hannover)
Schriftführer(in): Dr. med. T.U. Schreiber (Institut für Physiotherapie der Friedrich-Schiller-Universität, Kollegiengasse 9, 07740 Jena, T: (03641) 93 78 36, Fax: (03641) 93 78 32)
Verbandszeitschrift: Physikalische Medizin, Rehabilitationsmedizin, Kurortmedizin

Redaktion: Prof. Dr. U. Smolenski, Institut f. Physiotherapie d. FSU, 07740 Jena
Verlag: Thieme-Verlag

● T 3 379
Deutsche Physiologische Gesellschaft
c/o Physiologisches Institut der Universität
24098 Kiel
Olshausenstr. 40, 24118 Kiel
T: (0431) 8 80 20 32 **Fax:** 8 80 45 80
Internet: http://www.physiologie.uni-kiel.de/dpg
E-Mail: dpg@physiologie.uni-kiel.de
1. Vorsitzende(r): Prof. Dr. med. P. B. Persson (Physiologisches Institut, Humboldt-Universität Berlin)
Generalsekretär(in): Prof. Dr. Michael Illert (Physiologisches Institut der Universität, Olshausenstr. 40, 24098 Kiel, T: (0431) 8 80 20 32, Telefax: (0431) 8 80 45 80)
Mitglieder: 900

● T 3 380
Vereinigung der Deutschen Plastischen Chirurgen
Bleibtreustr. 12 A, 10623 Berlin
T: (030) 8 85-1063 **Fax:** 8 85-1067
Internet: http://www.plastische-chirurgie.de
Präsident(in): Prof. Dr. med. Peter Eckert, Würzburg
Vizepräsident(in): Prof. Dr. med. Hans-Ulrich Steinau, Bochum
Sekretär: Prof. Dr. med. Giulio Ingianni, Wuppertal
Schatzmeister: Dr. med. Hermann Lampe, Frankfurt
Mitglieder: 724

● T 3 381

Deutsche Gesellschaft für Plastische- und Wiederherstellungschirurgie e.V.
c/o Diakoniekrankenhaus Rotenburg (Wümme)
Elise-Averdieck-Str. 17, 27356 Rotenburg
T: (04261) 77 21-26, 77 21-27 **Fax:** 77 21-28
Internet: http://www.dgpw.de
E-Mail: info@dgpw.de, dgpw@t-online.de
Gründung: 1962
Präsident(in): Prof. Dr. med. L. Zichner (Ärztlicher Direktor, Orthopädie der Universitätsklinik Friedrichsheim, Marienburgstr. 2, 60528 Frankfurt, T: (069) 6 70 52 25, Telefax: (069) 6 70 53 75)
Generalsekretär(in): Dr. med. H. Rudolph (Chefarzt d. II. Chirurgischen Klinik f. Unfall-, Wiederherstellungs-, Gefäß- und Plastische Chirurgie am Diakoniekrankenhaus, Elise-Averdieck-Str. 17, 27342 Rotenburg/W., T: (04261) 77 23 76/77, Telefax: (04261) 77 21 41)
Verbandszeitschrift: „Journal"
Redaktion: Dr. med. H. Rudolph, Rotenburg (W.)
Verlag: Einhorn-Presse-Verlag, 21465 Reinbek
Mitglieder: 665

● T 3 382
Arbeitskreis Camouflage e.V.
Gemeinnütziger Verein für Menschen mit Brand- und Unfallnarben sowie angeborenen und erworbenen inoperablen Hautanomalien
Geschäftsstelle:
Helmstedter Str. 16, 10717 Berlin
T: (030) 8 54 28 29 **Fax:** 8 54 40 23
Vorsitzende(r): René Koch
Leitung Presseabteilung: Dieter Stadler
Mitglieder: 10
Jahresetat: DM 0,01 Mio., € 0,01 Mio

● T 3 383
Deutsche Gesellschaft für Pneumologie
c/o Robert-Koch-Klinik
Nikolai-Rumjanzew-Str. 100, 04207 Leipzig
T: (03441) 42 31-201 **Fax:** 42 31-203
Gründung: 1926
Präsident(in): Prof. Dr. W. Seeger (Zentrum für Innere Medizin, Justus-Liebig-Universität, Klinikstr. 36, 35385 Gießen)
Verbandszeitschrift: Pneumologie
Verlag: Georg Thieme Verlag, Stuttgart
Mitglieder: 1900

● T 3 384
Deutsche Gesellschaft für Psychiatrie, Psychotherapie und Nervenheilkunde (DGPPN)
DGPPN-Geschäftsstelle Augsburg
c/o Klinik für Psychiatrie und Psychotherapie
Dr.-Mack-Str. 1, 86156 Augsburg
T: (0821) 4 80 31 82 **Fax:** 4 80 31 32
Internet: http://www.dgppn.de
E-Mail: dgppn@bkh-augsburg.de
Präsident(in): Prof. Dr. med. M. Schmauß (Bezirkskrankenhaus Augsburg, E-Mail: m.schmauss@bkh-augsburg.de)
Vizepräsident(in): Prof. Dr. med. Mathias Berger (Universitätsklinik für Psychiatrie und Psychosomatik, Abt. f. Psychiatrie und Psychosomatik, Hauptstr. 5, 79104 Freiburg, T: (0761) 2 70 65 06, Fax: (0761) 2 70 65 23, mathias_berger@psyallg.ukl.uni-freiburg.de)
Schriftführer(in): Dr. med. T. Messer (Bezirkskrankenhaus Augsburg, E-Mail: t.messer@bkh-augsburg.de)
Geschäftsführer(in): Prof. Dr. med. Jürgen Fritze (Professor f. Psychiatrie, Universität Frankfurt a. M., Asternweg 65, 50259 Pulheim, T: (0172) 6 43 66 06, Fax: (02238) 5 47 81, E-Mail: juergen.fritze@dgn.de)
Verbandszeitschrift: Der Nervenarzt; Spektrum der Psychiatrie, Psychotherapie und Nervenheilkunde
Mitglieder: 2100

● T 3 385
Deutsche Gesellschaft für Psychoanalyse, Psychotherapie, Psychosomatik und Tiefenpsychologie (DGPT) e.V.
Johannisbollwerk 20 III, 20459 Hamburg
T: (040) 3 19 26 19 **Fax:** 3 19 43 00
Internet: http://www.dgpt.de
E-Mail: psa@dgpt.de
Gründung: 1949
Vorsitzende(r): Dipl.-Psych. Anne-Marie Schlösser, Göttingen
GeschF u. Justitiar: RA Holger Schildt
Mitglieder: 2850

● T 3 386
Deutsche Gesellschaft für Psychosomatische Frauenheilkunde und Geburtshilfe e.V. (DGPFG)
c/o Medizinische Hochschule Hannover
Psychosomatische Gynäkologie
Pasteurallee 5, 30655 Hannover
T: (0511) 9 06-3560 **Fax:** 9 06-3562
Internet: http://www.dgpgg.de
E-Mail: neises.MHH@gmx.de
Gründung: 1980
Präsident(in): Prof. Dr. Dr. med. Mechthild Neises (Medizinische Hochschule Hannover, Psychosomatische Gynäkologie, Pasteurallee 5, 30655 Hannover, Tel.: (0511) 906 35 60, Fax: (0511) 906 35 62, E-Mail: neises.mhh@gmx.de)
Vizepräsident(in): Dipl.-Psych. Ulrike Hauffe (ZGF, Knochenhauerstr. 20-25, 28195 Bremen, Tel.: (0421) 3 61-3133, Fax: (0421) 3 61-3228, E-Mail: ulhauffe@aol.com, office@zgf.bremen.de)
Schriftführer(in): Dr. med. Martina Rauchfuss (Universitätsklinikum Charité, Inst. für Sexualwissenschaft und Sozialmedizin, AG Psychosoziale Frauenheilkunde, Luisenstr. 57, 10117 Berlin, Tel.: (030) 450-62305, Fax: (030) 450-62992, E-Mail: martina.rauchfuss@charite.de)
Schatzmeister(in): PD Dr. Walter Dmoch (Bromberger Str. 22-24, 40599 Düsseldorf, Tel.: (0211) 745 993, Fax: (0211) 745 915, E-Mail: dmoch@dgn-duesseldorf.de)
Verbandszeitschrift: Jahresbände "Psychosomatische Geburtshilfe und Gynäkologie"
Redaktion: PD Dr. Kentenich
Mitglieder: 603

● T 3 387
Deutsches Kollegium für Psychosomatische Medizin e.V. (DKPM)
PD Dr. C.E. Scheidt
Universitätsklinik für Psychiatrie und Psychosomatik Abt. für Psychosomatik u. Psychotherapeutische Medizin
Hauptstr. 8, 79104 Freiburg
T: (0761) 2 70-6918 **Fax:** 2 70-6885
E-Mail: ces@pss1.ukl.uni-freiburg.de
Gründung: 1974 (1. März)
Präsident(in): Prof. Dr. B. Strauß (Institut für Medizinische Psychologie, Klinikum der FSU Jena, Stoystr. 3, 07740 Jena)
Leitung Presseabteilung: Prof. Dr. J. Küchenhoff (Abt. Psychotherapie u. Psychohygiene, Psychiatrische Universitätsklinik, Socinstr. 55a, CH-4051 Basel)

Wissenschaftliche Vereinigung, deren Mitglieder sich zusammengeschlossen haben, um die Forschung im psychosomatischen Bereich national und international zu fördern.

● T 3 388
Deutsche Gesellschaft für Psychotherapeutische Medizin (DGPM) e.V.
Johannisbollwerk 20 III, 20459 Hamburg
T: (040) 31 79 68 17 **Fax:** 31 79 64 03

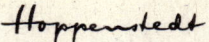

Internet: http://www.dgpm.de
E-Mail: pm@dgpm.de
Gründung: 1992 (18. Juni)
Vorsitzende(r): Prof. Dr. med. Paul L. Janssen (Westfäl. Klinik für Psychiatrie, Marsbruchstr. 179, 44287 Dortmund, T: (0231) 45 03-2 26, Telefax: (0231) 45 03-6 67)
Stellvertretende(r) Vorsitzende(r): Dr.med. Karin Bell (Brükker Mauspfad 601, 51109 Köln, T: (0221) 84 25 23, Fax: (0221) 84 54 42)
Dr.med. Gerhard H. Paar (Clemensstraße, 47608 Geldern, T: (02831) 1 37-3 00, Fax: (02831) 1 37-3 02)
Beisitzer: Prof. Dr. med. Gereon Heuft (Domagkstr. 11, 48129 Münster, T: (0251) 8 35 29 01/02, Fax: (0251) 8 35 29 03)
Dr. med. Hans-Thomas Sprengeler (Sählingstr. 60, 57319 Bad Berleburg, T: (02751) 81-3 26/3 27, Fax: (02751) 81-2 75)
Dr. med. Dipl.-Psych. Christian Trabandt (Eppendorfer Weg 277, 20251 Hamburg, T: (040) 4 60 38 88, Fax: (040) 4 60 35 59, E-Mail: CTrabandt@aol.com)
Priv.-Doz. Dr. med. Michael Zaudig (Schützenstr. 16, 86949 Windach, T: (08193) 7 20, Fax: (08193) 7 28 09, E-Mail: mail@Klinik-Windach.de)
Verbandszeitschrift: DGPM-Info
Redaktion: Vorstand
Mitglieder: 931

● **T 3 389**

Allgemeine Ärztliche Gesellschaft für Psychotherapie e.V. (AÄGP)

Geschäftsstelle:
Monika Pult
Postf. 22 12 80, 41435 Neuss
T: (02182) 6 95 75   **Fax:** (0211) 6 96 43
Internet: http://www.aaegp.de
E-Mail: HPULT@t-online.de
Gründung: 1926
Präsident(in): Prof. Dr.med. Dr.phil. Wolfgang Tress (Facharzt f. Psychotherapeutische Medizin, Psychiatrie + Neurol., Psychoanalyse, Ärztl. Direktor d. Klinischen Instituts u. d. Klinik f. Psychosomat. Med. u. Psychotherapie d. Universität Düsseldorf, Bergische Landstr. 2, 40629 Düsseldorf, T: (0211) 9 22-4700/4701, Fax: 9 22-4707)
Mitglieder: 1454

● **T 3 390**

Deutsche Gesellschaft für Radioonkologie (DEGRO)

Geschäftsstelle:
Hoppe-Seyler-Str. 3, 72076 Tübingen
T: (07071) 40 09 37   **Fax:** 40 09 38
Präsident(in): Prof. Dr. Thomas Herrmann (Univ. Klinikum Carl G. Carus, Klinik u. Poliklinik f. Strahlentherapie u. Radioonkol., Fetscherstr. 74, 01307 Dresden, T: (0351) 4 58 33 71, Fax: (0351) 4 58 43 47)
Schriftführer(in): Prof. Dr. Eckart Richter (Med. Univ. zu Lübeck, Klinik f. Strahlentherapie u. Nuklearmedizin, Ratzeburger Allee 160, 23538 Lübeck, T: (0451) 5 00 66 60, Fax: (0451) 5 00 33 24)
Mitglieder: 1287

● **T 3 391**

Deutsche Gesellschaft für Rechtsmedizin

Von-Esmarch-Str. 62, 48149 Münster
T: (0251) 8 35 51 61   **Fax:** 8 35 51 58
Internet: http://www.dgrm.de
Präsident(in): Prof. Dr. med. Bernd Brinkmann (Institut für Rechtsmedizin der Westfälischen Wilhelms-Universität, Von-Esmarch-Str. 62, 48149 Münster, T: (0251) 8 35 51 61, Telefax: (0251) 8 35 51 58)
Sekretär: Prof. Dr.med.Dr.h.c. Volkmar Schneider (Institut für Rechtsmedizin der Freien Universität, Hittorfstr. 18, 14195 Berlin, T: (030) 8 38 33 49, Telefax: (030) 8 38 36 84)
Verbandszeitschrift: Rechtsmedizin
Mitglieder: 542

● **T 3 392**

Deutsche Gesellschaft für Rheumatologie e.V.

Zepernicker Str. 1, 13125 Berlin
T: (030) 94 01 26 50   **Fax:** 9 49 71 39
Internet: http://www.dgrh.de
Gründung: 1927 (28. Januar)
Präsident(in): Prof. Dr. med. G.-R. Burmester (Med. Universitätsklinik u. Poliklinik III, Zentrum f. Innere Medizin, Schumannstr. 20/21, 10117 Berlin, T: (030) 28 02 82 86, Fax: (030) 28 02 83 00)
Schriftführer(in): Prof. Dr. med. Erika Gromnica-Ihle (Rheumaklinik Berlin-Buch, Zepernicker Str. 1, 13125 Berlin, T: (030) 94 01 26 50, Telefax: (030) 9 49 71 39)
Verbandszeitschrift: Zeitschrift für Rheumatologie
Verlag: Dr. Dietrich Steinkopff-Verlag GmbH & Co. KG, Postf. 11 10 08, 64225 Darmstadt
Mitglieder: 1070

● **T 3 393**

Deutsche Röntgengesellschaft e.V.

Geschäftsstelle
Du Pont-Str. 1, 61352 Bad Homburg
T: (06172) 4 88-585   **Fax:** 4 88-587
Internet: http://www.drg.de
E-Mail: office@drg.de
Gründung: 1905
Präsident(in): Prof. Dr.med. Ulrich Mödder (Institut für Diagnostische Radiologie der Universität, Moorenstr. 5, 40225 Düsseldorf, T: (0211) 81-1 77 52, Fax: 81-1 61 45)
Geschäftsstelle: Bernhard Lewerich (Ltg. Presseabteilung, DuPont-Str. 1, 61352 Bad Homburg, T: (06172) 4 88-585, Fax: (06172) 4 88-587)
Verbandszeitschrift: RöntgenFortschritte
Redaktion: Wissenschaftler
Verlag: Thieme-Verlag
Mitglieder: 5000
Mitarbeiter: 4

● **T 3 394**

Deutsche Gesellschaft für Schädelbasischirurgie e.V.

c/o Medizinische Hochschule Hannover, Institut für Neuropathologie
30623 Hannover
Carl-Neuberg-Str. 1, 30625 Hannover
T: (0511) 5 32 45 48   **Fax:** 5 32 45 50
Internet: http://www.dgsb.de
Präsident(in): Prof. Dr.med. Rudolf Fahlbusch (Universität Erlangen-Nürnberg, Direktor der Neurochirurgischen Klinik, Schwabachanlage 6, 91054 Erlangen, T: (09131) 85 45 65, Fax: (09131) 85 44 76, e-mail: Rudolf.Fahlbusch@neurochir.med.uni-erlangen.de)
Vizepräsident(in): Prof. Dr. F. Bootz (Universitäts-HNO-Klinik, Liebigstr.18a, 04103 Leipzig, T: (0341) 9 72 17 00, E-Mail: boof@server3.medizin.uni-leipzig.de)
Ehrenpräsident: Prof. Dr.med.Dr.h.c. Madjid Samii (Medizinische Hochschule Hannover, Direktor der Neurochirurgischen Klinik, Krankenhaus Nordstadt, Haltenhoffstr. 41, 30167 Hannover, T: (0511) 9 70-12 45, Fax: (0511) 9 70-16 06)
Generalsekretär(in): Prof.Dr.med. Dr.phil. Gerhard Franz Walter (Medizinische Hochschule Hannover, Direktor des Instituts für Neuropathologie, 30623 Hannover, (0511) 5 32-45 48, Fax: (0511) 5 32-45 50, E-Mail: walter.gf@mh-hannover.de)
Schatzmeister: Prof. Dr.Dr. J.-E. Hausamen (Medizinische Hochschule Hannover, Klinik für Mund-, Kiefer- und Gesichtschirurgie, Konstanty-Gutschow-Str. 8, 30625 Hannover, T: (0511) 5 32 47 48, Fax: (0511) 5 32 47 40, e-mail: MKG-Chirurgie@mh-hannover.de)

● **T 3 395**

Deutsche Gesellschaft für Schlafforschung und Schlafmedizin (DGSM)

Schimmelpfengstr., 34613 Schwalmstadt
T: (06691) 27 33   **Fax:** 27 33
Internet: http://www.dgsm.de
E-Mail: dgsm.mayer@t-online.de
Präsident(in): Prof. Dr. J. Fischer (Klinik Norderney, Kaiserstr. 26, 26548 Norderney, T: (04932) 89 22 00, Fax: (04932) 89 22 11, E-Mail: fischer-norderney@t-online.de)
Sekretär u. Schatzmeister: PD Dr. Geert Mayer (Hephata-Klinik, Schimmelpfengstr., 34613 Schwalmstadt-Treysa, T: (06691) 27 33, Fax: (06691) 27 33)
Verbandszeitschrift: Somnologie; Rundbrief
Redaktion: Frau Prof. Dr. Schläfke
Verlag: Blackwell-Wissenschaftsverlag, Berlin
Mitglieder: 1650

● **T 3 396**

Deutsche Interdisziplinäre Vereinigung für Schmerztherapie (DIVS)

BG Universitätsklinik Bergmannsheil
Bürkle de la Camp-Platz 1, 44789 Bochum
T: (0234) 3 02-6825   **Fax:** 3 02-6834
E-Mail: michael.zenz@ruhr-uni-bochum.de
Präsident(in): Prof. Dr. D. Soyka (Hofholzallee 266, 24109 Kiel, T. + Fax: (0431) 52 48 66)
Generalsekretär(in): Prof. Dr. M. Zenz (BG-Universitätsklinik Bergmannsheil, Bürkle-de-la-Camp-Platz 1, 44789 Bochum, T: (0234) 3 02 68 25, Fax: (0234) 3 02 68 34, E-mail: michael.zenz@ruhr-uni-bochum.de)
Verbandszeitschrift: Der Schmerz
Verlag: Springer-Verlag, Postf. 10 52 80, 69042 Heidelberg

● **T 3 397**

Deutsche Gesellschaft für Sozialmedizin und Prävention e.V.

c/o Institut für Sozialmedizin
Leipziger Str. 44, 39120 Magdeburg
T: (0391) 5 32 80 43   **Fax:** 5 41 42 58
Internet: http://www.med.uni-magdeburg.de/fme/institute/ism/
E-Mail: bernt-peter.robra@medizin.uni-magdeburg.de
Präsident(in): Prof. Dr.med. Johannes Gostomzyk (Gesundheitsamt, Hoher Weg 8, 86152 Augsburg, T: (0821) 3 24-20 29)
Vizepräsident(in): Prof. Dr.Dr.med. Hans-Heinrich Raspe (Institut für Sozialmedizin, St.-Jürgen-Ring 66, 23564 Lübeck)
Geschäftsführende(s) Vorstands-Mitglied(er): Prof. Dr.med. Bernt-Peter Robra (Institut für Sozialmedizin, Magdeburg)
Verbandszeitschrift: Das Gesundheitswesen
Redaktion: Prof. Gostomzyk, Prof. Beske, Prof. Steuer, Prof. Brennecke, Dr. Großpietsch, Dr. Leidel, Dr. Moritzen, Dr. Silomon
Verlag: Thieme Verlag, Rüdigerstr. 14, 70469 Stuttgart

● **T 3 398**

Deutsche Gesellschaft für Sportmedizin und Prävention (Deutscher Sportärztebund) e.V.

Geschäftsstelle
Hugstetter Str. 55, 79106 Freiburg
T: (0761) 2 70-7456   **Fax:** 2 02-4881
Internet: http://www.dgsp.de
E-Mail: dgsp@dgsp.de
Gründung: 1912 (21. September)
Präsident(in): Prof. Dr. Hans-Hermann Dickhuth (Medizinische Universitätsklinik, Institut für Sportmedizin, Hölderlinstr. 11, 72074 Tübingen, T: (07071) 2 98 64 93, Fax: 29 51 62, E-Mail: hans-hermann.dickhuth@uni-tuebingen.de)
Vizepräsident(in): Dr. med. Wolf Rieh (Pressewesen und Wirtschaft; Bremerhavener Heerstr. 24, 28717 Bremen, T: (0421) 69 39 60, Telefax: (0421) 63 04 73, E-Mail: rieh@compuserve.com)
Vizepräsident(in): Dr. Bertram Tschirdewahn (Finanzen (Schatzmeister); Federseeklinik, Bachgasse 13, 88422 Bad Buchau, Tel.: (07582) 8 00 13 50, Fax: (07582) 8 00 13 68)
Vizepräsident(in): Prof. Dr. med. Dieter Schnell (Aus-, Weiter- und Fortbildungswesen; Otto-Willach-Str. 2, 53809 Ruppichteroth, T: (02291) 30 00 + 40 30, Fax: (02291) 39 36, E-Mail: schnell-waldbroel@t-online.de)
Vizepräsident(in): Prof. Dr. Peter Bärtsch (Forschung und Lehre; Ruprecht-Karls-Universität, Med. Klinik und Poliklinik, Innere Medizin VII/ Sportmedizin, Hospitalstr. 3, 69115 Heidelberg, T: (06221) 56 81 00, Fax: (06221) 56 59 72, peter_bartsch@med.uni-heidelberg.de)
Vizepräsident(in): Prof. Dr. med. Herbert Loellgen (Berufs- und Standesfragen; Med. Klinik, Kardiologie, Klinikum Remscheid GmbH, Burgerstr. 211, 42859 Remscheid, Tel.: (02191) 13 40 01, Fax: (02191) 13 40 09, E-Mail: herbert.loellgen@gmx.de)
Generalsekretär(in): Dr. med. Dirk Lümkemann (Hugstetter Str. 55, 79106 Freiburg, Tel.: (040) 45 06 08 02, Fax: (040) 45 06 08 03, E-Mail: dirk.luemkemann@dgsp.de)
Ehrenpräsident: Prof. Dr. med. Dr. h.c. Wildor Hollmann (Tel.: (02163) 54 30, Fax: (02163) 5 82 69)
Leitung Presseabteilung: Dr. Wolf Rieh
Verbandszeitschrift: Deutsche Zeitschrift für Sportmedizin
Redaktion: Dr. Urte Künstlinger, Max-Cohen-Str. 30, 53121 Bonn, T: (0228) 62 22 49, Fax: 61 15 03
Mitglieder: ca. 12000

Landesverbände

t 3 399

Sportärztebund Baden e.V.

Langgewann 91, 69121 Heidelberg
T: (06221) 43 91 09   **Fax:** 40 81 19
E-Mail: ep9@ix.urz.uni-heidelberg.de

t 3 400

Bayerischer Sportärzteverband e.V.

Georg-Brauchle-Ring 93, 80992 München
T: (089) 18 35 03   **Fax:** 18 35 96
E-Mail: bsaev@gmx.de

t 3 401

Berliner Sportärztebund e.V.

Forckenbeckstr. 21, 14199 Berlin
T: (030) 8 23 20 56   **Fax:** 8 23 88 70
Internet: http://www.sport-berlin.de/sportaerztebund
E-Mail: sportaerztebund@sport-berlin.de

t 3 402

Landesverband Brandenburg der Gesellschaft für Sportmedizin e.V.

Universität Potsdam
Institut für Sportmedizin + Gesundheitserziehung
Am Neuen Palais 10 Haus 12, 14469 Potsdam
T: (0331) 9 77 17 68   **Fax:** 9 77 12 96
E-Mail: huembert@r2.uni-potsdam.de

t 3 403

Bremer Sportärztebund e.V.

Bremerhavener Heerstr. 24, 28717 Bremen
T: (0421) 69 39 60   **Fax:** 63 04 73
E-Mail: dgsp-bremen@t-online.de

t 3 404

Hamburger Sportärztebund e.V.

Universität Hamburg
Institut für Sport und Bewegungsmedizin
Mollerstr. 10, 20148 Hamburg

t 3 404

T: (040) 4 28 38-3599   Fax: 4 28 38-2646
E-Mail: spomed@uni-hamburg.de

t 3 405

Sportärzteverband Hessen e.V.
Otto-Fleck-Schneise 10, 60528 Frankfurt
T: (069) 67 80 09 23   Fax: 6 70 85 05

t 3 406

Sportärztebund Mecklenburg-Vorpommern e.V.
Trotzenburger Weg 15, 18057 Rostock
T: (0381) 4 97 56-13   Fax: 4 97 56-99

t 3 407

Sportärztebund Niedersachsen e.V.
Postf. 11 03 44, 37048 Göttingen
Bühlstr. 14, 37073 Göttingen
T: (0551) 4 59 76   Fax: 4 76 43
Zum 01.04.2001 neue Geschäftsstelle (Adresse bislang noch nicht bekannt)

t 3 408

Sportärztebund Nordrhein e.V.
Deutsche Sporthochschule
Carl-Diem-Weg 6, 50933 Köln
T: (0221) 49 37 85   Fax: 49 32 07
Internet: http://www.sportaerztebund.de
E-Mail: sportaertzebundnr@t-online.de
Gründung: 1948

t 3 409

Sportärztebund Rheinland-Pfalz e.V.
Geschäftsstelle
Roonstr. 10, 67655 Kaiserslautern
T: (0631) 1 60 79   Fax: 2 50 21
E-Mail: sportaerzebund_pfalz@gmx.de

t 3 410

Sportärzteverband Saar e.V.
Universität des Saarlandes Institut für Sport- und Präventivmedizin
Postf. 15 11 50, 66041 Saarbrücken
Am Stadtwald 6 Gebäude 39.1, 66123 Saarbrücken
T: (0681) 3 02 26 34, 3 02 37 50   Fax: 3 02 42 96
E-Mail: g.regitz@mx.uni-saarland.de

t 3 411

Sächsischer Sportärztebund e.V.
c/o MEDICA-Klinik f. ambulante Rehabilitation und Sportmedizin
Käthe-Kollwitz-Str. 8, 04109 Leipzig
T: (0341) 2 51 87-03   Fax: 25 18 74-04

t 3 412

Landesverband Sachsen-Anhalt e.V.
Arztpraxis Doz. Dr. Bernd M. Brauer
Johannes-R.-Becher-Str. 2a, 06667 Weißenfels
T: (03443) 30 21 29   Fax: 30 21 29

t 3 413

Sportärztebund Schleswig-Holstein e.V.
Institut f. Sport und Sportwissenschaften
Abteilung Sportmedizin
24098 Kiel
Olshausenstr. 40, 24118 Kiel
T: (0431) 8 80-3775   Fax: 8 80-3777
E-Mail: hlinnemann@email.uni-kiel.de

t 3 414

Thüringer Sportärztebund e.V. (TSÄB)
Gesundheitsamt
Turniergasse 17, 99084 Erfurt
T: (0361) 6 55 17 38   Fax: 6 55 17 37
E-Mail: kha-erfurt@t-online.de

t 3 415

Sportärztebund Westfalen e.V.
Krankenhaus für Sportverletzte Hellersen
Paulmannshöher Str. 17, 58515 Lüdenscheid
T: (02351) 9 45 22 15   Fax: 9 45 22 13
Internet: http://www.sportaerztebund-westfalen.de
E-Mail: sportaerztebund-westfalen@t-online.de

t 3 416

Sportärzteschaft Württemberg e.V.
Schloßhof 2, 88339 Bad Waldsee
T: (07524) 4 01 20   Fax: 40 12 11

● T 3 417

Institut für Standardisierung und Dokumentation im Medizinischen Laboratorium e.V. (INSTAND)
Postf. 25 02 11, 40093 Düsseldorf
Ubierstr. 20, 40223 Düsseldorf
T: (0211) 15 92 13-0   Fax: 15 92 13 30
Internet: http://www.uni-duesseldorf.de/WWW/INSTAND/instand.htm
Gründung: 1966
Vorsitzende(r): Prof.med. Hans Reinauer (Diabetes-Forschungsinstitut, Auf'm Hennekamp 65, 40225 Düsseldorf, T: (0211) 33 82-2 40)
Stellvertretende(r) Vorsitzende(r): Prof. Dr. Walter Appel (Seydlitzstr. 25, 76185 Karlsruhe, T: (0721) 55 50 06)
Mitglieder: 300

● T 3 418

Deutsche Gesellschaft zum Studium des Schmerzes e.V. (DGSS)
Geschäftsstelle: c/o Institut für Anaesthesiologie
50924 Köln
Joseph-Stelzmann-Str. 9, 50931 Köln
T: (0221) 4 78 66 86
Internet: http://www.medizin.uni-koeln.de/projekte/dgss
Gründung: 1975 (September)
Präsident(in): Univ.-Prof. Dr.med. Dr.rer.nat. Klaus A. Lehmann
Verbandszeitschrift: Der Schmerz
Redaktion: M. Zenz, W. Winkelmüller, M. Zimmermann
Verlag: Springer, Heidelberg
Mitglieder: 2295
Mitarbeiter: 1

● T 3 419

Deutsche Gesellschaft für Suchtforschung und Suchttherapie e.V. (DG-Sucht)
Geschäftsstelle
Postf. 14 53, 59004 Hamm
T: (02381) 41 79 98   Fax: 41 79 99
Internet: http://www.dg-sucht.de
E-Mail: dg-sucht@t-online.de
Gründung: 1978 (Februar)
Präsident(in): Prof. Dr.med. J. Böning (Psychiatrische Univ.-Klinik, Füchsleinstr. 15, 97080 Würzburg, T: (0931) 2 01 77 10, Fax: 2 01 77 12)
Geschäftsstelle: Edit Göcke (Postf. 14 53, 59004 Hamm, T: (02381) 41 97 98, Telefax: (02381) 41 79 99)
Verbandszeitschrift: SUCHT
Redaktion: DHS, Postf. 13 69, 59003 Hamm
Verlag: Neuland-Verlagsgesellschaft mbH, Postf. 14 22, 21496 Geesthacht
Mitglieder: 398
Mitarbeiter: 1

● T 3 420

Deutsche Gesellschaft für Tauch- und Überdruckmedizin
Friesenstr. 11, 24534 Neumünster
T: (04321) 4 05-2040   Fax: 4 05-2049
Präsident(in): Dr. v. Laack (Eichkoppelweg 70, 24119 Kiel)
Generalsekretär: PD Dr. Jochen Hansen (Chefarzt Anästhesie, Friesenstr. 11, 24534 Neumünster)
Mitglieder: 720

● T 3 421

Deutsche Gesellschaft für Thoraxchirurgie
Abt. Thoraxchirurgie
Zum Heckeshorn 33, 14109 Berlin
T: (030) 80 02-2256   Fax: 80 02-2393
Gründung: 1991 (18. Oktober)
Präsident(in): Prof. Dr. D. Kaiser (Abt. Thoraxchirurgie, Lungenklinik Heckeshorn, Zum Heckeshorn 33, 14109 Berlin, T: (030) 80 02-2256, Fax: (030) 80 02-2393)
Vizepräsident(in): Prof. Dr. N. Presselt (Klinik f. Thorax- und Gefäßchirurgie, Zentralklinik Bad Berka, T: (036458) 5 16 00, Fax: (036458) 5 35 09)
Sekretär: ChA Dr. A. Linder (Lungenklinik Hemer, Abt. Thoraxchirurgie, Theo-Funccius-Str. 1, 58675 Hemer, T: (02372) 90 82 40, Fax: (02372) 90 85 80)
Mitglieder: 141

● T 3 422

Deutsche Gesellschaft für Thorax-, Herz- und Gefäßchirurgie
Geschäftsstelle:
Langenbeck-Virchow-Haus
Luisenstr. 58 /59, 10117 Berlin
T: (030) 28 00 4370
Präsident(in): Prof. Dr. D. Birnbaum (Herz-, Thorax- und herznahe Gefäßchirurgie an der Universität Regensburg, Franz-Josef-Strauss-Allee 11, 93053 Regensburg, T: (0941) 9 44 98 01, Fax: 9 44 98 02)
Sekretär: Prof. Dr. J. Cremer (Klinik für Herz- und Gefäßchirurgie, Chirurgische Universitätsklinik, Arnold-Heller-Str. 7, 24105 Kiel, T: (0431) 5 97 44 01, Fax: 5 97 44 02)
Mitglieder: 780

● T 3 423

Gesellschaft für Thrombose und Hämostaseforschung
c/o Medizinische Klinik und Poliklinik
Augustenburger Platz 1, 13353 Berlin
T: (030) 4 50-553112   Fax: 4 50-553901
Vorsitzende(r): Prof. Dr.med. Wolfgang Schramm (Medizinische Klinik, Klinikum Innenstadt, Abt. f. Hämostaseologie, Ziemssenstr. 1, 80336 München, T: (089) 51 60-22 86/2211, Fax: (089) 51 60-21 48, E-Mail: wolfgang schramm@medinn.med.uni-muenchen.de)
Stellvertretende(r) Vorsitzende(r): Prof. Dr.med. Christine Mannhalter (Univ.-Klinik Wien, Inst.f.Med. u. Chem. Labordiagnostik, Währinger Gürtel 18-20, A-1090 Wien, T: (00431) 4 04 00/20 85, Fax: 4 04 00/20 97, E-Mail: christine.mannhalter@univie.ac.at)
Weitere Vorst.-Mitgl: PD Dr.med. Harald Lenk (Universität Leipzig - Kinderklinik -, Oststr. 21-25, 04317 Leipzig, T: (0341) 9 72 63 33, Fax: 9 72 60 39, E-Mail: lenkh@server3.medizin.uni-leipzig.de)
Prof. Dr.med. K. Schrör (Heinrich-Heine-Universität, Inst. für Pharmakologie, Gebäude 22.21, Universitätsstr. 1, 40225 Düsseldorf, T: (0211) 81-1 25 00, Fax: 81-1 47 81, E-Mail: kschroer@uni.duesseldorf.de)
Prof. Dr.med. H. Patscheke (Städt. Klinikum Karlruhe gGmbH, Zentrum für Labormedizin, Moltkestr. 90, 76133 Karlsruhe, T: (0721) 9 74-17 51, Fax: 9 47-17 69, E-Mail: patscheke-karlsruhe@t-online.de)
Prof. Dr. D.L. Heene (Klinikum Mannheim, I.Medizinische Klinik, Theodor-Kutzer-Ufer, 68167 Mannheim, T: (0621) 3 83-22 02, Fax: 3 83-38 20)
Schriftführer(in): Prof. Dr. med. Hanno Riess (UK Charité, Campus Virchow-Klinikum, Abteilung für Innere Medizin, Augustenburger Platz 1, 13353 Berlin, T: (030) 4 50-55 31 12/55 30 13, Fax: (030) 4 50-55 39 01, E-Mail: hanno.riess@charite.de)
Schatzmeister: Prof. Dr.med. E. Seifried (DRK-Blutspendedienst Hessen, Inst. für Transfusionsmedizin, Sandhofstr. 1, 60528 Frankfurt/Main, T: (069) 67 82-2 01/2 02, Fax: (069) 67 82-2 31)
Mitglieder: 470

● T 3 424

Deutsche Gesellschaft für Transfusionsmedizin und Immunhämatologie e.V.
c/o Abteilung für Transfusionsmedizin, Universität Erlangen
Krankenhausstr. 12, 91054 Erlangen
T: (09131) 85-36972   Fax: 85-36973
Gründung: 1954
1. Vorsitzende(r): Prof. Dr. Barbara Blauhut (Ärztl. Leiter Plasmazentrum Wels, Baxter AG, Pollhnerstr. 15, A-4600 Wels - Österreich)
Schriftführer(in): Prof. Dr. R. Eckstein (Abt. f. Transfusionsmedizin und Hämostaseologie, Universität Erlangen, Krankenhausstr. 12, 91054 Erlangen)
Verbandszeitschrift: Infusionstherapie u. Transfusionsmedizin
Verlag: S. Karger Verlag f. Medizin u. Naturwissenschaften, Lörracher Str. 16 a, 79115 Freiburg
Mitglieder: 1301

Wissenschaftliche Förderung der Transfusionsmedizin und Förderung der öffentlichen Gesundheitspflege. Veranstaltung von Symposien und Kongressen. Allgemeine fachliche und wissenschaftliche Beratungen.

● T 3 425

Deutsche Gesellschaft für Tropenmedizin und Internationale Gesundheit e.V.
Bernhard-Nocht-Institut für Tropenmedizin
Bernhard-Nocht-Str. 74, 20359 Hamburg
T: (040) 42 81 85 00   Fax: 42 81 83 77
Öffentlichkeitsarbeit:
Info Service, Postf. 40 04 66, 80704 München, T: (089) 21 80-38 30, Fax: (089) 33 60 38, email: dtg@lrz.uni-muenchen.de
Gründung: 1907 (25. September)
Schriftführer(in): PD Dr. Gerd-Dieter Buchard

● T 3 426

Deutsche Gesellschaft für Unfallchirurgie e.V.
Stenglinstr. 2, 86156 Augsburg
T: (0821) 4 00 48 75   Fax: 4 00 48 76
Gründung: 1922
Präs. für 1998: Prof. Dr. L. Kinzl (Ärztl. Dir. Abt. f. Unfall- u. Wiederherst.-Chir., Univ.-Klinikum, Steinhövelstr. 9, 89075 Ulm)
Präs. für 1999: Prof. Dr. P. Hertel (Ärztl. Dir. Martin-Luther-Krhs. Berlin, Unfallchir. Abt., Caspar-Theyß-Str. 27, 14193 Berlin)
Präs. für 2000: Prof. Dr. N. Haas (Ärztl. Direktor Klinik für Unfallchirurgie Campus Virchow-Klinikum, Augustenburger

Platz 1, 13353 Berlin)
Generalsekretär(in): Prof. Dr. A. Rüter (Ärztl. Dir. Klinik für Unfall- u. Wiederherstellungschirurgie, Zentralklinikum, Stenglinstr. 2, 86156 Augsburg)
Verbandszeitschrift: Mitteilungen und Nachrichten der DGU
Redaktion: Prof. Dr. Rüter
Verlag: Demeter Verlag im Spitta-Verlag, Ammonitenstr. 1, 72336 Balingen
Mitglieder: über 2000

● **T 3 427**

Deutsche Gesellschaft für Urologie e.V. (DGU)
Geschäftsstelle
Uerdinger Str. 64, 40474 Düsseldorf
T: (0211) 51 60 96-0   **Fax:** 51 60 96-60
Internet: http://www.dgu.de
E-Mail: info@dgu.de
Präsident(in): Prof. Dr.med. Herbert Rübben (Direktor der Urologischen Klinik und Poliklinik, Universitätsklinikum Essen, Hufelandstr. 55, 45147 Essen, T: (0201) 7 23-3211, Fax: (0201) 7 23-5902, E-Mail: herbert.ruebben@uni-essen.de)
Vizepräsident(in): Prof. Dr.med. Jens E. Altwein (Chefarzt an der Urologischen Abteilung, Krankenhaus der Barmherzigen Brüder, Romanstr. 93, 80639 München, T: (089) 17 97-2602, Fax: (089) 1 78-2653, E-Mail: Dr.Bartha@t-online.de)
Generalsekretär(in): Prof. Dr.med. Lothar Hertle (Direktor der Urologischen Klinik und Poliklinik, Med. Einr. d. Westf. Wilhelms-Univ. Münster, Albert-Schweitzer-Str. 33, 48149 Münster, T: (0251) 8 34-7441, Fax: (0251) 8 34-9739, E-Mail: prof.hertle@uni-muenster.de)
Schatzmeister: Prof. Dr.med. Peter H. Walz (Ressort Haushalt/Verträge/Finanzen; Chefarzt d. Abtlg. für Urologie und Kinderurologie, Kreiskrankenhaus Lüdenscheid, Paulmannshöher Str. 14, 58515 Lüdenscheid, T: (02351) 46-3680, Fax: (02351) 46-3682, E-Mail: walz.lued@gmx.de)
Schriftführer: Prof. Dr.med. Klaus-Jürgen Klebingat (Ressort Öffentlichkeitsarbeit; Direktor der Klinik und Poliklinik für Urologie, Ernst-Moritz-Arndt-Universität, Fleischmannstr. 42-44, 17489 Greifswald, T: (03834) 86 59 79/80, Fax: (03834) 86 59 78, E-Mail: klaus-juergen.klebingat@mail.uni-greifswald.de)
Ressort Wissenschaft und Praxis:
Prof. Dr.med. Harald Schulze (Direktor der Urologischen Klinik, Klinikber. Westfalendamm d. Städt. Kliniken, Westfalendamm 403, 44143 Dortmund, T: (0231) 45 09-460, Fax: (0231) 45 09-467, E-Mail: h.schulze.uro.stkd@t-online.de)
Ressort Internationale Beziehungen:
Prof. Dr.med. Peter Alken (Direktor der Urologischen Klinik, Klinikum der Stadt Mannheim, Theodor-Kutzer-Ufer 1-3, 68135 Mannheim, T: (0621) 3 83-2229, Fax: (0621) 3 83-3822, E-Mail: alken.peter@uro.ma.uni-heidelberg.de)
Ressort Struktur und Strategie:
Prof. Dr.med. Wolfgang Weidner (Direktor der Urologischen Klinik und Poliklinik, Justus-Liebig-Universität, Klinikstr. 29, 35385 Gießen, T: (0641) 99-44501, Fax: (0641) 99-44509, E-Mail: wolfgang.weidner@chiru.med.uni-giessen.de)
Ressort Wissenschaft, Forschung und Fortbildung:
Prof. Dr.med. Stefan C. Müller (Direktor der Urologischen Klinik und Poliklinik, Med. Einr. d. Rhein. Friedrich-Wilhelms-Universität, Sigmund-Freud-Str. 25, 53127 Bonn, T: (0228) 2 87-4180, Fax: (0228) 2 87-4185, E-Mail: muellsc@mailer.meb.uni-bonn.de)
Archivar: Prof. Dr.med. Peter Rathert (Chefarzt der Klinik für Urologie, Städt. Kranken-Anstalten, Roonstr. 30, 52351 Düren, T: (02421) 3 01-516, Fax: (02421) 3 01-387)
Leitung Presseabteilung: Prof. Dr.med. Gerd Ludwig
Verbandszeitschrift: UROLOGE A
Redaktion: SPRINGER-Verlag
Mitglieder: 3500

● **T 3 428**

Deutsche Gesellschaft für Verbrennungsmedizin (DGV)
Postanschrift:
Bleibtreustr. 12a, 10623 Berlin
T: (0234) 3 02-6841/44   **Fax:** 3 02-6379
E-Mail: peter.vogt@ruhr-uni-bochum.de
Präsident(in): Prof. Dr. Dr. Norbert Pallua (Klinik für Plastische Chirurgie, Hand- und Verbrennungschirurgie, Pauwelsstr. 30, 52057 Aachen, T: (0241) 80-89700, Fax: (0241) 8 88 84 48, E-Mail: n.pallua@plastchir.rwth-aachen.de)
Vizepräsident(in): Prof. Dr. E. Schaller (Abteilung für Plastische- und Handchirurgie, BG-Unfallklinik, Schnarrenbergstr. 95, 72076 Tübingen)
Sekretär: Prof. Dr. P. M. Vogt (BG-Kliniken Bergmannsheil Universitätsklinik, Ruhr-Universität Bochum, Bürkle-de-la-Camp-Platz 1, 44789 Bochum, T: (0234) 3 02-6841/44, Fax: (0234) 3 02-6379, E-Mail: peter.vogt@ruhr-uni-bochum.de)
Schatzmeister: Prof. Dr. F. Jostkleigrewe (Abteilung für Plastische- und Handchirurgie, BG-Unfallklinik, Großbaumer Allee 250, 47249 Duisburg, T: (0203) 76 88-3116, Fax: (0203) 76 88-2263, E-Mail: fjostkleigrewe@gmx.de)
Beirat: Prof. Dr. Günter Germann (Abt. für Verbrennungen, Plastische- und Handchirurgie, Ludwig-Guttmann-Str. 13, 67071 Ludwigshafen, T: (0621) 6 81 02 38, Fax: (0621) 6 81 02 11, E-Mail: ggermann@rumms.uni-mannheim.de)
Prof. Dr. R. Klose (Abt. für Anästhesie und Intensivmedizin, BG Unfallklinik Ludwigshafen, Ludwig-Guttmann-Str. 13, 67071 Ludwigshafen, T: (0621) 68 10 23 21, Fax: (0621) 68 10 26 03, E-Mail: rklose@rumms.uni-mannheim.de)
Dr. H. E. Mentzel (Abt. für Chir. Intensivmedizin-Brandverletztenzentrum, BG Unfallklinik Murnau, Prof.-Küntscher-Str. 8,
82414 Murnau, T: (08841) 48 27 10, Fax: (08841) 48 22 66, E-Mail: mentzel@bgu-murnau.de)
Dr. Ulrich Hofmann (Abt. für Kinderchirurgie, Kinderkrankenhaus auf der Bult, Janusz-Korczak-Allee 12, 30173 Hannover, T: (0511) 8 11 54 21, Fax: (0511) 8 11 54 27, E-Mail: hofmann@hka.de)
Mitglieder: 70

● **T 3 429**

Deutsche Gesellschaft für Verdauungs- und Stoffwechselkrankheiten
Neuenhöfer Allee 49-51, 50935 Köln
T: (0221) 9 43 88 60   **Fax:** 9 43 88 61
Internet: http://www.dgvs.de
Präsident(in): Prof. Dr. W. Domschke (Med. Klinik und Poliklinik B, Westfälische Wilhelms-Universität, Albert-Schweitzer-Str. 33, 48129 Münster)
Schriftführer(in): Prof. Dr. W. Schmiegel (Medizinische Universitätsklinik, Knappschaftskrankenhaus, In der Schornau 23-25, 44892 Bochum)
Schatzmeister: Prof. Dr. P. Layer (Innere Abteilung Israelitisches Krankenhaus, Orchideensteeg 14, 22297 Hamburg)
Mitglieder: 2020

● **T 3 430**

Deutsche Ärztliche Gesellschaft für Verhaltenstherapie e.V. (DÄVT)
c/o Dr. Sulz
Nymphenburger Str. 185, 80634 München
T: (089) 13 07 93 10
Präsident(in): Dr. med. Dr. phil. S.K.D. Sulz (DÄVT)
Generalsekretär(in): Dr. med. Siegfried Tonscheidt (Baar-Klinik, Postf. 14 45, 78155 Donaueschingen, T: (0771) 85 12 11)
Mitglieder: 150

● **T 3 431**

Gesellschaft für Virologie
c/o Med. Mikrobiologie u. Hygiene
Abt. Virologie
66421 Homburg
T: (06841) 16-3931   **Fax:** 16-3980
E-Mail: vinmue@med-rz.uni-sb.de
Präsident(in): Prof. Dr.med. Hans-Dieter Klenk (MZ f. Hyg. u. Med. Mikrobiologie, Inst. f. Virologie, Robert-Koch-Str. 17, 35037 Marburg, T: (06421) 28-62 53/54, Fax: 28-89 62, E-Mail: Klenk@mailer.uni-marburg.de)
Generalsekretär(in): Prof. Dr. med. Thomas Mertens (Institut für Med. Mikrobiologie u. Immunol., Abt. Virologie, Albert-Einstein-Allee 11, 89081 Ulm, T: (0731) 5 02-3341, Fax: (0731) 5 02-3337, E-Mail: thomas.mertens@medizin.uni-ulm.de)
Mitglieder: 764

● **T 3 432**

Deutsche Gesellschaft für Wehrmedizin u. Wehrpharmazie e.V.,
- Vereinigung Deutscher Sanitätsoffiziere -
Baumschulallee 25, 53115 Bonn
T: (0228) 63 24 20   **Fax:** 69 85 33
Internet: http://www.wehrmedpharm.de
E-Mail: wehrmedpharm@t-online.de
Gründung: 1864 (10. September)
Ehrenpräs: Admiralarzt a.D. Dr. med. Karl-Wilhelm Wedel, Bonn
Präsident(in): Generalstabsarzt a.D. Dr. med. Volker Grabarek (Baumschulallee 25, 53115 Bonn, T: (0228) 63 24 20, Telefax: (0228) 69 85 33)
Vizepräsident(in): Flottenarzt Dr. med. Harald Brünn, Schortens
Oberstarzt Prof. Dr.med. Heinz Gerngroß, Ulm
BundesGeschF: Oberstleutnant a.D. Dieter de Greiff, Rheinbach
Mitglieder: 3600

● **T 3 433**

Gesellschaft für Wirbelsäulenforschung
c/o Praxis für Neurochirurgie
Hessenring 128, 61348 Bad Homburg
T: (06172) 92 04 64   **Fax:** 92 04 69
Vorsitzende(r): Prof. Dr.med. Henning Stürz (Direktor d. Orthopädischen Universitäts-Klinik, Paul-Meimberg-Str. 3, 35392 Gießen)
Schriftführer(in): Dr.med. Daniel Rosenthal (Facharzt für Neurochirurgie, Hessenring 128, 61348 Bad Homburg, T: (06172) 92 04 64, Fax: 92 04 69)
Mitglieder: 170

● **T 3 434**

Deutsche Gesellschaft für Zahn-, Mund- und Kieferheilkunde (DGZMK)
Lindemannstr. 96, 40237 Düsseldorf
T: (0211) 61 01 98-0   **Fax:** 61 01 98-11
Internet: http://www.dgzmk.de
E-Mail: dgzmk@t-online.de
Gründung: 1859

Präsident(in): Prof. Dr. Dr. Wilfried Wagner (Augustusplatz 2, 55131 Mainz, T: (06131) 17 73 34, Fax: (06131) 17 66 02)
Vizepräsident(in): Dr. Siegwart Peters (Montanusstr. 13, 42799 Leichlingen, T: (02175) 89 07 47, Fax: (02175) 89 07 48, email: peters.s@t-online.de)
Generalsekretär(in): Dr. Karl-Rudolf Stratmann (Sürther Hauptstr. 194, 50999 Köln, T: (02236) 6 55 00, Fax: (02236) 96 71 40)
Geschäftsführer(in): RA Sven Hagedorn
Verbandszeitschrift: 1. Dt. Zahnärztliche Zeitschrift, 2. Oralprophylaxe, 3. Clinical Oral Investigation
Redaktion: Prof. Dr. W. Geurtsen, Angerstr. 30, 30539 Hannover
Verlag: C. Hanser-Verlag, Postfl. 86 04 20, 81631 München
Mitglieder: 10500
Mitarbeiter: 8

● **T 3 435**

Deutsche Gesellschaft für Zytologie (DGZ)
Sektion Zytopathologie and der UFK
Hugstetter Str. 55, 79106 Freiburg
T: (0761) 2 70-3085   **Fax:** 2 70-3065
Gründung: 1960
Präsident(in): Prof. Dr. H. Breinl (Gynäkologie und Geburtshilfe; Rehpfad 8a, 65428 Rüsselsheim)
Generalsekretär(in): Prof. Dr. Dr. h.c. N. Freudenberg (Hugstetter Str. 55, 79106 Freiburg, Sektion Zytopathologie and der UFK, T: (0761) 2 70-3085, Fax: 2 70-3065)
Verbandszeitschrift: Verhandlungsband zur Tagung
Redaktion: Prof. Dr. Dr. h.c. N. Freudenberg
Verlag: Urban & Fischer, Jena
Mitglieder: 900
Angeschl. Organisationen: 21
Mitarbeiter: 4

● **T 3 436**

SCHMERZtherapeutisches Kolloquium e.V. (STK)
Adenauerallee 18, 61440 Oberursel
T: (06171) 28 60 20   **Fax:** 28 60 22
Internet: http://www.stk-ev.de
E-Mail: stk-zentrale@t-online.de
Gründung: 1984
Präsident(in): Dr. med. Gerhard Müller-Schwefe
Vizepräsident(in): Dr. med. Thomas Nolte
Dr. med. Robert Reining
Presse: Barbara Ritzert (ProScientia Die Wissenschaftsagentur GmbH, Andechser Weg 17, 82343 Pöcking, T.: (08157) 93 97-0, Fax: (08157) 93 97-97)
Verbandszeitschrift: StK - Organ des SCHMERZtherapeutischen Kolloquiums

● **T 3 437**

Deutsche Gesellschaft für Algesiologie - Deutsche Gesellschaft für Schmerzforschung und Schmerztherapie e.V. (DGfA)
Robert-Koch-Platz 7, 10115 Berlin
T: (030) 28 38 70 97   **Fax:** 28 38 70 99
Präsident(in): Dr.med. Robert Reining
Vizepräsident(in): Dr.med. Dietrich Jungck
Dr.med. Gerhard Müller-Schwefe

● **T 3 438**

Deutsche Akademie für Algesiologie - Institut für schmerztherapeutische Fort- und Weiterbildung (DAfA)
Robert-Koch-Platz 7, 10115 Berlin
T: (030) 28 38 70 97   **Fax:** 28 38 70 99
Präsident(in): Prof. Dr.med. Helmut Ernst
Vizepräsident(in): Dr.med. Thomas Flöter
Dr.med. Dietrich Jungck

● **T 3 439**

Deutsche Schmerzliga e.V.
Adenauerallee 18, 61440 Oberursel
T: (0700) 3 75 37 53 75   **Fax:** 37 53 75 38
Internet: http://www.dsl-ev.de
Gründung: 1990
Präsidentin: Dr. med. Marianne Koch, Tutzing
Vizepräsidentin: Heidemarie Scholz
Jürgen Schmidt
Geschäftsstellenleiter: Dipl.-Kffr. Rita Wanninger
Presse und Public Relations: Barbara Ritzert (ProScientia Die Wissenschaftsagentur GmbH, Andechser Weg 17, 82343 Pöcking, T.: (08157) 93 97-0, Fax: (08157) 93 97-97)
Verbandszeitschrift: Zeitschrift „AGIL"

● **T 3 440**

Stiftung Deutscher Heilpraktiker
Am Wiesengrund 7, 24214 Gettorf
T: (04346) 17 77   **Fax:** 56 31
1. Vorsitzende(r): Karl Fritz König (Heilpraktiker)
Stellvertretende(r) Vorsitzende(r): Ute Klose (Heilpraktiker)
Wolfram Herzog (Heilpraktiker)

● T 3 441

Klinisches Institut für Physiologie und Sportmedizin an der Med. Klinik St. Irmingard e.V. (KIPSI)
Osternacherstr. 103, 83209 Prien
T: (08051) 6 07-5 26 **Fax:** 6 07-775
Gründung: 1978 (27. September)
Vorsitzende(r): Prof. Dr. Klaus-D. Hüllemann
Stellvertretende(r) Vorsitzende(r): Dr. Ulrich Hildebrandt
Mitglieder: 18
Mitarbeiter: 4
Jahresetat: ca. DM 0,04 Mio, € 0,02 Mio

● T 3 442

Deutsche Gesellschaft für Katastrophenmedizin e.V.
Generalsekretariat/Geschäftsstelle:
c/o Frau Billi Ryska
Kafkastr. 62, 81737 München
T: (089) 41 47-209 **Fax:** 41 47-831
Internet: http://www.dgkmev.de
E-Mail: dgkm_ev@t-online.de
Gründung: 1980
Präsident(in): Dr. med. Friedhelm Bartels (2001/2002)
Generalsekretär(in): Prof. Dr. med. Peter Sefrin
Verbandszeitschrift: Mitteilungen der DGKM e.V.
Verlag: Generalsekretariat der DGKM e.V.
Mitglieder: 305 Ordentliche, 30 Außerordentliche, 2 Korrespondierende Mitglieder (Stand 03/2001)

● T 3 443

Gesellschaft zur Förderung der Lufthygiene und Silikoseforschung e.V.
Medizinisches Institut für Umwelthygiene an der Heinrich-Heine-Universität Düsseldorf
Auf'm Hennekamp 50, 40225 Düsseldorf
T: (0211) 33 89-0 **Fax:** 3 19 09 10
Internet: http://www.miu.uni-duesseldorf.de
Gründung: 1962 (31. Januar)
Vorsitzende(r) des Vorstandes: Prof. Dr. med. Ulrich Hadding (Direktor des Instituts für Medizinische Mikrobiologie und Virologie der Heinrich-Heine-Universität Düsseldorf)
Vorstand: Prof. Dr. Armin Basler (Bundesministerium für Umwelt)
Dr. jur. Joachim Breuer (Direktor der Bergbauberufsgenossenschaft, Bochum)
Prof. Dr. med. Thomas Ruzicka (Direktor der Hautklinik der Heinrich-Heine-Universität Düsseldorf)
Hauptgeschäftsführer(in): Prof. Gerhard Winneke (amtierender Direktor des Medizinischen Instituts für Umwelthygiene an der Heinrich-Heine-Universität Düsseldorf)
Leitung Presseabteilung: Dr. Katharina Beyen
Mitglieder: 9
Mitarbeiter: 130
Jahresetat: DM 9,5 Mio, € 4,86 Mio + Drittmittel

● T 3 444

Gesellschaft für Arterioskleroseforschung e.V. Münster
Domagkstr. 3, 48149 Münster
T: (0251) 8 35-6176 **Fax:** 8 35-6205
Gründung: 1970
Vorsitzende(r) des Vorstandes: Dr. jur. Wilfried Berg
Stellvertretende(r) Vorsitzende(r): Wilfried Gleitze
Geschäftsführender Direktor des Instituts für Arterioskleroseforschung an der Universität Münster: Prof. Dr. med. Gerd Assmann
Geschäftsführer(in): Dr. rer.nat. Ursel Selent
Mitglieder: 8
Mitarbeiter: 110
Jahresetat: ca. DM 9 Mio, € 4,6 Mio

● T 3 445

Institut für Mensch und Natur e.V.
Am Ökologischen Zentrum
Artilleriestr. 6, 27283 Verden
T: (04231) 9 57-522
E-Mail: imena@oekozentrum.org
Gründung: 1984
Vorstand: Dipl.-Phys. Claudia Wöstheinrich
Dr.Biol. Petra Scheidemann
Fachkontakte:
Raumluftanalytik, Umweltmedizin, Elektrosmog, Innenraumschadstoffe, Schimmelpilze
Dr.Biol. Petra Scheidemann
Dipl.-Phys. Claudia Wöstheinrich
Mitglieder: 50
Mitarbeiter: 2
Jahresetat: ca. DM 0,5 Mio, € 0,26 Mio

● T 3 446

Institut für Geschichte der Medizin der Heinrich-Heine-Universität Düsseldorf
Postf. 10 10 07, 40001 Düsseldorf
T: (0211) 8 11 39 40 **Fax:** 8 11 39 49
Internet: http://www.uni-duesseldorf.de/www/medfak/histmed/welcome.htm
E-Mail: histmed@uni-duesseldorf.de
Gründung: 1963 (1. Januar)
Vorsitzende(r): Univ. Prof. Dr.med. Dr.phil. Alfons Labisch (M.A.)

● T 3 447

Chemotherapeutisches Forschungsinstitut
c/o Georg-Speyer-Haus
Postf. 70 08 51, 60558 Frankfurt
Paul-Ehrlich-Str. 42-44, 60596 Frankfurt
T: (069) 6 33 95-183 **Fax:** 6 33 95-2 97
Internet: http://www.georg-speyer-haus.de
Gründung: 1906
Kontaktperson: Christine Kost (Assistentin des Direktors, E-Mail: kost@em.uni-frankfurt.de)
Mitarbeiter: 120
Jahresetat: DM 13 Mio, € 6,65 Mio

● T 3 448

C. u. O. Vogt-Institut für Hirnforschung der Universität
Moorenstr. 5 Gebäude 22.03, 40225 Düsseldorf
T: (0211) 81-12777 **Fax:** 81-12336
E-Mail: zilles@hirn.uni-duesseldorf.de
Direktor(in): Prof. Dr.med. Karl Zilles

● T 3 449

Deutsches Krankenhausinstitut e.V.
Institut in Zusammenarbeit mit der Universität Düsseldorf
Tersteegenstr. 3, 40474 Düsseldorf
T: (0211) 4 70 51-0 **Fax:** 4 70 51-19

● T 3 450

Deutsches Krebsforschungszentrum Heidelberg (dkfz)
Im Neuenheimer Feld 280, 69120 Heidelberg
T: (06221) 42-0 **Fax:** 42-2995
Internet: http://www.dkfz.de
Stiftungsvorstand: Vors. u. Wiss. Mitglied des Stiftungsvorstandes: Prof. Dr.med. Dr. h.c.mult. Harald zur Hausen
Admin.-kaufm. Mitgl. d. Stiftungsvorstandes: Dr.rer.pol. Josef Puchta

● T 3 451

Medizinisch-Psychologisches Institut TÜV Kraftfahrt GmbH
Unternehmensgruppe TÜV Rheinland/Berlin-Brandenburg
Altenberger Str. 12, 50668 Köln
T: (0221) 91 27 42-0 **Fax:** 91 27 42-39
Gründung: 1951
Leitung Presseabteilung: T. Brüssel
Mitarbeiter: ca. 70 Psychologen und 40 Ärzte

● T 3 452

Bernhard-Nocht-Institut für Tropenmedizin
Ein Institut der Leibniz-Gemeinschaft
Bernhard-Nocht-Str. 74, 20359 Hamburg
T: (040) 4 28 18-0, 4 28 18-390 (Klinik), 4 28 18-800 (Reisemed.Beratung) **Fax:** 4 28 18-400
Internet: http://www.bni-hamburg.de
E-Mail: bni@bni-hamburg.de
Gründung: 1900 (1. Oktober)
Leitung Presseabteilung: Karin Stoffregen
Mitarbeiter: 380, davon 104 wissenschaftler und Ärzte

Spezialdiagnostik von Tropenkrankheiten, Dreimonatiger Kursus über Tropenmedizin und Medizinische Parasitologie

● T 3 453

Zentrale Beratungsstelle für den kommunalen Sportstättenbau IAB/DIBSF/DSV
Postf. 31 80, 59032 Hamm
Fangstr. 22-24, 59077 Hamm
T: (02381) 99 60 60 **Fax:** 9 96 06 99
Gründung: 1963
Leiter(in): Dipl.-Ing. Gustav Keinemann (Fangstr. 22-24, 59077 Hamm, T: (02381) 99 60 60, Fax: 9 96 06 99)
Träger: Internationale Akademie für Bäder-, Sport- und Freizeitbauten e. V.; Deutsches Institut für Bäder-, Sport- und Freizeitbauten e. V.; Schwimmstätten-Ausschuß des Deutschen Schwimm-Verbandes e. V.
Mitarbeiter: 90
Herausgeber: Internationale Normen (INTERNORM) für Bäderbau, Bäderbetrieb und Bädertechnik und Handbuch "bäderbauten-aquatic buildings" Bd. 1 u. 2
Fachorgan: SPORT BÄDER FREIZEITBAUTEN, internationale Fachzeitschrift für Planung, Bau, Einrichtung, Betrieb und Forschung/Krammer-Verlag, Düsseldorf

● T 3 454

Internationale Akademie für Bäder-, Sport- und Freizeitbauten e.V.
Postf. 31 80, 59032 Hamm
Fangstr. 22-24, 59077 Hamm
T: (02381) 99 60 60 **Fax:** 9 96 06 99
Gründung: 1963
Internationaler Zusammenschluß: siehe unter IZF 1660
Vorsitzende(r): Harm Beyer, Hamburg
Geschäftsführender Vizepräsident: Dipl.-Ing. Gustav Keinemann (Fangstr. 22-24, 59077 Hamm, T: (02381) 99 60 60, Fax: 9 96 06 99)
Mitarbeiter: 90

● T 3 455

Deutsches Institut für Bäder-, Sport- und Freizeitbauten e.V.
Fangstr. 22-24, 59077 Hamm
T: (02381) 9 96 06-0 **Fax:** 9 96 06-99
Gründung: 1963
Vorsitzende(r): Arch. Dipl.-Ing. Gustav Keinemann (T: (02381) 99 60 60, Telefax: (02381) 9 96 06 99)
Mitarbeiter: 90

● T 3 456

Verbandsausschuß Sportstätten und Umwelt Deutscher Schwimm-Verband
Fangstr. 22-24, 59077 Hamm
T: (02381) 9 96 06-0 **Fax:** 9 96 06-99
Gründung: 1922
Vorsitzende(r): Arch. Dipl.-Ing. Gustav Keinemann
Mitarbeiter: 7 engere, 17 (im erweitertem Hauptausschuß), inges. 75
Fachorgan: "Sport Bäder Freizeitbauten"

● T 3 457

Deutsche Gesellschaft für das Badewesen e.V.
Postf. 34 02 01, 45074 Essen
Alfredstr. 73, 45130 Essen
T: (0201) 8 79 69-0 **Fax:** 8 79 69-20
Internet: http://www.boeb.de
E-Mail: info@boeb.de
Gründung: 1899
Präsident(in): Oberbürgermeister Hans Schaidinger, Regensburg
Hauptgeschäftsführer(in): Friedrich R. Kunze
Verbandszeitschrift: Archiv des Badewesens
Redaktion: Alfredstr. 73, 45130 Essen
Verlag: Schrickel Verlag, Klosterstr. 22, 40211 Düsseldorf
Mitglieder: 20
Jahresetat: DM 0,12 Mio, € 0,06 Mio

Fachverbände

t 3 458

Bundesfachverband öffentliche Bäder e.V.
Postf. 34 02 01, 45074 Essen
Alfredstr. 73, 45130 Essen
T: (0201) 8 79 69-0 **Fax:** 8 79 69-20
Internet: http://www.boeb.de
E-Mail: info@boeb.de

t 3 459

Deutscher Sauna-Bund e.V.
Kavalleriestr. 9, 33602 Bielefeld
T: (0521) 9 66 79-0 **Fax:** 9 66 79-19
Internet: http://www.sauna-bund.de
E-Mail: info@sauna-bund.de
Mitglieder: 1000

t 3 460

VDB-Physiotherapieverband e.V.
Bundesverband
Prinz-Albert-Str. 41, 53113 Bonn
T: (0228) 21 05 06 **Fax:** 21 05 52

● T 3 461

Bundesfachverband öffentliche Bäder e.V.
Postf. 34 02 01, 45074 Essen
Alfredstr. 73, 45130 Essen
T: (0201) 8 79 69-0 **Fax:** 8 79 69-20
Internet: http://www.boeb.de
E-Mail: info@boeb.de
Gründung: 1897
Präsident(in): Rüdiger Steinmetz, Düsseldorf
Hauptgeschäftsführer(in): Friedrich R. Kunze
Verbandszeitschrift: Archiv des Badewesens
Redaktion: Alfredstr. 73, 45130 Essen
Verlag: Schrickel Verlag GmbH, Klosterstr. 22, 40211 Düsseldorf

Mitglieder: rd. 1100
Mitarbeiter: 8
Jahresetat: rd. DM 1,5 Mio, € 0,77 Mio

● T 3 462
Forschungsgemeinschaft für Meeresheilkunde e.V.
Dörper Weg 22, 26506 Norden
T: (04931) 98 62 10   **Fax:** 98 62 90
Internet: http://www.fgm.de
Gründung: 1958
1. Vorsitzende(r): Prof. Dr.med. Walter Lechner (Allergie- und Hautklinik Norderney, Lippstr. 9-11, 26548 Norderney)
Geschäftsführer(in): Dr. rer. nat. Claus Rink (Kurverwaltung Norden-Norddeich, 26506 Norden)

● T 3 463
Institut für Meereskunde an der Universität Kiel (IfM)
Düsternbrooker Weg 20, 24105 Kiel
T: (0431) 5 97-0   **Fax:** 56 58 76
Internet: http://www.ifm.uni-kiel.de/
E-Mail: ifm@ifm.uni-kiel.de
Gründung: 1937 (15. Juni)
Leitung Presseabteilung: Prof. Dr. Gerhard Kortum
Verbandszeitschrift: Berichte aus dem Institut für Meereskunde
Verlag: Selbstverlag
Mitarbeiter: 270
Jahresetat: DM 35 Mio, € 17,9 Mio

● T 3 464
Stiftung für das behinderte Kind
zur Förderung von Vorsorge und Früherkennung
Augustenburger Platz 1, 13353 Berlin
T: (030) 4 50-78156   **Fax:** 4 50-78955
Internet: http://www.stiftung-behindertes-kind.de
E-Mail: stiftung.behindertes.kind@charite.de
Vorsitzende(r) des Vorstandes: Prof. Dr.med. J. W. Dudenhausen

● T 3 465
Bundesvereinigung für Gesundheit e.V.
Heilsbachstr. 30, 53123 Bonn
T: (0228) 9 87 27-0   **Fax:** 6 42 00 24
Internet: http://www.bvgesundheit.de
Geschäftsführer(in): Dr. Uwe Prümel-Philippsen

● T 3 466
Gesellschaft Gesundheit und Forschung e.V. (GG+F)
Biomedizinischer Forschungscampus Berlin-Buch
Robert-Rössle-Str. 10, 13125 Berlin
T: (030) 94 89-2180   **Fax:** 94 89-2182
Internet: http://www.tierschutz.org
E-Mail: ggundf@aol.com
Gründung: 1985 (18. März)
Vorsitzende(r): Prof. Dr. med. Wolfgang Kuschinsky
Geschäftsführer(in): Ivar A. Aune
Verbandszeitschrift: Biomedizin und Gesellschaft
Mitglieder: 180
Mitarbeiter: 5

● T 3 467
Kneipp-Bund e.V.
Bundesverband für Gesundheitsförderung
Postf. 14 52, 86817 Bad Wörishofen
Adolf-Scholz-Allee 6-8, 86825 Bad Wörishofen
T: (08247) 30 02-0   **Fax:** 30 02-1 99
Internet: http://www.kneippbund.de
E-Mail: bundesverband@kneippbund.de, kneippbund@t-online.de
Bundesgeschäftsführer(in): Annette Kersting

● T 3 468
Sebastian-Kneipp-Institut Forschungsanstalt e.V.
Am Tannenbaum 2, 86825 Bad Wörishofen
T: (08247) 9 99-102   **Fax:** 9 99-198
Gründung: 1971
Leiter(in): Prof. Dr.Dr. Eberhard Volger
Mitglieder: 50
Mitarbeiter: 5
Jahresetat: DM 0,5 Mio, € 0,26 Mio

● T 3 469
Deutscher Verein für Gesundheitspflege e.V. (DVG)
Postf. 42 60, 73745 Ostfildern
Senefelderstr. 15, 73760 Ostfildern
T: (0711) 4 48 19 50   **Fax:** 4 48 19 54
Internet: http://www.dvg-online.de
Gründung: 1899
Vorsitzende(r): Bruno Liske
Hauptgeschäftsführer(in): Bernd Wöhner

Leitung Presseabteilung: Ursula Weigert
Mitglieder: 36000 (48 Regionalgruppen)
Mitarbeiter: 4

DVG-Landesstellen

t 3 470
DVG-Landesstelle Baden-Württemberg
Firnhaberstr. 7, 70174 Stuttgart
T: (0711) 16 29 00   **Fax:** 1 62 90 60

t 3 471
DVG-Landesstelle Bayern (Nordbereich)
Kaiserslauterer Str. 11, 90441 Nürnberg
T: (0911) 6 28 08-0   **Fax:** 6 28 08-28

t 3 472
DVG-Landesstelle Bayern (Südbereich)
Tizianstr. 18, 80638 München
T: (089) 1 59 13 40   **Fax:** 15 91 34 17

t 3 473
DVG-Landesstelle Berlin/Brandenburg
Koblenzer Str. 3, 10715 Berlin
T: (030) 85 79 01-0   **Fax:** 85 79 01-44

t 3 474
DVG-Landesstelle Hessen, Rheinland-Pfalz und Saarland
Eschenheimer Anlage 32, 60318 Frankfurt
T: (069) 95 91 84-0   **Fax:** 95 91 84-20

t 3 475
DVG-Landesstelle Niedersachsen
Joseph-Haydn-Str. 4, 28209 Bremen
T: (0421) 34 84 14   **Fax:** 3 48 41 50

t 3 476
DVG-Landesstelle Nordrhein-Westfalen
Diepensiepen 18, 40822 Mettmann
T: (02104) 1 89 00   **Fax:** 1 62 92

t 3 477
DVG-Landesstelle Sachsen, Sachsen-Anhalt/Thüringen
Poststr. 13, 01159 Dresden
T: (0351) 4 47 55-0   **Fax:** 4 47 55-14

● T 3 478
Infratest Gesundheitsforschung GmbH
Landsberger Str. 338, 80687 München
T: (089) 56 00-0   **Fax:** 56 00-815
Internet: http://www.infratest-burke.com
E-Mail: hartmut.kiock@hqde.infrabrk.com
Geschäftsleitung: Dr. Hartmut Kiock (Geschf.)
Leitung Presseabteilung: Martin Kögel

● T 3 479
Deutsche Gesellschaft für Musiktherapie e.V.
Bundesgeschäftsstelle
Libauer Str. 17, 10245 Berlin
T: (030) 29 49 24-93   **Fax:** 29 49 24-94
Internet: http://www.musiktherapie.de
E-Mail: info@musiktherapie.de
Gründung: 1973
Vorstand: Andreas Blase
Holger Ehrhardt-Rösser
Franz Mecklenbeck
Ute Rentmeister
Dr. Hans Ulrich Schmidt
Verbandszeitschrift: MU - Musiktherapeutische Umschau
Redaktion: Volker Bernius
Verlag: Vandenhock + Ruprecht, Theaterstr. 13, 37070 Göttingen
Mitglieder: 850
Mitarbeiter: 1
Jahresetat: DM 0,13 Mio, € 0,07 Mio

● T 3 480
Interessengemeinschaft der Dance Alive Specialists e.V.
Marienburg
Hofstr. 16, 40789 Monheim
T: (02173) 93 66 94   **Fax:** 93 66 95
Gründung: 1987 (23. April)
Vorsitzende(r): Julia Marx
Ltg. Presse u. PR: Gisela Obst

Fortbildung: Langen Institut gemn. GmbH
Verbandszeitschrift: Tanz & Therapie
Redaktion: G. Obst
Verlag: Eigenverlag

● T 3 481

Deutsche Krankenhausgesellschaft (DKG)
Tersteegenstr. 9, 40474 Düsseldorf
T: (0211) 4 54 73-0   **Fax:** 4 54 73 61
Internet: http://www.dkgev.de
E-Mail: dkg.mail@dkgev.de
Gründung: 1949
Internationaler Zusammenschluß: siehe unter izt 722
Präsident(in): Volker Odenbach (Direktor des Diözesan-Caritasverbandes für das Bistum Paderborn)
Hauptgeschäftsführer(in): RA Jörg Robbers
Leitung Presseabteilung: Dr. Andreas Priefler
Stellv. Leitung Presseabteilung: Lothar Kratz
Verbandszeitschrift: das Krankenhaus
Redaktion: Pressestelle

Bundesverband der Krankenhausträger. Unterstützung der Mitglieder (16 Landeskrankenhausgesellschaften, 12 Spitzenverbände) bei der Erfüllung ihrer Aufgaben auf dem Gebiet des Krankenhauswesens; Sorge für die Erhaltung und Verbesserung der Leistungsfähigkeit der Krankenhäuser; Pflege und Förderung des Erfahrungsaustausches auf allen Gebieten des Krankenhauswesens; Bearbeitung von Grundsatzfragen, die nicht nur einzelne Spitzen- oder Landesverbände betreffen; Unterrichtung der Öffentlichkeit; Unterstützung staatlicher Körperschaften und Behörden bei der Vorbereitung und der Durchführung von Gesetzen.

t 3 482
Deutsche Krankenhausgesellschaft Geschäftsstelle Berlin
Straße des 17. Juni 110-114, 10623 Berlin
T: (030) 3 98 01-0   **Fax:** 39 80 13 01
E-Mail: berlin.mail@dkgev.de

● T 3 483
Deutsche Gesellschaft für Krankenhausgeschichte
Wendlingweg 2, 52074 Aachen
T: (0241) 8 08-80 95   **Fax:** 8 88 84 66
E-Mail: Murken@alpha.imib.rwth-aachen.de
Gründung: 1964
Präsident(in): Prof. Dr. Axel H. Murken (Geschichte der Medizin, Wendlingweg 2, 52074 Aachen, T: (0241) 8 08-80 95, Fax: (0241) 8 88 84 66)
Verbandszeitschrift: Historia Hospitalium

● T 3 484
Deutscher Naturheilbund e.V.
Verband deutscher Naturheilvereine
Prießnitz-Bund
Bundesgeschäftsstelle
Kreuzbergstr. 45, 74564 Crailsheim
T: (07951) 55 04   **Fax:** 4 55 68
Internet: http://www.naturheilbund.de
E-Mail: info@naturheilbund.de
Gründung: 1889
Präsident(in): Dr.med. Rainer Matejka (Wilhelmshöher Allee 273 A, 34131 Kassel, T: (0561) 3 40 31 u. 3 40 32, Telefax: (0561) 3 40 33)
Vizepräsident: Norbert Haberhauer (Waidstr. 60, 99974 Mühlhausen/Thür., T/Fax: (03601) 44 00 90)
Bundesvorsitzende: Annelies Scheibner (Kreuzbergstr. 45, 74564 Crailsheim, T: (07951) 55 04, Fax: (07951) 4 55 68)
2. Bundesvorsitzende: Regina Kretschmer (Am Frauenberg 81, 36251 Bad Hersfeld, T: (06621) 7 26 96, Fax: (06621) 7 99 00 14)
Verbandszeitschrift: Der Naturarzt
Verlag: ACCESS Marketing Verlag, Alt Falkenstein 37 a,

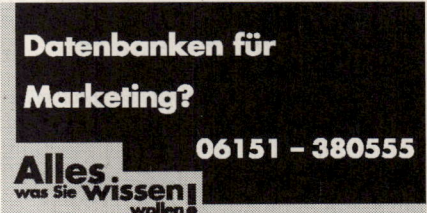

61462 Königstein
Mitglieder: ca. 20000 ; 80 Naturheilvereine
Jahresetat: DM 0,7 Mio, € 0,36 Mio

Pflege und Förderung von naturgemäßen Lebens- und Heilweisen durch Nutzung der Kräfte der Natur zur Gesunderhaltung des Körpers, des Geistes und der Seele. Erhaltung einer gesunden Umwelt und von Naturheilmitteln. Presseorgan "Der Naturarzt".

● **T 3 485**
NATUR und MEDIZIN
Fördergemeinschaft für Erfahrungsheilkunde e.V.
Am Michaelshof 6, 53177 Bonn
T: (0228) 35 25 03 u. 35 68 88 **Fax:** 36 43 44
Gründung: 1983 (30. Juli)
Vorstand:
Vorsitzende(r) des Vorstandes: Dr.med. Veronica Carstens
Dr.med. Karl-Heinz Gebhardt
Geschäftsführerin: Dr. Dorothee Schimpf
Mitglieder: über 50000

● **T 3 486**
LAG - Lust auf Gesundheit e.V.
Fürstenackerstr. 20, 81477 München
T: (089) 7 80 90 20 **Fax:** 7 80 90 50
E-Mail: lagev@aol.com
Gründung: 1993 (November)
1. Vorsitzende(r): Maria-E. Lange-Ernst (Ltg. Presseabt.)
Mitglieder: 110
Mitarbeiter: 1

● **T 3 487**
Chinesische Naturheilkunde Akademie e.V.
Postf. 12 06, 95302 Kulmbach
T: (09221) 8 41 00 **Fax:** 87 76 21
Gründung: 1984 (21. November)
Präsident(in): Prof. Dr. h.c. Dietmar G. Kummer
1. Vizepräsident: Prof. Dr. Shen Zhixiang
2. Vizepräsident: Prof. Dr. Liu Guangrui (Direktor Chongqing-Forschungs-Institut für Traditionelle Chinesische Medizin)
Mitglieder: 150

● **T 3 488**
Deutscher Sauna-Bund e.V.
Kavalleriestr. 9, 33602 Bielefeld
T: (0521) 9 66 79-0 **Fax:** 9 66 79-19
Internet: http://www.sauna-bund.de
E-Mail: info@sauna-bund.de
Gründung: 1949
Vorsitzende(r): Prof.Dr. Eberhard Conradi
Geschäftsführer(in): Rolf-Andreas Pieper
Leitung Presseabteilung: Hans-Jürgen Gensow
Verbandszeitschrift: Saunabetrieb & Bäderpraxis
Redaktion: Rolf-A. Pieper
Verlag: Sauna-Matti GmbH, Kavalleriestr. 9, 33602 Bielefeld
Mitglieder: 1000

● **T 3 489**
Deutsche Hauptstelle gegen die Suchtgefahren e.V. (DHS)
Postf. 13 69, 59003 Hamm
Westring 2, 59065 Hamm
T: (02381) 90 15-0 **Fax:** 90 15-30
Internet: http://www.dhs.de
E-Mail: info@dhs.de
Gründung: 1947
Vorsitzende(r) des Vorstandes: Prof.Dr.med. Klaus Wanke (Univ.-Nervenklinik, Homburg/Saar)
Stellvertretende(r) Vorsitzende(r): Hedi Boss (Arbeiterwohlfahrt Bundesverband e.V., Bonn)
Jost Leune (Fachverband Drogen und Rauschmittel e.V., Hannover)
Geschäftsführer(in): Rolf Hüllinghorst
Verbandszeitschrift: SUCHT
Verlag: Neuland-Verlag, Markt 24-26, 21502 Geesthacht
Redaktionsbüro: Doris Kaldewei

● **T 3 490**

Hilfe zur Selbsthilfe Suchtkranker und Suchtgefährdeter
Stiftung · bundesweit · operativ · gemeinnützig

Hilfe zur Selbsthilfe Suchtkranker und Suchtgefährdeter (Stiftung)
Postf. 10 29 03, 69019 Heidelberg
Schubertstr. 17, 69214 Eppelheim
T: (06221) 76 76 55
Gründung: 1981
Geschäftsführender Vorstand: Ludger Balke

Vorsitzende des Stiftungsrates: Dr. Doris Stalp
Mitarbeiter: 3
assoziierte Selbsthilfeprojekte: bundesweit 40

Investitionen in Ausbildungs- und Arbeitsplätze (Zweckbetriebe) für Suchtkranke nach Krankenhaus, Therapie und Haft. Informationsarbeit über Selbsthilfegruppen für Alkoholiker und Angehörige.

● **T 3 491**
Freundeskreise für Suchtkrankenhilfe - Bundesverband e.V.
Kurt-Schumacher-Str. 2, 34117 Kassel
T: (0561) 78 04 13 **Fax:** 71 12 82
Vorsitzende(r): Rolf Schmidt
Geschäftsführer(in): Dipl. Soz. Päd. Käthe Körtel

● **T 3 492**
Gesamtverband für Suchtkrankenhilfe im Diakonischen Werk der EKD e.V. (GVS)
Postf. 10 13 66, 34013 Kassel
Kurt-Schumacher-Str. 2, 34117 Kassel
T: (0561) 1 09 57-0 **Fax:** 77 83 51
Internet: http://www.sucht.org
E-Mail: gvs@sucht.org
Geschäftsführer(in): Irene Helas
Leitung Presseabteilung: Claudia Biehahn

● **T 3 493**

Bundesverband für stationäre Suchtkrankenhilfe e.V. ("buss")
Geschäftsstelle
Kurt-Schumacher-Str. 2, 34117 Kassel
T: (0561) 77 93 51 **Fax:** 10 28 83
Internet: http://www.suchthilfe.de
E-Mail: buss@suchthilfe.de
Gründung: 1903
Vorsitzende(r): Dr. Martin Beutel
Stellvertretende(r) Vorsitzende(r): Dr. Carlo Schmid
Norbert Lindemann
Vorstand: Michael Bergmann
Dr. Monika Ermer-Externbrink
Hildegard Gerber
Dr. Gerhard Karmann
Mitglieder: 89

Vertretung der Interessen der stationären Suchtkrankenhilfe - Koordination und Strukturpolitik auf Bundes- und Landesebene. Gesundheitspolitik, Qualitätsmanagement, Statistik und Wissenschaft im Suchtbereich.

● **T 3 494**
Anonyme Spieler (GA)
Kontaktstelle Deutschland
Eilbeker Weg 20, 22089 Hamburg
T: (040) 2 09 90 09, 2 09 90 19 **Fax:** 2 09 90 09, 2 09 90 19
Gründung: 1982 (Herbst)
Leitung Presseabteilung: W. Jens
Verbandszeitschrift: Step by Step/Gib es weiter; "Anonyme Spieler-Spielsucht eine Krankheit"
Redaktion: Anonyme Spieler, Eilbeker Weg 20, 22089 Hamburg, T: (040) 2 09 90 09, 2 09 90 19 (auch Verlag)
Mitglieder: 600-1200
Mitarbeiter: 1
Jahresetat: DM 0,012 Mio, € 0,01 Mio

● **T 3 495**
Fachverband Sucht e.V. GCAA German Council on Alcohol and Addiction
Walramstr. 3, 53175 Bonn
T: (0228) 26 15 55 **Fax:** 21 58 85
Internet: http://www.sucht.de
E-Mail: sucht@sucht.de
Gründung: 1976 (04. Oktober)
Vorstand: Prof. Dr. Karl-H. Bönner (Vors.), Marburg
Geschäftsführer(in): Dr. Volker Weissinger
Verbandszeitschrift: FVS-Sucht aktuell
Redaktion: Geschäftsstelle: Fachverband Sucht e. V., Walramstr. 3, 53175 Bonn
Mitglieder: 90
Mitglied im ICAA International Council on Alcohol and Addiction, Lausanne (Mitglied der Weltgesundheitsorganisation der UNO), sowie in der Bundesvereinigung für Gesundheit e. V., Bonn

Der Fachverband hat das Ziel, die Behandlungsmöglichkeiten für Abhängigkeitskranke zu verbessern. Er setzt sich für fortschrittliche und effektive Präventionsmöglichkeiten und Therapieformen ein und unterstützt diesbezügliche Forschung. Zur Erlangung seiner Ziele arbeitet er mit allen relevanten Institutionen, Gremien und Personen zusammen.

● **T 3 496**
Verein für Suchtprävention und Therapie mit Drogenabhängigen e.V.
Solmsstr. 26, 10961 Berlin
T: (030) 6 91 70 42
Vorsitzende(r): Stefan Werle
Stellvertretende(r) Vorsitzende(r): Marianne Meiers

● **T 3 497**
Nichtraucher-Initiative Deutschland e.V. (NID)
Carl-von-Linde-Str. 11, 85716 Unterschleißheim
T: (089) 3 17 12 12 **Fax:** 3 17 40 47
Internet: http://www.nichtraucherschutz.de
E-Mail: nid@nichtraucherschutz.de
Gründung: 1988 (Oktober)
Vorsitzende(r): Prof. Dr. Ekkehard Schulz
Pressearbeit: Ernst-Günther Krause
Verbandszeitschrift: Nichtraucher-Info
Mitglieder: 4000 einschl. Vereine
Mitarbeiter: 1
Jahresetat: DM 0,06 Mio, € 0,03 Mio

● **T 3 498**
Ärztlicher Arbeitskreis Rauchen und Gesundheit e.V.
Postf. 12 44, 85379 Eching
T: (089) 3 16 25 25 **Fax:** 3 16 25 25
Gründung: 1971
Vorsitzende(r): Prof. Dr. med. Friedrich J. Wiebel
Verbandszeitschrift: Mitteilungen des ÄARG
Verlag: Postf. 12 44, 85379 Eching
Mitglieder: 950

Prävention des Rauchens, Nichtraucherschutz.

● **T 3 499**
Landeskontrollverband Rheinland e.V.
Endenicher Allee 64, 53115 Bonn
T: (0228) 7 26 32-15 **Fax:** 7 26 32-310
Internet: http://www.lkv-rheinland.de
E-Mail: info@lkv-rheinland.de
Vorsitzende(r): Johannes Föhles
Geschäftsführer(in): Dr. Reinhard Pauw

● **T 3 500**
Landeskontrollverband Rheinland-Pfalz e.V.
Burgenlandstr. 7, 55543 Bad Kreuznach
T: (0671) 88 60 20 **Fax:** 6 72 16
Geschäftsführer(in): Dr. Wolfgang Fasen
Vorsitzende(r): Martin Klein

● **T 3 501**
Landeskontrollverband Brandenburg e.V.
Straße zum Roten Luch 1, 15377 Waldsieversdorf
T: (033433) 6 56-0 **Fax:** 6 56-74
Internet: http://www.lkvbb.de
E-Mail: lkv@lkvbb.de
Vorsitzende(r): Dipl.-Ing.agr. Reiner Donndorf
Geschäftsführer(in): Dr. Manfred Hammel

● **T 3 502**
Sächsischer Landeskontrollverband e.V.
August-Bebel-Str. 6, 09577 Lichtenwalde
T: (037206) 87-0 **Fax:** 87-230
E-Mail: infoline@lkvsachsen.de
Geschäftsführer(in): Ullrich Delling
Vorsitzende(r): Klaus Wünsche

● **T 3 503**
Landeskontrollverband Schleswig-Holstein e.V.
Steenbeker Weg 151, 24106 Kiel
T: (0431) 3 39 87-0 **Fax:** 3 39 87-13
Internet: http://www.lkv-sh.de
E-Mail: info@lkv-sh.de
Geschäftsführer(in): Dr. J. Bergmann
Vorsitzende(r): Jürgen Bennewitz, Meggerdorf

● T 3 504
**Staatliches Tierärztliches
Untersuchungsamt Aulendorf**
Postf. 11 27, 88321 Aulendorf
Löwenbreitestr. 20, 88326 Aulendorf
T: (07525) 9 42-0   **Fax:** 9 42-2 00
Leiter(in): Ltd. Vet. Dir. Dr. Heinrich Stöppler
Mitarbeiter: 50

● T 3 505
**Institut für Med. Mikrobiologie,
Infektions- und Seuchenmedizin
Tierärztliche Fakultät**
Ludwig-Maximilians-Universität München
Veterinärstr. 13, 80539 München
T: (089) 21 80-2528
Vorstand: Prof. Dr. Oskar-Rüger Kaaden
WHO-Center für "Comparative Virologie"

● T 3 506
**Institut für Tierzucht und Vererbungsforschung der
Tierärztlichen Hochschule Hannover**
Bünteweg 17p, 30559 Hannover
T: (0511) 9 53 88 76   **Fax:** 9 53 85 82
Direktor(in): Prof. Dr. O. Distl

● T 3 507
**Institut für Tierzuchtwissenschaft der
Rhein. Friedr.-Wilh.-Universität Bonn**
Endenicher Allee 15, 53115 Bonn
T: (0228) 73 93 28   **Fax:** 73 22 84
Direktor(in): Prof. Dr. K. Schellander
Prof. Dr. W. Trappmann

● T 3 508
Tierärztliches Institut der Universität Göttingen
Groner Landstr. 2, 37073 Göttingen
T: (0551) 39-33 80, 33 81   **Fax:** 39 33 99, 33 92
Gründung: 1771
Direktor(in): Prof. Dr.Dr. B. Brenig
Mitarbeiter: 50

● T 3 509
Veterinär-Physiologisch-Chemisches Institut
Veterinärmedizinische Fakultät der Universität
An den Tierkliniken 43, 04103 Leipzig
T: (0341) 97-38100   **Fax:** 97-38119
Internet: http://www.uni-leipzig.de/~vpci/index.htm
E-Mail: sekr.vpci@vetmed.uni-leipzig.de

● T 3 510
**Klinik für kleine Klauentiere und forensische Medizin und Ambulatorische Klinik der
Tierärztlichen Hochschule**
Bischofsholer Damm 15, 30173 Hannover
T: (0511) 8 56-72 60   **Fax:** 8 56 76 84
Vorsteher: Prof. Dr. K.-H. Waldmann

● T 3 511
**Gesellschaft für Versuchstierkunde/Society for
Laboratory Animals Science (GV-SOLAS)**
c/o Dr. Hans Hiller
Zentrale Tierlaboratorien
Freie Universität Berlin
Krahmerstr. 6, 12207 Berlin
T: (030) 84 45 38 33   **Fax:** 8 33 93 89
Internet: http://www.mh-hannover.de/institut/tierlabor/gv-solas/gvindex.html
Gründung: 1962
Präsident(in): Dr. Annemarie Treiber
Verbandszeitschrift: Laboratory Crimals
Verlag: Royal Society of Medicine Press, 1 Wimele Str. London, Wiesbe
Mitglieder: 660
Jahresetat: DM 0,05 Mio, € 0,03 Mio

**Rechtswissenschaftliche
Vereinigungen und Institute**

● T 3 512

Deutscher Juristentag e.V.
Postf. 1169, 53001 Bonn
Oxfordstr. 21, 53111 Bonn
T: (0228) 98 39 10   **Fax:** 63 02 83
Internet: http://www.djt.de
E-Mail: info@djt.de
Gründung: 1860
Vorsitzender der Ständigen Deputation: Präs. OLG Prof. Dr. Reinhard Böttcher
Sekr.: RA Dr. Andreas Nadler
Mitglieder: ca. 8000

Wissenschaftlich-rechtspolitische Arbeit, Untersuchung der Notwendigkeit von Änderungen und Ergänzungen der Rechtsordnung, Erarbeitung von Vorschlägen zur Fortentwicklung des Rechts, Offenlegung von Rechtsmißständen.

● T 3 513
**Deutscher Juristen-Fakultätentag
Vereinigung der Rechts- und Staatswissenschaftlichen Fakultäten
in der Bundesrepublik Deutschland**
Carl-Zeiss-Str. 3, 07743 Jena
T: (03641) 94 22 00   **Fax:** 94 22 02
Gründung: 1920 (11./12. April)
Vorsitzende(r): Prof. Dr. jur. Peter M. Huber
Mitglieder: z.Zt. 41 jurist. Fakultäten

● T 3 514
Deutsche Sektion der Internationalen Juristen-Kommission e.V.
Nowackanlage 15, 76137 Karlsruhe
T: (0721) 38 86 99   **Fax:** 35 82 63
Internationaler Zusammenschluß: siehe unter izt 870
Vorsitzende(r): Prof. Dr. Ernst Gottfried Mahrenholz (Vizepräsident des BVerfG a.D.)
Verbandszeitschrift: Schriftenreihe „Rechtsstaat in der Bewährung"
Verlag: C. F. Müller-Verlag, Heidelberg

● T 3 515
**Deutsche Gesellschaft für Agrarrecht
Vereinigung für Agrar- und Umweltrecht e.V. (DGAR)**
Geschäftsstelle:
Postf. 19 69, 53009 Bonn
Endenicher Allee 60, 53115 Bonn
T: (0228) 7 03 11 40   **Fax:** 7 03 84 98
Internet: http://www.dgar.de
E-Mail: dgar@lwk-rheinland.nrw.de
Gründung: 1964
Leiterin: Marianne May
1. Vorsitzende(r): Prof. Dr. Karsten Witt (Lorentzendamm 36, 24103 Kiel, T: (0431) 5 90 09 26, Fax: (0431) 5 90 09 81)
Mitglieder: 500

● T 3 516

**Josef-Humar-Institut
Institut für Wohnungseigentum und Wohnungsrecht e.V.**
Cecilienallee 45, 40474 Düsseldorf
T: (0211) 4 54 34 08
Vorsitzende(r): Prof. Dr. Werner Merle
Geschäftsführer(in): Dipl.-Volksw. Volker Bielefeld

● T 3 517
Verein für Umweltrecht e.V.
Contrescarpe 18, 28203 Bremen
T: (0421) 3 35 41-3   **Fax:** 3 35 41-41
E-Mail: iur.bremen@t-online.de
Gründung: 1988 (13. Februar)
Vorsitzende(r): Joachim Garbe-Emden
Verbandszeitschrift: Zeitschrift für Umweltrecht

Verlag: Nomos Verlag, 76520 Baden-Baden
Mitglieder: 250
Mitarbeiter: 1

● T 3 518
Arbeitskreis für Umweltrecht
Godesberger Allee 108-112, 53175 Bonn
T: (0228) 2 69 22 16   **Fax:** 2 69 22 51, 2 69 22 52
E-Mail: intlawpol@cs.com

● T 3 519
Informationsdienst Umweltrecht e.V. (IDUR)
Schleusenstr. 18, 60327 Frankfurt
T: (069) 25 24 77   **Fax:** 25 27 48
E-Mail: idurev@aol.com
Gründung: 1990 (21. März)
Vorsitzende(r): Dr. Thomas Ormond
Stellvertretende(r) Vorsitzende(r): Dr. Britta Kolonko
Ulrike Wegner
Verbandszeitschrift: Recht der Natur - Schnellbrief
Redaktion: Peter Zeisler
Verlag: Selbstverlag
Mitglieder: 18 Naturschutzverbände

● T 3 520
**Wein und Recht
Verein für faires Weinrecht**
Friedrichstr. 39, 67433 Neustadt
T: (06321) 35 59 92   **Fax:** 92 98 94
Vorsitzende(r): RA Dr. Carlos Schulz-Knappe

● T 3 521
Deutscher Arbeitsgerichtsverband e.V.
c/o Landesarbeitsgericht Köln
Blumenthalstr. 33, 50670 Köln
T: (0221) 7 74 03 47   **Fax:** 7 74 03 56
Internet: http://www.arbeitsgerichtsverband.de
E-Mail: arbeitsgerichtsverband@lag-koeln.nrw.de
Gründung: 1893/1949
Präsident(in): Dr. Udo Isenhardt (Präsident des Landesarbeitsgerichts Köln)
Geschäftsführer(in): Dr. Kalb (Vorsitzender Richter am Landesarbeitsgericht)
Verbandszeitschrift: Deutscher Arbeitsgerichtsverband e.V.
Mitteilungen für die Mitglieder
Redaktion: Dr. Heinz-Jürgen Kalb, Vors. Richter am Landesarbeitsgericht Köln, Dipl.-Rechtspfleger Klaus Hermann, Geschäftsltr. d. Landesarbeitsgerichts Köln
Mitglieder: 3000

Förderung des Arbeitsrechts und der Arbeitsgerichtsbarkeit, insbesondere durch laufenden Gedanken- und Erfahrungsaustausch (Tagungen) sollen die Gerichte für Arbeitssachen, die Praxis und die Lehre des Arbeitsrechts miteinander verbunden werden.

● T 3 522
Deutsche Vereinigung für gewerblichen Rechtsschutz und Urheberrecht e.V.
siehe U 737

● T 3 523
Deutsche Gesellschaft für Gesetzgebung
Prof. Dr. Ulrich Karpen
Universität Hamburg
Schlüterstr. 28, 20146 Hamburg
T: (040) 4 28 38-3023, 4 28 38-2340
Gründung: 1987 (23. Juni)
Vorsitzende(r): Prof. Dr. Ulrich Karpen (Universität Hamburg, Seminar für Öffentliches Recht und Staatslehre, Schlüterstr. 28, 20146 Hamburg)
Mitglieder: 350

● T 3 524
Rechts- und Staatswissenschaftliche Vereinigung e.V.
c/o Oberlandesgericht Düsseldorf
Cecilienallee 3, 40474 Düsseldorf
T: (0211) 49 71-5 15
Vorsitzende(r): Dr. Dr. h.c. Klaus Bilda (Präs. des Oberlandesgerichts Düsseldorf)

● T 3 525
Deutsche Vereinigung für Religionsfreiheit e.V. (DVR)
Postf. 42 60, 73745 Ostfildern
Senefelderstr. 15, 73760 Ostfildern
T: (0711) 4 48 19-11   **Fax:** 4 48 19-60
E-Mail: dvreligionsfreiheit@gmx.de
Vorsitzende(r): Bruno Liske
Offizielles Organ: Gewissen und Freiheit

● **T 3 526**
Gesellschaft für Rechtsvergleichung e. V.
Belfortstr. 16, 79098 Freiburg
T: (0761) 2 03 21 26   Fax: 2 03 21 27
Internet: http://www.jura.uni-freiburg.de/gfr
E-Mail: gfr@uni-freiburg.de
Gründung: 1950
Vorsitzende(r): Prof. Dr. Uwe Blaurock
Generalsekretär(in): Prof. Dr. Gerhard Hohloch
Mitglieder: 1200

● **T 3 527**
DBH - Fachverband für Soziale Arbeit, Strafrecht und Kriminalpolitik (DBH)
Aachener Str. 1064, 50858 Köln
T: (0221) 94 86 51 20   Fax: 94 86 51 21
Internet: http://www.dbh-online.de
E-Mail: dbh@dbh-online.de
Gründung: 1951
Vorsitzende(r): Prof. Dr. Hans Jürgen Kerner
Geschäftsführer(in): Erich Marks
Mitglieder der DBH sind die jeweiligen Landesverbände der Bewährungs- und Straffälligenhilfe, Arbeitsgemeinschaften, regional tätige Freie Träger sowie Personenvereinigungen
Verbandszeitschrift: Bewährungshilfe
Redaktion: J. Mutz, Dr. J.-M. Jehle, M. Lübbemeier, Prof. Dr. G. Schmitt
Verlag: Forum Verlag Godesberg GmbH
Verbandszeitschrift: Rundbrief Soziale Arbeit und Strafrecht
Redaktion: Prof. Dr. H.-J. Kerner, E. Marks

Landesverbände und Mitgliedsorganisationen

Baden-Württemberg

t 3 528
Landesverband Straffälligenhilfe Württemberg e.V.
Schillerplatz 4, 70173 Stuttgart
Vorsitzende(r): Generalstaatsanwalt Dieter Jung

t 3 529
Badischer Landesverband für Soziale Rechtspflege
(Körperschaft des öffentlichen Rechts)
Hoffstr. 10, 76133 Karlsruhe

t 3 530
Verband der Bewährungshilfevereine im OLG-Bezirk Stuttgart e.V.
Olgastr. 106, 89073 Ulm

t 3 531
Verein zur Förderung der Bewährungshilfe im Landgerichtsbezirk Ravensburg e.V.
Herrenstr. 42-44, 88212 Ravensburg

t 3 532
Neue Arbeitsgemeinschaft Bewährungshilfe Baden-Württemberg (AGB)
Kirchstr. 13, 79539 Lörrach

t 3 533
Quitt e.V.
Schloßstr. 12, 76437 Rastatt

t 3 534
Arbeitsgemeinschaft Bewährungshilfe Reutlingen e.V.
Mauerstr. 48, 72764 Reutlingen

t 3 535
Hilfe zur Selbsthilfe e.V.
Rommelsbacher Str. 1, 72760 Reutlingen
T: (07121) 3 87 89-3

t 3 536
ADG
Arbeitsgemeinschaft Deutscher Gerichtshelfer
Charlottenstr. 19, 72070 Tübingen

Bayern

t 3 537
Bayerischer Landesverband für Gefangenenfürsorge und Bewährungshilfe e.V.
Prielmayerstr. 7, 80335 München
T: (089) 6 90 38 45

t 3 538
Die Fähre e.V.
Ludwig-Thoma-Str. 14, 95447 Bayreuth
T: (0921) 5 81 93   Fax: 5 81 93

Berlin

t 3 539
Carpe Diem e.V.
Förderkreis Straffälligenhilfe
Schlesische Str. 28, 10997 Berlin

t 3 540
Freie Hilfe Berlin e.V.
Brunnenstr. 28, 10119 Berlin
T: (030) 2 38 54 72, 4 49 67 42   Fax: 4 48 47 08

t 3 541
Straffälligen- und Bewährungshilfe Berlin e.V.
Bundesallee 42, 10715 Berlin
T: (030) 8 61 05 41

t 3 542
Universal-Stiftung Helmut Ziegner
Jägerstr. 39a, 12209 Berlin
T: (030) 77 30 03-0   Fax: 77 30 03-30

Bremen

t 3 543
Bremer Verein für Jugendhilfe und soziale Arbeit e.V.
Rückertstr. 20, 28199 Bremen
T: (0421) 5 09 11-9

t 3 544
Täter-Opfer-Ausgleich Gustav-Heinemann-Bürgerhaus
Kirchheide 49, 28757 Bremen
T: (0421) 65 08 05   Fax: 65 22 56

Hamburg

t 3 545
Behörde für Arbeit, Gesundheit und Soziales
Fachbehördliche Dienste im Landessozialamt
Postf. 76 01 06, 22051 Hamburg
Hamburger Str. 47, 22083 Hamburg
T: (040) 4 28 63-0   Fax: 4 28 63-2286

t 3 546
Hamburger Fürsorgeverein von 1948 e.V.
Max-Brauer-Allee 155, 22765 Hamburg
T: (040) 34 41 74, 34 57 04   Fax: 34 08 31

Hessen

t 3 547
Förderung der Bewährungshilfe in Hessen e.V.
Neebstr. 3, 60385 Frankfurt
T: (069) 45 15 60   Fax: 45 15 70
Internet: http://www.fbh-ev.de
E-Mail: office@fbh-ev.de
Vorstand: Otto Kästner (Vors.; Präsident des Landgerichts Hanau)

t 3 548
Förderverein Bewährungshilfe Lahn-Dill e.V.
Hausertorstr. 41, 35578 Wetzlar
T: (06641) 4 50 08   Fax: 41 03 14

Mecklenburg-Vorpommern

t 3 549
Jugendgerichts- und Gefährdetenhilfe e.V.
Störtebekerstr. 16, 18528 Bergen

t 3 550
Landesverband Straffälligenhilfe Mecklenburg-Vorpommern e.V.
Ernst-Moritz-Arndt-Universität
Domstr. 20, 17489 Greifswald
T: (0384) 86-2138

Niedersachsen

t 3 551
ADB
Arbeitsgemeinschaft Deutscher Bewährungshelferinnen und Bewährungshelfer eV (ADB)
Extumer Weg 10, 26603 Aurich
T: (04941) 6 19 28   Fax: 6 19 29
Internet: http://www.bewaehrungshilfe.de
Vorstand: Hans Gerz (Vors.)

t 3 552
Niedersächsische Gesellschaft für Straffälligenbetreuung und Bewährungshilfe e.V.
Am Markt 70, 21335 Lüneburg
T: (04131) 3 26 66   Fax: 39 05 02

t 3 553
Verein Bewährungshilfe e.V.
Am Delft 27, 26721 Emden

Nordrhein-Westfalen

t 3 554
Kreis 74, Straffälligenhilfe Bielefeld e.V.
Teutoburger Str. 106, 33607 Bielefeld
T: (0521) 6 13 88   Fax: 6 13 95

t 3 555
Verein zur Förderung der Bewährungshilfe e.V., Bochum
Hohe Eiche 25, 44892 Bochum
T: (0234) 29 71 77

t 3 556
Verein zur Förderung der Bewährungs- und sonstigen Gerichtshilfe e.V.
Im Krausfeld 30a, 53111 Bonn
T: (0228) 9 85 36-0   Fax: 69 84 34

t 3 557
BAG - Bundesarbeitsgemeinschaft der Sozialarbeiter im Vollzug
Wilhelmallee 49, 47198 Duisburg
T: (02066) 50 11 96

t 3 558
Verein zur Förderung der Bewährungshilfe e.V. Duisburg
Erftstr. 7, 47051 Duisburg

t 3 559
Verein zur Förderung der Bewährungshilfe e.V.
Kastanienallee 52-54, 45127 Essen
T: (0201) 20 77 59   Fax: 23 82 77

t 3 560
Verein zur Förderung der Bewährungshilfe e.V.
Burggarten 12, 47533 Kleve

t 3 561
Fördererverein Bewährungshilfe Köln e.V.
Rupprechtstr. 9, 50937 Köln

t 3 562
Integ e.V.
Friedhofstr. 39, 41236 Mönchengladbach

t 3 563
Landesverband der Vereine Bewährungshilfe NRW e.V.
Sitz Düsseldorf/Mülheim
Buschstr. 5, 46119 Oberhausen

t 3 564
VFF - Verein der Freunde und Förderer der DBH
Beethovenstr. 107, 46145 Oberhausen

t 3 565
Verein zur Förderung der Bewährungshilfe e.V. Recklinghausen
Kemnastr. 15, 45657 Recklinghausen

t 3 566
Verein zur Förderung der Bewährungshilfe Kreis Steinfurt e.V.
Hemelter Str. 2c, 48429 Rheine
T: (05971) 9 61 65-5

t 3 567
Verein für Bewährungshilfe e.V. Solingen
Rheinstr. 14, 42697 Solingen

t 3 568
Verein für Bewährungshilfe in den Amtsgerichtsbezirken Wuppertal, Mettmann und Velbert e.V.
Emilienstr. 28, 42287 Wuppertal
T: (0202) 59 81 71

Rheinland-Pfalz

t 3 569
Pfälzischer Verein für Straffälligenhilfe e.V.
Justizvollzugsanstalt
Landauer Str. 43, 66482 Zweibrücken
T: (06332) 4 64 33

t 3 570
Verein Bewährungshilfe Koblenz e.V.
Hoevelstr. 22, 56073 Koblenz
T: (0261) 4 30 77, 9 42 26 52

t 3 571
Verein für Straffälligenhilfe e.V.
Ringstr. 15, 55543 Bad Kreuznach
T: (0671) 6 33 94

Saarland

t 3 572
Verein zur Förderung der Bewährungs- und Jugendgerichtshilfe im Saarland e.V.
Knappenstr. 3, 66111 Saarbrücken
T: (0681) 94 82 30   Fax: 9 48 23-10

t 3 573
Sächsischer Landesverband für soziale Rechtspflege e.V.
Dresdener Str. 3, 02625 Bautzen
T: (03591) 4 24 44   Fax: 4 24 44

t 3 574
Landesverband für Straffälligen- und Bewährungshilfe Sachsen-Anhalt e.V.
Schleinufer 18a, 39104 Magdeburg

Schleswig-Holstein

t 3 575
Schleswig-Holsteinischer Verband für Straffälligen- und Bewährungshilfe e.V.
Von-der-Goltz-Allee 93, 24113 Kiel
T: (0431) 6 46 61   Fax: 64 33 11

Thüringen

t 3 576
Bewährungs- und Straffälligenhilfe Thüringen e.V.
Andreasstr. 44, 99084 Erfurt
T: (0361) 2 11 34 37

Bundesebene

t 3 577
Bundesvereinigung der Anstaltsleiter im Strafvollzug e.V.
Vor den Lösebecken 4, 64331 Weiterstadt
T: (06150) 1 02-1001   Fax: 1 02-1150

● T 3 578
Deutscher Verein für Internationales Seerecht e.V.
Esplanade 6 IV, 20354 Hamburg
T: (040) 3 50 97-0   Fax: 3 50 97-2 11
Internationaler Zusammenschluß: siehe unter izt 872
Vorsitzende(r): Dr. Thomas M. Remé
Mitglieder: 293

● T 3 579
Deutsche Gesellschaft für Transportrecht e.V.
Schantzlerkai 40, 20354 Hamburg
Fax: (040) 24 58 16 27
Gründung: 1986 (1. Oktober)
Vorsitzende(r): RA Prof. Dr. Rolf Herber, Hamburg
Vorstand: Prof. Dr. Jürgen Basedow, Berlin
Dr. Beate Czerwenka, Bonn
Dr. Fritz Frantzioch, Hamburg
RA Dr. Wolf Müller-Rostin, Köln
RA Dr. Klaus Heuer, Hamburg
RA Dr. Karl-Heinz Thume, Nürnberg
Mitglieder: ca. 200

● T 3 580
Deutsche Vereinigung für internationales Steuerrecht im Verband der International Fiscal Association Bayerische Sektion e.V.
c/o Haarmann, Hemmelrath & Partner
Maximilianstr. 35, 80539 München
T: (089) 21 63 60   Fax: 21 63 61 33
Gründung: 1954 (April)
Vorsitzende(r) des Vorstandes: RA WP StB Prof. Wilhelm Haarmann

● T 3 581
Institut für Europäische Politik e.V.
Jean-Monnet-Haus
Bundesallee 22, 10717 Berlin
T: (030) 88 91 34-0   Fax: 88 91 34-99
Internet: http://www.iep-berlin.de
E-Mail: info@iep-berlin.de
Gründung: 1959
Vorstand: Prof. Dr. Wolfgang Wessels (Vors.)
Gerhard Eickhorn (stellv. Vors.)
Dr. Jürgen Trumpf
Dr. Hartmut Marhold (Schatzmeister)
Prof. Dr. Michael Kreile
Jo Leinen (MdEP)
Dr. Egon A. Klepsch (Ehrenmitglied)
Prof. Dr. Heinrich Schneider (Ehrenmitglied)
Vors. d. Wiss. Direktoriums: Prof. Dr. Michael Kreile
Direktor(in): Dr. Mathias Jopp

● T 3 582
Deutsche Gesellschaft für Auswärtige Politik e.V.
Rauchstr. 18, 10787 Berlin
T: (030) 25 42 31-0   Fax: 25 42 31-16
Gründung: 1955
Präsident(in): Dr. Ulrich Cartellieri
Geschf. stellv. Präs.: Dr. Immo Stabreit
Leitung Presseabteilung: Ingrid Bodem
Verbandszeitschrift: Internationale Politik
Redaktion: Dr. Angelika Volle (Chefredakteurin)
Verlag: W. Bertelsmann Verlag, Postf. 10 06 33, 33506 Bielefeld
Mitglieder: 1720
Mitarbeiter: 47

● T 3 583
Deutsche Gesellschaft für Völkerrecht
c/o Lehrstuhl Prof. M. Bothe
Fachbereich Rechtswissenschaft
Johann-Wolfgang-Goethe-Universität
Senckenberganlage 31, 60325 Frankfurt
T: (069) 7 98-22264   Fax: 7 98-28675
Gründung: 1917
Vorsitzende(r): Prof. Dr. Michael Bothe
Mitglieder: ca. 320

● T 3 584
Deutsche Gesellschaft für Bevölkerungswissenschaft e.V.
65180 Wiesbaden
T: (0611) 75 22 35   Fax: 75 39 60
Gründung: 1952
1. Vorsitzende(r): Prof. Dr. Hermann Korte (Universität Hamburg, Institut für Soziologie, Allendeplatz 1, 20146 Hamburg, T: (040) 41 23-32 29)
Dr. Johannes Otto (Forsthausstr. 14, 61273 Wehrheim, T. + Fax: (06081) 6 63 58)
Geschäftsführer(in): Dr. Jürgen Dorbritz (Bundesinstitut für Bevölkerungsforschung, Postf. 55 28, 65180 Wiesbaden, T: (0611) 75 20 62, Fax: (0611) 75 39 60, e-mail: Jürgen.Dorbritz@statistik-bund.de)
Mitglieder: ca. 250

● T 3 585
Deutsch Pazifische Gesellschaft e.V. (DPG)
German Pacific Society (GPS)
Aukenberg 1, 93167 Falkenstein
T: (09462) 51 91   Fax: 91 08 80
Gründung: 1974 (29. April)
Präsident(in): Studiendirektor Dr. Dr. Friedrich Steinbauer (Aukenberg 1, 93167 Falkenstein, T: (09462) 51 91, Fax: 9 10 880)
1. Stellv. Vors.: Michael Sönnert (Zweig-Geschäftsstelle, Breite Str. 10, 41460 Neuss, T: (02131) 77 95 96, Fax: (02131) 77 95 97)
2. Stellv. Vors.: Hans Joachim Brockmeyer (Hamburg)
Hauptgeschäftsführer(in): Dr. Dr. Friedrich Steinbauer
Verbandszeitschrift: Nachrichten-Bulletin (deutsch), G-Serie
Nachrichten-Bulletin (englisch), P-Serie
Sonderhefte/Dossiers (englisch/deutsch), S-Serie
Redaktion: Dr. F. Steinbauer
Mitglieder: 470
Verlag und Pazifik Archiv: DPG, GPS, Aukenberg 1, 93167 Falkenstein

● T 3 586
Deutsche Gesellschaft für Reiserecht e.V. (DGfR)
In den Eichen 79, 65835 Liederbach
T: (069) 96 20 10 26   Fax: 96 20 10 26
Internet: http://www.dgfr.de
E-Mail: dgfr-geschaeftsstelle@t-online.de
Gründung: 1992 (8. März)
Präsident(in): RA Prof. Dr. Ronald Schmid (Leitung Presseabteilung)
Vizepräsident(in): Prof. Dr. Klaus Tonner
Schatzmeister: Klaus-Peter Tilly
Beisitzer: RA Jack Bechhofer
RA Rainer Noll
Prof. Dr. Ernst R. Führich
Verbandszeitschrift: ReiseRecht aktuell
Redaktion: Luchterhand Verlag
Verlag: Luchterhand Verlag, Heddesdorfer Str., Neuwied
Mitglieder: 182

● T 3 587
Deutsche Vereinigung für Internationales Recht Deutsche Landesgruppe der International Law Association
Universität
Postf. 15 11 50, 66041 Saarbrücken
T: (0681) 3 02-3695   Fax: 3 02-4879
Internet: http://www.dviv.de
E-Mail: rw36ts@uni-sb.de
Gründung: 1912
Vorsitzende(r): Prof. Dr. Karl-Heinz Böckstiegel (Universität zu Köln, 50923 Köln, Albertus-Magnus-Platz, 50931 Köln, T: (0221) 4 70 23 37)
Geschäftsführende(s) Vorstands-Mitglied(er): Prof. Dr. Torsten Stein (Europa-Institut, Universität des Saarlandes, Saarbrücken)
Mitglieder: 230
Jahresetat: ca. DM 0,018 Mio, € 0,01 Mio

● T 3 588
Institut für Ostrecht e.V.
Theresienstr. 40, 80333 München
T: (089) 28 67 74-10   Fax: 28 84 66
Internet: http://www.ostrecht.de
E-Mail: info@ostrecht.de
Gründung: 1957 (18. Juli)
Geschäftsführer(in): Dr. Stefanie Solotych
Verbandszeitschrift: Jahrbuch für Ostrecht
Redaktion: Niels von Redecker
Mitglieder: 27
Mitarbeiter: 7
Jahresetat: ca. DM 1 Mio, € 0,51 Mio

● T 3 589
Hamburger Gesellschaft für Völkerrecht und Auswärtige Politik e.V.
Rothenbaumchaussee 21-23, 20148 Hamburg

T 3 589

T: (040) 4 28 38-4607 Fax: 4 28 38-6262
E-Mail: karlhernekamp@vg.justiz.hamburg.de
Verbandszeitschrift: Verfassung und Recht in Übersee (VRÜ)
Redaktion: RiVG Dr. Karl-Andreas Hernekamp (verantwortl. für den Inhalt), Wolfgang Kessler, Ulf Marzik, Carola Hausotter

● **T 3 590**
pro iure e.V. - Gesellschaft zur Förderung des Rechts
Bernburger Str. 7, 06108 Halle
T: (0345) 2 92 67 22 Fax: 2 92 67 23
Gründung: 1997 (22. November)
Vorstand: Matthias J. Maurer (Vors.)
Vorstand: Tristan Lang (stellv. Vors.)
Steffen Wünsch (stellv. Vors.)
Schatzmeister: Thomas Wünsch

● **T 3 591**
Institut für Arbeitsrecht und Recht der Sozialen Sicherheit der Universität Bonn
Lennestr. 38, 53113 Bonn
T: (0228) 73 79 60
Direktor(in): Prof. Dr. Meinhard Heinze

● **T 3 592**
Institut für Arbeits- und Wirtschaftsrecht der Universität zu Köln
Weyertal 115, 50931 Köln
Postanschrift:
Albertus-Magnus-Platz, 50923 Köln
T: (0221) 4 70-2222 Fax: 4 70-49 18
Gründung: 1929
Geschf. Dir.: Prof. Dr. Martin Henssler
Emeritus: Prof. Dr. Herbert Wiedemann
Mitdir.: Prof. Dr. Dr.h.c. Peter Hanau
Prof. Dr. Barbara Dauner-Lieb

● **T 3 593**
Institut für Handels-, Wirtschafts- und Arbeitsrecht der Universität München
Professor-Huber-Platz 2, 80539 München
T: (089) 21 80-27 33 Fax: 21 80-2700
Vorstand: Prof. Dr. Lorenz Fastrich (geschf. Vorst.)
Prof. Dr. Dr.h.c.mult. Claus-Wilhelm Canaris (stellv. geschf. Vorstand)
Prof. Dr. Dr.h.c.mult. Gerhard Schricker
Prof. Dr. Michael Coester

● **T 3 594**
Institut für Urheber- und Medienrecht e.V.
Salvatorplatz 1, 80333 München
T: (089) 29 19 54-0 Fax: 29 19 54-80
Internet: http://www.urheberrecht.org
E-Mail: institut@urheberrecht.org
Vorstand: Prof. Dr. Jürgen Becker
Prof. Dr. Albert Scharf
Direktor(in): Prof. Dr. Manfred Rehbinder

● **T 3 595**
Institut für Rundfunkrecht an der Universität Köln
Robert-Koch-Str. 26, 50931 Köln
T: (0221) 9 41 54 65 Fax: 9 41 54 66
Internet: http://www.uni-koeln.de/jur-fak/instrur/
E-Mail: rundfunkrecht@uni-koeln.de
Gründung: 1967 (28. November)
Direktor(in): Prof. Dr. Dr. h.c.mult. Klaus Stern
Prof. Dr. Hanns Prütting

● **T 3 596**
Informationskreis Aufnahmemedien
Friedlandstr. 34, 53117 Bonn
T: (0228) 69 15 18 Fax: 69 15 36
Gründung: 1984
Vorsitzende(r): Dr. Jochen Eicher
Geschäftsführer(in): RA Christamaria Jaschek
Mitglieder: 14
Interessenvertretung der Hersteller und Vertreiber von Bild- und/oder Tonträgern zur analogen und digitalen Aufzeichnung und vergleichbaren Datenträgern, insbes. für Urheberrechtsfragen (Gesamtvertragspartner nach § 54 UrhG), Umweltfragen i.V.m. Verpackung und Entsorgung von Datenträgern.

● **T 3 597**
Walther-Schücking-Institut für Internationales Recht an der Universität Kiel
24098 Kiel
Olshausenstr. 40, 24118 Kiel
T: (0431) 8 80-21 49/21 89 Fax: 8 80-16 19
Teletex: 292 656 CAUKI
Gründung: 1914
Direktor(in): N. N.
Prof. Dr. Dr. Rainer Hofmann
Mitarbeiter: 27
Publikationen:
German Yearbook of International Law; Veröffentlichungen des Instituts für Intern. Recht, Redaktion: Prof. Dr. Dr. Hofmann, Schücking-Kolleg

● **T 3 598**
Institut für Luft- und Weltraumrecht der Universität zu Köln
50923 Köln
Albertus-Magnus-Platz, 50931 Köln
T: (0221) 4 70 23 37 Fax: 4 70 49 68
E-Mail: sekretariat-boeckstiegel@uni-koeln.de
Direktor(in): Prof. Dr. Karl-Heinz Böckstiegel

● **T 3 599**
Lehrstuhl für Internationales Wirtschaftsrecht der Universität zu Köln
50923 Köln
Albertus-Magnus-Platz, 50931 Köln
T: (0221) 4 70 23 37 Fax: 4 70 49 68
E-Mail: sekretariat-boeckstiegel@uni-koeln.de
Prof. Dr. Karl-Heinz Böckstiegel

● **T 3 600**
Institut für deutsches und europäisches Gesellschafts- und Wirtschaftsrecht
Friedrich-Ebert-Platz 2, 69117 Heidelberg
T: (06221) 54 75 95 Fax: 54 76 55
E-Mail: p.mueller-graff@urz.uni-heidelberg.de
Leiter(in): Prof. Dr. Peter-Christian Müller-Graff (T: (06221) 54 75 83)
Prof. Dr. Peter Hommelhoff
Prof. Dr. Dres.h.c. Peter Ulmer

● **T 3 601**
Institut für Politik und öffentliches Recht der Universität München
Professor-Huber-Platz 2, 80539 München
T: (089) 21 80 35 76
Vorstand und Geschäftsführer: Prof. Dr. Peter Badura
Stellv. Vorst.: Prof. Dr. Rupert Scholz

● **T 3 602**
Institut für ausländisches und internationales Privat- und Wirtschaftsrecht der Universität Heidelberg
Postf. 10 57 60, 69047 Heidelberg
Augustinergasse 9, 69117 Heidelberg
T: (06221) 54 22 00 Fax: 54 22 01
Internet: http://www.ipr.uni-heidelberg.de
E-Mail: institut@ipr.uni-heidelberg.de
Gründung: 1916
Mitarbeiter: 40

● **T 3 603**
Institut für Internationales Privatrecht und Rechtsvergleichung der Universität Osnabrück
Heger-Tor-Wall 12, 49074 Osnabrück
T: (0541) 9 69-44 62/44 63 Fax: 9 69-44 66
Gründung: 1987 (28. Dezember)
Vorstand: Prof. Dr. Hans-Jürgen Ahrens
Vorst. u. Dir.: Prof. Dr. Christian v. Bar
Hochschulassistent: Franz Nieper
Mitarbeiter: 20, davon 5 Aushilfen

● **T 3 604**
Institut für Sozialrecht Ruhr-Universität Bochum
44780 Bochum
Im Lottental 42, 44801 Bochum
T: (0234) 3 22 38 09
Gründung: 1968 (5. Februar)
Prof. Dr. Schnapp (Geschf. Dir., Öffentliches Recht, Staats- und Verwaltungsrecht mit besonderer Berücksichtigung des Sozialrechts)
Prof. Dr. Neumann (Sozialpolitik und Sozialökonomie)
Prof. Dr. Ott (Sozialpolitik und öffentliche Wirtschaft)
Prof. Dr. Röhl (Rechtssoziologie und Rechtsphilosophie)
Prof. Dr. Wank (Bürgerliches Recht, Handels-, Wirtschafts- und Arbeitsrecht)

Prof. Dr. Wiemeyer (Christliche Gesellschaftslehre)
Priv.-Doz. Dr. med. Zeit
Prof. Dr. Fabricius
Prof. Dr. Naendrup
Prof. Dr. Viefhues
Mitglieder: 10
Mitarbeiter: 5

● **T 3 605**
Deutscher Sozialrechtsverband e.V.
c/o Bundesverband der Betriebskrankenkassen
Kronprinzenstr. 6, 45128 Essen
T: (0201) 1 79 11 00, 1 79 11 01 Fax: 1 79 10 01
Internet: http://www.sozialrechtsverband.de
E-Mail: info@sozialrechtsverband.de
Gründung: 1965 (3. Februar)
Vorsitzende(r): Dr. Peter Udsching (Richter am Bundessozialgericht, Graf-Bernadotte-Platz 5, 34119 Kassel)
Kontaktperson: Christiane Saß (Kronprinzenstr. 6, 45128 Essen)
Mitglieder: ca. 1000
Pflege des Sozialrechts, insbesondere durch Verstärkung des Kontaktes zwischen Wissenschaft und Praxis.

● **T 3 606**
Bibliothek für Deutsches und Internationales Steuerrecht sowie für Betriebswirtschaftliche Steuerlehre Universität Mannheim
Schloß, S 318-321
68131 Mannheim
Postf. 10 34 62, 68034 Mannheim
T: (0621) 1 81-2780 Fax: 1 81-2781

● **T 3 607**
Institut für Völkerrecht der Universität Bonn
Adenauerallee 24-42 Ostturm, 53113 Bonn
T: (0228) 73-0 Fax: 73 91 71
Internet: http://www.jura.uni-bonn.de/istitute/voelkerr/voelkerr.html
Vorstand: Prof.Dr.Dr. R. Dolzer (T: (0228) 73 91 72)
Prof.Dr. M. Herdegen

● **T 3 608**
Institut für Völkerrecht der Universität Göttingen
Platz der Göttinger Sieben 5, 37073 Göttingen
T: (0551) 39 47 51 Fax: 39 47 67
Internet: http://www.gwdg.de/-ujvr
E-Mail: ujvr@gwdg.de
Direktor(in): Prof. Dr. Volkmar Götz
Prof. Dr. Georg Nolte

● **T 3 609**
Institut für Internationale Angelegenheiten der Universität Hamburg
Rothenbaumchaussee 19-23, 20148 Hamburg
T: (040) 4 28 38 46 01 Fax: 4 28 38-62 62
Geschäftsführender Direktor: Prof. Dr. Stefan Oeter

● **T 3 610**
Verband für internationale Politik und Völkerrecht e.V. (VIP)
Postf. 78, 10122 Berlin
Wallstr. 17-22, 10179 Berlin
T: (030) 2 78 63 53 Fax: 2 78 63 53
Präsident(in): Prof. Dr. Siegfried Bock (Geschäftsführer)
Vizepräsident(in): Otto Pfeiffer (Geschäftsführer)
Manfred Schünemann (Geschäftsführer)
Mitglieder: 301

● **T 3 611**
Gesellschaft für Wohnungsrecht und Wohnungswirtschaft Köln e.V.
Trägerverein des Instituts für Wohnungsrecht und Wohnungswirtschaft an der Universität zu Köln
Klosterstr. 79b, 50931 Köln
T: (0221) 4 70-5573 Fax: 4 70-6686
Internet: http://www.inwo-koeln.de
E-Mail: inwo@wiso.uni-koeln.de
Gründung: 1950 (30. März)
Vorsitzende(r): Dr. Joachim Schnurr
Geschäftsführer(in): Dipl.-Hdl. Raimund Lehmkul

● **T 3 612**
Institut für Wohnungsrecht und Wohnungswirtschaft an der Universität zu Köln
Klosterstr. 79b, 50931 Köln
T: (0221) 4 70-5573 Fax: 4 70-6686
Internet: http://www.inwo-koeln.de

E-Mail: inwo@wiso.uni-koeln.de
Gründung: 1950
Geschäftsführender Direktor: Prof. Dr. Johann Eekhoff
Geschäftsführer(in): Dipl.-Hdl. Raimund Lehmkul
Institutsdirektoren:
Prof. Dr. Karl Heinrich Friauf
Prof. Dr. Hans Hämmerlein
Prof. Dr. Klaus Mackscheidt
Prof. Dr. Jens Peter Meincke
Prof. Dr. Heinz Mohnen

Verkehrswissenschaftliche Vereinigungen und Institute

● **T 3 613**

Deutsche Verkehrswacht e.V.
Gemeinnütziger Verein (DVW)
Am Pannacker 2, 53340 Meckenheim
T: (02225) 8 84-0   **Fax:** 8 84-70
Präsident(in): Dr. Burkhard Ritz
Verbandsdir: Walter Dehn
Geschäftsführer(in): RA Rainer Hessel
Verbandszeitschrift: "mobil und sicher"
Redaktion: Am Pannacker 2, 53340 Meckenheim
Verlag: Schmidt Römhild, Verlagsgruppe Beleke, Mengstr. 16, 23552 Lübeck

Landesverkehrswachten

t 3 614

Landesverkehrswacht Baden-Württemberg e.V.
Ulmer Str. 261, 70327 Stuttgart
T: (0711) 40 70 30-0   **Fax:** 40 70 30-20

t 3 615

Landesverkehrswacht Bayern e.V.
Ridlerstr. 35a, 80339 München
T: (089) 54 01 33-0   **Fax:** 54 07 58 10

t 3 616

Landesverkehrswacht Berlin e.V.
Reichsstr. 100, 14052 Berlin
T: (030) 3 04 01 61   **Fax:** 3 04 01 62

t 3 617

Landesverkehrswacht Brandenburg e.V.
Verkehrshof 11, 14478 Potsdam
T: (0331) 50 40 23   **Fax:** 50 19 89

t 3 618

Landesverkehrswacht Bremen e.V.
Hollerallee 6, 28209 Bremen
T: (0421) 34 35 36   **Fax:** 34 35 36

t 3 619

Landesverkehrswacht Hamburg
Großmannstr. 210, 20539 Hamburg
T: (040) 78 51 57   **Fax:** 7 89 83 76

t 3 620

Landesverkehrswacht Hessen e.V.
Walldorfer Str. 4-6, 60598 Frankfurt
T: (069) 63 40 27   **Fax:** 63 93 91

t 3 621

Landesverkehrswacht Mecklenburg-Vorpommern e.V.
Grevesmühlener Str. 20, 19057 Schwerin
T: (0385) 4 86 83 45   **Fax:** 4 86 83 46

t 3 622

Landesverkehrswacht Niedersachsen e.V.
Arndtstr. 19, 30167 Hannover
T: (0511) 1 75 80   **Fax:** 1 75 82

t 3 623

Landesverkehrswacht Nordrhein-Westfalen e.V.
Friedenstr. 4, 40219 Düsseldorf
T: (0211) 3 02 00 30   **Fax:** 30 20 03 23
E-Mail: verkehrswachtnrw@aol.com

t 3 624

Landesverkehrswacht Rheinland-Pfalz e.V.
Bahnhofplatz 2, 55116 Mainz
T: (06131) 22 25 10   **Fax:** 23 73 23

t 3 625

Landesverkehrswacht Saar e.V.
Metzer Str. 19, 66117 Saarbrücken
T: (0681) 5 75 99   **Fax:** 5 75 89

t 3 626

Landesverkehrswacht Sachsen e.V.
Sosaer Str. 41, 01257 Dresden
T: (0351) 2 01 56 62   **Fax:** 2 01 51 53
E-Mail: info@verkehrswacht-sachsen.de

t 3 627

Landesverkehrswacht Sachsen-Anhalt e.V.
Klosterwuhne 40, 39124 Magdeburg
T: (0391) 2 51 52 97   **Fax:** 2 51 52 98

t 3 628

Landesverkehrswacht Schleswig-Holstein e.V.
Westring 260, 24116 Kiel
T: (0431) 1 73 33   **Fax:** 1 73 34

t 3 629

Landesverkehrswacht Thüringen e.V.
St.-Christophorus-Str. 3, 99092 Erfurt
T: (0361) 7 78 86 40   **Fax:** 77 88 64 20

● **T 3 630**

Deutsche Verkehrswissenschaftliche Gesellschaft e.V. (DVWG)
Hauptgeschäftsstelle:
Brüderstr. 53, 51427 Bergisch Gladbach
T: (02204) 6 00 27 u. 6 00 28   **Fax:** 6 77 43
Internet: http://www.dvwg.de
E-Mail: dvwghgs@t-online.de
Präsidium: Univ.-Prof. Dr.-Ing. Dr.-Ing. E.h. Gerhard Heimerl, Stuttgart
Univ.-Prof. Dr. Gerd Aberle, Gießen
Prof. Dr. Heiner Hautau (GeschF INSTARA GmbH, Bremen, Univ. Hamburg)
Anne-Rose Heibel-Dietrich (Vorsitzende der Geschäftsführung HTDG Unternehmenspartner, Frankfurt)
Hauptgeschäftsführer(in): Dr. oec. habil Ralf Haase
Mit Bezirksvereinigungen in
Berlin (Berlin und Brandenburg), Bremen (Weser-Ems), Dresden (Sachsen), Erfurt (Thüringen), Essen (WVV, Bez.-Ver. Rhein-Ruhr), Frankfurt (Rhein-Main), Freiburg i. Br., Halle (Sachsen-Anhalt), Hamburg, Hannover (Niedersachsen), Karlsruhe (Oberrhein), Kassel (Nordhessen), Kiel (Schleswig-Holstein), Köln (Rheinland), München (Südbayern), Münster, Nürnberg (Nordbayern-Nürnberg), Rostock (Mecklenburg-Vorpommern), Saarbrücken (Saar-Mosel), Stuttgart (Württemberg), Wuppertal (Berg und Mark)

t 3 631

Zentrale Informationsstelle für Verkehr -ZIV- in der DVWG
Brüderstr. 53, 51427 Bergisch Gladbach
T: (02204) 6 00 29   **Fax:** 6 77 43
Internet: http://www.dvwg.de
E-Mail: dvwgziv@t-online.de
Leiter(in): Dipl.-Volksw. Klaus Thielen

● **T 3 632**

Bundesvereinigung Logistik (BVL) e.V.
Schlachte 31, 28195 Bremen
T: (0421) 17 38-40   **Fax:** 16 78 00, 17 38-440
Internet: http://www.bvl.de
E-Mail: bvl@bvl.de
Gründung: 1978
Vorsitzende(r): Dr. Peer Witten
Geschäftsführer(in): Manfred Schaar
Dr. Thomas Wimmer
Presse- und Öffentlichkeitsarbeit:: Ursel Hauschildt
Brigitte Mahnken-Brandhorst
Verbandszeitschrift: Logistik Heute
Redaktion: Dr. Petra Seebauer
Verlag: Huss-Verlag, Joseph-Dollinger-Bogen 5, 80807 München
Mitglieder: 5300
Mitarbeiter: 116
Systematische Erfassung von logistischen Problemen und Problemlösungen in Unternehmen der Wirtschaft; Auswertung von Erkenntnissen der Praxis und der Wissenschaft; Forschungsbeirat, Arbeitskreise; Forumsveranstaltungen, eigene Buchreihe, 24 Regionalgruppen, Deutsche Logistik-Kongresse, Logistics Forum Duisburg, Deutscher Logistik-Preis, Deutscher Wissenschaftspreis Logistik, Deutsche Logistik-Akademie, Medienpreis Logistik.

● **T 3 633**

Verein zur Förderung innovativer Verfahren in der Logistik e.V. (VVL)
Postfach 50 03 10, 44203 Dortmund
Hauert 12, 44227 Dortmund
T: (0231) 7 27 41 04   **Fax:** 7 27 43 70
Internet: http://www.vvl-ev.de
E-Mail: vvl@vvl-ev.de
Vorsitzende(r): Prof. Dr.-Ing. Rolf Jansen
Stellvertretende(r) Vorsitzende(r): Dr. Franz H. Peters
Dr.-Ing. Hans Hendrik Hermann

● **T 3 634**

Deutsche Gesellschaft für Verkehrsmedizin e.V.
Geschäftsstelle:
Voßstr. 2, 69115 Heidelberg
T: (06221) 56-8949   **Fax:** 56-5252
Gründung: 1957 (2. Mai)
Vorsitzende(r): Prof. Dr.med. R. Mattern (Direktor d. Instituts für Rechtsmedizin, Voßstr. 2, 69115 Heidelberg, T: (06221) 56-89 11, Fax 56-52 52)
Ehrenvors.: Prof. Dr.med. H.-J. Wagner (über Institut für Rechtsmedizin, 66424 Homburg, T: (06841) 16 63 00)
1. Stellv. Vors.: Prof. Dr.med. Michael Staak (Direktor des Instituts für Rechtsmedizin, Melatengürtel 60/62, 50823 Köln, T: (0221) 4 78 42 80)
2. Stellv. Vors.: Prof. Dr.med. B. Friedel (Bundesanstalt für Straßenwesen, Brüderstr. 53, 51427 Bergisch Gladbach, T: (02204) 4 36 11, Telefax: (02204) 4 38 33)
Schriftführer(in): Ltd. Med. Dir. Dr.med. R. Hennighausen (Gesundheitsamt Goslar, Heinrich-Pieper-Str. 9, 38640 Goslar, T: (05321) 70 08-00/-10, Telefax: (05321) 70 08-50 u. -80, e-mail: rolf.hennighausen@landkreis-goslar.de)
Schatzmeister: Prof. Dr.med. Erich Miltner (Direktor der Abt. Rechtsmedizin, Prittwitzstr. 6, 89075 Ulm, T: (0731) 5 02-68 71, Telefax: (0731) 5 02-68 75)
Mitglieder: ca. 340

● **T 3 635**

Oskar-Ursinus-Vereinigung (OUV)
Deutscher Verein zur Förderung des Eigenbaues von Luftfahrtgerät e.V.
Geschäftsstelle
Schützenstr. 2, 72511 Bingen
T: (07571) 6 23 09   **Fax:** 6 23 52
Internet: http://www.ouv.de
E-Mail: gs@ouv.de
Gründung: 1968 (9. März)
Verbandszeitschrift: OUV Jahrbuch
Redaktion: L. Hinz, Bei der Kirche 17, 70794 Filderstadt
Mitglieder: 930

● **T 3 636**

Arbeits- und Forschungsgemeinschaft für Arzneimittel-Sicherheit e.V.
Am Beethovenpark 28, 50935 Köln
T: (0221) 9 43 61 00   **Fax:** 94 36 10 18
Gründung: 1983
Geschf. Vors: Prof. Dr. Ulrich Schmidt
Geschäftsführer(in): Dipl.-Troph. Helmut Frerick
Mitarbeiter: 20

● **T 3 637**

Studiengesellschaft für den kombinierten Verkehr e.V. (SGKV)
siehe T 1843

● **T 3 638**

Verkehrswissenschaftliches Institut an der Universität Stuttgart
Postf. 80 11 40, 70511 Stuttgart
Pfaffenwaldring 7, 70569 Stuttgart
T: (0711) 6 85-63 67, 63 68   **Fax:** 6 85-66 66
Internet: http://www.uni-stuttgart.de/vwi

T 3 638

E-Mail: euv.vwi.@po.uni-stuttgart.de
Direktor(in): Prof. Dr.-Ing. Dr.-Ing. E.h. Gerhard Heimerl

● **T 3 639**
Institut für Verkehrswissenschaft an der Universität zu Köln
50923 Köln
Universitätsstr. 22, 50937 Köln
T: (0221) 4 70 23 12, 41 47 24   Fax: 4 70-51 83
E-Mail: h.baum@uni-koeln.de
Direktor(in): Prof. Dr. H. Baum

● **T 3 640**
PRO BAHN e.V.
Gemeinnütziger Fahrgastverband
Schwanthalerstr. 74, 80336 München
T: (089) 54 45 62 13   Fax: 54 45 62 14
Internet: http://www.pro-bahn.de
Gründung: 1981 (28. März)
Vorsitzende(r): Karl Peter Naumann
Stellvertretende(r) Vorsitzende(r): Rainer Engel
Leitung Presseabteilung: Frank von Meissner
Verbandszeitschrift: PRO BAHN Zeitung
Redaktion: Gretchenstr. 26, 32756 Detmold, T: (05231) 30 01 12, Fax: 3 23 61
Mitglieder: 5000

t 3 641
PRO BAHN e.V.
Landesverband Baden-Württemberg
Linkstr. 36, 73230 Kirchheim
T: (07021) 97 89 28   Fax: 97 89 29
Josef Schneider

t 3 642
PRO BAHN
Landesverband Bayern e.V.
Schwanthalerstr. 74, 80336 München
T: (089) 53 00 31   Fax: 53 75 66
Dr. Matthias Wiegner

t 3 643
PRO BAHN e.V.
Landesverband Berlin/Brandenburg
Jägerstr. 29a, 13595 Berlin
T: (030) 3 61 13 31
Jürgen Czarnetzki

t 3 644
PRO BAHN e.V.
Landesverband Bremen
Am Kastanienhof 15A, 28355 Bremen
T: (0421) 25 45 74   Fax: 25 45 74
Dr. Jürgen Klimpel

t 3 645
PRO BAHN e.V.
Landesverband Hessen
Hebbelstr. 5, 64291 Darmstadt
T: (06151) 37 31 20
Christian Brinkmann
Ursula Lohrmann

t 3 646
PRO BAHN
Landesverband Niedersachsen e.V.
Postf. 12 12, 26436 Jever
T: (04461) 90 92 04   Fax: 90 92 05
Internet: http://www.pro-bahn.de/niedersachsen
E-Mail: pro.bahn@nwn.de
Manfred Terhardt

t 3 647
PRO BAHN e.V.
Landesverband Nordrhein-Westfalen
Maxstr. 11, 45127 Essen
T: (0201) 22 25 55   Fax: 23 17 07
Oliver Stieglitz

t 3 648
PRO BAHN e.V.
Landesverband Rheinland-Pfalz und Saarland
Gustav-Bruch-Str. 2, 66123 Saarbrücken
T: (0681) 3 41 65   Fax: 3 41 65
Karl-Heinz Huppert

Landesverbände

t 3 649
PRO BAHN e.V.
Landesverband Schleswig-Holstein/Hamburg e.V.
Rantzauallee 15, 23611 Bad Schwartau
T: (0451) 2 65 12   Fax: 2 65 12
Frank Sievert

● **T 3 650**
Studiengesellschaft für unterirdische Verkehrsanlagen e.V. (STUVA)
siehe T 1844

● **T 3 651**
Lehrstuhl für Straßenwesen, Erd- und Tunnelbau und Institut für Straßenwesen
Rheinisch-Westfälische Technische Hochschule Aachen
Mies-van-der-Rohe-Str. 1, 52074 Aachen
T: (0241) 80-52 20   Fax: 88 88-1 41
E-Mail: steinauer@isac.rwth-aachen.de
Univ. Prof.: Dr.-Ing. habil. B. Steinauer

● **T 3 652**
Deutsche Strassenliga
Vereinigung zur Förderung des Straßen- und Verkehrswesens e.V.
Herderstr. 56, 53173 Bonn
T: (0228) 9 56 73-0   Fax: 9 56 73-20
E-Mail: deutschestrassenliga@gmx.de
Gründung: 1953
Präsident(in): Prof. Dr.-Ing. Hans Josef Kayser
Geschäftsführendes Vorstandsmitglied: Dr. Wolfgang Neumann

● **T 3 653**
Institut für Verkehrswirtschaft, Straßenwesen und Städtebau Universität Hannover
Appelstr. 9A (Hochhaus), 30167 Hannover
T: (0511) 7 62-2283, 7 62-2802   Fax: 7 62-2520
Internet: http://www.ivh.uni-hannover.de
Leiter(in): Univ.-Prof. Dr.-Ing. Bernhard Friedrich

● **T 3 654**
Institut für Verkehrswesen der Universität Karlsruhe (TH)
Postf. 69 80, 76128 Karlsruhe
Kaiserstr. 12, 76131 Karlsruhe
T: (0721) 6 08-22 51   Fax: 60 74 52
E-Mail: ifv@ifv.uni-karlsruhe.de

● **T 3 655**
Forschungsgesellschaft für Straßen- und Verkehrswesen e.V. (FGSV)
Hauptgeschäftsstelle:
Postf. 50 13 62, 50973 Köln
Konrad-Adenauer-Str. 13, 50996 Köln
T: (0221) 9 35 83-0   Fax: 9 35 83-73
Internet: http://www.fgsv.de
E-Mail: koeln@fgsv.de

t 3 656
Forschungsgesellschaft für Straßen- und Verkehrswesen e.V.
Geschäftsstelle Berlin
Boyenstr. 42, 10115 Berlin
T: (030) 28 38 89 27   Fax: 28 38 89 28
Internet: http://www.fgsv.de
E-Mail: berlin@fgsv.de
Präsident(in): Dr.-Ing. Ph.D./USA Jürg Sparmann, Wiesbaden
Geschäftsführer(in): Dipl.-Ing. Hans Walter Horz

● **T 3 657**
Nationales Komitee der Bundesrepublik Deutschland im Welt-Straßenverband (AIPCR)
Postf. 50 13 62, 50973 Köln
Konrad-Adenauer-Str. 13, 50996 Köln
T: (0221) 9 35 83-0   Fax: 9 35 83-73
Internet: http://www.fgsv.de
E-Mail: koeln@fgsv.de
Sekretär: Dipl.-Ing. Hans Walter Horz

● **T 3 658**
Forschungsgemeinschaft „Der Mensch im Verkehr" e.V.
Sülzburgstr. 13, 50937 Köln

T: (0221) 41 55 54   Fax: 9 41 78 40
E-Mail: spoerer@afn.de
Vorstand: Prof. Dr.rer.nat. Udo Undeutsch
Dr. phil. Heinz Kunert
Dr. rer. nat. Edgar Spoerer (Geschäftsführender Institutsleiter)

● **T 3 659**
Deutscher Verkehrssicherheitsrat e.V. (DVR)
53222 Bonn
Beueler Bahnhofsplatz 16, 53225 Bonn
T: (0228) 4 00 01-0   Fax: 4 00 01-67
Internet: http://www.dvr.de
E-Mail: dvr-info@dvr.de
Gründung: 1969
Vorsitzende(r): Prof. Manfred Bandmann
Hauptgeschäftsführer(in): Dipl.-Ing. Siegfried Werber
Abt. Öffentlichkeitsarbeit: Dipl.-Psych. Ute Hammer
Abt. Verkehrserziehung u. -aufklärung: Dipl.-Päd. Britta Touré
Ref. Verkehrstechnik: Dipl.-Ökonom Welf Stankowitz
Ref. Verkehrsrecht und Verkehrsmedizin: Ass. Cornelia Royeck
Ref. Europa u. Sonderaufgaben: Dipl.-Geographin Jaqueline Lacroix
Verbandszeitschrift: DVR-report
Mitglieder: 250
Mitarbeiter: 48
Jahresetat: DM 23,06 Mio, € 11,79 Mio

Förderung und Verstärkung aller Maßnahmen zur Verbesserung der Sicherheit auf den Straßen in Zusammenarbeit mit den zuständigen Behörden sowie allen an dieser Zielsetzung interessierten Organisationen und sonstigen Stellen.

● **T 3 660**
Forschungsgemeinschaft Auto - Sicht - Sicherheit e.V. (A.S.S.)
Universitätsstr. 5, 50937 Köln
T: (0221) 41 58 94   Fax: 42 82 55
E-Mail: 106406.2300@compuserve.com
Vorsitzende(r): Dr.-Ing. D. Anselm
Stellvertretende(r) Vorsitzende(r): Dr. rer. nat. P. Weigt
Vors. d. wiss. Beirates: Dr. Ulrich von Alpen
Institutsleitung: Prof. Dr.rer.nat. Walter Schneider

● **T 3 661**
Verkehrs-Institut - Gemeinnütziger Verein für Mobilitätsfragen, Verkehrserziehung und Sicherheit im Straßenverkehr e.V.
Furtwänglerstr. 52, 33604 Bielefeld
T: (0521) 2 99 40   Fax: 2 99 41 46
Internet: http://www.verkehrs-institut.de
E-Mail: info@verkehrs-institut.de
Vorsitzende(r): Alfons Wahlich
2. Vorsitzende(r): Helmut Heinrichs
Geschf. u. Pressereferent: Dipl.-Päd. Hans-Joachim Janik

● **T 3 662**
Fachgebiet Verkehrssicherheitstechnik der Bergischen Universität - GH - Wuppertal, FB 14
42097 Wuppertal
Gaußstr. 20, 42119 Wuppertal
T: (0202) 4 39-20 75   Fax: 4 39-20 30
E-Mail: peters@verkehr.uni-wuppertal.de
Leiter(in): Prof. Dr.-Ing. Olaf H. Peters

● **T 3 663**
Gesellschaft zur Förderung umweltgerechter Straßen- u. Verkehrsplanung e.V. (GSV)
Obermarkt 10, 82515 Wolfratshausen
T: (08171) 7 67 66   Fax: 7 83 69
Vorsitzende(r): Dipl.-Ing. Hans Zillenbiller

● **T 3 664**
Gesellschaft für Ursachenforschung bei Verkehrsunfällen e.V. (GUVU)
Olpener Str. 544, 51109 Köln
T: (0221) 8 90 58 48   Fax: 8 90 58 49
Internet: http://www.guvu.de
E-Mail: guvu@guvu.de

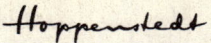

T 3 683

Präsident(in): Prof. Dr.-Ing. Klaus Rompe
Geschäftsführer(in): Prof. Dr.rer.nat. Wilfried Echterhoff
Mitglieder: 120

● **T 3 665**

Institut für die Gesamte Unfallforschung
Postf. 100063, 76481 Baden-Baden
Lichtentaler Str. 25, 76530 Baden-Baden
T: (07221) 2 49 95
Leiter(in): Dr. Konstantin Lehmann

● **T 3 666**

Fachverband Verkehrssicherung an Arbeitsstellen auf Straßen e.V. (FVAS)
Brüderstr. 53, 51427 Bergisch Gladbach
T: (02204) 6 68 73   **Fax:** 2 29 82
Gründung: 1981
1. Vorsitzende(r): Carl-Heinz Gubela
2. Vorsitzende(r): Ingo Debuschewitz
Geschäftsführer(in): Dipl.-Ing. Burkhardt Wolters (Ltg. Presseabteilung)
Beirat: H. Silbernagel
Trimborn
Dr. Boden
Verbandszeitschrift: Info
Mitglieder: 44
Fördermitglieder: 8
Mitarbeiter: 2

● **T 3 667**

Internationale Arbeitsgemeinschaft der Rheinschiffahrt e.V.
Haus Rhein
Dammstr. 15-17, 47119 Duisburg
T: (0203) 8 00 06-60   **Fax:** 8 00 06-65
Präsident(in): Claude Meistermann
Sekr.: Dipl.-Kfm. Gerhard v. Haus

● **T 3 668**

Arbeitsgemeinschaft zur Förderung und Entwicklung des internationalen Straßenverkehrs e.V. (AIST)
Selma-Lagerlöf-Str. 7, 13189 Berlin
T: (030) 4 78 61-0   **Fax:** 4 78 61-201
Internet: http://www.aist-ev.com
E-Mail: berlin@aist-ev.com
Gründung: 1956 (7. September)
Internationaler Zusammenschluß: siehe unter izm 127
Präsident(in): Jürgen Gypser (Geschf. Niederlausitzer Kraftverkehrs GmbH - Cottbus)
Vizepräsident(in): Dieter Opp
HauptgeschF. u. Geschf. Präsidiumsmitgl: Klaus D. Schröder
Leitung Presseabteilung: Antje-Maren Knappe
Verbandszeitschrift: "Auf Achse"
Mitglieder: 220 Transportunternehmen mit internationalem Lkw-Verkehr
Mitarbeiter: 9

● **T 3 669**

Südwestdeutscher Verband für Binnenschifffahrt und Wasserstraßen e.V. (SVBW)
Birkenwaldstr. 34, 70191 Stuttgart
T: (0711) 1 65 85-0, im Hause der Neckar-AG
Vorsitzende(r): Dir. Hans-Peter Hagg
Stellvertretende(r) Vorsitzende(r): Dir. Willi Heckle
Dir. Gerd-Jürgen Britsch
Dir. Ekkehard Schneider
Geschäftsführer(in): Dr. Hermann Rettenmaier

● **T 3 670**

Weserbund e.V.
Teerhof 34, 28199 Bremen
T: (0421) 59 82 90   **Fax:** 5 98 29 40
Internet: http://www.weser.de
E-Mail: weserbund@t-online.de
Gründung: 1921
Vorsitzende(r): Senator a.D. Karl-Heinz Jantzen, Bremen
Stellvertretende(r) Vorsitzende(r): Gerhard Beier, Bremen
Geschäftsführer(in): Dipl.-Volksw. Ralf Heinrich, Bremen
Verbandszeitschrift: DIE WESER
Verlag: Teerhof 34, 28199 Bremen, T: (0421) 59 82 90, Telefax: (0421) 5 98 29 40
Mitglieder: 400

● **T 3 671**

Hafenbautechnische Gesellschaft e.V.
siehe T 1151

● **T 3 672**

Gesellschaft für rationale Verkehrspolitik e.V. (GRV)
Bromberger Str. 4, 40599 Düsseldorf

T: (0211) 74 15 07   **Fax:** 74 15 07
Internet: http://www.grv-ev.de
E-Mail: athoma1998@aol.com
Gründung: 1970 (20. Juli)
Vorsitzende(r): Dr.-Ing. Alfons Thoma (Präsident a.D. der Bundesbahndirektion München)
Stellv. Vors. u. geschäftsf. Vorst.-Mitgl: Studiendirektor Werner Kammer
Verbandszeitschrift: GRV-Nachrichten
Redaktion: Dr.-Ing. Alfons Thoma, Amsterdamer Str. 10, 53117 Bonn, T: (0228) 6 89 99 82, Telefax: (0228) 6 89 99 84

● **T 3 673**

Institut für Seeverkehrswirtschaft und Logistik (ISL)
Universitätsallee GW 1 Block A, 28359 Bremen
T: (0421) 2 20 96-0   **Fax:** 2 20 96-55
Internet: http://www.isl.org
E-Mail: info@isl.org
Gründung: 1954
Direktor(in): Prof. Dr. Werner E. Eckstein
Prof. Dr. Volker Speidel
Prof. Dr. Manfred Zachcial
Mitarbeiter: 50

Kommunikations- und zeitungswissenschaftliche Vereinigungen und Institute

● **T 3 674**

Institut für Kommunikationsforschung und Phonetik - Universität Bonn
Poppelsdorfer Allee 47, 53115 Bonn
T: (0228) 73-56 38   **Fax:** 73-56 39
Internet: http://www.ikp.uni-bonn.de
E-Mail: wgh@ikp.uni-bonn.de, lenders@uni-bonn.de
Gründung: 1921 (1. April)
Direktor(in): Prof. Dr. W. Hess
Direktor(in): Prof. Dr. W. Lenders
Mitglieder: ca. 15 Mitarbeiter

● **T 3 675**

PING e.V.
Verein zur Förderung der privaten Internet Nutzung e.V.
Emil-Figge-Str. 85, 44227 Dortmund
T: (0231) 97 91-0, -1 00   **Fax:** 97 91-190
Internet: http://www.ping.de/
E-Mail: vorstand@ping.de
Gründung: 1994 (16. Januar)
Vorsitzende(r): Thorsten Dietrich
1. Vorsitzende(r): Arthur Planeda
Stellvertretende(r) Vorsitzende(r): Michael Stiller
Leitung Presseabteilung: Michael Kulpok
Kassierer: Daniel Borgmann
Mitglieder: ca. 1400
Mitarbeiter: ca. 30 (ehrenamtlich)
Jahresetat: DM 0,25 Mio, € 0,13 Mio

● **T 3 676**

DEDIG Deutsche EC/EDI-Gesellschaft e.V.
Berliner Allee 24, 13088 Berlin
T: (030) 25 45 05-14   **Fax:** 25 45 05-27
Internet: http://www.dedig.de
E-Mail: info@dedig.de
Gründung: 1993
Geschf. Vorstandsvorsitzende(r): Heinz Rautenkranz
Verbandszeitschrift: Applications
Redaktion: Petra Meinecke
Mitglieder: 69
Mitarbeiter: 4

● **T 3 677**

Electronic Commerce Forum e.V.
Grasweg 2, 50769 Köln
T: (0221) 97 02-407   **Fax:** 97 02-408
Internet: http://www.eco.de
E-Mail: info@eco.de
Vorstand: Prof. Michael Rotert (Vors.; Geschäftsführer VIA NET.WORKS GmbH, Duisburg)
Dr. Bernhard Biedermann (Geschäftsführer Tureis AG, Hamburg)
Klaus Landefeld (Geschäftsführer World Online GmbH, Dreieich)
RA Oliver J. Süme, Hamburg
Prof. Dr.rer.pol. Rainer Thomé (Uni Würzburg)
Geschäftsführer(in): Harald A. Summa (Unternehmensberater)

● **T 3 678**

Arbeitsgruppe Kommunikationsforschung München (AKM)
Adalbertstr. 104, 80798 München
T: (089) 2 71 25 95   **Fax:** 2 73 20 03
Leiter(in): Walter A. Mahle

● **T 3 679**

Fachinformationsstelle Publizistik - IPM - Massenkommunikation
Informationszentrum Politik u. Massenkommunikation d. F.U. Berlin
Malteserstr. 74-100, 12249 Berlin
T: (030) 8 38 70-4 77, - 4 88   **Fax:** 7 75 10 23
Internet: http://www.kommwiss.fu-berlin.de/institut/ipm
E-Mail: fipmeybe@zedat.fu-berlin.de
Leiter(in): Ulrich Neveling
Vertr.: Bernd Meyer

● **T 3 680**

Wissenschaftliches Institut für Kommunikationsdienste GmbH (WIK)
Rathausplatz 2-4, 53604 Bad Honnef
T: (02224) 92 25-0   **Fax:** 92 25-66
Internet: http://www.wik.org
E-Mail: info@wik.org
Gründung: 1982 (1. Juli)
Geschäftsführer(in): Dr. Werner Neu
Leitung Presseabteilung: K.-H. Strüver
Verbandszeitschrift: Diskussionsbeiträge
Verlag: Selbstverlag
Verbandszeitschrift: Schriftenreihe
Verlag: Springer-Verlag
Verbandszeitschrift: Newsletter
Verlag: Selbstverlag
Mitarbeiter: 35
Ökonomische und sozialwissenschaftliche Forschung in den Bereichen Telekommunikation, Postwesen, Regulierung.

● **T 3 681**

ComLink e.V.
Im Moore 26, 30167 Hannover
T: (0511) 1 61 78 11   **Fax:** 1 65 26 11
Internet: http://www.comlink.org
E-Mail: support@comlink.org
Gründung: 1992
Verbandszeitschrift: ComLink Netnews
Mitglieder: 300
Mitarbeiter: 5
Jahresetat: DM 0,1 Mio, € 0,05 Mio

● **T 3 682**

Bildungszentrum für informationsverarbeitende Berufe e.V. (b.i.b.)
Fürstenallee 3-5, 33102 Paderborn
T: (05251) 3 01-01   **Fax:** 3 01-161
Internet: http://www.bib.de
Hauptstr. 2, 51465 Bergisch Gladbach, T: (02202) 95 27-01, Fax: (02202) 95 27-100
Freundallee 15, 30173 Hannover, T: (0511) 2 84 83-0, Fax: (0511) 2 84 83-14
Paradiesstr. 40, 01217 Dresden, T: (0351) 8 76 67-0, Fax: (0351) 8 76 67-14
Postplatz 14-15, 02826 Görlitz, T: (03581) 48 56-0, Fax: (03581) 48 56-14
Gründung: 1972 durch Heinz Nixdorf, Vorst.-Vors. d. Nixdorf Computer AG (verst.)
Vorsitzende(r) des Vorstandes: Carl-Maria Gutwald
Geschäftsführer(in): Jürgen Sonntag
Karl-Heinz Eimertenbrink
Mitglieder: 280 Vereinsmitglieder u. a. Siemens, Hewlett Packard, Telekom, Fuji, IHK, Arbeitgeberverband sowie regional tätige Mittelständler
Träger: gemeinnütziger privater Träger von staatl. anerk. Berufskollegs bzw. Berufsfachschulen für Angewandte Informatik, staatl. anerk. Fachhochschulen für die Wirtschaft (FHDW) und Instituten für Angewandte Informatik

● **T 3 683**

Deutsche Gesellschaft für Publizistik- und Kommunikationswissenschaft (DGPuK)
c/o Prof. Dr. Hans-Bernd Brosius
Institut für Kommunikationswissenschaft, Ludwig-Maximilians-Universität
Oettingstr. 67, 80538 München
T: (089) 21 78-2455
Internet: http://www.dgpuk.de
E-Mail: brosius@ifkw.uni-muenchen.de
Gründung: 1963
Vorsitzende(r): Prof. Dr. Hans-Bernd Brosius
Verbandszeitschrift: "Aviso" und Rundbrief
Redaktion: c/o Vorstand der DGPuK
Mitglieder: ca. 530

● **T 3 684**
Kommunikationswissenschaftliche Forschungsvereinigung e.V.
Marienring 47b, 90765 Fürth
T: (0911) 7 67 00 66
Gründung: 1970 (23. November)
Vorsitzende(r): Prof. Dr. Manfred Rühl
Stellv. Vors. u. GeschF: Prof.Dr. Heinz-Werner Stuiber
Mitglieder: 18

● **T 3 685**
Kölner Journalistenschule für Politik und Wirtschaft e.V.
Im Mediapark 6, 50670 Köln
T: (0221) 57 43-244   **Fax:** 57 43-249
Internet: http://www.koelnerjournalistenschule.de
E-Mail: koelnerjournalistenschule@komed.de
Gründung: 1968
Vorsitzende(r): Martin Schulze
Stellvertretende(r) Vorsitzende(r): Rolf C. Georg
Marion von Haaren
Geschf. Dir.: Ingeborg Hilgert
Mitglieder: 50

Ausbildung von Fach-Journalisten für die Ressorts "Wirtschaft" und "Politik" bei Presse und Hörfunk.

● **T 3 686**
Akademie für Publizistik in Hamburg
Warburgstr. 8-10, 20354 Hamburg
T: (040) 41 47 96-0   **Fax:** 41 47 96-90
Internet: http://www.akademie-fuer-publizistik.de
E-Mail: info@akademie-fuer-publizistik.de
Gründung: 1970 (10. Juni)
Vorsitzende(r): Dr. Will Teichert
Präs. d. Kuratoriums: Manfred Jenke
Direktor(in): Dr. Friederich Mielke

● **T 3 687**
Institut für Theater-, Film- und Fernsehwissenschaft
Universität zu Köln
Meister-Ekkehart-Str. 11, 50937 Köln
T: (0221) 4 70 37 91   **Fax:** 4 70 50 61
Lehrpersonal: Prof. Dr. Elmar Buck (Institutsdir.)
Prof. Dr. Renate Möhrmann
Lehrpersonal: Prof. Dr. Irmela Schneider
Dr. Joseph Garncarz
Dr. Hedwig Müller
Dr. Michaela Krützen
Gerald Köhler (M.A.)
Andrea Hanke (M.A.)
Sabine Gottgetreu (M.A.)
Rudi Strauch (M.A.)

● **T 3 688**
Gesellschaft für Theatergeschichte e.V.
Themsestr. 3, 13349 Berlin
T: (030) 4 51 69 70   **Fax:** 4 51 69 70
Gründung: 1902
Vorsitzende(r): Prof. Dr. Peter Schmitt
Geschäftsführer(in): Dr. Matthias Braun
Mitglieder: ca. 120 persönl., ca. 60 korporative

● **T 3 689**
Informationsstelle für Theater-, Film- und Fernsehwissenschaft (itff)
Hermann-Vogel-Str. 12, 80805 München
T: (089) 21 80-3503, 3 22 86 71   **Fax:** 21 80-5307
Leiter(in): Dr. Heribert Schälzky

● **T 3 690**
Wirtschaftspublizistische Vereinigung e.V. (WPV)
Sekretariat:
Isarweg 12, 42697 Solingen
T: (0212) 2 68 14 56   **Fax:** 2 68 14 57
Gründung: 1949
Vorsitzende(r): Dr. Ulrich Fritsch
Mitglieder: ca. 125

● **T 3 691**
Kommunikation und Neue Medien e.V.
Postfach 19 05 20, 80605 München
T: (089) 1 67 51 06   **Fax:** 13 14 06
Internet: http://www.journalistenakademie.de
E-Mail: info@journalistenakademie.de
Gründung: 1987
Vorsitzende(r): Peter Lokk (M.A., Leitung Presseabteilung)
Redaktion: Dr. Gabriele Hooffacker
Mitglieder: 240
Mitarbeiter: ca. 100 freie Mitarbeiter, ca. 2000 Teilnehmer

● **T 3 692**
Ausschuß "Kommunikationstechnik im Handel" im Hauptverband des Deutschen Einzelhandels
Haus der Verbände
Am Weidendamm 1a, 10117 Berlin
T: (030) 72 62 50-0
Hauptgeschäftsführer(in): Dipl.-Volksw. Holger Wenzel
Leiter: Dipl.-Volksw. Olaf Roik
Pressesprecher: Hubertus Pellengahr

● **T 3 693**
Akademie für Neue Medien (Bildungswerk) e.V.
Langheimer Amtshof, 95326 Kulmbach
T: (09221) 13 16-18   **Fax:** 12 33
Internet: http://www.bayerische-medienakademien.de
E-Mail: anm@bayerische-medienakademien.de
Gründung: 1987 (26. Februar)
Vorstand: Chefredakteur Werner vom Busch (Ring Nordbayerischer Tageszeitungen, Bayreuth)
Schatzmeister: Karl-Heinz Bergmann (Sparkassen Bezirksverband Oberfranken, Kulmbach)
Beirat: Dr. Laurent Fischer (Verleger „Nordbayerischer Kurier", Bayreuth)
Klaus W. Wiedfeld (Verleger „Fränkische Landeszeitung", Ansbach)
Prof. Dr. Helmut Ruppert (Präsident der Universität Bayreuth)
Wiss. Projektleiter: Prof. Dr. Wolfgang Protzner (Otto-Friedrich Universität Bamberg)

● **T 3 694**
ARGE Neue Medien der deutschen SHK-Industrie e.V.
Geschäftsstelle
Bahnhofstr. 1, 33102 Paderborn
T: (05251) 8 72 88-0   **Fax:** 8 72 88-19
E-Mail: arge@arge.de
Vorsitzende(r): Dr. Michael Pankow (Geschäftsleitung Grohe AG, Hauptstr. 137, 58675 Hemer, T: (02372) 93-17 01)
Geschäftsführer(in): Konrad Werning
Mitglieder: 71

● **T 3 695**
Gesellschaft für technische Kommunikation e.V. (tekom)
Fachverband für technische Dokumentation und Kommunikation
Eberhardstr. 69-71, 70173 Stuttgart
T: (0711) 6 57 04-0   **Fax:** 6 57 04-99
Internet: http://www.tekom.de
E-Mail: info@tekom.de
Gründung: 1978 (Juni)
Vorsitzende(r): Claus Noack
Geschäftsführer(in): Michael Fritz
Verbandszeitschrift: technische kommunikation
Redaktion: Gregor Schäfer
Mitglieder: 3300
Jahresetat: DM 1,5 Mio, € 0,77 Mio

● **T 3 696**
Zentrum für interaktive Medien e.V. (ZIM)
Butzweilerstr. 255, 50829 Köln
T: (0221) 2 50-3126   **Fax:** 2 50-3129
Internet: http://www.zim.de
E-Mail: zim@zim.de
Gründung: 1993
Vorsitzende(r) des Vorstandes: Frank Bitzer
Vorstand: Ina Keßler (stellv. Vors.)
Vorstand: Claus Bachem
Vorstand: Prof. Dr. Franz Stollenwerk
Schatzmeister: Julius Brücken
Mitglieder: 400
Mitarbeiter: 2

● **T 3 697**
Forschungsinstitut für Internationale Technische und Wirtschaftliche Zusammenarbeit der Rheinisch-Westfälischen Technischen Hochschule Aachen (FIZ)
Ahornstr. 55, 52056 Aachen
T: (0241) 8 89 47-0   **Fax:** 88 88-284
Internet: http://www.rwth-aachen.de/fiz/
Gründung: 1957
Direktor(in): Prof.Dr.Dr. Werner Gocht
Mitarbeiter: 35

● **T 3 698**
Individual Network e.V.
Geschäftsstelle
Kiautschoustr. 18, 13353 Berlin
T: (030) 45 49 08 16   **Fax:** 45 49 08 17
Internet: http://www.individual.net/
E-Mail: in-gs@individual.net
1. Vorsitzende(r): Vera Heinau
2. Vorsitzende(r): Frank Scholz

● **T 3 699**
Institut für Publizistik der Johannes Gutenberg-Universität Mainz
Colonel-Kleinmann-Weg 2, 55128 Mainz
T: (06131) 3 92 26 70   **Fax:** 3 92 42 39
Internet: http://www.ifp.uni-mainz.de
E-Mail: ifpmail@uni-mainz.de
Gründung: 1966
Geschäftsf. Leiter: Prof. Dr. Christina Holtz-Bacha
Prof. Dr. Hans Mathias Kepplinger
Prof. Dr. Michael Kunczik
Prof. Dr. Reinhart Ricker
Prof. Dr. Jürgen Wilke
Prof. Dr. Dr.h.c. Elisabeth Noelle-Neumann (emeritiert)
Geschäftsführung: Dr. Erich Lamp
Mitarbeiter: 25

t 3 700
Journalistisches Seminar der Johannes Gutenberg-Universität Mainz
Alte Universitätsstr. 17, 55116 Mainz
T: (06131) 3 93-9300   **Fax:** 3 93-9302
Internet: http://www.journalistik.uni-mainz.de
E-Mail: journal@mail.uni-mainz.de
Dozent: Prof. Dr. Volker Wolff
Dozent: Prof. Dr. Karl N. Renner
Dozent: Prof. Dr. Rudolf Gerhardt
Geschäftsführer(in): Dr. Thomas Hartmann

● **T 3 701**
Arbeitsgemeinschaft der Medienzentren an Hochschulen e.V. (AMH)
Warburger Str. 100, 33098 Paderborn
T: (05251) 60-28 28   **Fax:** 60-28 30
E-Mail: sievert@avmz.uni-paderborn.de
Gründung: 1991
Vorsitzende(r): Akad.Dir. Dr. J. Sievert
Stellvertretende(r) Vorsitzende(r): Dr. Manfred Tröger
Mitglieder: 60 Hochschulmedienzentren

● **T 3 702**
Arbeitsgemeinschaft außeruniversitärer historischer Forschungseinrichtungen in der Bundesrepublik Deutschland e.V.
Aldringenstr. 11, 80639 München
T: (089) 13 47 29   **Fax:** 13 47 39
Internet: http://www.ahf-muenchen.de
E-Mail: chr.v.maltzahn@ahf-muenchen.de

● **T 3 703**
Verband der Historiker und Historikerinnen Deutschlands
Schriftführung: Institut für Europäische Geschichte
Alte Universitätsstr. 19, 55116 Mainz
T: (06131) 3 93 93 60   **Fax:** 3 93 01 54
Vorsitz:
Historisches Seminar der Universität Göttingen, Platz der Göttinger Sieben 5, 37073 Göttingen, T: (0551) 39 46 48, Fax: (0551) 39 98 72
Mitglieder: ca. 2300

● **T 3 704**
VITA HISTORICA - Deutscher Dachverband zur Erhaltung historischen Brauchtums e.V.
Geschäftsstelle
Burg Satzvey 1, 53894 Mechernich
T: (02256) 95 96 66
Gründung: 1996 (26. Januar)
Präsident(in): Petra Wuttke
Vizepräsident(in): Bernd J. Gerversmann (Deutsche Zentrale für Tourismus)
Stellvertretende(r) Vorsitzende(r): Franz-Josef Graf Beissel von Gymnich (Presseabteilung)
Verbandszeitschrift: Karfunkel, Zeitschrift für erlebbare Geschichte
Redaktion: Karfunkel, Postf. 11 43, 69430 Hirschhorn
Verlag: Karfunkel Verlag, Hauptstr. 85, 69434 Hirschhorn
Mitglieder: 70
Mitarbeiter: 2
Jahresetat: DM 0,01 Mio, € 0,01 Mio

● **T 3 705**
Historischer Verein für den Niederrhein
Graf-Zeppelin-Str. 36, 53757 St Augustin
T: (02241) 2 74 15
E-Mail: hvniederrh@aol.com
Gründung: 1854
Vorsitzende(r): Prof. Dr. Norbert Trippen
Geschäftsführer(in): Prof. Dr. Gisbert Knopp (Ltg. Presseabt.)
Verbandszeitschrift: Annalen des Historischen Vereins für den Niederrhein

Redaktion: Dr. Wolfgang Löhr, Mönchengladbach
Verlag: Rheinland Verlag, Abtei Brauweiler, 50259 Pulheim
Mitglieder: 850

● **T 3 706**

Historischer Verein für Oberfranken e.V.
Postf. 11 02 63, 95421 Bayreuth
Ludwigstr. 25b, 95444 Bayreuth
T: (0921) 6 53 07 **Fax:** 6 53 07
Internet: http://www.hvo.franken.org
Gründung: 1827
Vorsitzende(r): Wolfgang Winkler
Stellvertretende(r) Vorsitzende(r): Walter Wendler
Geschäftsführer(in): Norbert Hübsch
Verbandszeitschrift: Archiv für Geschichte von Oberfranken
Redaktion: Karl Müssel
Verlag: Selbstverlag
Mitglieder: 1000

t 3 707

Verband bayerischer Geschichtsvereine e.V.
Austr. 18, 83022 Rosenheim
1. Vorsitzende(r): Dr. Manfred Treml

● **T 3 708**

Verein von Altertumsfreunden im Rheinlande
c/o Rheinisches Landesmuseum
Fraunhoferstr. 8, 53121 Bonn
T: (0228) 98 81-136 **Fax:** 98 81-299
Gründung: 1841
Verbandszeitschrift: Bonner Jahrbücher (Mitherausgeber)
Mitglieder: ca. 1400

● **T 3 709**

Frobenius-Institut e.V.
Liebigstr. 41, 60323 Frankfurt
T: (069) 71 91 99-0, 71 91 99-11
Internet: http://www.rz.uni-frankfurt.de/fb/fb08/ihe
E-Mail: frobenius@em.uni-frankfurt.de
Gründung: 1898
Direktor(in): Prof. Dr. Karl-Heinz Kohl
Stellv. Dir.: Prof. Dr. Christian Feest
Verbandszeitschrift: Paideuma
Redaktion: Frobenius-Institut
Verlag: Franz Steiner Verlag (Kommissionsverlag)
Mitglieder: 187
Mitarbeiter: 9

● **T 3 710**

Römisch-Germanisches Zentralmuseum, Forschungsinstitut für Vor- und Frühgeschichte (RGZM)
Ernst-Ludwig-Platz 2, 55116 Mainz
T: (06131) 91 24-0 **Fax:** 91 24-199
E-Mail: rzentral@mainz-online.de
Gründung: 1852
Generaldirektor: Dr. Konrad Weidemann
Stellv. d. GenDir: Dr. Ulrich Schaaff
Leitung Presseabteilung: Prof. Dr. Friedrich-Wilhelm von Hase
Verbandszeitschrift: Jahrbuch des Römisch-Germanischen Zentralmuseums Mainz
Verlag: Eigenverlag
Mitarbeiter: 127, davon 25 Wissenschaftler
Jahresetat: ca. DM 10 Mio, € 5,11 Mio

Überregionales Forschungsinstitut für Vor- und Frühgeschichte der Alten Welt mit integrierten, bedeutenden Restaurierungswerkstätten. Eine Stiftung des öffentlichen Rechts, getragen vom Land Rheinland-Pfalz und der Stadt Mainz. Die Finanzierung erfolgt im Rahmen der gemeinsamen Forschungsförderung durch Bund und Länder. Schausammlungen mit systematischer Darstellung der Archäologie Europas und ihren Bezügen zum Orient. Herausgabe von Zeitschriften und Monographien im eigenen Verlag.

● **T 3 711**

Mommsen-Gesellschaft - Verband der deutschen Forscher auf dem Gebiet des griechisch-römischen Altertums
Humboldtallee 21, 37073 Göttingen
T: (0551) 39-4672 **Fax:** 39-4671
Gründung: 1950 (1. Juni)
Präsident(in): Prof. Dr. Gustav Adolf Lehmann
Vizepräsident(in): Prof. Dr. Siegmar Döpp
Geschäftsführer(in): Dr. des. Boris Dreyer
Verbandszeitschrift: Mitteilungen der Mommsen-Gesellschaft
Mitglieder: ca. 590
Mitarbeiter: 8

● **T 3 712**

Württembergischer Geschichts- und Altertumsverein
Konrad-Adenauer-Str. 4, 70173 Stuttgart
T: (0711) 2 12 43 35 **Fax:** 2 12 43 60
Internet: http://www.lad-bw.de
E-Mail: hauptstaatsarchiv@s.lad-bw.de
Gründung: 1843
Vorsitzende(r): Prof. Dr. Hans-Martin Maurer
Geschäftsführerin: Carmen Klein
Verbandszeitschrift: Zeitschrift für Württembergische Landesgeschichte
Redaktion: Prof. Dr. Hans-Martin Maurer
Verlag: Kohlhammer
Mitglieder: 1440

● **T 3 713**

Gesellschaft für Vor- und Frühgeschichte in Württemberg und Hohenzollern e.V.
Silberburgstr. 193, 70178 Stuttgart
T: (0711) 1 69 47 18 **Fax:** 1 69 47 07
Gründung: 1963
Vorsitzende(r): Prof. Dr. Dieter Planck
Geschäftsführer(in): M.A. Regina Wimmen
Mitglieder: 4000

● **T 3 714**

Nordwestdeutscher Verband für Altertumsforschung e.V.
Rothenburg 30, 48143 Münster
T: (0251) 59 07-286 **Fax:** 59 07-211
Vorsitzende(r): Dr. Gabriele Isenberg, Münster
Stellvertretende(r) Vorsitzende(r): Drs. Jan Joost Assendorp, Lüneburg
Schriftführer(in): Dr. Erwin Strahl, Wilhelmshaven
Mitglieder: 100 institutionelle Mitglieder
Jahresetat: DM 0,005 Mio, € 0 Mio

● **T 3 715**

Institut für Zeitgeschichte (IfZ)
Leonrodstr. 46b, 80636 München
T: (089) 12 68 80 **Fax:** 1 23 17 27
E-Mail: ifz@ifz-muenchen.de
Gründung: 1949
Direktor(in): Prof. Dr. Dr. h.c. Horst Möller
Mitglieder: ca. 90
Zeitschrift: Vierteljahrshefte für Zeitgeschichte
Außenstellen: in Berlin

● **T 3 716**

Evangelische Arbeitsgemeinschaft für kirchliche Zeitgeschichte
Schellingstr. 3, 80799 München
T: (089) 21 80 53 40 **Fax:** 21 80 53 39
E-Mail: ccl@evtheol.uni-muenchen.de
Gründung: 1955
Vorsitzende(r): Prof. Dr. Carsten Nicolausen, München
Stellvertretende(r) Vorsitzende(r): Prof. Dr. Harald Schultze (OKR i.R.), Magdeburg
Geschäftsführer(in): Dr. Claudia Lepp
Mitglieder: 21

● **T 3 717**

Gesellschaft für Geistesgeschichte e.V.
c/o Univ. Potsdam, Historisches Institut
Postf. 60 15 53, 14415 Potsdam
Am Neuen Palais 10, 14469 Potsdam
T: (0331) 9 77 10 36, 9 77 14 42 **Fax:** 9 77 11 68
Gründung: 1958
Vorsitzende(r): Prof. Dr. Julius H. Schoeps
Geschäftsführer(in): Dr. Thomas Gerber
Verbandszeitschrift: Zeitschrift für Religions- und Geistesgeschichte
Redaktion: Dr. Thomas Gerber, Univ. Potsdam, Histor. Institut
Verlag: Brill-Verlag, Plantijnstraat 2, P.O. Box 9000, NL-2300 PA Leiden
Mitglieder: 90

● **T 3 718**

Arbeitsgemeinschaft Historischer Kommissionen und Landesgeschichtlicher Institute
Gisonenweg 5-7, 35037 Marburg
T: (06421) 1 84-0 **Fax:** 1 84-1 39
Vorsitzende(r): Prof.Dr. Roderich Schmidt

● **T 3 719**

Naturhistorische Gesellschaft Nürnberg e.V.
Marientorgraben 8 Norishalle, 90402 Nürnberg
T: (0911) 22 79 70 **Fax:** 2 44 74 41
Internet: http://www.nhg-nuernberg.de
Gründung: 1801 (22. Oktober)
Vorsitzende(r): Rainer Ott

Stellvertretende(r) Vorsitzende(r): Gisela Stellmacher
Verbandszeitschrift: Jahresmitteilungen "Natur und Mensch"
Mitglieder: 2000
Mitarbeiter: 3

● **T 3 720**

Naturhistorische Gesellschaft zu Hannover
Willy-Brandt-Allee 5, 30169 Hannover
T: (0511) 98 07-860 **Fax:** 98 07-880
E-Mail: naturkunde@compuserve.com
Gründung: 1797
Verbandszeitschrift: Berichte der NGH und Beihefte zu den Berichten der NGH
Verlag: Selbstverlag
Mitglieder: 600

● **T 3 721**

Naturwissenschaftlicher und Historischer Verein für das Land Lippe e.V.
Willi-Hofmann-Str. 2, 32756 Detmold
T: (05231) 7 66-0 **Fax:** 7 66-1 14

● **T 3 722**

Historischer Verein für Niedersachsen
Am Archiv 1, 30169 Hannover
T: (0511) 1 20 66 09 **Fax:** 1 20 66 99
E-Mail: hist.verein@staatsarchivh.niedersachsen.de
Gründung: 1835
Vorsitzende(r): Dr. Manfred von Boetticher
Mitglieder: 900

● **T 3 723**

Historischer Verein für Oberpfalz und Regensburg
Keplerstr. 1, 93047 Regensburg
T: (0941) 5 67 46 84 **Fax:** 5 67 46 84
Gründung: 1830
Vorsitzende(r): Dr. Martin Dallmeier
Stellvertretende(r) Vorsitzende(r): Dr. Martin Angerer
Verbandszeitschrift: Verhandlungen des Historischen Vereins für Oberpfalz und Regensburg
Redaktion: Dr. Martin Angerer
Verlag: Michael Laßleben, Kallmünz
Mitglieder: 1185
Jahresetat: DM 0,06 Mio, € 0,03 Mio

● **T 3 724**

Hugo-Obermaier-Gesellschaft für Erforschung des Eiszeitalters und der Steinzeit
Kochstr. 4 /18, 91054 Erlangen
T: (09131) 8 52 27 94 **Fax:** 8 52 63 94
Internet: http://www.uf.uni-erlangen.de/obermaier.html
E-Mail: cnzuechn@phil.uni-erlangen.de, p1altuf@phil.uni-erlangen.de
Gründung: 1951
Präsident(in): Prof. Dr. Burkhard Frenzel (Univ. Hohenheim)
Vizepräsident(in): Dr. Gernot Tromnau (Kultur- und Stadthistorisches Museum Duisburg)
Schriftführer(in): Dr. Christian Züchner (Univ. Erlangen-Nürnberg)
Schatzmeister: Prof. Dr. Ludwig Reisch (Univ. Erlangen-Nürnberg)
Verbandszeitschrift: Quartär - Jahrbuch f. Erforschung des Eiszeitalters und der Steinzeit
Verlag: Saarbrücker Druckerei und Verlag GmbH, Halbergstr. 3, 66121 Saarbrücken
Mitglieder: 230

● **T 3 725**

inkom. Bundesvereinigung für innerbetriebliche Kommunikation e.V.
Geschäftsstelle
Postf. 12 11 03, 30864 Laatzen
Hildesheimer Str. 126, 30880 Laatzen
T: (0511) 8 75 68 04 **Fax:** 8 75 68 05
Internet: http://www.inkom-online.de
E-Mail: inkomev@aol.com
Gründung: 1966
1. Vorsitzende(r): Franz Rempe
Vorst. Mitgl.: Rainer Benthaus
Michael Kalthoff-Mahnke
Klaus-Michael Pooch
2. Vorsitzende(r): Ralf Jaeckel
Geschäftsführer(in): Martin Münstermann
Verbandszeitschrift: ibi-Informationsdienst
Redaktion: Wolfgang Trees, Fuchserde 44, 52066 Aachen
Verlag: Eigenverlag
Mitglieder: 250

t 3 726
Bundesvereinigung für innerbetriebliche Kommunikation e.V.
Arbeitsgruppe Baden-Württemberg
c/o Alcatel SEL AG
Lorenzstr. 10, 70435 Stuttgart
T: (0711) 82 14 36 52   Fax: 82 14 60 55
Anthea Götz

t 3 727
Bundesvereinigung für innerbetriebliche Kommunikation e.V.
Arbeitsgruppe Bayern
c/o Siemens AG, UKI
80312 München
T: (089) 6 36-32671   Fax: 6 36-32643
Dr. Gerhard Vilsmeier

t 3 728
Bundesvereinigung für innerbetriebliche Kommunikation e.V.
Arbeitskreis Brandenburg
c/o EKO Stahl GmbH
Postf. 72 52, 15872 Eisenhüttenstadt
T: (03364) 37 24 60   Fax: 4 40 20
Ramona Illgen

t 3 729
Bundesvereinigung für innerbetriebliche Kommunikation e.V.
Arbeitskreis Köln/Aachen/Bonn
c/o Stadtsparkasse
Postf. 10 35 44, 50475 Köln
T: (0221) 2 26 20 65   Fax: 21 22 65
Beatrix Mattar-Heger (Interne Kommunikation)

t 3 730
Bundesvereinigung für innerbetriebliche Kommunikation e.V.
Arbeitskreis Düsseldorf
c/o Mannesmann AG
Mannesmannufer 2, 40213 Düsseldorf
T: (0211) 8 20 28 38   Fax: 8 20 21 63
Georg Lohmann

t 3 731
Bundesvereinigung für innerbetriebliche Kommunikation e.V.
Arbeitskreis Hamburg/Bremen/Schleswig-Holstein
c/o Esso AG, PA-I
22285 Hamburg
T: (040) 63 93 22 30   Fax: 63 93 22 11
Marianne Wuth (kommissarisch)

t 3 732
Bundesvereinigung für innerbetriebliche Kommunikation e.V.
Arbeitskreis Hessen/Rheinland-Pfalz/Saar
c/o BASF AG, ZOA/MM-C 100
67056 Ludwigshafen
T: (0621) 6 04 52 42   Fax: 6 02 11 33
Jens-Georg Frey

t 3 733
Bundesvereinigung für innerbetriebliche Kommunikation e.V.
Arbeitskreis Niedersachsen
c/o Presse- und Literaturbüro Ralf Jaeckel
Trabuhn 12, 29485 Lemgow
T: (05883) 93 30   Fax: 93 32
Sprecher: Ralf Jaeckel

● T 3 734
Wirtschaftsarchiv Baden-Württemberg
70593 Stuttgart
Schloß Hohenheim, 70599 Stuttgart
T: (0711) 4 59 31 42   Fax: 4 59 37 10
E-Mail: wabw@uni-hohenheim.de
Gründung: 1980
Vorsitzende(r) des Vorstandes: Gerhard Goll (Vorstandsvorsitzender der Energie Baden-Württemberg AG, Karlsruhe)
Geschäftsführende(s) Vorstands-Mitglied(er): Helmut Schnell (Hauptgeschäftsführer der IHK Bodensee-Oberschwaben, Weingarten)
Vors. d. Kuratoriums: Peter Straub (Präsident des Landtags von Baden-Württemberg, Stuttgart)
Vors. d. wissenschaftl. Beirats: Prof. Dr. Harald Winkel (Universität Hohenheim, Stuttgart)

Direktor(in): Prof. Dr. G. Kollmer-v. Oheimb-Loup
Stellv. Archivleiterin: Dipl.oec. Jutta Hanitsch
Mitarbeiter: 9

● T 3 735
Institut für Zeitungsforschung
44122 Dortmund
Königswall 18, 44137 Dortmund
T: (0231) 50-2 32 21   Fax: 50-2 60 18
Internet: http://www.zeitungsforschung.de
E-Mail: pbohrman@stadtdo.de
Direktor(in): Prof. Dr. Hans Bohrmann

● T 3 736
Mittelstandsforum e.V.
Zülpicher Str. 10, 53115 Bonn
T: (0228) 63 34 34   Fax: 65 88 99
Gründung: 1988
1. Vorsitzende(r): Rotraut Strahl
2. Vorsitzende(r): Karl-Josef Pütz
3. Vors.: Hans Schwamborn-Kolibius
Geschäftsführer(in): Carl Horst Schroeder
Mitglieder: 12000

● T 3 737
Institut für Kommunikationswissenschaft, Medienwissenschaft und Musikwissenschaft der Technischen Universität Berlin
Sekr. H63
Straße des 17. Juni 135, 10623 Berlin
T: (030) 3 14-2 22 35   Fax: 3 14-2 11 43
T-Online: ✳3 5830#
Geschäftsführender Direktor: Prof. Dr. Christian Martin Schmidt
Mitarbeiter: 20

● T 3 738
Gesellschaft für Medien in der Wissenschaft e.V. (GMW)
c/o Prof. Dr. Michael Kerres
Ruhr-Universität Bochum
Institut für Pädagogik
44780 Bochum
T: (0234) 3 22 47 48   Fax: 3 20 47 48
Internet: http://www.gmw.online.de
Gründung: 1991 (14. Juni)
Vorsitzende(r): Prof. Dr. Michael Kerres (Ruhr-Universität Bochum, Institut für Pädagogik)
Vorstand: Dr. Gudrun Bachmann (Universität Basel)
Dr. Christoph Brake (Geschäftsführer OctaMedia GmbH, Kassel)
Michael Kindt (Referent bei GMD in St. Augustin)
Dr. Joachim Wetterling (Universität Twente NL)
Schatzmeister(in): Heinz Hafke (Postf. 11 14, 29457 Clenze)
Verbandszeitschrift: GMW FORUM
Redaktion: Dr. Joachim Wetterling, Universität Twente NL
Verlag: GMW e.V., Ostpreußenstr. 5a, 29459 Clenze
Mitglieder: ca. 270 davon 250 persönliche Mitglieder und 20 Universitäten, Institute oder entsprechende Hochschuleinrichtungen

● T 3 739
Deutsche Akademie für Landeskunde e.V.
Geschäftsstelle:
Institut für Länderkunde
Schongauerstr. 9, 04329 Leipzig
T: (0341) 25 65 10   Fax: 2 55 65 98
1. Vorsitzende(r): Prof. Dr. Hans Gebhardt, Heidelberg
Verbandszeitschrift: Berichte zur deutschen Landeskunde
Redaktion: Dr. Ute Wardenga
Verlag: Selbstverlag der Deutschen Akademie für Landeskunde e.V., Bildungswissenschaftliche Hochschule Flensburg, Mürwiker Str. 77, 24943 Flensburg, T: (0461) 5 70 13 20, Telefax: (0461) 5 70 13 12

● T 3 740
Kommission für geschichtliche Landeskunde in Baden-Württemberg
Eugenstr. 7, 70182 Stuttgart
T: (0711) 2 12 42 66   Fax: 2 12 42 69
E-Mail: Poststelle@Kommission.belwue.de
Gründung: 1954 (03. Dezember)
Vorsitzende(r): Dr. Gerhard Taddey (Eugenstr. 7, 70182 Stuttgart)
Stellvertretende(r) Vorsitzende(r): Prof.Dr. Dieter Mertens, Freiburg
Geschäftsführer(in): Dr. Uwe Sibeth
Verbandszeitschrift: Zeitschrift für die Geschichte des Oberrheins, Zeitschrift für Württembergische Landesgeschichte
Verlag: Kohlhammer, Heßbrühlstr. 69, 70565 Stuttgart
Mitglieder: 90 ordentliche, 62 korrespondierende, 2 Ehrenmitglieder
Mitarbeiter: 8
Jahresetat: DM 1,0 Mio, € 0,51 Mio

● T 3 741
Arbeitskreis für Siebenbürgische Landeskunde e.V. Heidelberg
Schloß Horneck, 74831 Gundelsheim
T: (06269) 4 21 00, 4 21 50   Fax: 42 10 10
E-Mail: institut@sb-gun1.bib-bw.de
Gründung: 1840, Wiedergründung 1962
Vorsitzende(r): Dr. Günther H. Tontsch (Univ. Hamburg)
Stellvertretende(r) Vorsitzende(r): Dr. Konrad G. Gündisch (Bundesinstitut für ostdt. Gesch. Oldenburg)
Hauptgeschäftsführer(in): Dr. Harald Roth
Verbandszeitschrift: Zeitschrift für Siebenbürgische Landeskunde
Redaktion: Dr. Ralf Göllner, Dr. Konrad G. Gündisch, Dr. Stefan Mazgareanu, Dr. Harald Roth
Verlag: Schloß Horneck, 74831 Gundelsheim
Mitglieder: 850
Mitarbeiter: 4

● T 3 742
Gesellschaft für Rheinische Geschichtskunde
Stadtarchiv
Severinstr. 222-228, 50676 Köln
T: (0221) 2 21-23 27   Fax: 2 21-24 80
Gründung: 1881
Vorsitzende(r): Prof. Dr. Wilhelm Janssen
Stellvertretende(r) Vorsitzende(r): Prof. Dr. Ottfried Dascher
Schriftführer(in): Dr. Everhard Kleinertz
Stellv. Schriftführer: Dr. Manfred Groten
Mitglieder: ca. 220

● T 3 743
Arbeitsgemeinschaft für geschichtliche Landeskunde am Oberrhein e.V.
(Generallandesarchiv)
Nördliche Hildapromenade 2, 76133 Karlsruhe
T: (0721) 9 26-2254   Fax: 9 26-2231
Internet: http://www.karlsruhe.de/historie/ag.htm
Gründung: 1960
Vorsitzende(r): Prof. Dr. Konrad Krimm
Stellvertretende(r) Vorsitzende(r): Dr. Brigitte Herrbach-Schmitt
Verbandszeitschrift: Oberrheinische Studien
Verlag: Thorbecke, Ostfildern
Mitglieder: 433

● T 3 744
Verband bayerischer Geschichtsvereine e.V.
Austr. 18, 83022 Rosenheim
Gründung: 1906
1. Vorsitzende(r): Dr. Manfred Treml
Verbandszeitschrift: Mitteilungen des Verbandes
Verlag: Eigenverlag
Mitglieder: 210
Mitarbeiter: 6
Jahresetat: DM 0,015 Mio, € 0,01 Mio

● T 3 745
Kunstgeschichtliche Gesellschaft zu Berlin
Bodestr. 1-3, 10178 Berlin
T: (030) 20 90 56 07   Fax: 20 90 56 02
Gründung: 1887
Vorsitzende(r): Prof. Dr. Reiner Haussherr
Leitung Presseabteilung: Prof. Dr. Hartmut Krohm
Mitglieder: 120

● T 3 746
Gesamtverein der deutschen Geschichts- und Altertumsvereine
Am Archiv 1, 30169 Hannover
T: (0511) 1 20 66 10   Fax: 1 20 66 99
Gründung: 1852
Vorsitzende(r): Dr. Dieter Brosius
Stellvertretende(r) Vorsitzende(r): Prof. Dr. Alfred Wendehorst
Verbandszeitschrift: Blätter für deutsche Landesgeschichte
Redaktion: Dr. H.-G. Borck, Karmeliterstr. 1-3, 56073 Koblenz
Verlag: Selbstverlag
Mitglieder: ca. 240 Vereine und Institutionen
Förderung der vergleichenden Landesgeschichte.

● T 3 747
Institut für Kommunikationswissenschaft (Zeitungswissenschaft) der Universität München
Oettingenstr. 67, 80538 München
T: (089) 21 78-2511   Fax: 21 78-2429
E-Mail: pauler@ifkw.uni-muenchen.de
Gründung: 1924
Vorstand: Prof. Dr. Heinz Pürer
Geschäftsführer(in): Dipl.-Kfm. Karl Pauler (Ltg. Presseabt.)

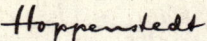

Mitglieder: ca. 2000 Studenten
Mitarbeiter: 28 (6 Professoren, 16 Assistentinnen u. Assistenten, 2 Bibliothekarinnen, 4 Verwaltungsangestellte)

● **T 3 748**
Institut für Kommunikationswissenschaft der Westfälischen Wilhelms-Universität
Bispinghof 9-14, 48143 Münster
T: (0251) 83-24261   Fax: 83-28394
Gründung: 1927
Direktor(in): Prof. Dr. Miriam Meckel (geschäftsf.)
Mitglieder: z. Zt. 1800 Studierende
Mitarbeiter: 11

Fachverband:
Deutsche Gesellschaft für Publizistik- und Kommunikationswissenschaft e.V.

● **T 3 749**
Niedersächsische Staats- und Universitätsbibliothek
Platz der Göttinger Sieben 1, 37073 Göttingen
T: (0551) 39-52 12, 39-52 31
Gründung: 1734
Leiter(in): Prof. Dr. E. Mittler
Mitarbeiter: 221
Sondersammelgebiete: u.a. Naturwissenschaften allgem., Geographie, Weltraumforschung, Anglistik, Großbritannien u. Nordamerika, Astronomie, Astrophysik, Geophysik, Forstwissenschaft, Reine Mathematik, Thematische Karten
Erwerbungsetat: DM 5,8 Mio

● **T 3 750**
Lehrstuhl für Kommunikations- und Politikwissenschaft im Sozialwissenschaftlichen Institut der Friedrich-Alexander-Universität Erlangen-Nürnberg
Postf. 39 31, 90020 Nürnberg
Findelgasse 9, 90402 Nürnberg
T: (0911) 53 02-6 74   Fax: 53 02-6 59
Internet: http://www.wiso.uni-erlangen.de/WISO/Sozw/kommpol/
E-Mail: winfried.schulz@wiso.uni-erlangen.de
Direktor(in): Prof. Dr. Winfried Schulz

● **T 3 751**
Münchner Kreis
Übernationale Vereinigung für Kommunikationsforschung e.V.
Tal 16, 80331 München
T: (089) 22 32 38   Fax: 22 54 07
Internet: http://www.muenchner-kreis.de
E-Mail: office@muenchner-kreis.de
Gründung: 1974 (17. September)
Vorsitzende(r) des Vorstandes: Prof. Dr.Dr.h.c. Arnold Picot
Geschäftsführer(in): Dipl.-Phys. Volker Gehrling
Mitglieder: 205

● **T 3 752**
Gesellschaft für deutsche Sprache e.V.
Spiegelgasse 13, 65183 Wiesbaden
T: (0611) 99 95 50   Fax: 9 99 53 30
Internet: http://www.gfds.de
E-Mail: sekr.gfds@t-online.de
Gründung: 1947 (10. Januar)
Vorsitzende(r): Prof. Dr. Rudolf Hoberg (Technische Universität Darmstadt)
Geschäftsführer(in): Dr. Karin M. Eichhoff-Cyrus
Verbandszeitschrift: Der Sprachdienst
(H. Walther), Muttersprache (Dr. G. Müller)
Mitglieder: 2200
Mitarbeiter: 14
Jahresetat: DM 1,3 Mio, € 0,66 Mio

● **T 3 753**
Deutscher Romanistenverband (DRV)
Institut für Romanische Philologie der Universität München
Ludwigstr. 25, 80539 München
T: (089) 21 80-2288
Gründung: 1953
1. Vorsitzende(r): Prof. Dr. Wulf Oesterreicher (Institut für Romanische Philologie, Ludwig-Maximilians-Universität München, Ludwigstr. 25, 80539 München, T: (089) 21 80-3426, Fax: (089) 21 800-3535, E-Mail: wulf.oesterreicher@romanistik.uni-muenchen.de)
1. Stellvertreterin: Prof. Dr. Margarete Zimmermann (FU Berlin, FB Phil. u. Geisteswiss./WE 5, Habelschwerdter Allee 45, 14195 Berlin, Fax: (030) 83 85-4457, E-Mail: margzim@zedat.fu-berlin.de)
2. Stellvertreterin: Dr. Gabriele Vickermann (Institut für Romanische Philologie der Justus-Liebig-Universität Gießen, Karl-Glöckner-Str. 21 G, 35394 Gießen, E-Mail: gabriele.a.vickermann@romanistik.uni-giessen.de)
Beauftragter für Öffentlichkeitsarbeit: Prof. Dr. Thomas Krefeld (Institut für Romanische Philologie, Ludwig-Maximilians-Universität München, Ludwigstr. 25, 80539 München, T:
(089) 21 89-2289/2197, Fax: (089) 21 89-3535, E-Mail: thomas.krefeld@romanistik.uni-muenchen.de)
Schatzmeister (Treasurer): PD Dr. Martin Haase (TU Berlin, Rom. Linguistik, Ernst-Reuter-Platz 7, 10587 Berlin, T: (030) 16-1, E-Mail: martin.haase@tu-berlin.de)
Verbandszeitschrift: Mitteilungen des DRV
Redaktion: Prof. Dr. Thomas Krefeld
Verlag: Selbstverlag
Mitglieder: ca. 1100

● **T 3 754**
Deutsche Akademie für Sprache und Dichtung
Alexandraweg 23, 64287 Darmstadt
T: (06151) 40 92-0   Fax: 40 92-99
Internet: http://www.deutscheakademie.de
E-Mail: deutsche.akademie@t-online.de
Gründung: 1949 (28. August)
Präsident(in): Prof. Dr. Christian Meier
Generalsekretär(in): Dr. Gerhard Dette
Leitung Presseabteilung: Corinna Blattmann
Verbandszeitschrift: Jahrbuch
Redaktion: Michael Assmann
Verlag: Wallstein-Verlag GmbH, Planckstr. 23, 37073 Göttingen
Mitglieder: 168
Mitarbeiter: 7
Jahresetat: DM 1,289 Mio, € 0,66 Mio

● **T 3 755**
Arbeitsstelle für Leseforschung und Kinder- und Jugendmedien (ALEKI)
Universität Köln
Bernhard-Feilchenfeld-Str. 11, 50969 Köln
T: (0221) 4 70-4063   Fax: 4 70-5197
Internet: http://www.aleki.uni-koeln.de
Kontaktperson: Prof. Dr. Bettina Hurrelmann

Berufliche und fachliche Aus- und Fortbildung, Nachwuchsförderung

● **T 3 756**
Bundesarbeitsgemeinschaft der Berufsbildungswerke (BAG BBW)
Geschäftsstelle
Zähringerstr. 42-59, 77652 Offenburg
T: (0781) 9 70 70 43   Fax: 97 07 44
Internet: http://www.bagbbw.de
E-Mail: b@bagbbw.de
Vorsitzende(r): Armin Fink
Verbandszeitschrift: Berufliche Rehabilitation
Redaktion: Dr. Asam, BBW Augsburg
Verlag: Lambertusverlag, Freiburg
Mitglieder: 52 Berufsbildungswerke

● **T 3 757**
Berufsbildungswerk der Deutschen Versicherungswirtschaft e.V. (BWV)
Arabellastr. 29, 81925 München
T: (089) 92 20 01-30   Fax: 92 20 01-44
Internet: http://www.bwv-online.de
Vorstand: Dr. Stefan Lippe (Vors.), München
Josef Beutelmann (stellv. Vors.), Wuppertal
Dr. Uwe-Volker Bilitza (stellv. Vors.), Köln
Uwe H. Reuter (stellv. Vors.), München
Dr. Roland Delbos, Köln
Dr. Heiner Feldhaus, Hannover
Wolfgang Flaßhoff, Coburg
Michael Heinz, Siegen
Dr. Joachim Lemppenau, Hamburg
Hauptgeschäftsführer(in): Walter Bockshecker, München

Das Berufsbildungswerk der Deutschen Versicherungswirtschaft e.V. ist ein von der deutschen Versicherungswirtschaft getragener Berufsverband zur überbetrieblichen Berufsbildung der Mitarbeiter in der Versicherungswirtschaft.

● **T 3 758**
Berufsbildungswerk der Versicherungswirtschaft in Berlin-Brandenburg (BWV) e.V.
Sitz und Geschäftsstelle:
Kurfürstendamm 24, 10719 Berlin
T: (030) 88 78-1906   Fax: 88 78-1909
Vorstand: Dr. Günter Schäfer (Sprecher)
Michael Beckord
Dr. Wolfgang Bühler
Wolf-Rainer Hermel
Stefan Horenburg
Kurt Miehe
GeschF u. Studienltr: Stefan Horenburg

● **T 3 759**
Berufsbildungswerk der Versicherungswirtschaft in Dortmund e.V.
- Institut für Berufsbildung -
Joseph-Scherer-Str. 3, 44139 Dortmund
T: (0231) 1 35-37 13
Gründung: 1971 (02. November)
Vorsitzende(r): Martin Rohm
Geschäftsführer(in): Wolfgang Schwarzer
Mitglieder: 50 Mitgliedsunternehmen

● **T 3 760**
Institut für Berufsfortbildung der Versicherungswirtschaft Hamburg e.V.
Rothenbaumchaussee 167, 20149 Hamburg
T: (040) 44 03 22   Fax: 44 86 64
Gründung: 1950
Vorsitzende(r): Dr. Hans Georg Jenssen
Stellvertretende(r) Vorsitzende(r): Dr. Hans Joachim Böttcher
Geschäftsführer(in): Dieter Lorenz (Leitung Presseabteilung)
Mitglieder: 102 Gesellschaften mit insgesamt 15 000 Mitgliedern, 90 Dozenten

● **T 3 761**
Berufsbildungswerk der Versicherungswirtschaft in Hessen e.V.
Geschäftsführung:
Postf. 16 60, 61406 Oberursel
Alte Leipziger-Platz 1, 61440 Oberursel
T: (06171) 66-3169   Fax: 66-2255
Internet: http://www.bwv-online.de
E-Mail: frankfurt@bwv-online.de
Gründung: 1948
Ehrenvorsitzender: Jochen Stöhr, Oberursel
Vorstand: Prof. Dr. Theo Scherer (Vors. d. Vorst., Studienleiter Deutsche Versicherungs-Akademie (DVA), Frankfurt a.M.)
Manfred Berg (stellv. Vors., Vors. d. Geschäftsleitung AXA-Colonia Vers. AG, Zweig-NL Frankfurt a.M.)
Wolfgang Berheide (stellv. Vors., Stellvertreter d. Vors. im Bezirksverband Frankfurt-Rhein-Main Bundesverband Deutscher Versicherungskaufleute, Frankfurt a.M.)
Hans-Dieter Breitenhuber (Vorst.Mitgl., Mitglied d. Geschäftsleitung Zürich-Aggrippina Beteiligungs-AG, Frankfurt a.M.)
Wolfgang Faden (Vorst.Mitgl., Geschf. Gerling Industrie-Service GmbH-Südwest, Frankfurt a.M.)
Werner Kraft (Vorst.Mitgl., Mitglied d. Geschäftsleitung Helvetia-Versicherungen, NL für Deutschland, Frankfurt a.M.)
Jürgen Hammer (Schatzmeister, Mitglied d. Geschäftsleitung Gothaer Versicherungsbank VVaG, NL Frankfurt)
Walter Hochenauer (Schriftführer), Langen
Winfried Anolick (stellv. Vorstandsmitgl., Mitglied d. Geschäftsleitung Basler Versicherungen, Direktion für Deutschland, Bad Homburg)
Manfred Bruhn (stellv. Vorstandsmitgl., Mitglied der Vorstände Alte Leipziger Unternehmensverbund, Oberursel)
Franz Petzold (stellv. Vorstandsmitgl., Stellv. d. Vors. im Bezirksverband Frankfurt-Rhein-Main Bundesverband Deutscher Versicherungskaufleute, Frankfurt a.M.)
Geschäftsführer(in): Renate Tittel (Prüfungsbeauftragte Vers.Fachmann (BWV))
Studienleitung: Vers.-Fachwirt Arnold Aschmann
Vers.-Fachwirt Wolf-Dieter Lang (Stv.)
DVA: Prof. Dr. Theo Scherer
Mitglieder: 570
Mitarbeiter: 3

● **T 3 762**
Bildungswerk der Versicherungswirtschaft Mecklenburg/Vorpommern e.V.
Sitz Rostock
Bremer Str. 39a, 18057 Rostock
T: (0381) 80 77-4435   Fax: 80 77-4433
Leiter: Thomas Kühl (Provinzial Versicherungen)
Geschäftsführer(in): Heidrun Herold

● **T 3 763**
Verein für Versicherungswissenschaft und -praxis im Saarland e.V.
Mainzer Str. 32-34, 66111 Saarbrücken
T: (0681) 60 12 04   Fax: 60 14 65
E-Mail: saarland@t-online.de
Leiter: Rainer Otto (SAARLAND Versicherungen)

● **T 3 764**
Berufsbildungswerk der Versicherungswirtschaft Thüringen e.V.
Bonifaciusstr. 18, 99084 Erfurt
T: (0361) 2 24 14-299   Fax: 2 24 14-293
Leiter: Rainer Wörsdorfer
Geschäftsführer(in): Claudia Tischer

● T 3 765

Nürnberger Akademie für Absatzwirtschaft e.V. (NAA)
Fürther Str. 212, 90429 Nürnberg
T: (0911) 91 97 69-0   **Fax:** 91 97 69-20
Internet: http://www.naa.de
E-Mail: naa.gmbh@t-online.de
Gründung: 1963
Präsident des Kuratoriums: Dipl.-Pol. Uwe Hoch (Handelsblatt GmbH, Düsseldorf)
Vorstand: Prof. Dr. Frank Wimmer (Vors.; Universität Bamberg)
Geschäftsführer(in): Ronald Endler

● T 3 766

Deutsche Akademie für Städtebau und Landesplanung (DASL)
Gubener Str. 49, 10243 Berlin
T: (030) 29 36 28 25   **Fax:** 29 36 28 26
Präsident(in): Prof. Dr.-Ing. Helmut Ahuis, Bochum
Geschäftsführer(in): Dipl.-Ing. Ludwig Krause
Wissenschaftlicher Sekretär: Dipl.-Ing. Lothar Juckel, Berlin
Mitglieder: ca. 650

Landesgruppen:
Baden-Württemberg; Bayern; Berlin/Brandenburg; Hamburg/Mecklenburg-Vorpommern/Schleswig-Holstein; Hessen/Rheinland-Pfalz/Saarland; Niedersachsen-Bremen; Nordrhein-Westfalen; Sachsen/Sachsen-Anhalt/Thüringen/

● T 3 767

Akademie der Arbeit in der Universität Frankfurt am Main
Mertonstr. 30, 60325 Frankfurt
T: (069) 77 20 21   **Fax:** 7 07 34 69
E-Mail: ada@em.uni-frankfurt.de
Leiter(in): Prof. Dr. Diether Döring
Prof. Dr. Otto Ernst Kempen
Prof. Dr. Renate Neubäumer

● T 3 768

Gesellschaft für Arbeitsmethodik e.V. (GfA)
Zum Zörr 15, 41462 Neuss
T: (02131) 6 55 44   **Fax:** 6 35 38
Internet: http://www.g-f-a.de
E-Mail: duessel@g-f-a.de
Gründung: 1954 (10. Januar)
1. Vorsitzende(r): Mirko Düssel (Ltg. Presseabt.)
Stellv. Vorsitzender: Dipl.-Kfm. Wolfgang Reich (Te:0421/3491566)
Verbandszeitschrift: Der Arbeitsmethodiker
Redaktion: Dipl.-Ing. Helmut L. Clemm
Verlag: Rotkäppchenstr. 83, 81739 München
Mitglieder: 1500

Fachzeitschrift "Der Arbeitsmethodiker", GfA-Methodenhandbuch (Erfolgsmethoden). Kongresse und Seminare für Arbeitsmethodik, Kommunikation, Führung und Lebensgestaltung sowie monatliche Veranstaltungen in vielen Städten zu Arbeits- und Führungsmethodik, Kommunikation und Rhetorik, Zeitmanagement, Selbstmanagement und Selbsthilfe, Lebensgestaltung, Förderung des persönlichen Erfahrungsaustauschs, 30 Regionalgruppen.

● T 3 769

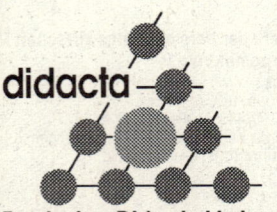

Deutscher Didacta Verband e.V. (ddv)
Rheinstr. 94, 64295 Darmstadt
T: (06151) 31 91 41   **Fax:** 31 91 44
Internet: http://www.didacta-verband.de
E-Mail: info@didacta-verband.de
Gründung: 1949 (21. Juni)
Präsident(in): Lothar Ammann
Geschäftsführer(in): Reinhard Koslitz
Leitung Presseabteilung: Astrid Luise Mannes
Messeorganisation: Dinah Korb
Verbandszeitschrift: didacta aktuell
Mitglieder: 140
Mitarbeiter: 5

Zusammen mit den Mitgliedsfirmen (Verlage, Lehrmittelhersteller, Einrichter und Ausstatter von Bildungsstätten, Fachhandel) und anderen partnerschaftlich verbundenen Organisationen arbeitet der ddv an einer stetigen Verbesserung der Chancen sowohl der Anbieter als auch der Konsumenten am Bildungsmarkt. Zielmärkte: Kindergarten, Vorschule, Schule, Hochschule, beruff. Ausbildung und Qualifikation, Weiterbildung und Training, Erwachsenenbildung und Führungskräftetraining. Der ddv ist idealer Träger der Bildungsmesse Interschul/didacta, die ab 1999 jährlich an wechselnden Standorten veranstaltet wird.

● T 3 770

Verband Berufliche Qualifizierung (Q-Verband) e.V.
Am Stadthafen 42-50, 45881 Gelsenkirchen
T: (0209) 49 71 14   **Fax:** 49 71 15
E-Mail: QUALIFICATION@t-online.de
Gründung: 1991 (26. Februar)
Präsident(in): Jens Uwe Martens (IWL GmbH)
Vizepräsident(in): Rainer Hartlep (TELERAT GmbH)
Hermann Röder (Z.W.H. e.V.)
Geschäftsführer(in): Wolfgang Reuter (Leitung Presseabt.)
Verbandszeitschrift: Q-magazin
Verlag: Q-Service GmbH, Enfieldstr. 112, 45966 Gladbeck
Mitglieder: 250
Mitarbeiter: 5
Verbandsmesse: QUALIFIKATION, QUALIFICATION ASIA, QUALIFIKATION America

● T 3 771

Zweckverband Münchener Fachakademie für Augenoptik - Körperschaft des öffentl. Rechts -
Marsplatz 8, 80335 München
T: (089) 1 24 07-0   **Fax:** 1 24 07-2 22
Vorsitzende(r): Elisabeth Weiß-Söllner
Ltr. d. Geschäftsstelle: Dr. Franz Nickel

● T 3 772

Förderverein Bekleidungsfachschule Naila e.V. (FBN)
c/o Verband Textilbekleidung
Gewürzmühlstr. 5, 80538 München
T: (089) 21 21 49-0   **Fax:** 29 14 60
Geschäftsführer(in): Xaver Aschenbrenner

● T 3 773

Stiftung Gesellschaft & Recht e.V.
Zur Boeckelt 20, 47608 Geldern
T: (02831) 10 95   **Fax:** 10 97

t 3 774

Zentralstelle für die Ausbildung im Detektivgewerbe (ZAD)
GmbH der Stiftung Gesellschaft & Recht
Heinrich-Büssing-Ring 41, 38102 Braunschweig
T: (0531) 7 44 44   **Fax:** 79 81 68
Gründung: 1986 (8. November)
Leitung Presseabteilung: Manfred Kocks (E-Mail: Manfred-W-Kocks@t-online)
Verbandszeitschrift: "Detektiv-Kurier"
Redaktion: Manfred W. Kocks
Verlag: Verlags-GmbH
Mitglieder: 3 Verbände, 7 Stiftungsmitglieder
Mitarbeiter: 6
Zeitschrift: "DETEKTIV-KURIER",
Redaktion: Manfred Kocks,
Verlag: Eigenverlag

t 3 775

Detektivverlag GmbH der Stiftung Gesellschaft & Recht
Postf. 12 05, 47592 Geldern
Zur Boeckelt 20, 47608 Geldern
T: (02831) 10 95   **Fax:** 10 87
Internet: http://www.detektiv-kurier.de
E-Mail: manfred-w-kocks@t-online.de
Gründung: 2000 (1. Januar)
Geschäftsführer(in): Manfred Kocks (Herausgeber und Chefredakteur)
Gesellschafter: 5 Verbände und 7 Stiftungsmitglieder
Geschäftstätigkeit: Berichterstattung über das Detektivgewerbe in Abstimmung mit den Detektivverbänden: BDD Bundesverband deutscher Detektive, Bonn; BID Bund internationaler Detektive e.V., Frankfurt/M.; DDV Deutscher Detektiv Verband e.V., Frankfurt/M.. Herausgabe der Zeitschrift „Detektiv-Kurier"
Verbandszeitschrift: Detektiv-Kurier
Mitarbeiter: 6

● T 3 776

Arbeitskreis Prägefoliendruck e.V.
c/o Rainer Hummel, Oeserwerk Ernst Oeser & Söhne KG
Postf. 9 80, 73009 Göppingen
Rigistr. 20, 73037 Göppingen
T: (07161) 80 09-94   **Fax:** 80 09-10
Gründung: 1973
Vorsitzende(r): Dr. Franz-Josef Vollherbst (Vollherbst-Druck GmbH, Lichteneckstr. 1, 79346 Endingen, T: (07642) 6 81-0, Fax: (07642) 24 41)
Stellvertretende(r) Vorsitzende(r): Frank Denninghoff (Gräfe Druck GmbH, Eckendorfer Str. 82-84, 33609 Bielefeld, T: (0521) 9 72 05-0, Telefax: (0521) 9 72 05-50)
Leitung Presseabteilung: Rainer Hummel (CFC Oeserwerk GmbH, Rigistr. 20, 73037 Göppingen, T: (07161) 80 09-130, Fax: (07161) 80 09-10)
Mitglieder: 18

● T 3 777

Freundeskreis Deutscher Auslandsschulen e.V.
Breite Str. 29, 10178 Berlin
T: (030) 2 03 08-1106   **Fax:** 2 03 08-1113
Vorsitzende(r): Dipl.-Ing. Hans Peter Stihl
Stellvertretende(r) Vorsitzende(r): Dr. Franz Schoser (Breite Str. 29, 10178 Berlin)
Geschäftsführer(in): Philipp Graf von Walderdorff (T: (030) 2 03 08-1106, Fax: (030) 2 03 08-1113)

● T 3 778

Wirtschaftsfachschule für Tourismus
Hindenburgstr. 13a, 53925 Kall
T: (02441) 77 97-0   **Fax:** 77 97 79
Internet: http://www.berufskolleg-eifel.de
E-Mail: infos@berufskolleg-eifel.de
Gründung: 1990
Leiter: Willibert Witten
Mitarbeiter: 12

● T 3 779

Fachinstitut für Schulungen in der Reisebranche e.V. (FSR e.V.)
Frankstr. 1, 58135 Hagen
T: (02331) 9 04-737   **Fax:** 9 04-740
Vorstand: Hans-Georg Kraus
Rolf Diek
Josef Vollstedt
Geschäftsführer(in): Christian Schröder

● T 3 780

Deutscher Akademischer Austauschdienst (DAAD)
Postf. 20 04 04, 53104 Bonn
Kennedyallee 50, 53175 Bonn
T: (0228) 8 82-0   **Fax:** 88 24 44
Internet: http://www.daad.de
E-Mail: postmaster@daad.de
Gründung: 1950 (5. August)
Präsident(in): Prof. Dr. Theodor Berchem
Vizepräsident(in): Prof. Dr. Max G. Huber
Generalsekretär(in): Dr. Christian Bode
Verbandszeitschrift: DAAD-Letter, PostScript
Mitglieder: 231 Hochschulen und 129 Studentenschaften
Mitarbeiter: 451 (inkl. DAAD-Außenstellen)
Jahresetat: ca. DM 395,7 Mio, € 202,32 Mio

● T 3 781

Forum Berufsbildung e.V.
Charlottenstr. 2, 10969 Berlin
T: (030) 25 90 08-0   **Fax:** 2 51 87 22
Internet: http://www.forum-berufsbildung.de
E-Mail: forum-berufsbildung@bln.de
Gründung: 1985
Geschäftsführer(in): Dr. Helmut Riethmüller
Leitung Presseabteilung: Sabine Venske
Mitarbeiter: 40 feste, 150 freie Dozenten

● T 3 782

Internationale Jugendgemeinschaftsdienste Bundesverein e.V. - Gesellschaft für internationale und politische Bildung - Gemeinnütziger Verein
Kaiserstr. 43, 53113 Bonn
T: (0228) 2 28 00-0   **Fax:** 2 28 00-24
Gründung: 1949
1. Vorsitzende(r): Anja Mütschele
2. Vorsitzende(r): Claus Bittner
Geschäftsführer(in): Jürgen Wittmer
Mitglieder: 150
Mitarbeiter: 52
Jahresetat: ca. DM 10 Mio, € 5,11 Mio
Internationale Jugendgemeinschaftsdienste:
Landesverein Baden-Württemberg e.V.
Landesverein Berlin e.V.
Landesverein Brandenburg e.V.
Landesverein Hamburg-Schleswig-Holstein e.V.
Landesverein Hessen e.V.

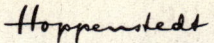

Landesverein Mecklenburg-Vorpommern e.V.
Landesverein Niedersachsen e.V.
Landesverein Nordrhein-Westfalen e.V.
Landesverein Rheinland-Pfalz - Saarland e.V.
Landesverein Sachsen e.V.
Landesverein Sachsen-Anhalt e.V.
Landesverein Süddeutschland e.V.
Landesverein Thüringen e.V.

● **T 3 783**
Bankakademie e.V.
Postf. 10 03 41, 60003 Frankfurt
Sonnemannstr. 9-11, 60314 Frankfurt
T: (069) 1 54 00 80   **Fax:** 55 14 61
Internet: http://www.bankakademie.de
E-Mail: info@bankakademie.de
Gründung: 1957
Vorstand: Prof. Dr. Udo Steffens (Vors.)
Ingolf Jungmann
Wiss. Ltr.: Prof. Dr. Joachim Süchting
Leitung Presseabteilung: Thomas Krause
Mitarbeiter: 150

● **T 3 784**

Vereinigung für Bankberufsbildung e.V.
Postf. 70 11 52, 60561 Frankfurt
Darmstädter Landstr. 125, 60598 Frankfurt
T: (069) 60 50 10-0   **Fax:** 60 50 10-74
Internet: http://www.vbb.de
E-Mail: info@vbb.de
Gründung: 1971 (20. Oktober)
Beirat: Manfred Groos (Vors.)
Prof. Dr. Jörg-E. Cramer (stellv. Vors.)
Dr. Hans-Georg Engel
Stephan Steuer
Geschf. Vorst.: Manfred Gogolin
Dr. Markus Cordes
Verbandszeitschrift: vbb-Newsletter
Mitglieder: 188
Mitarbeiter: 26
Offene und unternehmensspezifische Seminarprogramme; Bildungsbedarfsanalyse; Entwicklung und Einführung computerunterstützter Lehr- und Lernmedien; Herausgabe von Fachliteratur; Frankfurter Ausbildungskooperation.

● **T 3 785**
Kuratorium der Deutschen Wirtschaft für Berufsbildung
Adenauerallee 8a, 53113 Bonn
T: (0228) 9 15 23-0   **Fax:** 9 15 23 99
E-Mail: kwb@kwb-berufsbildung.de
Gründung: 1970
Vorsitzende(r) des Vorstandes: Geerd Woortmann (Deutscher Industrie- und Handelstag, Adenauerallee 148, 53113 Bonn, T: (0228) 1 04-0)
Geschäftsführerin: Helen Diedrich-Fuhs
Mitglieder: 8

● **T 3 786**
Verband Bayerischer Wirtschaftsphilologen e.V.
Jahnstr. 17, 85567 Grafing
T: (08092) 50 79   **Fax:** 3 26 20
Internet: http://www.wirtschaftsphilologen.de
Gründung: 1906
1. Vorsitzende(r): Oberstudienrat Fritz Pawlick
Stellvertreter: Fritz Bielmeier
Stellvertreter: Dr. Stefflbauer
Stellvertreter: Dr. Peter Greimel
Kassenwart: Walter Fischer
Schriftführerin: Cornelia Pfeiffer
Verbandszeitschrift: Mitteilungen des Verbandes Bayerischer Wirtschaftsphilologen
Verlag: Eigenverlag, Grafing
Mitglieder: 992
Jahresetat: DM 0,016 Mio, € 0,01 Mio

● **T 3 787**
AFN Gesellschaft für Ausbildung, Fortbildung und Nachschulung e.V.
Sülzburgstr. 13, 50937 Köln
T: (0221) 41 33 11, 41 55 54   **Fax:** 9 41 78 40
Internet: http://www.afn.de
E-Mail: afn@afn.de
Gründung: 1978 (1. Juni)
1. Vors. und PR: Dr. rer. nat. Edgar Spoerer
Stv. Vors. und PR: Dr. Brigitte Krohn
Schatzmeister: Beate Gassen

● **T 3 788**
Freunde und Förderer der Berufsakademie Heidenheim e.V.
Wilhelmstr. 10, 89518 Heidenheim
T: (07321) 38-19 30
Gründung: 1985
1. Vorsitzende(r): Dipl.-Kfm. Friedrich Pohl
Schatzmeister: Dipl.-Betriebswirt Klaus Wolf
Geschäftsführer(in): Peter Zabka-Stolch

● **T 3 789**
Berufsakademie Staatliche Studienakademie
Marienplatz 2, 88212 Ravensburg
T: (0751) 8 06-2700   **Fax:** 8 06-2701
Gründung: 1978 (1. Oktober)
Direktor(in): Prof. Dr. Winter
Stellvertretender Direktor: Prof. Dr. Friedrich Vorster
Leitung Presseabteilung: Thomas Schieber
Mitarbeiter: 85
Studenten: 1842

● **T 3 790**
Berufsakademie Emsland e.V.
Postf. 12 07, 49782 Lingen
An der Kokenmühle, 49808 Lingen
T: (0591) 9 12 80-0   **Fax:** 9 12 80 15
E-Mail: ba-emsland@ba-emsland.de
Gründung: 1988 (1. Dezember)
Vorsitzende(r): Jürgen Lescher (Fa. Wavin GmbH)
Stellvertretende(r) Vorsitzende(r): Heinz-Ludwig Groß (Fa. Nordland Papier AG)
Dr. Peter Beckmann
Hauptgeschäftsführer(in): Prof. Dr. Thomas Steinkamp
Mitglieder: 50

● **T 3 791**
Berufsakademie Karlsruhe
University of Cooperative Education
Staatliche Studienakademie
Postf. 11 02 20, 76052 Karlsruhe
Erzbergerstr. 121, 76133 Karlsruhe
T: (0721) 97 35-5   **Fax:** 97 35-600
Internet: http://www.ba-karlsruhe.de
E-Mail: goehringer@ba-karlsruhe.de
Gründung: 1979 (Oktober)
Direktor(in): Prof. A. Göhringer
Prof. D. Weigert
Verwaltungsdirektor: OAR T. Keilbach
Verbandszeitschrift: Partnerinfo

● **T 3 792**
Berufsakademie Lörrach
Staatliche Studienakademie
University of Cooperative Education
Hangstr. 46-50, 79539 Lörrach
T: (07621) 20 71-0   **Fax:** 20 71-119
Internet: http://www.ba-loerrach.de
E-Mail: info@ba-loerrach.de
Gründung: 1981
Direktor: Prof. Dr. Bernd Martin
Leitung Presseabteilung: Annette Mahro
Verbandszeitschrift: BA-Lörrach Forum
Redaktion: Annette Mahro
Mitarbeiter: 60 Mitarbeiter, ca. 1000 Studenten

● **T 3 793**
Berufsakademie Mannheim
Staatliche Studienakademie
Coblitzweg 7, 68163 Mannheim
T: (0621) 41 05-1 00   **Fax:** 41 05-1 01
Internet: http://www.ba-mannheim.de
E-Mail: info@ba-mannheim.de
Direktor(in): Prof. Windel
Stellvertretender Direktor: Prof. Schröder
Ltd.Verw.Beamter: Verw.-Dir. Lutz

● **T 3 794**
Berufsakademie Mosbach
Staatliche Studienakademie
University of Cooperative Education
Lohrtalweg 10, 74821 Mosbach
T: (06261) 8 71 00   **Fax:** 87-504, 87-104
Internet: http://www.ba-mosbach.de
E-Mail: info@ba-mosbach.de
Direktor(in): Prof. A. von Freyhold
Stellvertretender Direktor: Prof. Dipl.-Ing. R. Geilsdörfer
Verwaltungsdirektor: Siegfried Glier

● **T 3 795**
Berufsakademie Sachsen
Staatliche Studienakademie Bautzen
Staatliche Studienakademie Bautzen
Postf. 18 20, 02608 Bautzen
Löbauer Str. 1, 02625 Bautzen
T: (03591) 3 53-00   **Fax:** 3 53-226
Internet: http://www.ba-bautzen.de
E-Mail: postmaster@ba-bautzen.de

● **T 3 796**
Berufsakademie Stuttgart
Postf. 10 05 63, 70004 Stuttgart
Jägerstr. 56, 70174 Stuttgart
T: (0711) 18 49-6 60   **Fax:** 18 49-7 19
Internet: http://www.ba-stuttgart.de
E-Mail: info@ba-stuttgart.de
Gründung: 1974 (1. Oktober)
Direktor(in): Prof. Dr. W. Schneider
Stellvertretender Direktor: Prof. Heß
Ausbildungsbereichs-Ltr.: Prof. Dr. Wendt (Sozialwesen)
Prof. Heß (Technik)
Prof. Dr. Rössle (Wirtschaft)
Ltg. Außenst. Horb: Prof. Dr. Günther
Leitung Presseabteilung: Nicole Bastian
Mitarbeiter: 150
Kapazität: 4500 Studierende
Jahresetat: DM 24 Mio, € 12,27 Mio

● **T 3 797**
Berufsakademie Villingen-Schwenningen
Staatliche Studienakademie
Staatliche Studienakademie
Friedrich-Ebert-Str. 30, 78054 Villingen-Schwenningen
T: (07720) 39 06-0   **Fax:** 39 06-119
Gründung: 1975
Direktor(in): Prof. G. Riegraf
Stellv. Dir: Prof. Dr. U. Sommer
Mitarbeiter: 58

● **T 3 798**
Arbeitskreis Textilunterricht NRW e.V.
Annostr. 32, 40489 Düsseldorf
T: (0211) 40 17 11   **Fax:** 4 79 07 84
E-Mail: uaktx@gruellich.de
Gründung: 1972
1. Vorsitzende(r): Ursula Grüllich (Annostr. 32, 40489 Düsseldorf, T: (0211) 40 17 11)
Stellvertretende(r) Vorsitzende(r): Eleonore Beckers
GeschF u. Kassiererin: Gertrud Gräfin von Plettenberg (Im lütken Esch 18, 48291 Telgte, T: (02504) 89 34, Telefax: (02504) 8 87 37, E-Mail: aktxnrw@t-online.de)
Leitung Presseabteilung: Christa Blödorn (T: (0208) 80 53 76)
Verbandszeitschrift: Textilgestaltung
Redaktion: Eleonore Beckers
Verlag: Burgstr. 33, 52074 Aachen, T: (0241) 8 34 88, Telefax: (0241) 8 34 33
Mitglieder: 762 Lehrer/Innen

● **T 3 799**

Carl Duisberg Gesellschaft e.V. (CDG)
Weyerstr. 79-83, 50676 Köln
T: (0221) 20 98-0   **Fax:** 20 98-1 11
Internet: http://www.cdg.de
E-Mail: info@cdg.de
Gründung: 1949
Hauptgeschäftsführer(in): Dr. Norbert Schneider
Leitung Presseabteilung: Dorothee Hutter
Verbandszeitschrift: Carl Duisberg Forum
Redaktion: Edda von Homeyer
Mitglieder: ca. 670
Mitarbeiter: 458
Jahresetat: DM 153 Mio, € 78,23 Mio
Internationale berufliche Weiterbildung und Personalentwicklung für Fach- und Führungskräfte aus Deutschland, anderen Industrieländern, Mittel- und Osteuropa und aus Entwicklungsländern.

● **T 3 800**
Verein zur Berufsförderung der Bauindustrie in Niedersachsen e.V.
Eichstr. 19, 30161 Hannover
T: (0511) 3 48 34-0   **Fax:** 3 48 07 11
Internet: http://www.bauindustrie-nds.de
E-Mail: info@bauindustrie-nds.de
Vorsitzende(r): Dipl.-Ing. Manfred Knischewski (i.Fa. Heine-

T 3 800

mann & Busse Bauunternehmung GmbH, Hohenroder Weg 53, 38259 Peine, T: (05341) 8 22-8, Telefax: (05341) 3 15 05)
Hauptgeschäftsführer(in): Prof.Dipl.-Kfm. Michael Sommer

● **T 3 801**

Akademie für Raumforschung und Landesplanung
Hohenzollernstr. 11, 30161 Hannover
T: (0511) 3 48 42-0   **Fax:** 3 48 42 41
Internet: http://www.arl-net.de
E-Mail: arl@arl-net.de
Gründung: 1946
Präsident(in): StSekr. Dr. Ernst-Hasso Ritter, Düsseldorf
Vizepräsident(in): Prof. Dr. Axel Priebs, Hannover
Prof. Dr. Horst Zimmermann, Marburg
Generalsekretär(in): Dr.-Ing. Dietmar Scholich, Hannover
Leitung Presseabteilung: Dr. Klaus Becker
Verbandszeitschrift: ARL-Nachrichten
Verlag: Selbstverlag
Mitglieder: 120 Ordentliche, 360 Korrespondierende
Mitarbeiter: 30
Jahresetat: DM 4,0 Mio, € 2,05 Mio

● **T 3 802**

DMT-Gesellschaft für Lehre und Bildung mbH
siehe unter DMT-Gesellschaft für Lehre und Bildung mbH T 902

● **T 3 803**

Aktion Bildungsinformation e.V. (ABI)
Alte Poststr. 5, 70173 Stuttgart
T: (0711) 29 93 35   **Fax:** 29 93 30
Internet: http://www.abi-ev.de
E-Mail: info@abi-ev.de
Vorsitzende(r): Dipl.-Ing. Eberhard Kleinmann
Stellvertretende(r) Vorsitzende(r): Günther Weinschenk
Geschäftsführende(s) Vorstands-Mitglied(er): Werner Kinzinger
Leitung Presseabteilung: Barbara Engler

● **T 3 804**

Leiterkreis der Katholischen Akademien
Leonhardstr. 18-20, 52064 Aachen
T: (0241) 4 79 96 22   **Fax:** 4 79 96 20
E-Mail: bischoefliche.akademie@post.rwth-aachen.de
Vorsitzende(r): Dr. phil. h.c. Hans Hermann Henrix
Vertretung der gemeinsamen Aufgaben der Katholischen Akademien in Deutschland.

● **T 3 805**

Bildung und Begabung e.V
Postf. 20 02 01, 53132 Bonn
Godesberger Allee 90, 53175 Bonn
T: (0228) 9 59 15-0   **Fax:** 9 59 15-19
Internet: http://www.bildung-und-begabung.de
E-Mail: info@bildung-und-begabung.de
Gründung: 1985
Vorstand: Walter Rasch (Vors.; Senator a.D.), Berlin
Vorstand: Heinz Rüdiger Grunewald, Bonn
Vorstand: Dr. Volker Meyer-Guckel, Essen
Geschäftsführer(in): Dr. Harald Wagner, Bonn

● **T 3 806**

Arbeitsgemeinschaft Demokratischer Bildungswerke e.V.
Ahornweg 27, 53177 Bonn
T: (0228) 32 10 23   **Fax:** 32 68 21
Gründung: 1955 (28. Oktober)
Vorsitzende(r): Gisela Schröter (MdB)
Stellvertretende(r) Vorsitzende(r): Dr. Axel Wernitz
Geschäftsführer(in): Fritz Hofer
Mitglieder: 11

● **T 3 807**

Arbeitsgemeinschaft kath.-sozialer Bildungswerke in der Bundesrepublik Deutschland (AKSB)
Heilsbachstr. 6, 53123 Bonn
T: (0228) 64 50 58   **Fax:** 6 42 09 10
Internet: http://www.aksb.de
E-Mail: info@aksb.de
Gründung: 1952
Vorstand: Dr. Alois Becker (Vors.; Akademie Klausenhof, Hamminkeln)
Vorstand: P. Hans-Joachim Martin (stellv. Vors.; SJ, Heinrich Pesch Haus, Ludwigshafen)
Geschäftsführer(in): Lothar Harles (E-Mail: harles@aksb.de)
Pressereferent(in): Dr. Lukas Rölli (E-Mail: roelli@aksb.de)
Verbandszeitschrift: AKSB-inform
Redaktion: Lukas Rölli
Mitglieder: 66
Mitarbeiter: 10

● **T 3 808**

forum sociale Mainz e.V.
Postf. 2340, 55013 Mainz
Saarstr. 3, 55122 Mainz
T: (06131) 2 89 44-0   **Fax:** 2 89 44-50
Gründung: 1986 (10. November)
Vorstand: Staatssekretär a.D. Heinz Friedrich Benner (Präsident)
Mitglieder: 350
Förderung von Wissenschaft und Bildung.

● **T 3 809**

Arbeitskreis deutscher Bildungsstätten e.V. (AdB)
Haager Weg 44, 53127 Bonn
T: (0228) 9 10 28-0   **Fax:** 29 90 30
Internet: http://www.adbildungsstaetten.de
E-Mail: geschaeftsstelle@adbildungsstaetten.de
Gründung: 1959
Internationaler Zusammenschluß: siehe unter izu 625
Vorsitzende(r): Moritz von Engelhardt (Wannseeheim für Jugendarbeit e.V., Hohenzollernstr. 14, 14109 Berlin)
Geschäftsführer(in): Mechthild Merfeld
Leitung Presseabteilung: Ingeborg Pistohl
Verbandszeitschrift: Außerschulische Bildung
Redaktion: Ingeborg Pistohl
Mitglieder: 111
Mitarbeiter: 9

● **T 3 810**

Deutsche Vereinigung für politische Bildung e.V. (DVPB)
Verband f. politische Bildung in Schule, Hochschule, Jugendarbeit u. Erwachsenenbildung
Hainstr. 10, 99891 Tabarz
T: (036259) 6 83 55
Internet: http://www.dvpb.de
E-Mail: dvpb@dvpb.de
Gründung: 1965
Vorstand: Regelschulrektorin Sabine Geißler (Bundesvors., T: (036259) 6 83 55)
Prof. Dr. K. Peter Fritzsche (Im Sieke 6, 38104 Braunschweig, T: (0531) 3 68 68)
Schatzmeisterin: Brigitte Grenz (Roststr. 10, 99086 Erfurt, T: (0361) 7 46 76 21/22, Fax: 7 46 76-23)
Beisitzer: Peter Henkenborg (Goethestr. 42, 35390 Gießen, T: (0641) 7 45 17)
Dr. Herbert Knepper (Händelstr. 12, 40822 Mettmann, T: (02104) 1 31 22, Fax: 80 12 48)
Karin Kopsch (Sprengelstr. 2, 14770 Brandenburg)
OStR Rainer Kohlhaas (Mozartstr. 28, 55450 Langenlonsheim)
Marianne Niederländer (Keltenstr. 5, 66271 Kleinblittersdorf)
Dr. Klaus Koopmann (Am Birkenkamp 11, 28790 Schwanewede, T: (0421) 66 35 64)
Verbandszeitschrift: Polis - Report der Politischen Bildung
Mitglieder: 3500

Landesverbände

t 3 811

Südwestdeutscher Lehrerverband Geschichte und politische Wissenschaften e.V.
(kooperatives Mitglied)
Grötzinger Str. 42, 76327 Pfinztal
T: (0771) 46 34 02   **Fax:** 9 46 39 85
E-Mail: siebach@t-online.de
1. Vorsitzende(r): Herbert Siebach

t 3 812

Deutsche Vereinigung für politische Bildung e.V. Landesverband Bayern
Johann-Keller-Weg 12, 86919 Utting
T: (08806) 78 54
1. Vorsitzende(r): Dr. Peter Hampe (Akademie für politische Bildung, Buchensee 1, 82323 Tutzing, T: (08158) 2 56-0)
Geschäftsführer(in): Dorothea Weidinger

t 3 813

Deutsche Vereinigung für politische Bildung e.V. Landesverband Berlin
Kattweg 25a, 14129 Berlin
T: (030) 8 03 81 33
1. Vorsitzende(r): Dr. Peter Massing (FU Berlin, FB Politische Wissenschaft, Ref. f. pol. Bildungsarbeit, Kattweg 25a, 14129 Berlin, T: (030) 8 03 81 33)

t 3 814

Deutsche Vereinigung für politische Bildung e.V. Landesverband Brandenburg
Elfriedestr. 12, 16540 Hohen Neuendorf
T: (033031) 50 43 14
1. Vorsitzende(r): Dieter Starke

t 3 815

Deutsche Vereinigung für politische Bildung e.V. Landesverband Bremen
Böblinger Weg 3, 28215 Bremen
T: (0421) 35 39 11
1. Vorsitzende(r): Peter Wenninger

t 3 816

Verband der Lehrer für Geschichte und Politik, Hamburg
(korporatives Mitglied)
Windmühlenweg 32, 22607 Hamburg
T: (040) 82 63 75   **Fax:** 82 01 89
1. Vorsitzende(r): Susanne Fricke-Heise

t 3 817

Deutsche Vereinigung für politische Bildung e.V. Landesverband Hessen
Fröschen Weiher 7, 35398 Gießen
T: (06403) 84 18
1. Vorsitzende(r): Prof. Dr. Eberhard Jung (Uni Karlsruhe T: (0721) 9 25-4611)
Geschäftsführer(in): Andrea Frischmann

t 3 818

Deutsche Vereinigung für politische Bildung e.V. Landesverband Niedersachsen
Bahnhofstr. 4b, 30938 Burgwedel
T: (05139) 22 33
1. Vorsitzende(r): Dr. Hans-Joachim Fichtner
Geschäftsführer(in): Dr. Peter Wollenweber (Teichstr. 4, 38116 Braunschweig, T: (0531) 57 51 22)

t 3 819

Deutsche Vereinigung für politische Bildung e.V. Landesverband Nordrhein-Westfalen
Rhedaer Str. 5, 33647 Bielefeld
T: (0251) 44 23 70
1. Vorsitzende(r): Dr. Stefan Thomas
Geschäftsführer(in): Richard Gericke (Sollbrüggenstr. 61, 47800 Krefeld)

t 3 820

Deutsche Vereinigung für politische Bildung e.V. Landesverband Rheinland-Pfalz
Brunnengasse 11, 67705 Stelzenberg
T: (06306) 73 26
1. Vorsitzende(r): Thomas Simon
2. Vorsitzende(r): Hartmut Geißler

t 3 821

Deutsche Vereinigung für politische Bildung e.V. Landesverband Saarland
Keltenstr. 5, 66271 Kleinblittersdorf
T: (06805) 15 93
1. Vorsitzende(r): Marianne Niederländer
Geschäftsführer(in): Dr. Walter Kappmeier

t 3 822

Deutsche Vereinigung für politische Bildung e.V. Landesverband Sachsen
c/o TU Dresden, Institut für Politikwissenschaften
01062 Dresden
T: (0351) 4 63-5827   **Fax:** 4 63-7760
1. Vorsitzende(r): Peter Henkenborg (Goethestr. 42, 35390 Gießen, T.: (0351) 463-5050, Fax: (0351) 4 63-7760, E-Mail: peter.henkenborg@dvpb.de)
2. Vorsitzende(r): Hans Wilhelm Berenbruch

t 3 823

Deutsche Vereinigung für politische Bildung e.V. Landesverband Sachsen-Anhalt
Rosenring 39, 39171 Osterweddingen
T: (039205) 8 05 82
1. Vorsitzende(r): Marga Kempe
Geschäftsführer(in): Dr. Ernst Herbst

t 3 824

Deutsche Vereinigung für politische Bildung e.V. Landesverband Schleswig-Holstein
Achterholzkamp 9 Hamdorf, 23795 Negernbötel
T: (04551) 8 16 18
1. Vorsitzende(r): Karl-Heinz Horn
Geschäftsführer(in): Prof. Dr. Klaus-Peter Kruber

t 3 825
Deutsche Vereinigung für politische Bildung e.V. Landesverband Thüringen
Schloßstr. 27b, 07407 Rudolstadt
T: (03672) 42 28 83   **Fax:** (036482) 2 25 63
E-Mail: matthiaswerner@planet-interkom.de
1. Vorsitzende(r): Matthias Werner

● T 3 826
Weiterbildungszentrum Ingelheim
Öffentliche Stiftung des bürgerlichen Rechts
Wilhelm-Leuschner-Str. 61, 55218 Ingelheim
T: (06132) 79 00 30   **Fax:** 7 90 03 22
Gründung: 1957 (16. Juli)
Direktor(in): Dr. Peter Becker
Vors.d.Stiftungsrates: Oberbürgermeister Dr. Joachim Gerhard
Mitarbeiter: 16

t 3 827
Fridtjof-Nansen-Akademie für politische Bildung
Wilhelm-Leuschner-Str. 61, 55218 Ingelheim
T: (06132) 7 90 03-13   **Fax:** 7 90 03-22
E-Mail: fna@wbz-ingelheim.de
Internationaler Zusammenschluß: siehe unter izu 715

● T 3 828
Kath. Berufskolleg des Johann-Michael-Sailer-Instituts e.V. (Sozialpädagogische Ausbildungsstätte)
Vogelsanger Str. 450, 50829 Köln
T: (0221) 58 17 44   **Fax:** 58 43 68
Internet: http://www.k.shuttle.de/k/fsspjms
E-Mail: FSSPJMS@aol.com
Leiter(in): Horst Heibach (M.A.)

● T 3 829
Informationszentrale der Bayerischen Wirtschaft (ibw)
Max-Joseph-Str. 5, 80333 München
T: (089) 55 17 83 70   **Fax:** 55 17 83 76
Gründung: 1951 (1. Oktober)
Geschäftsführer(in): Dr. Peter J. Thelen
Stellvertretende Geschäftsführerin und Chefredakteurin: Dipl.-Soz. Monika Nebe
Verbandszeitschrift: IBW-Nachrichtendienst - Meinung, Report
Mitarbeiter: 12

Die Informationszentrale der Bayerischen Wirtschaft versteht sich als das Zentrum für die Informations- und Öffentlichkeitsarbeit der bayerischen Wirtschaft. Der ibw obliegt insbesondere die publizistische Verbreitung und Erläuterung des wirtschafts-, sozial- und gesellschaftspolitischen Denkens und Handelns der bayerischen Unternehmer, ihrer Verbände und weiterer Institutionen der Wirtschaft nach innen und nach außen.

● T 3 830
Mediengesellschaft der Bayerischen Wirtschaft mbH (mbw)
Max-Joseph-Str. 5, 80333 München
T: (089) 5 51 78-380   **Fax:** 5 51 78-386
Gründung: 1985 (22.Februar)
Geschäftsführer(in): Dr. Peter J. Thelen
Mitarbeiter: 5

● T 3 831
Stiftung der Wirtschaft für Qualitätssicherung bei Bachelor/Master-Programmen (FIBAA)
Foundation for International Business Administration Accreditation (FIBAA)
Geschäftsstelle:
Adenauerallee 8a, 53113 Bonn
T: (0228) 1 04 43 00, (0173) 2 69 09 74 (Mobil)
Fax: (0228) 1 04 43 03
Internet: http://www.fibaa.de, http://www.mba-info.de
E-Mail: kran@fibaa.de
Gründung: 1994
Präsident(in): Dr. Franz Schoser (DIHT)
Vizepräsident(in): Dr. Kurt Ramsauer
Geschäftsführer(in): RA Hans-Jürgen Brackmann
RA Jörg E. Feuchthofen
Akkreditierung: Dr. Herbert Graubohm
Beratung + Projektmanagement: Dipl.-Päd. Detlev Kran (Ltg. Presseabteilung)
Redaktion: D. Kran
Mitglieder: 36
Mitarbeiter: 4

● T 3 832
BildungsCentrum der Wirtschaft e.V. Essen
Rolandstr. 5-9, 45128 Essen
T: (0201) 8 10 04-0   **Fax:** 8 10 04-110
E-Mail: info@bildungscentrum.de

● T 3 833
Bildungswerk der Bayerischen Wirtschaft (bbw) gemeinnützige GmbH
Herzog-Heinrich-Str. 13, 80336 München
T: (089) 5 14 69-0   **Fax:** 5 14 69-120
E-Mail: bbwggmbh@bbw.de
Gründung: 1998
Geschäftsführer(in): Herbert Loebe
Wolfram Heyne
Rainer Soldansky

● T 3 834

Management Akademie München im Bildungswerk der Bayerischen Wirtschaft gGmbH
Herzog-Heinrich-Str. 13, 80336 München
T: (089) 5 14 69-304   **Fax:** 5 14 69-120
Internet: http://www.mam.de
E-Mail: mam@bbw.de
Stellvertretende(r) Geschäftsführer(in): Wolfram Heyne
Vorsitzende(r) des Vorstandes: Dr. Manfred Scholz
Stellvertretende(r) Vorsitzende(r): Stephan Glötzl
Karl-Friedrich Müller-Lotter
Dr. Walter Schusser

● T 3 835
bbw Bildungswerk der Wirtschaft in Berlin und Brandenburg e.V.
Am Schillertheater 2, 10625 Berlin
T: (030) 3 10 05-0   **Fax:** 3 10 05-1 20
Internet: http://www.bbw-berlin.de
E-Mail: bbw@bbw-berlin.de
Gründung: 1972 (8. Februar)
Vorsitzende(r): Werner Gegenbauer
Geschäftsführende(s) Vorstands-Mitglied(er): RA Dr. Hartmann Kleiner
Dipl.-Kfm. Klaus-Dieter Teufel

t 3 836
bbw Bildungszentrum Strausberg GmbH
Hennickendorfer Chaussee 18-20, 15344 Strausberg
T: (03341) 47 22 40   **Fax:** 42 21 25
Geschäftsführer(in): Dr. paed. Ernst Czerny
Dipl.-Kfm. Klaus-Dieter Teufel

● T 3 837
Bildungswerk der Hessischen Wirtschaft e.V.
Emil-von-Behring-Str. 4, 60439 Frankfurt
T: (069) 9 58 08-0   **Fax:** 9 58 08-259
Internet: http://www.bwhw.de
E-Mail: zentrale@bwhw.de
Gründung: 1972
Vorsitzende(r): RA Paul Coenen
Stellvertretende(r) Vorsitzende(r): Dr. Artur Wollert (Hertie-Stiftung)
Geschäftsführer(in): Stephan Fischbach
Jürgen Isermann
Leitung Presseabteilung: Dr. Klaus-Jürgen Preuschoff
Verbandszeitschrift: Geschäftsbericht "Profile"
Mitglieder: 24 Arbeitgeber-bzw Wirtschaftsverbände
Mitarbeiter: 250

● T 3 838
Arbeitsgemeinschaft Norddeutscher Bildungswerke der Wirtschaft e.V.
Postfl. 60 19 69, 22219 Hamburg
Kapstadtring 10, 22297 Hamburg
T: (040) 63 78 45 00   **Fax:** 63 78 45 99
Gründung: 1976 (1. Dezember)
Vorsitzende(r): Heiner Spönemann (Bildungszentrum Tannenfelde, Postf. 5, 24611 Aukrug, T: (04873) 18-0, Fax: (04873) 18 88)
Geschäftsführer(in): Dr. Claus Kemmet (Inst. f. Sozial- und Bildungspolitik Hamburg e. V., Kapstadtring 10, 22297 Hamburg)
Mitglieder: 14

Landesverbände

t 3 839
Vereinigung der Unternehmensverbände in Berlin und Brandenburg e.V.
Am Schillertheater 2, 10625 Berlin
T: (030) 3 10 05-0   **Fax:** 3 10 05-1 60
Internet: http://www.uvb-online.de
E-Mail: uvb@uvb-bln-brbg.de
Mitglieder: 61

t 3 840
Unternehmerverbände Niedersachsen e.V.
Schiffgraben 36, 30175 Hannover
T: (0511) 85 05-0   **Fax:** 85 05-2 68
Internet: http://www.uvn.online.de
E-Mail: uvn@uvn-online.de

t 3 841
Die Unternehmensverbände im Lande Bremen e.V.
Postf. 10 07 27, 28007 Bremen
Schillerstr. 10, 28195 Bremen
T: (0421) 3 68 02-0   **Fax:** 3 68 02 49
Internet: http://www.uvhb.de

t 3 842
Vereinigung der Unternehmensverbände in Hamburg und Schleswig-Holstein e.V. (UV Nord)
Postf. 60 19 69, 22219 Hamburg
Kapstadtring 10, 22297 Hamburg
T: (040) 63 78-5100   **Fax:** 63 78-5050
Internet: http://www.uvnord.de

t 3 843
Landesvereinigung der Arbeitgeber- und Wirtschaftsverbände Sachsen-Anhalt e.V.
Hegelstr. 39, 39104 Magdeburg
T: (0391) 5 98 22 50   **Fax:** 5 98 22 59
Internet: http://www.lvsa.org
E-Mail: info@lvsa.org
Mitglieder: 30

t 3 844
Vereinigung der Unternehmensverbände für Mecklenburg-Vorpommern e.V.
Eckdrift 93, 19061 Schwerin
T: (0384) 8 22 17   **Fax:** 8 22 18

● T 3 845
Bildungswerk der Nordrhein-Westfälischen Wirtschaft e.V.
Postf. 30 01 54, 40401 Düsseldorf
Uerdinger Str. 58-62, 40474 Düsseldorf
T: (0211) 45 73-0   **Fax:** 45 73-1 44
Internet: http://www.bildungswerk-nrw.de
E-Mail: bw-nrw@bildungswerk-nrw.de
Gründung: 1971
Vorsitzende(r): Dr. Hans-Jürgen Forst
Geschäftsführer(in): Dr. Bernhard Keller
Dipl.-Ökonom. Ulrich Linn

● T 3 846
Studienkreis Schule / Wirtschaft Nordrhein-Westfalen
Postf. 30 01 54, 40401 Düsseldorf
Uerdinger Str. 58-62, 40474 Düsseldorf
T: (0211) 45 73-2 46   **Fax:** 45 73-1 44
Internet: http://www.bildungswerk-nrw.de
Gründung: 1960
Vorsitzende(r): Dr. Hans-Jürgen Forst
Geschäftsführerin: Dr. Gudrun Ramthun

● T 3 847
Bildungswerk der Rheinland-Pfälzischen Wirtschaft e.V.
Postf. 29 66, 55019 Mainz
Hindenburgstr. 32, 55118 Mainz
T: (06131) 55 75-0   **Fax:** 55 75 39
Gründung: 1971
Vorsitzende(r): Reimer Wittenberg
Stellvertretende(r) Vorsitzende(r): RA Werner Simon
Geschäftsführer(in): Dr. Uwe Gaßmann

t 3 848
Landesverband der Bekleidungsindustrie Rheinland-Pfalz e.V.
Postf. 10 10 62, 67410 Neustadt

t 3 848

Friedrich-Ebert-Str. 11-13, 67433 Neustadt
T: (06321) 85 20   Fax: 85 22 16

t 3 849
Verband Pfälzischer Brauereien e.V.
Postf. 10 10 62, 67410 Neustadt
Friedrich-Ebert-Str. 11-13, 67433 Neustadt
T: (06321) 8 52-0   Fax: 8 52-221

t 3 850
Arbeitgeberverband Energie Rheinland-Pfalz e.V.
Postf. 11 52, 55001 Mainz
Hindenburgstr. 32, 55118 Mainz
T: (06131) 55 75-0   Fax: 55 75-39

t 3 851
Verband Feuerfest, Ton- und Klebsandgruben der Pfalz
Postf. 10 10 62, 67410 Neustadt
Friedrich-Ebert-Str. 11-13, 67433 Neustadt
T: (06321) 85 20   Fax: 85 22 90

t 3 852
Verband der Pfälzischen Metall- und Elektroindustrie e.V. (PFALZMETALL)
Postf. 10 10 62, 67410 Neustadt
Friedrich-Ebert-Str. 11-13, 67433 Neustadt
T: (06321) 8 52-0   Fax: 85 22 65
Internet: http://www.pfalzmetall.de

t 3 853
Verband der Metall- und Elektroindustrie Rheinland-Rheinhessen e.V.
Postf. 30 08 03, 56029 Koblenz
Ferdinand-Sauerbruch-Str. 9, 56073 Koblenz
T: (0261) 4 04 06-0   Fax: 4 04 06-26
Internet: http://www.vem.de
E-Mail: vem@rem.de

t 3 854
Verband Druck und Medien Rheinland-Pfalz und Saarland e.V.
Postf. 10 10 62, 67410 Neustadt
Friedrich-Ebert-Str. 11-13, 67433 Neustadt
T: (06321) 85 22 75   Fax: 85 22 89
Internet: http://www.druckrps.de
E-Mail: landesverband@druckrps.de

t 3 855
Verband der Papier, Pappe und Kunststoff verarbeitenden Industrie Rheinland-Pfalz und Saarland e.V.
Postf. 10 10 62, 67410 Neustadt
Friedrich-Ebert-Str. 11-13, 67433 Neustadt
T: (06321) 85 20   Fax: 85 22 21

t 3 856
Verband der Schuhindustrie in Rheinland-Pfalz e.V.
Postf. 28 24, 66934 Pirmasens
Exerzierplatzstr. 3, 66953 Pirmasens
T: (06331) 1 30 56   Fax: 9 13 66

t 3 857
Verband der Textilindustrie von Hessen und Rheinland-Pfalz e.V.
Postf. 10 10 62, 67410 Neustadt
Friedrich-Ebert-Str. 11-13, 67433 Neustadt
T: (06321) 8 52-0   Fax: 85 22 21
Geschäftsführer(in): Thomas Gans

t 3 858
Verband der Transportbeton- und Mörtel-Industrie Hessen, Rheinland-Pfalz e.V.
Postf. 10 10 62, 67410 Neustadt
Friedrich-Ebert-Str. 11-13, 67433 Neustadt
T: (06321) 8 52-0   Fax: 8 52-290

t 3 859
Fachverband Ziegelindustrie Südwest e.V.
Postf. 10 10 62, 67410 Neustadt
Friedrich-Ebert-Str. 11-13, 67433 Neustadt
T: (06321) 85 22-55, 85 22-64   Fax: 85 22-90
E-Mail: vse-nw@t-online.de

t 3 860
Landesvereinigung Rheinland-Pfälzischer Unternehmerverbände e.V.
Postf. 29 66, 55019 Mainz
Hindenburgstr. 32, 55118 Mainz
T: (06131) 55 75-0   Fax: 55 75 39
Internet: http://www.lvu.de

t 3 861
Bankenverband Rheinland-Pfalz
Ludwigstr. 8-10, 55116 Mainz
T: (06131) 20 33 07, 20 33 26   Fax: 20 32 63

t 3 862
Vereinigte Arbeitgeberverbände Nahrung und Genuss Hessen, Rheinland-Pfalz e.V.
Sonnenberger Str. 46, 65193 Wiesbaden
T: (0611) 80 80 28   Fax: 80 70 95

t 3 863
Güteschutz und Landesverband Beton- und Bimsindustrie Rheinland-Pfalz e.V.
Postf. 10 10 62, 67410 Neustadt
Friedrich-Ebert-Str. 11-13, 67433 Neustadt
T: (06321) 8 52-0   Fax: 8 52-290

t 3 864
Förderwerke der Berufsaus- und Fortbildung der Bauindustrie Rheinland-Pfalz e.V.
Am Linsenberg 16, 55131 Mainz

t 3 865
Industrieverband Steine und Erden Rheinland-Pfalz e.V.
Postf. 10 10 62, 67410 Neustadt
Friedrich-Ebert-Str. 11-13, 67433 Neustadt
T: (06321) 85 20   Fax: 85 22 90

● T 3 866
Bildungswerk der Sächsischen Wirtschaft e.V.
Postf. 29 01 06, 01147 Dresden
Flügelweg 6, 01157 Dresden
T: (0351) 42 50 20   Fax: 4 25 02 50
E-Mail: info@bsw-ev.de
Gründung: 1990 (30. Oktober)
Vorsitzende(r) des Vorstandes: Dr.habil. Hansgerd Kämpfe
Stellvertretende(r) Vorsitzende(r): Wolfgang Anton Bertram Höfer
Dr.-Ing. Dieter Büttner
Geschäftsführer(in): Dr.-Ing. Reinhard Grabowski
Stellvertretende(r) Geschäftsführer(in): Dr. habil. Horst Poldrack
Dr. paed. Rainer Helmig
Organisation und Durchführung von Maßnahmen der Erwachsenenqualifizierung.

● T 3 867
Bildungswerk Westfalen-Mitte e.V.
Postf. 25 87, 59015 Hamm
Marker Allee 90, 59071 Hamm
T: (02381) 9 80 85-0   Fax: 88 00 17
Vorsitzende(r): Dr. Bodo Groß (T: (02307) 65 22 22)
Geschäftsführer(in): Dipl.-Kfm. Dr. Hans H. Becker

● T 3 868
Rheinische Akademie e.V. Köln
Hohenstaufenring 16-18, 50674 Köln
T: (0221) 2 03 02 47   Fax: 2 03 02 49
Gründung: 1971 (17. April)
Vorsitzende(r): Dr. Gottfried Päffgen
Stellvertretende(r) Vorsitzende(r): Prof. Dipl.-Ing. Johannes Schinke
Hauptgeschäftsführer(in): Dieter Päffgen
Mitglieder: 12 (Kuratoriumsmitglieder)
Mitarbeiter: 117
Jahresetat: DM 12 Mio, € 6,14 Mio

● T 3 869
Internationales Institut für Berufsbildung
Käthe-Kollwitz-Str. 9-11, 68169 Mannheim
T: (0621) 2 92-87 23   Fax: 2 92-87 30
Gründung: 1962
Leiter(in): Dir. Wolfgang Jenisch
Stellv. Leiter: StD Volker Bergstraeßer
Mitarbeiter: 16

● T 3 870
Deutsche Blindenstudienanstalt e.V.
Postf. 11 60, 35001 Marburg
Am Schlag 8, 35037 Marburg
T: (06421) 6 06-0   Fax: 6 06-229
Internet: http://www.blista.de
E-Mail: info@blista.de
Gründung: 1916
Vorsitzende(r): Paul Marx
Direktor(in): Jürgen Hertlein
Verbandszeitschrift: horus - Marburger Beiträge zur Integration Blinder und Sehbehinderter
Redaktion: Direktor Jürgen Hertlein, Rosemarie Mittelberg
Verlag: Deutscher Verein der Blinden und Sehbehinderten im Studium und Beruf e.V., Marburg

● T 3 871
Verein zur Förderung der Blindenbildung gegr. 1876 e. V.
Bleekstr. 26, 30559 Hannover
T: (0511) 9 54 65-0, 9 54 65-32 (Vertrieb), 9 54 65-33 (Vertrieb), 9 54 65-34 (Vertrieb), 9 54 65-35 (Vertrieb)
Fax: 9 54 65-80, 9 54 65-85
Internet: http://www.vzfb.de
E-Mail: hirsch@vzfb.de
Gründung: 1876 (27. Juli)
Vorstand: Oberstudienrat i.R. Günter C. Althans
Geschäftsführer(in): Dr. Wolfgang Hirsch
Verlag und Druckerei für Blindenschrift, Herstellung von Blindenhilfsmittel.

● T 3 872
Doemens e.V.
Postf. 13 25, 82155 Gräfelfing
Stefanusstr. 8, 82166 Gräfelfing
T: (0049) 89 85 80 5-0   Fax: 89 85 80 5-26
Internet: http://www.doemens.org
E-Mail: info@doemens.org
Gründung: 1895
Präsident(in): Stefan Schörghuber
Vizepräsident(in): Andreas Stöttner
Geschäftsführer(in): Dr. Fritz Schur
Verbandszeitschrift: Der Doemensianer
Verlag: Verlag Sachon, Schloß Mindelheim, 87714 Mindelheim
Mitglieder: ca. 300
Mitarbeiter: 27

● T 3 873
Bund der Doemensianer e.V.
Postf. 13 25, 82155 Gräfelfing
Stefanusstr. 8, 82166 Gräfelfing
T: (089) 85 80 50   Fax: 8 58 05 26
Geschäftsführer(in): Dr. Fritz Schur
Präsident(in): Raimund Nitschke
Mitglieder: 2400

● T 3 874
Deutsche Erfinder-Akademie e.V.
Kochstr. 1 B, 04275 Leipzig
T: (0341) 6 89 61 49   Fax: 6 89 61 49
Internet: http://www.deutsche-erfinder-akadmie-home.de
E-Mail: pier-erfinder-oeko-solarhaus@t-online.de
Gründung: 1991
Vorsitzende(r) des Vorstandes: Dr.-Ing. Michael Herrlich (Innovations- und Unternehmensberater, Leipzig)
Mitglieder: 15
Mitarbeiter: 3
Jahresetat: DM 0,3 Mio, € 0,15 Mio

● T 3 875
Verein zur Berufs- und Nachwuchsförderung in den Elektrohandwerken e.V.
Haus der Deutschen Elektrohandwerke
Postf. 900370, 60443 Frankfurt
Lilienthalallee 4, 60487 Frankfurt
T: (069) 24 77 47-0   Fax: 24 77 47-19
Vorsitzende(r): Dipl.-Ing. Karl Hagedorn
Geschäftsführer(in): Dipl.-Kfm. Heinz-Werner Schult

● T 3 876
Deutsches Zentrum für Handwerk und Denkmalpflege, Probstei Johannesberg, Fulda e.V.
Propsteischloß Johannesberg, 36041 Fulda
T: (0661) 49 53-0   Fax: 49 53-1 05
Gründung: 1980
Leiter(in): Dr. Hella Ruebesam
Sabine Bötticher
Dieter Gärtner
Ltg. Presse u. PR: Dipl.-Ing. Wolfgang Rogatty
Verbandszeitschrift: Johannesberger Informationen
Redaktion: Wolfgang Rogatty

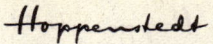

Verlag: Deutsches Zentrum für Handwerk u. Denkmalpflege
Mitglieder: ca. 1300
Mitarbeiter: 71

● **T 3 877**

Förderungsschule des Verbandes des Garagen- und Tankstellengewerbes Berlin-Brandenburg e.V.
Obentrautstr. 16-18, 10963 Berlin
T: (030) 25 90 51 60/61   Fax: 25 90 51 00
Leiter(in): Jutta Sebaï

● **T 3 878**

Gastronomische Akademie Deutschlands e.V.
Sekretariat:
Röntgenstr. 1, 23701 Eutin
T: (04521) 8 08 27   Fax: 8 08 11
Gründung: 1959
Präsident(in): Friedwolf Liebold (Ludwig-Hautt-Str. 4, 66482 Zweibrücken)
Leitung Presseabteilung: R. R. Bickel
Mitglieder: 200
Förderung von Kochkunst und Tafelkultur, Bewertung & Prämierung gastronomischer Bücher, Beantwortung von Anfragen zu gastronomischen Themen, Speisekartenwettbewerb, Seminare.

● **T 3 879**

Führungsakademie der Wohnungs- und Immobilienwirtschaft e.V. (FWI)
Springorumallee 20, 44795 Bochum
T: (0234) 94 47-600   Fax: 94 47-666
Internet: http://www.fwi.de
E-Mail: kontakt@fwi.de
Geschäftsführer(in): Dr. Jürgen Galonska

● **T 3 880**

Europäische Immobilien Akademie e.V.
Hohenzollernstr. 35, 66117 Saarbrücken
T: (0681) 9 27 38-0   Fax: 9 27 38-29
Internet: http://www.vdm-akademie.de
E-Mail: eia-sb@t-online.de
Präsident(in): Dipl.-Kfm. Volker Wehrum
Leiter der Akademie: Dipl.-Handelslehrer Günter Brittnacher

● **T 3 881**

Deutsches Gemmologisches Ausbildungszentrum (Deutsches Berufsfortbildungswerk für Edelsteinkunde)
Prof.-Schloßmacher-Str. 1, 55743 Idar-Oberstein
T: (06781) 4 30 11   Fax: 4 16 16
Leiter(in): Dr. Ulrich Henn

● **T 3 882**

Akademie für öffentliches Gesundheitswesen in Düsseldorf
Postf. 25 02 51, 40093 Düsseldorf
Auf'm Hennekamp 70, 40225 Düsseldorf
T: (0211) 3 10 96-0   Fax: 3 10 96-69
Internet: http://www.afoeg.nrw.de
E-Mail: zentrales-veranstaltungsbuero@mail.afoeg.nrw.de
Gründung: 1971 (24. Juni)
Vors. d. Kuratoriums: Senatsrat Dr. M. Gruhl
Leiter(in): Prof. Dr.med. Joachim Gardemann
Vertreter: Ltd. Med.-Dir. Dr. Wolfgang Müller
Verwaltungsleiter: Uwe Kaisers
Verbandszeitschrift: "Blickpunkt Öffentliche Gesundheit"
Mitarbeiter: 26
Jahresetat: ca. DM 3,8 Mio, € 1,94 Mio
Träger sind die Länder Bremen, Hamburg, Hessen, Niedersachsen, Nordrhein-Westfalen und Schleswig-Holstein

● **T 3 883**

Akademie für das öffentliche Gesundheitswesen
im Bayerischen Staatsministerium für Arbeit und Sozialordnung, Familie, Frauen und Gesundheit
80792 München
Winzererstr. 9, 80797 München
T: (089) 12 61-2254   Fax: 12 61-2073, 12 61-182254
Leiter(in): Ltd. Ministerialrat Dr. Stübner

● **T 3 884**

Deutsche Akademie für Entwicklungs-Rehabilitation e.V.
Heiglhofstr. 63, 81377 München
T: (089) 7 10 09-2 39/2 37   Fax: 7 19 28 27
Gründung: 1983
Präsident(in): Prof. Dr.Dr.h.c. mult. Theodor Hellbrügge
Vizepräsident(in): Prof. Dr. Berthold Koletzko

Vorsitzende(r): Dr. Horst Otte
Hauptgeschäftsführerin: Christin Schedlbauer (Ltg. Presseabt.)
Verbandszeitschrift: Sozialpädiatrie
Mitglieder: 15
Mitarbeiter: 10

● **T 3 885**

Staatliches Berufsbildungszentrum für Keramik in Selb
Weißenbacherstr. 60, 95100 Selb
T: (09287) 25 00   Fax: 7 68 01
Internet: http://www.fichtelgebirge.org/user/bbz.keramik.selb
E-Mail: bbz.keramik.selb@fichtelgebirge.org
Gründung: 1909 (Fachschule), 1975 (Berufsbildungszentrum)
Mitarbeiter: 40 Lehrkräfte, 20 Angest.
Staatliche Berufsschule II für keram. Berufe
Staatliche Berufsfachschule für Porzellan
Staatliche Fachschule für Porzellan und industrielle Formengestaltung
Staatliche Fachschule für Keramtechnik

● **T 3 886**

Lehrinstitut der Holzwirtschaft und Kunststofftechnik in Rosenheim e.V.
Küpferlingstr. 66, 83024 Rosenheim
T: (08031) 21 85-0   Fax: 1 63 44
Internet: http://www.Lhk.de
E-Mail: info@Lhk.de
Gründung: 1926
Geschäftsführer(in): Dipl.-Betriebswirt (FH) Ulf Lohmann
Mitglieder: 300

● **T 3 887**

Akademie Deutscher Genossenschaften (ADG)
Schloß Montabaur, 56410 Montabaur
T: (02602) 14-0   Fax: 14-121
Gründung: 1970
Präsident(in): Dr. Christopher Pleister (Vors. d. VR)
Vorstand: Dipl.-Volksw. Axel Kehl (Vors.)
Dipl.-Volksw. Martin Horoba
Verbandszeitschrift: Bankinformation u. Genossenschaftsforum
Mitglieder: 45
Mitarbeiter: 169
Jahresetat: DM 31 Mio, € 15,85 Mio

● **T 3 888**

Westfälische Genossenschaftsakademie
Postf. 86 40, 48046 Münster
Mecklenbecker Str. 235-239, 48163 Münster
T: (0251) 71 86-300   Fax: 71 86-282
Leiter(in): Dir. Dr. Gerhard Warnking

● **T 3 889**

Berufliche Schulen für Drucktechnik und Grafik
Pranckhstr. 2, 80335 München
T: (089) 2 33-35798   Fax: 2 33-35800
Gründung: 1906
Leiter(in): Karl-Heinz Schmid (OStD)
Mitarbeiter: ca. 60

● **T 3 890**

Bildungskuratorium der Druckindustrie Niedersachsen e.V.
Bödekerstr. 10, 30161 Hannover
T: (0511) 3 38 06-0   Fax: 3 38 06-20
Vorsitzende(r): Ulrich Ruprecht
Stellvertretende(r) Vorsitzende(r): Frank Dallmann (Verlag Rieck GmbH & Co. KG, Lange Str. 122, 27749 Delmenhorst)
Geschäftsführer(in): Harald Bareither

● **T 3 891**

Zentrum für Graphische Datenverarbeitung e.V. (ZGDV)
Rundeturmstr. 6, 64283 Darmstadt
T: (06151) 1 55-120   Fax: 1 55-450
Internet: http://www.zgdv.de
E-Mail: zgdv@zgdv.de
Gründung: 1984 (Mai)
Vorstand: Prof. Dr.-Ing. Dr.h.c. Dr.E.h. José L. Encarnação (Vors.; Technische Universität Darmstadt, Deutschland)
Dr. Erwin Königs (stellv. Vors.; Software AG, Darmstadt, Deutschland)
Prof. Dr.-Ing. Johann-Dietrich Wörner (Technische Universität Darmstadt, Deutschland)
Prof. Dr. rer.nat.habil. Günther Wildenhain (Universität Rostock, Deutschland)
Prof. Dr.-Ing. Dr.h.c. mult. Hans-Jürgen Warnecke (Präsident der Fraunhofer-Gesellschaft e.V., München, Deutschland)
Alfred Katzenbach (DaimlerChrysler AG, Ulm, Deutschland)
Dr. Bernhard Nottbeck (Siemens AG, München, Deutschland)
Thomas Norweg (Deutsche Grundbesitz Management GmbH, Eschborn, Deutschland)
Gerd Olsowsky-Klein (Microsoft GmbH, Unterschleißheim, Deutschland)
Dr. Hans-Peter Quadt (Deutsche Telekom AG, Bonn, Deutschland)
Geschäftsführer(in): Dr. Bernd Kehrer
Herbert Kuhlmann
Kaufmännischer Leiter: Karsten Schmidt
Leiter der Außenstelle Rostock: Stefan Haßinger
Leitung der Presse und Öffentlichkeitsarbeit: Bernad Lukacin
Verbandszeitschrift: Computer Graphik topics (Mitteilungen aus dem INI-GraphicsNet)
Redaktion: Bernad Lukacin
Verlag: Prof. Dr.-Ing. Dr.h.c. Dr. E.h. José L. Encarnação, Rundeturmstr. 6, 64283 Darmstadt
Mitglieder: 25
Mitarbeiter: 85

Das Zentrum für Graphische Datenverarbeitung ist das europäische Forum für konsequente, anwendungsbezogene Schulung, Forschung und Entwicklung auf dem Gebiet der Graphischen Datenverarbeitung. Arbeitsgebiete: Cad und Modellierung, Computer Based Training, Computer Supported Cooperative Work, Multimedia, Hypermedia, Telekommunikation, Virtuelle Realität, Animation und Visualisierung, Visual Computing, Mobile Informationsvisualisierung, Aus-, Weiter- und Fortbildung.

t 3 892

ZGDV Außenstelle Rostock
Joachim-Jungius-Str. 11, 18059 Rostock
T: (0381) 40 24-1 50   Fax: 44 60 88
Internet: http://www.rostock.zgdv.de
E-Mail: info@rostock.zgdv.de
Ansprechpartner: Stefan Hassinger

t 3 893

**Centro de Computação Gráfica
Computer Graphics Center**
Rua Rodrigues de Gusmão, 21, P-3000-345 Coimbra
T: (00351239) 48 09-00   Fax: 48 09-48
Internet: http://www.ccg.pt
E-Mail: info@ccg.pt
Ansprechpartner: Dr. Adérito Fernandes Marcos

● **T 3 894**

Graphisches Berufsbildungswerk Hamburg
Gaußstr. 190, 22765 Hamburg
T: (040) 39 90-1546   Fax: 39 90-1548
Internet: http://www.vdnord.de/gbh.htm
Träger: Verband der Druckindustrie Nord e.V., Industriegewerkschaft Medien, Landesbezirk Nord, Verband Papier, Pappe und Kunststoff verarbeitende Industrie Norddeutschlands e.V.

● **T 3 895**

Akademie des Aussenhandels
c/o Wirtschaftsvereinigung Groß- und Außenhandel Hamburg e. V.
Gotenstr. 21, 20097 Hamburg
T: (040) 23 60 16 0   Fax: 23 60 16 10, 23 60 16 40
Beirat: Dr. Rodger Wegner

● **T 3 896**

Deutsche Außenhandels- und Verkehrs-Akademie (DAV)
Postf. 10 63 04, 28063 Bremen
Marktstr. 2 / Börsenhof B, 28195 Bremen
T: (0421) 3 60 84-0   Fax: 32 54 31
Internet: http://www.dav.uni-bremen.de
E-Mail: info@dav.uni-bremen.de
Gründung: 1959
Vorsitzender des Stiftungsrates: Prof. B.-A. Wessels
Vorsitzende(r) des Vorstandes: Dr. Volker Weddige (Studienleiter)
Leitung Presseabteilung: Rolf Achnitz

● T 3 897

Bildungszentrum Groß- und Außenhandel Goslar e.V.
Dr.-Otto-Fricke-Haus
Postf. 15 24, 38605 Goslar
Berliner Allee 8, 38640 Goslar
T: (05321) 31 30   **Fax:** 31 33 33
Internet: http://www.bga-goslar.de
E-Mail: BGA-Goslar@t-online.de
Gründung: 1957 (12. Februar)
Vorsitzende(r): Klaus Lüchau (Lüchau Baustoffe GmbH, Hamburg)
Geschäftsführer(in): Dipl.-Hdl. Thomas Maschke
Mitglieder: 35 (Branchenverbände, Regionalverbände, Landesverbände, Dienstleistungsgesellschaften und Kooperationsgruppen)
Mitarbeiter: 20

Überbetriebliche Aus- und Weiterbildungsstätte für Mitarbeiter aus dem Groß- und Außenhandel in Trägerschaft von Fach- und Landesverbänden des Deutschen Groß- und Außenhandels.

● T 3 898

Zentralstelle für Berufsbildung im Einzelhandel e.V. (zbb)
Büro Berlin
Mehringdamm 48, 10961 Berlin
T: (030) 78 09 77-3   **Fax:** 78 09 77-50
Internet: http://www.zbb.de
E-Mail: info@zbb.de
Vorsitzende(r): Helmut Zorn (Fa. Neuform Zorn, Ostertorsteinweg 101, 28203 Bremen, T: (0421) 7 60 21)
Geschäftsführer(in): Dipl.-Volksw. Herbert Schellenberger

t 3 899
Zentralstelle für Berufsbildung im Einzelhandel e.V. (zbb)
Büro Köln
Gothaer Allee 2, 50969 Köln
T: (0221) 9 36 55-810   **Fax:** 9 36 55-819
Internet: http://www.zbb.de
E-Mail: info@zbb.de
Leitung: Dipl.-Päd. Ulrike Backs (stellv. GF)

● T 3 900
Bildungswerk des Großhandels in Niedersachsen e.V.
Postf. 23 67, 30023 Hannover
Berliner Allee 7, 30175 Hannover
T: (0511) 27 07 17-30   **Fax:** 27 07 17-17
Internet: http://www.gvn.nds.de
E-Mail: bgn@gvn-nds.de
Vorsitzende(r): Hans-Joachim Tegtmeier (Auf der Hube 4, 31020 Salzhemmendorf)
Geschäftsführer(in): RA Harald Krantz
Leiter: Ralf Menge

● T 3 901
Bildungszentrum des Bayerischen Handels e.V.
Brienner Str. 47, 80333 München
T: (089) 5 51 45-0   **Fax:** 5 51 45 12
Vorstandsvorsitzende(r): Erwin Otto Maier, Memmingen
Geschäftsführer(in): Dr. Karl Wilhelm Mauer, München

● T 3 902
Berufliche Fortbildungszentren der Bayerischen Wirtschaft (bfz) gemeinnützige GmbH
Landshuter Allee 174, 80637 München
T: (089) 1 59 26-0   **Fax:** 15 51 28
Internet: http://www.bfz.de
E-Mail: info@zentrale.bfz.de
Gründung: 1983 (1. Januar)
Geschäftsführer(in): Herbert Loebe
Karlheinz Faller
Leitung Presseabteilung: Uwe Matthias Göbel
Angelika Meixner
Mitarbeiter: 1800

Veranstaltung von Maßnahmen zur beruflichen Aus-, Fort- und Weiterbildung von Mitarbeitern und Führungskräften der Wirtschaft, Arbeitslosen und anderen Spezialgruppen.

● T 3 903
Bildungszentrum Handel und Dienstleistungen e.V.
Hauptverwaltung:
Pilgrimstein 28a, 35037 Marburg
T: (06421) 91 00-0   **Fax:** 91 00-19
E-Mail: bz-hv@handelshaus.de
Gründung: 1960 (14. Januar)
Geschäftsführer(in): Stud. Ass. M. Opitz
Dipl.-Vw. H. Dippel
Mitglieder: ca. 40
Mitarbeiter: ca. 95

● T 3 904
Bildungszentrum des Einzelhandels Niedersachsen
Kurzer Ging 47, 31832 Springe
T: (05041) 7 88-0   **Fax:** 7 88-88
Internet: http://www.bze-springe.de
E-Mail: info@bze.springe.de
Direktor(in): Dipl.-Volksw. Klaus W. Treichel
Stellv. Direktor(en): Dipl.-Betriebsw. Norbert Hitter

● T 3 905
Berufsakademie des Einzelhandels Niedersachsen
Kurzer Ging 47, 31832 Springe
T: (05041) 7 88-0   **Fax:** 7 88 88
Internet: http://www.bze-springe.de
E-Mail: info@bze-springe.de
Akademieleiter: Dipl.-Volksw. Klaus W. Treichel
Stellv. Akademieleiter: Dipl.-Betriebsw. Norbert Hitter

● T 3 906
Haus des Handels Oldenburg
Gartenstr. 5, 26122 Oldenburg
T: (0441) 9 70 91-0   **Fax:** 9 70 91-34
Gründung: ca. 1872
Geschäftsführer(in): Dipl.-Volksw. Diedrich Thoms
Verbandszeitschrift: handelsjournal
Verlag: Handelsblatt GmbH, Düsseldorf
Mitglieder: 1500
Mitarbeiter: 12
Jahresetat: DM 1,5 Mio, € 0,77 Mio

Bezirksverband

t 3 907
Unternehmerverband Einzelhandel Oldenburg e.V.
Gartenstr. 5, 26122 Oldenburg
T: (0441) 97 09 10   **Fax:** 9 70 91 34
E-Mail: ehv-oldenburg@einzelhandel.de
Verbandssyndikus: Dipl.-Volksw. Diedrich Thoms

● T 3 908
Bundesfachschule des Parfümerie-Einzelhandels E. V.
An der Engelsburg 1, 45657 Recklinghausen
T: (02361) 92 48-0   **Fax:** 92 48 88
E-Mail: ParfuemerieVerband@t-online.de
Vorsitzende(r): Dietlinde Weber
Geschäftsführer(in): Werner Hariegel

● T 3 909
Bildungszentrum des Handels e.V.
Dortmunder Str. 18 III, 45665 Recklinghausen
T: (02361) 48 06-0   **Fax:** 48 06 99
Internet: http://www.bzdh.de
E-Mail: info@bzdh.de
Gründung: 1973
Geschäftsführer(in): Elisabeth Barth
Mitglieder: 7
Mitarbeiter: 60

● T 3 910
Haus des Handels
Herrenteichsstr. 5, 49074 Osnabrück
T: (0541) 3 57 82-0   **Fax:** 3 57 82-99
Geschf: Peter H. Konermann
Presseabt.: Insa Marié Westenhoff
Verbandszeitschrift: Mitgliederinformation
Redaktion: Unternehmerverband Einzelhandel Osnabrück-Emsland e.V.
Verlag: Herrenteichsstr. 5, 49074 Osnabrück
Mitglieder: 1489
Mitarbeiter: 10

● T 3 911
Bildungszentrum des Pfälzischen Einzelhandels
Festplatzstr. 8, 67433 Neustadt
T: (06321) 92 42-0   **Fax:** 92 42-31
Leiter(in): RA Hanno Scherer

● T 3 912

Deutsche Gesellschaft für Personalführung e.V. (DGFP)
Postf. 11 03 47, 40503 Düsseldorf
Niederkasseler Lohweg 16, 40547 Düsseldorf
T: (0211) 5 97 80   **Fax:** 5 97 81 99
Internet: http://www.dgfp.de
E-Mail: zentralakademie@dgfp.de
Vorsitzende(r): Dr. Roland Schulz
Geschäftsführer(in): Dr. Hans Böhm
Mitglieder: 1800

● T 3 913
Berufs- und Betriebsförderungsstelle für den saarländischen Einzelhandel GmbH (BBE)
in Verbindung mit dem Landesverband Einzelhandel und Dienstleistung Saarland e.V.
Postf. 10 18 23, 66018 Saarbrücken
Feldmannstr. 26, 66119 Saarbrücken
T: (0681) 9 27 17-0   **Fax:** 9 27 17-10
Internet: http://www.einzelhandel-saarland.de
Geschäftsführer(in): Wolfgang Lossen

● T 3 914
Deutsche Kommission für Ingenieurausbildung (DKI)
Graf-Recke-Str. 84, 40239 Düsseldorf
T: (0211) 6 21 42 77   **Fax:** 6 21 41 48
Internet: http://www.vdi.de
E-Mail: hg@vdi.de
Vorsitzende(r): Prof.Dr.-Ing. H. Weinerth, Hannover
Geschäftsführer(in): Dipl.-Ing. Karl-Heinz Simsheuser, Düsseldorf

Koordination der Arbeiten von an Ingenieurausbildungsfragen interessierten Verbänden; Vertretung ihrer Forderungen für die Ingenieurausbildung gegenüber den staatlichen Stellen.

● T 3 915
VDI-Wissensforum GmbH
Postf. 10 11 39, 40002 Düsseldorf
Graf-Recke-Str. 84, 40239 Düsseldorf
T: (0211) 62 14-201   **Fax:** 62 14-154
Internet: http://www.vdi-wissensforum.de
E-Mail: wissensforum@vdi.de
Vorsitzender des Beirates:
Prof. Dr.-Ing. Christian Nedeß
Geschäftsführer:
Dipl.-Oec. Dipl.-Ing. Joachim Neuerburg

● T 3 916
Universität Gesamthochschule Kassel
Fachbereich 11 Landwirtschaft, Internationale Agrarentwicklung und Ökologische Umweltsicherung
Steinstr. 19, 37213 Witzenhausen
T: (05542) 98-0   **Fax:** 98 13 09
E-Mail: dekfb11@wiz.uni-kassel.de

● T 3 917
BVH Bundesverband der Börsenvereine an deutschen Hochschulen e.V.
Schloß, (0625) 81 74, 68131 Mannheim
Internet: http://www.bvh.org
Gründung: 1992 (19. Januar)
Vorstand: Michael Oettinger (Vors.; Öffentlichkeitsarbeit; Arbeitskreis Börse Mainz e.V., Tel.: (06131) 59 31 19)
Vorstand: Sebastian Ortmann (stellv. Vors.; Förderkreisbetreuung; Münsteraner Börsenparkett e.V., Tel.: (0251) 8 72 49 19, Fax: (0251) 6 74 48 29)
Vorstand: Thomas Bornemann (Organisation; Studentischer Börsenverein Leipzig e.V., Tel.: (0170) 5 36 90 20)
Vorstand: Christian Krause (Interne Kommunikation; Hanseatischer Börsenkreis der Universität zu Hamburg e.V.,

Tel./Fax: (040) 7 60 01 50
Vorstand: Andrea Mielke (Projekte; Berliner Börsenkreis e.V., Tel.: (033056) 9 40 77)
Vorstand: Holger Scholze (Public Relations; Interessengemeinschaft Börse an der TU Dresden e.V., Tel.: (0351) 4 71 20 49, Fax: (0351) 4 71 20 87)
Vorstand: Stephan Voshage (Finanzen; Berliner Börsenkreis e.V., Tel.: (030) 50 89 82 64)
Ansprechpartner: Tim Klostermann (Aktienkultur & BVH News; Aktienkultur online, Tel.: (08171) 41 96 46, Fax: (08171) 41 96 41)
Verbandszeitschrift: Aktienkultur & BVH-news
Verlag: Going Public Verlag AG, Bahnhofstr. 26, 82515 Wolfratshausen, Tel.: (08171) 41 96 50, Fax: (08171) 41 96 41
Mitglieder: 54 Mitgliedsvereine mit knapp 6000 Mitgliedern

● T 3 918
Initiative Tageszeitung e.V. (ITZ)
Postf. 30 07 61, 53187 Bonn
Hans-Böckler-Str. 3, 53225 Bonn
T: (0228) 46 39 14   **Fax:** 47 76 67
Internet: http://www.drehscheibe.org
E-Mail: info@drehscheibe.org
Gründung: 1986
Vorstand: Franz Westing (Peiner Allgemeine Zeitung)
Geschäftsführer(in): Evelyn Lackner
Schatzmeister: Udo Heinze, Essen
Träger: e.V.
Mitglieder: Zeitungsverlage und Journalisten
Pressedienste: Drehscheibe, Drehscheiben-MAGAZIN, Drehscheiben-SERVICE

● T 3 919
Deutsche Journalistenschule e.V.
Altheimer Eck 3, 80331 München
T: (089) 23 55 74-0   **Fax:** 26 87 33
E-Mail: Deutsche_Jounalistenschule@t-online.de
Gründung: 1959 (April)
Leiterin: Mercedes Riederer
Mitglieder: 50
Mitarbeiter: 5

● T 3 920
Journalistenschule Axel Springer
10888 Berlin
Axel-Springer-Str. 65, 10969 Berlin
T: (030) 25 91-2801 **Fax:** 25 91-3048
20350 Hamburg
Axel-Springer-Platz 1, 20355 Hamburg
T: (040) 3 47-22345   **Fax:** 3 47-25984
Internet: http://www.asv.de
E-Mail: jas-asv@asv.de
Direktor(in): Chefredakteur Peter Philipps

● T 3 921
Deutsches Institut für publizistische Bildungsarbeit
Journalisten-Zentrum
Haus Busch, 58099 Hagen
T: (02331) 36 56 00   **Fax:** 36 56 99
Internet: http://www.hausbusch.de
E-Mail: hausbusch@hausbusch.de
Gründung: 1960 (November)
Direktor(in): Prof. Dr. Ulrich Pätzold
Mitarbeiter: 14
Jahresetat: ca. DM 2,5 Mio, € 1,28 Mio

● T 3 922
Institut zur Förderung publizistischen Nachwuchses e.V.
Rosenheimer Str. 145b, 81671 München
T: (089) 54 91 03-0   **Fax:** 5 50 44 86
Internet: http://www.ifp-kma.de
E-Mail: sekretariat@ifp-kma.de
Gründung: 1968
Vorsitzende(r): Bernhard Hermann
Stellvertretende(r) Vorsitzende(r): Dr. Reinhold Jacobi
Direktor(in): P. Roger Gerhardy (OSA)
Geschäftsführer(in): Dr. Anton Magnus Dorn
Mitglieder: 46
Mitarbeiter: 10

● T 3 923
Gesellschaft zur Förderung technischen Nachwuchses Darmstadt e.V. (GFTN)
(Fachhochschule)
Haardtring 100, 64295 Darmstadt
T: (06151) 16 80 17   **Fax:** 31 25 94
Gründung: 1958 (14. Oktober)
Vorsitzende(r): Prof. Dipl.-Ing. Ekkehard Piwowarsky
Stellvertretende(r) Vorsitzende(r): Prof. Dr. Richard Bachmann (FH Darmstadt, Fachbereich Maschinenbau)
Prof. Dr. August Reiner (FH Darmstadt, Fachbereich E)
Verbandszeitschrift: DAFIT-Kurier
Redaktion: Prof. E Piwowarsky
Verlag: Eigenverlag
Mitglieder: über 90

Fachverbände: Darmstädter Arbeitskreis zur Förderung von Innovation und Technologietransfer (DAFIT); Arbeitskreis für EDV-Anwendung in der Kunststofftechnik (AEK)

● T 3 924
Gesellschaft für technische Weiterbildung e.V. (GftW)
Kleiststr. 3, 60318 Frankfurt
T: (069) 15 33-2272   **Fax:** 15 33-2012
Geschäftsführer(in): Prof. Dr. G. Schnell

● T 3 925
DIPR
Deutsches Institut für Public Relations e.V. (DIPR)
-Gemeinnützige Berufsbildungs-Einrichtung-
Hamburger Str. 125, 22083 Hamburg
T: (040) 20 94 45 05
Internet: http://www.dipr.de
E-Mail: info@dipr.de
Gründung: 1971
Leitung Presseabteilung: Marie Therese Junkers

Mitgliedsinstitut im "Wuppertaler Kreis e. V.", Deutsche Vereinigung zur Förderung der Weiterbildung von Führungskräften, Köln

Regelmäßige Grund- und Trainings-Seminare über methodische Presse- u. Öffentlichkeitsarbeit, Termine u. Ausschreibungen auf Anfrage.

● T 3 926
KRAFTWERKSSCHULE E. V. (KWS)
Deilbachtal 199, 45257 Essen
T: (0201) 84 89-0   **Fax:** 84 89-102
Internet: http://www.kws-training.com
E-Mail: kws.gf@t-online.de
Gründung: 1963 (18.Oktober)
Vorsitzende(r): Dipl.-Ing. Klaus Distler, Biblis
Geschäftsführer(in): Dr.-Ing. Karl A. Theis
Dr.-Ing. Gerhard Schlegel (stv.)
Mitglieder: 151
Mitarbeiter: 43

Ausbildung von Fachkräften für die Bedienung von Kraftwerksanlagen; Lehrgänge zum Kraftwerksmeister, Kraftwerker und Anlagenwärter; Kurse an Kraftwerkssimulatoren; Seminare; Bedarfsspezifische Lehrgänge im Schulungszentrum in Essen und vor Ort im Mitgliedsunternehmen

● T 3 927
Institut für Angewandte Kreativität
Maxhan 25, 51399 Burscheid
T: (02174) 78 57 72   **Fax:** 78 57 75
Internet: http://www.iak.de
E-Mail: info@iak.de
Gründung: 1970
GeschF u. Inh.: Dipl.-Kfm. Stefan Skirl
Dipl.-Betriebsw. Ulrich Schwalb
Mitarbeiter: 15

● T 3 928
Ganzheitliche Methodik e.V.
Geschäftsstelle:
Lampertheimer Str. 131b, 68305 Mannheim
T: (0621) 75 87 30   **Fax:** 7 48 22 39
Internet: http://www.ganzheitliche-methodik.de
E-Mail: ganzheitliche-methodik@gmx.de
Gründung: 1976
Vorsitzende(r): Gerhard Poppe (Lampertheimer Str. 131 b, 68305 Mannheim)
Stellvertretende(r) Vorsitzende(r): Dipl.-Ing. Dietrich Klein (Doeberlstr. 18 a, 80937 München)
Dipl.-Ing. Hans-Peter Miele (Im Klosterkamp 30, 58119 Hagen)
Verbandszeitschrift: ganzheitliche Methodik Zeitschrift
Redaktion: Gisela Malasch, Herausgeber: ganzheitliche Methodik e.V., Lampertheimer Str. 131 b, 68305 Mannheim
Mitglieder: ca. 325

● T 3 929
Stiftung Begabtenförderungswerk berufliche Bildung (SBB) Gemeinnützige Gesellschaft mit beschränkter Haftung
Adenauerallee 148, 53113 Bonn
T: (0228) 10 44-100   **Fax:** 10 44-107
Internet: http://www.begabtenfoerderung.de
E-Mail: info@begabtenfoerderung.de
Gründung: 1996 (15. Mai)
Geschäftsführer(in): RA Wolf Dieter Bauer

● T 3 930
Arbeitsgemeinschaft Jugend und Bildung e.V.
Taunusstr. 54, 65183 Wiesbaden
T: (0611) 9 03 01 60   **Fax:** 9 03 01 83
Internet: http://www.universum.de
E-Mail: ajubi@universum.de
Vorstand: Bruno Prändl (Präsident Oberschulamt Freiburg/Brg. a.D., Schloss-Str. 34, 88353 Kisslegg)
Albrecht Pohle (Ministerialrat im Kultusministerium Niedersachsen, Moltkestraße 24, 30989 Gehrden)
Dr. Reinhard Köhler (Referatsleiter im Thüringer Kultusministerium, Gehrener Str. 38, 99310 Arnstadt)
Geschäftsführer(in): Siegfried Pabst (Geschäftsf. Gesellschafter der Universum Verlagsanstalt, Wiesbaden, Taunusstr. 54, 65183 Wiesbaden)

● T 3 931
Olbers-Gesellschaft e.V. Bremen
Werderstr. 73, 28199 Bremen
T: (0421) 59 05-824   **Fax:** 7 51 84
Internet: http://www.fbw.hs-bremen.de/~olbers
E-Mail: olbers@fbw.hs-bremen.de
Gründung: 1920 (November)
Präsident(in): Ulrich von Kusserow
Vizepräsident(in): Volker Scheve
Vorsitzende(r): Ulrich von Kusserow
Stellvertretende(r) Vorsitzende(r): Volker Scheve
Verbandszeitschrift: Nachrichten der Olbers-Gesellschaft e.V.
Redaktion: Peter Kreuzberg
Mitglieder: 450

● T 3 932
Deutsche Gesellschaft für Verbandsmanagement e.V. (DGVM)
Postf. 20 03 55, 53133 Bonn
Burgstr. 79, 53177 Bonn
T: (0228) 93 54 93 40   **Fax:** 93 54 93 45
Internet: http://www.verbaende.com, http://www.dgvm.de
E-Mail: dgvm@verbaende.com
Gründung: 1996
Präsident(in): Dr. Gerhard Hein (DGVM)
Vizepräsident(in): RA Helmut Martell (AIBI)
Hauptgeschäftsführer(in): Wolfgang Lietzau
Leitung Presseabteilung: RA Helmut Martell
Verbandszeitschrift: Verbänderreport
Redaktion: Verbänderreport
Verlag: businessFORUM GmbH, Burgstr. 79, 53177 Bonn
Mitglieder: 81
Mitarbeiter: 8

● T 3 933
Deutsche Management-Gesellschaft e.V.
Sitz: 53113 Bonn
Geschäftsstelle:
DMG-Kontaktbüro c/o ISA Institut a. d. FH Nürtingen
Postf. 13 49, 72603 Nürtingen
Sigmaringer Str. 14, 72622 Nürtingen
T: (07022) 3 59 18   **Fax:** 3 59 48
Büro Mainz: An der Bruchspitze 50, 55122 Mainz, T: (06131) 62 81 58, Telefax: (06131) 62 81 11
Gründung: 1973
Präsident(in): Prof. Dr. Hanns Hub, Nürtingen
Vizepräsident(in): Prof. Dr. Ursula Funke (Staatsministerin a.D., Mainz)
Dipl.-Betriebsw. Georg Sommer
Verbandszeitschrift: DMG-Kompaß
Redaktion: DMG
Mitglieder: 150

Vereinigung von Unternehmern, Managern, Trainern und Beratern, die sich um gesellschaftliche Innovationen bemühen.

● T 3 934
Institut für Management-Entwicklung (IME)
Sunderweg 4, 33649 Bielefeld
T: (0521) 94 20 60   **Fax:** 9 42 06 20
Gründung: 1976 (April)
Geschäftsführer(in): Jürgen Scholz
Martin Karger

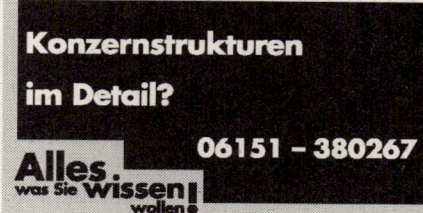

T 3 934

Horst Bastian
Dr. Jochem Kießling-Sonntag
Mitarbeiter: 8 Mitarbeiter, 40 freie Partner/Berater/Trainer

● T 3 935
Völklinger Kreis e.V. - Bundesverband Gay Manager (VK)
Leyendeckerstr. 1, 50825 Köln
T: (0221) 5 46 19 79   **Fax:** 9 54 17 57
Internet: http://www.vk-online.de
E-Mail: mail@vk-online.de
Gründung: 1991
Vorsitzende(r): Klaus R. Weinrich
Verbandszeitschrift: VK-Info
Mitglieder: 650
Regionalgruppen in: Berlin, Bodensee, Bonn, Dortmund, Dresden, Düsseldorf, Frankfurt, Freiburg, Hamburg, Hannover, Köln, Leipzig, Mainz/Wiesbaden, Mannheim, München, Münster, Nürnberg, Oldenburg, Osnabrück, Saarbrücken und Stuttgart

● T 3 936
management information center (mic)
verlag moderne industrie AG
Justus-Liebig-Str. 1, 86899 Landsberg
T: (08191) 1 25-501   **Fax:** 1 25-404
Internet: http://www.m-i-c.de
E-Mail: info@m-i-c.de
Seminare, Kongresse, Tagungen.

● T 3 937
Junior Consulting Team e.V. (JCT)
Studentische Unternehmensberatung
Postf. 36 02, 90018 Nürnberg
T: (0911) 55 76 91   **Fax:** 55 76 91
Internet: http://www.JCT.de
E-Mail: info@JCT.de
Gründung: 1990 (13. November)
1. Vorsitzende(r): Stefan Ulrich
Stellvertretende(r) Vorsitzende(r): Christian Maget
Vorstand: Tobias Mazet (HR)
Johannes Traub (Projekte & Organisation)
Mitglieder: 55
Mitglied im BDSU

● T 3 938

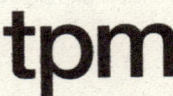

Team für Psychologisches Management Beratungsgesellschaft mbH (tpm)
Birkenallee 123, 91088 Bubenreuth
T: (09131) 2 70 33
Internet: http://www.tpm-team.de
Im Schwalmgrund 21, 36318 Schwalmtal,
T: (06638) 12 44

● T 3 939
Fördergesellschaft Produktmarketing e.V.
Herbert-Lewin-Str. 2, 50931 Köln
T: (0221) 4 70 33 79   **Fax:** 4 70 51 67
Internet: http://www.uni-koeln.de/wiso-fak/spp/index-html
Gründung: 1979 (Dezember)
Präsident(in): Prof. Dr. Udo Koppelmann
Stellvertretende(r) Vorsitzende(r): Dr. Erich Küthe
Mitglieder: 75

● T 3 940
Produktioner-Club e.V.
Waldbornstr. 50, 56856 Zell
T: (06542) 54 52, 96 03 22 (ISDN-Daten)   **Fax:** 54 22
Internet: http://www.produktioner-club.de
E-Mail: info@produktioner-club.de
Gründung: 1992
Geschäftsführer(in): Rüdiger Maaß (Ltg. Presseabt.)
Vorsitzende(r) des Vorstandes: Dirk Wahlscheidt
Verbandszeitschrift: PRINT + PRODUKTION
Redaktion: Rüdiger Maaß (Chefredakteur)
Verlag: EuBuCo - Verlag, Wiesbaden
Mitglieder: 524
Mitarbeiter: 2
Jahresetat: DM 0,5 Mio, € 0,26 Mio

● T 3 941
Bayerische Akademie für Arbeits-, Sozial- und Umweltmedizin
Pfarrstr. 3, 80538 München
T: (089) 21 84-0   **Fax:** 21 84-226
Internet: http://www.akademie-asumed.bayern.de
Präsident(in): Prof. Dr.med. D. Nowak

Geschf. Direktorin: Dr. med. Barbara Brede-Weisflog
Stellvertretende(r) Geschäftsführer(in): Dr.med. Martin Hicke

● T 3 942
Akademie für Arbeitsmedizin und Gesundheitsschutz in der Ärztekammer Berlin
Spandauer Damm 130 Haus S, 14050 Berlin
T: (030) 75 79 53-11, 75 79 53-13   **Fax:** 75 79 53-99
Internet: http://www.aerztekammer-berlin.de
Gründung: 1962
Leiter(in): Dr.med. Barbara Nemitz
Mitarbeiter: 4

Fort- und Weiterbildung in den Bereichen Arbeitsmedizin/Arbeitsschutz, betriebl. Gesundheitsmanagement und Strahlenschutz.

● T 3 943
Institut der Deutschen Möbelwirtschaft e.V.
Stelzengasse 4, 90403 Nürnberg
T: (0911) 55 76 88   **Fax:** 53 62 80
1. Vorsitzende(r): Andreas Weychert, Uffenheim
Vorstand und Geschäftsführer: Dr. Hanns Hofmann, Nürnberg
Ehrenvorstandsmitglied: Theodor Stumpf, Marktheidenfeld

● T 3 944
Forschungs- und Ausbildungsstätte für Kurzschrift und Textverarbeitung in Bayreuth E.V.
Bernecker Str. 11, 95448 Bayreuth
T: (0921) 2 34 45   **Fax:** 7 85 74 75
Internet: http://www.forschungsstaette.de
E-Mail: forschungsstaette@t-online.de
Gründung: 1947
1. Vorsitzer: Dr. Hans-Jürgen Bäse
2. Vorsitzerin: Gisela Schnurrer
Verbandszeitschrift: Archiv für Stenografie, Textverarbeitung, Bürotechnik
Redaktion: Dr. Hans-Jürgen Bäse, Mastbruch 3 a, 38126 Braunschweig
Verlag: Forschungs- u. Ausbildungsstätte für Kurzschrift u. Textverarbeitung, Bernecker Str. 11, 95448 Bayreuth
Mitglieder: 275

Deutsche Bibliothek für Kurzschrift, Textverarbeitung und Maschinenschreiben; Deutsches Schreibmaschinenmuseum; Aus- und Fortbildung von Lehrern der Kurzschrift und Textverarbeitung.

● T 3 945
Arbeitsgemeinschaft Deutscher Stenographie-Systeme e.V.
Postf. 15 53, 48273 Emsdetten
Nordwalder Str. 80, 48282 Emsdetten
T: (02572) 8 74-0, (0251) 31 52 23   **Fax:** (02572) 8 74 90, (0251) 3 11 14 11
Vorsitzende(r): Fabrikant Werner Strumann
Mitglieder: 7 Verbände bzw. Systeme

● T 3 946
Hessische Akademie für Bürowirtschaft e.V. (HAB)
Sitz: Frankfurt am Main
Rüdesheimer Str. 25, 65719 Hofheim
T: (06122) 20 42   **Fax:** 20 42
Internet: http://www.hab-frankfurt.de
E-Mail: stauth@t-online.de
Gründung: 1965 (September)
Vorstand: Hella Stauth (Vors.; Rüdesheimer Str. 25, 65719 Hofheim, T/Fax: (06122) 20 42, E-Mail: stauth@t-online.de)
Ute Welkerling (Stellv. Vors., Schriftführerin, Friedensallee 92, 63263 Neu-Isenburg, T: (06102) 2 22 64, Fax: 10 58)
Paul Eisel (Schatzmeister, Sonnenhang 31, 57548 Kirchen, T: (02741) 93 01 93, Fax: 93 01 96, E-Mail: Paul.Eisel@t-online.de, Internet: www.hab-frankfurt.de)
Leitung Presseabteilung: Gerd Wilcken (Inheidener Str. 69, 60385 Frankfurt)
Verbandszeitschrift: HAB Express
Mitglieder: 400
Mitarbeiter: ca. 40

● T 3 947
Arbeitskreis Universitäre Erwachsenenbildung - Hochschule und Weiterbildung
Universität
93040 Regensburg
T: (0941) 9 43 37 85   **Fax:** 9 43 24 50
E-Mail: aue@aww.uni-hamburg.de
Gründung: 1970
1. Vorsitzende(r): Prof. Dr. Ernst Prokop
Verbandszeitschrift: Aue-Info-Dienst
Redaktion: Prof. Dr. Erich Schäfer
Mitglieder: 300

● T 3 948
Thomas-Morus-Akademie Bensberg
Overather Str. 51-53, 51429 Bergisch Gladbach
T: (02204) 40 84 72   **Fax:** 40 84 20
Internet: http://www.tma-bensberg.de
E-Mail: akademie@tma-bensberg.de
Gründung: 1953 (13. September)
Leiter(in): Dr. Wolfgang Isenberg
Geschäftsführer(in): Monika Kolec
Leitung Presseabteilung: Stephan Lennartz
Verbandszeitschrift: TMA Journal
Redaktion: Stephan Lennartz
Verlag: Thomas-Morus-Akademie Bensberg, Overather Str. 51-53, 51429 Bergisch Gladbach
Mitarbeiter: 19
Jahresetat: DM 4 Mio, € 2,05 Mio

● T 3 949
Staatspolitische Gesellschaft e.V.
Ohlsdorfer Str. 37, 22299 Hamburg
T: (040) 4 60 10 26   **Fax:** 47 92 67
Internet: http://www.sghamburg.de
E-Mail: kontakt@sghamburg.de
Gründung: 1959
Vorsitzende(r): Nikolas Streuf
Stellvertretende(r) Vorsitzende(r): Bernd Reinert (MdHB)
Jochen Voswinckel
Geschäftsführerin/Studienleiterin: Dipl.-Pol. Angela Schapals
Mitglieder: ca. 100
Mitarbeiter: 4

● T 3 950
Ländliche Erwachsenen-Bildung in Niedersachsen e.V.
Johannssenstr. 10, 30159 Hannover
T: (0511) 3 04 11-0   **Fax:** 3 63 16 15
Internet: http://www.leb.de
E-Mail: zentrale@leb.de
Gründung: 1951
Präsident(in): Rudolf Meyer, 29308 Winsen
Direktor(in): Dr. Gerhard Lippert
Leitung Presseabteilung: Cornelia Langmack
Mitglieder: 71
Mitarbeiter: 140

● T 3 951
Gustav-Stresemann-Institut e.V. (GSI)
Langer Grabenweg 68, 53175 Bonn
T: (0228) 81 07-0   **Fax:** 81 07-198 (Verwaltung)
Internet: http://www.gsi-bonn.de
E-Mail: eigentagung@gsi-bonn.de
Gründung: 1959
Internationaler Zusammenschluß: siehe unter izu 716
Vorsitzende(r): Staatsrat Erik Bettermann
Stellvertretende(r) Vorsitzende(r): Staatssekretärin Heide Dörrhöfer-Tucholski
Dr. h.c. Karl-Heinz Koppe
Intendant Dieter Weirich
Geschäftsführendes Vorstandsmitgl. u. Direktor: Staatssekretär a.D. Dr. Klaus Dieter Leister
Geschäftsführer(in): Ursula Meister
Mitarbeiter: ca. 85

Politische Jugend- und Erwachsenenbildung. Das Haus steht darüber hinaus externen Gruppen als Tagungsstätte zur Verfügung.

● T 3 952
Deutsche Evangelische Arbeitsgemeinschaft für Erwachsenenbildung e.V. (DEAE)
Bundesgeschäftsstelle
Emil-von-Behring-Str. 3, 60439 Frankfurt
T: (069) 5 80 98-307   **Fax:** 5 80 98-311
Gründung: 1961
Vorsitzende(r): Helmut Strack
Vorsitzende: Christina Wohlfahrt
VorstMitgl: C. Wohlfahrt
H. Strack
I.-M. Köllner
a Kujawski
P. Neddermeyer-Wienhöfer
Dr. A. Rothe
Dr. W. Wittrock
BundesGeschF: Andreas Seiverth
Verbandszeitschrift: Forum EB
Redaktion: A. Seiverth, Petra Herre
Mitglieder: 31 (seit 13.03.01)
Mitarbeiter: 8
Jahresetat: DM 0,57 Mio, € 0,29 Mio

T 3 953

Katholische Bundesarbeitsgemeinschaft für Erwachsenenbildung (KBE)
René-Schickele-Str. 10, 53123 Bonn
T: (0228) 6 48 02-70   **Fax:** 6 48 02-99
Gründung: 1957
Vorstand: Johannes K. Rücker (Vors.)
Elisabeth Bußmann (stellv. Vors.)
Hubert Stuntebeck (stellv. Vors.)
Dr. Bertram Blum (stellv. Vors.)
Dr. Alois Becker (stellv. Vors.)
Hans-Joachim Marchio (Beisitzer)
Dr. Joachim Drumm (Beisitzer)
Thomas Sartingen (Beisitzer)
Lic. Hartmut Heidenreich (Beisitzer)
Verbandszeitschrift: ERWACHSENENBILDUNG
Redaktion: Dr. Michael Sommer
Verlag: Echter Würzburg, Postf. 55 60, 97005 Würzburg
Mitglieder: 60 Vertreter von Mitgliedsorganisationen

Wahrnehmung der politischen Vertretung und Repräsentanz der gesamten katholischen Erwachsenenbildung gegenüber der Öffentlichkeit.

T 3 954

Katholische Bundesarbeitsgemeinschaft für berufliche Bildung
Postf. 10 08 41, 50448 Köln
Kolpingplatz 5-11, 50667 Köln
Vorsitzende(r): Dr. Alois Becker
Stellvertretende(r) Vorsitzende(r): Dr. Michael Hanke
Geschäftsführer(in): Jürgen Döllmann
Verbandszeitschrift: idb-Dienst
Mitglieder: 15

T 3 955

Reifensteiner Verband
Verein ehemaliger Reifensteiner e.V.
Postf. 15 51, 50332 Hürth
Rheingoldstr. 19, 50354 Hürth
T: (02233) 70 01 32   **Fax:** 70 72 24
Gründung: 1897 (für haus- u. landwirtschaftl. Frauenbildung)
Vorsitzende(r): Renate Hilger
Stellvertretende(r) Vorsitzende(r): Johanna-Elisabeth Baronin v. Vietinghoff-Scheel
Leitung Presseabteilung: Ursula Meyer (Mainstr. 16, 58097 Hagen)
Verbandszeitschrift: Mitteilungen, Blatt der Altmaiden, Reifensteiner Verband e.V.
Redaktion: Ursula Meyer, Mainstr. 16, 58097 Hagen
Verlag: Reifensteiner Verband eV, Rheingoldstr. 19, 50354 Hürth
Mitglieder: 3000
Jahresetat: DM 0,1 Mio, € 0,05 Mio

T 3 956

Andreas Hermes Akademie im Bildungswerk der Deutschen Landwirtschaft e.V.
In der Wehrhecke 1, 53125 Bonn
T: (0228) 9 19 29-0   **Fax:** 9 19 29-30
Internet: http://www.andreas-hermes-akademie.de
E-Mail: info@andreas-hermes-akademie.de
Leiter(in): Dir. Dr. Reinhold Meisterjahn
Dir. Heiner Beermann

T 3 957

LEH

Vereinigung Deutscher Landerziehungsheime e.V.
Libanonstr. 3, 70184 Stuttgart
T: (0711) 4 80 88 61   **Fax:** 4 80 88 62
Internet: http://www.leh-internate.de
E-Mail: w.harder@leh-internate.de
Gründung: 1921
Vorsitzende(r): Dr. Wolfgang Harder
Verbandszeitschrift: Konzepte und Erfahrungen, Internat
Redaktion: Dr. Hartmut Ferenschild
Verlag: Selbstverlage
Mitglieder: 21 Internatsschulen
Mitarbeiter: ca. 800
Jahresetat: DM 0,35 Mio, € 0,18 Mio

T 3 958

Private Bundesfachschule des Lebensmittelhandels - Staatlich anerkannte Fachschule (Ergänzungsschule) -
Friedrichstr. 36-40, 56564 Neuwied
T: (02631) 8 30-3   **Fax:** 8 30-5 00
Internet: http://www.bzneuwied.de
E-Mail: fachschule@bzneuwied.de
Gründung: 1936 (27. Oktober)
Leiter(in): Thorsten Fuchs
Verbandszeitschrift: Neues aus Neuwied
Redaktion: Jürgen Sieler
Mitarbeiter: 25
Jahresetat: DM 2,5 Mio, € 1,28 Mio

T 3 959

ZDS Zentralfachschule der Deutschen Süßwarenwirtschaft e.V.
Postf. 18 01 10, 42626 Solingen
De-Leuw-Str. 3-9, 42653 Solingen
T: (0212) 59 61-0   **Fax:** 59 61 61
Internet: http://www.zds-solingen.de
E-Mail: info@zds-solingen.de
Gründung: 1951
Vorsitzende(r): Dipl.-Kfm. Dieter Becker
Geschäftsführende(s) Vorstands-Mitglied(er): Winfried Köllmann
Verbandszeitschrift: ZDS NEWS
Redaktion: ZDS
Verlag: ZDS, Postf. 18 01 10, 42626 Solingen
Mitglieder: 271

T 3 960

Verband deutscher Musikschulen e.V. (VdM)
Plittersdorfer Str. 93, 53173 Bonn
T: (0228) 95 70 60   **Fax:** 9 57 06 33
Internet: http://www.musikschulen.de
E-Mail: vdm@musikschulen.de
Gründung: 1952
Vorsitzende(r): Dr. Gerd Eicker (c/o Stadtjugendmusik- und Kunstschule Winnenden, Schloßstr. 24, 71364 Winnenden, T: (07195) 82 40 oder 94 14 02, Fax: 6 36 48)
Stellvertretende(r) Vorsitzende(r): Klaus-Jürgen Weber (Motzstr. 58, 10777 Berlin, T: (03021) 3 41 93, Fax: 96 90 01)
Weitere Vorstandsmitglieder:
Doris Froese (c/o Musikschule Herrenberg, Bismarckstr. 9, T: (07032) 60 91, Fax: 28 73 91)
Michael Kobold (c/o Rheinische Musikschule der Stadt Köln, Vogelsanger Str. 28-32, 50823 Köln, T: (0221) 9 51 46 90, Fax: 95 14 69 32)
Renate Oehme (Am Feldrain 56, 18059 Rostock, T: (0381) 4 00 74 03, Fax: 4 99 89 30)
Dr. Oliver Scheytt (c/o Stadt Essen, Gildehof, Hollestr. 3, 45121 Essen, T: (0201) 88-88450 oder 88-88451, Fax: 88-88454)
Jürgen Schulze (Vors. des Landesverbandes Sachsen e.V., c/o Musikschule Leipzig "Joh. Seb. Bach", Petersstr. 43, 04109 Leipzig, T: (0341) 1 41 42-0, Fax: 1 41 42-44)
BundesGeschF: Rainer Mehlig
Leitung Presseabteilung: Dr. Ulrich Wüster
Verbandszeitschrift: Verbandsmitteilungen in: "Neue Musikzeitung"
Verlag: Verlag Neue Musikzeitung, Postf. 10 02 45, 93002 Regensburg
Mitglieder: 979 Musikschulen, 187 Förd. Mitglieder

Landesverbände

t 3 961

Landesverband der Musikschulen in Baden-Württemberg e.V.
Griegstr. 16, 70195 Stuttgart
T: (0711) 6 97 94 68   **Fax:** 6 97 92 55
Internet: http://www.musikschulen-bw.de
E-Mail: service@musikschulen-bw.de
Vorsitzende(r): Hansjörg Korward

t 3 962

Verband Bayerischer Sing- und Musikschulen e.V.
Herzog Albrecht Platz 2, 82362 Weilheim
T: (0881) 20 58   **Fax:** 89 24
E-Mail: vbsm.weilheim@t-online.de
Vorsitzende(r): Bernd Geith

t 3 963

Verband deutscher Musikschulen e.V.
Landesverband Berlin
c/o Musikschule Berlin-Wedding
Ruheplatzstr. 4, 13347 Berlin
T: (030) 4 57 54-134   **Fax:** 4 57 54-132
E-Mail: krzyzynski@t-online.de
Vorsitzende(r): Udo Krzyznski

t 3 964

Landesverband der Musikschulen Brandenburg e.V.
Charlottenstr. 122, 14467 Potsdam
T: (0331) 24 02 75   **Fax:** 24 02 76
E-Mail: lvdm-potsdam@t-online.de
Vorsitzende(r): Manfred Uhlmann

t 3 965

Landesverband der Musikschulen in Bremen e.V.
Schleswiger Str. 4, 28219 Bremen
T: (0421) 3 61 56 75   **Fax:** 3 61 56 79
Internet: http://www.musikschule.bremen.de
E-Mail: hbuhlmann@musikschule.bremen.de
Vorsitzende(r): Heinrich Buhlmann

t 3 966

Verband deutscher Musikschulen e.V.
Landesverband Hamburg
c/o Staatliche Jugendmusikschule Hamburg
Mittelweg 42, 20148 Hamburg
T: (040) 4 28 01-4141   **Fax:** 4 28 01-4122
Internet: http://www.jugendmusikschule.hamburg.de
E-Mail: jugend@musikschule.hh.schuttle.de
Vorsitzende(r): Wolfhagen Sobirey

t 3 967

Landesverband der Musikschulen Hessen e.V.
Schützenweg 74, 35418 Buseck
T: (06408) 9 20 42   **Fax:** 9 20 45
Internet: http://www.musikschulen-hessen.de
E-Mail: buero@musikschulen-hessen.de
Vorsitzende(r): Claus Schmitt

t 3 968

Landesverband der Musikschulen in Mecklenburg-Vorpommern e.V.
c/o Konservatorium "Rudolf-Wagner-Régeny"
Schillerplatz 2, 18055 Rostock
T: (0381) 2 65 42   **Fax:** 4 99 89 30
Vorsitzende(r): Christiane Krüger

t 3 969

Landesverband niedersächsischer Musikschulen e.V.
Lützowstr. 5, 30159 Hannover
T: (0511) 1 59 19, 1 59 03   **Fax:** 1 59 01
Internet: http://www.musikschulen-niedersachsen.de
E-Mail: vdm.nds@t-online.de
Vorsitzende(r): Geert Latz

t 3 970

Landesverband der Musikschulen in Nordrhein-Westfalen e.V.
Breidenplatz 8-10, 40627 Düsseldorf
T: (0211) 25 10 09   **Fax:** 25 10 08
Internet: http://www.lvdm-nrw.de
E-Mail: kontakt@lvdm-nrw.de
Vorsitzende(r): Reinhard Knoll

t 3 971

Landesverband der Musikschulen in Rheinland-Pfalz e.V.
c/o Stadtverwaltung Ludwigshafen/
Schul- und Kulturdezernat
Rathausplatz 20, 67059 Ludwigshafen
T: (0621) 5 04-2081   **Fax:** 5 04-3781
E-Mail: marcel.jurkat@ludwigshafen.de
Vorsitzende: Anne Spurzem (MdL)

t 3 972

Saarländischer Musikschulverband e.V.
Bahnhofstr. 39, 66663 Merzig
T: (06861) 10 78   **Fax:** 10 87
E-Mail: musikschule-merzig@t-online.de
Vorsitzende(r): Dieter Boden

t 3 973

Landesverband der Musikschulen in Sachsen e.V.
Käthe-Kollwitz-Str. 109, 04109 Leipzig
T: (0341) 9 83 63 96   **Fax:** 9 83 63 97
Vorsitzende(r): Jürgen Schulze

t 3 974

Landesverband der Musikschulen Sachsen-Anhalt e.V.
Lübecker Str. 23a, 39124 Magdeburg
T: (0391) 2 51 55 13   **Fax:** 2 51 53 68
Internet: http://www.jugend-lsa.de/lvdm
E-Mail: lvdm-lsa@t-online.de
Vorsitzende(r): Hans-Martin Uhle

t 3 975

Landesverband der Musikschulen in Schleswig-Holstein e.V.
Nikolaistr. 5, 24937 Flensburg

t 3 975
T: (0461) 15 08-150 Fax: 15 08-151
E-Mail: vdmsh@foni.net
Vorsitzende(r): Dr. Winfried Richter

● **t 3 976**
Landesverband der Musikschulen in Thüringen e.V.
Rosa-Luxemburg-Str. 49, 99086 Erfurt
T: (0361) 5 66 14 73 Fax: 5 66 14 74
Internet: http://www.musikschule-thueringen.de
E-Mail: vdm@musikschule-thueringen.de
Vorsitzende(r): Dr. Bernd Ehrhardt

● **T 3 977**
Gesellschaft für Musikforschung
Heinrich-Schütz-Allee 35, 34131 Kassel
T: (0561) 3 10 52 55 Fax: 3 10 52 54
Internet: http://www.gfm.uni-mainz.de
E-Mail: g.f.musikforschung@t-online.de
Gründung: 1947
Verbandszeitschrift: "Die Musikforschung"
Verlag: Bärenreiter-Verlag, Heinrich-Schütz-Allee 35, 34131 Kassel
Mitglieder: 1800

● **T 3 978**
Deutsches Musikgeschichtliches Archiv
Gießbergstr. 47, 34127 Kassel
T: (0561) 89 99 40 Fax: 8 90 00 97
Internet: http://www.dmga.de
E-Mail: mail@dmga.de
Gründung: 1954
Leiter(in): Dr. Rainer Birkendorf
Vorsitzende(r): Prof. Dr. Friedhelm Krummacher
Vizepräsident(in): Prof. Dr. Martin Staehelin
Geschäftsführer(in): Susanne Bremer
Mitglieder: 17
Mitarbeiter: 2
Jahresetat: DM 0,2 Mio, € 0,1 Mio

● **T 3 979**
Institut für Neue Musik und Musikerziehung e.V.
Olbrichweg 15, 64287 Darmstadt
T: (06151) 4 66 67 Fax: 4 66 47
E-Mail: instmusik@aol.com
Gründung: 1948
Vorsitzende(r): Prof. Dr. Rudolf Frisius, Karlsruhe
Stellvertretende(r) Vorsitzende(r): Dr. Bernd Leukert, Frankfurt
Prof. Dr. Helga de la Motte-Haber, Berlin
Geschäftsführer(in): Dr. phil. Susanne Ziegler
Mitglieder: 400 (Einzelpersonen und Institutionen)
Publikation: Schriftenreihe Veröffentlichungen des Instituts für Neue Musik und Musikerziehung 1961ff
Verlag: Verlag B. Schott's Söhne, Postfach 36 40, 55026 Mainz

● **T 3 980**
Bayerische Akademie für Naturschutz und Landschaftspflege
Postf. 12 61, 83406 Laufen
Seethaler Str. 6, 83410 Laufen
T: (08682) 89 63-0 Fax: 89 63-17
Internet: http://www.anl.de
E-Mail: naturschutzakademie@t-online.de
Gründung: 1976 (1. Juli)
Direktor(in): Dr. Christoph Goppel (Dipl.-Ing. Landespflege)
Leitendes Gremium:
Präs.-Vors.: Staatssekretärin Christa Stewens (MdL, Bayer. Staatsministerium für Landesentwicklung und Umweltfragen)
Leitung Presseabteilung: Dr. Walter Joswig
Mitarbeiter: 30, davon 10 im fachlich-wissenschaftlichen Bereich

● **T 3 981**
Alfred Toepfer Akademie für Naturschutz
Hof Möhr, 29640 Schneverdingen
T: (05199) 9 89-0 Fax: 9 89-46
Internet: http://www.nna.de
E-Mail: nna@nna.de
Gründung: 1981 (1. April)
Dir., Leiter: Prof. Johann Schreiner
Leitung Presseabteilung: Thomas Sandkühler
Verbandszeitschrift: Mitteilungen aus der NNA, NNA-Berichte, Naturschutz im Unterricht
Redaktion: Dr. Renate Strohschneider
Verlag: Eigenverlag
Mitarbeiter: 15

● **T 3 982**
Akademie Führung + Organisation (afo)
Organ der Gesellschaft für Organisation e. V. (GfürO)
Kaiserstr. 3, 53113 Bonn
T: (0228) 21 00 22, 21 10 06 Fax: 21 88 58
Internet: http://www.gfuero.org/afo

E-Mail: afo@gfuero.org
Gründung: 1965
Akademieleiter: Dipl.-Kfm. Dr. Reiner Chrobok

● **T 3 983**
Deutsche Phono-Akademie e.V.
Grelckstr. 36, 22529 Hamburg
T: (040) 58 19 35 u. 58 20 84 Fax: 58 08 33
Gründung: 1973
Vorstand: Gerd Gebhardt (Vors.)
Wolf-D. Gramatke
Heinz Canibol
Jochen Leuschner
Thomas M. Stein
Geschäftsführer(in): Prof. Werner Hay
Mitglieder: 17 Firmen (13 außerordentl. Mitgl.)

● **T 3 984**
Photo + Medienforum Kiel
Feldstr. 9-11, 24105 Kiel
T: (0431) 5 79 70-0 Fax: 56 25 68
Internet: http://www.photomedienforum.de
E-Mail: mail@photomedienforum.de
Gründung: 1957 (September)
Geschäftsführung: Gabriele Scheibel
Mitglieder: 500
Mitarbeiter: 13
Jahresetat: DM 3 Mio, € 1,53 Mio

● **T 3 985**
REFA - Verband für Arbeitsgestaltung, Betriebsorganisation und Unternehmensentwicklung
REFA Bundesverband e.V.
Wittichstr. 2, 64295 Darmstadt
T: (06151) 88 01-0 Fax: 88 01 27
Internet: http://www.REFA.de
E-Mail: REFA@REFA.de
Geschäftsführer(in): Dipl.-Ing. Rolf Meyer
Leitung Presseabteilung: Berndt Schelm
Verbandszeitschrift: REFA-Nachrichten

t 3 986
REFA Bundesverband e.V.
Wittichstr. 2, 64295 Darmstadt
T: (06151) 88 01-0 Fax: 88 01-27
Internet: http://www.refa.de
E-Mail: presse@refa.de, presse@refa.de

t 3 987
REFA-Informatik-Center Dortmund
Emil-Figge-Str. 43, 44227 Dortmund
T: (0231) 97 96-0 Fax: 9 79 61 97

t 3 988
REFA Nordwest e.V.
Emil-Figge-Str. 43, 44227 Dortmund
T: (0231) 97 96-101 Fax: 97 96-105

t 3 989
REFA - Landesverband Baden-Württemberg
Tullastr. 14, 68161 Mannheim
T: (0621) 41 10 64 Fax: 4 18 50 75

t 3 990
REFA - Landesverband Bayern e.V.
Theodorstr. 3, 90489 Nürnberg
T: (0911) 99 55 73 Fax: 5 39 39 92

t 3 991
REFA - Landesverband Berlin und Brandenburg e.V.
Nonnendammallee 104, 13629 Berlin
T: (030) 38 62 19 19 Fax: 38 62 19 20

Landesverband Hessen

t 3 992
REFA - Landesverband Hessen
Wittichstr. 2, 64295 Darmstadt
T: (06151) 88 01-1 70 Fax: 88 01-27

Landesverband Mecklenburg-Vorpommern

t 3 993
REFA - Landesverband Mecklenburg-Vorpommern
Lange Str. 1a, 18055 Rostock
T: (0381) 45 52 23 Fax: 45 52 24

Landesverband Rheinland-Pfalz

t 3 994
REFA - Landesverband Rheinland-Pfalz e.V.
Friedrich-Ebert-Str. 9, 67433 Neustadt
T: (06321) 85 22 77 Fax: 3 05 73

Landesverband Saar

t 3 995
REFA - Landesverband Saar
Lieserer Weg 3, 66113 Saarbrücken
T: (0681) 5 64 24 Fax: 5 10 36

Landesverband Sachsen

t 3 996
REFA - Landesverband Sachsen
Zellescher Weg 24, 01217 Dresden
T: (0351) 4 70 78 52 Fax: 4 70 78 53

Landesverband Sachsen-Anhalt

t 3 997
REFA - Landesverband Sachsen-Anhalt
Halberstädter Str. 21, 39112 Magdeburg
T: (0391) 6 20 99-97, 6 20 99-98 Fax: 6 20 99-99

Landesverband Thüringen

t 3 998
REFA - Landesverband Thüringen
Schwarzaer Str. 43, 07422 Unterwirbach
T: (036741) 4 21 49 Fax: 56 47 02

● **T 3 999**
Arbeitssicherheit und Umweltschutz, Betriebsorganisation und Arbeitsstudium e.V. (AUBA)
Münsterberger Weg 91-95, 12621 Berlin
T: (030) 56 54 44 34 Fax: 56 54 44 16
Gründung: 1990 (Oktober)
Vorsitzende(r): Dr. Jörg Martini

● **T 4 000**
Staatlich anerkannte Fachschule für Arbeitssicherheit
Lahnstr. 27-29, 64625 Bensheim
T: (06251) 70 98-0 Fax: 70 98-11
Gründung: 1994 (April)
Hauptgeschäftsführer(in): Jürgen Streit (Streit GmbH)
Leitung Presseabteilung: Martin Simon

● **T 4 001**
Reformhaus Fachakademie für gesundes Leben
Stiftung des bürgerlichen Rechts
Gotische Str. 15, 61440 Oberursel
T: (06172) 30 09-822 Fax: 30 09-819
Internet: http://www.reformhaus-fachakademie.de
E-Mail: rfa@reformhaus.de
Gründung: 1956
Hauptgeschäftsführer(in): Marlis Weber
Geschäftsführer(in): Bernd Künz
Mitarbeiter: ca. 50

Seminar- u. Tagungshaus

● **T 4 002**
Förderungsgesellschaft der Reformwarenwirtschaft (FDR) mbH
Postf. 14 44, 61284 Bad Homburg
Waldstr. 6, 61440 Oberursel
T: (06172) 30 03-300 Fax: 30 03-303
Internet: http://www.reformhaus.de

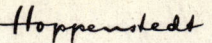

T 4 024

E-Mail: kontakt@neuform.de
Gründung: 1952
Geschäftsführer(in): Peter Gründken
Norbert Pahne
Presseabteilung: Birgit Blome
Brigitte Sager-Krauss
Heide Ebrahimzadeh

● T 4 003

Bildungs-Gemeinschaft der Schuhindustrie-Techniker e.V.
Postf. 14 53, 56121 Bad Ems
Arzbacher Str. 39, 56130 Bad Ems
T: (02603) 1 27 29   Fax: 1 27 29
Vorsitzende(r): Klaus Glombig
Geschäftsführer(in): Ing. Alexander Besching (Presse u. PR)
Stellvertretende(r) Geschäftsführer(in): Albert Wilhelm
Verbandszeitschrift: Mitteilungsblatt „STEP TECHNIK"

● T 4 004

Institut für Sozial- und Wirtschaftspolitische Ausbildung e.V. Berlin (ISWA)
Geschäftsstelle:
c/o BDA im Haus der Deutschen Wirtschaft
Breite Str. 29, 10178 Berlin
T: (030) 20 33-1953   Fax: 20 33-1955
Internet: http://www.iswa-online.de
Vorsitzende(r) des Vorstandes: Dr. Franz Schoser (Hauptgeschäftsführer Deutscher Industrie- und Handelstag, Berlin)
Weitere Vorstandsmitglieder:
Vorstand: Dr. Ludolf von Wartenberg (Hauptgeschäftsführer und Präsidialmitglied Bundesverband der Deutschen Industrie e.V., Berlin)
RA Dr. Reinhard Gröhner (Hauptgeschäftsführer und Mitglied der Bundesvereinigung der Deutschen Arbeitgeberverbände e.V., Berlin)

● T 4 005

Steuerakademie - Fortbildungswerk des Steuerberaterverbandes Hessen e.V.
Mannheimer Str. 15, 60329 Frankfurt
T: (069) 97 57 45-0   Fax: 97 57 45-25
Internet: http://www.stbverband-hessen.de
E-Mail: mail@stbverbandhessen.de
Gründung: 1982
Vorsitzende(r): WP, StB, RB Rolf Kugelstadt
Geschäftsführer(in): Rainer von Borstel

● T 4 006

Bundesverband Material-Management e.V. (BMM)
Postf. 10 43 43, 40034 Düsseldorf
Lindenstr. 74, 40233 Düsseldorf
T: (0211) 66 03 43   Fax: 68 21 79
Gründung: 1987
Präsident(in): Dr. Wolfgang M. Partsch (Mitglied der Geschäftsleitung Dr. Höfner & Partner Management-Beratung BDU, Baierbrunner Str. 33, 81379 München, T: (089) 78 00 30)
1. Vorsitzender des Vorstands: Dipl.-Ing. Herbert H. Ludwig (i.H. RUMP-INSTITUT GmbH Gesellschaft für Materialwirtschaft und Wertanalyse mbH (GMW), Lindenstr. 74, 40233 Düsseldorf, Postf. 10 43 43, 40034 Düsseldorf, T: (0211) 66 03 43, Fax: 68 21 79)
2. Vorsitzender des Vorstandes: Dipl.-Ing. Bernd Opitz (Thekastr. 4a, 04571 Rötha, T: (034206) 5 55 39, Fax: 5 55 91)
Vorstand: Dipl.-Betriebsw. Klaus M. Ferber (i.H. DEUTAG Deutsche Tiefbohr-Aktiengesellschaft, Deilmannstr. 1, 48455 Bad Bentheim, T: (05922) 72 (0) 286, Fax: 7 26 10)
Dieter Flaskamp (Marienstr. 46, 47807 Krefeld, T: (02151) 30 18 73)
Alfred Knorn (Am Oelvebach 39, 47809 Krefeld (Stratum), T: (02151) 57 35 07)
Vorsitzender des Beirates: Dipl.-Ing. Hans-Heinz Demmer (Deusserstr. 5, 40789 Monheim, T: (02173) 5 58 05)
Verbandszeitschrift: Material-Management-Magazin (Auflage: 25 000 Exemplare)
Verlag: RUMP-INSTITUT Gesellschaft für Materialwirtschaft und Wertanalyse mbH (GMW), Lindenstr. 74, 40233 Düsseldorf, Postf. 10 43 43, 40034 Düsseldorf, T: (0211) 66 03 43, Fax: 68 21 79
Chefredaktion: Dipl.-Ing. Herbert H. Ludwig
Aus- und Weiterbildungseinrichtung: BMM-AKADEMIE, Lindenstr. 74, 40233 Düsseldorf, Postf. 10 43 43, 40034 Düsseldorf, T: (0211) 66 03 43, Fax: 68 21 79

Regionale Gliederungen:

t 4 007

Material-Management-Club Berlin e.V. (MMC Berlin)
Einbecker Str. 32, 10317 Berlin
T: (030) 5 22 48 13   Fax: 5 22 48 12
Kontakt: Dr. Jürgen Meergans (i.H. Dr. Meergans & Partner Management Consulting GmbH, Einbecker Str. 32, 10317 Berlin, T: (030) 5 22 48 13, Fax: 5 22 48 12)

t 4 008

Material-Management-Club Chemnitz (MMC Chemnitz)
c/o Bundesverband Material-Management e.V. (BMM)
Postf. 10 43 43, 40034 Düsseldorf
Lindenstr. 74, 40233 Düsseldorf
T: (0211) 66 03 43   Fax: 68 21 79

t 4 009

Material-Management-Club Dresden (MMC Dresden)
Badstr. 18, 01454 Radeberg
T: (03528) 44 20 78, 44 03 31   Fax: 44 20 78, 44 03 31
Kontakt: Dr.-Ing. Ralph Grundmann (Badstr. 18, 01454 Radeberg, T: (03528) 44 20 78, 44 03 31, Fax: 44 20 78, 44 03 31)

t 4 010

Material-Management-Club Erfurt (MMC Erfurt)
c/o Bundesverband Material-Management e.V. (BMM)
Postf. 10 43 43, 40034 Düsseldorf
Lindenstr. 74, 40233 Düsseldorf
T: (0211) 66 03 43   Fax: 68 21 79

t 4 011

Material-Management-Club Frankfurt/Main e.V. (MMC Frankfurt/Main)
c/o Bundesverband Material-Management e.V. (BMM)
Postf. 10 43 43, 40034 Düsseldorf
Lindenstr. 74, 40233 Düsseldorf
T: (0211) 66 03 43   Fax: 68 21 79

t 4 012

Material-Management-Club Hamburg e.V. (MMC Hamburg)
Borsteler Chaussee 106a, 22453 Hamburg
T: (040) 6 91 67 18
Vorsitzende(r): Dipl.-Betriebsw. Birgit Deinis (Schwalbenstr. 70, 22305 Hamburg, T: (040) 6 91 67 18)
Stellvertretende(r) Vorsitzende(r): Dipl.-Betriebsw. Carlo Prußas (Borsteler Chaussee 106 a, 22453 Hamburg, T: (040) 51 82 84)

t 4 013

Material-Management-Club Hannover (MMC Hannover)
c/o Bundesverband Material-Management e.V. (BMM)
Postf. 10 43 43, 40034 Düsseldorf
Lindenstr. 74, 40233 Düsseldorf
T: (0211) 66 03 43   Fax: 68 21 79

t 4 014

Material-Management-Club Köln (MMC Köln)
c/o Bundesverband Material-Management e.V. (BMM)
Postf. 10 43 43, 40034 Düsseldorf
Lindenstr. 74, 40233 Düsseldorf
T: (0211) 66 03 43   Fax: 68 21 79

t 4 015

Material-Management-Club Leipzig (MMC Leipzig)
Dammstr. 22, 04416 Markkleeberg
T: (0341) 31 58 31
Vorsitzende(r): Lutz Reddmann (Dammstr. 22, 04416 Markkleeberg, T: (0341) 31 58 31)
Stellvertretende(r) Vorsitzende(r): Dipl.-Ing. Bernd Opitz (Thekastr. 4a, 04571 Rötha, T: (034206) 5 55 39, Fax: 5 55 91)

t 4 016

Material-Management-Club Magdeburg (MMC Magdeburg)
c/o Bundesverband Material-Management e.V. (BMM)
Postf. 10 43 43, 40034 Düsseldorf
Lindenstr. 74, 40233 Düsseldorf
T: (0211) 66 03 43   Fax: 68 21 79

t 4 017

Material-Management-Club München e.V. (MMC München)
c/o Bundesverband Material-Management e.V. (BMM)
Postf. 10 43 43, 40034 Düsseldorf
Lindenstr. 74, 40233 Düsseldorf
T: (0211) 66 03 43   Fax: 68 21 79

t 4 018

Material-Management-Club Rhein-Ruhr e.V. (MMC Rhein-Ruhr)
Geschäftsstelle:
Postf. 10 43 43, 40034 Düsseldorf
Lindenstr. 74, 40233 Düsseldorf
T: (0211) 66 03 43   Fax: 68 21 79
Gründung: 1987
Vorsitzende(r): Dipl.-Betriebsw. Klaus M. Ferber (i.H. DEUTAG Deutsche Tiefbohr-Aktiengesellschaft, Dellmannstr. 1, 48455 Bad Bentheim, T: (05922) 72 (0) 286, Fax: 7 26 10)
Stellvertretende(r) Vorsitzende(r): Dipl.-Ing. Hans-Heinz Demmer (Deusserstr. 5, 40789 Monheim, T: (02173) 5 58 05)
Vorstand: Dieter Flaskamp (Marienstr. 46, 47807 Krefeld, T: (02151) 30 18 73)
Alfred Knorn (Am Oelvebach 39, 47809 Krefeld (Stratum), T: (02151) 57 35 07)
Dipl.-Ing. Herbert H. Ludwig (i.H. RUMP-INSTITUT GmbH Ges. für Materialwirtschaft und Wertanalyse mbH (GMW), Lindenstr. 74, 40233 Düsseldorf, Postf. 10 43 43, 40034 Düsseldorf, T: (0211) 66 03 43, Fax: 68 21 79)

t 4 019

Material-Management-Club Stuttgart e.V. (MMC Stuttgart)
c/o Bundesverband Material-Management e.V. (BMM)
Postf. 10 43 43, 40034 Düsseldorf
Lindenstr. 74, 40233 Düsseldorf
T: (0211) 66 03 43   Fax: 68 21 79

● T 4 020

Technische Akademie Esslingen Weiterbildungszentrum
Postf. 12 65, 73760 Ostfildern
An der Akademie 5, 73760 Ostfildern
T: (0711) 3 40 08-0   Fax: 3 40 08 43
Internet: http://www.tae.de
E-Mail: tae@tae.de
Theoretische und praktische berufliche Fortbildung von Führungs- und Fachkräften für Wirtschaft und Verwaltung auf technischen, naturwissenschaftlichen und anderen Gebieten.

t 4 021

Weiterbildungszentrum Dresden der Technischen Akademie Esslingen
Dresdner Str. 36a, 01465 Langebrück
T: (035201) 73 40   Fax: 7 02 06
E-Mail: tae.dresden@t-online.de

t 4 022

Weiterbildungszentrum Sarnen der Technischen Akademie Esslingen
Postfach 8 31, CH-6060 Sarnen/OW
Industriestr. 2, CH-6060 Sarnen/OW
T: (004141) 6 60 37 08   Fax: 6 60 56 87
E-Mail: tae.sarnen@bluewin.ch

● T 4 023

Zentrum für Weiterbildung und Wissenstransfer Universität Augsburg
Universitätsstr. 16, 86135 Augsburg
T: (0821) 5 98-4019   Fax: 5 98-4213
Internet: http://www.zww.uni-augsburg.de
E-Mail: service@zww.uni-augsburg.de
Gründung: 1976
Rektor d. Univ.: Prof. Dr. Wilfried Bottke
Vorsitzende(r): Prof. Dr. Oswald Neuberger (Koordinationsausschuß für das ZWW)
Geschäftsführer(in): Prof. Dr. Bernd Wagner
Mitglieder: ca. 1200
Mitarbeiter: 10
Jahresetat: DM 0,07 Mio, € 0,04 Mio

● T 4 024

LWTW

Landesverband Nordrhein-Westfalen für Weiterbildung in Technik und Wirtschaft e.V. (LWTW)
Geschäftsstelle:
RKW-Landesgruppe Nordrhein-Westfalen
Sohnstr. 70, 40237 Düsseldorf
T: (0211) 6 80 01-0   Fax: 6 80 01-68
Vorsitzende(r): Prof. Dr.-Ing. Eberhard Steinmetz (Haus der Technik e.V., Hollestr. 1, 45125 Essen, T: (0201) 18 03-1)
Stellvertretende(r) Vorsitzende(r): Peter Schliebeck (Landeseinrichtung Nordrhein-Westfalen des Bildungswerkes der DAG e.V., Bastionstr. 18, 40213 Düsseldorf, T: (0211) 8 64 56-0)
Geschäftsführende(s) Vorstands-Mitglied(er): Dipl.-Phys.

T 4 024

Wilfried Hedderich (RKW-Landesgruppe Nordrhein-Westfalen, Sohnstr. 70, 40237 Düsseldorf, T: (0211) 6 80 01-92, Telefax: (0211) 6 80 01-68, e-mail: info@lwtw.de)

● T 4 025

Institut für Kolbenmaschinen der Universität Karlsruhe
76128 Karlsruhe
Postf. 69 80, 76049 Karlsruhe
Kaiserstr. 12, 76131 Karlsruhe
T: (0721) 6 08 24 30   **Fax:** 60 63 25
Teletex: 721 166 =UNIKAR
E-Mail: ulrich.spicher@ifkm.uni-karlsruhe.de
Leiter(in): Prof. Dr.-Ing. Ulrich Spicher

● T 4 026

Fachverband Medien und Technik im Bildungsbereich e.V. (MTB)
Geschäftsstelle:
Isingdorfer Bruch 3, 33824 Werther
T: (05203) 8 86 19   **Fax:** 8 86 16
Internet: http://www.mtb-ev.de
E-Mail: kontakt@mtb-ev.de
Gründung: 1983 (September)
1. Vorsitzende(r): Dipl.-Päd. Günter Leupold (Isingdorfer Bruch 3, 33824 Werther, T: (05203) 51 50)
Mitglieder: ca. 120

● T 4 027

Mediendidaktisches Zentrum der Universität Dortmund (MDZ)
Emil-Figge-Str. 50, 44227 Dortmund
T: (0231) 7 55-1/21 44/21 88   **Fax:** 7 55-45 97
Gründung: 1961
Leiter der Institution: Josef Hüvelmeyer (T: (0231) 7 55-2143 (Sekretariat), Fax: (0231) 7 55-4597, E-Mail: buero@edo.uni-dortmund.de)
Mitarbeiter: 5

● T 4 028

Haus der Technik e.V.
Außeninstitut der RWTH Aachen
HDT und HDT-Akademie-Lehrgänge
45117 Essen
Hollestr. 1, 45127 Essen
T: (0201) 18 03-1   **Fax:** 18 03-269
E-Mail: hdt@hdt-essen.de
Kooperationspartner der Universität-GH Essen, der Westf. Wilhelms-Universität Münster, der Rhein. Friedrich-Wilhelms-Universität Bonn und der Technischen Universität Carolo-Wilhelmina Braunschweig
Gründung: 1927
Vorsitzende(r): Ob.-Stadtdir. a.D. der Stadt Essen K. Busch
Geschäftsführende(s) Vorstands-Mitglied(er): Prof. Dr.-Ing. Eberhard Steinmetz
Öffentlichkeitsarbeit: Dipl.-Kffr. Ute Jasper
Verbandszeitschrift: Technische Mitteilungen
Redaktion: Hsg. v. Prof. Dr.-Ing. E. Steinmetz
Mitglieder: 980
Mitarbeiter: 80

Kooperationspartner:
Landesverband für Weiterbildung in Technik und Wirtschaft e. V., Düsseldorf
Wuppertaler Kreis e. V. Deutsche Vereinigung zur Förderung der Weiterbildung von Führungskräften, Köln
Deutscher Verband Technisch-Wissenschaftlicher Vereine, Düsseldorf

Zweigstellen und Außenstellen:
Berlin
München/Nürnberg

Das Haus der Technik ist eine der ältesten Institutionen für Weiterbildung von Führungskräften in Technik und Wirtschaft. Seit über 70 Jahren vermittelt es in Seminaren, Tagungen und Weiterbildungsstudiengängen berufsbegleitend aktuelles Wissen, Kenntnisse und Erfahrungen auf den Gebieten Qualitätswesen, Technische Organisation, EDV, Bauwesen, Maschinenwesen, Fahrzeugtechnik, Elektrotechnik, Elektronik, Medizin, Pharmazie, Biologie, Umweltschutz, Sicherheit, Energietechnik, Werkstoffe, Chemie, Anlagentechnik.

● T 4 029

Technische Akademie Wuppertal e.V.
Akademie für Fort- und Weiterbildung (TAW)
Postf. 10 04 09, 42004 Wuppertal
Hubertusallee 18, 42117 Wuppertal
T: (0202) 74 95-0   **Fax:** 74 95-202
Internet: http://www.taw.de
E-Mail: taw@taw.de
Außeninstitut der Rheinisch-Westfälischen Technischen Hochschule Aachen
Kontaktstudien-Institut der Bergischen Univ.-GH Wuppertal
Weiterbildungsinstitut der Heinrich-Heine-Univ. Düsseldorf
Gründung: 1948
Sprecher des Vorstandes: Dipl.-oec. Erich Giese
Presseabteilung: Dipl.-oec. Ralf Engel
Mitarbeiter: 119

Fachgebiete:
-Ingenieur- und Naturwissenschaften
-Arbeits- und Sozialwissenschaften
-Wirtschaftswissenschaften
-Recht

Angeschlossen:
Institut für Korrosionsschutz Dresden GmbH
Abend-Akademie Bergisch Land und Cottbus
Verwaltungs- und Wirtschaftsakademie Wuppertal und Cottbus
Ernst-Abbe-Akademie e.V., Jena
Zentrum für Audiovisuelle Medientechnik, Bochum
AFM- Akademie für Facility Management

Weiterbildungszentren:
Wuppertal-Elberfeld
Wuppertal-Vohwinkel
Bochum
Altdorf bei Nürnberg
Cottbus
Wildau/Berlin
Lübben bei Berlin

Fort- und Weiterbildung von Fach- und Führungskräften.

● T 4 030

Zentrum für Oberflächentechnik Schwäbisch Gmünd e.V. (Z.O.G.) (für Aus-, Fort- und Weiterbildung im Bereich Oberflächentechnik)
Postf. 20 47, 73510 Schwäbisch Gmünd
Katharinenstr. 17 /II, 73525 Schwäbisch Gmünd
T: (07171) 60 73 14   **Fax:** 60 72 64
Internet: http://www.zog.de
E-Mail: info@zog.de
Vorstand: Jörg Schmidt (Vors.; Bürgermeister der Stadt Schwäbisch Gmünd)
Vorstand: Dr. Hermann Jehn (Forschungsinstitut für Edelmetalle und Metallchemie)
Vorstand: Hasso Kaiser (Degussa Galvanotechnik GmbH, Schwäbisch Gmünd)
Geschäftsführer(in): Erich Arnet
Geschäftstätigkeit: Vereinszweck ist die Ausbildung, Fortbildung und Weiterbildung im Bereich der Oberflächentechnik

● T 4 031

Sozial- und Arbeitsmedizinische Akademie Baden-Württemberg
Adalbert-Stifter-Str. 105, 70437 Stuttgart
T: (0711) 84 88 84-0   **Fax:** 84 88 84-20
Gründung: 1977 (22. Dezember)
Vorsitzende(r) des Vorstandes: Direktor Dieter Ohnmacht
Stellvertretende(r) Vorsitzende(r): Ltd. Arzt Prof. Dr.med. H. J. Seidel
Erster Direktor Jürgen Schneider
Geschäftsführer(in): Wolfgang Lehner
Leitung Presseabteilung: Marie-Luise Hilt
Mitglieder: 42
Mitarbeiter: 10
Jahresetat: DM 1,5 Mio, € 0,77 Mio

Die Akademie dient der Fort- und Weiterbildung auf dem Gebiet der Arbeits-, Umwelt- u. Sozialmedizin Rehawesen für Ärzte, Angehörige medizinischer Fachberufe, Mitarbeiter der Einrichtungen der Wirtschaft sowie des öffentlichen Gesundheits- und Sozialwesens. Sie unterstützt und ergänzt desweiteren die Ausbildung von Studenten auf dem Gebiet der Sozial-, Arbeits- und Rehabilitationsmedizin an den Landesuniversitäten. Diese Aufgabe wird in engem Zusammenwirken mit der Universität Ulm durchgeführt. Die Ausgestaltung der Zusammenarbeit ist in einer besonderen Vereinbarung festgelegt. Sozial- und Arbeitsmedizin schließen in diesem Zusammenhang u.a. Präventiv-, Rehabilitations- und Umweltmedizin, öffentliches Gesundheitswesen und Sozialhygiene, Gesundheitsberatung, Sozialversicherungsmedizin und Recht sowie Epidemiologie mit ein. Die Akademie führt dazu wissenschaftliche Tagungen und Veranstaltungen durch.

● T 4 032

Ostakademie Königstein e.V.
Postf. 14 49, 61454 Königstein
Bischof-Kindermann-Str. 5, 61462 Königstein
T: (06174) 40 75-76   **Fax:** 2 14 90
Internet: http://www.ostakademie.de
E-Mail: ostakademie@t-online.de
Gründung: 1958 (26. September)
Vorsitzende(r): Prof. Johannes Tessmer (Geschf. der AKSB)
Akademiedir.: Dr. Philipp Wiesehöfer
Mitglieder: 6

● T 4 033

Lehranstalt des Deutschen Textileinzelhandels e.V. Nagold
Sekretariat
Neue Weinsteige 44, 70180 Stuttgart
T: (0711) 6 48 64-35   **Fax:** 6 48 64 34
Internet: http://www.ldt.de
Geschäftsführer(in): Dipl.-Kfm. Dr.rer.pol. Dieter Kastin
Leiter(in): Dipl.-Hdl. Rüdiger Jung (Vogelsangweg 23, 72202 Nagold, T: (07452) 8 40 90, Telefax: (07452) 84 09 40)

● T 4 034

Förderungswerk Königstein
Fortbildungszentrum
Uhren, Schmuck, Edelsteine
Altkönigstr. 9, 61462 Königstein
T: (06174) 40 41   **Fax:** 2 25 87
Internet: http://www.foerderungswerk-koenigstein.de
E-Mail: info@foerderungswerk-koenigstein.de
Geschäftsführer(in): Irene Wanhoff

● T 4 035

Bundesverband der Berufskraftfahrerschulen e.V. (BBKS)
Hauptgeschäftsstelle
Castroper Str. 241, 45711 Datteln
T: (02363) 9 74-0   **Fax:** 9 74-20
E-Mail: bbks@bkf-schulen.de
Präsident(in): Rolf Kroth
1. Vizepräsident(in): Andrea Jansen
2. Vizepräsident(in): Klaus Dieckmann
Mitglieder: 21

● T 4 036

Bildungswerk Verkehrsgewerbe Niedersachsen e.V. (Gemeinnütziger Verein)
Lister Kirchweg 95, 30177 Hannover
T: (0511) 96 26-3 00   **Fax:** 66 60 95
Internet: http://www.verkehrsgewerbe.de
E-Mail: bildungswerk@verkehrsgewerbe.de
Vorsitzende(r): Präs. Karl Heinz Schnitzler
Geschäftsführer(in): Betriebsw. (HWF) Hartmut Knaack

Fachbereiche:

I Auszubildende (Sped. Kaufmann)
Überbetriebliche Ausbildung

II Vorbereitungslehrgänge zur IHK-Sachkundeprüfung für Unternehmer

III Seminare Fortbildung von Unternehmern

IV Vorbereitungslehrgänge zur IHK-Prüfung für Berufskraftfahrer (LKW-Fahrer, Omnibus-Fahrer)

V Betriebsberatung

VI GGVS-Lehrgänge (IHK)

VII Verkehrsfachwirt

● T 4 037

Bildungswerk der Omnibusunternehmer e.V.
Dornierstr. 3, 71034 Böblingen

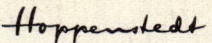

T: (07031) 6 23 03 **Fax:** 62 31 93
E-Mail: bildungswerk@busforum.de
Gründung: 1979
Vorsitzende(r): Dr. Gisela Volz
Geschäftsführer(in): Rolf Schmid
Leitung Presseabteilung: Brigitte Lechler

● **T 4 038**
Förderkreis für die Versicherungslehre an der Johann Wolfgang Goethe-Universität Frankfurt am Main e.V.
Geschäftsführung:
Niedenau 25, 60325 Frankfurt
T: (069) 71 33-311 **Fax:** 71 33-236
Gründung: 1979 (30. August)
Vorsitzende(r): Wolfgang Brühl
Stellvertretende(r) Vorsitzende(r): Winfried Anolick
Dr. Hartmut Nickel-Waninger
Dr. Bernhard Zloch
Geschäftsführer(in): Jochen Stöhr
Leitung Presseabteilung: Prof. Dr. Martin Nell
Verbandszeitschrift: Frankfurter Vorträge zum Versicherungswesen
Verlag: Verlag Versicherungs-Wirtschaft, Klosestr. 22, 76137 Karlsruhe
Mitglieder: 120
Jahresetat: DM 0,1 Mio, € 0,05 Mio

● **T 4 039**
Verein der Förderer des Instituts für Versicherungswissenschaft an der Universität zu Köln e.V.
Theodor-Heuss-Ring 11, 50668 Köln
T: (0221) 77 52-1078 **Fax:** 77 52-1007
Vorstand: Dr. C.-M. Dill, Düsseldorf
Dr. Bernd Michaels (stellv. Vors.), Düsseldorf
Werner Görg (Schatzmeister), Köln
Hans-Peter Gerhardt (Schriftführer), Köln

● **T 4 040**
Verein der Förderer des Fachbereichs Versicherungswesen an der Fachhochschule Köln e.V.
c/o Karlsruher Lebensversicherung AG
Friedrich-Scholl-Platz, 76137 Karlsruhe
T: (0721) 3 53 20 01 **Fax:** 3 53 21 53
Vorstand: Prof. A. W. Klein (Ehrenvors.)
Dr. B. Schareck (Vors.), Karlsruhe
Dr. P. von Blomberg (stellv. Vors.), Köln
Dr. G. Schmidt (stellv. Vors.), Hannover
K. Bultmann, Köln
B. Oppermann, Köln
Dr. Hans Löffler, Köln
A. Hinkel, Köln

Zweck: Der Verein setzt sich zum Ziel, den Fachbereich Versicherungswesen bei der Durchführung seiner Aufgaben zur Berufsbildung zu unterstützen, insbesondere praxiszogene Lehre und Forschung dieses Fachbereichs zu fördern und die Beziehungen zwischen Versicherungswissenschaft, Versicherungspraxis und Berufsbildung zu vertiefen.

● **T 4 041**
Verein zur Förderung der Versicherungswissenschaft an der Universität Mannheim e.V.
Schloß
68131 Mannheim
T: (0621) 1 81-1682 **Fax:** 1 81-1681
Vorstand: Hans Schreiber (Vors.), Mannheim
Bernd Jansen (stellv. Vors.), Mannheim
Prof. Dr. Peter Albrecht, Mannheim
Prof. Dr. Hans-Jochen Bartels, Mannheim
Dr. Georg Kayser, Mannheim
Prof. Dr. Egon Lorenz, Mannheim
Michael Scharr, Mannheim

● **T 4 042**
Fachhochschule Köln
Fachbereich Versicherungswesen
Mainzer Str. 5 IV, 50678 Köln
T: (0221) 82 75 32 71
Internet: http://www.fh-koeln.de/fb-vw/
E-Mail: info@vw.fh-koeln.de

Ordentlicher Studiengang: Ausbildung zum Diplom-Betriebswirt mit Schwerpunkten in Versicherungsrecht, Versicherungsbetriebslehre, Versicherungszweigen u.a. Fächern. Zusatzstudiengang Versicherungsingenieurwesen: Ausbildung zum Diplom-Wirtschaftsingenieur (Versicherungsingenieur) für die Bereiche Feuerversicherung einschl. verwandte Zweige und Technische Versicherungen.

● **T 4 043**
Berufsbildungswerk der Versicherungswirtschaft in München e.V. - Deutsche Versicherungs-Akademie, Studienort München
Schackstr. 3, 80539 München
T: (089) 38 39 22-0 **Fax:** 38 39 22-26
Internet: http://www.bwv-online.de/muenchen
E-Mail: muenchen@bwv-online.de
Gründung: 1965 (1. Februar)
Vorsitzende(r): Dir. Anton Wittl
Vorstand: Dir. Anton Wittl
Dir. Dr. Wolfgang Brezina
Dir. Klaus Büchner
Dir. Dr. Karl-Heinz Fischer
Dir. Rainer Gebhart
Dir. Walter Lechner
Dr. Herbert Schmidt (Geschäftsführer)
Mitglieder: 98
Mitarbeiter: 4

● **T 4 044**
Bundesverband Deutscher Verwaltungs- und Wirtschafts-Akademien (VWA)
Eschersheimer Landstr. 230, 60320 Frankfurt
T: (069) 92 00 67-0 **Fax:** 56 85 49
Internet: http://www.vwa.de
E-Mail: info@vwa.de
Gründung: 1950
Vorsitzende(r): Prof. Dr. Dr. h.c. Peter Eichhorn
Bundesgeschäftsführer(in): Dr. Diana Reuter
Verbandszeitschrift: "AKADEMIE"
Redaktion: Prof. Dr. Helmut Brede
Verlag: Schürmann & Klagges KG, Industriestr. 34, 44894 Bochum
Mitglieder: Akademien in 92 Städten (ca. 20.000 Studierende pro Jahr)

Verwaltungs- und Wirtschaftsakademien

Bayern

t 4 045
Verwaltungs- und Wirtschafts-Akademie München
Luisenstr. 1, 80333 München
T: (089) 54 82 21-0 **Fax:** 54 82 21-99
Internet: http://www.vwa.mhn.de
E-Mail: vwa@extern.lrz-muenchen.de
Studienleitung: Prof.Dr. Dr.h.c. Ralf Reichwald

t 4 046
Verwaltungs- und Wirtschafts-Akademie Würzburg e.V.
Virchowstr. 12, 97072 Würzburg
T: (0931) 88 29 63 **Fax:** 87 08 85
E-Mail: vwa-wuerzburg@t-online.de
Gründung: 1928 (6. Oktober)
Studienleitung: Prof. Dr.jur. Franz-Ludwig Knemeyer

t 4 047
Verwaltungs- und Wirtschafts-Akademie Nürnberg e.V.
90317 Nürnberg
Theresienstr. 18, 90403 Nürnberg
T: (0911) 2 34 95 97 **Fax:** 2 34 93 88
Internet: http://www.vwa-nuernberg.de
E-Mail: mail@vwa-nuernberg.de
Studienleitung: Prof. Dr. Wolfgang Harbrecht

t 4 048
Verwaltungs- und Wirtschafts-Akademie Ostbayern
Arnulfsplatz 4, 93047 Regensburg
T: (0941) 5 21 70 **Fax:** 56 57 09
Internet: http://www.vwa-ostbayern.de
E-Mail: vwa-ostbayern@t-online.de
Studienleitung: Prof. Dr. Kurt Bohr
Prof. Dr. Hans-Jürgen Becker

t 4 049
Verwaltungs- und Wirtschafts-Akademie Schwaben e.V.
Eichleitnerstr. 30, 86159 Augsburg
T: (0821) 15 94 11 **Fax:** 15 50 14
E-Mail: vwaaugsburg@t-online.de
Studienleitung: Prof. Dr. Franz Knöpfle
Prof. Paul Krupp

Baden-Württemberg

t 4 050
Württembergische Verwaltungs- und Wirtschafts-Akademie (VWA)
Postf. 10 54 53, 70047 Stuttgart
Urbanstr. 36, 70182 Stuttgart
T: (0711) 2 10 41-0 **Fax:** 2 10 41-10
Internet: http://www.w-vwa.de
E-Mail: info@w-vwa.de
Studienleitung: Prof. Dr. Ernst Troßmann
Prof. Dr. Wolfgang Eisele

t 4 051
Verwaltungs- und Wirtschafts-Akademie für den Regierungsbezirk Freiburg e.V.
Bertoldstr. 54, 79098 Freiburg
T: (0761) 3 86 73-0 **Fax:** 3 86 73-33
Internet: http://www.vwa-freiburg.de
E-Mail: grafpe@ruf.uni-freiburg.de

t 4 052
Verwaltungs- und Wirtschafts-Akademie Baden in Karlsruhe
Kaiserallee 12e, 76133 Karlsruhe
T: (0721) 9 85 50-0 **Fax:** 9 85 50-19
Internet: http://www.karlsruhe.de/Bildung/VWA
E-Mail: vwa@karlsruhe.de
Studienleitung: Dr. Rolf Seithel

t 4 053
Verwaltungs- und Wirtschafts-Akademie Rhein-Neckar Mannheim e.V.
Kopernikusstr. 43, 68165 Mannheim
T: (0621) 4 32 18-0 **Fax:** 4 32 18-18
Internet: http://www.mannheim.de/vwa/VWA.html
E-Mail: vwa.mannheim@t-online.de
Studienleitung: Prof. Dr. Jürgen Schröder

Berlin

t 4 054
Verwaltungsakademie Berlin
Alt-Friedrichsfelde 60, 10315 Berlin
T: (030) 90 21-0 **Fax:** 90 21-4699
Internet: http://www.berlin.de/verwaltungsakademie
E-Mail: ic@vak.verwalt-berlin.de
Direktor(in): Irene Chowdhuri

t 4 055
Verwaltungs- und Wirtschafts-Akademie Berlin
Hardenbergstr. 7, 10623 Berlin
T: (030) 31 86 23-0 **Fax:** 31 86 23-15
Internet: http://www.vwa-berlin.de
E-Mail: vwa-berlin@bildungscentrum.de
Studienleitung: Prof.Dr. Wolfgang Cezanne
Prof. Dr. Oliver Günther
Monika Fenzau
Steffen Berthold

Brandenburg

t 4 056
Verwaltungs- und Wirtschafts-Akademie Cottbus
i.H. Technische Akademie Wuppertal e.V.
Feigestr. 3, 03046 Cottbus
T: (0355) 6 30-220 **Fax:** 6 30-230
Internet: http://www.taw.de/vwa/vwastamm.asp
E-Mail: vwa-cottbus@taw.de
Studienleitung: Prof. Dr. Dieter Schönknecht

t 4 057
Verwaltungs- und Wirtschafts-Akademie Ostbrandenburg
c/o Industrie- und Handelskammer Frankfurt/Oder
Postf. 13 66, 15203 Frankfurt
T: (0335) 56 21-190 **Fax:** 56 21-206
Internet: http://www.ihk-ffo.de/vwa
E-Mail: vwa@ihk-ffo.de
Studienleitung: Prof. Dr. Alfred Kötzle

t 4 058
Verwaltungs- und Wirtschafts-Akademie Potsdam e.V.
Hegelallee 6-8, 14467 Potsdam
T: (0331) 2 89 12 44 **Fax:** 2 89 33 92
Internet: http://www.deutscher-mittelstand.de/vwa.potsdam
Studienleitung: Prof. Dr. Dieter Wagner

Hessen

t 4 059

Hessische Verwaltungs- und Wirtschafts-Akademie Frankfurt/Main
Sophienstr. 44, 60487 Frankfurt
T: (069) 24 70 22-0   **Fax:** 24 70 22 30
Internet: http://www.vwa-frankfurt.de
Studienleitung: Prof. Dr. Ralf Ewert

t 4 060

Hessische Verwaltungs- und Wirtschafts-Akademie Kassel
c/o Universität Gesamthochschule Kassel
Holländische Str. 36-38, 34127 Kassel
T: (0561) 8 04 35 66   **Fax:** 8 04 35 66
Internet: http://www.vwa-kassel.de
E-Mail: vwa-kassel@bildungscentrum.de
Studienleitung: Prof. Dr. Kurt Reding

t 4 061

Verwaltungs- und Wirtschafts-Akademie Wiesbaden e.V.
Ludwig-Erhard-Str. 98, 65199 Wiesbaden
T: (0611) 1 84 28 54   **Fax:** 1 84 28 56
Internet: http://www.vwa-wiesbaden.de
E-Mail: vwa.wiesbaden@t-online.de
Studienleitung: Prof. Dr. Dr. h.c. mult. Gerhard Schmitt-Rink

Mecklenburg-Vorpommern

t 4 062

Verwaltungs- und Wirtschafts-Akademie Mecklenburg-Vorpommern e.V.
Bertha-von-Suttner-Str. 5, 19061 Schwerin
T: (0385) 3 03 18 80   **Fax:** 3 03 18 88
Internet: http://www.vwa-meck-v.de
E-Mail: huebner@vwa.meck-v.de
Studienleitung: Georg Eichhorn (Vizepräsident a.D. am OVG Lüneburg)
Prof. Dr. Maximilian Wallerath

Niedersachsen

t 4 063

Leibniz-Akademie-Berufsakademie-Verwaltungs- und Wirtschafts-Akademie-Hannover
Heisenbergstr. 17, 30627 Hannover
T: (0511) 9 57 84-0   **Fax:** 9 57 84-13
Internet: http://www.leibniz-akademie.de
E-Mail: info@leibniz-akademie.de
Studienleitung: Prof. Dr. Jons Kersten

t 4 064

Verwaltungs- und Wirtschafts-Akademie, Berufsakademie Lüneburg e.V.
Postf. 25 40, 21315 Lüneburg
Am Ochsenmarkt, 21335 Lüneburg
T: (04131) 3 46 96   **Fax:** 30 91 88
Internet: http://www.uni-Lueneburg.de/vwa
E-Mail: vwa@uni-lueneburg.de
Studienleitung: Prof. Dr. Egbert Kahle

t 4 065

Verwaltungs- und Wirtschafts-Akademie Braunschweig
Gaußstr. 29 (TU), 38106 Braunschweig
T: (0531) 3 91-45 97   **Fax:** 3 91 45 95
Internet: http://www.vwa-braunschweig.de
E-Mail: vwatubs@aol.com
Studienleitung: Prof. Dr. Franz Peter Lang
Prof. Dr. Karsten Kirsch

t 4 066

Verwaltungs- und Wirtschafts-Akademie Göttingen
Neues Rathaus, 37070 Göttingen
Hiroshimaplatz 1-4, 37083 Göttingen
T: (0551) 4 00-23 95   **Fax:** 4 00-2408
Internet: http://vwa.goettingen.de
E-Mail: vwa@goettingen.de
Studienleitung: Prof. Dr. Volkmar Götz
Prof. Dr. Dr.h.c. Wolfgang Lücke

t 4 067

Verwaltungs- und Wirtschafts-Akademie Osnabrück Emsland e.V.
Neuer Graben 38, 49074 Osnabrück
T: (0541) 3 53-490   **Fax:** 3 53-492
Internet: http://www.vwa-os-el.de
E-Mail: mail@vwa-os-el.de
Studienleitung: Prof. Dr. Michael Braulke

t 4 068

Verwaltungs- und Wirtschafts-Akademie Oldenburg
Altes Rathaus
26105 Oldenburg
Markt 1, 26122 Oldenburg
T: (0441) 2 35-2225, 22 20-402   **Fax:** 2 35 20 69, 22 20-246
Internet: http://www.ihk-oldenburg.de/service/verwaltungs-und-wirtschaftsakademie-(vwa).htm
Studienleitung: Prof. Dr. Hans Kaminski

t 4 069

Verwaltungs- und Wirtschafts-Akademie Stade für den Elbe-Weser-Raum e.V.
21677 Stade
Am Sande 2 (Kreishaus), 21682 Stade
T: (04141) 12-222, 12-203   **Fax:** 12-202
Internet: http://www.vwa-stade.de
Studienleitung: Prof. Dr. Günter Czeranowsky

t 4 070

Berufsakademie Ost-Friesland e.V. (BAO)
Schloß Evenburg
Am Schloßpark 25, 26789 Leer
T: (0491) 9 79 11 66   **Fax:** 9 79 11 67
Internet: http://www.bao-leer.de
E-Mail: bao-leer@t-online.de
Akademieleiter: Dr. Helmer de Vries

t 4 071

Verwaltungs- und Wirtschafts-Akademie in Leer e.V.
Bergmannstr. 29, 26789 Leer
T: (0491) 9 99 98 02   **Fax:** 9 26 15 30
Internet: http://www.vwa-leer.de
E-Mail: vwa@vwa-leer.de
Studienleitung: Prof. Dr. Peter Betge

Nordrhein-Westfalen

t 4 072

Verwaltungs- und Wirtschafts-Akademie Düsseldorf
Stadtverwaltung
40200 Düsseldorf
Brinckmannstr. 8, 40225 Düsseldorf
T: (0211) 8 99 30 06/07   **Fax:** 8 92 92-55
Internet: http://www.duesseldorf.de/vwa
E-Mail: vwa@stadt.duesseldorf.de
Studienleitung: Prof. Dr. Dres. h.c. Klaus Stern

t 4 073

Verwaltungs- und Wirtschafts-Akademie Essen
Rolandstr. 5-9, 45128 Essen
T: (0201) 8 10 04-503   **Fax:** 8 10 04-510
Internet: http://www.vwa-essen.de
E-Mail: info@vwa-essen.de
Studienleitung: Prof. Dr. Rainer Elschen
Prof. Dr. Franz Peter Lang
Prof. Dr. Stefan Eicker

t 4 074

Verwaltungs- und Wirtschafts-Akademie Krefeld
c/o IHK Mittlerer Niederrhein
Nordwall 39, 47798 Krefeld
T: (02151) 61 19 60   **Fax:** 61 09 40
Internet: http://www.vwa-krefeld.de
E-Mail: vwa-krefeld@bildungscentrum.de
Studienleitung: Prof. Dr. Peter Chamoni
Prof. Werner Pepels

t 4 075

Verwaltungs- und Wirtschafts-Akademie Oberhausen e.V.
Postf. 10 17 30, 46017 Oberhausen
Otto-Dibelius-Str. 9, 46045 Oberhausen
T: (0208) 20 03 62   **Fax:** 20 03 62
Studienleitung: Prof. Dr. Rolf Rettig

t 4 076

Verwaltungs- und Wirtschafts-Akademie Wuppertal
i.H. Technische Akademie Wuppertal e.V.
Hubertusallee 18, 42117 Wuppertal
T: (0202) 74 95-610   **Fax:** 74 95-622
Internet: http://www.taw.de
E-Mail: vwa-wuppertal@taw.de
Studienleitung: Prof. Dr. Peter Hammann

t 4 077

Verwaltungs- und Wirtschafts-Akademie Köln e.V.
Hahnenstr. 16, 50667 Köln
T: (0221) 2 21-23430   **Fax:** 25 67 03
Internet: http://www.vwa-koeln.de
E-Mail: info@vwa-koeln.de
Studienleitung: Prof. Dr. Heinz Hübner

t 4 078

Mittelrheinische Verwaltungs- und Wirtschafts-Akademie Bonn
Bismarckstr. 18, 53113 Bonn
T: (0228) 21 93 83   **Fax:** 21 93 83
Internet: http://www.bonn.de/vwa
E-Mail: vwa-bonn@t-online.de
Studienleitung: Prof. Dr. Fritz Ossenbühl

t 4 079

Verwaltungs- und Wirtschafts-Akademie Aachen e.V.
Wüllnerstr. 1, 52062 Aachen
T: (0241) 80 40 22   **Fax:** 88 88-380
Internet: http://www.aachen.ihk.de/vwa/vwa.htm
Studienleitung: Prof. Dr. Gerd Kleinheyer
Prof. Dr. Michael Bastian

t 4 080

Verwaltungs- und Wirtschafts-Akademie Industriebezirk -Sitz Bochum-
44777 Bochum
Wittener Str. 61, 44789 Bochum
T: (0234) 33 39 40   **Fax:** 3 33 94 55
Internet: http://www.bochum.de/vwa
E-Mail: vwa@bochum.de
Studienleitung: Prof. Dr. Peter Hammann
Prof. Dr. Peter-Hubert Naendrup
Tillmann Neinhaus

t 4 081

Westfälische Verwaltungs- und Wirtschafts-Akademie Münster, Studienzweig Verwaltung
Stühmerweg 10, 48147 Münster
T: (0251) 9 28 07-14   **Fax:** 9 28 07-30
Internet: http://www.vwa-muenster.de
E-Mail: vwa@studieninstitut-muenster.de
Studienleitung: Prof. Dr.Dr.h.c. Wilfried Schlüter

t 4 082

Verwaltungs- und Wirtschafts-Akademie Südöstliches Westfalen GmbH
Teilanstalt der VWA Industriebezirk
Königstr. 18-20, 59821 Arnsberg
T: (02931) 8 78-240   **Fax:** 8 78-250
Studienleitung: Prof. Dr. Peter Hammann
Prof. Dr. Peter-Hubert Naendrup

t 4 083

Verwaltungs- und Wirtschafts-Akademie Dortmund
Teilanstalt der VWA Industriebezirk
Königswall 44-46, 44137 Dortmund
T: (0231) 14 02 92   **Fax:** 5 02 61 72
Internet: http://www.windo.de/fbuch/info/vwa.htm
Studienleitung: Prof. Dr. Peter Hammann
Prof. Dr. Peter Hubert Naendrup
Ass. Klausjürgen Schilling

t 4 084

Niederrheinische Verwaltungs- und Wirtschafts-Akademie Duisburg
47049 Duisburg
Oberstr. 4-6, 47051 Duisburg
T: (0203) 7 39 23 95   **Fax:** 7 98 27 33
Internet: http://www.vwa-duisburg.de
E-Mail: vwa-duisburg@bildungscentrum.de
Studienleitung: Beigeordneter Gerd Bildau
Prof. Dr. Hans Leuer
Prof. Dr. Peter Chamoni

t 4 085

Wirtschaftsakademie Hagen
Teilanstalt der VWA Industriebezirk
Roggenkamp 10-12, 58093 Hagen
T: (02331) 5 16 54 **Fax:** 5 16 54
Studienleitung: Prof. Dr. Peter Hammann
Prof. Dr. Peter Hubert Naendrup
Tillmann Neinhaus

t 4 086

Vestische Verwaltungs- und Wirtschafts-Akademie
Teilanstalt der VWA Industriebezirk
45655 Recklinghausen
Rathausplatz 3, 45657 Recklinghausen
T: (02361) 50-1305 **Fax:** 50-1302
Akademieleiter: Wolfgang Pantförder (BM)

t 4 087

Westfälische Verwaltungs- und Wirtschafts-Akademie Münster, Studienzweig Betriebswirtschaft in der IHK Münster
Sentmaringer Weg 61, 48151 Münster
T: (0251) 70 73 12 **Fax:** 70 73 77
Internet: http://www.vwa-muenster.de
E-Mail: akademie@muenster.ihk.de
Studienleitung: Prof. Dr. Wolfgang von Zwehl
Prof. Dr. Heinz Lothar Grob (stv.)
Geschäftsführung: Dipl.-Volkswirt Wolfgang Verst

t 4 088

Verwaltungs-Akademie für Westfalen
Roggenkamp 12, 58093 Hagen
T: (02331) 5 34 24 **Fax:** 58 80 51
Studienleitung: Ministerialdirigent Friedrich Wilhelm Held
Fritz-Werner Körfer
Prof. Dr. Klaus Schreiber
Prof. Dr. Gerhard Graf

t 4 089

Verwaltungs- und Wirtschafts-Akademie Ostwestfalen-Lippe Studienzweig Verwaltung
Postf. 29 28, 32719 Detmold
T: (05231) 71 65 10 **Fax:** 71 65 11
E-Mail: poststelle@bezreg-detmold.nrw.de
Studienleitung: Prof. Dr. Walter Krebs

t 4 090

Verwaltungs- und Wirtschafts-Akademie Ostwestfalen-Lippe Studienzweig Betriebswirtschaft
c/o IHK Ostwestfalen zu Bielefeld
Postf. 10 03 63, 33503 Bielefeld
T: (0521) 5 54-258 **Fax:** 5 54-333
Internet: http://www.vwa-owl.de
E-Mail: vwa@bielefeld.ihk.de
Studienleitung: Prof. Dr. Heinz Lothar Grob

Rheinland-Pfalz

t 4 091

Verwaltungs- und Wirtschafts-Akademie Rheinland-Pfalz e.V., Teilanstalt Mainz
Am Rathaus, Zimmer 1a, 55116 Mainz
T: (06131) 12 21 51 **Fax:** 12 38 28
Internet: http://www.vwa-mainz.de
E-Mail: vwa.teilanstalt.mainz@t-online.de
Studienleitung: Prof. Dr. Jürgen Schröder

t 4 092

Verwaltungs- und Wirtschafts-Akademie Rheinland-Pfalz e.V., Teilanstalt Koblenz
Rathaus
Postf. 20 15 51, 56015 Koblenz
T: (0261) 1 29 11 60 **Fax:** 1 29 11 62
Internet: http://www.vwa-koblenz.de
E-Mail: www.vwa@koblenz.de
Studienleitung: Prof. Dr. Heinz Kußmaul

t 4 093

Verwaltungs- und Wirtschafts-Akademie Rheinland-Pfalz e.V., Teilanstalt Kaiserslautern
Postf. 13 06, 67603 Kaiserslautern
T: (0631) 2 05-2294 **Fax:** 2 05-3977
Studienleitung: Dr. Karl-Wilhelm Porger

t 4 094

Verwaltungs- und Wirtschafts-Akademie Rheinland-Pfalz e.V., Teilanstalt Trier
Adastr. 18, 54294 Trier
T: (0651) 7 17-10 30 **Fax:** 7 17 10 99
Internet: http://www.vwa-trier.de
E-Mail: greim@vwa-trier.de
Studienleitung: Prof. Dr. Eckhard Knappe

Saarland

t 4 095

Verwaltungs- und Wirtschafts-Akademie Saarland
c/o Arbeitskammer des Saarlandes
Fritz-Dobisch-Str. 6-8, 66111 Saarbrücken
T: (0681) 40 05-456 **Fax:** 40 05-461
Studienleitung: Prof. Dr. Dr.h.c.mult. Günter Wöhe

Sachsen

t 4 096

Sächsische Verwaltungs- und Wirtschafts-Akademie Dresden
Bernhardstr. 77, 01187 Dresden
T: (0351) 4 70 45-10 **Fax:** 4 70 45 40
Internet: http://www.s-vwa.de
E-Mail: mail@s-vwa.de
Studienleitung: Prof. Dr. Ullrich Blum
Prof. Peter Musall

t 4 097

Verwaltungs- und Wirtschafts-Akademie Leipzig
Täubchenweg 26, 04317 Leipzig
T: (0341) 6 89 81 41 **Fax:** 6 89 81 51
Studienleitung: Prof. Dr. Dr. Wolfgang Berkner

Sachsen-Anhalt

t 4 098

Verwaltungs- und Wirtschafts-Akademie Halle (Saale)
c/o Stadt Halle
06100 Halle
T: (0345) 5 52-3316 **Fax:** 5 52-7187
Internet: http://www.uni-halle.de/gast/vwa
E-Mail: wenig@wiwi.uni-halle.de, kilian@jura.uni-halle.de
Studienleitung: Prof. Dr. Alois Wenig
Prof. Dr. Michael Kilian

t 4 099

Verwaltungs- und Wirtschafts-Akademie Magdeburg VWA Gesellschaft mbH
c/o Otto-von-Guericke-Universität
Universitätsplatz 2, 39106 Magdeburg
T: (0391) 5 43 23 62 **Fax:** 5 41 57 85
Internet: http://www.vwa-magdeburg.de
E-Mail: vwa-magdeburg@bildungscentrum.de, vwa-magdeburg@t-online.de
Gründung: 1997 (18. August)
Studienleitung: Prof. Dr. Peter Chabowski
Prof. Dr. Joachim Weimann

Thüringen

t 4 100

Thüringische Verwaltungs- und Wirtschafts-Akademie Erfurt
Espachstr. 3, 99094 Erfurt
T: (0361) 7 89 45 01 **Fax:** 7 89 45 03
Internet: http://www.vwa-erfurt.de
E-Mail: info@vwa-erfurt.de
Geschäftsführer(in): Volker John
Studienleitung: Prof. Dr. Olaf Werner

t 4 101

Ostthüringer Verwaltungs- und Wirtschafts-Akademie Gera e.V.
Berliner Str. 155, 07546 Gera
T: (0365) 4 20 82 55 **Fax:** 4 20 82 55
Studienleitung: Prof. Dr. Rupert Windisch

● **T 4 102**

Berufsbildungswerk der Versicherungswirtschaft in Köln (BWV) e.V.
Hohenzollernring 62, 50672 Köln
T: (0221) 20 44-66765, 20 44-66766 **Fax:** 20 44-66767
Gründung: 1971
Vorstand: Dir. Dr. Uwe-Volker Bilitza (Sprecher)
Dir. Dr. Roland Delbos
Dir. Dr. Klaus Ruscher
Horst Fossen
J. Frank Heberger
Geschäftsführer(in): Hubert Holthausen (Studienltr. Versicherungsfachwirt)
Studienltr. Versicherungsbetriebswirt (DVA): Prof. Dr. Karl Maier
Mitglieder: ca. 70 Versicherungsunternehmen in Köln

Überbetriebliche berufliche Bildungsarbeit für die Mitarbeiter der Kölner Versicherungswirtschaft. Überbetriebliche Ausbildung. Vorbereitung auf die Kaufmannsgehilfenprüfung Versicherungskaufmann. Kollegstudium Versicherungsfachwirt. Versicherungsbetriebswirt (DVA). Verbindungsstelle des Berufsbildungswerkes der Versicherungswirtschaft.

● **T 4 103**

Deutscher Volkshochschul-Verband e.V. (DVV)
Bundesgeschäftsstelle:
Obere Wilhelmstr. 32, 53225 Bonn
T: (0228) 9 75 69-0
Gründung: 1953 (17. Juni)
Präsident(in): Prof. Dr.phil. Rita Süssmuth (MdB), Bonn
Vorsitzende: Doris Odendahl, Sindelfingen
Direktor(in): Dr. Volker Otto (Ltg. Presse), Bonn
Verbandszeitschrift: DVVmagazin Volkshochschule
Redaktion: Dr. Volker Otto
Verlag: DVV
Herstellung: Lokay, Reinheim
Mitglieder: 16 (die VHS-Landesverbände in der Bundesrep. Deutschland)

Zweck des Verbandes ist die Förderung der Erwachsenenbildung/Weiterbildung und der Bildungsarbeit in den Volkshochschulen sowie die Wahrnehmung und Vertretung der Interessen der Volkshochschul-Landesverbände auf Bundesebene.

DVV-Institut

t 4 104

Institut für Internationale Zusammenarbeit des Deutschen Volkshochschul-Verbandes e.V. (IIZ/DVV)
Obere Wilhelmstr. 32, 53225 Bonn
T: (0228) 9 75 69-0 **Fax:** 9 75 69-55
E-Mail: IIZ-DVV-Bonn@Geod.Geonet.de
Institutsleiter: Dr. Heribert Hinzen, Bonn

DVV-Beteiligungen

t 4 105

Adolf-Grimme-Institut - Gesellschaft für Medien, Bildung und Kultur mbH
Eduard-Weitsch-Weg 25, 45768 Marl
T: (02365) 91 89-0 **Fax:** 91 89-89
Internet: http://www.grimme-institut.de
E-Mail: adolf.grimme.institut@wrd.de
Geschäftsführer(in): Dr. Hans Paukens, Marl

t 4 106

Deutsches Institut für Erwachsenenbildung DIE e.V.
Hansaallee 150, 60320 Frankfurt
T: (069) 9 56 26-0 **Fax:** 9 56 26-174
Internet: http://www.die-frankfurt.de
E-Mail: (name)@die-frankfurt.de
Vorstand: Prof. Dr. Ekkehard Nuissl, Frankfurt/M.
Klaus Meisel, Frankfurt/M.
Wolfgang Kunzmann, Frankfurt/M.

t 4 107

WBT Weiterbildungs-Testsysteme GmbH
Hansaallee 150, 60320 Frankfurt
T: (069) 95 62 46-0 **Fax:** 95 62 46-62
Internet: http://www.sprechenzertifikate.de

t 4 107

E-Mail: wbtests@aol.de
Gründung: 1997 (24. November)
Geschäftsführer(in): Dr. Rudolf Camerer, Frankfurt

Landesverbände

t 4 108

Volkshochschulverband Baden-Württemberg e.V.
Geschäftsstelle:
Raiffeisenstr. 14, 70771 Leinfelden-Echterdingen
T: (0711) 7 59 00-0 Fax: 7 59 00-41
Internet: http://www.vhs-bw.de
E-Mail: inf@vhs-bw.de, VHSverbBW@aol.com
Vorsitzende(r): Landtagsvizepräsident Frieder Birzele (MdL), Stuttgart
Verbandsdirektor: Dr. Hermann Huba, Stuttgart

t 4 109

Bayerischer Volkshochschulverband e.V.
Geschäftsstelle:
Fäustlestr. 5, 80339 München
T: (089) 5 10 80-0 Fax: 5 02 38 12
Präsident(in): Oberbürgermeister Josef Deimer (Mitglied des Bayerischen Senats), Landshut
1. Vorsitzende(r): Universitätspräsident Prof. Dr. Hans Georg Lößl, Neubiberg
Verbandsdirektor: Dipl.-Kfm. Wilhelm F. Lang, München

t 4 110

Berliner Senatsverwaltung für Schule, Jugend und Sport - Abt. VIII - Allg. Weiterbildung -
Geschäftsstelle:
Beuthstr. 6-8, 10117 Berlin
T: (030) 90 26-7 Fax: 90 26-5002
Abteilungsleiterin: Dr. Monika Londner-Kujath, Berlin

t 4 111

Brandenburgischer Volkshochschulverband e.V.
Geschäftsstelle:
Ferdinand-Lassalle-Str. 5, 14770 Brandenburg
T: (03381) 52 23 04 Fax: 52 23 04
Präsident(in): Landtagspräsident Dr. Herbert Knoblich (MdL), Potsdam
Vorsitzende(r): Dr. Jürgen Störmer, Senftenberg
Direktor(in): Horst Schneider, Brandenburg

t 4 112

Landesausschuß der Volkshochschulen des Landes Bremen
Geschäftsstelle:
Schwachhauser Heerstr. 67, 28211 Bremen
T: (0421) 3 61-3666 Fax: 3 61-3216
E-Mail: vhs@uni-bremen.de
Stellv. Direktor(en): Horst Rippien, Bremen

t 4 113

Freie und Hansestadt Hamburg - Landesbetrieb Hamburger Volkshochschule
Geschäftsstelle:
Postf. 30 62 61, 20328 Hamburg
Schanzenstr. 75-77, 20357 Hamburg
T: (040) 35 04-0 Fax: 35 04-2788
Vorsitzende(r) des Vorstandes: Senatorin Rosemarie Raab, Hamburg
Stellv. Direktor(en): Wolfgang Wiesemann, Hamburg

t 4 114

Hessischer Volkshochschulverband e.V.
Geschäftsstelle:
Winterbachstr. 38, 60320 Frankfurt
T: (069) 56 00 08-0 Fax: 56 00 08-10
Internet: http://www.bildung.hessen.de
E-Mail: hvv-Institut@geod.geonet.de
Vorsitzende(r): Baldur Schmitt (1. Kreisbeigeordneter), Groß-Gerau
Direktor(in): Dr. Enno Knobel, Frankfurt/Main

t 4 115

Volkshochschulverband Mecklenburg-Vorpommern e.V.
Geschäftsstelle:
Bertha-von-Suttner-Str. 5, 19061 Schwerin
T: (0385) 30 31-550 Fax: 30 31-555
E-Mail: vhs-verband-mv@mvnet.de
Vorsitzende(r): Landrat Michael Kautz, Neustrelitz
Verbandsdirektorin: Brigitte Winger, Schwerin

t 4 116

Landesverband der Volkshochschulen Niedersachsens e.V.
Geschäftsstelle:
Bödekerstr. 16, 30161 Hannover
T: (0511) 3 48 41-0 Fax: 3 48 41-25
E-Mail: Lahannover@t-online.de
Vorsitzende(r): Edda Goede (MdL, Vizepräsidentin des Niedersächsischen Landtags, Hannover)
Verbandsdirektor: Bernd Rebens, Hannover

t 4 117

Landesverband der Volkshochschulen von Nordrhein-Westfalen e.V.
Geschäftsstelle:
Heiliger Weg 7-9, 44135 Dortmund
T: (0231) 9 52 05 80 Fax: 9 52 05 83
Internet: http://www.vhs-nrw.de
E-Mail: rhammelrath@vhs-nrw.de
Vorsitzende(r): Walter Möller, Rheine
Verbandsdirektor: Reiner Hammelrath, Dortmund

t 4 118

Verband der Volkshochschulen von Rheinland-Pfalz e.V.
Geschäftsstelle:
Kaiserstr. 58, 55116 Mainz
T: (06131) 2 88 89-0 Fax: 2 88 89 30
E-Mail: VHS-Verband-RP@t-online.de
Vorsitzende(r): Joachim Mertes (MdL), Buch/Hunsrück
Verbandsdirektor: Lothar Bentin, Mainz

t 4 119

Verband der Volkshochschulen des Saarlandes e.V.
Geschäftsstelle:
Bahnhofstr. 47-49, 66111 Saarbrücken
T: (0681) 3 66 60, 3 66 80 Fax: 3 66 10
Vorsitzende(r): Thomas Martin, Saarlouis
Verbandsdirektor: Dr. Detlef Oppermann, Saarbrücken

t 4 120

Sächsischer Volkshochschulverband e.V.
Geschäftsstelle:
Bergstr. 61, 09113 Chemnitz
T: (0371) 3 54 27 50 Fax: 3 54 25 55
Vorsitzende(r): Thomas Friedrich, Wurzen
Verbandsdirektor: Bernd Staemmler, Chemnitz

t 4 121

Landesverband der Volkshochschulen Sachsen-Anhalt e.V.
Geschäftsstelle:
Liebknechtstr. 91, 39110 Magdeburg
T: (0391) 73 69 30 Fax: 7 36 93 99
E-Mail: LV-VHS-MD@t-online.de
Vorsitzende(r): Landrat Ulrich Gerstner, Bernburg
Verbandsdirektor: Ulrich Baxmann, Magdeburg

t 4 122

Landesverband der Volkshochschulen Schleswig-Holsteins e.V.
Geschäftsstelle:
Holstenbrücke 7, 24103 Kiel
T: (0431) 9 79 84-0 Fax: 9 66 85
Internet: http://www.vhs-sh.de
E-Mail: vhs.sh@t-online.de
Vorsitzende(r): Werner Hutterer, Norderstedt
Verbandsdirektor: Wolfgang Behrsing, Kiel

t 4 123

Thüringer Volkshochschulverband e.V.
Konrad-Zuse-Str. 3, 07745 Jena
T: (03641) 62 09 76/77 Fax: 62 09 78
Präsident(in): Landtagspräsident Dr. Frank-Michael Pietzsch (MdL), Erfurt
Vorsitzende(r): Gerhard Döpel, Greiz
Geschäftsführer(in): Sylvia Kränke, Jena

● **T 4 124**

**Export-Akademie Baden-Württemberg an der Fachhochschule Reutlingen
- Hochschule für Technik und Wirtschaft -**
Alteburgstr. 150, 72762 Reutlingen
T: (07121) 2 71-722 Fax: 2 71-723

Internet: http://www-ea.fh-reutlingen.de
E-Mail: joerg.fuss@fh-reutlingen.de
Seminare für die exportierende Wirtschaft (SEFEX) - Internationales Management Institut (IMI) - Fernlehrangebot Auslandsreferent (ZIM) - Ergänzungsstudium Betriebswirtschaft (OBS) - Maßgeschneiderte Weiterbildung zu allen Fragen des Auslandsgeschäfts
Gründung: 1984 (23. Juli)
Leiter(in): Prof. Dr. Jörg Fuß
Mitarbeiter: 20

● **T 4 125**

Wirtschaftsakademie Schleswig-Holstein (WAK)
Postf. 50 68, 24062 Kiel
Hans-Detlev-Prien-Str. 10, 24106 Kiel
T: (0431) 30 16-0 Fax: 30 16-385
Internet: http://www.wak-sh.de
E-Mail: info@wak-sh.de
Gründung: 1967
Vorstand: Dr. Wolfgang Krickhahn
Dieter Quade
Verwaltung: Verwaltungsdirektor Holger Hellebrandt

Geschäftsbereiche:

Bildungswerk
Leiter(in): Michael Glaser
Institut für Führungskräfte
Leiter(in): Dr. Wolfgang Krickhahn
Staatlich anerkannte Berufsakademie
Leiter(in): Dr. Horst Kasselmann
Staatlich anerkannte Fachschule für Betriebswirtschaft
Leiter(in): Dr. Horst Kasselmann
Mitarbeiter: 260

Niederlassungen: Über 20 Niederlassungen vorwiegend in Schleswig-Holstein

Niederlassungen:

t 4 126

WAK-Niederlassung Ahrensburg
Hermann-Löns-Str. 38b, 22926 Ahrensburg
T: (04102) 47 13 03 Fax: 47 13 05

t 4 127

WAK-Niederlassung Bad Segeberg
Dorfstr. 23, 23795 Bad Segeberg
T: (04551) 88 27 27 Fax: 88 27 28

t 4 128

WAK-Niederlassung Flensburg
Eckenerstr. 23, 24939 Flensburg
T: (0461) 5 03 39-0, 5 03 39-13 Fax: 58 18 25

t 4 129

WAK-Niederlassung Glinde
Berliner Str. 6, 21509 Glinde
T: (040) 7 10 15-21, -22 Fax: 7 10 10 49

t 4 130

WAK-Niederlassung Heide
Waldschlößchenstr. 48-52, 25746 Heide
T: (0481) 28 33 Fax: 8 12 71

t 4 131

WAK-Bildungszentrum für Tourismus und Gastronomie
Flensburger Chaussee 30, 25813 Husum
T: (04841) 96 08 30 Fax: 96 08 44

t 4 132

WAK-Niederlassung Lübeck
Guerickestr. 6 /8, 23566 Lübeck
T: (0451) 6 09 84-0 Fax: 60 16 28

t 4 133

WAK-Niederlassung Meldorf
Hindenburgstr. 27, 25704 Meldorf
T: (04832) 88 92 Fax: 85 92

t 4 134

WAK-Niederlassung Neumünster
Parkstr. 22, 24534 Neumünster
T: (04321) 40 77-7 Fax: 40 77-60

t 4 135
WAK-Niederlassung Niebüll
Bahnhofstr. 10, 25899 Niebüll
T: (04661) 94 13 79   **Fax:** 67 59 66

t 4 136
WAK-Niederlassung Norderstedt
Heidbergstr. 100, 22846 Norderstedt
T: (040) 52 56 00 06   **Fax:** 52 56 00 07

t 4 137
WAK-Niederlassung Rendsburg
Kieler Str. 53, 24768 Rendsburg
T: (04331) 2 54 74   **Fax:** 2 11 61

t 4 138
WAK-Niederlassung Schleswig
Flensburger Str. 134, 24837 Schleswig
T: (04621) 98 85 22   **Fax:** 98 87 41

● T 4 139
Ingenieur- und Wirtschaftsakademie "Johann Beckmann" e.V.
Lübsche Str. 95, 23966 Wismar
T: (03841) 75 34 41, 75 32 19   **Fax:** 76 22 81
Gründung: 1990 (17. November)
Vorsitzende(r): Prof. Dr. Gerd Müller
Stellvertretende(r) Vorsitzende(r): Prof. Dr. habil. Werner Kunth
Dr.-Ing. Peter Wede
Schatzmeister: Dr.-Ing. Hans Plagemann
Verbandszeitschrift: Wirtschaft & Markt
Redaktion: W&M Verlagsgesellschaft mbH, Neue Grünstr. 18, 10179 Berlin, T: (030) 2 78 94 50

● T 4 140
Wuppertaler Kreis e.V.
Deutsche Vereinigung zur Förderung der Weiterbildung von Führungskräften
Widdersdorfer Str. 217b, 50825 Köln
T: (0221) 37 20 18   **Fax:** 38 59 52
Internet: http://www.wkr-ev.de
E-Mail: info@wkr-ev.de
Gründung: 1955
Vorsitzende(r): Helmut G. Düsterloh
Geschäftsführer(in): Carsten R. Löwe
Mitglieder: 50 Weiterbildungsinstitute für Führungskräfte

● T 4 141
Bayerische Akademie der Schönen Künste
Max-Joseph-Platz 3 Residenz, 80539 München
T: (089) 29 00 77-0   **Fax:** 29 00 77-23

● T 4 142
Akademie für Gestaltende Handwerke der Handwerkskammer Aachen
Horbacher Str. 319 Gut Rosenberg, 52072 Aachen
T: (02407) 20 33   **Fax:** 1 75 64
E-Mail: gutrosenberg@hwk-aachen-nrw.de
Gründung: 1985 (17. Oktober)

● T 4 143
Verein zur Förderung der Versicherungswissenschaft in München e.V.
Sederanger 4-6, 80538 München
T: (089) 38 44-1220   **Fax:** 38 44-1898
Gründung: 1970 (30. April)
Vorsitzende(r) des Vorstandes: Dr. Stefan Lippe
Stellv.Vors.d.Vorst.: Dr. Wilhelm Kittel
Vorstand: Dr. Michael Bachmann
Dipl.-Math. Jürgen Strauß
Dr. Norbert Wittmer

● T 4 144
Gesellschaft zur Förderung des Unternehmernachwuchses e.V.
Lichtentaler Str. 92, 76530 Baden-Baden
T: (07221) 97 89-0   **Fax:** 97 89-15
Internet: http://www.bbug.de
E-Mail: info@bbug.de
Gründung: 1954
Vorsitzende(r): Dipl.-Ing. Horst Weitzmann (Südweststahl GmbH, Kehl)
Stellvertretende(r) Vorsitzende(r): Dr. Joachim Funk (Vors. des Aufsichtsrates Mannesmann AG, Düsseldorf)
Geschäftsführer(in): Jürgen Bertsch
Mitglieder: ca. 100

● T 4 145
Gesellschaft für Unternehmungsplanung e.V.
Licher Str. 62, 35394 Gießen
T: (0641) 4 76 40   **Fax:** 49 35 07
E-Mail: iup@wirtschaft.uni-giessen.de
TU Berlin, Institut für Unternehmungsplanung
Hardenbergstr. 4-5, 10623 Berlin, T: (030) 31 42 28 46
Gründung: 1975 (05. Dezember)
Vorsitzende(r): J. Siemer (Vorst.-Vors. Exxon Mobil Central Europe Holding GmbH)
Stellvertretende(r) Vorsitzende(r): Dr. S. Luther (Mitglied des Vorstandes Bertelsmann AG)
Geschf. Institutsleiter: Prof. Dr.Dr.h.c. Dietger Hahn
Geschäftsführer(in): Prof. Dr. Harald Hungenberg
Prof. Dr. Wilfried Krüger
Mitglieder: 57

● T 4 146
Institut für Unternehmenspolitik
c/o Prof. Dr. Dr. habil. Ulli Arnold
Universität Stuttgart, BWI, Abteilung Investitionsgütermarketing und Beschaffungsmanagement
Keplerstr. 17, 70174 Stuttgart
T: (0711) 1 21-3161   **Fax:** 1 21-3131
Internet: http://www.uni-stuttgart.de/marketing
E-Mail: ulli.arnold@po.uni-stuttgart.de
Vorsitzende(r): Prof. Dr. Dr.habil. Ulli Arnold, Stuttgart

● T 4 147
Studentenvereinigung „TEG - The Entrepreneurial Group" e.V.
Hesseloher Str. 5, 80802 München
T: (089) 34 98 60   **Fax:** 33 34 90
E-Mail: info@teg-ev.de, vorstand@teg-ev.de

Schaperstr. 13, 10719 Berlin
T: (030) 7 26 27 61 60, Telefax: (030) 7 26 27 61 61

c/o TU Dresden, Lehrstuhl für Wirtschaftsinformatik, 10162 Dresden
T: (0351) 4 72 11 22, Telefax: (0351) 4 72 11 23
Vorstandsmitglieder: David Riessner, München
Marc Zillner, Berlin
Reinhard Hübner, Berlin
Jens Jäckel, Dresden
Mitglieder: 70 (Stand: 30.1.97)
Jahresetat: DM 0,050 Mio, € 0,03 Mio

Förderung unternehmerischen Denken + Handelns in den Hochschulen. Praxisbezogene Universitätsausbildung. Förderung interdisziplinären Arbeitens in den Universitäten.

● T 4 148
Gesellschaft für Unternehmensgeschichte e.V. (GUG)
Zimmerweg 6, 60325 Frankfurt
T: (069) 97 20 33 14/15   **Fax:** 97 20 33 08
Internet: http://www.unternehmensgeschichte.de
E-Mail: gug@unternehmensgeschichte.de
Gründung: 1976 (10. Juni)
Vorsitzende(r): Dr. Otmar Franz
Geschäftsführer(in): Sandra Hartig
Verbandszeitschrift: Zeitschrift für Unternehmensgeschichte
Verlag: C. H. Beck Verlag, Wilhelmstr. 9, 80801 München
Mitglieder: 280

● T 4 149
Bildungswerk der ostwestfälisch-lippischen Wirtschaft e.V. (BOW)
Böttcherstr. 11, 33609 Bielefeld
T: (0521) 7 86-192   **Fax:** 7 86-159
Internet: http://www.bow-online.de
E-Mail: Info@bow-online.de
Kleiberweg 3, 33609 Bielefeld, T: (0521) 92 75-0, Fax: (0521) 92 75-1 09
Gründung: 1989
Vorsitzende(r): Lena Strothmann (Präsidentin der Handwerkskammer Ostwestfalen-Lippe zu Bielefeld)
Stellvertretende(r) Vorsitzende(r): Dr. Peter von Möller (Ehrenpräsident der Industrie- und Handelskammer Ostwestfalen zu Bielefeld)
Geschäftsführer(in): Dipl.-Betriebsw. Detlef Helfer (Geschäftsführer des BOW, Abteilungsleiter Berufsbildungsstätten der Handwerkskammer Ostwestfalen-Lippe)
Dipl.-Betriebsw. Regina Westerfeld
Mitglieder: 23 Mitgliedseinrichtungen
Mitarbeiter: ca. 400 hauptberufl. und ca. 1000 nebenberufl. in den Mitgliedseinrichtungen
Jahresums. d. Mitgliedseinrichtungen: ca. DM 53 Mio

● T 4 150
IHK-Bildungszentrum Koblenz e.V.
Postf. 90, 57541 Kirchen
Auf dem Molzberg 2, 57548 Kirchen
T: (02741) 95 90-0   **Fax:** 95 90-26
Vorsitzende(r) des Vorstandes: Dipl.-Ing., Dipl.-Wirt.-Ing. Uwe Reifenhäuser
Stv. Vors. d. Vorst: Hans-Jürgen Podzun
Geschäftsführende(s) Vorstands-Mitglied(er): Dipl.-Kfm. Manfred Schell
Mitglieder: 114 Firmen
Mitarbeiter: 47
Bildungsstätten in: 57548 Kirchen, 56564 Neuwied, 56727 Mayen, 56069 Koblenz, 55469 Simmern, 55543 Bad Kreuznach, 55743 Idar-Oberstein, 53474 Bad Neuenahr-Ahrweiler, 56410 Montabaur
Tochtergesellschaften/internationale Kooperationen: Institut der gewerblichen Wirtschaft, gemeinnützige Gesellschaft für berufliche Bildung mbH (Geschäftsführung: Dipl.-Kfm. Manfred Schell; Umwelt-Technikum Koblenz im Institut der gewerblichen Wirtschaft gGmbH (Geschäftsführung IHK-Bildungszentrum Koblenz e.V.); Steintechnisches Institut Mayen-Koblenz im IHK-Bildungszentrum Koblenz e.V. (Geschäftsführung IHK-Bildungszentrum e.V.); E.T.N.A. (European Training Network Association)

● T 4 151
HAUS RISSEN
Internationales Institut für Politik und Wirtschaft
Rissener Landstr. 193, 22559 Hamburg
T: (040) 8 19 07-0   **Fax:** 8 19 07 59
Internet: http://www.hausrissen.org
E-Mail: mail@hausrissen.org
Vorsitzende(r): Dr. Jürgen Westphal
Direktor(in): Dr. habil. Peter Robejsek

● T 4 152
Deutsche Gesellschaft "Club of Rome"
c/o Haus Rissen
Rissener Landstr. 193, 22559 Hamburg
T: (040) 8 19 07-0   **Fax:** 8 19 07-59
E-Mail: knuth@hausrissen.org
Geschäftsführer(in): Dr. Eckhard Knuth

● T 4 153

Verein zur Förderung des Universitätsseminars der Wirtschaft (USW)
Schloß Gracht, 50374 Erftstadt
T: (02235) 4 06-2 04   **Fax:** 4 06-2 44
Internet: http://www.usw.de
E-Mail: info@usw.de
Vorsitzender des Kuratoriums: Prof. Dr. Joachim Funk
Vorsitzender des Vorstandes: Prof. Dr. Clemens Börsig
Ehrenvorsitzender: Otto Wolff von Amerongen
Geschäftsführer: Dr. Heinz-Bodo Führ
Wissenschaftlicher Direktor: Prof. Dr. Wulff Plinke

● T 4 154
Bundesverband NEUE URANIA e.V.
Gesellschaft für Wissenschaft, Bildung und Kultur
Eitelstr. 16, 10317 Berlin
T: (030) 5 25 14 73   **Fax:** 5 22 48 33
Gründung: 1991 (29. Juni)
Präsident(in): Prof. Dr. Gerhard Banse
Vizepräsident(in): Studienrat Detlef Rademeier
Prof. Dr. Dieter Jückstock
Ehrenpräs.: Prof. Dr. Erhard Geißler
Geschäftsführer(in): Siegfried Krischok
Mitglieder: ca. 25 Regionalverbände
Jahresetat: DM 0,01 Mio, € 0,01 Mio

● T 4 155
ESTA-Bildungswerk e.V.
DAS EUROPÄISCHE BILDUNGSWERK
Postf. 10 03 17, 32503 Bad Oeynhausen
Bismarckstr. 8, 32545 Bad Oeynhausen
T: (05731) 1 57-0   **Fax:** 1 57-1 01
Internet: http://www.Esta-Bw.de
E-Mail: Info@ESTA-Bw.de
Gründung: 1982
Leiter(in): Dipl.-Betriebswirt Ernst W. Stothfang

T 4 155

Stellvertretende Leiterin: Dipl.-Verwaltungswirtin Martina Schirmacher
Vorstand: Dr. Adalbert Kitsche (Vors.), Düsseldorf
Leitung Presseabteilung: Heike Grambs
Mitarbeiter: 450
Mitgliedschaft in: EVBB (Europäischer Verband Beruflicher Bildungsträger), Deutscher Paritätischer Wohlfahrtsverband, Landesverband NRW f. Weiterbildg. in Technik u. Wirtschaft e.V., Wuppertaler Kreis (Deutsche Vereinigung zur Förderung der Weiterbildung von Führungskräften)

Bildung in Wirtschaft und Beruf, Gesellschaft und Politik, Sprachen, Kunst und Kultur, Gesundheit und sozialer Intervention.

● **T 4 156**
ORT-Deutschland e.V.
Organistion - Reconstruction - Training
Hebelstr. 6, 60318 Frankfurt
T: (069) 94 34 34 34   **Fax:** 94 34 34 30
Internet: http://www.ort-deutschland.de
E-Mail: ort.org@frankfurt.netsurf.de
Vorsitzende(r): Moritz Neumann
Geschäftsführer(in): Eli Kligler

● **T 4 157**

Deutsche Angestellten-Akademie
Holstenwall 5, 20355 Hamburg
T: (040) 3 50 94-0   **Fax:** 3 50 94-200
Geschäftsführendes Vorstandsmitglied: Rudolf Helfrich

Berufliche Bildung, Politische und kulturelle Bildung für Angestellte an ca. 60 Instituten und Zweigstellen im Bundesgebiet im Tages-, Abend- und Wochenendunterricht.

● **T 4 158**
Deutsche Angestellten-Akademie e.V.
Worringer Str. 111, 40210 Düsseldorf
T: (0211) 17 92 80-0   **Fax:** 17 92 80-44
Inst.-Ltr.: Klaus-Dieter Grothe

● **T 4 159**
Collegium Humanum - Akademie für Umwelt und Lebensschutz
Bretthorststr. 199, 32602 Vlotho
T: (05733) 26 80 (nur nachmittags)
Gründung: 1963
Vorsitzende(r): Ursula Haverbeck-Wetzel
Verbandszeitschrift: Stimme des Gewissens-Lebensschutzinformationen
Redaktion: Ernst-Otto Cohrs, Postf. 11 65, 27341 Rotenburg/Wümme

● **T 4 160**
PAPIERMACHERZENTRUM GERNSBACH
Postf. 12 32, 76585 Gernsbach
Scheffelstr. 29, 76593 Gernsbach
T: (07224) 64 01-0 (PMZ), 64 01-192 (BWP)   **Fax:** 64 01-114 (PMZ)
Internet: http://www.papiermacherzentrum.de
E-Mail: info@papiermacherzentrum.de
Hauptgeschäftsführer(in): Dr. Winfried Haible (geschäftsf. Vorstandsmitgl.)
Stellv. Hauptgeschäftsführer: RA Stephan Meißner
Geschäftsführer(in): RA Axel Stengel
Geschäftsstellengemeinschaft für:
- Baden-Württembergische Papierverbände -BWP -
- Arbeitgeberverband der Papierindustrie Baden-Württemberg - AGP - e.V.
- Verband der Papier-, Pappen-, Zellstoff- und Holzstoff-Fabriken Baden-Württemberg - PAPIERVEREIN - e.V.
- Fachverband der Biertelleindustrie - FBT - e.V.
- Tarifgemeinschaft FIDUCIA Konzern- und Beteiligungsgesellschaften - TGF -
- Tarifgemeinschaft Badischer Genossenschaften - TBG -
- Förderverein Papiermacherzentrum Gernsbach FÖP e.V.

● **T 4 161**
Bildungswerk Papier (BIP)
Postf. 12 32, 76585 Gernsbach
Scheffelstr. 29, 76593 Gernsbach
T: (07224) 64 01-121   **Fax:** 64 01-114

Internet: http://www.papiermacherzentrum.de
E-Mail: info@papiermacherzentrum.de
Hauptgeschäftsführer: RA Stephan Meißner
Stellv. Hauptgeschäftsführer: RA Axel Stengel

● **T 4 162**
AKAD Hochschulen für Berufstätige GmbH (AKAD)
70466 Stuttgart
Postf. 30 01 68, 70441 Stuttgart
Maybachstr. 18-20, 70469 Stuttgart
T: (0711) 8 14 95-0   **Fax:** 8 14 95-999
Internet: http://www.akad.de
E-Mail: akad@akad-online.de
Gründung: 1959
Geschäftsführer(in): Prof. Dr. Josef Foschepoth (Präsident)
Leitung Presseabteilung: Christiane Beran-Künzl
Hochschulen für Berufstätige, nebenberufliche Vorbereitung Erwachsener auf staatl. öffentl.-rechtliche Prüfungen; die Vorbereitung erfolgt in einer Kombination von Fernstudium und Präsenzseminaren
Business activity: Academy for professions, part-time preparation of adults for examinations under public and official law; the preparation is offered in a ombination of correpondence studies and direct oral classes
Verbandszeitschrift: Studienbroschüre
Redaktion: AKAD
Mitarbeiter: 103 in der Verwaltung sowie 680 nebenberufliche

t 4 163
AKAD-Studienzentrum Berlin
Alt-Moabit 91 Haus C, 10559 Berlin
T: (030) 3 91 77 44   **Fax:** 3 99 54 13
E-Mail: akad-berlin@akad-online.de
Leiter(in): Dr. Sonja Ulmer

t 4 164
AKAD-Studienzentrum Düsseldorf
Steinstr. 34, 40210 Düsseldorf
T: (0211) 32 79 16   **Fax:** 13 18 59
E-Mail: akad-duesseldorf@akad-online.de
Leiter(in): Claudia Lasnia

t 4 165
AKAD-Studienzentrum Frankfurt
Hamburger Allee 26-28 Carl-Bosch-Haus, 60486 Frankfurt
T: (069) 97 98 12 17   **Fax:** 7 07 31 37
E-Mail: akad-frankfurt@akad-online.de
Leiter(in): Anja Gessner

t 4 166
AKAD-Studienzentrum Hamburg
Rödingsmarkt 29, 20459 Hamburg
T: (040) 37 15 94   **Fax:** 36 63 60
E-Mail: akad-hamburg@akad-online.de
Leiter(in): Editha Schölermann

t 4 167
AKAD-Fachhochschule Lahr
Hohbergweg 15-17, 77933 Lahr
T: (07821) 91 49-0   **Fax:** 2 34 13
E-Mail: akad-lahr@akad-online.de
Gründung: 1991
Kanzler: Prof. Dr. Rainer Paulic

t 4 168
AKAD Wissenschaftliche Hochschule Lahr
Hohbergweg 15-17, 77933 Lahr
T: (07821) 92 38 50   **Fax:** 92 38 52
E-Mail: whl@akad_online.de

t 4 169
AKAD-Fachhochschule Leipzig
Gutenbergplatz 1e, 04103 Leipzig
T: (0341) 2 26 19 30   **Fax:** 2 26 19 39
Internet: http://www.akad.de
E-Mail: akad-leipzig@akad-online.de
Gründung: 1992
Prorektorin und Leiterin: Dr. Sonja Ulmer

t 4 170
AKAD-Studienzentrum München
Luitpoldstr. 3 Elisenhof, 80335 München
T: (089) 21 99 42-0   **Fax:** 21 99 42-13
E-Mail: akad-muenchen@akad-online.de

t 4 171
AKAD-Fachhochschule Rendsburg
Kieler Str. 53, 24768 Rendsburg
T: (04331) 2 03 10   **Fax:** 20 31 20

Internet: http://www.akad.de
E-Mail: akad-rendsburg@akad-online.de
Gründung: 1980
Kanzlerin: Dorothea Janke

t 4 172
AKAD-Studienzentrum Stuttgart
Maybachstr. 18, 70469 Stuttgart
T: (0711) 8 14 95-861   **Fax:** 8 14 95-899
E-Mail: akad-stuttgart@akad-online.de

● **T 4 173**
Zentrum für Wissenschaftliche Weiterbildung (ZeWW)
Austr. 37, 96045 Bamberg
T: (0951) 8 63-1226   **Fax:** 8 63-1191
Gründung: 1977 (1. Oktober)
Leiter(in): Prof. Dr. Ingolf Ericsson
Wiss. Mitarb.: Dipl.-Päd. Peter Rosner (geschäftsführend)
Verw. Angestellte: N. N.

● **T 4 174**

OUTWARD BOUND-Deutsche Gesellschaft für Europäische Erziehung e.V. (DGEE)
Nymphenburger Str. 42, 80335 München
T: (089) 12 15 11-0   **Fax:** 12 15 11-10
Internet: http://www.outwardbound.de
E-Mail: ob@outwardbound.de
Gründung: 1951
Vorsitzende(r): Harald Seeberg (ehrenamtl.)
Stellvertretende(r) Vorsitzende(r): Hans-Jochen von Bredow (ehrenamtl.)
Geschäftsführer(in): Stefan Buckley
Stellvertretende(r) Geschäftsführer(in): Annette Steinhaus
Mitglieder: ca. 50

Erlebnispädagogik/Jugend- und Erwachsenenbildung.

● **T 4 175**
Hochschulkonferenz Landschaft
Bundesarbeitsgemeinschaft der Hochschulen und berufsständischen Organisationen
Colmantstr. 32, 53115 Bonn
T: (0228) 69 00 28   **Fax:** 69 00 29
Internet: http://www.fll.de
E-Mail: info@fll.de
Sprecher: Prof. Dr. Klaus Neumann

● **T 4 176**
Institut für Hochschulkunde der Deutschen Gesellschaft für Hochschulkunde e.V.
Am Hubland,UB, 97074 Würzburg
T: (0931) 8 88 59 82, 8 88 59 66   **Fax:** 8 88 59 83
Internet: http://www.hochschulkunde.de
E-Mail: info@hochschulkunde.de
Gründung: 1922 (16. Februar)
Mitglieder: 650
Mitarbeiter: 3

● **T 4 177**

ZiF

Zentrum für interdisziplinäre Forschung (ZiF)
Postf. 10 01 31, 33501 Bielefeld
Wellenberg 1, 33615 Bielefeld
T: (0521) 1 06-27 95   **Fax:** 1 06-27 82
Internet: http://www.uni-bielefeld.de/ZIF
Gründung: 1968
Geschäftsf. Dir.: Prof.'in Dr. Gertrude Lübbe-Wolff
Stellv. Geschäftsf. Dir.: Prof. Dr. Joachim Frohn
Geschäftsführer(in): Dr. Johannes Roggenhofer (eMail: Johannes.Roggenhofer@uni-bielefeld.de)
Mitarbeiter: 30

● **T 4 178**
World University Service Deutsches Komitee e.V. (WUS)
Goebenstr. 35, 65195 Wiesbaden
T: (0611) 44 66 48   **Fax:** 44 64 89
Internet: http://www.wusgermany.de
E-Mail: info@wusgermany.de
Gründung: 1950
Geschf. Vors.: Dr. Kambiz Ghawami
Schatzmeister: Helmut Becker
Verbandszeitschrift: Auszeit

Redaktion: Team
Mitglieder: 520
Mitarbeiter: 10

● **T 4 179**
Akademie für Weiterbildung an den Universitäten Heidelberg und Mannheim e.V.
Friedrich-Ebert-Anlage 22-24, 69117 Heidelberg
T: (06221) 54-7810   **Fax:** 54-7819
Internet: http://www.akademie-fuer-weiterbildung.de
E-Mail: afw@uni-hd.de
Gründung: 1984 (1. Oktober)
Vorsitzende(r): Prof. Dr.rer.pol. Jürgen Siebke
Stellvertretende(r) Vorsitzende(r): Prof. Dr.Dr.h.c. Peter Frankenberg
Schatzmeister: Dr. Karl Heidenreich (stellv. Vorstandsvorsitzender Landesbank Baden-Württemberg)
Schriftführer(in): Prof. Dr. Franz J. Luzius (Hauptgeschäftsführer der IHK Rhein-Neckar, Mannheim)
Bernd Lang (Personalleiter Heidelberger Druckmaschinen AG)
Prof. Dr. Walter A. Oechsler (Universität Mannheim)
Prof. Dr. Christiane Schiersmann (Univ. Heidelberg)
Geschäftsführer(in): Michael Reinhardt (T: (06221) 54 78 17)
Dr. Anke Bender (T: (06221) 54 78 18)
Mitglieder: z. Zt. 53
Mitarbeiter: 8

● **T 4 180**
Koordinierungsstelle Weiterbildung und Beschäftigung e.V. (KWB)
Postf. 60 14 09, 22214 Hamburg
Kapstadtring 10, 22297 Hamburg
T: (040) 63 78 55-00   **Fax:** 63 78 55-99
Internet: http://www.kwb.de/
E-Mail: info@kwb.de
Vorsitzende(r): Achim Meyer auf der Heyde (BSJB), Hamburg
Stellvertretende(r) Vorsitzende(r): Dr. Claus Kemmet (LVU Hamburg)
Geschäftsführer(in): Hansjörg Lüttke

● **T 4 181**
Institut für Hochschulforschung Wittenberg e.V.
an der Martin-Luther-Universität Halle-Wittenberg
Collegienstr. 62, 06886 Lutherstadt Wittenberg
T: (03491) 4 66-254   **Fax:** 4 66-255
Internet: http://www.hof.uni-halle.de
E-Mail: institut@hof.unihalle.de
Gründung: 1996 (1. Dezember)
Direktor(in): Prof. Dr. Reinhard Kreckel

● **T 4 182**
Akademie Klausenhof gGmbH
Klausenhofstr. 100, 46499 Hamminkeln
T: (02852) 89-0   **Fax:** 89-300
Internet: http://www.akademie-klausenhof.de
E-Mail: akademie.klausenhof@t-online.de
Gründung: 1959
Geschäftsführer und Direktor: Dr. Alois Becker
Stellvertretender Direktor: Dr. Hans Amendt
Geistlicher Rektor: Pfarrer Josef Barenbrügge
Verwaltungsleiter: Rudolf Schott
Leitung Presseabteilung: Dr. Michael Sommer
Zeitschrift: ak-tuell
Redaktion: Dr. Sommer
Verlag: Akademie Klausenhof gGmbH, Klausenhofstr. 100, 46499 Hamminkeln
Mitarbeiter: 230

Notizen

Hoppenstedt

Verbände, Behörden, Organisationen der Wirtschaft 2001

U Interessengemeinschaften und sonstige Zentralstellen und Organisationen

Zum Auffinden einer bestimmten Dienststelle oder Organisation dient das Suchwortverzeichnis, eines Personennamens das Personenverzeichnis.

Beratungs- und Informationsstellen

Technologiegesellschaften, Gründer-, Innovations- und Technologiezentren

Wirtschaftsförderungsämter Städte und Kreise

Wirtschaftsförderungsgesellschaften

Wohnungs- und Siedlungswesen

Marken-, Zeichen- und Qualitätsverbände

Gütezeichen

Schutzverbände

Heimatvertriebene; Vertriebene; Kriegs- und Zivilbeschädigte u. a.

Verbraucher-Organisationen

Familien-, Frauen-, Jugendverbände u. a.

Wohlfahrtsverbände

Entwicklungshilfe-Institutionen

Im Bundestag vertretene Parteien

Kirchliche Gemeinschaften
    Evangelische Kirche
    Römisch-Katholische Kirche
    Alt-Katholische Kirche
    Jüdische Religionsgemeinschaft
    Andere Religions- und Weltanschauungsgemeinschaften

Sportverbände

Sonstige Zentralstellen und Organisationen sowie kulturelle Einrichtungen

U 1

Beratungs- und Informationsstellen

● U 1
Bundesarbeitsgemeinschaft Schuldnerberatung e.V. (BAG-SB)
Wilhelmsstr. 11, 34117 Kassel
T: (0561) 77 10 93   Fax: 71 11 26
Internet: http://www.bag-schuldnerberatung.de
E-Mail: bag-schuldnerberatung@t-online.de
Gründung: 1986 (Mai)
Geschäftsführer(in): Claudia Kurzbuch (Ltg. Presseabt.)
Verbandszeitschrift: BAG-SB INFORMATIONEN
Redaktion: A.-M. Joris
Verlag: Eigenverlag
Mitglieder: ca. 450
Mitarbeiter: 5

● U 2
Arbeitskreis Finanzinformation (AFI)
V.Z.W.
Korrespondenzadresse:
Postf. 12 04, 41368 Niederkrüchten
Kapellenbruch 225, 41372 Niederkrüchten
T: (02163) 8 07 28   Fax: 8 30 82
Gründung: 1988 (16. Juni)
Jahresetat: ca. DM 0,040 Mio, € 0,02 Mio

● U 3
Zentralstelle für Arbeitsvermittlung (ZAV)
53107 Bonn
Villemombler Str. 76, 53123 Bonn
T: (0228) 7 13-0   Fax: 7 13-1111
Gründung: 1954 (6. September)
Direktor(in): Jürgen Goecke (T: (0228) 7 13-1311)
Leitung Presseabteilung: Sabine Seidler (T: (0228) 7 13-1350, Fax: (0228) 7 13-1412)

Abteilungen

u 4
BFW Büro Führungskräfte der Wirtschaft
Villemombler Str. 76, 53123 Bonn
T: (0228) 7 13-0   Fax: 7 13-1111
Leiter(in): Karl-Jürgen Rajar
mit einer Dependance in Berlin, Kurfürstendamm 206, 10719 Berlin, T: (030) 88 59 06-0, Fax: (030) 88 59 06-49

u 5
Managementvermittlung NATIONAL
53107 Bonn
Villemombler Str. 76, 53123 Bonn
T: (0228) 7 13-0   Fax: 7 13-1311
Leiter(in): Ernst Brexel
mit einer Dependance in Berlin, Kurfürstendamm 206, 10719 Berlin, T: (030) 88 59 06-0, Fax: (030) 88 59 06-49

u 6
Internationale Arbeitsvermittlung/Managementvermittlung INTERNATIONAL
mit BFIO Büro Führungskräfte zu Internationalen Organisationen
53107 Bonn
Villemombler Str. 76, 53123 Bonn
T: (0228) 7 13-1367   Fax: 7 13-1035
Leiter(in): Helmut Westkamp

u 7
CIM - Centrum für Internationale Migration und Entwicklung, Arbeitsgemeinschaft von ZAV und Deutsche Gesellschaft für Technische Zusammenarbeit (GTZ) GmbH
Barckhausstr. 16, 60325 Frankfurt
T: (069) 71 91 21-0   Fax: 71 91 21-19
Internet: http://www.cimffm.de
E-Mail: cim@gtz.de
Leiter(in): Dr. Hans-Werner Mundt

u 8
ZIHOGA - Zentrale und Internationale Fachvermittlung für Hotel- und Gaststättenpersonal
53107 Bonn
Villemombler Str. 76, 53123 Bonn
T: (0228) 7 13-0   Fax: 7 13-1122
Leiter(in): Dietrich Schnell (T: (0228) 7 13-1288, Fax: (0228) 7 13-1122)

● u 9
ZBF - Zentrale Bühnen-, Fernseh- und Filmvermittlung, Generalagentur Bonn
Villemombler Str. 76, 53123 Bonn
T: (00228) 7 13-0
Leiterin: Ursula Geller (T: (0228) 7 13-1339, Fax: (0228) 7 13-1349)

● U 10
Stahl-Informations-Zentrum
Postf. 10 48 42, 40039 Düsseldorf
Sohnstr. 65, 40237 Düsseldorf
T: (0211) 67 07-0   Fax: 67 07-344
Vorsitzende(r): Dr.rer.pol. Wolfgang Kohler
Geschäftsführer(in): Dr. Reinhard Winkelgrund
Leitung Presseabteilung: Horst Woeckner

● U 11
bga Beratungsstelle für Gußasphaltanwendung e.V.
Dottendorfer Str. 86, 53129 Bonn
T: (0228) 23 98 99   Fax: 23 93 99
Internet: http://www.gussasphalt.de
E-Mail: info@gussasphalt.de
Gründung: 1934
Vorsitzende(r): Dipl.-Ing. R. Desquiotz
Stellvertretende(r) Vorsitzende(r): Dipl.-Ing. H.-J. Kopp
Hauptgeschäftsführer(in): Dipl.-Ing. P. Rode
Verbandszeitschrift: Gußasphalt-Zeitung
Redaktion: bga Beratungsstelle für Gußasphaltanwendung e.V.
Verlag: Eigenverlag
Mitglieder: 200
Mitarbeiter: 2

● U 12
Fachvereinigung Faserbeton e.V.
Konrad-Adenauer-Str. 15, 76287 Rheinstetten
T: (0721) 51 55 68   Fax: 51 86 89
E-Mail: gs@fvf-faserbeton.de
Vorsitzende(r): E. Engberts (Fydro, NL)
Geschäftsführer(in): M. Bayer

● U 13
Bleiberatung e.V.
Postf. 10 54 63, 40045 Düsseldorf
Am Bonneshof 5, 40474 Düsseldorf
T: (0211) 47 96-129   Fax: 47 96-407
Gründung: 1953
Vorsitzende(r): Dirk Mälzer, Eppstein
Geschäftsführer(in): Dipl.-Kfm. Hans-Reiner Häußler

● U 14
Zinkberatung e.V.
Vagedesstr. 4, 40479 Düsseldorf
T: (0211) 1 64 94 08   Fax: 35 08 69
Gründung: 1939 (1. August)
Geschäftsführer(in): Dr.-Ing. W. E. Kallenberger (T: (0211) 35 08 67, Telefax: (0211) 35 08 69)
Mitglieder: Zink- und Zinklegierungshersteller

verbundene Organisation:

u 15
Forschungsgemeinschaft ZINK e.V.
Vagedesstr. 4, 40479 Düsseldorf
T: (0211) 35 08 67   Fax: 35 08 69
Geschäftsführer(in): Dr.-Ing. W. E. Kallenberger

● U 16

Informationsstelle Edelstahl Rostfrei
Postf. 10 22 05, 40013 Düsseldorf
Sohnstr. 65, 40237 Düsseldorf
T: (0211) 67 07-835   Fax: 67 07-344
Internet: http://www.edelstahl-rostfrei.de
E-Mail: info@edelstahl-rostfrei.de
Gründung: 1958
Geschäftsführer(in): Dr. Hans-Peter Wilbert
Mitglieder: 51

● U 17
Eis Info Service (E.I.S.)
Schumannstr. 4-6, 53113 Bonn
T: (0228) 26 00-751, 26 00-752   Fax: 26 00-788
Internet: http://www.markeneis.de
E-Mail: eis@markeneis.de
Presseabteilung: Shandwick Deutschland GmbH+Co KG (Meckenheimer Allee 67-69, 53115 Bonn, Tel: (0228) 72 27-0)

● U 18
Arbeitskreis Speiseeis
Stösserstr. 17-19, 76185 Karlsruhe
T: (0721) 5 59 96-0   Fax: 5 59 96-77
Vorsitzende(r): Thomas Engelhardt

● U 19
Arbeitsgemeinschaft Golden Toast e.V.
Ermanstr. 18, 12163 Berlin
T: (030) 8 31 20 39   Fax: 8 32 58 44
Gründung: 1963
Vorstandsvorsitzender: Dipl.-Kfm. Klaus Dahm
Mitglieder: 10 Firmen

● U 20
Fachverband für Energie-Marketing und -Anwendung (HEA) e.V. beim VDEW
siehe L 17

● U 21
Arbeitsgemeinschaft Wohnberatung e.V.
Bundesverband der Bau- und Wohnberatungen
Postf. 70 05, 53070 Bonn
Adenauerallee 113, 53113 Bonn
T: (0228) 26 40 11   Fax: 26 40 12
Internet: http://www.agw.de
E-Mail: agw.bonn@t-online.de
Gründung: 1972
1. Vorsitzende(r): Dipl.-Ing. Karl H. Baeuerle (Architekt und Stadtplaner)
Verbandszeitschrift: Wohnberatung
Mitglieder: 16 z.T. bundesweite Verbände

● U 22
Religionswissenschaftlicher Medien- und Informationsdienst e.V. (REMID)
Geschäftsstelle
Wehrdaer Weg 16a, 35037 Marburg
T: (06421) 6 42 70 (Büro)   Fax: 68 19 44
Internet: http://www.uni-leipzig.de/~religion/remid.htm
E-Mail: remid@t-online.de
Gründung: 1989 (März)
Vorstand: Markus Dressler
Kirsten Holzapfel
Melanie Hanz
Thomas Hase
Tobias Frick
Dr. Gritt Maria Klinkhammer
Wiss. Beirat: Prof. Dr. Dr. Peter Antes
Prof. Dr. Eileen Barker
Prof. Dr. Karl-Fritz Daiber
Prof. Dr. Hans G. Kippenberg
Hauptgeschäftsführer(in): Dipl.-Pol. Steffen Rink (Dokumentationsstelle, Leitung Presseabteilung)
Mitglieder: 160
Mitarbeiter: 2

● U 23
Gesellschaft für Rationelle Energieverwendung e.V.
Kaiserdamm 80, 14057 Berlin
T: (030) 3 01 60 90   Fax: 3 01 90 16
Internet: http://www.gre-online.de
Vorsitzende(r): Prof. Dr.-Ing. Gerd Hauser (Universität Fachgeb. Bauphysik, Gottschalkstr. 28, 34109 Kassel)
Geschäftsführer(in): Ing. (grad.) Detlef Bramigk (Kaiserdamm 80, 14057 Berlin)
Verbandszeitschrift: GRE inform

● U 24
**Fachinformationszentrum Karlsruhe
Gesellschaft für wissenschaftlich-technische Information mbH**
STN Servicezentrum Europa
Postf. 24 65, 76012 Karlsruhe
Hermann-von-Helmholtz-Platz 1, 76344 Eggenstein-Leopoldshafen
T: (07247) 8 08-313   Fax: 8 08-114
Internet: http://www.fiz-karlsruhe.de

E-Mail: helpdesk@fiz-karlsruhe.de
Gründung: 1977
Internationaler Zusammenschluß: siehe unter izu 632
Vorsitzender des Aufsichtsrates: Min. Dirig. Dr. K. Rupf (BMBF, Godesberger Allee 185-189, 53170 Bonn, T: (0228) 57 33 33)
Geschäftsführer(in): Prof. Dr.-Ing. Georg Friedrich Schultheiß
Leitung Online Service: Dr. A. Barth (Prok.)
Leitung Informationsdienste: Dr. P. Luksch
Kontaktperson: Eike Hellmann
Mitarbeiter: 315

● **U 25**

Arbeitskreis Dresdner Informationsvermittler e.V. (ADI)
c/o Con-QUIP GmbH
Bertolt-Brecht-Allee 22, 01309 Dresden
T: (0351) 31 99 18 00   **Fax:** 31 99 18 02
Internet: http://www.fachinformation.de
E-Mail: adi@conquip.de
Gründung: 1992 (16. September)
Vorsitzende(r): Hans-Hermann Schwanecke (CON-QUIP GmbH)
Stellvertretende(r) Vorsitzende(r): Dr. Siegfried Tzscherlich (ihd Institut für Holztechnologie Dresden gGmbH)
Mitglieder: 19

● **U 26**

Institut Feuerverzinken GmbH (IFG)
Sohnstr. 70, 40237 Düsseldorf
T: (0211) 69 07 65-0   **Fax:** 68 95 99
Internet: http://www.feuerverzinken.com
E-Mail: feuerverzinken@t-online.de
Gründung: 1964
Geschäftsführer(in): Dipl.-Ing. Jürgen Marberg
Presse- u. PR-Referent: Holger Glinde
Zeitschrift: Feuerverzinken
Verlag: Institut Feuerverzinken GmbH

Kostenlose Korrosionsschutzberatung

● **U 27**

Informations-Zentrum Weißblech e.V. (IZW)
Postf. 10 30 28, 40021 Düsseldorf
Fürstenwall 99, 40217 Düsseldorf
T: (0211) 3 86 59-0   **Fax:** 3 86 59-24
Internet: http://www.weissblech.de
E-Mail: info@izw.de
Vorsitzende(r): Klaus Neuhaus-Wever
Geschäftsführer(in): Karsten Brandt
Leitung Presseabteilung: Daniela Dühr

Förderung des allgemeinen Verbrauchs von Weißblech sowie des Recyclings durch Öffentlichkeitsarbeit und Werbung. Dienstleister und Servicecenter für Weißblechverarbeiter und -verwender im Metallverpackungsbereich.

● **U 28**

FIZIT Französisches Informations-Zentrum für Industrie und Technik e.V.
Walter-Kolb-Str. 9-11, 60594 Frankfurt
T: (069) 60 50 19-0   **Fax:** 60 50 19-66
E-Mail: fizit_fizit.de
Gründung: 1984 (15. April)
Präsident(in): Pierre Crettiez
Geschäftsführer(in): Jean Louis Dietrich
Leitung Presseabteilung: Alfred Roth

● **U 29**

Fachinformationszentrum Chemie GmbH
Franklinstr. 11, 10587 Berlin
T: (030) 3 99 77-0   **Fax:** 3 99 77-132
Internet: http://www.fiz-chemie.de
E-Mail: info@fiz-chemie.de

Gründung: 1981 (11. Dez.)
Geschäftsführer(in): Dr. R. Deplanque Peter E. Schuhe
Leitung Presseabteilung: Dr. Anthony R. Flambard
Mitarbeiter: 84

● **U 30**

SOVT - Institut für sozialverträgliche Technikgestaltung
Herdweg 10a, 64285 Darmstadt
T: (06151) 6 26 02   **Fax:** 6 26 06
Internet: http://www.sovt.de
E-Mail: info@sovt.de
Gründung: 1986 (31. März)
Geschäftsführer(in): Lothar Bräutigam
Mitarbeiter: 4

● **U 31**

Fachinformationszentrum Technik e.V.
Ostbahnhofstr. 13, 60314 Frankfurt
T: (069) 43 08-227   **Fax:** 43 08-200
T-Online: *FIZ#
Internet: http://www.fiz-technik.de
E-Mail: kundenberatung@fiz-technik.de
Vorsitzende(r): Dr.-Ing. Niels Ketscher (i.H. Verein Deutscher Giessereifachleute (VDG), Sohnstr. 70, 40237 Düsseldorf, T: (0211) 68 71-331)
Geschäftsführer(in): Dipl.-Ing. Peter Genth

Information aus der technischen Literatur des In- und Auslands für die Industrie sowie Forschung und Lehre über die Fachgebiete: Maschinenbau und Fertigungsverfahren; Elektrotechnik und Elektronik; Informationstechnik; Medizinische Technik; Werkstoffe; Textil; Kraftfahrzeugtechnik; Chemische Technik. Dienstleistungen: Datenbanken im Internet, periodische Informationsdienste in gedruckter und elektronischer Form.

u 32

FIZ Technik e.V.
c/o UB/TIB Hannover
Welfengarten 1B, 30167 Hannover
T: (0511) 71 79 95

● **U 33**

Deutsches Informationszentrum für technische Regeln (DITR)
siehe T 1308

● **U 34**

Informations- und Transferstelle Werkzeuge und Werkstoffe bei der Gesellschaft für Fertigungstechnik und Entwicklung e.V.
Postf. 10 01 61, 98561 Schmalkalden
Am Bad 2, 98574 Schmalkalden
T: (03683) 69 00 53   **Fax:** 69 00 16
Internet: http://www.gef-net.de
E-Mail: s.schwetz@gfe-net.de
Ansprechpartner: Sonja Schwetz
Georg Danz
Geschäftstätigkeit: Recherchen und Beratung zu Literatur, Patenten, Normen, Ausschreibungen, Marketing

● **U 35**

Kontaktstelle für Information und Technologie (KIT)
an der Universität Kaiserslautern
- Bereich Technologie -
67653 Kaiserslautern
Postf. 30 49, 67618 Kaiserslautern
Paul-Ehrlich-Str. Gebäude 32, 67663 Kaiserslautern
T: (0631) 2 05-30 01   **Fax:** 2 05-21 98
Internet: http://www.kit.uni-kl.de
E-Mail: dosch@kit.uni-kl.de
Bereichsleiter: Dipl.-Ing. Klaus Dosch

Technologie-Transfer; Kooperationsvermittlung.

● **U 36**

Beratungszentrum Informations-Technik (BIT)
Nobelstr. 12c, 70569 Stuttgart
T: (0711) 9 70-21 43   **Fax:** 9 70-22 99
Gründung: 1984 (Juli)
GeschfDir: Prof. Dr.-Ing.habil. Dr.h.c. Prof.e.h. Hans-Jörg Bullinger
Projektleiter: Dipl.-Kfm. Klaus-Peter Stiefel (E-Mail: Klaus-Peter-Stiefel@iao.fhg.de)

● **U 37**

Zentralstelle Dokumentation Elektrotechnik im Fachinformationszentrum Technik e.V.
Postf. 60 05 47, 60335 Frankfurt
Ostbahnhofstr. 13, 60314 Frankfurt
T: (069) 43 08-2 37   **Fax:** 43 08-2 00
Internet: http://www.fiz-technik.de
E-Mail: Kundenberatung@fiz-technik.de
Geschäftsführer(in): Dipl.-Ing. Peter Genth
Leitung Presseabteilung: Rainer Pernsteiner

● **U 38**

Informationsstelle Schmiedestück-Verwendung im Industrieverband Deutscher Schmieden e.V. (IDS)
Postf. 38 23, 58038 Hagen
T: (02331) 95 88 28   **Fax:** 95 87 28
Internet: http://www.schmiede-info.de
E-Mail: orders@schmiede-info.de
Gründung: 1974
Leiter(in): Ing. Werner W. Adlof
Verbandszeitschrift: Schmiede-Journal
Mitglieder: 150 Firmen
Redaktion und Verlag: Informationsstelle Schmiedestück-Verwendung

● **U 39**

Deutsches Institut für Herrenmode
Verein zur Förderung der deutschen Herrenmode e. V.
Messeplatz 1, 50679 Köln
T: (0221) 88 30 26, 88 30 27   **Fax:** 88 47 41
Internet: http://www.dih.de
E-Mail: info@dih.de
Präsident(in): Franz-Peter Falke (Geschf. Gesellschafter der Falke Gruppe, Schmallenberg)
Geschäftsführer(in): Gerd Müller-Thomkins
Leitung Informationsstelle: Peter Sevenich
Mitglieder: 250
Mitarbeiter: 5

● **U 40**

Deutsches Mode-Institut e.V. Düsseldorf-Frankfurt-Berlin (DMI)
60264 Frankfurt
Mainzer Landstr. 251, 60326 Frankfurt
T: (069) 75 95 28 61-63   **Fax:** 75 95 29 99
Präsident(in): Wolfgang Ley, München
Geschäftsführer(in): Wolfgang Schmitt, Frankfurt

● **U 41**

Modekreis München e.V.
Postf. 22 14 29, 80504 München
Gewürzmühlstr. 5, 80538 München
T: (089) 21 21 49 31   **Fax:** 22 38 98
Vorsitzende(r): Bernhard Frey
Stellvertretende(r) Vorsitzende(r): Dr. Ulrich Krug
Geschäftsführer(in): Erwin Haas

● **U 42**

Modekreis Kind + Jugend e.V.
Postf. 10 17 55, 70015 Stuttgart
Olgastr. 77, 70182 Stuttgart
T: (0711) 2 10 31-27   **Fax:** 2 10 31 34
Internet: http://www.modemarkt.de/modekreis-kj
Vorsitzende(r): Hildegard Ludwig (Döll, Lauterbach)
Geschäftsführer(in): Walter Holthaus (Ltg. Presseabt.)

● **U 43**

Exportinstitut für deutsche Mode e.V.
Postf. 10 17 55, 70015 Stuttgart
Olgastr. 77, 70182 Stuttgart
T: (0711) 2 10 31 15   **Fax:** 23 28 07
Vorsitzende(r): Peter F. Giernoth
Geschäftsführer(in): Reinhard Döpfer

● **U 44**

Fachinstitut Gebäude-Klima (FGK)
Danziger Str. 20, 74321 Bietigheim-Bissingen
T: (07142) 5 44 98   **Fax:** 6 12 98
Internet: http://www.fgk.de
E-Mail: fgk-ev@t-online.de
Gründung: 1970
Vorsitzende(r): Prof. Dr.-Ing. F. Steimle (UNI Essen)

Stellvertretende(r) Vorsitzende(r): Manfred Freudenberg
Geschäftsführer(in): Günther Mertz
Mitglieder: 305
Mitgliedsverbände:
Fachverband Allgemeine Lufttechnik im VDMA, Frankfurt
Fachverband Automation + Management für Haus + Gebäude (AMG) im VDMA, Frankfurt
Stahl-Informationszentrum, Düsseldorf
Verband Beratender Ingenieure, Berlin
VDKF Verband Deutscher Kälte-Klima-Fachbetriebe e.V., Bonn
Zentralverband Sanitär Heizung Klima, St. Augustin

Auskunfts- und Informationsstelle für alle Belange eines gesunden und energiesparenden Raumklimas im Zusammenhang mit der Technischen Gebäudeausrüstung.

● U 45
Wirtschaftsclub Rhein-Main e.V.
Rathenauplatz 2-8, 60313 Frankfurt
T: (069) 28 04 93   **Fax:** 91 39 57 34
Internet: http://www.wirtschaftsclub-rhein-main.de
E-Mail: info@wirtschaftsclub-rhein-main.de
Gründung: 1950 (1. April)
Präsident(in): Dr. Ernst Gloede
Vizepräsident(in): Klaus Rüdiger Fritsch
Hauptgeschäftsführer(in): C.H. Bodet
Verbandszeitschrift: Prognose der 100
Mitglieder: 1600
Mitarbeiter: 3
Jahresetat: DM 1 Mio, € 0,51 Mio

● U 46

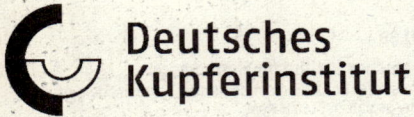

Deutsches Kupferinstitut e.V. (DKI)
Postf. 30 02 62, 40402 Düsseldorf
Am Bonnesshof 5, 40474 Düsseldorf
T: (0211) 47 96 30-0   **Fax:** 4 79 63-10
Internet: http://www.kupfer.org, http://www.kupferinstitut.de
E-Mail: info@kupferinstitut.de
Gründung: 1927 (02. Februar)
Vorsitzende(r): Peter Zabel (Diehl Metall Stiftung + Co. KG, Röthenbach)
Geschäftsführer(in): Dr.rer.nat. Werner Seitz (T: (0211) 4 79 63-13)
Leitung Presseabteilung: Ingrid Keller (T: (0211) 4 79 63-14)
Mitglieder: 45 (Mitgliedsfirmen)
Mitgliedsverbände:
Gesamtverband der deutschen Buntmetallindustrie Fachbereich Buntmetallhalbzeug, Düsseldorf
Gütegemeinschaft Kupferrohr e.V., Düsseldorf
Wirtschaftsverband Großhandel Metallhalbzeug e.V., Bonn

Auskunfts- und Beratungsstelle für die Verwendung von Kupfer und Kupferlegierungen.

● U 47
Deutsches Patent- und Markenamt
80297 München
Zweibrückenstr. 12, 80331 München
T: (089) 21 95-0, 21 95-3402 (Telefonische Auskünfte)
Fax: 21 95-2221
Internet: http://www.dpma.de
E-Mail: post@dpma.de
Präsident(in): Dr. Hans-Georg Landfermann
Vizepräsident(in): Dipl.-Ing. Thomas Hammer
Leitung Presseabteilung: Vera Frosch
Mitarbeiter: rd. 2400

Patentinformationszentren und -stellen

u 48
Bibliothek der RWTH Aachen
Patentinformationszentrum
Diensträume:
52056 Aachen
Jägerstr. 17-19, 52066 Aachen
T: (0241) 80 44 80 (Lesesaal), 80 36 01 (Recherchendienst)
Fax: 8 88 82 39
Internet: http://www.bth.rwth-aachen.de/pas.htm
E-Mail: postmaster@rwth-aachen.de

u 49
Deutsches Patent- und Markenamt
Technisches Informationszentrum Berlin
10958 Berlin
Gitschiner Str. 97, 10969 Berlin
T: (030) 2 59 92-0   **Fax:** 2 59 92-404

u 50
Patent- und Innovations-Centrum (PIC) Bielefeld e.V.
Nikolaus-Dürkopp-Str. 11-13, 33602 Bielefeld
T: (0521) 96 50 50   **Fax:** 9 65 05 19
Internet: http://www.pic.de

u 51
Hochschule Bremen
Patent- und Normen-Zentrum
Neustadtswall 30, 28199 Bremen
T: (0421) 59 05-2 25   **Fax:** 59 05-6 25

u 52
Technische Universität Chemnitz
Universitätsbibliothek, Patentinformationszentrum
(Internationales Begegnungs- und Informationszentrum)
Sitz:
Bahnhofstr. 8, 09111 Chemnitz
T: (0371) 5 31 18 80   **Fax:** 5 31 18 90
Internet: http://www.tu-chemnitz.de
E-Mail: LeiterinPIZ:petra.zimmermann@bibliothek.tu-chemnitz.de, Bestellungen:silke.hammerschmidt@bibliothek.tu-chemnitz.de

u 53
Agentur für Innovationsförderung und Technologietransfer GmbH, Patentinformationsstelle
Goerdelerring 5, 04109 Leipzig
T: (0341) 12 67-456   **Fax:** 12 67-486
E-Mail: agil@leipzig.ihk.de

u 54
Patentinformationszentrum
der Hessischen Landes- und Hochschulbibliothek
Schöfferstr. 8, 64295 Darmstadt
T: (06151) 16 54 27 (Auskunft), 16 55 27 (Recherche)
Fax: 16 55 28
E-Mail: patent@fhdacom2.fhrz.fh-darmstadt.de

u 55
Universitätsbibliothek Dortmund
Informationszentrum Technik u. Patente
44222 Dortmund
Vogelpothsweg 76, 44227 Dortmund
T: (0231) 7 55-40 14   **Fax:** 75 69 02
Internet: http://www.ub.uni-dortmund.de/itp/itp.htm
E-Mail: Recherche@itp.ub.uni-dortmund.de
Auftragsrecherchen und Literaturbeschaffungsdienst T: (0231) 7 55-40 68

u 56
Technische Universität Dresden
Patentinformationszentrum
Sitz: Nöthnitzer Str. 60, Flachbau 46, 01187 Dresden
Post:
Mommsenstr. 13, 01069 Dresden
T: (0351) 4 63-27 91   **Fax:** 4 63-71 36
E-Mail: pizkluge@rcs.urz.tu-dresden.de

u 57
MIPO Mitteldeutsche Informations-, Patent-, Online-Service GmbH
(Tochter d. IHK Halle-Dessau), Patentinformationszentrum
Rudolf-Ernst-Weise-Str. 18, 06112 Halle
T: (0345) 29 39 80   **Fax:** 2 93 98 40
Internet: http://www.mipo.de
E-Mail: andrick@mipo.hal-uunet.de

u 58
Handelskammer Hamburg, IPC Innovations- und Patent-Centrum
Börse
Postf. 11 14 49, 20414 Hamburg
Adolphsplatz 1, 20457 Hamburg
T: (040) 3 61 38-376   **Fax:** 3 61 38-270
Internet: http://www.handelskammer.de/hamburg
E-Mail: service@hamburg.handelskammer.de

u 59
Deutsches Patent- und Markenamt
Dienststelle Jena
07738 Jena
Goethestr. 1, 07743 Jena
T: (03641) 40-54   **Fax:** 40-5690

u 60
Technologie-Transfer Zentrale Schleswig-Holstein GmbH
Patentinformationsstelle
Lorentzendamm 22, 24103 Kiel
T: (0431) 5 19 62-0   **Fax:** 5 19 62-33
Internet: http://www.ttzsh.de
E-Mail: zentrale@ttz-sh.de

u 61
Universitätsbibliothek Hannover und TIB (UB/TIB)
PIN (Patente, Informationen, Normen)
Postf. 60 80, 30060 Hannover
Welfengarten 1B, 30167 Hannover
T: (0511) 7 62-3414, 7 62-3415, 7 62-2268   **Fax:** 71 59 36
Internationaler Zusammenschluß: siehe unter izu 633

u 62
Technische Universität Ilmenau
Patentinformationszentrum und Online-Dienste (PATON)
Postf. 1005 65, 98684 Ilmenau
Langewiesener Str. 37 Campus-Center, 98693 Ilmenau
T: (03677) 69 45 10 (Erfinderförderzentrum), 69 45 05 (Online-Dienste), 69 45 07 (Schulungszentrum), 69 45 08 (Host/Netzbetrieb)   **Fax:** 69 45 38
E-Mail: paton@patent-inf.tu-ilmenau.de
Leiter(in): Prof. Dr.-Ing. habil. Reinhard Schramm (T: (03677) 69 45 73)

u 63
Friedrich-Schiller-Universität, Patentinformationsstelle
Sitz:
Fürstengraben 6, 07743 Jena
T: (03641) 94 70 20   **Fax:** 4 70 22
Internet: http://www.uni-jena.de/patente
E-Mail: patmail@rz.uni-jena.de

u 64
Kontaktstelle für Information und Technologie (KIT) an der Universität Kaiserslautern
Patentinformationszentrum
Gebäude 32
Postf. 30 49, 67653 Kaiserslautern
Paul-Ehrlich-Str., 67663 Kaiserslautern
T: (0631) 2 05-2172   **Fax:** 2 05-2925
Internet: http://www.uni-kl.de/KIT/PIZ
E-Mail: piz@kit.uni-kl.de

u 65
Gesamthochschul-Bibliothek
Patentinformationszentrum
34111 Kassel
Diagonale 10, 34127 Kassel
T: (0561) 8 04-3480, 8 04-3482   **Fax:** 8 04-3427
Internet: http://www.uni-kassel.de/piz

u 66
Patentinformationszentrum Niederrhein Krefeld/Mönchengladbach
Webschulstr. 41-43, 41065 Mönchengladbach
T: (02161) 1 86-924
E-Mail: piz@fh-niederrhein.de

u 67
Otto-von-Guericke-Universität Magdeburg
Universitätsbibliothek, Patentinformationszentrum und DIN-Auslegestelle
Postf. 41 20, 39016 Magdeburg
Pfälzer Str., 39106 Magdeburg
T: (0391) 67-12979 (Patente), 67-12596 (Normen), 67-12979 (Patentlesesaal), 67-12714, 67-18637 (Patentrecherche), 67-18840, 67-12714 (Pat. Ass.)   **Fax:** 67-12913
Internet: http://www.uni-magdeburg.de/ub/piz.html
E-Mail: wolfgang.weigler@bibliothek.uni-magdeburg.de
Leiter(in): Dipl.-Bibl. Rita Lotsch (T: (0391) 67-12712)

u 68
LGA Landesgewerbeanstalt Bayern
Patentinformationszentrum
Postf. 30 22, 90014 Nürnberg
Tillystr. 2, 90431 Nürnberg
T: (0911) 6 55-4232   **Fax:** 6 55-4235
Internet: http://www.lga.de
E-Mail: lga@lga.de
Leiter(in): Dipl.-Ing. Heidrun Krestel (T: (0911) 6 55-4920)

u 69
TIZ-Technisches InformationsZentrum Patentschriften und Normenauslage
Postf. 30 48, 95006 Hof
Fabrikzeile 21, 95028 Hof
T: (09281) 73 75-0, 73 75 55 Herr Rietsch (Normen und Patente),
73 75 51 Herr Klier (Patente und Literatur)
Fax: 73 75 90 (LGA-Zentrale), 4 00 50 (TIZ direkt)
Internet: http://www.lga.de

u 70
Universität Rostock, Außenstelle Warnemünde Universitätsbibliothek, Patentinformationszentrum
Richard-Wagner-Str. 31 (Haus 1), 18119 Rostock
T: (0381) 4 98-2388 (Recherchen), 4 98-2379 (Normen)
Fax: 4 98-2389
Internet: http://www.uni-rostock.de/ub/piz.htm
E-Mail: patente@ub.uni-rostock.de
Leiter(in): Dipl.-Ing. Marianne Krempien (T: (0381) 4 98-23 90)

u 71
Technologie- und Gewerbezentrum e.V. Schwerin/Wismar
Patentinformationsstelle
Hagenower Str. 73, 19061 Schwerin
T: (0385) 6 34 41 40   **Fax:** 6 34 42 40

u 72
Zentrale für Produktivität und Technologie Saar e.V.
Patentinformationszentrum
Franz-Josef-Röder-Str. 9, 66119 Saarbrücken
T: (0681) 52-004, 95 20-461   **Fax:** 58 31 50
Leiter(in): Dr. Robert Reichhart (T: (0681) 95 20-4 62)

u 73
Landesgewerbeamt Baden-Württemberg Informationszentrum Patente
Haus der Wirtschaft
Postf. 10 29 63, 70025 Stuttgart
Willi-Bleicher-Str. 19, 70174 Stuttgart
T: (0711) 1 23-25 58/-25 55   **Fax:** 1 23-25 60

u 74
Landesgewerbeamt Baden-Württemberg Direktion Karlsruhe
Patentinformationsstelle
Postf. 41 69, 76026 Karlsruhe
Karl-Friedrich-Str. 17, 76133 Karlsruhe
T: (0721) 9 26-4057   **Fax:** 9 26-4055

● U 75
Fördergemeinschaft Gutes Licht (FGL)
Postf. 70 12 61, 60591 Frankfurt
Stresemannallee 19, 60596 Frankfurt
T: (069) 6 30 22 94   **Fax:** 63 02-3 17
Internet: http://www.licht.de
E-Mail: fgl@zvei.org
Gründung: 1970
Vorsitzende(r): Dr. Dirk Stahlschmidt (ERCO Leuchten GmbH, 58505 Lüdenscheid)
Frank Triebel (OSRAM GmbH, 81543 München)
Geschäftsführer(in): Dr. Ulrich Merker (Stresemannallee 19, 60596 Frankfurt)
Mitglieder: 150

● U 76

Vereinigung Deutsche Sanitärwirtschaft e.V. (VDS)
Rheinweg 24, 53113 Bonn
T: (0228) 92 39 99 30   **Fax:** 92 39 99 33
Internet: http://www.sanitaerwirtschaft.de, http://www.gutes-bad.de
E-Mail: info@sanitaerwirtschaft.de
Gründung: 1965
Vorsitzende(r): Franz Kook (c/o Duravit AG, Werderstr. 36, 78132 Hornberg)
Geschäftsführer(in): RA Jens J. Wischmann
Mitglieder: 12 Verbände

Wahrnehmung und Förderung der gemeinsamen Interessen von Sanitärherstellern, Sanitärgroßhandel und Sanitärfachhandwerk

● U 77

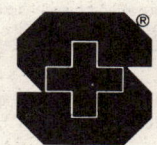

Aktionsgemeinschaft Marketing im Sanitätsfachhandel e.V. (AMS)
Salierring 44, 50677 Köln
T: (0221) 2 40 91 56   **Fax:** 2 40 86 70
E-Mail: ams-ev@verbandsbuero.de
Vorsitzende(r): Peter Stramer (i. Fa. SH Stramer, Hospitalplatz 6, 37269 Eschwege)
Geschäftsführer(in): Winfried Toubartz
Mitglieder: 135

Vereinigung engagierter Fachhändler und Lieferanten zur Profilierung der gesamten Branche

Technologiegesellschaften, Gründer-, Innovations- und Technologiezentren

Baden-Württemberg

● U 78
Technologiezentrum Aalen GmbH
Gartenstr. 133, 73430 Aalen
T: (07361) 56 01-0   **Fax:** 4 51 87
Kontaktperson: Robert Ihl

● U 79
Technologiepark Heidelberg GmbH
Rathaus
Marktplatz 10 (Rathaus), 69117 Heidelberg
T: (06221) 58 19 00, 58 19 01, 58 20 50, 58 20 51
Fax: 58 20 99
E-Mail: technologiepark@heidelberg.de
Geschäftsführer(in): Dr. Klaus Plate

● U 80
Technologiezentrum Heidenheim GmbH
Neuffenstr. 11, 89518 Heidenheim
T: (07321) 98 71-0   **Fax:** 98 71-22
Geschäftsführer(in): Birgit Baumann

● U 81
Technologiezentrum Horb GmbH & Co. KG
Postf. 12 49, 72152 Horb
Weberstr. 3, 72160 Horb
T: (07451) 20 31   **Fax:** 20 36
Internet: http://www.tz-horb.de
E-Mail: dialog@tz-horb.de
Geschäftsführer(in): Alois Rasch
Axel Blochwitz

● U 82
Technologiefabrik Karlsruhe
Haid-und-Neu-Str. 7, 76131 Karlsruhe
T: (0721) 1 74-252   **Fax:** 1 74-268
E-Mail: info@technologiefabrik-ka.de
Geschäftsführer(in): Hans-Peter Mengele
Dipl.-Ing. Jörg Orlemann

● U 83
Verband der Baden-Württembergischen Technologie- und Gründerzentren e.V.
Haid-und-Neu-Str. 7, 76131 Karlsruhe
T: (0721) 96 58-252   **Fax:** 96 58-268
Internet: http://www.technologiezentren.com
E-Mail: info@technologiezentren.com
Gründung: 2000
Vorstand: Herbert Hoffmann (Vors.)
Heino Bullwinkel (stellv. Vors.)

● U 84
Technologiezentrum Konstanz e.V. (TZK)
Blarerstr. 56, 78462 Konstanz
T: (07531) 20 05-0   **Fax:** 20 05-22
Internet: http://www.tzk.uni-konstanz.de
E-Mail: tzk@tzk.uni-konstanz.de
Rainer Meschenmoser

● U 85
Technologiepark Offenburg
In der Spöck 10, 77656 Offenburg
T: (0781) 5 65 49   **Fax:** 5 47 59
E-Mail: tpo-info@t-online.de
Geschäftsführer(in): Heino Bullwinkel

● U 86

Technologiezentrum St. Georgen
Leopoldstr. 1, 78112 St Georgen
T: (07724) 60 73   **Fax:** 53 69
Internet: http://www.tz.st-georgen.de
E-Mail: info@tz.st-georgen.de
Geschäftsführer(in): Dieter Knorpp

● U 87
NC-Gesellschaft e.V.
Anwendung Neuer Technologien
Postf. 31 68, 89021 Ulm
Helmholtzstr. 22, 89081 Ulm
T: (0731) 55 27 55   **Fax:** 55 27 57
Internet: http://www.ncg.de
E-Mail: ncg@ncg.de
Gründung: 1975
Vorstand: Ferdinand Töngi (Vors.; Finanzen/Technologie-Trends), Dietlikon (CH)
Hermann Eberle (stellv. Vors.; Anwendung neuer Technologien), Dornbirn (A)
Helmuth Gatti (CAD/CAMD/CNC), Erlangen (D)
Michael Junghanß (Rapid Prototyping Technologien), Schorndorf (D)
Prof. Dr. Michael Kaufeld (Bildung und Wissenschaft), Ulm (D)
Verbandszeitschrift: Produktion (Organ)
Verlag: mi-Verlag, Landsberg
Mitglieder: 181 (Stand 31.12.2000)
Mitarbeiter: 2

● U 88
TFU-TechnologieFörderungsUnternehmen GmbH
Betreibt die Einrichtungen Technologie Fabrik, Innovations Zentrum, Biotechnologie Zentrum, Gründerzentrum Neu-Ulm
Sedanstr. 10, 89077 Ulm
T: (0731) 9 35 79-105   **Fax:** 9 35 79-111
Internet: http://www.tfu.de
E-Mail: info@tfu.de
Gründung: 1985
Geschäftsführer(in): Dipl.-Ing. Hans Kloos
Mitarbeiter: 7

Bayern

● U 89
Augsburger Gewerbehof GmbH (AGH)
Ulmer Str. 160a, 86156 Augsburg
T: (0821) 4 40 66-0   **Fax:** 4 40 66-29
Geschäftsführer(in): Evelyn Raabe-Keitler

● U 90
Technologie Zentrum Coburg
Postf. 30 42, 96419 Coburg
Friedrich-Rückert-Str. 81, 96450 Coburg
T: (09561) 83 63-117   **Fax:** 83 63-119
Internet: http://www.tz-coburg.de
E-Mail: tz@coburg.de
Geschäftsführer(in): Dr. Wolfgang Gawin

● U 91
IGZ Innovations- und Gründerzentrum Nürnberg-Fürth-Erlangen GmbH
Am Weichselgarten 7, 91058 Erlangen
T: (09131) 6 91-1 00   **Fax:** 6 91-1 11
Internet: http://www.igz.de
E-Mail: info@igz.de
Gründung: 1985 (April)
Dr.-Ing. Gerd Allinger
Dipl.-Volksw. Sonja Rudolph
Verbandszeitschrift: IGZ aktuell
Mitglieder: ca. 600

● U 92
Innova Allgäu HighTechPark
Innovapark 20, 87600 Kaufbeuren
T: (08341) 91 50 00   **Fax:** 91 50 05
Internet: http://www.innova-net.de

U 92

E-Mail: info@innova-net.de
Kontaktperson: Heinz Beck

● **U 93**
Forum Innovativer Technologieunternehmen (FNT)
Prinzregentenplatz 10, 81675 München
T: (089) 63 02 53-0 **Fax:** 63 02 53-0
Internet: http://www.fntev.de
E-Mail: infofnt@fntev.de
Gründung: 1984 (22. Mai)
Vorstand: Eberhard Färber (Vors.; iXOS Software AG)
Vorstand: Robert Schneider (stellv. Vors.; SCM Microsystems Inc.)
Schatzmeister(in): Falk Strascheg (Technologieholding)
Geschäftsführer(in): Rechtsanwalt Curt Johann Winnen
Mitglieder: mehr als 500

● **U 94**
OTTI - Ostbayerisches Technologie-Transfer-Institut e.V.
Wernerwerkstr. 4, 93049 Regensburg
T: (0941) 2 96 88 11 **Fax:** 2 96 88 16
Internet: http://www.otti.de
E-Mail: josef.wimmer@otti.de, kolleg@otti.de
Institutleitung: T: (0941) 2 96 88 11, Telefax: (0941) 2 96 88 16
OTTI KOLLEG: T: (0941) 2 96 88 20, Telefax: (0941) 2 96 88 19
Innovationsberatung: T: (0941) 2 96 88 40, Telefax: (0941) 2 96 88 18
Gründung: 1977
Vereinsvors.: Dr. Wolf-Dieter Emmerich (Geschäftsf. der Netzsch-Gerätebau GmbH, Selb)
Gesch.-Ltg: Dipl.-Ing. Josef Wimmer
Ltg. Innovationsberatung: Dipl.-Wirtschaftsing. Manfred Storm
Ltg. OTTI KOLLEG: Dipl.-Kfm. Eckardt Günther
Mitglieder: 440 (Unternehmen, kommunale Einrichtungen, Kreditinstitute, Privatpersonen)
Mitarbeiter: 24
Beteiligungen: S-ReFIT GmbH & Co. KG (Beteiligungsfond von OTTI und Sparkassen)

u 95
OTTI-Zweigstelle für Oberfranken
Bahnhofstr. 23-27, 95444 Bayreuth
T: (0921) 7 89 59 10 **Fax:** 7 89 59 50
Leiter(in): Dipl.-Wirtschaftsing. (FH) Manfred Storm

● **U 96**
Technologiezentrum Schwäbisch Hall GmbH
Stauffenbergstr. 35-37, 74523 Schwäbisch Hall
T: (0791) 58 01-0 **Fax:** 58 01-13
Internet: http://www.tz-hall.de
E-Mail: info@tz-hall.de
Gründung: 1990
Geschäftsführer(in): Ralf Lauterwasser
Hartmut Pawlitzki
Leitung Presseabteilung: Ralf Lauterwasser

● **U 97**
GRIBS, Gründer-, Innovations- und Beratungszentrum Schweinfurt Betriebs GmbH (GRIBS)
Karl-Götz-Str. 5, 97424 Schweinfurt
T: (09721) 7 97-3 **Fax:** 7 97-599
Internet: http://www.gribs.de
E-Mail: rkarl@gribs.de
Geschäftsführer(in): Reinhold Karl

● **U 98**
Technologie- und Gründerzentrum Würzburg
Sedanstr. 27, 97082 Würzburg
T: (0931) 41 94-3 50 **Fax:** 41 94-2 05
E-Mail: zoeller@wuerzburg.ihk.de
Gründung: 1989 (1. Januar)
Geschäftsführer(in): Dr. Alexander Zöller
Mitarbeiter: 2,8

Berlin

● **U 99**
Innovations-Zentrum Berlin Management GmbH
Rudower Chaussee 29, 12489 Berlin
T: (030) 63 92-6000 **Fax:** 63 92-6010
Internet: http://www.izbm.de
E-Mail: izbm@izbm.de
Gründung: 1987 (30. November)
Geschäftsführer(in): Dr. Florian Seiff
Kontakt: Dr. Gerhard Raetz
Gesellschafter: Wirtschaftsförderung Berlin GmbH
Betreuungs- und Beratungsdienste bei Firmen in Technologiezentren (BIG, TIB und IGZ Adlershof) und Existenzgründer
Mitarbeiter: 10

● **U 100**
ExistenzGründer-Institut Berlin e.V.
Postf. 31 15 20, 10645 Berlin
Spichernstr. 2, 10777 Berlin
T: (030) 21 25 28 00 **Fax:** 21 25 28 28
Internet: http://www.existenzgruender-institut.de
E-Mail: go@existenzgruender-institut.de
Vorstand: Elmar Pieroth (Vors.; ehem. Senator für Wirtschaft und Betriebe)
Ulrich Misgeld
Carola Schneider (Service für Marketing und Management)
Geschäftsführer(in): Dr. Sven Ripsas

● **U 101**
Gesellschaft für Technologiefolgenforschung e.V. (GTF)
Kantstr. 58, 10627 Berlin
T: (030) 3 24 10 95 **Fax:** 3 24 10 95
Gründung: 1979 (13. September)
VdVorst. u. GeschF: Dr.-Ing. Klaus Dette
Leitung Presseabteilung: Dipl.-Des. Gundula Dette
Verbandszeitschrift: GTF-Mitteilungen

● **U 102**
Innovationspark Wuhlheide GmbH
Köpenicker Str. 325, 12555 Berlin
T: (030) 65 76-2204 **Fax:** 65 76-2240
E-Mail: ipw@ipw-berlin.de
Geschäftsführer(in): Prof. Dr.-Ing. Dietrich Reiblich
Dr. Karl Rasch
Mitarbeiter: 10

● **U 103**
ADT Arbeitsgemeinschaft Deutscher Technologie- und Gründerzentren e.V.
Rudower Chaussee 29, 12489 Berlin
T: (030) 63 92-6221 **Fax:** 63 92-6222
Internet: http://www.adt-online.de
E-Mail: adt@adt-online.de
Gründung: 1988
Vorsitzende(r): Dipl.-Betriebsw. Guido Baranowski (Technologiezentrum Dortmund)
Stellvertretende(r) Vorsitzende(r): Herbert Hoffmann (Technologiefabrik Karlsruhe)
Dr. Bertram Dressel (Technologiezentrum Dresden)
Geschäftsführer(in): Dr. Uwe Heukeroth (Presseabteilung)
Verbandszeitschrift: ADT-Info
Redaktion: Dr. Uwe Heukeroth
Verlag: Weidler + Partner, Lübecker Str. 8, 10559 Berlin
Mitglieder: 200
Mitarbeiter: 5

● **U 104**
Technische Universität Berlin Wissenstransfer (WTB)
Steinplatz 1, 10623 Berlin
T: (030) 3 14-22475, 3 14-22865 **Fax:** 3 14-24087
Internet: http://www.wtb.tu-berlin.de
E-Mail: wissenstransfer@wtb.tu-berlin.de
Gründung: 1993
Kontaktperson: Dipl.-Ing. Dietrich Haberland
Mitarbeiter: 15
Sachgebiete: Dienstleistungen für Wirtschaft, Wissenschaft und Verwaltung, Technologietransfer, Weiterbildung, Messen und Tagungen, Career Center

Brandenburg

● **U 105**
InnoZent Innovations- und Gründerzentrum GmbH Eberswalde
Alfred-Nobel-Str. 1 Gebäude 26, 16225 Eberswalde
T: (03334) 5 92 33 **Fax:** 5 93 37
Internet: http://www.innozent.de
E-Mail: sekretariat@innozent.de
Gründung: 1992
Geschäftsführer(in): Dipl.-Ing. Bernd Barig

● **U 106**
Business and Innovation Centre Frankfurt (Oder) GmbH
Im Technologiepark 1, 15236 Frankfurt
T: (0335) 5 57 11-00 **Fax:** 5 57 11-10
Internet: http://www.bic-ffo.de
E-Mail: info@bic-ffo.de
Gründung: 1991 (14. Februar)
Geschäftsführer(in): Dipl.-Ing. Uwe Hoppe
Technologiezentrum
Verbandszeitschrift: ADT - Info; NETWORK EBN
Mitarbeiter: 7

● **U 107**
Technologie- und Innovationszentrum Fürstenwalde GmbH (TIF)
Tränkeweg 2, 15517 Fürstenwalde
T: (03361) 56 60-100 **Fax:** 56 60-101
E-Mail: 033610091366@t-online.de
Gründung: 1993 (31. August)
Geschäftsführer(in): Dipl.-Chem. Hans-Ulrich Raese
Verbandszeitschrift: ADT-Info
Redaktion: Dr. Bernd Groß, Gerda Eber
Verlag: ADT e.V., Rudower-Chaussee 5, 12489 Berlin

● **U 108**
Centrum für Innovation und Technologie GmbH - CIT
Cottbuser Str. 1, 03172 Guben
T: (03561) 62 04-0 **Fax:** 62 04-11
Internet: http://www.cit-guben.de
E-Mail: cit-guben@t-online.de
Gründung: 1993 (12. November)
Geschäftsführer(in): Rüdiger Albert
Mitarbeiter: 8

● **U 109**
Cottbuser Technologie- und Entwicklungs-Centrum GmbH (CoTEC)
Am Technologiepark 1, 03099 Kolkwitz
T: (0355) 7 84 11-00 **Fax:** 7 84 11-15
Internet: http://www.cotec-cottbus.de
E-Mail: cotec-gmbh@t-online.de
Gründung: 1991 (20. März)
Geschäftsführerin: Dipl.-oec. Regina Otto
Mitarbeiter: 6, davon 1 Geschäftsführerin, 4 Vollzeit

● **U 110**
Biotechnologiepark Luckenwalde GmbH
Im Biotechnologiepark TGZ, 14943 Luckenwalde
T: (03371) 6 81-100 **Fax:** 6 81-105
Internet: http://www.bio-luck.de
E-Mail: bio-luck@bio-luck.de
Geschäftsführer(in): Christoph Weber

● **U 111**
Technologie- und Gründerzentrum "Elbe-Elster" GmbH
Gartenstr. 43, 04936 Schlieben
T: (035361) 3 55-13 **Fax:** 3 55-29
E-Mail: tgz@tgz-schlieben.de
Geschäftsführer(in): Dr. Wolfgang Zahn
Kontaktperson: Norbert Richter
Mitarbeiter: 3
Jahresetat: DM 0,3 Mio, € 0,15 Mio

● **U 112**
Technologie- und Gründerzentrum GmbH der Region Uckermark
Berliner Str. 126a, 16303 Schwedt
T: (03332) 53 89-0 **Fax:** 53 89 13
Internet: http://www.tgz-um.de
E-Mail: TGZ-Uckermark@t-online.de
Geschäftsführer(in): Dipl.-Ing. Jürgen Polzehl

● **U 113**
STIC - Strausberger Technologie- und Innovations-Centrum GmbH
Garzauer Chaussee, 15344 Strausberg
T: (03341) 3 35-214 **Fax:** 3 35-216
E-Mail: stic@molnet.de
Gründung: 1992 (15. Oktober)
Geschäftsführer(in): Prof. Dr. Edgar Klose

● **U 114**
Technologiezentrum Teltow GmbH
Potsdamer Str. 18a, 14513 Teltow
T: (03328) 43 02 00 **Fax:** 43 02 02
Internet: http://www.tz-teltow.de
E-Mail: info@tz-teltow.de
Geschäftsführer(in): Dr. Ulrich Dietzsch

● **U 115**
Verein der Technologie- und Gründerzentren im Land Brandenburg
Potsdamer Str. 18A, 14513 Teltow
T: (03328) 43 02 00 **Fax:** 43 02 02
Internet: http://www.tz-teltow.de/tgbev.htm
E-Mail: tz_teltow@t-online.de
Gründung: 1993 (1. Januar)
Vorsitzende(r): Dr. Ulrich Dietzsch
Stellvertretende(r) Vorsitzende(r): Uwe Hoppe
Dipl.-Ing. Bernd Barig
Mitglieder: 23

U 116
Technologie- und Gründerzentrum Wildau GmbH
Freiheitstr. 124-126, 15745 Wildau
T: (03375) 52 04-0
Internet: http://www.tgzwildau.de
E-Mail: tgz-wildau@t-online.de
Gründung: 1994
Geschäftsführer(in): Dipl.-Chem. Dr. Eberhard Brink, Eichwalde
Gesellschafter: Landkreis Dahme-Spreewald
Gesellschafter: Gemeinde Wildau
Gesellschafter: Stadt Königs Wusterhausen
Gesellschafter: Wirtschaftsförderungsgesellschaft Dahme-Spreewald mbH
Ansiedlung und Betreuung innovativer Unternehmen, Technologietransfer
Mitarbeiter: 2

U 117
Bremerhavener Innovations- und Gründerzentrum (BRIG) GmbH
Stresemannstr. 46, 27570 Bremerhaven
T: (0471) 1 40-0   Fax: 1 40-99
Internet: http://www.brig.de
E-Mail: info@brig.de
Gründung: 1990 (9. Februar)
Geschäftsführer(in): Arno Zier
Mitarbeiter: 4

U 118
Technologiepark Hamburg
Tempowerkring 6, 21079 Hamburg
T: (040) 7 90 12-0   Fax: 7 90 12-7 99
E-Mail: hit@technologiepark-hamburg.de
Dipl.-Ing. Wolfram Birkel

U 119
TUHH-Technologie-GmbH (TuTech)
Schellerdamm 4, 21079 Hamburg
T: (040) 76 61 80-0   Fax: 76 61 80-88
Internet: http://www.tutech.de
E-Mail: info@tutech.de
Gründung: 1992
Geschäftsführer(in): Dr. Helmut Thamer
Mitarbeiter: 140, davon 27 im Kernbereich
Technologie-Transfer-Beratung, Messen/Kongresse/Weiterbildung

Hessen

U 120
IHK-Technologieberatung Hessen
60284 Frankfurt
Börsenplatz 4, 60313 Frankfurt
T: (069) 21 97-1428   Fax: 21 97-1484
Internet: http://www.ihk.de/itb-hessen
E-Mail: itb@frankfurt-main.ihk.de
Gründung: 1981 (1. Juli)
Kontaktperson: Dr.-Ing. Hermann Bertram
Dipl.-Ing. Helmut Schmitt
Dipl.-Wirtsch.-Ing. Thomas Esch
Mitarbeiter: 5

U 121
IHK-Technologieberatung Hessen Geschäftsstelle Kassel
Kurfürstenstr. 9, 34117 Kassel
T: (0561) 78 91-333   Fax: 78 91-428
E-Mail: knoth@kassel.ihk.de
Kontaktperson: Dipl.-Ing. Eugen Knoth

U 122
HAT Hessische Arbeitsgemeinschaft der Technologie-, Dienstleistungs- und Gründerzentren e.V.
c/o FiDT - Fördergesellschaft für innovative Dienstleistungen und Techniken mbH
Ludwig-Erhard-Str. 2-12, 34131 Kassel
T: (0561) 9 38 97-0   Fax: 9 38 97-11
Vorsitzende(r): Dipl.-Ing. Hans-Dieter Schwabe

U 123
Universität Gesamthochschule Kassel Technologie- und Innovationsberatung
34109 Kassel
Möncheberstr. 19, 34125 Kassel
T: (0561) 8 04 24 98   Fax: 8 04 23 26
Internet: http://www.uni-kassel.de/tib
E-Mail: lekies@hrz.uni-kassel.de
Gründung: 1980
Leiter(in): Klaus Lekies
Leitung Presseabteilung: Dr. Bernt Armbruster
Mitarbeiter: 2

U 124
EU-Verbindungsbüro für Forschung und Technologie Hessen/Rheinland-Pfalz
Innovation Relay Centre Hessen/Rheinland-Pfalz
c/o Hessische Technologiestiftung GmbH
Abraham-Lincoln-Str. 38-42, 65189 Wiesbaden
T: (0611) 7 74-633
Internet: http://www.irc-hessen.de
E-Mail: broechler@technologiestiftung.de
Geschäftsführer(in): Thomas Köbberling (HTS GmbH)
Leiter(in): Reimund Bröchler (IRC Hessen/Rheinland-Pfalz)
Verbandszeitschrift: Innovation-News
Redaktion: Kathrin Albert (IRC)

Mecklenburg-Vorpommern

U 125
Innovationsagentur Mecklenburg-Vorpommern e.V.
Hagenower Str. 73, 19061 Schwerin
T: (0385) 39 93-600   Fax: 39 93-605
Internet: http://www.inno-mv.de
E-Mail: info@inno-mv.de
Gründung: 1994 (12. Juli)
Vorsitzende(r): Prof. Dr.-Ing. B. Büchau
Stellvertretende(r) Vorsitzende(r): Dr. S. Krause
Geschäftsführer(in): Dipl.-Phys. Hans-Benno Roolf
Mitglieder: 43
Mitarbeiter: 3
Jahresetat: DM 0,5 Mio, € 0,26 Mio

U 126
Technologiezentrum-Fördergesellschaft mbH Vorpommern
Brandteichstr. 19, 17489 Greifswald
T: (03834) 5 50-0   Fax: 5 50-222
Internet: http://www.technologiezentrum.de
E-Mail: service@technologiezentrum.de
Gründung: 1991 (23. Januar)
Sprecher: Dipl.-Ing. Jürgen Enkelmann (Presse u. PR)
Leitung Presseabteilung: Patricia Huber
Jahresetat: DM 1,39 Mio, € 0,57 Mio

U 127
titan e.V. Neubrandenburg Technologie- und Innovations-Transfer-Agentur (titan)
Lindenstr. 63 (TIA), 17033 Neubrandenburg
T: (0395) 3 58 11 60   Fax: 3 58 11 66
Internet: http://www.titan-nb.de
E-Mail: kontakt@titan-nb.de
Gründung: 1993 (4. Mai)
Vorsitzende(r): Dipl.-Kfm. Hermann Ohrner
Stellv. Vors. u. GeschF: Dr.-Ing. Bodo Herschelmann
Mitglieder: 14
Mitarbeiter: 7
Jahresetat: DM 0,8 Mio, € 0,41 Mio

U 128
Rostocker Innovations- und Gründerzentrum GmbH
Joachim-Jungius-Str. 9, 18059 Rostock
T: (0381) 4 05 90   Fax: 4 05 92 00
Internet: http://www.rigz.de
E-Mail: rigz.magdanz@t-online.de
Geschäftsführer(in): Dr. Peter Magdanz

U 129
Technologiezentrum Warnemünde e.V.
Friedrich-Barnewitz-Str. 3, 18119 Rostock
T: (0381) 51 96-0   Fax: 51 96-266
Internet: http://www.mvlink.de
E-Mail: tzw.ludwig@t-online.de
Geschäftsführer(in): Petra Ludwig (E-Mail: tzw.ludwig@t-online.de)

U 130
Gewerbe- und Technik-Zentrum Warin GmbH
Wald Eck 7, 19417 Warin
T: (038482) 7 80   Fax: 7 81 05
E-Mail: gtz-warin@t-online.de
Kontaktperson: Heinz Janetzki

Niedersachsen

U 131
Technologiepark Braunschweig GmbH
Rebenring 33, 38106 Braunschweig
T: (0531) 38 04-148   Fax: 38 04-152
Internet: http://www.technopark-bs.de
E-Mail: info.technopark@tu-bs.de
Gründung: 1986
Geschäftsführer(in): Hans-Günter Friedrich

U 132
Technologiezentrum Delmenhorst (TZD)
Am Wollelager 8, 27749 Delmenhorst
T: (04221) 99-28 80   Fax: 99-11 96
Gründung: 1985
Mitarbeiter: 61 in 7 Unternehmen und Verwaltungen

U 133
Technologie- und Gründerzentrum Hameln
Hefehof 21, 31785 Hameln
T: (05151) 80 92-99   Fax: 80 92-66
Internet: http://www.hameln.de/tgz
E-Mail: tgz@hameln.de
Kontaktperson: Joachim Kind
Birgitt Herrmann
Giesela Vierks

U 134
Erfinderzentrum Norddeutschland GmbH
Hindenburgstr. 27, 30175 Hannover
T: (0511) 81 30 51   Fax: 2 83 40 75
Internet: http://www.ezn.hannover.de
E-Mail: erfinderzentrum@t-online.de
Gründung: 1981, als GmbH 1987
Geschäftsführer(in): Dipl.-Ing. Lothar Schaar
Mitarbeiter: 13 Angest.
Bewertung innovativer Projekte, Erfinder-Beratung, Schutzrechtsförderung, Technologie-Transfer (-Angebot u. Suche), Entwicklungs- u. Diversifikations-Management, Vermittlung von Fachinformationen.

U 135
Laser Zentrum Hannover e.V.
Hollerithallee 8, 30419 Hannover
T: (0511) 27 88-0   Fax: 27 88-1 00
Internet: http://www.lzh.de
E-Mail: info@lzh.de
Gründung: 1986
Leitung Presseabteilung: Michael Botts
Mitarbeiter: 200

U 136
Technologiezentrum Hildesheim GmbH
Richthofenstr. 29, 31137 Hildesheim
T: (05121) 7 08-0   Fax: 7 08-244
T-Online: *05121 708-0#
E-Mail: zentrale.tzh@t-online.de
Gründung: 1984
Geschäftsführer(in): Dirk Descher
Mitarbeiter: 2

U 137
Gründungs- u. Technologie Service Lüneburg e.V.
Postf. 25 40, 21315 Lüneburg
Marie-Curie-Str. 2, 21337 Lüneburg
T: (04131) 20 82-22   Fax: 20 82-10
E-Mail: gts@lueneburg.com
Geschäftsführer(in): Klaus Dützmann
Mitglieder: 104

U 138
Centrum für Umwelt und Technologie (C.U.T.)
Westerbreite 7, 49084 Osnabrück
T: (0541) 97 78-0   Fax: 97 78-106
Internet: http://www.cut-os.de
E-Mail: cut@cut-os.de
Kontaktperson: Fridhelm Gronek
Mitarbeiter: 115

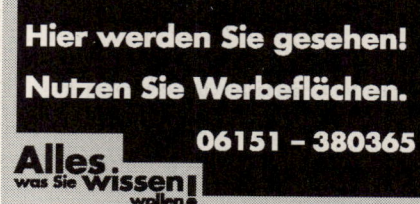

Nordrhein-Westfalen

● **U 139**

Gründer- und Dienstleistungszentrum Ahlen (GDZ)
c/o EGA Entwicklungsgesellschaft Ahlen GmbH
Beckumer Str. 34, 59229 Ahlen
T: (02382) 9 64-444   Fax: 9 64-100
Internet: http://www.ega-ahlen.de
E-Mail: ega-ahlen@t-online.de
Kontaktperson: Lutz Henke

● **U 140**

Industrie- und Gewerbepark Alsdorf GmbH (IGA)
Joseph-von-Fraunhofer-Str. 1, 52477 Alsdorf
T: (02404) 2 00 02   Fax: 2 21 68
E-Mail: iga_gmbh@t-online.de
Gründung: 1989 (1. Januar)
Geschäftsführer(in): Wolfgang Schwake
Mitarbeiter: 5

● **U 141**

Rheinisch-Bergisches Technologiezentrum GmbH
Friedrich-Ebert-Str., 51429 Bergisch Gladbach
T: (02204) 84 24 70   Fax: 84 24 71
Internet: http://www.tz-bg.de
E-Mail: info@tz-bg.de
Kontaktperson: Martin Westermann

● **U 142**

Gewerbe- und Technologiezentrum Bonn (GTB)
Bonner Talweg 17, 53113 Bonn
T: (0228) 2 28 41-33   Fax: 2 28 41-70
Ansprechpartner: Helmut Bröhl (T: (0228) 97 96 60, Telefax: (0228) 9 79 66 20)
Dipl.-Ing. Wolf Jürgen Pohl ((IHK), T: (0228) 22 84-1 33, Telefax: (0228) 22 84-2 21)

● **U 143**

Technologie- und Innovationsberatungsstelle der IHK Bonn/Rhein-Sieg
Bonner Talweg 17, 53113 Bonn
T: (0228) 22 84-0   Fax: 22 84-221
Internet: http://www.ihk-bonn.de
E-Mail: pohl@bonn.ihk.de
Dipl.-Ing. Wolf J. Pohl (T: (0228) 22 84-1 33)

● **U 144**

Bottroper Gründer- und Technologie-Zentrum GmbH (BGT)
Im Blankenfeld 6, 46238 Bottrop
T: (02041) 7 41-0   Fax: 7 41-100
Internet: http://www.bgt-bottrop.de
E-Mail: bgt@bgt-bottrop.de
Aufsichtsrat: Ernst Löchelt (Vors.; Oberbürgermeister der Stadt Bottrop)
Geschäftsführer(in): Jürgen Heidtmann

● **U 145**

Technologiezentrum Dortmund GmbH
Emil-Figge-Str. 80, 44227 Dortmund
T: (0231) 97 42-100   Fax: 97 42-395
Internet: http://www.tzdo.de
E-Mail: technobox@tzdo.de
Gründung: 1984 (30. März)
Geschäftsführer(in): Dipl.-Betriebsw. Guido Baranowski
Dipl.-Ing. Thomas Ellerkamp
Dipl.-Betriebsw. Stefan Schreiber

● **U 146**

Gesellschaft für Technologieförderung und Technologieberatung Duisburg mbH -GTT-
Bismarckstr. 142, 47057 Duisburg
T: (0203) 3 06-1010   Fax: 3 06-1090
Internet: http://www.gtt.me-park.de
E-Mail: info@gtt.me-park.de
Geschäftsführer(in): Dr. Wolfgang Burgbacher
Hubertus Ewers
Prof. Dr. Günter Zimmer
Mitarbeiter: 12

● **U 147**

Zentrum für Existenzgründung und Technologie Ennepetal GmbH
Wilhelmstr. 76, 58256 Ennepetal
T: (02333) 91 99-0   Fax: 91 99-15
Internet: http://www.zet.ennepetal.de
Gründung: 1993 (25. Januar)
Geschäftsführer(in): Wilhelm Wiggenhagen

● **U 148**

GAZ Technik GmbH - Gründer- und Anwendungszentrum Espelkamp
Von-dem-Bussche-Münch-Str. 3, 32339 Espelkamp
T: (05772) 5 60-0   Fax: 5 60-113
Internet: http://www.gaz-technik.de
E-Mail: gaz-technik@t-online.de
Gründung: 1991
Geschäftsführer(in): Hans E. Schwerdtner
Mitarbeiter: 12 (März)

● **U 149**

Essener Technologie- und Entwicklungs-Centrum GmbH (ETEC)
Kruppstr. 82-100, 45145 Essen
T: (0201) 81 27-0   Fax: 81 27-188
Internet: http://www.etec.de
E-Mail: etec@etec.de
Gründung: 1985
Geschäftsführer(in): Karl-Heinz Kazmeier (Vors.)
Dipl.-Ing. Jochen Fricke
Mitarbeiter: 14

● **U 150**

Wissenschaftspark und Technologiezentrum Rheinelbe Gelsenkirchen Entwicklungs- und Betriebsgesellschaft mbH
Munscheidstr. 14, 45886 Gelsenkirchen
T: (0209) 1 67-1000   Fax: 1 67-1001
Internet: http://www.wipage.de
E-Mail: info@wipage.de
Geschäftsführer(in): Dr. Heinz-Peter Schmitz-Borchert

● **U 151**

Innovationszentrum Wiesenbusch Betriebsgesellschaft mbH
Am Wiesenbusch 2, 45966 Gladbeck
T: (02043) 9 44 11-1   Fax: 9 44 11-3
Internet: http://www.innovationszentrum.de
Gründung: 1993 (26. Februar)
Geschäftsführer(in): Jürgen Buschmeier
Stellvertretende(r) Geschäftsführer(in): Jörg Köppen
Mitarbeiter: 7

● **U 152**

Wirtschaftszentrum Gronau (WZG)
Fabrikstr. 3, 48599 Gronau
T: (02562) 93 10-0   Fax: 34 29
Gründung: 1992 (1. Juli)
Kontaktperson: Carola Brandt

● **U 153**

HAMTEC - Hammer Technologie- und Gründerzentrum GmbH
Münsterstr. 5, 59065 Hamm
T: (02381) 6 88-0   Fax: 6 88-1 00
Internet: http://www.hamtec.de
E-Mail: info@hamtec.de
Gründung: 1988 (17. November)
Geschäftsführer(in): Dipl.-Vw. Peter Heuboth
Öffentlichkeitsarbeit: Katrin Engert
Mitarbeiter: 32

● **U 154**

Innovations- und Gründerzentren Herne GmbH (IGZ Herne)
Westring 303, 44629 Herne
T: (02323) 92 51 00   Fax: 92 51 20
Geschäftsführer(in): Karl-Heinz Adams

● **U 155**

Umwelttechnologie- und Gründerzentrum Höxter-Holzminden GmbH
Konrad-Zuse-Str. 1, 37671 Höxter
T: (05271) 9 30-0   Fax: 9 30-112
Internet: http://www.umtec.de
E-Mail: umtec@umtec.de
Gründung: 1993
Kontaktperson: Bernhard Willim
Kontaktperson: Renate Seel
Verbandszeitschrift: Synergie Journal der TZ im Land NRW
Verlag: Lemmens Verlags- u. Mediengesellschaft mbH, Königswinterer Str. 95, 53227 Bonn

● **U 156**

TechnologieZentren im Land Nordrhein-Westfalen e.V.
Karl-Heinz-Beckurts-Str. 13, 52428 Jülich
T: (02461) 6 90-375   Fax: 6 90-379
Internet: http://www.tz-nrw.de
E-Mail: info@tz-nrw.de

Gründung: 1984
Vorsitzende(r): Dr. Bernd Rosenfeld
Stellvertretende(r) Vorsitzende(r): Dr. Christoph Dickmanns
Leitung Presseabteilung: TEC NET GmbH
Verbandszeitschrift: Synergie Journal
Mitglieder: 68

● **U 157**

IZET Innovationszentrum Itzehoe, Gesellschaft für Technologieförderung Itzehoe mbH
Postf. 14 65, 25504 Itzehoe
Fraunhoferstr. 3, 25524 Itzehoe
T: (04821) 7 78-0   Fax: 7 78-500
Internet: http://www.izet.de
E-Mail: info@izet.de
Gründung: 1993
Hauptgeschäftsführer(in): Dr. Ingo Hussla
Mitarbeiter: 10

● **U 158**

Innovationsforum Niederrhein e.V.
Industriering Ost 66, 47906 Kempen
T: (02152) 20 29-12   Fax: 20 29-10
Internet: http://www.tzniederrhein.de
E-Mail: k.pohl@tzniederrhein.de
Gründung: 1998
1. Vorsitzende(r): Prof. Erich Rogel (Fachhochschule Niederrhein)
2. Vorsitzende(r): Dipl.-Wirt.-Ing. Karl-Heinz Pohl (Technologiezentrum Niederrhein)
Kassierer: Dipl.-Wirt.-Ing. Eberhard Kübel (CoSearch GmbH)
Mitglieder: 60

● **U 159**

Technologiezentrum Jülich GmbH
Karl-Heinz-Beckurts-Str. 13, 52428 Jülich
T: (02461) 6 90-0   Fax: 6 90-115
Internet: http://www.tz-juelich.de
Gründung: 1989 (Dezember)
Vorsitzender des Aufsichtsrates: Heinrich Stommel
Stellv. Vors. d. Aufsichtsrates: Ass. Horst Wilhelm Mewis
Geschäftsführer(in): Adalbert W. Plattenteich (Ass.)
Dipl.-Kfm. Carlo Aretz
Mitarbeiter: 7

● **U 160**

Technologie- und Gründerzentrum Niederrhein GmbH
Industriering Ost 66, 47906 Kempen
T: (02152) 20 29-0   Fax: 20 29-10
Internet: http://www.tzniederrhein.de
E-Mail: info@tzniederrhein.de
Hauptgeschäftsführer(in): Dipl.-Volksw. Karl-Josef Friedrichs
Dr. Volker Helms
Mitarbeiter: 6

● **U 161**

Technologie-Zentrum Kleve GmbH
Boschstr. 16, 47533 Kleve
T: (02821) 8 94-0   Fax: 89 48 94
Internet: http://www.niederrheinplattform.com/tzk
E-Mail: tzk@niederrheinplattform.com
Kontaktperson: Mario Goedhart

● **U 162**

Betriebsgesellschaft Gründer- und Innovationszentrum Köln mbH (GIZ)
Eupener Str. 150, 50933 Köln
T: (0221) 9 49 82 10   Fax: 4 91 18 71
E-Mail: gizkoelngmbh@compuserve.com
Geschäftsführer(in): Prof. Dr. Erhard Schelzke

● **U 163**

Technologiezentrum Glehn GmbH
Hauptstr. 76, 41352 Korschenbroich
T: (02182) 8 50 70   Fax: 85 07 11
E-Mail: tz-glehn@t-online.de
Gründung: 1986 (März)
Geschäftsführer(in): Günter Hirnstein
Mitarbeiter: 11

● **U 164**

TZH Technologie-Zentrum Holzwirtschaft GmbH
Kreuzstr. 108-110, 44137 Dortmund
E-Mail: tzh@tischler.de

● **U 165**

MAFINEX Technologiezentrum GmbH (MTZ)
Käfertaler Str. 164, 68167 Mannheim

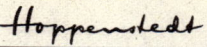

T: (0621) 33 99 20   **Fax:** 33 42 52
Internet: http://www.mafinex.de
E-Mail: office@mafinex.de
MAFINEX-Softwarezentrum
Weinheimer Str. 68, 68309 Mannheim
Gründung: 1986 (September)
Geschäftsführer(in): Dr.-Ing. Ludwig Schiweck
Kontaktperson: Sieglinde Supritz
Mitarbeiter: 3
Jahresetat: DM 1,2 Mio, € 0,61 Mio

● U 166
WSG Menden Wirtschaftsförderungs- und Stadtentwicklungsgesellschaft Menden GmbH
Franz-Kissing-Str. 7, 58706 Menden
T: (02373) 9 26-0   **Fax:** 9 26-109
Internet: http://www.menden.de
E-Mail: info.wsg@menden.de
Gründung: 1998
Hauptgeschäftsführer(in): Gerd Deimel
Mitarbeiter: 8

● U 167
MIT: Mescheder Innovations- und Technologiezentrum GmbH (MIT)
Postfach. 15 31, 59855 Meschede
Sophienweg 3, 59872 Meschede
T: (0291) 99 05-0   **Fax:** 99 05-36
Internet: http://www.mit.meschede.de
E-Mail: kontakt@mit.meschede.de
Gründung: 1989 (9. August)
Geschäftsführer(in): Burkhard Köster
Mitarbeiter: 3

● U 168
ZENIT Zentrum für Innovation und Technik in Nordrhein-Westfalen GmbH
Postfach. 10 22 64, 45422 Mülheim
Dohne 54, 45468 Mülheim
T: (0208) 3 00 04-0   **Fax:** 3 00 04-29
Internet: http://www.zenit.de
E-Mail: info@zenit.de
Gründung: 1984
Vorsitzende(r): Dr. Bernd Schönwald
Geschäftsführer(in): Dipl.-Kfm. Peter Wolfmeyer
Leitung Presseabteilung: Anja Waschkau
Verbandszeitschrift: ZENIT - Newsletter; ZENIT - Informationsdienst (Technologie- und Strukturprogramme der EU); ZENIT - Kompass (Elektr. Handbuch für die EU-Förderung)

● U 169
Technologiepark Münster GmbH
Mendelstr. 11, 48149 Münster
T: (0251) 9 80-0   **Fax:** 9 80-1106
Internet: http://www.technologiehof-ms.de
E-Mail: info@technologiehof-ms.de
Geschäftsführer(in): Hans-Jörg Roesmann (T: dienstl. (0251) 9 80-11 05; Rottkamp 11, 48351 Everswinkel, T: (02582) 75 23 (privat))

● U 170
Grafschafter TechnologieZentrum GmbH
Enschedestr. 14, 48529 Nordhorn
T: (05921) 8 79-0   **Fax:** 8 79-150
Internet: http://technologie.grafschaft.de
E-Mail: info@technologie.grafschaft.de
Gründung: 1985

● U 171
TechnologieParkPaderborn GmbH (TPG)
Technologiepark 13, 33100 Paderborn
T: (05251) 1 60 90 10   **Fax:** 1 60 90 49
Internet: http://www.technopark-pb.de
E-Mail: info@technopark-pb.de
Kontaktperson: Andreas Preising

● U 172
Technologie-Fabrik Remscheid Gesellschaft für Innovationsförderung und Technologieberatung mbH (TFR)
Berghauser Str. 62, 42859 Remscheid
T: (02191) 9 00-0   **Fax:** 9 00-100
Internet: http://www.tfr.de
E-Mail: info@tfr.de
Geschäftsführer(in): Dipl.-Kfm. Dipl.-Ing. Hubert A. Stütz
Dipl.-Volksw. Rainer Bannert
Leitung Presseabteilung: Edgar Lieth
Mitarbeiter: 5; insgesamt: 280
Jahresetat: DM 2,5 Mio, € 1,53 Mio

● U 173
TaT Transferzentrum für angepaßte Technologien GmbH
Hovesaatstr. 6, 48432 Rheine
T: (05971) 9 90-0   **Fax:** 9 90-150
Internet: http://www.tat-zentrum.de
E-Mail: info@tat-zentrum.de
Gründung: 1989 (29. November)
Geschäftsführer(in): Prof. Dr. Robert Tschiedel (T: (05971) 9 90-100)
Peter Oldekopf (T: (05971) 9 90-100)
Geschäftsführer(in): Ursula Schäfer-Rehfeld (Prokuristin, Presse- und Öffentlichkeitsarbeit, T: (05971) 9 90-102, E-Mail: ursula.schaefer@tat-zentrum.de)
Verbandszeitschrift: TaT-Brief
Redaktion: Hovesaatstr. 6, 48432 Rheine
Mitglieder: 130
Mitarbeiter: 22
Jahresetat: ca. DM 2 Mio, € 1,02 Mio

● U 174
TechnoPark Schwerte GmbH
Lohbachstr. 12, 58239 Schwerte
T: (02304) 9 45-400   **Fax:** 9 45-410
Internet: http://www.tz-schwerte.de
E-Mail: info@tz-schwerte.de
Kontaktperson: Ekkehard Radünz

● U 175
Technologiezentrum Siegen GmbH
Birlenbacher Str. 18, 57078 Siegen
T: (0271) 8 90 10 00   **Fax:** 8 90 10 50
Internet: http://www.tzsi.de
Gründung: 1985
Geschäftsführer(in): Dr. Friedhelm Franz
Stellvertretende(r) Geschäftsführer(in): K.-H. Schmallenbach
Mitarbeiter: 31 (Mai)

● U 176
Gründer- und Technologiezentrum Solingen GmbH
Grünewalder Str. 29-31, 42657 Solingen
T: (0212) 24 94-0   **Fax:** 24 94-109
Internet: http://www.gut-sg.de
E-Mail: info@gut-sg.de
Gründung: 1992 (1. April)
Kontaktperson: Frank Hölscheidt
Bernd Clemens

● U 177
Innovations- und Technologiezentrum Unna (IN-UNNA)
Hansastr. 87, 59425 Unna
T: (02303) 2 24 45   **Fax:** 26 23
Hauptgeschäftsführer(in): Prof. Dr. Heinrich Reents
Geschäftsführer(in): Susanne Fausten

● U 178
Zentrum Technologietransfer Biomedizin Bad Oeynhausen GmbH
Postfach. 10 13 63, 32513 Bad Oeynhausen
Wielandstr. 28a, 32545 Bad Oeynhausen
T: (05731) 79 20   **Fax:** 79 23 33
Internet: http://www.ztb.de
E-Mail: ztb.bo@t-online.de
Gründung: 1989 (April)
Geschäftsführer(in): Dr. Roland Franke
Mitarbeiter: 13

Rheinland-Pfalz

● U 179
BIC KL - Business and Innovation Centre Kaiserslautern GmbH
Gewerbegebiet KL-Siegelbach
Opelstr. 10, 67661 Kaiserslautern
T: (06301) 7 03-0   **Fax:** 7 03-119
Internet: http://www.bic-kl.de
E-Mail: kontakt@bic-kl.de
Gründung: 1986 (14. September)
Geschäftsführer(in): Dipl.-Wirtschaftsing. Marc Beisel
Leitung Presseabteilung: Dipl.-Kfm. Hans-Peter Sand
Verbandszeitschrift: Network
Redaktion: EBN Brüssel
Mitarbeiter: 14

● U 180
TZK - TechnologieZentrum Koblenz GmbH
Maria Trost 23, 56070 Koblenz
T: (0261) 88 54-0   **Fax:** 88 54-1 19
Internet: http://www.tzk.de
E-Mail:

Vorsitzender des Aufsichtsrates: Dr. Karin Reischauer
Geschäftsführer(in): Alfred Rochlus
Mitarbeiter: 2,5

● U 181
TZL-TechnologieZentrum Ludwigshafen am Rhein GmbH
Donnersbergweg 1, 67059 Ludwigshafen
T: (0621) 59 53-0   **Fax:** 59 53-120
Internet: http://www.tz-lu.de
E-Mail: frank.klein@tz-lu.de
Gründung: 1990
Hauptgeschäftsführer(in): Frank Klein

● U 182
tzm GmbH
Gesellschaft für neue Technologien in Umwelt und Verkehr
Kasteler Str. 44, 65203 Wiesbaden
T: (0611) 60 91 99 16   **Fax:** 60 91 99 17
E-Mail: tzmgmbh-h.keller@t-online.de
Geschäftsführer(in): Dipl.-Ing. Horst Keller

● U 183
TZT - TechnologieZentrum Trier GmbH
Gewerbegebiet Zewen
Gottbillstr. 34a, 54294 Trier
T: (0651) 8 10 09-0   **Fax:** 8 10 09-19
Internet: http://www.tz-trier.de
E-Mail: kontakt@tz-trier.de
Gründung: 1988 (September)
Geschf. u. Ltg. Presseabt.: Dipl.-Wirtsch.-Ing. Marc Beisel
Mitarbeiter: 2

● U 184
EU-Verbindungsbüro für Forschung und Technologie Hessen/Rheinland-Pfalz
Innovation Relay Centre Hessen/Rheinland-Pfalz
siehe Hessen U 124

Saarland

● U 185
GIU Gesellschaft für Innovation und Unternehmensförderung mbH
Nell-Breuning-Allee 8, 66115 Saarbrücken
T: (0681) 97 62-102   **Fax:** 97 62-120
Internet: http://www.giu.de
E-Mail: info@giu.de
Gründung: 1984 (Oktober)
Hauptgeschäftsführer(in): Dr. Martin Koch
Dieter Blase
Mitarbeiter: 42

● U 186

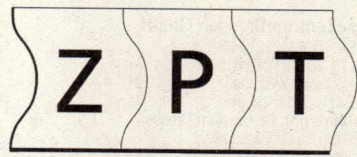

Zentrale für Produktivität und Technologie Saar e.V. (ZPT)
Franz-Josef-Röder-Str. 9, 66119 Saarbrücken
T: (0681) 95 20-4 01   **Fax:** 5 84 61 25
Internet: http://www.zpt.de
E-Mail: info@zpt.de
Der Vorstand setzt sich wie folgt zusammen:
Präsident(in): Dr. Hanspeter Georgi (Minister für Wirtschaft des Saarlandes)
Vizepräsident(in): Dipl.-Volksw. Horst Backes
Dipl.-Ing. Otmar Schön
Geschäftsführer(in): Dipl.-Volksw. Volker Giersch
Dipl.-Volksw. Hermann Götzinger
Verbandszeitschrift: ZPT Technologie Informationen
Redaktion: Tatjana Kares
Verlag: Selbstverlag

● U 187
Unternehmer- und Technologiezentrum St. Wendel GmbH
Werschweilerstr. 40, 66606 St Wendel
T: (06851) 9 03-0   **Fax:** 9 03-104
Internet: http://www.utz-wnd.de
E-Mail: info@utz-wnd.de
Gründung: 1992
Geschäftsführer(in): Armin Fechler
Prokurist(en): Josef Scholl
Leitung Presseabteilung: Sandra Vogt
Mitarbeiter: 5

● U 188
Innovation Relay Centre Saxony
EU-Verbindungsbüro für Forschung und Technologie Sachsen
c/o Agentur für Innovationsförderung und Technologietransfer GmbH
Goerdelerring 5, 04109 Leipzig
T: (0341) 12 67-1469   **Fax:** 12 67-1464
Internet: http://www.irc-sachsen.de
E-Mail: irc@irc-sachsen.de
Geschäftsführer(in): Klaus-Dieter Commichau

Sachsen

● U 189
Technologie- und Gewerbepark Bad Muskau GmbH
Technologie- und Gründerzentrum
Heideweg 2, 02953 Bad Muskau
T: (035771) 5 81 00   **Fax:** 5 82 00
Internet: http://www.lausitz-online.de/tgp/
E-Mail: hzsch@tgp.lausitz-online.de
Gründung: 1990
Geschäftsführer(in): Dr. Hartmut Zschocher

● U 190
ATT Arbeitskreis Technologietransfer e.V.
Bernsdorfer Str. 210-212, 09126 Chemnitz
T: (0371) 5 22 11 31   **Fax:** 5 22 11 29
Internet: http://www.att.de
E-Mail: ta@tcc-chemnitz.de
Gründung: 1991
Vorsitzende(r): Dr.-Ing. Paul-Willi Heilmann
Stellvertretende(r) Vorsitzende(r): Dr.-Ing.habil. Manfred Goedecke

u 191
TAC Technologieagentur Chemnitz GmbH
Bernsdorfer Str. 210-212, 09126 Chemnitz
T: (0371) 5 22 11 31   **Fax:** 5 22 11 29
Internet: http://www.tac-chemnitz.de
E-Mail: ta@tcc-chemnitz.de
Gründung: 2001
Geschäftsführer(in): Prof. V. Bühring
Mitarbeiter: 8

● U 192
Technologie Centrum Chemnitz GmbH
Annaberger Str. 240, 09125 Chemnitz
T: (0371) 53 47-104   **Fax:** 53 47-105
Internet: http://www.tcc-chemnitz.de
E-Mail: tcc@tcc-chemnitz.de
Geschäftsführer(in): Prof. Dr.-Ing.habil. D. Tischendorf
Dr.-Ing.habil. Manfred Goedecke

● U 193
TechnologieZentrumDresden GmbH
Gostritzer Str. 61-63, 01217 Dresden
T: (0351) 8 71 86 60   **Fax:** 8 71 87 34
Internet: http://www.tz-dd.de
E-Mail: dressel@tzd.tz-dd.de
Geschäftsführer(in): Dr. Bertram Dressel
Dipl.-Betriebsw. Guido Baranowski
Dr. Gunter Naumann

● U 194
Lausitzer Technologiezentrum GmbH-LAUTECH
Industriegelände Straße E 8, 02977 Hoyerswerda
T: (03571) 42 94-0   **Fax:** 42 94-29
Internet: http://www.lautech.de
E-Mail: info@lautech.de
Gründung: 1992
Geschäftsführer(in): Dr. Christian Rentsch

● U 195
BIC Gesellschaft für Innovations- und Technologietransfer Leipzig mbH (BIC Leipzig GmbH)
Karl-Heine-Str. 99, 04229 Leipzig
T: (0341) 49 12-0   **Fax:** 49 12-444
Internet: http://www.bic-leipzig.de
E-Mail: mail@bic-leipzig.de
Gründung: 1991
Geschäftsführer(in): Anette Ehlers

● U 196
ICM Innovations Centrum Meißen GmbH
Technologie- und Gründerzentrum
Ossietzkystr. 37a, 01662 Meißen
T: (03521) 4 63-0   **Fax:** 4 63-554, 4 63-248
E-Mail: icm@meiland.de
Gründung: 1992
Geschäftsführer(in): Christian Schneider
Mitarbeiter: 7

● U 197
TechnologiePark Mittweida GmbH
Leipziger Str. 27-29, 09648 Mittweida
T: (03727) 9 76-0   **Fax:** 9 76-260
Internet: http://www.tpm-mw.de
E-Mail: info@tpm-mw.de
Gründung: 1991 (2. Mai)
Geschäftsführer(in): Dr. P. Opitz
Mitarbeiter: 7

● U 198
ROTECH-Rossendorfer Technologiezentrum GmbH
Bautzner Landstr. 45, 01454 Radeberg
T: (0351) 26 95-0   **Fax:** 2 69 52 02
Internet: http://www.tz-rotech.de
E-Mail: schott@tz-rotech.de
Gründung: 1994
Geschäftsführer(in): Dr. Holker Schott
Kontaktperson: Iris Bernhardt
Mitarbeiter: 3

● U 199
Business and Innovation Centre (BIC) Zwickau GmbH
Gründer- und Innovationszentrum
Lessingstr. 4, 08058 Zwickau
T: (0375) 5 41-0   **Fax:** 5 41-300
Internet: http://www.bic-zwickau.de
E-Mail: bic@bic-zwickau.de
Gründung: 1991
Geschäftsführer(in): Dipl.-Ing. Hans-Jürgen Uhlmann
Mitarbeiter: 11

Sachsen-Anhalt

● U 200
Innovations- und Gründerzentrum Magdeburg GmbH (IGZ)
Steinfeldstr. 3, 39179 Barleben
T: (039203) 8 22 22   **Fax:** 8 22 29
Internet: http://www.igz-md.de
E-Mail: info-igz@igz-md.de
Gründung: 1991 (2. Mai)
Geschäftsführer(in): Dr.-Ing. Udo Häfke
Mitarbeiter: 5

● U 201
Gründer-und Gewerbezentrum Halberstadt (GGZ Halberstadt)
-Eine Einrichtung des Landkreises Halberstadt-
Otto-Spielmann-Str. 2, 38820 Halberstadt
T: (03941) 57 15 19   **Fax:** 57 75 60
Internet: http://www.gruenderzentrum-hbs.de
E-Mail: ggz.landkreis@halberstadt.de
Leiter: Wolfgang Holz

● U 202
TGZ Halle TECHNOLOGIE- UND GRÜNDERZENTRUM HALLE GmbH
Weinbergweg 23, 06120 Halle
T: (0345) 5 58 35   **Fax:** 5 58 36 01
E-Mail: info@tgz-halle.de
Kontaktperson: Prof. Dr. Wolfgang Lukas
Sabine Noll

● U 203
Technologie- und Gründerzentrum "Mansfelder Land" GmbH
Bahnhofsring 14, 06295 Lutherstadt Eisleben
T: (03475) 74 58-0   **Fax:** 74 58-10
Internet: http://www.tgz-ml.de
E-Mail: tgz.ml@t-online.de
Geschäftsführer(in): Dr.-Ing. Hans-Dieter Tirschler

● U 204
Merseburger Innovations- und Technologiezentrum GmbH
Fritz-Haber-Str. 9, 06217 Merseburg
T: (03461) 25 99-100   **Fax:** 25 99-909
E-Mail: mitz.merseburg@t-online.de
Kontaktperson: Dr. Bernd Schmidt
Dipl.-Kffr. K. Schaper-Thoma

● U 205
TGZ Technologie- und Gründerzentrum Bitterfeld-Wolfen GmbH
Chemiepark Bitterfeld Wolfen
Areal A
Andresenstr. 1a, 06766 Wolfen
T: (03494) 63-8300   **Fax:** 63-8302
Internet: http://www.tgz-chemie.de
E-Mail: tgz@wolfen.anhalt.de
Gründung: 1992 (November)
Kontaktpersonen: Manfred Kressin
Kurt Lausch
Mitarbeiter: 3

Schleswig-Holstein

● U 206
KITZ - Kieler Innovations- und Technologiezentrum GmbH
Schauenburgerstr. 116, 24118 Kiel
T: (0431) 56 06-0   **Fax:** 56 06-295
Internet: http://www.kitz-kiel.de
E-Mail: info@kitz-kiel.de
Gründung: 1994
Geschäftsführer(in): Dipl.-Betr. Finn Duggen

● U 207
Technikzentrum-Fördergesellschaft mbH Lübeck
Seelandstr., 23569 Lübeck
T: (0451) 39 09-0   **Fax:** 39 09-110, 39 09-499
Internet: http://www.tzl.de
E-Mail: tzl@tzl.de
Geschäftsführer(in): Dr. Raimund Mildner

● U 208
Gewerbe- und Technik-Zentrum Raisdorf GmbH
Lise-Meitner-Str. 1-7, 24223 Raisdorf
T: (04307) 9 00-0   **Fax:** 9 00-2 98
Geschäftsführer(in): Helmut Berger

Thüringen

● U 209
Technologiezentrum Erfurt GmbH
Konrad-Zuse-Str. 5, 99099 Erfurt
T: (0361) 4 26 20   **Fax:** 4 26 21 52
Internet: http://www.tz-erfurt.de
E-Mail: info-tze@tz-erfurt.de
Gründung: 1991 (13. Februar)
Geschäftsführer(in): Peter Beckus

● U 210
Technologie- und Gründerzentrum Gera GmbH
Gewerbepark Keplerstr. 10-12 Gewerbepark, 07549 Gera
T: (0365) 7 34 92 00   **Fax:** 7 34 92 09
Internet: http://www.tgz.gera.de
E-Mail: manager@tgz.gera.de
Gründung: 1993
Geschäftsführer(in): Klaus-Dieter Naundorf

● U 211
Technologie- und Gründerzentrum Ilmenau GmbH
Ehrenbergstr. 11, 98693 Ilmenau
T: (03677) 6 68-0   **Fax:** 6 68-111
Internet: http://www.tgz-ilmenau.de
E-Mail: jakob@tgz-ilmenau.de
Gründung: 1991
Kontaktperson: Dr. Bernd Jakob
Margit Bergmann

● U 212
Technologie- und Innovationspark Jena GmbH
Wildenbruchstr. 15, 07745 Jena
T: (03641) 6 75-100   **Fax:** 6 75-111
E-Mail: info@tip-jena.de
Geschäftsführer(in): Hans-Georg Seifarth
Mitarbeiter: 4

● U 213
IGZ-Innovations- und Gründerzentrum GmbH Rudolstadt
Professor-Hermann-Klare-Str. 6, 07407 Rudolstadt
T: (03672) 3 08-0   **Fax:** 3 08-111
Internet: http://www.igz-rudolstadt.de
E-Mail: info@igz-rudolstadt.de
Gründung: 1993 (30. Juni)
Geschäftsführer(in): Dipl.-Ing. (TU) Knut Jacob
Prokuristin: Dagmar Schmidt
Mitarbeiter: 4

● U 214
Gründer- und Innovationszentrum Stedtfeld GmbH
Am Goldberg 2, 99817 Eisenach
T: (03691) 6 21-0 Fax: 6 21-104
Internet: http://www.gis-eisenach.de
E-Mail: gis-info@gis-eisenach.de
Gründung: 1993
Geschäftsführer(in): Dipl.- Betriebsw. Joachim Gummert
Mitarbeiter: 9

● U 215
Thüringer Agentur für Technologietransfer und Innovationsförderung GmbH (THATI GmbH)
Geschäftsstelle Suhl
Würzburger Str. 3, 98529 Suhl
T: (03681) 71 28 90 Fax: 71 28 99
E-Mail: thati-shl@t-online.de

Wirtschaftsförderungsämter Städte und Kreise

● U 216
Stadtverwaltung Aachen
Fachbereich Wirtschaftsförderung/ Europäische Angelegenheiten
Haus Löwenstein
Markt 39, 52062 Aachen
52058 Aachen
T: (0241) 4 32 76 00 Fax: 4 32 76 99
E-Mail: wifoe@mail.aachen.de

● U 217
Stadtverwaltung Ahlen
Abt. Wirtschafts- und Strukturförderung
Westenmauer 10, 59227 Ahlen
T: (02382) 59-458 Fax: 59-465
Internet: http://www.ahlen.de
E-Mail: iffertw@stadt.ahlen.de
Abteilungsleiter: Werner Iffert
Leitung Presseabteilung: Wolfgang Venne

● U 218
Amt für Wirtschaftsförderung
Gemeinde Alpen
Postf. 11 40, 46515 Alpen
Rathausstr. 3-5, 46519 Alpen
T: (02802) 9 12-125 Fax: 9 12-912
Internet: http://www.alpen.de
E-Mail: info@alpen.de

● U 219
Landratsamt Altenburger Land
Referat für Wirtschaft und Infrastruktur
Lindenaustr. 9, 04600 Altenburg
T: (03447) 5 86-0 Fax: 5 86-100
Internet: http://www.altenburgerland.de
E-Mail: lra-abg@t-online.de
Landrat: Sieghardt Rydzewski
Referatsleiter: Carsten Blank

● U 220
Landkreis Ostvorpommern
Dezernat Bauten, Umwelt und Wirtschaft
Leipziger Allee 26, 17389 Anklam
T: (03971) 84-0 (Zentrale), 84-605 Fax: 84-643
E-Mail: landkreis-ostvorpommern@t-online.de
Dezernentin: Monika Gehm

● U 221
Landratsamt Ilm-Kreis
Amt für Wirtschaftsförderung und Kreisentwicklungsplanung
Ritterstr. 14, 99310 Arnstadt
T: (03628) 7 38-0 Fax: 4 81 86
Internet: http://www.ilm-kreis.de
E-Mail: landratsamt@ilm-kreis.de
Landrat: Dr. Lutz-Rainer Senglaub
Dezernent für Wirtschaft, Bau und Soziales: Tigran Schipanski
Amtsleiterin Wirtschaftsförderung u. Kreisentwicklungsplanung: Gisela Dornbusch

● U 222
Landkreis Aschersleben-Staßfurt
Unternehmensförderung
Ermslebener Str. 77, 06449 Aschersleben
T: (03473) 9 55-0 Fax: 9 55-1372
Leiter d. Unternehmensförderung: Ulf-Peter Freund

● U 223
Amt für Wirtschaftsförderung und Stadtmarketing der Stadt Augsburg
Postf. 11 19 60, 86044 Augsburg
Maximilianstr. 4, 86150 Augsburg
T: (0821) 3 24-68 41 Fax: 3 24-68 45
Internet: http://www.augsburg.de
E-Mail: afwifoe.stadt@augsburg.de
Leiterin: Dr. Martina Hartmann
Wirtschaftsförderung: Martin Schwarzenböck
Standortberatung: N.N.
Redaktion: Amt für Wirtschaftsförderung und Stadtmarketing
Fachzeitschrift: Wirtschaftsbrief

● U 224
Amt für Wirtschaftsförderung
Postf. 17 69, 26587 Aurich
Fischteichweg 10, 26603 Aurich
T: (04941) 12-0 Fax: 12-1517
Bürgermeister: Werner Stöhr

● U 225
Landkreis Aurich
Postf. 14 80, 26584 Aurich
T: (04941) 16-0 Fax: 16-5 49, 16-5 30 (Pressestelle)
Leiter(in): Walter Theuerkauf
Leitung Presseabteilung: Pressereferent Gerrit Fuhrmann

● U 226
Stabsstelle für Wirtschaftsförderung
Postf. 17 33, 97967 Bad Mergentheim
T: (07931) 57-140 Fax: 57-341
TGR: Wirtschaftsförderung Bad Mergentheim
Internet: http://www.bad-mergentheim.de
E-Mail: info@bad-mergentheim.de
Leiter(in): Oberbürgermeister Uwe Hülsmann

● U 227
Kreisausschuß des Rheingau-Taunus-Kreises
Amt für Kreisentwicklung und Umwelt
Wirtschaft, Verkehr, Planung, Umweltschutz, Untere Naturschutzbehörde
Heimbacher Str. 7, 65307 Bad Schwalbach
T: (06124) 5 10-339 Fax: 5 10-379
Amtsleiter: Verwaltungsdirektor Gerhard Möller
Wirtschafts- und Beschäftigungsförderung: Dipl.-Geograph Achim Staab

● U 228
Landkreis Oder-Spree
Rudolf-Breitscheid-Str. 7, 15841 Beeskow
T: (03366) 3 50 Fax: 35 11 11
Internet: http://www.landkreis-oder-spree.de
E-Mail: baeger@landkreis-oder-spree.de, freier@landkreis-oder-spree.de
Landrat: Dr. Jürgen Schröter (T: (03366) 35 10 00)
Dezernent für Finanzen u. Wirtschaft: Dr. Eckhard Fehse (T: (03366) 35 12 00)

● U 229
Landkreis Potsdam-Mittelmark
Amt für Landwirtschaft und Wirtschaftsförderung
Niemöllerstr. 1, 14806 Belzig
T: (033841) 9 12 50 Fax: 9 13 12
Internet: http://www.potsdam-mittelmark.de
Landrat: Lothar Koch
Amtsleiter: Eveline Vogel

● U 230
Stadt Bergisch Gladbach
Fachbereich Grundstückswirtschaft und Wirtschaftsförderung
Postf. 20 09 20, 51439 Bergisch Gladbach
T: (02202) 14 26 20 Fax: 14 26 66
Internet: http://www.bergischgladbach.de
E-Mail: info@bergischgladbach.de
Leiter(in): Dipl.-Geogr. Bernd Martmann
Ltg. Wirtschaftsförderung: Dipl.-Geogr. Martin Westermann (T: (02202) 14 26 39)
Leitung Presseabteilung: Peter Schlösser (T: (02202) 14 22 41)

● U 231
Landratsamt Bitterfeld
Mittelstr. 20, 06749 Bitterfeld
T: (03493) 3 41-0 Fax: 34 14 28
Internet: http://www.landkreis.bitterfeld.mda.de
E-Mail: landkreis.bitterfeld@gmx.de
Landrat: Horst Tischer
Amtsleiter für Wirtschafts- und Verkehrsentwicklung:
Uwe Hippe (T: (03493) 34 11 60)
Entwicklungs- und Wirtschaftsförderungsgesellschaft Bitterfeld/Wolfen mbH (EWG)
Geschäftsführer(in): Peter Maurer (T: (03493) 34 11 80)
Leitung Presseabteilung: Udo Pawelczyk (T: (03493) 34 11 12)

● U 232
Fachbereich Stadtentwicklung und Wirtschaftsförderung
Berliner Platz 1, 46395 Bocholt
T: (02871) 9 53-0 Fax: 9 53-565
Internet: http://www.bocholt.de
E-Mail: Stadtverwaltung@mail.bocholt.de
Leiter(in): Klaus Kaiser

● U 233
Amt für Wirtschafts- und Beschäftigungsförderung Stadt Bochum
Junggesellenstr. 8, 44777 Bochum
T: (0234) 9 10-35 75 Fax: 9 10-39 72
Leiter(in): Ltd. Städt. Verwaltungsdir. Heinz-Martin Dirks

● U 234

Amt für Wirtschaftsförderung und Stadtmarketing der Bundesstadt Bonn
53103 Bonn
Rathausgasse 5-7, 53111 Bonn
T: (0228) 77 20 77 Fax: 77 31 00
Internet: http://www.bonn.de
E-Mail: wirtschaftsfoerderung@bonn.de
Leiter(in): Martin Hennicke
Stellvertretender Leiter: Hans Jürgen Hartmann (T: (0228) 77 43 15, Fax: 77 31 00)

● U 235
Wirtschaftsreferent der Stadt Braunschweig
Kleine Burg 14, 38100 Braunschweig
T: (0531) 4 70 25 43 Fax: 4 70 29 58
Internet: http://www.braunschweig.de
E-Mail: wirtschaftsfoerderung@braunschweig.de
Wirtschaftsref.: Dipl.-Kfm. Ulrich Bubel
Leitung Presseabteilung: Jürgen Sperber

● U 236
Landkreis Jerichower Land
Kreisverwaltung
Hoch- und Tiefbauamt
Sachgebiet Bauplanung/Wirtschaftsförderung
Postf. 11 31, 39281 Burg
In der Alten Kaserne 4, 39288 Burg
T: (03933) 9 05-0 Fax: 9 05-442
Amtsleiter: Klaus Voth
Ansprechpartner: Ekkehard Pahl

● U 237
Landkreis Cloppenburg
Amt für Wirtschaftsförderung
Postf. 14 80, 49644 Cloppenburg
Eschstr. 29, 49661 Cloppenburg
T: (04471) 15-0 Fax: 79 03
Internet: http://www.lkclp.de
E-Mail: wirtschaft@cloppenburg-kreis.de
Leiter(in): Kreisamtsrat Hermann Ronnebaum

● U 238

Wissenschaftsstadt Darmstadt

Der Magistrat der Stadt Darmstadt
Amt für Wirtschaftsförderung
Luisenplatz 5a, 64283 Darmstadt
T: (06151) 13 20 45 Fax: 13 34 55
TGR: Wirtschaftsförderung
Internet: http://www.darmstadt.de
E-Mail: wifoe@stadt.darmstadt.de
Dezernent: Oberbürgermeister Peter Benz
Amtsleiter: Dipl.-Volkswirt Werner Vauth

U 238

Förderung der Wirtschaft im Bereich der Stadt Darmstadt, Verbesserung der Wirtschaftsstruktur. Schaffung und Sicherung von Arbeitsplätzen, Mitwirkung an Maßnahmen der wirtschaftsnahen Infrastruktur. Dienstleistungen: Beratung und Unterstützung - ansiedlungswilliger Unternehmen, - von Existenzgründern, - von ansässigen Betrieben bei Standortfragen (insbesondere bei Erweiterungen und Verlagerungen).

● U 239
Amt für Wirtschaftsförderung, Stadtentwicklung und Liegenschaften Stadt Delmenhorst
27747 Delmenhorst
Rathausplatz 1, 27749 Delmenhorst
T: (04221) 99-0   Fax: 99-1196
E-Mail: info@wifoe.delmenhorst.de
Oberstadtdirektor: Dr. Norbert Boese (T: (04221) 99 11 01, Fax: (04221) 99 11 31)
Amtsleiter: Rüdiger Reske (T: (04221) 99-1180)
Stellv. Amtsleiter: Wolf-G. Triesch (Abt. Wirtschaftsförderung, T: (04221) 99-2880)
Sachbearbeiterin: Kerstin Eggengoor (Wirtschaftsförderung, T: (04221) 99-2881)

● U 240
Stadt Dinslaken Dezernat I, Referat für Wirtschaftsförderung
Postf. 10 05 40, 46525 Dinslaken
Platz d' Agen 1, 46535 Dinslaken
T: (02064) 6 65 30   Fax: 6 64 35
Internet: http://www.dinslaken.de
E-Mail: information@dinslaken.de

● U 241
Landratsamt Döbeln Dezernat 4
Wirtschaftsförderungsamt
Postf. 7, 04711 Döbeln
Str. des Friedens 20, 04720 Döbeln
T: (03431) 74 14 64   Fax: 74 11 00, 74 11 01
Internet: http://www.landkreis-doebeln.de
E-Mail: hartmut.schneider@landkreis-doebeln.de

● U 242
Landeshauptstadt Düsseldorf
Wirtschaftsförderungsamt
40200 Düsseldorf
Mühlenstr. 29, 40213 Düsseldorf
T: (0211) 89-93864   Fax: 89-29062
Internet: http://www.duesseldorf.de/economic
E-Mail: economic@duesseldorf.de
Direktor(in): Ulrich Krömer
Abteilungsleiter: Wolfgang Miethke (T: (0211) 8 99-55 00)

● U 243
Landratsamt Saale-Holzland-Kreis
Amt für Wirtschaftsförderung und Infrastruktur
Postf. 13 10, 07602 Eisenberg
T: (036691) 7 04 24   Fax: 7 03 80
Amtsleiter: Dipl.-Ing. Jürgen Wöhe

● U 244
Stadt Elmshorn
Bauamt, Planung
25333 Elmshorn
Postf. 11 03, 25311 Elmshorn
Schulstr. 15-17, 25335 Elmshorn
T: (04121) 2 31-334   Fax: 2 31-325
Internet: http://www.elmshorn.de
E-Mail: stadt-elmshorn@t-online.de

● U 245
Landratsamt Freiberg,
Planungs- und Bauamt
Frauensteiner Str. 43, 09599 Freiberg
T: (03731) 79 90   Fax: 7 99-2 50
Landrat: Dipl.-Ing. E. Löffler
Baudezernent: R. Ulbricht
Amtsleiter: J. Zimmermann
Pressereferentin: E. Minovsky

● U 246
Amt für Wirtschaftsförderung Stadt Freising
Obere Hauptstr. 2, 85354 Freising
T: (08161) 5 42 13   Fax: 76 86
Internet: http://www.freising.de
E-Mail: wirtschaft@freising.de
Dipl.-Geogr. Petra Halbig

● U 247
Stadt Geldern
Amt für Wirtschaftsförderung
Postf. 14 48, 47594 Geldern
T: (02831) 3 98-0   Fax: 3 98-1 30
Leitung Presseabteilung: Herbert van Stephoudt

Förderung der Ansiedlung von Industrie und Gewerbe in Geldern. Durchführung von Wirtschaftsförderungsberatungen; Angebote von Grundstücken und Geländen etc.

● U 248
Landkreis Chemnitzer Land
Landratsamt, Amt für Wirtschaft und Kreisentwicklung
Gerhart-Hauptmann-Weg 1 + 2, 08371 Glauchau
T: (03763) 45-158   Fax: 45-268
E-Mail: ekw@lra-cl.de
Amtsleiter: Paternoga

u 249
Landkreis Chemnitzer Land
Eigenbetrieb Kommunale Wirtschaftsförderung
Gerhart-Hauptmann-Weg 1, 08371 Glauchau
T: (03763) 45-158   Fax: 45-268
Betriebsleiter: Paternoga
Dienstsitz:
Peniger Str. 10 (Schloss)
08396 Waldenburg

● U 250
GWG-Gesellschaft für Wirtschaftsförderung und Stadtentwicklung Göttingen mbH
Bahnhofsallee 1b, 37081 Göttingen
T: (0551) 5 47 43-0   Fax: 5 47 43-20
E-Mail: info@gwg-online.de
Geschäftsführer(in): Dipl.-Ing. Klaus Hoffmann
Dipl.-Soz.wirtin Kristin Lorenz
Dipl.-Ing. Simone Raskob
Vors. d. AR: Oberbürgermeister Jürgen Danielowski

● U 251
Landkreis Göttingen
Reinhäuser Landstr. 4, 37083 Göttingen
T: (0551) 5 25-558   Fax: 5 25-148
Internet: http://www.landkreis-goettingen.de
E-Mail: wirtschafsfoerderung@landkreisgoettingen.de
Hauptverwaltungsbeamter: Landrat Heinrich Rehbein
Ansprechpartnerin: Beate Hammerla
Stabsstelle für Wirtschafts- und Beschäftigungsförderung

● U 252
Stadt Goslar
Fachbereich für Wirtschaftsförderung, Stadtmarketing und Kultur
Postf. 25 69, 38615 Goslar
T: (05321) 7 04-1   Fax: 70 43 10
Internet: http://www.goslar.de
E-Mail: wirtschaft@goslar.de
Fachbereichsleiter: Wolf-Dieter Stelle

● U 253
Landratsamt Muldentalkreis
Kreisentwicklungsamt
Postf. 2 43, 04662 Grimma
Karl-Marx-Str. 22, 04668 Grimma
T: (03437) 98 47 50   Fax: 98 47 99
Internet: http://www.lra-mtl.de
E-Mail: kea@lra-mtl.de
Leiter(in): Frank Pörschmann
Mitarbeiter: 23

● U 254
Landkreis Nordvorpommern
Fachgebiet Planung und Wirtschaftsförderung
Bahnhofstr. 12-13, 18507 Grimmen
T: (038326) 59-0   Fax: 5 91 30
Internet: http://www.lk-nvp.de
E-Mail: wifoe@lk-nvp.de
Landrat: Wolfhard Molkentin

● U 255
Landratsamt Gotha
Wirtschaftsamt
18.-März-Str. 50, 99867 Gotha
T: (03621) 21 42 05   Fax: 21 44 08, 21 42 83
Amtsleiter: Klaus Wozniak

● U 256
Landratsamt Riesa-Großenhain, Dezernat IV,
Amt für Kreisentwicklung und Wirtschaftsförderung
Sitz:
Remonteplatz 8, 01558 Großenhain
T: (03522) 30 38 01   Fax: 30 38 02
Internet: http://www.riesa-grossenhain.de
E-Mail: landratsamt@riesa-grossenhain.de
Dezernent: Dr.-Ing. habil. Franz Wegener
Amtsleiter: Hans-Georg Leidert

Wirtschaftsförderung/Industrie- und Gewerbeansiedlung; Beratung und Information zu Standortfragen, Finanzierungshilfen, Ausbildungs- und Qualifizierungsmöglichkeiten, Gewerbegrundstücken, Kauf- und Mietobjekten, Geschäftskontakten.

● U 257
Stadtverwaltung Guben
Wirtschafts- und Planungsamt
Uferstr. 22-26, 03172 Guben
T: (03561) 68 71-142   Fax: 68 71-114

● U 258
Landkreis Halberstadt - Landratsamt
Postf. 15 43, 38805 Halberstadt
F.-Ebert-Str. 42, 38820 Halberstadt
T: (03941) 57 70   Fax: 57 73 33
Internet: http://www.halberstadt.de
E-Mail: landkreis@halberstadt.de
Landrat: Henning Rühe
Stellv. Landrat: Hans-Dieter Sturm
Leiter des Büros des Landrates: Wolfgang Holz

● U 259

Stadt Halle (Saale)
Wirtschaftsförderung
Stadt Halle (Saale)
06100 Halle
Marktplatz 1, 06108 Halle
T: (0345) 2 21-4760   Fax: 2 21-4776
Internet: http://www.wifoe.halle.de
E-Mail: wirtschaftsfoerderung@halle.de

● U 260
Stadt Hameln - Abt. Liegenschaften u. Wirtschaftsförderung -
Rathausplatz 1, 31785 Hameln
T: (05151) 2 02-385, 2 02-381, 2 02-378   Fax: 2 02-343
Internet: http://www.hameln.de
E-Mail: wirtschaftsfoerderung@hameln.de
Harald Laskowski
Dietmar Wittkop

● U 261
Stadt Hamminkeln, Amt für Wirtschaftsförderung
Brüner Str. 9, 46499 Hamminkeln
T: (02852) 88-178   Fax: 88-130
Bürgermeister: N. N.
1. stellv. Bürgermeister: Manfred Imhoff
2. stellv. Bürgermeisterin: Gunhild Sartingen
3. stellv. Bürgermeister: Fritz Maske
Leiter(in): Dipl.-Geogr. Martin Hapke
Erster Beigeordneter: Hans-Georg Haupt
Beigeordneter: Holger Schlierf

● U 262
Kreis Dithmarschen - Der Landrat
Postf. 16 20, 25736 Heide
Stettiner Str. 30, 25746 Heide
T: (0481) 97-0   Fax: 97 14 99
Internet: http://www.dithmarschen.de
E-Mail: info@dithmarschen.de
Leitung Pressestelle: Udo Christiansen

● U 263
Landratsamt Eichsfeld
Amt für Wirtschafts- und Strukturentwicklung
Friedensplatz 8, 37308 Heilbad Heiligenstadt
T: (03606) 65 04 20   Fax: 65 04 49
Internet: http://www.thueringen.de/landkreis_eichsfeld
E-Mail: aws@lk-eichsfeld.de
Amtsleiter: Hartwig Ehrenberg

● U 264
Wirtschaftsförderung der Stadt Helmstedt
Markt 1 (Rathaus), 38350 Helmstedt
T: (05351) 17-169   **Fax:** 17-168
Internet: http://www.Stadt-Helmstedt.de
E-Mail: Metschke@Stadt-Helmstedt.de
Leiter(in): Dipl.-Volksw. Metschke

● U 265
Kreis Bergstraße
- Wirtschaftsförderung -
Graeffstr. 5 Landratsamt, 64646 Heppenheim
T: (06252) 1 53 59   **Fax:** 1 54 35
Internet: http://www.kreis-bergstrasse.de
E-Mail: horstmann@kreis-bergstrasse.de
Peter Horstmann
Mitarbeiter: Kreis Bergstraße: 740

● U 266
Stadt Herford
Fachbereich 6, Abteilung Wirtschaftsförderung und Statistik
Postf. 28 43, 32046 Herford
Rathausplatz 1, 32052 Herford
T: (05221) 1 89-2 56/-2 57/-2 58/-2 59/-6 64   **Fax:** 1 89-6 93
TGR: Stadtverwaltung 4900 Herford
Dezernent: Stadtkämmerer N.N.
Fachbereichsleiter: Städt. Verwaltungsdirektor Röbbecke

● U 267
Wirtschaftsförderungsagentur der Stadt Herten
Kurt-Schumacher-Str. 2, 45699 Herten
T: (02366) 3 03-614, 3 03-616, 3 03-617   **Fax:** 30 35 78
Ansprechpartner:
Michael Blume
Brigitte Berkau-Hein
Frauke Wiering

● U 268
Kreis Höxter
Abteilung: Aufsicht, Wahlen, Wirtschaftsförderung
Moltkestr. 12, 37671 Höxter
T: (05271) 9 65-0   **Fax:** 3 79 26
Internet: http://www.kreis-hoexter.de
E-Mail: info@kreis-hoexter.de

● U 269
Stadt Höxter
Postf. 10 06 40, 37669 Höxter
Westerbachstr. 45, 37671 Höxter
T: (05271) 96 30   **Fax:** 96 31 25
E-Mail: rathaus@hoexter.de
Gründung: 1970 (1. Januar)
Leiter(in): Bürgermeister Hecker
Leitung Presseabteilung: Hubertus Grimm
Mitarbeiter: ca. 400
Jahresetat: DM 123 Mio, € 62,89 Mio

● U 270
Amt für Finanzen und Wirtschaft
Postf. 13 53, 37593 Holzminden
T: (05531) 9 59-234   **Fax:** 9 59-303
E-Mail: info@holzminden.de
Leiter(in): Jürgen Koß (T: (05531) 70 73 07, Telefax: (05531) 7 07-336 Verwaltung, 7 07-204 Leitstelle)

● U 271
Der Kreisausschuß des Schwalm-Eder-Kreises
Fachbereich Wirtschaftsförderung
Postf. 12 62, 34568 Homberg
Parkstr. 6, 34576 Homberg
T: (05681) 77 52 80   **Fax:** 77 54 38
E-Mail: kurhessisches-bergland@-online.de
Fachbereichsleiter: Hans-Georg Korell
Mitarbeiter: 16
Dienstleistungen: Einzelprojektförderung (Existenzgründung, Standortsicherung, Betriebsansiedlung, Erweiterungs- und Umstellungsprojekte), Aktivierung regionaler Nachfrage, Arbeitsmarktinitiativen, Wirtschaftsentwicklungsplanung.

● U 272
Stadt Ibbenbüren
Postf. 15 65, 49465 Ibbenbüren
Alte Münsterstr. 16, 49477 Ibbenbüren
T: (05451) 9 31-0   **Fax:** 9 31-198
Bürgermeister: Otto Lohmann

● U 273
Landratsamt Kamenz
Kreisentwicklungsamt
Postf. 0 19 11, 01917 Kamenz
T: (03578) 32 61 00   **Fax:** 3 28 61 00

● U 274
Amt für Wirtschaftsförderung
Stadt Kamp-Lintfort
Am Rathaus 2, 47475 Kamp-Lintfort
T: (02842) 9 12-2 21, 9 12-2 22   **Fax:** 9 12-3 69
Ltg. Wirtschaftsförderung: Claus Lütkemeyer

● U 275
Stadt Kleve
Amt für Wirtschaftsförderung und Fremdenverkehr
Postf. 19 55, 47517 Kleve
T: (02821) 84-358   **Fax:** 84-511
Internet: http://www.kleve.de
E-Mail: Stadt-Kleve@t-online.de
Leiter(in): Dipl.-Volksw. R. Neswadba

● U 276
Stadt Köln - Der Oberbürgermeister -
Amt für Wirtschafts- und Beschäftigungsförderung
Willy-Brandt-Platz 2, 50679 Köln
T: (0221) 2 21-25765   **Fax:** 2 21-26686
Internet: http://www.koeln.de
E-Mail: wirtschaftsfoerderung@stadt-koeln.de
Leiter(in): Dipl.-Kfm Dr. Michael Hoppe
Aufgaben: Beratung über öffentliche Förderprogramme; Betreuung und Beratung der Firmen in Fragen der An- und Umsiedlung; Erweiterung und Neugründung; Nachweis von Grundstücken und Gewerbeflächen; Vertretung der Firmeninteressen bei den städtischen und außerstädtischen Stellen; Betreuung der diplomatischen und konsularischen Vertretungen; Öffentlichkeitsarbeit, Werbung; Betreuung und Abwicklung von Beschäftigungsprogrammen Kommunalstelle "Frau + Wirtschaft", Qualifizierungsprogramme und beruflich orientierte Beratungen.

● U 277
Stadt Leipzig
Amt für Wirtschaftsförderung
04092 Leipzig
Martin-Luther-Ring 4-6, 04109 Leipzig
T: (0341) 1 23-5851   **Fax:** 1 23-5860
Internet: http://www.leipzig.de
E-Mail: wifoe@leipzig.de
Leitung Presseabteilung: Thomas Lingk
Mitarbeiter: ca. 30

● U 278
Bereich Liegenschaften u. Wirtschaftsförderung
Postf. 12 63, 57342 Lennestadt
T: (02723) 6 08-2 30   **Fax:** 6 08-1 19
Leiter(in): Ludwig Stöcker

● U 279
Magistrat der Kreisstadt Limburg
Stabsstelle für Stadtentwicklung und Bauleitplanung
Werner-Senger-Str. 10, 65549 Limburg
T: (06431) 2 03-364   **Fax:** 2 03-413
Leiter(in): Dipl.-Ing. Annelie Bopp-Simon

● U 280
Landkreis Teltow-Fläming
Am Nutheßließ 2, 14943 Luckenwalde
T: (03371) 6 08 10 80   **Fax:** 6 08 90 10
Wirtschaftsförderungsbeauftragter: Wilfried Henschel

● U 281
Hansestadt Lübeck
Hafen- und Verkehrswirtschaft
Falkenstr. 11, 23564 Lübeck
T: (0451) 1 22 59 01   **Fax:** 1 22 59 21
E-Mail: hafen-undverkehrswirtschaft@luebeck.de
Dezernent des Fachbereiches 2: Wolfgang Helbedel (Wirtschaft und Soziales)
Bereichsleiter: Doris Drochner
Helga Roos (T: (0451) 1 22 59 08/1 22 59 09)

● U 282
Kreisverwaltung Mansfelder Land
Lindenallee 56, 06295 Lutherstadt Eisleben
T: (03475) 66-0   **Fax:** 66 12 99
Landrat: Hans-Peter Sommer (T: (03475) 66 10 00, Telefax: (03475) 66 10 09 (Gleichstellungsbeauftragte, Rechnungsprüfungsamt, Klinikum Mansfelder Land, Controlling und Beteiligung))
Presse- und Öffentlichkeitsarbeit: Heike Jentsch (T: (03475) 66 14 65, Telefax: (03475) 66 10 13)

● U 283
Landeshauptstadt Magdeburg
Stabsstelle Wirtschaft
39090 Magdeburg
T: (0391) 5 40-2543   **Fax:** 5 40-2619
Internet: http://www.magdeburg.de
E-Mail: puchta@ob.magdeburg.de

● U 284
Amt für Wirtschaft und Liegenschaften
Abteilung Wirtschaftsförderung
Postf. 38 20, 55028 Mainz
Kaiserstr. 92, 55116 Mainz
T: (06131) 12 34 40-42   **Fax:** 12 23 63
Dezernent: Franz Ringhoffer
Leiter(in): Dipl.-Volksw. Karl Silberhorn (T: (06131) 12 34 40-42)

● U 285

Stadt Mannheim
Amt für Wirtschaftsförderung
Rathaus E 5
Postf. 10 30 51, 68030 Mannheim
T: (0621) 2 93-33 51   **Fax:** 2 93-98 50
Internet: http://www.mannheim.de
E-Mail: wirtschaftsfoerderung@mannheim.de
Gründung: 1960
Leiter(in): Dipl.-Kfm. Helmut Schröder
Leitung Marketing: Dr. Wolfgang Miodek
Mitarbeiter: 16
Informationen über die Wirtschafts- und Infrastruktur, umfassende Beratung in allen Standortfragen, Abgabe von Gewerbegrundstücken, Vermittlung von Büroräumen und sonstigen gewerblich nutzbaren Mietobjekten, Beratung über öffentliche Finanzierungshilfen, Förderung innovativer Existenzgründungen.

● U 286

Landratsamt
Mittlerer Erzgebirgskreis
Amt für Wirtschaftsförderung
Bergstr. 7, 09496 Marienberg
T: (03735) 60 13 01   **Fax:** 60 13 42
E-Mail: wifoe@lra-mek.de

● U 287
Wirtschaftsförderung Stadt Marl
45765 Marl
Creiler Platz 1, 45768 Marl
T: (02365) 99 22 83   **Fax:** 99 21 11
Leiter(in): Dipl.-Ökonom Dietmar Lutzny

● U 288
Landkreis Meißen
Landratsamt
Loosestr. 17-19, 01662 Meißen
T: (03521) 7 25-208   **Fax:** 7 25-304
E-Mail: landraetin@kreis-meissen.de
Landrätin: Renate Koch
Beigeordneter/Wirtschaftsförderung: N. N.

● U 289
Kreis Minden-Lübbecke
Amt für Wirtschaftsförderung
und Tourismus
Postf. 25 80, 32382 Minden
T: (0571) 8 07-2317 **Fax:** 8 07-2700
Internet: http://www.minden-luebbecke.de
E-Mail: muehlenkreis@minden-luebbecke.de

● U 290
Landratsamt Mittweida
Amt für Wirtschaftsförderung und Regionalentwicklung
Am Landratsamt 3, 09648 Mittweida
T: (03727) 9 50-4 42 **Fax:** 9 50-2 73
Internet: http://www.landkreis-mittweida.de
E-Mail: wifoe@landkreis-mittweida.de

● U 291
WFMG-Wirtschaftsförderung Mönchengladbach GmbH
Lüpertzender Str. 6, 41061 Mönchengladbach
T: (02161) 82 37 99 **Fax:** 8 23 79 82
Internet: http://www.wfmg.de
E-Mail: info@wfmg.de, schueckhaus@wfmg.de
Geschäftsführer(in): Dr. Ulrich Schückhaus

● U 292
Amt für Wirtschaftsförderung
Stadtverwaltung
74819 Mosbach
Postf. 11 62, 74801 Mosbach
Unterm Haubenstein 2, 74821 Mosbach
T: (06261) 82-470 **Fax:** 82-4 80
Referent für Wirtschaftsförderung: Alfred Schumacher (T: (06261) 82-4 70)
Referent d. Oberbürgermeisters u. Pressereferent: Steffen Epp (Stadtverwaltung Mosbach, Rathaus, 74821 Mosbach, Postf. 11 62, 74819 Mosbach, T: (06261) 82-2 27, Telefax: (06261) 82-2 26)

● U 293

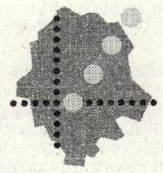

Wirtschaftsförderung Münster
48127 Münster
T: (0251) 4 92 28 00 **Fax:** 4 92 77 38
Internet: http://www.stadt-muenster.de/wifoe
E-Mail: wifoe@stadt-muenster.de
Wirtschaftsdezernent: Horst Freye
Leiter(in): Dr. Kirsten Witte

Standortberatung, Immobilienservice, Existenzgründungs- und Finanzierungsberatung, Technologieförderung, Arbeitsmarktinitiative Münster, Regionalsekretariat, EU-Austausch agentur.

● U 294
Stadt Neubrandenburg
Amt für Wirtschaftsförderung und Stadtentwicklung
Postf. 11 02 55, 17042 Neubrandenburg
Friedrich-Engels-Ring 53, 17033 Neubrandenburg
T: (0395) 5 55 22 55 **Fax:** 5 55 29 19
Internet: http://www.neubrandenburg.de
E-Mail: stadt@neubrandenburg.de

● U 295
Amt für Wirtschaftsförderung
Stadt Neukirchen-Vluyn
Hans-Böckler-Str. 26, 47506 Neukirchen-Vluyn
T: (02845) 39 12 28 **Fax:** 39 11 00
E-Mail: stadt/neukirchen-vluyn@t-online.de

● U 296
Stadt Northeim
Postf. 15 62, 37145 Northeim
T: (05551) 96 60 **Fax:** 9 66-155
Internet: http://www.Northeim.de

● U 297
Stadt Nürnberg
Amt für Wirtschaft
90317 Nürnberg
Kaiserstr. 16, 90403 Nürnberg
T: (0911) 2 31-29 98 od. -28 03 **Fax:** 2 31-27 62
E-Mail: wiv@stadt.nuernberg.de
Leiter(in): Dipl.-Kfm. Frank Thyroff

● U 298
Amt für Wirtschaftsförderung und Liegenschaften der Stadt Offenbach
Postf. 10 12 63, 63012 Offenbach
Herrnstr. 61, 63065 Offenbach
T: (069) 80 65-32 06 **Fax:** 80 65-20 54

● U 299
Bördekreis
Amt für Wirtschafts-, Landwirtschafts- und Tourismusförderung
Triftstr. 9-10, 39387 Oschersleben
T: (03949) 9 18-0 (Zentrale) **Fax:** 9 18-600 (Zentrale)
Landrat: Burkhard Kanngießer (T: (03949) 9 18-100)
Stellv. Landrat: Thomas Kluge (T: (03949) 9 18-200)
Amtsleiter: Ingo Künnemann (T: (03949) 9 18-120, Fax: 9 18-605)

Wirtschaftsförderung

u 300
Amt für Wirtschafts-, Landwirtschafts- und Tourismusförderung
Triftstr. 9-10, 39387 Oschersleben
T: (03949) 9 18-120 **Fax:** 9 18-605
Landrat: Burkhard Kanngießer
Amtsleiter: Ingo Künnemann

● U 301
Stadt Pinneberg
Bismarckstr. 8, 25421 Pinneberg
T: (04101) 21 10 **Fax:** 21 14 44

● U 302
Amt für Wirtschaftsförderung
Postf. 27 63, 66933 Pirmasens
T: (06331) 84 22 97 **Fax:** 84 22 99
Internet: http://www.pirmasens.de
E-Mail: wirtschaft@pirmasens.de
Leitung Presseabteilung: Dunja Maurer (T: (06331) 84 22 22)

● U 303
Landkreis Sächsische Schweiz
Stabsstelle Kreisentwicklung
Sachgebiet Wirtschaftsförderung/Tourismus
E.-Schlegel-Str. 11, 01796 Pirna
T: (03501) 51 13 03, 51 13 02, 51 13 04, 51 13 05
Fax: 51 13 41
Internet: http://www.oberelbe.de
E-Mail: lra-pir@dd.sda.de

● U 304
Landkreis Uckermark
Wirtschaftsförderungsamt
Karl-Marx-Str. 1, 17291 Prenzlau
T: (03984) 70-1180 **Fax:** 70-4599
E-Mail: landkreis@uckermark.de
Landrat: Dr. Benthin
Dezernent: Hartwig
Amtsleiter: Tramp
Leiterin Pressestelle: Neumann
Mitarbeiter: 6

● U 305
Fachbereich Wirtschaftsförderung, Liegenschaften und Beteiligungen der Stadt Recklinghausen
Rathausplatz 3, 45657 Recklinghausen
T: (02361) 50 14 01 **Fax:** 50 14 02
Fachbereichsleitung: Heinz Middeldorf

Beratung bei der: - Ansiedlung von Gewerbebetrieben, - Bestandspflege, - Vergabe von Gewerbegrundstücken, - Informationen über öffentliche Fördermittel.

● U 306
Stadt Regensburg
Amt für Wirtschaftsförderung
D.-Martin-Luther-Str. 1, 93047 Regensburg
T: (0941) 5 07-18 50 **Fax:** 5 07-4859
Internet: http://www.regensburg.de
E-Mail: wirtschaftsfoerderung@regensburg.de, economic.development@regensburg.de
Amtsleiter: Dipl.-Volkswirt Dieter Daminger

● U 307
Amt für Wirtschaftsförderung
Stadt Rheinberg
Kirchplatz 10, 47495 Rheinberg
T: (02843) 1 71-202, 1 71-203 **Fax:** 1 71-442
Internet: http://www.rheinberg.de
E-Mail: stadtverwaltung@rheinberg.de
Amtsleiter: Hermann Reuters

● U 308
Landratsamt Saalfeld-Rudolstadt
Dezernat Wirtschaftsförderung und Bauwesen
Schloßstr. 24, 07318 Saalfeld
T: (03671) 82 30 **Fax:** 82 33 70
Internet: http://www.sa-ru.de
E-Mail: landratsamt@sa-ru.de
Landrätin: Marion Philipp
Dezernent: Bernhard Schanze
Leitung Presseabteilung: Susanne Spindler

● U 309
Landeshauptstadt Saarbrücken
Wirtschaftsförderung
Rathausplatz 8, 66104 Saarbrücken
T: (0681) 9 05-1876/1850 **Fax:** 9 05-1421
Internet: http://www.saarbruecken.de
E-Mail: Wirtschaftsfoerderung@Saarbruecken.de
Oberbürgermeister: Hajo Hoffmann
Bürgermeisterin: Margit Conrad
Verwaltungsdezernent: Dr. Wolfgang Bahr
Leitung Presseabteilung: Mark Diening

● U 310
Stadt Salzgitter
Amt für Wirtschaft und Statistik
Joachim-Campe-Str. 6-8, 38226 Salzgitter
T: (05341) 8 39 33 63 **Fax:** 8 39 49 80
Teletex: 53 418 290
E-Mail: wifoe@stadt.salzgitter.de
Leiter(in): Dipl.-Volksw. Claus-Peter Knabe
Wirtschaftsdezernent: Hans-Joachim Hennings

● U 311
Landratsamt Saale-Orla-Kreis
Amt für Kreisentwicklung
Oschitzer Str. 4, 07907 Schleiz
T: (03663) 4 88-0 **Fax:** 4 88-4 50
E-Mail: pressestelle@lrasol.thueringen.de
Gründung: 1994 (1. Juli)
Amtsleiter: Günter Horn (T: (03663) 4 88-3 35)

● U 312
Regionalverband Ostwürttemberg
Körperschaft des öffentlichen Rechts
Universitätspark 1, 73525 Schwäbisch Gmünd
T: (07171) 9 27 64-0 **Fax:** 9 27 64-15
Internet: http://www.region-ostwuerttemberg.de
E-Mail: regionalverband@ostwuerttemberg.de
Gründung: 1974
Verbands-Vors.: Landrat Dr. Roland Würz
Stellvertretende(r) Vorsitzende(r): Artur Kary, Gerstetten
Bürgermeister Georg Ruf, Abtsgmünd
Bürgermeister a.D. Roland Gauermann, Rainau
Verbandsdirektor: Thomas Eble
Mitglieder: 44 Verbandsmitglieder

● U 313
Rhein-Sieg-Kreis
Kaiser-Wilhelm-Platz 1, 53721 Siegburg
T: (02241) 13 23 90 **Fax:** 13 31 16
Internet: http://www.rhein-sieg-kreis.de
E-Mail: wirtschaftsfoerderung@rhein-sieg-kreis.de
Leiter(in): Dr. Hermann Tengler
Mitarbeiter: 5

● U 314

Kreis Siegen-Wittgenstein
"Wirtschaftsförderung und Strukturentwicklung"
Postf. 10 02 60, 57002 Siegen
Koblenzer Str. 73, 57072 Siegen
T: (0271) 3 33-1217   **Fax:** 3 33-11 69
Landrat: Elmar Schneider
Leiter Wirtschaftsförderung und Strukturentwicklung: Reinhard Kämpfer (T: (0271) 3 33-1217)
Verbandszeitschrift: "Die Provinz"
Redaktion: Büro für Kommunikation GmbH, Alsterchaussee 25, 20149 Hamburg
Zum Kreis Siegen-Wittgenstein gehören:
Stadt Bad Berleburg, Gemeinde Burbach, Gemeinde Erndtebrück, Stadt Freudenberg, Stadt Hilchenbach, Stadt Kreuztal, Stadt Bad Laasphe, Stadt Netphen, Gemeinde Neunkirchen, Stadt Siegen, Gemeinde Wilnsdorf

● U 315

Kyffhäuserkreis in Nordthüringen
Amt für Wirtschaftsförderung, Tourismus und Kreisentwicklung
Postf. 15, 99701 Sondershausen
Markt 8, 99706 Sondershausen
T: (03632) 74 10   **Fax:** 74 13 15
Internet: http://www.kyffhaeuser.de
E-Mail: wifoe@kyffhaeuser.de
Landrat: Peter Hengstermann (T: 74 11 00)
Amtsleiterin: Dipl.-Ökonom Regina Kirchner (T: 74 13 10)

● U 316

Amt für Wirtschaftsförderung
Gemeinde Sonsbeck
Postf. 11 29, 47662 Sonsbeck
Herrenstr. 2, 47665 Sonsbeck
T: (02838) 36-0   **Fax:** 36 47

● U 317

Wirtschaftsförderung Steinfurt
Tecklenburger Str. 10, 48565 Steinfurt
T: (02551) 69 29 64   **Fax:** 69 29 09
E-Mail: wirtschaftsfoerderung@kreis-steinfurt.de

● U 318

Landkreis Stendal
Amt für Wirtschaftsförderung
Hospitalstr. 1-2, 39576 Stendal
T: (03931) 6 06   **Fax:** 21 30 60
Landrat: Jörg Hellmuth (Landkreis Stendal)
Dezernent: Rolf Meyer (Landkreis Stendal)
Amtsleiter: Jürgen Ramm (Landkreis Stendal)
Beratung zu Förder- und Ansiedlungsmöglichkeiten für Unternehmen, Bestandspflege von Unternehmen, Energieberatung, Erarbeitung von regionalen Entwicklungskonzeptionen, Entwicklung des Fremdenverkehrs und Tourismus.

● U 319

Bürgermeisteramt
Abteilung Wirtschafts- und Arbeitsförderung
- Stadtverwaltung -
Postf. 10 60 34, 70049 Stuttgart
T: (0711) 2 16-67 12   **Fax:** 2 16-77 88
E-Mail: wifoe.pfeiffer@stuttgart.de
Leiter(in): Dir. Dr. Joachim Pfeiffer

● U 320

Amt für Wirtschaftsförderung und Stadtentwicklung
c/o Stadtverwaltung Suhl
Postf. 6 40, 98504 Suhl
Friedrich-König-Str. 42, 98527 Suhl
T: (03681) 74 25 23   **Fax:** 74 26 60

● U 321

Landratsamt Torgau-Oschatz
Wirtschaftsförderung
Schloßstr. 27, 04860 Torgau
T: (03421) 7 58-0   **Fax:** 7 58-275
Internet: http://www.landratsamt-torgau-oschatz.de
E-Mail: LRA-TO@t-online.de

Landrat: Robert Schöpp
Leiter des Amtes für Kreisentwicklung und Wirtschaftsförderung:: Siegfried Kühne (T: (03421) 7 58-140)

● U 322

Zweckverband Wirtschaftsförderung im Trierer Tal
Ostkai 4, 54293 Trier
T: (0651) 9 68 04 50   **Fax:** 9 68 04 60
Gründung: 1962 (19. April)
Vorsteher: Wirtschaftsdezernentin Christiane Horsch*) (Stadtverwaltung Trier)
Stellv. Vorsteher: Landrat Dr. Richard Groß (Kreisverwaltung Trier-Saarburg)
Geschäftsführer(in): Lothar Weis
*) im 2-jährigen Wechsel
Mitglieder: 6

● U 323

Landkreis Vechta
Amt für Wirtschaftsförderung
49375 Vechta
Postf. 13 53, 49362 Vechta
T: (04441) 8 98-0   **Fax:** 8 98-1 37
Internet: http://www.landkreis-vechta.de
E-Mail: wirtschaft@landkreis-vechta.de

● U 324

Stadt Verden (Aller)
Postf. 17 09, 27267 Verden
Große Str. 40, 27283 Verden
T: (04231) 12-0   **Fax:** 12-2 02
Internet: http://www.verden.de
Leiter(in): Stadtdir. Richter

● U 325

Amt für Wirtschaftsförderung
Stadt Voerde
c/o Stadtverwaltung Voerde
Postf. 10 11 52, 46549 Voerde
Rathausplatz 20, 46562 Voerde
T: (02855) 8 03 03   **Fax:** 8 03 01
T-Online: *8000001#
Internet: http://www.voerde.de
E-Mail: stadt.voerde@voerde.de

● U 326

Amt für Wirtschaftsförderung im Landratsamt Waldshut
Kaiserstr. 110, 79761 Waldshut-Tiengen
T: (07751) 86-189   **Fax:** 86-164
Internet: http://www.landkreis-waldshut.de
E-Mail: na1200@landkreis-waldshut.de
Leiter(in): Ingo Husemann
Standortinformationen, Statistik (Regionaldaten), Standortsuche, Firmenkontakte

● U 327

Landratsamt Weißenfels
Sachgebiet Wirtschaft
Postf. 12 54, 06652 Weißenfels
Stadtpark 6, 06667 Weißenfels
T: (03443) 37 20   **Fax:** 37 22 54

● U 328

Stadtverwaltung Weißwasser
Amt für Wirtschaftsförderung
Marktplatz, 02943 Weißwasser
T: (03576) 26 52 80   **Fax:** 26 51 02
Internet: http://www.weisswasser.de
E-Mail: stadt@weisswasser.de

● U 329

Landratsamt Zwickauer Land
Schulstr. 7, 08412 Werdau
T: (03761) 56-0   **Fax:** 32 05
E-Mail: wifoe@zwickauerland.de
Amt für Planung und Wirtschaftsförderung:
Robert-Müller-Str. 4-8, 08056 Zwickau,
T: (0375) 5 05 25 10, Fax: (0375) 21 52 90
Amtsleiter: Uwe Dietrich

● U 330

Wirtschaftsförderung Landkreis Wernigerode (Harz)
Amt für Wirtschaftsförderung und Kommunale Einrichtungen
Kreisverwaltung Amt 80
Kurtstr. 13, 38855 Wernigerode
T: (03943) 58 23 96   **Fax:** 58 23 97

E-Mail: igz.dr.mueller@t-online.de
Dr. Thomas Müller

● U 331

Landeshauptstadt Wiesbaden
Amt für Wirtschaft und Liegenschaften
Postf. 39 20, 65029 Wiesbaden
Gustav-Stresemann-Ring 1, 65189 Wiesbaden
T: (0611) 31 28 92-96, 31 25 01   **Fax:** 31 39 76
Internet: http://www.wirtschaft.wiesbaden.de
Leiter(in): Ltd. Magistratsdir. Ass. Reinhard Edel

● U 332

Stadt Witten - Der Bürgermeister - Amt für Wirtschaftsförderung und Liegenschaften
Nordstr. 14, 58452 Witten
T: (02302) 5 81 17 01   **Fax:** 5 81-1799
Internet: http://www.witten.de
E-Mail: wifoe.liegensch@stadt-witten.de
Amtsleiter: Dipl.-Ing. Christian Reetz

● U 333

Amt für Wirtschaft und Kultur der Stadt Xanten
Postf. 11 64, 46500 Xanten
Karthaus 2, 46509 Xanten
T: (02801) 7 72-330   **Fax:** 77 22 09
Internet: http://www.rathaus-xanten.de
E-Mail: wirtschaft@rathaus-xanten.de, kultur@rathaus-xanten.de
Leiter: Holger de Vegt

● U 334

Stadtverwaltung Zweibrücken
Wirtschaftsförderung
Amerikastr. 21, 66482 Zweibrücken
T: (06332) 8 11-190   **Fax:** 8 11-119
Internet: http://www.zweibruecken.de
E-Mail: wconrad@ergoz.de
Ansprechpartner: Conrad

Wirtschaftsförderungsgesellschaften

● U 335

Wirtschaftsförderungsgesellschaft für den Kreis Borken mbH
Postf. 15 52, 48665 Ahaus
Bahnhofstr. 93, 48683 Ahaus
T: (02561) 9 79 99-0   **Fax:** 9 79 99-99
Internet: http://www.wfg-borken.de
E-Mail: info@wfg-borken.de
AR-Vors.: Landrat Gerd Wiesmann
Geschäftsführer(in): Dr. Heiner Kleinschneider
AR-Mitglieder: Kreisdirektor des Kreises Borken, 5 vom Kreistag des Kreises Borken bestellte Mitglieder, 8 von den Gesellschaftern bestellte Mitglieder

● U 336

Wirtschaftsförderungsgesellschaft Kreis Aachen mbH
Joseph-von-Fraunhofer-Str. 1, 52477 Alsdorf
T: (02404) 94 20-0   **Fax:** 94 20-20
Internet: http://www.wfg-aachen.de
E-Mail: info@wfg-aachen.de
Gründung: 1969 (1.Januar)
Geschäftsführer(in): Dipl.-Kfm. Herbert Pagel
Mitarbeiter: 16

● U 337

Wirtschaftsförderungsgesellschaft für den Landkreis Alzey-Worms mbH
Postf. 13 60, 55221 Alzey
Ernst-Ludwig-Str. 36, 55232 Alzey
T: (06731) 4 08-102   **Fax:** 4 08-150
Internet: http://www.kreis-alzey-worms.de
E-Mail: wfg@kreis-alzey-worms.de
Gründung: 1975
Vorsitzender des Aufsichtsrates: Hansjochem Schrader
Geschäftsführer(in): Heiko Sippel
Mitarbeiter: 1

● U 338

Wirtschaftsförderungs-Gesellschaft Rhein-Lahn mbH
Insel Silberau, 56130 Bad Ems
T: (02603) 9 72-262, 9 72-263   **Fax:** 9 72-151
Internet: http://www.wfg-rhein-lahn.de
E-Mail: wfg@rhein-lahn.rlp.de

Vors. der Gesellschaftsversammlung:
Landrat Kurt Schmidt
Geschäftsführer(in): Wolf-Dieter Matern

● **U 339**

Wirtschaftsförderung Hersfeld-Rotenburg
Geschäftsbereich der Strukturentwicklungsgesellschaft für den Landkreis Hersfeld-Rotenburg mbH
Leinenweberstr. 1, 36251 Bad Hersfeld
T: (06621) 9 44-110   **Fax:** 9 44-101
Internet: http://www.dgz.bad-hersfeld.de
E-Mail: wirtschaftsfoerderung@bad-hersfeld.de
Gründung: 1980 (27. Februar)
Vorsitzender des Aufsichtsrates: Roland Hühn
stellv. Vorsitzender des Aufsichtsrates: Bürgermeister Manfred Fehr, Rotenburg a.d. Fulda
Geschäftsführer(in): Dieter Mertelmeyer

● **U 340**

Mittelstandszentrum Tauber-Franken GmbH
Johann-Hammer-Str. 24, 97980 Bad Mergentheim
T: (07931) 98 50-0   **Fax:** 98 50-20
Internet: http://www.mtf-gmbh.de
E-Mail: kontakt@mtf-gmbh.de
Gründung: 1992
Geschäftsführer(in): Dipl.-Betriebsw. Paul Gehrig

● **U 341**

Gesellschaft für Wirtschaftsförderung im Kreis Warendorf mbH
Vorhelmer Str. 81, 59269 Beckum
T: (02521) 85 05-0, 41 56   **Fax:** 1 61 67
Gründung: 1969
Geschäftsführer(in): Dipl.-Kfm. Joachim Kröll
Mitarbeiter: 8

● **U 342**

Wirtschaftsförderung Berlin GmbH
Ludwig Erhard Haus
Fasanenstr. 85, 10623 Berlin
T: (030) 3 99 80-0   **Fax:** 3 99 80-239
Internet: http://www.berlin.de/wfb
E-Mail: info@wf-berlin.de
Gründung: 1978
Geschäftsführer(in): Dr. Hans Estermann
Vorsitzender des Aufsichtsrates: Wolfgang Branoner (Senator für Wirtschaft und Technologie, Berlin)
Leitung Presse- und Öffentlichkeitsarbeit: Christina Hufeland
Mitarbeiter: 32

● **U 343**

SL Südraum Leipzig GmbH
Margarethenhain 7, 04579 Espenhain
T: (034206) 6 34 02   **Fax:** 6 34 09
Geschäftsführer(in): Dr. Rolf Müller-Syring
Leitung Presseabteilung: Christine Hoffmann

● **U 344**

Bielefeld Marketing GmbH
Willy-Brandt-Platz 2, 33602 Bielefeld
T: (0521) 51 61 60   **Fax:** 51 61 63
Internet: http://www.bielefeld.de
E-Mail: marketing@bielefeld.de
Gründung: 1998 (23. Januar)
Geschäftsführer(in): Hans-Rudolf Holtkamp
Mitarbeiter: 15

● **U 345**

Wirtschaftsförderungs- und Strukturentwicklungsgesellschaft mbH (WISEG)
Schloßallee 11, 55765 Birkenfeld
T: (06782) 15-234   **Fax:** 15-493
Gründung: 1996
Geschäftsführer(in): Landrat Wolfgang Hey
Stellvertreter: Sparkassendir. a.D. Manfred Krämer

● **U 346**

WfG Bremer Wirtschaftsförderung GmbH
Postf. 10 04 43, 28004 Bremen
Hanseatenhof 8, 28195 Bremen
T: (0421) 3 08 85-0   **Fax:** 3 08 85-44
Internet: http://www.bremen-wfg.de
E-Mail: mail@wfg-bremen.de
Geschäftsführer(in): Dr. Dieter Russ

● **U 347**

Wirtschaftsförderungsgesellschaft Weser-Jade mbH
Postf. 10 02 25, 28002 Bremen
Langenstr. 5, 28195 Bremen
T: (0421) 36 31 50   **Fax:** 3 63 15 20
Internet: http://www.weser-jade.de
Vors. d. Aufsichtsrates: Fritz Lütke-Uhlenbrock
Geschäftsführer(in): Dipl.-Kfm. Alexander von Harder
Leitung Presseabteilung: Dipl.-oec. Stefan Baumann

● **U 348**

Entwicklungsgesellschaft Brunsbüttel mbH
Elbehafen, 25541 Brunsbüttel
T: (04852) 83 84-0   **Fax:** 83 84-30
Internet: http://www.egeb.de
E-Mail: info@egeb.de
Gründung: 1971 (Januar)
Geschäftsführer(in): Dr. Hans-Jürgen Hett
Stellvertretende(r) Geschäftsführer(in): Dietmar Ackermann
Mitarbeiter: 27

● **U 349**

Wirtschaftsförderungsgesellschaft der Stadt Coburg mbH
Postf. 30 42, 96419 Coburg
Markt 1 Stadthaus, 96450 Coburg
T: (09561) 89-2300   **Fax:** 89-2309
Internet: http://www.wifoeg-coburg.de
E-Mail: wifoeg@coburg.de
Gründung: 1950 (29. Dezember)
Vorsitzende(r): OB Norbert Kastner
Geschäftsführer(in): Dr. Gawin
M. Galda
Leitung Presseabteilung: Stephan Horn
Mitarbeiter: 7

● **U 350**

Wirtschaftsförderung Sachsen GmbH (WFS)
Postf. 19 25 23, 01283 Dresden
Bertolt-Brecht-Allee 22, 01309 Dresden
T: (0351) 31 99 10-00   **Fax:** 31 99 10-99
Internet: http://www.sachsen.de
E-Mail: info@wfs.saxony.de
Gründung: 1991 (21. Juli)
Geschäftsführung: Dr. Günter Metzger (Vors.)
Dr. Harald Röthig

● **U 351**

Wirtschaftsförderungsgesellschaft für den Kreis Coesfeld mbH (WFG)
Postf. 16 27, 48237 Dülmen
Bahnhofstr. 22-24, 48249 Dülmen
T: (02594) 30 74   **Fax:** 8 10 75
T-Online: *025943076#
Internet: http://www.wfgcoesfeld.de
E-Mail: wfgcoesfeld@t-online.de
Geschäftsführer(in): Dipl.-Verwaltungsw. Werner Geerißen

● **U 352**

Wirtschaftsförderungs-GmbH für den Landkreis Diepholz
Kreisverwaltung
Postf. 13 40, 49343 Diepholz
Niedersachsenstr. 2, 49356 Diepholz
T: (05441) 9 76 14 30   **Fax:** 9 76 17 68
Internet: http://www.diepholz.de
E-Mail: wirtschaft@diepholz.de
Gründung: 1971 (1. Januar)
Vorsitzende(r): W. Evers
Geschäftsführer(in): K.-H. Reddig

● **U 353**

Gesellschaft für Wirtschaftsförderung Nordrhein-Westfalen mbH
Postf. 20 03 09, 40101 Düsseldorf
T: (0211) 1 30 00-0   **Fax:** 1 30 00-154
Internet: http://www.gfw-nrw.de
E-Mail: gfw@gfw-nrw.de
Gründung: 1960
Geschäftsführer(in): Michael Kolmar
Leitung Presseabteilung: Petra Wassner

● **U 354**

Entwicklungsgesellschaft m.b.H. Eitorf (Sieg)
Markt 1 (Rathaus), 53783 Eitorf
T: (02243) 8 90-0   **Fax:** 8 91-79
Teletex: 2 243 400 =GdeEit
Gründung: 1979 (1. Januar)
Vorsitzender des Aufsichtsrates: Peter Patt (Höhbergstr. 30, 53783 Eitorf)
Geschäftsführer(in): Wilhelm Kratz (Markt 1, 53783 Eitorf)
Hubert Grützenbach (Posthof 3, 53783 Eitorf)
Bernd Reindorf (Markt 11, 53783 Eitorf)
Verbesserung der sozialen und wirtschaftlichen Struktur der Gemeinde sowie Förderung des Umweltschutzes in der Gemeinde Eitorf. Vermittlung und Verkauf von Gewerbegrundstücken.

● **U 355**

Entwicklungsgesellschaft Ostholstein mbH EGOH
Röntgenstr. 1, 23701 Eutin
T: (04521) 8 08 10   **Fax:** 8 08 11
VdAR: der jeweilige Landrat des Kreises Ostholstein, Röntgenstr. 1, 23701 Eutin
Geschäftsführer(in): Claus-Peter Matthiensen

● **U 356**

Wirtschaftsförderungs- und Regionalentwicklungsgesellschaft Flensburg/Schleswig mbH
Lise-Meitner-Str. 2, 24941 Flensburg
T: (0461) 99 92-200   **Fax:** 99 92-213
Internet: http://www.wireg.de
E-Mail: info@wireg.de
Geschäftsführer(in): Dipl.-Wirtsch.-Ing. Dr. Klaus Matthiesen

● **U 357**

Wirtschaftsförderung Frankfurt - Frankfurt Economic Development - GmbH
Hanauer Landstr. 182d, 60314 Frankfurt
T: (069) 2 12-36209   **Fax:** 2 12-98
Internet: http://www.frankfurt-business.de
E-Mail: info@frankfurt-business.de
Geschäftsführer(in): Dr. Hartmut Schwesinger

● **U 358**

Wirtschaftsförderung Region Frankfurt RheinMain e.V.
Geschäftsstelle:
c/o Planungsverband Frankfurt
Am Hauptbahnhof 18, 60329 Frankfurt
T: (069) 25 77-1330   **Fax:** 25 77-1339
Internet: http://www.region-frankfurt-rheinmain.de
E-Mail: info@region-frankfurt-rheinmain.de

● **U 359**

Wirtschaftsförderung Rhein-Erft GmbH
Europaallee 33, 50226 Frechen
T: (02234) 9 55 68-0   **Fax:** 9 55 68-68
Internet: http://www.wfg-rhein-erft.de
E-Mail: info@wfg-rhein-erft.de
Gründung: 1971
Vorsitzender des Aufsichtsrates: Werner Stump
StVdAR: Hans Günter Eilenberger
Karl Engelskirchen
Geschäftsführer(in): Dipl.-Kfm. Dr. Manfred Wegner
Mitarbeiter: 13

● **U 360**

Wirtschaftsfördergesellschaft Ostthüringen mbH
Rudolf-Diener-Str. 19, 07545 Gera
T: (0365) 8 33 04-0   **Fax:** 8 33 04-13
Internet: http://www.wfg-ot.de
E-Mail: mail@wfg-ot.de
Gründung: 1991 (Oktober)
Mitarbeiter: 10

● **U 361**

Stadthallen GmbH Gießen
Berliner Platz 2, 35390 Gießen
T: (0641) 9 75 11-0   **Fax:** 7 69 57
Geschäftsführer(in): Barbara Kallweit
Verwaltung der Kongreßhalle sowie 4 Bürgerhäuser der Stadt Gießen, Stadt- und Touristikinformation mit Zimmervermittlung.

● **U 362**

Datenbankdienste Göttingen e.V.
Okerweg 26, 37081 Göttingen
T: (0551) 70 62 72   **Fax:** 70 62 95
E-Mail: dbdg@datenbankdienste-goettingen.de
Kontakt: Norbert Heising

● U 363

Gesellschaft für Wirtschaftsförderung mbH der Stadt Gronau (WTG)
Postf. 19 65, 48580 Gronau
Bahnhofstr. 40, 48599 Gronau
T: (02562) 9 12-0   **Fax:** 9 12-107
Internet: http://www.wtg-gronau.de
E-Mail: info@wtg-gronau.de
Geschäftsführer(in): Dr. Christoph Dickmanns

● U 364

Wirtschaftsförderungsgesellschaft Güstrow mbH
im EGZ Güstrow, Glasewitzer Burg
Am Augraben 2, 18273 Güstrow
T: (03843) 2 36-0   **Fax:** 2 36-100
E-Mail: info@twfg.de

● U 365

Oberbergische Aufbaugesellschaft mbH
Postf. 10 05 55, 51605 Gummersbach
Moltkestr. 34, 51643 Gummersbach
T: (02261) 88 61 00-01   **Fax:** 88 61 23
TX: 884 418
T-Online: *88#
Gründung: 1963
Geschäftsführer(in): Dipl.-Ing. Manfred Strombach
Dipl.-Ing. Volker Dürr

Wirtschaftsförderungs- und Strukturförderungsgesellschaft für den Oberbergischen Kreis, seine Städte und Gemeinden.

● U 366

Wirtschaftsförderung Hagen GmbH
Postf. 38 26, 58038 Hagen
Feithstr. 142, 58097 Hagen
T: (02331) 80 99-99   **Fax:** 80 99-80
Internet: http://www.wfg-hagen.de
E-Mail: wfg@wfg-hagen.de
Geschäftsführer(in): Dr. Christian Schmidt
Mitarbeiter: 27 (Stand Nov. 2000)

● U 367

Wirtschaftsförderungs- und Liegenschaftsgesellschaft Süd-West-Mecklenburg mbH
Hamburger Str. 9, 19230 Hagenow
T: (03883) 72 30 31   **Fax:** 6 24 20 09
Internet: http://www.wflg.de
E-Mail: info@wflg.de

● U 368

HWF Hamburgische Gesellschaft für Wirtschaftsförderung mbH
Hamburger Str. 11, 22083 Hamburg
T: (040) 22 70 19-0   **Fax:** 22 70 19-29
Internet: http://www.hamburg.de
E-Mail: info@hwf-hamburg.de
Geschäftsführer(in): Dr. rer.pol. Dietmar Düdden
Dipl.-Kfm. Uwe Jens Neumann
Leitung Presseabteilung: Andreas Köpke
Mitarbeiter: 24

Beratung und Betreuung in Hamburg ansässiger Firmen und Ansiedlung nationaler und internationaler Unternehmen.

● U 369

Wirtschaftsverein Harburg-Wilhelmsburg zur Förderung von Industrie, Handel und Gewerbe e.V.
Harburger Rathausstr. 40, 21073 Hamburg
T: (040) 77 12 62 52   **Fax:** 77 12 62 10
Vorsitzende(r): Jochen Winand (Harburger Rathausstr. 40, 21073 Hamburg, T: (040) 77 12 62 52)
Geschäftsführerin: Sybille Möller-Fiedler
Mitglieder: 174

● U 370

Investment Promotion Agency Niedersachsen
Hamburger Allee 4, 30161 Hannover
T: (0511) 34 34 66   **Fax:** 3 61-59 09
Internet: http://www.ipa-niedersachsen.de
E-Mail: info@ipa-niedersachsen.de
Gründung: 1992
Geschäftsführer(in): Dr. Klaus von Voigt
Mitarbeiter: 16
Jahresetat: DM 4,5 Mio, € 2,3 Mio

Anwerbung und Beratung von Industrie- und Dienstleistungsunternehmen für den Standort Niedersachsen. Durchführung niedersächsischer Programme zur Förderung der Außenwirtschaft. Port Promotion.

● U 371

Kommunalverband Großraum Hannover
öffentlich-rechtliche Körperschaft
Postf. 66 49, 30066 Hannover
Arnswaldtstr. 19, 30159 Hannover
T: (0511) 36 61-0   **Fax:** 36 61-450
Internet: http://www.hannover-region.de
E-Mail: info@hannover-region.de
Gründung: 1963 (1. Januar)
Vors. der Verbandsversammlung: Adalbert Hauschild
1. Stellv. Vors.: Christel Hoffmann-Pilgrim
2. Stellv. Vors.: Michael Fleischmann
VerbandsDir.: Siegfried Frohner
Leitung Presseabteilung: Klaus Abelmann
Mitarbeiter: 140 (Mitarbeiter/-innen)
Jahresetat: DM 380,5 Mio, € 194,55 Mio

Verbandsglieder: Landeshauptstadt Hannover, Landkreis Hannover

● U 372

Wirtschaftsförderungsgesellschaft für den Kreis Heinsberg mbH
Postf. 13 45, 52517 Heinsberg
Valkenburger Str. 45, 52525 Heinsberg
T: (02452) 13 18 10   **Fax:** 13 18 50
TX: 8 -329 319 khsd
Gründung: 1979 (1. Januar)
Geschäftsführer(in): Robert Mundt
Leitung Presseabteilung: Dr. Joachim Steiner

● U 373

Eigenbetrieb Stadtentwicklung Hennef der Stadt Hennef (Sieg)
Postf. 15 62, 53762 Hennef
Frankfurter Str. 97, 53773 Hennef
T: (02242) 8 88-0   **Fax:** 88 81 57
Gründung: 1998 (01. Januar)
Werkleitung: Finanzbeigeordneter Lutz Urbach
Stadtverwaltungsrat Werner Wegener

● U 374

Emscher-Lippe-Agentur (ELA) Gesellschaft zur Strukturverbesserung im nördlichen Ruhrgebiet mbH
Herner Str. 10, 45699 Herten
T: (02366) 10 98-0   **Fax:** 10 98-24
Internet: http://www.ela-online.de, http://www.chemsite.de, http://www.gis-ela.de (Flächenatlas)
E-Mail: info@ela-online.de
Gründung: 1990 (3.Mai)
Geschäftsführer(in): Gerd Fröhlich
Leitung Presseabteilung: Barbara Underberg
Verbandszeitschrift: Advantage Emscher-Lippe
Redaktion: Emscher Lippe Agentur GmbH
Mitarbeiter: 12
Jahresetat: DM 2 Mio, € 1,02 Mio

Akquisition und Beratung ansiedlungswilliger Unternehmen; Staatliche Finanzierungshilfe für Investoren; Präsentation geeigneter Gewerbe- und Industrieflächen; Beratung in EU-Fragen; Imagewerbung; Projektmanagement

● U 375

IFG - Gesellschaft für Wirtschafts- und Beschäftigungsförderung Ingolstadt mbH
Rathausplatz 4, 85049 Ingolstadt
T: (0841) 9 35 52-0   **Fax:** 3 48 52
Gründung: 1968
Vorsitzende(r): Peter Schnell (Oberbürgermeister der Stadt Ingolstadt)
Stellvertretende(r) Vorsitzende(r): Hans Amler (Bürgermeister der Stadt Ingolstadt)
Geschäftsführer(in): Dr. jur. Werner Richler
Dr.rer.pol. Alfred Lehmann

Wirtschafts- und Beschäftigungsförderung

● U 376

Gesellschaft für Wirtschaftsförderung Iserlohn mbH (GfW)
Postf. 15 50, 58585 Iserlohn
Kurt-Schumacher-Ring 5, 58636 Iserlohn
T: (02371) 80 94-0   **Fax:** 80 94-21
Internet: http://www.gfw-is.de
E-Mail: gfw@gfw-is.de
Gründung: 1959
Geschäftsführer(in): Dirk Jedan
Stellvertretende(r) Geschäftsführer(in): Dipl.-Ök. Thomas Junge
Prokurist(en): Dr. Peter-Paul Ahrens
Verbandszeitschrift: Innovation Iserlohn
Redaktion: GGC, Thomas Haude
Verlag: Gewerbe- und Gründerzentrum Corunna (GGC), Corunna Str. 1, 58636 Iserlohn
Mitarbeiter: 13

● U 377

Gesellschaft für Wirtschaftsförderung im Kreis Steinburg m.b.H. GFW
Viktoriastr. 17, 25524 Itzehoe
T: (04821) 34 46   **Fax:** 54 07
Internet: http://www.gfw-steinburg.de
E-Mail: gfw@gfw-steinburg.de
Geschäftsführer(in): Dr. Hans-Jürgen Hett

● U 378

WFK - Wirtschaftsförderungsgesellschaft Stadt- und Landkreis Kaiserslautern mbH
Maxstr. 4, 67659 Kaiserslautern
T: (0631) 3 71 24-0   **Fax:** 9 59 55
Internet: http://www.wifoe-kaiserslautern.uni-kl.de
E-Mail: wfk-kaiserslautern@t-online.de
Gründung: 1992 (20.Oktober)
Dr. Barbara Jörg
Mitarbeiter: 8

● U 379

Wirtschaftsförderung Region Kassel GmbH
Kurfürstenstr. 9, 34117 Kassel
T: (0561) 7 07 33-50   **Fax:** 7 07 33-59
Internet: http://www.wfg-kassel.de
E-Mail: info@wfg-kassel.de
Gründung: 1988
Geschäftsführer(in): Thilo von Trott zu Solz
Jahresetat: DM 1,0 Mio, € 0,51 Mio

● U 380

Wirtschaftsförderung Schleswig-Holstein GmbH
Lorentzendamm 43, 24103 Kiel
T: (0431) 5 93 39-0   **Fax:** 55 51 78, 5 93 39-30
Internet: http://www.wsh.de
E-Mail: info@wsh.de
Gründung: 1969
Geschäftsführer(in): Dipl.-Volksw. Volker Haufler
Dipl.-Oec. Werner Koopmann
Mitarbeiter: 18

● U 381

KiWi, Kieler Wirtschaftsförderungs- und Strukturentwicklungsgesellschaft mbH
Schauenburgerstr. 116, 24118 Kiel
T: (0431) 56 06-100   **Fax:** 56 06-195
Internet: http://www.kitz-kiel.de/firmen0.htm
E-Mail: info@kiwi-kiel.de
Gründung: 1995
Geschäftsführer(in): Dr. Dirk Claus
Mitarbeiter: 6

● U 382
**Wirtschaftsförderung
Kreis Kleve GmbH**
Lindenallee 23, 47533 Kleve
T: (02821) 7 28 10   **Fax:** 72 81 30
Internet: http://www.wfg-kreis-kleve.de
E-Mail: info@wfg-kreis-kleve.de
Geschäftsführer(in): Reinhard Gilleßen
Prokurist: Norbert Wilder

● U 383
WESTmbH Wirtschaftsförderungs- und Entwicklungsgesellschaft Steinfurt mbH
Tecklenburger Str. 8, 48565 Steinfurt
T: (02551) 69 27 00   **Fax:** 69 27 79
Gründung: 2001
Geschäftsführer(in): Wolfgang Bischoff

● U 384
Wirtschaftsförderungsgesellschaft am Mittelrhein mbH (WFG)
Postf. 20 17 32, 56017 Koblenz
Bahnhofstr. 9, 56068 Koblenz
T: (0261) 10 82 95   **Fax:** 10 82 37
E-Mail: wfg.myk@rz-online.de
Gründung: 1971 (14. Juli)
Vorsitzende(r): Landrat Albert Berg-Winters (Kreisverwaltung Mayen-Koblenz, Bahnhofstr. 9, 56068 Koblenz, T: (0261) 1 08-2 00, Tx: 261 830 KVMYK)
Hauptgeschäftsführer(in): Michael Knopp
Geschäftsführer(in): Manfred Graulich
Peter Schaaf
Mitarbeiter: 6

● U 385
WFG GmbH
Postf. 30 14 13, 50784 Köln
Vogelsanger Str. 165, 50823 Köln
T: (0221) 95 29 17-0   **Fax:** 95 29 17-20
Geschäftsführer(in): Michael Bastian

● U 386
Gewerbezentrum Lauenburg
Reeperbahn 35, 21481 Lauenburg
T: (04541) 8 60 40   **Fax:** 86 04 44
Internet: http://www.wfl.de
E-Mail: info@wfl.de
Gründung: 1989
Hauptgeschäftsführer(in): Werner Hesse
Mitglieder: 24
Mitarbeiter: 3
Jahresetat: DM 1,2 Mio, € 0,61 Mio

● U 387
Gewerbe- und Industrieansiedlungsgesellschaft Leer-Nord mbH
Postf. 16 40, 26766 Leer
Friesenstr. 46, 26789 Leer
T: (0491) 9 26 12 62   **Fax:** 9 26 13 38
TX: 27 751
Geschäftsführer(in): Landrat Andreas Schaeder
Entwickeln und Betreiben eines 300 ha großen Gewerbe- und Industriegebiets nördlich der Stadt Leer an der Seewasserstraße Ems.

● U 388
Wirtschaftsförderung Leverkusen GmbH
Dönhoffstr. 39, 51373 Leverkusen
T: (0214) 83 31-0   **Fax:** 83 31-11
Internet: http://www.wfl-leverkusen.de
E-Mail: info@wfl-leverkusen.de
Gründung: 1998 (1. Juni)
Geschäftsführer(in): Dr. Thomas Robbers
Leitung Presseabteilung: Silke Vehring
Mitarbeiter: 8
Jahresetat: DM 3 Mio, € 1,53 Mio
Kauf und Verkauf von Immobilien, Unternehmensberatung, Gründungsberatung, Coaching von Investitionsvorhaben.

● U 389
Wirtschaftsförderung Lippstadt GmbH
Erwitter Str. 105, 59557 Lippstadt
T: (02941) 2 70-101   **Fax:** 2 70-111
Internet: http://www.lippstadt.de/wfl
E-Mail: info@cartec.de
Gründung: 1985
Geschäftsführer(in): Dipl.-Ing. Wilhelm Coprian
Dipl.-Volksw. Rainer Strotmeier
Mitarbeiter: 10

● U 390
Wirtschaftsförderungsgesellschaft Oberlausitz/Niederschlesien mbH
Innere Bautzner Str. 7, 02708 Löbau
T: (03585) 85 09 60   **Fax:** 85 09 66
Internet: http://www.wfg-ol-ns.sachsen.de
E-Mail: wfg-ol-ns@t-online.de
Gründung: 1990 (22. November)
Geschäftsführer(in): Rainer R. Kiank (M.A.)
Mitarbeiter: 5

● U 391
Struktur- und Wirtschaftsförderungsgesellschaft des Landkreises Teltow-Fläming mbH
Zinnaer Str. 34, 14943 Luckenwalde
T: (03371) 64 35-0   **Fax:** 64 35-19
Internet: http://www.swfg.de
E-Mail: info@swfg.de
Gründung: 1992
Geschäftsführer(in): Herbert Vogler

● U 392
Strukturförderungsgesellschaft für den Landkreis Ludwigshafen am Rhein m.b.H.
Postf. 21 07 80, 67007 Ludwigshafen
Europaplatz 5, 67063 Ludwigshafen
T: (0621) 59 09-0   **Fax:** 59 09-5 00
Geschäftsführer(in): Landrat Dr. Ernst Bartholomé, Ludwigshafen

● U 393
Wirtschaftsförderungsgesellschaft für das Land Sachsen-Anhalt mbH (WiSA)
Kantstr. 5, 39104 Magdeburg
T: (0391) 5 68 99-0   **Fax:** 5 68 99-50
Internet: http://www.wisa.de
E-Mail: welcome@wisa.de
Gründung: 1990 (01. Dezember)
Vors. d. Aufsichtsrates: Minister Matthias Gabriel
Geschäftsführer(in): Marcus Tolle
Mitarbeiter: 24, davon 2 Auszub. (Jan. 2001)

● U 394
Stadtentwicklungsgesellschaft mbH Mayen
Postf. 19 53, 56709 Mayen
Rosengasse 2, 56727 Mayen
T: (02651) 88 20 00   **Fax:** 8 85 30 00
E-Mail: steg@mayen.de
Gründung: 1992 (1. Januar)
Ltr. u. Geschf: Hans Schmalkoke

● U 395
Wirtschaftsförderungsgesellschaft Hochsauerlandkreis mbH
Steinstr. 27, 59872 Meschede
T: (0291) 94 15 02   **Fax:** 94 15 03
Gründung: 1966 (3. Mai)
Vorsitzende(r): Michael Streit (Am Neheimer Kopf 7, 59755 Arnsberg)
Karl Schneider (Lärchenweg 10, 57392 Schmallenberg)
Geschäftsführer(in): Dipl.-Vw. Walter May
Kreisdirektor Winfried Stork
Mitglieder: 13
Jahresetat: DM 5 Mio, € 2,56 Mio
Förderung der Infrastruktur und der Wirtschaft im Hochsauerlandkreis.

● U 396
Wirtschaftsförderungs- und Strukturentwicklungsgesellschaft Moers mbH
Mühlenstr. 20, 47441 Moers
T: (02841) 9 77 10-0   **Fax:** 9 77 10-19
Internet: http://www.stadt-moers.de
E-Mail: wifoe-moers@stadt-moers.de

● U 397
Wirtschaftsförderungsgesellschaft Westerwaldkreis m.b.H.
Peter-Altmeier-Platz 1 (Kreishaus), 56410 Montabaur
T: (02602) 1 24-0, 1 24-333   **Fax:** 1 24-394
Internet: http://www.wfg-ww.de
E-Mail: ww@wfg-ww.de
Gründung: 1969
Geschäftsführer(in): Wilfried Noll
Verbandszeitschrift: Westerwälder Wirtschaftsbrief
Redaktion: KSKOMM Klaus-Stukemeier-Kommunikation, Pleurtuitstr. 8, 56235 Ransbach-Baumbach, T: (02623) 90 07 80, Fax: (02623) 90 07 78, E-Mail: ks@wfg-ww.de, URL: http://www.kskomm.de
Die Wirtschaftsförderungsgesellschaft unterstützt und fördert Maßnahmen zur Hebung der allgemeinen Wirtschaftskraft und zur Verbesserung der Wirtschafts- und Sozialstruktur.

● U 398
Wirtschaftsförderung Brandenburg GmbH
Steinstr. 104-106, 14480 Potsdam
T: (0331) 96 75-0   **Fax:** 96 75-100
Internet: http://www.brandenburg.de/wfb
E-Mail: info@wfb.brandenburg.de
Gründung: 1990 (September)
Leitung Presseabteilung: Volker Härtel

● U 399
Entwicklungsgesellschaft Norderstedt mbH
Rathausallee 64-66, 22846 Norderstedt
T: (040) 53 54 06-0   **Fax:** 53 54 06-40
Gründung: 1974
AR-Vors: Bürgermeister Hans-Joachim Grote
Stellv.: Gerhard Rudolph
Geschäftsführer(in): Johannes Schumacher
Marc-Mario Bertermann
Beauftragter Entwicklungsträger der Stadt Norderstedt, Wirtschaftsförderung, Stadtmarketing.

● U 400
WFO Wirtschaftsförderung Osnabrück GmbH
Natruper-Tor-Wall 24, 49076 Osnabrück
T: (0541) 33 14 00   **Fax:** 26 08 00
Internet: http://www.wfo.de
E-Mail: wfo@wfo.de
Geschäftsführer(in): Dr. Alexander Fischer
Stellvertretende(r) Geschäftsführer(in): Wolfgang Gurk
Vorsitzender des Aufsichtsrates: Oberbürgermeister Hans-Jürgen Fip

● U 401
Wirtschaftsförderungsgesellschaft Paderborn mbH
Technologiepark 13, 33100 Paderborn
T: (05251) 1 60 90 50   **Fax:** 1 60 90 99
Internet: http://www.wirtschaftsfoerderung-paderborn.de
E-Mail: info@wirtschaftsfoerderung-paderborn.de
Geschäftsführer(in): Annette Förster

● U 402
Förder- und Entwicklungsgesellschaft Uecker-Region mbH
Friedenstr. 9, 17309 Pasewalk
T: (03973) 21 36 97   **Fax:** 21 36 98
Internet: http://www.nord-ost.de/feg
E-Mail: feg@nord-ost.de
Gründung: 1992 (19. Oktober)
Geschäftsführer(in): Dr. Ralf Dietrich
Mitarbeiter: 4
Jahresetat: DM 0,5 Mio, € 0,26 Mio

● U 403
WEP Wirtschaftsförderungs-, Entwicklungs- und Planungsgesellschaft mbH
Osterholder Allee 2, 25421 Pinneberg
T: (04101) 5 36-0   **Fax:** 5 36-100
Internet: http://www.wep.de
E-Mail: info@wep-de
Gründung: 1948 (5. Mai); 1997 (12. Mai); 2001 (1. Januar)
Geschäftsführerin: Doris Harms

● U 404
Bundesverband ostdeutsche Wirtschaftsförderung e.V. (BOW)
Landesgruppen Sachsen und Thüringen
Unterer Graben 1, 08523 Plauen
T: (03741) 2 91-1815, 2 91-1801   **Fax:** 2 91-1809
Internet: http://www.bow-ev.de
E-Mail: wifoe@plauen.de
Gründung: 1991 (April)
1. Vorstand: Dr. Ralf Oberdorfer (Oberbürgermeister Stadt Plauen)
2. Vorstand: Eberhard Behr (Stellv. Bürgermeister Stadt Weißwasser)
3. Vorstand: Dr. Arnd Böttcher (Bürgermeister für Wirtschaft, Soziales und Ordnung der Stadt Freiberg/Sa.)
4. Vorstand: Steffen Harzer (Bürgermeister der Stadt Hildburghausen/Thüringen)
Beauftragte(r): Andrea Sachs (Leitung Presseabteilung)
Mitglieder: 7 Städte aus Sachsen + Thüringen
Mitarbeiter: 1 Beauftragte
Jahresetat: DM 0,0146 Mio, € 0,01 Mio

● U 405
GWI - Gesellschaft für Wirtschafts- und Innovationsförderung Plauen/Vogtland e.V.
Morgenbergstr. 19, 08525 Plauen
T: (03741) 58 10   **Fax:** 58 12 03
Internet: http://www.gwi-ev.org
E-Mail: info@iz-plauen.de
Gründung: 1991 (27.Juni)
Vorsitzende(r): Hans-Joachim Wunderlich (IHK-Regionalkammer Plauen)
Stellvertretende(r) Vorsitzende(r): Eckhard Sorger (Stadtverwaltung Plauen)
Peter Dörfler (Sparkasse Vogtland)
Geschäftsführer(in): Joachim Kretschmer
Stellvertretende(r) Geschäftsführer(in): Kerstin Kieselbach
Leitung Presseabteilung: Astrid Neidhardt
Mitglieder: 10
Mitarbeiter: 7

● U 406
"pro Brandenburg" e.V.
Holzmarktstr. 12, 14467 Potsdam
T: (0331) 29 29 59   **Fax:** 29 35 59
E-Mail: pro.brandenburg@t-online.de
Vorsitzende(r): Dr. Etta Schiller
Leiter der Geschäftsstelle: Hans-Karl Peter

● U 407
Wirtschaftsförderungsgesellschaft im Kreis Herzogtum Lauenburg mbH
Junkernstr. 7, 23909 Ratzeburg
T: (04541) 86 04-0   **Fax:** 86 04-44
Internet: http://www.wfl.de
E-Mail: info@wfl.de
Gründung: 1988
Stellvertretende(r) Vorsitzende(r): Dipl.-Ing. Ernst du Maire
Vors. d. AR: Dr. Matthias Esche
Hauptgeschäftsführer(in): Werner Hesse
Mitarbeiter: 9
Jahresetat: DM 1,5 Mio, € 0,77 Mio

● U 408
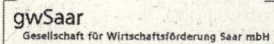
Gesellschaft für Wirtschaftsförderung Saar mbH
Trierer Str. 8, 66111 Saarbrücken
T: (0681) 99 65-400   **Fax:** 99 65-444
Internet: http://www.gwsaar.com
E-Mail: info@gwsaar.com
Gründung: 1957
Geschäftsführer(in): Thomas Schuck
Reinhold Jäger

Umfassende Beratung und sachkundige Betreuung ansiedlungsinteressierter Unternehmen auf der Grundlage sorgfältiger Standortanalysen. Bereitstellung von zentral erfaßten Informationen über Industrie- und Gewerbeflächen, verfügbare Arbeitskräftepotential, öffentliche Förderprogramme und Finanzierungshilfen etc. Aktive Hilfestellung bei Verhandlungen mit allen zuständigen Einrichtungen im Land.

● U 409
Gesellschaft für Wirtschaftsförderung Untere Saar mbH
Postfach 18 40, 66718 Saarlouis
Kaiser-Friedrich-Ring 31, 66740 Saarlouis
T: (06831) 4 44-254   **Fax:** 4 44-262
Internet: http://www.wfus.de
E-Mail: info@wfus.de
Gründung: 1969 (9. Oktober)
Geschäftsführer(in): Dipl.-Betriebsw. Gerd Rupp

● U 410
Wirtschaftsfördergesellschaft "ELBE-SAALE" e.V. (ELSA)
Landratsamt Schönebeck
Cokturhof 1, 39218 Schönebeck
T: (03928) 7 80-8 71, 7 80-8 70   **Fax:** 40 08 56
Gründung: 1990 (4. Dezember)
Vorsitzende(r): Friedrich Husemann
Stellvertretende(r) Vorsitzende(r): Dr. Gürke (Geschäftsführer Kreishandwerkerschaft)
Geschäftsstellen-Ltr: Peter Schmidt
Kontaktperson: Peter Schmidt
Rosemarie Heinemann
Mitglieder: 76
Mitarbeiter: 2

● U 411
Verein für Strukturentwicklung und Wirtschaftsförderung Uckermark
c/o Stadtverwaltung Schwedt/Oder
Lindenallee 25-29, 16303 Schwedt
T: (03332) 44 62 13   **Fax:** 44 62 48
Gründung: 1992 (7. April)
Vorsitzende(r): Barbara Rückert
Geschäftsführer(in): Dipl.-Ing. Jürgen Polzehl
Mitarbeiter: 2

● U 412
Gesellschaft für Wirtschaftsförderung Mecklenburg-Vorpommern mbH
Schloßgartenallee 15, 19061 Schwerin
T: (0385) 5 92 25-0   **Fax:** 5 92 25-22
Internet: http://www.gfw-mv.de
E-Mail: connect@gfw-mv.de
Gründung: 1991
Geschäftsführer(in): Jürgen Michael Gahrau
Mitarbeiter: 13

● U 413
Gesellschaft für Wirtschaftsförderung Aschersleben-Staßfurt mbH
Postf. 12 24, 39402 Staßfurt
Großer Markt 9, 39418 Staßfurt
T: (03925) 93 01 24   **Fax:** 93 01 25
Internet: http://www.gfw-net.de
E-Mail: info@gfw-net.de
Gründung: 1991 (1. Juli)
Geschäftsführer(in): Eveline Nettlau

Existenzgründung, Standortsicherung, Betriebsansiedlung, Erweiterungs- und Umstellungsprojekte, Technologie- und Innovationsberatung, Computergestützte Fördermittelberatung.

● U 414
Wirtschaftsförderverein "Märkisch-Oderland" e.V. (WFV)
Garzauer Chaussee, 15344 Strausberg
T: (03341) 33 53 04   **Fax:** 33 53 03
E-Mail: wfv@molnet.de
Gründung: 1992 (25. März)
Vorsitzende(r): Jürgen Reinking
Geschäftsführer(in): Jörg Schleinitz
Mitarbeiter: 3

● U 415
Wirtschaftsförderungsgesellschaft für den Kreis Unna mbH
Postf. 20 22, 59410 Unna
Friedrich-Ebert-Str. 17, 59425 Unna
T: (02303) 25 10 40   **Fax:** 27 14 90
Internet: http://www.wfg-kreis-unna.de
E-Mail: post@wfg-kreis-unna.de
Gründung: 1961
Vorsitzender des Aufsichtsrates: Landrat Gerd Achenbach (Kreisverwaltung Unna, Friedrich-Ebert-Str. 17, Postf. 16 25-16 29, 16 40, T: (02303) 27-10 01, Telefax: (02303) 27 13 99, Teletex: 2 303 319, Btx: 023 0327)
Geschäftsführer(in): Dipl.-Volksw. Hans-Peter Nustede
Dr. Michael Dannebom
Mitarbeiter: 13 Angest.

● U 416
Wirtschaftsförderungsgesellschaft für den Kreis Viersen mbH
Große Bruchstr. 28-30, 41747 Viersen
T: (02162) 93 04-0   **Fax:** 93 04-25
Gründung: 1964 (6. Juli)
Geschäftsführer(in): Rolf Adolphs
Karl Hensel
Hartmut Kropp

● U 417
Wirtschaftsförderungsgesellschaft für den Kreis Wesel mbH (WFGW)
Schillstr. 25, 46483 Wesel
T: (0281) 2 30 85   **Fax:** 2 99 34
Gründung: 1982
Geschäftsführer(in): Dipl.-Volksw. Dr. Ursula Ettelbrück

Wohnungs- und Siedlungswesen

● U 418

Deutscher Verband für Wohnungswesen, Städtebau und Raumordnung e.V.
Geschäftsstelle:
Georgenstr. 21, 10117 Berlin
T: (030) 20 61 32 50   **Fax:** 20 61 32 51
Internet: http://www.deutscher-verband.org
Präsident(in): Bundesminister a. D. Karl Ravens
Generalsekretär(in): Dr. Hans-Michael Brey
Geschäftsführer(in): Dirk Menrath
Mitglieder: 700

Förderung der unabhängigen Forschung und des freien Studiums des Wohnungswesens, des Städtebaus, der Raumordnung und der Umwelt, Zusammenwirken aller am Bau-, Wohnungs- und Planungsgeschehen Beteiligten und Interessierten.

● U 419
Institut für Städtebau, Wohnungswirtschaft und Bausparwesen e.V.
(Arnold-Knoblauch-Institut)
Postf. 30 43 11, 10723 Berlin
Klingelhöferstr. 4, 10785 Berlin
T: (030) 59 00 99 16 00   **Fax:** 5 90 09 16 05
Internet: http://www.ifs-staedtebauinstitut.de
E-Mail: zentrale@ifs-staedtebauinstitut.de
Gründung: 1963 (26. Juli)
V. d. Kuratoriums: Dr. Franz Möller
InstDir.: Dr. Stefan Jokl
Mitglieder: 115

Mitgliedsverbände

u 420
Bundesgeschäftsstelle Landesbausparkassen (LBS)
Postf. 11 01 80, 10831 Berlin
Behrenstr. 31, 10117 Berlin
T: (030) 2 02 25-414   **Fax:** 2 02 25-422

u 421
Bundesverband der Deutschen Volksbanken und Raiffeisenbanken e.V. (BVR)
Postf. 12 04 40, 53046 Bonn
Heussallee 5, 53113 Bonn
T: (0228) 5 09-0   **Fax:** 5 09-201
Internet: http://www.vrnet.de
Internationaler Zusammenschluß: siehe unter izi 31

u 422
Bundesverband Deutscher Versicherungskaufleute e.V. (BVK)
Max-Engl-Haus
Kekuléstr. 12, 53115 Bonn
T: (0228) 2 28 05-0   **Fax:** 2 28 05-50
Internet: http://www.bvk.de
E-Mail: bvk@bvk.de
Internationaler Zusammenschluß: siehe unter izk 54

u 423
Bundesvereinigung der Landesentwicklungsgesellschaften e.V.
Hegelplatz 1, 10117 Berlin
T: (030) 20 45 04 40   **Fax:** 20 45 04 44
Internet: http://www.bvleg.de
E-Mail: bvleg@bvleg.de

u 424
Bundesverband Freier Wohnungsunternehmen e.V. (BFW)
Bundesgeschäftsstelle:
Kurfürstendamm 57, 10707 Berlin
T: (030) 3 27 81-0   **Fax:** 3 27 81-298, 3 27 81-299
Internet: http://www.bfw-bund.de
E-Mail: office@bfw-bund.de
Internationaler Zusammenschluß: siehe unter izu 76

u 425
Deutscher Siedlerbund e.V.
Gesamtverband für Haus- und Wohneigentum (DSB)
Neefestr. 2a, 53115 Bonn
T: (0228) 6 04 68 20   Fax: 6 04 68 25

u 426
Evangelisches Siedlungswerk in Deutschland e.V.
Neue Gasse 2, 90403 Nürnberg
T: (0911) 22 35 54   Fax: 2 41 86 00

u 427
GdW Bundesverband deutscher Wohnungsunternehmen e.V.
Postf. 33 07 55, 14177 Berlin
Mecklenburgische Str. 57, 14197 Berlin
T: (030) 8 24 03-0   Fax: 8 24 03-199
Internet: http://www.gdw.de
E-Mail: mail@gdw.de

u 428
Hauptverband der Deutschen Bauindustrie e.V.
Kurfürstenstr. 129, 10785 Berlin
T: (030) 2 12 86-0   Fax: 2 12 86-240
Internet: http://www.bauindustrie.de
E-Mail: bauind@bauindustrie.de
Internationaler Zusammenschluß: siehe unter izf 321, izf 617, izf 798, izf 1804

Gewerkschaften und Industriegewerkschaften im DGB

u 429
Industriegewerkschaft Bauen-Agrar-Umwelt (IG BAU)
Bundesvorstand
Olof-Palme-Str. 19, 60439 Frankfurt
T: (069) 9 57 37-0   Fax: 9 57 37-800
Internet: http://www.igbau.de

u 430
Katholischer Siedlungsdienst e.V.
Bundesverband für Wohnungswesen und Städtebau (KSD)
Steinfelder Gasse 20-22, 50670 Köln
T: (0221) 13 45 20, 12 05 89   Fax: 12 05 80
Internet: http://www.ksd-ev.de
E-Mail: postmaster@ksd-ev.de

Bayern:

u 431
VdW Bayern
Verband bayerischer Wohnungsunternehmen e.V.
Postf. 22 16 54, 80506 München
Stollbergstr. 7, 80539 München
T: (089) 29 00 20-0   Fax: 2 28 59 40
Internet: http://www.vdwbayern.de
E-Mail: vdwbayern@vdwbayern.de

Berlin/Brandenburg:

u 432
Verband Berlin-Brandenburgischer Wohnungsunternehmen e.V. (BBU) (BBU)
Lentzeallee 107, 14195 Berlin
T: (030) 8 97 81 111   Fax: 9 87 81 4111

u 433
Verband der Privaten Bausparkassen e. V.
Klingelhöferstr. 4, 10785 Berlin
T: (030) 59 00 91-500   Fax: 59 00 91-501
TGR: Bausparverband

Niedersachsen/Bremen:

u 434
vdw Verband der Wohnungswirtschaft in Niedersachsen und Bremen e.V.
Postf. 61 20, 30061 Hannover
Leibnizufer 19, 30169 Hannover
T: (0511) 12 65-01   Fax: 12 65-1 11
Internet: http://www.vdw-online.de
E-Mail: info@vdw-online.de

u 435
Verband Deutscher Makler für Grundbesitz, Hausverwaltung und Finanzierungen e.V. (VDM)
Bundesgeschäftsstelle:
Saatwinkler Damm 42 /Riedemannweg 57, 13627 Berlin
T: (030) 38 30 25 28   Fax: 38 30 25 29
Internet: http://www.vdm.de
E-Mail: kontakt@vdm.de
Internationaler Zusammenschluß: siehe unter izh 539

Nordrhein-Westfalen:

u 436
Verband der Wohnungswirtschaft Rheinland Westfalen e.V.
Goltsteinstr. 29, 40211 Düsseldorf
T: (0211) 1 69 98-0   Fax: 1 69 98-50
Internet: http://www.vdw-rw.de
E-Mail: info@vdw-rw.de

u 437
Zentralverband des Deutschen Baugewerbe (ZDB)
Postf. 08 03 52, 10003 Berlin
Kronenstr. 55-58, 10117 Berlin
T: (030) 2 03 14-0   Fax: 2 03 14-419
Internet: http://www.zdb.de
E-Mail: bau@zdb.de
Internationaler Zusammenschluß: siehe unter izf 799

● U 438

Bundesverband Freier Wohnungsunternehmen e.V. (BFW)
Bundesgeschäftsstelle:
Kurfürstendamm 57, 10707 Berlin
T: (030) 3 27 81-0   Fax: 3 27 81-298, 3 27 81-299
Internet: http://www.bfw-bund.de
E-Mail: office@bfw-bund.de
Gründung: 1946 (Juni)
Internationaler Zusammenschluß: siehe unter izu 76
Ehrenpräsident: Prof. Dr. Hans Hämmerlein (Curtiusstr. 16, 40699 Erkrath, T: (02104) 4 18 61)
Karl-Heinz Reinheimer (Ziegelstr. 20, 71063 Sindelfingen, T: (07031) 69 07-0, Fax: 69 07-40)
Vorsitzende(r): Dr. Werner Upmeier (Mexikoplatz 4, 14163 Berlin, T: (030) 80 97 89 50, Fax: 80 97 89 90)
Dr. Hans Paul Ottmann (Görresstr. 2, 80798 München, T: (089) 27 27 40)
Axel W. H. Schröder (In der Marsch 11, 21339 Lüneburg, T: (04131) 3 55 75)
Gerd Koppenhöfer (Wöhlerstr. 3-5, 60323 Frankfurt, T: (069) 97 20 80-10)
Vorstand: Peter Widmayer (Schatzmeister, Amalie-Dietrich-Stieg 13, 22305 Hamburg, T: (040) 69 70 69-7)
Prof. Dr. Peter Hansen (Am Holzgraben 1, 30161 Hannover, T: (0511) 3 10 90)
Dr. Wolfgang Görlich (Fischerhüttenstr. 81 a, 14163 Berlin, T: (030) 8 13 10 62)
Dr. Hans Schreiter (Alleestr. 76/88, 42853 Remscheid, T: (02191) 29 20 73)
Dietmar Bücher (Veitenmühlenweg 2, 65510 Idstein, T: (06126) 58 80)
Michael Schauffele (Markgröninger Str. 47/1, 71701 Schwieberdingen, T: (07150) 3 00 3-48)
Heinz Hug (Grabenstr. 10, 77736 Zell a. H., T: (07835) 78 80)
Prof. Dr. Michaela Hellerforth (Altenaer Str. 2, 55107 Lüdenscheid, T: (02351) 35 80 51)
Henning Kalkmann (Schloß Wolfsbrunnenweg 31 c, 69118 Heidelberg, T: (06221) 97 10-0)
Dietmar Manke (Bahnhofstr. 4, 24558 Henstedt-Ulzburg, T: (04193) 90 10)
Hauptgeschäftsführer(in): Dr. Günter Haber (Kurfürstendamm 57, 10707 Berlin, T: (030) 32 78 10)
Leitung Presseabteilung: Carolin Hegenbarth
Verbandszeitschrift: "Die Freie Wohnungswirtschaft"
Redaktion: Dr. Günter Haber, Jacqueline Naumann-Drescher
Verlag: Kurfürstendamm 57, 10707 Berlin
Mitglieder: ca. 1800
Förderung und Schutz der Interessen der Unternehmen und Institutionen der privaten unternehmerischen Wohnungs- und Gewerberaumwirtschaft unter Ausschluß von Erwerbszwecken. Beteiligung an Gesetzgebungs- und Verwaltungsverfahren des Bundes, der Länder und Gemeinden im Sinne unserer Mitgliedsfirmen.

Landesverbände

u 439
Landesverband Freier Wohnungsunternehmen Baden-Württemberg e.V.
Grabenstr. 10, 77736 Zell
T: (07835) 78 80
Vorsitzende(r): Heinz Hug
Geschäftsführer(in): Dr. Lutz Wentlandt

u 440
Landesverband Freier Wohnungsunternehmen Bayern e.V.
Kapuzinerplatz 2, 80337 München
T: (089) 7 46 04 36   Fax: 7 21 11 01
Vorsitzende(r): Helmut Fenk
Geschäftsführer(in): Dr. Andreas Reiners

u 441
Landesverband Freier Wohnungsunternehmen Berlin/Brandenburg e.V.
Kurfürstenstr. 84, 10787 Berlin
T: (030) 23 09 58-0   Fax: 23 09 58-30
Vorsitzende(r): Klaus Groth
Geschäftsführer(in): Hiltrud Sprungala

u 442
Landesverband Freier Wohnungsunternehmen Hamburg/Schleswig-Holstein/Mecklenburg-Vorpommern e.V.
Bahnhofstr. 4, 24558 Henstedt-Ulzburg
T: (04193) 90 11 92   Fax: 90 11 70
Vorsitzende(r): Dietmar Manke
Geschäftsführer(in): Arne Berg

u 443
Landesverband Freier Wohnungsunternehmen Hessen/Rheinland-Pfalz/Saarland e.V.
Geschäftsstelle:
Bockenheimer Anlage 13, 60322 Frankfurt
T: (06343) 10 31   Fax: 76 25
Vorsitzende(r): Wolfgang Solbach (T: (069) 55 02 45, Fax: 59 47 71)
Ehrenvors.: Willy Leykauf (T: (06131) 27 05 00)
Geschäftsführer(in): Dr. Lutz Wentlandt (T: (06343) 10 31)

u 444
Landesverband Freier Wohnungsunternehmen Niedersachsen/Bremen e.V.
Am Holzgraben 1, 30161 Hannover
T: (0511) 31 09-268   Fax: 31 09-301
Vorsitzende(r): Dr. Peter Hansen
Geschäftsführer(in): Wally Plattner

u 445
Landesverband Freier Wohnungsunternehmen Nordrhein-Westfalen e.V.
Poppelsdorfer Allee 82, 53115 Bonn
T: (0228) 65 91 92   Fax: 69 30 17
Geschäftsführer(in): Dipl.-Volksw. Falk Kivelip

u 446
Landesverband Freier Wohnungsunternehmen Sachsen/Sachsen-Anhalt/Thüringen e.V.
Niedersedlitzer Platz 7, 01259 Dresden
T: (0351) 2 07 40 39   Fax: 2 07 40 49
Vorsitzende(r): Gerd Koppenhöfer
Geschäftsführer(in): Steffen Bieder

● U 447
Bau-Prüfverband Südwest e.V. (BPS)
Willy-Brandt-Platz 3, 68161 Mannheim
T: (0621) 1 20 32 25   Fax: 2 83 83
Vorsitzende(r): Heinz Hug
Geschäftsführer(in): Dr. Lutz Wentlandt

● U 448

GdW

GdW Bundesverband deutscher Wohnungsunternehmen e.V.
Postf. 33 07 55, 14177 Berlin
Mecklenburgische Str. 57, 14197 Berlin
T: (030) 8 24 03-0 **Fax:** 8 24 03-199
Internet: http://www.gdw.de
E-Mail: mail@gdw.de
Büro Köln: Gustav-Heinemann-Ufer 84-88, 50968 Köln, T: (0221) 5 79 89-0, Fax: (0221) 5 79 89-99, E-Mail: mail@gdw.de
Gründung: 1924
Präs. u. Vors. des Verbandsvorst.: Lutz Freitag
Stellv. Vors. des Verbandsvorstandes:
Gerhard Burkhardt, Mannheim
Heinz-Werner Götz, München
Vors. des Verbandsrates u. Mitgl. des Präsidiums: Jens Heiser, Hamburg
Stellv. Vors. des Verbandsrates u. Mitgl. des Präsidiums:
Curt Bertram, Chemnitz
Dr. Karl-Heinz Cox, Essen
Presse- und Öffentlichkeitsarbeit: Manfred Neuhöfer
Verbandszeitschrift: WI Wohnungspolitische Informationen
Redaktion: Manfred Neuhöfer
Verlag: HVH Hammonia-Verlag, Tangstedter Landstr. 83, 22415 Hamburg
Mitglieder: 15 Mitgliedsverbände
Mitarbeiter: 35

Spitzenverband von mehr als 3000 Wohnungsunternehmen in der Bundesrepublik Deutschland: 2000 Wohnungsbaugenossenschaften (mit 3,2 Millionen Mitgliedern) und 1150 Wohnungsunternehmen anderer Rechtsformen. Insgesamter Wohnungsbestand: rund 7 Millionen Wohnungen.

Baden-Württemberg:

u 449

vbw Verband baden-württembergischer Wohnungsunternehmen e.V.
Herdweg 52, 70174 Stuttgart
T: (0711) 1 63 45-0 **Fax:** 1 63 45-45
Internet: http://www.vbw-online.de
E-Mail: info@vbw-online.de
Verbandsdirektor: Prof. Wolfram Mutschler
Vorsitzende(r) des Vorstandes: Gerhard Burkhardt
Vorstand: WP StB Thomas Wolf

u 450

vbw Verband baden-württembergischer Wohnungsunternehmen e.V.
Geschäftsstelle Karlsruhe
Schwarzwaldstr. 39, 76137 Karlsruhe
T: (0721) 9 33 53-0 **Fax:** 9 33 53-99

Bayern:

u 451

VdW Bayern
Verband bayerischer Wohnungsunternehmen e.V.
Postf. 22 16 54, 80506 München
Stollbergstr. 7, 80539 München
T: (089) 29 00 20-0 **Fax:** 2 28 59 40
Internet: http://www.vdwbayern.de
E-Mail: vdwbayern@vdwbayern.de
Verbandsdirektor: WP/StB Dipl.-Kfm. Heinz-Werner Götz

Berlin/Brandenburg:

u 452

BBU Verband Berlin-Brandenburgischer Wohnungsunternehmen e.V.
Lentzeallee 107, 14195 Berlin
T: (030) 8 97 81-0 **Fax:** 8 97 81-249
Internet: http://www.bbu.de
E-Mail: info@bbu.de
Vorst.-Mitgl.: RA Ludwig Burkardt
WP Klaus-Peter Hillebrand
Leitung Presseabteilung: Christa Fluhr

u 453

Verband Berlin-Brandenburgischer Wohnungsunternehmen e.V.
Landesgeschäftsstelle Potsdam
Behlertstr. 13, 14469 Potsdam
T: (0331) 2 71 83-0 **Fax:** 2 71 83-18

Hamburg - Mecklenburg-Vorpommern - Schleswig-Holstein:

u 454

VNW Verband norddeutscher Wohnungsunternehmen e.V.
Tangstedter Landstr. 83, 22415 Hamburg
T: (040) 5 20 11-0 **Fax:** 5 20 11-2 01
Internet: http://www.vnw.de
E-Mail: info@vnw.de
Verbandsdirektor: Dr. Joachim Wege
Prüf.-Dir.: WP StB Jens Petersen

Landesgeschäftsstelle Kiel
Wilhelminenstr. 16, 24103 Kiel
T: (0431) 5 15 69, Telefax: (0431) 55 16 94

Landesgeschäftsstelle Schwerin
Geschwister-Scholl-Str. 3-5, 19053 Schwerin
T: (0385) 74 26-510
Telefax: (0385) 74 26-500

Hessen und Rheinland-Pfalz:

u 455

VdW südwest Verband der Südwestdeutschen Wohnungswirtschaft e.V.
Hamburger Allee 14, 60486 Frankfurt
T: (069) 9 70 65-01 **Fax:** 9 70 65-147
Internet: http://www.vdwsuedwest.de
E-Mail: vdwsuedwest@t-online.de
Verbandsdirektor: Dr. Rudolf Riedinger

u 456

PdW südwest Prüfungsverband Südwestdeutscher Wohnungsunternehmen e.V.
Hamburger Allee 14, 60486 Frankfurt
T: (069) 9 70 65-01 **Fax:** 9 70 65-147
Internet: http://www.pdwsuedwest.de
E-Mail: pdwsuedwest@t-online.de
Verbandsdirektor: Dr. Rudolf Riedinger (Prüfungsdirektor)

Niedersachsen/Bremen:

u 457

vdw Verband der Wohnungswirtschaft in Niedersachsen und Bremen e.V.
Postf. 61 20, 30061 Hannover
Leibnizufer 19, 30169 Hannover
T: (0511) 12 65-01 **Fax:** 12 65-1 11
Internet: http://www.vdw-online.de
E-Mail: info@vdw-online.de
Verbandsdirektor: Senator a.D. Bernd Meyer
Prüf.-Dir.: Dipl.-Kfm. WP/StB Hubert Schiffers

Nordrhein-Westfalen:

u 458

Verband der Wohnungswirtschaft Rheinland Westfalen e.V.
Goltsteinstr. 29, 40211 Düsseldorf
T: (0211) 1 69 98-0 **Fax:** 1 69 98-50
Internet: http://www.vdw-rw.de
E-Mail: info@vdw-rw.de
Verbandsdirektor: Staatssekr. a.D. Burghard Schneider
Prüf.-Dir.: Dipl.-Kfm. WP StB Hubert Schiffers

u 459

Verband der Wohnungswirtschaft Rheinland Westfalen e.V.
Rudolfstr. 2, 48145 Münster
T: (0251) 13 13 10 **Fax:** 39 17 57

Saarland:

u 460

Saarländischer Genossenschaftsverband e.V.
Postf. 10 27 25, 66027 Saarbrücken
Beethovenstr. 33, 66111 Saarbrücken
T: (0681) 3 87 06-0 **Fax:** 3 87 06-39
Internet: http://www.sgv.de
E-Mail: saarlaendischer_geno_verband@t-online.de
Verbandsdirektor: Dipl.-Betriebsw. WP/StB Arnold Bard
Prüfungsdirektor: Dipl.-Kfm. WP/StB Ralf M. Marquis

Sachsen:

u 461

Verband Sächsischer Wohnungsgenossenschaften e.V.
Postf. 10 04 43, 01074 Dresden
Antonstr. 37, 01097 Dresden
T: (0351) 8 07 01-0 **Fax:** 8 07 01-60
Internet: http://www.vswg.de
E-Mail: verband@vswg.de
Verbandsdirektor: Dieter Schöbel
Prüf.-Dir.: WP/StB Reiner Dürre

u 462

Verband Sächsischer Wohnungsunternehmen e.V.
Weißeritzstr. 3, 01067 Dresden
T: (0351) 4 91 77-0 **Fax:** 4 91 77-11
Internet: http://www.vswu.de
E-Mail: vswu.dresden@t-online.de
Verbandsdirektor: Dipl.-Ing. Uwe Albrecht (MdL)

Sachsen-Anhalt:

u 463

VdWG Verband der Wohnungsgenossenschaften Sachsen-Anhalt e.V.
Olvenstedter Str. 66, 39108 Magdeburg
T: (0391) 7 44 17-0 **Fax:** 7 44 19-99
Internet: http://www.vdwvdwg.de
E-Mail: vdwg-sa@t-online.de
Verbandsdirektor: Ronald Meißner
Prüf.-Dir.: WP/Stb Gertrud Bertling

u 464

VdW Verband der Wohnungswirtschaft Sachsen-Anhalt e.V.
Olvenstedter Str. 66, 39108 Magdeburg
T: (0391) 7 44 19-0 **Fax:** 7 44 19-99
Internet: http://www.vdwvdwg.de
E-Mail: vdws-a@t-online.de
Verbandsdirektor: RA Jost Riecke

Thüringen:

u 465

PTW Prüfungsverband Thüringer Wohnungsunternehmen e.V.
Schillerstr. 40, 99096 Erfurt
T: (0361) 3 40 10-0 **Fax:** 3 40 10-2 29
Internet: http://www.vtw.de
E-Mail: info@vtw.de
Verbandsdirektor: Norbert Nareyke
Prüf.-Dir.: WP/StB Horst Gerisch

u 466

VTW Verband Thüringer Wohnungswirtschaft e.V.
Schillerstr. 40, 99096 Erfurt
T: (0361) 3 40 10-0 **Fax:** 3 40 10-233
Internet: http://www.vtw.de
E-Mail:
Vorstandsvorsitzender und Verbandsdirektor: Norbert Nareyke

● U 467

Deutscher Siedlerbund e.V.
Gesamtverband für Haus- und Wohneigentum (DSB)
Neefestr. 2a, 53115 Bonn
T: (0228) 6 04 68 20 **Fax:** 6 04 68 25
Präsident(in): Alfons Löseke
Verbandszeitschrift: Familienheim und Garten

u 467

Redaktion: Manfred Rosenthal
Verlag: Neefestr. 2 a, 53115 Bonn
Mitglieder: 360000

Landesverbände

u 468

**Deutscher Siedlerbund
Landesverband Baden-Württemberg e.V.**
Steinhäuserstr. 1, 76135 Karlsruhe
T: (0721) 98 16 20   **Fax:** 9 81 62 62

u 469

Bayerischer Siedlerbund (Landesverband) e.V.
Bahnhofstr. 25a, 92637 Weiden
T: (0961) 4 82 88 14   **Fax:** 4 82 88 36

u 470

**Deutscher Siedlerbund
Landesverband Berlin-Brandenburg e.V.**
Winkler Str. 15, 14193 Berlin
T: (030) 89 09 53 60   **Fax:** 89 09 53 62

u 471

Deutscher Siedlerbund Landesverband der Brandenburgischen Siedler e.V.
Hildesheimer Str. 14a, 15366 Neuenhagen
T: (03342) 8 09 27   **Fax:** 8 09 67

u 472

**Deutscher Siedlerbund
Landesverband Bremen e.V.**
Schifferstr. 48, 27568 Bremerhaven
T: (0471) 4 75 20

u 473

Verband für Haus- und Wohneigentum Hamburg e.V.
Fehrsweg 1a, 22335 Hamburg
T: (040) 50 41 71   **Fax:** 59 05 85

u 474

**Deutscher Siedlerbund
Landesverband Hessen e.V.**
Neuhausstr. 22, 61440 Oberursel
T: (06171) 2 18 11   **Fax:** 2 57 37

u 475

**Deutscher Siedlerbund
Landesverband Mecklenburg-Vorpommern e.V.**
Mühlenweg 8, 18198 Stäbelow
T: (038207) 7 53 95   **Fax:** 7 57 29

u 476

**Deutscher Siedlerbund
Landesverband Niedersachsen e.V.**
Hildesheimer Str. 47, 30169 Hannover
T: (0511) 88 20 70   **Fax:** 8 82 07 20

u 477

**Deutscher Siedlerbund
Landesverband Nordrhein-Westfalen e.V.**
Nordparksiedlung 2, 40474 Düsseldorf
T: (0211) 43 23 80   **Fax:** 4 38 06 61

u 478

**Deutscher Siedlerbund
Landesverband Rheinland-Pfalz e.V.**
Grabenstr. 13, 56575 Weißenthurm
T: (02637) 42 05   **Fax:** 47 52

u 479

**Deutscher Siedlerbund
Landesverband Saarland e.V.**
Helenenstr. 7, 66333 Völklingen
T: (06898) 93 50 33   **Fax:** 93 50 50

u 480

**Deutscher Siedlerbund
Landesverband Sachsen-Anhalt e.V.**
Schleiermacherstr. 15, 06114 Halle
T: (0345) 5 22 01 14   **Fax:** 5 22 01 14

u 481

Deutscher Siedlerbund Sächsischer Landesverband Siedler e.V.
Kreuzstr. 17, 04103 Leipzig
T: (0341) 9 61 62 56   **Fax:** 9 61 62 60

u 482

**Deutscher Siedlerbund
Landesverband Schleswig-Holstein e.V.**
Wernershagener Weg 31-33, 24537 Neumünster
T: (04321) 6 14 44   **Fax:** 6 62 03

u 483

**Thüringer Siedlerbund
Verband für Familienheim, Wochenendsiedlung und Garten e.V.**
Bahnhofstr. 23, 98527 Suhl
T: (03681) 30 07 06   **Fax:** 30 07 06

● U 484

Evangelisches Siedlungswerk in Deutschland e.V.
Neue Gasse 2, 90403 Nürnberg
T: (0911) 22 35 54   **Fax:** 2 41 86 00
Präsident(in): Steffen Heitmann (Sächsischer Staatsminister a.D., Dresden)
Geschäftsführer(in): Dipl.-Volksw. Dr.jur.h.c. Hanns Seuß
Mitglieder: 8 Mitgliedsunternehmen, 2 Landeskirchen, 18 Einzelmitglieder

● U 485

Ring Deutscher Siedler e.V. Bundesverband für Siedlung und Familienheim (RDS)
Beuthener Str. 34, 53117 Bonn
T: (0228) 76 72 24
E-Mail: rdsev@t-online.de
Gründung: 1948 (20. März)
Bundesvorsitzender: Hermann-Josef Schmid
Leitung Presseabteilung: Dr. Walter Wehrhan
Verbandszeitschrift: RDS Journal
Redaktion: Dr. Wehrhan
Verlag: RDS Beuthener Str. 34, 53117 Bonn
Mitglieder: ca. 2000
Mitarbeiter: 3

● U 486

Bundesverband Deutscher Siedler und Eigenheimer e.V.
Schleißheimer Str. 205a, 80809 München
T: (089) 3 07 36 60   **Fax:** 30 59 70
Präsident(in): Eduard Lukas, München
Wohnungspolitik (Interessenvertretung der Siedler und Eigenheimer).

● U 487

**Katholischer Siedlungsdienst e.V.
Bundesverband für Wohnungswesen und Städtebau (KSD)**
Steinfelder Gasse 20-22, 50670 Köln
T: (0221) 13 45 20, 12 05 89   **Fax:** 12 05 80
Internet: http://www.ksd-ev.de
E-Mail: postmaster@ksd-ev.de
Vorsitzende(r): Johann Schell
Geschäftsführer(in): Dipl.-Volksw. Karl-Heinz Nienhaus
Verbandszeitschrift: Bauen und Siedeln
Verlag: Kath. Siedlungsdienst
Mitglieder: 89 Organisationen

● U 488

**Deutsches Volksheimstättenwerk e.V.
Bundesverband für Wohneigentum, Wohnungsbau und Stadtentwicklung (vhw)**
Hauptgeschäftsstelle:
Neefestr. 2a, 53115 Bonn
T: (0228) 7 25 99-0   **Fax:** 7 25 99-19
E-Mail: bonn@vhw-online.de
Bundesgeschäftsstelle:
Ernst-Reuter-Haus
Straße des 17. Juni 114
10623 Berlin
T: (030) 39 04 73-0, Fax: 39 04 73-19, E-Mail: bund@vhw-online.de
Gründung: 1946
Vorsitzende(r) des Vorstandes: Dr. Dieter Haack, Erlangen
Stellvertretende(r) Vorsitzende(r): A. Udo Bachmann, Essen
Reinhart Chr. Bartholomäi, Frankfurt a.M.
Hauptgeschäftsführer(in): Peter Rohland
Leitung Presseabteilung: Inge Hildebrand
Verbandszeitschrift: Forum Wohneigentum
Redaktion: I. Hildebrand

Verlag: vhw Verlag GmbH, Neefestr. 2a, 53115 Bonn
Mitglieder: 1400

Das vhw vertritt die Auffassung, daß die freie Entfaltung der Persönlichkeit als Grundlage unserer Gesellschaftsordnung durch das Wohnen im Eigentum in einer nach den Erfordernissen der Zeit geordneten, erschlossenen und geschützten Umwelt wesentlich gefördert werden soll. Wohnungs- und Städtebau, Raumordnung und Strukturpolitik, Steuer- und Finanzpolitik sowie Sparförderung müssen dem Rechnung tragen. Der Verband setzt sich für die Gestaltung dieser Rahmenbedingungen zur Weiterentwicklung geeigneter Wohn- und Rechtsformen für das private Kleineigentum in einer geordneten Stadtentwicklung ein.

Landesverbände

u 489

**Deutsches Volksheimstättenwerk e.V.
Landesverband Baden-Württemberg**
Gartenstr. 13, 71063 Sindelfingen
T: (07031) 8 66 10 70   **Fax:** 8 66 10 79
E-Mail: lv-bw@vhw-online.de

u 490

**Deutsches Volksheimstättenwerk e.V.
Landesverband Bayern**
Rosenbuschstr. 6, 80538 München
T: (089) 29 16 39 30   **Fax:** 29 16 39 32
E-Mail: lv-by@vhw-online.de

u 491

**Deutsches Volksheimstättenwerk e.V.
Landesverband Berlin/Brandenburg**
Straße des 17. Juni 114, 10623 Berlin
T: (030) 39 04 73 30   **Fax:** 39 04 73 39
E-Mail: lv-bb@vhw-online.de

u 492

**Deutsches Volksheimstättenwerk e.V.
Landesverband Hessen**
Lurgiallee 6-8, 60439 Frankfurt
T: (069) 58 70 07 51   **Fax:** 58 70 07 59
E-Mail: lv-he@vhw-online.de

u 493

**Deutsches Volksheimstättenwerk e.V.
Landesverband Mecklenburg-Vorpommern**
Schelfmarkt 5, 19055 Schwerin
T: (0385) 56 29 39   **Fax:** 56 29 72
E-Mail: lv-mv@vhw-online.de

u 494

**Deutsches Volksheimstättenwerk e.V.
Landesverband Niedersachsen**
Walter-Gieseking-Str. 6, 30159 Hannover
T: (0511) 8 11 66 60   **Fax:** 8 11 66 61
E-Mail: lv-ns@vhw-online.de

u 495

**Deutsches Volksheimstättenwerk e.V.
Landesverband Nordrhein-Westfalen**
Neefestr. 2a, 53115 Bonn
T: (0228) 7 25 99 40-43   **Fax:** 7 25 99 49
E-Mail: lv-nrw@vhw-online.de

u 496

**Deutsches Volksheimstättenwerk e.V.
Landesverband Rheinland-Pfalz**
Lurgiallee 6-8, 60439 Frankfurt
T: (069) 58 70 07 52   **Fax:** 58 70 07 59
E-Mail: lv-rp@vhw-online.de

u 497

**Deutsches Volksheimstättenwerk e.V.
Landesverband Saarland**
Heuduckstr. 1, 66117 Saarbrücken
T: (0681) 9 26 82 10   **Fax:** 9 26 82 26

u 498

**Deutsches Volksheimstättenwerk e.V.
Landesverband Sachsen/Sachsen-Anhalt**
Petersstr. 39 /41, 04109 Leipzig

u 499

**Deutsches Volksheimstättenwerk e.V.
Landesverband Schleswig-Holstein und Hamburg**
Osterberg 12, 24113 Molfsee
T: (0431) 5 80 87-17   **Fax:** 5 80 87-18
E-Mail: lv-sh@vhw-online.de

u 500

**Deutsches Volksheimstättenwerk e.V.
Landesverband Thüringen**
Puschkinstr. 1, 99084 Erfurt
T: (0361) 5 66 03 03   **Fax:** 5 66 03 04
E-Mail: lv-th@vhw-online.de

● U 501

**Bundesfachverband Wohnungsverwalter e.V.
(BFW)**
Schiffbauerdamm 8, 10117 Berlin
T: (030) 30 87 29 17   **Fax:** 30 87 29 19
Internet: http://www.wohnungsverwalter.de
E-Mail: service@wohnungsverwalter.de
Gründung: 1983
Präsident(in): Uwe Axel Stein
Vizepräsident(in): Thomas Meier
Geschäftsführer(in): Heinz Michael Sparmann
Mitglieder: 330

● U 502

Bundesvereinigung der Landesentwicklungsgesellschaften e.V.
Hegelplatz 1, 10117 Berlin
T: (030) 20 45 04 40   **Fax:** 20 45 04 44
Internet: http://www.bvleg.de
E-Mail: bvleg@bvleg.de
Präsident(in): Ministerialrat Henning Storck
Vorstand: Ministerialrat Roman Petrusek
Stv. d. Vorst.: Dr. Monika Arlt
Presse und Öffentlichkeitsarbeit: Irene Dombek
Verbandszeitschrift: mitteilungen (4 x jährl.)
Redaktion: Dr. Monika Arlt
Verlag: Eigenverlag
Mitglieder: 15
Mitarbeiter: 5

u 503

LEG Landesentwicklungsgesellschaft Baden-Württemberg mbH
Katharinenstr. 20, 70182 Stuttgart
T: (0711) 21 77-0   **Fax:** 21 77-300
Internet: http://www.leg-bw.de
Vors. d. Geschäftsführung: Dr. jur. Hans-Joachim Kay
Geschäftsführer(in): Lienhard Dorn
Dr. jur. Walter Kilian

u 504

BLEG Berliner Landesentwicklungsgesellschaft mbH
Pascalstr. 10c, 10587 Berlin
T: (030) 39 91-4000   **Fax:** 39 91-4001
Internet: http://www.bleg.de
E-Mail: bleg@bleg.de
Geschäftsführer(in): Staatssekretärin a.D. Dipl.-Ing. Ulla Luther

u 505

Landesentwicklungsgesellschaft für Städtebau, Wohnen und Verkehr des Landes Brandenburg mbH
Seeburger Chaussee 2, 14476 Groß Glienicke
T: (033201) 27-0   **Fax:** 27-450
Internet: http://www.leg-brandenburg.de
E-Mail: landesentwicklungsgesellschaft@leg-brandenburg.de
Gründung: 1991 (21.Oktober)
Geschäftsführer(in): Rainer-M. Geisler

u 506

WOHNSTADT Stadtentwicklungs- und Wohnungsbaugesellschaft Hessen mbH
Wolfsschlucht 18, 34117 Kassel
T: (0561) 10 01-0   **Fax:** 10 01-200
Internet: http://www.wohnstadt.de
E-Mail: mail@wohnstadt.de
Geschäftsführer(in): Dipl.-Volksw. Ernst-Hubert von Michaelis
Dipl.-Ing. Dirk Schumacher

u 507

Nassauische Heimstätte Wohnungs- und Entwicklungsgesellschaft mbH Organ der staatlichen Wohnungspolitik
Postfach 70 07 55, 60557 Frankfurt
Schaumainkai 47, 60596 Frankfurt
T: (069) 60 69-0   **Fax:** 60 69-300
Internet: http://www.naheimst.de
E-Mail: post@naheimst.de
Ltd. GeschF: Dipl.-Kfm. Bernhard Spiller
Dipl.-Ing. Arch. Sigbert Vogt
Dipl.-Ing. Wolfgang Weber

u 508

NILEG - Norddeutsche Gesellschaft für Landesentwicklung, Wohnungsbau und kommunale Anlagen mbH
Postfach 44 29, 30044 Hannover
Walter-Gieseking-Str. 6, 30159 Hannover
T: (0511) 81 16-0   **Fax:** 81 16-473
Internet: http://www.nileg.de
E-Mail: info@nileg.de
Geschäftsführer(in): MinRat Henning Storck (Sprecher)
Dipl.-Volksw. Wilhelm Gehrke
Dipl.-Ing. Bernd Hermann
Volker Brunke

*Für staatliche und kommunale Verwaltungen, Wohnungsbauunternehmen und Großinvestoren: Architekten- und Ingenieurleistungen im Hoch- und Tiefbau, Steuerung und Kontrolle komplexer Bauvorhaben.
Städtebauliche Planungen, Flächennutzungs- und Bebauungspläne, städtebauliche Gutachten, Sanierungs- und Entwicklungsträgerschaften; ökologische Gutachten.
Grundstücks-, Entwicklungs- und Erschließungsträgerschaften, Finanzierungsberatung, Zwischenfinanzierung und wirtschaftliche Betreuung, Immobilienverwaltung.
Für Einzelbauherren:
Betreuung und Trägerschaft für Einfamilienhäuser und Eigentumswohnungen.*

u 509

LEG Landesentwicklungsgesellschaft Nordrhein-Westfalen GmbH
Hauptniederlassung:
Roßstr. 120, 40476 Düsseldorf
T: (0211) 45 68-0   **Fax:** 45 68-241
Internet: http://www.leg-nrw.de
E-Mail: schnitzj@leg-nrw.de
Gründung: 1970
Geschäftsführer(in): Barbara Clemens (Immobilienwirtschaft)
Hein Arning (Immobiliendienstleistungen)
Rainer Witzel (Zentralbereiche und Beteiligungen)
Pressesprecher: Jürgen Schnitzmeier
Mitarbeiter: rd. 730

u 510

LEG Saar, Landesentwicklungsgesellschaft Saarland mbH
Postfach 10 18 22, 66018 Saarbrücken
Bismarckstr. 39-41, 66121 Saarbrücken
T: (0681) 99 65-0   **Fax:** 99 65-205
Internet: http://www.leg-saar.de
Geschäftsführer(in): Reinhold Jäger
Thomas Schuck

u 511

SALEG Sachsen-Anhaltinische-Landesentwicklungsgesellschaft mbH
Turmschanzenstr. 26, 39114 Magdeburg
T: (0391) 85 03-3   **Fax:** 85 03-401
Geschäftsführer(in): Dipl.-Ing. Rüdiger Schulz
Dipl.-Ing. Conny Eggert

u 512

LSEG Landessiedlungs- und Entwicklungsgesellschaft Sachsen mbH
Blüherstr. 4, 01069 Dresden
T: (0351) 8 84 42-0   **Fax:** 8 84 42-40
Internet: http://www.lseg.de
E-Mail: lseg.gf@sa-online.de
Geschäftsführer(in): Günter Rabe
Dr. Stefan Ahrling

u 513

DKB Immobiliengesellschaft mbH
Französische Str. 54, 10117 Berlin
T: (030) 2 01 55-111   **Fax:** 2 01 55-198
Geschäftsführer(in): Hans-Peter Eger
Andreas Schmidt

u 514

**Landesentwicklungsgesellschaft Thüringen mbH
(LEG Thüringen)**
Mainzerhofstr. 12, 99084 Erfurt
T: (0361) 56 03-0   **Fax:** 56 03-333
Internet: http://www.leg.thueringen.de
E-Mail: zentrale@leg.thueringen.de
Geschäftsführer(in): Staatssekretär a.D. Reinhold Stanitzek (Sprecher)
Frank Krätzschmar

● U 515

Entwicklungsgesellschaft Waldstadt Wünsdorf/Zehrensdorf mbH
Berliner Str. 30-32, 15838 Wünsdorf
T: (033702) 8 07 01   **Fax:** 8 08 00
Internet: http://www.waldstadt.de
E-Mail: ewz-gf-baumann@t-online.de
Gründung: 1995
Geschäftsführer(in): Jürgen Baumann
Prokurist(en): Thomas Krause
Prokurist(en): Klaus Bochow
Gesellschafter: LEG-Landesentwicklungsgesellschaft für Städtebau, Wohnen und Verkehr des Landes Brandenburg mbH
Gesellschafter: Struktur- und Wirtschaftsförderungsgesellschaft des Landkreises Teltow-Fläming mbH
Gesellschafter: Gemeinde Wünsdorf
Die EWZ entwickelt und verwertet im Auftrag der Landesregierung das größte europäische Konversionsprojekt, das ehemalige Hauptquartier der Westgruppe der russischen Streitkräfte in Wünsdorf
Mitarbeiter: 19

● U 516

Verband für Studentenwohnheime e.V.
Thomas-Mann-Str. 62, 53111 Bonn
T: (0228) 65 08 90
Vorsitzende(r): Adolf Paul Quilling (Großbuschstr. 30, 53229 Bonn)
Geschäftsführer(in): RA Peter Wettermann, Bonn
Mitglieder: 19

● U 517

WohnBund e.V. - Verein zur Förderung wohnpolitischer Initiativen
Aberlestr. 16, 81371 München
T: (089) 74 68 96 11   **Fax:** 7 25 50 74
Geschäftsführer(in): Peter Schmidt

Marken-, Zeichen- und Qualitätsverbände

● U 518

**Bund Güteschutz Beton- und
Stahlbetonfertigteile e.V.**
Postfach 21 02 67, 53157 Bonn
Schloßallee 10, 53179 Bonn
T: (0228) 9 54 56 58   **Fax:** 9 54 56-90
Internet: http://www.gueteschutz-betonbauteile.de
E-Mail: bgb@betoninfo.de
Vorsitzende(r): Dipl.-Ing. Dietmar Wesser (Wesser Betonwerke und Baustoffe GmbH, Hauptstr. 106-112, 07554 Pölzig, T: (036695) 8 00, Fax: (036695) 8 01 99, E-Mail: info@wesserbeton.de)
Stellvertretende(r) Vorsitzende(r): Dipl.-Ing. Winfried Ahrens (Fritz Ahrens GmbH + Co. KG Betonwerke, Auf der Loge 14, 27259 Varrel, T: (04274) 93 10-0, Fax: (04274) 93 10-50, E-Mail: info@ahrens-beton.de, Internet: www.ahrens-beton.de)
Dipl.-Ing. Wolfgang Wambsganz (Katzenberger GmbH & Co. KG, Geisenhausener Str. 6, 81379 München, T: (089) 7 87 52 73, Fax: (089) 7 87 52 01)
Geschäftsführer(in): Dipl.-Ing. Lothar Pesch
Ehrenmitgl. d. Vorstandes: Obering. Heinz Woddow (Weinmeisterhornweg 72, 13583 Berlin, T: (030) 3 61 44 63)

Angeschlossen sind die folgenden Güteschutzverbände in den Ländern:

Baden-Württemberg

u 519

Güteschutz Beton- und Fertigteilwerke Baden-Württemberg e.V.
Postf. 70 02 56, 70572 Stuttgart
Reutlinger Str. 16, 70597 Stuttgart
T: (0711) 9 76 62-30 **Fax:** 9 76 62-35
E-Mail: gbf_bw@betonservice.de
Vorsitzende(r): Dipl.-Ing. Alois Oesselke (Betonwerk Harsch GmbH & Co. KG, Postf. 12 80, 75002 Bretten, T: (07252) 77-0, Fax: (07252) 77 64 79)
Geschäftsführer(in): Dr.-Ing. Karl Hornung
Ehrenvors.: Klaus Ganter (Otto Lang GmbH u. Co. KG Betonwerk, Alte Neckarelzer Str. 15, 74821 Mosbach, Postf. 14 46, 74804 Mosbach, T: (06261) 9 26 90)
Dr.-Ing. Heinz Dettling (Engelfriedshalde 93, 72076 Tübingen, T: (07071) 6 18 11)

Bayern

u 520

Güteschutz Beton- und Fertigteilwerke Land Bayern e.V.
Postf. 15 02 40, 80042 München
Beethovenstr. 8, 80336 München
T: (089) 51 40 31 63 **Fax:** 51 40 31 68
E-Mail: guebe@steine-erden-by.de
Vorsitzende(r): Dipl.-Ing. Wolfgang Wambsganz (Katzenberger GmbH & Co. KG, Geisenhausener Str. 6, 81379 München, T: (089) 7 87 52 73, Fax: (089) 7 87 52 01)
Stellvertretende(r) Vorsitzende(r): Dipl.-Ing. (FH) Bruno Fritz (Fritz Komplettbau, Arlesrieder Str. 21, 87746 Erkheim, T: (08336) 8 04 80, Fax: (08336) 80 48 48)
Geschäftsführer(in): Dipl.-Phys. Horst Zimmermann
Ass. Dieter Meder

Berlin

u 521

Güteschutzgemeinschaft der Beton- und Fertigteilwerke in Berlin e.V.
Nassauische Str. 15, 10717 Berlin
T: (030) 86 00 04-0 **Fax:** 86 00 04-12
Vorsitzende(r): Dipl.-Ing. Harald Vratislavsky (Vratislavsky oHG Natur- und Betonwerkstein, Nahmitzer Damm 31, 12277 Berlin, T: (030) 72 39 57-0, Fax: (030) 7 21 90 01)
Stellvertretende(r) Vorsitzende(r): Günter Krüger (Kurt Weber & Co. Betonwerk GmbH, Flottenstr. 61, 13407 Berlin, T: (030) 4 11 60 01, Fax: (030) 4 14 35 20)
Geschäftsführer(in): Dipl.-Ing. Hans Joachim Rosenwald

Hessen

u 522

Güteschutz Beton- und Fertigteilwerke Hessen e.V.
Postf. 12 49, 65002 Wiesbaden
Grillparzerstr. 13, 65187 Wiesbaden
T: (0611) 8 90 85-14 **Fax:** 8 90 85-10
Internet: http://www.gueteschutzhessen.de
E-Mail: gueteschutzhessen@t-online.de
Ehrenvors: Ing. Karl-Heinz Rost (Wiesenstr. 13, 65558 Flacht, T: (06432) 13 90)
Vorsitzende(r): Dipl.-Ing. Jürgen Krogemann (Krebs KG Betonwerk GmbH & Co., Alte Schmelze 11, 65201 Wiesbaden, Postf. 13 03 63, 65091 Wiesbaden, T: (0611) 92 85 10, Fax: (0611) 9 28 51 27)
1. Stellv. Vors.: Dipl.-Ing. Peter Nüdling (F.C. Nüdling Betonelemente GmbH & Co. KG, Ruprechtstr. 24, 36037 Fulda, T: (0661) 83 87-0, Fax: (0661) 83 87-270)
2. Stellv. Vors.: Hermann Mayer (PASSAVANT-Moos GmbH, Mittelriedstr. 25, 68642 Bürstadt, T: (06206) 98 16-0, Fax: (06206) 98 16-15)
Hauptgeschäftsführer(in): RA Axel Diedenhofen
Techn.GeschF: Dipl.-Ing. Andreas Titze

Sachsen-Anhalt

u 523

Güteschutz Beton- und Fertigteilwerke Mitte-Ost e.V.
Hegelstr. 28, 39104 Magdeburg
T: (0391) 5 32 34-0 **Fax:** 5 32 34 40
Internet: http://www.gueteschutz-mitte-ost.de
E-Mail: info@gueteschutz-mitte-ost.de
Vorsitzende(r): Dipl.-Ing. Frank Bullerjahn (BVM Betonprodukte Verwaltungs GmbH, Berliner Str. 32 a, 15378 Hennikendorf, T: (033434) 79-0, Fax: 7 03 24)
Stellvertretende(r) Vorsitzende(r): Christoph Suding
(SUDING Beton- und Kieswerk GmbH, Dorfstr. 57, 39606 Kleinau, T: (039399) 9 66 66, Fax: (039399) 9 67 99)
Geschäftsführer(in): Dr.-Ing. Günter Vogel

Niedersachsen, Hamburg, Bremen, Mecklenburg-Vorpommern und Schleswig-Holstein

u 524

Güteschutz Beton- und Fertigteilwerke Nord e.V.
Postf. 12 22, 30928 Burgwedel
Raiffeisenstr. 8, 30938 Burgwedel
T: (05139) 99 94 40 **Fax:** 99 94 50
Internet: http://www.betonverbaende-nord.de
E-Mail: gueteschutz@betonverbaende-nord.de
Vorsitzende(r): Dipl.-Ing. Günter Weber (Beton Weber GmbH & Co. KG, Meißner Str. 4, 32457 Porta Westfalica, Postf. 14 40, 32440 Porta Westfalica, T: (0571) 79 57-0, Fax: (0571) 79 57 50)
Stellvertretende(r) Vorsitzende(r): Dipl.-Ing. Winfried Ahrens (Fritz Ahrens GmbH + Co. KG Betonwerke, Auf der Loge 14, 27259 Varrel, T: (04274) 93 10-0, Fax: (04274) 93 10-50, Internet: http://www.ahrens-beton.de, E-Mail: info@ahrens-beton.de)
Geschäftsführer(in): Dr.-Ing. Franz Blume

Nordrhein-Westfalen

u 525

Güteschutz Beton Nordrhein-Westfalen - Beton- und Fertigteilwerke e.V.
Friedrich-Ebert-Str. 37 /39, 40210 Düsseldorf
T: (0211) 13 53 65, 13 53 66 **Fax:** 1 64 94 44
Internet: http://www.gueteschutz-beton.de
E-Mail: info@gueteschutz-beton.de
Vorsitzende(r): Reinhold Johannes Lehde (J. Lehde GmbH, Sassendorfer Weg 8, 59494 Soest, T: (02921) 89 06-0, Fax: (02921) 89 06-77, E-Mail: info@lehde.de, Internet: www.lehde.de)
Stellvertretende(r) Vorsitzende(r): Dipl.-Ing. Martin Großkopff (KLEI-HUES Betonbauteile GmbH & Co KG, Wagenfeldstr. 18, 48485 Neuenkirchen (St. Arnold), T: (05973) 94 82-0, Fax: (05973) 94 82-21)
Geschäftsführer(in): Dipl.-Ing. Stefan Zwolinski

Rheinland-Pfalz

u 526

Güteschutz und Landesverband Beton- und Bimsindustrie Rheinland-Pfalz e.V.
Postf. 10 10 62, 67410 Neustadt
Friedrich-Ebert-Str. 11-13, 67433 Neustadt
T: (06321) 85 20 **Fax:** 85 22 90
Geschäftsstelle Neuwied: Postf. 27 55, 56517 Neuwied
Sandkauler Weg 1, 56564 Neuwied
T: (02631) 2 22 27, **Fax:** 3 13 36
Vorsitzende(r): Joachim Altenhofen (Behr Therm GmbH & Co. KG, Auf dem Teich 10, 56645 Nickenich, T: (02632) 8 20 78, Fax: (02632) 8 18 53)
Stellvertretende(r) Vorsitzende(r): Dipl.-Ing. Manfred Lösch (SCHWENK LÖSCH Betontechnik GmbH & Co KG, Schwegenheimer Str. 1, 67380 Lingenfeld, Postf. 11 55, 67355 Lingenfeld, T: (06344) 94 90, Fax: (06344) 94 92 11)
Dipl.-Ing. (FH) Bernhard Ehl (Ehl AG Baustoffwerke, An der B 256, 56642 Kruft, Postf. 12 50, 56639 Kruft, T: (02652) 8 00 80, Fax: (02652) 80 08 88)
Geschäftsführer(in): RA Heinrich Klotz
Dipl.-Ing. Armin Neunast

Sachsen

u 527

Güteschutz Beton- u. Fertigteilwerke Sachsen e.V.
Uhlandstr. 39, 01069 Dresden
T: (0351) 4 70 58 58 **Fax:** 4 70 58 50
E-Mail: gueteschutz-beton-sachsen@t-online.de
Vorsitzende(r): Dipl.-Ing. Martin Bergmann (Sand- und Betonwerke Friedrich Bergmann GmbH, Am Zeisig 8, 04657 Langensteinbach, T: (037381) 8 61-0, Fax: (037381) 8 61 50)
Stellvertretende(r) Vorsitzende(r): Dipl.-Ing. Helmut Langner (BWG Betonwerke Fuchs GmbH & Co.KG, Gewerbeallee 2+6, 09224 Mittelbach, T: (0371) 2 71 07-0, Fax: (0371) 8 44 82 84)
Geschäftsführer(in): Dipl.-Ing. Manfred Quick

Thüringen

u 528

Güteschutz Beton- und Fertigteilwerke Thüringen e.V.
Pförtchenstr. 1, 99096 Erfurt
T: (0361) 2 25 14 25 **Fax:** 2 25 14 25, 7 89 40 53
E-Mail: gbfthueringen@aol.com

Vorsitzende(r): Dipl.-Ing. Dietmar Wesser (Wesser Betonwerke und Baustoffe GmbH, Hauptstr. 106-112, 07554 Pölzig, T: (036695) 80-0, Fax: (036695) 8 01 99, E-Mail: info@wesserbeton.de)
Stellvertretende(r) Vorsitzende(r): Dipl.-Ing. Bertram Schumann (Betonwerk Schumann GmbH, Ronneburger Str. 26, 07580 Seelingstädt, T: (036608) 96 20, Fax: (036608) 9 62 69, E-Mail: bw-schumann@t-online.de)
Geschf u. Prüfauftr.: Dr.-Ing. habil. Bärbel Stadelmann

● **U 529**

Güteschutz Kalksandstein e.V.
Postf. 21 01 60, 30401 Hannover
Entenfangweg 15, 30419 Hannover
T: (0511) 2 79 54-0 **Fax:** 2 79 54 54
Internet: http://www.kalksandstein.de
E-Mail: info@kalksandstein.de
Vorsitzende(r) des Vorstandes: Dipl.-Kfm. Frank Fugmann (Union Norddeutscher Kalksandsteinwerke (UNK) GmbH & Co. KG, 24214 Schacht-Audorf)
Hauptgeschäftsführer(in): Dr. jur. Walter Erasmy
Geschäftsführer(in): Dr.-Ing. Dieter Kasten

● **U 530**

Gütegemeinschaft AKB für Asphalt-Kaltbauweisen zur Erhaltung von Strassen e.V.
Geschäftsstelle:
Bataverstr. 7-9, 47809 Krefeld
T: (0180) 5 34 12 36 **Fax:** 5 34 12 36
Gründung: 1988
1. Vorsitzende(r): Hermann Giesler (Fa. Protecta, Krefeld)
2. Vorsitzende(r): Helmut Wellmann (Fa. Kutter, Hanau)
Mitglieder: 10
Jahresetat: DM 0,05 Mio, € 0,03 Mio

● **U 531**

MARKENVERBAND e.V.
Schöne Aussicht 59, 65193 Wiesbaden
T: (0611) 58 67 21, 58 67 24 **Fax:** 58 67 27
Internet: http://www.markenverband.de
E-Mail: info@markenverband.de
Gründung: 1903
Internationaler Zusammenschluß: siehe unter izo 163, izu 95
Vorsitzende(r): Johann C. Lindenberg (Vors. d. Geschf. Unilever Deutschland)
Stellvertretende(r) Vorsitzende(r): Dr. Michael Braun (Geschäftsf. Gesellschafter Triumph International Holding GmbH)
August Oetker (pers. haft. Ges. dr. August Oetker Nahrungsmittel KG)
Uwe Wölfer (Mitgl. d. Vorstandes Beiersdorf AG)
Hauptgeschäftsführer(in): RA Horst Prießnitz
Stellvertretende(r)-Hauptgeschäftsführer: Dipl.-Volkswirt Wolfgang Hainer
Schatzmeister: Rainer Camphausen (Geschäftsführer Effen GmbH)
Mitglieder: 330
Zeitschrift: Markenartikel
Redaktion: Peter E. Grossklaus
Verlag: E. Albrecht Verlags KG, Freihamer Str. 2, 82166 Gräfelfing

● **U 532**

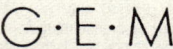

Gesellschaft zur Erforschung des Markenwesens e.V.
Schöne Aussicht 59, 65193 Wiesbaden
T: (0611) 58 67-0 **Fax:** 58 67 27
E-Mail: info@markenverband.de
Gründung: 1954
Vorsitzende(r): Dr. Wolfgang Majer
Geschäftsf. Vorst.: RA Dr. Peter Lips (Wiesbaden, Hamburg)

Förderung wissenschaftlicher Tätigkeiten, die der Erforschung oder Beschreibung des Markenwesens gewidmet sind; Durchführung eigener Untersuchungen, die die Marke zum Thema haben.

● U 533
ILKA-Warenzeichenverband e.V.
Königsbrücker Landstr. 159, 01109 Dresden
Geschäftsstelle:
Bertolt-Brecht-Allee 22, 01309 Dresden
T: (0351) 31 99 16 21 **Fax:** 31 99 18 02
Internet: http://www.ilka.de
E-Mail: ilka@ilka.de
Vorsitzende(r): Wilfried Engelmann

● U 534
Arbeitskreis Qualitätsdaune e.V.
Fabrikstr. 35, 73266 Bissingen
T: (07023) 95 11-0 **Fax:** 95 11-55
Gründung: 1985 (7. Juli)
Vorsitzende(r): Knut Jaeger (BIG PACK GMBH, Fabrikstr. 35, 73266 Bissingen)
Stellvertretende(r) Vorsitzende(r): Ralf Lingrün (Paradies GmbH Gebr. Kremers, 47506 Neukirchen-Vluyn)
Mitglieder: 8

● U 535
PERLON-Warenzeichenverband e.V.
51368 Leverkusen
T: (0214) 3 06 19 35 **Fax:** 3 06 63 41
Vorstand: RA Helmut Pastor
RA Rainer Trieschmann

● U 536

Warenzeichenverband Edelstahl Rostfrei e.V.
Postf. 10 22 05, 40013 Düsseldorf
T: (0211) 67 07-0 **Fax:** 67 07-344
Gründung: 1962
Geschäftsführer(in): Dr. Hans-Peter Wilbert
Mitglieder: ca. 2000

● U 537
Interessengemeinschaft Normung (IGN)
Postf. 92 02 44, 51152 Köln
Ettore-Bugatti-Str. 35, 51149 Köln
T: (02203) 35 70 60 **Fax:** 35 70 62
E-Mail: igngkew@t-online.de
Gründung: 1998 (1. Juli)
Mitglieder: 12
Mitarbeiter: 2
Fachbereiche: Entwässerungstechnik Verkehrsflächen, Entwässerungstechnik Gebäude, Abscheidetechnik, Regenwasserbewirtschaftung

Vertretung aller interessierten Kreise (Hersteller, Planer, Einbauer, Anwender, Behörden) in den relevanten Gremien der nationalen/europäischen Normung/Regelsetzung für die 4 Fachbereiche der Vereinigung.

● U 538
Gütegemeinschaft Anodisiertes Aluminium e.V. (GAA)
Postf. 42 43, 90022 Nürnberg
Marientorgraben 13, 90402 Nürnberg
T: (0911) 20 44 41 **Fax:** 22 67 55
E-Mail: Industrieverbaende-Nbg@t-online.de
Gründung: 1974
Vorsitzende(r): Dr. Hans Heimbach (Fa. Aluminiumwerke Wutöschingen AG & Co. KG, Postf. 11 20, 79791 Wutöschingen, Werkstr. 4, 79793 Wutöschingen)
Stellvertretende(r) Vorsitzende(r): Wolfgang Buchholz (Fa. Metalloxyd GmbH, Postf. 45 11 60, 50886 Köln, Widdersdorfer Str. 329-331, 50933 Köln)
Geschäftsführer(in): RA Michael Middendorf

● U 539

Gütegemeinschaft Kunststoff-Fensterprofile im Qualitätsverband Kunststofferzeugnisse e.V.
Baumschulallee 6, 53115 Bonn
T: (0228) 7 66 76 54, 7 66 76 55 **Fax:** 7 66 76 50
Vorsitzende(r): Dipl.-Ing. Klaus Jensen (Salamander Industrie-Produkte GmbH, 86838 Türkheim)
Geschäftsführer(in): RA Dieter Utz

● U 540
Gütegemeinschaft Kunststoff-Müllgroßbehälter im Qualitätsverband Kunststofferzeugnisse e.V.
Hammanstr. 3, 60322 Frankfurt
T: (069) 59 80 93 **Fax:** 55 07 71
GeschfObmann: Ing. Hans A. Hoffmann (Fa. Sulo Eisenwerk Streuber + Lohmann GmbH, Herford)

● U 541
Qualitätssicherungsgemeinschaft der Industriellen Rekonditionierer e.V.
Niederkasseler Str. 60, 40547 Düsseldorf
T: (0211) 55 61 66 **Fax:** 55 64 66
Vorsitzende(r): Günter Plath (c/o Fa. Friedsam GmbH, Siemensstr. 9, 41542 Dormagen, T: (02133) 79 47, Telefax: (02133) 7 12 82)
Geschäftsführer(in): RA Kai Bellwinkel (Niederkasseler Str. 60, 40547 Düsseldorf, T: (0211) 55 61 66, Telefax: (0211) 55 64 66)

● U 542
DVQ Deutsche Vereinigung für Qualitäts-Management e.V.
Zettachring 6, 70567 Stuttgart
T: (0711) 90 02 40 **Fax:** 7 28 91 50

● U 543

Überwachungsgemeinschaft Metall- und Fiberverpackungen e.V.
Kaiserswerther Str. 137, 40474 Düsseldorf
T: (0211) 4 54 65-0 **Fax:** 4 54 65-30
E-Mail: vmv@metallverpackungen.de
Vorsitzende(r): Thomas Stumpf (Duttenhöfer GmbH & Co. KG, Bahnhofstr. 100, 67454 Haßloch)
Geschäftsführer(in): Dr. Dieter Meiners

● U 544
Wollsiegel-Verband e.V.
Kaiserswerther Str. 282-284, 40474 Düsseldorf
T: (0211) 16 05-0 **Fax:** 16 05-335
Geschäftsführer(in): M. Möller
Erzeugnisse aus reiner Wollwolle: Wollsiegel, Erzeugnisse aus reiner Schurwolle mit Beimischungen: Combi-Wollsiegel

Gütezeichen im Baubereich

● U 545
Güteschutz Anbaubalkone e.V.
Postf. 20 03 20, 47423 Moers
Grabenstr. 29, 47447 Moers
T: (01803) 32 73 74 **Fax:** (02841) 17 71 03
Internet: http://www.anbaubalkone.de
E-Mail: info@balkone-gelaender.de
Gründung: 1995 (Juni)
Verbandszeitschrift: Anbaubalkon-Report

● U 546
Gütegemeinschaft Bauelemente aus Titanzink e.V.
Vagedesstr. 4, 40479 Düsseldorf
T: (0211) 35 08 67 **Fax:** 35 08 69
Vorsitzende(r): Dr.-Ing. W. E. Kallenberger

● U 547
Güteschutz und Landesverband Beton- und Bimsindustrie Rheinland-Pfalz e.V.
Postf. 27 55, 56517 Neuwied
Sandkauler Weg 1, 56564 Neuwied
T: (02631) 2 22 27/8 **Fax:** 3 13 36
Vorsitzende(r): Joachim Altenhofen (c/o Rausch-Therm GmbH + Co. KG, Postf. 20, 56643 Nickenich)
Geschäftsführer(in): Dipl.-Ing. Armin Neunast

● U 548
Gütegemeinschaft Fahrbahnmarkierung e.V.
Mainzer Str. 6-8, 56410 Montabaur
T: (02602) 13 05-0 **Fax:** 13 05-50

● U 549
Studiengemeinschaft Holzleimbau e.V.
Postf. 300141, 40401 Düsseldorf
Rather Str. 49a, 40476 Düsseldorf
T: (0211) 4 78 18-0 **Fax:** 45 23 14
Internet: http://www.brettschichtholz.de
E-Mail: info@brettschichtholz.de
Vorsitzende(r): Dipl.-Betriebsw. Bernhard Mohr (i. Fa. Mohr Holzbau GmbH, Niederkircher Str. 6, 54294 Trier, T: (0651) 8 26 10, Telefax: (0651) 8 26 12 61, E-Mail: mohr_holzbau_trier@t-online.de, Internet: http://www.bs-holz.de)
Geschäftsführer(in): Dr. Holger Conrad

● U 550
"Kornkette" e.V.
c/o Bundesverband Deutscher Kornbrenner e.V.
Westfalendamm 59, 44141 Dortmund
T: (0231) 43 37 64, 43 01 44 **Fax:** 42 20 37
E-Mail: Kornbrenner@t-online.de
Vorsitzende(r): Ralf Müllenbach (i. Fa. Müllenbach GmbH, Postf. 12 27, 51493 Rösrath)
Geschäftsführer(in): Dipl.-Ökonom Peter Pilz

● U 551
Gefahrstoffsanierungsverband e.V.
Jenfelder Str. 55a, 22045 Hamburg
T: (040) 45 36 45 **Fax:** 44 80 93 08
Gründung: 1993
Vorsitzende(r): Wilfried Kruse (Umwelttechnik Kruse)
Stellvertretende(r) Vorsitzende(r): Harrald Soost (Lorenz Asbest GmbH Sanierung + Entsorgung)
Geschäftsführer(in): Torsten Mußdorf
Mitglieder: 15
Mitarbeiter: 2

● U 552
Bundesverband der Brand- und Wasserschadenbeseitiger e.V. (BBW)
Jenfelder Str. 55a, 22045 Hamburg
T: (040) 4 50 18 10 **Fax:** 44 80 93 08
Vorsitzende(r): Norbert Riecke
Stellvertretende(r) Vorsitzende(r): Hanno Huse
Geschäftsführer(in): Torsten Mußdorf
Mitglieder: 28
Mitarbeiter: 2

● U 553

**Schwurhand-Zeichenverband
Verband für Leinenwerbung e.V.**
Ritterstr. 19, 33602 Bielefeld
T: (0521) 17 13 30 **Fax:** 13 77 41
Vorsitzende(r): N.N.
Geschäftsführer(in): Ursula Poschen

Verkaufsförderung und Werbung für alle Erzeugnisse aus Reinleinen, Halbleinen und Textilien mit einem Leinenanteil.

● U 554
Güteschutz Ziegel Nordost e.V.
Burgstr. 38, 06114 Halle
T: (0345) 5 20 21 25 **Fax:** 5 20 21 23
Gründung: 1990 (11. Dezember)
Vorsitzende(r): Hartmut Weigelt (CREATON AG, Werk Großengottern, 99991 Großengottern)
Geschäftsführer(in): Obering. Renate Preiß
Mitglieder: 52
Mitarbeiter: 2
Jahresetat: DM 0,2 Mio, € 0,1 Mio

Gütezeichen

● U 555

RAL Deutsches Institut für Gütesicherung und Kennzeichnung e.V.
Siegburger Str. 39, 53757 St Augustin
T: (02241) 16 05-0 **Fax:** 16 05-11
Internet: http://www.ral.de
E-Mail: ral-institut@t-online.de
Präsident(in): Dipl.-Ing. Karl Sassenscheidt
Hauptgeschäftsführer(in): Dr. Wolf D. Karl
Geschäftsführer(in): RA Manfred Eihoff

U 555

Die hier aufgeführten RAL-Gütegemeinschaften verfügen ausnahmslos über ein RAL-Gütezeichen. Der Verlag ist bestrebt, diese Gütezeichen möglichst vollständig kostenpflichtig abzubilden. Daher sind in der vorliegenden Ausgabe noch nicht alle RAL-Gütezeichen abgebildet.
Die offizielle vom RAL herausgegebene Gesamtübersicht der RAL-Gütezeichen mit Angabe der Anwendungsbereiche, der Zeichenträger und sämtlicher Zeichenabbildungen ist zu beziehen beim RAL Anschrift s.o.

Gütegemeinschaften mit Gütezeichen für Produkte im Baubereich

● **U 556**

Gütegemeinschaft BAHNEN aus POLYMERBITUMEN und BITUMEN e.V.
Karlstr. 19-21, 60329 Frankfurt
T: (069) 25 56-16 25   Fax: 25 56-16 26
Internet: http://www.bitumenbahnen.de
E-Mail: info@bitumenbahnen.de
Vorsitzende(r): Dipl.-Kfm. Ulrich Böving
Geschäftsführer(in): Dipl.-Wirtsch.-Ing. Heinz Schmidt

● **U 557**

Gütegemeinschaft Bauelemente aus Stahlblech e.V.
Max-Planck-Str. 4, 40237 Düsseldorf
T: (0211) 6 98 99 35, 6 98 99 36   Fax: 67 20 34
Internet: http://www.gbs-ev.de
E-Mail: post@gbs-mail.de
Vorsitzende(r): Dipl.-Ing. Karl Werner Dörr
Geschäftsführer(in): Dr.-Ing. Ralf Podleschny

Gütesicherung von Bauelementen aus Stahlblech nach RAL-GZ 617.

● **U 558**

Gütegemeinschaft Kalkstein, Kalk und Mörtel e.V.
Postf. 51 05 50, 50941 Köln
Annastr. 67-71, 50968 Köln
T: (0221) 93 46 74-0   Fax: 93 46 74-10/14
Internet: http://www.gueteschutz.de
E-Mail: gg@kalk.de
Vorsitzende(r): Dr. Thomas Stumpf (c/o FELS-WERKE GmbH, Postf. 14 60, 38604 Goslar)
Geschäftsführer(in): Dipl.-Kfm. Dr. Werner Fuchs
Dr.rer.nat. Hans-Michael Schiffner

● **U 559**

Gütegemeinschaft Blechprofilroste e.V.
Hochstr. 113, 58095 Hagen
T: (02331) 20 08-0   Fax: (02231) 20 08-40

● **U 560**

Gütegemeinschaft Bleihalbzeug e.V.
Postf. 10 54 63, 40045 Düsseldorf
Am Bonneshof 5, 40474 Düsseldorf
T: (0211) 47 96-121   Fax: 47 96-407
Vorsitzende(r): Stefan Schneider
Geschäftsführer(in): Dipl.-Kfm. Hans-Reiner Häußler

● **U 561**

Gütegemeinschaft für Blitzschutzanlagen e.V.
Brückstr. 1b, 52080 Aachen
T: (0241) 95 59 97 30   Fax: 95 59 97 31
Internet: http://www.blitzschutz.com/ral
E-Mail: ral@blitzschutz.com
Gründung: 1992
Mitglieder: 26
Mitarbeiter: 1
Jahresetat: DM 0,06 Mio, € 0,03 Mio

● **U 562**

Gütegemeinschaft Blockhausbau e.V.
Theresienstr. 29 II, 80333 München
T: (089) 28 66 26-0   Fax: 28 66 26 66
Geschäftsführer(in): Günther Mager

● **U 563**

Gütegemeinschaft Brandschutz im Ausbau e.V. (GBA)
Schillingsrotter Str. 38, 50996 Köln
T: (0221) 13 78 19   Fax: 13 87 86
Vorsitzende(r): Volker Rodenberg

● **U 564**

Gütegemeinschaft Dynamische Lagersysteme e.V.
Postf. 10 20, 58010 Hagen
Hochstr. 113, 58095 Hagen
T: (02331) 20 08-0   Fax: 20 08 40
Vorsitzende(r): David Whelan (Bellheimer Metallwerk GmbH, Bellheim/Pfalz)
Geschäftsführer(in): Günter Neuhaus

● **U 565**

Gütegemeinschaft Eisenhüttenschlacken e.V.
Bliersheimer Str. 62, 47229 Duisburg
T: (02065) 4 92 20   Fax: 99 45 10
Vorsitzende(r): Dr.-Ing. Bernd Bergmann
Geschäftsführer(in): Dr.-Ing. Heribert Motz ((02065) 4 92 20)

● **U 566**

GGM Gütegemeinschaft Mineralwolle e.V.
Postf. 61 02 44, 60344 Frankfurt
Ferdinand-Porsche-Str. 16, 60386 Frankfurt
T: (069) 94 21 90 72   Fax: 94 21 90 73
Internet: http://www.mineralwolle.de
E-Mail: info@mineralwolle.de
Gründung: 1998 (04. September)
Vorsitzende(r): Patrick Mathieu (Saint-Gobain Isover G+H AG)
Stellvertretende(r) Vorsitzende(r): Michael Ludwig (Pfleiderer Dämmstofftechnik International GmbH)
Geschäftsführer(in): Dipl.-Ing. Isolde Elkan
Mitglieder: 23
Mitarbeiter: 2

● **U 567**

Gütegemeinschaft Estrich und Belag
Industriestr. 19, 53842 Troisdorf
T: (02241) 3 96 39 60   Fax: 3 96 39 69
E-Mail: info@beb-online.de
Vorsitzende(r): Hans Uwo Freese, Bremen
Geschäftsführer(in): Dipl.-Volksw. Edgar Leonhardt

● **U 568**

Gütegemeinschaft Aluminiumfenster, -Fassaden und -Haustüren e.V.
Bockenheimer Anlage 13, 60322 Frankfurt
T: (069) 95 50 54-0   Fax: 95 50 54-11
Internet: http://www.window.de
E-Mail: ral@window.de
Vorsitzende(r): Georg O. Brunner
Geschäftsführer(in): Dipl.-Kfm. Karl Heinz Herbert

● **U 569**

Gütegemeinschaft Holzfenster und -Haustüren e.V.
Bockenheimer Anlage 13, 60322 Frankfurt
T: (069) 95 50 54-0   Fax: 95 50 54-11
Internet: http://www.window.de
E-Mail: ral@window.de
Vorsitzende(r): Hans-Georg Weichbrodt
Geschäftsführer(in): Dipl.-Kfm. Karl Heinz Herbert

● **U 570**

Gütegemeinschaft Kunststoffenster und -Haustüren e.V.
Bockenheimer Anlage 13, 60322 Frankfurt
T: (069) 95 50 54-0   Fax: 95 50 54-11
Internet: http://www.window.de
E-Mail: ral@window.de
Vorsitzende(r): Bernhard Helbing
Geschäftsführer(in): Dipl.-Kfm. Karl Heinz Herbert

● **U 571**

Gütegemeinschaft Fertigkeller e.V.
Flutgraben 2, 53604 Bad Honnef
T: (02224) 93 77-0   Fax: 93 77-77
Internet: http://www.bdf-ev.de
E-Mail: f.braune@bdf-ev.de
Vorsitzende(r): Klaus Dieter Höhne
Geschäftsführer(in): Dirk-Uwe Klaas

● **U 572**

Güteschutz-Gemeinschaft für Gips und Gipsbauelemente e.V.
Birkenweg 13, 64295 Darmstadt
T: (06151) 36 68 20   Fax: 3 66 82 22
Vorsitzende(r): Dr. H. Bloech (Kurhessische Gipswerke P. Orth GmbH + Co. KG)
Geschäftsführer(in): Dipl.-Ing. Rainer Olejnik

● **U 573**

Gütegemeinschaft Gitterroste e.V.
Postf. 10 20, 58010 Hagen
Hochstr. 113, 58095 Hagen
T: (02331) 20 08-0   Fax: 20 08 40
E-Mail: fasta_evstosch@t-online.de
Vorsitzende(r): Jan Stapelmann (STACO Stapelmann GmbH)
Geschäftsführer(in): Günter Neuhaus
Leitung Presseabteilung: Emanuel von Stosch

● **U 574**

Gütegemeinschaft Heizkörper aus Stahl e.V.
Frankfurter Str. 720-726, 51145 Köln
T: (02203) 9 35 93-0   Fax: 9 35 93 22
E-Mail: ral-heizkoerper@t-online.de

Vorsitzende(r): Günter Bengard (c/o Fa. Schäfer Heiztechnik GmbH, Neunkirchen)
Geschäftsführer(in): Andreas Lücke (M.A.)

● **U 575**
Bundes-Gütegemeinschaft Montagebau und Fertighäuser e.V.
Flutgraben 2, 53604 Bad Honnef
T: (02224) 93 77-0   **Fax:** 93 77-77
Vorsitzende(r): Dietmar J. Tiemann
Geschäftsführer(in): Dirk-Uwe Klaas

u 576
Gütegemeinschaft Deutscher Fertigbau e.V.
Hackländerstr. 43, 70184 Stuttgart
T: (0711) 2 39 96-50   **Fax:** 2 39 96-60
Internet: http://www.dfv.com
E-Mail: info@dfv.com
Vorsitzende(r): Kurt Lehner (i. Fa. Lehner-Haus, Heidenheim), Gingen-Burgberg
Geschäftsführer(in): Dipl.-Betriebsw. Joachim Hörmann

● **U 577**

Gütegemeinschaft Deutscher Fertigbau e.V.
Hackländerstr. 43, 70184 Stuttgart
T: (0711) 2 39 96-50   **Fax:** 2 39 96-60
Internet: http://www.dfv.com
E-Mail: info@dfv.com
Vorsitzende(r): Kurt Lehner (i.Fa. Lehner-Haus, Heidenheim)
Geschäftsführer(in): Dipl.-Betriebsw. Joachim Hörmann
Leitung Presseabteilung: Peter Mackowiack
Mitglieder: ca. 80

● **U 578**
Gütegemeinschaft Imprägnierte Holzbauelemente e.V.
Saarlandstr. 206, 55411 Bingen
T: (06721) 96 81-0   **Fax:** 96 81-33
Internet: http://www.holzschutz.com
E-Mail: dhv@holzschutz.com
Gründung: 1979
Vorsitzende(r): Siegfried Meyer (i. Fa. Siegfried Meyer, Holzbearbeitung, Zum Greffling 31, 57413 Finnentrop)
Geschäftsführer(in): Ass. d. Forstdienstes Uwe Halupczok
Mitglieder: 35

● **U 579**
Gütegemeinschaft Innentüren aus Holz und Holzwerkstoffen e.V.
Ursulum 18, 35396 Gießen
T: (0641) 9 75 47-0   **Fax:** 9 75 47-99
Internet: http://www.guetegemeinschaft-innentueren.de
E-Mail: gg_innentueren@eulink.net
Vorsitzende(r): Gerhard Kalinowski, Rheda-Wiedenbrück
Geschäftsführer(in): Dipl.-Betriebsw., Dipl.-Forstw. (FAss) Hans Grabowski

● **U 580**
Gütegemeinschaft Kachelofen e.V.
Oranienstr. 7, 60439 Frankfurt
T: (069) 57 52 39   **Fax:** 57 36 34
Gründung: 1980 (24. Oktober)
Vorsitzende(r): Robert Ickas, Ludwigshafen
2. Vorsitzende(r): Otto Lieberwirth (Ltg. Presseabt.)
Geschäftsführer(in): Otto Lieberwirth
Verbandszeitschrift: K&L Magazin
Verlag: Strobel/Gentner (Verlagsgemeinschaft), Oranienstr. 7, 60439 Frankfurt

Mitglieder: 76
Sicherung der Güte handwerklich errichteter Kachelöfen.

● **U 581**

Güteschutz Kanalguss e.V.
1. Etage, bei HES
Postf. 92 02 44, 51152 Köln
Ettore-Bugatti-Str. 35, 51149 Köln
T: (02203) 35 70 60   **Fax:** 35 70 62
E-Mail: igngkew@t-online.de
Vorsitzende(r): Dipl.-Ing. Bodo Lamberth (55278 Ludwigshöhe)

● **U 582**

Gütegemeinschaft Schalldämpfer e.V.
Heinestr. 169, 70597 Stuttgart
T: (0711) 9 76 58-0   **Fax:** 9 76 58-30
Internet: http://www.guete-schall.de
E-Mail: FVerband@aol.com
Geschäftsführer(in): Dr. Volker Schmid

● **U 583**
Gütegemeinschaft Kunststoffbeläge in Sportfreianlagen e.V.
Kronenstr. 55-58, 10117 Berlin
T: (030) 2 03 14-548   **Fax:** 2 03 14-583
Vorsitzende(r): H. Stemmer

● **U 584**

Gütegemeinschaft Flexible Dränrohre im Qualitätsverband Kunststofferzeugnisse e.V.
Baumschulallee 6, 53115 Bonn
T: (0228) 7 66 76 54, 7 66 76 55   **Fax:** 7 66 76 50
Vorsitzende(r): Prokurist Herbert Hauck (Fränkische Rohrwerke, Gebr. Kirchner GmbH & Co., 97484 Königsberg)
Geschäftsführer(in): RA Dieter Utz

● **U 585**

Qualitätsverband Kunststofferzeugnisse e.V.
Baumschulallee 6, 53115 Bonn
T: (0228) 7 66 76 54, 7 66 76 55   **Fax:** 7 66 76 50
Vorsitzende(r): Dipl.-Ing. Klaus Jensen
Geschäftsführer(in): RA Dieter Utz

● **U 586**
Güteschutzgemeinschaft Hartschaum e.V.
Mannheimer Str. 97, 60327 Frankfurt
T: (069) 23 55 65   **Fax:** 23 29 24
Gründung: 1961 (15.Mai)
Vorstandssprecher: Dipl.-Ing. Axel Wolf (c/o Rigips Dämmsysteme GmbH, Mittermaierstr. 18, 69115 Heidelberg)
Vorstand: Dipl.-Kfm. Hans Bommer (c/o PUREN Schaumstoff GmbH, 88662 Überlingen)
Dipl.-Ing. Horst Miehler (c/o E. Schwenk Dämmtechnik GmbH & Co. KG, Isotexstr. 1, 86899 Landsberg/Lech)
RA Bernard Sudendorf (c/o Kaefer Isoliertechnik GmbH &

Co. KG, Bürgerm.-Smidt-Str. 70, 28195 Bremen)
Geschäftsführer(in): Dipl.-Ing. Klaus Zipp
Mitglieder: 100
Mitarbeiter: 4

● **U 587**

Gütegemeinschaft Kunststoffrohre e.V.
Dyroffstr. 2, 53113 Bonn
T: (0228) 9 14 77-0   **Fax:** 21 13 09
Internet: http://www.krv.de
E-Mail: kunststoffrohrverband@krv.de
Gründung: 1963
Vorsitzende(r): Dipl.-Ing. Dieter Scharwächter (UPONOR Anger GmbH, Marl)
Geschäftsführer(in): Dr. Elmar Löckenhoff
Leitung Presseabteilung: Claus Wehage
Verbandszeitschrift: KRV-Nachrichten

● **U 588**

Gütegemeinschaft Kupferrohr e.V.
Postf. 10 54 63, 40045 Düsseldorf
Am Bonneshof 5, 40474 Düsseldorf
T: (0211) 47 96-0   **Fax:** 47 96-400
Internet: http://www.guete-kupferrohr.de
E-Mail: zilkens@ne-metalnet.de
Vorsitzende(r): B. Wallossek (KM Europa Metal AG, Osnabrück)
Geschäftsführer(in): Dipl.-Volksw. Norbert Zilkens

Gütezeichen für Kupferrohre, Hartlote und Hartlötflußmittel für Kupferrohre, Weichlote, Weichlötflußmittel und Weichlotpaste für Kupferrohr, Kapillarlötfittings aus Kupfer für Kupferrohr.

● **U 589**

Gütegemeinschaft Lager- und Betriebseinrichtungen e.V.
Postf. 10 20, 58010 Hagen
Hochstr. 113, 58095 Hagen
T: (02331) 20 08-0   **Fax:** 20 08 40
E-Mail: verband_fuer_l_und_b@t-online.de
Vorsitzende(r): Peter Jünemann (c/o J. vom Hofe GmbH & Co. KG, 58468 Lüdenscheid)
Geschäftsführer(in): Günter Neuhaus

● **U 590**
Gütegemeinschaft Lagerbehälter e.V.
Postf. 59 20, 97009 Würzburg
Koellikerstr. 13, 97070 Würzburg
T: (0931) 3 52 92-0   **Fax:** 3 52 92-29
Internet: http://www.behaelterverband.de
E-Mail: info@behaelterverband.de
Vorsitzende(r): Axel Fellhauer (Fa. Stefan Nau GmbH + Co. KG, Brückenstr. 1, 72135 Dettenhausen)
Geschäftsführer(in): Dr. Wolfram Krause

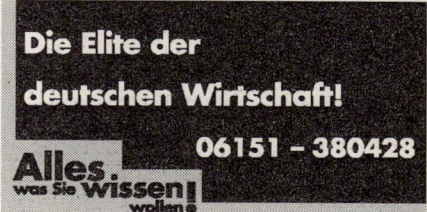

● **U 591**
Gütegemeinschaft Laminatfußboden e.V.
Mittelstr. 50, 33602 Bielefeld
T: (0521) 1 36 97 91   Fax: 12 25 39
E-Mail: info@gglaminat.de
Gründung: 1996 (8.Januar)
Mitglieder: 9

● **U 592**
Gütegemeinschaft Mehrscheiben-Isolierglas e.V.
Mülheimer Str. 1, 53840 Troisdorf
T: (02241) 87 27 30   Fax: 87 27 10
Geschf. Vorstand: Helmut Sistig (c/o Fa. Glas Rosbach GmbH, 65549 Limburg)
Blessing (c/o INTERPANE Glasges. mbH & Co., Lauenförde)
Geschäftsführer(in): Rüdiger Graap
Mitglieder: 180

● **U 593**
Gütegemeinschaft Messing-Hahnverlängerungen e.V.
Am Bonneshof 5, 40474 Düsseldorf
T: (0211) 47 96-122   Fax: 47 96-415

● **U 594**
Güte- und Informationsgemeinschaft der Nagelplattenverwender e.V.
Postf. 30 01 41, 40401 Düsseldorf
Rather Str. 49a, 40476 Düsseldorf
T: (0211) 4 78 18-0 (über Arbeitsgemeinschaft Holz eV)
Fax: 45 23 14 (über Arbeitsgemeinschaft Holz eV)
Internet: http://www.nagelplatten.de
E-Mail: info@nagelplatten.de
Vorsitzende(r): Elmar H. Suckfüll, Nieheim
Geschäftsführer(in): Dr. Holger Conrad

● **U 595**
Gütegemeinschaft Niedrigenergie-Häuser e.V.
Rosental 21, 32756 Detmold
T: (05231) 39 07 47   Fax: 39 07 49
Internet: http://www.guetezeichen-neh.de
E-Mail: guetezeichen.neh@t-online.de
Vorstand: Dipl.Pol. Klaus Michael (Vors.)
Vorstand: Dr. Helge Kröger (stellv. Vors.; Handwerkskammer Hamburg, GFA, Goetheallee 9, 22765 Hamburg, T: (040) 3 59 05-7 89, 6 78 94 40 (p), Fax: (040) 3 59 05-7 09, E-Mail: h-kroeger@gmx.de)

● **U 596**
Gütegemeinschaft Tore - Türen - Zargen (ttz) aus Stahl e.V.
Postf. 10 20, 58010 Hagen
Hochstr. 113, 58095 Hagen
T: (02331) 20 08-0   Fax: 20 08 40
E-Mail: fasta_evstosch@t-online.de
Vorsitzende(r): Thomas Hörmann (c/o Hörmann KG Freisen, Freisen)
Geschäftsführer(in): Günter Neuhaus
Leitung Presseabteilung: Emanuel von Stosch

● **U 597**
Gütegemeinschaft Raumlufttechnische Geräte e.V.
Eisenbahnstr. 42, 82110 Germering
T: (089) 84 05 00 44   Fax: 84 05 00 45
Internet: http://www.guetegemeinschaft.com
E-Mail: info@guetegemeinschaft.com
Gründung: 1994 (20. April)
Leitung Presseabteilung: Dipl.-Ing. Peter Boehm
Mitglieder: 14
Jahresetat: DM 0,5 Mio, € 0,26 Mio

● **U 598**
Gütegemeinschaft Recycling-Baustoffe e.V.
Kronenstr. 55-58, 10117 Berlin
T: (030) 2 03 14-554   Fax: 2 03 14-565
Internet: http://www.recycling-bau.de
E-Mail: info@recycling-bau.de
Vorsitzende(r): Bau-Ing. Reinhold Höcker (c/o Fa. Diekmann, Osnabrück)
Geschäftsführer(in): Dipl.-Ing. Hans Sander

● **U 599**
Gütegemeinschaft Gebrauchtholz-Recycling e.V.
Hansestr. 44, 46325 Borken
T: (02861) 93 41 30   Fax: 93 41 29
Gründung: 1996 (Oktober)
Leitung Presseabteilung: Karl Hüttl
Mitglieder: 12
Mitarbeiter: 1

● **U 600**
Gütegemeinschaft Saunabau und Dampfbad e.V.
Postf. 58 20, 65048 Wiesbaden
Bierstader Str. 39, 65189 Wiesbaden
T: (0611) 17 36-0   Fax: 17 36 20
Vorsitzende(r): Rolf Hilgers (c/o Bemberg GmbH & Co. KG, Biegelstr. 14, 74336 Brackenheim)
Geschäftsführer(in): Dr. jur. Ernst F. Lange

● **U 601**
Gütegemeinschaft Schlösser und Beschläge e.V.
Offerstr. 12, 42551 Velbert
T: (02051) 9 50 60   Fax: 95 06 20
Vorsitzende(r): Dipl.-Ing. Giselher Sieg
Geschäftsführer(in): Dipl.-Kfm. Karlheinz Kemminer
Obentürschließer, Einsteckschlösser, Rohrrahmenenschlösser, Mehrfachverriegelungen, Dreh- und Drehkippbeschläge, Profilzylinder mit Bohrschutz, Schutzbeschläge, Möbelschlösser, Tür- und Sicherheitstürbänder, Getriebegriffe und abschließbare Getriebegriffe, Aushebelschutz-Beschläge, Oberlichtöffner

● **U 602**
Gütegemeinschaft Spanplatten e.V.
Ursulum 18, 35396 Gießen
T: (0641) 9 75 47-0   Fax: 9 75 47-99
E-Mail: gg_spanplatten@eulink.net
Vorsitzende(r): Dipl.-Ing. Martin Rong, Neumarkt
Geschäftsführer(in): Dr. Udo Leukens

● **U 603**
Güteschutzgemeinschaft Sperrholz e.V.
Ursulum 18, 35396 Gießen
T: (0641) 9 75 47-0   Fax: 9 75 47-99
Internet: http://www.gueteschutzgemeinschaft-sperrholz.de
E-Mail: gg_sperrholz@eulink.net
Vorsitzende(r): Dr.-Ing. Rusche (c/o Blomberger Holzindustrie, Postf. 11 53, 32817 Blomberg)
Geschäftsführer(in): Dipl.-Betriebsw., Dipl.-Forstw. (FAss) Hans Grabowski

● **U 604**
Gütegemeinschaft Sporthallenböden e.V.
Kronenstr. 55-58, 10117 Berlin
T: (030) 2 03 14-548   Fax: 2 03 14-663
1. Vorsitzende(r): Flitsch

● **U 605**
Gütegemeinschaft Stahlhochbau e.V.
Bürgweg 12a, 90482 Nürnberg
T: (0911) 54 68 85   Fax: 54 69 80

● **U 606**

Gütegemeinschaft Stahlschutzplanken e.V.
Spandauer Str. 25, 57072 Siegen
T: (0271) 5 30 38/39   Fax: 5 67 69
E-Mail: IVS-Siegen@t-online.de
Vorsitzende(r): Gerhard Volkmann
Geschäftsführer(in): Dipl.-Ing. Volker Goergen

● **U 607**
Gütegemeinschaft Standortgefertigte Tanks e.V.
Heinestr. 169, 70597 Stuttgart
T: (0711) 9 76 58-0   Fax: 9 76 58-30
E-Mail: FVerband@aol.com
Vorsitzende(r): Matthias Chmiel (Fa. Sirch, Kaufbeuren)
Obmann d. Güteausschusses: Walter Fischer (i. Fa. Walter Fischer, Postf. 2 00, Steinenbronn)
Geschäftsführer(in): Dr. Volker Schmid

● **U 608**
Güteschutzgemeinschaft Steinzeugindustrie e.V.
Postf. 40 02 62, 50832 Köln
Max-Planck-Str. 6, 50858 Köln
T: (02234) 9 57 22-0   Fax: 27 10 01
Vorsitzende(r): Wolfgang Harsch (Harsch GmbH, Rinklinger Str. 7-9, 75015 Bretten, T: (07252) 7 70)
Geschäftsführer(in): Dipl.-Ing. Johann Siebelts

● **U 609**
Gütegemeinschaft Sportstätten e.V.
Postf. 14 01 51, 28088 Bremen
T: (0421) 54 10 69

● **U 610**
Gütegemeinschaft Tapete e.V.
Postf. 94 02 42, 60460 Frankfurt
Langer Weg 18, 60489 Frankfurt
T: (069) 52 00 34   Fax: 52 00 36
Internet: http://www.tapeteninstitut.de/guetgem
Gründung: 1991
Geschäftsführer(in): Dipl.-Volksw. Klaus Kunkel

● **U 611**
Gütegemeinschaft Tennen- und Naturrasenbaustoffe e.V.
Annastr. 67, 50968 Köln
T: (0221) 3 76 29 93   Fax: 3 76 29 93
Vorsitzende(r): Dipl.-Kfm. Helmut Bast
Geschäftsführer(in): RA Raimo Benger

● **U 612**
Gütegemeinschaft Torantriebe e.V.
Postf. 10 20, 58010 Hagen
Hochstr. 113-115, 58095 Hagen
T: (02331) 20 08-0   Fax: 20 08-40
E-Mail: fasta_evstosch@t-online.de
Vorsitzende(r): Willi Ressel (tormatic GmbH, Dortmund)
Geschäftsführer(in): Günter Neuhaus
Leitung Presseabteilung: Emanuel von Stosch

● **U 613**
Gütegemeinschaft Wärmedämmung von Fassaden e.V.
Vilbeler Landstr. 255, 60388 Frankfurt
T: (06109) 72 68 70   Fax: 72 28 50

● **U 614**

Gütegemeinschaft Weichstoff-Kompensatoren e.V.
Heinestr. 169, 70597 Stuttgart
T: (0711) 9 76 58-0   Fax: 9 76 58-30
E-Mail: FVerband@aol.com
Geschäftsführer(in): Dr. Volker Schmid

● **U 615**
Gütegemeinschaft Whirlwannen e.V.
Wilhelm-Böhmer-Str. 11, 52372 Kreuzau
T: (02422) 48 21   Fax: 90 11 92
Internet: http://www.whirlwannen-ral.de
E-Mail: ing.-buero.decker@t-online.de
Vorsitzende(r): Dipl.-Kfm. Jochen Drewniok (Geschf. der HOESCH Metall + Kunststoffwerk GmbH & Co., Postf. 10 04 24, 52304 Düren)
Geschäftsführer(in): Dipl.-Ing. Herbert Decker (Wilhelm-Böhmer-Str. 11, 52372 Kreuzau)
Mitglieder: 8

● **U 616**
Güteschutz Ziegelmontagebau e.V.
Surmannskamp 7a, 45661 Recklinghausen
T: (02361) 3 33 85   Fax: 3 33 91
Internet: http://www.ziegelmontagebau.de
E-Mail: zmbau@t-online.de
Vorsitzende(r): Fritz Winklmann
Stellvertretende(r) Vorsitzende(r): J. Thater

● **U 617**

Reinheitszeichen-Verband Zink-Druckguß e.V.
Postf. 10 54 63, 40045 Düsseldorf
Am Bonneshof 5, 40474 Düsseldorf
T: (0211) 47 96-154   Fax: 47 96-409
GeschfVors.: RA Gerhard Klügge

Gütegemeinschaften mit Gütezeichen für Produkte im land- und ernährungswirtschaftlichen Bereich

● **U 618**
CMA Centrale Marketing-Gesellschaft der deutschen Agrarwirtschaft mbH
Postf. 20 03 20, 53133 Bonn
Koblenzer Str. 148, 53177 Bonn
T: (0228) 8 47-0   **Fax:** 8 47-202
Internet: http://www.cma.de
E-Mail: info@cma.de
Prokurist: Helmut Brachtendorf (Produktmarketing/Kommunikation)
Friedrich Wolf (Verwaltung)
Dr. Martina May (Exportmarketing)
Dr. Udo Lackner (Qualitätssicherung/Entwicklungsmarketing)
AR: Wendelin Ruf (Vors.)
Manfred Nüssel (Stellv. Vors.)
Toni Meggle (Stellv. Vors.)
Gesellschafter: 49

● **U 619**
Gütegemeinschaft Substrate für Pflanzenbau e.V.
Geschäftsstelle:
Heisterbergallee 12, 30453 Hannover
T: (0511) 4 00 52 54   **Fax:** 4 00 52 55
Internet: http://www.substrate-ev.org
E-Mail: info@substrate-ev.org
Vorsitzende(r): Uwe Carstensen

● **U 620**
G D V Gütegemeinschaft Diät und Vollkost e.V.
Moorenstr. 80, 40225 Düsseldorf
T: (0211) 33 39 85   **Fax:** 31 76 91
Gründung: 1962 (März)
Vorsitzende(r): Prof. Dr. rer. nat. Volker Pudel, Göttingen
Stellvertretende(r) Vorsitzende(r): Bärbel Wigge, Bochum
Geschäftsführer(in): Nadine Balzani (Ltg. Presseabt.)
Förderung gesundheitsbewusster Speisenqualität (Diäten & Vollkosten) d. Verleihung d. RAL Gütezeichens Diät und Vollkost an kontrollierte Betriebe (Gastronomie, med. Einrichtungen u. GV) aufgrund wiss. Erkenntnisse.

● **U 621**
Deutsche Landwirtschafts-Gesellschaft e.V. (DLG)
Eschborner Landstr. 122, 60489 Frankfurt
T: (069) 2 47 88-0   **Fax:** 2 47 88-1 10
Internet: http://www.DLG-Frankfurt.de
E-Mail: Info@DLG-Frankfurt.de
Präsident(in): Philip Freiherr von dem Bussche
Hauptgeschäftsführer(in): Dr. Dietrich Rieger
Mitglieder: 15000
Gütezeichen für Kraftfutter, Mineralfutter (Mischfuttermittel), Euterpflegemittel, Reinigungs- und Desinfektionsmittel für die Milchwirtschaft, Stalldesinfektionsmittel, Silierhilfsmittel

● **U 622**
Verband der Landwirtschaftskammern e.V.
siehe Q 47

● **U 623**
Gütegemeinschaft Fisch und Fischprodukte e.V.
Postf. 29 01 15, 27531 Bremerhaven
T: (0471) 9 72 94-0   **Fax:** 9 72 94-44

● **U 624**
Deutsche Kontrollvereinigung für forstliches Saat- und Pflanzgut e.V.
siehe Q 217

● **U 625**
Bundesgütegemeinschaft Kompost e.V.
Schönhauser Str. 3, 50968 Köln
T: (0221) 93 47 00-75   **Fax:** 93 47 00-78
Internet: http://www.bgkev.de
E-Mail: info@bgkev.de
Geschäftsführer(in): Dr. Bertram Kehres (Tel.: (0221) 93 47 00-75, E-Mail: b.kehres@bgkev.de)

● **U 626**
Badischer Weinbauverband e.V.
Postf. 2 75, 79002 Freiburg
Merzhauser Str. 115, 79100 Freiburg
T: (0761) 4 59 10-0   **Fax:** 40 80 26
Internet: http://www.badischer-weinbauverband.de
E-Mail: bwvfreiburg@t-online.de
Präsident(in): Gerhard Hurst, Rammersweier
Geschäftsführer(in): Dr. Werner Schön

● **U 627**
Deutsche Landwirtschafts-Gesellschaft e.V.
Deutsche Weinsiegel-Gesellschaft m.b.H.
Eschborner Landstr. 122, 60489 Frankfurt
T: (069) 2 47 88-0   **Fax:** 2 47 88-6351
Internet: http://www.dlg-frankfurt.de
E-Mail: T.Burkhardt@dlg-frankfurt.de
Vors. d. AfW: Werner Hiestand, Uelversheim
Geschäftsführer(in): Dr. Peter Moog, Frankfurt
Gütezeichen Deutsches Weinsiegel in Rot (Lieblich), in Grün (Halbtrocken), in Gelb (Trocken)

● **U 628**
Fränkischer Weinbauverband e.V.
Haus des Frankenweins
Postf. 57 64, 97007 Würzburg
Kranenkai 1, 97070 Würzburg
T: (0931) 3 90 11-16/17   **Fax:** 3 90 11-55
Präsident(in): Andreas Oestemer
Vizepräsident(in): Horst Kolesch
Eugen Preißinger
Manfred Schmitt
Geschäftsführer(in): Johannes Lay
Verbandszeitschrift: Informationsdienst
Verlag: Fränkischer Weinbauverband eV, Postf. 57 64, 97007 Würzburg
Mitarbeiter: 2

Gütegemeinschaften mit Gütezeichen für sonstige Produkte

● **U 629**
Gütegemeinschaft Abfall- und Wertstoffbehälter e.V.
Schönhauser Str. 3, 50968 Köln
T: (0221) 93 47 00 52   **Fax:** 93 47 00 56

Gütegemeinschaften

● **U 630**

Altgerber-Verband e.V.
Simeonglacis 23A, 32427 Minden
T: (0571) 2 21 28   **Fax:** 2 21 28
Gründung: 1930 (30. Mai)
Vorsitzende(r): Josef Gotz (c/o Gerberei Gotz, 85435 Erding)
Geschäftsführer(in): Irmgard Schadlinger, Minden
Mitglieder: 10 Firmen
Verpflichtung und Überwachung der Mitgliedsgerbereien auf Herstellung von Schuhsohlen-Leder nach "altem Verfahren", d. h. Gerbung nur erstklassiger Häute ausschließlich in Gruben in mindestens 9 Monaten unter vorwiegender Verwendung von natürlichen Rindengerbstoffen.

● **U 631**
Gütegemeinschaft Container e.V.
Heinestr. 169, 70597 Stuttgart
T: (0711) 95 65-821   **Fax:** 95 65-830
E-Mail: fverband@aol.com

● **U 632**
Gütegemeinschaft Metallzauntechnik e.V.
An der Pönt 48, 40885 Ratingen
T: (02102) 1 86-200   **Fax:** 1 86-169
Vorsitzende(r): Stephan Lohmar (i. Fa. Groth Nachf., Grünhofer Weg 10, 13581 Berlin)
Geschäftsführer(in): Dipl.-Kfm. Günter Lippe

● **U 633**

Gütegemeinschaft Holzschutzmittel e.V.
Karlstr. 21, 60329 Frankfurt
T: (069) 3 05-7148   **Fax:** 25 16 09
Vorsitzende(r): Wendelin Hettler (c/o Dr. Wolman GmbH, Sinzheim)
Geschäftsführer(in): Peter Graßmann
Sicherung gesundheitlich unbedenklicher und umweltverträglicher Holzschutzmittel.

● **U 634**
Gütegemeinschaft Kalandrierte PVC Hart-Folien e.V.
Postf. 28 63, 65018 Wiesbaden
T: (069) 3 05-7148   **Fax:** 3 05-16039
GeschfVors.: Joachim Eckstein (InfraServ GmbH & Co. Höchst KG, Ökologie und Produktsicherheit Kunststoffe und Folien, Geb. C 660, 65926 Frankfurt, T: (069) 3 05 71 48, Fax: (069) 30 51 60 39)

● **U 635**
Gütegemeinschaft Kerzen e.V.
Heinestr. 169, 70597 Stuttgart
T: (0711) 97 65 80   **Fax:** 9 76 58 30
Internet: http://www.kerzenguete.com

● **U 636**

Gütegemeinschaft Deutsche Klaviere e.V.
Stelzengasse 4, 90403 Nürnberg
T: (0911) 55 06 62 (über Bay. Möbel-Fachverband)
Fax: 53 62 80
Vorsitzende(r): Ursula Seiler
Geschäftsführer(in): Dr. Hanns Hofmann, Nürnberg

● **U 637**
Deutsche Latex Forschungsgemeinschaft Kondome e.V.
Zwischen den Wassern 12, 27356 Rotenburg
T: (04261) 96 61 89   **Fax:** 96 61 87
E-Mail: deutsche-latex@cvr.de
Präsident(in): Hans-Roland Richter

● **U 638**
Gütegemeinschaft Transport- und Lagerbehälter im Qualitätsverband Kunststofferzeugnisse e.V.
Am Hauptbahnhof 12, 60329 Frankfurt
T: (069) 23 47 89   **Fax:** 23 27 99
Vorsitzende(r): Klaus Delbrouck, Menden
Geschäftsführer(in): Dr. Gerhard Bambach

● **U 639**
Gütegemeinschaft Kunststoff-Sitzmöbel im Qualitätsverband Kunststofferzeugnisse e.V.
Am Hauptbahnhof 12, 60329 Frankfurt
T: (069) 23 47 89   **Fax:** 23 27 99

● **U 640**
Gütegemeinschaft Kunststoffverpackungen für gefährliche Güter e.V.
Kaiser-Friedrich-Promenade 43, 61348 Bad Homburg
T: (06172) 92 66 73   **Fax:** 92 66 70
Vorsitzende(r): Bruno Pötz (c/o Schütz-Werke GmbH + Co. KG, Bahnhofstr. 25, 56242 Selters)
Geschäftsführer(in): Dipl.-Volksw. Michael Rathje

● **U 641**
Gütegemeinschaft Matratzen e.V.
Bahnhofstr. 41, 34346 Hann Münden
T: (05541) 98 31-0, 10 01   **Fax:** 98 31 26
E-Mail: kanzlei.goernandt-fuellgraf@t-online.de
Vorsitzende(r): Andreas Krämer (c/o Silentnight Houben GmbH, Postf. 12 60, 41802 Hückelhoven)

U 641

Geschäftsführer(in): RA Ulrich Görnandt
Mitglieder: 26
Mitarbeiter: 5

● U 642
Gütezeichengemeinschaft Medizinische Gummistrümpfe e.V.
Kirchweg 2, 50858 Köln
T: (0221) 94 86 28-0   Fax: 48 34 28
Internet: http://www.feinoptik.de
E-Mail: info@feinoptik.de
Vorstand: Uwe Schettler (Fa. Julius Zorn GmbH, Juliusplatz, 86551 Aichach)
Geschäftsführer(in): Dr. E. Pohlen

● U 643
Deutsche Gütegemeinschaft Möbel e.V.
Tillystr. 2 Eingang Wallensteinstr., 90431 Nürnberg
T: (0911) 6 59 99 78   Fax: 61 92 73
Vorsitzende(r): Rolf Benz (Rolf Benz Consulting, Nagold)
Geschäftsführer(in): Kurt Winning, Nürnberg

● U 644

Gütegemeinschaft Paletten e.V.
EPAL - NK Deutschland
Hermelinweg 14, 48157 Münster
T: (0251) 1 62 01 71   Fax: 1 62 01 76
Internet: http://www.gpal.de
E-Mail: GPAL.DE@t-online.de
Vorsitzende(r): Dirk Hoferer (TREYER GmbH, Postf. 11 27, 77737 Bad Peterstal, T: (07806) 98 88-0)
Geschäftsführer(in): Thomas Ulitzsch

● U 645
Gütegemeinschaft Pharma-Verpackung e.V.
Urbanstr. 7, 70182 Stuttgart
T: (0711) 16 67-0   Fax: 16 67-292
Vorsitzende(r) des Vorstandes: Ulrike Stehle-Sand
Stellvertretende(r) Vorsitzende(r): Dr. Herbert Jochum
Geschäftsführer(in): Dr. M. W. Wesch
Verbandszeitschrift: EXTERNA
Verlag: Schott Relations GmbH, Richard-Wagner-Str. 10, 70184 Stuttgart
Herausgeber: Gütegemeinschaft Pharma-Verpackung e.V., Urbanstr. 7, 70182 Stuttgart

● U 646
Gütegemeinschaft Recyclate aus Standardpolymeren e.V.
Siemensring 79, 47877 Willich
T: (02154) 92 51-0   Fax: 92 51 51
Internet: http://www.grs-ev.org
E-Mail: info@grs-ev.de
Vorstand: Ing. Burghardt Freukes
Vorstand: Herbert Knittl
Vorstand: Dipl.-Ing. Silvio Löderbusch
Obfrau des Güteausschusses: Dr.-Ing. Martina Lehmann
Geschäftsführer(in): Dipl.-Ing. Carmen Michels

● U 647

Güteschutzgemeinschaft Reifenerneuerung (GRE)
Postfach 7190, CH-8023 Zürich
Konradstr. 9, CH-8023 Zürich
T: (00411) 271 90 90   Fax: 271 92 92
Internet: http://www.jgp.ch
E-Mail: gerster@jgp.ch
Vorsitzende(r): Dr. Jürg Gerster

● U 648
Gütegemeinschaft ungereckte PET-Folien e.V.
Industriepark Höchst, Geb.C660, 65926 Frankfurt
T: (069) 3 05-7148   Fax: 3 05-16039

● U 649
Güteschutzgemeinschaft Verkehrszeichen und Verkehrseinrichtungen e.V.
Steinhausstr. 79, 58099 Hagen
T: (02331) 3 77 95 93   Fax: 3 77 95 94
Internet: http://www.ivst.de
E-Mail: gvz@ivst.de
Vorsitzende(r): Wirtschaftsing. Jürgen Bremicker (c/o Ernst Bremicker GmbH & Co. KG, Am Öferl 37-43, 82362 Weilheim)
Geschäftsführer(in): Dipl.-Ing., Dipl.-Wirtschaftsing. Jürgen Heimsath

● U 650
Gütegemeinschaft Wellpappe e.V.
Hilpertstr. 22, 64295 Darmstadt
T: (06151) 92 94 22   Fax: 92 94 40
E-Mail: info-ggw@vdw-da.de

● U 651
Gütegemeinschaft Verpackungen aus Vollpappe e.V.
Strubbergstr. 70, 60489 Frankfurt
T: (069) 78 50 45   Fax: 97 82 81 30
Internet: http://www.vvk.org
E-Mail: info@vvk.org
Vorsitzende(r): Dipl.-Betriebsw. Johannes Stark (Kartonagenfabrik Annweiler, Gebrüder-Seibel-Str. 10, 76846 Hauenstein, T: (06392) 91 60, Fax: (06392) 9 16-500, Internet: http://www.kf-annweiler.de, E-Mail: info@kf-annweiler.de)
Geschäftsführer(in): Dipl.-Volksw. Thomas Pfeiffer

Gütegemeinschaften mit Gütezeichen im Bereich Dienstleistungen

● U 652
Gütegemeinschaft Anti-Graffiti e.V.
c/o Dr. Thieme-Schneider
Postf. 58 06 65, 10415 Berlin
T: (030) 47 00 33 71   Fax: 47 00 33 73
Internet: http://www.anti-graffiti-verein.de
E-Mail: hannes.thiemeschneider@berlin.de

● U 653
Gütegemeinschaft Biologische Abluftreinigung e.V.
Theodor-Heuss-Ring 23, 50668 Köln
T: (0221) 77 10 95 10   Fax: 77 10 93 11
E-Mail: abapknauf@aol.com

● U 654
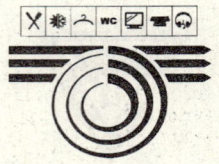

Gütegemeinschaft Buskomfort e.V. (gbk)
Dornierstr. 3, 71034 Böblingen
T: (07031) 6 23-02   Fax: 6 23-1 77
Internet: http://www.gbkev.de
E-Mail: orga@gbkev.de
Gründung: 1975
Vorsitzende(r): Rainer Klink (Schnaith/ KM-Reisen, Schlachthausstr. 21-25, 72074 Tübingen)
Geschäftsführer(in): Martin Becker
Leitung Presseabteilung: Sabine Holstein
Verbandszeitschrift: gbk-transparent
Redaktion: Sabine Holstein
Mitglieder: 750
Mitarbeiter: 5

Der Verein hat den Zweck, die Güte der Ausstattung von Bussen, und damit die Güte der Personenbeförderung in Bussen zu sichern, sowie Busse, deren Komfort den Güte- und Prüfbedingungen entspricht, mit dem "Gütezeichen Buskomfort RAL" zu kennzeichnen.

● U 655
Güteschutzgemeinschaft Entsorgung asbest- und faserhaltiger Baustoffe e.V.
Hansaring 102-104, 50670 Köln
T: (0221) 13 85 97   Fax: 13 87 86

Internet: http://www.geb-ev.de
Mitglieder: 12 Firmen

● U 656
Gütegemeinschaft Gesundheitssportzentrum e.V.
Wiener Weg 1a, 50858 Köln
T: (0221) 4 84 63 31   Fax: 4 84 46 37
Internet: http://www.ral-fitness.de
E-Mail: ral-fitness@t-online.de
Gründung: 1993 (September)
Geschäftsführer(in): Dipl.-Sportlehrerin Siw Waffenschmidt
Mitglieder: 90

● U 657
Gütegemeinschaft Galvanotechnik e.V.
Geschäftsstelle:
Horionplatz 6, 40213 Düsseldorf
T: (0211) 8 67 85 15   Fax: 32 71 99
Internet: http://www.guetegem-galvanotechnik.de
E-Mail: info@guetegem-galvanotechnik.de
Gründung: 1980 (26. Juni)
Vorsitzende(r): Werner Nordhaus (c/o Betz-Chrom GmbH, Am Haag 11, 82166 Gräfelfing)
Geschäftsführer(in): Dr. Hans-Peter Wilbert
Mitglieder: 75

● U 658
Gütegemeinschaft Gebäudereinigung e.V.
Zettachring 6, 70567 Stuttgart
T: (0711) 90 02 40   Fax: 7 28 91 50

● U 659
Gütegemeinschaft Handbetätigte Geräte zur Brandbekämpfung-Instandhaltungsrichtlinien und Fachlehrgänge e.V.
Postf. 59 20, 97009 Würzburg
Koellikerstr. 13, 97070 Würzburg
T: (0931) 3 52 92-0   Fax: 3 52 92-29
Internet: http://www.bvfa.de
E-Mail: info@bvfa.de

● U 660
GSB International
Gütegemeinschaft für die Stückbeschichtung von Bauteilen e.V.
Franziskanergasse 6, 73525 Schwäbisch Gmünd
T: (07171) 6 80 55   Fax: 53 00
E-Mail: gsb@gsb-international.de
Vorsitzende(r): Hans-Joachim Kemper
Geschäftsführer(in): RA Manfred Junkert

● U 661
Gütegemeinschaft Instandhaltung Feuerlöschgeräte e.V. (GIF)
Hochstr. 113, 58095 Hagen
T: (02331) 20 08 60   Fax: 20 08 17
Internet: http://www.gif-online.de
E-Mail: haro@gif-online.de, info@gif-online.de

● U 662
Bundesgütegemeinschaft Instandsetzung von Betonbauwerken e.V.
Kronenstr. 55-58, 10117 Berlin
T: (030) 2 03 14-574   Fax: 2 03 14-419
Internet: http://www.betonerhaltung.de
E-Mail: info@betonerhaltung.com
Vorsitzende(r): Dr.-Ing. Martin Mangold
Stellvertretende(r) Vorsitzende(r): Dr.-Ing. Paul Uwe Budau
Geschäftsführer(in): Dipl.-Wirtsch.-Ing. Rudolf Voos

● U 663
Gütegemeinschaft Leitungstiefbau e.V.
Kurfürstenstr. 129, 10785 Berlin
T: (030) 2 12 86-236   Fax: 2 12 86-241
Internet: http://www.kabelleitungstiefbau.de
E-Mail: info@kabelleitungstiefbau.de
Dr.-Ing. Wolf-Michael Sack
Dipl.-Ing. Kristina Püschel

● U 664

Gütegemeinschaft Herstellung und Instandhaltung von Entwässerungskanälen und -leitungen e.V.
- Güteschutz Kanalbau
Postf. 13 69, 53583 Bad Honnef
T: (02224) 93 84-0 **Fax:** 93 84-84
Internet: http://www.kanalbau.com
E-Mail: info@kanalbau.com
Vorsitzende(r): Dipl.-Ing. Dipl.-Kfm. C.-F. Thymian
Stellvertretende(r) Vorsitzende(r): Dipl.-Ing. D. Zimmermann
Geschäftsführer(in): Dr.-Ing. H. Friede
Verbesserung der Umweltverträglichkeit von Entwässerungskanälen und -leitungen um damit der Verunreinigung von Grundwasser und Boden durch undichte Kanäle entgegenzuwirken. Schutz der Öffentlichkeit vor einer Gefährdung durch unsachgemäße Arbeiten.

● U 665

Gütegemeinschaft Kranservice e.V.
Spandauer Str. 25, 57072 Siegen
T: (0271) 5 30 38 **Fax:** 5 67 69
E-Mail: ivs-siegen@t-online.de

● U 666

Gütegemeinschaft Kunststoff-Dach- und Dichtungsbahnen-Verleger e.V. (KDV)
Paosostr. 68A, 81243 München
T: (089) 89 68 95 54 **Fax:** 89 68 95 55
Vorsitzende(r): Jürgen Lohsträter (c/o Lohsträter GmbH Dachtechnik, Kirchenstr. 6, 85630 Grasbrunn, T: (089) 4 60 10 27, Fax: (089) 4 60 57 41)
Geschäftsführer(in): Wolfgang Tebart

● U 667

Gütegemeinschaft Kureinrichtung e.V.
Bgm.-Ledermann-Str. 7-9, 86825 Bad Wörishofen
T: (089) 21 01 42-42 **Fax:** 21 01 42-44
Gründung: 1992
Leitung Presseabteilung: Lothar Burghardt
Mitglieder: 70
Mitarbeiter: 1
Jahresetat: DM 0,07 Mio, € 0,04 Mio

● U 668

Gütegemeinschaft Lederreinigung e.V.
Postf. 5 32, 72426 Albstadt
T: (07432) 70 10-0 **Fax:** 70 10-40
Vorsitzende(r): Manfred Zundel

● U 669

Gütegemeinschaft der Motoreninstandsetzungsbetriebe e.V.
Christinenstr. 3, 40880 Ratingen
T: (02102) 44 72 22 **Fax:** 44 72 25
Gründung: 1977
1. Vorsitzende(r): Heinz-Josef Krieger (M + E Motoren- und Energietechnik GmbH & Co. KG, Industriestr. 7, 49716 Meppen, T: (05931) 94 44-0)
2. Vorsitzende(r): Werner Meyer (Werner Meyer Motoreninstandsetzungs GmbH & Co. KG, Konauer Str. 21, 21354 Bleckede, T: (05852) 9 50-0)
Mitglieder: 41

● U 670

Gütegemeinschaft Qualitätsgeprüfter Ambulanter Pflegedienste e.V.
Kreuzstr. 7, 14482 Potsdam
T: (0331) 74 88 83 **Fax:** 7 48 88 55
Internet: http://www.guetegemeinschaft-pflege.de
E-Mail: infoteam@guetegemeinschaft-pflege.de

● U 671

Gütegemeinschaft Rauch- und Wärmeabzugsanlagen e.V.
Rudolf-Diesel-Str. 6, 46446 Emmerich
T: (02822) 6 97-15 **Fax:** 6 97 53
Vorstand: Norbert Peters (Vors.)

● U 672

Gütegemeinschaft Reifenservice e.V.
Zettachring 6, 70567 Stuttgart
T: (0711) 90 02 40 **Fax:** 7 28 91 50

● U 673

Gütegemeinschaft Reifenerneuerung e.V.
Zettachring 6, 70567 Stuttgart
T: (0711) 90 02 40 **Fax:** 7 28 91 50

● U 674

Gütegemeinschaft für Reinigung und Schutz von Steinfassaden und Denkmalen e.V.
Zettachring 6, 70567 Stuttgart
T: (0711) 90 02 40 **Fax:** 7 28 91 50

● U 675

Gütegemeinschaft für die Reinigung von Metallfassaden e.V. (GRM)
Postf. 42 43, 90022 Nürnberg
Marientorgraben 13, 90402 Nürnberg
T: (0911) 20 44 41 **Fax:** 22 67 55
Internet: http://www.grm-online.de
E-Mail: Industrieverbaende-Nbg@t-online.de
Gründung: 1984 (16. November)
Vorsitzende(r): Rudolf Ambruch (i.Fa. Rudolf Ambruch Fassadenpflege, Esperantostr. 12, 70197 Stuttgart, T: (0711) 6 59 93 19)
Stellvertretende(r) Vorsitzende(r): Walter Hergl (i.Fa. Walter Hergl GmbH, Joseph-Dollinger-Bogen 12, 80807 München, T: (089) 3 22 70 93-95)
Geschäftsführer(in): RA Michael Middendorf

● U 676

RAL-Gütegemeinschaft Rückproduktion von FCKW-haltigen Kühlgeräten e.V.
Zur Keltensiedlung 1, 66693 Mettlach
T: (06865) 91 05-40 **Fax:** 91 05 44
Internet: http://www.ozon-online.de
E-Mail: info@ozon-online.de

● U 677

Gütegemeinschaft sachgemäße Wäschepflege e.V.
Schloß Hohenstein, 74357 Bönnigheim
T: (07143) 27 10 **Fax:** 2 71 51
Internet: http://www.textilecare.de, http://www.hohenstein.de
Gründung: 1955
Vorstand: Karl-Rainer Dauer (1. Vors., Hunsrücker Großwäscherei Arthur Busch, Am Kaisergarten 11, 55483 Bärenbach, T: (06543) 98 80-0 od. 98 80-25, Fax: (06543) 98 80-90)
Wolfgang Arendt (2. Vors., Wäscherei Wolfgang Arendt GmbH, Pfaffenrieder Str. 18, 82515 Wolfratshausen, T: (08171) 42 02 26, Auto: 0172/8 95 39 09, Fax: (08171) 42 02 34)
Hans-Georg Bohnet (Wäscherei Bohnet, Franzenhauserweg 6, 89081 Ulm, T: (0731) 96 25 00, Fax: (0731) 9 62 50 10)
Hans-Albert Heim (Wäscherei Heim GmbH, Ollenhauerstr. 66, 13403 Berlin, T: (030) 4 98 90 90, Auto: 0171/2 19 88 22, Fax: (030) 49 89 09 99)
Jürgen Hoffmann (Ahrens Textil-Service GmbH, Klostersande 31-43, 25336 Elmshorn, T: (04121) 64 11 50, Fax: (04121) 64 11 75)
Gustav Jöckel (Textilpflege Jöckel GmbH, Vaitsbergstr. 26, 36341 Lauterbach, T: (06641) 66 40, Fax: (06641) 6 64 91)
Fritz Klenk (Großwäscherei Klenk GmbH, Römerstr. 14, 71336 Waiblingen, T: (07146) 59 03, Fax: (07146) 51 94)
Günter Neipp (Bilger-Schwenk AG, Christian-Messner-Str. 44-50, 78635 Trossingen, T: (07425) 22 40, Fax: (07425) 22 41 99, Auto: 0171/8 10 49 58)
Güteausschuß: Hans-Georg Bohnet (Obmann, Wäscherei Bohnet, Franzenhauserweg 6, 89081 Ulm, T: (0731) 96 25 00, Fax: (0731) 9 62 50 10)
Wolfgang Arendt (2. Vors., Wäscherei Wolfgang Arendt GmbH, Pfaffenrieder Str. 18, 82515 Wolfratshausen, T: (08171) 4 20 20, Auto: 0172/8 95 39 09, Fax: (08171) 42 02 34)
Karl-Rainer Dauer (1. Vors., Hunsrücker Großwäscherei Arthur Busch, Am Kaisergarten 11, 55483 Bärenbach, T: (06543) 98 80-0 od. 98 80-25, Fax: (06543) 98 80-90)
Rudi Göttlicher (Forschungsinstitut Hohenstein, Schloß Hohenstein, 74357 Bönnigheim, T: (07143) 27 17 26, Fax: (07143) 2 71 87 46)
Ludger von Schoenebeck (Forschungsinstitut Hohenstein, Schloß Hohenstein, 74357 Bönnigheim, T: (07143) 27 17 10 (Büro), Fax: (07143) 27 17 77, Auto: 0172/2 47 70 24, T/Fax: (02253) 84 60 (priv.))
Cornelia Wiegand (Wiegand Textilpflege-Service GmbH, Gar-

tenstr. 6, 08280 Aue, T: (03771) 5 10 69, Fax: (03771) 5 10 69)
Geschäftsführer(in): Prof. Josef Kurz (Forschungsinstitut Hohenstein, Schloß Hohenstein, 74357 Bönnigheim)
Leitung Presseabteilung: Dipl.-Journalistin Petra Knecht
Verbandszeitschrift: Hohensteiner Wäscherei-Information, Hohensteiner Report
Mitglieder: 350
Mitarbeiter: 20

● U 678

Güteschutz Schornsteinsanierung und Abgasanlagen e.V.
Südliche Auffahrtsallee 76, 80639 München
T: (089) 17 30 05-0 **Fax:** 17 30 05-33
Geschäftsführer(in): Dr. Wulf Schöne (Rechtsanwalt u. Steuerberater, Südliche Auffahrtsallee 76, 80639 München, T: (089) 17 30 05-0, Telefax: (089) 17 30 05-33)

● U 679

Gütegemeinschaft Schwerer Korrosionsschutz von Armaturen und Formstücken durch Pulverbeschichtung e.V. (GSK)
Postf. 42 43, 90022 Nürnberg
Marientorgraben 13, 90402 Nürnberg
T: (0911) 20 44 41 **Fax:** 22 67 55
Internet: http://www.gsk-online.de
E-Mail: Industrieverbaende-Nbg@t-online.de
Vorsitzende(r): Dipl.-Ing. Dir. Horst Flad (Fa. Von Roll Armaturen AG, CH-Oensingen)
Stellvertretende(r) Vorsitzende(r): Dieter Schemberger (AKZO Nobel Powder Coatings GmbH, Reutlingen)
Geschäftsführer(in): RA Michael Middendorf

● U 680

Gütegemeinschaft Sportgeräte - Inspektion/Wartung und Erstellung (Montage) e.V. (RAL)
Postf. 11 60, 53581 Bad Honnef
T: (02224) 7 63 81 **Fax:** 7 59 40

● U 681

Güteschutzverband Stahlgerüstbau e.V.
Geschäftsstelle:
Rösrather Str. 645, 51107 Köln
T: (0221) 9 86 08 00 **Fax:** 86 44 49
1. Vorsitzende(r): Heinrich Kober
2. Vorsitzende(r): Dipl.-Ing. Helmut Bellgardt
Geschäftsführer(in): Ass. Lothar Bünder

● U 682

Gütegemeinschaft Flächenheizungen und Flächenkühlungen e.V. (ggf)
Hochstr. 113, 58095 Hagen
T: (02331) 20 08 50 **Fax:** 20 08 17
Internet: http://www.ggfheizenkuehlen.de
E-Mail: 310046527034-0002@t-online.de
Gründung: 1978
Vorstand: Wolfgang Hoellenriegel, Dautphethal
Udo Radtke, Garbsen
Geschäftsführer(in): Dipl.-Ing. Joachim Plate
Mitglieder: 20

● U 683

Gütegemeinschaft Tankschutz e.V. (GT)
Schillerstr. 20, 79102 Freiburg
T: (0761) 7 17 17 **Fax:** 7 37 73
Internet: http://www.bbs-gt.de
E-Mail: info@bbs-gt.de
Gründung: 1966
Geschäftsführer(in): Dipl.-Wirtsch.-Ing. Ulrich Lößner
Mitglieder: 400
Mitarbeiter: 6

Die Gütegemeinschaft Tankschutz e.V. ist baurechtlich anerkannt. Sie qualifiziert Fachbetriebe nach Paragraph 19 I WHG für Dienstleistungen an Anlagen zum Umgang mit brennbaren und nichtbrennbaren wassergefährdenden Stoffen.

● U 684

Gütegemeinschaft Trockenbau e.V.
Kronenstr. 55-58, 10117 Berlin
T: (030) 2 03 14-572   **Fax:** 2 03 14-561
Internet: http://www.trockenbau-ral.de
E-Mail: trockenbau@zdb.de
Gründung: 1990 (16. Januar)

● U 685

Gütegemeinschaft Wach- und Sicherheitsdienste e.V.
Zettachring 6, 70567 Stuttgart
T: (0711) 90 02 40   **Fax:** 7 28 91 50

● U 686

Gütegemeinschaft Wald- und Landschaftspflege e.V.
Anschrift Geschäftsstelle:
Postf. 32, 09491 Marienberg
T: (037343) 8 86 96   **Fax:** 8 86 95
Internet: http://www.guete.wald@gmx.de
E-Mail: mitglied.tripod.com/guete_wald
Geschäftsf. Vorsitzender: Klaus Wiegand

Schutzverbände

● U 687

Gesellschaft zur Förderung des Schutzes von Auslandsinvestitionen e.V.
Breite Str. 29, 10178 Berlin
T: (030) 20 28-1415   **Fax:** 20 28-2415
Präsident(in): Stefan Ortseifen
GeschfVorst.: Dr. Ludolf von Wartenberg
Jürgen Fitschen
Sekr.: Dr. Claudia Wörmann

● U 688

Bundesverband Behälterschutz e.V. (BBS)
Schillerstr. 20, 79102 Freiburg
T: (0761) 7 17 17   **Fax:** 7 37 73
Internet: http://www.bbs-gt.de
E-Mail: info@bbs-gt.de
Gründung: 1965
Geschf. u. Ltg. Presseabt.: Dipl.-Wirtschafts-Ing. Ulrich Lößner
Mitglieder: 300
Mitarbeiter: 6

Der Bundesverband Behälterschutz e. V. (BBS) ist eine berufsständische Fachorganisation des Tankanlagenbau- und Tankschutzgewerbes. Er ist Vertragspartner der IG-Metall.

● U 689

Verband für Sicherheit in der Wirtschaft Baden-Württemberg e.V. (VSW-BW)
Postf. 50 11 43, 70341 Stuttgart
Seelbergstr. 15, 70372 Stuttgart
T: (0711) 95 46 09-0   **Fax:** 95 46 09-20
Internet: http://www.vsw-bw.com
E-Mail: mail@vsw-bw.com
Gründung: 1968 (4. Oktober)
Präsident(in): Berthold Schweigler
Geschäftsführer(in): Karl Stefan Schotzko (Ltg. Presseabt.)
Verbandszeitschrift: VSW-Aktuell
Redaktion: VSW-BW
Verlag: Eigenverlag
Mitglieder: 245
Mitarbeiter: 8

● U 690

Gesellschaft für Datenschutz und Datensicherung e.V. (GDD)
Pariser Str. 37, 53117 Bonn
T: (0228) 69 43 13   **Fax:** 69 56 38
Internet: http://www.gdd.de
E-Mail: info@gdd.de
Gründung: 1976
Vorstand: Bernd Hentschel (Vors.)
Prof. Dr. Reinhard Voßbein (1. stellv. Vors.)
Prof. Peter Gola (2. stellv. Vors.)
Wolfgang Strubel (Schatzmeister)
Leitung Presseabteilung: Andreas Jaspers
Verbandszeitschrift: Recht der Datenverarbeitung (RDV)
Mitglieder: ca. 1300

● U 691

Deutsche Vereinigung für Datenschutz e.V. (DVD)
Bonner Talweg 33-35, 53113 Bonn
T: (0228) 22 24 98   **Fax:** 24 13 52
Internet: http://www.aktiv.org/DVD
E-Mail: dvd@aktiv.org
Vorsitzende(r): Dr. Thilo Weichert
Verbandszeitschrift: Datenschutz Nachrichten
Redaktion: Hajo Köppen
Mitglieder: 200

● U 692

Centrale für Gesellschaften mbH Dr. Otto Schmidt KG
Postf. 51 10 26, 50946 Köln
Unter den Ulmen 96-98, 50968 Köln
T: (0221) 9 37 38-02   **Fax:** 9 37 38-954
Internet: http://www.centrale.de
E-Mail: centralefuergmbh@otto-schmidt.de
Gründung: 1905
Geschäftsführer(in): Karl-Peter Winters

Interessenvertretung der GmbH und GmbH & Co. KG in rechts- und steuerpolitischen Fragen; Herausgabe von Fachpublikationen zum Gesellschafts- und Steuerrecht der GmbH und GmbH & Co. KG; Seminarveranstaltungen; Gutachtendienst. Mitgliedsbeitrag ab DM 528,- DM/Jahr.

● U 693

Verein zum Schutz des Herkunftsgewährzeichens Lübecker Marzipan e.V.
Postf. 21 17, 23509 Lübeck
T: (0451) 53 01-0   **Fax:** 53 01-1 11
1. Vorsitzende(r): Holger Strait
Stellvertretende(r) Vorsitzende(r): Manfred Risch
Mitglieder: 10 in Lübeck
Mitgliedschaften: Deutsches Institut zum Schutz von geographischen Herkunftsangaben e.V., Köln; Zentrale zur Bekämpfung unlauteren Wettbewerbs e.V., Frankfurt/Bad Homburg

● U 694

Deutsches Institut zum Schutz von geographischen Herkunftsangaben e.V. (DIGH)
Theodor-Heuss-Ring 19-21, 50668 Köln
T: (0221) 77 16-137   **Fax:** 77 16-135
Gründung: 1975 (2. Juni)
Vorsitzender: Alfred-Carl Gaedertz (Wiesbaden, Vorstandssprecher)
Stellvertretender Vorsitzender: Hans-Hermann Hieronimi, Koblenz
RA Manfred Eihoff (Geschäftsführer), Sankt Augustin
Geschäftsführer: Dr. Thomas Schulte-Beckhausen, Köln
Mitglieder: 21 Verbände

Das DIGH dient dem Schutz und der Förderung geographischer Herkunftsangaben.

● U 695

Gütegemeinschaft Erhaltung von Bauwerken E.V.
Postf. 11 06 32, 10836 Berlin
Kurfürstenstr. 130, 10785 Berlin
T: (030) 23 60 96-72   **Fax:** 23 60 96-73
Internet: http://www.geb-online.com
E-Mail: geb.berlin@gmx.de
Gründung: 1985 (1. November)
Vorsitzende(r): Dipl.-Ing. Dieter Rappert
Geschäftsführer(in): Dipl.-Ing. Uwe Grunert
Verbandszeitschrift: Rundschreiben
Mitglieder: 260
Mitarbeiter: 9

● U 696

Denkmalstiftung Baden-Württemberg
Charlottenplatz 17, 70173 Stuttgart
T: (0711) 2 26 11 85   **Fax:** 2 26 87 90
Internet: http://www.denkmalstiftung-baden-wuerttemberg.de
E-Mail: info@denkmalstiftung-baden-wuerttemberg.de
Gründung: 1985
Vorsitzender des Kuratoriums: Staatssekretär Dr. Horst Mehrländer

Vorsitzende(r) des Vorstandes: Dipl.-Kfm. Hans Freiländer
Stellvertretende(r) Vorsitzende(r): Dr. Volker Scholz (Kuratorium)
S.K.H. Carl Herzog von Württemberg (Vorstand)
Geschäftsführer(in): Staatssekretär a.D. Dieter Angst
Verbandszeitschrift: Denkmalstiftung Baden-Württemberg
Mitarbeiter: 1
Jahresetat: DM 3-5 Mio, € 1,53-2,56 Mio

● U 697

Vereinigung der Landesdenkmalpfleger in der Bundesrepublik Deutschland
Geschäftsstelle: Landesdenkmalamt Berlin
Krausenstr. 38, 10117 Berlin
T: (030) 9 02 73-600   **Fax:** 9 02 73-701
Vorsitzende(r): Dr. Jörg Haspel

● U 698

Aktionsgemeinschaft Privates Denkmaleigentum (APD)
Reinhardtstr. 18, 10117 Berlin
T: (030) 31 80 72 05   **Fax:** 31 80 72 42
E-Mail: arge.grundbesitz@t-online.de
Vorstand: Michael Prinz zu Salm-Salm
Alexander Fürst zu Sayn-Wittgenstein-Sayn
Geschäftsführer(in): Klaus von Heimendahl

● U 699

Deutscher Holzschutzverband für großtechnische Imprägnierung e.V.
Sitz:
Saarlandstr. 206, 55411 Bingen
T: (06721) 96 81-0   **Fax:** 96 81-33
Internet: http://www.holzschutz.com
E-Mail: dhv@holzschutz.com
Gründung: 1983
Vorsitzende(r): Walter Vogelbacher (Hohenstr. 12, 78183 Hüfingen)
Geschäftsführer(in): Ass. d. Forstdienstes Uwe Halupczok
Verbandszeitschrift: DHV-AKTUELL (nur f. Mitglieder)
Mitglieder: 80

Mitgliedsverband:

u 700

Gütegemeinschaft Imprägnierte Holzbauelemente e.V.
Saarlandstr. 206, 55411 Bingen
T: (06721) 96 81-0   **Fax:** 96 81-33
Internet: http://www.holzschutz.com
E-Mail: dhv@holzschutz.com
Gründung: 1979
Vorsitzende(r): Siegfried Meyer (i. Fa. Siegfried Meyer, Holzbearbeitung, Zum Greffling 31, 57413 Finnentrop)
Geschäftsführer(in): Ass. d. Forstdienstes Uwe Halupczok
Mitglieder: 35

● U 701

Bundesverband privater Kapitalanleger e.V. Bonn
Am Goldgraben 6, 37073 Göttingen
T: (0551) 5 31 41 03   **Fax:** 4 57 10
Internet: http://www.bundesverband-privater-kapitalanleger-ev.de
E-Mail: bvkapital@aol.com
Gründung: 1982
Vorsitzende(r) des Vorstandes: RA Dr. Jürgen Machunsky
Vors. d. Kuratoriums: RA Dr. Wolfgang Wunderlich (Frangenheimstr. 9, 50931 Köln, T: (0221) 40 20 56, Telefax: (0221) 40 31 76)
Mitglieder: 390

Schutzgemeinschaft der deutschen privaten Sparer und Investoren.

● U 702

Deutscher Interessenverband für Kapitalanleger e.V.
Kantstr. 13, 10623 Berlin
T: (030) 31 57 57-0   **Fax:** 31 57 57-97
E-Mail: law-berlin@t-online.de
Vorsitzende(r): Dr. Dirk Fischer
Mitglieder: z.Zt. 50

Wahrnehmung der ideellen und materiellen Interessen von Kapitalanlegern durch Aufklärung und Beratung.

● U 703

Informationsdienst für Bundeswertpapiere
Postf. 10 12 50, 60012 Frankfurt
T: (069) 74 77 11, Ansagedienst: (069) 1 97 18
Fax: 74 77 70, Faxabruf: (069) 2 57 02 00 10
E-Mail: infodienst.bwp@abc-kom.de

Laufende Unterrichtung der Medien über Wertpapiere des Bundes; individuelle schriftliche und telefonische Beratung potentieller Geldanleger; Informationen an Effekten- und Steuerberater.

● U 704

Allgemeiner Patienten-Verband e.V.
Postf. 11 26, 35001 Marburg
Ludwig-Juppe-Weg 3B, 35039 Marburg
T: (06421) 6 47 35
Internet: http://www.patienten-verband.de
Gründung: 1976
Präsident(in): Christian Zimmermann
Verbandszeitschrift: Patientenschutz-Jahrbuch
Mitglieder: 1588

● U 705

Deutsche Gesellschaft für Versicherte und Patienten e.V. (DGVP)
Postf. 12 41, 64630 Heppenheim
T: (06252) 91 07 44 **Fax:** 91 07 45
Internet: http://www.dgvp.de
E-Mail: dgvp-buero@t-online.de
Gründung: 1989
Präsident(in): Dr. Ekkehard Bahlo
Vizepräsident(in): Mechthild Kern
Leitung Presseabteilung: Mechthild Kern
Mitglieder: ca. 750

● U 706

Deutscher Spendenrat e.V.
Simrockallee 27, 53173 Bonn
T: (0228) 9 35 57 28 **Fax:** 9 35 57 99
Gründung: 1993 (21. Oktober)
1. Vorsitzende(r): Lothar Schulz
2. Beisitzer: Günther Bitzer
Walter Schroeder
Willi Haas
Mitglieder: 43
Jahresetat: DM 0,12 Mio, € 0,06 Mio

● U 707

Bund gegen das Zwangsmitrauchen e.V. (BgZ)
Rothschildallee 30, 60389 Frankfurt
T: (069) 45 95 30 **Fax:** 45 47 75
Internet: http://www.qualm-nix.de
Gründung: 1989 (April)
1. Vorsitzende(r): Stefano Marinello
2. Vorsitzende(r): Triwoko Karmino
Rechnungsführer: Mirko Marinello
Mitglieder: 30

● U 708

Schutzverband der Spirituosen-Industrie e.V.
Bockenheimer Landstr. 98-100, 60323 Frankfurt
T: (069) 79 41-0 **Fax:** 79 41-100
Gründung: 1949
Vorsitzende(r): Jürgen Pabst (GeschfGes. I.B. Berentzen, Postf. 1 20, 49734 Haselünne)
Mitglieder: 41

● U 709

Deutsche Schutzvereinigung für Wertpapierbesitz e.V.
Postf. 35 01 63, 40443 Düsseldorf
Hamborner Str. 53, 40472 Düsseldorf
T: (0211) 66 97 02 **Fax:** 66 97 50
Gründung: 1947
Präsident(in): Roland Oetker
Vizepräsident(in): RA u. Notar Dr. Gerold Bezzenberger, Berlin
Vizepräsident(in): Dr. Arno Morenz
Hauptgeschäftsführer(in): RA Ulrich Hocker
Verbandszeitschrift: WERTPAPIER
Redaktion: Chefredakteur Dr. Christian Fälschle
Verlag: "Das Wertpapier" Verlagsgesellschaft mbH
Mitglieder: 25000
Mitarbeiter: 45

Zusammenschluß von Tausenden von Wertpapiersparern. Vertretung ihrer gemeinsamen ideellen und materiellen Interessen. Schon 1947 gegründet, wurde sie zur größten Vereinigung dieser Art in Deutschland. Schutz, Erhaltung und Stärkung des privaten Eigentums, insbesondere des Sparkapitals.

Landesverbände:

u 710

Deutsche Schutzvereinigung für Wertpapierbesitz e.V.
Landesverband Baden-Württemberg
Königstr. 84, 70173 Stuttgart
T: (0711) 20 79-0 **Fax:** 20 79-2 90

u 711

Deutsche Schutzvereinigung für Wertpapierbesitz e.V.
Landesverband Bayern
Franz-Joseph-Str. 9, 80801 München
T: (089) 38 66 54 30 **Fax:** 38 66 54 59

u 712

Deutsche Schutzvereinigung für Wertpapierbesitz e.V.
Landesverband Berlin
Kurfürstendamm 217, 10719 Berlin
T: (030) 88 02 30 **Fax:** 8 82 11 08

u 713

Deutsche Schutzvereinigung für Wertpapierbesitz e.V.
Landesverband Bremen
Schlachte 3-5, 28195 Bremen
T: (0421) 36 50 50 **Fax:** 3 65 05 60

u 714

Deutsche Schutzvereinigung für Wertpapierbesitz e.V.
Landesverband Hamburg und Schleswig-Holstein
Mönckebergstr. 11, 20095 Hamburg
T: (040) 3 25 57 70 **Fax:** 32 55 77 99

u 715

Deutsche Schutzvereinigung für Wertpapierbesitz e.V.
Landesverband Hessen
Solmsstr. 25, 60486 Frankfurt
T: (069) 23 85 38-0 **Fax:** 23 85 38 10

u 716

Deutsche Schutzvereinigung für Wertpapierbesitz e.V.
Landesverband Rheinland-Pfalz/Saarland
Kölner Str. 7, 56112 Lahnstein
T: (02621) 6 16 20 **Fax:** 6 14 50

u 717

Deutsche Schutzvereinigung für Wertpapierbesitz e.V.
Landesverband Niedersachsen
Callinstr. 43, 30167 Hannover
T: (0511) 1 21 71-0 **Fax:** 1 21 71-21

u 718

Deutsche Schutzvereinigung für Wertpapierbesitz e.V.
Landesverband Nordrhein-Westfalen
Hamborner Str. 53, 40472 Düsseldorf
T: (0211) 66 97 18 **Fax:** 66 97 70

● U 719

Gesellschaft für Wertpapierinteressen e.V. (GFW)
Basteiring 6, 48653 Coesfeld
T: (02541) 8 81 10 **Fax:** 7 06 05

Landesverbände:
Baden-Württemberg, Bayern, Berlin, Hamburg, Hessen, Niedersachsen, Nordrhein-Westfalen

● U 720

Schutzgemeinschaft der Fruchtsaft-Industrie e.V.
Am Hahnenbusch 14b, 55268 Nieder-Olm
T: (06136) 92 52 40 **Fax:** 92 52 44
Internet: http://www.sgf.org
E-Mail: info@sgf.org
Gründung: 1974
Vorsitzende(r): Dr. Karl Neuhäuser (Eckes AG, 55268 Nieder-Olm)
Stellvertretende(r) Vorsitzende(r): Günther Possmann (Kelterei Possmann, Frankfurt)
Geschäftsführer(in): Peter Michael Funk
Mitglieder: 491 in 47 Ländern
Mitarbeiter: 11
Jahresetat: DM 4 Mio, € 2,05 Mio

● U 721

Schutzgemeinschaft der Kleinaktionäre e.V. (SdK)
Karlsplatz 3, 80335 München
T: (089) 59 99 87 33 **Fax:** 54 88 78 58
Internet: http://www.sdk.org
E-Mail: sdk.ev@t-online.de
Gründung: 1959 (01. Dezember)
Vorstand: WP, StB Klaus Schneider (Vors.; Schackstr. 1, 80539 München, T.: (089) 36 04 90-0, Fax: 36 04 90-49)
Dipl.-Volksw. Markus Straub (stellv. Vors.; Kirchenstr. 77, 81675 München, T.: (089) 47 07 73 07, Fax: 47 08 78 15)
Dipl.-Volksw. Willi Bender (Winkelhausweg 12 a, 83131 Nußdorf/Inn, T.: (08034) 27 47, Fax: 30 70 96)
Dipl.-Handelslehrerin Reinhild Keitel (Einsiedlerstr. 11, 60439 Frankfurt, T.: (069) 5 89 03 25, Fax: 58 63 68)
Dipl.-Kfm. Hansgeorg Martius (Elbchaussee 336, 22609 Hamburg, T.: (040) 82 31 44-0, Fax: 82 31 44-40)
Harald Petersen (Hühlweg 18, 95448 Bayreuth, T.: (0921) 55 28 41, Fax: 55 84 28 41)
Mitarbeiter: 50 Sprecher, 5 Mitarb.
Publikationsorgane: „Der AktionärsReport" sowie „DIE AKTIENGESELLSCHAFT", beide im Verlag Dr. Otto Schmidt KG, Unter den Ulmen 96-98, 50968 Köln

Bundesweit arbeitende Aktionärsvereinigung zum Schutze des Streubesitzes.

● U 722

Dachverband der Kritischen Aktionärinnen und Aktionäre e.V.
Schlackstr. 16, 50737 Köln
T: (0221) 5 99 56 47 **Fax:** 5 99 10 24
Internet: http://www.kritischeaktionaere.de
E-Mail: dachverband@kritischeaktionaere.de
Gründung: 1986 (22. Februar)
Geschf. Vorstand: Henry Mathews (Ltg. Presseabt.)
Mitglieder: 180

● U 723

SCHUFA Holding AG
Postf. 18 29, 65008 Wiesbaden
Hagenauer Str. 44, 65203 Wiesbaden
T: (0611) 23 88 99-0 **Fax:** 23 88 99-33
Internet: http://www.schufa.de
E-Mail: schufa-holding@schufa.de
Gründung: 2000 (30. März)
Vorstand: Rainer Neumann

● U 724

BUNDES-SCHUFA
Vereinigung der deutschen Schutzgemeinschaften für allgemeine Kreditsicherung e.V.
Postf. 18 29, 65008 Wiesbaden
Hagenauer Str. 44, 65203 Wiesbaden
T: (0611) 39 59-80 **Fax:** 39 59-833
Internet: http://www.schufa.de
E-Mail: bundes-schufa@schufa.de
Vorsitzende(r) des Vorstandes: Dipl.-Kfm. Hans-Peter Krämer, Köln
Geschäftsführer(in): Wulf Bach, Wiesbaden

u 725

SCHUFA Ostdeutsche Schutzgemeinschaft für allgemeine Kreditsicherung GmbH
Sitz:
Postf. 42 01 32, 12061 Berlin
Mariendorfer Damm 1-3, 12099 Berlin
T: (030) 7 00 91-10 **Fax:** 7 00 91-2 22
Internet: http://www.schufa.de
E-Mail: berlin@schufa.de
Vorsitzende(r): Marc Aurel von Dewitz, Berlin
Geschäftsführer(in): Gerd Hirsbrunner, Berlin

u 726

SCHUFA Schutzgemeinschaft für allgemeine Kreditsicherung GmbH Bremen/Weser-Ems
Sitz:
Postf. 10 17 20, 28017 Bremen

u 726

Martinistr. 12-16, 28195 Bremen
T: (0421) 3 63 02 66 **Fax:** 3 63 02 49
Internet: http://www.schufa.de
E-Mail: bremen@schufa.de
Vorsitzende(r): Dr.rer.pol. Herbert Wieneke, Bremen
Geschäftsführer(in): Markward Klein, Bremen

u 727

SCHUFA Niederrheinisch-Westfälische Schutzgemeinschaft für allgemeine Kreditsicherung GmbH
Postf. 10 37 63, 44037 Dortmund
Florianstr. 1, 44139 Dortmund
T: (0231) 13 80 70 **Fax:** 12 60 70
Internet: http://www.schufa.de
E-Mail: dortmund@schufa.de
Gründung: 1930
Vorsitzende(r): Rudolf Heib, Gelsenkirchen
Geschäftsführer(in): Klaus Knobloch

u 728

SCHUFA Schutzgemeinschaft für allgemeine Kreditsicherung GmbH
Sitz:
Postf. 10 47 44, 40038 Düsseldorf
Immermannstr. 65D, 40210 Düsseldorf
T: (0211) 1 67 61 00 **Fax:** 36 00 37
Internet: http://www.schufa.de
E-Mail: duesseldorf@schufa.de
Vorsitzende(r): Wolfram Combecher, Düsseldorf
Geschäftsführer(in): Hartmut Lorenz, Düsseldorf

u 729

**SCHUFA NORD
Schutzgemeinschaft für allgemeine Kreditsicherung GmbH**
Sitz:
Postf. 10 58 09, 20039 Hamburg
Wendenstr. 4, 20097 Hamburg
T: (040) 23 71 91-12 **Fax:** 23 71 91-22
Internet: http://www.schufa.de
E-Mail: hamburg@schufa.de
Vorsitzende(r): Dr.jur. Karl-Joachim Dreyer, Hamburg
Geschäftsführer(in): H.-D. Pflughoefft, Hamburg

u 730

SCHUFA Schutzgemeinschaft für allgemeine Kreditsicherung Rhein-Saar GmbH
Sitz:
Postf. 45 11 40, 50886 Köln
Widdersdorfer Str. 403, 50933 Köln
T: (0221) 49 96 60 **Fax:** 4 99 54 42
Internet: http://www.schufa.de
E-Mail: koeln@schufa.de
Vorsitzende(r): Dipl.-Kfm. Hans-Peter Krämer, Köln
Geschäftsführer(in): Claus-Dieter Braun, Köln
Günter Klein, Saarbrücken

u 731

SCHUFA Bayerische Schutzgemeinschaft für allgemeine Kreditsicherung GmbH
Sitz:
Postf. 21 04 68, 80674 München
Elsenheimerstr. 61 /IV, 80687 München
T: (089) 5 70 06-0 **Fax:** 5 70 06-350
Internet: http://www.schufa.de
E-Mail: muenchen@schufa.de
Vors. d. VR-R.: Dr. Olaf Scheer, München
Geschäftsführer(in): Gernot W. H. Bickel, München

u 732

Südwestdeutsche SCHUFA Schutzgemeinschaft für allgemeine Kreditsicherung GmbH
Sitz:
Postf. 10 46 43, 70041 Stuttgart
Königstr. 84, 70173 Stuttgart
T: (0711) 2 24 56 43 **Fax:** 2 24 56 26
Internet: http://www.schufa.de
E-Mail: stuttgart@schufa.de
Vorsitzende(r): Prof. Dr. Hans Waschkowski, Stuttgart
Geschäftsführer(in): Klaus Maier, Stuttgart

● **U 733**

Kreditschutzverein für Industrie, Handel und Dienstleistung e.V. (IHD)
Augustinusstr. 11B, 50226 Frechen
T: (02234) 9 63 17-0 **Fax:** 9 63 17 11
Internet: http://www.ihd.de
E-Mail: zentrale@ihd.de
Gründung: 1985
Vorsitzende(r): Burghard Weyland
Geschäftsführer(in): Bernhard Eberlein
Mitglieder: 3000
Mitarbeiter: 60

● **U 734**

Creditoren-Verein Pforzheim - Internationaler branchenbezogener Gläubigerschutzverband
Schwerpunkt: Schmuck, Uhren, Silberwaren, Optik, Mikroelektronik und artverwandte Wirtschaftszweige
Poststr. 1, 75172 Pforzheim
T: (07231) 38 07-0 **Fax:** 35 58 30
Gründung: 1894 (06. Juni)
Vorsitzende(r): Manfred Bächtold (i. Fa. Friedrich Kling, Birkenfeld)
Stellvertretende(r) Vorsitzende(r): Rolf Stahl (i. Fa. ERMANO Uhrwerke, Pforzheim)
Geschäftsführer(in): Rüdiger Wolf
Verbandszeitschrift: CV-Nachrichten
Mitglieder: ca. 800
Mitarbeiter: 16, davon 3 Auszub.

● **U 735**

VELIDRO Rechtsbeistand e.V.
Augustinusstr. 11B, 50226 Frechen
T: (02234) 96 35 50 **Fax:** 9 63 55 83
Gründung: 1915
Vorsitzende(r): Dr. Hartmut Schneider
Geschäftsführer(in): Rechtsbeistand Adolf Brauner
Mitglieder: 1600

● **U 736**

Südd. Gläubigerschutzverband e.V.
König-Karl-Str. 81, 70372 Stuttgart
T: (0711) 5 50 08-0 **Fax:** 5 50 08-11
Vorstand: Klaus Klitzke

● **U 737**

Deutsche Vereinigung für gewerblichen Rechtsschutz und Urheberrecht e.V.
Sitz: Berlin
Hauptgeschäftsstelle:
Theodor-Heuss-Ring 19-21, 50668 Köln
T: (0221) 77 16-151 **Fax:** 77 16-205
Internet: http://www.grur.de
E-Mail: office@grur.de
Präsident(in): RA Dr. Wolfgang Gloy
Generalsekretär(in): RA Dr. Michael Loschelder
Verbandszeitschrift: GRUR, GRUR Int., IIC, GRUR RR
Redaktion: C.H. Beck, Wilhelmstr. 9, 80801 München
Mitglieder: 3500

Wissenschaftliche Fortbildung und Ausbau des gewerblichen Rechtsschutzes und des Urheberrechts, einschl. des Wettbewerbsrechts

Bezirksgruppen

u 738

**Deutsche Vereinigung für gewerblichen Rechtsschutz und Urheberrecht e.V.
Bezirksgruppe Bayern**
Prinzregentenstr. 16, 80538 München
T: (089) 2 12 39 90 **Fax:** 21 23 99 22

u 739

**Deutsche Vereinigung für gewerblichen Rechtsschutz und Urheberrecht e.V.
Bezirksgruppe Berlin**
Meierottostr. 1, 10719 Berlin
T: (030) 8 81 41 88 **Fax:** 8 81 41 87

u 740

**Deutsche Vereinigung für gewerblichen Rechtsschutz und Urheberrecht e.V.
Bezirksgruppe Frankfurt**
Eschersheimer Landstr. 25-27, 60322 Frankfurt
T: (069) 9 59 57-0 **Fax:** 9 59 57-166

u 741

**Deutsche Vereinigung für gewerblichen Rechtsschutz und Urheberrecht e.V.
Bezirksgruppe Mitte-Ost**
Forsterstr. 29-31, 06112 Halle
T: (0345) 5 17 05 73 **Fax:** 5 17 05 72

u 742

**Deutsche Vereinigung für gewerblichen Rechtsschutz und Urheberrecht e.V.
Bezirksgruppe Nord**
Alter Wall 55, 20457 Hamburg
T: (040) 3 76 90-90 **Fax:** 3 76 90-999

u 743

**Deutsche Vereinigung für gewerblichen Rechtsschutz und Urheberrecht e.V.
Bezirksgruppe Süd-West**
Heidehofstr. 9, 70184 Stuttgart
T: (0711) 48 97 90 **Fax:** 4 89 79 35

u 744

**Deutsche Vereinigung für gewerblichen Rechtsschutz und Urheberrecht e.V.
Bezirksgruppe West**
Königsallee 92a, 40212 Düsseldorf
T: (0211) 83 87-0 **Fax:** 83 87-100

● **U 745**

Verein gegen Rechtsmißbrauch e.V. (VGR)
Röderbergweg 30, 60314 Frankfurt
T: (069) 43 35 23 **Fax:** 43 35 23
Internet: http://www.justizirrtum.de
Gründung: 1989 (2. Oktober)
Vorsitzende(r): Horst Trieflinger
Stellvertretende(r) Vorsitzende(r): Ewald Gumz
Mitglieder: 300
Jahresetat: DM 0,010 Mio, € 0,01 Mio
Geschäftsstellen: Diez, Düsseldorf

Hilfestellung und Unterstützung von Personen, die durch Rechtsanwälte, sonstige Rechtsbeistände und/oder die Justiz geschädigt wurden. Erfahrungsaustausch, Öffentlichkeitsarbeit, Einflußnahme auf die Gesetzgebung und auf sonstige Meinungsführer, Prozeßbeobachtung und Prozeßbegleitung. Vorbeugung gegen Rechtsmißbrauch.

● **U 746**

Verwertungsgesellschaft WORT
Rechtsfähiger Verein kraft Verleihung
Goethestr. 49, 80336 München
T: (089) 5 14 12-0 **Fax:** 5 14 12 58
Internet: http://www.vgwort.de
E-Mail: vgw@vgwort.de
Gründung: 1958
Geschäftsführendes Vorstandsmitglied:
Prof. Dr. Ferdinand Melichar
Verbandszeitschrift: WORT-REPORT
Mitarbeiter: 80

Wahrnehmung von Urheberrechten an Sprachwerken.

u 747

VG WORT Büro Berlin
Köthener Str. 44, 10963 Berlin
T: (030) 2 61 38 45 **Fax:** 23 00 36 29

● **U 748**

Verwertungsgesellschaft Bild-Kunst rechtsfähiger Verein kraft staatlicher Verleihung
Weberstr. 61, 53113 Bonn
T: (0228) 9 15 34-0 **Fax:** 9 15 34-39
Internet: http://www.bildkunst.de
E-Mail: info@bildkunst.de
Gründung: 1968
Vorstand: RA Gerhard Pfennig (Weberstr. 61, 53113 Bonn,
T: (0228) 9 15 34-16)
Frauke Ancker
Eberhard Hauff
Hans-Wilhelm Sotrop
Mitglieder: 27553
Mitarbeiter: 31
Jahresetat: DM 41,01 Mio

u 749

**Verwertungsgesellschaft Bild-Kunst
Büro Berlin**
Köthener Str. 44, 10963 Berlin
T: (030) 2 61 27 51 **Fax:** 23 00 36 29

● **U 750**

Interessengemeinschaft für Rundfunkschutzrechte e.V. (IGR)
Bahnstr. 62, 40210 Düsseldorf
T: (0211) 35 33 81 **Fax:** 35 28 46
Geschäftsführer(in): Dipl.-Phys. Hans-Jörg Geßler
Mitglieder: 15

● **U 751**

Deutscher Erfinderverband e.V. (DEV)
Spittlertorgraben 15, 90429 Nürnberg
T: (0911) 26 98 11   **Fax:** 26 97 80
Internet: http://www.deutscher-erfinder-verband.de
Vorsitzende(r): Karl Bauch

● **U 752**

Deutscher Erfinderring e.V., Nürnberg (DER)
Spittlertorgraben 15, 90429 Nürnberg
T: (0911) 26 98 11   **Fax:** 26 97 80
Gründung: 1950
1. Vorstand: Hans-Peter Schabert (Ltg. Presseabteilung)
Verbandszeitschrift: Erfinder Mitteilungen
Redaktion: DEV Nürnberg
Mitglieder: 100
Jahresetat: DM 0,01 Mio, € 0,01 Mio

● **U 753**

Konditionenkartell der in Niedersachsen Bier vertreibenden Brauereien
Kapstadtring 10, 22297 Hamburg
T: (040) 54 72-690   **Fax:** 5 40 58 00
Vorsitzende(r): Harald Wildhagen (Vorstandsmitglied der Gilde Brauerei AG, Hannover)
Geschäftsführer(in): RA Michael Scherer
Mitglieder: 5

● **U 754**

Schutzgemeinschaft Muster und Modelle - Musterschutz - e.V.
c/o Gesamttextil e. V.
Postf. 53 40, 65728 Eschborn
Frankfurter Str. 10-14, 65760 Eschborn
T: (06196) 9 66-0   **Fax:** 4 21 70
Vorsitzende(r) des Vorstandes: Peter Mauch, Lörrach
Vorstand: Hans Bläcker (Vorsitzender des Hauptverbandes Textil im CDH, Köln)
Günther Bueckle (Carl Bueckle GmbH & Co. KG, Lauffen/N.)
Jürgen Wetzel (Fa. Thümmler + Bley, Schwarzenbach)

● **U 755**

Bundesausschuß Farbe und Sachwertschutz e.V.
Vilbeler Landstr. 255, 60388 Frankfurt
T: (06109) 7 26 86   **Fax:** 72 28-50
Präsident(in): Gustav Jost (Juraweg 21, 79540 Lörrach)
Geschäftsführer(in): RA Werner Loch
Mitglieder: 169

● **U 756**

Zentrale zur Bekämpfung unlauteren Wettbewerbs e.V. Frankfurt am Main
Postf. 25 55, 61295 Bad Homburg
Landgrafenstr. 24B, 61348 Bad Homburg
T: (06172) 12 15 11   **Fax:** 8 44 22
Internet: http://www.wettbewerbszentrale.de
E-Mail: mail@wettbewerbszentrale.de
Gründung: 1912 in Berlin
Internationaler Zusammenschluß: siehe unter izo 110
Präsident(in): Peter Zühlsdorff, Frankfurt
Hauptgeschäftsführer(in): Dr. Reiner Münker
Verbandszeitschrift: Der Wettbewerb
Aus der Praxis - für die Praxis
Verlag: Dt. Fachverlag, 60264 Frankfurt
Mitglieder: 1650 (Stand Dezember 2000)
Mitarbeiter: rd. 50

Zweigstellen der Wettbewerbszentrale befinden sich in:
Berlin, Dortmund, Dresden, Essen, Hamburg, Hannover, München und Stuttgart

● **U 757**

Schutzgemeinschaft gegen unlautere Baufinanzierung e.V.
Gemeinnützige
Verbraucher-Institution
Birkenstr. 5, 16798 Fürstenberg
T: (033093) 3 97 56   **Fax:** 3 97 55
Vorsitzende(r): Dr. Ernst-Chr. Haß, Berlin
Stellvertretende(r) Vorsitzende(r): Olaf Peglow, Berlin
Beauftragte(r): Dieter Peglow, Fürstenberg/Havel
Verbandszeitschrift: "Wie wird meine Baufinanzierung um Tausende billiger?"
Verlag: Selbstverlag der Schutzgemeinschaft
Mitglieder: 7

● **U 758**

Verein für lauteren Wettbewerb e.V.
Bei dem Neuen Krahn 2, 20457 Hamburg
T: (040) 36 98 15-0, Durchw.: -13   **Fax:** 36 98 15-33
Gründung: 1953 (27. August)
1. Vorsitzender: Jörn Holzmann
Stellvertretende(r) Vorsitzende(r): Rolf Leuchtenberger

Bodo Kretschmann
Geschäftsführer(in): Wolfgang Linnekogel
Mitglieder: 22 Verbände mit ca. 10 500 angeschlossenen Handelsunternehmen
Mitarbeiter: 1 Volljurist, 2 Sachbearbeiterinnen

Lauterkeit des Wettbewerbs, Beratung und Unterstützung der Mitgliedsverbände/Firmen, Durchsetzung von Unterlassungsansprüchen.

● **U 759**

Gutachter-Ausschuß für Wettbewerbsfragen
11052 Berlin
Breite Str. 28, 10178 Berlin
T: (030) 2 03 08-2702   **Fax:** 2 03 08-2777
Gründung: 1949
Vorsitzende(r): RA Klaus Suhr
Geschäftsführer(in): RA Armin Busacker
RA Dr. Axel Koblitz
Mitglieder: 41

● **U 760**

Gutachterausschuß für Allgemeine Geschäftsbedingungen
Breite Str. 29, 10178 Berlin
T: (030) 20 28-1560   **Fax:** 20 28-2560
Teletex: 221 4058
T-Online: ∗54 600#
E-Mail: s.hintzen@bdi-online.de
Vorsitzende(r): Dr. Jörg-Dieter Hummel
Geschäftsführer(in): RA Sigrid Hintzen

● **U 761**

Bund Deutscher Schiedsmänner und Schiedsfrauen e.V. (BDS)
Postf. 10 04 52, 44704 Bochum
Wagenfeldstr. 1, 44787 Bochum
T: (0234) 6 69 60   **Fax:** 1 81 71
Internet: http://www.schiedsamt.de
E-Mail: bds@schiedsamt.de
Gründung: 1950 (20. Oktober)
Vorstand: Erhard Väth (BVors.)
Bruno Mlody (1. stellv. Vors.)
Henning Müller (2. stellv. Vors.)
Assessor Georg Budich (BGF (Hauptgeschäftsf.))
Peter Schöneseiffen (BSchatzmeister)
Hupperts (Schriftführer)
Pressereferent: Helmut Stutzmann
Verbandszeitschrift: Schiedsamtszeitung
Redaktion: Burkhard Treese, Direktor des Amtsgerichts
Verlag: Carl Heymanns Verlag KG, Luxemburger Str. 449, Köln
Mitglieder: ca. 10000
Mitarbeiter: 4
Angeschlossene Organisationen:
12 Landesvereinigungen
77 regionale Bezirksvereinigungen in den Ländern Berlin, Brandenburg, Hessen, Mecklenburg-Vorpommern, Niedersachsen, Nordrhein-Westfalen, Rheinland-Pfalz, Saarland, Sachsen, Sachsen-Anhalt, Schleswig-Holstein und Thüringen

● **U 762**

Deutscher Ausschuß für Schiedsgerichtswesen
Geschäftsführung wird wahrgenommen durch:
Deutsche Institution für Schiedsgerichtsbarkeit e.V. (DIS)
Adenauerallee 148, 53113 Bonn
T: (0228) 1 04-2711   **Fax:** 1 04-2714
Vorsitzende(r): RA Wingolf R. Lachmann, Hamburg

● **U 763**

Deutsche Institution für Schiedsgerichtsbarkeit e.V. (DIS)
Hauptgeschäftsstelle:
Adenauerallee 148, 53113 Bonn
T: (0228) 1 04 27 11   **Fax:** 1 04 27 14
DIS-Büro Berlin: Breite Str. 29, 10178 Berlin, T: (030) 31 51 05 89, Telefax: (030) 31 51 05 99
enger Vorstand:
Vorstand: Prof. Dr. Karl-Heinz Böckstiegel
Dr. Jürgen Möllering
RA Dr. Hannes Hesse
Generalsekretär(in): RA Jens Bredow
Mitglieder: ca. 450

● **U 764**

Arbeitskreis für Insolvenz- und Schiedsgerichtswesen e.V., Köln
(als Gemeinnützige Körperschaft anerkannt)
c/o Amtsgericht Köln, Abt. 71
50922 Köln
T: (0221) 4 77-0 (Zentrale)   **Fax:** 4 77-2313
Gründung: 1949
Vorsitzende(r): Dr. Heinz Vallender
Mitglieder: 500

● **U 765**

Verband privater Bauherren e.V. (V.P.B.)
Unabhängiger Verbraucherschutzverband, bautechnischer Überwachungsverein für Bauherren
Bundesbüro und Vorstand
Spaldingstr. 64, 20097 Hamburg
T: (040) 23 15 50   **Fax:** 23 27 14
Internet: http://www.vpb.de
E-Mail: info@vpb.de
Gründung: 1976 (10. Mai)
Vorstand: RA H. Schildt (Justitiar)
Dipl.-Ing. W. Queißer
Dipl.-Ing. B. Riedl
Hauptgeschäftsführer(in): Dipl.-Ing. F. Staudinger
Anzahl der Beratungsbüros: z.Zt. 45 Büros

● **U 766**

Deutscher Schutzverband gegen Wirtschaftskriminalität e.V. Frankfurt/Main (DSW)
Postf. 25 55, 61295 Bad Homburg
Landgrafenstr. 24B, 61348 Bad Homburg
T: (06172) 1 21 50   **Fax:** 8 44 22
E-Mail: mail@wettbewerbszentrale.de
Gründung: 1911 in Berlin
Vorsitzende(r): Dr. Marcel Kisseler
Mitglieder: ca. 100

● **U 767**

Institut für Finanzdienstleistungen e.V. (IFF)
Burchardstr. 22, 20095 Hamburg
T: (040) 30 96 91-0   **Fax:** 30 96 91-22
Internet: http://www.iff-hamburg.de
Gründung: 1987
Vorsitzende(r): Rüdiger Wanke (Arbeiterkammer Bremen)
Direktor(in): Prof. Dr. Udo Reifner
Verbandszeitschrift: BankWatch - INFODIENST im Internet
Redaktion: IFF
Verlag: Burchardstr. 22, 20095 Hamburg
Mitglieder: 15
Mitarbeiter: 8
Jahresetat: DM 1,8 Mio, € 0,92 Mio

● **U 768**

Pro Honore e.V.
Beim Strohhause 34, 20097 Hamburg
T: (040) 2 50 92 34   **Fax:** 2 51 38 62
E-Mail: 0402508763-0001@t-online.de
Gründung: 1925
Vorsitzende(r): Rolf Klauer
Geschäftsführung: RA Otto D. Dobbeck (Ltg. Presseabt.)
Verbandszeitschrift: Warnungsdienst
Redaktion: RA Otto D. Dobbeck
Mitglieder: 223

● **U 769**

Pro Touristica e.V.
Verein zur Unterbindung unlauterer Methoden in der Touristik
Oberburgstraße, 37213 Witzenhausen
T: (05542) 99 96 07   **Fax:** 99 96 08
Gründung: 1990 (14. Oktober)
Vorsitzende(r): Wolfgang Dovidat
Stellvertretende(r) Vorsitzende(r): Gerhard Mühring
Mitglieder: 8

● **U 770**

Gemeinschaft vorbildlicher Bekleidungsfachgeschäfte e.V.
Cecilienallee 42, 40474 Düsseldorf
T: (0211) 43 43 24   **Fax:** 45 10 15
Gründung: 1939 (5. August)
Vorsitzende(r): Kaufmann Hendrik Cloppenburg
Geschäftsführer(in): Dipl.-Kfm. Hans Dieter Dahlhaus

● **U 771**

Deutscher Verband für Post und Telekommunikation e.V. (DVPT)
Postf. 10 20 28, 63020 Offenbach
Berliner Str. 170-172, 63067 Offenbach
T: (069) 82 97 22-0   **Fax:** 82 97 22-26
Internet: http://www.dvpt.de
E-Mail: dvpt@dvpt.de
Gründung: 1968 (6. März)
Vorsitzende(r): Manfred Herresthal (Ltg. Presseabt., T: (069)

U 771

82 97 22-0, Telefax: (069) 82 97 22-26)
Mitglieder: 1500
Mitarbeiter: 8

● **U 772**
Bundesverband der Mehrwertdienste-, Post- und Telekommunikationsnutzer Deutschland e.V. (BMPT)
Bundesgeschäftsstelle
Technologiezentrum
Lohbachstr. 12, 58239 Schwerte
T: (02304) 9 45-580, (0180) 3 33 24 00 (Mitglieder-Hotline)
 Fax: (02304) 9 45-588, (0180) 3 33 25 00 (Mitglieder-Fax-line)
Internet: http://www.bmpt.org
E-Mail: bgs@bmpt.org, mitglieder@bmpt.org (Mitglieder), info@bmpt.org (Abrufsystem)
Präsidium
Präsident(in): Dipl.-Kfm. Dieter Swoboda
Stellvertretender Vorsitzender: Dipl.-Betriebsw. Rolf L. Thieme (Leiter Mitgliederbetreuung)
Schatzmeister: Bankkfm. Marco Althaus (Bankdirektor a.D.)
Stellvertretender Schatzmeister: Frank Martin
Bundesgeschäftsführer: Dipl.-Phys. Thomas Windelschmidt
Stellvertretender Geschäftsführer: Christian Renze
Förderkuratorium
Vorsitz: Prof. Dr. Roland Multhaup
Mitglieder: ca. 3000

● **U 773**
Bundesverband Deutscher Postdienstleister e.V. (BvDP)
Adenauerallee 87, 53113 Bonn
T: (0228) 9 14 36-0 **Fax:** 9 14 36-60
Internet: http://www.bvdp.de
E-Mail: info@bvdp.de
Gründung: 1999 (Juni)
Vorsitzende(r): Wolfhard Bender (Rechtsanwalt)
Stellvertretende(r) Vorsitzende(r): Dr. Siegfried Putzer (Vorsitzender der Geschäftsführung der DHL Worldwide Express GmbH Deutschland, Monzastr. 2, 63225 Langen)
Schatzmeister: Peter Scheller (Direktor Postal Relations & New Venture Business Germany/Austria, Pitney Bowes Deutschland GmbH, Mitglied der Geschäftsleitung, Tiergartenstr. 7, 64646 Heppenheim)
Geschäftsführer(in): Heinrich Bartling
Leitung Presseabteilung: Christof Riegert
Verbandszeitschrift: BVDP-Brief
Redaktion: C. Riegert
Mitglieder: 16
Mitarbeiter: 4

● **U 774**

**Europaverband der Selbständigen
Bundesverband Deutschland (BVD)**
Oberbexbacher Str. 7, 66450 Bexbach
T: (06826) 14 70, 21 88 **Fax:** 5 09 04
Internet: http://www.bvd-cedi.de
E-Mail: info@bvd-cedi.de
Berliner Vertretung:
Carsten Lucht, Kaiser-Friedrich-Höfe, Kaiser-Friedrich-Str. 90, 10585 Berlin
Präs. BVD u. VdVorst: Karl Kunrath (Ltg. Presseabt.; Oberbexbacher Str. 7, 66450 Bexbach)
Vizepräsident(in): Karl Philippi
Dr. Peter Vogt
Bundesgeschäftsführer(in): H. D. Schaefer
Präsidiumsmitglied(er): Friedrich Krömmelbein
RA Klaus Wagner
Günter Hoffmann
Gilbert Hüsch
Erich Gemmel
Rudolf Martin
30 Landesdienststellen + Repräsentanzen, 355 Verbände und Innungen in allen Bundesländern
Verbandszeitschrift: Zeitung für die Selbständigen "Gewerbe-Report"
Redaktion: Oberbexbacher Str. 7, 66450 Bexbach
Mitglieder: Vertritt 440000 Selbständige
Mitarbeiter: 12 Innendienst, 200 Außendienst freiberufliche Mitarb.

Interessenvertretung aller Selbständigen, Klein- und Mittelbetriebe und der freien Berufe, sowie des ambulanten Handels, Handelsvertreter, Dienstleistungs- Hotel- und Gaststättengewerbe etc. in der Bundesrepublik.

BVD-Bevollmächtigte

u 775
Europaverband der Selbständigen-BVD/CEDI Sachsen
Schneeberger Str. 7, 08280 Aue
T: (03771) 2 45 62, 2 26 23 **Fax:** 25 10 10
Präsident(in): Rudolf Martin (Bevollmächtigter für die neuen Bundesländer)

u 776
BVD/CEDI-Bundesgeschäftsstelle Berlin
Kaiser-Friedrich-Höfe
Kaiser-Friedrich-Str. 90, 10585 Berlin
T: (030) 2 61 91 17 **Fax:** 2 61 85 58
Kontaktperson: Carsten Lucht

u 777
BVD - Bevollmächtigter Nord-/Nordostdeutschland
Dammstr. 34, 24103 Kiel
T: (0431) 9 66 22 **Fax:** 9 65 65
Kontaktperson: Dr. Jürgen D. Berndt

u 778
BVD - Bevollmächtigter Rhein/Main
Heinrich-Bingemer-Weg 2, 60388 Frankfurt
T: (06109) 3 33 25 **Fax:** 3 35 58
Kontaktperson: Johannes Prüfer

u 779
BVD - Bevollmächtigter Mannheim Rhein/Neckar
Schwalbacher Str. 40, 68305 Mannheim
T: (0621) 7 62 95 18
Kontaktperson: Werner Weber

u 780
BVD - Bevollmächtigter Bayern
Hugo-Junkers-Str. 9, 86159 Augsburg
T: (0821) 58 16 00 **Fax:** 58 23 57
Kontaktperson: Erich Schmidkonz

BVD-Landesdienststellen:

u 781
BVD-Landesdienststelle Neubrandenburg
Sponholzer Str. 63, 17034 Neubrandenburg
T: (0395) 4 22 85 82 **Fax:** 4 22 85 81
Peter Büchler

u 782
BVD-Landesdienststelle Mittel- und Osthessen
Karlstr. 8, 36341 Lauterbach
T: (06641) 91 96 06 **Fax:** 91 96 06
Kontaktperson: Ulrich Ottenbreit

u 783
BVD-Landesdienststelle Rheinland
Graf-Adolf-Str. 41, 40210 Düsseldorf
T: (0211) 37 14 14
Kontaktperson: Heinz Kobielski

u 784
BVD-Landesdienststelle Dortmund
Große Heimstr. 72, 44137 Dortmund
T: (0231) 7 21 33 62 **Fax:** 9 12 82 77
Kontaktperson: Klaus Hartz

u 785
BVD-Landesdienststelle Saar-Mitte
Hasenbergstr. 4b, 66822 Lebach
T: (06881) 35 19 **Fax:** 35 19
Kontaktperson: Werner Niedzwetzki

u 786
BVD-Landesdienststelle Südpfalz
Hartmannstr. 16, 67487 Maikammer
T: (06321) 95 27 18 **Fax:** 95 27 19
Kontaktperson: Wolfgang Ringler

u 787
BVD-Landesdienststelle Baden-Kurpfalz
Bäumelweg 6, 68782 Brühl
T: (06202) 7 23 98
Kontaktperson: Rolf Werle

u 788
BVD-Landesdienststelle Villingen
Höfenstr. 29, 78052 Villingen-Schwenningen
T: (07721) 7 02 25 **Fax:** 7 05 89
Kontaktperson: Achim Engesser

BVD-Repräsentanzen:

u 789
BVD-Repräsentanz Thüringen-Ost
Winterstr. 4, 04600 Altenburg
T: (03447) 83 87 02 **Fax:** 83 87 25
Kontaktperson: Gunnar Bittner

u 790
BVD-Repräsentanz Region Gera
Zabelstr. 14, 07545 Gera
T: (0365) 8 31 03 72
Kontaktperson: Andreas Eiselt

u 791
BVD-Repräsentanz Erzgebirge
Am Grauen Mann 2a, 08349 Johanngeorgenstadt
Kontaktperson: Hans Jost

u 792
BVD-Repräsentanz Hamburg-Bergedorf
Heinrich-Stubbe-Weg 3, 21039 Hamburg
T: (040) 72 34 03 25 **Fax:** 72 34 03 28
Kontaktperson: Klaus Boldt

u 793
BVD-Repräsentanz Weser-Ems
Metjendorfer Landstr. 13, 26215 Wiefelstede
T: (0441) 6 64 05 95 **Fax:** 6 64 02 56
Kontaktperson: Michael Grote

u 794
BVD-Repräsentanz Hunsrück - Mosel
Rhein-Mosel-Flughafen Hahn, Geb. 404
Postf. 11 33, 55482 Hahn-Flughafen
T: (06543) 50 92 27 **Fax:** 50 92 25
Kontaktperson: Norbert Kostecki

u 795
BVD-Repräsentanz Saarland
Memeler Str. 14, 66121 Saarbrücken
T: (0681) 81 76 47
Kontaktperson: Manfred Bund

u 796
BVD-Repräsentanz Neckar-Zollern-Alb-Kreis
Kaiserstr. 59 A, 72764 Reutlingen
T: (07121) 4 33 03 44 **Fax:** 4 33 03-50
Kontaktperson: Jeanette Zehner

u 797
BVD-Repräsentanz Freiburg
Sundgauallee 25, 79114 Freiburg
T: (0761) 7 67 87 54 **Fax:** 7 67 87 55
Kontaktperson: Susanne Widany-Erhardt

u 798
BVD-Repräsentanz Breisgau-Hochschwarzwald
Holzeckstr. 21, 79199 Kirchzarten
T: (07661) 62 76 76 **Fax:** 62 76 77
Kontaktperson: Franz Meschak

u 799
BVD-Repräsentanz Oberland
Probst-Hartl-Str. 20, 82398 Polling
T: (0881) 10 43 **Fax:** 9 27 90 30
Kontaktperson: Robert Reiter

u 800
BVD-Repräsentanz Werdenfelser Land
Kaltenbrunn 22a, 82467 Garmisch-Partenkirchen
T: (08821) 75 23 40 **Fax:** 75 23 44
Kontaktperson: Johann Achner

u 801
BVD-Repräsentanz Nürnberg
Coseler Str. 20, 90473 Nürnberg

T: (0911) 80 57 22 **Fax:** 8 93 80 55
Kontaktperson: Klaus Schüler

u 802

BVD-Repräsentanz Nordoberpfalz
Galgenberg 16, 91275 Auerbach
T: (09643) 32 82
Kontaktperson: Wilfried Heberl

u 803

BVD-Repräsentanz Oberes Maintal
Coburger Str. 34, 96215 Lichtenfels
T: (09571) 73 92 95 **Fax:** 75 97 10
Kontaktperson: Gilbert Buchmann

u 804

BVD-Repräsentanz Thüringen-West
Hugo-Schmidt-Str. 8, 99610 Sömmerda
T: (03634) 60 95 18 **Fax:** 60 95 76
Kontaktperson: Dieter Leonhardt

● U 805

Bundesverband der Selbständigen Deutscher Gewerbeverband e.V. (BDS/DGV)
- Bundesgeschäftsstelle -
Platz vor dem Neuen Tor 4, 10115 Berlin
T: (030) 28 04 91-0 **Fax:** 28 04 91-11
Internet: http://www.bds-dgv.de
E-Mail: info@bds-dgv.de
Gründung: 1891
Internationaler Zusammenschluß: siehe unter izg 33
Präsident(in): Rolf Kurz (MdL) Haldenstr. 44, 70736 Fellbach-Schmiden, T: (0711) 95 19 90-10, Fax: 95 19 90-15)
Vizepräsidentin: Siglind Wanschka (Hauptstr. 14, 84184 Ast, T: (08709) 15 50, Fax: 546)
Vizepräsident(in): Rolf Dittrich (Am Herrenteich 2, 08107 Hartmannsdorf, T: (037602) 62 86, Fax: 8 75 75)
Vizepräsident(in): Hugo Kunzi (Leobener Str. 83, 70469 Stuttgart, T: (0711) 81 48 50, Fax: 8 14 85 55)
Vizepräsident(in): Albert Heckl (Gutenbergstr. 17, 86368 Gersthofen, T: (0821) 49 22 49, Fax: 49 38 18)
Vizepräsident(in): Hans-Peter Murmann (Dörspestr. 1, 51702 Bergneustadt, T: (02261) 4 50 55, Fax: 4 56 04)
Bundesschatzmeister: Günther Hieber (Wiesenstr. 22, 71394 Kernen, T: (0711) 5 71 40, Fax: 5 71 41 50)
Bundesgeschäftsführer(in): Ralf-Michael Löttgen
Verbandszeitschrift: "Der Selbständige", Platz vor dem Neuen Tor 4, 10115 Berlin, T: (030) 28 04 91-0, Fax: 28 04 91-11
Redaktion: Ralf-Michael Löttgen (verantwortlich)
Verlag: "Der Selbständige", Platz vor dem Neuen Tor 4, 10115 Berlin, T: (030) 28 04 91-0, Telefax: (030) 28 04 91-11
Mitglieder: 80000
Mitarbeiter: 5
Politische Interessenvertretung der 80000 Mitgliedsunternehmen bei Bundestag/Bundesregierung und auf Europäischer Ebene.

Landesverbände

u 806

BDS/DGV Landesverband Baden-Württemberg e.V.
Taubenheimstr. 24, 70372 Stuttgart
T: (0711) 9 54 66 80 **Fax:** 95 46 68 33
Präsident(in): Rolf Kurz (MdL)
Hauptgeschäftsführer(in): RA Joachim W. Dörr

u 807

BDS/DGV Landesverband Bayern e.V.
Schwanthalerstr. 110, 80339 München
T: (089) 54 05 60 **Fax:** 5 02 64 93
Präsident(in): Dr. Fritz Wickenhäuser
Hauptgeschäftsführer(in): Markus Droth

u 808

BDS/DGV Landesverband Berlin e.V.
Siegfriedstr. 204, 10365 Berlin
T: (030) 52 54 91 66, 52 54 91 67 **Fax:** 52 54 91 68
Vorsitzende(r): Eberhard Wolff
Geschäftsführer(in): Eberhard Hause

u 809

BDS/DGV Landesverband Brandenburg e.V.
Luckenwalder Str. 15, 15711 Königs Wusterhausen
T: (03375) 50 05 39 **Fax:** 55 49 57
E-Mail: brandenburg@bds-dgv.de
Vorsitzende(r): Karl-Heinz Friedrich
Geschäftsführer(in): Friedrich Lioba

u 810

BDS/DGV Landesverband Hamburg e.V.
Neue Gröningerstr. 10, 20457 Hamburg
T: (040) 33 93 03 **Fax:** 33 93 04
Vorsitzende(r): Rechtsanwalt Norbert Frühauf
Geschäftsführer(in): Gerd Hardenberg

u 811

BDS/DGV Landesverband Hessen e.V.
Kelsterbacher Str. 7, 64546 Mörfelden-Walldorf
T: (06105) 4 32 22 **Fax:** 4 46 94
Vorsitzende(r): Heinrich Dittmann
Geschäftsführer(in): Silvia Kossmann

u 812

BDS/DGV Landesverband Mecklenburg-Vorpommern e.V.
Platz der Freundschaft 1, 18059 Rostock
T: (0381) 4 00 16 10 **Fax:** 4 00 16 11
Vorsitzende(r): Hans-Georg Litschko
Geschäftsführer(in): Cornelia Lange

u 813

BDS/DGV Landesverband Niedersachsen-Bremen e.V.
Hauptstr. 52, 28876 Oyten
T: (04207) 44 00 **Fax:** 58 38
Vorsitzende(r): Friedhelm Höper

u 814

BDS/DGV Landesverband Nordrhein-Westfalen e.V.
Schwanenwall 23, 44135 Dortmund
T: (0231) 52 71 84, 52 71 85, 52 71 86 **Fax:** 52 71 83
Internationaler Zusammenschluß: siehe unter izr 3
Vorsitzende(r): Hans-Peter Murmann
Hauptgeschäftsführer(in): Joachim Schäfer

u 815

BDS/DGV Landesverband Rheinland-Pfalz e.V.
Bahnhofstr. 70, 67346 Speyer
T: (06232) 62 95 20-21 **Fax:** 62 95 22
Vorsitzende(r): Michael Leidner
Geschäftsführer(in): Jürgen Vogt

u 816

BDS/DGV Landesverband Sachsen e.V.
Zschonergrundstr. 20, 01157 Dresden
T: (0351) 4 22 25 12 **Fax:** 4 22 25 13
Vorsitzende(r): Helmut Johne
Geschäftsführer(in): Hans Nerger

u 817

BDS/DGV Landesverband Sachsen-Anhalt e.V.
Am Kirchtor 26, 06108 Halle
T: (0345) 2 00 02 08 **Fax:** 2 00 02 09
Vorsitzende(r): Günther Heinz
Geschäftsführer(in): Wilfried Stammwitz

u 818

BDS/DGV Landesverband Schleswig-Holstein e.V.
Heider Str. 1, 25782 Tellingstedt
T: (04838) 10 16 **Fax:** 9 40
Vorsitzende(r): Anke Nolte

u 819

BDS/DGV Landesverb. Thüringen e.V.
Louis-Schlutter-Str. 18, 07545 Gera
T: (0365) 8 00 12 29 **Fax:** 8 31 03 30
Vorsitzende(r): Bruno John
Geschäftsführer(in): Renate Meyer

● U 820

Interessenverband Selbständiger eV. Bezirksvereinigung Südhessen
Karmeliterstr. 14, 67547 Worms
T: (06241) 2 48 52 **Fax:** 2 59 58
Gründung: 1976 (29. Mai)
Präsident(in): Dr. Norbert Klingel, Mainz
Vorsitzende(r): Betriebsw. Joachim Baatz, Beulich
Stellvertretende(r) Vorsitzende(r): Ing. Wolfgang Köppert, Worms
Hauptgeschäftsführer(in): Rechtsbeistand Norbert Schott (Schöfferstr. 30, 67547 Worms)
Mitglieder: 118

● U 821

Verband Selbständiger und Gewerbetreibender (VSG)
Schutz- und Selbsthilfeorganisation der Selbständigen im Bundesverband mittelständische Wirtschaft e.V.
Berliner Freiheit 36, 53111 Bonn
T: (0228) 6 04 77-0 **Fax:** 6 04 77-50
E-Mail: vsg@vsg-verband.org
Vorstand: Dieter Härthe (Bundesvorsitzender)
Schatzmeisterin: Isolde Hohenleitner
Leitung Presseabteilung: N. N.
Mitglieder: 20000

● U 822

Deutscher Franchise-Nehmer-Verband e.V.
Celsiusstr. 43, 53125 Bonn
T: (0228) 25 03 00 **Fax:** 25 05 86
Internet: http://www.dfnv.de, http://www.franchiserecht.de
E-Mail: info@dfnv.de
Gründung: 1994 (Oktober)
Vorsitzende(r): Bernd-R. Faßbender
Stellvertretende(r) Vorsitzende(r): Prof. Dr. Jürgen Nauschütz
Dr. Jan P. Giesler
Geschäftsführer(in): Volker Helisch
Leitung Presseabteilung: Hubert Koll
Verbandszeitschrift: Der Franchisenehmer
Mitglieder: über 1000 Ziel: 10000
Ab 1. Juli 2000 15 Geschäftsstellen bundesweit

● U 823

Haus & Grund Deutschland
Zentralverband der Deutschen Haus-, Wohnungs- und Grundeigentümer e.V.
Cecilienallee 45, 40474 Düsseldorf
T: (0211) 4 78 17-0 **Fax:** 4 78 17-23
Internet: http://www.haus-und-grund.net
E-Mail: zv@haus-und-grund.net
Präsident(in): Dr. Friedrich-Adolf Jahn
Geschäftsführer(in): Dr. Hans-Herbert Gather
Mitglieder: 800000

Landesverbände

u 824

Haus & Grund Baden
Landesverband Badischer Haus-, Wohnungs- und Grundeigentümer e.V.
Lessingstr. 10, 76135 Karlsruhe
T: (0721) 8 31 28 10 **Fax:** 8 31 28 12
Vorsitzende(r): RA Peter M. Hamm

u 825

Haus & Grund Württemberg
Landesverband Württembergischer Haus-, Wohnungs-und Grundeigentümer e.V.
Werastr. 1, 70182 Stuttgart
T: (0711) 2 37 65 10 **Fax:** 2 37 65 88
Vorsitzende(r): RA Dr. Karl Lang
Geschäftsführer(in): RA Ottmar H. Wernicke

u 826

Haus & Grund Bayern
Landesverband Bayerischer Haus- und Grundbesitzer e.V.
Herzog-Wilhelm-Str. 10 /IV, 80331 München
T: (089) 5 51 41-510 **Fax:** 5 51 41-552
Internet: http://www.haus-und-grund.net
E-Mail: LVHUGBy@aol.com
Gründung: 1893
Vorsitzende(r): Barbara Doni
Verbandsdir: RA Hans Walter Besser
Leitung Presseabteilung: RA Manfred Nikui
Verbandszeitschrift: Süddeutsche Wohnwirtschaft
Verlag: Haus & Grund Bayern Verlag u. Service GmbH, Herzog-Wilhelm-Str. 10, 80331 München
Mitglieder: 110000 in 115 Ortsverbänden

u 827

Haus & Grund Berlin
Bund der Berliner Haus und Grundbesitzervereine e.V.
Potsdamer Str. 143, 10783 Berlin
T: (030) 2 16 34 36 **Fax:** 2 16 98 23
Gründung: 1887 (24. März)
Vorsitzende(r): RA und Notar Jörg-Konrad Becker
Direktor(in): Dipl.-Volksw. Michael Kirchwitz
Leitung Presseabteilung: Dieter Blümmel
Verbandszeitschrift: Das Grundeigentum
Redaktion: Dieter Blümmel

u 827
Verlag: Grundeigentum-Verlag GmbH, Eichborndamm 141-165, 13403 Berlin
Mitglieder: 14000

u 828
Haus & Grund Brandenburg
Landesverband der Haus- und Grundeigentümer-Vereine des Landes Brandenburg e.V.
Voltaireweg 12, 14469 Potsdam
T: (0331) 27 69-0 **Fax:** 27 69-460
Vorsitzende(r): RA Oliver Bohrisch

u 829
Haus & Grund Bremen e.V.
Am Dobben 3, 28203 Bremen
T: (0421) 36 80 40 **Fax:** 3 68 04 88
Vorsitzende(r): Dipl.-Ing. Rolf Seedorf
Geschäftsführer(in): Bernd Richter

u 830
Grundeigentümer-Verband Hamburg von 1832 e.V.
Paulstr. 10, 20095 Hamburg
T: (040) 32 13 91 **Fax:** 32 13 97
Vorsitzende(r): RA Jürgen Happ
Geschäftsführer(in): RA Heinrich Stüven

u 831
Haus & Grund Hessen
Landesverband des Hessischen Haus-, Wohnungs- und Grundeigentümer e.V.
Niedenau 61-63, 60325 Frankfurt
T: (069) 72 94 58 **Fax:** 17 26 35
Gründung: 1946 (1. Juni)
Vorsitzende(r): RA u. Notar Richard Streim
Geschäftsführer(in): Ass. Günther Belz (Ltg. Presseabt.)
Verbandszeitschrift: Haus- und Grundbesitz
Verlag: Niedenau 61-63, 60325 Frankfurt
Mitarbeiter: 5

u 832
Haus & Grund Mecklenburg-Vorpommern e.V.
Landesverband der Haus-, Wohnungs- und Grundeigentümer
Mecklenburgstr. 64, 19053 Schwerin
T: (0385) 59 00-714 **Fax:** 59 00-713
Präsident(in): Erwin Mantik

u 833
Haus & Grund Niedersachsen
Landesverband Niedersachsen e.V.
Schützenstr. 24, 30853 Langenhagen
T: (0511) 97 32 97-0, 97 32 97-34 (Ref. Öffentlichkeitsarbeit)
Fax: 97 32 97-32
Internet: http://www.h-u-g-o.de
E-Mail: hug-hds@t-online.de
Vorsitzende(r): Friedrich-Wilhelm Warnecke

u 834
Haus & Grund Landesverband Oldenburg e.V.
Staulinie 16-17, 26122 Oldenburg
T: (0441) 1 41 16
Vorsitzende(r): Klaus Stryga
Geschäftsführer(in): Helmut Steinhauer

u 835
Haus & Grund Nordrhein und Westfalen
Verband für Haus-, Wohnungs- und Grundeigentum 1955 e.V.
Elisabethstr. 4, 44139 Dortmund
T: (0231) 95 83-0 **Fax:** 52 37 54
Vorsitzende(r): Dipl.-Kfm. Walter Derwald
Geschäftsführer(in): RA Michael W. Mönig

u 836
Haus & Grund Ostwestfalen-Lippe e.V.
Verband der Haus-, Wohnungs- und Grundeigentümer Ostwestfalen und Lippe e.V.
Postf. 101370, 33513 Bielefeld
Alter Markt 11, 33602 Bielefeld
T: (0521) 9 64 30-0 **Fax:** 9 64 30-23
Vorsitzende(r): RA u. Notar Rüdiger Dorn
Geschäftsführer(in): Dipl.-Ing. Hans-Ludwig Riepe

u 837
Haus & Grund Ruhr e.V.
Verband der Haus-, Wohnungs- und Grundeigentümervereine im Ruhrgebiet
Huyssenallee 50, 45128 Essen
T: (0201) 23 47 05 **Fax:** 23 58 55
Vorsitzende(r): Kurt Fasselt
Geschäftsführer(in): RA Winfried Deckers

u 838
Landesverband Haus & Grund Westfalen
Dahlenkampstr. 5, 58095 Hagen
T: (02331) 2 90 96 **Fax:** 18 26 06
Vorsitzende(r): Prof. Dr. Bruno Nötzel
Verbandsdirektor: RA Frank-Georg Pfeifer

u 839
Haus & Grund Rheinland-Pfalz
Landesverband der Haus-, Wohnungs- und Grundeigentümer von Rheinland-Pfalz e.V.
Friedrich-Ebert-Ring 27, 56068 Koblenz
T: (0261) 1 50 41 **Fax:** 1 51 20
Vorsitzende(r): Dr. Walter Hitschler
Verbandsdirektor: Ass. Manfred Leyendecker
Mitglieder: 30000

u 840
Verband der Haus-, Wohnungs- und Grundeigentümer des Saarlandes e.V.
Bismarckstr. 52, 66121 Saarbrücken
T: (0681) 66 83 70 **Fax:** 6 80 35
Internet: http://www.haus-und-grund.net/saarland
E-Mail: saarland@haus-und-grund.net
Vorsitzende(r): RA Hans-Joachim Hoffmann
Geschäftsführer(in): Karl-Heinz Parpart

u 841
Haus & Grund Sachsen e.V.
Landesverband Sächsischer Haus-, Wohnungs- und Grundeigentümer e.V.
Rähnitzgasse 27, 01097 Dresden
T: (0351) 8 26 02 04 **Fax:** 8 26 02 02
Gründung: 1990 (10. März)
Landespräs: Dipl.-Ing. Christian Rietschel
Geschäftsführer(in): N. N.
Verbandszeitschrift: Haus & Grund Ausgabe Sachsen
Verlag: Eigenverlag
Mitglieder: über 14000 in 16 Ortsvereinen
Mitarbeiter: 2

u 842
Haus & Grund Sachsen-Anhalt
Landesvereinigung der Haus-, Wohnungs- und Grundeigentümervereine Sachsen-Anhalt e.V.
Steinigstr. 7, 39108 Magdeburg
T: (0391) 7 31 68-32 **Fax:** 7 31 68-33
Vorsitzende(r): Dr.-Ing. Holger Neumann
Geschäftsführer(in): N. N.

u 843
Haus & Grund Schleswig-Holstein
Verband Schleswig-Holsteinischer Haus-, Wohnungs- und Grundeigentümer e.V.
Postf. 23 07, 24022 Kiel
Sophienblatt 3, 24103 Kiel
T: (0431) 6 63 61 10 **Fax:** 6 63 61 88
Internet: http://www.haus-und-grund-sh.de
E-Mail: info@haus-und-grund-sh.de
Gründung: 1898 (5. Juni)
Vorsitzende(r): Rolf Greve (Ltg. Presseabt.)
Verb.-Dir.: RA Jochem Schlotmann
Verbandszeitschrift: Norddeutsche Hausbesitzer-Zeitung
Redaktion: Rolf Greve
Verlag: Sophienblatt 3, 24103 Kiel
Mitglieder: 61500

u 844
Haus & Grund Thüringen
Verband der Haus-, Wohnungs- und Grundeigentümer Thüringen e.V.
Anger 35, 99084 Erfurt
T: (0361) 2 11 06 12
Vorsitzende(r): Ursula Linden
Geschäftsführer(in): N. N.

u 845
Deutsche u. Schweizerische Schutzgemeinschaft für Auslandsgrundbesitz e.V.
Geschäftsstelle:
Postf. 20 13 50, 79753 Waldshut-Tiengen
Carl-Benz-Str. 17A, 79761 Waldshut-Tiengen
T: (07741) 21 31 **Fax:** 16 62
Internet: http://www.schutzgemeinschaft-ev.de
E-Mail: kontakt@schutzgemeinschaft-ev.de
Gründung: 1973
Vorsitzende(r): Werner Steuber (Carl-Benz-Str. 17 A, 79761 Waldshut-Tiengen)
Verbandszeitschrift: Grundbesitz International
Verlag: Carl-Benz-Str. 17A, 79761 Waldshut-Tiengen
Mitglieder: ca. 3000

u 846
Verband bergbaugeschädigter Haus- und Grundeigentümer e.V.
Resser Weg 14, 45699 Herten
T: (02366) 80 90-0 **Fax:** 8 70 41
Vorsitzende(r): Bankdir. Jürgen Wibelitz
Vorst. u. geschäftsf. Vorstandsmitgl: Dipl.-Ing. Johannes Schürken
Geschäftsführer(in): Detlev Finke

u 847
Verband der Immobilienverwalter Bayern e.V.
Karlstr. 53, 80333 München
T: (089) 55 39 16 **Fax:** 5 50 12 07
Internet: http://www.immobilienverwalter-bayern.de
E-Mail: info@immobilienverwalter-bayern.de
Vorsitzende(r): Brigitte Stenders
Geschäftsführer(in): Edgar Oswald

● U 848
Verband Deutscher Grundstücksnutzer e.V. (VDGN)
Hauptgeschäftsstelle
Irmastr. 16, 12683 Berlin
T: (030) 51 48 88-0 **Fax:** 51 48 88-78
Internet: http://www.vdgnev.de
E-Mail: vdgn_berlin@vdgnev.de
Gründung: 1994 (22. April)
Präsidium:
Präsident(in): Eckhart Beleites
1. Vizepräs: Dr. Günter Heilmann
2. Vizepräs: Klaus-Joachim Henkel
Präsidium: RA Dr. Rainer Arzinger
Rudi Böhm
Peter Beisert
Schatzmeister: Simone Stolz
Verbandszeitschrift: Das Grundstück
Redaktion: Dr. Wolfgang Schwarz (V.i.S.d.P.)
Verlag: Grundblatt-Verlag, Ehrenbergstr. 11-14, 10245 Berlin, Tel. (030) 29 34 79 70, Fax: 29 34 79 79, E-Mail: grundblatt-verlag.berlin@t-online.de
Mitglieder: 30000
Mitarbeiter: 8
Jahresetat: DM 0,2 Mio, € 0,1 Mio

● U 849
Interessengemeinschaft der Haus- und Grundeigentümer in den neuen Bundesländern e.V.
Brandenburgische Str. 24, 12167 Berlin
T: (030) 79 41 07 77 **Fax:** 79 41 07 79
Internet: http://www.ighg.de
E-Mail: eigentum@t-online.de
Gründung: 1993 (3. Juli)
Vorsitzende(r): Gisela Lieben
Stellvertretende(r) Vorsitzende(r): Dieter Warminski
Verbandszeitschrift: Der Eigentümer
Redaktion: Gisela Lieben
Verlag: Eigenverlag
Mitglieder: 550

● U 850
Verein der Eigenheim- und Grundstücksbesitzer in Deutschland e.V. (VMEG)
Mitglied im Verband Deutscher Grundstücksnutzer
Irmastr. 16, 12683 Berlin
T: (030) 51 48 88-0 **Fax:** 51 48 88-78
Internet: http://www.vdgnev.de
E-Mail: vdgn_berlin@vdgnev.de
Vorsitzende(r): Eckhart Beleites
Stellvertretende(r) Vorsitzende(r): Klaus Friedrich
Schatzmeister: Werner Fiebiger
Erweiterter Vorstand: Gerhard Schaft
Horst Reiß
Fritz Vierig
Brigitte Gerlach
Holger Ebeling
Verbandszeitschrift: Das Grundstück
Redaktion: Dr. Wolfgang Schwarz (V.i.S.d.P.)
Verlag: Grundblatt-Verlag, Ehrenbergstr. 11-14, 10245 Ber-

lin, T: (030) 29 34 79 70, Fax: (030) 29 34 79 79, E-Mail: grundblatt-verlag.berlin@t-online.de
Mitglieder: 13000

● U 851

Arbeitsgemeinschaft der Grundbesitzerverbände e.V.
Reinhardtstr. 18, 10117 Berlin
T: (030) 31 80 72-05   **Fax:** 31 80 72-42
Internet: http://www.grundbesitzerverbaende.de
E-Mail: arge.grundbesitz@t-online.de
Vorsitzende(r): Michael Prinz zu Salm-Salm (Schloß, 55595 Wallhausen)
Geschäftsführer(in): Wolfgang von Dallwitz

● U 852

Verband bergbaugeschädigter Haus- und Grundeigentümer e.V.
Hauptgeschäftsstelle:
Postf. 20 63, 45678 Herten
Resser Weg 14, 45699 Herten
T: (02366) 80 90-0   **Fax:** 8 70 41
Geschäftsstelle: Wiesenstr. 4, 52428 Jülich, Postf. 11 67, 52412 Jülich, T: (02461) 80 36, Telefax: (02461) 70 10
Vorsitzende(r): Bankdir. Jürgen Wibelitz
Vorst. u. geschäftsf. Vorstandsmitgl: Dipl.-Ing. Johannes Schürken
Geschäftsführer(in): Ass. Detlev Finke

● U 853

Institut für Bauschadensforschung e.V.
Briefanschrift: VHV 30138 Hannover
Constantinstr. 40, 30177 Hannover
T: (0511) 9 07-22 98   **Fax:** 9 07-2291
Internet: http://www.vhv.de
E-Mail: ibreu@vhv.de
Gründung: 1986 (29. Juli)
Vorsitzende(r): Dr. Achim Kann
Stellvertretende(r) Vorsitzende(r): Dr. Heinrich Dickmann
Geschäftsführer(in): Dietrich Werner
Verbandszeitschrift: Berichtshefte
Verlag: Selbstverlag
Mitglieder: Bauverbände, Bau-BG, TBG, Bauindustrie-/Baugewerbe-Verbände, Baufirmen, Einzelpersonen, Schadensversicherer

● U 854

Vereinigung zur Förderung des Deutschen Brandschutzes e.V. (vfdb)
Postf. 12 31, 48338 Altenberge
T: (02505) 24 68, (0251) 4 11 12 67
Fax: (02505) 99 16 36, (0251) 4 11 12 19
E-Mail: vfdb.Spohn@t-online.de
Gründung: 1950
Vorsitzende(r): Ltd. Branddir. Dipl.-Phys. Hans Jochen Blätte (Berufsfeuerwehr Wuppertal, August-Bebel-Str. 55, 42109 Wuppertal, T: (0202) 49 43 00, Fax: (0202) 49 43 09)
Stellvertretende(r) Vorsitzende(r): Prof. Dr.rer.nat.habil. Reinhard Grabski (Institut der Feuerwehr Sachsen-Anhalt, Biederitzer Str. 5, 39175 Heyrotsberge, T: (039292) 6 16 01, Fax: (039292) 6 16 49)
Geschäftsführer(in): Brandamtsrat Hanns-Helmuth Spohn (Theodor-Heuss-Str. 14, 48341 Altenberge)
Schriftleiter: Dipl.-Ing. Michael Schnell
Verbandszeitschrift: Forschung und Technik im Brandschutz
Redaktion: Dipl.-Ing. Michael Schnell
Verlag: W. Kohlhammer, Heßbrühlstr. 69, 70565 Stuttgart
Mitglieder: 1950

Die vfdb bietet Personen, Instituten und Institutionen, Ministerien, Ämtern und Behörden, Versicherungen, Industrien und Verbänden eine Diskussions- und Arbeitsplattform, um beim Umgang mit Gefahren des täglichen Lebens und der Industriegesellschaft mehr Sicherheit zu geben. Insbesondere sollen das Leben und die Gesundheit des Menschen, der Umweltschutz, der Sach- und Güterschutz als hochrangige Schutzziele auf bundesdeutscher, europäischer und außereuropäischer Ebene verfolgt werden.

● U 855

Werkfeuerwehrverband Deutschland e.V.
Heinrich-Heine-Str. 9, 56567 Neuwied
T: (02631) 97 94 54   **Fax:** 7 20 14
Internet: http://www.wfvd.de
E-Mail: ssbrandschutz@t-online.de
Vorsitzende(r): Bernhard Tschöpe (Schering AG, Müllerstr. 170-178, 13342 Berlin, T: (030) 4 68 29 26, Telefax: (030) 4 68 13 29)
Stellvertretende(r) Vorsitzende(r): Robert Langendorf (Am Schloßpark 85, 65203 Wiesbaden, Tel.: (0611) 60 76 82)
Wolfgang Winter (Rasselstein AG, 56562 Neuwied, T: (02631) 81 47 09, Telefax: (02631) 81 47 45)
Geschäftsführer(in): Dr. Herta Hartmann

● U 856

Deutsche Gesellschaft für Baurecht e.V.
Kettenhofweg 126, 60325 Frankfurt
T: (069) 74 88 93   **Fax:** 7 41 17 75
E-Mail: dtgesbaurecht@t-online.de
Vorsitzende(r): RA Prof. Wolfgang Heiermann
Verbandszeitschrift: ZfBR
Verlag: Bauverlag, Am Klingenweg 46, 63956 Walluf
Mitglieder: 864

Der Verein hat den Zweck, das Baurecht im deutschen und internationalen Bereich zu pflegen und seine Entwicklung zu fördern, die gesetzgebenden Organe und Behörden in Angelegenheiten des Baurechts zu beraten, mit Organisationen gleicher oder ähnlicher Zweckrichtung, insbesondere im internationalen Bereich zusammenzuarbeiten, Arbeitgeber und Arbeitnehmerverbände wissenschaftlich und rechtspolitisch in Fragen des Baurechts zu beraten.

● U 857

Deutsche u. Schweizerische Schutzgemeinschaft für Auslandsgrundbesitz e.V.
Geschäftsstelle:
Postf. 20 13 50, 79753 Waldshut-Tiengen
Carl-Benz-Str. 17A, 79761 Waldshut-Tiengen
T: (07741) 21 31   **Fax:** 16 62
Internet: http://www.schutzgemeinschaft-ev.de
E-Mail: kontakt@schutzgemeinschaft-ev.de
Gründung: 1973
Vorstand: Werner Steuber (Carl-Benz-Str. 17 A, 79761 Waldshut-Tiengen)
Verbandszeitschrift: Grundbesitz international
Verlag: Carl-Benz-Str. 17A, 69661 Waldshut-Tiengen
Mitglieder: ca. 3000

● U 858

Fachverband der Flugsicherung-Deutschland e.V. (FDF)
Postf. 18, 60549 Frankfurt
T: (06138) 80 67   **Fax:** 80 67
1. Vorsitzende(r): Friedhelm Remmel
Geschäftsführer(in): Stefan Biermann
Verbandszeitschrift: inside
Redaktion: FDF Fachverband der Flugsicherung Deutschland e.V.
Verlag: In den Blamüsen 14, 40489 Düsseldorf
Mitglieder: 625

● U 859

Bundesverband der Militärischen Flugsicherung Deutschlands (BMFD)
Postf. 14 33, 52504 Geilenkirchen
Bundesvorsitzender: Harald Hoppe (T: (02452) 98 93 96, (0178) 4 54 54 56, Fax: (02452) 98 95 22)
2. Vorsitzende(r): Jürgen Siegberg (T: (02452) 98 92 13, (0178) 3 02 89 82, Fax: (02452) 98 92 12)
Geschäftsführer(in): Jürgen Vanselow (T: (02451) 92 96 04, (0163) 4 11 19 53, Fax: (02451) 7 20 37)

● U 860

Bundesverband IGL
Interessengemeinschaft Luftverkehrssicherheit Deutschland e.V.
Flughafen GAT, 40474 Düsseldorf
T: (0172) 2 80 33 36   **Fax:** (0234) 33 57 91
Gründung: 1971
Vorsitzende(r): Wulf Kühn (SfL am Flughafen Düsseldorf)
Stellvertretende(r) Vorsitzende(r): Ulrich Kasperzik (SfL am Flugplatz Mönchengladbach)
Leitung Presseabteilung: Wulf Kühn
Verbandszeitschrift: IGL aktuell
Redaktion: W. Kühn
Mitglieder: 100
Jahresetat: DM 0,01 Mio, € 0,01 Mio

● U 861

Internationale Luftverkehrsliga e.V. (ILL) und International Airtraffic League
Westdeutsches Büro
Dresdnerstr. 6, 53359 Rheinbach
T: (02226) 43 25, 37 28
Geschf. Präs: Senator E.h. Herbert Knierim

Wahrnehmung der Interessen und Rechte des Fluggastes und des Luftfrachtausliefers im internationalen Luftverkehr.

● U 862

Internationale-Flug-Ambulanz e.V.
Flight-Ambulance-International (Germany) (IFA)
Mitgliederbetreuung
Lohmühlweg 4a, 91341 Röttenbach
T: (09195) 89 62   **Fax:** 76 79
Internet: http://www.ifa-flugambulanz.de
E-Mail: info@ifa-flugambulanz.de
Gründung: 1980 (18. Dezember)
Präsident(in): Jürgen Schlögel (Bucher Str. 83, 90419 Nürnberg)
Vizepräsident(in): Hans Gernot Koenig (Schiffgraben 20, 30159 Hannover)
Weitere Vorstandsmitglieder: Prof. Dr. Wolf Schellerer (Heinrichstr. 6, 96047 Bamberg)
Gerhard Müller (Lohmühlweg 4a, 91341 Röttenbach) Referat Presse-Öffentlichkeitsarbeit
Leiter(in): Karl-Heinz Gruhn (Gerberstr. 15, 04105 Leipzig, T: (0341) 9 88 18 90, Telefax: (0341) 9 88 18 91)
Mitglieder: ca. 140000 Mitgliedschaften
das entspricht über 250.000 anspruchsberechtigten Personen
Mitarbeiter: 18
Jahresetat: ca. DM 18 Mio, € 9,2 Mio

Förderung und Ausbau des Luftrettungswesens, insbesondere der primär und sekundären Rettung, Errichtung und Unterhaltung von Notrufzentralen, Schaffung von Rettungseinrichtungen. Bei Unglücksfällen und Erkrankungen Krankenhausverlegungs-Transport-und Rettungsflüge sowie sonstige Transporte im Im- und Ausland einschl. der Kostenabwicklung, Transport von Arzneimitteln und Transplantaten, sowie Blutkonserven und Blutersatz.

Mitgliederbetreuung

u 863

Internationale-Flug-Ambulanz e.V.
Gerhard Müller, Bernd Pahlke
Lohmühlweg 4a, 91341 Röttenbach
T: (09195) 89 62   **Fax:** 76 79

u 864

Internationale-Flug-Ambulanz e.V.
Luftrettungszentrum Leipzig-Halle
Am Flughafen Leipzig-Halle, 04029 Leipzig
T: (0341) 4 24 11 15   **Fax:** (034204) 7 56 23
Leiter(in): Helmut Büschke

● U 865

Deutscher Ausschuß zur Verhütung von Vogelschlägen im Luftverkehr e.V. (DAVVL)
Postf. 11 62, 56881 Traben-Trarbach
T: (06541) 81-2300, 28 28   **Fax:** 81-2301
Internet: http://www.davvl.de
E-Mail: office@davvl.de
Gründung: 1964 (30. Juli)
Geschäftsführer(in): Dr. forest. Christoph Morgenroth-Branczyk
Vorsitzende(r): AbtPräs. a.D. Dr.rer.nat. Jochen Hild (Ltg. Presseabt., Fröschenpuhl 6, 56841 Traben-Trarbach)
Stellvertretende(r) Vorsitzende(r): Oberforstrat Thomas Müntze (Goethestr. 18, 35423 Lich)
Verbandszeitschrift: Vogel und Luftverkehr
Redaktion: Dr. J. Hild
Verlag: Offsetdruck Knopp, Trierer Landstr. 21, Wittlich
Mitglieder: 56 Persönliche Mitglieder
Mitarbeiter: 5
Korporative Mitglieder: AIR BERLIN GmbH & Co. Luftverkehrs KG, Arbeitsgemeinschaft Deutscher Verkehrsflughäfen (ADV), Condor Flugdienst GmbH, Delvag Luftfahrtversicherungs-AG, Deutsche Lufthansa AG, Deutsche Verkehrsflughäfen, Deutscher Aero Club e.V. (DAeC), Deutscher Luftpool, Lufthansa CityLine GmbH, LTU Lufttransport-Unternehmen GmbH & Co. KG, Vereinigung Cockpit e.V.

Vertreter der Regionalen Verkehrsflughäfen und Verkehrslandeplätze - Sachverständige aus den Bereichen: Bundesforstverwaltung, Bundeswehr, Deutscher Wetterdienst, DFS - Deutsche Flugsicherung GmbH, Luftfahrt-Bundesamt

Arbeitsgruppen:

1. Statistik (Vorsitz: Delvag/FMG)

U 865

2. Flughafenökologie (Vorsitz: Flughafen Bremen GmbH)
3. Radar-Vogelzug-Wetter (Vorsitz: Amt für Wehrgeophysik)

● **U 866**
Deutsche Gesellschaft zur Rettung Schiffbrüchiger (DGzRS)
Zentrale und Seenotleitung (MRCC Bremen)
Werderstr. 2, 28199 Bremen
T: (0421) 53 70 70 **Fax:** 53 70 76 90 PR
Internet: http://www.dgzrs.de
E-Mail: info@dgzrs.de
Gründung: 1865 (29. Mai)
Geschäftsleitung: Kapitän Uwe Klein (Rettungsdienst, Inspektion),
Dr. Bernd Anders (Ltg. Presseabt., Öffentlichkeitsarbeit)
Heinrich Hoppe (Betriebs- und Finanzwirtschaft)
Pressesprecher: Andreas Lubkowitz
Verbandszeitschrift: Jahrbuch
Redaktion: DGzRS
Verlag: Eigenverlag

u 867
Deutsche Gesellschaft zur Rettung Schiffbrüchiger
Informationszentrum Nord-West
Werderstr. 2, 28199 Bremen
T: (0421) 53 70 70 **Fax:** 5 37 07-590
Kontaktperson: Hans-Joachim Katenkamp

u 868
Deutsche Gesellschaft zur Rettung Schiffbrüchiger
Informationszentrum Nord
Lornsenstr. 5, 24105 Kiel
T: (0431) 56 30 01 **Fax:** 57 86 74
Kontaktperson: Jörg Ahrend

u 869
Deutsche Gesellschaft zur Rettung Schiffbrüchiger
Informationszentrum Nord-Ost
Am Leuchtturm 1, 18119 Rostock
T: (0381) 5 14 09 **Fax:** 5 14 09
Kontaktperson: Jürgen Gronholz

u 870
Deutsche Gesellschaft zur Rettung Schiffbrüchiger
Geschäftsstelle Hamburg
Wagnerstr. 21, 22081 Hamburg
T: (040) 29 14 10, 29 14 19 **Fax:** 29 82 06 51
Kontaktperson: Kapt. Ralf Krogmann

● **U 871**
Deutscher Mieterbund e.V. (DMB)
Postf. 41 02 69, 50862 Köln
Aachener Str. 313, 50931 Köln
T: (0221) 9 40 77 42 **Fax:** 9 40 77 22
Internet: http://www.mieterbund.de
E-Mail: info@mieterbund.de
Gründung: 1900
Präsident(in): Anke Fuchs
BundesDir.: RA Franz-Georg Rips
Verbandszeitschrift: MieterZeitung
Mitglieder: 16 Landesverbände (350 örtl. Organisationen, 1.300.000 Mitglieder)

Landesverbände

u 872
Deutscher Mieterbund
Landesverband Baden-Württemberg e.V.
Olgastr. 77, 70182 Stuttgart
T: (0711) 2 36 06 00 **Fax:** 2 36 06 02
E-Mail: dmb.mieterbund-bw@t-online.de
Vorsitzende(r): Herbert Weber
Geschäftsführer(in): Udo Casper

u 873
Deutscher Mieterbund
Landesverband Bayern e.V.
Weißenburger Str. 16, 63739 Aschaffenburg
T: (06021) 1 58 87 **Fax:** 2 96 85
Vorsitzende(r): Rudi Stock

u 874
Berliner Mieterverein e.V.
Hauptgeschäftsstelle
Wilhelmstr. 74, 10117 Berlin
T: (030) 2 26 26-0 **Fax:** 2 26 26-161
Internet: http://www.berliner-mieterverein.de
E-Mail: bmv@berliner-mieterverein.de
Gründung: 1888
Vorsitzende(r): Edwin Massalsky
Geschäftsführer(in): Hartmann Vetter
Verbandszeitschrift: MieterMagazin
Mitglieder: 120000

u 875
DMB Landesverband
Mieterbund Land Brandenburg e.V.
Schopenhauerstr. 31, 14467 Potsdam
T: (0331) 95 10 89-0 **Fax:** 95 10 89-1
Vorsitzende(r): Kerstin Kircheis
Geschäftsführer(in): Dr. Rainer Radloff

u 876
Mieterverein zu Hamburg von 1890 R.V.
Landesverband im Deutschen Mieterbund e.V.
Glockengießerwall 2, 20095 Hamburg
T: (040) 32 25 41 **Fax:** 32 72 05
Internet: http://www.mieterverein-hamburg.de
Vorsitzende(r): RA Dr. Eckard Pahlke

u 877
Deutscher Mieterbund
Landesverband Hessen e.V.
Adelheidstr. 70, 65185 Wiesbaden
T: (0611) 3 08 17 19 **Fax:** 37 80 70
Internet: http://www.mieterbund-hessen.de
E-Mail: lv@mieterbund-hessen.de
Vorsitzende(r): Wolfgang Hessenauer
Geschäftsführer(in): Jost Hemming

u 878
Deutscher Mieterbund
Landesverband Mecklenburg-Vorpommern e.V.
Warnowallee 23, 18107 Rostock
T: (0381) 7 69 78 16 **Fax:** 7 69 78 16
Vorsitzende: Doris Zimmermann
Geschäftsführer(in): Dr. Jürgen Fischer

u 879
Deutscher Mieterbund
Landesverband Niedersachsen-Bremen e.V.
Herrnstr. 14, 30159 Hannover
T: (0511) 1 21 06-0 **Fax:** 1 21 06 16
Vorsitzende(r): Dr. Uwe Reinhardt
Geschäftsführer(in): Manfred Jonas

u 880
Deutscher Mieterbund
Landesverband Nordrhein-Westfalen e.V.
Luisenstr. 12, 44137 Dortmund
T: (0231) 14 92 60 **Fax:** 16 27 22
Vorsitzende(r): Walter Goch

u 881
Rheinischer Mieterverband e.V.
Mühlenbach 49, 50676 Köln
T: (0221) 24 61 18 **Fax:** 2 02 37 44
Geschf. Vors.: Heinz Soénius
Geschäftsführer(in): Jürgen Becher

u 882
Deutscher Mieterbund
Landesverband Rheinland-Pfalz e.V.
Walramsneustr. 8, 54290 Trier
T: (0651) 99 40 97-0 **Fax:** 99 40 97-4
Internet: http://www.mieterverein-trier.de
E-Mail: mieterverein@ipcon.de
Vorsitzende(r): Helmut Propson
Geschäftsführer(in): Hans Weber

u 883
Deutscher Mieterbund
Landesverband Saarland e.V.
Karl-Marx-Str. 1, 66111 Saarbrücken
T: (0681) 3 21 48 **Fax:** 3 21 07
Internet: http://www.ms-saar.de
E-Mail: mssaar@saarnet.de
Vorsitzende(r): Claus-Uwe Michel

u 884
Landesverband Sächsischer Mietervereine e.V.
Dresdner Str. 36, 09130 Chemnitz
T: (0371) 4 02 40 97 **Fax:** 4 02 40 95
Vorsitzende(r): Anke Matejka
Geschäftsführer(in): Gunter Venzke

u 885
Deutscher Mieterbund
Landesverband Sachsen-Anhalt e.V.
Alter Markt 6, 06108 Halle
T: (0345) 2 02 14 67 **Fax:** 2 02 14 68
Vorsitzende(r): Ellen Schultz

u 886
Deutscher Mieterbund
Landesverband Schleswig-Holstein e.V.
Postf. 19 67, 24018 Kiel
Eggerstedtstr. 1, 24103 Kiel
T: (0431) 9 79 19-0 **Fax:** 9 79 19-31
Internet: http://www.mieterbund-schleswig-holstein.de
E-Mail: info@mieterbund-schleswig-holstein.de
Vorsitzende(r): Ulrich Klempin
Geschäftsführer(in): Jochen Kiersch

u 887
Deutscher Mieterbund
Landesverband Thüringen e.V.
Schillerstr. 34, 99096 Erfurt
T: (0361) 5 98 05-0 **Fax:** 5 98 05-20
Vorsitzende(r): Thomas Damm
Geschäftsführer(in): Monika Scheibe

● **U 888**
Bundesinteressenvertretung der Altenheimbewohner e.V. (BIVA)
Vorgebirgsstr. 1, 53913 Swisttal
T: (02254) 28 12, 70 45 **Fax:** 70 46
Internet: http://www.biva.de
E-Mail: KatrinMarkus@t-online.de
Gründung: 1974 (April)
Vorsitzende(r) des Vorstandes: Johanna Souchon (Schillerstr. 7, 97769 Bad Brückenau, T: (09741) 8 44 42)
Stellvertretende(r) Vorsitzende(r): Dr. Herbert Schwampe (Berner Allee 3, 22159 Hamburg, T/Fax: (040) 6 44 99 15)
Dr. Ernst Wickenhagen (Carl-Oelemann-Weg 11/447, Parkwohnstift Aeskulap, 61231 Bad Nauheim, T/Fax: (06032) 30 14 47)
Beisitzer: Günter Seidel (Neußer Str. 6, Hanseanum, 47798 Krefeld, T: (02151) 82 41 16)
Klaus-Jürgen Schinck (Jasperstr. 2, App. 495, 69126 Heidelberg, T: (06221) 38 84 95, Telefax: (06221) 38 88 78)
Verbandszeitschrift: BIVA-Informationen
Mitglieder: ca. 3500
Mitarbeiter: 3

● **U 889**
Vereinigung zur Erhaltung von Wind- und Wassermühlen in Niedersachsen und Bremen e.V.
Corsicaskamp 33, 49076 Osnabrück
T: (0541) 9 69 41 35 **Fax:** 9 69 47 92
Gründung: 1957
Vorsitzende(r): Prof. Dipl.-Ing. Rüdiger Wormuth
Geschäftsführer(in): Dipl.-Ing. Wolfgang Neß
Verbandszeitschrift: Der Mühlstein
Redaktion: Corsicaskamp 33, 49076 Osnabrück
Verlag: Mühlenvereinigung, Corsicaskamp 33, 49076 Osnabrück
Mitglieder: 550

● **U 890**

Bund der Steuerzahler (BdSt)
Präsidium
Postf. 47 80, 65037 Wiesbaden
Adolfsallee 22, 65185 Wiesbaden
T: (0611) 99 13 30 **Fax:** 9 91 33 14
Internet: http://www.steuerzahler.de
E-Mail: presse@steuerzahler.de
Präsident(in): Dr. Karl Heinz Däke
Vorst. Mitgl.: Dipl.-oec. Zenon Bilaniuk
Dr. Elfi Gründig
Prof. Dr. Wolfgang Kitterer
Dipl.-Volksw. Dieter Lau
Dr. Bernd Schulze-Borges
RA Hannah Stein
Leitung Presseabteilung: Dipl.-Volksw. Dieter Lau
Mitglieder: rd. 450000

Förderung von Sparsamkeit und Wirtschaftlichkeit im Umgang mit öffentlichen Mitteln; gerechte Verteilung der Abgabenlast; Rechtsstaatlichkeit und Vereinfachung im Abgabenrecht; Begrenzung der Abgabenpflicht auf das Notwendigste unter Beachtung der Leistungsfähigkeit des Steuerzahlers; sinnvolle Einordnung der Finanzwirtschaft in die Gesamtwirtschaft.

u 891
Karl-Bräuer-Institut
Postf. 17 80, 65007 Wiesbaden
Adolfsallee 22, 65185 Wiesbaden
T: (0611) 9 91 33 32   **Fax:** 9 91 33 13
E-Mail: kbi@steuerzahler.de
Vorsitzende(r): Dr. Karl Heinz Däke
Wissenschaftl. Leiter: Dipl.-Volksw. Rolf Borell

Landesverbände

u 892
Bund der Steuerzahler Baden-Württemberg e.V.
Postf. 70 01 52, 70571 Stuttgart
Lohengrinstr. 4, 70597 Stuttgart
T: (0711) 76 90 36   **Fax:** 7 65 68 99
Vorsitzende(r): Wilfried Krahwinkel
Stellvertretende(r) Vorsitzende(r): Dipl.-oec. Zenon Bilaniuk
Weiterer Stellvertretender Vorsitzender: Dieter Mäule

u 893
Bund der Steuerzahler in Bayern e.V.
Nymphenburger Str. 118 Ecke Alfonsstr, 80636 München
T: (089) 12 60 08-0   **Fax:** 12 60 08 27
Präsident(in): Rolf von Hohenhau
Vizepräsident(in): Peter Eggen
Dr. Alfred Wöhl
Leitung Presseabteilung: Chefredakteur Rudolf Maier

u 894
Bund der Steuerzahler Berlin e.V.
Lepsiusstr. 110, 12165 Berlin
T: (030) 7 92 40 14   **Fax:** 7 92 40 15
Vorsitzende(r): Günter B.J. Brinker
Stellvertretende(r) Vorsitzende(r): N.N.

u 895
Bund der Steuerzahler Brandenburg e.V.
Kopernikusstr. 39, 14482 Potsdam
T: (0331) 7 47 65-0   **Fax:** 7 47 65 22
Vorsitzende(r): Dipl.-Ing. Angela Mai
Stellvertretende(r) Vorsitzende(r): Erna Hausmann

u 896
Bund der Steuerzahler Hamburg e.V.
Schauenburgerstr. 6, 20095 Hamburg
T: (040) 33 06 63-64   **Fax:** 32 26 80
Vorsitzende(r): Frank Neubauer
Geschäftsführerin: Gertrud Erdmann

u 897
Bund der Steuerzahler Hessen e.V.
Postf. 18 09, 65008 Wiesbaden
Bahnhofstr. 35, 65185 Wiesbaden
T: (0611) 99 21 90   **Fax:** 9 92 19 53
Vorsitzende(r): Dipl.-Volksw. Ulrich Fried
Vorst.-Mitgl.:
Dipl.-Volksw. Dieter Lau
Dr. Hubert Schlephorst

u 898
Bund der Steuerzahler Mecklenburg-Vorpommern e.V.
Arsenalstr. 16, 19053 Schwerin
T: (0385) 55 74-2 90   **Fax:** 55 74-2 91
Vorsitzende(r): Dipl.-Ing. Uwe Karsten
Stellvertretende(r) Vorsitzende(r): Heinz J. Schuler

u 899
Bund der Steuerzahler Niedersachsen und Bremen e.V.
Ellernstr. 34, 30175 Hannover
T: (0511) 85 10 16   **Fax:** 81 86 77
E-Mail: niedersachsen-und-bremen@steuerzahler.de
Vorstand: Dr. Axel Gretzinger (Vors.)
Dr. Carl Frhr. von Schröder
Dr. Bernd Schulze-Borges

u 900
Bund der Steuerzahler Nordrhein-Westfalen e.V.
Postf. 14 01 55, 40071 Düsseldorf
Schillerstr. 14, 40237 Düsseldorf
T: (0211) 9 91 75-0   **Fax:** 9 91 75-50
Vorsitzende(r): RA Georg Lampen
Stellvertretende(r) Vorsitzende(r): Dipl.-Volksw. Michael Boeckhaus
Weitere Vorstandsmitglieder: Dr. Karl Heinz Däke

u 901
Bund der Steuerzahler Rheinland-Pfalz e.V.
Postf. 43 12 65, 55076 Mainz
Riedweg 3, 55130 Mainz
T: (06131) 8 60 77/78   **Fax:** 88 11 61
Vorsitzende(r): RA Dr. Wilhelm Wallmann
Stellvertretende(r) Vorsitzende(r): Werner Bischoff
Prof. Dr. Gerhard Graf
Geschäftsführer(in): RA Peter Pferdekemper

u 902
Bund der Steuerzahler Saarland e.V.
Talstr. 34-42, 66119 Saarbrücken
T: (0681) 5 00 84 13   **Fax:** 5 00 84 20
Vorsitzende(r): Dr. Klaus Klein
Stellvertretende(r) Vorsitzende(r): Dipl.-Kfm. Hans-Josef Hoffmann

u 903
Bund der Steuerzahler Sachsen e.V.
An der Markthalle 3, 09111 Chemnitz
T: (0371) 6 90 63 10   **Fax:** 6 90 63 30
Präsident(in): RA Thomas Meyer

u 904
Bund der Steuerzahler Sachsen-Anhalt e.V.
Lüneburger Str. 23, 39106 Magdeburg
T: (0391) 5 31 18 30   **Fax:** 5 31 18 29
Vorsitzende(r): Helga Elschner
Stellvertretende(r) Vorsitzende(r): RA Gertrud Oertwig

u 905
Bund der Steuerzahler Schleswig-Holstein e.V.
Lornsenstr. 48, 24105 Kiel
T: (0431) 56 30 65/66   **Fax:** 56 76 37
Präsident(in): Dr.Dr. Jürgen Pratje
Geschäftsführer(in): Dipl.-Volkw. Rainer Kersten

u 906
Bund der Steuerzahler Thüringen e.V.
Steigerstr. 16, 99096 Erfurt
T: (0361) 21 70 79-0   **Fax:** 2 17 07 99
Vorsitzende: Dr. Elfi Gründig
Stellvertretende(r) Vorsitzende(r): Dipl.-Ing. Wolf-Dieter Eck

● U 907
Bund Deutscher Lohnsteuerzahlerverbände e.V. (BDLV)
Siemensstr. 1, 90766 Fürth
T: (0911) 7 58 80-02   **Fax:** 7 58 80-111
Vors. u. GF: Dr. Walter Schuhmann

● U 908

ISUV/VDU e.V.   Interessenverband Unterhalt und Familienrecht

Postf. 21 01 07, 90119 Nürnberg
Bauvereinstr. 30, 90489 Nürnberg
T: (0911) 55 04 78   **Fax:** 53 30 74
Internet: http://www.isuv.de
E-Mail: isuv@pop.odn.de
und Raintaler Str. 16 a, 81539 München, **T:** (089) 6 91 11 90
Gründung: 1968 (1. Juni) VDU, 1975 (1. Juni) ISUV, Fusion beider Verbände 1988 (1. Januar)
Bundesvorsitzender: Michael Salchow
Stellv. Bundesvors.: Klaus Budak
Dr. phil. Werner-Georg Leitner
RAin Rosemarie Rittinger
Schatzmeister: Peter Wehr
Schriftführer(in): Hans-Peter Peine
Verbandszeitschrift: ISUV/VDU-Report
Redaktion: Josef Linsler
Verlag: ISUV/VDU, Raintalerstr. 16 a, 81539 München
Mitglieder: 7000
Mitarbeiter: 10
Jahresetat: DM 0,8 Mio, € 0,41 Mio

Beratung und Information der Mitglieder im Familien- und Sozialrecht (insbesondere Unterhalts-, Besuchs-, Sozial- und Scheidungsrecht) - Vertretung der Mitgliederinteressen bei Gesetzgebungsverfahren.

● U 909
Deutsche Arbeitsgemeinschaft Selbsthilfegruppen e.V.
Friedrichstr. 28, 35392 Gießen
T: (0641) 99-45612

● U 910
Lohnsteuerhilfe für Arbeitnehmer e.V.
Lohnsteuerhilfeverein
Tigg 5, 45711 Datteln
T: (02363) 82 79   **Fax:** 5 13 21
Vorsitzende(r): Günter Jorgs (Oelmühlenweg 46, 45711 Datteln, T: (02363) 82 79)
Geschäftsführer(in): Anita Materna (Schubertstr. 9, 45711 Datteln)

● U 911
DVS Deutscher Versicherungs-Schutzverband e.V.
Postf. 14 40, 53004 Bonn
Breite Str. 98, 53111 Bonn
T: (0228) 9 82 23-0   **Fax:** 63 16 51
Gründung: 1901 (11. Juni)
Vorsitzende(r): Dipl.-Volksw. Ralf Oelßner (Deutsche Lufthansa AG, Köln)
Stellvertretende(r) Vorsitzende: Dr. Stefan Sigulla (Siemens AG, München)
Schriftführer(in): Dipl.-Betriebsw., Direktor Klaus H. Rathjen (Bundesverband des Deutschen Groß- und Außenhandels e.V., Bonn)
Schatzmeister: RA K.-W. Schulze-Weslarn (Henkel KGaA, Düsseldorf)
Geschf. Vorstandsmitglied: Günter Schlicht (DVS Deutscher Versicherungs-Schutzverband e.V., Bonn)
Verbandszeitschrift: Die Versicherungspraxis
Redaktion: G. Schlicht
Verlag: DVS - Wirtschaftsgesellschaft m.b.H., Breite Str. 98, 53111 Bonn
Mitglieder: 3500
Mitarbeiter: 21
Jahresetat: DM 3 Mio, € 1,53 Mio

Wahrnehmung der Interessen der Versicherungsnehmer und Versicherten auf allen Gebieten der privaten Versicherung.

● U 912
Bund versicherter Unternehmer e.V. (BVU)
Kühnhausen 1, 92331 Parsberg
T: (09492) 90 56-25   **Fax:** 90 56-26
Gründung: 1985
Geschäftsführer(in): Helmut Fischer (Rechtsbeistand für Versicherungsberatung)
Mitglieder: 700

● U 913

Bund der Versicherten e.V.
Postf. 11 53, 24547 Henstedt-Ulzburg
T: (04193) 99 04-0 (ISDN)   **Fax:** 9 42 21
Internet: http://www.bundderversicherten.de
E-Mail: info@bundderversicherten.de
Gründung: 1982 (24. März)
Vorsitzende(r): Lilo Blunck
Geschäftsführer(in): Hans Dieter Meyer (Ltg. Presseabt.)
Verbandszeitschrift: BdV-INFO
Redaktion: H. D. Meyer
Verlag: Eigenverlag
Mitglieder: 40000 (2000)
Mitarbeiter: 22

Wahrnehmung der Interessen der Versicherten: durch allgemeine Informationen sowie durch Beratung seiner Mitglieder zum Wissen um „Versicherung" beizutragen; durch seine Aktivitäten und Maßnahmen die Übereinstimmung des Versicherungswesens mit der Rechts- und Wirtschaftsordnung unseres Staates zu überprüfen bzw. herzustellen.

U 914
Verband der Krankenversicherten Deutschlands e.V. (VKVD)
Ahornstr. 3, 69502 Hemsbach
T: (06201) 49 39 23 **Fax:** 49 39 24
E-Mail: vkvd-@t-online.de
Gründung: 1999 (04. Februar)
Vorsitzende(r): Heinz Windisch
Stellvertretende(r) Vorsitzende(r): Bernd Spreemann
Geschäftsführer(in): Karin Gellrich
Generalsekretär(in): Dr. Roland Ballier
Schatzmeister(in): Heinz-Peter Weinges
Beisitzer(in): Dr. med. Volker Pfisterer
Gerd Widmayer
Leitung Presseabteilung: Ballier
Mitglieder: ca. 50
Mitarbeiter: 1

U 915
Institut für Schadenverhütung und Schadenforschung der öffentlichen Versicherer e.V. (IFS)
Preetzer Str. 75, 24143 Kiel
T: (0431) 77 57 80 **Fax:** 7 75 78 99
Internet: http://www.ifs-kiel.de
Gründung: 1976
Vorsitzende(r): Präs. Reinhard Schäfer
Geschäftsführer(in): Dr. R. Voigtländer
Mitglieder: 24
Mitarbeiter: 25

U 916
Bund der Sozialversicherten e.V.
Rathausplatz 2, 30966 Hemmingen
T: (0511) 41 79 09 **Fax:** 42 25 46
Geschäftsführer(in): Georg Bollmann

U 917
Zentralverband der Sozialversicherten - der Rentner und deren Hinterbliebenen Deutschlands e.V. (ZdS.)
Geschäftsstelle
c/o Fritz Birthelmer
Pestalozzistr. 129, 72762 Reutlingen
T: (07121) 1 79 38 **Fax:** 1 79 38
Gründung: 1923 (März), neu 1948
Bundesvorsitzender: Lutz Fütterer (Karlstr. 96/I, 72766 Reutlingen, Tel./Fax: (07121) 1 75 64)
Bundesgeschäftsführer: Hans Joachim Friedrich (Marburger Str. 86, 35396 Giessen, Tel.: (0641) 9 30 39 80)
Bundes-Kassierer: Fritz Birthelmer
Verbandszeitschrift: Journal-DER LEBENSABEND
Mitgliedsverbände: 5 Landesverbände

U 918
Bundesverband der Betriebsrentner e.V.
Postf. 18 66, 65008 Wiesbaden
Theodorenstr. 13, 65189 Wiesbaden
T: (0611) 30 13 67 **Fax:** 9 10 31 54
Internet: http://www.bvb-betriebsrenten.de
E-Mail: verband.der.betriebsrentner@t-online.de
Gründung: 1988 (25. Mai)
Geschf.Vors: Karlheinz Große (Ltg. Presseabt.)
Verbandszeitschrift: BVB-Nachrichten
Mitglieder: 3000

U 919
Bundesverband der Apotheker-Assistenten e.V.
Liederbacher Str. 97, 65929 Frankfurt
T: (069) 31 24 64, 31 44 53 **Fax:** 31 33 35
Gründung: 1968 (1. Dezember)
Vorsitzende(r): Albrecht Poetzsch (Krautgarten 4, 36124 Eichenzell)
Geschäftsführer(in): RA Dr. Heinz Otto (Ltg. Presseabt.)

U 920
Arbeitsgemeinschaft für Sicherheit der Wirtschaft e.V. (ASW)
- Zentral Organisation der Wirtschaft -
Breite Str. 29, 10178 Berlin
T: (030) 2 03 08-1513 **Fax:** 2 03 08-1581
Internet: http://www.asw-online.de
Gründung: 1993 (November)
Vorsitzende(r): RA Wolfgang Hoffmann
Geschäftsführer(in): Klaus Gert Hartmann
Verbandszeitschrift: WIK Zeitschrift für Wirtschaft, Kriminalität und Sicherheit
Verlag: Secu Media Verlags-GmbH, Ingelheim
Mitglieder:
Deutscher Industrie- und Handelstag, Berlin (DIHT)
Bundesverband der Deutschen Industrie e.V., Berlin (BDI)
Bundesvereinigung der Deutschen Arbeitgeberverbände e.V., Berlin (BDA)
Bundesverband Deutscher Detektive e.V., Bonn (BDD)
Zentralverband des Deutschen Handwerks - ZDH -, Berlin
Bundesverband der Hersteller- und Errichterfirmen von Sicherheitssystemen e.V. - BHE -, Brücken
Bundesverband Deutscher Wach- und Sicherheitsunternehmen e.V. - BDWS -, Bad Homburg
Verband der Vereine Creditreform e.V., Neuss
Hotelverband Deutschland (IHA) e.V., Bonn
Bayerischer Verband für Sicherheit in der Wirtschaft e.V., München (BVSW)
Arbeitskreis für Sicherheit in der Wirtschaft bei der IHK zu Berlin (AKSW)
Arbeitskreis für Sicherheit in der Wirtschaft Brandenburg (ASWB)
Sächsischer Verband für Sicherheit in der Wirtschaft e.V., Dresden (SVSW)
Thüringer Verband für Sicherheit in der Wirtschaft e.V., Jena (TVSW)
Verband für Sicherheit in der Wirtschaft Baden-Württemberg e.V., Stuttgart (VSW-BW)
Vereinigung für Sicherheit in der Wirtschaft e.V., Mainz (VSW)
Verband für Sicherheit in der Wirtschaft Niedersachsen e.V., Hannover (VSWNds)
Verband für Sicherheit in der Wirtschaft Norddeutschland e.V., Hamburg (VSWN)
Verband für Sicherheit in der Wirtschaft Nordrhein-Westfalen e.V., Essen (VSWNW)

Zusammenarbeit und Koordinierung in allen Sicherheitsfragen mit Bundes- und Landesbehörden nach vom Staat und gewerblicher Wirtschaft erarbeiteten Schutzkonzepten (Informationswesen, Schulungen und Veranstaltungen). Vertretung der Sicherheitsinteressen gegenüber Politik und Staat; Öffentlichkeitsarbeit.

u 921
Arbeitsgemeinschaft für Sicherheit der Wirtschaft e.V. (ASW)
Büro Bonn
Adenauerallee 148, 53113 Bonn
T: (0228) 1 04-1510 **Fax:** 1 04-1580

Landesverbände

u 922
Arbeitskreis für Unternehmenssicherheit Berlin/Brandenburg (AKUS)
Fasanenstr. 85, 10623 Berlin
T: (030) 3 15 10-252 **Fax:** 3 15 10-140
Internet: http://www.ihk.berlin.de
E-Mail: st@berlin.ihk.de
Gründung: 1974
Vorsitzende(r):
für Berlin: Carsten Baeck (Geschäftsführer Gegenbauer Sicherheitsdienst GmbH, T: (030) 25 37 44-35)
für Brandenburg: Reinhard Servas (Geschäftsführer dYCON GmbH, T: (030) 7 57 78-153)
Geschäftsführer(in): Dr. Knuth Thiel (IHK Frankfurt/Oder, T: (0335) 5 62 12 33)
Christoph Irrgang (IHK Berlin, T: (030) 3 15 10-381)
Mitglieder: 201

u 923
Verband für Sicherheit in der Wirtschaft Norddeutschland e.V. (VSWN)
Rissener Landstr. 195, 22559 Hamburg
T: (040) 81 80 36-37 **Fax:** 81 49 07
Internet: http://www.vswn.com
E-Mail: gesch@vswn.hh.uunet.de
Gründung: 1969 (17. März)
Vorsitzende(r): Rolf Dau (PHILIPS GmbH Hamburg, T: (040) 28 99-2147)
Geschäftsführer(in): Hans Joachim Delfs
Mitglieder: ca. 150
(für die Bundesländer Bremen, Hamburg, Schleswig Holstein, Mecklenburg-Vorpommern)

u 924
Verband für Sicherheit in der Wirtschaft Niedersachsen e.V. (VSWNds)
Heinrichstr. 31, 30175 Hannover
T: (0511) 34 16 60 **Fax:** 38 86-443
E-Mail: vswnds@aol.com
Vorstandsvorsitzender: Dipl.-Ing. Dietrich Salzwedel
Geschäftsführer(in): Dr. Ullrich Westerhagen

u 925
Verband für Sicherheit in der Wirtschaft Nordrhein-Westfalen e.V. (VSW NW)
im Hause der IHK
Postf. 10 13 03, 45013 Essen
Lindenallee 56-58, 45127 Essen
T: (0201) 22 71 47 **Fax:** 22 48 44
Internet: http://www.vsw-nw.de
E-Mail: vsw-nw@t-online.de
Gründung: 1969 (6. Februar)
Vorsitzende(r): Elmar van Dyk (Klöckner & Co. AG, Duisburg)
Geschäftsführer(in): N. N.

u 926
Vereinigung für die Sicherheit der Wirtschaft Hessen, Rheinland-Pfalz, Saarland e.V. (VSW)
Jakob-Anstatt-Str. 2, 55130 Mainz
T: (06131) 89 19 72 **Fax:** 98 40 96
E-Mail: vsw.mainz@t-online.de
Vorsitzende(r): Otto-Gert Krueger
Geschäftsführer(in): RA Ralf Schönfeld
Mitglieder: 145
Mitarbeiter: 3

u 927
Verband für Sicherheit in der Wirtschaft Baden-Württemberg e.V. (VSW-BW)
Postf. 50 11 43, 70341 Stuttgart
Seelbergstr. 15, 70372 Stuttgart
T: (0711) 95 46 09-0 **Fax:** 95 46 09-20
Internet: http://www.vsw-bw.com
E-Mail: mail@vsw-bw.com
Präsident(in): Berthold Schweigler
Geschäftsführer(in): Karl Stefan Schotzko
Verbandszeitschrift: VSW Aktuell
Mitglieder: 245
Mitarbeiter: 8

u 928
Bayerischer Verband für Sicherheit in der Wirtschaft e.V. (BVSW)
Schätzweg 1, 80935 München
T: (089) 35 74 83-0 **Fax:** 35 74 83-35
Internet: http://www.bvsw.de
E-Mail: Bay.VSW@t-online.de
Gründung: 1976 (22. Juli)
Vorsitzende(r): Wolfgang Wipper
1. Stellv. Vors.: Jürgen Dorrer
Geschäftsführer(in): RA Heinrich Weiss

u 929
Arbeitskreis für Unternehmenssicherheit Berlin/Brandenburg
Regionalbüro Frankfurt (Oder)
Puschkinstr. 12b, 15236 Frankfurt
T: (0335) 56 21-233 **Fax:** 56 21-242
E-Mail: kuss@ihk-ffo.de

u 930
Sächsischer Verband für Sicherheit in der Wirtschaft e.V. (SVSW)
Ammonstr. 72, 01067 Dresden
T: (0351) 8 80 20 76 **Fax:** 8 80 20 77
Internet: http://www.svsw.de
E-Mail: info@svsw.de
Vorsitzende(r): Wolfgang Herrmann
Geschäftsführer(in): Dietmar Schröter

u 931
Thüringer Verband für Sicherheit in der Wirtschaft e.V. (TVSW)
Sitz in der Jenoptik AG
07739 Jena
Carl-Zeiss-Str. 1, 07743 Jena
T: (03641) 65 25 62 **Fax:** 65 25 63
Internet: http://www.tvsw.de
E-Mail: tvsw@t-online.de
Vorsitzende(r): Andreas Brehm
Geschäftsführer(in): Hartmut Carl

U 932

Bundesverband Handschutz e.V.
Geschäftsstelle
Brucknerallee 172a, 41236 Mönchengladbach
T: (02166) 24 82 49 **Fax:** 24 82 90
Internet: http://www.bvh.de
Gründung: 1989 (17. Mai)
Vorsitzende(r): Andreas Fischer

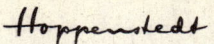

Geschäftsführer(in): Frank Zuther (Brucknerallee 172 a, 41236 Mönchengladbach, T: (02166) 24 82 52)
Mitglieder: 21 und 5 fördernde Mitglieder

● **U 933**
Bundesfachgemeinschaft Tanksicherung e.V.
Kleine Johannisstr. 9, 20457 Hamburg
T: (040) 4 10 59 57   Fax: 41 46 31 22
Gründung: 1986 (Februar)
1. Vorsitzende(r): Lothar Stiebel (i. Fa. Pietroch GmbH, Haneberger Str. 279, 42349 Wuppertal)
1. Stellv. Vors: Wolfgang Leu (i. Fa. Leu GmbH, Bahnhofstr. 2a, 95028 Hof/Saale)
2.Stellv. Vors.: Gregor Laudon (i.Fa. Metall- u. Kunststoffwerke Laudon GmbH & Co. KG, 53919 Weilerswist T)
Hauptgeschäftsführer(in): Hans-Peter Jahnke (Kleine Johannisstr. 9, 20457 Hamburg)
Mitglieder: 80

● **U 934**
forum vergabe e.V.
Breite Str. 29, 10178 Berlin
T: (030) 20 28-1631   Fax: 20 28-2631
Internet: http://www.forum-vergabe.de
E-Mail: forum-vergabe@bdi-online.de
Gründung: 1990
Geschäftsführer(in): RA T. R. Meyer
Verbandszeitschrift: „Monatsinfo"
Redaktion: forum vergabe
Mitglieder: 240
Mitarbeiter: 3
Jahresetat: DM 0,6 Mio, € 0,31 Mio

● **U 935**
Afrika-Süd Aktions-Bündnis e.V. (AAB)
(vormals Anti-Apartheid-Bewegung in der Bundesrepublik Deutschland e.V.)
Blücherstr. 14, 53115 Bonn
T: (0228) 21 13 55   Fax: 2 49 99 20
Gründung: 1974 (21. April)

● **U 936**
VIA e.V. - Verband für Interkulturelle Arbeit
Hochemmericher Str. 71, 47226 Duisburg
T: (02065) 5 33 46   Fax: 5 35 61
Internet: http://www.via-bundesverband.de
E-Mail: via-bund@t-online.de
Gründung: 1979 (Januar)
1. Vorsitzende(r): Nadir Sevis
Stellvertretende(r) Vorsitzende(r): Amar Azzoug Herbert Seebauer
Kassiererin: Simone Wiegratz
Geschäftsführer(in): Heinz Soremsky
Verbandszeitschrift: VIA-Magazin
Verlag: Hochemmericher Str. 71, 47226 Duisburg
Mitglieder: 218

● **U 937**
Tibet-Initiative Deutschland e.V. (T.I.D.)
Geschäftsstelle Asienhaus
Bullmannaue 11, 45327 Essen
T: (0201) 8 30 38-21   Fax: 8 30 38-22
Internet: http://www.tibet-initiative.de
E-Mail: tibet.initiative@asienhaus.org
Gründung: 1989
Vorsitzende(r): Wolfgang Grader
Geschäftsführerin: Barbara Rummel
Leitung Presseabteilung: Klemens Ludwig
Verbandszeitschrift: TID-aktuell
Redaktion: Klemens Ludwig
Mitglieder: 1115
Mitarbeiter: 3

● **U 938**
Internationale Gesellschaft für Menschenrechte e.V. (IGFM)
International Society for Human Rights (ISHR)
Société Internationale pour les Droits de l'Homme (SIDH)
Postf. 10 11 32, 60011 Frankfurt
Borsigallee 16, 60388 Frankfurt
T: (069) 42 01 08-0   Fax: 42 01 08-33
Internet: http://www.ishr.org, http://www.igfm.de
E-Mail: is@ishr.org
Gründung: 1972
Präsident(in): Alexander Frhr. von Bischoffshausen
Generalsekretär(in): Hans Born

● **U 939**
Kommission für Verstöße der Psychiatrie gegen Menschenrechte e.V. (KVPM)
Amalienstr. 49a, 80799 München
T: (089) 2 73 03 54   Fax: 28 98 67 04
E-Mail: kvpm@gmx.de
Gründung: 1972
Präsident(in): Bernd Trepping

Vizepräsident(in): Nicola Cramer
Leitung Presseabteilung: Sabine Ruscheweyh
Verbandszeitschrift: Menschenrechte Aktuell

● **U 940**
FIAN e.V. Internationale Menschenrechtsorganisation für das Recht sich zu ernähren
Sektion der BRD
Overwegstr. 31, 44625 Herne
T: (02323) 49 00 99   Fax: 49 00 18
Internet: http://www.fian.de
E-Mail: fian@fian.de
Gründung: 1986 (30. November)
Vorsitzende(r): Petra Sauerland
Stellvertretende(r) Vorsitzende(r): Michaela Maier
Geschäftsführer(in): Stefan Ofteringer
Verbandszeitschrift: Food First
Verlag: Eigenverlag
Mitglieder: 1400
Mitarbeiter: 6
Jahresetat: DM 0,5 Mio, € 0,26 Mio

● **U 941**
Internationaler Verein für Menschenrechte der Kurden e.V.
Postf. 20 07 38, 53137 Bonn
T: (0228) 36 28 02   Fax: 36 32 97
E-Mail: imkkurds@aol.com, imk-bonn@t-online.de
Vorsitzende(r): Sertac Bucak
Stellvertretende(r) Vorsitzende(r): Akram Naasan
Verbandszeitschrift: IMK-Wocheninformationsdienst
Redaktion: A. Saydam

● **U 942**
Medica mondiale e.V.
Hülchrather Str. 4, 50670 Köln
T: (0221) 9 31 89 80   Fax: 9 31 89 81
Internet: http://www.medicamondiale.org
E-Mail: info@medicamondiale.org
Gründung: 1993
Vorstand: Dr. Monika Hauser
Geschäftsführerin: Anna Biermann
Mitglieder: 62
Jahresetat: ca. DM 3,5 Mio, € 1,79 Mio

Heimatvertriebene, Vertriebene, Kriegs- und Zivilbeschädigte u.a.

● **U 943**
Stiftung "Erinnerung, Verantwortung und Zukunft"
Markgrafenstr. 12-14, 10969 Berlin
T: (030) 2 59 29 70   Fax: 25 92 97-11
Internet: http://www.stiftung-evz.de
E-Mail: info@stiftung-evz.de
Gründung: 2000 (11. August)
Vorstand: Michael Jansen (Vors.; Generalbevollmächtigter für Internationale Konzernaufgaben der Degussa-Hüls AG)
Vorstand: Dr. Hans-Otto Bräutigam (stellv. Vors.; ehem. Minister der Justiz und für Bundes- und Europaangelegenheiten des Landes Brandenburg)
Avi Primor (stellv. Vors.; ehem. Botschafter des Staates Israel in der Bundesrepublik Deutschland und Vizepräsident der Universität Tel Aviv)
Vorsitzender des Kuratoriums: Botschafter Dr. Dieter Kastrup
Leiter der Verwaltung: Karl-Heiz Michalczir
Leitung Presse/PR: Kai Henning
Mitarbeiter: 20

● **U 944**
Interessengemeinschaft der in der Zone enteigneten Betriebe e.V. (IOB)
Rhodiusstr. 18, 51065 Köln
T: (0221) 61 22 38   Fax: 61 95 19
Gründung: 1948
Vorsitzende(r): Dr. Fritz Rosenberger (Rhodiusstr. 18, 51065 Köln, T: (0221) 61 22 38)
Mitglieder: ca. 750
Jahresetat: DM 0,065 Mio, € 0,03 Mio

● **U 945**
Bund Heimat und Umwelt in Deutschland (BHU)
Bundesverband für Natur- und Denkmalschutz, Landschafts- und Brauchtumspflege e.V.
Adenauerallee 68, 53113 Bonn
T: (0228) 22 40 92, 22 40 91   Fax: 21 55 03
Internet: http://www.bhu.de
E-Mail: bhu@bhu.de
Gründung: 1904 (30. März)
Präsident(in): Dr. Herlind Gundelach
BundesGeschF: Dipl.-Kfm. Dieter Hornung
Leitung Presseabteilung: Ursula Bödder-Wollmer
Verbandszeitschrift: Info-Dienst

Redaktion: Bund Heimat und Umwelt in Deutschland, Ursula Bödder-Wollmer
Verlag: Bund Heimat und Umwelt in Deutschland, Adenauerallee 68, 53113 Bonn
Mitglieder: 18 Landesverbände
Mitarbeiter: 7

Biologischer, ökologischer und kultureller Umweltschutz-Heimatpflege.

Mitgliedsverbände

u 946
Landesverein Badische Heimat e.V.
Hansjakobstr. 12, 79117 Freiburg
T: (0761) 7 37 24   Fax: 7 05 55 06
Internet: http://www.badische-heimat.de
E-Mail: info@badische-heimat.de
Präsident(in): OStD i.R. Adolf Schmid

u 947
Bayerischer Landesverein für Heimatpflege e.V.
Ludwigstr. 23, 80539 München
T: (089) 28 66 29-0   Fax: 28 24 34
Internet: http://www.stmukwk.bayern.de/heimat/index.html
E-Mail: blv-heimatpflege@t-online.de
1. Vorsitzende(r): Landtagspräsident Johann Böhm
Geschäftsführer(in): Hans Roth

u 948
Verein für die Geschichte Berlins, gegr. 1865 e.V.
Roedernstr. 48, 13467 Berlin
T: (030) 4 04 14 49
Internet: http://www.pinnow.de/fdgb.htm
Vorsitzende(r): Prof. Dr. Klaus Finkelnburg
Schriftführer(in): Joachim Strunkeit

u 949
Landesheimatbund Brandenburg e.V.
Machnower Str. 81, 14165 Berlin
T: (030) 84 50 92 69   Fax: 84 50 92 71
Präsident(in): Dr. Gerd-H. Zuchold

u 950
Bremer Heimatbund
Verein für Niedersächsisches Volkstum e.V.
Bürgermeister-Smidt-Str. 78, 28195 Bremen
T: (0421) 30 20 50
Vorsitzende(r): Wilhelm Tacke
Geschäftsführer(in): Karl-Heinz Renken

u 951
Zentralausschuß Hamburgischer Bürgervereine von 1886 r. V.
- Verbund der Bürger-, Heimat- und Kommunalvereine -
Fuhlsbüttler Str. 687, 22337 Hamburg
T: (040) 50 24 45   Fax: 59 54 18
Internet: http://www.za-hamburg.de
E-Mail: mail@za-hamburg.de
Präses: Michael Weidmann

u 952
Gesellschaft für Kultur und Denkmalpflege
- Hessischer Heimatbund e.V. -
Bahnhofstr. 1, 35037 Marburg
T: (06421) 68 11 55   Fax: 68 11 55
Vorsitzende(r): Architekt Dipl.-Ing. Karl-R. Seehausen
Geschäftsführer(in): Eva Bender (M.A.)
Mitglieder: 625

u 953
Lippischer Heimatbund e.V.
Kreishaus
Felix-Fechenbach-Str. 5, 32756 Detmold
T: (05231) 62 79 11-12   Fax: 62 79 15
Vorsitzende(r): Regierungspräsident i. R. Walter Stich
Geschäftsführer(in): Friedel Köstering

u 954
Landesheimatverband Mecklenburg-Vorpommern e.V.
Friedrichstr. 12, 19055 Schwerin
T: (0385) 5 90 83-0   Fax: 5 90 83-15
Internet: http://www.landesheimatverband-mv.de
E-Mail: kontakt.lhv-mv-sn@t-online.de
Präsident(in): Prof. Dr. Horst Wernicke
Geschäftsführer(in): Karl-Ludwig Quade

u 955
Niedersächsischer Heimatbund e.V.
Landschaftstr. 6A, 30159 Hannover
T: (0511) 3 68 12 51 **Fax:** 3 63 27 80
E-Mail: nhbev@t-online.de
Präsident(in): Dr. Waldemar Röhrbein
Geschäftsführer(in): Dr. Roswitha Sommer

u 956
Rheinischer Verein für Denkmalpflege und Landschaftsschutz e.V. (RVDL)
Ottoplatz 2, 50679 Köln
T: (0221) 8 09-2804, 8 09-2805 **Fax:** 8 09-2141
Internet: http://www.rheinischer-verein.de
E-Mail: kp.wiemer@mail.lvr.de
Vorsitzende(r): Dr. Norbert Heinen
Geschäftsführer(in): Dr. Thomas Otten
Leitung Presseabteilung: Dr. Karl Peter Wiemer

u 957
Saarländischer Kulturkreis e.V.
Kreuzstr. 26, 66701 Beckingen
T: (06832) 80 19 89 **Fax:** 80 19 90
Vorsitzende(r): Dr. Hans-Joachim Kühn

u 958
Landesheimatbund Sachsen-Anhalt e.V.
Große Steinstr. 35, 06108 Halle
T: (0345) 29 28 60, 2 92 86 20
Internet: http://www.kulturserver.de/home/lhb
E-Mail: lhbsa@t-online.de
Präsident(in): Dr. habil. Konrad Breitenborn
Geschäftsführer(in): Prof. Dr. Dieter Heinemann

u 959
Landesverein Sächsischer Heimatschutz e.V.
Wilsdruffer Str. 2a, 01067 Dresden
T: (0351) 4 95 61 53 **Fax:** 4 95 15 59
Vorsitzende(r): Matthias Griebel
Geschäftsführer(in): Susanna Sommer

u 960
Schleswig-Holsteinischer Heimatbund e.V.
Hamburger Landstr. 101, 24113 Molfsee
T: (0431) 98 38 40 **Fax:** 9 83 84 23
Internet: http://www.lernnetz-sh.de/shhb
E-Mail: shhb.lv@t-online.de
Vorsitzende(r): Uwe Ronneburger
Geschäftsführer(in): Dr. Willy Diercks

u 961
Schwäbischer Heimatbund e.V.
Weberstr. 2, 70182 Stuttgart
T: (0711) 23 94 20 **Fax:** 2 39 42 44
Vorsitzende(r): Redakteur Martin Blümcke
Geschäftsführer(in): Bürgermeister a. D. Dieter Dziellak

u 962
Heimatbund Thüringen e.V.
Burgstr. 3, 98716 Elgersburg
T: (03677) 79 08 39 **Fax:** 79 14 09
Internet: http://www.hbth.toc.de
E-Mail: mammen@hbth.toc.de
Vorsitzende(r): Dr. Burkhard Kolbmüller
Geschäftsführer(in): Heike Mammen

u 963
Westfälischer Heimatbund e.V.
Kaiser-Wilhelm-Ring 3, 48145 Münster
T: (0251) 5 91 40 27 **Fax:** 5 91 40 28
E-Mail: westfaelischerheimatbund@lwl.org
Vorsitzende(r): Dr. Manfred Scholle
Geschäftsführer(in): Dr. Edeltraud Klueting

Gegenseitige Mitgliedschaft

u 964
Deutsche Burgenvereinigung e.V.
Marksburg, 56338 Braubach
T: (02627) 5 36 **Fax:** 88 66
Internet: http://www.deutsche-burgen.org
E-Mail: info@deutsche-burgen.org
Präsident(in): Alexander Fürst zu Sayn-Wittgenstein-Sayn
Geschäftsführer(in): Architekt Dr.-Ing. Klaus Tragbar

● U 965
Kulturwerk für Südtirol e.V. - Bundesverband
Schwanthalerstr. 73B, 80336 München
T: (089) 53 74 74 **Fax:** 5 43 95 11
Gründung: 1956
Vorstand: Dr. Eduard Höcherl
StudDir a.D. Hartmut Reichhold (stellv. BVors.)
StudDir. a.D. Horst Kunert (stellv. BVors.)
Hans Gaiser (stellv. BVors.)
Dipl.-Volksw. Gerald König (Bundesschatzmeister)
Renate Bawiedemann (Bundesgeschäftsführerin)
Verbandszeitschrift: Südtiroler Rundschau
Verlag: Schneider Druck GmbH, Postf. 13 24, 91535 Rothenburg o.d.T.
Mitglieder: 6000
Mitarbeiter: 3
Anzahl der angeschlossenen Organisationen: 15

● U 966
Bauernverband der Vertriebenen e.V. (BVdV)
Godesberger Allee 72-74, 53175 Bonn
T: (0228) 25 13 92 **Fax:** 9 57 92 30
Vorsitzende(r): Horst Hoferichter (Magdeburger-Str. 2, 59425 Unna)
Geschäftsführer(in): Dr. Günther Fratzscher

● U 967
Heimatverdrängtes Landvolk e.V. (HvL)
Breslauer Str. 16, 30938 Burgwedel
T: (05139) 2 72 18 **Fax:** 2 72 18
Gründung: 1948
Präsident(in): Dr. Otto Saenger
Vizepräsident(in): Günther A. von Wittich
Geschäftsführer(in): Dr. Wolfgang Schütz (Ltg. Presseabteilung)
Verbandszeitschrift: Heimatverdrängtes Landvolk
Redaktion: Dr. Wolfgang Schütz
Verlag: Eigenverlag
Druck: Druckerei Carl Albrecht, Friedenauer Str. 43, 30419 Hannover
Mitglieder: 900
Mitarbeiter: 1,5
Jahresetat: DM 0,07 Mio, € 0,04 Mio

● U 968
Bund der Vertriebenen - Vereinigte Landsmannschaften und Landesverbände e.V. (BdV)
Godesberger Allee 72-74, 53175 Bonn
T: (0228) 8 10 07-0 **Fax:** 8 10 07-38
Internet: http://www.bund-der-vertriebenen.de
E-Mail: Deutscher-Ostdienst@t-online.de, bund-der-vertriebenen@t-online.de
Gründung: 1959 (14. Dezember)
Präsident(in): Erika Steinbach (MdB)
Adolf Fetsch
Wilhelm von Gottberg
Dr. habil. Paul Latussek
Hans-Günther Parplies
Helmut Sauer
Prof. Dr. Hans Sehling
Präsidiumsmitglied(er): Oliver Dix
Bernd Hinz
Jakob Laub
Klaus Moerler
Dr. Dieter Radau
Alfred Herold
Sybille Dreher
Horst Hoferichter
Generalsekretärin: Michaela Hriberski
Leitung Presseabteilung: Walter Stratmann
Verbandszeitschrift: Deutscher Ostdienst - DOD
Redaktion: Walter Stratmann
Verlag: Bund der Vertriebenen - Vereinigte Landsmannschaften und Landesverbände e.V., Godesberger Allee 72-74, 53175 Bonn
Mitglieder: ca. 2000000
Mitarbeiter: 20

Der Bund der Vertriebenen vertritt die politischen, kulturellen und sozialen Anliegen der Vertriebenen und Aussiedler in der Bundesrepublik Deutschland. Er setzt sich für eine friedliche Ordnung der Staaten, Völker und Volksgruppen unter Beachtung der Menschenrechte, des Rechtes auf die Heimat und der Selbstbestimmung sowie für die Wahrung der Identität und Existenz deutscher Volksgruppen in ihrer Heimat ein.

u 969
Bund der Vertriebenen Landesverband Baden-Württemberg
Schloßstr. 92 III, 70176 Stuttgart
T: (0711) 62 52 77 **Fax:** 61 01 62
Vorsitzende(r): Arnold Tölg (MdL)

u 970
Bund der Vertriebenen Landesverband Bayern
Am Lilienberg 5, 81669 München
T: (089) 48 14 47 **Fax:** 48 26 21
Vorsitzende(r): Christian Knauer (MdL)

u 971
Bund der Vertriebenen Landesverband Berlin
Stresemannstr. 90, 10963 Berlin
T: (030) 2 54 73-43 **Fax:** 2 54 73-44
Vorsitzende(r): Gerhard Dewitz

u 972
Bund der Vertriebenen Landesverband Brandenburg
Zum Kahleberg 4, 14478 Potsdam
T: (0331) 81 36 86 **Fax:** 8 71 01 74
Vorsitzende(r): Erwin Brauer

u 973
Bund der Vertriebenen Landesverband Bremen
Herdentorsteinweg 44-45, 28195 Bremen
T: (0421) 1 49 84 **Fax:** 27 17 55
Vorsitzende(r): Jutta Malla

u 974
Bund der Vertriebenen Landesverband Hamburg
Vor dem Holstentor 2, 20355 Hamburg
T: (040) 34 63 59 **Fax:** 34 63 59
Vorsitzende(r): Dietrich Hoth

u 975
Bund der Vertriebenen Landesverband Hessen
Friedrichstr. 35, 65185 Wiesbaden
T: (0611) 30 40 86 **Fax:** 30 40 87
Vorsitzende(r): Alfred Herold

u 976
Bund der Vertriebenen Landesverband Mecklenburg-Vorpommern
Wismarsche Str. 190, 19053 Schwerin
T: (0385) 51 29 45 **Fax:** 51 29 45
Vorsitzende(r): Fritz Kahnert

u 977
Bund der Vertriebenen Landesverband Niedersachsen
Königsworther Str. 2, 30167 Hannover
T: (0511) 7 01 54-0 **Fax:** 7 01 54-27
Vorsitzende(r): Dr. Dieter Radau

u 978
Bund der Vertriebenen Landesverband Nordrhein-Westfalen
Bismarckstr. 90, 40210 Düsseldorf
T: (0211) 35 03 61 **Fax:** 36 96 76
Vorsitzende(r): Hans-Günther Parplies

u 979
Bund der Vertriebenen Landesverband Rheinland-Pfalz
Postf. 15 28, 55005 Mainz
T: (06144) 9 23 64 **Fax:** 3 19 08
Vorsitzende(r): Dr. Wolfgang Thüne

u 980
Bund der Vertriebenen Landesverband Saar
Im Driesch 11, 66292 Riegelsberg
T: (06806) 48 00 21 **Fax:** (06841) 8 94 61
Vorsitzende(r): Bernhard Krastl

u 981
Bund der Vertriebenen Landesverband Sachsen/Schlesische Lausitz e.V.
Krenkelstr. 8, 01309 Dresden
T: (0351) 3 11 41 27 **Fax:** 3 11 41 27
Vorsitzende(r): Werner Hubrich (MdL)

u 982
Bund der Vertriebenen Landesverband Sachsen-Anhalt
Lübecker Str. 53-63, 39124 Magdeburg
T: (0391) 2 80 54 01 **Fax:** 2 80 54 01
Vorsitzende(r): Elfriede Hofmann

u 983
Bund der Vertriebenen Landesverband Schleswig-Holstein
Diedrichstr. 2, 24143 Kiel
T: (0341) 5 14 44 **Fax:** 5 14 44
Vorsitzende(r): Dieter Schwarz

u 984
Bund der Vertriebenen Landesverband Thüringen
Michaelisstr. 43, 99084 Erfurt
T: (0361) 7 30 25-0 **Fax:** 7 31 51 39
Vorsitzende(r): Dr. habil. Paul Latussek

• U 985
Landsmannschaft Westpreußen e.V.
Norbertstr. 29, 48151 Münster
T: (0251) 52 34 24 **Fax:** 53 38 30
Bundesvorsitzender: Siegfried Sieg
Stellvertretende(r) Vorsitzende(r): Hans-Jürgen Schuch
Hugo Rasmus
Bundesgeschäftsführer: Sigrid Howest (Ltg. Presseabt.)

• U 986
Truso-Vereinigung e.V.
Norbertstr. 29, 48151 Münster
T: (0251) 52 34 24 **Fax:** 53 38 30
Vorsitzende(r): Hans-Jürgen Schuch
Stellvertretende(r) Vorsitzende(r): Paul Koslowski
Franz Komnick

• U 987
Landsmannschaft der Oberschlesier e.V.
- Bundesverband -
Bahnhofstr. 69, 40883 Ratingen
T: (02102) 6 80 33 **Fax:** 6 65 58
Sprecher und Bundesvorsitzender: Klaus Plaszczek
BundesGeschF: Andreas Gundrum
Verbandszeitschrift: Unser Oberschlesien
Redaktion: Senfkorn-Verlag, Alfred Theisen, Brüderstr. 13, 02826 Görlitz

• U 988
Landsmannschaft Schlesien, Nieder- und Oberschlesien e.V.
Haus Schlesien
Dollendorfer Str. 412, 53639 Königswinter
T: (02244) 9 25 90 **Fax:** 9 25 92 90
Gründung: 1949
Bundesvorsitzender: Rudi Pawelka
Stellv. Bundesvorsitzender: Peter Großpietsch
Dr. Idis B. Hartmann
Christian Kuznik
Bundesgeschäftsführer: Dipl.-Ing. Damian Spielvogel
Verbandszeitschrift: Schlesische Nachrichten
Redaktion: Dollendorfer Str. 412, 53639 Königswinter
Mitglieder: ca. 250000
Mitarbeiter: 10

• U 989
Bund deutscher Nordschleswiger (BdN)
Vestergade 30, DK-6200 Apenrade
T: (0045) 74 62 38 33 **Fax:** 74 62 79 39
E-Mail: generalsekretariat@bdn.dk
HptVors: Hans Heinrich Hansen
Generalsekretär(in): Peter Iver Johannsen

• U 990
Landsmannschaft Siebenbürger Sachsen in Deutschland e.V.
Karlstr. 100, 80335 München
T: (089) 23 66 09-0 **Fax:** 23 66 09-15
Gründung: 1949 (07. Oktober)
Bundesvorsitzende(r): Dipl.-Ing. Arch. Volker Dürr
Bundesgeschäftsführer(in): Erhard Graeff
Leitung Presseabteilung: Hannes Schuster
Verbandszeitschrift: Siebenbürgische Zeitung
Redaktion: Hannes Schuster
Verlag: Eigenverlag
Mitglieder: 42300
Mitarbeiter: 10
Landesverbände:
Baden-Württemberg, Bayern, Berlin, Hamburg/Schleswig-Holstein, Hessen, Niedersachsen/Bremen, Nordrhein-Westfalen, Rheinland-Pfalz/Saarland

• U 991
Sudetendeutsche Landsmannschaft Bundesverband e.V.
Geschäftsführung
Hochstr. 8, 81669 München
T: (089) 48 00 03-41 **Fax:** 48 00 03-44
Internet: http://www.sudeten.de
E-Mail: poststelle@sudeten.de
Gründung: 1950 (24. Januar)
Bundesvorsitzende(r): Bernd Posselt (MdEP)
Sprecher: Johann Böhm (MdL, Präsident des Bayerischen Landtags)
BundesGeschF: Franz N. Pany
Leitung Presseabteilung: Konrad Badenheuer (T: (089) 48 00 03-54)
Verbandszeitschrift: Sudetendeutsche Zeitung
Verlag: Sudetendeutsche Verlagsgesellschaft mbH, Hochstraße 8, 81669 München
Mitglieder: 250000
Mitarbeiter: ca. 20

Landesverbände

u 992
Sudetendeutsche Landsmannschaft Landesverband Baden-Württemberg
Schloßstr. 92 III, 70176 Stuttgart
T: (0711) 62 54 11
Vorsitzende(r): Dr. Werner Nowak

u 993
Sudetendeutsche Landsmannschaft Landesverband Bayern
Hochstr. 8, 81669 München
T: (089) 48 00 03-46
Vorsitzende(r): Rudolf Urbanek

u 994
Sudetendeutsche Landsmannschaft Landesverband Berlin
Stresemannstr. 90, 10963 Berlin
T: (030) 2 65 08 37
Vorsitzende(r): Hildegund Pobel

u 995
Sudetendeutsche Landsmannschaft Landesverband Brandenburg
Lindenweg 25, 14715 Mögelin
T: (03386) 28 10 05
Vorsitzende(r): Waltraud Steinmetzger

u 996
Sudetendeutsche Landsmannschaft Landesverband Bremen
Schönebecker Feld 47, 28757 Bremen
T: (0421) 62 45 30
Vorsitzende(r): Arno Reinhold

u 997
Sudetendeutsche Landsmannschaft Landesverband Hamburg
Vor dem Holstentor 2, 20355 Hamburg
T: (040) 60 31 59 04
Vorsitzende(r): Dr. Franz Buchmann

u 998
Sudetendeutsche Landsmannschaft Landesverband Hessen
Friedrichstr. 35 /IV, 65185 Wiesbaden
T: (0611) 30 37 68
Vorsitzende(r): Alfred Herold

u 999
Sudetendeutsche Landsmannschaft Landesverband Mecklenburg-Vorpommern
Pustekowstr. 24, 18273 Güstrow
T: (03843) 33 28 34
Vorsitzende(r): Irene Elies

u 1 000
Sudetendeutsche Landsmannschaft Landesverband Niedersachsen
Königsworther Str. 2, 30167 Hannover
T: (0511) 7 01 54-15
Vorsitzende(r): Oliver Dix

u 1 001
Sudetendeutsche Landsmannschaft Landesverband Nordrhein-Westfalen
Gotenstr. 116, 53175 Bonn
T: (0228) 37 33 41
Vorsitzende(r): Ernst Knechtel

u 1 002
Sudetendeutsche Landsmannschaft Landesverband Rheinland-Pfalz
Siebenpfefferstr. 25, 67071 Ludwigshafen
T: (0621) 68 07 66
Vorsitzende(r): Gertrud Stenzel

u 1 003
Sudetendeutsche Landsmannschaft Landesverband Saarland
Kaiserslauterer Str. 71, 66123 Saarbrücken
T: (0681) 6 81 38
Vorsitzende(r): Georg Iro

u 1 004
Sudetendeutsche Landsmannschaft Landesverband Sachsen
Müglitztal Str. 78, 01809 Mühlbach
T: (035027) 54 56
Amtierender Landesobmann: Peter Mühle

u 1 005
Sudetendeutsche Landsmannschaft Landesverband Sachsen-Anhalt
Seilerstr. 13, 06667 Stößen
T: (034445) 2 04 25
Vorsitzende(r): Horst Schubert

u 1 006
Sudetendeutsche Landsmannschaft Landesverband Schleswig-Holstein
Wilhelminenstr. 47 Haus der Heimat, 24103 Kiel
T: (0431) 55 47 58
Vorsitzende(r): Adolf Baumgartl

u 1 007
Sudetendeutsche Landsmannschaft Landesverband Thüringen
Wintersdorfer Str. 3, 04610 Meuselwitz
T: (03448) 70 24 77
Vorsitzende(r): Otto Hörtler

Fachverbände

u 1 008
Sudetendeutsche Jugend - Bundesverband (SdJ)
Hochstr. 8, 81669 München
T: (089) 48 00 03 62
Vorsitzende(r): Robert Wild

u 1 009
Arbeitskreis Sudetendeutscher Studenten (ASST)
Friedrich-Ebert-Ring 4, 97072 Würzburg
T: (0931) 88 00 76
Vorsitzende(r): Hansjörg Kudlich

u 1 010
Arbeitskreis Sudetendeutscher Akademiker
Nimmerfallstr. 80, 81245 München
Vorsitzende(r): Helmut Mader

u 1 011
Sudetendeutsche Akademie der Wissenschaften und Künste
Hochstr. 8, 81669 München
T: (089) 48 00 03 48
Präsident(in): Prof. Dr. Walter Jaroschka

u 1 012
Collegium Carolinum e.V., Forschungsstelle für die böhmischen Länder
Hochstr. 8, 81669 München
T: (089) 4 48 83 93 **Fax:** 48 61 96
Gründung: 1956
Vorsitzende(r): Prof. Dr. Ferdinand Seibt
Verbandszeitschrift: Bohemia

u 1 013
Sudetendeutsches Archiv
Hochstr. 8 II, 81669 München
T: (089) 48 00 03-30 **Fax:** 48 00 03-38
Geschäftsführer(in): Dr. Roland J. Hoffmann (Wiss. Leiter)

U 1 014
Pommersche Landsmannschaft - Zentralverband e.V. (PLM)
Europaweg 3, 23570 Lübeck
T: (04502) 8 03-0 **Fax:** 8 03-131
Stellvertretende(r) Vorsitzende(r): Susanne Jaffke (MdB)
Klaus Moerler
Wolf-Dietrich Schröder
Bundesgeschäftsführer(in): Ernst Wackernagel
Leitung Presseabteilung: Michael Hammermeister
Mitarbeiter: 34

U 1 015
Vereinigung der Verfolgten des Naziregimes Bund der Antifaschisten (VVN-BdA)
Rolandstr. 16, 30161 Hannover
T: (0511) 33 11 36 **Fax:** 3 36 02 21
Internet: http://www.vvn-bda.de
E-Mail: bundesbuero@vvn-bda.de
Gründung: 1947
Bundessprecher/innen/kreis:
Prof. Dr. Gerhard Fischer
Jürgen Gechter
Peter Gingold
Alfred Hausser
Stefan Hölzer
Cornelia Kerth
Werner Pfennig
Ulrich Sander
Dr. Ulrich Schneider
Peter Christian Walther
Bundesgeschäftsführer(in): Klaus Harbart
Verbandszeitschrift: Antifa-Rundschau
Verlag: Eigenverlag
Mitglieder: 6500
Mitarbeiter: 1

Landesverbände in:
Baden-Württemberg, Bayern, Berlin, Bremen, Hamburg, Hessen, Niedersachsen, Nordrhein-Westfalen, Rheinland-Pfalz, Saarland, Schleswig-Holstein

U 1 016
Claims Conference Nachfolgeorganisation (CC-N)
Sophienstr. 26, 60487 Frankfurt
T: (069) 97 07 08-0 **Fax:** 97 07 08-11
E-Mail: claims.nachfolge@claimscon.de
Präsident(in): Dr. Israel Miller
Geschäftsführer(in): Dr. Karl Brozik

U 1 017
Interessengemeinschaft ehemaliger Zwangsarbeiter unter dem NS-Regime
Böblinger Str. 195, 70199 Stuttgart
T: (0711) 60 32 37 **Fax:** 60 07 18
Gründung: 1986 (Mai)
Sprecher: Alfred Hausser
Sprecher: Christoph Jetter
Mitglieder: ca. 150
Büro Hessen: Liebfrauenstr. 90, 64289 Darmstadt, T/Fax: (06151) 71 96 53, Christoph Jetter

Büro Berlin: Willibald-Alexi-Str. 43, 10965 Berlin, T: (030) 6 93 49 73, Lothar Eberhardt

U 1 018
Bund der "Euthanasie"-Geschädigten und Zwangssterilisierten e.V.
Schorenstr. 12, 32756 Detmold
T: (05231) 5 82 02 **Fax:** 30 04 49
E-Mail: bez.dt@t-online.de
Vorsitzende(r): Marga Heß
Stellv. Vorsitzende(r): Hildegard Weber

U 1 019
Interessengemeinschaft der DDR-Grundbesitzer e.V. (IG-DDR)
Am Justizzentrum 3, 50939 Köln
T: (0221) 81 21 03 **Fax:** 88 52 33
Gründung: 1979
Vorsitzende(r): Rechtsanwalt Harald Rotter (Justinianstr. 16, 50679 Köln, T: (0221) 81 21 03)
Stellvertretende(r) Vorsitzende(r): RA Dr. Fritz Rosenberger (Rhodiusstr. 21, 51065 Köln, T: (0221) 61 22 38, Fax: 61 95 19)
Geschäftsführer(in): Eleonore Heubel (Justinianstr. 16, 50679 Köln)
Geschäftsführer(in): für die Münchner Beratungsstelle: Rechtsanwalt Dr. Manfred Prymusala (Nymphenburger Str. 147 a, 80638 München, T: (089) 13 27-23, Telefax: (089) 13 27 43)

Politische Interessenvertretung, fachliche Beratung von Grundbesitzern mit Grundstücken in den neuen Ländern.

U 1 020
Arbeitsgemeinschaft für Agrarfragen e.V.
Reinhardtstr. 18, 10117 Berlin
T: (030) 31 80 72-28 **Fax:** 31 80 72-42
Vorstand: RA und Notar Albrecht Wendenburg (Vors.)
Hans Berckemeyer (stellv. Vors.)
Albrecht Graf von Schlieffen
Erimar von der Osten
Ludolf Freiherr von Oldershausen
Geschäftsführer(in): Wolfgang von Dallwitz
Mitglieder: 1800

U 1 021
Zentralverband politisch Ostgeschädigter e.V. (ZPO)
Marienfelder Allee 66-80, 12277 Berlin
T: (030) 72 04-307 **Fax:** 72 04-333
Vorsitzende(r): Wolfgang Nagele

U 1 022
HELP e.V.
Hilfsorganisation für die Opfer politischer Gewalt in Europa
Ruschestr. 103, Haus 1, 10365 Berlin
T: (030) 5 53 67 67 **Fax:** 5 53 67 67
Geschäftsführer(in): Peter Alexander Hussock
Mitglieder: 120

U 1 023
Union Deutscher Widerstandskämpfer- und Verfolgtenverbände e.V. (U.D.W.V.)
Kronberger Str. 43, 60323 Frankfurt
T: (069) 72 79 70 **Fax:** 72 79 70
Vorsitzende(r) des Vorstandes: Georg Prinz (ehem. stellv. Stadtverordnetenvorsteher)
1.stellv. Vors.: Hans Bonkas (Reg. Oberrat a.D.)
Stellvertretende(r) Vorsitzende(r): Hans-Günther Cappel (Vorsitzender Richter am Bundesdisziplinargericht i. R.)
Graf Victor von Matuschka (Ministerialrat i. R.)
Vorstandsmitglieder: Horst Brüggemann
Prof. Dr. Friedrich-Wilhelm von Hase
Hans-Georg Marohl (Oberst a.D.)
Ursula Seuß-Heß
Dr. jur. Volkmar von Zühlsdorff
Leitung Presseabteilung: Georg Prinz
Mitglieder: 5 Verbände
Mitarbeiter: 1 hauptamtl., 2 ehrenamtl.
Jahresetat: DM 0,09 Mio, € 0,05 Mio

Angeschlossene Verbände:
Arbeitsgemeinschaft Ausbildungsschäden nach BEG, Oldenburg
Freiheitsbund e.V., Landesverband Berlin
Joseph-Teusch-Werk e.V., Bad Neuenahr-Ahrweiler
Reichsbanner Schwarz-Rot-Gold, Bund aktiver Demokraten e.V., Frankfurt (Main) e.V.
Verband für Freiheit und Menschenwürde e.V., Frankfurt (Main)

U 1 024
ZMO-Zusammenarbeit mit Osteuropa e.V.
Zentralverband Deutscher und Osteuropäer
Postfach 12 17, 50329 Hürth
T: (02233) 7 68 08 **Fax:** 7 68 08
E-Mail: zmo.bund.huerth@t-online.de
Gründung: 1971 (6. November)
Bundesvorsitzender: Dr. Klaus Frank, 50354 Hürth
Stellv. Bundesvors.: Thomas Saur, 12163 Berlin
Rudolf Lichtel, 66482 Zweibrücken
Schatzmeisterin: Eva-Maria Schumann, 40474 Düsseldorf
Verbandszeitschrift: ZMO-NOTIZEN und Wegweiser für Aussiedler
Redaktion: ZMO e.V., Luxemburger Str. 342, 50354 Hürth
Mitglieder: ca. 10000
Landesverbände und Gruppen:
Baden-Württemberg, Berlin, Hessen, Niedersachsen-Süd, Nordrhein-Westfalen, Rheinland-Pfalz/Saarland, Sachsen, Weser-Ems, Wolfsburg, ZMO-Jugend

Unterstützung und Hilfe für Vertriebene, Aussiedler, Spätaussiedler, Kontingentflüchtlinge und politisch Verfolgte in der Bundesrepublik Deutschland sowie für die in den ost- und südosteuropäischen und den Staaten der ehemaligen UdSSR lebende Menschen. Pflege und Erhaltung ostdeutschen Kulturgutes.

U 1 025
Bund der Kriegsblinden Deutschlands e.V.
Schumannstr. 35, 53113 Bonn
T: (0228) 21 31 34
Vorsitzende(r): Heinrich Johanning (Schumannstr. 35, 53113 Bonn)

U 1 026
Sozialverband Deutschland e.V.
Beethovenallee 56-58, 53173 Bonn
T: (0228) 95 64-0 **Fax:** 95 64-311
Internet: http://www.sozialverband.de
E-Mail: contact@sozialverband.de
Gründung: 1917 (23. Mai)
Präsident(in): Hans Fiedler (Süntelstr. 11, 38122 Braunschweig)
Bundesgeschäftsführer: Alexander Schilg

U 1 027
Verband der Heimkehrer, Kriegsgefangenen und Vermißtenangehörigen Deutschlands e.V. (VdH)
Konstantinstr. 17, 53179 Bonn
T: (0228) 95 71 40 **Fax:** 35 84 83
Präsident(in): Werner Kiessling

U 1 028
Union der Opferverbände kommunistischer Gewaltherrschaft e.V. (UOKG)
Deutschland-Haus/Zi. 318
Stresemannstr. 90, 10963 Berlin
T: (030) 2 65 17 92 **Fax:** 2 65 17 92
Gründung: 1991
Vorsitzende(r): Gerhard Finn
Stellvertretende(r) Vorsitzende(r): Roland Bude
Günther Rudolph
Leitung Presseabteilung: Sybille Ploog
Verbandszeitschrift: Der Stacheldraht
Redaktion: Sybille Ploog
Verlag: BSV Berlin, Ruschestr. 59, Haus 1, 10365 Berlin
Mitglieder: ca. 10000 in 16 Mitgliedsverbänden in Deutschland
Mitarbeiter: 2

U 1 029
Bund der Stalinistisch Verfolgten e.V. (BSV) Sachsen
Georg-Schumann-Str. 357, 04159 Leipzig
T: (0341) 12 34-790 **Fax:** 12 34-791
Gründung: 1990 (06. Januar)
Landesvorsitzender(r): Jörg Büttner
Verbandszeitschrift: Der Stacheldraht
Redaktion: Bundesvorstand
Verlag: Vereinsanschrift
Mitglieder: 334

U 1 030
Verband Politischer Häftlinge des Stalinismus (VPHdS)
Hagedornweg 87, 38229 Salzgitter
T: (05341) 22 50 41
Gründung: 1957 (1. Januar)
1. Vorsitzende(r): Wolfgang Becker (Hagedornweg 87, 38229 Salzgitter, T: (05341) 2 79 78)
2. Vorsitzende(r): Rudi Lorenz (Militärstr. 54, 38124 Braunschweig, T: (0531) 60 27 10)
Schriftführer(in): Herbert Wolf (Lange Herzogstr. 33, 38300 Wolfenbüttel, T: (05331) 22 91)
Schatzmeister: Axel Wagner (Militärstr. 57, 38124 Braunschweig, T: (0531) 60 12 18)
Mitglieder: 62
Mitarbeiter: 3 ehrenamtl.

U 1 031
Gemeinschaft ehem. pol. Häftlinge (VOS)
Vereinigung der Opfer des Stalinismus e.V.
-Bundesgeschäftsführung-
Stresemannstr. 90, 10963 Berlin
T: (030) 2 65 52 38-0 **Fax:** 2 65 52 38-2
Internet: http://www.germancom.de
E-Mail: vos-berlin@t-online.de
Gründung: 1950
1. Bundesvorsitzender: Harald Strunz (Hohenstaufenstr. 37, 10779 Berlin)
Stellvertretender Bundesvorsitzender: Klaus Schmidt
Bundesgeschäftsführerin: Sibylle Dreher
Leitung Presseabteilung: Alexander Richter
Verbandszeitschrift: Freiheitsglocke
Redaktion: Alexander Richter
Verlag: Postfach 1202, 48270 Emsdetten
Mitglieder: 3000

U 1 032
Bund Deutscher Kriegsopfer, Körperbehinderter u. Sozialrentner e.V. (BDKK)
Bundesleitung
Stintenberger Str. 16, 40822 Mettmann
T: (02104) 5 45 44 **Fax:** 80 54 56
Gründung: 1950 (23. September)
Bundesvorsitzende(r): Hans-Georg Malitz (Ltg. Presseabt.)
Vorstand: Charlotte Schäfer

Prof. Jürgen Brandt
Adolf Wiebel
Hilde Lehmann
Heinrich Bovelett
Verbandszeitschrift: Deutsche Kriegsopfer- und Behinderten-Zeitung
Redaktion: BDKK-Bundesleitung
Verlag: BDKK-Bundesleitung, Stintenberger Str. 16, 40822 Mettmann
Mitglieder: 4200
Mitarbeiter: 1
Jahresetat: DM 0,08 Mio, € 0,04 Mio

Landesverbände

u 1 033

BDKK-Landesverband Baden-Württemberg e.V.
Blumenstr. 11a, 70182 Stuttgart
T: (0711) 24 46 01
Vorsitzende(r): Edmund Mack

u 1 034

BDKK-Landesverband Berlin
Greizer Str. 38, 12279 Berlin
T: (030) 7 11 42 34
Vorsitzende(r): Heinz Voigt

u 1 035

BDKK-Landesverband Hessen e.V.
Römerstr. 24, 64625 Bensheim
T: (06251) 6 61 52
Vorsitzende(r): Ernst Möhler

u 1 036

BDKK-Landesverband Niedersachsen/Bremen e.V.
Zingel 25, 31134 Hildesheim
T: (05121) 3 28 44
Vorsitzende(r): Heinz Lasalle

u 1 037

BDKK-Landesverband Nordrhein-Westfalen e.V.
Stintenberger Str. 16, 40822 Mettmann
T: (02104) 5 45 44
Vorsitzende(r): Hans-Georg Malitz

u 1 038

BDKK-Landesverband Schleswig-Holstein e.V.
Meiereistr. 4 Zimmer 54/55, 24939 Flensburg
T: (0461) 2 56 11
Vorsitzende(r): Gerhard Jessen

● **U 1 039**

Arbeitsgemeinschaft der Kriegsopfer- und Kriegsteilnehmerverbände
Südstr. 123, 53175 Bonn
T: (0228) 38 23-210   **Fax:** 38 23-221
Vorsitzende(r): Oberst Bernhard Gertz
Anzahl der angeschlossenen Organisationen: 18

● **U 1 040**

Verband der Hirn-, Rückenmark- und Nervenverletzten Arbeits-, Kriegs- und Verkehrsopfer e.V. (VdHRN)
Ebertstr. 1, 67063 Ludwigshafen
T: (0621) 69 46 86
Vorsitzende(r): Walter Becker
Stellvertretende(r) Vorsitzende(r): Karlheinz Seckler

● **U 1 041**

Sozialverband VdK - Verband der Kriegs- und Wehrdienstopfer, Behinderten und Rentner Deutschland e.V. (VdK)
Wurzerstr. 4a, 53175 Bonn
T: (0228) 8 20 93-0   **Fax:** 8 20 93-43
Internet: http://www.vdk.de
E-Mail: deutschland@vdk.de
Gründung: 1948 BKD (Bund der Kriegs- und Zivilbeschädigten - Sozialrentner- und Hinterbliebenenverbände Deutschlands); Ab 1950 Verband der Kriegs- und Wehrdienstopfer, Behinderten und Sozialrentner Deutschlands e.V. (VdK Deutschland)
Präsident(in): Minister a.D. Walter Hirrlinger

Vizepräsident(in): Erna Szopinski
Dipl.-Sozialw. Klaus Dörrie
Berthold Holzgreve
Karl Jörg Wohlhüter
BGeschF: Ulrich Laschet
Stellvertretende(r) Geschäftsführer(in): Josef Müssenich
Verbandszeitschrift: VdK-Zeitung
Redaktion: Sabine Kohls, Kristina Jochum, Michael Pausder, Thomas A. Seehuber
Verlag: Eigenverlag
Mitglieder: ca. 1000000
Mitarbeiter: 90000 haupt- u. ehrenamtl. Mitarbeiter

Mitwirkung an der Sozialgesetzgebung des Bundes, insbesondere auf dem Gebiet des Versorgungs- und Fürsorgerechts der Kriegs- und Wehrdienstopfer, der Rehabilitation behinderter und chronisch kranker Menschen, des Bundessozialhilferechts sowie an allen anderen Rechtsgebieten, in denen Lebensfragen des vom VdK Deutschlands vertretenen Personenkreises berührt werden.

u 1 042

Sozialverband VdK Deutschland
Presse Öffentlichkeitsarbeit
In den Ministergärten 4, 10117 Berlin
T: (030) 7 26 29-0400   **Fax:** 7 26 29-0499
E-Mail: kontakt-berlin@vdk.de

Landesverbände

u 1 043

Sozialverband VdK, Landesverband Baden-Württemberg e.V.
Postf. 10 50 42, 70044 Stuttgart
Johannesstr. 22, 70176 Stuttgart
T: (0711) 6 19 56-0   **Fax:** 61 02 14
Internet: http://www.vdk-bawue.de
E-Mail: info@vdk-bawue.de

u 1 044

VdK Landesverband Bayern
Postf. 34 01 44, 80098 München
Schellingstr. 29-31, 80799 München
T: (089) 21 17-0   **Fax:** 21 17-259
E-Mail: bayern@vdk.de

u 1 045

VdK Landesverband Berlin-Brandenburg
Berliner Str. 40-41, 10715 Berlin
T: (030) 86 49 10-0   **Fax:** 86 49 10-20
E-Mail: berlin-brandenburg@vdk.de

u 1 046

VdK Landesverband Hamburg
Hammerbrookstr. 93, 20097 Hamburg
T: (040) 40 19 49-0   **Fax:** 40 19 49-30
E-Mail: hamburg@vdk.de

u 1 047

VdK Landesverband Hessen
Elsheimerstr. 10, 60322 Frankfurt
T: (069) 7 14 00 20   **Fax:** 71 40 02 22
E-Mail: hessen@vdk.de

u 1 048

VdK Landesverband Mecklenburg-Vorpommern
Wismarsche Str. 325, 19055 Schwerin
T: (0385) 3 94 21 14   **Fax:** 3 94 21 51
E-Mail: mecklenburg-vorpommern@vdk.de

u 1 049

VdK Landesverband Niedersachsen/Bremen
Postf. 49 29, 26039 Oldenburg
Nikolaustr. 11, 26135 Oldenburg
T: (0441) 2 10 29-0   **Fax:** 2 10 29-10
E-Mail: niedersachsen-bremen@vdk.de

u 1 050

VdK Landesverband Nordrhein-Westfalen
Postf. 10 51 42, 40042 Düsseldorf
Fürstenwall 132, 40217 Düsseldorf
T: (0211) 3 84 12-0   **Fax:** 3 84 12-66
E-Mail: nordrhein-westfalen@vdk.de

u 1 051

VdK Landesverband Rheinland-Pfalz
Postf. 22 40, 56022 Koblenz
Mainzer Str. 18, 56068 Koblenz
T: (0261) 9 15 04-0   **Fax:** 30 90 57
E-Mail: rheinland-pfalz@vdk.de

u 1 052

VdK Landesverband Saarland
Postf. 10 32 12, 66032 Saarbrücken
Neugeländstr. 11, 66117 Saarbrücken
T: (0681) 5 84 59-0   **Fax:** 5 84 59-50
E-Mail: saarland@vdk.de

u 1 053

VdK Landesverband Sachsen
Postf. 10 33, 09010 Chemnitz
Am Walkgraben 29, 09119 Chemnitz
T: (0371) 38 22-522   **Fax:** 38 22-535
E-Mail: sachsen@vdk.de

u 1 054

VdK Landesverband Sachsen-Anhalt
Schillerstr. 1, 06114 Halle
T: (0345) 2 02 49 17   **Fax:** 2 08 25 64
E-Mail: sachsen-anhalt@vdk.de

u 1 055

VdK Landesverband Nord
Breitenburger Str. 10-16, 25524 Itzehoe
T: (04821) 74 70 58   **Fax:** 9 57 80 64

u 1 056

VdK Landesverband Thüringen
Am Anger 32, 07743 Jena
T: (03641) 28 89-0   **Fax:** 28 89-33
E-Mail: thueringen@vdk.de

● **U 1 057**

Volksbund Deutsche Kriegsgräberfürsorge e.V.
34112 Kassel
Werner-Hilpert-Str. 2, 34117 Kassel
T: (0561) 70 09-0   **Fax:** 70 09-211
Internet: http://www.volksbund.de
Präsident(in): Regierungspräsident a.D. Karl-Wilhelm Lange
Generalsekretär(in): Burkhard Nipper
Mitglieder: 16 Landesverbände mit 260.000 Mitgliedern

Landesverbände

u 1 058

Volksbund Deutsche Kriegsgräberfürsorge e.V.
Landesverband Baden-Württemberg
Sigismundstr. 16, 78462 Konstanz
T: (07531) 2 30 90, 90 52-0
Vorsitzende(r): Präs. a.D. Norbert Schelleis
Geschäftsführer(in): Max Mangel

u 1 059

Volksbund Deutsche Kriegsgräberfürsorge e.V.
Landesverband Bayern
Maillingerstr. 24, 80636 München
T: (089) 18 80 77
Vorsitzende(r): Regierungspräs. a.D. Dr. Herbert Zeitler
Geschäftsführer(in): Gerd Krause

u 1 060

Volksbund Deutsche Kriegsgräberfürsorge e.V.
Landesverband Berlin
Lützowufer 1, 10785 Berlin
T: (030) 23 09 36-0
Vorsitzende(r): Peter Gerhard
Geschäftsführer(in): Dr. Ingolf Wernicke

u 1 061

**Volksbund Deutsche Kriegsgräberfürsorge e.V.
Landesverband Brandenburg**
Behlertstr. 4, 14467 Potsdam
T: (0331) 2 70 02 78
Vorsitzende(r): Landtagspräs. Dr. Herbert Knoblich
Geschäftsführer(in): Jörg Mückler

u 1 062

**Volksbund Deutsche Kriegsgräberfürsorge e.V.
Landesverband Bremen**
Rembertistr. 28, 28203 Bremen
T: (0421) 32 40 82, 32 40 05   **Fax:** 32 40 57
Vorsitzende(r): Stadtverordnetenvorsteher Hans-Joachim Petersen
Geschäftsführer(in): Rolf Reimers

u 1 063

**Volksbund Deutsche Kriegsgräberfürsorge e.V.
Landesverband Hamburg**
Saling 9, 20535 Hamburg
T: (040) 25 90 91   **Fax:** 2 50 90 50
Vorsitzende(r): Senator a.D. Günter Apel
Geschäftsführer(in): Rüdiger Tittel

u 1 064

**Volksbund Deutsche Kriegsgräberfürsorge e.V.
Landesverband Hessen**
Sandweg 7, 60316 Frankfurt
T: (069) 94 49 07-0   **Fax:** 94 49 07-70
Vorsitzende(r): Staatsminister a.D. Karl Starzacher
Geschäftsführer(in): Gerd Weber

u 1 065

**Volksbund Deutsche Kriegsgräberfürsorge e.V.
Landesverband Mecklenburg-Vorpommern**
Jägerweg 2, 19053 Schwerin
T: (0385) 3 02 09 14
Stellvertretende(r) Vorsitzende(r): Dr. Gottfried Timm
Geschäftsführer(in): Reinhard Wegener

u 1 066

**Volksbund Deutsche Kriegsgräberfürsorge e.V.
Landesverband Niedersachsen**
Arnswaldtstr. 16, 30159 Hannover
T: (0511) 32 12 82
Vorsitzende(r): Adalbert v. der Recke
Geschäftsführer(in): Hannes Merten

u 1 067

**Volksbund Deutsche Kriegsgräberfürsorge e.V.
Landesverband Nordrhein-Westfalen**
Alfredstr. 213, 45131 Essen
T: (0201) 8 42 37-0
Vorsitzende(r): Minister für Inneres Dr. Fritz Behrens
Geschäftsführer(in): Dirk Thiele

u 1 068

**Volksbund Deutsche Kriegsgräberfürsorge e.V.
Landesverband Rheinland-Pfalz**
Binger Str. 3, 55116 Mainz
T: (06131) 22 02 29, 22 02 99
Vorsitzende(r): Michael Hörter (MdL)
Geschäftsführer(in): Waldemar Kulpe

u 1 069

**Volksbund Deutsche Kriegsgräberfürsorge e.V.
Landesverband Saar**
Hohenzollernstr. 19, 66117 Saarbrücken
T: (0681) 5 24 91
Vorsitzende(r): Landrat Dr. Peter Winter
Geschäftsführer(in): Hugo Zöller

u 1 070

**Volksbund Deutsche Kriegsgräberfürsorge e.V.
Landesverband Sachsen**
Caspar-David-Friedrich-Str. 13A, 01217 Dresden
T: (0351) 4 65 32 83
Vorsitzende(r): Staatsminister Prof. Dr. Hans Joachim Meyer
Geschäftsführer(in): Kindermann

u 1 071

**Volksbund Deutsche Kriegsgräberfürsorge e.V.
Landesverband Sachsen-Anhalt**
Leipziger Chaussee 51, 39120 Magdeburg
T: (0391) 6 21 65 30
Vorsitzende(r): Konrad Mieth
Geschäftsführer(in): Alfons Reuter

u 1 072

**Volksbund Deutsche Kriegsgräberfürsorge e.V.
Landesverband Schleswig-Holstein**
Alter Markt 1-2, 24103 Kiel
T: (0431) 9 42 10   **Fax:** 9 50 23
E-Mail: volksbund.s-h@t-online.de
Amtierender Vorsitzender: Dr. Ekkehard Klug (MdL)
Geschäftsführer(in): Wolfram Schmidt

u 1 073

**Volksbund Deutsche Kriegsgräberfürsorge e.V.
Landesverband Thüringen**
Friedrich-Engels-Str. 69, 99086 Erfurt
T: (0361) 6 44 21 75
Vorsitzende(r): Landtagspräsident a.D. Dr. Gottfried Müller
Geschäftsführer(in): Eberhard Schwartze

Verbraucher-Organisationen

● **U 1 074**

Allgemeiner Deutscher Automobil-Club e.V. (ADAC)
Zentrale:
Am Westpark 8, 81373 München
T: (089) 76 76-0   **Fax:** 76 76-2500
Internet: http://www.adac.de
E-Mail: adac@adac.de
Gründung: 1903
Ehrenpräsident(in): Otto Flimm
Präsident(in): Peter Meyer, Mülheim/Ruhr
1. Vizepräsident(in): Günter Knopf, Geislingen
Vizepräsident(in): Werner von Scheven (Technik), Geltow
Max Stich (Tourismus), Flensburg
Sportpräsident: Hermann Tomczyk, Rosenheim
Leitung Presseabteilung: Dieter Wirsich
Verbandszeitschrift: ADAC-Motorwelt
Verlag: ADAC-Verlag GmbH, Am Westpark 8, 81373 München
Mitglieder: 14300000 (2000)
Mitarbeiter: 6500
Büro Bonn der ADAC-Zentrale München: Godesberger Allee 125, 53175 Bonn, T: (0228) 95 96 50, Fax: 37 62 78; Büro Berlin der ADAC, Zentrale München, Bundesallee 29/30, 10717 Berlin

Landesverbände

u 1 075

ADAC Berlin-Brandenburg e.V.
Bundesallee 29-30, 10717 Berlin
T: (030) 86 86-0   **Fax:** 86 86-190

u 1 076

ADAC Hansa e.V.
Amsinckstr. 39-41, 20097 Hamburg
T: (040) 2 39 19-19   **Fax:** 2 39 19-271

u 1 077

ADAC Hessen-Thüringen e.V.
Lyoner Str. 22, 60528 Frankfurt
T: (069) 66 07 70   **Fax:** 66 07 80 49

u 1 078

ADAC Mittelrhein e.V.
Hohenzollernstr. 34, 56068 Koblenz
T: (0261) 13 03-0   **Fax:** 13 03-78

u 1 079

ADAC Niedersachsen/Sachsen-Anhalt e.V.
Lübecker Str. 17, 30880 Laatzen
T: (05102) 90-0   **Fax:** 90-109

u 1 080

ADAC Nordbaden e.V.
Steinhäuserstr. 22, 76135 Karlsruhe
T: (0721) 81 04-0   **Fax:** 81 04-111

u 1 081

ADAC Nordbayern e.V.
Äußere Sulzbacher Str. 98, 90491 Nürnberg
T: (0911) 95 95-0   **Fax:** 95 95-277

u 1 082

ADAC Nordrhein e.V.
Luxemburger Str. 169, 50939 Köln
T: (0221) 47 27 47   **Fax:** 4 72 74 52

u 1 083

ADAC Ostwestfalen-Lippe e.V.
Stapenhorststr. 131, 33615 Bielefeld
T: (0521) 10 81-0   **Fax:** 10 81-290

u 1 084

ADAC Pfalz e.V.
Martin-Luther-Str. 69, 67433 Neustadt
T: (06321) 89 05-0   **Fax:** 89 05-27

u 1 085

ADAC Saarland e.V.
Am Staden 9, 66121 Saarbrücken
T: (0681) 6 87 00-0   **Fax:** 6 87 00-77

u 1 086

ADAC Sachsen e.V.
Striesener Str. 37, 01307 Dresden
T: (0351) 44 33-0   **Fax:** 44 33-350

u 1 087

ADAC Schleswig-Holstein e.V.
Saarbrückenstr. 54, 24114 Kiel
T: (0431) 66 02-0   **Fax:** 66 02-111

u 1 088

ADAC Südbaden e.V.
Karlsplatz 1, 79098 Freiburg
T: (0761) 36 88-0   **Fax:** (0180) 36 88-115

u 1 089

ADAC Südbayern e.V.
Ridlerstr. 35, 80339 München
T: (089) 51 95-0   **Fax:** 51 95-195

u 1 090

ADAC Weser-Ems e.V.
Bennigsenstr. 2-6, 28207 Bremen
T: (0421) 49 94-200   **Fax:** 49 94-136

u 1 091

ADAC Westfalen e.V.
Kaiserstr. 63-65, 44135 Dortmund
T: (0231) 54 99-0   **Fax:** 54 99-298

u 1 092

ADAC Württemberg e.V.
Am Neckartor 2, 70190 Stuttgart
T: (0711) 28 00-0   **Fax:** 28 00-181

● **U 1 093**

Automobilclub von Deutschland (AvD)
Hauptverwaltung:
Postf. 71 01 53, 60491 Frankfurt
Lyoner Str. 16, 60528 Frankfurt
T: (069) 66 06-0   **Fax:** 66 06-789
Internet: http://www.avd.de
E-Mail: nicola.koch@avd.de
Gründung: 1899
Präsident(in): S.D. Wolfgang-Ernst Fürst zu Ysenburg und Büdingen
Geschäftsführer(in): Adalbert Lhota
Mitglieder: 1325000
Mitarbeiter: 220

Der Automobilclub von Deutschland ist mit Gründungsjahr 1899 der älteste Club dieser Art in der Bundesrepublik. Auf seine Initiative gehen sowohl die Automobilausstellungen, als auch der VDA und die wichtigsten Motorsportveranstaltungen zurück. 2000 hat der AvD 1325000 Mitglieder in der gesamten Bundesrepublik und unterhält 14 Geschäftsstellen. 350 eigene Pannenhilfsfahrzeuge und 2640 Pannenfahrzeuge der Vertragsbetriebe stehen dem Autofahrer bundesweit mit Rat und Tat zur Seite. Neben den klassischen Leistungen eines Automobilclubs bietet der AvD seinen Mitgliedern sogar die Kfz-Hauptuntersuchung (§29 StVZO) und umfangreiche Beratungsleistungen an. Dazu gehören neben einer eigenen Oldtimerabteilung eine umfangreiche

Gebrauchtwagen- und Rechtsberatung sowie ein Call-Center. In den letzten Jahren hat sich der AvD nicht nur zum wirksamen Assistance-Partner vieler Unternehmen entwickelt. Er ist heute als progressiver, zukunftsorientierter Dienstleister ein attraktiver Servicepartner für AvD-Mitglieder und Unternehmen.

● **U 1 094**

Auto- und Reiseclub Deutschland e.V. (ARCD)
Postf. 4 40, 91427 Bad Windsheim
Oberntiefer Str. 20, 91438 Bad Windsheim
T: (09841) 4 09-0   **Fax:** 4 09-264
Internet: http://www.arcd.de
E-Mail: info@arcd.de
Präsident(in): Wolfgang Dollinger
Generalsekretär(in): Bernd Opolka
Verbandszeitschrift: Clubmagazin "Auto & Reise"
Mitglieder: ca. 125000

● **U 1 095**
Deutscher NAVC
Neuer Automobil- und Verkehrs-Club e.V.
siehe U 2601

● **U 1 096**
ACV Automobil-Club Verkehr
Bundesrepublik Deutschland
Goldgasse 2, 50668 Köln
T: (0221) 91 26 91-0   **Fax:** 91 26 91-26
Internet: http://www.acv.de
E-Mail: acv@acv.de
Gründung: 1962 (23. November)
Präsident(in): Franz-Georg Wolpert
Vizepräsident(in): Lothar Maurer
Geschäftsführer(in): Detlef Kramp
Leitung Presseabteilung: Engelbert Faßbender
Verbandszeitschrift: ACV profil
Verlag: ACV-Verlags- und Wirtschaftsdienst GmbH, Goldgasse 2, 50668 Köln
Mitglieder: 120000
Mitarbeiter: 12
Jahresetat: DM 10,6 Mio, € 5,42 Mio

Landesgruppen

u 1 097
ACV-Landesgruppe Nordost
DEVK-Haus
Schöneberger Ufer 89, 10785 Berlin

u 1 098
ACV-Landesgruppe West
DEVK-Haus
Rüttenscheider Str. 41, 45128 Essen

u 1 099
ACV-Landesgruppe Mitte
DEVK-Haus
Güterplatz 8, 60327 Frankfurt

u 1 100
ACV-Landesgruppe Südwest
DEVK-Haus
Neckarstr. 146, 70190 Stuttgart

u 1 101
ACV-Landesgruppe Südost
DEVK-Haus
Juri-Gagarin-Ring 149, 99084 Erfurt
T: (0361) 67 61-0

u 1 102
ACV-Landesgruppe Nord
DEVK-Haus
Hamburger Allee 20-22, 30161 Hannover

u 1 103
ACV-Landesgruppe Süd
DEVK-Haus
Essenweinstr. 4-6, 90443 Nürnberg

● **U 1 104**
Auto Club Europa e.V. (ACE)
Postf. 50 01 06, 70331 Stuttgart
Schmidener Str. 233, 70374 Stuttgart
T: (01802) 33 66 77   **Fax:** 53 03-179
TGR: autoropa Stuttgart
Internet: http://www.ace-online.de
Gründung: 1965
Vorsitzende(r): Klaus-Peter Gehrcke
Stellvertretende(r) Vorsitzende(r): Dieter Fabig
Leitung Presseabteilung: Rainer Hillgärtner
Verbandszeitschrift: ACE LENKRAD
Redaktion: Chefredakteur: Ernst Bauer
Verlag: ACE Verlag GmbH, Schmidener Str. 233, 70374 Stuttgart, Postf. 50 01 06, 70331 Stuttgart, GeschF: Erwin Braun
Mitglieder: 566000 (Stand 31.12.00)
Mitarbeiter: 83 (Stand 31.12.00)

● **U 1 105**

Kraftfahrer-Schutz e.V. (KS)
Automobilclub
Postf. 15 12 20, 80047 München
Uhlandstr. 7, 80336 München
T: (089) 5 39 81-0   **Fax:** 5 39 81-250
Internet: http://www.automobilclub.de
E-Mail: zentrale@auxilia.de
Gründung: 1935
Vorstand: Peter Dietrich Rath (Vors.)
Hauptgeschäftsführer(in): Bernhard Leutner
Mitglieder: ca. 400000

Unterstützung der Mitglieder bei Abschluß und Durchführung von Versicherungsverträgen. Förderung aller der Verkehrssicherheit und Unfallverhütung dienenden Maßnahmen. Erfahrungsaustausch; Interessenvertretung gegenüber Behörden und in der Öffentlichkeit.

● **U 1 106**
VIMDE - Verbraucherinteressenverband motorisierter ZweiradfahrerInnen Deutschlands
Römerstr. 20, 52385 Nideggen
T: (02474) 15 32   **Fax:** 7 10
Geschf. Vorstandsvors.: Walter Ritschel

● **U 1 107**
Kuratorium Mensch-Straße-Verkehr e.V.
- Eine Initiative des ADAC-Hessen-Thüringen
Lyoner Str. 22, 60528 Frankfurt
T: (069) 66 07-8011   **Fax:** 66 07-8049
Gründung: 1979 (16. März), damals als Hilfe für das im Straßenverkehr geschädigte Kind
Vorsitzende(r): Erich Spieker (Lyoner Str. 22, 60528 Frankfurt/M., T: (069) 66 07-8011, Fax: (069) 66 07-8049)
Mitglieder: 110

● **U 1 108**
Allgemeiner Deutscher Fahrrad-Club (Bundesverband) e.V. (ADFC)
Postf. 10 77 47, 28077 Bremen
Grünenstr. 8-9, 28199 Bremen
T: (0421) 3 46 29-0   **Fax:** 3 46 29-50
Internet: http://www.adfc.de
E-Mail: kontakt@adfc.de
Gründung: 1979
Vorsitzende(r): Wolfgang Große, Hamburg
BundesGeschF: Horst Hahn-Klöckner
Leitung Presseabteilung: Bettina Cibulski
Verbandszeitschrift: Radwelt
Verlag: 2 +, Pallaswiesenstr. 109, 64293 Darmstadt
Mitglieder: 103750
Mitarbeiter: 22
Jahresetat: DM 2,3 Mio, € 1,18 Mio
Landesverbände: 16
Kreisverbände/Ortsgr.: ca. 450

Landesverbände

u 1 109
ADFC Landesverband Baden-Württemberg
Augustenstr. 99, 70197 Stuttgart
T: (0711) 62 89 99   **Fax:** 6 15 77 37
E-Mail: landesverband@adfc-bw.de

u 1 110
ADFC Landesverband Bayern
Landwehrstr. 16, 80336 München
T: (089) 55 35 75   **Fax:** 5 50 24 58
E-Mail: adfc-bayern@t-online.de

u 1 111
ADFC Landesverband Berlin
Brunnenstr. 28, 10119 Berlin
T: (030) 4 48 47 24   **Fax:** 44 34 05 20
E-Mail: kontakt@adfc-berlin.de

u 1 112
ADFC Landesverband Brandenburg
Charlottenstr. 31, 14467 Potsdam
T: (0331) 2 80 05 95   **Fax:** 2 70 70 77
Internet: http://www.adfc.de/brb
E-Mail: adfc_lv_brandenburg@t-online.de

u 1 113
ADFC Landesverband Bremen
Mathildenstr. 89, 28203 Bremen
T: (0421) 70 11 79   **Fax:** 70 11 59
E-Mail: bremen@adfc.de

u 1 114
ADFC Landesverband Hamburg
Wandsbeker Marktstr. 18, 22041 Hamburg
T: (040) 39 39 33   **Fax:** 3 90 39 55
E-Mail: adfc-hh@t-online.de

u 1 115
ADFC Landesverband Hessen
Eschenheimer Anlage 15, 60318 Frankfurt
T: (069) 4 99 00 90   **Fax:** 4 99 02 17
Internet: http://www.adfc.de/hessen
E-Mail: adfc-hessen@t-online.de

u 1 116
ADFC Landesverband Mecklenburg-Vorpommern
Lange Str. 14, 17489 Greifswald
T: (03834) 89 74 12   **Fax:** 89 45 23
E-Mail: adfc-mv@gryps.comlink.apc.org

u 1 117
ADFC Landesverband Niedersachsen
Postf. 3 52, 30003 Hannover
T: (0511) 28 25 57   **Fax:** 81 07 61
E-Mail: niedersachsen@adfc.de

u 1 118
ADFC Landesverband Nordrhein-Westfalen
Birkenstr. 48, 40233 Düsseldorf
T: (0211) 67 52 48   **Fax:** 66 02 48
E-Mail: info@adfc-nrw.de

u 1 119
ADFC Landesverband Rheinland-Pfalz
Postf. 11 62, 55001 Mainz
T: (06131) 37 11 08   **Fax:** 37 11 08
E-Mail: rheinlandpfalz@adfc.de

u 1 120
ADFC Landesverband Saarland
Auf der Werth 9, 66115 Saarbrücken
T: (0681) 4 50 98   **Fax:** 4 67 69
E-Mail: info@adfc.saar-online.de

u 1 121
ADFC Landesverband Sachsen
Grünewaldstr. 19, 04103 Leipzig
T: (0341) 22 54 03-13   **Fax:** 22 54 03-14

u 1 122
ADFC Landesverband Sachsen-Anhalt
Harsdorfer Str. 49, 39110 Magdeburg
T: (0391) 7 31 66 45   **Fax:** 7 31 66 45
E-Mail: adfc.sc.anh.mag@t-online.de

u 1 123

ADFC Landesverband Schleswig-Holstein
Postf. 13 46, 24012 Kiel
T: (0431) 6 31 90   Fax: 6 31 90
E-Mail: adfc_sh@gmx.de

u 1 124

ADFC Landesverband Thüringen
Espachstr. 3A, 99094 Erfurt
T: (0361) 2 25 17 34   Fax: 2 25 17 34
E-Mail: adfc.thueringen@t-online.de

● U 1 125

Arbeitsgemeinschaft der Verbraucherverbände e.V. (BVZV)
Internationaler Zusammenschluß: siehe unter izu 144
hat fusioniert zu U 1126

● U 1 126

Bundesverband der Verbraucherzentralen und Verbraucherverbände
Verbraucherzentrale Bundesverband e.V.
Markgrafenstr. 66, 10969 Berlin
T: (030) 2 58 00-0   Fax: 2 58 00-18
E-Mail: info@bvzv.de
Gründung: 1953
Internationaler Zusammenschluß: siehe unter izu 144
Verwaltungsrat: Franz-Georg Rips (Deutscher Mieterbund e.V.),
Joachim Betz (Verbraucherzentralen Sachsen e.V.)
Annelie Braumann (Verbraucherzentrale Schleswig Holsten e.V.)
Irmgard Czarnecki (Verbraucherzentrale Bremen e.V.)
Olaf Weinel (Verbraucherzentrale Niedersachsen e.V.)
Pia Gaßmann (Deutscher Hausfrauenbund e.V.)
Dirk Günter (Deutscher Familienbund e.V.)
Doris Schneider-Zugowski (Fördermitglied)
Vorstand: Prof. Dr. Edda Müller
Presse- und Öffentlichkeitsarbeit: Carel Mohn
Mitglieder: 34

Vertretung der Verbraucherinteressen, Förderung des Verbraucherschutzes, Stärkung der Stellung des Verbrauchers in der sozialen Marktwirtschaft. Setzt sich in der Öffentlichkeit und gegenüber Gesetzgebung, Politik, Verwaltung, Justiz, Unternehmen und Wirtschaftsverbänden auf nationaler, europäischer und internationaler Ebene für die Rechte und Interessen der Verbraucher ein. Stellt die Effektivität der Verbraucherarbeit durch strategische Themenentwicklung und verbraucherpolitische Koordinierung der Mitgliedsorganisationen sicher, fördert durch bundesweit abgestimmte Verbraucherinformation und Beratungsstandards die Unterrichtung der Verbraucher, unterbindet Verstöße gegen das Gesetz gegen den unlauteren Wettbewerb, das Gesetz zur Regelung des Rechts der Allgemeinen Geschäftsbedingungen und andere Verbraucherschutzgesetze durch geeignete Maßnahmen sowohl national als auch international; fördert die Qualifikation der Mitarbeiter, die beruflich in der Verbraucherarbeit tätig sind.

u 1 127

Aktion Bildungsinformation e.V. (ABI)
Alte Poststr. 5, 70173 Stuttgart
T: (0711) 29 93 35   Fax: 29 93 30
Internet: http://www.abi-ev.de
E-Mail: info@abi-ev.de

u 1 128

Arbeiterwohlfahrt Bundesverband e.V.
Postf. 41 01 63, 53023 Bonn
Oppelner Str. 130, 53119 Bonn
T: (0228) 66 85-0   Fax: 66 85-2 09
Internet: http://www.awo.org
E-Mail: gri@awobu.awo.org
Gründung: 1919 (13. Dezember)
Vorsitzende(r): Dr.jur. Manfred Ragati, Herford
Geschäftsführer(in): Rainer Brückers, Bonn
Verbandszeitschrift: "Theorie und Praxis der sozialen Arbeit" und "AWO-Magazin"

Verlag: Oppelner Str. 130, 53119 Bonn
Mitglieder: 640000 (Gesamt AWO)
Mitarbeiter: bundesweit 135000

u 1 129

Arbeitsgemeinschaft Evangelischer Hausfrauen (AEH) des Deutschen Evangelischen Frauenbundes (DEF)
Bödekerstr. 59, 30161 Hannover
T: (0511) 9 65 68-0   Fax: 9 65 68-13

u 1 130

Deutscher Familienverband e.V.
Argelanderstr. 71, 53115 Bonn
T: (0228) 24 10 40   Fax: 24 10 43
Internet: http://www.deutscher-familienverband.de
E-Mail: zentrale@deutscher-familienverband.de
Gründung: 1922
Präsident(in): Dipl.-Ing. Günther Koolmann
Bundes-GeschF: Dirk Günther (M.A., Diplom für Wirtschaft)
Leitung Presseabteilung: Frauke Obländer
Verbandszeitschrift: DFV-Familie
Mitglieder: 13000
Mitarbeiter: 6 BGst-Bonn

u 1 131

Deutscher Frauenring e.V.
Bundesgeschäftsstelle
Bismarckallee 16, 79098 Freiburg
T: (0761) 3 88 48 48   Fax: 3 88 48 46
Internet: http://www.deutscher-frauenring.de
E-Mail: frauenring-dfr@t-online.de
Präsident(in): Eva Schneider-Borgmann
Ehrenpräsident(in): Dr. Gisela Naunin (Tibusplatz 6 - App. 6.101, 48143 Münster)
Stellvertretende(r) Präsident(in) des Regio-Rates: Dorothea Lemke (Gartenstr. 38, 99994 Schlotheim)
Schatzmeister(in): Angelika Hecht (Schillerstr. 3a, 25421 Pinneberg)

u 1 132

Deutscher Hausfrauen-Bund e.V. (DHB)
Coburger Str. 19, 53113 Bonn
T: (0228) 23 77 99, 23 77 18   Fax: 23 88 58
Internet: http://www.hausfrauenbund.de
E-Mail: hausfrauenbund@t-online.de
Präsident(in): Pia Gaßmann, Köln
Mitglieder: ca. 100000
Landesverbände: 18

u 1 133

Deutscher Mieterbund e.V. (DMB)
Postf. 41 02 69, 50862 Köln
Aachener Str. 313, 50931 Köln
T: (0221) 9 40 77 42   Fax: 9 40 77 22
Internet: http://www.mieterbund.de
E-Mail: info@mieterbund.de
Gründung: 1900
Präsident(in): Anke Fuchs
BundesDir: RA Franz-Georg Rips
Verbandszeitschrift: MieterZeitung
Mitglieder: 16 Landesverbände (350 örtl. Organisationen, 1.300.000 Mitglieder)

u 1 134

Deutscher Staatsbürgerinnen-Verband e.V.
Tempelhofer Damm 2, 12101 Berlin
T: (030) 7 85 89 27
Gründung: 1865
Leitung Presseabteilung: Petra Gödel
Verbandszeitschrift: Die Staatsbürgerin
Mitglieder: 700

u 1 135

Deutsche Volksgesundheitsbewegung e.V. (DVB)
Patienten- und Verbraucherverband
Herrenwiese 125, 47169 Duisburg
T: (0203) 59 26 43   Fax: 59 87 00
Gründung: 1947
Vorsitzende(r): Hans Joachim Keller
Stellvertretende(r) Vorsitzende(r): Klaus Schwarzbach, Meckenheim
Verbandszeitschrift: Natur - Heilen
Mitglieder: ca. 250000, 20 Verbände

u 1 136

Diakonisches Werk der Evangelischen Kirche in Deutschland e.V. (EKD)
Postf. 10 11 42, 70010 Stuttgart
Stafflenbergstr. 76, 70184 Stuttgart
T: (0711) 21 59-0   Fax: 21 59-288
TGR: Diakonie Stuttgart
Internet: http://www.diakonie.de

E-Mail: diakonie@diakonie.de
Gründung: 1975
Präsident(in): Pfarrer Jürgen Gohde
Vizepräsident(in): Dir. Cornelia Füllkrug-Weitzel (Ökumenische Diakonie)
Verbandszeitschrift: diakonie report
Redaktion: Andreas Wagner
Verlag: Diakonie Verlag, G.-Werner-Str. 24, 72762 Reutlingen
Mitglieder: 24 regionale Werke, 9 Freikirchen, ca. 90 Fachverbände
Mitarbeiter: rd. 402000 hauptamtl.; 400 000 ehrenamtl.

u 1 137

Evangelische Aktionsgemeinschaft für Familienfragen e.V.
Meckenheimer Allee 162, 53115 Bonn
T: (0228) 9 69 40 90   Fax: 96 94 09 29
E-Mail: eaf.gc@t-online.de

u 1 138

Familienbund der Katholiken
- Bundesgeschäftsführung -
Neue Kantstr. 2, 14057 Berlin
T: (030) 32 67 56-0   Fax: 32 67 56-20
E-Mail: familienbund.fdk@t-online.de

u 1 139

Hausfrauenvereinigung des Katholischen Deutschen Frauenbundes e.V. (HV des KDFB)
Kaesenstr. 18, 50677 Köln
T: (0221) 31 49 30

u 1 140

Institut für angewandte Verbraucherforschung e.V. (IFAV)
Aachener Str. 1089, 50858 Köln
T: (02234) 4 07 70   Fax: 40 77 22
Internet: http://www.ifav.de
E-Mail: ifav.mail@ifav.de
Vorsitzende(r): Prof. Dr. Gerhard Scherhorn
Dipl.-Kfm. Dr. Tilmann Höhfeld

u 1 141

PRO BAHN e.V.
Gemeinnütziger Fahrgastverband
Schwanthalerstr. 74, 80336 München
T: (089) 54 45 62 13   Fax: 54 45 62 14
Internet: http://www.pro-bahn.de
Bundesvorstand:
Vorsitzende(r): Karl-Peter Naumann
1. stellv. Vors.: Holger Jansen
2. stellv. Vors.: Rainer Engel
3. stellv. Vors.: Sigrid Pohlmann
Schatzmeister: Dr. Klaus Schröter
Verbandszeitschrift: PRO BAHN Zeitung
Redaktion: Rainer Engel
Verlag: PRO BAHN Bundesverband, Schwanthalerstr. 74, 80336 München

u 1 142

Bundesverband der Katholischen Arbeitnehmer-Bewegung Deutschlands (KAB)
Bernhard-Letterhaus-Str. 26, 50670 Köln
T: (0221) 77 22-133   Fax: 77 22-135

u 1 143

Bundesverband der Meisterinnen der Hauswirtschaft e.V.
Auf dem Köppel II/ 16, 67098 Bad Dürkheim
T: (06322) 6 83 70   Fax: 62 06 36
Vorsitzende(r): Erika Stickel, Bad Dürkheim
Stellvertretende(r) Vorsitzende(r): Ingeborg Hug, Kempten/ Allg.

u 1 144

Verbraucherzentrale Bayern e.V.
Postf. 15 22 20, 80052 München
Mozartstr. 9, 80336 München
T: (089) 5 39 87-0   Fax: 53 75 53
Internet: http://www.verbraucherzentrale-bayern.de
E-Mail: info@verbraucherzentrale-bayern.de
1. Vorsitzende(r): Gertraud Fritscher
Geschäftsführer(in): Dipl.-Volksw. Erhard Kremer

u 1 145

Verbraucherzentrale Berlin e.V.
Bayreuther Str. 40, 10787 Berlin
T: (030) 2 14 85-0   Fax: 2 11 72 01
Internet: http://www.verbraucherzentrale-berlin.de

E-Mail: mail@verbraucherzentrale-berlin.de
Vorsitzende: Dr. Thea Brünner
Geschäftsführerin: RAin Gabriele Francke

u 1 146

Verbraucherzentrale des Landes Bremen e.V.
Altenweg 4, 28195 Bremen
T: (0421) 16 07 77 **Fax:** 1 60 77 80
Internet: http://www.verbraucherzentrale-bremen.de
E-Mail: Verbraucherzentrale-Bremen@t-online.de
Vorsitzende(r) des Vorstands: Carsten Sieling
Geschäftsführer(in): Irmgard Czarnecki

u 1 147

Verbraucher-Zentrale Nordrhein-Westfalen Landesarbeitsgemeinschaft der Verbraucherverbände e.V.
Mintropstr. 27, 40215 Düsseldorf
T: (0211) 38 09-0 **Fax:** 38 09-1 72 (Pressestelle), 38 09-235 Broschürenbestellung
Internet: http://www.vz-nrw.de
E-Mail: vz-nrw@vz-nrw.de
Gründung: 1958 (Juli)
VdVR: Erwin Knebel
Vorstand: Dr. Karl-Heinz Schaffartzik (geschäftsführend)
Abt. Presse, Medien, Bildung: Dr. Theo Wolsing
Verbandszeitschrift: Verbraucher Aktuell
Mitglieder: 21 Familien- bzw. sozial- u. umweltorientierte Verbände auf Landes- und Regionalebene, 18 Ortsarbeitsgemeinschaften von Verbrauchern
Mitarbeiter: 275
Jahresetat: DM 30,9 Mio, € 15,8 Mio

u 1 148

VERBRAUCHER-ZENTRALE HESSEN e.V.
Große Friedberger Str. 13-17, 60313 Frankfurt
T: (069) 97 20 10-0 **Fax:** 97 20 10-50
Internet: http://www.verbraucher.de
E-Mail: vzh@verbraucher.de
Gründung: 1959 (27. Februar)
Geschf. Vorstand: Konrad Zündorf
Vorsitzende(r): Verwaltungsrat: Rainer Wiedemann (Bund für Umwelt und Naturschutz, Landesverband Hessen e.V.)
Stellv. Vorsitzende(r): Gisela Höft (Deutscher Familienverband, Landesverband Hessen e.V.)
Stellv. Vorsitzende(r): Hedy Knapp (Landfrauenverband, Landesverband Hessen e.V.)
Mitglieder: 23 Verbände
Mitarbeiter: 50
Jahresetat: DM 6 Mio, € 3,07 Mio

u 1 149

Verbraucher-Zentrale Hamburg e.V.
Kirchenallee 22, 20099 Hamburg
T: (040) 2 48 32-0 **Fax:** 2 48 32-290
Internet: http://www.vzhh.de
E-Mail: info@vzhh.de
Gründung: 1957
Vorsitzende(r) des Vorstandes: Dr. Marliese Dobberthien
Stellvertretende(r) Vorsitzende(r): Prof. Dr. Klaus Tonner
Geschäftsführer(in): Dr. Günter Hörmann
Mitglieder: 48
Mitarbeiter: ca. 85
Jahresetat: rd. DM 4,0 Mio, € 2,05 Mio

u 1 150

Verbraucher-Zentrale Niedersachsen e.V.
Postf. 61 26, 30061 Hannover
Herrenstr. 14, 30159 Hannover
T: (0511) 9 11 96-0 **Fax:** 9 11 96-10
Internet: http://www.vzniedersachsen.de
E-Mail: VZN@compuserve.com
Gründung: 1957
Vorsitzende(r): Sigrid Leuschner (Deutsche Angestellten Gewerkschaft, Hannover)
Stellvertretende(r) Vorsitzende(r): Manfred Jonas (Deutscher Mieterbund e.V., Landesverband Nieders.-Bremen, Hannover)
Geschäftsführer(in): Bernd Winckler
Leitung Presseabteilung: Gerhard Hermann
Mitglieder: 18 Verbände
27 Beratungsstellen
Mitarbeiter: ca. 100
Jahresetat: ca. DM 6,5 Mio, € 3,32 Mio

u 1 151

Verbraucherzentrale Schleswig-Holstein e.V.
Bergstr. 24, 24103 Kiel
T: (0431) 5 90 99-0 **Fax:** 5 90 99-77
Internet: http://www.verbraucherzentrale-sh.de
E-Mail: verbraucherzentralesh@t-online.de

u 1 152

Verbraucherzentrale Rheinland-Pfalz e. V.
Ludwigstr. 6, 55116 Mainz
T: (06131) 28 48-0 **Fax:** 28 48-66
Internet: http://www.verbraucherzentrale-rlp.de
E-Mail: vz_rheinland-pfalz@t-online.de

u 1 153

Verbraucherzentrale des Saarlandes e.V.
Hohenzollernstr. 11, 66117 Saarbrücken
T: (0681) 5 00 89-0 **Fax:** 5 00 89-22
Internet: http://www.vz-saar.de
Gründung: 1961 (27. Juli)
Vorsitzende(r): Wolfgang Krause
Geschäftsführer(in): Wolfgang Zimper
Mitglieder: 29
Mitarbeiter: 16

u 1 154

Verbraucherzentrale Baden-Württemberg e.V.
Paulinenstr. 47, 70178 Stuttgart
T: (0711) 66 91-10 **Fax:** 66 91-50
Internet: http://www.Verbraucherzentrale.de

u 1 155

Verbraucher-Zentrale Brandenburg e.V.
Templiner Str. 21, 14473 Potsdam
T: (0331) 2 98 71-0 **Fax:** 2 98 71-77
Internet: http://www.vzb.de
Gründung: 1990 (15. März)
Vorstand: Dr. Rainer Radloff (Vors.)
Geschäftsführer(in): Bernhard Kiesling

u 1 156

Verbraucherzentrale Mecklenburg-Vorpommern e.V.
Strandstr. 98, 18055 Rostock
T: (0381) 4 93 98-0 **Fax:** 4 93 98-30
Internet: http://www.verbraucherzentrale-mv.de
E-Mail: info@verbraucherzentrale-mv.de
Gründung: 1990 (17. Mai)
Vorstand: Prof. Karl-Heinz Britt (Vors.)
Geschäftsführer(in): Klaus Peterk
Leitung Presseabteilung: Andreas Ptak
Mitglieder: 13
Mitarbeiter: 40
Jahresetat: DM 3,5 Mio, € 1,79 Mio

u 1 157

Verbraucher-Zentrale Sachsen e.V.
Bernhardstr. 7, 04315 Leipzig
T: (0341) 6 88 80 80 **Fax:** 6 89 28 26
Internet: http://www.vzs.de
E-Mail: vzs@vzs.de
Gründung: 1990 (5. April)
Geschäftsführer(in): Joachim Betz
Leitung Presseabteilung: Renate Janeczek
Mitglieder: 61
Mitarbeiter: 77
Jahresetat: DM 6,95 Mio, € 3,55 Mio

u 1 158

Verbraucher-Zentrale Sachsen-Anhalt e.V.
Steinbockgasse 1, 06108 Halle
T: (0345) 2 98 03 29 **Fax:** 2 98 03 26
Internet: http://www.vzsa.de
E-Mail: vzsa@vzsa.de
Gründung: 1990 (Februar)
Vorstand: Claudia Pfeiffer (amt. Vors.)
Prof. Dr.med. Dieter Lübbe
Hannelore Siebert
Dieter Mika
Geschäftsführer(in): Dipl.-Ing. Klaus Tittmann (T: (0345) 2 98 03 21)
Öffentlichkeitsarbeit: Helmut Friedl (T: (0345) 2 98 03 27)
Mitglieder: 20 (Stand Februar 2000)
Mitarbeiter: ca. 50
Beratungsstellen: 20 (Stand Februar 2000)

u 1 159

Verbraucherzentrale Thüringen e.V.
Geschäftsstelle
Postf. 5 91, 99012 Erfurt
Eugen-Richter-Str. 45, 99085 Erfurt
T: (0361) 5 55 14-0 **Fax:** 5 55 14 40
Internet: http://www.th-online.de/vereine/vz-thueringen
E-Mail: vz-thueringen@t-online.de

● **U 1 160**

Verband der Luftfahrtsachverständigen e.V. (VdL)
Uhlandstr. 19, 70182 Stuttgart
T: (0711) 2 37 33-15 **Fax:** 2 37 33-17
Internet: http://www.luftfahrt-sv.de
E-Mail: info@luftfahrt-sv.de
Gründung: 1965
Vorsitzende(r): RA Wolfgang Hirsch (Uhlandstr. 19, 70182 Stuttgart)
Stellvertreter: Ralf Wagner (öffentlich bestellter und vereidigter Luftfahrt-Sachverständiger, Friedlandstr. 20, 25451 Quickborn)
Erwin Joras (Luftfahrt-Sachverständiger, Mülheimer Str. 208, D-47057 Duisburg)
Schatzmeister: StB Lothar Abrakat (Wohlfahrtstr. 153, 44799 Bochum)
Mitglieder: ca. 50 Sachverständige, Firmen und Institutionen

● **U 1 161**

Die Verbraucher Initiative e.V.
Büro Berlin:
Elsenstr. 106, 12435 Berlin
T: (030) 53 60 73-3 **Fax:** 53 60 73-45
Internet: http://www.verbraucher.org
E-Mail: mail@verbraucher.org
Büro Bonn:
Breite Str. 51, 53111 Bonn
T: (0228) 7 26 33 93, **Fax:** 7 26 33 99
Gründung: 1985
Vorsitzende(r): Dieter Kublitz
Hauptgeschäftsführer(in): Georg Abel
Verbandszeitschrift: Verbraucher Konkret
Verlag: VI-Verlags- und Handels-GmbH
Mitglieder: 10000
Mitarbeiter: 20

● **U 1 162**

Verein für Verbraucher und Umweltschutz e.V. (VfV)
Sitz: Dortmund
-Bundesgeschäftsstelle-
Postf. 26 01, 59016 Hamm
Weststr. 30, 59065 Hamm
T: (02381) 2 26 18
Gründung: 1981 (2. September)
Vorstand: Theo Schreiber (Vors. u. GeschF)
Horst Stoll (stellv. Vors.)

● **U 1 163**

Gründungsrausch e.V.
Anklamer Str. 38, 10115 Berlin
T: (030) 4 48 48 94 **Fax:** 4 48 48 95
Gründung: 1989
Vorsitzende(r) des Vorstandes: Dipl.-Pol. Chris Dietsche
Geschäftsführer(in): Dipl.-Ökonomin Dipl.-Sozialtherapeutin Anne-Katrin Steinborn
Mitarbeiter: 2

● **U 1 164**

Aktionskreis Deutsche Wirtschaft gegen Produkt- und Markenpiraterie e.V. (APM)
Adenauerallee 148, 53113 Bonn
T: (0228) 1 04 27 17 **Fax:** 1 04 27 18
Internet: http://www.markenpiraterie-apm.de
E-Mail: moeller.doris@berlin.diht.de, renner.joachim@bonn.diht.de
Gründung: 1997 (31. Oktober)
Vorsitzende(r): Dr. Franz Schoser
Stellvertretende(r) Vorsitzende(r): Holger Grauel
Geschäftsführendes Vorstandsmitglied: RA Doris Möller
Verbandszeitschrift: APM-Info
Mitglieder: 52
Mitarbeiter: 3

● **U 1 165**

Augsburger Börsenstammtisch - Wertpapier- und Verbraucherberatungsverein e.V.
Postf. 11 01 61, 86026 Augsburg
T: (0821) 46 49 82 **Fax:** 46 49 82
Vorstand: Otto Stauner
Mitglieder: 64

● **U 1 166**

Bund der Energieverbraucher e.V. (BDE)
siehe L 34

● **U 1 167**

Aktion Funk und Fernsehen e.V. (Zuschauervereinigung AFF)
Postf. 96 01 29, 51085 Köln
T: (0221) 89 51 53 **Fax:** 89 27 80
Gründung: 1970
Kuratoriumsvors: Gerhard Löwenthal
Vorsitzende(r): Unternehmensberater Wolfgang Reineke, Heidelberg
Stellvertretende(r) Vorsitzende(r): Chefredakteur Martin Lessenthin, Stuttgart
Verbandszeitschrift: PRO Zuschauer
Mitglieder: ca. 2000

● **U 1 168**
Verband der Rundfunkhörer und Fernsehteilnehmer e.V.
Antonienstr. 3, 80802 München
T: (089) 33 25 04   **Fax:** 33 25 17
Gründung: 1949
Vorsitzende(r): Thomas Helmensdorfer
Geschf.u.Pressesprecher: Werner Zwick
Verbandszeitschrift: VdRF Rundfunkhörer u. Fernseher (Beilage im "Gong")
Redaktion: W. Zwick
Verlag: Antonienstr. 3, 80802 München
Mitglieder: 15000
Mitarbeiter: 2
Jahresetat: DM 0,5 Mio, € 0,26 Mio

● **U 1 169**
Stiftung Warentest
Lützowplatz 11-13, 10785 Berlin
T: (030) 26 31-0   **Fax:** 26 31-2727
Internet: http://www.stiftung-warentest.de
E-Mail: email@stiftung-warentest.de
Gründung: 1964
Internationaler Zusammenschluß: siehe unter IZU 170
Vorsitzende(r): Dr. Werner Brinkmann
Leitung Presseabteilung: Wolfgang Springborn

● **U 1 170**
Euro-Wirtschaftsberatung (EWB)
c/o Dr. Gerald Deßauer
Ringenwalder Str. 34, 12679 Berlin
T: (030) 9 31 02 68
Gründung: 1992 (15. Januar)
Mitglieder: 15

● **U 1 171**
Interessengemeinschaft der Holzschutzmittelgeschädigten e.V. (IHG)
Horst 5, 27313 Dörverden
T: (05165) 91 39 39   **Fax:** 91 39 41
Internet: http://www.ihg-ev.de
E-Mail: ihgev@t-online.de
Gründung: 1983 (4. Mai)
Vorstand: Edeltraud Göttsch
Renate von Huehbenet
Sabine Prull
Verbandszeitschrift: IGH-Rundbrief
Verlag: Eigenverlag IHG e.V., Engelskirchen
Mitglieder: 750
Jahresetat: DM 0,1 Mio, € 0,05 Mio

● **U 1 172**
Käufer-Interessen-Gemeinschaft e.V.
Husarenstr. 11, 30163 Hannover
T: (0511) 69 84 60   **Fax:** 69 84 60
Gründung: 1962 (1. Januar)
Mitglieder: ca. 920
Mitarbeiter: 3
Jahresetat: DM 0,04 Mio, € 0,02 Mio
Landesverbände: Niedersachsen, Hamburg, Hessen, Bremen

Familien-, Frauen-, Jugendverbände u. a.

● **U 1 173**
Koordinierungsstelle für Nationale und Internationale Familienfragen
Celsiusstr. 112, 53125 Bonn
T: (0228) 25 84 64   **Fax:** 25 41 79
Internet: http://www.familia.de
E-Mail: a.sering@familia.de
Leiterin: Agathe Sering

● **U 1 174**
Deutsche Arbeitsgemeinschaft genealogischer Verbände (DAGV)
Naumburger Str. 11, 07743 Jena
T: (03641) 82 37 72
Gründung: 1949, Eintragung in das Vereinsregister des Amtsgerichts Stuttgart 22.1.1965
Vorsitzende(r): Dr. Hermann Metzke
Stellvertretende(r) Vorsitzende(r): Holger Zierdt
Mitglieder: 62 (1998), davon 42 regional und 18 überregional orientierte Vereine

● **U 1 175**
Westdeutsche Gesellschaft für Familienkunde e.V.
Sitz Köln
Unter Gottes Gnaden 34, 50859 Köln
T: (0221) 50 84 88   **Fax:** 9 50 25 05
Gründung: 1913 (12. März)
Ehrenvors.: Bernhard F. Lesaar (Ahornweg 9, 94121 Salzweg, T: (0851) 4 67 71)
Vorsitzende(r): Adolf Paul Quilling (Großbuschstr. 30, 53229 Bonn-Holzlar, T: (0228) 48 20 35, Fax: (0228) 9 48 12 47)
1. stellv. Vors.: Katja Schulte (Berliner Str. 21, 50859 Köln-Weiden, T: (02234) 2 59 97)
2. stellv. Vors.: Dr. Günter Junkers (Bergische Landstr. 210, 51375 Leverkusen-Schlebusch, T: (0214) 50 20 05)
Geschäftsführer: Claus Geis (Unter Gottes Gnaden 34, 50859 Köln-Widdersdorf, T: (0221) 50 84 88, Fax: (0221) 9 50 25 05)
Schatzmeister: Volker Thorey (Reginharstr. 32, 51429 Bergisch Gladbach-Bensberg, T: (02204) 91 17 71, Fax: (02204) 91 17 73)
Stellv. Schatzmeisterin: Beate Busch-Schirm (Rheinblick 25, 56567 Neuwied, T: (02631) 7 11 99)
Schriftführer: Hans Bönner (Herbert-Lewin-Str. 13, 50931 Köln-Lindenthal, T: (0221) 4 00 25 00)
Bibliothek: c/o Nordrhein-Westfälisches Personenstandsarchiv Rheinland, Schloßstr. 12, 50321 Brühl, **T:** (02232) 9 45 38-0, Fax: (02232) 9 45 38 38
Schriftleiter: Monika Degenhard (Krummenweger Str. 26, 40885 Ratingen-Lintorf, T: (02102) 3 51 96)
Beiratsvorsitzender: Dr. Michael Frauenberger (Oberstr. 116, 56154 Boppard, T: (06742) 8 60 90)
Bezirksgruppen:
Aachen
Leitung: Hans Strack (Grüner Weg 9, 52146 Würselen-Broichweiden, T: (02405) 7 22 22)
Bergisch Land (Sitz Wuppertal)
Leitung: Dr. Michael Knieriem (c/o Historisches Zentrum Engels-Haus, Museum für Frühindustrialisierung, Engelstr. 10, 42283 Wuppertal, T: (0202) 5 63 64 98)
Bonn
Leitung: Adolf Paul Quilling (Großbuschstr. 30, 53229 Bonn-Holzlar, T: (0228) 48 20 35, Fax: (0228) 9 48 12 47)
Düsseldorf
Leitung: Norbert Degenhard (Krummenweger Str. 26, 40885 Ratingen-Lintorf, T: (02102) 3 51 96)
Duisburg
Leitung: Peter Raßbach (Großglocknerstr. 45, 47249 Duisburg-Buchholz, T: (0203) 72 11 83)
Essen
Leitung: Michael Ludger Maas (Umstr. 52, 45239 Essen-Werden, T: (0201) 40 76 85)
Oberberg-Mark (Sitz Gummersbach)
Leitung: Rolf Steinjan (Birkenhain 14, 51766 Engelskirchen, T: (02263) 90 13 87, Telefax: (02263) 90 13 88)
Köln
Leitung: Dr. Dirk Friedrich Rodekirchen (Barbarossaplatz 5, 50674 Köln, T: (0221) 23 40 11)
Krefeld
Leitung: Franz Josef Peine (Dürerstr. 75, 47799 Krefeld, T: (02151) 59 39 60)
Mittelrhein (Sitz Koblenz)
Leitung: Beate Busch-Schirm (Rheinblick 25, 56567 Neuwied, T: (02631) 7 11 99)
Mönchengladbach
Leitung: Margret Schopen (Düsseldorfer Str. 25, 41238 Mönchengladbach-Rheydt, T: (02166) 2 10 13)
Nahe-Rhein-Hunsrück (Sitz Bad Kreuznach)
Leitung: Rudolf Schwan (Kronenbergstr. 16, 55595 Hargesheim, T: (0671) 3 57 85)
Trier
Leitung: Maximilian-Rudolf Gall (Cusanusstr. 22, 54295 Trier, T: (0651) 3 19 99)
Verbandszeitschrift: Mitteilungen der Westdeutschen Gesellschaft für Familienkunde e.V.
Redaktion: Monika Degenhard
Verlag: Selbstverlag
Westdeutsche Gesellschaft für Familienkunde e.V.
Mitglieder: 1807 und 164 Tauschpartner

● **U 1 176**
BER Bundeselternrat
Grantham-Allee 20, 53757 St Augustin
T: (02241) 86 52 63, 86 52 64   **Fax:** 86 52 65
Internet: http://www.bundeselternrat.de
E-Mail: bundeselternrat@gmx.de
Gründung: 1952
Vorsitzende(r): Renate Hendricks (Nordrhein-Westfalen)
Stellvertretende(r) Vorsitzende(r): Sabine Sabinarz-Otte (Rheinland-Pfalz)
Andreas Teppich (Brandenburg)
Kassenwart: Bernd Schumann (Sachsen-Anhalt)
Schriftführer(in): Sybille Richter (Sachsen-Anhalt)
Mitarbeiterin: Elisabeth Hörsch (Geschäftsstelle)
Verbandszeitschrift: "Bundeselternrat im Dienst der Eltern" u. "Eltern in Schule"
Redaktion: Renate Hendricks
Mitglieder: 31 Verbände, Landeselternvertretungen der BRD

● **U 1 177**
Eltern für aktive Vaterschaft e.V. (EFAV)
Friedrich-August-Platz 2, 26121 Oldenburg
T: (0441) 8 11 34   **Fax:** 8 11 65
E-Mail: kindundvater@t-online.de
Gründung: 1978 /1984
Vorstand: Klaus Anders
Monika Anders
Peter Lindner
Margrit Lindner
Verbandszeitschrift: Kind und Vater, Informationen zur aktiven Vaterschaft
Mitglieder: ca. 450, regionale Initiativgruppen

● **U 1 178**
Gesamtverband der Ehe- und Partnervermittlungen e.V. (GDE)
Gerhard-Domagk-Str. 9, 67071 Ludwigshafen
E-Mail: gde@e-online.de
Gründung: 1975 (20. Oktober)
Präsident(in): Gisela Lange-Tetzlaff (Kurfürstendamm 123 A, 10711 Berlin, T: (030) 8 02 30 29)
Vizepräsident(in): Gerhard Böhling (Mandelring 55, 67157 Wachenheim, T: (06322) 98 94 18)
Geschäftsstellenleiterin: Alexandra von Heereman

● **U 1 179**
Deutscher Familienverband e.V.
Argelanderstr. 71, 53115 Bonn
T: (0228) 24 10 40   **Fax:** 24 10 43
Internet: http://www.deutscher-familienverband.de
E-Mail: zentrale@deutscher-familienverband.de
Gründung: 1922
Präsident(in): Dipl.-Ing. Günther Koolmann
Bundes-GeschF: Dirk Günther (M.A., Diplom für Wirtschaft)
Leitung Presseabteilung: Frauke Oblänger
Verbandszeitschrift: DFV-Familie
Mitglieder: 13000
Mitarbeiter: 6 BGst-Bonn

● **U 1 180**
Deutsches Kinderhilfswerk e.V.
Rungestr. 20, 10179 Berlin
T: (030) 30 86 93-0   **Fax:** 2 79 56 34
Internet: http://www.dkhw.de
E-Mail: dkhw@dkhw.de, pr@dkhw.de, spielkultur@dkhw.de, politik@dkhw.de
Gründung: 1972
Präsident(in): Thomas Krüger (MdB)
Vizepräsident(in): Joachim von Gottberg
Birgit Schmitz
Bundesgeschäftsführer(in): Dr. Heide-Rose Brückner
Leitung Presseabteilung: Michael Kruse
Verbandszeitschrift: Kinder Kinder
Mitglieder: 17000
Mitarbeiter: 15
Jahresetat: ca. DM 4 Mio, € 2,05 Mio

● **U 1 181**
Väter für Kinder e.V.
Postf. 38 02 68, 80615 München
T: (089) 62 99 88 24
Internet: http://www.vaeterfuerkinder.de
E-Mail: webmaster@vaeterfuerkinder.de
Gründung: 1988
Vorsitzende(r): Prof. Dr. Michael Reeken
Stellvertretende(r) Vorsitzende(r): Hans Stötzel
Harry Bauer
Mitglieder: ca. 300

● **U 1 182**
Mehr Platz für Kinder e.V. (MPfK)
c/o Bund Deutscher LandschaftsArchitekten BDLA
Köpenicker Str. 48-49, 10179 Berlin
T: (030) 27 89 68 90   **Fax:** 27 87 15 55
E-Mail: info@bdla.de
Gründung: 1970 (September)
Vorstand: Dipl.-Ing. Dagmar Gast (Freie Landschaftsarchitektin BDLA, Berlin)
Dipl.-Ing. Barbara Hoidn (Senatsverwaltung für Berlin)
Dipl.-Volkswirt Carl Steckeweh (Generalsekretär VIA Berlin 2002 e.V.)

● **U 1 183**
Kindheit e.V.
Rudolf-Seiffert-Str. 50A, 10369 Berlin
T: (030) 9 78 70 00   **Fax:** 97 87 00 19
E-Mail: kindheit@t-online.de
Gründung: 1990
Vorsitzende(r): Ralf Meister
Stellvertretende(r) Vorsitzende(r): Prof. Dr. Hans-Dieter Schmidt
Mitglieder: 35

● U 1 184
terre des hommes Deutschland e.V.
Hilfe für Kinder in Not
Postf. 41 26, 49031 Osnabrück
Ruppenkampstr. 11a, 49084 Osnabrück
T: (0541) 71 01-0 **Fax:** 70 72 33
Internet: http://www.tdh.de
E-Mail: terre@t-online.de
Internationaler Zusammenschluß: siehe unter izu 326
Vorsitzende(r): Dr. Petra Boxler
Geschäftsführer(in): Peter Mucke
Mitglieder: 940

● U 1 185
Kindernothilfe e.V.
Düsseldorfer Landstr. 180, 47249 Duisburg
T: (0203) 77 89-0 **Fax:** 77 89-118
Internet: http://www.kindernothilfe.de
E-Mail: info@kindernothilfe.de
Vorstand: Frank Steffen Boshold, Mülheim
Vorstand: Rolf-Robert Heringer, Duisburg
Vorstand: Dr. Werner Hoerschelmann, Duisburg
Mitglieder: 519

● U 1 186
Kindermissionswerk/Die Sternsinger
(Päpstliches Missionswerk der Kinder in Deutschland e.V.)
Stephanstr. 35, 52064 Aachen
T: (0241) 44 61-0 **Fax:** 44 61-40
E-Mail: kontakt@kindermissionswerk.de
Gründung: 1846 (2. Februar)
Präsident(in): Msgr. Winfried Pilz
Geschäftsführer(in): Dr. Gotthard Kleine
Verbandszeitschrift: "Sternsinger", "Schule und Mission", "Kindergarten und Mission"
Redaktion: Bildungsabteilung
Mitarbeiter: 50

● U 1 187
BEWEGUNG FÜR DAS LEBEN e.V.
Dachverband zum Schutz der Ungeborenen
Im Hassert 11, 67146 Deidesheim
T: (06326) 59 11 **Fax:** 73 61
Gründung: 1979 (29. September)
Vorsitzende(r): P. Otto Maier (SIM, Im Hassert 11, 67146 Deidesheim)
Stellvertretende(r) Vorsitzende(r): Walter Ramm (Hohbergstr. 38, 69518 Abtsteinach)
Verbandszeitschrift: Christ und Zukunft
Redaktion: P. Otto Maier, Deidesheim
Mitglieder: 23 Verbände

● U 1 188
Gesellschaft für Geburtsvorbereitung, Familienbildung und Frauengesundheit Bundesverband e.V. (GfG)
Postf. 22 01 06, 40608 Düsseldorf
Dellestr. 5, 40627 Düsseldorf
T: (0211) 25 26 07 **Fax:** 20 29 19
Internet: http://www.gfg-bv.de
E-Mail: gfg@gfg.bv.de
Gründung: 1980
1. Vorsitzende(r): Ines Albrecht-Engel (Ltg. Presseabt.)
Stellvertretende(r) Vorsitzende(r): Elisabeth Geisel
Geschäftsführer(in): Lorraine Caukin
Leitung Presseabteilung: Christiane Schnura
Verbandszeitschrift: GfG-Rundbrief
Verlag: Eigenverlag
Mitglieder: 880
Mitarbeiter: 4

Mitglieder

u 1 189
GfG-Landesverband Bayern e.V.
c/o Barbara Herkert-Möldner
Mülleranger 23, 82284 Grafrath
T: (08144) 98 90 77 **Fax:** 98 90 79
Vorsitzende(r): Barbara Herkert-Möldner

u 1 190
GfG-Landesverband Berlin/Brandenburg e.V.
Brunhildstr. 5, 10829 Berlin
T: (030) 7 88 67 89
1. Vorsitzende(r): Monika Alter

u 1 191
GfG-Landesverband Hamburg e.V.
c/o Katja Schmidt
Sarenweg 64, 22397 Hamburg
T: (040) 6 08 45 75
1. Vorsitzende(r): Katja Schmidt

u 1 192
GfG-Landesverband Niedersachsen e.V.
c/o Gabriele Brose
Kirchweg 3, 31096 Weenzen
T: (05185) 95 70 52
1. Vorsitzende(r): Gabriele Brose

u 1 193
GfG-Landesverband Rheinland-Pfalz/Saarland e.V.
c/o Anne Christel Pleitz
Soonwaldstr. 2, 55595 Spall
T: (06706) 85 84
1. Vorsitzende(r): Anne Christel Pleitz

u 1 194
GfG-Landesverband Baden-Württemberg e.V.
c/o Annette Graf-Winkler
Mozartstr. 2, 75239 Eisingen
T: (07232) 38 33 65
1. Vorsitzende(r): Annette Graf-Winkler

u 1 195
GfG-Landesverband Nordrhein-Westfalen e.V.
c/o Stephanie Rüppel-Bartneck
Klashofstr. 8a, 33659 Bielefeld
T: (0521) 41 11 46
1. Vorsitzende(r): Stephanie Rüppel-Bartneck

● U 1 196
Donum Vitae zur Förderung des Schutzes des menschlichen Lebens e.V.
Breite Str. 27, 53111 Bonn
T: (0228) 3 86 73 43 **Fax:** 3 86 73 44
Internet: http://www.donumvitae.org
E-Mail: info@donumvitae.org
Vorsitzende(r): Rita Waschbüsch (Donatusstr. 25, 66822 Lebach-Landsweiler, T: (06881) 27 31, Fax: 53 79 93)
Geschäftsführer(in): Theo Hell
Projektleiterin: Birgit Mock

Landesverbände

u 1 197
Donum Vitae in Baden-Württemberg e.V.
Marienstr. 9, 70178 Stuttgart
T: (0711) 3 00 00 35 **Fax:** 3 00 00 37
Vorsitzende(r): Dr. Eva Stanieda (Maurenstr. 17/1, 70599 Stuttgart, T: (0711) 4 56 09 80, Fax: 4 56 09 63)
Stellvertretende(r) Vorsitzende(r): Bert Dengenhart (Bürklinstr. 12, 76137 Karlsruhe, T: (0721) 8 20 38 13, Fax: 8 20 38 14)

u 1 198
Donum Vitae Bayern e.V.
Luisenstr. 27, 80333 München
T: (089) 51 55 67 70 **Fax:** 55 67 77
Vorsitzende(r): Maria Geiss-Wittmann (Am Kugelfang 32, 92224 Amberg, T: (09621) 4 87 20, Fax: 48 72 19)
Geschäftsführer(in): Max Weinkamm
Anna Maria Baron

u 1 199
Donum Vitae Landesverband Berlin
Birnenweg 18, 16356 Ahrensfelde
T: (0331) 2 70 61 00 **Fax:** (030) 93 66 25 30
Vorsitzende(r): Beate Hübner

u 1 200
Donum Vitae Landesverband Hamburg
Eppendorfer Landstr. 149, 20251 Hamburg
T: (040) 46 30 22 **Fax:** 46 30 22
Vorsitzende(r): Bettina Machaczek
Stellvertretende(r) Vorsitzende(r): Uwe Bernzen (Diekredder 11, 22359 Hamburg, T: (040) 6 03 01 77)

u 1 201
Donum Vitae Landesverband Hessen
Am Sand 6, 36100 Petersberg
T: (0661) 6 91 41 **Fax:** 6 10 89
E-Mail: margit.hartmann@t-online.de
Vorsitzende(r): Margit Hartmann

u 1 202
Donum Vitae Landesverband Niedersachsen
Uphauser Weg 102, 49086 Osnabrück
T: (0511) 3 36 98 33 **Fax:** 3 36 98 40
Vorsitzende(r): Heinz Wilhelm Brockmann
Geschäftsführer(in): Dieter Wiethe, Bersenbrück

u 1 203
Frauen beraten/Donum Vitae NRW e.V.
Marsilstr. 9-13, 50676 Köln
T: (0221) 3 97 69 10 **Fax:** 3 97 69 12
Vorsitzende(r): Birgitta Radermacher (Wienerplatz 4, 51065 Köln, T: (0221) 96 21 61, Fax: 9 62 16 96)
Geschäftsführer(in): Bernadette Rüggeberg
Annegret Terhorst

u 1 204
Donum Vitae Rheinland-Pfalz e.V.
Färberweg 56, 55128 Mainz
T: (06131) 33 32 24
Vorsitzende(r): Prof. Dr. Bernd Rosenberger (Ahornweg 23, 67661 Kaiserslautern, T: (0631) 2 05 25 12)
Stellvertretende(r) Vorsitzende(r): Petra Hesse-Großmann (Färberweg 56, 55128 Mainz, T: (06131) 33 32 24)
Geschäftsführer(in): Hans-Joachim Schneider (Weidenweg 14, 55270 Zornheim, T: (06136) 4 48 93, Fax: 95 88 17)

u 1 205
Donum Vitae Landesverband Saarland
Sportplatzweg 1, 66123 Saarbrücken
T: (0681) 6 85 11 30 **Fax:** 6 85 11 29
Vorsitzende(r): Margreth Müller-Kunsmann

u 1 206
Donum Vitae Landesverband Sachsen e.V.
c/o Sophie-Scholl-Haus
Wachwitzer Höheneweg 10, 01328 Dresden
T: (0341) 4 80 01 60 **Fax:** 4 80 01 60
Vorsitzende(r): Maria Michalk (MdB, Lindenstr. 20, 02694 Spreewiese, T: (035932) 44 72, Fax: 4 08 02 10)

u 1 207
Donum Vitae Landesverband Schleswig-Holstein
Ehmschenkamp 3, 25462 Rellingen
T: (04101) 51 39 52 **Fax:** 51 39 52
Vorsitzende(r): Ottmar Eickmeier

u 1 208
Donum Vitae Landesverband Thüringen
Eislebener Str. 5-6, 99086 Erfurt
T: (0361) 7 31 39 30 **Fax:** 7 31 39 30
Vorsitzende(r): Kurt Neumann

● U 1 209
SelbstHilfeInitiative Alleinerziehender SHIA Bundesverband e.V.
Rudolf-Schwarz-Str. 29, 10407 Berlin
T: (030) 4 25 11 86 **Fax:** 4 25 11 86
Gründung: 1990 (01. April)
Vorsitzende(r): Margret Eickelberg
Mitglieder: ca. 300
Mitarbeiter: ca. 60 (90 % ABM)

Landesverbände

u 1 210
SHIA e.V.
Landesverband Berlin
Rudolf-Schwarz-Str. 29, 10407 Berlin
T: (030) 4 25 11 86 **Fax:** 4 25 11 86
E-Mail: shia-berlin@t-online.de

u 1 211
SHIA e.V.
Landesverband Brandenburg
Bahnhofstr. 4, 15711 Königs Wusterhausen
T: (03375) 29 47 52 **Fax:** 29 47 52
E-Mail: shia.brb@bepcom.de

u 1 212
SHIA e.V.
Landesverband Sachsen
Hauptmannstr. 4, 04109 Leipzig
T: (0341) 9 83 28 06 **Fax:** 9 83 28 06

u 1 213
SHIA e.V.
Landesverband Mecklenburg-Vorpommern
Barnstorfer Weg 50, 18057 Rostock
T: (0381) 4 92 32 14   **Fax:** 4 92 32 14

Ortsgruppen

u 1 214
SHIA e.V.
Ortsgruppe Weimar
Erfurter Str. 7, 99423 Weimar
T: (03643) 85 14 56   **Fax:** 85 14 57

u 1 215
SHIA e.V.
Ortsgruppe Dessau
Wörlitzer Str. 69, 06844 Dessau
T: (0340) 8 82 60 62   **Fax:** 8 82 60 62

u 1 216
SHIA e.V.
Ortsgruppe Wolgast
Mühlentrift 4, 17438 Wolgast
T: (03836) 20 09 38   **Fax:** 20 20 60

● U 1 217
Verband alleinerziehender Mütter und Väter e.V. (VAMV)
Bundesverband
Beethovenallee 7, 53173 Bonn
T: (0228) 35 29 95   **Fax:** 35 83 50
E-Mail: vamv-bv@netcologne.de
Gründung: 1967 (8. Juli)
Vorsitzende(r): Carola Schewe
Geschäftsführer(in): Peggi Liebisch
Verbandszeitschrift: VAMV-Informationen f. Einelternfamilien
Mitglieder: 9000

Landesverbände

u 1 218
Verband alleinstehender Mütter und Väter e.V.
Landesverband Baden-Württemberg
Haußmannstr. 6, 70188 Stuttgart
T: (0711) 2 15 51 71   **Fax:** 2 15 51 77
Vorsitzende: Sigrid Grantner

u 1 219
Verband alleinerziehender Mütter und Väter e.V.
Landesverband Bayern
Düsseldorfer Str. 22, 80804 München
T: (089) 3 06 11-121   **Fax:** 3 06 11-131
E-Mail: vamvlvbayern@aol.com
Vorsitzende: Irene Durukan

u 1 220
Verband alleinerziehender Mütter und Väter e.V. (VAMV)
Landesverband Berlin
Sieglindestr. 6, 12159 Berlin
T: (030) 8 51 51 20   **Fax:** 85 96 12 14
E-Mail: vamv-berlin@t-online.de
Vorsitzende: Martina Jacob
Geschäftsführerin: Sabina Scheuerer

u 1 221
Verband alleinstehender Mütter und Väter e.V.
Landesverband Brandenburg
Tschirchdamm 35, 14772 Brandenburg
T: (03381) 71 89 45   **Fax:** 71 89 45
E-Mail: vamv-lv-brb@t-online.de
Vorsitzende: Rosemarie Wolter

u 1 222
Verband alleinstehender Mütter und Väter e.V.
Landesverband Bremen
Bürgermeister-Deichmann-Str. 28, 28217 Bremen
T: (0421) 38 38 34   **Fax:** 3 96 69 24
E-Mail: vamv-hb@freenet.de
Vorsitzende: Claudia Rethemaier

u 1 223
Verband alleinstehender Mütter und Väter e.V.
Landesverband Hamburg
Horner Weg 19, 20535 Hamburg
T: (040) 21 44 96   **Fax:** 21 98 33 77
Vorsitzende: Christa Gabriel

u 1 224
Verband alleinstehender Mütter und Väter e.V.
Landesverband Hessen
Adalbertstr. 15, 60486 Frankfurt
T: (069) 97 98 18 79   **Fax:** 97 98 18 78
Vorsitzende: Ingrid Kruppa

u 1 225
Verband alleinstehender Mütter und Väter e.V.
Landesverband Niedersachsen
Bocksmauer 19, 49074 Osnabrück
T: (0541) 2 55 84   **Fax:** 2 02 38 85
E-Mail: vamv.niedersachsen@t-online.de
Vorsitzende: Petra Spiegel

u 1 226
Verband alleinerziehender Mütter und Väter e.V.
Landesverband Nordrhein-Westfalen
Juliusstr. 13, 45128 Essen
T: (0201) 8 27 74-70   **Fax:** 8 27 74 99
E-Mail: vamvnrw@vossnet.de
Vorsitzende: Erika Biehn

u 1 227
Verband alleinerziehender Mütter und Väter e.V.
Landesverband Rheinland-Pfalz
Kaiserstr. 29, 55116 Mainz
T: (06131) 61 66 33-34   **Fax:** 61 66 37
E-Mail: vamv-rep@t-online.de
Vorsitzende: Sonja Orantek

u 1 228
Verband alleinstehender Mütter und Väter e.V.
Landesverband Saarland
Talstr. 56, 66119 Saarbrücken
T: (0681) 3 34 46   **Fax:** 37 39 32
Vorsitzende: Cornelia Norheimer

u 1 229
Verband alleinstehender Mütter und Väter e.V.
Landesverband Sachsen
Karl-Liebknecht-Str. 19, 09111 Chemnitz
T: (0371) 44 17 38   **Fax:** 44 17 38
Vorsitzende: Kerstin Vollmann

u 1 230
Verband alleinstehender Mütter und Väter e.V.
Landesverband Sachsen-Anhalt
Halberstädter Str. 154, 39112 Magdeburg
T: (0391) 60 10 54   **Fax:** 60 10 14
Vorsitzende: Sabine Schwertfeger

u 1 231
Verband alleinstehender Mütter und Väter e.V.
Landesverband Schleswig-Holstein
Muhliusstr. 67, 24103 Kiel
T: (0431) 5 57 91 50   **Fax:** 5 19 20 13
E-Mail: vamv-sh@gmx.de
Vorsitzende: Angela Jagenow

u 1 232
Verband alleinstehender Mütter und Väter e.V.
Landesverband Thüringen
De-Smit-Str. 34, 07545 Gera
T: (0365) 8 55 84 10   **Fax:** 8 55 84 10
E-Mail: vamv-thueringen@t-online.de

● U 1 233
PFAD - Bundesverband der Pflege- und Adoptivfamilien e.V.
Große Seestr. 27, 60486 Frankfurt
T: (069) 97 98 67-0
Internet: http://www.pfad-bv.de
E-Mail: pfad-bv@t-online.de
Gründung: 1976 (16. April)
Vorsitzende(r): Ines Kurek-Bender
Stellvertretende(r) Vorsitzende(r): René Clair
Wolfgang Schreiber
Verbandszeitschrift: KINDESWOHL

Verlag: Wissenschaftlicher Verlag, Dr. U. Schulz-Kirchner, Itzbachweg 2, 65505 Idstein
Mitglieder: 16 Landesverbände mit 3500 Mitgliedern

● U 1 234
tagesmütter Bundesverband
für Kinderbetreuung in Tagespflege e.V.
Breite Str. 2, 40670 Meerbusch
T: (02159) 13 77   **Fax:** 20 20
Internet: http://www.tagesmuetter-bundesverband.de
E-Mail: tagesmuetterbv@t-online.de
Gründung: 1978 (19. Juli)
1. Vorsitzende(r): Anne Lipka
2. Vorsitzende(r): Irmtraud Rhein
Geschäftsführer(in): Klaus-Dieter Zühlke (Ltg. Presseabt.)
Verbandszeitschrift: ZeT
Redaktion: Kallmeyersche Verlagsbuchhandlung GmbH, Im Brande 19, 30926 Seelze, T: (0511) 4 00 04-0
Mitglieder: 104
Mitarbeiter: 4
Jahresetat: DM 0,4 Mio, € 0,2 Mio

u 1 235
Landesverband der tagesmütter
Baden-Württemberg e.V.
Haußmannstr. 6, 70188 Stuttgart
T: (0711) 2 15 51 67
1. Vorsitzende(r): Ute Görlich

u 1 236
tagesmütter Landesverband Niedersachsen für
Kinderbetreuung in Tagespflege e.V.
Steinbecker Str. 52, 21244 Buchholz
T: (04181) 3 77 68   **Fax:** 89 59
1. Vorsitzende(r): Marianne Elstner

● U 1 237
Hamburger Tagesmütter und -väter e.V.
Eilbeker Weg 71, 22089 Hamburg
T: (040) 2 00 33 77   **Fax:** 2 00 42 98
Kontaktperson: Ingeborg Bruns

● U 1 238
Familienbund der Katholiken
- Bundesgeschäftsführung -
Neue Kantstr. 2, 14057 Berlin
T: (030) 32 67 56-0   **Fax:** 32 67 56-20
E-Mail: familienbund.fdk@t-online.de
Gründung: 1953
Präsident(in): Elisabeth Bußmann
Geschäftsführer(in): Carsten Riegert
Verbandszeitschrift: "Stimme der Familie"
Redaktion: Carsten Riegert, Dr. Barbara Hoffmann
Verlag: Bundesgeschäftsführung des Familienbundes der Deutschen Katholiken, Berlin, in Verbindung mit KNA GmbH, Bonn
Mitglieder: 500000

● U 1 239
Verein für Familienerholung in Deutschland e.V.
Zweifalltorweg 10, 64293 Darmstadt
T: (06151) 89 37-80   **Fax:** 89 37-70
Vorsitzende(r): Oberkirchenrat Volker Lahr
Leitung Presseabteilung: Jutta Brettschneider

● U 1 240
Arbeitsgemeinschaft katholischer
Frauenverbände und -gruppen
Kaesenstr. 18, 50677 Köln
T: (0221) 31 49 30
Geschäftsführender Verband: kfd - Bundesverband, Prinz-Georg-Str. 44, 40477 Düsseldorf, T: (0211) 4 49 92-73/80, Fax: 4 49 92-78
Gründung: 1949
Präsidium: Magdalena Bogner (kfd)
Dr. Brunhilde Greshake (IN VIA)
Prof. Dr. Hanneliese Steichele (KDFB)
Maria Elisabeth Thoma (SkF)

● U 1 241
Katholischer Deutscher Frauenbund e.V.
Kaesenstr. 18, 50677 Köln
T: (0221) 8 60 92   **Fax:** 8 60 92 79
Internet: http://www.frauenbund.de
E-Mail: bundesverband@frauenbund.de
Gründung: 1903
Präsident(in): Prof. Dr. Hanneliese Steichele
Geschäftsführer(in): Kriemhild Ramms
Verbandszeitschrift: DIE CHRISTLICHE FRAU
Redaktion: Gabriele Klöckner, Rayendonk 1, 47608 Geldern
Mitglieder: 220000
Mitarbeiter: 10

● U 1 242

Bund Altkatholischer Frauen Deutschlands (baf)
Gregor-Mendel-Str. 28, 53115 Bonn
T: (0228) 23 22 85   Fax: 23 83 14
Gründung: 1912 in Offenbach/Main
Vorstand: Heidi Herborn (Vors.; Meerlachstr. 6, 68123 Mannheim, T.: (0621) 82 44 86)
Mariette Kraus-Vobbe (stellv. Vors.), Bonn
Waltraud Ghezzi, Obertshausen
Benedikta Klein, Blumberg
Gabi Rissmann, Essen
Lydia Ruisch, Weidenberg
Finanzen: Edith Greiner, Mannheim
Mitglieder: 1120
Anzahl der angeschlossenen Organisationen: 49

● U 1 243

Katholische Frauengemeinschaft Deutschlands Bundesverband e.V. (kfd)
Postf. 32 06 40, 40421 Düsseldorf
Prinz-Georg-Str. 44, 40477 Düsseldorf
T: (0211) 44 99 20   Fax: 44 99-2 75
Gründung: 1928
Präsident(in): Magdalena Bogner
Generalsekretär(in): Annette Rieks
Referat für Presse u. Öffentlichkeitsarbeit: Margret de Haan
Mitglieder: 730000
Mitarbeiterinnen: rund 65 Voll- und Teilzeit
Mitgliederzeitschrift: frau u. mutter; kfd-direkt Informationsdienst; Werkheft DIE MITARBEITERIN

● U 1 244

Evangelische Familienerholung im Diakonischen Werk der EKD
Altensteinstr. 51, 14195 Berlin
T: (030) 8 30 01-450   Fax: 8 30 01-222
E-Mail: familienerholung@diakonie.de
Vorsitzende(r): Landesbischof Heinrich Herrmanns, Bückeburg
Geschäftsführer(in): Hans-Detlef Peter

● U 1 245

EAF

Evangelische Aktionsgemeinschaft für Familienfragen e.V.
Meckenheimer Allee 162, 53115 Bonn
T: (0228) 9 69 40 90   Fax: 96 94 09 29
E-Mail: eaf.gc@t-online.de
Gründung: 1953 (September)
Präsident(in): Prof. Dr. Dr. Siegfried Keil
Geschäftsführer(in): Sabine Mundolf (sowie Leitung Presseabteilung)
Verbandszeitschrift: Familienpolitische Informationen
Redaktion: Sabine Mundolf
Mitglieder: 37 Verbände
Mitarbeiter/innen: 6

Zusammenschluß evangelischer Einrichtungen, Werke und Verbände sowie Landesarbeitskreise, die sich mit familienrelevanten Themenbereichen beschäftigen. Zweck ist die gemeinsame Beratung und Vertretung ethischer, sozialer, wirtschaftlicher und pädagogischer Fragen in der Familienpolitik sowie die Förderung der Familienberatung, -bildung und -erholung.

● U 1 246

Evangelische Konferenz für Familien- und Lebensberatung e.V.
Fachverband für Psychologische Beratung und Supervision
Ziegelstr. 30, 10117 Berlin
T: (030) 28 30 39-27, 28 30 39-28   Fax: 28 30 39-26
E-Mail: ekfnl@t-online.de
Vorsitzende(r): Pfr., Dipl.-Psych. Dr. Gernot Czell
Bundesgeschäftsführer(in): Dipl.-Päd. Ruth Althoff-Epting

● U 1 247

Evangelischer Fachverband für Kranken- und Sozialpflege e.V.
Mitglied im Diakonischen Werk der EKD
Geschäftsstelle:
Rathausstr. 62-64, 65203 Wiesbaden
T: (0611) 1 86 01 86   Fax: 1 86 01 87
Vorsitzende(r): Ulrike Döring
Verbandszeitschrift: PFLEGEN
Redaktion: Ulrike Döring, Katharina Jost
Verlag: Rathausstr. 62-64, 65203 Wiesbaden

● U 1 248

Arbeitsgemeinschaft Musik
Bundesverband für christliche Jugendkultur e.V.
Schulstr. 1b, 24250 Löptin
T: (04302) 96 78-0   Fax: 96 78-20
E-Mail: agm@ag-musik.de
Gründung: 1950
Vorsitzende(r): Helmut Krüger (Blauenstr. 3, 79410 Badenweiler, T.: (07632) 3 87, Fax: (07632) 14 10)
Stellvertretende(r) Vorsitzende(r): Winfried Dalferth (Pestalozzistr. 58, 72762 Reutlingen, T.: (07121) 31 24 34, Fax: (07121) 92 96 26, E-Mail: Winfried.Dalferth@t-online.de)
Mitglieder: 35 Organisationen, 8 sachkundige Persönlichkeiten
Mitarbeiter: 3

● U 1 249

Bundesarbeitsgemeinschaft Evang. Familien-Bildungsstätten e.V.
Olpe 35, 44135 Dortmund
T: (0231) 54 09-22   Fax: 54 09-24
Internet: http://www.familienbildung-ev-bag.de
E-Mail: bag@familienbildung-ev-bag.de
Gründung: 1954 (September)
Vorsitzende(r): OKR Kurt Triebel, Neumünster
Stellvertretende(r) Vorsitzende(r): Claudia Scholz, Münster
Geschäftsführung:: Ute König
Verbandszeitschrift: bag-Informationen
Verlag: Selbstverlag
Mitglieder: 99 Familien-Bildungsstätten (Stand: 2000)
Jahresetat: DM 0,5 Mio, € 0,26 Mio

Landesverbände

u 1 250

Landesarbeitsgemeinschaft Evang. Familien-Bildungsstätten in Baden-Württemberg
Ecklenstr. 20, 70184 Stuttgart
T: (0711) 46 45 47
E-Mail: eaew-last@t-online.de
Vorsitzende(r): Ilse Birzele (Ulrichstr. 4, 73033 Göppingen)
Geschäftsführung: Reiner Mack

u 1 251

Landesarbeitsgemeinschaft Evang. Familien-Bildungsstätten in Bayern
Geschäftsstelle
Herzog-Wilhelm-Str. 24, 80331 München
T: (089) 55 22 41-0   Fax: 5 50 12 71
Geschäftsführung: Sigrid Hlasny

u 1 252

Bildungswerk der Ev. Kirche in Berlin-Brandenburg
Arbeitsbereich III/Familienbildung, Haus der Kirche
Goethestr. 27-30, 10625 Berlin
T: (030) 31 91-261   Fax: 31 91-283
E-Mail: bildungswerk-ekibb-ablll@t-online.de
Studienleiterin: Dr. Gesine Hefft

u 1 253

Landesarbeitsgemeinschaft Evang. Familien-Bildungsstätten in Hessen
Bahnstr. 44, 63225 Langen
T: (06103) 97 72 11   Fax: 97 72 13
Federführung: Marga Stahlmann

u 1 254

Landesarbeitsgemeinschaft Evang. Familien-Bildungsstätten in Mecklenburg-Vorpommern
Domstr. 8, 18273 Güstrow
T: (03843) 68 64 79   Fax: 68 64 79
Federführung: Erika Schulz

u 1 255

Landesarbeitsgemeinschaft Evang. Familien-Bildungsstätten in Niedersachsen
Haareneschstr. 58a, 26121 Oldenburg
T: (0441) 77 60 01   Fax: 7 78 07 16
Vorsitzende(r): Doris Steinhauer
Leitungskreis: Hiltrud Boomgaarden

u 1 256

Arbeitsgemeinschaft Evang. Familien-Bildungsstätten in der Nordelbischen Kirche
Haus der Kirche
Dormienstr. 1a, 22587 Hamburg
T: (040) 86 05 48   Fax: 86 66 39 30
Vorsitzende(r): Friederike Laar
Referentin: Birthe Gerdsen (Kanalufer 48, 24768 Rendsburg, T: (04331) 59 32 40, Fax: (0433) 59 32 30)

u 1 257

Arbeitsgemeinschaft Evang. Familien-Bildungsstätten im Rheinland
Lenaustr. 41, 40470 Düsseldorf
T: (0211) 63 98-0   Fax: 63 98-299
Vorsitzende(r): Ulrich Schmitz (Hinter der Kirche 34, 47058 Duisburg, T: (0203) 30 52 80, Fax: (0203) 3 05 28 48, e-mail: u.schmitz@fbw-du.org)
Geschäftsführung: Gabriele Brosda

u 1 258

Evang. Familien-Bildungswerk Westfalen-Lippe e.V.
Friesenring 32, 48147 Münster
T: (0251) 27 09-310   Fax: 27 09-573
Vorsitzende(r): Angelika Weigt-Blätgen (Feldmühlenweg 19, 59494 Soest, T: (02921) 3 71-0)
Geschäftsführung: Sibylle Kratz-Trutti

● U 1 259

Evangelische Akademikerschaft in Deutschland e.V. (EAiD)
Kniebisstr. 29, 70188 Stuttgart
T: (0711) 28 20 15   Fax: 2 62 81 15
Internet: http://www.ekd.de/akademiker
E-Mail: evangakadid@t-online.de
Gründung: 1947
Vorsitzende(r): Margot Gilch
Dr. Dr. Harald Uhl
Bundesgeschäftsführer: Dr. Matthias Ahrens
Frauenteam: Christa-Maria Schmidt-Jaag
Verbandszeitschrift: evangelische aspekte
Redaktion: Dr. Michael Wildberger (verantwortl.), Friedrich-Karl-Str. 13, 67655 Kaiserslautern, T: (0631) 2 64 59, Fax: (0631) 3 11 07 90, E-Mail: 320008982956-0001@t-online.de
Verlag: Evangelische Akademikerschaft in Deutschland (EAiD)
Mitglieder: ca. 2500
Mitarbeiter: 2
Jahresetat: ca. DM 0,3 Mio, € 0,15 Mio

Die Mitglieder der EAiD suchen Antworten auf aktuelle Fragen im Sinne der befreienden Botschaft der Bibel. Sie setzen sich ein für Gerechtigkeit, Frieden und Bewahrung der Schöpfung.

Landesverbände

Baden

u 1 260

Evangelische Akademikerschaft in Deutschland e.V.
Landesverband Baden
Spechtweg 21, 79110 Freiburg
T: (0761) 1 62 39   Fax: 1 56 03 60
Vorsitzende(r): Elvira Röhrig (Spechtweg 21, 79110 Freiburg, T: (0761) 1 62 39, Fax: (0761) 1 56 03 60)

Bayern

u 1 261

Evangelische Akademikerschaft in Deutschland e.V.
Landesverband Bayern
Bodenseering 29, 95445 Bayreuth
T: (0921) 6 90 00   Fax: 3 58 06
Internet: http://www.epv.de/ea-bayern
E-Mail: katharina.staedtler@web.de
Vorsitzende(r): Dr. Katharina Städtler (Bodenseering 29, 95445 Bayreuth, T: (0921) 3 57 17, Fax: (0921) 3 58 06, e-mail: katharina.staedtler@web.de)
Otto Böhm (Wildbirnenweg 45, 91126 Schwabach, T: (0911) 2 16 26 76 (d), (09122) 88 76 86 (p), e-mail: oboehm@odn.de)

Berlin

u 1 262

Evangelische Akademikerschaft in Deutschland e.V.
Landesverband Berlin/Brandenburg
Spanische Allee 100b, 14129 Berlin
T: (030) 8 03 21 00   Fax: 8 03 21 00
Vorsitzende(r): Manfred Berg (Spanische Allee 100 b, 14129 Berlin, T/Fax: (030) 8 03 21 00, e-mail: bergmanfredberg@t-online.de)
Prof. Dr. Annemarie Karnatz (Rudeloffweg 28 A, 14195 Berlin, T: (030) 8 31 10 40)

u 1 263

Hamburg und Schleswig-Holstein

u 1 263
Evangelische Akademikerschaft in Deutschland e.V.
Landesverband Hamburg und Schleswig-Holstein
Hohenrade 46, 24106 Kiel
T: (0431) 33 13 84
Vorsitzende(r): Cläre Elis (Hohenrade 46, 24106 Kiel, T: (0431) 33 13 84)
Michael Kutter (Oktaviostr. 99, 22043 Hamburg, T + Fax: (040) 6 56 34 59)

Hessen

u 1 264
Evangelische Akademikerschaft in Deutschland e.V.
Landesverband Hessen
Danziger Str. 24, 35415 Pohlheim
T: (0641) 4 52 25   **Fax:** 4 52 25
Vorsitzende(r): Manfred Roth (Danziger Str. 24, 35415 Pohlheim, T + Fax: (0641) 4 52 25)

Niedersachsen

u 1 265
Evangelische Akademikerschaft in Deutschland e.V.
Landesverband Niedersachsen
Schifferweg 7, 31787 Hameln
T: (05151) 6 18 28
Vorsitzende(r): Brigitte Ochs (Schifferweg 7, 31787 Hameln, T: (05151) 6 18 28)
Heinz Jürgen Kesper (Friedrichwall 17, 30159 Hannover, T: (0511) 32 11 91)

Nordwest

u 1 266
Evangelische Akademikerschaft in Deutschland e.V.
Landesverband Nordwest
Wilhelm-Böhmert-Str. 31, 28355 Bremen
T: (0421) 25 49 08
Vorsitzende(r): Peter Meyer (Wilhelm-Böhmert-Str. 31, 28355 Bremen, T: (0421) 25 49 08 (p), e-mail: pdmeyer@t-online.de)

Pfalz-Saar

u 1 267
Evangelische Akademikerschaft in Deutschland e.V.
Landesverband Pfalz-Saar
Eichbornstr. 17, 76829 Landau
T: (06341) 8 79 51   **Fax:** 8 97 05
Vorsitzende(r): Dr. Günter Geisthardt (Eichbornstr. 17, 76829 Landau, T: (06341) 8 79 51 (p), 80 84-0 (d), Fax: (06341) 8 89 89)

Rheinland

u 1 268
Evangelische Akademikerschaft in Deutschland e.V.
Landesverband Rheinland
Virchowstr. 51, 45147 Essen
T: (0201) 77 51 92   **Fax:** 6 15 64 92
Vorsitzende(r): Ute Diersch (Virchowstr. 51, 45147 Essen, T: (0201) 77 51 92, Fax: (0201) 6 15 64 92)
Dr. Klaus Blatt (Überruhrstr. 68, 45277 Essen, T: (0201) 8 58 63 02 (p), (0214) 3 05 86 40 (d), Fax: (0201) 8 58 63 03, e-mail: blatt@wupperonline.de)

Sachsen

u 1 269
Evangelische Akademikerschaft in Deutschland e.V.
Landesverband Sachsen
Loschwitzer Str. 10, 01309 Dresden
T: (0351) 3 10 07 65
Vorsitzende(r): Dr. Magdalena Trappe (Eisenstuckstr. 42, 01069 Dresden, T: (0351) 4 71 82 29)
Dieter Kahle (Loschwitzer Str. 10, 01309 Dresden, T: (0351) 3 10 07 65 (p), 8 03 97 72 (d), Fax: (0351) 8 03 97 88 (d))

Westfalen

u 1 270
Evangelische Akademikerschaft in Deutschland e.V.
Landesverband Westfalen
Luisenstr. 22, 44628 Herne
T: (02323) 98 10-45   **Fax:** 98 10-46
Vorsitzende(r): Karsten Herbers (Luisenstr. 22, 44628 Herne, T: (02323) 98 10-45, Fax: (02323) 98 10-46, e-mail: zion.pfr.herbers@cityweb.de)

Württemberg

u 1 271
Evangelische Akademikerschaft in Deutschland e.V. (EAiD)
Landesverband Württemberg
Von-Witzleben-Str. 41, 74074 Heilbronn
T: (07131) 17 72 88   **Fax:** 17 72 88
Vorsitzende(r): Erika Leube (Von-Witzleben-Str. 41, 74074 Heilbronn, T/Fax: (07131) 17 72 88)
Christoph Hahn (Leimgrube 3, 72147 Nehren, T/Fax: (07473) 87 43)

• **U 1 272**

  MÜTTERGENESUNGSWERK
Elly · Heuss · Knapp · Stiftung

Elly-Heuss-Knapp-Stiftung, Deutsches Müttergenesungswerk
Postf. 12 60, 90544 Stein
T: (0911) 96 71 10   **Fax:** 67 66 85
Internet: http://www.muettergenesungswerk.de
E-Mail: info@muettergenesungswerk.de
Gründung: 1950
Schirmherrin: Christina Rau
Vorsitzende(r): Prof. Adelheid Bonnemann-Böhner
Geschäftsführer(in): Anne Schilling
Presseabteilung: Andrea Dokter
Stationäre Vorsorge- und Rehabilitationsmaßnahmen für Mütter und Mutter-Kind.

• **U 1 273**
Zehlendorfer Verband für Evangelische Diakonie
c/o Ev. Diakoniewerk Friederikenstift
Humboldtstr. 5, 30169 Hannover
T: (0511) 1 29-2201   **Fax:** 1 29-2407
Gründung: 1916 (31. Oktober)
Vorsitzende(r): Pfr. Rainer Reimann
Verbandszeitschrift: "Die Diakonieschwester"
Redaktion: Pastor Dr. Rainer Sommer, Glockenstr. 8, 14163 Berlin
Verlag: Christlicher Zeitschriftenverlag, Bachstr. 1-2, 10555 Berlin
Mitglieder: 5897 (Stand 1.1.99)

• **U 1 274**
Evangelische Arbeitsgemeinschaft für Müttergenesung e.V.
Zweifalltorweg 10, 64293 Darmstadt
T: (06151) 89 43 56, 89 55 61   **Fax:** 89 39 62
Internet: http://www.muettergenesungskur.de
E-Mail: EAGmuetter@t-online.de
Gründung: 1970
Leitung Presseabteilung: Wendula Gorn
Mitglieder: 18 Mitgliedsverbände auf landeskirchlicher Ebene

• **U 1 275**
Burckhardthaus - Ev. Institut für Jugend-, Kultur- und Sozialarbeit e.V.
Berlin und Gelnhausen
Herzbachweg 2, 63571 Gelnhausen
T: (06051) 89-0   **Fax:** 8 92 40
Heinrich-Mann-Str. 31, 13156 Berlin
T. u Fax: (030) 49 99 98 57
Gründung: 1893
Direktor(in): Pfr. Peter Musall (Herzbachweg 2, Postfach 11 64, 63551 Gelnhausen)
Mitarbeiter: 35

• **U 1 276**
Deutsches Institut für Vormundschaftswesen e.V. (DIV)
Postf. 10 20 20, 69010 Heidelberg
Zähringerstr. 10, 69115 Heidelberg
T: (06221) 98 18-0   **Fax:** 98 18-28
Vorsitzende(r): Prof. Dr. Marga Rothe
Direktor(in): Walter H. Zarbock

• **U 1 277**

Bund der kinderreichen Familien e.V. (BdkF)
Am Hang 1, 51519 Odenthal
T: (02174) 43 79
Vorsitzende(r): Ilse Winkler
Wahrnehmung der Interessen der Kinderreichen bei der Bundesregierung, den Länderregierungen und kommunalen Behörden in der Familien- und Sozialpolitik.

• **U 1 278**
Deutscher Frauenrat (DF)
Lobby der Frauen - Bundesvereinigung von Frauenverbänden und Frauengruppen gemischter Verbände in Deutschland e.V.
Axel-Springer-Str. 54a, 10117 Berlin
T: (030) 20 45 69-0   **Fax:** 20 45 69-44
Internet: http://www.frauenrat.de
E-Mail: kontakt@frauenrat.de
Gründung: 1951
1. Vorsitzende(r): Inge von Bönninghausen
Stellvertretende(r) Vorsitzende(r): Dr. Ursula Hansen
Christa Seeliger
Beisitzer(in): Mechthild Immenkötter
Maria Kathmann
Brigitte Pathe
Brunhilde Raiser
Sieglinde Reis
Helgard Ulshoefer
Geschäftsführer(in): Daniela Nowak (d.nowak@frauenrat.de)
Referentin für Presse- und Öffentlichkeitsarbeit: Ulrike Helwerth (u.helwerth@frauenrat.de)
Verbandszeitschrift: FrauenRat
Redaktion: Hildegard Witteler
Verlag: Eigenverlag
Mitglieder: 52 Verbände
Mitarbeiter: 7

Landesfrauenräte

u 1 279
Landesfrauenrat Baden-Württemberg
Rotebühlstr. 131-133, 70197 Stuttgart
T: (0711) 62 11 35   **Fax:** 61 29 98
Internet: http://www.landesfrauenrat-bw.de
E-Mail: LFRauenrat.BW@t-online.de
Gründung: 1969
Vorsitzende(r): Marion von Wartenberg
Leitung Presseabteilung: Dr. Veronika Gulde
Verbandszeitschrift: Rundbrief
Verlag: Eigenverlag
Mitglieder: 56 Verbände, ca. 2 Mio Personen
Mitarbeiter: 2
Jahresetat: DM 0,16 Mio, € 0,08 Mio

u 1 280
Bayerischer Landesfrauenausschuß
Winzererstr. 9, 80797 München
T: (089) 12 61-1516, 12 61-1520   **Fax:** 12 61-2389
Präsident(in): Annemarie Gössel
Geschäftsführer(in): Renate Vorwallner
Silvia Geißinger

u 1 281
Landesfrauenrat Berlin
Tempelhofer Damm 2, 12101 Berlin
T: (030) 78 57 01-0
Gründung: 1979
Vorsitzende(r): Helga Korthaase
Verbandszeitschrift: Wir Berlinerinnen
Redaktion: Gisela Gassen
Mitglieder: 42

u 1 282
Frauenpolitischer Rat Land Brandenburg e.V.
Heinrich-Mann-Allee 7, 14473 Potsdam
T: (0331) 2 80 35 81   **Fax:** 24 00 72
Internet: http://www.frauenrat-brandenburg.de
E-Mail: FrauPolRat@t-online.de
Gründung: 1992
Geschäftsführer(in): Friederike von Borstel (Ltg. Presseabt.)
Verbandszeitschrift: Rundbrief FPR
Verlag: Selbstverlag
Mitglieder: 23 Verbände mit 100000 Frauen
Mitarbeiter: 2
Jahresetat: DM 0,180 Mio, € 0,09 Mio

u 1 283
Bremer Frauenausschuß e.V.
Landesfrauenrat Bremen
Schwachhauser Heerstr. 62, 28209 Bremen
T: (0421) 34 22 02   **Fax:** 34 22 02
Vorsitzende: Annedore Windler (Ottostr. 14, 28201 Bremen)

u 1 284
Landesfrauenrat Hessen
Faulbrunnenstr. 9, 65183 Wiesbaden
T: (0611) 1 57 86-0   **Fax:** 1 57 86-22
Internet: http://www.buero-f.de
E-Mail: frauen@buero-f.de
Vorsitzende(r): Sabine Tewes
Geschäftsführer(in): Dr. Andrea-Sabine Jacobi

u 1 285
Landesfrauenrat Mecklenburg-Vorpommern e.V.
Graf-Schack-Str. 5, 18055 Rostock
T: (0381) 4 90 24 42   **Fax:** 4 90 24 42
Gründung: 1993 (16. Juni)
Vorsitzende(r): Dr. Christiane Bannuscher
Leitung Presseabteilung: Dr. Renate Hill
Verbandszeitschrift: Rundbriefe zu versch. Themen
Redaktion: Geschäftsstelle d. LFR
Mitglieder: 34 Mitgliedsverbände
Mitarbeiter: 1

u 1 286
Landesfrauenrat Niedersachsen e.V.
Geschäftsstelle
Johannsenstr. 10, 30159 Hannover
T: (0511) 32 10 31   **Fax:** 32 10 21
E-Mail: lfr.nds@t-online.de
Vorsitzende(r): Christa Röder

u 1 287
FrauenRat NW e.V.
Julius-Doms-Str. 13, 51373 Leverkusen
T: (0214) 60 15 66   **Fax:** 60 15 66
Gründung: 1970 (September)
1. Vorsitzende(r): Ilse Redemann
Mitglieder: 70 Frauenverbände aus NRW mit ca. 3,5 Mio Mitgliedern
Mitarbeiter: 1
Jahresetat: DM 0,06 Mio, € 0,03 Mio

u 1 288
Landesfrauenbeirat Rheinland-Pfalz
Ministerium für Kultur, Jugend, Familie und Frauen
Mittlere Bleiche 61, 55116 Mainz
T: (0631) 16 41 67   **Fax:** 16 17 20 00
Gründung: 1976 (20. Dezember)
Vorsitzende(r): Christine Gothe
Geschäftsführung: Rovena Köthe
Mitglieder: 17 und 17 stellv. Mitglieder

u 1 289
Landesfrauenrat Rheinland-Pfalz e.V.
Karl-Zörgiebel-Str. 41, 55128 Mainz
T: (06131) 57 85 93   **Fax:** 57 85 93
Vorsitzende(r): Ulrike Kahl-Jordan (Landesfrauenrat Rheinland-Pfalz e.V., Bismarckstr. 22, 66953 Pirmasens, T: (06331) 1 20 28, Fax: (06331) 9 29 81)
Geschäftsführer(in): Hiltraud Giwer (Karl-Zörgiebel-Str. 41, 55128 Mainz, T: (06131) 57 85 93, Fax: (06131) 57 85 93)
Mitglieder: 30 Frauenverbände

u 1 290
Frauenrat Saarland
Tulpenweg 7, 66606 St Wendel
T: (06854) 87 74   **Fax:** 7 64 41
Vorsitzende(r): Christiane Schreiber

u 1 291
Landesfrauenrat Sachsen-Anhalt e.V.
Große Diesdorfer Str. 12, 39108 Magdeburg
T: (0391) 7 31 73 37   **Fax:** 7 32 78 62
Internet: http://www.landesfrauenrat.de
E-Mail: lfr.sachsen-anhalt@t-online.de
Vorsitzende(r): Ruth Lux
Geschäftsführer(in): Kerstin Schwiering

u 1 292
Landesfrauenrat Sachsen - Sächsisches Frauenforum
Altenzeller Str. 19, 01069 Dresden
T: (0351) 4 72 10 62   **Fax:** 4 72 10 61
E-Mail: frauenforum_sachsen@t-online.de
Vorsitzende(r): Ruth Stachorra

u 1 293
Landesfrauenrat Schleswig-Holstein e.V.
Auguste-Viktoria-Str. 16, 24103 Kiel
T: (0421) 55 20 65   **Fax:** 5 17 84
Internet: http://www.lfr.schleswig-holstein.de
E-Mail: lfr@schleswig-holstein.de
1. Vorsitzende(r): Gisela Poelke

u 1 294
Landesfrauenrat Thüringen e.V.
Theaterstr. 4, 99084 Erfurt
T: (0361) 5 61 42 37   **Fax:** 5 61 42 37
E-Mail: lfrthueri@aol.com
Vorsitzende(r): Christine Schwarzbach

U 1 295
Ostlandesfrauenräte (OstLFR)
Interessenvertretung der Frauen in den neuen Bundesländern
c/o Frauenpolitischer Rat Land Brandenburg
Friederike von Borstel
Geschäftsabteilung
Heinrich-Mann-Allee 7, 14473 Potsdam
T: (0331) 2 80 35 81   **Fax:** 24 00 72
E-Mail: fraupolrat@t-online.de
Vorsitzende(r): Dr. Christiane Bannuscher
Ruth Lux
Helga Zaddach
Christine Schwarzbach
Ruth Stachorra
Stellvertretende(r) Vorsitzende(r): Renate Walloschke
Heidemarie Werner
Sabine Stuber
Ulrike Quentel
Luise Anderssohn
Geschäftsführer(in): Dr. Renate Hill
Kerstin Schwiering
Friederike von Borstel
Petra Beck
Mitglieder: 1000000

U 1 296
Bundesvereinigung Liberale Frauen e.V.
Neue Grünstr. 10, 10179 Berlin
Gründung: 1990
Vorsitzende: Ursula Müller
Verbandszeitschrift: LIBERA

U 1 297
TERRE DES FEMMES e.V.
Menschenrechte für die Frau
Postf. 2565, 72015 Tübingen
Konrad-Adenauer-Str. 40, 72072 Tübingen
T: (07071) 79 73-0   **Fax:** 79 73-22
Internet: http://www.frauenrechte.de
E-Mail: tdf@swol.de
Gründung: 1981 (Mai)
Vorsitzende(r): Ulrike Mann
Geschäftsführerin: Christa Stolle (Leitung Presseabteilung)
Verbandszeitschrift: Menschenrechte für die Frau
Redaktion: Karin Miedler
Verlag: Terre des Femmes e.V.
Mitglieder: 2000
Jahresetat: DM 1 Mio, € 0,51 Mio
Mitarbeiterinnen: 15

U 1 298
Deutscher Verband Frau und Kultur e.V.
Hohe Buchen 9, 45133 Essen
T: (0201) 4 55 51 14   **Fax:** 4 55 51 91
Gründung: 1896
1. Vorsitzende(r): Barbara Schlüter
Kassenführerin: Marlies Morisse
Verbandszeitschrift: Frau und Kultur
Redaktion: Irma Hildebrandt, Winterbergstr. 90, 32602 Vlotho
Verlag: DZS Druckzentrum Sutter & Partner, Essen
Mitglieder: 4000

Vielseitige Bildung und Aktivierung der Frau auf kulturellem Gebiet; Förderung ihrer schöp-ferischen Fähigkeiten; Verwirklichung ihrer Gleichstellung in Familie, Beruf u. Gesellschaft; Zusammenarbeit mit Verbänden ähnlicher Zielsetzung auf nationaler und internationaler Ebene.

U 1 299
KOFRA - Kommunikationszentrum für Frauen zur Arbeits- und Lebenssituation e.V.
Baaderstr. 30, 80469 München
T: (089) 2 01 04 50   **Fax:** 2 02 27 47
Gründung: 1981
Verbandszeitschrift: Zeitschrift für Feminismus und Arbeit
Mitglieder: 95
Mitarbeiter: 3
Jahresetat: DM 0,380 Mio, € 0,19 Mio

U 1 300
Fachausschuß "Frauenarbeit und Informatik" in der Gesellschaft für Informatik e.V.
Postf. 26 04 40, 40097 Düsseldorf
E-Mail: frauen@gi-ev.de
Gründung: 1986
Sprecherin: Ute Waag
Verbandszeitschrift: Frauenarbeit und Informatik
Redaktion: Doris Köhler
Mitglieder: ca. 500

U 1 301
Evangelisches Missionswerk in Deutschland e.V. (EMW)
Normannenweg 17-21, 20537 Hamburg
T: (040) 2 54 56-0   **Fax:** 2 54 29 87
Internet: http://www.emw-d.de
E-Mail: webmaster@emw-d.de
Gründung: 1975
Vorsitzende: Bischöfin Maria Jepsen (Nordelbische Ev.-Luth. Kirche, Kiel/Hamburg)
Stellvertretende(r) Vorsitzende(r): Ernst-August Lüdemann (Ev.-Luth. Missionswerk in Niedersachsen)
Hans-Beat Motel (Evangelische Brüderunität - Herrnhuter Brüdergemeine)
Direktor(in): Herbert Meißner
Geschäftsführer(in): Olaf Rehren
Leitung Studien und Öffentlichkeitsarbeit: Dr. Klaus Schäfer
Leitung der Abteilung Weltmissionarische Zusammenarbeit: Dr. Lothar Engel
Verbandszeitschrift: "EineWelt"
Redaktion: Martin Keiper
Verlag: Missionshilfe Verlag, Hamburg
Mitglieder: 24 (u.a. Ev. Kirche in Deutschland, Freikirchen u. Missionswerke)
Mitarbeiter: 52

U 1 302
Wizo-Föderation Deutschland
Women's International Zionist Organisation
Joachimstaler Str. 13, 10719 Berlin
T: (030) 8 81 66 97   **Fax:** 8 81 71 13
Präsident(in): Lala Süsskind

U 1 303
Deutscher Frauenbund für alkoholfreie Kultur
Landesverband Hessen
Coburger Weg 15, 65931 Frankfurt
T: (069) 36 27 42   **Fax:** 36 27 42
Gründung: 1948
Vorsitzende(r): Irma Grün
Mitglieder: 138

U 1 304
Evangelische Frauenarbeit in Deutschland e.V. (EFD)
Emil-von-Behring-Str. 3, 60439 Frankfurt
T: (069) 95 80 12-0   **Fax:** 95 80 12-26
Internet: http://www.evangelische-frauenarbeit.de
E-Mail: info@evangelische-frauenarbeit.de
Gründung: 1918
Generalsekretär(in): Katharina Katt
Vorsitzende: Josefine Hallmann
Finanzreferentin: Petra Solbach
Theolog. Referentin: Dr. Hildburg Wegener
Referentin für Interkulturelle Frauenarbeit: Dipl.-Päd. Susanne Lipka
Verbandszeitschrift: Mitteilungen
Mitglieder: 25 kirchliche Werke/Verbände und 20 Landeskirchliche Frauenwerke

U 1 305
Deutscher Evangelischer Frauenbund E.V.
Bödekerstr. 59, 30161 Hannover
T: (0511) 9 65 68-0   **Fax:** 9 65 68-13

U 1 305

Gründung: 1899
Vorsitzende(r): Brunhilde Fabricius (Auf der Schubach 62, 34130 Kassel)
Geschäftsführer(in): Ulrike Krause (Bödekerstr. 59, 30161 Hannover)
Verbandszeitschrift: anhaltspunkte
Redaktion: Bödekerstr. 59, 30161 Hannover, T: (0511) 9 65 68-16
Verlag: Eigenverlag
Mitglieder: 10000
Mitarbeiter: 12
Jahresetat: DM 0,6 Mio, € 0,31 Mio

Landesverbände

u 1 306
Deutscher Evangelischer Frauenbund e.V. Landesverband Baden-Württemberg
Vogesenallee 11, 75173 Pforzheim
T: (07231) 2 68 80
1. Vorsitzende(r): Christel Wolfinger

u 1 307
Deutscher Evangelischer Frauenbund e.V. Landesverband Bayern
Julius-Leber-Str. 20, 90473 Nürnberg
T: (0911) 80 57 73   Fax: 80 73 29
1. Vorsitzende(r): Anke Geiger

u 1 308
Deutscher Evangelischer Frauenbund e.V. Landesverband Berlin
Bergstr. 34c, 13591 Berlin
T: (030) 3 63 37 49
1. Vorsitzende(r): Marlene Siefert

u 1 309
Deutscher Evangelischer Frauenbund e.V. Landesverband Hessen
Herkulesstr. 109, 34119 Kassel
T: (0561) 3 16 15 50   Fax: 3 16 15 52
1. Vorsitzende(r): Gisela Gohde

u 1 310
Deutscher Evangelischer Frauenbund e.V. Landesverband Niedersachsen
Kleine Breite 38, 38302 Wolfenbüttel
T: (05331) 7 68 51
1. Vorsitzende(r): Elke Simon

u 1 311
Deutscher Evangelischer Frauenbund e.V. Landesverband Nord
Eißendorfer Pferdeweg 44, 21075 Hamburg
T: (040) 7 90 52 54   Fax: 7 90 52 54
1. Vorsitzende(r): Rosemarie Schmidt

u 1 312
Deutscher Evangelischer Frauenbund e.V. Landesverband Nordrhein
Rembrandtstr. 2, 50999 Köln
T: (0221) 35 44 93   Fax: 39 68 73
1. Vorsitzende(r): Gabriele von Dombois

u 1 313
Deutscher Evangelischer Frauenbund e.V. Landesverband Nordwest
Haarlemer Str. 16, 28259 Bremen
T: (0421) 5 79 87 01
1. Vorsitzende(r): Marion Manschke

u 1 314
Deutscher Evangelischer Frauenbund e.V. Landesverband Rheinland-Süd
Säuerlingstr. 8, 56154 Boppard
T: (06742) 43 49
1. Vorsitzende(r): Ute Kondritz

u 1 315
Deutscher Evangelischer Frauenbund e.V. Landesverband Westfalen
Cranger Str. 115, 45891 Gelsenkirchen
Sprecherin: Renate Schmidt

● U 1 316
Evangelische Frauenhilfe in Deutschland e.V.
Postf. 31 02 06, 40481 Düsseldorf
Zeppenheimer Weg 5, 40489 Düsseldorf
T: (0211) 9 40 80-0   Fax: 9 40 80-22
Gründung: 1899
Vorsitzende: Brunhilde Raiser
Geschäftsführer(in): N. N. (Leitende Pfarrerin)
Öffentlichkeitsreferentin: Dr. Claudia Eliass
Mitglieder: ca. 700000, 18 Mitgliedsorganisationen
Mitarbeiter: 8
Periodika:
frauen unterwegs (Erscheinungsweise: monatlich)
Redaktionssekretariat: Christel Thurow
Abonnementbetreuung: Heike Hatenkerl
c/o Evangelische Frauenhilfe in Deutschland
ARBEITSHILFE ZUM WEITERGEBEN (Erscheinungsweise: vierteljährlich)
Redaktion: Margot Papenheim
Redaktionssekretariat: Christel Thurow
Abonnementbetreuung: Heike Hatenkerl
c/o Evangelische Frauenhilfe in Deutschland

Mitgliedsorganisationen:

u 1 317
Frauen- und Familienarbeit der Ev. Landeskirche Anhalts
Friedrichstr. 22-24, 06844 Dessau
T: (0340) 25 26-111   Fax: 25 26-130
Gründung: 1924
Geschäftsführer(in): Sieglinde Lewe

u 1 318
Ev. Frauen- und Familienarbeit Berlin-Brandenburg
Geschäftsstelle Potsdam
Weinbergstr. 18-19, 14469 Potsdam
T: (0331) 2 77 74 51   Fax: 2 77 74 60
E-Mail: frauen_und_familienarbeitekibb@t-online.de
Gründung: 1902
Geschäftsführung: Dr. Christiane Markert-Wizisla

u 1 319
Frauen- und Familienarbeit in der Ev. Kirche in Berlin-Brandenburg (Ev. Frauenhilfe) Arbeitsbereich Berlin
Ev. Bildungswerk
Goethestr. 27-30, 10625 Berlin
T: (030) 31 91-287   Fax: 31 91-300
Gründung: 1899

u 1 320
Evangelische Frauenhilfe Landesverband Braunschweig e.V.
Hohetorwall 1a, 38118 Braunschweig
T: (0531) 48 09 90   Fax: 4 80 99 99
Internet: http://www.frauenhilfe-bs.de
E-Mail: frauenhilfe@frauenhilfe-bs.de
Gründung: 1916
Geschäftsführer(in): Dorothea Biersack

u 1 321
Landesverband der Evangelischen Frauenhilfe Bremen e.V.
Hohenlohestr. 9, 28209 Bremen
T: (0421) 34 61 70   Fax: 3 46 17 19
Geschäftsführer(in): Cornelia Klöss

u 1 322
Stadtverband der Evangelischen Frauenhilfe in Frankfurt e.V.
Glauburgstr. 68, 60318 Frankfurt
T: (069) 55 47 98
Vorsitzende(r): Barbara Georgi

u 1 323
Evangelische Frauenhilfe in Hessen und Nassau e.V. - Landesverband
Erbacher Str. 17, 64287 Darmstadt
T: (06151) 49 72-0   Fax: 49 72-99
Internet: http://www.ev-frauenhilfe-hessen-nassau.de
E-Mail: info@ev-frauenhilfe-hessen-nassau.de
Gründung: 1947
Geschäftsführer(in): Sylvia Puchert (Leitung Presseabteilung)
Verbandszeitschrift: "Rundbrief"
Redaktion: S. Puchert
Mitglieder: 30000
Mitarbeiter: 70

u 1 324
Evangelische Frauenhilfe Husum e.V.
Erichsenweg 24, 25813 Husum
T: (04841) 28 36
Gründung: 1876
Vorsitzende(r): Margret Schulze-Kölln

u 1 325
Evangelische Frauenarbeit der Lippischen Landeskirche
Wiesenstr. 5, 32756 Detmold
T: (05231) 9 76 68 40   Fax: 9 76 68 98
E-Mail: lkd@lippische-landeskirche.de
Gründung: 1939
Geschäftsführer(in): Birgit Wulfmeier-Pötzsch

u 1 326
Evangelisches Frauenwerk Mecklenburg-Vorpommern
Große Parower Str. 42, 18435 Stralsund
T: (03831) 38 37-62   Fax: 38 37-63
E-Mail: evfrauenwerkmv@freenet.de
Gründung: 1905
Geschäftsführer(in): Marlies Richter

u 1 327
Evangelische Frauenhilfe Landesverband Oldenburg e.V.
Seerosenweg 8, 26160 Bad Zwischenahn
T: (04403) 9 31 40   Fax: 93 14 40
Gründung: 1932
Vorsitzende(r): Waltraut Nebelung
Geschäftsstellenleiterin: Irmentraud Senst

u 1 328
Evangelische Frauenhilfe im Rheinland e.V.
Ellesdorfer Str. 52, 53179 Bonn
T: (0228) 95 41-0   Fax: 95 41-1 00
Internet: http://www.ekir.de/frauenhilfe/
Gründung: 1901
Leitende Pfarrerin: Anke Kreutz

u 1 329
Arbeitsstelle Frauen-, Familien- und Gleichstellungsarbeit (FFG) der Ev. Kirche in der Kirchenprovinz Sachsen
Leibnizstr. 4 Katharinenhaus, 39104 Magdeburg
T: (0391) 5 34 62 70   Fax: 5 34 62 73
E-Mail: manser@ekkps.de
Gründung: 1902
Leiterin der Arbeitsstelle: Hanna Manser

u 1 330
Frauen- und Familienarbeit der Evangelischen Kirche der schlesischen Oberlausitz
Postf. 30 10 61, 02815 Görlitz
Langenstr. 36, 02826 Görlitz
T: (03581) 40 68 18   Fax: 40 68 51
E-Mail: frauenarbeit-eksol@web.de
Gründung: 1904
Geschäftsführer(in): Petra-Edith Pietz

u 1 331
Frauenwerk der Ev.-luth. Kirche in Thüringen
Arnold-Böcklin-Str. 2, 99425 Weimar
T: (03643) 86 07 51   Fax: 20 29 13
E-Mail: frauenwerk-weimar@t-online.de
Gründung: 1930
Leitungsteam: Andrea Richter
Christine Wunschik
Gudrun Peters

u 1 332
Evangelische Frauenhilfe in Westfalen e.V.
Postf. 13 61, 59473 Soest
Feldmühlenweg 19, 59494 Soest
T: (02921) 3 71-0   Fax: 40 26
Internet: http://www.ekvw.de/frauenhilfe
E-Mail: frauenhilfe@ekvw.de
Gründung: 1906
Geschäftsführer(in): Angelika Weigt-Blätgen

u 1 333
Frauenwerk der Evangelischen Landeskirche in Württemberg
Postf. 10 13 52, 70012 Stuttgart
Gymnasiumstr. 36, 70174 Stuttgart
T: (0711) 2 06 82 20   Fax: 2 06 83 45

E-Mail: blattner@elk-wue.de
Gründung: 1919
Geschäftsführer(in): N. N.

u 1 334
**Ev.-ref. Kirche
Gesamtkirchliche Frauenarbeit**
(Synode ev.-ref. Kirchen in Bayern und Nordwestdeutschland)
Saarstr. 6, 26789 Leer
T: (0491) 91 98-246 (bis 12.00 Uhr zu erreichen)
Fax: 91 98-240
Geschäftsführer(in): Brigitte Trompeter (T: (0491) 9 12 23 11, Fax: (0491) 9 19 82 40)

u 1 335
Schwesternschaft der Evangelischen Frauenhilfe
Werk der EKU (Zentrale)
Weinbergstr. 18 /19, 14469 Potsdam
T: (0331) 2 70 41 27   **Fax:** 2 70 41 27
Oberin: Petra Zulauf

u 1 336
Stiftung "Stralsunder Schwesternheimathaus"
Große Parower Str. 42, 18435 Stralsund
T: (03831) 37 58-12   **Fax:** 37 58-19
Heimleitung: Schwester Christine Wawrsich
Oberin: Petra Zulauf

● U 1 337
Evangelischer Arbeitskreis Freizeit-Erholung-Tourismus in der EKD
Postf. 21 02 20, 30402 Hannover
Herrenhäuser Str. 12, 30419 Hannover
T: (0511) 27 96-202   **Fax:** 27 96-722
Gründung: 1960
Vorsitzende(r): Prof. Dr. Hans Ruh, Zürich
Geschäftsführer(in): Oberkirchenrat Klaus-Peter Weinhold
Mitgliedsorganisationen: 38

● U 1 338
Arbeitsgemeinschaft Evangelischer Hausfrauen (AEH) des Deutschen Evangelischen Frauenbundes (DEF)
Bödekerstr. 59, 30161 Hannover
T: (0511) 9 65 68-0   **Fax:** 9 65 68-13
Gründung: 1953
Vorsitzende(r): Johanna Ittner (Rupprechtstr. 4, 91126 Schwabach)
Geschäftsführer(in): Anne Ballhausen

● U 1 339
Demokratischer Frauenbund e.V. (dfb)
Hauptvorstand
Hagenstr. 57-60, 10365 Berlin
T: (030) 57 79 94-0
E-Mail: frauen.dfb@t-online.de
Vorsitzende(r): Brigitte Triems
Geschäftsführer(in): Elke Herer
Verbandszeitschrift: Rundbrief
Mitglieder: 36500

Landesverbände:
Berlin, Brandenburg, Mecklenburg-Vorpommern, Sachsen-Anhalt, Sachsen, Thüringen

● U 1 340
Komitee für UNIFEM
Argelanderstr. 80, 53115 Bonn
T: (0228) 9 12 50 58   **Fax:** 9 12 50 57
E-Mail: unifem@t-online.de
Gründung: 1992
Vorsitzende(r): Anneliese Müller
Stellvertretende(r) Vorsitzende(r): Margret Lemor-Kjonenwerta
Bettina Metz-Rolshausen
Geschäftsführer(in): Annette Heimath
Mitglieder: 100
Mitarbeiter: 1

● U 1 341
Frauenförderung e. V.
Greifswalder Str. 4, 10405 Berlin
T: (030) 4 48 55 39   **Fax:** 4 48 55 42
E-Mail: weibblick@aol.com
Gründung: 1992
Verbandszeitschrift: "WEIBBLICK"
Redaktion: Annette Maennel, T: (030) 4 48 55 39
Mitarbeiter: 2

● U 1 342
sefo - femkom e.V.
Wienerstr. 78, 64287 Darmstadt
T: (06151) 4 12 30   **Fax:** 42 37 01
E-Mail: sefo-darmstadt@t-online.de
Gründung: 1983
Geschäftsführer(in): Bender
Kurz
Mitarbeiter: 6

● U 1 343
Kom!ma Verein für Frauenkommunikation e.V.
Himmelgeister Str. 107, 40225 Düsseldorf
T: (0211) 31 49 10   **Fax:** 31 49 84
Internet: http://www.komma-duesseldorf.de
E-Mail: komma@komma-duesseldorf.de
Vorstand: Ada Hartmann
Vorstand: Gaby Bischoff

● U 1 344
Bundesverband der Meisterinnen der Hauswirtschaft e.V.
Auf dem Köppel II/ 16, 67098 Bad Dürkheim
T: (06322) 6 83 70   **Fax:** 62 06 36
Gründung: 1982 (29. Januar)
Vorsitzende(r): Erika Stickel
Stellvertretende(r) Vorsitzende(r): Ingeborg Hug, Kempten
Mitglieder: 4000
Mitarbeiter: 1

● U 1 345
**Alt hilft Jung BAG e.V.
Wirtschaft-Senioren beraten**
Kennedyallee 62-70, 53175 Bonn
T: (0228) 8 89 12 36   **Fax:** 8 89 38 48
Internet: http://www.althilftjung.de
E-Mail: althilftjung-zentrale@t-online.de
Gründung: 1986
Vorsitzende(r): D. Suckau
Stellvertretende(r) Vorsitzende(r): M. Lochner
Geschäftsführer(in): K. Stoll (Presseabteilung)
Mitglieder: ca. 600 in 17 Mitgliedsvereinen
Mitarbeiter: 10

● U 1 346
Mainzer Rentnerbund e.V.
Breidenbacherstr. 13, 55116 Mainz
T: (06131) 22 72 43   **Fax:** 22 72 43
Gründung: 1951
1. Vorsitzende(r): Karlheinz Schwarz (Am Linsenberg 4, 55131 Mainz)
2. Vorsitzende(r): Cleonore Harlstang
Schriftführerin: Gerda Badeck
Mitglieder: 400
Mitarbeiter: 6 (ehrenamtl.)

● U 1 347
Volkssolidarität Bundesverband e.V.
Bundesgeschäftsstelle
Köpenicker Str. 127-129, 10179 Berlin
T: (030) 2 78 97-0   **Fax:** 27 59 39 59
Internet: http://www.volkssolidaritat.de
E-Mail: volkssolidaritat.BV@t-online.de
Gründung: 1945 (24. Oktober)
Präsident(in): Jost Biedermann
Vizepräsident(in): Dr. Hartmut Hoffmann
Peter Kätzel
Dr. Ingeborg Storbeck
Prof. Dr. Gunnar Winkler
Bundesgeschäftsführer(in): Dr. Bernd Niederland
Mitglieder: 456109
Mitarbeiter: 35918 ehrenamtlich
Kreisverbände: 124
Landesverbände: 6

● U 1 348
**Volkssolidarität
Landesverband Sachsen e.V.**
Altgorbitzer Ring 58, 01169 Dresden
T: (0351) 4 31 10-0   **Fax:** 4 31 10-29
E-Mail: vslv.sachsen@t-online.de
Landesvorstand: Hans-Rudolf Beckmann (Vors.)
Sabine Strauß (stellv. Vors.)
Manfred Zickler (stellv. Vors.)
Jürgen Baumann (Schatzmeister)
Landes-GeschF: Dr. Jürgen Schmieder
Mitglieder: 110000
Mitgliedsorganisationen: 27 Stadt- und Kreisverbände e.V.

● U 1 349
Deutsche Seniorenförderung und Krankenhilfe e.V. (DSK)
Zentralverwaltung
Berliner Promenade 12, 66111 Saarbrücken
T: (0681) 93 61 30   **Fax:** 9 36 13 99
Gründung: 1977 (21. Oktober)
Vorsitzende(r) des Vorstandes: Hartmut Ostermann
Vorstand: Elke Henrich
Christina Lill
Peter Unger

● U 1 350
Bundesverband "Graue Panther" e.V.
Dachverband aller SSB-GP-Vereine Deutschlands
Sitz Berlin
Verwaltung:
Postf. 20 06 55, 42206 Wuppertal
Kothener Str. 1-5, 42285 Wuppertal
T: (0202) 28 07 00 (Sammeltel.)
Fax: 2 80 70 55 (Sammelfax)
Internet: http://www.graue-panther-online.de
E-Mail: info@graue-panther-online.de
Gründung: 1975 (25. August), Neuordnung 1996 mit rechtsfähigen Vereinen SSB-GP e.V.
Präsidentin: Trude Unruh (ex. MdB)
Vizepräsidenten: Dieter Peuker
Christa Aulenbacher
Schatzmeister: Prof. (RP) Dr. Ernst-Otto Wolfshohl (WHO-Experte)
Stellv. Schatzmeister: Hugo Möllenkamp (Unternehmensberater)
Verbandszeitschrift: GRAUER PANTHER
Redaktion: Trude Unruh V.i.S.d.P.
Mitglieder: ca. 30000
Mitarbeiter: ca. 300 ehrenamtliche u. AB-Maßnahmen
Jahresetat: DM 1,5 Mio, € 0,77 Mio
in allen 16 Ländern rechtsfähige Vereine

● U 1 351
**JAHRESRINGE -
Verband für Vorruhestand und aktives Alter
Gesamtverband e.V.**
Geschäftsstelle:
Boxhagener Str. 18, 10245 Berlin
T: (030) 29 34 18 14   **Fax:** 29 34 18 10
Internet: http://www.gesamtverband-jahresringe-ev.de
E-Mail: jahresringe@berlinweb.de
Gründung: 1990 (19. Dezember)
1. Vorsitzende(r): Werner Ruppelt
2. Vorsitzende(r): Günter Hartmann
Mitglieder: 1900
Infoblatt: "Wir über uns"

Zweck: Altenhilfe und Wohlfahrtswesen, Jugendhilfe und Bildung nach § 52, Abs. 1, Abs. 2 Nr. 2 und § 66, Abs. 2 der AO. Als Selbsthilfeorganisation fördert JAHRESRINGE ein regelmäßiges gemeinschaftliches Zusammensein. Soziale Dienste und Kultur- und Bildungsarbeit.

Landesverbände

u 1 352
**JAHRESRINGE
Landesverband Berlin e.V.**
Boxhagener Str. 18, 10245 Berlin
T: (030) 29 34 18 13   **Fax:** 29 34 18 10
Internet: http://www.landesverband-jahresringe-ev.de
E-Mail: jahresringe@berlinweb.de
Gründung: 1990 (19. Dezember)
Vorsitzende(r): Karin Splittgerber
Stellvertretende(r) Vorsitzende(r): Ingeborg Kühne
Mitglieder: 650

u 1 353
**JAHRESRINGE
Landesverband Brandenburg e.V.**
Rathenaustr. 33, 16761 Hennigsdorf
T: (03302) 80 28 86   **Fax:** 80 28 86
Gründung: 1991
Vorsitzende(r): Herbert Kinder
Stellvertretende(r) Vorsitzende(r): Rosemarie Mehlmann
Mitglieder: 493

u 1 354
**JAHRESRINGE
Landesverband Mecklenburg-Vorpommern e.V.**
Kuphalstr. 77, 18069 Rostock
T: (0381) 8 00 48 73   **Fax:** 8 00 48 33
Internet: http://www.planet-interkom.de/juergen.grebin/grebin.htm
E-Mail: juergen.grebin@planet-interkom.de
Gründung: 1992

u 1 354

Vorsitzende(r): Hans-Jürgen Grebin
Stellvertretende(r) Vorsitzende(r): Harry Richter
Mitglieder: 431

Gruppen

u 1 355

JAHRESRINGE
Gruppe Freiberg e.V.
Ziolkowskistr. 21, 09599 Freiberg
T: (03731) 76 80 45
Gründung: 1993
Vorsitzende(r): Dr. Kurt Haisler
Stellvertretende(r) Vorsitzende(r): Elisabeth Roll
Mitglieder: 70

u 1 356

JAHRESRINGE
Gruppe Suhl e.V.
Otto-Bruchholz-Str. 35, 98527 Suhl
T: (03681) 76 19 45
Gründung: 1991
Vorsitzende(r): Lory Gerlach
Mitglieder: 47

u 1 357

JAHRESRINGE
Gruppe Dresden e.V.
c/o
Ehrlichstr. 3, 01067 Dresden
T: (0351) 4 82 63 54
Internet: http://www.tu-dresden.de/senior
E-Mail: 101.87109@germanynet.de
Gründung: 1991
Vorsitzende(r): Dr. Hubert Watzke
Stellvertretende(r) Vorsitzende(r): Gert Wirthgen
Mitglieder: 328

u 1 358

JAHRESRINGE
Gesellschaft für Arbeit und Bildung e.V.
Boxhagener Str. 18, 10245 Berlin
T: (030) 29 34 18 13   **Fax:** 29 34 18 10
Internet: http://www.gesellschaft-jahresringe-ev.de
E-Mail: jahresringe@berlinweb.de
Gründung: 1998 (28. Dezember)
Vorsitzende(r): Werner Ruppelt
Stellvertretende(r) Vorsitzende(r): Günter Hartmann
Mitglieder: 24
Mitarbeiter: 130

u 1 359

JAHRESRINGE
Johannisthaler Senioren Verein e.V.
Sterndamm 126, 12487 Berlin
T: (030) 6 31 09 46   **Fax:** 6 31 09 46
Internet: http://www.seniorenverein.de
E-Mail: johannisth.senioren@snafu.de
Gründung: 1992
1. Vorsitzende(r): Gisela Trümper
2. Vorsitzende(r): Günter Liebenrodt
Mitglieder: 106

● **U 1 360**

Senior-Experten Service
Ehrenamtlicher Dienst der Deutschen Wirtschaft
für internationale Zusammenarbeit GmbH (SES)
Ehrenamtlicher Dienst der Deutschen Wirtschaft für internationale Zusammenarbeit GmbH, Gemeinnützige Gesellschaft
Postf. 22 62, 53012 Bonn
Buschstr. 2, 53113 Bonn
T: (0228) 26 09 00   **Fax:** 2 60 90 77
Internet: http://www.ses-bonn.de
E-Mail: ses@ses-bonn.de
Gründung: 1983
Vors.d.Kuratoriums: Dr. Franz Schoser
Geschäftsführer(in): Dr. Susanne Nonnen
Leitung Presseabteilung: Hans-Jürgen Höfer
Verbandszeitschrift: SES "aktuell"

● **U 1 361**

Bundesarbeitsgemeinschaft der Senioren-Organisationen (BAGSO) e.V.
Schedestr. 13, 53113 Bonn
T: (0228) 2 49 99 30   **Fax:** 24 99 93 20
Internet: http://www.bagso.de
E-Mail: kontakt@bagso.de
Gründung: 1989 (24. Januar)
Vorsitzende: Roswitha Verhülsdonk
1. Stellv.: Clemens Pick
2. Stellv.: Renate Kirschnek

Geschäftsführer(in): Dr. Erika Neubauer
Leitung Presseabteilung: Ursula Lenz
Verbandszeitschrift: BAGSO Nachrichten
Redaktion: Dr. Erika Neubauer/ Ursula Lenz
Mitglieder: 66 bundesweit tätige Seniorenorganisationen (Mitglieder und Mitwirkende)
Mitarbeiter: 4 in der Bundesgeschäftsstelle

● **U 1 362**

Interessenvereinigung der Senioren 83 e.V.
Vertretung d. Welt-Senioren-Org. F.I.A.P.A. f. d. Bundesrep. Deutschland
Niestetalstr. 38, 34266 Niestetal
T: (0561) 52 81 85   **Fax:** 52 89 64
Präsident(in): Fritz-Hermann Luther

● **U 1 363**

Bundesseniorenvertretung e.V.
Geschäftsstelle:
Stettiner Str. 13, 22850 Norderstedt
T: (040) 52 87 81 08   **Fax:** 52 87 81 12
E-Mail: bsv-seniorenvertretungen@t-online.de
Gründung: 1986 (01. Mai)
Vorsitzende(r): Horst Vanselow (Rosenstieg 2, 22850 Norderstedt, T: (040) 52 87 81 08, Fax: 52 87 81 12)
Stellvertretende(r) Vorsitzende(r): Inge Hügenell (Wieskirchenstr. 10, 81539 München, T: (089) 29 59 95, Fax: 29 60 47, Priv. 6 90 01 80)
Helmut Gerlach (Otto-Bruchholz-Str. 35, 98527 Suhl, T + Fax: (0361) 5 62 16 49, Priv. T + Fax: (03681) 76 19 45)
Schatzmeister(in): Peter Vogt (Oktaviostr. 118 c, 22043 Hamburg, T: (040) 2 19 58 69, Fax: 2 10 11 66, Handy: (0172) 4 00 24 58)
Schriftführer(in): Heinz Rösel (Beethovenstr. 7, 19053 Schwerin, T + Fax: (0385) 5 21 35 38, Priv.: T: 71 08 50)
Mitglieder: 1000
Landesverbände: 15

u 1 364

Landesseniorenrat Baden-Württemberg
Geschäftsstelle:
Rotebühlstr. 133, 70197 Stuttgart
T: (0711) 61 38 24   **Fax:** 61 79 65
E-Mail: lsr-bw@t-online.de
Vorsitzende(r): Siegfried Hörrmann

u 1 365

Landesseniorenvertretung Bayern e.V.
Geschäftsstelle:
Löwengrube 10, 80333 München
T: (089) 29 59 95   **Fax:** 29 60 47
Vorsitzende(r): Inge Hügenell

u 1 366

Landesseniorenbeirat Berlin
Geschäftsstelle:
Blücherstr. 26a, 10961 Berlin
T: (030) 25 88 59 62   **Fax:** 25 88 59 65
Vorsitzende(r): Gerd Otto

u 1 367

Seniorenrat des Landes Brandenburg e.V.
Geschäftsstelle:
Hegermühlenstr. 58, 15344 Strausberg
T: (03341) 49 96 00   **Fax:** 49 96 00
Vorsitzende(r): Conrad Bossow (Priv. T: (03341) 49 96 00)
Heinz Schubert

u 1 368

Seniorenvertretung der Stadt Bremen
Geschäftsstelle:
Bahnhofsplatz 29, 28195 Bremen
T: (0421) 3 61 67 69   **Fax:** 3 61 22 75
Vorsitzende(r): Helmut Thielke

u 1 369

Landesseniorenbeirat Hamburg
Geschäftsstelle:
Heinrich-Hertz-Str. 90, 22085 Hamburg
T: (040) 4 28 63-1934   **Fax:** 4 28 63-4629
Vorsitzende(r): Thea Woost

u 1 370

Landesseniorenvertretung Hessen e.V.
Geschäftsstelle:
Egerländer Str. 12, 64342 Seeheim-Jugenheim
T: (06257) 99 09 02   **Fax:** 99 09 03
Vorsitzende(r): Walter Kipper (Priv. T: (06257) 8 63 80)

u 1 371

Landesseniorenbeirat Mecklenburg-Vorpommern
Geschäftsstelle:
Martinstr. 1 /1a, 19053 Schwerin
T: (0385) 5 93 67 94   **Fax:** 5 93 67 95
Vorsitzende(r): Heinz Rösel

u 1 372

Landesseniorenrat Niedersachsen e.V.
Geschäftsstelle:
Postf. 59 50, 38051 Braunschweig
T: (05307) 76 75   **Fax:** 86 52
Vorsitzende(r): Gerhard Rode

u 1 373

Landesseniorenvertretung Nordrhein-Westfalen e.V.
Geschäftsstelle:
Gasselstiege 13, 48159 Münster
T: (0251) 21 20 50   **Fax:** 2 00 66 13
Internet: http://www.senioren-online.net/lsv-nrw
E-Mail: hiltrud-wessling@t-online.de
Vorsitzende(r): Hiltrud Wessling

u 1 374

Landesseniorenrat Rheinland-Pfalz e.V.
Geschäftsstelle:
An der Goldgrube 41, 55131 Mainz
T: (06131) 55 72 96   **Fax:** 55 72 96
Vorsitzende(r): Otti Gerber

u 1 375

Landesseniorenbeirat Saarland
Ministerium für Frauen,
Arbeit, Gesundheit und Soziales
Franz-Josef-Röder-Str. 23, 66119 Saarbrücken
T: (0681) 5 01-0
Vorsitzende(r): N.N.

u 1 376

Landesseniorenvertretung für Sachsen
Geschäftsstelle:
Haus der Demokratie
Bernhard-Göring-Str. 152, 04277 Leipzig
T: (0341) 3 06 51 31   **Fax:** 3 01 47 44
Vorsitzende(r): Mia-Elisabeth Krüger

u 1 377

Landesseniorenrat Sachsen-Anhalt
Geschäftsstelle:
Tischlerstr. 13a, 39218 Schönebeck
T: (03928) 40 13 60   **Fax:** 40 13 60 oder 40 13 52
Vorsitzende(r): Dr. Werner Achtzehn

u 1 378

Landesseniorenrat Schleswig-Holstein e.V.
Geschäftsstelle:
Rosenstieg 2, 22850 Norderstedt
T: (040) 5 21 33 82   **Fax:** 5 21 33 82
Vorsitzende(r): Horst Vanselow

u 1 379

Landesseniorenvertretung Thüringen e.V.
Geschäftsstelle:
Große Ackerhofsgasse 11 /12, 99084 Erfurt
T: (0361) 5 62 16 49   **Fax:** 5 62 16 49
Vorsitzende(r): Helmut Gerlach (Priv. T: (03681) 76 19 45)

● **U 1 380**

Volkssolidarität in Brandenburg e.V.
Landesgeschäftsstelle
Benzstr. 10, 14482 Potsdam
T: (0331) 74 10 50   **Fax:** 74 10 52
E-Mail: volkssolidaritaet.lvbb@t-online.de
Gründung: 1990
Vorsitzende(r): Prof. Dr. Gunnar Winkler
Stellvertretende(r) Vorsitzende(r): Susanne Böhnke
Wolfgang Gleis
Geschäftsführer(in): Roswitha Orben
Verbandszeitschrift: VSB-aktuell innerhalb der Zeitschrift „Spätsommer"
Redaktion: Landesgeschäftsstelle VSB e.V.
Verlag: Verlag am Turm, Rykestr. 53, 10405 Berlin
Mitglieder: 83964 per 31.12.2000
Mitarbeiter: 1292 per 31.12.2000

● **U 1 381**

Förderkreis für ein seniorengerechtes Wohnen e.V.
Gutenbergstr. 1-3, 56457 Westerburg

T: (02663) 22 01 (Anrufbeantw.)   **Fax:** 22 01
Gründung: 1986 (11. Juli)
Vorstand: Werner K. Scholz
Leitung Presseabteilung: Jutta Scholz
Verbandszeitschrift: Deutsches Senioren Handbuch
Redaktion: Jutta Scholz
Verlag: VDS Verlag, Gutenbergstr. 1-3, 56457 Westerburg
Mitglieder: 300

● **U 1 382**
Fußgängerschutz-Verein -Fuss e.V.-
Bundesverband
Exerzierstr. 20, 13357 Berlin
T: (030) 4 92 74 73   **Fax:** 4 92 79 72
Internet: http://www.fuss-ev.de
E-Mail: info@fuss-ev.de
Gründung: 1985 (23. Februar)
Vorsitzende(r): Wolf-Ekkehard Westphal, Halle/S.
Rita Mensching, Berlin
Angelika Schlansky, Bremen
Hauptgeschäftsführer(in): Bernd Schlagk
Verbandszeitschrift: Kritischer Literaturdienst Fußgängerverkehr, Informations Dienst Verkehr IDV
Verlag: Eigenverlag
Mitglieder: üb. 400 (Gruppen u. Einzelpersonen gemischt)

● **U 1 383**
Berufsgemeinschaft der Pfarrhaushälterinnen
Bundesverband
Prinz-Georg-Str. 44, 40477 Düsseldorf
T: (0211) 4 49 92-56, 4 49 92-57   **Fax:** 4 49 92-88
BVors.: Elisabeth Harrer
Geschäftsführer(in): Claudia Seeger

● **U 1 384**
Katholische Frauengemeinschaft Deutschlands Berufstätige Frauen (kfd)
Postf. 32 06 40, 40421 Düsseldorf
Prinz-Georg-Str. 44, 40477 Düsseldorf
T: (0211) 44 99 20   **Fax:** 4 49 92-88
Gründung: 1981
Vorsitzende(r): Ingrid Müller
Geschäftsführer(in): Petra Erbrath

● **U 1 385**
Soziales Hilfswerk e.V. (SHW)
Altersfürsorge u. Hilfe f.i. Not geratene Bürger
Postf. 21 12 46, 86172 Augsburg
Roseggerstr. 3, 86179 Augsburg
T: (0821) 81 27 82   **Fax:** 88 07 13
Geschäftsführer(in): Albert Gotthold (1. Vors.)

● **U 1 386**
Verband katholischer Frauen in Wirtschaft und Verwaltung e.V.
Donaustaufer Str. 133, 93059 Regensburg
T: (0941) 44 87 87   **Fax:** 44 87 87
Vors. u. GeschF: Elisabeth Wallner

● **U 1 387**
Deutsche Sacré-Coeur Vereinigung e.V.
Rheinallee 67b, 53173 Bonn
T: (0228) 35 94 02
Gründung: 1952
Präsident(in): Dipl.-Phys. Hieronyma v. Speyart
Mitglieder: 1000
Ortsvereinigungen in Aachen, Bonn, Düsseldorf, Essen, Freiburg, Koblenz, Köln, Krefeld, Mainz, Münster, München

● **U 1 388**
Forum Sozialstation e.V.
Luisenstr. 56, 53129 Bonn
T: (0228) 26 46 28   **Fax:** 26 46 29
Internet: http://www.forumsozialstation.de
E-Mail: redaktion@forumsozialstation.de
Gründung: 1977
Vorsitzende(r): Dipl.-Volksw. Dipl.-Landw. Martin Mallach
Stellvertretende(r) Vorsitzende(r): Uschi Grieshaber
Verbandszeitschrift: FORUM SOZIALSTATION
Mitarbeiter: 2

● **U 1 389**
Gemeinschaft Hausfrauen
Berufsgemeinschaft in der Katholischen Frauengemeinschaft Deutschlands (kfd)
Postf. 32 06 40, 40421 Düsseldorf
Prinz-Georg-Str. 44, 40477 Düsseldorf
T: (0211) 44 99 20   **Fax:** 4 49 92 75
Vorsitzende: Birgitta Corssen
Geschäftsführer(in): Christiane Schiller

● **U 1 390**
Kreis Katholischer Frauen im Heliand-Bund e.V.
Geschäftsstelle
Tillesstr. 17, 68219 Mannheim
T: (0621) 8 71 04 86   **Fax:** 8 06 10 45
Gründung: 1926 (Heliand-Bund)
Vorsitzende(r): Dr. Ingrid Noske
Leitung Presseabteilung: Dr. Wiltrud Ziegler
Verbandszeitschrift: Heliand-Korrespondenz
Redaktion: Dr. Wiltrud Ziegler
Verlag: Heliand-Bundesamt, Gabelsbergerstr. 19, 50674 Köln
Mitglieder: 2000
Mitarbeiter: 3 ehrenamtliche
Jahresetat: DM 0,3 Mio, € 0,15 Mio

Durch Bildungsarbeit Mitglieder befähigen, an der Gestaltung der Lebensverhältnisse in Kirche, Gesellschaft und Staat mitzuarbeiten

● **U 1 391**
Aktion DAS SICHERE HAUS -
Deutsches Kuratorium für Sicherheit in Heim und Freizeit e.V. (DSH)
Holsteinischer Kamp 62, 22081 Hamburg
T: (040) 29 81 04 61
Gründung: 1954 (11. Mai)
Vorsitzende(r): Thomas Schröder-Kamprad
Stellvertretende(r) Vorsitzende(r): Pia Gaßmann (Deutscher Hausfrauen Bund e.V., Bonn)
Geschäftsführer(in): Dr. Susanne Woelk
Mitglieder: 29 ordentl. Mitglieder,
3 fördernde Mitglieder

● **U 1 392**
Katholische Arbeitsgemeinschaft für Freizeit und Tourismus
Postf. 19 01 13, 53037 Bonn
Kaiser-Friedrich-Str. 9, 53113 Bonn
T: (0228) 9 11 43-0   **Fax:** 9 11 43-33
Internet: http://www.kath.de/kasdbk
E-Mail: kasdbk.bonn@t-online.de

● **U 1 393**

Mütterzentren-Bundesverband e.V.
Müggenkampstr. 30a, 20257 Hamburg
T: (040) 40 17 06 06   **Fax:** 4 90 38 26
Internet: http://www.muetterzentren-bv.de
E-Mail: info@muetterzentren-bv.de
Gründung: 1988
Vorsitzende(r): Eva Orth
Geschäftsführer(in): Susanne Meyer
Verbandszeitschrift: Newsletter
Redaktion: Dagmar Engels
Mitglieder: 350
Mitarbeiter: 3
Jahresetat: DM 0,085 Mio, € 0,04 Mio

Unterstützung und Förderung von Mütterzentren und Mütterzentruminitiativen gemeinnütziger Art; Entwicklung, Förderung und Durchführung von Fortbildungsprogrammen, die den Selbsthilfecharakter von Mütterzentren sichern; Öffentlichkeitsarbeit zur Unterstützung und der Verbreitung der Idee "Mütterzentren" und zur Durchsetzung polit. Interessen von Müttern und Vätern.

● **U 1 394**
Jüdischer Frauenbund in Deutschland (JFB)
c/o Zentralwohlfahrtsstelle der Juden in Deutschland e.V.
Hebelstr. 6, 60318 Frankfurt
T: (069) 94 43 71-0   **Fax:** 49 48 17
Gründung: 1953
Edith Kelly, Frankfurt
Hedvah Ben Zev, Köln
Hanna Jacobius, Dortmund
Mitglieder: 2000

Angeschlossene Frauenvereine in:
Aachen, Bielefeld, Bochum, Bonn, Chemnitz, Cottbus, Dortmund, Dresden, Duisburg, Essen, Frankfurt, Gelsenkirchen, Hagen, Hannover, Köln, Königs Wusterhausen, Magdeburg, Mannheim, Minden, Mülheim-Ruhr, Münster, Nürnberg, Osnabrück, Potsdam, Recklinghausen, Saarbrücken, Trier, Würzburg

● **U 1 395**
Verband alleinstehender Frauen e.V. (vaf)
Postf. 80 11 04, 51011 Köln
T: (0221) 62 20 26   **Fax:** 62 20 27
Gründung: 1981
Präsident(in): Mechthild Immenkötter
Geschäftsführer(in): Marlies Esser (Eulenbergstr. 5-7, 51065 Köln, T: (0221) 61 65 66)
Mitglieder: ca. 600

● **U 1 396**
Gemeinschaft der Katholischen Männer Deutschlands
Neuenberger Str. 3-5, 36041 Fulda
T: (0661) 7 34 63, 90 11-878   **Fax:** 90 12-899
E-Mail: maennerseelsorge.gd@t-online.de
Verbandszeitschrift: MANN IN DER KIRCHE
Redaktion: Dr. Andreas Ruffing
Verlag: Eigenverlag

u 1 397
Kirchliche Arbeitsstelle für Männerseelsorge und -arbeit in den deutschen Diözesen e.V.
Neuenberger Str. 3-5, 36041 Fulda
T: (0661) 7 34 63, 90 11-878   **Fax:** 90 12-899

● **U 1 398**
bdkj-ferienwerk - Bund der Deutschen Katholischen Jugend
Postf. 12 29, 73242 Wernau
Antoniusstr. 3, 73249 Wernau
T: (07153) 30 01-122   **Fax:** 30 01-622
Gründung: 1961
Referent für Touristik: Martin Wirthensohn
Geschäftsführer(in): Helmut Bender (Ltg. Presseabt.)

● **U 1 399**

Christliches Jugenddorfwerk Deutschlands e.V. (CJD)
Teckstr. 23, 73061 Ebersbach
T: (07163) 9 30-0   **Fax:** 9 30-280
Internet: http://www.cjd.de
E-Mail: cjd@cjd.de
Gründung: 1947
Präsident(in): Erich Schneider
Vizepräsident(in): Dr. Gottfried Theissing, München
Prof. Dr. Bodo Volkmann, Stuttgart
Gesch.-Ltg.: Pfarrer Hartmut Hühnerbein (Sprecher)
Winfried Heger
Berthold Kuhn
Leitung Presseabteilung: N.N.
Mitarbeiter: 8500 hauptamtliche Mitarbeiter

Das CJD ist ein Jugend-, Bildungs- und Sozialwerk, das jungen und erwachsenen Menschen Ausbildung, Förderung und Unterstützung in ihrer aktuellen Lebenssituation anbietet. Nach dem Motto "Keiner darf verloren gehen!" orientiert es die Inhalte seiner Arbeit am christlichen Menschenbild. Mehr als 90.000 Menschen nehmen jährlich bundesweit an über 150 Orten die Angebote des CJD wahr. Insbesondere arbeitet das CJD eng mit Unternehmen und Verbänden der Wirtschaft zusammen: Fort- und Weiterbildungskurse für Auszubildende und Mitarbeiter der Wirtschaft, Umschulungs- und Qualifizierungsmaßnahmen, berufliche Ausbildung in Verbindung mit Wirtschaftsunternehmen werden angeboten.

● **U 1 400**
Internationaler Jugendaustausch- und Besucherdienst der Bundesrepublik Deutschland (IJAB) e.V.
Postf. 20 07 65, 53137 Bonn
Heussallee 30, 53113 Bonn
T: (0228) 95 06-0   **Fax:** 95 06-199
Gründung: 1967
Vorsitzende(r): Mechthild Merfeld
Direktor(in): Marie-Luise Dreber
Leitung Presseabteilung: Stefan Becsky
Verbandszeitschrift: IJAB-Informationen, Jugendarbeit und Jugendpolitik International, Info Hrsg. Deutsches Büro Jugend für Europa beim IJAB
Schriftenreihen: Jugendhilfe und Jugendpolitik in den Mitgliedstaaten der EU; Forum Jugendarbeit International
Verlag: Eigenverlag

U 1 401
Partnership International e.V.
(ehemals Fulbright-Gesellschaft e.V.)
Hansaring 85, 50670 Köln
T: (0221) 9 13-9733   Fax: 9 13-9734
Internet: http://www.partnership.de
E-Mail: office@partnership.de
Büro Berlin:
Falkenhagener Str. 63, 13585 Berlin-Spandau, T: (030) 3 35 12 65, Fax: 35 50 50 54, E-Mail: berlin@partnership.de
Präsident(in): Manfred Huschner
Stellvertretende(r) Vorsitzende(r): Horst-Dieter Laufs
Geschäftsführer(in): Jörg C. Plogmaker
Mitglieder: 290
Mitarbeiter: 7
Jahresetat: DM 4,9 Mio, € 2,51 Mio

U 1 402
Fulbright-Kommission für den Studenten- und Dozentenaustausch zwischen der Bundesrepublik Deutschland und den Vereinigten Staaten
Oranienburger Str. 13-14, 10178 Berlin
T: (030) 28 44 43-0   Fax: 28 44 43-42
Internet: http://www.fulbright.de
E-Mail: fulkom@fulbright.de
Vorsitzende(r): Dr. Richard J. Schmierer
Geschäftsführer(in): Dr. Georg Schütte

U 1 403
Cartellverband der katholischen deutschen Studentenverbindungen (CV)
Linzer Str. 82, 53604 Bad Honnef
T: (02224) 9 60 02-0   Fax: 9 60 02-20
Internet: http://www.cartellverband.de
E-Mail: sekretariat@cartellverband.de
Gründung: 1856 (06. Dezember)
Vorsitzende(r): Karl-Heinz Götz (Unternehmer; Hofer Str. 10, 93057 Regensburg, T: (0941) 64 04-144, Fax: (0941) 64 04-190, eMail: kgoetz@goetz-dl.de)
Stellvertretende(r) Vorsitzende(r): Nikolaus Harbusch (stud. iur.; Fuchsengang 4, 93047 Regensburg, T: (0941) 56 76 05-0, Fax: (0941) 56 76 05-1, eMail: harbusch@uni.de)
Sekretär: Stud.Ass. Richard Weiskorn
Leitung Presseabteilung: Dr. Johannes Leclerque
Verbandszeitschrift: Academia
Redaktion: Linzer Str. 82, 53604 Bad Honnef
Mitglieder: 32000

U 1 404
Christliche Aktion Mensch - Umwelt e.V.
Geschäftsstelle:
Odenwaldstr. 15, 64665 Alsbach-Hähnlein
T: (06257) 90 35 21   Fax: 90 35 23
Gründung: 1972
Vorsitzende(r): Dr. Heinrich Ruhemann
Stellvertretende(r) Vorsitzende(r): Pfarrer Hans Siebert
Geschäftsführer(in): Manfred Bäurle
Mitglieder: ca. 200 Einzelmitglieder, Kirchengemeinden und Dekanate

U 1 405
Christliche Fachkräfte International e.V. (CFI)
Wächterstr. 3, 70182 Stuttgart
T: (0711) 2 10 66-0   Fax: 2 10 66-33
E-Mail: cfi-stuttgart@t-online.de
Gründung: 1984 (17. Dezember)
Geschäftsführer(in): Winrich Scheffbuch

U 1 406
CVJM Gesamtverband in Deutschland e.V.
34114 Kassel
Im Druseltal 8, 34131 Kassel
T: (0561) 30 87-0   Fax: 30 87-2 70
E-Mail: info@cvjm.de
Präses: Hermann Sörgel (Friedrich-Kaulbach-Ring 22, 91560 Heilsbronn, T: (09872) 95 59 80, Telefax: (09872) 95 59 81)
Generalsekretär(in): Ulrich Parzany (T: (0561) 30 87-2 00)
Geschäftsführer(in): Matthias Ruf (T: (0561) 30 87-210)

Mitgliedsverbände

u 1 407
CVJM-Westbund
Postfr. 20 20 51, 42220 Wuppertal
Bundeshöhe 6, 42285 Wuppertal
T: (0202) 57 42-0   Fax: 59 52 27

u 1 408
Evang. Jugendwerk in Württemberg
Haeberlinstr. 1-3, 70563 Stuttgart
T: (0711) 97 81-0   Fax: 97 81-30

u 1 409
CVJM-Landesverband Bayern e.V.
Schweinauer Hauptstr. 38, 90441 Nürnberg
T: (0911) 6 28 14-0   Fax: 6 28 14-99

u 1 410
CVJM-Nordbund e.V.
Sinstorfer Kirchweg 18, 21077 Hamburg
T: (040) 7 60 70 36   Fax: 7 60 08 58

u 1 411
CVJM-Landesverband Baden e.V.
Mühlweg 10, 76703 Kraichtal
T: (07251) 6 22 77   Fax: 6 80 58

u 1 412
CVJM-Pfalz e.V.
Evangelischer Jugendverband
Johannisstr. 32, 67697 Otterberg
T: (06301) 71 50-0   Fax: 71 50-49

u 1 413
Arbeitsgemeinschaft der CVJM Deutschlands
Hirzstr. 17, 34131 Kassel
T: (0561) 3 14 99 99   Fax: 3 14 99 98

u 1 414
Christliches Jugenddorfwerk Deutschlands e.V. (CJD)
Teckstr. 23, 73061 Ebersbach
T: (07163) 9 30-0   Fax: 9 30-280
Internet: http://www.cjd.de
E-Mail: cjd@cjd.de

u 1 415
CVJM Landesverband Sachsen e.V.
Postf. 53 01 31, 01291 Dresden
Sebastian-Bach-Str. 13, 01277 Dresden
T: (0351) 3 17 92 97   Fax: 3 36 10 88

u 1 416
CVJM-Landesverband Sachsen-Anhalt e.V.
St.-Michael-Str. 46, 39112 Magdeburg
T: (0391) 60 18 07   Fax: 6 22 57 27

u 1 417
CVJM Thüringen e.V.
Gerberstr. 14a, 99089 Erfurt
T: (0361) 26 46 50   Fax: 2 64 65 20

u 1 418
CVJM Schlesische Oberlausitz e.V.
Postf. 30 09 34, 02814 Görlitz
Johannes-Wüsten-Str. 21, 02826 Görlitz
T: (03581) 40 09 72   Fax: 40 09 34

u 1 419
CVJM Ostwerk Berlin-Brandenburg e.V.
Sophienstr. 19, 10178 Berlin
T: (030) 28 49 77-0   Fax: 28 49 77-17

U 1 420
Bundesarbeitsgemeinschaft Internationale Soziale Dienste e.V. (BISD)
Kolpingplatz 5-11, 50667 Köln
T: (0221) 20 70 11 16   Fax: 2 07 01 40
Gründung: 1968 (27. November)
Vorsitzende(r): Eckard Müller
Geschäftsführer(in): Guido Kaesbach
Verbandszeitschrift: BISD - Internationale Jugendbegegnungen und Work Camp (Informationsbroschüre)
Mitglieder: 10 Mitgliedsorganisationen
Mitarbeiter: 2

U 1 421
Sprachverband Deutsch für ausländische Arbeitnehmer e.V.
Raimundstr. 2, 55118 Mainz
T: (06131) 96 44 40   Fax: 9 64 44 44
Internet: http://www.sprachverband.de
E-Mail: info@sprachverband.de
Gründung: 1974 (9. Mai)
Vorsitzende(r): Lutz Rüdiger Vogt
1. Stellv.: Siegfried Höfling
2. Stellv.: Barbara Graf
Geschäftsführer(in): Gerhard Fiedler
Verbandszeitschrift: Deutsch lernen
Bildungsarbeit in der Zweitsprache Deutsch
Redaktion: Sprachverband
Verlag: Schneider Verlag, 73666 Baltmannsweiler
Mitglieder: 34
Mitarbeiter: 25
Jahresetat: DM 34 Mio, € 17,38 Mio

U 1 422
Brüsewitz-Zentrum
(Trägerverein: Christlich-Paneuropäisches Studienwerk e.V./CPS)
Köpenicker Str. 50, 15569 Woltersdorf
T: (089) 55 46 83
Gründung: 1977
Vorsitzende(r): Dr. Wolfgang Stock (T: (03362) 7 58 70, Fax: 7 58 71)

U 1 423
Evangelisches Studienwerk e.V.
Iserlohner Str. 25, 58239 Schwerte
T: (02304) 7 55-196   Fax: 7 55-250
Internet: http://www.evstudienwerk.de
E-Mail: info@evstudienwerk.de
Gründung: 1948
Vorsitzende(r): Dr. Hans-Detlef Hoffmann
Leiter(in): Dr. habil. Klaus Holz
Leitung Presseabteilung: Dr. Margret Lohmann
Verbandszeitschrift: Villigst Public
Jahresetat: DM 12 Mio, € 6,14 Mio
Mitglieder: Dtsch. Prot. Landeskirchen u.a.

U 1 424
Cusanuswerk
Bischöfliche Studienförderung
Baumschulallee 5, 53115 Bonn
T: (0228) 9 83 84-0   Fax: 9 83 84-99
Internet: http://www.cusanuswerk.de
E-Mail: Cusanuswerk@t-online.de
Gründung: 1956
Leitung Presseabteilung: Dr. Stefan Raueiser
Förderung besonders begabter katholischer Studierender.

U 1 425
Ring Christlich-Demokratischer Studenten (RCDS)
Paul-Lincke-Ufer 8b, 10999 Berlin
T: (030) 61 65 18 11   Fax: 61 65 18 40
Internet: http://www.rcds.de
E-Mail: buvo@rcds.de
Gründung: 1951
Bundesvorsitzender: Carsten Schwarz
Stellv. Bundesvors.: Marc-Michael Blum
Marisa van der Felden
BundesGeschF: Thomas Helm
Verbandszeitschrift: RCDS-Magazin, CAMPUS, Civis mit Sonde
Verlag: Union-Aktuell
Mitglieder: ca. 8000
Mitarbeiter: 6

U 1 426
Interessenvereinigung für humanistische Jugendarbeit und Jugendweihe e.V.
Bundesverband
Rathausstr. 13, 10367 Berlin
T: (030) 5 50 93 14   Fax: 5 50 93 14
Internet: http://www.jugendweihe.de
Gründung: 1990 (9. Juni)
Präsident(in): Werner Riedel
Vizepräsident(in): Dieter Lehmann
Geschäftsführer(in): Marina Hammer
Verbandszeitschrift: Rundbrief
Redaktion: Interessenvereinigung
Mitglieder: 1434

u 1 427
Interessenvereinigung für humanistische Jugendarbeit und Jugendweihe Landesverband Berlin-Brandenburg e.V.
Möllendorffstr. 104-105, 10367 Berlin
T: (030) 55 48 94 69   Fax: 5 53 68 31
Präsident(in): Werner Riedel, Berlin
Geschäftsführer(in): Henry Behrens

u 1 428
Interessenverein humanistische Jugendarbeit und Jugendweihe Mecklenburg-Vorpommern e.V.
Ziegeleiweg 12, 19057 Schwerin
T: (0385) 4 86-6013 **Fax:** 4 86-8389
Präsident(in): Wilfried Estel
Geschäftsführer(in): Wolfgang Langer

u 1 429
Sächsischer Verband für Jugendarbeit und Jugendweihe e.V.
Grunaer Weg 30, 01277 Dresden
T: (0351) 2 19 81 20 **Fax:** 2 19 81 99
Präsident(in): Dieter Lehmann
Geschäftsführer(in): Roland Brucksch

u 1 430
Landesverband Sachsen-Anhalt der Interessenvereinigung Jugendweihe e.V.
Philipp-Müller-Str. 57, 06110 Halle
T: (0345) 8 06 30 93 **Fax:** 8 06 31 93
Präsident(in): Günter Rettig
Geschäftsführerin: Ute Häder

u 1 431
Interessenvereinigung Jugendweihe Landesverband Thüringen e.V.
Südstr. 18, 07548 Gera
T: (0365) 7 10 67 16 **Fax:** 7 10 67 23
Vorsitzende(r): Ursula Geißenhöner
Geschäftsführerin: Christine Schreiber

u 1 432
Interessenvereinigung für humanistische Jugendarbeit und Jugendweihe e.V.
Mansfelder Land und Umgebung
August-Bebel-Str. 10, 06347 Gerbstedt
T: (034783) 3 05 14
Vorsitzende(r): Margit Jordan
Geschäftsführer(in): Wolfgang Jordan

● U 1 433
Verein für Internationale Jugendarbeit
Arbeitsgemeinschaft Christlicher Frauen
Bundesverein e.V. (ViJ)
Bundesverein e.V.
Arbeitsgemeinschaft Christlicher Frauen
Goetheallee 10, 53225 Bonn
T: (0228) 69 89 52 **Fax:** 69 41 66
Internet: http://www.ekd.de/au-pair
E-Mail: au-pair.vij@netcologne.de
Gründung: 1882
Vorsitzende(r): Hannelore Häusler
Bundesgeschäftsführer(in): Ursula Zurawski
Leitung Presseabteilung: Susanne Burkard
Verbandszeitschrift: ViJ-Info
Redaktion: U. Zurawski, S. Burkard
Mitglieder: 2500
Mitarbeiter: 5

Mitgliedsvereine
Baden-Württemberg

u 1 434
Verein für Internationale Jugendarbeit
Arbeitsgemeinschaft Christlicher Frauen
Landesverein Württemberg e.V.
Moserstr. 10, 70182 Stuttgart
T: (0711) 2 39 41-0 **Fax:** 2 39 41-40
Vorsitzende(r): Ute Volz

u 1 435
Verein für Internationale Jugendarbeit
Arbeitsgemeinschaft Christlicher Frauen
Landesverein Baden e.V.
Fischerstr. 3, 76199 Karlsruhe
T: (0721) 9 89 18 19 **Fax:** 9 89 18 20
Vorsitzende(r): Susanne Frank

u 1 436
Verein für Internationale Jugendarbeit
Arbeitsgemeinschaft Christlicher Frauen
Landesverein Berlin-Brandenburg e.V.
Bundesallee 22, 10717 Berlin

T: (030) 88 55 12 93
Vorsitzende(r): Gabriele Beckert

u 1 437
Verein für Internationale Jugendarbeit
Arbeitsgemeinschaft Christlicher Frauen
Landesverein Hamburg e.V.
Schillerstr. 7, 22767 Hamburg
T: (040) 30 62 32 40 **Fax:** 30 62 32 41
Vorsitzende(r): Birgit Chrambach

u 1 438
Verein für Internationale Jugendarbeit
Arbeitsgemeinschaft Christlicher Frauen
Landesverein Hannover e.V.
Emdenstr. 14, 30167 Hannover
T: (0511) 83 01 13
Vorsitzende(r): Toni K. Pasternack
Mädchenwohnheim "Haus Daheim"

u 1 439
Verein für Internationale Jugendarbeit
Arbeitsgemeinschaft Christlicher Frauen
Landesverein Rheinland e.V.
Gladbacher Str. 25, 40219 Düsseldorf
T: (0211) 30 55 09 **Fax:** 30 55 66

u 1 440
Verein für Internationale Jugendarbeit
Arbeitsgemeinschaft Christlicher Frauen
Landesverein Schleswig-Holstein e.V.
Rathausstr. 6, 24103 Kiel
T: (0431) 9 43 46
Vorsitzende(r): Rita Klöppel

u 1 441
Verein für Internationale Jugendarbeit
Arbeitsgemeinschaft Christlicher Frauen
Landesverein Westfalen e.V.
Altstädter Kirchstr. 12a, 33602 Bielefeld
T: (0521) 6 64 47
Vorsitzende(r): Imke Rademacher

● U 1 442
Deutsches Nationalkomitee für internationale Jugendarbeit (DNK)
German National Committee for International Youth Work
Comité national allemand pour le travail international de jeunesse
Haager Weg 44, 53127 Bonn
T: (0228) 9 10 21-16 **Fax:** 9 10 21-22
Internet: http://www.dbjr.de
E-Mail: info@dbjr.de
Internationaler Zusammenschluß: siehe unter izu 235

● U 1 443
Verband binationaler Familien und Partnerschaften, iaf e.V.
Postf. 90 05 67, 60445 Frankfurt
Ludolfusstr. 2-4, 60487 Frankfurt
T: (069) 71 37 56-0 **Fax:** 7 07 50 92
Internet: http://www.verband-binationaler.de
E-Mail: verband-binationaler@t-online.de
Gründung: 1972 (September)
1. Vorsitzende: Susanne Küster
Stellvertretende Vorsitzende: Barbara Schuy
Hauptgeschäftsführerin: Dipl.-Pädagogin Cornelia Spohn
Verbandszeitschrift: iaf-Informationen
Verlag: Selbstverlag
Mitglieder: 2500
Mitarbeiter: ca. 30
Landesverbände: Initiativgruppen und Kontaktstellen in allen größeren Städten der Bundesrepublik, insgesamt in 50 Städten.
Darüber hinaus bestehen Kontakte zu „Schwesterorganisationen" vor allem im europäischen, aber auch außereuropäischen Ausland.

● U 1 444
Bundeskonferenz für Erziehungsberatung e.V. (bke)
Herrnstr. 53, 90763 Fürth
T: (0911) 9 77 14-0 **Fax:** 74 54 97
Internet: http://www.bke.de

E-Mail: bke@bke.de
Gründung: 1962
Vorsitzende(r): Dipl.-Psych. Jürgen Detering
Geschäftsführer(in): Dipl.-Soz. Klaus Menne (Ltg. Presseabt.)
Verbandszeitschrift: Informationen für Erziehungsberatungsstellen
Redaktion: Herrnstr. 53, 90763 Fürth
Mitglieder: 16 Landesarbeitsgemeinschaften für Erziehungsberatung
Mitarbeiter: 7
Jahresetat: DM 1,2 Mio, € 0,61 Mio

● U 1 445
Arbeitsgemeinschaft Freier Stillgruppen (AFS)
Geschäftsstelle
Rüngsdorfer Str. 17, 53173 Bonn
T: (0228) 3 50 38 71 **Fax:** 3 50 38 72
Internet: http://www.afs-stillen.de
E-Mail: geschaeftsstelle@afs-stillen.de
Gründung: 1988
Vorsitzende(r): Angelika Reck
Verbandszeitschrift: Rundbrief - Fachzeitschrift der AFS
Mitglieder: ca. 1800
Mitarbeiter: 3
Jahresetat: DM 0,08 Mio, € 0,04 Mio

● U 1 446
Bundesverband Neue Erziehung e.V. (BNE)
Oppelner Str. 130, 53119 Bonn
T: (0228) 66 85-140 **Fax:** 66 85-209
Vorsitzende(r): N.N.
Geschäftsführer(in): Wolf Brühan

● U 1 447
Bundesverband Rhythmische Erziehung e.V. (BRE)
c/o Akademie Remscheid
Küppelstein 34, 42857 Remscheid
T: (02191) 7 94-2 57 **Fax:** 7 94-2 59
Gründung: 1964
1. Vorsitzende(r): Sabine Kleinau-Michaelis
2. Vorsitzende(r): Cornelia Heinz
Geschäftsführer(in): Christine Gerock (Bundesverband Rhythmische Erziehung e.V.)
Verbandszeitschrift: Musikfachzeitschrift ÜBEN UND MUSIZIEREN
Redaktion: Daniel Zwiener
Verlag: Schott-Verlag
Mitglieder: ca. 900
Jahresetat: DM 0,7 Mio, € 0,36 Mio

Landesverbände

u 1 448
Landesverband Rhythmische Erziehung Baden-Württemberg e.V.
Brünnlstr. 49, 72379 Hechingen
T: (07471) 62 18 57
1. Vorsitzende(r): Christine Theen-Theuerkauff

u 1 449
Landesverband Rhythmische Erziehung Berlin
Wartburgstr. 33, 10825 Berlin
T: (030) 78 70 56 93
Kontaktperson: Barbara Hielscher-Witte

u 1 450
Landesverband Rhythmische Erziehung Hamburg e.V.
Buchwaldstr. 49, 22143 Hamburg
T: (040) 6 77 07 99
Kontaktperson: Elisabeth Baars

u 1 451
Landesverband Rhythmische Erziehung Mecklenburg-Vorpommern e.V.
Jungfernstieg 23, 19053 Schwerin
T: (0385) 73 24 94
Kontaktperson: Friederike Kleeberg

u 1 452
Landesverband Rhythmische Erziehung Niedersachsen-Bremen
Göbelstr. 13, 30163 Hannover
T: (0511) 39 27 78
Kontaktperson: Ursula Granitza

u 1 453

Landesverband Rhythmische Erziehung Nordrhein-Westfalen e.V.
Bergstr. 2, 42477 Radevormwald
T: (02191) 6 86 58
Kontaktperson: Barbara Feldhoff

u 1 454

Sächsischer Rhythmikverband im BRE e.V.
Coburger Str. 108, 04416 Markkleeberg
T: (0341) 3 58 46 71
Kontaktperson: Birgit Klimke

u 1 455

Landesverband Rhythmische Erziehung Schleswig-Holstein e.V.
Dorfstr. 10, 24259 Westensee
T: (04305) 14 56
Kontaktperson: Imke Eisenschmidt

● U 1 456

Deutscher Bundesjugendring (DBJR)
Haager Weg 44, 53127 Bonn
T: (0228) 9 10 21-0   **Fax:** 9 10 21-22
Internet: http://www.dbjr.de
E-Mail: info@dbjr.de
Adresse ab 01.07.2001:
Molkenmarkt 1-3, 10179 Berlin
Gründung: 1949 (2./3. Oktober)
Vorsitzende(r): Gaby Hagmans
Geschäftsführer(in): Ronald Berthelmann
Leitung Presseabteilung: Wolfgang Peschel
Verbandszeitschrift: Jugendpolitik
Redaktion: Wolfgang Peschel
Verlag: Votum Verlag, Grevener Str. 89-91, 48159 Münster
Mitglieder: 43 (22 Jugendverbände, 16 Landesjugendringe, 5 Anschlußverbände)
Mitarbeiter: 10

Mitwirkung in der Jugendarbeit. Einflußnahme auf Jugendpolitik und Entwicklung der Jugendgesetzgebung. Interessenvertretung; Veranstaltungen; Schaffung gemeinsamer Einrichtungen. Zusammenarbeit mit Institutionen und Organisationen in Erziehung und Bildung.

Landesjugendringe

u 1 457

Landesjugendring Baden-Württemberg e.V.
Siemensstr. 11, 70469 Stuttgart
T: (0711) 1 64 47-0   **Fax:** 1 64 47-88
Internet: http://www.ljrbw.de
E-Mail: info@ljrbw.de
Vorsitzende(r): Oliver Moses
Geschäftsführer(in): Johannes Heinrich
Mitglieder: 25 Mitgliedsverbände

u 1 458

Bayerischer Jugendring KdöR
Postf. 20 05 18, 80005 München
Herzog-Heinrich-Str. 7, 80336 München
T: (089) 5 14 58-0   **Fax:** 5 14 58-88
E-Mail: info@bjr.de
Präsident(in): Gerhard Engel
Geschäftsführer(in): Heinrich Kopriwa

u 1 459

Landesjugendring Berlin
Münchener Str. 24, 10779 Berlin
T: (030) 2 11 82 64   **Fax:** 2 11 66 87
Internet: http://www.ljrberlin.de
E-Mail: info@ljrberlin.de
Vorsitzende(r): N.N.
Geschäftsführer(in): Peter Bohl

u 1 460

Landesjugendring Brandenburg e.V.
Luisenplatz 8, 14471 Potsdam
T: (0331) 90 97 90   **Fax:** 9 09 79 18
Internet: http://www.jugendinfo.com/ljr_bb/index.htm
E-Mail: ljr.brandenburg@berlin.snafv.de
Vorstandssprecher: Vait Scholz
Geschäftsführer(in): Bernd Mones

u 1 461

Bremer Jugendring
Landesgemeinschaft Bremer Jugendverbände e.V.
Vor dem Steintor 194, 28203 Bremen
T: (0421) 7 92 62-0   **Fax:** 7 92 62-22
Internet: http://www.bremerjugendring.de
E-Mail: bjr@gmx.net
Vorsitzende(r): Astrid Faber
Geschäftsführerin: Marina Stahmann

u 1 462

Landesjugendring Hamburg e.V.
Güntherstr. 34, 22087 Hamburg
T: (040) 3 17 96-114   **Fax:** 3 17 96-180
E-Mail: ljr-hh@t-online.de
Vorstand: Birgit Brauer
Gunnar Schrödter
Marc Buttler
Geschäftsführer(in): Carlo Klett

u 1 463

Hessischer Jugendring e.V.
Schiersteiner Str. 31, 65187 Wiesbaden
T: (0611) 9 90 83-0   **Fax:** 9 90 83-60
Internet: http://www.hessischer-jugendring.de
E-Mail: info@hessischer-jugendring.de
Vorsitzende(r): Marie Christin Winkler
Geschäftsführer(in): Sepp Schmidbauer
Mitglieder: 25 Mitgliedsverbände

u 1 464

Landesjugendring Mecklenburg-Vorpommern e.V.
Von-Flotow-Str. 7, 19059 Schwerin
T: (0385) 71 22 75   **Fax:** 71 21 15
Internet: http://www.jugend.in-mv.de
E-Mail: ljr@in-mv.de
Vorstandssprecher: Ingo Schlüter
Geschäftsführer(in): Friedhelm Heibrock
Mitglieder: 23 Mitgliedsverbände

u 1 465

Landesjugendring Niedersachsen e.V.
Maschstr. 24, 30169 Hannover
T: (0511) 80 50 55   **Fax:** 80 50 57
Internet: http://www.ljr.de
E-Mail: info@ljr.de
Vorstandssprecher: Uwe Martens (AEJN; c/o Landesjugendpfarramt, Haarenestchstr. 58, 26121 Oldenburg)
Geschäftsführer(in): Hans Schwab
Verbandszeitschrift: "korrespondenz"
Redaktion: N.N.
Mitglieder: 19 Mitgliedsverbände

u 1 466

Landesjugendring Nordrhein-Westfalen e.V.
Martinstr. 2a, 41472 Neuss
T: (02131) 46 95-0   **Fax:** 46 95-19
Internet: http://www.ljr-nrw.de
E-Mail: ljrnrw@t-online.de
Vorsitzende(r): Jörg Richard
Sigrid Stapel
Geschäftsführer(in): Wilhelm Müller
Mitglieder: 17 Mitgliedsverbände

u 1 467

Landesjugendring Rheinland-Pfalz e.V.
Raimundistr. 2, 55118 Mainz
T: (06131) 96 02 01   **Fax:** 61 12 26
Internet: http://www.ljr-rlp.de
E-Mail: ljr-rlp@t-online.de
Vorsitzende(r): Horst Pötzl
Elisabeth Vanderheiden
Geschäftsführer(in): Delia Helmerking
Mitglieder: 22 Mitgliedsverbände

u 1 468

Landesjugendring Saar
Eifelstr. 35, 66113 Saarbrücken
T: (0681) 6 33 31   **Fax:** 6 33 44
Internet: http://www.landesjugendring-saar.de
E-Mail: info@landesjugendring-saar.de
Vorsitzende(r): Jörg Caspar
Geschäftsführer(in): Georg Vogel

u 1 469

Kinder- und Jugendring Sachsen
Kretschmerstr. 13, 01309 Dresden
T: (0351) 3 16 79-0   **Fax:** 3 16 79-27
Internet: http://www.jugendinfo.net
E-Mail: kjrs-sachsen@t-online.de
Vorsitzende(r): Thomas Günzel
Geschäftsführer(in): Peter Becker

u 1 470

Kinder- und Jugendring Sachsen-Anhalt e.V.
Leiterstr. 10, 39104 Magdeburg
T: (0391) 5 32 10 30   **Fax:** 5 32 10 34
E-Mail: kjr-sa@pc.mdlink.de
Vorsitzende(r): Thomas Mühlenberg
Geschäftsführer(in): Ralf Rektorik
Mitglieder: 28 Mitgliedsverbände

u 1 471

Landesjugendring Schleswig-Holstein
Holtenauer Str. 99, 24105 Kiel
T: (0431) 8 00 98-40   **Fax:** 8 00 98-41
Internet: http://www.sh-web.de/ljr
E-Mail: youth.sh@t-online.de

u 1 472

Landesjugendring Thüringen e.V.
Postf. 4 98, 99010 Erfurt
Johannesstr. 19, 99084 Erfurt
T: (0361) 5 76 78-0   **Fax:** 5 76 78-15
Internet: http://www.landesjugendring-thueringen.de
E-Mail: geschaeftsstelle@landesjugendring-thueringen.de
Vorsitzende(r): Jeanette Schildknecht
Geschäftsführer(in): Peter Weise
Mitglieder: 30 Mitgliedsverbände

Anschlußverbände

● U 1 473

Arbeiter-Samariter-Jugend Deutschland
Sülzburgstr. 140, 50937 Köln
T: (0221) 4 76 05-234   **Fax:** 4 76 05-213
Gründung: 1904
Leiter(in): Steffen Haase
Jugendsekretär: Marc Overmann
Leitung Presseabteilung: Dorothee Mennicken (ASB - Pressestelle)
Mitarbeiter: 2 (Bundesjugendsekretariat)

● U 1 474

Jugendnetzwerk Lambda e.V.
Rittergut, 99955 Lützensömmern
T: (036041) 4 49 83   **Fax:** 4 40 20
Internet: http://www.lambda-online.de
E-Mail: bundesvorstand@lambda-online.de
Vorsitzende(r): Susanne Fuchs
Geschäftsführer(in): Fabian Straßenburg

● U 1 475

Arbeitskreis zentraler Jugendverbände (AzJ) e.V.
Sitz Berlin
-Büro des Vorstands-
Dr.-Schultheß-Str. 11, 66386 Sankt Ingbert
T: (06894) 38 60 67   **Fax:** 38 60 65
E-Mail: info@azj.de
Gründung: 1958
Vorsitzende(r): Heiner Schrop
Stellvertretende(r) Vorsitzende(r): Nicole Krause
Mitglieder: über 100000
Mitgliedsverbände: 12

● U 1 476

Frischluft e.V. - Christlich demokratischer Kinder- und Jugendverband
Annaberger Str. 283, 53175 Bonn
T: (0228) 31 00 23   **Fax:** 31 47 03
Gründung: 1989 (Oktober)
Vorsitzende(r): Lars Dietrich
Stellvertretende(r) Vorsitzende(r): André Chahoud
Geschäftsführer(in): Claudia Hofmann-Weiß
Leitung Presseabteilung: Piontek
Mitglieder: 8000
Mitarbeiter: 3

● U 1 477

Arbeitsgemeinschaft der Evangelischen Jugend in Deutschland e.V.(aej)
Federation of Protestant Youth in Germany
Fédération de la Jeunesse Protestante en Allemagne
Otto-Brenner-Str. 9, 30159 Hannover
T: (0511) 12 15-0   **Fax:** 12 15-299
Internet: http://www.evangelische-jugend.de
E-Mail: info@evangelische-jugend.de
Vorsitzende(r): Karl Ludwig Ihmels
Generalsekretär(in): Anke Corsa
Mitglieder: 35, angeschlossene Partner: 12

● U 1 478

Bundesarbeitsgemeinschaft Evangelische Jugendsozialarbeit e.V. (BAG EJSA)
Wagenburgstr. 26-28, 70184 Stuttgart
T: (0711) 1 64 89-0   **Fax:** 1 64 89-21
Internet: http://www.bagejsa.de
E-Mail: mail@bagejsa.de
Gründung: 1949 (Oktober)

Vorsitzende(r): K.-D. Bastin (Diakonisches Werk der EKD)
Stellvertretende(r) Vorsitzende(r): W. Schürmann (CJD)
Ch. Losch (Diak. Werk in Hessen u. Nassau)
Geschäftsführer(in): Michael Fähndrich (BAG Evangelische Jugendsozialarbeit)
Leitung Presseabteilung: G. Köpf (BAG Evangelische Jugendsozialarbeit)
Verbandszeitschrift: Info-Brief
Mitglieder: 16
Mitarbeiter: 15
Jahresetat: ca. DM 19 Mio, € 9,71 Mio

● U 1 479
Bund der Deutschen Katholischen Jugend (BDKJ)
Postf. 32 05 20, 40420 Düsseldorf
Carl-Mosterts-Platz 1, 40477 Düsseldorf
T: (0211) 46 93-0 **Fax:** 46 93-120
Internet: http://www.bdkj.de
E-Mail: info@bdkj.de
Gründung: 1947 (27. März)
Bundespräses: Rolf-Peter Cremer
Bundesvorsitzende: Gaby Hagmans
Bundesvorsitzender: Knuth Erbe
Bundessekretärin: Stephanie Hofschlaeger
Pressesprecherin/Referentin für Öffentlichkeitsarbeit: Beate Schneiderwind
Verbandszeitschrift: BDKJ-Journal
Verlag: Jugendhaus Düsseldorf e.V., Postf. 32 05 20, 40420 Düsseldorf
Mitglieder: 500000 in 16 Mitgliedsverbänden
Mitarbeiter: ca. 25 in der Bundesstelle

● U 1 480
Bund Deutscher Pfadfinder/innen e.V. (BDP)
Baumweg 10, 60316 Frankfurt
T: (069) 43 10 30 **Fax:** 4 05 95 95
Internet: http://www.bdp.org
E-Mail: bundesverband@bdp.org
Vorsitzende(r): Jan Eric Hofmann
Torsten Jahr
Antje Horn
Geschäftsführer(in): Wolfgang Laschka
Verbandszeitschrift: Bundesinfo
Redaktion: Jutta Nelißen
Verlag: Jugend und Politik, Goethestr. 66, 44147 Dortmund

Landesverbände

u 1 481
BDP Hof Nietleben
Eislebener Str. 77, 06126 Halle
T: (0345) 6 90 27 08, 6 90 27 07 **Fax:** 6 90 27 07

u 1 482
BDP Landesverband Baden-Württemberg
Grafenberger Str. 25, 72658 Bempflingen
T: (07123) 93 28 38, 93 28 39 **Fax:** 93 28 40

u 1 483
BDP Kreisverband Bayern
Gostenhofer Hauptstr. 50, 90443 Nürnberg
T: (0911) 34 43 93
E-Mail: kv.nuernberg@bdp.org

u 1 484
BDP Landesverband Berlin/Brandenburg
Kaubstr. 9-10, 10713 Berlin
T: (030) 8 61 14 18 **Fax:** 8 61 40 26
E-Mail: lv.berlin@bdp.org

u 1 485
BDP Landesverband Bremen/Niedersachsen
Heinrichstr. 21, 28203 Bremen
T: (0421) 32 38 07
E-Mail: lv.bremen-niedersachsen@bdp.org

u 1 486
BDP Landesverband Hamburg
Övelgönner Hohlweg 25, 22605 Hamburg
T: (040) 8 81 20 11 **Fax:** 8 81 20 11
E-Mail: lv.hamburg@bdp.org

u 1 487
BDP Landesverband Hessen
Baumweg 10, 60316 Frankfurt
T: (069) 43 10 76 **Fax:** 4 05 95 95
E-Mail: lv.hessen@bdp.org

u 1 488
BDP Landesverband Mecklenburg-Vorpommern
Dr.-Külz-Str. 3, 19053 Schwerin

u 1 489
BDP Landesverband Nordrhein-Westfalen
Goethestr. 66, 44147 Dortmund
T: (0231) 9 82 24 75 **Fax:** 9 82 24 75
E-Mail: Kv.dortmund@bdp.org

u 1 490
BDP Landesverband Rheinland-Pfalz
Alte Schule
55444 Waldlaubersheim
T: (06707) 96 00 36 **Fax:** 96 00 38
E-Mail: lv.rheinland-pfalz@bdp.org

u 1 491
BDP Landesverband Schleswig-Holstein
Bismarckstr. 9, 24392 Süderbrarup
T: (04641) 35 02

u 1 492
BDP Landesverband Thüringen
Kahlaische Str. 9, 07745 Jena

● U 1 493
Deutsche Beamtenbund-Jugend - Bundesjugendleitung- (DBBJ)
siehe R 801

● U 1 494
Deutsche Jugendfeuerwehr (DJF)
Koblenzer Str. 133, 53177 Bonn
T: (0228) 9 52 91-0 **Fax:** 33 41 60
Internet: http://www.jugendfeuerwehr.de
E-Mail: djf.bonn@t-online.de
Gründung: 1964
Leiter(in): Marcus Schleef
Ref.: Stefan Knab
Verbandszeitschrift: Lauffeuer
Verlag: DJF, Koblenzer Str. 133, 53177 Bonn
Mitglieder: ca. 230000

● U 1 495
Deutsche Jugend in Europa - Bundesverband e.V. (DJO)
Prinz-Albert-Str. 1a, 53113 Bonn
T: (0228) 22 40 81, 22 05 22 **Fax:** 22 11 54
E-Mail: djo-bund@t-online.de
Vorstand: Frank Jelitto (BVorst.)
Dieter Caspary (stellv. BVorst.)
Thomas Zielke (stellv. BVorst.)
Harald Schäfer (Schatzmeister)
Beisitzer: Andreas Pietsch
Norbert Kapinos
André Helmke
Frank Hurkuk
Leitung Presseabteilung: Beate Thun
Verbandszeitschrift: Der Pfeil
Mitglieder: 150000
Mitarbeiter: 60
Anzahl der angeschlossenen Organisationen: 20

● U 1 496
Deutsche Schreberjugend Bundesverband e.V.
Hölscherstr. 4, 45894 Gelsenkirchen
T: (0209) 3 18 88 34
Vorsitzende(r): Thomas Masjosthusmann
Geschäftsführer(in): Dieter Wagner

● U 1 497
Deutsches Jugendrotkreuz (DJRK)
Sitz: Auf dem Steinbüchel 22, 53340 Meckenheim
Postadresse:
Friedrich-Ebert-Allee 71, 53113 Bonn
T: (0228) 5 41-2291 **Fax:** 5 41-2299
Internet: http://www.rotkreuz.de
E-Mail: kapped@drk.de, jrk@rotkreuz.de
Bundesleiter: Olaf Jautzen
Bundesreferent: Matthias Betz
Leitung Presseabteilung: Dietmar Kappe
Verbandszeitschrift: "Jugendrotkreuz - Das Magazin" u. "JRK-Youth-letter"
Redaktion: Dietmar Kappe
Mitarbeiter: 7

● U 1 498
Deutsche Wanderjugend (DWJ)
Tannenweg 22, 71364 Winnenden
T: (07195) 9 24 50 **Fax:** 9 24 58
Internet: http://www.wanderjugend.de
E-Mail: info@wanderjugend.de
Gründung: 1952
Bundesvorsitzender: Oliver Priss
Geschäftsführer(in): Kai W. Buhmann (Ltg. Presseabt.)
Verbandszeitschrift: walk & more
Redaktion: c/o Deutsche Wanderjugend, Tannenweg 22, 71364 Winnenden
Mitglieder: 100000
Mitarbeiter: 4

● U 1 499
Gewerkschaftsjugend im Deutschen Gerwerkschaftsbund
Postf. 11 03 72, 10833 Berlin
Henriette-Herz-Platz 2, 10178 Berlin
T: (030) 24 06 00 **Fax:** 2 40 60-471
E-Mail: roland.schinko@bundesvorstand.dgb.de
Sekretär: Roland Schinko

● U 1 500
Jugend der Deutschen Angestellten-Gewerkschaft (DAG-J)
Johannes-Brahms-Platz 1, 20355 Hamburg
T: (040) 3 49 15-485 **Fax:** 3 49 15-492
Internet: http://www.dag.de
Gründung: 1948 (21.Oktober)
Vorsitzende(r): Olaf Behm
Leiter(in): Carsten Förster
Verbandszeitschrift: Rasant
Redaktion: G. Lange
Verlag: DAG-Johannes-Brahms-Platz 1
Mitglieder: ca. 50000
Mitarbeiter: 63

● U 1 501
DLRG-Jugend (DLRG-J)
Bundesjugendsekretariat
Im Niedernfeld 2, 31542 Bad Nenndorf
T: (05723) 9 55-300 **Fax:** 9 55-539
Internet: http://www.dlrg-jugend.de
E-Mail: info@bjs.dlrg-jugend.de
Gründung: 1913
Vorsitzende(r): Björn Springer
Geschäftsführer(in): Klaus Groß-Weege
Verbandszeitschrift: "SPLASH"
Mitglieder: ca. 350000

● U 1 502
Jugend des Deutschen Alpenvereins (JDAV)
Von-Kahr-Str. 2-4, 80997 München
T: (089) 1 40 03-0 **Fax:** 1 40 03-66
Internet: http://www.jdav.de
E-Mail: jdav@alpenverein.de
Leiter(in): Dr. Johannes Rauschnabel
Sekretär: Horst Länger

● U 1 503
Bundesjugendwerk der Arbeiterwohlfahrt (JW-AWO)
Oppelner Str. 130, 53119 Bonn
T: (0228) 66 85-117 **Fax:** 66 85-286
E-Mail: awo.bujw@t-online.de
Vorsitzende(r): Torsten Raedel
Geschäftsführer(in): Björn Wiele

● U 1 504
Naturfreundejugend Deutschlands (NFJD)
Bundesgeschäftsstelle
Haus Humboldtstein, 53424 Remagen
T: (02228) 94 15-0 **Fax:** 94 15-22
Internet: http://www.naturfreundejugend.de
E-Mail: nfjd@naturfreundejugend.de
Gründung: 1885
Bundesleitung: Markus Zähringer
Bundesjugendsekretär: Hans-Gerd Marian
Öffentlichkeitsarbeit: Ansgar Drücker
Verbandszeitschrift: Brief aus Bonn, Kidspower (KIPO)
Redaktion: Ansgar Drücker
Verlag: Selbst
Mitglieder: 35000
Mitarbeiter: 6

Geschäftsstelle des Gesamtverbandes

u 1 505

Die Naturfreunde
Verband für Umweltschutz, Touristik und Kultur
Bundesgruppe Deutschland e.V.
Postf. 60 04 41, 70304 Stuttgart
Hedelfinger Str. 17-25, 70327 Stuttgart
T: (0711) 4 09 54-0   **Fax:** 4 09 54-4
Internet: http://www.naturfreunde.de
E-Mail: naturfreunde-d@t-online.de

Landesverbände

u 1 506

Naturfreundejugend Deutschlands
Landesverband Baden
Alte Weingartener Str. 37, 76227 Karlsruhe
T: (0721) 40 50 97   **Fax:** 49 62 37
Landesjugendleitung: Axel Breuer (Kasse)
Christine Becker (Reisen)
Christof Menold (Außerverbandliches)

u 1 507

Naturfreundejugend Deutschlands
Landesverband Bayern
Köhnstr. 42, 90478 Nürnberg
T: (0911) 39 65 13   **Fax:** 33 95 96

u 1 508

Naturfreundejugend Deutschlands
Landesverband Berlin
Ringstr. 76-77, 12205 Berlin
T: (030) 8 33 50 29/30   **Fax:** 8 33 91 57

u 1 509

Naturfreundejugend Deutschlands
Landesverband Brandenburg
Haus der Jugend
Berliner Str. 49, 14467 Potsdam
T: (0331) 2 80 34 45   **Fax:** 2 80 34 45

u 1 510

Naturfreundejugend Deutschlands
Landesverband Bremen
Buchtstr. 14 /15, 28195 Bremen
T: (0421) 32 60 22   **Fax:** 32 60 20

u 1 511

Naturfreundejugend Deutschlands
Landesverband Hamburg
Böckmannstr. 4, 20099 Hamburg
T: (040) 24 78 58   **Fax:** 24 39 11

u 1 512

Naturfreundejugend Deutschlands
Landesverband Hessen
Herxheimerstr. 6, 60326 Frankfurt
T: (069) 75 00 82 35   **Fax:** 75 00 82 07

u 1 513

Naturfreundejugend Deutschlands
Landesverband Niedersachsen
Humboldtstr. 21-22a, 30169 Hannover
T: (0511) 1 44 39   **Fax:** 1 46 91

u 1 514

Naturfreundejugend Deutschlands
Landesverband Rheinland
Hauptstr. 310, 51465 Bergisch Gladbach
T: (02202) 45 92 19   **Fax:** 45 92 18

u 1 515

Naturfreundejugend Deutschlands
Landesverband Rheinland-Pfalz
Hohenzollernstr. 14, 67063 Ludwigshafen
T: (0621) 62 46 47   **Fax:** 52 46 34

u 1 516

Naturfreundejugend Deutschlands
Landesverband Saarland
Berliner Promenade 7, 66111 Saarbrücken
T: (0681) 37 46 84   **Fax:** 37 46 45

u 1 517

Naturfreundejugend Deutschlands
Landesverband Sachsen
Schützengasse 18, 01067 Dresden
T: (0351) 4 94 33 62   **Fax:** 4 94 34 62

u 1 518

Naturfreundejugend Deutschlands
Landesverband Sachsen-Anhalt
c/o Elke Metzner
Steubenallee 2, 39104 Magdeburg
T: (0391) 5 61 86 82

u 1 519

Naturfreundejugend Deutschlands
Landesverband Schleswig-Holstein
c/o Ilse Neumann
Limkath 5, 24782 Büdelsdorf
T: (04331) 3 25 88   **Fax:** 3 25 88

u 1 520

Naturfreundejugend Deutschlands
Landesverband Teutoburger Wald/Weserbergland
Paulusstr. 24-26, 33602 Bielefeld
T: (0521) 3 11 33   **Fax:** 3 11 73

u 1 521

Naturfreundejugend Deutschlands
Landesverband Thüringen
Büro Thüringen
Rudolfstr. 47 Geb. L, 99092 Erfurt
T: (0361) 3 58 22   **Fax:** 35 82 22

u 1 522

Naturfreundejugend Deutschlands
Landesverband Westfalen
Ebberg 1, 58239 Schwerte
T: (02304) 6 88 69   **Fax:** 6 33 91

u 1 523

Naturfreundejugend Württemberg
Neue Str. 150, 70186 Stuttgart
T: (0711) 48 10 77   **Fax:** 4 80 02 16

● U 1 524

Naturschutzjugend (NAJU)
Bundesgeschäftsstelle
Postf. 30 10 45, 53190 Bonn
Herbert-Rabius-Str. 26, 53225 Bonn
T: (0228) 40 36-190   **Fax:** 40 36-201
E-Mail: naju@naju.de
Gründung: 1982
Geschäftsführer(in): Reinhold Meimberg

Landesverbände

u 1 525

Naturschutzjugend (NAJU) Baden-Württemberg
Rotebühlstr. 86 /1, 70178 Stuttgart
T: (0711) 61 34 54   **Fax:** 61 89 31
E-Mail: najubawue@gmx.de
Geschäftsführer(in): Nico Teerenstra

u 1 526

Naturschutzjugend im LBV Bayern
Eisvogelweg 1, 91161 Hilpoltstein
T: (09174) 47 75-51   **Fax:** 47 75-75
Internet: http://www.naju-bayern.de
E-Mail: naju-bayern@lbv.de
Jugendbildungsreferent(in): Simone Deubel

u 1 527

Naturschutzjugend Berlin
Hauptstr. 13, 13055 Berlin
T: (030) 9 86 41 07   **Fax:** 9 86 70 51

u 1 528

Naturschutzjugend Brandenburg
Patrizierweg 43, 14480 Potsdam
T: (0331) 6 26 14 74   **Fax:** 6 26 14 87
Internet: http://www.najubrabu.de
E-Mail: lgs@najubrabu.de
Jugendbildungsreferent(in): Claudia Günther (E-Mail: clauguen@rz.uni-potsdam.de)

u 1 529

NABU-Büro Bremen
Contrescarpe 8, 28203 Bremen
T: (0421) 3 39 84-28   **Fax:** 3 39 84-29
E-Mail: nabubremen@aol.com
Geschäftsführer(in): Soenke Hofmann

u 1 530

Naturschutzjugend Hamburg
Habichtstr. 125, 22307 Hamburg
T: (040) 69 70 89-20   **Fax:** 69 70 89-19
Internet: http://www.naju-hamburg.de
E-Mail: mail@naju-hamburg.de
Kontaktperson: Guido Teenck

u 1 531

Naturschutzjugend Hessen
Garbenheimer Str. 32, 35578 Wetzlar
T: (06441) 94 69 03   **Fax:** 94 69 04
Internet: http://www.naju-hessen.de
E-Mail: naju@naju-hessen.de
Jugendbildungsreferent(in): Berthold Langenhorst

u 1 532

Naturschutzjugend Mecklenburg-Vorpommern
Ökohaus
Hermannstr. 36, 18055 Rostock
T: (0381) 4 92 39 90   **Fax:** 45 34 02
E-Mail: naju-mv@arcormail.de
Jugendbildungsreferent(in): Manja Ostermann

u 1 533

Naturschutzjugend Niedersachsen
Goebenstr. 3a, 30161 Hannover
T: (0511) 3 94 04 15   **Fax:** 3 94 54 59
E-Mail: naturschutzjugend@janun.de
Kontaktperson: Christiane Dietrich

u 1 534

Naturschutzjugend Nordrhein-Westfalen
Merowingerstr. 88, 40225 Düsseldorf
T: (0211) 15 92 51-30   **Fax:** 15 92 51-15
E-Mail: mail@naju-nrw.de
Kontaktperson: Stefan Wenzel

u 1 535

NABU Büro Rheinland-Pfalz
Postf. 16 47, 55006 Mainz
Frauenlobstr. 15-19, 55118 Mainz
T: (06131) 1 40 39 26   **Fax:** 1 40 39 28
E-Mail: nabu-rlp@mainz-online.de
Jugendbildungsreferent(in): Annette Hombach

u 1 536

Naturschutzjugend Saarland
Zum Wildpark, 66709 Weiskirchen
T: (06872) 92 08 84   **Fax:** 92 08 83
Internet: http://www.nabu-saar.de/h48naju.htm
E-Mail: lgs@naju-saar.de
Jugendbildungsreferent(in): Daniel Dörr

u 1 537

Naturschutzjugend Sachsen
Kreischaer Str. 30, 01219 Dresden
T: (0351) 4 71 65 66   **Fax:** 4 71 65 66
E-Mail: salamandrandreas@gmx.de
Kontaktperson: Andreas Altenburger

u 1 538

Naturschutzjugend Sachsen-Anhalt
Schleinufer 18a, 39104 Magdeburg
T: (0391) 5 61 93 50   **Fax:** 5 61 93 49
Internet: http://www.naju-lsa.de
E-Mail: mail@naju-lsa.de, naju-lsa-lavo@gmx.de (Vorstand)
Jugendbildungsreferent(in): Holger Sommer

u 1 539

Naturschutzjugend Schleswig-Holstein
Fleethörn 23, 24103 Kiel
T: (0431) 9 70 98 51

u 1 540

Naturschutzjugend Thüringen
Dorfstr. 15, 07751 Leutra
T: (03641) 21 54 10   **Fax:** 21 54 11
E-Mail: naju-th@t-online.de
Kontaktperson: Daniel Werner

● U 1 541
Ring deutscher Pfadfinderverbände (RdP)
Postf. 22 13 80, 41436 Neuss
Martinstr. 2, 41472 Neuss
T: (02131) 46 99-0 **Fax:** 46 99-99
Vorsitzende(r): Susanne Schad
Geschäftsführer(in): N. N.

● U 1 542
Ring Deutscher Pfadfinderinnenverbände (RDP)
Unstrutstr. 10, 51371 Leverkusen
T: (0214) 2 30 15 **Fax:** 2 40 34
Vorsitzende(r): Ika Holler
Geschäftsführer(in): Roland Herres
Verbandszeitschrift: "Pfadfinden"
Redaktion: Cornelia Inkmann

● U 1 543
Solidaritätsjugend Deutschlands (SoliJ)
Postf. 13 32, 97822 Marktheidenfeld
T: (09391) 26 23 **Fax:** 26 23
Internationaler Zusammenschluß: siehe unter izu 513
Vorsitzende(r): Bernd Schwinn
Verbandszeitschrift: Rads & Motz

● U 1 544
Sozialistische Jugend Deutschlands Die Falken (SJD)
Kaiserstr. 27, 53113 Bonn
T: (0228) 22 10 55 **Fax:** 21 75 62
Internet: http://www.sjd-die-falken.de
E-Mail: sjd.die.falken.buvo@t-online.de
Vorsitzende(r): Marten Jennerjahn

● U 1 545
Bundesjugendkuratorium
Kennedyallee 105-107, 53175 Bonn
T: (0228) 3 77 18 41 **Fax:** 3 77 18 42
E-Mail: info.bjk@t-online.de

● U 1 546
Bundesverband der Jungdemokraten Junge Linke e.V. (JD-JL)
Bundesgeschäftsstelle Berlin
Greifswalder Str. 4, 10405 Berlin
T: (030) 42 80 48 91
Internet: http://www.junge-linke.de
E-Mail: info@junge-linke.de
Gründung: 1917
Bundesvorsitzende(r): Julia Schotte, Gießen
Bundesgeschäftsführer(in): Annett Mängel (Jugendbildungsreferentin)
Robert Sprinzl (Jugendbildungsreferent)
Marek Voigt
Verbandszeitschrift: tendenz
Mitglieder: ca. 9200

Landesverbände

u 1 547
Jungdemokraten - Junge Linke Baden-Württemberg
c/o Ruth
Jägerstr. 15, 79108 Freiburg
T: (0761) 55 36 78
Vorsitzende(r): Marei Pelzer

u 1 548
Jungdemokraten - Junge Linke Bayern
c/o Höhne
Regensburger Str. 410, 90480 Nürnberg
Höhne

u 1 549
Jungdemokratinnen - Junge Linke Berlin
Rosa-Luxemburg-Str. 19, 10178 Berlin
T: (030) 24 72 97 47 **Fax:** 24 72 97 47
Internet: http://www.jungdemokraten.de
E-Mail: info@jungdemokraten.de
Vorsitzende(r): Marek Voigt

u 1 550
Junge Linke - JungdemokratInnen Brandenburg
Berliner Str. 49, 14467 Potsdam
Kontaktperson: Wiebke Prochnow (für den Vorstand)

u 1 551
Junge Linke - JungdemokratInnen Bremen
Postf. 10 61 26; 28061 Bremen
Kontaktperson: André Anchuelo (für den Vorstand)

u 1 552
JungdemokratInnen - Junge Linke Hamburg
c/o Dehnert
Hochkamp 21, 25451 Quickborn
Kontaktperson: Carmen Dehnert (für den Vorstand)

u 1 553
Jungdemokraten - Junge Linke (DJD) Hessen
Postf. 60651, 419 60 Frankfurt
Vorsitzende(r): Julia Schotte

u 1 554
Junge Linke Niedersachsen
Postf. 91 04 29, 30424 Hannover
T: (0511) 8 38 62 26
Internet: http://www.comlink.apc.org/junge-linke
E-Mail: junge-linke@oln.comlink.apc.org

u 1 555
JungdemokratInnen/Junge Linke Nordrhein-Westfalen
Kieler Str. 29c, 42107 Wuppertal
T: (0202) 4 93 83 54 **Fax:** 45 11 23
E-Mail: jd_nrw@link-do.soli.de
SprecherInnen: Dörte Gutschow

u 1 556
Jungdemokraten - Junge Linke Rheinland-Pfalz
Postf. 14 23, 55004 Mainz
T: (06131) 23 59 49 **Fax:** 23 59 49

u 1 557
Jungdemokraten - Junge Linke Sachsen
c/o Küchenholz e.V.
Kurt-Eisner-Str. 17, 04275 Leipzig
T: (0341) 3 01 32 68
Vorsitzende(r): Heike Werner

u 1 558
Jungdemokraten - Junge Linke Thüringen
Postf. 24 12, 07310 Saalfeld
Kontaktperson: Martin Müller (für den Vorstand)

● U 1 559
Junges Forum e.V.
Moritzstr. 61, 55130 Mainz
T: (06131) 98 56 08 **Fax:** 98 56 09
Internet: http://www.jungesforum.de
E-Mail: mail@jungesforum.de
Gründung: 1990 (16. September)
Vorsitzende(r): Martin Blankemeyer

● U 1 560
Bundesvereinigung Kulturelle Jugendbildung e.V. (BKJ)
Küppelstein 34, 42857 Remscheid
T: (02191) 7 94-3 90 **Fax:** 7 94-3 89
Internet: http://www.bkj.de
E-Mail: info@bkj.de
Gründung: 1963
Vorsitzende(r): Prof. Dr.phil. Max Fuchs
Geschäftsführerin: Hildegard Bockhorst
Verbandszeitschrift: Infoservice
Redaktion: Brigitte Schorn
Mitglieder: 48 Mitgliedsverbände

● U 1 561
Landesarbeitsgemeinschaft Jugend und Literatur NRW e.V.
Leyendeckerstr. 9, 50825 Köln
T: (0221) 9 54 58 82 **Fax:** 9 54 58 83
Internet: http://www.lag-jungendliteraur.de
E-Mail: nkiwitt.lag@t-online.de
Gründung: 1978
Vorsitzende(r): Dr. Birgit Ebbert
Programm/Geschäftsstelle: Nicola Kiwitt
Publikationen: Erstlesereihen, Bücher für die ersten Lesejahre
Redaktion: LAG Jugend und Literatur
Verlag: Eigenwerbung
Mitglieder: 50
Mitarbeiter: 2

● U 1 562
Bundesverband der Internationalen KONTAKT-Gruppen e.V. (B.I.K.)
Postf. 10 30 44, 69020 Heidelberg
T: (09621) 2 57 04 **Fax:** 20 28
E-Mail: christel.kliesch@onlinehome.de
Gründung: 1975 (15. April)
Präsident(in): Christel E. Kliesch (deutsch)
Jimmie Thomas (international)
Vizepräsident(in): Ingrid Roux (deutsch)
Jack Lewis (international)
Vorsitzende(r): Melvin Gonzales (international)
Norman Goldberg (international)
Marion Haser (deutsch)
Eberhard Hoersch (deutsch)
Winfried Jaeger (deutsch)
Steven F. Miller (international)
Waltraud Marianne Pfister (deutsch)
Sibylle Schmitt (deutsch)
Leitung Presseabteilung: Ingrid Roux
Winfried Jaeger
Mitglieder: ca. 1100
Jahresetat: DM 0,012 Mio, € 0,01 Mio (2000)

● U 1 563
Service Civil International Deutscher Zweig e.V.
Blücherstr. 14, 53115 Bonn
T: (0228) 21 20 86, 21 20 87 **Fax:** 26 42 34
Internet: http://www.sci-d.de
E-Mail: sci-d@sci-d.de
Gründung: 1946
Internationaler Zusammenschluß: siehe unter izv 38
Vorsitzende(r): Torben Schönershoven
Stellvertretende(r) Vorsitzende(r): Stefan Butenholz
Geschäftsführer(in): Ulrich Hauke
Verbandszeitschrift: Amitiés
Mitglieder: ca. 500
Mitarbeiter: 12
Jahresetat: DM 2 Mio, € 1,02 Mio

Internationale Freiwilligenarbeit im Rahmen von Workcamps in Bereichen Frieden, Antifaschismus, Antirassismus, Solidarität, ökologie, Frauen, Benachteiligte, Soziale Initiativen.

● U 1 564
Schwarzburgbund (SB) e.V.
c/o Dr.-Ing. Hermann H. Oppermann
Löwengasse 3, 61184 Karben
T: (06039) 10 98
Internet: http://www.schwarzburgbund.de
Vorsitzende(r): Dr.-Ing. Hermann H. Oppermann
Dr. med. Werner Ihle (Schriftführer)
Stefan Kühr (Personenwart)
Gerhard Müller (Kassenwart)
Ernst Kulcsar (Redakteur)
Volker Gutzen (Landesverbände)
Verbandszeitschrift: Die Schwarzburg
Redaktion: Ernst Kulcsar, MA
Verlag: Die Schwarzburg, Vestnertorgraben 3, 90408 Nürnberg
Mitglieder: 3900
Anzahl der angeschlossenen Organisationen: 62
Anschrift am Sitz v. BT u. BRg: Burschenschaft im SB Rheno-Germania-Bonn, Georgstr. 8, 53111 Bonn, T: (0228) 63 26 66

● U 1 565
Akademie Remscheid für musische Bildung und Medienerziehung e.V.
Küppelstein 34, 42857 Remscheid
T: (02191) 7 94-0 **Fax:** 7 94-2 05
Internet: http://www.akademieremscheid.de
E-Mail: akamiers@aol.com
Gründung: 1958
Direktor(in): Prof. Dr. phil. Max Fuchs
Vorsitzende: Prof. Dr. Irmgard Merkt
Stellvertretende(r) Vorsitzende(r):
Prof. Wolfgang Breuer
Günter Klarner
Hauptgeschäftsführer(in): Karl-Heinz Lichtenberg
Studienleiter: Ulrich Baer
Leitung Presseabteilung: Dr. phil. Eva-Maria Oehrens
Verbandszeitschrift:

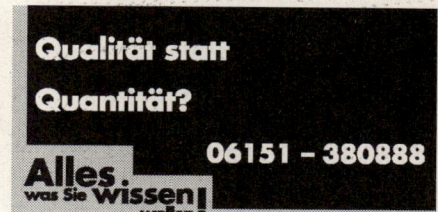

Schriftenreihe "RAT - Remscheider Arbeitshilfen und Texte", Hrsg. Akademie Remscheid
"kulturarbeit aktuell", Presse- und Informationsdienst, Hrsg. Akademie Remscheid
Die Akademie Remscheid ist Rechtsträger und/oder Sitz folgender weiterer Institutionen der kulturellen Jugendbildung und der Medienpädagogik:
Kinder- und Jugendfilmzentrum in Deutschland;
Institut für Bildung und Kultur e.V.;
Bundesvereinigung Kulturelle Jugendbildung e.V.;
Dokumentationsstelle Kulturelle Bildung;
Landesarbeitsgemeinschaft Musik NRW e.V.;
Landesarbeitsgemeinschaft Tanz NRW e.V.;
Bundesverband Rhythmische Erziehung e.V.;
Deutscher Bundesverband Tanz e.V.;
Rat für Soziokultur und kulturelle Bildung e.V.

● U 1 566
Jugendferienwerk e.V./JFW Reisen
Faktoreistr. 1, 66111 Saarbrücken
T: (0681) 3 50 91-92 Fax: 39 02 28
Vorsitzende(r): Prof. Dr. G. Lau
Stellvertretende(r) Vorsitzende(r): Prof. D. Schmidt

● U 1 567
Deutsch-Französisches Jugendwerk (DFJW)
Office franco-allemand pour la Jeunesse (OFAJ)
Molkenmarkt 1-3, 10179 Berlin
T: (030) 28 87 57-0 Fax: 28 87 57-88
Internet: http://www.dfjw.org
Gründung: 1963 (5. Juli)
Generalsekretär(in): Dr. Babette Nieder
Stellv. Generalsekr.: Prof. Dr. Michel Cullin

● U 1 568
Verein Berliner Austauschschüler e.V.
Alexanderplatz 4, 10178 Berlin
T: (030) 25 29 51 33 Fax: 25 29 51 32
E-Mail: vba@austausch-berlin.de
Gründung: 1982 (07. Januar)
Vorsitzende(r): Knud D. Brauer (Geschäftsführung) Antonia Latta
Stellvertretende(r) Vorsitzende(r): Cordelia Krause
Leitung Presseabteilung: Hans-Jürgen Schwebke
Mitglieder: 600
Mitarbeiter: 50-60 (alle ehrenamtl.)

● U 1 569
Oregon Alumni Association e.V.
c/o Hubert Teichmann
Liebenzeller Weg 8, 71106 Magstadt
T: (07159) 4 56 82
Gründung: 1990 (27. Januar)
Vorsitzende(r): Dr. Hans-Ulrich Wandel (MBA (Univ. of Oregon))
Stellvertretende(r) Vorsitzende(r): Dipl.-Kffr. Ulrike Hudelmaier (M.A. (Univ. of Oregon))
Mitglieder: 100

● U 1 570
Internationale Jugendbibliothek
Die Internationale Jugendbibliothek ist eine Einrichtung der Stiftung Internationale Jugendbibliothek (seit 1996)
Schloß Blutenburg, 81247 München
T: (089) 89 12 11-0 Fax: 8 11 75 53
E-Mail: bib@ijb.de
Gründung: 1949 (Eröffnung)
Vorsitzende(r) des Vorstandes: Christa Spangenberg (Bäumlstr. 6, 80638 München, T: (089) 17 14 23, Telefax: (089) 17 14 23)
Vorstand: Prof. Dr.h.c.mult. Klaus Gerhard Saur (K.G. Saur Verlag GmbH & Co. KG, Postf. 70, 81316 München, T: (089) 76 90 24 60, Telefax: (089) 76 90 24 50)
Dr. Barbara Scharioth (Direktorin der Internationalen Jugendbibliothek, Schloß Blutenburg, 81247 München, T: (089) 89 12 11-40, Telefax: (089) 89 12 11-38)
Verwaltungsleiterin: Gertraud Willweber
Leitung Presseabteilung: Carola Gäde
Mitarbeiter: 32
Jahresetat: DM 2,6 Mio, € 1,33 Mio
Hauszeitschrift: IJB-Report
Redaktion: Dr. Barbara Scharioth

● U 1 571
Bundesarbeitsgemeinschaft der Landesjugendämter (BAGLJÄ)
beim Landschaftsverband Rheinland - Landesjugendamt - Hermann-Pünder-Str. 1, 50679 Köln
T: (0221) 8 09-6217 Fax: 8 09-6218
Internet: http://www.baglijae.de
Vorsitzende(r): Landesrat Markus Schnapka
Mitglieder: 18

● U 1 572

Arbeitsgemeinschaft für Jugendhilfe (AGJ)
Haager Weg 44, 53127 Bonn
T: (0228) 91 02 40 Fax: 9 10 24 66
Internet: http://www.agj.de
E-Mail: agj@agj.de
Vorsitzende(r): Reiner Prölß
Stellvertretende(r) Vorsitzende(r): Norbert Struck
Heinz Fracke
Geschäftsführer(in): Peter Klausch
Leitung Presseabteilung: Peter Sieler
Verbandszeitschrift: FORUM-Jugendhilfe
Redaktion: Peter Klausch (AGJ-Geschäftsführer), Peter Sieler
Verlag: Eigenverlag
Fachliche Kooperation der Mitgliedsverbände. Öffentliches Fachgespräch; Interessenvertretung in der Jugendhilfe; Tagungen, Kongresse, "Jugendhilfetage"; Stellungnahmen und Empfehlungen; Zusammenarbeit mit anderen Fachorganisationen; Vergabe des "Deutschen Jugendhilfepreises -Hermine-Albers-Preis-".

● U 1 573
Archiv der deutschen Jugendbewegung
Burg Ludwigstein, 37214 Witzenhausen
T: (05542) 50 17 20 Fax: 50 17 23
Gründung: 1922 (Wiedergründung 1945)
Leiter(in): Dr. Winfried Mogge
Verbandszeitschrift: Jahrbuch des Archivs der deutschen Jugendbewegung
Mitarbeiter: 4

● U 1 574
Arbeitskreis zur Förderung von Pflegekindern e.V.
Geisbergstr. 30, 10777 Berlin
T: (030) 2 11 10 67 Fax: 2 18 42 69
Gründung: 1974 (14. Oktober)
Geschäftsführer(in): Peter Heinßen
Verbandszeitschrift: Pflegekinder
Redaktion: Arbeitskreis zur Förderung von Pflegekindern e.V., Geisbergstr. 30, 10777 Berlin (auch Verlag)
Mitglieder: 600
Mitarbeiter: 10
Jahresetat: DM 0,8 Mio, € 0,41 Mio

● U 1 575
Bundesarbeitsgemeinschaft Kinder- und Jugendschutz (BAJ)
Haager Weg 44, 53127 Bonn
T: (0228) 29 94 21, 29 93 59 Fax: 28 27 73
E-Mail: baj-bonn@t-online.de
Gründung: 1951
Vorsitzende(r): Prof. Dr. Bruno W. Nikles, Ratingen
Stellvertretende(r) Vorsitzende(r): Thomas Becker, Hamm
Eva Reichert-Garschhammer, München
13 Landesstellen auf Länderebene
Zeitschrift: Kind-Jugend-Gesellschaft
Verlag: Luchterhand Verlag GmbH u. Co. KG, Heddesdorfer Str. 31, 56564 Neuwied

● U 1 576
Bundesarbeitsgemeinschaft Jugendsozialarbeit (BAG JAW)
Kennedyallee 105-107, 53175 Bonn
T: (0228) 9 59 68-0 Fax: 9 59 68-30
E-Mail: bagjaw@jugendsozialarbeit.de
Gründung: 1949 (Mai)
Vorsitzende(r): Dieter Herbartz (Kath. Jugendsozialarbeit)
Stellvertretende(r) Vorsitzende(r): Klaus Wagner (Arbeiterwohlfahrt Bundesverband e.V. Bonn)
Geschäftsführer(in): Henrik von Bothmer
Verbandszeitschrift: Jugend Beruf Gesellschaft
Redaktion: Paul Fülbier
Verlag: Selbstverlag
Mitglieder: 5 Trägergruppen u. 8 Landesarbeitsgemeinschaften
Mitarbeiter: 17

● U 1 577
Deutscher Kinderschutzbund Bundesverband e.V. (DKSB)
Schiffgraben 29, 30159 Hannover
T: (0511) 3 04 85-0 Fax: 3 04 85-49
Internet: http://www.dksb.de

Gründung: 1953
Präsident(in): Heinz Hilgers
Geschäftsführer(in): Walter Wilken
Verbandszeitschrift: Kinderschutz aktuell
Mitglieder: 48500

Landesverbände

u 1 578
Deutscher Kinderschutzbund e.V.
Landesverband Baden-Württemberg
Geschäftsstelle:
Haußmannstr. 6, 70188 Stuttgart
T: (0711) 24 28 18 Fax: 2 36 15 13

u 1 579
Deutscher Kinderschutzbund e.V.
Landesverband Bayern e.V.
Geschäftsstelle:
Arabellastr. 1, 81925 München
T: (089) 2 71 79 90 Fax: 2 71 64 36
Internet: http://www.kinderschutzbund-bayern.de
E-Mail: dksb.lv.bayern@t-online.de
Vorstand: Dr. Konrad Leube (Vors.)

u 1 580
Deutscher Kinderschutzbund e.V.
Landesverband Berlin
Geschäftsstelle:
Malplaquetstr. 38, 13347 Berlin
T: (030) 45 80 29 31 Fax: 45 80 29 32

u 1 581
Deutscher Kinderschutzbund e.V.
Landesverband Brandenburg
c/o OV Frankfurt/Oder
Mühlenweg 48, 15232 Frankfurt
T: (0335) 5 00 73 70 Fax: 5 00 73 71

u 1 582
Deutscher Kinderschutzbund e.V.
Landesverband Bremen
Geschäftsstelle:
Humboldtstr. 179, 28203 Bremen
T: (0421) 70 00 37-8 Fax: 70 46 79

u 1 583
Deutscher Kinderschutzbund e.V.
Landesverband Hamburg
Geschäftsstelle:
Fruchtallee 15, 20259 Hamburg
T: (040) 43 29 27-0 Fax: 43 29 27-47

u 1 584
Deutscher Kinderschutzbund e.V.
Landesverband Hessen
Geschäftsstelle:
Gebrüder-Lang-Str. 7, 61169 Friedberg
T: (06031) 1 87 33 Fax: 72 26 49

u 1 585
Deutscher Kinderschutzbund e.V.
Landesverband Mecklenburg-Vorpommern
Geschäftsstelle:
Arsenalstr. 2, 19053 Schwerin
T: (0385) 5 90 76 19 Fax: 5 90 76 12

u 1 586
Deutscher Kinderschutzbund e.V.
Landesverband Niedersachsen
Geschäftsstelle:
Schwarzer Bär 8, 30449 Hannover
T: (0511) 44 40 75 Fax: 44 40 77

u 1 587
Deutscher Kinderschutzbund e.V.
Landesverband Nordrhein-Westfalen
Geschäftsstelle:
Domagkweg 20, 42109 Wuppertal
T: (0202) 75 44 65 Fax: 75 53 54

u 1 588
Deutscher Kinderschutzbund e.V.
Landesverband Rheinland-Pfalz
Geschäftsstelle:
Ostbahnstr. 4, 76829 Landau
T: (06341) 8 88 00   **Fax:** 8 93 61

u 1 589
Deutscher Kinderschutzbund e.V.
Landesverband Saarland
Steinbacher Str. 8, 66904 Börsborn
T: (06841) 16 42 35   **Fax:** 16 43 33

u 1 590
Deutscher Kinderschutzbund e.V.
Landesverband Sachsen
Geschäftsstelle:
Klopstockstr. 50, 01157 Dresden
T: (0351) 4 21 40 50   **Fax:** 4 22 25 16

u 1 591
Deutscher Kinderschutzbund e.V.
Landesverband Sachsen-Anhalt
Geschäftsstelle:
Gerhart-Hauptmann-Str. 34, 39108 Magdeburg
T: (0391) 7 34 73 93   **Fax:** 7 34 73 94

u 1 592
Deutscher Kinderschutzbund e.V.
Landesverband Schleswig-Holstein
Geschäftsstelle:
Beselerallee 44, 24105 Kiel
T: (0431) 80 52 49   **Fax:** 8 26 14

u 1 593
Deutscher Kinderschutzbund e.V.
Landesverband Thüringen
c/o Fachhochschule Erfurt
Altonaer Str. 25, 99085 Erfurt
T: (0361) 6 70 05 10   **Fax:** 6 70 05 33

• U 1 594
Komitee Sicherheit für das Kind
DBV-Winterthur-Haus
Leopoldstr. 204, 80804 München
T: (089) 36 06-3749   **Fax:** 36 06-32 27
Gründung: 1967
Präsident(in): Prof. Dr. Joest Martinius
Vizepräsident(in): Dipl.-Ing., Dipl.-Wirtsch.-Ing. Siegfried Mösch
Geschäftsführer(in): Christiane Khadjavi (Presseabteilung)

• U 1 595
SOS-Kinderdorf e.V.
Renatastr. 77, 80639 München
T: (089) 12 60 60   **Fax:** 1 26 06-4 04
Gründung: 1955 (8. Februar)
Vorstandsmitglieder:
Dr. Günter Kalteis (Vors.), München
Dr. Volker Then (stellv. Vors.), München
Uwe Jes Hansen, Plön
Dr. Gerhard Lippert, München
Prof. Dr. Johannes Münder, Berlin
Gesine von Uslar, Mainz
Verbandszeitschrift: SOS-Kinderdorfbote
Mitglieder: rd. 40000 (Eingeschriebene Mitglieder), regelmäßige Spender rd. 2 Mio
Mitarbeiter: rd. 1900
Jahresetat: DM 300 Mio, € 153,39 Mio
Redaktion und Verlag: SOS-Kinderdorf e.V., Renatastr. 77, 80639 München

Förderung, ideelle Verbreitung und praktische Verwirklichung des Kinderdorfgedankens durch ein Sozialwerk, das der Betreuung schutzbedürftiger Kinder und Jugendlicher in familienähnlicher Gemeinschaft sowie deren Erziehung im Geist der christlichen Sittenlehre dient.

• U 1 596

Hermann-Gmeiner-Fonds Deutschland e.V.
Menzinger Str. 23, 80638 München
T: (089) 1 79 14-0   **Fax:** 1 79 14-100
Internet: http://www.hgfd.de
E-Mail: hermann.gmeiner.fonds@sos-kd.org
Gründung: 1963
Vorsitzende(r): Helmut Kutin
Stellvertretende(r) Vorsitzende(r): Prof. Bernhard Servatius
Geschäftsführer(in): Dr. Michael Gschließer
Leitung Kommunikation: Ingrid Famula
Verbandszeitschrift: SOS-Kinderdorf International
Redaktion: SOS-Kinderdorf Verlag Innsbruck/München
Mitglieder: 50
Mitarbeiter: 45
Jahresetat: ca. DM 200 Mio, € 102,26 Mio

Förderung der SOS-Kinderdörfer in aller Welt

• U 1 597
Arbeitsgemeinschaft Deutscher Frauen- und Kinderschutzhäuser
- Zufluchtsstätten für von Gewalt betroffene Frauen und deren Kinder -
Postf. 10 14 55, 68014 Mannheim
T: (0621) 41 10 68, 41 10 69   **Fax:** 41 10 69
Vorsitzende(r): Ruth Syren
Stellvertretende(r) Vorsitzende(r): Marianne Gumbel, Eberbach
Martina Schill, Erfurt

• U 1 598
Deutsche Hilfsgemeinschaft e.V.
Hansestadt Hamburg
Bürgerweide 38, 20535 Hamburg
T: (040) 2 50 66 20   **Fax:** 2 50 45 63
Gründung: 1945 (18. Oktober)
Vorsitzende(r): Uwe Gutwasser
Leitung Presseabteilung: Dipl.-Kommunikationswirtin Rita Diekers-Paproth

• U 1 599
Aktionskomitee KIND IM KRANKENHAUS e.V. (AKIK)
Bundesverband
-Geschäftsstelle-
Kirchstr. 34, 61440 Oberursel
T: (06172) 30 36 00
Internet: http://www.akik-bundesverband.de
Gründung: 1968 (November)
Bundesvorsitzende(r): Inge M. Böhm
Angelika Fackler
Verbandszeitschrift: AKIK-ASPEKTE
Redaktion: Reinhard, Fackler
Verlag: A. Fackler, Am Anger 15, 86482 Aystetten
Mitglieder: 600
Mitarbeiter: 1

• U 1 600
Fördern durch Spielmittel - Spielzeug für behinderte Kinder e.V.
Immanuelkirchstr. 24, 10405 Berlin
T: (030) 4 42 92 93   **Fax:** 44 35 92 14
Internet: http://www.spielmittel.de
E-Mail: info@spielmittel.de
Vorstand: Ekkehard Bartsch
Katja Richter
Dr. Helmut Tautz
Heide Wegat
Geschäftsführer(in): Siegfried Zoels
Mitglieder: 50

• U 1 601
Freunde blinder und sehbehinderter Kinder e.V.
Borgweg 17a, 22303 Hamburg
T: (040) 2 79 71 86   **Fax:** 63 60 99 01
Internet: http://www.blindekinder.de
E-Mail: webmaster@blindekinder.de
Gründung: 1951
Vorsitzende(r): Rainer Schulz
Leitung Presseabteilung: Christa Eggers
Verbandszeitschrift: EINBLICK
Redaktion: Freunde blinder u. sehbeh. Kinder e.V.
Mitglieder: 350
Mitarbeiter: 15

• U 1 602
Bundesgemeinschaft der Eltern und Freunde hörgeschädigter Kinder e.V.
Pirolkamp 18, 22397 Hamburg
T: (040) 6 07 03 44   **Fax:** 6 07 23 61
Internet: http://www.bundesgemeinschaft.de
E-Mail: Spektrum-Hoeren@t-online.de
Gründung: 1965
Vorsitzende(r): Hannelore Hartmann
Stellvertretende(r) Vorsitzende(r): Hannelore Muxfeldt
Verbandszeitschrift: Spektrum Hören
Mitglieder: ca. 1100 Einzelmitglieder, 26 korporativ angeschlossene (regionale) Verbände, 3 angeschlossene Verbände im Ausland (Belgien, Österreich)
Schriftleitung: Hannelore Hartmann

• U 1 603
Eltern für Kinder e.V.
Burgsdorfstr. 1, 13353 Berlin
T: (030) 46 50 75 71   **Fax:** 4 61 45 20
E-Mail: EfK-Berlin@t-online.de
Gründung: 1987 (12. September)
Vorsitzende(r): Ekkehart Steiner
Stellvertretende(r) Vorsitzende(r): Marie-Thérèse Dorn
Schatzmeister: Uwe Oster
Vorstandsmitglieder: Erik Baus
Claus Vreden
Mitglieder: ca. 650
Mitarbeiter: 4
Jahresetat: DM 0,35 Mio, € 0,18 Mio

• U 1 604
Deutscher Elternverein e.V.
Grothstr. 25, 38110 Braunschweig
T: (05307) 9 10 30   **Fax:** 9 10 31
E-Mail: Mundlos@t-online.de
Vorsitzende(r): Heidemarie Mundlos
Stellvertretende(r) Vorsitzende(r): Regine Schwarzhoff
Mitglieder: 20000

• U 1 605
Verein leberkrankes Kind e.V.
Windmühlenstr. 19, 29399 Wahrenholz
T: (05835) 82 41   **Fax:** 82 41
Gründung: 1987 (23. Oktober)
Vorsitzende(r): Ingrid Ganser-Maisel (Forchheimerstr. 7, 91083 Baiersdorf, T/Fax: (09133) 60 39 53)
Stellvertretende(r) Vorsitzende(r): Ruth Stöver (Rundshorn 13, 30419 Hannover, T: (0511) 67 12 35)
Geschäftsführer(in): Marion Schuckart (Windmühlenstr. 19, 29399 Wahrenholz, T: (05835) 82 41)
Stellvertretende(r) Geschäftsführer(in): Doris Steffl (Schlichenreuth 1, 91322 Gräfenberg, T: (09199) 88 22)
Schatzmeisterin: Anni Becker (Lindenstr. 67, 59581 Warstein, T: (02902) 16 32)
Stellv. Schatzmeister: Reiner Pilz (Weimarer Str. 3, 34379 Calden, T: (05609) 75 12)
Verbandszeitschrift: "Leberfleck"
Redaktion: Manfred Skibb
Verlag: Eigenverlag
Mitglieder: 220 Familien
Jahresetat: ca. DM 0,08 Mio, € 0,04 Mio

• U 1 606
AGPF-Aktion für Geistige und Psychische Freiheit e.V.
Im Blankert 35, 53229 Bonn
T: (0228) 63 15 47
Internet: http://www.agpf.de, http://www.ingo-heinemann.de
Gründung: 1978
Vorstand: Bernhard Brünjes (Vors.)
Ursula Zöpel (Stv. Vors.)
Heide-Marie Cammans
Liselotte Wenzelburger-Mack
Geschäftsführer(in): RA Ingo Heinemann (Grabenstr. 1, 53579 Erpel, T: (02644) 98 01 30, Fax: (02644) 98 01 31, E-Mail: Ingo.Heinemann@t-online.de)
Zahl der angeschlossenen Organisationen: 17

• U 1 607
Internationale Gesellschaft für erzieherische Hilfen (IGfH)
Sektion Bundesrepublik Deutschland der Fédération Internationale des Communautés Educatives (FICE) e.V.
Schaumainkai 101-103, 60596 Frankfurt
T: (069) 63 39 86-0   **Fax:** 63 39 86 25
Internet: http://www.igfh.de
E-Mail: igfh@igfh.de
Gründung: 1961
1. Vorsitzende(r): Hans-Ullrich Krause
1. Stellvertretende(r) Vorsitzende(r): Prof. Dr. Friedhelm Peters
2. Stellvertretende(r) Vorsitzende(r): Sigrid Möser
Geschäftsführer(in): Wolfgang Trede
Mitglieder: 1850
Mitarbeiter: 5

U 1 608
Lesben- und Schwulenverband in Deutschland e.V. (LSVD)
Bundesgeschäftsstelle
Katzbachstr. 5, 10965 Berlin
T: (030) 78 95 47 63   Fax: 44 00 82 41
Internet: http://www.lsvd.de
E-Mail: presse@lsvd.de
Geschäftsstelle Köln:
Postfach. 10 34 14, 50474 Köln
Pipinstr. 7, 50667 Köln
T: (0221) 92 59 61-0, Fax: 92 59 61-11, 92 59 61-31
Internet: http://www.lsvd.de
E-Mail: nrw@lsvd.de
Gründung: 1990 (18. Februar)
Vorstand: Volker Beck (MdB)
Halina Bendkowski
Manfred Bruns (Bundesanwalt am BGH a.D.)
Günter Dworek
Michael Gies
Frank Karge
Ida Schillen
Michael Schmidt
Gerta Siller
Eduard Stapel
Jacques Teyssier
Geschäftsführer(in): Christine Przytulla
Stellvertretende(r) Geschäftsführer(in): Klaus Jetz
LSVD-Pressestelle:
Katzbachstr. 5, 10965 Berlin, T: (030) 78 95 47 63
Verbandszeitschrift: Das Rundgespräch
Redaktion: Klaus Jetz, Katzbachstr. 5, 10965 Berlin
Mitglieder: 2000
Angeschlossene Organisationen: 52
Mitarbeiter: 3

U 1 609
Konferenz der Schwulen Landesnetzwerke (KSL)
c/o Schwules Netzwerk NRW e.V.
Hohenzollernring 48, 50672 Köln
T: (0221) 2 57 28-47   Fax: 2 57 28-48
E-Mail: schwul@netcologne.de
Vorstand: Matthias Kuske
Stefan Mielchen
Thomas Wilde
Mitglieder: 133

U 1 610
Deutsche Hilfe für Kinder von Arbeitslosen e.V. Bundesvereinigung (DHK)
Schwarzenbergstr. 93b, 21073 Hamburg
T: (040) 77 21 11, 7 65 80 22   Fax: 7 65 98 24
Internet: http://www.dhk-kinderzukunft.de
E-Mail: vera-luetjens@dhk-kinderzukunft.de
Gründung: 1986 (13. April)
Vorsitzende(r): Wolfgang Lütjens (Ltg. Presseabteilung)
Schatzmeisterin: Vera Lütjens
Mitglieder: 52
Mitarbeiter: 6

U 1 611
Verband Scheidungsgeschädigter Bürgerinitiative gegen Kindesentzug und Unterhaltsmißbrauch e.V. (VSBI)
Postfach. 45 04 08, 12174 Berlin
Hildburghauser Str. 231, 12209 Berlin
T: (030) 3 95 57 94   Fax: 3 95 65 57
E-Mail: vsbi@berlin.snafu.de
Vorsitzende(r): Betriebsw. Sibylle Salameh, Berlin
1. Stellv. Vors.: Georg Späth, Berlin
2. Stellv. Vors.: Dietrich Uka, Berlin
Schatzmeister: Anneli Weidemann, Berlin
Pressesprecher: Dr. H.-G. Fritz, Berlin

U 1 612
Bürgerbund faires Scheidungsrecht e.V. (BfS)
Postfach. 12 04 27, 53046 Bonn
T: (0228) 34 21 43
Vorsitzende(r): Dr. Erik Hienstorfer
Stellv. Vors. u. Schatzmeister: Peter Brix
Geschäftsführende(s) Vorstands-Mitglied(er): Madeleine Michels
Mitglieder: 330

U 1 613
Al-Anon Familiengruppen Al-Anon/Alateen Interessengemeinschaft e.V. für Angehörige und Freunde von Alkoholikern
Emilienstr. 4, 45128 Essen
T: (0201) 77 30 07   Fax: 77 30 08
Internet: http://www.al-anon.de
E-Mail: AL-ANON.ZDB@T-ONLINE.DE

U 1 614
Bund für drogenfreie Erziehung e.V. (BdE)
Postfach. 14 22, 21496 Geesthacht
T: (04151) 89 18 10   Fax: 89 18 11
Internet: http://www.drogenfreie-erziehung.de
E-Mail: bde@neuland.com
Gründung: 1896
Vorsitzende(r): Andreas Dierks
Stellvertretende(r) Vorsitzende(r): Matthias Meyer
Geschäftsführer(in): Frank Lindemann (Ltg. Presseabteilung)
Mitglieder: 120
Jahresetat: DM 0,015 Mio, € 0,01 Mio

U 1 615
Bundesverband der Elternkreise drogengefährdeter und drogenabhängiger Jugendlicher e.V.
Köthener Str. 38, 10963 Berlin
T: (030) 55 67 02-0   Fax: 5 56 70 21
Internet: http://home.snafu.de/bvek
E-Mail: bvek@snafu.de
Vorsitzende(r): Brigitta Reitz (Auf dem Mühlberg 77, 60599 Frankfurt, T: (069) 61 58 80)
Stellvertretende(r) Vorsitzende(r): Günter Fuchs (Rückertweg 1, 51545 Waldbröl, T: (02291) 47 51)
Dr. Rolf Strauß (Stefan-George-Weg 10, 64285 Darmstadt, T: (06151) 6 22 00)
Schriftführer(in): Hannelore Kurras (Hainerweg 146, 60599 Frankfurt/M., T: (069) 68 57 70)
Kassenführerin: Dorit Lehmann (Stubenrauchstr. 35, 12161 Berlin, T: (030) 8 51 43 46)

Wohlfahrtsverbände

U 1 616
Bundesarbeitsgemeinschaft der Freien Wohlfahrtspflege e.V. (BAGFW)
Oranienburger Str. 13-14, 10178 Berlin
T: (030) 2 40 89-0
Internet: http://www.bag-wohlfahrt.de
E-Mail: info@bag-wohlfahrt.de
Präsident(in): Pfarrer Jürgen Gohde (2001)
Dr. Manfred Ragati (2002)
Geschäftsführer(in): Dr. Frank Loges
Ref. Presse- u. Öffentlichkeitsarbeit: Silke Fuchs

U 1 617
Bundesarbeitsgemeinschaft Erste Hilfe
Geschäftsstelle: DRK-Generalsekretariat
Carstennstr. 58, 12205 Berlin
T: (030) 8 54 04-367   Fax: 8 54 04-483
Internet: http://www.rotkreuz.de
E-Mail: elzern@rotkreuz.de
Federführung: jährlich wechselnd
Vorsitzende(r) des Vorstandes: Dr. Pietsch (jährlich wechselnd)
Referent: Stefan Osche (E-Mail: osches@rotkreuz.de)
Presse: Heinz-Lubbo Roewer
Mitgliedsorganisationen: Arbeiter-Samariter-Bund Deutschland e.V., Deutsche Lebens-Rettungs-Gesellschaft e.V., Deutsches Rotes Kreuz e.V., Johanniter-Unfall-Hilfe e.V., Malteser-Hilfsdienst e.V.

U 1 618
Deutscher Guttempler-Orden e.V. (I.O.G.T.)
Adenauerallee 45, 20097 Hamburg
T: (040) 24 58 80   Fax: 24 14 30
Internet: http://www.guttempler.de
E-Mail: guttempler@t-online.de
Gründung: 1889
Vorsitzende(r): Helmut Krethe
Geschäftsführer(in): Wiebke Schneider
Leitung Presseabteilung: Uwe Klein
Verbandszeitschrift: Guttempler
Redaktion: Jutta Fey
Verlag: Selbstverlag
Mitglieder: ca. 10000
Mitarbeiter: 5
Jahresetat: DM 1 Mio, € 0,51 Mio

U 1 619

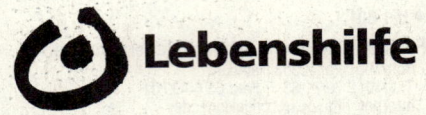

Bundesvereinigung Lebenshilfe für Menschen mit geistiger Behinderung e.V.
Postfach. 70 11 63, 35020 Marburg
Raiffeisenstr. 18, 35043 Marburg
T: (06421) 4 91-0   Fax: 4 91-167
Internet: http://www.lebenshilfe.de
E-Mail: bundesvereinigung@lebenshilfe.de
Gründung: 1958
Vorsitzende(r): Robert Antretter
BundesGF: Dr. Bernhard Conrads
Leitung Öffentlichkeitsarbeit: Jürgen Reuter
Leitung Presseabteilung: Gertrud Genvo
Mitglieder: ca. 130000 in 16 Landesverbänden und ca. 540 örtlichen Vereinigungen

ca. 3000 Einrichtungen, mobile und ambulante Dienste zur Förderung geistig behinderter Menschen und zur Unterstützung ihrer Angehörigen; breites Angebot an Büchern, Broschüren, Zeitschriften, Filmen und Ausstellungen zum Thema "Geistige Behinderung"

Landesverbände

u 1 620
Lebenshilfe für Menschen mit geistiger Behinderung e.V.
Landesverband Baden-Württemberg
Jägerstr. 12, 70174 Stuttgart
T: (0711) 2 55 89-0   Fax: 2 55 89-55
E-Mail: lebenshilfe.bawue@t-online.de
Vorsitzende(r): Prof. Dr. Ulrich Bauder
Geschäftsführer(in): Rudi Sack

u 1 621
Lebenshilfe für Menschen mit geistiger Behinderung e.V.
Landesverband Bayern
Kitzinger Str. 6, 91056 Erlangen
T: (09131) 7 54 61-0   Fax: 7 54 61-90
E-Mail: lvh-bay@t-online.de
Vorsitzende(r): Nikolaus Schratzenstaller
Geschäftsführer(in): Ludger Kusche

u 1 622
Lebenshilfe für Menschen mit geistiger Behinderung e.V.
Landesverband Berlin
Wallstr. 15 /15A, 10179 Berlin
T: (030) 8 29 99 80   Fax: 8 29 99 81 42
E-Mail: lv@lebenshilfe-berlin.de
Vorsitzende(r): Christiane Müller-Zurek
Geschäftsführer(in): Helmut Forner

u 1 623
Lebenshilfe für Menschen mit geistiger Behinderung e.V.
Landesverband Brandenburg
Mahlsdorfer Str. 61, 15366 Hönow
T: (03099) 28 95-0   Fax: 28 95 50
E-Mail: lebenshilfe-brandenburg@web.de
Vorsitzende(r): Wolfgang Pohl

u 1 624
Lebenshilfe für Menschen mit geistiger Behinderung e.V.
Landesverband Bremen
Waller Heerstr. 55, 28217 Bremen
T: (0421) 3 87 77-0   Fax: 3 87 77 99
E-Mail: lvh-bremen@t-online.de
Vorsitzende(r): Katriena Gotthard
Geschäftsführer(in): Gerhard Iglhaut

u 1 625
Lebenshilfe für Menschen mit geistiger Behinderung e.V.
Landesverband Hamburg
Rantzaustr. 74c, 22041 Hamburg
T: (040) 68 94 33 11   Fax: 68 94 33 13
Vorsitzende(r): Rolf Hendricks
Geschäftsführer(in): Ingrid Völker

u 1 626
Lebenshilfe für Menschen mit geistiger Behinderung e.V.
Landesverband Hessen
Raiffeisenstr. 15, 35043 Marburg
T: (06421) 9 48 40-0   Fax: 9 48 40-11
E-Mail: info@lebenshilfe-hessen.de
Vorsitzende(r): Friedel Rinn
Geschäftsführer(in): Klaus Tüxsen

u 1 627

Lebenshilfe für Menschen mit geistiger Behinderung e.V.
Landesverband Mecklenburg-Vorpommern
Julius-Polentz-Str. 3, 19057 Schwerin
T: (0385) 4 78 03 42   Fax: 4 78 03 41
E-Mail: lebenshilfe.mv@freenet.de
Vorsitzende(r): Hannelore Lüdtke
Geschäftsführer(in): Dr. Karin Holinski-Wegerich

u 1 628

Lebenshilfe für Menschen mit geistiger Behinderung e.V.
Landesverband Niedersachsen
Pelikanstr. 4, 30177 Hannover
T: (0511) 9 09 25 70   Fax: 90 92 57 11
E-Mail: landesverband@lebenshilfe-nds.de
Vorsitzende(r): Herbert Burger
Geschäftsführer(in): Kersten Röhr

u 1 629

Lebenshilfe für Menschen mit geistiger Behinderung e.V.
Landesverband Nordrhein-Westfalen
Abtstr. 21, 50354 Hürth
T: (02233) 9 32 45-0   Fax: 9 32 45-10
E-Mail: landesverband@lebenshilfe-nrw.de
Vorsitzende(r): Ulrich Schmidt
Geschäftsführer(in): Hans Jürgen Wagner

u 1 630

Lebenshilfe für Menschen mit geistiger Behinderung e.V.
Landesverband Rheinland-Pfalz
Drechslerweg 25, 55128 Mainz
T: (06131) 9 36 60-0   Fax: 9 36 60-90
E-Mail: llebensh@mainz-online.de
Vorsitzende(r): Emil Weichlein
Geschäftsführer(in): Anna Schädler

u 1 631

Lebenshilfe für Menschen mit geistiger Behinderung e.V.
Landesverband Saarland
Grumbachtalweg 220, 66121 Saarbrücken
T: (0681) 89 40 38   Fax: 89 44 12
E-Mail: lsaarbruecken@t-online.de
Vorsitzende(r): Franz-Rudolph Kronenberger
Geschäftsführer(in): Brigitte Bier

u 1 632

Lebenshilfe für Menschen mit geistiger Behinderung e.V.
Landesverband Sachsen
Heinrich-Beck-Str. 47, 09112 Chemnitz
T: (0371) 30 02 25   Fax: 30 59 20
E-Mail: info@lebenshilfe-sachsen.de
Vorsitzende(r): Prof. Dr. Achim Trogisch
Geschäftsführer(in): Thomas Richter

u 1 633

Lebenshilfe für Menschen mit geistiger Behinderung e.V.
Landesverband Sachsen-Anhalt
Ackerstr. 23 /Am Fuchsberg, 39112 Magdeburg
T: (0391) 6 23 03 11   Fax: 6 23 03 12
E-Mail: lebenshilfe.lsa@t-online.de
Vorsitzende(r): Dieter Labudde
Geschäftsführer(in): Birgit Garlipp

u 1 634

Lebenshilfe für Menschen mit geistiger Behinderung e.V.
Landesverband Schleswig-Holstein
Kastanienstr. 27, 24114 Kiel
T: (0431) 6 61 18-0   Fax: 6 61 18-40
E-Mail: lebenshilfe-sh@t-online.de
Vorsitzende(r): Susanne Stojan-Rayer
Geschäftsführer(in): Rainer Dillenberg

u 1 635

Lebenshilfe für Menschen mit geistiger Behinderung e.V.
Landesverband Thüringen
Otto-Schott-Str. 13, 07745 Jena
T: (03641) 33 43 95   Fax: 33 65 07
E-Mail: lebenshilfe_thueringen@t-online.de
Vorsitzende(r): Charlotte-Rosita Baake
Geschäftsführer(in): Christa Niedner

● U 1 636

BDH Bundesverband für Rehabilitation und Interessenvertretung Behinderter e.V.
Eifelstr. 7, 53119 Bonn
T: (0228) 96 98-40   Fax: 96 98-499
E-Mail: info@bdh-reha.de
Bundesvorsitzender: Erwin Weißenberg
Stellv. Bundesvors.: Josef Bauer
Werner Scheffler
Mitglieder: 75000

● U 1 637

Aktion Lebensrecht für Alle e.V. (ALfA)
Ottmarsgäßchen 8, 86152 Augsburg
T: (0821) 51 20 31   Fax: 15 64 07
Internet: http://www.alfa-ev.de
E-Mail: info@alfa-ev.de
Bundesvorsitzende(r): Claudia Kaminski
Stellvertretende(r) Bundesvorsitzende(r): Janine Schmenk
Hubert Hüppe
Leitung Presseabteilung: Stefan Rehder
Verbandszeitschrift: Lebensforum
Redaktion: Brandmaier
Mitglieder: 11000
Angeschlossene Organisationen: 60

● U 1 638

Internationaler Hilfsfonds e.V.
Postf. 12 53, 61186 Rosbach
Raiffeisenstr. 10, 61191 Rosbach
T: (06003) 91 91-0   Fax: 91 91-20
E-Mail: int.hilfsfonds@t-online.de
Gründung: 1990 3. Oktober
Vorsitzende(r): Prof. Dr. Karl H. Koch
Verbandszeitschrift: IH-Nachrichten
Mitarbeiter: 12
Jahresetat: DM 10 Mio, € 5,11 Mio

Der Internationale Hilfsfonds e.V. leistet humanitäre Hilfe ausschließlich im Ausland:
Die Armen- und Soforthilfe für Krankenhäuser, Kinder- und Altenheime in Osteuropa und den Nachfolgestaaten der Ex-UdSSR hat 2001 die Wertgrenze von DM 50 Mio. überschritten. Eigene IH-Repräsentanten in den Projektländern bieten die Gewähr, daß die Hilfe die Bedürftigen erreicht.
Patenschaftsprojekte in: Zimbabwe (Schulförderung in ruralen Zonen), Philippinen (Hilfe für Slum-Bewohner), Indien (Schulbesuch körperbehinderter und nichtbehinderter Kinder), Solomon-Inseln (Schulförderung).
Einzelprojekte:
*• **Ärzteausbildung und medizinische Hilfmaßnahmen** in der Pädiatrie in Palästina und Ländern der Ex-UdSSR.*
*• Hilfe für **Körperbehinderte und Behindertensportler** in Weißrußland.*
*• Hilfe für **Chernobyl-, bzw. Atombombentest-Opfer** (Ukraine, Belarußland, bzw. Kasachstan).*
*• **Erosions- und Wüstenbekämpfung** durch Bepflanzung von über 500.000 Obst- und Waldbäumen in der Inneren Mongolei (China), Kirgistan, Zypern, Argentinien, Namibia.*
*• **Trinkwasserversorgung und Ruralentwicklung** (Zimbabwe, Solomon-Inseln).*
*• Hilfe für die Integration **ethnischer Minderheiten** (z.B. Tartaren, Juden, Rußlanddeutsche, etc. auf der Krim (Ukraine).*
*• Förderung von **Universitäts- und Wissenschaftskooperation** zwischen Westeuropa und Staaten der Ex-UdSSR.*

● U 1 639

Arbeitslosenverband Deutschland e.V. (ALV)
Postanschrift:
Georg-Schumann-Str. 50, 04155 Leipzig
T: (0341) 9 61 84 46   Fax: 9 61 84 40
Sitz: Gotlindestr. 40, 10365 Berlin
T: (030) 4 22 20 53, Fax: 4 26 40 65
Gründung: 1990 (März)
Präsident(in): Dr. Klaus Grehn
Vorsitzende(r): Matthias Dittmann
Stellvertretende(r) Vorsitzende(r): Barbara Borchardt
Prof. Dr. Dietrich Fischer

Rüdiger Mikeska
Verbandszeitschrift: „Mitteilungsblatt des ALV"
Mitglieder: 6250

Landesverbände

u 1 640

Arbeitslosenverband Deutschland e.V.
Landesverband Berlin
Gotlindestr. 40, 10365 Berlin
T: (030) 55 17 33 82   Fax: 55 17 33 33

u 1 641

Arbeitslosenverband Deutschland e.V.
Landesverband Brandenburg
Am Turm 14, 03046 Cottbus
T: (0355) 79 62 69   Fax: 2 31 13

u 1 642

Arbeitslosenverband Deutschland e.V.
Landesverband Mecklenburg-Vorpommern
Langenstr. 48, 18439 Stralsund
T: (03831) 70 33 20   Fax: 70 33 22

u 1 643

Arbeitslosenverband Deutschland e.V.
Landesverband Sachsen
Georg-Schumann-Str. 50, 04155 Leipzig
T: (0341) 9 61 84 46   Fax: 9 61 84 40
E-Mail: alv.sachsen@t-online.de

u 1 644

Arbeitslosenverband Deutschland e.V.
Landesverband Sachsen-Anhalt
Posaer Str. 21, 06712 Zeitz
T: (03441) 21 29 07   Fax: 21 29 08

u 1 645

Arbeitslosenverband Deutschland e.V.
Thüringer Arbeitslosenverband
Brühl 8-16, 99423 Weimar
T: (03643) 50 55 22   Fax: 51 50 57

● U 1 646

Arbeitsgemeinschaft der Deutschen Hauptfürsorgestellen (AG-HFSt)
Postf. 41 09, 76026 Karlsruhe
Ernst-Frey-Str. 9, 76135 Karlsruhe
T: (0721) 81 07-1   Fax: 81 07-288
Internet: http://www.hauptfuersorgestellen.de
Vorsitzende(r): Karl-Friedrich Ernst (T: (0721) 81 07-2 46)
Geschäftsführer(in): Dietmar Tremmel (T: (0721) 81 07-2 19)
Verbandszeitschrift: Behinderte im Beruf (ZB)
Verlag: Universum Verlagsanstalt GmbH KG, Wiesbaden
Mitglieder: 1 Landeshauptfürsorgestelle, 24 Hauptfürsorgestellen, 18 Zweigstellen
Schriftleitung: Ltd.LVDir. Jürgen Schmidt, Kennedyufer 2, 50679 Köln

Sicherstellung einer einheitlichen Rechtsanwendung und verwaltungsmäßigen Durchführung der den Hauptfürsorgestellen obliegenden Aufgaben nach dem Bundesversorgungsgesetz und dem Schwerbehindertengesetz.

Hauptfürsorgestellen

Baden-Württemberg

u 1 647

Landeswohlfahrtsverband Baden - Hauptfürsorgestelle
Postf. 41 09, 76026 Karlsruhe
Ernst-Frey-Str. 9, 76135 Karlsruhe
T: (0721) 81 07-1   Fax: 81 07-4 61
Leiter(in): VD Ernst (T: (0721) 81 07-2 46)
Stellv. Leiter: T: (0721) 81 07-525 Groß

u 1 648

Landeswohlfahrtsverband Baden Zweigstelle Freiburg
Kaiser-Joseph-Str. 170, 79098 Freiburg
T: (0761) 27 19-0   Fax: 27 19-60
Leiter(in): OVR Dittmann (T: (0761) 27 19-29)
Stellv. Leiter: VAR Zuckswerdt (T: (0761) 27 19-45)

u 1 649

Landeswohlfahrtsverband Württemberg-Hohenzollern
- Hauptfürsorgestelle -
Postf. 10 60 22, 70049 Stuttgart
Lindenspürstr. 39, 70176 Stuttgart
T: (0711) 63 75-0   Fax: 63 75-1 25
Internet: http://www.lwv-wh.de
E-Mail: info@lwv-wh.de
Amtsleiter: Ltd. VwD Mössner
Stellv. Leiter: OVwR Morr
Mitarbeiter: 2200

u 1 650

Landeswohlfahrtsverband Württemberg-Hohenzollern Zweigstelle Tübingen
Konrad-Adenauer-Str. 42, 72072 Tübingen
T: (07071) 75 09-0   Fax: 75 09-12
Leiter: DVwR Morr (T: (07071) 75 09-15)
Stellv. Leiter: OAR Bürker (T: (07071) 75 09-17)

Bayern

u 1 651

Bayerisches Staatsministerium für Arbeit, Familie und Sozialordnung, Familie, Frauen und Gesundheit - Landeshauptfürsorgestelle
80792 München
Winzererstr. 9, 80797 München
T: (089) 12 61-01   Fax: 12 61-1568
Leiter(in): N. N. (T: (089) 12 61-11 84)
Stellv. Leiter: MR Dr. Kunz (T: (089) 12 61-11 86)
RD Matzeder (T: (089) 12 61-11 76)

u 1 652

Regierung von Mittelfranken - Hauptfürsorgestelle
Bischof-Meiser-Str. 2, 91522 Ansbach
T: (0981) 53-0   Fax: 53-7 44
E-Mail: hst.rmf@t-online.de
Leiter(in): RD Stenz (T: (0981) 53-4 00)
Stellv. Leiter: ROAR Hartnagel (T: (0981) 53-4 04)

u 1 653

Regierung von Schwaben - Hauptfürsorgestelle
86145 Augsburg
Fronhof 10, 86152 Augsburg
T: (0821) 3 27-01   Fax: 3 27-2670
Leiter(in): RD Wiedemann (T: (0821) 3 27-23 85)
Stellv. Leiter: RD Olbrich (T: (0821) 3 27-26 03)

u 1 654

Regierung von Oberfranken - Hauptfürsorgestelle
Postf. 11 01 65, 95420 Bayreuth
Ludwigstr. 20, 95444 Bayreuth
T: (0921) 6 04-1   Fax: 6 04-1653
Internet: http://www.regierung.oberfranken.bayern.de
E-Mail: poststelle@reg-ofr.bayern.de
Leiter(in): RD Koch (T: (0921) 6 04-16 13)
Stellv. Leiter: RR Krug (T: (0921) 6 04-16 33)

u 1 655

Regierung von Niederbayern - Hauptfürsorgestelle
84023 Landshut
Regierungsplatz 540, 84028 Landshut
T: (0871) 8 08-01   Fax: 8 08-10 02
Teletex: 871 810 =regnb
Leiter(in): Ltd. RD Kaiser
Stellv. Leiter: RD Linti

u 1 656

Regierung von Oberbayern - Hauptfürsorgestelle
80534 München
Elsenheimerstr. 41-43, 80687 München
T: (089) 5 79 38-0   Fax: 5 79 38-1 23
Leiter(in): Riesler (T: (089) 5 79 38-2 50)
Stellv. Leiter: RD Schulz (T: (089) 5 79 38-2 36)

u 1 657

Regierung der Oberpfalz - Hauptfürsorgestelle
93039 Regensburg
Emmeramsplatz 8, 93047 Regensburg
T: (0941) 56 80-0   Fax: 56 80-699
Teletex: 9 418 125 regopf d
T-Online: *5680-299#
Leiter(in): RD Mauthner (T: (0941) 56 80-6 15)
Stellv. Leiter: RD Schmatz (T: (0941) 56 80-6 02)

u 1 658

Regierung von Unterfranken - Hauptfürsorgestelle
97064 Würzburg
Peterplatz 9, 97070 Würzburg
T: (0931) 3 80-1   Fax: 3 80-2063
Teletex: 9 318 106
Leiter(in): Ltd. RD Fischer (T: (0931) 3 80-10 63)
Stellv. Leiter: Ltd. RD Fley (T: (0931) 3 80-11 70)

Berlin

u 1 659

Landesamt für Gesundheit und Soziales Berlin
- Hauptfürsorgestelle -
Postf. 31 09 29, 10639 Berlin
Fehrbelliner Platz 1, 10707 Berlin
T: (030) 90-0   Fax: 90 12 31 14
Leiter(in): RDin Dr. Jugel (T: (030) 8 67-78 88)
Stellv. Leiterin: N. N. (T: (030) 8 67-78 86)

Brandenburg

u 1 660

Landesamt für Soziales und Versorgung - Hauptfürsorgestelle
Postf. 10 07 63, 03007 Cottbus
Weinbergstr. 10, 03050 Cottbus
T: (0355) 47 65-0   Fax: 47 65-2 21
Leiter(in): Dr. Oertel (T: (0355) 47 65-3 14)
Stellv. Leiterin: Krömer (T: (0355) 47 65-3 18)

u 1 661

Amt für Soziales und Versorgung Cottbus Zweigstelle der Hauptfürsorgestelle
Postf. 10 01 23, 03001 Cottbus
Straße der Jugend 33, 03050 Cottbus
T: (0355) 47 65-0   Fax: 47 65-2 11
Leiterin: Olschner (T: (0355) 47 65-546)
Stellv. Leiterin: Schöngart (T: (0355) 47 65-5 44)

u 1 662

Amt für Soziales und Versorgung Frankfurt/Oder Zweigstelle der Hauptfürsorgestelle
Postf. 14 36, 15209 Frankfurt
Robert-Havemann-Str. 4, 15236 Frankfurt
T: (0335) 55 82-0   Fax: 55 82-285
Leiterin: Dr. Latuske (T: (0335) 55 82-4 50)
Stellv. Leiterin: Peter (T: (0335) 55 82-4 54)

u 1 663

Amt für Soziales und Versorgung Potsdam Zweigstelle der Hauptfürsorgestelle „Ruinenberg-Kaserne"
An der Einsiedelei 9, 14469 Potsdam
T: (0331) 27 61-0   Fax: 27 61-499
Leiterin: Braemer (T: (0331) 27 61-406)
Stellv. Leiter: Wiesniewski (T: (0331) 27 61-402)

Bremen

u 1 664

Der Senator für Arbeit - Hauptfürsorgestelle für Kriegsopfer und Schwerbehinderte
Postf. 10 15 27, 28015 Bremen
Doventorscontrescarpe 172, 28195 Bremen
T: (0421) 36 1-0, Anrufbeantworter: 36 1-51 38, Schreibtelefon: 3 61-5 99 95   Fax: 36 1-55 02, 3 61 20 72
Leiter(in): OAR Spradau (T: (0421) 3 61-54 07)
Stellv. Leiter: KOF VA Klar (T: (0421) 36 1-52 94)

Hamburg

u 1 665

Behörde für Arbeit, Gesundheit und Soziales
Hauptfürsorgestelle
Postf. 76 01 06, 22051 Hamburg
Hamburger Str. 47, 22083 Hamburg
T: (040) 4 28 63 2859   Fax: 29 88 2847

Hessen

u 1 666

Landeswohlfahrtsverband Hessen - Hauptfürsorgestelle
34112 Kassel
Kölnische Str. 30, 34117 Kassel
T: (0561) 10 04-0   Fax: 10 04-2836
Leiter(in): Ltd. VD Hörtreiter (T: (0561) 10 04-22 36)
Stellv. Leiter: VOR Hesse (T: (0561) 10 04-22 39)

u 1 667

Landeswohlfahrtsverband Hessen Zweigverwaltung Darmstadt
Ref. Hauptfürsorgestelle
Postf. 11 08 65, 64223 Darmstadt
Steubenplatz 16, 64293 Darmstadt
T: (06151) 8 01-1   Fax: 8 01-2 34
Leiter(in): VD Pohl (T: (06151) 8 01-2 08, -2 09)
Stellv. Leiter: OAR Vetter (T: (06151) 8 01-1 15)

u 1 668

Landeswohlfahrtsverband Hessen Zweigverwaltung Wiesbaden
Ref. Hauptfürsorgestelle
Postf. 39 49, 65174 Wiesbaden
Frankfurter Str. 44, 65189 Wiesbaden
T: (0611) 1 56-1   Fax: 1 56-209
Leiter(in): VOR Weidenhaus (T: (0611) 1 56-3 00)
Stellv. Leiter: VA Pittel (T: (0611) 1 56-2 12)

Mecklenburg-Vorpommern

u 1 669

Außenstelle der Abteilung 5 Landesversorgungsamtes Mecklenburg-Vorpommern
- Hauptfürsorgestelle -
Neustrelitzer Str. 120, 17033 Neubrandenburg
T: (0395) 3 80-0   Fax: 3 80-25 80
Leiter(in): Dr. Scheibner (T: (0395) 3 80-25 73)

u 1 670

Außenstelle der Abteilung 5 des Landesversorgungsamtes Mecklenburg-Vorpommern
- Hauptfürsorgestelle -
Friedrich-Engels-Str. 47, 19061 Schwerin
T: (0385) 39 91-0   Fax: 39 91-305, 39 91-444 (Schreibtelefon)
Leiter(in): Klein (T: (0385) 39 91-3 00)
Hesse (T: (0385) 39 91-3 10)

u 1 671

Landesversorgungsamt Mecklenburg-Vorpommern Abteilung 5
- Hauptfürsorgestelle -
Stephanstr. 18, 18055 Rostock
T: (0381) 4 95 49-0   Fax: 4 95 49-43
Leiter(in): Dr. Scheibner (T: (0381) 4 95 49-90)
Vertreterin: Seidel

Niedersachsen

u 1 672

Niedersächsisches Landesamt für zentrale soziale Aufgaben - Hauptfürsorgestelle (NLZSA)
Postf. 10 08 44, 31108 Hildesheim
Domhof 1, 31134 Hildesheim
T: (05121) 3 04-1   Fax: 3 04-6 11
Leiter(in): Abt.Dir. Peter Schwenkglenks (T: (05121) 3 04-2 90)
Stellv. Leiter: RD Kiene (T: (05121) 3 04-3 07)

u 1 673

Landschaftsverband Rheinland (LVR) Rheinische Hauptfürsorgestelle
50663 Köln
Hermann-Pünder-Str. 1, 50679 Köln
T: (0221) 8 09-6521   Fax: 8 09-6520
Internet: http://www.lvr.de
Leiter(in): N. N. (Fax: (0221) 8 09-6520)
Ltd. LVD Jürgen Schmidt (T: (0221) 8 09-64 17, Fax: 8 09-6553)
Stellv. Leiterin: LVD'in Dagmar Fischer-Bahlau (T: (0221) 8 09-6373, Fax: 8 09-6553)

u 1 674

Landschaftsverband Westfalen-Lippe (LWL) Hauptfürsorgestelle
48133 Münster
Warendorfer Str. 26, 48145 Münster
T: (0251) 5 91-01   Fax: 5 91-5806
Internet: http://www.lwl.org/hauptfuersorgestelle
E-Mail: hfst@lwl.org
Leiter(in): LR Dr. Baur (T: (0251) 5 91-237)
Stellv. Leiter: Ltd. LVD Adlhoch (T: (0251) 5 91-229)

Rheinland-Pfalz

u 1 675

Landesamt für Jugend, Soziales und Versorgung Rheinland-Pfalz - Hauptfürsorgestelle
Postf. 29 64, 55019 Mainz
Rheinallee 97-101, 55118 Mainz
T: (06131) 9 67-0   Fax: 9 67-516
Internet: http://www.hauptfuersorgestelle.de
E-Mail: poststelle-mz@lsjv.rlp.de
Behördenleiter: Präsident Werner Franken

u 1 676

Landesamt für Soziales, Jugend und Versorgung Rheinland-Pfalz -Bereich Schwerbehindertenhilfe
Rheinallee 97-101, 55118 Mainz
T: (06131) 9 67-0   Fax: 9 67-516
Internet: http://www.hauptfuersorgestelle.de
E-Mail: poststelle-mz@lsjv.rlp.de
Leiter: Abt.-Dir. Georg Grabkowsky
Stellv. Leiter: Reg.-Dir. Werner Reiter

u 1 677

Landesamt für Jugend und Soziales Rheinland-Pfalz Bereich Kriegsopferfürsorge
Baedekerstr. 2-10, 56073 Koblenz
T: (0261) 40 41-0   Fax: 40 41-321
Internet: http://www.hauptfuersorgestelle.de
E-Mail: poststelle-ko@lsjv.rlp.de
Leiter: Dieter Puschke
Stellv. Leiter: Reg.-Dir. Udo Bierbrauer

Saarland

u 1 678

Landesamt für Soziales und Versorgung - Hauptfürsorgestelle -
Postf. 10 32 52, 66032 Saarbrücken
Hochstr. 67, 66115 Saarbrücken
T: (0681) 99 78-0   Fax: 99 78-2 77
Leiterin: RD Schöltzel (T: (0681) 99 78-2 19)
Stellv. Leiter: N. N.

Sachsen

u 1 679

Sächsisches Landesamt für Familie und Soziales Hauptfürsorgestelle
Postf. 10 48, 09010 Chemnitz
Jägerstr. 8, 09111 Chemnitz
T: (0371) 6 06-0   Fax: 6 06-432
Leiter: Glutsch (T: (0371) 60 63 55, Fax: 60 64 32)
Stellv. Leiter: Kautsch (T: (0371) 60 63 80, Fax: 60 64 32)

u 1 680

Amt für Familie und Soziales - Zweigstelle Chemnitz der Hauptfürsorgestelle
09098 Chemnitz
Eislebener Str. 19, 09126 Chemnitz
T: (0371) 53 99-0   Fax: 53 99-169
Leiterin: Rothe (T: (0371) 53 99-156)
Stellv. Leiter: Welsch (T: (0371) 53 99-154)

u 1 681

Amt für Familie und Soziales - Zweigstelle Dresden der Hauptfürsorgestelle
Gutzkowstr. 10, 01069 Dresden
T: (0351) 46 55-0   Fax: 46 55-200
Leiterin: Zumpe (T: (0351) 46 55-567)
Stellv. Leiterin: Haberkorn (T: (0351) 46 55-505)

u 1 682

Amt für Familie und Soziales - Zweigstelle Leipzig der Hauptfürsorgestelle
Berliner Str. 13, 04105 Leipzig
T: (0341) 59 55-0   Fax: 59 55-502
Leiter: Scholz (T: (0341) 59 55-3 51)
Stellv. Leiter: Grabitzki (T: (0341) 59 55-3 61)

Sachsen-Anhalt

u 1 683

Landesamt für Versorgung und Soziales Sachsen-Anhalt - Hauptfürsorgestelle
06106 Halle
Nietlebener Str. 1, 06126 Halle
T: (0345) 69 32-0   Fax: 69 32-702
Komm. Leiter: Lutz Baumeister (T: (0345) 69 32-7 00)

u 1 684

Nebenstelle des Landesamt für Versorgung und Soziales - Hauptfürsorgestelle -
Postf. 11 20, 39001 Magdeburg
Halberstädter Str. 39A, 39112 Magdeburg
T: (0391) 6 27-3000   Fax: 6 27-3360
Leiter(in): Bartels (T: (0391) 6 27-33 48)
Stellv. Leiter: Ahrens (T: (0391) 6 27-33 10)

Schleswig-Holstein

u 1 685

Landesamt für soziale Dienste des Landes Schleswig-Holstein - Hauptfürsorgestelle -
Postf. 19 69, 24509 Neumünster
Steinmetzstr. 1-11, 24534 Neumünster
T: (04321) 9 13-5   Fax: 9 13-750
Leiter(in): Ltd. RD Scharff
Stellv. Leiterin: Fimm

Thüringen

u 1 686

Thüringer Landesamt für Soziales und Familie Landesversorgungsamt mit Hauptfürsorgestelle
Karl-Liebknecht-Str. 4, 98527 Suhl
T: (03681) 7 30   Fax: 7 33-366
Leiterin: Steige (T: (03681) 73 36 98)
Stellv. Leiter: Wagener-Pollmann (T: (03681) 73 33 67)

u 1 687

Versorgungsamt Suhl Zweigstelle Hauptfürsorgestelle
Karl-Liebknecht-Str. 4, 98527 Suhl
T: (03681) 7 30   Fax: 73 24 01
Sekretariat: Grube

u 1 688

Versorgungsamt Erfurt - Zweigstelle Hauptfürsorgestelle
Linderbacher Weg 30, 99099 Erfurt
T: (0361) 3 78 81 41   Fax: 3 78 81 59
Leiterin: Hoffmann (T: (0361) 4 31 11 42)

u 1 689

Versorgungsamt Gera Zweigstelle Hauptfürsorgestelle
Puschkinplatz 7, 07545 Gera
T: (0365) 82 23-5 10   Fax: 82 23-5 10
Leiterin: Zetzmann (T: (0365) 82 23-7 11)

● **U 1 690**

Deutscher Verein für öffentliche und private Fürsorge
Am Stockborn 1-3, 60439 Frankfurt
T: (069) 9 58 07-01   Fax: 9 58 07-3 81
Internet: http://www.deutscher-verein.de
E-Mail: kontakt@deutscher-verein.de
Gründung: 1880
Vorsitzende(r): Dr. Konrad Deufel (Oberstadtdirektor der Stadt Hildesheim)
Stellvertretende(r) Vorsitzende(r): Dr. Stephan Articus (Geschäftsführendes Präsidialmitglied des Deutschen Städtetages, Köln)
Pastor Werner Braune (Direktor der Stephanus-Stiftung, Vorsitzender der Diakonischen Konferenz der EKD, Berlin)
Präsident Jürgen Gohde (Diakonisches Werk der Evangelischen Kirche in Deutschland, Stuttgart)
Landrat Clemens Lindemann (Saar-Pfalz-Kreis, Homburg/Saar)
Geschäftsführer(in): Michael Löher
Verbandszeitschrift: Nachrichtendienst
Redaktion: Ralf Mulot
Verlag: Eigenverlag
Mitglieder: 3000
Mitarbeiter: 90

● **U 1 691**

Deutscher Paritätischer Wohlfahrtsverband Gesamtverband e.V.
Heinrich-Hoffmann-Str. 3, 60528 Frankfurt
T: (069) 67 06-0   Fax: 67 06-2 04, -2 07
Internet: http://www.paritaet.org
E-Mail: info@paritaet.org
Gründung: 1924 (7. April); Wiedergründung: 1949
Hauptgeschäftsführer(in): Dr. Ulrich Schneider
Ltg. Pressereferat: Martin Wißkirchen
Verbandszeitschrift: Nachrichten - PARITÄT
Verlag: Paritätische Verlagsgesellschaft mbH, Heinrich-Hoffmann-Str. 3, 60528 Frankfurt
Mitgliedsorganisationen: 9500

Förderung der fachlich methodischen Sozialarbeit; Ausbildung und Fortbildung von Mitarbeitern, Weckung und Entwicklung wohlfahrtspflegerischer Aktivitäten der Bürgerschaft; Pflege ehrenamtlicher Mitarbeit; wissenschaftliche Untersuchung für die soziale Praxis; Öffentlichkeitsarbeit und Information der Mitgliedsorganisationen; Zusammenarbeit mit Behörden und Verbänden; internationale Zusammenarbeit.

Landesverbände

u 1 692

Deutscher Paritätischer Wohlfahrtsverband Landesverband Baden-Württemberg
Haußmannstr. 6, 70188 Stuttgart
T: (0711) 2 15 50   Fax: 2 15 52 15
Internet: http://www.paritaet-bw.de

u 1 693

Deutscher Paritätischer Wohlfahrtsverband Landesverband Bayern
Postf. 40 04 80, 80704 München
Düsseldorfer Str. 22, 80804 München
T: (089) 3 06 11-0   Fax: 3 06 11-111
Internet: http://www.paritaet.org/bayern/index/htm
E-Mail: bayern@paritaet.org

u 1 694

Deutscher PARITÄTISCHER Wohlfahrtsverband Landesverband Berlin e.V.
Brandenburgische Str. 80, 10713 Berlin
T: (030) 8 60 01-0   Fax: 8 60 01-110
Internet: http://www.paritaet-berlin.de
E-Mail: info@paritaet-berlin.de
Vorsitzende(r): Christa-Maria Blankenburg
Geschäftsführer(in): Prof. Dr. Hans-Jochen Brauns
Geschäftsführer(in): Oswald Menninger

u 1 695

Deutscher Paritätischer Wohlfahrtsverband Landesverband Brandenburg e.V.
Templiner Str. 19, 14473 Potsdam
T: (0331) 2 84 97-10   Fax: 2 84 97-30

u 1 696

Deutscher Paritätischer Wohlfahrtsverband Landesverband Bremen
Eduard-Grunow-Str. 24, 28203 Bremen
T: (0421) 7 91 99-0   Fax: 7 91 99-99
E-Mail: info@paritaet-bremen.de

u 1 697

Deutscher Paritätischer Wohlfahrtsverband Landesverband Hamburg
Mittelweg 115a, 20149 Hamburg
T: (040) 41 52 01 51   Fax: 41 52 01 90
Internet: http://www.paritaet.org/hamburg/index/htm

u 1 698

Deutscher Paritätischer Wohlfahrtsverband Landesverband Hessen e.V.
Auf der Körnerwiese 5, 60322 Frankfurt
T: (069) 95 52 62-0   Fax: 55 12 92
Internet: http://www.paritaet.org/hessen/index/htm
E-Mail: hessen@paritaet.org

u 1 699
Deutscher Paritätischer Wohlfahrtsverband Landesverband Mecklenburg-Vorpommern
Wismarsche Str. 298, 19055 Schwerin
T: (0385) 5 92 21-0   Fax: 5 92 21-22
Internet: http://www.paritaet.org/mvp/index/org
E-Mail: paritaetmv@p4all.de

u 1 700
Paritätischer Niedersachsen e.V.
Postf. 71 03 80, 30543 Hannover
Gandhistr. 5a, 30559 Hannover
T: (0511) 5 24 86-0   Fax: 5 24 86-333
Internet: http://www.paritaetischer.de/home
E-Mail: landesverband@paritaetischer.de

u 1 701
Deutscher Paritätischer Wohlfahrtsverband Landesverband Nordrhein-Westfalen
Loher Str. 7, 42283 Wuppertal
T: (0202) 2 82 20   Fax: 8 56 14
Internet: http://www.paritaet-nrw.org
E-Mail: mail@paritaet-nrw.org

u 1 702
Deutscher Paritätischer Wohlfahrtsverband Landesverband Rheinland-Pfalz/Saarland
Geschäftsstelle Mainz
Drechslerweg 25, 55128 Mainz
T: (06131) 9 36 80-0   Fax: 9 36 80-50

u 1 703
Deutscher Paritätischer Wohlfahrtsverband LV Rheinland-Pfalz/Saarland e.V.
Feldmannstr. 92, 66119 Saarbrücken
T: (0681) 9 26 60-0   Fax: 9 26 60-40
E-Mail: paritaet.rp-s@t-online.de

u 1 704
Deutscher Paritätischer Wohlfahrtsverband Landesverband Sachsen
Liliengasse 19, 01067 Dresden
T: (0351) 4 91 66-0   Fax: 4 91 66-14
Internet: http://www.parisax.de
E-Mail: paritaet.sachsen@parisax.de

u 1 705
Deutscher Paritätischer Wohlfahrtsverband Landesverband Sachsen-Anhalt
Halberstädter Str. 168-172, 39112 Magdeburg
T: (0391) 62 93-333   Fax: 62 93-555
Internet: http://www.paritaet-lsa.de

u 1 706
Deutscher Paritätischer Wohlfahrtsverband Landesverband Schleswig-Holstein
Postf. 19 07, 24018 Kiel
Beselerallee 57, 24105 Kiel
T: (0431) 5 60 20   Fax: 56 02 78
Internet: http://www.paritaet-sh.org
E-Mail: landesverband@paritaet-sh.org
Gründung: 1949
Leitung Presseabteilung: Holger Wittig-Koppe
Mitarbeiter: 32, 512 Mitgliedsorganisationen

u 1 707
Deutscher Paritätischer Wohlfahrtsverband Landesverband Thüringen
Bergstr. 11, 99192 Neudietendorf
T: (036202) 26-0   Fax: 26-234

● U 1 708
Vereinigung Integrationsförderung e.V. (VIF)
Klenzestr. 57c, 80469 München
T: (089) 2 01 54 66   Fax: 2 01 57 61
Gründung: 1978
Leitung Presseabteilung: Claus Fussek
Mitglieder: ca. 100

● U 1 709
Arbeiterwohlfahrt Bundesverband e.V.
Postf. 41 01 63, 53023 Bonn
Oppelner Str. 130, 53119 Bonn
T: (0228) 66 85-0   Fax: 66 85-2 09
Internet: http://www.awo.org
E-Mail: gri@awobu.awo.org
Gründung: 1919 (13. Dezember)
Vorsitzende(r): Dr.jur. Manfred Ragati, Herford
Geschäftsführer(in): Rainer Brückers, Bonn
Leitung Presseabteilung: Joachim F. Kendelbacher
Verbandszeitschrift: "Theorie und Praxis der sozialen Arbeit" und "AWO-MAGAZIN"
Verlag: Oppelner Str. 130, 53119 Bonn
Mitglieder: 640000 (Gesamt AWO)
Mitarbeiter: bundesweit 135000

Landes- und Bezirksgliederungen

u 1 710
Arbeiterwohlfahrt Landesverband Berlin e.V.
Hallesches Ufer 32-38, 10963 Berlin
T: (030) 2 53 89-0   Fax: 2 53 89-286

u 1 711
Arbeiterwohlfahrt Landesverband Hamburg e.V.
Rothenbaumchaussee 44, 20148 Hamburg
T: (040) 41 40 23-0   Fax: 41 40 23 37

u 1 712
Arbeiterwohlfahrt Landesverband Bremen
Auf den Häfen 30-32, 28203 Bremen
T: (0421) 79 02-0   Fax: 79 02 49

u 1 713
Arbeiterwohlfahrt Landesverband Schleswig-Holstein e.V.
Feldstr. 5, 24105 Kiel
T: (0431) 5 11 40   Fax: 5 11 41 08

u 1 714
Arbeiterwohlfahrt Landesarbeitsgemeinschaft Niedersachsen
Körtingsdorf 1, 30455 Hannover
T: (0511) 49 52-0   Fax: 49 52-2 00

u 1 715
Arbeiterwohlfahrt Bezirksverband Weser-Ems e.V.
Klingenbergstr. 73, 26133 Oldenburg
T: (0441) 48 01-0   Fax: 48 01-1 03

u 1 716
Arbeiterwohlfahrt Bezirksverband Hannover e.V.
Körtingsdorfer Weg 8, 30455 Hannover
T: (0511) 49 52-0   Fax: 49 52-2 00
E-Mail: info@bv.hannover.awo.de

u 1 717
Arbeiterwohlfahrt Bezirksverband Braunschweig e.V.
Peterskamp 21, 38108 Braunschweig
T: (0531) 3 90 80   Fax: 3 90 81 08
Internet: http://www.awo-bs.de
E-Mail: info@awo-bs.de

u 1 718
Arbeiterwohlfahrt Bezirksverband Ostwestfalen-Lippe e.V.
Detmolder Str. 280, 33605 Bielefeld
T: (0521) 92 16-0   Fax: 92 16-1 50

u 1 719
Arbeiterwohlfahrt Bezirksverband Westl. Westfalen e.V.
Kronenstr. 63-67, 44139 Dortmund
T: (0231) 54 83-0   Fax: 5 48 32 09

u 1 720
Arbeiterwohlfahrt Bezirksverband Niederrhein e.V.
Lützowstr. 32, 45141 Essen
T: (0201) 31 05-0   Fax: 31 05-2 53
E-Mail: awo_niederrhein@t-online.de

u 1 721
Arbeiterwohlfahrt Bezirksverband Mittelrhein e.V.
Venloer Wall 15, 50672 Köln
T: (0221) 5 79 98-0   Fax: 5 79 98 59

u 1 722
Arbeiterwohlfahrt Bezirksverband Hessen-Nord e.V.
Lilienthalstr. 3, 34123 Kassel
T: (0561) 50 77-0   Fax: 5 07 71 99

u 1 723
Arbeiterwohlfahrt Bezirksverband Hessen-Süd e.V.
Borsigallee 19, 60388 Frankfurt
T: (069) 42 00 90   Fax: 42 00 91 03

u 1 724
Arbeiterwohlfahrt Bezirksverband Rheinl./Hessen-Nassau e.V.
Dreikaiserweg 4, 56068 Koblenz
T: (0261) 30 06-0   Fax: 30 06-126

u 1 725
Arbeiterwohlfahrt Bezirksverband Pfalz e.V.
Maximilianstr. 31, 67433 Neustadt
T: (06321) 39 23-0   Fax: 3 51 66

u 1 726
Arbeiterwohlfahrt Bezirksverband Württemberg e.V.
Oberer Hoppenlauweg 26-28, 70174 Stuttgart
T: (0711) 2 29 03-0   Fax: 2 29 03-60
E-Mail: awo-wuerttemberg@t-online.de

u 1 727
Arbeiterwohlfahrt Bezirksverband Baden e.V.
Roonstr. 28, 76137 Karlsruhe
T: (0721) 82 07-0   Fax: 82 07 60
E-Mail: awobvka@t-online.de

u 1 728
Arbeiterwohlfahrt Landesverband Bayern e.V.
Edelsbergstr. 10, 80686 München
T: (089) 5 46 75 40   Fax: 5 46 75 41 55
E-Mail: awo-bayern@t-online.de

u 1 729
Arbeiterwohlfahrt Bezirksverband Oberbayern e.V.
Edelsbergstr. 10, 80686 München
T: (089) 5 47 14-0   Fax: 5 47 14-269

u 1 730
Arbeiterwohlfahrt Bezirksverband Ober- und Mittelfranken e.V.
Karl-Bröger-Str. 9-1, 90459 Nürnberg
T: (0911) 45 08-0   Fax: 45 08-135
E-Mail: awo.bv.ofr-mfr.04@t-online.de

u 1 731
Arbeiterwohlfahrt Bezirksverband Schwaben e.V.
Sonnenstr. 10, 86391 Stadtbergen
T: (0821) 4 30 01-0   Fax: 4 30 01-10

u 1 732
Arbeiterwohlfahrt Bezirksverband Unterfranken e.V.
Kantstr. 45a, 97074 Würzburg
T: (0931) 29 93 80   Fax: 2 50 03 80
E-Mail: awoufr@t-online.de

u 1 733
Arbeiterwohlfahrt Bezirksverband Niederbayern/Oberpfalz e.V.
Brennesstr. 2, 93059 Regensburg
T: (0941) 4 20 71   Fax: 44 76 79

u 1 734
**Arbeiterwohlfahrt
Landesverband Saarland e.V.**
Hohenzollernstr. 45, 66117 Saarbrücken
T: (0681) 5 86 05-0 **Fax:** 5 86 05-80

u 1 735
**Arbeiterwohlfahrt
Landesverband Mecklenburg-Vorpommern e.V.**
Wismarsche Str. 183-185, 19053 Schwerin
T: (0385) 7 61 60-0 **Fax:** 7 61 60 49
E-Mail: awo-lv-mv@t-online.de

u 1 736
**Arbeiterwohlfahrt
Landesverbrand Brandenburg e.V.**
Nansenstr. 18, 14471 Potsdam
T: (0331) 9 71 62 60 **Fax:** 9 71 62 65

u 1 737
**Arbeiterwohlfahrt
Landesverband Sachsen-Anhalt**
Klausenerstr. 17, 39112 Magdeburg
T: (0391) 62 79-0 **Fax:** 6 27 92 12

u 1 738
**Arbeiterwohlfahrt
Landesverband Thüringen e.V.**
Pfeiffersgasse 12, 99084 Erfurt
T: (0361) 21 03 10 **Fax:** 2 10 31-49

u 1 739
**Arbeiterwohlfahrt
Landesverband Sachsen e.V.**
Georg-Palitzsch-Str. 10, 01239 Dresden
T: (0351) 2 80 48 40 **Fax:** 2 80 48 42
E-Mail: awosachsen@aol.com

● U 1 740
Landeswohlfahrtsverband Baden
Postf. 41 09, 76026 Karlsruhe
Ernst-Frey-Str. 9, 76135 Karlsruhe
T: (0721) 81 07-0 **Fax:** 81 07-4 35
Vors.d.Verbandsversammlung: Dr. Bernhard Wütz
VbdDir.: Hans-Otto Walter

● U 1 741
Landeswohlfahrtsverband Hessen (LWV)
Ständeplatz 6-10, 34117 Kassel
T: (0561) 10 04-0 **Fax:** 10 04-2595
Internet: http://www.lwv-hessen.de
Gründung: 1953 (7. Mai)
Präs. d. Verbandsversammlung: Kurt-Wilhelm Sauerwein
Vors. d. Verwaltungsausschusses: Landesdirektor Lutz Bauer
Stellv. Vors. d. Verwaltungsausschusses: Lutz Klein (Erster Beigeordneter)
Leitung Presseabteilung: N. N.
Verbandszeitschrift: LWV-Info
Redaktion: LWV-Pressestelle
Verlag: Ständeplatz 6-10, 34117 Kassel
Mitglieder: alle 21 Landkreise und 5 kreisfreien Städte Hessens
Mitarbeiter: ca. 10000
Jahresetat: rd. DM 2219 Mio, € 1134,56 Mio

● U 1 742
Landeswohlfahrtsverband Württemberg-Hohenzollern
Postf. 10 60 22, 70049 Stuttgart
Lindenspürstr. 39, 70176 Stuttgart
T: (0711) 63 75-0 **Fax:** 63 75-1 25
Internet: http://www.lwv-wh.de
E-Mail: info@lwv-wh.de
Gründung: 1964
Vors.d.VbdVers.: LdR Dr. Albrecht Kroymann
Verbandsdirektor: Roland Klinger
Leiter Referat Öffentlichkeitsarbeit: Stefan Wiegandt
Mitarbeiter: 2200

● U 1 743

Deutsche Behindertenhilfe Aktion Mensch e.V.
Holbeinstr. 15, 53175 Bonn
T: (0228) 20 92-0 **Fax:** 20 92-281

Gründung: 1964 (09. Oktober)
Vorsitzende(r): Prof. Dr.h.c. Dieter Stolte (Intendant des ZDF, Zweites Deutsches Fernsehen, 55100 Mainz)
Stellvertretende(r) Vorsitzende(r): Pfarrer Jürgen Gohde (Präsident des Diakonischen Werkes, Stafflenbergstr. 76, 70184 Stuttgart)
Geschäftsführer(in): Ass. Dieter Gutschick (Holbeinstr. 15, 53175 Bonn)
Leitung Presseabteilung: Heike Zirden
Verbandszeitschrift: Aktion Mensch Das Magazin
Redaktion: Heike Zirden
Mitglieder: 7 Organisationen (6 Spitzenverbände der Freien Wohlfahrtspflege und das ZDF)
Mitarbeiter: 90

● U 1 744

Advent-Wohlfahrtswerk e.V. (AWW)
Bundesgeschäftsstelle
Fischerstr. 19, 30167 Hannover
T: (0511) 9 71 77-30 **Fax:** 9 71 77-34
Internet: http://www.awwnet.de
E-Mail: info@awwnet.de
Gründung: 1897 (Neugründung: 1. Sept. 1928)
Vorsitzende(r): Reinhard Rupp
Mitglieder: über 400 Mitgliedsgruppen

Arbeit am Menschen durch Kinderarbeit, Jugendarbeit, Erwachsenenbildung, Behindertenarbeit, Altenarbeit, Suchtkrankenhilfe, Einzelfallhilfe, Seelsorge.

● U 1 745

Deutscher Caritasverband e.V. (DCV)
(Lorenz-Werthmann-Haus)
Postf. 4 20, 79004 Freiburg
Karlstr. 40, 79104 Freiburg
T: (0761) 2 00-0 **Fax:** 2 00-5 72
Internet: http://www.caritas.de
E-Mail: presse@caritas.de
Gründung: 1897 (9. November)
Präsident(in): Hellmut Puschmann
Generalsekretär(in): Prof. Dr. Georg Cremer
Referat Presse- und Öffentlichkeitsarbeit: Dr. Thomas Broch

Jugendhilfe, Familienhilfe, Altenhilfe, Gesundheitshilfe, Hilfen für ausländische Arbeitnehmer und ihre Familien, Aussiedler- und Flüchtlingshilfe, Internationale Hilfen, Behindertenhilfe, Hilfen für Menschen in besonderen Lebenslagen, Aus- und Fortbildung.

● U 1 746
Caritas-Konferenzen Deutschlands e.V.
Verband freiwillig sozial engagierter, ehrenamtlich tätiger Frauen und Männer
Lorenz-Werthmann-Haus
Postf. 4 20, 79004 Freiburg
Karlstr. 40, 79104 Freiburg
T: (0761) 2 00-463 **Fax:** 2 00-743
E-Mail: ckd@caritas.de
Gründung: 1931
Vorsitzende(r): Maria Loers
Geschäftsführer(in): Lucia Eitenbichler
Verbandszeitschrift: Begegnen und Helfen
Redaktion: Caritas-Konferenzen Deutschlands und Vinzenz-Konferenzen Deutschlands
Verlag: Selbstverlag
Mitglieder: ca. 80000
Mitarbeiter: 6

● U 1 747
Caritas-Gemeinschaft für Pflege- und Sozialberufe e.V.
Adelheid-Testa-Haus
Maria-Theresia-Str. 10, 79102 Freiburg
T: (0761) 7 08 61-0 **Fax:** 7 08 61-116
Internet: http://www.caritasgemeinschaft.caritas.de
E-Mail: caritasgemeinschaft.freiburg@t-online.de
Gründung: 1937
Vorsitzende(r): Prälat Hellmut Puschmann
Leiterin: Renate Heinzmann
Generalsekretär(in): Christa Nowakiewitsch
Leitung Presseabteilung: Renate Heinzmann

Mitglieder: 3000

Planmäßige Ausübung caritativer Aufgaben, insbesondere die Kranken-, Kinderkranken- und Altenpflege, Fortbildung, Beratung, Pflege der Gemeinschaft.

● U 1 748
Caritas-Akademie für Pflegeberufe e.V.
Maria-Theresia-Str. 10, 79102 Freiburg
T: (0761) 7 08 61-0 **Fax:** 7 08 61-116
Internet: http://www.caritasakademiefr.caritas.de
E-Mail: caritasakademie.pflege.fr@t-online.de
Vorsitzende(r): Prälat Hellmut Puschmann
Geschäftsführer(in): Renate Heinzmann
Leiterin: Gisela Sträter

Fort- und Weiterbildung für Pflegeberufe.

● U 1 749
Gemeinschaft der Vinzenz-Konferenzen Deutschlands e.V.
Blumenstr. 20, 50670 Köln
T: (0221) 13 11 31 **Fax:** 13 89 53
E-Mail: vinzenz-koeln@t-online.de
Leitung Presseabteilung: Reiner Klaes
Verbandszeitschrift: Begegnen und Helfen
Redaktion: w.o.

● U 1 750
IN VIA Katholische Mädchensozialarbeit - Deutscher Verband e.V.
Postf. 4 20, 79004 Freiburg
Ludwigstr. 36, 79104 Freiburg
T: (0761) 2 00-231 **Fax:** 2 00-638
Internet: http://www.invia.caritas.de
E-Mail: invia@caritas.de
Gründung: 1895/1905
Vorsitzende(r): Anni Jülich
Generalsekretär(in): Marion Paar

● U 1 751
KREUZBUND e.V.
Selbsthilfe- und Helfergemeinschaft für Suchtkranke und deren Angehörige
Postf. 18 67, 59008 Hamm
Münsterstr. 25, 59065 Hamm
T: (02381) 6 72 72-0
Internet: http://www.kreuzbund.de
E-Mail: info@kreuzbund.de
Gründung: 1896
Vorsitzende(r): Josef Hayck (Timphorst 19, 48653 Coesfeld, T: (02541) 7 09 86)
BundesGeschF: Heinz-Josef Janßen (Mittelkamp 20, 45731 Waltrop, T: (02309) 7 65 68)
Referentin f. Presse- u. Öffentlichkeitsarbeit: Gunhild Ahmann
Verbandszeitschrift: Weggefährte
Mitglieder: 15000

● U 1 752
MALTESER-HILFSDIENST e.V.
- Generalsekretariat -
Postf. 91 05 58, 51075 Köln
Kalker Hauptstr. 22-24, 51103 Köln
T: (0221) 98 22-01 **Fax:** 98 22-399
Internet: http://www.malteser.de
E-Mail: malteser@maltanet.de
Gründung: 1953
Präsident(in): Dr. Constantin von Brandenstein-Zeppelin
Geschäftsführender Vorstand: Johannes Freiherr Heereman von Zuydtwyck (Geschäftsführender Präsident)
Reinhard Eckert (Finanzvorstand)
Heinz Himmels (Generalsekretär)
Pressesprecher(in): Dr. Norbert Saupp
Verbandszeitschrift: Malteser Magazin
Verlag: Grafische Werkstatt Gebr. Kopp GmbH u. Co. KG, Goltsteinstr. 28, 50968 Köln
Mitglieder: 90000 Mitglieder, davon 30000 aktive Helfer/innen und 8800 Mitglieder der Malteser Jugend, 800000 fördernde Mitglieder

u 1 753
Malteser-Hilfsdienst e.V. in der Diözese Aachen
Diözesangeschäftsstelle:
Auf der Hüls 201, 52068 Aachen
T: (0241) 96 70-0 **Fax:** 96 70-119
Diözesanleiterin: Bernhardine Lüke
DiözesanGeschF: Rolf Hofmann

u 1 754
Malteser-Hilfsdienst e.V. in der Diözese Augsburg
Diözesangeschäftsstelle:
Werner-von-Siemens-Str. 10, 86159 Augsburg
T: (0821) 2 58 50-0 **Fax:** 2 58 50-21
Diözesanleiter: Wolfgang Graf
Maldeghem
DiözesanGeschF: Siegfried Spielvogel

u 1 755
Malteser-Hilfsdienst e.V. in der Erzdiözese Bamberg
Diözesangeschäftsstelle:
Hainstr. 22, 96047 Bamberg
T: (0951) 8 69 80 **Fax:** 86 98 50
Diözesanleiter: Paul Kathol
DiözesanGeschF: Dr. Birgit Kastura-Koch

u 1 756
Malteser-Hilfsdienst e.V. in der Diözese Berlin
Diözesan- und Landesgeschäftsstelle:
Alt-Lietzow 33, 10587 Berlin
T: (030) 3 48 00 30 **Fax:** 34 80 03 50
Diözesanleiter: Dr. Friedrich-Wilhelm von Hesler
DiözesanGeschF: Henric Maes

u 1 757
Malteser-Hilfsdienst e.V. im Lande Bremen
Diözesan- und Landesgeschäftsstelle:
Am Hallacker 125, 28327 Bremen
T: (0421) 4 27 49-0 **Fax:** 4 27 49-20
Geschäftsführerin: Angelika Gabriel

u 1 758
Malteser-Hilfsdienst e.V. in der Diözese Dresden
Diözesan- und Landesgeschäftsstelle:
Jagdweg 3, 01159 Dresden
T: (0351) 4 35 55-0 **Fax:** 4 35 55-33

u 1 759
Malteser-Hilfsdienst e.V. in der Diözese Eichstätt
Diözesangeschäftsstelle:
Pater-Philipp-Jeningen-Platz 1, 85072 Eichstätt
T: (08421) 98 07-0 **Fax:** 98 07-27

u 1 760
Malteser-Hilfsdienst e.V. in der Diözese Erfurt-Meiningen
Diözesan- und Landesgeschäftsstelle:
Goethestr. 22, 99096 Erfurt
T: (0361) 3 40 47-0 **Fax:** 3 40 47-11
Diözesanleiter: Winfried Weinrich
DiözesanGeschF: Andreas Geoerg

u 1 761
Malteser-Hilfsdienst e.V. in der Diözese Essen
Diözesangeschäftsstelle:
Postf. 10 25 64, 45025 Essen
Maxstr. 13, 45127 Essen
T: (0201) 8 20 47-0 **Fax:** 8 20 47-55
Diözesanleiter: Dr. Heinz Staudinger
DiözesanGeschF: Oliver Mirring

u 1 762
Malteser-Hilfsdienst e.V. in der Erzdiözese Freiburg
Diözesan- und Landesgeschäftsstelle:
Heinrich-von-Stephan-Str. 14, 79100 Freiburg
T: (0761) 4 55 25 10 **Fax:** 4 55 25 20
Diözesanleiter: Ina Frfr. von Elverfeldt
DiözesanGeschF: Matthias Kläsle

u 1 763
Malteser-Hilfsdienst e.V. in der Diözese Fulda
Diözesangeschäftsstelle:
Wilhelmstr. 4, 36037 Fulda
T: (0661) 8 75 55 **Fax:** 8 75 11
Diözesanleiter: Dr. Constantin von Brandenstein-Zeppelin
Diözesangeschäftsführer: Thomas Peffermann

u 1 764
Malteser-Hilfsdienst e.V. in der Diözese Görlitz
Diözesangeschäftsstelle:
Mühlweg 3, 02826 Görlitz
T: (03581) 48 00-0 **Fax:** 48 00-40
Diözesanleiter: Pfarrer Christoph Bockisch
DiözesanGeschF.: Bernd Schmuck

u 1 765
Malteser-Hilfsdienst e.V. Hamburg
Diözesan- und Landesgeschäftsstelle:
Weidestr. 43, 22083 Hamburg
T: (040) 2 09 40 80 **Fax:** 20 94 07 41
Diözesanleiter: Dr. Uwe Brenzen
DiözesanGeschF: Peter Bensmann

u 1 766
Malteser-Hilfsdienst e.V. in der Diözese Hildesheim
Diözesangeschäftsstelle:
Anderter Str. 129c, 30559 Hannover
T: (0511) 9 59 86-0 **Fax:** 9 59 86-40
Diözesanleiter: Peter Graf Wolff-Metternich
DiözesanGeschF: Hartmut Berkowsky

u 1 767
Malteser-Hilfsdienst e.V. in der Erzdiözese Köln
Postf. 62 03 68, 50696 Köln
Neusser Str. 460, 50733 Köln
T: (0221) 9 74 54 50 **Fax:** 97 45 45 27
DiözesanGeschF: Stefan Pauls
Stellv. DiözesanGeschF: Matthias Scholz

u 1 768
Malteser-Hilfsdienst e.V. in der Diözese Limburg
Diözesangeschäftsstelle:
Blumenröder Str. 22, 65549 Limburg
T: (06431) 94 88-0 **Fax:** 94 88-32
Diözesanleiter: Emanuel Graf von Walderdorff
DiözesanGeschF: Bernd Trost

u 1 769
Malteser-Hilfsdienst e.V. in der Diözese Magdeburg
Diözesan- und Landesgeschäftsstelle:
Hermann-Hesse-Str. 1a, 39118 Magdeburg
T: (0391) 6 09 31-0 **Fax:** 6 09 31-99
Diözesanleiter: Geistlicher Rat Günther Brozek
DiözesanGeschF: Ronald Schabanoski

u 1 770
Malteser-Hilfsdienst e.V. in der Diözese Mainz
Diözesan- und Landesgeschäftsstelle:
Neutorstr. 3, 55116 Mainz
T: (06131) 28 58-0 **Fax:** 28 58-62
Diözesanleiter: Klemens A. Freiherr von Korff
DiözesanGeschF: Eduard Bamberg

u 1 771
Malteser-Hilfsdienst e.V. in der Erzdiözese München und Freising
Diözesan- und Landesgeschäftsstelle:
Streitfeldstr. 1, 81673 München
T: (089) 4 36 08-0 **Fax:** 4 31 48 77
Diözesanleiter: Dr. Erich Prinz von Lobkowicz
DiözesanGeschF: Manfred Schulz (M.A.)

u 1 772
Malteser-Hilfsdienst e.V. in der Diözese Münster
Diözesangeschäftsstelle:
Daimlerweg 33, 48163 Münster
T: (0251) 9 71 21-0 **Fax:** 9 71 21-24
Diözesanleiter: Rudolph Erbprinz von Croy
DiözesanGeschF: Stephen Bilstein

u 1 773
Malteser-Hilfsdienst e.V. im Offizialatsbezirk Oldenburg
Geschäftsstelle:
Postf. 14 51, 49363 Vechta
Lattweg 2, 49377 Vechta
T: (04441) 92 50-0 **Fax:** 92 50 99
Leiter(in): Günter gr. Holthaus
Geschäftsführer(in): Sebastian Kliesch

u 1 774
Malteser-Hilfsdienst e.V. in der Diözese Osnabrück
Diözesangeschäftsstelle:
Klöntrupstr. 12, 49082 Osnabrück
T: (0541) 95 74 50 **Fax:** 9 57 45 45
Diözesanleiter: Walter Remmers (Justizminister a.D.)
DiözesanGeschF: Ludwig Unnerstall

u 1 775
Malteser-Hilfsdienst e.V. in der Erzdiözese Paderborn
Diözesangeschäftsstelle:
Nordstr. 27, 33102 Paderborn
T: (05251) 1 35 50 **Fax:** 13 55 66
Diözesanleiter: Georg Freiherr von Wrede
DiözesanGeschF: Matthias Schmidt

u 1 776
Malteser-Hilfsdienst e.V. in der Diözese Passau
Diözesangeschäftsstelle:
Vilshofener Str. 50, 94034 Passau
T: (0851) 9 56 66-0 **Fax:** 9 56 66-44
Diözesanleiter: Georg Adam Freiherr von Aretin
DiözesanGeschF: Josef Seibold

u 1 777
Malteser-Hilfsdienst e.V. in der Diözese Regensburg
Diözesangeschäftsstelle:
Am Singrün 1, 93047 Regensburg
T: (0941) 5 85 15-11 **Fax:** 5 85 15-26
Diözesanleiter: Philipp Graf von Lerchenfeld
DiözesanGeschF: Franz Haller

u 1 778
Malteser-Hilfsdienst e.V. in der Diözese Rottenburg-Stuttgart
Diözesangeschäftsstelle:
Stöckachstr. 55, 70190 Stuttgart
T: (0711) 9 25 82-0 **Fax:** 6 36 86 72
Diözesanleiter: Ferdinand Fürst zu Hohenlohe-Bartenstein
DiözesanGeschF: Klaus Weber

u 1 779
Malteser-Hilfsdienst e.V. im Saarland
(Zugehörig zur Diözese Trier)
Landesgeschäftsstelle Saarland:
Klarenthaler Str. 24, 66128 Saarbrücken
T: (0681) 9 70 35-0 **Fax:** 9 70 35-55
Landesbeauftr.: Michael Kreiselmeyer
LandesGeschF: Franz Wagner

u 1 780
Malteser-Hilfsdienst e.V. in der Diözese Speyer
Diözesangeschäftsstelle:
St.-Guido-Str. 21, 67346 Speyer
T: (06232) 60 04-0 **Fax:** 60 04 34
Diözesanleiter: Adalbert Graf Wiser
DiözesanGeschF: Heinz-Peter Sauer

u 1 781
Malteser-Hilfsdienst e.V. in der Diözese Trier
Diözesangeschäftsstelle:
Postf. 27 53, 54217 Trier
Thebäerstr. 44, 54292 Trier
T: (0651) 1 46 48-0 **Fax:** 1 46 48-48
Diözesanleiter: Michael Georg Witzel
DiözesanGeschF: Jürgen Schmitt

u 1 782
Malteser-Hilfsdienst e.V. in der Diözese Würzburg
Diözesangeschäftsstelle:
Mainaustr. 45, 97082 Würzburg
T: (0931) 45 05-100 **Fax:** 45 05-199
Diözesanleiter: Dipl.-Landw. Richard-Franz Freiherr von Bechtolsheim
DiözesanGeschF: Herbert Kiesel

● U 1 783
Raphaels-Werk - Dienst am Menschen unterwegs e.V.
Adenauerallee 41, 20097 Hamburg
T: (040) 24 84 42-0 **Fax:** 24 84 42-26
Internet: http://www.raphaels-werk.de
E-Mail: kontakt@raphaels-werk.de
Präsident(in): Bischof Dr. Ludwig Averkamp
Vorsitzende(r): Prälat Heinz Joachim Justus
Generalsekretär(in): Gabriele Mertens
Leitung Presseabteilung: Monika Schneid
Verbandszeitschrift: Raphaels-Werk Jahrbuch
Redaktion: Raphaels-Werk, Hamburg
Verlag: Adenauerallee 41, 20097 Hamburg
Mitglieder: 164
Mitarbeiter: 50

Beratungsstellen für Auswanderer, Auslandstätige, Binationale Paare

u 1 784

Raphaels-Werk - Dienst am Menschen unterwegs e.V.
Beratungsstelle Aachen
Kapitelstr. 3, 52066 Aachen
T: (0241) 43 11 33 **Fax:** 43 14 50
E-Mail: aachen@raphaels-werk.de

u 1 785

Raphaels-Werk - Dienst am Menschen unterwegs e.V.
Beratungsstelle Augsburg
Auf dem Kreuz 41, 86152 Augsburg
T: (0821) 31 56-243 **Fax:** 31 56-215
E-Mail: augsburg@raphaels-werk.de

u 1 786

Raphaels-Werk - Dienst am Menschen unterwegs e.V.
Beratungsstelle Berlin
Tübinger Str. 5, 10715 Berlin
T: (030) 8 57 84-237 **Fax:** 8 57 84-137
E-Mail: berlin@raphaels-werk.de

u 1 787

Raphaels-Werk - Dienst am Menschen unterwegs e.V.
Beratungsstelle Bremen
Kolpingstr. 4-6, 28195 Bremen
T: (0421) 32 66 53 **Fax:** 32 66 56
E-Mail: bremen@raphaels-werk.de

u 1 788

Raphaels-Werk - Dienst am Menschen unterwegs e.V.
Beratungsstelle Düsseldorf
Oststr. 40, 40211 Düsseldorf
T: (0211) 16 02-229 **Fax:** 16 02-224
E-Mail: duesseldorf@raphaels-werk.de

u 1 789

Raphaels-Werk - Dienst am Menschen unterwegs e.V.
Beratungsstelle Essen
Euroberatung
Olgastr. 5a, 45130 Essen
T: (0201) 8 79 84-0 **Fax:** 8 79 84-22
E-Mail: essen@raphaels-werk.de

u 1 790

Raphaels-Werk - Dienst am Menschen unterwegs e.V.
Beratungsstelle Frankfurt
Euroberatung
Vilbeler Str. 36, 60313 Frankfurt
T: (069) 91 30 65 50 **Fax:** 91 30 65 55
E-Mail: frankfurt@raphaels-werk.de

u 1 791

Raphaels-Werk - Dienst am Menschen unterwegs e.V.
Beratungsstelle Fulda
Flemingstr. /Eisenhowerstr. Geb. 7199, 36041 Fulda
T: (0661) 24 28-0 **Fax:** 24 28-150
E-Mail: fulda@raphaels-werk.de

u 1 792

Raphaels-Werk - Dienst am Menschen unterwegs e.V.
Beratungsstelle Hamburg
Adenauerallee 41, 20097 Hamburg
T: (040) 24 84 42-0 **Fax:** 24 84 42-26
E-Mail: hamburg@raphaels-werk.de

u 1 793

Raphaels-Werk - Dienst am Menschen unterwegs e.V.
Beratungsstelle Hannover
Euroberatung
Vordere Schöneworth 10, 30167 Hannover
T: (0511) 71 32 37, 71 32 38 **Fax:** 71 32 39
E-Mail: hannover@raphaels-werk.de

u 1 794

Raphaels-Werk - Dienst am Menschen unterwegs e.V.
Beratungsstelle Koblenz
Hohenzollernstr. 118-120, 56068 Koblenz
T: (0261) 1 39 06-503 **Fax:** 1 39 06-590
E-Mail: koblenz@raphaels-werk.de

u 1 795

Raphaels-Werk - Dienst am Menschen unterwegs e.V.
Beratungsstelle Köln
Euroberatung
Norbertstr. 27, 50670 Köln
T: (0221) 2 83 62-0 **Fax:** 2 83 62-14
E-Mail: koeln@raphaels-werk.de

u 1 796

Raphaels-Werk - Dienst am Menschen unterwegs e.V.
Beratungsstelle Ludwigshafen
Kaiser-Wilhelm-Str. 41, 67059 Ludwigshafen
T: (0621) 59 80-216 **Fax:** 59 80-222
E-Mail: ludwigshafen@raphaels-werk.de

u 1 797

Raphaels-Werk - Dienst am Menschen unterwegs e.V.
Beratungsstelle Lübeck
Fegefeuer 2, 23552 Lübeck
T: (0451) 7 48 79 **Fax:** 7 06 04 33
E-Mail: luebeck@raphaels-werk.de

u 1 798

Raphaels-Werk - Dienst am Menschen unterwegs e.V.
Beratungsstelle Magdeburg
Karl-Schmidt-Str. 5c, 39104 Magdeburg
T: (0391) 4 08 05 12 **Fax:** 4 08 05 20
E-Mail: magdeburg@raphaels-werk.de

u 1 799

Raphaels-Werk - Dienst am Menschen unterwegs e.V.
Beratungsstelle München
Euroberatung
Landwehrstr. 26, 80336 München
T: (089) 23 11 49-60 **Fax:** 23 11 49-61
E-Mail: muenchen@raphaels-werk.de

u 1 800

Raphaels-Werk - Dienst am Menschen unterwegs e.V.
Beratungsstelle Münster
Breul 21a, 48143 Münster
T: (0251) 49 07-411 **Fax:** 49 07-416
E-Mail: muenster@raphaels-werk.de

u 1 801

Raphaels-Werk - Dienst am Menschen unterwegs e.V.
Beratungsstelle Paderborn
Am Stadelhof 15, 33098 Paderborn
T: (05251) 2 09-229 **Fax:** 2 09-38444
E-Mail: paderborn@raphaels-werk.de

u 1 802

Raphaels-Werk - Dienst am Menschen unterwegs e.V.
Beratungsstelle Passau
Steinweg 8, 94032 Passau
T: (0851) 3 92-150 **Fax:** 3 92-177
E-Mail: passau@raphaels-werk.de

u 1 803

Raphaels-Werk - Dienst am Menschen unterwegs e.V.
Beratungsstelle Saarbrücken
Kantstr. 14, 66111 Saarbrücken
T: (0681) 3 09-06-36 **Fax:** 3 09 06-18
E-Mail: saarbruecken@raphaels-werk.de

u 1 804

Raphaels-Werk - Dienst am Menschen unterwegs e.V.
Beratungsstelle Schwerin
Schloßstr. 24, 19053 Schwerin
T: (0385) 58 10-115 **Fax:** 5 91-6923
E-Mail: schwerin@raphaels-werk.de

u 1 805

Raphaels-Werk - Dienst am Menschen unterwegs e.V.
Beratungsstelle Trier
Petrusstr. 28, 54292 Trier
T: (0651) 20 96-35 **Fax:** 20 96-38
E-Mail: trier@raphaels-werk.de

u 1 806

Raphaels-Werk - Dienst am Menschen unterwegs e.V.
Beratungsstelle Würzburg
Koellikerstr. 4, 97070 Würzburg
T: (0931) 3 04 18-11, 3 04 18-10 **Fax:** 3 04 18 22
E-Mail: wuerzburg@raphaels-werk.de

● **U 1 807**

SKM - Katholischer Verband für soziale Dienste in Deutschland e.V.
Ulmenstr. 67, 40476 Düsseldorf
T: (0211) 9 41 05-0 **Fax:** 9 41 05-20
Gründung: 1912
Vorsitzende(r): Dieter Coen
Generalsekretär(in): Rolf Lodde

● **U 1 808**

Katholischer Krankenhausverband Deutschlands e.V.
Postf. 4 20, 79004 Freiburg
Karlstr. 40, 79104 Freiburg
T: (0761) 2 00-352 **Fax:** 2 00-609
E-Mail: kkvd@caritas.de
Gründung: 1910
Verbandszeitschrift: Zeitschrift Krankendienst

● **U 1 809**

Sozialdienst katholischer Frauen - Zentrale e.V. -
Agnes-Neuhaus-Str. 5, 44135 Dortmund
T: (0231) 55 70 26-0 **Fax:** 55 70 26-60
Internet: http://www.skf.caritas.de
E-Mail: skf-zentrale@t-online.de
Gründung: 1899
Verbandszeitschrift: Korrespondenzblatt
Redaktion: Annelie Windheuser
Mitglieder: 9000
Mitarbeiter: ca. 5000 (verbandsweit)

● **U 1 810**

Katholischer Arbeitskreis für Familien-Erholung
Bernhard-Letterhaus-Str. 26, 50670 Köln
T: (0221) 7 72 21 13 **Fax:** 7 72 21 24
Vorsitzende: Ortrun Schätzle
Stellv. Vorsitzende: Marlies Jägering, Münster
Gereon Haumann, Horath
Geschäftsführendes Präsidiumsmitglied: Dr. Joachim Zimmermann

● **U 1 811**

Verband katholischer Einrichtungen und Dienste für körperbehinderte Menschen e.V.
Karlstr. 40, 79104 Freiburg
T: (0761) 2 00-364 **Fax:** 2 00-666
Vorsitzende(r): Reiner Eggerer
Geschäftsführer(in): Werner Strubel

● **U 1 812**

Verband katholischer Einrichtungen und Dienste für Lern- und geistig-behinderte Menschen e.V.
Postf. 4 20, 79004 Freiburg
Karlstr. 40, 79104 Freiburg
T: (0761) 2 00-367 **Fax:** 2 00-666
Gründung: 1905
Vorsitzende(r): N.N.
Stellvertretende(r) Vorsitzende(r): Stephanie Pohl
Winfried Weber
Geschäftsführer(in): Dr. Franz Fink

U 1 813
Bundesverband Kath. Vorsorge- und Rehabilitationseinrichtungen für Kinder u. Jugendliche e.V.
Postf. 4 20, 79004 Freiburg
Karlstr. 40, 79104 Freiburg
T: (0761) 2 00-0   **Fax:** 2 00-609
Internet: http://www.kinderkuren.caritas.de
E-Mail: mayerb@caritas.de
Gründung: 1924
Vorsitzende(r): Peter A. Scherer
Stellvertretende(r) Vorsitzende(r): Msgr. Günter Grimme
Geschäftsführer(in): Brunhilde Mayer
Verbandszeitschrift: Verzeichnis und Kurenpläne
Redaktion: s.u. Geschäftsstelle

U 1 814
Verband Katholischer Tageseinrichtungen für Kinder (KTK) - Bundesverband e.V.
Postf. 4 20, 79004 Freiburg
Karlstr. 40, 79104 Freiburg
T: (0761) 20 02 20   **Fax:** 20 07 35
E-Mail: ktk-bundesverband@caritas.de
Gründung: 1912
Vorsitzende(r): Pfarrer Peter Kuner
Stellvertretende(r) Vorsitzende(r): Irmgard Frieling
Geschäftsführer(in): Theresia Wunderlich
Verbandszeitschrift: Welt des Kindes
Redaktion: Karlstr. 40, 79104 Freiburg
Verlag: Kösel-Verlag, Flüggenstr. 2, 80639 München
Mitglieder: 7671

U 1 815
Deutsche Vereinigung für den Sozialdienst im Krankenhaus e.V.
Kaiserstr. 42, 55116 Mainz
T: (06131) 22 24 22   **Fax:** 22 24 58
Gründung: 1926
1. Vorsitzende(r): Norbert Gödecker-Geenen
2. Vorsitzende(r): Hans Nau
Geschäftsführer(in): Birte Siemonsen
Leitung Presseabteilung: Petra Nievelstein
Verbandszeitschrift: Forum Sozialarbeit im Krankenhaus
Redaktion: Petra Nievelstein
Verlag: Neu. Rehadruckerei Vallendar
Mitglieder: 1600
Mitarbeiter: 3

U 1 816

53108 Bonn
Heerstr. 178, 53111 Bonn
T: (0228) 98 37 30   **Fax:** 63 00 36
Internet: http://www.amnesty.de
E-Mail: info@amnesty.de
Generalsekretär(in): Barbara Lochbihler
Geschf. Direktor: Martin Georgi
Leitung Presseabteilung: Dr. Iris Schneider
Mitglieder: und Förderer: 41000

Einsatz zugunsten gewaltloser politischer Gefangener, gegen Folter und Todesstrafe, "Verschwindenlassen" und staatliche Morde. Spendenkonto 80 90 100 Bank f. Sozialwirtschaft Köln BLZ 370 205 00

U 1 817
DBH - Fachverband für Soziale Arbeit, Strafrecht und Kriminalpolitik (DBH)
siehe T 3527

U 1 818
CARE Deutschland e.V.
Dreizehnmorgenweg 6, 53175 Bonn
T: (0228) 9 75 63-0   **Fax:** 9 75 63-51
Internet: http://www.care.de
E-Mail: info@care.de
Gründung: 1980
Vorstand: Willi Erl (Vors.)
Prof. Dr. Peter Molt (stellv. Vors.)
K. Reinhold Grätz
Dr. Haiko Pieplow
Elek Schweckendiek
Leitung Presseabteilung: Yvonne Ayoub
Mitglieder: 41
Mitarbeiter: 28
Jahresetat: ca. DM 16 Mio, € 8,18 Mio

U 1 819
Friedlandhilfe e.V.
Grenzdurchgangslager, 37133 Friedland
T: (05504) 2 76   **Fax:** 85 78
Vorsitzende(r): Karl-Heinz Keudel

U 1 820
Diakonisches Werk der Evangelischen Kirche in Deutschland e.V. (EKD)
Hauptgeschäftsstelle:
Postf. 10 11 42, 70010 Stuttgart
Stafflenbergstr. 76, 70184 Stuttgart
T: (0711) 21 59-0   **Fax:** 21 59-288
TGR: Diakonie Stuttgart
Internet: http://www.diakonie.de
E-Mail: diakonie@diakonie.de
Gründung: 1975
Präsident(in): Pfarrer Jürgen Gohde (Vorsitzender der Geschäftsführung, E-Mail: gohde@diakonie.de)
Vizepräsident(in): Dir. Dr. Wolfgang Teske
Zentrale Dienste: Dir. Prof. Dr. Walther Specht
Wirtschaft und Verwaltung: Dir. Dr. Wolfgang Teske
Dir. Cornelia Füllkrug-Weizel (Ökumenische Diakonie)
Mitglieder: 24 regionale Werke, 9 Freikirchen, ca. 90 Fachverbände
Mitarbeiter: rd. 402000 hauptamtl.; 400 000 ehrenamtl.

1. Diakonische Konferenz

u 1 821
Diakonische Konferenz der EKD
Postf. 10 11 42, 70010 Stuttgart
Stafflenbergstr. 76, 70184 Stuttgart
T: (0711) 21 59-0
Vorsitzende(r): Dir. Werner Braune (Albertinstr. 20-23, 13086 Berlin, T: (030) 9 65 40 41)

2. Diakonischer Rat

u 1 822
Diakonischer Rat der EKD
Postf. 10 11 42, 70010 Stuttgart
Stafflenbergstr. 76, 70184 Stuttgart
T: (0711) 21 59-0
Vorsitzende(r): Bischof Karl Ludwig Kohlwage (Bäckerstr. 3-5, 23564 Lübeck, T: (0451) 79 71 76)

Außenstellen der EKD

u 1 823
Diakonische Akademie Deutschland gGmbH
Heinrich-Mann-Str. 29, 13156 Berlin
T: (030) 4 88 37-491   **Fax:** 4 88 37-444
Stafflenbergstr. 76, 70184 Stuttgart
T: (0711) 21 59-385
Gründung: 1997 (23. Juni)
Direktor u. Geschäftsführer: Prof. Dr. Hanns-Stephan Haas

Dienststelle Berlin:

u 1 824
Diakonisches Werk der EKD
Dienststelle Berlin
Postf. 33 02 20, 14172 Berlin
Altensteinstr. 51, 14195 Berlin
T: (030) 8 30 01-0   **Fax:** 83 00 12 22
TGR: IMHEKID Berlin
Leiter(in): Dir. Peter Müller

Dienststelle Brüssel:

u 1 825
Diakonisches Werk der EKD
Dienststelle Brüssel
Boulevard Charlemagne 28, B-1040 Brüssel
T: (00322) 2 31 02 46   **Fax:** 2 30 62 35
Leiter(in): Axel Führ

u 1 826
Diakonische Arbeitsgemeinschaft evangelischer Kirchen
Geschäftsstelle:
Postf. 10 11 42, 70010 Stuttgart
Gerokstr. 17, 70184 Stuttgart
T: (0711) 21 59-5 44/5 46   **Fax:** 21 59-5 50
Geschäftsführer(in): Klauss Pritzkuleit

Diakonische Werke der Gliedkirchen in der Bundesrepublik

Anhalt

u 1 827
Diakonisches Werk der Evangelischen Landeskirche Anhalts e.V.
Johannisstr. 12, 06844 Dessau
T: (0340) 2 55 46-0   **Fax:** 2 55 46-20
E-Mail: Diakonie.Anhalt@t-online.de
Landespfarrer für Diakonie: Dr. Andreas Lischke

Baden

u 1 828
Das Diakonische Werk der Evangelischen Landeskirche in Baden e.V.
Postf. 21 69, 76009 Karlsruhe
Vorholzstr. 3, 76137 Karlsruhe
T: (0721) 93 49-0   **Fax:** 93 49-2 02
Leiter(in): OKR Johannes Stockmeier

Bayern

u 1 829
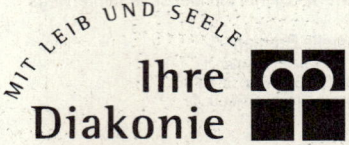

Diakonisches Werk der Evang.-Luth. Kirche in Bayern e.V.
90332 Nürnberg
Postf. 12 03 20, 90110 Nürnberg
Pirckheimerstr. 6, 90408 Nürnberg
T: (0911) 93 54-1   **Fax:** 93 54-269
E-Mail: info@diakonie-bayern.de
Gründung: 1886
1. Vorsitzende(r): Präsident Heimo Liebl
2. Vorsitzende(r): Dr. Jörg A. Kruttschnitt
Leitung Presseabteilung: Daniel Wagner
Mitglieder: 1305
Mitarbeiter: 230

u 1 830
Diakonisches Werk der Evang.-Luth. Kirche in Bayern
Münchener Stelle:
Nördliche Auffahrtsallee 14, 80638 München
T: (089) 15 79 17-0   **Fax:** 15 79 17-19
Leiter(in): Diakon Friedemann Goetzger

Berlin-Brandenburg

u 1 831
Diakonisches Werk Berlin-Brandenburg e.V.
Paulsenstr. 55-56, 12163 Berlin
T: (030) 8 20 97-0   **Fax:** 8 20 97-1 05
Direktor(in): Kirchenrat Eckhard Steinhaeuser

Braunschweig

u 1 832
Diakonisches Werk - Innere Mission und Hilfswerk - der Ev.-luth. Landeskirche in Braunschweig e.V.
Klostergang 66, 38104 Braunschweig
T: (0531) 3 70 30 00   **Fax:** 3 70 30 99
Direktor(in): Landespfarrer Manfred Berner

Bremen

u 1 833
Diakonisches Werk Bremen e.V.
Blumenthalstr. 10-11, 28209 Bremen
T: (0421) 3 49 67-0   **Fax:** 34 54 71
Geschäftsführer(in): Landespastor Hans-Jürgen Wiesenbach
Stellvertreter: Dr. Jürgen Stein
Diakon Klaus Schaumann

Görlitz

u 1 834

Diakonisches Werk der Ev. Kirche der schlesischen Oberlausitz e.V.
Klosterstr. 2, 02826 Görlitz
T: (03581) 48 48-0 **Fax:** 48 48-20
Provinzialpfarrer/Theologischer Leiter: Pfr. Ludwig Ammer
Geschäftsführer(in): Otmar Hahn

Hannover

u 1 835

Diakonisches Werk der Ev.-luth. Landeskirche Hannovers e.V.
Ebhardtstr. 3A Lutherhaus, 30159 Hannover
T: (0511) 3 60 40 **Fax:** 36 04-1 00
Internet: http://www.evlka.de
E-Mail: diakonisches.werk@diakonie-hannovers.de
Hauptgeschäftsführer(in): Direktor Pastor Henning Brandes
Stellvertreter: Gerhard Ridderbusch
Hans-Jochen Erhardt

Hessen und Nassau

u 1 836

Diakonisches Werk in Hessen und Nassau e.V.
Postfl. 90 02 29, 60442 Frankfurt
Ederstr. 12, 60486 Frankfurt
T: (069) 79 47-0 **Fax:** 79 47-3 10
Gründung: 1960
Vorstand: Pfr. Dr. Wolfgang Gern
Klaus Neufert
Bernd Schlüter
Leitung Presseabteilung: Dr. Jürgen Albert
Verbandszeitschrift: Weltweite Hilfe
Redaktion: Dr. Jürgen Albert
Verlag: Diakonisches Werk in Hessen u. Nassau, Ederstr. 12, 60486 Frankfurt
Mitglieder: 240
Mitarbeiter: 1000
Förderung und Ausübung der Diakonie Beratung in allen sozialen Angelegenheiten, Vertretung der Mitglieder und angeschlossenen Einrichtungen

Kurhessen-Waldeck

u 1 837

Diakonisches Werk in Kurhessen-Waldeck e.V.
Postfl. 10 10 07, 34010 Kassel
Kölnische Str. 136, 34119 Kassel
T: (0561) 10 95-0 **Fax:** 10 39 36
Geschäftsführer(in): Landespfarrer Martin Slenczka
Stellvertreter: Dipl.-Volksw. Reinhard Löwer

Lippe

u 1 838

Das Diakonische Werk - Innere Mission und Hilfswerk - der Lippischen Landeskirche e.V.
Leopoldstr. 27, 32756 Detmold
T: (05231) 9 76 61 **Fax:** 97 66 90
Leiter(in): Landespfarrer Jürgen Dittrich
Stellvertreter: Pfr. Ekkehard Höver

Mecklenburg

u 1 839

Diakonisches Werk der Ev.-Luth. Landeskirche Mecklenburgs e.V.
Körnerstr. 7, 19055 Schwerin
T: (0385) 50 06-0 **Fax:** 50 06-100
Leiter(in): Dr. Hartwig Daewel
Geschäftsführer(in): Dr. Wolfgang Betz

Nordelbisches Diakonisches Werk e.V.

u 1 840

1. Diakonisches Werk Hamburg - Landesverband der Inneren Mission e.V. -
Königstr. 54, 22767 Hamburg
T: (040) 3 06 20-0 **Fax:** 3 06 20-3 00
Vorsitzende(r) des Vorstandes: Pastorin Annegrethe Stoltenberg
Vorstandsmitglied: Diakon Dipl.-Sozialarb. Hartmut Sauer
Stefan Renn
Pastor Dr. Hartwig von Schubert

u 1 841

2. Diakonisches Werk Schleswig-Holstein - Landesverband der Inneren Mission e.V.
Postfl. 8 25, 24758 Rendsburg
Kanalufer 48, 24768 Rendsburg
T: (04331) 5 93-0 **Fax:** 5 93-204, 5 93-244
Leiterin: Landespastorin OKR Petra Thobaben
Roland Schlerff

Nordwestdeutschland

u 1 842

Diakonisches Werk der Ev.-ref. Kirche (Synode ev.-ref. Kirchen in Bayern und Nordwestdeutschland)
Postfl. 13 80, 26763 Leer
Saarstr. 6, 26789 Leer
T: (0491) 91 98-203 **Fax:** 91 98-251
Vorsitzende(r): Pastor Gerhard Woertel
Geschäftsführer(in): Wolfgang Wagenfeld

Oldenburg

u 1 843

Diakonisches Werk der Ev.-Luth. Kirche in Oldenburg e.V.
Postfl. 16 03, 26006 Oldenburg
Kastanienallee 9-11, 26121 Oldenburg
T: (0441) 2 10 01-0 **Fax:** 2 10 01-99
Direktor(in): LPfr. Dr. Hans-Ulrich Minke
Vertreter: Abteilungsleiter Wolfgang Bartels

Pfalz

u 1 844

Diakonisches Werk der Evangelischen Kirche der Pfalz
Postfl. 12 60, 67322 Speyer
Karmeliterstr. 20, 67346 Speyer
T: (06232) 6 64-0 **Fax:** 6 64-130
Leiter(in): Landespfarrer Frieder Theysohn
Stellvertreter: Amtsrat I.K. Hanjörg Schmidt

Pommern

u 1 845

Diakonisches Werk in der Pommerschen Ev. Kirche e.V.
Fleischerstr. 1, 17489 Greifswald
T: (03834) 87 61-0 **Fax:** 87 61-1 14
Leiter(in): Landespfarrer Roland Springborn
Geschäftsführer(in): Gesine Neubauer

Rheinland

u 1 846

Diakonisches Werk der Evangelischen Kirche im Rheinland e.V.
Haus der Diakonie
Postfl. 30 02 04, 40402 Düsseldorf
Lenaustr. 41, 40470 Düsseldorf
T: (0211) 63 98-0 **Fax:** 63 98-2 99
Leiter(in): Dir. Pfr. Dr. Reinhard Witschke
Stellvertreter: Dr. Moritz Linzbach

Verbindungsstellen

u 1 847

Verbindungsstelle Rheinland-Pfalz des Diakonischen Werkes Rheinland
Mainzer Str. 86, 56075 Koblenz
T: (0261) 3 10 50 **Fax:** 16 07 94
Leiter(in): Dipl.-Volksw. Heiner Krückels

u 1 848

Verbindungsstelle Saarland Diakonisches Werk an der Saar
Postfl. 13 09, 66513 Neunkirchen
Rembrandtstr. 17-19, 66540 Neunkirchen
T: (06821) 9 56-0 **Fax:** 9 56-205
Leiter(in): Pfarrer Udo Blank

Sachsen

u 1 849

Diakonisches Werk der Ev.-Luth. Landeskirche Sachsens e.V.
Das Diakonische Amt
Obere Bergstr. 1, 01445 Radebeul
T: (0351) 83 15-0 **Fax:** 83 15-400
E-Mail: Diakonie.Sachsen@t-online.de
Direktor(in): Pfarrer Jochen Bohl

Sachsen-Anhalt

Kirchenprovinz Sachsen (in Sachsen-Anhalt)

u 1 850

Diakonisches Werk in der Kirchenprovinz Sachsen e.V.
Mittagstr. 15, 39124 Magdeburg
T: (0391) 2 55 26-0 **Fax:** 2 55 26-22
Direktor(in): Pfr. Dr.habil. Reinhard Turre

Schaumburg-Lippe

u 1 851

Das Diakonische Werk der Ev.-Luth. Landeskirche Schaumburg-Lippe e.V.
Bahnhofstr. 16, 31655 Stadthagen
T: (05721) 7 60 81 **Fax:** 7 60 85
Leiter(in): Pastor Andreas Woempner
Geschäftsführer(in): Heinrich Grundmeier

Thüringen

u 1 852

Diakonisches Werk der Ev.-Luth. Kirche in Thüringen e.V.
Ernst-Thälmann-Str. 90, 99817 Eisenach
T: (03691) 8 10-0 **Fax:** 8 10-321
Geschäftsführer(in): OKR Eberhard Grüneberg

Westfalen

u 1 853

Diakonisches Werk der Ev. Kirche von Westfalen e.V.
Postfl. 24 04, 48011 Münster
Friesenring 32-34, 48147 Münster
T: (0251) 27 09-0 **Fax:** 27 09-573
Vors. GeschF: Pastor Günther Barenhoff (E-Mail: barenhoff@dw-westfalen.de)
Geschäftsführer(in): Gebhard Dawin (dawin@dw-westfalen.de)

Württemberg

u 1 854

Diakonisches Werk der evangelischen Kirche in Württemberg e.V.
Postfl. 10 11 51, 70010 Stuttgart
Heilbronner Str. 180 Löwentorzentrum, 70191 Stuttgart
T: (0711) 16 56-0 **Fax:** 16 56-2 77
Hauptgeschäftsführer(in): OKR Jens Timm
Stellv. Hauptgeschäftsführer: Henry von Bose
Geschäftsführer(in): Heike Baehrens (GB 3)
Sigrid Bernhardt-Müller (GB 4)
Rainer Middel (GB5/Finanzen, Personal, Verwaltung)

● **U 1 855**

Blaues Kreuz in der Evangelischen Kirche - Bundesverband e.V.
Selbsthilfeorganisation in der Suchtkrankenhilfe
Märkische Str. 46, 44141 Dortmund
T: (0231) 5 86 41 32 **Fax:** 5 86 41 32
Internet: http://www.blaues-kreuz.org
E-Mail: bke@blaues-kreuz.org
Gründung: 1902
Vorsitzende(r): Hannelore Breuer (T/Fax: (0231) 5 86 41 32)
Öffentlichkeitsarbeit: H.-J. Hinze (T: (02103) 36 09 05)
Mitglieder: ca. 2800
Mitarbeiter: 2

Fachverbände

u 1 856
Deutsche Hauptstelle gegen die Suchtgefahren e.V. (DHS)
Postf. 13 69, 59003 Hamm
Westring 2, 59065 Hamm
T: (02381) 90 15-0   Fax: 90 15-30
Internet: http://www.dhs.de
E-Mail: info@dhs.de
Gründung: 1947
Vorsitzende(r): Prof. Dr. med. Klaus Wanke
Geschäftsführer(in): Rolf Hüllinghorst

u 1 857
Gesamtverband für Suchtkrankenhilfe im Diakonischen Werk der EKD e.V. (GVS)
Postf. 10 13 66, 34013 Kassel
Kurt-Schumacher-Str. 2, 34117 Kassel
T: (0561) 1 09 57-0   Fax: 77 83 51
Internet: http://www.sucht.org
E-Mail: gvs@sucht.org

● **U 1 858**
Verband der deutschen evangelischen Bahnhofsmission e.V.
Postf. 10 11 42, 70010 Stuttgart
Stafflenbergstr. 76, 70184 Stuttgart
T: (0711) 21 59-391   Fax: 21 59-569
E-Mail: bahnhofsmission@diakonie.de

● **U 1 859**
Evangelischer Diakonieverein Berlin-Zehlendorf e.V.
Glockenstr. 8, 14163 Berlin
T: (030) 80 99 70-0   Fax: 8 02 24 52
Internet: http://www.ev-diakonieverein.de
Gründung: 1894 (11. April)
Vorstandsoberin: Ellen Muxfeldt
Kaufm. Vorstandsmitgl.: Dipl.-Finanzwirt Harald Glass
Verbandszeitschrift: Die Diakonieschwester
Redaktion: Pastor Dr. Rainer Sommer, Glockenstr. 8, 14163 Berlin
Verlag: Christlicher Zeitschriftenverlag, Georgenkirchstr. 69-70, 10249 Berlin
Mitglieder: 2233 (Stand 1.1.2001)
Mitarbeiter: 45

● **U 1 860**
Diakonische Heime in Kästorf e.V.
Postf. 13 20, 38503 Gifhorn
Hauptstr. 51, 38518 Gifhorn
T: (05371) 7 21-200, 7 21-202   Fax: 72 13 18
Gründung: 1883
Vorstand: Dr. rer. pol. Rolf-Jürgen Korte
Andreas Ruh
Mitarbeiter: ca. 650

Der Verein gibt im Rahmen öffentlicher Verpflichtung zur Jugend-, Wohnungslosen-, Arbeitslosen-, Alten- und Pflegehilfe sowie der Behindertenhilfe Menschen in benachteiligten und schwierigen Lebensverhältnissen einen Platz in seinen Wohnstätten und Einrichtungen sowie in seinen Arbeits- und Ausbildungsstätten, verbunden mit dem Angebot auch langfristiger Versorgung, Beratung, Beschäftigung, Wiedereingliederung und Nachsorge.

u 1 861
Stiftung Wohnen und Beraten
Sitz Braunschweig
Postf. 13 20, 38503 Gifhorn
Hauptstr. 51, 38518 Gifhorn
T: (05371) 7 21-260   Fax: 7 21-415
Vorstand: Dr. rer. pol. Rolf-Jürgen Korte
Andreas Ruh
Mitarbeiter: ca. 120

u 1 862
Diakonische Betriebe Kästorf GmbH D.B.K.
Sitz Gifhorn
Postf. 13 20, 38503 Gifhorn
Hauptstr. 51, 38518 Gifhorn
T: (05371) 7 21-0   Fax: 7 21-373
Gründung: 1994 (5. Dezember)
Geschäftsführer(in): Dr. rer. pol. Rolf-Jürgen Korte
Andreas Ruh
Mitarbeiter: ca. 320

● **U 1 863**
Martin Ambulanz - St. Martins Werk e.V. (SMW)
Postf. 48 33, 90026 Nürnberg
Dr.-Carlo-Schmid-Str. 204, 90491 Nürnberg
T: (0911) 5 98 00 14   Fax: 59 12 19
E-Mail: st.martin@lycosmail.com
Gründung: 1980 (11. November)
Präsident(in): Christian M. Silinsky
Stellv. Präsident: Christian N. Wallisch
Geschäftsführer(in): Ernst Martin Högerl
Dr. Gerhard Krahl

● **U 1 864**
Evangelische Arbeitsgemeinschaft zur Betreuung der Kriegsdienstverweigerer (EAK)
Bundesvorstand
Carl-Schurz-Str. 17, 28209 Bremen
T: (0421) 34 40 37   Fax: 3 49 19 61
E-Mail: eak-brd@t-online.de
Gründung: 1958
Bundesvorstand:
Vorsitzende(r): Bischof i.R. Dr. Christoph Demke (Berlin)
Stellvertretende(r) Vorsitzende(r): Pfarrer Hans-Michael Germer (Darmstadt)
Pastor Joachim Zierau (Hannover)
Beisitzer: Pfarrer Walter Großke (Kassel)
Gemeindepädagoge Detlef Harland (Sondershausen)
Pfarrer Friedhelm Schneider (Speyer)
Pfarrer Dr. Alf Seippel (Dortmund)
Pfarrer Velten Wagner (Nürnberg)
Pfarrer Christoph Wohlgemuth (Dresden)
Geschäftsführer(in): Günter Knebel (Bremen)
Verbandszeitschrift: "Zivil-Zeitschrift für Frieden und Gewaltfreiheit"
Redaktion: c/o Werner Schulz, Rosenbergstr. 45, 70176 Stuttgart
Verlag: Ev. Arbeitsgemeinschaft z. Betreuung d. Kriegsdienstverweigerer, Bremen
Mitglieder: 48
Jahresetat: ca. DM 1,4 Mio, € 0,72 Mio

● **U 1 865**
Kaiserswerther Verband deutscher Diakonissen-Mutterhäuser e.V.
Lindenstr. 13, 34131 Kassel
T: (0561) 3 64 71   Fax: 31 29 55
E-Mail: kaisersw.verb@t-online.de
Gründung: 1916 (4. Dezember)
Vorsitzende(r): Oberin Helga Darenberg (Marienstr. 80-90, 30171 Hannover)
Stellvertretende(r) Vorsitzende(r): Rektor Hermann Schoenauer, Neuendettelsau
Oberin Ilse Dohna, Münster
GeschF, Verbands-Dir: Pfarrer Dr. Reinhold Lanz (Lindenstr. 13, 34131 Kassel)
Verbandsoberin: Erna Carle
Verbandszeitschrift: DER WEITE RAUM
Schriftleitung: Oberin Erna Carle
Mitglieder: 74 Diakonissenmutterhäuser/Diakoniewerke

● **U 1 866**
Bayerischer Mütterdienst der Evangelisch-Lutherischen Kirche e.V.
Postf. 12 40, 90544 Stein
Deutenbacher Str. 1, 90547 Stein
T: (0911) 68 06-0   Fax: 68 06-177
Internet: http://www.muetterdienst.de
E-Mail: gfo@muetterdienst.de
Gründung: 1933
1. Vorsitzende(r): Ingeborg Leitz
2. Vorsitzende(r): Isolde Heine-Wirkner
Geschäftsführer(in): Dr. Gabriele Müller-Rückert
Leitungs-Kollegium: Erika Jehle
Angelika Hengl
Barbara Hauck
Gabriele Heller
Leitung Presseabteilung: Annette Vogel
Mitarbeiter: ca. 200

● **U 1 867**
Bundesarbeitsgemeinschaft Wohnungslosenhilfe e.V.
Postf. 13 01 48, 33544 Bielefeld
Quellenhofweg 25, 33617 Bielefeld
T: (0521) 1 43 96-0   Fax: 1 43 96-19
Vorsitzende(r): Martin Berthold (DW EKD Stuttgart)
Geschäftsführer(in): Dipl.-Soz. Heinrich Holtmannspötter
Stellvertretende(r) Geschäftsführer(in): Dr. Thomas Specht-Kittler
Leitung Presseabteilung: Werena Rosenke
Mitglieder: 325
Mitarbeiter: 6
Zeitschrift: Wohnungslos
Verlag: VSH Verlag Soziale Hilfe, Postf. 13 01 48, 33544 Bielefeld

● **U 1 868**
Unternehmensgruppe Dienste für Menschen
Postf. 13 09 64, 70067 Stuttgart
Haußmannstr. 103a, 70188 Stuttgart
T: (0711) 2 68 79-0   Fax: 2 62 38 72
Internet: http://www.udfm.de
E-Mail: kontakt@udfm.de
Geschäftsführer(in): Peter Junker
Vorsitzende(r) des Vorstandes: Otto Specht
Leitung Presseabteilung: Gert Willen
Verbandszeitschrift: dfm-Info
Redaktion: im Haus

● **U 1 869**
Evangelische Obdachlosenhilfe e.V.
Fachverband d. Diakonischen Werkes d. EKD
Postf. 10 11 42, 70010 Stuttgart
Stafflenbergstr. 76, 70184 Stuttgart
T: (0711) 21 59-725, 21 59-724   Fax: 21 59-569
E-Mail: wohnungslose@diakonie.de
Vorsitzende(r): Dr. Wolfgang Gern, Frankfurt
Geschäftsführer(in): Gerhard Finger

● **U 1 870**
Kolpingwerk Deutschland
Postf. 10 08 41, 50448 Köln
Kolpingplatz 5-11, 50667 Köln
T: (0221) 2 07 01-0   Fax: 2 07 01-38
Bundesvorsitzende(r): Heinz Schemken (MdB)
Bundespräses: Alois Schröder
BundesGeschF: Bernhard Hennecke
Bundessekr: Dr. Michael Hanke
Mitglieder: 276000

Das Kolpingwerk ist die von Adolph Kolping geschaffene und geprägte familienhafte und lebensbegleitende katholische Bildungs- und Aktionsgemeinschaft zur Entfaltung des einzelnen in der ständig zu erneuernden Gesellschaft.

● **U 1 871**
Zentralstelle für Recht und Schutz der Kriegsdienstverweigerer aus Gewissensgründen e.V.
Dammweg 20, 28211 Bremen
T: (0421) 34 00 25   Fax: 3 47 96 30
Internet: http://www.Zentralstelle-kdv.de
E-Mail: Zentralstelle.KDV@t-online.de
Gründung: 1957 (2. März)
Präsident(in): Renate Schmidt
Vorsitzende(r): Pastor i.R. Ulrich Finckh
Stellvertretende(r) Vorsitzende(r): RA Barbara Kramer
Dipl. Sozialarb. (FH) Stefan Philipp
Leitung Presseabteilung: Peter Tobiassen
Verbandszeitschrift: KDV - Aktuell
Mitglieder: 28 Verbände

● **U 1 872**
Deutsche Friedensgesellschaft - Vereinigte KriegsdienstgegnerInnen e.V. (DFG-VK)
Bundesgeschäftsstelle
Schwanenstr. 16, 42551 Velbert
T: (02051) 42 17   Fax: 42 10
E-Mail: office@dfg.vk.de
Gründung: 1892
BundessprecherInnenkreis:
Erwin Eisenhardt
Kai-Uwe Dosch
Ansgar Schmidt
Leitung Presseabteilung: Kathrin Vogler
Verbandszeitschrift: Zivilcourage
Mitglieder: 6000
Mitarbeiter: 4
Jahresetat: DM 0,8 Mio, € 0,41 Mio

● **U 1 873**
Deutsches Grünes Kreuz
siehe T 2763

● **U 1 874**

Deutsches Rotes Kreuz e.V. (DRK)
Carstennstr. 58, 12205 Berlin
T: (030) 8 54 04-0
Internet: http://www.drk.de
Gründung: 1950 (04. Februar) Neugründung
Präsident(in): Prof. Dr.Dr.h.c.mult. Knut Ipsen
Generalsekretär(in): N.N.

Pressesprecherin: Susanne Anger
Verbandszeitschrift: Rotes Kreuz (für Aktive)
Redaktion: Carl-Walter Bauer
Verlag: Süddeutscher Verlag, UBZ, Postf. 20 20 37, 80020 München
Verbandszeitschrift: das magazin (für Fördermitglieder)
Redaktion: Carl-Walter Bauer
Verlag: Süddeutscher Verlag, UBZ, Postf. 20 20 37, 80020 München
Mitglieder: ca. 5000000
Mitgliedsverbände: 19 Landesverbände mit 539 Kreisverbänden + Verband der Schwesternschaften mit 34 Schwesternschaften, 12 DRK-Blutspendedienste sowie als angeschlossener Verband das Elsa-Brändström-Haus

Zivilschutz, Sanitätsdienst, Suchdienst, Familienzusammenführung, Krankenpflege, Krankentransport, Rettungsdienst, Blutspendedienst, Katastrophenschutz und -hilfe, Entwicklungszusammenarbeit, Auslandshilfe, Migrationsarbeit, stationäre und teilstationäre Altenhilfe, Behindertenhilfe, Erste Hilfe, Ausbildung in Erster Hilfe, Wohlfahrtspflege, Gesundheitsdienst, Jugendpflege, Jugendfürsorge und Jugendsozialarbeit.

● U 1 875

Verband der Schwesternschaften vom Deutschen Roten Kreuz e.V.
Carstennstr. 58-60, 12205 Berlin
T: (030) 84 78 29-0 **Fax:** 84 78 29-25
Internet: http://www.drk.de
Gründung: 1882
Präsidentin: Sabine Schipplick
Ltg. Öffentlichkeitsarbeit u. Kommunikation: Brigitte Wilke-Budde
Verbandszeitschrift: Die Rotkreuzschwester, Magazin der Schwesternschaften
Redaktion: Brigitte Wilke-Budde
Verlag: Süddt. Verlag, München
Mitglieder: über 19000
Mitarbeiter: 13
Mitgliedsorganisationen: 34 DRK-Schwesternschaften, 13 DRK-Krankenhäuser/Krankenhaus GmbHs/1 Altenwohn- u. Pflegeheim GmbH, Schwesternversicherungsverein vom Roten Kreuz in Deutschland

Vertretung der pflegeberufs- und schwesternschaftsrelevanten Interessen von DRK-Schwesternschaften und Schwesternschaftsmitgliedern (Kranken-/Kinderkrankenschwestern, Altenpflegerinnen, Hebammen, Kranken- und Altenpflegehelferinnen; Schülerinnen der Kranken- und Altenpflege).

● U 1 876

Arbeiter-Samariter-Bund Deutschland e.V.
Bundesverband
Postf. 42 03 49, 50897 Köln
Sülzburgstr. 140, 50937 Köln
T: (0221) 4 76 05-0 **Fax:** 4 76 05-288
Internet: http://www.asb-online.de
E-Mail: asb-bv@asb-online.de
Gründung: 1888
Präsident(in): Dr. Annemarie Renger (Präsidentin des Deutschen Bundestages a.D.)
1. Vorsitzende(r): Fritz Tepperwien, Bremen
Geschäftsführer(in): Wilhelm Müller, Köln
Leitung Presseabteilung: Dorothee Mennicken
Verbandszeitschrift: ASB magazin
Redaktion: Stabsstelle Presse- und Öffentlichkeitsarbeit, Dorothee Mennicken
Verlag: Arbeiter-Samariter-Bund Deutschland e.V., Bundesvorstand, Sülzburgstr. 140, 50937 Köln
Mitglied im Deutschen Paritätischen Wohlfahrtsverband, Heinrich-Hoffmann-Str. 3, 60528 Frankfurt

Krankentransport und Rettungsdienst; Ambulante Kranken- und Altenhilfe, stationäre und teilstationäre Altenhilfe, Kinder- und Jugendhilfe, Beratungsdienste, Betreuung psychisch Kranker und geistig Behinderter, Behindertenfahrdienst, Freizeitangebote für Jugendliche und alte Menschen, Ausbildung in Erster Hilfe und häuslicher Krankenpflege, Katastrophenschutz und Auslandshilfe.

Landesverbände

u 1 877
Arbeiter-Samariter-Bund
Landesverband Baden-Württemberg e.V.
Postf. 75 01 99, 70601 Stuttgart
Bockelstr. 146, 70619 Stuttgart
T: (0711) 4 40 13-0 **Fax:** 4 40 13-111
Internet: http://www.asb-bw.de
E-Mail: info@asb-bw.de
Vorsitzende(r): Marianne Wonnay (MdL)
Geschäftsführer(in): Norbert Ollinger

u 1 878
Arbeiter-Samariter-Bund
Landesverband Bayern e.V.
Eichenhainstr. 30, 91207 Lauf
T: (09123) 97 54-0 **Fax:** 97 54-110
Präsident(in): Erich Reim
Vorsitzende(r): N.N.
Geschäftsführer(in): N.N.

u 1 879
Arbeiter-Samariter-Bund
Landesverband Berlin e.V.
Am Großen Wannsee 29-33, 14109 Berlin
T: (030) 2 13 07-0 **Fax:** 2 13 07-1 19
Vorsitzende(r): Peter Krehein
Geschäftsführer(in): Ursula Helms

u 1 880
Arbeiter-Samariter-Bund
Landesverband Brandenburg e.V.
Asta-Nielsen-Str. 1, 14480 Potsdam
T: (0331) 62 48 25, 61 34 94 **Fax:** 62 48 25
Vorsitzende(r): Helga Meier
Geschäftsführer(in): N.N.

u 1 881
Arbeiter-Samariter-Bund
Landesverband Bremen e.V.
Bremerhavener Str. 155, 28219 Bremen
T: (0421) 3 86 90-0 **Fax:** 38 55 86
Vorsitzende(r): Erich Peters
Geschäftsführer(in): Joachim Meyer

u 1 882
Arbeiter-Samariter-Bund
Landesverband Hamburg e.V.
Lupinenweg 12, 22549 Hamburg
T: (040) 8 33 98-0 **Fax:** 8 33 98-1 02
Vorsitzende(r): Johann Klarmann
Geschäftsführer(in): Knut Fleckenstein

u 1 883
Arbeiter-Samariter-Bund
Landesverband Hessen e.V.
Eschersheimer Landstr. 405, 60320 Frankfurt
T: (069) 53 20 46 **Fax:** 53 34 04
Vorsitzende(r): Wolfgang Brennfleck
Geschäftsführer(in): Dieter Storch

u 1 884
Arbeiter-Samariter-Bund
Landesverband Mecklenburg-Vorpommern e.V.
Amtsstr. 6, 18147 Rostock
T: (0381) 69 70 79 **Fax:** 69 71 75
Vorsitzende(r): Dr. Dr. Hans Friedrich Lehmann
Geschäftsführer(in): Jürgen Laue

u 1 885
Arbeiter-Samariter-Bund
Landesverband Niedersachsen e.V.
Hans-Theismann-Weg 1, 30966 Hemmingen
T: (05101) 92 96-0 **Fax:** 92 96 96
Vorsitzende(r): Karl Villwock
Geschäftsführer(in): Berthold Horstmann

u 1 886
Arbeiter-Samariter-Bund
Landesverband Nordrhein-Westfalen e.V.
Postf. 45 01 27, 50876 Köln
T: (0221) 94 97 07-0 **Fax:** 94 97 07-19
Vorsitzende(r): Christof Haering
Geschäftsführer(in): Beatrix von Lüpke

u 1 887
Arbeiter-Samariter-Bund
Landesverband Rheinland-Pfalz e.V.
Kaiserstr. 57-61, 55116 Mainz
T: (06131) 97 79-0 **Fax:** 97 79-23
Präsident(in): Karl Delorme
Vorsitzende(r): Oswald Fechner
Geschäftsführer(in): Stefan Rheinheimer

u 1 888
Arbeiter-Samariter-Bund
Landesverband Saarland e.V.
Kurt-Schumacher-Str. 18, 66130 Saarbrücken
T: (0681) 9 67 34-0 **Fax:** 9 67 34-30
E-Mail: asb_saar@t-online.de
Präsident(in): Hajo Hoffmann (Oberbürgermeister der Landeshauptstadt Saarbrücken)
Vorsitzende(r): Guido Joost
Geschäftsführer(in): Bernhard Roth

u 1 889
Arbeiter-Samariter-Bund
Landesverband Sachsen e.V.
Poststr. 1, 01458 Ottendorf-Okrilla
T: (035205) 30 43 11 **Fax:** 30 43 13
Vorsitzende(r): Günter Kern
Geschäftsführer(in): Markus Cording

u 1 890
Arbeiter-Samariter-Bund
Landesverband Sachsen-Anhalt e.V.
Emil-Abderhalden-Str. 21, 06108 Halle
T: (0345) 2 02 61 52 **Fax:** 2 03 19 70
Vorsitzende(r): Peter Billing
Geschäftsführer(in): Dr. Gabriele Gumprecht

u 1 891
Arbeiter-Samariter-Bund
Landesverband Schleswig-Holstein e.V.
Kieler Str. 20a, 24143 Kiel
T: (0431) 7 06 94-0 **Fax:** 7 06 94-40
Präsident(in): Dr. Peter Bendixen, Kiel
Vorsitzende(r): Peter Zahn (MdL)
Geschäftsführer(in): Matthias Hartig

u 1 892
Arbeiter-Samariter-Bund
Landesverband Thüringen e.V.
Johannsstr. 145, 99084 Erfurt
T: (0361) 2 11 00 13 **Fax:** 2 11 01 18
E-Mail: asb-thueringen@t-online.de
Vorsitzende(r): Birgit Pelke (MdL)
Geschäftsführer(in): Werner Getzin

● U 1 893
Rundfunkhilfe e.V.
Oranienburger Str. 13-14, 10178 Berlin
T: (030) 2 40 89-0
Geschäftsführer(in): Dr. Frank Loges

● U 1 894
Deutsche Seemannsmission e.V.
Jippen 1, 28195 Bremen
T: (0421) 1 73 63-0 **Fax:** 1 73 63-23
E-Mail: headoffice@seemannsmission.org
Gründung: 1964 (26. Februar)
Präsident(in): Dr. Gerhard Mehrtens
Vizepräsident(in): Dr. Margrit Wetzel (MdB)
Generalsekretär(in): Pastor Dr. h.c. (ZRE) Jürgen R. A. Kanz
Geschäftsführer(in): Heiner Radke
Stellvertretende(r) Geschäftsführer(in): Brigitte Hutengs
Verbandszeitschrift: Laß fallen Anker
Redaktion: und Verlag: Gerhard Kling, Steinkuhle 11, 58730 Fröndenberg
Mitglieder: 12 Mitgliedsvereine
Mitarbeiter: 50
Jahresetat: rd. DM 5,9 Mio, € 3,02 Mio

Der Verein fördert in diakonisch-missionarischem Dienst das Wohl der Seeleute und ihrer Angehörigen im In- und Ausland. Er betreibt die Arbeit der Seemannsmission im Ausland insbesondere durch Gründung und Unterhaltung von Stationen.

● U 1 895

Lazarus-Hilfswerk in Deutschland e.V. (LHW)
Alten-, Kranken- und Behindertenhilfe, Auslandsdienste
Bundesgeschäftsstelle:
Luxemburger Str. 305, 50354 Hürth
T: (02233) 97 25-0   Fax: 97 25 44
Internet: http://www.Lazarus.de
E-Mail: info@lazarus.de
Gründung: 1120/1098 Lazarusorden, 1973 Lazarus-Hilfswerk als karitatives Organ
Bundesvorstand: Dipl.-Verw. Klaus-Peter Pokolm (Vors., Ltg. Presseabt.)
Dipl.-Kfm. Dr. Gisbert v. Abercron (Ltg. Finanzen)
Hans-Rüdiger Kreßmann
Verbandszeitschrift: LAZARUS Mitteilungen

● U 1 896

LAZARUS Gesellschaft e.V. (LG)
Augustinerstr. 12, 50667 Köln
T: (0221) 93 70 55-80   Fax: 93 70 55-85
Internet: http://www.lazarus-gesellschaft.de
E-Mail: info@lazarus-gesellschaft.de
Gründung: 1981
Präsident(in): Enrique de Borbón
Vorsitzende(r): Wolfgang Seydel
Mitglieder: 778

● U 1 897

Bundesverband Ambulante Dienste e.V. (bad e.V.)
Alternativen in der Alten- und Krankenpflege
Krablerstr. 136, 45326 Essen
T: (0201) 35 40 01   Fax: 35 79 80
Internet: http://www.bad-ev.de
E-Mail: info@bad-ev.de
Gründung: 1988
Vorstand: Michael Jakubiak
Wolfgang Radloff
Wolfgang Schulz
Michael Lehmacher
Anke Knierim
Geschäftsführer(in): Ulrich Kochanek (Ltg. Presseabt.)
Verbandszeitschrift: "Background" u. plus Pflege
Redaktion: Ulrich Kochanek
Mitglieder: 800
Mitarbeiter: 7

Bundesweite Vertretung für Fachbetriebe, Vereine, Sozialstationen, Initiativen und Einzelmitgliedern im Bereich der ambulanten pflegerischen Alternativen. Der Bundesverband dient der politischen Durchsetzung gemeinsam anerkannter Ziele und ist das bundespolitische Sprachrohr der Mitglieder. Förderung der Familien-, Alten- und Krankenhilfe.

Landesverbände bzw. -vertretungen

u 1 898
bad Landesverband Baden-Württemberg e.V.
Am Steinbruch 10, 72290 Loßburg
T: (07446) 91 61 38   Fax: 91 61 39
1. Vorsitzende(r): Curd Jürgen Bierhinkel

u 1 899
bad Landesverband Bayern e.V.
Osternacherstr. 3, 83209 Prien
T: (08051) 9 11 27   Fax: 9 11 28
E-Mail: ambulante.krankenpflege@t-online.de
1. Vorsitzende(r): Heinrich Sträßner

u 1 900
bad Landesvertretung Berlin/Brandenburg e.V.
Am Fronberg 10, 08233 Schreiersgrün
T: (037468) 6 45 10   Fax: 6 45 17
E-Mail: tiepner.pflege@t-online.de
Landesvertreterin: Margitta Tiepner

u 1 901
bad Landesverband Hessen e.V.
Rheingaustr. 16, 65201 Wiesbaden
T: (0611) 1 82 07 35   Fax: 1 82 07 36
E-Mail: badhessen@tgmx.de
1. Vorsitzende(r): Anke Knierim

u 1 902
bad Landesverband Mecklenburg-Vorpommern e.V.
Upundalsprung 21, 18069 Rostock
T: (0381) 8 21 50   Fax: 8 00 02 90
E-Mail: wolfgang_radloff@hotmail.com
Landesvertreter: W. Radloff

u 1 903
bad Landesverband Niedersachsen e.V.
Paulstr. 13, 48529 Nordhorn
T: (05921) 72 37 33   Fax: 7 63 03
1. Vorsitzende(r): Georg Kotmann

u 1 904
bad Landesverband Nordrhein-Westfalen e.V.
Schneiderstr. 92, 47798 Krefeld
T: (02151) 81 89 60   Fax: 8 18 96 90
1. Vorsitzende(r): Ronald Ellerbrock

u 1 905
bad Landesverband Rheinland-Pfalz e.V.
Am Acker 16, 54570 Rockeskyll
T: (06591) 98 19 30   Fax: 98 51 92
E-Mail: pflegedienst.lehmacher@t-online.de
1. Vorsitzende(r): Michael Lehmacher

u 1 906
bad Landesverband Sachsen e.V.
Am Fronberg 10, 08233 Schreiersgrün
T: (037468) 6 45 10   Fax: 6 45 17
E-Mail: tiepner.pflege@t-online.de
1. Vorsitzende: Margitta Tiepner

u 1 907
bad Landesverband Schleswig-Holstein e.V.
Kaiserstr. 32, 24143 Kiel
T: (0431) 7 40 38   Fax: 7 40 67
Landesvertreter: Wolfgang Schulz

u 1 908
bad Landesvertretung Thüringen
Nordplatz 22, 99817 Eisenach
T: (03691) 89 84 20   Fax: 89 84 44
E-Mail: henkel-esa@t-online.de
Landesvertreter: Eberhard Herkel

u 1 909
bad Geschäftsstelle Nord-Ost
Jean-Burger-Str. 18, 39112 Magdeburg
T: (0391) 6 07 58 63   Fax: 6 07 58 69
E-Mail: bad-ev.reg.nord-ost@t-online.de
Geschäftsführer(in): Harald Gaworski

● U 1 910

ALLGEMEINER RETTUNGSVERBAND
Bundesverband der Allgemeinen Rettungsverbände Deutschlands e.V. (ARV)
(Vereinigung gemeinnütziger Hilfsorganisationen der freien Wohlfahrtspflege, Soziale Dienste u. Notfallhilfe)
Geschäftsführendes Präsidium
Postanschrift:
Postf. 13 30, 97663 Bad Kissingen
T: (0971) 9 90 30   Fax: 9 90 50
Internet: http://www.arv.net
E-Mail: arv-bundesverband@kontakt.de
Gründung: 1973 (20. Oktober)
Präsident(in): Andreas Hübner
Vizepräsident(in): Ernst Bollier
Hans Schemel
Werner H. Hayn (Ltr. Presseabteilung)
Horst Eisenmann (Bundesgeschf.)
Mitglieder: 8 jur. selbständige Verbände (e.V.) auf LV bzw. BV-Ebene
Mitarbeiter: 15 (ehrenamtlich)

Mitgliedsverbände:

u 1 911
Allgemeiner Rettungsverband Schleswig-Holstein e.V.
Postf. 60 45, 24121 Kiel
Elisabethstr. 12-14 Dienststelle, 24143 Kiel
T: (0431) 7 66 64
Vorsitzende(r): Karl Heinz Flick (T: (0431) 6 79 30 95)

u 1 912
Allgemeiner Rettungsverband Niedersachsen-Süd e.V.
Jheringstr. 66, 37081 Göttingen
T: (0551) 63 27 17 Einsatztel.: (01805) 12 41 24
Vorsitzende(r): Markus Kaczmarek

u 1 913
Allgemeiner Rettungsverband Hessen e.V.
Postf. 83 11 41, 65913 Frankfurt
Griesheimer Stadtweg 62, 65933 Frankfurt
T: (069) 38 03 30-0   Fax: 38 03 30-30
Gründung: 1974
Vorsitzende(r): Dipl.-Ing. Karl-Heinz Maier
Stellvertretende(r) Vorsitzende(r): Dipl.-Ing. Rolf-Paul Eske
Architekt Peter Kriege

u 1 914
Allgemeiner Rettungsverband Rhein-Neckar e.V.
Hildastr. 1, 69181 Leimen
T: (06224) 7 59 59   Fax: 7 10 50
Internet: http://www.arv-rhein-neckar.de
E-Mail: arv.rhein-neckar@t-online.de
Gründung: 1974
Vorsitzende(r): Ernst Bollier (T: (06224) 27 06)

u 1 915
Allgemeiner Rettungsverband Unterfranken e.V.
Postf. 13 30, 97663 Bad Kissingen
T: (0971) 9 90 30   Fax: 9 90 50
Internet: http://www.arv-unterfranken.de
E-Mail: kontakt@arv-unterfranken.de
Vorsitzende(r): Horst Eisenmann

u 1 916
Allgemeiner Rettungsverband Oberpfalz e.V.
Hauptverwaltung - Sozialzentrum
Parksteiner Str. 15, 92637 Weiden
T: (0961) 20 02 00   Fax: 20 02 99
Vorsitzende(r): Werner H. Hayn

u 1 917
Allgemeiner Rettungsverband Schwaben e.V.
Schillstr. 25, 86167 Augsburg
T: (0821) 79 10 79   Fax: 72 15 53
Gründung: 1973
Vorsitzende(r): Georg Frischeisen

● U 1 918

Verein für internationale Krankentransporte e.V. (VIK)
Villemombler Str. 62-64, 53123 Bonn
T: (0228) 61 10 38 (Alarmzentrale), 61 20 32 (Verwaltung), 61 10 38 (Notruf)   Fax: 61 20 35
Internet: http://www.vik-flugrettung.org
E-Mail: vik-flugrettung@t-online.de
Gründung: 1981
Vorsitzende(r): Ernst van Treeck
Leitung Presseabteilung: Rotger Kindermann

Krankenrückholung aus dem weltweiten Ausland incl. Auslandsreisekrankenschutz.

● U 1 919

Internationaler Sozialdienst Deutscher Zweig e.V.
Am Stockborn 5-7, 60439 Frankfurt
T: (069) 9 58 07-02   Fax: 9 58 07-4 65
E-Mail: ISSGER@t-online.de
Gründung: 1924
Vorsitzende(r): Prof. Dr. Reinhart Wolff
Geschäftsführer(in): Michael Busch
Mitglieder: 35
Mitarbeiter: 23

● U 1 920

Allgemeiner Hilfsdienst e.V.
Bundesgeschäftsstelle
Hagenpatt 13, 49186 Bad Iburg
T: (05403) 17 59, 56 72   Fax: 57 40
Gründung: 1991 (14. Februar)
1. Vorsitzende(r): Joachim J. Preiß
Stellvertretende(r) Vorsitzende(r): Jürgen Unland (M.A. pol.his.)
Bundesgeschäftsführer: Joachim J. Preiß
Leitung Presseabteilung: Jürgen Unland
Mitarbeiter: 4

Hausnotruf-Dienst, Finanzielle Förderung von Kindertagesstätten, Hilfsgütertransporte in GUS-Länder, Betreuung von Senioren im Rahmen von Seniorennachmittagen, Hilfe für Kinder im In- und Ausland

● U 1 921
Hilfswerk der deutschen Lions e.V.
Bleichstr. 1-3, 65183 Wiesbaden
T: (0611) 9 91 54-80 **Fax:** 9 91 54-83
Internet: http://www.lions-clubs.de/Hilfswerk/
E-Mail: lions-hilfswerk.germany@t-online.de
Gründung: 1986
Vorstand: PDG Thomas Wegner (Vors.)
Vorstand: PDG Werner Schmitt (stellv. Vors.)
Vorstand: L Herbert Bethge (Schatzmeister)
Verwaltungsrat: IPGRV Dr. phil. Sebastian von Sauter (Vors.; geborenes Mitglied)
Verwaltungsrat: DG Hans K. Richter (stellv. Vors.; Gesamt-District-Schatzmeister; geborenes Mitglied)

● U 1 922
BKS - Bundesverband eigenständiger Rettungsdienste e.V.
Schwarzburgstr. 69, 60318 Frankfurt
T: (069) 95 50 37-50 **Fax:** 95 50 37-55
Internet: http://www.bks-rettungsdienst.de
E-Mail: info@bks-rettungsdienst.de
Gründung: 1985 (Juli)
Präsident(in): Andreas Wolf
Vizepräsident(in): Winfried Stadler
Referent Öffentlichkeitsarbeit: Udo Pokowietz
Mitarbeiter: 3

● U 1 923
Bundesarbeitsgemeinschaft Haus-Notruf (BAG)
Mainkai 43, 60311 Frankfurt
T: (069) 29 98 07-0 **Fax:** 29 98 07 50
Vorsitzende(r): Alfred M. Viola

● U 1 924
HUMANISTISCHE UNION e.V.
-Bundesgeschäftsstelle-
Haus der Demokratie und Menschenrechte
Greifswalder Str. 4, 10405 Berlin
T: (030) 20 45 02-56 **Fax:** 20 45 02-57
Internet: http://www.humanistische-union.de
E-Mail: hu@ipn-b.de
Gründung: 1961
Vorsitzende(r): Dr. Till Müller-Heidelberg
Stellvertretende(r) Vorsitzende(r): Ingeborg Rürup
Geschäftsführer(in): Tobias Baur
Bundesvorstand:
Franz-Josef Hanke (Pressereferent)
Gisela Goymann
Steve Schreiber
Johannes Glötzner
Prof. Dr. Fritz Sack
Prof. Dr. Rosemarie Will
Mitglieder: ca. 2000

● U 1 925
Münchner Zentralstelle für Strafentlassenenhilfe (MZS)
Haimhauser Str. 13, 80802 München
T: (089) 38 01 56-0 **Fax:** 38 01 56-20
Mitarbeiter: 12
Geschäftsführung:
Kath. Männerfürsorgeverein München e.V.
Lindwurmstr. 75/Rückgeb., 80337 München
T: (089) 5 14 18-28

● U 1 926
Bundesarbeitsgemeinschaft für Straffälligenhilfe e.V. (BAG-S)
Oppelner Str. 130, 53119 Bonn
T: (0228) 66 85-380 **Fax:** 66 85-383
E-Mail: bag-s@t-online.de
Gründung: 1990 (29. August)
Vorsitzende(r): Eberhard Ewers
Geschäftsführer(in): Wolfgang Wittmann (Ltg. Presseabt.)
Verbandszeitschrift: BAG-S-Informationsdienst Straffälligenhilfe
Redaktion: Wolfgang Wittmann, Birgit Brockerhoff, Martina Jäger-Busch
Mitglieder: 7
Mitarbeiter: 4
Jahresetat: DM 0,4 Mio, € 0,2 Mio

● U 1 927
Bundesarbeitsgemeinschaft Seelsorgerlich-Diakonischer Gefährdetenhilfe (BSDG)
Unterscheideweg 1-3, 42499 Hückeswagen
T: (02192) 20 11 **Fax:** 20 15
Internet: http://www.gefaehrdetenhilfe.de
E-Mail: bsdg@gefaehrdetenhilfe.de
Vorsitzende(r): Friedel Pfeiffer
Stellvertretende(r) Vorsitzende(r): Hartmut Nickel
Schatzmeister(in): Hans Martin Koch
Schriftführer(in): Achim Halfmann

● U 1 928
Bundeswehr-Sozialwerk e.V. (BwSW)
Peter-Hensen-Str. 1, 53175 Bonn
T: (0228) 9 17 74-0 **Fax:** 9 17 74-33
Vorsitzende(r): ROAR a.D. Egon Storz
Verbandszeitschrift: "Unser Bundeswehr-Sozialwerk"

● U 1 929
Deutsche Gesellschaft für Humanes Sterben (DGHS) e.V.
Postf. 11 05 29, 86030 Augsburg
Lange Gasse 2-4, 86152 Augsburg
T: (0821) 5 02 35-0 **Fax:** 5 02 35-55
Internet: http://www.dghs.de
E-Mail: info@dghs.de
Gründung: 1980 (7. November)
Präsident(in): Karlheinz Wichmann, Bremen
Vizepräsident(in): Jenny Meyer-Riekenberg
Vizepräsident(in): Karl-Heinz Blessing, Kerpen
Geschäftsführer(in): Dr. phil. Kurt F. Schobert
Leitung Presseabteilung: Claudia Wiedenmann (M.A.)
Verbandszeitschrift: Humanes Leben - Humanes Sterben
Verlag: DGHS e.V., Postfach 11 05 29, 86030 Augsburg
Mitglieder: 38000

Gesetzliche Regelung der Sterbehilfe, Sicherung der Patientenrechte durch Patientenschutzbriefe, Informationen zur Sterbebegleitung.

● U 1 930
Deutsches Sozialwerk (DSW) e.V.
An der Esche 2, 53111 Bonn
T: (0228) 65 44 99 **Fax:** 65 55 99
Internet: http://www.dsw-ev-bonn.de
E-Mail: dswbonn@aol.com
Gründung: 1952
Vorsitzende(r): Ingeborg Buchberger
Stellvertretende(r) Vorsitzende(r): Prof. Dr. Hermann Schneider
Syndikus: Hans Wenz
Mitglieder: 10750
Mitarbeiter: 1620

● U 1 931
Verband der Sozialwerke der Christengemeinschaft e.V.
Urachstr. 41, 70190 Stuttgart
T: (0711) 26 40 12, 2 86 50 15 **Fax:** 2 62 20 37
Gründung: 1960
Vorsitzende(r): Frank Hörtreiter
Stellvertretende(r) Vorsitzende(r): Renate Lenz
Geschäftsführer(in): Robert Steger (Ltg. Presseabt.)
Mitglieder: 7

● U 1 932
Bundesarbeitsgemeinschaft Sozialmarketing (BSM) - Deutscher Fundraising Verband e.V.
Postf. 50 05 50, 60394 Frankfurt
Emil-von-Behring-Str. 3, 60439 Frankfurt
T: (069) 95 73 30 70 **Fax:** 95 73 30 71
Internet: http://www.sozialmarketing.de
E-Mail: info@sozialmarketing.de
Gründung: 1993 (27. Januar)
Vorsitzende(r): Dr. Christoph Müllerleile
Stellvertretende(r) Vorsitzende(r): Dr. Marita Haibach, Patrick Tapp
Verbandszeitschrift: bsm-Newsletter
Redaktion: Dr. Christoph Müllerleile
Verlag: BSM, Postf. 50 05 50, 60394 Frankfurt
Mitglieder: 598 (Stand 31.12.00)

BSM ist die Berufsorganisation der im Fundraising Tätigen. Ziele sind die Professionalisierung der Mittelbeschaffung für ideelle Zwecke, die Förderung der Aus- und Fortbildung von Fundraiserinnen und Fundraisern und die Einhaltung ethischer Standards im Fundraising in Deutschland.

● U 1 933

Internationaler Bund - IB
Freier Träger der Jugend-, Sozial- und Bildungsarbeit e.V.
Postf. 60 04 60, 60334 Frankfurt
Burgstr. 106, 60389 Frankfurt
T: (069) 9 45 45-0 **Fax:** 9 45 45-280
Internet: http://www.internationaler-bund.de
E-Mail: zgf-oeffentlichkeitsarbeit@internationaler-bund.de
Gründung: 1949
Internationaler Zusammenschluß: siehe unter izu 186
Vors. d. Geschäftsf.: Werner Sigmund
Ltg. Pressereferat: Günter Haake
Mitglieder: 914
Mitarbeiter: 12000
Jahresetat: DM 1019 Mio, € 521,01 Mio

Der Internationale Bund ist einer der großen Freien Träger der Jugend-, Sozial- und Bildungsarbeit unter dem Vorsitz von Bundesminister a.D., Dr. Herbert Ehrenberg.
Seine Arbeit ist als gemeinnützig anerkannt. Der Verband unterhält in Deutschland an 300 Orten über 700 Einrichtungen, insbesondere Bildungszentren, Beratungsdienste und Wohnheime. 12000 Mitarbeiterinnen und Mitarbeiter unterstützen jährlich etwa 350000 deutsche und ausländische Jugendliche und Erwachsene bei der persönlichen und beruflichen Lebensplanung.

Regionalgeschäftsführungen

u 1 934
Internationaler Bund - IB
Zentrale Geschäftsführung
(Berlin/Brandenburg, Sachsen, Thüringen)
Keithstr. 16, 10787 Berlin
T: (030) 21 40 96-0 **Fax:** 21 40 96 22
GeschF. Region Ost: Silvia Schott

u 1 935
Internationaler Bund - IB
Zentrale Geschäftsführung Nord
(Hamburg, Schleswig-Holstein, Mecklenburg-Vorpommern, Niedersachsen, Sachsen-Anhalt)
Horner Landstr. 302-304, 22111 Hamburg
T: (040) 6 50 00 31 **Fax:** 6 50 06 39
GeschF. Region Nord: Dr. Dietrich Unger

u 1 936
Internationaler Bund - IB
Zentrale Geschäftsführung Region Süd
(Baden-Württemberg/Bayern)
Emilienstr. 23, 70563 Stuttgart
T: (0711) 9 93 43-0 **Fax:** 9 93 43-99
GeschF Region Süd: Matthias Knitter

u 1 937
Internationaler Bund - IB
Zentrale Geschäftsführung West
(Hessen/Rheinland-Pfalz/Saarland/Nordrhein-Westfalen)
Burgstr. 106, 60389 Frankfurt
T: (069) 9 45 45-0 **Fax:** 9 45 45-280
GeschF. Region West: Tilman Schmieder

● U 1 938
Nationale Kontakt- und Informationsstelle zur Anregung und Unterstützung von Selbsthilfegruppen (NAKOS)
Albrecht-Achilles-Str. 65, 10709 Berlin
T: (030) 8 91 40 19 **Fax:** 8 93 40 14
Internet: http://www.nakos.de
E-Mail: nakos@gmx.de
Gründung: 1984
Geschäftsführer(in): Klaus Balke
Wolfgang Thiel (Presse)
Verbandszeitschrift: NAKOS-INFO (vierteljährlich)
Redaktion: Wolfgang Thiel
Verlag: Eigenverlag
Mitarbeiter: 4
Jahresetat: ca. DM 0,8 Mio, € 0,41 Mio

● U 1 939
Synanon
LEBEN OHNE DROGEN
STIFTUNG SYNANON
Postf. 61 04 50, 10927 Berlin
Bernburger Str. 10, 10963 Berlin
T: (030) 5 50 00-0 **Fax:** 5 50 00-220
Internet: http://www.synanon.de

U 1 939

Gründung: 1982
Vorstand: Peter Elsing (Vors.)
Kuratorium: Uwe Schriever (Vors.)
Leitung Presseabteilung: Bernd Eggler
Verbandszeitschrift: SuchtReport Europäische Fachzeitschrift für Suchtprobleme
Redaktion: Michael Frommhold
Verlag: Stiftung Synanon, Bernburger Str. 10, 10963 Berlin
Suchtselbsthilfegemeinschaft von Drogen-, Alkohol- und anderen Suchtbetroffenen. Zweck des Vereins ist es, Suchtmittelabhängige und Suchtgefährdete eine Lebensführung ohne Suchtmittel und Kriminalität zu lehren. Jeder wird aufgenommen, der den aufrichtigen Wunsch hat, nüchtern leben zu wollen.

● U 1 940

Anonyme Alkoholiker Interessengemeinschaft e.V.
Postf. 46 02 27, 80910 München
Lotte-Branz-Str. 14, 80939 München
T: (089) 31 69 50-0 Fax: 3 16 51 00
Internet: http://www.Anonyme-Alkoholiker.DE
E-Mail: Kontakt@Anonyme-Alkoholiker.de
1. Vorsitzende(r): Dr. Karin Grundig
2. Vorsitzende(r): Dieter Strehlow
Hauptgeschäftsführer(in): Günther Habedank
Verbandszeitschrift: AA-INFORMATIONEN
Verlag: Anonyme Alkoholiker Interessengemeinschaft eV, Postf. 46 02 27, 80910 München
Mitglieder: ca. 30000
Mitarbeiter: 5
Jahresetat: DM 1,4 Mio, € 0,72 Mio

Anonyme Alkoholiker sind eine Gemeinschaft von Männern und Frauen, die miteinander ihre Erfahrung, Kraft und Hoffnung teilen, um ihr gemeinsames Problem zu lösen und anderen zur Genesung vom Alkoholismus zu verhelfen. Die einzige Voraussetzung für die Zugehörigkeit ist der Wunsch, mit dem Trinken aufzuhören. Die Gemeinschaft kennt keine Mitgliedsbeiträge oder Gebühren, sie erhält sich durch eigene Spenden. Die Gemeinschaft AA ist mit keiner Sekte, Konfession, Partei, Organisation oder Institution verbunden; sie will sich weder an öffentlichen Debatten beteiligen, noch zu irgendwelchen Streitfragen Stellung nehmen. Unser Hauptzweck ist, nüchtern zu bleiben und anderen Alkoholikern zu Nüchternheit zu verhelfen.

● U 1 941

Arbeitsgemeinschaft Deutscher Abstinenzverbände (AGAV)
Nelkenstr. 20, 66386 Sankt Ingbert
T: (06894) 75 92 Fax: 87 03 31
Vorsitzende(r): Erich Hünecke
Geschäftsführer(in): Dr. Martin Klewitz
Mitglieder: 6 Verbände, 30.000 Mitglieder

Mitgliederorganisationen

u 1 942

Blaues Kreuz in Deutschland e.V.
Postf. 20 02 52, 42202 Wuppertal
Freiligrathstr. 27, 42289 Wuppertal
T: (0202) 6 20 03-0 Fax: 6 20 03-81
Internet: http://www.blaues-kreuz.de
E-Mail: bkd@blaues-kreuz.de

u 1 943

Bund alkoholfrei lebender Kraftfahrer e.V. (BAK)
Beerentalweg 745-746, 21077 Hamburg
Vorsitzende(r): Harald Blümler
Geschäftsführer(in): Edgar Richter

u 1 944

Bund für drogenfreie Erziehung e.V. (BdE)
Postf. 14 22, 21496 Geesthacht
T: (04151) 89 18 10 Fax: 89 18 11
Internet: http://www.drogenfreie-erziehung.de
E-Mail: bde@neuland.com

u 1 945

Deutscher Frauenbund für alkoholfreie Kultur
Coburger Weg 15, 65931 Frankfurt
T: (069) 36 27 42 Fax: 36 27 42

u 1 946

Deutscher Verein für Gesundheitspflege e.V. (DVG)
Postf. 42 60, 73745 Ostfildern
Senefelderstr. 15, 73760 Ostfildern
T: (0711) 4 48 19 50 Fax: 4 48 19 54
Internet: http://www.dvg-online.de

u 1 947

Deutscher Guttempler-Orden e.V. (I.O.G.T.)
Adenauerallee 45, 20097 Hamburg
T: (040) 24 58 80 Fax: 24 14 30
Internet: http://www.guttempler.de
E-Mail: guttempler@t.online.de

● U 1 948

Overeaters Anonymous Deutschland, Deutschsprachiger Dienst der OA
Postf. 10 62 06, 28062 Bremen
T: (0421) 32 72 24 Fax: (02151) 77 94 99
Gründung: 1978

● U 1 949

Cinderella Beratungsstelle für Essstörungen des Aktionskreises Ess- und Magersucht e.V.
Westendstr. 35, 80339 München
T: (089) 5 02 12 12 Fax: 5 02 25 75
Gründung: 1984
Ingrid Mieck
Verbandszeitschrift: Cinderella Bundbrief
Mitglieder: ca. 100
Jahresetat: DM 0,28 Mio, € 0,14 Mio

● U 1 950

Fachverband Drogen und Rauschmittel e.V. (FDR)
Odeonstr. 14, 30159 Hannover
T: (0511) 1 83 33 Fax: 1 83 26
E-Mail: fdrhann@aol.com
Gründung: 1979 (3. April)
Vorsitzende(r): Thomas Bader
Stellvertretende(r) Vorsitzende(r): Claudia Kirschner
Michael Hoffmann-Bayer
Geschäftsführer(in): Jost Leune
Verbandszeitschrift: FDR-Berichte
Verlag: Eigenverlag
Mitglieder: 61

● U 1 951

Blaues Kreuz in Deutschland e.V.
Postf. 20 02 52, 42202 Wuppertal
Freiligrathstr. 27, 42289 Wuppertal
T: (0202) 6 20 03-0 Fax: 6 20 03-81
Internet: http://www.blaues-kreuz.de
E-Mail: bkd@blaues-kreuz.de
Gründung: 1884 /85
Vorsitzende(r): Erich Kurz
Geschäftsführer(in): Hermann Hägerbäumer
Verbandszeitschrift: Blaues Kreuz
Redaktion: Claudius Schillinger
Verlag: Blaukreuz-Verlag Wuppertal
Mitglieder: ca. 10000 Mitglieder und zur Abstinenz verpflichtete Freunde
Landesverbände: 17

Christliche Hilfsorganisation für Alkoholkranke, ihre Angehörigen und Begleiter

● U 1 952

Verband ambulanter Behandlungsstellen für Suchtkranke/Drogenabhängige e.V. (VABS)
Postf. 4 20, 79004 Freiburg
T: (0761) 2 00-3 63 Fax: 2 00-3 50
Internet: http://www.vabs.caritas.de
E-Mail: buerkles@caritas.de
Gründung: 1971
Vorsitzende(r): Hans Böhl
Stellvertretende(r) Vorsitzende(r): Bertil Holst
Christiane Blümle
Geschäftsführer(in): Stefan Bürkle
Verbandszeitschrift: Rundschreiben
Mitglieder: 96 korporative Mitglieder mit 152 ambulanten Behandlungsstellen für Suchtkranke/Drogenabhängige (Mitgliedseinrichtungen) und 8 persönliche Mitglieder
Mitarbeiter: 10 (ehrenamtl. Mitarbeiter/innen)
Jahresetat: rd. DM 0,057 Mio, € 0,03 Mio

● U 1 953

Gesellschaft gegen Alkohol- und Drogengefahren e.V. (GAD)
Am Großen Gleichberg 2, 98631 Römhild
T: (036948) 87-0 Fax: 87 20 67
E-Mail: ca@therapiezentrum-roemhild.de
Gründung: 1990 (5. Juli)
Vorsitzende(r): Dr. med. Winfried Bertram
Geschäftsführer(in): Dr. Hans Schlirf
Mitglieder: ca. 480
Mitarbeiter: 5

Mitglieder

u 1 954

GAD e.V. Baden-Württemberg
Fachklinik "Birkenbuck"
Bismarckstr. 36, 79379 Müllheim
Dr. Hasso Engel

u 1 955

Landesgeschäftsstelle der GAD e.V. Berlin/Brandenburg
Franz-Ziegler-Str. 28, 14776 Brandenburg
T: (03381) 66 38 15
Klaus-Dieter Krug

u 1 956

GAD e.V. Mecklenburg-Vorpommern
Fachambulanz f. Suchtkranke
Falladastr. 7, 17489 Greifswald
T: (03834) 89 92 35
Dr. Hans-Dieter Hoffmann

u 1 957

GAD e.V. Landesverband Sachsen-Anhalt
Planckstr. 4-5, 39104 Magdeburg
T: (0391) 56 56 60 Fax: 5 65 66 20
Dr. Volker Kielstein

u 1 958

GAD e.V. Sachsen
Sächs. KH f. Psychiatrie u. Neurologie
Bahnhofstr. 2, 08228 Rodewisch
T: (03744) 36 60
Jörg Domurath

u 1 959

GAD e.V. Süd-Tirol
Steindlweg 48, I-39018 Terlan
T: (0039471) 25 72 93
Alfred Mitterer

u 1 960

GAD e.V. Thüringen
LFK f. Psychiatrie u. Neurologie
Eisfelder Str. 41, 98646 Hildburghausen
T: (03685) 7 76-201, 7 76-240
Dr.med. Winfried Bertram

● U 1 961

WEISSER RING Gemeinnütziger Verein zur Unterstützung von Kriminalitätsopfern und zur Verhütung von Straftaten e.V.
Weberstr. 16, 55130 Mainz
T: (06131) 83 03-0 Fax: 83 03-45
Internet: http://www.weisser-ring.de
E-Mail: info@weisser-ring.de
Gründung: 1976 (24. September)
Bundesvorsitzende(r): Dr. Wolf Weber
Generalsekretär(in): Dieter Eppenstein
Leitung Presseabteilung: Helmut K. Rüster
Verbandszeitschrift: WEISSER RING
Redaktion: Ingrid Weber
Verlag: WEISSER RING Gemeinnützige Verlags-GmbH, Weberstr. 16, 55130 Mainz
Mitglieder: 70000
Außenstellen: 400
Mitarbeiter: 67

Ziele des Vereins sind die schnelle und unbürokratische Hilfe für Kriminalitätsopfer sowie die Unterstützung staatlicher Instanzen bei der Verbrechensvorbeugung.

Landesbüros:

u 1 962

WEISSER RING Landesbüro Baden-Württemberg
Haußmannstr. 6, 70188 Stuttgart
T: (0711) 2 15 51 93 Fax: 2 36 08 40
E-Mail: weisser-ring-bw@paritaet-bw.de

u 1 963
WEISSER RING
Landesbüro Bayern-Nord
Carl-Schüller-Str. 11, 95444 Bayreuth
T: (0921) 8 14 01 **Fax:** 8 19 39

u 1 964
WEISSER RING
Landesbüro Bayern-Süd
Hilaria-Lechner-Str. 18, 86690 Mertingen
T: (09078) 8 94 94 **Fax:** 8 94 96
E-Mail: weisser-ring-bayern-sued@t-online.de

u 1 965
WEISSER RING
Landesbüro Berlin
Augustaplatz 7 Haus 14, 12203 Berlin
T: (030) 8 33 70 60 **Fax:** 8 33 90 53

u 1 966
WEISSER RING
Landesbüro Brandenburg
Breite Str. 19, 14467 Potsdam
T: (0331) 29 12 73 **Fax:** 29 25 34

u 1 967
WEISSER RING
Landesbüro Bremen
Sögestr. 47-51, 28195 Bremen
T: (0421) 32 32 11 **Fax:** 32 41 80

u 1 968
WEISSER RING
Landesbüro Hamburg
Eiffestr. 38, 20537 Hamburg
T: (040) 2 51 76 80/89 **Fax:** 2 50 42 67

u 1 969
WEISSER RING
Landesbüro Hessen
Mainzer Landstr. 131, 60327 Frankfurt
T: (069) 23 35 81 **Fax:** 25 37 78

u 1 970
WEISSER RING
Landesbüro Mecklenburg-Vorpommern
Wismarsche Str. 136, 19053 Schwerin
T: (0385) 5 00 76 60 **Fax:** 5 00 76 61

u 1 971
WEISSER RING
Landesbüro Niedersachsen
Gretelriede 63, 30419 Hannover
T: (0511) 79 99 97 **Fax:** 75 55 56

u 1 972
WEISSER RING
Landesbüro Nordrhein-Westfalen/Rheinland
Josef-Schregel-Str. 44, 52349 Düren
T: (02421) 1 66 22 **Fax:** 1 02 99

u 1 973
WEISSER RING
Landesbüro NRW/Westfalen-Lippe
Karlstr. 21, 59065 Hamm
T: (02381) 69 45 **Fax:** 69 46

u 1 974
WEISSER RING
Landesbüro Rheinland-Pfalz
Weberstr. 16, 55130 Mainz
T: (06131) 83 03 29 **Fax:** 83 03 45

u 1 975
WEISSER RING
Landesbüro Saarland
Halbergstr. 44, 66121 Saarbrücken
T: (0681) 6 73 19 **Fax:** 63 85 14

u 1 976
WEISSER RING
Landesbüro Sachsen
Gustav-Freytag-Str. 15, 09111 Chemnitz
T: (0371) 5 47 20 **Fax:** 5 21 32 00

u 1 977
WEISSER RING
Landesbüro Sachsen-Anhalt
Lerchenfeldstr. 16, 06110 Halle
T: (0345) 2 90 25 20 **Fax:** 4 70 07 55

u 1 978
WEISSER RING
Landesbüro Schleswig-Holstein
Brunswiker Str. 50, 24105 Kiel
T: (0431) 5 76 77 **Fax:** 56 52 84

u 1 979
WEISSER RING
Landesbüro Thüringen
Schillerstr. 22, 99096 Erfurt
T: (0361) 3 46 46 46 **Fax:** 3 46 46 47

Landesbeauftragte:

u 1 980
WEISSER RING
Landesbeauftr. Baden-Württemberg
Haußmannstr. 6, 70188 Stuttgart
T: (0711) 2 15 51 93 **Fax:** 2 36 08 40
Landesbeauftr.: Gosbert Müller (Landeskriminaldirektor a.D.)

u 1 981
WEISSER RING
Landesbeauftr. Bayern-Nord
Carl-Schüller-Str. 11, 95444 Bayreuth
T: (0921) 8 14 01 **Fax:** 8 19 39
Landesbeauftr.: Anneliese Fischer (Vizepräsident a.D. des Bayerischen Landtages)

u 1 982
WEISSER RING
Landesbeauftr. Bayern-Süd
Feldstr. 27, 86368 Gersthofen
T: (0821) 2 99 34 22 **Fax:** 2 99 34 21
E-Mail: franzjpapst@t-online.de
Landesbeauftr.: Dipl.-Verwaltungsw. Franz J. Pabst

u 1 983
WEISSER RING
Landesbeauftr. Berlin
Augustaplatz 7 Haus 14, 12203 Berlin
T: (030) 8 33 70 60 **Fax:** 8 33 90 53
Landesbeauftr.: Ellen Karau (Ltd. Kriminaldirektorin a.D.)

u 1 984
WEISSER RING
Landesbeauftr. Brandenburg
Breite Str. 19, 14467 Potsdam
T: (0331) 29 12 73 **Fax:** 29 25 34
Landesbeauftr.: Jürgen Lüth (Polizeipräsident)

u 1 985
WEISSER RING
Landesbeauftr. Bremen
Sögestr. 47-51, 28195 Bremen
T: (0421) 32 32 11 **Fax:** 32 41 80
Landesbeauftr.: Eckard Mordhorst (Ltd. Kriminaldirektor)

u 1 986
WEISSER RING
Landesbeauftr. Hamburg
Eiffestr. 38, 20537 Hamburg
T: (040) 2 51 76 80, 2 51 76 89 **Fax:** 2 50 42 67
Landesbeauftr.: Joachim Schöning (Bankdirektor i.R.)

u 1 987
WEISSER RING
Landesbeauftr. Hessen
In der Eck 4, 36318 Schwalmtal
T: (06638) 9 18 01 85 **Fax:** 9 18 01 86
Landesbeauftr.: Horst Cerny (Kriminaloberrat a.D.)

u 1 988
WEISSER RING
Landesbeauftr. Mecklenburg-Vorpommern
Wismarsche Str. 136, 19053 Schwerin
T: (0385) 5 00 76 60 **Fax:** 5 00 76 61
Landesbeauftr.: Hinrich Kuessner (Landtagspräsident)

u 1 989
WEISSER RING
Landesbeauftr. Niedersachsen
Gretelriede 63, 30419 Hannover
T: (0511) 79 99 97 **Fax:** 75 55 56
Landesbeauftr.: Horst Lücke (Ltd. Oberstaatsanwalt a.D.)

u 1 990
WEISSER RING
Landesbeauftr. Nordrhein-Westfalen/Rheinland
Rheinkamper Str. 3, 47495 Rheinberg
T: (02843) 86 07 82 **Fax:** 86 07 82
Landesbeauftr.: Rudi Justen (Landeskriminaldirektor a.D.)

u 1 991
WEISSER RING
Landesbeauftr. Nordrhein-Westfalen/Westfalen-Lippe
Karlstr. 21, 59065 Hamm
T: (02381) 69 45 **Fax:** 69 46
Landesbeauftr.: Wilhelm Lentner (Polizeidirektor a.D.)

u 1 992
WEISSER RING
Landesbeauftr. Rheinland-Pfalz
Valenciaplatz 2, 55118 Mainz
T: (06131) 65-3000 **Fax:** 65-3131
Landesbeauftr.: Franz Kirchberger (Polizeipräsident)

u 1 993
WEISSER RING
Landesbeauftr. Saarland
An der Kirche 8, 66352 Großrosseln
T: (06809) 1 83 36 **Fax:** 18 00 34
Landesbeauftr.: Gerhard Müllenbach (Staatssekretär)

u 1 994
WEISSER RING
Landesbeauftr. Sachsen
Gustav-Freytag-Str. 15, 09111 Chemnitz
T: (0371) 5 47 20 **Fax:** 5 21 32 00
Landesbeauftr.: Dieter Haußmann (Kriminaldirektor)

u 1 995
WEISSER RING
Landesbeauftr. Sachsen-Anhalt
Opperoder Weg 12, 06463 Radisleben
T: (039483) 8 10 50
Landesbeauftr.: Wolfgang Kummerländer (Polizeibeamter)

u 1 996
WEISSER RING
Landesbeauftr. Schleswig-Holstein
Brunswiker Str. 50, 24105 Kiel
T: (0431) 5 76 77 **Fax:** 56 52 84
Landesbeauftr.: Günter Bruhns (Ltd. Kriminaldirektor a.D.)

u 1 997
WEISSER RING
Landesbeauftr. Thüringen
Schillerstr. 22, 99096 Erfurt
T: (0361) 3 46 46 46 **Fax:** 3 46 46 47
Landesbeauftr.: Heinz-Günter Maaßen (Staatssekretär)

● **U 1 998**
Verband Deutscher Alten- und Behindertenhilfe e.V. (VDAB)
Bundesgeschäftsstelle:
Im Teelbruch 132, 45219 Essen
T: (02054) 95 78-10 **Fax:** 95 78-40
Internet: http://www.vdab.de
E-Mail: info@vdab.de
Gründung: 1992 (Juni)
Vorsitzende(r): Artur Geisler
Stellvertretende(r) Vorsitzende(r): Stephan Dzulko
Bundes-GeschF: Michael Schulz
Verbandszeitschrift: Journal „Durchblick"
Mitglieder: 1000
Mitarbeiter: 15

u 1 999
Verband Deutscher Alten- und Behindertenhilfe e.V.
Geschäftsstelle Nord
Kaiserallee 5, 30175 Hannover
T: (0511) 2 88 69 86 **Fax:** 28 86 98 70
E-Mail: hannover@vdab.de

u 2 000
Verband Deutscher Alten- und Behindertenhilfe e.V.
Geschäftsstelle Ost
Blumenstr. 34, 04155 Leipzig
T: (0341) 5 64 46 63 **Fax:** 5 64 46 65
E-Mail: leipzig@vdab.de

u 2 001
Verband Deutscher Alten- und Behindertenhilfe e.V.
Geschäftsstelle Süd
Joseph-Meyer-Str. 13-15, 68167 Mannheim
T: (0621) 48 45 20 **Fax:** 4 84 52 52
E-Mail: mannheim@vdab.de

u 2 002
Verband Deutscher Alten- Behindertenhilfe e.V.
Geschäftsstelle Süd-Ost
Gleißhammerstr. 134, 90480 Nürnberg
T: (0911) 5 46 04 77 **Fax:** 5 46 05 89
E-Mail: nuernberg@vdab.de

Baden-Württemberg

u 2 003
VDAB Landesgruppe Baden-Württemberg e.V.
Landesgeschäftsstelle
Joseph-Meyer-Str. 13-15, 68167 Mannheim
T: (0621) 48 45 20 **Fax:** 4 84 52 52
E-Mail: mannheim@vdab.de

Bayern

u 2 004
VDAB Landesgruppe Bayern e.V.
Landesgeschäftsstelle
Gleißhammerstr. 134, 90480 Nürnberg
T: (0911) 5 46 04 77 **Fax:** 5 46 05 89
E-Mail: nuernberg@vdab.de

Hessen

u 2 005
VDAB Landesverband Hessen e.V.
Landesgeschäftsstelle
Bachstr. 75, 35614 Aßlar
T: (06443) 3 40 40 **Fax:** 25 90

Niedersachsen

u 2 006
VDAB Landesgruppe Niedersachsen e.V.
Landesgeschäftsstelle
Potsdamer Str. 7, 31812 Bad Pyrmont
T: (05281) 60 75 52 **Fax:** 52 84

Nordrhein-Westfalen

u 2 007
VDAB Landesgruppe Nordrhein-Westfalen e.V.
Landesgeschäftsstelle
Im Teelbruch 132, 45219 Essen
T: (02054) 95 78 10 **Fax:** 95 78 40

Rheinland-Pfalz

u 2 008
VDAB Landesverband Rheinland-Pfalz e.V.
Landesgeschäftsstelle
Brunostr. 28, 54329 Konz
T: (06501) 92 73-0 **Fax:** 92 73-50

Saarland

u 2 009
VDAB Landesgruppe Saarland e.V.
Landesgeschäftsstelle
Im Füllengarten 14-16, 66115 Saarbrücken
T: (0681) 7 55 99-0 **Fax:** 7 55 99-280

Sachsen

u 2 010
VDAB Landesgruppe Sachsen e.V.
Landesgeschäftsstelle
Freiberger Str. 23, 09496 Marienberg
T: (03735) 66 30 **Fax:** 66 31 11

Sachsen-Anhalt

u 2 011
VDAB Landesgruppe Sachsen-Anhalt e.V.
Gutestr. 24, 39164 Wanzleben
T: (039209) 22 67 **Fax:** 4 40 21

Thüringen

u 2 012
VDAB Landesgruppe Thüringen e.V.
Landesgeschäftsstelle
Leimriether Hauptstr. 5, 98646 Hildburghausen
T: (03685) 79 19-0 **Fax:** 79 19-305

u 2 013
VDAB Beratungsgesellschaft für Sozial- und Betriebswirtschaft mbH
Im Teelbruch 132, 45219 Essen
T: (02054) 95 54-0 **Fax:** 95 54-10
E-Mail: vdabbsb@aol.com

u 2 014
VDAB Schulungszentrum GmbH
Bahnhofsvorplatz 1, 45879 Gelsenkirchen
T: (0209) 27 42 13, 17 80 90 **Fax:** 27 42 19
Internet: http://www.vdab-schule.de
E-Mail: vdab-schule@t-online.de, vdab-seminar@t-online.de
Gründung: 1992
Mitarbeiter: 18

● U 2 015
Interessengemeinschaft von Geburt an Behinderter e.V.
Wilhelm-Hauff-Str. 1, 12159 Berlin
T: (030) 8 59 40 21
Gründung: 1973
Vorsitzende(r): Jörg-Bernd Jungmann

● U 2 016
Behinderten-Liga e.V.
Raduhner Str. 15, 12355 Berlin
T: (030) 6 63 29 25 **Fax:** 6 63 29 25
Gründung: 1981 (28. April)
Vors. u. GeschF: Architekt Horst Etter (Ltg. Presseabt.)
Verbandszeitschrift: Für
Verlag: Selbstverlag, Raduhner Str. 15, 12355 Berlin
Mitglieder: 61

● U 2 017
Arbeitsgemeinschaft Behinderte in den Medien e.V.
Bonner Platz 1V, 80803 München
T: (089) 30 79 92-0 **Fax:** 30 79 92-22
Internet: http://www.abm-medien.de
E-Mail: info@abm-medien.de
Gründung: 1983
Vorsitzende(r): Dr. Josef Pettinger
Stellvertretende(r) Vorsitzende(r): Elisabeth Michel
Geschäftsführer(in): Dr. Peter Radtke (Ltg. Presseabteilung)
Mitglieder: 16 Landesverbände
Mitarbeiter: 13
Jahresetat: DM 1,6 Mio, € 0,82 Mio

Öffentlichkeitsarbeit für Behinderte mittels der Neuen Medien: Gestaltung regelmäßiger Fernsehsendungen, Organisation einer Videothek für Hörgeschädigte. Durchführung kultureller Veranstaltungen behinderter Künstler. Filmbüro.

● U 2 018
Bundesarbeitsgemeinschaft der Clubs Behinderter und ihrer Freunde e.V. (BAG cbf e.V.)
Eupener Str. 5, 55131 Mainz
T: (06131) 22 55 14 od. 22 55 77 78 **Fax:** 23 88 34
Vorstand: Annerose Hintzke (1. Vors.)
Rainer Nichelmann
Mitglieder: 52 (Vereine); kooperierende Gruppen: 31 u. Einzelmitglieder
Anzahl der angeschlossenen Organisationen: 100

● U 2 019
Interessenvertretung Selbstbestimmt Leben in Deutschland e.V. (ISL)
Kölnische Str. 99, 34119 Kassel
T: (0561) 7 28 85-46 **Fax:** 7 28 85-58
E-Mail: isl.kassel@aol.com
Gründung: 1990
Vorstand: Barbara Vieweg
Wilhelm Winkelmeier
Uwe Frevert
Geschäftsführer(in): Ottmar Miles-Paul
Martina Puschke
Mitglieder: 29 Organisationen + 60 E.-Mitglieder
Mitarbeiter: 20
Jahresetat: DM 0,6 Mio, € 0,31 Mio

● U 2 020

Fördergemeinschaft der Querschnittgelähmten in Deutschland e.V.
Silcherstr. 15, 67591 Mölsheim
T: (06243) 52 56 **Fax:** 90 59 20
Internet: http://www.fgq.de
E-Mail: fgq-moelsheim@t-online.de
Gründung: 1970
Vorsitzende(r): Prof. Dr. Hans Jürgen Gerner
Stellvertretende(r) Vorsitzende(r): Jörg Schmekel
Geschäftsführer(in): Franz Kniel
Leitung Presseabteilung: Peter Mand
Verbandszeitschrift: Paraplegiker
Redaktion: Peter Mand
Verlag: Hüthig GmbH, Im Weiher 10, 69121 Heidelberg
Mitglieder: 5000
Mitarbeiter: 23

Förderung und Betreuung von Querschnittgelähmten.

● U 2 021
Arbeitsgemeinschaft der Schwerbehindertenvertretungen des Bundes und der Länder (AGSVBL)
Scharnhorststr. 34-37, 10115 Berlin
T: (030) 20 14-7364
Gründung: 1957
Vorsitzende(r): Gerd Görtemaker
Jürgen Schomacker
Stellvertretende(r) Vorsitzende(r): Peter Arlitt
Dr. Siegfried Hillert
Mitglieder: ca. 7000

● U 2 022
Aktion Sonnenschein Hilfe für das mehrfachbehinderte Kind e.V.
Heiglhofstr. 63, 81377 München
T: (089) 7 10 09-0
Vorsitzende(r): Dr.med. Hans Hege

● U 2 023
Bundesverband Psychiatrie in der Caritas (PiC)
Postf. 4 20, 79004 Freiburg
Karlstr. 40, 79104 Freiburg
T: (0761) 2 00-301 **Fax:** 20 06 66
Vorsitzende(r): Bernhard Bietmann
Stellvertretende(r) Vorsitzende(r): Dr. Klaus Obert
Hauptgeschäftsführer(in): Dr. Franz Fink

Mitgliedsverband:

● U 2 024
cfh Förderkreis Unfallopfer-Hilfswerk e.V.
Referat für Öffentlichkeitsarbeit und Mitgliederbetreuung
Postf. 28 46, 74018 Heilbronn

Herbstr. 13, 74072 Heilbronn
T: (0700) 86 32 55 67   **Fax:** 44 53 79 37
Internet: http://www.unfallopfer.de
E-Mail: hilfswerk@aol.com
Gründung: 1980
Leitung Presseabteilung: Michael Bittner
Verbandszeitschrift: Wer hilft Wem
Redaktion: Unfallopfer-Hilfswerk
Mitglieder: ca. 40000
Mitarbeiter: 6

● **U 2 025**
Rettungsdienst Stiftung Björn Steiger e.V.
Postf. 2 06, 71350 Winnenden
Petristr. 12, 71364 Winnenden
T: (07195) 30 55   **Fax:** 6 88 83
Internet: http://www.steiger-stiftung.de
E-Mail: steiger-stiftung@t-online.de
Gründung: 1969 (7. Juli)
Vorsitzende(r): Siegfried Steiger (Ltg. Presseabt.)
Stellvertretende(r) Vorsitzende(r): Walter Hübner
Hauptgeschäftsführer(in): Ute Steiger
Mitglieder: 960
Mitarbeiter: 2 Verwaltungsangst., 11 Monteure für Notruf, 3 Zivildienstleistende
Jahresetat: DM 10 Mio, € 5,11 Mio

● **U 2 026**

Deutsche Interessengemeinschaft für Verkehrsunfallopfer e.V. (dignitas)
Bundesarbeitsgemeinschaft
Friedlandstr. 6, 41747 Viersen
T: (02162) 2 00 32   **Fax:** 35 23 12
Gründung: 1988 (30. Januar)
1. Vorsitzende(r): Angelika Oidtmann
2. Vorsitzende(r): Udo Oidtmann

Unfallnachsorge, Aufklärung über Unfallfolgen, Prophylaxe.

● **U 2 027**
Kuratorium - Rettungsfonds für aktive Unfallhilfe e.V.
Postf. 24 01 08, 53154 Bonn
Klufterstr. 83, 53175 Bonn
T: (0228) 31 31 01   **Fax:** 31 59 77
Internet: http://www.kuratorium.de
E-Mail: kuratorium@gmx.de
Gründung: 1979 (28. Januar)
1. Vorst.: CFH Unfallopfer-Hilfswerk GmbH (Mommsenstr. 68a, 10629 Berlin)
Geschf. u. Ltg. Presseabt.: Helmut Adams
Mitglieder: ca. 15000
Mitarbeiter: 4 hauptamtl. Mitarbeiter
Jahresetat: ca. DM 1,5 Mio, € 0,77 Mio

● **U 2 028**
Deutsche Hospizhilfe e.V.
Reit 25, 21244 Buchholz
T: (04181) 3 88 55   **Fax:** 3 94 95
Gründung: 1988 (24. Januar)
Präsident(in): Renate Wiedemann (Ltg. Presseabt.)
Schirmherrschaften:
Dr. Karsten Vilmar
Dr. Richard von Weizsäcker
Rita Waschbüsch
Adelheid Scherr
Detlef Hohlin
Dr. Hans-Jürgen Thomas
Dr. Hermann Meyn
Prof. Dr. Herta Däubler-Gmelin
Walter Hirrlinger

● **U 2 029**
Verband der Mitternachtsmissionen
Buchenweg 16, 73614 Schorndorf
T: (07181) 2 48 32   **Fax:** 2 48 32
1. Vorsitzende(r): Diakon Walter Meng (Ltg. Presseabteilung; Buchenweg 16, 73614 Schorndorf, T + Fax: (07181) 2 48 32)
Verbandszeitschrift: Pressespiegel und Dokumentation
Redaktion: Walter Meng
Verlag: Verband der Mitternachtsmissionen, Buchenweg 16, 73614 Schorndorf
Mitglieder: 11

● **U 2 030**

DIE JOHANNITER

Johanniter-Unfall-Hilfe e.V. (JUH)
Bundesgeschäftsstelle:
Lützowstr. 94, 10785 Berlin
T: (030) 2 69 97-0   **Fax:** 2 69 97-444
Internet: http://www.johanniter.de
Gründung: 1952
Präsident(in): Wilhelm Graf v. Schwerin
Bundesvorstand: Thomas Doerr
Tilo Erfurth
Dr. Hans-Joachim Vits
Pressesprecher: Christoph Ernesti
Verbandszeitschrift: Die Johanniter
Verlag: BETA-Verlag, Celsiusstr. 43, 53125 Bonn, T: (0228) 9 19 37-0, Telefax: (0228) 25 20 67
Mitglieder: 1194097
Mitarbeiter: 8755 hauptamtl., 2668 Zivildienstleistende, 18334 ehrenamtl.

Aufgabe der JUH ist der Dienst am Nächsten. Dazu gehören insbesondere Ausbildung und Betätigung in folgenden Bereichen: 1. Erste Hilfe und Sanitätsdienst, 2. Rettungsdienst und Krankentransport sowie Unfallfolgedienst, 3. Ambulanzflug- und Auslandsrückholdienst, 4. Bevölkerungsschutz, 5. Aus- und Fortbildung von Schwesternhelferinnen und Pflegehelfern, 6. Jugendarbeit und Arbeit mit Kindern, 7. Soziale Dienste, u.a. Behindertenbetreuung, Altenbetreuung, Mahlzeitendienst, Ambulante Betreuung und Pflege Hilfebedürftiger, 8. Betrieb von und Mitwirkung an Sozialstationen/Diakoniestationen, 9. Teilstationäre und stationäre Altenpflege, 10. Sonstige Hilfeleistungen im karitativen Bereich und Kindergärten. Die JUH erfüllt ihre Aufgaben auch im Ausland und pflegt die Beziehungen zu ausländischen und internationalen Organisationen mit gleicher Aufgabenstellung.

Landesverbände

u 2 031
Johanniter-Unfall-Hilfe e.V.
Landesverband Baden-Württemberg
Postf. 81 03 10, 70520 Stuttgart
Trochtelfinger Str. 6, 70567 Stuttgart
T: (0711) 7 26 36-0   **Fax:** 7 26 36-99
E-Mail: info@juh.de
Landesvorstand: Wedig von Below
Jürgen Wanat

u 2 032
Johanniter-Unfall-Hilfe e.V.
Landesverband Bayern
Einsteinstr. 9, 85716 Unterschleißheim
T: (089) 3 21 09-0   **Fax:** 3 21 09-215
Landesvorstand: Hans-Dietrich von Bernuth
Peter Fritz
Andreas Hautmann

u 2 033
Johanniter-Unfall-Hilfe e.V.
Landesverband Berlin/Brandenburg
Berner Str. 2, 12205 Berlin
T: (030) 8 16 90-111   **Fax:** 8 16 90-173
Landesvorstand: Barbara Aßmann
Georg Schoeller

u 2 034
Johanniter-Unfall-Hilfe e.V.
Landesverband Hessen/Rheinland-Pfalz/Saar
Johanniterstr. 7, 35510 Butzbach
T: (06033) 91 70-0   **Fax:** 91 70-19
E-Mail: landesverband@juh-hes-rlp-saar.de
Landesvorstand: Werner Weber
Hubertus Graf von der Schulenburg
Günther Lohre

u 2 035
Johanniter-Unfall-Hilfe e.V.
Landesverband Sachsen-Anhalt/Thüringen
Straße des Friedens 23, 99094 Erfurt
T: (0361) 2 23 29-0   **Fax:** 2 23 29-25
E-Mail: johanniter.lg.sa-anh.-thuer@t-online.de
Landesvorstand: Meinhard Groothuis
Johannes-M. Schulz-Schottler

u 2 036
Johanniter-Unfall-Hilfe e.V.
Landesverband Niedersachsen/Bremen
Kabelkamp 5, 30179 Hannover
T: (0511) 6 78 96-500   **Fax:** 6 78 96-504
Landesvorstand: Thomas Mähnert
Claus-Dieter Schwab

u 2 037
Johanniter-Unfall-Hilfe e.V.
Landesverband Nord
Beselerallee 59a, 24105 Kiel
T: (0431) 5 70 01-0   **Fax:** 5 70 01-77
E-Mail: lg@joh-nord.de
Landesvorstand: Hans-Peter Haupt
Wolfhard Ehrlich
Dirk Walter

u 2 038
Johanniter-Unfall-Hilfe e.V.
Landesverband Nordrhein-Westfalen
Postf. 13 20, 40673 Erkrath
Neanderstr. 34, 40699 Erkrath
T: (0211) 24 02-0   **Fax:** 24 02-40
E-Mail: landesvorstand@juh-nrw.de
Landesvorstand: Wilfried Nelles
Dr. Eberhard Freiherr von Perfall
Wolfram Rohleder

u 2 039
Johanniter-Unfall-Hilfe e.V.
Landesverband Sachsen
Stephensonstr. 12-14, 01257 Dresden
T: (0351) 2 09 14 11   **Fax:** 2 09 14 34
Landesvorstand: Tilo v. Ameln
Hans-Joachim v. Zahn

● **U 2 040**
Zentralwohlfahrtsstelle der Juden in Deutschland e.V.
Hebelstr. 6, 60318 Frankfurt
T: (069) 94 43 71-0   **Fax:** 49 48 17
Vorsitzende(r): Abraham Lehrer, Köln
Geschäftsführer(in): Benjamin Bloch, Frankfurt

Spitzenverband der Freien Wohlfahrtspflege.

● **U 2 041**
Gesellschaft für bedrohte Völker e.V.
Postf. 20 24, 37010 Göttingen
T: (0551) 4 99 06-0   **Fax:** 5 80 28
Internet: http://www.gfbv.de
E-Mail: info@gfbv.de
Gründung: 1968
Vorstand: Irina Wießner (Vors.)
Françoise Geiger
Christina Haverkamp
Torsten Richter
Kajo Schukalla
Hauptgeschäftsführer(in): Günther Schierloh
Generalsekretär(in): Tilman Zülch
Leitung Presseabteilung: Inse Geismar
Verbandszeitschrift: Pogrom 'Zeitschrift für bedrohte Völker'
Redaktion: Dr. Andreas Selmeci, Yvonne Bangert
Mitglieder: 8200
Mitarbeiter: 21
Jahresetat: DM 3,3 Mio, € 1,69 Mio
Regionalgruppen in 30 Städten
Nationale Sektionen in Österreich, Luxemburg, Italien (Büros in Bozen und in Florenz), Schweiz, Bosnien-Herzegowina und Frankreich (Paris)

Die Gesellschaft für bedrohte Völker ist eine international arbeitende Menschenrechtsorganisation mit beratendem Status beim Wirtschafts- und Sozialrat der Vereinten Nationen. Sie setzt sich für bedrohte ethnische und religiöse Minderheiten und Nationalitäten. Ihre Hauptaufgabe ist dabei der Kampf gegen Völkermord und Kulturzerstörung. Mit Hilfe von Presseerklärungen, Mahnwachen, Demonstrationen und Kongressen informiert sie die

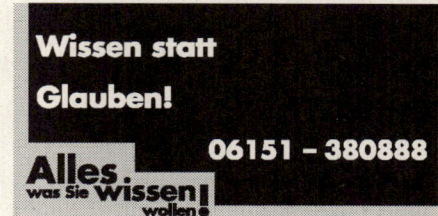

Öffentlichkeit über die Verfolgung von Minderheiten in allen Teilen der Welt.

Entwicklungshilfe-Institutionen

● U 2 042

Deutsche Stiftung für internationale Entwicklung (DSE)
Tulpenfeld 5, 53113 Bonn
T: (0228) 24 34-5   **Fax:** 24 34-766
Präs. d. Kuratoriums: Adelheid Tröscher
Kurator: Dr. Heinz Bühler
Presse- und Öffentlichkeitsarbeit: Andreas Baaden
Aus- und Fortbildung von Fach- und Führungskräften aus Entwicklungsländern; entwicklungspolitische Dialogveranstaltungen; Vorbereitung deutscher Fachkräfte der Entwicklungszusammenarbeit; Information und Dokumentation zu Entwicklungsländern und Entwicklungszusammenarbeit

● U 2 043

DEG - Deutsche Investitions- und Entwicklungsgesellschaft mbH
Postf. 45 03 40, 50878 Köln
Belvederestr. 40, 50933 Köln
T: (0221) 49 86-0   **Fax:** 49 86-290
Internet: http://www.deginvest.de
E-Mail: deutschermarkt@deginvest.de
Vorsitzender des Aufsichtsrates: Hanns-Eberhard Schleyer
Geschäftsführer(in): Dr. Stephan Kinnemann
Presse: Hubertus Graf Plettenberg
Die DEG ist das deutsche Finanzierungs- und Beratungsinstitut zur Förderung der Privatwirtschaft in Afrika, Asien und Lateinamerika sowie in Mittel- und Osteuropa.

● U 2 044

Gesellschaft für internationale Entwicklung e.V. (SID)
Society for International Development
c/o EADI
Kaiser-Friedrich-Str. 11, 53113 Bonn
T: (0228) 2 61 81 01   **Fax:** 2 61 81 03
E-Mail: sid.bonn@eadi.org
Gründung: 1988 (9. Dezember)
Vorsitzende(r): Dr. Günter Oldenbruch
Stellvertretende(r) Vorsitzende(r): Dr. Burghard Claus
Hauptgeschäftsführer(in): Dr. Thomas Lawo
Verbandszeitschrift: Development
Verlag: Sage Publications, 6, Bonhill Street, London EC2A 4PU, UK
Mitglieder: 100 (Sektion Bonn)

● U 2 045

Arbeitsgemeinschaft Entwicklungsländer
Breite Str. 29, 10178 Berlin
T: (030) 20 28-1415   **Fax:** 20 28-2415
Vorsitzende(r): N. N.
Geschäftsführer(in): Dr. Claudia Wörmann
Zusammenschluß der Spitzenverbände der gewerblichen Wirtschaft für die Behandlung von Fragen der nationalen und internationalen Entwicklungspolitik.

● U 2 046

Verband Entwicklungspolitik deutscher Nicht Regierungsorganisationen e.V. (VENRO)
Kaiserstr. 201, 53113 Bonn
T: (0228) 9 46 77-0   **Fax:** 9 46 77-99
Internet: http://www.venro.org
E-Mail: sekretariat@venro.org
Gründung: 1995
Vorsitzende(r): Prof. Dr. Peter Molt
Stellvertretende(r) Vorsitzende(r): Dr. Hartmut Bauer
Dr. Claudia Herlt-Wolff
Dr. Reinhard Hermle
Schatzmeister: Dr. Volker Hausmann
Geschäftsführer(in): Dr. Ulla Mikota
Leitung Presseabteilung: Steffen Beitz

Verbandszeitschrift: VENRO-Rundbrief
Redaktion: Steffen Beitz
Mitglieder: 100
Mitarbeiter: 5
Jahresetat: DM 0,8 Mio, € 0,41 Mio

● U 2 047

Arbeitsgemeinschaft Entwicklungsethnologie e.V.
Postanschrift:
Postf. 30 01 30, 50771 Köln
Neustr. 11, 54290 Trier
T: (0651) 14 10 14   **Fax:** 2 01 39 33 (Stichwort Ethnologie)
Internet: http://www.uni-trier.de/uni/fb4/ethno/agee
E-Mail: agee@gmx.net, horn4401@uni-trier.de
Geschäftsstelle Trier:
Neustr. 11, 54290 Trier
Gründung: 1991
1. Vorsitzende(r): Eva Sodeik (T: (0651) 14 10 17, Fax: 2 01 39 33 (Stichwort: Ethnologie), E-Mail: agee@gmx.net, horn4401@uni-trier.de), Stuttgart
2. Vorsitzende(r): M.A. Gerald Schmitt
Schriftführer(in): Antje Falk, Göttingen
Kassenwart: M.A. Stephan Draganis, USA
Verbandszeitschrift: Entwicklungsethnologie
Verlag: Verlag für Entwicklungspolitik Saarbrücken GmbH

● U 2 048

Deutsche Stiftung Weltbevölkerung
Göttinger Chaussee 115, 30459 Hannover
T: (0511) 9 43 73-0   **Fax:** 2 34 50 51
Internet: http://www.dsw-online.de
E-Mail: info@dsw-hannover.de
Gründung: 1991
1. Vorsitzende(r): Dipl.-Ing. Erhard Schreiber
2. Vorsitzende(r): Barbara Simons (Ehrenmitglied des Europäischen Parlaments)
Geschäftsführer(in): Dr. Hans Fleisch

● U 2 049

Peter-Hesse-Stiftung
SOLIDARITÄT IN PARTNERSCHAFT für EINE Welt
Römerstr. 1A, 41564 Kaarst
T: (02131) 75 68 30   **Fax:** 75 68 31
Internet: http://www.solidarity.org
E-Mail: p.hesse@solidarity.org
Gründung: 1983 (7. Dezember)
Vorsitzende(r): Dipl.-Kfm. Peter Hesse
Stellvertretende(r) Vorsitzende(r): Dr. med. dent. Ariane Hesse

● U 2 050

Stiftung Nord-Süd-Brücken
Greifswalder Str. 33a, 10405 Berlin
T: (030) 42 85 13 85   **Fax:** 42 85 13 86
Internet: http://www.nord-sued-bruecken.de
E-Mail: nordsuedbruecken@snafu.de
Vorstand: Klaus Dünnhaupt (Vors.), Berlin
Vorsitzender des Stiftungsrates: Peter Stobinski (Solidaritätsdienst-international e.V.), Berlin

● U 2 051

TERRA TECH
Förderprojekte Dritte Welt e.V.
Auf der Kupferschmiede 1, 35091 Cölbe
T: (06421) 88 63 74   **Fax:** 88 63 86
Internet: http://www.terratech-ngo.de
Gründung: 1986
Vorstand: Friedrich Bohl (MdB)
Karl Schnabel
Ute Koschwitz
Dr. Gangolf Seitz
Eberhard Völzing
Günther Vogt
Mitglieder: ca. 130

● U 2 052

Verband Entwicklungspolitik Niedersachsen e.V.
Husarenstr. 27, 30163 Hannover
T: (0511) 39 16 50   **Fax:** 39 16 75
Internet: http://www.ven-nds.de
E-Mail: hannover@ven-nds.de
Vorstand: Reinhold Bömer, Barnstorf
Dr. Roland Drubig, Göttingen
Dietrich Höper, Celle
Rita Otte, Hannover
Gudrun Soergel, Göttingen
Reinhard Stolle, Osnabrück

● U 2 053

INKOTA netzwerk e.V.
Greifswalder Str. 33a, 10405 Berlin
T: (030) 4 28 91 11   **Fax:** 4 28 91 12
E-Mail: inkota@inkota.de
Gründung: 1971
Vorsitzende(r): Friedrich Heilmann

Geschäftsführer(in): Wilhelm Volks
Verbandszeitschrift: INKOTA-Brief
Verlag: Eigenverlag
Mitglieder: 150
Mitarbeiter: 6
Jahresetat: DM 0,5 Mio, € 0,26 Mio

● U 2 054

Centrum für internationale Migration und Entwicklung (CIM)
Barckhausstr. 16, 60325 Frankfurt
T: (069) 7 19 12 10   **Fax:** 71 91 21 19
Internet: http://www.cimonline.de
E-Mail: cim@gtz.de
Gründung: 1980 (27. Oktober)
Leiter(in): Dr. Hans Werner Mundt (GTZ)
StLeiter: Franz-Josef Pollmann (ZAV)
Leitung Presseabteilung: Nicole Weygandt (GTZ)
Verbandszeitschrift: CIM-aktuell

● U 2 055

medico international e.V.
Obermainanlage 7, 60314 Frankfurt
T: (069) 9 44 38-0   **Fax:** 43 60 02
Internet: http://www.medico.de
E-Mail: info@medico.de
Gründung: 1967
Präsident(in): Joachim Hirsch
Stellvertretende(r) Vorsitzende(r): Raimund Rütten
Leitung Presseabteilung: Katja Maurer
Verbandszeitschrift: medico-Rundschreiben
Redaktion: Hans Branscheidt, Thomas Gebauer
Mitglieder: 55
Fachverbände:
BUKO (Bundeskongreß entwicklungspolitischer Aktionsgruppen)
Paritätischer Wohlfahrtsverband

● U 2 056

Arbeitsgemeinschaft für Entwicklungshilfe e.V. (AGEH)
Postf. 21 01 28, 50527 Köln
Ripuarenstr. 8, 50679 Köln
T: (0221) 88 96-0   **Fax:** 88 96-100
Internet: http://www.ageh.de
E-Mail: infoline@ageh.de
Gründung: 1959
Vorsitzende(r): Hubert Tintelott
Geschäftsführer(in): Michael Steeb
Leitung Presseabteilung: Katharina Engels
Verbandszeitschrift: CONTACTS
Redaktion: Katharina Engels
Verlag: AGEH

● U 2 057

Marie-Schlei-Verein
Hilfe für Frauen in Afrika, Asien und Lateinamerika e.V.
Dr. Hoffmann-Str. 15, 55278 Hahnheim
T: (06737) 91 81   **Fax:** 94 98
E-Mail: marie-schlei-verein@t-online.de
Gründung: 1984 (April)
Vorsitzende(r): Christa Randzio-Plath (Hadermannsweg 23, 22459 Hamburg)
Geschäftsführer(in): Sigrid Mangold-Wegner
Mitglieder: 900

● U 2 058

Aktionsgemeinschaft Solidarische Welt e.V. (ASW)
Hedemannstr. 14, 10969 Berlin
T: (030) 2 51 02 65   **Fax:** 2 51 18 87
Internet: http://www.aswnet.de
E-Mail: mail@aswnet.de
Gründung: 1957 (17. August)
1. Vorsitzende(r): Benjamin Nölting
Öffentlichkeitsarbeit: Nina Frank (E-Mail: nina.frank@aswnet.de)
Verbandszeitschrift: Solidarische Welt - Berichte und Informationen aus der 3. Welt
Redaktion: ASW
Verlag: ASW
Mitglieder: 118
Mitarbeiter: 8
Jahresetat: DM 1,8 Mio, € 0,92 Mio

● U 2 059

Colloquium Humanum e.V.
Am Botanischen Garten 14, 53115 Bonn
T: (0228) 65 81 86   **Fax:** 63 32 95
Gründung: 1959
Präsident(in): Botschafter a.D. Dr. Walter Nowak
Vizepräsident(in): Gert-Robert Liptau (Ministerialrat BMZ)
Mitglieder: 700
Mitarbeiter: 1

● U 2 060

HUMAN HELP NETWORK e.V.
Die Mainzer Kinderhilfsorganisation
Hintere Bleiche 28, 55116 Mainz
T: (061631) 23 76 00   Fax: (06131) 22 70 81
Internet: http://www.hhn.org
E-Mail: office@hhn.org
Gründung: 1990 (März)
Vorsitzende(r): Ewald Dietrich (Albert-Einstein-Str. 11, 55122 Mainz)
Stellvertretende(r) Vorsitzende(r): Sieghardt Setzer (Hebbelstr. 3, 55127 Mainz)
Karl Römer (Rochusstr. 4, 55116 Mainz)
Ehrenmitglieder und Beirat:
René Aebischer (op., Schweiz)
Herbert Bonewitz (Kabarettist)
Raymond Brennan (Thailand)
Hans-Jürgen Dörrich (Bonn)
Erwin Grosche (Kabarettist)
Günther Lang (Regensburg)
Reinhard Mey (Berlin)
Othmar Würth (Ruanda)
Verbandszeitschrift: NETWORK-NACHRICHTEN
Mitglieder: 450
Jahresetat: ca. DM 2 Mio, € 1,02 Mio (2000)

● U 2 061

Internationaler Verband Westfälischer Kinderdörfer e.V.
Von-Dript-Weg 2, 33104 Paderborn
T: (05252) 5 12 50   Fax: 5 30 11
Internet: http://www.ivwk.de
E-Mail: ivwk.pb@t-online.de
Vorsitzende(r): Friedhelm Bertling
Geschäftsführer(in): Petra Tebbe
Mitglieder: 50
Mitarbeiter: 4
Jahresetat: DM 1 Mio, € 0,51 Mio

● U 2 062

Čapek-Gesellschaft für Völkerverständigung und Humanismus e.V.
Gerhart-Hauptmann-Str. 4, 58093 Hagen
T: (02331) 5 40 28
Gründung: 1993 (1. November)
Vorsitzende(r): Dr. Ulrich Grochtmann (Gerhart-Hauptmann-Str. 4, 58093 Hagen, T: (02331) 5 40 28)
2. Vorsitzende(r): Rosemarie Pößnecker (Gerhart-Hauptmann-Str. 6, 58093 Hagen, T: (02331) 58 61 31)
Hauptgeschäftsführer(in): Heidrun Borkowski (Gerhart-Hauptmann-Str. 4, 58093 Hagen, T: (02331) 5 40 28)
Mitglieder: 67
Mitarbeiter: 10 (ehrenamtl.)

● U 2 063

Deutsche Gesellschaft für Übersee-Kontakte e.V.
Hirschberger Str. 30, 53119 Bonn
T: (0228) 66 62 00   Fax: 66 11 81
Gründung: 1979
Vorstand: Horst Hölscher

● U 2 064

CATHOLIC MEDIA COUNCIL
Publizistische Medienplanung für Entwicklungsländer, Mittel- & Osteuropa e.V.
Postf. 19 12, 52021 Aachen
Anton-Kurze-Allee 2, 52074 Aachen
T: (0241) 70 13 12-0   Fax: 70 13 12-33
E-Mail: cameco@compuserve.com
Gründung: 1969
Geschäftsführerin: Dr. Daniela Frank
Verbandszeitschrift: Mediaforum
Mitarbeiter: 10

● U 2 065

Deutsche Agrarhilfe e.V. Bonn
Deutsche Gesellschaft für Agrar- und Ernährungshilfe in Entwicklungsländern
Büro:
Postf. 12 39, 53759 Hennef
Frankfurter Str. 180-188, 53773 Hennef
T: (02242) 92 07-0   Fax: 92 07 19
Präsident(in): Gen.-Konsul Carl-Heinrich Herden (Frankfurter Str. 180, 53773 Hennef, T: (02242) 92 07-0)

● U 2 066

Arbeitskreis „Lernen und Helfen in Übersee" e.V.
Thomas-Mann-Str. 52, 53111 Bonn
T: (0228) 63 44 24   Fax: 65 04 14
Internet: http://www.entwicklungsdienst.de
E-Mail: aklhue.entwicklungsdienst.de
Vorsitzende(r): Eckehard Fricke
Geschäftsführer(in): Heidi Thiemann

● U 2 067

Postf. 51 80, 65726 Eschborn
Dag-Hammarskjöld-Weg 1-5, 65760 Eschborn
T: (06196) 79-0   Fax: 79-1115
TX: 4 07 501-0 gtz d
TGR: Germatec Eschborn
Internet: http://www.gtz.de
E-Mail: postmaster@gtz.de
Gründung: 1975 (01. Januar)
Vorsitzender des Aufsichtsrates: Staatssekr. Erich Stather (c/o Bundesministerium für wirtschaftl. Zusammenarbeit und Entwicklung, Friedrich-Ebert-Allee 40, 53113 Bonn)
Geschäftsführer(in): Dr. Bernd Eisenblätter
Dr. Hans-Dietrich Pallmann
Wolfgang Schmitt
Leitung Presseabteilung: Volker Franzen
Mitarbeiter: 12014, davon 1210 Inland, 10804 Ausland (1999); 11927, davon 1231 Inland, 10696 Ausland (1998)

Prüfung, fachliche Planung, Steuerung und Überwachung von Maßnahmen der Entwicklungszusammenarbeit überwiegend im Auftrag der Bundesregierung. Beratung anderer Träger von Entwicklungsmaßnahmen. Erbringung von Personal- und Sachleistungen. Abwicklung finanzieller Verpflichtungen gegenüber Partnern in Entwicklungsländern.

● U 2 068

Deutsches Institut für Entwicklungspolitik gGmbH (DIE)
Tulpenfeld 4, 53113 Bonn
T: (0228) 9 49 27-0   Fax: 9 49 27-130
Internet: http://www.die-gdi.de
E-Mail: die@die-gdi.de
Gründung: 1964 (März)
Vors. d. Kuratoriums: Parlamentarische Staatssekretärin Dr. Uschi Eid
Geschäftsführer(in): Dr. Hans-Helmut Taake
Dr. Jürgen Wiemann

Das DIE, im März 1964 vom Bund und dem Land Berlin gegründet, ist eine gemeinnützige Gesellschaft mbH mit Sitz in Bonn. Es erstellt für öffentliche Institutionen in der Bundesrepublik Deutschland und im Ausland Gutachten zu entwicklungspolitischen Themen und berät sie im Hinblick auf aktuelle Fragen der Zusammenarbeit zwischen Industrie- und Entwicklungsländern; es bildet Hochschulabsolventen verschiedener Fachrichtungen für die berufliche Praxis im Bereich der deutschen und internationalen Entwicklungspolitik aus (Neun-Monats-Programme).

● U 2 069

Arbeitsgemeinschaft privater Entwicklungsdienste e.V. (APED)
Argelanderstr. 50, 53115 Bonn
T: (0228) 21 59 00
Gründung: 1967
Vorsitzende(r): Dr. jur. Heribert Händel
Geschäftsführer(in): Helga Thomas
Mitglieder: 20

● U 2 070

Deutscher Freiwilligendienst in Übersee e.V. (DFÜ)
Argelanderstr. 50, 53115 Bonn
T: (0228) 21 59 00
Gründung: 1970
Vorsitzende(r) des Vorstandes: Dr. jur. Heribert Händel

● U 2 071

Dienste in Übersee gGmbH (DÜ)
(Kirchlicher Entwicklungsdienst)
ab August 2001
Josef-Wirmer-Str. 2-8, 53123 Bonn
T: (0711) 79 89-0   Fax: 79 89-123
E-Mail: info@due.org
Geschäftsführer(in): Christoph Dehn

● U 2 072

DESWOS Deutsche Entwicklungshilfe für soziales Wohnungs- und Siedlungswesen e.V.
Gustav-Heinemann-Ufer 84-88, 50968 Köln
T: (0221) 5 79 89-0   Fax: 5 79 89 99
Internet: http://www.deswos.de
E-Mail: public@deswos.de
Gründung: 1969 (4. November)
Vorstand: Generalsekr.Dr.rer.soc. D. Baldeaux, Köln
Peter-Stephan Englert, Schwabach
Reinhard Kupke, Dresden
Georg Potschka, Köln
Jost Riecke, Magdeburg
VdVR: Senator a.D. Jürgen Steinert
Leitung Presseabteilung: Klaus Bangemann
Verbandszeitschrift: DESWOS-Brief
Mitglieder: 850
Mitarbeiter: 11

● U 2 073

Bischöfliche Aktion ADVENIAT
(Hilfe der deutschen Katholiken für die Kirche in Lateinamerika)
Postf. 10 01 52, 45001 Essen
Am Porscheplatz 7, 45127 Essen
T: (0201) 1 75 60   Fax: 1 78 61 11
Vors. d. Bischöflichen Kommission Adveniat: Weihbischof Franz Grave
Geschäftsführer(in): Msgr. Dr. Dieter Spelthahn
Stellvertretender Geschäftsführer: Ass. Michael P. Sommer
Abt. Öffentlichkeit: Dr. Hans Czarkowski

● U 2 074

Brot für die Welt
Postf. 10 11 42, 70010 Stuttgart
Stafflenbergstr. 76, 70184 Stuttgart
T: (0711) 21 59-0   Fax: 21 59-288
Internet: http://www.brot-fuer-die-welt.de
E-Mail: bfdwinformation@brot-fuer-die-welt.org
Gründung: 1959
Vorsitzende(r): KPräs. Eberhard Cherdron
Geschäftsführer(in): Dir. Cornelia Füllkrug-Weitzel
Leitung Presseabteilung: Klaus Rieth

● U 2 075

Katholische Zentralstelle für Entwicklungshilfe e.V.
Mozartstr. 9, 52064 Aachen
T: (0241) 44 20   Fax: 44 21 88
Internet: http://www.misereor.de
E-Mail: kze@misereor.de
Gründung: 1959
Vorsitzende(r): Dr. Karl Jüsten (siehe auch MISEREOR)
Leitung Presseabteilung: Michael Kleine
Verbandszeitschrift: MISEREOR AKTUELL
Redaktion: Walter Schäfer
Mitarbeiter: ca. 260
Jahresetat: DM 298 Mio, € 152,36 Mio (1998)

● U 2 076

PLAN INTERNATIONAL Deutschland e.V.
Pestalozzistr. 14, 22305 Hamburg
T: (040) 6 11 40-0   Fax: 6 11 40-140
Internet: http://www.plan-international.de
Gründung: 1989
Vorsitzende(r): Dr. Werner Bauch
Stellvertretende(r) Vorsitzende(r): Gernot Mulot
Schatzmeister: Parl. Staatssekr. a.D. Rainer Funke
Geschäftsführer(in): Marianne M. Raven
Verbandszeitschrift: PLAN-Post
Redaktion: Marianne M. Raven, Gernot Mulot, Katja Teske

Internationale Koordinierungsstelle: Woking/Großbritannien
Assoziiert mit „Foster Parents PLAN INTERNATIONAL Inc.", Rhode Island/USA
Hilfsprogramme in Ägypten, Äthiopien, Albanien, Bangladesch, Benin, Bolivien, Brasilien, Burkina Faso, China, Dominikanische Republik, Ecuador, El Salvador, Ghana, Guatemala, Guinea, Guinea-Bissau, Haiti, Honduras, Indien, Indonesien, Kamerun, Kenia, Kolumbien, Malawi, Mali, Nepal, Nicaragua, Niger, Pakistan, Paraguay, Peru, Philippinen, Sambia, Senegal, Sierra Leone, Simbabwe, Sri Lanka, Sudan, Tansania, Thailand, Togo, Uganda, Vietnam
Nationale PLAN-Organisationen in Australien, Belgien, Dänemark, Finnland, Frankreich, Großbritannien, Japan, Kanada, Niederlande, Norwegen, Schweden, Süd-Korea, USA und Bundesrepublik Deutschland

PLAN INTERNATIONAL unterstützt in der Dritten Welt und Albanien Kinder, deren Familien und Gemeinden - unabhängig von Volkszugehörigkeit und Religion. Das politisch unabhängige Kinderhilfswerk wurde 1937 während des

Spanischen Bürgerkrieges gegründet. Heute werden insgesamt mehr als eine Million Patenkinder in 43 Ländern unterstützt. Die Patenschaftsbeiträge finanzieren überschaubare Selbsthilfeprojekte. Das deutsche PLAN-Büro wurde 1989 eröffnet und betreut inzwischen mehr als 130.000 Patenschaften. Bundespräsident a. D. Walter Scheel ist Ehrenvorsitzender des Kuratoriums. Die Patenschaft für das millionste PLAN-Kind hat der derzeitige Bundespräsident von seinem Amtsvorgänger übernommen. Vom Deutschen Zentralinstitut für soziale Fragen (DZI) wurde PLAN INTERNATIONAL Deutschland e.V. das DZI-Spenden-Siegel zuerkannt. Das Siegel steht für geprüfte Transparenz und Wirtschaftlichkeit im Spendenwesen.

● U 2 077
EXPERIMENT e.V.
Vereinigung für praktisches Zusammenleben der Völker
Friesdorfer Str. 194a, 53175 Bonn
T: (0228) 9 57 22-0   **Fax:** 35 82 82
Internet: http://www.experiment-ev.de
E-Mail: experiment@t-online.de
Gründung: 1932
Amtierender Vorsitzender: Gisbert Mathias
Hauptgeschäftsführer(in): Sabine Lackner (Ltg. Presseabteilung)
Verbandszeitschrift: ECHO, Highlights
Verlag: Selbstverlag
Mitglieder: 900
Mitarbeiter: 11

● U 2 078
Arbeitsgemeinschaft der Eine-Welt Landesnetzwerke e.V.
c/o Institut für angewandte Kulturforschung e.V.
Nikolaistr. 14, 37073 Göttingen
T: (0551) 48 71 41   **Fax:** 48 71 43
E-Mail: agl@comlink.org
Vorsitzende(r): Hannes Philipp
Koordination: Dr. Roland Drubig
Mitglieder: 13 Organisationen

● U 2 079
Eine Welt Netzwerk Hamburg e.V.
c/o Evangelische Akademie
Esplanade 15, 20354 Hamburg
T: (040) 3 58 93 86   **Fax:** 3 58 93 88
Internet: http://www.ewnw-hamburg.de
E-Mail: ewnw-hamburg@t-online.de
Gründung: 1992
Geschäftsführer(in): Anke Butscher
Verbandszeitschrift: Mitgliederrundbrief
Redaktion: Renate Grunert
Mitglieder: 70
Mitarbeiter: 3
Jahresetat: DM 0,1 Mio, € 0,05 Mio

● U 2 080
AMREF Gesellschaft für Medizin und Forschung in Afrika e.V.
Mauerkircherstr. 155, 81925 München
T: (089) 98 11 29   **Fax:** 98 11 89
E-Mail: info@amrefgermany.de
Headquarter: AMREF, Nairobi (Kenya)
Gründung: 1963 (November)
Vors. u. HGeschF: Leonore Semler
Stellvertretende(r) Vorsitzende(r): Dr. Goswin von Mallinckrodt
Verbandszeitschrift: AMREF Aktuell

● U 2 081
Welthaus Bielefeld e.V.
August-Bebel-Str. 62, 33602 Bielefeld
T: (0521) 9 86 48-0   **Fax:** 6 37 89
Internet: http://www.welthaus.de
E-Mail: welthaus@aol.com
Gründung: 1980
Mitarbeiter: 16
Jahresetat: DM 1,5 Mio, € 0,77 Mio

● U 2 082
Informationszentrum Dritte Welt
Postf. 53 28, 79020 Freiburg
Kronenstr. 16, 79100 Freiburg
T: (0761) 7 40 03   **Fax:** 70 98 66
Internet: http://www.iz3w.org
E-Mail: info@iz3w.org
Gründung: 1968 (1. Januar)
Vorsitzende(r): Georg Lutz
Geschäftsführer(in): Christian Stock
Leitung Presseabteilung: M. Hoffmann
Verbandszeitschrift: iz3w, blätter des informationszentrums 3. welt
Verlag: iz3w, Kronenstr. 16 HH, Postf. 53 28, 79020 Freiburg
Mitglieder: 350
Mitarbeiter: 10 hauptamtliche
Jahresetat: DM 0,5 Mio, € 0,26 Mio

● U 2 083
Verein zur Förderung des Fairen Handels mit der Dritten Welt e.V. (TransFair)
Remigiusstr. 21, 50937 Köln
T: (0221) 94 20 40-0   **Fax:** 94 20 40-40
Internet: http://www.transfair.org
E-Mail: info@transfair.org
Vorsitzender des Vorstands: Jürgen Hammelehle
Geschäftsführer(in): Dieter Overath

● U 2 084
Global Cooperation Council (Nord-Süd-Forum) e.V.
Postf. 12 01 62, 53043 Bonn
T: (0228) 26 57 38   **Fax:** 26 57 38
Internet: http://www.gccforum.org
E-Mail: contact@gccforum.net
Gründung: 1983 (25. Februar)
1. Vorsitzende(r): Ramesh Jaura (Journalist)
2. Vorsitzende(r): Winfried-Illo Graff (Journalist)
Mitglieder: ca. 100

● U 2 085
Bischöfliches Hilfswerk MISEREOR e.V.
Postf. 14 50, 52015 Aachen
Mozartstr. 9, 52064 Aachen
T: (0241) 44 20   **Fax:** 44 21 88
E-Mail: epol@misereor.de
Gründung: 1958
Hauptgeschäftsführer(in): Prof. Dr. Josef Sayer
Geschäftsführer(in): Ass.jur. Benno N. J. Wagner (Finanzen, Verwaltung)
Geschäftsführer(in): Dr. Martin Bröckelmann-Simon (Projekte)
Leitung Presseabteilung: Michael Kleine
Mitarbeiter: 250
Jahresetat: ca. DM 300 Mio, € 153,39 Mio

● U 2 086
Fair Trade e.V.
Bruch 4 Gewerbepark Wagner, 42279 Wuppertal
T: (0202) 64 89-221   **Fax:** 64 89-235
Internet: http://www.fairtrade.de
E-Mail: info@fairtrade.de
Gründung: 1994
Vorstand: Meinolf Remmert (Vors.)
Vorstand: Walter Nett

● U 2 087
Renovabis-Solidaritätsaktion der deutschen Katholiken mit den Menschen in Mittel- und Osteuropa
Kardinal-Döpfner-Haus
Domberg 27, 85354 Freising
T: (08161) 53 09-0, 53 09-39   **Fax:** 53 09-11
Internet: http://www.renovabis.de
E-Mail: renovabis@t-online.de
Vorsitzende(r): Weihbischof Leo Schwarz
Geschäftsführer(in): P. Eugen Hillengass (SJ)

● U 2 088
Stiftung für internationale Solidarität und Partnerschaft (S.I.S.)
Postf. 17 03 41, 53029 Bonn
Paulstr. 20, 53111 Bonn
T: (0228) 69 86 61   **Fax:** 69 86 63
Internet: http://www.sis-foundation.de
E-Mail: sis-foundation@t-online.de
Gründung: 1993
Vorstand: Fritz Pfeiffer (Vors.)
Mitarbeiter: 5
Jahresetat: DM 3 Mio, € 1,53 Mio

● U 2 089
World Vision Deutschland e.V.
Postf. 15 80, 61366 Friedrichsdorf
Am Houiller Platz 4, 61381 Friedrichsdorf
T: (06172) 7 63-0   **Fax:** 7 63-270
E-Mail: germany@wvi.org
Gründung: 1979
Geschäftsführer(in): Günter Bitzer
Leitung Presseabteilung: Kurt Bangert
Verbandszeitschrift: Hilfe direkt
Mitarbeiter: 70
Jahresetat: ca. DM 50 Mio, € 25,56 Mio

Entwicklungs- und Katastrophenhilfe.

● U 2 090
Weltfriedensdienst e.V. (WFD)
Träger des Entwicklungsdienstes
Hedemannstr. 14, 10969 Berlin
T: (030) 25 39 90-0   **Fax:** 2 51 18 87
Internet: http://www.wfd.de
E-Mail: info@wfd.de
Gründung: 1959 (20. Dezember)
Vorsitzende(r): Walter Spellmeyer
Geschäftsführer(in): Walter Hättig
Leitung Presseabteilung: Ute Zurmühl
Verbandszeitschrift: WFD-Querbrief (vierteljährlich)
Redaktion: Ute Zurmühl
Mitglieder: 192
Mitarbeiter: 10

● U 2 091
Arbeitsgemeinschaft Friedensforschung und Europäische Sicherheitspolitik e.V. (AFES-PRESS e.V.)
Peace Research and European Security Studiees
Alte Bergsteige 47, 74821 Mosbach
T: (06261) 1 29 12   **Fax:** 1 56 95
Internet: http://www.afes-press.de
E-Mail: afes@afes-press.de
Gründung: 1987
Vorsitzende(r): PD Dr. Hans Günter Brauch
Stellvertretende(r) Vorsitzende(r): Dr. John Grin, Amsterdam
Dr. Björn Möller, Kopenhagen
Geschäftsführer(in): Thomas Bast (Kassier)

● U 2 092
Indienhilfe e.V.
Luitpoldstr. 20, 82211 Herrsching
T: (08152) 12 31   **Fax:** 4 82 78
Internet: http://www.indienhilfe-herrsching.de
E-Mail: email@indienhilfe-herrsching.de
Gründung: 1980 (Juli)
Vorstand: Elisabeth Kreutz (Vors.)
Verbandszeitschrift: Indienhilfe-Info
Mitglieder: 250
Mitarbeiter: 4 Teilzeitkräfte
Jahresetat: DM 0,5 Mio, € 0,26 Mio

● U 2 093
Werkhof Darmstadt e.V.
Rundeturmstr. 16, 64283 Darmstadt
T: (06151) 2 66 64   **Fax:** 2 02 85
Internet: http://www.werkhof-darmstadt.de
E-Mail: whd@compuserve.com
Gründung: 1983
Vorsitzende(r): Ernst Hilmer
Stellvertretende(r) Vorsitzende(r): Metz Hannes
Geschäftsführer(in): W. Jakob
Geschäftsführer(in): A. Hensel
Leitung Presseabteilung: B. Sowa
Mitglieder: 66
Mitarbeiter: 10 Inland, 4 Ausland
Jahresetat: DM 5,5 Mio, € 2,81 Mio

● U 2 094
Susila Dharma - Soziale Dienste e.V
Jenerseitedeich 120, 21109 Hamburg
T: (040) 7 54 17 48   **Fax:** 7 54 75 74
E-Mail: sd-germany@susiladharma.com
Gründung: 1992
1. Vorsitzende(r): Reinhold Schirren
2. Vorsitzende(r): Jörg Valentin Willecke
Geschäftsführer(in): Rosalind Honig
Schatzmeister(in): Lawrence Fryer
Verbandszeitschrift: Umschau
Redaktion: Imke Lohmann
Mitglieder: 61
Jahresetat: DM 0,3 Mio, € 0,15 Mio

● U 2 095
Rudolf-Walther-Stiftung
Rabenaustr. 2, 63584 Gründau
T: (06051) 48 18-0   **Fax:** 8 22-414
Internet: http://www.rudolf-walther-stiftung.de
E-Mail: info@rudolf-walther-stiftung.de
Gründung: 1988
Vorstand: Rudolf Walther (Vors.)
Vorstand: Lutz Heer (stellv. Vors.; Geschäftsführer)
Vorstand: Bankdirektor Hartmut G. Korn
Vorstand: Bernd Reuter (MdB)
Stellvertretende(r) Geschäftsführer(in): Michael Hummel (Presse- und Öffentlichkeitsarbeit, Marketing)

● U 2 096
Hoffnungszeichen Sign of Hope e.V.
Kreuzensteinstr. 18, 78224 Singen
T: (07731) 6 78 02   **Fax:** 6 78 65
Internet: http://www.hoffnungszeichen.de
E-Mail: mail@hoffnungszeichen.de
Vorstand: Günther Lieby (Vors.)

Dipl.-Ing. Gerhard Heizmann (stellv. Vors.)
Dr. Peter Huland
Pfarrer Wilhelm Olschewski
Geschäftsführer(in): Dipl.-Ing. Reimund Reubelt
Stellvertretender Geschäftsführer: Dipl.-Kfm. Wolfram Drexhage
Verbandszeitschrift: Hoffnungszeichen
Mitglieder: 18

Im Bundestag vertretene Parteien

● **U 2 097**
Bündnis 90/Die Grünen
Bundesgeschäftsstelle
Postf. 04 06 09, 10063 Berlin
Platz vor dem Neuen Tor 1, 10115 Berlin
T: (030) 2 84 42-0   **Fax:** 28 44 22 10
Internet: http://www.gruene.de
E-Mail: info@gruene.de
Gründung: 1980 (13. Januar)
Bundesvorstand
Vorsitzende(r): und frauenpolitische Sprecherin: Claudia Roth
Vorsitzende(r): Fritz Kuhn
Politischer Geschäftsführer: Reinhard Bütikofer
Schatzmeister: Dietmar Strehl
Vorstand: Undine Kurth
Niombo Lomba
Leitung Presseabteilung: Hans-H. Langguth
Parteirat
Renate Künast
Fritz Kuhn
Reinhard Bütikofer
Andrea Fischer
Joschka Fischer
Rebecca Harms
Bärbel Höhn
Reinhard Loske
Kerstin Müller
Klaus Müller
Gunda Röstel
Claudia Roth
Astrid Rothe
Heidi Rühle
Rezzo Schlauch
Jürgen Trittin
Verbandszeitschrift: Schrägstrich
Redaktion: Corinna Seide, Andrea Kuper
Verlag: Appelt & Schmedt
Mitglieder: 50000
Mitarbeiter: 25

Landesgeschäftsstellen

u 2 098
Bündnis 90/Die Grünen
Landesgeschäftsstelle Baden-Württemberg
Forststr. 93, 70176 Stuttgart
T: (0711) 9 93 59-0   **Fax:** 9 93 59-99
Internet: http://www.ba-wue.gruene.de
E-Mail: landesverband@ba-wue.gruene.de
Vorsitzende(r): Monika Schnaitmann
Andreas Braun

u 2 099
Bündnis 90/Die Grünen
Landesgeschäftsstelle Bayern
Sendlinger Str. 47, 80331 München
T: (089) 21 15 97-0   **Fax:** 21 15 97-24
Internet: http://www.bayern.gruene.de
E-Mail: landesverband@bayern.gruene.de
Vorsitzende(r): Margarete Bause
Jerzy Montag

u 2 100
Bündnis 90/Die Grünen
Landesgeschäftsstelle Berlin
Bündnis 90/Die Grünen/AL/UFV
Oranienstr. 25, 10999 Berlin
T: (030) 61 50 05-0   **Fax:** 61 50 05-99
Internet: http://www.gruene-berlin.de
E-Mail: lavo@gruene-berlin.de
SprecherInnen: Regina Michalik
Till Heyer-Stuffer

u 2 101
Bündnis 90/Die Grünen
Landesgeschäftsstelle Brandenburg
Lindenstr. 53, 14467 Potsdam
T: (0331) 2 80 05 66   **Fax:** 29 38 13
Internet: http://www.gruene.de/brandenburg
E-Mail: lv.brandenburg@gruene.de
Sprecher: Roland Vogt

u 2 102
Bündnis 90/Die Grünen
Landesgeschäftsstelle Bremen
Schlachte 19-20, 28195 Bremen
T: (0421) 30 11-0   **Fax:** 30 11-250
Internet: http://www.gruene.de/bremen
E-Mail: lv.bremen@gruene.de
Sprecher: Klaus Möhle
Dr. Wolfram Sailer

u 2 103
Bündnis 90/Die Grünen
Landesgeschäftsstelle Hamburg
Bü 90/Die Grünen/GAL
Curienstr. 1, 20095 Hamburg
T: (040) 39 92 52-0   **Fax:** 39 92 52-99
Internet: http://www.hamburg.gruene.de
E-Mail: lgst@hamburg-gruene.de
SprecherInnen: Antje Radcke
Kurt Edler

u 2 104
Bündnis 90/Die Grünen
Landesgeschäftsstelle Hessen
Kaiser-Friedrich-Ring 65, 65185 Wiesbaden
T: (0611) 98 92 00   **Fax:** 84 68 28
Internet: http://www.gruene-hessen.de
E-Mail: landesverband@gruene-hessen.de
Politischer Geschäftsführer: Sarah Sorge
Sprecher: Dr. Hubert Kleinert

u 2 105
Bündnis 90/Die Grünen
Landesgeschäftsstelle Mecklenburg-Vorpommern
Postf. 11 02 52, 19002 Schwerin
Großer Moor 34, 19055 Schwerin
T: (0385) 5 57 49 91   **Fax:** 5 57 42 29
Internet: http://www.m-v.gruene.de
E-Mail: lv.mecklenburg-vorpommern@gruene.de
Sprecher: Jürgen Suhr

u 2 106
Bündnis 90/Die Grünen
Landesgeschäftsstelle Niedersachsen
Odeonstr. 4, 30159 Hannover
T: (0511) 12 60 85-0   **Fax:** 12 60 85-85
Internet: http://www.gruene.niedersachsen.de
E-Mail: landesverband@gruene-niedersachsen.de
Vorsitzende(r): Reneé Krebs
Heidi Tischmann

u 2 107
Bündnis 90/Die Grünen
Landesgeschäftsstelle Nordrhein-Westfalen
Jahnstr. 52, 40215 Düsseldorf
T: (0211) 3 86 66-0   **Fax:** 3 86 66-99
Internet: http://www.gruene-nrw.de
E-Mail: info@gruene-nrw.de
Sprecherin: Britta Haßelmann
Sprecher: Frithjof Schmidt

u 2 108
Bündnis 90/Die Grünen
Landesgeschäftsstelle Rheinland-Pfalz
Walpodenstr. 5, 55116 Mainz
T: (06131) 23 18 46-8   **Fax:** 23 18 49
Internet: http://www.gruene-rlp.de
E-Mail: lgs@gruene-rlp.de
Sprecher d. Vorstandes: Fred Reiner Konrad
Steffi Ober

u 2 109
Bündnis 90/Die Grünen
Landesgeschäftsstelle Saarland
Eisenbahnstr. 43, 66117 Saarbrücken
T: (0681) 3 89 70-0   **Fax:** 3 89 70-70
Internet: http://www.gruene-saar.de
E-Mail: gruenelv@saarlink.de
Vorsitzende(r): Dr. Gerold Fischer

u 2 110
Bündnis 90/Die Grünen
Landesgeschäftsstelle Sachsen
Wettiner Platz 10, 01067 Dresden
T: (0351) 4 94 01-08, 4 94 01-09   **Fax:** 4 96 19 75
Internet: http://www.gruene.de/sachsen
E-Mail: gruenesachsen@t-online.de
SprecherInnen: Dr. Karl-Heinz Gerstenberg
Dr. Anne-Katrin Olbrich

u 2 111
Bündnis 90/Die Grünen
Landesgeschäftsstelle Sachsen-Anhalt
Klosterbergestr. 25, 39104 Magdeburg
T: (0391) 4 01 55 39-40   **Fax:** 4 01 55 30
Internet: http://www.gruene.de/sachsen-anhalt
E-Mail: lv.sachsen-anhalt@gruene.de
Vorsitzende(r): Inés Brock
Thomas Bichler

u 2 112
Bündnis 90/Die Grünen
Landesgeschäftsstelle Schleswig-Holstein
Wilhelminenstr. 18, 24103 Kiel
T: (0431) 5 93 38-0   **Fax:** 5 93 38-17
Internet: http://www.gruene.de/sh
E-Mail: lv.sh@gruene.de
Sprecherin: Monika Obieray
Sprecher: Peter Swane

u 2 113
Bündnis 90/Die Grünen
Landesgeschäftsstelle Thüringen
Lange Brücke 33-34, 99084 Erfurt
T: (0361) 57 65 00   **Fax:** 5 76 50 35
Internet: http://www.gruene.de/thueringen
E-Mail: gruene.thueringen@t-online.de
Sprecherin: Astrid Rothe

● **U 2 114**

Christlich Demokratische Union - CDU -
Klingelhöferstr. 8, 10785 Berlin
T: (030) 2 20 70-0   **Fax:** 2 20 70-111
Internet: http://www.cdu.de
E-Mail: post@cdu.de
Gründung: 1945 (Juni)
Bundesvorstand:
Bundesvorsitzende(r): Bundesminister a.D. Dr. Angela Merkel (MdB)
Generalsekretär(in): Laurenz Meyer
Stellvertretende(r) Vorsitzende(r): Bundesminister a.D. Volker Rühe (MdB)
Bundesminister a.D. Dr. Jürgen Rüttgers (MdL)
Ministerin Dr. Annette Schavan (MdL)
Christian Wulff (MdL)
Bundesschatzmeister: Dr. Ulrich Cartellieri
Mitglieder des Präsidiums: Hermann-Josef Arentz (MdL)
Ministerpräsident Roland Koch (MdL)
Hildegard Müller
Peter Rauen (MdB)
Bundesminister a.D. Dr. Wolfgang Schäuble (MdB)
Ministerin Prof. Dr. Dagmar Schipanski
Minister Jörg Schönbohm (MdL)
Präsidiumsmitglieder kraft Amtes: Friedrich Merz (MdB, Vorsitzender der CDU/CSU-Bundestagsfraktion)
Bundesminister a.D. Dr. rer. pol. h.c Rudolf Seiters (MdB, Stellv. Bundestagspräsident)
Prof. Dr. Hans-Gert Pöttering (MdEP, Stellv. Vors. der EVP-Fraktion im Europäischen Parlament)
Dr. Alfred Dregger (Ehrenvorsitzender der CDU/CSU-Bundestagsfraktion)
Dr. Willi Hausmann (CDU-Bundesgeschäftsführer)
Erweitertes Präsidium (lt. Satzungsänderung verabschiedet auf dem 13. Parteitag): Ministerpräsident Prof. Dr. Kurt H. Biedenkopf
Reg. Bürgermeister Eberhard Diepgen
Ministerpräsident Peter Müller
Ministerpräsident Erwin Teufel
Ministerpräsident Dr. Bernhard Vogel
Hans-Peter Repnik (MdB, 1. Parl. Geschäftsführer der CDU/CSU-Bundestagsfraktion)
Dr. Thomas Raabe (Pressesprecher der CDU/CSU Bundestagsfraktion)
Eva Christiansen (Pressesprecherin der CDU)
Weitere Mitglieder des Bundesvorstandes: Dieter Althaus (MdL)
Ole von Beust (MdHB)
Dr. Maria Böhmer (MdB)
Rainer Eppelmann (MdB)
Tanja Gönner
Ministerin Dr. Regina Görner
Dr. Franz-Josef Jung (MdL)
Dr. Yvonne Kempen
Karl-Josef Laumann (MdB)
Dr. Helmut Linssen (MdL)
Laurenz Meyer (MdL)
Maria Michalk
Prof. Dr. Georg Milbradt
Philipp Mißfelder
Dr. Godelieve Quisthoudt-Rowohl (MdEP)
Dr. Friedbert Pflüger
Eckhardt Rehberg (MdL)
Katherina Reiche (MdB)
Andreas Renner
Hans-Peter Repnik (MdB)
Erika Steinbach

u 2 114

Ministerpräsident Dr. Bernhard Vogel (MdL)
Angelika Volquartz
Karin Wolff (MdL, Kultusministerin im Land Hessen)
Mathias Wissmann (MdB)
Prof. Dr. Otto Wulff
Weitere Bundesvorstandsmitglieder laut Satzung: Parl. Staatssekretär a.D. Bernd Neumann (MdB, Landesvorsitzender Bremen)
Prof. Dr. Wolfgang Böhmer (MdL, Landesvorsitzender Sachsen-Anhalt)
Mitglieder des erweiterten Bundesvorstandes: Prof. Dr. Josef Stingl
Dr. Christoph Böhr (MdL)
Manfred Carstens (MdB)
Dirk Fischer (MdB)
Dr. Fritz Hähle (MdL)
Heinrich-Wilhelm Ronsöhr
Dr. Johann Wadephul (MdL)
Jochen Borchert (MdB)
Peter Götz
Dr. Kurt J. Lauk
Helmut Sauer
Carsten Schwarz (RCDS-Vorsitzender)
Prof. Dr. Rita Süssmuth (MdB)
Dr. Bernhard Worms
Eva-Maria Kors
Hartmut Nassauer
Prof. Dr. Günther Rinsche
Wilhelm Staudacher
Sebastian Warken (Vorsitzender Schüler-Union)
Mitglieder: 630173 (Stand: 29.02.00)

Landesverbände

u 2 115
Christlich Demokratische Union
Landesverband Baden-Württemberg
Hasenbergstr. 49b, 70176 Stuttgart
T: (0711) 6 69 04-0 **Fax:** 6 69 04-15
Landesvorsitzende(r): Ministerpräsident Erwin Teufel (MdL)
Generalsekretär(in): Volker Kauder (MdB)
LandesGeschF: Susanne Verweyen-Emmrich

u 2 116
Christlich Demokratische Union
Landesverband Berlin
Wallstr. 14a, 10179 Berlin
T: (030) 32 69 04-0 **Fax:** 32 69 04-44
Internet: http://www.cduberlin.de
E-Mail: cduberlin@cduberlin.de
Landesvorsitzende: Reg. Bürgermeister Eberhard Diepgen (MdA)
Generalsekretär(in): Ingo Schmitt (MdEP)
LandesGeschF: Matthias Wambach

u 2 117
Christlich Demokratische Union
Landesverband Brandenburg
Rudolf-Breitscheid-Str. 64, 14482 Potsdam
T: (0331) 70 63-6 **Fax:** 70 63-701
Landesvorsitzende(r): Jörg Schönbohm (MdL)
Generalsekretär(in): Thomas Lunacek (MdL)
LandesGeschF: Mario Faßbender

u 2 118
Christlich Demokratische Union
Landesverband Bremen
Am Wall 135, 28195 Bremen
T: (0421) 30 89 41 **Fax:** 3 08 94 33
Landesvorsitzende(r): Parl. Staatssekretär a. D. Bernd Neumann (MdB)
LandesGeschF: Silke Müller

u 2 119
Christlich Demokratische Union
Landesverband Hamburg
Leinpfad 74, 22299 Hamburg
T: (040) 46 85 46 **Fax:** 46 35 10
Landesvorsitzende(r): Dirk Fischer (MdB)
LandesGeschF: Wulf Rüdiger Brocke

u 2 120
Christlich Demokratische Union
Landesverband Hessen
Frankfurter Str. 6, 65189 Wiesbaden
T: (0611) 1 66 50 **Fax:** 37 36 11
Landesvorsitzender: Roland Koch (MdL)
Generalsekretär(in): Ottilia Geschka (amt.)

u 2 121
Christlich Demokratische Union
Landesverband Mecklenburg-Vorpommern
Postfl. 01 04 43, 19004 Schwerin
Wismarsche Str. 173, 19053 Schwerin
T: (0385) 59 00 40 **Fax:** 5 90 04 29
Landesvorsitzende: Steffi Schnoor (MdL)
LandesGeschF: Klaus-Dieter Götz

u 2 122
Christlich Demokratische Union in Niedersachsen
Postfl. 21 03 80, 30403 Hannover
Böttcherstr. 7, 30419 Hannover
T: (0511) 2 79 91-0 **Fax:** 2 79 91 31
Landesvorsitzende(r): Christian Wulff (MdL)
Generalsekretär(in): Hartwig Fischer (MdL)
LandesGeschF: Thomas Etzmuß

u 2 123
Christlich Demokratische Union
Landesverband Braunschweig
Gieselerwall 2, 38100 Braunschweig
T: (0531) 4 56 73 **Fax:** 1 65 60
Landesvorsitzende(r): Heinrich-Wilhelm Ronsöhr (MdB)
LandesGeschF: Waltraut Wannhoff

u 2 124
Christlich Demokratische Union
Landesverband Hannover
Böttcherstr. 7, 30419 Hannover
T: (0511) 27 99 10 **Fax:** 2 79 91 31
Landesvorsitzende(r): Christian Wulff (MdL)
Generalsekretär(in): Hartwig Fischer (MdL)
LandesGeschF: Thomas Etzmuß

u 2 125
Christlich Demokratische Union
Landesverband Oldenburg
Unterm Berg 20, 26123 Oldenburg
T: (0441) 92 69 26 **Fax:** 1 79 03
Landesvorsitzende(r): Manfred Carstens (MdB)
LandesGeschF: Rolf Lambertz

u 2 126
Christlich Demokratische Union
Landesverband Nordrhein-Westfalen
Wasserstr. 5, 40213 Düsseldorf
T: (0211) 1 36 00 **Fax:** 1 36 00 59
Landesvorsitzende(r): Dr. Jürgen Rüttgers (MdL)
Generalsekretär(in): Herbert Reul (MdL)

u 2 127
Christlich Demokratische Union
Landesverband Rheinland-Pfalz
Rheinallee 1a-1d, 55116 Mainz
T: (06131) 2 84 70 **Fax:** 22 09 85
Landesvorsitzende(r): Dr. Christoph Böhr (MdL)
Generalsekretär(in): Friedrich Claudius Schlumberger

u 2 128
Christlich Demokratische Union
Landesverband Saar
Stengelstr. 5, 66117 Saarbrücken
T: (0681) 5 84 53-0 **Fax:** 58 50 52
Landesvorsitzende(r): Ministerpräsident Peter Müller (MdL)
LandesGeschF: Hans-Joachim Pack

u 2 129
Christlich Demokratische Union
Landesverband Sachsen
Lortzingstr. 35, 01307 Dresden
T: (0351) 4 49 17 00 **Fax:** 4 49 17 50
Landesvorsitzende(r): Dr. Fritz Hähle (MdL)
Generalsekretär(in): Frank Kupfer (MdL)
LandesGeschF: Randolf Stamm

u 2 130
Christlich Demokratische Union
Landesverband Sachsen-Anhalt
Hegelstr. 23, 39104 Magdeburg
T: (0391) 5 66 68-0 **Fax:** 5 66 68 30
T-Online-Teilnehmer: 0391 282210-0001
Landesvorsitzende(r): Prof. Dr. Wolfgang Böhmer (MdL)
LandesGeschF: Bernd Reisener

u 2 131
Christlich Demokratische Union
Landesverband Schleswig-Holstein
Postfl. 17 20, 24016 Kiel
Sophienblatt 44-46, 24114 Kiel
T: (0431) 6 60 99-0 **Fax:** 6 60 99 99
Landesvorsitzende(r): Dr. Johann Wadephul (MdL)
LandesGeschF: Dr. Michael von Abercron

u 2 132
Christlich Demokratische Union
Landesverband Thüringen
Heinrich-Mann-Str. 22, 99096 Erfurt
T: (0361) 3 44 90 **Fax:** 3 45 92 25
T-Online: *036134490-0001#
E-Mail: cdu.thueringen@t-online.de
Landesvorsitzend(r): Dr. Dieter Althaus (MdL)
LandesGeschF: Dr. Klaus Zeh (MdL)

● U 2 133
Junge Union Deutschlands
Bundesgeschäftsstelle:
Inselstr. 1b, 10179 Berlin
T: (030) 27 87 87-0 **Fax:** 27 87 87-20
Internet: http://www.junge-union.de
E-Mail: ju@junge-union.de
Gründung: 1947 (Januar)
Internationaler Zusammenschluß: siehe unter izu 376
Vorsitzende(r): Hildegard Müller
JU-Bundesgeschäftsführer: Michael Hahn
Pressereferent: Franz-Josef Gemein
Michael Brand
Verbandszeitschrift: "Die Entscheidung"
Verlag: Weiß Druck und Verlag GmbH + Co. KG
Mitglieder: ca. 145000
Mitarbeiter: 11

Landesverbände

u 2 134
Junge Union Deutschlands
Landesverband Baden-Württemberg
Hasenbergstr. 49b, 70176 Stuttgart
T: (0711) 6 69 04 53 **Fax:** 6 69 04 45
Internet: http://www.ju-bw.de
E-Mail: lgs@ju-bw.de
Landesgeschäftsführer: Andreas Züfle

u 2 135
Junge Union Deutschlands
Landesverband Bayern
Franz-Josef-Strauß-Haus
Nymphenburger Str. 64, 80335 München
T: (089) 12 43-242, 12 43-244 **Fax:** 1 29 85 31
Internet: http://www.ju-bayern.de
E-Mail: ls@ju-bayern.de
Landesgeschäftsführerin: Monika Dopfer

u 2 136
Junge Union Deutschlands
Landesverband Berlin
Steifensandstr. 8, 14057 Berlin
T: (030) 32 69 04 33 **Fax:** 32 69 04 44
Internet: http://members.aol.com/jubln
E-Mail: JUBln@aol.com
Landes-GeschF: Martin Leuschner

u 2 137
Junge Union Deutschlands
Landesverband Brandenburg
Rudolf-Breitscheid-Str. 64, 14482 Potsdam
T: (0331) 7 06 36 **Fax:** 7 06 37 01
Internet: http://www.ju.brandenburg.net
E-Mail: ju@ju.brandenburg.net
Landes-GeschF: Sebastian Schütze

u 2 138
Junge Union Deutschlands
Landesverband Braunschweig
Gieselerwall 2, 38100 Braunschweig
T: (0531) 8 66 87 85 **Fax:** 4 17 37
E-Mail: post@galeriehof.de
Landes-GeschF: Dennis Scholze

u 2 139
Junge Union Deutschlands
Landesverband Bremen
Am Wall 135, 28195 Bremen
T: (0421) 30 89 40 **Fax:** 3 08 94 44
Internet: http://www.ju-bremen.de

u 2 140
Junge Union Deutschlands
Landesverband Hamburg
Leinpfad 74, 22299 Hamburg
T: (040) 4 60 24 42 Fax: 36 03 04 37 84
Internet: http://www.Junge-Union-Hamburg.de
E-Mail: juHamburg@aol.com
Landes-GeschF: Rico Tödter

u 2 141
Junge Union Deutschlands
Landesverband Hessen
Frankfurter Str. 6, 65189 Wiesbaden
T: (0611) 37 90 97 Fax: 37 10 20
Internet: http://www.juhessen.de
E-Mail: ju@juhessen.de
Vorsitzende(r): Frank Gotthardt

u 2 142
Junge Union Deutschlands
Landesverband Mecklenburg-Vorpommern
c/o CDU Landesgeschäftsstelle
Postf. 11 04 43, 19004 Schwerin
Wismarsche Str. 173, 19053 Schwerin
T: (0385) 5 90 04-13 Fax: 5 90 04-31
Landesvors: Andreas Lange
Landes-GeschF: Claudia Friedrich
Org.-Ref.: Jens-Holger Schneider

u 2 143
Junge Union Deutschlands
Landesverband Niedersachsen
Böttcherstr. 7, 30419 Hannover
T: (0511) 2 79 91 41 Fax: 2 79 91 42
Internet: http://www.cdu-niedersachsen.de
E-Mail: info@ju-niedersachsen.de
Landes-GeschF: Oliver Schulze

u 2 144
Junge Union Deutschlands
Landesverband Nordrhein-Westfalen
Wasserstr. 5, 40213 Düsseldorf
T: (0211) 1 36 00 47, 1 36 00 48 Fax: 1 36 00 52
Landesgeschäftsführerin: Tanja Kneffel

u 2 145
Junge Union Deutschlands
Landesverband Oldenburg
Postf. 30 64, 26020 Oldenburg
T: (0441) 92 69 24 Fax: 92 69 25
E-Mail: junge-union@ju-oldenburg.de
Landes-geschF: Olaf Klaukien

u 2 146
Junge Union Deutschlands
Landesverband Rheinland-Pfalz
Rheinallee 1a, 55116 Mainz
T: (06131) 28 47 21 Fax: 23 57 33
Landes-GeschF: Ralf Glesius

u 2 147
Junge Union Deutschlands
Landesverband Saarland
Stengelstr. 5V, 66117 Saarbrücken
T: (0681) 5 84 53 50 Fax: 58 50 52
E-Mail: post@jusaar.de
Landesgeschäftsführer: Andreas Kondziela

u 2 148
Junge Union Deutschlands
Landesverband Sachsen u. Niederschlesien
Lortzingstr. 35, 01307 Dresden
T: (0351) 4 49 17 29 Fax: 4 49 17 50
Landes-GeschF: Christian Heinrich

u 2 149
Junge Union Deutschlands
Landesverband Sachsen-Anhalt
Hegelstr. 23, 39104 Magdeburg
T: (0391) 5 66 68-19 Fax: 5 66 68 30
E-Mail: CDU.Sachsen-Anhalt@t-online.de
Landes-GeschF: Holger Wegener

u 2 150
Junge Union Deutschlands
Landesverband Schleswig-Holstein
Sophienblatt 44-46, 24114 Kiel
T: (0431) 6 60 99-35 Fax: 6 60 99-66
Internet: http://www.jush.de
E-Mail: info@jush.de
Landes-GeschF: Sven Donat
Verbandszeitschrift: „Ins Schwarze"
Mitglieder: 7000

u 2 151
Junge Union Deutschlands
Landesverband Thüringen
Heinrich-Mann-Str. 22, 99096 Erfurt
T: (0361) 3 44 91 51 Fax: 3 45 93 27
E-Mail: juthuer@aol.com
Landes-GeschF: Michael Panse

● U 2 152

WIRTSCHAFTSRAT
Wirtschaftsrat der CDU e.V.
-Bundesgeschäftsstelle-
Luisenstr. 44, 10117 Berlin
T: (030) 2 40 87-0 Fax: 2 40 87-105
Internet: http://www.wirtschaftsrat.de
E-Mail: info@wirtschaftsrat.de
Gründung: 1963
Vorsitzende(r): Dr. Kurt J. Lauk (President, Globe Capital Partners, Stuttgart, Manila, Seattle, New York)
Stellvertretende(r) Vorsitzende(r): Dr. Jan B. Berentzen (Vorstandssprecher Berentzen-Gruppe AG, Haselünne)
RA Nikolaus Schweickart (Vorsitzender des Vorstandes Altana AG, Bad Homburg)
Bundes-Geschf: RA Rüdiger von Voss
Geschäftsführer(in): Dr. Rainer Gerding
Dr. Hans-Markus Johannsen
Pressesprecher: Erwin Lamberts (Mitgl. d. GF)
Mitglieder: 8500
Mitarbeiter: 52

Vertretung der Interessen der unternehmerischen Wirtschaft gegenüber Politik, Verwaltung und Öffentlichkeit; Weiterentwicklung der Wirtschafts- und Gesellschaftsordnung im Sinne der Sozialen Marktwirtschaft; Förderung des freiheitlichen, sozialverpflichteten Unternehmertums; Zusammenarbeit mit Regierungs-, Parlaments- und Behördenvertretern aller Ebenen sowie mit Repräsentanten von Verbänden, Gewerkschaften und sonstigen gesellschaftlichen Gruppen in allen berufsständischen und wirtschaftspolitischen Fragen; Beratungen aktueller Themen der Wirtschafts- und Gesellschaftspolitik in Fachgremien; Durchführung von Diskussionsveranstaltungen und Symposien; regelmäßige Veröffentlichung von Arbeitsergebnissen der Fachgremien, Positionierungen und Stellungnahmen in der Presse sowie entsprechende Öffentlichkeitsarbeit.

Landesgeschäftsstellen

u 2 153
Wirtschaftsrat der CDU e.V. Landesgeschäftsstelle Baden-Württemberg
Rosenstr. 22, 70794 Filderstadt
T: (0711) 70 62 00, 70 53 60 Fax: 70 62 39
Michael Hennrich

u 2 154
Wirtschaftsrat der CDU e.V.
Landesgeschäftsstelle Berlin-Brandenburg
Luisenstr. 44, 10117 Berlin
T: (030) 24 08 75 01 Fax: 24 08 75 05
Kontaktperson: Dr. Andreas Budde

u 2 155
Wirtschaftsrat der CDU e.V. Landesgeschäftsstelle Bremen
Sögestr. 48, 28195 Bremen
T: (0421) 4 08 74 29 Fax: 4 91 92 90
RA Oliver Liesmann

u 2 156
Wirtschaftsrat der CDU e.V. Landesgeschäftsstelle Hamburg
Neuer Jungfernstieg 5, 20354 Hamburg
T: (040) 38 10 10 49 Fax: 30 38 10 59
E-Mail: lv-hh@wirtschaftsrat.de
Dr. Ernst Werdermann

u 2 157
Wirtschaftsrat der CDU e.V. Landesgeschäftsstelle Hessen
Bockenheimer Anlage 37, 60322 Frankfurt
T: (069) 72 73 13 Fax: 17 22 47
Dr. Peter Seidel

u 2 158
Wirtschaftsrat der CDU e.V.
Landesgeschäftsstelle Mecklenburg-Vorpommern
z.Zt.
Luisenstr. 44, 10117 Berlin
T: (030) 24 08 75 01 Fax: 24 08 75 05
Kontaktperson: Dr. Andreas Budde

u 2 159
Wirtschaftsrat der CDU e.V. Landesgeschäftsstelle Niedersachsen
Böttcherstr. 7, 30419 Hannover
T: (0511) 75 15 56 Fax: 75 29 32
Bodo Arand

u 2 160
Wirtschaftsrat der CDU e.V. Landesgeschäftsstelle Nordrhein-Westfalen
Lindemannstr. 30, 40237 Düsseldorf
T: (0211) 6 80 34 54 Fax: 6 80 36 33
Manfred Ringmaier

u 2 161
Wirtschaftsrat der CDU e.V. Landesgeschäftsstelle Rheinland-Pfalz/Saarland
Wolfsgäßchen 1, 55116 Mainz
T: (06131) 23 45 37 (-38) Fax: 23 45 48
Joachim Prümm

u 2 162
Wirtschaftsrat der CDU e.V. Landesgeschäftsstelle Sachsen
Radeberger Str. 14, 01099 Dresden
T: (0351) 8 02 63 30 Fax: 8 02 63 35
Matthias Alband

u 2 163
Wirtschaftsrat der CDU e.V. Landesgeschäftsstelle Sachsen-Anhalt
Hegelstr. 23, 39104 Magdeburg
T: (0391) 5 31 20 90 Fax: 5 31 20 91
Dr. Thomas Moch

u 2 164
Wirtschaftsrat der CDU e.V.
Landesgeschäftsstelle Schleswig-Holstein
Sophienblatt 44-46, 24114 Kiel
T: (0431) 67 20 75 Fax: 67 20 76
Dr. Bertram Zitscher

u 2 165
Wirtschaftsrat der CDU e.V.
Landesverband Thüringen
Juri-Gagarin-Ring 152, 99084 Erfurt
T: (0361) 5 66 14 88 Fax: 5 66 14 90
Dr. Horst Gerhardt

● U 2 166
Frauen-Union der CDU
Konrad-Adenauer-Haus
Klingelhöferstr. 8, 10785 Berlin
T: (030) 2 20 70-450 Fax: 2 20 70-439
Internet: http://www.cdu.de/frauen-union/
Gründung: 1948
Vorsitzende: Prof. Dr.phil. Rita Süssmuth (MdB)
Geschäftsführerin: Kristel Bendig
Leitung Presseabteilung: Kristel Bendig
Verbandszeitschrift: "Frau & Politik"
Redaktion: Kristel Bendig
Verlag: UBG - Medienzentrum, Egermannstr. 2, 53359 Rheinbach
Mitglieder: 160295 (Stand 30.03.2000)
Mitarbeiter: 5

Gleichberechtigung der Frauen in allen Lebensbereichen, in Familie, Beruf und öffentlichem Leben.

Landesverbände:

u 2 167
Frauen-Union der CDU Landesverband Baden-Württemberg
Hasenbergstr. 49b, 70176 Stuttgart
T: (0711) 6 69 04-0 **Fax:** 6 69 04-15
Internet: http://www.cdu.org/cdu/fu.htm

u 2 168
Frauen-Union der CDU Landesverband Berlin
Wallstr. 14, 10179 Berlin
T: (030) 32 69 04 39 **Fax:** 3 21 40 63

u 2 169
Frauen-Union der CDU Landesverband Brandenburg
Rudolf-Breitscheid-Str. 64, 14482 Potsdam
T: (0331) 9 67 49-17 **Fax:** 2 37 92

u 2 170
Frauen-Union der CDU Landesverband Bremen
Am Wall 135, 28195 Bremen
T: (0421) 55 37 68 **Fax:** 5 57 99 12

u 2 171
Frauen-Union der CDU Landesverband Hamburg
Leinpfad 74, 22299 Hamburg
T: (040) 4 60 10 11 **Fax:** 47 40 89
E-Mail: info@frauen-union-hamburg.de

u 2 172
Frauen-Union der CDU Landesverband Hessen
Frankfurter Str. 6, 65189 Wiesbaden
T: (0611) 8 60 61 **Fax:** 37 36 11

u 2 173
Frauen-Union der CDU Landesverband Mecklenburg-Vorpommern
CDU-Geschäftsstelle Schwerin
Wismarsche Str. 173, 19053 Schwerin
T: (0385) 55 51 91 **Fax:** 5 90 04 29

u 2 174
Frauen-Union der CDU Landesverband Niedersachsen
Böttcherstr. 7, 30419 Hannover
T: (0511) 2 79 91-28 **Fax:** 2 79 91-31

u 2 175
Frauen-Union der CDU Landesverband Nordrhein-Westfalen
Wasserstr. 5, 40213 Düsseldorf
T: (0211) 1 36 00 28 **Fax:** 13 42 05
Internet: http://www.cdu-nrw.de/fu/index.htm

u 2 176
Frauen-Union der CDU Landesverband Rheinland-Pfalz
Rheinallee 1, 55116 Mainz
T: (06131) 28 47-13 **Fax:** 22 09 85

u 2 177
Frauen-Union der CDU Landesverband Saar
Stengelstr. 5 -V, 66117 Saarbrücken
T: (0681) 58 45 30 **Fax:** 58 50 52

u 2 178
Frauen-Union der CDU Landesverband Sachsen
Landesgeschäftsstelle der CDU
Lortzingstr. 35, 01307 Dresden
T: (0351) 4 49 17-29 **Fax:** 4 49 17-50

u 2 179
Frauen-Union der CDU Landesverband Sachsen-Anhalt
Bezirksgeschäftsstelle der CDU
Ulestr. 8, 06114 Halle
T: (0345) 3 88 08 04 **Fax:** 3 88 08 04

u 2 180
Frauen-Union der CDU Landesverband Schleswig-Holstein
Sophienblatt 44-46, 24114 Kiel
T: (0431) 66 09-31

u 2 181
Frauen-Union der CDU Landesverband Thüringen
Heinrich-Mann-Str. 22, 99096 Erfurt
T: (0361) 3 16 52

● U 2 182
Senioren Union der CDU Deutschlands
Klingelhöferstr. 8, 10785 Berlin
T: (030) 2 20 70-442
Gründung: 1988 (20. April)
Bundesvorsitzende(r): Dr. Bernhard Worms
Stellv. Bundesvors.: Emil Fischer
Leonhard Kuchert
Erika Reinhardt (MdB)
Rolf Reinemann
Roswitha Verhülsdonk
Verbandszeitschrift: "Souverän - Das Magazin für Junggebliebene"
Mitglieder: 72800
Mitarbeiter: 4

Landesverbände

u 2 183
Senioren Union Baden-Württemberg
Hasenbergstr. 49b, 70176 Stuttgart
T: (0711) 6 69 04 21 **Fax:** 6 69 04 15
Vorsitzende(r): Erika Reinhardt (MdB)
Geschäftsführer(in): Angelika Blessing

u 2 184
Senioren Union Berlin
Steifensandstr. 8, 14057 Berlin
T: (030) 3 26 90 40 **Fax:** 3 91 24 93
Vorsitzende(r): Detlef Schmidt
Geschäftsführer(in): Dieter Stephan

u 2 185
Senioren Union Brandenburg
Im Neuen Garten 3, 14469 Potsdam
T: (0331) 29 21 12
Vorsitzende(r): Ulrich Winz
Geschäftsführer(in): Siegfried Grimm

u 2 186
Senioren Union Bremen
Am Wall 135, 28195 Bremen
T: (0421) 3 08 94 28
Vorsitzende(r): Werner Steinberg
Geschäftsführer(in): Günther Feldhaus

u 2 187
Senioren Union Hamburg
Leinpfad 74, 22299 Hamburg
T: (040) 4 60 10 11 **Fax:** 7 33 11 37
Vorsitzende(r): Stefanie Breme
Geschäftsführer(in): Michael Ohm

u 2 188
Senioren Union Hessen
Frankfurter Str. 6, 65189 Wiesbaden
T: (0611) 8 60 61 **Fax:** 37 36 11
Vorsitzende(r): Martina Leistenschneider (MdL)
Geschäftsführer(in): Manfred Dittmann

u 2 189
Senioren Union Mecklenburg-Vorpommern
Domstr. 13, 18273 Güstrow
T: (03881) 22 96
Vorsitzende(r): Rolf Hinz

u 2 190
Senioren Union Niedersachsen
Böttcherstr. 7, 30419 Hannover
T: (0511) 27 99 10
Vorsitzende(r): Rolf Reinemann
Geschäftsführer(in): Heinz Engelhard

u 2 191
Senioren Union Nordrhein-Westfalen
Wasserstr. 5, 40213 Düsseldorf

T: (0211) 1 36 00 22 **Fax:** 32 43 22, 1 36 00 66
Vorsitzende(r): Prof. Dr. Otto Wulff
Geschäftsführer(in): Heinz Soth

u 2 192
Senioren Union Rheinland-Pfalz
Rheinallee 1a-1d, 55116 Mainz
T: (06131) 28 47 19 **Fax:** (06241) 60 20
Vorsitzende(r): Roswitha Verhülsdonk
Geschäftsführer(in): Erich Herok

u 2 193
Senioren Union Saarland
Stengelstr. 5, 66117 Saarbrücken
T: (0681) 5 84 53 21
Vorsitzende(r): Günther Schacht
Geschäftsführer(in): Andrea Leidinger

u 2 194
Senioren Union Sachsen
Lortzingstr. 35, 01307 Dresden
T: (0351) 3 36 12 57
Vorsitzende(r): Dr. Rolf Jähnichen (MdL)
Geschäftsführer(in): Elke Heider

u 2 195
Senioren Union Sachsen-Anhalt
Hegelstr. 23, 39104 Magdeburg
T: (0391) 5 66 68 10 **Fax:** 5 66 68 30
Vorsitzende(r): Emil Fischer
Geschäftsführer(in): Ulrich Germer

u 2 196
Senioren Union Schleswig-Holstein
Sophienblatt 44-46, 24114 Kiel
T: (0431) 6 60 99 42 **Fax:** (04347) 76 38
Vorsitzende(r): Helga Kleiner
Geschäftsführer(in): Helga Lucas

u 2 197
Senioren Union Thüringen
Straße des Friedens 7, 99094 Erfurt
T: (0361) 34 49-220
Vorsitzende(r): Gerhard Richter
Geschäftsführer(in): Edith Brede

● U 2 198
CSU Christlich-Soziale Union in Bayern e.V.
CSU-Landesleitung
Franz Josef Strauß-Haus
Nymphenburger Str. 64, 80335 München
T: (089) 12 43-0 **Fax:** 12 43-299
Internet: http://www.csu.de
Gründung: 1946 (08. Januar), Zulassung auf Landesebene
Vorsitzende(r): Dr. Edmund Stoiber (Bayerischer Ministerpräsident)
Stellvertretende(r) Vorsitzende(r): Staatsministerin Monika Hohlmeier (MdL)
Staatsministerin Barbara Stamm (MdL)
Dr. Ingo Friedrich (MdEP, Vizepräsident des Europäischen Parlaments)
Horst Seehofer (MdB, stellv. Vorsitzender der CDU/CSU-Fraktion im Deutschen Bundestag)
Michael Glos (MdB, Vorsitzender der CSU-Landesgruppe im Deutschen Bundestag)
Generalsekretär(in): Dr. Thomas Goppel (MdL)
Parlamentarischer Geschäftsführer der CSU-Landesgruppe: Dr. Peter Ramsauer (MdB)
Verbandszeitschrift: Bayernkurier
Redaktion: Wilfried Scharnagl (Chefredakteur)
Verlag: Nymphenburger Str. 66, 80335 München
Mitglieder: 182000

● U 2 199
Frauen-Union der CSU
Nymphenburger Str. 64, 80335 München
T: (089) 12 43-237 **Fax:** 12 43-289
Internet: http://www.csu.de
E-Mail: fu@csu-bayern.de
Lds.-Vors.: Maria Eichhorn (MdB)
Lds.-GeschF: Monika Damberger

● U 2 200
Freie Demokratische Partei (F.D.P.)
Thomas-Dehler-Haus
Reinhardtstr. 14, 10117 Berlin
T: (030) 28 49 58-0 **Fax:** 28 49 58-22
Internet: http://www.fdp.de
E-Mail: fdp@liberale.de
Gründung: 1948 (11./12. Dezember)
Internationaler Zusammenschluß: siehe unter izu 440
Vorstand bis zum Wahlparteitag 04.09.-06.09.2001

Vorsitzende(r): Dr. Guido Westerwelle (MdB)
Stellvertretende(r) Vorsitzende(r): Dr. Walter Dörig (MdL, Wirtschaftsminister, stellv. Minister Präsident)
Rainer Brüderle (MdB, Landesvors. Rheinland-Pfalz)
Jürgen W. Möllemann (MdL, Landesvors. Nordrhein-Westfalen)
Ehrenvors.: Dr.h.c. Hans-Dietrich Genscher (BMa.D.)
Dr. Otto Graf Lambsdorff (BMa.D.)
Walter Scheel (Bundespräsident a.D.)
Generalsekretär(in): Cornelia Pieper (MdB, Landesvorsitzende Sachsen-Anhalt)
BundesGeschF: Hans-Jürgen Beerfeltz
Schatzmeister: Carl-Ludwig Thiele (MdB)
Leitung Presseabteilung: Martin Kothé (Sprecher des Partei- und Fraktionsvorsitzenden, Leiter der Pressestelle von der Fraktion)
Oehme Wulf (TDH)
Verbandszeitschrift: Die Liberale Depesche
verantwortlich: Martin Kothé
Verlag: Liberal-Verlag GmbH, Eifelstr. 14, 53757 St. Augustin
Mitglieder: 62721 (Stand 31.12.2000)

Landesverbände

u 2 201

Freie Demokratische Partei
Landesverband Baden-Württemberg
Postf. 10 15 52, 70014 Stuttgart
Rotebühlstr. 133, 70197 Stuttgart
T: (0711) 6 66 18 17 **Fax:** 6 66 18 12
Landesvorsitzende(r): Dr. Walter Döring (MdL stv. Min.-Präs. Baden-Württemberg (Wirtschaftsminister Baden-Württ. u. Mitgl. d. Präsidiums der F.D.P.))
Hauptgeschäftsführer(in): Karl-Heinz Rübesamen

u 2 202

Freie Demokratische Partei
Landesverband Bayern
Am Moosfeld 85, 81829 München
T: (089) 12 60 09-0 **Fax:** 1 26 00-930
Internet: http://www.fdp-bayern.de
E-Mail: mail@fdp-bayern.de
Landesvorsitzende(r): Sabine Leutheusser-Schnarrenberger (MdB)
Generalsekretär(in): Horst Krumpen
Schatzmeister(in): Dr. Klaus von Lindeiner
Schriftführer(in): Kurt Sieber

u 2 203

Freie Demokratische Partei
Landesverband Berlin
Chausseestr. 99, 10115 Berlin
T: (030) 27 89 59-0 **Fax:** 27 89 59-17
Landesvorsitzende(r): Dr. Günter Rexrodt (MdB)

u 2 204

Freie Demokratische Partei
Landesverband Brandenburg
Alleestr. 12, 14469 Potsdam
T: (0331) 29 16 41 **Fax:** 29 19 40
Landesvorsitzende(r): Claudia Lehmann
Hauptgeschäftsführer(in): Winfried Soßna

u 2 205

Freie Demokratische Partei
Landesverband Bremen
Elsasser Str. 6, 28211 Bremen
T: (0421) 3 49 80 63 **Fax:** 34 21 45
Landesvorsitzende(r): Claus Jäger
Hauptgeschäftsführer(in): N.N.

u 2 206

Freie Demokratische Partei
Landesverband Hamburg
Ost-West-Str. 63, 20457 Hamburg
T: (040) 36 63 63 **Fax:** 37 51 82 10
Landesvorsitzende(r): Kurt Hansen
Leiter der Geschäftsstelle: Sandro Schilder

u 2 207

Freie Demokratische Partei
Landesverband Hessen
Marktplatz 13, 65183 Wiesbaden
T: (0611) 9 99 06-0 **Fax:** 9 99 06-99
Internet: http://www.fdp-hessen.de
E-Mail: hessen@fdp.de
Landesvorsitzende(r): Ruth Wagner (Staatsministerin für Wissenschaft und Kunst, Stellv. Minister Präsidentin)
Hauptgeschäftsführer(in): Heino Swyter

u 2 208

Freie Demokratische Partei
Landesverband Mecklenburg-Vorpommern
Schelfmarkt 7, 19055 Schwerin
T: (0385) 56 29 54 **Fax:** 5 57 46 65
Landesvorsitzende(r): Hans Kreher
Hauptgeschäftsführer(in): N. N.

u 2 209

Freie Demokratische Partei
Landesverband Niedersachsen
Walter-Gieseking-Str. 22, 30159 Hannover
T: (0511) 2 80 71-0 **Fax:** 2 80 71-25
Landesvorsitzende(r): Walter Hirche (MdB, Landesminister a.D.)
Hauptgeschäftsführer(in): N.N.

u 2 210

Freie Demokratische Partei
Landesverband Nordrhein-Westfalen
Sternstr. 44, 40479 Düsseldorf
T: (0211) 49 70 90 **Fax:** 4 97 09 10
Landesvorsitzende(r): Jürgen W. Möllemann (MdL, Mitgl. des Präs., Bundes-Min.a.D.)
Hauptgeschäftsführer(in): Hans-Joachim Kühl

u 2 211

Freie Demokratische Partei
Landesverband Rheinland-Pfalz
Am Linsenberg 14, 55131 Mainz
T: (06131) 23 25 41 **Fax:** 23 38 03
Landesvorsitzende(r): Rainer Brüderle (MdB, Mitgl. des Präs., stv. Bu.-Vorsitzender)
Hauptgeschäftsführer(in): Josef Becker

u 2 212

Freie Demokratische Partei
Landesverband Saarland
Talstr. 58, 66119 Saarbrücken
T: (0681) 9 27 29-0 **Fax:** 5 60 74
Ehrenvorsitzender: Dr. Werner Klumpp
Vorsitzende(r): Karl-Josef Jochen
Hauptgeschäftsführer(in): Thilo Leinenweber

u 2 213

Freie Demokratische Partei
Landesverband Sachsen
Wasastr. 2, 01219 Dresden
T: (0351) 4 71 03 64 **Fax:** 4 71 76 96
Landesvorsitzende(r): Holger Zastrow
Ansprechpartnerin: Anne-Katrin Rothe (in Lg St)

u 2 214

Freie Demokratische Partei
Landesverband Sachsen-Anhalt
Walther-Rathenau-Str. 33b, 39106 Magdeburg
T: (0391) 5 61 92 88 **Fax:** 5 43 13 61
Landesvorsitzende(r): Cornelia Pieper (MdB, Mitgl. des Präs., stv. Bundesvorsitzende)
Hauptgeschäftsführer(in): Rosemarie Burkhardt

u 2 215

Freie Demokratische Partei
Landesverband Schleswig-Holstein
Russeer Weg 132, 24109 Kiel
T: (0431) 53 59 30 **Fax:** 5 35 93 20
Landesvorsitzende(r): Jürgen Koppelin (MdB)
Hauptgeschäftsführer(in): Friedrich Hass

u 2 216

Freie Demokratische Partei
Landesverband Thüringen
Magdeburger Allee 91, 99086 Erfurt
T: (0361) 3 45 64 82 **Fax:** 3 45 59 24
Landesvorsitzende(r): Dr. Andreas Kniepert
Hauptgeschäftsführer(in): N.N.

● U 2 217

Junge Liberale Jugendorganisation der F.D.P.
Bundesgeschäftsstelle:
Ackerstr. 3b, 10115 Berlin
T: (030) 28 38 87 91 **Fax:** 28 38 87 99
Internet: http://www.julis.de
E-Mail: bgst@julis.de
Gründung: 1980 (November)
Bundesvorsitzende(r): Daniel Bahr
Stellv. Bundesvorsitzender: Cordt Detering (Pressesprecher)
Bundesgeschäftsführer: Jürgen Stindt

Verbandszeitschrift: Jung & Liberal
Redaktion: N. N.
Verlag: jung & liberal, Ackerstr. 3 b, 10115 Berlin
Mitglieder: 7700 (nach Fusion mit der Jung Liberalen Aktion in der ehemaligen DDR)
Mitarbeiter: 4
Jahresetat: DM 0,5 Mio, € 0,26 Mio

Landesgeschäftsstellen und Landesvorsitzende:

u 2 218

Junge Liberale Jugendorganisation der F.D.P.
Landesgeschäftsstelle Baden-Württemberg
Postf. 10 15 52, 70014 Stuttgart
Rotebühlstr. 133, 70197 Stuttgart
T: (0711) 6 15 28 60 **Fax:** 6 15 09 68
E-Mail: julis@nikocity.de
Vorsitzende(r): Florian Bauer
Pressesprecher: Jochen Dreixler
Verbandszeitschrift: Juliette

u 2 219

Junge Liberale Jugendorganisation der F.D.P.
Landesgeschäftsstelle Bayern
Am Moosfeld 85, 81829 München
T: (089) 12 60 09-60 **Fax:** 12 60 09-16
E-Mail: bayern@julis.de
Vorsitzende(r): Ulrich Lechte
Pressesprecher: Olaf Schukai
Verbandszeitschrift: Forum

u 2 220

Junge Liberale Jugendorganisation der F.D.P.
Landesgeschäftsstelle Berlin
Chausseestr. 99, 10115 Berlin
T: (030) 27 59 00 49 **Fax:** 27 89 59 17
E-Mail: julis-berlin@gmx.de
Vorsitzende(r): Florian P. Block
Pressesprecher: Peter Schantz

u 2 221

Junge Liberale Jugendorganisation der F.D.P.
Landesgeschäftsstelle Brandenburg
Am Sportplatz 4, 14482 Potsdam
T: (0331) 7 40 65 00, (0175) 2 33 64 14
E-Mail: andreask@mac.com
Vorsitzende(r): Andreas Kurzhals
Presse: Andreas Sternberg

u 2 222

Junge Liberale Jugendorganisation der F.D.P.
Landesgeschäftsstelle Bremen
Elsasser Str. 6, 28211 Bremen
T: (0421) 3 49 80 63 **Fax:** 34 21 45
E-Mail: julis-bremen@gmx.net
Vorsitzende(r): Philip Wilms
Pressesprecher: Oliver Dauger

u 2 223

Junge Liberale Jugendorganisation der F.D.P.
Landesgeschäftsstelle Hamburg
Ost-West-Str. 63, 20457 Hamburg
T: (040) 37 51 82 06 **Fax:** 37 51 82 10
Vorsitzende(r): Julia Doellken
Pressesprecher: Jan Erik Spangenberg

u 2 224

Junge Liberale Jugendorganisation der F.D.P.
Landesgeschäftsstelle Hessen
Bleichstr. 36, 35390 Gießen
T: (0641) 97 04 28 **Fax:** 97 04 27 Info Line (Termine): (0641) 97 04 29
E-Mail: julis-hessen@gmx.de
Vorsitzende(r): Florian Rentsch
Pressesprecher: Björn Sänger
Verbandszeitschrift: Journal Liberal

u 2 225

Junge Liberale Jugendorganisation der F.D.P.
Landesgeschäftsstelle Mecklenburg-Vorpommern
c/o Thilo Seipel
Jungfernstieg 22, 18437 Stralsund
T: (0170) 3 24 34 73 **Fax:** (03831) 28 02 64
E-Mail: thilo.seipel@stud.uni-rostock.de
Vorsitzende(r): Thilo Seipel
Pressesprecher: Kay Kühnel
Verbandszeitschrift: Big Meck-Pom

u 2 226
Junge Liberale Niedersachsen
Walter-Gieseking-Str. 22, 30159 Hannover
T: (0511) 2 80 71 27 **Fax:** 2 80 71 25
E-Mail: niedersachsen@julis.de
Vorsitzende(r): Jan-Christoph Oetjen
Presse: Markus Dietl
Verbandszeitschrift: Freistil

u 2 227
Junge Liberale Jugendorganisation der F.D.P. Landesgeschäftsstelle Nordrhein-Westfalen
Wolfgang-Döring-Haus
Postfl. 32 03 48, 40418 Düsseldorf
Sternstr. 44, 40479 Düsseldorf
T: (0211) 4 92 51 85 **Fax:** 49 00 28
E-Mail: julisnrw@aol.com
Vorsitzende(r): Ralf Witzel
Pressesprecher: Frank Denzol
Verbandszeitschrift: JuLi-Magazin

u 2 228
Junge Liberale Jugendorganisation der F.D.P. Landesgeschäftsstelle Rheinland-Pfalz
Am Linsenberg 14, 55131 Mainz
T: (06131) 23 14 26 **Fax:** 23 14 64
Internet: http://www.julisrlp.de
E-Mail: lgst@julisrlp.de
Vorsitzende(r): Thorsten Maser
Pressesprecher: Torsten Rekewitz

u 2 229
Junge Liberale Jugendorganisation der F.D.P. Landesgeschäftsstelle Saarland
Talstr. 58, 66119 Saarbrücken
T: (0681) 9 27 29 15 **Fax:** 5 60 74
E-Mail: saarland@julis.de
Vorsitzende(r): Toni Thielen
Pressesprecherin: Tina Klein

u 2 230
Junge Liberale Jugendorganisation der F.D.P. Landesgeschäftsstelle Sachsen
Louisenstr. 74b, 01099 Dresden
T: (0351) 8 04 57 63 **Fax:** 8 04 39 21
Internet: http://www.julia.org
E-Mail: julia.sachsen@t-online.de
Vorsitzende(r): Alexander Gunkel
Pressesprecherin: Sandra Jäschke
Verbandszeitschrift: Joker

u 2 231
Junge Liberale Sachsen-Anhalt e.V.
Große Ulrichstr. 44, 06108 Halle
T: (0345) 69 49 22 31 **Fax:** 69 49 22 33
Internet: http://www.sachsen-anhalt.julis.de
E-Mail: lgst@julix.de
Vorsitzende(r): Peter Kehl
Pressesprecher: Stefan Thurmann

u 2 232
Junge Liberale Jugendorganisation der F.D.P. Landesgeschäftsstelle Schleswig-Holstein
Russeer Weg 132, 24109 Kiel
T: (0431) 53 10 63 **Fax:** 5 35 93 20 (Mi. 14.00-17.00 Uhr)
Internet: http://www.jungeliberale.de
E-Mail: info@jungeliberale.de
Vorsitzende(r): Björn Tönsfeldt (Presse)
Sven Rühmann

u 2 233
Junge Liberale Jugendorganisation der F.D.P. Landesgeschäftsstelle Thüringen
Wagnergasse 11, 07743 Jena
T: (03641) 44 64 44 **Fax:** 44 64 44
E-Mail: julia-jena@t-online.de
Vorsitzende(r): Tino Bräske
Presse: Cornelia Mareth
Verbandszeitschrift: Julchen

● U 2 234
Partei des Demokratischen Sozialismus (PDS)
Bundesgeschäftsstelle
Kleine Alexanderstr. 28, 10178 Berlin
T: (030) 24 00 90 **Fax:** 2 41 10 46
Internet: http://www.pds-online.de
E-Mail: parteivorstand@pds-online.de
Ehrenvors.: Dr. Hans Modrow (MdEP)
Vorsitzende(r): Gabriele Zimmer (MdL)
Stellvertretende(r) Vorsitzende(r): Petra Pau (MdB)
Dr. Diether Dehm

Prof. Dr. sc. Peter Porsch (MdL)
Bundesgeschäftsführer(in): Dr. Dietmar Bartsch (MdB)
Bundesschatzmeister: Uwe Hobler
Sonstige Vorstandsmitglieder:
Dr. Judith Dellheim
Dr. Thomas Flierl
Helmut Holter (MdL)
Dr. Sylvia-Yvonne Kaufmann (MdEP)
Dagmar Pohle
Taheri Rouzbeh
Christian Schwarzenholz (MdL)
Edda Rydzy-Seifert
Dr. Petra Sitte (MdL)
Marina Stahmann
Sahra Wagenknecht
Dr. Harald Werner
Mitglieder: 88594 (31.12.1999)

Landesverbände

u 2 235
Landesvorstand Baden-Württemberg der PDS
Moserstr. 24, 70182 Stuttgart
T: (0711) 24 10 45 **Fax:** 24 10 46
E-Mail: pds-ba-wue@otelo-online.de
Landessprecher: Peter Linnes
Landesschatzmeister: Christoph Cornides

u 2 236
Landesvorstand Bayern der PDS
Schwanthalerstr. 139 Rgb., 80339 München
T: (089) 51 09 95 15 **Fax:** 51 09 95 14
Internet: http://www.pds-bayern.de
E-Mail: info@pds-bayern.de
Landessprecher: Uwe Hiksch (MdB)
Landessprecherin: Eva Bulling-Schröter (MdB)
Landesschatzmeisterin: Anett Lange

u 2 237
Landesvorstand Berlin der PDS
Kleine Alexanderstr. 28, 10178 Berlin
T: (030) 24 00 92 89 **Fax:** 24 00 92 60
Internet: http://www.pds-berlin.de
E-Mail: lv@pds-berlin.de
Landesvorsitzende(r): Petra Pau (MdB)
Landesgeschäftsführer(in): Roland Schröter
Landesschatzmeisterin: Sylvia Müller
Fraktionsvors. der PDS-Fraktion im AH: Carola Freudl
Harald Wolf
Geschäftsstellenleiter: Uwe Melzer
Pressesprecher: Günter Kolodziej

u 2 238
Landesvorstand Brandenburg der PDS
Alleestr. 3, 14469 Potsdam
T: (0331) 29 24 48 **Fax:** 29 29 34
Internet: http://www.pds-brandenburg.de
E-Mail: info@pds-brandenburg.de
Landesvorsitzende(r): Ralf Christoffers
Landesgeschäftsführer(in): Stefan Ludwig (amt.)
Landesschatzmeister: Klaus Kalex
Fraktionsvors. der PDS-Landtagsfraktion: Prof. Dr. Lothar Bisky
Geschäftsstellenleiter: Dr. Dieter Müntz
Pressesprecher(in): Alrun Nüßlein

u 2 239
Landesvorstand Bremen der PDS
Falkenstr. 14, 28195 Bremen
T: (0421) 32 06 66 **Fax:** 32 06 67
Internet: http://www.pds-bremen.de
E-Mail: bremen@pds-online.de
Landesvorsitzende(r): Herbert Thomsen
Stellv. Landesvors.: Silke Lieder
Landesschatzmeister: Tobias Helfst

u 2 240
Landesvorstand Hamburg der PDS
Neuer Kamp 25, 20359 Hamburg
T: (040) 3 89 21 64 **Fax:** 43 09 70 28
Internet: http://www.pds-hamburg.de
E-Mail: landesvorstand@pds-hamburg.de
Landessprecherin: Lilo Lottermoser
Landessprecher: Meinhard Meuche-Mäker
Landesschatzmeister: Joachim Bischoff

u 2 241
Landesvorstand Hessen der PDS
Kurfürstenstr. 8, 60486 Frankfurt
T: (069) 70 65 02 **Fax:** 7 07 27 83
E-Mail: landesvorstand@pds-hessen.de
Landesvorsitzende(r): Rolf Gensert

Heike Berg
Landesgeschäftsführer(in): Olaf Weichler
Landesschatzmeister: Wolfgang Bubori

u 2 242
Landesvorstand Mecklenburg-Vorpommern der PDS
Martinstr. 1 /1a, 19053 Schwerin
T: (0385) 76 03 80 **Fax:** 7 60 38 19
Internet: http://www.pdsmv.de
E-Mail: pdsmv@t-online.de
Landesvorsitzende(r): Helmut Holter
Landesschatzmeister: Helga Schwarzer
Landesgeschäftsführer: Friedemann Reinhold
Fraktionsvors. der PDS-Landtagsfraktion: Angelika Gramkow
Geschäftsstellenltr.: Peter Voß
Pressesprecherin: Maritta Moritz

u 2 243
Landesvorstand Niedersachsen der PDS
Struckmeyerstr. 9, 30451 Hannover
T: (0511) 4 58 47 29 **Fax:** 9 24 59 11
Internet: http://www.pds-nds.de
E-Mail: rk-hne@debitel.net
Landesvorsitzende(r): Dorothée Menzner
Rolf Köhne
Landesschatzmeister: Jörg Stelling

u 2 244
Landesvorstand Nordrhein-Westfalen der PDS
Oststr. 37, 40211 Düsseldorf
T: (0211) 35 89 07 **Fax:** 35 89 08
Internet: http://www.pds-nrw.de
E-Mail: pds-nrw@t-online.de
Landesvorsitzende(r): Ulla Lötzer (MdB)
Landessprecher: Knud Vöcking
Landesschatzmeister: Wolfgang Freye
Geschäftsstellenltr.: Uwe Vorberg

u 2 245
Landesvorstand Rheinland-Pfalz der PDS
Postfl. 33 46, 55023 Mainz
T: (06131) 23 79 45 **Fax:** 23 79 46
Landesvorsitzende(r): Hartmut Ritzheimer
Landesvorsitzende: Andrea Link
Landesschatzmeister: Gerald Unger

u 2 246
Landesvorstand Saarland der PDS
Postfl. 10 23 22, 66023 Saarbrücken
T: (0681) 5 17 75 **Fax:** 5 17 97
E-Mail: landesvorstand@pds-saarland.sb.unnet.de
Landesvorsitzende(r): Roberto Horak
Landesgeschäftsführer: Hans-Kurt Hill
Landesschatzmeister: Thomas Lutze

u 2 247
Landesvorstand der PDS Sachsen
Landesgeschäftsstelle
Großhainer Str. 93, 01127 Dresden
T: (0351) 8 53 27-0 **Fax:** 8 53 27-20
Internet: http://www.pds-sachsen.de
E-Mail: pds-slv@link-dd.cl.sub.de
Landesvorsitzende(r): Prof. Dr. Peter Porsch
Landesgeschäftsführer(in): Rico Gebhardt
Landesschatzmeisterin: Gisela Scheder-Wedekind
Fraktionsvors. der PDS-Landtagsfraktion: Prof. Dr. Peter Porsch
Geschäftsstellenleiter: Andreas Graff
Pressesprecher: Marcel Braumann

u 2 248
Landesvorstand Sachsen-Anhalt der PDS
Ebendorfer Str. 3, 39108 Magdeburg
T: (0391) 7 32 48 40 **Fax:** 7 32 48 48
Internet: http://www.pds-sachsen-anhalt.de
E-Mail: info@pds-sachsen-anhalt.de
Landesvorsitzende(r): Dr. Rosemarie Hein
Landesgeschäftsführer(in): Michael Entrich
Landesschatzmeister: Matthias Hertel
Fraktionsvors. der PDS-Landtagsfraktion:
Dr. Petra Sitte
Geschäftsstellenleiter: Rüdiger Ettinghausen
Pressesprecher: Dr. Thomas Drzisga

u 2 249
Landesvorstand Schleswig-Holstein der PDS
Kirchenweg 53, 24143 Kiel
T: (0431) 73 77 01 **Fax:** 73 77 04
Internet: http://www.pds-sh.de
E-Mail: pds_sh@t-online.de

Landesvorsitzend(r): Kerstin Matthes
Ragnar Harald Lüttke
Landesschatzmeister: Arne Seeliger

u 2 250
Landesvorstand Thüringen der PDS
Eugen-Richter-Str. 44, 99085 Erfurt
T: (0361) 7 46 71 27 **Fax:** 7 36 15 11
Internet: http://www.pds-thueringen.de
E-Mail: pds-thueringen@t-online.de
Landesvorsitzende(r): Dieter Hausold
Landesgeschäftsführer(in): Knut Korschewsky
Landesschatzmeister: Holger Haensgen
Fraktionsvors. der PDS-Landtagsfraktion: Werner Buse
Geschäftsstellenleiter: André Blechschmidt
Pressesprecher: Holger Ellias

● U 2 251
Sozialdemokratische Partei Deutschlands
Parteivorstand
Willy-Brandt-Haus
Wilhelmstr. 141, 10963 Berlin
T: (030) 2 59 91-0 **Fax:** 2 59 91-410
Mitglieder des Parteivorstandes

Mitglieder des Präsidiums
Vorsitzende(r): Gerhard Schröder (Bundeskanzler)
Stellvertretende(r) Vorsitzende(r): Wolfgang Clement (MdL)
Rudolf Scharping (MdB)
Renate Schmidt (MdL)
Wolfgang Thierse (MdB)
Heidemarie Wieczorek-Zeul (MdB)
Generalsekretär: Franz Müntefering
Schatzmeisterin: Inge Wettig-Danielmeier (MdB)
Christine Bergmann
Herta Däubler-Gmelin (MdB)
Hans Eichel
Karin Junker
Ulrich Maurer (MdL)

Weitere Mitglieder des Parteivorstandes
Detlev Albers
Ilse Brusis
Edelgard Bulmahn
Wolf-Michael Catenhusen (MdB)
Ursula Engelen-Kefer
Anke Fuchs (MdB)
Sigmar Gabriel (MdL)
Kerstin Griese
Jutta Haug (MdEP)
Regine Hildebrandt (MdL)
Reinhard Höppner (MdL)
Eva Kampmeyer
Reinhard Klimmt
Constanze Krehl (MdB)
Hinrich Kuessner (MdL)
Benjamin Mikfeld
Siegmar Mosdorf (MdB)
Andrea Nahles (MdB)
Matthias Platzeck
Joachim Poß (MdB)
Walter Riester
Mechthild Rothe (MdEP)
Liesel Schäfer
Hermann Scheer (MdB)
Gisela Schröter (MdB)
Martin Schulz (MdEP)
Heide Simonis
Sigrid Skarpelis-Sperk (MdB)
Ludwig Stiegler (MdB)
Henning Voscherau

Bundesgeschäftsführer: Matthias Machnig
Mitglieder: 734667 (Stand 31.12.2000)

Landesverbände

u 2 252
SPD-Landesverband Baden-Württemberg
Wilhelmsplatz 10, 70182 Stuttgart
T: (0711) 61 93 60 **Fax:** 6 19 36 20
Internet: http://www.bawue.spd.de
Landesvorsitzende(r): Ute Vogt (MdB)
Generalsekretär(in): Wolfgang Drexler (MdL)
LandesGeschF: Ulrich Henke

u 2 253
Bayern SPD
Landesverband Bayern
Oberanger 38, 80331 München
T: (089) 23 17 11-0 **Fax:** 23 17 11-38
Internet: http://www.bayernspd.de
E-Mail: LV-Bayern@spd.de
Vorsitzende(r): Wolfgang Hoderlein (MdL)
LandesGeschF: Hans-Peter Adler
Generalsekretär(in): Susann Biedefeld

u 2 254
SPD-Landesverband Berlin
Kurt-Schumacher-Haus
Müllerstr. 163, 13353 Berlin
T: (030) 4 69 20 **Fax:** 4 69 21 64
Internet: http://www.spd-berlin.de
E-Mail: spd@spd-berlin.de
Landesvorsitzende(r): Peter Strieder
LandesGeschF: Ralf Wieland

u 2 255
SPD-Landesverband Brandenburg
Friedrich-Ebert-Str. 61, 14469 Potsdam
T: (0331) 2 80 50 57, 2 70 85 34, 29 20 30
Fax: 2 70 85 35
Internet: http://www.spd-brandenburg.de
E-Mail: info@spd-Brandenburg.de
Landesvorsitzende(r): Matthias Platzeck (Oberbürgermeister von Potsdam)
LandesgeschF: Klaus Ness

u 2 256
SPD-Landesorganisation Bremen
Findorffstr. 108, 28215 Bremen
T: (0421) 3 50 18-0 **Fax:** 37 59 55
Internet: http://www.spd-bremen.de
Landesvorsitzende(r): Detlev Albers
LandesGeschF: Roland Pahl

u 2 257
SPD-Landesorganisation Hamburg
Kurt-Schumacher-Allee 10, 20097 Hamburg
T: (040) 28 08 48-0 **Fax:** 28 08 48-18
Internet: http://www.spd-hamburg.de
E-Mail: info@spd-hamburg.de
Landesvorsitzende(r): Olaf Scholz
LandesGeschF: Werner Loewe

u 2 258
SPD-Landesverband Hessen
Postf. 52 80, 65042 Wiesbaden
Bärenstr. 4, 65183 Wiesbaden
T: (0611) 9 99 77-0 **Fax:** 9 99 77-11
Internet: http://www.hessen.spd.de
Landesvorsitzende(r): Hans Eichel (Bundesminister der Finanzen, MdL)
LandesGeschF: Jürgen Walter

u 2 259
SPD Landesverband Mecklenburg-Vorpommern
Willy Brandt Haus Schwerin
Wismarsche Str. 152, 19053 Schwerin
T: (0385) 73 19 80 **Fax:** 7 85 15 37
Internet: http://www.spd-landesverband-mv.de
E-Mail: harald.ringstorff@spd.de
Landesvorsitzende(r): Dr. Harald Ringstorff (MdL)
LandesGeschF: Thomas Krüger

u 2 260
SPD-Landesverband Niedersachsen
Odeonstr. 15-16, 30159 Hannover
T: (0511) 16 74-219 **Fax:** 1 67 42 11
Internet: http://www.spdnds.de
E-Mail: LV-Niedersachsen@spd.de
Landesvorsitzende(r): Edelgard Bulmahn
LandesGeschF: Heino Wiese

u 2 261
SPD-Landesverband Nordrhein-Westfalen
Kavalleriestr. 16, 40213 Düsseldorf
T: (0211) 1 36 22-300 **Fax:** 1 36 22-301
Internet: http://www.nrwspd.de
E-Mail: Info@nrwspd.de
Landesvorsitzende(r): Franz Müntefering
LandesGeschF: Frank-Ulrich Wessel

u 2 262
SPD-Landesverband Rheinland-Pfalz
Postf. 37 46, 55027 Mainz
Klarastr. 15A, 55116 Mainz
T: (06131) 27 06 10 **Fax:** 2 70 61 27
Internet: http://www.spd-rlp.de/lverband/index.htm
E-Mail: LV-Rheinland-Pfalz@spd.de
Landesvorsitzende(r): Kurt Beck (MdL)
LandesGeschF: Roger Lewentz (MdL)

u 2 263
SPD-Landesverband Saar
Hohenzollernstr. 45, 66117 Saarbrücken
T: (0681) 5 10 33, 5 10 34 **Fax:** 5 17 21
Internet: http://www.spd-saar.de

E-Mail: landesverband@spd-saar.de
Landesvorsitzender: Heiko Maas
Landesgeschäftsführer: Stephan Schweitzer

u 2 264
SPD-Landesverband Sachsen
Könneritzstr. 5, 01067 Dresden
T: (0351) 4 33 56-0 **Fax:** 4 33 56-62
Internet: http://www.spd-sachsen.de
E-Mail: lv-sachsen@spd.de
Landesvorsitzende(r): Constanze Krehl (MdEP)
LandesGeschF: Frank Herschmann

u 2 265
SPD-Landesverband Sachsen-Anhalt
Postf. 40 46, 39015 Magdeburg
Bürgerstr. 1, 39104 Magdeburg
T: (0391) 53 65 60 **Fax:** 5 36 56 10
Internet: http://www.spd-sachsen-anhalt.de/
E-Mail: LV.Sachsen-Anhalt@spd.de
Landesvorsitzende(r): Dr. Rüdiger Fikentscher (MdL)
LandesGeschF: Susi Möbbeck

u 2 266
SPD-Landesverband Schleswig-Holstein
Kleiner Kuhberg 28-30, 24103 Kiel
T: (0431) 90 60 60 **Fax:** 9 06 06 41
Internet: http://www.spd-schleswig-holstein.de
E-Mail: LV-Schleswig-Holstein@spd.de
Landesvorsitzende(r): Franz Thönnes
LandesGeschF: Christian Kröning

u 2 267
SPD-Landesverband Thüringen
Dalbergsweg 8, 99084 Erfurt
T: (0361) 2 28 44-0 **Fax:** 2 28 44-27
Internet: http://www.spd-thueringen.de
E-Mail: LV-Thueringen@spd.de
Landesvorsitzende(r): Christoph Matschie
LandesgeschF: Frank Schulze

● U 2 268
Jungsozialistinnen und Jungsozialisten in der SPD
Willy-Brandt-Haus
Wilhelmstr. 140, 10963 Berlin
T: (030) 2 59 91-366 **Fax:** 2 59 91-415
Internet: http://www.jusos.de
E-Mail: jusos@spd.de
Bundesvorsitzende(r): Benjamin Mikfeld (E-Mail: benjamin.mikfeld@spd.de)
BundesGeschF: Jessika Wischmeier (E-Mail: jessika.wischmeier@spd.de)
Mitglieder: 90000

● U 2 269
Arbeitsgemeinschaft Sozialdemokratischer Frauen (ASF)
SPD-Parteivorstand
Willy-Brandt-Haus
Wilhelmstr. 141, 10963 Berlin
T: (030) 2 59 91-447 **Fax:** 2 59 91-525
Internet: http://www.spd.de/asf
E-Mail: asf@spd.de
Gründung: 1972
Vorsitzende(r): Karin Junker (MdEP)
Verbandszeitschrift: Frauenthemen
Mitglieder: ca. 215000 (alle weiblichen Mitglieder der SPD)
Redaktion u. Verlag: SPD-Parteivorstand, Referat Frauen/ASF, Wilhelmstr. 141, 10963 Berlin

Landesverbände und Bezirke der ASF:

u 2 270
ASF-Landesverband Baden-Württemberg
Wilhelmsplatz 10, 70182 Stuttgart
T: (0711) 6 19 36-0 **Fax:** 6 19 36-20

u 2 271
ASF-Landesverband Bayern
Oberanger 38 II, 80331 München
T: (089) 23 17 11-0 **Fax:** 23 17 11-38

u 2 272
ASF-Landesverband Berlin
Müllerstr. 163, 13353 Berlin
T: (030) 46 92-156 (9.00 Uhr bis 13.00 Uhr) **Fax:** 46 92-166
E-Mail: asf@spd-berlin.de

u 2 273
ASF-Landesverband Brandenburg
Friedrich-Ebert-Str. 61, 14469 Potsdam
T: (0331) 29 20 30 **Fax:** 29 20 16

u 2 274
ASF-Landesorganisation Bremen
Findorffstr. 108-110, 28215 Bremen
T: (0421) 35 01 80

u 2 275
ASF-Landesorganisation Hamburg
Kurt-Schumacher-Allee 10, 20097 Hamburg
T: (040) 28 08 48 30
E-Mail: AsF@SPD-Hamburg.de

u 2 276
ASF-Landesverband Mecklenburg-Vorpommern
Wismarsche Str. 152, 19053 Schwerin
T: (0385) 7 31 98-0 **Fax:** 7 85 15 37

u 2 277
ASF-Landesverband Niedersachsen
Odeonstr. 15-16, 30159 Hannover
T: (0511) 1 67 42 12

u 2 278
ASF-Landesverband Nordrhein-Westfalen
c/o SPD-Bezirk Niederrhein
Kavalleriestr. 22 /I, 40213 Düsseldorf
T: (0211) 1 36 22-200 **Fax:** 1 36 22-201

u 2 279
ASF-Landesverband Rheinland-Pfalz
Klarastr. 15A, 55116 Mainz
T: (06131) 2 70 61-0 **Fax:** 2 70 61-27

u 2 280
ASF-Landesverband Saar
Hohenzollernstr. 45, 66117 Saarbrücken
T: (0681) 5 10 33 **Fax:** 5 17 21
E-Mail: asf@spd-saar.de

u 2 281
ASF-Landesverband Sachsen
c/o SPD-Landesverband Sachsen
Könneritzstr. 5, 01067 Dresden
T: (0351) 4 33 56 22 **Fax:** 4 33 56 62

u 2 282
ASF-Landesverband Sachsen-Anhalt
Bürgelstr. 1, 39104 Magdeburg
T: (0391) 5 36 56-0 **Fax:** 5 36 56-10

u 2 283
ASF-Landesverband Schleswig-Holstein
Kleiner Kuhberg 28-30, 24103 Kiel
T: (0431) 9 06 06-0

u 2 284
ASF-Landesverband Thüringen
Dalbergsweg 8, 99084 Erfurt
T: (0361) 2 28 44-0 **Fax:** 2 28 44-27

Kirchliche Gemeinschaften

● U 2 285
Arbeitsgemeinschaft Christlicher Kirchen in Deutschland e.V. (ACK)
Ökumenische Centrale
Ludolfusstr. 2-4, 60487 Frankfurt
T: (069) 24 70 27-0 **Fax:** 24 70 27-30
Internet: http://www.oekumene-ack.de
E-Mail: ackoec@t-online.de
Barbara Rudolf
Mitgliedskirchen: Evangelische Kirche in Deutschland (Kirchenamt der EKD); Römisch-katholische Kirche (Sekretariat der Deutschen Bischofskonferenz); Griechisch-Orthodoxe Metropolie von Deutschland; Katholisches Bistum der Alt-Katholiken in Deutschland; Bund Evangelisch-Freikirchlicher Gemeinden in Deutschland; Evangelisch-methodistische Kirche; Arbeitsgemeinschaft Mennonitischer Gemeinden in Deutschland; Europäisch-Festländische Brüder-Unität; Syrisch-Orthodoxe Kirche von Antiochien in Deutschland; Evangelisch-altreformierte Kirche in Niedersachsen; Die Heilsarmee in Deutschland; Selbständig Evangelisch-Lutheische Kirche (SELK); Russische Orthodoxe Kirche von Berlin und Deutschland; Armenische Apostolische Orthodoxe Kirche in Deutschland
Gastkirchen: Apostelamt Jesu Christi; Bund Freier evang. Gemeinden in Deutschland; Christlicher Gemeinschaftsverband Mülheim/Ruhr GmbH; Gemeinschaft der Siebenten-Tags-Adventisten
Ständige Beobachter: Religiöse Gesellschaft der Freunde (Quäker); Evangelisches Missionswerk (EMW); AG Ökumenischer Kreise in der BRD

Evangelische Kirche

● U 2 286
Evangelische Kirche in Deutschland (EKD)
Leitungsgremien der EKD
Rat
Geschäftsstelle: Kirchenamt der EKD
Postf. 21 02 20, 30402 Hannover
Herrenhäuser Str. 12, 30419 Hannover
T: (0511) 27 96-0 **Fax:** 27 96-707 (Kirchenamt), 27 96-777/-8 88 (Pressestelle)
Internet: http://www.ekd.de
E-Mail: ekd@ekd.de
Vorsitzende(r): Präses Manfred Kock, Düsseldorf
Stellvertretende(r) Vorsitzende(r): Landesbischof Volker Kreß, Dresden
Synode:
Präses: RA Dr. Jürgen Schmude
Leitung Presseabteilung: Thomas Krüger (Pressesprecher) Hannes Schoeb (stellv.)
Mitglieder: 27100000 in der Bundesrepublik Deutschland
Mitarbeiter: 170 (im Kirchenamt der EKD)
Jahresetat: DM 382,6 Mio, € 195,62 Mio

u 2 287
Evangelische Kirche in Deutschland Kirchenkonferenz
Geschäftsstelle: Kirchenamt der EKD
Postf. 21 02 20, 30402 Hannover
Herrenhäuser Str. 12, 30419 Hannover
T: (0511) 27 96-0 **Fax:** 27 96-7 07
Internet: http://www.ekd.de
E-Mail: ekd@ekd.de
Leiter(in): Vors. des Rates der EKD

Amtsstelle der EKD

u 2 288
Evangelische Kirche in Deutschland Kirchenamt
Postf. 21 02 20, 30402 Hannover
Herrenhäuser Str. 12, 30419 Hannover
T: (0511) 27 96-0 **Fax:** 27 96-707
Internet: http://www.ekd.de
E-Mail: ekd@ekd.de
Präsident(in): Valentin Schmidt
Hauptabteilung I
Recht und Verwaltung Ltg.: Valentin Schmidt
Hauptabteilung II
Theologie und öffentl. Verantwortung Ltg.: Vizepräsident Dr. Hermann Barth
Hauptabteilung III
Ökumene und Auslandsarbeit Ltg.: Bischof Dr.h.c. Rolf Koppe

u 2 289
Evangelische Kirche in Deutschland Referat Kriegsdienstverweigerer und Zivildienst
Geschäftsstelle:
Kirchenamt der EKD
Postf. 21 02 20, 30402 Hannover
Herrenhäuser Str. 12, 30419 Hannover
T: (0511) 27 96-0 **Fax:** 27 96-707
Oberkirchenrat: Wolfgang Wild

u 2 290
Bevollmächtigter des Rates der EKD bei der Bundesrepublik Deutschland und der Europäischen Gemeinschaft
Charlottenstr. 53, 10117 Berlin
T: (030) 2 03 55-0 **Fax:** 2 03 55-100
Internet: http://www.ekd.de/ekd/bevollm.html
E-Mail: ekd@ekd-berlin.de
Prälat: Dr. Stephan Reimers

u 2 291
Beauftragter der EKD für den Datenschutz IKR
Charlottenstr. 53, 10117 Berlin
T: (030) 2 03 55-0 **Fax:** 2 03 55-100
E-Mail: detlef.rueckert@ekd-berlin.de

u 2 292
Evangelische Kirche in Deutschland Oberrechnungsamt
Postf. 21 02 20, 30402 Hannover
Herrenhäuser Str. 12, 30419 Hannover
T: (0511) 27 96-0 **Fax:** 27 96-7 07
Leiter(in): OKR Dr. Hans-Günter Vogt

u 2 293
Evangelische Kirche in Deutschland Rundfunkbeauftragte
Postf. 50 05 50, 60394 Frankfurt
Emil-von-Behring-Str. 3, 60439 Frankfurt
T: (069) 58 09 80 **Fax:** 5 80 98-1 00
Leiter(in): Pastor Bernd Merz

u 2 294
Evangelische Kirche in Deutschland Sportpfarrer
Postf. 21 02 20, 30402 Hannover
Herrenhäuser Str. 12, 30419 Hannover
T: (0511) 27 96-0 **Fax:** 27 96-7 07
Leiter(in): Pfarrer Klaus-Peter Weinhold

Gliedkirchen der EKD

u 2 295
Evangelische Landeskirche Anhalts
Friedrichstr. 22-24, 06844 Dessau
T: (0340) 25 26-0 **Fax:** 25 26-130
Internet: http://www.landeskirche-anhalts.de
E-Mail: lkanhalt-presse@t-online.de
Landeskirchenamt: Kirchenpräs. Helge Klassohn

u 2 296
Evangelische Landeskirche in Baden
Blumenstr. 1-7, 76133 Karlsruhe
T: (0721) 91 75-0 **Fax:** 91 75-550
Internet: http://www.ekiba.de
E-Mail: webmaster@ekiba.de
Evang. Oberkirchenrat: Landesbischof Dr. Ulrich Fischer

u 2 297
Evangelisch-Lutherische Kirche in Bayern
Meiserstr. 11-13, 80333 München
T: (089) 55 95-0 **Fax:** 55 95-444
Internet: http://www.bayern-evangelisch.de
E-Mail: rickerl@elkb.de
Landeskirchenamt: Landesbischof Dr. Johannes Friedrich

u 2 298
Evangelische Kirche in Berlin-Brandenburg
Georgenkirchstr. 69 /70, 10249 Berlin
T: (030) 2 43 44-0 (Kirchenleitung und Konsistorium), 2 43 44-528 (Geschäftsstelle) **Fax:** 2 43 44-500
Internet: http://www.ekibb.de
E-Mail: kirche@ekibb.com
Landeskirchenamt: Bischof Prof. Dr. Wolfgang Huber

u 2 299
Evangelisch-lutherische Landeskirche in Braunschweig
Dietrich-Bonhoeffer-Str. 1, 38300 Wolfenbüttel
T: (05331) 8 02-0 **Fax:** 8 02-700
Internet: http://www.luth-braunschweig.de
E-Mail: webmaster@luth-braunschweig.de
Landeskirchenamt: Landesbischof Christian Krause

u 2 300
Bremische Evangelische Kirche
Haus der Kirche
Franziuseck 2-4, 28199 Bremen
T: (0421) 55 97-0 **Fax:** 55 97-265
Internet: http://www.bremen.de/info/bek/
E-Mail: bek@magicvillage.de
Kirchenausschuß: Präsidentin Brigitte Boehme
Kirchenkanzlei: Dr. Johann Daniel Noltenius

u 2 301
Evangelisch-lutherische Landeskirche Hannovers
Rote Reihe 6, 30169 Hannover
T: (0511) 12 41-0 **Fax:** 12 41-266
Internet: http://www.evlka.de
E-Mail: ips.hannover@evlka.de
Landeskirchenamt: Landesbischöfin Dr. Margot Käßmann

u 2 302

Evangelische Kirche in Hessen und Nassau
Paulusplatz 1, 64285 Darmstadt
T: (06151) 4 05-0   **Fax:** 4 05-440
Internet: http://www.ekhn.de
E-Mail: info@ekhn.de
Kirchenverwaltung: Kirchenpräs. Prof. Dr. Peter Steinacker

u 2 303

Evangelische Kirche von Kurhessen-Waldeck
Haus der Kirche
Wilhelmshöher Allee 330, 34131 Kassel
T: (0561) 93 78-0   **Fax:** 93 78-400
Internet: http://www.ekkw.de
E-Mail: landeskirchenamt@ekkw.de
Landeskirchenamt: Bischof Dr. Martin Hein

u 2 304

Lippische Landeskirche
Leopoldstr. 27, 32756 Detmold
T: (05231) 9 76 60   **Fax:** 97 68 50
Internet: http://www.lippische-landeskirche.de
E-Mail: oeff@lippische-landeskirche.de
Landeskirchenamt: Landessuperintendent Gerrit Noltensmeier

u 2 305

Evangelisch-Lutherische Landeskirche Mecklenburgs
Oberkirchenrat
Münzstr. 8-10, 19055 Schwerin
T: (0385) 5 18 50   **Fax:** 51 85-1 70
Internet: http://www.kirche-mv.de
E-Mail: okr@ellm.de
Landesbischof: Hermann Beste

u 2 306

Nordelbische Evangelisch-Lutherische Kirche
Dänische Str. 21-35, 24103 Kiel
T: (0431) 97 97-5   **Fax:** 97 97-999
Internet: http://www.nordelbien.de
E-Mail: nordelbien@t-online.de
Nordelbisches Kirchenamt: Bischöfin Bärbel Wartenberg-Potter
Bischöfin Maria Jepsen
Bischof Dr. Hans-Christian Knuth

u 2 307

Evangelisch-Lutherische Kirche in Oldenburg
Philosophenweg 1, 26121 Oldenburg
T: (0441) 77 01-0   **Fax:** 77 01-299
Internet: http://www.ev-kirche-oldenburg.de
E-Mail: ips@ev-kirche-oldenburg.de
Oberkirchenrat: Bischof Peter Krug

u 2 308

Evangelische Kirche der Pfalz
Domplatz 5, 67346 Speyer
T: (06232) 6 67-0   **Fax:** 6 67-246
Internet: http://www.evpfalz.de
E-Mail: presse-funk-lkr@t-online.de
Landeskirchenrat: Kirchenpräsident Eberhard Cherdron

u 2 309

Pommersche Evangelische Kirche
Bahnhofstr. 35-36, 17489 Greifswald
T: (03834) 55 46   **Fax:** 5 54-799
Internet: http://www.kirche-mv.de
E-Mail: pek-pressestelle@t-online.de
Konsistorium: Bischof Eduard Berger

u 2 310

Evangelisch-reformierte Kirche
(Synode ev.-ref. Kirchen in Bayern und Nordwestdeutschland) - Synodalrat -
Saarstr. 6, 26789 Leer
T: (0491) 9 19 80   **Fax:** 91 98-2 51
Internet: http://www.reformiert.de
E-Mail: info@reformiert.de
Präses: Präses Hinnerk Schröder
Landessuperintendent: Walter Herrenbrück
Präsident(in): Ernst-Joachim Pagenstecher

u 2 311

Evangelische Kirche im Rheinland
Hans-Böckler-Str. 7, 40476 Düsseldorf
T: (0211) 45 62-1   **Fax:** 45 62-444
Internet: http://www.ekir.de
E-Mail: pressestelle@ekir.de
Landeskirchenamt: Präses Manfred Kock

u 2 312

Evangelische Kirche der Kirchenprovinz Sachsen
Postf. 14 24, 39004 Magdeburg
Am Dom 2, 39104 Magdeburg
T: (0391) 5 34 60   **Fax:** 5 34 61 11
Internet: http://www.ekd.de/kps
E-Mail: presse@ekkps.de
Evangelisches Konsistorium: Bischof Axel Noack

u 2 313

Evangelisch-Lutherische Landeskirche Sachsens
Bischofskanzlei
Tauscherstr. 44, 01277 Dresden
T: (0351) 3 10 57 24   **Fax:** 3 40 02 81
Internet: http://www.landeskirche-sachsen.de
E-Mail: kirche@evlks.de
Landesbischof: Volker Kreß

u 2 314

Evangelisch Lutherische Landeskirche Schaumburg-Lippe
Herderstr. 27, 31675 Bückeburg
T: (05722) 9 60-0   **Fax:** 9 60-10
Internet: http://www.ekd.de/kirche/schaum.html
E-Mail: lka-bueckeburg@t-online.de
Landeskirchenamt: Landesbischof Heinrich Herrmanns

u 2 315

Evangelische Kirche der schlesischen Oberlausitz
Schlaurother Str. 11, 02827 Görlitz
T: (03581) 7 44-0   **Fax:** 7 44-299
E-Mail: eksol@t-online.de
Konsistorium: Bischof Klaus Wollenweber

u 2 316

Evangelisch-Lutherische Kirche in Thüringen
Dr.-Moritz-Mitzenheim-Str. 2a, 99817 Eisenach
T: (03691) 6 78-99   **Fax:** 6 78-355
Internet: http://www.elkth.de
E-Mail: landeskirchenamt@elkth.de
Landeskirchenrat: Landesbischof Roland Hoffmann

u 2 317

Evangelische Kirche von Westfalen
Postf. 10 10 51, 33510 Bielefeld
Altstädter Kirchplatz 5, 33602 Bielefeld
T: (0521) 5 94-0   **Fax:** 5 94-129
Internet: http://www.ekvw.de
E-Mail: landeskirchenamt@lka.ekvw.de
Vorsitzende(r): Präses Manfred Sorg

u 2 318

Evangelische Landeskirche in Württemberg
Gänsheidestr. 4, 70184 Stuttgart
T: (0711) 21 49-0   **Fax:** 21 49-236
Internet: http://www.elk-wue.de
E-Mail: komm.emh@elk-wue.de
Evang. Oberkirchenrat: Dr. Gerhard Maier

Der EKD angeschlossene Gemeinschaften

u 2 319

Evangelische Brüder-Unität Herrnhuter Brüdergemeine
Direktion
Unitätshaus
Badwasen 6, 73087 Bad Boll
T: (07164) 94 21-0   **Fax:** 94 21-99
Internet: http://www.ebu.de
E-Mail: brueder-unitaet@bb.ebu.de

u 2 320

Bund Evangelisch-reformierter Kirchen in der Bundesrepublik Deutschland
Wendentorwall 20, 38100 Braunschweig
T: (0531) 4 54 36

Zusammenschlüsse innerhalb der EKD

u 2 321

Vereinigte Evangelisch-Lutherische Kirche Deutschlands (VELKD)
Postf. 51 04 09, 30634 Hannover
Richard-Wagner-Str. 26, 30177 Hannover
T: (0511) 6 26 11   **Fax:** 6 26 12 11
Leitender Bischof: Landesbischof Hans Christian Knuth

u 2 322

Lutherisches Kirchenamt der VELKD (Lutherisches Kirchenamt)
Postf. 51 04 09, 30634 Hannover
Richard-Wagner-Str. 26, 30177 Hannover
T: (0511) 6 26 11   **Fax:** 6 26 12 11
E-Mail: zentrale@velkd.de
Leiter(in): Präsident Dr. Friedrich Hauschildt
Pressestelle: Udo Hahn
Verbandszeitschrift: VELKD-Informationen

u 2 323

Evangelische Kirche der Union (EKU)
Jebensstr. 3, 10623 Berlin
T: (030) 3 10 01-0   **Fax:** 3 10 01-200
Internet: http://www.eku-online.de
E-Mail: postfach@eku-online.de
Vors. d. Rates: Kirchenpräsident Helge Klassohn
Leiter der Kirchenkanzlei: Präsident Dr. Wilhelm Hüffmeier, Berlin

u 2 324

Arnoldshainer Konferenz
Geschäftsstelle
Jebensstr. 3, 10623 Berlin
T: (030) 3 10 01-0   **Fax:** 3 10 01-2 00

Mitarbeitende Kirchenleitungen:
Evangelische Landeskirche Anhalts; Evangelische Landeskirche in Baden; Evangelische Kirche in Berlin-Brandenburg; Bremische Evangelische Kirche; Evangelische Kirche der schlesischen Oberlausitz; Evangelische Kirche in Hessen und Nassau; Evangelische Kirche von Kurhessen-Waldeck; Lippische Landeskirche; Evangelisch-reformierte Kirche; Evangelisch-Lutherische Kirche in Oldenburg; Evangelische Kirche der Pfalz; Pommersche Evangelische Kirche; Evangelische Kirche im Rheinland; Evangelische Kirche der Kirchenprovinz Sachsen; Evangelische Kirche von Westfalen; Evangelische Kirche der Union (EKU)

u 2 325

Konföderation evangelischer Kirchen in Niedersachsen
Geschäftsstelle
Rote Reihe 6, 30169 Hannover
T: (0511) 1 24 13 31
Vors. d. Rates: Landesbischöfin Dr. Margot Käßmann, Hannover
Geschäftsführer(in): OLKR Jörg-Holger Behrens, Hannover

Gliedkirchen:
Evangelisch-lutherische Landeskirche Hannovers; Evangelisch-lutherische Landeskirche in Braunschweig; Evangelisch-Lutherische Kirche in Oldenburg; Evangelisch-Reformierte Kirche (Synode ev.-ref. Kirchen in Bayern und Nordwestdeutschland); Evangelisch-Lutherische Landeskirche Schaumburg-Lippe

Militär-, Grenzschutz- und Polizeiseelsorge

u 2 326

Militärseelsorge:
Fritz-Erler-Str. 4, 53113 Bonn
T: (0228) 3 67 74-0   **Fax:** 3 67 74-55
Internet: http://www.militaerseelsorge.de
E-Mail: militaerseelsorge@ekd.de
Evangelischer Militärbischof: Bischof Dr. Hartmut Löwe

u 2 327

Evangelisches Kirchenamt für die Bundeswehr
Argelanderstr. 105, 53115 Bonn
T: (0228) 9 47-8   **Fax:** 9 47-2185
Leiter(in): Militärgeneraldekan Erhard Knauer

u 2 328

Der Beauftragte für die evangelische Grenzschutzseelsorge
c/o Pommersche Evangelische Kirche
Bahnhofstr. 35-36, 17489 Greifswald
T: (03834) 55 46   **Fax:** 5 54-799
Beauftragter für die evangelische Grenzschutzseelsorge:
Bischof Eduard Berger

u 2 329

Evangelischer Grenzschutzdekan
Graf-Bernadotte-Platz 5, 34119 Kassel
T: (0561) 93 67-380   **Fax:** 93 67-383
Leiter(in): Peter Jentsch

u 2 330
Polizeiseelsorge der EKD
Konferenz evangelischer Polizeipfarrer
Geschäftsstelle
Postf. 41 02 60, 34064 Kassel
T: (0561) 93 78-358 **Fax:** 93 78-409
Internet: http://www.polizeiseelsorge.de
E-Mail: kurt.gruetzner@t-online.de
Vorsitzende(r): Pfarrer Kurt Grützner

Werke und Institute in der EKD

u 2 331
Diakonisches Werk der Evangelischen Kirche in Deutschland e.V. (EKD)
Hauptgeschäftsstelle
Postf. 10 11 42, 70010 Stuttgart
Stafflenbergstr. 76, 70184 Stuttgart
T: (0711) 21 59-0 **Fax:** 21 59-288
TGR: Diakonie Stuttgart
Internet: http://www.diakonie.de
E-Mail: diakonie@diakonie.de
Gründung: 1975
Leiter(in): Präsident Jürgen Gohde
Mitglieder: 24 regionale Werke, 9 Freikirchen, ca. 90 Fachverbände
Mitarbeiter: rd. 402000 hauptamtl.; 400 000 ehrenamtl.

u 2 332
Gemeinschaftswerk der Evangelischen Publizistik (GEP) gGmbH
Postf. 50 05 50, 60394 Frankfurt
Emil-von-Behring-Str. 3, 60439 Frankfurt
T: (069) 5 80 98-0 **Fax:** 5 80 98-100
Internet: http://www.gep.de
E-Mail: info@gep.de
Direktor(in): Hans Norbert Janowski

u 2 333
Evangelisches Missionswerk in Deutschland e.V. (EMW)
Normannenweg 17-21, 20537 Hamburg
T: (040) 2 54 56-0 **Fax:** 2 54 29 87
Internet: http://www.emw-d.de
E-Mail: webmaster@emw-d.de
Direktor(in): Herbert Meißner

u 2 334
Evangelisches Zentralarchiv in Berlin
Jebensstr. 3, 10623 Berlin
T: (030) 3 10 01-1 07 **Fax:** 3 10 01-2 00
Internet: http://www.ezab.de
E-Mail: archiv@ezab.de
Leiter(in): Dr. Hartmut Sander

u 2 335
Kirchenrechtliches Institut der EKD
Goßlerstr. 11, 37073 Göttingen
T: (0551) 5 77 11

u 2 336
Evangelische Zentralstelle für Weltanschauungsfragen (EZW)
Auguststr. 80, 10117 Berlin
T: (030) 2 83 95-190 **Fax:** 2 83 95-150
Internet: http://www.ezw-berlin.de
E-Mail: info@ezw-berlin.de

u 2 337
Sozialwissenschaftliches Institut der Evangelischen Kirche in Deutschland
Postf. 25 05 63, 44743 Bochum
Querenburger Höhe 294, 44801 Bochum
T: (0234) 7 09 92 60 **Fax:** 7 09 92 77
E-Mail: swi-ekd-bochum@tmr-online.de

u 2 338
Institut für Kirchenbau und kirchliche Kunst der Gegenwart in der Philipps-Universität Marburg
Am Plan 3, 35037 Marburg
T: (06421) 2 31 43
Direktor(in): Prof.Dr. Horst Schwebel

u 2 339
Evangelische Arbeitsstelle Fernstudium für kirchliche Dienste
Herrenhäuser Str. 12, 30419 Hannover
T: (0511) 27 96-0 **Fax:** 27 96-707

● U 2 340
Konferenz der Leiter der kirchlichen und der staatlichen Ausbildungsstätten für Kirchenmusik und der Landeskirchenmusikdirektoren in der Ev. Kirche in Deutschland (EKD)
c/o Amt für Kirchenmusik
Gänsheidestr. 4, 70184 Stuttgart
T: (0711) 21 49-524 **Fax:** 21 49-9524
Gründung: 1949
Präsident(in): LKMD Siegfried Bauer (Gänsheidestr. 4, 70184 Stuttgart, T: (0711) 21 49-524)
Vizepräsident(in): KMD Prof. Dr. Dr.h.c. Christfried Brödel
Mitglieder: 62

Römisch-Katholische Kirche

● U 2 341
Deutsche Bischofskonferenz
Sekretariat der Deutschen Bischofskonferenz
Postf. 29 62, 53019 Bonn
Kaiserstr. 163, 53113 Bonn
T: (0228) 1 03-290 **Fax:** 1 03-299
E-Mail: sekretariat@dbk.de
Vorsitzende(r): Bischof Dr. Dr. Karl Lehmann
Sekr.: P. Dr. Hans Langendörfer (SJ)
Stellv. Sekr.: Dr. Rainer Ilgner
Leitung Presseabteilung: Dr. Rudolf Hammerschmidt (pressestelle@dbk.de)

u 2 342
Zentralstelle Pastoral der Deutschen Bischofskonferenz
Postf. 29 62, 53019 Bonn
Kaiserstr. 163, 53113 Bonn
T: (0228) 1 03-0, 1 03-222 **Fax:** 1 03-334
E-Mail: zspastoral@dbk.de
Leiter(in): P. Dr. Manfred Entrich (OP)

u 2 343
Zentralstelle Bildung der Deutschen Bischofskonferenz
Postf. 29 62, 53019 Bonn
Kaiserstr. 163, 53113 Bonn
T: (0228) 1 03-246, 1 03-247 **Fax:** 1 03-201
E-Mail: zsbildung@dbk.de
Leiter(in): Dr. Eckhard Nordhofen

u 2 344
Zentralstelle Medien der Deutschen Bischofskonferenz
Postf. 29 62, 53019 Bonn
Kaiserstr. 163, 53113 Bonn
T: (0228) 1 03-239, 1 03-240 **Fax:** 1 03-329
E-Mail: ZSMedien@dbk.de
Leiter(in): Dr. Reinhold Jacobi

u 2 345
Zentralstelle Weltkirche der Deutschen Bischofskonferenz
Postf. 29 62, 53019 Bonn
Kaiserstr. 163, 53113 Bonn
T: (0228) 1 03-284 **Fax:** 1 03-335
E-Mail: zsweltkirche@dbk.de
Leiter(in): P. Gerhard Mockenhaupt (MSF)

u 2 346
Zentralstelle für gesellschaftliche und soziale Fragen
Kaiser-Friedrich-Str. 9, 53113 Bonn
T: (0228) 2 49 98-31 **Fax:** 26 15 63
E-Mail: zsgesellschaft@t-online.de
Leiter(in): Dr. Matthias Meyer

(Erz) Bistümer

u 2 347
BISTUM AACHEN
Bischöfliches Generalvikariat
Postf. 2 10, 52003 Aachen
Klosterplatz 7, 52062 Aachen
T: (0241) 45 20 **Fax:** 45 24 96
Bischof: Dr. Heinrich Mussinghoff

u 2 348
BISTUM AUGSBURG
Bischöfliches Ordinariat
Fronhof 4, 86152 Augsburg
T: (0821) 31 66-0 **Fax:** 31 66-3 11
Bischof: Dr. Viktor Josef Dammertz (OSB)

u 2 349
ERZBISTUM BAMBERG
Erzbischöfliches Ordinariat
Postf. 10 02 61, 96054 Bamberg
Domplatz 3, 96049 Bamberg
T: (0951) 5 02-0 **Fax:** 5 02-271
Erzbischof: Dr. Karl Braun

u 2 350
ERZBISTUM BERLIN
Erzbischöfliches Ordinariat
Postf. 19 15 60, 14005 Berlin
Wundtstr. 48-50, 14057 Berlin
T: (030) 3 26 84-0 **Fax:** 3 26 84-193
Erzbischof: Georg Kardinal Sterzinsky

u 2 351
BISTUM DRESDEN-MEISSEN
Bischöfliches Ordinariat
Postf. 53 01 52, 01291 Dresden
Käthe-Kollwitz-Ufer 84, 01309 Dresden
T: (0351) 33 64-6 **Fax:** 33 64-791
Bischof: Joachim Reinelt

u 2 352
BISTUM EICHSTÄTT
Bischöfliches Ordinariat
Postf. 1354, 85067 Eichstätt
Leonrodplatz 4, 85072 Eichstätt
T: (08421) 50-0 **Fax:** 5 02 09
Bischof: Dr. Walter Mixa

u 2 353
BISTUM ERFURT
Bischöfliches Ordinariat
Herrmannsplatz 9, 99084 Erfurt
T: (0361) 65 72-0 **Fax:** 65 72-444
Bischof: Dr. Joachim Wanke

u 2 354
BISTUM ESSEN
Bischöfliches Generalvikariat
Postf. 10 04 64, 45004 Essen
Zwölfling 16, 45127 Essen
T: (0201) 22 04-1 **Fax:** 22 04-5 70
Internet: http://www.bistum-essen.de
E-Mail: BistumEssen@t-online.de
Bischof: Dr. Hubert Luthe

u 2 355
ERZBISTUM FREIBURG
Erzbischöfliches Ordinariat
Postanschrift:
79095 Freiburg
Herrenstr. 35, 79098 Freiburg
T: (0761) 21 88-1 **Fax:** 21 88-599
Erzbischof: Dr. Oskar Saier

u 2 356
BISTUM FULDA
Bischöfliches Generalvikariat
Postf. 1 47, 36001 Fulda
Paulustor 5, 36037 Fulda
T: (0661) 87-0 **Fax:** 87-578
Bischof: N.N.

u 2 357
BISTUM GÖRLITZ
Bischöfliches Ordinariat Görlitz
Postf. 30 09 43, 02814 Görlitz
Carl-von-Ossietzky-Str. 41 /43, 02826 Görlitz
T: (03581) 47 82-0 **Fax:** 47 82-12
Bischof: Rudolf Müller

u 2 358
ERZBISTUM Hamburg
Erzbischöfliches Generalvikariat
Postf. 10 19 25, 20013 Hamburg
Danziger Str. 52a, 20099 Hamburg
T: (040) 2 48 77-0 **Fax:** 2 48 77-233
Erzbischof: Dr. Ludwig Averkamp

u 2 359

BISTUM HILDESHEIM
Bischöfliches Generalvikariat
Postf. 10 02 63, 31102 Hildesheim
Domhof 18-21, 31134 Hildesheim
T: (05121) 3 07-0 **Fax:** 3 07-4 88
Bischof: Dr. Josef Homeyer

u 2 360

ERZBISTUM KÖLN
Erzbischöfliches Generalvikariat
Postanschrift:
50606 Köln
Marzellenstr. 32, 50668 Köln
T: (0221) 16 42-0 **Fax:** 16 42-1700
E-Mail: info@erzbistum-koeln.de
Erzbischof: Kardinal Joachim Meisner
Generalvikar: Dr. h.c. Norbert Feldhoff
Leitung Presseamt: Dr. Manfred Becker-Huberti
(presse@erzbistum-koeln.de)

u 2 361

BISTUM LIMBURG
Bischöfliches Ordinariat
Postf. 13 55, 65533 Limburg
Roßmarkt 4, 65549 Limburg
T: (06431) 2 95-0 **Fax:** 2 95-476
Bischof: Dr. Franz Kamphaus

u 2 362

BISTUM MAGDEBURG
Bischöfliches Ordinariat
Max-Josef-Metzger-Str. 1, 39104 Magdeburg
T: (0391) 59 61-0 **Fax:** 59 61-100
Bischof: Leopold Nowak

u 2 363

BISTUM MAINZ
Bischöfliches Ordinariat
Postf. 15 60, 55005 Mainz
Bischofsplatz 2, 55116 Mainz
T: (06131) 2 53-0 **Fax:** 2 53-401
Bischof: Dr.Dr. Karl Lehmann

u 2 364

ERZBISTUM MÜNCHEN UND FREISING
Erzbischöfliches Ordinariat
Postf. 330360, 80063 München
Rochusstr. 5, 80333 München
T: (089) 21 37-0 **Fax:** 21 37-1585
Erzbischof: Kardinal Friedrich Wetter

u 2 365

BISTUM MÜNSTER
Bischöfliches Generalvikariat
48135 Münster
Domplatz 27, 48143 Münster
T: (0251) 4 95-0
Bischof: Dr. Reinhard Lettmann

u 2 366

BISTUM OSNABRÜCK
Bischöfliches Generalvikariat
Postf. 13 80, 49003 Osnabrück
Hasestr. 40, 49074 Osnabrück
T: (0541) 3 18-0 **Fax:** 3 18-117
Bischof: Dr. Franz-Josef Bode

u 2 367

ERZBISTUM PADERBORN
Erzbischöfliches Generalvikariat
Postf. 14 80, 33044 Paderborn
Domplatz 3, 33098 Paderborn
T: (05251) 1 25-0 **Fax:** 1 25-470
Erzbischof: Dr. Johannes Joachim Degenhardt

u 2 368

BISTUM PASSAU
Bischöfliches Ordinariat
Residenzplatz 8, 94032 Passau
T: (0851) 3 93-0 **Fax:** 3 93-830
Bischof: Dr.h.c. Franz Xaver Eder

u 2 369

BISTUM REGENSBURG
Bischöfliches Ordinariat
93043 Regensburg
Niedermünstergasse 1, 93047 Regensburg
T: (0941) 5 97-01 **Fax:** 5 97-1055
Bischof: Manfred Müller

u 2 370

BISTUM ROTTENBURG-STUTTGART
Bischöfliches Ordinariat
Postf. 9, 72101 Rottenburg
Eugen-Bolz-Platz 1, 72108 Rottenburg
T: (07472) 1 69-0 **Fax:** 1 69-561
Bischof: Gebhard Fürst

u 2 371

BISTUM SPEYER
Bischöfliches Ordinariat
67343 Speyer
Kleine Pfaffengasse 16, 67346 Speyer
T: (06232) 1 02-0 **Fax:** 1 02-300
Bischof: Dr. Anton Schlembach

u 2 372

BISTUM TRIER
Bischöfliches Generalvikariat
Postf. 13 40, 54203 Trier
Hinter dem Dom 6, 54290 Trier
T: (0651) 71 05-0 **Fax:** 71 05-498
Bischof: Dr. Hermann Josef Spital

u 2 373

BISTUM WÜRZBURG
Bischöfliches Ordinariat
97067 Würzburg
Domerschulstr. 2, 97070 Würzburg
T: (0931) 3 86-1 **Fax:** 3 86-334
Bischof: Dr. Paul-Werner Scheele

● U 2 374

Deutsche Gesellschaft für christliche Kunst e.V.
Wittelsbacherplatz 2, 80333 München
T: (089) 28 25 48 **Fax:** 28 86 45
Gründung: 1893 (4. Januar)
1. Präs: Dr. Jürgen Lenssen
2. Präs: Ugo Dossi
3. Präs: Dr. Barbara Rollmann-Borretty
Mitglieder: 600
Mitarbeiter: 2
Jahresetat: DM 0,20 Mio, € 0,1 Mio

● U 2 375

Katholische Akademikerarbeit Deutschlands e.V. (KAD)
Rüsternhagen 14, 44869 Bochum
Gründung: 1913
Präsident(in): Dipl.-Vw. Erich Hasselkuss, Bochum
Vizepräsident(in): Stadtarchivdir. Dr. Wolfgang Löhr, Mönchengladbach
Stadtrat a.D. Bernhard Mihm, Frankfurt/M.
Generalsekretär(in): Beig. a.D. Urban Zinser, Bonn
Verbandszeitschrift: RENOVATIO
Redaktion: Bendenweg 101, 53121 Bonn
Verlag: Ernst Knoth GmbH, Postf. 2 26, 49303 Melle
Mitglieder: 90000
Mitarbeiter: 4

● U 2 376

Publizistische Kommission der Deutschen Bischofskonferenz
Postf. 29 62, 53019 Bonn
Kaiserstr. 163, 53113 Bonn
T: (0228) 10 32 39 **Fax:** 10 33 29
E-Mail: ZSMedien@dbk.de
Vorsitzende(r): N. N.
Sekretär: Dr. Reinhold Jacobi, Bonn

● U 2 377

Zentralstelle Medien der Deutschen Bischofskonferenz
Postf. 29 62, 53019 Bonn
Kaiserstr. 163, 53113 Bonn
T: (0228) 1 03-239, 1 03-240 **Fax:** 1 03-329
E-Mail: ZSMedien@dbk.de
Leiter(in): Dr. Reinhold Jacobi
Referat Grundsatzfragen:
N. N.
Referat Presse u. Verlagswesen:
Matthias Kopp
Referat Hörfunk u. Fernsehen:
Dr. David Hober
Referat Film:
Dr. Peter Hasenberg
Referat AV-Medien:
J. Karsten Henning
Referat Kommunikationspädagogik:
Dr. Hella Tompert

● U 2 378

Katholische Sozialethische Arbeitsstelle e.V. (KSA)
Ostenallee 80, 59071 Hamm
T: (02381) 9 80 20-0 **Fax:** 9 80 20-99
Internet: http://www.ksa-hamm.de
E-Mail: ksa-hamm@t-online.de
Vorsitzende(r): Klaus-Jürgen Reinbold
Stellvertretende(r) Vorsitzende(r): Winfried Schwingenheuer
Geschäftsführer(in): Thomas Becker

● U 2 379

Zentralkomitee der deutschen Katholiken (ZdK)
Hochkreuzallee 246, 53175 Bonn
T: (0228) 38 29 70 **Fax:** 3 82 97 44
Gründung: 1868
Präsident(in): Prof. Dr. Hans Joachim Meyer
Generalsekretär(in): Dr. Stefan Vesper
Leitung Presseabteilung: Theodor Bolzenius
Verbandszeitschrift: Salzkörner
Redaktion: Theodor Bolzenius, Paul Halbe

Alt-Katholische Kirche

● U 2 380

Katholisches Bistum der Alt-Katholiken in Deutschland
Gregor-Mendel-Str. 28, 53115 Bonn
T: (0228) 23 22 85 **Fax:** 23 83 14
Internet: http://www.alt-katholisch.de
E-Mail: ordinariat@alt-katholisch.de
Bischof: Joachim Vobbe
Generalvikar: Hans-Werner Schlenzig

u 2 381

Landessynodalrat Baden-Württemberg
Mittelläckerring 47a, 76532 Baden-Baden
T: (07221) 5 34 28 **Fax:** 5 34 27
1. Vorsitzende(r): Pfr. Hans Vogt

u 2 382

Landessynodalrat der Alt-Kath. Kirche in Bayern
Industriestr. 47, 90537 Feucht
T: (09128) 92 04 20 **Fax:** 92 04 22
E-Mail: alt-kath.kirche@frankenline.com
Präsident(in): Raimund Caser

u 2 383

Landessynodalrat der Alt-Katholischen Kirche in Hessen
Lämmerspieler Str. 46, 63179 Obertshausen
T: (06104) 79 79 14
1. Vorsitzende(r): Osvaldo Ghezzi

u 2 384

Alt-Katholisches Dekanat Mitte/Ost
Albrechtstr. 72A, 12167 Berlin
T: (030) 7 96 22 50 **Fax:** 7 96 22 50
Internet: http://www.alt-katholisch.de
E-Mail: berlin@alt-katholisch.de
Dekan: Pfarrer Johannes Urbisch

u 2 385

Gemeindeverband Rheinland-Pfalz
Lessingstr. 1a, 76135 Karlsruhe
T: (0721) 84 33 93 **Fax:** 9 85 11 30
1. Vorsitzende(r): Pfr. Reinhold Lampe

● U 2 386

Alt-Katholische Diakonie in Deutschland e.V.
-Geschäftsstelle-
Stifterstr. 15, 97941 Tauberbischofsheim
T: (09341) 60 03 39 **Fax:** 60 03 40
Internet: http://www.alt-kath-diakonie.de
E-Mail: diakonie@alt-katholisch.de
Gründung: 1987
Vorstand:
1. Vorsitzende(r): Diakon Diethard Schwarz, Tauberbischofsheim
2. Vorsitzende(r): Dorothea Nargang, Landau
Schatzmeister(in): Walter Nargang, Landau
Schriftführer(in): Diakon Michael Weiße, Stuttgart
Mitglied des Vorstandes: Pastor Georg Blase, Bottrop
Verbandszeitschrift: Diakonie-Brief

Jüdische Religionsgemeinschaft

● **U 2 387**
Zentralrat der Juden in Deutschland K.d.ö.R.
Leo-Baeck-Haus
Tucholskystr. 9, 10117 Berlin
T: (030) 28 44 56-0 **Fax:** 28 44 56-13
E-Mail: info@zentralratdjuden.de
Präsident(in): Paul Spiegel
Vizepräsident(in): Charlotte Knobloch
Dr. Michel Friedmann
Geschäftsführer(in): Stephan J. Kramer
Mitgl.d.Dir.: Vertr. d. regionalen Verbände (Landesverbände d. Jüd. Gemeinden)
Verbandszeitschrift: Allgemeine Jüdische Wochenzeitung
Landesverbände: 20

u 2 388
Jüdische Gemeinde zu Berlin
Oranienburger Str. 28, 10117 Berlin
T: (030) 8 80 28-232 **Fax:** 8 80 28-250
Vorsitzende(r): Andreas Nachama

u 2 389
Jüdische Gemeinde im Lande Bremen K.d.ö.R.
Schwachhauser Heerstr. 117, 28211 Bremen
T: (0421) 4 98 51 04 **Fax:** 4 98 49 44
Vorsitzende(r): Elvira Noa

u 2 390
Landesverband der Jüdischen Gemeinden von Westfalen-Lippe
Prinz-Friedrich-Karl-Str. 12, 44135 Dortmund
T: (0231) 5 28 49-5 **Fax:** 5 86 03 72
E-Mail: lvjuedwest@aol.com
Gründung: 1946
Vorsitzende(r): Hanna Sperling
Mitglieder: 6000
Mitarbeiter: 6 hauptamtliche, 3 ehrenamtliche

u 2 391
Landesverband der Jüdischen Gemeinden von Nordrhein
Zietenstr. 50, 40476 Düsseldorf
T: (0211) 44 68 09 **Fax:** 48 84 01
Vorsitzende(r) des Vorstandes: Paul Spiegel
Geschäftsführer(in): Herbert Rubinstein

u 2 392
Landesverband der Jüdischen Gemeinden in Hessen
Hebelstr. 6, 60318 Frankfurt
T: (069) 44 40 49 **Fax:** 43 14 55
HGeschF und Vors.: Dir. Moritz Neumann, Darmstadt

u 2 393
Jüdische Gemeinde Frankfurt am Main K.d.ö.R.
Westendstr. 43, 60325 Frankfurt
T: (069) 7 68 03 60 **Fax:** 76 80 36 66
Vorstand: Dr. S. Korn (Vors.)
Dr. M. Friedman
Dr. D. Graumann
Dr. L. Latasch
Direktor(in): Dipl.-Kfm. S. Szajak
Verbandszeitschrift: Jüdische Gemeindezeitung Frankfurt
Mitglieder: ca. 6300
Mitarbeiter: ca. 260
Jahresetat: DM 33 Mio, € 16,87 Mio

u 2 394
Jüdische Gemeinde in Hamburg
Schäferkampsallee 27, 20357 Hamburg
T: (040) 44 09 44-0 **Fax:** 4 10 84 30
Vorsitzende(r): Karin Feingold
auch zuständig für den Bereich Schleswig-Holstein

u 2 395
Landesverband der Jüdischen Gemeinden von Niedersachsen K.d.ö.R.
Hindenburgstr. 2-4, 30175 Hannover
T: (0511) 81 27 62 **Fax:** 85 45 90
Vorsitzende(r): RA Michael Fürst

u 2 396
Israelitische Religionsgemeinschaft Baden KdöR
Oberrat der Israeliten Badens
Postf. 4806, 76031 Karlsruhe
Knielinger Allee 11, 76133 Karlsruhe
T: (0721) 9 72 50-0 **Fax:** 9 72 50 20
1. Vorsitzende(r): Manfred Erlich

u 2 397
Landesverband der Jüdischen Gemeinden von Rheinland-Pfalz
Aspeltstr. 9, 55118 Mainz
T: (06131) 6 78 03-9 **Fax:** 6 16 25-4
Präsident(in): Asnate Hermer

u 2 398
Synagogen-Gemeinde Köln
Roonstr. 50, 50674 Köln
T: (0221) 92 15 60-0 **Fax:** 92 15 60-9
Vorstand: Miguel Freund
Harry Farkos
Vladimir Vaisberg
Geschäftsführer(in): Benzion Wieber

u 2 399
Landesverband der Israelitischen Kultusgemeinden in Bayern K.d.ö.R.
Effnerstr. 68, 81925 München
T: (089) 9 89 44-2, 9 89 44-3 **Fax:** 9 10 17-53
Präsident(in): Dr.Dr. Simon Snopkowski

u 2 400
Israelitische Kultusgemeinde München und Oberbayern
Reichenbachstr. 27, 80469 München
T: (089) 20 24 00-0 **Fax:** 2 01 46 04
Präsident(in): Charlotte Knobloch
Geschäftsführer(in): Chil Rackowski

u 2 401
Synagogengemeinde Saar
Postf. 10 28 38, 66028 Saarbrücken
T: (0681) 3 51 52 **Fax:** 3 51 22
Vorsitzende(r): Richard Borg
Geschäftsführer(in): Marcel Wainstock
Rabbiner: Chaim Levit

u 2 402
Landesverband Sachsen der Jüdischen Gemeinden
Bautzner Str. 20, 01099 Dresden
T: (0351) 8 02 27-39 **Fax:** 8 04 14-45
Vorsitzende(r): Siegmund Rotstein

u 2 403
Jüdische Landesgemeinde Thüringen
Sitz Erfurt
Juri-Gagarin-Ring 16, 99084 Erfurt
T: (0361) 5 62 49 64 **Fax:** 5 66 86 90
Vorsitzende(r): Wolfgang M. Nossen

u 2 404
Israelitische Religionsgemeinschaft Württembergs
Hospitalstr. 36, 70174 Stuttgart
T: (0711) 2 28 36-0 **Fax:** 2 28 36-18
Vorstand: Meinhard M. Tenné (Sprecher)
Geschäftsführer(in): Arno Fern

u 2 405
Jüdische Gemeinde Land Brandenburg, Sitz Potsdam
Am Lehnitzsee 8, 14476 Neu Fahrland
T: (033208) 6 80-60 **Fax:** 5 22-97
Vorsitzende(r): Boris Feldman

u 2 406
Landesverband Jüdischer Gemeinden Sachsen-Anhalt
Leibnizstr. 34, 39104 Magdeburg
Vorsitzende(r): Jakov Li

u 2 407
Landesverband der Jüdischen Gemeinden in Mecklenburg-Vorpommern
Schlachterstr. 3-5, 19055 Schwerin
T: (0385) 5 50 73-45 **Fax:** 5 50 73-45
Vorsitzende(r): Valerij Bunimov

Andere Religions- und Weltanschauungsgemeinschaften

● **U 2 408**
Gemeinschaft der Siebenten-Tags-Adventisten in Deutschland K.d.ö.R.
Hauptverwaltungsstelle:
Heidelberger Landstr. 24, 64297 Darmstadt
T: (06151) 5 11 12 **Fax:** 53 76 39
Vorsteher: Bruno Liske
Stellv. Vorsteher: Reinhard Rupp

angeschlossen:

u 2 409
ADRA Deutschland e. V.
Adventist Development and Relief Agency
Robert-Bosch-Str. 4, 64331 Weiterstadt
T: (06151) 8 11 50 **Fax:** 81 15 12
Internet: http://www.adra-deutschland.de
E-Mail: info@adra-ev.de
Gründung: 1987 (26. Februar)
Geschäftsleitung: Erich Lischek
Leitung Presseabteilung: H. H. Wilfert
Verbandszeitschrift: ADRA-report
Redaktion: i. Haus
Verlag: Grindeldruck, Hamburg
Mitglieder: 12
Mitarbeiter: 15
Jahresetat: DM 9,4 Mio, € 4,81 Mio (1998)
Not- und Katastrophenhilfsmaßnahmen; Nahrungsmittelhilfe; Entwicklungshilfe

u 2 410
Gemeinschaft der Siebenten-Tags-Adventisten, Süddeutscher Verband K.d.ö.R.
Postf. 42 60, 73745 Ostfildern
Senefelderstr. 15, 73760 Ostfildern
T: (0711) 44 81 90 **Fax:** 4 48 19-60
E-Mail: sdv.zentrale@adventisten.de
Vorsteher: Bruno Liske
Sekr.: Dietrich Müller

u 2 411
Gemeinschaft der Siebenten-Tags-Adventisten, Norddeutscher Verband K.d.ö.R.
Fischerstr. 19, 30167 Hannover
T: (0511) 9 71 77-0 **Fax:** 9 71 77-33
Vorsteher: Reinhard Rupp
Sekretär: Walfried Eberhardt

u 2 412
Gemeinschaft der Siebenten-Tags-Adventisten in Baden-Württemberg, K.d.ö.R.
Firnhaberstr. 7, 70174 Stuttgart
T: (0711) 1 62 90-0 **Fax:** 1 62 90-60
Gründung: 1912
Vorsteher: Erhard Biró
Sekretär: Gerald Stahlberger
Verbandszeitschrift: INFORMATIONEN des Adventistischen Pressedienstes
Redaktion: APD-Zentralredaktion, Postfach 4260, 73745 Ostfildern
Mitglieder: 5800
Mitarbeiter: 47

u 2 413
Gemeinschaft der Siebenten-Tags-Adventisten in Hessen, Rheinland-Pfalz und im Saarland -K.d.ö.R.-
Eschenheimer Anlage 32, 60318 Frankfurt
T: (069) 95 91 84-0 **Fax:** 95 91 84-20
E-Mail: Adventisten_MRV@compuserve.com
Vorsteher: Frieder Schmid
Sekretär: Christian Molke

u 2 414
Gemeinschaft der Siebenten-Tags-Adventisten Nordbayerische Vereinigung K.d.ö.R.
Kaiserslauterer Str. 11, 90441 Nürnberg
T: (0911) 6 28 08-0 **Fax:** 6 28 08-28
Vorsteher: Reinhard Gelbrich
Sekretär: Jochen Klauß

u 2 415
Gemeinschaft der Siebenten-Tags-Adventisten in Bayern K.d.ö.R.
Südbayerische Vereinigung:
Tizianstr. 18, 80638 München

T: (089) 15 91 34-0 Fax: 15 91 34-17
Vorsteher: Rainer Wanitschek
Sekretär: Jochen Streit

u 2 416
Gemeinschaft der Siebenten-Tags-Adventisten Landesverband Berlin K.d.ö.R.
Landesverband Brandenburg K.d.ö.R.
Koblenzer Str. 3, 10715 Berlin
T: (030) 85 79 01-0
Fax: 85 79 01-44
E-Mail: 102555.1547@compuserve.com
Vorsteher: Gerd Eiteneier
Sekretär: Christopher Wilde

u 2 417
Gemeinschaft der Siebenten-Tags-Adventisten in Hamburg, Mecklenburg-Vorpommern und Schleswig-Holstein
Körperschaften des öffentlichen Rechts
Grindelberg 15a, 20144 Hamburg
T: (040) 41 86 70 Fax: 41 87 44
E-Mail: sta-hansa@adventisten.de
Vorsteher: Heinz-Ewald Gattmann
Sekretär: Martin Knoll
Leitung Presseabteilung: Gerhard Rempel

u 2 418
Siebenten-Tags-Adventisten Niedersachsen-Vereinigung
Verwaltungsstelle:
Joseph-Haydn-Str. 4, 28209 Bremen
T: (0421) 34 84 14 Fax: 3 48 41 50
E-Mail: sta-nib@adventisten.de
Vorsteher: Klaus-J. van Treeck
Sekretär: Detlef Bendig

u 2 419
Gemeinschaft der Siebenten-Tags-Adventisten in NRW K.d.ö.R.
Diepensiepen 18, 40822 Mettmann
T: (02104) 13 90-0 Fax: 1 62 92
E-Mail: sta-nrw@adventisten.de
Vorsteher: Lothar Wilhelm
Sekretär: Manuel Bendig (Ltg. Presseabt.)

u 2 420
Advent-Bildungs- und Erziehungswerk e.V.
Schulzentrum Seminar Marienhöhe
Auf der Marienhöhe 32, 64297 Darmstadt
T: (06151) 53 91-0 Fax: 53 91-1 68
Vorsitzende(r): Bruno Liske
Stellvertretende(r) Vorsitzende(r): Reinhard Rupp
Schulleiter: Gunter Stange
Geschäftsführer(in): Peter Hertwig
Mitarbeiter: 110
Jahresetat: DM 11,5 Mio, € 5,88 Mio
Alle Bildungs- und Erziehungsbelange der Gemeinschaft der Siebenten-Tags-Adventisten in Deutschland Körperschaft des öffentlichen Rechts zu fördern und zu tragen. Der Verein ist selbstlos tätig, er verfolgt nicht in erster Linie eigenwirtschaftliche Zwecke.

u 2 421
Advent-Wohlfahrtswerk e.V.
Sitz des Vereins:
Heidelberger Landstr. 24, 64297 Darmstadt
T: (06151) 5 11 12 Fax: 53 76 39
Vorsteher: Bruno Liske
Stellvertretende(r) Vorsitzende(r): Reinhard Rupp
Geschäftsführer(in): Bundesbeauftragter Martin Haase (Advent-Wohlfahrtswerk e.V., Bundesstelle, Fischerstr. 19, 30167 Hannover, T: (0511) 9 71 77-0, Fax: (0511) 9 71 77-33)

u 2 422
Stimme der Hoffnung e.V.
Am Elfengrund 66, 64297 Darmstadt
T: (06151) 95 44-0 Fax: 95 44-70
Internet: http://www.stimme-der-hoffnung.de
E-Mail: SDH@stimme-der-hoffnung.de
Geschäftsführer(in): Günther Machel

● U 2 423
Russisch-Orthodoxe Diözese des Orthodoxen Bischofs von Berlin und Deutschland (Auslandskirche)
Hofbauernstr. 26, 81247 München

T: (089) 8 34 89 59 Fax: 88 67 77
Vorsitzende(r): Erzbischof Dr. Mark Arndt
Leitung Presseabteilung: Pfr. Nikolaj Artemoff

● U 2 424
UNIVERSELLES LEBEN
Postf. 56 43, 97006 Würzburg
Haugerring 7, 97070 Würzburg
T: (0931) 39 03-0 Fax: 39 03-2 33
Internet: http://www.universelles-leben.org
E-Mail: info@universelles-leben.org
Gründung: 1985 (Oktober)
Geschäftsführer(in): Alfred Schulte
Leitung Presseabteilung: Dr. Christian Sailer
Zeitschrift: Das Friedensreich
Redaktion: Max-Braun-Str. 2, 97828 Marktheidenfeld
Verlag: Das Weisse Pferd GmbH

● U 2 425
Dachverband Freier Weltanschauungsgemeinschaften e.V. (DFW)
- Präsidium -
Postf. 40 05 07, 12632 Berlin
T: (03322) 20 59 41 Fax: (03321) 45 07 47
Internet: http://www.dfw-dachverband.de
Gründung: 1949 (08. Oktober)
Präsident(in): Dr. phil. Volker Mueller
Vizepräsident(in): Horst Prem
Leitung Presseabteilung: Prof. Dr.-Ing. Helmut Kramer
Verbandszeitschrift: Wege ohne Dogma; Unitarische Blätter; KRISTALL; homo humanus; pfw, Pressedienst Freier Weltanschauungsgemeinschaft
Redaktion: Ortrun E. Lenz
Verlag: Eigenverlag: Schillerstr. 50, 63263 Neu-Isenburg
Mitglieder: 70000

Mitgliedsverbände

u 2 426
Bund Freireligiöser Gemeinden Deutschlands K.d.ö.R. (BFGD)
Vereinigung freier Religions- und Weltanschauungsgemeinschaften
Hansenweg 28, 60599 Frankfurt
T: (069) 65 24 48
Internet: http://www.freireligioese.de/bfgd.htm
Präsident(in): Helge Frank

u 2 427
Deutsche Unitarier Religionsgemeinschaft e.V.
Wartenau 13, 22089 Hamburg
T: (040) 2 54 22 48 Fax: 2 51 20 52
Internet: http://www.unitarier.de
Eike Möller

u 2 428
Bund für Geistesfreiheit Bayern
K.d.ö.R.
Postf. 19 01 45, 90730 Fürth
T: (0911) 77 73 03 Fax: 7 41 66 37
Internet: http://www.bfg-bayern.de
E-Mail: vorsitz@bfg-bayern.de
Adi Meister

u 2 429
Gesellschaft für freigeistige Kultur e.V.
Osterloher Weg 111, 25421 Pinneberg
T: (04101) 7 52 98
Klaus F. Stolle

u 2 430
Freigeistige Aktion Deutscher Monistenbund e.V.
Fasanenweg 8, 31535 Neustadt
T: (05032) 6 62 76, 6 62 97
Arnher E. Lenz

u 2 431
Freigeistiges Lebenshilfswerk e.V.
Karl-Thon-Str. 42, 14641 Nauen
T: (03321) 45 07 46
Kontaktperson: Dr. Peter Jäckel

u 2 432
Gesellschaft zur Förderung der freien Religions- und Lebenskunde in Schleswig-Holstein e.V.
Moosberg 18a, 21033 Hamburg
T: (040) 7 39 91 05
Ernst Mohnike

u 2 433
Verband Freier Weltanschauungsgemeinschaften Hamburg e.V.
Büro: Freie Humanisten
Struckholt 22a, 22337 Hamburg
T: (040) 59 14 52
1. Vorsitzende(r): Heiko Porsche

u 2 434
Humanistischer Freidenkerbund Brandenburg e.V.
Postf. 60 08 13, 14408 Potsdam
T: (03321) 45 07 46
Dr.phil. Volker Mueller

u 2 435
Fachverband für weltliche Bestattungs- und Trauerkultur e.V.
Köpenzeile 154, 12557 Berlin
T: (030) 6 51 61 37 Fax: 6 51 61 37
Kontakt: Wolfgang Fleischer

● U 2 436
Bund Freireligiöser Gemeinden Deutschlands K.d.ö.R. (BFGD)
- Vereinigung freier Religions- und Weltanschauungsgemeinschaften -
- Geschäftsstelle -
Hansenweg 28, 60599 Frankfurt
T: (069) 65 24 48
Internet: http://www.freireligioese.de/bfgd.htm
Gründung: 1859 (17. Juni)
Präsident(in): Helge Frank
Verbandszeitschrift: Wege ohne Dogma
Verlag: Freireligiöse Verlagsbuchhandlung Mannheim, 68161 Mannheim
Mitglieder: 4
Mitgliedsgemeinschaften: 4

Mitgliedsgemeinschaften

u 2 437
Freireligiöse Landesgemeinde Baden K.d.ö.R.
T 6 26, 68161 Mannheim
T: (0621) 2 28 05 Fax: 2 82 89
Vorsitzende(r): Rainer Schrauth
Sekr.: Joachim Koch
Landesprediger: Thomas Lasi
Ute Janz

u 2 438
Freireligiöse Landesgemeinschaft Hessen K.d.ö.R.
Gemeinschaft freigeistiger und humanistischer Weltanschauung
Ulmenweg 5, 63263 Neu-Isenburg
T: (06102) 3 95 67 Fax: 77 07 50
E-Mail: freireligioese-hessen@t-online.de
Gründung: 1951
Präsident(in): Dieter Bender
Verbandszeitschrift: Nachrichten aus Hessen

u 2 439
Freireligiöse Gemeinde Offenbach/M K.d.ö.R.
Schillerplatz 1, 63067 Offenbach
T: (069) 8 00 80 60 Fax: 80 08 06 10
E-Mail: freireligioese-offenbach@t-online.de
Vorsitzende(r): Ulrich Urban
Pfarrer Helmut Manteuffel
Pfarrer Heinrich Keipp

u 2 440
Freireligiöse Landesgemeinde Pfalz K.d.ö.R.
Wörthstr. 6a, 67059 Ludwigshafen
T: (0621) 51 25 82 Fax: 62 66 33
Internet: http://www.freireligioese.de
E-Mail: pfalz@freireligioese.de
Präsident(in): Siegward Dittmann
Landessprecherin: Renate Bauer

● U 2 441
Freie Humanisten Niedersachsen
K.d.ö.R.
Humanistische Weltanschauungsgemeinschaft und Interessenvereinigung kirchenfreier Menschen
Otto-Brenner-Str. 22 "Haus Humanitas", 30159 Hannover
T: (0511) 16 76 91 60 Fax: 16 76 91 78
Gründung: 1948 (30. Mai)
Präsident(in): Folker Janßen
Landessprecher: Jürgen Gerdes
Verbandszeitschrift: Diesseits
Mitglieder: ca. 15000

● **U 2 442**
Islamrat für die Bundesrepublik Deutschland / Islamischer Weltkongreß Deutschland e.V.
Adenauerallee 13, 53111 Bonn
T: (0228) 53 96 10   **Fax:** 5 39 61 38
Gründung: 1932
Vorsitzende(r): Hasan Özdogan
Generalsekretär(in): Ghulam-D. Totakhyl
Mitglieder: 920000, 38 Mitgliedsverbände

● **U 2 443**
SCHURA - Rat der islamischen Gemeinschaften in Hamburg e.V.
Steindamm 62, 20099 Hamburg
T: (040) 28 05 65 61   **Fax:** 28 05 65 48
Gründung: 1999 (4. Juli)
Vorsitzender: Mustafa Yoldas
Mitglieder: 47 Vereine
Jahresetat: DM 0,01 Mio, € 0,01 Mio
Der SCHURA ist ein übergeordneter Rat von 47 islamischen Gemeinschaften und Vereinen unterschiedlicher nationaler und sprachlicher Herkunft

● **U 2 444**
Islam-Institut Berlin
Pillnitzer Weg 24, 13593 Berlin
T: (030) 36 43 60 61   **Fax:** 36 43 60 62
E-Mail: islam-institut_berlin@t-online.de
Gründer und Leiter: Hassan Haacke

● **U 2 445**
Der Nationale Geistige Rat der Bah_1a'í in Deutschland e.V.
Eppsteiner Str. 89, 65719 Hofheim
T: (06192) 99 29-0   **Fax:** 99 29-99
Internet: http://www.bahai.de
E-Mail: info@bahai.de
Vorsitzende(r): Dr. Saba Khabirpour
Generalsekretär(in): Foad Kazemzadeh

● **U 2 446**
Zentralinstitut Islam-Archiv-Deutschland Stiftung e.V.
Postf. 15 28, 59475 Soest
T: (02921) 6 07 02   **Fax:** 6 54 17
Internet: http://www.islamarchiv.de
E-Mail: info@islamarchiv.de
Gründung: 1982
1. Vorsitzende(r): Dipl.-Ing. Beshir Say
Geschäftsführender Vorsitzender: Dipl.-Betriebsw. Seyfettin Yavus
Stellvertretende(r) Vorsitzende(r): Gerhard Isa Moldenhauer (Schriftführer)
Mitglieder: 26000

● **U 2 447**
Gemeinde Gottes e.V.
Postf. 12 20, 73657 Urbach
Schurwaldstr. 10, 73660 Urbach
T: (07181) 98 75-0   **Fax:** 98 75-20
Gründung: 1936
Vorsitzende(r): Paul Schmidgall
Stellvertretende(r) Vorsitzende(r): Erich Schneider
Leitung Presseabteilung: Heinrich Scherz
Verbandszeitschrift: Stimme der Wahrheit
Redaktion: Heinrich Scherz
Mitglieder: 2800
Mitarbeiter: ca. 100
Jahresetat: DM 7 Mio, € 3,58 Mio

● **U 2 448**
Deutsche Unitarier Religionsgemeinschaft e.V.
c/o Möller
Wartenau 13, 22089 Hamburg
T: (040) 2 54 22 48   **Fax:** 2 51 20 52
Internet: http://www.unitarier.de
Präsident(in): Eike Möller
Vizepräsident(in): Edda Scharf (Leipziger Str. 2, 34289 Zierenberg)
Verbandszeitschrift: unitarische blätter - für ganzheitliche Religion und Kultur
Verlag: Deutsche Unitarier Religionsgemeinschaft, Birkenstr. 4, 88214 Ravensburg
Mitglied im DFW, der IARF und ICUU

● **U 2 449**
Hilfswerk der Deutschen Unitarier e.V.
Moosberg 18a, 21033 Hamburg
T: (040) 7 39 91 05
1. Vors. u. Geschf.: Ernst Mohnike

Sportverbände

● **U 2 450**
Deutscher Sportbund (DSB)
Otto-Fleck-Schneise 12, 60528 Frankfurt
T: (069) 6 70 00   **Fax:** 67 49 06
Internet: http://www.dsb.de
E-Mail: dsb-info@dsb.de
Sitz: Berlin
Gründung: 1950 (10. Dezember) in Hannover

PRÄSIDIUM
Präsident(in): Manfred von Richthofen (c/o Deutscher Sportbund, Otto-Fleck-Schneise 12, 60528 Frankfurt/M., T: (069) 67 00-309, 6700-270, Telefax: (069) 6 70 11 40; T: (030) 8 32 89 62 (bis 12.00 Uhr), Telefax: (030) 81 63-6638; T: (030) 30 00 21 11, Telefax: (030) 30 00 21 15)
Vizepräsident(in): Erika Dienstl (An der Waldmeisterhütte 23, 52222 Stolberg, T: (02402) 2 29 47, Telefax: (02402) 2 13 09)
Vizepräsident(in): Ulrich Feldhoff (Holtener Str. 122, 46149 Oberhausen, T: (0208) 64 23 93, Telefax: (0208) 64 23 93; priv. T: (0208) 64 40 46)
Vizepräsident(in): Prof. Dr. Peter Kapustin (c/o Bayerischer Landes-Sportverband, z. Hd. Frau A. Lürßen, Georg-Brauchle-Ring 93, 80992 München, T: (0931) 8 88 65 00, 78 14 82; T: (089) 15 70 26 01, Telefax: (089) 1 57 45 32, 8 88 65 05; priv. T: (08084) 13 95, Telefax: (08084) 71 99)
Vizepräsident(in): Dr. Hans-Georg Moldenhauer (c/o Fußballverband Sachsen-Anhalt, Ernst-Grube-Stadion, z. Hd. Frau Schubert, Friedrich-Ebert-Str. 69, 39114 Magdeburg, T: (0391) 8 50 28 19 & 8 50 28 99; priv. T: (0391) 8 50 28 19, Fax: (0391) 7 22 88 68)
Schatzmeister: Ulrich Kroeker (August-Bebel-Straße 20, 64569 Nauheim, T: (06131) 55 23 09, Telefax: (06131) 55 22 74; priv. T: (06152) 6 48 03, Handy: (0170) 85 24-356)
Generalsekretär(in): Dr. Andreas Eichler
Leitung Presseabteilung: Harald Pieper
Präsident des NOK: Prof. Walther Tröger (c/o NOK für Deutschland Otto-Fleck-Schneise 12, 60528 Frankfurt, T: (069) 6 70 02 29, Telefax: (069) 6 77 12 29)
BA Frauen im Sport: Dr. Christa Thiel (Sonnenberger Str. 3, 65193 Wiesbaden, T: (0611) 52 84 54 (d), 52 59 29, Telefax: (0611) 59 07 59 (d), priv. T: (0611) 37 71 10)
Deutsche Sportjugend: Hans-Jürgen Kütbach
Ehrenpräsident: Hans Hansen (Am Noor 4 a, 24960 Glücksburg, T: (04631) 80 65, Telefax: (04631) 33 27, Handy (0172) 60 66-718)
Ehrenmitglieder: Ruth Brosche (Rosenstr. 66, 86316 Friedberg, T: (0821) 78 25 50)
Prof. Dr. Ommo Grupe (Institut für Sportwissenschaft, Wilhelmstr. 124, 72074 Tübingen, T: (07071) 2 97 26 28 (d), 6 23 93, Telefax: (07071) 29 20 78 (d), priv. (07071) 6 23 93)
Karl Hemberger (Sattelhecke 26, 63867 Johannesberg, T: (06021) 42 16 10, Telefax: (06021) 41 16 21)
Herbert Kunze (Steinsdorfstr. 18, 80538 München, T: (089) 2 91 35 19)
Dieter Graf Landsberg-Velen (Wocklum, 58802 Balve, T: (02375) 21 00, Telefax: (02375) 59 98)
Geschäftsführer(in): Wolfgang Baumann (T: (069) 67 00-225, Telefax: (069) 6 78 78 01, e-mail: baumann@dsb.de)
Armin Baumert (T: (069) 67 00-246, Telefax: (069) 6 77 23 92, e-mail: baumert@dsb.de)
Wolfram Ochs (T: (069) 67 00-218, Telefax: (069) 6 70 26 91, e-mail: ochs@dsb.de)

Büro des dt. Sportbundes am Sitz der Bundesregierung
Michael Barthel (Kurfürstenallee 70, 10709 Berlin, T: (030) 32 79 42 71, Telefax: (030) 32 79 42 73, e-mail: berlinerbuero@dsb.de)

Deutsche Sport Partner GmbH
Otto-Fleck-Schneise 12, 60528 Frankfurt, T: (069) 67 00-350, Telefax: (069) 96 74 07 22, e-mail: schmitt@deutsche-sport-partner.de

EU-Büro des deutschen Sports
Christophe DeKepper (89, avenue de Cortenbergh, B-1000 Brüssel, T: (00322) 7 38 03 20, Telefax: (00322) 7 38 02 27, e-mail: de.kepper@eu-sports-office.org, Internet: http://www.eu-sports-office.org)

Bereichsleiter/Direktoren/Abteilungsleiter/Referenten:
Bereich Generalsekretär:
Leiter(in): Dr. Andreas Eichler (T: (069) 67 00-207)
Internationale Aufgaben:
Marlies Rydzy-Götz (T: (069) 67 00-2 17, e-mail: rydzy-goetz@dsb.de)
Justitariat:
Hermann Latz (T: (069) 67 00-3 47, e-mail: latz@dsb.de)
Dr. Holger Niese (T: (069) 67 00-2 63, e-mail: niese@dsb.de)
Anti-Doping-Referat: Jürgen Barth (T: (069) 67 00-2 49, e-mail: barth@dsb.de)
Pressesprecher: Walter Mirwald (T: (069) 67 00-2 28, e-mail: mirwald@dsb.de)
Öffentlichkeitsarbeit/Medien: Harald Pieper (T: (069) 67 00-2 54, e-mail: rubenschuh@dsb.de)
Bildung u. Wissenschaft: Dr. Gerhard Trosien (T: (069) 67 00-2 84, e-mail: trosien@dsb.de)
Frauen im Sport: Ursula Voigt (T: (069) 67 00-2 19, e-mail: voigt@dsb.de)

Umwelt u. Sportstätten: Dr. Hans Jägemann (T: (069) 67 00-2 80, e-mail: jaegemann@dsb.de)

Bereich Leistungssport:
Leiter(in): Armin Baumert (T: (069) 67 00-2 46, e-mail: baumert@dsb.de)
Verbandsförderung: Rolf Ebeling (T: (069) 67 00-2 42, e-mail: ebeling@dsb.de)
Olympiastützpunkte: Jörg Ziegler (T: (069) 67 00-3 55, e-mail: ziegler@dsb.de)

Bereich Breitensport:
Leiter(in): Wolfgang Baumann (T: (069) 67 00-2 25, e-mail: baumann@dsb.de)
Planung u. Beratung: Rainer Tobien (T: (069) 67 00-2 93, e-mail: tobien@dsb.de)
Sport u. Gesundheit: Dr. Sabine Wedekind (T: (069) 67 00-3 25, e-mail: wedekind@dsb.de)
Ausbildung u. Personalentwicklung: Manfred Spangenberg (T: (069) 67 00-2 69, e-mail: spangenberg@dsb.de)
Programme u. Veranstaltungen: Edith Bena-Dietrich (T: (069) 67 00-2 56, e-mail: bena-dietrich@dsb.de)

Bereich Jugendsport:
Deutsche Sportjugend
1. Vorsitzende(r): Hans-Jürgen Kütbach (Schlüskamp 32, 24576 Bad Bramstedt, T: (04192) 35 11, Handy: (0172) 4 37 47 23, Fax: (04192) 8 53 54, e-mail: info@kuetbach.de)
2. Vorsitzende(r): Marcus Stumpf (Belchenstr. 2a, CH-4054 Basel, T: (004161) 2 67 28 39 (d) 3 01 19 73 (p), Fax: (004161) 2 67 28 38, e-mail: marcus.stumpf@unibas.ch)
Finanzen: Olaf Osteroth (Eckartsbergaer Str. 21 b, 06636 Laucha, T/Fax: (034462) 2 11 51 (p), Handy: (0171) 4 25 09 89, e-mail: olaf.osteroth@t-online.de)
Benjamin Folkmann (Marsdorfer Str. 31, 50858 Köln, T: (0221) 4 91 24 66, Handy: (0171) 1 97 23 10, e-mail: fuulky@gmx.de)
Kathleen Ludwig (Schlosserstr. 12, 06112 Halle, T/Fax: (0345) 2 90 47 89, Handy: (0177) 8 10 39 46, e-mail: boernyi@t-online.de)
Carsten Milde (Hasendamm 95, 31275 Lehrte, T/Fax: (05175) 37 76 (p), Handy: (0171) 1 72 81 32, e-mail: carsten.milde@t-online.de)
Wilfried Theessen (Sandhorster Allee 19, 26607 Aurich, T: (04941) 7 11 68 (p), Handy: (0172) 6 95 26 16, Fax: (04941) 7 33 94 (p), e-mail: w.theessen@t-online.de)
Geschäftsführer(in): Wolfram Ochs (Otto-Fleck-Schneise 12, 60528 Frankfurt/M., T: (069) 67 00-218, Fax: (069) 6 70 26 91, e-mail: ochs@dsj.de)

Bundesvorstand Breitensport

Vorsitzende(r): Prof. Dr. Peter Kapustin (BLSV, Georg-Brauchle-Ring 93, 80992 München, T: (089) 1 57 02-600, Telefax: (089) 1 57 45 32 oder Sportzentrum der Univ. Würzburg, Judenbühlweg 11, 97082 Würzburg, T: (0931) 78 14 82, Telefax: (0931) 8 88 65 05)
Vertreter/in LSB: Gudrun Steinbach (c/o OK Deutsches Turnfest 2002, Georg-Schumann-Str. 173, 04159 Leipzig, T: (0341) 9 18 96-0 (d), Handy: (0170) 9 21 76 24, Telefax: (0341) 9 18 96 23 (d), e-mail: gudsteinbach@t-online.de)
Klaus Witte (Brockeler Str. 13, 27383 Scheeßel, T: (04263) 81 96 (p), Handy: (0170) 4 10 12 44, Telefax: (04263) 36 18 (p))
Vertreter/in Spitzenverbände: Kirstin Fussan-Freese (Arnold-Zweig-Str. 18, 13189 Berlin, T: (030) 4 71 02 45 (p), Handy: (0177) 7 71 02 45)
Prof. Dr. Herbert Hartmann (Beethovenring 76 a, 64342 Seeheim-Jugenheim, T: (06151) 16 31 61 (d), (06257) 8 37 84 (p), Telefax: (06151) 7 01 17 63, Telefax: (06151) 16 36 61 (p))
Vertreterin der Verbände mit bes. Aufgabenstellung: Dr. Gerlinde Radde (Püttbergeweg 14, 12589 Berlin, T: (030) 2 02 46-842 (d), 6 48 62 19 (p), Telefax: (030) 2 02 46-844 (d) -297 (p), (06127) 7 88 98 (p), Handy: (0170) 8 52 43 53, Telefax: (069) 6 78 78 01, e-mail: baumann@dsb.de)
Beratende Mitglieder: Jochen Schütte (Beauftragter für das Deutsche Sportabzeichen, Am Wiesengrund 8, 22965 Todendorf, T: (04102) 4 78 40 (d), (04534) 4 35, Telefax: (04534) 29 19 06, e-Mail: schuette.todendorf@t-online.de)
Hans Hansen (Beauftragter für Seniorensport, Am Noor 4a, 24960 Glücksburg, T: (04631) 80 65, Telefax: (04631) 33 27)
Norbert Petry (Beauftragter für Schulsport, Gerberaweg 12, 53123 Bonn, T: (0228) 74 74 40, Telefax: (0228) 74 74 46)
Prof. Dr.Dr. Winfried Banzer (Beauftragter für Sport und Gesundheit, Ginnheimer Landstr. 39, 60487 Frankfurt/M., T: (069) 7 98-2 45 43, Telefax: (069) 7 98-2 35 30)
Prof. Dr. Jürgen Palm (Beauftragter zur Förderung des Breitensports, Hubertusanlage 32, 63150 Heusenstamm, T/Fax: (06106) 64 00 80, e-mail: jpalm@t-online.de)

Bundesvorstand Leistungssport

Vorsitzende(r): Ulrich Feldhoff (Holtener Str. 122, 46149 Oberhausen, T/Fax: (0208) 64 23 93, Handy: (0172) 8 02 23 86, e-mail: icf_uf_duisburg@t-online.de)
Vertreter der Landessportbünde: Andreas Decker (stellv. Vors.; Heinrich-Heine-Str. 26 a, 08115 Lichtentanne, T/Fax: (0375) 7 88 35 96 (p), (037756) 17 10 (d), Handy: (0171) 6

18 48 10, Telefax: (037756) 17 15 55 (d))
Vertreterin des Vorstandes DSH: Erika Dienstl (An der Waldmeisterhütte 23, 52222 Stolberg, T: (02402) 2 29 47, Handy: (0171) 4 25 53 29, Telefax: (02402) 2 13 09)
Vertreter der Spitzenverbände: Dr. Martin Engelhardt (Am Hexenpfad 20, 63450 Hanau, T: (069) 67 05 (0) -232 (d), (06181) 25 90 80 (p), Handy: (0172) 6 73 57 06, Telefax: (06181) 25 77 55 (p), e-mail: gots.frankfurt@t-online.de)
Klaus Kotter (Hochplattenstr. 5, 83209 Prien am Chiemsee, T: (08051) 39 98 (p), 6 29 05, Handy: (0171) 2 12 66 99, Telefax: (08051) 6 33 73)
Werner von Moltke (Pariser Str. 115, 55268 Nieder-Olm, T: (06136) 70 61-62 (d), 4 36 86, Handy: (0171) 4 00 31 23, Telefax: (06136) 77 11 (d))
Hans-Jürgen Zacharias (Postf. 21 45, 47533 Kleve, T: (02821) 6 00 72, Handy: (0171) 4 26 75 58, Telefax: (02821) 6 63 80, e-mail: zacharias.h-j@t-online.de)
N. N.
Aktivensprecher/in: Anja von Rekowski (Rostocker Str. 14, 30625 Hannover, T: (0511) 55 29 65, Handy: (0179) 5 01 14 51, e-mail: anja.vonrekowski@gmx.net)
Ralf Sonn (Hagenweg 2, 69469 Weinheim, T: (06201) 6 70 54 (p), Telefax: (06201) 96 18 57 (p), e-mail: sonn@real-net.de)
Vertreterin Landessportbünde: Sabine Reuss (Jägerstr. 29, 99544 Zella-Mehlis, T: (036842) 2 22 09 (d), (03682) 4 23 27 (p), Telefax: (036842) 2 22 13 + 2 22 09)
Vertreter des NOK: Dr. Klaus Steinbach (c/o Hochwald-Klinik, Postfach, 66707 Weiskirchen, T: (06876) 17 30 00 (d), Handy: (0172) 6 82 97 04, Telefax: (06876) 17 30 10 (d), e-mail: ksteinbach@t-online.de)
Vertreterin nichtolympische Verbände: Ute Villwock (Sterngasse 1, 89073 Ulm, T: (0731) 6 46 62, Handy: (0172) 9 65 80 23, Telefax: (0731) 6 12 51)
Leitender Direktor: Armin Baumert (c/o Deutscher Sportbund, Geschäftsbereich Leistungssport, Otto-Fleck-Schneise 12, 60528 Frankfurt/M., T: (069) 67 00-246 (d), Handy: (0170) 8 52 43 52, Telefax: (069) 6 77 23 92 (d), e-mail: baumert@dsb.de)
Ständige Gäste: MinDir. Klaus Pöhle (Bundesministerium des Innern, Abt. SH, Postf. 17 02 90, 53108 Bonn, T: (0228) 6 81-2312 (d), Telefax: (0228) 6 81-2140 (d))
MinDirig. Gernot Witzlau (Bundesministerium des Innern, Postf. 17 02 90, 53108 Bonn, T: (0228) 6 81-4676 (d), Telefax: (0228) 6 81-5515 (d))
Prof. Walther Tröger (Präsident NOK, Otto-Fleck-Schneise 12, 60528 Frankfurt/M., T: (069) 67 00-229 (d), Telefax: (069) 6 77 12 29 (d))
Manfred von Richthofen (Präsident DSB, Otto-Fleck-Schneise 12, 60528 Frankfurt/M., T: (069) 67 00-309, -270 (d), (030) 3 00 02-111 (d), Telefax: (069) 6 70 11 40 (d), (030) 3 00 02-115 (d))
Dr. Andreas Eichler (Generalsekretär DSB, Otto-Fleck-Schneise 12, 60528 Frankfurt/M., T: (069) 67 00-207 (d), Telefax: (069) 67 45 91 (d))
Geschäftsführung: Christa Kreuzer (Geschäftsbereich Leistungssport/Bereichsleitung)

Bundesausschüsse

Bundesausschuß für Ausbildung und Personalentwicklung

Vorsitzende(r): Friedhelm Kreiß (Dörnerhofstr. 17, 47058 Duisburg, T: (0211) 86 18-36 70 (d), (0203) 34 56 90 (p), Telefax: (0203) 34 56 91)
Mitglieder: Prof. Dr. Berndt Barth (Deutscher Fechter-Bund, Am Neuen Lindenhof 2, 53117 Bonn, T: (0228) 9 89 05-20 (d), (0341) 9 41 08 96 (p), Telefax: (0228) 67 94 30, e-mail: dfb_barth@t-online.de, Internet: http://www.fechten.org)
Karin Bertram (Wiesenstr. 12, 30169 Hannover, T: (0511) 88 82 68, 12 68-160)
Uschi Schmitz (Dt. Hockeybund, Stadthalterhofweg 11, 50858 Köln, T: (02233) 9 42 44-14, Telefax: (02233) 94 24 44)
Martin Schönwandt (Martin-Reck-Str. 14, 61118 Bad Vilbel, T: (06101) 8 94 94, (069) 67 80 11 50 (d), Telefax: (069) 67 80 11 79 (d))
Prof. Dr. Jürgen Schröder (Dt. Basketball-Bund, Merkelstr. 35, 37085 Göttingen, T/Fax: (0551) 48 49 42 (p), (0551) 39 56 80, Telefax: (0551) 39 56 59)
Manfred Spangenberg (Geschäftsführung, (DSB) Otto-Fleck-Schneise 12, 60528 Frankfurt/M., T: (069) 6 70 02 69, Telefax: (069) 67 25 81, e-mail: spangenberg@dsb.de)
Gäste: Dr. Herbert Dierker (Führungs-Akademie Berlin, Priesterweg 6, 10829 Berlin, T: (030) 78 80 03 40, Telefax: (030) 7 82 71 88, e-mail: fa-dsb@compuserve.com)
N.N. (TAK, Guts-Muths-Weg 1, 50933 Köln, T: (0221) 9 48 75-10, Fax: 9 48 75-2, E-Mail: trainerakademie-koeln@t-online.de)
Hans Hansen (Am Noor 4 A, 24960 Glücksburg, T: (04631) 80 65, Telefax: (04631) 33 27)
Katrin Rebbert ((DSJ) DSB) Otto-Fleck-Schneise 12, 60528 Frankfurt/M., T: (069) 67 00-3 35, Telefax: (069) 6 70 26 91)

Bundesausschuß für Finanzen

Vorsitzende(r): Ulrich Kroeker (August-Bebel-Str. 20, 64569 Nauheim, T: (06131) 5 52-3 09 (d), (06152) 6 48 03 (p), Telefax: (06131) 5 52-2 74)
Mitglieder: Ines Knauerhase (Neustrelitzer Str. 7, 99091 Erfurt, T: (0361) 37 46 24-0, Fax: (0361) 37 46-221, priv. T: 7 46 07 21, Handy (0172) 3 64 89 49)
Gerda Ottner (Holbeinstr. 4, 58452 Witten, T/Fax: (02302) 3 05 74)
Josef Bowinkelmann (Düsterweg 11, 45475 Mühlheim/Ruhr, T: (02351) 9 45 20 20 (d), Telefax: (02351) 9 45 23 66 (d), priv. (0208) 57 77 09)
Norbert Knick (Biebricher Allee 16, 65187 Wiesbaden, T: (0611) 98 63 60, Fax: 9 86 39-25, E-Mail: nknick@t-online.de)
Norbert Skowronek (LSB Berlin) Jesse-Owens-Allee 2, 14053 Berlin, T: (030) 3 00 02-1 10 (d), 7 41 23 77, Telefax: (030) 3 00 02-1 07 (d)
Gast: Olaf Osteroth (Schatzmeister der dsj, Eckartsbergaer Str. 21 b, 06636 Laucha, priv. T/Fax: (034462) 2 11 51, Handy (0171) 4 25 09 89, E-Mail: olaf.osteroth@t-online.de)

Bundesausschuß Frauen im Sport

Vorsitzende(r): Dr. Christa Thiel (Sonnenberger Str. 3, 65193 Wiesbaden, T: (0611) 52 59 29 (d), 37 71 10, Telefax: (0611) 59 07 59)
Stellvertretende(r) Vorsitzende(r): Silvia Funke (Am Kirschberge 78, 37085 Göttingen, T: (0551) 7 25 65, Telefax: (0551) 7 35 67, e-mail: sfunke6349@aol.com)
Mitglieder: Dr. Inge Berndt (Parkstr. 11, 35415 Pohlheim, T: (0641) 4 53 43, Telefax: (0641) 9 48 20 04)
Dr. Inge Friedrich (Berliner Str. 25, 99091 Erfurt, T: (0361) 7 37 14 44 (d), 7 31 12 64, Telefax: (0361) 7 37 19 30 (d))
Ingrid Hamm (Dresdnerstr. 22, 67577 Alsheim, T: (06249) 64 05, Telefax: (06249) 65 09)
Marion Karla (Marienbadstr. 18, 36100 Petersberg, T + Fax: (0661) 9 62 42 14)
Geschäftsführung: Ursula Voigt ((DSB) Otto-Fleck-Schneise 12, 60525 Frankfurt/M., T: (069) 67 00-2 19, Telefax: (069) 67 25 81, e-mail: voigt@dsb.de)

Bundesausschuß für Recht, Steuern und Versicherungen

Vorsitzende(r): Sylvia Schenk (Braubachstr. 33 a, 60311 Frankfurt/M., T: (069) 2 12-3 84 96/7 (d), 34 31 47, Telefax: (069) 2 12-3 07 26 (d))
Dr. Wolfgang Paul (Wandsbeker Marktstr. 97, 22041 Hamburg, T: (040) 6 52-40 81 (d), 5 36 19 13, Telefax: (040) 68 76 33 (d))
Clemens Prokop (Am Igelsberg 32, 93342 Saal/Donau, T: (09441) 8 03 94, 50 91 56 (d), Telefax: (09441) 8 04 98)
Edgar Roth (Rheinstr. 24, 65552 Limburg, T: (06431) 7 13 34)
Gudrun Stiekel (An der Lachte 15, 29223 Celle, T: (05141) 36 16-35, Telefax: (05141) 36 16 30)
Klaus Seeger (Wilhelm-Epstein-Str. 75, 60431 Frankfurt/M., T: (069) 1 54 31 40 (d), 53 27 27, Telefax: (069) 53 39 99 (p), 1 54 32 00)
Geschäftsführer(in): Hermann Latz ((DSB) Otto-Fleck-Schneise 12, 60528 Frankfurt/M., T: (069) 67 00-3 47, Telefax: (069) 67 25 81, e-mail: latz@dsb.de)
Ständiger Gast: Dr. Volker Himmelseher (Kaiser-Wilhelm-Ring 6-8, 50672 Köln, T: (0221) 12 50 02 (d), (02234) 8 33 16 (p), Telefax: (0221) 13 74 51)

Bundesausschuß Umwelt und Sportstättenentwicklung

Vorsitzende(r): Dr. Ing. Hans-Georg Moldenhauer (Friedrich-Ebert-Str. 68, 39114 Magdeburg, T: (0391) 8 50 28 19 (d), Telefax: (0391) 8 50 28 99)
Mitglieder: Dr. Lutz Bengsch (Thietmarstr. 18, 39029 Magdeburg, T: (0391) 2 56 01 08 (d), 5 05 07 10, Telefax: (0391) 2 56 01 00, E-Mail: md@lsb-sachsen-anhalt.de)
Rudolf Eckhoff (Zur Freilichtbühne 4, 49393 Lohne, T: (04442) 92 15 45, Telefax: (04442) 7 15 53, e-mail: rudeckhoff@t-online.de)
Dr. Claudia Gallikowski (Dreiweidenstr. 4, 65195 Wiesbaden, T: (0611) 8 15 11 81 (d), 8 76 12, Telefax: (0611) 8 76 21)
Erwin Lauterwasser (Rosenweg 2, 79199 Kirchzarten, T: (07661) 98 05 04, Telefax: (07661) 98 05 03 p.)
Gudrun Löffler (Cronschwitz 44a, 07570 Wünschendorf, T: (03660) 38 86 88, Telefax: (03660) 38 61 18, e-mail: gudrun.loeffler@t-online.de)
Ständige Gäste: Dr. Johannes Eulering (Frankestr. 25, 46244 Bottrop-Grafenwald, T: (02045) 40 99 64, Telefax: (02045) 40 99 65)
Peter Mewis ((BMI) Graurheindorfer Str. 198, 53117 Bonn, T: (0228) 6 81-51 79, Telefax: (0228) 6 81-55 15)
Dr. Karl Quade (Bundesinstitut für Sportwissenschaft, Abteilung Sportanlagen und -geräte, Carl-Diehm-Weg 4, 50933 Köln, T: (0221) 49 79 165, Fax: 49 51 64, E-Mail: kquade@bsip.de)
Bernhard Schwank ((Hess. Innenministerium) Friedrich-Ebert-Allee 12, 65185 Wiesbaden, T: (0611) 3 53-2 80, Telefax: (0611) 3 53-6 97)
Geschäftsführer(in): Dr. Hans Jägemann ((DSB) Otto-Fleck-Schneise 12, 60528 Frankfurt/M., T: (069) 67 00-2 80, -278, Telefax: (069) 6 70 23 17, e-mail: jaegemann@dsb.de)

Weitere Gremien des BV Leistungssport
Beirat der Aktiven

Vorsitzende(r): Ralf Sonn (Hagenweg 2, 69469 Weinheim, T: (0228) 1 81 28 36 (d), (06201) 6 70 54 (p), Telefax: (06201) 96 18 57)
Gunther Belitz ((Vertretung DSH Vorstand), RP Medsystems AG, Arnulfstr. 295, 80639 München, T: (089) 1 78 78-417, Fax: 1 78 78-101)
Anja von Rekowski (Vertr. BV LA-L; Rostocker Str. 14, 30625 Hannover, T: (0511) 55 29 65)
Stefanie Teeuwen ((Vertretung NOK-Präsidium) Lärchenstr. 1, 72119 Ammerbruch-Entringen, T: (07073) 50 02 16)
Ständiger Gast: Gerd Klein ((Dt. Sporthilfe) c/o Stift. Dt. Sporthilfe, Bunitzstr. 42, 60596 Frankfurt/M., T: (069) 6 78 03 41, Telefax: (069) 6 78 03 75)
Geschäftsführer(in): Sportdirektor Rolf Ebeling ((DSB) Otto-Fleck-Schneise 12, 60528 Frankfurt/M., T: (069) 67 00-2 42, Telefax: (069) 6 77 23 92)

Beirat der Landesausschüsse für Leistungssport

Vorsitzende(r): Wolfgang Zapfe (Nordrhein-Westfalen; Von-Einem-Str. 46, 45130 Essen, T: (0201) 77 29 92 (p), 77 18 27 (d), Telefax: (0201) 77 29 92 (p), 7 22 17 61 (p), e-mail: zapfe.wolfgang@t-online.de)
LSB Hessen: Lutz Arndt (Bolongarostr. 133, 65929 Frankfurt, T: (069) 30 68 63 (p), (06196) 96 62 24 (d), Telefax: (069) 33 32 76 (p))
LSB Brandenburg: Dr. Werner Bielagk (Dorfstr. 8, 03205 Ogrosen; OSP Cottbus/Frankfurt-Oder, Dresdner Str. 18, 03050 Cottbus, T/Fax: (035436) 41 43 (p), T: (0355) 48 62-20/22 (d), Telefax: (0355) 48 62-25/27 (d))
LSB Berlin: Dr. Dietrich Gerber (Hansastr. 156, 13088 Berlin, T: (030) 9 60-9791 (d), Telefax: (030) 9 60-9539 (d))
LSB Sachsen: Günter Halgasch (R.-Bergander-Ring 18, 01219 Dresden, T: (0351) 2 81 96 01 (p), 4 94 61 11 65 (d), Handy: (0171) 3 50 70 21, Telefax: (0351) 4 94 61 11 69 (d))
LSB Sachsen-Anhalt: Prof. Dr. Klaus-Dieter Malzahn (Mittelstr. 11, 06420 Gerlebogk, T/Fax: (034691) 2 01 03 (p), (0345) 64 00 25 (d), Telefax: (0345) 5 51 13 95)
LSV Saarland: Gerd Meyer (Überhofener Str. 40, 66346 Püttlingen, T: (06806) 28 02 (p), (0681) 5 00 22 65 (d), Telefax: (06806) 44 05 50 (p))
LSV Schleswig-Holstein: Thomas Mittelstädt (Birkenweg 2a, 24257 Köln, T: (04385) 51 47 (p), (0431) 8 80 37 56 (d), Telefax: (0431) 8 80 37 83 (d))
Hamburger Sportbund: Günter Quast (Wählingsweg 20 f, 22459 Hamburg, T/Fax: (040) 5 59 64 83 (p))
LSB Thüringen: Lutz Rösner (Staatliches Gymnasium/Spezialschule für Sport, Wöllnitzer Str. 40, 07749 Jena, T: (03641) 38 15 10 (d), Telefax: (03641) 38 15 11 (d))
LSB Niedersachsen: Dr. Hedda Sander (Comeniusstr. 45, 38102 Braunschweig, T: (0531) 2 70 25 78 (p))
LSB Mecklenburg-Vorpommern: Winfried Schneider (Schutenwirdel 5, 17258 Feldberg, T: (039831) 2 24 43 (p), (0395) 3 68 20 33 (d))
LSB Rheinland-Pfalz: Bernhard Schwank (Nieder-Olmer-Pfad 49, 55270 Klein-Winternheim, T: (06136) 8 53 10 (p), (0611) 3 53 12 80 (d), Telefax: (0611) 3 53 16 97 (d))
LSV Baden-Württemberg: Jörg Schwenk (Walter-Flex-Str. 4, 70619 Stuttgart, T: (0711) 47 12 01 (p), 9 04 28 00 (d), Telefax: (0711) 9 04 24 08 (d))
Bayerischer LSV: Peter Schuster (Loisachstr. 3, 82491 Grainau, T: (08821) 8 19 63 (p), (089) 15 70 25 01 (d), 15 70 26 03 (d), Telefax: (08821) 8 19 23 (p))
LSB Bremen: Allmut Sellke (Franklinstr. 67, 28357 Bremen, T: (0421) 27 15 04 (p))
Jörg Ziegler (c/o Deutscher Sportbund, Geschäftsbereich Leistungssport, T: (069) 67 00-355 (d), Telefax: (069) 6 77 23 92 (d))
Ständige Gäste: Min.-Rat Dr. Hartwig Stock (Bundesministerium des Innern, SH I 2, Postf. 17 02 90, 53108 Bonn, T: (01888) 6 81 49 36, Telefax: (01888) 68 15 36 13, 6 81 49 21 10)
Min.-Rat Klaus Paul (Hessisches Kultusministerium, Abt. II B 4 (Vertreter der Kultusministerkonferenz/Kommission "Sport"), Luisenplatz 10, 65185 Wiesbaden, T: (0611) 3 68 22 25 (d), Telefax: (0611) 3 68 20 98 (d))
Karl-Hans Pezold ((AG Leistungssport d. Sportreferenten) Min. f. Bildung, Jugend u. Sport, Ref. Sportentwicklung/-förderung, Heinr.-Mann-Allee 107, 14473 Potsdam, T: (0331) 8 66 38 86, Telefax: (0331) 8 66 38 87)
N. N.
Andreas Decker (Vertreter Landessportbünde, stellv. Vors.; Heinrich-Heine-Str. 26a, 08115 Lichtentanne, priv. T/Fax: (0375) 7 88 35 96, dienstl. Fax: (037756) 17 10, 17 15 55, Mobil: (0171) 6 18 48 10)
Sabine Reuss (Vertreterin Landessportbünde, Jägerstr. 29, 99544 Zella-Mehlis, T: (036842) 2 22 09, priv. (03682) 4 23 27, Fax (036842) 2 22 13, 2 22 09)
Heiner Gabelmann (Vertreter Beirat der Sportdirektoren; Deutscher Schützenbund, Schießsportschule, Lahnstr. 120, 65195 Wiesbaden, T: (0611) 46 80 70, Fax: 4 68 07 49)
Armin Baumert (Leitender Direktor; Deutscher Sportbund, Geschäftsbereich Leistungssport, Otto-Fleck-Schneise 12, 60528 Frankfurt/M., T: (069) 67 00-246, Fax: 6 77 23 92)
Rolf Ebeling (Sportdirektor; Deutscher Sportbund, Geschäftsbereich Leistungssport, Otto-Fleck-Schneise 12, 60528 Frankfurt/M., T: (069) 67 00-242, Fax: 6 77 23 92)
Geschäftsführer(in): Edda Bartz (Abt. OSP (DSB), Otto-Fleck-Schneise 12, 60528 Frankfurt, T: (069) 67 00-259, Telefax: (069) 6 77 23 92)

Beirat der Sportdirektoren

Vorsitzende(r): Frank Hensel (Deutscher Leichtathletik-Verband; Alsfelder Str. 27, 64289 Darmstadt, T: (06151) 77 08 30, Fax: 77 08 11)
Stellvertretende(r) Vorsitzende(r): Michael Müller (Deutcher Ruderverband; Maschstr. 20, 30169 Hannover, T: (0511) 98 09 40, Fax: 9 80 94 25)
Günter Schumacher (Deutsche Eisschnellauf-Gemeinschaft, Ludwig-Prager-Str. 43, 83059 Kolbermoor, T: (089) 89 12 03 11, Fax: 12 03 29)
Heiner Gabelmann (Deutcher Schützenbund; Lahnstr. 120, 66195 Wiesbaden, T: (0611) 46 80 70, Fax: 4 68 07 49)

Thomas Pfüller (Deutscher Skiverband; Hubertusstr. 1, 82152 Planegg bei München, T: (089) 85 79 00, Fax: 85 79 02 47)
Ständige Gäste: Heiner Henze (NOK für Deutschland; Otto-Fleck-Schneise 12, 60528 Frankfurt/M., T: (069) 67 00-234, Fax: 6 77 12 29)
Josef Nehnen (Streitkräfteamt, Abt. IV 1/Spitzensport, Rosenburgweg 27, 53115 Bonn, T: (0228) 53 39 87 25, Fax: 9 10 68 50)
(Vertreter des Beirats der LA-L) Peter Schwarz (Landessportbund Berlin, Referat Leistungssport, Jesse-Owens-Allee 2, 14052 Berlin, T: (030) 30 00 21 80, Fax: 30 00 21 07)
Geschäftsführer(in): Wolfgang Kindinger (Geschäftsbereich Leistungssport; (DSB) Otto-Fleck-Schneise 12, 60528 Frankfurt/M., T: (069) 67 00-0)

Beirat der Trainerinnen und Trainer
Vorsitzende(r): Heiner Brand (Lebrechtstr. 3, 51643 Gummersbach, T: (02261) 2 52 02, Fax: 6 73 85, Handy (0171) 7 72 91 81)
Stellvertretende(r) Vorsitzende(r): Paul Schmidt (Fremersberger Str. 125a, 76539 Baen-Baden, T: (0175) 5 20 75 43)
Ursula Klinger (Auf der Hüls 78, 5280 Aachen, T: (0241) 2 32 06, Fax: 4 99 99, Handy: (0172) 3 86 23 34, E-Mail: ulklinger@aol.com)
Helmut Ranze (Schlesienstr. 6, 67551 Worms, priv. T: (06241) 3 45 29, Fax: 3 77 01, Handy: (0171) 5 06 50 00)
Frank Wieneke (Pattweg 4, 50259 Danzweiler-Pulheim, priv. T: (02234) 8 25 12, dienstl. T: (0221) 48 36 38)
Geschäftsführer(in): Rolf Ebeling (Geschäftsbereich Leistungssport, Abt. Verbandsförderung, (DSB) Otto-Fleck-Schneise 12, 60528 Frankfurt/M., T: (069) 67 00-242)

Wissenschaftlich-Medizinischer Beirat
Vertreter der Inneren Medizin/Leistungsphysiologie/ Orthopädie/Traumatologie:
Vorsitzende(r): Dr. Thomas Hess
Vertreter der Biomechanik/Trainingswissenschaft/Ingenieurwissenschaften:
Stellvertretende(r) Vorsitzende(r): Prof. Dr. Jürgen Krug (Universität Leipzig, Fakultät für Sportwissenschaft, Institut für allgemeine Trainings- und Bewegungswissenschaft, Jahnallee 59, 04109 Leipzig, T: (0341) 97 31-671/670, Fax: 97 31-695)
Vertreter der Inneren Medizin/Leistungsphysiologie/ Orthopädie/Traumatologie:
Prof. Dr. Wilfried Kindermann (Fachbereich Klinische Medizin der Universität des Saarlandes, Institut für Sport- und Präventivmedizin; Postf. 15 11 50, 66041 Saarbrücken, T: (0681) 3 02-3750, Fax: 3 02-4296)
Prof. Dr. Klaus Roth (Universität Heidelberg, Institut für Sport und Sportwissenschaft; Im Neuenheimer Feld 710, 69120 Heidelberg, T: (06221) 54 46 42/43, Fax: 54 43 46)
Vertreter der Sportpsychologie/Sportpädagogik/Sportsoziologie:
PD Dr. Eike Emrich (Olympiastützpunkt Rheinland-Pfalz/ Saarland, Hermann-Neuberger-Sportschule, Im Stadtwald, 66123 Saarbrücken, T: (0681) 3 87 91 40, Fax: 3 87 91 51)
Ständige Gäste: MR Klaus van Bebber (Bundesministerium des Innern Abt. SH I 1, Postf. 17 02 90, 53108 Bonn, T: (0228) 6 81-3898, Fax: (0228) 6 81-5515)
Dr. Martin-Peter Büch ((Bundesinstitut für Sportwissenschaft; Carl-Diem-Weg 4, 50933 Köln, T: (0221) 49 79-(0)-100, Fax: 49 51 64)
Geschäftsführer(in): Dr. Friedrich Krüger (Geschäftsbereich Leistungssport, Abt. Olympiastützpunkte; e-mail: krueger@dsb.de)

Redaktionskollegium der Zeitschrift Leistungssport
Mitglieder: Dr. h.c. Peter Tschiene (Chefredakteur; Jahnstr. 125 b, 64285 Darmstadt, dienstl. T: (06251) 16 53 61, Fax: (06151) 16 36 61, priv. T: (06151) 42 43 45)
Dr. Gudrun Fröhner (Institut für Angewandte Trainingswissenschaft (IAT), Marschnerstr. 29, 04109 Leipzig, T: (0341) 4 94 52 78, Fax: 4 94 54 00)
Prof. Dr. H.-H. Dickhuth (Med. Klinik und Poliklinik, Abt. Sportmedizin, Hölderlinstr. 11, 72074 Tübingen, T: (07071) 29 64 93, Fax: 29 51 62)
Prof. Dr. Günter Hagedorn (c/o Supermarket Berettas, GR-49081 Afionas-Sterneri, T/Fax: (0030663) 5 19 25)
Dipl.-Psych. Erwin Hahn (Walporzheimer Str. 112, 53484 Bad Neuenahr-Ahrweiler, T: (02641) 3 41 30)
Prof. Dr. Jürgen Krug (Universität Leipzig, Sportwisenschaftliche Fakultät, Jahnallee 59, 04109 Leipzig, T: (0341) 9 73 16 71, Fax: 9 73 16 95)
Prof. Dr. Arnd Krüger (Institut für Sportwissenschaften der Georg-August-Universität, Sprangerweg 2, 37075 Göttingen, T: (0551) 39 56 51, Fax: 39 56 41)
Prof. Dr. Stephan Starischka (Untermühle 2, 63526 Erlensee, dienstl. T: (0231) 75 52 14, priv. Fax: (06183) 24 10)
Geschäftsführer(in): Helmut Nickel (Redakteur; Abt. Olympiastützpunkte)

Jury "Grünes Band":
Vorsitzende(r): Armin Baumert (Deutscher Sportbund, Geschäftsbereich Leistungssport, Otto-Fleck-Schneise 12, 60528 Frankfurt/M., T: (069) 67 00-246, Fax: 6 77 23 92)
Mitglieder: Ass. Peter Gattineau (Eifelstr. 5, 65232 Taunusstein, T: (06128) 4 52 87, Fax: 94 73 01)
Cornelia Hanisch (Keltenring 85, 63128 Dietzenbach, T/Fax: (0674) 2 69 00)
Raimar Lachmann (Generalsekretär des Deutschen Segler-Verbandes, Gründgensstr. 18, 22309 Hamburg, T: (040) 63 20-090/0922, Fax: 63 20 09 28)
Hans-Joachim Wassmann (Gronaustr. 14, 65205 Wiesbaden-Erbenheim, T/Fax: (0611) 71 13 58)
Manfred Birkholz (Agentur für Sportkommunikation, Liebigstr. 20, 60323 Frankfurt/M., T: (069) 72 68 68, Fax: 72 70 18)
Marion Poulkaris (Birkholz & Jedicki GmbH; Agentur für Sportkommunikation, Liebigstr. 20; 60323 Frankfurt/M., T: (069) 72 68 68, Fax: 72 70 18)
Geschäftsführer(in): Edda Bartz (Geschäftsbereich Leistungssport)

Arbeitskreis "Eliteschulen des Sports"
Vorsitzende(r): Ulrich Feldhoff (Holtener Str. 122, 46149 Oberhausen, T/Fax: (0208) 64 23 93)
Mitglieder: Cornelia Hanisch (Keltenring 85, 63128 Dietzenbach, T: (0674) 2 69 00)
Dr. Dietrich Beier (Bankgesellschaft Berlin AG, Alexanderplatz 2, 10178 Berlin, T/Fax: (030) 24 55 00)
Wolfgang Bück (Deutscher Sparkassen- und Giroverband, Behrensstr. 31, 10117 Berlin, T: (030) 2 02 25-278, Fax: 2 02 25-484, Handy: (0172) 2 52 40 69)
MR Dietmar Hiersemann (Ministerium für Stadtentwicklung, Kultur und Sport des Landes Nordrhein-Westfalen, Völklinger Str. 49, 40221 Düsseldorf, T: (0211) 86 18 33 88)
Gerd Klein (Vertreter der DSH; Stiftung Deutsche Sporthilfe, Burnitzstr. 42, 60596 Frankfurt/M., T: (069) 67 8 03(0)-41, Fax: 67 80-375)
Karl-Hans Pezold (Ministerium für Bildung, Jugend und Sport, Ref. Sportentwicklung und Sportförderung, Heinrich-Mann-Allee 107, 14473 Potsdam, T: (0331) 8 66-3886, Fax: 8 66-3887/3853)
Dr. Klaus Steinbach (Vertreter des NOK; c/o Hochwald-Klinik, Postach, 66707 Weiskirchen, T: (06876) 17 30 00, Fax: 17 30 10)
Armin Baumert (Deutscher Sportbund, Geschäftsbereich Leistungssport, Otto-Fleck-Schneise 12, 60528 Frankfurt/M., T: (069) 67 00-246, Fax: 6 77 23 92)
Geschäftsführer(in): Armin Baumert (Deutscher Sportbund, Geschäftsbereich Leistungssport, T: (069) 67 00-246, -247, Fax: 6 77-2392)
Otto Hug (Deutscher Sportbund, Geschäftsbereich Leistungssport, T: (069) 67 00-246, -247, Fax: 6 77-2392)

KOMMISSIONEN

Medienkommission:

Vorsitzende(r): Prof. Dr. Günther von Lojewski (Schwabener Weg 10, 85630 Neukeferloh, T/Fax: (089) 46 72 18)
Stellvertretende(r) Vorsitzende(r): Hans Hansen (Am Noor 4a, 24960 Glücksburg, T: (04631) 80 65 (p), (0431) 6 48 61 00 (d), Telefax: (04631) 33 27 (p))
Mitglieder: Hagen Boßdorf (Wichgrafstr. 17, 14482 Potsdam, T: (0331) 7 31 38 45)
Ebba Busch (Hauptstr. 75, 67714 Waldfischbach, T/Fax: (06333) 39 77)
Rudi Cerne (Im Heegholz 6, 63517 Rodenbach, T: (06131) 70 23 18, Telefax: (06131) 5 38 17)
Dr. Falko von Falkenhayn (Brandenburgische Str. 36, 10707 Berlin, T: (030) 89 05-10 00, Telefax: (030) 8 91 40 01)
Hans Dieter Krebs (Holbeinweg 10, 50129 Bergheim, T: (02183) 2 15, Telefax: (02183) 45 00 95)
Dr. Rolf Müller (Ulmenstr. 9, 63571 Gelnhausen, T: (06051) 1 76 55, Telefax: (06051) 1 81 18)
Prof. Dr. Helmut Thoma (Aachener Str. 1036, 50858 Köln, T: (0221) 4 56-10 00/10 81, Telefax: (0221) 4 56-10 96, e-mail: helmut.thoma@rtl.de)
Birger Tiemann (Feuerbachstr. 23, 65195 Wiesbaden, T: (0611) 4 68 07 58, Telefax: (0611) 4 68 07 62, e-mail: tiemann@schuetzenbund.de)
Dr. Stefan Ziffzer (Robert-Bürkle-Str. 2, 85737 Ismaning, T: (089) 99 56-28 98, Telefax: (089) 99 56-28 96, e-mail: stefan_ziffzer@kirchgruppe.de)
Geschäftsführer(in): Dr. Holger Niese ((DSB) T: (069) 67 00-2 63, Telefax: (069) 67 25 81, e-mail: niese@dsb.de)

Kommission Schulsport

Vorsitzende(r): Norbert Petry (Gerberaweg 12, 53123 Bonn, T: (0228) 74 74 40, Telefax: (0228) 74 74 46, e-mail: norbert.petry@t-online.de)
Dr. Klaus Balster (Bergstr. 71, 44625 Herne, T: (02323) 4 02 65, Telefax: (02323) 46 03 89, e-mail: klaus.balster@dortmund.netsurf.de)
Dr. Helge Hebestreit (Am Altenberg 24, 97078 Würzburg-Versbach, T: (0931) 2 01 37 28, Telefax: (0931) 2 01 22 42, e-mail: hebestreit@mail.uni-wuerzburg.de)
Prof. Dr. Christa Helmke (Tiroler Damm 11, 14478 Potsdamm, T: (0331) 9 77 10 24, Telefax: (0331) 9 77-10 43)
Günter Mayer (Wolfsweg 9, 73553 Adelstetten, T: (07171) 98 96 20, Telefax: (07171) 98 91 18)
Svea Rojan ((LSB) Otto-Fleck-Schneise 4, 60528 Frankfurt/M., T: (06190) 7 10 00, Telefax: (06190) 9 30 21, e-mail: svea.rojahn@t-online.de)
Sabine Sabinarz-Otte (Görresstr. 13, 53113 Bonn, T: (0228) 26 99-314/-414, Telefax: (0228) 26 99-424)
Prof. Dr. Volker Scheid (Fb 03-Fachr. Sportwissenschaft, Heinrich-Plett-Str. 40, 34132 Kassel, T: (0561) 8 04 44 16, Telefax: (0561) 8 04 43 40)
Winfried Schneider (Clara-Zetkin-Straße 15b, 17033 Neubrandenburg, T/Fax: (0395) 36 82 03 38, e-mail: win.schneider@t-online.de)
Michael Voss (Nibelungenstr. 25, 90461 Nürnberg, T: (089) 15 70 25 34, Telefax: (0911) 49 97 63)
Geschäftsführer(in): Dr. Gerhard Trosien ((DSB) Otto-Fleck-Schneise 12, 60528 Frankfurt/M., T: (069) 67 00-2 84, Telefax: (069) 67 49 06, e-mail: trosien@dsb.de)

Kommission Sport und Gesundheit:

Prof. Dr. med. Dr. phil. Winfried Banzer ((Beauftr. f. Sport u. Gesundheit; LSB Hessen), Univ. Frankfurt, 60487 Frankfurt/M., T:(069) 7 98-2 45 43, Telefax: (069) 7 98-2 45 92, e-mail: banzer@sport.uni-frankfurt.de)
Dr. med. J. Engelbrecht ((Bundesärztekammer) Herbert-Lewin-Str. 1, 50931 Köln, T: (0221) 40 04-4 10, Telefax: (0221) 40 04-3 88, e-mail: cme@baek.dgn.de)
Prof. Dr. med. Johanna Hübscher ((Deutsche Ges. f. Sprtmedizin u. Prävention) Uni Jena, Wöllnitzer Str. 42, 07769 Jena, T: (03641) 94 56 50, Telefax: (03641) 94 56 52)
Pia Pauly ((Deutscher Turner-Bund) Otto-Fleck-Schneise 8, 60528 Frankfurt/M., T: (069) 6 78 01-1 36, Fax: (069) 6 78 01-1 79)
Heiner Rust ((Deutscher Behinderten-Sportverband) Bodeweg 50, 30851 Langenhagen, T:(0511) 73 87 76)
Lydia Sigl ((Bayerischer Landes-Sportverband) Lodronstr. 16, 84095 Fuhrt b. Landshut, T: (089) 1 57 02-6 22, Telefax: (08704) 85 96)
Prof. Dr. med. Jürgen Frhr. v. Troschke ((Dt. Koordinierungsstelle f. Gesundheitswiss.) Albert-Ludwigs-Universität Freiburg, Hebelstr.29, 79104 Freiburg i. Br., T: (0761) 2 03-55 18, Fax: 2 03-55 16, e-mail: jvt@uni-freiburg.de)
Prof. Dr. Ulrike Ungerer-Röhrich ((Martin-Luther-Universität Halle-Wittenberg) Inst. f. Sportwissenschaft, 06099 Halle, T: (0345) 5 52 44 40, Telefax: (0345) 5 52 70 54, e-mail: ungerer-roehrich@t-online.de)
Ständiger Gast: Dr. Dirk Lümkemann (Dt. Gesellschaft für Sportmedizin und Prävention, Hugstetter Str. 55, 79106 Freiburg, T: (0761) 2 70 74 56, 2 02 48 81)
Geschäftsführer(in): Dr. phil. Sabine Wedekind ((DSB) Otto-Fleck-Schneise 12, 60528 Frankfurt/M., T: (069) 67 00-3 25, Telefax: (069) 67 40 95, e-mail: wedekind@dsb.de)

ad-hoc Kommission Sportstättenentwicklung
Vorsitzende(r): Dr. Lutz Bengtsch ((Landessportbund Sachsen-Anhalt) Thietmanstr. 18, 39029 Magdeburg, T: (0391) 2 56 01 08, Telefax: (0391) 56 01 00)
Mitglieder: MR Hermann Bringmann ((Niedersächsisches Innenministerium) Postf. 2 21, 30002 Hannover, T: (0511) 1 20 62 82, Telefax: (0511) 1 20 65 70)
Horst Delp ((Landessportbund Hessen) Otto-Fleck-Schneise 4, 60528 Frankfurt, T: (069) 67 89-101/-266, Telefax: (069) 67 89-118, e-mail: sport-in-hessen@t-online.de)
Rainer Hipp ((LSV Baden-Württemberg) Im Zinsholz, 73760 Ostfildern, T: (0711) 3 48 07-10, Telefax: (0711) 3 48 07-13, e-mail: info@lsv.sportin-bw.de)
Jan Kern ((DLV) Alsfelder Str. 27, 64289 Darmstadt, T: (06151) 77 08 20, Telefax: (06151) 77 08 12)
Peter Ott (BISp, Carl-Diem-Weg 4, 50933 Köln, T: (0221) 49 79-150, Telefax: (0221) 49 51 64)
Prof. Frieder Roskam ((IAKS) Carl-Diem-Weg, 50933 Köln, T/Fax: (0221) 4 91 29 91, e-mail: iaks@t-online.de)
Geschäftsführer(in): Dr. Hans Jägemann ((DSB) Otto-Fleck-Schneise 12, 60528 Frankfurt/M., T: (069) 67 00-2 80, Telefax: (069) 6 70 23 17)

ad-hoc Kommission Umwelt

Vorsitzende(r): Erwin Lauterwasser (Rosenweg 2, 79199 Kirchzarten, T: (07661) 98 05 04, Telefax: (07661) 98 05 03)
Mitglieder: Prof. Dr. Gerhard Schillak (Virchowstr. 18, 39104 Magdeburg, T: (0391) 6 71 47 29, Telefax: (0391) 6 71 47 05, e-mail: gerhard.schillak@gse-w.unimagdeburg.de)
Gerhard Philipp Süß ((Deutscher Segler-Verband) Gründgensstr. 18, 22309 Hamburg, T: (040) 63 20 09 22, Telefax: (040) 63 20 09 28, e-mail: info@dsv.org)
Thomas Wilken ((Sport mit Einsicht e.V.) Altonaer Poststr. 13, 22767 Hamburg, T: (040) 30 68 51 50, Telefax: (040) 30 68 51 55, e-mail: wilken@konter21.de)
Stefan Witty ((Deutscher Alpenverein) Von-Kahr-Str. 2-4, 80997 München, T: (089) 1 40 03-72, Telefax: (089) 1 40 03 64, e-mail: stefan_witty@alpenverein.de)
Experten: Georg Fritz ((Bundesamt für Naturschutz) Konstantinstr. 110, 53179 Bonn, T: (0228) 84 91-403, Telefax: (0228) 84 91-480, e-mail: fritz@bfn.de)
Prof. Reinhard Sander ((Deutscher Naturschutzring) Böhmerstr. 3, 60323 Frankfurt/M., T: (069) 72 55 06)
Geschäftsführer(in): Dr. Hans Jägemann ((DSB) Otto-Fleck-Schneise 12, 60528 Frankfurt/M., T: (069) 67 00-2 80, Telefax: (069) 6 70 23 17, e-mail: jaegemann@dsb.de)

Anti-Doping Kommission
Vorsitzende(r): Prof. Dr. Ulrich Haas (Am Parkfeld 2i, 65203 Wiesbaden, T: (06131) 3 92 21 46)
Stellvertretende(r) Vorsitzende(r): Prof. Dr. Dirk Clasing (Lohöfener Weg 31, 48153 Münster, T: (0251) 7 79 51 91, Telefax: (0251) 79 66 10, e-mail: clasing@uni-muenster.de)
Mitglieder: Chris-Carol Bremer (Am Isenbrink 2a, 30926 Seelze, T: (0531) 39 13)
Volker Grabow (Bentenweg 38, 58454 Witten, T: (0231) 7 55 41 06, Fax: (0231) 7 55 41 03, e-mail: grabow@sport.uni-dortmund.de)
Liesel Westermann-Krieg (Wilzhauser Weg 38, 42697 Solingen, T: (0212) 7 75 31, Fax: (0212) 7 69 00, e-mail: krieg@today.de)
Markus Hauptmann (White & Case, Feddersen, Stiftstr. 9-13, 60313 Frankfurt, T: (069) 29 99 94-(0)-276, Fax: 28 26 15,

Hoppenstedt

u 2 471

Handy: (0172) 6 94 32 51
Gäste: Dr. Martin-Peter Büch ((Bundesinstitut für Sportwissenschaft) Carl-Diem-Weg 4, 50933 Köln, T: (0221) 4 97 91 00, Telefax: (0221) 49 51 64, e-mail: info@bisp.de)
Prof. Dr. R. Klaus Müller (Institut f. Dopinganalytik u. Sportbiochemie) Dresdner Str. 12, 01731 Kreischa, T: (035206) 20 60, Telefax: (035206) 2 06 20, e-mail: dopinganalytik.kreischa@t-online.de)
Prof. Dr. Wilhelm Schänzer (Sporthochschule Köln - Institut f. Biochemie, Carl-Diem-Weg 6, 50933 Köln, T: (0221) 4 98 24 92, Fax: 4 97 32 36)

Referat Anti-Doping
Geschäftsführer(in): Jürgen Barth ((DSB) Otto-Fleck-Schneise 12, 60528 Frankfurt/M., T: (069) 67 00-2 49, Telefax: (069) 67 25 81)

Wassersportkommission
Vorsitzende(r): Dr. Wolfgang Paul (Wandsbeker Marktstr. 97, 22041 Hamburg, T: (040) 6 52-40 81, Telefax: (040) 68 76 33)
Beauftragter: Dr. Harald Seiler (Hinsenkampstr. 19, 53129 Bonn, T: (0228) 50 92 68, Telefax: (0228) 50 92 01)
Mitglieder: Ulrich Clausing ((Deutscher Kanu-Verband) Bertaallee 8, 47055 Duisburg, T: (0203) 9 97 59 31, Telefax: (0203) 9 97 59-60, e-mail: service@kanu.de)
Ernst Teschke ((Dt. Motoryachtverband) Paul-Egall-Str. 3, 67346 Speyer, T/Fax: (06232) 7 74 09)
Heiko Hüller ((Deutscher Wasserski-Verband) Schmerberger Weg 81, 14548 Caputh, T: (033209) 7 03 48, Telefax: (033209) 7 00 85)
Helmut Griep (Wilhelm-Raabe-Str. 12, 31787 Hameln, T: (0511) 8 20 10 14-17, Telefax: (0511) 8 20 10-38)
Barbara Eckle (Beethovenstr. 17, 76689 Karlsdorf, T/Fax: (07251) 4 12 00)
Ludger Schulte-Hülsmann ((DLRG) Postf. 1251, 31537 Bad Nenndorf, T: (05723) 95 54 00, Telefax: (05723) 95 54 99, e-mail: schulte-huelsmann@bgst.dlrg.de)
Geschäftsführer(in): Hermann Latz (DSB) Otto-Fleck-Schneise 12, 60528 Frankfurt/M., T: (069) 67 00-3 47, Telefax: (069) 67 25 81, e-mail: latz@dsb.de)
Verbandszeitschrift: DSP Presse
Redaktion: Harald Pieper
Mitglieder: über 26000000 in 90 Verbänden
Mitarbeiter: rund 130
Jahresetat: DM 75 Mio, € 38,35 Mio

MITGLIEDSORGANISATIONEN

A) Landessportbünde

u 2 451
Landessportverband Baden-Württemberg
Geschäftsstelle:
Im Zinsholz, 73760 Ostfildern
T: (0711) 3 48 07-0 **Fax:** 3 48 07-13
Präsident(in): Anton Häffner
Hauptgeschäftsführer(in): Rainer Hipp

u 2 452
Badischer Sportbund (Nord)
Geschäftsstelle:
Stephanienstr. 86, 76133 Karlsruhe
T: (0721) 18 08-10 **Fax:** 18 08-28
Präsident(in): N. N.
Geschäftsführer(in): Reinhard Stark

u 2 453
Badischer Sportbund (Süd)
Geschäftsstelle:
Wirthstr. 7, 79110 Freiburg
T: (0761) 1 52 46-0 **Fax:** 1 52 46-31
Präsident(in): Gundolf Fleischer (Im Bohrer 35, 79289 Horben)
Geschäftsführer(in): Matthias Krause

u 2 454
Württembergischer Landessportbund
Geschäftsstelle:
Goethestr. 11, 70174 Stuttgart
T: (0711) 2 29 05-0 **Fax:** 2 29 05-20
Präsident(in): Stefan Schlaegel (Bergstr. 43, 73733 Esslingen, T: (0711) 2 29 05 34 ü/WLSB, Fax: (0711) 2 29 05 20 ü/WLSB)
Hauptgeschäftsführer(in): Heinz-Wolfgang Mörbe

u 2 455
Bayerischer Landes-Sportverband
Geschäftsstelle:
Georg-Brauchle-Ring 93, 80992 München
T: (089) 1 57 02-0 **Fax:** 1 57 02-444
TX: 524 813
Präsident(in): Prof. Dr. Peter Kapustin (Inst. f. Sportwissenschaft, Judenbühlweg 11, 97082 Würzburg, T: (0931) 8 88 65 00, Fax: (0931) 8 43 90)
Hauptgeschäftsführer(in): Richard Didyk

u 2 456
Landessportbund Berlin
Geschäftsstelle:
Jesse-Owens-Allee 2, 14053 Berlin
T: (030) 3 00 02-0 **Fax:** 3 00 02-107
TX: 182 835
Präsident(in): Peter Hanisch (Jesse-Owens-Allee 2, 14053 Berlin, T: (030) 30 00 21 11)
Direktor(in): Norbert Skowronek

u 2 457
Landessportbund Brandenburg
Geschäftsstelle:
Haus des Sports
Schopenhauerstr. 34, 14467 Potsdam
T: (0331) 9 71 98-0 **Fax:** 9 71 98-34
Präsident(in): Edwin Zimmermann (MDL)
Sportdirektor: Andreas Gerlach

u 2 458
Landessportbund Bremen
Geschäftsstelle:
Eduard-Grunow-Str. 30, 28203 Bremen
T: (0421) 7 92 87-0 **Fax:** 7 18 34
Präsident(in): Ingelore Rosenkötter (Tresckowstr. 1, 28203 Bremen, T: (0421) 3 40 31 30 d., 7 20 59 p., Fax: (0421) 70 42 22)
Geschäftsführer(in): Klaus Peter

u 2 459
Hamburger Sportbund
Geschäftsstelle:
Haus des Sports
Schäferkampsallee 1, 20357 Hamburg
T: (040) 4 19 08-0 **Fax:** 4 19 08-2 74
Präsident(in): Klaus-Jürgen Dankert (Schäferkampsallee 1, 20357 Hamburg)
Hauptgeschäftsführer(in): Jochen Peter Lammers
Geschäftsführer(in): Erwin Tasche

u 2 460
Landessportbund Hessen e.V.
Geschäftsstelle:
Otto-Fleck-Schneise 4, 60528 Frankfurt
T: (069) 67 89-0 **Fax:** 67 89-109
Präsident(in): Dr. Rolf Müller (Ulmenstr. 9, 63571 Gelnhausen, T: (06051) 1 76 55 p., Fax: 1 81 18 p.)
Hauptgeschäftsführer(in): Ralf Koch
Geschäftsführer(in): Franz Zimprich

u 2 461
Landessportbund Mecklenburg-Vorpommern e.V.
Geschäftsstelle:
Wittenburger Str. 116, 19059 Schwerin
T: (0385) 7 61 76-0 **Fax:** 7 61 76-31
Präsident(in): Wolfgang Remer (Bahnhofstr. 28, 19079 Sukow, T: (03861) 21 98)
Geschäftsführer(in): Jürgen Flehr

u 2 462
Landessportbund Niedersachsen
Geschäftsstelle:
Postf. 37 60, 30037 Hannover
Ferdinand-Wilhelm-Fricke-Weg 10, 30169 Hannover
T: (0511) 12 68-0 **Fax:** 12 68-190
Präsident(in): Prof. Dr. Wolf-Rüdiger Umbach (Steinkuhle 3, 38154 Königslutter, T: (05331) 93 91 00 d., Fax: 93 91 18 d., T/Fax: (05353) 56 16 p.)
Direktor(in): Reinhard Rawe (Sprecher der GL)

u 2 463
Landessportbund Nordrhein-Westfalen
Geschäftsstelle:
Friedrich-Alfred-Str. 25, 47055 Duisburg
T: (0203) 73 81-0 **Fax:** 73 81-616
TX: 855 1270
E-Mail: lsb-nrw@t-online.de
Präsident(in): Richard Winkels (Düsternstr. 79, 48231 Warendorf, T: (02581) 23 22)
Hauptgeschäftsführer(in): Walter Probst

u 2 464
Landessportbund Rheinland-Pfalz
Geschäftsstelle:
Rheinallee 1, 55116 Mainz
T: (06131) 28 14-0 **Fax:** 28 14-120
Internet: http://www.lsb-rlp.de
E-Mail: lsb@lsb-rlp.de
Präsident(in): Prof. Dr. Rüdiger Sterzenbach (T: (02689) 70 62 p.)
Hauptgeschäftsführer(in): Lothar Westram
Geschäftsführer(in): Wolfgang Dieler
Rudi Bernhard

u 2 465
Landessportverband für das Saarland
Geschäftsstelle:
Hermann Neuberger Sportschule, Gebäude 54
66123 Saarbrücken
T: (0681) 38 79-0 **Fax:** 38 79-154
Präsident(in): Albert Wagner (Saarlouiser Str. 53, 66822 Lebach, T: (0681) 38 79-300 d., Fax: 38 79-302 d., T: (06881) 21 60 p., Fax: 12 90 p.)
Hauptgeschäftsführer(in): Bernhard Gill

u 2 466
Landessportbund Sachsen
Geschäftsstelle:
Marschnerstr. 29, 04109 Leipzig
T: (0341) 2 16 31-0 **Fax:** 9 80 93 90
Präsident(in): Hermann Winkler (MdL)
Generalsekretär(in): Dr. Ulf Tippelt (T: (0341) 2 16 31-28)

u 2 467
Landessportbund Sachsen-Anhalt
Geschäftsstelle:
Postf. 11 01 29, 06015 Halle
Maxim-Gorki-Str. 12, 06114 Halle
T: (0345) 52 79-0 **Fax:** 52 79-100
Präsident(in): Heinz Marciniak (Beethovenstr. 4, 06749 Bitterfeld, T: (03493) 2 25 80 p.)
Hauptgeschäftsführer(in): Gerd Henke

u 2 468
Landessportverband Schleswig-Holstein
Geschäftsstelle:
Winterbeker Weg 49, 24114 Kiel
T: (0431) 64 86-0 **Fax:** 64 86-190
Präsident(in): Hans Hansen (Am Noor 4 a, 24960 Glücksburg, T: (04631) 80 65, Telefax: (04631) 33 27)
Geschäftsführer u. Sprecher d. Geschäftsleitung: Manfred Konitzer-Haars (T: (0431) 64 86-147, Fax: (0431) 64 86-111)

u 2 469
Landessportbund Thüringen
Geschäftsstelle:
Arnstädter Str. 37, 99096 Erfurt
T: (0361) 3 40 54-0 **Fax:** 3 45 98 82
Präsident(in): Peter Gösel
Hauptgeschäftsführer(in): Rolf Beilschmidt

B) Spitzenverbände

u 2 470
Deutscher Aero Club e.V. (DAeC)
Bundesgeschäftsstelle:
Hermann-Blenk-Str. 28, 38108 Braunschweig
T: (0531) 2 35 40-0 **Fax:** 2 05 40-11
Internet: http://www.daec.de
E-Mail: info@daec.de
Präsident(in): Gerd Allerdissen (Neue Kampstr. 4, 23712 Malente, T: (04523) 53 50, Fax: 99 24 53)
Generalsekretär(in): Hans J. Fricke

u 2 471
Deutscher Alpenverein e.V. (DAV)
Geschäftsstelle:
Postf. 50 02 20, 80972 München
Von-Kahr-Str. 2-4, 80997 München
T: (089) 1 40 03-0 **Fax:** 1 40 03-11
Internet: http://www.alpenverein.de
E-Mail: info@alpenverein.de
1. Vorsitzende(r): Josef Klenner
Hauptgeschäftsführer(in): Alfred Siegert
Leitung Presseabteilung: Andrea Händel
Verbandszeitschrift: Panorama

Verbände, Behörden, Organisationen der Wirtschaft 2001

u 2 472
American Football Verband Deutschland
Geschäftsstelle:
Otto-Fleck-Schneise 12, 60528 Frankfurt
T: (069) 96 74 02 67   **Fax:** 96 73 41 48
Präsident(in): RA Robert Huber (Mozartstr. 20, 63179 Obertshausen, T: (06104) 49 94 50, Fax: (06104) 4 38 91)
Geschäftsführer(in): Thomas Meyer

u 2 473
Deutscher Athletenbund
Postf. 14 60, 69172 Leimen
Badener Platz 6, 69181 Leimen
T: (06224) 97 51 10-13   **Fax:** 97 51 14
Präsident(in): Claus Umbach (Zeisigweg 4, 34225 Baunatal, T: (05601) 8 72 11 (d) 49 64 01 (p), Fax: (05601) 80 50)
Generalsekretär(in): Rolf Feser

u 2 474
Deutscher Badminton-Verband
Geschäftsstelle:
Haus des Sports
Südstr. 25, 45470 Mülheim
T: (0208) 30 82 70   **Fax:** 3 58 99
Präsident(in): Prof. Dieter Kespohl (Rotenalstr. 33, 67691 Hochspeyer, T: (06305) 2 65, Fax: (06305) 18 43)
Geschäftsführer(in): Helmut Altmann

u 2 475
Deutscher Bahnengolf-Verband
Geschäftsstelle:
Alfred Schrod
Postf. 4 47, 55464 Simmern
T: (06761) 97 06 36 p.   **Fax:** 97 06 37 p.
Präsident(in): Alfred Schrod (Koblenzer Str. 5, 55469 Simmern, T: (06761) 97 06 36, Fax: 97 06 37)

u 2 476
Deutscher Baseball und Softball Verband
Geschäftsstelle:
Feldbergstr. 20-22, 55118 Mainz
T: (06131) 61 82 50   **Fax:** 61 86 50
Präsident(in): Martin Miller (Bergwerkstr. 16, 82439 Großweil, T: (08851) 93 18, Fax: 93 17)
Generalsekretär(in): Andreas Klages

u 2 477
Deutscher Basketball Bund
Geschäftsstelle:
Schwanenstr. 6-10, 58089 Hagen
T: (02331) 1 06-0   **Fax:** 1 06-179
E-Mail: bueker@basketball-bund.de
Präsident(in): Roland Geggus (Bruchsaler Weg 7, 76327 Pfinztal, Postf. 13 28, 76319 Pfinztal, T: (07240) 33 59 p., Telefax: (07240) 32 96 p.)
Generalsekretär(in): Peter Klingbiel

u 2 478
Deutscher Behinderten-Sportverband
Geschäftsstelle:
Sportschule Wedau
Friedrich-Alfred-Str. 10, 47055 Duisburg
T: (0203) 71 74-170   **Fax:** 71 74-178
Präsident(in): Theodor Zühlsdorf (Reichenberger Str. 44, 53604 Bad Honnef, T: (02224) 1 05 09 p., Fax: (02224) 1 02 50 p.)
Geschäftsführer(in): Dieter Keuther
Durchführung des Behindertensports. Durchführung des Paragraph 11 a BVG (Versehrtenleibesübungen) und Paragraph 5 Abs. 6 Reha AnglG (ambulanter Behindertensport).

u 2 479
Deutsche Billard-Union
Geschäftsstelle:
Hiberniastr. 17, 46240 Bottrop
T: (02041) 7 96 10   **Fax:** 79 61 11
Präsident(in): Wolfgang Rittmann

u 2 480
Bob- und Schlittenverband für Deutschland
Geschäftsstelle:
An der Schießstätte 6, 83471 Berchtesgaden
T: (08652) 95 88-0   **Fax:** 95 88-22
TX: 56 213
Präsident(in): Klaus Kotter (Hochplattenstr. 5, 83209 Prien, T: (08051) 39 98, Telefax: (08051) 6 33 73)
Geschäftsführer(in): Stefan Krauß

u 2 481
Deutscher Boccia-, Boule- und Pétanque-Verband
Geschäftsstelle:
Andrea Bärthlein
Obstmarkt 10, 90403 Nürnberg
T: (0911) 22 11 97   **Fax:** 22 11 97
E-Mail: andrea.baerthlein@planet-interkom.de
Präsident(in): Alfred Geierhos (Boccia; Pétanque)
Guiseppe Venuti (Boule)
Generalsekretär(in): Didier Specht (Auf der Papagei 59a, 53721 Siegburg, T: (02241) 5 30 84, Fax: (02241) 95 90 09)

u 2 482
Deutscher Amateur-Box-Verband
Geschäftsstelle:
Pfannkuchstr. 7, 34121 Kassel
T: (0561) 10 36 01   **Fax:** 10 36 02
Präsident(in): Gerd Graf (Lilienweg 8, 35606 Solms, T/Fax: (06442) 13 81)
Geschäftsführer(in): Helmut Mohr

u 2 483
Deutscher Eissport-Verband
Geschäftsstelle:
Menzinger Str. 68, 80992 München
T: (089) 8 11 10 57   **Fax:** 8 11 10 57
Präsident(in): Dieter Hillebrand (c/o Deutscher Eissport-Verband)

u 2 484
Deutscher Eishockey-Bund
Geschäftsstelle:
Betzenweg 34, 81247 München
T: (089) 81 82-0   **Fax:** 81 82-36
Präsident(in): Rainer Gossmann

u 2 485
Deutsche Eislauf Union
Geschäftsstelle:
Betzenweg 34, 81247 München
T: (089) 81 82 42   **Fax:** 81 82 46
1. Vorsitzende(r): Angela Siedenberg
Generalsekretär(in): Alfred Keppeler

u 2 486
Deutsche Eisschnellauf-Gemeinschaft
Geschäftsstelle:
Menzinger Str. 68, 80992 München
T: (089) 89 12 03-0   **Fax:** 89 12 03-29
Präsident(in): Gerd Zimmermann
Geschäftsführer(in): Hermann Binder

u 2 487
Deutscher Eisstock-Verband
Geschäftsstelle:
Postf. 12 55, 82452 Garmisch-Partenkirchen
St.-Martin-Str. 72, 82467 Garmisch-Partenkirchen
T: (08821) 9 51 00   **Fax:** 95 10 15
Präsident(in): Bernd Hilleprandt

u 2 488
Deutscher Curling-Verband e.V.
German Curling Association
Rosenheimer Str. 143a, 81671 München
T: (089) 49 91 86 86   **Fax:** 49 91 86 86
Präsident(in): Juliane Hummelt
Geschäftsstelle: Manuela Suckau

u 2 489
Deutscher Fechter-Bund
Hauptverwaltung:
Postf. 14 44, 53004 Bonn
Am Neuen Lindenhof 2, 53117 Bonn
T: (0228) 9 89 05-0   **Fax:** 67 94 30
Präsident(in): Erika Dienstl (An der Waldmeisterhütte 23, 52222 Stolberg, T: (02402) 2 29 47, Fax: (02402) 2 13 09)
Generalsekretär(in): Prof. Dr. Berndt Barth

u 2 490
Deutscher Fußball-Bund e.V.
Geschäftsstelle:
Postf. 71 02 65, 60492 Frankfurt
Otto-Fleck-Schneise 6, 60528 Frankfurt
T: (069) 67 88-0   **Fax:** 67 88-266
TX: 416 815
Internet: http://www.dfb.de
E-Mail: info@dfb.de
Präsident(in): Gerhard Mayer-Vorfelder, Stuttgart
Schatzmeister(in): Dr. Theo Zwanziger
1. Vizepräsident: Engelbert Nelle (Amateure), Hildesheim

1. Vizepräsident: Werner Hackmann (Liga-Präsident), Hamburg
Vizepräsident(in): Karl-Josef Tanas (Freizeit- und Breitensport, Kontakte zu anderen Sportverbänden), Schleiden
Dr. h. c. Alfred Sengle (Rechts- und Satzungsfragen)
Karl Schmidt (sozial- und gesellschaftspolitische Aufgaben), Bad Wildungen
Dr. Hans-Georg Moldenhauer (Zukunftsentwicklung des Fußballs), Magdeburg
Wilfried Straub (Liga-Vertreter), Egelsbach-Bayerseich
Ehrenpräsident: Dr. h.c. Egidius Braun (Kaiser-Friedr.-Allee 13, 52074 Aachen, T: (0241) 31 20 17 d., (0241) 7 73 22 p., Fax: (0241) 7 20 30 p.)
Generalsekretär(in): Horst R. Schmidt, Aschaffenburg

u 2 491
Deutscher Gehörlosen-Sportverband
Geschäftsstelle:
Adolfstr. 3, 45130 Essen
T: (0201) 77 76 71   **Fax:** 78 33 02
Präsident(in): Hubert Wilhelm (Pilgerstr. 8, 67069 Ludwigshafen, Telefax: (0621) 65 37 81)
Generalsekretär(in): Werner Kliewer

u 2 492
Deutscher Golf-Verband
Geschäftsstelle:
Viktoriastr. 16, 65189 Wiesbaden
T: (0611) 99 02 00   **Fax:** 9 90 20 40
Präsident(in): Dr. Wolfgang Scheuer (Grünwalderstr. 241, 81545 München, T: (089) 64 30 83, Telefax: (089) 64 45 75)
Geschäftsführer(in): Ullrich Libor

u 2 493
Deutscher Handball-Bund
Geschäftsstelle:
Strobelallee 56, 44139 Dortmund
T: (0231) 9 11 91-0   **Fax:** 12 40 61
Internet: http://www.dhb.de
Präsident(in): Ulrich Strombach (Peter-Heuser-Str. 5, 51643 Gummersbach, T: (02261) 29 09-0 d., Fax: 29 09-10 d.)
Geschäftsführerin: Bärbel Puchert
Geschf. Sportdirektor: Peter Sichelschmidt

u 2 494
Deutscher Hockey-Bund
Zentrale für den Leistungssport:
Theresienhöhe, 50354 Hürth
T: (02233) 9 42 44-0   **Fax:** 9 42 44-4
TX: 888 2241
Präsident(in): Dr. Christoph Wüterich (Charlottenstr. 22, 70182 Stuttgart, T: (0711) 23 99 20 d., Fax: 23 99 229 d.)
Generalsekretärin: Uschi Schmitz (Vorstandsvorsitzende)

u 2 495
Deutscher Judo-Bund
Geschäftsstelle:
Postf. 71 02 25, 60492 Frankfurt
Otto-Fleck-Schneise 12, 60528 Frankfurt
T: (069) 67 60 13, 67 60 14   **Fax:** 6 77 22 42
Präsident(in): Peter Frese
Generalsekretär(in): Reinhard Nimz

u 2 496
Deutscher Ju-Jutsu-Verband
Bundesgeschäftsstelle:
Susanne Selbert
Paul-Rohland-Str. 2, 06712 Zeitz
T: (03441) 31 00 41   **Fax:** 21 34 29
E-Mail: djjv-zz@web.de
Präsident(in): Herbert Frese (Winkelweg 11, 34466 Wolfhagen-Istha, T: (05692) 75 30, Fax: (05692) 75 56, Mobil: (0171) 6 82 77 33, E-Mail: herbert.frese@t-online.de)
Bundesgeschäftsführer: N. N.

u 2 497
Deutscher Kanu-Verband
Geschäftsstelle:
Postf. 10 03 15, 47003 Duisburg
Bertaallee 8, 47055 Duisburg
T: (0203) 9 97 59-0   **Fax:** 9 97 59 60
Internet: http://www.kanu.de
E-Mail: service@kanu.de
Präsident(in): Ulrich Feldhoff (Holtener Str. 122, 46149 Oberhausen, T: (0208) 64 23 93 d., Fax: (0208) 64 23 93 d.)
Generalsekretär(in): Wolfgang Over

u 2 498
Deutscher Karate Verband
Geschäftsstelle:
Grabenstr. 37, 45964 Gladbeck
T: (02043) 29 88-0   **Fax:** 29 88-91

E-Mail: karate.dkv@t-online.de
Präsident(in): Roland Hantzsche (T: (0711) 72 30 75 d.)
Geschäftsführer(in): Gunda Günther

u 2 499
Deutscher Keglerbund
Bundesgeschäftsstelle:
Wilhelmsaue 23, 10715 Berlin
T: (030) 8 73 12 99   **Fax:** 8 73 73 14
Präsident(in): Alfred Altmann (Josef-Doll-Str. 6, 82061 Neuried, T: (089) 5 16 22 09 d., 7 55 71 81 p., Fax: (089) 5 16 23 35)
Generalsekretär(in): Peter Wackermann

u 2 500
Deutsche Lebens-Rettungs-Gesellschaft
Bundesgeschäftsstelle:
Im Niedernfeld 2, 31542 Bad Nenndorf
T: (05723) 95 54 00   **Fax:** 95 54 99
Präsident(in): Dr. Klaus Wilkens (Post DLRG-Bundesgeschäftsstelle, T: (04131) 18 88 00 p., (04131) 18 88 40)
Bundesgeschäftsführer(in): Ludger Schulte-Hülsmann

u 2 501
Deutscher Leichtathletik-Verband
Geschäftsstelle:
Postfl. 11 04 63, 64219 Darmstadt
Alsfelder Str. 27, 64289 Darmstadt
T: (06151) 77 08-0   **Fax:** 77 08-11
Präsident(in): Prof. Dr. Helmut Digel ((Post DLV-Geschäftsstelle) T: (07071) 2 97-8408, 29 78-2628, Fax: (07071) 29-2078)
Generalsekretär(in): Frank Hensel

u 2 502
Deutscher Verband für Modernen Fünfkampf
Geschäftsstelle:
Julius-Reiber-Str. 5, 64293 Darmstadt
T: (06151) 99 77 43, 99 74 11   **Fax:** 2 01 56
TX: 419 270
Präsident(in): Klaus Schormann (Heinrich-Wingerts-Weg 17, 64285 Darmstadt, T: (06151) 13 25 65 d., 4 77 39 p., Fax: (06151) 42 35 70)
Geschäftsführerin: Eleonore Petri

u 2 503
DMSB - Deutscher Motor Sport Bund e.V.
Geschäftsstelle:
Lyoner Stern
Hahnstr. 70, 60528 Frankfurt
T: (069) 63 30 07-0   **Fax:** 63 30 07-30
E-Mail: dmsb@dmsb.de
Präsident(in): Winfried Urbinger (c/o Industriehof Lüthringhausen, Grünenplatzstr. 16-18, 42899 Remscheid, T: (02191) 5 00 81 d., Fax: 5 00 83 d.)
Generalsekretär(in): Detlef Kramp

u 2 504
Allgemeiner Deutscher Automobil-Club e.V. (ADAC)
Hauptverwaltung:
Sportabteilung
Am Westpark 8, 81373 München
T: (089) 76 76-0   **Fax:** 76 76-2500
Internet: http://www.adac.de
E-Mail: adac@adac.de
Präsident(in): Peter Meyer
Sportpräsident: Hermann Tomczyk

u 2 505
Automobilclub von Deutschland (AvD)
Hauptverwaltung:
Sportabteilung
Postfl. 71 01 53, 60491 Frankfurt
Lyoner Str. 16, 60528 Frankfurt
T: (069) 66 06-0   **Fax:** 66 06-789
Internet: http://www.avd.de
E-Mail: nicola.koch@avd.de
Gründung: 1899
Präsident(in): S.D. Wolfgang-Ernst Fürst zu Ysenburg und Büdingen
Geschäftsführer(in): Adalbert Lhota
Leitung Presseabteilung: Johannes Hübner
Verbandszeitschrift: AvD Motor & Reisen
Redaktion: Johannes Hübner
Verlag: AvD-Verlag GmbH, Lyoner Str. 16, 60528 Frankfurt am Main
Mitglieder: 1325000
Mitarbeiter: 220

u 2 506
Deutscher Motorsport Verband (DMV)
Geschäftsstelle:
Sportabteilung
Otto-Fleck-Schneise 12, 60528 Frankfurt
T: (069) 69 50 02-0   **Fax:** 69 50 02-20
Internet: http://www.dmv-motorsport.de
E-Mail: dmv@dmv-motorsport.de
Präsident(in): Jochen Lindner (Drakestr. 54, 12205 Berlin, T/Fax: (030) 8 33 00 88 p.)
Geschäftsführer(in): Gerhard Becker

u 2 507
Deutscher Motoryachtverband
Geschäftsstelle:
Vinckeufer 12-14, 47119 Duisburg
T: (0203) 8 09 58-0   **Fax:** 8 09 58-58
E-Mail: mail@dmgv.de
Präsident(in): Winfried Röcker (c/o Deutscher Motoryachtverband)
Geschäftsführer(in): Florian Rummel

u 2 508
Bund Deutscher Radfahrer
Geschäftsstelle:
Otto-Fleck-Schneise 4, 60528 Frankfurt
T: (069) 96 78 00-0   **Fax:** 96 78 00-80
TX: 414 784
Präsident(in): Manfred Böhmer (An der Schanz 2, 50735 Köln, (Colonia Hochhaus), T: (0221) 76 90 25 d., Fax: (0221) 76 90 27 d.)
Geschäftsführer(in): Werner Wenzel

u 2 509
Deutscher Rasenkraftsport- und Tauzieh-Verband
Geschäftsstelle:
c/o Rainer Schalck
Am Hährenwald 35, 75378 Bad Liebenzell
T: (07052) 93 59 30, 38 29 p.   **Fax:** 93 59 31
Präsident(in): Gunter H. Fahrion (Weinklinge 20, 70329 Stuttgart, T: (0711) 2 16-3111 d., 42 99 20 p., Fax: (0711) 42 99 40 p.)
Geschäftsführer(in): Rainer Schalck

u 2 510
Deutsche Reiterliche Vereinigung e.V.
Hauptverband für Zucht und Prüfung deutscher Pferde (FN)
Fédération Equestre Nationale (FN)
Generalsekretariat:
48229 Warendorf
Postfl. 11 02 65, 48204 Warendorf
Freiherr-von Langen-Str. 13, 48231 Warendorf
T: (02581) 63 62-0   **Fax:** 6 21 44
Internet: http://www.fn-dokr.de
Präsident(in): Dieter Graf von Landsberg-Velen (Wocklum, 58802 Balve, T: (02375) 21 00, Fax: (02375) 59 98)
Generalsekretär(in): Dr. Hanfried Haring

Spitzenfachverband für den Reit- und Fahrsport, die Landespferdezucht und Pferdehaltung.

u 2 511
Deutscher Ringer-Bund
DRB-Generalsekretariat:
Karl-Martin Dittmann
Postfl. 44 01 09, 44390 Dortmund
T: (0231) 96 98 71 02, 96 98 71 03   **Fax:** 96 98 71 04
E-Mail: kmdittmann@aol.com
Präsident(in): Helmuth Pauli (Freiburgstr. 47, 78532 Tuttlingen, T: (07461) 53 73, Fax: (07461) 7 45 34)
Generalsekretär(in): Karl-Martin Dittmann

u 2 512
Deutscher Rollsport- und Inline-Verband
Geschäftsstelle:
Sterngasse 5, 89073 Ulm
T: (0731) 6 46 62   **Fax:** 6 12 51
Präsident(in): Ute Villwock (Sterngasse 1, 89073 Ulm, T: (0731) 6 46 62, Fax: (0731) 6 12 51)
Geschäftsführer(in): Gerold Reith

u 2 513
Deutscher Ruderverband
Geschäftsstelle:
Maschstr. 20, 30169 Hannover
T: (0511) 98 09 40   **Fax:** 9 80 94 25
1. Vorsitzende(r): Prof. Dr. Wolfgang Maennig (Skirenweg 5, 14052 Berlin, T: (030) 30 61 34 92 p., Fax: (030) 30 61 34 96 p.)
Hauptgeschäftsführer(in): Hans-Jürgen Bittner

u 2 514
Deutscher Rugby-Verband
Geschäftsstelle: Bundesleistungszentrum Nord
Ferdinand-Wilhelm-Fricke-Weg 2a, 30169 Hannover
T: (0511) 1 47 63   **Fax:** 1 61 02 06
Vorsitzende(r): Ian Rawcliffe (Ruhrweg 1, 63322 Rödermark, T: (06074) 16 25 p., Fax: (06074) 60 51 p.)
Geschäftsführer(in): Volker Himmer

u 2 515
Deutscher Schachbund
Geschäftsstelle:
Hanns-Braun-Str. Friesenhaus I, 14053 Berlin
T: (030) 3 00 07 80   **Fax:** 30 00 78 30
Präsident(in): Egon Ditt (Meißener Str. 18, 28215 Bremen, T: (0421) 3 61 27 22 d., T/Fax: (0421) 35 42 78 p.)
Geschäftsführer(in): Horst Metzing

u 2 516
Deutscher Schützenbund e.V.
Geschäftsstelle:
Schießsportschule
Lahnstr. 120, 65195 Wiesbaden
T: (0611) 4 68 07-0   **Fax:** 4 68 07-49
Internet: http://www.schuetzenbund.de
E-Mail: info@schuetzenbund.de
Präsident(in): Josef Ambacher (Waldstr. 20 a, 82319 Starnberg, T: (089) 8 94 26 30 d., (08151) 1 66 55 p., Fax: (08151) 7 20 55 p.)
Hauptgeschäftsführer(in): Peter Michel

u 2 517
Deutscher Schwimm-Verband e.V.
Geschäftsstelle:
Korbacher Str. 93, 34132 Kassel
T: (0561) 94 08 30   **Fax:** 9 40 83 15
Komm. Amtsführung: Dr. Christa Thiel (Sonnenberger Str. 3, 65193 Wiesbaden, T: (0611) 52 59 29, 52 84 54, Fax: (0611) 59 07 59)
Generalsekretär(in): Jürgen Fornoff

u 2 518
Deutscher Segler-Verband
Geschäftsstelle:
Gründgensstr. 18, 22309 Hamburg
T: (040) 63 20 09-0   **Fax:** 63 20 09-28
TX: 216 49 76
Präsident(in): Hans-Joachim Fritze (Agnesstr. 42, 22301 Hamburg, T: (040) 4 80 30 86, Fax: (040) 46 26 73)
Generalsekretär(in): Raimar Lachmann

u 2 519
Deutscher Skibob-Verband
Geschäftsstelle:
DSBV-Geschäftsführung: Manfred Heitz
Hohenteckstr. 108, 81243 München
T: (089) 8 71 20 60 d., 87 66 03 p.   **Fax:** 8 71 46 15 d.
E-Mail: manfred.heitz@t-online.de
Präsident(in): Karl Kellermann (Schwanthaler Str. 73, 80336 München, T: (089) 5 43 59 70-15 d., 7 14 97 46 p., Fax: (089) 5 38 05 24 d.)
Geschäftsführer(in): Manfred Heitz

u 2 520
Deutscher Skiverband
Geschäftsstelle:
Hubertusstr. 1, 82152 Planegg
T: (089) 8 57 90-0   **Fax:** 8 57 90-247
TX: 529 061
Präsident(in): Fritz Wagnerberger (Tangastr. 60, 81827 München, T: (089) 43 60 62 46 d., 30 70 13 p., Fax: (089) 43 60 62 03 d.)
Generalsekretär(in): Helmut Weinbuch

u 2 521
Deutscher Sportakrobatik-Bund
Geschäftsstelle:
Dr.-Horst-Schmidt-Str. 16-18, 64319 Pfungstadt
T: (06157) 71 30   **Fax:** 8 67 70
Präsident(in): Kurt Becker (Nahestr. 27, 64319 Pfungstadt, T: (06157) 45 61 p.)
Geschäftsführer(in): Dieter Mertes (Birkenstr. 18, 66773 Schwalbach, T: (0681) 3 87 92 40 d., (06834) 5 13 12 p., Fax: (0681) 3 87 92 68)

u 2 522
Verband Deutscher Sportfischer e.V. (VDSF)
Geschäftsstelle:
Siemensstr. 11-13, 63071 Offenbach
T: (069) 85 50 06   **Fax:** 87 37 70
E-Mail: vdsf.ev@t-online.de
Präsident(in): Prof. Dr. Werner Meinel (Siemensstr. 11-13, 63071 Offenbach)

u 2 522

Geschäftsführer(in): Dipl.-Ing.agr. Uwe Schuller
Zusammenschluß aller deutschen Sportfischer, aktive Mitarbeit in allen Umwelt-, Gewässer-, Landschafts-, Natur-, Jagd- und Tierschutzfragen und die Zusammenarbeit mit den entsprechenden nationalen und internationalen Vertretungen, Behörden und Verbänden; Unterstützung und einheitliche Vertretung der deutschen Sportfischer bei Gesetzgebern und Verwaltungsorganen auf Bundesebene.

u 2 523
Verband Deutscher Sporttaucher e.V.
Geschäftsstelle:
Tannenstr. 25, 64546 Mörfelden-Walldorf
T: (06105) 96 13 02   Fax: 96 13 45
Internet: http://www.vdst.de
E-Mail: vdst.ev@vdst.de
Präsident(in): Dr. Axel Kern (Welberger Str. 21, 86551 Aichach, T: (08251) 5 33 35, Fax: (08251) 8 19 79 55)
Vizepräsident(in): Eberhard Herde (Finanzen, T: (0331) 2 88 99 22)
Vizepräsident(in): Jürgen Warnecke (Sport und Öffentlichkeitsarbeit, T: (06108) 7 57 76, Fax: (06108) 7 23 01)
Leiterin der Geschäftsstelle: Brigitte Behrendt

u 2 524
Deutscher Squash Verband
Geschäftsstelle:
Weidenweg 10, 47059 Duisburg
T: (0203) 31 50 75   Fax: 31 48 13
Präsident(in): Karl-Heinz Balzer (Danneckerstr. 17, 71683 Remseck, T: (07146) 28 91 22 d., 28 92 41 p., Fax: (07146) 82 12 15)
Geschäftsführer(in): Florian Pößl

u 2 525
Deutsche Taekwondo Union
Geschäftsstelle:
Luisenstr. 3, 90762 Fürth
T: (0911) 9 74 88 88   Fax: 9 74 88 90
E-Mail: dtu-office@t-online.de
Präsident(in): Walter Schwarz (Hubertussteig 17, 91217 Hersbruck, T: (09151) 8 25-14, Fax: (09151) 8 25-15)
Generalsekretär(in): Klemens Komischke (Hindenburgstr. 24, 88400 Biberach, T: (07351) 58 00-11, Fax: (07351) 1 78 00)

u 2 526
Deutscher Tanzsportverband
Geschäftsstelle:
Otto-Fleck-Schneise 12 Haus des Sports II, 60528 Frankfurt
T: (069) 67 72 85-0   Fax: 67 72 85-30
Präsident(in): Harald Frahm (Hölderlinstr. 32, 65779 Kelkheim, T: (06195) 91 04 49 d., 68 28 p., Fax: (06195) 6 18 83)
Geschäftsführer(in): Carla Huthmann

u 2 527
Deutscher Tennis Bund e.V.
Bundesgeschäftsstelle:
Postf. 13 02 71, 20102 Hamburg
Hallerstr. 89, 20149 Hamburg
T: (040) 4 11 78-0   Fax: 4 11 78-222
Internet: http://www.dtb-tennis.de
Präsident(in): Dr. Georg Freiherr von Waldenfels
Generalsekretär(in): Reimund Schneider

u 2 528
Deutscher Tischtennis-Bund
Generalsekretariat:
Otto-Fleck-Schneise 12, 60528 Frankfurt
T: (069) 69 50 19-0   Fax: 69 50 19-13
Präsident(in): Walter Gründahl (Fockstr. 28, 24114 Kiel, T: (0431) 66 59 00 d., Fax: (0431) 65 59 09 d.)
Generalsekretär(in): N. N.

u 2 529
Deutsche Triathlon-Union
Geschäftsstelle:
Otto-Fleck-Schneise 12, 60528 Frankfurt
T: (069) 67 72 05-0, 67 72 05-13 Sekr.   Fax: 67 72 05-11
Präsident(in): Dr. Martin Engelhardt (Am Hexenpfad 20, 63450 Hanau, T: (06181) 67 05-0 d., (06181) 25 90 80 p., Fax: (06181) 25 77 55 p.)
Generalsekretär(in): Jörg Barion

u 2 530
Deutscher Turner-Bund
Bundesgeschäftsstelle:
Otto-Fleck-Schneise 8, 60528 Frankfurt
T: (069) 6 78 01-0   Fax: 6 78 01-179

Präsident(in): Rainer Brechtken (Rehhaldenweg 144, 73614 Schorndorf, T: (0711) 2 06 37 15 d., (07181) 97 96 80 p., Fax: (0711) 2 06 37 10 d., (07181) 97 96 81 p.)
Generalsekretär(in): Hans-Peter Wullenweber

u 2 531
Deutscher Volleyball-Verband
Geschäftsstelle:
Otto-Fleck-Schneise 8, 60528 Frankfurt
T: (069) 69 50 01-0   Fax: 69 50 01-24
Internet: http://www.volleyballverband.de
E-Mail: dvv.frankfurt@t-online.de
Präsident(in): Werner von Moltke (Post ü./DVV-Geschäftsstelle)
Generalsekretär(in): Lutz Endlich

u 2 532
Deutscher Wasserski-Verband
Gründgensstr. 18, 22309 Hamburg
T: (040) 63 99 87 32   Fax: 63 99 83 52
Präsident(in): Adolf Marx (Wulfetannen E 3, 49587 Rieste)
Geschäftsführer(in): Bernd Himmer

C) Sportverbände mit besonderer Aufgabenstellung

u 2 533
Deutscher Aikido Bund
Geschäftsstelle:
Stuttgarter Str. 32, 73547 Lorch
T: (07172) 91 51-10   Fax: 91 51-11
Präsident(in): Dr. Barbara Oettinger

u 2 534
Deutscher Betriebssportverband
Geschäftsstelle:
Arcostr. 11-19, 10587 Berlin
T: (030) 34 30 27 94   Fax: 34 30 27 94
Präsident(in): Reinhold Müller (Am Hagen 41, 24247 Mielkendorf, T: (04347) 42 14 p.)
Generalsekretär(in): Uwe Tronnier (Detmolder Str. 15, 10715 Berlin, T: (030) 8 53 73 76 p., Fax: (030) 8 53 11 78 p.)

u 2 535
CVJM-Gesamtverband in Deutschland -Eichenkreuzsport-
Geschäftsstelle:
Im Druseltal 8, 34131 Kassel
T: (0561) 3 08 72 32   Fax: 3 08 72 70
TX: 992 481
E-Mail: info@cvjm.de
Vorsitzender des Ausschusses für Sport: Prof. Dipl.-Ing. Karlheinz Wesp (Gläserweg 8, 64291 Darmstadt, T: (06151) 37 79 49)
Referent für Eichenkreuz: Volker Kamin

u 2 536
Verband Deutscher Eisenbahner-Sportvereine
Geschäftsstelle:
Karlstr. 4-6, 60329 Frankfurt
T: (069) 2 65-12771   Fax: 2 65-3670
Vorsitzende(r): Peter Debuschewitz (Granitzstr. 55, 13189 Berlin, T: (030) 2 97-4 01 00)
Geschäftsführer(in): Kurt Wätzmann

u 2 537
Deutscher Verband für Freikörperkultur e.V. (DFK)
Geschäftsstelle:
Uhlemeyerstr. 14, 30175 Hannover
T: (0511) 34 22 33   Fax: 3 18 08 38
Internet: http://www.dfk.org
E-Mail: dfk@dfk.org
Präsident(in): Detlef Schrader (Hainbergstr. 25, Haus 9, 31167 Bockenem, T: (05067) 6 94 18, Fax: (05067) 6 94 13)

u 2 538
Allgemeiner Deutscher Hochschulsportverband
Geschäftsstelle:
Max-Planck-Str. 2, 64807 Dieburg
T: (06071) 20 86-10   Fax: 20 75 78
Generalsekretär(in): Henning Schreiber

u 2 539
DJK-Sportverband Deutsche Jugendkraft
Bundesgeschäftsstelle:
Carl-Mosterts-Platz 1, 40477 Düsseldorf
T: (0211) 9 48 36-0   Fax: 9 48 36-36
Vorsitzende(r): Wolfgang Reifenberg (c/o IJAB, Hochkreuzallee 20, 53175 Bonn, T: (0228) 95 06-2 07 d., 37 45 50 p., Fax: (0228) 95 06-1 99)
Generalsekretär(in): Dr. Stefan-Karl Schultheis

u 2 540
**Kneipp-Bund e.V.
Bundesverband für Gesundheitsförderung**
Hauptgeschäftsstelle:
Postf. 14 52, 86817 Bad Wörishofen
Adolf-Scholz-Allee 6-8, 86825 Bad Wörishofen
T: (08247) 30 02-0   Fax: 30 02-1 99
Internet: http://www.kneippbund.de
E-Mail: bundesverband@kneippbund.de, kneippbund@t-online.de
Präsident(in): Ulf Fink (MdB)
Bundesgeschäftsführerin: Annette Kersting

u 2 541
Makkabi Deutschland
Generalsekretariat:
Gailenbergstr. 13, 87541 Hindelang
T: (08324) 83 86   Fax: 24 21
Präsident(in): Peter Guttmann (Post ü./Geschäftsstelle)
Verbandssekretärin: Brigitte Faltermeier

u 2 542
Deutsches Polizeisportkuratorium
Tannenstr. 26, 40476 Düsseldorf
T: (0211) 8 70-7550, 8 70-7551   Fax: 8 70-7554
E-Mail: dpsk@mail.ppdd.nrw.de
Vorsitzende(r): Ernst-Dieter Standop (Leitender Polizeidirektor)
Geschäftsführer(in): Dietmar Schönhoff

u 2 543
Rad- und Kraftfahrerbund (RKB) „Solidarität" Deutschland 1896
Geschäftsstelle:
Fritz-Remy-Str. 19, 63071 Offenbach
T: (069) 85 20 93, 85 20 94   Fax: 87 33 99
Präsident(in): Uwe Lambinus (Eichendorffstr. 8, 97828 Marktheidenfeld, Fax: (09391) 91 50 93)
Büroleiter: Ulrich Paff

D) Verbände für Wissenschaft und Bildung

u 2 544
Bundesverband staatl. anerkannter Berufsfachschulen für Gymnastik und Sport
Geschäftsstelle:
c/o Sportschule des LSB Berlin
Priesterweg 4, 10829 Berlin
T: (030) 78 77 24 17   Fax: 7 88 32 17
1. Vorsitzende(r): Prof. Dr. H. J. Medau
Geschäftsführer(in): Frank Kegler

u 2 545
Gewerkschaft Erziehung und Wissenschaft - Sportkommission -
Geschäftsstelle:
Tullastr. 16, 77815 Bühl
T: (07223) 2 38 69   Fax: 2 38 69
Vorsitzende(r): Siegfried Eith

u 2 546
Deutscher Verband für das Skilehrwesen - INTERSKI Deutschland
Postf. 14 25, 87554 Oberstdorf
Nebelhornstr. 49, 87561 Oberstdorf
T: (08322) 8 01 26   Fax: 8 02 26
Präsident(in): Dr. Harald Kiedaisch

u 2 547
Deutsche Gesellschaft für Sportmedizin und Prävention (Deutscher Sportärztebund) e.V.
Geschäftsstelle:
Hugstetter Str. 55, 79106 Freiburg
T: (0761) 2 70-7456   Fax: 2 02-4881
Internet: http://www.dgsp.de
E-Mail: dgsp@dgsp.de
Präsident(in): Prof. Dr. Hans-Hermann Dickhuth (Medizinische Universitätsklinik, Institut für Sportmedizin, Hölderlinstr. 11, 72074 Tübingen, T: (07071) 2 98 64 93, Fax: 29 51 62)
Generalsekretär(in): Dr. Dirk Lünkemann

Hoppenstedt

u 2 548

Deutscher Sportlehrerverband e.V. (DSLV)
Geschäftsstelle:
Am Rasselberg 16, 35578 Wetzlar
T: (06441) 92 12 10 **Fax:** 92 12 12
Internet: http://www.dslv.de
E-Mail: dslv-wetzlar@t-online.de
Präsident(in): Claus Umbach (Stettiner Str. 2-4, 34225 Baunatal, T: (05601) 80 55, Fax: (05601) 80 50)

u 2 549

Deutsche Vereinigung für Sportwissenschaft
Geschäftsstelle:
Postf. 73 02 29, 22122 Hamburg
Bei der Neuen Münze 4a, 22145 Hamburg
T: (040) 67 94 12 12 **Fax:** 67 94 12 13
Präsident(in): Prof. Dr. Werner Schmidt (Post an dvs-Geschäftsstelle)
Geschäftsführer(in): Frederik Borkenhagen

E) Förderverbände

u 2 550

Deutsche Olympische Gesellschaft
Geschäftsstelle:
Otto-Fleck-Schneise 12, 60528 Frankfurt
T: (069) 69 50 16-0 **Fax:** 6 77 18 26
Vizepräsident(in): Dieter Krickow (Deutsches Olympisches Institut, Am Kleinen Wannsee 6 A, 14109 Berlin, T: (030) 80 50 03-0, Fax: (030) 80 50 03 70, E-Mail: doi-berlin@t-online.de)
Carlo von Opel (Hofgut Petersau, 67227 Frankenthal, T: (06239) 70 26, Fax: (06239) 39 41, E-Mail: petersau@t-online.de)
Generalsekretär(in): N. N.

u 2 551

Stiftung Sicherheit im Skisport
Geschäftsstelle:
Haus des Ski
Erwin Himmelseher-Platz
Hubertusstr. 1, 82152 Planegg
T: (089) 8 57 90-0 **Fax:** 8 57 90-294
Vorsitzende(r): Erwin Himmelseher (Kaiser-Wilhelm-Ring 6-8, 50672 Köln, T: (0221) 12 50 02)

● U 2 552

Nationales Olympisches Komitee für Deutschland e.V. (NOK)
Otto-Fleck-Schneise 12, 60528 Frankfurt
T: (069) 6 70 02 02 **Fax:** 6 77 12 29
Gründung: 1949 (24. September)
Präsident(in): Prof. Walther Tröger
Vizepräsident(in): Prof. Dr. Helmut Digel
Dieter Graf von Landsberg-Velen
Fritz Wagnerberger
Generalsekretär(in): Heiner Henze
Mitglieder: 32 olympische Fachverbände
Mitarbeiter: 20
Jahresetat: DM 5,8 Mio, € 2,97 Mio

● U 2 553

Deutsche Sportkrone e.V.
Max-Planck-Str. 47, 53340 Meckenheim
T: (02225) 94 55 36 **Fax:** 94 55 37
E-Mail: 02225945536-0001@t-online.de
Gründung: 1962 (29. Januar, ab Jan. 1996 e.V.)
Vorsitzende(r): Dipl.-Betriebsw. Klaus Schwarzbach
Stellvertretende(r) Vorsitzende(r): N. N.
Hauptgeschäftsführer(in): Barbara Burbach (Ltg. Presseabt.)
Verbandszeitschrift: NATUR-HEILKUNDE Journal
Mitglieder: 1800 SportkroneninhaberInnen
Mitarbeiter: 2 ehrenamtl.
Jahresetat: DM 0,1 Mio, € 0,05 Mio

● U 2 554

Deutscher Sportstudio Verband e.V. (DSSV)
Bremer Str. 201b, 21073 Hamburg
T: (040) 7 66 24 00 **Fax:** 7 65 12 23
Internet: http://www.dssv.de
E-Mail: dssv@dssv.de
Gründung: 1984 (10. April)
1. Vorsitzende(r): Birgit Schwarze
Stellvertretende(r) Vorsitzende(r): Werner Kündgen
Leitung Presseabteilung: Birgit Schwarze
Hauptgeschäftsführer(in): Refit Kamberović
Fachverbände:
Fachausschuß für Sportmedizin,
Leitung: Dr.med. Andreas Jässing
Fachausschuß für Arbeitsrecht, Leitung: Heike Leonhardt-Langhammer
Fachausschuß für Bildung: Dr. Theodor Stemper
Rechtliche Fragen: Simeon Rastädter

Steuerrecht: Werner Kündgen
Mitglieder: 1800
Mitarbeiter: 15

● U 2 555

Bundeswettbewerb der Schulen
JUGEND TRAINIERT FÜR OLYMPIA e.V.
Geschäftsstelle
derzeit Senatsverwaltung für Schule, Jugend und Sport
Beuthstr. 6-8, 10117 Berlin
T: (030) 90 26 56 22 **Fax:** 90 26 50 12
Internet: http://www.jugendtrainiertfueroplympia.de
E-Mail: rainer.hoettler@sensjs.verwalt-berlin.de
Gründung: 1992 (14. Januar)
Vorsitzende(r): Ltd. Senatsrat Dr. Rainer Höttler
Mitglieder: 31
Jahresetat: DM 3 Mio, € 1,53 Mio

● U 2 556

Deutscher Rollstuhl-Sportverband e.V. (DRS)
Friedrich-Alfred-Str. 10, 47055 Duisburg
T: (0203) 71 74-180 **Fax:** 71 74-181
E-Mail: drsev@t-online.de
Gründung: 1977
Geschäftsführer(in): A. Dudziak
Leitung Presseabteilung: Gregor Plessmann
Verbandszeitschrift: Rollstuhlsport
Redaktion: Gregor Plessmann
Verlag: Gregor Plessmann, Lambertus-Kirchplatz 7, 59387 Ascheberg
Mitglieder: 250 Vereine (darin ca. 6.000 Personen)
Mitarbeiter: 1

● U 2 557

Internationale Vereinigung Sport- und Freizeiteinrichtungen e.V. (IAKS)
International Association for Sports and Leisure Facilities
Association internationale équipements de sport et de loisirs
Carl-Diem-Weg 3, 50933 Köln
T: (0221) 4 91 29 91 **Fax:** 4 97 12 80
Internet: http://www.iaks-online.org
E-Mail: IAKS-@t-online.de
Gründung: 1965
Internationaler Zusammenschluß: siehe unter IZU 463
Präsident(in): RA und Notar Dr. Stephan J. Holthoff-Pförtner (Zweigertstr. 21, 45130 Essen)
Vizepräsident(in): Prof. Dr. Takazumi Fukuoka (2-12-11 Tsujido, Fujisawa-shi, Kanagawa 251-0047, Japan)
Rudolf Killias (Postfach, 3076 Worb, Schweiz)
Geschäftsführer(in): Roswitha Thibes
Generalsekretär(in): Prof. Frieder Roskam
Verbandszeitschrift: sportstättenbau und bäderanlagen
Redaktion: Prof. Frieder Roskam
Verlag: sb 67 verlags gmbh, Blériotstr. 6, 50827 Köln
Mitglieder: 970
Mitarbeiter: 5 hauptamtl., 60 ehrenamtl.
Jahresetat: DM 1 Mio, € 0,51 Mio

Sammlung, Auswertung und Weitervermittlung aller Informationen über Planung, Bau, Ausstattung, Erhaltung, Betrieb, Renovation, Management von Erholungs-, Spiel- und Sportanlagen.

● U 2 558

Bundesverband Wassersportwirtschaft e.V. (BWVS)
Gunther-Plüschow-Str. 8, 50829 Köln
T: (0221) 59 57 10 **Fax:** 5 95 71 10
Internet: http://www.bwvs.de
E-Mail: info@bwvs.de
Gründung: 1961
Präsident(in): Axel Meier, Emden
Geschäftsführer(in): Dipl.-Oec. Jürgen Tracht, Wuppertal
Mitglieder: 350
Mitarbeiter: 4
Jahresetat: DM 1,2 Mio, € 0,61 Mio

Mitgliedsverbände:
Verband Deutscher Bootsvermieter e.V.;
Verband Deutscher Sportbootschulen e.V.;
Verband Deutscher Windsurfing- und Wassersport Schulen e.V. (VDWS);
Bundesverband der Österr. Bootswirtschaft, Wien;
Fachverband Seenot-Rettungsmittel

Gesellschafts- und wirtschaftspolitische Interessenvertretung der Wassersportbranche. Zusammenschluß interessierter Fachfirmen. Förderung der Sport- und Freizeitschiffahrt.

● U 2 559

Verband Deutscher Sportfischer e.V. (VDSF)
Geschäftsstelle:
Siemensstr. 11-13, 63071 Offenbach
T: (069) 85 50 06 **Fax:** 87 37 70

E-Mail: vdsf.ev@t-online.de
Präsident(in): Prof. Dr. Werner Meinel (Siemensstr. 11-13, 63071 Offenbach)
Geschäftsführer(in): Dipl.-Ing.agr. Uwe Schuller
Leitung Presseabteilung: Wolfgang Düver
Verbandszeitschrift: AFZ-Fischwaid
Redaktion: Verband Deutscher Sportfischer
Verlag: Verband Deutscher Sportfischer

Baden-Württemberg

u 2 560

Badischer Sportfischer Verband e.V.
Geschäftsstelle
Henry Dierssen
Am Schwalbennest 7, 68219 Mannheim
T: (0621) 87 21 84 **Fax:** 87 25 53
Präsident(in): Wolfgang Reuther

u 2 561

Landesfischereiverband Baden e.V.
Geschäftsstelle
Bernhardstr. 8, 79098 Freiburg
T: (0761) 2 32 24 **Fax:** 3 75 27
Präsident(in): Georg Riegger

Baden-Württemberg

u 2 562

Verband für Fischerei und Gewässerschutz in Baden-Württemberg e.V.
Geschäftsstelle
Urachstr. 34, 70190 Stuttgart
T: (0711) 60 47 42 **Fax:** 6 40 27 18
Präsident(in): Karl Göbel

u 2 563

Landesfischereiverband Südwürttemberg-Hohenzollern e.V.
Geschäftsstelle
Hauptstr. 32, 72488 Sigmaringen
T: (07571) 5 25 26 **Fax:** 5 04 97
Präsident(in): August W. Kaspar

Bayern

u 2 564

Landesfischereiverband Bayern e.V.
Geschäftsstelle
Pechdellerstr. 16, 81545 München
T: (089) 6 42 72 60 **Fax:** 64 27 26 66
Präsident(in): Prof. Dr. Herbert Stein

u 2 565

Verband Deutscher Sportfischer
Landesverband Schwaben e.V.
Geschäftsstelle
Brentanostr. 2, 86167 Augsburg
T: (0821) 71 13 58 **Fax:** 15 58 42
Präsident(in): Hans Huber

Berlin

u 2 566

Verband Deutscher Sportfischer
Landesverband Berlin-Brandenburg e.V.
Geschäftsstelle
Priesterweg 4, 10829 Berlin
T: (030) 7 82 05 75 **Fax:** 7 81 98 66
Präsident(in): Dr. Thomas Günther

Bremen

u 2 567

Landesfischereiverband Bremen e.V.
Fachverband für Castingsport, Fischerei und Gewässerschutz
Grambker Heerstr. 141, 28719 Bremen
T: (0421) 6 44 99 94 **Fax:** 6 94 02 24
Präsident(in): Rainer Schiller

Hamburg

u 2 568

Angelsport-Verband Hamburg e.V.
Im Haus des Sports
Schäferkampsallee 1, 20357 Hamburg
T: (040) 4 19 08-271   **Fax:** 4 19 08-271
Präsident(in): Klaus D. Wege

Hessen

u 2 569

Verband Hessischer Sportfischer e.V.
Geschäftsstelle
Rheinstr. 36, 65185 Wiesbaden
T: (0611) 30 20 80   **Fax:** 30 19 74
Präsident(in): Niklas Hafenrichter

u 2 570

Landesverband Deutscher Sportfischer Hessen e.V.
Geschäftsstelle
Adriastr. 21, 68623 Lampertheim
T: (06206) 91 15 25   **Fax:** 91 15 25
Präsident(in): Willi Laut

u 2 571

Fischereiverband Kurhessen e.V.
Kölnische Str. 48-50, 34117 Kassel
T: (0561) 78 04 44   **Fax:** 7 29 93 69
Präsident(in): Gert Wenderoth

Mecklenburg-Vorpommern

u 2 572

Landesanglerverband Mecklenburg-Vorpommern e.V.
Geschäftsstelle
Peter Tackmann
Siedlung 18a, 19065 Görslow
T: (03860) 5 60 30   **Fax:** 56 03 29
Präsident(in): Hans-Jürgen Hennig

Niedersachsen

u 2 573

Landessportfischer Verband Niedersachsen e.V.
Geschäftsstelle
Calenberger Str. 41, 30169 Hannover
T: (0511) 1 73 04   **Fax:** 1 73 02
Präsident(in): Peter Rössing

u 2 574

Landesfischereiverband Weser-Ems e.V.
Geschäftsstelle
Postfach 25 49, 26015 Oldenburg
Mars-la-Tour-Str. 6 (Haus III), 26121 Oldenburg
T: (0441) 80 16 24   **Fax:** 8 17 91
Präsident(in): Erich Henseler

Nordrhein-Westfalen

u 2 575

Sportfischerverband Nordrhein e.V.
Vitusstr. 50, 41061 Mönchengladbach
T: (02161) 2 09 77 (p)   **Fax:** 1 28 43 (p)
Präsident(in): Reiner Gube

u 2 576

Landesfischereiverband Nordrhein e.V. Bonn
Geschäftsstelle Hannelore Skrotzki
Webersbitze 20, 53804 Much
T: (02245) 41 19   **Fax:** 41 19
Präsident(in): Walter Sollbach

u 2 577

Verband Deutscher Sportfischer Landesverband Westfalen-Lippe e.V.
Geschäftsstelle
Vorhaller Weg 2, 58313 Herdecke
T: (02330) 91 08 88   **Fax:** 12 93 19
Präsident(in): Dr. Rainer Hagemeyer

u 2 578

Landesfischereiverband Westfalen und Lippe e.V.
Geschäftsstelle
Von-Vincke-Str. 4, 48143 Münster
T: (0251) 5 66 18   **Fax:** 4 28 31
Präsident(in): Christian Uhlitzsch

Rheinland-Pfalz

u 2 579

Verband Deutscher Sportfischer Landesverband Rheinland-Pfalz e.V.
- Informationszentrum -
Rheinstr. 60, 55437 Ockenheim
T: (06725) 9 59 96   **Fax:** 9 59 97 67
Präsident(in): Heinz Günster

Saarland

u 2 580

Fischereiverband Saar e.V.
Geschäftsstelle
Feldstr. 49, 66763 Dillingen
T: (06831) 7 47 76   **Fax:** 70 48 96
Präsident(in): Werner Becker

Sachsen

u 2 581

Anglerverband Sachsen e.V.
Geschäftsstelle
Dieskaustr. 155, 04249 Leipzig
T: (0341) 4 24 32 16   **Fax:** 4 24 32 18
Präsident(in): Dr. Broddak

Sachsen-Anhalt

u 2 582

Verband Deutscher Sportfischer Landesverband Sachsen-Anhalt e.V.
Geschäftsstelle
Bahnhofstr. 1, 39435 Unseburg
T: (039263) 3 11 54   **Fax:** 3 11 54
Präsident(in): Dr. Hans König

Schleswig-Holstein

u 2 583

Landessportfischerverband Schleswig-Holstein e.V.
Geschäftsstelle
Papenkamp 52, 24114 Kiel
T: (0431) 67 68 18   **Fax:** 67 68 10
Präsident(in): Ernst Labbow

Thüringen

u 2 584

Landesverband Thüringen Verband der Fischweid und zum Schutz der Gewässer und Natur e.V.
Geschäftsstelle
André Pleikies
Schlachthofstr. 45, 99085 Erfurt
T: (0361) 6 46 42 33   **Fax:** 2 62 29 14
Präsident(in): Dr. Diethelm Gabler

● **U 2 585**

Bund Deutscher Sportschützen 1975 e.V.
- Bundesgeschäftsstelle -
Birkenring 119, 16356 Eiche
T: (030) 99 40 10 27   **Fax:** 99 40 01 01
Internet: http://www.bdsnet.de
E-Mail: bdsberlin@aol.com
Gründung: 1975
Präsident(in): Friedrich Gepperth (Birkenring 119, 16356 Eiche)
1. Vizepräs.: Wilfried Keilen (Ittelerstr. 19, 54298 Welschbillig)
2. Vizepräs.: Helmut Glaser (In den Beeten 50, 74379 Ingersheim)
Leitung Presseabteilung: Dieter Gehrke
Mitglieder: ca. 22000

Landesverbände

u 2 586

Bund Deutscher Sportschützen 1975 e.V. Landesverband Berlin und Brandenburg
Birkenring 119, 16356 Eiche
T: (030) 9 98 91 52   **Fax:** 99 40 10 26
Präsident(in): Friedrich Gepperth

u 2 587

Bund Deutscher Sportschützen 1975 e.V. Landesverband Schleswig-Holstein-Hamburg
Postf. 13 43, 23723 Neustadt
T: (04561) 5 06 30   **Fax:** 5 06 31
Präsident(in): Dieter Gehrke

u 2 588

Bund Deutscher Sportschützen 1975 e.V. Landesverband Niedersachsen-Bremen
Geschäftsstelle:
Im kleinen Felde 29, 34346 Hann Münden
T: (05541) 90 45 17   **Fax:** 90 45 18
E-Mail: lohrlein@wz.uni-kassel.de
Präsident(in): Dr. Lohrlein

u 2 589

Bund Deutscher Sportschützen 1975 e.V. Landesverband Nordrhein-Westfalen
Geschäftsstelle
Bergerstr. 92, 46539 Dinslaken
T: (02064) 8 04 00   **Fax:** 8 04 49
Präsident(in): Jürgen Martens

u 2 590

Bund Deutscher Sportschützen 1975 e.V. Landesverband Rheinland-Pfalz
Ittelerstr. 19, 54298 Welschbillig
T: (06505) 3 19   **Fax:** 81 65
Präsident(in): Wilfried Keilen

u 2 591

Bund Deutscher Sportschützen 1975 e.V. Landesverband Hessen
Geschäftsstelle:
Modaustr. 10, 64560 Riedstadt
T: (06158) 98 52 70   **Fax:** 98 52 71
Norbert Kraft

u 2 592

Bund Deutscher Sportschützen 1975 e.V. Landesverband Baden-Württemberg
Zimmerer Pfad 51, 74343 Sachsenheim
T: (07147) 96 96 40   **Fax:** 96 96 44
Präsident(in): Helmut Glaser

u 2 593

Bund Deutscher Sportschützen 1975 e.V. Landesverband Bayern
Weiherweg 1, 90610 Winkelhaid
T: (09187) 90 54 35   **Fax:** 90 54 34

u 2 594

Bund Deutscher Sportschützen 1975 e.V. Landesverband Saarland
Kirchenweg 4, 66450 Bexbach
T: (06826) 80 02 35   **Fax:** 80 01 34
Präsident(in): Stefan Holstein

u 2 595

Bund Deutscher Sportschützen 1975 e.V. Landesverband Mecklenburg-Vorpommern
Geschäftsstelle
Franz-Lehar-Str. 51, 17033 Neubrandenburg
T: (0395) 4 69 19 00   **Fax:** 4 69 19 00
Jürgen Fischer

u 2 596

Bund Deutscher Sportschützen 1975 e.V. Landesverband Sachsen-Anhalt
Karl-May-Weg 1, 06126 Halle
T: (0345) 6 87 48 72   **Fax:** 6 87 95 50

u 2 597
Bund Deutscher Sportschützen 1975 e.V.
Landesverband Sachsen
Am Stadtpark 58, 09120 Chemnitz
T: (0371) 22 78 55 **Fax:** 2 80 66 61
Präsident(in): Rolf Keulig

u 2 598
Bund Deutscher Sportschützen 1975 e.V.
Landesverband Thüringen
Ringstr. 28, 99817 Eisenach
T: (03691) 8 50 20 **Fax:** 85 02 29
Präsident(in): Jürgen Schmidt

• U 2 599
Bund der Historischen Deutschen Schützenbruderschaften e.V. Köln
Bundesgeschäftsstelle
Postf. 30 02 20, 51331 Leverkusen
Am Kreispark 22, 51379 Leverkusen
T: (02171) 7 21 50 **Fax:** 20 80
Internet: http://www.bund-bruderschaften.de
E-Mail: bhds@compuserve.com
Gründung: 1928
Hochmeister: Hubertus Prinz zu Sayn-Wittgenstein
Vorsitzende(r): Hermann Macher, Düsseldorf
Bundespräses: Prälat Dr. Heiner Koch
Stellvertretende(r) Vorsitzende(r): Heinzgerd Dewies, Erkelenz
Hans Besche, Altenbeken
BundesGeschF: Ralf Heinrichs
Verbandszeitschrift: Der Schützenbruder
Redaktion: Friedhelm Ruf
Mitglieder: 600000
Angeschl. Organisationen: 1320
Mitarbeiter: 6

• U 2 600
Deutscher Hochseesportverband "Hansa" e.V.
Postf. 13 02 68, 20102 Hamburg
Rothenbaumchaussee 58, 20148 Hamburg
T: (040) 44 11 42 50 **Fax:** 44 45 34
Internet: http://www.dhh.de
E-Mail: dhh@dhh.de
Gründung: 1925
Leitung Presseabteilung: Janna Bünger
Verbandszeitschrift: Der Blaue Peter
Redaktion: Norbert Suxdorf
Verlag: Klasing + Co. GmbH, Siekerwall 21, 33602 Bielefeld
Mitglieder: ca. 16500

• U 2 601
Deutscher NAVC
Neuer Automobil- und Verkehrs-Club e.V.
Johannesbrunner Str. 6, 84175 Gerzen
T: (08744) 86 78 **Fax:** 86 78
Internet: http://www.navc.de
Gründung: 1965
Präsident(in): Hans Jörg Nagel
Vizepräsident(in): Adolf Oberthür (Ltg. Presseabt.)
Sportpräs.: Joseph Limmer
Verbandszeitschrift: Auto Zeitung
Verlag: Heinrich Bauer Verlag KG, Köln
Mitglieder: ca. 20000
Mitarbeiter: 5

• U 2 602
Deutscher Motorsport Verband (DMV)
Haus des Sports II
Postf. 71 02 35, 60492 Frankfurt
Otto-Fleck-Schneise 12, 60528 Frankfurt
T: (069) 69 50 02-0 **Fax:** 69 50 02-20
Internet: http://www.dmv-motorsport.de
E-Mail: dmv@dmv-motorsport.de
Gründung: 1923 (25. Februar)
Präsident(in): Jochen Lindner, Berlin
Vizepräsident(in): Dieter Herz, Neuhofen
Schatzmeister: Herbert Kring, Neunkirchen
Sportpräs.: Ulrich Canisius, Werl
Geschäftsführer(in): Gerhard Becker, Frankfurt
Leitung Presseabteilung: Wolfgang Förster

Landesgruppen

DMV-Landesgruppe Berlin-Brandenburg:
1. Vorsitzende(r): Günter Schmidt sen. (Finken-Kruger-Str. 15, 14612 Falkensee, T: (03322) 50 00 18, Fax: 50 00 20)

DMV-Landesgruppe Schleswig-Holstein:
1. Vorsitzende(r): Peter Maass (Geleitweg 85, 23569 Lübeck, T: (0451) 39 60 54)

DMV-Landesgruppe Niedersachsen:
1. Vorsitzende(r): Wilhelm Reincke (Breslauer Str. 1, 27383 Scheeßel, T: (04263) 49 04, Fax: (04263) 37 92)

DMV-Landesgruppe Westfalen:
1. Vorsitzende(r): Karl-Heinz Kemper (Unnaerstr. 12, 59457 Werl, T: (02922) 36 33, Fax: 8 51 08)

DMV-Landesgruppe Niederrhein:
1. Vorsitzende(r): Bruno Hürttlen (Weberstr. 12, 52441 Linnich, T: (02462) 12 27, Fax: 90 70 99)

DMV-Landesgruppe Hessen
Johanna Anthes (Geschäftsstelle: Bornstr. 15, 61250 Usingen, T: (06081) 35 00)

DMV-Landesgruppe Baden-Württemberg:
1. Vorsitzende(r): Franz Rieger (Waldstr. 20, 77781 Biberach, privat T: (07835) 84 93)

DMV-Landesgruppe Südbayern:
1. Vorsitzende(r): Robert Weiss (Siedlungsstr. 10, 84524 Neuötting, T + Fax: (08671) 7 03 33)

DMV-Landesgruppe Saarland:
1. Vorsitzende(r): Ludwig Woll (Junkerstr. 1, 66117 Saarbrücken, T: (0681) 5 37 55 (P), 9 54 02 26 (D), Telefax: (0681) 9 54 02 30)

DMV-Landesgruppe Nordbayern:
1. Vorsitzende(r): Max Nitzschner (Siebenbürgerstr. 13, 97526 Sennfeld, T: (09721) 6 83 26, Fax: (09721) 60 95 63)

DMV Landesgruppe Rheinland-Pfalz:
1. Vorsitzende(r): Willi Reeh (Birkenweg 1, 56472 Hof, T: (02661) 95 62-0, Telefax: (02661) 95 62-77)

DMV-Landesgruppe Mecklenburg-Vorpommern:
1. Vorsitzende(r): Dietmar Kielmann (Rostocker Str. 34 a, 18190 Sanitz, T: (038209) 3 78 (7), Telefax: (038209) 8 01 17)

DMV-Landesgruppe Sachsen:
1. Vorsitzende(r): Horst Römer (Robert-Koch-Str. 15, 01558 Großenhain, T + Fax: (03522) 6 23 39)

DMV-Landesgruppe Sachsen-Anhalt:
1. Vorsitzende(r): Harry Herzau (Calber Landstr. 4, 06385 Aken, T + Fax: (034909) 8 21 82)

DMV-Landesgruppe Thüringen:
1. Vorsitzende(r): Leopold Ernst (Friedenstr. 14, 98544 Zella-Mehlis, T: (03682) 4 01 60, Telefax: (03682) 4 01 60)
Verbandszeitschrift: Motor-Extra
Verlag: Otto-Fleck-Schneise 12, 60528 Frankfurt
Mitglieder: 25000
Mitarbeiter: 9

• U 2 603
DMSB - Deutscher Motor Sport Bund e.V.
Hahnstr. 70, 60528 Frankfurt
T: (069) 63 30 07-0 **Fax:** 63 30 07-30
E-Mail: dmsb@dmsb.de
Präsident(in): Winfried Urbinger
Vizepräsident(in): Hermann Tomczyk
Dieter Junge
Josef Menke
Herbert Kring
Generalsekretär/Leiter Automobil: Detlef Kramp
Stellv. Generalsekretär/Leiter Motorrad: Jürgen Lamberty

• U 2 604
Deutscher Sportfahrer Kreis e.V. (DSK)
Sekretariat u. Verwaltung
Friedenstr. 60, 76689 Karlsdorf-Neuthard
T: (07251) 94 46-0 **Fax:** 94 46-60
Internet: http://www.autosport.de/dsk
E-Mail: DSK@autosport.de
Gründung: 1958 (15. März)
Präsident(in): Winfried Matter
Vizepräsident(in): Dr. Karl-Friedrich Zigahn
Friedhelm Kissel
Leitung Presseabteilung: Reiner Kuhn
Verbandszeitschrift: rallye racing
Redaktion: DSK-Nachrichten
Mitglieder: 13000
Mitarbeiter: 3

Der DSK ist ein gemeinnütziger Verein, der den Automobilsport in Deutschland aktiv pflegt und fördert. Politisch ungebunden setzt sich der DSK für vernünftige und realistische Lösungen beim Umweltschutz im Automobilsport ein.

u 2 605
Abt. Umwelt und Genehmigungsverfahren im DSK
Friedenstr. 60, 76689 Karlsdorf-Neuthard
T: (07251) 94 46-0 **Fax:** 94 46-60
Leiter(in): Helmut Rotzal

• U 2 606
Bundesverband der Motorradfahrer e.V. (BVDM)
Postanschrift:
Carl-Zeiss-Str. 8, 55129 Mainz
T: (06131) 50 32 80 **Fax:** 50 32 81
E-Mail: info@brdm.de
Gründung: 1958 (30. August)
1. Vorsitzende(r): Harald Hormel
Gerd Tonnemacher
Verbandszeitschrift: Ballhupe
Redaktion: Bobby Berschneider
Verlag: Staudinger Str. 6, 82299 Türkenfeld, T: (08193) 99 96 60, Fax: (08193) 99 96 60
Mitglieder: 3000

• U 2 607
Carl F.W. Borgward - Interessengemeinschaft
Paul-Goerens-Str. 30, 45145 Essen
T: (0201) 75 74 44 **Fax:** 75 74 44
Gründung: 1973
Vorsitzende(r): Hartmut Loges
Stellvertretende(r) Vorsitzende(r): Ulrich Kotte (T: (02852) 92 90)
Leitung Presseabteilung: Hartmut Loges
Verbandszeitschrift: Der Rhombus
Verlag: Borgward-IG. H. Loges, Paul-Goerens-Str. 30, 45145 Essen
Mitglieder: 850
Mitarbeiter: 5

• U 2 608

Deutsche Reiterliche Vereinigung e.V.
Hauptverband für Zucht und Prüfung deutscher Pferde (FN)
Fédération Equestre Nationale (FN)
48229 Warendorf
Postf. 11 02 65, 48204 Warendorf
Freiherr-von Langen-Str. 13, 48231 Warendorf
T: (02581) 63 62-0 **Fax:** 6 21 44
Internet: http://www.fn-dokr.de
Gründung: 1910
Präsident(in): Dieter Graf von Landsberg-Velen (Wocklum, 58802 Balve, T: (02375) 21 00, Telefax: (02375) 59 98)
Generalsekretär(in): Dr. Hanfried Haring
Leitung Presseabteilung: Thomas Hartwig
Präsidium:
Horst Ense (Wirtgeshof, Kerpen, T: (02275) 71 01, Telefax: (02275) 53 17)
Geert Gockel (Böllertshöfe 26, 45479 Mülheim, T: (02066) 37 00 66, Telefax: (02066) 37 06 66)
Dr. Andreas Meyer-Landrut (Bundespräsidialamt, Kaiser-Friedrich-Str. 16, 53113 Bonn, T: (0228) 20 03 11, Telefax: (0228) 20 03 00)
Cord-Friedrich Wassmann (Im Osterfeld 3, 49635 Badbergen Langen, T: (05433) 3 97, Fax 63 22)
Madeleine Winter-Schulze (Brelingerstr. 18, 30900 Wedemark, T: (05130) 25 75, Fax: 3 94 17)
Friedrich Jahncke (Bückau 4, Dannenberg, T: (05861) 24 60)
Jürgen Thumann (Am Trippelsberg 48, 40589 Düsseldorf, T: (0211) 7 95 03 37, privat: (0211) 7 95 03 38)
Ingrid Thomsen (Düsternbrooker Weg 43, 24105 Kiel, T: (0431) 56 53 63)
Breido Graf zu Rantzau (Gutsverwaltung Breitenburg, 25524 Breitenburg, T/Fax: (04828) 1 50)
Constantin Freiherr Heereman von Zuydtwyck (Surenburg, 48477 Riesenbeck, T: (05454) 3 77, Telefax: (05454) 74 92)
Vorsitzende(r): Bereich Sport: Dieter Graf von Landsberg-Velen
Stellvertretende(r) Vorsitzende(r): Geert Gockel
Vorsitzende der vier Ausschüsse
Vorstandsmitgl.: Eberhard Fellmer (Kastanienhof, 23813 Nehms, T: (04555) 12 30, Telefax: (04555) 12 40)
Franz-Karl Peiß (Mathildenstr. 6, 47169 Duisburg, T: (0203) 40 03 78 (Ausbildung))
Ferdi Jürgen Wassermeyer (Peddenöder Str. 10, 58256 Ennepetal, T: (02333) 8 13 91)
Vorstand der FN-Abteilung Zucht
Vorsitzende(r): Horst Ense (Wirtgeshof, Kerpen, T: (02275) 71 91, Telefax: (02275) 53 17)
Stellvertretende(r) Vorsitzende(r): Dr. Herbert R. Müller (Hof Oppelshausen, 63674 Altenstadt, T: (06047) 55 01, Telefax: (06047) 55 01)
Günter Dieckmann-Großhundorf (Niederbauer, 59510 Lippetal, T: (02923) 71 30)
Hans-Christian Först (24241 Sören, T: (04322) 22 20)
Günther Jänisch (29416 Mahlsdorf/Altmark, T: (039032) 2 13)
Dr. Heiko Meinardus (Schweieraußendeich, Stadland, T: (04737) 4 00, Telefax: (04737) 4 99)
Breido Graf zu Rantzau (Gutsverwaltung Breitenburg, 25524 Breitenburg, T: (04828) 2 93)
Klaus Wittlich (Domäne Rüdigheimer Hof, 63543 Neuberg, T: (06185) 6 25, Telefax: (06923) 41 81)

Friedrich Jahncke (Bückau 4, 29451 Dannenberg, T: (05861) 24 60)
Geschäftsführer(in): Klaus Miesner (Freiherr-von-Langen Str. 13, 48231 Warendorf, T: (02581) 63 62-0)
Persönliche Mitglieder
Vorsitzende(r): Dr. Andreas Meyer-Landrut (Daimler Benz Moskau, Verbindungsstelle DIHT, An der Kolonnade 10, 10117 Berlin)
Vorstand: Ruth Klimke (Auf dem Draun 93, 48149 Münster, T: (0251) 8 15 31)
Dr. Hanno Dohn (Endenicher Allee 60, 53115 Bonn)
Dr. Siegfried Dalferth (Kornhausstr. 3, 73525 Schwäbisch Gmünd, T: (07171) 3 07 37, Telefax: (07171) 3 04 07)
Kristina Dyckerhoff-Koriller (Paracelsusweg 14, 65203 Wiesbaden)
Friedrich Witte (Thielen Mühle, 51399 Burscheid)
Wolfgang Scherzer (Neuköllnische Allee 160-162, 12057 Berlin, T: (030) 6 85 30 22, Telefax: (030) 6 85 30 23)
Verbandszeitschrift: FN-Report
Redaktion: FN-Verlag der Deutschen Reiterlichen Vereinigung GmbH
Verlag: Freiherr-von-Langen-Str. 8, 48231 Warendorf
Mitarbeiter: 84
Jahresetat: DM 15,5 Mio, € 7,93 Mio
Spitzenfachverband für den Reit- und Fahrsport im Deutschen Sportbund sowie Vertretung des Reit- und Fahrsports und der Pferdezucht gegenüber nationalen und internationalen Behörden und Organisationen.

u 2 609
Deutsches Olympiade-Komitee für Reiterei e.V. der Deutschen Reiterlichen Vereinigung (FN)
Freiherr-von-Langen-Str. 15, 48231 Warendorf
T: (02581) 63 62-0   **Fax:** 6 21 75
Teletex: 258 113 fenger
Vorsitzende(r): Dieter Graf von Landsberg-Velen (Wocklum, 58802 Balve, T: (02375) 21 00, Telefax: (02375) 59 98)
Stellvertretende(r) Vorsitzende(r): Geert Gockel (Böllerts Höfe 26, 45479 Mülheim, T: (02108) 42 98 19)

Landeskommissionen für Pferdeleistungsprüfungen

u 2 610
Landeskommission für Pferdeleistungsprüfungen Baden-Württemberg
Geschäftsstelle
Murrstr. 1 /2, 70806 Kornwestheim
T: (07154) 83 28-0   **Fax:** 83 28-29
Internet: http://www.pferdesport-bw.de
E-Mail: abel@pferdesport-bw.de
Vorsitzende(r): Gotthilf Riexinger (Peter-Cornelius-Str. 10, 72766 Reutlingen, T: (07121) 49 00 81, Fax: (07121) 49 00 83)
Stellvertretende(r) Vorsitzende(r): Hans Dann (Schopenauerstr. 14 A, 68163 Mannheim, T: (0621) 41 27 42)
Geschäftsführer(in): Christian Abel (Murrstr. 1/2, 70806 Kornwestheim, T: (07154) 83 28-0, Fax: 83 28-29)

u 2 611
Landeskommission für Pferdeleistungsprüfung in Bayern
Geschäftsstelle
Landshamer Str. 11, 81929 München
T: (089) 90 60 71   **Fax:** 90 60 72
Internet: http://www.brfv.de
E-Mail: BRFV.LKBayern@t-online.de
Geschäftsführer: Wilfried B. Herkommer (Landshamer Str. 11, 81929 München, T: (089) 90 60 71, Fax: 90 60 72)
Vorsitzende(r): Dr. Dieter Schüle (Steinersdorf 7, 91522 Ansbach, T: (09820) 4 26, (0981) 20 30, 30 50)

u 2 612
Landesverband Pferdesport Berlin-Brandenburg Landeskommission für Pferdeleistungsprüfungen
Geschäftsstelle
Passenheimer Str. 30, 14053 Berlin
T: (030) 30 09 22 10   **Fax:** 30 09 22 20
Präsident(in): Dr. Peter Danckert (Hertastr. 3, 14169 Berlin, T: (030) 25 45 91 20 (d))
Vorsitzende(r): Theodor Tiggemann (Senftenberger Ring 40 c, 13435 Berlin, T: (030) 415 35 22 privat)
Geschäftsführer(in): Jürgen Lange (Am Seehof 13, 14778 Brielow, T: (030) 30 09 22 11 (d))

u 2 613
Landeskommission für Pferdeleistungsprüfung Landesverband Hamburg
Geschäftsstelle
Schützenstr. 107, 22761 Hamburg
T: (040) 8 50 30 06   **Fax:** 8 51 42 33
Internet: http://www.pferdesport-hamburg.de
E-Mail: info@pferdesport-hamburg.de

Vorsitzende(r): Dietmar Dude (Schützenstr. 107, 22761 Hamburg, T: (040) 8 53 10 50, Telefax: (040) 85 31 05 40)
Stellvertretende(r) Vorsitzende(r): Hans-Heinrich Blume (Alsterkrugchaussee 232a, 22297 Hamburg, T: (040) 5 11 07 25)
Geschäftsführer(in): Kai Haase (Schützenstr. 107, 22761 Hamburg, T: (040) 8 50 30 06, Telefax: (040) 8 51 42 33)

u 2 614
Landeskommission für Pferdeleistungsprüfungen Hannover-Bremen
Geschäftsstelle
Postf. 2 69, 30002 Hannover
Johannssenstr. 10, 30159 Hannover
T: (0511) 3 66 55 23, 3 66 55 02   **Fax:** 32 57 59
Vorsitzende(r): Ludwig Hecke (Pannsteig 1, 37124 Rosdorf-Settmarshausen, T: (05502) 29 60 od. (0172) 5 60 71 15, Telefax: (05502) 8 65)
Stellvertretende(r) Vorsitzende(r): Gerd Rietbrock (An der Weide 41, 27367 Sottrum)
Geschäftsführer(in): Peter Reinstorf (Johannssenstr. 10, 30159 Hannover, Postf. 2 69, 30002 Hannover, T: (0511) 3 66 55 02, 3 66 55 23, Telefax: (0511) 32 57 59)

u 2 615
Landeskommission für Pferdeleistungsprüfung Landesverband Hessen
Geschäftsstelle
Wilhelmstr. 24, 35683 Dillenburg
T: (02771) 8 03 40   **Fax:** 80 34 20
Vorsitzende(r): Gert Stumme (Buchfinkenring 7, 61276 Weilrod-Niederlauken, T: (06083) 2 83 10, Fax: (06083) 2 83 10)
Geschäftsführer(in): Robert Kuypers (Wilhelmstr. 24, 35683 Dillenburg, T: (02771) 8 03 40, Telefax: (02771) 80 34 20)

u 2 616
Landeskommission für Pferdeleistungsprüfung Landesverband Mecklenburg-Vorpommern
Geschäftsstelle
Leute-Wiese 2, 18276 Mühlengeez
T: (038450) 2 01-60   **Fax:** 2 01-62
Vorsitzende(r): Dr. Klaus Lemcke (Andrey-Sacharow-Str. 30, 19061 Schwerin)
Stellvertretende(r) Vorsitzende(r): Eckhard Beyer (Dorfstr. 40, 17139 Schwinkendorf)
Geschäftsführer(in): Ulrich Täuber (Kröpeliner Str. 16, 18239 Satow)

u 2 617
Pferdesportverband Rheinland e.V. Kommission für Pferdeleistungsprüfungen Rheinland
Geschäftsstelle
Endenicher Allee 60, 53115 Bonn
T: (0228) 7 03 13 05   **Fax:** 65 77 70
Internet: http://www.pferd-aktuell.de/psvr
E-Mail: info@pferdesport-rheinland.de
Vorsitzende(r): Geert Gockel (Böllertshöfe 26, 45479 Mülheim, T: (02066) 99 64 14, Telefax: (02066) 37 06 66)
Geschäftsführer(in): LD Dr. Hanno Dohn (Endenicher Allee 60, 53115 Bonn, T: (0228) 7 03 14 14, Telefax: (0228) 65 77 70, privat: Oelbergstraße, 53604 Bad Honnef 6, T: (02224) 8 06 03)

u 2 618
Landeskommission für Pferdeleistungsprüfung Rheinland-Pfalz
Burgenlandstr. 7, 55543 Bad Kreuznach
T: (0671) 8 94 03-0   **Fax:** 8 94 03-29
Internet: http://www.lvrp.de
E-Mail: lvlk-rlp@t-online.de
Vorsitzende(r): Dr. Peter Ritter (Bezirksring 13, 67657 Kaiserslautern, T: (0631) 34 26-111)
Stellvertretende(r) Vorsitzende(r): N.N.
Geschäftsführer(in): Klaus Blässing (Burgenlandstr. 7, 55543 Bad Kreuznach, T: (0671) 8 94 03-18)
Stellvertretende(r) Geschäftsführer(in): Manfred Schenk (Blocksbergstr. 34, 66955 Pirmasens, T: (06331) 5 24 00)

u 2 619
Landeskommission für Pferdeleistungsprüfung Landesverband Saarland
Geb. 54, 66123 Saarbrücken
T: (0681) 38 79-239, 2 41   **Fax:** 38 79-268
E-Mail: LKSaar@aol.com
Vorsitzende(r): Michael Sossong (Heinitzer Str. 23, 66287 Quierschied, T: (06897) 6 12 59 p, (0681) 5 01 59 31 d, Fax: (0681) 5 01 59 99 d)
Geschäftsführer(in): Axel Kerber (Postf. 1 33, 66287 Quierschied, T: (06897) 6 53 85)

u 2 620
Landesverband Pferdesport Sachsen e.V.
Geschäftsstelle
Käthe-Kollwitz-Platz 2, 01468 Moritzburg
T: (035207) 8 96-10
Geschäftsführer(in): Fritz-Werner Bergmann

u 2 621
Landesverband der Reit- und Fahrvereine Sachsen-Anhalt e.V.
Geschäftsstelle
Parkstr. 13, 06780 Prussendorf
T: (034956) 2 29-65, 2 29-66   **Fax:** 2 29-67
Vorsitzende(r): Jürgen Laue (Mausfelder Str. 10, 06347 Grerbstedt)
Geschäftsführerin: Heidi Hame

u 2 622
Landeskommission für Pferdeleistungsprüfung Landesverband Schleswig-Holstein
Geschäftsstelle
Eutiner Str. 27, 23795 Bad Segeberg
T: (04551) 88 92-0   **Fax:** 88 92-20
Vorsitzende(r): Christoph von Bethmann-Hollweg (24340 Altenhof, T + Fax: (04351) 4 13 34)
Stellvertretende(r) Vorsitzende(r): Ingrid Thomsen (Düsternbrookerweg 43, 24105 Kiel, T: (0431) 56 53 63)
Geschäftsführer(in): Dieter Stut (Eutiner Str. 27, 23795 Bad Segeberg, T: (04551) 88 92-0, Fax: (04551) 88 92 20)

u 2 623
Thüringer Reit- und Fahrverband e.V.
Geschäftsstelle
Schützenstr. 4, 99096 Erfurt
T: (0361) 3 46 07 42   **Fax:** 3 46 07 43
Vorsitzende(r): Dr. Volker Schiele (Alfred-Hess-Str. 10, 99094 Erfurt, Tel.: (0361) 2 22 54 00)
Geschäftsführer(in): Wolfgang Meier (Rudolstädter Str. 32, 99444 Blankenhain, T: (0172) 8 03 99 70)

u 2 624
Landeskommission für Pferdeleistungsprüfung Thüringen
Geschäftsstelle
Schützenstr. 4, 99096 Erfurt
T: (0361) 3 46 07 42   **Fax:** 3 46 07 43
Vorsitzende(r): Erlfried Hennig (Südstr. 22, 99330 Crawinkel, Tel.: (03624) 31 43 40)
Geschäftsführer(in): Wolfgang Meier (Rudolstädter Str. 32, 99444 Blankenhain, T: (0172) 8 03 99 70)

u 2 625
Landeskommission für Pferdeleistungsprüfung Landesverband Weser-Ems
Geschäftsstelle
Postf. 25 49, 26015 Oldenburg
Mars-la-Tour-Str. 6, 26121 Oldenburg
T: (0441) 80 16 05, 80 16 06   **Fax:** 8 31 63
Vorsitzende(r): Cord-Friedrich Wassmann (Im Osterfeld 3, 49635 Badbergen, T: (05433) 3 97)
Stellvertretende(r) Vorsitzende(r): Heinrich Koonert (An der Reithalle 3, 48455 Bad Bentheim, T: (05924) 17 62)
Geschäftsführer(in): Hans-Joachim Happ (Macrostr. 4, 49692 Cappeln, T: (0441) 80 16 03)

u 2 626
Deutscher Reiter- und Fahrer-Verband e.V.
Roonstr. 54, 33615 Bielefeld
T: (0521) 12 31 37   **Fax:** 12 31 02
Präsident(in): Wolfgang Brinkmann (Akazienweg 19, 32049 Herford, T: (05221) 83 02 77 od. 88 40, Telefax: (05221) 88 42 26)
Stellv. Präsidenten: Günther Festerling (Haid 22, 83556 Griesstätt, T: (08039) 15 55, Fax: (08039) 55 85)
Leopold Graf von Rothkirch und Trach (Am Stadtwald 103c, 53177 Bonn, T: (0228) 31 47 46, Fax: (0228) 31 14 01)
Geschäftsführer(in): Hilarius Simons (Roonstr. 54, 33615 Bielefeld, T: (0521) 12 31 37, Fax: (0521) 12 31 02)
GF d. Bundesvereinigung d. Berufsreiter im Deutschen Reiter-u.Fahrer-Verb. e.V.: Hildegard Vogel (Warendorfer Str. 48, 48291 Telgte, T: (02504) 93 34 33, Fax: (02504) 93 34 30)

● U 2 627
Direktorium für Vollblutzucht und Rennen e.V.
Rennbahnstr. 154, 50737 Köln
T: (0221) 74 98-11   **Fax:** 74 98-67
Internet: http://www.vollblut.de
E-Mail: rong@direktorium.de
Vorsitzende(r): Jochen Borchert
Stellvertretende(r) Vorsitzende(r): Karl-Dieter Ellerbracke

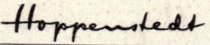

Geschäftsführer(in): Detlef Meimann
Leitung Presseabteilung: Peter Brauer
Mitarbeiter: 45

● U 2 628
Vereinigung der Freizeitreiter und Fahrer in Deutschland e.V. (VFD)
Vorstand
Am Bauernwald 5b, 81739 München
T: (0171) 4 20 15 21 Fax: (089) 60 60 81 23
Internet: http://www.vfdnet.de
E-Mail: bundesvorstand@vfdnet.de
Vorstand: Manuel Sauda (1. Vorsitzender); Joseph Keßler (2. Vorsitzender; Einzelstr. 53-55, 95234 Sparneck, Tel./Fax: (09251) 6834, E-Mail: 2.vorsitzender@vfdnet.de)
Schriftwart: Claudia Christ (Bismarckstr. 2, 14109 Berlin, Tel.: (030) 8 03 81 91, Fax: (030) 8 53 89 60, E-Mail: schriftfuehrer@vfdnet.de)
Kassenwart: Wolfgang Wittek (Schlesienstr. 20, 40822 Mettmann, Tel./Fax: (02058) 39 20, E-Mail: kassenwart@vfdnet.de)

● U 2 629
Paint Horse Club Germany e.V. (PHCG)
Geschäftsstelle
Wennerscheider Str. 24, 53819 Neunkirchen-Seelscheid
T: (02247) 18 28 Fax: 91 57 02
E-Mail: rostapmanns@surfen.de
Gründung: 1983
Präsident(in): Dr. Rüdiger Hartmann
1. Vizepräs: Kai-Uwe Solbach
2. Vizepräs: Dr. Alena Juna
Geschäftsführer(in): J. Hirth
Leitung Presseabteilung: Rolf Stapmanns
Verbandszeitschrift: Western Horse
Verlag: Kierdorf Verlag, Wipperfürth
Mitglieder: 1400
Mitarbeiter: 2
Jahresetat: DM 0,3 Mio, € 0,15 Mio

● U 2 630
Netzwerk Taijiquan und Qigong e.V.
Weidenstieg 18, 20259 Hamburg
T: (040) 40 19 70 48 Fax: 40 19 70 49
Internet: http://www.netzwerk.linc.de
E-Mail: netzwerk@linc.de
1. Vorsitzende(r): Wilhelm Mertens
Mitglieder: ca. 200

Sonstige Zentralstellen und Organisationen sowie kulturelle Einrichtungen

● U 2 631

Verkehrsclub Deutschland VCD e.V. (VCD)
Postf. 17 01 60, 53027 Bonn
Eifelstr. 2, 53119 Bonn
T: (0228) 9 85 85-0 Fax: 9 85 85-10
Internet: http://www.verkehrsclub-deutschland.de
E-Mail: vcd-bundesverband@vcd.org
Gründung: 1986 (19. Juli)
Bundesvorsitzende(r): Ute Wiegand-Nehab
Bundesgeschäftsführer: Dirk Flege
Leitung Presseabteilung: Burkhard Reinartz
Verbandszeitschrift: "fairkehr"
Redaktion: Michael Adler
Verlag: fairkehr GmbH, Eifelstr. 2, 53119 Bonn, T: (0228) 9 85 85-0, Telefax: (0228) 9 85 85-50
Mitglieder: 70000
Mitarbeiter: 19

Förderung eines umwelt- und sozialverträglichen Verkehrswesens; Kostenwahrheit im Verkehr; Erhöhung der Verkehrssicherheit durch Tempolimits; Mobilitätsberatung; Carsharing; Ausbau und Bevorzugung des Umweltverbundes (ÖPNV, Fahrrad- und Fußgängerverkehr) gegenüber dem motorisierten Individualverkehr.

Landesverbände

u 2 632
VCD-Landesverband Baden-Württemberg e.V.
Geschäftsstelle
Tübinger Str. 15, 70178 Stuttgart
T: (0711) 6 07 02 17 Fax: 6 07 02 18
Internet: http://www.vcd.org/bawue
E-Mail: VCDLVBW@t-online.de
Gründung: 1987 (12. September)
Vorsitzende(r): Klaus Arnoldi, Ludwigsburg
Mitglieder: 16500
Mitarbeiter: 4

u 2 633
Verkehrsclub Deutschland (VCD), Landesverband Bayern e.V.
Postf. 42 03, 90022 Nürnberg
Enderleinstr. 11, 90478 Nürnberg
T: (0911) 47 17 43 Fax: 47 64 73
E-Mail: landesbuero@vcd-bayern.de
Vorsitzende(r): Matthias Striebich, Gfäfenberg

u 2 634
VCD-Landesverband Berlin e.V.
-Geschäftsstelle-
Yorckstr. 48, 10965 Berlin
T: (030) 4 46 36 64 Fax: 4 46 37 03
Internet: http://www.verkehrsclub-deutschland.de/berlin
E-Mail: vcd-berlin@t-online.de
Gründung: 1988 (Februar)
Vorsitzende(r): Oswald Richter
Verbandszeitschrift: "StreifZüge"
Mitglieder: 4000
Mitarbeiter: 3

u 2 635
Verkehrsclub Deutschland (VCD) Landesverband Brandenburg e.V.
Rudolf-Breitscheid-Str. 201, 14482 Potsdam
T: (0331) 7 40 52 71 Fax: 7 40 52 73
E-Mail: vcdpotsdam@altavista.de
Gründung: 1991 (23. November)
Vorsitzende(r): Christoph Geibel, Potsdam
Leitung Presseabteilung: Frieder Monzer, Potsdam
Mitglieder: 70000 bundesweit, 420 in Brandenburg
Verbandszeitschrift: fairkehr
Verlag: fairkehr, Eifelstr. 2, 53119 Bonn
Streifzüge (für Berlin und Brandenburg)
Verlag: VCD-Landesverband Berlin

u 2 636
VCD-Landesverband Bremen e.V.
Am Dobben 44, 28203 Bremen
T: (0421) 70 21 91 Fax: 70 49 85
E-Mail: vcdbremen@t-online.de
Vorsitzende(r): Jürgen Schlösser

u 2 637
Verkehrsclub Deutschland LV Hamburg e.V.
Nernstweg 32-34, 22765 Hamburg
T: (040) 28 05 51 20 Fax: 28 05 51 22
Internet: http://www.vcd.org/hamburg
E-Mail: hamburg@vcd.org
Gründung: 1987
Vorstand: Dr. Susanne Rolinski
Matthias Kurzeck
Hans-Peter Rathmann
Martina Henke
Rainer Schneider
Verbandszeitschrift: Stadtfairkehr Hamburg

u 2 638
Verkehrsclub Deutschland (VCD) Landesverband Hessen e.V.
Geschäftsstelle
Steinweg 21, 34117 Kassel
T: (0561) 10 83 10 Fax: 10 83 11
Internet: http://www.vcd.org/hessen
E-Mail: hessen@vcd.org
Gründung: 1986
Landesgeschäftsführer: Tobias Pralle
Leitung Presseabteilung: Wolfgang Schulze
Verbandszeitschrift: fairkehr
Redaktion: Michael Adler (Chefred.)
Verlag: fairkehr Verlagsgesellschaft mbH, Eifelstr. 2, 53119 Bonn
Mitglieder: ca. 70000, davon ca. 7.000 in Hessen
Mitarbeiter: 2

u 2 639
VCD-Landesverband Mecklenburg-Vorpommern
über Bundesgeschäftsstelle Bonn
Eifelstr. 2, 53119 Bonn
T: (0228) 9 85 85-0

u 2 640
VCD-Landesverband Niedersachsen e.V.
Postf. 61 24, 30061 Hannover
Alleestr. 1, 30167 Hannover
T: (0511) 7 00 05 22 Fax: 7 00 05 20
Internet: http://www.vcd.org/nds
E-Mail: vcd-nds@comlink.org
Gründung: 1987 (28. November)
Vorsitzende(r): Stephan Börger (Weißer Kamp 15, 31582 Nienburg)
Leitung Presseabteilung: Michael Frömming
Mitglieder: 7500
Mitarbeiter: 1

u 2 641
Verkehrsclub Deutschland (VCD) Landesverband NRW e.V.
Worringer Str. 65, 40211 Düsseldorf
T: (0211) 16 49 49-7 Fax: 16 49 49-8
E-Mail: vcd.nrw@t-online.de

u 2 642
VCD-Landesverband Rheinland-Pfalz e.V.
Dürkheimer Str. 109, 67227 Frankenthal
T: (06392) 99 33 77 Fax: 99 38 77
Internet: http://www.vcd-rlp.de
E-Mail: vcd-rlp@vcd-rlp.de
Gründung: 1988 (23. Januar)
Vorsitzende(r): Klaus Ulshöfer, Frankenthal
Leitung Presseabteilung: Alexander Mühlmann
Verbandszeitschrift: FAIRKEHR
Redaktion: VCD Bundesverband
Verlag: VCD Bundesverband, Eifelstr. 2, 53119 Bonn
Mitglieder: 3300
Mitarbeiter: 2
Jahresetat: DM 0,06 Mio, € 0,03 Mio

u 2 643
Verkehrsclub Deutschland (VCD) Landesverband Saarland e.V.
Auf der Werth 9, 66115 Saarbrücken
T: (0681) 4 67 20
Internet: http://members.aol.com/vcdsaarl
E-Mail: vcdsaarl@aol.com
Gründung: 1988
Vorsitzende(r): Manuel Schauer, Saarbrücken
Leitung Presseabteilung: Arne Bach
Verbandszeitschrift: nahfairkehr
Redaktion: A. Bach
Verlag: VCD
Mitglieder: 600

u 2 644
VCD-Landesverband Sachsen-Anhalt
c/o VCO-Bundesgeschäftsstelle
Postf. 17 01 60, 53027 Bonn
T: (0228) 9 85 85-0

u 2 645
VCD-Landesverband Schleswig-Holstein e.V.
Geschäftsstelle:
Samwerstr. 16, 24118 Kiel
T: (0431) 9 86 46 26 Fax: 9 86 46 50
Vorsitzende(r): Rüdiger Fricke, Kiel

● U 2 646
Allgemeiner Deutscher Automobil-Club e.V. (ADAC)
siehe U 1074

● U 2 647
Bundesvereinigung Deutscher Autotelefonbesitzer e.V. (BVDA)
Sitz:
Postf. 15 14 86, 10676 Berlin
Meraner Str. 40, 10825 Berlin
T: (030) 4 32 32 72
Gründung: 1980 (1. März)
Präsident(in): Christoph A. Weidlich (Ltg. Presseabt.)
Verbandszeitschrift: Info Dienste
Mitglieder: 1928 (31.3.97)
Mitarbeiter: 1

● U 2 648
Verband Deutscher Automobil-Tuner e.V. (VDAT)
Lintorfer Waldstr. 5, 40489 Düsseldorf
T: (0203) 74 14 35 Fax: 74 14 37
Internet: http://www.vdat.de
E-Mail: info@vdat.de
1. Vorsitzende(r): Bodo Buschmann
2. Vorsitzende(r): Thomas Becker
3. Vorsitzende(r): Hans-Jörg Köninger
Geschäftsführer(in): Michael Lauer (Ltg. Presseabt.)
Verbandszeitschrift: VDAT intern
Redaktion: H.J. Köninger
Verlag: Mühlweg 17, 90556 Hiltmannsdorf
Mitglieder: 92

● U 2 649
Vereinigung Deutscher Autohöfe e.V. (VEDA)
Lindenstr. 15, 65232 Taunusstein
T: (06128) 4 22 49   **Fax:** 4 57 56
1. Vorsitzende(r): Günter R. Tasche
2. Vorsitzende(r): Sabine Kniebaum
Geschäftsführer(in): S. Schumacher

● U 2 650
Club für Alte Automobile u. Rallyes - CAAR-Deutschland e.V.
Im Aeckerle 6, 76571 Gaggenau
T: (07225) 7 75 12   **Fax:** 7 75 12
Internet: http://www.caar-ev.de
E-Mail: caar@bigfoot.com
Präsident(in): Walter Rudolph
Vizepräsident(in): Heribert Follmann
Kassierer: Nikolaus Scheerbarth
Verbandszeitschrift: World of Caar
Redaktion: Karl Geble

● U 2 651
Bundesverband Deutscher Motorveteranen-Clubs e.V. (DEUVET)
Geschäftsstelle:
Berner Str. 75, 60437 Frankfurt
T: (069) 50 83 08 01   **Fax:** 50 83 08 03
Internet: http://www.deuvet.de
E-Mail: deuvet@gmx.de
Gründung: 1976 (Oktober)
Präsident(in): Peter Krause
Vizepräsident(in): Heinz Eck
Martin Kraut (, Ltg. Presseabt.)
Geschäftsführer(in): Peter Schneider
Verbandszeitschrift: Transparent
Redaktion: Martin Kraut
Verlag: DEUVET
Mitglieder: 176 Clubs mit ges. 39000 Mitgliedern
Mitarbeiter: 17 ehrenamtl., 2 Angest.
Jahresetat: DM 0,32 Mio, € 0,16 Mio

● U 2 652
Verbund selbstverwalteter Fahrradbetriebe e.V. (VSF)
Argestr. 8, 26607 Aurich
T: (04941) 9 91 98 51   **Fax:** 99 80 43
Internet: http://www.vfs.de
E-Mail: buero@vsf-mail.de
Gründung: 1985 (Januar)
Geschäftsführer(in): Albert Herresthal
Ulrich Lippmann
Verbandszeitschrift: Abfahren
Mitglieder: 170
Mitarbeiter: 3

● U 2 653
Deutsche Vereinigung für Parlamentsfragen e.V.
11011 Berlin
Platz der Republik 1, 10557 Berlin
Vorsitzende(r): Joachim Hörster (MdB)
Geschäftsführer(in): MinR Gunter Gabrysch

● U 2 654
Interparlamentarische Arbeitsgemeinschaft
Postf. 12 01 10, 53043 Bonn
T: (0228) 2 69 22 12 + 28   **Fax:** 2 69 22 51/52
E-Mail: intlawpol@cs.com
Gründung: 1952
Vorsitzende(r): Dr. Elke Leonhard (MdB)
Stellvertretende(r) Vorsitzende(r): Dr. Walter Eykmann (MdL)
Stellvertretende(r) Vorsitzende(r): Matthias Berninger (MdB)
Geschäftsführer(in): Dr. Wolfgang Burhenne
Leitung Presseabteilung: Werner Koep
Verlag: Erich Schmidt Verlag, Berlin
Veröffentlichungen: Recht und Organisation der Parlamente, Umweltrecht, EDV-Recht, Denkmalrecht der Länder und des Bundes, Recht der gemeinnützigen Organisationen

● U 2 655
Zukunftsaktion Kohlegebiete (ZAK) e.V.
Sachsenweg 6, 59073 Hamm
T: (02381) 17-8930/31   **Fax:** 17-2240
Gründung: 1990 (23. November)
Vorsitzende(r): Wolfgang Kerak (Stellv. Landrat des Kreises Unna)
1. stellv. Vors.: Wolfgang Pantförder (Bürgermeister der Stadt Recklinghausen)
2. stellv. Vors.: Klaus-Jürgen Graßhoff (Bürgermeister der Stadt Senftenberg)
Geschäftsführer(in): Wolfgang Steingräber
Verbandszeitschrift: ZAK-Kurier

Mitglieder: 74
Mitarbeiter: 2
Jahresetat: ca. DM 0,3 Mio, € 0,15 Mio

● U 2 656
Freiherr-vom-Stein-Gesellschaft e.V.
Warendorfer Str. 14, 48145 Münster
T: (0251) 5 91-32 81   **Fax:** 5 91-32 82
Internet: http://www.fvsg-online.de
Gründung: 1952
Präsident(in): Prof. Dr. Dr. h.c. Hans Tietmeyer
Vizepräsident(in): Dr. Manfred Scholle
Geschäftsf. Präsidialmitgl.: Prof. Dr. Karl Teppe
Verbandszeitschrift: Cappenberger Gespräche
Redaktion: Dr. Thomas Küster
Verlag: W. Kohlhammer/G. Grote'sche Verlagsbuchhandlung, Postf. 80 04 30, 70504 Stuttgart
Mitglieder: 370

● U 2 657
Bürger fragen Journalisten e.V.
Koldestr. 8, 91052 Erlangen
T: (09131) 12 99 30   **Fax:** 12 99 31
Gründung: 1984 (Dezember)
Vorstand: Hansjörg Klein (Vors.)
H. Wilhelm Kress
Dr.-Ing. Frank W. Morell
Dipl.-Ing. Alfred Paul
Dr. Michael Vogt
Verbandszeitschrift: TM - Das kritische Forum für Transparenz der Medien
Verlag: TM Transparenz der Medien Gesellschaft mbH, Koldestr. 8, 91052 Erlangen
Verlag für Publikationen aller Art sowie Übernahme von Dienstleistungen auf den Gebieten Medien, Politik und Wirtschaft.

● U 2 658
Bundesverband der Freien Wählergemeinschaften e.V.
Marktplatz 2, 97753 Karlstadt
T: (09353) 41 57   **Fax:** 41 57

● U 2 659
"HEROLD" Verein für Heraldik, Genealogie und verwandte Wissenschaften
Geschäftsstelle:
Archivstr. 12-14, 14195 Berlin
T: (030) 8 39 01-1 00
Gründung: 1869 (3. November)
Vorsitzende(r): Prof. Dr. Heinrich Freiherr von Lersner
Stellvertretende(r) Vorsitzende(r): Dr. Bernhart Jähnig
Schriftführer(in): Dr. Ulrich Bornitz
Verbandszeitschrift: "Der Herold"
Selbstverlag, Archivstr. 12-14, 14195 Berlin
HEROLD-Jahrbuch
Verlag: Degener & Co., Inh. Manfred Dreiss, Nürnberger Str. 27, 91403 Neustadt a.d. Aisch
Mitglieder: 950
Jahresetat: DM 0,06 Mio, € 0,03 Mio

● U 2 660
Verband Deutscher Meteorologen e.V. (VDM)
Willemerstr. 7, 63067 Offenbach
T: (069) 88 04 75
E-Mail: hwchrist@aol.com
Gründung: 1950
1. Vorsitzende(r): RDir. a.D. Dr. Horst Walter Christ (Ltg. Presseabt.), Offenbach
Verbandszeitschrift: im "Verkehrsmanager" enthalten sowie VDM Mitteilungen
Mitglieder: 197
Mitarbeiter: 7
Jahresetat: DM 0,006 Mio, € 0 Mio

4 regionale Zweigverbände

● U 2 661

Bund Deutscher Philatelisten e.V.
Mildred-Scheel-Str. 2, 53175 Bonn
T: (0228) 3 08 58-0
Internet: http://www.bdph.de
E-Mail: info@bdph.de
Gründung: 1946 (26. Oktober)
Präsident(in): Michael Adler (Konradstr. 12, 91301 Forchheim)
Stellvertretende(r) Vorsitzende(r): Franz-Karl Lindner (Postf. 17 10, 59477 Soest, T: (02921) 7 96 59)
Leitung Presseabteilung: Reiner Wyszomirski (Anemonenweg 24, 63225 Langen, T: (06103) 7 91 93)
Geschäftsführer(in): Günther Korn
Verbandszeitschrift: "philatelie"
Redaktion: Phil Creativ Verlag, Postf. 57, 41364 Schwalmtal, **E-Mail:** info@phil-creativ.de
Verlag: Philatelie Verlags- und Vertriebs GmbH, Geschäftsführer: Wolfgang Fendler, Im Dammwald 19, 61381 Friedrichsdorf
Mitglieder: ca. 80000
Mitarbeiter: 4
Interessenverband der deutschen Briefmarkensammler.

Landesverbände

u 2 662
Landesverband Bayerischer Philatelisten-Verein e.V.
Am See 8, 97762 Hammelburg
T: (09732) 78 25 42
Vorsitzende(r): Ludwig Gambert

u 2 663
Verband Berliner Philatelisten-Vereine e.V.
Bruno-Wille-Str. 11, 12587 Berlin
T: (030) 2 11 34 30
Vorsitzende(r): Frank H. Walter

u 2 664
Philatelistenverband Norddeutschland e.V.
Libellenweg 10, 21493 Schwarzenbek
T: (04151) 45 77
Vorsitzende(r): Prof. Dr. Rüdiger Martienß

u 2 665
Verband der Philatelisten-Vereine Hessen, Rhein-Main-Nahe e.V.
Gartenstr. 13, 63654 Büdingen
T: (06041) 15 37
Vorsitzende(r): Dieter Hartig

u 2 666
Philatelistenverband Mittelrhein e.V.
Gerbergasse 4, 53359 Rheinbach
T: (02226) 63 00
Vorsitzende(r): Bernhard Schneider

u 2 667
Verband Niedersächsischer Philatelistenvereine e.V.
Rosenbuschweg 22, 30453 Hannover
T: (0511) 48 47 80
Vorsitzende(r): Gerhard Hilbig

u 2 668
Verband der Philatelisten in Nordrhein-Westfalen e.V.
Glatzer Weg 7, 48366 Laer
T: (02554) 84 13
Vorsitzende(r): Gerhard Weiss

u 2 669
Landesverband der Briefmarkensammler des Saarlandes e.V.
Dorfstr. 7, 66822 Lebach
Vorsitzende(r): Manfred Schmitt

u 2 670
Landesverband Südwestdeutscher Briefmarkensammlervereine e.V.
Postf. 14 67, 70810 Korntal-Münchingen
T: (0711) 83 16 17
Vorsitzende(r): Dipl.-Ing. Albrecht Zimmermann

u 2 671
Nordwestdeutscher Philatelistenverband Elbe-Weser-Ems e.V.
Am Helling 11, 26802 Moormerland
1. Vorsitzende(r): Oswald Janssen

u 2 672
Landesverband Thüringer Philatelisten e.V.
Postf. 13 08, 99310 Arnstadt
T: (03628) 60 30 83
Vorsitzende(r): Dr. Eckart Bergmann

u 2 673
Landesverband der Philatelisten Brandenburgs e.V.
Sperberhorst 15, 14478 Potsdam
T: (0331) 8 71 04 85
Vorsitzende(r): Prof. Dr. Heinz Kretzschmar

u 2 674
Landesverband Sächsischer Philatelistenvereine e.V.
Spetlakstr. 32, 04357 Leipzig
T: (0341) 6 01 70 25
Vorsitzende(r): Peter Girlich

u 2 675
Landesverband der Philatelisten in Sachsen-Anhalt e.V.
Herzogstr. 24, 38889 Blankenburg
T: (03944) 35 06 96
Vorsitzende(r): Dietrich Ecklebe

u 2 676
Landesverband der Philatelisten Mecklenburg-Vorpommern e.V.
Bönebüttelerstr. 27, 19073 Wittenfördern
T: (0385) 6 66 62 66
Vorsitzende(r): Günter Theile

u 2 677
Verband Philatelistischer Arbeitsgemeinschaften e.V.
Kieler Str. 144, 25451 Quickborn
Vorsitzende(r): Dieter Hüweler

u 2 678
Deutsche Philatelisten-Jugend e.V.
Postf. 13 53, 52503 Geilenkirchen
Internet: http://www.dphj.de
E-Mail: info@dphj.de
Vorsitzende(r): Ronny Hennings

● U 2 679
Deutsches Studentenwerk e.V.
Weberstr. 55, 53113 Bonn
T: (0228) 2 69 06-0 Fax: 2 69 06 30
Internet: http://www.studentenwerke.de
E-Mail: dsw@studentenwerke.de
Referat Presse- und Öffentlichkeitsarbeit
Referat Studienfinanzierung
Oranienburger Str. 13/14, 10178 Berlin, T: (030) 2 84 97 10, Fax: (030) 28 49 71 10, E-Mail: dswberlin@studentenwerke.de
Gründung: 1921 (April)
Präsident(in): Prof. Dr.rer.nat. Hans-Dieter Rinkens
Generalsekretär(in): RA Dieter Schäferbarthold
Mitglieder: 62 Studentenwerke (Anstalten des öffentlichen Rechts der Länder mit Ausnahme des Studentenwerks im Saarland e.V. und des Hochschulwerkes Witten/Herdecke e.V.)

● U 2 680
Zentralstelle für die Vergabe von Studienplätzen (ZVS)
44128 Dortmund
Sonnenstr. 171, 44137 Dortmund
T: (0231) 10 81-0 Fax: 10 81-2 27
Internet: http://www.zvs.de
E-Mail: poststelle@zvs.nrw.de
Gründung: 1973 (1. Mai)
Direktor(in): Dr. Johannes Risse
StDir.: Ltd.Reg.Dir. Joachim Schmittgen
Leitung Presseabteilung: Dipl.-Volksw. Bernhard Scheer
Mitarbeiter: 160
Jahresetat: DM 20 Mio, € 10,23 Mio

● U 2 681
ROTARY DEUTSCHLAND GEMEINDIENST e.V.
Klosterstr. 24-28, 40211 Düsseldorf
T: (0211) 32 56 99 Fax: 8 83 93 84
Gründung: 1951
Vorsitzende(r) des Vorstandes: Dieter Jünemann
Vorstand: Michael Niederste-Ostholt
Dr. Henner Schmick
Mitglieder: ca. 36000

● U 2 682
Europäische Bewegung Deutschland
Büro Berlin:
Jean-Monnet-Haus
Bundesallee 22, 10717 Berlin
T: (030) 8 84 12-245 Fax: 8 84 12-247
E-Mail: ebd_berlin@yahoo.de
Gründung: 1949 (13. Juni) in Wiesbaden
Internationaler Zusammenschluß: siehe unter izu 626
Präsident(in): Dr. Monika Wulf-Mathies
Vizepräsidenten: Gerhard Eickhorn
Magdalene Hoff (MdEP)
Elmar Brok (MdEP)
Karl Lamers (MdB)
Prof. Dr.phil. Rita Süssmuth (MdB)
Ursula Schleicher (MdEP)
Generalsekretär(in): Dr. Hartmut Marhold
Dr. Helgard Fröhlich
Mitglieder: 145 (Parteien, Organisationen und Einrichtungen)
Mitarbeiter: 6
Landeskomitees:
Landeskomitee Baden-Württemberg der Europäischen Bewegung; Europäische Bewegung Bayern; Europäische Bewegung Berlin; Europäische Bewegung Brandenburg; Landeskomitee Bremen der Europäischen Bewegung; Europäische Bewegung Hamburg; Europakomitee Hessen; Europäische Bewegung Mecklenburg-Vorpommern; Niedersächsischer Rat der Europäischen Bewegung; Europäische Bewegung Deutschland - Landessektion Nordrhein-Westfalen; Rheinland-Pfälzische Sektion der Europäischen Bewegung Deutschland; Europäische Bewegung Deutschland - Landeskomitee Saarland; Europäische Bewegung Sachsen; Europäische Bewegung Sachsen-Anhalt; Europäische Bewegung Schleswig-Holstein; Europäische Bewegung Thüringen.

● U 2 683
Hessische Stiftung Friedens- und Konfliktforschung (HSFK)
Leimenrode 29, 60322 Frankfurt
T: (069) 9 59 10 40 Fax: 55 84 81
Internet: http://www.hsfk.de, http://www.prif.org
E-Mail: info@hsfk.de
Gründung: 1970
Vorstandsmitglieder: Prof. Dr. Harald Müller (Vors.)
Dr. Matthias Dembinski
Prof. Dr. Lothar Brock
Dr. Hans-Joachim Spanger
Leitung Presseabteilung: Nicola Buskotte
Verbandszeitschrift: HSFK-StandPunkte - Friedensforschung Aktuell
Mitarbeiter: 45
Jahresetat: ca. DM 3 Mio, € 1,53 Mio
Informationsdienst: HSFK-StandPunkte; Friedensforschung Aktuell; Jahresberichte über Organisation und laufende Forschung (jährl.)
Verlag: c/o Hessische Stiftung Friedens- und Konfliktforschung
Publikationen: HSFK-Reports, PRIF-Reports, Friedensanalysen. Friedensgutachten, Hrsg: HSFK, FEST und IFSH
Verlag: LIT-Verlag

u 2 684
Arbeitsstelle Friedensforschung Bonn (AFB)
Außenstelle der Hessischen Stiftung Friedens- und Konfliktforschung (HSFK)
Beethovenallee 4, 53173 Bonn
T: (0228) 35 60 32 Fax: 35 60 50
Internet: http://www.bonn.iz-soz.de/afb/
E-Mail: afb@bonn.iz-soz.de
Leiter: Dr. Regine Mehl

● U 2 685
Gesicht zeigen!
Aktion weltoffenes Deutschland e.V.
11044 Berlin
Internet: http://www.gesichtzeigen.de
E-Mail: kontakt@gesichtzeigen.de
Gründung: 2000 (17. August)
Vorsitzende(r): Uwe-Karsten Heye
Stellvertretende(r) Vorsitzende(r): Paul Spiegel
Geschäftsführer(in): Sophia Oppermann
Mitglieder: 350
Mitarbeiter: 2

● U 2 686
Aktionsgemeinschaft Dienst für den Frieden e.V. (AGDF)
Blücherstr. 14, 53115 Bonn
T: (0228) 2 49 99-0 Fax: 2 49 99-20
Internet: http://www.friedensdienst.de
E-Mail: agdf@friedensdienst.de
Gründung: 1968
Internationaler Zusammenschluß: siehe unter izv 30
Vorsitzende(r): Klaus Wilkens
Geschäftsführer(in): Dipl.-Pol. Jan Gildemeister

Mitglieder:

u 2 687
Aktionsgemeinschaft Friedenswoche Minden e.V.
Alte Kirchstr. 1a, 32423 Minden
T: (0571) 2 43 39 Fax: 2 41 81

u 2 688
Aktionsgemeinschaft Solidarische Welt e.V. (ASW)
Hedemannstr. 14, 10969 Berlin
T: (030) 2 51 02 65 Fax: 2 51 18 87
Internet: http://www.aswnet.de
E-Mail: mail@aswnet.de

u 2 689
Aktion Sühnezeichen Friedensdienste e.V. (ASF)
Auguststr. 80, 10117 Berlin
T: (030) 28 39 51 84 Fax: 28 39 51 35
Internet: http://www.asf-ev.de
E-Mail: asf@asf-ev.de
Internationaler Zusammenschluß: siehe unter izv 39

u 2 690
Arbeitsgemeinschaft Frieden e.V.
Pfützenstr. 1, 54290 Trier
T: (0651) 9 94 10 17 Fax: 9 94 10 18
Internet: http://www.agf-trier.de
E-Mail: agf_trier@t-online.de
Kontakt: Markus Pflüger

u 2 691
Arbeitsgemeinschaft für Friedensdienste Laubach e.V.
c/o Brigitte Wiegand
Tannenweg 8, 35321 Laubach
T: (06405) 36 71

u 2 692
Arbeitsstelle Friedensdienst der Evangelischen Kirche der Pfalz
(Protestantische Landeskirche)
Große Himmelsgasse 3, 67346 Speyer
T: (06232) 67 15-0 Fax: 67 15 67

u 2 693
Bildungs- und Begegnungsstätte für gewaltfreie Aktion e.V.
(KURVE Wustrow)
Kirchstr. 14, 29462 Wustrow
T: (05843) 98 71-0 Fax: 98 71-11
Internet: http://www.kurvewustrow.org
E-Mail: kurve-wustrow@oln.comlink.apc.org

u 2 694
Brethren Service
Postfach 2100, CH-1211 Genf 2
150, route de Ferney, CH-1211 Genf 2
T: (004122) 7 91 63 30 Fax: 7 98 23 70
Internet: http://www.brethren.org
E-Mail: kflory@worldcom.ch

u 2 695
Christlicher Friedensdienst e.V. (CFD)
Rendeler Str. 9-11, 60385 Frankfurt
T: (069) 45 90 72 Fax: 46 12 13
Internet: http://ourworld.compuserve.com/homepages/christlicherfriedensdienst
E-Mail: christlicherfriedensdienst@compuserve.com
Internationaler Zusammenschluß: siehe unter izv 31

u 2 696
Christliches Initiativ- und Studienzentrum Dortmund e.V. (CIS)
Immermannstr. 8, 44147 Dortmund
T: (0231) 81 37 38 Fax: 81 37 39
Internet: http://www.kommpott.de
E-Mail: ciseV@kommpott.de

u 2 697
Church and Peace e.V.
Ringstr. 14, 35641 Schöffengrund
T: (06445) 55 88 Fax: 50 70
Internet: http://www.c3.hu/~bocs/chp-a.htm
E-Mail: churchpe@aol.com

u 2 698
Dokumentationsstätte zu Kriegsgeschehen und über Friedensarbeit Sievershausen e.V.
Antikriegshaus Sievershausen
Kirchweg 4, 31275 Lehrte
T: (05175) 57 38   **Fax:** 61 56
Internet: http://www.antikriegshaus.de
E-Mail: info@antikriegshaus.de

u 2 699
Eirene, Internationaler Christlicher Friedensdienst e.V.
Postf. 13 22, 56503 Neuwied
T: (02631) 83 79-0   **Fax:** 3 11 60
Internet: http://www.eirene.org
E-Mail: eirene-int@eirene.org

u 2 700
Evangelische Kirche der Kirchenprovinz Sachsen
Arbeitsstelle Eine Welt
Leibnizstr. 4, 39104 Magdeburg
T: (0391) 53 49 491   **Fax:** 53 46 490
E-Mail: lewek@ekkps.de

u 2 701
Evangelische Landeskirche in Baden
Amt für Jugendarbeit, Jürgen Stude
Blumenstr. 1-7, 76133 Karlsruhe
T: (0721) 91 75-0   **Fax:** 91 75-550
Internet: http://www.ekiba.de
E-Mail: webmaster@ekiba.de

u 2 702
Förderkreis Sozialer Friedensdienst zur Völkerverständigung mit Osteuropa e.V. (SFDzV)
Stuchteystr. 33, 44267 Dortmund
T: (0231) 4 94 07 20   **Fax:** 4 94 07 21
Internet: http://www.friedensdienste-osteuropa.de
E-Mail: 320043986129-0001@t-online.de

u 2 703
Forschungsstätte der Evangelischen Studiengemeinschaft e.V. (FEST)
Schmeilweg 5, 69118 Heidelberg
T: (06221) 9 12 20   **Fax:** 16 72 57
Internet: http://www.fest-heidelberg.de
E-Mail: postmaster@fest-heidelberg.de
Vorstand: Konsistorialpräsident Joachim Kiderlen (Vors.), Magdeburg
Vorsitzende(r) des Kuratoriums: Prof. Dr. Ute Gerhardt, Frankfurt
Leiter(in): Prof. Dr. Heinz Wismann

u 2 704
Fränkisches Bildungswerk für Friedensarbeit e.V. (FBF)
Hessestr. 4, 90443 Nürnberg
T: (0911) 28 85 00   **Fax:** 28 85 14
E-Mail: fbf.nuernberg@t-online.de

u 2 705
Friedensbibliothek-Antikriegsmuseum der Evangelischen Kirche in Berlin-Brandenburg
Friedenstr. 1, 10249 Berlin
T: (030) 5 08 12 07

u 2 706
Friedenskreis Halle e.V.
Große Klausstr. 11, 06108 Halle
T: (0345) 2 02 67 00   **Fax:** 2 02 67 00
Internet: http://www.friedensdienst.de/fk
E-Mail: fk@mp-halle.east.de

u 2 707
Friedenszentrum Martin-Niemöller-Haus e.V.
Pacelliallee 61, 14195 Berlin
T: (030) 84 10 99 51   **Fax:** 84 10 99 52
E-Mail: NiemöllerHaus@peacecenter.ipn.de

u 2 708
Gewaltfrei leben lernen e.V.
Werkstatt für Gewaltfreie Aktion, Baden
Am Karlstor 1, 69117 Heidelberg
T: (06221) 16 19 78   **Fax:** 16 21 15
E-Mail: wfga.heidelberg@gmx.de

u 2 709
INKOTA netzwerk e.V.
Greifswalder Str. 33a, 10405 Berlin
T: (030) 4 28 91 11   **Fax:** 4 28 91 12
E-Mail: inkota@inkota.de

u 2 710
Internationaler Diakonischer Jugendeinsatz der Evangelisch-methodistischen Kirche (idje)
Eilbeker Weg 86, 22089 Hamburg
T: (040) 20 14 16   **Fax:** 2 00 15 58
Internet: http://www.idje.de
E-Mail: idjehh@aol.com

u 2 711
Internationales Bildungs- und Begegnungswerk e.V. (IBB)
Thomasstr. 1, 44135 Dortmund
T: (0231) 95 20 96-0   **Fax:** 52 12 33
E-Mail: ibb-dortmund@t-online.de

u 2 712
Mennonite Voluntary Service e.V. (MVS)
Hauptstr. 1, 69245 Bammental
T: (06223) 4 77 60   **Fax:** 97 03 60
E-Mail: christlichedienste@t-online.de

u 2 713
NETZ, Partnerschaft für Entwicklung und Gerechtigkeit e.V.
Moritz-Hensoldt-Str. 20, 35576 Wetzlar
T: (06441) 2 65 85   **Fax:** 2 62 57
E-Mail: netz-bangladesh@t-online.de

u 2 714
Ökumenische Förderergemeinschaft für soziale Dienste e.V. (ÖFG)
Florastr. 55-57, 50733 Köln
T: (0221) 5 70 88 10   **Fax:** 5 70 88 13

u 2 715
Oekumenischer Dienst im Konziliaren Prozeß e.V. (OeD)
Mittelstr. 4, 34474 Diemelstadt
T: (05694) 80 33   **Fax:** 15 32
E-Mail: schalomdiakonat@t-online.de

u 2 716
Ökumenisches Informationszentrum für Frieden, Gerechtigkeit, Bewahrung der Schöpfung, In- und AusländerInnenarbeit e.V. (ÖIZ)
Kreuzstr. 7, 01067 Dresden
T: (0351) 49 23-369   **Fax:** 49 23-360
Internet: http://www.oeiz.coswig.de
E-Mail: oeiz@coswig.de
Geschäftsführerin: Dr. G. Weber

u 2 717
Ohne Rüstung Leben e.V. (ORL)
Arndtstr. 31, 70197 Stuttgart
T: (0711) 60 83 96   **Fax:** 60 83 57
E-Mail: orl@gaia.de

u 2 718
Peace Brigades International, Deutscher Zweig e.V. (PBI)
Hohenesch 72, 22765 Hamburg
T: (040) 3 80 69 03   **Fax:** 3 86 94 17
Internet: http://www.igc.apc.org/pbi
E-Mail: pbiger@shalom.life.de

u 2 719
Versöhnungsbund e.V. (VB)
Postf. 32 91, 32389 Minden
T: (0571) 85 08 75   **Fax:** 85 08 75
Internet: http://www.versoehnungsbund.de
E-Mail: geschaeftsstelle@versoehnungsbund.de

u 2 720
Weltfriedensdienst e.V. (WFD)
Hedemannstr. 14, 10969 Berlin
T: (030) 25 39 90-0   **Fax:** 2 51 18 87
Internet: http://www.wfd.de
E-Mail: info@wfd.de

● U 2 721
Stiftung Entwicklung und Frieden (SEF)
Gotenstr. 152, 53175 Bonn
T: (0228) 9 59 25-0   **Fax:** 9 59 25-99
Internet: http://sef-bonn.org
E-Mail: sef@sef-bonn.org
Gründung: 1986 (10. September)
Vorstand: Volker Kähne (Vors.; Chef der Senatskanzlei des Landes Berlin)
Vorstand: Dr. Klaus Dieter Leister (stellv. Vors.; Staatssekretär a.D.; Schatzmeister)
Prof. Dr. Franz Nuscheler (stellv. Vors.; Direktor des Instituts für Entwicklung und Frieden (INEF) der Gerhard-Mercator-Universität - Gesamthochschule Duisburg)
Geschäftsführer(in): Dr. Burkhard Könitzer
Kuratoriumsvorsitzender: Wolfgang Clement (Ministerpräsident des Landes Nordrhein-Westfalen)
Stellvertretende Vorsitzende des Kuratoriums: Prof. Dr. Kurt H. Biedenkopf (Ministerpräsident des Freistaates Sachsen)
Eberhard Diepgen (Regierender Bürgermeister von Berlin)
Dr. Manfred Stolpe (Ministerpräsident des Landes Brandenburg)
Beirat: Prof. Dr. Dieter Senghaas (Vors.; Universität Bremen)

● U 2 722
Verantwortung für Friedens- und Zukunftsfähigkeit NaturwissenschaftlerInnen Initiative
Gutenbergstr. 31, 44139 Dortmund
T: (0231) 57 52 02   **Fax:** 57 52 10
E-Mail: INES_NAT@t-online.de
Vorstand: Dr. H. Aichele
Dr. H.-J. Fischbeck
Prof. Dr. F. Fujara
Dr. A. Hädicke
Prof. Dr. D. Meissner
Prof. Dr. K. Nixdorff
Prof. Dr. Jürgen Schneider
Prof. Dr. E. Rösler
S. Striewski
Geschäftsführer(in): Reiner Braun

● U 2 723
Deutsch-Arabisches Friedenswerk e.V. (DAF)
Bahnhofstr. 20, 99310 Arnstadt
T: (03628) 60 24 57, (0171) 4 06 32 53 (Mobil)
Fax: (03628) 60 51 40
E-Mail: doros.world@web.de
Gründung: 1993
Präsident(in): Dorothea Schendel
Vizepräsident(in): Mohamed Rahoma
Elia Baz
Schatzmeister: Wolfgang Bungert
Beisitzer: Dr. Peter Gerlinghoff
Verbandszeitschrift: DAF-Script
Redaktion: Dr. Peter Gerlinhoff, Sangerhausen
Mitglieder: ca. 100

● U 2 724
Deutsche Gesellschaft für Freizeit e.V. (DGF)
Bahnstr. 4, 40699 Erkrath
T: (0211) 9 00 35 01   **Fax:** 9 00 76 80
Internet: http://www.dgfreizeit.de
E-Mail: dg-freizeit@t-online.de
Gründung: 1964
Präsident(in): Prof. Dr. Joseph-Theodor Blank (MdB)
Generalsekretär(in): Sigurd Agricola
Mitglieder: 82 (30 Verbände, 22 Institutionen, 30 Personen)
Mitarbeiter: 5
Jahresetat: DM 0,5 Mio, € 0,26 Mio

Mitgliedsverbände der DGF

u 2 725
Arbeitsgemeinschaft Deutscher Chorverbände e.V. (ADC)
Adersheimer Str. 60, 38304 Wolfenbüttel
T: (05331) 4 60 18   **Fax:** 4 37 23
E-Mail: adc.de@t-online.de

u 2 726
Bund Deutscher LandschaftsArchitekten e.V. (BDLA)
Bundesgeschäftsstelle
Köpenicker Str. 48/-49, 10179 Berlin
T: (030) 27 87 15-0   **Fax:** 27 87 15-55
Internet: http://www.bdla.de
E-Mail: info@bdla.de
Internationaler Zusammenschluß: siehe unter izq 34

u 2 727
Bund der Theatergemeinden e.V.
Bonner Talweg 10, 53113 Bonn

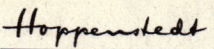

T: (0228) 91 50 31 Fax: 9 15 03 45
Internet: http://www.theatergemeinden.de

u 2 728

Bundesverband Automatenunternehmer e.V. (BA)
Verbändehaus Handel-Dienstleistung-Tourismus
Am Weidendamm 1 A, 10117 Berlin
T: (030) 72 62 55 00 Fax: 72 62 55 50
Internet: http://www.baberlin.de
E-Mail: info@baberlin.de
Internationaler Zusammenschluß: siehe unter izf 500

u 2 729

Bundesverband Deutscher Gartenfreunde e.V. (BDG)
Steinerstr. 52, 53225 Bonn
T: (0228) 47 30 36, 47 30 37 Fax: 47 63 79
Internet: http://www.kleingarten-bund.de
E-Mail: bdg@kleingarten-bund.de
Internationaler Zusammenschluß: siehe unter izq 107

u 2 730

Bundesvereinigung Kulturelle Jugendbildung e.V. (BKJ)
Küppelstein 34, 42857 Remscheid
T: (02191) 7 94-3 90 Fax: 7 94-3 89
Internet: http://www.bkj.de
E-Mail: info@bkj.de

u 2 731

Bundesvereinigung nichtkommerzieller Single- und Freizeitgruppen e.V.
Postf. 40 01 27, 45854 Gelsenkirchen

u 2 732

Christliches Jugenddorfwerk Deutschlands e.V. (CJD)
Teckstr. 23, 73061 Ebersbach
T: (07163) 9 30-0 Fax: 9 30-280
Internet: http://www.cjd.de
E-Mail: cjd@cjd.de

u 2 733

Deutscher Amateur-Radio-Club e.V. (DARC)
Bundesverband für Amateurfunk in Deutschland
Lindenallee 4, 34225 Baunatal
T: (0561) 94 98 80 Fax: 9 49 88 50
Internet: http://www.darc.de
E-Mail: darc@darc.de

u 2 734

Deutscher Bauernverband e.V. (DBV)
Godesberger Allee 142-148, 53175 Bonn
T: (0228) 81 98-0 Fax: 81 98-205
Internet: http://www.bauernverband.de
Internationaler Zusammenschluß: siehe unter izq 8

u 2 735

Deutscher Verband für Bodybuilding und Fitness (DVBF) e.V.
Postf. 80 03 23, 81603 München
T: (089) 40 77 44 Fax: 49 60 39

u 2 736

Deutscher Landkreistag
Lennestr. 17, 10785 Berlin
T: (030) 59 00 97-0 Fax: 59 00 97-450
Internet: http://www.landkreistag.de
E-Mail: presse@landkreistag.de, info@landkreistag.de
Internationaler Zusammenschluß: siehe unter izu 31
Mitarbeiter: 21

u 2 737

Deutscher Sauna-Bund e.V.
Kavalleriestr. 9, 33602 Bielefeld
T: (0521) 9 66 79-0 Fax: 9 66 79-19
Internet: http://www.sauna-bund.de
E-Mail: info@sauna-bund.de
Mitglieder: 1000

u 2 738

Deutscher Schaustellerbund e.V. (DSB)
Hochkreuzallee 67, 53175 Bonn
T: (0228) 9 51 28-0 Fax: 9 51 28-17
Internet: http://www.dsbev.de
E-Mail: dsbev@t-online.de

u 2 739

Deutscher Sportbund (DSB)
Otto-Fleck-Schneise 12, 60528 Frankfurt
T: (069) 6 70 00 Fax: 67 49 06
Internet: http://www.dsb.de
E-Mail: dsb-info@dsb.de

u 2 740

Deutscher Sportstudio Verband e.V. (DSSV)
Bremer Str. 201b, 21073 Hamburg
T: (040) 7 66 24 00 Fax: 7 65 12 23
Internet: http://www.dssv.de
E-Mail: dssv@dssv.de

u 2 741

Deutscher Städtetag
Lindenallee 13-17, 50968 Köln
T: (0221) 37 71-0 Fax: 37 71-1 28
Internationaler Zusammenschluß: siehe unter izu 29

u 2 742

Deutscher Städte- und Gemeindebund (DStGB)
Postf. 45 01 40, 12171 Berlin
Marienstr. 6, 12207 Berlin
T: (030) 7 73 07-0 Fax: 7 73 07-200
Internet: http://www.dstgb.de
E-Mail: dstgb@dstgb.de
Internationaler Zusammenschluß: siehe unter izu 30
Leitung Presseabteilung: Franz-Reinhard Habbel
Verbandszeitschrift: Stadt und Gemeinde

u 2 743

Deutsches Jugendherbergswerk Hauptverband für Jugendwandern u. Jugendherbergen e.V.
Im Gilde Zentrum
Bad Meinberger Str. 1, 32760 Detmold
T: (05231) 7 40 10 Fax: 74 01 49

u 2 744

Deutscher Verband für Freikörperkultur e.V. (DFK)
Verband für Familien- und Breitensport e.V.
Uhlemeyerstr. 14, 30175 Hannover
T: (0511) 34 22 33 Fax: 3 18 08 38
Internet: http://www.dfk.org
E-Mail: dfk@dfk.org

u 2 745

Evangelischer Arbeitskreis für Freizeit, Erholung und Tourismus in der EKD
Postf. 21 02 20, 30402 Hannover
Herrenhäuser Str. 12, 30419 Hannover
T: (0511) 27 96-202 Fax: 27 96-722

u 2 746

Kolpingwerk Deutschland
Postf. 10 08 41, 50448 Köln
Kolpingplatz 5-11, 50667 Köln
T: (0221) 2 07 01-0 Fax: 2 07 01-38

u 2 747

Landesarbeitsgemeinschaft Gartenbau und Landespflege Nordrhein-Westfalen
Postf. 68 02 09, 50705 Köln
T: (0221) 7 15 10-34 Fax: 7 15 10-58

u 2 748

Landessportbund Nordrhein-Westfalen e.V.
Friedrich-Alfred-Str. 25, 47055 Duisburg
T: (0203) 73 81-0 Fax: 73 81-616
TX: 855 1270
E-Mail: lsb-nrw@t-online.de

u 2 749

Verband der Deutschen Automatenindustrie e.V. (VDAI)
Postf. 02 12 22, 10123 Berlin
Dircksenstr. 49, 10178 Berlin
T: (030) 28 40 70 Fax: 28 40 72 72
Internet: http://www.vdai.de
E-Mail: vdai-berlin@t-online.de
Internationaler Zusammenschluß: siehe unter izf 502

u 2 750

Verband Deutscher Freizeitunternehmen e.V. (VDFU)
Konrad-Wolf-Str. 12, 13055 Berlin
T: (030) 98 31 40 44

u 2 751

Verband Deutscher Gebirgs- und Wandervereine e.V. (VDGWV)
Wilhelmshöher Allee 157-159, 34121 Kassel
T: (0561) 9 38 73-0 Fax: 9 38 73-10
Internet: http://www.wanderverband.de
E-Mail: dt.wanderverband@t-online.de

u 2 752

Verband Deutscher Wohnwagen- und Wohnmobil-Hersteller e.V. (VDWH)
Am Holzweg 26, 65830 Kriftel
T: (06192) 97 12 00 Fax: 97 12 23
Internet: http://www.vdwh.de
E-Mail: vdwh@vdwh.de

u 2 753

Verein zur Sicherstellung überörtlicher Erholungsgebiete in den Landkreisen um München e.V.
Uhlandstr. 5 III, 80336 München
T: (089) 53 77 87

u 2 754

Zentralkomitee der deutschen Katholiken (ZdK)
Hochkreuzallee 246, 53175 Bonn
T: (0228) 38 29 70 Fax: 3 82 97 44

● U 2 755

B.A.T. Freizeit-Forschungsinstitut GmbH
Alsterufer 4, 20354 Hamburg
T: (040) 41 51-2288 Fax: 41 51-3231
E-Mail: freizeitforschung@bat.de
Gründung: 1999 (19. Juli)
Leiter(in): Prof. Dr. Horst W. Opaschowski
Dipl.-Volksw. Rainer Stubenvoll

● U 2 756

Bund Deutscher Karneval e.V.
Altenberger Str. 34, 51145 Köln
T: (02203) 29 37 14 Fax: 29 37 14
Internet: http://www.karnevaldeutschland.de
E-Mail: info@karnevaldeutschland.de
Gründung: 1953
Präsident(in): Franz Wolf
Verbandszeitschrift: Deutsche Fastnacht
Redaktion: Wolfgang Lamerz, Sittardsberger Allee 98, 47249 Duisburg
Mitglieder: 2,5 Mio in 4.300 Vereinen
Mitarbeiter: 16

● U 2 757

Verband Deutscher Bürgervereine e.V.
-Geschäftsführung-
Goebenstr. 70, 42551 Velbert
T: (02051) 8 12 45 Fax: 8 42 84
Vorstand: Heinz Schneckmann (Präsident)
RA u. Notar Klaus Lehmann-Ehlert
Wilfried Windecker (Vizepräs.)
Michael Weidmann (Vizepräs.)
Anzahl der angeschlossenen Organisationen: 350

● U 2 758

Arbeitsgemeinschaft Staat und Gesellschaft e.V. (asg)
Sigwartstr. 13, 72076 Tübingen
T: (07071) 2 45 77 Fax: 2 72 62
1. Vorsitzende(r): Gerd Ninnig (geschäftsf. Vorstandsmitglied)
2. Vors.: Lothar Rosteck

● U 2 759

Aktion Gemeinsinn e.V.
Vereinigung unabhängiger Bürger in Deutschland
Am Hofgarten 10, 53113 Bonn
T: (0228) 22 23 06 Fax: 21 94 09
Internet: http://www.gemeinsinn.de
E-Mail: info@gemeinsinn.de
Vorsitzende(r): Prof. em. Dr. Carl-Christoph Schweitzer (Universität Bonn)
Dieter Schweickhardt
Stellvertretende(r) Vorsitzende(r): Georg Baums (Publicis Communication, Düsseldorf)
Dr. Dieter Haack (Präs. Landessynode Ev.-Luth. Kirche Bayern)

Verbände, Behörden, Organisationen der Wirtschaft 2001

U 2 759

RA Brigitta Kögler, Jena
Dr. Marion Marschall (Journalistin)
Prof. Dr. Werner Szalai, Dresden
Schatzmeister: Prof. Dr. Heinz-Gerd Bordemann (Leiter der Deutschen Sparkassenakademie)

● U 2 760
Fachgruppe Spiel e.V.
Heinestr. 169, 70597 Stuttgart
T: (0711) 9 76 58-0 Fax: 9 76 58-30
E-Mail: m.cerny@deutscherfachverband.de
Hauptgeschäftsführer(in): Dr. Volker Schmid

● U 2 761
Bundesarbeitsgemeinschaft Deutscher Spieliotheken e.V. (BDS)
Friedlandstr. 32, 25451 Quickborn
T: (04106) 6 72 19 Fax: 6 79 93
Gründung: 1974
1. Vorsitzende(r): Günther K. Griesel
Stellvertretende(r) Vorsitzende(r): Susanne Junge-Bethke
Verbandszeitschrift: Rundbrief
Mitglieder: ca. 30 Spiel-i-otheken (Bundesweit)

● U 2 762
Bund der Jugendfarmen und Aktivspielplätze e.V.
-Geschäftsstelle-
Haldenwies, Gewann 14, 70567 Stuttgart
T: (0711) 6 87 23 02 Fax: 6 78 85 69
Internet: http://www.bdja.org
E-Mail: bdja@bdja.org
Gründung: 1972 (März)
1. Vorsitzende(r): Martyn Sorge
2. Vorsitzende(r): Frank Stüber
3. Vors.: Angela Laich
Schriftführer(in): Klaus Schock
Rechnungsführer: Dieter Kerstan
Beirat: Marion Kalka
Karl-Werner Teufel
Geschäftsführer(in): Hans-Jörg Lange
Verbandszeitschrift: Offene Spielräume
Redaktion: H. I. Lange, I. Wilpert
Mitglieder: 183, Mitgliedseinrichtungen 110
4 Landesverbände (NRW/HH/Berlin/BaWü)
Mitarbeiter: 2

● U 2 763
Verband Deutscher Freizeitunternehmen e.V. (VDFU)
Sitz und Geschäftsstelle: Berlin
Konrad-Wolf-Str. 12, 13055 Berlin
T: (030) 98 31 40 44
Präsident(in): Karl Heinrich Pott (potts park, Minden)
Vizepräsidenten: Wolfgang Schneider (Holiday-Park, Hassloch)
Fritz Wurms (Hollywood- u. Safaripark Schloß Holte-Stukenbrock)
Geschäftsführer(in): Dr. Wolfgang Bornträger

● U 2 764
Verband Deutscher Fitness- & Freizeitunternehmen (VDF)
Ruhlaer Str. 28, 14199 Berlin
T: (030) 83 22 30 36
Internet: http://www.fitnessverband.de
E-Mail: info@fitnessverband.de
Gründung: 1997
1. Vorsitzende(r): Harald Claussen (Sportlife Betriebs GmbH & Co. KG, Hamburg)
2. Vorsitzende(r): Michael Rottstock (Technogym Wellness & Biomedical, Egelsbach)

● U 2 765
Georg von Opel
Freigehege für Tierforschung e.V.
Königsteiner Str. 35, 61476 Kronberg
T: (06173) 7 97 49 Fax: (069) 7 89 94
E-Mail: opelzoo-kronberg@t-online.de
Gründung: 1956 (10. September)
Vorsitzende(r) des Vorstandes: Gregor von Opel
Geschäftsführer(in): Sophia von Opel
Mitglieder: ca. 100 ordentl. u. unterstützende Mitglieder

● U 2 766
Arbeiterfotografie e.V.
Merheimer Str. 107, 50733 Köln
T: (0221) 72 79 99, 72 52 98 Fax: 7 32 55 88
Gründung: 1978
Vorsitzende(r): Wilfried Meins
Leitung Presseabteilung: Anneliese Fikentscher
Verbandszeitschrift: Arbeiterfotografie, Forum für Engagierte Fotografie
Redaktion: Anneliese Fikentscher, Merheimer Str. 107,
50733 Köln
Verlag: Erich Weiß Verlag, Amalienstr. 7, 96047 Bamberg, T: (0951) 2 71 35, Telefax: (0951) 2 24 09

● U 2 767
Deutscher Verband für Fotografie (DVF)
- als VDAV gegründet 1908 - e.V.
Mitglied der Fédération Internationale de l'Art Photographique (FIAP)
Turnerstr. 23, 76189 Karlsruhe
T: (0721) 57 84 58 Fax: 57 34 69
Gründung: 1908 (16. Februar) als VDAV e.V.
Präsident(in): Georg S. Holzmann (Turnerstr. 23, 76189 Karlsruhe, T: (0721) 57 84 58, Telefax: (0721) 57 34 69, E-Mail: g.holzmann@t-online.de)
Vizepräsident(in): Horst Landenberger (Postfl. 18 53, 72708 Reutlingen, Heilbronnerstr. 305, 72760 Reutlingen, T: (07121) 29 09 51, Telefax: (07121) 29 09 81, E-Mail: hlandenberger@t-online.de)
Justitiar: RA Manfred Mohr (Adalbertsteinweg 1, 52070 Aachen, T: (0241) 53 64 75, Telefax: (0241) 51 16 72, T: (0241) 50 49 34 (Büro); Privat: Turpinstr. 130, 52066 Aachen, E-Mail: mohr@rechtsanwalt-m-mohr.de)
Schatzmeister: Uwe Schmidt (Morgenstr. 20, 57076 Siegen, T: (0271) 4 88 93 13, Telefax: (0271) 4 88 93 14, E-Mail: uschmi@gmx.de)
LV-Vertretung: Ludwig M. Langner (Magdeburger Str. 25, 56075 Koblenz, T: (0261) 5 34 00, Telefax: (0261) 5 34 00)
Verbandszeitschrift: "Photographie" u. "DVF-Journal"
Redaktion: Peter Heinsch, Rosenstr. 2 A, 56220 Kettig
Verlag: VVA Verlag Düsseldorf, Höheweg 278, 40231 Düsseldorf
Mitglieder: 660 Vereine mit ca. 15.000 Mitgliedern

Landesverbände

u 2 768
Deutscher Verband für Fotografie
Landesverband Berlin-Brandenburg
Storkwinkel 8, 10711 Berlin
T: (030) 3 22 87 80
Vorsitzende(r): Winfried Müller (10557 Berlin (Tiergarten), Tel/Fax: (030) 3 92 81 81)
zuständig auch für den Landesverband Brandenburg

u 2 769
Deutscher Verband für Fotografie
Landesverband Nordmark
Wilhelm-Busch-Str. 16, 38302 Wolfenbüttel
T: (05331) 7 25 48
Vorsitzende(r): Harald Marsky (Wilhelm-Busch-Str. 16, 38302 Wolfenbüttel, T: (05331) 7 25 48)
zuständig auch für den Landesverband Sachsen-Anhalt

u 2 770
Deutscher Verband für Fotografie
Landesverband Westfalen
Schwedengraben 7, 57548 Kirchen
T: (02741) 6 18 91, Büro: (0271) 40 06 16
Geschäftsführer(in): Karl-Heinz Rutkowski (Angerburger Str. 9, 58099 Hagen, T: (02331) 68 81 57)

u 2 771
Deutscher Verband für Fotografie
Landesverband Hessen-Rheinland-Pfalz
Magdeburger Str. 25, 56075 Koblenz
T: (0261) 5 34 00
Vorsitzende(r): Ludwig M. Langner (Magdeburger Str. 25, 56075 Koblenz, T/Fax: (0261) 5 34 00)
zuständig auch für den Landesverband Thüringen

u 2 772
Deutscher Verband für Fotografie
Landesverband Rheinland
Spitzer Aue Weg 6, 51515 Kürten
Vorsitzende(r): Hans A. Comotio (Spitzer Aue Weg 6, 51515 Kürten, T: (02207) 75 00)

u 2 773
Deutscher Verband für Fotografie
Landesverband Saar
Postfl. 1708, 66750 Dillingen
T: (06831) 7 34 39
Vorsitzende(r): Klaus Peter Selzer

u 2 774
Deutscher Verband für Fotografie
Landesverband Baden-Württemberg
Siegfriedstr. 42, 69502 Hemsbach
T: (06201) 4 30 62
Vorsitzende(r): Erwin Grüll (Siegfriedstr. 42, 69502 Hemsbach, T: (06201) 4 30 62)

u 2 775
Deutscher Verband für Fotografie
Landesverband Bayern
Lauterer Str. 26, 96450 Coburg
T: (09561) 6 26 86 Fax: 6 26 86
Vorsitzende(r): Klaus Wöhner

u 2 776
Deutscher Verband für Fotografie
Landesverband Hamburg
Kunkelberg 5b, 21335 Lüneburg
T: (04131) 4 37 60, Büro: (04171) 1 23 71
Vorsitzende(r): Heinz-Walter Klein (Kunkelberg 5b, 21335 Lüneburg, T: (04131) 4 37 60, Büro: (04171) 1 23 71)
zuständig auch für den Landesverband Mecklenburg-Vorpommern

u 2 777
Deutscher Verband für Fotografie
Landesverband Sachsen
Heinrich-Mauerberger-Ring 15, 09212 Limbach-Oberfrohna
T: (0372) 8 10 96
Vorsitzende(r): Peter Günther (Heinrich-Mauerberger-Ring 15, 09212 Limbach-Oberfrohna, T: (03722) 8 10 96)

● U 2 778
RFI e.V.
Interessenverband für Fotografen und Illustratoren e.V.
c/o XING Art Productions GmbH
Herrn Hugo Mayer-Norten
Hans-Mielich-Str. 13, 81543 München
T: (089) 66 20 20 Fax: 66 20 20
Internet: http://www.rfi-net.de
E-Mail: mayer.norten@xing.de
Gründung: 1991
Vorstand: Jutta Fricke
Corinna Hein
Claudia Schönhals
Geschäftsführer(in): Lisa von Löwenstern

● U 2 779
Deutscher Mannequin- und Fotomodell-Verband e.V. (DMV)
Bruchstr. 4, 52156 Monschau
T: (02472) 48 68, 58 68 Fax: 28 48
E-Mail: trend-dmv@gmx.de
Präsident(in): Manfred Schallenberg
Geschäftsführer(in): Olaf Oehme
Leitung Presseabteilung: Anita Kaiser

● U 2 780
VELMA Verband lizenzierter Modellagenturen e.V.
Geschäftsstelle
Herzog-Rudolf-Str. 3, 80539 München
Gründung: 1990
Vorstand: Norman Reiling (Vors.; Nova Models, München)
Sonja Ekvall (Modelteam, Hamburg)
Heidi Groß (Model Management, Hamburg)
Louisa von Minckwitz (Louisa Models, München)
Torsten Fuhrberg (Model Pool, Düsseldorf)
Pressesprecher: VELMA (c/o MCO Marketing • Communication • Organisation GmbH, Elisabethstr. 14, 40217 Düsseldorf, T: (0211) 38 6000, Fax: 38 600 60)
Mitglieder: 17

● U 2 781
Coburger Convent der Landsmannschaften und Turnerschaften an deutschen Hochschulen (CC)
Sitz: Coburg
CC/AHCC Kanzlei
-Hauptgeschäftsstelle-
Triftstr. 1, 80538 München
T: (089) 22 37 08 Fax: 22 31 22
Gründung: 1868 (01. März)
Vorstand: Notar Michael Becker (Vors.; AHCC)
Andreas Lerchner (Sprecher CC)
Leitung Presseabteilung: Detlef Frische
Verbandszeitschrift: CC-Blätter
Verlag: Coburger Convent, CC/AHCC-Kanzlei, Triftstr. 1, 80538 München
Mitglieder: 15000
Mitarbeiter: 1
Anzahl der angeschlossenen Organisationen: 105

● U 2 782
Gedenkstättenverband e.V.
Prenzlauer Allee 227, 10405 Berlin

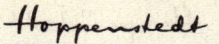

U 2 783
Landesverein Sächsischer Heimatschutz e.V.
Wilsdruffer Str. 2a, 01067 Dresden
T: (0351) 4 95 61 53 **Fax:** 4 95 15 59
Gründung: 1908 (14. Juli)
Vorsitzende(r): Matthias Griebel (T: (0351) 49 86 60, Direktor des Stadtmuseums Dresden)
Stellvertretende(r) Vorsitzende(r): Prof. Dr. Hans-Jürgen Hardtke (Naturschutz/Landschaftsgestaltung, Prorektor TU Dresden, T: (0351) 4 63 47 69)
Verbandszeitschrift: Mitteilungen des Landesvereins Sächsischer Heimatschutz e.V-Naturschutz, Heimatgeschichte, Denkmalpflege, Volkskunde
Redaktion: Prof. Dr. Manfred Kramer
Verlag: Eigenverlag
Mitglieder: ca. 18000
Mitarbeiter: 8 (mit ABM)

U 2 784
Bundesverband Studentische Kulturarbeit e.V. (BSK)
c/o Studentenzentrum Engelsburg e.V.
Allerheiligenstr. 20-21, 99084 Erfurt
T: (0361) 2 44 77-0 **Fax:** 2 44 77-109
Internet: http://www.studis.de/bsk/
Gründung: 1970 (18. Januar)
Vorstand: Marc Büttner
Olaf Walther
Antje Hellmann
Verbandszeitschrift: BSK-Rundbrief - Forum für studentische Kultur
Verlag: Eigenverlag
Mitglieder: ca. 120 institutionelle Mitglieder (AStens, StudentInnenbühnen, Filmclubs etc.)

U 2 785
Ferdinand-Tönnies-Gesellschaft e.V.
Freiligrathstr. 11, 24116 Kiel
T: (0431) 55 11 07 **Fax:** 55 29 93
Internet: http://home.t-online.de/home/ftg-kiel/ftg_web.htm
E-Mail: ftg-kiel@t-online.de
Gründung: 1956 (22. Juli)
Präsident(in): Prof. Dr. Lars Clausen
Vizepräsident(in): Prof. Dr. Hans-Werner Prahl
Geschäftsführer(in): Dr. Uwe Carstens
Verbandszeitschrift: Tönnies Forum
Redaktion: Dr. Rolf Fechner, Dr. Uwe Carstens
Mitglieder: 130
Mitarbeiter: 2 hauptamtl.

U 2 786
Humanistischer Verband Deutschlands (HVD) e.V.
Bundesgeschäftsstelle
Wallstr. 61-65, 10179 Berlin
T: (030) 61 39 04-0 **Fax:** 61 39 04-50
Internet: http://www.humanismus.de
E-Mail: hvd@humanismus.de
Gründung: 1993
Vorsitzende(r): Rolf Stöckel
Stellvertretende(r) Vorsitzende(r): Dr. Horst Groschopp
Dr. Ines Scheibe
Schatzmeister(in): Jürgen Springfeld
Beisitzer(in): Maritta Böttcher
Gerd Wartenberg
Dr. Frieder Otto Wolf
Wolfgang Lüder
Bundeskoordinator(in): Sabine Schermele
Leitung Presseabteilung: Norbert Kunz
Verbandszeitschrift: Diesseits
Redaktion: Christian John
Verlag: Wallstr. 61-65, 10179 Berlin
Mitglieder: 10000
Landesverbände: Baden-Württemberg, Bayern, Berlin, Brandenburg, Hamburg, Niedersachsen, Sachsen,

U 2 787
Institut für Freizeitwissenschaft und Kulturarbeit e.V. (IFKA)
Postf. 10 15 22, 33515 Bielefeld
T: (0521) 1 06-3315 **Fax:** 1 06-3315
E-Mail: ifka@uni-bielefeld.de
Gründung: 1983
Vorsitzende(r): Prof. Dr. Wolfgang Nahrstedt
Wiss. Leiter: Dr. Dieter Brinkmann
Mitglieder: 30
Mitarbeiter: 3-6

U 2 788
Deutsche Vereinigung für eine Christliche Kultur (DVCK) e.V.
Postf. 50 08 46, 60396 Frankfurt
Emil-von-Behring-Str. 43, 60439 Frankfurt
T: (069) 58 98 99 **Fax:** 58 97 22
Vorsitzende(r): Benno Hofschulte
Stellvertretende(r) Vorsitzende(r): Mathias von Gersdorff
Mitglieder: 20

U 2 789
Bundesverband spanischer sozialer und kultureller Vereine e.V.
Landesgeschäftsstelle Nordrhein-Westfalen
Elberfelder Str. 41, 42853 Remscheid
T: (02191) 42 15 31 **Fax:** 42 14 32
E-Mail: cfma1@t-online.de
Gründung: 1977 (5./6. November)
Vorsitzende(r): Ramón Tiscar Astasio
Stellvertretende(r) Vorsitzende(r): José Povedano Sánchez
Sekretär: Heike María Martínez
Kassierer: José Moral
Beauftragter f. Kontakte m. spanischen Selbsthilfegruppen: Encarna Luque Morales
Beauftragter f. Kontakte m. Jugendlichen: Francisco Fernández
Mitglieder: 100 Mitgliedsorganisationen
Jahresetat: DM 0,1 Mio, € 0,05 Mio

u 2 790
Bundesverband spanischer sozialer und kultureller Vereine e.V.
Hauptgeschäftsstelle
Schmerfeldstr. 4, 34130 Kassel
T: (0561) 6 52 07, 10 45 80

U 2 791
Arbeitsring Ausland für kulturelle Aufgaben e.V. (ARA)
im Haus der Deutschen Wirtschaft
Breite Str. 29, 10178 Berlin
T: (030) 20 28-1418 **Fax:** 20 28-2418
E-Mail: a.mueller@bdi-online.de
Vorsitzende(r): Dr. Jürgen Zech
Geschäftsführer(in): Dr. Susanne Litzel

U 2 792
Martin-Behaim-Gesellschaft e.V.
Forschungszentrum Deutsche unter anderen Völkern
Postf. 11 10 21, 64225 Darmstadt
Kasinostr. 3, 64293 Darmstadt
T: (06151) 29 38 24
Präsident(in): Kurt Schleucher

U 2 793
Bund Deutscher Kunsterzieher e.V. (BDK)
Bundesgeschäftsstelle
Jakobistr. 40, 30163 Hannover
T: (0511) 66 22 29 **Fax:** 3 97 18 43
Gründung: 1950 (1. Juli)
Vorsitzende(r): Jutta Johannsen
Stellvertretende(r) Vorsitzende(r): Dorothea Bach
Verbandszeitschrift: BDK-MITTEILUNGEN
Redaktion: Prof. Konrad Jentzsch
Verlag: Jakobistr. 40, 30163 Hannover
Mitglieder: ca. 4000

U 2 794
Bundesverband der Jugendkunstschulen und Kulturpädagogischen Einrichtungen e.V.
Luisenstr. 22, 59425 Unna
T: (02303) 6 93 24 od. 6 56 18 **Fax:** 6 50 57
Internet: http://www.bjke.de
E-Mail: bjke@bjke.de
Gründung: 1983 (15. Mai)
Vorsitzende(r): Peter Kamp
Stellvertretende(r) Vorsitzende(r): Dr. Wolfgang Zacharias
Bettina Sattelmacher
Leitung Presseabteilung: N.N.
Verbandszeitschrift: infodienst Kulturpädagogische Nachrichten
Redaktion: Bärbel Müller, Peter Kamp, Simone Schmidt, Tamara Doerfel
Verlag: LKD-Verlag, Luisenstr. 22, 59425 Unna
Mitglieder: 16
Mitarbeiter: 4

Mitglieder

u 2 795
Landesarbeitsgemeinschaft der Jugendkunstschulen Baden-Württemberg e.V.
c/o Kontiki
Kornhausplatz 5 Einsteinhaus, 89073 Ulm
T: (0731) 15 30 37 **Fax:** 15 30 45
Ansprechpartner: Monika Fahrenkamp

u 2 796
Landesarbeitsgemeinschaft Kulturelle Jugendbildung - Kinder- und Jugendkultur - Spiel Bayern e.V.
Pädagogische Aktionen
Hansastr. 41, 81373 München
T: (089) 74 31 34 31 **Fax:** 7 69 87 78
Ansprechpartner: Oliver Wick

u 2 797
Landesarbeitsgemeinschaft Jugendkunstschulen und kulturpädagogische Einrichtungen Berlin e.V.
Grünberger Str. 54, 10245 Berlin
T: (030) 29 66 87-55, 29 66 87-66 **Fax:** 29 66 87-70
Ansprechpartner: Lutz Lienke

u 2 798
Landesarbeitsgemeinschaft Kulturpädagogische Einrichtungen in Brandenburg e.V.
Im Kulturhaus Babelsberg
Karl-Liebknecht-Str. 135, 14482 Potsdam
T: (0331) 7 48 23 32 **Fax:** 7 48 23 25
Ansprechpartnerin: Nicola Preiß

u 2 799
Quartier e.V.
Verein zur Förderung der kulturellen Breitenarbeit
Buntentorsteinweg 112, 28201 Bremen
T: (0421) 52 51-607 **Fax:** 52 51-609
Internet: http://www.quartier-bremen.de
E-Mail: quartier-bremen@t-online.de
Ansprechpartner: Marcel Pouplier

u 2 800
Bildungswerkstatt KG
Erikastr. 64, 20251 Hamburg
T: (040) 4 22 96 46 **Fax:** 4 22 96 46
Ansprechpartner: Christel van Dieken

u 2 801
Landesarbeitsgemeinschaft Jugendkunstschulen und kulturpädagogische Einrichtungen Hessen Musik- und Kunstschule Büdingen e.V.
Kulturzentrum Oberhof
Obergasse 23, 63654 Büdingen
T: (06042) 60 10, 60 16 **Fax:** 60 02
Ansprechpartner: Dieter Egner

u 2 802
Landesarbeitsgemeinschaft Kulturpädagogische Einrichtungen und Jugendkunstschulen Mecklenburg-Vorpommern e.V.
c/o Kunstschule Rostock e.V.
Friedrichstr. 28, 18057 Rostock
T: (0381) 4 90 31 83 **Fax:** 4 90 31 83
Ansprechpartner: Dietmar Zwerg

u 2 803
Landesverband der Kunstschulen Niedersachsen e.V.
Am Grünen Hagen 80, 30459 Hannover
T: (0511) 41 47 76 **Fax:** 41 71 56
Geschäftsführer(in): Bettina Sattelmacher

u 2 804
Landesarbeitsgemeinschaft Kulturpädagogische Dienste/Jugendkunstschulen NRW e.V. (LKD)
Luisenstr. 22, 59425 Unna
T: (02303) 6 93 24 **Fax:** 6 50 57
Ansprechpartnerin: Simone Schmidt

u 2 805
Jugendkunstwerkstatt Koblenz e.V.
Markenbildchenweg 38, 56068 Koblenz
T: (0261) 1 68 30 **Fax:** 1 69 47
Ansprechpartner: Christof Nießen

u 2 806
Landesverband der Kunstschulen im Saarland e.V.
Freie Kunstschule im Kreis Saarlois e.V.
Picarder Weg 1, 66740 Saarlouis
T: (06831) 46 11 22 **Fax:** 46 11 22
Ansprechpartner: Willi Portz

u 2 807

Landesarbeitsgemeinschaft Jugendkunstschulen und kulturpädagogischen Einrichtungen Sachsen e.V.
c/o Stötteritzer Spielkiste
Holzhäuser Str. 1, 04299 Leipzig
T: (0341) 8 77 55 07   **Fax:** 8 77 55 07
Ansprechpartnerin: Ute Eidson

u 2 808

Landesarbeitsgemeinschaft Jugendkunstschulen und kulturpädagogischen Einrichtungen e.V. Sachsen-Anhalt
c/o AMO Kultur- und Kongreßhaus
Erich-Weinert-Str. 27, 39104 Magdeburg
T: (0391) 5 41 12 73   **Fax:** 5 41 12 73
Ansprechpartner: Thomas Lüddemann

u 2 809

Landesarbeitsgemeinschaft Kunst Schleswig-Holstein e.V.
Geschäftsstelle
Wrangelstr. 60, 24105 Kiel
T: (0431) 3 05 36 34   **Fax:** 3 05 36 34
Ansprechpartner: Jens Krystek

u 2 810

LAG der Jugendkunstschulen Thüringen e.V.
Sophienstr. 18, 07743 Jena
T: (03641) 44 43 77
Ansprechpartner: Bettina Scherber

● U 2 811

Verband für sozial-kulturelle Arbeit e.V.
Slabystr. 11, 50735 Köln
T: (0221) 7 60 69 59
Gründung: 1951
Vorsitzende(r): Monika Schneider
Geschäftsführer(in): Birgit Weber
Verbandszeitschrift: RUNDBRIEF
Redaktion: Eva Becker
Mitglieder: 35 Einrichtungen
Mitarbeiter: 5

u 2 812

Verband für sozial-kulturelle Arbeit e.V. Landesgruppe Berlin e.V.
Tucholskystr. 11, 10117 Berlin
T: (030) 8 61 01 91

u 2 813

Verband für sozial-kulturelle Arbeit e.V. Landesverband NRW
Slabystr. 11, 50735 Köln
T: (0221) 7 60 69 59

● U 2 814

Arbeitskreis selbständiger Kultur-Institute e.V. (AsKI)
Prinz-Albert-Str. 34, 53113 Bonn
T: (0228) 22 48 59, 22 48 60   **Fax:** 21 92 32
Internet: http://www.aski.org
E-Mail: info@aski.org
Gründung: 1967
Vorsitzende(r): Dr. Barthold C. Witte
Geschäftsführer(in): Dr. Konrad Scheurmann
Verbandszeitschrift: Kulturberichte
Redaktion: Gabriele Weidle-Kehrhahn
Mitglieder: 30 Kulturinstitute

● U 2 815

Kulturpolitische Gesellschaft e.V. (KuPoGe)
Weberstr. 59a, 53113 Bonn
T: (0228) 2 01 67-0   **Fax:** 2 01 67-33
Internet: http://www.kupoge.de
E-Mail: post@kupoge.de
Präsident(in): Dr. Oliver Scheytt
Vizepräsident(in): Margarethe Goldmann
Dr. Iris Magdowski
Geschäftsführer(in): Dr. Norbert Sievers
Stellvertretende(r) Geschäftsführer(in): Bernd Wagner
Leitung Presseabteilung: Franz Kröger
Verbandszeitschrift: Kulturpolitische Mitteilungen
Mitglieder: 1400

● U 2 816

Institut für Bildung und Kultur e.V.
Küppelstein 34, 42857 Remscheid
T: (02191) 7 94-2 96/9   **Fax:** 7 94-2 90
Internet: http://www.ibk-kultur.de
E-Mail: ibk@ibk-kultur.de
Gründung: 1982
Leiter(in): Gerda Sieben
Mitglieder: 9
Mitarbeiter: 6

Ausführung von Modellversuchen zur kulturellen Bildung und Weiterbildung.

● U 2 817

AFS Interkulturelle Begegnungen e.V.
Postf. 50 01 42, 22701 Hamburg
Friedensallee 48, 22765 Hamburg
T: (040) 39 92 22-0   **Fax:** 39 92 22-99
Internet: http://www.afs.de
E-Mail: germany@afs.org
Internationaler Zusammenschluß: siehe unter izu 649
Vorsitzende(r): Gert Lucas
Stellvertretende(r) Vorsitzende(r): Nils Bauer
Geschäftsführer(in): Mick Petersmann
Leitung Presseabteilung: Thomas Österheld
Verbandszeitschrift: Horizonte (4 x pro Jahr)
Mitglieder: 6200
Mitarbeiter: 30 Hauptamtl., 72 Komitees, ca. 1300 Ehrenamtl. Mitarbeiter
Jahresetat: DM 10 Mio, € 5,11 Mio (1998)

Schüleraustausch mit rund 40 Ländern; Soziale und ökologischen Freiwilligendienste in Projekten für Teilnehmer über 18 in 20 Ländern.

● U 2 818

Nordfriesisches Institut e.V.
Süderstr. 30, 25821 Bredstedt
T: (04671) 20 81   **Fax:** 13 33
Internet: http://www.nordfriiskinstituut.de
E-Mail: info@nordfriiskinstituut.de
Gründung: 1948/49
Vorsitzende(r): Thede Boysen
Stellvertretende(r) Vorsitzende(r): Nils Dahl
Verbandszeitschrift: Nordfriesland
Redaktion: Dr. Thomas Steensen
Verlag: Nordfriisk Instituut, Süderstr. 30, 25821 Bredstedt
Mitglieder: 800
Mitarbeiter: 13
Jahresetat: DM 0,8 Mio, € 0,41 Mio

● U 2 819

Dachverband der Ausländerkulturvereine in Bremen e.V. (DAB)
Schiffbauerweg 4, 28237 Bremen
T: (0421) 61 20 71/72/73   **Fax:** 61 79 50
Internet: http://www.dab-ev.de
E-Mail: dab@is-bremen.de
Gründung: 1983 (7. Oktober)
Vorsitzende(r): Yasar Kocas
Hauptgeschäftsführer(in): Gulê Iletmis
Leitung Presseabteilung: Tuncay Özdamar
Verbandszeitschrift: STIMME
Verlag: DAB
Mitglieder: 36 Vereine
Mitarbeiter: 9
Jahresetat: ca. DM 0,9 Mio, € 0,46 Mio

● U 2 820

Türkisch-Deutscher Klub e.V. Frankfurt
Strahlenbergerstr. 129, 63067 Offenbach
T: (069) 88 95 94
Gründung: 1983

● U 2 821

Verein für Deutsche Kulturbeziehungen im Ausland e.V. (VDA)
Bundesgeschäftsstelle
Kölnstr. 76, 53757 St Augustin
T: (02241) 2 10 71   **Fax:** 2 92 41
E-Mail: vda.globus@t-online.de
Gründung: 1881
Vorsitzende(r): Hartmut Koschyk (MdB)
Stellvertretende(r) Vorsitzende(r): Wolfgang Egerter
Gerhard Landgraf
Geschäftsführer(in): Gerhard Müller
Verbandszeitschrift: Globus
Redaktion: VDA Verlags- und Vertriebs GmbH, Kölnstr. 76, 53757 St. Augustin, E-Mail: redaktion@vda-globus.de

● U 2 822

Richard-Wagner-Verband Bayreuth e.V.
Weberhof 4, 95448 Bayreuth
T: (0921) 2 15 12   **Fax:** 85 43 66
Gründung: 1910
Vorsitzender: Paul Götz
Mitglieder: ca. 900

● U 2 823

Deutscher Sängerbund e.V. (DSB)
-Bundesgeschäftsstelle-
Postf. 51 06 28, 50942 Köln
Bernhardstr. 166, 50968 Köln
T: (0221) 37 12 90   **Fax:** 9 34 99 92
Internet: http://www.saengerbund.de
E-Mail: info@saengerbund.de
Gründung: 1862
Vorstand: Dr. Heinz Eyrich (Präs.)
Hartmut Doppler (Vizepräs.)
Prof. Reinhard Stollreiter (Vizepräs.)
Gerd Jürgen Raach (Vizepräs.)
Ulrich Buschkühler (Bundesschatzmeister)
Anna Dorita Kehrstephan (Bundesschriftführerin)
Karl Heinz Schmitt (Bundeschorleiter)
Marietta Lehnen (Ref. Frauen)
Werner Mattern (Vors. d. Chorjugend)
Günter Arlt (Beisitzer)
Peter Jacobi (Beisitzer)
Werner Middendorf (Beisitzer)
Wolfgang Oberndorfer (Beisitzer)
Peter Lamprecht (Ref. Presse)
Barbara Füge (Bundesgeschäftsführerin)
Verbandszeitschrift: Lied & Chor
Mitglieder: 1800000
Jahresetat: DM 1,8 Mio, € 0,92 Mio
Redaktion und Verlag: VVC, Bernhardstr. 166, 50968 Köln

Chorgesang als kulturelle Gemeinschaftsaufgabe erhalten und fördern.

Landesorganisationen

u 2 824

Badischer Sängerbund
Bundesgeschäftsstelle
Gartenstr. 56a, 76133 Karlsruhe
T: (0721) 84 96 69   **Fax:** 85 38 86
Präsident(in): Albrecht Münch (Striederstr. 23, 76131 Karlsruhe, T: (0721) 61 40 11)
Vizepräsident(in): Herbert Reiff (Baselstr. 14, 79589 Binzen, T: (07621) 27 75)
Maria Löhlein-Mader (Rimbacher Str. 14, 69509 Mörlenbach, T: (06209) 12 21, Fax: (06209) 12 21)
Geschäftsführer(in): Monika Sommer (Gartenstr. 56a, 76133 Karlsruhe, T: (0721) 84 96 69, Telefax: (0721) 85 38 86)
Gerda Husser (Gartenstr. 56a, 76133 Karlsruhe, T: (0721) 84 96 69, Telefax: (0721) 85 38 86)

u 2 825

Bayerischer Sängerbund e.V.
Bundesgeschäftsstelle
Hans-Urmiller-Ring 24, 82515 Wolfratshausen
T: (08171) 1 01 82   **Fax:** 1 81 55
Präsident(in): Günter Löffler (Am Schloßberg 26, 82547 Eurasburg, T: (08179) 83 39, Telefax: (08179) 83 39)
Vizepräsident(in): Fritz Gerneth (Lessingstr. 17, 84513 Töging/Inn, T: (08631) 9 13 05)
Anton Haselbeck (Georg-Glötzel-Str. 50, 93354 Siegenburg, T: (09444) 12 73)
Otto Möginger (Heiglhofstr. 62, 81377 München, T: (089) 7 14 48 12)
Ltg. der Geschäftsstelle: Iris Rößler

u 2 826

Berliner Sängerbund
Bundesgeschäftsstelle
Eichendorffstr. 18, 10115 Berlin
T: (030) 2 82 21 29   **Fax:** 2 83 23 12
Präsident: Prof. Reinhard Stollreiter (Gärtnerstr. 12 b, 12207 Berlin, T: (030) 7 71 12 39, Fax: (030) 77 19 00 79)
Vizepräsidenten: Jürgen Kuhrt (Greizer Str. 20, 12279 Berlin, T: (030) 7 11 61 55)
Horst Fliegel (Fischerinsel 9, 10179 Berlin, T: (030) 2 01 32 13)

u 2 827

Fränkischer Sängerbund e.V.
Bundesgeschäftsstelle
Bahnhofstr. 30, 96450 Coburg
T: (09561) 9 44 99   **Fax:** 7 55 80
Präsident(in): Peter Jacobi (Gothaer Str. 21, 96487 Dörfles-Esbach, T: (09561) 6 63 63, Telefax: (09561) 5 41 42)
Vizepräsident(in): Walter O. Neumann (Am Roggenbühl 19, 90571 Schwaig, T: (0911) 5 07 56 57, Telefax: (0911) 5 07 55 27)
Elisabeth Liedl (Bräugasse 19, 92681 Erbendorf, T: (09682) 22 39, Telefax: (09642) 76 10)
Reiner Kehrstephan (Krapfenau 34, 91555 Feuchtwangen, T: (09856) 2 38, Telefax: (09852) 97 02)
Bundesgeschäftsführer(in): Günther Kraatz (Bahnhofstr. 30, 96450 Coburg, T: (09561) 9 44 99 + 3 99 91, Telefax: (09561) 7 55 80 + 3 37 41)

u 2 828
Chorverband Hamburg e.V.
Bundesgeschäftsstelle
Große Str. 57, 21465 Reinbek
T: (04104) 71 91   **Fax:** 96 15 31
Präsident(in): Gertrud Schüttler (Ltg. der Geschäftsstelle, Große Str. 57, 21465 Reinbek, T: (04104) 71 91)
Vizepräsident(in): Erich Schott (Zollenspieker Hauptdeich 106, 21037 Hamburg, T: (040) 7 23 06 24)
Peter Gutzeit (Am Langberg 110a, 21033 Hamburg, T: (040) 7 38 85 36)

u 2 829
Hessischer Sängerbund e.V.
Bundesgeschäftsstelle
Mauerweg 25, 61440 Oberursel
T: (06171) 70 49-72, 70 49-73   **Fax:** 70 49-74
Internet: http://www.hessischer-saengerbund.de
E-Mail: hessischer.saengerbund@epost.de
Präsident(in): Gerd Jürgen Raach (Gartenstr. 7, 35232 Dautphetal/Dautphe, T: (06421) 40 55 23, Telefax: (06421) 40 54 03)
Vizepräsident(in): Claus-Peter Blaschke (An der Kreuzwiese 8, 61440 Oberursel, T: (06171) 7 13 08)
Bernd Schmidt (Raiffeisenstr. 3, 35232 Dautphetal-Dautphe, T: (06466) 75 73, Fax: (06421) 40 54 03)
Geschäftsführer(in): Anna Dorita Kehrstephan (Bundesschatzmeisterin, Lilienthalerstr. 6, 63073 Offenbach, T: (069) 89 75 23, Telefax: (069) 6 31 13 37)

u 2 830
Maintal-Sängerbund 1858 e.V.
Bundesgeschäftsstelle
Schützenhausstr. 7, 97828 Marktheidenfeld
T: (09391) 75 33   **Fax:** 61 34
Präsident(in): Franz Knebel (Im Urnenfeld 26, 63920 Großheubach, T: (09371) 10 85)
Vizepräsident(in): Gertrud Lang (Hertzstr. 5, 63741 Aschaffenburg, T: (06021) 8 85 47)
Bundesgeschäftsführer(in): Heidemarie Schlund (Schützenhausstr. 7, 97828 Marktheidenfeld, T: (09391) 75 33, Telefax: (09391) 61 34)

u 2 831
Mitteldeutscher Sängerbund e.V., Kassel
Bundesgeschäftsstelle
Ulmenstr. 16, 34117 Kassel
T: (0561) 1 58 88   **Fax:** 10 75 67
Präsident(in): Friedrich Egert (c/o Ulmenstr. 16, 34117 Kassel, T: (0561) 1 58 88, Fax: (0561) 10 75 67)
Vizepräsident(in): Rolf Mantel (c/o Ulmenstr. 16, 34117 Kassel, T: (0561) 1 58 88, Fax: (0561) 10 75 67)
Hans-Hermann Spitzer (c/o Ulmenstr. 16, 34117 Kassel, T: (0561) 1 58 88, Fax: (0561) 10 75 67)
Geschäftsführer(in): Annelie Grebe (c/o Ulmenstr. 16, 34117 Kassel, T: (0561) 1 58 88, Fax: (0561) 10 75 67)

u 2 832
Sängerbund Nordrhein-Westfalen e.V.
Bundesgeschäftsstelle
Gallenkampstr. 20, 47051 Duisburg
T: (0203) 28 46 21   **Fax:** 28 46 96
Präsident(in): Rolf Hauch (Holzstr. 9, 58239 Schwerte, T: (02304) 1 21 51)
Vizepräsident(in): Ulrich Buschkühler (Ekhofstr. 49, 45897 Gelsenkirchen, T: (0209) 5 88 01 und 5 88 02, Telefax: (0209) 58 23 84)
Hermann Otto (Wildweg 6, 57078 Siegen, T: (0271) 8 70 65 66 pr., Fax: (02762) 60 82 10 d.)
Annemarie Wilke (Höhenstr. 2b, 51381 Leverkusen, T: (02171) 5 19 29)

u 2 833
Chorverband Niedersachsen-Bremen e.V.
Bundesgeschäftsstelle
Postf. 102029, 28020 Bremen
Violenstr. 7, 28195 Bremen
T: (0421) 32 36 99   **Fax:** 32 05 56
Präsident(in): Hans-Jürgen Olletch (Bültenmoor 6, 29392 Wesendorf, T: (05376) 4 76, (05376) 4 76)
Vizepräsident(in): Ernst Folz (Friedrichrodaer Str. 19, 28205 Bremen, T: (0421) 44 07 42)
Armin Goede (Am Dornbusch 10, 27632 Dorum, T: (04742) 89 75)
Friedel Markmeyer (Hölderlinstr. 9, 49090 Osnabrück, T: (0541) 9 10 95 40, Fax: (0541) 9 19 05 41)

u 2 834
Pfälzischer Sängerbund e.V.
Bundesgeschäftsstelle
Fichtenstr. 5, 76879 Essingen
T: (06347) 23 32   **Fax:** 73 07
Präsident(in): Hartmut Doppler (Fichtenstr. 5, 76879 Essingen, T: (06347) 23 32, Fax: (06347) 73 07)
Vizepräsident(in): Klaus Kronibus (Ludwigstr. 9, 67677 Enkenbach-Alsenborn, T: (06303) 62 96)
Albrecht Gareis (Dresdener Str. 1, 76751 Jockgrim, T: (07271) 5 13 51, Telefax: (07271) 1 33 49 09)
Gudrun Scherrer (Am Rauhen Weg 9, 67722 Winnweiler, T: (06302) 31 79, Telefax: (06302) 98 33 55)

u 2 835
Sängerbund Rheinland-Pfalz e.V.
Bundesgeschäftsstelle
Postf. 20 43, 67510 Worms
Siegfriedstr. 14, 67547 Worms
T: (06241) 4 44 00   **Fax:** 4 44 94
Präsident(in): Klaus Herrmann (privat: Kleiner Riedweg 6, 67551 Worms, T: (06241) 31 16; geschäftlich: Siegfriedstr. 14, 67547 Worms, T: (06241) 47 01, Telefax: (06241) 42 72)
Vizepräsident(in): Werner Klein (Wiesenstr. 10, 56566 Neuwied, T: (02631) 4 71 07 (privat), (0261) 89 13 53 (dienstl.), Telefax: (0261) 89 16 26)
Elke Weinbrod (Ockenheimer Str. 109, 55411 Bingen, T: (06721) 1 49 17, Fax: 1 61 60)

u 2 836
Saar-Sängerbund
Bundesgeschäftsstelle
Schloßstr. 8, 66111 Saarbrücken
T: (0681) 58 51 41, 58 16 33   **Fax:** 5 84 99 69
Präsident(in): Hermann-Josef Hiery (Kornstr. 1, 66806 Ensdorf, T: (06831) 5 34 77)
Vizepräsident(in): Karl-Heinz Omlor (Promenadenweg 17, 66450 Bexbach, T: (06826) 79 69)
Manfred Grünbeck (Bezirksstr. 163, 66440 Blieskastel-Niederwürzbach, T: (06842) 73 61, dienstl. (06821) 10 04 23)

u 2 837
Sängerbund Schleswig-Holstein e.V.
Bundesgeschäftsstelle
Ulzburger Str. 375, 22846 Norderstedt
T: (040) 5 22 66 48   **Fax:** 5 22 66 48
Präsident(in): Hans Wiesen (Haidbergstr. 12, 24582 Bordesholm, T: (04322) 93 13)
Vizepräsident(in): Lothar Scheunemann (Im Winkel 18, 21439 Schwarzenbek, T: (04151) 24 59)
Rudolf Schulze (Hedenholz 49, 24113 Kiel, T: (0431) 68 72 14)
Bundesgeschäftsführer(in): Klaus Bankonin (Steindamm 9, 22844 Norderstedt, T: (040) 5 22 13 07)

u 2 838
Chorverband Bayerisch-Schwaben e.V.
Bundesgeschäftsstelle
Ebnerstr. 41, 86154 Augsburg
T: (0821) 41 42 90   **Fax:** 41 39 00
Präsident(in): Gertrud Hofmann (Ziegelring 19, 87656 Germaringen, T: (08341) 6 15 79, Fax: (08341) 96 18 12)
Vizepräsident(in): Kurt Schnürch (Weizenstr. 16, 86199 Augsburg, T: (0821) 9 28 14)
Bundesgeschäftsführer(in): Walter Keinath (Ebnerstr. 41, 86154 Augsburg, T: (0821) 41 42 90, Telefax: (0821) 41 39 00)

u 2 839
Schwäbischer Sängerbund 1849 e.V.
Bundesgeschäftsstelle
Wagenburgstr. 115, 70186 Stuttgart
T: (0711) 46 36 81, 46 68 09   **Fax:** 48 74 73
Präsident(in): Dr. Lorenz Menz (Fleischhauerstr. 7a, 70567 Stuttgart, T: (0711) 7 18 96 41)
Vizepräsident(in): Susanne Blessing (Rechbachweg 13, 73550 Waldstetten, T: (07171) 4 07 36, Fax: (07171) 4 93 45)
Dr. Karl Buschhoff (Zeppelinstr. 19, 73430 Aalen, T: (07361) 6 64 64, Fax: (07361) 20 48 00)

u 2 840
Sudetendeutscher Sängerbund e.V.
Bundesgeschäftsstelle
c/o Horst Osthoff
Falkensteinstr. 7, 84030 Landshut
T: (0871) 7 83 93
Bundesvorsitzende(r): Horst Osthoff (Falkensteinstr. 7, 84030 Landshut, T: (0871) 7 83 93)
Stellv. Bundesvors.: N.N.
Bundesgeschäftsführer(in): N.N.

u 2 841
Deutsche Sängerschaft
Geschäftsstelle
c/o Jörg Koos
Nimrodstr. 4, 82256 Fürstenfeldbruck
T: (08141) 34 94 08
Verbandsvorsitzender: Christoph Hessel (Treskowstr. 2, 13507 Berlin, T: (030) 43 49 07 01)

u 2 842
Sondershäuser Verband
Geschäftsstelle
c/o Uwe Schmidt
Rheinallee 16, 55118 Mainz
T: (06131) 67 18 79
Vorsitzende(r): Kajus Koetz (Osdorfer Landstr. 187, 22549 Hamburg, T: (040) 8 70 05 21)

u 2 843
Chorverband Mecklenburg-Vorpommern e.V.
Geschäftsstelle
Warnowallee 23 Zimmer 603, 18107 Rostock
T: (0381) 7 68 06 01   **Fax:** 7 68 06 01
Präsident(in): Gerhard Faatz (Kopenhagener Str. 12, 18107 Rostock, T: (0381) 72 23 51)
Vizepräsident(in): Peter Garske (Landreiterstr. 20, 19055 Schwerin, T: (0385) 5 50 78 00)
Wolfgang Bartsch (Alt Stassow 4a, 18195 Grammow, T: (038205) 8 03 48)

u 2 844
Landeschorverband Sachsen-Anhalt e.V.
Geschäftsstelle
Schloßstr. 24, 06406 Bernburg
T: (03471) 62 40 26   **Fax:** 62 40 27
Präsident(in): Reiner Schomburg (Grabenstr. 40, 38899 Hasselfelde, T u. Fax: (039459) 7 15 58)
Vizepräsident(in): Alfred Fischer (Am St. Georg 1b, 39638 Gardelegen, T: (03907) 31 10)
Dr. Rainer Niephagen (Jugendreferent, Bruckdorfer Str. 8, 06184 Zwintschöna, T: (0345) 5 80 04 68 (priv.), (034607) 2 02 56 (dienstl.))
Gerhard Gründling (GEMA-Bearbeiter, Elbstr. 5b, 06385 Aken, T: (034909) 8 21 20)

u 2 845
Chorverband Sachsen e.V.
Geschäftsstelle
Jupiterstr. 44, 04205 Leipzig
T: (0341) 4 21 01 10   **Fax:** 4 21 01 10
Präsident(in): Frank Hirsch (Bamberger Str. 13, 04207 Leipzig, T: (0341) 4 22 05 50)
Vizepräsident(in): Rolf Mickan (Kipsdorfer Str. 178, 01279 Dresden, T: (0351) 2 50 12 60)
Ekkehard Otto (Fritz-Heckert-Str. 13, 08060 Zwickau, T: (0375) 52 33 45)
Detlef Schneider (Georg-Schumann-Str. 110, 04155 Leipzig, T: (0341) 5 64 06 89)

u 2 846
Sächsischer Sängerbund e.V.
Geschäftsstelle
Radeburger Str. 19, 01558 Großenhain
T: (03522) 50 29 11
Präsident(in): Wolfgang Wehmann (Augustusweg 54a, 01415 Radebeul, T: (0351) 8 36 32 41)
Vizepräsident(in): Peter Schmidt (Aug.-Bebel-Str. 38, 01468 Reichenberg, T: (0351) 8 30 54 58)
Geschäftsführer(in): Siegfried Behla (Radeburger Str. 19, 01558 Großenhain, T: (03522) 50 29 11)

u 2 847
Thüringer Sängerbund e.V.
Bundesgeschäftsstelle
Schloßstr. 1, 07545 Gera
T: (0365) 7 10 67 26   **Fax:** 7 10 67 27
Präsident(in): Christoph Berger (Die Selige 11, 07586 Kraftsdorf, T: (0365) 81 36 83)
Vizepräsident(in): Hans Pfeifer (Veilsdorfer Str. 64, 98669 Schackendorf, T: (03685) 68 25 04)
Lothar Nolte (Ferdinand-Schlufter-Str. 14, 99706 Sondershausen, T: (03632) 78 33 22)

u 2 848
Brandenburgischer Chorverband e.V. (BCV)
Landesgeschäftsstelle
Postf. 13 20, 03232 Finsterwalde
T: (03531) 31 16   **Fax:** 31 16
Präsident(in): Peter Rose (Lange Str. 46, 03238 Finsterwalde, T: (03531) 70 37 07)
Vizepräsident(in): Vera Schmidt (Aus- und Weiterbildung, Wohnpark Str. 115, 03055 Cottbus, T: (0355) 87 32 23)
Karl-Heinz Paula (Jugendreferent, Kruggasse 35, 15898 Neuzelle, T: (033652) 62 84)
Horst Sauerwald (Öffentlichkeitsarbeit, Bahnhofstr. 32, 15755 Töpchin, T: (033769) 5 05 99)

● U 2 849
Deutscher Allgemeiner Sängerbund e.V. (DAS)
Postf. 15 04 23, 44344 Dortmund
Paul-Gerhardt-Str. 34, 44359 Dortmund
T: (0231) 33 33 52   **Fax:** 33 65 58
Internet: http://www.das-bund.de

U 2 849

E-Mail: fritz.neuhaus@01019freenet.de
Gründung: 1947
Präsident(in): Franz M. Wagner (Liebigstr. 3, 80538 München)
Vizepräsident: Wolfgang Schröfel (Leuningerstr. 67, 30457 Hannover)
Weitere Vizepräsidenten: Oskar Radzinski (Hedingeser Masch 117, 32549 Bad Oeynhausen)
Siegfried Schäfer (Georg-Biundo-Str. 19, 67240 Bobenheim-Roxheim)
Heinz Pietsch (Meseberger Str. 28, 39326 Wolmirstedt)
Leitung Presseabteilung: Fritz Neuhaus (Nackhofweg 7, Postf. 15 04 23, 44344 Dortmund)
Verbandszeitschrift: "Der Chor"
Redaktion: Volker Christiansen, Mühlhauser Hellweg 5b, 59425 Unna-Mühlhausen, T: (02303) 94 39 39, Fax: (02303) 94 39 40
Verlag: DAS
Mitglieder: 70000
Mitarbeiter: 3
Jahresetat: DM 0,07 Mio, € 0,04 Mio

● U 2 850
Chorjugend im Deutschen Sängerbund e.V.
Postf. 51 06 28, 50942 Köln
Bernhardstr. 166, 50968 Köln
T: (0221) 9 34 99 89   **Fax:** 9 34 99 92
Internet: http://www.saengerbund.de/chorjugend.htm
E-Mail: chorjugend@saengerbund.de
Gründung: 1995
Vorstand: Werner Mattern (Vorsitzender)
Gerhard Werz (stv. Vorsitzender)
Hermann Olberding (stv. Vorsitzender)
Ulrich Buschkühler (Schatzmeister)
Karl Zepnik (Jugendchorleiter)
Michael Brose (Schriftführer)
Rudolf Rolli (Referat Jugendpflege)
Konstantin Rözel (Referat Öffentlichkeitsarbeit)
Hermann Sorg (Referat Kooperationen)
Mitglieder: 112000

Jugendorganisation des Deutschen Sänger bundes

● U 2 851
Christlicher Sängerbund e.V.
Westfalenweg 207, 42111 Wuppertal
T: (0202) 75 06 33   **Fax:** 75 53 04
Internet: http://www.cs-vsg.de
E-Mail: info@cs-vsg.de
Gründung: 1879 (31. August)
BundesObmann: Günter Balders
Geschäftsführer(in): Holger Würth (Leitung Presseabteilung)
Verbandszeitschrift: CS-journal
Redaktion: Max Köhler
Verlag: Verlag Singende Gemeinde, Westfalenweg 207, 42111 Wuppertal
Mitglieder: 13000
Mitarbeiter: 5
Jahresetat: DM 0,5 Mio, € 0,26 Mio

● U 2 852
Evangelischer Sängerbund e.V. (ESB)
Bremer Str. 2, 42109 Wuppertal
T: (0202) 75 24 40   **Fax:** 75 44 67
Internet: http://esb-netzwerk.de
E-Mail: esb.wuppertal@t-online.de
Gründung: 1898 (11. Juli)
Vorsitzende(r): Rudolf Steege
Stellvertretende(r) Vorsitzende(r): Walter Trauernicht
Ansprechpartner: Reinhold Weber (Ltg. Presseabt.)
Verbandszeitschrift: Singt dem Herrn
Redaktion: Reinhold Weber
Mitglieder: ca. 10000
Mitarbeiter: 5

● U 2 853
Deutsche Akademie des Tanzes e.V.
Gleißbühlstr. 12, 90402 Nürnberg
T: (0911) 9 92 39 99   **Fax:** 46 85 84
Gründung: 1987
Präsident(in): Prof. Heinz Manniegel
Vizepräsident(in): Gisela Peters-Rohse
Geschf. u. Ltg. Presseabt.: Raymund Maurin
Verbandszeitschrift: assemble
Mitglieder: 100

● U 2 854
Deutsche Gesellschaft für Volkstanz e.V.
Corneliusstr. 2, 72581 Dettingen
T: (07123) 76 55   **Fax:** 88 87 66
Internet: http://home.t-online.de/home/d-g-v/
Gründung: 1953
Vorsitzende(r): Gerhard Palmer, Dettingen
Stellvertretende(r) Vorsitzende(r): Wolfgang Preuß (Leitung Presseabteilung)
Geschäftsführer(in): Anni Herrmann (Paul-Lincke-Ufer 25, 10999 Berlin, T: (030) 6 11 60 47, Fax: (030) 6 12 77 76)

Stellvertretende(r) Geschäftsführer(in): Edgar Leidig (Knüllweg 5, 34134 Kassel)
Verbandszeitschrift: Volkstanz
Redaktion: Wolfgang Preuß
Verlag: Selbstverlag: DGV, Wolfgang Preuß, Habichtweg 9, 21244 Buchholz
Mitglieder: 442 (12 Landesverbände, 165 Gruppen, 265 persönliche Mitglieder)
Mitarbeiter: 13 ehrenamtliche Helfer

● U 2 855
Musik- und Tanztherapie e.V.
Forschungsstelle für Musik- und Tanztherapie (MTT)
Von-Esmarch-Str. 111, 48149 Münster
T: (0251) 86 15 00   **Fax:** 86 64 88
Internet: http://www.musiktherapie-tanztherapie.de
E-Mail: hoermann@muenster.de
Gründung: 1984
Präsident(in): Univ.-Prof. Dr. Dr. Karl Hörmann (Ltg. Presseabt.)
Vizepräsident(in): Chefarzt Dr.med. Rudolf Burkhardt
Verbandszeitschrift: Musik-, Tanz- und Kunsttherapie
Redaktion: Prof. Dr. Dr. Karl Hörmann
Verlag: Verlag f. Angewandte Psychologie Dr. Hogrefe, Postf. 37 51, 37085 Göttingen
Mitglieder: 300
Mitarbeiter: 4

● U 2 856
Internationale Organisation für Volkskunst e.V. Deutschland
Erbastr. 6, 70736 Fellbach
T: (0711) 51 90 95   **Fax:** 5 17 45 45
Präsident(in): Dipl.-Ing. (FH) Hans-Jörg Brenner

● U 2 857
Deutscher Kulturrat
Weberstr. 59a, 53113 Bonn
T: (0228) 2 01 35-0   **Fax:** 2 01 35-21
Internet: http://www.kulturrat.de
E-Mail: post@kulturrat.de
Büro Berlin:
Burgstr. 27, 10178 Berlin, T: (030) 24 72 80 14, Fax: 24 72 12 45
Gründung: 1982 (19. November)
Vorsitzende(r): Prof. Dr. Franz Müller-Heuser
Stellvertretende(r) Vorsitzende(r): Heinrich Bleicher-Nagelsmann
Bogislav von Wentzel
Geschäftsführer(in): Olaf Zimmermann
Mitglieder: 8 Sektionen mit 221 Mitgliedsorganisationen; 9 Mio. Einzelmitglieder
Mitarbeiter: 5

● U 2 858
Arbeitskreis Kulturstatistik e.V. (ARKStat)
c/o Haus der Kultur
Weberstr. 59, 53113 Bonn
T: (0228) 9 14 08-27   **Fax:** 9 14 08-28
Internet: http://www.kulturpolitik.de
E-Mail: arkstat@kulturpolitik.de
Gründung: 1990
Vorsitzende(r): Michael Söndermann
1. Stellv. Vors.: Bernd Fesel
2. Stellv. Vors.: Dr. Narciss Göbbel
Verbandszeitschrift: KulturStatistik
Verlag: Eigenverlag ARKStat
Mitglieder: 36 Einzelfachleute, Organisationen, Institutionen

● U 2 859
Goethe-Institut Inter Nationes e.V.
Zentralverwaltung
Besucheradresse: Dachauer Str. 122
Postf. 19 04 19, 80604 München
T: (089) 1 59 21-0   **Fax:** 1 59 21-4 50
Internet: http://www.goethe.de
E-Mail: zv@goethe.de
Gründung: 1951
Präsident(in): Prof. Dr.h.c.mult. Hilmar Hoffmann
Vors.:
Amtierender Generalsekretär: Martin Schumacher
Vorstandsmitglieder: Ulrich Braeß
Martin Schumacher
Peter Sötje
Ltg. Pressereferat: Dr. Berthold Franke
Mitarbeiter: ca. 3600
Gesamtbudget: ca. DM 440 Mio
Publikationen des Goethe-Instituts: Jahrbuch, "GI-aktuell" "Willkommen", Rechtliche Grundlagen, Grundsatzpapier, Adressenverzeichnis, Durchblick
Institutsnetz: (Stand 16.01.2001)
15 Goethe-Institute in Deutschland, 128 Kulturinstitute in 76 Ländern und in den Palästinensischen Autonomiegebieten

u 2 860
Goethe-Institut Inter Nationes e.V.
Berlin
Neue Schönhauser Str. 20, 10178 Berlin
T: (030) 25 90 63   **Fax:** 2 59 06-400
E-Mail: berlin@goethe.de
Gründung: 1960
Leiter(in): Franz Xaver Augustin

u 2 861
Goethe-Institut Inter Nationes e.V.
Bonn
Friedrich-Ebert-Str. 11, 53177 Bonn
T: (0228) 9 57 56-0   **Fax:** 9 57 56-23
E-Mail: bonn@goethe.de
Gründung: 1984
Leiterin: Dr. Brigitte Kaiser-Derenthal

u 2 862
Goethe-Institut Inter Nationes e.V.
Bremen
Fedelhören 78, 28203 Bremen
T: (0421) 32 58 10   **Fax:** 32 52 42
E-Mail: bremen@goethe.de
Gründung: 1981
Leiter(in): Volker Marwitz

u 2 863
Goethe-Institut Inter Nationes e.V.
Dresden
Königsbrücker Str. 84, 01099 Dresden
T: (0351) 80 01 10   **Fax:** 8 00 11 10
E-Mail: dresden@goethe.de
Gründung: 1996
Leiter(in): Rita Sachse-Toussaint

u 2 864
Goethe-Institut Inter Nationes e.V.
Düsseldorf
Postf. 10 26 03, 40017 Düsseldorf
Willi-Becker-Allee 10, 40227 Düsseldorf
T: (0211) 99 29 90   **Fax:** 77 10 84
E-Mail: duesseldorf@goethe.de
Gründung: 1984
Leiter(in): Reinhard Maiworm

u 2 865
Goethe-Institut Inter Nationes e.V.
Frankfurt
Diesterwegplatz 72, 60594 Frankfurt
T: (069) 9 61 22 70   **Fax:** 9 62 03 95
E-Mail: frankfurt@goethe.de
Gründung: 1983
Leiter(in): Dr. Karl-Heinz Gärtner

u 2 866
Goethe-Institut Inter Nationes e.V.
Freiburg
Wilhelmstr. 17, 79098 Freiburg
T: (0761) 38 67 10   **Fax:** 3 86 71 15
E-Mail: freiburg@goethe.de
Gründung: 1971
Leiter(in): Dr. Volker Hartmann

u 2 867
Goethe-Institut Inter Nationes e.V.
Göttingen
Fridtjof-Nansen-Haus
Merkelstr. 4, 37085 Göttingen
T: (0551) 54 74 40   **Fax:** 5 47 44 44
E-Mail: goettingen@goethe.de
Gründung: 1973
Leiter(in): Dr. Rolf-Burkhard Klieme

u 2 868
Goethe-Institut Inter Nationes e.V.
Mannheim
Postf. 23 01 61, 68181 Mannheim
Steubenstr. 44, 68163 Mannheim
T: (0621) 83 38 50   **Fax:** 8 33 85 55
E-Mail: mannheim@goethe.de
Gründung: 1980
Leiter(in): N.N.

u 2 869
Goethe-Institut Inter Nationes e.V.
München
Sonnenstr. 25, 80331 München
T: (089) 5 51 90 30   **Fax:** 55 19 03 35

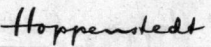

E-Mail: muenchen@goethe.de
Gründung: 1980
Leiter(in): Karl Pechatscheck

u 2 870

**Goethe-Institut Inter Nationes e.V.
München**
Goethestr. 20, 80336 München
T: (089) 55 19 03 40   Fax: 55 19 03 45
E-Mail: goethestrasse@goethe.de
Leiter(in): Constanze Kirmse

u 2 871

**Goethe-Institut Inter Nationes e.V.
Murnau**
Seidlstr. 17, 82418 Murnau
T: (08841) 6 19 30   Fax: 61 93 20
E-Mail: murnau@goethe.de
Gründung: 1954
Leiter(in): Claudia Volkmar-Clark

u 2 872

**Goethe-Institut Inter Nationes e.V.
Prien**
Joseph-von-Fraunhofer-Str. 10, 83209 Prien
T: (08051) 96 64-0   Fax: 96 64-99
E-Mail: prien@goethe.de
Gründung: 1967
Leiter(in): Heidegert Hoesch (M.A.)

u 2 873

**Goethe-Institut Inter Nationes e.V.
Rothenburg**
Herrngasse 17, 91541 Rothenburg
T: (09861) 50 21   Fax: 8 64 18
E-Mail: rothenburg@goethe.de
Gründung: 1958
Leiter(in): Dr. Andreas Pauldrach

u 2 874

**Goethe-Institut Inter Nationes e.V.
Schwäbisch Hall**
Am Spitalbach 8, 74523 Schwäbisch Hall
T: (0791) 9 78 87-0   Fax: 9 78 87-77
E-Mail: schwaebisch-hall@goethe.de
Gründung: 1965
Leiter(in): Wolfgang Schwarzkopf

u 2 875

**Goethe-Institut Inter Nationes e.V.
Weimar**
Ackerwand 25-27, 99423 Weimar
T: (03643) 8 67 20   Fax: 86 72 23
Gründung: 1996
Leiter(in): Rita Sachse-Toussaint

Kulturinstitute im Ausland

Äthiopien

u 2 876

**Goethe-Institut Inter Nationes e.V.
Addis Abeba**
German Cultural Institute
Postfach 11 93, ETH- Addis Abeba
T: (002511) 55 28 88, 55 21 10   Fax: 55 12 99
TGR: Germancult
E-Mail: gci@telecom.net.et
Gründung: 1962
Leiter(in): Barbara Meyer-Marroth

Algerien

u 2 877

**Goethe-Institut Inter Nationes e.V.
Algier**
Centre Culturel Allemand
165, rue Sfindja, DZ- Algier
T: (00213) 2 74 20 59, 2 74 20 73   Fax: 2 74 44 27
TGR: Goetheinstitut
Gründung: 1963
- vorläufig stillgelegt

Arabische Republik Ägypten

u 2 878

**Goethe-Institut Inter Nationes e.V.
Kairo/Alexandria**
Postfach 7/ Mohd. Farid, ET-11518 Kairo
5, Sharia Abdel Salam Aref, ET-11518 Kairo
T: (00202) 5 75 98 77, 5 77 94 79   Fax: 5 77 11 40
E-Mail: giver@internetegypt.com
Gründung: 1958 (1960)
Leiter(in): Dr. Bernd Pirrung

u 2 879

**Goethe-Institut Inter Nationes e.V.
Kairo/Alexandria**
Deutsches Kulturinstitut
10, rue des Ptolémées, ET- Alexandria
T: (00203) 4 83 98 70, 4 84 10 37   Fax: 4 83 48 52
E-Mail: gialex@internetalex.com
Leiter(in): Dr. Bernd Pirrung

Argentinien

u 2 880

**Goethe-Institut Inter Nationes e.V.
Buenos Aires**
Avenida Corrientes 319, RA-1043 Buenos Aires
T: (005411) 43 11 89 64-8   Fax: 43 15 33 27
E-Mail: admin@buenosaires.goethe.org
Gründung: 1966
Leiter(in): Rudolf Barth

u 2 881

**Goethe-Institut Inter Nationes e.V.
Córdoba**
Bv. Pte. Arturo Umberto Illia 356, RA-5000 Córdoba
T: (0054351) 4 24 01 94   Fax: 4 24 35 52
E-Mail: goethecor@agora.com.ar
Gründung: 1967
Leiter(in): Christoph Bertrams

Australien

u 2 882

**Goethe-Institut Inter Nationes e.V.
Melbourne**
Level 1
448 St. Kilda Road, AUS- Melbourne Vic. 3004
T: (00613) 98 64 89 99   Fax: 98 64 89 88
E-Mail: pfranz@goethe.edu.au
Gründung: 1972
Leiter(in): Dr. Ralf Eppeneder

u 2 883

**Goethe-Institut Inter Nationes e.V.
Sydney**
Postfach 37, AUS- Woollahra, N.S.W. 2025
90, Ocean Street, AUS- Woollahra, N.S.W. 2025
T: (00612) 93 28 74 11   Fax: 93 26 13 23
E-Mail: jfischer@goethe.org.au
Gründung: 1974
Leiter(in): Dr. Roland Goll

Bangladesh

u 2 884

**Goethe-Institut Inter Nationes e.V.
Dhaka**
German Cultural Centre
Postfach 9 03, BD- Dhaka 1000
Road No.9 (new), House No. 10, BD- Dhaka 1000
T: (008802) 9 12 65 25   Fax: 81 11 07 12
E-Mail: gidhaka@bol-online.com
Gründung: 1961
Leiter(in): Dr. Markus Litz

Belgien

u 2 885

**Goethe-Institut Inter Nationes e.V.
Brüssel**
58, rue Belliard straat, B-1040 Brüssel
T: (0032) 2 30 39 70   Fax: 2 30 77 25
E-Mail: petr.medugorac@euronet.be
Gründung: 1959 (1963)
Leiter(in): Dr. Bernhard Beutler

Bolivien

u 2 886

**Goethe-Institut Inter Nationes e.V.
La Paz**
Instituto Cultural Boliviano Alemán
Av. 6 de Agosto 2118
Casilla 2195, BOL- La Paz
T: (005912) 44 24 53   Fax: 44 14 69
E-Mail: goethe@caoba.entelnet.bo
Gründung: 1954 (1966)
Leiter(in): Peter Panes

Bosnien-Herzegowina

u 2 887

**Goethe-Institut Inter Nationes e.V.
Sarajevo**
Gründungsbüro
P.A.: Botschaft der Bundesrepublik Deutschland
Ulica buka, BA-71000 Sarajewo
T: (00387) 33 21 72 55   Fax: 33 21 72 56
E-Mail: goethe@goethe.ba
Leiter(in): Carmen Scher

Brasilien

u 2 888

**Goethe-Institut Inter Nationes e.V.
Curitiba**
Instituto Cultural Brasileiro-Germânico
Postfach 1285, BR-80001-970 Curitiba PR
Rua Reinaldino S. de Quadros, 33, BR-80050-030 Curitiba PR
T: (005541) 2 62 82 44   Fax: 2 62 95 43
TGR: Brasgerm-Curitiba
E-Mail: ilcuritiba@mps.com.br
Gründung: 1956 (1972)
Leiter(in): Franz Buchetmann

u 2 889

**Goethe-Institut Inter Nationes e.V.
Porto Alegre**
Instituto Cultural Brasileiro-Alemão
Postfach 25 11, BR-90001-970 Porto Alegre
Rua 24 de Outubro 112, BR-90510-000 Porto Alegre-RS
T: (005551) 2 22 78 32, 2 22 79 67   Fax: 2 22 33 54
E-Mail: goethe@pampa.tche.br
Gründung: 1956 (1962)
Leiter(in): Nicolai Petersen

u 2 890

**Goethe-Institut Inter Nationes e.V.
Rio de Janeiro**
Instituto Cultural Brasil Alemanha
Postfach 245, BR-20002-970 Rio de Janeiro
Rua do Passeio 62 4. und 5. Stock, BR-20021-290 Rio de Janeiro
T: (005521) 5 33 69 55   Fax: 5 33 69 55
E-Mail: girjverw@easyline.com.br
Gründung: 1958 (1962)
Leiter(in): Dr. Klaus Vetter

u 2 891

**Goethe-Institut Inter Nationes e.V.
Salvador-Bahia**
Instituto Cultural Brasil-Alemanha
Postfach 7 56, BR-40001-970 Salvador-Bahia
Av. Sete de Setembro 1809, BR-40080-002 Salvador-Bahia
T: (005571) 3 37 01 20   Fax: 3 37 47 43
E-Mail: gisalvw@e-net.com.br
Gründung: 1962
Leiter(in): Peter Anders

u 2 892

**Goethe-Institut Inter Nationes e.V.
São Paulo**
Centro Cultural Brasil-Alemanha
Postfach 4 16 70, BR-05422-970 São Paulo-SP
Rua Lisboa 974, BR-05413-001 São Paulo-SP
T: (005511) 30 88 42 88, 30 83 49 14   Fax: 30 60 84 13
E-Mail: vwgisp@uol.com.br
Gründung: 1957 (1960)
Leiter(in): Dr. Bruno Fischli

u 2 893

Bulgarien

u 2 893

Goethe-Institut Inter Nationes e.V.
Sofia
U1. Ljuben Karaweloff 72, BG-1000 Sofia
T: (003592) 9 63 04 37, 9 63 08 17   **Fax:** 9 63 00 85
E-Mail: gisofprog@mbox.digsys.bg
Gründung: 1989
Leiter(in): Clemens-Peter Haase (M.A.)

Chile

u 2 894

Goethe-Institut Inter Nationes e.V.
Santiago de Chile
Instituto Chileno-Alemán de Cultura
Postfach 10 50, RCH- Santiago de Chile
Calle Esmeralda 650, RCH- Santiago de Chile
T: (00562) 6 38 31 85   **Fax:** 6 33 43 85
E-Mail: adm@goethe.cl
Gründung: 1952 (1961)
Leiter(in): Dr. Hartmut Becher

China

u 2 895

Goethe-Institut Inter Nationes e.V.
Hongkong
German Cultural Centre, Arts Centre 14th Floor
Postfach 55 31, HK- Hongkong
2, Harbour Road Wanchai, HK- Hongkong
T: (00852) 28 02 00 88   **Fax:** 28 02 43 63
E-Mail: verw@hongkong.goethe.org
Gründung: 1962
Leiter(in): Jürgen Keil

u 2 896

Goethe-Institut Inter Nationes e.V.
Peking
Beijing Foreign Studies University
Weigong Cun Lu
Postfach 89 36-47, CN-100089 Beijing
T: (008610) 68 41 78 91/4   **Fax:** 68 41 78 97
E-Mail: gipekver@public3.bta.net.cn
Gründung: 1988
Leiter(in): Markus Wernhard

Côte d'Ivoire

u 2 897

Goethe-Institut Inter Nationes e.V.
Abidjan
Centre Culturel Allemand
08 B.P. 982
Avenue Jean Mermoz, CI- Abidjan 08
T: (0022522) 44 14 22, 48 65 55   **Fax:** 44 15 17
E-Mail: abidjan-verw@aviso.ci
Gründung: 1970
Leiter(in): Ute Grauerholz

Dänemark

u 2 898

Goethe-Institut Inter Nationes e.V.
Kopenhagen
Nørre Voldgade 106, DK-1358 København K
T: (004533) 36 64 64   **Fax:** 36 64 61
E-Mail: vl@copenhagen-goethe.dk
Gründung: 1963
Leiter(in): Dr. Christoph Bartmann

Estland

u 2 899

Goethe-Institut Inter Nationes e.V.
Tallinn
Suurtüki 4b, EW-10133 Tallinn
T: (00372) 6 27 69 60   **Fax:** 6 27 69 62
E-Mail: goethe@goethe.ee
Gründung: 1999
Leiter(in): Mikko Fritze

Finnland

u 2 900

Goethe-Institut Inter Nationes e.V.
Helsinki
Mannerheimintie 20 A, FIN-00100 Helsinki
T: (003589) 68 03 55 14   **Fax:** 60 43 77
E-Mail: vw@goethe.kaapeli.fi
Gründung: 1963
Leiter(in): Eike Fuhrmann

Frankreich

u 2 901

Goethe-Institut Inter Nationes e.V.
Bordeaux
Centre Culturel Allemand
35, cours de Verdun, F-33000 Bordeaux
T: (00335) 56 48 42 60   **Fax:** 56 48 42 61
E-Mail: goetbxe@easynet.fr
Gründung: 1971
Leiter(in): Jochen Neuberger

u 2 902

Goethe-Institut Inter Nationes e.V.
Lille
Centre Culturel Allemand
98, rue des Stations, F-59800 Lille
T: (00333) 20 57 02 44   **Fax:** 20 42 81 45
E-Mail: goetheli@wanadoo.fr
Gründung: 1956 (1959)
Leiter(in): Klaus Schindler

u 2 903

Goethe-Institut Inter Nationes e.V.
Lyon
Centre Culturel Allemand
18, rue François Dauphin, F-69002 Lyon
T: (00334) 72 77 08 88   **Fax:** 72 40 91 55
E-Mail: beilmann@goethelyon.easynetbox.net
Gründung: 1965
Leiter(in): Dr. Dietrich Sturm

u 2 904

Goethe-Institut Inter Nationes e.V.
Nancy
Centre Culturel Allemand
39, rue de la Ravinelle, F-54052 Nancy Cedex
T: (00333) 83 35 44 36   **Fax:** 83 32 43 45
E-Mail: ginaprog@easynet.fr
Gründung: 1963
Leiter(in): Dr. Dieter Kirsch

u 2 905

Außenstelle des Vereins Goethe-Institut
Inter Nationes Nancy
Centre d´Etudes de Langues
Madame Dr. Erdmuthe Mouchet
4, rue du Rhin, F-68000 Colmar
T: (00333) 89 20 22 05, 89 41 57 78
E-Mail: cel_allemand@colmar.cci.fr

u 2 906

Außenstelle des Vereins Goethe Institut Inter Nationes Nancy
Pole Formation CCI
Délégation du Goethe-Institut Nancy à Strasbourg
234, avenue de Colmar-BP 267, F-67021 Strasbourg Cédex 1
T: (00333) 88 43 08 00   **Fax:** 88 43 08 35
E-Mail: edemenet@pole-formation-cci.org
Dr. Erika Demenet

u 2 907

Goethe-Institut Inter Nationes e.V.
Paris
Centre Culturel Allemand
17, Avenue d'Iéna, F-75116 Paris
T: (00331) 44 43 92 30   **Fax:** 44 43 92 40
E-Mail: lerch@paris.goethe.org
Gründung: 1962
Leiter(in): Dr. Dieter Strauss

u 2 908

Goethe-Institut Inter Nationes e.V.
Toulouse
Centre Culturel Allemand
Postfach 154, F-31014 Toulouse Cédex 6
4 bis, rue Clémence-Isaure, F-31000 Toulouse Cédex 6
T: (00335) 61 23 08 34   **Fax:** 61 21 16 66
E-Mail: gitlinfo@easynet.fr
Gründung: 1962
Leiter(in): Dr. Peter Müller

Georgien

u 2 909

Goethe-Institut Inter Nationes e.V.
Tiflis
P.A.: Auswärtiges Amt, Kurierdienst, 11013 Berlin
Sandukeli Str. 16, GE- Tbilissi 380008
T: (0099532) 93 89 45   **Fax:** 93 89 45
E-Mail: verw@goethe.caucasus.net
Postadresse:
Auswärtiges Amt, Kurierdienst
Goethe-Institut Tbilissi
11013 Berlin
Gründung: 1994
Leiter(in): Ilse Heinle

Ghana

u 2 910

Goethe-Institut Inter Nationes e.V.
Accra
German Cultural Centre
Postfach 31 96, GH- Accra
Ring Road East P.M.B. 52, GH- Accra
T: (0023321) 77 67 64   **Fax:** 77 97 70
E-Mail: goetheil@ncs.com.gh
Gründung: 1961
Leiter(in): Dr. Petra Raymond

Griechenland

u 2 911

Goethe-Institut Inter Nationes e.V.
Athen
Postfach 3 03 83, GR-10033 Athen
Omirou St. 14-16, GR-10033 Athen
T: (00301) 3 60 81 11/14   **Fax:** 3 64 35 18
E-Mail: verw@athen.goethe.org
Gründung: 1952
Leiter(in): Horst Deinwallner

u 2 912

Goethe-Institut Inter Nationes e.V.
Thessaloniki
Postfach 1 02 68, GR-54110 Thessaloniki
Leoforos Nikis 15, GR-54623 Thessaloniki
T: (003031) 27 26 44   **Fax:** 23 04 02, 23 91 69
E-Mail: githespr@athena.compulink.gr
Gründung: 1955
Leiter(in): Dagmar Junghänel
Dr. Johannes Dahl

Großbritannien

u 2 913

Goethe-Institut Inter Nationes e.V.
Glasgow
The German Cultural Institute in Scotland
3, Park Circus, GB- Glasgow G3 6AX
T: (0044141) 3 32 25 55   **Fax:** 3 33 16 30
E-Mail: goetheglavw@cqm.co.uk
Gründung: 1957 (1973)
Leiter(in): N.N.

u 2 914

Goethe-Institut Inter Nationes e.V.
London
50, Princes Gate-Exhibition Rd., GB- London SW7 2PH
T: (004420) 75 96 40 00   **Fax:** 75 94 02 40
E-Mail: kallies@london.goethe.org
Gründung: 1658 (1962)
Leiter(in): Dr. Ulrich Sacker

u 2 915

Goethe-Institut Inter Nationes e.V.
Manchester
Fourth Floor, Churchgate House
56 Oxford Street, GB- Manchester M 1 6EU
T: (0044161) 2 37 10 77   **Fax:** 2 37 10 79
E-Mail: goethemanverw@dial.pipex.com
Gründung: 1967
Leiter(in): Dr. Wolfgang Kort

Indien

u 2 916

**Goethe-Institut Inter Nationes e.V.
Bangalore**
Max Mueller Bhavan
Indo-German Cultural Centre
Postfach 50 58, IND- Bangalore-560001
3, Lavelle Road, IND- Bangalore-560001
T: (009180) 2 21 49 64, 2 27 54 35   Fax: 2 21 52 55
E-Mail: sirtajmmb@bangalore.goethe.org
Gründung: 1960
Leiter(in): Dr. Rudolf Bartsch

u 2 917

**Goethe-Institut Inter Nationes e.V.
Bombay**
Max Mueller Bhavan
Prince of Wales Museum Annexe
Off Mahatma Gandhi Road, IND- Bombay-400001
T: (009122) 2 02 77 10, 2 02 20 85   Fax: 2 87 38 26
E-Mail: admin.mmb@bombay.goethe.org
Gründung: 1968
Leiter(in): Dr. Peter Schabert

u 2 918

**Goethe-Institut Inter Nationes e.V.
Kalkutta**
Max Mueller Bhavan
8, Pramatesh Barua Sarani, IND- Calcutta-700019
T: (009133) 4 75 93 98, 4 75 94 24   Fax: 4 74 71 88
E-Mail: admin.mmb@calcutta.goethe.org
Gründung: 1957 (1961)
Leiter(in): Ingrid-Maria Keimel-Metz

u 2 919

**Goethe-Institut Inter Nationes e.V.
Chennai (Madras)**
Max Mueller Bhavan
13 Khader Nawaz Khan Road Off Nungambakkam High Road, IND- Chennai (Madras) 600006
T: (009144) 8 26 13 14, 8 26 23 43   Fax: 8 28 25 65
E-Mail: gimadras@vsnl.com
Gründung: 1960
Leiter(in): Dr. Eleonore Rahimi-Laridjani

u 2 920

**Goethe-Institut Inter Nationes e.V.
New Delhi**
Max Mueller Bhavan
3, Kasturba Gandhi Marg, IND- New Delhi-110001
T: (009111) 3 32 95 06, 3 32 96 04   Fax: 3 32 55 34, 3 72 25 73
E-Mail: admin.mmb@delhi.goethe.org
Gründung: 1657 (1963)
Leiter(in): Tilmann Waldraff

u 2 921

**Goethe-Institut Inter Nationes e.V.
Poona (Pune)**
Max Mueller Bhavan
14/3 B, Boat Club Road, IND- Poona (Pune) 411001
T: (0091020) 6 12 49 45, 62 10 42   Fax: 6 12 05 42
E-Mail: puneverw@pn2.vsnl.net.in
Gründung: 1961
Leiter(in): Sabine Erlenwein

Indonesien

u 2 922

Außenstelle des Vereins Goethe-Institut Inter Nationes Jakarta
Pusat Kebudayaan Jerman
Jalan Martadinata 48, RI- Bandung 40115
T: (006222) 43 64 40   Fax: 4 20 40 41
E-Mail: goethebd@melsa.net.id
Gründung: 1971

u 2 923

**Goethe-Institut Inter Nationes e.V.
Jakarta**
Pusat Kebudayaan Jerman
Postfach 10 30 Jat., RI- Jakarta 13010
Jalan Matraman Raya 23, RI- Jakarta 13140
T: (006221) 8 50 91 32   Fax: 8 58 32 38, 8 51 10 34
E-Mail: goethevl@pacific.net.id
Gründung: 1961
Leiter(in): Dr. Peter Bumke

Irland

u 2 924

**Goethe-Institut Inter Nationes e.V.
Dublin**
German Institute
37 Merrion Square, IRL- Dublin 2
T: (003531) 6 61 11 55, 6 02 02 44   Fax: 6 61 13 58
E-Mail: admin@goethe.iol.ie
Leiter(in): Dr. Inge Anna Winterberg

u 2 925

Sprachabteilung Goethe Institut Inter Nationes e.V. Dublin
62 Fitzwilliam Square, IRL- Dublin 2
T: (003531) 6 61 11 55   Fax: 6 61 13 58
E-Mail: goethela@goethe.iol.ie
Leiter: Dr. Anna Winterberg

Israel

u 2 926

**Goethe-Institut Inter Nationes e.V.
Jerusalem**
German Cultural Center
Sokolov St. 15, IL-92144 Jerusalem
T: (009722) 5 61 06 27, 5 63 26 54   Fax: 5 61 84 31
E-Mail: goetheje@actcom.co.il
Gründung: 1987
Leiter(in): Dr. Christiane Günther

u 2 927

**Goethe-Institut Inter Nationes e.V.
Tel Aviv**
German Cultural Center
Asia House
Postfach 3 36 91, IL- Tel Aviv-61336
4, Weizmann St., IL- Tel Aviv-61336
T: (009723) 6 91 72 66   Fax: 6 95 57 99
E-Mail: goethev@actcom.co.il
Gründung: 1969 (1978)
Leiter(in): Hans-Jürgen Nagel

Italien

u 2 928

**Goethe-Institut Inter Nationes e.V.
Genua**
Centro Culturale Tedesco
Via Peschiera 35, I-16122 Genua
T: (0039010) 8 39 87 68   Fax: 8 39 88 10
E-Mail: gegoetv@ge.itline.it
Gründung: 1955 (1961)
Leiter(in): Manfred Kniesel

u 2 929

**Goethe-Institut Inter Nationes e.V.
Mailand**
Centro Culturale Tedesco
Via San Paolo 10, I-20121 Mailand
T: (003902) 76 00 55 71   Fax: 76 00 91 86
E-Mail: goethe.mailand.verw@agora.stm.it
Gründung: 1958 (1962)
Leiter(in): Dr. Kajo Niggestich

u 2 930

**Goethe-Institut Inter Nationes e.V.
Neapel**
Centro Culturale Tedesco
Riviera di Chiaia 202, I-80121 Neapel
T: (0039081) 41 19 23, 41 39 43   Fax: 42 67 64
E-Mail: goethe.inst.na@agora.stm.it
Gründung: 1961
Leiter(in): Dr. Reinhard Dinkelmeyer

u 2 931

Goethe-Institut Inter Nationes e.V. Palermo
Centro Culturale Tedesco
Cantieri Culturali alla Zisa
Via Paolo Gili 4, I-90138 Palermo
T: (0039091) 6 52 86 80   Fax: 6 52 86 76
E-Mail: goethepro@neomedia.it
Gründung: 1962 (1963)
Leiter(in): Britta Graf de Anwandter

u 2 932

**Goethe-Institut Inter Nationes e.V.
Rom**
Centro Culturale Tedesco
Via Savoia 15, I-00198 Rom
T: (003906) 84 40 05-1   Fax: 8 41 16 28
E-Mail: vi@rom.goethe.org
Gründung: 1955 (1962)
Leiter(in): Michael Kahn-Ackermann

u 2 933

**Goethe-Institut Inter Nationes e.V.
Turin**
Centro Culturale Tedesco
Piazza San Carlo 206, I-10121 Torino
T: (0039011) 5 62 88 10, 5 62 85 92   Fax: 53 95 49
E-Mail: goethe@inrete.it
Gründung: 1954
Leiter(in): Dr. Heribert Uschtrin

u 2 934

**Goethe-Institut Inter Nationes e.V.
Triest**
Centro Culturale Tedesco
Via del Coroneo 15, I-34133 Triest
T: (0039040) 63 57 63   Fax: 36 63 09
E-Mail: goethets@spin.it
Gründung: 1958 (1961)
Leiter(in): Dr. Johannes Schumann

Japan

u 2 935

**Goethe-Institut Inter Nationes e.V.
Kansai (Kyoto)**
Doitsu Bunka Center
Sakyo-ku, Yoshida
Kawahara-cho 19-3, J-606-8305 Kyoto
T: (008175) 7 61 21 88   Fax: 7 52 91 33
E-Mail: kikyo_vw@mbox.kyoto-inet.or.jp
Gründung: 1956 (1963,1995)
Leiter(in): Dr. Manfred Ott

u 2 936

**Goethe-Institut Inter Nationes e.V.
Kansai (Osaka)**
Doitsu Bunka Center
Garden Six 5th Fl.
Umeda Sky Bldg.
1-1-93-500, Oyodo-naka Kita-ku, J-531-6065 Osaka
T: (00816) 64 40 59 00   Fax: 64 40 59 01
E-Mail: verw@osaka.goethe.org
Leiter(in): Dr. Manfred Ott

u 2 937

**Goethe-Institut Inter Nationes e.V.
Tokyo**
Doitsu Bunka Kaikan
7-5-56 Akasaka, Minato-ku, J- Tokio 107
T: (00813) 35 84 32 01   Fax: 35 86 30 69
E-Mail: 05@tokyo.goethe.org
Gründung: 1958 (1962)
Leiter(in): Dr. Uwe Nitschke

Jordanien

u 2 938

**Goethe-Institut Inter Nationes e.V.
Amman**
Deutsches Kulturinstitut
Postfach 16 76, JOR- Amman 11118
5, Abdel Mun'im al Rifai St., JOR- Jabal Amman
T: (009626) 4 64 19 93, 4 64 92 70   Fax: 4 61 23 83
E-Mail: giammvw@go.com.jo
Gründung: 1961
Leiter(in): Dr. Wolfgang Ule

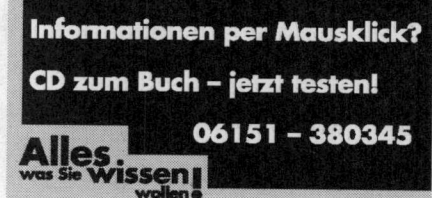

Jugoslawien (Bundesrepublik)

u 2 939

Goethe-Institut Inter Nationes e.V.
Belgrad
Knez Mihailova 50, YU-11000 Belgrad
T: (0038111) 62 28 23, 62 56 77 **Fax:** 63 67 46
E-Mail: vwgibgd@eunet.yu
Gründung: 1970
Leiter(in): Dr. Herwig Kempf

Kamerun

u 2 940

Goethe-Institut Inter Nationes e.V.
Yaoundé
Centre Culturel Allemand, "Les Galeries"
Postfach 10 67, RFC- Yaoundé
Avenue Kennedy, RFC- Yaoundé
T: (00237) 22 35 77 **Fax:** 23 38 77
E-Mail: goethe.vw@camnet.cm
Gründung: 1960
Leiter(in): Andrea Jacob

Kanada

u 2 941

Goethe-Institut Inter Nationes e.V.
Montreal
418, rue Sherbrooke Est, CDN- Montréal, Québec P.Q., H2L 1J6
T: (001514) 4 99 01 59 **Fax:** 4 99 09 05
E-Mail: goethe.institut.montreal@upam.ca
Gründung: 1962
Leiter(in): Dr. Norbert Spitz

u 2 942

Goethe-Institut Inter Nationes e.V.
Ottawa
Außenstelle des Goethe-Instituts Montréal
Clarence 480-47, CDN- Ottawa, K1N 9KI
T: (001613) 2 41 02 73 **Fax:** (001631) 2 41 97 09
E-Mail: goethe@storm.ca
Gründung: 1962

u 2 943

Goethe-Institut Inter Nationes e.V.
Toronto
163 King St. West, CDN- Toronto, Ont., M5H 4C6
T: (001416) 5 93 52 57 **Fax:** 5 93 51 45
E-Mail: admin@goethetor.org
Gründung: 1962
Leiter(in): Dr. Peter Hubrich

Kasachstan

u 2 944

Goethe-Institut Inter Nationes e.V.
Almaty
Dschandosowa 2, KZ-480090 Almaty
T: (0073272) 47 27 04, 47 63 07, 47 89 22 **Fax:** 47 29 72
E-Mail: schulze-n@goethe.iatp.kz
Gründung: 1994
Leiter(in): N.N.

Kenia

u 2 945

Goethe-Institut Inter Nationes e.V.
Nairobi
German Cultural Center
Maendeleo House
Postfach 49468, EAK- Nairobi
Monrovia St. /Corner Loita, EAK- Nairobi
T: (002542) 22 46 40, 33 67 48 **Fax:** 34 07 70
E-Mail: nbo-verw@goethe.or.ke
Gründung: 1963
Leiter(in): Dr. Walter-J. Schorlies

Kolumbien

u 2 946

Goethe-Institut Inter Nationes e.V.
Bogotá
Instituto Goethe
Carrera 7 No. 81-57, Apartado 25 08 65, CO- Santafé de Bogotá 8
T: (00571) 2 10 08 50, 2 49 02 52 **Fax:** 2 12 71 67
E-Mail: gibogver@latino.net.co
Gründung: 1956 (1961)
Leiter(in): Dr. Volkbert Näther

Korea

u 2 947

Goethe-Institut Inter Nationes e.V.
Seoul
339-1, Huam-dong, Yongsan-ku, KP- Seoul 140-190
T: (00822) 7 54 98 31 **Fax:** 7 54 98 34
E-Mail: giseovw@goethe.co.kr
Gründung: 1968
Leiter(in): Dr. Uwe Schmelter

Kroatien

u 2 948

Goethe-Institut Inter Nationes e.V.
Zagreb
Ulica Grada Vukovara 64, HR-10000 Zagreb
T: (003851) 6 19 50 00 **Fax:** 6 19 50 25
E-Mail: goethe.verw@zg.tel.hr
Gründung: 1961
Leiter(in): Dr. Wolfgang Eschker

Lettland

u 2 949

Goethe-Institut Inter Nationes e.V.
Riga
Tornu iela 1i, LV-1050 Riga
T: (00371) 7 50 81 94 **Fax:** 7 32 39 99
E-Mail: rigaverw@goethe.lv
Gründung: 1990
Leiter(in): Sabine Belz

Libanon

u 2 950

Goethe-Institut Inter Nationes e.V.
Beirut
Postfach 1 13-5159, LIB- Beirut
11 Rue Bliss, Manara, LIB- Beirut
T: (009611) 74 05 24, 74 50 58 **Fax:** 74 35 24
E-Mail: goethe_v@cybeira.net.lb
Gründung: 1955
Leiter(in): Dr. Monika Krafft von Dellmensingen

u 2 951

Außenstelle des Goethe-Institut Inter Nationes Beirut
Rue el-MINA, LIB- Tripoli
T: (00961) 6 60 02 28
Gründung: 1955

Litauen

u 2 952

Goethe-Institut Inter Nationes e.V.
Vilnius
Tilto g. 3-6, LT-2001 Vilnius
T: (003702) 31 44 33-35 **Fax:** 31 44 32
E-Mail: goethe.vilnius@taide.lt
Gründung: 1998
Leiter(in): Dr. Martin Wälde

Luxemburg

u 2 953

Goethe-Institut Inter Nationes e.V.
Luxemburg
Galerie Kons
Postfach 10 13, L-1010 Luxemburg
26, place de la Gare, L-1010 Luxemburg
T: (00352) 49 04 43/45 **Fax:** 49 06 43
E-Mail: goethe@pt.lu
Gründung: 1972 (1975)
Leiter(in): N.N.

Malaysia

u 2 954

Goethe-Institut Inter Nationes e.V.
Kuala Lumpur
Pusat Kebudayaan Jerman
1, Jalan Langgak Golf
Postfach 1 01 78, MAL-55000 Kuala Lumpur
T: (00603) 2 42 20 11, 2 42 21 92 **Fax:** 2 42 22 82
TGR: Germancult
E-Mail: goethead@tm.net.my
Gründung: 1958 (1961)
Leiter(in): Gerhard Engelking

Marokko

u 2 955

Goethe-Institut Inter Nationes e.V.
Rabat/Casablanca
Centre Culturel Allemand
Postfach 17 96, MA-10000 Rabat
7, rue Sana'a, MA-10000 Rabat
T: (0021237) 70 65 44, 73 26 50 **Fax:** 79 82 66
E-Mail: rabatver@goethe.org.ma
Gründung: 1960
Leiter(in): Manfred Ewel

u 2 956

Goethe-Institut Inter Nationes e.V.
Casablanca
11, Place du 16 Novembre, MA- Casablanca 01
T: (0021222) 20 04 45, 26 30 75 **Fax:** 27 52 57
Leiter(in): Manfred Ewel

Mexiko

u 2 957

Goethe-Institut Inter Nationes e.V.
Guadalajara
Instituto Alemán A.C.
Av. Morelos 2080 Sector Hidalgo Apartado 1-2557, MEX-44100 Guadalajara, Jal.
T: (00523) 6 15 61 47, 6 16 04 95 **Fax:** 6 15 97 17
E-Mail: goethegu@mail.udg.mx
Gründung: 1962 (1965)
Leiter(in): Richard Lang

u 2 958

Goethe-Institut Inter Nationes e.V.
Mexico
Instituto Goethe, A.C.
Tonalá 43 Colonia Roma, MEX-06700 Mexico-City
T: (00525) 2 07 04 87 **Fax:** 5 33 10 57
E-Mail: ir@goethe.com.mx
Gründung: 1966
Leiter(in): Dr. Bernd-M. Scherer

Neuseeland

u 2 959

Goethe-Institut Inter Nationes e.V.
Wellington
German Cultural Centre
Postfach 92 53, NZ- Wellington NZ
150, Cuba Street, NZ- Wellington NZ
T: (00644) 3 85 69 24 **Fax:** 3 85 68 83
E-Mail: bretzler@goethe.org.nz
Gründung: 1980
Leiter(in): Dr. Gerrit Bretzler

Niederlande

u 2 960

Goethe-Institut Inter Nationes e.V.
Amsterdam
Herengracht 470, NL-1017-CA Amsterdam
T: (003120) 6 23 04 21 **Fax:** 6 38 46 31
E-Mail: verwaltung@goethe.nl
Gründung: 1968
Leiter(in): Dr. Hans-Martin Kemme

u 2 961

Goethe-Institut Inter Nationes e.V.
Rotterdam
Duits Cultureel Centrum
Westersingel 9, NL-3014 GM Rotterdam
T: (003110) 2 09 20 78 **Fax:** 2 09 20 72

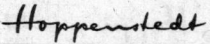

E-Mail: goethe-verw@luna.nl
Gründung: 1969
Leiter(in): Sabine Hentzsch

Nigeria

u 2 962

Goethe-Institut Inter Nationes e.V.
Lagos
German Cultural Center
(opposite 1004 flats)
Victoria Island
Postfach 9 57, WAN- Lagos
10, Ozumba Mbadiwe Avenue, WAN- Lagos
T: (002341) 2 61 07 17   Fax: 2 61 79 16
E-Mail: gilagsek@infoweb.abs.net
Gründung: 1961
Leiter(in): Renate Albertsen-Marton

Norwegen

u 2 963

Goethe-Institut Inter Nationes e.V.
Oslo
Tysk Kultursenter
Grönland 16, N-0188 Oslo 1
T: (0047) 22 05 78 80   Fax: 22 17 20 04
E-Mail: kirstii@goethe-institut.no
Gründung: 1958 (1962)
Leiterin: Birgit Mühlhaus

Pakistan

u 2 964

Goethe-Institut Inter Nationes e.V.
Karachi
Pakistan-German Cultural Center
256, Sarwar Shaheed Road, PAK- Karachi 74200
T: (009221) 5 68 48 11, 5 68 31 24   Fax: 5 68 34 13
E-Mail: gikvw@super.net.pk
Gründung: 1956 (1964)
Leiter(in): Dr. Dirk Angelroth

Peru

u 2 965

Goethe-Institut Inter Nationes e.V.
Lima
Postfach 30 42, PE- Lima 100
Jirón Nazca 722 Jusús Maria, PE- Lima 100
T: (00511) 4 33 31 80   Fax: 4 31 04 94
E-Mail: goetheus@amauta.rcp.net.pe
Gründung: 1965
Leiter(in): Alois Ilg

Philippinen

u 2 966

Goethe-Institut Inter Nationes e.V.
Manila
German Cultural Center
Postfach 28 83, Pl-1068 Manila
687, Aurora Boulevard, Quezon City, Pl-1068 Manila
T: (00632) 7 22 46 71   Fax: 7 22 46 73
E-Mail: goetheadm@pacific.net.ph
Gründung: 1961
Leiter(in): Wilfried Scheffler

Polen

u 2 967

Goethe-Institut Inter Nationes e.V.
Krakau
Rynek Glówny 20, PL-31008 Krakau
T: (004812) 4 22 58 29, 4 22 69 02   Fax: 4 22 82 76
E-Mail: gikrakau@kki.pl
Gründung: 1990
Leiter(in): Dr. Stephan Wackwitz

u 2 968

Goethe-Institut Inter Nationes e.V.
Warschau
Plac Defilad 1/PKIN, Xp., PL-00-901 Warschau
T: (004822) 6 56 60 50   Fax: 6 56 60 52
E-Mail: verw@goethe.pl
Gründung: 1990
Leiter(in): Vera Bagaliantz

Portugal

u 2 969

Goethe-Institut Inter Nationes e.V.
Lissabon
Instituto Alemão
Campo dos Mártires da Pátria 36-37, P-1169-016 Lisboa
T: (00351) 2 18 82 45 10   Fax: 2 18 85 00 03
E-Mail: gilis.vl@teleweb.pt
Gründung: 1959 (1962)
Leiter(in): Kurt Scharf

u 2 970

Goethe-Institut Inter Nationes e.V.
Porto
Instituto Alemão
Av. da Boavista, 919, P-4100-128 Porto
T: (0035122) 6 00 81 53   Fax: 6 00 81 55
E-Mail: pogoethe@mail.esoterica.pt
Gründung: 1957
Leiter(in): Rainer Hauswirth
Heike Friesel

Rumänien

u 2 971

Goethe-Institut Inter Nationes e.V.
Bukarest
str. Henri Coanda 22, R-71119 Bucuresti 1
T: (00401) 2 10 40 47   Fax: 3 12 05 85
E-Mail: goeprog@fx.ro
Gründung: 1979
Leiter(in): Hans-Georg Thönges

Russische Föderation

u 2 972

Goethe-Institut Inter Nationes e.V.
Moskau
P.A.: Auswärtiges Amt, Kurierdienst Goethe-Institut Moskau, 11013 Berlin
Leninski Prospekt 95a, RUS-117313 Moskau
T: (007095) 9 36 24 57/61   Fax: 9 36 22 32
TX: 414 436 GI MOS SU
E-Mail: verw@goethe.msk.ru
Gründung: 1990
Leiter(in): Alfons Hug

u 2 973

Goethe-Institut Inter Nationes e.V.
St. Petersburg
P.A.: Auswärtiges Amt, Kurierdienst, Goethe Institut St.Petersburg, 11013 Berlin
Majakowskij Stadtbibliothek
Nab. Reki Fontanki 46, RUS-191025 St. Petersburg
T: (007812) 3 11 21 00   Fax: 3 18 49 75
E-Mail: verw.goethe@pop3.rcom.ru
Gründung: 1993
Leiter(in): Wilfried Eckstein

Schweden

u 2 974

Goethe-Institut Inter Nationes e.V.
Göteborg
Drottninggatan 63, S-41107 Göteborg
T: (004631) 13 36 84   Fax: 13 41 10
E-Mail: goethe.goeteborg@swipnet.se
Gründung: 1970
Leiter(in): Bettina Senff

u 2 975

Goethe-Institut Inter Nationes e.V.
Stockholm
Linnégatan 76, S-11523 Stockholm
T: (00468) 4 59 12 13   Fax: 4 59 12 15
E-Mail: goethe.verw@swipnet.se
Gründung: 1962 (1963)
Leiter(in): Marion Haase

Senegal

u 2 976

Goethe-Institut Inter Nationes e.V.
Dakar
Centre Culturel Allemand
Postfach 32 64, SN- Dakar
2, avenue Albert Sarraut, SN- Dakar
T: (00221) 8 23 04 70   Fax: 8 22 34 82
E-Mail: gidakar@telecomplus.sn
Gründung: 1973 (1978)
Leiter(in): Hendrik Kloninger

Singapur

u 2 977

Goethe-Institut Inter Nationes e.V.
Singapur
Winsland House II
163 Penang Road 5-1, SGP- Singapore 238463
T: (0065) 7 35 45 55   Fax: 7 35 46 66
E-Mail: giverw@mbox2.singnet.com.sg
Gründung: 1978
Leiter(in): Dr. Heinrich Blömeke

Slowakische Republik

u 2 978

Goethe-Institut Inter Nationes e.V.
Bratislava
Panemská 33, SK-81482 Pressburg
T: (00421) 7 54 43 31 30   Fax: 7 54 43 31 34
E-Mail: goethesk@ba.sanet.sk
Gründung: 1991
Leiter(in): Dr. Barbara Kaulbach

Spanien

u 2 979

Goethe-Institut Inter Nationes e.V.
Barcelona
Institut Alemany
Manso 26-28, E-08015 Barcelona
T: (003493) 2 92 60 06   Fax: 2 92 60 08
E-Mail: verwaltung@barcelona.goethe.org
Gründung: 1955
Leiter(in): Dr. Ulrike Tontsch

u 2 980

Goethe-Institut Inter Nationes e.V.
Madrid
Instituto Alemán
Calle Zurbarán 21, E-28010 Madrid
T: (003491) 3 91 39 44   Fax: 3 91 39 45
E-Mail: verwaltung@madrid.goethe.org
Gründung: 1657 (1963)
Leiter(in): Dr. Wolfgang Bader

u 2 981

Außenstelle des Vereins Goethe-Institut Inter Nationes Madrid
Nazaret Zentrua
Aldakonea 36 Bº Egia, E-20012 Donostia-San Sebastian
T: (0034943) 28 13 00   Fax: 27 93 95
Gründung: 1957 (1963)

u 2 982

Außenstelle des Goethe-Institut Inter Nationes Madrid
Instituto Aleman
Neptuno 5, E-18004 Granada
T: (0034958) 26 04 08
Gründung: 1957 (1963)

Sri Lanka

u 2 983

Goethe-Institut Inter Nationes e.V.
Colombo
German Cultural Institute
39, Gregory's Road, CL- Colombo 7
T: (00941) 69 45 62   Fax: 69 33 51
E-Mail: verw_goethe@eureka.lk
Gründung: 1957
Leiter(in): Manfred Brönner

Südafrika

u 2 984

Goethe-Institut Inter Nationes e.V.
Johannesburg
Postfach 20 36, ZA- Johannesburg Saxonwold 2132
Jan Smuts Avenue 119, ZA- Johannesburg
T: (002711) 4 42 32 32   Fax: 4 42 37 38

u 2 984

E-Mail: vl@joburg.goethe.org
Gründung: 1995
Leiter(in): Dr. Matthias Rick

Syrien

u 2 985

Goethe-Institut Inter Nationes e.V.
Damaskus
Postfach 61 00, SYR- Damaskus
Malki Sreet 8, SYR- Damaskus
T: (0096311) 3 32 78 42, 3 33 66 73 Fax: 3 32 08 49
TGR: Goethe-Institut
E-Mail: goethesy@cyberia.net.lb
Gründung: 1979
Leiter(in): Björn Luley

Thailand

u 2 986

Goethe-Institut Inter Nationes e.V.
Bangkok
German Cultural Institute
18/1 Soi Attakarnprasit
Postfach 30 27-3028, T- Bangkok 10501
Sathorn Tai Road, T- Bangkok 10120
T: (00662) 2 87 09 42/4 Fax: 2 87 18 29
E-Mail: goethevl@loxinfo.co.th
Gründung: 1960
Leiter(in): Dr. Katharina von Ruckteschell-Katte

Togo

u 2 987

Goethe-Institut Inter Nationes e.V.
Lomé
25, Rue Kokéti/Angle Rue de l'Eglise
Postfach 9 14, TG- Lomé
T: (00228) 21 08 94 Fax: 22 07 77
E-Mail: gilome@cafe.tg
Gründung: 1961
Leiter(in): Friedrich Wilhelm Engelhardt

Tschechische Republik

u 2 988

Goethe-Institut Inter Nationes e.V.
Prag
Masarykovo nábřeží 32, CZ-11000 Prag 1
T: (004202) 21 96 21 11 Fax: 29 94 21
E-Mail: verw@goethe.cz
Gründung: 1990
Leiter(in): Ute Gräfin von Baudissin

Türkei

u 2 989

Goethe-Institut Inter Nationes e.V.
Ankara
Alman Kültür Merkezi
Deutsches Kulturinstitut
Atatürk Bulvari 131, Bakanliklar, TR-06640 Ankara
T: (0090312) 4 25 14 36, 4 18 31 24 Fax: 4 18 08 47
E-Mail: cschermer@goethe-ankara.org.tr
Gründung: 1955
Leiter(in): Dr. Kristin Völker

u 2 990

Goethe-Institut Inter Nationes e.V.
Istanbul
Alman Kültür Merkezi
Postfach 2 06, TR-80050 Beyoglu-Istanbul
Yeni Çarşi Caddesi 52, TR-80050 Beyoglu-Istanbul
T: (0090212) 2 49 20 09 Fax: 2 52 52 14
E-Mail: doksal@superonline.com
Gründung: 1961
Leiter(in): Dr. Rüdiger Bolz

u 2 991

Goethe-Institut Inter Nationes e.V.
Izmir
Alman Kültür Merkezi
Deutsches Kulturinstitut
Postfach 3 48, TR-35210 Izmir
Gazi Osman Pasa Bul. 13, TR-35210 Izmir
T: (0090232) 4 84 16 36 Fax: 4 25 14 14
E-Mail: goethe.verw@ispro.net.tr
Gründung: 1954 (1957)
Leiter(in): Dr. Gundolf Schütze

Tunesien

u 2 992

Goethe-Institut Inter Nationes e.V.
Tunis
Place d'Afrique
6, rue du Sénégal, TN-1002 Tunis-Belvedere
T: (002161) 84 82 66 Fax: 84 17 51
TGR: Kulturinstitut
E-Mail: gitunis.verw@planet.tn
Gründung: 1957 (1965)
Leiter(in): Eckehart Vogt

Ukraine

u 2 993

Goethe-Institut Inter Nationes e.V.
Kiew
K.P.I.-Bibliothek
P.A.: Kurierdienst, Goethe-Institut Kiew, 11013 Berlin
Prospekt Peremohy 37, UA-03056 Kiew
T: (0038044) 2 36 95 74 Fax: 2 74 69 79
E-Mail: verwalt@goethe.ntu-kpi.kiev.ua
Gründung: 1993
Leiter(in): Johannes Ebert

Ungarn

u 2 994

Goethe-Institut Inter Nationes e.V.
Budapest
Andrássy út 24, H-1061 Budapest VI.
T: (00361) 3 74 40 70 Fax: 3 74 40 80
E-Mail: umann@goethe.hu
Gründung: 1988
Leiter(in): Wolfgang Meissner

Uruguay

u 2 995

Goethe-Institut Inter Nationes e.V.
Montevideo
Postfach 20011 UPAE, U-11200 Montevideo
Canelones 1524, U-11200 Montevideo
T: (005982) 4 00 58 13, 4 09 34 99 Fax: 4 00 44 32
E-Mail: goethe@adinet.com.uy
Gründung: 1963
Leiter(in): Dr. Kristiane Zappel

USA

u 2 996

Goethe-Institut Inter Nationes e.V.
Atlanta
German Cultural Center
Colony Square, Plaza Level
1197 Peachtree St., NE, USA- Atlanta, Georgia 30361-2401
T: (001404) 8 92 23 88 Fax: 8 92 38 32
E-Mail: goetheatlanta5@mindspring.com
Gründung: 1975
Leiter(in): Dr. Michael Nentwich

u 2 997

Goethe-Institut Inter Nationes e.V.
Boston
German Cultural Center for New England
170 Beacon St., USA- Boston MA 02116
T: (001617) 2 62 60 50 Fax: 2 62 26 15
E-Mail: inarath@giboston.org
Gründung: 1965
Leiter(in): Claudia Hahn-Raabe

u 2 998

Goethe-Institut Inter Nationes e.V.
Chicago
German Cultural Center
Suite 200
150 North Michigan Avenue, USA- Chicago, Illinois 60601
T: (001312) 2 63 04 72 Fax: 2 63 04 76
E-Mail: giverw@interaccess.com
Gründung: 1978
Leiter(in): Dr. Manfred Heid

u 2 999

Goethe-Institut Inter Nationes e.V.
Los Angeles
Suite 100
Wilshire Boulevard 5750, USA-90036 Los Angeles
T: (001323) 5 25 33 88 Fax: 9 34 35 97
E-Mail: irmiver@artnet.net
Gründung: 1983
Leiter(in): Ute Kirchhelle

u 3 000

Goethe-Institut Inter Nationes e.V.
New York
1014 Fifth Avenue, USA- New York, N.Y. 10028
T: (001212) 4 39 87 00 Fax: 4 39 87 05
E-Mail: admin@goethe.newyork.org
Gründung: 1957 (1969)
Leiter(in): Dr. Stephan Nobbe

u 3 001

Goethe-Institut Inter Nationes e.V.
San Francisco
530 Bush St., USA- San Francisco, CA 94108
T: (001415) 2 63 87 60 Fax: 3 91 87 15
E-Mail: admin@goethe-sf.org
Gründung: 1967
Leiter(in): Dr. Dietlinde Sixt

u 3 002

Goethe-Institut Inter Nationes e.V.
Washington
814 7th Street, NW, USA- Washington DC 20001
T: (001202) 2 89 12 00 Fax: 2 89 35 35
E-Mail: mschrade@washington.goethe.org
Gründung: 1990
Leiter(in): Werner Ott

Usbekistan

u 3 003

Goethe-Institut Inter Nationes e.V.
Taschkent
P.A.: Auswärtiges Amt, Kurierdienst, Goethe-Institut Taschkent, 11013 Berlin
Olmoniya Madanijat Markazi
Kunajev Ko'chasi 11, 700031 Tashkent
T: (0099871) 1 52 70 23 Fax: 1 52 70 24
E-Mail: tasmigoe@sans.uz
Gründung: 1998
Leiterin: Dr. Elisabeth Lattaro

Venezuela

u 3 004

Goethe-Institut Inter Nationes e.V.
Caracas
Asociación Cultural Humboldt
Apartado 60.501, YV- Caracas 1060-a
T: (0058212) 5 50 04 64 Fax: 5 52 56 21
E-Mail: contable@internet.ve
Gründung: 1962
Leiter(in): Dagmar-Lara Heusler (M.A.)

Vietnam

u 3 005

Goethe-Institut Inter Nationes e.V.
Hanoi
54-56, Hang Duong Bez. Hoan Kiem, VN- Hanoi
T: (00844) 9 23 00 35/36/37 Fax: 9 23 00 38
E-Mail: giverwhanoi@fpt.vn
Gründung: 1997
Leiter(in): Dr. Friedrich Winterscheidt

Weißrussland

u 3 006

Goethe-Institut Inter Nationes e.V.
Minsk
P.A.: Auswärtiges Amt, Kurierdienst Goethe-Institut Minsk, 11013 Berlin
Uliza Frunse 5, 220034 Minsk
T: (00375172) 36 34 33 Fax: 36 73 14
E-Mail: goethe-v@open.by
Gründung: 1993
Leiter(in): Heike Müller

Palästinensische Autonomiegebiete

● u 3 007
Goethe-Institut Inter Nationes e.V. Ramallah
P.A.: Auswärtiges Amt, Kurierdienst, Goethe-Institut Ramallah, 11013 Berlin
Postfach 23 32, IL- Ramallah
T: (009722) 2 98 19 22 Fax: 2 98 19 23
E-Mail: giram@palnet.com
Gründung: 1998
Leiter(in): Dr. Manfried Wüst

● U 3 008
Deutsche Akademie für Bildung und Kultur
Denninger Str. 110 /0, 81925 München
T: (089) 91 30 58 Fax: 91 07 72 89
Generalsekr., GeschF, PR: Gisela Wunderlich-Stempel
Präsident(in): Karl Günther Stempel

● U 3 009
Akademie der Künste
Hanseatenweg 10, 10557 Berlin
T: (030) 3 90 76-0 Fax: 3 90 76-175
Internet: http://www.adk.de
E-Mail: info@adk.de
Präsident(in): György Konrád
Vizepräsident(in): Matthias Flügge
Direktor(in): Michael Schoenholz (Abt. Bildende Kunst)
Günter Nagel (Abt. Baukunst)
Frank Michael Beyer (Abt. Musik)
Peter Härtling (Abt. Literatur)
Thomas Langhoff (Abt. Darstellende Kunst)
Hans Helmut Prinzler (Abt. Film- und Medienkunst)
Presseabteilung: Manfred Mayer (T: (030) 3 90 76-187)
Klaus-Peter Herbach (T: (030) 3 90 76-173)

● U 3 010
Neue Bachgesellschaft e.V.
Postf. 10 07 27, 04007 Leipzig
Thomaskirchhof 16, 04109 Leipzig
T: (0341) 9 60 14 63 Fax: 9 60 14 63
Gründung: 1900 (27. Januar) in Leipzig
Präsident(in): Prof. Dr. Martin Petzoldt
Vizepräsident(in): Dr. Dirk Hewig
Geschäftsführende(s) Vorstands-Mitglied(er): Dipl.-Phil. Michael Rosenthal
Stellv. Geschf. Vorst. Mitgl.: Rosemarie Trautmann
Verbandszeitschrift: Bach-Jahrbuch
Redaktion: Hans-Joachim Schulze und Christoph Wolff
Verlag: Evangelische Verlagsanstalt GmbH Leipzig
Mitglieder: ca. 3400
Mitarbeiter: 1

● U 3 011
Brahmsgesellschaft Baden-Baden e.V.
Maximilianstr. 85, 76534 Baden-Baden
T: (07221) 9 98 72 Fax: 7 11 04
E-Mail: brahms.baden-baden@t-online.de
Gründung: 1967
Präsident(in): Dr. Werner Hoppe
Hauptgeschäftsführer(in): Ilka Hecker
Mitglieder: 300

● U 3 012
Deutsche Mozart-Gesellschaft e.V.
Frauentorstr. 30 Mozarthaus, 86152 Augsburg
T: (0821) 51 85 88 Fax: 15 72 28
Internet: http://www.deutsche-mozart-gesellschaft.de
E-Mail: deutsche-mozart-gesellschaft@t-online.de
Gründung: 1951
Präsident(in): Dr. Friedhelm Brusniak
Vizepräsident(in): Prof. Dr. Ulrich Konrad
Geschäftsführer(in): Brigitte Löder
Verbandszeitschrift: ACTA MOZARTIANA
Verlag: Eigenverlag
Mitglieder: ca. 3500
Mitarbeiter: 9

● U 3 013
Arbeitsgemeinschaft Literarischer Gesellschaften und Gedenkstätten e.V. (ALG)
Am Sandwerder 5, 14109 Berlin
T: (030) 80 49 02 07 Fax: 80 49 02 35
Internet: http://www.alg.de
E-Mail: alg@alg.de, alg@berlin-snafu.de
Gründung: 1986 (Mai)
Sprecher des Vorstandes: Prof. Dr. Wilhelm Solms
Geschäftsführer(in): Christiane Kussin
Claudia Zippan
Verbandszeitschrift: ALG Umschau
Redaktion: Christiane Kussin
Mitglieder: 153 literarische Gesellschaften u. 7 Literaturmuseen
Mitarbeiter: 3

● U 3 014

Beilstein-Institut zur Förderung der Chemischen Wissenschaften, rechtsfähige Stiftung
Varrentrappstr. 40-42, 60486 Frankfurt
T: (069) 79 17-251 Fax: 79 17-511
Internet: http://www.beilstein-institut.de
E-Mail: info@beilstein-institut.de
Leiter(in): Dr. Werner Brich
Werner Rinnert

Gemeinnützige Stiftung; Aufbau, Pflege, Erweiterung wissenschaftlicher Datenbanken, Umsetzung der Bestände aus wissenschaftlichen Bibliotheken und Archiven in elektronischen Medien, wissenschaftliche Seminarveranstaltungen, Stipendienvergabe, Förderung von Forschungs-, Lehr- und Veröffentlichungsvorhaben durch Personal- u. Sachleistungen.

● U 3 015
Erster Deutscher Fantasy Club e.V.
Postf. 13 71, 94003 Passau
T: (0851) 5 81 37 Fax: 5 81 38
Internet: http://www.edfc.de
E-Mail: edfc@edfc.de
Gründung: 1966 (6. August)
Vors. u. GeschF: R. Gustav Gaisbauer (Ltg. Presse)
Stellvertretende(r) Vorsitzende(r): Franz Schröpf
Stellvertretende(r) Geschäftsführer(in): Roswitha Gaisbauer
Literarischer Fachbeirat: Dr. Marco Frenschkowski
Heinz Jürgen Galle
Dr. Karsten Kruschel
Dr. Franz Rottensteiner
Angela Steinmüller
Dr. Karlheinz Steinmüller
Wolfgang Thadewald
Heiko Thimm
Hermann Urbanek
Dr. Jörg Weigand
Verbandszeitschrift: FANTASIA
Redaktion: Franz Schröpf
QUARBER MERKUR
Redaktion: Dr. Franz Rottensteiner
DAS SCHWARZE GEHEIMNIS
Redaktion: Dr. Marco Frenschkowski
Verlag: Selbstverlag
Alle 4 Jahre findet ein KONGRESS DER PHANTASIE statt. Alle 4 Jahre wird der Deutsche Fantasypreis vergeben. Alle 4 Jahre wird er von der Stadt Passau mit 2000 DM dotiert.
Mitglieder: 400
Jahresetat: DM 0,01 Mio, € 0,01 Mio

● U 3 016
Lions Clubs International Gesamt District 111 - Deutschland
Bleichstr. 1-3, 65183 Wiesbaden
T: (0611) 9 91 54-0 Fax: 9 91 54-20
Gründung: 1917 (USA), 1951 (1. Club in Deutschland)
Vors. d. Governor-Rat: Dr. Jakob Reinhardt
Stellvertretende(r) Vorsitzende(r): Prof. Dr. Erhard Hruschka
GeschF., Sekretariats-Ltg: Sören Junge
PR u. Öffentlichkeitsarb: Fred Huck (Chefred. Zeitschrift LION)
Verbandszeitschrift: LION
Redaktion: Fred Huck, Rennbahnstr. 165 d, 22043 Hamburg, T: (040) 34 72 36 86, Telefax: (040) 34 72 51 78
Verlag: Schürmann & Klagges, Industriestr. 34, 44894 Bochum, T: (0234) 92 14-1 50, Telefax: (0234) 92 14-1 00
Mitglieder: 1172 Clubs mit ca. 39000 Mitgliedern (Stand 1.1.2000)

● U 3 017
AwL Arbeitsgemeinschaft wissenschaftliche Literatur e.V.
c/o Dr. Rudolf Georgi
Postf. 33 02 09, 14172 Berlin
T: (030) 80 90 22 23 Fax: 80 90 22 24

● U 3 018
Literarische Gesellschaft Thüringen e.V.
Sitz Weimar
Am Palais 1, 99423 Weimar
T: (03643) 77 66 99 Fax: 77 66 99
Internet: http://www.literarische-gesellschaft.de
E-Mail: literarische.ges.weimar_luedde@t-online.de
Gründung: 1991 (25. Januar)
1. Vorsitzende(r): Matthias Biskupek
2. Vorsitzende(r): Wolfgang Held
Geschäftsführer(in): Dipl.-Ing. Sigrun Lüdde
Mitglieder: ca. 75
Mitarbeiter: 3

● U 3 019
KulturRat Mecklenburg-Vorpommern e.V.
Puschkinstr. 12, 19055 Schwerin
T: (0385) 5 57 47 40, 5 81 45 55 Fax: 5 81 45 56
E-Mail: kulturrat@mvnet.de
Geschäftsführerin: Milly Keyser

● U 3 020
Deutsches Komitee für kulturelle Zusammenarbeit in Europa e.V.
c/o Dr. Marta Baerlecken
Geschf. Vorstandsmitglied
Rheinallee 117a, 40545 Düsseldorf
T: (0211) 57 46 30 Fax: 57 46 30
Internationaler Zusammenschluß: siehe unter izu 602
Geschf. Vorstandsmitglied: Dr. Marta Baerlecken

● U 3 021
„Extra Muros" Arbeitsgemeinschaft für Literatur, Musik, Bildhauerei, Malerei und Auslands-Kulturbeziehungen
Deutsch-Orden-Schloß, 91550 Dinkelsbühl
T: (09851) 55 32 93 Fax: 55 32 94
Gründung: 1985 (1. Juni)
Präsident(in): Prof. Volker von Sengbusch (MBA, Ltg. Presseabt.)
Vizepräsident(in): Johannes Nicolai von Sengbusch
Mitglieder: 62 Mitglieder und 4 Ehrenmitglieder (Stand 1.1.2000)
Mitarbeiter: 3
Jahresetat: DM 0,24 Mio, € 0,12 Mio

● U 3 022
Landesverband Soziokultur Hamburg e.V.
Neuer Kamp 25, 20359 Hamburg
T: (040) 43 29 00-93 Fax: 43 29 00-92
Gründung: 1978
Vorsitzende(r): Sabine Stövesand
Geschäftsführer(in): Ralf Henningsmeyer
Leitung Presseabteilung: Kerstin Hof
Verbandszeitschrift: Quer light
Mitglieder: 125
Mitarbeiter: 3

● U 3 023
Bundesvereinigung sozio-kultureller Zentren e.V. (BSKZ)
Geschäftsstelle:
Schiffbauergasse 1, 14467 Potsdam
T: (0331) 2 70 70 85 Fax: 2 70 70 86
Gründung: 1979
Vorstand: Rainer Bode
Berndt Urban
Andreas Kämpf
Michael Wegener
Stefanie Duncker
Ute Seckendorf
Holger Bergmann
Geschäftsführer(in): Christiane Ziller (Ltg. Presseabt.)
Verbandszeitschrift: Informationsdienst Soziokultur
Mitglieder: 419 Zentren in 13 Landesverbänden

● U 3 024
**Stadtkultur e.V.
Verein zur Förderung von Soziokultur e.V.**
Neuer Kamp 25, 20359 Hamburg
T: (040) 43 29 00 90
Gründung: 1992 (13. Januar)
Vorsitzende(r): Thomas Ricken
Ltg. Presse- u. PR: Yvonne Fietz
Mitglieder: 8

● U 3 025
Arbeitskreis für gemeinsame Kulturarbeit bayerischer Städte e.V.
Palais Stutterheim
Marktplatz 1, 91054 Erlangen
T: (09131) 86 27 35 Fax: 86 21 17
Geschäftsführer(in): Karl Manfred Fischer

● U 3 026
Kulturgesellschaft Freiballon e.V.
Butzweilerstr. 35-39 Butzweilerhof/Gebäude 1, 50829 Köln

U 3 026

T: (0221) 59 35 38   Fax: 5 95 22 29
Gründung: 1979 (17. November)
Präsident(in): Dr. Edgar Mayer
Vizepräsident(in): Dr. Eberhard Illner
Kurator: Prof. Dr. Dr. Holger Steinle
Verbandszeitschrift: "Ballon und Kultur"
Redaktion: Dr. Edgar Mayer
Verlag: Eigenverlag
Mitglieder: 300
Mitarbeiter: 3
Jahresetat: DM 0,018 Mio, € 0,01 Mio

● **U 3 027**
Museum Industriekultur
90317 Nürnberg
Äußere Sulzbacher Str. 60, 90491 Nürnberg
T: (0911) 2 31-3648, 2 31-3875   Fax: 2 31-3470
Leiter(in): Dipl.-Sozialw. Matthias Murko

● **U 3 028**
Arbeitsgemeinschaft deutscher Kunstvereine e.V. (AdKV)
Kunsthalle
Kaiserstr., 49809 Lingen
T: (0591) 5 99 95   Fax: 5 99 05
Internet: http://www.kunstvereine.de
E-Mail: kvlingen@t-online.de
Gründung: 1980
Vorsitzende(r): Heiner Schepers
Stellvertretende(r) Vorsitzende(r): Leonie Baumann
Mitglieder: 200 Vereine

Die AdKV ist der Bundesverband der deutschen Kunstvereine. Er fördert Projekte von gemeinsamen Interesse, organisiert Fortbildungs- und Informationsveranstaltungen und vertritt die Kunstvereine auf Länder- und Bundesebene in allen Fragen der Kulturpolitik.

● **U 3 029**
Fördergemeinschaft Kunst e.V.
Postf. 24 06, 76012 Karlsruhe
T: (0721) 63-12555   Fax: 63-15055
Gründung: 1951 (20. September)
Vorstand: Dr. Rainer Schmitt (Vors.)
Prof. Dr. Ulrich Michels (stellv. Vors.)
Klaus Schnabel
Dr. Bernhard Beck
Geschäftsführer(in): Anja Rupprecht (Ltg. Presse)
Mitglieder: z.Zt. 516

● **U 3 030**
Deutscher Museumsbund e.V. (DMB)
Sitz: Deutsches Hygiene-Museum
Lingnerplatz 1, 01069 Dresden
T: (0351) 48 46-324   Fax: 4 95 51 62
Internet: http://www.museumsbund.de
E-Mail: office@museumsbund.de
Gründung: 1917
Präsident(in): Dr. Martin Roth (Deutscher Museumsbund e.V., c/o Deutsches Hygiene-Museum, Lingnerplatz 1, 01069 Dresden, T: (0351) 48 46-324, Fax: 4 95 51 62)
Vizepräsident(in): Prof. Dr. Wolf Peter Fehlhammer (Deutsches Museum München, Museumsinsel 1, 80538 München, T: (089) 21 79-313, Fax: 21 79-425)
Vorstand: Dorothee Dennert (Haus der Geschichte der BRD, Willy-Brandt-Allee 14, 53113 Bonn, T: (0228) 91 65-113, Fax: 91 65-302)
Dr. Wolf Karge (Technisches Landesmuseum Schwerin, c/o IHK zu Schwerin, Schloßstr. 17, 19053 Schwerin, T: (0385) 51 29-25, Fax: 51 29-26)
Prof. Gernot Krankenhagen (Museum der Arbeit, Maurienstr. 19, 22305 Hamburg, T: (040) 4 28 32-3437, Fax: 4 28 32-2033)
Dr. Lieselotte Kugler (Deutsches Technikmuseum Berlin, Trebbiner Str. 9, 10963 Berlin, T: (030) 25 48 41 01, Fax: 25 48 41 75)
Hans Lochmann (Museumsverband für Niedersachsen und Bremen, Fössestr. 99, 30453 Hannover, T: (0511) 21 44 98-41, Fax: 21 44 98-44)
Dr. Hartwig Lüdtke (Museumsstiftung Post und Telekommunikation, Heinrich-von-Stephan-Str. 1, 53175 Bonn, T: (0228) 1 85-100, Fax: 1 85-190)
Dr. Thomas Schuler (Schloßbergmuseum Chemnitz, Schloßberg 12, 09113 Chemnitz, T: (0371) 4 88 45 00, Fax: 4 88 45 99)
Dr. Gerhard Winter (Senckenberg-Museum, Senckenberganlage 25, 60325 Frankfurt a.M., T: (069) 75 42-356, Fax: 74 62 38)
Leitung Presseabteilung: Vera Neukirchen
Verbandszeitschrift: Museumskunde mit Bulletin
Verlag: G+H Verlag, Kaiser-Wilhelm-Str. 5, 12247 Berlin, T: (030) 76 89 59-0, Fax: (030) 76 89 59-55
Mitglieder: 1271 (685 persönliche, 586 korporative)
Mitarbeiter: 2

Geschäftsstellen:

u 3 031
Deutscher Museumsbund e.V.
Büro Berlin
In der Halde 1, 14195 Berlin
T: (030) 84 10 95-17   Fax: 84 10 95-19

u 3 032
Deutscher Museumsbund e.V.
Büro Dresden
c/o Deutsches Hygiene-Museum
Lingnerplatz 1, 01069 Dresden
T: (0351) 48 46-324   Fax: 4 95 51 62

● **U 3 033**
Museumsverband Baden-Württemberg e.V.
Stadtmuseum im Gelben Haus
Hafenmarkt 7, 73728 Esslingen
T: (0711) 35 12-3240   Fax: 35 12-3229
Präsident(in): Dr. Kirsten Fast
Verbandszeitschrift: Museumsblatt
Mitglieder: 650
Mitarbeiter: 0,25 und Ehrenamtliche

Zweck des Verbandes ist die Förderung der Museumsarbeit. Der Satzungszweck wird insbesondere dadurch verwirklicht, daß der Verband Voraussetzungen für den Erfahrungsaustausch und die Zusammenarbeit zwischen Museen schafft, Museen bei der Erfüllung ihrer Aufgaben berät und Fortbildungsveranstaltungen organisiert, die Interessen der Museen und der im Museumsbereich tätigen Mitarbeiter vertritt.

● **U 3 034**
Museumsverband des Landes Brandenburg e.V.
Schloßstr. 1, 14467 Potsdam
T: (0331) 2 32 79 11   Fax: 2 32 79 20
E-Mail: museumsverband@t-online.de
Gründung: 1990 (30. Juli)
Vorsitzende(r): Dr. Christian Hirte (Landesstelle für Berlin-Brandenburgische Volkskunde)
2. Vorsitzende(r): Dr. Leonore Scholze-Irrlitz (Landesstelle für Berlin-Brandenburgische Volkskunde)
3. Vorsitzende(r): Dr. Wolfgang Dost (Museum des dreißigjährigen Krieges)
Referentin: Maren Ulbrich (Potsdam)
Mitglieder: 177

● **U 3 035**
Hessischer Museumsverband e.V.
Kölnische Str. 42-46, 34117 Kassel
T: (0561) 78 89 67 40   Fax: 78 89 68 00
Gründung: 1928 (21. April)
Vorsitzende(r): Dr. Thomas Wurzel
Geschäftsführer(in): Dr. Rolf Lühn
Verbandszeitschrift: Mitteilungen des HMV
Redaktion: Dr. Reher, Dr. Adamek
Verlag: Hessischer Museumsverband, Kölnische Str. 42-46, 34117 Kassel
Mitglieder: 370 Museen + Private
Mitarbeiter: 2

● **U 3 036**
Museumsverband in Mecklenburg-Vorpommern
Tappenhagen 14, 19055 Schwerin
T: (0385) 56 80 42
Vorsitzende(r): Dr. Wolf Karge (Technisches Landesmuseum, c/o IHK Schwerin, Schloßstr. 17, 19053 Schwerin, T: (0385) 51 29 25, Fax: 51 29 26)
Stellvertretende(r) Vorsitzende(r): Ira Koch (Mühle, 17166 Neu Rachow)
Verbandszeitschrift: Mitteilungen Museumsverband Mecklenburg-Vorpommern e.V.
Redaktion: Dr. Ralf Wendt
Mitglieder: 140
Satz und Druck: cw Obotritendruck GmbH Schwerin

● **U 3 037**
Museumsverband für Niedersachsen und Bremen e.V.
Fössestr. 99, 30453 Hannover
T: (0511) 21 44 98-3   Fax: 21 44 98-44
Gründung: 1965
Vorsitzende(r): Hans-Walter Keweloh, Bremerhaven
Geschäftsführer(in): Dipl.-Geogr. Hans Lochmann (Ltg. Presse)
Verbandszeitschrift: Mitteilungsblatt
Redaktion: Elke Meyer M.A., Geschäftsstelle, Fössestr. 99, 30453 Hannover, T: (0511) 21 44 98-3

● **U 3 038**
Sächsischer Museumsbund e.V.
Wilsdruffer Str. 2, 01067 Dresden
T: (0351) 4 98 66 35
Gründung: 1990 (18. Juni)
Vorsitzende(r): Friedrich Reichert
Verbandszeitschrift: Informationen des Sächsischen Museumsbundes e.V.
Verlag: Beier & Beran, Langenweißbach
Mitglieder: 220
Jahresetat: DM 0,020 Mio, € 0,01 Mio

● **U 3 039**
Museumsverband Thüringen e.V.
Greizer Str. 37, 07545 Gera
T: (0365) 2 25 15   Fax: 2 90 04 36
Gründung: 1990 (04. August)
Vorsitzende(r): Hans-Peter Jakobson (T: (0365) 8 38 14 30)
Stellvertretende(r) Vorsitzende(r): Günter Schuchardt (T: (03691) 20 30 01)
Geschäftsstelle: Eva Frangen (T: (0365) 2 25 15)
Dr. Gitta Heil (Museumsberatung, T: (0365) 2 25 15)
Verbandszeitschrift: Thüringer Museumshefte
Redaktion: Weimar
Verlag: Burgplatz 4, 99423 Weimar

● **U 3 040**
Deutsches Museum
Museumsinsel 1, 80538 München
T: (089) 21 79-1   Fax: 21 79-3 24
Internet: http://www.deutsches-museum.de
E-Mail: deutsches.museum@deutsches-museum.de
Deutsches Museum - "Flugwerft Schleißheim"
Effnerstr. 18, 85764 Oberschleißheim
T: (089) 31 57 14-0, Fax: (089) 31 57 14-60,
E-mail: fws@deutsches-museum.de
Deutsches Museum Bonn im Wissenschaftszentrum
Ahrstr. 45, 53175 Bonn, T: (0228) 3 02-2 52, Fax: (0228) 3 02-2 54, Internet: http://www.deutsches-museum-bonn.de, E-mail: dmb_webmaster@stellar.de
Direktor: Dr. Andrea Niehaus
Generaldirektor: Prof. Dr. Wolf Peter Fehlhammer
Presse u. Öffentlichkeitsarbeit: Sabine Hansky (T: 21 79-4 75)

● **U 3 041**
Kerschensteiner Kolleg im Deutschen Museum
Museumsinsel 1, 80538 München
T: (089) 2 17 91   Fax: 21 79-3 24
E-Mail: ha.programme@extern.lrz-muenchen.de
Gründung: 1976
Abteilungsleiter: Prof. Dr. Jürgen Teichmann
Information: Christine Füssl-Gutmann (Tel: (089) 21 79-2 43)

● **U 3 042**

Germanisches Nationalmuseum (GNM)
Postf. 11 95 80, 90105 Nürnberg
Kartäusergasse 1, 90402 Nürnberg
T: (0911) 13 31-0   Fax: 13 31-200
Internet: http://www.gnm.de
E-Mail: info@gnm.de
Gründung: 1852
Vors. d. Verw.-Rates: Staatsminister Hans Zehetmair
Generaldirektor: Dr. G. Ulrich Großmann
Leiter Öffentlichkeitsarbeit: Dr. Matthias Henkel
Mitglieder: ca. 7000
Mitarbeiter: ca. 200
Jahresetat: DM 27 Mio, € 13,8 Mio
Zeitschrift: Monatsanzeiger des Germanischen Nationalmuseums

● **U 3 043**
Deutsches Schiffahrtsmuseum (DSM)
Hans-Scharoun-Platz 1, 27568 Bremerhaven
T: (0471) 4 82 07-0   Fax: 4 82 07-55
Gründung: 1971 (10. Februar)
Geschäftsführender Direktor: Prof. Dr. Detlev Ellmers
Kontaktperson: Erich Wilke (Verwaltungsleiter)
Mitarbeiter: 47,5 Planstellen
Jahresetat: DM 9 Mio, € 4,6 Mio

U 3 044
Bundesverband Museumspädagogik e.V.
c/o Landschaftsverband Rheinland
Rheinisches Industriemuseum Engelskirchen
Engels-Platz 2, 51766 Engelskirchen
T: (02263) 2 01 14   Fax: 4 73 95
Gründung: 1991 (22. Juni)
Vorstand: Beatrix Commandeur (1. Vors., Landschaftsverband Rheinland Rheinisches Industriemuseum Engelskirchen, Engels-Platz 2, 51766 Engelskirchen, T: (02263) 2 01 14, Fax: 4 73 95)
Dr. Gabriele Kindler (Badisches Landesmuseum, Schloss, 76131 Karlsruhe)
Dr. Hannelore Kunz-Ott (Landesstelle für die nichtstaatlichen Museen, Wagmüllerstr. 20, 80538 München)
Ute Lefarth (Kunstmuseum Wolfsburg, Porschestr. 53, 38440 Wolfsburg)
Verbandszeitschrift: Standbein/Spielbein
Mitglieder: ca. 700

U 3 045
Verkehrsmuseum Dresden
Augustusstr. 1 Johanneum, 01067 Dresden
T: (0351) 86 44-0   Fax: 86 44-110
Internet: http://www.verkehrsmuseum.sachsen.de
E-Mail: verkehrsmuseum@verkehrsmuseum.sachsen.de
Gründung: 1952
Direktor(in): Dr. Michael Dünnebier
Abteilungsleiter: Thomas Polenk (Technik)
Wolfram Kluge (Leiter Kustodie)
Andrea Kießling (Ltr. Öffentlichkeitsarbeit)

U 3 046
Deutsches Plakat Museum
Theaterpassage
Rathenaustr. 2, 45127 Essen
T: (0201) 8 84 51 08   Fax: 8 84 51 22
Leiter(in): Dr. Georg W. Költzsch
Geschäftsführer(in): Dr. F. Mellinghoff

U 3 047
Deutsches Bergbau-Museum (DBM)
Am Bergbaumuseum 28, 44791 Bochum
T: (0234) 58 77-0   Fax: 58 77-1 11
Internet: http://www.bergbaumuseum.dmt.de
E-Mail: Eva.Koch@lb.dmt.de
Gründung: 1930
Direktor(in): Prof. Dr. Rainer Slotta
Leitung Presseabteilung: Eva Koch
Verbandszeitschrift: a) ANSCHNITT
b) METALLA
Redaktion: a) Dr. C. Bartels
b) Dr. M. Prange
Verlag: im Hause
Mitarbeiter: 78 (incl. Auszub., excl. ABM)

U 3 048
Freunde und Förderer des Deutschen Technikmuseums Berlin e.V. (FDTM)
Trebbiner Str. 9, 10963 Berlin
T: (030) 2 62 20 31   Fax: 2 62 20 31
Gründung: 1960 (13. Dezember)
Vorsitzende(r): Achim Rheinländer
Verbandszeitschrift: Deutsches Technik Museum
Redaktion: Reinhard Demps
Verlag: Eigenverlag
Mitglieder: 950
Jahresetat: DM 0,13 Mio, € 0,07 Mio

U 3 049
Stiftung Deutsches Segelflugmuseum mit Modellflug
Wasserkuppe, 36129 Gersfeld
T: (06654) 77 37   Fax: 77 36
Internet: http://www.segelflugmuseum.de
E-Mail: info@segelflugmuseum.de
Gründung: 1987
Präsident(in): Klaus J. Scheer
Vorsitzende(r): Dipl.-Ing. Theo Rack
Stellvertretende(r) Vorsitzende(r): Klaus Heyn
Mitglieder: 600
Mitarbeiter: 3 u. 3 ehrenamtl.

U 3 050
Verein zur Förderung der Zeppelin-Geschichte e.V.
Kleeweg 6, 88048 Friedrichshafen
T: (07541) 4 10 12   Fax: 4 10 42
Gründung: 1986 (1. April)
Vorsitzende(r): Heinz Urban
Verbandszeitschrift: Zeppelin-Kurier
Redaktion: Heinz Urban
Mitglieder: 187
Mitarbeiter: 3

U 3 051
Zeppelin-Kameradschaft Zeppelinheim e.V. und Zeppelin-Museum Zeppelinheim
Kapitän-Lehmann-Str. 2, 63263 Neu-Isenburg
T: (069) 69 43 90   Fax: 69 20 16
Internet: http://www.zeppelin-museum-zeppelinheim.de
E-Mail: zeppelin-museum@t-online.de
Gründung: 1977 (Oktober)
1. Vorsitzende(r): Margot Chelius (Museumsleitung)
Schriftführer(in): Marianne Großjohann
Mitglieder: 150
Mitarbeiter: ca. 10 ehrenamtliche

U 3 052
Verband Rheinischer Museen
c/o Bergisches Museum Schloß Burg an der Wupper
Schloßplatz 2, 42659 Solingen
T: (0212) 24 22 60   Fax: 2 42 26 40
Gründung: 1928
Vorsitzende(r): Dr. Dirk Soechting
Mitglieder: 60

U 3 053
Vereinigung der Freunde von Kunst und Kultur im Bergbau e.V.
Am Bergbaumuseum 28, 44791 Bochum
T: (0234) 58 77-113   Fax: 58 77-111
Geschäftsführer(in): Prof. Dr. Rainer Slotta
Verbandszeitschrift: DER ANSCHNITT

U 3 054

Verband der Landesarchäologen in der Bundesrepublik Deutschland
c/o Landesdenkmalamt Baden-Württemberg
Mörikestr. 12, 70178 Stuttgart
T: (0711) 16 94-500   Fax: 16 94-510
Internet: http://www.landesarchaeologen.de
E-Mail: mail@landesarchaeologen.de
Gründung: 1949
Vorsitzende(r): Prof. Dr. Dieter Planck
Stellvertretende(r) Vorsitzende(r): Prof. Dr. Jürgen Kunow
Geschäftsführer(in): Dr. Harald Koschik (Landschaftsverband Rheinland, Rheinisches Amt für Bodendenkmalpflege, Endenicher Str. 133, 53115 Bonn, T: (0228) 98 34-162, Fax: 98 34-119, Internet: http://www.lvr.de/dez9/amt91/rab/rab.htm, E-Mail: d.arnold@mail.lvr.de)
Leitung Presseabteilung: Prof. Dr. Wilfried Menghin
Europabeauftragter: Dr. Friedrich Lüth
Verbandszeitschrift: Archäologie in Deutschland; Nachrichtenblatt Arbeitskreis Unterwasserarchäologie
Verlag: Konrad Theiß Verlag, Stuttgart
Mitglieder: 60

U 3 055
Paläontologische Gesellschaft
Senckenberganlage 25, 60325 Frankfurt
T: (069) 9 70 75-139   Fax: 9 70 75-137
Gründung: 1912
Vorsitzende(r): Prof. Dr. Wighart von Koenigswald (Inst. f. Paläontologie, Nussallee 8, 53115 Bonn, T: (0228) 73 31 04)
Verbandszeitschrift: Paläontologische Zeitschrift und GMit
Redaktion: Dr. M.R.W. Amler, Marburg
Verlag: E. Schweizerbart, Stuttgart
Mitglieder: ca. 1000

U 3 056
Arbeitsgemeinschaft Friedhof und Denkmal e.V. Stiftung Zentralinstitut und Museum für Sepulkralkultur
Weinbergstr. 25-27, 34117 Kassel
T: (0561) 9 18 93-0   Fax: 9 18 93-10
Internet: http://www.sepulkralmuseum.de
E-Mail: afd.kassel@t-online.de, sekretariat@sepulkralmuseum.de
Gründung: 1951
Vorsitzende(r) des Vorstandes: Jörg Bollin
Geschf.-Direktor: Prof. Dr. Reiner Sörries
Leitung Presseabteilung: Jutta Lange
Verbandszeitschrift: Friedhof und Denkmal
Redaktion: Gerold Eppler, Eberhard Haase, Wolfgang Neumann (verantwortlich)
Verlag: Arbeitsgemeinschaft Friedhof und Denkmal e.V., Weinbergstr. 25-27, 34117 Kassel
Mitglieder: ca. 1100
Mitarbeiter: 13, davon 2 halbtags
Jahresetat: ca. DM 1,8 Mio, € 0,92 Mio

U 3 057
Förderverein Pro Rheingarten e.V.
Franz-Rücker-Allee 13, 60487 Frankfurt
T: (069) 77 01 56 87
Internet: http://www.rheingarten.de
1. Vorsitzende(r): Barbara Fuchs
2. Vorsitzende(r): Hagen Balter
Schatzmeister: Antje Gruber
Schriftführerin: Annegret Uka-Blaschke
Mitglieder: 42

U 3 058
Deutsche Gesellschaft für Holografie e.V. (DGH)
Geschäftsstelle:
Marienstr. 28, 06108 Halle
T: (0345) 2 02 67 51   Fax: 2 02 67 52
Internet: http://www.burg-halle.de/~nimoe
E-Mail: nimoe@burg-halle.de
Gründung: 1989 (4. März)
1. Vorsitzende(r): Niklas Möller
2. Vorsitzende(r): Thomas Lück
Mitglieder: 110
Publikationen: INTERFERENZEN

U 3 059
Förderkreis für die Mikroelektronik e.V., Nürnberg
c/o Industrie- und Handelskammer Nürnberg für Mittelfranken
Hauptmarkt 25-27, 90403 Nürnberg
T: (0911) 13 35-320   Fax: 13 35-122
Gründung: 1983 (November)
Vorsitzende(r): Dr.sc.techn. Dietrich Ernst, Erlangen
Schriftführer(in): Dr. Dieter Riesterer (Hauptgeschäftsführer der Industrie- und Handelskammer Nürnberg für Mittelfranken)
Mitglieder: 32

U 3 060
Arbeitsgemeinschaft Partnerschaft in der Wirtschaft e.V. (AGP)
Landgraf-Karl-Str. 2, 34131 Kassel
T: (0561) 3 60 44   Fax: 3 38 50
Internet: http://www.agpev.de
E-Mail: info@agpev.de
Gründung: 1950
1. Vorsitzende(r): Gerhard Schuler (Homag AG, Schopfloch, T: (07443) 13 22 16, Fax: (07443) 13 23 00)
Geschäftsführer(in): Dipl.-Kfm. Michael Lezius (Leitung Presseabteilung)
Mitglieder: 500

Materielle u. immaterielle Mitarbeiterbeteiligung.

U 3 061
Organisation für Internationale Kontakte (OIK)
Alte Bahnhofstr. 26, 53173 Bonn
T: (0228) 8 20 97-0   Fax: 36 43 68
Gründung: 1975 (17. Januar)
Geschäftsführer(in): Joachim Müller
Luise Müller
Mitarbeiter: 8

U 3 062
Cultours-Gesellschaft für Kulturarbeit, Auslandskunde und internationale Kontakte e.V.
Westtorgraben 1, 90429 Nürnberg
T: (0911) 26 96 08   Fax: 26 99 99
E-Mail: na310@gen.baynet.net
Gründung: 1983 (28. Juni)
Vorsitzende(r): Robert Kurzwart
Stellv. Vorsitzender: Johann Homolka
Hauptgeschäftsführer: Erich Homolka
Mitglieder: 9
Mitarbeiter: 4

U 3 063
Salzburger Verein e.V.
Vereinigung der Nachkommen salzburgischer Emigranten
Memeler Str. 35, 33605 Bielefeld
T: (0521) 2 99-4404   Fax: 2 99-4405
E-Mail: salzburgerverein@compuserve.de
1. Vorsitzende(r): Wolfgang Neumann
Mitglieder: ca. 1000

U 3 064
Europa-Union Deutschland e.V.
Postf. 15 29, 53005 Bonn
Bachstr. 32, 53115 Bonn
T: (0228) 7 29 00 30   Fax: 7 29 00 29
Gründung: 1946 (9. Dezember)
Präsident(in): Elmar Brok (MdEP)
Geschäftsf. Präsidialmitglied: Dr. Hartmut Marhold
Bundesgeschäftsführer(in): Birgit Kößling
Verbandszeitschrift: Europäische Zeitung

U 3 064

Redaktion: Bachstr. 32, 53115 Bonn, Telefax: (0228) 7 29 00 13
Verlag: Europa Union Verlag GmbH, Bachstr. 32, 53115 Bonn, Fax: (0228) 7 29 00 13
Mitglieder: ca. 25000
Mitarbeiter: 3
Förderung der internationalen Gesinnung, der Toleranz auf allen Gebieten der Kultur und des Völkerverständigungsgedankens mit dem Ziel der Einigung Europas auf föderativer und demokratisch-rechtsstaatlicher Grundlage.

Landesverbände

u 3 065
Europa-Union Deutschland LV Baden-Württemberg e.V.
Europahaus Baden-Württemberg
Nadlerstr. 4, 70173 Stuttgart
T: (0711) 24 59 08 **Fax:** 2 36 05 27
Vorsitzende(r): Dr. Erwin Vetter (MdL)
Geschäftsführer(in): Manfred Nedele

u 3 066
Europa-Union Deutschland LV Bayern e.V.
Postf. 33 04 20, 80064 München
T: (089) 2 60 34 75 **Fax:** 2 60 37 50
Vorsitzende(r): Markus Ferber (MdEP)
Landesgeschäftsführer(in): Karl-Heinz Siefert

u 3 067
Europa-Union Deutschland LV Berlin e.V.
Jean-Monnet-Haus
Bundesallee 22, 10717 Berlin
T: (030) 8 84 12-241 **Fax:** 8 84 12-247
Vorsitzende(r): Peter Kittelmann
Landesgeschäftsführer(in): Frederik de Haas

u 3 068
Europa-Union Deutschland LV Brandenburg e.V.
c/o ESTA Brandenburg
Joachimsthaler Str. 20, 16244 Altenhof
T: (033363) 64 09 **Fax:** 64 09
Vorsitzende(r): Norbert Glante (MdEP)
Landesgeschäftsführer(in): Dieter Jetschmanegg

u 3 069
Europa-Union Deutschland LV Bremen e.V.
Postf. 10 58 43, 28058 Bremen
T: (0421) 3 61-4918 **Fax:** 3 61-96877
Vorsitzende(r): Dr. Dieter Klink
Landesgeschäftsführer: Thorsten Groth

u 3 070
Europa-Union LV Hamburg e.V.
Postf. 30 12 62, 20305 Hamburg
Große Theaterstr. 37, 20354 Hamburg
T: (040) 34 41 42 **Fax:** 34 30 40
Vorsitzende(r): Dr. Georg Jarzembowski (MdEP)
Geschäftsführer(in): Hildegard Krafft

u 3 071
Europa-Union Deutschland LV Hessen e.V.
Arthur-Zitscher-Str. 4, 63065 Offenbach
T: (069) 88 26 68 **Fax:** 88 02 15
E-Mail: europaunion.hessen@gmx.de
Gründung: 1948
Vorsitzende(r): MdEP Thomas Mann
Landesgeschäftsstelle: Gusti Lincke
Verbandszeitschrift: Europäische Zeitung
Verlag: Europa-Union Verlag, Europazentrum, 53115 Bonn
Mitglieder: 2500 in Hessen, 25000 in Deutschland

u 3 072
Europa-Union Deutschland LV Mecklenburg-Vorpommern e.V.
Wieckhaus 53, 17033 Neubrandenburg
T: (0395) 5 66 65 31 **Fax:** 5 66 65 31
Vorsitzende(r): Prof. Dr. Joachim Gasiecki
Geschäftsführer(in): Anke Deckert

u 3 073
Europa-Union Deutschland LV Niedersachsen e.V.
Breite Str. 15, 30159 Hannover
T: (0511) 32 12 62 **Fax:** 32 12 62
Vorsitzende(r): Dr. Josef Ackermann
Geschäftsführer(in): Rainer Carsten Schröer

u 3 074
Europa-Union Deutschland LV Nordrhein-Westfalen e.V.
Steinstr. 48, 44147 Dortmund
T: (0231) 8 38 00 18 **Fax:** 8 38 00 55
Vorsitzende(r): Dr. Heinrich Hoffschulte
Geschäftsführer(in): Dr. Pantaleon Giakoumis

u 3 075
Europa-Union Deutschland LV Rheinland-Pfalz e.V.
Postf. 18 43, 55008 Mainz
Am Kronberger Hof 6, 55116 Mainz
T: (06131) 22 05 38 **Fax:** 22 05 38
Vorsitzende(r): Prof. Dr. Otto Bardong
Geschäftsführende(s) Vorstands-Mitglied(er): Manfred Horst Däuwel

u 3 076
Europa-Union Deutschland LV Saar e.V.
Pestelstr. 2, 66119 Saarbrücken
T: (0681) 9 54 52-10 **Fax:** 9 54 52-44
Vorsitzende(r): Hans Dieter Metz
Geschäftsführende(s) Vorstands-Mitglied(er): Hanno Thewes

u 3 077
Europa-Union Deutschland LV Sachsen-Anhalt e.V.
Eine Welt Haus
Schellingstr. 3-4, 39104 Magdeburg
T: (0172) 7 68 64 73
Vorsitzende(r): Wolfram Schulz-Streeck
Geschäftsführer(in): Dörte Neumann

u 3 078
Europa-Union Deutschland LV Schleswig-Holstein e.V.
Faluner Weg 28, 24109 Kiel
T: (0431) 9 33 33 **Fax:** 9 21 65
Vorsitzende(r): Dieter Lubeseder
Geschäftsführer(in): Carsten Massau

u 3 079
Europa-Union Deutschland LV Thüringen e.V.
Hauptstr. 23, 98529 Suhl
T: (03681) 72 38 44 **Fax:** 72 40 07
Vorsitzende(r): Rolf Berend (MdEP)
Geschäftsführer(in): Gerhard Roth

● U 3 080
Gemeinschaft ehemaliger Lufthanseaten e.V.
Annette-Kolb-Str. 12, 51109 Köln
T: (0221) 89 70 59
Gründung: 1986 (1. Juli)
1. Vorsitzende(r): Dr. Rudolf Steineke (T: (0221) 89 70 59)
2. Vorsitzende(r): Klaus Marczoch (T: (040) 6 02 92 93)
Verbandszeitschrift: "Mitteilungsblatt"
Redaktion: Waldemar Jigalin
Verlag: Brandenburgerstr. 15, 51766 Engelskirchen
Mitglieder: ca. 2030 (10 Vereine/Clubs)

● U 3 081
Mensa in Deutschland e.V.
Geschäftsstelle: Cirsten Novellino
St.-Georg-Str. 11, 86926 Pflaumdorf
T: (08193) 93 86 90 **Fax:** 93 86 91
Gründung: 1981 (1. Oktober)
1. Vorsitzende(r): Carl Christian Dressel, Coburg
Verbandszeitschrift: MIND-MAGAZIN
Redaktion: Dieter E. Gellermann
Mitglieder: 2500

● U 3 082
Numismatische Kommission der Länder in der Bundesrepublik Deutschland
Sitz/Geschäftsstelle:
Niedersächsisches Landesmuseum Hannover
Urgeschichtsabteilung
Willy-Brandt-Allee 5, 30169 Hannover
T: (0511) 3 65-2577, 3 65-2578 **Fax:** 3 65-2359
E-Mail: reiner.cunz@t-online.de
1. Vorsitzende(r): Dr. Reiner Cunz (Hannover)
2. Vorsitzende(r): Dr. Peter Ilisch (Münster)
Sekretärin: Dr. Ursula Hagen-Jahnke (Frankfurt a. M.)

● U 3 083
Deutsche Numismatische Gesellschaft - Verband der Deutschen Münzvereine e.V.
Böhmstr. 14, 70597 Stuttgart
T: (0711) 7 65 50 62 **Fax:** 76 69 69
Gründung: 1951
Präsident(in): Albert Raff
Geschäftsführer(in): Dr. Manfred Gutgesell (Pattenser Str. 36 c, 30880 Laatzen)
Verbandszeitschrift: Numismatisches Nachrichtenblatt (NNB)
Redaktion: Dr. Rainer Albert, Hans-Purrmann-Allee 26, 67346 Speyer, T: (06232) 6 50 50, Fax: (06232) 6 50 51
Mitglieder: 3900
Orts- und Landesvereinigungen: 75

● U 3 084
Verband der deutschen Münzenhändler e.V.
Maximiliansplatz 10, 80333 München
T: (089) 29 90 70 **Fax:** 22 07 62
Gründung: 1952
1. Vorsitzende(r): Dr. Hubert Lanz
2. Vorsitzende(r): Heidrun Höhn
Leitung Presseabteilung: Helmut Caspar (Postf. 3 37, 10247 Berlin, T u. Fax: (030) 9 75 48 19)
Verbandszeitschrift: Numismatisches Nachrichtenblatt
Redaktion: Dr. Rainer Albert
Verlag: H. Gietl Verlag & Publikationsservice GmbH, Postf. 1 66, 93122 Regenstauf
Mitglieder: ca. 50

● U 3 085
Gesellschaft der Bibliophilen e.V.
Ottostr. 10, 80333 München
T: (089) 54 50 42 10 **Fax:** 54 50 42 19
Präsident(in): Prof. Dr. Eberhard Dünninger
Vizepräsident(in): Prof. Dr. Werner Grebe
Schatzmeister: Michael Then

● U 3 086
Maximilian-Gesellschaft e.V.
Geschäftsstelle:
Postf. 14 01 55, 70071 Stuttgart
Haldenstr. 30, 70376 Stuttgart
T: (0711) 54 99 71-11 **Fax:** 54 99 71-21
Gründung: 1911 (22. Dezember) in Berlin, 1946 in Hamburg
Vorstand: Prof. Dr. Horst Gronemeyer (Vors.)
Dr. Eva Hanebutt-Benz (stellv. Vors.)
Reinhold Busch (Schatzmeister)

● U 3 087
Deutsche Exlibris-Gesellschaft e.V.
Am Löwentor 46, 56075 Koblenz
T: (0261) 5 78 85 **Fax:** 9 52 34 94
Gründung: 1891 (14. Mai) in Berlin
Präsident(in): Dr.med. Gernot Blum (Bockmühlstr. 31, 41199 Mönchengladbach)
Geschäftsstelle: Birgit Göbel (M.A., Ltg. Geschäftsstelle, Am Löwentor 46, 56075 Koblenz)
Regelmäßige Publikation: „Jahrbuch Exlibriskunst und Graphik"
Verbandszeitschrift: "Mitteilungen" (3x jährlich)
Redaktion: Klaus Thoms
Vertrieb: DEG/Claus Wittal, Fliednerstr. 27, 65191 Wiesbaden
Mitglieder: 440
Mitarbeiter: 6 (Vorstand)

● U 3 088
Verband für Waffentechnik und -geschichte e.V. (VWG)
Geschäftsstelle:
Postf. 62 05, 30062 Hannover
Meisenweg 2, 30855 Langenhagen
T: (0511) 78 44 51 **Fax:** 7 40 38 81
Vorsitzende(r): Rainer Buchholz (Meisenweg 2, 30855 Langenhagen, T: (0172) 5 15 01 72)
Mitglieder: 1306

● U 3 089
Deutsche Gesellschaft für Eisenbahngeschichte e.V. (DGEG)
Geschäftsstelle:
Kleinsorgenring 14, 59457 Werl
T: (02922) 8 49 70 **Fax:** 8 49 27
Internet: http://www.dgeg.de
E-Mail: gs@dgeg.de
Gründung: 1967 (22. April)
Vorsitzende(r): Dr. Hartmut Knittel
Referat f. Presse und Öffentlichkeitsarbeit: Theodor Horn (Sittigstr. 6, 65830 Kriftel)
Geschäftsführer(in): Günter Krause
Verbandszeitschrift: DGEG-Nachrichten
Redaktion: Karl L. Lehmann, Am Brunnenstübchen 5, 55237 Flonheim/Rhh., T: (06734) 16 14, Telefax: (06734) 62 21
Verlag: Kleinsorgenring 14, 59457 Werl
Mitglieder: 11978 (per 31.12.2000)

• U 3 090
Deutscher Eisenbahn-Verein e.V. (DEV)
Erste MUSEUMS-EISENBAHN Deutschlands
Bahnhof
Postf. 11 06, 27300 Bruchhausen-Vilsen
T: (04252) 93 00-0   Fax: 93 00 12
Gründung: 1964
Vorsitzende(r): Dr.med. Otto Happel
Stellvertretende(r) Vorsitzende(r): Dipl.-Ing. Christian Speer
Bruno Rebbelmund
Schatzmeister: Dipl.-Kfm. Gerd Schmidt
Schriftführer(in): Dipl.-Ing. Theo Wiegmann
Leitung Presseabteilung: Hans-Jürgen Hentzschel (Fachpresse)
Verbandszeitschrift: Die Museums-Eisenbahn
Redaktion: Dipl.-Ing. Wolfram Bäumer
Verlag: Postf. 11 06, 27300 Bruchhausen-Vilsen
Mitglieder: 1150
Ltg. Presseabt: Bahnhofbüro (Tagespresse)

• U 3 091
Vereinigung zur Erforschung der Neueren Geschichte e.V.
Argelanderstr. 59, 53115 Bonn
T: (0228) 21 62 05
E-Mail: apw@uni-bonn.de
Gründung: 1957
Vorsitzende(r): Prof. Dr. Konrad Repgen
Stellvertretende(r) Vorsitzende(r): Prof. Dr. Erich Meuthen
Geschäftsführer(in): Dr. Antje Oschmann

• U 3 092
A.I.C.E. e.V. - Allgemeiner Ifa-Club Europa
Postf. 41 03, 32084 Bad Salzuflen
Im Poten 5, 32791 Lage
T: (05232) 32 04   Fax: 32 04
Internet: http://www.aice.de
E-Mail: webmaster@aice.de
Gründung: 1992 (2. Mai)
Präsident(in): Jan Kopeček (Pilsen, Tschechische Republik)
1. Vizepräsident u. Referent für Jugendarbeit: Christian Buchholz, Bad Harzburg
2. Vizepräsident u. Referent für internationale Zusammenarbeit: Jaromir Sirek (Pilsen, Tschechische Republik)
Hauptgeschäftsführer(in): Klaus-Peter Schaub (Ltg. Presseabt.)
Verbandszeitschrift: IFA-Akzente
Redaktion: A.I.C.E. e.V., Postf. 41 03, 32084 Bad Salzuflen
Verlag: Eigenverlag
Mitglieder: ca. 5000 europaweit, Anzahl der angeschlossenen Organisationen: 42
Mitarbeiter: ca. 50 (geplant)

• U 3 093

Gutenberg-Gesellschaft
Internationale Vereinigung für Geschichte und Gegenwart der Druckkunst e.V.
Liebfrauenplatz 5, 55116 Mainz
T: (06131) 22 64 20   Fax: 23 35 30
Internet: http://www.gutenberg-gesellschaft.uni-mainz.de
Gründung: 1901
Präsidium:
Präsident(in): Jens Beutel (Oberbürgermeister der Stadt Mainz)
Ehrenpräsidenten: Jockel Fuchs, Mainz
Herman-Hartmut Weyel, Mainz
Vizepräsident(in): Generalkonsul Hannetraud Schultheiß (Vorsitzende des Senatorenrats der Gutenberg-Gesellschaft, Schatzmeister)
Schriftführer(in): Karl Delorme, Mainz
Geschäftsführer(in): Gertraude Benöhr
Sekretärin: Dagmar Frackowiak
Verbandszeitschrift: Gutenberg-Jahrbuch
Redaktion: Dr. Ute Schneider, Johannes Gutenberg-Universität, Institut für Buchwissenschaft, 55029 Mainz
Verlag: Gutenberg-Gesellschaft, Liebfrauenplatz 5, 55116 Mainz
Mitglieder: 2000
Mitarbeiter: 2
Jahresetat: DM 0,4 Mio, € 0,2 Mio
Die Erforschung des Druck- und Buchwesens zu fördern und die Forschungsergebnisse im Gutenberg-Jahrbuch und in den "Kleinen Drukken" der Gesellschaft zu veröffentlichen; das Gutenberg-Museum in Mainz ideell und materiell zu unterstützen.

• U 3 094
Graphiker-Verein e.V.
Postf. 43 04 03, 80734 München
T: (089) 34 45 20   Fax: 34 45 20
Internet: http://www.graphiker-vereinvmuenchen.de
Gründung: 1982
Vorsitzende(r): Prof. Leon Jonczyk (Ltg. Presse)
Stellvertretende(r) Vorsitzende(r): Dr. Hans Hecht
Geschäftsführer(in): Dr. Yolanda Klesen (Ltg. PR)
Mitglieder: ca. 40

• U 3 095
Ring grafischer Fachhändler e.V.
Scipiostr. 5, 28279 Bremen
T: (0421) 83 93 40   Fax: 8 39 34 44
1. Vorsitzende(r): Hans-Werner Möhlenbrock

• U 3 096
Arbeitskreis Moderne Graphik
Postf. 21 33, 67211 Frankenthal
T: (06233) 4 13 17
Gründung: 1959
Vorsitzende(r): Dr. O. H. Schindler

• U 3 097
Institut für Buchwissenschaft der Johannes-Gutenberg-Universität Mainz
Universität
55099 Mainz
Jakob-Welder-Weg 18, 55128 Mainz
T: (06131) 3 92 25 80   Fax: 3 92 54 87
Internet: http://www.uni-mainz.de/FB/Geschichte/buwi
E-Mail: fuessel@mail.uni-mainz.de
Gründung: 1947
Prof. Dr. Stephan Füssel
Verbandszeitschrift: Mainzer Studien zur Buchwissenschaft
Verlag: Harrassowitz, Wiesbaden
Mitarbeiter: 12

• U 3 098
Typographische Gesellschaft München e.V.
Banatstr. 11, 81377 München
T: (089) 7 14 73 33   Fax: 71 53 01
Internet: http://www.tgm-online.de/
Gründung: 1890
1. Vorsitzende(r): Rudolf P. Gorbach
2. Vorsitzende(r): Matthias Hauer

• U 3 099
Deutsches Nationalkomitee des Internationalen Museumsrates (ICOM)
In der Halde 1, 14195 Berlin
T: (030) 69 50 45 25   Fax: 69 50 45 26
E-Mail: icom-deutschland@t-online.de
Gründung: 1946
Präsident(in): Dr. Hans-Martin Hinz
Mitglieder: 1650

• U 3 100
Gutenberg-Museum
Weltmuseum der Druckkunst
Liebfrauenplatz 5, 55116 Mainz
T: (06131) 12 26 40, 12 26 44   Fax: 12 34 88
E-Mail: gutenberg-museum@stadt.mainz.de
Gründung: 1900
Leiter(in): Dr. Eva-Maria Hanebutt-Benz
Vertreter: Dr. Claus Maywald-Pitellos
Dr. Cornelia Schneider
Verbandszeitschrift: Gutenberg-Jahrbuch
Redaktion: Prof. Dr. St. Füssel
Verlag: Gutenberg-Gesellschaft
Mitglieder: Gutenberg-Gesellschaft ca. 2000
Mitarbeiter: ca. 37

• U 3 101
Verein Deutsches Tapetenmuseum e.V.
Brüder-Grimm-Platz 5, 34117 Kassel
T: (0561) 7 84 61 41   Fax: 7 84 62 22
Gründung: 1921
Vorsitzende(r): Peter Iven
Stellvertretende(r) Vorsitzende(r): Ullrich Eitel
Hauptgeschäftsführer(in): Gerrit Rasch (Schatzmeister)
Leitung Presseabteilung: Dr. Sabine Thümmler
Mitglieder: 311

• U 3 102
Museumspädagogische Gesellschaft e.V.
Richartzstr. 2-4, 50667 Köln
T: (0221) 22 12 47 64   Fax: 22 12 45 44
Gründung: 1978
Vorsitzende(r): Prof. Dr. Heijo Klein
2. Vorsitzende(r): Prof. Dr. Peter Noelke (Direktor des Museumsdienstes Köln)
Mitglieder: ca. 400

• U 3 103
Verband der Funkamateure in Telekommunikation und Post (VFDB) e.V.
Am Rührlöffel 6, 07646 Quirla
T: (036428) 4 93 93   Fax: 4 93 93
E-Mail: dl5fc@t-online.de
Gründung: 1950 (11. Januar)
Ehrenvorsitzende(r): Karl-Heinz Vogt
1.Vorsitzende(r): Dipl.-Ing. Jakob Clemens
2.Vorsitzende(r): Dipl.-Ing. Holger Thomsen
Geschf. u. Ltg. Presseabt.: Hans-Jürgen Kempe
Verbandszeitschrift: CQ VFDB
Redaktion: Renate Schupp
Verlag: Blumenstr. 5a, 52511 Geilenkirchen
Mitglieder: 4000
16 Bezirksverbände, 93 Ortsverbände

• U 3 104
Gesellschaft der Freunde der Geschichte des Funkwesens - GFGF- e.V.
Böcklinstr. 4, 60596 Frankfurt
T: (069) 63 67 24   Fax: 69 06 91 00
Internet: http://www.gfgf.org
Gründung: 1978
Vorsitzende(r): Dipl.-Ing. Karlheinz Kratz, Frankfurt
Geschäftsführer(in): Alfred Beier (Försterbergstr. 28, 38644 Goslar)
Dipl.-Ing. Winfried Müller
Verbandszeitschrift: Funkgeschichte
Redaktion: Dr. Herbert Börner, Wacholderweg 13, 98693 Ilmenau
Verlag: Druckerei Kretzschmar, Gehren
Mitglieder: 2300
Jahresetat: DM 0,1 Mio, € 0,05 Mio

• U 3 105
Runder Tisch Amateurfunk (RTA)
Lindenallee 4, 34225 Baunatal
T: (0561) 9 49 88-0   Fax: 9 49 88-50
Vorsitzende(r): Karl Erhard Vögele
Stellvertretende(r) Vorsitzende(r): Dr. Christof Rohner
Geschäftsführerin: Christina Volmer
Mitglieder: 12

• U 3 106
Allgemeines CB-Funker-Forum/Deutsche Funk Allianz e.V. (DFA)
Helmholtzstr. 11, 34127 Kassel
T: (0561) 89 37 42   Fax: 89 37 42
Internet: http://www.funk-allianz.de
Vorsitzende(r): Harald Westermann (Helmholtzstr. 11, 34127 Kassel)
Stellvertretende(r) Vorsitzende(r): Hajo Kamp (Rheinstr. 146, 51371 Leverkusen, Tu.Fax: (02173) 94 25 50)
Verbandszeitschrift: CB-Funk
Redaktion: Michael Büge
Mitglieder: ca. 1000
Anzahl der angeschlossenen Organisationen: 78

• U 3 107
Deutscher Arbeitskreis für CB- und Notfunk e.V. (DAKfCBNF)
Postf. 10 13 09, 40004 Düsseldorf
T: (0211) 2 48 03 15   Fax: 2 48 03 25
Internet: http://www.dakfcbnf.de
E-Mail: dlm945@notfunk.de
Rufzeichenstelle
Marienbader Str. 4
63628 Bad Soden Saalmünster
Vorsitzende(r): Michael Lennarz
Stellvertretende(r) Vorsitzende(r): Alfred Brandt
Kassierer: Edgar Oestreich
Mitglieder: 19 (13 Landesverbände/6 Industriemitglieder)
Jahresetat: DM 0,01 Mio, € 0,01 Mio
Anzahl der angeschlossenen Organisationen: 46

• U 3 108
Deutscher Amateur-Radio-Club e.V. (DARC)
Bundesverband für Amateurfunk in Deutschland
Lindenallee 4, 34225 Baunatal
T: (0561) 94 98 80   Fax: 9 49 88 50
E-Mail: darc@darc.de
Gründung: 1950 (09. September)
Vorsitzende(r): Karl Erhard Vögele
Stellvertretende(r) Vorsitzende(r): Dr. Walter Schlink
Jochen Hindrichs
Geschäftsführer(in): Bernd W. Häfner
Verbandszeitschrift: CQDL
Verlag: DARC-Verlag GmbH, Lindenallee 6, 34225 Baunatal
Mitglieder: 60000
Mitarbeiter: 32
Jahresetat: DM 6 Mio, € 3,07 Mio

U 3 109
India Fox German Group e.V.
Geschäftsstelle
Europaring 61, 53123 Bonn
T: (0228) 7 48 06 28 **Fax:** 7 48 06 58
Internet: http://www.india-fox-group.de
E-Mail: dloechter@web.de
Präsident(in): Dieter Löchter
Mitglieder: 6628

U 3 110
NORDLINK e.V.
Verein zur Förderung der digitalen Kommunikationstechniken im Amateurfunk
Zwinglistr. 8, 30171 Hannover
Internet: http://www.nordlink.org
E-Mail: dg5oac@nordlink.org
Stellvertretende(r) Vorsitzende(r): Christian Kuhr
Schriftführer(in): Karsten Heddenhausen
Mitglieder: 150

U 3 111
Deutscher Modellflieger Verband e.V. (DMFV)
Rochusstr. 104-106, 53123 Bonn
T: (0228) 9 78 50-0 **Fax:** 9 78 50-85
Internet: http://www.dmfv.de
E-Mail: info@dmfv.de
Gründung: 1972 (3. November)
Präsident(in): Hans Schwägerl
Vizepräsident(in): Willi Horn
Verbandszeitschrift: Der Modellflieger
Verlag: s. DMFV
Mitglieder: 50000
Mitarbeiter: 7

U 3 112
Verband der Mitfahr-Zentralen in Deutschland und Europa e.V.
Saarstr. 22, 50677 Köln
T: (0221) 24 35 32 **Fax:** 2 40 76 37
1. Vorsitzende(r): Thomas Kobusch
2. Vors.: Peter Lerch
Mitglieder: 14

U 3 113
FAHR-Schlepper-Freunde e.V.
Bundesvereinigung der Freunde der FAHR-Landtechnik
Geschäftsstelle:
Bildeichstr. 7D, 78244 Gottmadingen
T: (07731) 14 39 **Fax:** (07734) 14 39
Internet: http://www.fahr.de.vu
Gründung: 1988 (23. Juni)
Vorsitzende(r): Dipl.-Ing. Hubert Meier
Verbandszeitschrift: "FAHR-Schlepperpost"
Redaktion: Wolfgang Deyer
Verlag: FAHR-Schlepper-Freunde e.V.
Mitglieder: 1480
Mitarbeiter: 2

U 3 114
Verband Deutscher Seilbahnen und Schlepplifte e.V. (VDS)
Westendstr. 199, 80686 München
T: (089) 57 91-1315, 57 91-1318 **Fax:** 57 91-1316
Internet: http://www.seilbahnen.de
E-Mail: info@seilbahnen.de, vds@seilbahnen.de
Gründung: 1955
Vorsitzende(r): Dipl.-Ing. Wolfgang Bosch
Stellvertretende(r) Vorsitzende(r): Dr.-Ing. Peter Hirt
Bürgermeister Stefan Wirbser
Geschäftsführer(in): Dipl.-Kffr. Birgit Priesnitz
Mitglieder: 177
Mitarbeiter: 3

U 3 115
Berliner Empfangsamateure e.V.
Verein für den Rundfunk-Fernempfang
Postf. 20 01 13, 13511 Berlin
Wilhelmstr. 149, 13595 Berlin
T: (030) 3 32 39 53 **Fax:** 3 32 39 53
E-Mail: w.g.lehmann@germaynet.de
Gründung: 1979 (6. Dezember)
Vorsitzende(r): Dietmar Steinegen
Stellvertretende(r) Vorsitzende(r): Mario König
Verbandszeitschrift: WELLENJAGD
Redaktion: Wilhelmstr. 149, 13595 Berlin
Verlag: siehe Redaktionsanschrift
Mitglieder: 50
Mitarbeiter: 7

U 3 116
Kirchliche Gemeinschaftsstelle für elektronische Datenverarbeitung e.V.
Hainer Weg 26-28, 60599 Frankfurt
T: (069) 60 92-0 **Fax:** 60 92-125
Internet: http://www.kigst.de
E-Mail: kigst@kigst.de
Gründung: 1968 (10. Dezember)
Vorsitzende(r): Dipl.-Volksw. Manfred Gutmann
Geschäftsführer(in): Dipl.-Ing. Rolf Spenkuch
Mitglieder: 43
Mitarbeiter: 25

U 3 117
Arbeitsgemeinschaft MBK Missionarisch-biblische Dienste unter Jugendlichen und Berufstätigen e.V.
Hermann-Löns-Str. 14, 32105 Bad Salzuflen
T: (05222) 18 05-0 **Fax:** 18 05-27
E-Mail: arbeitsgem.mbk@t-online.de
Gründung: 1919 (1. Oktober)
Direktor(in): P. Dr. Burkhard Peter
Geschäftsführer(in): Michael Stöhr
Leitung Presseabteilung: Stefan Drößler
Verbandszeitschrift: Palette
Redaktion: Stefan Drößler
Verlag: Eigenverlag
Mitarbeiter: 30
Jahresetat: DM 0,5 Mio, € 0,26 Mio

U 3 118
Missionswissenschaftliches Institut Missio e.V.
Goethestr. 43, 52064 Aachen
T: (0241) 75 07-327 **Fax:** 75 07-335
Internet: http://www.mwi-aachen.de
E-Mail: mwi@missio-aachen.de
Vorstand: Pater Hermann Schalück (Vors.; ofm)
Direktor(in): Dr. Josef Estermann

U 3 119
"Erste Raucher Lobby"
Pressebüro Browers, Heinz Browers
Enzianweg 4, 83236 Übersee
T: (08642) 13 08 oder 16 31 **Fax:** 13 08
Gründung: 1986 (1. Mai)

U 3 120
DIFA FORUM E.V.
(DEUTSCHE INITIATIVE ZUR FÖRDERUNG EINES VERANTWORTUNGSVOLLEN UMGANGS MIT ALKOHOLHALTIGEN GENUSSMITTELN)
Dotzheimer Str. 107, 65197 Wiesbaden
T: (0611) 1 84 46-0 **Fax:** 1 84 46-66
Internet: http://www.difa-forum.de
E-Mail: info@difa-forum.de
Gründung: 1992
Präsident: Jürgen Pabst (Berentzen-Gruppe AG)
Geschäftsführer(in): Michael Gentsch (Ltg. Presseabt.)
Verbandszeitschrift: DIFA FORUM-Magazin
Redaktion: DIFA FORUM E.V., Dotzheimer Str. 107, 65197 Wiesbaden (auch Verlag)
Mitglieder: 38 (14 Unternehmen, 8 Verbände, 2 Verlage, 3 sonstige, 11 Einzelpersonen)
Mitarbeiter: 3
Jahresetat: ca. DM 1,5 Mio, € 0,77 Mio

U 3 121
Zentralverband deutscher Kosmetikfachschulen e.V.
Feichtmayrstr. 5, 76646 Bruchsal
T: (07251) 8 36 97
Gründung: 1979 (18. November)
Vorstand: Ursula Winiger (1. Vors.)
John Herfs (Schriftführer)
Gerd Ross (Kassenwart)
Anita Neckermann (Beisitzerin)
Mitglieder: 46 Kosmetikfachschulen in der Bundesrepublik u. Westberlin

U 3 122
The California Association of Germany e.V.
Bockenheimer Landstr. 97, 60325 Frankfurt
T: (069) 7 43 24 61 **Fax:** 74 50 05
Gründung: 1994 (Juni)
Vorstand: Trudi Schifter (Vors.; California Office of Trade and Investment)
David Hart (Frankfurter Allgemeine Zeitung)
Michael Haug (Projekt Team Haug)
Klaus-Peter Krupp (Walter Krupp Dieseltechnik GmbH)
Cathy J. Matz (Finanzdienstleistungen)
Gernot A. Warmuth (Scheiber & Partner)
Martin Wilke (Acc. + Management Consult Intl. GmbH)
Mitglieder: 82

U 3 123
Vereinigung für Internationale Zusammenarbeit
Sekretariat:
Ahrstr. 45, 53175 Bonn
T: (0228) 30 22 64 **Fax:** 30 22 70
E-Mail: lange@wzbonn.de
Gründung: 1973
Sprecher: Dr. Manfred Osten (GenSekr. der Alexander v. Humbold Stiftung, Jean-Paul-Str. 12, 53173 Bonn)
Mitglieder: 9
Mitarbeiter: 1

U 3 124
Sokratische Gesellschaft e.V.
Pfeffinger Weg 33, 83512 Wasserburg
T: (08071) 29 19
Gründung: 1972 (12. September)
1. Vorsitzende(r): Dr. Wolfgang von der Weppen
2. Vorsitzende(r): Alfred Lehner
Sachwalter, Wirtschaftsprüfer: Dr. Erich A. Weilbach
Sekretär: Jutta Bader
Mitglieder: 150

U 3 125
Vegetarier-Bund Deutschlands e.V.
Geschäftsstelle:
Blumenstr. 3, 30159 Hannover
T: (0511) 3 63 20 50 **Fax:** 3 63 20 07
Internet: http://www.vegetarierbund.de
E-Mail: info@vegetarierbund.de
Gründung: 1946 (1892)
Vorsitzende(r): Thomas Schönberger (Curtiusweg 23, 20535 Hamburg)
Stellvertretende(r) Vorsitzende(r): Hildegund Scholvien (Friedhofstr. 12, 67693 Fischbach)
Verbandszeitschrift: natürlich vegetarisch
Verlag: Vegetarier-Bund Deutschlands, Blumenstr. 3, 30159 Hannover

U 3 126
Arbeitsgemeinschaft "Reiseweg Nürnberg-Pyhrn-Adria"
c/o Redaktionsbüro Walchshöfer
Gustav-Adolf-Str. 34, 91154 Roth
T: (09171) 10 20 **Fax:** 10 20
Gründung: 1971
Präsident(in): Gerhard Skoff, Wien
Vizepräsident(in): Mario Zmajević, Zagreb
Alfred Helbrich, Regensburg
Geschäftsführer(in): Herbert Walchshöfer (Ltg. Presseabteilung), Nürnberg
Mitglieder: 25
Mitarbeiter: 2
Jahresetat: rd. DM 0,125 Mio, € 0,06 Mio

U 3 127
Verband Deutscher Altpfadfindergilden e.V.
Hölterstr. 4, 45470 Mülheim
T: (0208) 3 42 75
E-Mail: vdapg.gf@scoutnet.de
Gründung: 1967 Juni
Vorsitzende(r): Herbert H. Krisam
Stellvertretende(r) Vorsitzende(r): Christa Schmeißer
Geschäftsführer(in): Manfred Bosse
Schatzmeister: Wolfgang Scheel
Intern. Sekretärin: Angela Dernbach
Verbandszeitschrift: "gilde"
Redaktion: Wolfgang Stoverock

U 3 128
Antik Modellflugfreunde Deutschland e.V. (AMD)
Geschäftsstelle Schwäbisch Hall
Postf. 10 01 03, 74501 Schwäbisch Hall
T: (0791) 5 16 90 **Fax:** 5 16 90

Noch Fragen?

Wie ein Puzzle ergänzen sich die einzelnen Hoppenstedt-Handbücher sowie die elektronischen Medien von Hoppenstedt zu einem umfassenden und fundierten Informationspool. Wenn Sie in diesem Handbuch trotz seiner Informationsvielfalt nicht alles finden, was Sie gerne wissen möchten, nutzen Sie die ergänzenden Angebote aus unserem Verlagsprogramm. Ein Beispiel stellen wir Ihnen hier kurz vor.

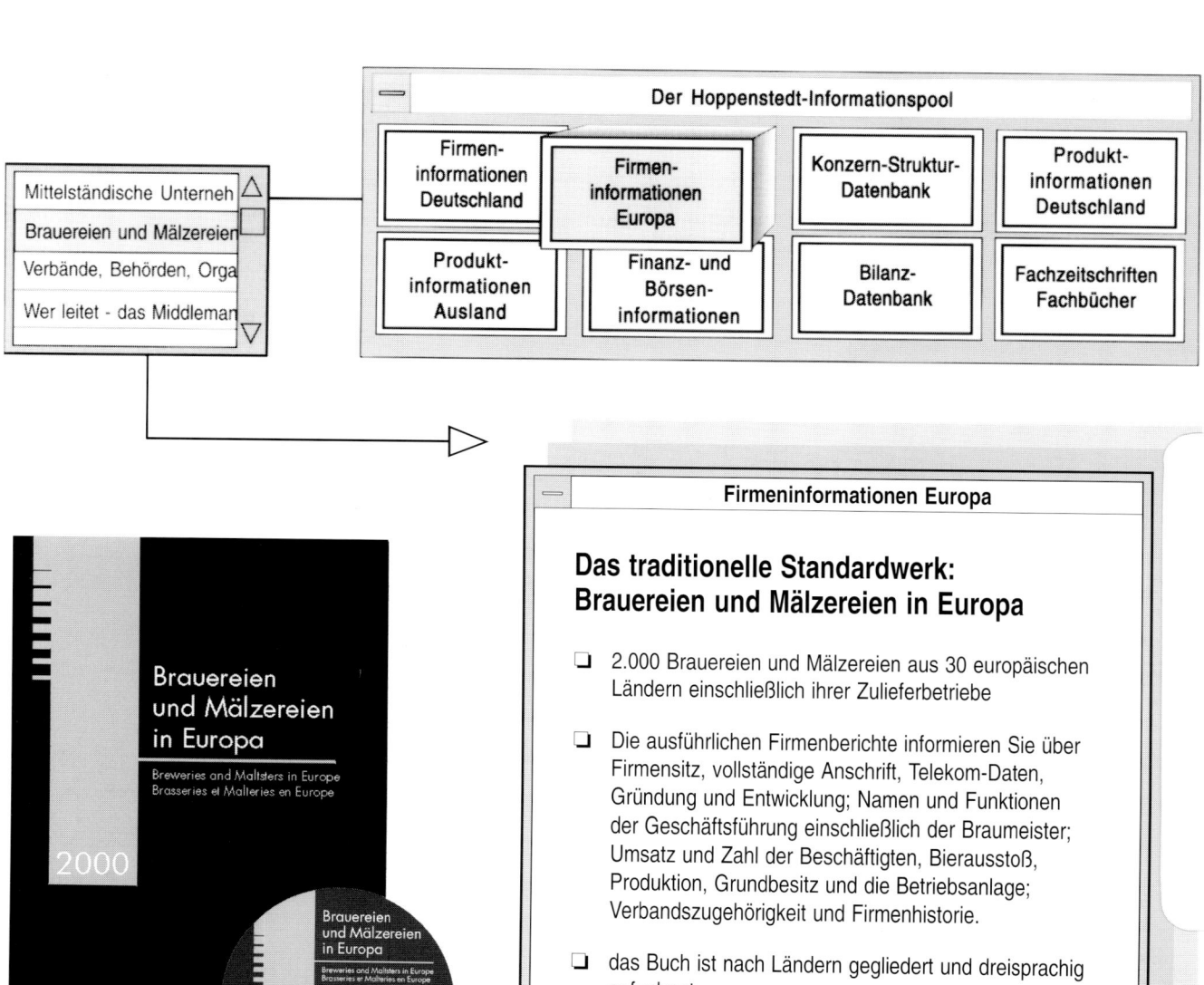

Fordern Sie unter Fax 06151/380-360 oder telefonisch unter 06151/380-0 weitere Informationen oder ein Angebot an.

Inhalt

IZ Internationale und europäischer Organisationen

I. Staatliche Organisationen in Europa

IZ A Organisationen der Europäischen Union
Europäische Kommission	1016
Europäisches Parlament	1025
Behörden und Ämter der Europäischen Union	1025
Europäische Investitionsbank	1028
Rat der Europäischen Union	1028

IZ B Organisationen der Mitgliedsländer der Europäischen Union
Parlamente	1030
Regierungen	1030
Europarat	1039

IZ C Vertretungen
Ständige Vertretungen der EU-Mitglieder	1042

II. Internationale und europäische Organisationen

IZ E Handelskammern
Handelskammern	1044

IZ F Industrie
Industrie-Fachverbände	1048

IZ G Handwerk
Fachverbände des Handwerks	1162

IZ H Handel
Spitzenverbände des Handels	1172
Großhandel, Import, Export	1172
Einzelhandel	1187
Handelsvertreter, Makler, Auktionatoren	1194

IZ I Banken und Börsen
Spitzenverbände der Banken und Börsen	1198
Sparkassen, Raiffeisen, Volksbanken, Kreditgenossenschaften	1199
Bausparkassen, Hypothekenwesen	1200
Finanzen	1201
Kredit- und Exportversicherung	1202
Wertpapier- und Warenbörsen	1204

IZ K Versicherungswesen
Spitzenverbände des Versicherungswesens	1208
Sozialversicherung	1209
Privatversicherung	1210

IZ L Energiewirtschaft
Elektrizität	1214
Kernenergie	1214
Erdgas und Erdöl, Kohle	1216
Alternative Energie	1217
Sonstige Organisationen der Energiewirtschaft	1219

IZ M Verkehrsgewerbe
Schienenverkehr	1222
Straßenverkehr	1224
Schiffahrt	1229
Luftverkehr	1230
Sonstige Organisationen des Verkehrsgewerbes	1231

IZ N Gastronomie und Fremdenverkehr
Hotels, Restaurants und Hospize	1234
Tourismus	1235

IZ O Kultur und Kommunikation
Theater, Musik	1238
Filmwirtschaft	1239
Rundfunk, Fernsehen	1239
Presse- und Verlagswesen	1240
Werbewirtschaft	1243
Ausstellungen, Messen, Kongresse	1247
Verschiedene Gewerbe	1247

IZ P Genossenschaften
Genossenschaftliche Spitzenverbände	1250
Weitere genossenschaftliche Fachverbände	1250

IZ Q Landwirtschaft und Umweltschutz
Land- und Forstwirtschaft	1254
Milchwirtschaft	1259
Jagd und Fischerei	1260
Natur- und Umweltschutz	1261
Tier- und Pflanzenschutz	1263

IZ R Sozialpolitische Organisationen
Arbeitgeberorganisationen	1266
Arbeitnehmerorganisationen	1269
Beamten-Organisationen	1279

IZ S Freie Berufe und andere Berufsverbände
Freie Berufe	1282
Ärzte, Zahnärzte, Tierärzte, Apotheker, medizinische Hilfsberufe	1283
Anwälte, Notare, Richter, Staatsanwälte, Rechtsbeistände	1290
Wirtschaftsprüfer, Berater, Steuerberater, Buchprüfer u. a.	1291
Landwirtschaft, Fischerei, Ernährung, Gartenbau, Landespflege	1296

Architekten, Ingenieure, Chemiker, Designer, technische Sachverständige, Wissenschaftler u. a.	1298
Bildende Künstler, Grafik-Designer, Schriftsteller, Komponisten, Kritiker, Journalisten, Dolmetscher, Übersetzer u. a.	1308
Immobilienexperten und andere Berufsverbände	1310

IZ T Technisch-wissenschaftliche Vereinigungen

Forschungsvereinigungen	1314
Technisch-wissenschaftliche Vereinigungen	1323
Technische Überwachungsvereine, Materialprüfung, Vermessung, Normung	1330
Wirtschafts- und Sozialwissenschaft, Marketing- und Meinungsforschung	1338
Bank- und Versicherungswissenschaften	1341
Ernährungs-, land- und forstwissenschaftliche Vereinigungen, Institute, Umweltforschung	1342
Medizin, Gesundheitswesen, Veterinärmedizin	1346
Rechtswissenschaften	1352
Internationale Beziehungen, Europäische Fragen	1353
Kommunikation, Druck- und Zeitungswissenschaften	1355
Berufliche Aus- und Weiterbildung	1358

IZ U Interessengemeinschaften und sonstige Zentralstellen und Organisationen

Beratungs- und Informationsstellen, Wirtschaftsfördernde Gesellschaften	1362
Bau-, Wohnungs- und Siedlungswesen	1365
Schutzverbände	1366
Heimatvertriebene, Kriegsgeschädigte	1367
Verbraucherorganisationen	1367
Familien, Frauen, Jugend und Senioren	1369
Wohlfahrtsverbände	1375
Entwicklungshilfe	1377
Politisch-Ideologische, Philosophische und Religiöse Verbände	1377
Sport-, Freizeit- und Hobbyverbände	1382
Kulturverbände und sonstige Einrichtungen	1389

III. Bedeutende Internationale Organisationen

IZ V Supra-nationale Organisationen

Vereinte Nationen	1400
Vereinte Nationen, Regionalausschüsse	1400
Behörden und Ämter der Vereinten Nationen	1400
Internationaler Gerichtshof	1402

IZ W Internationale Organisationen

Sonstige internationale und interregionale staatliche Zusammenschlüsse	1404
Sonstige internationale und interregionale Ämter und Behörden	1404

Personen-Verzeichnis 1409

Abkürzungen internationaler Zusammenschlüsse

Dieses Verzeichnis enthält die Abkürzungen und die Namen internationaler Verbände. Ein Abkürzungsverzeichnis der deutschen Verbände steht am Anfang.

Die nach den Verbandsnamen stehenden Buchstaben und Kennziffern verweisen auf die jeweiligen Verbände, die im anschließenden Teil „Internationale Zusammenschlüsse" veröffentlicht sind.

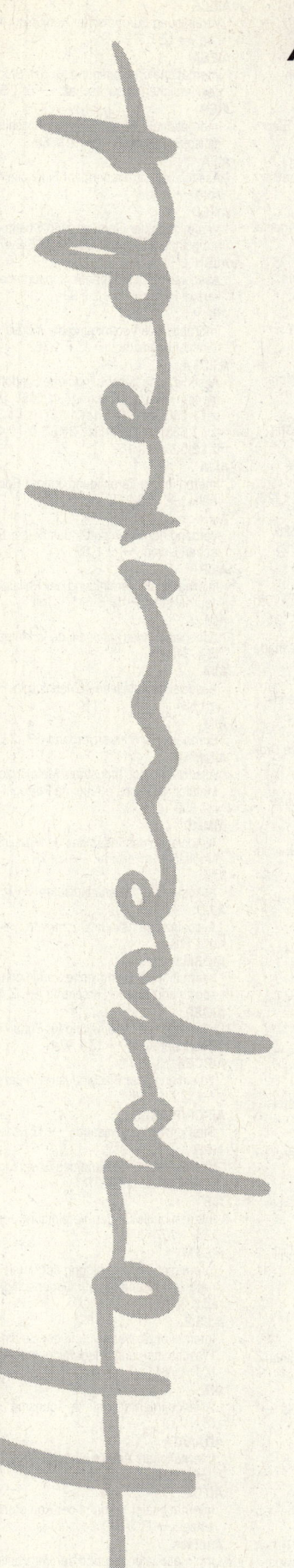

A

AAAA
Australian Automotive Aftermarket Association Ltd. → iz h 259
AAB
Alliance Agricole Belge → iz q 2
AAC
Verband der Getreidestärke-Hersteller der EG → IZ F 2 134
AAI
Athletic Association of Ireland → iz u 518
AAIA
Automotive Aftermarket industry Association → iz h 260
ABL
Autobransjens Leverandorforening → iz h 250
ACA
Bundeskammer der Architekten und Ingenieurkonsulenten → iz s 422, iz s 609
ACAP
Associaçao do Comércio Automovel de Portugal → iz h 235, iz h 253
ACC/VKB
Vereinigung der Kader des Bundes → iz r 92
ACE
Bund für Getränkekartons und die Umwelt → IZ F 172
ACEA
Dachverband der Europäischen Automobilhersteller → IZ F 176
ACEM
Association of Consultants for Economics and Management → iz s 260
ACEM
Verband der Motorrad-Industrie in Europa → IZ F 2 164
ACFCI
Assemblée des Chambres Françaises de Commerce et d'Industrie → iz e 10
ACHOC
Associacao dos Industriais de Chocolates e Confeitaria → iz f 2 178
ACI
Internationaler Rat der Flughäfen → IZ M 221
ACIB
Association of Czech Insurance Brokers → iz k 83
ACIBEV
Associação dos Comerciantes e Industriais de Bebidas Espirituosas e Vinhos → iz f 1 350, iz f 1 945
ACIMIT
Associazione Costruttori Italiani di Macchinario per l'Industria Tessile → iz f 1 521, iz f 1 541
ACME
Europäischer Genossenschaftlicher und Wechselseitiger Versicherungsverband → IZ K 36, iz k 40
ACPA
Verband der Hersteller von Aktivkohle → IZ F 2 136
ACSI
Associazione Centri Sportivi Italiani → iz u 520
ACT
Vereinigung des europäischen kommerziellen Fernsehens → IZ O 52
ACWW
Welt-Landfrauen-Verband → IZ Q 125
ADDE
Vereinigung des Europäischen Dental-Medizinischen Großhandels → IZ G 187
ADF
Automotive Distribution Federation → iz h 229, iz h 246
AEA
Verband Europäischer Luftverkehrsgesellschaften → IZ F 2 102
AEC
Asoc. Espanola de Empressa de Consultoria → iz s 264
A.E.C.A.
Amerikanisch-Europäischer Gemeinschaftsverband → IZ U 593
AECC
Verband für Emissionsregelung mit Katalysator → IZ T 628
AECMA
Europäischer Verband der Luft- und Raumfahrtindustrie → IZ F 2 058
AECNP/EANPC
Europäische Vereinigung der nationalen Produktivitätszentralen → IZ U 2

AEDA
Europäischer Verband für das Recht auf Nahrung → IZ T 845
AEDPT
Asociacion Espanola de Deporte Para Todos → iz u 535
AEDT
Europäische Vereinigung der Spitzenverbände des Textileinzelhandels → IZ H 404
AEEBC
Europäische Vereinigung der Bau- und Gebäudesachverständigen → IZ S 404
AEFJ
Asociación Española de Fabricantes de Juguetes → iz f 1 917
AEGEE-Europe
Vereinigung der Europäischen Studentenschaft → IZ T 986
AEGPL
Europäischer Flüssiggasverband → IZ L 95
AEGRAFLEX
Europäische Vereinigung der Graveure und Flexografen → IZ G 73
AEH
Europäische Behindertenaktion → IZ U 300
AEI
Aktion in Europa für Bildung, Erfindung und Innovation → IZ T 964
AEI
Luftfahrt-Ingenieure International → IZ S 568
AEIAR
Europäische Vereinigung der Institutionen für die Neuordnung des ländlichen Raumes → IZ Q 48
AEIBS
Europäischer Verband für Gesundheitsinformationen und -Büchereien → IZ T 791
AEIJC
Internationaler Christlicher Jugendaustausch → IZ U 211
AEMB
Europäischer Viehmärkteverband → IZ H 191
AER
Verband Europäischer Rundfunkstationen → IZ O 36
AERC
Asociación Española de Radiodifusión Privada → iz o 38
AEROBAL
Europäische Vereinigung der Hersteller von Aluminium-Aerosoldosen → IZ F 628
AERTEL
Europäische Vereinigung Schmalweberei, Flechterei und Elastische Gewebe → iz f 430, IZ F 764
AESA
Vereinigung Europäischer Verkaufs- und Marketingkräfte → IZ R 309
AESGP
Europäischer Fachverband der Arzneimittel-Hersteller → IZ F 948, iz f 2 560
AESI
Aeskulydssamband Islands → iz u 241
AESIG
Asociación Española de Sistemas de Información Geográfica → iz t 189
AESMAR
Asociación Española de Suministradores Marítimos → iz f 1 908
AESOR
Vereinigung Europäischer Unteroffiziere der Reserve → IZ R 308
AEUSCO
Europäischer Verband der Optometrieschulen- und Lehranstalten → IZ T 971
AEVPC
Europäische Vereinigung des Versandhandels → IZ H 420, iz h 523
AEXEA
Arbeitsgemeinschaft der Europäischen Anerkannten Sachverständigen → IZ S 648
AFCASOLE
Vereinigung der Hersteller von löslichem Kaffee der EG-Länder → IZ F 2 483
AFCOS
Association des Fabricants de Conteneurs Souples → iz f 1 180
AFEC
Asociacion Española de Fabricantes de Herramientas de Corte → iz f 979
AFECI
Vereinigung der Europäischen Hersteller von Durchlauf-Gas-Wassererhitzern und -Badeöfen sowie -Umlauf Gas-Wassererhitzern → IZ F 2 390

AFG
Verband der Glukosehersteller in der EU → IZ F 2 135
AFIGÉO
Association Française pour l'Information Géographique → iz t 177
AFME
Asociacion de Fabricantes de Material Electrico → iz f 234
AGCI
Associazione Generale Italiana Cooperative Agricole → iz p 13
AGEA
Fédération Nationale des Syndicats d'Agents Généraux d'Assurances → iz k 59
AGFIS
Allgemeiner Verband der Internationalen Sportvereinigungen → IZ U 462
AGI
Association for Geographic Information → iz t 179
AGII
Association of Greek Institutional Investors → iz i 95
AGMVR
Asociatia Generala a Medicilor Veterinari din Romania → iz s 137
AGORIA
Federation Multisectorielle de l'Industrie Technologique → iz f 208, iz f 223, iz f 723, iz f 902, iz f 1 221, iz f 1 426, iz f 1 437, iz f 1 465, iz f 1 473, iz f 1 494, iz f 1 526, iz f 1 575, iz f 2 187, iz f 2 211, iz f 2 256, iz f 2 273, iz f 2 381, iz f 2 434
AGRUCON
Agrupapación española de Conservas Vegetales → iz f 462, iz f 2 479
AIA
Automotive Industries Association of Canada → iz h 266
AIAG
Internationale Vereinigung der Hagelversicherer → IZ K 46
AIB
The Chairman Association of Insurance Brokers → iz k 74
AIBA
Associazione Italiana Brokers di Assicurazioni e Riassicurazioni → iz k 67
AIBI
Internationaler Verband der Backwaren-Industrie → IZ F 1 822
AIBI
Internationaler Verband der Brotindustrie → IZ F 1 823
AICA
Internationaler Kunstkritikerverband → IZ S 644
AICB
Internationale Vereinigung gegen den Lärm → IZ U 312
A.I.C.C.
Association of Irish Contract Caterers → iz f 1 202
AICCF
Internationale Eisenbahn-Kongress-Vereinigung → IZ M 36
AICE
Associazione Italiana Commercio Estero → iz h 348
AICE
Verband für innovative Zusammenarbeit in Europa → IZ U 819
AICP
Associaçao da Indústria Cervejeira Portuguesa → iz f 931, iz f 2 336
AICS
Associazione Italia Cultura Sport → iz u 521
AICV
Vereinigung der Obst- und Fruchtweinindustrie der EU → IZ F 2 506
AIDA
Internationale Vereinigung des Handels → IZ H 269
AIDA
Internationale Vereinigung für Versicherungsrecht → IZ T 873
AIDA
Internationale Vereinigung von Versicherungsjuristen → IZ T 875
A.I.D.A.A.
Internationale Vereinigung der Audiovisuellen Autoren → IZ S 639
AIE
Europäische Vereinigung der Unternehmen für elektrische Anlagen → iz f 886, IZ F 1 775

AIECE
Vereinigung Europäischer Konjunktur-Institute → IZ T 573
AIEEA
Internationale Vereinigung für das Studium der Versicherungswirtschaft → IZ T 563
AIEP
Internationale Vereinigung der Anschlußgleise-Benützer -IVA → IZ M 52
AIFA
Association of Independent Financial Advisers → iz k 64
AIFLD
Vereinigung der Gemüse- und Obsttrocknungsindustrie in der EG → IZ F 2 478
AIIBH
Associacion of Independent Insurance Brokers of Hungary → iz k 92
AIII
Internationale Vereinigung der industriellen Strahlenbelastung → IZ F 1 762
A.I.I.P.A.
Associazione Italiana Industrie Prodotti Alimentari → iz f 77, iz f 446, iz f 458, iz f 745, iz f 1 060, iz f 1 155, iz f 1 167, iz f 1 319, iz f 1 638, iz f 2 014, iz f 2 482, iz f 2 487, iz f 2 500, iz h 182
AIJA
Internationale Vereinigung Junger Rechtsanwälte → IZ S 211
AIJN
Verband der Fruchtsaft-Industrie der Europäischen Union → IZ F 69
AIJP
Internationale Vereinigung der Philatelie-Journalisten → IZ S 641
AIM
Association Internationale de la Mutualité → IZ K 34
AIM
Associazione Italiana di Metallurgia → iz t 524
AIM
Europäischer Markenverband → IZ U 92
AIMMAP
Associação dos Industriais Metalúrgicos, Metalomecânicos e Afins de Portugal → iz f 550
AIMMP
Associação das Indústrias de Madeiras e Mobiliário de Portugal → iz f 281
AIN
Associazione Italiana Nucleare → iz l 11
A.I.O.
Associazione Italiana Odontoiatri → iz s 176
AIORMS
Internationale Olympische Vereinigung für sportmedizinische Forschung → IZ T 823
AIOSP
Internationale Vereinigung für Schul- und Berufsberatung → IZ T 979
AIPCEE
Vereinigung der Fischindustrie in der E.U. → IZ F 2 455
AIPCR/PIARC
Straßen Weltorganisation → IZ M 120
AIPH
Internationaler Verband des Erwerbsgartenbaues → IZ Q 102
AIS
Internationale Seiden-Vereinigung → IZ F 1 707
AISAM
Internationale Vereinigung der Versicherungsgesellschaften auf Gegenseitigkeit → IZ K 38
A.I.S.E.
Internationale Vereinigung der Seifen- und Waschmittel- und Pflegemittel-Industrie → IZ F 1 764
AIT
Alliance Internationale de Tourisme → IZ N 43
AITA/IATA
Internationale Amateurtheater-Organisation → IZ O 8
AITC
Internationaler Verband der Konferenzübersetzer → IZ S 640
Aiuffass
Internationaler Verband der Verarbeiter von Chemiefaserfilament und Naturseidengarnen → iz f 423, IZ F 1 830
A.J.P.A.E.
Vereinigung der Journalisten der Luft- und Raumfahrt → IZ S 647

AJP/MCP
Jugendaktion für den Frieden (Christliche Bewegung für den Frieden) → IZ U 430

ALAI
ALAI Deutsche Landesgruppe → IZ U 592

ALE
Autonome Lokführergewerkschaft Europas → iz r 68

ALUPASS
ALUPASS Association Luxembourgeoise des Mandataires Generaux, Agents Generaux et Agents Professionnels d'Assurances, asbl → iz k 73

AMAMNG
Association of Manufacturers of Agricultural Machinery of N. Greece → iz f 213

AMCOR
Asociatia Consultantilor in Management din Romania → iz s 259

AMCOS
Association of Management Consultants of Slovenia → iz s 263

AMFEP
Verband der Hersteller von Produkten aus gegärten Enzymen → IZ F 2 139

AMGE-Europe
Weltverband der Pfadfinderinnen - Region Europa → IZ U 269

AMTEX
Asociacion Espanola de Constructores de Maquinaria Textil → iz f 1 524

AMUE
Assoziation für die Europäische Währungsunion → IZ I 88

ANACSE
Asociacion Nacional de Agentes y Corredores de Seguros Empresariales → iz k 89

ANCA-LEGA
Associazione Nazionale Cooperative Agricole → iz p 12

ANCERA
Federacion Nacional de Distribuidores del Recambio Libre → iz h 237, iz h 256

ANCI
Associazione Nazionale Calzaturifici Italiani → iz f 781

A.N.D.I.
Associazione Nazionale Dentisti Italiani → iz s 175

ANEMM
Associação Nacional das Empresas Metalúrgicas e Metalomecânicas → iz f 219

ANFABRA
Spanish Soft Drinks Association → iz f 2 358

ANFTA
Asociacion Nacional de Fabricantes de Tableros Aglomerados de Madera → iz f 284

ANIA
Association Nationale des Industries Alimentaires → iz f 2 364

ANIE
Associazione Nazionale Industrie Elettrotecniche ed Elettroniche → iz f 1 219, iz f 2 037

ANIERAC
Asociacion nacional de Industriales Envasadores y Refinodores de Aceite Comestibles → iz h 292

ANIRSF
Associacao Nacional dos Industriais de Refrigerantes e Sumos de Frutos → iz f 80

ANIRSF
Portugese Soft Drinks Association → iz f 2 356

ANITAF
Associacao Portuguesa de Texteis e Vestuario → iz f 1 878

ANMP
Associaçao Nacional de Municipios Portugueses → iz u 56

A.N.P.A.N.
Associazione Nazionale Provveditori Appaltatori Navali → iz f 1 904

AOES
Ökumenische Vereinigung für Kirche und Gesellschaft → IZ U 433

AOT
The Association of Finnish Technical Traders → iz h 227, iz h 244

APAG
Europäische Vereinigung der ölchemischen und verwandten Produkte → IZ F 719

APCA
Assemblee Permanente des Chambres D'Agriculture → iz q 11

APCAS
Asociación de Peritos de Segurosy Comisarios de Averias → iz s 693

APCM
Assemblée Permanente des Chambres de Métiers → iz g 36

APCRG
Association for the Rrotection of Rights of Conscripts in Georgia → iz s 658

APEAL
Verband der europäischen Hersteller von Stahl für Verpackungen → IZ F 2 039

APEC
Europäischer Verband für Kabelverbreitung → IZ T 899

APEG
Association Professionnelle des Entreprises de Gardiennage → iz g 132

APEQ
Associacao Portuguesa das Empresas Quimicos (APEQ) → iz f 1 030

APESB
Associacao Portuguesa para Estudos de Saneamento Basico → iz t 653

APF
Associação Portuguesa de Fundição → iz f 2 447

APFIC
Asia-Pazifische Fischerei Kommission → IZ W 1

APFIN
Associação Portuguesa das Sociedades Gestoras de Patrimónios e de Fundos de Investimento → iz i 103

API
Verband der Isoglucoseerzeuger der EU → IZ F 2 142

APIB
Associacao Portuguesa dos Industriais de Borracha → iz f 2 251

APIC
Ausschuß für pharmazeutische Wirkstoffe → IZ F 84

APICCAPS
Associacao Portuguesa dos Industriais de Calcado Componentes e Artigos de Peles e seus Sucedaneos → iz f 784, iz f 899

APIGTP
Associação Portuguesa das Industrias Graficas e Transformadoras do Papel → iz f 1 703, iz f 1 741

APIIU
Association of Professional Intermediaries of Ukraine → iz k 88

APIMONDIA
Internationaler Verband der Bienenzüchter-Vereinigungen → IZ Q 101

APMA
Automotive Parts Manufacturers Association → iz h 265

APME
Verein der Kunststofferzeugenden Industrie in Europa → IZ F 2 322

APML
Association of the Pharmaceutical Manufacturers of Latvia → iz f 959

APP
Association for Consulting to Business → iz s 265

APPC
Associação Portuguesa de Projectistas e Consultores → iz s 258, iz s 425, iz s 543

APRA
Fachverband Gastronimie → iz n 22

APROSE
Associacao Portuguesa dos Produtores Profissionais de Seguros → iz k 82

APSM
Association of Physical Scientists in Medicine → iz t 758

APTT
APTT Asociacia podniku topenárske techniky → iz f 656

APTT
Asociace Podniku Topenarske Techniky → iz f 304

ARC
Advertising Review Council → iz o 134

ARC
Asociatia Romana a Carnii - A.R.C. (Rumanian Meat Association) → iz f 2 310

ARCS
Austrian Research Centre Seibersdorf → iz t 673

ARGE
Arbeitsgemeinschaft der Verbände der Europäischen Schloss- und Beschlagindustrie → IZ F 24

ARGE ALP
Arbeitsgemeinschaft Alpenländer → IZ Q 187

ARISF
Verband der von der IOC anerkannten internationalen Sportvereine → IZ U 587

ASAJA
Asociacion Agraria-Jovenes Agricultores (A.S.A.J.A.) → iz q 28

ASASA
Advertising Standards Authority of South Africa → iz o 132

ASASP
Verband der Hersteller synthetischen amorphen Silizium (IV)-oxids (Silica) → IZ F 2 141

ASCCRE
Association Suisse du CCRE → iz u 59

ASCO
Association Suisse des Conseils en Organisation et Gestion → iz s 262

ASCOBEL
Association Belge des Conseils en Gestion et Organisation → iz s 245

ASEFCA
Asociación Española de Fabricantes de Colas y Adhesivos → iz f 2 081

ASIFA
Internationaler Animationsfilmverband → IZ O 32

ASKÖ
Arbeitsgemeinschaft für Sport und Körperkultur in Österreich → iz u 528

ASMI
Self-Medication Industry → iz f 2 559

ASOIF
Verband der Internationalen Olympischen Sommerspielvereinigungen → IZ U 586

ASPEC
Verband der Sorbithersteller in der EG → IZ F 2 185

ASPHER
Vereinigung der Schulen für das öffentliche Gesundheitswesen im Europäischen Bereich → IZ T 990

ASSCO
Europäische Vereinigung der Hersteller von Verpackungen aus Vollpappe → IZ F 677

ASSIFONTE
Vereinigung der Schmelzkäseindustrie in der E.U. → IZ Q 127

ASSINSEL
Internationaler Verband der Pflanzenzüchter für den Schutz von Pflanzenzüchtungen → IZ T 688

ASSITEJ
Internationale Vereinigung des Theaters für Kinder und Jugendliche → IZ O 13

ASSOBIBE
Italian Soft Drinks Association → iz f 2 351

ASSOFERR
ASSOFERR Associazione Titolari Carri Ferroviari → iz m 43

ASSOGOMMA
Associazione Nazionale fra le Industrie della Gomma, Cavi elettrici ed Affini → iz f 2 248

ASSOMET
Associazione Nazionale Industrie Metalli non Ferrosi → iz f 375

ASSUC
Vereinigung der Zuckerhandels-Verbände für die EU-Länder → iz h 211, IZ H 357

ASSURRE
Verband für die umweltverträgliche Verwendung und Rückgewinnung von Ressourven in Europa → IZ T 265

ATA
Verband der Atlantischen Gesellschaften → IZ U 352

ATEE
Vereinigung für Lehrerbildung in Europa → IZ T 987

ATI
Associazione Tessile Italiana → iz f 401, iz f 1 877

AUTIG
Autobranchens Handels- & Industriforening i Danmark → iz h 225, iz h 242

a.v.e.c.
Vereinigung der Geflügelschlachtereien und des Geflügelimport- und Exporthandels der E.U.-Länder → IZ H 327

AWDA
Automotive Warehouse Distributors Association → iz h 261

BAMCO
Bulgarian Association of Management Consultants → iz s 246

BARIG
BARIG e.V. Bundesverband der in Deutschland tätigen Luftverkehrsgesellschaften → IZ M 216

BASA
British Adhesives & Sealants Association → iz f 2 072

basa
British Automatic Sprinkler Association Ltd. → iz f 1 478

BATC
British Apparel & Textile Confederation → iz f 398

BAWK
Bulgarian Water Supply and Sewerage Association → iz l 123

BB
AVEVE/BOERENBOND → iz p 3

BB
Boerenbond → iz q 3

BE-BVM-SBM
Belgische Vereiniging voor Microbiologie → iz t 328

BEDA
Büro der Europäischen Designer-Verbände → IZ S 619

BEF
Bund Europäischer Farbberater → IZ S 649

BENELUX
Wirtschafts-Union zwischen Belgien, den Niederlanden und Luxemburg → IZ W 11

BEUC
Europäischer Verbraucherverband → IZ U 141

BFA
British Footwear Association → iz f 779

B.F.I.D.A.
British Food Importers & Distributors Association → iz h 120

BIAP
Internationales Büro für Audiophonologie → IZ T 232

BIBA
British Insurance Brokers' Association → iz k 63

BIC
Internationales Container-Büro → IZ M 233

BIE
Internationales Ausstellungs-Büro → IZ O 208

BIEM
Internationales Büro für mechanische Vervielfältigungsrechte → IZ U 120

BIMCO
Rat der Ostsee und der internationalen Seefahrt → IZ M 199

BIPAR
Internationaler Verband der Versicherungs- und Rückversicherungs-Vermittler → IZ K 48

BIPAVER
Internationale Vereinigung der Nationalen Verbände der Reifenspezialisten und Runderneuerer → IZ F 1 763

BIPM
Internationales Büro für Maß und Gewicht → IZ W 33

B.I.R.
Bureau of International Recycling → IZ F 173

BIWA
Belgian Committee of IWA → iz t 633

BLIC
Verbindungs-Büro der Kautschuk-Industrie der EU → IZ F 2 241

BNIA
Bureau National Interprofessionnel de l'Armagnac → iz f 1 332

BNIC
Bureau National Interprofessionnel du Cognac → iz f 1 334

BNICE
Bureau National Interprofessionnel du Calvados, du Pommeau et des Eaux-de-Vie de Cidre et de Poiré → iz f 1 333

BNIF
British Nuclear Industry Forum → iz l 10

BNSP
Beroepsvereniging van Stedebouwkundigen en Planologen → iz s 444

BPF
British Plastics Federation → iz f 1 252, iz f 1 509, iz f 2 092

BPF

BPF
British Plastics Federation (BPF), Composites Group → iz f 311
BRMA
British Rubber Manufacturers' Association → iz f 669, iz f 2 247
BSDA
British Soft Drinks Association Ltd. → iz f 2 349
BTMA
British Textile Machinery Association → iz f 1 520
BVA
British Veterinary Association → iz s 118
BvM
Bond voor Materialenkennis → iz t 526
BWSU
Bulgarian Worker´s Sport Union → iz u 538
BWV
Bundesverband Werkverkehr und Verlader e.V. → iz m 128
BYC
British Youth Council → iz u 239

C

CA
Cadmium-Verband → IZ F 174
CA
Consumers' Association → iz u 152
CAAED
Zentralverwaltung des Umweltschutzes unter künstlerischen Aspekten → IZ U 824
CAE
Europäische Vereinigung der Architekten → IZ S 652
CAEF
Committee of Associations of European Foundries → IZ F 2 433
CAFIM
Vereinigung der Europäischen Musik Industrien → IZ G 186
CAI
Consumers' Association of Ireland → iz u 155
CAMESIP
Cámara Venezolana de Fabricantes de Medicamentos Sin Prescripción Facultativa → iz f 2 581
CAMPBE
Cyprus Association of Medical Physics and Bio-Medical Engineering → iz t 750
CANDLES
Europäischer Verband der Kerzenhersteller → IZ F 812
CAOBISCO
Verband der Schokolade-, Dauerbackwaren- und Zuckerwarenindustrien der EU → IZ F 2 166
ČAOH
Česka Asociace Odpadového Hospodářstvi → iz f 265
CAP
Confederacao dos Agricoltures de Portugal → iz q 26
CAPIEL
CAPIEL Koordinierendes Komitee der Fachverbände der Schaltgerätehersteller in der Europäischen Union → IZ F 222
CARTOON
Europäische Vereinigung des Zeichentrickfilms → IZ O 24
CB
Consumentenbond → iz u 159
CBM
National Metalforming Centre → iz f 2 384
CCA
Comitato Consumatori Altroconsumo → iz u 157
CCAE
Confederacion de Cooperativas Agrarias de España → iz p 19
CCBE
Rat der Anwaltschaften der Europäischen Gemeinschaft → IZ S 213
CCE
Cigar Coalition Europe → IZ F 1 175
CCIVS
Koordinierungs-Ausschuß für den Internationalen Freiwilligen-Dienst → IZ V 329
CCMCM
Confédération de la Coopération, de la Mutualité et du Crédit Maritimes → iz p 21
CCR
Zentralkommission für die Rheinschiffahrt → IZ M 215

CDTF
Confédération des Débitants de Tabac de France → iz h 440
CDVGP
Verband des Geflügel- und Wildeinzelhandels in der EG → IZ H 521
CDYU
Christian Democratic Youth of Ukraine → iz u 412
CE
Europarat → IZ B 256
CEA
Europäische Versicherungs-Vereinigung → IZ K 1
CEA
Verband der europäischen Landwirtschaft → IZ Q 123
CEAI
Conseil des Experts Automobiles et Industriels du Maroc → iz s 687
CEC
Europäische Vereinigung der Schuh-Industrie → IZ F 772
CEC
Europäischer Verband der Führungskräfte → IZ R 224
CECCM
Zusammenschluß der Zigarettenhersteller der EU → IZ F 2 632
CECE
Europäisches Baumaschinen Komittee → IZ F 1 402
CECED
Europäischer Verband der Hersteller von Hausgeräten → IZ F 1 214
CECIMO
Europäisches Komitee für die Zusammenarbeit der Werkzeugmaschinen-Industrien → IZ F 1 448
CECIP
Europäischer Ausschuß der Waagen-Hersteller → IZ F 901
CECOD
Europäisches Komitee der europäischen Hersteller von Erdölmess- und Verteilanlagen → IZ L 96
CECODE
Zentrum des Europäischen Einzelhandels → iz h 24, iz h 528, IZ H 530
CECOF
Europäisches Komitee der Hersteller von Industrieöfen und Industrie-Wärmeanlagen → IZ F 1 493
CECOMAF
Europäisches Komitee der Hersteller von Luft- und Kältetechnischen Maschinen und Anlagen → IZ F 1 505
CECOP
Europäisches Komitee der Arbeits- und Produktionsgenossenschaften → IZ P 24
CECRA
Europäischer Verband des Kraftfahrzeuggewerbes → IZ H 474
CECSO
Europäischer Ausschuß für feste Brennstoffe → IZ L 85
CECT
Europäisches Komitee für den Dampfkessel-, Behälter- und Rohrleitungsbau → IZ F 1 425
CECU
Confederacion Estatal de Consumidores y Usuarios → iz u 167
CED
Confédération der Europäischen Drogistenverbände → IZ H 368
CED
Forschungs- und Dokumentations-Zentrum für das Sprachenproblem (wörtlich) → IZ T 151
CEDAG
Europäisches Aktionskomitee Freier Verbände → IZ U 669
CEDI
Europaverband der Selbständigen → IZ R 10
CEDIGAZ
Internationales Informationszentrum für Erdgas u. andere Kohlenwasserstoffgase → IZ L 98
CEDIM
Europäischer Ausschuß der nationalen Verbände der Lederwaren- und Reiseartikel-Hersteller und verwandter Industrien → IZ F 890
CEDT
Europäischer Bund der Tabakwareneinzelhändler → IZ H 439

CEEC
Europäisches Komitee für katholischen Unterricht und Erziehung → IZ U 419
CEEP
Europäischer Zentralverband der Öffentlichen Wirtschaft → IZ F 400
CEEREAL
Europäischer Verband für Getreidenährmittel → IZ F 1 147
CEES
Europäisches Zentrum der Studien von Silikaten → IZ F 1 588
CEETB
Europäischer Ausschuß für technische Gebäudeausrüstung → IZ F 884
CEFACD
Europäischer Ausschuß der Heiz- und Kochgeräte-Industrie → IZ F 888
CEFIC
Europäischer Verband der Chemischen Industrie → IZ F 1 017, iz f 2 042
CEFS
Europäischer Verband der Zuckerindustrie → IZ F 1 358
CEG
Consumers in Europe Group → iz u 154
CEGROBB
Europäische Gemeinschaft der Bier-Großhandels-Verbände der EG-Länder → IZ H 47
CEHP/UEHP
Europäischer Rat für private Krankenhäuser & Europäische Union der unabhängigen Krankenhäuser → iz s 2, IZ T 777
CEI
Europäischer Maklerverband → IZ H 538
CEI-BOIS
Zentralverband der Europäischen Holzindustrie → IZ F 2 583
CEI/CIS
Twin Cities International Association → iz u 71
CEISAL
Europäischer Rat für Lateinamerika-Forschung → IZ T 882
CEJA
Europäischer Rat der Junglandwirte → IZ Q 68
CEJH
Europäischer Verband der Jugend im Gartenbau → IZ Q 70
CEL
Europäische Konföderation der Laryngektomierten → IZ U 299
C.E.L.C.
Europäische Leinen- und Hanf-Vereinigung → IZ F 362, iz f 428
CELCAA
Europäisches Verbindungskomitee für den Handel mit landwirtschaftlichen Nahrungsmitteln → IZ H 205
CELIBRIDE
Internationale Verbindungsstelle der Stickerei-Gardinen und Spitzenindustrie → iz f 431, IZ F 1 710
CELINE
Cellule Interrégionale pour l'Environnement → iz a 195
CEMA
EG-Ausschuß des Europäischen Komitees der Verbände der Landmaschinen-Hersteller → IZ F 207
CEMAFON
Europäisches Komitee der Hersteller von Gießereimaschinen und Gießereiausrüstungen → IZ F 1 486
CEMATEX
Europäisches Komitee der Hersteller von Textilmaschinen → IZ F 1 516
CEMEP
Europäisches Komitee der Hersteller von elektrischen Maschinen und Leistungselektronik → IZ F 1 464
CEMT
Europäische Verkehrsminister-Konferenz → IZ A 213
CEN
Ausschuß der Europäischen Wirtschaftsgemeinschaft für Handel und Industrie von Wein, aromatisiertem Wein, Perlwein, Dessertwein → IZ H 4
CEN
Europäisches Komitee für Normung → IZ T 495
CENELEC
Europäisches Komitee für elektrotechnische Normung → IZ T 475

CEO
Europäisches Werkzeugkomitee → IZ F 1 586
CEOC
CEOC Europäische Vereinigung der Überwachungs-, Prüf- und Präventivorganisationen → IZ T 438
CEP
Ständige Europäische Konferenz für Straffälligen- und Bewährungshilfe → IZ U 817
CEPA
Bund der europäischen Vereinigungen der Schädlingsbekämpfer → IZ F 151
CEPE
Europäische Vereinigung der Lack-, Druckfarben- und Künstlerfarbenindustrie → IZ F 813
CEPFAR
Europäisches Zentrum zur Förderung der Ausbildung und Fortbildung in der Landwirtschaft und im ländlichen Raum → IZ T 976
CEPI
Europäischer Immobilienrat → IZ S 655
CEPI
Verband der Europäischen Papiererzeugenden Industrien → IZ F 107
CEPIS
Rat der Europäischen Informatiker Gesellschaften → IZ T 320
CEPLIS
Europäischer Rat der Freien Berufe → IZ S 1
CEPMC
Vereinigung Europäischer Baustoffhersteller → IZ F 2 417
CEPS
Europäischer Verband der Spirituosenhersteller → IZ F 1 323
CEPYME
Confederación Española de la Pequeña y Mediana Empresa → iz g 52
CERAME-UNIE
Verbindungs-Büro der europäischen Keramischen Industrie → IZ F 2 231
CERN
Europäisches Laboratorium für Teilchenphysik → IZ T 105
CERP
Europäische Public Relations Vereinigung → IZ S 269
CESA
Verbindungsausschuß des Schiffbaus der EU → IZ F 2 221
CESCE
Europäischer Ausschuß der Betriebsberatungsdienste → IZ S 268
CESI
Europäische Union der Unabhängigen Gewerkschaften → IZ R 67
CESIO
Europäisches Komitee für Tenside und ihre organischen Zwischenstufen → IZ F 1 435
CESP
Europäische Konföderation der Spezialisten für Kinder- und Jugendmedizin → IZ S 65
CET
Europäisches Komitee des Drahtzieherei → IZ F 1 414
CET
Vereinigung der europäischen Keramikfliesen-Hersteller → iz f 2 232, IZ F 2 394
CETOP
Europäisches Komitee Ölhydraulik und Pneumatik → IZ F 1 572
CETS
Europäisches Komitee der Oberflächenbehandlungen → IZ F 1 558
CEV
Europäisches Zentrum für den Freiwilligen → IZ U 345
CEZ
Europäisches Zentrum für die Bildung im Versicherungswesen → IZ T 975
CFCA
Confédération Française de la Coopération Agricole → iz p 7
CFE
Vereinigung von europäischen Steuerberaterverbänden → IZ S 295
CFFSTB
Centrale des Federations Francophones du Sport Travailliste de Belgique → iz u 508
CGFP
Confédération Générale de la Fonction Publique → iz r 87
CGJL
Conférence générale de la Jeunesse luxembourgeoise → iz u 242

CGPME
Confédération Générale des Petites et Moyennes Entreprises → iz g 38
CGSLB
Centrale Générale des Syndicats Libéraux de Belgique → iz r 71
ChAD
Chambre de l'Assurance de Dommages → iz k 70
CHPA
Consumer Healthcare Products Association → iz f 2 580
CIA
Confederazione Italiana Degli Agricoltori → iz q 22
CIAA
Vereinigung der Ernährungsindustrie der EU → IZ F 2 359
CIAPG
Internationaler Verband der ehemaligen Kriegsgefangenen → IZ U 122
CIATF
Internationales Komitee Gießereitechnischer Vereinigungen → IZ T 313
CIBC
Internationaler Metzgermeister-Verband → IZ G 182, iz h 206
CIBE
Internationale Vereinigung Europäischer Rübenanbauer → IZ Q 74
CIBEP
Vereinigung des "Internationalen Handels mit Blumenzwiebeln und Pflanzen" → iz h 216, IZ H 342
CIBJO
Internationale Vereinigung Schmuck, Silberwaren, Diamanten, Perlen und Steine → IZ G 169
CIBP
Internationale Volksbankenvereinigung → IZ I 46
C.I.C.A.E.
Internationale Vereinigung der Filmkunst- und Experimentiertheater → IZ O 28
CICCE
Ausschuß der Europäischen Filmindustrien → IZ O 22
CICF
Chambre des Ingénieurs-Conseils de France → iz s 413, iz s 512
CICIAMS
Katholischer Weltbund für Krankenpflege → IZ R 288
CICILS
Internationaler Zusammenschluß des Hülsenfrucht-Handels und der Industrie → IZ H 313
CIDE
Arbeitsgemeinschaft Europäischer Trocknungsbetriebe → IZ F 13
CIDSE
Internationale Arbeitsgemeinschaft für Entwicklung und Solidarität → IZ U 346
CIE
Consejo Intertextil Espagnol → iz f 415
CIEE
Council on International Educational Exchange e.V. → IZ T 983
CIEL
Centre International d'Études du Lindane → IZ F 175
CIELFFA
Internationales Komitee für Bandstahlkaltwalzenstudie → IZ F 1 855
CIETT
Internationale Vereinigung der Teilzeitarbeitsvermittler → IZ F 1 773
CIF
Internationaler Beamtenbund → IZ T 893
CIFE
Europäisches Bildungsinstitut e.V. → IZ T 883
C.I.F.P.
Internationales Fair-Play-Komitee → IZ U 318
C.I.G.R.
Internationale Kommission für Agrartechnik → IZ T 681
CIGRÉ
Internationale Konferenz für große Hochspannungsnetze → IZ L 2
CIIA
Internationale Kommission der Landwirtschafts- und Ernährungs-Industrien → IZ F 1 693
CIJM
Internationales Komitee der Mittelmeerspiele → IZ U 578

CIM
Internationaler Rat für Musik → IZ O 16
CIMO
European Fresh Produce Importers Association → iz h 208
CIMO
Vereinigung der Europäischen Frischobst und Gemüseimporteure und Vertriebsorganisationen → IZ H 314
C.I.N.O.A.
Internationale Kunsthändler-Vereinigung → IZ H 495
CIOMR
Interalliierte Vereinigung der Sanitätsoffiziere der Reserve → IZ R 246
CIOR
Interalliierte Reserveoffiziervereinigung → IZ R 245
CIPAC
Internationale Kommission für Pflanzenschutzmittel - Analysenmethoden → IZ T 299
CIPCEL
Internationales Zellglas-Komitee → IZ F 1 856
CIPF
Internationale Vereinigung der Stroh-, Futtermittel-, Torfindustrie, sowie Derivate → IZ H 271
CIPF
Internationales Komitee für Kaltwalzen → IZ F 1 854
CIPRA
CIPRA-Deutschland e.V. Internationale Alpenschutzkommission → iz q 189
CIPRA
Internationale Alpenschutzkommission → IZ Q 188
CIRCCE
Internationale Handelsvertreter-Vereinigung der Europäischen Gemeinschaft → IZ H 549
CIRET
Internationales Forschungszentrum für Konjunkturumfragen → IZ T 233
CIRFS
International Rayon and Synthetic Fibres Committee → iz f 418
C.I.R.F.S.
Internationale Chemiefaservereinigung → IZ F 1 661
CIRIEC
Internationales Forschungs- und Informationszentrum für öffentliche Wirtschaft und Gemeinwirtschaft (I.F.I.G.) → IZ T 568
CIRP
Internationale Forschungsgemeinschaft für Mechanische Produktionstechnik → IZ T 236
C.I.S.A.L.
Confederazione Italiana Sindacati Autonomi Lavoratori → iz r 80
C.I.S.A.S.
Confederazione Italiana Sindacati Addetti ai Servizi → iz r 81
CISM
Internationaler Rat für Militärsport → IZ U 554
CISPR
Internationaler Sonder-Ausschuß für Störungen im Rundfunkverkehr → IZ W 30
CISS
Internationales Komite für Gehörlosensport → IZ U 577
CIT
Internationales Eisenbahntransportkomitee → IZ M 54
CITA
Internationaler Verband der Möbelstoff-Fabrikanten → iz f 425, IZ F 1 828
CITHA
Vereinigung internationaler Handelshausverbände → IZ H 343
CITPA
Internationale Konföderation der Verarbeiter von Papier und Pappe in Europa → IZ F 1 694
CITS
Internationale Kommission für Zuckertechnologie → IZ T 682
CIWEM
The Chartered Institution of Water and Environmental Management → iz t 641
CJE
Consejo de la Juventud de España → iz u 255
C.L.A.I.U.
Verbindungskomitee der Vereinigungen graduierter Ingenieure bei der EU → IZ S 616

CLCCR
Verbindungs-Ausschuß der Aufbauten- und Anhänger-Industrie → IZ F 2 186
CLCV
Confédération de la Consommation du Logement et du Cadre Vie → iz u 148
CLD
Verbindungsausschuß der europäischen Einzelhandelsverbände → IZ H 522
CLDCE
Zahnärztlicher Verbindungs-Ausschuß zur EU (ZÄV) → IZ S 165
CLECAT
Europäisches Verbindungscomite des Speditions- und Lagereigewerbes im Gemeinsamen Markt → IZ M 228
CLEDIPA
Europäisches Verbindungskomitee der selbständigen Vertriebsgesellschaften für Automobilaustauschteile und -ausrüstung → IZ H 223
CLGE
Verbindungsausschuß für Europäische Vermessungsexperten → IZ S 594
CLIMMAR
Internationale Vereinigung der Händler und Reparaturbetriebe für Landwirtschaftliche Maschinen - CLIMMAR → IZ H 518
CLITAM
Marinalg International → iz f 2 051, IZ F 2 321
CLITRAVI
Verbindungsstelle der Fleischverwertungs-Industrie der EG → IZ F 2 292
CLONG
Comité de liaison des organisations non gouvernementales de développement auprès de l'Union européenne → IZ U 347
CLPUE
Verbindungsausschuß der Podologen der Europäischen Union → IZ S 152
CMI
Internationale Seerecht Kommission → IZ T 871
CN
Naturopa Zentrum → IZ Q 222
CNA
Confederazione Nazionale dell'Artigianato e delle Piccole e Medie Imprese → iz g 45
CNAPJEP
Comité pour les Relations Nationales et Internationales des Associations de Jeunesse det d'Education Populaire → iz u 237
cnc
Confédération Construction (CNC) → iz g 27
cnc
Confédération nationale de Construction → iz f 319
CNC
Consiglio Nazionale dei Chimici → iz t 18
CNE
Komitee der Nordseehafenspediteure → IZ M 234
CNIG
Centro Nacional de Informaçao Geográfica → iz t 186
CNISF
Conseil National des Ingénieurs et Scientifiques de France → iz s 452, iz s 474
CNJ
Conselho nacional de Juventude → iz u 249
CNJC
Consell Nacional de la Joventut de Catalunya → iz u 254
CNMCCA
Confédération Nationale de la Mutualité, de la Coopération et du Crédit Agricoles → iz p 20, iz q 12
CNSI
Confederatia Nationala Sindicala Independenta, 15 Noiembrie → iz r 89
CNUE
Ständige Konferenz der Notariate der EU → IZ S 214
COAG - IR
Coordinadora de Organizaciones de Agricultores y Ganaderos.-.INICIATIVA RURAL (COAG - I.R.) → iz q 29
COCERAL
Komitee des Getreide-, Futtermittel-, Ölsaaten, Olivenöl-, Ölen und Fetten und landwirtschaftlichen Betriebsmittelhandels in der E.U. → iz h 207, IZ H 281
COCIR
Europäischer Koordinierungsausschuß d. Röntgen- u. Elektromedizinischen Industrie → IZ F 984

C.O.E.S.S.
Europäischer Verband der Sicherheitsdienste → IZ G 130
COFACE
Bund der Familienorganisationen der Europäischen Union → IZ U 175
COFAG
Ausschuß der Glutaminsäurehersteller in der EG → IZ F 86, iz f 2 052
COFALEC
Ausschuß der Backhefehersteller der EG → IZ F 56
COGECA
Allgemeiner Ausschuß des Ländlichen Genossenschaftswesens der E.U. → IZ P 2
Cogen Europe
Europäischer Verband zur Förderung der Kraft Wärme Kopplung → IZ L 132
COLDIRETTI
Confederazione Nazionale Coltivatori Diretti → iz q 20
COLIBI
Verband der Fahrradhersteller in der EU → IZ F 2 255
COLIPA
Dachverband der europäischen Parfümerie, Kosmetik und Körperpflege-Industrie → IZ F 178
COLIPED
Verband der Hersteller von Teilen und Zubehör für Zweiräder in den EU-Ländern → IZ F 2 200
COMBOIS
Internationale Gemeinschaft für Holztechnologie-Transfer e.V. → IZ T 292
CONCAWE
Zusammenschluß europäischer Ölgesellschaften für Umwelt-, Sicherheits- u. Gesundheitsschutz → IZ Q 224
CONFAGRI
Confederation des Cooperatives Agricoles et du Credit Agricole du Portugal → iz p 17
CONFAGRICOLTURA
Confederazione Generale dell'Agricoltura Italiana → iz q 21
CONFAPI
Confederazione Italiana della Piccola e Media Industria → iz g 44
CONFCOOPERATIVE
Federazione Nazionale delle Cooperative Agricole ed Agroalimentari → iz p 11
CONFEMADERA
Confederación Española de Empresarios de la Madera → iz f 2 613
CONFETRA
Confederazione Generale Italiana dei Trasporti → iz m 143
CONF.I.L.L.
Confederazione Italiana Lavoratori Liberi → iz r 82
CONF.S.A.L.
Confederazione dei Sindacati Autonomi dei Lavoratori → iz r 83
CONSAP
Confederazione Sindacale Autonoma di Polizia → iz r 84
CONSORCIO
Consorcio Nacional de Industriales del Caucho → iz f 2 252
COPA
Ausschuss der berufsständischen landwirtschaftlichen Organisationen der E.U. → IZ Q 1
CORESTA
Verbindungs-Zentrale für wissenschaftliche Tabak-Forschung → IZ T 692
COSIACMS
Organisationskomitee für Internationale Automobil-, Fahrrad-, Motorrad- und Sportmessen → IZ O 210
COSPAR
Ausschuß für Raumforschung → IZ T 1
COTANCE
Zentralverband der Nationalen Vereinigungen der Gerber und Weißgerber in der E.U. → IZ F 2 615
COTREL
Europäisches Komitee für Zusammenarbeit der Fachverbände der Hersteller von Transformatoren in der EG → IZ F 1 436
CPEA and CEAA
Cyprus National Feani Commitee → iz s 495
C.P.H.E.
Ständiges Komitee der Europäischen Uhrmacherei → IZ G 185

CPIE
Zentrum der europäischen Immobilieneigentümer → IZ U 118

CP-ISRA
Internationaler Sport- und Freizeitbund der Hirngelähmten → IZ U 561

CPIV
Ständiger Ausschuß der Glas-Industrien in der EG → IZ F 1 918

CPIV
Ständiger Internationaler Ausschuß der Essighersteller - Gemeinsamer Markt → IZ F 1 935

CPL
Centrale Paysanne Luxembourgeoise → iz p 14, iz q 23

CPVO
Gemeinschaftliches Sortenamt → IZ A 218

CRE
Europäische Rektorenkonferenz → IZ T 878

CRIET
Verband europäischer Textilveredler → iz f 419, IZ F 1 857

CRIJ
Committee for International Youth Relations of the Frenchspeaking Community of Belgium → iz u 233

CROMBES
Croatian Medical & Biological Engineering Society → iz t 749

CSAJ
Federazione svizzera della Associazioni giovanuli/Federaziu → iz u 251

CSDF
The Cold Storage & Distribution Federation → iz f 711

C.S.E.N.
Confédération Syndicale de l'Education Nationale → iz r 78

CSFE
Chambre Syndicale Française de l'Échantéité → iz f 1 808

CSI
Internationale Seidenbau-Kommission → IZ W 19

CSI-CSIF
CSI-CSIF Central Syndical Independiente y de Funcionarios → iz r 94

CSIT
Internationaler Arbeitssportverband → IZ U 504

CSL
Commission Suisse pour la Loyauté → iz o 131

CSNMT
Czech Society for New Materials and Technologies → iz t 535

CTEF
Europäisches Technisches Fluor Komitee → IZ T 267

CTIF
Internationales Technisches Komitee für vorbeugenden Brandschutz und Feuerlöschwesen → IZ T 315

CWS
CO-OPERATIVE GROUP → iz u 128

CYC
Compania Espanola de Seguros de Crédito y Caucion S.A. → iz i 151

D

DAI
Dansk Abejder Indraetsforbund → iz u 512

DAKOFO
Danske Korn-og Foderstof-Im-og Eksporterer Faellesorganisation → iz f 1 269, iz h 289

DDD
Den Danske Dyrlaegeforening → iz s 110

DECO
Associação Portuguesa para a Defesa do Consumidor → iz u 163

DFIA
Dublin Funds Industry Association → iz i 97

DFTA
Deutschsprachige Flexodruck-Fachgruppe e.V. → IZ T 896

DKSF
Skofabrikantenforeningen i Danmark → iz f 774

DLF
Danske Laeskedrik Fabrikanter → iz f 2 343

DMR
Dansk Management Raad → iz s 247

DNV
Den Norske Veterinaerforening → iz s 132

DPF
The Danish Plastics Federation → iz f 660, iz f 1 247, iz f 2 087

DUF
Dansk Ungdoms Faellesrad → iz u 234

E

EA
European co-operation for Accreditation → IZ T 542

EAA
Europäische Aluminium-Vereinigung → IZ F 248

EAAA
Europäischer Vereinigung der Werbeagenturen → IZ O 151

E.A.A.C.A.
Verband der Europäischen Porenbetonindustrie → IZ F 2 061

EAAP
Europäische Vereinigung für Tierproduktion (EVT) → IZ Q 47

EAC
Europäischer Ausschuß der Hersteller von Amino-Carboxylaten → IZ F 889

EACEM
Europäischer Verband der Hersteller von Unterhaltungselektronik → IZ F 1 261

EADK
Europäische Autorenvereinigung Die Kogge, e.V., Sitz Minden → IZ S 635

E.A.E.A.
Europäischer Verband für Erwachsenenbildung → IZ T 970

EAGLE
Europäische Vereinigung für die Erschließung von Grauer Literatur → IZ U 628

EAL
Europäische Gesellschaft für Gesetzgebung → IZ T 843

EAMDA
Europäische Allianz der Verbände für Muskelkrankheiten → IZ U 301

EAMTM
Europäischer Verband für Werkzeugmaschinenhändler → IZ H 161

EANS
Europäische Akademie für Ernährungswissenschaften → IZ T 629

EAO
Europäische Akademie Otzenhausen e.V. → IZ U 597, iz u 701

EAPA
Europäischer Asphaltverband → IZ F 1 120

EAPO
Vereinigung von Erzeugergemeinschaften in der Europäischen Gemeinschaft → IZ Q 143

EAPR
Europäische Gesellschaft für Kartoffelforschung → IZ T 630

EAPS
Europäische Gesellschaft für Bevölkerungswissenschaft → IZ T 562

EARTO
Europäische Vereinigung der Forschungs- und Technologie-Organisationen → IZ T 240

EAS
Europäische Gesellschaft für Fischzucht im Meer → IZ Q 140

EASA
Europäische Allianz der Werbeselbstdisziplin → IZ O 106

EASE
Association of Chief Executive Officers → iz r 237

EASVO
Europäischer Verband staatlicher Veterinärbeamter → IZ R 241, iz s 138

EAT
Europäischer Dreierverband für Werbung → IZ O 149

EATO
Europäische Arbeitsgemeinschaft der Theaterbesucherorganisationen e.V. → IZ O 3

E.a.t.p.
Europäischer Verband für textile Polyolefine → iz f 427, IZ F 1 178

EAY
Europäische Allianz der christlichen Vereine junger Männer (CVJM) → IZ U 270

EBA
Entreprenørforeningen - Bygg og Anlegg → iz f 329

EBC
Europäischer Brauerei-Verband → IZ F 917

EBDD
Europäische Beobachtungsstelle für Drogen und Drogensucht → IZ A 191

EBEMA
Verband europäischer Hersteller von Bäckereiausrüstung → IZ F 2 064

EBEN
Europäisches Geschäftsethik-Netzwerk → IZ U 22

EBF
Europäische Buchhändlervereinigung → IZ H 375

EBFRIP
Verband Europäischer Hersteller von bromierten flammfesten Industrie → IZ F 2 065

EBLIDA
Europäisches Büro der Bibliotheks-, Informations- und Dokumentationsverbände → IZ T 301

EBRD
Europäische Bank für Wiederaufbau und Entwicklung → IZ I 3

EBU-UER (Eurovision/Euroradio)
Europäische Rundfunkunion → IZ O 47

EBV
EURO Bankenvereinigung → IZ I 1

ECA
The Electrical Contractors' Association → iz f 1 784

eca
Europäische Catering Vereinigung → IZ F 250

ECA
European Carpet Association → iz f 424

E.C.A. - Lux
Europäischer Kulturverband → IZ U 668

ECAC
Europäische Zivilluftfahrtkonferenz → IZ M 218

ECAMA
Europäischer Verband der Zitronensäurehersteller → IZ F 1 357

ECAS
Aktionsservice Bürger in Europa → IZ U 591

ECATRA
Europäischer Auto- und Lastwagen-Vermietungs-Verband → IZ M 56

ECCA
Europäischer Verband für die Beschichtung von Metallrollen → IZ F 1 140

ECCC
EG-Ausschuß für Chemie → IZ T 2

ECCE
Europäischer Rat der Ingenieure des Bauwesens → IZ S 447

ECCO
Europäischer Rat der Wehrpflichtigen-Organisationen → IZ S 656

ECCPA
Europäischer Verband der Hersteller von Spaltkatalysatoren → IZ F 1 259

ECCS/CECM/EKS
Europäische Konvention für Stahlbau → IZ F 338

ECCTO
Kakaohandelsverband der E.U. → IZ H 275

ECE
Wirtschaftskommission der Vereinten Nationen für Europa → IZ V 11

ECerS
Europäische Keramik-Gesellschaft → IZ F 336

ECETOC
Europäisches Ökologie- und Toxikologiezentrum der Chemie → IZ T 817

ECF
Europäische Kulturstiftung → IZ U 599

ECF
Europäischer Radfahrerverband → IZ U 174

ECF
Europäischer Wohnwagenverband → IZ F 177

ECHO
Amt für humanitäre Hilfe → iz a 25

ECLAC
Wirtschaftskommission für Lateinamerika und die Karibik → IZ V 9

ECMA
Europäischer Verband der Katalysatorhersteller → IZ F 266

ECMA
Vereinigung der Europäischen Faltschachtel-Industrie → IZ F 2 379

ECNAIS
Europäischer Rat der nationalen Vereinigungen freier Schulen → IZ T 967

ECOBA
Europäische Vereinigung für die Verwertung der Nebenprodukte von Kohlekraftwerken e.V. → IZ F 613

ECOO
Europäischer Rat für Optometrie und Optik → IZ G 88

ECOSA
Europäischer Verband für Verbraucherschutz → IZ U 140

ECOSOL
Europäisches Versuchszentrum für lineares Alkylbenzol → IZ F 1 585

ECPM
Europäische Vereinigung der Ärzteverbände der besonderen Therapierichtungen Brüssel → IZ S 68

ECSA
Europäische Gemeinschaft Verband der Schiffsseigner → IZ M 172

ECSF
Egyptian Compagnies Sports Federation → iz u 505

ECSLA
European Cold Storage and Logistics Association → IZ F 706

E.C.S.P.A.
Vereinigung der Europäischen Kalksandsteinindustrie → IZ F 2 393

ECTA
Europäische Gemeinschaftsvereinigung für Markenartikeln → IZ U 91

ECTA
Europäischer Fachverband Spanende Werkzeuge → IZ F 972

ECTAA
Vereinigung der Nationalen Verbände der Reisebüros und -Veranstalter → IZ N 44

ECTARC
Europäisches Zentrum für Traditionelle- und Regionalkultur → IZ U 674

ECTEL
Verband der europäischen Telekommunikations- und Elektronikindustrie → IZ F 2 062

ECTP
Europäischer Rat der Stadtplaner → IZ S 433

E.C.U.
Europäische Beratervereinigung → IZ S 227

ECYC
Europäische Vereinigung der Jugendclubs → IZ U 182

E.D.A.
Europäischer Abbruch-Verband → IZ F 883

EDA
Europäischer Milchindustrieverband → IZ F 996

EDA
Europäischer Verband der Entkoffeinierer → IZ F 1 108

EDANA
Europäischer Verband Vliesstoffe und Einmalartikel → IZ F 1 356

EDEFA
Europäischer Verband für dekorative Kunststoffolien → IZ F 595

EDMA
Europäischer Verband der Diagnostica-Hersteller → IZ F 1 141

EDMMA
Europäischer Verband der Hersteller von Dessertmischungen → IZ F 1 208

EDS
Europaverband der Schausteller → IZ U 676

EDTC
Europäisches Komitee für Tauchtechnologie → IZ T 266

EEA
Europäische Umweltagentur → IZ A 194

EEA
Europäischer Verband der Aufzugshersteller → IZ F 1 064

EEA
Verband der Europäischen Expressdienste → IZ M 223

EEB
Europäisches Umweltbüro → IZ Q 193

E.E.C.A.
Europäischer Verband der Hersteller elektronischer Bauteile → IZ F 1 229

EEMA
Europäischer Verband für elektronische Nachrichten → IZ T 898

EESTTILIHALIIT
Estonian Meat Association → iz f 2 296

EFAA
Europäische Vereinigung von Bilanzaufstellern und Prüfern für kleine und mittlere Unternehmen → IZ S 653

EFAD
Europäische Vereinigung der Diätassistenten-Verbände → IZ S 378

EFAPIT
European Federation of Animal Proteins Importers and Traders → IZ H 39

EFB
Europäische Föderation Biotechnologie → IZ T 29

E.F.B.H.
Europäische Föderation der Bau- und Holzarbeiter → IZ R 65

EFC
Europäisches Zentrum für Stiftungen → IZ U 673

EFCA
Europäische Vereinigung für technische Beratung → IZ S 405

EFCT
Europäische Vereinigung der Kongress-Städte → IZ O 202

EFCTC
Europäischer technischer Ausschuß für Fluorcarbon → IZ F 1 051

EFDA
Europäischer Verband der Formelfahrer → IZ U 468

EFECOT
Europäischer Verband für die Ausbildung der Kinder von Berufsreisenden → IZ T 969

EFEMA
Vereinigung der europäischen Hersteller von Nahrungsmittelemulgatoren → iz f 2 043, IZ F 2 391

EFER
Europäischer Verband der Händler für Hauselektronik → IZ H 162

EFF
Europäischer Franchise-Verband → IZ H 473

EFFA
Europäischer Verband für Aroma- und Duftstoffe → IZ F 1 110

EFFAS
Europäischer Verband der Vereinigungen der Finanzanalysten → IZ S 293

EFFAT
Europäische Föderation der Gewerkschaften des Lebens-, Genussmittel-, Landwirtschafts- und Tourismussektors und verwandter Branchen → IZ R 98, iz r 252

EFFC
Europäische Vereinigung der Spezialtiefbauunternehmen → IZ F 614

E.F.F.C.A.
Europäischer Verband der Hersteller von Enzymen für die Nahrungsmittelindustrie → IZ F 1 230

EFFCM
Europäischer Verband der Faserzementhersteller → IZ F 1 063

EFFEI
Europäische Vereinigung der Finanzvorstandsinstitute → IZ I 109

EFFOST
Europäische Vereinigung der Nahrungsmittelwissenschaft und -Technologie → IZ T 662

EFFS
Europäische Vereinigung für Bestattungsdienste → IZ G 54

EFIL
Europäische Vereinigung für interkulturelles Lernen → IZ U 645

EFJC
Europa Cantat - Europäische Föderation Junger Chöre e.V. → IZ O 1

EFL
Europäische Frauenlobby → IZ U 178

EFLA
Europäisches Forum von nationalen Lift-Gesellschaften → IZ F 1 403

EFMA
Europäischer Verband der Düngemittel-Hersteller → IZ Q 69

EFMD
Europäische Stiftung für Managemententwicklung → IZ T 554

EFOA
Europäischer Verband für sauerstoffangereicherte Kraftstoffe → IZ F 1 176

EFOMP
Europäische Vereinigung für Medizinische Physik → IZ T 744

EFPA
Europäischer Verband der Hersteller von Lebensmittelphosphaten → IZ F 1 244

EFPA
Europäischer Verband für Lebensmittelverpackungen und Einweggeschirr → IZ F 1 172

EFPIA
Europäische Vereinigung der Verbände der pharmazeutischen Industrie → IZ F 834

EFQM
Europäische Stiftung für Qualitätsmanagement → IZ T 437

EFR
Europäischer Recycling-Verband für Eisen und Stahl → IZ F 1 040

EFRA
Europäischer Verband für Flammenhemmstoffe → IZ F 1 146

EFRP
Europäischer Bund für Altersversorgung → IZ I 44

EFSAC
Europäischer Rat für Brandschutz- und Sicherungstechnik → IZ K 44

EFTA
Europäische Freihandelsassoziation → IZ W 2

EFYSO
Europäischer Verband der Jugendservice Organisationen → IZ U 184

EGA
Europäischer Verband für Generika → IZ T 790

EGB
Europäischer Gewerkschaftsbund → IZ R 151

EGGA
Europäische Vereinigung für Allgemeine Verzinkung → IZ F 541

EGI
Europäisches Gewerkschaftsinstitut → IZ R 242

EGM
Europäische Behälter-Glasfabrikanten-Vereinigung → IZ F 249

EGS
Europäische Gesellschaft für Schriftpsychologie und Schriftexpertise e.V. → IZ S 650

EGTA
Europäische Vereinigung für Fernsehwerbung → IZ O 150

EGTYF
Europäische Guttempler Jugend Föderation → IZ U 183

EHG
Europäische Hippokrates Gesellschaft e.V. → IZ T 743

EHI
Europäisches Hochschulinstitut → IZ T 972

EHI
Vereinigung der europäischen Heizungsindustrie → IZ F 287

EHIA
Europäischer Verband für Kräutertee → IZ F 1 162

EHIMA
European Hearing Instrument Manufacturers Association → IZ F 1 589

EHPM
Europäische Vereinigung der Verbände der Reformwarenhersteller → IZ F 854

EHRA
Estonian Hotel and Restaurant Association → iz n 29

EI
Euro-Institut → IZ I 2

EIB
Europäische Investitionsbank → IZ A 226

EIC
Europäische internationale Bauunternehmer → IZ F 318

EIF
Europäischer Investitionsfonds → IZ I 4

EIFI
Europäisches Institut für technische Befestigungselemente → IZ F 1 405

EIGA
Europäischer Industriegaseverband → IZ F 982

EIPA
Europäisches Institut für öffentliche Verwaltung → IZ T 885

EIPA
The Hellenic Institute of Environment → iz t 640

EIPC
Europäisches Institut für Gedruckte Schaltungen → IZ F 1 404

EIPOS
Europäisches Institut für postgraduale Bildung an der Technischen Universität Dresden e.V. → IZ T 974

EIRMA
Europäische Vereinigung für das Management der Industrieforschung → IZ T 262

E.I.S.A.
Vereinigung der europäischen unabhängigen Stahlerzeuger → IZ F 2 403

EKRPV
Europäische Kommunal- und Regionalpolitische Vereinigung → IZ U 351

ELA
Europäische Logistik-Vereinigung → IZ M 224

ELC
Verband der europäischen Industrie für Nahrungsmittelzusätze und Nahrungsmittelenzyme → IZ F 2 040

ELCA
Gemeinschaft des europäischen Garten-, Landschafts- und Sportplatzbaues → IZ S 379

ELCDHyg
Europäischer Verbindungsausschuß für Zahnhygiene → IZ T 806

ELDR
Die Europäische Liberale, Demokratische und Reform Partei → IZ U 434

ELF
Europäische Schlosservereinigung → IZ G 12

ELMA
Europäischer Verband für Längenmeßtechnik → IZ T 471

ELMO
Europäisches Komitee der Hersteller von Wäscherei- und Chemischreinigungsmaschinen → IZ F 1 536

ELSEVIE
Hellenic Association of Footwear Manufacturers and Exporters → iz f 778

EMBA
Europäischer Methylbromid-Verband → IZ F 995

EMBALPACK
Europäischer Verband der Hersteller von Verpackungspapieren → IZ F 1 262

EMBL
Europäisches Laboratorium für Molekularbiologie → IZ T 104

EMBO
Europäische Organisation für Molekularbiologie → IZ T 243

EMC
Europäische Marketing Konföderation → IZ T 543

EMC
Europäischer Musikrat → IZ O 17

EMCY
Europäische Union der Musikwettbewerbe für die Jugend → IZ O 5

EMEA
Europäische Agentur für die Beurteilung von Arzneimitteln → IZ A 189

EMECA
Europäischer Verband der großen Ausstellungszentren → IZ O 204

EMO
European Music Office → IZ O 18

EMPA
Europäischer Seelotsenverband → IZ S 467

EMR
Institut für Europäisches Medienrecht → IZ T 846

EMS
European Meteorological Society e.V. → IZ T 244

EMSS
Estonian Material Science Society → iz t 520

EMSz
Erösített Müanyaggyártók Szövetsége → iz f 316

ENA
Europäischer Verband der Betreiber von Nitrieranlagen → IZ F 1 065

ENERO
Europäisches Netz der Organisationen für Umweltforschung → IZ T 663

ENGAGE
Europäisches Netzwerk der Technik für Landwirtschaft und Umwelt → IZ T 693

ENGVA
Europäischer Verband für erdgasbetriebene Fahrzeuge → IZ F 1 142

ENPA
Europäische Zeitungsverleger-Vereinigung → IZ O 54

ENSCA
Europäischer Verband des Naturdarmhandels → IZ H 176

EOA
Europäische Stomavereinigung → IZ U 304

E.O.C.
Das Europäische Olympische Komitee → IZ U 464

E.O.S.
Europäische Organisation der Sägewerke → IZ F 2 530, iz f 2 584

EOTA
Europäische Organisation für Technische Zulassungen → IZ T 407

EP
Europäisches Parlament → IZ A 183

EPA
Europäische Elternvereinigung → IZ U 176

epa
Europäische Presse-Bildagentur → IZ O 53

EPA
Europäischer Verband der Polyakohole Hersteller → IZ F 1 286

EPA
Europäisches Patentamt → IZ A 214

EPA
European Parking Association → IZ O 214

EPBA
Europäischer Verband für Gerätebatterien → IZ F 1 161

EPDEF
Etablissement Public Departemental de l'Enfance et de la Famille → iz u 188

EPDLA
Europäischer Verband für Polymerdispersion und Latex → IZ F 1 173

EPEM
Europäische Produzenten elektrisch geschmolzener Minerale → IZ F 464

EPF
Europäische Verpackungs-Vereinigung → IZ F 872

EPF
Europäischer Holzwerkstoffverband → iz f 2 587

EPI
Verband der europäischen Photochemikalien-Industrie → IZ F 2 060

EPMA
Europäische Vereinigung für Pulvermetallurgie → IZ F 597

EPPAA
Europäischer Verband der Hersteller von reiner Phosphorsäure → IZ F 1 258

EPPO
Pflanzenschutzorganisation für Europa und den Mittelmeerraum → IZ Q 226

EPTA
Verband der Europäischen Elektrowerkzeug-Hersteller → IZ F 2 033

EQA
Europäischer Qualitätssicherungsverband der Hersteller von Polystyrolschaumstoff für Lebensmittelverpackungen → IZ F 1 015

ERA
Europäische Rechtsakademie Trier → IZ T 844

ERA
Verband der Fluglinien Europäischer Regionen → IZ M 222

ERMCO
Europäische Vereinigung für Transportbeton → IZ F 573

ERPA
Europäischer Altpapierverband → IZ F 85

ESA
Environmental Services Association → iz f 255

ESA
Europäische Saatgutverbände → IZ Q 121

ESA
Europäische Weltraumorganisation → IZ T 33

ESA
Europäischer Verband der Gewürzindustrie → IZ F 1 196

ESA
Europäischer Verband der Snackshersteller → IZ F 1 313

ESA/ESOC
Europäisches Operationszentrum für Weltraumforschung → IZ T 106

ESBA
Europäischer Bund der Kleinbetriebe → IZ R 1

ESCAP
Wirtschafts- und Sozialkommission für Asien und den Pazifischen Raum → IZ V 8

ESCWA
Wirtschaftskommission für Westasien → IZ V 10

ESF
Europäische Wissenschaftsstiftung → IZ T 36

ESF
Europäischer Federn Verband → IZ F 882

E.S.G.A.
European Special Glas Association → iz f 1 921

ESIB
Nationale Studentenvereinigungen in Europa → IZ T 982

ESO
Europäische Organisation für astronomische Forschung in der südlichen Hemisphäre → IZ T 31

ESO
Europäische Schiffer-Organisation → IZ S 395

ESOTA
Europäische Vereinigung der Papierwarenfachgroßhandels und Bürobedarfs-Verbände → IZ H 125

ESPA
Europäischer Verband der Salzhersteller → IZ F 1 295

ESPA
Europäischer Verband für Sterilisierung und Verpackung → IZ F 1 177

ESTA
Europäische Staatsbürger-Akademie e.V. → IZ U 624

E.S.T.A.
Europäische Vereinigung für Geldtransporte und -begleitung → IZ M 227

ESTA
Europäische Vereinigung für Stahlrohre → IZ F 598

ESTA
Europäischer Handelsverband für chirurgischen Bedarf → IZ H 140

ESTA
Europäischer Verband für Rauchtabak → IZ F 1 174

ESTI
Europäische Vereinigung der Transportinstitute → IZ M 3

ESU
Europäische Schausteller-Union → IZ H 537

ESV
Europäische Sparkassenvereinigung → IZ I 27

ESYN
National Council of Hellenic Youth Organisations → iz u 238

ETA
Europäische Tuben-Vereinigung → IZ F 465

ETAG
Europäische Gruppe für Reisen und Aktionstourismus → IZ N 42

ETAPC
Europäischer technischer Verband für Schutzbeschichtungen → IZ T 470

ETC
Europäische Fremdenverkehrs-Kommission → IZ N 41

ETC
Europäischer Tee-Ausschuß → IZ F 1 052

ETF
Europäische Stiftung für Berufsbildung → IZ T 966

ETL
Elintarvikieteollisuusliitto ry → iz f 73, iz f 1 271, iz f 1 331, iz f 1 634, iz f 2 170, iz f 2 363, iz f 2 459, iz f 2 510

ETMC
Europäischer Rat für Transportpflege → IZ M 226

ETN
Europäisches Netzwerk für Textil → IZ F 1 573

ETNO
Verband europäischer Betreiber von öffentlichen Fernmeldenetzen → IZ T 963

E.T.R.T.O.
Technische Organisation der Europäischen Reifen- und Felgenhersteller → IZ T 317

ETSA
Europäische Dienstleister → IZ O 34

ETV
Europäischer Tabakwaren-Großhandels-Verband e.V. → IZ H 152

EUCA
Europäische Vereinigung der Rösterverbände → IZ F 737

EUCAPA
Europäische Kapsel-Vereinigung → IZ F 335

EUCAR
Europäischer Rat für Forschung und Entwicklung auf dem PKW-Sektor → IZ T 263

EUCARPIA
Europäische Gesellschaft für Züchtungsforschung → IZ T 631

EUCEPA
Europäischer Verband für Zellstoff und Papiertechnik → IZ F 1 195

EUCOFEL
Europäische Union des Obst- und Gemüse- Groß- und Außenhandels → IZ H 83, iz h 209

EUCOLAIT
Europäische Union des Handels mit Milcherzeugnissen → IZ H 62, iz h 212

EuDA
Europäischer Nassbaggerverband → IZ M 191

EUJS
Europäische Union der Jüdischen Studenten → IZ U 373

EuLA
Europäischer Kalkverband → IZ F 983

EULAR
Europäische Rheumaliga → IZ U 303

EULOS
European Network of Independent Unions of Local Authority Staffs → iz r 69

EUMABOIS
Europäisches Komitee der Holzbearbeitungsmaschinen-Hersteller → IZ F 1 545

EUMAPRINT
Europäisches Komitee der Hersteller von Druck- u. Papierverarbeitungsmaschinen → IZ F 1 463

EUMEPS
Europäischer Hersteller von Styropor-Schaumstoff → IZ F 981

EUMETSAT
Europäische Organisation für die Nutzung von Wettersatelliten → IZ T 245

EuPC
Verband Europäischer Kunststoffverarbeiter → IZ F 2 084

EuPR
Europäische Plastik Recycler → IZ Q 194

EURADA
Europäischer Verband der Entwicklungsagenturen → IZ U 344

EURALARM
Vereinigung Europäischer Hersteller von Alarmanlagen für Brand, Einbruch und Überfall → IZ F 2 453

EurAqua
European Network of Freshwater Research Organizations → IZ T 107

EURATEX
Europäische Organisation der Konfektions- und Textilindustrie → IZ F 387

EUREAU
Europäische Union der Nationalen Vereinigungen der Wasserversorger → IZ L 102

EURELECTRIC
Union der Elektrizitätswirtschaft → IZ L 3

EURIMA
Europäischer Verband der Isolationshersteller → IZ F 1 265

EURO AIM
Europäische Organisation für einen unabhängigen Markt in der Bild- und Tontechnik → IZ O 35

EURO-AIR
Europäische Vereinigung der Hersteller von Warmlufterzeugern → IZ F 678

EUROAVIA
Verein europäischer Luft- und Raumfahrtstudenten → IZ T 985

EUROBAT
Vereinigung Europäischer Akkumulatorenhersteller → IZ F 2 416

EUROBIT
Europäischer Verband der büro- und informationstechnischen Industrie → IZ F 1 067

EUROCAE
Europäische Vereinigung für Equipment in der Zivilluftfahrt → IZ F 572

EUROCHAMBRES AISBL
Vereinigung der Europäischen Industrie- und Handelskammern → IZ E 3

EUROCINEMA
Eurocinema - Verband der Hersteller → IZ O 23

EUROCLIO
Ständige Konferenz der Europäischen Geschichtslehrer-Verbände → IZ U 826

EuroCommerce
Die europäische Repräsentation des Einzel-, Groß- und Außenhandels bei der Europäischen Union → IZ H 1

EUROCONTROL
Europäische Organisation für Flugsicherung → IZ M 217

EUROCOOP
Europäische Gemeinschaft der Verbrauchergenossenschaften → IZ U 125

EUROCORD
Europäischer Verband der Bindfaden- und Seilerwarenindustrie → IZ F 1 066

EUROCORD
Verbindungsausschuß der Hartfaser- und Tauwerkindustrie der E.W.G. → iz f 429, IZ F 2 198

Eurocoton
Komitee der Baumwoll- und Verwandten Textilindustrien der E.G. → iz f 420, IZ F 1 871

EUROFEDOP
Europäische Föderation der Öffentlich Bediensteten → IZ R 316

EUROFER
Europäische Wirtschaftsvereinigung der Eisen- und Stahlindustrie → iz f 361, IZ F 874

EUROFEU
Europäisches Komitee der Hersteller von Fahrzeugen, Geräten und Anlagen für den Brandschutz → IZ F 1 472

EUROFIMA
Europäische Gesellschaft für die Finanzierung von Eisenbahnmaterial → IZ M 1

EUROFINAS
Europäische Vereinigung der Verbände von Finanzierungsbanken → IZ I 110

EUROFORGE
Vereinigung der europäischen Gesenkschmiedeverbände → IZ F 2 380

EUROGAS
Europäische Vereinigung der Erdgaswirtschaft → IZ L 63

EUROGI
Europäische Dachorganisation für Geographische Information → IZ T 172

EUROGLACES
Vereinigung der Speiseeis-Industrie der Europäischen Gemeinschaft → IZ F 2 531

EUROGYPSUM
Verband der Europäischen Gipsindustrien → IZ F 1

Euroheat & Power, Unichal
Internationaler Verband für Fernheizung, Fernkühlung und Kraft-Wärme-Kopplung → IZ L 131

EUROM
Europäische Industrie-Vereinigung Feinmechanik und Optik → IZ F 317

EUROMALT
Arbeitskomitee der Mälzereien in der EU → IZ F 42, iz h 220

EUROMAT
Europäische Vereinigung der Automaten-Verbände → IZ F.497

EUROMET
Zusammenarbeit der Westeuropäischen metrologischen Staatsinstitute → IZ T 235

EUROMETAL
Eurometal Europäischer Bund der Stahl-, Röhren und Metallhändlerverbände → IZ H 85

EUROMETAUX
Europäische Metall-Vereinigung → IZ F 363

EUROMIL
Europäische Organisation der Militärverbände (Dachorganisation der Berufsverbände von Soldaten) → IZ R 66

EUROMOT
Europäischer Verband von Verbrennungsmotorenherstellern → IZ F 55

EURO-Orientation
Europäischer Verein für schulische und berufliche Orientierung, Beratung und Information → IZ S 668

EUR-OP
Amt für amtliche Veröffentlichungen der Europäischen Gemeinschaften → iz a 2, IZ A 187

EUROP
Übereinkommen über die gemeinschaftliche Benutzung von Güterwagen → IZ M 55

EUROPACABLE
European Confederation of Associations of Manufacturers of Insulated Wires and Cables → IZ F 1 885

EUROPANEL
Gesellschaft für internationale Marktstudien → IZ T 559

EUROPATAT
Europäische Union des Kartoffelhandels → IZ H 66

EuropeAid
EuropeAid Amt für Zusammenarbeit → iz a 29

EUROPECHE
Vereinigung der nationalen Verbände von Fischereiunternehmen in der E.U. → IZ Q 144

EUROPEN
Europäische Vereinigung für Verpackung und Umwelt → IZ F 612

EUROPGEN
Koordinationsausschuß der Berufsverbände von Stromerzeugern in Europa → IZ F 1 886

Europia
Europäischer Verband der Petroleum-Industrie → IZ L 99

EUROPLANT
Europäisches Komitee für Industrieanlagenbau → IZ F 204

EUROPUMP
Europäische Vereinigung der Pumpenhersteller → IZ F 721

EUROPUR
Europäische Vereinigung der Hersteller von Polyurethan-Weichschaumblöcken → IZ F 658

EURORAD
Europäische Vereinigung der Hersteller von Heizkörpern → IZ F 644

EURO-ROC
Internationale Europäische Vereinigung der Naturwerksteinindustrie → IZ F 1 662

EUROSAC
Europäische Vereinigung der Papiersackfabrikanten → IZ F 720

EUROSOLAR
EUROSOLAR Europäische Vereinigung für Erneuerbare Energie e.V. → IZ L 101

EUROSPACE
Verband der europäischen Raumfahrt-Industrie → IZ T 242

EUROSTEP
Europäische Solidarität auf eine gleichmäßige Beteiligung des Volkes → IZ U 321

EURO-TOQUES
Communauté Européenne des Cuisiniers → iz h 219

EUROTOQUES
Europäische Union der Spitzenköche → IZ S 362

EUROTRANS
Europäisches Komitee der Fachverbände der Hersteller von Getrieben und Antriebselementen → IZ F 1 415

EUSA
European Union Sailing Association → IZ F 1 600

EUTDS
Europäische Union der Tapezierer, Dekorateure (Raumausstatter) und Sattler → IZ G 53

EUTECA
Europäischer Verband der Hersteller technischer Karamellen → IZ F 1 260, iz f 2 046

EuTeCer
European Technical Ceramics Federation → iz f 2 235, IZ F 2 490

EUTELSAT
Europäische Organisation des Fernmeldewesen über Satellit → IZ T 897

EUTO
Europäischer Verband für Tourismus-Fachleute → IZ R 239

EUVEPRO
Europäische Vereinigung für pflanzliches Eiweiss → IZ F 596

EUW
Europäische Frauen-Union (EFU) → IZ U 179

EUWEP
Europäische Union des Großhandels mit Eiern, Eiprodukten, Geflügel und Wild → IZ H 63, iz h 213

EVA
European Vending Association → IZ N 37

EVBB
Europäischer Verband Beruflicher Bildungsträger e.V. → IZ T 968
EVCA
Europäischer Verband für Beteiligungskapital → IZ I 111
EVKA
Europäische Vereinigung der Krankenhausapotheker → IZ S 102
EV-KMU
Europäische Vereinigung der Verbände kleiner und mittlerer Unternehmen → IZ R 9
EVP
Europäische Volkspartei → IZ U 374
EVU
Europäische Vegetarier Union → IZ U 825
EVVC
Europäischer Verband der Veranstaltungs-Centren → IZ O 203
E.V.V.E.
Europäische Vereinigung zur verbrauchsabhängigen Energiekostenabrechnung - EWIV → IZ L 1
EWA
Europäische Vereinigung für Wasserwirtschaft → IZ T 632
EWA
European Waterpark Association e.V. → IZ N 36
EWF
Europäische Vereinigung für Schweißen, Zusammenfügen und Schneiden → IZ G 55
EWF
Europäische Wachs-Vereinigung → IZ F 873
EWIMA
Verband europäischer Schreib- und Zeichengeräte-Hersteller → IZ F 2 132
EWMD
Internationales Netzwerk von Frauen im Management → IZ R 243
EWPA
Europäischer Molkerei-Produkte Verband → IZ F 386
EWPM
Europäische Gruppe der Hersteller von Holzschutzmitteln → IZ F 286
EWRIS
Europäischer Drahtseil-Verband → IZ F 942
EWV
Europäische Wandervereinigung → IZ U 569
EWWA
Estonian Water Works Association → iz l 124
EXIBA
European Extruded Polystyrene Insulation Board Association → IZ F 1 016
EYCE
Ökumenischer Jugendrat in Europa → IZ U 258
EZAG
Europäisches Zentrum für Arbeit und Gesellschaft → IZ T 556
EZB
Europäische Zentralbank → IZ I 5
EZMW
Europäisches Zentrum für mittelfristige Wettervorhersage → IZ T 678

F

FAC
Federation of Agricultural Cooperatives Ltd. → iz p 9
FACE
Zusammenschluß der Jagdschutzverbände in der EU → IZ Q 160
FACOGAZ
Europäische Vereinigung der Hersteller von Gaszählern → IZ F 643
FAE
Stiftung Europäische Archive → IZ T 915
FAECF
Föderation der Europäischen Fensterhersteller- und Fassadenverbände → IZ F 1 604
FAFPAS
Europäische Gesellschaft der Tiefkühlprodukten-Hersteller → IZ F 1 630
FAGS
Vereinigung der astronomischen und geophysikalischen Dienststellen → IZ T 322
FAI
Internationale Vereinigung der Luft- und Raumfahrt → IZ U 497

FAIB
Verband der in Belgien niedergelassenen Internationalen Vereinigungen → IZ U 820
FAIBP
Föderation der Suppen-Industrie-Verbände der EG → IZ F 1 629
FAO
Ernährungs- und Landwirtschaftsorganisation der Vereinten Nationen → IZ V 14
FAREGAZ
Europäische Vereinigung der Hersteller von Gasdruckreglern → IZ F 642
FASGA
Federación Asociaciónes Sindicales de Grandes Almacenes → iz r 95
FAST
Federation Algerienne Sport et Travail → iz u 506
FATF
Arbeitsgruppe "Bekämpfung der Geldwäsche" → IZ W 14
FATIPEC
Vereinigung der Techniker der Farb-, Lack-, Email- und Druckfarben-Industrien des europäischen Festlandes → IZ R 310
FBE
Bankenvereinigung der Europäischen Union → IZ I 6
FBO
Fachverband der Bekleidungsindustrie Österreichs → iz f 407
FBVS
Fédération Belge des Vins et Spiritueux asbl → iz f 1 324, iz h 49
FCA
Fédération Française des Courtiers d'Assurances et de Réassurances → iz k 61
FCEM
Internationale Vereinigung von Unternehmerinnenverbänden → IZ R 60
FCI
Internationale Vereinigung für das Hundewesen → IZ U 807
FCSZR
Federatia Cultivatorilor de SFECLA de Zahar din Romania → iz q 94
FDF
Food and Drink Federation → iz f 457, iz f 2 366, iz f 2 499
FDI
Weltorganisation der Zahnärzte → IZ S 163
FEA
Föderation Europäischer Aerosol-Verbände → IZ F 1 628
FEACO
Europäische Vereinigung der Unternehmensberater-Verbände → IZ S 244
FEAD
Europäische Föderation der Entsorgungswirtschaft → IZ F 251
FEAF
Federación Española de Asociaciones de Fundidores → iz f 2 438
FEANI
Europäischer Verband Nationaler Ingenieurvereinigungen → IZ S 468
FEAP
Europäische Vereinigung der Forellenproduzenten → IZ Q 141
FEBE
Federación Española de Bebidas Espirituosas → iz f 1 329
FEBE
Fédération de l'industrie du béton → iz f 1 839
FEBELHOUT VZW
Fédération belge des entreprises de la transformation du bois a.s.b.l. → iz f 272, iz f 2 592
Febeltex
Fédération Belge de l'Industrie Textile → iz f 389, iz f 1 179
FEBIS
Föderation für Wirtschaftsinformationsdienste e.V. → IZ O 96
FEBMA
Föderation der Verbände der Europäischen Wälzlagerindustrie → IZ F 1 642
FEC
Föderation der Europäischen Schneidware, Besteck-, Tafelgeräte- und Küchengeschirrindustrie → IZ F 1 621
FECC
Europäischer Verband des Chemiehandels → IZ H 84
FECS
Europäische Vereinigung der Hersteller von Sanitärkeramik → IZ F 670, iz f 2 237

FECS
Föderation Europäischer Chemischer Gesellschaften → IZ T 108
FEDA
Fédération des Syndicats de la Distribution Automobile → iz h 228, iz h 245
FEDEJEREZ
Federación de Bodegas del Marco de Jerez → iz f 1 330
FEDEM
Federacion Espanola de Empresas de Mudanzas → iz m 115
FEDEMAC
Verband der Möbelspediteure des Gemeinsamen Marktes → IZ M 103
FEDERALBERGHI
Federazione delle Associazioni Italiane Alberghi e Turismo → iz n 18
FEDEROLIO
Fed. Nazionale del Commercio Oleario → iz h 303
FEDERVINI
Federazione Italiana Industriali Produttori, Esportatori ed Importatori di Vini, Acquaviti, Liquori, Sciroppi, Aceti ed Affini → iz f 1 347
FEDES
Europäische Vereinigung der Industrie flexibler Verpackung → IZ F 679
FEDESA
Europäischer Verband der Tierheilkunde → IZ T 792
FEDIAF
Europäischer Verband der Heimtier-Nahrungsindustrie → IZ F 1 207
FEDIMA
Verband der Backmittel- und Backgrundstoffhersteller im E.W.R. → IZ F 1 994
FEDIOL
Vereinigung der Ölmühlenindustrie der EG → IZ F 2 516
FEDMA
Europäischer Direktmarketing Verband → iz h 524, IZ O 135
FEDSA
Europäischer Direktvertriebsverband → IZ H 447, iz h 525
F.E.E.
Europäischer Verleger-Verband → IZ O 78
FEEM
Vereinigung europäischer Sprengmittelhersteller → IZ F 2 454
FEFAC
Europäischer Verband der Mischfutterindustrie → IZ F 267
FEFAF
Europäische Föderation der aktiven Hausfrauen → IZ U 177
FEFANA
Europäischer Verband für Wirkstoffe in der Tierernährung → IZ F 1 184
FEFCO
Europäische Föderation der Wellpappefabrikanten → IZ F 285
FEFPEB
Europäischer Verband der Holzpackmittel und Palettenhersteller → IZ F 1 285
FEFSI
Europäische Investmentvereinigung → IZ I 89
FEGAP
Europäische Vereinigung der Lederhandschuhhersteller → IZ F 718
FEHR
Federación Española de Hosteleria → iz n 27
FEI
Finnish Environment Institute → iz a 198
FEI
Internationaler Pferdesport-Verband → IZ U 552
F.E.I.B.P.
Europäischer Verband der Bürsten- und Pinsel-Industrie → IZ F 1 081, iz f 2 585
FEICA
Verband Europäischer Klebstoffindustrien e.V. → IZ F 2 066
FEIEA
Federation of European Industrial Editors Association → IZ T 909
FEIM
Federación española de Industrias de la Madera → iz f 2 415
FEM
Europäische Vereinigung der Fördertechnik → IZ F 526
FEM
Europäischer Metallgewerkschaftsbund → IZ R 223

FEMB
Verband der Europäischen Büromöbelindustrie → IZ F 2 022
FEMFM
Vereinigung der Europäischen Hersteller von Reibbelägen → IZ F 2 392
F.E.M.G.E.D.
Europäische Vereinigung der Mittel- und Großunternehmen des Einzelhandels → IZ H 376
FEMP
Federación Española de Municipios y Provincias → iz u 62
FEMS
Europäische Vereinigung der Mikrobiologie-Gesellschaften → IZ T 327
FEMS
Verband europäischer Materialgesellschaften → IZ T 515
FENAVIAN
Fédération Nationale des Fabricants de Produits et Conserves de Viandes (FENAVIAN) → iz f 2 293
FENETEXTIEL
Federatie Nederlandse Textielindustrie - Textielvereniging KRL → iz f 403
FENI-EFCI
Europäischer Dachverband der Reinigungsindustrie → IZ F 692
FEOST
Europäischer Verband der Gewerkschaften des Verkehrspersonals → IZ R 240
FEP
Föderation der Europäischen Parkett-Industrie → IZ F 1 620, iz f 2 586
FEPA
Europäische Vereinigung der Schleifmittelfabrikanten → IZ F 751
FEPE
Europäische Vereinigung der Briefumschlagfabrikanten → IZ F 517
FEPE
Fédération de la Fonction Publique Européenne → iz r 70
FEPF
Europäischer Verband der Porzellan- und Steingut-Industrie (Geschirr und Zierkeramik) → IZ F 1 287, iz f 2 234
FEPORT
Vereinigung europäischer privater Hafenumschlagbetriebe → IZ M 200
FEPPD
Europäischer Verband Selbständiger Zahntechniker → IZ G 112
FEPRABEL
Fédération des Professionnels d l'Assurance de Belgique → iz k 49
F.E.R.A.
Verband Europäischer Filmregisseure → IZ R 306
FERCO
Europäischer Verband der Großküchenbetreiber → IZ F 1 197
FERES
Internationale Föderation Religions-Soziologischer Forschungsinstitute → IZ T 156
FERMA
Europäische Vereinigung für Risikomanagement → IZ K 43
FEROPA
Europäische Föderation der Holzfaserplatten-Fabrikanten → IZ F 266, iz f 2 591
FERRERO/FIAL
Fédération des Industries Agro-Alimentaires Luxembourgeoises → iz f 2 369
FESI
Fédération de l'Industrie Européenne des Articles de Sport → IZ F 1 602
FETRATAB
Fédération Européenne des Transformateurs de Tabac → iz h 221
FEUGRES
Europäische Vereinigung der Steinzeugröhrenindustrie → IZ F 788, iz f 2 236
FEUPE
Fédération Européenne des Unions Professionnelles de Fleuristes → iz h 218
F.E.U.P.F.
Europäischen Vereinigung der Fachverbände der Floristen → IZ O 212
FEVE
Europäischer Behälterglasindustrieverband → IZ F 916, iz f 1 920
FEVIA
Federation de l'Industrie Alimentaire → iz f 2 360
FEVIR
Federation of European Veterinarians in Industry and Research → iz s 106

FF
Firma Funktionaererne → iz r 74

FFB
Fédération Française des Brandies → iz f 1 337

FFMI
Fédération Française du Matériel d'Incendie → iz f 1 477

FFST
Federation Française du Sport Travailliste → iz u 516

FGFC
Fédération Générale de la Fonction Communale → iz r 88

FI
Foedevareindustrien - Danis F & D Federation → iz f 2 361

FIA
Internationale Vereinigung des Automobils → IZ U 491

FIA
Internationaler Schauspielerverband → IZ R 286

FIAB
Federación Española de Industrias de la Alimentación y Bebidas → iz f 2 374

FIABCI
Internationaler Verband der Immobilienberufe → IZ H 574

FIAF
Internationale Filmarchiv-Vereinigung → IZ T 904

FIAP
Internationaler Verband der Photographischen Kunst → IZ U 810

FIAPA
Internationale Organisation für Senioren → IZ U 208

FIAPF
Internationale Vereinigung der Filmproduzenten-Verbände → IZ O 30

FIATA
Internationale Föderation der Spediteurorganisationen → IZ M 230

FIBA
Internationaler Basketball-Verband e.V. → IZ U 540

FIBEP
Internationale Vereinigung der Zeitungsausschnittbüros → IZ O 98

FIBT
Internationaler Bob- und Tobogganverband → IZ U 472

F.I.B.V.
Internationale Vereinigung der Wertpapierbörsen → IZ I 165

FICC
Internationaler Verband für Camping und Caravaning → IZ U 570

FICE
Federacion de Industrias del Calzado Espanol → iz f 786

FICEB
Fédération de l'Industrie et du Commerce des Eaux et des Boissons Non-Alcoolisées du Grand-Duché de Luxembourg → iz f 2 353

FICPI
Internationaler Patentanwaltsverband → IZ S 212

FICS
Internationale Tonjägerföderation → IZ U 476

FICSA
Verband der Personalvertretungen internationaler Angestellter (nicht-offizielle Uebersetzung) → IZ R 307

FID
Internationaler Verband für Information und Dokumentation → IZ T 914

FIDE
Internationale Föderation für Europarecht → IZ T 848

FIDEN
Internationale Gemeinschaft der Gebäudereinigungsunternehmen → IZ F 1 682

FIDI
Internationale Föderation der Internationalen Möbelspediteure → IZ M 229

FIDIC
Internationale Vereinigung Beratender Ingenieure → IZ S 497

FIE
Internationaler Fechtverband → IZ U 545

FIEA
Internationale Vereinigung der Automobilsachverständigen → IZ S 677

FIEB
Fédération des Industries des Eaux et Boissons Refraîchissantes → iz f 2 342

FIEC
Internationale Vereinigung des klassischen Studiums → IZ T 980

FIEC
Verband der Europäischen Bauwirtschaft → IZ F 2 021

FIEP
Internationale Vereinigung für Leibeserziehung → IZ U 496

FIF
Internationale Vereinigung der Spinnereiarbeiten → iz f 426, IZ F 1 765

FIFA
Internationaler Fußball-Verband → IZ U 546

FIG
Internationale Vereinigung der Vermessungsingenieure → IZ S 563

FIG
Internationaler Turnerbund → IZ U 571

FIGIEFA
Internationale Vereinigung der Großhändler von Auto-Teilen und Zubehör → IZ H 240

FIH
Internationaler Hockeyverband → IZ U 548

FIHOTEL
Federaçao da Industria Hoteleira e do Alojamento → iz n 25

FIIG
Vereinigung der halbamtlichen und privaten in Genf ansässigen internationalen Institutionen → IZ U 821

FIJET
Internationale Vereinigung von Reisejournalisten und -schriftsteller → IZ S 642

FIJM
Internationaler Verband der musikalischen Jugend → IZ U 572

FILA
Internationaler Ringerverband → IZ U 557

FIME
Internationale Föderation der Europahäuser → iz u 627, IZ U 685

FIMITIC
Internationaler Verband körperbehinderter Menschen → IZ U 316

FINA
Internationaler Schwimm-Verband → IZ U 559

FINAT
Internationale Vereinigung der Hersteller und Verarbeiter von selbstklebenden und heißsiegelfähigen Papieren und anderen Stoffen → IZ F 1 761

FIP
Federacao Intertextil Portuguesa → iz f 409

FIP
Internationale Pharmazeutische Föderation → IZ F 1 706

FIPA
Fédération Nationale du Commerce Extérieur des Produits Alimentaires → iz h 215

FIPAGO
Internationaler Verband von Herstellern gummierter Papiere → IZ F 1 827

FIPE
Federazione Italiana Pubblici Esercizi → iz n 19

FIPLV
Internationaler Fremdsprachenlehrer-Verband → IZ R 282

FIPO
Internationale Vereinigung der olympischen Philatelisten → IZ U 499

FIPP
Internationaler Verband der Zeitschriftenpresse → IZ O 102

FIPRESCI
Internationaler Verband der Filmkritik → IZ O 100

FIPV
Internationale Vereinigung des Ballspielens → IZ U 492

FIRA
Internationale Vereinigung des Amateurrugbys → IZ U 490

FIRM
Internationale Vereinigung der Motoreninstandsetzungsbetriebe → IZ G 167

FIRS
Internationale Vereinigung des Roller-Skatings → IZ U 500

FIS
Internationaler Samenhandelsverband → IZ H 272

FIS
Internationaler Ski-Verband → IZ U 560

FISA
Internationaler Ruderverband → IZ U 558

FISU
Internationale Vereinigung des Universitätssportes → IZ U 501

F.I.T.
Federazione Italiana Tabaccai → iz h 443

FIT
Internationale Übersetzer-Vereinigung → IZ S 638

FITA
Internationale Vereinigung des Bogenschießens → IZ U 493

F.I.T.C.E.
Vereinigung der Fernmeldeingenieure der Europäischen Gemeinschaft → IZ S 617

FITH
Internationaler Bund Textil und Bekleidung → IZ F 1 819

FIVB
Internationaler Volleyball-Verband → IZ U 576

FIVS
Internationale Vereinigung der Wein- und Spirituosen Industrie → IZ F 1 795

FJP
Fédération Française des Industries Jouet-Puériculture → iz f 1 912

FLEA
Fédération Luxembourgeoise des Entreprises d'Assainissement → iz f 257

FLPVS
Fédération Luxembourgeoise des Producteurs de Vin et Spiritueux → iz f 1 348

FMA
Fédération du Matériel pour l'Automobile a.s.b.l. → iz h 224, iz h 241

FMANU/WFUNA
Welt-Föderation der Gesellschaften für die Vereinten Nationen → IZ W 38

FMK
Welt-Karate-Verband → IZ U 470

FMS
Fachverband der Maschinen- und Stahlbauindustrie Österreichs → iz f 218, iz f 722, iz f 1 457, iz f 1 482, iz f 1 499, iz f 1 513, iz f 1 552

FMWI
Fachverband der Eisen- und Metallwarenindustrie Österreichs → iz f 549, iz f 1 582, iz f 2 271

FNDC
Fédération Nationale des Distilleries Coopératives → iz f 1 336

FNEF
Fédération Nationale des Distillateurs d'Eaux-de-Vie de Fruits → iz f 1 335

FNGO
Fachverband der Nahrungs- und Genußmittelindustrie Österreichs → iz f 448, iz f 1 277, iz f 1 351, iz f 2 156, iz f 2 177

FNGO
FIAA - Fachverband der Nahrungs- und Genußmittelindustrie → iz f 2 371

F.N.I.
Federazione Nationale de l'Immobiliari → iz u 81

F.N.I.C.F.
Fédération Nationale de l'Industrie de la Chaussure de France → iz f 777

FNOVI
Federazione Nazionale degli Ordini dei Veterinari Italiani → iz s 123

FNS
Federatie van Nederlandse Schoenfabrikanten → iz f 782

FNSEA
Federation Nationale des Syndicats d'Exploitants Agricoles → iz q 13

FOFCE
Ökumenisches Forum Christlicher Frauen in Europa → IZ U 259

FONASBA
Vereinigung der nationalen Schiffsmakler- und -agenten-Verbände → IZ H 575

FORATOM
Europäisches Atomforum → IZ L 5

FR
Forbrugerrådet → iz u 143

FR
Forbrukerrådet → iz u 160

FRC
Fédération Romande des Consommateurs → iz u 165

FRUCOM
Europäische Vereinigung des Handels mit Trockenfrüchten, Schalenobst, Konserven, Gewürzen, Honig und verwandten Waren → IZ H 114, iz h 210

FSGT
Federation Sportive et Gymnique du Travail → iz u 517

FSST
Federation Senegalaise Des Sports Travaillistes → iz u 534

FSTB
Bulgarian Worker's Sport Federation → iz u 511

FTA
Foreign Trade Association → IZ H 23

FTE
Europäisches Bahn Forum → IZ M 2

FTMS
Fédération Travailliste Marocaine des Sports → iz u 525

FTO
Fachverband der Textilindustrie Österreichs → iz f 406, iz f 1 716, iz f 1 866

FVE
Föderation der Tierärzte in Europa → iz s 13, IZ S 105

G

GAFTA
Getreide- und Futtermittel-Handelsvereinigung → IZ H 238

GAM
Gesamtverband der Mühlenbetriebe der EG-Länder → IZ F 1 643

GARTEUR
Gruppe für Luftfahrt-Forschung und -Technologie in Europa → IZ T 152

GAS-EUROSOUD
Europäischer Verband der Hersteller von Gas-Schweiss-Geräten und -Maschinen → IZ F 1 243

GATT/WTO
Allgemeines Zoll- und Handelsabkommen/ Welt Handelsorganisation → IZ W 12

GCAAPCE
Beratungsgruppe der Versicherungsmathematikerverbände der EG → IZ T 612

GCI
Internationale Union der Vereinigungen der Unternehmungen für Heizungs-, Lüftungs- und Klima-Anlagen → IZ F 1 709

GCPF
Global Crop Protection Federation → IZ F 1 683

GEA
Gesellschaft der Europäischen Akademien e.V. → IZ U 683

GEAMR
Europäische Vereinigung der Reformhausfachverbände → IZ H 390

GEIE
Lokaler Kredit Europas → IZ I 47

GEMM
Europäischer Stahlmöbel-Verband → IZ F 1 050

GeoForum
Organisasjon for geografisk informasjon → iz t 184

GEPVP
Europäischer Zusammenschluß der Flachglashersteller → IZ F 1 401

GESASE
General Confederation of Greek Agrarian Associations → iz q 15, iz q 84

GFCC
Groupement des Fabricants de Materiels de chauffage central par l'eau chaude et de production d'eau chaude sanitaire → iz f 648

GFF
Gummifabrikantforeningen → iz f 2 243

GI
Gallup International Association → IZ T 558

GICL
Groupement des Industries du Caoutchouc du Luxembourg → iz f 2 249

GIMELEC
Fachverband der Industrien der elektrischen Ausstattung, der Kontroll-Steuerung und entsprechenden Dienstleistungen → iz f 226, iz f 1 439, iz f 1 467, IZ F 1 601

Giovani U.D.euR.
Giovani Unione Democratici per l'Europa → iz u 378

GISPOL
National Land Information System Users Association → iz t 185
G.N.H.M.C.
Ausschuß des Hopfenhandels im Gemeinsamen Markt → IZ H 22
GPIC
Groupement de la Plasturgie Industrielle et des Composites → iz f 308
GPPIP-CEE
Vereinigung der Apotheker der Pharmazeutischen Industrie in Europa → IZ S 63
GPRMC
Europäischer Verband der Verbundwerkstoff-Industrie → IZ F 305
GSTSVS
Gesellschaft Schweizerischer Tierärzte → iz s 140
GTIM-SIG
Group de Travail Interministériel SIG → iz t 182
GVA
The Gin and Vodka Association of Great Britain → iz f 1 353
GVS
Giesserei-Verband der Schweiz → iz f 2 449

H

HAMP
Hellenic Association of Medical Physicists → iz t 756
HAPOEL
Hapoel Sport Association → iz u 519
HATR
Hellenic Association of Tobacco Retailers → iz h 441
HCH
Hellenic Chamber of Hotels → iz n 12
HCIA
Hellenic Clothing Industry Association → iz f 397
HIBA
H.I.B.A. Hellenic Insurance Brokers Association → iz k 62
HOPE
Ständiger Ausschuß der Krankenhäuser der Europäischen Union → IZ T 715
HOTREC
Ausschuß des Hotel- und Gaststättengewerbes in der EG und dem EWR → IZ N 1
HUNAGI
Hungarian Association for Geo-Information → iz t 190

I

IAA
Internationaler Aerosol-Verband → IZ F 1 817
IAAE
Internationale Agrarwirtschaftler-Vereinigung → IZ S 392
IAAE
Internationaler Verband für Autismus in Europa → IZ U 317
IAAF
International Amateur Athletic Federation → IZ U 465
IAALD
Internationale Vereinigung der Agrar-Bibliothekare und -Dokumentalisten → IZ R 270
IADA
Internationale Arbeitsgemeinschaft der Archiv-, Bibliotheks- und Graphikrestauratoren → IZ G 149
IADS
Internationale Warenhausvereinigung (IWV) → IZ H 519
IAEA
Internationale Atomenergie Agentur → IZ V 20
IAEA
The Institute of Automotive Engineer Assessors → iz s 685
IAESTE
Internationale Vereinigung für den Studentenaustausch zum Erwerb technischer Erfahrungen → IZ T 978
IAF
Internationale Astronautische Vereinigung → IZ T 155
IAF
Internationales Werbe-Festival → IZ O 154

IAG
Internationale Vereinigung für Gerontologie → IZ T 826
IAGP
Internationale Gesellschaft für Gruppenpsychotherapie → IZ T 821
IAH
Internationale Assoziation der Hydrogeologen → IZ T 154
IAHR
International Association of Hydraulic Engineering and Research → IZ T 230
IAHS
Internationale Vereinigung für hydrologische Wissenschaften → IZ T 191
IAIN
Internationaler Verband der Navigationsinstitute → IZ M 197
IALL
Internationale Vereinigung juristischer Bibliotheken → IZ T 874
IAM
Internationaler Arbeitskreis für Musik e.V. → IZ O 15
IAMCR
Internationale Vereinigung für Kommunikationsforschung → IZ T 908
IAMS
Internationale Gesellschaft für Medien in der Wissenschaft → IZ O 25
IAPRI
Internationale Vereinigung der Forschungsinstitute für Verpackung → IZ T 303
IAR
Internationale Flüchtlingshilfe e.V. → IZ U 121
IARF
Weltbund für religiöse Freiheit → IZ U 461
IARIW
Internationale Forschungsgemeinschaft für Einkommen und Wohlstand → IZ T 560
IASC
Internationaler Ausschuß für Standardisierung im Rechnungswesen → IZ T 541
IASC
Internationaler Ölmühlen-Verband → IZ F 1 820
IASP
Internationale Vereinigung Wissenschaftlicher Zentren → IZ T 305
IASS
Internationale Vereinigung für Schalentragwerke (IVS) → IZ F 1 759
IATA
Internationaler Luftverkehrs-Verband → IZ M 220
IATM
Internationaler Verband der Reiseleiter → IZ S 646
IATUL
Internationale Vereinigung der Bibliotheken Technischer Universitäten → IZ T 302
IBA
Internationaler Anwalts-Verband → IZ S 209
IBA
Irish Brokers Association → iz k 65
IBAF
Internationale Baseballvereinigung → IZ U 471
IBBH
Internationaler Bund der Bau- und Holzarbeiter → IZ R 274
IBBY
Internationales Kuratorium für das Jugendbuch → IZ U 811
IBF
International Bankers Forum e.V. → IZ I 25
IBRA
Intern. Vereinigung für Bienenforschung → IZ T 679
IBRD
Internationale Bank für Wiederaufbau und Entwicklung - Weltbank → IZ V 21
IBSA
Internationale Vereinigung für Blindensport → IZ U 494
IBV
Internationale Buchhändler-Vereinigung → IZ H 493
ICA
Internationaler Archivrat → IZ T 911
ICA
Internationaler Genossenschaftsbund (IGB) → IZ P 1
ICAC
Internationaler Beratender Baumwoll-Ausschuß → IZ F 1 818

ICANN
Internet Corporation for Assigned Names and Numbers → IZ T 903
ICAO
Internationale Zivilluftfahrt Organisation → IZ T 797
ICAR
Internationales Komitee für Leistungsprüfungen in der Tierproduktion → IZ T 691
ICAS
Internationaler Rat für Luftfahrtwissenschaften → IZ T 307
ICATA
Irish Clothing and Textile Alliance → iz f 399
ICC
Internationale Gesellschaft für Getreidewissenschaft und -technologie → IZ T 680
ICC
Internationale Handelskammer → IZ E 1
ICC
Internationales Seebüro → IZ M 198
ICCA
Der Verband der Internationalen Treffen → IZ O 207
ICCA
Internationaler Verband der Hersteller von Wellkisten → IZ F 1 826
ICCA
Internationaler Verband für Kongresse und Tagungen, Sektion Mitteleuropa → IZ O 206
ICCEES
Internationaler Rat für Mittel- und Osteuropastudien → IZ T 891
ICCO
Internationale Kakao-Organisation → IZ F 1 691
ICCP
Internationale Kommission für Kohlenpetrologie → IZ T 298
ICDE
Internationaler Rat für Fernunterricht → IZ T 989
ICEM
Internationale Föderation von Chemie-, Energie-, Bergbau- und Fabrikarbeitergewerkschaften → IZ R 266
ICEMU
Internationales Komitee der Unterhaltungs- und Medien-Gewerkschaften → IZ R 283
ICES/CIEM
Internationaler Rat für Meeresforschung → IZ T 686
ICF
Internationale Kanu Föderation → IZ U 473
ICFTU
Internationaler Bund Freier Gewerkschaften (IBFG) → IZ R 277
ICG
Internationale Kommission für Glas → IZ T 297
ICHCA
Internationaler Koordinationsverband für Frachtgut → IZ M 231
ICHPER.SD
Internationaler Rat für Gesundheit und Leibeserziehung → IZ T 832
ICIA
Internationale Kreditversicherungs-Vereinigung → IZ I 113
ICICR
Internationales Zentrum für Interdisziplinäre Zyklenforschung → IZ T 571
ICJ
Internationale Juristen-Kommission (IJK) → IZ T 869
ICJ
Internationaler Gerichtshof → IZ V 50
ICM
Internationaler Hebammenbund → IZ R 284
ICMIF
Internationaler Verband Genossenschaftlicher und Wechselseitiger Versicherungen → IZ K 39
ICO
Internationale Kommission für Optik → IZ T 160
ICOGRADA
Internationaler Rat der Vereinigung des graphischen Gewerbes → IZ S 645
ICOMIA
Internationale Handelsorganisation für die Sportbootindustrie → IZ H 494
ICOS
Irish Cooperative Organisation Society Ltd. → iz p 10

ICPA
Internationale Kommission für Alkoholismusvorsorge → IZ U 308
ICR
Internationale Christliche Rundfunkgemeinschaft e.V. → IZ O 48
ICRU
Internationale Kommission für röntgenologische Einheiten und Maße → IZ T 538
ICSID
Internationaler Rat der Gemeinschaft für industrielle Formgebung und -gestaltung → IZ S 566
ICSSD
Internationaler Ausschuß für sozialwissenschaftliche Dokumentation → IZ T 564
ICSSPE
Weltrat für Sportwissenschaft und Leibes-/Körpererziehung → IZ T 839
ICSTI
Internationaler Rat für wissenschaftliche und technische Information → IZ T 308
ICSU
Internationaler Rat der Wissenschaftlichen Gesellschaften → IZ T 34
ICT
Internationale Gerbervereinigung → IZ F 1 690
ICW
Internationaler Rat der Frauen → IZ U 225
IDACE
Verband der Diätetischen Lebensmittelindustrie der EU → IZ F 2 006
IDDRG
Internationale Forschungsgruppe für Tiefziehen → IZ T 272
IDF
Internationaler Diabetes-Bund → IZ U 315
IDI
Institut für Internationales Recht → IZ T 847
IDSF
Internationaler TanzSport-Verband → IZ U 565
IEA
Internationale Energie-Agentur → IZ L 141
IEA
Internationaler Verband der Wirtschaftswissenschaften → IZ T 567
IEA
Internationaler Verband für Arbeitswissenschaft → IZ T 194
EACS
Europäisches Institut der Jagd- und Sportwaffen → IZ F 1 406
IEC
Internationale Elektrotechnische Kommission → IZ T 270
IEEPS
Europäisches Institut für Bildung und Sozialpolitik → IZ T 973
IEHEI
Europäisches Institut für internationales Hochschulstudium Nizza → IZ T 884
IEIAS
Europäisches interuniversitäres Institut für soziale Massnahmen → IZ T 555
IE-ISCM
Irish Society of Clinical Microbiologists → iz t 340
IFA
Irish Farmers' Association → iz q 19
IFAC
Internationaler Verband für Meß- und Automatisierungstechnik → IZ T 309
IFALPA
Internationale Vereinigung der Linien-Flugzeugführer-Verbände → IZ R 272
IFAP
Internationaler Verband landwirtschaftlicher Erzeuger → IZ Q 103
IFATCA
Internationale Vereinigung der Flugleiterverbände → IZ R 271
IFATSEA
International federation of air traffic safety electronic associations → IZ U 684
IFBB
Internationaler Body-Builder-Verband → IZ U 541
IFBPW
Internationaler Verband der Berufs- und Geschäftsfrauen (berufstätigen Frauen) → IZ R 63
IFC
Internationale Finanz-Corporation → IZ I 112
I.F.C.
Internationale Föderation des Seilerhandwerks → IZ G 151

IFCC
International Federation of Clinical Chemistry and Laboratory Medicine → IZ T 827

IFD
Internationale Föderation des Dachdeckerhandwerks e.V. → IZ G 150

IFEAT
Internationale Vereinigung des Essenzöl- und Aromastoffhandels → IZ H 239

IFEJ
Internationaler Verband der Umweltjournalisten → IZ S 643

IFES
Internationale Vereinigung der Ausstellungsunternehmen → IZ O 205

IFFS
Internationale Föderation der Filmklubs → IZ O 33

IFHOH
Internationale Vereinigung der Schwerhörigen → IZ U 313

IFHP
Internationaler Verband für Wohnungswesen, Städtebau und Raumordnung (IVWSR) → IZ U 89

IFHT
Internationaler Verband für die Wärmebehandlung und Randschichttechnik → IZ F 1 825

IFIA
Internationale Vereinigung der Überwachungsagenturen → IZ T 540

IFIEC Europe
Europäischer Verband industrieller Energieverbraucher → IZ F 1 658

IFIP
Internationale Föderation für Informationsverarbeitung → IZ T 907

IFLA
Internationaler Verband der bibliothekarischen Vereine und Institutionen → IZ T 913

IFLRY
Internationale Vereinigung der liberalen und radikalen Jugend → IZ U 429

IFM
Internationale Musiker-Föderation → IZ R 267

IFMA
Internationale Vereinigung für Margarine-Verbände → IZ F 1 757

IFM-SEI
Internationale Falken Bewegung - Sozialistische Erziehungsinternationale → IZ U 425

IFNA
Internationale Vereinigung der Netzballverbände → IZ U 498

IFOAM
Internationale Vereinigung Biologischer Landbaubewegungen → IZ Q 73

IFoH
Internationaler Heilpraktiker-Verband → IZ S 150

IFPI
Deutsche Landesgruppe der IFPI e.V. → IZ F 206

IFPS
Internationale Föderation Psychoanalytischer Gesellschaften → IZ S 148

IFR
Internationaler Verband für Robotertechnik → IZ T 271

IFRA
Internationaler Riechstoffverband → IZ T 833

IFRRO
Internationale Vereinigung für Urheberrechts-Organisationen → IZ U 117

IFSA
Internationaler Verband für Sportakrobatik → IZ U 575

IFSS
Internationale Vereinigung für Schlittenhunde-Sport → IZ U 574

IFSW
Internationale Vereinigung der Sozialarbeiter → IZ R 273

I.F.T.U.T.W.
Internationaler Verband der Gewerkschaften des Verkehrspersonals → IZ R 287

IFU
Internationale Fruchtsaft-Union → IZ F 1 680

IFUW
Internationaler Akademikerinnen-Bund → IZ S 564

IFWEA-IVA-FIAET
Internationaler Verband für Arbeiterbildung → IZ U 809

IGC
Internationaler Weizen-Rat → IZ W 32

IGC
Internationales Grünes Kreuz → IZ T 834

IGC
Zwischenstaatlicher Ausschuß für Urheberrecht → IZ V 48

IGI
Internationaler Verband der Wandbekleidungshersteller → IZ F 1 837

IGP
Internationaler Versicherungs-Pool für Altersversorgung → IZ K 93

IGU
Internationale Geographische Union → IZ T 158

IGWT
Internationale Gesellschaft für Warenwissenschaften und Technologie → IZ T 295

IHA
Internationale Vereinigung der Hartwaren- und Haushaltsartikelverbände → IZ H 498

IHEU
Internationale humanistische und ethische Union → IZ U 426

IHF
Irish Hotels Federation → iz n 16

IHO
Internationale Hydrographische Organisation → IZ W 15

IH&RA
Internationale Vereinigung für Hotel & Restaurant → IZ N 39

IHV
Internationale Hotelier-Vereinigung → IZ N 38

IIC
Internationaler Versicherungsrat → IZ K 33

IIED
Internationales Institut für Umwelt und Entwicklung → IZ Q 196

IIF-IIR
Internationales Institut für Kältetechnik → IZ W 34

IIHF
Internationaler Eishockey Verband → IZ U 543

IIRB
Internationales Institut für Rübenforschung → IZ T 690

IISA
Internationales Institut für Verwaltungswissenschaften → IZ T 892

IISI
Internationales Eisen- und Stahl Institut → IZ T 310

IIW
Internationales Institut für Schweißtechnik → IZ T 311

IJAN
Naturfreundejugend Internationale (NFJI) → iz q 220, IZ U 206

IJF
Internationale Journalisten-Föderation → IZ S 637

IJJF
Internationaler Jiu-Jitsu-Bund → IZ U 549

I.K.D.
Internationale Kommission der Detektivverbände → IZ O 230

IKF
Internationaler Korbballbund → IZ U 550

IKRK
Internationales Komitee vom Roten Kreuz → IZ T 835

ILO
Internationale Arbeitsorganisation → IZ V 17

ILS
Internationale Federation für Wasserlebensrettung → IZ U 495

ILSMH
Inclusion Europe → IZ U 309

IMA
Irish Meat Association → iz f 2 301

IMACE
Internationaler Margarine-Verband der europäischen Länder → IZ F 2 144

IMACS
Internationale Vereinigung für Mathematik und Computerrechnungen → IZ T 304

IMB
Internationaler Metallgewerkschaftsbund → IZ R 285

IMC
Internationaler Musikrat → IZ O 14

IMCA
Internationaler Verband der Seeunternehmen → IZ F 1 829

IMD
International Institute for Management Development → IZ T 570

IMEKO
Internationale Vereinigung für Meßtechnik → IZ F 1 758

IMGA
International Masters Games Association → IZ U 583

IMO
Internationale Organisation für die Seeschiffahrt → IZ M 194

IMU
Internationale Mathematische Vereinigung → IZ T 161

IMV
Internationaler Milchwirtschaftsverband → IZ Q 126

INAS-FID
Internationale Sportvereinigung für Geistig Behinderte → IZ U 562

INATEL
Instituto Nacional para Approveitamento dos Tempos Livres dos Trabalhadores → iz u 530

INDET
Instituto del Deporte de los Trabajadores → iz u 526

INFA
Internationale Föderation der Kosmetikerinnen → IZ S 147

INFEDOP
Internationaler Bund der Gewerkschaften der Öffentlichen Dienste → IZ R 279

INFORFILM INTERNATIONAL
Inforfilm International → IZ O 31

Inmarsat
Internationale Satelliten-Mobilfunk-Organisation → IZ T 905

iNNA
Internationale Vereinigung der Filmpresse und Filmnews → IZ O 29

INQUA
Internationale Quartärvereinigung → IZ T 162

INRCT/NOVA
Institut National de Recherche sur les Conditions de Travail → iz u 3

INTELSAT
Internationale Organisation für Telekommunikation per Satellit → IZ T 901

INTERBOR
Internationale Vereinigung der Orthopädie-Mechaniker und Bandagisten → IZ G 168

INTERDIRECT NETWORK
Internationales Netz selbständiger Direct-Marketing-Agenturen → IZ O 153

Inter-Expert
Internationale Experten Union → IZ S 669

INTEREXPO
Komitee der Organisatoren nationaler Beteiligungen an internationalen Wirtschaftsveranstaltungen → IZ O 209

INTERGRAF
Internationale Vereinigung der Druck-Industrie → IZ F 1 720

INTERGU
Internationale Gesellschaft für Urheberrecht e.V. → IZ T 868

INTERKEY I
Fachverband Europäischer Sicherheits- und Schlüsselfachgeschäfte e.V. → iz g 15, IZ G 147

Interlaine
Ausschuß der Woll-Industrie der EG → IZ F 96, iz f 421

INTERSTENO
Internationale Föderation für Informationsverarbeitung → IZ U 804

IOA
Internationale Olympische Akademie → IZ U 474

IOA
Internationale Stomavereinigung → IZ U 310

IOC
Internationales Olympisches Komitee → IZ U 579

IOCCC
Internationales Büro für Kakao, Schokolade und Süßwaren → IZ H 274

IÖW
Institut Österreichischer Wirtschaftsprüfer → iz s 352

IOF
Internationaler Bund für Orientierungslauf → IZ U 542

IOFI
Internationaler Verband der Aromen-Industrie → IZ F 1 821

IOM
Internationale Organisation für Migration → IZ W 17

IoM
The Institute of Materials → iz t 523

IOMTR
Internationaler Verband des Kraftfahrzeuggewerbes → IZ H 520

IOSCO
Internationale Vereinigung der Börsenaufsichtsbehörden → IZ I 166

IPA
Internationaler Verband für Paläontologie → IZ T 231

IPB
Internationale Politikberatung → IZ U 428

IPC
Internationales Paralympisches Komitee → IZ U 580

IPCC
Internationales Pierre de Coubertin Komitee → IZ U 581

IPF
Internationaler Verband für Kraftdreikampf → IZ U 551

IPH
Internationale Arbeitsgemeinschaft der Papierhistoriker → IZ T 153

IPI
Internationales Presse-Institut → IZ O 103

IPO
Interprovinciaal Overleg → iz u 51

IPSA/AISP
Internationale Vereinigung für Politische Wissenschaften → IZ T 193

IPU
Interparlamentarische Union → IZ W 36

IRA
Internationale Kautschuk-Vereinigung → IZ F 1 692

IRELA
Institut für Europäisch-Lateinamerikanische Beziehungen → IZ T 890

IRF
Internationaler Racquetball-Verband → IZ U 553

IRF
Internationaler Straßenverband → IZ M 118

IRLOGI
Irish Organisation for Geographic Information → iz t 180

IRLSF
Federation of the Irish Footwear Manufacturers → iz f 780

IRNA
Irish Retail Newsagents Association → iz h 442

IRPA
Internationale Pressevereinigung für den Rennsport → IZ O 97

IRRDB
Internationaler Rat für Kautschuk-Forschung und -Entwicklung → IZ T 306

IRRI
Internationales Reis-Forschungs-Institut → IZ T 314

IRSCL
Internationale Forschungsgesellschaft für Kinder- und Jugendliteratur → IZ T 157

IRSG
Internationale Kautschuk-Studien-Gruppe → IZ T 296

IRU
Internationale Raiffeisen-Union → IZ I 45

IRU
Internationale Straßentransportunion → IZ M 116

I.R.U.
Verbindungsausschüsse der I.R.U. bei der EU → IZ M 121

ISA
Internationaler soziologischer Verband → IZ T 566

I.S.A.
Internationaler Surf-Verband → IZ U 564

ISA
Irish Spirits Association → iz f 1 345

ISAF
Internationaler Regatta-Bund → IZ U 555

ISE
Alcide de Gasperi-Institut für europäische Studien → IZ T 880

ISEP
Internationales Studenten Austausch Programm → IZ U 228

ISES
Internationale Gesellschaft für Solarenergie e.V. → IZ L 129

ISF
Internationale Softball-Vereinigung → IZ U 475

ISG
Internationale Heinrich-Schütz-Gesellschaft e.V. → IZ U 805

ISHS
Internationale Gesellschaft für Gartenbauwissenschaft → IZ T 689

ISI
Internationales Statistisches Institut → IZ T 234

ISKO
Internationale Gesellschaft für Wissensorganisation e.V. → IZ T 159

ISM
Internationale Gesellschaft für Markscheidewesen → IZ S 496

ISME
Internationale Gesellschaft für Musikerziehung → IZ O 10

ISME
Irish Small and Medium Enterprises Association → iz g 41

ISMWSF
Internationaler Rollstuhl Sportverband → IZ U 563

ISO
Internationale Organisation für Ladenbau → IZ G 153

ISO
Internationale Organisation für Normung → IZ T 539

ISOPA
Europäischer Verband der Isocyanathersteller → IZ F 1 264

ISPRS
Internationale Gesellschaft für Photogrammetrie und Fernerkundung → IZ T 294

ISQ
Instituto de Soldadura e Qualidade → iz g 68

ISSA
Internationale Vereinigung für Soziale Sicherheit (IVSS) → IZ K 37

ISSC
Internationaler Rat für Sozialwissenschaften → IZ T 565

ISSMGE
Internationale Gesellschaft für Erd- und Geotechnik → IZ T 293

ISSO
Internationale Selbstbedienungs-Organisation → IZ H 497

ISTA
Internationale Vereinigung für Saatgutprüfung → IZ T 685

ISU
Internationaler Eislauf-Verband → IZ U 544

I.S.W.A.
Internationale Vereinigung für Abfallwirtschaft → IZ F 1 753

ITBLAV
Internationale Textil-, Bekleidungs- und Lederarbeiter-Vereinigung → IZ R 268

ITF
Internationale Transportarbeiter-Föderation → IZ R 269

ITF
Internationaler Tennis Verband → IZ U 567

ITI
Zentrum Bundesrepublik Deutschland des Internationalen Theaterinstituts e.V. → IZ O 21

ITMF
Internationale Vereinigung der Textilindustrie → IZ F 1 774

ITTF
Der Internationale Tischtennis-Bund → IZ U 466

ITU
Europäische Kommission Gemeinsame Forschungsstelle Institut für Transurane → IZ L 140

ITU
Internationale Fernmelde-Union → IZ T 902

ITVA
Media Communications Association-International → IZ O 50

IUAI
Internationale Flugversicherungs-Union → IZ K 45

IUCAB
Internationale Union der Handelsvertreter und Handelsmakler → IZ H 557

IUCII
Internationale Union der Spezialversicherer für Exportkredit- und Investmentversicherung → IZ I 114

IUCN - Internationale Union für die Erhaltung der Natur und der natürlichen Hilfsquellen → IZ Q 223

IUCr
Internationale Union für Kristallographie → IZ T 163

IUFRO
Internationaler Verband forstlicher Forschungsanstalten → IZ T 687

IUGG
Internationale Vereinigung für Geodäsie und Geophysik → IZ T 171

IUGS
Internationale Union der Geologischen Wissenschaften → IZ T 169

IUHF
Internationaler Bausparkassen- und Hypothekenbanken-Verband → IZ I 87

IUL
Internationale Union der Lebensmittel-, Landwirtschafts-, Hotel-, Restaurant-, Café- und Genussmittelarbeiter-Gewerkschaften → IZ R 247

IULA
Internationaler Gemeinde-Verband → IZ W 21

IUMI
Internationaler Transport-Versicherungs-Verband → IZ K 47

IUMS
Internationale Union der Gesellschaften für Mikrobiologie → IZ T 170

IUNS
Internationale Union der Ernährungswissenschaften → IZ T 683

IUPAB
Internationale Union für reine und angewandte Biophysik → IZ T 164

IUPAC
Internationale Union für Reine und Angewandte Chemie → IZ T 165

IUPAP
Internationale Union für reine und angewandte Physik → IZ T 166

IUPsyS
Internationale Union der Psychologischen Wissenschaft → IZ T 825

IUSS
Internationale Bodenkundliche Union (IBU) → IZ T 269

IUSSP
International Union for the Scientific Study of Population → IZ T 561

IUSY
Internationale Union der Sozialistischen Jugend → IZ U 210

IUTAM
Internationale Union für Theoretische und Angewandte Mechanik → IZ T 168

IVBH
Internationale Vereinigung für Brückenbau und Hochbau → IZ F 1 754

IVE
Internationale Vereinigung von Einkaufs- und Marketingverbänden → iz h 25, IZ P 41

IVfgR
Internationale Vereinigung für gewerblichen Rechtsschutz → IZ U 116

IVL
Institutet för Vatten- och Luftvårdsforskning → iz t 677

IVO
Internationaler Verband der Orthopädie-Schuhtechniker → IZ G 184

IVP
IVP - Industrie des Vernis, Peintures, Encres d'imprimerie et couleurs d'Art → iz t 814

IVU
Internationale Vegetarier Union → IZ U 806

IVU
Internationale Verleger-Union → IZ O 99

IWA
Internationale Vereinigung für Gewässerschutz und -kontrolle → IZ T 684

IWA
Internationaler Abdichtungsverband → IZ F 1 799

IWC
Internationale Walfang-Kommission → IZ W 20

IWDA
Irish Whiskey Distillers Association → iz f 1 346

IWF
Internationaler Gewichtheber-Bund → IZ U 547

IWF
Internationaler Währungsfonds → IZ I 26

IWSF
Internationale Wasserski-Vereinigung → IZ U 502

IWTO
Internationale Wollvereinigung → IZ F 1 796

IWV
Internationaler Wildnisführer Verband e.V. → IZ Q 221

IYCW
Internationale Christliche Arbeiterjugend → IZ U 201

J

JADE
Europäischer Dachverband studentischer Unternehmensberatungen → IZ U 257

JAPEIC
Japan Power Engineering and Inspection Corporation → iz t 451

JECI
Internationale Katholische Studierende Jugend → IZ U 207

JEF
Junge Europäische Föderalisten → IZ U 431

JEITA
Verband der japanischen Elektronik- und IT-Industrie → IZ F 2 143

K

KALEV
Estonian Sports Association Kalev → iz u 514

KAN
Overlegcomité Kamers voor Ambachten en Neringen → iz g 29

KDT
Glowny Inspektorat Kolejowego Dozoru Technicznego → iz t 456

KEK
Die Kommission Kirche und Gesellschaft der Konferenz europäischer Kirchen → IZ U 348

KK
Kuluttajat-Konsumenterna ry → iz u 145

KLBV
Verband der Konzertlokalbesitzer und aller Veranstalter Österreichs (KLBV) → iz n 23

KNCV
Koninklijke Nederlandse Chemische Vereniging → iz t 20

KNMvD
Koninklijke Nederlandse Maatschappij voor Diergeneeskunde → iz s 131

KNZ-Malta
Kunsill Nazzjonali taz-Zghazagh → iz u 245

KÖOSZ
Kisvarosi Önkormanyzatok Orzagos Erdevedelmi Szövetsege → iz u 65

L

LDA International
Verband für Blei-Förderung → IZ F 2 133

LEASEUROPE
Europäische Vereinigung der Verbände von Leasing-Gesellschaften → IZ O 213

LECE
Europäische Liga für wirtschaftliche Zusammenarbeit → IZ U 1

LGIB
Local Government International Bureau → iz u 36

LI
Livsmedelsindustrierna → iz f 81, iz f 2 018, iz f 2 373

LIBS
Lebanese Insurance Brokerage Syndicate → iz k 72

LICROSS
Internationale Föderation der Rotkreuz- und Rothalbmondgesellschaften → IZ T 818

LIF
The Danish Association of the Pharmaceutical Industry (LIF) → iz f 836, iz f 950

LIJOT
Lietuvos Jaunimo Organizaciju Taryba → iz u 244

LISS
Internationaler Bund der Überwachungsgesellschaften → IZ U 808

LJK
Liikkeenjohdon Konsultit → iz s 249

LJP
Latvijas Jaunatnes Padome → iz u 243

LMPA
Lietuvos Mesos Perdirbeju Asociacija/Lithuanian Meat Makers Association → iz f 2 304

LMRS
Latvian Materials Research Society → iz t 525

LNU
Landsradet for Norges barne- og ungdomsorganisasjoner → iz u 247

LRF
Federation of Swedish Farmers → iz p 18

LRF
Lantbrukarnas Riksförbund → iz q 27

LSU
Landsradet för Sveriges Ungdomsorganisationer → iz u 250

LTSA
Latvian Trade Sport Association → iz u 523

LVB
Latvijas Veterinaarstu biedriba → iz s 127

LVGA
Lithvos Veterinarijos Gydytoju Asociacija → iz s 128

M

MAGUSZ
Magyar Gumiipari Szövetség → iz f 2 254

Mailleurop
Ausschuß der Maschinenindustrie der EG → IZ F 87, iz f 422

MAINSZ
Magyar Autóalkatrész Importörök és Nagykereskedok Szövetsége → iz h 258

MAOK
Magyar Állatorvosi Kamara → iz s 145

MARCOGAZ
Technischer Verband der europäischen Erdgaswirtschaft → IZ F 1 948

MCA
Management Consultancies Association → iz s 252

MEMA
Motor & Equipment Manufacturers Association → iz h 262

MET
Federation of Finnish Metal, Engineering and Elctrotechnical Industries, MET → iz f 2 439

MET
Federation of Finnish Metal, Engineering and Electrotechnical Industries → iz f 211, iz f 342, iz f 1 409, iz f 1 418, iz f 1 434, iz f 1 453, iz f 1 548, iz f 2 204, iz f 2 259, iz f 2 276

MHRA
Malta Hotel and Restaurant Association → iz n 30

MI
Mensa International → IZ U 813

MIA
Multinationale Versicherungsvermittlung Betriebliche Versorgungsanwartschaften IZ K 35

MIJARC
Internationale Katholische Land- und Bauernjugendbewegung → IZ Q 71

MKB
Koninklijke Vereniging MKB-Nederland → iz g 48

Modint
Ondernemersorganisatie voor Mode en Interieur → iz f 404

MSS
Metal Science Society of the Czech Republic → iz t 536

MSS
Mladinski svet Slovenije → iz u 253

MTK
Maa-Ja Metsätalous Tuottajain Keskusliitto (MTK) (Central Union of Agricultural Producers and Forest Owners) → iz q 9

MWIA
Internationaler Ärztinnenbund → IZ S 149

N

NACES
National Association of Consulting Engineers of Slovenia → iz s 428
NACPH
National Association for Consumer Pretection in Hungary → iz u 169
NAFO
Nordwest Atlantik Fischerei Organisation → IZ Q 142
NATI
Nederlandse Agro Technische Industrie → iz f 216
NATO
Organisation des Nordatlantikpaktes → IZ W 8
NBVA
Nederlandse Bond van Assurantie-Bemiddelaars → iz k 76
NCC
National Consumer Council → iz u 153
NCR
Nationale Coöperatieve Raad voor Land- en Tuinbouw → iz p 15
NCS
Nederland Culturele Sportbond → iz u 527
ndc
National Documentation Center → iz t 178
NE.DI.SY
Neolaia Dimokratikou Synagermoy → iz u 415
NEKOVRI
Vereniging van Nederlandse Koel- en Vrieshuizen → iz f 714
NERI
National Environmental Research Institute of Denmark → iz a 196
NEVEDI
Nederlandse Vereniging Diervoederindustrie → iz f 1 276
NFHRCR
Czech National Federation of the Hotels and Restaurants → iz n 34
NFI
Naturfreunde Internationale → IZ Q 198
NFI
Vereniging Nederlandse Frisdranken Industrie → iz f 2 354
NFU
National Farmers' Union of England and Wales → iz q 16
NIAV
Nederlands Instituut van Automobiel en Verkeersongevallendeskundigen (NIAV) → iz s 688
NIKI
Hungarian Coordination Bureau for International Youth Work → iz u 256
NMPEA
National Motor Parts and Equipment Association → iz h 267
NMS
Norsk Metallurgisk Selskap → iz t 527
NMT
Nederlandse Maatschappij tot Bevordering der Tandheelkunde → iz s 178
NOFOTA
Netherlands Oils Fats and Oilseeds Trade Association → iz h 305
NORVAC
Norsk VVS Energi- og Miljøoteknisk Forening → iz f 140
NS
Neytendasamtökin → iz u 156
NSAI
National Standards Authority of Ireland → iz t 503
NSAI
The Irish Conformity Assessment Committee → iz t 368
NVA
Nederlandse Vereniging van Makelaars in Assurantiën en Assurantieadviseurs → iz k 75
NVPG
NVPG Nederlandse Vereniging Particuliere Goederenwagons → iz m 44
NVR
Nederlandse Vereniging van Rubber- en Kunststoffabrikanten → iz f 666, iz f 2 250
NYCI
National Youth Council of Ireland → iz u 240

O

O.A.E.D.
Manpower Employment Organisation → iz u 9
OAU/STRC
Organisation für afrikanische Einheit - Kommission für Wissenschaft, Technik und Forschung → IZ W 5
OCDE
OECD Agentur der Atomenergie → IZ W 4
O.C.E.A.N.
Schiffsausrüster-Verband der EU-Länder → IZ F 1 896
OCIC
Internationale Katholische Organisation für Film- und Audiovisuelle Medien → IZ O 27
OCIMF
Internationales Meeres-Forum d. Ölgesellschaften → IZ Q 197
OCU
Organizacion de Consumidores y Usuarios → iz u 168
OEA
Organisation of European Aluminium Refiners and Remelters → IZ F 1 894
ÖBJR
Österreichischer Bundesjugendring → iz u 248
OECD
Organisation für wirtschaftliche Zusammenarbeit und Entwicklung → IZ W 6
ÖGMP
Austrian Society for Medical Physics → iz t 746
OEICTO
Europäische Organisation der Tomatenkonserven-Industrie → IZ F 450
OEIL
Europäische Organisation für die Eingliederung und Unterbringung der Jugend → IZ U 181
OEITFL
Europäische Organisation der Obst- und Gemüseverarbeitenden Industrie → IZ F 433
Öko-Tex
Internationale Gemeinschaft für Forschung und Prüfung auf dem Gebiet der Textilökologie → IZ T 273
ÖRV
Österreichischer Raiffeisenverband → iz p 16
ÖVGW
Österreichische Vereinigung für das Gas- und Wasserfach → iz l 118
OGP
The International Association of Oil & Gas Producers → IZ L 97
OICA
Ständiges Internationales Büro der Automobil-Hersteller → IZ F 1 947
OIE
Internationaler Arbeitgeber-Verband → IZ R 62
OIML
Internationale Organisation für gesetzliches Meßwesen → IZ W 16
OIV
Internationales Wein-Amt → IZ W 35
OLAF
Europäisches Amt für Betrugsbekämpfung → iz a 6
O.L.A.P.
Office Luxembourgeois pour l'Accroissement de la Productivité → iz u 11
OMBKE
Országos Magyar Bányászati és Kohászati Egyesület → iz t 537
OMMS/BES
Weltorganisation des Pfadfinderbewegung - Das europäische Pfadfinderbüro → IZ U 267
ONNED
Organossis Neon Neas Dimokratias → iz u 400
ONSCT
Organisation Nationale Sport - Culture et Travail → iz u 536
OPEC
Organisation Erdölexportierender Länder → IZ W 37
OPMA
Verband der Hersteller von Biaxial verstreckter Polypropylene Folie → IZ F 2 138
ORDINEX
Internationale Sachverständigenorganisation → IZ S 670
ORGALIME
Verbindungsstelle der europäischen Maschinenbau-, Metallverarbeitenden und Elektroindustrie → IZ F 2 267
OR.GE.CO.
Organisation Générale des Consommateurs → iz u 149
ORPLID
Internationale Gesellschaft für Musiktheater und Architektur e.V. → IZ O 11
OSPA
Verband der Hersteller von sauerstoffangereicherten Lösungsmitteln → IZ F 2 140
OSV
Osteuropäischer Sachverständigen Verein e.V. → IZ S 676
OTIF
Zwischenstaatliche Organisation für den internationalen Eisenbahnverkehr → IZ W 41

P

PAPA
Polish Asphalt Poveneit Association → iz f 1 130
PASEGES
Confederation Panhellenique des Unions des Cooperatives Agricoles → iz p 8, iz q 14
PASEK
Pancyprian Worker's Sport Club of Cyprus → iz u 537
P.E.K.A.M.P.S
Panhellenic Union of Billiard and Arcade Owners → iz f 504
PGD
Productschap voor Gedistilleerde Dranken → iz f 475, iz f 1 349
PIA
Information über das internationale Versicherungsgeschäft → IZ K 32
PIANC
Internationaler Verband für Schiffahrt → IZ M 195
PIL
The Federation of Norwegian Process Industries → iz f 377
PK
Präsidentenkonferenz der Landwirtschaftskammern Österreichs → iz q 25
PLASTEUROFILM
Europäischer Verband der Plastikfolien-Hersteller → IZ F 594
PMMA
Pharmaceutical Marketing & Management Association → iz f 2 578
PMT
Polish Society for Materials → iz t 528
PNEUROP
Europäisches Komitee der Hersteller von Verdichtern, Vakuumpumpen und Druckluftwerkzeugen → IZ F 1 525
POSEI
Panhellenic Federation of Electrical Contractors Association → iz f 1 782
PostEurop
Vereinigung der öffentlichen europäischen Postdienstbetreiber → IZ T 916
PRE
Europäische Vereinigung der Hersteller feuerfester Erzeugnisse → IZ F 629, iz f 2 233
PRI
Internationale Verkehrssicherheitsorganisation → IZ M 117
PUDS
Polska Unia Dystrybutorow Stali → iz h 103
PWF
PWF Private Wagon Federation → iz m 42

R

RAGB
The Restaurant Association of Great Britain → iz n 15
RAI
Restaurants Association of Ireland → iz n 17
RAI / Autovak
Nederlandse Vereniging "De Rijwiel- en Automobiel-Industrie" (RAI / Autovak) → iz f 2 192, iz f 2 208, iz f 2 217, iz f 2 263, iz h 232, iz h 249
RAVI
Netherlands Council for Geograhic Information → iz t 183
RCVS
Royal College of Veterinary Surgeons → iz s 117
REHVA
Bund der europäischen Vereinigungen für Heizungs- und Klimaanlagen → IZ F 126
RF
ReklameForum → iz o 130
RGRE
Rat der Gemeinden und Regionen Europas → IZ U 23
RGRE
Rat der Gemeinden und Regionen Europas (RGRE) -Deutsche Sektion → iz u 28
RIVM
Rijksinstituut voor Volksgezondheid en Milieu → iz a 207
RMAF
Rubber Manufacturers' Association of Finland → iz f 2 245
RMS
Rada mladeze Slovenska → iz u 252
ROA
Raad van Organisatie Adviesbureau → iz s 254
RSR
Reklamny Sovet Rossii → iz o 121
RWVI
Richard Wagner Verband International → IZ U 815

S

SAMP
The Slovak Association of Insurance Brokers → iz k 84
SATUS
Schweizerischer Arbeiter-, Turn- und Sportverband → iz u 533
SAWA
Filmreklame-Weltverband → IZ O 152
SBF
Sveriges Bildelsgrossisters Förening → iz h 236, iz h 254
SCL
Svaz Ceskych Lekaru → iz r 97
SCMF
Syndicat de la Construction Métallique de France → iz f 343
SCPT
Syndicat Cognac Progrès et Tradition → iz f 1 338
SDAI
The Soft Drinks Association Ltd. → iz f 2 350
SDG
Stowarzyszenie Doradcow Gospodarczych w Polsce → iz s 257
SDI
Syndicat des Indépendants et des PME → iz g 28
SDM
Slovensko Drustvo Za Materiale → iz t 533
SEAOP
Fédération Hellénique des Eaux-de-Vie et Spiritueux → iz f 1 344
SEC
Stiftung Europa Centrum → IZ T 895
SEC
Syndicat des Exportateurs de Cognac → iz f 1 340
SEEDA
Association of Greek Waste Management Companies → iz f 262
SEFEL
Europäisches Sekretariat der Hersteller von leichten Metallverpackungen → IZ F 1 574
SEFM
Sociedad Espanola de Fisica Medica → iz t 769
SEKA
Greek Association of Aluminium Manufacturers → iz f 1 609
SEMA
Specialty Equipment Market Association → iz h 263
SEMAT
Sociedad Española de Materiales → iz t 534
SEMOULIERS
Union der Verbände der Grießhersteller in der EU → IZ F 1 979

SEMPSA
ANEMEPRE - Sociedad Espanola de Metales Preciosos → iz f 380
SES
Verband Schweizerischer Errichter von Sicherheitsanlagen → iz f 1 484
SESI
Servico Social da Industria → iz u 510
SESMA
Hellenic Association of Management Consulting Firms → iz s 251
SET-AMEA
Association of Manufactures of Electrical Accessories → iz f 225
SEVA
Greek Soft Drinks Association → iz f 2 348
SEVT
Federation of Hellenic Food Industries → iz f 2 365
SF2M
Société Française de Métallurgie et de Matériaux → iz t 521
SFA
Small Firms Association → iz g 42
SFAC
Syndicat Français des Assureurs Conseils → iz k 60
SfC
Society for Creativity e.V. → IZ U 816
SFH
Syndicat Français de l'Hôtellerie → iz n 9
SFMT
Svenska Föreningen för Materialteknik → iz t 530
SFPM
Société Française de Physique Médicale → iz t 754
SFR
Syndicat Français du Rhum → iz f 1 339
SFT
Statens forurensningstilsyn → iz a 208
SGI
Sveriges Gummiindustriförening → iz f 2 253
SGM
Schweizerischer Verband der Grosshändler und Importeure der Motorfahrzeugzulieferbranche → iz h 255
SGSMP
Schweizerische Gesellschaft für Strahlenbiologie und Medizinische Physik → iz t 771
SHAPE
Oberstes Hauptquartier der Alliierten Streitkräfte in Europa → IZ W 3
SI
Soroptimist International → IZ U 260
SIBA
Swiss Insurance Brokers Association → iz k 87
SICOT
Internationale Gesellschaft der Chirurgie, Orthopädie und der Unfallchirurgie → IZ T 819
SIEC
Internationale Gesellschaft für kaufmännisches Bildungswesen → IZ T 977
SIFE
Sociedad de Industrias de Forja por Estampacion → iz f 2 388
SIL
Internationale Vereinigung für Limnologie → IZ T 192
SIMI
The Society of the Irish Motor Industry → iz h 231, iz h 248, iz h 482
SINAIA
Ministerio do Ambiente e dos Recursos Naturais Direcção Geral do Ambiente → iz a 210
SIQ
Slovenian Institute of Quality and Metrology → iz t 462
SISA
Sdružení Importérů součástí automobilů servisní a garážové techniky -(SISA) → iz h 257
SITA
Internationale Organisation der Luftfahrt → IZ T 906
SIW
Socialist International Women → IZ U 180
SK
Suomen Kuluttajaliitto → iz u 146
SK
Sveriges Konsumentråd → iz u 164
SkhDM
Christian Democratic Youth Union of Russia → iz u 411

SKOL
Finnish Association of Consulting Engineers → iz s 412, iz s 511
SLC
Svenska Lantbruksproducenternas Centralförbund → iz q 10
SLEAT
Society of Laundry Engineers & Allied Trades → iz f 1 540
S.L.R.
Svenska Lantmännens Riksförbund → iz f 1 280
SM
Sveriges Managementkonsulter → iz s 261
SMAL
Association of Finish Travel Agents → iz n 59
SMASA
Self-Medication Association of South Africa → iz f 2 577
SMF
Swedish Movers Federation → iz m 113
SMI
Sistema Moda Italia → iz f 92, iz f 400
SMMT
The Society of Motor Manufacturers & Traders Ltd. → iz h 230, iz h 247
SNA
Sindacato Nazionale Agenti di Assicurazione → iz k 68
SNBR
Syndicat National des Boissons Rafraîchissantes → iz f 2 347
SNCP
Syndicat National du Caoutchouc et des Polymères → iz f 2 246
SNEF
Syndicat National de l'Estampage et de la Forge → iz f 2 383
SNFL
Syndicat National des Fabricants de Liqueurs → iz f 1 343
SNFU
National Farmers' Union of Scotland → iz q 17
SNMTS
Society for New Materials and Technologies in Slovakia → iz t 532
SNMV
Sindicato Nacional dos Medicos Veterinarios → iz s 135
SNPAA
Syndicat National des Producteurs d'alcool Agricole → iz f 472
SNRLH
Syndicat National des Restaurateurs Limonadiers et Hôteliers → iz n 10
SNS
Samenwerkende Nederlandse Staalbouw → iz f 348
SOGI
Swiss Organization for Geo-Information → iz t 188
SPCA
Slovenian Pest Control Association → iz f 168
SPF
SPF Svenska Privatvagnföreningen → iz m 47
SPM
Sociedade Portuguesa de Materiais → iz t 529
SRTSIRD
Stowarzyszenie Rzeczznawcow Techniki Samochodowej i Ruchu Drogoweco → iz s 690
SSH
Société Suisse des Hôteliers → iz n 32
SSIGE-SVGW
Société Suisse de l'Industrie du Gaz et des Eaux → iz l 121
SSIP
Sozialwissenschaftlicher Studienkreis für Internationale Probleme e.V. → IZ T 894
SSWS
The Swedish Spirits & Wine Suppliers → iz f 1 352
STMA
Swedish Transformer Manufacterers Association → iz f 1 447
SVF
Sveriges Veterinärförbund → iz s 139
SVKTL
Schweizerischer Verband für Kühl- und Tiefkühl-Logistik → iz f 716
SVMT
Schweizerischer Verband für die Materialtechnik → iz t 531

SVVG/FSAGA
Federation Suisse des Agents Generaux d'Assurances → iz k 86
SWA
The Scotch Whisky Association → iz f 1 354
SWISSMEM
Textile Machinery Division → iz f 724, iz f 978, iz f 1 078, iz f 1 432, iz f 1 460, iz f 1 491, iz f 1 500, iz f 1 514, iz f 1 523, iz f 1 535, iz f 2 038, iz f 2 291
SYMATEX
Syndicat des Constructeurs Belges de Machines Textiles → iz f 1 517
SYNDESMOS
Weltgemeinschaft orthodoxer Jugendlicher → IZ U 265
SYNDICATSPORT
La Coféderation des Associations Sportives de la Russie → iz u 532
SZU
Strojírenský Zkušební Ústav → iz t 466

T

TA
Test-Achats → iz u 142
TAFISA
Trimm & Fitness International - Bund Sport für alle → IZ U 585
TBE
Europäischer Verband der Dachziegel und Ziegelsteinindustrie → IZ F 1 083, iz f 2 238
TBL Teko
Association of Textile, Footwear and Sporting Goods → iz f 405, iz f 1 865
TCMA
Turkish Cement Manufacturers' Association → iz f 1 395
T&E
Europäischer Verband für Verkehr und Umwelt → IZ Q 192
TEGoVA
Europäische Vereinigung der Bewerterverbände → IZ S 651
TEJO
Weltverband für Esperantonachwuchs → IZ U 823
TELEPOOL
Europäisches Fernsehprogrammkontor → IZ O 51
TELFA
Transeuropäischer Verband von Rechtsanwaltskanzleien → IZ T 877
TEPPFA
Europäischer Plastikrohr- und Armaturenverband → IZ F 1 014
TIE
Spielzeugindustrie in Europa → IZ F 1 909
TII
Europäische Vereinigung für den Transfer von Technologien, Innovation und industrieller Information → IZ T 246
TKK
Tehnokontrollikeskus → iz t 445
TNO
Nederlandse Organisatie voor Toegepast Natuurwetenschappelijk Onderzoek → iz t 671
TÖOSZ
Települési Önkormanyzatok Orszagos Szövetsege → iz u 64
TRANSBEUROP
Europäischer Verband der Butter und dessen Bestandteile verarbeitenden Unternehmen → IZ F 1 082
TTE
TTE Toy Traders of Europe → IZ H 46
TTMD
Türk Tesitat Mühendisleri Dernegi → iz f 149
TUAC
Beratender Gewerkschaftsausschuß bei der OECD → IZ R 275
TUL
Finnish Worker's Sports Federation → iz u 515

U

UAEE
Union de Asociaciones de Estanqueros de Espana → iz h 445

UAI
Union der Internationalen Verbände → IZ U 818
UARCE
Vereinigung der Verbände der Reismühlen der EG → IZ F 2 547
UATI
Union Internationaler Technischer Vereine → IZ T 319
U.C.B.D.
Vereinigung für den Laubholzhandel in der E.U. → IZ H 315
UCCIMCCE
Union of Chambers of Commerce, Industry Maritime Commerce and Commodity Exchanges of Turkey → iz e 42
UCE
Unión de Consumidores de Espâna → iz u 173
UCIP
Katholische Weltunion der Presse → IZ O 104
UCM
Union des Classes Moyennes → iz g 30
UCMTF
Union des Constructeurs de Matériel Textile de France → iz f 1 519
UCTE
Union für die Koordinierung des Transportes elektrischer Energie → IZ L 4
UEA
Esperanto-Weltbund → IZ U 595
UEA
Unione Europea Assicuratori → iz k 69
UEA
Verband der europäischen Möbelindustrie → IZ F 2 059
UEAPME
Europäische Union des Handwerks und der Klein- und Mittelbetriebe → IZ G 25
UEB
Union Europäischer Bankpersonalverbände → IZ R 305
UEC
Europäische Union für Karosseriebau → IZ F 480
UECBV
Europäische Vieh- und Fleischhandels-Union → IZ H 138, iz h 222
UECNA
Europäische Vereinigung gegen die schädlichen Auswirkungen des Luftverkehrs → IZ U 305
UEEIV
Union Europäischer Eisenbahn-Ingenieur-Verbände → IZ S 569
UEF
Union Europäischer Föderalisten → IZ U 459
UEF
Union Europäischer Forstberufsverbände → IZ Q 122
UEIL
Europäische Union der unabhängigen Schmierstoff-Verbände → IZ F 489
UEMASS
Europäische Union der Versicherungsmedizin und der sozialen Sicherung → IZ S 67
UEMO
Europäische Vereinigung der Allgemeinärzte → IZ S 69
UEMS
Europäische Vereinigung der Fachärzte → IZ S 83
UEMV
Automotive Glazing Europe → iz f 941
UEMV
Europäischer Dachverband des Glaserhandwerks → IZ F 940
UEPA
Europäische Union der Alkoholhersteller → IZ F 466
U.E.P.C.
Europäische Union der Freien Wohnungsunternehmen → IZ U 73
UEPG
Europäischer Verband der Kies-, Sand- und Schotterproduzenten → IZ F 488
UEPS
Europäische Sportpresse-Vereinigung → IZ S 636
U.E.P.S.
Verband der Europäischen Sozialen Apotheken (VESA) → IZ T 837
UEVH
Europäische Union der Veterinär-Hygieniker → IZ S 104

UEVP
Europäische Union praktischer Tierärzte → IZ S 66, iz s 119

UFCFP-CGC
Union Fédérale des Cadres des Fonctions Publiques → iz r 79

UFE
Union der Kartoffelstärkefabriken der Europäischen Union → IZ F 1 978

UFE
Union des Finanzpersonals in Europa → IZ S 695

UFI
Union Internationaler Messen → IZ O 211

UFIH
Union Française des Industries de l'Habillement → iz f 396

UFTAA
Welt-Vereinigung der Reisebüro-Verbände → IZ N 63

UFU
Ulster Farmers' Union → iz q 18

UGAL
Union der Verbundgruppen von selbständigen Einzelhändlern Europas → iz h 527, IZ P 42

UIA
Internationaler Architekten-Verband → IZ S 565

UIAA
Internationaler Verband der Alpinistenvereine → IZ U 568

UIAPME
Internationale Gewerbe-Union (IGU) → IZ U 114

UIC
Internationaler Eisenbahnverband → IZ M 53

UICB
Internationale Union der Bauzentren → IZ F 1 708

UICC
Internationale Union gegen Krebs → IZ U 314

UICP
Internationale Union für Spenglerei und Sanitärinstallation → iz f 887, IZ G 154

U.I.C.R.
Internationale Berufskraftfahrer-Vereinigung → IZ R 265

UICTMR/IUATLD
Internationale Union zur Bekämpfung von Tuberkulose und Lungenkrankheiten → IZ U 311

UIE
Internationale Union für Elektrizitätsanwendungen → IZ T 321

U.I.E.P.
Internationale Vereinigung der Stuck-, Putz- und Trockenbauunternehmen → IZ G 170

UIFA
Internationaler Verband weiblicher Architekten → IZ S 567

UIHJ
Internationale Union der Gerichtsvollzieher und Gerichtsbeamten → IZ S 210

UIHP
Internationale Vereinigung der Privatkrankenanstalten → IZ T 831

UIIG
Internationale Vereinigung der Gasindustrie → IZ F 1 760

UILI
Internationale Union der Selbständigen Laboratorien → IZ T 300

UIM
Internationale Union für Motorbootsport → IZ U 488

UINF
Internationale Binnenschiffahrts-Union → IZ M 192

UIO
Internationaler Oenologenverband → IZ S 393

UIOF
Internationale Union der Familienorganisationen → IZ U 209

UIP
Internationale Privatgüterwagen-Union → IZ M 37

UIPCG
Internationaler Verband der Konditoren, Confiseure und Speiseeishersteller → IZ G 183

UIPES
Internationale Union für Gesundheitserziehung → IZ T 824

UIPM HQ
Internationale Union des modernen Fünfkampfes → IZ U 489

UISP
Unione Italiana Sport Popolare → iz u 522

UIT
Union des Industries Textiles → iz f 395

UITP
Internationaler Verband für Öffentliches Verkehrswesen → IZ M 225, IZ M 232

UKRVAGA
Association of Ukraine Manufacturers of Weighing Machines → iz f 914

ULC
Union Luxembourgeoise des Consommateurs → iz u 158

ULI
The Swedish Development Council for Land Information → iz t 187

UMEC
Weltverband Katholischer Erzieher → IZ R 314

UMOFC
Welt-Union der Katholischen Frauen-Organisationen → IZ U 268

UN
Vereinte Nationen → IZ V 1

UNAC
UNAC (Unie van Assurantiebemiddelaars Curacao) → iz k 77

UNAFPA
Union der Vereinigungen von Teigwarenherstellern in der EU → IZ F 1 980

UNCTAD
Konferenz der Vereinten Nationen für Handel und Entwicklung → IZ V 28

UNECA
UNO-Wirtschaftskommission für Afrika → IZ V 2

UNEP
Umweltprogramm der Vereinten Nationen → IZ V 43

UNESCO
Organisation der Vereinten Nationen für Bildung, Wissenschaft, Kultur und Kommunikation → IZ V 40

UNESDA
Vereinigung der Erfrischungsgetränke-Verbände in der EG → IZ F 2 341

UNGDA
Union Nationale des Groupements de Distillateurs d'Alcool → iz f 471

UNGREN
Union des Négociants grossistes en engrais chimiques → iz h 288

UNHCR
Vereinte Nationen Der Hohe Flüchtlingskommissar der Vereinten Nationen Amt des Vertreters in der Bundesrepublik Deutschland → IZ V 12

UNIAPAC
Internationale Christliche Unternehmervereinigung → IZ R 27

UNICE
Union der Industrie- und Arbeitgeberverbände Europas → IZ F 1 949

UNICEF
Kinderhilfswerk der Vereinten Nationen → IZ V 25

UNIDO
Organisation der Vereinten Nationen für industrielle Entwicklung → IZ V 42

UNIDROIT
Internationales Institut für die Vereinheitlichung des Privatrechts → IZ T 876

UNIEP
Nationaler Unternehmerverband der Maler und Glaser sowie der Innenausbaufirmen → IZ G 166

UNIFE
Verband der Europäischen Eisenbahnindustrien → IZ F 2 032

UNIONCAMERE
Unione Italiana delle Camere di Commercio, Industria, Artigianato e Agricoltura → iz e 17

UNISA
Associazione Industriali del Canavese → iz f 2 385

UNIZO
Unie van Zelfstandige Ondernemers → iz g 31

UNRWA
Hilfswerk der Vereinten Nationen für Palästinaflüchtlinge im Nahen Osten → IZ V 16

UNSP-NUOD
Union Nationale des Service Publics → iz r 72

UNTA
Union Nationale des Travailleurs Angolais → iz u 507

UNV
Freiwilligenprogramm der Vereinten Nationen → IZ V 49

UPA
Union de Pequeños Agricultores → iz q 30

UPA
Union Professionelle de l'Artisanat → iz g 37

UPA-UDEF
Agriculture Wallonie Entente Syndicale (U.P.A.-U.D.E.F.) → iz q 4

U.P.B.I.F.
Union Professionelle Belge des Industries du Froid → iz f 707

UPCA
Union Professionnelle de Courtiers d'Assurance → iz k 51

UPEI
Europäische Union Unabhängiger Mineralölunternehmen → IZ L 52

UPEX
Union Professionnelle des Experts en Automobile de Belgique → iz s 679

UPS
Union des Producteurs Français de Spiritueux → iz f 1 342

UPU
Weltpostverein → IZ W 40

USB
Union of Scientists in Bulgaria Bulgarian Society for Microbiology → iz t 329

U.S.C.
Unione Sammarinese Commercianti → iz h 444

USCV
Wissenschaftliche Technische Glastechnische Vereinigung → IZ T 326

USIC
Schweizerische Vereinigung Beratender Ingenieure → iz s 427, iz s 551

USNCE
Union Syndicale des Négociants en Cognacs et Eaux-de-Vie → iz f 1 341

U.S.S.P.I
Unione Sindacati Professionalisti Pubblico - Privado Impiego → iz r 85

V

VAP
VAP Verband Schweiz. Anschlußgeleise- und Privatgüterwagen-Besitzer (VAP) → iz m 48

VASC
Vlaamse Arbeidersport Centrale → iz u 509

VAV
Swedish Water and Waste Water Association → iz l 120, iz t 655

VCH
Internationaler Verband Christlicher Hotels → IZ N 40

VDHAEI
Verband der Hersteller Alkoholfreier Erfrischungsgetränke → iz f 2 355

VES
Verband Europäischer Selbstbau-Partner e.V. → IZ U 90

VFFS/ASEAI
Association Suisse des Experts Automobiles Indépendants (ASEAI) → iz s 692

VKI
Verein für Konsumenten-information → iz u 161

VKS
Veterinary Chamber of Serbia & Montenegro → iz s 124

VNA
Vereiniging Nederlandse Afvalondernemingen → iz f 263

VNFKD
Vereniging van Nederlandse Fabrikanten van Kinderen Dieetvoedingsmiddelen → iz f 2 015

VÖVM
Verband Österreichischer Versicherungsmakler → iz k 80

VPI
VPI Vereinigung der Privatgüterwagen-Interessenten → iz m 40

VPIJ
Vlaams Platform voor International Jongerenwerk → iz u 232

VRE
Versammlung der Regionen Europas → IZ U 822

VSA
Clean Water Association → iz t 646

VSGS
Verband Schweizerischer Grund- und Spezialtiefbauer → iz f 625

VSM
Société Suisse des Constructeurs de Machines → iz f 220

V.S.O
V.S.O. Verband der Sicherheitsunternehmen Österreich → iz g 131

VSSF
Verband Schweizerischer Spanplattenfabrikanten → iz f 283

VVAV
Vereniging van Afvalverwerkers → iz f 258

VVK
Vereniging voor de thermohardende Kunststofindustrie → iz f 310

VVNH
Vereniging van Nederlandse Houtondernemingen → iz h 148, iz h 323

W

WACA
Internationale Konferenz der Landwirtschaftskammern → IZ Q 72

WAI
Internationaler Verband der Drahtindustrie → IZ F 1 824

WAITRO
Welt-Verband der industriellen und gewerblichen Forschungs-Organisationen → IZ T 324

WAN
Weltverband der Zeitungen → IZ O 101

WANO
World Association of Nuclear Operators → iz l 50

WASP
Welt-Vereinigung der Gesellschaft für Pathologie und für Laboratoriumsmedizin → IZ T 842

WATA
Welt-Vereinigung von Reisebüros → IZ N 62

WBCA
Weltbewegung der Christlichen Arbeitnehmer → IZ R 311

WCO/OMD
Rat für die Zusammenarbeit auf dem Gebiet des Zollwesens (Brüsseler Zollrat) → IZ A 221

WCPT-E
Weltverband für Physiotherapie - Europäische Sektion → IZ T 841

WEC
Weltenergierat → IZ L 142

WEI
West. Europäisches Institut für Holzimprägnierung (WEI) → iz f 2 589

WEI-IEO
Westeuropäisches Institut für Holzimprägnierung → IZ T 325

WELMEC
Europäische Zusammenarbeit im gesetzlichen Meßwesen → IZ T 241

WEM aisbl
WEM - The Employers' Organisation for the Metal Trades in Europe → IZ R 64

WEU
Westeuropäische Union → IZ W 9

WFA
Weltverband der Werbungtreibenden → IZ O 155

WFAFW
Weltföderation der Agrar- und Lebensmittelarbeiter → IZ R 312

WFBSC
World Federation of Building Service Contractors → IZ F 1 681

WFH
Weltbund der Hämophilie → IZ U 320

WFMH
Weltbund für Psychische Hygiene → IZ T 838

WFSW
Weltföderation der Wissenschaftler (WFW) → IZ S 618

WGB
Welt Gewerkschaftsbund → IZ R 278

WHO
Weltgesundheitsorganisation → IZ V 45

WIPO/OMPI
mWeltorganisation für geistiges Eigentum → IZ V 47

WMC
Weltbergbau-Kongress → IZ T 323

WMO
Weltorganisation für Meteorologie → IZ W 39

WOCCU
Weltweite Vereinigung der Kreditgenossenschaften → IZ I 48

W.O.M.A.N.
Welt-Organisation der Mütter aller Nationen → IZ U 266

Worlddidac
Weltverband der Lehrmittelfirmen → IZ F 2 582

WPIF
Wood Panel Industries Federation → iz f 277, iz f 2 599

WPSA
Weltvereinigung für Geflügelwissenschaften → IZ T 713

WSBI
Weltinstitut der Sparkassen → IZ I 28

WSCF
Weltverband christlicher Studenten - Europäisches Büro → IZ T 991

WSF
Welt-Squash-Verband → IZ U 588

WSMI
Weltverband der Arzneimittel-Hersteller → IZ F 2 557

WSPA
Welttierschutz-Gesellschaft → IZ Q 228

WTO
Welt Tourismus Organisation → IZ N 61

WVA
Weltverband der Arbeitnehmer → IZ R 313

WVF
Weltverband für Ehemalige Kriegsteilnehmer → IZ U 123

WVL
Weltverband der Lehrer → IZ R 315

Y

YEE
Jugend und Umwelt Europa → IZ U 230

YEPP
Jugend der Europäischen Volkspartei → IZ U 375

YES
Junge Unternehmer für Europa → IZ U 812

YEU
Jugend für Austausch und Verständigung → IZ U 229

YND
Young National Democrat → iz u 402

Z

ZEODET
Verband der Produzenten von Waschmittelzeolith → IZ F 2 165

ZONTUR
Agrupación Hotelera de las Zonas Turísticas de España → iz n 28

ZPS
Zveza Potrošnikov Slovenije → iz u 166

ZVM
Zväz Vojenskej Mladeze SR → iz s 664

Notizen

Hoppenstedt

Verbände, Behörden, Organisationen der Wirtschaft 2001

IZ A Organisationen der Europäischen Union

Zum Auffinden einer bestimmten Dienststelle oder Organisation dient das Suchwortverzeichnis, eines Personennamens das Personenverzeichnis

Europäische Kommission
Europäisches Parlament
Behörden und Ämter der Europäischen Union
Europäische Investitionsbank
Rat der Europäischen Union

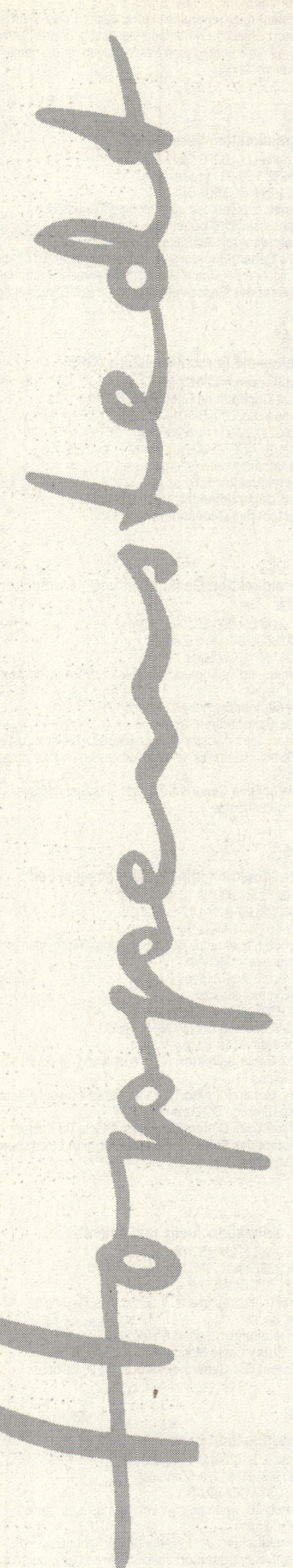

IZ A 1

Europäische Kommission

● IZ A 1
Europäische Kommission
European Commission
Commission Européenne
Rue de la Loi 200, B-1049 Brüssel
T: (00322) 29-91111 (Zentrale)
TX: 21 877 COMEU B
Internet: http://europa.eu.int/comm/
Präsident: Romano Prodi (Generalsekretariat, Juristischer Dienst, Presse und Kommunikation)
Vizepräsident: Neil Kinnock (Verwaltungsreform, Personal und Verwaltung, Generalinspektion der Dienststellen, Gemeinsamer Dolmetscher- und Konferenzdienst, Übersetzungsdienst)
Vizepräsident: Loyola de Palacio del Valle-Lersundi (Beziehungen zum Europäischen Parlament; Beziehungen zum Ausschuß der Regionen, zum Wirtschafts- und Sozialausschuß, zum europäischen Bürgerbeauftragten; Verkehr (einschließlich transeuropäische Netze) und Energie)
Mitglieder der Kommission: Mario Monti (Wettbewerb)
Franz Fischler (Landwirtschaft und Fischerei)
Erkki Liikanen (Unternehmen und Informationsgesellschaft)
Frits Bolkestein (Binnenmarkt, Steuern und Zollunion)
Philippe Busquin (Forschung, Gemeinsame Forschungsstelle)
Pedro Solbes Mira (Wirtschaft und Finanzen, EUROSTAT)
Poul Nielsen (Entwicklungshilfe; Amt für humanitäre Hilfe)
Günter Verheugen (Erweiterung)
Chris Patten (Außenbeziehungen, Gemeinsamer Dienst für Außenbeziehungen)
Pascal Lamy (Handel)
David Byrne (Gesundheit und Verbraucherschutz)
Michel Barnier (Regionalpolitik)
Viviane Reding (Bildung und Kultur, Amt für Veröffentlichungen)
Michaele Schreyer (Haushalt, Finanzkontrolle, Europäisches Amt für Betrugsbekämpfung)
Margot Wallström (Umwelt)
Antonio Vitorino (Justiz und Inneres)
Anna Diamantopoulou (Beschäftigung und Soziales)

Allgemeine Dienste

iz a 2
Amt für amtliche Veröffentlichungen der Europäischen Gemeinschaften (EUR-OP)
Office for Official Publications of the European Communities
Rue Mercier 2, L-2985 Luxemburg
T: (00352) 29 29-1 (Zentrale)   **Fax:** 29 29-44619
TX: 1 324 PUBOF LU (2 Leitungen),
1 322 PUBOF LU (ausschließlich „Verkauf")
Internet: http://www.eur-op.eu.int
E-Mail: info-info-opoce@cec.eu.int
Generaldirektor: Thomas L. Cranfield
Berater: N.N (Strategie und allgemeine Koordinierung)
Assistentin des Generaldirektors: Lucia Ceccarelli

iz a 3
EUROSTAT
Büros: Bâtiment Joseph Blech,
5 Rue Alphonse Weicker,
L-2721 Luxemburg
Postanschrift: Bâtiment Jean Monnet
Rue Alcide De Gasperi, L-2920 Luxemburg
T: (00352) 4301-1 (Zentrale)
TX: 3423, 3446, 3476 COMEUR LU
Internet: http://europa.eu.int/comm/eurostat
Generaldirektor: Yves Franchet
Berater(in): James Whitworth

iz a 4
Generalsekretariat der Kommission
Rue de la Loi 200, B-1049 Brüssel
T: (00322) 29-91111 (Zentrale)   **Fax:** 29-93229
TX: 21 877 COMEU B
Internet: http://europa.eu.int/comm/secretariat_general/index_de.htm
E-Mail: sg-info@cec.eu.int
Generalsekretär(in): David O'Sullivan
Stellv. Generalsekretär: Bernhard Zepter (insbesondere zuständig für die Direktionen C, D und E)
Maria Pia Filippone (insbesondere zuständig für die Direktionen A, B und C)

iz a 5
Presse- und Informationsdienst
Rue de la Loi 200, B-1049 Brüssel
T: (00322) 29-91111 (Zentrale)
TX: 21 877 COMEU B
Internet: http://europa.eu.int/comm/dgs/press_communication/index_de.html
Sprecher und Leiter der Dienststelle: Jonathan Faull

iz a 6
Europäisches Amt für Betrugsbekämpfung (OLAF)
Postanschrift:
Rue de la Loi 200, B-1049 Brüssel
T: (00322) 29-66688, (0800) 1 82 05 95 (grüne Telefonnummer, gebührenfrei)   **Fax:** (00322) 29-63731
Internet: http://europa.eu.int/comm/dgs/anti_fraud
Direktor(in): Franz-Hermann Brüner
Büros: Avenue de Beaulieu 9, B-1160 Brüssel

Politiken

iz a 7
Generaldirektion Beschäftigung und Soziales
Rue de la Loi 200, B-1049 Brüssel
T: (00322) 29-91111 (Zentrale)
TX: 21 877 COMEU B
Internet: http://europa.eu.int/comm/dgs/employment_social/index_de.htm
Bâtiment Jean Monnet
Rue Alcide De Gasperi
L-2920 Luxemburg
T: (00352) 43 01-1 (Zentrale)
Tx: 3 423, 3 446, 3 476 COMEUR LU
Generaldirektor: Odile Quintin
Stellv. Generaldirektor: Karl-Johann Lonnroth
Assistent des Generaldirektors: Barbara Nolan

iz a 8
Generaldirektion Bildung und Kultur
Rue de la Loi 200, B-1049 Brüssel
T: (00322) 29-91111 (Zentrale)
TX: 21 877 COMEU B
Internet: http://europa.eu.in/comm/dgs/education_culture/index.htm
Generaldirektor: Nikolaus Van der Pas
Stellv. Generaldirektor: Domenico Lenarduzzi
Assistent des Generaldirektors: Marc Jorna

iz a 9
Generaldirektion Binnenmarkt
Rue de la Loi 200, B-1049 Brüssel
T: (00322) 29-91111 (Zentrale)
TX: 21 877 COMEU B
Internet: http://europa.eu.int/comm/internal_market
Generaldirektor: John Mogg
Stellv. Generaldirektor: Heinz Zourek (zuständig für die Direktionen B und D sowie für Verstöße und Parlamentsangelegenheiten)
Assistent des Generaldirektors: Pascal Leardini

iz a 10
Generaldirektion Energie und Verkehr
Rue de la Loi 200, B-1049 Brüssel
T: (00322) 29-91111 (Zentrale)
TX: 21 877 COMEU B
Internet: http://europa.eu.int/comm/dgs/energy_transport/index_de.html
Generaldirektor: François Lamoureux
Stellv. Generaldirektor: Fernando de Esteban Alonso (Programmkoordinierung)
Hauptberaterin: (des stellv. Generaldirektors) Kerstin Sterner

iz a 11
EURATOM-Versorgungsagentur
EURATOM Supply Agency
Agence d'Approvisionnement d'EURATOM
(verwaltungsmäßig der Generaldirektion Energie und Verkehr unterstellt)
Rue de la Loi 200, B-1049 Brüssel
T: (00322) 29-91111 (Zentrale)   **Fax:** 29-50527
E-Mail: esa@cec.eu.int
Generaldirektor: Michael Goppel
Assistent: Daniel Monasse (a.i.)

iz a 12
Generaldirektion Fischerei
Rue de la Loi 200, B-1049 Brüssel
T: (00322) 29-91111 (Zentrale)   **Fax:** 29-93040
TX: 21 877 COMEU B
Internet: http://europa.eu.int/comm/fisheries/policy_de.htm
Generaldirektor: Steffen Smidt
Assistent des Generaldirektors: Jaime Pérez Vidal
Berater: Christoph Nordmann (zuständig für prospektive Analysen und strategische Festlegungen für die gemeinsame Fischereipolitik)

iz a 13
Generaldirektion Forschung
Rue de la Loi 200, B-1049 Brüssel
T: (00322) 29-91111 (Zentrale)
TX: 21 877 COMEU B
Internet: http://europa.eu.int/comm/dgs/research
E-Mail: research@cec.eu.int
Generaldirektor: Achilleas Mitsos
Stellv. Generaldirektor: Hendrik Tent (zuständig für die Koordination der Durchführung des Rahmenprogramms)
Assistent des Generaldirektors: Stavros Chatzipanagiotou

iz a 14
Gemeinsame Forschungsstelle (GFS)
Joint Research Centre (JRC)
Centre Commun de Recherche (CCR)
Rue de la Loi 200, B-1049 Brüssel
T: (00322) 29-91111 (Zentrale)
TX: 21 877 COMEU B
Internet: http://www.jrc.org
Generaldirektor: N.N
Stellv. Generaldirektor: Hugh Richardson
Assistent des Generaldirektors: N.N.

iz a 15
Generaldirektion Gesundheit und Verbraucherschutz
Rue de la Loi 200, B-1049 Brüssel
T: (00322) 29-91111 (Zentrale)
TX: 21 877 COMEU B
Internet: http://europa.eu.int/comm/dgs/health_consumer/index_de.htm
Generaldirektor: Robert Coleman
Stellv. Generaldirektor: N.N.
Berater: Jean-Jacques Rateau (Generaldirektor; zuständig für Verbraucherpolitik der Mitgliedsstaaten und für ethische Fragen)
Assistent des Generaldirektors: Dirk Staudemayer
Robert Vanhoorde

iz a 16
Generaldirektion Informationsgesellschaft
Rue de la Loi 200, B-1049 Brüssel
T: (00322) 29-91111 (Zentrale)
TX: 21 877 COMEU B
Internet: http://europa.eu.int/comm/dgs/information_society
Bâtiment Jean Monnet
Rue Alcide De Gasperi
L-2920 Luxemburg
T: (00352) 43 01-1 (Zentrale)
TX: 3 423, 3 446, 3 476 COMEUR LU
Generaldirektor: Robert Verrue
Stellv. Generaldirektor: N. N. (zuständig für die Direktionen B, C, E und F)
Stellv. Generaldirektor: Vicente Parajón Collada (zuständig für die Direktion D - Luxemburg)
Assistent des Generaldirektors: Tonnie De Koster
Assistent des Stellv. Generaldirektors in Luxemburg: Serge Lustac

iz a 17
Generaldirektion Justiz und Inneres
Rue de la Loi 200, B-1049 Brüssel
T: (00322) 29-91111 (Zentrale)
TX: 21 877 COMEU B
Internet: http://europa.eu.int/comm/justice_home/index_de.htm
Generaldirektor: Adrian Fortescue
Berater(in): Claire Magnant
Assistent des Generaldirektors: Telmo Baltazar

iz a 18
Generaldirektion Landwirtschaft
Rue de la Loi 200, B-1049 Brüssel
T: (00322) 29-91111 (Zentrale)
TX: 21 877 COMEU B
Internet: http://europa.eu.int/comm/dgs/agriculture/index_de.htm
Generaldirektor: José Manuel Silva Rodriguez
Stellv. Generaldirektor: Joachim Heine (zuständig für die Direktionen A.II und B)
Stellv. Generaldirektor: Fabrizio Barbaso (zuständig für die Direktionen C, D und E sowie die für die Gebiete in äußerster Randlage)
Stellv. Generaldirektor: Jean-Luc Demarty (zuständig für

die Koordinierung der Direktionen F.I und F.II
Stellv. Generaldirektor: David Roberts (zuständig für die Direktionen G und H)
Berater(in): Chantal Hebette (zuständig für die Neuordnung der Finanzsysteme in der Generaldirektion)
Berater(in): N.N. (zuständig für die Koordinierung der mit MAP 2000 zusammenhängenden Angelegenheiten und die Personalplanung)
Assistent des Generaldirektors: Josefine Loriz-Hoffmann
Niclas Verlet

iz a 19
Generaldirektion Regionalpolitik
Rue de la Loi 200, B-1049 Brüssel
T: (00322) 29-91111 (Zentrale)
TX: 21 877 COMEU B
Internet: http://europa.eu.int/comm/regional_policy/index_de.htm
Generaldirektor: Guy Crauser
Assistenten des Generaldirektors: Christopher Todd (Politische Fragen)

iz a 20
Generaldirektion Steuern und Zollunion
Rue de la Loi 200, B-1049 Brüssel
T: (00322) 29-91111 (Zentrale)
TX: 21 877 COMEU B
Internet: http://europa.eu.int/comm/taxation_customs/index_en.htm
Generaldirektor: Michel Vanden Abeele
Assistent des Generaldirektors: Thierry Vinois

iz a 21
Generaldirektion Umwelt
Rue de la Loi 200, B-1049 Brüssel
T: (00322) 29-91111 (Zentrale)
TX: 21 877 COMEU B
Internet: http://europa.eu.int/comm/environment/index_de.htm
Bâtiment Jean Monnet
Rue Alcide De Gasperi
L-2920 Luxembourg
T: (00352) 43 01-1 (Zentrale)
TX: 3 423, 3 446, 3 476 COMEUR LU
Generaldirektor: James Currie
Stellv. Generaldirektor: Jean-François Verstrynge (zuständig für die Koordinierung der Direktionen D und E sowie für die Kommunikationspolitik)
Assistent des Generaldirektors: Francine Goffaux

iz a 22
Generaldirektion Unternehmen
Rue de la Loi 200, B-1049 Brüssel
T: (00322) 29-91111 (Zentrale)
TX: 21 877 COMEU B
Internet: http://europa.eu.int/comm/enterprise/index_en.htm
Generaldirektor: Fabio Colasanti
Stellv. Generaldirektor: Jörn Keck (zuständig für die Direktionen C, D und E)
N.N.

iz a 23
Generaldirektion Wettbewerb
Rue de la Loi 200, B-1049 Brüssel
T: (00322) 29-91111 (Zentrale)
TX: 21 877 COMEU B
Internet: http://europa.eu.int/comm/competition/index_de.htm
Generaldirektor: Alexander Schaub
Stellv. Generaldirektor: Jean-François Pons (zuständig für die Direktionen C und D sowie für Fragen des Berufsethos)
Gianfranco Rocca (zuständig für die Direktionen E und F sowie für Sicherheitsfragen)
Berater(in): N.N. (zuständig für interne Rechnungsprüfung)
Anhörungsberater(in): Helmut Schröter
John Temple Lang
Assistent des Generaldirektors: Henrik Morch

iz a 24
Generaldirektion Wirtschaft und Finanzen
Rue de la Loi 200, B-1049 Brüssel
T: (00322) 29-91111 (Zentrale)
TX: 21 877 COMEU B
Internet: http://europa.eu.int/comm/economy_finance/index.htm
Generaldirektor: Giovanni Ravasio
Stellv. Generaldirektor: Ludwig Schubert
Direktor(in): Günter Grosche (Sekretär des Wirtschafts- und Finanzausschusses und des Ausschusses für Wirtschaftspolitik)
N.N. (zuständig für die Koordinierung in den vom Generaldirektor spezifisch zugewiesenen Bereichen)

Philippe Petit-Laurent (Zuständig für Beziehungen zur EBWE (London))
Berater(in): N.N. (zuständig für Fragen im Zusammenhang mit der wirtschaftlichen Koordinierung des Euro-Gebietes)
Mario Cervino (zuständig für Fragen der Finanzierungstechnik)
Assistent des Generaldirektors: Johan Verhaven

Außenbeziehungen

iz a 25
Amt für humanitäre Hilfe (ECHO)
Rue de la Loi 200, B-1049 Brüssel
T: (00322) 29-91111 (Zentrale)
TX: 21 877 COMEU B
Internet: http://europa.eu.int/comm/echo/en/index_en.html
E-Mail: echo-info@cec.eu.int
Direktor(in): Constanza Adinolfi
Berater(in): Giorgio Guarneri (zuständig für Information und Kommunikation)
Jacqueline Coeffard (zuständig für Bewertung)
Assistent des Direktors: N.N.

iz a 26
Generaldirektion Außenbeziehungen
Rue de la Loi 200, B-1049 Brüssel
T: (00322) 29-91111 (Zentrale)
TX: 21 877 COMEU B
Internet: http://europa.eu.int/comm/external_relations/index.htm
Generaldirektor: Guy Legras
Stellv. Generaldirektor: Fernando-Martin Valenzuela Marzo (Gemeinsame Außen- und Sicherheitspolitik, multilaterale Beziehungen und Nordamerika, Ferner Osten, Australien, Neuseeland, EWR und EFTA (Direktionen A, B, C))
Catherine Day (zuständig für Europa und Zentralasien, den Nahen Osten und das südl. Mittelmeerraum (Direktionen D, E, F))
Santiago Gomez-Reino
Hauptberater(in): Gérard Depayre
Assistent des Generaldirektors: Rhoda Anette Mandler

iz a 27
Generaldirektion Entwicklung
Rue de la Loi 200, B-1049 Brüssel
T: (00322) 29-91111 (Zentrale)
TX: 21 877 COMEU B
Internet: http://europa.eu.int/comm/development/index_de.htm
E-Mail: development@cec.eu.int
Generaldirektor: N.N.
Stellv. Generaldirektor: Athanassios Theodorakis

iz a 28
Generaldirektion Erweiterung
Rue de la Loi 200, B-1049 Brüssel
T: (00322) 29-9 11 11
TX: 21 877 COMEU B
Internet: http://europa.eu.int/comm/enlargement/index.htm
E-Mail: elarg-info@cec.eu.int
Generaldirektor: Eneko Landaburu
Hauptberater(in): Graham Avery
Assistent des Generaldirektors: Vincent Degert

iz a 29
EuropeAid Amt für Zusammenarbeit
Rue de la Loi 200, B-1049 Brüssel
T: (00322) 2 99 00 28 **Fax:** 2 99 64 07
Internet: http://europa.eu.int/comm/europeaid
E-Mail: europeaid-info@cec.eu.int
Gründung: 2001 (1. Januar)
Generaldirektor: Giorgio Bonacci
Stellv. Generaldirektor: N.N.
Berater(in): Raul Mateus Paula
Assistent des Generaldirektors: Daniela Tramacere

iz a 30
Generaldirektion Handel
Rue de la Loi 200, B-1049 Brüssel
T: (00322) 2 95-2888 **Fax:** 2 96-9854
Internet: http://www.europa.eu.int/comm/trade
E-Mail: trade-a3@cec.eu.int
Generaldirektor: Mogens Peter Carl
Stellv. Generaldirektor: Roderick Abbott
Assistent des Generaldirektors: Matthias Petschke

Interne Dienste

iz a 31
Generaldirektion Finanzkontrolle
Rue de la Loi 200, B-1049 Brüssel
T: (00322) 29-91111 (Zentrale)
TX: 21 877 COMEU B
Generaldirektor(in): Edith Kitzmantel (Finanzkontrolleur der Kommission)
Stellv. Generaldirektor: N.N. (zuständig für internes Audit)
Berater: Ingemar Segergren (zuständig für Interne Kontrolle der GD)
Assistent des Generaldirektors: S. Loparelli

iz a 32
Gemeinsamer Dolmetscher- und Konferenzdienst
Rue de la Loi 200, B-1049 Brüssel
T: (00322) 29-91111 (Zentrale)
TX: 21 877 COMEU B
Internet: http://europa.eu.int/comm/scic/index_de.htm
E-Mail: scic-euroscic@cec.eu.int
Leiter der Dienststelle: Marco Benedetti
Assistentin: Carlos Alegri_1a
Berater(in): Oscar Doerflinger (TQM, dienststellenübergreifende Konsultationen)

Der Gemeinsame Dolmetscher-Konferenzdienst gewährleistet das Dolmetschen auf den Tagungen bzw. Sitzungen von Rat, Kommission, Wirtschafts- und Sozialausschuß, Ausschuß der Regionen und Europäischer Investitionsbank.

iz a 33
Generaldirektion Haushalt
Rue de la Loi 200, B-1049 Brüssel
T: (00322) 29-91111 (Zentrale)
TX: 21 877 COMEU B
Internet: http://europa.eu.int/comm/budget/index.htm
E-Mail: budget@cec.eu.int
Bâtiment Jean Monnet,
Rue Alcide De Gasperi,
L-2920 Luxembourg
T: (00352) 43 01-1 (Zentrale), **TX:** 3 423, 3 446, 3 476 COMEUR LU
Generaldirektor: Jean-Paul Mingasson
Stellv. Generaldirektor: Jörgen Holmquist
Assistent des Generaldirektors: Valère Moutarlier

iz a 34
Juristischer Dienst
Rue de la Loi 200, B-1049 Brüssel
T: (00322) 29-91111 (Zentrale)
TX: 21 877 COMEU B
Internet: http://europa.eu.int/en/comm/sj/homesjde.htm
Generaldirektor: Jean-Louis Dewost
Stellv. Generaldirektor: Allan Rosas
Assistent des Generaldirektors: Jürgen Grunwald

iz a 35
Generaldirektion Personal und Verwaltung
Rue de la Loi 200, B-1049 Brüssel
T: (00322) 29-91111 (Zentrale)
TX: 21 877 COMEU B
Bâtiment Jean Monnet
Rue Alcide de Gasperi
L-2920 Luxembourg
T: (00352) 43 01-1 (Zentrale)
TX: 3 423, 3 446, 3 476 COMEUR LU
Generaldirektor: Horst Reichenbach
Stellv. Generaldirektor: Ubaldo Zito
Hauptberater(in): Claude Chene (Leiter der Task Force "Verwaltungsreformen")
Ombudsfrau: Hedwig Ebert
Berater(in): Erik Halskov (zuständig für den sozialen Dialog)
Assistent des Generaldirektors: Diane Schmitt
Daniele Dotto
Assistent des Stellv. Generaldirektors in Luxemburg: Robert Steinmetz

iz a 36
Direktion Datenverarbeitung
Bâtiment Jean Monnet Rue Alcide de Gasperi, L-2920 Luxemburg
T: (00352) 43 01-1 (Zentrale)
TX: 3 423, 3 446, 3 476 COMEUR LU
Internet: http://europa.eu.int/comm/di/index_de.htm
Rue de la Loi 200, B-1049 Bruxelles
Wetstraat 200, B-1049 Brussel
T: (00322) 29-91111 (Zentrale), **TX:** 21 877 COMEU B
Direktor(in): N.N.
Berater: Dieter König

iz a 37
Übersetzungsdienst
Rue de la Loi 200, B-1049 Brüssel
T: (00322) 29-91111 (Zentrale)
TX: 21 877 COMEU B
Internet: http://europa.eu.int/comm/translation/de/index.html
Bâtiment Jean Monnet
Rue Alcide De Gasperi
L-2920 Luxembourg
T: (00352) 43 01-1 (Zentrale),
TX: 3 423, 3 446, 3 476 COMEUR LU
Generaldirektor a.i.: Brian McClusky
Assistent des Generaldirektors: Georgia Drossou
Hauptberater(in): Ranieri Bombassei (insbesondere zuständig für die Dienststellen des Übersetuzungsdienstes in Luxemburg)

Vetretungen der Europäischen Kommission in den Mitgliedstaaten

Belgien

Bruxelles/Brussel

iz a 38
Vertretung der Europäischen Kommission in Belgien
Représentation en Belgique de la Commission européenne
De Vertegenwoordiging in Belgie van de Europese Commissie
Rue Archimede 73, B-1040 Brüssel
T: (00322) 2 95 38 44 **Fax:** 2 95 01 66
Internet: http://europa.eu.int/comm/represent/be
Direktor(in): Guy Vandebon

Dänemark

København

iz a 39
Europa-Kommissionen
Repræsentation i Danmark
Højbrohus
Postfach 144, DK-1004 Kopenhagen K
Østergade 61 (Højbrohus), DK-1004 Kopenhagen K
T: (004533) 14 41 40 **Fax:** 11 12 03, 14 13 92 (Sekretariat), 14 14 47 (Dokumentation)
Internet: http://www.europa-kommissionen.dk
E-Mail: eu@europa-kommissionen.dk
Direktor(in): Peter Stub Joørgensen

Deutschland

Berlin

iz a 40
Europäische Kommission
Vertretung in der Bundesrepublik Deutschland
Unter den Linden 78, 10117 Berlin
T: (030) 22 80-2000 **Fax:** 22 80-2222
Internet: http://www.eu-kommission.de
E-Mail: eu-kommission-de@cec.eu.int
Leiter der Vertretung: Axel R. Bunz

Bonn

iz a 41
Europäische Kommission
Vertretung in der Bundesrepublik Deutschland
Vertretung in Bonn
Bertha-von-Suttner-Platz 2-4, 53111 Bonn
T: (0228) 5 30 09-0 **Fax:** 5 30 09-50
Leiter der Vertretung: Axel Bunz (kommissarisch)

München

iz a 42
Europäische Kommission
Vertretung in der Bundesrepublik Deutschland
Vertretung in München
Erhardtstr. 27, 80331 München
T: (089) 24 24 48-0 **Fax:** 24 24 48-15
Leiter der Vertretung: Paul-Joachim Kubosch

Finnland

Helsinki

iz a 43
Euroopan komissio
Suomen edustusto
Europeiska kommissionen Representationen i Finland
Pohjoisesplanadi 31, FIN-00131 Helsinki
T: (003589) 6 22 65 44 **Fax:** 65 67 28
Internet: http://www.eukommissio.fi
Edustuston päällikko: Timo Makela

Frankreich

Paris

iz a 44
Commission européenne
Représentation en France
Boulevard Saint-Germain 288, F-75007 Paris
T: (00331) 40 63 38 00 **Fax:** 45 56 94 17, -18, -19
Direktor(in): Jean-Louis Giraudy

Marseille

iz a 45
Commission européenne
Représentation à Marseille
Rue Henri-Barbusse 2 (CMCI), F-13241 Marseille Cedex 01
T: (00334) 91 91 46 00 **Fax:** 91 90 98 07
Internet: http://europa.eu.int/france
Direktor(in): Jacques Huchet

Griechenland

Athen

iz a 46
European Commission
Representation in Greece
Vassilissis Sofias 2, GR-10674 Athen
T: (00301) 7 27 21 00 **Fax:** 7 24 46 20
Internet: http://www.ee.gr
Direktor(in): Marios Camhis

Irland

Dublin

iz a 47
European Commission
Representation in Ireland
European Union House
18 Dawson Street, IRL- Dublin 2
T: (003531) 6 62 51 13 **Fax:** 6 62 51 18
Internet: http://www.euireland.ie
Direktor(in): Peter Doyle

Italien

Roma

iz a 48
Commissione europea
Rappresentanza in Italia
Via IV Novembre 149, I-00187 Rom
T: (00396) 69 99 91 **Fax:** 6 79 16 58, 6 79 36 52
Internet: http://www.comeur.it
Direktor(in): Gerardo Mombelli

Milano

iz a 49
Commissione Europea
Rappresentanza a Milano
Corso Magenta 59, I-20123 Mailand
T: (00392) 4 67 51 41 **Fax:** 4 81 85 43
Internet: http://commissione-europea-mi.com
Direktor(in): Gian Pietro Fontana Rava

Luxemburg

Luxemburg

iz a 50
Commission Européenne
Représentation au Luxembourg
Bâtiment Jean Monnet
Rue Alcide De Gasperi, L-2920 Luxemburg
T: (00352) 43 01-34925 **Fax:** 43 01-34433
Internet: http://europa.eu.int/luxembourg
Direktor(in): Jul Christophory

Niederlande

Den Haag

iz a 51
Europese Commissie
Bureau in Nederland
Postfach 3 04 65, NL-2500 GL Den Haag
Korte Vijverberg 5, NL-2513 AB Den Haag
T: (003170) 3 46 93 26 **Fax:** 3 64 66 19
TX: (044) 31 094 EURCO NL
Internet: http://www.dds.nl/plein/europa
Direktor(in): Henk Beereboom

Österreich

Wien

iz a 52
Europäische Kommission
Vertretung in Österreich
Kärntner Ring 5-7, A-1010 Wien
T: (00431) 5 16 16 18-0 **Fax:** 5 13 42 25
Internet: http://europa.eu.int/austria
Leiter der Vertretung: Wolfgang Streitenberger

Portugal

Lisboa

iz a 53
Comissão Europeia
Representação em Portugal
Centro Europeu Jean Monnet
Largo Jean Monnet 1-10, P-1269-068 Lisboa
T: (0035121) 3 50 98 00 **Fax:** 3 50 98 01, -02, -03
TX: (0404) 18 810 COMEUR P
Internet: http://euroinfo.ce.pt
Direktor(in): Ricardo Charters d'Azevedo

Schweden

Stockholm

iz a 54
Europeiska Kommissionen
Representationen i Sverige
Nybrogatan 11, Box 7323, S-10390 Stockholm
T: (00468) 56 24 44 11 **Fax:** 56 24 44 12
Internet: http://www.eukomm.se
Representationschef: Hans Allden

Spanien

Madrid

iz a 55

**Comisión Europea
Representación en España**
Paseo de la Castellana 46, E-28046 Madrid
T: (003491) 4 23 80 00   **Fax:** 5 76 03 87
Internet: http://www.euroinfo.cce.es
Direktor(in): Miguel Moltó Calvo

Barcelona

iz a 56

**Comisión Europea
Representación en Barcelona**
Av. Diagonal 407 bis planta 18, E-08008 Barcelona
T: (003493) 4 15 81 77 (5 lignes)   **Fax:** 4 15 63 11
Direktor(in): Josep Coll i Carbo

Vereinigtes Königreich

London

iz a 57

**European Commission
Representation in United Kingdom**
Jean Monnet House
Storey's Gate 8, GB- London SW1P 3AT
T: (004420) 79 73 19 92   **Fax:** 79 73 19 00 (reception), 79 73 19 10 (policy and coordinat, 79 73 18 95 (administration), 79 73 19 07 (media)
TX: (0151) 23 208 EURUK G
Internet: http://www.cec.org.uk
Leiter der Vertretung: Geoffrey Martin

Belfast

iz a 58

**European Commission
Representation in Northern Ireland**
Windsor House
Bedford Street 9/15, GB- Belfast BT2 7EG
T: (00442890) 24 07 08   **Fax:** 24 82 41
Leiter der Vertretung: Jim Dougal

Cardiff

iz a 59

**European Commission
Representation in Wales**
Cathedral Road 4, GB- Cardiff CF1 9SG
T: (004429) 20 37 16 31   **Fax:** 20 39 54 89
Leiterin der Vertretung: Catherine Eva

Edinburgh

iz a 60

**European Commission
Representation in Scotland**
Alva Street 9, GB- Edinburgh EH2 4PH
T: (0044131) 2 25 20 58   **Fax:** 2 26 41 05
Leiterin der Vertretung: Elizabeth Holt

Delegationen, Vertretungen und externe Büros

a) In Drittländern

Ägypten

iz a 61

Delegation der Europäischen Kommission in Ägypten
6, Ibn Zanki Str., ET- Zamalek Cairo
T: (00202) 7 35 03 85   **Fax:** 7 35 83 88
E-Mail: mailto@delegy.cec.eu.int
Leiter der Delegation: N.N.

Albanien

iz a 62

Delegation der Europäischen Kommission in Albanien
Rr, Doniks Kastrioti Villa n° 2, AL- Tirana
T: (00355) 42 30 781   **Fax:** 42 28 320
E-Mail: mailto@delalb.cec.eu.int
Leiter der Delegation: Michel Peretti

Algerien

iz a 63

Delegation der Europäischen Kommission in Algerien
Postfach 1 87, DZ- Alger
chemin Poirson 15, DZ- El Biar
T: (0021321) 92 36 81   **Fax:** 92 36 41
Leiter der Delegation: Lucio Guerrato

Angola

iz a 64

Delegation der Europäischen Kommission in Angola
Postfach 2669, AO- Luanda
Rua Rainha Jinga 6, AO- Luanda
T: (002442) 39 25 31   **Fax:** 39 13 39
E-Mail: eudelago@ebonet.net
Leiter der Delegation: António Cardoso Mota

Äquatorialguinea

iz a 65

Delegation der Europäischen Kommission in Äquatorialguinea
Postfach 779, GQ- NR Malabo
Route de l'Aéroport, GQ- NR Malabo
T: (002409) 2944   **Fax:** 32 75
E-Mail: cemalab@intnet.gq
Leiter der Delegation: Raffael Senan Llarena

Argentinien

iz a 66

Delegation der Europäischen Kommission in Argentinien
Postfach 2892, RA-1000 Buenos Aires
Ayacucho 1537, RA-1112 Buenos Aires
T: (005411) 48 05 37 59   **Fax:** 48 01 15 94
Internet: http://www.delarg.cec.eu.int
E-Mail: mailto@delarg.cec.eu.int
Leiter der Delegation: Vittorino Alloco

Äthiopien

iz a 67

Delegation der Europäischen Kommission in Äthiopien
Postfach 55 70, ETH- Addis Abeba
T: (002511) 61 25 11, 61 34 25 (Head of Delegation's direct line)   **Fax:** 61 28 77
TX: (0980) 21 738 DELEGEUR ET
Leiter der Delegation: Karl Harbo

Australien

iz a 68

Delegation der Europäischen Kommission in Australien
Postfach 609, AUS-2600 Canberra
Arkana Street Yarralumla ACT 18, AUS-2600 Canberra
T: (006126) 2 71 27 77   **Fax:** 2 73 44 45
Internet: http://www.delaus.cec.eu.int
E-Mail: australia@delaus.cec.eu.int
Leiter der Delegation: Aneurin Hughes

Bangladesch

iz a 69

Delegation der Europäischen Kommission in Bangladesch
Postfach GN 60 86, BD- Dhaka 1212
Plot 7 Road 84, Gulshan, BD- Dhaka 1212
T: (008002) 882 47 30   **Fax:** 882 31 18
TX: (0780) 642 501 CECO BJ
Internet: http://www.eudelbangladesh.org/index.htm
E-Mail: mailto@delbgd.cec.eu.int
Leiter der Delegation: António de Menezes

Barbados

iz a 70

Delegation der Europäischen Kommission in Barbados
Postfach 654 C, BDS- Bridgetown
Mervue House, Marine Gardens, Hastings, BDS- Christ Church
T: (001246) 4 27 43 62, 4 27 43 66 (Leiter der Delegation)
Fax: 4 27 86 87
TX: (0392) DELEGFED WB 2327
E-Mail: eudelbar@caribsurf.com
Leiter der Delegation: John Caloghirou (ebenfalls zuständig für Antigua und Barbuda, Dominica, St. Lucia, St. Vincent und die Grenadinen, St. Christopher und Nevis, die Überseegebiete Anguilla, Britische Jungferninseln und Montserrat)

Belize

iz a 71

Delegation der Europäischen Kommission in Belize
Nebenstelle der Delegation in Jamaika
Blake Building (3rd floor)
Postfach 907, BH- Belize City
Corner Hutson & Eyre Streets, BH- Belize City
T: (005012) 3 20 70   **Fax:** 7 27 85
E-Mail: eudelblz@delblz.cec.eu.int
Ortsansässiger Berater: Marcel Van Opstal

Benin

iz a 72

Delegation der Europäischen Kommission in Benin
Postfach 9 10, DY- Cotonou
Avenue Clozel Bâtiment administratif, DY- Cotonou
T: (00229) 31 30 99   **Fax:** 31 53 28
TX: (0972) 5 272 DELEGFED CTNOU
E-Mail: mailto@delben.eu.int.
Leiter der Delegation: Jean-Louis Lacube

Bolivien

iz a 73

Delegation der Europäischen Kommission in Bolivien
Postfach 1 07 47, BOL- La Paz
Sánchez Lima 2440, BOL- La Paz
T: (005912) 41 00 98   **Fax:** 8 11 56 88
E-Mail: eudelbol@caoba.entelnet.bo
Leiter der Delegation: Amir Naqvi

Bosnien und Herzegowina

iz a 74

Delegation der Europäischen Kommission in Bosnien und Herzegowina
Dubrovacka 6 Union Bank Building, 4th floor, BA- Sarajevo
T: (0038771) 66 60 44   **Fax:** 44 75 82
E-Mail: eudelbih@int.tel.hr
Leiter der Delegation: Hansjörg Kretschmer

Botswana

iz a 75

Delegation der Europäischen Kommission in Botswana
Postfach 12 53, RB- Gaborone
North Ring Road Plot 68, RB- Gaborone
T: (00267) 31 44 55   **Fax:** 31 36 26

iz a 75

E-Mail: eudelbwa@delbwa.cec.eu.int
Leiter der Delegation: Robert Collingwood

Brasilien

iz a 76

Delegation der Europäischen Kommission in Brasilien
SHIS QI7, Bloco A, Lago Sul, BR-71615-570 Brasilia, DF D.F.
T: (005561) 2 48 31 22   Fax: 2 48 07 00
TX: (038) 612 517, 613 648 DCCE BRE
Internet: http://www.comdelbra.org.br
E-Mail: europa@comdelbra.org.br
Leiter der Delegation: Rolf Timans

Bulgarien

iz a 77

Delegation der Europäischen Kommission in Bulgarien
Interpred World Trade Center, Block A, 3rd floor
Postfach 6 68, BG-1000 Sofia
Dragan Tzankov Boulevard 36, BG-1056 Sofia
T: (003592) 9 73 32 40   Fax: 9 73 38 72
TX: 23 030 SHERA BG
Internet: http://www.evropa.bg
E-Mail: mailto@bgr.eudel.com
Leiter der Delegation: Jacques Wunenburger

Burkina Faso

iz a 78

Delegation der Europäischen Kommission in Burkina Faso
Postfach 3 52, HV- Ouagadougou
avenue Kwame N'Krumah, HV- Ouagadougou
T: (0026) 30 73 85, 30 85 33 (Leiter der Delegation)
Fax: 30 89 66
TX: (0978) DELCOMEU 5 242 BF
E-Mail: eudelbfa@eudelbfa.bf
Leiter der Delegation: Antonio Garci_1a Velázquez

Burundi

iz a 79

Delegation der Europäischen Kommission in Burundi
Postfach 1 03, BU- Bujumbura
Avenue du 13 Octobre, BU- Bujumbura
T: (00257) 22 34 26, 22 17 42 (Leiter der Delegation)
Fax: 22 46 12
TX: (0903) FED BDI 5 031
E-Mail: hdel@delbdi.cec.eu.int
Leiter der Delegation: N. N.

Côte d'Ivoire

iz a 80

Delegation der Europäischen Kommission an der Elfenbeinküste
Postfach 1821, CI- Abidjan 01
Rue du Dr Crozet 18, CI- Abidjan Plateau
T: (0022520) 31 83 50   Fax: 21 40 89
TX: (0983) DELCE CI 23 729
E-Mail: adas.eudelciv@globeaccess.net
Leiter der Delegation: Friedrich Nagel (ebenfalls zuständig für Liberia)

Chile

iz a 81

Delegation der Europäischen Kommission in Chile
Postfach 1 00 93, RCH- Santiago 9
Avenida Américo Vespucio Sur 1835, RCH- Santiago 9
T: (00562) 2 06 02 67   Fax: 2 28 25 71
TX: (034) 34 03 44 COMEUR CK
Internet: http://www.deluechile.org
E-Mail: docscl@reuna.cl
Leiter der Delegation: Lorenzo Antón Santos

China

iz a 82

Delegation der Europäischen Kommission in China
15 Dong Zhi Men Wai Dajie Sanlitun, CN-100600 Beijing
T: (008610) 65 32 44 43   Fax: 65 32 43 42
Internet: http://www.delchn.cec.eu.int
E-Mail: mailto@delchn.cec.eu.int
Leiter der Delegation: Endymion Wilkinson (ebenfalls zuständig für die Mongolei)

Costa Rica

iz a 83

Delegation der Europäischen Kommission in Costa Rica
Postfach 836-1007 Centro Colón, CR-1007 San José
Ofiplaza del Este, Edifizio D,
3er Piso (De Rotonda de la Bandera, 50m oeste), CR- San José
T: (00506) 2 83 29 59   Fax: 2 83 29 60, 2 83 29 61
Internet: http://www.delcri.cec.eu.int
E-Mail: mailto@delcri.cec.eu.int
Leiter der Delegation: Dieter König (ebenfalls zuständig für Guatemala, Honduras, Nicaragua, Panama und El Salvador)

Dominikanische Republik

iz a 84

Delegation der Europäischen Kommission in der Dominikanischen Republik
Postfach 2 26-2, DOM- Santo Domingo
Ed. Plaza J.R. pisos 7_0, 8_0, 9_0, Av. Tiradentes esq. Roberto Pastoriza, Ensanche Naco, DOM- Santo Domingo
T: (001809) 5 40 58 37   Fax: 5 67 58 51
TX: 4 757 EURCOMSD DR
E-Mail: eudeldom@codetel.net.do
Leiter der Delegation: Miguel Amado

Dschibuti

iz a 85

Delegation der Europäischen Kommission in Dschibuti
Postfach 24 77, Djibouti
Boulevard du Maréchal Joffre 11, Djibouti
T: (00253) 35 26 15   Fax: 35 00 36
TX: (0979) 5 894 DELCOM DJ
E-Mail: eudeldj@intnet.dj
Ortsansässiger Berater: Pierre Philippe

Eritrea

iz a 86

Delegation der Europäischen Kommission in Eritrea
Postfach 5710, ER- Asmara
Gainer Street 1 Zone 4, Admin. 02, ER- Asmara
T: (002911) 12 65 66   Fax: 12 65 78
E-Mail: eudeleri@eu.er.punchdown.org
Leiter der Delegation: Carl Bertil Lostelius

Estland

iz a 87

Delegation der Europäischen Kommission in Estland
Kohtu 10, EW-10130 Tallin
T: (003726) 26 44 00   Fax: 26 44 39
E-Mail: eudelest@delest.cec.eu.int
Leiter der Delegation: John Kjaer

Fidschi

iz a 88

Delegation der Europäischen Kommission im Pazifik (Fidschi)
Development Bank Center (4th floor)
Victoria Parade, FJI- Suva
T: (00679) 31 36 33   Fax: 30 03 70

E-Mail: eudelfiji@eu.org.fj
Leiter der Delegation: Marinus Baan

Gabun

iz a 89

Delegation der Europäischen Kommission in Gabun
Postfach 321, GA- Libreville
Bas de Gué-Gué Lotissement des Cocotiers, GA- Libreville
T: (00241) 73 22 50, 73 65 53 (ligne dir. chef dél.)
Fax: 73 65 54
E-Mail: eudelgab@delgab.cec.eu.int
Leiter der Delegation: Carlo de Filippi (als Beauftragter auch zuständig für die Demokratische Republik São Tomé und Príncipe)

Gambia

iz a 90

Büro der Europäischen Kommission in Gambia
Postfach 5 12, WAG- Banjul
10th Street South 10, WAG- Fajara
T: (00220) 49 51 46   Fax: (0020) 49 78 48
E-Mail: ec@qanet.gm
Ortsansässiger Berater: Georges André

Georgien

iz a 91

Delegation der Europäischen Kommission in Georgien
Nino Chkeidze Street 38 N° 5, GE- Tbilissi
T: (0099532) 94 37 63   Fax: 94 37 68
E-Mail: eugeorg@eu-delegation.org.ge
Leiter der Delegation: Elio Germano

Ghana

iz a 92

Delegation der Europäischen Kommission in Ghana
The Round House
Postfach 9505, GH- Accra
Cantonments Road 81, GH- Accra
T: (0023321) 77 42 01   Fax: 77 41 54
E-Mail: mail@delcomgh.org
Leiter der Delegation: N.N.

Guatemala

iz a 93

Büro der Europäischen Kommission in Guatemala
Zona 10-Edificio Murano
Nivel 14 Of. 1401
14 Calle 3-51, GCA- Guatemala
T: (00502) 3 66-5812, 3 66-5814   Fax: 3 66-5816
E-Mail: adas.eudelgtm@ueguate.org
Ortsansässiger Berater: Philippe Combescot (Der Delegation von Nicaragua zugeordnet)

Guinea-Bissau

iz a 94

Delegation der Europäischen Kommission in Guinea-Bissau
Postfach 3 59, GW-1113 Bissau Cedex
Bairro da Penha, GW- Bissau
T: (00245) 25 14 69   Fax: 25 10 44
E-Mail: ue@sol.gtelecom.dw
Leiter der Delegation: N.N.

Guinea

iz a 95

Delegation der Europäischen Kommission in Guinea (Conakry)
Postfach 730, GN- Conakry
Corniche Sud, Matam Lido, GN- Conakry
T: (00224) 13 40 48 70   Fax: 13 40 91 39
E-Mail: delce.gui@eti-bull.net
Leiter der Delegation: Stefan Frowein

Guyana

iz a 96

Delegation der Europäischen Kommission in Guyana
Postfach 1 08 47, GY- Georgetown
High Street 72, GY- Kingston-Georgetown
T: (0059222) 6 26 67   **Fax:** 6 26 15
E-Mail: mailto@delguy.cec.eu.int
Leiter der Delegation: Vincent De Visscher

Haiti

iz a 97

Delegation der Europäischen Kommission in Haiti
Postfach 1 55 88, RH- Port-au-Prince
T: (00509) 49 44 80, 49 44 89 (direct line, Head of Office),
(00874) 6 82 06 00 27 (satellite)   **Fax:** (00509) 49 02 46,
(00874) 6 82 06 00 28 (satellite)
E-Mail: eudelha@globelsud.com
Leiter der Delegation: Guy Petitpierre

Hongkong

iz a 98

Büro der Europäischen Kommission in Hongkong
19/F St John's Building
Garden Road 33, CN- Hongkong
T: (00852) 25 37 60 83   **Fax:** 25 22 13 02
E-Mail: adas@delhkg.cec.eu.int
Leiter des Büros: David Ting (ebenfalls zuständig für Macao)

Indien

iz a 99

Delegation der Europäischen Kommission in Indien
Golf Links 65, IND-110003 New Delhi
T: (009111) 4 62 92 37   **Fax:** 4 62 92 06
TX: (081) 31 61 315 EUR IN
E-Mail: eudelind@giasdl01.vsnl.net.in
Leiter der Delegation: Michel Cailluet

Indonesien

iz a 100

Delegation der Europäischen Kommission in Indonesien
Wisma Dharmala Sakti, 16th floor
Postfach 6454 JKPDS, RI- Jakarta 10064
Jl. Jendral Sudirman 32, RI- Jakarta
T: (006221) 5 70 60 76   **Fax:** 5 70 60 75
TX: (073) 62 043 COMEUR IA
E-Mail: mailto@delidn.cec.eu.int
Leiter der Vertretung: Sabato Della Monica (ebenfalls zuständig für Brunei und Singapur)

Israel

iz a 101

Delegation der Europäischen Kommission in Israel
Paz Tower, 15th floor
Postfach 35 13, IL-52136 Ramat-Gan
Betzalel Street 31-35, IL-53521 Ramat-Gan
T: (009723) 6 13 77 99   **Fax:** 6 13 77 70
Internet: http://www.eu-del.org.il
E-Mail: eudelisl@goldnet.net.il
Leiter der Delegation: Giancarlo Chevallard

Jamaika

iz a 102

Delegation der Europäischen Kommission in Jamaika
Postfach 4 63, JA- Kingston 8
Olivier Road 8, JA- Kingston 8
T: (001876) 9 24 63 33, 9 24 63 37   **Fax:** 9 24 63 39
TX: (0291) 2 391 DELEGEC JA
E-Mail: mailto@deljam.cec.eu.int
Leiter der Delegation: Gerd Jarchow
auch zuständig für die Bahamas, Belize, die Kaimaninseln und die Turks- und Caicosinseln

Japan

iz a 103

Delegation der Europäischen Kommission in Japan
Europa House
Sanbancho - Chiyoda-Ku 9-15, J-102 Tokio
T: (00813) 32 39 04 41   **Fax:** 32 61 51 94
TX: (072) 28 567 COMEUTOK J
Internet: http://www.jpn.cec.eu.int
E-Mail: deljapan@deljpn.cec.eu.int
Leiter der Delegation: Ove Juul Joørgensen

Jordanien

iz a 104

Delegation der Europäischen Kommission in Jordanien
Postfach 92 67 94, JOR- Amman
Al Jahez Street No 15, JOR- Amman
T: (009626) 5 66 81 91, 5 66 81 92   **Fax:** 5 68 67 46
TX: (0493) 22 260 DELEUR JO
E-Mail: mailto@deljor.cec.eu.int
Leiter der Delegation: James Moran

Jugoslawien (Bundesrepublik)

iz a 105

Delegation der Europäischen Kommission in Jugoslawien
Paje Adamova 4, YU-11000 Belgrad
T: (0038111) 3 69 14 41   **Fax:** 3 67 11 43
E-Mail: mailto@delyug.cec.eu.int
Leiter der Delegation: N. N.

Kamerun

iz a 106

Delegation der Europäischen Kommission in Kamerun
Postfach 847, RFC- Yaoundé
rue 1770 105 Quartier Bastos, RFC- Yaoundé
T: (00237) 21 00 28, 20 93 96 (ligne dir. chef dél.)
Fax: 20 21 49
TX: (0970) DELEFED KN 8 298
E-Mail: eudelcmr@delcmr.cec.eu.int
Leiter der Delegation: Peter Hughes

Kanada

iz a 107

Delegation der Europäischen Kommission in Kanada
O'Connor Street 45 Suite 1900, CDN- Ottawa K1P 1A4
T: (001613) 2 38 64 64   **Fax:** 2 38 51 91
Internet: http://www.delcan.cec.eu.int
E-Mail: mailto@delcan.cec.eu.int
Leiterin der Delegation: Daniéle Smadja

Kap Verde

iz a 108

Delegation der Europäischen Kommission in Kap Verde
Postfach 122, CV- Praia
Achada de Santo António, CV- Praia
T: (00238) 62 13 93   **Fax:** 62 13 91
TX: (0993) 6 071 DELCE CV
E-Mail: eudelcpv@mail.cvtelecom.cv
Leiter der Delegation: Carlo Manai

Kasachstan

iz a 109

Delegation der Europäischen Kommission in Kasachstan
Kazibek bi Street 20a, KZ-480100 Almaty
T: (0073272) 63 62 65   **Fax:** 91 07 49
TX: 251 334 DOST SU
Internet: http://www.eudelkaz.com
E-Mail: eudel@delkaz.cec.eu.int
Leiter der Delegation: Michael Humphreys

Kenia

iz a 110

Delegation der Europäischen Kommission in Kenia
Union Insurance Building
Postfach 4 51 19, EAK- Nairobi
Ragati Road, EAK- Nairobi
T: (002542) 71 30 20   **Fax:** 71 64 81
TX: 22843 DELEUR KE
E-Mail: kenya@delken.cec.eu.int
Leiter der Delegation: Gary Quince

Kolumbien

iz a 111

Delegation der Europäischen Kommission in Kolumbien
Postfach 114, CO-94046 Santa Fe de Bogota 8
Calle 97 numeros 22-44, CO-94046 Santa Fe de Bogota 8
T: (00571) 6 21 60 43   **Fax:** 6 10 00 59
E-Mail: ecco.eudelcol@cable.net.co
Leiter der Delegation: Cándido Rodri_1guez Maroto

Komoren

iz a 112

Büro der Europäischen Kommission auf den Komoren
Postfach 5 59, KM- Moroni
Boulevard de la Corniche, KM- Moroni
T: (00269) 73 23 06   **Fax:** 73 24 94
E-Mail: eudelcom@snpt.km
Ortsansässiger Berater: N.N.

Kongo

iz a 113

Delegation der Europäischen Kommission im Kongo
(face à l'ambassade d'Italie)
Postfach 21 49, RCB- Brazzaville
Avenue Lyautey, RCB- Brazzaville
T: (00242) 81 31 34   **Fax:** 81 18 45
E-Mail: eudelcog@congonet.cg
Leiter der Delegation: Jean-Eric Holzapfel

Korea

iz a 114

Delegation der Europäischen Kommission in Korea
Sean Building, 16th Floor
Postfach CPO Box 911, ROC-110-700 Seoul
116 Shinmoonro 1 ka, Chongro-Ku, ROC-110-700 Seoul
T: (00822) 7 35 11 01   **Fax:** 7 35 12 11
E-Mail: mailto@delkor.cec.eu.int
Leiter der Delegation: Frank Hesske

Kroatien

iz a 115

Delegation der Europäischen Kommission in Kroatien
Gunduliceva 19/I, HR-10000 Zagreb
T: (003851) 4 85 41 76   **Fax:** 4 85 40 02
Internet: http://www.delhrv.cec.eu.int
E-Mail: ec-office@ec-office.tel.hr
Leiter der Delegation: Per Vinther

Lesotho

iz a 116

Delegation der Europäischen Kommission in Lesotho
Postfach M S5 18, LS-100 Maseru
Constitution Road 167, LS- Maseru West
T: (00266) 31 37 26   **Fax:** 31 01 93
E-Mail: mailto@dellso.cec.eu.int
Leiter der Delegation: Richard Zink

Lettland

iz a 117

Delegation der Europäischen Kommission in Lettland
Jacob's Barracks
Tornu 4 Bock 1-C, LV-1050 Riga
T: (00371) 732 52 70 **Fax:** 732 52 79
E-Mail: mailto@dellat.cec.eu.int
Leiter der Delegation: Günter Weiss

Libanon

iz a 118

Delegation der Europäischen Kommission im Libanon
Centre Saint Paul
av. Charles Malek BP 11, LIB-4008 Beirut
T: (009611) 33 51 99 **Fax:** 33 51 00
TX: (0494) DELEUR 45 600 LE
Internet: http://www.dellbn.cec.eu.int
E-Mail: eudellbn@dm.net.lb
Leiter der Delegation: Dimitri Kourkoulas

Litauen

iz a 119

Delegation der Europäischen Kommission in Litauen
Naugarduko g. 10, LT-2001 Vilnius
T: (003702) 31 31 91 **Fax:** 31 31 92
Internet: http://www.eudel.lt
E-Mail: eudelltu@delltu.cec.eu.int
Leiter der Delegation: Michael Graham

Madagaskar

iz a 120

Delegation der Europäischen Kommission in Madagaskar
Postfach 746, MAD-101 Antananarivo
Immeuble Ny Havana 67 hectares, MAD- Antananarivo
T: (00261) 2 02 22 42 16 **Fax:** 2 26 45 62
TX: (0986) 22 327 DELFED MG
E-Mail: mailto@delmdg.cec.eu.int
Leiter der Delegation: Pierre Protar

Malawi

iz a 121

Delegation der Europäischen Kommission in Malawi
Europa House
Postfach 3 01 02, MW- Lilongwe 3
T: (00265) 77 31 99, 77 47 70 (direct line, Head of Delegation) **Fax:** 77 35 34
TX: (0904) 44 260 DELEGEUR MI
E-Mail: eudelmwi@malawi.net
Leiter der Delegation: Wiepke Van der Goot

Mali

iz a 122

Delegation der Europäischen Kommission in Mali
Postfach 1 15, RM- Bamako
Avenue de l'OUA Badalabougou, RM- Bamako
T: (00223) 22 23 56 **Fax:** 22 36 70
TX: (0985) 2 526 DELEGFED BAMAKO
E-Mail: delmli@delmli.cec.eu.int
Leiter der Delegation: Francesco Gosetti di Sturmeck

Malta

iz a 123

Delegation der Europäischen Kommission in Malta
Villa „The Vines"
Ta'Xbiex Seafront 51, GBY- Ta'Xbiex Malta GC
T: (00356) 34 48 91, 34 48 94 (ligne dir. Chef dél.)
Fax: 34 48 97
TX: (0406) 910 EC MLA
Internet: http://www.delmlt.cec.eu.int
E-Mail: mailto@delmlt.cec.eu.int
Leiter der Delegation: Ronald Gallimore

Marokko

iz a 124

Delegation der Europäischen Kommission in Marokko
Postfach 13 02, MA-10000 Rabat
Avenue de Meknès 2 bis, MA- Rabat
T: (0021237) 76 67 61 **Fax:** (002127) 76 11 56
TX: (0407) 32 620 RABAT
Internet: http://www.delmar.cec.eu.int
E-Mail: mailto@delmar.cec.eu.int
Leiter der Delegation: Sean Doyle

Mauretanien

iz a 125

Delegation der Europäischen Kommission in Mauretanien
Postfach 213, RIM- Nouakchott
Îlot V Lot n° 24, RIM- Nouakchott
T: (002222) 5 27 24 **Fax:** 5 35 24
TX: (0974) 5 549 MTN
E-Mail: delcemau@compuserve.com
Leiter der Delegation: Dominique Pavard

Mauritius

iz a 126

Delegation der Europäischen Kommission auf Mauritius
8th floor
St. James Court Building
Postfach 11 48, MS- Port Louis
St. Denis Street, MS- Port Louis
T: (00230) 2 07 15 15 **Fax:** 2 11 66 24
TX: (0966) DELCEC IW 4282
E-Mail: europe@intnet.mu
Leiter der Delegation: Juan Carlos Rey Salgado (auch zuständig für das Departement Réunion, Mayotte und die Seychellen)

Mexiko

iz a 127

Delegation der Europäischen Kommission in Mexiko
Paseo de la Reforma 1675, Lomas de Chapultepec, MEX- 11001 Mexico D.F.
T: (00525) 5 40 33 45 **Fax:** 5 40 65 64
TX: (022) 1 763 528 DCCEME
Internet: http://www.delegacion-europa.org
E-Mail: mailto@delmex.cec.eu.int
Leiter der Delegation: Manuel López Blanco (ebenfalls zuständig für Kuba)

Mosambik

iz a 128

Delegation der Europäischen Kommission in Mosambik
Postfach 13 06, MZ- Maputo
Avenida do Zimbabwe 1214, MZ- Maputo
T: (002581) 49 49 49 **Fax:** 49 18 66
TX: (0992) 6-146 CCE MO
E-Mail: mailto@delmoz.cec.eu.int
Leiter der Delegation: Javier Puyol Piñuela

Namibia

iz a 129

Delegation der Europäischen Kommission in Namibia
Sanlam Building, 4th floor
Postfach 24443, NA-9000 Windhoek
Independence Avenue 154, NA-9000 Windhoek
T: (0026461) 2 02 62 24 **Fax:** 2 02 60 00
TX: (0908) 419 COMEU WK
Internet: http://www.delnam.cec.eu.int
E-Mail: mailto@delnam.cec.eu.int
Leiter der Delegation: Francisco Ortiz de Zuñiga

Neukaledonien

iz a 130

Büro der Europäischen Kommission in Neukaledonien
Nebenstelle der Delegation für die Republik Fidschi
Postfach 11 00, NC- Nouméa
Avenue Maréchal Foch 19, NC-98845 Nouméa
T: (00687) 27 70 02 **Fax:** 28 87 07
E-Mail: mailto@delncl.cec.eu.int
Ortsansässiger Berater: Wilfried Rothweiler

Nicaragua

iz a 131

Delegation der Europäischen Kommission in Nicaragua
Hôtel Intercontinental
Postfach 26 54, NIC- Managua
T: (00505) 2 70 44 99 **Fax:** 2 70 44 84
E-Mail: comeuro@ibw.com.ni
Leiter der Delegation: Giorgio Mamberto

Niederländische Antillen

iz a 132

Büro der Europäischen Kommission auf den Niederländische Antillen
Postfach 822, NA-599 Willemstad (Curacao)
Scharlooweg 37, NA- Willemstad (Curacao)
T: (005999) 4 61 84 88 **Fax:** 4 61 84 23
E-Mail: eudelant@attglobal.net
Ortsansässiger Berater: Hans Okorn

Niger

iz a 133

Delegation der Europäischen Kommission in Niger
Postfach 1 03 88, NIG- Niamey
T: (00227) 73 23 60, 73 48 32 (ligne dir. chef dél.)
Fax: 73 23 22
TX: (0975) 5 267 NI DELEGFED
E-Mail: delnig@intnet.ne
Leiter der Delegation: Irene Horejs

Nigeria

iz a 134

Delegation der Europäischen Kommission in Nigeria
Plot 63
Postfach 280, WAN- Abuja
Usuma Street Maitama District, WAN- Abuja
T: (002379) 4 13 31 44 **Fax:** (002349) 4 13 31 47
E-Mail: ecabj@infoweb.abs.net
Leiter der Delegation: Veli Juhani Ollikainen

Norwegen

iz a 135

Delegation der Europäischen Kommission in Norwegen
Postfach 1643 Vika, N-0119 Oslo 1
Haakon VIIs gate 10, N-0161 Oslo 1
T: (0047) 22 83 35 83 **Fax:** 22 83 40 55
Internet: http://home.sol.no/~europako
E-Mail: mailto@delnor.cec.eu.int
Leiter der Delegation: Gerhard Sabathil

Pakistan

iz a 136

Delegation der Europäischen Kommission in Pakistan
Postfach 16 08, PAK- Islamabad
House N_0 9, Street No. 88, Sector G-6/3, PAK- Islamabad
T: (009251) 2 27 18 28 **Fax:** 2 82 26 04
TX: (082) 54 044 COMEU PK
E-Mail: mailto@delpak.cec.eu.int
Leiter der Delegation: Kurt Juul

Papua-Neuguinea

iz a 137

Delegation der Europäischen Kommission auf Papua-Neuguinea
The Lodge, 3rd floor
Postfach 76, PG- Port Moresby
Bampton Street, PG- Port Moresby
T: (00675) 3 21 35 44   **Fax:** 3 21 78 50
TX: (0703) NE 22 307 DELEUR
Internet: http://www.eudelpng.org
E-Mail: admin@eudelpng.org
Leiter der Delegation: Anthony Crasner

Peru

iz a 138

Delegation der Europäischen Kommission in Peru
Postfach 180792, PE-18 Lima
Manuel González Olaechea 247 San Isidro, PE- Lima 27
T: (00511) 2 12 11 35   **Fax:** 4 22 87 78
E-Mail: mailto@delper.cec.eu.int
Leiter der Delegation: Jean-Michel Perille

Philippinen

iz a 139

Delegation der Europäischen Kommission auf den Philippinen
Salustiana D. Ty Tower, 7th floor
Paseo de Roxas Street 104 Legaspi Village, PI- Makati, Metro Manila
T: (00632) 8 12 64 21   **Fax:** 8 12 66 87
TX: 22 534 COMEUR PH
Internet: http://www.euphil.org
E-Mail: eudelphl@info.com.ph
Leiter der Delegation: Yves Gazzo

Polen

iz a 140

Delegation der Europäischen Kommission in Polen
Emilii Plater 53, PL-00-113 Warschau
T: (004822) 5 20 82 00   **Fax:** 5 20 82 82
TX: (063) 813 802
E-Mail: mailto@delpol.cec.eu.int
Leiter der Delegation: Bruno Dethomas

Ruanda

iz a 141

Delegation der Europäischen Kommission in Ruanda
Postfach 515, RWA- Kigali
Avenue Député Kamuzinzi 14, RWA- Kigali
T: (00250) 7 55 86   **Fax:** 7 43 13
TX: (0909) 22 515 PECCE RW
E-Mail: eudelrwa@rwandatel1.rwanda1.com
Leiter der Delegation: Jeremy Lester

Rumänien

iz a 142

Delegation der Europäischen Kommission in Rumänien
Str. Grigore Mora 11 Sector 1, R-71278 Bukarest
T: (00401) 2 11 18 02, 2 11 18 04, 2 11 18 05, 2 11 18 12
Fax: 2 11 18 09
E-Mail: mailto@delrom.cec.eu.int
Leiter der Delegation: Fokion Fotiadis

Russische Föderation

iz a 143

Delegation der Europäischen Kommission in Rußland
Pevchesky Pereulok 2/10, RUS-109028 Moskau
T: (007503) 9 56 36 00   **Fax:** 9 56 36 15
TX: (64) 413 786 DCEC SU
Internet: http://www.eur.ru
E-Mail: mail@delrus.cec.eu.int
Leiter der Delegation: Richard Wright

Salomonen

iz a 144

Büro der Europäischen Kommission auf den Salomonen
City Centre Building, 2nd floor
Postfach 844, SB- Honiara
T: (00677) 2 15 75   **Fax:** 2 33 18
E-Mail: ecsol@welkam.solomon.com.sb
Ortsansässiger Berater: Tom Leemans

Sambia

iz a 145

Delegation der Europäischen Kommission in Sambia
Postfach 34871, Z- Lusaka
Plot 4899, Los Angeles Boulevard, Z- Lusaka
T: (002601) 25 11 40   **Fax:** 25 09 06
TX: (0902) 40440 decec za
E-Mail: mailto@delzmb.cec.eu.int
Leiter der Delegation: Jochen Krebs

São Tomé und Príncipe

iz a 146

Büro der Europäischen Kommission in São Tomé und Príncipe
Nebenstelle der Delegation in Gabun
Postfach 1 32, ST- São Tomé
Bairro 3 de Feveiro, ST- São Tomé
T: (002312) 2 17 80   **Fax:** 2 26 83
E-Mail: ceestp@cstome.net
Ortsansässiger Berater: Mario Tomasello

Senegal

iz a 147

Delegation der Europäischen Kommission im Senegal
Postfach 3345, SN- Dakar
Avenue Albert-Sarraut 12, SN- Dakar
T: (0021) 8 23 13 34   **Fax:** (00221) 8 23 68 85
TX: (0906) 21 665 DELEGSE SG
E-Mail: mailto@delsen.cec.eu.int
Leiter der Delegation: Thierry de Saint-Maurice

Sierra Leone

iz a 148

Delegation der Europäischen Kommission in Sierra Leone
Wesley House
Postfach 1399, WAL- Freetown
George Street 4, WAL- Freetown
T: (0023222) 22 73 19   **Fax:** 22 52 12
TX: (0998) 3 203 DELFED SL
E-Mail: eudelsle@sierratel.sl
Leiter der Delegation: Jeremy Tunnacliffe

Simbabwe

iz a 149

Delegation der Europäischen Kommission in Simbabwe
Construction House, 6th Floor
Postfach 42 52, RSR- Harare
Leopold Takawira Street 110, RSR- Harare
T: (002634) 70 71 39   **Fax:** 72 53 60
TX: (0907) 24 811 DELEUR ZW
E-Mail: eucomzim@harare.iafrica.com
Leiter der Delegation: Asgar Pilegaard

Slowakei

iz a 150

Delegation der Europäischen Kommission in der Slowakei
Panská 3, SK-81101 Pressburg
T: (004217) 54 43 17 18   **Fax:** 54 43 29 72
E-Mail: mailto@delsvk.cec.eu.int
Leiter der Delegation: Walter Rochel

Slowenien

iz a 151

Delegation der Europäischen Kommission in Slowenien
Trg. republike 3 XI., SLO-61000 Ljubljana
T: (003861) 4 25 13 03   **Fax:** 4 25 20 85
E-Mail: eumail@delsvn.cec.eu.int
Leiter der Delegation: Eric Van der Linden

Sri Lanka

iz a 152

Delegation der Europäischen Kommission in Sri Lanka
Barnes Place 81, CL- Colombo 7
T: (00941) 69 97 45   **Fax:** 69 88 20
E-Mail: mailto@dellka.cec.eu.int
Leiter der Delegation: Ilkka Uusitalo

Südafrika

iz a 153

Delegation der Europäischen Kommission in Südafrika
1-2 Green Park Estates
Postfach 945, ZA- Groenkloof 0027, Pretoria
27 George Storrar Drive, ZA- Groenkloof Pretoria 0181
T: (002712) 4 60 43 19   **Fax:** 4 60 99 23
E-Mail: mailto@delzaf.cec.eu.int
Berater: Dominique Dellicour

Sudan

iz a 154

Delegation der Europäischen Kommission im Sudan
The Arab Authority for Agricultural Investment and Development Building, 3rd Floor
Postfach 2363, SD- Khartoum
Osman Digna Avenue, SD- Khartoum
T: (0024911) 77 51 48   **Fax:** 77 53 93, (00873) 1 54 62 43 (satellite)
TX: (0984) 23 096 DELSU SD
E-Mail: eudelsud@hotmail.com
Leiter der Delegation: Xavier Marchal

Suriname

iz a 155

Büro der Europäischen Kommission in Suriname
Postfach 4 84, SME- Paramaribo
Dr. S. Redmondstraat 239, SME- Paramaribo
T: (00597) 49 93 22   **Fax:** 49 30 76
Internet: http://www.delsur.cec.eu.int
E-Mail: delsur@sr.net
Ortsansässiger Berater: Jacques Roman

Swasiland

iz a 156

Büro der Europäischen Kommission in Swasiland
Lilunga House, 4rd Floor
Postfach A. 36, SD- Mbabane
Gilfillan Street, SD- Mbabane
T: (00268) 4 04 47 69   **Fax:** 4 04 67 29
E-Mail: mailto@delswz.cec.eu.int
Ortsansässiger Berater: Aloysius Lorkeers

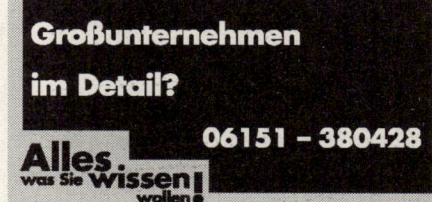

Syrien

iz a 157

Delegation der Europäischen Kommission in Syrien
Postfach 1 12 69, SYR- Damas
Chakib Arslane Street, SYR- Abou Roumaneh Damas
T: (0096311) 3 32 76 40   **Fax:** 3 32 06 83
TX: (0492) 412 919 DELCOM SY
Internet: http://www.delsyr.cec.eu.int
E-Mail: mailto@delsyr.cec.eu.int
Leiter der Delegation: Marc Pierini

Tansania

iz a 158

Delegation der Europäischen Kommission in Tansania
Postfach 95 14, EAT- Daressalam
Mirambo Street 38, EAT- Daressalam
T: (00255) 22 211 74 73   **Fax:** 22 211 32 77
TX: (0989) 41 353 DELCOM TZ
E-Mail: mailto@deltza.cec.eu.int
Leiter der Delegation: William Hanna

Thailand

iz a 159

Delegation der Europäischen Kommission in Thailand
Kiang Gwan House II, 19th Floor
Wireless Road 140 /1, T-10330 Bangkok
T: (00662) 2 55 91 00   **Fax:** 2 55 91 14
TX: (086) 82 764 COMEUBK TH
Internet: http://www.deltha.cec.eu.int
E-Mail: mailto@deltha.cec.eu.int
Leiter der Delegation: Klauspeter Schmallenbach (ebenfalls zuständig für Laos, Malaysia, Myanmar und Kambodscha)

Togo

iz a 160

Delegation der Europäischen Kommission in Togo
Postfach 16 57, TG- Lomé
Avenue Nicolas Grunitsky 22, TG- Lomé
T: (00228) 21 36 62, 21 77 45 (ligne dir. chef dél.)
Fax: 21 13 00
TX: (0977) 5 267 DELFED TG
E-Mail: ue@deltgo.cec.eu.int
Leiter der Delegation: N.N.

Tonga

iz a 161

Büro der Europäischen Kommission in Tonga Nebenstelle der Delegation für den Pazifik (Fidschi)
Taufa'ahau Road MaiIetaha, TO- Nukualofa
T: (00676) 2 38 20   **Fax:** 2 38 69
E-Mail: eutonga@candw.to
Ortsansässiger Berater: Veit Nied

Trinidad und Tobago

iz a 162

Delegation der Europäischen Kommission auf Trinidad und Tobago
The Mutual Center
Postfach 11 44, TT- Port of Spain
Queen's Park West 16, TT- Port of Spain
T: (001809) 6 22 66 28   **Fax:** 6 22 63 55
TX: (0294) 22 421 DELFED WG
E-Mail: eudeltto@wow.net
Leiter der Delegation: Sari Suomalainen (ebenfalls zuständig für die Niederländischen Antillen und Aruba)

Tschad

iz a 163

Delegation der Europäischen Kommission im Tschad
Concession Caisse Coton
Postfach 5 52, TD- N'Djamena
Route de Farcha, TD- N'Djamena
T: (00235) 52 72 76, (00871) 7 61 48 07 78/9 (Satellit)
Fax: (00235) 52 71 05
TX: (0976) 5 245 KD
E-Mail: eudeltcd@intnet.td
Leiter der Delegation: Joël Fessaguet

Tschechische Republik

iz a 164

Delegation der Europäischen Kommission in der Tschechischen Republik
Postfach 292, CZ-16041 Prag 6
Pod hradbami 17, CZ-16000 Prag 6
T: (004202) 24 31 28 35   **Fax:** 24 31 28 50
Internet: http://www.evropska-unie.cz
E-Mail: euphare@mbox.vol.cz
Leiter der Delegation: Ramiro Cibrian Uzal

Tunesien

iz a 165

Delegation der Europäischen Kommission in Tunesien
Immeuble Europe, Berges du Lac Nord, Route de la Marsa, parcelle 10.02.06/A (UD)
Postfach 1 43, TN-1082 Tunis
T: (002161) 96 03 30   **Fax:** 96 03 02
Internet: http://www.ce.intl.tn
E-Mail: delce.tunis@ce.intl.tn
Leiter der Delegation: Robert Houliston

Türkei

iz a 166

Delegation der Europäischen Kommission in der Türkei
Ugur Mumcu Cad. 88 4th floor, TR-06700 Gaziosmanpasa Ankara
T: (0090312) 4 46 55 11   **Fax:** 4 46 67 37
Internet: http://www.deltur.ce.eu.int
E-Mail: mailto@deltur.ce.eu.int
Leiterin der Vertretung: Karen Fogg

Uganda

iz a 167

Delegation der Europäischen Kommission in Uganda
5th floor, Rwenzori House
Postfach 52 44, EAU- Kampala
Lumumba Avenue Plot 1, EAU- Kampala
T: (0025641) 23 33 03   **Fax:** 23 37 08
TX: (0988) 61 139 DELEUR UG
E-Mail: ecdelug@imul.com
Leiter der Delegation: Bernard Ryelandt

Ukraine

iz a 168

Delegation der Europäischen Kommission in der Ukraine
Kruglouniversitetska Street 10, UA- Kiev
T: (0038044) 4 62 00 10   **Fax:** 4 62 09 20
Internet: http://www.delukr.cec.eu.int
E-Mail: mail@delukr.cec.eu.int
Leiter der Delegation: André van Haeverbeke

Ungarn

iz a 169

Delegation der Europäischen Kommission in Ungarn
Bérc utca 23, H-1016 Budapest
T: (00361) 2 09 97 00   **Fax:** 4 66 42 21
TX: (061) 222 137
Internet: http://www.eudelegation.hu
E-Mail: mailto@delhun.cec.eu.int
Leiter der Delegation: Michael Lake

Uruguay

iz a 170

Delegation der Europäischen Kommission in Uruguay
Boulevard Artigas 1257, U-11200 Montevideo
T: (005982) 4 00 75 80   **Fax:** 4 01 20 08
TX: 23 925 CCEUR UY
E-Mail: eudelury@cec.org.uy
Leiter der Delegation: Styliani Zervoudaki

Vanuatu

iz a 171

Büro der Europäischen Kommission in Vanuatu Nebenstelle der Delegation für die Fidschi-Inseln, Suva
Moore Stephens House, Ground Floor
Postfach 4 22, VU- Port-Vila
Kumul Highway Rue Higginson Street, VU- Port-Vila
T: (00678) 2 25 01   **Fax:** 2 32 82
E-Mail: eudelvan@vanuatu.com.vu
Ortsansässiger Berater: Edmund Appelbaum

Venezuela

iz a 172

Delegation der Europäischen Kommission in Venezuela
Edificio Comision Europea, Avenida Orinoco, Las Mercedes, Caracas
Plaza Las Americas 1061 A Apartado de Correos 67076, YV- Caracas
T: (00582) 9 91 51 33   **Fax:** 9 93 55 73 (SPI)
TX: (031) 27 298 COMEU VC
Internet: http://www.comisioneuropa.org.ve
E-Mail: mailto@delven.cec.eu.int
Leiter der Delegation: Robert Kremer

Vereinigte Staaten von Amerika

iz a 173

Delegation der Europäischen Kommission in Washington
2300 M Street, NW, USA- Washington D.C. 20037-1434
T: (001202) 8 62 95 00   **Fax:** 4 29 17 66
Internet: http://www.eurunion.org
E-Mail: vorname.name@cec.eu.int
Leiter der Delegation: Günter Burghardt

Vietnam

iz a 174

Delegation der Europäischen Kommission in Vietnam
The Metropole Centre
Ly Thai To Street 56, VN- Hanoi
T: (00844) 9 34 13 00, 9 34 13 01, 9 34 13 02
Fax: 9 34 13 61
E-Mail: mailto@delvnm.cec.eu.int
Leiter der Delegation: Frédéric Baron

Westjordanland und Gazastreifen, Ost-Jerusalem

iz a 175

Vertretung der Europäischen Kommission für das Westjordanland und Gazastreifen, Ost-Jerusalem
Postfach 22207, IL- Jerusalem Mount of Olives
Sheikh Hussam Eddin Jarrallah St. 5 Sheik Jarrah, IL- Jerusalem
T: (009722) 5 32 63 41   **Fax:** 5 32 62 49
E-Mail: mailto@delwbg.cec.eu.int
Vertreter der Kommission: Jean Brétéché

Zentralafrikanische Republik

iz a 176

Delegation der Europäischen Kommission in Zentralafrika
Postfach 1298, RCA- Bangui
Rue de Flandre, RCA- Bangui
T: (00236) 61 30 53   **Fax:** 61 65 35

TX: (0971) DELCOMEU 5231 RC
E-Mail: eudelrca@intnet.cf
Leiter der Delegation: Josep Lloveras

Zypern

iz a 177
Delegation der Europäischen Kommission auf Zypern
Irish Tower, 8th floor
Postfach 2 34 80, CY-1683 Nicosia
Agapinor Str. 2, CY-1076 Nicosia
T: (003572) 81 77 70 **Fax:** 76 89 26
TX: (0605) 4 960 EC DELCY
Internet: http://www.delcyp.cec.eu.int
E-Mail: mailto@delcyp.cec.eu.int
Leiter der Delegation: Donato Chiarini

b) Bei internationalen Organisationen

Genf

iz a 178
Delegation der Europäischen Kommission in Genf
(Vereinte Nationen und andere internationale Organisationen)
Postfach 195, CH-1211 Genf 20
Rue de Vermont 37-39, CH-1211 Genf 20
T: (004122) 918 22 11 **Fax:** 734 22 36
TX: 414 165 ECO CH
E-Mail: mailto@delche.cec.eu.int
Leiter der Delegation: Carlo Trojan

New York

iz a 179
Delegation der Europäischen Kommission in New York
(Vereinte Nationen)
3, Dag Hammarskjöld Plaza
305 East, 47th Street, USA-10017 New York
T: (001212) 3 71 38 04 **Fax:** 7 58 27 18
E-Mail: mailto@delusny.cec.eu.int
Leiter der Delegation: Luigi Boselli

Paris

iz a 180
Delegation der Europäischen Kommission in Paris
(OECD, UNESCO)
12, avenue d'Eylau, F-75116 Paris
T: (00331) 44 05 31 60 **Fax:** 44 05 31 79
TX: (042) 645 176 COMEUR F
E-Mail: secr.eudelfra∞gn.fr
Leiter der Delegation: John Maddison

Rom

iz a 181
Delegation der Europäischen Kommission in Rom
(FAO)
Via IV Novembre 149, I-00187 Rom
T: (00396) 6 79 37 29 **Fax:** 6 79 78 30
TX: (043) 610 184 EUROMA I
E-Mail: eudelita@mclink.it
Leiter der Delegation: Vilma du Marteau

Wien

iz a 182
Delegation der Europäischen Kommission in Wien
(Internationale Organisationen)
Gußhausstr. 8, A-1040 Wien
T: (00431) 5 05 84 11 **Fax:** 50 58 41 17
E-Mail: office@delaut.cec.eu.int
Leiter der Delegation: Ulrich Knueppel

Europäisches Parlament

● IZ A 183
Europäisches Parlament (EP)
Palais de l'Europe
Alleé du Printemps
B.P. 1024/F, F-67070 Strasburg Cedex
T: (0033388) 1-74001 **Fax:** 25 65 01
Internet: http://www.europarl.eu.int
Rue Wiertz, B-1047 Bruxelles/Brussel
T: (00322) 2 84 21 11 **Fax:** 2 84 90 75, 2 84 90 77
TX: 26 999
Präsident(in): Nicole Fontaine
Vizepräsident(in): David W. Martin (PSE; Vereinigtes Königreich)
Renzo Imbeni (PSE; Italien)
Gerhard Schmid (PSE; Deutschland)
James L. C. Provan (PPE; Vereinigtes Königreich)
Ingo Friedrich (PPE; Deutschland)
Marie-Noëlle Lienemann (PSE; Frankreich)
Guido Podestà (PPE; Italien)
Alejo Vidal-Quadras Roca (PPE; Spanien)
Joan Colom i Naval (PSE; Spanien)
José Pacheco Pereira (PPE; Portugal)
Luis Marinho (PSE; Portugal)
Jan Wiebenga (ELDR; Niederlande)
Alonso José Puerta (GUE-NGL; Spanien)
Gérard Onesta (Verts-ALE; Frankreich)
Kabinettchef: Kabinett der Präsidentin: Harald Rømer
Direktor des Kabinetts: Ricardo Ribera d'Alcala
Stellvertretender Kabinettchef: Martin Hanz

iz a 184
Europäisches Parlament Generalsekretariat
Plateau du Kirchberg
B.P. 1601, L-2929 Luxemburg
T: (00352) 43 00-1 **Fax:** 43 00-29494, 43 00-29393, 43 00-29292
TX: 2 894
Rue Wiertz, B-1047 Bruxelles/Brussel
T: (00322) 2 84 21 11
Allée du Printemps, F-Strasbourg Cedex
T: (0033) 388 17 40 01
Generalsekretär(in): Generalsekretariat Julian Priestley
Generaldirektor a.i.: Roger Vanhaeren
Generaldirektor: Harald Rømer (Generaldirektion 1, Präsidentschaft)
Dietmar Nickel (Generaldirektion 2, Ausschüsse und Delegationen)
Heinrich Rolvering (Generaldirektion 3, Information und Öffentlichkeitsarbeit)
Enrico Cioffi (Generaldirektion 4, Wissenschaft)
Christian Cointat (Generaldirektion 5, Personal)
Nicolas-Pierre Rieffel (Generaldirektion 6, Verwaltung)
Barry Wilson (Generaldirektion 7, Übersetzung und allgemeine Dienste)
Enrique López Veiga (Generaldirektion 8, Finanzen und Finanzkontrolle)

iz a 185
Europäisches Parlament Informationsbüro für Deutschland
Unter den Linden 78, 10117 Berlin
T: (030) 22 80-1000 **Fax:** 22 80-1111
Internet: http://www.europarl.de
E-Mail: epberlin@europarl.eu.int
Leiter(in): Dr. Klaus Löffler

Behörden und Ämter der Europäischen Union

● IZ A 186
Der Europäische Bürgerbeauftragte
The European Ombudsman
Médiateur européen
avenue du Président Robert Schuman 1 B.P. 403, F-67001 Straßburg CEDEX
T: (00333) 88 17 23 13, 88 17 23 83 **Fax:** 88 17 90 62
Internet: http://www.euro-ombudsman.eu.int
E-Mail: euro-ombudsman@europarl.eu.int
Europäischer Bürgerbeauftragte(r): Jacob Söderman

● IZ A 187
Amt für amtliche Veröffentlichungen der Europäischen Gemeinschaften (EUR-OP)
Office for Official Publications of the European Communities
Rue Mercier 2, L-2985 Luxemburg
T: (00352) 29 29-1 (Zentrale) **Fax:** 29 29-44619
TX: 1 324 PUBOF LU (2 Leitungen),
1 322 PUBOF LU (ausschließlich „Verkauf")
Internet: http://www.eur-op.eu.int
E-Mail: info-info-opoce@cec.eu.int
Gründung: 1969
Generaldirektor: Thomas L. Cranfield
Assistentin des Generaldirektors: Lucia Ceccarelli

● IZ A 188
Ausschuß der Regionen der Europäischen Union
Committee of the Regions of the EU
Comité des Régions de L'UE
rue Montoyer 92-102, B-1000 Brüssel
T: (00322) 282 22 11 **Fax:** 282 23 25
Internet: http://www.cor.eu.int
E-Mail: info@cor.eu.int
Präsident(in): Jos Chabert
Generalsekretär(in): Vicenzo Falcone

● IZ A 189
Europäische Agentur für die Beurteilung von Arzneimitteln (EMEA)
European Agency for the Evaluation of Medicinal Products
Agence européenne pour l' évaluation des médicaments
7 Westferry Circus, Canary Wharf, GB- London E14 4HB
T: (004420) 74 18 84 00 **Fax:** 74 18 84 16
Internet: http://www.emea.eu.it
E-Mail: mail@emea.eudra.org
Gründung: 1993 (22. Juli)
Chairman: Dr. Keith Jones (Medicines Control Agency, Market Towers, 1 Nine Elms Lane, London SW8 5NQ, UK, T: (004420) 72 73-0100, Fax: (004420) 72 73-0548, E-Mail: keith.jones@mca.gov.uk)
Vice-Chairman: Dr. Gerhard Josef Kothmann (Bundesministerium für Gesundheit, Am Probsthof 78a, 53121 Bonn, T: (0228) 9 41 42 00, Fax: 9 41 49 42, E-Mail: kothmann@bmg.bund.de)
Executive Director: Thomas Lönngren
Financial Control (a.i.): Claus Christiansen
Administration:
Head of Unit: Andreas Pott
Head of Sector: Personnel, budget and facilities: Frances Nuttall
Accounting: Gerard O'Malley
Pre-authorisation evaluation of Medicines for Human Use:
Head of Unit: Patrick Le Courtois
Head of Sector: Scientific advice and orphan drugs: N. N.
Quality of medicines: John Purves
Safety and efficacy of medicines: Isabelle Moulon
Deputy Head of Sector: Marisa Papaluca Amati
Post-authorisation evaluation of Medicines for Human Use:
Head of Unit: Noël Wathion
Head of Sector: Regulatory affairs and organisational support: Anthony Humphreys
Pharmacovigilance and post-authorisation safety and efficacy of medicines: N. N.
Deputy Head of Sector: Sabine Brosch
Veterinary medicines and Information Technology:
Head of Unit: Peter Jones
Head of Sector: Veterinary Marketing authorisation procedures: Jill Ashley Smith
Safety of veterinary medicines: Kornelia Grein
Information Technology: Michael Zouridakis
Deputy Head of Sector: David Drakeford
Technical Coordination:
Head of Unit: N. N.
Head of Sector: Inspection: N. N.
Document management and publishing: Beatrice Fayl
Conference services: Sylvie Bénéfice
Mitarbeiter: 200
Jahresetat: EUR 61,9 Mio (2001)

● IZ A 190
Europäische Agentur für Sicherheit und Gesundheitsschutz am Arbeitsplatz
European Agency for Safety and Health at Work
Agence Européenne pour la Sécurité et la Santé au Travail
Gran Vía 33, E-48009 Bilbao
T: (003494) 479 43 60 **Fax:** 479 43 83
Internet: http://europe.osha.eu.int/oshmail
E-Mail: information@osha.eu.int
Gründung: 1996

IZ A 190

Direktor(in): Hans-Horst Konkolewsky
Leitung Presseabteilung: Alun Jones
Andrew Smith
Verbandszeitschrift: AKTUELLES (Agency News), OSHMAIL (Electronic Newsletter)
Mitarbeiter: 35
Jahresetat: Euro 7 Mio (Operating Budget)

● **IZ A 191**

Europäische Beobachtungsstelle für Drogen und Drogensucht (EBDD)
European Monitoring Centre for Drugs and Drug Addiction (EMCDDA)
Observatoire Européen des Drogues et des Toxicomanies (OEDT)
Rua da Cruz de Santa Apolónia 23-25, P-1149-045 Lissabon
T: (0035121) 811 30 00 **Fax:** 813 17 11
Internet: http://www.emcdda.org
E-Mail: info@emcdda.org
Gründung: 1993
Chairman: Mike Trace (UK)
Vice-Chairman: Marcel Reimen
Executive Director: Georges Estiévenart
Mitarbeiter: 65
Jahresetat: Euro 9,1 Mio

● **IZ A 192**

Europäische Parlamentarische Gesellschaft
European Parliamentary Association
Association Parlementaire Européenne
76, Allée de la Robertsau, F-67000 Straßburg
T: (0033388) 25 19 49 **Fax:** 36 50 31
E-Mail: ass.parl.europ@wanadoo.fr
Präsident(in): Ursula Schleicher (MdEP)
Generalsekretär(in): Horst Dumke (Ministerialdirektor a.D.)

● **IZ A 193**

Europäische Stiftung zur Verbesserung der Lebens- und Arbeitsbedingungen
The European Foundation for the Improvement of Living and Working Conditions
Fondation Européenne pour l'Amélioration des Conditions de Vie et de Travail
Wyattville Road Loughlinstown, IRL- Dublin
T: (003531) 2 04 31 00 **Fax:** 2 82 64 56
Internet: http://www.eurofound.ie
E-Mail: postmaster@eurofound.ie
Gründung: 1975
Verwaltungsrat: Marc Boisnel (Vors.)
Direktor(in): Raymond-Pierre Bodin
Stellv. Dir: Eric Verborgh
Koordinator: Pascal Paoli (Forschungsgruppe A)
Robert Anderson (Forschungsgruppe B)
Stavroula Demetriades (Forschungsgruppe C)
Abteilungsleiter: Terry Sheehan (Verwaltung)
Verbandszeitschrift: Communiqué
Redaktion: Dublin
Verlag: Foundation
Mitarbeiter: 90

● **IZ A 194**

Europäische Umweltagentur (EEA)
European Environment Agency (of the EU)
Agence Européenne pour l'Environnement
Kongens Nytorv 6, DK-1050 Kobenhaven K
T: (0045) 33 36 71 00 **Fax:** 33 36 71 99
Internet: http://www.eea.eu.int
Gründung: 1993 (30. Oktober)
Contact: Jeff Huntington (Communications Officer)
Chairman of the Management Board: Kees Zoeteman
Commission Representatives: David Grant Lawrence (DG Environment)
Hans Stielstra (DG Environment)
Nicholas Hanley (DG Environment)
Josiane Rivière (DG Environment)
Jean-Marie Martin (Joint Research Centre)
David W. Heath (Eurostat)
Executive Dir.: D. Jimenez Beltran
Mitarbeiter: ca. 75

Mitgliedsländer

Belgien

iz a 195

Cellule Interrégionale pour l'Environnement (CELINE)
Ave. des Arts 10-11, B-1210 Brüssel
T: (00322) 227 57 02 **Fax:** 227 56 99
Internet: http://www.irceline.be

E-Mail: celinair@irceline.be
Directeur administratif: Alain Derouane

Dänemark

iz a 196

National Environmental Research Institute of Denmark (NERI)
Frederiksborgvej 399, DK-4000 Roskilde
T: (0046) 46 30 12 00 **Fax:** 46 30 11 14
Internet: http://www.dmu.dk
E-Mail: dmu@dmu.dk

Deutschland

iz a 197

Umweltbundesamt (UBA)
Postf. 33 00 22, 14191 Berlin
Bismarckplatz 1, 14193 Berlin
T: (030) 89 03-0 **Fax:** 89 03-2285
Internet: http://www.umweltbundesamt.de
Präsident(in): Prof. Dr. Andreas Troge
Vizepräsident(in): Dr. Kurt Schmidt
Leitung Presseabteilung: Karsten Klenner

Finnland

iz a 198

Finnish Environment Institute (FEI)
Postfach 140, FIN-00251 Helsinki
Kesäkatu 6, FIN-00260 Helsinki
T: (003589) 40 30 00 **Fax:** 40 30 01 90
Director General: Lea Kauppi (E-Mail: Lea.Kauppi@vyh.fi)
Research Director: Juha Kämäri (E-Mail: Juha.Kamari@vyh.fi)
Secretary to the Director General: Maria Lindström (E-Mail: Maria.Lindstrom@vyh.fi)
Contact: Tapani Säynätkari (NFP)

Frankreich

iz a 199

Institut Français de l'Environnement (IFEN)
Bd. Alexandre Martin 61, F-45058 Orléans Cedex 1
T: (0033238) 79 78 78 **Fax:** 79 78 70
Internet: http://www.ifen.fr
E-Mail: ifen@ifen.fr
Conseil scientifique: Jean-Claude Lefeuvre (Président)
Conseil d'administration: François Letourneux (Président)
Contact: Jean-Louis Weber (NFP)

Griechenland

iz a 200

Ministry for the Environment, Physical Planning and Public Works
Office of National Environmental Network
Patission Street 147, GR-11251 Athen
T: (00301) 8 64 37 37 **Fax:** 8 64 37 37
E-Mail: mata@nfp-gr.eionet.eu.int
Contact: Mata Aravantinou

Großbritannien

iz a 201

Department of the Environment
Environmental Protection Statistics Division
Zone 5/D14
Ashdown House
Victoria Street 123, GB- London SW1E 6DE
T: (004420) 7944 6502 **Fax:** 7944 6489
Contact: Paul Swallow

Irland

iz a 202

Environmental Protection Agency
Postfach 30 00, IRL- Wexford
T: (0035353) 6 06 00 **Fax:** 6 06 99
Internet: http://www.epa.ie

E-Mail: info@epa.ie
Contact: Larry Stapleton
Michael Lehane

Island

iz a 203

Ministry for the Environment
Vonarstraeti 4, IS-150 Reykjavik
T: (003541) 560 96 00 **Fax:** 562 45 66
Internet: http://www.brunnur.stjr.is/interpro/umh/umh-english.nsf/pages/front

Italien

iz a 204

Ministero dell'Ambiente, Sistema Informativo Nazionale sull'Ambiente (SINA)
Via della Ferratella in Laterano 33, I-00184 Rom
T: (00396) 50 07-2177 **Fax:** 50 07-2221
Internet: http://nfp-it.eionet.eu.it
E-Mail: eionet-nfp@nfp-it.eionet.eu.it
Contact: Claudio Maricchiolo (E-Mail: maricchiolo@anpa.it)

Liechtenstein

iz a 205

Amt für Wald, Natur und Landschaft
National Office for Forests, Nature and Landscape
St. Florinsgasse 3, FL-9490 Vaduz
T: (004175) 2 36 64-00 **Fax:** 2 36 64-11
E-Mail: awnl@llv.li
Contact: Michael Fasel (E-Mail: michael.fasel@awnl.llv.li)

Luxemburg

iz a 206

Umweltministerium
Ministry of the Environment
Ministère de l'Environnement
Montée de la Pétrusse 18, L-2918 Luxemburg
T: (00352) 4 78 68 13 **Fax:** 40 04 10
E-Mail: jean-paul.feltgen@life.lu
Contact: Jean-Paul Feltgen

Niederlande

iz a 207

Rijksinstituut voor Volksgezondheid en Milieu (RIVM)
National Institute of Public Health and Environmental Protection
Postfach 1, NL-3720 BA Bilthoven
Antonie van Leeuwenhoeklaan 9, NL-3720 BA Bilthoven
T: (003130) 2 74 91 11 **Fax:** 2 74 29 71
Internet: http://www.rivm.nl
E-Mail: info@rivm.nl
Contact: Adriaan Minderhoud (E-Mail: ad.minderhoud@rivm.nl)

Norwegen

iz a 208

Statens forurensningstilsyn (SFT)
Norwegian Pollution Control Authority
Stroømsveien 96 PO Box 8100 Dep, N-0032 Oslo
T: (0047) 22 57 34 00 **Fax:** 22 67 67 06
Internet: http://www.sft.no
E-Mail: postmottak@sft.no
Director General: Håvard Holm
Contact: Kari Elisabeth Fagernaes (NFP, E-Mail: kari-elisabeth.fagernaes@sft.telemax.no)

Österreich

iz a 209

Umweltbundesamt (UBA)
Spittelauer Lände 5, A-1090 Wien
T: (00431) 3 13 04-0 **Fax:** 3 13 04-5400
Internet: http://www.ubavie.gv.at
E-Mail: umweltbundesamt@ubavie.gv.at

Hoppenstedt IZ A 222

Direktor(in): Dr. Wolfgang Struwe
Contact: Johannes Mayer (NFP, E-Mail: mayer@uba-vie.gv.at)

Portugal

iz a 210

Ministerio do Ambiente e dos Recursos Naturais
Direcção Geral do Ambiente (SINAIA)
Rua da Murgueira Bairro do Zambujal, Apt. 7585, P-2721-865 Amadora
T: (003521) 4 72 83 05   Fax: 4 71 90 74
Internet: http://www.dga.min-amb.pt
E-Mail: dga@dga.min-amb.pt
Contact: Maria Leonor Gomes (E-Mail: leonor.gomes@dga.min-amb.pt)

Schweden

iz a 211

Naturvårdsverket
Swedish Environmental Protection Agency
S-106 48 Stockholm
Blekholmsterrassen 36, S-10648 Stockholm
T: (00468) 6 98 10 00   Fax: 20 29 25
Internet: http://www.environ.se
E-Mail: natur@environ.se
Director General: Lars-Erik Liljelund
Contact: Catarina Johansson (NFP, catarina.johansson@environ.se)

Spanien

iz a 212

Ministerio de Medio Ambiente
Dirección General de Calidad y Evaluación Ambiental
Pza. San Juan de la Cruz s/n, E-28071 Madrid
T: (00341) 5 97 58 12   Fax: 5 97 58 57
Contact: Juan Marti_1nez Sánchez (E-Mail: juan-martinez@sgca.mma.es)

● IZ A 213

Europäische Verkehrsminister-Konferenz (CEMT)
European Conference of Ministers of Transport
Conférence Européenne des Ministres des Transports
2 Rue André Pascal, F-75775 Paris Cedex 16
T: (00331) 45 24 82 00   Fax: 45 24 97 42
Internet: http://www.oecd.org/cem/
E-Mail: ecmt.contact@oecd.org
Gründung: 1953
Presseabteilung: A. Rathery
Mitglieder: 40 pays
Mitarbeiter: 20

● IZ A 214

Europäisches Patentamt (EPA)
European Patent Office (EPO)
Office européen des brevets (OEB)
Sitz:
Erhardtstr. 27, 80331 München
T: (089) 23 99-0   Fax: 23 99-4465
TX: 523 656 epmu d
Internet: http://www.european-patent-office.org
Gründung: 1977 (1. November)
Präsident(in): Ingo Kober
Dir. Öffentlichkeitsarbeit: Godehard Nowak (T: (089) 23 99-50 10)
Mitarbeiter: rd. 5000

iz a 215

Europäisches Patentamt
Zweigstelle Den Haag
Postfach 58 18, NL-2280 HV Rijswijk
Patentlaan 2, NL-2288 EE Rijswijk
T: (003170) 3 40-2040   Fax: 3 40-3016
TX: 31 651 epo nl
E-Mail: infohague@epo.e-mail.com

iz a 216

Europäisches Patentamt
Dienststelle Berlin
Gitschiner Str. 103, 10969 Berlin
T: (030) 2 59 01-0   Fax: 2 59 01-840

iz a 217

Europäisches Patentamt
Dienststelle Wien
Postfach 90, A-1030 Wien
Rennweg 12, A-1031 Wien
T: (00431) 5 21 26-0   Fax: 5 21 26-5491

● IZ A 218

Gemeinschaftliches Sortenamt (CPVO)
Community Plant Variety Office
Office Communautaire des Variétés Végétales
Postfach 21 41, F-49021 Angers Cedex 02
T: (0033 2) 41 25 64 10   Fax: 41 25 64 11
Internet: http://www.cpvo.eu.int
E-Mail: cpvo@cpvo.eu.int
President: Bart Kiewiet
Vice-President: José Elena
Head of Technical Unit: Dirk Theobald
Head of Finance and Administration: N. N.
Legal Adviser: Iain Forsyth

● IZ A 219

Gerichtshof der Europäischen Gemeinschaften
Court of Justice of the European Communities
Cour de Justice des Communautés Européennes
L-2925 Luxemburg
T: (00352) 43 03-1 (Zentrale)   Fax: 43 03-2600
TX: 2771 CJINFO
Internet: http://www.curia.eu.int

Mitglieder des Gerichtshofes
(Protokollarische Reihenfolge)
Präsident(in): Gil Carlos Rodríguez Iglesias
Präsident der Dritten und der Sechsten Kammer: Claus Christian Gulmann
Präsident der Vierten und der Fünften Kammer: Antonio Mario La Pergola
Erster Generalanwalt: Dámaso Ruíz-Jarabo Colomer
Präsident der Ersten Kammer: Melchior Wathelet (Richter an der Fünften Kammer)
Präsident der Zweiten Kammer: Vassilios Skouris (Richter an der Sechsten Kammer)
Generalanwalt: Francis G. Jacobs
Richter: David Alexander Ogilvy Edward (Vierte und Fünfte Kammer)
Jean-Pierre Puissochet (Dritte und Sechste Kammer)
Generalanwalt: Philippe Léger
Richter: Peter Jann (Erste und Fünfte Kammer)
Leif Sevón (Erste und Fünfte Kammer)
Romain Schintgen (Zweite und Sechste Kammer)
Generalanwalt: Siegbert Alber
Jean Mischo
Richter: Fidelma O'Kelly Macken (Dritte und Sechste Kammer)
Ninon Colneric (Zweite und Sechste Kammer)
Stig von Bahr (Vierte und Fünfte Kammer)
Generalanwalt: Antonio Tizzano
Richter: José Narciso Cunha Rodrigues (Dritte und Sechste Kammer)
Christiaan W. A. Timmermans (Vierte und Fünfte Kammer)
Generalanwalt: Leendert A. Geelhoed
Christine Stix-Hacki
Kanzler: Roger Grass

Dienststellen des Gerichtshofes

Finanzkontrolle
Finanzkontrolleur: Jürgen Wohlfahrt
Kanzlei: Henrik Von Holstein (Hilfskanzler)
Protokoll: Denise Louterman-Hubeau (Leiterin)

Abteilung Presse und Information
Abteilungsleiter: Dominique-Georges Marro

Dolmetscherabteilung
Abteilungsleiterin: Caren Baviera-Betson

Direktion Bibliothek, wissenschaftlicher Dienst und Dokumentation
Direktorin: Luigia Maggioni

Verwaltung
Hilfskanzler: Thomas Cranfield (zuständig für die Verwaltung)

Übersetzung
Direktor: Gerhard Weber

Personal- und Finanzdirektion
Direktor: Bernard Pommies

Direktion für Infrastruktur
Direktor: Guy Lequime

iz a 220

Gericht erster Instanz
L-2925 Luxemburg
T: (00352) 43 03-1   Fax: 43 03-2600

Zusammensetzung des Gerichts Erster Instanz vom 01.10.2000 bis 31.08.2001 (Protokollarische Reihenfolge)
Präsident(in): Bo Vesterdorf (Kammerpräsident der Ersten und der Ersten erweiterte Kammer)
Kammerpräsident(en): Pernilla Lindh
Josef Azizi
Paolo Mengozzi
Arjen W. H. Meij
Richter: Rafael Garci_1a-Valdecasas y Fernández
Koenraad Lenaerts
Virpi E. Tiili
André Potocki
Rui Manuel Gens de Moura Ramos
John D. Cooke
Marc Jaeger
Jörg Pirrung
Mihalis Vilaras
Nicholas James Forwood
Kanzler: Hans Jung

Kanzlei
Hauptverwaltungsrat: Blanca Pastor
Verwaltungsrat: José Palacio-González
Alfred Mair

● IZ A 221

Rat für die Zusammenarbeit auf dem Gebiet des Zollwesens (Brüsseler Zollrat) (WCO/OMD)
World Customs Organization (established in 1952 as the Customs Co-operation Council)
Organisation mondiale des douanes (créée en 1952 sous le nom de Conseil de coopération douanière)
Rue du Marché 30, B-1210 Bruxelles
T: (00322) 209 92 11   Fax: 209 92 92
Gründung: 1952
Secrétaire Général: M. Danet
Verbandszeitschrift: Actualités OMD/WCO News
Mitarbeiter: 140
Membres/Members: 153

● IZ A 222

Europäischer Rechnungshof
European Court of Auditors
Cour des comptes européenne
12, rue Alcide De Gasperi, L-1615 Luxemburg
T: (00352) 43 98-1   Fax: 43 93 42
Internet: http://www.eca.eu.int
E-Mail: euraud@eca.eu.int
Dienststelle Außenbeziehungen:
12, rue Alcide De Gasperi, L-1615 Luxembourg, T: (00352) 43 98-45 410, Fax: (00352) 43 98-46 430, E-Mail: euraud@eca.eu.int
Gründung: 1977
Präsident(in): Jan O. Karlsson (Koordinierung und Aufsicht über die Tätigkeiten des Hofes, Juristischer Dienst, Außenbeziehungen und Öffentlichkeitsarbeit; Gruppe ADAR)
Direktor(in): Chris Kok (Institutionelle Außenbeziehungen und Öffentlichkeitsarbeit, Juristischer Dienst)
Finanzkontrolleur: Marceliano Cuesta de la Fuente (Finanzkontrolle)
Generalsekretariat
Sekretariat des Hofes; Personal, Verwaltung, Haushalt, Rechnungsführung, Übersetzung, EDV, Dokumentation, Bibliothek
Generalsekretär(in): Edouard Ruppert
Abteilungsleiter: Ulla Gubian (Übersetzung)
Jean-Jack Beurotte (Personal und EDV)

Prüfungsgruppe I
Direktor(in): Terrence James
EAGFL-Garantie:
Landwirtschaftliche Kulturpflanzen, Milch und Milcherzeugnisse, Rindfleisch
Mitglied des Hofes: Bernhard Friedmann (Doyen)
Abteilungsleiter: Léon Kirsch
EAGFL-Garantie:
Prüfung der Rechnungsführung, Direktausgaben, Fragen allgemeiner Art, Risikoanalyse
Mitglied des Hofes: Kalliopi Nikolaou
Abteilungsleiter: Philippe Blocman
Abteilungsleiter: David Richardsson (ad interim)
EAGFL-Garantie:
Waren tierischen und pflanzlichen Ursprungs, Sonstige Ausgaben aus dem EAGFL und landwirtschaftliche Maßnahmen (außer ländliche Entwicklung, Fischerei- und Seepolitik)
Mitglied des Hofes: Máire Geoghegan-Quinn
Abteilungsleiter: Meletios Stavrakis

Prüfungsgruppe II
Direktor(in): Jesús Lázaro Cuenca
Regionaler Bereich und Kohäsionsfonds

IZ A 222

Mitglied des Hofes: Giorgio Clemente (Doyen)
Abteilungsleiter: Jacques Timmermans
Cornelis Groeneveld
Beschäftigung und soziale Angelegenheiten
Mitglied des Hofes: Jørgen Mohr
Abteilungsleiter: Klaus Werner
Interne Politikbereiche und Forschung (einschließlich JET und Gemeinsame Forschungsstelle)
Mitglied des Hofes: François Colling
Abteilungsleiter: Hendrik Fehr
Ländliche Entwicklung, Fischerei- und Seepolitik
Mitglied des Hofes: Jean-François Bernicot
Abteilungsleiter: David Ramsay

Prüfungsgruppe III
Direktor(in): Colin Maynard
Zusammenarbeit mit Entwicklungsländern und Drittländern (Gesamthaushaltsplan der EU)
Mitglied des Hofes: Hubert Weber (Doyen)
Abteilungsleiter: Harm Rozema
Länder Mittel- und Osteuropas, der Neuen Unabhängigen Staaten und der Mongolei
Mitglied des Hofes: Maarten B. Engwirda
Abteilungsleiter: Ossi Louko
Europäische Entwicklungsfonds
Mitglied des Hofes: Juan Manuel Fabra Vallés
Abteilungsleiter: Jean-Michel Gavanier

Prüfungsgruppe IV
Direktor(in): Gabriele Cipriani
Sachausgaben der Organe, Amt für amtliche Veröffentlichungen der EG, Außenbüros und Delegationen der Gemeinschaften, Zuschüsse
Mitglied des Hofes: John Wiggins (Doyen)
Abteilungsleiter: Emmanuel Gabolde
Eigene Mittel, Erstattungen an die Mitgliedstaaten
Mitglied des Hofes: Robert Reynders
Abteilungsleiter: Davide Lingua
Raija Peltonen
Bankbereich und Europäische Gemeinschaft für Kohle und Stahl (EGKS); Europäische Schulen, dezentrale Einrichtungen, Euratom-Versorgungsagentur
Mitglied des Hofes: Vitor Manuel da Silva Caldeira
Abteilungsleiter: Peter Köhler
Abteilungsleiter: Pierre Hugé

Gruppe "ADAR"
Koordinierung der Arbeiten zum Jahresbericht und Überwachung der Einhaltung der gesetzten Fristen, Koordinierung der kontradiktorischen Verfahren, Kontrolle der Form von Berichten und Stellungnahmen, berufliche Fortbildung, Arbeitsprogramm, Arbeitsmethoden und Handbuch für die Rechnungsprüfung, Unterstützung für die EDV-Prüfung, EDV-Sicherheit, Studien, Koordinierung der horizontalen Themen und nachträgliche Bewertung der Prüfungsqualität, Beziehungen zum Europäischen Amt für Betrugsbekämpfung (OLAF)
Präsident des Hofes: Jan O. Karlsson (verantwortlich für den Sektor ADAR, Doyen)
Mitglied des Hofes: Aunus Salmi (Gruppe DAS)
Máire Geoghegan-Quinn (Prüfungsgruppe I)
Giorgio Clemente (Prüfungsgruppe II)
Hubert Weber (Prüfungsgruppe III)
John Wiggins (Prüfunbgsgruppe IV)
Direktor(in): Walter Hubl
Abteilungsleiter: John Speed
Edward Fennessy

Gruppe DAS
Ausarbeitung des Entwurfs der Zuverlässigkeitserklärung, Koordinierung der Rechnungsprüfung und Prüfung der allgemeinen Rechnung
Mitglied des Hofes: Aunus Salmi (Verantwortliches Mitglied, Doyen)
Präsident des Hofes: Jan O. Karlsson (ADAR)
Mitglied des Hofes: Kalliopi Nikolaou (Prüfungsgruppe I)
Jean-François Bernicot (Prüfungsgruppe II)
Juan Manuel Fabra Vallés (Prüfungsgruppe III)
Robert Reynders (Prüfungsgruppe IV)
Direktor(in): Gérald Coget
Abteilungsleiter: Willem Van Der Hooft
Mitglieder: 15
Mitarbeiter: 547
Jahresetat: DM 137,52 Mio

iz a 223
Europäischer Rechnungshof
Außenstelle Brüssel
83/85, rue de la loi, B-1040 Brüssel
T: (00322) 2 30 50 90   **Fax:** 2 30 64 83

● IZ A 224
Übersetzungszentrum für die Einrichtungen der Europäischen Union
Translation Centre for the bodies of the European Union
Centre de traduction des organes de l'Union européenne
Bâtiment Nouvel Hémicycle
Rue du Fort Thüngen 1, L-1499 Kirchberg
T: (00352) 421 711-1   **Fax:** 421 711-220
Internet: http://www.cdt.eu.int
E-Mail: cdt@cdt.eu.int

● IZ A 225
Wirtschafts- und Sozialausschuß der Europäischen Gemeinschaften
Economic and Social Committee of the European Communities
Comité Economique et Social des Communautés Européennes
Rue Ravenstein 2, B-1000 Brüssel
T: (00322) 546 90 11   **Fax:** 513 48 93
Internet: http://www.esc.eu.int
Gründung: 1958

von Oktober 2000 bis Oktober 2002:
Präsident(in): Göke Frerichs
Vizepräsident(in): Gianni Vinay (stellv. Vors.)
John Simpson (stellv. Vors.)
Leitung Presseabteilung: N.N.
Mitglieder: 222
Mitarbeiter: 172 (secrétariat CES) + 347 (services conjoints)

Europäische Investitionsbank

● IZ A 226

European Investment Bank

Europäische Investitionsbank (EIB)
100, Bd. Konrad Adenauer, L-2950 Luxemburg
T: (00352) 43 79-1   **Fax:** 43 77 04
H320 Videokonferenz: (00352) 43 93 67
Internet: http://www.eib.org
Direktorium:
Präsident(in): Philippe Maystadt
Vizepräsident(in): Wolfgang Roth
Massimo Ponzellini
Ewald Nowotny
Francis Mayer
Peter Sedgwick
Isabel Martin Castellá
Michael G. Tutty
Generalsekretariat: Francis Carpenter
Direktor: Henry Marty-Gauquié (Hauptabt. Information u. Kommunikation)
Direktionen:
Finanzierungen Westeuropa, Mitteleuropa, Außerhalb Europa
Finanzen
Projekte
Rechtsfragen
Wirtschaftsstudien und Information
Personalabteilung
Evaluierung der Operationen
Finanzkontrolle
Innenrevision
Kreditrisiken

Gegründet: 1958. Aufgabe: Finanzierung wirtschaftlich tragfähiger Investitionen zur Förderung der europäischen Integration.

Rat der Europäischen Union

● IZ A 227
Rat der Europäischen Union
Council of the European Union
Conseil de l'Union Européenne
Rue de la Loi 175, B-1048 Bruxelles
T: (00322) 285 61 11   **Fax:** 285 73 97, 285 73 81
TGR: Consilium Bruxelles
Internet: http://ue.eu.int/de/summ.htm
E-Mail: public.info@consilium.eu.int

Generalsekretär und Hoher Vertreter für die Gemeinsame Außen- und Sicherheitspolitik: Prof. Dr. Javier Solana Madriaga
Stellvertretender Generalsekretär: Pierre de Boissieu

Kabinett
Kabinettchef des Generalsekretärs: Alberto Navarro González (Direktor)
Stellv. Kabinettchef des Generalsekretärs: Leonardo Schiavo (Abt.-Leiter)
Kabinettchef des stellv. Generalsekretärs: Elda Stifani (Direktor)
Berater: Wolfgang Ploch
Veronica Cody
Guy Milton
William Shapcott
Pressedienst:
Abteilungsleiter: Norbert Schwaiger (Themen, für die der Ausschuß der Ständigen Vertreter (2. Teil) zuständig ist, Tel.: (00322) 2 85 64 23)
Christine Gallach (Pressereferentin von Herrn Solana)
Olivier Allen (Themen, für die der Ausschuß der Ständigen Vertreter (2. Teil) zuständig ist; Tel.: (00322) 2 85 84 15)
Paul Reiderman (Themen, für die der Ausschuß der Ständigen Vertreter (2. Teil) zuständig ist; Tel.: (00322) 2 85 87 04)
Lauri Parikka (Themen, für die der Ausschuß der Ständigen Vertreter (1. Teil) zuständig ist; Tel.: (00322) 2 85 60 83)
Ruth Kaufmann-Bühler (Themen, für die der Ausschuß der Ständigen Vertreter (1. Teil) zuständig ist; Tel.: (0032) 2 85 62 19)
Stefan Brocza (Landwirtschaft und Umwelt; Tel.: (00322) 2 85 78 33)

Juristischer Dienst
Generaldirektor: Jean-Claude Piris (Rechtsberater des Rates; Tel.: (00322) 2 85 62 27)

Generaldirektion A: Verwaltung, Protokoll
Generaldirektor: Vittorio Griffo (Tel.: (00322) 2 85 65 40)
Stellv. Generaldirektor: Anastassios Vikas (Tel.: (00322) 2 85 62 85)

Generaldirektion B: Landwirtschaft, Fischerei
Generaldirektor: Niels Henrik Sliben (Tel.: (00322) 2 85 62 46)

Generaldirektion C: Binnenmarkt, Zollunion, Industriepolitik, Telekommunikation, Informationsgesellschaft
Generaldirektor: Klaus Gretschmann (Tel.: (00322) 2 85 55 50)

Generaldirektion D: Forschung, Energie, Verkehr
Generaldirektor: David M. Neligan (Tel.: (00322) 2 85 62 37)

Generaldirektion E: Außenbeziehungen
Generaldirektor: Brian L. Crowe (Tel.: (00322) 2 85 85 52)
Generaldirektor: Cornelis Stekelenburg (Außenwirtschaftsbeziehungen); Tel.: (00322) 2 85 62 72)
Generaldirektor: Leonidas Evangelidis (Gemeinsame Außen- und Sicherheitspolitik (GASP); Tel.: (00322) 2 85 80 30)

Generaldirektion F: Beziehungen zum Europäischen Parlament, zum Wirtschafts- und Sozialausschuss und zum Ausschuss der Regionen; Institutionelle Angelegenheiten; Haushalt und Statut; Informationspolitik; Öffentlichkeitsarbeit
Generaldirektor: Ángel Boixareu Carrera (Tel.: (00322) 2 85 62 34)
Stellv. Generaldirektor: Hans Brunmayr (Tel.: (00322) 2 85 91 97)

Generaldirektion G: Wirtschafts- und Finanzfragen; Wirtschafts- und Währungsunion
Generaldirektor: Sixten Korkman (Tel.: (00322) 2 85 62 13)
Stellv. Generaldirektor: Amilcar Theias (Tel.: (00322) 2 85 62 35)

Generaldirektion H: Justiz und Inneres
Generaldirektor: Charles Elsen (T.: (00322) 2 85 85 05)

Generaldirektion I: Umwelt- und Verbraucherschutz; Katastrophenschutz; Gesundheit; Lebensmittelrecht
Generaldirektorin: Kerstin Niblaeus (Tel.: (00322) 2 85 74 21)
Direktor: Uwe Hesse (Tel.: (00322) 2 85 67 50)

Generaldirektion J: Sozialpolitik, Beschäftigungspolitik; Sozialer Dialog; Regionalpolitik und wirtschaftlicher und sozialer Zusammenhalt; Bildung und Jugend; Kultur; Audiovisuelle Medien
Generaldirektor: Marc Lepoivre (Tel.: (00322) 2 85 82 67)

IZ B Organisationen der Mitgliedsländer der Europäischen Union

Zum Auffinden einer bestimmten Dienststelle oder Organisation dient das Suchwortverzeichnis, eines Personennamens das Personenverzeichnis

Parlamente
Regierungen
Europarat

Parlamente

Belgien

● IZ B 1
Belgische Kammer
Abgeordnetenhaus
Palais de la Nation 2, B-1008 Brüssel
T: (00322) 5 49 81 11   **Fax:** 5 19 88 00
Internet: http://www.lachambre.be, http://www.dekamer.be
Präsident(in): Herman De Croo

● IZ B 2
Belgischer Senat
Palais de la Nation 1, B-1009 Brüssel
T: (00322) 5 01 70 70   **Fax:** 5 14 06 85
Internet: http://www.senate.be
Präsident(in): Armand De Decker

Dänemark

● IZ B 3
Dänisches Parlament (Folketinget)
Christiansborg, DK-1240 Copenhagen K
T: (0045) 33 37 55 00   **Fax:** 33 32 85 36
President: Ivar Hansen

Deutschland

● IZ B 4
Deutsches Parlament
siehe A 35 ff

Finnland

● IZ B 5
Finnisches Parlament
The Parliament of Finland
FIN-00102 Eduskunta
T: (003589) 43 21   **Fax:** 4 32 22 74
Internet: http://www.eduskunta.fi
Präsident(in): Riitta Uosukainen (T: (003589) 4 23 20 01, Telefax: (003589) 4 32 27 05)
Generalsekretär(in): Seppo Tiitinen (T: (003589) 4 32 20 11)

Frankreich

● IZ B 6
Französischer Senat
Sénat
Palais du Luxembourg
Rue du Vaugirard 15, F-75291 Paris Cedex 06
T: (00331) 42 34 20 00   **Fax:** 42 34 38 00
Internet: http://www.senat.fr
Präsident(in): Christian Poncelet

● IZ B 7
Französische Nationalversammlung
Assemblée Nationale
Palais-Bourbon
Rue de l'Université 126, F-75355 Paris 07 SP
T: (00331) 40 63 60 00   **Fax:** 45 55 75 23
Internet: http://www.assemblee-nationale.fr
Präsident(in): Raymond Forni

Griechenland

● IZ B 8
Griechisches Abgeordnetenhaus
Hellenic Chamber of Deputies
Platia Sintagmatos, GR- Athen
T: (00301) 3 31 00 12, 3 31 00 14   **Fax:** 3 31 00 13
Präsident(in): Apostolos Kaklamanis

Großbritannien

● IZ B 9
Unterhaus
House of Commons
Parliament Office
Westminster, GB- London SW1A 0AA
T: (004420) 72 19 30 00   **Fax:** 72 19 58 39
Internet: http://www.parliament.uk
E-Mail: hcinfo@parliament.uk
Speaker: Michael Martin
Leader of the House of Commons: Margaret Beckett

● IZ B 10
Oberhaus
House of Lords
Westminster, GB- London SW1A 0PW
T: (004420) 72 19 30 00
Internet: http://www.parliament.uk
E-Mail: hlinfo@parliament.uk
Lordkanzler: Lord Irvine of Lairg
Lordsiegelbewahrer: Leader of the House of the Lords und Ministerin für Frauen Baroness Jay of Paddington

Irland

● IZ B 11
Dáil Éireann
House of Representatives
Unterhaus
Kildare Street Leinster House, IRL- Dublin 2
T: (003531) 6 18-3000
Chairman: Ceann Comhairle Séamus Pattison

● IZ B 12
Seanad Éireann
The Senate
Senat
Kildare Street Leinster House, IRL- Dublin 2
T: (003531) 6 18-3000
Chairman: Cathaoirleach Senator Brian Mullooly

Italien

● IZ B 13
Deputierten Kammer
Camera dei Deputati
Piazza Montecitorino Palazzo Montecitorino, I-00186 Rom
T: (003906) 67601

● IZ B 14
Senat von Italien
Senato della Repubblica
Palazzo Madama, I-00186 Rom
T: (00396) 6 70 61
Präsident(in): Nicola Mancino

Luxemburg

● IZ B 15
Luxemburgisches Parlament
Chambre des Députés
rue du Marché-aux-Herbes 19, L-1728 Luxemburg
T: (00352) 46 69 66-1   **Fax:** 2 20-230
Président: Jean Spautz

Niederlande

● IZ B 16
Erste Kammer der Generalstaaten
Postfach 2 00 17, NL-2500 EA 's-Gravenhage
T: (003170) 3 12 92 00   **Fax:** 3 65 38 68
Vorsitzende(r): F. Korthals Altes

● IZ B 17
Zweite Kammer der Generalstaaten
Postfach 2 00 18, NL-2500 EA 's-Gravenhage
T: (003170) 3 18 22 11   **Fax:** 3 65 41 22
Internet: http://www.parlement.nl
Vorsitzende(r): J. van Nieuwenhoven

Österreich

● IZ B 18
Österreichisches Parlament
Dr. Karl-Renner-Ring 3, A-1017 Wien
T: (00431) 4 01 10-0   **Fax:** 4 01 10-2537
Internet: http://www.parlinkom.gv.at
Präs. d. Nationalrats: Dr. Heinz Fischer

Portugal

● IZ B 19
Portugiesisches Parlament
Palacio de S. Bento, P-1200-684 Lissabon
T: (0035121) 3 91 90 00   **Fax:** 3 90 77 71
Präsident(in): Dr. António Almeida Santos

Schweden

● IZ B 20
Schwedischer Reichstag
S-10012 Stockholm
T: (00468) 7 86 40 00   **Fax:** 7 86 61 41
Internet: http://www.riksdagen.se
E-Mail: riksdagen@riksdagen.se
Präsident(in): Birgitta Dahl (Sozialdemokratische Partei)

Spanien

● IZ B 21
Spanischer Senat
Pza. de la Marina Española 8, E-28071 Madrid
T: (003491) 5 38 10 00, 5 42 96 14   **Fax:** 5 38 10 07
Presidenta del Senado: Esperanza Aguirre Gil de Biedma
Secretaria Primera del Senado: Marti_1n Mendi_1zabal Mari_1a Eugenia

● IZ B 22
Spanisches Abgeordnetenhaus
Carrera de San Jerónimo s/n., E-28071 Madrid
T: (003491) 390 60 00   **Fax:** 429 87 07
Presidenta del Congreso: Luisa Fernanda Rudi Úbeda
Secretario Primero: Joan Oliart i Pons

Regierungen

Belgien

● IZ B 23
Belgische Föderale Regierung
Rue de la Loi 16, B-1000 Brüssel
T: (00322) 5 01 02 11   **Fax:** 5 12 69 53
Premierminister: Guy Verhofstadt

iz b 24
Ministerium für Wirtschaft und Forschung
Square de Meeûs 23, B-1000 Brüssel
T: (00322) 506 51 11   **Fax:** 514 46 83, 511 86 56
Minister(in): Charles Picqué

iz b 25
Ministerium des Innern
Rue Royale 60-62, B-1000 Brüssel
T: (00322) 5 04 85 11   **Fax:** 5 04 85 00
Internet: http://mibz.fgov.be
Minister(in): Antoine Duquesne

iz b 26
Ministerium für Haushalt, soziale Eingliederung und Sozialwirtschaft
Rue Royale 180, B-1030 Brüssel
T: (00322) 2 10 19 11   **Fax:** 2 17 33 28
Minister(in): Johan Vande Lanotte

iz b 27
Ministerium der Finanzen
Rue de la Loi 12, B-1000 Brüssel

T: (00322) 2 33 81 11 **Fax:** 2 33 80 03
Minister(in): Didier Reynders

iz b 28
Ministerium für Landesverteidigung
Rue Lambermont 8, B-1000 Brüssel
T: (00322) 5 50 28 11 **Fax:** 5 50 29 19
Internet: http://www.mil.be
Minister(in): André Flahaut

iz b 29
Ministerium für Fernmeldewesen, Öffentliche Unternehmen und Öffentliche Beteiligungen
place Quetelet 7, B-1210 Brüssel
T: (00322) 2 50 03 03 **Fax:** 2 19 09 14
Internet: http://telcobel.fgov.be
Minister(in): Rik Daems

iz b 30
Ministerium für Verbraucherschutz, Volksgesundheit und Umwelt
Avenue des Arts 7, B-1210 Brüssel
T: (00322) 2 20 20 11 **Fax:** 2 20 20 67
Minister(in): Magda Aelvoet

iz b 31
Ministerium für Auswärtige Angelegenheiten
Rue des Petits Carmes 15, B-1000 Brüssel
T: (00322) 5 01 82 11 **Fax:** 5 11 63 85
Internet: http://www.diplobel.org
Minister(in): Louis Michel (Vizepremierminister)

iz b 32
Ministerium für Beschäftigung
Rue du Commerce 78-80, B-1040 Brüssel
T: (00322) 2 33 51 11 **Fax:** 2 30 10 67
Internet: http://meta.fgov.be
Minister(in): Laurette Onkelinx (Vizepremierminister)

iz b 33
Ministerium für Soziales und Pensionen
Rue de la Loi 66, B-1040 Brüssel
T: (00322) 2 38 28 11 **Fax:** 2 30 38 95
Minister(in): Frank Vandenbroucke

iz b 34
Ministerium für Landwirtschaft und Mittelstand
Rue Marie-Thérèse 1, B-1040 Brüssel
T: (00322) 2 11 06 11 **Fax:** 2 19 61 30
Internet: http://cmlag.fgov.be
Minister(in): Jaak Gabriels

iz b 35
Ministerium für Verkehr
Rue de la Loi 63-65, B-1040 Brüssel
T: (00322) 2 37 67 11 **Fax:** 2 30 18 24
Minister(in): Isabelle Durant (Vizepremierminister)

iz b 36
Ministerium der Justiz
Bld. de Waterloo 115, B-1000 Brüssel
T: (00322) 5 42 79 11 **Fax:** 5 38 07 67
Internet: http://www.just.fgov.be
Minister(in): Marc Verwilghen

iz b 37
Ministerium für den Öffentlichen Dienst und für die Modernisierung der Öffentlichen Verwaltungen
Résidence Palace
Rue de la Loi 155, B-1040 Brüssel
T: (00322) 2 33 05 11 **Fax:** 2 33 05 90
Internet: http://mazfp.fgov.be
Minister(in): Luc van den Bossche

Dänemark

● IZ B 38
Prime Minister's Office (Statsministeriet)
Christiansborg
Prins Jørgens Gård 11, DK-1218 Kopenhagen K
T: (0045) 33 92 33 00 **Fax:** 33 11 16 65
Internet: http://www.stm.dk
E-Mail: stm@stm.dk
Ministerpräsident: Poul Nyrup Rasmussen

iz b 39
Ministerium für Wirtschaft und Nordische Zusammenarbeit
Ministry of Economic Affairs and Nordic Cooperation
(Økonomiministeriet og Ministeriet for Nordisk Samorbejde)
Ved Stranden 8, DK-1061 Copenhagen K
T: (0045) 33 92 33 22 **Fax:** 33 93 60 20
E-Mail: oem@oem.dk
Ministerin: Marianne Jelved

iz b 40
Ministerium der Finanzen
Ministry of Finance
(Finansministeriet)
Christiansborg Slotsplads 1, DK-1218 Copenhagen K
T: (0045) 33 92 33 33 **Fax:** 33 32 80 30
E-Mail: fm@fm.dk
Minister(in): Pia Gjellerup

iz b 41
Ministerium des Äußeren
Ministry of Foreign Affairs
(Udenrigsministeriet)
Asiatisk Plads 2, DK-1448 Copenhagen K
T: (0045) 33 92 00 00 **Fax:** 32 54 05 33
Internet: http://www.um.dk
E-Mail: um@um.dk
Minister(in): Mogens Lykketoft
Minister(in): Anita Bay Bundegaard (Entwicklungszusammenarbeit)

iz b 42
Ministerium der Justiz
Ministry of Justice
(Justitsministeriet)
Slotsholmsgade 10, DK-1216 Copenhagen K
T: (0045) 33 92 33 40 **Fax:** 33 93 35 10
E-Mail: jm@jm.dk
Minister(in): Frank Jensen

iz b 43
Ministerium für Umwelt und Energie
Ministry of the Environment and Energy
(Miljø- og Energiministeriet)
Højbro Plads 4, DK-1200 Copenhagen K
T: (0045) 33 92 76 00 **Fax:** 33 32 22 27
Internet: http://www.mem.dk
E-Mail: mem@mem.dk
Minister(in): Svend Auken

iz b 44
Ministerium für Bildung
Ministry for Education
(Undervisningsministeriet)
Frederiksholms Kanal 21-25, DK-1220 Copenhagen K
T: (0045) 33 92 50 00 **Fax:** 33 92 55 47
E-Mail: uvm@uvm.dk
Minister(in): für Bildung und Kirchenfragen Margrethe Vestager

iz b 45
Ministerium des Innern
Ministry of the Interior
(Indenrigsministeriet)
Christiansborg Slotsplads 1, DK-1218 Copenhagen K
T: (0045) 33 92 33 80 **Fax:** 33 11 12 39
Internet: http://www.inm.dk
E-Mail: fm@fm.dk
Minister(in): Karen Jespersen

iz b 46
Ministerium für Kirchenfragen
Ministry for Ecclesiastical Affairs
(Kirkeministeriet)
Frederiksholms Kanal 21, DK-1220 Copenhagen K
T: (0045) 33 92 33 90 **Fax:** 33 92 39 13
E-Mail: km@km.dk
Minister(in): Johannes Lebech (Bildung und Kirchenfragen)

iz b 47
Ministerium für Arbeit
Ministry of Labour
(Arbejdsministeriet)
Holmens Kanal 20, DK-1060 Copenhagen K
T: (0045) 33 92 59 00 **Fax:** 33 12 13 78
E-Mail: ama@ama.dk
Minister(in): Ove Hygum

iz b 48
Ministerium der Verteidigung
Ministry of Defence
(Forsvarsministeriet)
Holmens Kanal 42, DK-1060 Copenhagen K
T: (0045) 33 92 33 20 **Fax:** 33 32 06 55
E-Mail: fmn@fmn.dk
Minister(in): Jan Trøjborg

iz b 49
Ministerium für Kultur
Ministry of Cultural Affairs
(Kulturministeriet)
Nybrogade 2, DK-1203 Copenhagen K
T: (0045) 33 92 33 70 **Fax:** 33 91 33 88
E-Mail: kum@kum.dk
Minister(in): Elsebeth Gerner Nielsen

iz b 50
Ministerium für Verkehr
Ministry of Transport
(Trafikministeriet)
Frederiksholms Kanal 27, DK-1220 Copenhagen K
T: (0045) 33 92 33 55 **Fax:** 33 12 38 93
Internet: http://www.trm.dk
E-Mail: trm@trm.dk
Minister(in): Jacob Buksti

iz b 51
Ministerium für soziale Fragen
Ministry of Social Affairs
(Socialministeriet)
Holmens Kanal 22, DK-1060 Copenhagen K
T: (0045) 33 92 93 00 **Fax:** 33 93 25 18
E-Mail: sm@sm.dk
Minister(in): Henrik Dam Kristensen

iz b 52
Ministerium für Gesundheit
Ministry of Health
(Sundhedsministeriet)
Holbergsgade 6, DK-1057 Copenhagen K
T: (0045) 33 92 33 60 **Fax:** 33 93 15 63
Internet: http://www.sum.dk
E-Mail: sum@sum.dk
Minister(in): Arne Rolighed

iz b 53
Ministerium für Wohnungsbau und Städtewesen
Ministry of Housing and Urban Affairs
(Bolig- og byministeriet)
Slotsholmsgade 1, 3., DK-1216 Copenhagen K
T: (0045) 33 92 61 00 **Fax:** 33 92 61 04
Internet: http://www.bm.dk
E-Mail: bm@bm.dk
Minister(in): Lotte Bundsgaard (Wohnungs- und Städtebau und für Gleichberechtigung)

iz b 54
Ministerium für Forschung und Informationstechnologie
Ministry of Research
(Forskningsministeriet)
Bredgade 43, DK-1260 Copenhagen K
T: (0045) 33 92 97 00 **Fax:** 33 32 35 01
Internet: http://www.fsk.dk
E-Mail: fsk@fsk.dk
Minister(in): Birte Weiss

iz b 55
Ministerium für Industrie und Handel
Ministry for Business and Industry
(Erhvervsministeriet)
Slotholmsgade 10-12, DK-1216 Copenhagen K
T: (0045) 33 92 33 50 **Fax:** 33 12 37 78
E-Mail: em@em.dk
Minister(in): Ole Stavad

iz b 56
Ministerium für Ernährung, Landwirtschaft und Fischerei
Ministry of Food, Agriculture and Fisheries
(Ministeriet for Fødevarer, Landbrug og Fiskeri)
Holbergsgade 2-4, DK-1057 Copenhagen K
T: (0045) 33 92 33 01   Fax: 33 14 50 42
E-Mail: fvm@fvm.dk
Minister(in): Ritt Bjerregaard

iz b 57
Ministerium für Steuern
Ministry of Taxation
(Skatteministeriet)
Slotsholmsgade 12, DK-1216 Copenhagen K
T: (0045) 33 92 33 92   Fax: 33 14 91 05
Internet: http://www.skm.dk
E-Mail: skm@skm.dk
Minister(in): Soørensen Frode

Deutschland

● IZ B 58
Deutsche Regierung
siehe A1 ff

Finnland

● IZ B 59
Kanzlei des Ministerpräsidenten von Finnland
Prime Minister's Office
Premier ministre
Snellmaninkatu 1a, FIN-00170 Helsinki
T: (003589) 16 01   Fax: 478 711
Ministerpräsident: Paavo Lipponen
Stellv. Ministerpräsident: Sauli Niinistö

iz b 60
Ministerium für Auswärtige Angelegenheiten
Ministry of Foreign Affairs
Ministère des Affaires étrangères
Postfach 1 76, FIN-00161 Helsinki
Laivastokatu 22a Merikasarmi, FIN-00160 Helsinki
T: (003589) 13 41 51   Fax: 13 41 50 70
Internet: http://www.virtual.finland.fi/ministry/formin.htm
Minister(in): Erkki Sakari Tuomioja (Minister für Auswärtige Angelegenheiten; Sozialdemokratische Partei Finnlands)
Minister(in): Kimmo Sasi (Außenhandelsminister einschl. Europaangelegenheit; Nationale Sammlungspartei (KOK))

iz b 61
Ministerium der Finanzen
Ministry of Finance
Ministe_2re des Finances
Postfach 286, FIN-00171 Helsinki
Snellmaninkatu 1a, FIN-00170 Helsinki
T: (003589) 16 01   Fax: 1 60 47 42
Internet: http://www.vn.fi/vm
Finanzminister: Sauli Niinistö (Stellv. Ministerpräsident; Nationale Sammlungspartei)
Ministerin: Suvi-Anne Siimes (Linksverband)

iz b 62
Ministerium für Arbeit
Ministry of Labour
Ministère du Travail
Postfach 5 24, FIN-00101 Helsinki
Eteläesplanadi 4, FIN-00130 Helsinki
T: (003589) 1 85 61   Fax: 18 56 79 50
Internet: http://www.mol.fi
Ministerin: Tarja Filatov (Sozialdemokratische Partei)

iz b 63
Justizministerium
Ministry of Justice
Ministère de la Justice
Postfach 1, FIN-00131 Helsinki
Eteläesplanadi 10, FIN-00130 Helsinki
T: (003589) 1 82 51   Fax: 18 25 77 30
Internet: http://www.om.fi
Minister(in): Johannes Koskinen (Sozialdemokratische Partei)

iz b 64
Ministerium für Bildung
Postfach 2 93, FIN-00171 Helsinki
Meritullinkatu 10, FIN-00170 Helsinki
T: (003589) 13 41 71   Fax: 1 35 93 35
Internet: http://www.minedu.fi
Minister(in): Ministerin für Bildung und Wissenschaft Maija Rask (Sozialdemokratische Partei)
Kulturministerin Suvi Linden (Nationale Sammlungspartei)

iz b 65
Ministerium des Innern
Ministry of the Interior
Ministère de l'Intérieur
Postfach 2 57, FIN-00171 Helsinki
Kirkkokatu 12, FIN-00120 Helsinki
T: (003589) 16 01   Fax: 1 60 29 27
Internet: http://www.intermin.fi
Minister(in): Innenminister Kari Häkämies (Nationale Sammlungspartei)
Minister für regionale und kommunale Angelegenheiten Matti Korhonen (Linksverband)

iz b 66
Ministerium der Verteidigung
Ministry of Defence
Ministère de la Défense
Postfach 31, FIN-00131 Helsinki
Fabianinkatu 2, FIN-00130 Helsinki
T: (003589) 16 01   Fax: 65 32 54
Internet: http://www.vn.fi/plm
Minister(in): Jan-Erik Enestam (Schwedische Volkspartei)

iz b 67
Ministerium für Handel und Industrie
Ministry of Trade and Industry
Ministère du Commerce et de l'Industrie
Postfach 2 30, FIN-00171 Helsinki
Aleksanterinkatu 4, FIN-00171 Helsinki
T: (003589) 16 01   Fax: 1 60 36 66
Internet: http://www.vn.fi/ktm
Minister(in): Sinikka Mönkäre (Sozialdemokratische Partei)

iz b 68
Ministerium für Verkehr und Fernmeldewesen
Ministry of Transport and Communications
Ministère des Transports et des Téleµommunications
Postfach 2 35, FIN-00131 Helsinki
Eteläesplanadi 16-18, FIN-00130 Helsinki
T: (003589) 16 01   Fax: 1 60 25 96
Internet: http://www.mintc.fi
Minister(in): Olli-Pekka Heinonen (Nationale Sammlungspartei)

iz b 69
Ministerium für Land- und Forstwirtschaft
Ministry of Agriculture and Forestry
Ministère de l'Agriculture et des Fôrets
Postfach 2 32, FIN-00170 Helsinki
Hallituskatu 3A, FIN-00171 Helsinki
T: (003589) 16 01   Fax: 1 60 50 80
Internet: http://www.mmm.fi
Minister(in): Kalevi Hemilä

iz b 70
Ministerium für Soziales und Gesundheit
Ministry of Social Affairs and Health
Ministère des Affaires sociales et de la Santé
Postfach 33, FIN-00023 Helsinki Government
Meritullinkatu 8, FIN-00170 Helsinki
T: (003589) 1 60-1   Fax: 1 60-4126
Internet: http://www.vn.fi/stm
Minister(in): Ministerin für Gesundheits- und Sozialwesen Maija Perho (Nationale Sammlungspartei)
Ministerin für Gesundheits- und Soziale Dienste Eva Biaudet (Schwedische Volkspartei (RKP))

iz b 71
Ministerium für Umwelt
Ministry of the Environment
Ministère de l'Environnement
Postfach 3 80, FIN-00131 Helsinki
Kasarmikatu 25, FIN-00130 Helsinki
T: (003589) 1 99 11   Fax: 19 91 95 45
Internet: http://www.vyh.fi
Minister(in): Satu Hassi (die Grünen)

Frankreich

● IZ B 72
Französische Regierung
Premier Ministre
Hotel Matignon
Rue de Varenne 57, F-75700 Paris
T: (00331) 42 75 80 00   Fax: 42 75 71 42
Internet: http://www.premier-ministre.gouv.fr
Premierminister: Lionel Jospin

iz b 73
Ministerium der Justiz
Ministère de la Justice
Place Vendôme 13, F-75042 Paris
T: (00331) 44 77 60 60   Fax: 40 81 76 51
Internet: http://www.justice.gouv.fr
Minister(in): Marylise Lebranchu

iz b 74
Ministerium für Bildung
Ministère de l'Education nationale
rue de Grenelle 110, F-75537 Paris
T: (00331) 49 55 10 10   Fax: 45 55 15 56
Internet: http://www.education.gouv.fr
Minister(in): Jack Lang
Beigeordneter Minister: Jean-Luc Melenchon (Berufsausbildung)

iz b 75
Forschungsministerium
Ministère de la Recherche
rue Descartes 1, F-75005 Paris
T: (00331) 49 55 10 10
Internet: http://www.recherche.gouv.fr
Minister(in): Roger-Gérard Schwartzenberg

iz b 76
Ministerium für Verteidigung
Ministère de la Défense
Rue Saint-Dominique 14, F-75700 Paris
T: (00331) 42 19 30 11   Fax: 47 05 40 91
Minister(in): Alain Richard
Staatssekretär(in): Jean-Pierre Masseret (Kriegsveteranen)

iz b 77
Ministerium für Infrastruktur, Verkehr und Wohnungsbau
Ministère de l'Equipement, des Transports et du Logement
Boulevard St. Germain 246, F-75700 Paris
T: (00331) 40 81 21 22   Fax: 40 81 31 64
Internet: http://www.equipement.gouv.fr, http://www.tourisme.gouv.fr
Minister(in): Jean-Claude Gayssot
Staatssekretär(in): Louis Besson (Wohnungsbau)
Michelle Demessine (Tourismus)

iz b 78
Ministerium für auswärtige Angelegenheiten
Ministère des Affaires etrangères
Quai d'Orsay 37, F-75351 Paris
T: (00331) 43 17 53 53   Fax: 43 17 45 71
Internet: http://www.diplomatie.gouv.fr
Minister(in): Hubert Védrine
Beigeordneter Minister: Pierre Moscovici (europäische Angelegenheiten)
Beigeordneter Minister: Charles Josselin (Wirtschaftliche Zusammenarbeit und Frankophonie)

iz b 79
Minsterium für Beschäftigung und Solidarität
Ministère de l'Emploi et de la Solidarité
Rue de Grenelle 127, F-75700 Paris
T: (00331) 44 38 38 38   Fax: 44 38 20 71
Internet: http://www.emploi-solidarite.gouv.fr, http://www.famille-enfance.gouv.fr, http://www.ville.gouv.fr, http://www.sante.gouv.fr, http://www.travail.gouv.fr, http://www.economie-solidaire.gouv.fr
Minister(in): Elisabeth Guigou
Beigeordneter Minister: Ségolène Royal (Familie und Kind)
Claude Bartolone (urbane Fragen)
Bernard Kouchner (Gesundheit)
Staatssekretär(in): Dominique Gillot (Senioren und Behinderte)
Nicole Pery (Frauenrechte und Berufsausbildung)
Guy Hascoet (Solidarwirtschaft)

iz b 80
Ministerium des Innern
Ministère de l'Intérieur
Place Beauvau, F-75800 Paris
T: (00331) 49 27 49 27 **Fax:** 42 66 12 80
Internet: http://www.interieur.gouv.fr, http://www.outre-mer.gouv.fr
Minister(in): Daniel Vaillant
Beigeordneter Minister: Christian Paul (Übersee-Gebiete)

iz b 81
Ministerium für Wirtschaft, Finanzen und Industrie
Ministère de l'Economie, des Finances et de l'Industrie
Rue de Bercy 139, F-75572 Paris Cedex 12
T: (00331) 40 04 04 04, 40 04 04 05 **Fax:** 43 45 73 17
Internet: http://www.finances.gouv.fr, http://www.commerce-exterieur.gouv.fr, http://www.pme-commerce-artisanat.gouv.fr, http://www.industrie.gouv.fr
Minister(in): Laurent Fabius
Staatssekretär(in): François Huwart (Außenhandel)
Florence Parly (Haushalt)
François Patriat (kleine und mittlere Unternehmen, Handel, Handwerk und Verbrauch)
Christian Pierret (Industrie)

iz b 82
Ministerium für die Beziehungen zum Parlament
Ministère des Relations avec le Parlement
Rue de Varenne 69, F-75700 Paris
T: (00331) 42 75 80 00 **Fax:** 40 81 73 00
Minister(in): Jean-Jack Queyranne

iz b 83
Ministerium für Kultur und Kommunikation
Ministère de la Culture et de la Communication
Rue de Valois 3, F-75042 Paris Cedex 01
T: (00331) 40 15 80 00 **Fax:** 40 15 80 72
Internet: http://www.culture.gouv.fr
Minister(in): Cathe_rine Tasca
Staatssekretär(in): Michel Duffour (architektonisches und kulturelles Erbe, Dezentralisation im Bereich der Kultur)

iz b 84
Ministerium für Landwirtschaft und Fischerei
Ministère de l'Agriculture et de la Pêche
Rue de Varenne 78, F-75700 Paris
T: (00331) 49 55 49 55 **Fax:** 49 55 40 39
Internet: http://www.agriculture.gouv.fr
Minister(in): Jean Glavany

iz b 85
Ministerium für Raumordnung und Umwelt
Ministère de l'Aménagement du Territoire et de l'Environnement
Avenue de Ségur 20, F-75302 Paris
T: (00331) 42 19 20 21 **Fax:** 42 19 18 35
Internet: http://www.environnement.gouv.fr
Minister(in): Dominique Voynet

iz b 86
Ministerium für den öffentlichen Dienst und die Reform des Staates
Ministère de la Fonction Publique et de le Réforme de l'Etat
Rue de Varenne 72, F-75700 Paris
T: (00331) 42 75 80 00 **Fax:** 42 75 70 78
Internet: http://www.fonction-publique.gouv.fr
Minister(in): Michel Sapin

iz b 87
Ministerium für Jugend und Sport
Ministère de la Jeunesse et des Sports
F-75739 Paris CEDEX 15
rue Olivier de Serres 78, F-75015 Paris
T: (00331) 40 45 90 00 **Fax:** 42 50 42 49
Internet: http://www.jeunesse-sports.gouv.fr
E-Mail: mjs@jeunesse-sports.gouv.fr
Minister(in): Marie-George Buffet

Griechenland

● IZ B 88
Griechische Regierung
Präsidialamt
Vasilissis Sofias 15, GR-10874 Athen
T: (00301) 33 93 691-3 **Fax:** 33 93 650

Internet: http://www.pminister.gr
E-Mail: mail@primeminister.gr
Ministerpräsident: Konstantinos Simitis
Staatsminister: Kostas Gitonas
Stellvertretender Staatsminister: Georgios Paschalidis

iz b 89
Ministerium für Landwirtschaft
Ministry of Agriculture
Acharnon 2, GR-10176 Athen
T: (00301) 52 91 111, 52 48 555 **Fax:** 52 42 305, 52 48 036
Internet: http://www.minagr.gr
Minister(in): Georgios Anomeritis
Staatssekretär(in): Konstantinos Vrettos
Paraskevas Foundas

iz b 90
Ministerium für Entwicklung
Ministry of Development
(Zusammenschluß aus den bisherigen Ministerien: Industrie, Energie & Technologie, Handel und Tourismus)
Industrie, Energie & Technologie
Michalakopoulou 80, GR-10192 Athen
T: (00301) 74 82 770-76 **Fax:** 77 08 003
Internet: http://www.gsrt.gr
Handel:
Platia Kanigos, GR-10181 Athen
T: (00301) 38 16 241-51, Fax: 38 42 642

Tourismus:
Amerikis 2, GR-10564 Athen
T: (00301) 32 30 641, Fax: 32 24 148
Minister(in): Evangelos Veniselos
Staatssekretär(in): Ioannis Zafiropoulos (für Industrie, Energie und Technologie)
Ioannis Charalambous (für Handel)

iz b 91
Ministerium für Arbeit und Soziales
Ministry of Labor and Social Affairs
Pireos 40, GR-10182 Athen
T: (00301) 52 95 000, 52 33 110, 52 33 119
Fax: 52 38 361, 52 49 805
Internet: http://www.labor-ministry.gr
E-Mail: postmaster@www.labor-ministry.gr
Minister(in): Miltiadis Papaioannou
Staatssekretär(in): Foivos Ioannidis
Christos Protopapas

iz b 92
Ministerium für Presse und Massenmedien
Ministry of Press and Mass Communications
Zalokosta 10, GR-10163 Athen
T: (00301) 36 96 000, 36 30 911 **Fax:** 36 096 82, 36 06 969
Internet: http://www.minpress.gr
E-Mail: press01@otenet.gr
Minister(in): Dimitrios Reppas (Regierungssprecher)

iz b 93
Ministerium für Kultur
Ministry of Culture
Mpoumpoulinas 20, GR-10682 Athen
T: (00301) 82 01 100 **Fax:** 82 01 373, 82 01 327
Internet: http://www.culture.gr
E-Mail: w3admin@culture.gr
Minister(in): Elissabeth Papazoi
Staatssekretär(in): Andreas Fouras (für Sport)

iz b 94
Ministerium für Erziehung und Religionen
Ministry of Education and Religious Affairs
Mitropoleos 15, GR-10185 Athen
T: (00301) 32 30 461, 32 54 221, 32 52 001
Fax: 32 48 264
Internet: http://www.ypepth.gr
E-Mail: edu_ref@ypepth.gr
Minister(in): Gerasimos Arsenis
Staatssekretär(in): Ioannis Anthopoulos

iz b 95
Ministerium für Umwelt, Raumordnung und öffentliche Arbeiten
Ministry of Environment, Physical Planning and Public Works
Amaliados 17, GR-11523 Athen
T: (00301) 64 31 461-9, 64 28 611-3 **Fax:** 64 47 608

Minister(in): Konstantinos Laliotis
Staatssekretär(in): Theodoros Koliopanos
Christos Verelis

iz b 96
Ministerium für Gesundheit und soziale Fürsorge
Ministry of Health and Welfare
Aristotelous 17, GR-10187 Athen
T: (00301) 52 32 820-29, 52 49 010-19 **Fax:** 52 23 246
Internet: http://www.ypyp.gr
Minister(in): Lambros Papadimas
Staatssekretär(in): Nikolaos Farmakis
Staatssekretär Theodoros Kotsonis

iz b 97
Ministerium für Verkehr und Kommunikationswesen
Ministry of Transport and Communications
Xenofontos 13, GR-10191 Athen
T: (00301) 32 51 211-19 **Fax:** 32 47 400
Internet: http://www.yme.gr
Minister(in): Anastasios Mantelis
Staatssekretär(in): Nikos Salagiannis

iz b 98
Ministerium des Äusseren
Ministry of Foreign Affairs
Akadimias 1, GR-10671 Athen
T: (00301) 36 10 581-86 **Fax:** 64 50 028, 64 50 042, 64 50 049
Internet: http://www.mfa.gr, http://www.cthesis.com
E-Mail: mfa@mfa.gr
Minister(in): Georgios Papandreou
Stellvertretender Minister: Grigoris Niotis
Staatssekretär(in): Giannos Kranidiotis

iz b 99
Ministerium für die Aegäis
Ministry of the Aegean
Filellinon 9, GR-10554 Athen
T: (00301) 32 25 343, 33 11 714 **Fax:** 32 44 260
Minister(in): Stavros Benos

M. Asias 2, GR-81100 Mytilini
T: (0030251) 20 796, 29 078, 21 330, 25 200, Fax: 41 175

iz b 100
Ministerium für Handelsmarine
Ministry of Merchant Marine
Grigoriou Lambraki St. 150, GR-18518 Piräus
T: (00301) 41 21 211-19, 41 79 991-95 **Fax:** 41 78 101, 42 24 417
Internet: http://www.yen.gr
E-Mail: yen@yen.gr
Minister(in): Stavros Soumakis

iz b 101
Ministerium für nationale Verteidigung
Ministry of National Defence
Stratopedo Papagou Holargos, GR-15561 Athen
T: (00301) 65 55 911-9, 65 20 301-9, 64 28 100
Fax: 64 56 912
Internet: http://www.mod.gr
E-Mail: minister@mod.gr, stratologia@mod.gr
Minister(in): Apostolos Tsochatzopoulos
Staatssekretär(in): Dimitrios Apostolakis

iz b 102
Ministerium für nationale Wirtschaft
Ministry of National Economy
Platia Syntagmatos, GR-10180 Athen
T: (00301) 33 32 000 **Fax:** 33 32 130
Minister(in): Giannos Papantoniou
Staatssekretär(in): Christos Pachtas
Rodoula Zisi

iz b 103
Ministerium für öffentliche Ordnung
Ministry of Public Order
P. Kanellopoulou 4, GR-10177 Athen
T: (00301) 69 28 510-4, 69 29 210 **Fax:** 69 21 675, 69 12 661, 69 20 487
Internet: http://www.ydt.gr
E-Mail: ydt@otenet.gr
Minister(in): Michalis Chrisochoidis

iz b 104
Ministerium für Finanzen
Ministry of Finance
Karageorgi Servias 10, GR-10184 Athen
T: (00301) 33 13 400-23   Fax: 32 34 071
Internet: http://www.di.uoa.gr/GSIS, http://www.mof-glk.gr/
E-Mail: GSIS@di.uoa.gr
Minister(in): Giannos Papantoniou
Staatssekretär(in): Georgios Dris
Nikolaos Christodoulakis

iz b 105
Ministerium für Inneres, Verwaltung und Dezentralisierung
Ministry of Interior, Public Administration and Decentralisation
Stadiou 27, GR-10183 Athen
T: (00301) 32 23 521-29, 32 35 610-19   Fax: 32 28 228, 32 41 188, 32 41 800
Internet: http://www.gspa.gr
E-Mail: dhes@gspa.gr
Minister(in): Vassiliki Papandreou
Staatssekretär(in): Georgios Floridis
Leonidas Tzanis

iz b 106
Ministerium für Justiz
Minister of Justice
Leof. Mesogion 96, GR-11527 Athen
T: (00301) 77 11 019, 77 51 303   Fax: 77 96 055
Minister(in): Evangelos Giannopoulos

iz b 107
Ministerium für Mazedonien und Thrakien
Ministry of Macedonia and Thrace
Dioikitirio, GR-54123 Thessaloniki
T: (003031) 26 43 21-27   Fax: 26 33 32
Internet: http://www.mathra.gr
E-Mail: webmaster@mathra.gr
Minister(in): Ioannis Magriotis

Großbritannien

● IZ B 108
Regierung von Großbritannien
United Kingdom Government
Prime Minister's Office
Downing Street 10, GB- London SW1A 2AA
T: (004420) 7270 3000   Fax: 7270 0462
Prime Minister: First Lord of the Treasury and Minister for the Civil Service Tony Blair (MP)

iz b 109
Ministerium für Landwirtschaft, Fischerei und Ernährung
Ministry of Agriculture, Fisheries and Food
Nobel House
Smith Square 17, GB- London SW1P 3JR
T: (004420) 7238 6000   Fax: 7238 6591
Internet: http://www.maff.gov.uk
E-Mail: correspondence.section@maff.gsi.gov.uk
Minister(in): Nicholas Hugh Brown (MP)

iz b 110
Ministerium für Kultur, Media und Sport
Department for Culture, Media and Sport
Cockspur Street 2-4, GB- London SW1Y 5DH
T: (004420) 7211 6200   Fax: 7211 6032
Internet: http://www.culture.gov.uk
Secretary of State: Chris Smith (MP)

iz b 111
Verteidigungsministerium
Ministry of Defence
Main Building, Whitehall, GB- London SW1A 2HB
T: (004420) 72 18-9000, 72 18-6645   Fax: 72 18-3114
Internet: http://www.mod.uk
Secretary of State: Geoffrey Hoon (MP)

iz b 112
Bildungs- und Arbeitsministerium
Department for Education and Employment
Sanctuary Buildings
Great Smith Street, GB- London SW1P 3BT
T: (004420) 7925 5000   Fax: 7925 6000
Internet: http://www.dfee.gov.uk
E-Mail: info@dfee.gov.uk
Secretary of State: David Blunkett (MP)

iz b 113
Ministerium für Umwelt, Verkehr und die Regionen
Department of Environment, Transport and the Regions
Eland House, Bressenden Place, GB- London SW1E 5DU
T: (004420) 7944 3000   Fax: 7944 5619
Internet: http://www.detr.gov.uk
Secretary of State: John Prescott (MP)

iz b 114
Außenministerium
Foreign & Commonwealth Office
Whitehall, GB- London SW1A 2AH
T: (004420) 7270 3000   Fax: 7270 2833
Internet: http://www.fco.gov.uk
Secretary of State: Robin Cook (MP)

iz b 115
Gesundheitsministerium
Department of Health
Richmond House
Whitehall 79, GB- London SW1A 2NS
T: (004420) 7210 3000   Fax: 7210 5523
Internet: http://www.doh.gov.uk
E-Mail: dhmail@doh.gsi.gov.uk
Secretary of State: Alan Milburn (MP)

iz b 116
Innenministerium
Home Office
Queen Anne's Gate 50, GB- London SW1H 9AT
T: (004420) 7273 4000   Fax: 7273 3965
Internet: http://www.homeoffice.gov.uk
Secretary of State: Jack Straw (MP)

iz b 117
Entwicklungsministerium
Department of International Development
Victoria Street 94, GB- London SW1E 5JL
T: (004420) 7917 7000   Fax: 7917 0019
Internet: http://www.dfid.gov.uk
Secretary of State: Clare Short (MP)

iz b 118
Ministerium für Nordirland
Northern Ireland Office
11 Millbank Whitehall, GB- London SW1P 4QE
T: (004420) 7210 3000   Fax: 7210 6549
Internet: http://www.nio.gov.uk
Secretary of State: Dr. John Reid (MP)

iz b 119
Ministerium für Schottland
Scotland Office
Dover House
Whitehall, GB- London SW1A 2AU
T: (004420) 7270 3000   Fax: 7270 6730
Internet: http://www.scottishsecretary.gov.uk
E-Mail: scottish.secretary@scotland.gov.uk
Secretary of State: Helen Liddell (MP)

iz b 120
Sozialministerium
Department of Social Security
Richmond House
Whitehall 79, GB- London SW1A 2NS
T: (004420) 7238 0800   Fax: 7238 0763
Internet: http://www.dss.gov.uk
Secretary of State: Alistair Darling (MP)

iz b 121
Ministerium für Handel und Industrie
Department of Trade and Industry
Victoria Street 1, GB- London SW1H 0ET
T: (004420) 7215 5000   Fax: 7222 2629
Internet: http://www.dti.gov.uk
Secretary of State: Stephen Byers

iz b 122
Finanzministerium
HM Treasury
Parliament Street, GB- London SW1P 3AG
T: (004420) 7270 5000   Fax: 7270 5653
Internet: http://www.hm-treasury.gov.uk
Chancellor of the Exchequer: Gordon Brown (MP)

iz b 123
Ministerium für Wales
Office of the Secretary of State for Wales
Whitehall Gwydyr House, GB- London SW1A 2ER
T: (004420) 7270 3000   Fax: 7270 0586
Internet: http://www.ossw.wales.gov.uk
Secretary of State: Paul Murphy (MP)

Irland

● IZ B 124
Regierung von Irland
Irish Government
Department of the Taoiseach
Government Buildings
Upper Merrion Street, IRL- Dublin 2
T: (003531) 6 62 48 88   Fax: 6 78 97 91
Premierminister (Taoiseach): Bertie Ahern

iz b 125
Ministerium für Unternehmen, Handel und Beschäftigung
Department of Enterprise, Trade and Employment
Kildare Street, IRL- Dublin 2
T: (003531) 6 31 21 21   Fax: 6 31 28 27
Internet: http://www.entemp.ie
Minister(in): Mary Harney (Tánaiste (stellv. Premierminister))

iz b 126
Ministerium für Bildung und Wissenschaft
Department of Education and Science
Marlborough Street, IRL- Dublin 1
T: (003531) 8 73 47 00   Fax: 8 78 67 12
Internet: http://www.irlgov.ie/educ
Minister(in): Dr. Michael Woods

iz b 127
Ministerium für öffentliche Unternehmen
Department of Public Enterprise
Kildare Street 44, IRL- Dublin 2
T: (003531) 6 04 10 62, 6 04 10 75, 6 04 10 76
Fax: 6 04 11 83
Internet: http://www.dpe.ie
E-Mail: MichaelSludds@dpe.ie
Minister(in): Mary O'Rourke

iz b 128
Ministerium für Verteidigung
Department of Defence
Infirmary Road, IRL- Dublin 7
T: (003531) 8 04 21 01   Fax: 8 04 28 05
Internet: http://www.irlgov.ie/defence
E-Mail: defence@iol.de
Minister(in): Michael Smith

iz b 129
Ministerium für Landwirtschaft, Ernährung und Entwicklung des ländlichen Raums
Department of Agriculture, Food and Rural Development
Kildare Street, IRL- Dublin 2
T: (003531) 6 07 20 00
Internet: http://www.irlgov.ie/daff
E-Mail: information@daff.irlgov.ie
Minister(in): Joe Walsh

iz b 130
Ministerium der Finanzen
Departement of Finance
Upper Merrion Street, IRL- Dublin 2
T: (03531) 6 76 75 71   Fax: 6 78 99 36
Internet: http://www.irlgov.ie/finance
E-Mail: minister@finance.irlgov.ie
Minister(in): Charlie McCreevy

iz b 131
Ministerium für Auswärtige Angelegenheiten
Department of Foreign Affairs
Iveagh House
St. Stephen's Green, IRL- Dublin 2
T: (03531) 4 78 08 22   Fax: 4 78 14 84
Internet: http://www.irlgov.ie/iveagh

E-Mail: minister@iveagh.irlgov.ie
Minister(in): Brian Cowen

iz b 132
Ministerium für Umwelt und örtliche Selbstverwaltung
Department of the Environment and Local Government
Custom House, IRL- Dublin 1
T: (003531) 8 88-2000   Fax: 8 88-2888
Internet: http://www.environ.ie
E-Mail: press-office@environ.irlgov.ie
Minister(in): Noel Dempsey

iz b 133
Ministerium für soziale, Gemeinschafts- und Familienangelegenheiten
Store Street, IRL- Dublin 1
T: (003531) 6 79 77 77
Internet: http://www.welfare.ie
E-Mail: info@welfare.ie
Minister(in): Dermot Ahern

iz b 134
Ministerium für Kunst, das Kulturerbe, den gälischsprachigen Raum und die Inseln
Department of Arts, Heritage, Gaeltacht and the Islands
Mespil Road 43-49, IRL- Dublin 4
T: (003531) 6 47 30 00   Fax: 6 67 08 26
Internet: http://www.irlgov.ie/ealga
E-Mail: eolas@ealga.ie
Minister(in): Si_1le DeValera

iz b 135
Ministerium für Justiz, Gleichberechtigung und Rechtsreform
Department of Justice, Equality and Law Reform
St. Stephens Green 72-76, IRL- Dublin 2
T: (003531) 6 02 82 02   Fax: 6 61 54 61
Internet: http://www.irlgov.ie/justice
E-Mail: info@justice.ie
Minister(in): John O'Donoghue

iz b 136
Ministerium für Fremdenverkehr, Sport und Freizeit
Department of Tourism, Sport and Recreation
Kildare Street, IRL- Dublin 2
T: (003531) 6 31-3800, 6 31-3802 (Büro des Ministers), 6 31-3838 (Pressestelle)   Fax: 6 31-1201
Internet: http://www.irlgov.ie/tourism-sport

iz b 137
Ministerium für das Gesundheitswesen und für Kinder
Department of Health and Children
Hawkins Street, IRL- Dublin 2
T: (003531) 6 35 40 00   Fax: 6 35 40 01
Internet: http://www.doh.ie
Minister(in): Micheál Martin

iz b 138
Ministerium für Meeresressourcen und Bodenschätze
Department of the Marine and Natural Resources
Leeson Lane, IRL- Dublin 2
T: (003531) 6 19-9200
Internet: http://www.irlgov.ie/marine
E-Mail: minister@marine.irlgov.ie
Minister(in): Frank Fahey

Italien

● IZ B 139
Italienische Regierung
Palazzo Chigi
Piazza Colonna 370 Palazzo Chigi, I-00187 Rom
T: (00396) 6 77 91
Ministerpräsident: N.N.

Minister ohne Geschäftsbereich:

iz b 140
Minister für regionale Angelegenheiten
Ministro per gli Affari Regionali
Via della Stamperia 8, I-00187 Rom
T: (00396) 6 79 48 20, 6 79 55 00
Minister(in): N.N.

iz b 141
Minister für den öffentlichen Dienst
Ministro per la Funzione Pubblica
Palazzo Vidoni, Corso Vittorio Emanuele II 116, I-00187 Rom
T: (00396) 6 89 91
Minister(in): N.N.

iz b 142
Ministerin für Chancengleichheit
Ministro per le Pari Opportunità
Via del Giardino Theodoli 66, I-00186 Rom
T: (00396) 6 77 91
Ministerin: N.N.

iz b 143
Minister für die Gemeinschaftspolitiken
Ministero per le Politiche Comunitarie
Via del Giardino Theodoli 66, I-00186 Rom
T: (00396) 6 77 91
Minister(in): N.N.

iz b 144
Ministerin für die Beziehungen zum Parlament
Ministero per i Rapporti con il Parlamento
Palazzo Chigi
Piazza Colonna 370, I-00187 Rom
T: (00396) 6 77 91
Minister(in): N.N.

iz b 145
Minister für die Institutionellen Reformen
Ministero per le Riforme Istituzionali
Via del Giardino Theodoli 66, I-00186 Rom
T: (00396) 6 77 91
Minister(in): N.N.

iz b 146
Ministerin für Soziale Solidarität
Ministero per la Solidarietà Sociale
Via V. Veneto 56, I-00187 Rom
T: (00396) 48 16 11
Ministerin: N.N.

Ministerien

iz b 147
Außenministerium
Ministero degli Affari Esteri
Piazzale della Farnesina 1, I-00194 Rom
T: (00396) 3 69 11
Internet: http://www.esteri.it
Minister(in): N.N.

iz b 148
Innenministerium
Ministero dell'Interno
Via Agostino Depretis Palazzo Viminale, I-00184 Rom
T: (00396) 46 51
Internet: http://www.mininterno.it
Minister(in): N.N.

iz b 149
Justizministerium
Ministero di Grazia e Giustizia
Via Arenula 70, I-00186 Rom
T: (00396) 6 88 51
Internet: http://www.giustizia.it
Minister(in): N.N.

iz b 150
Ministerium für das Staatsvermögen, den Haushalt und die Wirtschaftsplanung
Ministero del Tesoro, del Bilancio e della Programmazione Economica
Via XX Settembre 97, I-00187 Rom
T: (00396) 4 76 11
Internet: http://www.tesoro.it
Minister(in): N.N.

iz b 151
Finanzministerium
Ministero delle Finanze
Viale Europa 242, I-00144 Rom
T: (00396) 5 99 71
Internet: http://www.finanze.it
Minister(in): N.N.

iz b 152
Verteidigungsministerium
Ministero della Difesa
Via XX Settembre 8, I-00187 Rom
T: (00396) 4 88 21 26, 4 88 21 27, 4 88 21 28
Internet: http://www.difesa.it
Minister(in): N.N.

iz b 153
Bildungsministerium
Ministero della Pubblica Istruzione
Viale Trastevere 76A, I-00153 Rom
T: (00396) 5 84 91
Internet: http://www.istruzione.it
Minister(in): N.N.

iz b 154
Ministerium für Öffentliche Arbeiten
Ministero dei Lavori Pubblici
Piazza di Porta Pia 1, I-00198 Rom
T: (00396) 4 41 21
Internet: http://www.llpp.it
Minister(in): N.N.

iz b 155
Ministerium für Landwirtschaft und Forsten
Ministero delle Politiche Agricole e Forestali
Via XX Settembre 20, I-00187 Rom
T: (00396) 4 66 51
Internet: http://www.politicheagricole.it
Minister(in): N.N.

iz b 156
Ministerium für Verkehr und Schifffahrt
Ministero dei Trasporti e della Navigazione
Piazza della Croce Rossa 1, I-00161 Rom
T: (00396) 4 41 01
Internet: http://www.trasportinavigazione.it
Minister(in): N.N.

iz b 157
Ministerium für Kommunikation
Ministero delle Comunicazioni
Viale America 201, I-00144 Rom
T: (00396) 5 44 41   Fax: 5 40 77 28
Internet: http://www.comunicazioni.it
Minister(in): N.N.

iz b 158
Ministerium für Industrie, Handel und Handwerk
Ministero dell'Industria, del Commercio e dell'Artigianato
Via Molise 2, I-00187 Rom
T: (00396) 4 70 51
Internet: http://www.minindustria.it
Minister(in): N.N.

iz b 159
Ministerium für Arbeit und Sozialordnung
Ministero del Lavoro e della Previdenza Sociale
Via Flavia 6, I-00187 Rom
T: (00396) 4 68 31
Internet: http://www.minlavoro.it
Minister(in): N.N.

iz b 160
Außenhandelsministerium
Ministero del Commercio con l'Estero
Viale Boston 25, I-00144 Rom
T: (00396) 59 64 74 33
Internet: http://www.mincomes.it
Minister(in): N.N.

iz b 161
Gesundheitsministerium
Ministero della Sanitá
Piazzale dell'Industria, 20, I-00144 Rom

iz b 161
T: (00396) 5 99 41
Internet: http://www.sanita.it
Minister(in): N.N.

iz b 162
Ministerium für das kulturelle Erbe und für kuturelle Veranstaltungen
Ministero per i Beni e le Attività Culturali
Via del Collegio Romano 27, I-00186 Rom
T: (00396) 6 72 31
Internet: http://www.beniculturali.it
Minister(in): N.N.

iz b 163
Umweltministerium
Ministero dell'Ambiente
Via Cristoforo Colombo 44, I-00147 Rom
T: (00396) 57 22 01
Internet: http://www.minambiente.it
Minister(in): N.N.

iz b 164
Ministerium für das Hochschulwesen und für wissenschaftliche und technologische Forschung
Ministero dell'Università e Ricerca Scientifica e Tecnologica
Piazzale Kennedy 20, I-00144 Rom
T: (00396) 5 99 11
Internet: http://www.murst.it
Minister(in): N.N.

Luxemburg

● **IZ B 165**
Regierung von Luxemburg
Staatsministerium
Rue de la Congrégation 4, L-2910 Luxemburg
T: (00352) 4 78 21 00   **Fax:** 46 17 20
Internet: http://www.gouvernement.lu
E-Mail: me@me.smtp.lu
Premierminister: Jean-Claude Juncker

iz b 166
Ministerium für Äußere Angelegenheiten, Außenhandel, Kooperation und Verteidigung
Ministry of Foreign Affairs, Foreign Trade, Cooperation and Defense
Ministère des Affaires Etrangères, du Commerce Extérieur, de la Coopération et de la Défense
Rue Notre-Dame 5, L-2911 Luxemburg
T: (00352) 4 78-1   **Fax:** 22 31 44 (Äußere Angelegenheiten und Außenhandel), 22 20 48 (Kooperation, humanitäre Einsätze), 46 26 82 (Verteidigung)
Minister(in): Lydie Polfer (Äußere Angelegenheiten und Außenhandel)
Minister(in): Charles Goerens (Kooperation, Humanitäre Einsätze und Verteidigung)

iz b 167
Ministerium für Landwirtschaft, Weinbau und Landwirtschaftliche Entwicklung
Ministry of Agriculture, Viticulture and Rural Developpment
Ministère de l'Agriculture, de la Viticulture et du Développement Rural
Rue de la Congrégation 1, L-2913 Luxemburg
T: (00352) 4 78 25 00   **Fax:** 46 40 27
Minister(in): Fernand Boden

iz b 168
Ministerium für Mittelstand, Tourismus und Wohnungswesen
Ministry of Middleclasses, Tourism and Housing
Ministère des Classes Moyennes, du Tourisme et du Logement
Avenue Emile Reuter 6, L-2937 Luxemburg
T: (00352) 4 78-1   **Fax:** 4 78-4740 (Mittelstand), 47 40 11 (Tourismus)
Minister(in): Fernand Boden

iz b 169
Ministerium für Kultur, Hochschulen und Forschung
Ministry of Culture, Higher Education and Research
Ministère de la Culture, de l'Enseignement supérieur et de la Recherche
20, montée de la Pétrusse, L-2273 Luxemburg
T: (00352) 4 78-1   **Fax:** 40 24 27
Internet: http://www.ltam.lu/culture
Minister(in): Erna Hennicot-Schoepes

iz b 170
Wirtschaftsministerium
Ministry of Economy
Ministère de l'Economie
Boulevard Royal 19-21, L-2914 Luxemburg
T: (00352) 4 78-1   **Fax:** 46 04 48
Internet: http://www.etat.lu/ECO
Minister(in): Henri Grethen

iz b 171
Ministerium für Bildung, Berufsausbildung und Sport
Ministry for Education, Vocational Training and Sport
Ministère de l'Education Nationale, de la Formation Professionnelle et des Sports
Rue Aldringen 29, L-2926 Luxemburg
T: (00352) 4 78-1   **Fax:** 4 78-5110
Internet: http://www.men.lu
Minister(in): Anne Brasseur

iz b 172
Umweltministerium
Ministry of the Environment
Ministère de l'Environnement
Montée de la Pétrusse 18, L-2918 Luxemburg
T: (00352) 4 78-1   **Fax:** 40 04 10
Internet: http://www.mev.etat.lu
Minister(in): Charles Goerens

iz b 173
Ministerium für Familie, gesellschaftliche Solidarität und Jugend
Ministry for the Family, Social Solidarity ands Youth
Ministère de la Famille, de la Solidarité sociale et de la Jeunesse
Avenue Emile Reuter 12-14, L-2919 Luxemburg
T: (00352) 4 78-1   **Fax:** 4 78-6570, 4 78-6571
Minister(in): Marie-Josée Jacobs

iz b 174
Finanzministerium
Ministry of Finance
Ministère des Finances
Rue de la Congrégation 3, L-2931 Luxemburg
T: (00352) 4 78-1   **Fax:** 47 52 41, 46 62 12
Internet: http://www.etat.lu/FI
Minister(in): Ministre des Finances Jean-Claude Juncker

Ministre du Trésor et du Budget Luc Frieden

iz b 175
Ministerium für Öffentlichen Dienst und Verwaltungsreform
Ministry for Public Affairs and Administrative Reforms
Ministère de la Fonction Publique et de la Réforme Administrative
Postfach 106, L-2011 Luxemburg
Avenue Emile Reuter 12-14, L-2919 Luxemburg
T: (00352) 4 78-1   **Fax:** 4 78 31 22
Internet: http://www.etat.lu/MFP
Minister(in): Lydie Polfer

iz b 176
Ministerium des Innern
Ministry of the Interior
Ministère de l'Intérieur
Rue Beaumont 19, L-2933 Luxemburg
T: (00352) 4 78-1   **Fax:** 24 18 46
Minister(in): Michel Wolter

iz b 177
Justizministerium
Ministry of Justice
Ministère de la Justice
Boulevard Royal 16, L-2934 Luxemburg
T: (00352) 4 78-1   **Fax:** 22 76 61
Minister(in): Luc Frieden

iz b 178
Ministerium für Frauenförderung
Ministry for Women Promotion
Ministère de la Promotion Féminine
Bvd Prince Henri 33, L-2921 Luxemburg
T: (00352) 4 78-1   **Fax:** 24 18 86
Minister(in): Marie-Josée Jacobs

iz b 179
Gesundheitsministerium
Ministry of Health
Ministère de la Santé
Bd de la Pétrusse 57 + 90, L-2935 Luxemburg
T: (00352) 4 78-1   **Fax:** 49 13 37
Internet: http://www.etat.lu/MS
Minister(in): Carlo Wagner

iz b 180
Ministerium für Soziale Sicherheit
Ministry of Social Affairs
Ministère de la Sécurité Sociale
Rue Zithe 26, L-2936 Luxemburg
T: (00352) 4 78-1   **Fax:** 4 78 63 28
Internet: http://www.etat.lu/MSS
Minister(in): Carlo Wagner

iz b 181
Verkehrsministerium
Ministry of Transport
Ministère des Transports
Boulevard Royal 19-21, L-2938 Luxemburg
T: (00352) 4 78-1   **Fax:** 46 43 15
Minister(in): Henri Grethen

iz b 182
Arbeits- und Beschäftigungsministerium
Ministry of work and Employment
Ministère du Travell et de l'Emploi
Rue Sainte-Zithe 26, L-2939 Luxemburg
T: (00352) 4 78-1   **Fax:** 4 78-6325
Internet: http://www.mt.etat.lu
Minister(in): François Biltgen

iz b 183
Ministerium für öffentliche Aufträge
Ministry of Public Civil Engineering
Ministère des Travaux Publics
Bd F. D. Roosevelt 4, L-2940 Luxemburg
T: (00352) 4 78-1   **Fax:** 46 27 09
Internet: http://www.etat.lu/MTP
Minister(in): Erna Hennicot-Schoepes

Niederlande

● **IZ B 184**
Niederländische Regierung
Postfach 2 00 01, NL-2500 EA Den Haag
T: (003170) 3 56 41 00   **Fax:** 3 56 46 83
Ministerpräsident: W. Kok (Minister für Allgemeine Angelegenheiten)

iz b 185
Ministerium für allgemeine Angelegenheiten
Ministerie van Algemene Zaken
Postfach 2001, NL-2500 EA Den Haag
Binnenhof 20, NL-2500 EA Den Haag
T: (003170) 3 56 41 00   **Fax:** 3 56 46 83
Internet: http://www.postbus51.nl
Ministerpräsident und Minister für allgemeine Angelegenheiten Wim Kok (PvdA)

iz b 186
Ministerium für Inneres und Königreichsbeziehungen
Ministerie van Binnenlandse Zaken en Koninkrijkrelaties
Postfach 2 00 11, NL-2500 EA Den Haag
Schedeldoekshaven 200, NL-2500 EA Den Haag
T: (003170) 3 02 63 02   **Fax:** 3 63 91 53
Internet: http://www.minbzk.nl
Ministerpräsident und Minister für allgemeine Angelegenheiten: Klaas de Vries (PvdA)
Minister für Großstadt- und Integrationspolitik: Roger van Boxtel (D66)
Staatssekretär(in): Gijs de Vries (VVD)

iz b 187
Ministerium für auswärtige Angelegenheiten
Ministerie van Buitenlandse Zaken
Postfach 2 00 61, NL-2500 EB Den Haag
Bezuidenhoutseweg 67, NL-2500 EB Den Haag
T: (003170) 3 48 64 86 **Fax:** 3 48 48 48
Internet: http://www.minbuza.nl
Minister für auswärtige Angelegenheiten: Jozias van Aartsen (VVD)
Ministerin für Entwicklungszusammenarbeit: Eveline Herfkens
Staatssekretär(in): Dick Benschop

iz b 188
Ministerium der Justiz
Ministerie van Justitie
Postfach 2 03 01, NL-2500 EH Den Haag
Schedeldoekshaven 100, NL-2500 EH Den Haag
T: (003170) 3 70 79 11 **Fax:** 3 70 79 00
Internet: http://www.minjust.nl
Minister der Justiz: Benk Korthals (VVD)
Staatssekretär(in): Ella Kalsbeek (PvdA)

iz b 189
Ministerium für Bildung, Kultur und Wissenschaft
Ministerie van Onderwijs, Cultuur en Wetenschappen
Postfach 2 50 00, NL-2700 LZ Zoetermeer
Europaweg 4, NL-2700 LZ Zoetermeer
T: (003179) 3 23 23 23 **Fax:** 3 23 23 30
Internet: http://www.minocw.nl
Minister für Bildung, Kultur und Wissenschaft: Loek Hermans (VVD)
Staatssekretär(in): Karin Adelmund (PvdA)
Dr. Rick van der Ploeg (PvdA)

iz b 190
Ministerium der Finanzen
Ministerie van Financien
Postfach 2 02 01, NL-2500 EE Den Haag
Korte Voorhout 7, NL-2500 EE Den Haag
T: (003170) 3 42 80 00 **Fax:** 3 42 79 05
Internet: http://www.minfin.nl
Minister der Finanzen: Gerrit Zalm (VVD)
Staatssekretär(in): Wouter Vermeend (PvdA)

iz b 191
Ministerium der Verteidigung
Ministerie van Defensie
Postfach 2 07 01, NL-2500 ES Den Haag
Plein 4, NL-2500 ES Den Haag
T: (003170) 3 18 81 88 **Fax:** 3 18 78 88
Internet: http://www.mindef.nl
Minister der Verteidigung: Frank de Grave (VVD)
Staatssekretär(in): Henk van Hoof (VVD)

iz b 192
Ministerium für Wohnungswesen, Raumordnung und Umwelt
Ministerie van Volkshuisvesting, Ruimtelijke Ordening en Milieubeheer
Postfach 2 09 51, NL-2500 EZ Den Haag
Rijnstraat 8, NL-2500 EZ Den Haag
T: (003170) 3 39 39 39 **Fax:** 3 39 13 52
Internet: http://www.minvrom.nl
Minister für Wohnungswesen, Raumordnung und Umwelt: Jan Pronk (PvdA)
Staatssekretär(in): Johan Remkes (VVD)

iz b 193
Ministerium für Verkehr, Wasserwirtschaft und öffentliche Arbeiten
Ministerie van Verkeer en Waterstaat
Postfach 2 09 01, NL-2500 EX Den Haag
Plesmanweg 1, NL-2500 EX Den Haag
T: (003170) 3 51 61 71 **Fax:** 3 51 78 95
Internet: http://www.minvenw.nl
Ministerin für Verkehr, Wasserwirtschaft und öffentliche Arbeiten: Tineke Netelenbos (PvdA)
Staatssekretär(in): Monique de Vries

iz b 194
Ministerium für Wirtschaft
Ministerie van Economische Zaken
Postfach 2 01 01, NL-2500 EC Den Haag
Bezuidenhoutseweg 30, NL-2500 EC Den Haag
T: (003170) 3 79 89 11 **Fax:** 3 47 40 81
Internet: http://www.minez.nl
Stellvertretende Ministerpräsidentin und Ministerin für Wirtschaft: Annemarie Jorritsma (VVD)
Staatssekretär(in): Gerrit Ybema (D66)

iz b 195
Ministerium für Landwirtschaft, Naturschutz und Fischerei
Ministerie van Landbouw, Natuurbeheer en Visserij
Postfach 2 04 01, NL-2500 EK Den Haag
T: (003170) 3 79 39 11 **Fax:** 3 81 51 53
Internet: http://www.minlnv.nl
Minister für Landwirtschaft, Naturschutz und Fischerei: Laurens Jan Brinkhorst (D66)
Staatssekretär(in): G. H. Faber

iz b 196
Ministerium für Soziales und Arbeit
Ministerie van Sociale Zaken en Werkgelegenheid
Postfach 9 08 01, NL-2509 LV Den Haag
Anna van Hannoverstraat 4, NL-2509 LV Den Haag
T: (003170) 3 33 44 44 **Fax:** 3 33 40 33
Internet: http://www.minszw.nl
Minister für Soziales und Arbeit: Willem Vermeend (PvdA)
Staatssekretär(in): Hans Hoogervorst (VVD)
Annelies Verstand

iz b 197
Ministerium für Gesundheit, Gemeinwohl und Sport
Ministerie van Volksgezondheid Welzijn en Sport
Postfach 54 06, NL-2280 HK Rijswijk
Sir Winston Churchillaan 362-366, NL-2280 HK Rijswijk
T: (003170) 3 40 79 11 **Fax:** 3 40 78 34
Internet: http://www.minvws.nl
Stellvertretende Ministerpräsidentin und Ministerin für Gesundheit, Gemeinwohl und Sport: Dr. Els Borst (D66)
Staatssekretär(in): Margo Vliegenthart (PvdA)

Österreich

● IZ B 198
Österreichische Bundesregierung
Gouvernement Federal d'Autriche
Bundeskanzleramt
Ballhausplatz 2, A-1014 Wien
T: (00431) 5 31 15-0 **Fax:** 5 35 03 38
Internet: http://www.austria.gv.at
Bundeskanzler: Dr. Wolfgang Schüssel (ÖVP)
Vizekanzlerin: Dr. Susanne Riess-Passer (FPÖ; Minoritenplatz 3, 1014 Wien, Österreich, Tel.: (0043 1) 5 31 15)
Staatssekretär: Franz Morak

iz b 199
Bundesministerium für öffentliche Leistung und Sport
Minoritenplatz 3, A-1014 Wien
T: (00431) 5 31 15-0
Internet: http://www.bmols.gv.at
Vizekanzlerin: Dr. Susanne Riess-Passer (FPÖ)

iz b 200
Bundesministerium für auswärtige Angelegenheiten
Ministère Fédéral des Affaires étrangères
Ballhausplatz 2, A-1014 Wien
T: (00431) 5 31 15-0 **Fax:** 5 35 45 30
Internet: http://www.bmaa.gv.at
Bundesminister(in): Dr. Benita Ferrero-Waldner (ÖVP)
Generalsekretär(in): Dr. Albert Rohan

iz b 201
Bundesministerium für Wirtschaft und Arbeit
Stubenring 1, A-1010 Wien
T: (00431) 7 11 00-0 **Fax:** 7 13 93 11
Internet: http://www.bmwa.gv.at
Bundesminister(in): Dr. Martin Bartenstein (ÖVP)
Staatssekretär(in): Mares Rossmann (FPÖ)

iz b 202
Bundesministerium für soziale Sicherheit und Generationen
Stubenring 1, A-1010 Wien
T: (00431) 7 11 00-0 **Fax:** 71 15 82 58
Internet: http://www.bmsg.gv.at
Bundesminister(in): Mag. Herbert Haupt (FPÖ)
Staatssekretär(in): Dr. Reinhart Waneck (FPÖ)

iz b 203
Bundesministerium für Finanzen
Ministère Fédéral des Finances
Himmelpfortgasse 8, A-1011 Wien
T: (00431) 5 14 33-0 **Fax:** 5 12 78 69
Internet: http://www.bmf.gv.at
Bundesminister(in): Mag. Karl-Heinz Grasser (FPÖ)
Staatssekretär: Dr. Alfred Finz (ÖVP)

iz b 204
Bundesministerium für Inneres
Ministère Fédéral de l'Intérieur
Postfach 1 00, A-1014 Wien
Herrengasse 7, A-1014 Wien
T: (00431) 5 31 26-0 **Fax:** 5 31 26-3910
Internet: http://www.bmi.gv.at
Bundesminister(in): Dr. Ernst Strasser (ÖVP)

iz b 205
Bundesministerium für Verkehr, Innovation und Zukunft
Radetzkystr. 2, A-1030 Wien
T: (00431) 7 11 62-0 **Fax:** 7 11 62-1599
Internet: http://www.bmv.gv.at
Bundesminister(in): Di Dr. Monika Forstinger (FPÖ)

iz b 206
Bundesministerium für Justiz
Ministère Fédéral de la Justice
Museumstr. 7, A-1016 Wien
T: (00431) 5 21 52-0 **Fax:** 5 21 52-2727
Internet: http://www.justiz.gv.at
Bundesminister(in): Dr. Dieter Böhmdorfer (parteilos)

iz b 207
Bundesministerium für Landesverteidigung
Ministère Fédéral de la Défense
Dampfschiffstr. 2, A-1033 Wien
T: (00431) 5 15 95-0 **Fax:** 5 15 95-3401
Internet: http://www.bmlv.gv.at
Bundesminister(in): Herbert Scheibner (FPÖ)

iz b 208
Bundesministerium für Land- und Forstwirtschaft, Gewässerschutz und Umwelt
Stubenring 1, A-1012 Wien
T: (00431) 7 11 00-0 **Fax:** 7 11 00-2127
Internet: http://www.bmlf.gv.at, http://www.bmu.gv.at
Bundesminister(in): Mag. Wilhelm Molterer (ÖVP)

iz b 209
Bundesministerium für Bildung, Wissenschaft und Kultur
Postfach 65, A-1014 Wien
Minoritenplatz 5, A-1014 Wien
T: (00431) 5 31 20-0 **Fax:** 5 31 20-4499
Internet: http://www.bmbuk.gv.at
E-Mail: mailmaster@bmuk.gv.at
Bundesministerin: Elisabeth Gehrer (ÖVP)

Portugal

● IZ B 210
Portugiesische Regierung
Primeiro-Ministro
Rua da Imprensa à Estrela 4, P-1200-888 Lissabon
T: (0035121) 3 92 35 00 **Fax:** 3 95 16 16
Internet: http://www.primeiro-ministro.gov.pt
E-Mail: pm@pm.gov.pt
Premierminister: António Manuel de Oliveira Guterres
Büroleiter: Dr. Rodolfo Lavrador

iz b 211
Ministerium für Auswärtige Angelegenheiten
Ministério dos Negócios Estrangeiros
Palácio das Necessidades
Largo do Rilvas, P-1350 Lissabon
T: (0035121) 3 94 60 00 **Fax:** 3 94 60 53
Internet: http://www.min-nestrangeiros.pt
Minister(in): Dr. Jaime José Matos da Gama
Büroleiter: Ing. Emi_1lio Aquiles de Oliveira

iz b 212
Ministerium für Infrastruktur
Ministério do Equipamento Social
Rua de São Mamede ao Caldas 21, P-1149-050 Lissabon
T: (0035121) 8 81 51 00 **Fax:** 8 86 38 27
Internet: http://www.mes.gov.pt
E-Mail: ministro@mes.gov.pt
Minister(in): Dr. Jorge Paulo Sacadura Almeida Coelho
Büroleiter: Dr. Mateus Roque

iz b 213
Präsidialamt
Presidência
Rua da Imprensa à Estrela 4, P-1200-888 Lissabon
T: (0035121) 3 92 35 00 **Fax:** 3 97 68 65
Minister(in): Dr. Guilherme d'Oliveira Martins
Büroleiter: Dr. Rui Grilo

iz b 214
Ministerium der Verteidigung
Ministério da Defesa Nacional
Avenida Ilha da Madeira, P-1400-204 Lissabon
T: (0035121) 3 03 45 00 **Fax:** 3 03 45 25
Internet: http://www.mdn.gov.pt
E-Mail: ministro@mdn.gov.pt
Minister(in): Dr. Júlio Castro Caldas
Büroleiter: Maj-Gen. José Lui_1s Pinto Ramalho
Stellvertretender Staatssekretär: José Manuel Silva Mourato (Fax: (00351 21) 3 03 45 51)

iz b 215
Ministerium des Innern
Ministério da Administração Interna
Praça do Comércio, P-1149-015 Lissabon
T: (0035121) 3 23 30 00 **Fax:** 3 42 73 72
E-Mail: dirp@sg.mai.gov.pt
Minister(in): Prof. Dr. Nuno Severiano Teixeira
Büroleiter: Coronel José Fernando Jorge Duque
Stellvertretender Staatssekretär: José Carlos das Dores Zorrinho (Fax: (00351 21) 3 47 96 01)

iz b 216
Ministerium der Finanzen
Ministe_rio das Finanças
Av. Infante D. Henrique 5, P-1149-009 Lissabon
T: (0035121) 8 81 68 00 **Fax:** 8 86 00 32
Internet: http://www.min-financas.pt
E-Mail: mf@mf.gov.pt
Minister(in): Dr. Joaquim Augusto Nunes de Pina Moura
Büroleiter: Dr. Carlos Costa

iz b 217
Ministerium für Arbeit und Solidarität
Ministério do Trabalho e da Solidariedade
Praça de Londres 2-16, P-1049-056 Lissabon
T: (0035121) 8 42 41 00 **Fax:** 8 42 41 15
Internet: http://www.mts.gov.pt
E-Mail: ministro@mts.gov.pt
Minister(in): Dr. Eduardo Luis Barreto Ferro Ferro Rodrigues
Stellvertretender Staatssekretär: Rui António Ferreira da Cunha (Fax: (00351 21) 8 44 18 18)
Büroleiterin: Dr. Maria Lui_1sa Severiano Teixeira

iz b 218
Ministerium der Justiz
Ministério da Justiça
Praça do Comércio, P-1149-019 Lissabon
T: (0035121) 3 22 23 00 **Fax:** 3 47 92 08
Internet: http://www.mj.gov.pt
E-Mail: ministro@mj.gov.pt
Minister(in): Dr. António Luis Santos da Costa
Büroleiter: Dr. Armando Rafael
Stellvertretender Staatssekretär: Dr. Eduardo Arménio do Nascimento Cabrita (Fax: (00351 21) 3 47 27 61)

iz b 219
Wirtschaftsministerium
Ministério da Economia
Rua da Horta Seca 15, P-120-221 Lissabon
T: (0035121) 3 22 86 00 **Fax:** 3 22 87 41
Internet: http://www.min-economia.pt
Minister(in): Dr. Mário Cristina de Sousa
Büroleiter: Dr. Manuel São Pedro Ramalhete
Stellvertretender Staatssekretär: Prof. Dr. Vitor Manuel da Silva e Santos

iz b 220
Ministerium für Planung
Ministério do Planeamento
Praça do Comércio, P-1149-018 Lissabon
T: (0035121) 8 81 20 00 **Fax:** 8 81 21 51
Minister(in): Dr. Elisa Maria da Costa Guimarães Ferreira

iz b 221
Ministerium für Landwirtschaft, ländliche Entwicklung und Fischerei
Ministério da Agricultura, Desenvolvimento Rural e Pescas
Praça do Comércio, P-1149-010 Lissabon
T: (0035121) 3 23 46 00 **Fax:** 3 23 46 04
Internet: http://www.min-agricultura.pt
E-Mail: gab.ministro@min-agricultura.pt
Minister(in): Dr. Luis Manuel Capoulas Santos
Büroleiterin: Ing. Maria Gabriela Gaspar Freitas

iz b 222
Ministerium für Bildung
Ministério da Educação
Av. 5 de Outubro, 107-13, P-1069-018 Lissabon
T: (0035121) 7 95 03 30 **Fax:** 7 93 36 18
Internet: http://www.min-edu.pt
E-Mail: cirep@min-edu.pt
Minister(in): Prof. Dr. Augusto Ernesto Santos Silva
Büroleiterin: Ing. Delfina Porto

iz b 223
Ministerium für Umwelt und Raumordnung
Ministério do Ambiente e do Ordenamento do Território
Rua do Século 51, P-1200-433 Lissabon
T: (0035121) 3 23 25 00 **Fax:** 3 23 25 31
Internet: http://www.ambiente.gov.pt
E-Mail: ministro@maot.gov.pt
Minister(in): Ing. José Sócrates Carvalho Pinto de Sousa
Büroleiter: Dr. Filipe Alberto da Boa Baptista

iz b 224
Ministerium für Kultur
Ministério da Cultura
Palácio Nacional da Ajuda, P-1349-021 Lissabon
T: (0035121) 3 61 45 00 **Fax:** 3 64 99 99
Internet: http://www.min-cultura.pt
E-Mail: ministro@mc.gov.pt
Minister(in): Dr. José Estêvão Sasportes
Büroleiter: Dr. José Camões

iz b 225
Ministerium für Wissenschaft und Technologie
Ministe_rio da Ciência e Tecnologia
Praça do Comércio, Ala Oriental, P-1149-003 Lissabon
T: (0035121) 8 81 20 00 **Fax:** 8 88 24 34
Internet: http://www.mct.pt
E-Mail: geral@mct.pt
Minister(in): Prof. Dr. José Mariano Gago
Büroleiter: Prof. Dr. Cândido Marciano da Silva

iz b 226
Ministerium für die Reform des Staates und der Verwaltung
Ministério da Reforma do Estado e da Administração Pública
Estrada das Laranjeiras 197-205, P-1649-018 Lissabon
T: (0035121) 7 23 10 00 **Fax:** 7 27 14 57
Internet: http://www.mreap.gov.pt
E-Mail: ministro@mreap.gov.pt
Minister(in): Dr. Alberto de Sousa Martins
Büroleiter: Dr. Joaquim Brandão

iz b 227
Ministerium für Jugend und Sport
Ministério da Juventude e Desporto
Av. Brasi_1lia, Algés-Praia, P-1449-011 Lissabon
T: (0035121) 3 03 60 05 **Fax:** 3 01 80 90
E-Mail: ministro@mjd.gov.pt
Minister(in): Ing. José Manuel Lello Ribeiro de Almeida
Büroleiter: Dr. Ricardo Simões Correia

iz b 228
Ministerium für die autonome Region der Azoren
Ministério da República para a Região Autónoma dos Açores
Solar da Madre Deus - Apartado 144, P-9701-902 Angra do Heroi_1smo
T: (00351295) 21 31 64 **Fax:** 21 74 32
Staatsminister: Alberto Manuel Sampaio da Nóvoa
Büroleiter: Maj. Joaquim Vaz Cariano

iz b 229
Ministerium für die autonome Region Madeiras
Ministério da República para a Região Autónoma da Madeira
Palácio de São Lourenço - Av. Zarco, P-9001-902 Funchal
T: (00351291) 20 25 30 **Fax:** 23 46 26
Staatsminister: Antero Alves Monteiro Dinis
Büroleiterin: Dr. Jovita Freitas

Schweden

● IZ B 230
Schwedische Regierung
S-10333 Stockholm
Rosenbad 4, S-10333 Stockholm
T: (00468) 4 05 10 00 **Fax:** 7 23 11 71
Internet: http://www.regeringen.se
E-Mail: registrator@primeminister.ministry.se
Ministerpräsident: Göran Persson
Stellvertretende Ministerpräsidentin: Lena Hjelm-Wallén (Ministerin in der Staatskanzlei)

iz b 231
Ministerium des Auswärtigen
Ministry for Foreign Affairs
Gustav Adolfs Torg 1, S-10339 Stockholm
T: (00468) 4 05 10 00 **Fax:** 7 23 11 76
E-Mail: registrator@foreign.ministry.se
Außenministerin Anna Lindh
Handelsminister Leif Pagrotsky
Ministerin für Entwicklungszusammenarbeit, Migrations und Asyl Maj-Inger Klingvall

iz b 232
Ministerium für Bildung und Wissenschaft
Ministry of Education
S-10333 Stockholm
Drottninggatan 16, S-10333 Stockholm
T: (00468) 4 05 10 00 **Fax:** 7 23 11 92
E-Mail: registrator@education.ministry.se
Minister für Bildung und Wissenschaft Thomas Östros
Ministerin für Schulen und Erwachsenenbildung Ingegerd Wärnersson

iz b 233
Ministerium für Finanzen
Ministry of Finance
S-10333 Stockholm
Drottninggatan 21, S-10333 Stockholm
T: (00468) 4 05 10 00 **Fax:** 21 73 86
E-Mail: registrator@finance.ministry.se
Finanzminister Bosse Ringholm
Minister(in): Lars-Erik Lövdén

iz b 234
Ministerium für Gesundheit und Soziale Angelegenheiten
Ministry of Health and Social Affairs
S-10333 Stockholm
Fredsgatan 8, S-10333 Stockholm
T: (00468) 4 05 10 00 **Fax:** 7 23 11 91
E-Mail: registrator@social.ministry.se
Minister für Gesundheit und Soziale Angelegenheiten Lars Engqvist
Ministerin für Sozialversicherungsfragen Ingela Thalén

iz b 235
Ministerium für Industrie, Beschäftigung und Kommunikation
Ministry for Industry, Employment and Communications
S-10333 Stockholm
Jakobsgatan 26, S-10333 Stockholm
T: (00468) 4 05 10 00 **Fax:** 4 11 36 16
E-Mail: registrator@industry.ministry.se
Minister für Wirtschaft, Arbeitsmarkt und Kommunikation Björn Rosengren
Minister(in): Mona Sahlin
Ulrike Messing

iz b 236
Ministerium der Justiz
Ministry of Justice
S-10333 Stockholm

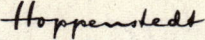

Rosenbad 4, S-10333 Stockholm
T: (00468) 4 05 10 00 Fax: 20 27 34
E-Mail: registrator@justice.ministry.se
Minister der Justiz Thomas Bodström
Ministerin für Demokratie, Verwaltung und Verbraucherfragen Britta Lejon

iz b 237
Ministerium für kulturelle Angelegenheiten
Ministry of Culture
S-10333 Stockholm
Drottninggatan 16, S-10333 Stockholm
T: (00468) 4 05 10 00 Fax: 21 68 13
E-Mail: registrator@culture.ministry.se
Kultusministerin: Marita Ulvskog

iz b 238
Ministerium für Landwirtschaft, Ernährung und Fischerei
Ministry of Agriculture, Food and Fisheries
S-10333 Stockholm
Fredsgatan 8, S-10333 Stockholm
T: (00468) 4 05 10 00 Fax: 20 64 96
E-Mail: registrator@agriculture.ministry.se
Ministerin für Ernährung, Landwirtschaft, Fischerei und Gleichstellungsfragen Margareta Winberg

iz b 239
Umweltministerium
Ministry for the Environment
S-10333 Stockholm
Tegelbacken 2, S-10333 Stockholm
T: (00468) 4 05 10 00 Fax: 21 96 28
E-Mail: registrator@environment.ministry.se
Minister für Umwelt Kjell Larsson

iz b 240
Ministerium der Verteidigung
Ministry of Defence
S-10333 Stockholm
Jakobsgatan 9, S-10333 Stockholm
T: (00468) 4 05 10 00 Fax: 7 23 11 89
E-Mail: registrator@defence.ministry.se
Minister der Verteidigung Björn von Sydow

Spanien

● **IZ B 241**
Spanische Regierung
Complejo de la Moncloa, E-28071 Madrid
T: (003491) 335 35 35 Fax: 390 07 51
Ministerpräsident: José Mª Aznar López
Stellv. Ministerpräsident: Mariano Rajoy (Innenminister, Complejo de la Moncloa, E-28071 Madrid, T: (00341) 3 35 32 01/02/03/07 u. 3 21 40 00 (Presseamt), Fax: 3 21 41 50)
Stellv. Ministerpräsident: Rodrigo de Rato y Figaredo (Wirtschaft, Ministro de Economía, Alcalá 9, E-28071 Madrid, T: (00341) 5 83 74 00, 5 32 63 38, Fax: 5 95 84 45)
Regierungssprecher: Pio Cabanillas Alonsio
Präsidentschaftsminister: Juan José Lucas
Leitung Presseabteilung: Pablo Lopez Blanco

iz b 242
Finanzministerium
Alcalá 9, E-28071 Madrid
T: (00341) 5 95 80 00 Fax: 5 95 84 77
Finanzminister: Cristobal Ricardo Montoro Romero

iz b 243
Wirtschaftsministerium
P.º de la Castellana 162, E-28071 Madrid
T: (003491) 5 95 80 00 Fax: 5 95 84 77
Wirtschaftsminister: Rodrigo de Rato y Figaredo

iz b 244
Aussenministerium
Plaza de la Provincia 1, E-28071 Madrid
T: (003491) 379 97 00, 379 92 14 Fax: 365 51 01 (OID), 361 48 52 (EU)
Minister(in): Josep Piqué i Camps

iz b 245
Justizministerium
c/ San Bernardo 45, E-28071 Madrid
T: (003491) 3 90 22 47 Fax: 3 90 22 68
Minister(in): Angel Acebes Paniagua

iz b 246
Verteidigungsministerium
Pº de la Castellana 109, E-28071 Madrid
T: (003491) 3 95 50 00 Fax: 5 56 39 58
Minister(in): Federico Trillo-Figueroa Martinez Conde

iz b 247
Innenministerium
Pº de la Castellana 5, E-28071 Madrid
T: (003491) 5 37 38 Fax: 5 37 11 77
Minister(in): Mariano Rajoy

iz b 248
Entwicklungsministerium
Pº de la Castellana 67, E-28071 Madrid
T: (003491) 597 70 00 Fax: 597 85 02
Minister(in): Francisco Álvarez-Cascos Fernandez

iz b 249
Ministerium für Erziehung, Kultur und Sport
C/Alcala 34, E-28071 Madrid
T: (003491) 7 01 80 00 Fax: 5 32 68 43
Minister(in): Pilar del Castillo Vera

iz b 250
Ministerium für Arbeit und Soziales
Agustin de Bethencourt 4, E-28003 Madrid
T: (003491) 553 60 00 Fax: 554 75 28
Minister(in): Juan Carlos Aparicio Pérez

iz b 251
Ministerium für Wissenschaft und Technologie
Pº de la Castellana 160, E-28071 Madrid
T: (003491) 3 49 40 00 Fax: 4 57 80 66
Minister(in): Anna Mari_1a Birulés y Bertrán

iz b 252
Ministerium für Landwirtschaft, Fischerei und Ernährung
Pº Infanta Isabel 1, E-28071 Madrid
T: (003491) 347 50 00, 527 74 55 Fax: 468 68 88
Minister(in): Miguel Arias Cañete

iz b 253
Ministerium für öffentliche Verwaltung
Pº de la Castellana 3, E-28071 Madrid
T: (003491) 586 10 00/01 Fax: 319 24 48
Minister(in): Jesús Mariq Posada Moreno

iz b 254
Ministerium für Gesundheit und Verbraucherschutz
Paseo del Prado 18-20, E-28071 Madrid
T: (003491) 5 96 10 00 Fax: 5 96 15 47
Minister(in): Celia Villalobos Talero

iz b 255
Umweltministerium
Plaza de San Juan de la Cruz, s/n, E-28071 Madrid
T: (003491) 597 60 00 Fax: 597 63 49
Ministerin: Jaume Matas Palou

Europarat

● **IZ B 256**
Europarat (CE)
Council of Europe
Conseil de l'Europe
Avenue de l'Europe, F-67075 Strasbourg-Cédex
T: (0033388) 41 20 00 Fax: 41 27 81 /8 2/ 83
TGR: Europa Strasbourg
Internet: http://www.coe.int
Gründung: 1949 (5. Mai)
Generalsekretär(in): Walter Schwimmer
Vors. d. Parlamentarischen Versammlung: Lord Russell-Johnston
Ständige Vertretung der Bundesrepublik Deutschland beim Europarat
Botschafter: Dr. M. Johannes Dohmes (12, Bld. du Président Edwards, F-67000 Strasbourg, T: (0033) 88 37 85 50, Tx: 890 870, Telefax: (0033) 88 25 50 41 AASTRA, Postanschrift: Postfach 11 70, 77671 Kehl)
Mitglieder: 43 Mitgliedstaaten
Mitarbeiter: 1300
Jahresetat: DM 390 Mio

iz b 257
Deutscher Bundestag
Referat Interparlamentarische Angelegenheiten
Platz der Republik 1, 10557 Berlin
T: (030) 22 73 28 30 Fax: 22 73 61 23
E-Mail: vorzimmer@pb2.bundestag.dbp.de
Dienststelle: Dorotheenstr. 88
Kontaktperson: Andreas Nothelle (Head of Division of Interparliamentary Affairs, T: (030) 22 73 29 49, E-mail: andreas.nothelle@bundestag.de)
Andrea Steenbrecker (T: (030) 22 73 35 48, E-mail: andrea.steenbrecker@bundestag.de)
Michaela Mielenz-Pariso (T: (030) 22 73 23 24, E-mail: michaela.mielenz@bundestag.de)
Sekretariat CDU/CSU:
Rainer Dornseifer (Wilhelmstr. 60/Zi. 145, Bundestag, 11011 Berlin, T: (030) 22 75 50 22 (Strasbourg tel: 2688), Fax: (030) 22 75 61 29, E-mail: rainer.dornseifer@cducsu.bundestag.de)
Sekretariat SPD:
Hannelore Pesch (Unter den Linden 50/Zi. 4039, Bundestag, 11011 Berlin, T: (030) 22 75 27 94 (Strasbourg tel: 2687), Fax: (030) 22 75 68 59, E-mail: pesch@spdfrak.de)
Sekretariat DIE GRÜNEN:
Dr. Helmut Lippelt (T: (030) 22 77 56 73, Fax: (030) 22 77 60 10, E-mail: helmut.lippelt@bundestag.de)

● **IZ B 258**
Kongress der Gemeinden und Regionen Europas (KGRE) (Europarat)
Congress of Local and Regional Authorities of Europe (CLRAE) (Council of Europe)
Congrès des Pouvoirs Locaux et Régionaux de l'Europe (CPLRE) (Conseil de l'Europe)
Council of Europe, F-67075 Strasbourg Cedex
T: (0033388) 41 22 39 Fax: 41 27 51, 41 37 47
Internet: http://www.coe.int/cplre/
Gründung: 1957 u. 1994
Präsident(in): Llibert Cuatrecasas (E)
Hauptgeschäftsführer(in): Rinaldo Locatelli (Leiter)
Verbandszeitschrift: Lettre d'information du Congres/ Rundbrief
Mitglieder: 301 Delegierte und 301 Stellvertreter
Mitarbeiter: 35
Jahresetat: DM 8 Mio
Landesverbände: 43
Länder: Albanien, Andorra, Armenien, Aserbaidschan, Österreich, Belgien, Zypern, Dänemark, Finnland, Frankreich, Bulgarien, Deutschland, Estland, Georgien, Griechenland, Island, Irland, Italien, Kroatien, Liechtenstein, Litauen, Lettland, Luxemburg, Malta, Moldova, Niederlande, Norwegen, Polen, Portugal, Rumänien, Rußland, San Marino, Slovakien, Slowenien, Spanien, Schweden, Schweiz, Tschechische Republik, Türkei, Ungarn, Ukraine, die ehemalige jugoslawische Republik Mazedonien, Vereinigtes Königreich

Notizen

IZ C Vertretungen

Zum Auffinden einer bestimmten Dienststelle oder Organisation dient das Suchwortverzeichnis, eines Personennamens das Personenverzeichnis

Ständige Vertretungen der EU-Mitglieder

1041

Ständige Vertretungen der EU-Mitglieder

IZ C 1
Ständige Vertretung Belgiens bei der Europäischen Union
Permanent Representation of Belgium with the Council of the European Union
Représentation Permanente de la Belgique auprès du Conseil de l'Union Européenne
Rond-point Schuman 6, B-1040 Brüssel
T: (00322) 2 33 21 11   Fax: 2 31 10 75, 2 33 21 65
Ständiger Vertreter: S.E. Frans van Daele (Außerordentlicher und bevollmächtigter Botschafter)
Stellv. des Ständigen Vertreters: Jean-Louis Six (Gesandter)

IZ C 2
Ständige Vertretung Dänemarks bei der Europäischen Union
Permanent Representation of Denmark to the European Union
Représentation Permanente de Danemark auprès de l'Union Européenne
Rue d'Arlon 73, B-1040 Brüssel
T: (00322) 2 33 08 11   Fax: 2 30 93 84
Ständiger Vertreter: S.E. Poul Skytte Christoffersen (Außerordentlicher und bevollmächtigter Botschafter, T: (00322) 2 33 08 65)
Stellv. des Ständigen Vertreters: S.E. Niels Pultz (Außerordentlicher und bevollmächtigter Gesandter, T: (00322) 2 33 08 66)

IZ C 3
Ständige Vertretung Deutschlands bei der Europäischen Union
Permanent Representation of the Federal Republic of Germany to the European Union
Représentation Permanente de la République Fédérale d'Allemagne auprès de l'UNion Européenne
Rue Jacques de Lalaing 19-21, B-1040 Brüssel
T: (00322) 2 38 18 11   Fax: 2 38 19 78
Ständiger Vertreter: S.E. Dr. Wilhelm Schönfelder (Außerordentlicher und bevollmächtigter Botschafter)
Stellv. des Ständigen Vertreters: Botschafter Jochen Grünhage

IZ C 4
Ständige Vertretung Finnlands bei der Europäischen Union
Permanent Representation of Finland to the European Union
Représentation Permanente de la Finlande auprès de l'Union Européenne
Rue de Trèves 100, B-1040 Brüssel
T: (00322) 2 87 84 11   Fax: 2 87 84 00
Ständiger Vertreter: S.E. Antti Satuli (Botschafter)
Stellv. des Ständigen Vertreters: Kare Halonen (Ministre)

IZ C 5
Ständige Vertretung Frankreichs bei der Europäischen Union
Permanent Representation of France with the Council of the European Union
Représentation Permanente du France auprès du Conseil de l'Union Européenne
Place de Louvain 14, B-1000 Brüssel
T: (00322) 2 29 82 11   Fax: 2 29 82 82
Ständiger Vertreter: S.E. Pierre Vimont (Außerordentlicher und bevollmächtigter Botschafter)
Stellv. des Ständigen Vertreters: Ministerialdirigent Philippe Etienne

IZ C 6
Ständige Vertretung Griechenlands bei der Europäischen Union
Permanent Representation of Greece to the European Union
Représentation Permanente de la Grèce de l'Union Européenne
rue Montoyer 25, B-1000 Brüssel
T: (00322) 5 51 56 11   Fax: 5 12 79 12, 5 51 56 51
Ständiger Vertreter: S.E. Aristide Agathocles (Außerordentlicher und bevollmächtigter Botschafter, T: (00322) 5 51 56 37, 5 51 56 38, 5 51 56 47)
Stellv. des Ständigen Vertreters: Ministerialdirigent Dimitrios Rallis (T: (00322) 5 51 56 01, 5 51 56 02, 5 51 56 83)

IZ C 7
Ständige Vertretung Irlands bei der Europäischen Union
Permanent Representation of Ireland to the European Union
Représentation Permanente de l'Irlande de l'Union Européenne
Rue Froissart 89-93, B-1040 Brüssel
T: (00322) 2 30 85 80   Fax: 2 30 32 03
Ständiger Vertreter: S.E. Denis O'Leary (Außerordentlicher und bevollmächtigter Botschafter)
Stellv. des Ständigen Vertreters: MDirig James Brennan

IZ C 8
Ständige Vertretung Italiens bei der Europäischen Union
Permanent Representation of Italy with to the European Union
Représentation Permanente du Italie auprès de l'Union Européenne
Rue du Marteau 9, B-1040 Brüssel
T: (00322) 2 20 04 11, 2 20 04 10   Fax: 2 19 34 49, 2 20 04 26
Ständiger Vertreter: S.E. Silvio Fagiolo (Botschafter)
Stellv. des Ständigen Vertreters: Fabio Fabbri

IZ C 9
Ständige Vertretung Luxemburgs bei der Europäischen Union
Permanent Representation of Luxemburg to the European Union
Représentation Permanente du Luxembourg auprès de l'Union Européenne
Avenue de Cortenbergh 75, B-1000 Brüssel
T: (00322) 7 35 20 60, 7 37 56 00   Fax: 7 36 14 29, 7 37 56 10
Ständiger Vertreter: S.E. Nicolas Schmit (Außerordentlicher und bevollmächtigter Botschafter)
Stellv. des Ständigen Vertreters: Marc Ungeheuer

IZ C 10
Ständige Vertretung der Niederlande bei der Europäischen Union
Permanent Representation of Netherlands with the Council of the European Union
Représentation Permanente du Pays-Bas auprès du Conseil de l'Union Européenne
Av. Herrmann Debroux 48, B-1160 Brüssel
T: (00322) 6 79 15 11   Fax: 6 79 17 75
Ständiger Vertreter: S.E. B. R. Bot (Außerordentlicher und bevollmächtigter Botschafter, T: (00322) 6 79 15 02)
Stellv. des Ständigen Vertreters: Ministerialdirigent I. M. de Jong (T: (00322) 6 79 15 08)

IZ C 11
Ständige Vertretung Österreichs bei der Europäischen Union
Permanent Representation of Austria with the Council of the European Union
Représentation Permanente du Autriche auprès du Conseil de l'Union Européenne
Avenue de Cortenberg 30, B-1040 Brüssel
T: (00322) 2 34 51 00   Fax: 2 34 53 00
Ständiger Vertreter: S.E. Gregor Woschnagg (Außerordentlicher und bevollmächtigter Botschafter)
Stellv. des Ständigen Vertreters: Judith Gebetsroithner (AStV I)

IZ C 12
Ständige Vertretung Portugals bei der Europäischen Union
Permanent Representation of Portugal with the Council of the European Union
Représentation Permanente du Portugal auprès du Conseil de l'Union Européenne
avenue de Cortenberg 12-22, B-1040 Brüssel
T: (00322) 2 86 42 11   Fax: 2 31 00 26
Ständiger Vertreter: S.E. Vasco Valente (Außerordentlicher und bevollmächtigter Botschafter)
Stellv. des Ständigen Vertreters: Ministerialdirigentin Maria Margarida Araújo Figueiredo

IZ C 13
Ständige Vertretung Schwedens bei der Europäischen Union
Permanent Representation of Sweden to the European Union
Représentation Permanente de la Suède auprès de l'Union Européenne
Square de Meeûs 30, B-1000 Brüssel
T: (00322) 2 89 56 11   Fax: 2 89 56 00
E-Mail: representationen.bryssel@foreign.ministry.se
Ständiger Vertreter: S.E. Gunnar Lund (Außerordentlicher und bevollmächtigter Botschafter)
Stellv. des Ständigen Vertreters: Ministerialdirigent Lars Olof Lindgren

IZ C 14
Ständige Vertretung Spaniens bei der Europäischen Union
Permanent Representation of Spain with the Council of the European Union
Représentation Permanente de l'Espagne auprès du Conseil de l'Union Européenne
Boulevard du Régent 52-54, B-1000 Brüssel
T: (00322) 5 09 86 11   Fax: 5 11 10 23, 5 11 19 40, 5 11 26 30
Ständiger Vertreter: S.E. Francisco Javier Elorza Cavengt (Außerordentlicher und bevollmächtigter Botschafter)
Stellv. des Ständigen Vertreters: Ministerialdirigent Miguel Ángel Navarro Portera

IZ C 15
Ständige Vertretung des Vereinigten Königreichs bei der Europäischen Union
Permanent Representation of United Kingdom with the Council of the European Union
Représentation Permanente du Royaume Uni auprès du Conseil de l'Union Européenne
Avenue d'Auderghem 10, B-1040 Brüssel
T: (00322) 2 87 82 11   Fax: 2 87 83 98
Ständiger Vertreter: Sir Stephen Wall (Botschafter)
Stellv. des Ständigen Vertreters: Bill Stow (Gesandter)

IZ E Handelskammern

Zum Auffinden einer bestimmten Dienststelle oder Organisation dient das Suchwortverzeichnis, eines Personennamens das Personenverzeichnis

Handelskammern

IZ E 1

Handelskammern

● **IZ E 1**

Internationale Handelskammer (ICC)
International Chamber of Commerce
Chambre de Commerce Internationale
38, Cours Albert 1er, F-75008 Paris
T: (00331) 49 53 28 28   **Fax:** 49 53 29 42
Internet: http://www.iccwbo.org
E-Mail: icc@iccwbo.org
Gründung: 1919
Präsident(in): Richard D. McCormick, USA
Generalsekretärin: Maria Livanos Cattaui, Frankreich
Leitung Presseabteilung: Bryce Corbett
Mitglieder: Tausende von Firmen und Geschäftsverbänden in mehr als 135 Ländern, Landesverbände in 60 Ländern

Landesverband in der Bundesrepublik Deutschland:

iz e 2

ICC Deutschland Internationale Handelskammer
Postf. 10 08 26, 50448 Köln
Mittelstr. 12-14, 50672 Köln
T: (0221) 2 57 55 71   **Fax:** 2 57 55 93
Internet: http://www.icc-deutschland.de
E-Mail: icc@icc-deutschland.de
Generalsekretärin: Angelika Pohlenz

Deutsche Gruppe der Internationalen Handelskammer siehe auch Teil E

● **IZ E 3**

Vereinigung der Europäischen Industrie- und Handelskammern (EUROCHAMBRES AISBL)
Association des Chambres de Commerce et d'Industrie Européennes
Rue Archimède 5, Bte. 4, B-1000 Brüssel
T: (00322) 2 82 08 50   **Fax:** 2 30 00 38
Internet: http://www.eurochambres.be
E-Mail: eurochambres@eurochambres.be
Gründung: 1958 (28. Februar)
Präsident(in): Dr. jur. Jörg Mittelsten Scheid, Deutschland
Vizepräsident(in): Maurice Grunwald, Frankreich
Antoni Negre i Villavecchia, Spanien
John Coyle (Ireland)
Ingrid Tichy-Schreder, Österreich
Toon Woltman, Niederlande
Danilo Longhi, Italien
Christopher Stewart-Smith, Großbritannien
Generalsekretär(in): Arnaldo Abruzzini
Verbandszeitschrift: CHAMBERS EUROPE
Verlag: EUROCHAMBRES
Mitglieder: 34, davon 15 tituläre, 18 assoziierte, 1 korrespondierendes
Mitarbeiter: 20

Europäische Union

Belgien

iz e 4

Fédération Nationale des Chambres de Commerce et d'Industrie de Belgique
Nationale Federatie der Kamers voor Handel en Nijverheid van België
Avenue des Arts, 1/2, bte 10, B-1210 Bruxelles
T: (00322) 2 09 05 50   **Fax:** 2 09 05 68
E-Mail: fedcci@cci.be
Präsident(in): Guido Peleman
Direktor(in): Vincent Bovy

Dänemark

iz e 5

Danish Chamber of Commerce (D.C.C.)
Borsen (Royal Exchange), DK-1217 Copenhagen K
T: (0045) 33 95 05 00   **Fax:** 33 32 52 16, 33 91 12 03
E-Mail: handelskammeret@commerce.dk
Präsident(in): Niels Hofman Laursen
Generalsekretär(in): Lars Krobaek

Deutschland

iz e 6

Deutscher Industrie- und Handelstag (DIHT)
11052 Berlin
Breite Str. 29, 10178 Berlin
T: (030) 2 03 08-0   **Fax:** 2 03 08-1000
T-Online: *69010 /Anwahl KIT#
Internet: http://www.diht.de
E-Mail: diht@berlin.diht.de
Präsident(in): Ludwig Georg Braun (Fa. B. Braun Melsungen AG, Carl-Braun-Str. 1, 34212 Melsungen)
Hauptgeschäftsführer(in): Franz Schoser

iz e 7

Deutscher Industrie- und Handelstag Vertretung des DIHT bei den Europäischen Gemeinschaften
49 A Boulevard Clovis, B-1000 Bruxelles
T: (00322) 2 86 16 11   **Fax:** 2 86 16 05
E-Mail: diht@bruessel.diht.de
Kontakt: Dipl.-Volksw. Peter Korn

Finnland

iz e 8

Central Chamber of Commerce of Finland
Postfach 1000, FIN-00101 Helsinki
Aleksanterinkatu, 17, FIN-00101 Helsinki
T: (003589) 69 69 69   **Fax:** 65 03 03
E-Mail: keskuskauppakamari@wtc.fi
Präsident(in): Vesa Vainio
Director General: Jalas Kari

iz e 9

Central Chamber of Commerce of Finland Brussels Office
Rue de la Charité 17, B-1210 Brüssel
T: (00322) 2 09 43 11   **Fax:** 2 23 08 05
E-Mail: sampsa.saralehto@wtc.fi

Frankreich

iz e 10

Assemblée des Chambres Françaises de Commerce et d'Industrie (ACFCI)
Avenue d'Iéna, 45, F-75769 Paris
T: (00331) 40 69 37 00   **Fax:** 47 20 61 28
E-Mail: service.courrier@acfci.cci.fr
Präsident(in): Jean-Paul Noury
Director General: François Duvergé

iz e 11

Assemblée des Chambres Françaises de Commerce et d'Industrie Büro Brüssel
Avenue des Arts, 1/2, bte 9, B-1210 Bruxelles
T: (00322) 2 21 04 11   **Fax:** 2 17 69 87
E-Mail: m.chilaud@acfci.cci.fr
Direktor(in): Olivier Lemerle

Griechenland

iz e 12

Union of Hellenic Chambers of Commerce
Akadimias 7-9, GR-10871 Athenes
T: (00301) 3 63 27 02   **Fax:** 3 62 23 20
E-Mail: hellas@uhcci.gr
Präsident(in): Paris Kyriakopoulos
Generalsekretär(in): G.N. Kassimatis

iz e 13

Union of Hellenic Chambers of Commerce Brussels Office
World Trade Centre
Bd E. Jacqmain 162, bte 3, B-1210 Bruxelles
T: (00322) 2 03 00 90   **Fax:** 2 03 10 67
Direktor(in): Andreas Thannasoulias

Großbritannien

iz e 14

The British Chambers of Commerce
Manning House
22, Carlisle Place, GB- London SW1P 1JA
T: (004420) 75 65 20 00   **Fax:** 75 65 20 49
E-Mail: info@britishchambers.org.uk
Präsident(in): David Richardson
Director General: Chris Humphries

Irland

iz e 15

The Chambers of Commerce of Ireland
Merrion Square 22, IRL- Dublin 2
T: (003531) 6 61 28 88   **Fax:** 6 61 28 11
E-Mail: info@chambersireland.ie
Präsident(in): Philip O'Reilly
Direktor(in): Simon Nugent

iz e 16

The Chambers of Commerce of Ireland Brussels Office
c/o Schuman Associates s.c.r.l.
5, rue Archimède, Bte 12, B-1000 Bruxelles
T: (00322) 230 74 39   **Fax:** 230 74 26
E-Mail: gerard.namara@skynet.be

Italien

iz e 17

Unione Italiana delle Camere di Commercio, Industria, Artigianato e Agricoltura (UNIONCAMERE)
Piazza Sallustio 21, I-00187 Rome
T: (00396) 4 70 41   **Fax:** 48 90 39 63
Internet: http://www.unioncamere.it
E-Mail: unioncamere@unioncamere.it
Präsident(in): Danilo Longhi
Generalsekretär(in): Luigi Mastrobuono

iz e 18

Unione Italiana delle Camere di Commercio, Industria, Artigianato e Agricoltura Büro Brüssel
Rue de l'Industrie 22, B-1040 Brüssel
T: (00322) 5 12 22 40   **Fax:** 5 12 49 11
E-Mail: sede.bruxelles@unioncamere.be

Luxemburg

iz e 19

Chambre de Commerce du Grand Duché de Luxembourg
31, bd. Konrad Adenauer, L-2981 Luxembourg
T: (00352) 4 23 93 91   **Fax:** 43 83 26
E-Mail: direction@cc.lu
Präsident(in): Paul Meyers
Director General: Paul Hippert

Niederlande

iz e 20

Vereniging van Kamers van Koophandel en Fabrieken in Nederland
Watermolenlaan 1, NL-3440 GT Woerden
T: (0031348) 42 69 11   **Fax:** 42 43 68
E-Mail: post@vvk.kvk.nl
Präsident(in): A. Kranendonk
Generalsekretär(in): Gerard Knoop

Österreich

iz e 21

Wirtschaftskammer Österreich
Postfach 3 50, A-1045 Wien
Wiedner Hauptstrasse 63, A-1045 Wien
T: (00431) 5 01 05-0   **Fax:** 5 01 05-250
Internet: http://www.wko.at
E-Mail: wkoe@wkoe.wk.or.at
Präsident(in): Dr. Christoph Leitl
Vizepräsident(in): Dr. Alfons Haiden

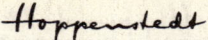

Matthias Krenn
Adolf Moser
Dr. Richard Schenz
Mag. Andrea Unzeitig
Generalsekretär(in): Mag. Christian Domany
Dr. Reinhold Mitterlehner
Dr. Egon Winkler

iz e 22

**Wirtschaftskammer Österreich
Büro Brüssel**
Avenue de Cortenberg 30, B-1040 Brüssel
T: (00322) 2 86 58 80   **Fax:** 2 86 58 99
E-Mail: eu@eu.austria.be
Direktor(in): Stefan Pistauer

Portugal

iz e 23

Associacao Comercial de Lisboa, Camara de Comercio e Industria Portuguesa
Rua Portas de Santo Antao, 89, P-1194 Lisboa Codex
T: (003511) 322 40 50   **Fax:** 322 40 51
E-Mail: port.chamber.ci@mail.telepac.pt
Präsident(in): Joao Mendes de Almeida
Coordinator: Joao Cabral

Schweden

iz e 24

Svenska Handelskammarförbundet
The Association of Swedish Chambers of Commerce and Industry
Postfach 16050, S-10322 Stockholm
Västra Trädgardsgatan 9, S-10322 Stockholm
T: (00468) 6 13 18 00   **Fax:** 4 11 75 70
E-Mail: stock@chamber.se
Präsident(in): Gustaf Douglas
Executive Director: Peter Egardt

iz e 25

**The Association of Swedish Chambers of Commerce and Industry
Brussels Office**
Avenue Cortenbergh 52, B-1000 Brüssel
T: (00322) 7 40 06 00   **Fax:** 7 40 06 16
E-Mail: ulrika.hammar@srbo.stockholm.se

Spanien

iz e 26

Consejo Superior de las Camaras de Comercio, Industria y Navegación de España
C/ Velazquez 157, E-28002 Madrid
T: (00341) 5 90 69 00   **Fax:** 5 90 69 08, 5 90 69 10, 5 90 69 12
E-Mail: csc@cscamaras.es
Präsident(in): Jose Manuel Fernandez Norniella
Director General: F. Gomez Aviles-Casco

iz e 27

**Consejo Superior de las Camaras de Comercio, Industria y Navegación de España
Büro Brüssel**
Boulevard Général Wahis, 15, B-1030 Bruxelles
T: (00322) 7 05 67 50   **Fax:** 7 05 66 40
E-Mail: del.bruselas@cscamaras.es
Direktor(in): Emiliano Alonso Pelegrin

Mittel- und Osteuropa

Bulgarien

iz e 28

Bulgarian Chamber of Commerce and Industry
Parchevich Street, 42, BG-1000 Sofia
T: (003592) 9 87 26 31   **Fax:** 9 87 32 09
E-Mail: bcci@bcci.bg
Präsident(in): Bojidar Bojinov
Generalsekretär(in): Tzvetan Simeonov

Estland

iz e 29

Estonian Chamber of Commerce and Industry
Toom-Kooli 17, EW-0001 Tallinn
T: (003722) 460 244   **Fax:** 460 245
E-Mail: koda@koda.ee
Präsident(in): Toomas Luman
Direktor(in): Kaia Kirs

Lettland

iz e 30

The Latvian Chamber of Commerce and Industry
21, Brivibas Blvd., LV-1849 Riga
T: (0037132) 22 55 95   **Fax:** 33 22 76
E-Mail: chamber@sun.lcc.org.lv
Präsident(in): Viktors Kulbergs
Executive Director: Voldemars Gavars

Litauen

iz e 31

Association of Lithuanian Chambers of Commerce and Industry
Algirdo Street 31, LT-2600 Vilnius
T: (003702) 63 56 70   **Fax:** 23 52 28
E-Mail: lppra@post.omnitel.net
Präsident(in): S.R. Petrikis
Executive Director: Eimantas Kiudulas

Polen

iz e 32

Polish Chamber of Commerce
Ul Trebacka 4, PL-00074 Warschau
T: (004822) 8 26 01 43   **Fax:** 8 8 26 41 99
E-Mail: mailbox@kig.pl
Präsident(in): Andrzej Arendarski
Director General: Marek Kloczko

Rußland

iz e 33

The Chamber of Commerce and Industry of the Russian Federation
Ilyinka 6, RUS-103684 Moskau
T: (00795) 9 29 00 09   **Fax:** 9 29 03 60

Rumänien

iz e 34

Chamber of Commerce and Industry of Romania
Bd. Octavian Goga 2, R-79502 Bukarest 3
T: (00401) 3 22 95 35   **Fax:** 3 12 38 30
E-Mail: ccir@ccir.ro
Präsident(in): George Cojocaru
Director External Affairs: Liliane Deac

Slowakische Republik

iz e 35

Slovak Chamber of Commerce and Industry
Gorkeho str. 9, SK-81603 Bratislava
T: (00427) 54 43 32 72   **Fax:** 54 43 07 54
E-Mail: sopkurad@scci.sk
Präsident(in): Peter Mihok
Generalsekretär(in): Martin Hrivik

Slowenien

iz e 36

Chamber of Economy of Slovenia
Dimiceva 13, SLO-1504 Ljubljana
T: (0038661) 1 89 80 00   **Fax:** 1 89 81 00, 1 89 82 00
E-Mail: infolink@hq.gzs.si
Präsident(in): Jozko Cuk
Deputy Secretary General: Andrej Friedl

Tschechische Republik

iz e 37

The Economic Chamber of the Czech Republic
Seifertova 22, CZ-13000 Praha 3
T: (004202) 24 09 61 11   **Fax:** 24 09 62 22
E-Mail: hrkal@hkcr.cz
Präsident(in): Zdenzk Somr
Generalsekretär(in): Alexandre Safarik

Ungarn

iz e 38

Hungarian Chamber of Commerce
Kossuth Lajos ter 6-8, H-1055 Budapest
T: (00361) 4 74-5141   **Fax:** 4 74-5149
E-Mail: intdept@mail.mkik.hu
Präsident(in): Lajos Tolnay
Generalsekretär(in): Peter Dunai

Mittelmeergebiet

Israel

iz e 39

Federation of Israeli Chambers of Commerce
Chamber of Commerce House
Hahasmonnaim Street 84, IL- Tel Aviv 67011
T: (009723) 56 31 02   **Fax:** 5 61 90 27
E-Mail: chamber@tlv-chamber.org.il
Präsident(in): Dan Gillerman
Executive Director: Ika Abravanel

Malta

iz e 40

The Malta Chamber of Commerce
Exchange Building
Republic Street, GBY- Valletta VLT 05
T: (00356) 24 72 33, 23 38 73   **Fax:** 24 52 23
E-Mail: info@chamber.commerce.org.mt
Präsident(in): Luis Farrugia
Director General: A. Borg Cardona

iz e 41

**The Malta Chamber of Commerce
Brussels Office**
rue Montoyer 17-19 Box 3, B-1000 Brüssel
T: (00322) 5 02 60 91   **Fax:** 5 12 13 53
E-Mail: mizzi@ibec.ie

Turkei

iz e 42

Union of Chambers of Commerce, Industry Maritime Commerce and Commodity Exchanges of Turkey (UCCIMCCE)
Atatürk Bulvari 149 Bakanliklar, TR- Ankara
T: (0090312) 4 17 77 00   **Fax:** 4 18 32 68
E-Mail: ferd@info.tobb.org.tr
Präsident(in): Fuat Miras
Generalsekretär(in): Sefik Tokat

iz e 43

**Union of Chambers of Commerce, Industry Maritime Commerce and Commodity Exchanges of Turkey
Brussels Office**
Avenue Franklin Roosevelt 148A, B-1050 Brüssel
T: (00322) 6 46 40 40   **Fax:** 6 46 95 38
E-Mail: ikvnet@skynet.be
Direktor(in): Haluk Nuray

Zypern

iz e 44

Cyprus Chamber of Commerce and Industry
Chamber Buidling
Postfach 21455, CY- Nicosia
38, Grivas Dhigenis Ave, CY- Nicosia
T: (003572) 66 95 00   **Fax:** 66 90 48

iz e 44

E-Mail: chamber@ccci.org.cy
Präsident(in): Vassilis Rologis
Generalsekretär(in): Panayiotis Loizides

EFTA-Länder

Island

iz e 45
Iceland Chamber of Commerce
House of Commerce
Kringlunni 7, IS-103 Reykjavik

T: (003545) 10 71 00   Fax: 68 65 64
E-Mail: mottaka@chamber.is
Präsident(in): Einar Sveinsson

Norwegen

iz e 46
The Association of Norvegian Chambers of Commerce
Postboks 2900 Solli, N-0230 Oslo
T: (004722) 54 17 00   Fax: 56 17 00

E-Mail: h.thrap.meyer@hsh-org.no
Präsident(in): Lauritzen
Director General: Herman Thrap-Meyer

Schweiz

iz e 47
Conférence des Chambres de Commerce Suisses
c/o Basler Handelskammer
St.-Alban-Graben 8, CH-4001 Basel
T: (004161) 2 72 18 88   Fax: 2 72 62 28
E-Mail: hkbb@hkbb.ch

IZ F Industrie

Zum Auffinden einer bestimmten Dienststelle oder Organisation dient das Suchwortverzeichnis, eines Personennamens das Personenverzeichnis

Industrie-Fachverbände

IZ F 1

Industrie-Fachverbände

● **IZ F 1**

Verband der Europäischen Gipsindustrien (EURO-GYPSUM)
Association of European Gypsum Industries
Association des Industries Européennes du Plâtre
Rue Gulledelle 98 box 7, B-1200 Brüssel
T: (00322) 7 75 84 90   **Fax:** 7 71 30 56
Internet: http://www.eurogypsum.org
E-Mail: eurogypsum@pophost.eunet.be
Gründung: 1961
Präsident(in): Baldwin Knauf
Secrétaire Général: Philip Bennett
Mitglieder: 14 (11 ordentl., 3 außerordentl., 2 korrespond.)

Mitgliedsorganisationen

Belgien

iz f 2

Association Belgo-Luxembourgeoise de Gypse
Merksemsebaan 270, B-2110 Wijnegem
T: (00323) 3 60 24 08   **Fax:** 3 60 24 09
E-Mail: blgv.ablg@gyproc.be

Deutschland

iz f 3

Bundesverband der Gips- und Gipsbauplattenindustrie e.V.
Birkenweg 13, 64295 Darmstadt
T: (06151) 36 68 20   **Fax:** 3 66 82 22
Internet: http://www.gipsindustrie.de
E-Mail: info@gipsindustrie.de

Frankreich

iz f 4

Syndicat National des Industries du Plâtre (SNIP)
Rue Alfred Roll 3, F-75017 Paris
T: (00331) 44 01 47 35   **Fax:** 44 01 47 58
E-Mail: snipic@worldnet.fr

Großbritannien

iz f 5

Gypsum Products Development Association - GPDA
c/o KPMG - The Secretariat
Department Ansley
Queen Victoria Street 165, GB- London EC4V 4DD
T: (004420) 73 11 29 42   **Fax:** 73 11 29 13
Internet: http://www.gpda.com
E-Mail: crispin.dunn-meynell@kpmg.co.uk

Italien

iz f 6

Associazione dell'Industria Italiana della Calce, del Gesso e delle Malte (CAGEMA)
Via di Santa Teresa 23, I-00198 Rom
T: (00396) 85 30 20 77   **Fax:** 85 30 16 93
Internet: http://www.cagema.net
E-Mail: cagema@mclink.it

Niederlande

iz f 7

Nederlandse Branchevereniging Gips (NBVG)
Postfach 2 99, NL-3000 AG Rotterdam
T: (03110) 2 43 01 76   **Fax:** (03110) 2 43 09 17
Internet: http://www.nbvg.nl
E-Mail: h.schinkel@pi.net

Österreich

iz f 8

SK-Fachverband der Stein- und Keramischen Industrie Österreichs
Postfach 329, A-1045 Wien
Wiedner Hauptstrasse 63, A-1045 Wien
T: (00431) 5 01 05 35 31   **Fax:** 5 05 65 40
Internet: http://www.wk.or.at/stein_keramik
E-Mail: steine@wkoesk.wk.or.at

Schweiz

iz f 9

Schweizerischer Verband der Gips- und Gipsbauplattenindustrie
CH-5113 Holderbank
T: (004162) 8 87 44 44   **Fax:** 8 87 44 45
E-Mail: info@rigips.ch

Skandinavien

iz f 10

Nordisk Gipsskiveforening
(Schweden, Norwegen, Dänemark, Finnland)
Postfach 655 Tangen, S-3002 Drammen
T: (004733) 78 48 00   **Fax:** 78 48 50
E-Mail: norgips@norgips.no

Spanien

iz f 11

ATEDY Asociación Técnica Y Empresarial del Yeso
calle San Bernardo 22, 1°, E-28015 Madrid
T: (003491) 5 32 65 34   **Fax:** 5 32 94 78
E-Mail: yesos@atedy.es

Türkei

iz f 12

Türkiye Alçi Üreticileri Dernegi
Lambaçi SK 17
Kosuyolu Sitesi Blok D1, TR-81020 Kosuyolu-Kadiköy Istanbul
T: (0090216) 3 26 35 71   **Fax:** 3 26 35 71
E-Mail: alcider@superonline.com

● **IZ F 13**

Arbeitsgemeinschaft Europäischer Trocknungsbetriebe (CIDE)
European Dehydrators Association
Commission Intersyndicale des Déshydrateurs Européens
Secrétariat Permanent: C.I.D.E.
B.P. 8, F-61110 Condé sur Huisne
T: (00332) 85 12 38   **Fax:** 85 12 38
Gründung: 1959
Président: Luigi Naglia (Via Mariani 9, 48000 Ravenna, Italie, T: (0039544) 3 22 11, Telefax: (0039544) 3 22 41)
Secrétaire Général: Éric Guillemot (B.P. 8, 61110 Condé sur Huisne, France, Tel./Fax: (0033(0)2) 85 12 38)
Trésorier: Gérard Leclère (B.P. 15, 51500 Puisieulx, France, Tel.: (0033(0)3) 26 85 02 09, Fax: (0033(0)3) 26 85 01 35)
Mitarbeiter: 2

Mitgliedsorganisationen

Belgien

iz f 14

Association Professionnelle de l'Industrie Belge de Déshydratation (A.P.I.B.D.)
Vaartstraat 32, B-8630 Veurne
T: (003258) 31 15 51   **Fax:** 31 64 71
Président: Koenraad Pauwelyn

Dänemark

iz f 15

Kunsttoørrings Industriens Sammenslutning (Kisam)
Axeltorv 3,1, DK-1609 Kobenhavn V
T: (0045) 33 14 56 72   **Fax:** 33 14 95 74
Präsident(in): Vagn Hundeboll (BANGRØNT PRODUCTS A/5, Industrivej 12, DK-6870 Ølgod, T: (0045) 75 24 46 11, Telefax: (0045) 75 24 62 66)
Secrétaire: Klaus Sørensen

Deutschland

iz f 16

Bundesfachverband Landwirtschaftlicher Trocknungswerke Deutschland e.V. (BLTD)
Kirchstr. 1, 87739 Breitenbrunn
T: (08263) 3 81   **Fax:** 6 45
Président: Alfons Biber (Directeur u. Secrétaire, Schulberg 2, Berdenau, 87739 Breitenbrunn, T: (08265) 5 64)
Vice-Président: Werner Huebner (Treuenbrietzenerstr. 30, 14823 Niemegk, Brandenburg, T: (033843) 22 30, Telefax: (033843) 22 30)

Frankreich

iz f 17

Syndicat National des Déshydrateurs de France (S.N.D.F.)
45, rue de Richelieu, F-75001 Paris
T: (00331) 42 61 72 94   **Fax:** 49 27 02 73
Président: Gérard Leclere (Luzerne de Champagne, Pôle Technologique, Henri Farman, 3 rue Clément Ader, BP 7079, 51685 Reims Cedex 2)
Directeur: Éric Guillemot
Secrétaire: Brigitte Deston

Großbritannien

iz f 18

The British Association of Green Crop Driers Ltd. (B.A.G.C.D.)
Silverwood
Stone Street Westenhanger, GB- Hythe-Kent CT21 4HT
T: (00441303) 26 73 17   **Fax:** 26 82 70
Präsident(in): Keir Wyatt (DENGIE CROPS LTD, Hall Road, Asheldham, Southminster, Essex CMO 7JF, T: (00441621) 77 38 83, Telefax: (00441621) 77 37 17)
Secrétaire: Roger Earl

Italien

iz f 19

Associazione Nazionale Disidratori Foraggi Verdi (A.N.D.F.V.)
c/o Livia Caprara
Via Trento 3, I-48100 Ravenna
T: (0039544) 6 52 92   **Fax:** 6 76 74
Président: Luigi Naglia (Via Mariani 9, 48000 Ravenna, T: (0039544) 3 22 11, Telefax: (0039544) 3 22 41)
Secrétaire: Livia Caprara

Niederlande

iz f 20

Vereniging van Nederlandse Groenvoederdrogerijen (V.N.G.)
Postbus 31, NL-4410AA Rilland
T: (0031113) 55 21 64   **Fax:** 55 23 59
Président: Eiko Jan Duursema (Drogerij B.V. Oldambt, Langeweg 5, 9682 XR Oostwold (NL), T: (0031597) 55 13 02, Telefax: (0031597) 55 17 67)
Vice-Président: Koob Emmink (Grasdrogerij Ruinerwold e.o., Dr Laryweg 81a, Postus 8, 7960 AA Ruinerwold (NL), T: (0031522) 48 13 26, Telefax: (0031522) 48 20 88)
Secrétaire: Leun van Weele

Hoppenstedt

Österreich

iz f 21

Verband Österreichischer Grünfuttertrocknungsanlagen (V.Ö.G.)
Löwelstr. 16, A-1014 Wien
T: (00431) 5 34 41-253   Fax: 5 34 41-475
Président: Eduard Zotter (Trocknungsgemeinschaft Zissersdorf, 2094 Zissersdorf 127, T: (00432915) 24 40)
Vice-Président: Ök. Rat Dipl.-Ing. Graf Hans Hoyos (Hoyos'sche Grünfuttertrocknungsanlage, Schloßplatz 1, 3580 Horn, T: (00432982) 23 03, Telefax: (00432982) 45 12)
Manager: Dipl.-Ing. Engelbert Edinger (Löwelstr. 16, 1010 Wien, T: (00431) 5 34 41-253, Telefax: (00431) 5 34 41-4 75)

Schweden

iz f 22

Svenska Grönfodertorkföreningen (S.G.F.)
Postfach !, S-59030 Borensberg
Bobergs Valltork ek. för Fornåsa, S-59030 Borensberg
T: (0046141) 7 00 64   Fax: 7 00 88
Président: Anders Askling (N. Tägneby Gard, 59030 Borensberg)
Secrétaire: Torsten Kinnefors

Spanien

iz f 23

Asociacion Española de Fabricantes de Harinas y Granulados de Alfalfa y Forrajes (A.E.F.A.)
Paseo de Isabel La Catolica 2, E-50009 Zaragoza
T: (003476) 55 22 98   Fax: 35 79 45
Président: Mariano José López (Ctra. De castellón, km 39, E-50770 Quinto de Ebro, T: (003476) 17 71 05, Telefax: (003476) 17 60 54; Privat: C/. Doctor Cerrada n°3, 4°-B, E-50005 Zaragoza, T: (003476) 22 52 89, Telefax: (003408) 73 13 92)
Secrétaire: Francisco Vigalondo
Jesús Cisneros Zueco (T: (003476) 35 35 40)

● **IZ F 24**

Arbeitsgemeinschaft der Verbände der Europäischen Schloss- und Beschlagindustrie (ARGE)
The European Federation of Associations of Lock and Builders Hardware Manufacturers
Fédération Européenne des Associations de Fabricants de Serrures et de Ferrures
Postfach 7, CH-2563 Ipsach
T: (004132) 3 31 64 93   Fax: 3 31 00 88
E-Mail: arge.europe@bluewin.ch
Gründung: 1953
Vorsitzende(r): Matti Virtaala
General Secretary: Hans R. Liechti (CH)
Mitglieder: 16 National Manufacturers associations
Mitarbeiter: 1

Mitgliedsorganisationen

Belgien

iz f 25

Belgian National Committee for ARGE
c/o Litto N.V.
Canadalaan 73, B-8620 Nieuwpoort
T: (003258) 23 41 01   Fax: 23 89 64

Dänemark

iz f 26

Danish National Committee for ARGE
c/o A/S Peder Nielsen Beslagfabrik
Nörregade 25, DK-9700 Brönderslev
T: (0045) 96 45 56 56   Fax: 96 45 56 57
Secr.: Tonny Bistrup

Deutschland

iz f 27

Fachverband Schloß- und Beschlagindustrie e.V. S+B
Postf. 10 03 70, 42503 Velbert
Offerstr. 12, 42551 Velbert

T: (02051) 95 06-0   Fax: 95 06-20
Sekretär: Dipl.-Kfm. Karlheinz Kemminer

Finnland

iz f 28

Finnish National Committee for ARGE (FIMET)
Postfach 10, FIN-00131 Helsinki
T: (003589) 1 92 31   Fax: 6 22 26 06
Secr.: Anita Saijonkivi

Frankreich

iz f 29

Union Nationale des Industries de la Quincaillerie UNIQ
16 Avenue Hoche, F-75008 Paris
T: (00331) 45 63 62 50, 45 63 20 75   Fax: 45 63 40 52
Del.Gen.: Ph. de la Croix

Großbritannien

iz f 30

Association of Building Hardware Manufacturers (ABHM)
The Office
Heath Street, GB- Tamworth, Staffs. B79 7JH
T: (00441827) 5 23 37   Fax: 31 08 27

iz f 31

The British Lock Manufacturers' Association (BLMA)
The Office
Heath Street, GB- Tamworth, Staffs. B79 7JH
T: (00441827) 5 23 37   Fax: 31 08 27
Secr.: M. P. Skelding

Italien

iz f 32

ANIMA - Federazione delle Associazioni Nazionali dell'Industria Meccanica
Federation of the Italian Mechanical and Engineering Industry Associations
Unione Fabbricanti Serrature e Ferramenta
Via Battistotti Sassi 11B, I-20133 Mailand
T: (00392) 73 97-1   Fax: 73 97-316
Internet: http://www.anima-it.com
E-Mail: assotermica@anima-it.com
Secr.: Loredana Nicola

Niederlande

iz f 33

Vereniging Fabrieken van Hang- en Sluitwerk (VHS)
Postfach 190, NL-2700 AD Zoetermeer
Boerhavelaan 40, NL-2700 AD Zoetermeer
T: (003179) 3 53 11 00   Fax: 3 53 13 65
Secr.: Arjen Koole

Norwegen

iz f 34

Norwegian National Committee for ARGE
Trio Ving A/S
Postfach 25, Treita, N-0617 Oslo
T: (004723) 37 30 00   Fax: 37 30 50
Secr.: Tore Glenne

Österreich

iz f 35

Verband der Österreichischen Schloss- und Beschlagindustrie
Bahngasse 1, A-3130 Herzogenburg
T: (00432782) 8 22 32   Fax: 8 22 32
Secr.: W. Steiner

Polen

iz f 36

Klub Polskich Producentów
Zamków I Okuc, ul Taczaka 12, PL-61819 Poznan
T: (0048618) 53 76 29   Fax: 53 78 33
Secr.: Andrzej Jurga

Portugal

iz f 37

Associação Portuguesa dos Industriais de Feragens (APIFER)
Postfach 4 50, P-3750 Agueda
T: (00351234) 64 67 72   Fax: 64 67 73
Secr.: Franco Morgado

Schweden

iz f 38

Swedish Association of Manufacturers of Locks and Builders Hardware
Postfach 5510, S-11485 Stockholm
Storgatan 19, S-11485 Stockholm
T: (00468) 7 82 08 52   Fax: 6 60 33 78
Secr.: Anders Östergren

Schweiz

iz f 39

VSSB Verband Schweiz. Schloss- und Beschlägefabrikanten
Postfach 360, CH-4601 Olten
Dornacherstr. 27, CH-4601 Olten
T: (004162) 2 05 70 34   Fax: 2 05 70 31
Secr.: Felix Wyss

Spanien

iz f 40

Agrupaçion de Fabricantes Cerrajera (AFACE)
Gran Via 4, E- Bilbao 48001
T: (003494) 4 23 25 93   Fax: 4 23 25 93
Secr.: Dr.-Ing. J. Marañón

Ungarn

iz f 41

Verband der Ungarischen Schloss- und Beschlaghersteller
c/o Roto Elzett Certa KFT
Kassuth L. u. 25, H-9461 Lövö
T: (003699) 53 41 05   Fax: 36 52 83
Secr.: Janos Pinter

● **IZ F 42**

Arbeitskomitee der Mälzereien in der EU (EUROMALT)
Working Committee of the Malting Industry of the E.U.
Comité de Travail des Malteries de la CEE
9, Avenue de Gaulois, B-1040 Bruxelles
T: (00322) 7 36 53 54   Fax: 7 32 34 27
E-Mail: anna.maria.de.smet@ecco.be
Président: D. Wilkes

Mitgliedsorganisationen

iz f 43

Fédération Belge des Malteurs de L'uebl
Nerumstraat 7, B-9340 Lede
T: (003253) 81 09 90   Fax: 80 92 30
E-Mail: fbm@skynet.be
Président: Jean-Louis Dourcy
Secrétaire Général: Claudine Vandemeulebroeke

iz f 44

Dänemark

iz f 44

Association of Danish Maltsters
c/o Dragsbaek Maltfabrik A/S
Export Office
Oddesundvej 42, DK-7700 Thisted
T: (0045) 97 92 33 66 **Fax:** 97 92 27 87
E-Mail: malt@dragsbaek.com

Deutschland

iz f 45

Deutscher Mälzerbund e.V.
Postf. 20 04 28, 53134 Bonn
Dechant-Heimbach-Str. 21, 53177 Bonn
T: (0228) 31 10 62 **Fax:** 31 23 85
E-Mail: maelzerbund@t-online.de

Finnland

iz f 46

Finnish Maltsters' Association
Postfach 115, FIN-00241 Helsinki
T: (003589) 14 88 71 **Fax:** 14 88 72 01
E-Mail: antero.leino@etl.fi

Frankreich

iz f 47

Malteurs de France
66 rue de La Bóetie, F-75008 Paris
T: (00331) 43 59 44 93 **Fax:** 45 63 00 70
E-Mail: malteursf.a.defougereux@wanadoo.fr, malteursf.s.lecocq@wanadoo.fr

Großbritannien

iz f 48

Maltsters' Association of Great Britain
31B Castle Gate, GB- Newark on Trent, Notts. NG24 1AZ
T: (00441636) 70 07 81
E-Mail: info@magb.org.uk

Irland

iz f 49

Society of Irish Maltsters
c/o MINCH NORTON Ltd.
IRL- Athy
T: (00353507) 4 03 00 **Fax:** 3 89 50
E-Mail: m.mccarthy@minchmalt.ie

Italien

iz f 50

Associazione degli Industriali della Birra e del Malto
Viale di Val Fiorita 90, I-00144 Rom
T: (003906) 5 43 93 21/2/3/4/5 **Fax:** 5 91 29 10
Internet: http://www.assobirra.it
E-Mail: birra.viva@assobirra.it

Niederlande

iz f 51

Societeit der Nederlandse Mouters
Herengracht 282, NL-1016 BX Amsterdam
T: (003120) 6 25 22 51 **Fax:** 6 22 60 74
E-Mail: mouters@cbk.nl

Österreich

iz f 52

Verband der Malzindustrie
Wirtschaftskammer Österreich
Postfach 144, A-1037 Wien
Zaunergasse 1-3, A-1037 Wien

T: (00431) 7 12 21 21 26 **Fax:** 7 12 12 08
E-Mail: fv.lebensmittel@telenetz.com

Schweden

iz f 53

Maltsters' Section of the Swedish Brewers' Association
Exportgatan 1, S-30245 Halmstrad
T: (004635) 17 15 00 **Fax:** 17 15 15
E-Mail: malin.andersson@svenskamalt.se

Spanien

iz f 54

Asociacion Malteros de España
c/o INTERMALTA
C/ Yanguas y Miranda 29, 5°, E-31002 Pamplona
T: (0034948) 23 92 08 **Fax:** 23 93 70

● **IZ F 55**

Europäischer Verband von Verbrennungsmotorenherstellern (EUROMOT)
The European Association of IC Engine Manufacturers
Association européenne des constructeurs de moteurs à combustion interne
Lyoner Str. 18, 60528 Frankfurt
T: (069) 66 03-1354 **Fax:** 66 03-2354
Internet: http://www.euromot.org
E-Mail: euromot@vdma.org
Gründung: 1991
Präsident(in): Horst Dekena (Motorenfabrik Hatz, Deutschland)
Stellvertreter: Rainer Kuppe (SKL GmbH, Deutschland)
Bonnie Dean (Lister-Petter Ltd., Großbritannien)
Dr. Gianni Borghi (LOMBARDINI SRL, Italien)
Generalsekretär(in): Dr. Hartmut Mayer (VDMA e.V.)
Mitglieder: 48
Mitarbeiter: 2
Jahresetat: DM 0,5 Mio, € 0,26 Mio

● **IZ F 56**

Ausschuß der Backhefehersteller der EG (COFALEC)
Committee of Bakers' Yeast Producers in the European Economic Community
Comité des Fabricants de Levure de Panification de la Communauté Économique Européenne
14, rue de Turbigo, F-75001 Paris
T: (00331) 45 08 54 82 **Fax:** 42 21 02 14
Internet: http://www.cofalec.com
E-Mail: cofalec@wanadoo.fr
Gründung: 1959
Vorsitzende(r): André De Schepper (ALGIST BRUGGEMAN, Langerbrugge Kaai 37, B-9000 Gent)
Generalsekretär(in): J.P. Loup
Schatzmeister(in): Bert Jongejan
Mitglieder: 12

Mitgliedsorganisationen

Belgien

iz f 57

Algist Bruggeman
Langerbruggekaai 37, B-9000 Gent
T: (003292) 570808 **Fax:** 53 41 16

Dänemark

iz f 58

DANISCO DISTILLERS
Bredstrupvej 33, DK-8500 Grenaa
T: (0045) 86 32 31 33 **Fax:** 86 32 32 31

Spanien

iz f 59

PANIBERICA de LEVADURA
Callejon de la Alcaholera 4, E-47008 Valladolid
T: (003483) 27 85 61 **Fax:** 22 55 24

Deutschland

iz f 60

Bundesverband der Deutschen Hefeindustrie und der Melasseverarbeitenden Brennereien e.V.
Reuterstr. 151, 53113 Bonn
T: (0228) 21 20 17 **Fax:** 22 94 60
E-Mail: verbaende.buero@t-online.de
Président: Dr. G. Moormann
Vice Président: Dr. H. Hansen
Directeurs: Dr. H.-J. Mürau
RA D. Radermacher

Frankreich

iz f 61

Chambre Syndicale des Fabricants de Levure de France
14, rue de Turbigo, F-75001 Paris
T: (00331) 45 08 54 82 **Fax:** 42 21 02 14
Präsident(in): G. Harle
Schatzmeister(in): E. Erhardt

Italien

iz f 62

Associazione Nazionale fra gli Industriali dello Zucchero dell'Alcool e del Lievito
Postfach 1664, I-16121 Genova
T: (003910) 56 54 91, 54 35 71

Großbritannien

iz f 63

UKAMBY
6, Catherine Street, GB- London WC2B 5JJ
T: (004420) 78 36 24 60 **Fax:** 78 36 05 80

Niederlande

iz f 64

DMS Bakery Ingedients The Netherlands B.V.
Postfach 1 93, NL-3300 Dordrecht
T: (003178) 6 52 56 00 **Fax:** 6 18 50 88

Portugal

iz f 65

DSM Bakery Ingredients Portugal SA
Cruz Quebrada
Apartado 2293, P-1107 Lissabon Codex
T: (003511) 4 14 75 30 **Fax:** 4 15 10 13

Österreich

iz f 66

Verband der Hefeindustrie
Zaunergasse 1-3, A-1037 Wien
T: (00222) 7 12 21 21 **Fax:** 17 49 51 04

Finnland

iz f 67

Finish Yeast Producer's Association
Postfach 22, FIN-15141 Lahti
T: (00358) 38 64 14 **Fax:** 3 86 43 62

Schweden

iz f 68

Jästbolaget
Postfach 7003, S-19107 Sollentuna
T: (0046) 86 26 24 00 **Fax:** 87 54 89 11

● **IZ F 69**

Verband der Fruchtsaft-Industrie der Europäischen Union
Association of the Industry of Juices and Nectars from Fruits and Vegetables of the European Union (A.I.J.N.)
Association de l'Industrie des Jus et Nectars de Fruits et de Légumes de l' Union Européenne
Postfach 5, B-1040 Brüssel
Rue de la Loi, 221, B-1040 Brüssel
T: (00322) 2 35 06 20   Fax: 2 82 94 20
Internet: http://www.aijn.org
E-Mail: aijn@skynet.be
Präsident(in): Rory Ryan
Geschäftsführer(in): Jan Hermans

Belgien

iz f 70

AJUNEC
Av. de Roodebeek 30, B-1030 Brüssel
T: (00322) 7 43 87 48   Fax: 7 36 81 75
E-Mail: ajunec@sia-dvi.be
Secretary: P. De Sloovere

Dänemark

iz f 71

Association of Danish Juice & Fruit Drink Manufacturers
C/O Dansk Industri
DK-1787 Kopenhagen V
T: (004533) 77 33 77   Fax: 77 33 20
E-Mail: lsafd@di.dk
Secretary General: G. Hestehave

Deutschland

iz f 72

Verband der deutschen Fruchtsaft-Industrie e.V. (VdF)
Mainzer Str. 253, 53179 Bonn
T: (0228) 9 54 60-0   Fax: 9 54 60-20, 9 54 60-30
Internet: http://www.fruchtsaft.de
E-Mail: info@fruchtsaft.org
Geschäftsführer(in): Dipl.-Ökonom Klaus Sondhauß (responsible AIJN)
RA K. Sennewald

Finnland

iz f 73

Elintarvikieteollisuusliitto ry (ETL)
Finnish Food and Drink Industries' Federation (FFDIF)
Finnish Juice and Jam Industries' Association
Postfach 1 15, FIN-00241 Helsinki
T: (003589) 14 88 71   Fax: 14 88 72 01
Internet: http://www.elintarviketeollisuus.fi
E-Mail: antero.leino@etl.fi
J. Ala-Peijari

Frankreich

iz f 74

Union Nationale des Producteurs de Jus de Fruits
23, boulevard des Capucines, F-75002 Paris
T: (00331) 47 42 82 82   Fax: 47 42 82 81
E-Mail: unpjf@wanadoo.fr
Secrétaire Général: N. Beriot

Großbritannien

iz f 75

British Soft Drinks Association Ltd
20-22 Stukeley Street, GB- London WC2B 5LR
T: (004420) 74 30 03 56   Fax: 78 31 60 14
Jill Ardagh

Irland

iz f 76

Fruit Juice Producers of Ireland
Unit 19 A
Naas Road Business Park, IRL- Dublin 12
T: (003531) 4 60 08 11   Fax: 4 60 08 14
E-Mail: sda@iol.ie
Executive Director: B. Murphy

Italien

iz f 77

Associazione Italiana Industrie Prodotti Alimentari (A.I.I.P.A.)
Corso di Porta Nuova 34, I-20121 Mailand
T: (003902) 65 41 84   Fax: 65 48 22, 5 12 97 71 (BXL), (003905) 35 27 30 (Bologna)
E-Mail: aiipa@foodarea.it
Kontaktperson: Massimo Uguzzoni

Niederlande

iz f 78

Vereniging van de Nederlandse Groenten- en Fruitverwerkende Industrie (VIGEF)
Postfach 1 77, NL-2300 AD Leiden
T: (003171) 5 22 42 20   Fax: 5 22 50 95
E-Mail: vigef@vsl.nl
Secretary: Rijnhout

Österreich

iz f 79

Verband der Fruchtsaft- und Fruchtsirupindustrie
Zaunergasse 1-3, A-1030 Wien
T: (00431) 7 13 15 05   Fax: 7 13 39 46
E-Mail: bier-fruchtsaft-limonade@getraenkeverband-austria.telecom.at
Geschäftsführer(in): Mag. L. Wurstbauer

Portugal

iz f 80

Associacao Nacional dos Industriais de Refrigerantes e Sumos de Frutos (ANIRSF)
Av. Miguel Bombarda N° 110, P-1050-167 Lissabon
T: (0035121) 7 94 05 74, 7 94 05 75   Fax: 7 93 82 33
E-Mail: apiam.anirsf@mail.telepac.pt
F. Mendonca

Schweden

iz f 81

Livsmedelsindustrierna (LI)
Swedish Juice Association
Postfach 1 63 47, S-10326 Stockholm
Södra Blasieholmshamnen 4 A, S-10330 Stockholm
T: (00468) 7 62 65 00   Fax: 7 62 65 12
E-Mail: info@li.se
Secretary General: Arne Gabrielsson

Spanien

iz f 82

ASOZUMOS
C/Princesa 24, E-28008 Madrid
T: (003491) 5 59 24 52   Fax: 5 59 66 49
A. Mena

iz f 83

A.I.Z.C.E.
Hernan Cortes 4, E-46004 Valencia
T: (003496) 3 52 52 15   Fax: 3 94 41 99
E-Mail: citzumos@arrakis.es

● **IZ F 84**

Ausschuß für pharmazeutische Wirkstoffe (APIC)
Active Pharmaceutical Ingredients Committee
Comité pour agents pharmaceutiques
c/o CEFIC
Avenue E. Van Nieuwenhuyse 4-1, B-1160 Brüssel
T: (00322) 6 76 72 12   Fax: 6 76 73 01
E-Mail: LLE@CEFIC.BE
Gründung: 1991
President: H. Leblanc
Secretary General: L. Le Dore
Mitglieder: 42

● **IZ F 85**

Europäischer Altpapierverband (ERPA)
European Recovered Paper Association
c/o BIR
Avenue Franklin Roosevelt 24, B-1050 Bruxelles
E-Mail: bir.sec@skynet.be
Chairman: Marteen Kleiweg de Zwaan (Netherlands)
Mitglieder: BIR-Mitgliedsverbände in Europa (auch Nicht-EU)

● **IZ F 86**

Ausschuß der Glutaminsäurehersteller in der EG
Comité des Fabricants d'Acide Glutamique de la Communauté Économique Européenne (COFAG)
c/o Ajinomoto-Eurolysine
Rue de Courcelles 153, F-75817 Paris Cedex 17
T: (00331) 44 40 12 29   Fax: 44 40 12 15
Gründung: 1964
Président: Bruno Jarry
Secrétaire exécutif: Philippe Guion
Mitglieder: 2

● **IZ F 87**

Ausschuß der Maschenindustrie der EG (Mailleurop)
Committee for the Knitting Industries in the E.U.
Comité des Industries de la Maille de la CEE
Rue Montoyer 24, B-1000 Bruxelles
T: (00322) 2 85 48 92, 2 30 60 54
Internet: http://www.euratex.org
E-Mail: francesco.marchi@euratex.org
Präsident(in): Paul Falke

Mitgliedsorganisationen

Belgien

iz f 88

FEBELTEX
Direction Économique
Poortakkerstraat 98, B-9051 Gent
T: (00329) 2 42 98 20   Fax: 2 42 98 29
E-Mail: pvm@gent.febeltex.be

Dänemark

iz f 89

Federation of Danish Textile and Clothing
Postfach 507, DK-7400 Herning
Bredgade 41, DK-7400 Herning
T: (0045) 99 27 72 00   Fax: 97 12 23 50
Internet: http://www.textile.dk
E-Mail: aj@textile.dk

Deutschland

iz f 90

Gesamtverband der deutschen Maschen-Industrie e.V. -GESAMTMASCHE-
Postf. 10 17 55, 70015 Stuttgart
Olgastr. 77, 70182 Stuttgart
T: (0711) 2 10 31-0   Fax: 23 28 07
E-Mail: gesamtmasche@t-online.de

Frankreich

iz f 91

Fédération Française de l'Industrie de la Maille et de la Bonneterie
Postfach 249, F-92113 Clichy
37-39 rue de Neuilly, F-92113 Clichy

iz f 91

T: (00331) 47 56 32 32   Fax: 47 56 32 99
E-Mail: lafederation@mhnet.fr

Italien

iz f 92

Sistema Moda Italia (SMI)
Viale Sarca 223, I-2020 Mailand
T: (003902) 66 10 33 91   Fax: 66 10 36 67-70
Internet: http://www.sistemamodaitalia.it
E-Mail: costa@sistemamodaitalia.it

Portugal

iz f 93

Associacão Portuguesa das Industrias de Malha e Conceceão
Rua de Guilhermina Suggia 224 1 A sala 7/8, P-4200-318 Porto
T: (0035122) 5 07 42 50   Fax: 5 02 92 10
E-Mail: apim@mail.telepac.pt

Schweiz

iz f 94

Swiss Knitting Industry
Beethovenstr. 20
Postf. 4838, CH-8022 Zürich
T: (00411) 2 89 79 41   Fax: 2 89 79 81
E-Mail: contact@tvs.ch

Spanien

iz f 95

Agrupacion Española del Genero de Punto
Av. Diagonal 474, E-08006 Barcelona
T: (003493) 4 15 12 28   Fax: 4 16 04 42
E-Mail: knitting@lix.intercom.es

● **IZ F 96**

Ausschuß der Woll-Industrie der EG (Interlaine)
Commitee of the Wool Textile Industries in the E.U.
Comité des Industries Lainières de la C.E.E.
rue Montoyer 24, B-1000 Brüssel
T: (00322) 2 85 48 99   Fax: 2 30 60 54
Internet: http://www.interlaine.org
E-Mail: guy.mercier.interlaine@euratex.org
Gründung: 1960
President: S. Coimbra (Chargeurs Textiles, 122 rue de Tourcoing, B.P. 40153, 59053 Roubaix Cedex 1, T: (0033) 3 20 28 80 61, Fax: (0033) 3 20 28 80 63)
Mitglieder: 8
Mitarbeiter: 3

Mitgliedsorganisationen

Belgien

iz f 97

Belgian National Wool Traders Association
Rue de Luxembourg 19, Bte 14, B-1000 Brüssel
T: (00322) 5 13 06 20   Fax: 5 14 06 65
Président: A. Valentin
Directeur: M. D. Orekhoff

iz f 98

Febeltex Textile Finishing Sector
rue Montoyer 24, B-1000 Brüssel
T: (00322) 2 87 08 25   Fax: 2 87 08 61
E-Mail: fq@febeltex.be
Président: T. Desseaux

Deutschland

iz f 99

Verband der Deutschen Tuch- und Kleiderstoffindustrie e.V.
Postf. 10 09 55, 50449 Köln
Mevissenstr. 15, 50668 Köln

T: (0221) 77 44-135   Fax: 77 44-204
Président: Friedrich R. Hermann
Directeur: Dr. Horst Sievernich

Frankreich

iz f 100

Comité Central de la Laine et des Fibres Associées
37-39 rue de Neuilly, F-92113 Clichy
T: (00331) 47 56 31 41   Fax: 47 37 06 20
Président: C. Amalric
Directeur: D. Chaigne

Großbritannien

iz f 101

Confederation of British Wool Textiles
Merrydale House
Roysdale Way, GB- Bradford BD4 6SB
T: (00441274) 65 22 07   Fax: 68 22 93
Président: B. Whitaker
Directeur: J. Lambert

Italien

iz f 102

Associazione dell'Industria Laniera Italiana
Viale Sarca 223, I-20126 Mailand
T: (00392) 66 10 38 53   Fax: 66 10 38 78
Président: L. Gualtieri
Directeur: G. Comuzzi

Poland

iz f 103

Gdynia Wool Federation
Ul. Kielecka 7, PL-81303 Gdynia
T: (004858) 6 20 95 01   Fax: 6 21 69 23
Directeur: J. Garczynski

Portugal

iz f 104

Associacao Nacional dos Industriais de Lanificios
Quinta dos Lagoeiros 528 S. Lazaro, P-6200 Covilha
T: (0035175) 3 10 11 40   Fax: 3 10 11 44
Président: Mota J. Veiga
Directeur: Fonseca

Schweiz

iz f 105

Gemeinschaftsverband Textile
Postfach 4838, CH-8022 Zürich
Beethovenstr. 20, CH-8022 Zürich
T: (00411) 2 89 79 79   Fax: 2 89 79 80
Directeur: Dr. Alexander Hafner

Spanien

iz f 106

Federacion de la Industria Lanera Espanola
San Quirico 30, E- Sabadell (Barcelona)
T: (00343) 7 25 93 11   Fax: 7 26 15 26
Président: F. Llonch
Directeur: B. Armengol

● **IZ F 107**

Verband der Europäischen Papiererzeugenden Industrien (CEPI)
Confederation of European Paper Industries
250 Avenue Louise, B-1050 Bruxelles
T: (00322) 6 27 49 11   Fax: 6 46 81 37
Internet: http://www.cepi.org, http://www.paperonline.org
E-Mail: mail@cepi.org
Gründung: 1992
President: Juha Niemelä (UPM-Kymmene)
Director General: Marie S. Arwidson
Mitarbeiter: 15

Mitgliedsorganisationen

Belgien

iz f 108

Association des Fabricants des Pâtes, Papiers et Cartons de Belgique (COBELPA)
306 Avenue Louise - Boite 11, B-1050 Bruxelles
T: (00322) 6 46 64 50   Fax: 6 46 82 97
Internet: http://www.cobelpa.be
E-Mail: cobelpa@unicall.be
Chairman: F.J. Walters
Director General: F. François

Dänemark

iz f 109

Danish Paper & Board Pulp Makers' Association
c/o SCA Packaging Djursland
Korsgade 22, DK-8500 Grenaa
T: (0045) 86 32 14 77   Fax: 86 32 54 77
Contact person: R. S. Renders

Deutschland

iz f 110

Verband Deutscher Papierfabriken e.V. (VDP)
Adenauerallee 55, 53113 Bonn
T: (0228) 2 67 05-0   Fax: 2 67 05-62
Internet: http://www.vdp-online.de
E-Mail: vdp.bonn@vdp-online.de
Hauptgeschäftsführer(in): RA Klaus Windhagen
Geschäftsführer(in): Dr. Manfred Kühn
Dr. Reinhardt Thiel

Finnland

iz f 111

Finnish Forest Industrie Federation (F.F.I.F.)
Postfach 3 36, FIN-00131 Helsinki
Snellmaninkatu 13, FIN-00171 Helsinki
T: (003589) 1 32 61   Fax: 1 32 44 45
Internet: http://www.forestindustries.fi
E-Mail: name.surname@forestindustries.fi
Chairman: J. Rantanen
Director General: T. Poranen

Frankreich

iz f 112

Confédération Française de l'Industrie des Papiers, Cartons & Celluloses (COPACEL)
154, Boulevard Haussmann, F-75008 Paris
T: (00331) 53 89 24 00   Fax: 53 89 24 01
Internet: http://www.copacel.fr
E-Mail: copacel@wanadoo.fr
Chairman: J. Grassin
Director General: J. P. Franiatte

Großbritannien

iz f 113

The Paper Federation of Great Britain Ltd.
Papermakers House
Rivenhall Road, Westlea, GB- Swindon SN5 7BD
T: (00441793) 88 60 86   Fax: 88 61 82
Internet: http://www.paper.org.uk
E-Mail: fedn@paper.org.uk
Chairman: J. Daglish
Director General: P. S. Scott

Irland

iz f 114

Jefferson Smurfit Group
2 The Beacons
Beaconsfield Road, IRL-AL108EQ Hatfield
T: (00441707) 63 68 00   Fax: 25 77 86
Internet: http://www.smurfit.ie
E-Mail: dsmurfit@division.smurfit.co.uk
Contact person: D. Smurfit

Italien

iz f 115

Associazione Italiana Fra Gli Industriali della Carta, Cartoni e Paste per Carta (ASSOCARTA)
Bastion di Rorta Volta 7, I-20121 Mailand
T: (00392) 29 00 30 18   **Fax:** 29 00 33 96
Internet: http://www.assocarta.it
E-Mail: assocarta@assocarta.it
Chairman: G. Fedrigoni
Director General: R. Taranto

Niederlande

iz f 116

Vereniging van Nederlandse Papier en Kartonfabrieken (V.N.P.)
Postfach 7 31, NL-2130 AS Hoofddorp
Kruisweg 761, NL-2132 NE Hoofddorp
T: (003120) 654 30 55   **Fax:** 654 30 64
Internet: http://www.vnp-online.nl
E-Mail: info@vnp-online.nl
Chairman: W. J. Emmen
Director General: G. J. Koopman

Norwegen

iz f 117

Federation of Norwegian Process Industries (PIL)
Norwegian Pulp and Paper Association
Postfach 5487 Majorstua, N-0305 Oslo
Essendrops gate 3, N-0305 Oslo
T: (00472) 308 78 00   **Fax:** 308 78 99
Internet: http://www.pil.no
E-Mail: pil@pil.no
Chairman: E. Mollatt
Director General: E. Haugen

Österreich

iz f 118

Vereinigung österreichischer Papierindustrieller (AUSTROPAPIER)
Gumpendorfer Str. 6, A-1061 Wien
T: (00431) 5 88 86-0   **Fax:** 5 88 86-222
Internet: http://www.austropapier.at
E-Mail: austropapier@austropapier.at
Chairman: R. Launsky-Tieffenthal
Director General: L. Forgo

Portugal

iz f 119

Associação da Indústria Papeleira-CELPA
Rua Marquês Sá da Bandeira, 74-1° Esq°, P-1069-076 Lisboa
T: (003511) 7 96 00 54/5/6/5/6   **Fax:** 7 93 90 54
Internet: http://www.celpa.pt
E-Mail: celpa@mail.telepac.pt
Director General: J. Pinto Faria
Chairman: J. Armindo-Teixeira

Schweden

iz f 120

Swedish Forest Industries Federation (SFIF)
Postfach 1 60 06, S-10321 Stockholm
Storgatan 19, S-11485 Stockholm
T: (00468) 7 62 72 60   **Fax:** 6 11 60 25
Internet: http://www.forestindustries.se
E-Mail: name.surname@forestindustries.se
Chairman: B. Hägglund
Director General: J. P. Duker

Schweiz

iz f 121

Verband der Schweizerischen Zellstoff-, Papier- und Kartonindustrie (ZPK)
Postfach 134, CH-8030 Zürich
Bergstr. 110, CH-8030 Zürich 7
T: (00411) 2 66 99 20   **Fax:** 2 66 99 49
Internet: http://www.zpk.ch
E-Mail: zpk@active.ch
Chairman: B. U. Semadeni
Director General: A. Gmür

Spanien

iz f 122

Asociación Nacional de Fabricantes de Pastas Papeleras, de Papel y Carton (ASPAPEL)
Alcala, 85-4° Piso, E-28009 Madrid
T: (00341) 5 76 30 02   **Fax:** 5 77 47 10
Internet: http://www.aspapel.es
E-Mail: aspapel@aspapel.es
Chairman: J. Villena
Director General: C. Reinoso

Assoziierte Mitglieder

Tschechische Republik

iz f 123

Pulp and Paper Industry Association (SPPaC)
K Hrusovu 4, CZ-10223 Prag 10- Hostiva
T: (00422) 70 70-125   **Fax:** 70 71-135
Internet: http://www.sppac.cz
E-Mail: sppac@sppac.cz
Chairman: T. Sabatka
Director General: J. Tauc

Ungarn

iz f 124

Federation of the Hungarian Printers
Eötvös U. 12, H-1067 Budapest
T: (00361) 3 52-1788, 3 52-1778   **Fax:** 3 52-1791
E-Mail: fedprint@mail.matav.hu
Representative: Zoldan Szikla (Dunapack Ltd.)

iz f 125

Union of Pulp and Paper Industry of the Slovak Republic (ZCPP)
Tichá 30, SK-97401 Banská Bystrica
T: (0042188) 4 16 37 65   **Fax:** 4 16 37 65
Internet: http://www.paper.sk
E-Mail: info@paper.sk
Chairman: J. Liska
Director General: J. Dlhopolcek

● **IZ F 126**

Bund der europäischen Vereinigungen für Heizungs- und Klimaanlagen (REHVA)
Federation of European heating and airconditioning associations
Fédération des Associations Européennes de Chauffage et Conditionnement d'Air
Rue Ravenstein 3, B-1000 Brüssel
T: (00322) 5 14 11 17   **Fax:** 5 11 75 97
Internet: http://www.rehva.com
E-Mail: rehva@srbii.be
Gründung: 1963
Präsident: P. Rasmussen, Lyngby/ Dänemark
Vize-Präsidenten: P. Brejon, Paris/ Frankreich
P. Novak, Ljubljana/ Slowenien
L. De Santoli, Rom/ Italien
Dusan Petras, Bratislava/ Slowakei
Prof. O. A. Seppänen, Hut/ Finnland
Jeff Gosnell, Großbritannien
Leitung Presseabteilung: Jean-Pierre Minne
Mitglieder: 100000 persönliche Mitglieder sowie 24 Länder
Mitarbeiter: 3

Mitgliedsorganisationen

Belgien

iz f 127

Ass. Royale technique de l'Industrie du Chauffage, de la Ventilation et des Branches Connexes (ATIC)
Rue Ravenstein 3, B-1000 Brüssel
T: (00322) 5 14 11 71   **Fax:** 5 11 75 97
E-Mail: mampaey@net4all.be
Kontaktperson: Joris Mampaey

Dänemark

iz f 128

Danish Society of Heating, Ventilating and Airconditioning Engineers (DANVAK)
Ørholmvej 40 B, DK-2800 Lyngby
T: (0045) 45 87 76 11   **Fax:** 45 87 76 77
Kontaktperson: O. Kranker

Deutschland

iz f 129

VDI-Gesellschaft Technische Gebäudeausrüstung (VDI-TGA)
Postf. 10 11 39, 40002 Düsseldorf
Graf-Recke-Str. 84, 40239 Düsseldorf
T: (0211) 62 14-251   **Fax:** 62 14-177
Internet: http://www.vdi.de
E-Mail: tga@vdi.de
Gründung: 1856
Geschäftsführer(in): Dipl.-Ing. (TU) Undine Stricker-Berghoff (CEng MInstE)
Mitglieder: 125000

Estland

iz f 130

EKVU
Rävala pst. 6 EE0105, E- Tallinn
T: (00372) 6 71 13 50   **Fax:** 6 71 13 50

Finnland

iz f 131

FINVAC
Sitratori 5, FIN-00420 Helsinki
T: (003589) 5 b66 00 90   **Fax:** 56 60 09 56
Kontaktperson: Pekka Kontturi

Frankreich

iz f 132

Association des Ingénieurs en Climatique, Ventilation et Froid (AICVF)
Rue de Rome 66, F-75008 Paris
T: (00331) 42 94 25 34   **Fax:** 42 94 04 54
Kontaktperson: P. Brejon

Großbritannien

iz f 133

Chartered Institution of Building Services Engineers (CIBSE)
Balham High Road 222 Delta House, GB- London SW12 9BS
T: (004420) 86 75 52 11   **Fax:** 86 75 54 49
Internet: http://www.cibse.org
E-Mail: secretary@cibse.org
Kontaktperson: Andrew V. Ramsay

Italien

iz f 134

Associazione Italiana Condizionamento dell'aria, Riscaldamento, Refrigerazione (AICARR)
Viale Monte Grappa 2, I-20124 Mailand
T: (00392) 29 00 23 69   **Fax:** 29 00 00 04
Internet: http://www.aicarr.it
E-Mail: aicarr@aicarr.it
Kontaktperson: L. de Santoli

Jugoslawien

iz f 135

Yugoslav Committee of Heating, Refrigeration and Air-Conditioning
Postfach 648, YU-11000 Belgrad
Kneza Milosa 7a II, YU-11000 Belgrad
T: (0038111) 3 23 00 41   **Fax:** 3 23 13 72

iz f 135

E-Mail: smeits@eunet.yu
Kontaktperson: Prof. Dr. Branislav Todorovic

Kroatien

iz f 136

CAHVAE
Berislaviceva 6, HR-10000 Zagreb
T: (003851) 42 29 38   **Fax:** (033851) 42 29 38
E-Mail: atic@srbii.be

Lettland

iz f 137

AHGWTEL
Vagonu iela 20, LV-1009 Riga
T: (003717) 32 07 27   **Fax:** 61 51 91

Litauen

iz f 138

Lietuvos siluminès technikos inzinieriu asociacija (LITES)
Lithuanian Thermotechnical engineers society
Saulètekio al. 11, LT-2040 Vilnius
T: (003702) 76 03 28   **Fax:** 70 04 97

Niederlande

iz f 139

Nederlandse Technische Vereniging voor Installaties in Gebouwen TVVL
De Mulderij 12, NL-3830 AJ Leusden
T: (003133) 4 34 57 50   **Fax:** 4 32 15 81
Internet: http://www.tvvl.nl
E-Mail: info@tvvl.nl
Kontaktperson: A. J. de Weijert

Norwegen

iz f 140

Norsk VVS Energi- og Miljøøteknisk Forening (NORVAC)
Norwegian Society of Hevac Engineers
Postfach 50 42, N-0301 Oslo
Soørkedalsvejen 10A, N-0310 Oslo
T: (004722) 59 88 00   **Fax:** 69 36 50
E-Mail: vvsforeningen@skarland.no
Kontaktperson: Halvor Røstad

Polen

iz f 141

Polskie Zrzeszenie Inzynierow I Technikow Sanitarnych (PZITS)
Ul. Czackiego 3/5, PL-00-043 Warschau
T: (004822) 8 26 28 94   **Fax:** 8 26 28 94
Kontaktperson: Ryszard Paruszewski

Rumänien

iz f 142

Asociatia Generala a Frigotehnistilor din Romania (AGFR)
Romanian General Association for Heating, Refrigeration, Air-Conditioning, Sanitary and Electrical Engineers
Bd. Pache Protopopescu 66, R-73232 Bucuresti 2
T: (00401) 2 50 65 46   **Fax:** 3 12 68 80
E-Mail: agfr@pcnet.ro
Kontaktperson: Eugen Virgolici

Russische Föderation

iz f 143

Ass. of Engineers in Heating, Ventilation, Airconditioning, Heat Supply & Building Thermal Physics (ABOK)
Rozhdestvenka Street 11, RUS-103754 Moscow
T: (007095) 9 28 86 47   **Fax:** 9 65 39 24

Internet: http://www.abok.ru
E-Mail: support@abok.ru
Kontaktperson: Marianna Brodach

Schweden

iz f 144

VVS-Tekniska Föreningen - Riskföreningen för Energi- och Miljöteknik
Swedish HEVAC-Society - Society of Energy and Environmental Technology
Postfach 127 04, S-11294 Stockholm
Parmmätargatan 7, S-112 24 Stockholm
T: (00468) 6 54 08 30   **Fax:** 6 54 96 83
Kontaktperson: Bengt G. Jarefors

Schweiz

iz f 145

Schweizerischer Verein von Wärme- und Klima-Ingenieuren (SWKI) (SWKI)
Lagerhausweg 30, CH-3018 Bern
T: (004131) 9 92 10 00   **Fax:** 9 92 10 80
Internet: http://www.swki.ch
E-Mail: info@swki.ch
Kontaktperson: André Aebischer

Slowakische Republik

iz f 146

Slovenskà spolocnost pre techniku prostredia
Slovak Society for Environmental Technology (SSTP)
Kocelova 15, SK-81594 Bratislava
T: (004217) 5 26 28 82   **Fax:** 5 26 29 91
E-Mail: sstp@rainside.sk
Kontaktperson: D. Peträs

Slowenien

iz f 147

SITHOK
c/o Faculty of Mechanical Engineering
University of Maribor
Smetanova 17, SLO-2000 Maribor
T: (00386) 6 22 54 61   **Fax:** 62 22 54 51
E-Mail: sithok@fs.uni.jl.si
Kontaktperson: Viktor Kranjc

Spanien

iz f 148

Asociación Tecnica Española de Climatización y Refrigación (ATECYR)
Serrano Galvache, E-28033 Madrid
T: (00341) 7 67 13 55   **Fax:** 7 67 06 38
Präsident: Julio B. Cano Lacunza

Türkei

iz f 149

Türk Tesitat Mühendisleri Dernegi (TTMD)
Balgat Mah. 3. SOK, No. 1/3
06520 Balgat, TR- Ankara
T: (0090312) 2 85 78 61   **Fax:** 2 85 78 62
Internet: http://www.ttmd.org.tr
Kontaktperson: Özgür Alioglu

Ungarn

iz f 150

Épitéstudományi Egyesület
Scientific Society for Building (ETE)
Fö utca 68I-129, H-1027 Budapest 11 II
T: (00361) 2 01 84 16   **Fax:** 1 56 12 15
Kontaktperson: F. Mészáros

● **IZ F 151**

Bund der europäischen Vereinigungen der Schädlingsbekämpfer (CEPA)
Confederation of European Pest-Control Associations
Confédération Européenne des Associations de Pesticides Appliqués
Rue de l'Association 27, B-1000 Brüssel
T: (00322) 2 19 47 37   **Fax:** 2 19 45 31
E-Mail: efci@skynet.be
Président: Milagros Fernandez de Lezeta (SP)
Trésorier: Magda Boersma (B)
Mitglieder: 19
Mitarbeiter: 1

Belgien

iz f 152

Belgian Pest-Control
Rue d'Alsace Lorraine 13, B-1050 Brüssel
T: (00322) 511 86 29   **Fax:** 512 28 39
Kontaktperson: Pierre Jacques

Bulgarien

iz f 153

Bulgarian Pest Control Association
Nikola Gabwrski 23, BG-5000 Veliko Turnovo
T: (0035962) 64 78 93   **Fax:** 64 88 25
Kontaktperson: Violeta Georgieva

Deutschland

iz f 154

Deutscher Schädlingsbekämpfer-Verband e.V. (DSV)
Godesberger Allee 142-148, 53175 Bonn
T: (0228) 81 98-130   **Fax:** 81 98-135
Internet: http://www.dsvonline.de
E-Mail: info@dsvonline.de
Contact: Jürgen Dietrich

Finnland

iz f 155

Antitec Oy Pest Control
Lemminkäisekatu 36, FIN-20520 Turku
T: (003582) 2 30 56 58   **Fax:** 2 30 85 06
E-Mail: antitec@nettilinja.fi
Kontaktperson: Lasse Jansson

Frankreich

iz f 156

Chambre Syndicale 3D (CS 3D)
Bd Malesherbes 125, F-75017 Paris
T: (00331) 42 27 74 31   **Fax:** 42 67 93 16
Kontaktperson: Claude Perrin

Griechenland

iz f 157

A1A - AARON - NAFSI
Kehagia Street 13, GR-15237 Athen
T: (00301) 6 89 00 00   **Fax:** 6 89 22 22
Kontaktperson: Mary Evangeliou Andriopoulou

Großbritannien

iz f 158

British Pest Control Association (BPCA)
St. James'Court 3 Friar Gate, GB- Derby DE1 1ZU
T: (00441332) 29 42 88   **Fax:** 29 59 04
E-Mail: enquiry@bpca.org.uk
Kontaktperson: Richard Strand

Israel

iz f 159

Israeli Pest Control Operators Association (IPCOA)
Postfach 80 32, IL-31080 Haifa
T: (009724) 853 22 28 **Fax:** 852 55 67
E-Mail: ismon@netvision.net.il
Kontaktperson: Yigal Merav

Italien

iz f 160

Associazione Nazionale delle Imprese di Disinfestazione (ANID)
Via AMP Benelli, 1, I-47100 Forli
T: (0039335) 6 18 90 63 **Fax:** (0039543) 40 44 46
E-Mail: surizio@mbox.queeu.it
Kontaktperson: Dr. Sergio Urizio

Jugoslawien

iz f 161

Zavod DDD
Zarkovacka 14, YU-11000 Belgrad
T: (0038111) 55 41 32 **Fax:** 55 44 99
E-Mail: zdddi@eunet.yu
Kontaktperson: V.B. Radonjic

Litauen

iz f 162

UAB DezInfa
Gedimino str. 10, LT-3000 Kaunas
T: (003707) 20 52 60 **Fax:** 22 70 95
E-Mail: dezinfa@kaunas.omnitel.net
Kontaktperson: Ina Ziliene

Niederlande

iz f 163

Dutch Pest Control Association (N.V.O.)
Postbus 80 523, NL-2508 Den Haag
T: (003170) 3 51 48 51 **Fax:** 3 54 97 66
E-Mail: furnee@brabus.nl
Kontaktperson: Robert B.M. Stuyt

Österreich

iz f 164

Landesinnung Wien der Schädlingsbekämpfer
WHK Gewerbehaus
Rudolf-Sallinger-Platz 1, A-1030 Wien
T: (00431) 5 14 50-2323 **Fax:** 5 12 95 48-2323
E-Mail: christine.kratky@wkw.at
Kontaktperson: Pytelka

Portugal

iz f 165

Associacao de Grossistas de Produtos Quimicos e Farmaceuticos - Groquifar
Avenida Antonio Augusto Aguiar 118 -1°, P-1050 Lissabon
T: (0035121) 3 54 43 84 **Fax:** 3 54 45 10
Kontaktperson: L. Moura

Schweden

iz f 166

ANTICIMEX
Postfach 47025, S-10074 Stockholm
Lovholmsvagen 61 Gröndal, S-10074 Stockholm
T: (0046) 7 09 33 08 **Fax:** 8 18 26 60
E-Mail: anna.hellekant@anticimex.se
Kontaktperson: Anna Hellekant

Schweiz

iz f 167

Fédération Suisse des Maîtres Désinfecteurs (F.S.D.)
Postfach 3173, CH-1211 Genf
Cours de Rive 2, CH-1211 Genf 3
T: (004122) 3 11 03 22 **Fax:** 3 11 04 20
E-Mail: gduboux@worldcom.ch
Kontaktperson: Monique Duboux

Slowenien

iz f 168

Slovenian Pest Control Association (SPCA)
Prvomajska Ulica, SLO-2000 Maribor
T: (0038662) 4 50 02 53 **Fax:** 41 37 09
E-Mail: marjana.predan@zzv-mb.si
Kontaktperson: Dr. France Jurc

Spanien

iz f 169

ANECPLA
C/Stma Trinidad 30 30.8°-Puerta 2, E-28010 Madrid
T: (00341) 4 47 76 88 **Fax:** 5 94 19 75
E-Mail: anecpla@pasanet.es
Kontaktperson: Milagros Fernandez de Lezeta

Tschechische Republik

iz f 170

Sdruženi DDD
Novotného lávka 5, CZ-11668 Praha 1
T: (004202) 210 823 35 **Fax:** 210 822 89
E-Mail: ddd.sewis@telecom.cz
Kontaktperson: Pavla Davidová

Ungarn

iz f 171

Hungarian Pest Control Association
Szállás utca 6, H-1107 Budapest
T: (00361) 2 61 05 03 **Fax:** 2 61 18 35
E-Mail: baboluab@mail.matav.hu
Kontaktperson: Dr. Daniel Bajomi

● IZ F 172

Bund für Getränkekartons und die Umwelt (ACE)
The Alliance for Beverage Cartons and the Environment
15-17 Rue Belliard, Box 6, B-1040 Brüssel
T: (00322) 5 04 07 10 **Fax:** 5 04 07 19
Internet: http://www.ace.be
E-Mail: info@ace.be
Gründung: 1990
Chairman: Petra Kunz
Director General: Kevin Bradley
Mitglieder: 12
Mitarbeiter: 4

● IZ F 173

Bureau of International Recycling (B.I.R.)
Avenue F. Roosevelt 24, B-1050 Bruxelles
T: (00332) 6 27 57 70 **Fax:** 6 27 57 73
Internet: http://www.bir.org
E-Mail: bir.sec@skynet.be
Gründung: 1948 (März)
Präsident(in): Barry Hunter
Generaldir.: Francis Veys
Communications Director: Elisabeth Christ
Environmental and Technical Director: Ross Bartley
Mitglieder: 600
Mitarbeiter: 7
Veröffentlichungen: Jahresbericht, Newsletter, Statistiken, Marktbericht, Technische Studien

● IZ F 174

Cadmium-Verband (CA)
International Cadmium Association
Association de cadmium
Av. de Tervuren 168, B-1150 Brussels
T: (00322) 7 77 05 60 **Fax:** 7 77 05 65
E-Mail: icda@village.uunet.be
Gründung: 1976
Chairman: D. Sinclair
Leitung Presseabteilung: Mike Taylor
Verbandszeitschrift: CADSCAN
Verlag: Cadmium Association
Mitglieder: 34
Mitarbeiter: 3

● IZ F 175

Centre International d'Études du Lindane (CIEL)
c/o CEFIC
Avenue E. Van Nieuwenhuyse 4 /1, B-1160 Brüssel
T: (00322) 6 76 72 12 **Fax:** 6 76 73 01
Gründung: 1974
Président: V. Hancu
Secrétaire Général: J. Randall
Mitglieder: 5

● IZ F 176

Dachverband der Europäischen Automobilhersteller (ACEA)
Association of European Automobile Manufacturers
Association des Constructeurs Européens d'Automobiles
Rue du Noyer 211, B-1000 Brüssel
T: (00322) 7 32 55 50 **Fax:** 7 38 73 10
Internet: http://www.ACEA.be
Gründung: 1991
President: Paolo Cantarella
Secretary General: Camille Blum
Leitung Presseabteilung: Thierry Proteau (Kommunikationsdirektor)
Mitglieder: 13 Companies
Mitarbeiter: 25

● IZ F 177

Europäischer Wohnwagenverband (ECF)
European Caravan Federation
c/o Verband Deutscher Wohnwagen und Wohnmobil-Hersteller e.V.
Am Holzweg 26, 65830 Kriftel
T: (06192) 97 12-00 **Fax:** 97 12-23
President: Guido Carissimo
Secretary General: Hans-Karl Sternberg

● IZ F 178

Dachverband der europäischen Parfümerie, Kosmetik und Körperpflege-Industrie (COLIPA)
The European Cosmetic, Toiletry and Perfumery Association
Rue du Congrès 5-7, B-1000 Brüssel
T: (00322) 2 27 66 10 **Fax:** 2 27 66 27
E-Mail: colipa@colipa.be
Gründung: 1962
Vorsitzende(r): A. Donnan
Secrétaire Général: R. Vanhove
Leitung Presseabteilung: Rory MacMillan
Mitglieder: 24
Mitarbeiter: 14

Mitgliedsorganisationen

Belgien

iz f 179

DETIC
Sq. Marie-Louise 49, B-1040 Brüssel
T: (00322) 2 38 97 11 **Fax:** 2 30 82 88
E-Mail: detic@fedichem.be
Secretary General, Contact: P. Halleux

Dänemark

iz f 180

Brancheforeningen SPT
Symbion Science Park
Froebjogvej 3, DK-2100 Copenhagen
T: (004539) 17 98 39 **Fax:** 17 97 49
E-Mail: spt@symbion.dk
Kontaktperson: Palle Strøm

Deutschland

iz f 181

Industrieverband Körperpflege- und Waschmittel e.V. (IKW)
Karlstr. 21, 60329 Frankfurt

iz f 181

T: (069) 25 56-13 23   Fax: 23 76 31
Internet: http://www.ikw.org
E-Mail: info@ikw.org
Kontaktperson: RA Dr. Bernd Stroemer

Finnland

iz f 182

T.Y. - Teknokemian Yhdistys R.Y. Teknokemiska Föreningen R.F.
Postfach 311, FIN-00131 Helsinki
Etelaranta 10, FIN-00131 Helsinki
T: (003580) 17 28 41   Fax: 66 65 61
E-Mail: stig.granqvist@ty.ttliitot.fi
Kontaktperson: S. Granqvist

Frankreich

iz f 183

Fédération des Industries de la Parfumerie (FIP)
Champs Elysées 33, F-75008 Paris
T: (00331) 56 69 67 89   Fax: 56 69 67 90
E-Mail: fipar@fipar.fr
Kontaktperson: J.-F. Tanneur

Griechenland

iz f 184

Union Panhellenique des Industriels et Agents de Produits Cosmetiques et de Parfümerie (PSVAK)
28 Academias Street, GR-10671 Athen
T: (00301) 3 63 74 98   Fax: 3 61 27 76
E-Mail: pvsak.gr@otenet.gr
Kontaktperson: T. Mitsakakis

Großbritannien

iz f 185

Cosmetic, Toiletry & Perfumery Association (CTPA)
Josaron House
John Princes Street 5-7, GB- London W1M 9HD
T: (004420) 74 91 88 91   Fax: 74 93 80 61
E-Mail: mkelly@ctpa.org.uk
Kontaktperson: M. E. Kelly

Irland

iz f 186

Irish Cosmetics and Toiletry Association (ICTA)
c/o Hawaiian Tropic Europe Inc.
3 Whitestown Industrial Estate, IRL- Tallaght Dublin 24
T: (003531) 462 50 00   Fax: 462 50 01
E-Mail: frank.murray@htropic.ie
Kontaktperson: N. Hitchcock

Italien

iz f 187

Unipro - The Italian Association of Perfumery, Cosmetic and Toiletry, Soap and Related Industries
Via F. Juvara 9, I-20129 Mailand
T: (00392) 239 55 21   Fax: 70 60 20 93
E-Mail: direzione.generale@unipro.inct.it
Gen. Dir.: Flavio Meroni

Niederlande

iz f 188

Nederlandse Cosmetica Vereniging (NCV)
Design House
Fultonbaan 32, NL-3439 NE-Nieuwegein
T: (003130) 6 04 94 80   Fax: 6 04 99 99
E-Mail: w.pfeifer@nedcosver.nl
Kontaktperson: W. Pfeifer

Österreich

iz f 189

Fachverband der Chemischen Industrie Österreichs (FCIO)
Postfach 325, A-1045 Wien
Wiedner Hauptstrasse 63, A-1045 Wien
T: (00431) 5 01 05 33 67   Fax: 50 10 52 80
Internet: http://www.wk.or.at/fcio
E-Mail: office@fcio.wk.or.at
Kontaktperson: Dr. F. Latzko

Portugal

iz f 190

Associac_4ao dos Industriais de Cosmética, Perfumaria e Higiene corporal (AIC)
Av. Antonio José d'Almeira N. 7-2, P-1000 Lissabon
T: (003511) 7 99 15 50   Fax: 7 99 15 51
Internet: http://www.fiovde.pt
E-Mail: fiovde@mail.telepac.pt
President: A-M. Couras

Schweden

iz f 191

Kemisk-Tekniska Leverantörförbundet (KTF)
Postfach 6620, S-11384 Stockholm
Gävlegatan 16, S-11384 Stockholm
T: (00468) 522 244 00   Fax: 522 244 90
Internet: http://www.ktf.se
E-Mail: info@ktf.se
Kontaktperson: C. Mattsson

Spanien

iz f 192

Asociacion nacional de fabricantes de perfumeria y afines Servicios tecnicos (Stanpa)
P. de la Castellana 159 1A, E-28046 Madrid
T: (003491) 571 16 40   Fax: 571 61 63
E-Mail: stanpamadrid@stanpa.com
Kontaktperson: F. Gonzalez-Hervada

Assoziierte Mitglieder

Argentinien

iz f 193

CAIPHYT
Paraguay 1857, RA-1121 Buenos Aires
T: (005411) 48 13 90 47   Fax: 48 13 90 47
E-Mail: caiphyt@giga.com.ar
Ricardo Flores

Australien

iz f 194

The Cosmetic, Toiletry and Fragrance Association of Australia (CTFAA)
Level 4, 140 Arthur St., AUS- North Sydney NSW 2060
T: (00612) 99277500   Fax: 99550032
E-Mail: ctfaa@abol.net
Executive Director: J. Woods
Kontaktperson: J. B. Arrowsmith

Israel

iz f 195

Israeli Association of Cosmetic Manufacturers
Petach Tikva Road 82, IL- Tel Aviv 67138
T: (009723) 561 99 66   Fax: 562 38 87
E-Mail: yoki_ry@netvision.net.il
Kontaktperson: Dr. A.A. Giniger

Norwegen

iz f 196

Kosmetikkleverandorenes Forening (KLF)
Postfach 6780, N-0130 Oslo
St. Olavs Pl., N-0130 Oslo
T: (004722) 33 77 65   Fax: 33 13 50
E-Mail: bforkosm@klf.no
Kontaktperson: I. Standal

Polen

iz f 197

Association of Producers for Cosmetics + Household Chemicals (APCHC)
Bointe Centre SPZOO, ul. Marszalkowsko 84 /92, PL-00514 Warzawa
T: (004822) 6 29 59 76   Fax: 6 21 84 66
Kontaktperson: A. Malina

Rumänien

iz f 198

Romanian Union of Cosmetics and Detergent Manufacturers (RUCODEM)
Str. Mihai Eninescu 105-107 Apt. 1, R-72112 Bucharest
T: (00401) 210 88 85   Fax: 210 88 85
E-Mail: rucodem@mail.maronet.ro
Kontaktperson: R. Rabu

Russland

iz f 199

Perfumery and Cosmetics Association of Russia (PCAR)
Marshal Rokossovsky Blvd. 16, RUS-107150 Moscow
T: (007095) 7 42 97 40   Fax: 9 13 82 00
E-Mail: pcar@aha.ru
V. Salev

iz f 200

APCoHM
Postfach 94, RUS-117526 Moskow
Prospekt Vernadskogo 101 Office B 1801, RUS-117526 Moskow
T: (007095) 232 92 16   Fax: 232 92 17
Secretary General, Contact: Veronica Uzunova

Ungarn

iz f 201

Association of Hungarian Cosmetics Detergent & Cleanser Industries
Erzsebet Kiralyné utja 1c, H-1146 Budapest
T: (00361) 3 43 43 59   Fax: 3 43 74 58
E-Mail: mkmtsz@mail.matav.hu
Secretary: Istvan Muranyi

Schweiz

iz f 202

Verband der Schweizerischen Kosmetik Industrie (VSKI)
Breitingerstr. 35, CH-8027 Zürich
T: (00411) 2 02 33 86   Fax: 2 01 09 85
E-Mail: swi-vski-lic@bluewin.ch
Kontaktperson: Dr. K. Gehri

Türkei

iz f 203

Cosmetics and Toiletries Industry Association (C.T.I.A.)
Degirmen Sok
Sasmaz Sitesi No 19 Duran Bey Apartmani, Kat. 3, TR-81090 Kozyatagi-Istanbul
T: (0090216) 4 16 76 44   Fax: 4 16 92 18
E-Mail: tksd@turk.net
Kontaktperson: Mustafa Bagan

IZ F 204
Europäisches Komitee für Industrieanlagenbau (EUROPLANT)
European Plantmakers Committee
Comité européen des constructeurs de grands ensembles industriels
c/o VDMA-Arbeitsgemeinschaft Großanlagenbau
Postf. 71 08 64, 60498 Frankfurt
Lyoner Str. 18, 60528 Frankfurt
T: (069) 66 03-1443 **Fax:** 66 03-1218
Internet: http://www.grossanlagenbau.vdma.org
E-Mail: agab@vdma.org
Gründung: 1970
Präsident(in): Fritz Kürbisch
Generalsekretär(in): RA Dr. Wolfgang Kühnel
Mitglieder: 72

IZ F 205
CIES - The Food Business Forum
7, rue de Madrid, F-75008 Paris
T: (00331) 44 69 84 84 **Fax:** 44 69 99 39
Internet: http://www.ciesnet.com
E-Mail: info@ciesnet.com
Gründung: 1953
Präsident(in): Roland Fahlin (ICA AHOLD AB, Schweden)
Geschäftsführer(in): Richard Fedigan
Schatzmeister: Peter Everts (Migros-Genossenschafts-Bund, Schweiz)
Leitung Presseabteilung: Sophie Lavagne
Verbandszeitschrift: FBN (Food Business news)
Redaktion: Irène Alvès
Mitglieder: 500
Mitarbeiter: 25
Publikationen:
Food Business News

IZ F 206
Deutsche Landesgruppe der IFPI e.V. (IFPI)
International Federation of the Phonographic Industry
Grelckstr. 36, 22529 Hamburg
T: (040) 58 97 47-0 **Fax:** 58 97 47-47
Internet: http://www.ifpi.de
E-Mail: verbaende@phono.de
Vorsitzende(r): Wolf-D. Gramatke (Universal Holding GmbH, Glockengiesser Wall 3, 20095 Hamburg)
Geschäftsführer(in): Peter Zombik (Vors.)
Dr. Martin Schaefer
Mitglieder: (einschließlich außerordentliche): 366

IZ F 207
EG-Ausschuß des Europäischen Komitees der Verbände der Landmaschinen-Hersteller (CEMA)
European Committee of Associations of Manufacturers of Agricultural Machinery - EC Commission
Commission de la C.E. du Comité Européen des Groupements de Constructeurs du Machinisme Agricole
19, rue Jacques Bingen, F-75017 Paris
T: (00331) 42 12 85 90 **Fax:** 40 54 95 60
E-Mail: cema@sygma.org
Gründung: 1959
Président: P. Snauwaert (B)
Secrétaire Général: J. Dehollain
Mitglieder: 16

Mitgliedsorganisationen

Belgien

iz f 208
Federation Multisectorielle de l'Industrie Technologique (AGORIA)
Secteur de la Mécanique
Bld. A. Reyers 80, B-1030 Brüssel
T: (00322) 7 06 79 82 **Fax:** 7 06 79 88
Internet: http://www.agoria.be
E-Mail: pierre.juliens@agoria.be
President: R. Dossche
CEMA Representative: P. Snauwaert
Secretary General: D. Du Tre

Dänemark

iz f 209
Danske Landbrugsmaskinfabrikanter (DLMF)
Hojkolvej 24, DK-8210 Aarhus V
T: (0045) 86 15 68 22 **Fax:** 86 15 19 51
Internet: http://www.agromek.dk
E-Mail: dlmf@agromek.dk
President: H. Nørgaard
Secretary General: K. Koed

Deutschland

iz f 210
Fachverband Landtechnik im VDMA
Lyoner Str. 18, 60528 Frankfurt
T: (069) 66 03-1304 **Fax:** 66 03-1464
Internet: http://www.vdma.org
E-Mail: bernd.scherer@vdma.org
President: F.-G. von Busse
Secretary General: B. Scherer

Finnland

iz f 211
Federation of Finnish Metal, Engineering and Electrotechnical Industries (MET)
Tractors and Agricultural Machines
Postfach 10, FIN-00131 Helsinki
Eteläranta 10, FIN-00130 Helsinki
T: (003589) 1 92 33 97 **Fax:** 62 44 62
Internet: http://www.met.fi
E-Mail: veijo.niemi@met.fi
President: J. Nokkala
Secretary General: V. Niemi

Frankreich

iz f 212
Syndicat Général des Constructeurs de Tracteurs et Machines Agricoles (SYGMA)
19, rue Jacques Bingen, F-75017 Paris
T: (00331) 42 12 85 90 **Fax:** 40 54 95 60
Internet: http://www.sygma.org
E-Mail: j.dehollain@sygma.org
President: M. Siebert
Secretary General: J. Dehollain

Griechenland

iz f 213
Association of Manufacturers of Agricultural Machinery of N. Greece (AMAMNG)
7, Tantalou Street P.O. Box 10960, GR-54110 Saloniki
T: (003031) 55 62 29 **Fax:** 55 67 73
E-Mail: ekagem@magnet.gr
President: A. Kassatzoglou
Secretary General: A. Karagiannis
In charge of CEMA: A. Chrysostomidou

Großbritannien

iz f 214
The Agricultural Engineers Association (AEA)
Samuelson House
Paxton Road Orton Centre, GB- Peterborough PE2 5LT
T: (00441733) 36 29 25 **Fax:** 37 06 64
Internet: http://www.aea.uk.com
E-Mail: dg@aea.uk.com
President: T.R. Dowdeswell
Secretary General: J. Vowles

Italien

iz f 215
Unione Nazionale Costruttori Macchine Agricole (UNACOMA)
Via L Spallanzani 22/A, I-00161 Rom
T: (003906) 44 29 81 **Fax:** 4 40 27 22
Internet: http://www.unacoma.com
E-Mail: unacoma@unacoma.it
President: A. Tassinari
Secretary General: C. Ambrogi

Niederlande

iz f 216
Nederlandse Agro Technische Industrie (NATI)
Postfach 2600, NL-3430 GA Nieuwegein
Einsteinbaan 1, NL-3439 NJ Nieuwegein
T: (00313060) 5 33 44 **Fax:** 5 32 08
E-Mail: jong@metaalunie.nl
President: C.M. Tolsma
CEMA Representative: G.J. Weijers
Secretary General: R.I. de Jong

Norwegen

iz f 217
Redskapsfabrikkenes Landslag (RL)
Postfach 7072, N-0306 Homansbyen-Oslo 3
Oscarsgate 20, N-0306 Homansbyen-Oslo 3
T: (0047) 22 59 66 00 **Fax:** 22 59 66 69
Internet: http://www.tbl.no
E-Mail: krs@tbl.no
Président: S. Erland
Secrétaire Général: K. Skotner

Österreich

iz f 218
Fachverband der Maschinen- und Stahlbauindustrie Österreichs (FMS)
Postfach 4 30, A-1045 Wien
Wiedner Hauptstrasse 63, A-1045 Wien
T: (00431) 5 01 05 34 68 **Fax:** 5 05 10 20
Internet: http://www.fms.at
E-Mail: maschinen@fms.at
President: C. Malina-Altzinger
H. Pöttinger jun. (Ag. Machinery Group)
CEMA Representative: H. Pöttinger jun.
A. Laimer
D. Grohmann
Secretary General: Dr. R. Tuppa

Portugal

iz f 219
Associacão Nacional das Empresas Metalúrgicas e Metalomecânicas (ANEMM)
Estrada do Paço de Lumiar
Polo Tecnológico de Lisboa-Lote 13, P-1600-485 Lissabon
T: (0035121) 715 21 72 **Fax:** 715 04 03
Internet: http://www.anemm.pt
E-Mail: anemm@anemm.pt
President: M. Pereira
Secretary General: R. Guimaraes

Schweiz

iz f 220
Société Suisse des Constructeurs de Machines (VSM)
Agricultural Machinery/Municipal Equipment
Kirchenweg 4, CH-8032 Zürich
T: (00411) 3 84 41 11 **Fax:** 3 84 42 42
Internet: http://www.swissmem.ch
E-Mail: h.spuehler@swissmem.ch
President: U. Meyer
Secretary General: H. Spühler

Spanien

iz f 221
Asociacion Nacional del Sector de la Maquinaria Agricola y Tractores (ANSEMAT)
Principe de Vergara 74 Edificio CEOE, E-28006 Madrid
T: (003491) 4 11 33 68 **Fax:** 4 11 75 26
Internet: http://www.ansemat.org
E-Mail: ansemat@jet.es
Président: L. Delgado
Représentant du CEMA: J. Castellano
Secrétaire Général: J. M. Mateos

IZ F 222
CAPIEL
Koordinierendes Komitee der Fachverbände der Schaltgerätehersteller in der Europäischen Union
Coordinating Committee for the Associations of Manufacturers of Industrial Electrical Switchgear and Controlgear in the European Union
Comité de coordination des Associations de Constructeurs d'Appareillage Industriel Electrique de l'Union Européenne
c/o SERCOBE
Principe de Vergara 74, E-28006 Madrid
T: (00341) 4 11 51 15   Fax: 5 62 19 22
E-Mail: eisenberg@retemail.es
Generalsekretär(in): Gustavo Eisenberg
Mitglieder: 9 nationale Verbände aus den Ländern Belgien, BRD, Frankreich, Großbritannien, Italien, Niederlande, Spanien, Finnland, Österreich

Mitgliedsorganisationen

Belgien

iz f 223
Federation Multisectorielle de l'Industrie Technologique (AGORIA)
Bld. A. Reyers 80, B-1030 Brüssel
T: (00322) 7 06 79 82   Fax: 7 06 79 88
Internet: http://www.agoria.be
E-Mail: pierre.juliens@agoria.be
Kontaktperson: Vanhuffel

Deutschland

iz f 224
AUTOMATION Antreiben-Messen-Schalten-Steuern Fachverband Schaltgeräte, Schaltanlagen, Industriesteuerungen im ZVEI
Postf. 70 12 61, 60591 Frankfurt
Stresemannallee 19, 60596 Frankfurt
T: (069) 6 30 22 98   Fax: 6 30 23 86
E-Mail: schalt-tec@zvei.org
Kontaktperson: Dr. Helmut Sturm

Finnland

iz f 225
Association of Manufactures of Electrical Accessories (SET-AMEA)
Postfach 10, FIN-00131 Helsinki
T: (0035) 89 19 92 33 86   Fax: 89 63 58 55
Kontaktperson: Patrick Frostell (E-Mail: patrick.frostell@electroind.fi)

Frankreich

iz f 226
Fachverband der Industrien der elektrischen Ausstattung, der Kontroll-Steuerung und entsprechenden Dienstleistungen
French industry association for electrical equipment, automation and related services
Groupement des industries de l'équipement electrique, du contrôle-commande et des services associés (GIMELEC)
11, rue Hamelin, F-75783 Paris Cedex 16
T: (00331) 45 05 71 52   Fax: 45 05 72 40
Internet: http://www.gimelec.fr
E-Mail: gimelec@gimelec.fr
Kontaktperson: Jean-Claude Karpeles

Großbritannien

iz f 227
Association for the Instrumentation, Control and Automation Industry (GAMBICA)
Westminster Tower
3 Albert Embankment, GB- London SE1 7SW
T: (004420) 77 93 30 90   Fax: 77 93 76 39
Kontaktperson: Fraser

iz f 228
British Electrotechnical and Allied Manufacturers Association (BEAMA)
Westminster Tower
3 Albert Embankment, GB- London SE1 7SL
T: (004420) 77 93 30 00   Fax: 75828020
Kontaktperson: A. A. Bullen

iz f 229
Electrical Installation Equipment Manufacturers Association
Westminster Tower
3 Albert Embankment, GB- London SE1 7SL
T: (004420) 77 93 30 00   Fax: 77 35 41 58
Kontaktperson: Dossett

Italien

iz f 230
ANIE - Associazione Nazionale Industrie Elettrotecniche ed Elettroniche
Via Gattamelata 34, I-20149 Mailand
T: (003902) 3 26 42 55   Fax: 3 26 42 12
Internet: http://www.anie.it
E-Mail: asde.segreteria@anie.it
Kontaktperson: T. Genova
M. Galimberti

Niederlande

iz f 231
NEDELSA
Postbus 190, NL-2700 AD Zoetermeer
T: (003179) 3 53 11 00   Fax: 3 53 13 65
Kontaktperson: Dr. Jan van der Burg

iz f 232
FME/CWM Vereniging voor de Metaal- en de Elektronische Industrie
Bredewater 20, NL-2700 Zoetermeer
T: (003179) 3 53 12 47   Fax: 3 53 13 65
Internet: http://www.fme.nl

Österreich

iz f 233
F.E.E.I. Fachverband der Elektro- und Elektronikindustrie Österreichs
Austrian Electrical and Electronic Industries Association (FEEI)
Mariahilfer Str. 37-39, A-1060 Wien
T: (00431) 5 88 39 44   Fax: 5 86 69 71
Internet: http://www.feei.at
E-Mail: martin@feei.wk.or.at
Kontaktperson: Dr. Hütter

Spanien

iz f 234
Asociacion de Fabricantes de Material Electrico (AFME)
Avda Diagonal 477-13° A, E-08036 Barcelona
T: (00343) 3 22 17 15   Fax: 4 19 96 75
Kontaktperson: Schell

iz f 235
SERCOBE
Jorge Juan 47, E-28001 Madrid
T: (00341) 4 35 72 40   Fax: 5 62 19 22
Internet: http://www.sercobe/elec.es
Kontaktperson: Eisenberg

IZ F 236
Euro Chlor
Representing The Chlor-Alkali Industry
Avenue E. Van Nieuwenhuyse 4 B2, B-1160 Brüssel
T: (00322) 6 76 72 11   Fax: 6 76 72 41
Internet: http://www.eurochlor.org
E-Mail: eurochlor@cefic.be
Gründung: 1991
Chairman: Martin Wienkenhöver
Executive Dir.: Dr. Barrie S. Gilliatt
Contact: Peter Whippy (Communications Manager)
Verbandszeitschrift: Management Brief
Verlag: Euro Chlor
Mitglieder: 41
Mitarbeiter: 13
Full Members:
Akzo Nobel, Albemarle, Aragonesas, Atofina, Ausimont, BASF, Bayer, Borregaard Industries, BorsodChem, Caffaro, ChlorAlp, Dow Europe, Elektro-Chemie Ibbenbüren, Electroquimica de Hernani, Elnosa, EniChem, Erkimia, Finnish Chemicals, GE Plastics Europe, Hays Process Chemicals, Hellenic Petroleum, Hüls, Ineos Chlore, LII Europe, Meteaux Speciaux, Norsk Hydro, Nováčke Chemiké, Organika Zachem, Produits Chimiques d'Harbonnières, Quimica del Cinca, Rhodia Eco Services, Säurefabrik Schweizerhall, Solvay, Solvin, Spolana, Spolchemie, Tessenderlo Chemie, Uniteca, Vinnolit, Zaklady Azotowe Wloclawek, Zaklady Chem. "ROKITA"

IZ F 237
Euroalliages - Verbindungskomittee der Industrien für Ferrolegierungen
Euroalliages - Liaison Committee of the Ferrous-Alloys Industries
Euroalliages - Comité de Liaison des Industries de Ferro-Alliages
Chaussée de Vleurgat 213, B-1050 Brüssel
T: (00322) 639 61 61   Fax: 639 61 69
E-Mail: euroalliages@skynet.be
Gründung: 1993
Président: Robert Botte
Secrétaire Général: Michel Fiat (Kontakt)
Mitglieder: 11
Mitarbeiter: 2

IZ F 238
EUROMETREC
Federation of the Non-Ferrous Metals Trade and Metal Scrap Processing and Recycling Industry within the EC
Fédération du Négoce de la Récupération et du Recyclage des métaux Non-Ferreux au sein de la CE
c/o BIR
Avenue Franklin Roosevelt 24, B-1050 Brüssel
E-Mail: bir.sec@skynet.be
Gründung: 1989
President: Anders Jungersen (DK)
Director General: Francis Veys
Mitglieder: 9 fédérations nationales
Mitarbeiter: 6

Mitgliedsorganisationen

Belgien

iz f 239
Fédération des Entreprises de Récupération de Métaux Ferreux et Non Ferreux (F.E.R.M.)
c/o COBEREC
Rue des Comédiens 16 /22, B-1000 Brüssel
T: (00322) 22 33 801   Fax: 2 19 00 22
Vincent Quidousse (Executive Director)

Deutschland

iz f 240
Verein Deutscher Metallhändler e.V. (VDM)
Ulrich-von-Hassell-Str. 64, 53123 Bonn
T: (0228) 2 59 01-0   Fax: 2 59 01-20
Internet: http://www.metallverein.de
E-Mail: metallverein@t-online.de
Executive Director: Dipl.-Volksw. Hans P. Münster

Frankreich

iz f 241
Federec Métal
Rue de Prony 101, F-75017 Paris
T: (00331) 40 54 01 94   Fax: 40 54 77 88
Secretary: Michèle Launay

Großbritannien

iz f 242
British Secondary Metals Association (BSMA)
Sandford Court
21 Sandford Street, GB- Lichfield, Staffordshire WS13 6QA

T: (00441543) 25 54 50 Fax: 25 53 25
Executive Director: Duncan Wemyss

Italien

iz f 243

Assofermet
Corso Venezia 47/49, I-20121 Mailand
T: (003902) 7 60 08-807 Fax: 7 81-027
Internet: http://www.assofermet.it
E-Mail: marcemas@tin.it
President: Marcello Masi
Mitglieder: 179

Niederlande

iz f 244

Metaal Recycling Federatie
Laan Copes van Cattenburch 77, NL-2585 EW Den Haag
T: (003170) 3 62 46 10 Fax: 3 63 63 48
Executive Director: Dr. Herman Voskamp

Österreich

iz f 245

Bundesgremium des Sekundärrohstoffhandels, Recycling und Entsorgung
Sekundärrohstoffhandel, Wirtschaftskammer Österreich
Postfach 440, A-1045 Wien
Wiedner Hauptstrasse 63, A-1045 Wien
T: (00431) 5 01 05 35 61 Fax: 5 05 38 51
Geschäftsführender Direktor: Walter Hochleitner

Skandinavien

iz f 246

Nordic Recycling Federation
Postfach 927, DK-5100 Odense C
Vestergade 97-101, DK-5100 Odense C
T: (004563) 1282-00 Fax: 1282-19
Secretary: Bjarne Roe Iversen (H. J. Hansen Holding A/S, Vestergade 97-101, P.O. Box 9 27, DK-5000 Odense C. T: (0045) 63 12 82 00, Fax: 12 82 19)

Spanien

iz f 247

Federacion Espanola de la Recuperacion (F.E.R.)
C/Hermosilla No. 8, 7 Jzda, E-28001 Madrid
T: (00341) 5 78 39 78 Fax: 5 77 58 15

● **IZ F 248**

Europäische Aluminium-Vereinigung (EAA)
European Aluminium Association
Avenue de Broqueville 12, B-1150 Brüssel
T: (00322) 7 75 63 63 Fax: 7 79 05 31
Internet: http://www.eaa.net
E-Mail: eaa@eaa.be
Gründung: 1981 (26. März)
Secretary General: P. de Schrynmakers (E-Mail: schrynmakers@eaa.be)
Kontakt: J. G. te Bos (E-Mail: tebos@eaa.be)

● **IZ F 249**

Europäische Behälter-Glasfabrikanten-Vereinigung (EGM)
European Glass Container Manufacturers Committee
Comité Européen des Fabricants de Récipients en Verre
The Britisch Glass Manufacturers Confederation
Northumberland Road, GB- Sheffield S10 2UA
T: (00441114) 2 68 62 01 Fax: 2 68 10 73
Secretary: William G. A. Cook

● **IZ F 250**

Europäische Catering Vereinigung (eca)
European Catering Association
c/o Catering & Allied Services
Central House, Balfour Road, GB- Hounslow, Middlesex TW3 1HY
T: (004420) 8607-7200 Fax: 8577-8873
Gründung: 1964
Präsident(in): Jacques Guignard (DSR, 14 Av de Riond-Bosson, CH-1110 Morges 2, T: (004121) 8 04-55 55, Fax: 8 04-55 00)
Geschäftsführer(in): N. N.
Mitglieder: 19 aus Ländern

● **IZ F 251**

Europäische Föderation der Entsorgungswirtschaft (FEAD)
European Federation of Waste Management and Environmental Services
Fédération Européenne des Activités du Déchet et de l'environnement
Avenue des Gaulois 19, B-1040 Brüssel
T: (00322) 7 32 32 13 Fax: 7 34 95 92
Gründung: 1981
President: Keith Bury (CBE c/o UK Waste Management Ltd., Rixton Old Hall, Manchester Road, GB-Warrington, Cheshire WA3 6EW)
Secretary General: Dieter Vogt (Contact)
Verbandszeitschrift: FEAD Contact
Mitglieder: 15
Mitarbeiter: 3

Mitgliedsverbände

Belgien

iz f 252

Union Générale Belge du Nettoyage et de la Désinfection (ABSU-UGBN)
Algemene Belgische Schoonmaak- én Ontsmettingsunie (absu)
Avenue des Nerviens 117, B-1040 Brüssel
T: (00322) 7 32 13 42 Fax: 7 35 07 87
E-Mail: absu.ugbn@skynet.be

Deutschland

iz f 253

Bundesverband der Deutschen Entsorgungswirtschaft e.V. (BDE)
Fach- und Arbeitgeberverband
Schönhauser Str. 3, 50968 Köln
T: (0221) 93 47 00-0 Fax: 93 47 00-90
Internet: http://www.bde.org
E-Mail: info@bde.org

Frankreich

iz f 254

Fédération Nationale des Activités du Déchet et de l'Environnement (FNADE)
Rue de Naples 33, F-75008 Paris
T: (00331) 53 04 32 90 Fax: 53 04 32 99
E-Mail: fnade@fnade.com

Großbritannien

iz f 255

Environmental Services Association (ESA)
Mountbarrow House
Buckingham Palace Road 154, GB- London SW1W 9TR
T: (004420) 78 24 88 82 Fax: 78 24 87 53
E-Mail: info@esauk.org

Italien

iz f 256

Federazione Imprese di Servizi
Via del Poggio Laurentino 11, I-00144 Rom
T: (00396) 5 92 10 76 Fax: 5 91 99 55
E-Mail: fise@telematica.it

Luxemburg

iz f 257

Fédération Luxembourgeoise des Entreprises d'Assainissement (FLEA)
c/o Sté Lamesch
Zone industrielle Wolser Nord, L-3225 Bettembourg
T: (00352) 5 22 72 71 Fax: 51 88 01

Niederlande

iz f 258

Vereniging van Afvalverwerkers (VVAV)
Postfach 1 93 00, NL-3501 DH Utrecht
Catharijnesingel 55, NL-3501 DH Utrecht
T: (003130) 2 33 30 30 Fax: 2 33 21 22
E-Mail: info@vvav.nl

Österreich

iz f 259

Verband Österreichischer Entsorgungsbetriebe
Lothringerstr. 14, A-1030 Wien
T: (00431) 7 13 02 53 Fax: 7 15 21 07
E-Mail: voeb@voeb.at

Schweden

iz f 260

Svenska Renhållningsverks-Föreningen (RVF)
Östergatan 30, S-21122 Malmö
T: (004640) 35 66 00 Fax: 97 10 94
E-Mail: office@rvf.se

Spanien

iz f 261

Asociación de Empresas de Limpieza Pública (ASELIP)
Cristóbal Bordiú 55, E-28003 Madrid
T: (00341) 5 54 47 19 Fax: 5 35 33 06
E-Mail: aselip@lander.es

assoziierte Verbände

Griechenland

iz f 262

Association of Greek Waste Management Companies (SEEDA)
Panormou & Larisis Str. 30, GR-11524 Athen
T: (00301) 6 98 42 15 Fax: 6 99 50 45
E-Mail: seeda@hol.gr
Chairman of Board: Anastasios Tzilalis

Niederlande

iz f 263

Vereiniging Nederlandse Afvalondernemingen (VNA)
Markt 38 Postbus 135, NL-4840 AC Breda Prinsenbee
T: (003176) 5 49 37 77 Fax: 5 49 36 66
E-Mail: info@vnao.nl
Direktor(in): A. P. P. Donders

Slowakische Republik

iz f 264

Assoziation von Unternehmen in der Abfallwirtschaft
c/o LOBBE Slovakia spol s.r.o.
Palárikova 16, SK-81104 Pressburg
Fax: (00421752) 49 69 43
Präsident(in): Alexandra Blažičková

Tschechische Republik

iz f 265

Česka Asociace Odpadového Hospodárstvi (ČAOH)
Hornokrcská 18, CZ-14000 Praha 4 4
T: (00422) 61 26 14 28 Fax: 61 26 14 28
Kontaktperson: Dr.-Ing. Petr Mechura

• IZ F 266
Europäische Föderation der Holzfaserplatten-Fabrikanten (FEROPA)
European Federation of Fibreboard Manufacturers
Fédération Européenne des Fabricants de Panneaux de Fibres
724, Trav. des Rougons, F-83510 Lorgues
T: (0033494) 73 75 99 **Fax:** 67 67 07
E-Mail: omdahl@netcourrier.com
J. Tisné

Mitgliedsorganisationen

Deutschland

iz f 267
Verband der Deutschen Holzwerkstoffindustrie e.V. (VHI)
Ursulum 18, 35396 Gießen
T: (0641) 9 75 47-0 **Fax:** 9 75 47-99
Internet: http://www.vhi.de
E-Mail: vhimail@vhi.de
Präsident(in): Dipl.-Ing. Hubertus Flötotto (Sauerländer Spanplatten GmbH & Co. KG, Arnsberg)
Geschäftsführer(in): Dr. Udo Leukens

Finnland

iz f 268
Finnish Fibreboard
Vuorikatu 3, FIN-18101 Heinola
T: (00358) 20 41 51 29 **Fax:** 20 41 51 29
E-Mail: pertti.lamsa@finfib.fi

Norwegen

iz f 269
Federation of Norwegian Process Industries (PIL)
Postfach 5487 Majorstua, N-0305 Oslo
Essendrops gate 3, N-0305 Oslo
T: (00472) 308 78 00 **Fax:** 308 78 99
Internet: http://www.pil.no
E-Mail: pil@pil.no

Schweden

iz f 270
Svenska Wallboardforeningen
Tingvallavagen 9M 6 tr, S-19531 Marsta
T: (00468591) 2 01 10 **Fax:** 2 28 02

• IZ F 271
Europäischer Holzwerkstoffstoffverband (EPF)
European Panel Federation
Fédération Européenne des Panneaux á Base de Bois
Hof-ter-Vleestdreef 5, B-1070 Brüssel
T: (00322) 5 56 25 89 **Fax:** 5 56 25 94
E-Mail: euro.wood.fed@skynet.be
Gründung: 1999 (01. Januar)
Präsident(in): F. De Cock (Belgien)
Unternehmensleitung: F. Carvalho
P. Fantoni
L. Gozzi
R. Heiberg
K.-O. Künnemeyer
G. Rhodes
F. Staub
Generaldel.: Dr. Guy Van Steertegem
Leitung Presseabteilung: Kristel Verleysen

Mitgliedsorganisationen

Belgien

iz f 272
Fédération belge des entreprises de la transformation du bois a.s.b.l. (FEBELHOUT VZW)
Postfach 1, B-1070 Brüssel
Hof-ter-Vleestdreef 5, B-1070 Brüssel
T: (00322) 5 56 25 55 **Fax:** 5 56 25 70
Kontaktperson: Dr. Guy Van Steertegem

Dänemark

iz f 273
Foreningen af Danske Spånpladefabrikker
Novopan Træindustrie
Fabriksvej, DK-8550 Ryomgaard
T: (0045) 89 74 74 74 **Fax:** 89 74 75 76
Kontaktperson: T. Bojsen-Møller

Deutschland

iz f 274
Verband der Deutschen Holzwerkstoffindustrie e.V. (VHI)
Ursulum 18, 35396 Gießen
T: (0641) 9 75 47-0 **Fax:** 9 75 47-99
Internet: http://www.vhi.de
E-Mail: vhimail@vhi.de
Präsident(in): Dipl.-Ing. Hubertus Flötotto (Sauerländer Spanplatten GmbH & Co. KG, Arnsberg)
Geschäftsführer(in): Dr. Udo Leukens

Finnland

iz f 275
Finnish Forest Industries Federation
Postfach 336, FIN-00171 Helsinki
Snellmaninkatu 13, FIN-00171 Helsinki
T: (003589) 1 32 44 10 **Fax:** 1 32 44 45
Kontaktperson: Aila Janatuinen

Frankreich

iz f 276
Union des Industries des Panneaux de Process
33, Rue de Naples, F-75008 Paris
T: (00331) 53 42 15 52 **Fax:** 42 93 19 97
Kontaktperson: D. Coutrot

Großbritannien

iz f 277
Wood Panel Industries Federation (WPIF)
28 Market Place, GB- Grantham Lincolnshire NG31 6LR
T: (00441476) 56 37 07 **Fax:** 57 93 14
Kontaktperson: A. Kerr

Italien

iz f 278
Assopannelli
Foro Buonaparte 65, I-20121 Mailand
T: (003902) 80 60 41 **Fax:** 80 60 43 95
Kontaktperson: D. Plebani

Norwegen

iz f 279
Norske Byggeprodusenters Forening
Postfach 71 86, N-0307 Oslo 3
T: (004723) 08 75 00 **Fax:** 08 76 21
Kontaktperson: Arne Skjelle

Österreich

iz f 280
Fachverband der holzverarbeitenden Industrie Österreichs
Postfach 1 23, A-1037 Wien
Schwarzenbergplatz 4, A-1037 Wien
T: (00431) 7 12 26 01 **Fax:** 7 13 03 09
Kontaktperson: Dr. A. Schmied

Portugal

iz f 281
Associação das Indústrias de Madeiras e Mobiliário de Portugal (AIMMP)
Rua Alvares Cabral 281, P-4050 Porto
T: (003512) 23 39 42 00 **Fax:** 23 39 42 10
Kontaktperson: E. Romano

Schweden

iz f 282
Svenska Träskivor
Tingvallavägen 9M 6tr, S-19531 Märsta
T: (00468) 59 12 01 10 **Fax:** 59 12 28 02
Kontaktperson: Bengt Bengtsson

Schweiz

iz f 283
Verband Schweizerischer Spanplattenfabrikanten (VSSF)
c/o Kronospan AG
Postfach, CH-6122 Menznau
T: (004141) 4 94 94 94 **Fax:** 4 94 94 49
Kontaktperson: H. Vogel

Spanien

iz f 284
Asociación Nacional de Fabricantes de Tableros Aglomerados de Madera (ANFTA)
Segre, 20, E-28002 Madrid
T: (00341) 5 64 78 01 **Fax:** 5 64 78 14
Kontaktperson: José Causi

• IZ F 285
Europäische Föderation der Wellpappefabrikanten (FEFCO)
European Federation of Corrugated Board Manufacturers
Fédération Européenne des Fabricants de Carton Ondulé
Rue d'Amsterdam 37, F-75008 Paris
T: (00331) 53 20 66 80 **Fax:** 42 82 97 07
Internet: http://www.fefco.org
E-Mail: information@fefco.org
Präsident(in): Fernando Arrieta
Generalsekretär(in): J.P. Lardillon
Mitglieder: 22 Verbände (Belgien, Dänemark, Deutschland, Finnland, Frankreich, Großbritannien, Holland, Irland, Italien, Norwegen, Österreich, Polen, Portugal, Rumänien, Schweden, Schweiz, Slowakische Republik, Spanien, Tschechische Republik, Türkei, Ungarn)

• IZ F 286
Europäische Gruppe der Hersteller von Holzschutzmitteln (EWPM)
European Wood Preservative Manufacturers Group c/o BWPDA
Groupe Eurpéen des Producteurs de Produits de Préservation du Bois
6 The Office Village, 4 Romford Road, Stratford, GB- London E15 4ED
T: (004420) 85 19-2588 **Fax:** 85 19-3444
Gründung: 1977
President: Dr. David Aston
Secretary General: Dr. Chris R. Coggins
Mitglieder: 19
Mitarbeiter: 9

• IZ F 287
Vereinigung der europäischen Heizungsindustrie
Association of the European Heading Industry (EHI)
Generalsekretariat:
Frankfurter Str. 720-726, 51145 Köln
T: (02203) 9 35 93-0 **Fax:** 9 35 93 22
E-Mail: ehi-cologne@t-online.de
President: André Muller (De Dietrich Thermique (F))
Secretary General: Andreas Lücke (M.A.)
Deputy Secretary General: Wilfried Linke
Mitglieder: 16 nationale Verbände, 18 Direktmitglieder

Mitgliedsorganisationen

Belgien

iz f 288

Belgian Boiler Association (BBA)
Rue des Drapiers 21, B-1050 Brüssel
T: (00322) 5 10 23 11   **Fax:** 5 10 23 01
Sekretär: Francois-Xavier Belpaire

iz f 289

Association pour Techniques Thermiques de Belgique a.s.b.l. (ATTB)
Rue Maréchal Foch 178 Bte 71, B-4430 Ans
T: (00324) 2 47 17 81   **Fax:** 2 47 17 81

Dänemark

iz f 290

Sammenslutningen af Olieog Gasfyringsfirmaer Secretariat (SA-O)
Sekretariat
Dr. Neergaardsvej 5A, DK-2970 Hörsholm
T: (0045) 45 76 36 25   **Fax:** 45 86 32 02

Deutschland

iz f 291

Bundesverband der Deutschen Heizungsindustrie e.V. (BDH)
Frankfurter Str. 720-726, 51145 Köln
T: (02203) 9 35 93-0   **Fax:** 9 35 93-22
E-Mail: bdh-koeln@t-online.de
Geschäftsführer(in): Andreas Lücke

iz f 292

Bundesverband Energie Umwelt Feuerungen e.V. (BVOG)
Birkenwaldstr. 163, 70191 Stuttgart
T: (0711) 2 56 70 75   **Fax:** 2 56 70 78
E-Mail: bvog-ceb@t-online.de

Frankreich

iz f 293

Groupement des Fabricants de Matériels de Chauffage Central par l'Eau Chaude et de Produktion l'Eau Chaude Sanitaire (GFCC)
F-92038 Paris La Defense cedex
T: (00311) 47 17 61 62   **Fax:** 47 17 60 03
Sekretär: Pierre Toledano

Großbritannien

iz f 294

Boiler and Radiator Manufacturers Association Ltd (BARMA)
77, Renfrew Street Savoy Tower, 11th Floor, GB- Glasgow G2 3 BZ
T: (0044141) 3 32 08 26   **Fax:** 3 32 57 88
Sekretär: John Carruthers

iz f 295

British Combustion Equipment Manufacturers Association (BCEMA)
The Fernery Market Place, Midhurst, GB- West-Sussex GU9 9DP
T: (00441730) 81 27 82   **Fax:** 81 33 66

iz f 296

Society of British Gas Industries (S.B.G.I.)
36, Holly Walk, GB- Leamington Spa CV32 4LY WARWICKS
T: (00441926) 33 43 57   **Fax:** 45 04 59

Italien

iz f 297

ANIMA - Federazione delle Associazioni Nazionali dell'Industria Meccanica
Federation of the Italian Mechanical and Engineering Industry Associations
Via Battistotti Sassi 11B, I-20133 Mailand
T: (00392) 73 97-1   **Fax:** 73 97-316
Internet: http://www.anima-it.com
E-Mail: assotermica@anima-it.com
Sekretär: Giampiero Colli

Niederlande

iz f 298

Vereniging van Nederlandse Fabrieken van Ketels voor Centrale Verwarming (VFK)
Postfach 190, NL-2700 AD Zoetermeer
Boerhaavelaan 40, NL-2713 HX Zoetermeer
T: (003179) 3 53 12 57   **Fax:** 3 53 13 65
Sekretär: W.G. Baanstra
Mitglieder: 17

Österreich

iz f 299

Vereinigung Österreichischer Kessellieferanten (VÖK)
Postfach 433, A-1045 Wien
T: (00431) 5 01 05   **Fax:** 5 05 09 28/1020
Sekretär: Karl Felbermayer

iz f 300

Verband der Österreichischen Brenner-Lieferanten (VOB)
c/o OEM Brennerwerk GmbH
Postfach 66, A-6430 Ötztal-Bahnhof

Schweden

iz f 301

Swedish Heating Boilers and Burners Association (SBBA)
Postfach 55 10, S-11485 Stockholm
Storgatan 5, S-11485 Stockholm
T: (00468) 7 82 08 00   **Fax:** 6 60 33 78
Kontaktperson: Anders Ostergren

Schweiz

iz f 302

PROCAL Lieferantenverband Heizungsmaterialien
Postfach 7190, CH-8023 Zürich
T: (00411) 2 71 90 90   **Fax:** 2 71 92 92
Geschäftsführer(in): Kurt Egli

Spanien

iz f 303

FEGECA Fabricants espanoles de generadores y emisores de calor por agua caliente
Fegeca
Principe de Vergara 74 2do, E-28006 Madrid
T: (00341) 5 62 54 15   **Fax:** 4 11 46 07
Sekretär: Angel Aguado

iz f 304

Asociace Podniku Topenarske Techniky
Hlubcicka 8-10, CZ-79401 Krnov
T: (00420652) 84 93 21, 70 13 21   **Fax:** 84 93 33
Chairman: Jaroslav Bahula

● **IZ F 305**

Europäischer Verband der Verbundwerkstoff-Industrie (GPRMC)
European Composites Industry Association
Generalsekretariat:
Diamant Building
Bld. Auguste Reyerslaan 80, B-1030 Brüssel
T: (00322) 706 79 60   **Fax:** 706 79 66
Internet: http://www.gprmc.be
E-Mail: gustaaf.bos@agoria.be
Gründung: 1960 (14. November)
President: René Stauning (DIAB Divinycell Innternational ApS; Torvet 3-5, DK-3400 Hillerød, T: (0045) 48 22 04 70, Fax: (0045) 48 24 40 01, E-mail: rs@divinycell.dk)
Vice-President: N. N.
Treasurer: N. N.
Secretary General: Gustaaf Bos
Mitglieder: 7
Mitarbeiter: 2

Mitgliedsorganisationen

Mitglieder

Belgien

iz f 306

Reinforplast/Agoria
Diamant Building
Bld. Auguste Reyerslaan 80, B-1030 Brüssel
T: (00322) 7 06 79 60   **Fax:** 7 06 79 66
Internet: http://www.agoria.be/gen-fr/home-fr.htm
E-Mail: gustaaf.bos@agoria.be
Kontaktperson: Gustaaf Bos

Dänemark

iz f 307

The Danish Plastics Federation Composites Group
Noerre Volgade 48, DK-1358 København K
T: (004533) 30 86 30   **Fax:** 30 86 31
Internet: http://www.plastic.dk
E-Mail: ke@plast.dk
Kontaktperson: Kristina Elvebakken

Frankreich

iz f 308

Groupement de la Plasturgie Industrielle et des Composites (GPIC)
Rue de Prony 65, F-75854 Paris Cedex 17
T: (00331) 44 01 16 39, 44 01 16 40   **Fax:** 42 67 77 19
Internet: http://www.proplast.org/fede/access-panel.html
E-Mail: g.p.i.c@wanadoo.fr, jpdelary.gpic@wanadoo.fr
Kontaktperson: J. P. de Lary

Korporativmitglieder

Deutschland

iz f 309

Arbeitsgemeinschaft Verstärkte Kunststoffe und Technische Vereinigung e.V. (AVK-TV)
Am Hauptbahnhof 10, 60329 Frankfurt
T: (069) 25 09 20   **Fax:** 25 09 19
Internet: http://www.avktv.de
E-Mail: avktv-sekretariat@t-online.de, avktv-bue@t-online.de
Kontaktperson: Dr. Uwe Bültjer

Niederlande

iz f 310

Vereniging voor de thermohardende Kunststofindustrie (VVK)
(Vereniging voor de thermohardende Kunststofindustrie)
Postfach 4 20, NL-2260 AK Leidschendam
Vlietweg 16, NL-2260 AK Leidschendam
T: (003170) 444 06 43   **Fax:** 317 74 08
E-Mail: vvk@nrk.nl
Kontaktperson: Ab Kasper

Großbritannien

iz f 311

British Plastics Federation (BPF), Composites Group (BPF)
Bath Place 6 Rivington Street, GB- London EC2A 3JE
T: (0044 20) 74 57 50 00   **Fax:** 74 57 50 45
Internet: http://www.bpf.co.uk

iz f 311

E-Mail: lzitkus@bpf.co.uk, plaw@bpf.co.uk
Kontaktperson: Philip Law
Louise Zitkus

iz f 312
Plastindustriforbundet
Forum for Plastkompositter
Norwegian Plastics Industry Federation, Composites Group
Postfach 5487, N-0304 Oslo
Essendropsgt 3, N-0305 Oslo Majorstua
T: (0047) 23 08 78 00   Fax: 23 08 78 99
Internet: http://www.pif.no
E-Mail: lk@pil.no
Kontaktperson: Lars Kildahl
Gunnar Bjertnaes

Spanien

iz f 313
CEP/CEPMAC
(Centro Espanõl de Plásticos/Cetro para la Promocion de los Materiales Compuestos)
Enrique Granados 101 bajos, E-08008 Barcelona
T: (003493) 2 18 94 12   Fax: 2 18 15 89
Internet: http://www.cep-inform.es
E-Mail: cep@cep-inform.es
Kontaktperson: J. Pena

Schweden

iz f 314
Plast- och Kemibranscherna, Kompostitavdelningen
The Plastics and Chemicals Federation, Composites
Postfach 55 01, S-114 85 Stockholm
Størgatan 19, S-114 85 Stockholm
T: (0046 8) 7 83 80 00   Fax: 4 11 45 26
Internet: http://www.plast-kemi.se/komposit/index.htm
E-Mail: thomas.bohlin@plast-kemi.se
Kontaktperson: Thomas Bohlin

Assoziierte Mitglieder

Tschechische Republik

iz f 315
Czech Association of Composites Manufacturers
c/o Czech Technical University, Klokner Institute, Centre for Composite Materials and Structures
Solinova 7, CZ-166 08 Prag 6
T: (004202) 24 31 07 93   Fax: 24 35 35 19
E-Mail: cerny@klok.cvut.cz
Contact: M. Cerny

Ungarn

iz f 316
Erösitett Müannyaggártók Szövetsége (EMSz)
Association of the Manufacturers of Reinforced Plastic Materials
Postfach 4 26, H-1519 Budapest
Fehérvári út 130, H-1116 Budapest
T: (003613) 82 15 40   Fax: 82 15 30
E-Mail: plastform@matavnet.hu
Kontaktperson: K. Maros

● **IZ F 317**
Europäische Industrie-Vereinigung Feinmechanik und Optik (EUROM)
European Federation of Precision Mechanical and Optical Industries
Fédération Européenne de l'Industrie de l'Optique et de la Mécanique de Précision
c/o SEPIM
5 bis, rue Jacquemont, F-75017 Paris
T: (00331) 40 25 96 65   Fax: 42 29 02 22
E-Mail: yuette.chellis@wanadoo.fr
President: Patrick Posso
Secretary General: Jacques Laffuge
Branchenkomitees:
I - Augenoptik
II - Optik, Laser und Labortechnik
III - Foto- und Videotechnik
IV - Feinmechanik
V - Mess- und Automatisierungstechnik
VI - Medizintechnik
VII - Kontaktlinsen

● **IZ F 318**
Europäische internationale Bauunternehmer (EIC)
European International Contractors (EIC)
Kurfürstenstr. 129, 10785 Berlin
T: (030) 21 28 62 44   Fax: 21 28 62 85
Internet: http://www.eicontractors.de
E-Mail: eicontractors@compuserve.com
Gründung: 1984
Präsident(in): Yves Labrosse
Vizepräsident(in): Martin Weck
Geschäftsführer(in): Frank Kehlenbach

Mitgliedsorganisationen

Belgien

iz f 319
Confédération nationale de Construction (cnc)
Rue du Lombard 34-42, B-1000 Brüssel
T: (00322) 5 45 56 00   Fax: 5 45 59 00
E-Mail: direction.cnc@cobonet.be

Dänemark

iz f 320
Danske Entreprenører Eksportsektion
Postfach 21 25, DK-1015 Kopenhagen
T: (004533) 74 77 47   Fax: 74 77 00
Internet: http://www.danent.dk
E-Mail: danent@danent.dk

Deutschland

iz f 321
Hauptverband der Deutschen Bauindustrie e.V.
Kurfürstenstr. 129, 10785 Berlin
T: (030) 2 12 86-0   Fax: 2 12 86-240
Internet: http://www.bauindustrie.de
E-Mail: bauind@bauindustrie.de

Finnland

iz f 322
Rakennusteollisuuden Keskusliitto
Confederation of the Finnish Building Industry
Unioninkatu 14, FIN-00130 Helsinki 13
T: (003589) 1 29 91   Fax: 1 29 92 14
Internet: http://www.rtk.fi
E-Mail: jaakko.kujala@rtk.fi
Permanent Official: Jaakko Kujala

Frankreich

iz f 323
SEFI - Syndicat des Entrepreneurs Francais Internationaux
Rue Washington 10, F-75008 Paris
T: (00331) 42 89 55 20   Fax: 42 89 55 16
Internet: http://www.sefifrance.fr
E-Mail: sefifrance@compuserve.com

Griechenland

iz f 324
Association Panhellénique des Ingénieurs Diplomés
Entrepreneurs de Travaux Publics (PEDMEDE)
23 Asklipiou street, GR-10680 Athen
T: (00301) 3 61 49 78   Fax: 3 64 14 02
Internet: http://www.pedmede.gr
E-Mail: info@pedmede.gr

Großbritannien

iz f 325
The International Construction Group
Construction House
Leonard Street 56-64, GB- London EC2A 4JX
T: (004420) 7608 5145   Fax: 7608 5146
Internet: http://www.intconstrgrp.co.uk
E-Mail: harpej@construct-confed.co.uk

Italien

iz f 326
Associazione Nazionale Costruttori Edili (A.N.C.E.)
Via Guattani 16-18, I-00161 Rom
T: (003906) 8 48 81   Fax: 44 23 28 32
Internet: http://www.ance.it
E-Mail: info@ance.it

iz f 327
Associazione Imprese Generali (AGI)
Via Guattani 20, I-00161 Rom
T: (003906) 4 41 60 21   Fax: 44 25 23 95
E-Mail: agiroma@tin.it

Niederlande

iz f 328
NABU - Netherlands Association of International Contractors
Postfach 7413, NL-2701 AK Zoetermeer
Luxemburglaan 10, NL-2711 BC Zoetermeer
T: (003179) 3 43 65 65   Fax: 3 43 65 64
Internet: http://www.nabu.nl
E-Mail: nabu@nabu.nl

Norwegen

iz f 329
Entreprenørforeningen - Bygg og Anlegg (EBA)
Postfach 54 85, N-0305 Oslo
Essendrops gate 3, N-0305 Oslo
T: (0047) 23 08 75 00   Fax: 23 08 75 30
Internet: http://www.ebanett.no
E-Mail: erik.anskau@ebanett.no

Österreich

iz f 330
Fachverband der Bauindustrie
Karlsgasse 5, A-1040 Wien
T: (00431) 50 41 55 10   Fax: 5 04 15 55
Internet: http://www.bauindustrie.at
E-Mail: sekretariat@bauindustrie.at

Portugal

iz f 331
Associação de Empresas de Construção e Obras Públicas
Rua Duque de Palmela 20, P-1250 Lissabon
T: (0035121) 3 11 02 02 38   Fax: 3 55 48 10
Internet: http://www.aecops.pt
E-Mail: aecops@mail.telepac.pt

Schweden

iz f 332
Sveriges Byggindustrier
Postfach 7835, S-10398 Stockholm
Nordlandsgatan 15 D VII, S-10398 Stockholm
T: (00468) 6 98 58 00   Fax: 6 98 59 00
Internet: http://www.byggentreprenorerna.se
E-Mail: bo.antoni@bygg.org.se

Schweiz

iz f 333

Schweizerischer Baumeisterverband
Weinbergstr. 49, CH-8035 Zürich
T: (00411) 2 58 81 11   **Fax:** 2 58 83 67
E-Mail: kwalser@baumeister.ch

Spanien

iz f 334

SEOPAN Grupo Exportador
Serrano 174, E-28002 Madrid
T: (003491) 5 63 05 04   **Fax:** 5 62 58 44
Internet: http://www.seopan.es
E-Mail: grupoexport@seopan.es

● **IZ F 335**

Europäische Kapsel-Vereinigung (EUCAPA)
European Capsules Association
Association Européenne des Fabricants de Capsules
c/o Syndicat National des Articles Métalliques S.N.A.M.
39/41, Rue Louis Blanc, F-92400 Courbevoie
T: (00331) 47 17 64 40   **Fax:** 47 17 68 17
E-Mail: eucapa@wanadoo.fr
Président: Torronteoni (RAMONDÍN, Spanien)
Directeur Général: Philippe Puille (EUCAPA)

● **IZ F 336**

Europäische Keramik-Gesellschaft (ECerS)
European Ceramic Society
Ave. Gouverneur Cornez 4, B-7000 Mons
T: (00341) 8 71 18 00   **Fax:** 8 70 05-50
Internet: http://www.chem.tue.nl/ecers/
E-Mail: ecers@bcrc.be
Gründung: 1988
Executive Committee: Prof. P.H. Duvigneaud (President)
Executive Committee: Dr. D.P. Thompson
Executive Committee: Dr. F.J. Cambier
Executive Committee: Prof. Dr. G. Ziegler
Executive Committee: Prof. Dr. R. Metselaar
Mitglieder: 12 organisations and societies representing 12 european countries

● **IZ F 337**

EUCOMED
European Confederation of Medical Devices Associations
Rue du Collège St. Michel 17, B.8, B-1150 Bruxelles
T: (00322) 7 72 22 12   **Fax:** 7 71 39 09
Internet: http://www.eucomed.be
E-Mail: eucomed@eucomed.be
Gründung: 1981
Chairman: Giancarlo Bigongiali
Director-General: Michael C. Baker
Mitglieder: 66
Mitarbeiter: 11

● **IZ F 338**

Europäische Konvention für Stahlbau (ECCS/CECM/EKS)
European Convention for Constructional Steelwork
Convention Européenne de la Construction Métallique
Generalsekretariat:
Av. des Ombrages, 32/36, bte. 20, B-1200 Bruxelles
T: (00322) 7 62 04 29   **Fax:** 7 62 09 35
Internet: http://www.steelconstruct.com
E-Mail: eccs@steelconstruct.com
Gründung: 1955
Präsident(in): Prof. T. S. Arda (UK)
Hauptgeschäftsführer(in): R. Salkin
Mitarbeiter: 2
Europäische Länder (Österreich, Belgien, Tschechische Republik, Dänemark, Finnland, Frankreich, Deutschland, Großbritannien, Italien, Kroatien, Luxemburg, Niederlande, Norwegen, Portugal, Rumänien, Slowenien, Schweden, Schweiz, Türkei), 3 korrespondierende Mitglieder (Japan, Vereinigte Staaten von Amerika, Korea)

Mitgliedsorganisationen

Full Members

Belgien

iz f 339

Agoria "Constructional Steelwork Section"
Diamant Building
Bld. August Reyers 80, B-1030 Brüssel
T: (00322) 706 79 62   **Fax:** 706 79 66
Internet: http://www.fabrimetal.be
E-Mail: felix.vaneyken@fabrimetal.be
President of Group 5: M. Buyck

Dänemark

iz f 340

Dansk Stalinstitut
Kochsgade 31, DK-5100 Odense C
T: (004566) 13 08 88   **Fax:** 91 87 89
E-Mail: dsisteel@post11.tele.dk
Président: Dr. M. Elgaard

Deutschland

iz f 341

Deutscher Stahlbau-Verband DSTV
Sohnstr. 65, 40237 Düsseldorf
T: (0211) 6 70 78 00   **Fax:** 6 70 78 20
Internet: http://www.deutscherstahlbau.de
E-Mail: contact@deutscherstahlbau.de
Präsident(in): Dipl.-Ing. Rainer Müller-Donges

Finnland

iz f 342

Federation of Finnish Metal, Engineering and Electrotechnical Industries (MET)
Postfach 10, FIN-00131 Helsinki
Eteläranta 10, FIN-00130 Helsinki
T: (003589) 1 92 33 97   **Fax:** 62 44 62
Internet: http://www.met.fi
E-Mail: veijo.niemi@met.fi
Président: P. Sandberg
Mitglieder: 1200
Mitarbeiter: 120

Frankreich

iz f 343

Syndicat de la Construction Métallique de France (SCMF)
20, rue Jean Jaurès, F-92807 Puteaux Cedex
T: (00331) 47 74 66 15   **Fax:** 40 90 08 60
E-Mail: scmf@easynet.fr
Président: M. Coppens

Großbritannien

iz f 344

British Constructional Steelwork Association (BCSA)
4, Whitehall Court Westminster, GB- London SW1A 2ES
T: (004420) 78 39 85 66   **Fax:** 79 76 16 34
Internet: http://www.bcsa.org.uk
E-Mail: mitchell@bcsa.org.uk
Président: P. R. Samworth

Italien

iz f 345

Associazione fra i Costruttori in Acciaio Italiani (ACAI)
Viale Abruzzi 66, I-20131 Mailand
T: (003902) 29 51 34 13   **Fax:** 29 52 98 24
Internet: http://www.acciaio.org./accai
E-Mail: acaita@tin.it
Président: Dr.-Ing. S. Mura

Kroatien

iz f 346

Hrvatska Zajednica za Metalne Konstrukcije (HZMK)
Janka Rakuse 1, HR-10000 Zagreb
T: (003851) 614 47 46   **Fax:** 614 47 44
E-Mail: ehemerich@zg.igh.hr

Luxemburg

iz f 347

ProfilARBED S.A.
Promotion and Marketing
Rue de Luxembourg 66, L-4221 Esch-sur-Alzette
T: (00352) 53 13 21 30   **Fax:** 53 13 21 99
E-Mail: jb.schleich@profilarbed.lu

Niederlande

iz f 348

Samenwerkende Nederlandse Staalbouw (SNS)
Postfach 1 90, NL-2700 AD Zoetermeer
Boerhaavelaan 40, NL-2700 AD Zoetermeer
T: (003179) 353 12 65   **Fax:** 353 13 65
Internet: http://www.staalbouw.nl
E-Mail: sns@fme.nl
Président: Ing. A. G. Brunt (MBa)

Norwegen

iz f 349

Den Norske Stalgruppen
Postfach 7072, N-0306 Oslo 3
T: (004722) 59 01 03   **Fax:** 59 01 33
Internet: http://www.stalforbund.com
E-Mail: ebr@nts.no
Président: Dr.-Ing. B. Aasen

Österreich

iz f 350

Österreichischer Stahlbau Verband (ÖSTV)
Wiedner Hauptstr. 63, A-1045 Wien
T: (00431) 503 94 74   **Fax:** 503 94 74/227
E-Mail: stahlbau@fms.at

Portugal

iz f 351

Associação Portuguesa de Construção Metá«lica E Mista
Palácio de Vila Flor
Av. D. Afonso Henriques, P-4810 Guimarães
T: (003511) 8 41 84 03   **Fax:** 8 49 76 50
Internet: http://www.cmm.pt
E-Mail: geral@cmm.pt
Vice President: Paulo J. S. Cruz

Rumänien

iz f 352

"Politehnica" University of Timisoara
Dpt. of Steel Structures and Struct. Mechanics
Stadion 1, R-1900 Timisoara
T: (004056) 19 29 57   **Fax:** 19 31 10

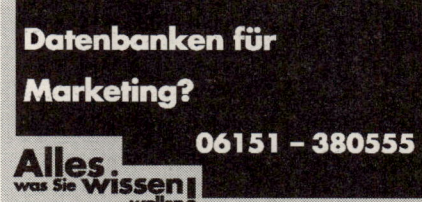

Schweden

iz f 353

Swedish Institute of Steel Construction SBI
Postfach 27751, S-11592 Stockholm
T: (00468) 661 02 80   Fax: 661 03 05
Internet: http://www.sbi.se
E-Mail: info@sbi.se
Président: A. Sander

Schweiz

iz f 354

Stahlbau Zentrum Schweiz (SZS)
Postfach 10 75, CH-8034 Zürich
Seefeldstr. 25, CH-8034 Zürich
T: (00411) 261 89 80   Fax: 262 09 62
Internet: http://www.szs.ch
E-Mail: szs@bluewin.ch
Président: K. W. Meyer

Slowenien

iz f 355

Institut za Metalne Konstrukcije (IMK)
Mencingerjeva 7, SLO-1001 Ljubljana
T: (0038661) 33 25 21   Fax: 33 24 16
E-Mail: imk-lj.dir@guest.arnes.si

Tschechische Republik

iz f 356

Czech Steelwork Constructional Steelwork Association (CCSA)
Krokova 4, CZ-70030 Ostrau
T: (0042069) 6 78 26 00   Fax: 35 77 30
Internet: http://www.caok.cz
E-Mail: info@caok.cz
Président: Dipl.-Ing. P. Juchelka

Türkei

iz f 357

Turkish Constructional Steelwork Association (Tucsa)
Bahariye, Sair Latifi Sokak 29, TR-81310 Kadikoy
T: (0090212) 285 12 48   Fax: 285 38 14
E-Mail: tsarda@srv.ins.itu.edu.tr

Associate Members

Japan

iz f 358

Japanese Society of Steel Construction (JSSC)
848 Shin Tokyo Building, 3-3-1 Marunouchi Chiyoda -Ku, J- Tokio 100
T: (00813) 32 12 08 75   Fax: 32 12 08 78
E-Mail: jssc2@jssc.or.jp
Président: A. Miki

Korea

iz f 359

Korean Society of Steel Construction (KSSC)
Fl. 4, Yuljun blg., 910-15 Daechi-dong Kangnam-ku, KP- Seoul 135-280
T: (00822) 568 76 36   Fax: 568 12 24

USA

iz f 360

American Institute of Steel Construction (AISC)
One East Wacker Drive, Suite 3100, USA- Chicago ILL 60601-
T: (001312) 670 54 20   Fax: 670 54 03
Internet: http://www.aiscweb.com

E-Mail: aiscengr@dial.cic.net
Président: L. Gurthet
Chairman: R. D. Freeland

Supporting Members

iz f 361

Europäische Wirtschaftsvereinigung der Eisen- und Stahlindustrie (EUROFER)
Rue du Noyer 211, B-1030 Bruxelles
T: (00322) 738 79 20   Fax: 736 30 01
E-Mail: mail@eurofer.be
Président: D. von Hülsen

● **IZ F 362**

Europäische Leinen- und Hanf-Vereinigung (C.E.L.C.)
European Linen and Hemp Confederation
Confédération Européenne du Lin et du Chanvre
15, rue du Louvre Bâtiment 3, F-75001 Paris
T: (00331) 2 21 02 35   Fax: 42 21 48 22
E-Mail: celc.sg@wanadoo.fr
Président: Patrick Lagae
Secrétaire Général: Jack Salmon

● **IZ F 363**

Europäische Metall-Vereinigung (EUROMETAUX)
Association Européenne des Métaux
Avenue de Broqueville 12, B-1150 Bruxelles
T: (00332) 775 63 11   Fax: 779 05 23
Internet: http://www.eurometaux.org
E-Mail: eurometaux@eurometaux.be
President: J.-P. Rodier, Pechiney
Secretary-General: G. Thiran

Nationale Mitgliedsorganisationen

Belgien

iz f 364

Agoria
"Diamant" Building
Bld. A. Reyers 80, B-1030 Bruxelles
T: (00322) 7 06 78 12   Fax: 7 06 78 18
Internet: http://www.agoria.be
E-Mail: info@agoria.be
Président: John Cordier
Secrétaire Général: Dominique Michel

Deutschland

iz f 365

WirtschaftsVereinigung Metalle e.V.
Postf. 10 54 63, 40045 Düsseldorf
Am Bonneshof 5, 40474 Düsseldorf
T: (0211) 47 96-0   Fax: 47 96-400
Internet: http://www.ne-metalNET.de
E-Mail: Postmaster@ne-metalNET.de
Präsident(in): Dr. Werner Marnette (Vors. d. Vostandes Norddeutsche Affinerie AG, Hovestr. 50, 20539 Hamburg, Te: (040) 78 83 -0, Fax: (040) 78 83 22 55)
Hauptgeschäftsführer(in): Ass. jur. Martin Kneer

Finnland

iz f 366

Association of Finnish Steel and Metal Producers
Eteläranta 10, FIN-00130 Helsinki
T: (003589) 1 92 33 79, 1 92 31   Fax: 62 44 62
Internet: http://www.met.fi/english/metals/advanced.html
E-Mail: metmetallinjalostajat@ttliitot.fi
Direktor(in): Sirpa Smolsky

Frankreich

iz f 367

Fédération des Chambres Syndicales des Minerais, Minéraux Industriels et Métaux Non Ferreux
Avenue de Messine 30, F-75008 Paris
T: (00331) 45 63 02 66   Fax: 45 63 61 54
E-Mail: fmmfxj@aol.com
Direktor(in): G. Jourdan

Griechenland

iz f 368

Cooper Semis and Cables Manufacturers Association of Greece
Himaras Street 16, GR-15125 Maroussi
T: (00301) 6 86 11 11   Fax: 6 86 13 47
E-Mail: tvalmas@steelmet.vionet.gr

iz f 369

Aluminium Association of Greece
Kifissias Avenue 115, GR-11524 Athen
T: (00301) 6 98 03 27   Fax: 6 98 53 66
Internet: http://www.alunet.gr/aag
E-Mail: alumi@neto.gr

iz f 370

Greek Mining Enterprises Association
Zalokosta Street 4, GR-10671 Athens
T: (00301) 3 63 83 18   Fax: 3 63 40 19
Internet: http://www.grecianmagnestic.com
E-Mail: sme@otonet.gr
Direktor(in): J. S. Economopoulos

Großbritannien

iz f 371

The Mining Association of the United Kingdom
Expert House
Stanford Street, Lichfield, GB- Staffordshire WS13 6Qa
T: (00441543) 26 29 57   Fax: 26 21 83
E-Mail: mauk@mauk.org.uk
Contact: Bob Fenton (E-Mail: bob.fenton@mauk.org.uk)

iz f 372

The British Non-Ferrous Metals Federation
Edgbaston
Greenfield Crescent 10, GB- Birmingham B15 3AU
T: (0044121) 4 56 77 66   Fax: 4 56 13 94
Internet: http://www.coppercouncil.org (IWCC website)
E-Mail: copperuk@compuserve.com, spayton@compuserve.com
Direktor(in): S. N. Payton

iz f 373

Lead Development Association International
Weymouth Street 42, GB- London W1N 3LQ
T: (0044207) 4 99 84 22   Fax: 4 93 15 55
Internet: http://www.ldaint.org
E-Mail: eng@ldaint.org, wilson@ldaint.org

iz f 374

Johnson Matthey
2-4 Cockspur Street, Trafalgar Square, GB- London SW1Y 5BQ
T: (0044207) 2 69 84 00   Fax: 2 69 84 78
Internet: http://www.matthey.com
E-Mail: stephif@matthey.com

Italien

iz f 375

Associazione Nazionale Industrie Metalli non Ferrosi (ASSOMET)
Centro Direzionale Ambrosiano
Pal. A.1-3° Piano, Via dei Missaglia 97, I-20142 Milano
T: (00392) 893 03 679   Fax: 893 03 783
Internet: http://www.assomet.it
E-Mail: assomet@assomet.it
Direktor(in): Dr. Vittorio Roffeni (E-Mail: v.roffeni@assomet.it)

Niederlande

iz f 376

Vereniging voor de Nederlandse Non-Ferro Industrie
Postfach 190, NL-2700 AD Zoetermeer
Boerhaavelaan 40, NL-2713 HX Zoetermeer
T: (003179) 3 53 13 17   Fax: 3 53 13 65
Internet: http://www.fme.nl
E-Mail: nfi@fme.nl
Voorzitter: drs. A. Kraaijeveld

Norwegen

iz f 377

The Federation of Norwegian Process Industries (PIL)
Postfach 5487 Majorstua, N-0305 Oslo
Essendrops Gate 3, N-0305 Oslo
T: (0047) 23 08 78 00   **Fax:** 23 08 78 99
Internet: http://www.pil.no
E-Mail: pil@pil.no
Direktor(in): Eirik Haugen

Österreich

iz f 378

Montanwerke Brixlegg Aktiengesellschaft
Postfach 19, A-6230 Brixlegg
T: (00435337) 61 51-0   **Fax:** 61 51-102
Internet: http://www.montanwerke-brixlegg.com
E-Mail: office@montanwerke-brixlegg.com, peter.mueller@montanwerke-brixlegg.com

Spanien

iz f 379

Asturiana de Zinc S.A.
Cardenal Marcelo Spinola 42, 7°, E-28016 Madrid
T: (003491) 3 34 42 00   **Fax:** 3 34 42 02
Internet: http://www.azsa.es
E-Mail: emilio.tamargo@azsa.es

iz f 380

ANEMEPRE - Sociedad Espanola de Metales Preciosos (SEMPSA)
c/o SEMPSA
Caleruega 79, 2° piso, E-28033 Madrid
T: (003491) 3 82 91 04   **Fax:** 3 82 91 21
E-Mail: isarda@sempsa.com

iz f 381

UNICOBRE
Princesa 79, E-28008 Madrid
T: (003491) 5 44 84 51   **Fax:** 5 44 88 84
E-Mail: unicobre@pasanet.es

iz f 382

ASER
Carretera Bilbao-Plencia 21, E-48950 Asua-Erandio (Bizkaia)
T: (003494) 4 53 50 30   **Fax:** 4 53 33 80
Internet: http://www.coiib.es/aser
E-Mail: aser@coiib.es, borja@aser-zinc.com

Schweden

iz f 383

Svenska Gruvföreningen
The Swedish Mining Association
Postfach 5501, S-11485 Stockholm
T: (00468) 7 83 80 00   **Fax:** 6 63 62 23
Internet: http://www.mining.se
E-Mail: sgf@mining.se, tfm@mining.se
Direktor(in): Tomas From

Schweiz

iz f 384

Association Suisse des Marchands et des Commerçants de Métaux Précieux
c/o METALOR
Avenue du Vignoble 2, CH-2009 Neuenburg
T: (004132) 7 25 31 47   **Fax:** (004179) 4 36 62 22
E-Mail: c.leger@planet.ch
Contact: Cedric Leger

iz f 385

Alusuisse Technology & Management Ltd
Am Bahnhof, CH-8172 Niederglatt
T: (00411) 8 52 21 22   **Fax:** 8 50 53 89
Internet: http://www.algroup.ch
E-Mail: juerg.gerber@alusuisse.com

● **IZ F 386**

Europäischer Molkerei-Produkte Verband (EWPA)
European Whey Products Association
rue Montoyer 14, B-1000 Brüssel
T: (00322) 5 49 50 40   **Fax:** 54 49 50 49
Internet: http://www.ewpa.euromilk.org
E-Mail: ewpa@euromilk.org
Präsident(in): Ruud Sevink
Generalsekretär(in): Dr. A. J. Van de Ven

● **IZ F 387**

Europäische Organisation der Konfektions- und Textilindustrie (EURATEX)
European Apparel and Textile Organisation
Organisation Européenne de l'Habillement et du Textile
rue Montoyer 24, B-1000 Brüssel
T: (00322) 2 85 48 81   **Fax:** 2 30 60 54
Internet: http://www.euratex.org
E-Mail: info@euratex.org
Gründung: 1994
Président: Jean de Jaegher
Directeur Général: William Lakin
Verbandszeitschrift: BULLETIN D'EURATEX (5 numéros)
Mitglieder: 30 National Assoc., 18 European Branches, 5 Companies
Mitarbeiter: 8

Mitgliedsorganisationen

Belgien

iz f 388

Fédération Belge des Industries de l'Habillement
24, rue Montoyer, B-1040 Brüssel
T: (00322) 2 38 10 11   **Fax:** 2 38 10 10
Internet: http://www.belgianfashion.be
E-Mail: magnus@belgianfashion.be
Directeur Général: Eric Magnus

iz f 389

Fédération Belge de l'Industrie Textile (Febeltex)
Belgian Textile Federation
rue Montoyer 24, B-1000 Brüssel
T: (00322) 2 87 08 25   **Fax:** 2 87 08 61
Internet: http://www.febeltex.be
E-Mail: fq@febeltex.be
General Manager: Jean-François Quix

Dänemark

iz f 390

Federation of Danish Textile and Clothing
Postfach 507, DK-7400 Herning
Bredgade 41, DK-7400 Herning
T: (0045) 99 27 72 00   **Fax:** 97 12 23 50
Internet: http://www.textile.dk
E-Mail: aj@textile.dk
Managing Director: Jensen Bollerup-Jensen
Chief Economist: Andersen Christian Kahl

Deutschland

iz f 391

Gesamtverband der Textilindustrie in der Bundesrepublik Deutschland -Gesamttextil- e.V.
Postf. 53 40, 65728 Eschborn
Frankfurter Str. 10-14, 65760 Eschborn
T: (06196) 96 62 34   **Fax:** 4 21 70
Internet: http://www.gesamttextil.de
E-Mail: eraak@gesamttextil.de
Hauptgeschäftsführer(in): Dr. Wolf-Rüdiger Baumann

iz f 392

Bundesverband Bekleidungsindustrie e.V. (BBI)
Postf. 10 09 55, 50449 Köln
Mevissenstr. 15, 50668 Köln
T: (0221) 77 44-113   **Fax:** 77 44-118
Internet: http://www.bekleidungsindustrie.de
E-Mail: bbi@bbi-online.de
Hauptgeschäftsführer(in): Dipl.-Pol. Friedhelm N. Sartoris

Estland

iz f 393

Estonian Clothing and Textile Association
Tartu mnt 63, EW-10115 Tallinn
T: (003726) 11 55 67   **Fax:** 11 55 68
Internet: http://www.online.ee/~ertl
E-Mail: ertl@online.ee
Managing Director: Maie Vader

Finnland

iz f 394

Tekstiili-ja Vaatetusteollisuus ry
Etelaranta 10, FIN-00130 Helsinki
T: (003589) 68 61 21   **Fax:** 65 33 05
Internet: http://www.finatex.fi
E-Mail: veli-matti.kankaanpaa@finatex.ttliitot.fi
Director: Veli-Matti Kankaanpää

Frankreich

iz f 395

Union des Industries Textiles (UIT)
Postfach 2 41, F-92110 Clichy
37-39, rue de Neuilly, F-92110 Clichy
T: (00331) 47 56 31 20   **Fax:** 47 30 25 28
Internet: http://www.textile.fr
E-Mail: thierry_noblot.uit@textile.fr
Délégué Général: Thierry Noblot

iz f 396

Union Française des Industries de l'Habillement (UFIH)
8 rue Montesquieu, F-75001 Paris
T: (00331) 44 55 66 60   **Fax:** 44 55 66 66
Internet: http://www.lamodefrancaise.tm.fr
E-Mail: ufih@wanadoo.fr
Directeur: François-Marie Grau (Affaires Economiques et Internationales)

Griechenland

iz f 397

Hellenic Clothing Industry Association (HCIA)
51 Ermou st. 3rd Floor, GR-10563 Athen
T: (00301) 3 22 39 79, 3 22 38 11   **Fax:** 3 23 91 59
E-Mail: tlybereas@edigrac.gr
Directeur: M. Karabinis

Großbritannien

iz f 398

British Apparel & Textile Confederation (BATC)
5 Portland Place, GB- London WIN 3AA
T: (004420) 6 36 77 88   **Fax:** 6 36 75 15
Internet: http://www.batc.co.uk
E-Mail: batc@dial.pipex.com
Director General: John Wilson

Irland

iz f 399

Irish Clothing and Textile Alliance (ICATA)
Confederation House
84-86, Lower Baggot Street, IRL- Dublin 2
T: (003531) 6 05 15 83   **Fax:** 6 38 15 83
E-Mail: susan.doyle@ibec.ie
Director: Susan Doyle

Italien

iz f 400

Sistema Moda Italia (SMI)
Viale Sarca 223, I-2020 Mailand
T: (003902) 66 10 33 91   **Fax:** 66 10 36 67-70
Internet: http://www.sistemamodaitalia.it
E-Mail: costa@sistemamodaitalia.it
Direttore: Piero Costa

iz f 401
Associazione Tessile Italiana (ATI)
Viale Sarca 223, I-20126 Milano
T: (003902) 66 10 38 38   Fax: 66 10 38 63-4189
E-Mail: valerio.astolfi@asstex.it
Direttore Generale: Valerio Astolfi

Marokko

iz f 402
Association Marocaine des Industries du Textile et de l'Habillement
92, Angle Bd. Moulay Rachid et Rue Ibn Attir, MA- Casablanca 20000
T: (002122) 94 20 84-85-86   Fax: 94 05 87
E-Mail: amith.berrada@atlasnet.net.ma
Président: Abdelali Berrada

Niederlande

iz f 403
Federatie Nederlandse Textilindustrie - Textielvereniging KRL (FENETEXTIEL)
Postfach 5 18, NL-3900 AM Veenendaal
De Schutterij 16, NL-3905 PL Veenendaal
T: (00313185) 6 44 88   Fax: 6 44 87
Internet: http://www.krl.nl
E-Mail: krl@wxs.nl
Directeur: Cees Lodiers

iz f 404
Ondernemersorganisatie voor Mode en Interieur (Modint)
Postfach 69265, NL-1060 CH Amsterdam
T: (003120) 5 12 14 16   Fax: 6 17 06 34
Internet: http://www.modint.nl
E-Mail: bekke@modint.nl
Director General: Han J.A. Bekke

Norwegen

iz f 405
Association of Textile, Footwear and Sporting Goods (TBL Teko)
Postfach 70 72, N-0306 Oslo
Oscar Gate 20, N-0306 Oslo
T: (004722) 59 00 00   Fax: 59 00 06
Internet: http://www.tbl.no
E-Mail: oh@tbl.no
Managing Director: Oyvind Haugerud

Österreich

iz f 406
Fachverband der Textilindustrie Österreichs (FTO)
Postfach 197, A-1013 Wien
Rudolfsplatz 12, A-1010 Wien
T: (00431) 5 33 37 26 30   Fax: 5 33 37 26 40
Internet: http://www.textilindustrie.at
E-Mail: zeyringer@fvtextil.wk.or.at
Executive Director: Wolfgang Zeyringer

iz f 407
Fachverband der Bekleidungsindustrie Österreichs (FBO)
Schwarzenbergplatz 4, A-1040 Wien
T: (00431) 7 12 12 96   Fax: 7 13 92 04
Internet: http://www.fashion-industry.at
E-Mail: office@fashion-industry.at
Directeur Général: Franz J. Pitnik

Polen

iz f 408
The Polish Federation of Apparel and Textile Industry
Ul. Kielecka 7, PL-81-303 Gdynia
T: (004858) 6 20 95 01   Fax: 6 21 69 23
E-Mail: iwg@iwg.gdynia.pl
Managing Director: Jerzy Garczynski

Portugal

iz f 409
Federacao Intertextil Portuguesa (FIP)
Rua Goncalo Cristovao N° 96-1, 4000 Porto
T: (0035122) 2 05 79 61-62-63   Fax: 2 05 03 43
E-Mail: aptv@mail.telepac.pt
Secrétaire Général: Gradim Santos

iz f 410
A.N.I.V.E.C.
Apartado 1398, 4107 Porto
T: (0035122) 6 16 54 70   Fax: 6 10 00 49
Internet: http://www.anivec.pt
E-Mail: anivec@mail.telepac.pt
Vice-Président Exécutif: Jorge de Lemos da Costa

Schweden

iz f 411
TEKO Industrierna
Postfach 55 10, S-11485 Stockholm
T: (00468) 7 62 66 62   Fax: 7 62 68 87
Internet: http://www.teko.se
E-Mail: sven.cele@vi.se
Managing Director: Sven Cele (Trade Matters)

Schweiz

iz f 412
Gesamtverband der Schweizerischen Textil- und Bekleidungsindustrie
Postfach 48 38, CH-8022 Zürich
Beethovenstr. 20, CH-8022 Zürich
T: (004171) 2 74 90 90   Fax: 2 74 91 00
Internet: http://www.swisstextiles.ch
E-Mail: pataky@tvs.ch
Director General: Dr. T.S. Pataky

Slowakische Republik

iz f 413
The Textile and Clothing Association of the Slovakian Republic
Asociacia Textelneho A Odevneho Priemyslu Sr
Stefanikova 19, SLO-91160 Trencin
T: (00421831) 7 43 78 11   Fax: 7 43 14 40
Internet: http://www.merina.sk/atop
E-Mail: atop@merina.sk
President: Anton Rokasi
General Secretary: Jaroslav Kubecka

Slowenien

iz f 414
Gospodarska Zbornien Slovenije
Chamber of Commerce and Industry of Slovenie, Textiles, Clothing and Leather Processing Association
Dimiceva 9, SLO-1504 Ljubljana
T: (003861) 5 89 82 86   Fax: 5 89 81 00, 5 89 82 00
Internet: http://www.gzs.si
E-Mail: infolink@gzs.si
Secretary: Joze Smole

Spanien

iz f 415
Consejo Intertextil Espagnol (CIE)
Granvia 670, E-08010 Barcelona
T: (003493) 3 18 92 00, 3 01 79 48   Fax: 3 02 62 35
Internet: http://www.aitpa.es
E-Mail: maluquer@aitpa.es
Directeur: Salvador Maluquer (Relations Internationales)

Tschechische Republik

iz f 416
Asociace Textilneho Odevniho Kozdelneho Prumyslu
Slezská 13, CZ-12000 Prag
T: (004202) 21 00 17 31   Fax: 21 00 17 21
Internet: http://www.atok.cz
E-Mail: atok@login.cz
Directeur du Secrétariat: Jiri Kohoutek

Türkei

iz f 417
Turkish Clothing Manufacturers Association
Istanbul Textile Center - Aliriza Gürcan Cad. Cirpici Yolu NO:1 KAT:5
Merter, TR-340103 Istanbul
Secretary General: Erdemli Sabahnur

Europäische Branchenverbände

iz f 418
International Rayon and Synthetic Fibres Committee (CIRFS)
Avenue E. Van Nieuwenhuyse 4, B-1160 Brüssel
T: (00322) 6 76 74 60   Fax: 6 76 74 54
Internet: http://www.cirfs.org
E-Mail: pur@cirfs.org
Directeur Général: Colin Purvis

iz f 419
Verband europäischer Textilveredler (CRIET)
Joint Committee of the Textile Finishing Industry in the E.U.
Organisation des ennoblisseurs de textiles
c/o Fenetextiel
Postfach 5 18, NL-3900 AM Veenendaal
De Schutterij 16, NL-3900 AV Veenendaal
T: (00313185) 6 44 88   Fax: 6 44 87
Internet: http://www.criet.org
E-Mail: krl@wxs.nl
Directeur Général: Cees Lodiers

iz f 420
Komitee der Baumwoll- und Verwandten Textilindustrien der E.G. (Eurocoton)
Committee of the Cotton and Allied Textile Industries of the E.U.
Comité des Industries du Coton et des Fibres connexes de la C.E.
24, rue Montoyer, B-1000 Bruxelles
T: (00322) 230 32 39   Fax: 230 36 22
E-Mail: michele.anselme@eurocoton.org
Secrétaire Général: Michèle Anselme
Jahresetat: DM 0,461 Mio

iz f 421
Ausschuß der Woll-Industrie der EG (Interlaine)
Commitee of the Wool Textile Industries in the E.U.
Comité des Industries Lainières de la C.E.E.
rue Montoyer 24, B-1000 Brüssel
T: (00322) 2 85 48 99   Fax: 2 30 60 54
Internet: http://www.interlaine.org
E-Mail: guy.mercier.interlaine@euratex.org
Secrétaire Général: Guy Mercier

iz f 422
Ausschuß der Maschenindustrie der EG (Mailleurop)
Committee for the Knitting Industries in the E.U.
Comité des Industries de la Maille de la CEE
Rue Montoyer 24, B-1000 Bruxelles
T: (00322) 2 85 48 92, 2 30 60 54
Internet: http://www.euratex.org
E-Mail: francesco.marchi@euratex.org
Secrétaire Général: Francesco Marchi

iz f 423
Internationaler Verband der Verarbeiter von Chemiefaserfilament und Naturseidengarnen (Aiuffass)
International Association of Users of Artificial and Synthetic Filament Yarns and of Natural Silk
Association Internationale des Utilisateurs de Fils de Filaments Artificiels et Synthétiques et de Soie Naturelle
Poortakkerstraat 98, B-9051 Gent
T: (00329) 2 42 98 20   Fax: 2 42 98 29
E-Mail: pvm@gent.febeltex.be
Secrétaire Général: Pierre Van Mol

iz f 424
European Carpet Association (ECA)
24 rue Montoyer, B-1000 Brüssel
T: (00322) 2 80 18 13 **Fax:** 2 80 18 09
E-Mail: paulette.de.wilde@eurtex.org
Secretary General: Simon van de Vrande

iz f 425
Internationaler Verband der Möbelstoff-Fabrikanten (CITA)
International Confederation of Manufacturers of Furnishing Fabrics
Confédération Internationale des Fabricants de Tissus d'Ameublement
Sekretariat:
Hans-Böckler-Str. 205, 42109 Wuppertal
T: (0202) 75 97 30 **Fax:** 75 97 97
Internet: http://www.c.i.t.a.de
E-Mail: beate.guenther@heimtex.de
Secretary General: Peter Trepte

iz f 426
Internationale Vereinigung der Spinnereiarbeiten (FIF)
International Federation of Sewing Thread Manufacturers
Fédération Internationale de la Filterie
Entreprises et Cités
40, Rue Eugene - Sac Postal 15, F-59708 Marcq en Baroeul Cedex
T: (0033320) 99 24 33 **Fax:** 65 06 38
Internet: http://www.textile.fr
E-Mail: jacques_dufour.uitnord@textile.fr
Secrétaire Général: Jacques Dufour

iz f 427
Europäischer Verband für textile Polyolefine (E.a.t.p.)
European Association for Textile Polyolefins
Association européenne des Textiles polyoléfines
Avenue E. Van Nieuwenhuyse 4, B-1160 Brüssel
T: (00322) 6 76 74 72 **Fax:** 6 76 74 74
Internet: http://www.eatp.org
E-Mail: info@eatp.org
Directeur Général: Colin Purvis

iz f 428
Europäische Leinen- und Hanf-Vereinigung (C.E.L.C.)
European Linen and Hemp Confederation
Confédération Européenne du Lin et du Chanvre
15, rue du Louvre Bâtiment 3, F-75001 Paris
T: (00331) 2 21 02 35 **Fax:** 42 21 48 22
E-Mail: celc.sg@wanadoo.fr
Secrétaire Général: Jack Salmon

iz f 429
Verbindungsausschuß der Hartfaser- und Tauwerkindustrie der E.W.G. (EUROCORD)
Liaison Committee of E.U. Twine Cordage & Netting Industries
Comité de Liaison des Industries de Corderie-Ficellerie de Fileís l'Union Européenne
47, rue de Monceau, F-75008 Paris
T: (00331) 53 75 10 04 **Fax:** 53 75 10 02
Internet: http://www.eurocord.com
E-Mail: eurocord@eurocord.com
Secrétaire Général: Anne Jourdain

iz f 430
Europäische Vereinigung Schmalweberei, Flechterei und Elastische Gewebe (AERTEL)
European Ribbon, Braid and Elastic Fabrics Association
Association Européenne Rubans, Tresses, Tissus Elastiques
Poortakkerstraat 98, B-9051 Gent /St. Denijs-Westrem
T: (00329) 2 42 98 20 **Fax:** 2 42 98 29
E-Mail: pvm@gent.febeltex.be
Director: Pierre Van Mol

iz f 431
Internationale Verbindungsstelle der Stickerei-Gardinen und Spitzenindustrie (CELIBRIDE)
International Liaison Committee for Embroideries, Curtains and Laces
Comité de Liaison International des Broderies, Rideaux et Dentelles
Rudolfsplatz 12, A-1013 Wien
T: (00431) 5 33 37 26 36 **Fax:** 5 33 37 26 40
E-Mail: zeyringer@fvtextil.wk.or.at
Secretary General: Dr. Wolfgang Zeyringer

● IZ F 432
Europäische Teppichgemeinschaft e.V. (ETG)
Hans-Böckler-Str. 205, 42109 Wuppertal
T: (0202) 75 97 91 **Fax:** 75 97 97
Internet: http://www.teppich-siegel.de
E-Mail: info@teppich-siegel.de
Gründung: 1969
Vorsitzende(r): Herman Paridaens
Stellvertretende(r) Vorsitzende(r): Peter Schwartze
Geschäftsführer(in): Hans Joachim Schilgen
Marketing-Managerin: André Quinkler

● IZ F 433
Europäische Organisation der Obst- und Gemüseverarbeitenden Industrie (OEITFL)
Association of European Fruit and Vegetable Processing Industries
Organisation Européenne des Industries Transformatrices de Fruits et Légumes
Avenue de Roodebeeklaan 30, B-1030 Brüssel
T: (00322) 7 43 87 30 **Fax:** 7 36 81 75
E-Mail: sia01@sia-dvi.be
Gründung: 1978
Président: J.W. Broekhuis (NL)
Prés. Section Cons. de Légumes: M. J. Hennebil (F)
Prés. S. Confitures:
I.. Perez Diez (E)
Prés. S. Cons. de Fruits: C. Politi (I)
Secrétaire Général: Pascale Keppenne (B)
Mitglieder: 12

Mitgliedsorganisationen

Belgien

iz f 434
Groupement des Fabricants de Conserves de Légumes de Belgique
157, Quai des Usines, B-1000 Brüssel
T: (00322) 2 42 00 04 **Fax:** 2 42 37 06
Président: M. W. van de Poel
Secrétaire: M. J. Cauwenbergh

iz f 435
Groupement des Fabricants et Importateurs de Confitures, Sirops a Tartiner, Compotes et Conserves de Fruits
30, Avenue de Roodebeek, B-1030 Brüssel
T: (00322) 7 43 87 30 **Fax:** 7 36 81 75
E-Mail: sia01@sia-dvi.be
Präsident(in): J. Heymans
Secrétaire: Pascale Keppenne

Dänemark

iz f 436
Association of Danish Fruit and Vegetable Industries
c/o Dansk Industri
DK-1787 Kobenhavn V
T: (004533) 77 33 77 **Fax:** 77 33 20
E-Mail: Isafd@di.dk
Membre du Conseil: R. Nielsen
Secrétaire: G. Hestehave

Deutschland

iz f 437
Bundesverband der obst-, gemüse- und kartoffelverarbeitenden Industrie e.V.
Von-der-Heydt-Str. 9, 53177 Bonn
T: (0228) 35 40 25 **Fax:** 36 18 89
E-Mail: bogk-vds@t-online.de
Président: Heinz-Gregor Johnen (i. Fa. Franz Zentis GmbH & Co., Postf. 15 70, 52016 Aachen)
Secrétaire Général: F. Brinkmann
Secrétaire: Dipl.-Volksw. Erik Demarrez

Finnland

iz f 438
Finnish Juice and Jam Industries' Association
c/o Finnish Food Industries' Federation
Postfach 115, FIN-00241 Helsinki
Pasilankatu 2, FIN-00241 Helsinki
T: (003589) 148 871 **Fax:** 1488 7201
E-Mail: food.industry@elintarviketeollisuus.fi
Kontaktperson: J. Ala-Peijari

Frankreich

iz f 439
F.I.A.C. (Federation Française des Industries d'Aliments Conservés)
44, rue d'Alesia, F-75682 Paris Cedex 14
T: (00331) 53 91 44 44 **Fax:** 53 91 44 70
E-Mail: fiac@alesial.org
Président: A. Bizac
Directeur Général: Yves Michelon
Directeur: V. Truelle

iz f 440
Fédération Nationale des Syndicats de Confituriers et Conserveurs de Fruits
3, rue de Logelbach, F-75017 Paris
T: (00331) 42 27 43 02, 42 27 77 12 **Fax:** 40 54 00 79
Président: R. Walther
Secrétaire Général: J. Rivoire
N. Penahhoat

iz f 441
Fédération Nationale des Coopératives de Conservation de produits agricoles (F.N.CC.)
129, bd St.-Germain, F-75279 Paris Cedex 06
T: (00331) 43 26 14 47 **Fax:** 43 26 35 20
E-Mail: fncc@wanadoo.fr
Président: J. Bernard
Directeur: D. Dupin

Griechenland

iz f 442
E.K.E.
Association of Hellenic Agricultural Processors
49, M. Alexandrou Str., GR-58500 Skydra
T: (0030381) 8 23 29, 8 23 49 **Fax:** 8 29 06
E-Mail: eke@pel.forthnet.gr
Präsident(in): C. Apostolou

Großbritannien

iz f 443
UKPMA
6, Catherine Street, GB- London WC2 5JJ
T: (004420) 78 36 24 60 **Fax:** 78 36 05 80
Präsident(in): P. Owen-Ward
Secrétaire: M. Bellingham

iz f 444
BFVCA
6, Catherine Street, GB- London WC2 5JJ
T: (004420) 78 36 24 60 **Fax:** 78 36 05 80
Präsident(in): E.T.S. Simpson
Secrétaire: A. Cork

Irland

iz f 445
Food and Drink Federation
Confederation House
84-86 Lower Baggot Street, IRL- Dublin 2
T: (003531) 660 10 11 **Fax:** 660 17 17
E-Mail: kathrin.raleigh@ibec.ie
Président: D. Johnson
Secrétaire Général: Melle K. Raleigh

Italien

iz f 446

Associazione Italiana Industrie Prodotti Alimentari (A.I.I.P.A.)
Corso di Porta Nuova 34, I-20121 Mailand
T: (003902) 65 41 84   **Fax:** 65 48 22, 5 12 97 71 (BXL), (003905) 35 27 30 (Bologna)
E-Mail: aiipa@foodarea.it
Presidente: Demetrio Corno
Direttore: Dott. Giovanni Franco Crippa

Niederlande

iz f 447

Vereniging van de Nederlandse Groenten- en Fruitverwerkende Industrie (VIGEF)
Postfach 1 77, NL-2300 AD Leiden
T: (003171) 5 22 42 20   **Fax:** 5 22 50 95
E-Mail: vigef@vsl.nl
Président: M.W.J. Kastermans
Secrétaire Général: F. van de Wetering
Section Conserves de Légumes: J.W. Broekhuis (Fruits)

Österreich

iz f 448

Fachverband der Nahrungs- und Genußmittelindustrie Österreichs (FNGO)
Postfach 4A, A-1037 Wien
Zaunergasse 1-3, A-1030 Wien
T: (00431) 7 12 21 21   **Fax:** 7 12 12 08
TX: 131247
E-Mail: m.klug@lebensmittel.wk.or.at
Secretaire: Klaus Smolka

Spanien

iz f 449

Federacion Nacional de Asociaciones de la Industria de Conservas Vegetales (FNACV)
Princesa 24, E-28008 Madrid
T: (003491) 5 47 57 14, 5 41 29 31   **Fax:** 5 40 02 23
Président: M.D. Lorite Almansa
Directeur Technique: A. Diez Marijuan

● IZ F 450

Europäische Organisation der Tomatenkonserven-Industrie (OEICTO)
Association of European Tomato Processing Industries
Organisation Européenne des Industries de la Conserve de Tomates
Av. de Roodebeek 30, B-1030 Brüssel
T: (00322) 7 43 87 30   **Fax:** 7 36 81 75
E-Mail: oeicto@sia-dui.be
Gründung: 1963
Président: M. Mutti (I)
1er Vice-Président: J. Soler (E)
2ème Vice-Président: M. Cambezes (P)
Secrétariat: P. Keppenne

Mitgliedsorganisationen

Deutschland

iz f 451

Bundesverband der Deutschen Feinkostindustrie e.V.
Reuterstr. 151, 53113 Bonn
T: (0228) 21 20 17   **Fax:** 22 94 60
Hauptgeschäftsführer(in): Dr. H.-J. Mürau
Geschäftsführer(in): Dipl.-Volksw. G. Weber

Frankreich

iz f 452

F.I.A.C. (Federation Française des Industries d'Aliments Conservés)
44, rue d'Alesia, F-75682 Paris Cedex 14
T: (00331) 53 91 44 44   **Fax:** 53 91 44 70
E-Mail: fiac@alesial.org
Secrétariat: Yves Michelon
V. Truelle

iz f 453

F.N.C.C./S.I.C.A.
129, bd St.-Germain, F-75279 Paris Cedex 06
T: (00331) 43 26 14 47   **Fax:** 43 26 35 20
E-Mail: fncc@wanadoo.fr
Secrétariat: D. Dupin

iz f 454

Fédération des Industries Condimentaires de France
Rue de l'Isly 8, F-75008 Paris
T: (00331) 53 42 33 80   **Fax:** 53 42 33 81
Secrétariat: A. Ribeyron-Montmartin

iz f 455

ANIFELT
Av. Palmerston 9, B-1000 Brüssel
T: (00322) 2 30 71 10   **Fax:** 2 30 87 67
Personne de contact: M. Cl. Amphoux

Griechenland

iz f 456

Association des Conserveurs Grecs
60, Solonos Street, GR-10672 Athen
T: (0030) 13 63 49 35   **Fax:** 13 60 90 75
Président: B. Platon (President PEK)

Großbritannien

iz f 457

Food and Drink Federation (FDF)
6, Catherine Street, GB- London WC2B 5J5
T: (0044207) 4 20 71 11   **Fax:** 8 36 05 80
E-Mail: jpeel@fdf.org.uk
Secrétariat: D. de Menezes

Italien

iz f 458

Associazione Italiana Industrie Prodotti Alimentari (A.I.I.P.A.)
Corso di Porta Nuova 34, I-20121 Mailand
T: (003902) 65 41 84   **Fax:** 65 48 22, 5 12 97 71 (BXL), (003905) 35 27 30 (Bologna)
E-Mail: aiipa@foodarea.it
Secrétariat: Massimo Uguzzoni

iz f 459

ANICAV
Centro Direzionale
Via della Costiuzione Isola F/3, I-80143 Neapel
T: (003981) 7 34 70 20   **Fax:** 7 34 71 26
Secrétariat: M. de Dilectis

iz f 460

Confcooperative
Via de Gigly d'Oro 21, I-00186 Rom
T: (00396) 6 89 34-14   **Fax:** 6 89 34-09
Sekr.: P. Antenore

Portugal

iz f 461

Associação dos Industriais de Tomate (AIT)
Av. Casal Ribeiro 44-4 Andar, P-1000 Lissabon
T: (0035121) 3 56 18 15   **Fax:** 3 56 18 14
President: Amaral Neto
Secrétaire Général: Miguel Cambezes
J.M. Braga da Cruz (SOPRAGOL, T: (003511) 3 97 24 97, Telefax: (003511) 3 97 78 94)
M. Stilwell (Adm. Delegado ITALGRO S.A., Castanheira do Ribatejo, P-2600 Vila Franca de Xira, T: (00351) 6 32 00 52 00, Fax: (00351) 6 32 11 81)

Spanien

iz f 462

Agrupapación española de Conservas Vegetales (AGRUCON)
Calle Castello 115-820, E-28006 Madrid
T: (003491) 5 61 61 71, (00349) 5 61 59 94
Fax: (003491) 5 61 59 01
Secrétariat: A. Martin

iz f 463

Federacion Nacional de Asociaciones de la Industria de Conservas Vegetales (FNACV)
Princesa 24, E-28008 Madrid
T: (003491) 5 47 57 14, 5 41 29 31   **Fax:** 5 40 02 23
Secrétariat: A. Diez Marijuan (Directeur Technique FNACV)

● IZ F 464

Europäische Produzenten elektrisch geschmolzener Minerale (EPEM)
European Producers of Electrofused Minerals
Producteurs Européens de Minéraux mis en fusion électriquement
c/o CEFIC
Avenue E. Van Nieuwenhuyse 4-1, B-1160 Brüssel
T: (00322) 6 76 72 12   **Fax:** 6 76 73 01
Gründung: 1992
President: P. Gasser
Secretary General: Pieter van den Hoeven
Mitglieder: 3

● IZ F 465

Europäische Tuben-Vereinigung (ETA)
European Tube Association
Association Européenne des Fabricants de Tubes Souples
Postf. 10 54 63, 40045 Düsseldorf
Am Bonneshof 5, 40474 Düsseldorf
T: (0211) 47 96-0   **Fax:** 47 96-4 08
E-Mail: eta@aluinfo.de
Gründung: 1959 (25. April)
Präsident(in): Dr. Césare Gussoni
Generalsekretär(in): Dipl.-Volksw. Gregor Spengler (Am Bonneshof 5, 40474 Düsseldorf)
Mitglieder: 42
Mitarbeiter: 3

● IZ F 466

Europäische Union der Alkoholhersteller (UEPA)
Union Européenne des Producteurs d'Alcool
Avenue de Tervueren 192 Bte 3, B-1150 Bruxelles
T: (00322) 7 72 98 30   **Fax:** 7 72 98 24
E-Mail: UEPA@skynet.be
Gründung: 1993
Président: K. Orre (Primalco Ltd, Grain Processing/Ethanol, P.O. Box 67, Fin-05201 Rajamäki, T: (003589) 1 33 05, Fax: (003589) 2 90 17 12, E-Mail: kyosti.orre@primalco.fi)
Vice Présidents: F. Troncoso (Azucarera ebro, Agricolas, Ruiz de Alarcon 5, E-28014 Madrid, T: (003491) 5 21 10 42, Fax: (003491) 5 21 68 34, E-Mail: fernando.troncoso@aeasa.com)
A. Dreuillet (France Alcool, Rue Chateaubriand 27, F-75008 Paris, T: (00331) 40 74 96 64, Fax: (00331) 40 74 00 64, E-Mail: alain.dreuillet@francealcools.fr)
Trésorier: D. Ward (Amylum UK, Thames Bank House, Tunnel Avenue, Greenwich, London SE10 OPA, T: (0044208) 8 53 73 41, Fax: (0044208) 8 58 70 17, E-Mail: wardd@amylum.com)
Administrateur Belge: A. Derde (NEDALCO, Postbus 6, NL-4600 AA Bergen-op-Zoom, T: (0031164) 21 34 00, Fax: (0031164) 21 34 01, E-Mail: a.derde@nedalco.nl)
Président d'Honneur: E. Panza di Biumo (Via Ripamonti 66, 20141 Milano, T: (00392) 5 39 05 41, Fax: (00392) 5 39 42 91, E-Mail: ernpanz@tin.it)
Mitglieder: 18 (avec les pays observateurs)
Mitarbeiter: 2
Jahresetat: BEF 6,8

Deutschland

iz f 467

Bundesverband Deutscher Kartoffelbrenner e.V.
Schmaedelstr. 2a, 81245 München
T: (089) 88 19 44   **Fax:** 88 61 46
E-Mail: brennereiverband@gmx.de
Président: M. Empl
Vice-Présidents: R. Rutz
J. Brandt
Directeur: G. Fauth

iz f 468

Bundesverband Deutscher Kornbrenner e.V. (BDK)
Westfalendamm 59, 44141 Dortmund
T: (0231) 43 01 44   **Fax:** 42 20 37
E-Mail: kornbrenner@t-online.de
Président: Knut Elmendorf
Vice-Présidents: F. Hennes
C. Meyer-Hamme
K. Neumann
Directeur Général: Dipl.oec. Peter Pilz
Directeur: RA Eva-Maria Pohlmann

Dänemark

iz f 469

Foreningen af Danske Spiritusfabrikanter
c/o Danish Distillers
Postfach 21 58, DK-1016 Copenhagen
Langebrogade 4, DK-1016 Copenhagen
T: (0045) 32 66 24 00   **Fax:** 32 66 21 10
E-Mail: hans.christian.pape@distillers.dk
Président: Svend Helmer
Directeur: Hans Christian Pape
Délégué: Hans Christian Pape

Finnland

iz f 470

Finnish Ethanol Producers' Association
Postfach 1 15, FIN-00241 Helsinki
T: (003589) 14 88 71   **Fax:** 14 88 72 01
E-Mail: irmeli.mustonen@etl.fi
Président: Kyösti Orre
Vice-Président: Timo Hakonen
Secrétaire Général: Irmeli Mustonen

Frankreich

iz f 471

Union Nationale des Groupements de Distillateurs d'Alcool (UNGDA)
174 Boulevard Camélinat, F-92240 Malakoff
T: (00331) 49 65 08 08   **Fax:** 49 65 09 52
E-Mail: ungda@wanadoo.fr
Président: J. P. Durris
Délégué: A. Camroux

iz f 472

Syndicat National des Producteurs d'alcool Agricole (SNPAA)
29, rue du Général Foy, F-75008 Paris
T: (00331) 44 70 00 15   **Fax:** 42 93 54 66
E-Mail: snpadeca@copieurland.com
Président d'Honneur: G. Mangeart
Président: A. Dreuillet
Vice-Président: J. P. Durris
Secrétaire Général: J. P. Leroudier

Großbritannien

iz f 473

Neutral Alcohol Producers Association
Thames Bank House
SE10 OPA, Tunnel Avenue, GB- London
T: (0044208) 8 53 73 41   **Fax:** 8 58 70 17
E-Mail: wardd@amylum.com
Président: Dr. C. G. Greig
Directeur: D. Ward
Délégué: D. Ward

Italien

iz f 474

Associazione Nazionale Industriali Distillatori di Alcoli e di Acquaviti
Via Barberini 86, I-00187 Rom
T: (00396) 48 57 19   **Fax:** 4 87 09 04
E-Mail: distil@tin.it
Président: Giuseppe Bonollo
Vice-Présidents: Aldo Persi
Giulio Pezzi
Directeur: Marco Bertagni
Délégués: Marco Bertagni
Giuseppe Bonollo
Antonio Emaldi
Ernesto Panza di Biumo
Aldo Persi
Giulio Pezzi

Niederlande

iz f 475

Productschap voor Gedistilleerde Dranken (PGD)
Postfach 1 24, NL-3100 AC Schiedam
Hoek Lange Haven 127, NL-3100 AC Schiedam
T: (003110) 4 26 93 40   **Fax:** 4 73 98 58
Internet: http://www.pgd.nl
E-Mail: info@pgd.nl
Président: J. P. A. Gruyters
Vice-Président: R. P. M. de Kuyper
Secrétaire Général: J. M. Verhoek
Délégués et membres du C.A.: A. Derde
M. Jansen

Österreich

iz f 476

Verband der Landwirtschaftlichen Spiritusbrennereien Österreichs
Stockerauer Str. 24, A-2104 Spillern
T: (00432266) 8 11 07   **Fax:** 8 11 07 20
E-Mail: schmidt@australco.at
Président: K. Noe-Nordberg
Directeur: R. Schmidt
Délégué: Rainer Schmidt

iz f 477

Verband der Spiritusindustrie
Zaunergasse 1-3, A-1030 Wien
T: (00431) 7 12 52 48, 7 15 31 93   **Fax:** 7 15 48 19
E-Mail: b.mayer@lebensmittel.wk.or.at
Président: G. Harmer
Vice-Présidents: A. Foramitti
Directeur: B. Mayer

Spanien

iz f 478

Asociacion General de Fabricantes de Alcohol de Melazas
Montalban 11, 4°, E-28014 Madrid
T: (003491) 5 22 84 32, 5 22 86 24   **Fax:** 5 31 06 08
Président: F. Troncoso
Directeur: R. Pastor Benet
Délégué: F. Troncoso
J. Gonzalez Arribas

Ungarn

iz f 479

Union and Commodity Council of the Hungarian Alcohol Industry
Kuny D. u. 13-15, H-1012 Budapest
T: (00361) 2 13 98 58   **Fax:** 2 13 98 59
E-Mail: drgyory@mail.matav.hu
Président: P. Medgyessy
Directeur: L. Györy

● **IZ F 480**

Europäische Union für Karosseriebau (UEC)
European Union of Coachbuilders
Union Européenne de la Carrosserie
Bd de la Woluwe 46, bte 14, B-1200 Bruxelles
T: (00322) 7 78 62 00   **Fax:** 7 78 62 22
Secrétaire générale: Hilde Vander Stichele (Bd. de la Woluwe 46, B-1200 Bruxelles)
Mitglieder: 11
Mitarbeiter: 5

Mitgliedsorganisationen

Belgien

iz f 481

Fébelcar Asbl
Bd de la Woluwe 46 (bte 14), B-1200 Brüssel
T: (00322) 7 78 62 00
Direktor(in): H. Vander Stichele

Deutschland

iz f 482

ZKF Zentralverband Karosserie- und Fahrzeugtechnik (ZKF)
Marktplatz 2-4, 61118 Bad Vilbel
T: (06101) 1 20 61   **Fax:** 1 25 98
Internet: http://www.zkf.com
E-Mail: info@2kf.com
President: Dr. K. Weichtmann
Secretary: H. Wiedler

Frankreich

iz f 483

Fédération Francaise de la Carrosserie
Rue des Renaudes 35, F-75017 Paris
T: (00331) 47 63 03 48

Großbritannien

iz f 484

Vehicle Builders and Repairers Association
Belmont House Gildersome, GB- Leeds LS2 7TW
T: (0044113) 2 53 83 33

Italien

iz f 485

Associazione Nazionale Fra Industrie Automobilistiche (ANFIA)
Italian Association of Automotive Manufacturers
Corso Galileo Ferraris 61, I-10128 Torino
T: (003911) 5 54 65 11   **Fax:** 54 59 86
Internet: http://www.anfia.it
E-Mail: anfra@anfia.it

Luxemburg

iz f 486

Fédération des Carrossiers et Charrons du Grand-Duché de Luxembourg
Gesenerstr. 41, L-1631 Luxemburg
T: (00352) 48 80 51

Niederlande

iz f 487

FOCWA
Postfach 2 99, NL-2170 AG Sassenheim
Warmonderweg 1-5, NL-2170 Sassenheim AG
T: (00312522) 6 52 22

● **IZ F 488**

Europäischer Verband der Kies-, Sand- und Schotterproduzenten (UEPG)
European Aggregates Association
Union Européenne de Producteurs de Granulats
P.° de la Castellana 12, E-28046 Madrid
T: (003491) 57 79 88 49 90   **Fax:** 5 77 91 91
Gründung: 1985
Secretary General: Raphael Fernández Aller
Mitglieder: 16 national associations
Mitarbeiter: 30

● **IZ F 489**

Europäische Union der unabhängigen Schmierstoff-Verbände (UEIL)
European Union of Independent Lubricant Companies (EUIL)
Union Européenne des Indépendants en Lubrifiants (UEIL)
8, rue Montesquieu, F-75001 Paris
T: (00331) 42 44 26 20   **Fax:** 42 44 26 21
E-Mail: ueil.paris@libertysurf.fr
Gründung: 1963
Président: Pedenaud
Secrétaire Général: Bourrienne-Bautista
Direction du service de presse: Bourrienne-Bautista
Mitglieder: 15
Mitarbeiter: 3

iz f 490

Mitgliedsorganisationen

Belgien

iz f 490

Industrie des Huiles Minérales de Belgique
49, sq. Marie-Louise, B-1000 Brüssel
T: (00322) 2 38 97 78 **Fax:** 2 30 03 89

Deutschland

iz f 491

Bundesverband der Deutschen Entsorgungswirtschaft e.V. (BDE)
Schönhauser Str. 3, 50968 Köln
T: (0221) 93 47 00-0 **Fax:** 93 47 00-90
Internet: http://www.bde.org
E-Mail: info@bde.org

iz f 492

Bundesverband mittelständischer Mineralölunternehmen e.V.
UNITI
Postf. 76 33 00, 22071 Hamburg
Buchtstr. 10, 22087 Hamburg
T: (040) 2 27 00 30 **Fax:** 22 70 03 38
E-Mail: info@uniti.de

iz f 493

Bundesverband Altöl e.V. (BVA)
Pirschgang 42, 15745 Wildau
T: (03375) 5 20-788 **Fax:** 5 20-789

Frankreich

iz f 494

Chambre Syndicale Nationale de l'Industrie des Lubrifiants
8, rue Montesquieu, F-75001 Paris
T: (00331) 42 44 26 20 **Fax:** 42 44 26 21

iz f 495

Chambre Syndicale de Reraffinage
Rue Bertie Albrecht 3, F-75008 Paris
T: (00331) 53 83 81 90

Italien

iz f 496

GAIL
Via Giovanni da Procida, II, I-20149 Mailand
T: (00392) 3 45 65-1 **Fax:** 3 45 65-310
Internet: http://www.federchimica.it
E-Mail: federchimica@federchimica.it

● **IZ F 497**

Europäische Vereinigung der Automaten-Verbände (EUROMAT)
European Federation of Coin Machine Associations
Fédération Européenne des Associations de l'Automatique
Sekretariat
Avenue des Arts 58, B-1000 Bruxelles
T: (00322) 7 38 17 82 **Fax:** 7 32 41 12
Internet: http://www.euromat.org
E-Mail: secretariat@euromat.org
Gründung: 1978
President: Eduardo Antoja (LGC Cirsa, Ctra de Castellar, 298, ES-08226 Terrassa - Barcelona, T: (003493) 7 39 67 16, Fax: (003493) 7 39 67 04, E-Mail: president@euromat.org), Spain
1st Vice-president: Russell Smith (BACTA, Regents Wharf, 6 All Saints Street, GB-London N1 9 RQ, T: (0044207) 7 13 71 44, Fax: (0044207) 7 13 04 46, E-Mail: firstvp@euromat.org), Great-Britain
Treasurer: Ing. Dirk Lindenbergh (Hambakenwetering 9-11, PO Box 3195, NL-5203 DD ´s Hertogenbosch, T: (003130) 6 93 18 14, Fax: (003130) 6 92 58 39, E-Mail: treasurer@euromat.org), Netherlands
Mitglieder: 15 Länder, 19 Vereinigungsmitglieder

Mitgliedsorganisationen

Belgien

iz f 498

Union Belge de l'Automatique (U.B.A.)
boulevard E. Jacqmain 20, B-1000 Brüssel
T: (00322) 2 27 22 25 **Fax:** 2 27 22 26
E-Mail: uba@skypro.be
President: Willy Michiels (Vice-President Euromat)
Secretary: Karine Piens

Dänemark

iz f 499

Dansk Automat Brancheforening (D.A.B.)
Industrivej 41, Stilling, DK-8660 Skanderborg
T: (0045) 86 57 25 33 **Fax:** 86 57 25 73
Internet: http://www.d-a-b.dk
E-Mail: dab@d-a-b.dk (Mr Torben Jorgensen), d-a-b@post.tele.dk (Ms Charlotte Hornbaek Leth)
President: Jens Uldall Pedersen
Secretary: Torben Jorgensen

Deutschland

iz f 500

Bundesverband Automatenunternehmer e.V. (BA)
Verbändehaus Handel-Dienstleistung-Tourismus
Am Weidendamm 1 A, 10117 Berlin
T: (030) 72 62 55 00 **Fax:** 72 62 55 50
Internet: http://www.baberlin.de
E-Mail: info@baberlin.de
President: Karl Besse
Secretary: Harro Bunke (Vice-President Euromat)

iz f 501

Deutscher Automaten-Großhandels-Verband e.V. (DAGV)
Höller Weg 1, 56332 Oberfell
T: (02605) 96 08 55 **Fax:** 96 08 58
Internet: http://www.dagv.de
E-Mail: info@dagv.de
President: Pit Arndt
Managing Director: Jörg Meurer

iz f 502

Verband der Deutschen Automatenindustrie e.V. (VDAI)
Postfach 02 12 22, 10123 Berlin
Dircksenstr. 49, 10178 Berlin
T: (030) 28 40 70 **Fax:** 28 40 72 72
Internet: http://www.vdai.de
E-Mail: vdai-berlin@t-online.de
President: Paul Gauselmann
Vicepresident EUROMAT: Hans Rosenzweig
Managing Director: Dr. Jürgen Bornecke

Frankreich

iz f 503

Confédération Française des Professionnels en Jeux Automatique (C.F.A.)
14 rue des fillettes, F-93300 Aubervilliers
T: (00331) 48 33 49 49 **Fax:** 48 33 25 65
Internet: http://www.cfa-jeux.org
E-Mail: cfa_jeux@clubinternet.fr
President: Claude Tastet (Vice-President Euromat)
Secretary: Michel Achille

Griechenland

iz f 504

Panhellenic Union of Billiard and Arcade Owners (P.E.K.A.M.P.S.)
43 Trias Street, GR- Athen 11257
T: (00301) 3 84 44 11 **Fax:** 3 82 80 37
E-Mail: pekamps@ath.forthnet.gr
President: Michael Tsimogiannis
Secretary: George Marinos

Großbritannien

iz f 505

British Amusement Catering Trade Association (B.A.C.T.A.)
Regents Wharf
All Saints Street 6, GB- London N1 9 RQ
T: (0044207) 7 13 71 44 **Fax:** 7 13 04 46
E-Mail: glancaster@bacta.org.uk (Gillian Lancaster)
President: Simon Thomas
1st Vice-President Euromat: Russell Smith

Irland

iz f 506

Irish Amusement Equipment Association (I.A.E.A.)
Enterprise Centre
Melitta Road, IRL- Kildare
T: (0035345) 52 11 90 **Fax:** 52 11 98
Internet: http://www.members.theglobe.com/mdassociates/iaea.html
E-Mail: kimble@iol.ie (Jim McCann), mdassociates@eircom.net (Martin Dempsey)
President: Jim McCann
Secretary: Martin Dempsey

Italien

iz f 507

Sezioni Apparecchi per Pubbliche Attrazioni Ricreative (S.A.P.A.R.)
Via di Villa Patrizi 10, I-00161 Roma
T: (003906) 4 40 36 86, 4 40 27 18 **Fax:** 4 40 27 18, 44 26 09 67
Internet: http://www.sapar.it
E-Mail: sapar@sapar.it
President: Lorenzo Musicco (Vice-President Euromat)
Secretary: Davide Massa

Niederlande

iz f 508

Vereniging Automatenhandel Nederland (V.A.N.)
Postfach 210, NL-5240 AE Rosmalen
T: (00317352) 1 91 56 **Fax:** 1 12 86
Internet: http://www.vaninfo.nl
E-Mail: mail@vaninfo.nl
President: Aad F. Kobus
Secretary General: Jan Berghoef
Treasurer Euromat: Dirk Lindenbergh

Nordirland

iz f 509

Northern Ireland Amusement Caterers' Trade Association (N.I.A.C.T.A.)
Hydepark Industrial Estate
58, Mallusk Road, Newtownabbey, GB- Co. Antrim, BT36 8PX
T: (00442890) 84 87 31 **Fax:** 83 31 04
E-Mail: robert@ennisstud.co.uk
Chairman: Robert Donaldson
Secretary: John Sander

Norwegen

iz f 510

Norsk Automatbransjeforening (N.O.A.F.)
Postfach 317, N-3201 Sandefjord
T: (004733) 48 33 00 **Fax:** 45 85 66
Internet: http://www.noaf.org
E-Mail: post@noaf.org, nelle@futurehouse.no (Nelle Mork), atle@futurehouse.no (Atle W. Bie-Johansens)
President: Arne Magnus Berge
Secretary: Nelle Mork
Vice-President Euromat: W. Bie-Johansens

Österreich

iz f 511

Automatenverband.at
Obere Donaustr. 19, A-1020 Wien
T: (00431) 3 30 41 87 **Fax:** 3 30 98 55

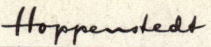

Internet: http://www.automaten.at
E-Mail: autverband@netway.at
President: Ernst Riedl
Secretary: Doris Mazzucato

Portugal

iz f 512

Associacao Portuguesa De Empresas de Diversoes (A P E D)
av. duque de Loulé, 86-2° Dto, P-1050 Lisboa
T: (0035121) 3 55 75 81 **Fax:** 3 55 75 01
E-Mail: uaedlis@mail.telepac.pt
President: Júlio Rocha
General Secretary: Dr. J.A. Lima de Carvalho
Secretary: Jose Taborda

Schweden

iz f 513

Sveriges Automatägares Riksförbund (S.V.A.R.)
Postfach 489, S-10129 Stockholm
T: (00468) 85 93 04 **Fax:** 85 84 11
Internet: http://www.automat.org
E-Mail: ulf.linde@automat.org
President: Ulf Linde
Euromat representative: Jens Göransson (Truemax AB Sweden, Kalkbrottsgatan 97, SE-21611 Malmö, T: (004640) 15 36 35, Fax: (004640) 16 13 04, E-Mail: jens@truemax.se)

Spanien

iz f 514

Asociación Española de Empresarios de Máquinas Recreativas (FACOMARE)
C/Zurbano 48, E-28010 Madrid
T: (003491) 3 10 10 72 **Fax:** 3 10 11 58
Internet: http://www.facomare.es
E-Mail: facomare@retemail.es, jsf@retemail.es
Euromat President: Eduardo Antoja
Secretary General: José Sánchez-Fayos Calabuig

iz f 515

Confederación de Asociaciones y Federaciones de Empresarios del Recreativo (COFAR)
C/Zurbano 48, E-28010 Madrid
T: (003491) 3 10 10 72 **Fax:** 3 10 11 58
Internet: http://www.cofar.net
E-Mail: cofar@cofar.net, jsf@retemail.es
President: Manuel Lao Hernández
Secretary: José Sánchez-Fayos Calabuig
Euromat President: Eduardo Antoja

Ungarn

iz f 516

Hungarian Gaming Association
Polgár u. 8-10, H-1033 Budapest
T: (00361) 388-7798 **Fax:** 368-9650
E-Mail: m.szerencsejateksov@mail.datanet.hu
Vice-President: Tibor Viniczai

● **IZ F 517**

Europäische Vereinigung der Briefumschlagfabrikanten (FEPE)
European envelope Manufacturers Association
Fédération européenne des fabricants d'enveloppes
Sekretariat:
Postfach 134, CH-8030 Zürich
Bergstr. 110, CH-8032 Zürich
T: (00411) 2 66 99 22 **Fax:** 2 66 99 49
Internet: http://www.fepe.de
E-Mail: info@fepe.de
Präsident(in): L.F.M. Huiskens
General Secretary: Martin Häberli
Verbandszeitschrift: FEPE NEWS
Redaktion: FEPE, Postf. 134, CH-8030 Zürich
Mitarbeiter: 9

iz f 518

A.F.E.B. Association des Fabricants d'enveloppes de Belgique
Postfach B.P. 25, B-1180 Brüssel
Chaussée de Waterloo 715, B-1180 Brüssel
T: (00322) 3 44 19 62 **Fax:** 3 44 86 61
Präsident(in): Yves Peiffer
Sekretär: Jan Cardon

iz f 519

Union Schweiz. Briefumschlagfabrikanten USB
Postfach 134, CH-8030 Zürich
Bergstr. 110, CH-8032 Zürich
T: (00411) 2 66 99 31 **Fax:** 2 66 99 49
Präsident(in): Hans Keiser
Sekretärin: Brigitte Meier

iz f 520

Verband der Briefumschlagfabriken e.V. (VDBF)
Herberts Katernberg 52b, 42113 Wuppertal
T: (0202) 7 24 06 94 **Fax:** 7 24 06 95
Präsident(in): Sebastian Schmidt

iz f 521

Konvolutindustriens Brancheforening DEMA
Danish Envelope Manufacturers Association
Norre Voldgade 48, 1, DK-1358 Copenhagen K
T: (0045) 33 91 38 00 **Fax:** 33 91 96 01
Präsident(in): Johannes Madsen-Mygdal
Sekretär: Peter Huntley

iz f 522

Assoma Asociación Española de Fabricantes de Sobres y Manipulados de Papel y Carton
Brescia No. 11, 5D, E-28028 Madrid
T: (003491) 3 55 26 97 **Fax:** 7 25 75 20
Präsident(in): Jose Martinez
Sekretär: Juan Manuel Alonso

iz f 523

Syndicat Général des Fabricants d'Enveloppes, Sachets et Pochettes
71, Avenue Marceau, F-75116 Paris
T: (00331) 47 20 90 12 **Fax:** 49 52 05 88
Präsident(in): Patrick Vindevogel
Sekretär: Bernard de Leymarie

iz f 524

EMMSA The Envelope Makers' & Manufacturing Stationers' Association
Church View, 7A Church Lane, Arrington, Royston, GB-Herts SG8 08D
T: (00441223) 20 86 65 **Fax:** 20 86 65
E-Mail: emmsauk@aol.com
Präsident(in): Tim Kidner
Sekretär: Mike Dellar

iz f 525

Vereniging van Enveloppenfabrikanten
Postfach 12, NL-5900 AA Venlo
T: (003177) 3 59 97 77 **Fax:** 3 59 97 55
Sekretär: Dr. A. Hendrix

● **IZ F 526**

Europäische Vereinigung der Fördertechnik (FEM)
European Federation of Lifting, Conveying and Handling Equipment Manufacturers
Fédération Européenne de la Manutention
Deutsches Nationalkomitee der FEM
Sekretariat:
Postf. 71 08 64, 60498 Frankfurt
Lyoner Str. 18, 60528 Frankfurt
T: (069) 66 03-1507 **Fax:** 66 03-1496
E-Mail: foerd@vdma.org
Sekretariat: Dipl.-Ing. Rolf Morgenstern

Mitgliedsorganisationen

Belgien

iz f 527

Comité National Belge de la FEM
Fabrimétal
Rue des Drapiers 21, B-1050 Brüssel
T: (00322) 5 10 25 32 **Fax:** 5 10 23 01

Dänemark

iz f 528

Danish National Committee of FEM
Confederation of Danish Industries
H.C. Andersen Boulevard 18, DK-1787 Kopenhagen V
T: (0045) 33 77 33 77 **Fax:** 33 77 33 20

Deutschland

iz f 529

Deutsches Nationalkomitee der FEM
VDMA
Postf. 71 08 64, 60498 Frankfurt
Lyoner Str. 18, 60528 Frankfurt
T: (069) 66 03 15 07 **Fax:** 66 03 14 96

Finnland

iz f 530

Finnish National Committee of FEM
c/o Federation of Finnish Metal Engineering and Elektrotechnical Industries
Etelaeranta 10, FIN-00131 Helsinki
T: (003589) 1 92 31 **Fax:** 62 44 62

Frankreich

iz f 531

Comité National Français de la FEM
c/o Syndicat des Industries de Matériels de Manutention
Maison de la mécanique
39/41 rue Louis Blanc, 92400 Courbevoie, F-92038 Paris La Défense
T: (00331) 47 17 63 27 **Fax:** 47 17 63 30

Großbritannien

iz f 532

British National Committee of FEM
British Materials Handling Federation
METCOM
The McLaren Building, 6th Floor
Dale End 35, GB- Birmingham Westmidl B4 7LN
T: (0044121) 2 00 21 00 **Fax:** 2 00 13 06

Italien

iz f 533

Comitato Nazionale Italiano della FEM (ANIMA)
Federazione delle Associazioni Nazionali dell'Industria Meccanica Varia ed Affine
Via L. Battistotti Sassi 11, I-20133 Mailand
T: (003902) 7 39 73 56 **Fax:** 73 97 78 45

Luxemburg

iz f 534

Comité National Luxembourgeois de la FEM
Groupement des Constructeurs et Fondeurs du Grand-Duché de Luxembourg
Postfach 1304, L-1013 Luxemburg
7, rue Alcide de Gasperi, L-1013 Luxemburg
T: (00352) 43 53 66 **Fax:** 43 23 28

Niederlande

iz f 535

Nederlands National Comité bij de FEM
G.K.T/FME
Postfach 190, NL-2700 AD Zoetermeer
Boerhaavelaan 40, NL-2700 AD Zoetermeer
T: (003179) 3 53 11 70 **Fax:** 3 53 13 65

Norwegen

iz f 536

Norwegian Committee of FEM
Norsk Verkstedsindustris Standardiseringssentral NVS
Postfach 7072, N-0306 Oslo 3
Oscar Gate 20, N-0306 Oslo 3
T: (004722) 59 00 00   **Fax:** 59 00 01

Portugal

iz f 537

Comissão Nacional Portuguesa a FEM
c/o ANEMM - Mr. Lima Ramos
P. Tecnol. de Lisboa-Lote 13
Estrada do Paco do Lumiar, P-1600 Lissabon
T: (0035121) 7 15 21 72   **Fax:** 7 15 04 03

Schweden

iz f 538

Swedish National Committee of FEM
Materialhanteringsgruppen inom Sveriges Mekanförbund
Postfach 5510, S-11485 Stockholm
Storgatan 19, S-11485 Stockholm
T: (00468) 7 82 08 00   **Fax:** 3 21 69 77

Schweiz

iz f 539

Schweizerisches Nationalkomitee der FEM
SWISSM EM
Kirchenweg 4, CH-8032 Zürich
T: (00411) 3 84 41 11   **Fax:** 3 84 42 42

Spanien

iz f 540

Comité Nacional Espanol de la FEM
c/o Asociacion Español de Manutencion
ETSEIB-Pabellon F Diagonal 647, E-08028 Barcelona
T: (003493) 4 01 60 60   **Fax:** 4 01 60 58

● **IZ F 541**

Europäische Vereinigung für Allgemeine Verzinkung (EGGA)
European General Galvanizers Association
Association Européenne des Industries de la Galvanisation d'Articles divers
Croudace House
Godstone Road Caterham, GB- Surrey CR3 6RE
T: (00441883) 33 12 77   **Fax:** 33 12 87
Internet: http://www.egga.com
E-Mail: mail@egga.com
President: E. Hoffmann
Director: Dr. Michael Burcher
Executive Secretary: Frances Holmes
Company Secretary: Dr. Michael Burcher
Mitglieder: 15 Countries
Mitarbeiter: 2 Full time

Mitgliedsorganisationen

Belgien

iz f 542

ProGalva
Bedrijvencentrum Rupelstreek
Antwerpsesteenweg 124, B-2630 Aartselaar
T: (00323) 8 77 13 30   **Fax:** 8 77 14 44
Internet: http://www.progalva.be
E-Mail: frank.peters@skynet.be
Kontaktperson: Frank Peters

Deutschland

iz f 543

Industrieverband Feuerverzinken e.V.
Sohnstr. 70, 40237 Düsseldorf
T: (0211) 69 07 65-0   **Fax:** 68 95 99
Internet: http://www.feuerverzinken.com

E-Mail: feuerverzinken@t-online.de
Kontaktperson: Dipl.-Ing. Jürgen Marberg

Frankreich

iz f 544

Galvazinc Association
Rue Jean-Jacques Rousseau 16, F-92138 Issy-les-Moulineaux Cedex
T: (00331) 55 95 02 02   **Fax:** 55 95 02 00
Internet: http://www.galvazinc.com
E-Mail: info@galvazinc.com
Kontaktperson: Philippe Piessen

Großbritannien

iz f 545

Galvanizers Association
Wren's Court
Victoria Road 56 Sutton Coldfield, GB- West Midlands B72 1SY
T: (0044121) 355 8838   **Fax:** 355 8727
Internet: http://www.hdg.org.uk
E-Mail: ga@hdg.org.uk
Kontaktperson: Murray Cook

Italien

iz f 546

Associazione Italiana Zincatura
Via di Vigna Murata 3, I-00143 Rom
T: (003906) 54 22 05 52   **Fax:** 54 22 06 45
Internet: http://www.aiz.it
E-Mail: zinco@tin.it
Kontaktperson: Carmine Ricciolino

Niederlande

iz f 547

Stichting Doelmatig Verzinken
Postfach 1 25, NL-3925 ZJ Scherpenzeel
Pluimenweg 3, NL-3925 BK Scherpenzeel
T: (003133) 277 01 01   **Fax:** 277 01 11
Internet: http://www.sdvonline.nl
E-Mail: sdv@worldonline.nl
Kontaktperson: Gerard Reimerink

Nordische Länder

iz f 548

Zinc Info Norden AB/Nordisk Förzinkningsförening
Austrian Galvanizers Association
c/o Zinc Info Norden AB
Västra vägen 11b, S-16961 Solna
T: (00468) 4 46 67 60   **Fax:** 4 46 67 67
Internet: http://www.zincinfo.se
E-Mail: info@zincinfo.se
Kontaktperson: Hans Eriksson
Der Verband hat Mitglieder in Schweden, Norwegen, Dänemark, Finnland und Island

Österreich

iz f 549

Fachverband der Eisen- und Metallwarenindustrie Österreichs
Austrian Galvanizers Association
(Austrian Galvanizers Association)
Postfach 3 35, A-1045 Wien
Wiedner Hauptstr. 63, A-1045 Wien
T: (00431) 5 01 05 34 75   **Fax:** 5 05 09 28
Internet: http://www.fmwi.at
E-Mail: fmwi@fmwi.at
Kontaktperson: Manfred Görlich

Portugal

iz f 550

Associação dos Industriais Metalúrgicos, Metalomecânicos e Afins de Portugal (AIMMAP)
Rua dos Plátanos 197, P-4100-414 Porto
T: (003512) 6 16 68 60   **Fax:** 6 10 74 73

Internet: http://www.aimmap.pt
E-Mail: aimmap@aimmap.pt
Kontaktperson: Amaro Correia

Schweiz

iz f 551

Vereinigung Schweizerischer Verzinkereien
Postfach 69 16, CH-3001 Bern
Kapellenstr. 14, CH-3001 Bern
T: (004131) 3 90 25 77   **Fax:** 3 90 25 71
Internet: http://www.come.to/vsv
E-Mail: infos@verzinken.ch
Kontaktperson: Urs Hofer

Spanien

iz f 552

Asociación Técnica Española de Galvanización
Paseo de la Castellana 143 1° A, E-28046 Madrid
T: (003491) 5 71 47 65, 5 71 48 95   **Fax:** 5 71 45 62
Internet: http://www.ateg.es
E-Mail: galvanizacion@ateg.es
Kontaktperson: José Ruiz

Assoziierte Mitglieder

Tschechische Republik

iz f 553

Asociace Českých Zinkoven
Žateckých 10a, CZ-14000 Praha 4
T: (004202) 42 35 23   **Fax:** 42 35 23
E-Mail: acz@iol.cz
Kontaktperson: Michael Bartl

Ungarn

iz f 554

Magyar Tüzihorganyzók Szövetsége
Hungarian Hot-Dip Galvanizing Association
Postfach 1 10, H-2401 Dunaújváros
T: (003625) 48 25 96   **Fax:** 40 35 01
E-Mail: aantal@rt.dunaffer.hu
Chairman: Arpád Antal
Secretary: Beáta Balonyi

● **IZ F 555**

Europäische Vereinigung für den Ernteschutz
European Crop Protection Association
Association Européenne pour la Protection des Cultures
Avenue E. Van Nieuwenhuyse 6, B-1160 Brüssel
T: (00322) 6631550   **Fax:** 6631560
Internet: http://www.ecpa.be
E-Mail: ecpa@ecpa.be
Gründung: 1992
President: M. Pragnell
Secr. Gen.: P. A. Urech
Contact: Stephen Weller
Verbandszeitschrift: "Perspectives on Crop Protection and Crop Science"
Mitglieder: 40
Mitarbeiter: 12

Member Associations

Austria

iz f 556

Fachverband der Chemischen Industrie Österreichs (FCIO)
Postfach 325, A-1045 Wien
Wiedner Hauptstrasse 63, A-1045 Wien
T: (00341) 5 01 05-3371, -33 82   **Fax:** 5 02 05-12800
E-Mail: tuerkw@fcio.wk.or.at
Director: Wolf-Dietrich Türk

Belgium

iz f 557

Association Belge de l'Industrie des Produits Phytosanitaires (PHYTOPHAR)
Square Marie-Louise 49, B-1040 Brüssel
T: (00322) 2 38 97 75   **Fax:** 2 80 03 48
E-Mail: gdetiege@fedichem.be
Director: Georgette Detiège

Denmark

iz f 558

Danish Agrochemical Association (DAA)
Amalievej 20, DK-1875 Frederiksberg C
T: (0045) 33 24 42 66   **Fax:** 33 25 84 16
E-Mail: pk@plantevaern.dk
Director: Per Kristensen

Finland

iz f 559

Agrochemical Producers' Association of Finland
Postfach 4, FIN-00131 Helsinki
Etelaeranta 10, FIN-00131 Helsinki
T: (003589) 17 28 41   **Fax:** 63 02 25
E-Mail: saara.hassinen@kemia.ttliitot.fi
Director: S. Hassinen

France

iz f 560

Union des Industries de la Protection des Plantes (UIPP)
Rue Denfert-Rochereau 2, F-92100 Boulogne Billancourt
T: (00331) 41 31 52 00   **Fax:** 41 31 52 11
E-Mail: jpguillou@uipp.net
Director: Jean-Pierre Guillou

Germany

iz f 561

Industrieverband Agrar e.V.
Karlstr. 19-21, 60329 Frankfurt
T: (069) 25 56-12 81   **Fax:** 23 67 02
Internet: http://www.iva.de
E-Mail: boe.iva@vci.de
Director: Dr. Oskar Böttcher

Greece

iz f 562

Greek Agrochemical Association (GAA)
53 Patission Avenue, GR-104 33 Athen
T: (00301) 5 22 15 42   **Fax:** 5 22 15 42
E-Mail: ydraiou@ath.forthnet.gr
Directeur: F. Ydraiou

Hungary

iz f 563

Hungarian Chemical Industry Association (HCIA)
Postfach 40, H-1406 Budapest 76
Erzsébet királyné útja 1 /C, H-1406 Budapest 76
T: (00361) 1 42 07 59   **Fax:** 1 42 09 80
Director: Karoly Szerencsés

Ireland

iz f 564

Animal and Plant Health Association (APHA)
7 Whitefriars, Aungier Street, IRL- Dublin 2
T: (003531) 4 75 18 82   **Fax:** 4 75 18 84
E-Mail: apha@iol.ie
Director: Declan O'Brien

Italy

iz f 565

Associazione Nazionale imprese fitofarmaci (AGROFARMA)
33 via Accademia, I-20131 Mailand
T: (00392) 26 81 02 29   **Fax:** 26 81 03 31
E-Mail: agrofarma@federchimica.it
Director: Dr. Piero Catelani

Netherlands

iz f 566

Nederlandse Stichting voor Fytofarmacie (NEFYTO)
Postfach 80523, NL-2508 GM Den Haag
16 Hogeweg, NL-2508 GM Den Haag
T: (003170) 3 51 48 51   **Fax:** 3 54 97 66
E-Mail: nefyto@nefyto.nl
Director: F. E. Hes

Norway

iz f 567

Norsk Plantevern Forening (NPF)
Ringvollvn 2G, N-1940 Bjorkelangen
Fax: (004763) 86 21 54
E-Mail: kjell.kringen@c2i.net
Director: K. Kringen

Spain

iz f 568

Asociación Empresarial para la Protección de las Plantas (AEPLA)
Almagro 44 - 4°, E-28010 Madrid
T: (00341) 3 10 02 38   **Fax:** 3 19 77 34
E-Mail: luisroy@teleline.es
Director: Luis Roy Parages

Sweden

iz f 569

Industrin för Växt-och Träskyddsmedel (IVT)
Postfach 5501, S-11485 Stockholm
19 Storgatan, S-11485 Stockholm
T: (00468) 7 83 81 61   **Fax:** 663 63 23
E-Mail: cln@chemind.se
Director: C. Ljunggren

Switzerland

iz f 570

Société Suisse des Industries Chimiques (S.S.I.C.)
Postfach 328, CH-8035 Zürich
Nordstr. 15, CH-8035 Zürich
T: (00411) 3 68 17 11   **Fax:** 3 68 17 70
Internet: http://www.sgci.ch
E-Mail: mailbox@sgci.ch
Vize Dir.: R. Gamma

United Kingdom

iz f 571

Crop Protection Association (CPA)
4 Lincoln Court Lincoln Road, GB- Peterborough PE1 2RP
T: (00441733) 34 92 25   **Fax:** 6 25 23
E-Mail: anne.b@baa.prestel.co.uk
Director: Dr. A. H. Buckenham

● **IZ F 572**

Europäische Vereinigung für Equipment in der Zivilluftfahrt (EUROCAE)
The European Organisation for Civil Aviation Equipment
Organisation Européenne pour l'Equipement de l'Aviation Civile
17, Rue Hamelin, F-75783 Paris Cedex 16
T: (00331) 45 05 71 88   **Fax:** 45 05 72 30
E-Mail: eurocae@eurocae.com
Gründung: 1963
President: A. Garcia (Airbus)
Chairman: Hue (Thales Avionics)
Treasurer: Ovenden (Smiths Industries)
Leitung Presseabteilung: Francis Grimal (Secretary General)
Mitglieder: 97
Mitarbeiter: 5
Jahresetat: DM 0,9 Mio

● **IZ F 573**

Europäische Vereinigung für Transportbeton (ERMCO)
European Ready-Mixed Concrete Organization
Association Européenne du Béton Prêt à l'Emploi
Postfach 19, GB- Egham TW20 8UT
Meadlake Place Thorpe Lea, GB- Egham, Surrey TW20 8HE
T: (00441784) 43 49 90   **Fax:** 43 52 40
Internet: http://www.ermco.org.uk
E-Mail: secretariat@ermco.org.uk
President: Graham Clark
Secretary: Brian James
Mitglieder: 26
Mitarbeiter: 2

Mitgliedsorganisationen

Austria

iz f 574

Güteverband Transportbeton
Hasnerstr. 36, A-4020 Linz
T: (0043732) 65 60 63   **Fax:** 66 66 83
E-Mail: office@gvtb.at
President: Karl Matuschka-Gablenz
Secretary: Rudolf Steininger

Belgium

iz f 575

Federatie voor Stortklaar Beton, v.z.w.
Fédération du Béton prêt à l'Emploi, a.s.b.l.
Bld. Auguste Reyerslaan 207-209, B-1030 Brüssel
T: (00322) 7 35 01 93   **Fax:** 7 35 14 67
President: Theo Servaes
Secretary: Armand Daelemans

Switzerland

iz f 576

Verband Schweizerischer Transportbetonwerke (VSTB)
Postfach 83 23, CH-3001 Bern
Bubenbergplatz 9, CH-3011 Bern
T: (004156) 3 26 26 36   **Fax:** (0041056) 3 26 26 29
E-Mail: fsk-asg@bluewin.ch
President: Reto Williman
Secretary: Martin Weder

Germany

iz f 577

Bundesverband der Deutschen Transportbetonindustrie e.V. (BTB)
Düsseldorfer Str. 50, 47051 Duisburg
T: (0203) 9 92 39-0   **Fax:** 9 92 39 97
Internet: http://www.beton.org
E-Mail: info@beton.org
Vorsitzende(r): Kurt Bischof (Dyckerhoff Beton GmbH, Biebricher Str. 72, 65203 Wiesbaden)
Hauptgeschäftsführer(in): RA Hans-Peter Braus

Denmark

iz f 578

Dansk Fabriksbetonforening
Postfach 21 25, DK-1015 Kopenhagen K
Noerre Voldgade 106, DK-1015 Kopenhagen K
T: (0045) 74 77 47   **Fax:** 74 77 00
E-Mail: nn@danent.dk
President: Kent Arentoft
Secretary: Niels Nielsen

Spain

iz f 579

Associacion Nacional Espanola de Fabricante de Hormigon Preparado
Breton de los Herreros 43 bajo, E-28003 Madrid
T: (00341) 4 41 66 34 **Fax:** 4 41 83 41
E-Mail: anefhop@nauta.es
President: Ricardo Fecasas
Secretary: F. J. Martinez de Eulate

France

iz f 580

Syndicat National du Béton Prêt à l'Emploi
Rue Alfred Roll 3, F-75849 Paris Cedex 17
T: (00331) 44 01 47 01 **Fax:** 44 01 47 47
E-Mail: snbpe@snbpe.org
President: Alain Tarlet
Secretary: Antoine Arrault

Finland

iz f 581

RTT-Finnish Association of Construction Product Industries
Concrete Industry Division
Unionkatu 14, 2nd Floor, FIN-00130 Helsinki
T: (003589) 17 28 41 **Fax:** 17 28 44 44
Internet: http://www.rttry.fi/rtt/fr-engl.sh.htm
E-Mail: raimo.taivalkoski@rtt.ttliitot.fi
Seppo Petrow (General, E-Mail: seppo.petrow@rtt.ttliitot.fi)
Tauno Hietanen (Standardization, E-Mail: tauno.hietanen@rtt.ttliitot.fi)

Great Britain

iz f 582

QPA BRMCA Product Group
The Bury
Buckingham Palace Road 156, GB- London SW1W 9TR
T: (004420) 77 30 81 94 **Fax:** 77 30 43 55
E-Mail: james@qpa.org
Chairman: C. J. Gray
Director: T. A. Harrison
Secretary: K. Watson

Italy

iz f 583

Associazione Nazionale Costruttori Edili (A.N.C.E.)
(Ready Mixed Concrete Branch)
Via Guattani 16-18, I-00161 Rom
T: (003906) 8 48 81 **Fax:** 44 23 28 32
Internet: http://www.ance.it
E-Mail: info@ance.it
President: V. Valassi (ANCE)
G.B. Benazzo (Ready Mixed Concrete Branch)
Secretary: M. Tritto (Ready Mixed Concrete Branch)

iz f 584

Associazione Tecnico-Economica del Calcestruzzo Preconfezionato (ATECAP)
Via dei Granai di Nerva 63, I-00142 Rom
T: (00396) 5 19 10 59 **Fax:** 5 19 07 24
E-Mail: brignone@atecap.it
President: Carlo Barbieri
Director: Alessandro Brignone

Irland

iz f 585

ICF Irish Concrete Foundation
Newlands Business Park, Naas Road 8, IRL- Dublin 22
T: (003531) 464 0082 **Fax:** 464 0087
E-Mail: icf@iol.ie
President: Kieran Keenaghan
Secretary: John Maguire

Israel

iz f 586

Israel Ready Mixed Concrete Association
Bialik Street 155, IL- Ramat-Gan 52523
T: (009723) 7 51 94 64 **Fax:** 7 51 02 01
E-Mail: gideon@readymix.co.i
President: A. Dotan
Secretary: N. Shimshoni

Norway

iz f 587

Norsk Fabrikkbetongforening (FABEKO)
Postfach 53, N-0313 Oslo
Forskningsveien 3b, N-0313 Oslo
T: (0047) 22 96 58 60 **Fax:** 22 56 42 38
E-Mail: fabeko@fabeko.no
President: O. M. Woldseth
Secretary: Roger Johansen

Netherlands

iz f 588

Vereniging van Ondernemingen van Betonmortelfabrikanten in Nederland (VOBN)
Postfach 2 01, NL-3970 AE Driebergen
Lookant 2d, NL-3971 PK Driebergen
T: (0031343) 53 30 33 **Fax:** 53 33 14
E-Mail: info@vobn.nl
President: J. J. van der Jagt
Generalbevollmächtigter: C. F. Woortman

Poland

iz f 589

Unicon Beton sp.z.o.o.
Krzyzowki Street 5, PL-03-193 Warsaw
T: (0022) 676 9838 **Fax:** (0032) 676 9969
Contact: Torben østerbech

Portugal

iz f 590

Associacao Portuguesa das Empresas de Betao Pronto (APEB)
Av. Conselheiro Barjona de Freitas No. 10-A, P-1500 Lissabon
T: (003511) 7 74 19 25 **Fax:** 7 78 58 39
E-Mail: apeb@mail.telepac.pt
President: Raimundo Fernandes
Secretary: Jorge Pato

Sweden

iz f 591

Svenska Fabriksbetong-Foreningen (SFF)
Postfach 1 41 04, S-16114 Bromma
T: (00468) 56 41 02 15 **Fax:** 56 41 02 39
E-Mail: evert-sandhal@fabriksbetong.se
President: G. Thomas
Secretary: E. Sandahl

Czech Republic

iz f 592

Svaz Vyrobcu Betonu Cr
Na Zamecke 9, CZ-14000 Praha 4 4
T: (004202) 61 21 57 69 **Fax:** 61 21 57 69
E-Mail: betoncz@anet.cz
Präsident(in): Jiri Novotny
Secretary: Jaroslav Bezdek

Turkey

iz f 593

Turkiye Hazir Beton Birligi (THBB)
TEM Otoyolu Kavacik Kavsagi, Ruzgarli Bahce Mah Toyota Plaza Kat:3
Kavacik, TR- Istanbul
T: (0090216) 3 22 96 70 **Fax:** 4 13 61 80
E-Mail: thbb@mail2.escortnet.com
President: Avni Comu
Secretary: Ferruh Karakule

● **IZ F 594**

Europäischer Verband der Plastikfolien-Hersteller (PLASTEUROFILM)
European Federation of Plastic Film Producers
Fédération européenne des producteurs de films plastiques
Rue de Prony 65, F-75854 Paris Cedex 17
T: (00331) 47 54 01 30 **Fax:** 47 54 01 30
Gründung: 1985
Präsident(in): Keith Stenning
Generalsekretär(in): Antoine Seyrig
Mitglieder: 23

● **IZ F 595**

Europäischer Verband für dekorative Kunststoffolien (EDEFA)
European Decorative and Stationery Plastic Foils Association (EDEFA)
Association Européenne des Producteurs et Revendeurs de Feuilles Plastiques Décoratives et de Papéterie
Ave. de Cortenbergh 66, B-1000 Brussels
T: (00322) 4 11 39 17 **Fax:** 4 15 80 90

● **IZ F 596**

Europäische Vereinigung für pflanzliches Eiweiss (EUVEPRO)
European Vegetable Protein Federation
Fédération Européenne des Protéines Végétales
Avenue de Roodebeeklaan 30, B-1030 Brüssel
T: (00322) 7 43 87 30 **Fax:** 7 36 81 75
Gründung: 1977
President: Y. Goemans (P.T.I.)
Vice-President: S. Nooij (A.D.M. Europoort)
Honorary President: F. Vleeschouwers (P.T.I.)
Secretary-General: K. Abeels (B)
Members: G. Henni (Cargill BV, Coenhavenweg 2, Postbus 8074, NL-1005 AB Amsterdam, T: (003120) 5 80 19 11, Fax: 6 86 66 11, email: george_henni@cargill.com)
H. Buurman
H. S. Pedersen (Central Soya European Proteins, Protein Group, Sydhavnsgade 7, P.O. Box 380, DK-8100 Aarhus C, T: (004589) 31 21 11, Fax: 31 21 12, email: CSA@CSA.DK)
P. Taisbak
E. Eisenga (A.D.M. Europoort B.V., Postbus 1105, NL-3180 AC Rozenburg, T: (0031181) 25 72 00, Fax: 26 28 31)
H. van der Wal (A.D.M. Europoort)
S. Mott (A.D.M. Ingredients)
B. Pentelow (Bush Boake Allen Ltd., European Product Marketing Manager, Flavours Division, Blackhorse Lane, UK-London E17 5QP, T: (0044181) 5 23 65 34, Fax: 5 23 63 97, email: brian_pentelow@bushboakeallen.com)
M. Feys (Amylum N.V., Burchtstraat 10, B-9300 Aalst, T: (003253) 73 33 15, Fax: 73 30 28, email: feysm@amylum.com)
Mitglieder: 6 + 2 Associierte
Mitarbeiter: 2
Direct membership of individual companies and associated membership of national federations

● **IZ F 597**

Europäische Vereinigung für Pulvermetallurgie (EPMA)
European Powder Metallurgy Association
Fédération européenne de la métallurgie des poudres
Old Bank Buildings, GB- Bellstone, Shrewsbury SY1 1HU
T: (00441743) 24 88 99 **Fax:** 36 29 68
Internet: http://www.epma.com
E-Mail: info@epma.com
Gründung: 1989
President: Dr.-Ing. Lothar Albano-Müller
Executive Director: Bernard Williams
Leitung Presseabteilung: Paul Whittaker
Verbandszeitschrift: EPMA News
Mitglieder: 240
Mitarbeiter: 6

● **IZ F 598**

Europäische Vereinigung für Stahlrohre (ESTA)
European Steel Tube Association (ESTA)
Association Européenne du Tube d'Acier
Rue de Silly 130, F-92100 Boulogne Billancourt
T: (00331) 49 09 35 91 **Fax:** (003351) 49 09 39 20
Gründung: 1994
Secretary General: Raymond Barbier (Contact)
Mitglieder: 13

Mitgliedsorganisationen

Belgien

iz f 599

Chambre Syndicale Belge des Tubes d'Acier
s/c Laminoirs de Longtain
Rue E. Vandervelde 1, B-7170 Bois d'Haine
T: (003264) 27 35 05 **Fax:** 26 18 46

Deutschland

iz f 600

Wirtschaftsvereinigung Stahlrohre
Postf. 30 09 55, 40409 Düsseldorf
Kaiserswerther Str. 137, 40474 Düsseldorf
T: (0211) 43 47 54 **Fax:** 43 47 57
E-Mail: wv.stahlrohre@t-online.de

Spanien

iz f 601

UNESID
Postfach 13098, E-28080 Madrid
T: (00341) 5 62 40 10 **Fax:** 5 62 65 84

Frankreich

iz f 602

Chambre Syndicale des Tubes Soudés
Immeuble le Pacific 7/13 Cours Valmy, F-92070 Paris La Defense
T: (00331) 41 25 85 88 **Fax:** 41 25 85 77

iz f 603

Syndicat de l'Industrie des Tubes Etirés et Laminés sans Soudure en Acier
Rue de Silly 130, F-92100 Boulogne Billancourt
T: (00331) 49 09 35 91 **Fax:** 49 09 39 20

Italien

iz f 604

Federacciai
Viale Sarca 336, I-20126 Mailand
T: (00392) 66 14 61 **Fax:** 66 14 62 19

Luxemburg

iz f 605

Tuberie de Differdange S.A.
Postfach 1 66, L-4503 Differdange
T: (00352) 5 82 02 471 **Fax:** 58 35 02

Niederlande

iz f 606

Hoogovens Buizen
Souvereinstraat 35, NL-4903 RH Oosterhout
T: (00311624) 8 23 36 **Fax:** 3 53 93

Großbritannien

iz f 607

United Kingdom Steel Tube Association
Postfach 101, GB- Corby, Northants
T: (00441536) 40 40 28 **Fax:** 40 42 72

iz f 608

British Welded Steel Tubes Association
Western Way-Wednesbury, GB- West Midlands WS10 7BJ
T: (0044121) 5 56 12 00 **Fax:** 5 05 12 26

Österreich

iz f 609

Arbeitsgemeinschaft der Stahlrohrerzeuger Österreichs
Wiedner Hauptstrasse 63, A-1045 Wien
T: (00431) 5 01 05 **Fax:** 5 05 09 28

Finnland

iz f 610

Perusmetalli
Eteläranta 10, FIN-00130 Helsinki
T: (003589) 1 92 31 **Fax:** 62 44 62

Schweden

iz f 611

Jernkontoret
Postfach 17 21, S-11187 Stockholm
T: (00468) 6 79 17 23 **Fax:** 6 11 10 91

● **IZ F 612**

Europäische Vereinigung für Verpackung und Umwelt (EUROPEN)
European Organization for Packaging and the Environment
Organisation Européenne pour l'Emballage et l'Environnement
Le Royal Tervuren
Avenue de l'Armée 6, B-1040 Brüssel
T: (00322) 7 36 36 00 **Fax:** 7 36 35 21
Internet: http://www.europen.be
E-Mail: Packaging@EUROPEN.be
Gründung: 1992
President: Klaus Dräger
Contact: Man. Dir. Julian Carroll
Mitglieder: 57
Mitarbeiter: 3

● **IZ F 613**

Europäische Vereinigung für die Verwertung der Nebenprodukte von Kohlekraftwerken e.V. (ECOBA)
Klinkestr. 27-31, 45136 Essen
T: (0201) 81 28-297 **Fax:** 81 28-364
Gründung: 1990
Geschäftsführer(in): Dr. Wolfgang vom Berg

● **IZ F 614**

Europäische Vereinigung der Spezialtiefbauunternehmen (EFFC)
European Federation of Foundation Contractors
Fédération Européenne des entrepreneurs de fondations
Forum Court
Copers Cope Rd 83, GB- Beckenham, Kent BR3 1NR
T: (004420) 86 63 09 48 **Fax:** 86 63 09 49
Internet: http://www.effc.org
E-Mail: effc@effc.org
President: David Sherwood
Contact: Dianne Jennings
Mitglieder: 18 nationale Verbände bzw. Vereinigungen
Mitarbeiter: 2

Mitgliedsorganisationen

Belgien

iz f 615

Association Belge des entrepreneurs de Fondations
Rue Abbé Cuypers 3, B-1040 Brüssel

Dänemark

iz f 616

European Federation of Foundation Contractors
c/o PER AARSLEFF A/S
Lokesvej 15, DK-8230 Abyhoj
T: (0045) 87 44 22 22 **Fax:** 87 44 22 48

Deutschland

iz f 617

Hauptverband der Deutschen Bauindustrie e.V.
Bundesfachabteilung Spezialtiefbau
Kurfürstenstr. 129, 10785 Berlin
T: (030) 2 12 86-0 **Fax:** 2 12 86-240
Internet: http://www.bauindustrie.de
E-Mail: bauind@bauindustrie.de
Contact: Dipl.-Ing. B. Engelhardt

Frankreich

iz f 618

Syndicat National des Entrepreneurs de Sondages, Forages et Fondation Spéciales (SOFFONS)
Rue de Berri 3, F-75008 Paris
T: (00331) 44 13 31 83 **Fax:** 45 61 04 47

Griechenland

iz f 619

European Federation of Foundation Contractors
c/o Edrasis-CH Psallidas SA
5th Klm, Painaias- Markopoulou Rd, GR-19400 Athen
T: (00301) 60 20 500 **Fax:** 6 62 77 48

Großbritannien

iz f 620

Federation of Piling Specialists (FPS)
Forum Court
Copers Cope Rd 83, GB- Beckenham, Kent BR3 1NR
T: (004420) 86 63 09 48 **Fax:** 86 63 09 49

Italien

iz f 621

ANIEF
c/o ANCE
Via Guattani 16, I-00161 Rom
T: (00396) 8 48 81 **Fax:** 44 23 28 32

Niederlande

iz f 622

Nederlandse Vereniging Aannemers Funderingswerken (NVAF)
Postfach 1 46, NL-3440 AC Woerden
Houttuinlaan 14a, NL-3440 AA Woerden
T: (0031348) 46 29 00 **Fax:** 46 29 99
Internet: http://www.nvaf.nl

Österreich

iz f 623

Vereinigung Österreichischer Bohrunternehmungen (VÖBU)
Rudolf-Sallinger-Platz 1, A-1030 Wien
T: (00431) 5 14 50-2297 **Fax:** (004311) 5 14 50-2297
Internet: http://www.voebu.at
E-Mail: office@voebu.at

Schweden

iz f 624

Palentreprenorforeningen (SFFC)
Nordlandsgatan 15, S-10398 Stockholm
T: (00468) 6 98 58 00 **Fax:** 6 98 58 06

Schweiz

iz f 625

Verband Schweizerischer Grund- und Spezialtiefbauer (VSGS)
Geuenseestrasse 6, CH-6210 Sursee
T: (004141) 9 21 30 50 **Fax:** 9 21 93 50

Rumänien

iz f 626

Federatia Nationala a Constructorilor de Fundatii Speciale din Romania
str. Barbu Vacarescu 141 ScA.-et.II-Ap.10, Sector 2, R-Bukarest 71424
T: (00401) 2 30 71 40 **Fax:** 2 30 71 08

Spanien

iz f 627

AETESS
Calle Torpedero Tucuman 26, bajo E, E-28016 Madrid
T: (00341) 3 59 82 56 **Fax:** 3 59 82 56

● **IZ F 628**

Europäische Vereinigung der Hersteller von Aluminium-Aerosoldosen (AEROBAL)
Association Européenne des Fabricants de Boîtes en Aluminium pour Aérosol
Postf. 10 54 63, 40045 Düsseldorf
Am Bonneshof 5, 40474 Düsseldorf
T: (0211) 47 96-0 **Fax:** 47 96-4 08
E-Mail: aerobal@aluinfo.de
Gründung: 1976 (22. September)
Präsident(in): Bernard Chassain
Generalsekretär(in): Dipl.-Volksw. Gregor Spengler (Am Bonneshof 5, 40474 Düsseldorf)
Mitglieder: 21
Mitarbeiter: 3

● **IZ F 629**

Europäische Vereinigung der Hersteller feuerfester Erzeugnisse (PRE)
European Refractories Producers Federation
Fédération Européenne des Fabricants de Produits Réfractaires
Rue des Colonies 18-24, B-1000 Brüssel
T: (00322) 5 11 30 12, 5 11 70 25 **Fax:** 5 11 51 74
Gründung: 1953
Präsident(in): O. Duval
Geschäftsführer(in): R. Chorus
Mitarbeiter: 4

Mitgliedsorganisationen

Deutschland

iz f 630

Verband der Deutschen Feuerfest-Industrie e.V.
An der Elisabethkirche 27, 53113 Bonn
T: (0228) 9 15 08 0 **Fax:** 9 15 08 55

Frankreich

iz f 631

Syndicat National des Industries Françaises de Produits Réfractaires
15, avenue Victor Hugo, F-75116 Paris
T: (00331) 45 00 18 56 **Fax:** 45 00 47 56

Griechenland

iz f 632

Mathios Refractories' S.A.
Epidavrou 6, GR-18233 Rentis
T: (00301) 4 91 35 02, 4 91 87 67 **Fax:** 4 90 39 49

Großbritannien

iz f 633

Refractories Association of Great Britain
Federation House
Station Road, GB- Stoke on Trent ST4 2SA
T: (00441782) 74 46 31 **Fax:** 74 41 02

Italien

iz f 634

Assopiastrelle - Settore Refrattari
Viale Monte Santo 40, I-41049 Sassuolo
T: (00390536) 81 81 11 **Fax:** 80 79 35

Niederlande

iz f 635

Algemene Vereniging voor de Nederlandse Aardewerkindustrie
Keramisch Huis
Postfach 473, NL-6800 AL Arnhem
T: (003126) 4 42 82 22 **Fax:** 4 45 45 39

Nordische Gruppe
(Finnland, Schweden, Norwegen)

iz f 636

Nordic group of PRE
c/o BET-KER OY
Jousentie 4, FIN-84100 Ylivieska
T: (003588) 424261 **Fax:** 424953

Österreich

iz f 637

Fachverband der Bergwerke und Eisenerzeugenden Industrie
Postfach 3 00, A-1010 Wien
T: (00431) 5 12 46 01 **Fax:** 5 12 46 01 20

iz f 638

SK-Fachverband der Stein- und Keramischen Industrie Österreichs
Postfach 329, A-1045 Wien
Wiedner Hauptstrasse 63, A-1045 Wien
T: (00431) 5 01 05 35 31 **Fax:** 5 05 65 40
Internet: http://www.wk.or.at/stein_keramik
E-Mail: steine@wkoesk.wk.or.at

Spanien

iz f 639

Asociacion Nacional de Fabricantes de Refractario
c/o Didier
Ave. Conde de Santa Barbara 12, E-33420 Lugones (Asturias)
T: (00348) 5 26 18 02 **Fax:** 5 26 41 37

Türkei

iz f 640

Ceramic & Refractory Manuf. Association
Buyukdere cad. Yonca, Apt. No. 151/B, Daire 3.1
K.7 Zincirlikuyu, TR-80300 Istanbul
T: (0090212) 2 66 44 67 **Fax:** 2 75 10 22

Tschechische Republik

iz f 641

Refrasil s.r.o.
Grinecké zelezárny, a.s., CZ-73970 Trinec
T: (00420659) 43 32 86 **Fax:** 43 42 60

● **IZ F 642**

Europäische Vereinigung der Hersteller von Gasdruckreglern (FAREGAZ)
Union of European Manufacturers of Gas Pressure Controllers
Union des Fabricants Européens de Régulateurs de Pression de Gaz
c/o FIGAWA
Marienburger Str. 15, 50968 Köln
T: (0221) 38 16 17 **Fax:** 34 26 66
Präsident(in): Tillmann
Mitglieder: 18

● **IZ F 643**

Europäische Vereinigung der Hersteller von Gaszählern (FACOGAZ)
Association of European Gas Meter Manufacturers
Association des Fabricants Européens de Compteurs de Gaz
Rue de Stalle 140, B-1180 Brüssel
T: (00322) 333 19 35 **Fax:** 332 24 64
Generalsekretär(in): Jacques Senave
Mitglieder: 21

● **IZ F 644**

Europäische Vereinigung der Hersteller von Heizkörpern (EURORAD)
European Association of Manufacturers of Radiators
Association Européenne des Constructeurs de Corps de Chauffe
Postfach 7190, CH-8023 Zürich
Konradstr. 9, CH-8005 Zürich
T: (00411) 2 71 90 90 **Fax:** 2 71 92 92
Gründung: 1964
Präsident(in): Heribert Gasser, Wartberg (A)
Generalsekretär(in): Kurt Egli, Zürich (CH)
Mitglieder: 15

Mitgliedsorganisationen

Belgien

iz f 645

AGORIA Asbl
Diamant Building, bd. A. Ryers 80, B-1030 Bruxelles
T: (00322) 7 06 78 00 **Fax:** 7 06 78 01
E-Mail: info@agoria.be

Dänemark

iz f 646

DANRAD
c/o Herr Jorgen Hansen-Schwartz
Lindbjergvej 35, DK-4040 Jyllinge
T: (004546) 78 95 73 **Fax:** 78 95 73
E-Mail: jschwarz@post4.tele.dk

Deutschland

iz f 647

Bundesverband der Deutschen Heizungsindustrie e.V. (BDH)
Frankfurter Str. 720-726, 51145 Köln
T: (02203) 9 35 93-0 **Fax:** 9 35 93-22
E-Mail: bdh-koeln@t-online.de

Frankreich

iz f 648

Groupement des Fabricants de Materiels de chauffage central par l'eau chaude et de production d'eau chaude sanitaire (GFCC)
Postfach 72, F-92038 Paris La Défense
T: (00331) 47 17 61 64 **Fax:** 47 17 60 03

Großbritannien

iz f 649

S.I.T.M.S. T/A Metcom Boiler and Radiator Manufacturers' Association
77 Renfrew Street, GB- Glasgow G2 3BZ
T: (0044141) 3 32 08 26 **Fax:** 3 32 57 88
E-Mail: barma@metcom.org.uk

Irland

iz f 650

BARLO RADIATOR DIVISION
Unit 2, Broomhill Business Park Tallaght, IRL- Dublin 24
T: (003531) 4 61 04 47 **Fax:** 4 61 04 72

Italien

iz f 651

ANIMA - Federazione delle Associazioni Nazionall dell'Industria Meccanica
Federation of the Italian Mechanical and Engineering Industry Associations
ASSOTERMICA
Via Battistotti Sassi 11B, I-20133 Mailand
T: (00392) 73 97-1   **Fax:** 73 97-316
Internet: http://www.anima-it.com
E-Mail: assotermica@anima-it.com

Niederlande

iz f 652

Vereniging Fabrieken van Staalplaat Radiatoren (VSR)
Postfach 190, NL-2700 AD Zoetermeer
T: (003179) 3 53 11 00   **Fax:** 3 53 13 65
E-Mail: vsr@fme.nl

Schweiz

iz f 653

Verband Schweizerischer Heizkörper-Werke (V.S.H.W)
Postfach 7190, CH-8023 Zürich
Konradstr. 9, CH-8005 Zürich
T: (00411) 2 71 90 90   **Fax:** 2 71 92 92
Internet: http://www.jgp.ch
E-Mail: vshw@jgp.ch

Schweden

iz f 654

Thermopanel i Helsingborg AB
Postfach 22029, S-25022 Helsingborg
T: (004642) 15 30 00   **Fax:** 15 20 39
Internet: http://www.thermopanel.se
Managing Director: Henry Gustavsson

Spanien

iz f 655

FEGECA Fabricantes españoles de generadores y emisores de calor
C/Academia n° 8-2° A, E-28014 Madrid
T: (003491) 4 20 00 35   **Fax:** 4 29 64 64

Tschechische Republik

iz f 656

APTT Asociace podniku topenárske techniky (APTT)
Hlubcicka 8-10, CZ-79401 Krnov
T: (0042465) 53 10 26   **Fax:** 53 31 25

Ungarn

iz f 657

Dunaferr Lemezalakitó Kft.
Papirgyári út 12, H-2400 Dunaújváros
T: (003625) 5 83-526   **Fax:** 5 83-663

● **IZ F 658**

Europäische Vereinigung der Hersteller von Polyurethan-Weichschaumblöcken (EUROPUR)
European Association of flexible Polyurethane foam Blocs manufacturers
Association Européenne des Fabricants de blocs de mousse souple de polyuréthane
c/o FEDICHEM
Square Marie-Louise 49, B-1000 Brüssel
T: (00322) 2 38 97 42   **Fax:** 2 38 97 45
Internet: http://www.europur.com
E-Mail: tspeeleveld@fedichem.be
Gründung: 1965
President: B. Poole

Kontaktperson: Theo Speeleveld
Mitglieder: 18
Mitarbeiter: 2

Belgien

iz f 659

FECHIPLAST
Square Marie Louise 49, B-1000 Brüssel
T: (00322) 2 38 98 69   **Fax:** 2 38 99 98
E-Mail: fechiplast@fedichem.be

Dänemark

iz f 660

The Danish Plastics Federation (DPF)
Noerre Voldgade 48 3rd floor, DK-1358 København K
T: (004533) 30 86 30   **Fax:** 30 86 31
Internet: http://www.plast.dk
E-Mail: pd@plast.dk
Managing Director: Peter Skov

Deutschland

iz f 661

Verband der Polyurethan-Weichschaum-Industrie e.V.
Postf. 90 03 60, 60443 Frankfurt
Zeppelinallee 69, 60487 Frankfurt
T: (069) 79 36-157, 79 36-0   **Fax:** 79 36-165
Internet: http://www.vwi-verband.de
E-Mail: vwi@vwi-verband.de
Kontaktperson: H. Hirsch

Spanien

iz f 662

ASEPUR
Spanish polyurethane association
P. I. Las Arenas C/Ronda 5, E-28320 Pinto
T: (003491) 6 91 12 04   **Fax:** 6 91 63 00
Kontaktperson: C. Fernandez

Frankreich

iz f 663

Syndicat National des Plastiques Alvéolaires
Avenue du Recteur Poincarré 15, F-75016 Paris
T: (00331) 45 20 42 68   **Fax:** 42 24 59 02
Kontaktperson: C. Amoy

Italien

iz f 664

AIPEF
c/o Unionplast
Via Petitti 16, I-20149 Mailand
T: (00392) 39 21 04 25   **Fax:** 39 26 65 48
Kontaktperson: M. Lamperti

Finnland

iz f 665

The Finnish Plastics Industry Federation (TFPIF)
Postfach 4, FIN-00131 Helsinki
T: (003589) 17 28 43 06   **Fax:** 17 11 64
E-Mail: aulis.nikkola@kemia.ttliitot.fi
Kontaktperson: A. Nikkola

Niederlande

iz f 666

Nederlandse Vereniging van Rubber- en Kunststoffabrikanten (NVR)
Postbus 418, NL-2260 AK Leidschendam
T: (003170) 3 17 72 43   **Fax:** 3 17 74 12
E-Mail: nvr@nrk.nl
Kontaktperson: J. W. Adrian

Norwegen

iz f 667

Plastindustriforbundet (PIF)
Essendropsgt. 3,
PB 5487 Majorstua, N-0305 Oslo
Kontaktperson: A. K. Frydendal

Schweden

iz f 668

Plast- och Kemibranscherna
The Plastics and Chemicals Federation
Postfach 55 01, S-114 85 Stockholm
Storgatan 19, S-114 85 Stockholm
T: (00468) 783 80 00   **Fax:** 411 45 26
Internet: http://www.plast-kemi.se
E-Mail: thomas.bohlin@plast-kemi.se
Kontaktperson: P. Pien

Großbritannien

iz f 669

British Rubber Manufacturers' Association (BRMA)
6, Bath Place, Rivington Street, GB- London EC2A 3JE
T: (004420) 74 57 50 40   **Fax:** 79 72 90 08
E-Mail: j.dorken@brma.co.uk
Kontaktperson: A.J. Dorken

● **IZ F 670**

Europäische Vereinigung der Hersteller von Sanitärkeramik (FECS)
European Federation of Manufacturers of Sanitary Ceramics
Fédération Européenne des Fabricants de Céramiques Sanitaires
Avenue Victor Hugo 15, F-75116 Paris
T: (00331) 45 00 18 56   **Fax:** 45 00 47 56
Gründung: 1954
Vorsitzende(r): Yvon Riou
Generalsekretär(in): François de la Tour
Mitglieder: 15
Mitarbeiter: 2

Nationale Verbände

Deutschland

iz f 671

Fachverband Sanitär-Keramische Industrie e.V.
Postf. 16 24, 95090 Selb
Schillerstr. 17, 95100 Selb
T: (09287) 80 80   **Fax:** 7 04 92

Frankreich

iz f 672

Association Française des Industries de Céramique Sanitaire
Avenue Victor Hugo 15, F-75116 Paris
T: (00331) 45 00 18 56   **Fax:** 45 00 47 56

Großbritannien

iz f 673

British Bathroom Council
Federation House
Station Road, ST42RT Staffs, GB- Stoke on Trent
T: (00441782) 74 70 74   **Fax:** 74 71 61

Italien

iz f 674

Federceramica Associazione Nazionale degli Industriali della Ceramica e degli Abrasivi
Via Giovanni da Procida, 11, I-20149 Mailand
T: (003902) 34 56 51   **Fax:** 34 56 53 10

Portugal

iz f 675

Associaçao Portuguesa de Cerâmica (APC)
Edifício C
Rua Coronel Veiga Simão, P-3020-053 Coimbra
T: (0035139) 49 76 00 **Fax:** 49 76 01
E-Mail: apicer.info@ctcv.pt

Spanien

iz f 676

Associaçion Nacional de Fabricantes de Ceramica Sanitaria
c/Academia 8, 4 Derecha D, E-28014 Madrid
T: (003491) 4 20 00 35 **Fax:** 4 29 64 64

● **IZ F 677**

Europäische Vereinigung der Hersteller von Verpackungen aus Vollpappe (ASSCO)
European Solid Fibreboard Case Manufacturers' Association
Association Européenne des Fabricants de Caisses en Carton Compact
Postfach 8 56 12, NL-2508 CH Den Haag
Laan Copes van Cattenburch 79, NL-2585 EW Den Haag
T: (003170) 3 12 39 16 **Fax:** 3 63 63 48
E-Mail: mail@assco.org
Gründung: 1961
President: J. Stark
Vice President: N. N.
Secretary: Dr. H. A. Voskamp
Mitglieder: 4 Verbände in Großbritannien, der Bundesrepublik Deutschland, den Niederlanden, Belgien und Skandinavien

● **IZ F 678**

Europäische Vereinigung der Hersteller von Warmlufterzeugern (EURO-AIR)
European Association of Air Heater Manufacturers
Postf. 51 09 60, 50945 Köln
Marienburger Str. 15, 50968 Köln
T: (0221) 3 76 48-30 **Fax:** 3 76 48-61
E-Mail: figawa@t-online.de
Präsident(in): Ing. Carlo Formigoni
Geschäftsführer(in): Dr.rer.nat. Norbert Burger
Sekretariat: Mihaela Savu
Rechnungswesen: Kirsten Nocker
Presse u. Öffentlichkeitsarbeit: Doris Schmitz
Mitglieder: 17

● **IZ F 679**

Europäische Vereinigung der Industrie flexibler Verpackung (FEDES)
European Federation for the Flexible Packaging Industry
Fédération Européene de l'Industrie de l'Emballage Souple
Postfach 85612, NL-2508 CH
Laan Copes van Cattenburch 79, NL-2585 EW Den Haag
T: (003170) 3 12 39 13 **Fax:** 3 63 63 48
E-Mail: info@fedes.com
Gründung: 1958
President: M. Raninger
Secretary General, Contact: Dr. J.E.G. le Jeune
Mitglieder: ca. 175 individual members, divided anary 10 national (secrétariats) associations

Mitglieder

Belgien

iz f 680

Belgian Fedes Group
c/o FETRA
Chaussée de Waterloo 715B-25, B-1180 Brüssel
T: (00322) 3 44 19 62 **Fax:** 3 44 86 61
Kontaktperson: Jan Cardon

Deutschland

iz f 681

IPV
Große Friedberger Str. 44-46, 60313 Frankfurt
T: (069) 28 12 09 **Fax:** 29 65 32
Kontaktperson: Dipl.-Volksw. Bernhard Sprockamp

iz f 682

Gesamtverband der Aluminiumindustrie e.V.
Fachverband Flexible Verbundstoffe
Am Bonneshof 5, 40474 Düsseldorf
T: (0211) 4 79 61 50 **Fax:** 4 79 64 08
Kontaktperson: S. Glimm

Spanien

iz f 683

ANCE
Plaza de España (Fira de Barcelona), E-08004 Barcelona
T: (00343) 2 33 22 50 **Fax:** 2 33 22 52
Kontaktperson: D.P. Serrat Benedicto

Frankreich

iz f 684

Chambre Syndical des Fabricants de sacs en papier
Rue Galilée 42, F-75116 Paris
T: (00331) 47 23 75 52 **Fax:** 47 23 67 53
Kontaktperson: Stéphane Teicher

iz f 685

Fédération des Industries de transformation pour emballages souples
Rue de Chazelles 5, F-75017 Paris
T: (00331) 46 22 09 09 **Fax:** 46 22 09 99
Kontaktperson: J.F. Stosser

Groß Britannien

iz f 686

FPA
The Street 4 Shepton Moyne, GB- Tetbury, Gloucestershire GL8 8PN
T: (00441666) 88 04 06 **Fax:** 88 04 95
Kontaktperson: M.I.H. Unwin

Italien

iz f 687

GIFLEX
Piazza Conciliazione 1, I-20123 Mailand
T: (00392) 4 98 10 51 **Fax:** 4 81 69 47
Kontaktperson: P. Tontodonati

Niederlande

iz f 688

Nederlandse Fedes Groep
Laan Copes van Cattenburch 79, NL-2585 EW Den Haag
T: (003170) 3 12 39 13 **Fax:** 3 63 63 48
Kontaktperson: Dr. J.E.G. le Jeune

Österreich

iz f 689

Verband der Industrie flexibler Verpackung im Fachverband PPV
Brucknerstr. 8, A-1040 Wien
T: (00431) 50 55 38 20 **Fax:** 5 05 90 18
Präsident(in): Alfons Giesinger
Geschäftsführer(in): M.R. Bergolth

Schweiz

iz f 690

Association Suisse de l'Industrie de l'Emballage Souple
Postfach 1 34, CH-8032 Zürich
Bergstr. 110, CH-8030 Zürich
T: (00411) 2 66 99 30 **Fax:** 2 66 99 49
Kontaktperson: Häberli

iz f 691

Interessengemeinschaft Flexible Verpackungen (IGFV)
c/o AC Treuhand
Postfach 10, CH-8027 Zürich
T: (00411) 2 02 17 53 **Fax:** 2 02 15 51
Kontaktperson: R. Kramer

● **IZ F 692**

Europäischer Dachverband der Reinigungsindustrie (FENI-EFCI)
European Federation of Cleaning Industries
Fédération Européenne du Nettoyage Industriel
Rue de l'Association 27, B-1000 Brüssel
T: (00322) 2 19 47 37 **Fax:** 2 19 45 31
E-Mail: efci@skynet.be
Gründung: 1988
Präsident(in): Guy Auffret
Mitglieder: 13
Mitarbeiter: 3

Mitgliedsorganisationen

Belgien

iz f 693

Union Générale Belge du Nettoyage et de la Désinfection (ABSU-UGBN)
Avenue des Nerviens 117, B-1040 Brüssel
T: (00322) 7 32 13 42 **Fax:** 7 35 07 87
E-Mail: absu.ugbn@skynet.be
Kontaktperson: Hilde Engels (Secrétaire Générale)

Dänemark

iz f 694

Servicebranchens Arbeijdsiverforening (SBA)
Rosenorns Alle 1, DK-1970 Kopenhagen
T: (004535) 37 47 11 **Fax:** 37 46 11
Kontaktperson: Lone Lind (Chief Executive)

Deutschland

iz f 695

Bundesinnungsverband des Gebäudereiniger-Handwerks (BIV)
Dottendorfer Str. 86, 53129 Bonn
T: (0228) 9 17 75-0 **Fax:** 9 17 75-11
Internet: http://www.gebaeudereiniger.de
E-Mail: biv@gebaeudereiniger.de
Kontaktperson: Johannes Bungart (Geschäftsführer)

Finnland

iz f 696

Poperty Maintenance and Management Association (KIPA)
Postfach 11, FIN-00131 Helsinki
Etelaeranta 10, FIN-00131 Helsinki
T: (003589) 17 28 31 **Fax:** 65 55 88
Kontaktperson: Jarmo Juvonen (Managing Director)

Frankreich

iz f 697

Fédération des Entreprises de Propreté (FEP)
Boulevard Maxime Gorki 34, F-94808 Villejuif
T: (00331) 46 77 68 00 **Fax:** 47 26 90 85
Kontaktperson: Pascal Six (Délégué général)

Großbritannien

iz f 698

Cleaning and Support Services Association (CSSA)
Back Church Lane 101 New Loom House, GB- London E1 1LU
T: (004420) 7481 0881 **Fax:** 7481 0882
Kontaktperson: Michael Bizley (Director General)

Italien

iz f 699

Federazione Italiana Imprese di Servizi (FISE)
Via del Poggio Laurentino 10, I-00144 Rom
T: (00396) 5 92 10 76 **Fax:** 5 91 99 55
Kontaktperson: Giuseppe Gherardelli (Secretary General)

Luxemburg

iz f 700

Fédération Luxembourgeoise des Entreprises de Nettoyage (FLEN)
2, Circuit de la Foire internationale Plateau Kirchberg, L-1016 Luxemburg
T: (00352) 4 24 51 11 **Fax:** 42 45 25
Kontaktperson: Patrick Koehnen (Secrétaire Général)

Niederlande

iz f 701

Ondernemersorganisatie Schoonmaak en Bedrijfsdiensten (OSB)
Postbach 90154, NL-5000 LG Tilburg
Reitseplein 1, NL-5000 LG Tilburg
T: (003113) 5 94 42 00 **Fax:** 4 68 14 10
Kontaktperson: Noëlle Davelaar (General Secretary)

Norwegen

iz f 702

Servicebedriftenes Landsforening (SBL)
Postboks 5473 Majorstua, N-0305 Oslo
Essendropsgt 6, S-0368 Oslo
T: (0047) 22 96 11 30 **Fax:** 22 96 11 31
Kontaktperson: Petter Furulund (Executive Director)

Portugal

iz f 703

Associaçao de Empresas de Prestaçao de Servicios de Limpieza (AEPSLAS)
Rua Conde Redondo 76-1, P-1100 Lissabon
T: (003511) 57 62 59 **Fax:** 3 15 84 12
Kontaktperson: José Luis Moura (President)

Schweden

iz f 704

Swedish Association of Contract Cleaner (ALMEGA)
Blasieholmagataan 5, S-10322 Stockholm
T: (0046) 87 62 69 00 **Fax:** 87 62 69 48
Kontaktperson: Katarina Novak (Director)

Spanien

iz f 705

Federacion Nacional de Empresarios de Limpieza de Edificios y Locales (FENAEL)
Triton Pedrero 8, E-28019 Madrid
T: (00341) 4 69 24 12 **Fax:** 5 69 86 33
Kontaktperson: Juan Bosco Arconada Lastras (Presidente)

● **IZ F 706**

European Cold Storage and Logistics Association (ECSLA)
Avenue de Broqueville 272B-4, B-1200 Brüssel
T: (00322) 7 77-1582 **Fax:** 7 77-1581
Gründung: 1960
President: T. Callaert
Secretary General: Philippe Binard (Contact)

Mitgliedsorganisationen

Belgien

iz f 707

Union Professionelle Belge des Industries du Froid (U.P.B.I.F.)
c/o FEBETRA
Rue de 1'Entrepot 5a, B-1020 Brüssel
T: (00322) 4 25 80 50 **Fax:** 4 25 80 50

Dänemark

iz f 708

Brancheforeningen for Danske Frysehuse
c/o Bent Thomsen
Laerkevej 46, DK-4300 Holbaek
T: (0045) 59 44 12 95 **Fax:** 59 44 68 95

Deutschland

iz f 709

Verband Deutscher Kühlhäuser und Kühllogistikunternehmen e.V. (VDKL)
Schedestr. 11, 53113 Bonn
T: (0228) 2 01 66-0 **Fax:** 2 01 66-11
Internet: http://www.vdkl.com
E-Mail: info@vdkl.com

Griechenland

iz f 710

Union des Industries du Froid
51 rue Stadiou, GR-10559 Athen
T: (00301) 32 14 900 **Fax:** 49 06 324

Großbritannien

iz f 711

The Cold Storage & Distribution Federation (CSDF)
Downmill Road, GB- Bracknell, Berkshire RG12 1GH
T: (00441344) 86 95 33 **Fax:** 86 95 27

Irland

iz f 712

Irish Cold Storage Federation
84/86 Lower Baggott Street, IR- Dublin 2
T: (003531) 6 60 10 11 **Fax:** 6 61 28 70

Italien

iz f 713

Assologistica
Vialle Monte Nero 8, I-20135 Milano
T: (00392) 5 46 59 51 **Fax:** 55 18 01 25

Niederlande

iz f 714

Vereniging van Nederlandse Koel- en Vrieshuizen (NEKOVRI)
Postfach 70 20, NL-5605 JA Eindhoven
Luchthavenweg 99, NL-5605 JA Eindhoven
T: (003140) 2 59 03 21 **Fax:** 2 55 33 20

Österreich

iz f 715

Verband der Kühlhäuser Österreichs
Zaunergasse 1-3, A-1037 Wien
T: (00431) 712 21 21 50 **Fax:** 712 32 32 6

Schweiz

iz f 716

Schweizerischer Verband für Kühl- und Tiefkühl-Logistik (SVKTL)
c/o FRIGUOSUISSE AG
Postfach, CH-4002 Basel
T: (004161) 3 37 41 11 **Fax:** 3 37 41 22

Spanien

iz f 717

ALDEFE
c/o Mr. Vallines Diaz
Ce. de Rios Rosas 2 - 1° D Izda., E-28003 Madrid
T: (0034) 94 41 30 85 **Fax:** 94 41 52 97

● **IZ F 718**

Europäische Vereinigung der Lederhandschuhhersteller (FEGAP)
British Glove Association
Masons Hill 44, Rutland House, GB- Bromley, Kent BR2 9EQ
T: (004420) 84 64 01 31 **Fax:** 84 64 60 18
E-Mail: tradeassn.cranepartners@binternet.com
President: M. Down
Contact: C. Swan
Mitglieder: 3
Mitarbeiter: 2

● **IZ F 719**

Europäische Vereinigung der ölchemischen und verwandten Produkte (APAG)
The European Oleochemicals and Allied Products Group
Groupement Européen des Produits oléochimiques & Associés
c/o CEFIC
Avenue E. Van Nieuwenhuyse 4 /1, B-1160 Brüssel
T: (00322) 6 76 72 11 **Fax:** 6 76 73 01
Internet: http://www.opag.org
President: R. Steinmann
Secretary General, Contact: Ch. De Cooman

● **IZ F 720**

Europäische Vereinigung der Papiersackfabrikanten (EUROSAC)
European Federation of Manufacturers of Multiwall Paper Sacks
Fédération Européenne des Fabricants de Sacs en Papier à grande contenance
Rue Galilée 42, F-75116 Paris
T: (00331) 47 23 75 58 **Fax:** 47 23 67 53
Internet: http://www.eurosac.org
E-Mail: info@eurosac.org
Gründung: 1952
Président: Michel Leonard (Belgium)
Délégué Général: Stéphane Teicher
Mitglieder: 100

● **IZ F 721**

Europäische Vereinigung der Pumpenhersteller (EUROPUMP)
European Association of Pump Manufacturers
Association Européenne des Constructeurs de Pompes
General Secretariat
Bld. A. Reyers 80, B-1030 Bruxelles
T: (00322) 706 82 30 **Fax:** 706 82 50
Gründung: 1960
President: M. Thomas
Founder President: Robert Proton de la Chapelle (F)
General Secretary: G. van Doorslaer (B)
Mitglieder: 16

National Associations

iz f 722

Fachverband der Maschinen- und Stahlbauindustrie Österreichs (FMS)
Postfach 4 30, A-1045 Wien
Wiedner Hauptstrasse 63, A-1045 Wien
T: (00431) 5 01 05 34 68 **Fax:** 5 05 10 20
Internet: http://www.fms.at
E-Mail: maschinen@fms.at
Harald Rankl

iz f 723
Federation Multisectorielle de l'Industrie Technologique (AGORIA)
Bld. A. Reyers 80, B-1030 Brüssel
T: (00322) 7 06 79 82   Fax: 7 06 79 88
Internet: http://www.agoria.be
E-Mail: pierre.juliens@agoria.be
Michele Spriet

iz f 724
Textile Machinery Division (SWISSMEM)
Kirchenweg 4
Postfach, CH-8032 Zürich
T: (00411) 3 84 41 11   Fax: 3 84 42 42
E-Mail: l.sigrist@swissmem.ch
B. Waernier-Gut

iz f 725
Russian Pump Manufacturers' Association (RPMA)
B. Tatarskaya 13, RUS-113184 Moscow
T: (007095) 951 83 53   Fax: 951 83 53
Vladimir Karakhanjan

iz f 726
Czech Pump Manufacturers' Association (CPMA)
Kosmonautu 6, CZ-77231 Olomouc
T: (0042068) 5 65 24 20   Fax: 5 65 24 41
E-Mail: sigmavvu@mbox.vol.cz
Miroslav Vlach

iz f 727
Fachverband Pumpen im VDMA
Postf. 71 08 64, 60498 Frankfurt
Lyoner Str. 18, 60528 Frankfurt
T: (069) 66 03-1282   Fax: 66 03-1690
E-Mail: pu@vdma.org
Dipl.-Ing. Josef Hüggelmeier

iz f 728
Foreningen af Danske Pumpenfabrikanter Association of Danish Pump Manufacturers
Attemosevej 28, DK-2840 Holte
T: (004545) 80 08 31   Fax: 80 39 42
Henry Hansen

iz f 729
Asociacion Espanola de Fabricantes de Bombas para Fluidos
Principe de Vergera 74, E-28006 Madrid
T: (00341) 4 11 18 81   Fax: 4 11 18 81
Fdo Miguel Valles

iz f 730
Association Française des Constructeurs de Pompes (AFCP)
Maison de la Mécanique
Rue Louis Blanc 39-41, F-92400 Courbevoie
T: (00331) 47 17 62 98   Fax: 47 17 63 00
Maison de la Mécanique
39-41 Rue Louis Blanc
F-92400 Courbevoie
T: (00331) 47 17 62 84
Telefax: (00331) 47 17 63 00

iz f 731
MET
Eteläranta 10, FIN-00130 Helsinki 13
T: (00358) 9 19 23 13 72   Fax: 9 62 44 62
Riitta Strang

iz f 732
Union of Greek Metal Industries
EVEP Building
Loudovikou Street 1, GR-18531 Piraeus
T: (00301) 4 17 84 12   Fax: 4 17 39 74
President: Constantinos Siderides

iz f 733
ASSOPOMPE
c/o FAST
Piazzale Morandi 2, I-20121 Mailand
T: (003902) 7601 5672   Fax: 78 24 85
E-Mail: assopompe@fast.mi.it
Marinora Martuscelli

iz f 734
Holland Pomp Groep
Vereniging FME
Postfach 190, NL-2700 AD Zoetermeer
Boerhaavelaan 40, NL-2713 HX Zoetermeer
T: (003179) 3 53 12 63   Fax: 3 53 13 65
E-Mail: tco@fme.nl
Timo Corporal

iz f 735
Svenska Pumpenleverantores Forening Swedish Pump Suppliers' Association
Postfach 55 10, S-11485 Stockholm
T: (00468) 7 82 09 64   Fax: 6 60 33 78
Ulf R. Flodin

iz f 736
British Pump Manufacturers' Association (BPMA)
The McLaren Building
Dale End 35, GB- Birmingham B4 7LN
T: (0044121) 2 00 12 99   Fax: 2 00 13 06
Internet: http://www.bpma.org.uk
E-Mail: enquiry@bpma.org.uk
Brian Huxley
Verbandszeitschrift: World Pumps
Redaktion: Elsevier Science Publishers
Verlag: Mayfield House, 256 Banbury Road, Oxford OX2 7DH

● IZ F 737
Europäische Vereinigung der Rösterverbände (EUCA)
European Federation of Coffee Roasters' Associations
Fédération Européenne des Associations de Torrefacteurs du Café
Tourniairestraat 3 P.O.Box 90445, NL-1006 BK Amsterdam
T: (003120) 5 11 38 14   Fax: 5 11 38 92
E-Mail: euca@coffee-associations.org
Gründung: 1967
Secrétaire Général: J.A.J.R. Vaessen
Mitglieder in Belgien, Dänemark, Deutschland, Finnland, Frankreich, Großbritannien, Italien, Niederlande, Österreich, Spanien und Schweden

Mitgliedsorganisationen

Belgien

iz f 738
Belgian Coffee Roasters' Association
Avenue de Roodebeeklaan 30, B-1030 Brüssel
T: (00322) 7 43 87 30   Fax: 7 36 81 75

Dänemark

iz f 739
Association of Danish Coffee and Tea Importers
Nyhavn 6, DK-1051 Kopenhagen K
T: (004533) 11 93 13   Fax: 32 08 48

Deutschland

iz f 740
Deutscher Kaffee-Verband e.V.
Pickhuben 3, 20457 Hamburg
T: (040) 36 62 56-57   Fax: 36 54 14
Internet: http://www.kaffeeverband.de
E-Mail: info@kaffeeverband.de

Finnland

iz f 741
Finnish Coffee Roasters' Association
Postfach 115, FIN-00241 Helsinki
T: (003589) 14 88 71   Fax: 14 88 72 01
E-Mail: hillevi.latvalahti@linlarviketeollisnus.fi

Frankreich

iz f 742
Syndicat National de l'Industrie et du Commerce du Café (S.N.I.C.C.)
55 bd. Haussmann, F-75008 Paris
T: (00331) 42 25 15 15   Fax: 42 25 15 16

Großbritannien

iz f 743
Coffee Trade Federation Ltd
Union Street 63A, GB- London SG1 1SG
T: (004420) 74 03 30 88   Fax: 74 03 77 30
E-Mail: coffeetradefed@compuserve.com

iz f 744
Roast & Ground Coffee Association
Catherine Street 6, GB- London WC2B 5JJ
T: (004420) 783 62 460   Fax: 783 60 580

Italien

iz f 745
Associazione Italiana Industrie Prodotti Alimentari (A.I.I.P.A.)
Gruppo Caffe
Corso di Porta Nuova 34, I-20121 Mailand
T: (003902) 65 41 84   Fax: 65 48 22, 5 12 97 71 (BXL), (003905) 35 27 30 (Bologna)
E-Mail: aiipa@foodarea.it

iz f 746
Associazione Nazionale Torrefattori di Caffe
Via Guiseppe Avezzana 45 int. 6, I-00195 Rom
T: (00396) 36 00 28 89   Fax: 3 23 05 36

Niederlande

iz f 747
Vereniging van Nederlandse Koffie Branders en Thee Pakkers
Postfach 90445, NL-1006 BK Amsterdam
Tourniairestraat 3, NL-1065 KK Amsterdam
T: (003120) 5 11 38 70   Fax: 5 11 38 10
E-Mail: vnkt@koffiethee.nl

Österreich

iz f 748
Verband der Kaffeeröstindustrie Österreichs
Alserstr. 45 /4, A-1080 Wien
T: (00431) 405 74 42   Fax: 408 78 11

Schweden

iz f 749
Svensk Kaffe Information
c/o Mr. Per P. Konsult
Smedjegatan 10, S-80250 Gävle
T: (00462) 6 62 81 45   Fax: 6 68 89 90
E-Mail: per.piscator@telia.com
Arne Jurbrant

Spanien

iz f 750
Asociación Española de Tostadores de Café
C/Gral. Alvarez de Castro 20 -1°, E-28010 Madrid
T: (00341) 4 48 82 12/16   Fax: 4 48 85 01

● IZ F 751
Europäische Vereinigung der Schleifmittelfabrikanten (FEPA)
European Federation of Abrasive Manufacturers
Fédération Européenne des Fabricants de Produits Abrasifs
20, Avenue Reille, F-75014 Paris

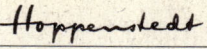

iz f 775

T: (00331) 45 81 25 90   Fax: 45 81 62 94
Internet: http://www.fepa-abrasives.org
E-Mail: fepa@compuserve.com
Präsident(in): Jan-Volkmar Runge
Geschäftsführung: Hannelore Bazzani

Mitgliedsorganisationen

Deutschland

iz f 752

Fachverband Elektrokorund- und Siliziumkarbid-Hersteller e.V.
Karlstr. 21, 60329 Frankfurt
T: (069) 25 56 (0)-14 21   Fax: 25 56-16 14
Geschäftsführer(in): Dr. Lothar Schreiber

iz f 753

Fachverband Werkzeugindustrie e.V. (FWI)
Elberfelder Str. 77, 42853 Remscheid
T: (02191) 4 38-20   Fax: 4 38-79
Internet: http://www.werkzeug.org
E-Mail: fwi@werkzeug.org
Sec.: Rainer Langelüddecke

iz f 754

Verein Deutscher Schleifmittelwerke e.V.
Postf. 75 67, 53075 Bonn
Oxfordstr. 8, 53111 Bonn
T: (0228) 63 55 87, 65 69 56   Fax: 63 53 99
Internet: http://www.vds-bonn.de
E-Mail: info@vds-bonn.de
Geschäftsführung: Dr. Klaus Werner

Frankreich

iz f 755

SNAS
20, Avenue Reille, F-75014 Paris
T: (00331) 45 81 25 90   Fax: 45 81 62 94

Großbritannien

iz f 756

The British Abrasive Federation
28, Dukes Wood, GB- Crowthorne Berkshire RG 45 6 NF
T: (00441344) 76 29 68   Fax: 76 29 68
E-Mail: info.abrasives@the-british-abrasives-federation.org.uk
Peter E. McAllister

Italien

iz f 757

Federceramica - Settore Abrasivi
Via Accademia n. 33, I-20131 Mailand
T: (00322) 26 81 01   Fax: 26 81 04 06
Sec.: Francesco Bergomi

iz f 758

Assodiamante
Corso Sempione 15 /A, I-20145 Milan
T: (00392) 31 48 59   Fax: 33 10 67 89
Sec.: Schiatti

Niederlande

iz f 759

Nederlandse Vereniging van Abrasive Fabrikanten
Postfach 78, NL-6290 AB Vaals
T: (003143) 3 06 28 51   Fax: 3 06 42 42
Sec.: T. Hintzen

Norwegen

iz f 760

Norske Slipemiddelprodusenter (N.S.F.)
c/o Arendal Smelteverk
N-4810 Eydeharn

T: (0047370) 5 58 31   Fax: 5 56 55
Sec.: I. Östrem

Österreich

iz f 761

SK-Fachverband der Stein- und Keramischen Industrie Österreichs
Postfach 329, A-1045 Wien
Wiedner Hauptstrasse 63, A-1045 Wien
T: (00431) 5 01 05 35 31   Fax: 5 05 65 40
Internet: http://www.wk.or.at/stein_keramik
E-Mail: steine@wkoesk.wk.or.at
Sec.: Dr. Carl Hennrich

Schweden

iz f 762

Sveriges Slipverktygsleverantorers Forening
Postfach 5512, S-11485 Stockholm
T: (00468) 6 66 11 00   Fax: 6 62 74 57
Secr.: Gunnar Öijvall

Spanien

iz f 763

Agrupacion Nacional de Fabricantes de Abrasivos
Pg. Juan Carlos I,9,6°, 1a, E-08320 Elmasnou
T: (003493) 7 18 89 02   Fax: 7 18 75 11
Sec.: A. Borrell

● **IZ F 764**

Europäische Vereinigung Schmalweberei, Flechterei und Elastische Gewebe (AERTEL)
European Ribbon, Braid and Elastic Fabrics Association
Association Européenne Rubans, Tresses, Tissus Elastiques
Poortakkerstraat 98, B-9051 Gent /St. Denijs-Westrem
T: (00329) 2 42 98 20   Fax: 2 42 98 29
E-Mail: pvm@gent.febeltex.be
Gründung: 1959 (17. September)
Président: Thomas Jeremy French (T: (044161) 9 98 18 11, Fax: 9 46 12 51)
Secretary: Colin C. Shone
Treasurer: Henk H. Slot

Nationale Fachverbände

Belgien

iz f 765

FEBELTEX
Direction Économique
Poortakkerstraat 98, B-9051 Gent
T: (00329) 2 42 98 20   Fax: 2 42 98 29
E-Mail: pvm@gent.febeltex.be
Directeur Économique: Pierre Van Mol

Dänemark

iz f 766

Federation of Danish Textile and Clothing
Postfach 507, DK-7400 Herning
Bredgade 41, DK-7400 Herning
T: (0045) 99 27 72 00   Fax: 97 12 23 50
Internet: http://www.textile.dk
E-Mail: aj@textile.dk
Président: N.O. Vestergaard-Poulsen
Secrétaire: Soren Holm Petersen

Italien

iz f 767

Federazione Italiana Industriali dei Tessili Vari et del Cappello
Piazza Castello 24, I-20121 Mailand
T: (003902) 86 46 50 11   Fax: 86 46 50 09
Président: G. Klinger
Secrétaire: Dr. C. Ginelli

Niederlande

iz f 768

Vereniging Bond van Nederlandse Bandfabrikanten
Postfach 4, NL-5590 AA Heeze
T: (003140) 2 26 12 41   Fax: 2 26 19 54
Gründung: 1933
Président: H. P. Slot
Secrétaire: Drs. M. Evers

Österreich

iz f 769

Verband der Band-, Flechtwaren- und Posamentindustrie
Postfach 197, A-1010 Wien
Rudolfsplatz 12, A-1010 Wien
T: (00431) 5 33 37 26   Fax: 5 33 37 26 40
Internet: http://www.wk.or.at
Président: K. Maurer
Secrétaire: Dr. W. Bruckner

Schweiz

iz f 770

Verband Schweizerischer Bandfabrikanten
Beethovenstr. 20, CH-8022 Zürich
T: (00411) 2 01 15 40   Fax: 2 01 15 41
Président: Th. Huber
Secrétaire: E. Hippenmeyer

Spanien

iz f 771

Gremio de Cinteros
Alta de San Pedro 1, E-08003 Barcelona
T: (003493) 2 68 43 20   Fax: 2 68 03 24
Président: I. Perramon
Secrétaire: Clemente Parareda

● **IZ F 772**

Europäische Vereinigung der Schuh-Industrie (CEC)
European Confederation of the Footwear Industry
Confédération Européenne de l'industrie de la chaussure
Rue François Bossaerts 53, B-1030 Bruxelles
T: (00322) 7 36 58 10   Fax: 7 36 12 76
Internet: http://www.ping.be/febic/cec.htm
E-Mail: cec@vidac.be
Gründung: 1958
Delegated Director: Roeland Smets
Mitglieder: 14

Mitgliedsorganisationen

Belgien

iz f 773

Fédération Belge de l'Industrie de la Chaussure
Rue Francois Bossaerts 53, B-1030 Brüssel
T: (00322) 7 35 27 01   Fax: 7 36 12 76
Internet: http://www.ping.be/febic/febic.htm
E-Mail: cec@vidac.be

Dänemark

iz f 774

Skofabrikantenforeningen i Danmark (DKSF)
Dansk Industri
V, DK-1787 Kopenhagen
T: (0045) 33 77 33 77   Fax: 33 77 34 40
E-Mail: di@di.dk

Deutschland

iz f 775

Hauptverband der Deutschen Schuhindustrie e.V.
Postf. 10 07 61, 63007 Offenbach
Waldstr. 44, 63065 Offenbach
T: (069) 82 97 41-0   Fax: 81 28 10

iz f 775

Internet: http://www.hds-schuh.de
E-Mail: hds-schuh@t-online.de

Finnland

iz f 776

Association of Finnish Shoe and Leather Industries
Eteläranta 10 7. krs, FIN-00130 Helsinki
T: (003580) 17 28 41   Fax: 17 95 88
E-Mail: sari.vannela@ryhma.ttliitot.fi

Frankreich

iz f 777

Fédération Nationale de l'Industrie de la Chaussure de France (F.N.I.C.F.)
Rue de Miromesnil 51, F-75008 Paris
T: (00331) 44 71 71 71   Fax: 44 71 04 04
Internet: http://www.chaussuredefrance.com
E-Mail: chaussuredefrance@laposte.fr

Griechenland

iz f 778

Hellenic Association of Footwear Manufacturers and Exporters (ELSEVIE)
Rue Penelope Delta 27, GR-15451 Neopsychio Athinai
T: (00301) 6 47 45 57   Fax: 6 74 44 97
E-Mail: elsevie@hellastar.gr

Großbritannien

iz f 779

British Footwear Association (BFA)
3 Burystead Place, Wellingborough, GB- Northants NN8 1AH
T: (00441933) 22 90 05   Fax: 22 50 09
Internet: http://www.britfoot.com
E-Mail: bfa@easynet.co.uk

Irland

iz f 780

Federation of the Irish Footwear Manufacturers (IRLSF)
c/o Blackthorn Shoes Ltd.
Coes Road Industrial Estate, IRL- Dundalk Co Louth
T: (0035342) 34 74 11 23   Fax: 3 33 71

Italien

iz f 781

Associazione Nazionale Calzaturifici Italiani (ANCI)
Via Monte Rosa 21, I-20149 Mailand
T: (00392) 43 82 91   Fax: 48 00 58 33

Niederlande

iz f 782

Federatie van Nederlandse Schoenfabrikanten (FNS)
Reitseplein 1 Postbus 90154, NL-5000 LG Tilburg
T: (003113) 5 94 42 63   Fax: 5 94 47 49

Österreich

iz f 783

Verband der Schuhindustrie
c/o Wirtschaftskammer Österreich
Wiedner Hauptstr. 63 Postf. 113, A-1045 Wien
T: (00431) 5 01 05-3453   Fax: 5 02 06-278

Portugal

iz f 784

Associacao Portuguesa dos Industriais de Calcado Componentes e Artigos de Peles e seus Sucedaneos (APICCAPS)
Rua Alves Redol 372, P-4000 Porto Codex
T: (0035122) 5 07 41 50   Fax: 5 07 41 79
Internet: http://www.apiccaps.pt/apiccaps
E-Mail: apiccaps@mail.telepac.pt

Schweden

iz f 785

Swedish Federation of the Footwear Industry
c/o Arbesko
Postfach 16 42, S-70116 Orebro
T: (0046) 19 17 28 41   Fax: 19 17 95 88

Spanien

iz f 786

Federacion de Industrias del Calzado Espanol (FICE)
Nunez de Balboa 116 (Edif. Eurocis), E-28006 Madrid
T: (003491) 5 62 70 01, 5 62 70 02, 5 62 70 03
Fax: 5 62 00 94
Internet: http://www.fice.es
E-Mail: fice@inescop.es

● **IZ F 787**

Europäische Föderation der Sperrholz-Industrie (F.E.I.C.)
Fédération Européenne de l'Industrie du Contreplaqué
c/o CEI-BOIS
Hof-ter-Vleestdreef 5, B-1070 Brüssel
T: (00322) 5 56 25 84   Fax: 5 56 25 95
Internet: http://www.europlywood.org
Gründung: 1957
Präsident(in): F. Allin (Frankreich)
Vizepräsident(in): B. Hausmann (Deutschland)
B. Castellini (Italien)
V. Hoikkala (Finnland)
Mitglieder: 15 Länder
Mitarbeiter: 1

● **IZ F 788**

Europäische Vereinigung der Steinzeugröhrenindustrie (FEUGRES)
European Federation for the Vitrified Clay Pipe Industry
Fédération Européenne des Fabricants de Tuyaux en Grès
Rue des Colonies 18-24, B-1000 Brüssel
T: (00322) 5 11 30 12, 5 11 70 25   Fax: 5 11 51 74
Gründung: 1957
Präsident(in): J. van der Biest
Geschäftsführer(in): R. Chorus
Mitglieder: 7 Länder

Mitgliedsorganisationen

Belgien

iz f 789

KERAMO Steinzeug N.V.
Paalsteenstraat 36, B-3500 Hasselt
T: (003211) 21 02 32   Fax: 21 09 44

Deutschland

iz f 790

Fachverband Steinzeugindustrie e.V.
Postf. 40 02 62, 50832 Köln
Max-Planck-Str. 6, 50858 Köln
T: (02234) 5 07-261   Fax: 5 07-204

Großbritannien

iz f 791

Clay Pipe Development Association Limited
Copsham House
Broad Street 53, GB- Chesham, Bucks HP5 3 E A
T: (00441494) 79 14 56.   Fax: 79 23 78

Italien

iz f 792

Societa Del Gres Ing. Sala S.P.A.
Via Marconi 1 Bergamo, I-24010 Petosino
T: (003935) 57 91 11   Fax: 57 02 51

Niederlande

iz f 793

EuroCeramic BV
Postfach 4002, NL-5951 AW Belfeld
Stationstraat 9, NL-5951 AW Belfeld
T: (00314705) 47 14 56   Fax: 14 19

Österreich

iz f 794

Keramo Wienerberger Rohrsysteme und Abwassertechnik GmbH
Wienerbergstr. 7, A-1102 Wien
T: (00431) 6 01 92-0   Fax: 60 19 24 73

● **IZ F 795**

Europäische Vereinigung der Verbände von Isolierunternehmen
European Federation of Associations of Insulations Contractors
Fédération Européenne des Syndicats d'Entreprises d'Isolation
c/o Hauptverband der Deutschen Bauindustrie e.V.
Kurfürstenstr. 129, 10785 Berlin
T: (030) 2 12 86-162, 2 12 86-163   Fax: 2 12 86-160
Président: K. Versteegh

Belgien

iz f 796

ISOL - Union Professionnelle des Entrepeneurs d'Isolation Industrielle
De Regenboog 11, B-2800 Mechelen
T: (003215) 40 01 04   Fax: 42 27 09

Dänemark

iz f 797

Danske Isoleringsfirmaers Brancheforening
c/o DANSK INDUSTRI
DK-1787 Kobenhavn V
T: (0045) 33 77 33 77   Fax: 33 77 33 20

Deutschland

iz f 798

Hauptverband der Deutschen Bauindustrie e.V.
Bundesfachabteilung Wärme-, Kälte-, Schall- und Brandschutz
Kurfürstenstr. 129, 10785 Berlin
T: (030) 2 12 86-0   Fax: 2 12 86-160
Internet: http://www.bauindustrie.de
E-Mail: bfa.wksb@bauindustrie.de

iz f 799

Zentralverband des Deutschen Baugewerbe (ZDB)
Bundesfachgruppe Wärme-, Kälte-, Schall- und Brandschutz
Postf. 08 03 52, 10003 Berlin
Kronenstr. 55-58, 10117 Berlin
T: (0228) 20 31 45 47   Fax: 20 31 45 21

Finnland

iz f 800

Insulation Association of Finland
c/o Mauri Fredén
Vanamotie 11, FIN-00930 Helsinki
T: (003580) 33 13 32 **Fax:** 33 27 76

Frankreich

iz f 801

Syndicat National de l'Isolation
10, rue du Debarcadère, F-75852 Paris Cedex 17
T: (00331) 40 55 13 70 **Fax:** 40 55 13 69

Griechenland

iz f 802

Hellenic Association of Insulation Contractors
11 Terpsichoris Str., Cholargos, GR-15562 Athen
T: (00301) 6 54 31 81 **Fax:** 6 54 31 84

Großbritannien

iz f 803

Thermal Insulation Contractors Association
Charter House
450 High Road, GB- Ilford Essex IG1 1UF
T: (004420) 85 14 21 20 **Fax:** 84 78 12 56

Kroatien

iz f 804

IZOMONT
c/o Dipl.-Ing. Goran Antunac
Radiceva 32, HR-1000 Zagreb
T: (003851) 4 81 35 69 **Fax:** 42 10 67

Niederlande

iz f 805

Nederlandse Vereniging van Ondernemers in Het Thermisch Isolatiebedrijf
VIB
Postfach 26 00, NL-3430 GA Nieuwegein
T: (003130) 630 04 04 **Fax:** 605 32 08
General Secretary: Des. H. Ph. Hondelink

Norwegen

iz f 806

Isoleringfirmaenes Forening (IFF)
c/o KAEFER Isolering Teknikk A/S
Postfach 5 44, N-1522 Moss
T: (0047) 69 26 70 36 **Fax:** 69 25 48 00

Österreich

iz f 807

Bundesinnung des Bauhilfsgewerbe
Berufsgruppe der Wärme-, Kälte-, Schall- und Brand-Dämmungen
Wiedner Hauptstrasse 63, A-1045 Wien
T: (00431) 5 01 05-3241 **Fax:** 5 02 06-284

Portugal

iz f 808

Associacao Portuguesa dos Comerciantes de Materiais de Construcao
Pr. Francisco Sa Carneiro 219-3°, P-4200 Porto
T: (003512) 52 12 18 **Fax:** 59 61 20

Schweden

iz f 809

Isoleringsfirmornas Forening
Rosenlundsgatan 40, S-11891 Stockholm
T: (00468) 6 16 05 04 **Fax:** 6 69 41 19

Schweiz

iz f 810

Verband Schweizerischer Isolierfirmen (VSI)
Gartenstr. 19, CH-8002 Zürich
T: (00411) 2 86 96 20 **Fax:** 2 86 96 97

Spanien

iz f 811

Asociacion Nacional de Industriales de Materiales Aislantes
C/ Velasquez 92 -3°, E-28006 Madrid
T: (003491) 5 75 54 26 **Fax:** 5 75 08 00

● **IZ F 812**

Europäischer Verband der Kerzenhersteller (CANDLES)
Association of European Candle Manufacturers
Association Européenne des Fabricants de Bougies
118, Avenue Achille Peretti, F-92200 Neuilly-sur-Seine
T: (00331) 46 37 23 01 **Fax:** 46 37 15 60
Président: K. E. Hjertaas
Secrétaire Général: Jean-Claude Barsacq

● **IZ F 813**

Europäische Vereinigung der Lack-, Druckfarben- und Künstlerfarbenindustrie (CEPE)
European Council of Paint, Printing Ink and Artists' Colours Industry
Conseil Européen de l'Industrie des Peintures, des Encres d'Imprimerie et des Couleurs d'Art
Avenue E. Van Nieuwenhuyse 4, B-1160 Brüssel
T: (00322) 6 76 74 80 **Fax:** 6 76 74 90
Internet: http://www.cepe.org.
E-Mail: secretariat@cepe.org.
Gründung: 1951
President: Neville Petersen (UK)
Secretary General: Jean Schoder (Lux)
Ass. Secretary General: Paul Keymolen (B)
Technical Director: Jacques Warnon (B)
Mitglieder: 24 in 17 Ländern
Mitarbeiter: 6

Mitgliedsorganisationen

Belgien

iz f 814

IVP - Industrie des Vernis, Peintures, Encres d'imprimerie et couleurs d'Art
Sq. Marie-Louise, 49, B-1000 Brüssel
T: (00322) 2 38 98 02 **Fax:** 2 30 14 09
E-Mail: ivp@fedichem.be
Director: Pierre Janssen-Bennynck

Dänemark

iz f 815

Foreningen for Danmarks Lak- og Farveindustri (FDLF)
Norre Volgade 48, DK-1358 København K
T: (0045) 33 15 92 22 **Fax:** 33 93 93 22
Vibeke Plambeck

Deutschland

iz f 816

Verband der Lackindustrie e.V. (VdL)
Karlstr. 21, 60329 Frankfurt
T: (069) 25 56 14 11 **Fax:** 25 56 13 58
Internet: http://www.lackindustrie.de
Hauptgeschäftsführer(in): Dr. Dietmar Eichstädt

iz f 817

Verband der Mineralfarbenindustrie e.V. (VdMi)
Karlstr. 21, 60329 Frankfurt
T: (069) 25 56-13 51 **Fax:** 25 30 87
Internet: http://www.vdmi.de
E-Mail: sekretariat@vdmi.vci.de
Geschäftsführer(in): Dr. Robert Fischer

Finnland

iz f 818

VTY - Väriteollisuusyhdistys r.y.
PVY - Painoväriyhdistys r.y.
VTY Paint Industry Association 'PVY Printing Ink Association
Postfach 4, FIN-00131 Helsinki
Etelaranta 10, FIN-00131 Helsinki
T: (003589) 17 28 43 20 **Fax:** 63 02 25
Aimo Kastinen

Frankreich

iz f 819

AFEI - Association des Fabricants d'Encres d'Imprimerie
Avenue Marceau 42, F-75008 Paris
T: (00331) 53 23 00 00 **Fax:** 47 23 90 30
Jean-Noël Simonot

iz f 820

Fédération des Industries des Peintures, Encres, Couleurs, Colles et Adhesifs (FIPEC)
Avenue Marceau 42, F-75008 Paris
T: (00335) 53 23 00 00 **Fax:** (00331) 47 20 90 30
Michel Magnan

Griechenland

iz f 821

Panhellenic Union of Paint, Varnish & Printing Ink Manufacturers
Tzorz 10, Kannigos Square C.N., GR-10677 Athen
T: (00301) 3 83 04 19 **Fax:** 3 83 04 19
D. Tsimboukis

Großbritannien

iz f 822

BCF - British Coatings Federation Ltd.
Bridge Street James House, GB- Leatherhead, Surrey KT22 7EP
T: (00441372) 36 06 60 **Fax:** 37 60 69
Moira McMillan

Irland

iz f 823

IPMF - Irish Paint Manufacturers Federation
Molesworth House
South Frederick Street 112, IRL- Dublin 2
T: (003531) 6 77 81 85 **Fax:** 6 79 28 54
Eric Logan

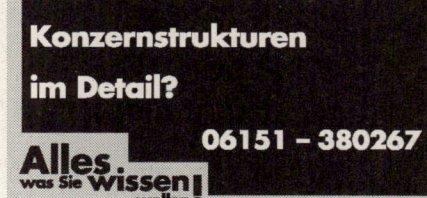

Italien

iz f 824

AVISA - Associazione Nazionale Vernici Inchiostri Sigillanti e Adesivi
Via Giovanni da Procida 11, I-20149 Mailand
T: (00392) 3 45 65-341 Fax: 3 45 65-350
E-Mail: a.tralongo@federchimica.it
Dr. Marco Surdi

Luxemburg

iz f 825

Groupement des Fabricants de Couleurs et Vernis Fabrique de Couleurs Gérard
Rue de Grass 15, L- Kleinbettingen
T: (00352) 3 99 19 11 Fax: 39 91 91 24
Jean-Claude Gérard

Niederlande

iz f 826

VVVF - Vereniging van Verf en Drukinktfabrikanten
Postfach 2 48, NL-2300 AE Leiden
T: (003171) 5 31 89 00 Fax: 5 31 81 59
Martin Terpstra

Norwegen

iz f 827

MLF - Maling og Lakkfabrikkenes Forbund
Postfach 54 87, N-0305 Oslo Majorstuen
T: (0047) 23 08 78 00 Fax: 23 08 78 99
E-Mail: trygve@pil.no, marit@pil.no
Trygve Ostmo

iz f 828

Norske Trykkfarvefabbrikanters Förening
Vollsveien 13, N-1324 Lysaker
T: (0047) 67 58 04 62 Fax: 67 58 04 62
Kristian Welhaven

Österreich

iz f 829

Fachverband der Chemischen Industrie Österreichs (FCIO)
Postfach 325, A-1045 Wien
Wiedner Hauptstrasse 63, A-1045 Wien
T: (00431) 5 01 05 33 65 Fax: 50 20 62 80
Klaus Schaubmayr

Portugal

iz f 830

APFTV - Associacao Portuguesa Fabricantes Tintas e Vernizes
Rua D. Filipa de Vilhena 9-2° Dt°, P-1000 Lissabon
T: (003511) 7 93 28 38 Fax: 7 95 09 52
Manuela Cavaco

Schweden

iz f 831

SVEFF - Sverige Färgfabrikanters Förening
Postfach 66 20, S-11384 Stockholm
Gävlegatan 16, S-11384 Stockholm
T: (00468) 5 22 244 11 Fax: 5 22 244 90
Christina Mattsson

Schweiz

iz f 832

Verband Schweizerischer Lack- und Farbenfabrikanten (VSLF)
Badenerstr. 701, CH-8048 Zürich
T: (00411) 4 31 41 91 Fax: 4 31 51 53
Félix Mutter

Spanien

iz f 833

ASEFAPI - Associacion Española de Fabricantes de Pinturas y Tintas de Imprimir
Plaza de Castilla 3, Floor 15e 2, E-28046 Madrid
T: (00341) 7 33 90 12 Fax: 3 14 37 28

● **IZ F 834**

Europäische Vereinigung der Verbände der pharmazeutischen Industrie (EFPIA)
European Federation of Pharmaceutical Industries and Associations
Fédération Européenne d'Associations et industries Pharmaceutiques
Postfach 91, B-1050 Bruxelles
250, Avenue Louise, Boîte 91, B-1050 Bruxelles
T: (00322) 6 26 25 55 Fax: 6 26 25 66
Internet: http://www.efpia.org
E-Mail: info@efpia.org
Gründung: 1978
Directeur général: Brian Ager
Deputy Director General: Marie-Claire Pickaert
Mitglieder: 16

Mitgliedsorganisationen

Belgien

iz f 835

Association Générale de l'Industrie du Médicament (A.G.I.M.)
Square Marie-Louise 49, B-1000 Brüssel
T: (00322) 2 38 97 11 Fax: 2 31 11 64
Internet: http://www.agim-avgi.be
E-Mail: info@agim-avgi.be

Dänemark

iz f 836

The Danish Association of the Pharmaceutical Industry (LIF)
Strødamvej 50, DK-2100 Kopenhagen
T: (0045) 39 27 60 60 Fax: 39 27 60 70
Internet: http://www.lifdk.dk
E-Mail: info@lifdk.dk

iz f 837

Foreningen af Danske Medicinfabrikker (MEFA)
50 A Strodamvej, DK-2100 Copenhagen
T: (0045) 39 27 00 88 Fax: 39 27 00 58

Deutschland

iz f 838

Verband Forschender Arzneimittelhersteller e.V. (VFA)
Hausvogteiplatz 13, 10117 Berlin
T: (030) 20 60 40 Fax: 2 06 04-222
Internet: http://www.vfa.de
E-Mail: info@vfa.de

Finnland

iz f 839

Finnish Pharmaceutical Industry Federation (F.P.I.F.)
Postfach 1 08, FIN-00501 Helsinki
Sörnäisten rantatie 23, FIN-00501 Helsinki
T: (003589) 5 84 24 00 Fax: 58 42 47 28, 58 42 47 29
Internet: http://www.pif.fi
E-Mail: pif@pif.fi

Frankreich

iz f 840

Syndicat National de l'Industrie Pharmaceutique (S.N.I.P.)
88 Rue de la Faisanderie, F-75016 Paris
T: (00331) 45 03 88 88 Fax: 45 04 47 71
Internet: http://www.sbip.fr
E-Mail: dcre@snip.fr

Griechenland

iz f 841

Federation of Pharmaceutical Companies of Greece (S.F.E.E.)
Vas.Georgiou 30 & M. Asias Str, GR-15233 Halandri
T: (00301) 6 89 11 01 Fax: 6 82 10 40
Internet: http://www.sfee.gr
E-Mail: sfee@otenet.gr

Großbritannien

iz f 842

The Association of the British Pharmaceutical Industry (A.B.P.I.)
Whitehall 12, GB- London SW1A 2DY
T: (004420) 79 30 34 77 Fax: 77 47 14 14
Internet: http://www.abpi.uk

Irland

iz f 843

Irish Pharmaceutical Healthcare Assoc. (IPHA)
Franklin House, 140 Pembroke Road, IRL- Dublin 4
T: (003531) 6 60 33 50/36 61 Fax: 6 68 66 72
Internet: http://www.ipha.ie
E-Mail: info@ipha.ie

Italien

iz f 844

Associazione Nazionale dell'Industria Farmaceutica (FARMINDUSTRIA)
Piazza di Pietra 34, I-00186 Rom
T: (00396) 67 58 09 Fax: 6 78 64 94
Internet: http://www.servizi.farmindustria.it

Niederlande

iz f 845

Nederlandse Vereniging van de Innoverende Farmaceutische Industrie (NEFARMA)
Postfach 9193, NL-3506 GD Utrecht
Einsteindreef 123-125, NL-3506 GD Utrecht
T: (003130) 2 63 68 00 Fax: 2 63 18 30
Internet: http://www.nefarma.nl

Norwegen

iz f 846

Legemiddelindustriforeningen
Postfach 734, N-0105 Oslo
Grev Wedels plass 9, N-0105 Oslo
T: (0047) 23 16 15 00 Fax: 23 16 15 01
Internet: http://www.lmi.no

Österreich

iz f 847

Fachverband der Chemischen Industrie Österreichs (FCIO)
Gruppe Pharmaceutika
Postfach 325, A-1045 Wien
Wiedner Hauptstrasse 63, A-1045 Wien
T: (00431) 5 01 05 33 67 Fax: 50 10 52 80
Internet: http://www.wk.or.at/fcio
E-Mail: office@fcio.wk.or.at

Portugal

iz f 848

Associacao Portuguesa da Industria Farmaceutica (APIFARMA)
Rua Pêro da Covilha 22, P-1400 Lissabon
T: (003521) 3 01 82 64 Fax: 3 03 17 98
Internet: http://www.apifarma.pt

Schweden

iz f 849

Läkemedelsindustriföreningen (LIF)
Postfach 17608, S-11892 Stockholm
Medborgarplatsen 25 8th floor, S-11892 Stockholm
T: (00468) 4 62 37 00   **Fax:** 4 62 02 92
Internet: http://www.lif.se
E-Mail: info@lif.se

Schweiz

iz f 850

Société Suisse des Industries Chimiques (S.S.I.C.)
Postfach 328, CH-8035 Zürich
Nordstr. 15, CH-8035 Zürich
T: (00411) 3 68 17 11   **Fax:** 3 68 17 70
Internet: http://www.sgci.ch
E-Mail: mailbox@sgci.ch

Spanien

iz f 851

Farmaindustria
Fray Juan Gil 5, E-28002 Madrid
T: (00341) 5 63 13 24   **Fax:** 5 63 73 80

Founder Member

Deutschland

iz f 852

Bundesverband der Pharmazeutischen Industrie e.V. (BPI)
Karlstr. 21, 60329 Frankfurt
T: (069) 25 56 1266   **Fax:** 25 56 1603
Internet: www.bpi.de
E-Mail: presse@bpi.de

Beobachter

Türkei

iz f 853

Pharmaceutical and Chemical Manufacturers' Association (IEIS)
Talâtpaşa Caddesi, No. 98/B, TR-80640 Gültepe-Istanbul
T: (0090212) 2 78 85 40, 2 78 80 59, 2 78 86 44
Fax: 2 78 70 07
E-Mail: ieis@escortnet.com

● **IZ F 854**

Europäische Vereinigung der Verbände der Reformwarenhersteller (EHPM)
European Federation of Associations of Health Product Manufacturers
Groupement Européen des Associations des Fabricants de Produits de Réforme
50 Rue de l'Association, B-1000 Bruxelles
T: (00322) 2 09 11 45   **Fax:** 2 23 30 64
Internet: http://www.ehpm.org
E-Mail: ehpm@eas.be
Gründung: 1975
President: Maurice Hanssen (Tel.: (00441813) 98 98 88; Fax: (00441813) 98 69 06)
Chairman: Anthony Bush (Tel.: (00441491) 41 10 22; Fax: (00441491) 41 06 13)
Treasurer: Michel Knittel (Tel.: (00333) 88 68 38 31; Fax: (00333) 88 51 10 61; E-Mail: michel.knittel@wanadoo.fr)
Vice Presidents: Josef Hasslberger (Tel.: (003906) 63 58 84; Fax: (003906) 63 21 96)
Michel Horn (Tel.: (003280) 44 57 86; Fax: (003280) 44 42 80; E-Mail: michel.horn@ortis.com)
Gerda Sørensen (Tel.: (004587) 70 87 51; Fax: (004587) 70 87 55; E-Mail: gerdas@bioforce.dk)
Peter Van Doorn (Tel.: (00312944) 1 68 86; Fax: (00312944) 1 54 07)
Director of European Affairs: Simon Pettman
Coordination Campaign: Pedro Vicente de Azua
Coordination Secretariat: Ann Bois d'Enghien
Verbandszeitschrift: EHPM Update; EHPM Newsletter; EHPM Campaign Bulletin
Redaktion: EHPM Secretariat 50 Rue de l'Association B - 1000 Brüssel
Mitglieder: 20

Belgien

iz f 855

NAREDI
Rue de la Sablonière 7, B-1000 Brüssel
T: (00322) 2 18 67 60   **Fax:** 2 18 66 79
E-Mail: jan@naredi.uunethost.be
President: Michel Horn
Coordinator Secrtariat: Jan Haepers

Dänemark

iz f 856

Helsebranchens Leverandørforening
Børsen, DK-1217 Kopenhagen K
T: (0045) 33 95 05 00   **Fax:** 33 32 52 16
E-Mail: hbl@commerce.dk
President: Finn Dyrby Hermansen
Board Member: Gerda Sørensen
Head of Office: Dorthe Kristiansen

Deutschland

iz f 857

Verband der Reformwaren-Hersteller e.V. (VRH)
Postf. 24 45, 61294 Bad Homburg
Frankfurter Landstr. 23, 61352 Bad Homburg
T: (06172) 40 68-0   **Fax:** 40 68-99
E-Mail: vrhev@aol.com
President: Manfred Liebhart
Managing Director: Dipl.-Ing. Norbert Pahne

iz f 858

Bundesverband Deutscher Industrie- und Handelsunternehmen für Arzneimittel, Reformwaren, Nahrungsergänzungsmittel und Körperpflegemittel e.V. (BDIH)
L 11 20, 68161 Mannheim
T: (0621) 2 28 71   **Fax:** 15 24 66
Managing Director: Harald Dittmar

Finnland

iz f 859

Luontaistuotealan Tukkukauppiaiden Liitto Ry
Mannerheimintie 76A 5. krs, FIN-00250 Helsinki
T: (003589) 44 92 14   **Fax:** 4 54 45 88
E-Mail: lti@healthproduct.inet.fi
President: Seppo Seljavaara

Frankreich

iz f 860

SYNADIET
Terrasse Bellini 14, F-92807 Puteaux Cedex
T: (00331) 47 17 09 09   **Fax:** 47 17 08 75
E-Mail: SYNADIET@wanadoo.fr
President: Charles Legrand

Griechenland

iz f 861

Association of Importers & Manufacturers of Natural Products
Korai Str. 29-33, GR-16341 Athen Ilioupolis
T: (00301) 9 91 68 15   **Fax:** 9 95 22 65
E-Mail: panax@mail.acci.gr
President: Antonios Athanasopoulos

Großbritannien

iz f 862

Health Food Manufacturers' Association (HFMA)
Hampton Court Way 63, GB- Thames Ditton KT7 0LT
T: (004420) 83 98 40 66   **Fax:** 83 98 54 02
Internet: http://www.hfma.co.uk
E-Mail: hfma@hfma.co.uk
President: Maurice Hanssen
Director: Penny Viner

iz f 863

Council for Responsible Nutrition (CRN)
Oystershell Lane St. Mary's Centre, GB- Newcastle-upon-Tyne NE4 5QS
T: (0044191) 2 32 31 00   **Fax:** 2 32 25 00
E-Mail: carlrawlings@crn-north.demon.co.uk
Chief Executive: Carl Rawlings
Director: Maurice Hanssen
Chairman: Paul Simons

Irland

iz f 864

IHTA
c/o New Vistas Healthcare
Plassey Technological Park, IRL- Limerick
T: (0035361) 33 44 55   **Fax:** 33 15 15
Internet: http://www.newvista@iol.ie
President: Martin Murray
General Secretary: Louise Grubb

Italien

iz f 865

FederSalus
Via Toscanini 1i, I-04011 Aprilia
T: (003906) 92 06 00 56   **Fax:** 92 06 06 67
E-Mail: federsalus@tiscalinet.it
President: Renato Minasi
Treasurer: Josef Hasslberger

Niederlande

iz f 866

Natuur- & Gezondheidsproducten Nederland (N.P.N.)
Postfach 373, NL-3850 AJ Ermelo
T: (0031341) 55 40 23   **Fax:** 56 17 72
E-Mail: theovanrooij.npn@worldonline.nl
Chairman: Theo van Rooij

Norwegen

iz f 867

Bransjerådet for naturmidler
Postfach 2475 Solli, N-0202 Oslo 2
Drammensveien 30, N-0202 Oslo 2
T: (0047) 22 54 17 00   **Fax:** 22 56 17 00
Internet: http://www.brn.no
E-Mail: turid@brn.no
President: Turid Backer
General Secretary: Tom Myhre

Portugal

iz f 868

Associação Portuguesa de Alimentação Racional e Dietética (APARD)
Rua São Sebastião da Pedreira 110-5 °, P-1050 Lissabon
T: (003511) 3 57 24 99   **Fax:** 3 57 24 98
E-Mail: apard@mail.telepac.pt
President: Henrique Sobral
Secretariat: Eileen Leitao

Schweden

iz f 869

Hälsokostbranchens Leverantörförening
Postfach 63 56, S-10235 Stockholm Hälsokostrådet
Saltmätargatan 5, S-10235 Stockholm
T: (00468) 54 54 11 60   **Fax:** 54 54 01 70
Internet: http://www.halsokostradet.se
E-Mail: info@halsokostradet.se
President: Åke Färnlöf

iz f 870

Schweiz

iz f 870

Verband der Lieferanten Schweizer Reformhäuser (VLSR)
c/o Somona GmbH
Bodenackerstr. 51, CH-4657 Dulliken
T: (004162) 2 95 46 46   **Fax:** (00412) 2 95 32 59
E-Mail: felix.hug@somona.ch
President: Felix Hug
Secretary General: Ruedi Lieberherr

Spanien

iz f 871

Asociación Española de Fabricantes de Preparados Alimenticios Especiales, Dietéticos y Plantas Medicinales
Aragón 208-210, ático 4.a, E-08011 Barcelona
T: (00343) 4 54 87 25   **Fax:** 4 51 31 55
Internet: http://www.afepadi.com
E-Mail: afepadi@afepadi.com
President: Alberto Riva
Secretary: Camil Rodino

● **IZ F 872**

Europäische Verpackungs-Vereinigung (EPF)
European Packaging Federation
Fédération Européenne de l'Emballage
c/o Institut Francais de l'Emballage et du Conditionnement (IFEC Promotion)
2 Rue Jules Cloquet, F-75018 Paris
T: (00331) 58 60-2626   **Fax:** 58 60-2627
Internet: http://www.ifecpromotion.tm.fr/epfgb.htm
E-Mail: info@ifecpromotion.tm.fr
Gründung: 1953
President: P. Denetre
Executive President: Jean-Paul Pothet
Secretary General: A. Freidinger-Legay
Verbandszeitschrift: Lettre de l'Emballage
Verlag: IFEC, 2 Rue Jules Cloquet, F-75018 Paris
Mitglieder: 15 pays soit environ, 5000 entreprises
Mitarbeiter: 12

● **IZ F 873**

Europäische Wachs-Vereinigung (EWF)
European Wax Federation
Fédération Européenne de la Cire
c/o CEFIC
Avenue E. Van Nieuwenhuyse 4/-2, B-1160 Brüssel
T: (00322) 6 76 72 11   **Fax:** 6 76 73 01
Internet: http://www.wax.org
E-Mail: rbi@cefic.be
Gründung: 1979
President: C. Hernandez Revilla
Secrétaire Général: D. Bennink
Mitglieder: 35

● **IZ F 874**

Europäische Wirtschaftsvereinigung der Eisen- und Stahlindustrie (EUROFER)
Rue du Noyer 211, B-1030 Bruxelles
T: (00322) 738 79 20   **Fax:** 736 30 01
E-Mail: mail@eurofer.be
Président: Dr.-Ing. Ekkehard Schulz
Generaldirektor: D. von Hülsen
Mitglieder: 27 Mitgliedsorganisationen, davon 10 Mitgliedsverbände

Mitgliedsverbände

Belgien

iz f 875

Groupement de la Sidérurgie
Rue Montoyer 47, B-1040 Brüssel
T: (00322) 5 09 14 11   **Fax:** 5 09 14 00

Deutschland

iz f 876

Wirtschaftsvereinigung Stahl
Postf. 10 54 64, 40045 Düsseldorf
Sohnstr. 65, 40237 Düsseldorf
T: (0211) 67 07-0   **Fax:** 67 07-170
Internet: http://www.wvstahl.de

Frankreich

iz f 877

Fédération Française de l'Acier
Immeuble "Pacific"
place de la Pyramide immeuble Ile de France 4, F-92072 Paris la Defense Cedex
T: (00331) 41 25 58 00   **Fax:** 41 25 58 58
Internet: http://www.ffa.fr

Großbritannien

iz f 878

UK Steel Association
Millbank 21-24 Millbank Tower, GB-SW1P 3JF London
T: (004420) 7343 3150   **Fax:** 7343 3190
Internet: http://www.uksteel.org.uk
E-Mail: enquiries@uksteel.org.uk

Irland

iz f 879

Irish Steel Ltd.
IRL- Co Cork
T: (0035321) 37 80 11   **Fax:** 37 88 79
Internet: http://www.ispat.co.uk

Italien

iz f 880

Federazione Imprese Siderurgische Italiane Federacciai
Viale Sarca 336, I-20126 Mailand
T: (003902) 66 14 61   **Fax:** 66 14 62 19
Internet: http://www.federacciai.it

Spanien

iz f 881

Union de Empresas Siderugicas
Postfach 13098, E-28006 Madrid
Castello 128, E-28006 Madrid
T: (003491) 5 62 47 24   **Fax:** (0034091) 5 62 65 84
Internet: http://www.unesid.org

● **IZ F 882**

Europäischer Federn Verband (ESF)
European Spring Federation
F-92038 Paris La Défense CEDEX
rue Louis Leblanc 39-41, F-92400 Courbevoie
T: (00331) 47 17 64 10   **Fax:** 47 17 63 60
Internet: http://www.esf-springs.com
E-Mail: info@esf-springs.com
Gründung: 1989 (27. Oktober)
President: Michael Parkinson (OBE, AiredaleSprings Ltd., Ebor Works Haworth Keighley, West Yorkshire BD22 8HT, Vereinigtes Königreich, Tel.: (0044(0)1535) 64 34 56, Fax: (0044(0)1535) 64 53 92, E-Mail: info@airedalesprings.co.uk)
General Secretary: Elodie Dormoy
Mitglieder: 10

● **IZ F 883**

Europäischer Abbruch-Verband (E.D.A.)
European Demolition Association
Association Européenne de Démolition
Postfach 8138, NL-3503 RC Utrecht
Euclideslaan 2, NL-3503 RC Utrecht
T: (003130) 6 89 89 05   **Fax:** 6 89 99 05
Gründung: 1976
President: Walter Werner
Secretary General: M. Polman

● **IZ F 884**

Europäischer Ausschuß für technische Gebäudeausrüstung (CEETB)
European Committee for Technical Building and Construction Equipment
Comité Européen des Equipements Techniques du Bâtiment
Rue Jacques de Lalaing 4, B-1040 Bruxelles

T: (00322) 2 85 07 27   **Fax:** 230 78 61
E-Mail: oliver.loebel@ueapme.kmonet.be
Gründung: 1976
Président: Guy Poullain
Secrétaire Général: Oliver Loebel
Mitglieder: 3
Mitarbeiter: 2

Mitgliedsorganisationen

iz f 885

Génie Climatique International
Rue Brogniez 41, B-1070 Brüssel
T: (00322) 5 20 73 00   **Fax:** 5 20 97 49

iz f 886

Europäische Vereinigung der Unternehmen für elektrische Anlagen (AIE)
European Association of Electrical Contractors
Association européenne des Entreprises d'Équipement Électrique
J. Chantraineplantsoen, 1, B-3070 Kortenberg
T: (00331) 47 27 97 49   **Fax:** 47 55 00 47

iz f 887

Internationale Union für Spenglerei und Sanitärinstallation (UICP)
Union Internationale de la Couverture et Plomberie
Rue Brogniez 41, B-1070 Bruxelles
T: (00322) 5 23 92 40   **Fax:** 5 23 67 39
E-Mail: oliver.loebel@ueapme.kmonet.be

● **IZ F 888**

Europäischer Ausschuß der Heiz- und Kochgeräte-Industrie (CEFACD)
European Committee of Manufacturers of Domestic Heating and Cooking Appliances
Comité Européen des Fabricants d'Appareils de Chauffage et de Cuisine Domestiques
Diamant Building, Bd A. Reyers 80, B-1030 Bruxelles
T: (00322) 7 06 79 61   **Fax:** 7 06 79 66
Internet: http://www.agoria.be
E-Mail: info@agoria.be
Secrétaire Général: Francois-Xavier Belpaire
Président: Berlaimont

● **IZ F 889**

Europäischer Ausschuß der Hersteller von Amino-Carboxylaten (EAC)
European Amino-Carboxylates Producers Committee
Comité Européen des Producteurs d'Aninocarboxylates
c/o CEFIC-BIT
Avenue E. Van Nieuwenhuyse 4 /2, B-1160 Brüssel
T: (00322) 6 76 72 95   **Fax:** 6 76 72 16
Internet: http://www.cefic.org
Gründung: 1987
Président: U. Klinsman
Secrétaire Général: Carine Jeukenne
Mitglieder: 7

● **IZ F 890**

Europäischer Ausschuß der nationalen Verbände der Lederwaren- und Reiseartikel-Hersteller und verwandter Industrien (CEDIM)
Comité Européen des Fédération Nationales de la Maroquinerie, Articles de Voyage et Industries Connexes
21, rue du Mont Thabor, F-75001 Paris
T: (00331) 42 44 22 44   **Fax:** 42 44 22 45
Gründung: 1962
Secrétaire administrative: Barret
Mitglieder: 8

Mitgliedsorganisationen

Belgien

iz f 891

Chambre professionnelle des fabricants d'articles de voyage, de sellerie et de maroquinerie
500 Avenue Louise, B-1060 Brüssel
T: (00322) 521 47 97   **Fax:** 524 02 27

Deutschland

iz f 892

Bundesverband Lederwaren und Kunststofferzeugnisse e.V.
Postf. 10 20 55, 63020 Offenbach
Waldstr. 44, 63065 Offenbach
T: (069) 88 72 50   **Fax:** 81 28 10
Internet: http://www.lederwarenverband.de
E-Mail: bundesverband@aol.com

Frankreich

iz f 893

Fédération Nat. de la Maroquinerie, Articles de Voyage, Chasse-Sellerie, Gainerie, Bracelets Cuir
21, rue du Mont Thabor, F-75001 Paris
T: (00331) 42 44 22 44   **Fax:** 42 44 22 45

Griechenland

iz f 894

The Confederation of Leather and Travel goods Manufacturers of Attiki
Aristofanous street 20, GR-10554 Athen
T: (00301) 3 24 23 80   **Fax:** 3 21 43 63

Großbritannien

iz f 895

British Leathergoods Manufacturers' Association
Federation House, 10 VYSE Street, GB- Birmingham B18 6LT
T: (0044121) 2 36 26 57   **Fax:** 2 36 39 21

Italien

iz f 896

Associazione Italiana Manufatturieri Pelli, Cuoio e Succedanei
Viale Beatrice d'Este, 43, I-20122 Mailand
T: (00392) 58 45 11   **Fax:** 58 45 13 20

Niederlande

iz f 897

Nederlandse Bond van Lederwaren- en Kofferfabrikanten
Postfach 90154, NL-5000 LG Tilburg
Reitseplein 1, NL-5000 LG Tilburg
T: (003113) 3 94 45 48   **Fax:** 5 94 47 49

Österreich

iz f 898

Verband der Lederwaren- und Kofferindustrie
Postfach 313, A-1045 Wien
T: (00431) 5 01 05   **Fax:** 50 20 62 78

Portugal

iz f 899

Associacao Portuguesa dos Industriais de Calcado Componentes e Artigos de Peles e seus Sucedaneos (APICCAPS)
Rua Alves Redol 372, P-4000 Porto Codex
T: (0035122) 5 07 41 50   **Fax:** 5 07 41 79
Internet: http://www.apiccaps.pt/apiccaps
E-Mail: apiccaps@mail.telepac.pt

Spanien

iz f 900

Federacion Espanola de Fabricantes de Marroquineria Articulos de Viaje y Afines
Marques de la Ensenada n° 2 (4° planta), E-28004 Madrid
T: (003491) 3 19 69 21   **Fax:** 3 19 25 45

● **IZ F 901**

Europäischer Ausschuß der Waagen-Hersteller (CECIP)
Comité Européen des Constructeurs d'Instruments de Pesage
Domaine d'Armainvilliers 4 Impasse François Coli, F-77330 Ozoir-la-Ferrière
T: (0033160) 02 89 58   **Fax:** 02 89 58
Gründung: 1959
Président: Dr. Klaus Wurster
Permanent Secretary: Michel Turpain
Mitglieder: 14 countries
Mitarbeiter: 2

Mitglieder

Belgien

iz f 902

Federation Multisectorielle de l'Industrie Technologique (AGORIA)
Diamant Building
Bld. A. Reyers 80, B-1030 Brüssel
T: (00322) 7 06 79 82   **Fax:** 7 06 79 88
Internet: http://www.agoria.be
E-Mail: pierre.juliens@agoria.be
Pierre Juliens

Deutschland

iz f 903

Fachverband Waagen im VDMA
Postf. 71 08 64, 60498 Frankfurt
Lyoner Str. 18, 60528 Frankfurt
T: (069) 66 03-1306   **Fax:** 66 03-2529
Internet: http://www.vdma.org
E-Mail: awa@vdma.org
Dr. Georg Berntsen

Finnland

iz f 904

VAAKAKILTA r.y.
c/o Raute Precision Oy
Postfach 22, FIN-15801 Lahti
T: (003583) 8 29 42 75   **Fax:** 8 29 41 01
E-Mail: aimo.pusa@rauteprecision.fi
Aimo Pusa

Frankreich

iz f 905

Comité Français des Industriels du Pesage (COFIP)
Domaine d Armainvilliers
4, Impasse François Coli, F-77330 Ozoir-la-Ferrière
T: (00331) 60 02 89 58   **Fax:** 60 02 89 58
E-Mail: turpain.cecip@wanadoo.fr
Michel Turpain

Großbritannien

iz f 906

UK Weighing Federation
Brooke House, 4 The Lakes, Bedford Road, GB- Northampton NN4 7YD
T: (00441604) 62 20 23   **Fax:** 63 12 52
Internet: http://www.ukwf.org.uk
E-Mail: ukwf@brookehouse.co.uk
Allen Johnson

Italien

iz f 907

UCISP - GISI
Via Console Flaminio 19, I-20145 Mailand
T: (00392) 21 59 11 53   **Fax:** 21 59 81 69
Internet: http://www.gisi.it
E-Mail: gisi@gisi.it
Abramo Monari

Niederlande

iz f 908

Weeginstrumenten (VLW)
Postfach 2099, NL-3800 CB Amersfoort
Uranium weg 23, NL-3800 CB Amersfoort
T: (003133) 4 65 75 07   **Fax:** 4 61 66 38
J.R. Bakker

Polen

iz f 909

Stowarzyszenie Producentow Wag W Polsce
Ul Krochmalna 24, PL-20954 Lublin
T: (004881) 7 46 10 41   **Fax:** 5 32 54 19
Zygmunt Tatara

Schweiz

iz f 910

Association Suisse pour les Instruments de Pesage (A.S.I.P.)
C/O METTLER-TOLEDO AG
Im Langacher, CH-8606 Greifensee
T: (00411) 9 44 22 11   **Fax:** 9 44 22 55
E-Mail: willy.jucker@mt.com
Dr. Willy Jucker

Slowakische Republik

iz f 911

UNIA VYROBCOV VAH SLOVENSKEJ REPUBLIKY
Alstrova 276, SK-83106 Bratislava
T: (004217) 44 88 75 05   **Fax:** 44 88 75 05
E-Mail: rtc@nci.sk
Dr. Ladislas Zahumensky

Spanien

iz f 912

Asociacion Espanola de Constructores de Instrumentos de Pesaje (AECIP)
c/Viladomat 174, E-08015 Barcelona
T: (003493) 4 96 45 00   **Fax:** 4 96 45 32
E-Mail: aecip@sefes.es
Lidia Sebastian

Tschechische Republik

iz f 913

Unie Vyrobcu vah Ceske Republiky
c/o Tonava
Havlickova ul. 437, CZ-542 32 Upice
T: (00420439) 80 22 40   **Fax:** 80 21 42
Internet: http://www.uvvcr.cz
E-Mail: uvvcr@icom.cz
Ing. Antonin Slavicek

iz f 914

Association of Unkraine Manufacturers of Weighing Machines (UKRVAGA)
Postfach 50, UA-65039 Odesa
T: (00380482) 28 84 87   **Fax:** 34 54 17
E-Mail: tom@te.net.ua

Ungarn

iz f 915

MATE
Kossuth Lajos Ter 6-8, H-1372 Budapest V
T: (00361) 3 32 95 71 53 14 06   **Fax:** 3 53 14 06
E-Mail: mate@mtesz.hu
Zsuzsa Pinter

● **IZ F 916**

Europäischer Behälterglasindustrieverband (FEVE)
European Container Glass Federation
Fédération Européenne du Verre d'Emballage
av. Louise 89, Bte 4, B-1050 Brüssel

IZ F 916

T: (00322) 539 34 34   **Fax:** 539 37 52
E-Mail: info@feve.org
Gründung: 1977 (26. September)
Präsident(in): D. Anderson
Secretary-General: Andrew Somogyi
Verbandszeitschrift: FEVE News - Glass Gazette
Verlag: FEVE
Mitglieder: 55
Mitarbeiter: 5

● IZ F 917

Europäischer Brauerei-Verband (EBC)
European Brewery Convention
Convention Européenne de la Brasserie
Secretariat General
Correspondence address:
Postfach 510, NL-2380 BB Zoeterwoude
T: (003171) 5 45 60 47, 5 45 66 14   **Fax:** 5 41 00 13
Internet: http://www.ebc-nl.com
E-Mail: secretariat@ebc-nl.com
Gründung: 1946
President: E. Pajunen (FIN)
Vice-Presidents: Dr. H.-G. Bellmer (D)
L. A. van der Stappen (NL)
J. Vesely (CZ)
S.W. Molzahn (GB)
Generalsekretär(in): M. van Wijngaarden
Mitglieder: 22
Mitarbeiter: 3

Die Förderung nachstehender Themen, im Interesse der Brauindustrie und unter Berücksichtigung der Konsumenten und der Gesellschaft im allgemeinen: Entwicklung der Brau- und Mälzungswissenschaft und Mälzungstechnologie; Anwendung der besten Verfahren der Brau- und Mälzungswissenschaft und -technologie; Übertragung von wissenschaftlichen und technologischen Erkenntnissen anderer Disziplinen und Industrien auf die Brau- und Malzindustrie. Das Erkennen neuer wissenschaftlicher und technischer Möglichkeiten der Brau- und Malzindustrie, durch die Organisation wettbewerbsneutraler Forschungsforen, die die Basis bilden können für staatliche Subventionen. Die EBC sollte sich so organisieren und arbeiten, daß sie auf Wunsch der Industrie oder nationaler bzw. internationaler Brauerei- und Mälzereiverbände als sachkundige europäische Beratungsstelle für Fragen von Wissenschaft und Technologie der Brau- und Malzindustrie auftreten kann. Die Unterstützung aller Maßnahmen zur Förderung der wettbewerbsneutralen Aspekte der Produktqualität, insbesondere im Hinblick auf die Rohmaterialien und die Verfahrensabläufe. Die Unterstützung aller Maßnahmen zur Förderung der Bekömmlichkeit, der Sicherheit und der Gesundheit der Konsumenten sowie der Umweltaspekte.

Belgien

iz f 918

Centre Technique et Scientifique de la Brasserie, de la Malterie et des Industries Connexes (CBM)
Brouwershuis
Grand' Place 10, B-1000 Brüssel
T: (00322) 5 11 49 87   **Fax:** 5 11 32 59
E-Mail: cbb@beerparadise.be
Président: M. Brichet

Bulgarien

iz f 919

Union of Brewers in Bulgaria
Serdika Str. 18, BG-1000 Sofia
T: (003592) 9 86 50 90   **Fax:** 9 86 50 90
E-Mail: ubb@i-n.net

Dänemark

iz f 920

Bryggeriforeningen
Frederiksberggade 11, DK-1459 Kopenhagen K
T: (0045) 33 12 62 41   **Fax:** 33 14 25 13
Internet: http://www.bryggeriforeningen.dk
E-Mail: info@bryggeriforeningen.dk

Deutschland

iz f 921

Deutscher Brauer-Bund e.V.
Postf. 20 04 52, 53134 Bonn
Annaberger Str. 28, 53175 Bonn
T: (0228) 9 59 06-0   **Fax:** 9 59 06-18
Internet: http://www.brauer-bund.de
E-Mail: info@brauer-bund.de

Finnland

iz f 922

Oy Panimolaboratorio
Postfach 16, FIN-02151 Espoo
T: (003589) 46 44 72   **Fax:** 45 52/03

Frankreich

iz f 923

Association des Brasseurs de France
Boulevard Malesherbes 25, F-75008 Paris
T: (00331) 42 66 30 36   **Fax:** 42 66 52 79
Internet: http://www.brasseurs-de-france.com
E-Mail: contact@brasseurs-de-france.com

Großbritannien

iz f 924

The Institute of Brewing
Clarges Street 33, GB- London W1J 7EE
T: (004420) 7499 8144   **Fax:** 7499 1156
E-Mail: enquiries@iob.org.uk

Irland

iz f 925

Irish Brewers Association
Confederation House
Lower Baggot Street 84 /86, IRL- Dublin 2
T: (003531) 6 60 10 11   **Fax:** 6 60 17 17
E-Mail: paddy.jordan@ibec.ie

Italien

iz f 926

Associazione degli Industriali della Birra e del Malto
Viale di Val Fiorita 90, I-00144 Rom
T: (003906) 5 43 93 21/2/3/4/5   **Fax:** 5 91 29 10
Internet: http://www.assobirra.it
E-Mail: birra.viva@assobirra.it

Lettland

iz f 927

Brewery Association of Latvia
Brivibas iela 68 Apt. 2, LV-1011 Riga
T: (003717) 311 778   **Fax:** 310 778
E-Mail: tpriga@latnet.lv

Niederlande

iz f 928

Centraal Brouwerij Kantoor (CBK)
Postfach 34 62, NL-1001 AG Amsterdam
Herengracht 282, NL-1016 BX Amsterdam
T: (003120) 6 25 22 51   **Fax:** 6 22 60 74
Internet: http://www.cbk.nl
E-Mail: info@cbk.nl

Norwegen

iz f 929

Norsk Bryggeri- og Mineralvannindustris Forening
Postfach 7087 Homansbyen, N-0306 Oslo
Essendropsgt 6 - 2nd floor, N-0306 Oslo
T: (00472) 3 08 86 90   **Fax:** 2 60 30 04
Internet: http://www.nbmf.no
E-Mail: firmapost@nbmf.no

Österreich

iz f 930

Österreichisches Getränke Institut
Michaelerstr. 25, A-1182 Wien
T: (00431) 4 79 69 24-0   **Fax:** 4 79 69 24-11
Gründung: 1887

Portugal

iz f 931

Associaçao da Indústria Cervejeira Portuguesa (AICP)
Avenida Almirante Reis 115-3 °, P-1050-014 Lissabon
T: (0035121) 3 30 49 68   **Fax:** 3 30 49 69

Rumänien

iz f 932

Romanian Brewers Association
George Enescu Street 27-29, R- Bukarest 1
T: (00401) 3 14 44 51   **Fax:** 3 14 64 52
E-Mail: apbr92@hotmail.com

Schweden

iz f 933

Svenska Bryggareföreningen
Postfach 81 04, S-10420 Stockholm
Polhemsgatan 29, S-10420 Stockholm
T: (00468) 566 213 00   **Fax:** 566 213 10
Internet: http://www.swedbrewers.se
E-Mail: reception@swedbrewers.se

Schweiz

iz f 934

Schweizerischer Bierbrauerverein
Société Suisse des Brasseurs
Postfach 6325, CH-8023 Zürich
Bahnhofplatz 9, CH-8023 Zürich
T: (00411) 2 21 26 28   **Fax:** 2 11 62 06
Internet: http://www.bier.ch
E-Mail: bierbrauerverein@spectraweb.ch

Slowakische Republik

iz f 935

Slovenské Zdruzenie Vyrobcov Piva a Sladu
Blumentálska 19, SK-81613 Pressburg
T: (004217) 55 42 42 27   **Fax:** 55 42 15 25

Slowenien

iz f 936

Association of Slovene Brewers
Pivovarna Union
Pivovarniska 2, SLO-1000 Ljubljana
T: (0038661) 4 71 73 71   **Fax:** 4 71 73 77

Spanien

iz f 937

Cerveceros de España
C/Almagro 24-2 ° izda, E-28010 Madrid
T: (003491) 308 6770   **Fax:** 308 6661
Internet: http://www.cerveceros.org
E-Mail: info@cerveceros.org

Tschechische Republik

iz f 938

Český Svaz Pivovarů a Sladoven
Tschechischer Brauer- und Mälzerbund
Lipová 15, CZ-120 44 Prag 2
T: (004202) 24 91 45 66   **Fax:** 24 91 45 42
E-Mail: csps@volny.cz
Vorsitzende(r): Ing. Jan Veselý
Stellvertretende(r) Vorsitzende(r): Ing. František Krakeš
Geschäftsführer(in): Ing. Ivo Trojan

Ungarn

iz f 939

Association of the Hungarian Brewers
Postfach 126, H-1475 Budapest 10
Maglódi út 17, H-1475 Budapest 10
T: (00361) 2 60 47 66   Fax: 2 61 64 60
E-Mail: beerhung@matavnet.hu

● **IZ F 940**

Europäischer Dachverband des Glaserhandwerks (UEMV)
European Glaziers Association
Union Européenne des Miroitiers Vitriers
Postfach 4 16, NL-1800 AK Alkmaar
Luttik Oudorp 20, NL-1811 MX Alkmaar
T: (003172) 511 41 61   Fax: 511 37 83
Internet: http://www.uemv.com
E-Mail: info@uemv.com
Gründung: 1977
President: Philippe Husler Thibault
Contact: Pim De Ridder
Mitglieder: 13
Mitarbeiter: 1

iz f 941

Automotive Glazing Europe (UEMV)
Postfach 4 16, NL-1800 AK Alkmaar
Luttik Oudorp 20, NL-1811 MX Alkmaar
T: (003172) 5 11 41 61   Fax: 5 11 37 83
E-Mail: auto@uemv.com
Gründung: 1995
President: Malcolm Berresfond Dutton
Contact: Pim de Ridder
Mitglieder: 7

● **IZ F 942**

Europäischer Drahtseil-Verband (EWRIS)
European Wire Rope Information Service
Fédération Européenne des Industries de Câbles d'Acier
c/o EUROCORD
47, rue de Monceau, F-75008 Paris
T: (00331) 53 75 10 04   Fax: 53 75 10 02
E-Mail: ewris@ewris.com
Gründung: 1962
Président: M. L. Oliveira Sá (P)

Nationale Assoziierte Mitglieder

Deutschland

iz f 943

Drahtseil-Vereinigung e.V.
Postf. 30 02 52, 40402 Düsseldorf
T: (0211) 45 64-251   Fax: 43 14 88
Geschäftsführer(in): Dipl.-Ing. Udo Witzens

Österreich

iz f 944

Drahtseilverband
c/o VOEST-ALPINE AUSTRIA DRAHT GmbH
Postfach 80, A-8600 Bruck
Bahnhofstr. 2, A-8600 Bruck
T: (00433862) 5 15 71   Fax: 5 23 28

Großbritannien

iz f 945

Federation of Wire Rope Manufacturers of Great Britain
c/o BRIDON
Carr Hill, GB- Doncaster - South Yorkshire DN4 8DG
T: (00441302) 34 40 10   Fax: 38 22 63

Frankreich

iz f 946

Syndicat National du Trafilape de l'Acier
Rue Logel Bach 2, F-75017 Paris
T: (00331) 47 54 94 27   Fax: 47 54 94 28

Italien

iz f 947

Federacciai Imprese Siderurgiche Italiane
Viale Sarca 336, I-20126 Mailand
T: (00392) 66 14 61   Fax: 66 14 62 49

● **IZ F 948**

Europäischer Fachverband der Arzneimittel-Hersteller (AESGP)
Association of the European self. Medication Industry
Association Européenne des Spécialités Pharmaceutiques Grand Public
7 avenue de Tervuren, B-1040 Brüssel
T: (00322) 7 35 51 30   Fax: 7 35 52 22
Internet: http://www.aesgp.be
E-Mail: info@aesgp.be
Gründung: 1964
Präsident(in): Dr. Alessandro Banchi
Hauptgeschäftsführer(in): Dr. Hubertus Cranz
Mitglieder: 23 Landesverbände
Mitarbeiter: 7

Mitgliedsorganisationen

Belgien

iz f 949

Association Générale de l'Industrie du Médicament (A.G.I.M.)
Square Marie-Louise 49, B-1000 Brüssel
T: (00322) 2 38 97 11   Fax: 2 31 11 64
Internet: http://www.agim-avgi.be
E-Mail: info@agim-avgi.be

Dänemark

iz f 950

The Danish Association of the Pharmaceutical Industry (LIF)
Strødamvej 50, DK-2100 Kopenhagen
T: (0045) 39 27 60 60   Fax: 39 27 60 70
Internet: http://www.lifdk.dk
E-Mail: info@lifdk.dk

Deutschland

iz f 951

Bundesfachverband der Arzneimittel-Hersteller e.V. (BAH)
Ubierstr. 71-73, 53173 Bonn
T: (0228) 9 57 45-0   Fax: 9 57 45-90
Internet: http://www.bah-bonn.de
E-Mail: bah@bah-bonn.de

Finnland

iz f 952

Finnish Pharmaceutical Industry Federation (F.P.I.F.)
Postfach 1 08, FIN-00501 Helsinki
Sörnäisten rantatie 23, FIN-00501 Helsinki
T: (003589) 5 84 24 00   Fax: 58 42 47 28, 58 42 47 29
Internet: http://www.pif.fi
E-Mail: pif@pif.fi

Frankreich

iz f 953

A.F.I.P.A.
8, rue Saint-Saëns, F-75015 Paris
T: (00331) 56 77 16 16   Fax: 56 77 16 17
Internet: http://www.afipa.org
E-Mail: afipa@afipa.org

Griechenland

iz f 954

Greek Proprietary Association
7, P. Marinopoulou Street, GR-17456 Alimos (Athen)
T: (00301) 8 90 62 30   Fax: 8 98 32 07

Großbritannien

iz f 955

Proprietary Association of Great-Britain (PAGB)
Vernon House, Sicilian Avenue, GB- London WC1A 2QH
T: (004420) 72 42 83 31   Fax: 74 05 77 19
Internet: http://www.pagb.co.uk
E-Mail: pagb@pagb.co.uk

Irland

iz f 956

Irish Pharmaceutical Healthcare Assoc. (IPHA)
Franklin House, 140 Pembroke Road, IRL- Dublin 4
T: (003531) 6 60 33 50/36 61   Fax: 6 68 66 72
Internet: http://www.ipha.ie
E-Mail: info@ipha.ie

Italien

iz f 957

ANIFA (Associazione Nazionale dell 'Industria Farmaceutica per l'Automedicazione)
Via Giovannni da Procida 11, I-20149 Mailand
T: (00392) 26 81 02 48   Fax: 26 81 03 48
E-Mail: assosalute@federchimica.it

Kroatien

iz f 958

Belupo Pharmaceuticals and Cosmetics d.o.o.
Ul. Grada Vukovara 14 /II, HR-1000 Zagreb
T: (003851) 3 95 52 24   Fax: 3 95 52 14
E-Mail: belupo-medicinski-razvoj@belupo.tel.hr

Lettland

iz f 959

Association of the Pharmaceutical Manufacturers of Latvia (APML)
c/o Grindex - Dr. J. Bundulis
Tomsona Street 11, LV-1013 Riga
T: (03717) 501-477   Fax: 501-478
E-Mail: vjakobsons@latnet.lv

Niederlande

iz f 960

NEPROFARM
Postfach 27, NL-1270 AA Huizen
Huizermaatweg 354, NL-1276 LK Huizen
T: (003135) 697082-1   Fax: 697082-2
E-Mail: info@neprofarm.nl

Norwegen

iz f 961

Legemiddelindustriforeningen (LMI)
Postfach 7 34, N-0105 Oslo
Grev Wedels plass 9, N-0105 Oslo
T: (0047) 23 16 15 00   Fax: 23 16 15 01
Internet: http://www.lmi.no
E-Mail: lmi@lmi.no

Österreich

iz f 962

Interessengemeinschaft Österreichischer Heilmittelhersteller u. Depositeure (IGEPHA)
Hütteldorfer Str. 175, A-1140 Wien
T: (00431) 9 14 95 12   Fax: 9 14 82 38
Internet: http://www.igepha.at
E-Mail: igepha@medicalnet.at

Portugal

iz f 963

Associaçao Portuguesa da Indústria Framaceutica- APIFARMA
Rua Pêro da Covilha, 22, P-1400 Lissabon
T: (003512) 13 03 17 80   Fax: 13 03 17 98
Internet: http://www.apifarma.pt
E-Mail: apifarma.board@mail.telepac.pt

iz f 964

Schweden

iz f 964

Läkemedelsindustriföreningen (LIF)
Postfach 1 76 08, S-11892 Stockholm
Medborgarplatsen 25 8th Floor, S-11892 Stockholm
T: (00468) 4 62 37 00   **Fax:** 4 62 02 92
Internet: http://www.lif.se
E-Mail: info@lif.se

Schweiz

iz f 965

Association Suisse des Fabricants de Spécialités Grand Public (ASSGP)
Postfach 5208, CH-3001 Bern
Effingerstr. 14, CH-3001 Bern
T: (004131) 3 81 89 80   **Fax:** 3 81 90 01
E-Mail: assgp@gve.ch

Slowakische Republik

iz f 966

AFV SR
Želczničná ul. 12, SK-92027 Hlohovec
T: (00421804) 7 42 10 11   **Fax:** 7 30 09 00
E-Mail: afvsr@slofa.sk

Slowenien

iz f 967

The Slovenian Pharmaceutical Manufacturers Association
c/o LEK Ljubljana
Postfach 81, SLO-1526 Ljubljana
Verovškova 57, SLO-1526 Ljubljana
T: (0038661) 34 83 93   **Fax:** 1 68 35 17
E-Mail: zpzs@net.zaslon.si

Spanien

iz f 968

Asociación Nacional de Especialidades Farmacéuticas Publicitarias (ANEFP)
Paseo de Recoletos, 18, 6° izq., E-28001 Madrid
T: (003491) 4 35 35 69   **Fax:** 4 35 57 23
Internet: http://www.anefp.org
E-Mail: anefp@anefp.org

Tschechische Republik

iz f 969

Association of the Czech Pharmaceutical Industry (SCFP)
Husinecká 11 A A, CZ-13000 Prag 3
T: (004202) 71 00 83 45, 71 00 84 62   **Fax:** 71 00 84 60
E-Mail: scfpr@mbox.vol.cz

Türkei

iz f 970

Pharmaceutical and Chemical Manufacturers' Association (IEIS)
Talâtpaşa Caddesi, No. 98/B, TR-80640 Gültepe-Istanbul
T: (0090212) 2 78 85 40, 2 78 80 59, 2 78 86 44
Fax: 2 78 70 07
E-Mail: ieis@escortnet.com

Ungarn

iz f 971

Hungarian Pharmaceutical Manufacturers Association (MAGYOSZ)
Vörösmarty tér 4, H-1386 Budapest 62
T: (00361) 3 17 67 39   **Fax:** 3 18 39 57, 3 18 85 87
Internet: http://www.magyosz.org
E-Mail: magyosz@mail.tunet.hu

● **IZ F 972**

Europäischer Fachverband Spanende Werkzeuge (ECTA)
European Cutting Tools Association
c/o Federation of British Engineers' Tool Manufacturers
Light Trades House
Melbourne Avenue, GB- Sheffield S10 2QJ
T: (0044111) 2 66 30 84   **Fax:** 2 67 09 10
Internet: http://www.britishtools.co.uk
E-Mail: light.trades@virgin.net
Präsident(in): G. McShannon (Hydra Tools, England)
Generalsekretär(in): John G. Till

Deutschland

iz f 973

VDMA Verband Deutscher Maschinen- und Anlagenbau e.V.
Postf. 71 08 64, 60498 Frankfurt
Lyoner Str. 18, 60528 Frankfurt
T: (069) 66 03-0   **Fax:** 66 03-1511
Internet: http://www.vdma.de
E-Mail: puoe@vdma.org
Generalsekretär(in): Dr. W. Zengebusch

Frankreich

iz f 974

Syndicat de l'Industrie de l'Outillage
39/41, Rue Louis Blanc Cedex 72, F-92400 Courbevoie
T: (0033247) 17 64 55
Generalsekretär(in): N. Parascandolo

Großbritannien

iz f 975

Federation of British Engineers' Tool Manufacturers
Light Trades House
Melbourne Avenue, GB- Sheffield S10 2QJ
T: (0044114) 2 66 30 84   **Fax:** 2 67 09 10
Internet: http://www.britishtools.co.uk
E-Mail: light.trades@virgin.net
Generalsekretär(in): John G. Till

Italien

iz f 976

UCIMU - SISTEMI PER PRODURRE
Associazione Costruttori Italiani Macchine Utensili, Robot e Automazione
Viale Fulvio Testi 128, I-20092 Cinisello Balsamo
T: (00392) 2 62 55-1   **Fax:** 2 62 55-214, 2 62 55-349
Internet: http://www.ucimu.it
E-Mail: general.manager@ucimu.it
Generalbevollmächtigter: M. Mandeli (Direttore Generale)

Schweden

iz f 977

Föreningen Svenska Verktgysmaskintillverkare (FVM)
Postfach 55 10, S-11485 Stockholm
Storgatan 5, S-11485 Stockholm
T: (00468) 7 82 08 00   **Fax:** 6 60 33 78
E-Mail: per.agren@vi.se
Generalsekretär(in): Per Ågren (General Manager)

Schweiz

iz f 978

Textile Machinery Division (SWISSMEM)
Kirchenweg 4
Postfach, CH-8032 Zürich
T: (00411) 3 84 41 11   **Fax:** 3 84 42 42
E-Mail: l.sigrist@swissmem.ch
Generalsekretär(in): Hugo P. Hilpert

Spanien

iz f 979

Asociacion Española de Fabricantes de Herramientas de Corte (AFEC)
C/Viladomat, E-174-08015 Barcelona
T: (003493) 8 86 19 75   **Fax:** 8 85 65 56

E-Mail: alex.fg@retemail.es
Generalsekretär(in): A. Fernandez

Tschechische Republik

iz f 980

The Gauge & Toolmakers' Association
Moskevska 63, CZ-10116 Praha 100
Fax: (004202) 2 67 31 15 49
E-Mail: svnmtools@narexpha.cz
Generalsekretär(in): P. Boravan

● **IZ F 981**

Europäischer Hersteller von Styropor-Schaumstoff (EUMEPS)
European Manufacturers of Expanded Polystyrene
Fabricants Européens de Polystyreéne cellulaire
Square Marie-Louise 49, B-1040 Brüssel
T: (00322) 285 00 22   **Fax:** 285 00 24
Internet: http://www.EPSRECYCLING.ORG
E-Mail: eumeps@spaendonck.nl
Chairman: Harry van der Loo
Contact: Bart Schelfhout
Mitglieder: 15 Nat. Federations

● **IZ F 982**

Europäischer Industriegaseverband (EIGA)
European Industrial Gases Association
Association Européenne des Gaz Industriels
Avenue des Arts 3-4-5 bte 16, B-1210 Brüssel
T: (00322) 2 17 70 98   **Fax:** 2 19 85 14
E-Mail: eiga@skynet.be
Gründung: 1923
President: Barry Beecroft
Secretary General: Lars Dahlberg
Mitglieder: 96
Mitarbeiter: 5

● **IZ F 983**

Europäischer Kalkverband (EuLA)
European Lime Association
Association Européenne de la Chaux
Annastr. 67-71, 50968 Köln
T: (0221) 93 46 74-0   **Fax:** 93 46 74 10
E-Mail: eula@kalk.de
Gründung: 1990 (März)
Präsident(in): Dipl.-Ing. Gernot Schaefer (SCHAEFER KALK, Diez)
1. Vize-Präs: Roger Bates (The Totternhoe Lime & Stone Co. Ltd., Totternhoe, England)
2. Vize-Präs: Robert Goffin (Groupe Lhoist, Limelette, Belgien)
EuLA-Sekr: Dr.-Ing. Bernhard Oppermann
Mitgliedsverbände und -firmen in 20 europäischen Ländern

● **IZ F 984**

Europäischer Koordinierungsausschuß d. Röntgen- u. Elektromedizinischen Industrie (COCIR)
European Coordination Committee of the Radiological and Electromedical Industries
Comité Européen de Coordination des Industries Radiologiques et Électromédicales
Secretary General
c/o ZVEI Fachverband Elektromedizinische Technik
Stresemannallee 19, 60596 Frankfurt
T: (069) 6302-207   **Fax:** 6302-390
Gründung: 1959
Vorsitzende(r): Prof. Dr. Ing. Erich R. Reinhardt (Siemens AG, Medizinische Technik)
Generalsekretär(in): Dipl.-Volksw. Hans-Peter Bursig (ZVEI, Fachverband Elektromedizinische Technik)
Mitglieder: 9 Mitgliedsländer

Mitgliedsorganisationen

Belgien

iz f 985

Fabrimetal - Group Medical and Hospital Technology
Rue des Drapiers 21, B-1050 Brüssel
T: (00322) 510 23 11   **Fax:** 510 23 01

Deutschland

iz f 986

Fachverband Elektromedizinische Technik im ZVEI
Postf. 70 12 61, 60591 Frankfurt
Stresemannallee 19, 60596 Frankfurt
T: (069) 6 30 22 06   **Fax:** 6 30 23 90
Internet: http://www.zvei.de/medtech

E-Mail: medtech@zvei.org
Kontaktperson: Hans-Peter Bursig

Finnland

iz f 987

SAVA
Postfach 3 25, FIN-00131 Helsinki
Etelaeranta 10, FIN-00131 Helsinki
T: (003589) 62 20 41 50   **Fax:** 62 24 29

Frankreich

iz f 988

Syndicat National de l'Industrie des Technologies Médicales (SNITEM)
Cedex, F-92038 Paris La Défense
T: (00331) 47 17 63 88   **Fax:** 47 17 63 89
Kontaktperson: Gérard Brient

Großbritannien

iz f 989

AXrEM
Westminster Tower 3 Albert Embankment, GB- London SEI 7SW
T: (004420) 77 93 30 47   **Fax:** 77 93 76 35
Kontaktperson: G.L. Fraser

Italien

iz f 990

ANIE - Associazione Nazionale Industrie Elettrotecniche ed Elettroniche
Gruppo 17-Apparecchi Elettromedicali
Via Gattamelata 34, I-20149 Mailand
T: (00392) 32 64-241   **Fax:** 32 64-212
TX: 321616 anie i
Kontaktperson: R. Bedani

Niederlande

iz f 991

FARON/FME
Postfach 190, NL-2700 AD Zoetermeer
Boerhaavelaan 40, NL-2700 AD Zoetermeer
T: (003179) 3 53 13 51   **Fax:** 3 53 13 65
Kontaktperson: J.W. van Pagée

Schweden

iz f 992

SLF - Swedish Association of Suppliers of Hospital Equipment
Sveavagen 17, 6tr, S-11157 Stockholm
T: (00468) 24 07 00   **Fax:** 21 84 96
Kontaktperson: A. Hultman

Spanien

iz f 993

ANIEL-Grupo de Trabajo de Electromedicina
Principe de Vergara, 74 - 4° Planta, E-28006 Madrid
T: (00341) 4 11 16 61   **Fax:** 4 11 40 00
Kontaktperson: A. Bengoa Crespo

iz f 994

FENIN
Federación Nacional de Empresas de Instrumentación Científica, Médica, Técnica y Dental
Juan Bravo 10, 3e Planta, E-28006 Madrid
T: (003491) 5 75 98 00   **Fax:** 4 35 34 78

● **IZ F 995**

Europäischer Methylbromid-Verband (EMBA)
European Methylbromide Association
Association Européenne de Bromure de Méthyle
c/o CEFIC
Avenue E. Van Nieuwenhuyse 4 /1, B-1160 Brüssel
T: (00322) 6 76 72 11   **Fax:** 6 76 73 01
Président: Spiegelstein
Secrétaire Général: Bent Jensen

● **IZ F 996**

Europäischer Milchindustrieverband
European Dairy Association (EDA)
Association Laitière Européenne
Rue Montoyer 14, B-1000 Brüssel
T: (00322) 5 49 50 40   **Fax:** 5 49 50 49
Internet: http://eda.euromilk.org
E-Mail: eda@euromilk.org
President: Robert Brzusczak (France)
Secretary General: Dr. A. J. Van de Ven (Contact)

Mitgliedsorganisationen

Belgien

iz f 997

Conféderation Belge de l'Industrie Laitière (CBL)
Minderbroederstraat 8, B-3000 Leuven
T: (003216) 24 21 13   **Fax:** 24 20 97

Dänemark

iz f 998

Mejeriforeningen
Danish Dairy Board
Federiks Allé 22, DK-8000 Århus C
T: (0045) 87 31 20 00   **Fax:** 87 31 20 01

Deutschland

iz f 999

Deutscher Raiffeisenverband e.V. (DRV)
Postf. 12 02 20, 53106 Bonn
Adenauerallee 127, 53113 Bonn
T: (0228) 1 06-0   **Fax:** 1 06-266
Internet: http://www.raiffeisen.de
E-Mail: info@drv.raiffeisen.de

iz f 1 000

Bundesverband der Privaten Milchwirtschaft e.V.
Adenauerallee 148, 53113 Bonn
T: (0228) 9 59 69 30   **Fax:** 37 17 33

iz f 1 001

Milchindustrie-Verband e.V. (MIV)
Adenauerallee 148, 53113 Bonn
T: (0228) 9 59 69-0   **Fax:** 37 15 35
Internet: http://www.milchindustrie.de
E-Mail: info@milchindustrie.de

Finnland

iz f 1 002

Finnish Dairy Association
Postfach 1 15, FIN-00241 Helsinki
Pasilarkatu 2, FIN-00241 Helsinki
T: (003589) 14 88 71   **Fax:** 14 88 72 01

Frankreich

iz f 1 003

ATLA
42, rue de Châteaudur, F-75314 Paris Cedex 09
T: (00331) 49 70 72 72   **Fax:** 42 80 63 62

Griechenland

iz f 1 004

Hellenic Association of Milk and Dairy Products Industries
Eptanisou 2
Ethnikis Anistaseos 69, GR-15231 Chalandri
T: (00301) 6 71 11 77   **Fax:** 6 71 10 80

Großbritannien

iz f 1 005

Dairy Industry Federation
Cornwall Terrace 19, GB- London NW1 4QP
T: (004420) 74 86 72 44   **Fax:** 74 87 47 34

Irland

iz f 1 006

Irish Dairy Industries Association Limited (IDIA)
Confederation House
Lower Baggot Street 84-86, IRL- Dublin 2
T: (003531) 6 60 10 11   **Fax:** 6 38 15 74
E-Mail: pat.ivory@ibec.ie

Italien

iz f 1 007

ASSOLATTE
Corso di Porta Romana 2, I-20122 Mailand
T: (00392) 72 02 18 17   **Fax:** 72 02 18 38

Niederlande

iz f 1 008

Nederlandse Zuivel Organisatie (NZO)
Bleiswijkseweg 35, NL-2712 PB Zoetermeer
T: (003179) 43 03 00   **Fax:** 3 42 60 54

Österreich

iz f 1 009

Vereinigung Österreichischer Milchverarbeiter
c/o Österreichischer Raiffeisenverband
Hollandstr. 2, A-1020 Wien
T: (00431) 2 11 36 25 76   **Fax:** 2 11 36 20 81

Portugal

iz f 1 010

Federacão das Unioes de Cooperativas de Leite e Lacticinios (FENALAC)
Rua da Restauraçao 312100, P-4050 Porto Codex
T: (003512) 6 09 08 00   **Fax:** 6 00 09 91

iz f 1 011

Assocácio Nacional dos Industriais de Lacticinios (ANIL)
Rua de Santa Teresa 2-C 200, P-4000 Porto Codex
T: (003512) 6 09 08 00   **Fax:** 6 00 09 91

Schweden

iz f 1 012

Swedish Dairies' Association
Mejerienna Service AB
Torsgatan 14, S-10546 Stockholm
T: (00468) 7 88 03 00   **Fax:** 7 88 03 30

Spanien

iz f 1 013

Federacion Nacional de Industrias Lacteas (FENIL)
Ayala 10 - 100 Izqda, E-28001 Madrid
T: (00341) 5 76 21 00   **Fax:** 5 76 21 17

● **IZ F 1 014**

Europäischer Plastikrohr- und Armaturen-Verband (TEPPFA)
The European Plastic Pipes and Fitting Association
Association européenne de tuyaux en matière plastique et armatures
Avenue de Cortenbergh 66, B-1000 Brüssel
T: (00322) 7 36 24 06   **Fax:** 7 36 24 06
E-Mail: teppfa@skynet.be
Präsident(in): Victor Dierinckx
Leitung Presseabteilung: Laurent Snoeck

● **IZ F 1 015**

Europäischer Qualitätssicherungsverband der Hersteller von Polystyrolschaumstoff für Lebensmittelverpackungen (EQA)
European Quality Assurance Association of Expanded Polystyrene Foam Manufacturers for Food Packaging
Association Européenne de l'assurance de la qualité pour fabricants de mousse de polystyrène pour les emballages de produits alimentaires
Kaiser-Friedrich-Promenade 43, 61348 Bad Homburg
T: (06172) 92 66 76   **Fax:** 92 66 70

IZ F 1 016
European Extruded Polystyrene Insulation Board Association (EXIBA)
Avenue E. Van Nieuwenhuyse 4, B-1160 Brüssel
T: (00322) 6 76 72 47   Fax: 6 76 73 01
E-Mail: dth@cefic.be

IZ F 1 017
Europäischer Verband der Chemischen Industrie (CEFIC)
European Chemical Industry Council
Conseil Européen de l'Industrie Chimique
Av. E. Van Nieuwenhuyse, 4 B 1, B-1160 Bruxelles
T: (00322) 6 76 72 11   Fax: 6 76 73 00
Internet: http://www.cefic.org
E-Mail: mail@cefic.be
Gründung: 1972
Präsident(in): Jean-Pierre Tirouflet
Leitung Presseabteilung: Marc Devisscher
Mitglieder: 22 Verbände, 37 Firmen
Mitarbeiter: 100

Mitgliedsverbände

Belgien

iz f 1 018
Fedichem
Sq. Marie-Louise 49, B-1000 Brüssel
T: (00322) 2 38 97 11   Fax: 2 31 13 01
Internet: http://www.fedichem.be
Managing Director: J.-M. Biot

Dänemark

iz f 1 019
PIBF - Procesindustriens Brancheforening
Norre Voldgade 48, DK-1358 København K
T: (0045) 33 77 33 66   Fax: 15 17 22
Internet: http://www.pb.dk
Director: J. Jessen

Deutschland

iz f 1 020
Verband der Chemischen Industrie e.V.
Postf. 11 19 43, 60054 Frankfurt
Karlstr. 21, 60329 Frankfurt
T: (069) 25 56-0   Fax: 25 56-14 71
Internet: http://www.vci.de
E-Mail: vci@vci.de
Director General: Dr. W. Sahm

Finnland

iz f 1 021
KT ry - Kemianteollisuus
Chemical Industry Federation
Postfach 4, FIN-00131 Helsinki
Etelaeranta 10, FIN-00131 Helsinki
T: (003589) 17 28 41   Fax: 63 02 25
Internet: http://www.chemind.fi
E-Mail: ville.kopra@kemia.ttliitot.fi, stina.kujala@kemia.ttliitot.fi
Director General: H. Vornamo

Frankreich

iz f 1 022
Union des Industries Chimiques (UIC)
Le Diamant A
14, Rue de la République, F-92800 Paris La Défense Cedex
T: (00331) 46 53 11 00   Fax: 46 53 11 04
Internet: http://www.uic.fr
Directeur Général: J. Pelin

Griechenland

iz f 1 023
Hellenic Association of Chemical Industries (HACI)
23, Lagoumitzi Ave, GR-176-171 Kallithea-Athens
T: (0030192) 1 32 59   Fax: (00301) 1 32 60
Internet: http://www.biznet.com.gr/industrial/haci
Kontaktperson: P. Scarlatos

Großbritannien

iz f 1 024
Chemical Industries Association Ltd. (CIA)
Kings Buildings
Smith Square, GB- London SW1P 3JJ
T: (004420) 78 34 33 99   Fax: 78 34 44 69
Internet: http://www.cia.org.uk/
Director General: Dr. E. G. Finer

Irland

iz f 1 025
Irish Pharmaceutical and Chemical Manufacturers' Federation (IPCMF)
Confederation House
Lower Baggot Street 84/-86, IRL- Dublin 2
T: (003531) 6 60 10 11   Fax: 6 38 15 78
Internet: http://www.ibec.ie
Director: M. Moran

Italien

iz f 1 026
Federazione Nazionale dell'Industria Chimica (FEDERCHIMICA)
Via Giovanni Da Procida, 11, I-20149 Mailand
T: (00392) 34 56 51   Fax: 34 56 53 10
Internet: http://www.federchimica.it
Director General: Dr. G. Venturini

Niederlande

iz f 1 027
Vereniging van de Nederlandse Chemische Industrie (VNCI)
Postfach 443, NL-2260 AK Leidschendam
Vlietweg 16, NL-2260 AK Leidschendam
T: (003170) 3 37 87 87   Fax: 3 20 39 03
Internet: http://www.vnci.nl
Director General: Dr. P. F. Noordervliet

Norwegen

iz f 1 028
Federation of Norwegian Process Industries (PIL)
Prosessindustriens Landsforening
Postfach 5487 Majorstua, N-0305 Oslo
Essendrops gate 3, N-0305 Oslo
T: (00472) 308 78 00   Fax: 308 78 99
Internet: http://www.pil.no
E-Mail: pil@pil.no
Managing Director: P. T. Vold

Österreich

iz f 1 029
Fachverband der Chemischen Industrie Österreichs (FCIO)
Postfach 325, A-1045 Wien
Wiedner Hauptstrasse 63, A-1045 Wien
T: (00431) 5 01 05 33 67   Fax: 50 10 52 80
Internet: http://www.wk.or.at/fcio
E-Mail: office@fcio.wk.or.at
Director General: Dr. W. Eickhoff

Portugal

iz f 1 030
Associacao Portuguesa das Empresas Quimicos (APEQ)
Av. D. Carlos 1-45-3, P-1200 Lissabon
T: (0035121) 3 93 20 60   Fax: 3 93 20 69
Internet: http://www.apequimica.pt/
General Director: L. Penedo

Schweden

iz f 1 031
Sveriges Kemiska Industrikontor (KEMIKONTORET)
Postfach 5501, S-11485 Stockholm
Storgatan 19, S-11485 Stockholm
T: (00468) 7 83 80 00   Fax: 6 63 63 23
Internet: http://www.chemind.se
Director General: O. Fredholm

Switzerland

iz f 1 032
Schweizerische Gesellschaft für Chemische Industrie (SGCI/SSIC)
Nordstr. 15, CH-8035 Zürich
T: (00411) 3 68 17 94   Fax: 3 68 17 70
Internet: http://www.sgci.ch
E-Mail: dieter.grauer@sgci.ch
Director: Dr. B. Moser

Spanien

iz f 1 033
Federacion Empresarial de la Industria Quimica Espanola (FEIQUE)
Hermosilla 31-1° dcha, E-28001 Madrid
T: (003491) 4 31 79 64   Fax: 5 76 33 81
Internet: http://www.feique.org
Vice-President: J. Nava (Director General)

Assoziierte Mitglieder

Polen

iz f 1 034
PIPC - Polish Champer of the Chemical Industry
Zurawia 6/-12, PL-00926 Warschau
T: (004822) 6 25 50 20   Fax: 6 25 31 78
Internet: http://www.pipc.org.pl
President of Board: K. Chmielewski

Slowakische Republik

iz f 1 035
ZCHFP - Zväz Chemického a Farmaceutického Priemyslu Slovenskej Republiky
Association of Chemical & Pharmaceutical Industry
Drienova 24, SK-82603 Pressburg
T: (004217) 48 29 75 15   Fax: 43 33 52 26
President: J. Kollar
General Secretary: Dr. J. Jelencik

Slowenien

iz f 1 036
CCI Slovenia-CRA
Postfach 484, SLO-1504 Ljubljana
Dimiceva 13, SLO-1504 Ljubljana
T: (0038661) 1 89 82 59   Fax: 1 89 81 00
Internet: http://www.randburg.com/si/gzs.html
General Secretary: J. Furlan

Tschechische Republik

iz f 1 037
Svaz chemického Prumyslu České republiky (SCHP)
Association of Chemical Industry of the Czech Republic
Kodanska 46, CZ-10010 Prag 10
T: (004202) 67 15 11 11   Fax: 67 15 41 30
President: M. Krejci

Türkei

iz f 1 038
TKSD-Türkiye Kimya Sanayicileri Derneği
Degirmen Sok, Sasmaz Sitesi, 19 Kozyatagi, TR-81090 Istanbul
T: (0090216) 4 16 76 44   Fax: 4 16 92 18
Internet: http://www.tksd.org.tr
President: T. Erk

Ungarn

iz f 1 039
MAVESZ - Magyar Vegyipari Szövetség
Hungarian Chemical Industry Association
Erzsebet Kiralyné utja 1/ c, H-1146 Budapest
T: (00361) 3 43 89 20   Fax: 3 43 09 80

Internet: http://www.mavesz.com
Director General: Dr. L. Bondar

● **IZ F 1 040**

Europäischer Recycling-Verband für Eisen und Stahl (EFR)
European Ferrous Recovery and Recycling Federation
Federation Européenne de la Recuperation et du Recyclage des Ferrailles
c/o BIR
Avenue Franklin Roosevelt 24, B-1050 Brüssel
E-Mail: bir.sec@skynet.be
President: Alan Crowe (UK)
Executive Director: Francis Veys
Mitglieder: 9 fédérations nationales
Mitarbeiter: 6

Mitgliedsorganisationen

Belgien

iz f 1 041

Fédération des Entreprises de Récupération de Métaux Ferreux et Non Ferreux (F.E.R.M.)
c/o COBEREC
Rue des Comédiens 16 /22, B-1000 Brüssel
T: (00322) 22 33 801   Fax: 2 19 00 22
Vincent Quidousse

Dänemark

iz f 1 042

Nordic Recycling Federation
Postfach 927, DK-5100 Odense C
Vestergade 97-101, DK-5100 Odense C
T: (004563) 1282-00   Fax: 1282-19
Secretary: Bjarne Roe Iversen (H.J. Hansen Holding A/S, Vestergade 97-101, P.O. Box 9 27, DK-5000 Odense C., T: (004563) 12 82 00, Fax: 12 82 19)

Deutschland

iz f 1 043

BDSV - Bundesvereinigung Deutscher Stahlrecycling- und Entsorgungsunternehmen
Berliner Allee 48, 40212 Düsseldorf
T: (0211) 82 89 53-0   Fax: 82 89 53-20
Internet: http://www.bdsv.de
E-Mail: zentrale@bdsv.de
Präsident(in): Dipl.-Kfm. Jürgen Karle
Geschäftsf. Präsidiumsmitglied: Dipl.-Kfm. Rolf Willeke
Geschäftsführer(in): Ass.-jur. Ulrich Leuning
Leitung Presseabteilung: Birgit Guschall-Jaik
Verbandszeitschrift: Stahlrecycling und Entsorgung
Redaktion: BDSV-Geschäftsstelle
Verlag: Reed Elsevier, Postf. 20 16 63, 80016 München
Mitglieder: rund 700

Frankreich

iz f 1 044

Federec Métal
Rue de Prony 101, F-75017 Paris
T: (00331) 40 54 01 94   Fax: 40 54 77 88
Michèle Launay

Großbritannien

iz f 1 045

British Metals Federation (BMF)
16 High Street, Brampton, GB- Huntingdon, Cambs PE18 8TU
T: (00441480) 45 52 49   Fax: 45 36 80
Rick Wilcox

Italien

iz f 1 046

Assofermet
Corso Venezia 47 /49, I-20121 Mailand
T: (003902) 7 60 08-807   Fax: 7 81-027
Internet: http://www.assofermet.it
E-Mail: marcemas@tin.it
President: Marcello Masi

Niederlande

iz f 1 047

Metaal Recycling Federatie
Laan Copes van Cattenburch 77, NL-2585 EW Den Haag
T: (003170) 3 62 46 10   Fax: 3 63 63 48
Dr. H. Voskamp

Österreich

iz f 1 048

Bundesgremium des Sekundärrohstoffhandels, Recycling und Entsorgung
Sekundärrohstoffhandel, Wirtschaftskammer Österreich
Postfach 440, A-1045 Wien
Wiedner Hauptstrasse 63, A-1045 Wien
T: (00431) 5 01 05 35 61   Fax: 5 05 38 51
Walter Hochleitner

Spanien

iz f 1 049

Federacion Espanola de la Recuperacion (F.E.R.)
C/Hermosilla No. 8, 7 Jzda, E-28001 Madrid
T: (00341) 5 78 39 78   Fax: 5 77 58 15
Aladro

● **IZ F 1 050**

Europäischer Stahlmöbel-Verband (GEMM)
Groupement Européen du Mobilier Métallique
Diamant Building, Bd. A. Reyers 80, B-1030 Bruxelles
T: (00322) 706 78 00   Fax: 706 78 01
Internet: http://www.agoria.be
E-Mail: info@agoria.be

● **IZ F 1 051**

Europäischer technischer Ausschuß für Fluorcarbon (EFCTC)
European Fluorocarbon Technical Committee
Comité Technique Européen pour Fluoracarbure
c/o CEFIC
Avenue E. Van Nieuwenhuyse 4 /1, B-1160 Brüssel
T: (00322) 6 76 72 11   Fax: 6 76 73 01
Président: M. Verhille
Secretary General: B. Jensen

● **IZ F 1 052**

Europäischer Tee-Ausschuß (ETC)
European Tea Committee
Comité Européen du Thé
3, rue de Copenhague, F-75008 Paris
T: (00331) 53 42 13 38   Fax: 53 42 13 39
E-Mail: b-dufrene@wanadoo.fr
Gründung: 1960
Président: D. Corno (IT)
Secretary General: Dr. Barbara Dufrene
Teeverbände in: Bundesrepublik Deutschland, UK, Niederlande, Belgien, Irland, Italien, Frankreich, Dänemark, Schweiz

Mitgliedsorganisationen

Belgien

iz f 1 053

Comité Belge du Thé et des Infusions Asbl
c/o Douwe Egberts
Potaarde, B-1850 Grimbergen
T: (00322) 2 60 06 50   Fax: 2 60 06 64
E-Mail: jvaneynde@douwe-egberts.be
Kontaktperson: M. van Eynde

Dänemark

iz f 1 054

Foreningen af Danske The Importorer
Nyhavn 6, DK-1051 Kopenhagen
Kontaktperson: N. Gade

Deutschland

iz f 1 055

Deutscher Teeverband e.V.
Gotenstr. 21, 20097 Hamburg
T: (040) 23 60 16-0   Fax: 23 60 16 10
Internet: http://www.teeverband.de

E-Mail: contact@tee.wga-hh.de
Geschäftsführer(in): Dr. Monika Beutgen

Frankreich

iz f 1 056

S.T.E.P.I.
(Tea and Infusions)
8, Rue de l'Isly, F-75008 Paris
T: (00331) 53 42 33 80   Fax: 53 42 33 81
E-Mail: stepi@wanadoo.fr
Kontaktperson: A. Ribeyron-Montmartin

Großbritannien

iz f 1 057

Tea Packers Association
Catherine Street 6, GB- London WC2B 5JJ
T: (004420) 78 36 24 60   Fax: 78 36 05 80
Kontaktperson: David de Menezes

iz f 1 058

United Kingdom Tea Association
Sir J. Lyon House
High Timber Str. 5 Upper Thames Str., GB- London EC4V 3PA
T: (004420) 73 29 09 50   Fax: 73 29 42 18
Kontaktperson: N. B. Jaynes

Irland

iz f 1 059

Irish Tea Trade Association
c/o John A. Fitzpatrick & Co. Ltd.
20 Terenure Park, IRL- Dublin 6 W.
T: (003531) 4 90 33 61/2   Fax: 4 90 31 01
Kontaktperson: J. A. Fitzpatrick

Italien

iz f 1 060

Associazione Italiana Industrie Prodotti Alimentari (A.I.I.P.A.)
Corso di Porta Nuova 34, I-20121 Mailand
T: (003902) 65 41 84   Fax: 65 48 22, 5 12 97 71 (BXL), (003905) 35 27 30 (Bologna)
E-Mail: aiipa@foodarea.it
Kontaktperson: Franca Peron

Niederlande

iz f 1 061

Vereniging van Nederlandse Koffie Branders en Thee Pakkers
Postfach 90445, NL-1006 BK Amsterdam
Tourniairestraat 3, NL-1065 KK Amsterdam
T: (003120) 5 11 38 70   Fax: 5 11 38 10
E-Mail: vnkt@koffiethee.nl
Kontaktperson: C.G. Krietemeijer

iz f 1 062

Nederlandse Vereniging van Thee-Importeurs en Thee-Exporteurs
c/o L. Elink Schuurman (Thee) B.V.
Postfach 286, NL-3000 AG Rotterdam
261, Heemraadssingel, NL-3000 AG Rotterdam
T: (003110) 4 77 45 44   Fax: 4 77 77 67
Kontaktperson: R. Stomp

● **IZ F 1 063**

Europäischer Verband der Faserzementhersteller (EFFCM)
European Federation of Fibre-Cement Manufacturers (EFFCM)
Fédération Européenne des Producteurs de Fibres-Ciment (FEPF)
Avenue de Tervuren 361, B-1150 Brüssel
T: (00322) 7 78 12 11   Fax: 7 78 12 12
Chairman: Jean Beeckman
Secrétaire Général: Paul van der Straten Waillet

IZ F 1 064
Europäischer Verband der Aufzugshersteller (EEA)
European Elevator Association
Association Européenne des Constructeurs d'Ascenseurs
Avenue L. Gribaumont 1B-5, B-1150 Brüssel
T: (00322) 7 72 10 93   **Fax:** 7 71 86 61
E-Mail: info@eea-eeig.org
Gründung: 1990
Président: Jürgen Reuning
Del. Gen., Contact: José Louis van der Stappen
Mitglieder: 80
Mitarbeiter: 3

IZ F 1 065
Europäischer Verband der Betreiber von Nitrieranlagen (ENA)
European Nitrators Association
Association Européenne des Producteurs de Nitrate
Avenue E. Van Nieuwenhuyse 4B 2, B-1160 Brüssel
T: (00322) 6 76 72 40   **Fax:** 6 76 73 92
Secretary General: A. Clements
Contact: B. Jensen
Mitarbeiter: 6 producer companies

IZ F 1 066
Europäischer Verband der Bindfaden- und Seilerwarenindustrie (EUROCORD)
Federation of the European Rope Twine and Netting Industries
Fédération Européene des Industries de Corderie - Ficellerie - Filets
Rue de Monceau 47, F-75008 Paris
T: (00331) 53 75 10 04   **Fax:** 53 75 10 02
E-Mail: eurocord@eurocord.com
Contact: Dr. Anne B. Jourdain
Members in: France, Italy, Belgium, Netherlands, UK, Denmark, Greece, Portugal, Austria, Norway, Iceland, Finland, Sweden, Spain, Germany, Japan, Madagascar

IZ F 1 067
Europäischer Verband der büro- und informationstechnischen Industrie (EUROBIT)
European Association of Manufacturers of Business Machines and Information Technology Industry
Association Européenne de l'Industrie de la Bureautique et de l'Informatique
c/o VDMA
Postf. 71 08 64, 60498 Frankfurt
Lyoner Str. 18, 60528 Frankfurt
T: (069) 66 03-15 30   **Fax:** 66 03-15 10
und A. Reyerslaan 80, B-1030 Brüssel, **T:** (00322) 7 06 81 22
Gründung: 1974
President: Dr. Bruno Lamborghini (Olivetti Lexikon)
General Secretary: Günther E. W. Möller
Verbandszeitschrift: Eurobit News, WWW-Homepage: http://www.fvit-eurobit.de/
Redaktion: Eurobit, Lyoner Str. 18, 60528 Frankfurt
Mitglieder: 14 nationale Verbände der Büro- und Informationstechnik
Mitarbeiter: 15

Mitgliedsorganisationen

Belgien

iz f 1 068
FABRIMETAL-FABIT
Diamant Building
Bld. Auguste Reyerslaan 80, B-1030 Brüssel
T: (00322) 706 79 96   **Fax:** 706 80 09
E-Mail: christian.vanhuffel@fabrimetal.be

Dänemark

iz f 1 069
IT Brancheforeningen Kontor & Data
Børsen, DK-1217 Copenhagen
T: (004533) 950 558   **Fax:** 325 216
E-Mail: jk@itb.dk

Frankreich

iz f 1 070
S.F.I.B., Syndicat de l'Industrie des Technologies de l'Information
17, rue Hamelin, F-75783 Paris Cedex
T: (00331) 450 57 105   **Fax:** 450 57 109
E-Mail: autexier@sfib.fr

Großbritannien

iz f 1 071
FEI - the Federation of the Electronics Industry
Russell Square House
10-12 Russell Square, GB- London WC1B 5EE
T: (004420) 73 31-2000   **Fax:** 73 31-2040
E-Mail: feedback@fei.org.uk

Irland

iz f 1 072
FEII, Federation of Electronic & Informatic Industries
84/86 Lower Baggo Street, IRL- Dublin 2
T: (003531) 6 60-1566   **Fax:** 6 38-1566
E-Mail: katherine.lucey@ibec.ie

Italien

iz f 1 073
ASSINFORM, Associazione nazionale produttori tecnologie e servizi per l'informazione e la communicazione
Via Larga 23, I-20122 Milano
T: (00392) 58 30 41 41   **Fax:** 58 30 44 57
E-Mail: assinform@assinform.it

Niederlande

iz f 1 074
Vereniging Informatie- en Communicatie Technologie Nederland
Postfach 6 23, NL-3440 AP Woerden
T: (0031348) 49 36 36   **Fax:** 48 22 88
E-Mail: info@vifka.nl

Norwegen

iz f 1 075
KDL - Kontor og Datateknisk Landsforening
Postfach 25 68, N-0202 Oslo
T: (004722) 54 1800   **Fax:** 44 5945
E-Mail: hoff@kdl.no

Österreich

iz f 1 076
FEEI-Fachverband der Elektro- und Elektronikindustrie
Mariahilfer Str. 37-39, A-1060 Wien
T: (00431) 5 88 39   **Fax:** 5 86 69 71
E-Mail: rauchw@feei.wk.or.at

Schweden

iz f 1 077
IT Företagen
Postfach 55 01, S-11485 Stockholm
T: (00468) 783 8 300   **Fax:** 667 0 461
E-Mail: ann-marie.nilsson@sito.se

Schweiz

iz f 1 078
Textile Machinery Division (SWISSMEM)
Kirchenweg 4
Postfach, CH-8032 Zürich
T: (00411) 3 84 41 11   **Fax:** 3 84 42 42
E-Mail: l.sigrist@swissmem.ch

Spanien

iz f 1 079
SEDISI, Asociación Española de Empresas de Tecnologías de la Información
Av. Diagonal 618 3A, E-08008 Barcelona
T: (003493) 209 9 022   **Fax:** 200 2 339
E-Mail: jo@sedisi.es

Tschechische Republik

iz f 1 080
spis - sdruzeni pro informacni spolecnost
Blanická 16, CZ-12000 Prag
T: (00422) 21 50 34 81   **Fax:** 21 50 34 82
E-Mail: ivanp@spis.cz

IZ F 1 081
Europäischer Verband der Bürsten- und Pinsel-Industrie (F.E.I.B.P.)
Fédération Européenne de l'Industrie de la Brosserie et de la Pinceauterie
Allée Hof-ter-Vleest 5 Boîte 4, B-1070 Brüssel
T: (00322) 556 25 88   **Fax:** 556 25 95
Internet: http://www.eurobrush.com

IZ F 1 082
Europäischer Verband der Butter und dessen Bestandteile verarbeitenden Unternehmen (TRANSBEUROP)
European Federation of Butter and its Constituents Processing Industries
Fédération Européenne des Entreprises de Transformation du Beurre et de ses Composants
Avenue Livingstone, 26, B-1000 Bruxelles
T: (00322) 2 30 44 48   **Fax:** 2 30 40 44
Gründung: 1982
Président: Lourens Molewijk ((NL), VIV Vreeland)
Secrétaire Général: Annelie Gehring (D)
Mitglieder: 13

IZ F 1 083
Europäischer Verband der Dachziegel und Ziegelsteinindustrie (TBE)
Fédération Européenne des Fabricants de Tuiles et de Briques
Postfach 217, CH-8035 Zürich
Obstgartenstr. 28, CH-8035 Zürich
T: (00411) 3 61 96 50   **Fax:** 3 61 02 05
Internet: http://www.tbe-euro.com
E-Mail: office@tbe-euro.com
Präsident(in): P. Keller (Keller AG, CH-8422 Pfungen)
Sekretariat: Dr. W.P. Weller (Generalsekretär, Obstgartenstr. 28, Postfach, CH-8035 Zürich, **T:** (00411) 3 61 96 50, Telefax: (00411) 3 61 02 05)
Verbindungsbüro E.G.: c/o Cerame-Unie, Rue des Colonies, 18-24, Bte 17, B-1000 Bruxelles, **T:** (00322) 5 11 30 12, Telefax: (00322) 5 11 51 74

Mitgliedsorganisationen

Belgien

iz f 1 084
Association des Tuileries Belges Koramic
Kapel ter Bede 86, B-8500 Kortrijk
E-Mail: info@koramic.be

iz f 1 085
Belgische Baksteenfederatie
Visverkoperstraat 13, Bus 22, B-1000 Brussel
T: (00322) 5 11 25 81   **Fax:** 5 13 26 40
E-Mail: info@baksteen.be

iz f 1 086
Federation Belge de la Brique
Rue des Poissonniers, 13, Boite 22, B-1000 Bruxelles
E-Mail: info@brique.be

Dänemark

iz f 1 087
Kalk-og Teglvaerksforeningen af 1893
Noørre Voldgade 48, DK-1358 Kopenhagen
T: (0045) 33 32 34 34   **Fax:** 33 32 95 78
Internet: http://www.di.dk
E-Mail: kalktegl@mail.tele.dk

Deutschland

iz f 1 088
Bundesverband der Deutschen Ziegelindustrie e.V.
Schaumburg-Lippe-Str. 4, 53113 Bonn
T: (0228) 9 14 93-0   **Fax:** 9 14 93-28

Finnland

iz f 1 089

Suomen Tiiliteollisuusliitto r.y.
c/o Finnish Association of Construction Product Industries (RTT)
Postfach 11, FIN-00131 Helsinki
T: (003589) 17 28 44 31 **Fax:** 17 95 88

Frankreich

iz f 1 090

Fédération Française des Tuiles Briques
17, Rue Letellier, F-75015 Paris
T: (00331) 44 37 07 10 **Fax:** 44 37 07 20
E-Mail: fftb@fftb.org.fr

Großbritannien

iz f 1 091

The Brick Development Association
Woodside House
Winkfield, Windsor, GB- Berkshire SL4 2DX
T: (00441344) 88 56 51 **Fax:** 89 01 29
E-Mail: brick@brick.org.uk

Irland

iz f 1 092

Ormonde Brick Ltd.
castlecomer Co., IRL- Kilkenny
E-Mail: ormonde@iol.ie
Managing Director: Aidan McDonald

Italien

iz f 1 093

Associazione Nazionale degli Industriali dei Laterizi (ANDIL - ASSOLATERIZI)
Via Alessandro Torlonia 15, I-00161 Roma
T: (00396) 44 23 69 26 **Fax:** 44 23 79 30
E-Mail: andil@laterizio.it

Niederlande

iz f 1 094

Koninlijk Verbond van Nederlandse Baksteenfabrikanten
Postfach 51, NL-6994 ZH De Steeg
Hoofdstraat 8, NL-6994 ZH De Steeg
T: (003126) 4 95 91 10 **Fax:** 4 95 10 77
E-Mail: knb@knb-baksteen.nl

iz f 1 095

Vereniging van Dakpannenfabrikanten NEDACO
Pels Rijckenstraat 5, NL-6800 AL Arnhem
T: (003126) 442 82 22 **Fax:** 445 45 39
E-Mail: sko@bart.nl

Norwegen

iz f 1 096

Norges Teglindustrieforening
c/o Mur-Sentret
Postfach 53, N-0313 Oslo
T: (004722) 96 58 88 **Fax:** 60 11 92

Österreich

iz f 1 097

Verband Österreichischer Ziegelwerke
Fleischmanngasse 4-1A, A-1040 Wien
T: (0043222) 5 87 33 46-0 **Fax:** 5 87 33 46-11
E-Mail: verband@ziegel.at

Polen

iz f 1 098

Zwiazek Pracownikow Ceramiki Budowlanej i Silikato
ul. Mazowiecka 12, PL-00926 Warschau
T: (004822) 8 26 68 88 55 **Fax:** 8 26 31 01

Portugal

iz f 1 099

Associaçao Portuguesa de Cerâmica (APC)
Rua Coronel Veiga Simão, P-3020-053 Coimbra
T: (0035139) 49 76 00 **Fax:** 49 76 01
E-Mail: apicer.info@ctcv.pt

Schweden

iz f 1 100

Sveriges Tegelindustrieforening
c/o mur och puts information AB
Postfach 14 81, S-62125 Visby
T: (0046498) 27 97 00 **Fax:** 27 99 20
E-Mail: axelsson@mpimuroputs.se

Schweiz

iz f 1 101

Verband Schweizerische Ziegelindustrie (VSZ)
Association suisse de l'industrie de la terre cuite
Obstgartenstr. 28, CH-8006 Zürich
T: (00411) 3 61 96 50 **Fax:** 3 61 02 05
E-Mail: vsz@bluewin.ch

Jugoslawien

iz f 1 102

SIG Društvo SA
Kneza Milosa 9 /1, YU-11000 Belgrad
T: (0038111) 3 24 25 80 **Fax:** 3 24 25 80
Kontaktperson: Dipl.-Ing. Denic Vlada

Slowakische Republik

iz f 1 103

Tehliarsky Zvaz Slovenska
Moyzesova 2, SK-90201 Pezinok
T: (00421) 704 37 70 **Fax:** 89 67 91 13

Spanien

iz f 1 104

HISPALYT Fed. Esp. de Fabricantes de Ladrillos y Tejas de Arcilla Cocida
Orense 10-2 °, E-28020 Madrid
T: (003491) 7 70 94 80 **Fax:** 7 70 94 81

Tschechische Republik

iz f 1 105

Cihlarsky Svaz Cech a Moravy
Nove Homole 61, CZ-37382 Borsov Nad Vlt.
T: (0042038) 725 06 09 **Fax:** 731 15 71

Tunesien

iz f 1 106

SA Union générale
5, rue de Hollande, TN- Tunis
T: (00216) 1 32 67 50 **Fax:** 1 32 26 20

Ungarn

iz f 1 107

Magyar Téglás Szövetség
II. Fö utca 68 sz. IV 448, H-1027 Budapest 11
T: (00361) 2 01 20 11/5 13 **Fax:** 2 01 70 56
E-Mail: tegcser@elender.hu

● **IZ F 1 108**

Europäischer Verband der Entkoffeinierer (EDA)
European Decaffeinators Association
Association Européenne des Décaféineurs
3, Rue de Copenhague, F-75008 Paris
T: (00331) 53 42 13 38 **Fax:** 53 42 13 39
E-Mail: b-dufrene@wanadoo.fr
President: Juan Antonio Cruz
Secretary General: Dr. Barbara Dufrene (Contact)
Mitglieder: 15
Mitarbeiter: 2

● **IZ F 1 109**

Europäischer Verband der Fahrradhersteller
European Bicycle Manufacturers Association
Association Européenne des Fabricants de Bicyclettes
Avenue de la Grande Armée 13, F-75116 Paris
T: (00331) 45 01 91 86 **Fax:** 45 01 20 21
Gründung: 1990
President: Brian F. Montgomery

● **IZ F 1 110**

Europäischer Verband für Aroma- und Duftstoffe (EFFA)
European Flavour and Fragrance Association
Association Européenne des Arômes et Parfums
Square Marie-Louise, 49, B-1000 Brüssel
T: (00322) 2 38 99 05 **Fax:** 2 30 02 65
Gründung: 1961 (10. März)
Président: Geoff White
Executive Director: Maurice Wagner
Secretary General: Louise-Anne Vervaet
Mitglieder: 14
Mitarbeiter: 3
Jahresetat: DM 10 Mio

National Associations

iz f 1 111

Dansk Flavour Organisation (DFO)
Grønningen 17, DK-1270 Kobenhavn K
T: (0045) 33 15 50 50 **Fax:** 33 15 70 50
F. Madsen

iz f 1 112

Syndicat National des Industries Aromatiques Alimentaires (SNIAA)
Rue Faubourg St-Honore, 89, F-75370 Paris Cedex 08
T: (00331) 42 65 09 65 **Fax:** 47 42 44 64
Kontaktperson: Dr. I. Girod-Quilain

iz f 1 113

Verband der Deutschen Essenzenindustrie e.V. (VDDEI)
Vereinigung Deutscher Riechstoff-Hersteller e.V. (VDRH)
Meckenheimer Allee 87, 53115 Bonn
T: (0228) 65 37 29 **Fax:** 63 79 40
Dipl.-Kfm. Hanns-Erwin Muermann

iz f 1 114

British Essence Manufacturers' Association (BEMA)
British Fragrance Association (BFA)
6 Catherine Street, GB- London WC2B 5JJ
T: (004420) 78 36 24 60 **Fax:** 78 36 05 80
J. Clarke

iz f 1 115

Federchimica
Via Giovannni da Procida 11, I-20149 Mailand
T: (00392) 3456-51 **Fax:** 3456-5310
Internet: http://www.federchimica.it
E-Mail: federchimica@federchimica.it
Dr. F. Filippini

iz f 1 116

NEA Vereniging van Geur- en Smaakstoffen-Fabrikanten
Postfach 4 11, NL-1400 AK Bussum
T: (00313569) 4 89 11 **Fax:** 9 20 93
D. A. de Jonge

iz f 1 117

AROMA
Postfach 5, B-1348 Louvain-la-Neuve
T: (003210) 45 34 45 **Fax:** 48 37 11
V. Vijverman

iz f 1 118
Société Suisse des Industries Chimiques (SGCI/SSIC)
Fachgruppe Riechstoffe und Aromen
Postfach 328, CH-8035 Zürich
Nordstr. 15, CH-8035 Zürich
T: (00411) 3 68 17 11 **Fax:** 3 68 17 70
Internet: http://www.sgci.ch
E-Mail: mailbox@sgci.ch
R. Gamma

iz f 1 119
PRODAROM
Ave. Riou Blanquet 48, F-06130 Grasse
T: (00334) 92 42 34 80 **Fax:** 92 42 34 85
H.-P. Bodifée

● IZ F 1 120
Europäischer Asphaltverband (EAPA)
European Asphalt Pavement Association
Association Européenne des Enrobés
Postfach 1 75, NL-3620 AD Breukelen
T: (0031346) 26 68 68 **Fax:** 26 35 05
Internet: http://www.eapa.org
E-Mail: info@eapa.org
President: D. Schüler
Secretary General: P. Marsal
Mitglieder: 19
Mitarbeiter: 1

Mitgliedsorganisationen

Dänemark

iz f 1 121
Asfaltindustrien
Postfach 10 49, DK-2650 Hvidovre
Stamholmen 91, DK-2650 Hvidovre
T: (004536) 78 08 22 **Fax:** 77 12 08
E-Mail: ai@asfaltindustrien.dk
Kontaktperson: I. Frandsen

Deutschland

iz f 1 122
Deutscher Asphaltverband e.V. (DAV)
Schieffelingsweg 6, 53123 Bonn
T: (0228) 9 79 65-0 **Fax:** 9 79 65-11
Internet: http://www.asphalt.de
E-Mail: dav@asphalt.de
Kontaktperson: Jürgen Reifig

Estland

iz f 1 123
Eesti Asfaldiliit
Párnu Road 24, EW-10141 Tallinn
T: (00372) 6 11 93 65 **Fax:** 6 11 93 60
Kontaktperson: A. Kaldas
J. Valtna

Finnland

iz f 1 124
Finnish Asphalt Association
Asemapäällikonkatu 12 B, FIN-00520 Helsinki
T: (003589) 2 72 10 91 **Fax:** 8 75 49 01
E-Mail: heikki.jamsa@asli.ttliitot.fi
Kontaktperson: H. Jämsä

Frankreich

iz f 1 125
USIRF
Rue Washington 10, F-75008 Paris
T: (00331) 44 13 32 90 **Fax:** 42 25 89 99
Kontaktperson: D. Irastorza-Barbet

Großbritannien

iz f 1 126
Quarry Products Association
Buckingham Palace Road 156, GB- London SW1W 9TR
T: (004420) 77 30 81 94 **Fax:** 77 30 43 55
E-Mail: quarry_products.association@virgin.net
Kontaktperson: M.J. White

Italien

iz f 1 127
SITEB
Via Guattani 24, I-00161 Rom
T: (003906) 8 48 84 06 **Fax:** 44 23 32 57
E-Mail: siteb@siteb.it
Kontaktperson: Prof. Dr. C. Giavarini

Niederlande

iz f 1 128
VBW-Asfalt
Postfach 68, NL-3620 AB Amsterdam
Straatweg 68, NL-3621 BR Amsterdam
T: (0031346) 26 26 44 **Fax:** 26 35 05
E-Mail: vbwasfalt@wbinet.nl
Kontaktperson: W. Pieterse

Norwegen

iz f 1 129
Asfaltentreprenonas Forening/AEF
Postfach 2 39, N-1322 Hovik
Sandviksveien 22, N-1322 Hovik
T: (0047) 67 10 10 90 **Fax:** 67 10 10 91
E-Mail: aef@aef.no
Kontaktperson: O. E. Ruud

iz f 1 130
Polish Asphalt Poveneit Association (PAPA)
7, Trojanska Str., PL-02-261 Warschau
T: (004822) 8685504 **Fax:** 8685504

Portugal

iz f 1 131
APORBET
Praca de Alvalade 6 Piso 4A, P-1700 Lissabon
T: (0035121) 17 92 80 80 **Fax:** 7 93 12 12
E-Mail: aporbet@mail.telepac.pt
Kontaktperson: H. de Sousa-Duarte

iz f 1 132
Administration Nationale des Raites
41. Bd. Dinicu Golescu. Sc 2, Ap. 37. Sector 1, R-77114 Bukarest
T: (00401) 6 67 35 12 **Fax:** 6 67 35 12
E-Mail: apdp@ir.rc

Schweden

iz f 1 133
Asphalt Industry Sweden (AIS)
Industrigatan 2B, S-11246 Stockholm
T: (00468) 54 55 11 60 **Fax:** 6 52 37 80
Kontaktperson: T. Lindahl

Slowakische Republik

iz f 1 134
SAAV
Priemyselna 7, SK-04245 Kosice
T: (0042195) 6 33 48 11 **Fax:** 6 33 78 31
E-Mail: rinik@inzinierske.stavby.sk
Kontaktperson: V. Rinik

Slowenien

iz f 1 135
ZAS
Trzaska 19a, SLO-1100 Ljubljana
T: (00386) 14 78 83 79 **Fax:** 14 78 83 78
E-Mail: henigman@dd-ceste.si
Kontaktperson: S. Henigman

Spanien

iz f 1 136
ACEX
C/Nervion 7, E-28002 Madrid
T: (00341) 5 64 06 64 **Fax:** 5 62 58 44
Kontaktperson: R. Fernandez

Tschechische Republik

iz f 1 137
Sdruzeni pro vystavbu silnic Praha
Prosecka 74, CZ-190 00 Praha 9 Prosek
T: (004202) 8 58 24 35 **Fax:** 8 58 21 67
Kontaktperson: B. Hala

Türkei

iz f 1 138
ACA Asphalt Contractors Association
Hatir Sokak NO: 11/6, TR-06700 Gaziosmanpasa Ankara
T: (0090312) 4 47 42 25 **Fax:** 4 47 42 26
E-Mail: aca@asmud.org.tr

Ungarn

iz f 1 139
HAPA
Logodi U34/B, H-1012 Budapest
T: (00361) 2 12 00 41 **Fax:** 2 12 00 42
E-Mail: hapa@mail.matav.hu
Kontaktperson: Dr. G. Bodnar

● IZ F 1 140
Europäischer Verband für die Beschichtung von Metallrollen (ECCA)
European Coil Coating Association
Rue Montoyer 47, B-1000 Bruxelles
T: (00322) 5 13 60 52 **Fax:** 5 11 43 61
E-Mail: ecca@cybernet.be
Gründung: 1967
Generalsekretär: P. J. Franck
Verbandssekretärin: M. Dam
Mitglieder: ca. 200 Firmen
Mitarbeiter: 4

● IZ F 1 141
Europäischer Verband der Diagnostica-Hersteller (EDMA)
European Diagnostic Manufacturers Association
Association Européenne des Producteurs de Diagnostics
Place St. Lampert 14, B-1200 Brüssel
T: (00322) 7 77 22 25 **Fax:** 7 72 23 29
Internet: http://www.edma-ivd.be
E-Mail: edma@edma-ivd.be
Gründung: 1991
Director General: John Place
Mitglieder: 35
Mitarbeiter: 5

● IZ F 1 142
Europäischer Verband für erdgasbetriebene Fahrzeuge (ENGVA)
European Natural Gas Vehicle Association
Association européenne pour véhicules actionnés au gaz naturel
Spaklerweg 28, NL-1096 BA Amsterdam
T: (003120) 5 97 31 00 **Fax:** 5 97 30 00
Internet: http://www.engva.org
E-Mail: engva@euronet.nl
Gründung: 1994
Contact: Jeff Seisler (Ex. Director)
Verbandszeitschrift: ENGVA News
Mitglieder: 167
Mitarbeiter: 4

ENGVA strives to bring together diverse groups interested in developing the NGV market in Europe. ENGVA seeks members including:
Natural Gas Industry - distribution companies (including private and public); pipelines; natural gas producers; and fuel retailers
NGV Equipment Suppliers - original equipment manufacturers (OEMs); NGV component manufacturers and distributors
NGV Service Organisations and Consultants
Non-Profit Organizations - including research institutes; advocacy groups; related associations; and government agencies and their employees.

iz f 1 143
International Association for Natural Gas Vehicles (IANGV)
Postfach 28-590, NZ- Auckland
T: (00649) 5 23 35 67 **Fax:** 5 20 31 22
Internet: http://www.iangv.org
E-Mail: iangv@iangv.org.nz
Garth Harris

Frankreich

iz f 1 144

Association Francaise du GNV
10 rue Saint-Florentin, F-75001 Paris
T: (00331) 42 97 97 99   **Fax:** 42 97 40 60
Marc Lalière
François Leguay

Großbritannien

iz f 1 145

Natural Gas Vehicles Association
11, Berkeley Street, Mayfair, GB- London W1X 6BU
T: (004420) 73 88 75 98   **Fax:** 73 55 50 99
Fred Parker

● IZ F 1 146

Europäischer Verband für Flammenhemmstoffe (EFRA)
European Flame Retardants Association
Association Européenne pour Matériaux Ignifuges
c/o CEFIC
Avenue E. Van Nieuwenhuyse 4 /1, B-1160 Brüssel
T: (00322) 6 76 72 11   **Fax:** 6 76 73 92
Chairman: D. Thornton

● IZ F 1 147

Europäischer Verband für Getreidenährmittel (CEEREAL)
European Breakfast Cereal Association
Association Européene des céréales pour petits-déjeuners
Rond Point Schumann 9B-11, B-1040 Brüssel
T: (00322) 2 30 43 54   **Fax:** 2 30 94 93
Gründung: 1992
President: Jeremy Preston
Vice President: Joel Obermann
Secretary General: Wolfgang Hees
Mitglieder: 11
Mitarbeiter: 2

Mitgliedsorganisationen

Belgien

iz f 1 148

Association Belge des Fabricants de Céréales pour le Petit Déjeuner
Avenue de Rooedebeek, 30, B-1030 Brüssel
T: (00322) 7 43 87 44   **Fax:** 7 36 81 75
E-Mail: siaol@sia-dvi.be
Kontaktperson: Pascale Kepenne

Dänemark

iz f 1 149

Foreningen af Danske Handelsmøller
c/o Dansk Industri, MEDL
DK-1787 Kopenhagen V
T: (004533) 77 33 77   **Fax:** 77 33 20
E-Mail: isafd@di.dk
Kontaktperson: Dorthe Pedersen

Deutschland

iz f 1 150

Getreidenährmittelverband
Bundesverband der Hersteller von Nährmitteln aus Getreide und Reis e.V.
Postf. 19 01 65, 53037 Bonn
T: (0228) 2 67 10-0   **Fax:** 2 67 10-20
E-Mail: info@verbaende-hees.de
Kontaktperson: Wolfgang Hees
Gertrud Granel

Spanien

iz f 1 151

Asociacion Espanola de Fabricantes de Cereales en Copos o Expandidos
c/o Kellogg Espana, S.A.
C/Santiago de Compostela 100 2nd Planta, E-28035 Madrid
T: (003491) 3 86 26 11   **Fax:** 3 16 67 65
E-Mail: rocio.fernandez@kellogg.com
Kontaktperson: Rocio Fernández

Finnland

iz f 1 152

Kauppamyllyjen Yhdistys r.y.
Postfach 115, FIN-00241 Helsinki
T: (003589) 14 88 71   **Fax:** 14 88 72 01
E-Mail: antero.leino@etl.fi
Kontaktperson: Antero Leino

Frankreich

iz f 1 153

Syndicat Français des Céréales Prêtes à Consommer ou à Préparer
194, Rue de Rivoli, F-75001 Paris
T: (00331) 44 77 85 85   **Fax:** 42 61 95 34
E-Mail: akelly@alliance7.com
Kontaktperson: Anthony Kelly

Irland

iz f 1 154

Irish Breakfast Cereals Association
Confederation House
84-86 Lower Baggot Street, IRL- Dublin 2
T: (003531) 6 05-1576   **Fax:** 6 38-1576
E-Mail: sibeal.byrne@ibec.ie
Kontaktperson: Sibeal Byrne

Italien

iz f 1 155

Associazione Italiana Industrie Prodotti Alimentari (A.I.I.P.A.)
Corso di Porta Nuova 34, I-20121 Mailand
T: (003902) 65 41 84   **Fax:** 65 48 22, 5 12 97 71 (BXL), (003905) 35 27 30 (Bologna)
E-Mail: aiipa@foodarea.it
Kontaktperson: Anna Paonessa

Niederlande

iz f 1 156

Dutch Association of Breakfast Cereal Producers
Postfach 1 77, NL-2300 AD Leiden
T: (003171) 5 22 42 20   **Fax:** 5 22 50 95
E-Mail: br.cereals@vsl.nl
Kontaktperson: Fred van de Wetering

Portugal

iz f 1 157

Associacao Portuguesa de Productores de Flocos de Cereais
Praça D. Filipa de Lencastre, 22, 3° Esq., salas 57/59, P-4050-259 Porto
T: (003512) 22 08 14 88, 23 39 40 80   **Fax:** 23 39 40 89
E-Mail: apim@mail.telepac.pt
Kontaktperson: José Aguiar

Großbritannien

iz f 1 158

Association of Cereal Food Manufacturers
6, Catherine Street, GB- London WC2B 5JJ
T: (004420) 78 36 24 60   **Fax:** 78 36 05 80
E-Mail: ddemenezes@fdf.org.uk
Kontaktperson: David de Menezes

iz f 1 159

British Oat and Barley Millers Association
4a Torphichen Street, GB- Edinburgh EH3 8JQ, Scotland
T: (0044131) 2 29-9415   **Fax:** 2 29-9407
E-Mail: flora.mclean@sfdf.org.uk
Kontaktperson: Flora McLean

Schweden

iz f 1 160

Svenska Kvarnföreningen
Postfach 1 61 41, S-10323 Stockholm
T: (00468) 6 78 66 02   **Fax:** 6 78 66 02
E-Mail: alf.messing@bageri.se
Kontaktperson: Alf Messing

● IZ F 1 161

Europäischer Verband für Gerätebatterien (EPBA)
European Portable Battery Association
Avenue Marcel Thiry 204, B-1200 Brüssel
T: (00322) 7 74 96 02   **Fax:** 7 74 96 90
Internet: http://www.epba-europe.org
E-Mail: epba@eyam.be
Rachel Barlow

● IZ F 1 162

Europäischer Verband für Kräutertee (EHIA)
European Herbal Infusions Association
Gotenstr. 21, 20097 Hamburg
T: (040) 23 60 16 14   **Fax:** 23 60 16 10
E-Mail: ehia@wga-hh.de
Gründung: 1980
Vorsitzende(r): Willi Rausch (Deutschland)
Geschäftsführer(in): RAin Dr. Monika Beutgen

Mitgliedsorganisationen

Belgien

iz f 1 163

Comité Belge du Thé et des Infusions Asbl
c/o Douwe Egberts
Potaarde, B-1850 Grimbergen
T: (00322) 2 60 06 50   **Fax:** 2 60 06 64
E-Mail: jvaneynde@douwe-egberts.be

Deutschland

iz f 1 164

Wirtschaftsvereinigung Kräuter- und Früchtetee e.V. (WKF)
Gotenstr. 21, 20097 Hamburg
T: (040) 23 60 16 33   **Fax:** 23 60 16 10
E-Mail: wkf@wga-hh.de

Spanien

iz f 1 165

Asociacion Española de Envasadores de Infusiones de Te y Herboristeria
Mallorca 286, ento. 2a, E-08037 Barcelona
T: (003493) 2 07 25 16   **Fax:** 2 07 16 11
E-Mail: bonmacor@bonmacor.es

Frankreich

iz f 1 166

S.T.E.P.I. Syndicat du Thé et des Plantes à Infusion
8, Rue de l'Isly, F-75008 Paris
T: (00331) 53 42 33 80   **Fax:** 53 42 33 81
E-Mail: stepi@wanadoo.fr

Italien

iz f 1 167

Associazione Italiana Industrie Prodotti Alimentari (A.I.I.P.A.)
Corso di Porta Nuova 34, I-20121 Mailand
T: (003902) 65 41 84   **Fax:** 65 48 22, 5 12 97 71 (BXL), (003905) 35 27 30 (Bologna)
E-Mail: aiipa@foodarea.it

Schweiz

iz f 1 168

Association de l'Industrie Suisse du Thé, des Infusions et des Epices
(Association du Thé)
Elfenstr. 19, CH-3000 Bern 16
T: (004131) 3 52 11 88   **Fax:** 3 52 11 85
E-Mail: info@hodler.ch

Großbritannien

iz f 1 169

UK Herbal Infusions Association
c/o Mr. Nicolas Revett, R. Twining & Company Ltd.
South Way, GB- Andover, Hants SP1O 5AQ
T: (00441264) 34 82 17   **Fax:** 34 83 91
E-Mail: nick.revett@twinings.com

iz f 1 170

Österreich

iz f 1 170
Österreichisches Tee-Institut
Alserstr. 45 /4b, A-1080 Wien
T: (00431) 40 57-442   Fax: 40 87-811
E-Mail: office@teaboard.org

Niederlande

iz f 1 171
Sara Lee / DE n.v.
Albert Huisman, Senior Food Legal Consultant
Leeuwarderweg 1, NL-8501 ZD Joure
T: (0031513) 48 85 93   Fax: 48 88 40
E-Mail: ahuisman@saralee-de.com

● IZ F 1 172
Europäischer Verband für Lebensmittelverpackungen und Einweggeschirr (EFPA)
European Food Service & Packaging Association
Association Européenne d'Emballages Alimentaires à Usage Unique
Avenue d'Auderghem 67, B-1040 Brüssel
T: (00322) 2 86 94 96   Fax: 2 86 94 95
E-Mail: efpa@eamonnbates.com
President: Jordi Pursals (Envases del Valles (ES))
Vice Presidents: Herman Jukkenekke (Autobar Disposables (NL))
Jozef Marynissen (RPC Cobelplast NV (B))
Antony Matusch (F. Bender Ltd. (UK))
Francis Pascal (Autobar Packaging (F))
David Schisler (L.E.E. Schisler (F))
Malti Tikkakoski (Huhtamaki-Van Leer (FIN))
Treasurer: Erwin Knuyt (De Ster ACS. Europe (B))
Secretary General: Eamonn Bates (IRL)
Mitglieder: 25 in 13 Countries

● IZ F 1 173
Europäischer Verband für Polymerdispersion und Latex (EPDLA)
European Polymer Dispersion and Latex Association
Association Européenne pour dispersion de polymère et latex
c/o CEFIC
Avenue E. Van Nieuwenhuyse 4 /1, B-1160 Brüssel
Président: W. Druschke
Secrétaire Général: P. Tekeux

● IZ F 1 174
Europäischer Verband für Rauchtabak (ESTA)
European Smoking Tobacco Association
Rond-point Schuman 9B-1, B-1040 Brüssel
T: (00322) 2 30 80 92   Fax: 2 30 82 14
Gründung: 1990
President: Ubbo Sluiter
European Affairs Manager: Bas Tonnaer

● IZ F 1 175
Cigar Coalition Europe (CCE)
Rheinallee 25b, 53173 Bonn
T: (0228) 9 34 46-0   Fax: 9 34 46 20
Gründung: 2001 (21. März)
Vorstand: Heinrich Villiger (Vors.)
Peter Wolf (stellv. Vors.)
Günter Hill
Guus Visser
Geschäftsführer(in): RA Franz Peter Marx
Mitglieder: 8

● IZ F 1 176
Europäischer Verband für sauerstoffangereicherte Kraftstoffe (EFOA)
European Fuel Oxygenates Association
Association Européenne des Carburants Enrichis d'Oxygène
c/o CEFIC
Avenue E. Van Nieuwenhuyse 4 /2, B-1160 Brüssel
T: (00322) 6 76 72 11   Fax: 6 76 73 01
Président: H. Rovers
Secrétaire Général: J. Autin

● IZ F 1 177
Europäischer Verband für Sterilisierung und Verpackung (ESPA)
European Sterilization Packaging Association Limited
Association Européenne de la Stérilisation et de l'Emballage
Avenue de la vieille Source 61, B-1410 Waterloo
T: (00322) 387 4548   Fax: 387 0303
Gründung: 1992

President: Georg Kücha
Secretary General: Dr. Volkmar Hierner
Mitglieder: 22

● IZ F 1 178
Europäischer Verband für textile Polyolefine (E.a.t.p.)
European Association for Textile Polyolefins
Association européenne des Textiles polyoléfines
Avenue E. Van Nieuwenhuyse 4, B-1160 Brüssel
T: (00322) 6 76 74 72   Fax: 6 76 74 74
Internet: http://www.eatp.org
E-Mail: info@eatp.org
Gründung: 1971
Président: Jeroen van Balen
Director General: Colin M. Purvis (Contact)
Secretary General: Albert F. Prisse
Verbandszeitschrift: POLY-NEWS
Verlag: EATP, Av. E. Van Nieuwenhuyse 4, B-1160 Brüssel
Mitglieder: 70
Mitarbeiter: 4

Mitgliedsorganisationen

Belgien

iz f 1 179
Fédération Belge de l'Industrie Textile (Febeltex)
Belgian Textile Federation
Belgian Textile Federation
rue Montoyer 24, B-1000 Brüssel
T: (00322) 2 87 08 25   Fax: 2 87 08 61
Internet: http://www.febeltex.be
E-Mail: fq@febeltex.be
General Manager: J.-F. Quix
Contact: Interior Textiles/Textile Commission Finishing
Mark Vervaeke (T: (003256) 26 42 10, Fax: 26 42 15, E-Mail: mv@kortrijk.febeltex.be)
Contact: Textiles for clothing/Knitwear/Fibres and Yarns
Kris Van Peteghem (T: (00329) 2 42 98 20, Fax: 2 42 98 29, E-Mail: kvp@gent.febeltex.be)
Contact: Technical Textiles/Woolen yarns and fibres
Jean-Michel Mollo (T: (00322) 2 87 08 22, Fax: 2 30 65 85, E-Mail: jmm@febeltex.be)

iz f 1 180
Association des Fabricants de Conteneurs Souples (AFCOS)
Rue Leroyer 31, F-94300 Vincennes
T: (00331) 41 93 04 98   Fax: 41 93 04 98
Gérard Barberin

Italien

iz f 1 181
Federazione Italiana Industriali dei Tessili Vari et del Cappello
TESSILVARI
Piazza Castello 24, I-20121 Mailand
T: (003902) 86 46 50 11   Fax: 86 46 50 09
Carla Ginelli

Portugal

iz f 1 182
Associaçao dos Industriais de Cordoaria e Redes (A.I.C.R.)
Rua da Paz 66 - 5A - 5/58, P-4050 Porto
T: (0035122) 6 09 13 47   Fax: 6 00 21 68
Joao Paulo Brochado

Spanien

iz f 1 183
Asociación Patronal Nacional de Empresarios de la Industria Textil de Poliolefinas y Fibras Duras (APOYFIDE/ANAIP)
Coslada 18, E-28028 Madrid
T: (003491) 3 56 50 59   Fax: 3 56 56 28
Blanca de Arteche

● IZ F 1 184
Europäischer Verband für Wirkstoffe in der Tierernährung (FEFANA)
European Federation of Animal Feed Additive Manufacturers
Fédération Européenne des Fabricants d'Adjuvants pour la Nutrition Animale
Avenue E. Van Nieuwenhuyse, 4, box 2, B-1160 Brüssel

T: (00322) 6 76 73 67   Fax: 6 76 74 05
Internet: http://www.fefana.org
E-Mail: pfu@cefic.be, dja@cefic.be
Gründung: 1963 (22. Januar)
Präsident(in): J. von Schaik (NL)
Generalsekretär(in): Didier Jans
Mitglieder: 10
Mitarbeiter: 2

Mitgliedsorganisationen

Belgien

iz f 1 185
FRANA
Groupement des Fabricants et Représentants des Adjuvants en Nutrition Animale
c/o Field Communication
Drève Ste-Anne 68B, B-1020 Brussels
T: (00322) 4 78 78 38   Fax: 4 78 16 26
President: E. Piron (T: (00329) 3 81 13 90, Fax: 3 80 33 85)
Secretary: J. Verhaeren (admin.)

Dänemark

iz f 1 186
FFFF
Foreningen af Fabrikanter af Farmaceutisk-Kemiske Tilsaetningsstoffer til Foderstofindustrien
c/o HOECHST
Islevdalvej 110, DK-2610 Roedovre
T: (004544) 88 82 14   Fax: 88 11 53
Secretary General: H.B. Jensen (FFFF c/o Hoechst Roussel Vet, Naverland, 8, DK-2600 Glostrupt, T: (0045) 43 26 80 44, Fax: (0045) 70 15 11 53)

Deutschland

iz f 1 187
Arbeitsgemeinschaft für Wirkstoffe in der Tierernährung e.V. (AWT)
Roonstr. 5, 53175 Bonn
T: (0228) 35 24 00   Fax: 36 13 97
E-Mail: awtier@aol.com
President: Dr. Ernst A. Krämer (T: (069) 2 18 21 98, Fax: (069) 2 18 20 23)
Secretary: Dr. Elvira Süphke

Finnland

iz f 1 188
NOFAA-Nordic Feed Additive Association
Suomelautie 870, FIN-09630 Koisjaervi
T: (00358) 96 21 38 83   Fax: 96 22 30 56
President: E. Pitkänen (T: (003589) 13 44 13 60, Fax: 13 44 13 32)
Secretary: K. Jokivartio
E. Vesikkala

Frankreich

iz f 1 189
SYNPA
Syndicat National des Producteurs d'Additifs Alimentaires
Boulevard de Latour Maubourg, 41 bis, F-75007 Paris
T: (00331) 40 62 25 80   Fax: 45 50 37 05
President: Dr. A. Appert (T: (00331) 46 74 41 36, Fax: 46 74 72 67)
Secretary: J. Ribault

Großbritannien

iz f 1 190
BAFSAM
British Association of Feed Supplement and Additive Manufacturers, Ltd
3, Stone Street, GB- Cranbrook Kent TN17
T: (00441580) 71 42 04   Fax: 75 25 96
President: K. Young
Secretary: W. H. Beaumont

Italien

iz f 1 191

AISA
Associazione Industrie Salute Animale
Via Accademia 33, I-20149 Mailand
T: (003902) 26 81 02 19   Fax: 26 81 04 05
E-Mail: l.vingiani@federchimica.it
President: C. Ciccione
Secretary: Dr. L. Vingiani

Niederlande

iz f 1 192

NEFATO
Vereniging van Nederlandse Fabrikanten van Veevoedertoevoegingen
Postfach 1 67, NL-1430 AD Aalsmeer
T: (0031297) 34 32 55   Fax: 34 27 92
President: H. A. Workel (T: (0031297) 3 34 67 67 31, Fax: (0031297) 3 34 67 60 17)

Schweiz

iz f 1 193

Schweizerische Gesellschaft für Chemische Industrie (SGCI/SSIC)
Nordstr. 15, CH-8035 Zürich
T: (00411) 3 68 17 94   Fax: 3 68 17 70
Internet: http://www.sgci.ch
E-Mail: dieter.grauer@sgci.ch
President: Dr. R. Glaser (T: (004161) 7 21 60 34)
Secretary: Dr. D. Grauer

Spanien

iz f 1 194

VETERINDUSTRIA
Asociación Empresarial de la Industria Zoosanitaria
Fernan Flor 8-1° A, E-28014 Madrid
T: (003491) 3 69 21 34   Fax: 3 69 39 67
Internet: http://www.veter.com
E-Mail: sdeandres@veter.com
President: Dr. L. Ruiz (T: (003491) 6 63 30 00, Fax: (003491) 6 63 52 71)
Secretary: Santiago De Andrés Juarez

● **IZ F 1 195**

Europäischer Verband für Zellstoff und Papiertechnik (EUCEPA)
European Liaison Committee for Pulp and Paper
Comité Européen de Liaison pour la Cellulose et le Papier
154, Bld. Haussmann, F-75008 Paris
T: (00331) 45 62 11 91   Fax: 45 63 53 09
Gründung: 1956
Generaldirektor: Erik Kihlman, Finnland
Generalsekretariat: Elsbeth Devos
Mitglieder: 16 Länder

● **IZ F 1 196**

Europäischer Verband der Gewürzindustrie (ESA)
European Spice Association
Association européenne des épices
6, Catherine Street, GB- London WC2B 5JJ
T: (004420) 78 36 24 60   Fax: 78 36 05 80
Gründung: 1984
President: J. M. Schouvey
General Secretary: M. Clay

● **IZ F 1 197**

Europäischer Verband der Großküchenbetreiber (FERCO)
European Federation of Contract Catering Organisations
Fédération Européenne de la Restauration Collective (FERCO)
Sq. Marie-Louise 40 Box 31, B-1000 Brüssel
T: (00322) 2 30 13 90   Fax: 2 30 17 37
Gründung: 1990
President: Patrice Aubert (ELIOR, Direction Générale Restauration Collective Internationale, Rue de Bercy 61-69, F-75012 Paris, T: (00331) 40 19 47 77, Fax: 40 19 47 61, E-Mail: patrice.aubert@elior.com)
Vice President: Clive Smith (BRIAN SMITH CATERING, Cobden House 106 New Walk, Leicester LEI TEB, England, T: (0044) 11 62 54 47 27, Fax: 11 62 47 16 22, E-Mail: clivesmith@avenance.co.uk)
Vice President: Cecilia Grilo Silva (ITAU, Av. da Republica 46-A c/v Esq., P-1050 Lissabon, T: (00351) 2 17 9334 82, Fax: 2 17 96 85 51, E-Mail: cecilia.grilo@lx.itau.pt)
Vice President: Hans Rijnierse (SODEXHO NEDERLAND, Rivium Boulevard 2, NL-2909 LK Capelle aan den Ijssel, T: (003110) 2 88 42 88, Fax: 2 88 41 36, E-Mail: wrijnierse@vanhecke.nl)
Secretary General: Marie-Christine Lefebvre (FERCO, Square Marie Louise, 40 bte 31, B-1000 Brüssel, T: (00322) 2 30 13 90, Fax: 2 30 17 37, E-Mail: ferco@online.be)
Mitglieder: 10 national associations
Mitarbeiter: 1

Mitgliedsorganisationen

Belgien

iz f 1 198

Union Belge du Catering
UBC
c/o Quartier Latin
Avenue des Saisons 100-102, B-1050 Brüssel
T: (00322) 6 39 39 10   Fax: 6 39 39 11
Kontaktperson: François Leplat (SODEXHO, Rue Charles Lemaire 1, B-1160 Brüssel, T: (00322) 6 79 12 20, Fax: 6 79 14 51, E-Mail: fal@sodexho.be)

Deutschland

iz f 1 199

Verband der Internationalen Caterer (V.I.C.)
Friedberger Anlage 22, 60316 Frankfurt
T: (069) 9 43 42 90   Fax: 94 34 29 23
Präsident(in): Udo Luerssen (ARAMARK GmbH, Postf. 11 63, 63231 Neu-Isenburg, T: (06102) 74 50, Fax: 74 52 34, E-Mail: udo.luerssen@aramark.de)

Frankreich

iz f 1 200

SNRC Syndicat National de la Restauration Collective
Rue de la Trémoille 9, F-75008 Paris
T: (00331) 56 62 16 16   Fax: 49 52 05 50
E-Mail: g-n-r@wanadoo.fr
Kontaktperson: Dominique Bénézet

Großbritannien

iz f 1 201

B.H.A. British Hospitality Association
Queens House
Lincoln's Inn Fields 55-56, GB- London WC2A 3BH
T: (004420) 74 04 77 44   Fax: 74 04 77 99
Internet: http://www.bha-online.org.uk
E-Mail: bha@bha.org.uk
Kontaktperson: Phil Phillips (E-Mail: phil@bha.org.uk)

Irland

iz f 1 202

Association of Irish Contract Caterers (A.I.C.C.)
c/o Irish Hotel and Catering Institute
Daniel O'Connell Building
Griffith College Dublin
South Circular Road, IRL- Dublin 8
T: (003531) 4 54 60 50   Fax: 4 54 61 65
E-Mail: admin@ihci.ie
Präsident(in): Kenneth Carroll (CARROLL FOOD SERVICES LTD, Pembroke Road 68, IRL-Dublin 4, T: (003531) 6 68 60 95, Fax: 6 60 00 35, E-Mail: kcarroll@carrollfoodservices.com)

Italien

iz f 1 203

ANGEM Associacione Nazionale Aziende Di Ristorazione Collettiva
Piazza Risorgimento 10, I-20129 Mailand
T: (00392) 71 89 11, 7 38 20 05   Fax: 76 11 10 42
E-Mail: lgarave@tin.it
Kontaktperson: Emanuele Garavello

Niederlande

iz f 1 204

VENECA Vereniging Nederlandse Catering Organisaties
Postfach 6 93, NL-4200 AR Gorinchem
Stephensonweg 14, NL-4200 AR Gorinchem
T: (00311830) 62 61 72   Fax: 62 11 61
E-Mail: veneca@zpg.nl
Kontaktperson: Dhr. J. C. van Zundert

Portugal

iz f 1 205

A.R.E.S.P. Associacao da Restauracao e Similares de Portugal
Av. Duque de Avila 75, P-1000 Lissabon
T: (0035121) 3 52 70 60   Fax: 3 54 94 28
Kontaktperson: Cecilia Grilo Silva

Spanien

iz f 1 206

F.E.A.D.R.S. Federacion Espanola de Asociaciones Dedicadas a la Restauracion Social
c/Castello 82-52, E-28006 Madrid
T: (003491) 5 62 46 35   Fax: 5 62 47 16
Kontaktperson: Javier Arenillas de los Rios
Hernandes de Alba Alonso (Grupo OSEDA-Groupe ELIOR, Esteban Terra Das 8, E-28914 P.J. Leganes Madrid, T: (003491) 6 87 60 00, Fax: 6 87 99 62, E-Mail: manuel-halba@retemail.es)

● **IZ F 1 207**

Europäischer Verband der Heimtier-Nahrungsindustrie (FEDIAF)
European Pet Food Industry Federation
Fédération Européenne de l'Industrie des Aliments pour Animaux Familiers
Av. Louise 89, B-1050 Brüssel
T: (00322) 5 36 05 20   Fax: 5 37 84 69
Internet: http://www.fediaf.org
E-Mail: fediaf@skynet.be
Gründung: 1970
Präsident(in): Josef Huber (AU)
Generalsekretär(in): Thomas Meyer (D)
Mitglieder: 16
Mitarbeiter: 3

● **IZ F 1 208**

Europäischer Verband der Hersteller von Dessertmischungen (EDMMA)
European Dessert Mixes Manufacturers Association
Association Européenne des Fabricants Européens de Poudres pour Entremets, Desserts et Produits Divers
Avenue de Roodebeeklaan 30, B-1030 Brüssel
T: (00322) 7 43 87 30   Fax: 7 36 81 75
Gründung: 1982
Président: I. Giacchetti (F)
Secrétaire Général: M. Coenen (Avenue de Roodebeeklaan 30, B-1030 Bruxelles)
Mitglieder: 5
Mitarbeiter: 2

Mitgliedsorganisationen

Belgien

iz f 1 209

Bestfoods Belgium
St. Pietersvliet, 7-bus 4, B-2000 Antwerpen
T: (00323) 2 22 44 11   Fax: 2 31 93 19
E-Mail: dan.dils@eu.bestfoods.com
D. Dils

Frankreich

iz f 1 210

Syndicat des Industries Alimentaires Diverses
Alliance 7
rue de Rivoli, 194, F-75001 Paris
T: (00331) 44 77 85 85   Fax: 42 61 95 34
E-Mail: mdelaporte@alliance7.com
M. Delaporte

Großbritannien

iz f 1 211

DCMA
FOOD & DRINK FEDERATION
6, Catherine Street, GB- London WC2B 5JJ
T: (004420) 78 36 24 60   Fax: 78 36 05 80
E-Mail: charlotte.patrick@fdf.org.uk
C. Patrick

Niederlande

iz f 1 212

Nederlandse Vereniging van Fabrikanten Van Puddingpoeder en Bakprodukten
Postfach 1 77, NL-2300 AD Leiden
T: (003171) 5 22 42 20   **Fax:** 5 22 50 95
E-Mail: vigef@vsl.nl
F. Van de Wetering

Spanien

iz f 1 213

Nabisco Iberia S.L.
Apartado 2022, E-08080 Barcelona
T: (003493) 4 93 02 00   **Fax:** 4 93 02 13
E-Mail: jmarques@nabisco.es
J. Marques (Regional Techn. & Regulatory Affairs Manager Europe, Middle East & Africa)

● **IZ F 1 214**

Europäischer Verband der Hersteller von Hausgeräten (CECED)
European Committee of Manufacturers of Domestic Equipment
Conseil Européen de la Construction d'Appareils Domestique
Boulevard A. Reyers 80, B-1030 Bruxelles
T: (00322) 7 06 82 90   **Fax:** 7 06 82 89
Internet: http://www.ceced.org
E-Mail: secretariat@ceced.be
Gründung: 1959
Präsident(in): Hans-Peter Haase
Generalsekretär(in): Luigi Meli (E-Mail: luigi.meli@ceced.be)

Mitgliedsorganisationen

iz f 1 215

Association of Manufacturers of Domestic Electrical Appliances (AMDEA)
Rapier House
Lamb's Conduit Street 40-46, GB- London WC1N 3NW
T: (0044207) 4 05 06 66   **Fax:** 4 05 66 09
Peter Carver

iz f 1 216

Asociación Nacional Fabricantes Electrodomésticos Linea Blanca (ANFEL)
Príncipe de Vergara 74-1, E-28006 Madrid
T: (003491) 4 11 27 05   **Fax:** 4 11 29 64
Antonio Alvarez Barrios

iz f 1 217

Kayisdag Caddesi Poyraz Sokak (BESD)
Er-Togay Ismerkezi Kat 3 Daire 10, TR- Istanbul
T: (0090216) 3 46 59 66   **Fax:** 3 46 09 30
Ertan Yurtözü

iz f 1 218

Asociacion Espanola Fabricantes de Pequienos Electrodomesticos (FAPE)
Rocafort 241-243, 4°, 3°, E-08029 Barcelona
T: (003493) 4 30 99 03   **Fax:** 4 10 91 05
Jesus Sevil Olle'

iz f 1 219

Associazione Nationale Industrie Elettrotecniche ed Elettroniche (ANIE)
Via Gattamelata 34, I-20149 Mailand
T: (00392) 3 26 42 26/279   **Fax:** 3 26 43 27
Secretary: Antonio Guerrini

iz f 1 220

Electrical Household Appliances (EHA)
Swedish Association for Electrical Household Appliances
c/o ELECTROLUX EC Office
Avenue de Tervueren 12, B-1040 Brüssel
T: (00322) 7 35 09 30   **Fax:** 7 32 33 99
Viktor Sundberg

iz f 1 221

Federation Multisectorielle de l'Industrie Technologique (AGORIA)
Bld. A. Reyers 80, B-1030 Brüssel
T: (00322) 7 06 79 82   **Fax:** 7 06 79 88
Internet: http://www.agoria.be
E-Mail: pierre.juliens@agoria.be

iz f 1 222

Fachverband Elektroapparate für Haushalt und Gewerbe Schweiz (FEA)
Obstgartenstr. 28, CH-8035 Zürich
T: (00411) 3 61 40 00   **Fax:** 3 61 19 91
Dr. Rudolf Bolliger

iz f 1 223

F.E.E.I.
Fachverband der Elektro- und Elektronikindustrie Österreichs
Austrian Electrical and Electronic Industries Association (FEEI)
Mariahilfer Str. 37-39, A-1060 Wien
T: (00431) 5 88 39 44   **Fax:** 5 86 69 71
Internet: http://www.feei.at
E-Mail: martin@feei.wk.or.at
Dr. Manfred Müllner

iz f 1 224

Foreningen af Fabrikanter og Importører af Elektriske Husholdningsapparater (FEHA)
Naverland 34, DK-2600 Glostrup
T: (004543) 43 46 46   **Fax:** 43 52 72
Ebbe Lauritzen

iz f 1 225

Groupement Interprofessionnel des Fabricants d'Appareils d'Equipement Menager (GIFAM)
Avenue d'Jéna 39, F-75783 Paris Cedex XVIE
T: (00331) 53 23 06 53   **Fax:** 47 20 20 73
Bernard Planque

iz f 1 226

Norske Elektroleverandorers Landsforening (NEL)
Postfach 6112, N-0602 Oslo Etterstad
Fyrstikkalléen 3 b, 6 etg., Helsfyr, N-0602 Oslo
T: (0047) 23 06 07 56   **Fax:** 23 06 07 51
Helge Åmotsbakken

iz f 1 227

Vereniging Leveranciers van Hiushoudeljke Apparaten in Nederland (VLEHAN)
Boerhaavelaan 40, NL-2700 AD Zoetermeer
T: (003179) 3 53 13 71   **Fax:** 3 53 13 65
Martijn P.J.A. Muijser

iz f 1 228

Zentralverband Elektrotechnik- und Elektronikindustrie (ZVEI) e.V.
Postf. 70 12 61, 60562 Frankfurt
Stresemannallee 19, 60596 Frankfurt
T: (069) 6 30 22 95   **Fax:** 6 30 22 71
Internet: http://www.zvei.org
E-Mail: zvei@zvei.org
Werner Scholz

● **IZ F 1 229**

Europäischer Verband der Hersteller elektronischer Bauteile (E.E.C.A.)
European Electronic Component Manufacturers Association
Bld. Auguste Reyerslaan 80, B-1030 Brüssel
T: (00322) 7 06 86 00   **Fax:** 7 06 86 05
Internet: http://www.eeca.org
E-Mail: secretariat@eeca.be
Gründung: 1973
Vorsitzende(r): Ulrich Schumacher
Generalsekretär(in): Eckhard Runge (D)
Verbandszeitschrift: Annual Report
Mitarbeiter: 3

● **IZ F 1 230**

Europäischer Verband der Hersteller von Enzymen für die Nahrungsmittelindustrie (E.F.F.C.A.)
European Food and Feed Cultures Association
Association Européenne des Fabricants de Ferments à Usage Agro-Alimentaire
Bd Haussman 85, F-75008 Paris
T: (00331) 42 65 42 46   **Fax:** 42 15 23 31
Gründung: 1991
President: L. Fredericksen (Boulevard Haussmann 85, F-75008 Paris)
Contact: A. Baudet
Mitglieder: 14
Mitarbeiter: 1

Mitgliedsorganisationen

Dänemark

iz f 1 231

Chr Hansen A/S
Boge Alle 10-12, DK-2970 Hörsholm
T: (0045) 45 76 76 76   **Fax:** 45 76 55 76

Deutschland

iz f 1 232

Gewürzmüller GmbH
Postf. 30 04 80, 70444 Stuttgart
Klagenfurter Str. 1-3, 70469 Stuttgart
T: (0711) 89 99-0   **Fax:** 89 99-226
TX: 7 252 248
TGR: Gewürzmüller
E-Mail: info@gewuerzmueller.de

Frankreich

iz f 1 233

S.K.W. Biosystems
La Blériot, 4 place des Ailes, F-92461 Boulogne Billancourt Cedex
T: (0033247) 12 26 98   **Fax:** 60 22 16 11

iz f 1 234

Lallemand SA
Postfach 44 12, F-31405 Toulouse Cedex 4
T: (00335) 62 17 28 28   **Fax:** 62 17 23 60

iz f 1 235

Rhodia Food
Rue de la Haie-Coq, F-93306 Aubervilliers Cedex
T: (00331) 53 56 00 00   **Fax:** 53 56 52 20

Italien

iz f 1 236

Alce Srl
Via P. Custodi 12, I-28100 Novarra
T: (0039321) 2 23 91   **Fax:** 39 96 02

iz f 1 237

Centro Sperimentale del Latte
Strada per Merlino 3, I-20060 Zelo buon Persico
T: (00392) 90 69 61   **Fax:** 9 06 96 99

iz f 1 238

Sacco
Via Manzoni 29, I-22071 Cadoraga
T: (003931) 90 32 77   **Fax:** 90 47 69

Niederlande

iz f 1 239

CSK Food Enrichment
Pallasweg 1, NL-8901 BA Leeuwarden
T: (003158) 88 52 55   **Fax:** 88 10 71

iz f 1 240

Quest International UK Ltd
Willisborough Road, Ashford, GB- Kent TN 24 OLT

iz f 1 241

D.S.M. Food Specialties
Postfach 1, NL-2600 M.A. Delft
T: (003115) 2 79 38 48   **Fax:** 27 93 200

Finnland

iz f 1 242

Valio Ltd
Postfach 3 90, FIN-00101 Helsinki
T: (003580) 10 38 11 21   **Fax:** 10 38 12 385

● **IZ F 1 243**
Europäischer Verband der Hersteller von Gas-Schweiss-Geräten und -Maschinen (GAS-EURO-SOUD)
European Committee of Manufacturers of Gas-Welding Equipment
Comité Européen des Fabricants d'Appareils et de Machines de Soudage aux Gaz
c/o Fachverband Schweiß- und Druckgastechnik im VDMA
Lyoner Str. 18, 60528 Frankfurt
T: (069) 66 03-1328   **Fax:** 66 03-1634
E-Mail: sdg@vdma.org
Präsident(in): Dipl.-Ing. Werner Görde
Generalsekretär(in): Dr.rer.pol. Fritz Ruppel

● **IZ F 1 244**
Europäischer Verband der Hersteller von Lebensmittelphosphaten (EFPA)
European Food Phosphates Producers Association
Association Européenne des producteurs de phosphates alimentaires
c/o CEFIC
Avenue E. Van Nieuwenhuyse 4 /1, B-1160 Brüssel
T: (00322) 6 76 72 46   **Fax:** 6 76 73 01
E-Mail: cja@cefic.be.
Gründung: 1985
Président: H.S. Hohmann
Secrétaire Général: C. Jassogne

● **IZ F 1 245**
PLASTEUROPAC
Europäischer Verband der Hersteller von Plastikverpackungen
European Association of Manufacturers of Plastic Packaging
Association Européenne des Fabricants d'Emballages Plastiques
Sekretariat:
5, Rue de Chazelles, F-75017 Paris
T: (00331) 46 22 33 66   **Fax:** 46 22 02 35
Gründung: 1983 (15. Mai)
President: Marcel de Botton
Geschäftsführer(in): Françoise Gerardi

Belgien

iz f 1 246
FECHIPLAST
Square Marie Louise 49, B-1000 Brüssel
T: (00322) 2 38 98 69   **Fax:** 2 38 99 98
E-Mail: fechiplast@fedichem.be

Dänemark

iz f 1 247
The Danish Plastics Federation (DPF)
Noerre Voldgade 48 3rd floor, DK-1358 København K
T: (004533) 30 86 30   **Fax:** 30 86 31
Internet: http://www.plast.dk
E-Mail: pd@plast.dk

Deutschland

iz f 1 248
IK Industrieverband Kunststoffverpackungen e.V.
Bundesverband der Hersteller von Kunststoffverpackungen und -folien
Kaiser-Friedrich-Promenade 43, 61348 Bad Homburg
T: (06172) 92 66 01   **Fax:** 92 66 70
Internet: http://www.kunststoffverpackungen.de
E-Mail: info@kunststoffverpackungen.de

iz f 1 249
Gesamtverband kunststoffverarbeitende Industrie e.V. (GKV)
Am Hauptbahnhof 12, 60329 Frankfurt
T: (069) 27 10-527   **Fax:** 23 98 35
Internet: http://www.gkv.de
E-Mail: info@gkv.de

Finnland

iz f 1 250
The Finnish Plastic Industry Federation (FIPIF)
Eteläranta 10, 7th floor, FIN-00131 Helsinki
T: (003589) 17 28 41   **Fax:** 17 11 64
E-Mail: kari.teppola@kemia.ttiitot.fi

Frankreich

iz f 1 251
C.S.E.M.P.
5, rue de Chazelles, F-75017 Paris
T: (00331) 46 22 33 66   **Fax:** 46 22 02 35
Internet: http://www.packplast.org
E-Mail: f.gerardi@packplast.org

Großbritannien

iz f 1 252
British Plastics Federation (BPF)
Bath Place 6 Rivington Street, GB- London EC2A 3JE
T: (004420) 74 57 50 00   **Fax:** 74 57 50 18
Internet: http://www.bpf.co.uk

Italien

iz f 1 253
Unione Nazionale Industrie Tranformatrici Materie Plastiche (UNIONPLAST)
Via Petitti 16, I-20149 Mailand
T: (003902) 3 92 31 71   **Fax:** 39 26 65 48
E-Mail: unionplast@unionplast.org

Niederlande

iz f 1 254
Federatie NRK
Vlietweg 16, Postbus 420, NL-2260 Leidschendam
T: (003170) 317 54 90   **Fax:** 317 74 08
E-Mail: info@nrk.nl

Portugal

iz f 1 255
Associacao Portuguesa da Industria de Plasticos (APIP)
Rua D'Estefania 32-2 Esq, P-1000 Lisboa 1
T: (0035121) 315 06 33   **Fax:** 314 77 60
E-Mail: apip.fisboa@mall.telepac.pt

Schweden

iz f 1 256
Plastoch Kemibranscherna
Postfach 1133, S-11181 Stockholm
Drottninggatan 68, S-10122 Stockholm
T: (00468) 4 02 13 60   **Fax:** 4 11 45 26
E-Mail: info@plast-kemi.se

Spanien

iz f 1 257
A.N.A.I.P.
Coslada 18, E-28028 Madrid
T: (00341) 5 56 50 59   **Fax:** 5 56 56 28
E-Mail: dgeneral@anaip.es

● **IZ F 1 258**
Europäischer Verband der Hersteller von reiner Phosphorsäure (EPPAA)
European pure Phosphoric Acid Producers Association
Association Europeenne des Producteurs d'Acides Phosphoriques Pures
c/o CEFIC
Avenue E. Van Nieuwenhuyse 4 /1, B-1160 Brüssel
T: (00322) 6 76 72 46   **Fax:** 6 76 73 01
Gründung: 1988
Président: J. Braham
Secrétaire Général: C. Jassogne

● **IZ F 1 259**
Europäischer Verband der Hersteller von Spaltkatalysatoren (ECCPA)
European Cracking Catalyst Producers Association
Association Européenne des Producteurs de Catalyseurs à Craquage
c/o CEFIC
Avenue E. Van Nieuwenhuyse 4-1, B-1160 Brüssel
T: (00322) 6 76 72 62   **Fax:** 6 76 73 01
Gründung: 1988
President: D. Staab
Secretary General: M. Michaux
Mitglieder: 3

● **IZ F 1 260**
Europäischer Verband der Hersteller technischer Karamellen (EUTECA)
European Technical Caramel Association
c/o ECCO
9 Avenue des Gaulois, B-1040 Bruxelles
T: (00322) 7 36 53 54   **Fax:** 7 32 34 27
E-Mail: euteca@ecco.be
Gründung: 1978
Président: Dr. R. Langlais
Vice-Président: Dr. H. Mahlmann
Secrétaire Général: Dionne Heijnen
Mitarbeiter: 2

● **IZ F 1 261**
Europäischer Verband der Hersteller von Unterhaltungselektronik (EACEM)
European Association of Consumer Electronics Manufacturers
General Secretariat
Avenue Louise 140, Bte. 6, B-1050 Bruxelles
T: (00322) 6 44 26 81, 6 44 04 66   **Fax:** 6 40 44 09
Gründung: 1979
Vorsitzende(r): Rolf Wagner

● **IZ F 1 262**
Europäischer Verband der Hersteller von Verpackungspapieren (EMBALPACK)
Groupement Européen des Fabricants de Papiers d'Emballage
Sekretariat:
Jahnstr. 93, 64285 Darmstadt
T: (06151) 4 45 01   **Fax:** 42 17 02
E-Mail: bgdarmstadt@compuserve.com
Director General: Klaus Spielmann

● **IZ F 1 263**
Europäischer Verband der Hersteller von Wellpappenpapieren
Groupement Européen des Fabricants de Papiers pour Ondulé
Jahnstr. 93, 64285 Darmstadt
T: (06151) 4 45 01   **Fax:** 42 17 02
E-Mail: bgdarmstadt@compuserve.com
Secrétaire Général: Noël Mangin
Deputy: Klaus Spielmann

● **IZ F 1 264**
Europäischer Verband der Isocyanathersteller (ISOPA)
European Isocyanate Producers Association
Fédération Européenne des Producteurs d'isocyanate
Avenue E. Van Nieuwenhuyse 4, B-1160 Brüssel
T: (00322) 6 76 74 75   **Fax:** 6 76 74 79
Internet: http://www.isopa.org
E-Mail: main@isopa.org
Gründung: 1987
Président: Charles Churet
Secretary General: Geert Strobbe (Contact)
Contact: C. Veys
Mitglieder: 7
Mitarbeiter: 3

● **IZ F 1 265**
Europäischer Verband der Isolationshersteller (EURIMA)
European Insulation Manufacturers' Association
Fédération Européenne des Fabricants d'isolations
Avenue Louise 375, Boite 4, B-1050 Brüssel
T: (00322) 6 26 20 90   **Fax:** 6 26 20 99
E-Mail: info@eurima.be
Gründung: 1961
President: Dr. H Furtak
Secr. Gen.: Horst Biedermann (Contact)
Mitglieder: 45
Mitarbeiter: 6

● **IZ F 1 266**
Europäischer Verband der Katalysatorhersteller (ECMA)
European Catalysts Manufacturers Association
Association Européenne des Fabricants de Catalyseurs
c/o CEFIC
Avenue E. Van Nieuwenhuyse 4-1, B-1160 Brüssel
T: (00322) 6 76 72 62   **Fax:** 6 76 73 01
Gründung: 1983
President: H. Wagner
Secretary General: M. Michaux
Mitglieder: 18

IZ F 1 267

Europäischer Verband der Mischfutterindustrie (FEFAC)
European Feed Manufacturers Association
Fédération Européenne des Fabricants d'Aliments Composés pour Animaux
223, rue de la Loi, B-1040 Bruxelles
T: (00322) 2 85 00 50   **Fax:** 2 30 57 22
E-Mail: fefac@fefac.org
Gründung: 1959
Präsident(in): P. Lake
Generalsekretär(in): A. Döring
Verbandszeitschrift: FEFAX; Feed & Food
Mitglieder: 15
Mitarbeiter: 7

Mitgliedsorganisationen

Belgien

iz f 1 268

Association Professionnelle des Fabricants d'Aliments Composés pour Animaux (APFACA/BEMEFA)
Beroepsvereniging der Mengvoederfabrikanten
Rue de l'Hopital 31 /Gasthuisstraat 31, B-1000 Brüssel
T: (00322) 5 12 09 55   **Fax:** 5 14 03 51
E-Mail: info@bemefa.be
President: H. Vandeputte
Director-General: Y. Dejaegher

Dänemark

iz f 1 269

Danske Korn-og Foderstof-Im-og Eksportorer Faellesorganisation (DAKOFO)
Borsen, DK-1217 Copenhagen
T: (0045) 33 95 05 00   **Fax:** 33 91 33 20
TX: 19126
E-Mail: dakofo@internet.dk
President: Albert Beckenkamp
Director-General: S. Trunshoej

Deutschland

iz f 1 270

Deutscher Verband Tiernahrung e.V. (DVT)
Postf. 30 04 45, 53184 Bonn
T: (0228) 9 75 68-0   **Fax:** 9 75 68-68
Internet: http://www.dvtiernahrung.de
E-Mail: info@dvtiernahrung.de
Präsident(in): Manfred Schräder
Anton Schumann
Hauptgeschäftsführer(in): Hubert Grote

Finnland

iz f 1 271

Elintarvikieteollisuusliitto ry (ETL)
Finnish Food and Drink Industries' Federation (FFDIF)
Finnish Animal Feed Industries Association
Postfach 1 15, FIN-00241 Helsinki
T: (003589) 14 88 71   **Fax:** 14 88 72 01
Internet: http://www.elintarvikieteollisuus.fi
E-Mail: antero.leino@etl.fi
President: I. Aronen
Director: A. Leino

Frankreich

iz f 1 272

Syndicat National des Industriels de la Nutrition Animale (SNIA)
41 bis, bd de Latour-Maubourg, F-75007 Paris
T: (00331) 44 18 63 50   **Fax:** 44 18 63 53
E-Mail: snia@wanadoo.fr
Président: Y. Montecot

Großbritannien

iz f 1 273

United Kingdom Agricultural Supply Trade Association Ltd. (UKASTA)
Whitehall Court, 3, GB- London SW1A 2EQ
T: (0044272) 9 30 36 11   **Fax:** 9 30 39 52
TX: 917 868
Internet: http://www.ukasta.org.uk
E-Mail: enquiries@ukasta.org.uk
Chairman: A. Barnard
Director-General: J. W. Reed

Irland

iz f 1 274

Irish Grain and Feed Association (IGFA)
Herbert Street 18, IRL- Dublin 2
T: (003531) 6 76 06 80   **Fax:** 6 61 67 74
E-Mail: igfa@cereal.iol.ie
President: M. Niland
Director: S. A. Funge

Italien

iz f 1 275

Associazione Nazionale tra i Produttori di Alimenti Zootecnici (ASSALZOO)
Via Lovanio 6, I-00198 Rom
T: (003906) 8 54 16 41   **Fax:** 8 54 16 41
E-Mail: assalzoo@iol.it
Presidente: G. Veronesi
Segretario Generale: E. Minetti

Niederlande

iz f 1 276

Nederlandse Vereniging Diervoederindustrie (NEVEDI)
FNM
Postfach 17 32, NL-3000 BS Rotterdam
T: (003110) 2 43 03 01   **Fax:** 2 43 03 10
E-Mail: nevedi@wxs.nl
President: M. Tielen
Secretary General: W. Wiegeraadt

Österreich

iz f 1 277

Fachverband der Nahrungs- und Genußmittelindustrie Österreichs (FNGO)
(Verband der Futtermittelindustrie)
Zaunergasse 1-3, A-1030 Wien
T: (00431) 7 12 21 21   **Fax:** 7 12 12 08
TX: 131247
E-Mail: m.klug@lebensmittel.wk.or.at
Präsident(in): J. Kapeller
Referent: M. Klug

Polen

iz f 1 278

Polish Association of Feed Producers
Ul. Nowogrodzka 22, p. 420, PL-00511 Warschau
T: (004822) 6 22-1593   **Fax:** 6 22-1593
Chairman: Leszlek Iracki

Portugal

iz f 1 279

Associaçao Portuguesa dos Industriais de Alimentos Compostos para Animais (IACA)
Av. 5 de Outubro, 21-2° Esq., P-1050 Lissabon
T: (0035121) 3 52 50 91   **Fax:** 3 53 03 87
E-Mail: iaca@mail.telepac.pt
President: A. J. Santos Araújo de Campos
Secretary General: L. Marques

Schweden

iz f 1 280

Svenska Lantmännens Riksförbund (S.L.R.)
Göransgatan 160a, S-10425 Stockholm
T: (00468) 6 57 42 00   **Fax:** 6 18 69 32
E-Mail: per-eric.lannhagen@lfu.se
President: H. Hellmo
Deputy-Director: P.-E. Lannhagen

iz f 1 281

Föreningen Foder och Spannmål (FS)
Postfach 11 33, S-11181 Stockholm
Barnhugsgatan 3, S-11181 Stockholm
T: (00468) 4 40 11 70   **Fax:** 24 95 30
E-Mail: erik.hartman@sinf.se
President: Bengt Rosén
Secretary General: Erik Hartman

Spanien

iz f 1 282

Confederacion Española de Fabricantes de Alimentos Compuestos para Animales (C.E.S.F.A.C.)
C/Diego de León 54, Escalera B - 5° Derecha, E-28006 Madrid
T: (003491) 5 63 34 13   **Fax:** 5 61 59 92
Internet: http://www.cesfac.es
E-Mail: cesfac@cesfac.com
President: J. A. Encinas Santos
Director: P. Aguirre

Schweiz

iz f 1 283

Vereinigung Schweizerischer Futtermittelfabrikanten (VSF)
Association Suisse des Fabricants d'Aliments Fourragers
Postfach 737, CH-3052 Zollikofen
Bernstr. 55, CH-3052 Zollikofen
T: (004131) 9 15 21 11   **Fax:** 9 15 21 12
E-Mail: vsf@vsf-mills.ch
President: S. Schmid
Director: R. Marti

Tschechische Republik

iz f 1 284

Českomoravské sdružení organizací ZZN
Bohemian-Moravian Union of Organisations for Agricultural Supply an Purchase
Contact address:
Opletalova 4
P.O. Box 812, CZ-11376 Prag
T: (004202) 24 21 24 71   **Fax:** 24 21 24 71
E-Mail: cmsozzn@volny.cz

Reference address: Výzkumný ústav výživy zvířat, s.r.o., Víděňnská 699, CZ-69123 Pohorelice
T: (00420626) 42 45 41, Fax: (00420626) 42 45 47, E-Mail: cmso@iol.cz
Director: Vít Prokop
Chairman: M. Jandečka

IZ F 1 285

Europäischer Verband der Holzpackmittel und Palettenhersteller (FEFPEB)
European Federation of Wooden Pallet and Packaging Manufacturers
Fédération Européene des Fabricants de Palettes et Emballages en Bois
Postfach 9 01 54, NL-5000 LG Tilburg
T: (003113) 5 94 48 02   **Fax:** 5 94 47 49
E-Mail: fefpeb@vsam.spaendonck.nl
Secretary General: Alphonsus J. M. Ceelaert
Verbandszeitschrift: Newsbox
Mitglieder: 11

IZ F 1 286

Europäischer Verband der Polyakohole Hersteller (EPA)
European Association of Polyol Producers
Association Européenne des Producteurs de Polyols
Avenue des Gaulois 9, B-1040 Brüssel
T: (00322) 7 36 53 54   **Fax:** 7 32 34 27
E-Mail: epa@ecco.be
Gründung: 1991
Secrétaire Général: Dionne Heijnen
Mitarbeiter: 2

IZ F 1 287

Europäischer Verband der Porzellan- und Steingut-Industrie (Geschirr und Zierkeramik) (FEPF)
Common Market Committee of the European Federation of Porcelain and Earthenware Tableware and Ornamental Ware Industries
Fédération Européenne des Industries de Porcelaine et de Faience de table et d'ornementation
Rue des Colonies 18-24 bte. 17, B-1000 Brüssel
T: (00322) 5 11 30 12, 5 11 70 25   **Fax:** 5 11 51 74

Finnland, Schweden, Norwegen

iz f 1 288

Nordic Group of Fepf
c/o Hackman Arabia oy AB
Postfach 130, FIN-00561 Helsinki
T: (003589) 39 391   **Fax:** 7 57 07 59

Deutschland

iz f 1 289

Verband der Keramischen Industrie e.V.
Postf. 16 24, 95090 Selb
Schillerstr. 17, 95100 Selb
T: (09287) 8 08-0   **Fax:** 7 04 92
Internet: http://www.keramverband.de
E-Mail: Frischholz@keramverband.de

Frankreich

iz f 1 290

Chambre Syndicale Française de la Céramique de Table et Ornementation
Ave Victor Hugo 15, F-75116 Paris
T: (00331) 45 00 18 56   **Fax:** 45 00 47 56

Großbritannien

iz f 1 291

British Ceramic Confederation
Federation House
Station Road, GB- Stoke on Trent ST4 2SA
T: (00441782) 74 46 31   **Fax:** 74 41 02

Italien

iz f 1 292

Federceramica, Settore domestico e ornamentale
Via Giovanni da Procia 11, I-20149 Mailand
T: (0039234) 56 53 99   **Fax:** 5 67 53 17

Niederlande

iz f 1 293

Algemene Vereniging voor de Nederlandse Aardewerkindustrie
Postfach 473, NL-6800 AL Arnhem
T: (003126) 4 42 82 22   **Fax:** 4 45 45 39

Portugal

iz f 1 294

APICER - Associatien Portugaise da Industria Cerâmica
Rua Cosonel Veiga Simäv, Eokficio C, P-3020053 Coimbra
T: (0035139) 49 76 00   **Fax:** 49 76 01

● **IZ F 1 295**

Europäischer Verband der Salzhersteller (ESPA)
European Salt Producers' Association
17, rue Daru, F-75008 Paris
T: (00331) 47 66 52 90   **Fax:** 47 66 52 66
Internet: http://www.eu-salt.com
E-Mail: bmoinier@eu-salt.com
Gründung: 1958
Vorsitzende(r): Jan Van Ingen
Generalsekretär(in): Bernard Moinier (F)

Mitglieder

Belgien

iz f 1 296

SOLVAY S.A.
Administration Centrale
Rue Du Prince Albert 33, B-1050 Brüssel
T: (00322) 5 09 61 11   **Fax:** 5 09 65 05

Dänemark

iz f 1 297

DANSK SALT A/S
Hadsundvej 17, DK-9550 Mariager
T: (0045) 96 68 78 88   **Fax:** 96 68 78 90
E-Mail: dansksalt@dansksalt.dk

Deutschland

iz f 1 298

Verein Deutsche Salzindustrie e.V.
Herwarthstr. 36, 53115 Bonn
T: (0228) 6 04 73-0   **Fax:** 6 04 73-10
E-Mail: info@salzindustrie.de

Frankreich

iz f 1 299

Comité des Salines de France
17, rue Daru, F-75008 Paris
T: (00331) 47 66 52 90   **Fax:** 47 66 52 66
E-Mail: bmoinier@salines.com

Griechenland

iz f 1 300

Hellenic Saltworks SA
Asklipiou Street 1, GR-10679 Athen
T: (00301) 3 61 74 50   **Fax:** 3 61 77 81

Großbritannien

iz f 1 301

Salt Manufacturers' Association
7, Bartley Road Northenden, GB- Manchester M22 4BG
T: (0044161) 9 98 35 57   **Fax:** 9 98 35 56
E-Mail: saltmanufacturers@msn.com

Italien

iz f 1 302

ETI - ENTE Tabacchi Italiani
Via Cristoforo Colombo 112, I-00147 Rom
T: (003906) 51 07 53 08   **Fax:** 51 07 54 03

iz f 1 303

Ing.Luigi Conti Vecchi S.p.A.
P.za Boldrini 1, I-20097 San Donato Milanese Milanese
T: (00392) 520 42 383   **Fax:** 520 42 341
E-Mail: armando_succi@hq.enichem.geis.com

iz f 1 304

ITALKALI S.p.A.
Via Principe Granatelli 46, I-90130 Palermo
T: (003991) 6 02 91 11   **Fax:** 6 02 92 34

Niederlande

iz f 1 305

Akzo Nobel Salt BV
Postfach 247, NL-3800 AE Amersfoort
Stationsplein 4, NL-3800 AE Amersfoort
T: (003133) 4 67 67 67   **Fax:** 4 67 61 08
E-Mail: floris.bierman@akzo.nl

Österreich

iz f 1 306

Österreichische Salinen AG
Wirerstr. 10, A-4820 Bad Ischl
T: (00436132) 2 00 41 00   **Fax:** 2 00 21 14
E-Mail: ks@salinen.co.at

Rumänien

iz f 1 307

SALROM Societatea Nationala a Sarii S.A.
Calea Victoriei 220, R-71104, Sector 1 Bucuresti
T: (00401) 650 65 65   **Fax:** 650 21 80
E-Mail: salrom@fx.so

Schweiz

iz f 1 308

Vereinigte Schweizerische Rheinsalinen AG
Schweizerhalle, CH-4133 Pratteln 1
T: (004161) 8 25 51 51   **Fax:** 8 25 51 12
E-Mail: info@saline.ch

iz f 1 309

Société Vaudoise des mines et salines de Bex
Le Bévieux, CH- Bex
T: (004124) 4630320   **Fax:** 4630322

Spanien

iz f 1 310

Asociacion Espanola de Fabricantes de Sal
C/Claudio Coello, 50 4° Ext. Izda. N°6, E-28001 Madrid
T: (003491) 4 26 11 24   **Fax:** 4 26 11 24
E-Mail: afasal.jjp@terra.es

Türkei

iz f 1 311

General Directorate of Tobacco, Tobacco Products, Salt and Alcohol Enterprises Tekel
TR- Unkapani-Istanbul
T: (0090212) 5 31 38 57   **Fax:** 5 32 05 27

Ukraine

iz f 1 312

UKRSOL
1, B. Grichenko Str., UA-01001 Kiev 1
T: (0038044) 2 29 73 68   **Fax:** 2 29 74 11

● **IZ F 1 313**

Europäischer Verband der Snacksteller (ESA)
European Snacks Association (ESA)
Association Européenne des Fabricants des Snacks
Swiss Centre
10, Wardour Street, GB- London WID 6QF
T: (004420) 74 39 25 67   **Fax:** 74 39 26 73
Internet: http://www.esa.org.uk
E-Mail: esa@esa.org.uk
Gründung: 1959
President: Dick Regd
Generalsekretär(in): Steve Chandler
Verbandszeitschrift: The Snack Magazine
Redaktion: The Snacks Magazine, Lion House, 4, Russell St., GB-Leek, Staffs. ST13 5JF
Mitglieder: 200
Mitarbeiter: 4
Jahresetat: DM 0,290 Mio

Mitgliedsorganisationen

Deutschland

iz f 1 314

Bundesverband der Deutschen Süßwarenindustrie e.V. - BDSI
Schumannstr. 4-6, 53113 Bonn
T: (0228) 2 60 07-0   **Fax:** 2 60 07-89
Internet: http://www.bdsi.de
E-Mail: bdsi@bdsi.de

iz f 1 315

Zentralfachschule der Deutschen Süßwarenindustrie
Postf. 18 01 10, 42626 Solingen
De-Leuw-Str. 3-9, 42653 Solingen
T: (0212) 59 61-0   **Fax:** 59 61-61
Internet: http://www.zds-solingen.de

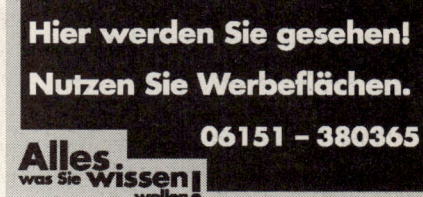

iz f 1 315

E-Mail: zds.solingen@t-online.de
Geschf. Vorst.-Mitgl.: Winfried Köllmann

iz f 1 316
Arbeitskreis Erdnuss (AKE)
The German Peanut Council
c/o IPR
Spadenteich 1, 20099 Hamburg

Großbritannien

iz f 1 317
Snacma
Swiss Centre
10, Wardour Street, GB- London WO 6 QF
T: (004420) 74 39 25 67 Fax: 74 39 26 73

iz f 1 318
National Peanut Council of America
Grosvenor Gardens House
35-37 Grosvenor Gardens, GB- London SW1W OBS

Italien

iz f 1 319
Associazione Italiana Industrie Prodotti Alimentari (A.I.I.P.A.)
Corso di Porta Nuova 34, I-20121 Mailand
T: (003902) 65 41 84 Fax: 65 48 22, 5 12 97 71 (BXL), (003905) 35 27 30 (Bologna)
E-Mail: aiipa@foodarea.it

Niederlande

iz f 1 320
Verbisko
Raamweg 44, NL-2596 IN Den Haag
T: (003170) 46 06 43 Fax: 45 82 71

iz f 1 321
Dutch Groundnut Association
Postfach 1 90, NL-3000 AD Rotterdam

Spanien

iz f 1 322
Asociacion de Industrias de la Alimentacion
De Bergudes de Catanya 1
C/Mallorca 286 entl. 2, E-08037 Barcelona
T: (0034207) 25 16

● **IZ F 1 323**
Europäischer Verband der Spirituosenhersteller (CEPS)
Confederation of European Spirits Producers
Confédération Européenne des Producteurs de Spiritueux
Avenue de Tervuren 192B-3, B-1150 Brüssel
T: (00322) 7 79 24 23 Fax: 7 72 98 20
Internet: http://www.europeanspirits.org
E-Mail: ceps1@skynet.be
Gründung: 1993
President: Dieter Wingenfeld
Contact: Robby Schreiber
Mitglieder: 35 Nationale Verbände
Mitarbeiter: 3

Mitgliedsorganisationen aus der EU

Belgien

iz f 1 324
Fédération Belge des Vins et Spiritueux asbl (FBVS)
Belgische Federatie van Wijn en Gedistilleerd vzw (BFWG)
Rue de Livourne 13 - Bte 5, B-1060 Brüssel
T: (00322) 5 37 00 51 Fax: 5 37 81 56
E-Mail: fbvs.bfwg@skynet.be
Président: Philippe Grafé
Vice Présidents: Emile de Beukelaer
Hugues Nolet de Brauwere
Guy Tapernoux
Secrétaire Général: Jean-Jacques Delhaye

Dänemark

iz f 1 325
Foreningen af Danske Spiritusfabrikanter
c/o Danish Distillers (DD)
Postfach 21 58, DK-1016 Copenhagen
Langebrogade 4, DK-1016 Copenhagen
T: (0045) 32 66 24 00 Fax: 32 66 21 10
E-Mail: hans.christian.pape@distillers.dk
Président: Svend Helmer
Vice Président: Hans Christian Pape (Directeur Général)

Deutschland

iz f 1 326
Bundesverband der Deutschen Spirituosen-Industrie und -Importeure e.V. (BSI)
Postf. 15 02 23, 53041 Bonn
T: (0228) 5 39 94-0 Fax: 5 39 94-20
Internet: http://www.bsi-bonn.de
E-Mail: bsi-bonn@t-online.de
Président: Harald Eckes-Chantré
Vice Présidents: Christian Fehling
William Verpoorten
Contact: Martin Kieffer
Angelika Wiesgen-Pick

iz f 1 327
Bundesverband der Obstverschlußbrenner e.V. (BOVB)
Werderring 12, 79098 Freiburg
T: (0761) 3 25 12 Fax: 3 26 12
E-Mail: bdo.frbg@t-online.de
Président: Nicolaus Schladerer-Ulmann
Vice Président: C. Weis
Contact: Harald Brugger (Director General)

iz f 1 328
Bundesverband Deutscher Kornbrenner e.V. (BDK)
Westfalendamm 59, 44141 Dortmund
T: (0231) 43 01 44 Fax: 42 20 37
E-Mail: kornbrenner@t-online.de
Président: Knut Elmendorf
Vice Président: F. Hennes
Contact: Dipl.oec. Peter Pilz (Director General)

Spanien

iz f 1 329
Federación Española de Bebidas Espirituosas (FEBE)
C/Diego de León 44 2°dcha, E-28006 Madrid
T: (003491) 5 61 78 91, 5 61 92 23 Fax: 5 61 89 55
E-Mail: febe@intercom.es
Président: Neil J. Everitt
Vice Présidents: Francisco Garcia Molina
Bruno Rain
Emilio Restoy
Xavier Serra
Luis Caballero
Pelayo de la Mata
Directeur Général: Xavier de la Trinxeria (Contact)

iz f 1 330
Federación de Bodegas del Marco de Jerez (FEDEJEREZ)
Calle Eguiluz 2-1 °, E-11402 Jerez de la Frontera
T: (0034956) 34 10 46 Fax: 34 60 81
Internet: http://www.fedjerez.com
E-Mail: aces@fedjerez.com
Président: Francisco Valencia Jaén (Contact)
Vice Président: Angel Lebrero
Directeur Général: J. Luis Bretón

Finnland

iz f 1 331
Elintarvikieteollisuusliitto ry (ETL)
Finnish Food and Drink Industries' Federation (FFDIF)
Finnish Alcoholic Beverages Industries' Association (FABIA)
Postfach 1 15, FIN-00241 Helsinki
T: (003589) 14 88 71 Fax: 14 88 72 01
Internet: http://www.elintarviketeollisuus.fi
E-Mail: antero.leino@etl.fi
Président: Heikki Elo (FABIA)
Directeur Général: Pekka Hämäläinen (FFDIF)
Secrétaire Général: Irmeli Mustonen (Contact ; FABIA)

Frankreich

iz f 1 332
Bureau National Interprofessionnel de l'Armagnac (BNIA)
Postfach 3, F-32800 Eauze
T: (00335) 62 08 11 00 Fax: 62 08 11 01
Internet: http://www.swfrance.com/armagnac/bnia.htm
E-Mail: armagnac.bureau.national@wanadoo.fr
Président: Yves Bentegeac
Vice Présidents: Maurice Papelorey
Jean-Paul Sempé
Directeur Général: Sébastien Lacroix (Contact)

iz f 1 333
Bureau National Interprofessionnel du Calvados, du Pommeau et des Eaux-de-Vie de Cidre et de Poiré (BNICE)
Rue Saint-Ouen 31, F-14400 Caen
T: (00332) 31 75 30 90 Fax: 31 74 26 97
E-Mail: bnice@wanadoo.fr
Président: Jean Pinchon
Directeur Général: Jean-Pierre Debray (Contact)

iz f 1 334
Bureau National Interprofessionnel du Cognac (BNIC)
Allées du Champs de Mars 23, F-16101 Cognac
T: (003305) 45 35 60 00 Fax: 45 82 86 54
Internet: http://www.bnic.fr
E-Mail: aphilippe@bnic.fr
Président: Bernard Guionnet
Vice Président: Jean-Pierre Lacarrière
Directeur Général: Alain Philippe (Contact)

iz f 1 335
Fédération Nationale des Distillateurs d'Eaux-de-Vie de Fruits (FNEF)
Rue de l'Isly 8, F-75008 Paris
T: (00331) 53 04 30 20 Fax: 53 04 30 24
E-Mail: snflffs.mr@spirvis.org
Président: Bernard Baud
Vice Président: Denis Gauthier
Directeur Général: Michel Rigo (Contact)

iz f 1 336
Fédération Nationale des Distilleries Coopératives (FNDC)
Rue de Rome 53, F-75008 Paris
T: (00331) 42 94 25 92 Fax: 45 22 86 21
E-Mail: ufab@ufab.fr
Président: André Camroux
Vice Président: Jean-Marie Serre
Directeur Général: Frederic Pelenc
Contact: Maurice Crouzet

iz f 1 337
Fédération Française des Brandies (FFB)
Cours du XXX Juillet 1, F-33000 Bordeaux
T: (00335) 56 00 22 90 Fax: 56 81 37 43
E-Mail: negoce@vins-bordeaux-negoce.com
Président: Antoine Cuzange
Contact: Michel Tissinier

iz f 1 338
Syndicat Cognac Progrès et Tradition (SCPT)
c/o Remy Martin
Postfach 37, F-16102 Cognac
Rue de la Société Vinicole 20, F-16102 Cognac Cedex
T: (00335) 45 35 76 82 Fax: 45 32 47 55
E-Mail: cognac.progres.tradition@remy-cointreau.com
Président: Jean-Pierre Lacarrière (Contact)
Vice Président: Gérard Mathias
Trésorier: Jérôme Royer

iz f 1 339
Syndicat Français du Rhum (SFR)
Rue de l'Isly 8, F-75008 Paris
T: (00331) 53 04 30 20 Fax: 53 04 30 24
E-Mail: snflffs.mr@spirvis.org
Président: Jean-Claude Cantorné
Vice Présidents: Jean-Louis Medioni
Michel de Soye
Directeur Général: Michel Rigo (Contact)

iz f 1 340
Syndicat des Exportateurs de Cognac (SEC)
Postfach 77, F-16103 Cognac
Avenue Victor Hugo 102, F-16103 Cognac
T: (00335) 45 36 32 32 Fax: 45 35 42 02

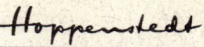

E-Mail: syndicat.exportateurs@cognac.cci.fr
Président: Philippe Treutenaere
Directeur Général: Francis Arnaud (Contact)

iz f 1 341

Union Syndicale des Négociants en Cognacs et Eaux-de-Vie (USNCE)
Postfach 226, F-16111 Cognac
Boulevard Oscar Planat 44, F-16111 Cognac
T: (00335) 45 32 28 28   **Fax:** 45 32 17 11
E-Mail: a.cuzange@camus.fr
Président: Antoine Cuzange (Contact)

iz f 1 342

Union des Producteurs Français de Spiritueux (UPS)
Rue de l'Isly 8, F-75008 Paris
T: (00331) 53 04 30 25   **Fax:** 53 04 30 29
E-Mail: upsffs.nb@spirvis.org
Président: Thierry Billot
Directeur Général: Norbert Boutard (Contact)

iz f 1 343

Syndicat National des Fabricants de Liqueurs (SNFL)
Rue de l'Isly 8, F-75008 Paris
T: (00331) 53 04 30 20   **Fax:** 53 04 30 24
E-Mail: snflffs.mr@spirvis.org
Président: Jacques Damidot
Vice Présidents: Xavier Cartron
Françoise Faye
Directeur Général: Michel Rigo (Contact)

Griechenland

iz f 1 344

Fédération Hellénique des Eaux-de-Vie et Spiritueux (SEAOP)
21, rue Hipitou, GR-10557 Athen
T: (00301) 33 1004 72   **Fax:** 33 104 73
E-Mail: seaop@hol.gr
Président: George Tsantalis
Vice-Président: George Stoumpis
Directeur Général: Christos Loutzakis

Irland

iz f 1 345

Irish Spirits Association (ISA)
Confederation House
Lower Baggot Street 84 /86, IRL- Dublin 2
T: (003531) 6 05 15 69   **Fax:** 6 38 15 69
E-Mail: kathryn.raleigh@ibec.ie
Président: James F. Killeen
Directeur Général: Kathryn Raleigh (Contact)

iz f 1 346

Irish Whiskey Distillers Association (IWDA)
Bow Street Distillery - Smithfield, IRL- Dublin 7
T: (003531) 8 72 55 66   **Fax:** 8 72 31 09
E-Mail: jim_killeen@idl.ie
Président: Richard Burrows
Vice Président: M.J. Murphy
Directeur Général: James F. Killeen
Contact: Jean Rodesch

Italien

iz f 1 347

Federazione Italiana Industriali Produttori, Esportatori ed Importatori di Vini, Acquaviti, Liquori, Sciroppi, Aceti ed Affini (FEDERVINI)
Via Mentana 2/ B, I-00185 Rom
T: (003906) 4 94 16 30   **Fax:** 4 94 15 66
E-Mail: federvini@foodarea.it
Président: L. Rossi di Montelera
Vice Présidents: Pietro Alagna
Marco Perelli Cippo
Directeur Général: Federico Castellucci (Contact)

Luxemburg

iz f 1 348

Fédération Luxembourgeoise des Producteurs de Vin et Spiritueux (FLPVS)
c/o Distillerie Othon Schmitt
rte de Bettembourg 44 B.P. 3, L-3333 Hellange
T: (00352) 85 50 66   **Fax:** 51 50 60

E-Mail: anne@othon-schmitt.com
Contact: Anne Toussaint

Niederlande

iz f 1 349

Productschap voor Gedistilleerde Dranken (PGD)
Postfach 1 24, NL-3100 AC Schiedam
Hoek Lange Haven 127, NL-3100 AC Schiedam
T: (003110) 4 26 93 40   **Fax:** 4 73 98 58
Internet: http://www.pgd.nl
E-Mail: info@pgd.nl
Président: J.P.A. Gruyters
Vice Président: R.P.M. de Kuyper
Directeur Général: Jack Verhoek (Contact)

Portugal

iz f 1 350

Associação dos Comerciantes e Industriais de Bebidas Espirituosas e Vinhos (ACIBEV)
Largo do carmo 15-1°, P-1200 Lissabon
T: (0035121) 3 46 23 18/9   **Fax:** 3 42 75 17
E-Mail: acibevmail@acibev.pt
Président: L. Morais-Cardoso
Directeur Général: J. Tordo
Secrétaire Général: José Dornellas (Contact)

Österreich

iz f 1 351

Fachverband der Nahrungs- und Genußmittelindustrie Österreichs (FNGO)
Postfach 4A, A-1037 Wien
Zaunergasse 1-3, A-1030 Wien
T: (00431) 7 12 21 21   **Fax:** 7 12 12 08
TX: 131247
E-Mail: m.klug@lebensmittel.wk.or.at
Président: Gottfried Flatscher
Vice Président: Helmut Walser
Directeur Général: Bruno Mayer (Contact)

Schweden

iz f 1 352

The Swedish Spirits & Wine Suppliers (SSWS)
Sprit & Vinleverantörsföringen
S-10329 Stockholm
T: (00468) 7 62 76 25   **Fax:** 7 62 76 27
Internet: http://www.svenskhandel.se/svl
E-Mail: swartz.svl@svenskhandel.se
Président: Kjell-Olof Feldt
Vice Président: Christer Tegnér
Directeur Général: Bertil Swartz (Contact)

Großbritannien

iz f 1 353

The Gin and Vodka Association of Great Britain (GVA)
Winchester House
Winchester Street, GB- Hampshire SP10 2ET
T: (00441264) 33 70 11   **Fax:** 35 02 19
Internet: http://www.ginvodka.org
E-Mail: ginvodka@lineone.net
Président: Ian Jamieson
Directeur Général: Edwin Atkinson (Contact)

iz f 1 354

The Scotch Whisky Association (SWA)
Atholl Crescent 20, GB- Edinburgh EH3 8HF
T: (0044131) 2 22 92 00   **Fax:** 2 29 19 89
Internet: http://www.scotch-whisky.org.uk
E-Mail: hmorison@swa.org.uk
Président: John B. McGrath
Directeur Général: Hugh Morison
Contact: Tim Jackson

Europa

iz f 1 355

Europäische Verbindungsgruppe der Spirituosenfirmen
European Spirits Companies Liaison Group (ESCLG)
c/o Allied Domecq PLC
The Pavilions
Bridgewater Road Bedminster Down, GB- Bristol BS13 8AR
T: (004420) 8946 5449   **Fax:** 8946 8863

E-Mail: john.walter@adsweu.com
Spokesperson: John Walter

● **IZ F 1 356**

Europäischer Verband Vliesstoffe und Einmalartikel (EDANA)
European Disposables and Nonwovens Association (EDANA)
Association Européenne des articles à usage unique et des nontissés
Avenue E. Plasky 157, B-1030 Brüssel
T: (00322) 7 34 93 10   **Fax:** 7 33 35 18
E-Mail: edana@euronet.be
Gründung: 1971 (Mai)
Vorsitzende(r): Krzysztof Malowaniec (Paul Hartmann AG, Germany)
Generalsekretär(in): Paul Dewirgaerden
Mitglieder: 155
Mitarbeiter: 10

● **IZ F 1 357**

Europäischer Verband der Zitronensäurehersteller (ECAMA)
European Citric Acid Manufacturers Association
Association Européenne des Producteurs d'Acide Citrique
c/o CEFIC
Avenue E. Van Nieuwenhuyse 4 /1, B-1160 Brüssel
T: (00322) 6 76 72 02   **Fax:** 6 76 73 01
E-Mail: pvd@cefic.be
Gründung: 1980
Président: R. Soiron
Secrétaire Général: P. van der Hoeven

● **IZ F 1 358**

Europäischer Verband der Zuckerindustrie (CEFS)
European Committee of Sugar Manufacturers
Comité Européen des Fabricants de Sucre
182, av de Tervueren, B-1150 Bruxelles
T: (00322) 7 62 07 60   **Fax:** 7 71 00 26
E-Mail: cefs@euronet.be
Präsident(in): Dr. Renato Picco
Generaldirektor: Jean-Louis Bartol
Mitglieder: 15 westeuropäische Länder

Belgien

iz f 1 359

SUBEL
Av. de Tervueren 182, B-1150 Brüssel
T: (00322) 7 75 80 69   **Fax:** 7 75 80 75

Dänemark

iz f 1 360

DANISCO Sugar
Langebrogade 1, DK-1001 Kopenhagen K
T: (0045) 32 66 20 00   **Fax:** 32 66 21 79

Deutschland

iz f 1 361

Verein der Zuckerindustrie
Postf. 25 45, 53015 Bonn
Am Hofgarten 8, 53113 Bonn
T: (0228) 22 85-0   **Fax:** 2 28 51 00
Internet: http://www.zuckerwirtschaft.de
E-Mail: wvz.wvz@t-online.de

Spanien

iz f 1 362

Asoc. Gen. de Fabricantes de Azucar
Montalban 11, E-28014 Madrid
T: (00341) 5 22 84 32   **Fax:** 5 31 06 08

Finnland

iz f 1 363

Finnsugar Ltd.
Kyllikinportti 2, FIN-00241 Helsinki
T: (003589) 29 74 84   **Fax:** 2 97 47 44

iz f 1 364

Frankreich

iz f 1 364

Syndicat National des Fabricants de Sucre de France
Av. d'Iena 23, F-75016 Paris
T: (00331) 49 52 66 66 **Fax:** 40 70 10 79

Griechenland

iz f 1 365

Hellenic Sugar Industry SA
Mitropoleos Street 34, GR-54110 Saloniki
T: (003031) 26 95 55 **Fax:** 22 82 21

Irland

iz f 1 366

Irish Sugar Plc
St. Stephen's Green House, IRL- Dublin 2
T: (003531) 6 05 10 00 **Fax:** 6 05 11 00

Italien

iz f 1 367

Associazione Nazionale dello Zucchero (ASSO-ZUCCHERO)
Piazza Campitelli, 3 int. 3, I-00186 Rom
T: (003906) 6 78 11 53 **Fax:** 6 99 00 34

Niederlande

iz f 1 368

Cooperative Cosun U.A.
Noordzeedijk 113, NL-4671 TL Dinteloord
T: (0031) 1 65 52 52 52 **Fax:** 1 65 52 52 55

iz f 1 369

CSM Suiker B.V.
Postfach 349, NL-1000 Amsterdam AH
T: (003120) 5 90 69 11 **Fax:** 6 95 19 42

Österreich

iz f 1 370

Zucker und Stärke Aktiengesellschaft
F.-W.-Raiffeisen-Platz 1, A-1020 Wien
T: (00431) 2 11 37 20 55 **Fax:** 2 11 37 29 81

Portugal

iz f 1 371

Associacao dos Refinadores de Acucar Portugueses
Avenida da Liberdaote u° 227-5 °, P-1250-142 Lissabon
T: (0035121) 3 52 41 65 **Fax:** 3 54 78 47

Schweden

iz f 1 372

Danisco Sugar AB
S-20504 Malmö
T: (004640) 53 70 00 **Fax:** 43 07 29

Schweiz

iz f 1 373

Zuckerfabriken Aaberg & Frauenfeld AG
CH-3270 Aarberg
T: (004132) 3 91 62 00 **Fax:** 3 91 62 40

iz f 1 374

British Sugar Plc
Oundle Road, GB- Peterborough PE2 9QU
T: (00441733) 56 31 71 **Fax:** 5 63 067

● **IZ F 1 375**
CEMBUREAU
The European Cement Association
Association Européenne du Ciment
Rue d'Arlon 55, B-1040 Brussels
T: (00322) 2 34 10 11 **Fax:** 2 30 47 20
Internet: http://www.cembureau.be
E-Mail: secretariat@cembureau.be

Mitgliedsorganisationen

Belgien

iz f 1 376

Fédération de l'Industrie Cimentière Belge a.s.b.l.
Federatie van de Belgische Cementnijverheid v.z.w. (FEBELCEM)
Rue Volta 8, B-1050 Brüssel
T: (00322) 6 45 52 11 **Fax:** 6 40 06 70
Internet: http://www.febelcem.be
E-Mail: info@febelcem.be

Dänemark

iz f 1 377

Aalborg Portland A/S
Postfach 165, DK-9100 Aalborg
Rørdalsvej 44, DK-9100 Aalborg
T: (004598) 16 77 77 **Fax:** 10 11 86
Internet: http://www.aalborg-portland.dk
E-Mail: cement@aalborg-portland.dk

Deutschland

iz f 1 378

Bundesverband der Deutschen Zementindustrie e.V. (BDZ)
Postf. 51 05 66, 50941 Köln
Pferdmengesstr. 7, 50968 Köln
T: (0221) 3 76 56-0 **Fax:** 3 76 56 86
Internet: http://www.BDZement.de
E-Mail: BDZ@BDZement.de

Finnland

iz f 1 379

Finnsementti Oy
FIN-21600 Pargas
T: (003582) 45 45 67 **Fax:** 45 42 65 35
Internet: http://www.finnsementti.fi
E-Mail: info@finnsementti.fi

Frankreich

iz f 1 380

Syndicat Français de l'Industrie Cimentière (SFIC)
7, Place de la Défense, la Défense 4, F-92974 Paris,
La Défense Cedex
T: (00331) 55 23 01 23 **Fax:** 55 23 01 24
Internet: http://www.sfic.net
E-Mail: sfic@sfic.net

Griechenland

iz f 1 381

Association of the Greek Cement Industry
Stavrou P. Street 13, GR-11524 Athen
T: (00301) 6 91 18 86 **Fax:** 6 99 33 98
E-Mail: asscemid@otenet.gr

Großbritannien

iz f 1 382

BCA
British Cement Association
Century House
Telford Avenue, GB- Crowthorne Berks RG45 6YS
T: (00441344) 76 26 76 **Fax:** 76 12 14
Internet: http://www.bca.org.uk
E-Mail: library@bca.org.uk

Irland

iz f 1 383

Irish Cement Limited
Stillorgan Road, IRL- Stillorgan Co. Dublin
T: (003531) 2 06 40 00 **Fax:** 2 06 40 01
Internet: http://www.irishcement.ie
E-Mail: info@irishcement.ie

Island

iz f 1 384

Sementsverksmidjan hf (Iceland Cement Ltd.)
Postfach 2 05, IS-300 Akranes
Manabraut 18-20, IS-300 Akranes
T: (00354) 4 30 50 00 **Fax:** 4 30 50 01
Internet: http://www.sement.is
E-Mail: sement@sement.is

Italien

iz f 1 385

Associazione Italiana Tecnico Economica del Cemento - A.I.T.E.C.
Piazza G. Marconi 25, I-00144 Rom
T: (0039065) 4 21 02 37 **Fax:** 91 54 08
E-Mail: aitecrm@tin.it

Luxemburg

iz f 1 386

Ciments Luxembourgeois S.A.
Postfach 1 46, L-4002 Esch-sur-Alzette
T: (00352) 55 25 25-1 **Fax:** 55 70 61
Internet: http://www.dyckerhoff.de/luxemburg
E-Mail: cimenlux@pt.lu

Niederlande

iz f 1 387

Vereniging Nederlandse Cementindustrie - VNC
St. Teunislaan 1, NL-5231 BS 's-Hertogenbosch
T: (003173) 6 40 11 50 **Fax:** 6 40 12 84
Internet: http://www.enci.nl
E-Mail: betoninfo@enci.nl

Norwegen

iz f 1 388

NORCEM A.S.
Ruseløkkveien 14, N-0251 Oslo
T: (004722) 87 84 00 **Fax:** 87 84 01/02
Internet: http://www.norcem.no
E-Mail: firmapost@norcem.no

Österreich

iz f 1 389

Vereinigung der Österreichischen Zementindustrie - VÖZ
Reisnerstr. 53, A-1030 Wien
T: (00431) 7 14 66 81-0 **Fax:** 7 14 66 81-66
E-Mail: zement@zement-beton.co.at

Polen

iz f 1 390

The Polish Cement and Lime Association
Morawskiego Str. 5, PL-30102 Kraków
T: (004812) 4 27 20 69 **Fax:** 4 22 13 42
Internet: http://www.polskicement.com.pl
E-Mail: polcem@polskicement.com.pl

Portugal

iz f 1 391

ATIC
Associação Técnica da Indústria de Cimento
Av. 5 de Outubro 54-2°-D, P-1050-058 Lissabon
T: (0035121) 3 54 75 38, 3 54 79 70 **Fax:** 3 52 50 99
E-Mail: cimento.atic@mail.telepac.pt

Hoppenstedt

Schweden

iz f 1 392

Cementa AB
Postfach 1 44, S-18212 Danderyd
Vendervägen 90, S-18212 Danderyd
T: (00468) 6 25 68 00   **Fax:** 6 25 68 71
Internet: http://www.cementa.com
E-Mail: danderyd@cementa.scancem.com

Schweiz

iz f 1 393

cemsuisse
Marktgasse 53, CH-3011 Bern
T: (004131) 3 27 97 97   **Fax:** 3 27 97 70
Internet: http://www.cemsuisse.ch
E-Mail: info@cemsuisse.ch

Spanien

iz f 1 394

OFICEMEN
Agrupacion de Fabricantes de Cemento de España
José Abascal 53-1, E-28003 Madrid
T: (003491) 4 41 16 88   **Fax:** 4 42 38 17
Internet: http://www.oficemen.com
E-Mail: direccion@oficemen.com

Türkei

iz f 1 395

Turkish Cement Manufacturers' Association (TCMA)
Postfach 2, TR-06582 Bakanliklar Ankara
Eskisehir Yolu 9 Km., TR-06530 Bakanliklar Ankara
T: (0090312) 2 87 32 50   **Fax:** 2 87 92 72
Internet: http://www.tcma.org.tr
E-Mail: info@tcma.org.tr

Assoziierte Mitglieder

Estland

iz f 1 396

Kunda Nordic Cement Corporation
Petersburg rd. 75, EW-11415 Tallinn
T: (003726) 209 650   **Fax:** 209 651

Slowakische Republik

iz f 1 397

ZVCV SR
The Cement and Lime Producers Association of the Slovak Republic
Partisánska cesta 91, SK-97544 Banská Bystrica
T: (0042188) 4 31 02 24   **Fax:** 4 14 55 76
Internet: http://www.zvcv.sk
E-Mail: imurgas@scbb.sk

Tschechische Republik

iz f 1 398

SV-CEVA
Cement & Lime Producers Association of the Czech Republic
Stetkova 18, CZ-14068 Praha 4
T: (004202) 42 05 70   **Fax:** 42 05 70
E-Mail: svceva@pha.pvtnet.cz

Ungarn

iz f 1 399

Magyar Cementipari Szövetség
Hungarian Cement Association
Bécsi út 120-122, H-1034 Budapest III
T: (00361) 3 88 23 62   **Fax:** 3 68 76 28
E-Mail: mcsz@mail.datanet.hu

● **IZ F 1 400**

Europäischer Zentralverband der Öffentlichen Wirtschaft (CEEP)
European Centre of Enterprises with Public Participation and of Enterprises of General Economic Interest
Centre Européen des Entreprises à Participation Publique et des Entreprises d'Intérêt Économique Général
Rue de la Charité 15 B12, B-1210 Brüssel
T: (00322) 2 19 27 98   **Fax:** 2 18 12 13
E-Mail: ceep@interweb.be
Gründung: 1961
President: Joao Cravinho
Verbandszeitschrift: Public Undertakings in the European Community - CEEP annals; Rapport d'Activités; Memorandum sur les Relations Financières entre les Etats et les Entreprises Publiques; Actualisation de la Notion de Service Public; Europe. Concurrence et Service Publique
Mitglieder: 13 National Sections, 3 Member associated, 1 Member individuel, 250 Companies
Mitarbeiter: 8

● **IZ F 1 401**

Europäischer Zusammenschluß der Flachglashersteller (GEPVP)
Groupement Européen des Producteurs de Verre Plat
av. Louise 89, B-1050 Bruxelles
T: (00322) 5 38 43 77   **Fax:** 5 37 84 69
Gründung: 1978
President: C. A. Tardy (St. Gobain Glass)
Vice-President: R. Vermeire (Glaverbel)
Secretary General: E. Bullen
Mitarbeiter: 2

● **IZ F 1 402**

Europäisches Baumaschinen Komitee (CECE)
Committee for European Constuction Equipment
Comité européen des materiels de génie civil
Bld. A. Reyers 80 Diamant Building, B-1030 Brüssel
T: (00322) 7 06 82 25   **Fax:** 7 06 82 29
E-Mail: cece@skynet.be
Vorsitzende(r): Heribert J. Wiedenhues
Generalsekretär(in): Pierre Juliens

● **IZ F 1 403**

Europäisches Forum von nationalen Lift-Gesellschaften (EFLA)
European Forum of National Lift Associations
Avenue L. Gribaumont 1 bte. 6, B-1150 Brüssel
T: (00322) 7 79 50 82   **Fax:** 7 72 16 85
Gründung: 1997
Mitglieder: 19
Mitarbeiter: 2

● **IZ F 1 404**

Europäisches Institut für Gedruckte Schaltungen (EIPC)
European Institute of Printed Circuits
Postfach 610, CH-4123 Allschwil
Hegenheimermatt Weg 65, CH-4123 Allschwil
T: (004161) 4 82 39 00   **Fax:** 4 82 39 10
Internet: http://www.eipc.org/
E-Mail: eipc@eipc.org
Gründung: 1968
Leiter(in): N.N.
Mitglieder: 200
Mitarbeiter: 4

● **IZ F 1 405**

Europäisches Institut für technische Befestigungselemente (EIFI)
European Industrial Fasteners Institute
Institut Européen pour Eléments de fixation industrielle
c/o BIFF, Grove Hill House
Grove Lane 245 Handsworth, GB- Birmingham B20 2HB
T: (0044121) 5 23 34 96   **Fax:** 5 23 36 96
President: Robert H. Lench
Secretary General: Michael C. Baker
Mitglieder: 200 Companies
Mitarbeiter: 2

● **IZ F 1 406**

Europäisches Institut der Jagd- und Sportwaffen (IEACS)
Institut Européen des Armes de Chasse et de Sport
Siège Social: FABRIMETAL, 80, bd Reyers, B-1030 Bruxelles
Secrétariat:
c/o H. Heidebroek
6, Cap de Bos, F-33430 Gajac
T: (0033556) 25 24 46   **Fax:** 25 24 49
Gründung: 1976
President: Carlo Peroni (Beretta I-25063 Gardone Valtrompia)
Generalsekretär(in): Henri Heidebroek (B)

Mitglieder: 5 Länder
Mitgliedsländer: Frankreich, Bundesrepublik Deutschland, Italien, Spanien, Österreich

Mitgliedsorganisationen

Belgien

iz f 1 407

Union des Fabricants d'Armes
rue Florent Boelinville 10, B-4041 Vottem
T: (00324) 2 28 05 45   **Fax:** 2 28 05 45
E-Mail: ufa@infonie.be
Kontaktperson: R. Mignon

Deutschland

iz f 1 408

Verband der Hersteller von Jagd-, Sportwaffen und Munition
An der Pönt 48, 40885 Ratingen
T: (02102) 18 62 00   **Fax:** 18 61 69
Internet: http://www.jsm-waffen.de
E-Mail: jsm@ebm.de
Kontaktperson: K. Gotzen

Finnland

iz f 1 409

Federation of Finnish Metal, Engineering and Electrotechnical Industries (MET)
Postfach 10, FIN-00131 Helsinki
Eteläranta 10, FIN-00130 Helsinki
T: (003589) 1 92 33 97   **Fax:** 62 44 62
Internet: http://www.met.fi
E-Mail: veijo.niemi@met.fi
Leitung Presseabteilung: Birgitta Ruuti
Kontaktperson: A. Saijonkivi
Mitglieder: 1200
Mitarbeiter: 120

Frankreich

iz f 1 410

Chambre Synd. de l'Ind. de l'Arme et de la Distribution en Gros des Armes, Munitions et Accessoires
5, rue de Meons Z.I. Molina-Nord, F-42000 St.-Etienne
T: (003377) 250478   **Fax:** 213477
Kontaktperson: D. Billot

Italien

iz f 1 411

Associazione Nazionale Produttori Armi e Munizioni
Viale dell'Astronomia 30, I-00144 Rom
T: (00396) 5 92 59 72   **Fax:** 5 91 96 15
Kontaktperson: Carlo Peroni

Österreich

iz f 1 412

Steyr Mannlicher AG & Co. KG
Mannlicherstr. 1, A-4400 Steyr
T: (00437252) 896-220   **Fax:** 78621
Kontaktperson: Erwin Derntl

Spanien

iz f 1 413

Asociacion Armera
Pol. Ind. Azitain B.1
Entreplanta 1a Apdo 277, E-20600 Eibar-Gipuzkoa
Kontaktperson: M. Gomez

● **IZ F 1 414**

Europäisches Komitee des Drahtzieherei (CET)
European Committee of Wire Drawing
Comité Européen du Tréfilage
Rue Logelbach 2, F-75017 Paris
T: (00331) 47 54 94 27   **Fax:** 47 54 94 28
Gründung: 1970
President: Lionel Lemaire
Secretary General: Alain Chantrel (Contact)
Mitglieder: 12 countries

IZ F 1 415
Europäisches Komitee der Fachverbände der Hersteller von Getrieben und Antriebselementen (EUROTRANS)
European Committee of Associations of Manufacturers of Gears and Transmission Parts
Comité Européen des Associations de Constructeurs d'engrenages et de Space Eléments de Transmission
c/o VDMA Fachgemeinschaft Antriebstechnik
Postf. 71 08 64, 60498 Frankfurt
Lyoner Str. 18, 60528 Frankfurt
T: (069) 66 03 15 26   **Fax:** 66 03 14 59
Gründung: 1969
Präsident(in): Prof. Hirt
Generalsekretär(in): Klaus Wüstenberg
Mitglieder: 9 Länder

Deutschland

iz f 1 416
Fachgemeinschaft Antriebstechnik im VDMA
Postf. 71 08 64, 60498 Frankfurt
Lyoner Str. 18, 60528 Frankfurt
T: (069) 66 03 13 32   **Fax:** 66 03 14 59

Nationale Mitgliedsorganisationen

Belgien

iz f 1 417
Agoria Machinebouw
"Diamant" Building
Bld. A. Reyers 80, B-1030 Bruxelles
T: (00322) 7 06 79 84   **Fax:** 7 06 79 88

Finnland

iz f 1 418
Federation of Finnish Metal, Engineering and Electrotechnical Industries (MET)
Postfach 10, FIN-00131 Helsinki
Eteläranta 10, FIN-00130 Helsinki
T: (003589) 1 92 33 97   **Fax:** 62 44 62
Internet: http://www.met.fi
E-Mail: veijo.niemi@met.fi

Frankreich

iz f 1 419
Unitram
Rue Louis Blanc 39 /41, F-92038 Paris La Défense
T: (0033247) 17 63 69   **Fax:** 17 63 70

Großbritannien

iz f 1 420
British Gear Manufacturers Association
Suite 45, Imex Business Park
Shobnall Rd. Burton-on-Trent, GB- Staffordshire DE14 2AU
T: (00441283) 51 55 21   **Fax:** 51 58 41
Internet: http://www.bga.org.uk
E-Mail: admin@bga.org.uk

Italien

iz f 1 421
Associazione Italiana Costruttori Organi di Trasmissione e Ingranaggi
ASSIOT
Viale Enrico Martini 9, I-20139 Mailand
T: (00392) 55 23 05 80   **Fax:** 55 23 05 74

Niederlande

iz f 1 422
FME/CWM Vereniging voor de Metaal- en de Elektronische Industrie
Neratrans
Bredewater 20, NL-2700 Zoetermeer
T: (003179) 3 53 12 47   **Fax:** 3 53 13 65
Internet: http://www.fme.nl

Schweden

iz f 1 423
TGS Transmissionsgruppen i Sverige
Postfach 70 62, S-55007 Jönköping
T: (004636) 16 50 70   **Fax:** 16 44 69

Spanien

iz f 1 424
Servicio Tecnico Comercial de Constructores de Bienes de Equipo
Sercobe
Postfach 13 13, E-28001 Madrid
Jorge Juan 48, E-28001 Madrid
T: (00341) 4 35 72 40   **Fax:** 5 77 09 10

IZ F 1 425
Europäisches Komitee für den Dampfkessel-, Behälter- und Rohrleitungsbau (CECT)
European Committee of Boiler, Vessel and Pipework Manufacturers
Comité Européen de la Chaudronnerie et de la Tuyauterie
c/o SNCT
Rue Louis Blanc 39-41, F-92400 Courbevoie
T: (00331) 47 17 62 71   **Fax:** 47 17 62 77
E-Mail: ymarej@snet.ozg
Präsident(in): Jean Louis Tissot
Generalsekretär(in): Yves Marez

Mitgliedsorganisationen

Belgien

iz f 1 426
Federation Multisectorielle de l'Industrie Technologique (AGORIA)
Bld. A. Reyers 80, B-1030 Brüssel
T: (00322) 7 06 79 82   **Fax:** 7 06 79 88
Internet: http://www.agoria.be
E-Mail: pierre.juliens@agoria.be
President: J. D. de Krieg (Welders N.Y.)
Group Secretariat: A. Juliens

Deutschland

iz f 1 427
Fachverband Dampfkessel-, Behälter- und Rohrleitungsbau e.V. (FDBR)
Postf. 32 04 20, 40419 Düsseldorf
Sternstr. 36, 40479 Düsseldorf
T: (0211) 4 98 70-0   **Fax:** 4 98 70-36
Internet: http://www.fdbr.de
E-Mail: info@fdbr.de
Vorsitzende(r): Dipl.-Ing. H. Martin
Geschäftsführer(in): Dr.-Ing Reinhard Maaß

Spanien

iz f 1 428
SERCOMETAL
C/Príncipe de Vergara 74-2, E-28006 Madrid
T: (00341) 5 62 54 15, 5 62 54 16, 5 62 63 01
Fax: 4 11 46 07
Gründung: 1958
President: Javier Pombo
Secretary General: Angel Aguado
CECT Representative: Enrique Francés
Leitung Presseabteilung: Angel Aguado
Verbandszeitschrift: Construcciones Metalicas y Caldereria
Redaktion: Sercometal
Verlag: Graficas Ancora, SA, Sebastian Gomez, 5-6, 28026 Madrid
Mitglieder: 83
Mitarbeiter: 8
Jahresetat: DM 0,4 Mio

Frankreich

iz f 1 429
S.N.C.T. - Syndicat National de la Chaudronnerie, de la Tôlerie et de la Tuyauterie Industrielle
Postfach 72, F-92038 Paris la Défense
39/41, Rue Louis Blanc, F-92400 Courbevoie
T: (00331) 47 17 62 71   **Fax:** 47 17 62 77
President: Jean Louis Tissot (Sté Tissot)
Secretary General: Yves Marez (CECT Representative)
Technical Director: Yves Marez

Italien

iz f 1 430
ANIMA - Federazione delle Associazioni Nazionall dell'Industria Meccanica
Federation of the Italian Mechanical and Engineering Industry Associations
Via Battistotti Sassi 11B, I-20133 Mailand
T: (00392) 73 97-1   **Fax:** 73 97-316
Internet: http://www.anima-it.com
E-Mail: assotermica@anima-it.com
President: Fernando Lidonnici (CECT Representative)
Secretary: Loredana Nicola

Portugal

iz f 1 431
C.I.E.P. - Centro dos Industriais de Equipamento Pesado
Av. Julio Diniz 10, 2°G, P-1000 Lisboa
T: (003511) 7 97 87 48   **Fax:** 7 93 79 11
Acting President: Vasco Vieira da Fonseca
Secretary General: Eduardo Lopes Barata (CECT Representative)

Schweiz

iz f 1 432
Textile Machinery Division (SWISSMEM)
Kirchenweg 4
Postfach, CH-8032 Zürich
T: (00411) 3 84 41 11   **Fax:** 3 84 42 42
E-Mail: l.sigrist@swissmem.ch
President: Johann N. Schneider-Ammann
Director: Thomas Daum

Großbritannien

iz f 1 433
Power Generation Contractors Association - PGCA
Westminster Tower
Albert Embankment 3, GB- London SE1 7SL
T: (004420) 77 93 30 40   **Fax:** 77 93 15 76
President: T. Hood
Director: A. A. Bullen (CECT Representative)

Finnland

iz f 1 434
Federation of Finnish Metal, Engineering and Electrotechnical Industries (MET)
Postfach 10, FIN-00131 Helsinki
Eteläranta 10, FIN-00130 Helsinki
T: (003589) 1 92 33 97   **Fax:** 62 44 62
Internet: http://www.met.fi
E-Mail: veijo.niemi@met.fi
President: Raimo Laurikainen (Finnpipe)
Secretary: Arne Hülphers
CECT-Representative: Raimo Laurikainen

IZ F 1 435
Europäisches Komitee für Tenside und ihre organischen Zwischenstufen (CESIO)
European Committee for Surface Active Agents and their Organic Intermediates
Comité Européen des Agents de Surface et leurs Intermédiaires Organiques
Avenue E. Van Nieuwenhuyse 4, B-1160 Bruxelles
T: (00322) 6 76 72 46   **Fax:** 6 76 73 01
E-Mail: cja@cefic.be
Präsident(in): C. McKendrick
Generalsekretär(in): C. Jassogne (c/o CEFIC)
Mitglieder: 90 producers, 9 countries

IZ F 1 436
Europäisches Komitee für Zusammenarbeit der Fachverbände der Hersteller von Transformatoren in der EG (COTREL)
European Committee of Associations of Transformer Manufacturers in the Common Market
Comité Européen des Associations de Constructeurs de Transformateurs du Marché Commun
General Secretariat c/o ZVEI
Stresemannallee 19, 60596 Frankfurt
T: (069) 63 02-232   **Fax:** 63 02-279
Internet: http://www.zvei.de
E-Mail: t&s@zvei.org
President: Dr. Ehmann (D)
Secrétaire Général: Dr. Reiner Korthauer (D)

Mitgliedsorganisationen

Belgien

iz f 1 437

Federation Multisectorielle de l'Industrie Technologique (AGORIA)
Herman Looghe
Diamant Building
Bld. A. Reyers 80, B-1030 Brüssel
T: (00322) 7 06 79 82 **Fax:** 7 06 79 88
Internet: http://www.agoria.be
E-Mail: pierre.juliens@agoria.be

iz f 1 438

Fachverband Transformatoren und Stromversorgungen im ZVEI
60591 Frankfurt
Postf. 70 12 61, 60562 Frankfurt
Stresemannallee 19, 60596 Frankfurt
T: (069) 63 02-232 **Fax:** 63 02-279
Internet: http://www.zvei.org
E-Mail: t&s@zvei.org

Frankreich

iz f 1 439

Fachverband der Industrien der elektrischen Ausstattung, der Kontroll-Steuerung und entsprechenden Dienstleistungen
French industry association for electrical equipment, automation and related services
Groupement des industries de l'équipement electrique, du contrôle-commande et des services associés (GIMELEC)
11, rue Hamelin, F-75783 Paris Cedex 16
T: (00331) 45 05 71 52 **Fax:** 45 05 72 40
Internet: http://www.gimelec.fr
E-Mail: gimelec@gimelec.fr
Contact: Bertrand Cazenave (E-Mail: bcazenave@gimelec.fr)

Großbritannien

iz f 1 440

BTDA
Westminster Tower
Alan A. Bullen
3 ALbert Embankment, GB-SE1 7SL London
T: (0044171) 7 93 30 42 **Fax:** 5 82 80 20
Internet: http://www.beama.org.uk
E-Mail: abullen@beama.org.uk

Irland

iz f 1 441

FEII, Federation of Electronic & Informatic Industries
Katherine Lucey
84/86 Lower Baggo Street, IRL- Dublin 2
T: (003531) 6 60-1566 **Fax:** 6 38-1566
E-Mail: katherine.lucey@ibec.ie

Italien

iz f 1 442

ANIE - Associazione Nazionale Industrie Elettrotecniche ed Elettroniche
Tommaso Genova
Via Gattamelata 34, I-20149 Mailand
T: (003902) 3 26 42 55 **Fax:** 3 26 42 12
Internet: http://www.anie.it
E-Mail: asde.segreteria@anie.it

iz f 1 443

Vereniging Leveranciers van Hiushoudeljke Apparaten in Nederland (VLEHAN)
Boerhaavelaan 40, NL-2700 AD Zoetermeer
T: (003179) 3 53 12 47 **Fax:** 3 53 13 65
E-Mail: jbu@fme.nl
Geschäftsführer(in): Jan van der Burg

Österreich

iz f 1 444

F.E.E.I. - Fachverband der Elektro- und Elektronikindustrie
Dr. Corinna Martin
Mariahilfer Str. 37-39, A-1060 Wien
T: (00431) 5 88 39 44 **Fax:** 5 86 69 71
Internet: http://www.feei.at
E-Mail: martin@feei.wk.or.at

Portugal

iz f 1 445

ANIMEE - Associacao nacional dos Industriais de Material electrico e Electronico
Allegro de Magalhaes
Av. Guerra Junqueiro, 11-2, P-1000 Lisboa
T: (003511) 8 43 71 10 **Fax:** 8 40 75 25
Internet: http://www.animee.pt
E-Mail: animee@mail.telepac.pt

Spanien

iz f 1 446

SERCOBE - Asociacion Nacional de Fabricantes de Bienes de Equipo
Gustavo Eisenberg
Principe de Vergara 74-4 Planta, E-28006 Madrid
T: (003491) 4 11 51 15 **Fax:** 5 62 19 22
Internet: http://www.sercobe.es
E-Mail: eisenberg@retemail.es

Sweden

iz f 1 447

Swedish Transformer Manufacterers Association (STMA)
Anders Östergren
Postfach 55 10, S-11485 Stockholm
T: (00468) 7 82 08 00 **Fax:** 6 60 33 78
Internet: http://www.stma.se
E-Mail: anders.ostergren@vi.se

● **IZ F 1 448**

Europäisches Komitee für die Zusammenarbeit der Werkzeugmaschinen-Industrien (CECIMO)
European Committee for the Co-operation of Machine Tool Industries
Comité Européen de Coopération des Industries de la Machine-Outil
Avenue Louise 66, B-1050 Bruxelles
T: (00322) 5 02 70 90 **Fax:** 5 02 60 82
E-Mail: info@cecimo.be
Gründung: 1950
Präsident(in): René Castella
Generalsekretär(in): J. Heymans
Verbandszeitschrift: European Machine-Tool Directory
Mitglieder: 14 Verbände von Werkzeugmaschinenherstellern Europas
Mitarbeiter: 5

Mitgliedsorganisationen

Belgien

iz f 1 449

Syndicat des Constructeurs Belges de Machines-Outils pour le Travail des Métaux, affiliés à Fabrimétal (SYCOMOM)
Diamant Building, Bd A. Reyers 80, B-1030 Brüssel
T: (00322) 7 06 79 81 **Fax:** 7 06 79 88
General Manager: J. Pinte (Gérant)

Dänemark

iz f 1 450

Foreningen of Danske Vaerktojsmaskinfabrikanter
Postfach 19, DK-7171 Uldum
T: (004575) 89 33 11 **Fax:** 89 37 25
Generalbevollmächtigter: J. Schiøler-Andersen

Deutschland

iz f 1 451

Verein Deutscher Werkzeugmaschinenfabriken e.V. (VDW)
Corneliusstr. 4, 60325 Frankfurt
T: (069) 75 60 81-0 **Fax:** 75 60 81-11
Internet: http://www.vdw.de
E-Mail: vdw@vdw.de
General Manager: Helmut von Monschaw (Geschäftsführer)

Spanien

iz f 1 452

Asociacion Espanola de Fabricantes de Maquinas-Herramienta, AFM
Parque Tecnológico de San Sebastián
P° Mikeletegi 59, E-20009 San Sebastian
T: (0034943) 30 90 09 **Fax:** (00340943) 30 91 91
E-Mail: afm@afm.es
Generalbevollmächtigter: Alberto Ortueta

Finnland

iz f 1 453

Federation of Finnish Metal, Engineering and Electrotechnical Industries (MET)
Postfach 10, FIN-00131 Helsinki
Eteläranta 10, FIN-00130 Helsinki
T: (003589) 1 92 33 97 **Fax:** 62 44 62
Internet: http://www.met.fi
E-Mail: veijo.niemi@met.fi
Secretary General: Ilkka Niemelä

Frankreich

iz f 1 454

Syndicat de la Machine-Outil, du Soudage, de l'Assemblage et de la Productique Associée, SYMAP
F-92038 Paris La Défense Cedex
45, rue Louis Blanc, F-92038 Paris La Défense
T: (00331) 47 17 67 17 **Fax:** 47 17 67 25
Internet: http://www.symap.com
E-Mail: comexpo@symap.com
Kontaktperson: Christian Lemoine

Italien

iz f 1 455

UCIMU - SISTEMI PER PRODURRE
Associazione Costruttori Italiani Macchine Utensili, Robot e Automazione
Viale Fulvio Testi 128, I-20092 Cinisello Balsamo
T: (00392) 2 62 55-1 **Fax:** 2 62 55-214, 2 62 55-349
Internet: http://www.ucimu.it
E-Mail: general.manager@ucimu.it
Generalbevollmächtigter: M. Mandeli (Direttore Generale)

Niederlande

iz f 1 456

Groep Gereedschapswerktuigen, GGW
Vereniging FME
Postfach 190, NL-2700 AD Zoetermeer
Boerhaavelaan 40, NL-2700 AD Zoetermeer
T: (003179) 3 53 12 700 **Fax:** 3 53 13 65
Generalbevollmächtigter: Bert Vonkeman (Sector Manager)

Österreich

iz f 1 457

Fachverband der Maschinen- und Stahlbauindustrie Österreichs (FMS)
Postfach 4 30, A-1045 Wien
Wiedner Hauptstrasse 63, A-1045 Wien
T: (00431) 5 01 05 34 68 **Fax:** 5 05 10 20
Internet: http://www.fms.at
E-Mail: maschinen@fms.at
Secrétaire Général: Dr. R. Tuppa

Portugal

iz f 1 458

Centro de Cooperacao dos Industriais de Maquinas e Ferramentas (CIMAF)
Rua das Plátanas 197, P-4100-414 Porto
T: (003512) 6 16 68 60 **Fax:** 6 10 74 73
Generalbevollmächtigter: A. Correira

Schweden

iz f 1 459

Föreningen Svenska Verktgysmaskintillverkare (FVM)
Postfach 55 10, S-11485 Stockholm
Storgatan 5, S-11485 Stockholm
T: (00468) 7 82 08 00 **Fax:** 6 60 33 78
E-Mail: per.agren@vi.se
Generalbevollmächtigter: Per Ågren (General Manager)

Schweiz

iz f 1 460

Textile Machinery Division (SWISSMEM)
Kirchenweg 4
Postfach, CH-8032 Zürich
T: (00411) 3 84 48 44 **Fax:** 3 84 48 48
E-Mail: kurt.meier@vsm.ch
Director: Thomas Daum

Großbritannien

iz f 1 461

The Machine Tool Technologies Association (MTTA)
Machine Tool Manufacturers' Section
62 Bayswater Road, GB- London W2 3PS
T: (004420) 74 02 66 71 **Fax:** 77 24 72 50
E-Mail: mtta@mtta.co.uk
Generalbevollmächtigter: Simon Brown (Director General)

Tschechische Republik

iz f 1 462

SST (Svaz Vyrobcu a Dodavatelu Strojirenske Tchniky)
Politickych Vzenu 11, CZ-11342 Praha 1
T: (004202) 24 21 16 23 **Fax:** 24 21 47 89
Internet: http://www.sst.cz
E-Mail: svaz@sst.cz
Ing. Antonín Kyncl (Generaldirektor)

● **IZ F 1 463**

Europäisches Komitee der Hersteller von Druck- u. Papierverarbeitungsmaschinen (EUMAPRINT)
European Committee of Printing and Paper Converting Machinery Manufacturers
Comité Européen des Constructeurs de Machines pour les Industries Graphiques et Papetières
Secretariat: SCIPAG-EMBALCO
Rue Louis Blanc 39 /41, F-92400 Courbevoie
T: (00331) 47 17 63 50 **Fax:** 47 17 63 49
E-Mail: scipag@worldnet.fr
Chairman: Bruno Lamort de Gail
Secrétaire Général: Dominique de Beaumont

● **IZ F 1 464**

Europäisches Komitee der Hersteller von elektrischen Maschinen und Leistungselektronik (CEMEP)
European Committee of Manufacturers of Electrical Machines and Power Electronics
Comité Européen de Constructeurs de Machines Electriques et d'Electronique de Puissance
Sektion I: Motive Power
Sektion II: Power Supply
11, rue Hamelin, F-75783 Paris cedex 16
T: (00331) 45 05 71 40 **Fax:** 45 05 16 79
Gründung: 1990 (21. Dezember)
General Secretary: Louis Jarry

Mitgliedsorganisationen

Belgien

iz f 1 465

Federation Multisectorielle de l'Industrie Technologique (AGORIA)
Bld. A. Reyers 80, B-1030 Brüssel
T: (00322) 7 06 79 82 **Fax:** 7 06 79 88
Internet: http://www.agoria.be
E-Mail: pierre.juliens@agoria.be

Deutschland

iz f 1 466

AUTOMATION Antreiben-Messen-Schalten-Steuern
Fachverband Elektrische Antriebe im ZVEI
Postf. 70 12 61, 60591 Frankfurt
Stresemannallee 19, 60596 Frankfurt
T: (069) 63 02-392 **Fax:** 63 02-279
E-Mail: antriebe@zvei.org

Frankreich

iz f 1 467

Fachverband der Industrien der elektrischen Ausstattung, der Kontroll-Steuerung und entsprechenden Dienstleistungen
French industry association for electrical equipment, automation and related services
Groupement des industries de l'équipement electrique, du contrôle-commande et des services associés (GIMELEC)
11, rue Hamelin, F-75783 Paris Cedex 16
T: (00331) 45 05 71 52 **Fax:** 45 05 72 40
Internet: http://www.gimelec.fr
E-Mail: gimelec@gimelec.fr

Italien

iz f 1 468

ANIE - Associazione Nazionale Industrie Elettrotecniche ed Elettroniche
Via Gattamelata 34, I-20149 Mailand
T: (003902) 3 26 42 55 **Fax:** 3 26 42 12
Internet: http://www.anie.it
E-Mail: asde.segreteria@anie.it
Gründung: 1945

Niederlande

iz f 1 469

FME/CWM Vereniging voor de Metaal- en de Elektronische Industrie
Bredewater 20, NL-2700 Zoetermeer
T: (003179) 3 53 12 47 **Fax:** 3 53 13 65
Internet: http://www.fme.nl

Großbritannien

iz f 1 470

British Power Supply Manufacturers' Ass. + GAMBICA + REMA
Leicester House, 8 Leicester Street, GB- London WC2H 7BN

Spanien

iz f 1 471

SERCOBE
Jorge Juan 47, E-28001 Madrid
T: (00341) 4 35 72 40 **Fax:** 5 62 19 22
Internet: http://www.sercobe/elec.es

● **IZ F 1 472**

Europäisches Komitee der Hersteller von Fahrzeugen, Geräten und Anlagen für den Brandschutz (EUROFEU)
European Committee of the Manufacturers of Fire Protection Equipment and Fire Fighting Vehicles
Comité Européen des Constructeurs de Matériels d'Incendie et de Secours
c/o Fachverband Feuerwehrtechnik im VDMA
Lyoner Str. 18, 60528 Frankfurt
T: (069) 66 03-13 05 **Fax:** 66 03-14 64
Internet: http://www.eurofeu.org
E-Mail: bernd.scherer@vdma.org
Präsident(in): Javier Fabrégas (Spain)

Mitgliedsorganisationen

Belgien

iz f 1 473

Federation Multisectorielle de l'Industrie Technologique (AGORIA)
Groupe Mécanique
Bld. A. Reyers 80, B-1030 Brüssel
T: (00322) 7 06 79 82 **Fax:** 7 06 79 88
Internet: http://www.agoria.be
E-Mail: pierre.juliens@agoria.be
Contact Person: D. Du Tré

Dänemark

iz f 1 474

Dansk Brandsikrings Forening
Danish Fire Equipment Association
Borsen, DK-1217 Copenhagen
T: (0045) 33 95 05 28 **Fax:** 33 32 52 16
E-Mail: svp@commerce.dk
Contact Person: S. Petersen

Deutschland

iz f 1 475

Bundesverband Feuerlöschgeräte und -anlagen e.V. (bvfa)
Postf. 59 20, 97009 Würzburg
Koellikerstr. 13, 97070 Würzburg
T: (0931) 3 52 92-0 **Fax:** 3 52 92-29
Internet: http://www.bvfa.de
E-Mail: info@bvfa.de
Contact Person: Dr. Wolfram Krause

iz f 1 476

Fachgemeinschaft Feuerwehrfahrzeuge und -geräte im VDMA
Postf. 71 08 64, 60498 Frankfurt
Lyoner Str. 18, 60528 Frankfurt
T: (069) 66 03-1304 **Fax:** 66 03-1464
E-Mail: bernd.scherer@vdma.org
Contact Person: Dr. B. Scherer

Frankreich

iz f 1 477

Fédération Française du Matériel d'Incendie (FFMI)
39/41, Rue Louis Blanc, F-92400 Courbevoie
T: (00331) 47 17 63 03 **Fax:** 47 17 63 05
Contact Person: M. Mallard

Großbritannien

iz f 1 478

British Automatic Sprinkler Association Ltd. (basa)
Carlyle House
235-237 Vauxhall Bridge Road, GB- London SW1 1EJ
T: (0044171) 2 33 70 22 **Fax:** 8 28 06 67
Contact Person: Stewart Kidd

iz f 1 479

Fire Industry Council
55 Eden Street, GB- Kingston
T: (0044181) 85 49 88 39 **Fax:** 85 47 15 64
E-Mail: bfpsa@abft.org.uk
Contact Person: B. Gately

Italien

iz f 1 480

Anima-Uman
Via L. Battistotti Sassi 11, I-20133 Mailand
T: (00392) 73 97 11 **Fax:** 7 39 73 16
E-Mail: uman@anima-it.com
Contact Person: Nigro

Niederlande

iz f 1 481

VEBON - Vereniging van BeveiligingsOndernemingen in Nederland
p/a FME-CWM
Postbus 1 90, NL-2700 AD Zoetermeer
T: (003179) 3 53 11 16   **Fax:** 3 53 13 65
E-Mail: erw@fme.nl
Contact Person: Erwin Schoemaker

Österreich

iz f 1 482

Fachverband der Maschinen- und Stahlbauindustrie Österreichs (FMS)
Postfach 4 30, A-1045 Wien
Wiedner Hauptstrasse 63, A-1045 Wien
T: (00431) 5 01 05 48 01   **Fax:** 50 20 62 89
Internet: http://www.fms.at
E-Mail: fahrzeuge@wk.or.at
Contact Person: Erik Baier

iz f 1 483

Österreichischer Brandschutzverband
Rasumofskygasse 30 /1, A-1030 Wien
T: (00431) 7 15 55 01   **Fax:** 7 15 55 13
Contact Person: R. Cap

Schweiz

iz f 1 484

Verband Schweizerischer Errichter von Sicherheitsanlagen (SES)
c/o SECURITON AG
Alpenstr. 20, CH-3052 Zollikofen
T: (004131) 9 10 11 22   **Fax:** 9 10 16 16
E-Mail: info@securiton.ch
Contact Person: Beat Müller

Spanien

iz f 1 485

Tecnifuego/AESPI
C/ Alcalá 119.4.izquierda, E-28009 Madrid
T: (003491) 5 77 68 47   **Fax:** 4 35 16 40
E-Mail: mercedes.storch@retemail.es
Contact Person: Mercedes Storch de Gracia

● **IZ F 1 486**

Europäisches Komitee der Hersteller von Gießereimaschinen und Gießereiausrüstungen (CEMAFON)
European Committee for Materials and Products for Foundries
Comité Européen des Matériels et Produits pour la Fonderie
Postfach. 71 08 64, 60498 Frankfurt
Lyoner Str. 18, 60528 Frankfurt
T: (069) 66 03-1278   **Fax:** 66 03-2278
Internet: http://www.cemafon.org
E-Mail: cemafon@vdma.org
Gründung: 1972
Präsident(in): Gabriele Galante (Italien)
Generalsekretär(in): Dr. Gutmann Habig
Mitglieder: 5 Verbände, 1 Einzelmitglied

Mitgliedsorganisationen

Deutschland

iz f 1 487

Fachverband Giessereimaschinen im VDMA
Postf. 71 08 64, 60498 Frankfurt
Lyoner Str. 18, 60528 Frankfurt
T: (069) 66 03 1413   **Fax:** 66 03 2413
Internet: http://www.gima.vdma.org
E-Mail: gima@vdma.org

Frankreich

iz f 1 488

M.T.P.S. Syndicat National des Industries d'Equipement Sidérurgie Fonderie
Rue Louis Blanc 39-41, F-92400 Courbevoie
T: (0033147) 17 63 14   **Fax:** 17 62 60
Internet: http://www.mtps.org
E-Mail: mtps@wanadoo.fr

Großbritannien

iz f 1 489

FESA Ltd. Foundry Equipment and Supplies Association for Great Britain
Queensway House
2, Queensway, GB- Redhill, Surrey RH1 1QS
T: (00441737) 76-8611   **Fax:** 85 54 69
Internet: http://www.metcom.org.uk
E-Mail: marywhite@uk.dmg.worldmedia.com

Italien

iz f 1 490

AMAFOND Associazione Nazionale Fornitori Macchine Materiali Fonderia per l'Italia
Amafond
Corso Venezia 47-49, I-20123 Mailand
T: (003902) 7 75 02 19   **Fax:** 7 75 04 70
Internet: http://www.amafond.com
E-Mail: info@amafond.com

Schweiz

iz f 1 491

Textile Machinery Division (SWISSMEM)
Gruppierung Gießereimaschinen
Kirchenweg 4
Postfach, CH-8032 Zürich
T: (00411) 3 84 41 11   **Fax:** 3 84 42 42
E-Mail: l.sigrist@swissmem.ch

Spanien

iz f 1 492

Loramendi S.A.
Alibarra 26 Ali-Gobeo, E-01010 Vitoria-Gasteiz
T: (003445) 18 43 00   **Fax:** 18 43 04
Internet: http://www.loramendi.com
E-Mail: post@loramendi.com

● **IZ F 1 493**

Europäisches Komitee der Hersteller von Industrieöfen und Industrie-Wärmeanlagen (CECOF)
European Committee of Industrial Furnace and Heating Equipment Associations
Comité Européen des constructeurs de fours et d'équipements thermiques industriels
Postf. 71 08 64, 60498 Frankfurt
Lyoner Str. 18, 60528 Frankfurt
T: (069) 66 03-1278   **Fax:** 66 03-2278
Internet: http://www.cecof.org
E-Mail: cecof@vdma.org
Gründung: 1972
Präsident(in): Mike Debier
Generalsekretär(in): Dr. Gutmann Habig
Mitglieder: 8 Verbände

Nationale Sekretariate

Belgien

iz f 1 494

Federation Multisectorielle de l'Industrie Technologique (AGORIA)
Bld. A. Reyers 80, B-1030 Brüssel
T: (00322) 7 06 79 58   **Fax:** 70 67 96 61
Internet: http://www.agoria.be
E-Mail: info@agoria.be

Deutschland

iz f 1 495

Fachverband Thermoprozess- und Abfalltechnik im VDMA
Postf. 71 08 64, 60498 Frankfurt
Lyoner Str. 18, 60528 Frankfurt
T: (069) 66 03 1413   **Fax:** 66 03 2413
Internet: http://www.tpt.vdma.org
E-Mail: tpt@vdma.org

Frankreich

iz f 1 496

M.T.P.S. - Syndicat National des Industries d'Equipement Groupe FT
Rue Louis Blanc 39/41, F-92400 Courbevoie
T: (0033147) 17 63 14   **Fax:** 17 62 60
Internet: http://www.mtps.org
E-Mail: mtps@wanadoo.fr

Großbritannien

iz f 1 497

BIFCA - British Industrial Furnace Construction Associat.
The McLaren Build., 6th Floor
Dale End 35, GB- Birmingham B4 7LN
T: (0044121) 2 00-2100   **Fax:** 2 00-1306
Internet: http://www.bifca.org.uk
E-Mail: inquiry@bifca.org.uk

Italien

iz f 1 498

CICOF
Comitato Italiano Costruttori Forni Industriali
Via Battistotti Sassi 11, I-20133 Mailand
T: (003902) 73 97-1   **Fax:** (00392) 73 97-316
Internet: http://www.anima-it.com
E-Mail: anima@anima-it.com

Österreich

iz f 1 499

Fachverband der Maschinen- und Stahlbauindustrie Österreichs (FMS)
Postfach 4 30, A-1045 Wien
Wiedner Hauptstrasse 63, A-1045 Wien
T: (00431) 5 02 25 3479   **Fax:** 5 05 1020
Internet: http://www.fms.at, http://www.wko.at
E-Mail: rankl@fms.at

Schweiz

iz f 1 500

Textile Machinery Division (SWISSMEM)
Gruppe Industrieofenbau- und Wärmeanlagen
Kirchenweg 4
Postfach, CH-8032 Zürich
T: (00411) 3 84 41 11   **Fax:** 3 84 42 42
E-Mail: l.sigrist@swissmem.ch

Spanien

iz f 1 501

Ingenieria Y Servicios Technicos, S.A.
Avda. Cervantes, 6 - Apartado 109, E-48970 Basauri (Vizcaya)
T: (003494) 4 40 94 20   **Fax:** 4 49 66 24

iz f 1 502

Guinea Hermanos Ingenieros, S.A.
Hornos Industriales
Aperribay, 4, E-48960 Galdacano (Vizcaya)
T: (003494) 4 49 16 00   **Fax:** 4 40 64 21
E-Mail: guinea@cimv.es

Tschechische Republik

iz f 1 503

Asociace vyrobcu tepelne-technickych zarízení Ceské republiky
U Elektry 650, CZ-19800 Prag 9
T: (004202) 81 86 81 88, 83 00 53 96   **Fax:** 81 86 60 16

Assoziiertes Mitglied

iz f 1 504

IHEA - Industrial Heating Equipment Association
1111 N. 19th Street, Suite 425, USA- Arlington VA 22209
T: (001703) 5 25 25 13   **Fax:** 5 25 25 15

Internet: http://www.ihea.org
E-Mail: ihea@ihea.org

● IZ F 1 505
Europäisches Komitee der Hersteller von Luft- und Kältetechnischen Maschinen und Anlagen (CECOMAF)
European Committee of Air Handling and Refrigeration Equipment Industries
Comité Européen des Constructeurs de Matériel Aéraulique et Frigorifique
Generalsekretariat:
Bvd. A. Reyers 80, B-1030 Brüssel
T: (00322) 706 79 85   **Fax:** 706 79 66
Internet: http://www.eurovent-cecomaf.org
E-Mail: info@eurovent-cecomaf.org
President: DDany Chalmet (Daikin Europe NV (Belgien))
Vice-Presidents: Göran Robertsson (Stifab-Farex ab (Schweden))
Graham Garner (RADFORD RETAIL SYSTEMS LTD (Vereinigtes Königreich))
Georg Mager (Baltimore Air International NV (Belgien))
Francesco Basa (Aster Div. de Cardenas (Italien))
Heckart Prandner (Sulzer Escher-Wyss GmbH (Deutschland))
General Secretary: Michel van der Horst
Mitglieder: Belgien, Bundesrepublik Deutschland, Dänemark, Finnland, Frankreich, Großbritannien, Italien, Niederlande, Portugal, Schweden, Schweiz, Spanien

● IZ F 1 506
Europäisches Komitee der Hersteller von Kunststoff- und Gummimaschinen (EUROMAP)
European Committee of Machinery Manufacturers for the Plastics and Rubber Industries
c/o VDMA, FG GuK
Postf. 71 08 64, 60498 Frankfurt
T: (069) 66 03-18 31, -18 32   **Fax:** 66 03-18 40
Gründung: 1959
Präsident(in): Dr. P. Neumann (Engel)
Generalsekretär(in): Dipl.-Ing. Bernd Knörr (VDMA, FG GuK, Postf. 71 08 64, 60498 Frankfurt)
Mitglieder: 9 Associations
Fachverbände: FMS (Austria), SYMACAP (France), VDMA (Germany), BPF (Great Britain), ASSOCOMAPLAST (Italy), FIL (Luxembourg), FME (Netherlands), IMAPC (Spain), SWISSMEM (Switzerland)

Mitgliedsorganisationen

Deutschland

iz f 1 507
Fachverband Kunststoff- und Gummimaschinen im VDMA
Postf. 71 08 64, 60498 Frankfurt
Lyoner Str. 18, 60528 Frankfurt
T: (069) 66 03-1831   **Fax:** 66 03-1840
E-Mail: kug@vdma.org

Frankreich

iz f 1 508
SYMACAP
F-92038 Paris La Defense cedex
T: (003301) 47 17 63 58   **Fax:** 47 17 60 41
E-Mail: symacap@hotmail.com

Großbritannien

iz f 1 509
British Plastics Federation (BPF)
Bath Place 6 Rivington Street, GB- London EC2A 3JE
T: (004420) 74 57 50 00   **Fax:** 74 57 50 18
Internet: http://www.bpf.co.uk

Italien

iz f 1 510
ASSOCOMAPLAST
Centro Commerciale Milanofiori Palazzo F/2, I-20090 Assago
T: (003902) 8 22 83 71   **Fax:** 57 51 24 90
E-Mail: sec@assocomaplast.com

Luxemburg

iz f 1 511
Fédération des Industriels Luxembourgeois (FEDIL)
Group d. Constructeurs/Fondeurs
31, boulevard Konrad Adenauer, L-1013 Luxemburg
T: (00352) 43 53 66   **Fax:** 43 23 28
E-Mail: fedil@fedil.lu

Niederlande

iz f 1 512
FME/CWM Vereniging voor de Metaal- en de Elektronische Industrie
Bredewater 20, NL-2700 Zoetermeer
T: (003179) 3 53 12 47   **Fax:** 3 53 13 65
Internet: http://www.fme.nl

Österreich

iz f 1 513
Fachverband der Maschinen- und Stahlbauindustrie Österreichs (FMS)
Postfach 4 30, A-1045 Wien
Wiedner Hauptstrasse 63, A-1045 Wien
T: (00431) 5 01 05 34 68   **Fax:** 5 05 10 20
Internet: http://www.fms.at
E-Mail: maschinen@fms.at

Schweiz

iz f 1 514
Textile Machinery Division (SWISSMEM)
Kirchenweg 4
Postfach, CH-8032 Zürich
T: (00411) 3 84 41 11   **Fax:** 3 84 42 42
E-Mail: l.sigrist@swissmem.ch

Spanien

iz f 1 515
Asociacion Espanola de Constructores de Maquinaria para Plasticos y Caucho (IMAPC)
Riera Sant Miquel 3, E-08006 Barcelona
T: (003493) 4 15 04 22   **Fax:** 4 16 09 80
E-Mail: imapc@amec.es

● IZ F 1 516
Europäisches Komitee der Hersteller von Textilmaschinen (CEMATEX)
European Committee of Textile Machinery Manufacturers
Comité Européen des Constructeurs de Matériel Textile
c/o UCMTF
la Défense Cedex, F-92038 Paris
T: (00331) 47176345   **Fax:** 47176348
E-Mail: ucmtl@worldnet.fr
Gründung: 1953 (30. September)
Président: Bernard Terrat
Secrétaire Général: Evelyne Cholet
Mitglieder: 8

Mitgliedsorganisationen

Belgien

iz f 1 517
Syndicat des Constructeurs Belges de Machines Textiles (SYMATEX)
Bld. A. Reyers 80, B-1030 Brüssel
T: (00322) 706 79 85   **Fax:** 706 79 66
E-Mail: info@symatex.be
Generalsekretär(in): Michel van der Horst

Deutschland

iz f 1 518
Fachverband Textilmaschinen im VDMA
Postf. 71 08 64, 60498 Frankfurt
Lyoner Str. 18, 60528 Frankfurt
T: (069) 66 03-1271   **Fax:** 66 03-1329
Internet: http://www.txm.vdma.org
E-Mail: thomas.waldmann@vdma.org
Geschäftsführer(in): Dipl.-Wirtsch.-Ing. Thomas Waldmann

Frankreich

iz f 1 519
Union des Constructeurs de Matériel Textile de France (UCMTF)
Cedex 72, F-92038 Paris La Défense
T: (00331) 47 17 63 45   **Fax:** 47 17 63 48
Secrétaire Général: Evelyne Cholet

Großbritannien

iz f 1 520
British Textile Machinery Association (BTMA)
20, Ralli Courts, West Riverside, GB- Manchester M3 5FL
T: (0044161) 8 34 29 91   **Fax:** 8 34 73 80
E-Mail: btma@btma.org.uk
Generalsekretär(in): Eric France

Italien

iz f 1 521
Associazione Costruttori Italiani di Macchinario per l'Industria Tessile (ACIMIT)
Via Tevere 1, I-20123 Mailand
T: (00392) 4 69 36 11   **Fax:** 48 00 83 42
E-Mail: info@acimit.it
Segretario Generale: Federico Pellegata

Niederlande

iz f 1 522
Groep Textielmachines Vereniging (GTM)
p/a Vereniging FME - CWM
Postfach 1 90, NL-2700 AD Zoetermeer
Boerhaavelaan 40, NL-2700 AD Zoetermeer
T: (003179) 3 53 12 87   **Fax:** 3 53 13 65
E-Mail: gtm@fmo.nl
Kontaktperson: Ubbo Ubbens

Schweiz

iz f 1 523
Textile Machinery Division (SWISSMEM)
Kirchenweg 4
Postfach, CH-8032 Zürich
T: (00411) 3 84 41 11   **Fax:** 3 84 42 42
E-Mail: l.sigrist@swissmem.ch
Generalsekretär(in): Dr. Lukas Sigrist

Spanien

iz f 1 524
Asociacion Espanola de Constructores de Maquinaria Textil (AMTEX)
Riera Sant Miquel, 3, E-08008 Barcelona
T: (003493) 4 15 04 22   **Fax:** 4 16 09 80
E-Mail: amtex@amec.es
Director: Eduard Gisbert

● IZ F 1 525
Europäisches Komitee der Hersteller von Verdichtern, Vakuumpumpen und Druckluftwerkzeugen (PNEUROP)
European Committee of Manufacturers of Compressors, Vacuum Pumps and Pneumatic Tools
Comité Européen des Constructeurs de Compresseurs, Pompes à Vide et Outils à Air Comprime
Secretariat: British Compressed Air Society
33/34 Devonshire Street, GB- London W1N 1RF
T: (004420) 79 35 24 64   **Fax:** 79 35 30 77
President: Harry B. Tuil
General Director: R. Desmond Wall
Mitglieder: 11
Mitarbeiter: 4

Belgien

iz f 1 526
Federation Multisectorielle de l'Industrie Technologique (AGORIA)
Fédération des Entreprises de l'Industrie de Fabrications Métalliques
Bld. A. Reyers 80, B-1030 Brüssel
T: (00322) 7 06 79 82   **Fax:** 7 06 79 88
Internet: http://www.agoria.be
E-Mail: pierre.juliens@agoria.be

Deutschland

iz f 1 527

Fachverband Kompressoren, Druckluft- und Vakuumtechnik im VDMA
Verband Deutscher Maschinen und Anlagenbau eV
Postf. 71 08 64, 60498 Frankfurt
Lyoner Str. 18, 60528 Frankfurt
T: (069) 66 03-1282 **Fax:** 66 03-1690

iz f 1 528

Fachverband Bergbaumaschinen im VDMA
Postf. 71 08 64, 60498 Frankfurt
Lyoner Str. 18, 60528 Frankfurt
T: (069) 66 03-1261, 66 03-1262 **Fax:** 66 03-1812

Frankreich

iz f 1 529

Syndicat des Constructeurs de Compresseurs
Syndicat de l'Industrie de Outillage
Maison de la Mécanique
Postfach 72, F-92038 Paris La Défense Cedex
Rue Louis Blanc 39/41, F-92400 Courbevoie
T: (0033247) 17 64 59 **Fax:** 17 64 55

Finnland

iz f 1 530

Federation of Finnish Metal and Engineering Industries (FME)
c/o Jyrki Mäkiö, Tamrotor Ltd
Postfach 516, FIN-33101 Tampere
T: (0035831) 2 49 38 54 **Fax:** 2 49 39 00

Großbritannien

iz f 1 531

British Compressed Air Society
BCAS and PNEUROP Secretariat
Devonshire Street 33/34, GB- London W1N 1RF
T: (004420) 79 35 24 64 **Fax:** 79 35 30 77

Italien

iz f 1 532

Federazione delle Associazioni Nazionali dell'Industria Meccanica Varia ed Affine (ANIMA)
Via L. Battistotti Stassi 11b, I-20133 Mailand
T: (00392) 7 39 71 **Fax:** 7 39 73 16

Niederlande

iz f 1 533

FME/CWM Vereniging voor de Metaal- en de Elektronische Industrie
FME
Bredewater 20, NL-2700 Zoetermeer
T: (003179) 3 53 12 47 **Fax:** 3 53 13 65
Internet: http://www.fme.nl

Schweden

iz f 1 534

Tryckluftsgruppen inom Sveriges Verkstadsindustrier (TSV)
Postfach 5510, S-11485 Stockholm
Storgatan 19, S-11485 Stockholm
T: (00468) 7 82 08 00 **Fax:** 6 60 33 78

Schweiz und Liechtenstein

iz f 1 535

Textile Machinery Division (SWISSMEM)
Kirchenweg 4
Postfach, CH-8032 Zürich
T: (00411) 3 84 41 11 **Fax:** 3 84 42 42
E-Mail: l.sigrist@swissmem.ch

● **IZ F 1 536**

Europäisches Komitee der Hersteller von Wäscherei- und Chemischreinigungsmaschinen (ELMO)
European Laundry and Dry Cleaning Machinery Manufacturers Organization
Comité Européen des Constructeurs de Matériel de Blanchisserie et de Nettoyage à sec
c/o Society of Laundry Engineers & Allied Trades Ltd. (S.L.E.A.T)
Hook Road 207 Southernhay, Suite 7, GB- Chessington Surrey KT9 1HJ
T: (004420) 83 91 22 66 **Fax:** 83 91 44 66
E-Mail: elmo@sleat.co.uk
Kontaktperson: David M. Hart

Mitgliedsorganisationen

Belgien

iz f 1 537

Groupe des Producteurs de Machines de Blanchisserie, Nettoyage à Sec, Teinturerie Fabrimental
Rue des Drapiers 21, B-1050 Brüssel
T: (00322) 5 10 25 18 **Fax:** 5 10 25 63

Deutschland

iz f 1 538

Fachverband Wäscherei- und Chemischreinigungsmaschinen im VDMA
Postf. 71 08 64, 60498 Frankfurt
Lyoner Str. 18, 60528 Frankfurt
T: (069) 66 03-1271 **Fax:** 66 03-1329
Internet: http://www.vdma.org
E-Mail: txm@vdma.org

Frankreich

iz f 1 539

FOBLATEC
Rue Lécuyer 3, F-75018 Paris
T: (00331) 42 55 19 67 **Fax:** 42 23 45 09

Großbritannien

iz f 1 540

Society of Laundry Engineers & Allied Trades (SLEAT)
Hook Road 207 Southernhay, Suite 7, GB- Chessington Surrey KT9 1HJ
T: (004420) 83 91 22 66 **Fax:** 83 91 44 66
Internet: http://www.sleat.co.uk
E-Mail: admin@sleat.co.uk
Secretary: David M. Hart

Italien

iz f 1 541

Associazione Costruttori Italiani di Macchinario per l'Industria Tessile (ACIMIT)
Via Tevere 1, I-20123 Mailand
T: (00392) 4 69 36 11 **Fax:** 48 00 83 42
E-Mail: info@acimit.it

Niederlande

iz f 1 542

Groep Textielmachines Vereniging (GTM)
Postfach 1 90, NL-2700 AD Zoetermeer
Boerhaavelaan 40, NL-2700 AD Zoetermeer
T: (003179) 3 53 12 87 **Fax:** 3 53 13 65
E-Mail: gtm@fmo.nl
Kontaktperson: Ubbo Ubbens

iz f 1 543

Verenigung van Machinehandelaren en Fabrikanten voor Textielreiniging (Vematex)
Postfach 10, NL-4060 GA Ophemert

Schweden

iz f 1 544

Gruppen Tvatterimaskiner Inom Severiges Mekanforbund
Postfach 5506, S-114 85 Stockholm
T: (00468) 7 83 80 00 **Fax:** 6 60 33 78

● **IZ F 1 545**

Europäisches Komitee der Holzbearbeitungsmaschinen-Hersteller (EUMABOIS)
European Federation of Woodworking Machinery Manufacturers
Comité Européen des Constructeurs de Machines à Bois
Centro Direzionale Milanofiori, 1° strada- pal. F3, I-20090 Assago
T: (003902) 89 21 02 53 **Fax:** 8 25 90 09
Internet: http://www.eumabois.com
E-Mail: info@eumabois.com
President: Lazzaro Cremona
Secretariat: Paolo Zanibon
Fulvia Scherini

Dänemark

iz f 1 546

Sammenslutingen af Maskinfabrikanter for Traeindustrien (SMT)
SMT
Hjaltevej 16, DK-8664 Galten
T: (004586) 94 32 77 **Fax:** 94 65 32
E-Mail: info@s-mt.dk
Niels-Erik Ludwig

Deutschland

iz f 1 547

Fachgemeinschaft Holzbearbeitungsmaschinen im VDMA
Postf. 71 08 64, 60498 Frankfurt
Lyoner Str. 18, 60528 Frankfurt
T: (069) 66 03-1340 **Fax:** 66 03-1621
Internet: http://www.wood.vdma.org
E-Mail: infoholz@vdma.org
Dr. Werner Neubauer

Finnland

iz f 1 548

Federation of Finnish Metal, Engineering and Electrotechnical Industries (MET)
Postfach 10, FIN-00131 Helsinki
Eteläranta 10, FIN-00130 Helsinki
T: (003589) 1 92 31 **Fax:** 62 44 62
Internet: http://www.met.fi
E-Mail: anita.saijonkivi@met.fi
Anita Saijonkivi

Frankreich

iz f 1 549

Syndicat de la Machine-Outil, du Soudage, de l'Assemblage et de la Productique Associée, SYMAP
F-92038 Paris La Défense Cedex
45, rue Louis Blanc, F-92038 Paris La Défense
T: (00331) 47 17 67 17 **Fax:** 47 17 67 25
Internet: http://www.symap.com
E-Mail: comexpo@symap.com
Kontaktperson: Christian Lemoine

Großbritannien

iz f 1 550

Woodworking Machinery Suppliers Association Ltd. (WMSA)
The Carriage House - Sir Richard Arkwright's Cromford Mill-Mill Lane-Cromford-Matlock, GB- Derbyshire DE4 3RQ
T: (00441629) 826 998 **Fax:** 826 997
Internet: http://www.wmsa.org.uk
E-Mail: secretariat@wmsa.org.uk
Kontaktperson: Anthony Kaye

Italien

iz f 1 551

Associazione Costruttori Italiani Macchine ed Acessori per la Lavorazione del Legno (Acimall)
Centro Direzionale Milanofiori
1 Strada - Palazzo F3, I-20090 Assago
T: (003902) 89 21 02 00 Fax: 8 25 90 09
Internet: http://www.acimall.com
E-Mail: info@acimall.com
Paolo Zanibon

Österreich

iz f 1 552

Fachverband der Maschinen- und Stahlbauindustrie Österreichs (FMS)
Postfach 4 30, A-1045 Wien
Wiedner Hauptstrasse 63, A-1045 Wien
T: (00431) 5 02 25-3447 Fax: 5 05 10 20
Internet: http://www.fms.at
E-Mail: renelt@fms.at
Kontaktperson: Michael Renelt

Polen

iz f 1 553

Stowarzyszenie Przedstawicieli Producentów Maszyn, Urzadzen I Narzedzi Do Obrobki Drewna-Droma
Al.Niepodleglosci 34, PL-63200 Jarocin
T: (004862) 7 47 31 61 Fax: 7 47 34 54
Internet: http://www.droma.com.pl
E-Mail: droma@droma.com.pl

Portugal

iz f 1 554

Uniao dos Industriais de Maquinas para Trabalhar Madeira Portugueses (UMIMAP)
Largo Ferreira Lapa 70 -3 Esq, P-4100 Porto
T: (003512) 2 60 64 679 Fax: 2 60 64 679
Kontaktperson: Antonio Castro

Schweiz

iz f 1 555

Verband schweizerischer Holzbearbeitungs-Maschinen und Werkzeugfabrikanten (VSHF)
c/o Union Service Dr. Meier Christoph
Bühlstr. 29, CH-3012 Bern
T: (004131) 3 01 72 73 Fax: 3 01 72 12
E-Mail: unionservice@bluewin.ch
Kontaktperson: Dr. Christoph Meier

Spanien

iz f 1 556

Asociacion de Fabricantes Espanoles de Maquinaria, Equipos y Productos para la Madera (AFEMMA)
Teruel, 15 - Esc. B. 6° Piso, E-46008 Valencia
T: (003496) 3 85 41 28 Fax: 3 82 35 37
Internet: http://www.ciberperfil.com/afemma
E-Mail: afemma@afemma.com
Kontaktperson: José Manuel Menoyo

Tschechische Republik

iz f 1 557

Svaz Vyrobcúó Drevozpracujicich Strojûa Zarizeni (SVDSZ)
Postfach 14, CZ-56804 Svitavy
T: (00420461) 5 63 11 Fax: 2 22 60, 2 22 24
E-Mail: tos@tos.cz
Kontaktperson: Jiři Odvarka

● **IZ F 1 558**

Europäisches Komitee der Oberflächenbehandlungen (CETS)
European Committee for Surface Treatment
Comité Européen des Traitements de Surface
la Défeuse Cedex, F-92038 Paris
T: (00331) 4717-6373 Fax: 4717-6374
Gründung: 1975

Président: Daniel Odille
Mitglieder: 10
Mitarbeiter: 4

Mitgliedsorganisationen

Belgien

iz f 1 559

VOM
Interleuvenlaan 62 /3, B-3001 Leuven
T: (003216) 40 14 20 Fax: 40 01 35
Veerle Fincken

Dänemark

iz f 1 560

MAB
Postfach 141, DK-2630 Taastrup
T: (0045) 56 27 50 00 Fax: 56 27 53 94
Torben Nielsen

Deutschland

iz f 1 561

VDMA Verband Deutscher Maschinen- und Anlagenbau e.V.
Fachgemeinschaft Allgemeine Lufttechnik, Fachabt. Oberflächentechnik
Postf. 71 08 64, 60498 Frankfurt
Lyoner Str. 18, 60528 Frankfurt
T: (069) 66 03-0 Fax: 66 03-1511
Internet: http://www.vdma.de
E-Mail: puoe@vdma.org
Dr. Thomas Schräder

Spanien

iz f 1 562

SERCOBE - Grupo de Tratamiento de Superfices
Cl. Jorge Juan, n. 47, E-28001 Madrid
T: (00341) 4 35 72 40 Fax: 5 77 09 10
Enrique Guzman

Frankreich

iz f 1 563

SITS - Syndicat Général des Industries de Matériels et Procédés pour les Traitements de Surfaces
La Défense Cedex, F-92038 Paris
T: (00331) 47 17 63 73 Fax: 47 17 63 74
Internet: http://www.sits.fr
E-Mail: info@sits.fr
Président: Daniel Odille
Secrétaire Général: Françoise Leclerc

Großbritannien

iz f 1 564

BSTSA - British Surface Treatment Suppliers Association
Heathcote and Coleman, Heathcote House
Hagley Road 136, Edgebaston, GB- Birmingham BI 69 PN
T: (0044121) 4 54 41 41 Fax: 4 54 49 49
John Allwood

iz f 1 565

MFA Metal Finishing Association
10 Vyse Str., GB- Birmingham B18 6 LT
T: (0121) 2 37 11 21 Fax: 2 37 11 24
John M. Bennet

Niederlande

iz f 1 566

VOM
Postfach 12, NL-3720 AC Bilthoven
Jan van Eycklaan 2, NL-3720 AC Bilthoven
T: (003130) 2 87 11 11 Fax: 28 76 74
P. J. Hecker

Italien

iz f 1 567

ASSICC - Associazione Italiana del Commercio Chimico
Corse Venezia 47-49, I-20121 Mailand
T: (00392) 7 75 02 36 Fax: 76 00 55 43
Dr. Canofari

iz f 1 568

UCIF - Unione Construttori Impianti Finitura
Via Battistotti Sassi 11, I-20133 Mailand
T: (00392) 73 97 11 Fax: 73 97 13 16
Ing. P. A. Manfredini

iz f 1 569

ASSOGALVANICA
Viale dell'Industria 38/-40, I-35129 Padova
T: (049) 77 41 22 Fax: 8 07 45 44
Claudio Galante

iz f 1 570

AIFM Associazione Italiana Finitura Metalli
Via R. Fucini 6, I-20100 Mailand
T: (002706) 3 19 70 Fax: 3 19 70
Dr. Monti

Schweden

iz f 1 571

SYF Svensk Ytbehandlings Förenning
c/o IVF
Argongatan 30, S-43153 Mölndal
T: (004631) 7 06 60 00 Fax: 27 61 30
Lars Clarin

● **IZ F 1 572**

Europäisches Komitee Ölhydraulik und Pneumatik (CETOP)
European Oil Hydraulic and Pneumatic Committee
Comité Européen des Transmissions Oléohydrauliques et Pneumatiques
Lyoner Str. 18, 60528 Frankfurt
T: (069) 66 03-1319 Fax: 66 03-1459
E-Mail: sylvia.grohmann@vdma.org
Präsident(in): Martin Weber
Generalsekretär(in): Sylvia Grohmann-Mundschenk
Mitglieder: 16

● **IZ F 1 573**

Europäisches Netzwerk für Textil (ETN)
European Textile Network
Réseau Européen du Textile
Postf. 59 44, 30059 Hannover
Friedenstr. 5, 30175 Hannover
T: (0511) 81 70 07 Fax: 81 31 08
Internet: http://www.ETN-net.org
E-Mail: ETN@ETN-net.org
Gründung: 1993 (4. April)
Präsidentin: Lala de Dios
Geschäftsführer(in): Beatrijs Sterk (Ltg. Presseabt.)
Kassenwärtin: Raija Jokinen
Vorst.-Mitgl.: Irene Kahmann
Verbandszeitschrift: ETN-Newsletter
Redaktion: Beatrijs Sterk
Verlag: Textil-Forum-Service, Friedenstr. 5, 30175 Hannover, Postf. 59 44, 30059 Hannover
Mitglieder: 550

● **IZ F 1 574**

Europäisches Sekretariat der Hersteller von leichten Metallverpackungen (SEFEL)
European Secretariat of Manufacturers of light Metal Packaging
Secrétariat Européen des Fabricants d'Emballages Métalliques Légers
Boulevard A. Reyers 80, B-1030 Brüssel
T: (00322) 7 06 79-58 Fax: 7 06 79-66
E-Mail: sefel@fabrimetal.be
Gründung: 1959
Präsident(in): Jan Vaandrager (NL)
Generalsekretär(in): Pierre Diederich (Ltg. Presseabt.), Belgien
Mitglieder: 13 (Belgien, Dänemark, Deutschland, Frankreich, Großbritannien, Italien, Niederlande, Österreich, Spanien, Schweiz)
Assoziierte Mitglieder: Finnland, Griechenland, Norwegen
Mitarbeiter: 1

Mitgliedsorganisationen

Belgien

iz f 1 575

Federation Multisectorielle de l'Industrie Technologique (AGORIA)
Bld. A. Reyers 80, B-1030 Brüssel
T: (00322) 7 06 79 82   **Fax:** 7 06 79 88
Internet: http://www.agoria.be
E-Mail: pierre.juliens@agoria.be

Dänemark

iz f 1 576

Metalemballagegruppen
c/o Dansk Industri
DK-1787 Kobenhavn V
T: (0045) 33 77 33 77   **Fax:** 33 77 33 20
E-Mail: tr@di.dk

Deutschland

iz f 1 577

Verband Metallverpackungen e.V. VMV
Kaiserswerther Str. 137, 40474 Düsseldorf
T: (0211) 4 54 65-0   **Fax:** 4 54 65-30, 4 54 65-31
Internet: http://www.metallverpackungen.de
E-Mail: vmv@metallverpackungen.de

Frankreich

iz f 1 578

Syndicat National des Fabricants de Boi_3tes, Emballages et Bouchages Métalliques
39/41, Rue Louis Blanc, F-92400 Courbevoie
T: (00331) 47 17 64 47   **Fax:** 47 17 64 46
E-Mail: snfbm@wanadoo.fr

Großbritannien

iz f 1 579

Metal Packaging Manufacturers Association
Siena Court
The Broadway Maiden Head, GB- Berkshire SL6 INY
T: (00441628) 509029   **Fax:** 509100
Internet: http://www.mpma.org.uk
E-Mail: mpma.enpuiries@btinternet.com

Italien

iz f 1 580

ANFIMA
Via Pirelli 27, I-20124 Mailand
T: (003992) 66 98 18 46-77   **Fax:** 6 70 62 85
E-Mail: gcnpelli@anfima.it

Niederlande

iz f 1 581

Vereniging van Blikverwerkende Industrieën
Postfach 1 90, NL-2700 AD Zoetermeer
T: (003179) 353 12 87   **Fax:** 353 13 65
E-Mail: uub@fme.nl

Österreich

iz f 1 582

Fachverband der Eisen- und Metallwarenindustrie Österreichs
Austrian Galvanizers Association
Postfach 3 35, A-1045 Wien
Wiedner Hauptstr. 63, A-1045 Wien
T: (00431) 5 01 05 34 75   **Fax:** 5 05 09 28
Internet: http://www.fmwi.at
E-Mail: fmwi@fmwi.at

Schweiz

iz f 1 583

Schweizerischer Verband der Hersteller von Metallverpackungen
Postfach 4 07, CH-8027 Zürich
T: (00411) 2 02 55 25   **Fax:** 2 02 61 75
E-Mail: partner@spectraweb.ch

Spanien

iz f 1 584

Asociacion Metalgrafica Espanola
Alberto Aguilera 35, E-28015 Madrid 15
T: (003491) 5 47 07 62   **Fax:** 5 42 92 19
E-Mail: ame_espana@teleline.es

● **IZ F 1 585**

Europäisches Versuchszentrum für lineares Alkylbenzol (ECOSOL)
European Centre of Studies on Linear Alkylbenzene
Centre Européen de Recherche pour benzène d'alkyle linéaire
c/o CEFIC
Avenue E. Van Nieuwenhuyse 4 /1, B-1160 Brüssel
T: (00322) 6 76 72 46   **Fax:** 6 76 73 01
Internet: http://www.ecosol.org
Gründung: 1985
Président: E. Rietkerk
Secrétaire Général: C. Jassogne

● **IZ F 1 586**

Europäisches Werkzeugkomitee (CEO)
European Tool Committee
Comité Européen de l'Outillage
Postf. 10 03 62, 42803 Remscheid
Elberfelder Str. 77, 42853 Remscheid
T: (02191) 4 38-20   **Fax:** 4 38-79
Internet: http://www.ceo-tools.com
E-Mail: ceo@ceo-tools.com
Gründung: 1958
Präsident(in): Anders Ågren (BAHCO-Group AB, S-81181 Sandviken)
Vizepräsident(in): Matthias Hoffmann (HAZET-WERK Hermann Zerver GmbH & Co. KG, Güldenwerther Bahnhofstr. 25-29, 42857 Remscheid)
Generalsekretär(in): Dipl.-Kfm. Michael Liebhardt (FWI)
Mitglieder: 320 europäische Herstellerfirmen von Hand- und Maschinenwerkzeugen

● **IZ F 1 587**

Europäisches Zentrum für Silikone
European Silicone Centre
Centre Européen des Silicones
c/o CEFIC
Avenue E. Van Nieuwenhuyse 4 /1, B-1160 Brüssel
Président: D. Wischer
Secrétaire Général: D. E. Thomas

● **IZ F 1 588**

Europäisches Zentrum der Studien von Silikaten (CEES)
European Centre for Silicate Studies
Centre Européen d'Etude des Silicates
c/o CEFIC
Avenue E. Van Nieuwenhuyse 4 /1, B-1160 Brüssel
T: (00322) 6 76 72 02   **Fax:** 6 76 73 01
E-Mail: pvd@cefic.be
Secrétaire Général: P. van der Hoeven

● **IZ F 1 589**

European Hearing Instrument Manufacturers Association (EHIMA)
Boschstraat 135, B-1780 Wemmel
T: (00322) 4 61 37 52   **Fax:** 4 61 36 47
Internet: http://www.ehima.com
E-Mail: ehima@skynet.be
Gründung: 1983
President: Niels Jacobsen
Secretary General: Anne-Marie Wolters
Mitglieder: 11
Mitarbeiter: 2

Mitgliedsorganisationen

Dänemark

iz f 1 590

GN ReSound A/S
Postfach 224, DK-2630 Taastrup
Markaervej 2A, DK-2630 Taastrup
T: (0045) 72 11 11 11   **Fax:** 72 11 11 88
Contact: Nikolai Bisgaard

iz f 1 591

Oticon A/S
Strandvejen 56, DK-2900 Hellerup
T: (004533) 39 17 71 00   **Fax:** 39 27 79 00
Contact: Niels Jacobsen

iz f 1 592

Widex Aps
Ny Vestergaedsvej 25, DK-3500 Vaerlose
T: (004233) 48 18 22   **Fax:** 48 41 22
Contact Person: Tom Westermann

Deutschland

iz f 1 593

Siemens Audiologische Technik GmbH
Postf. 32 80, 91050 Erlangen
Gebbertstr. 125, 91058 Erlangen
T: (09131) 3 08-0   **Fax:** 3 08-204
Kontaktperson: Roger Radke

Großbritannien

iz f 1 594

A & M Hearing Ltd
Newton Road Manor Royal, GB- Crawley West Sussex RH10 2TU
T: (00441293) 42 37 00   **Fax:** 40 30 80
Contact: Delain Wright

Niederlande

iz f 1 595

Beltone
Build. HBK 1
Postfach 218, NL-5600 MD Eindhoven
T: (003140) 72 46 80   **Fax:** 72 45 72
Contact Person: B. Jacquier

Österreich

iz f 1 596

Viennatone
Fröbelgasse 26-32, A-1164 Wien
T: (00431) 49 12 00   **Fax:** 95 21 94
Contact Person: Heinz Ruch

Schweiz

iz f 1 597

Bernafon
Morgenstrasse 131, CH-3018 Bern
T: (004131) 9981515   **Fax:** 99811590
Managing Director: Erich Spahr

iz f 1 598

Phonak AG
Laubisrütistr. 28, CH-8712 Stäfa
T: (00411) 9 28 01 01   **Fax:** 9 28 03 90
Contact Person: Peter Pfluger

USA

iz f 1 599

STARKEY Laboratories (Germany) G.m.b.H.
Postf. 11 60, 22801 Norderstedt
Rugenbarg 69, 22848 Norderstedt
T: (040) 5 28 47-0   **Fax:** 5 28 47-222
Internet: http://www.STARKEY.DE
Contact Person: Jerry Rusizcka

● **IZ F 1 600**

European Union Sailing Association (EUSA)
Zr. Spinhovenlaan, 7, NL-3981 CR Bunnik
T: (003130) 65 62 366
Gründung: 1992 (21. Januar)
President: Niels Ehrhart
Vice-President: Dr. Manfred Piso
Treasurer: Prof. Dr. Evert Lagerweij
Mitglieder: 14

IZ F 1 601
Fachverband der Industrien der elektrischen Ausstattung, der Kontroll-Steuerung und entsprechenden Dienstleistungen
French industry association for electrical equipment, automation and related services
Groupement des industries de l'équipement electrique, du contrôle-commande et des services associés (GIMELEC)
11, rue Hamelin, F-75783 Paris Cedex 16
T: (00331) 45 05 71 52   Fax: 45 05 72 40
Internet: http://www.gimelec.fr
E-Mail: gimelec@gimelec.fr
Gründung: 1971
President: Robert Mahler
Contact: Jean-Claude Karpeles
Mitglieder: 200
Mitarbeiter: 35

IZ F 1 602
Fédération de l'Industrie Européenne des Articles de Sport (FESI)
Federation of the European Sporting Goods Industry
Generalsekretariat
Avenue de Janvier 3, B-1200 Brüssel
T: (00322) 7 62 86 48   Fax: 7 71 87 46
Internet: http://www.fesi-sport.org
E-Mail: bichi@fesi-sport.org
Präsident(in): Klaus Uhl
Generalsekretär(in): Alberto Bichi
Mitglieder: 10
Mitarbeiter: 1,5

IZ F 1 603
FLUORSPAR
c/o CEFIC
Avenue E. Van Nieuwenhuyse 4/1, B-1160 Brüssel
T: (00322) 6 76 72-40   Fax: 6 76 73-92
Président: L. Günther
Secrétaire Général: Bent Jensen

IZ F 1 604
Föderation der Europäischen Fensterhersteller- und Fassadenverbände (FAECF)
Federation of European Window and Curtain Wall Manufacturers' Associations
Fédération des Associations Européennes des Constructeurs de Fenêtres et de Façades
Bockenheimer Anlage 13, 60322 Frankfurt
T: (069) 95 50 54-13   Fax: 95 50 54-11
E-Mail: faecf@window.de
Gründung: 1968 (21. November)
President: W. Baumgartner (Fa. E. Schweizer AG, Hagenholzstrasse 60, CH-8050 Zürich, E-Mail: walter.baumgartner@schweizer.ch)
Vice-President: L. Ravaioli (Focchi Giuseppe S.p.A., Via Circonvallazione Ovest, 9 I-47037 Rimini RN, E-Mail: libero.ravaioli@uncsaal.it)
P. Kallias (DORAL, P.O.Box 35, GR-57009 Kalochori/Thessaloniki, E-Mail: doral@otenet.gr)
Secretary General: Dipl.-Kfm. Karl Heinz Herbert ((D), FAECF, Bockenheimer Anlage 13, 60322 Frankfurt a.M.)
Technical Committee:
Chairman: E. Aliotti ((I), Via Eugenio, Vajna,4, I-00197 Roma)
Secretary: F. Van Eyken (UTMM/TUMS, Diamant Building/ Bd A. Reyerslaan 80, B-1030 Bruxelles, E-Mail: felix.vaneyken@agoria.be)

Mitgliedsorganisationen

Belgien

iz f 1 605
Union Technique des Constructeurs Spécialistes de Menuiserie Métallique de Belgique (UTMM/TUMS)
c/o FABRIMETAL
Diamant Building,
Bd A. Reyerslaan 80, B-1030 Bruxelles
T: (00322) 706 79 62   Fax: 706 79 66
E-Mail: felix.vaneyken@fabrimetal.be
Präsident(in): S. Allaert
Secretary: Felix van Eyken (E-Mail: felix.vaneyken@agoria.be)

Deutschland

iz f 1 606
Verband der Fenster- und Fassadenhersteller e.V. (VFF)
Bockenheimer Anlage 13, 60322 Frankfurt
T: (069) 95 50 54-13   Fax: 95 50 54-11
Internet: http://www.window.de
E-Mail: vff@window.de
Präsident(in): Franz Hauk
Fachabt. Metallbau: Dr. G. Brunner
Geschäftsführer(in): Dipl.-Kfm. Karl Heinz Herbert

Frankreich

iz f 1 607
Syndicat National de la Construction des Fenêtres, Façades et Activités Associées
Rue du Débarcadère 10, F-75852 Paris Cedex 17
T: (00331) 40 55 11-80   Fax: 40 55 11-81
Président: A. Liebot
Délégué Général: C. Watelet

Griechenland

iz f 1 608
DORAL Door & Window Manufacturers S.A.
Kalohoriou Industriepark
Postfach 35, GR-57009 Kalohori-Thessaloniki
T: (003031) 75 26 52   Fax: 75 14 19
E-Mail: doral@otenet.gr
President: Ch. Kallias
General Manager: S. Kallias

iz f 1 609
Greek Association of Aluminium Manufacturers (SEKA)
Ierolochiton Str. 9, GR-18454 Athen Nikea

Großbritannien

iz f 1 610
Glass and Glazing Federation (GGF)
Borough High Street 44-48, GB- London SE1 1XB
T: (004420) 74 03 71 77   Fax: 73 57 74 58
E-Mail: dballard@ggf.org.uk, acampbell@ggf.org.uk
President: G. Donoghue
Direktor(in): D. E. Ballard

Italien

iz f 1 611
Unione Nazionale Costruttori Serramenti Acciaio Alluminio Leghe (UNCSAAL)
Via Chieti 8, I-20154 Mailand
T: (00392) 3 19 20 61   Fax: 34 53 76 10
E-Mail: uncsaal@unscaal.it
President: S. Cremaschi
Secretary: P. Gimelli

Niederlande

iz f 1 612
Vereniging Metalen Ramen en Gevelbranche (VMRG)
Postfach 1496, NL-3430 BL Nieuwegein
Einsteinbaan 1, NL-3439 NJ Nieuwegein
T: (003130) 6 05 36 44   Fax: 6 05 32 60
E-Mail: info@vmrg.nl
President: E.G. Wagemakers
Managing Director: G.J.J. Lieverse

Österreich

iz f 1 613
Arbeitsgemeinschaft der Hersteller von Metallfenstern, -Türen und -Toren
Postfach 335, A-1045 Wien
Wiedner Hauptstrasse 63, A-1045 Wien
T: (00431) 5 01 05 34 75   Fax: 5 05 09 28
E-Mail: krafft@fmwi.at
President: G. Völkl
Geschäftsführer(in): Dr. B. Krafft

Portugal

iz f 1 614
Associaçao Portuguesa dos Construtores de Aluminio (APCA)
Apartado 70096, P-2721-902 Amadora
T: (0035191) 9 20 96 72
E-Mail: alcina.pires@clix.pt
President: V. Rosenstok
Secretary: A. Pires

Schweden

iz f 1 615
The Swedish Federation of Glazing Contractors (GBF)
Glasbranschföreningen
Postfach 16286, S-10325 Stockholm
Skeppsbron 40, S-10325 Stockholm
T: (00468) 4 53 90 74   Fax: 4 53 90 71
E-Mail: per@gbf.se
President: Swen Persson
Secretary: P. Sjöhult

Schweiz

iz f 1 616
Schweizerische Zentralstelle für Fenster- und Fassadenbau
Postfach 213, CH-8953 Dietikon
Riedstr. 14, CH-8953 Dietikon
T: (00411) 7 42 24 34   Fax: 7 41 55 53
E-Mail: info@szff.ch
President: W. Baumgartner
Secr.: R. Locher

Slowakische Republik

iz f 1 617
Hueck System spol.sr.o
Osadna 15, SLO-83103 Bratislava
T: (004217) 44 37 27 31   Fax: 44 37 27 29
E-Mail: office@hueck.sk
General Manager: P. Cernik

Spanien

iz f 1 618
Asociación Espan_6ola de Fabricantes de Fachadas Ligera y Ventanas (ASEFAVE)
Principe de Vergara 74 6a Planta, E-28006 Madrid
T: (003491) 5 61 45 47   Fax: 5 64 42 90
E-Mail: asefave@asefave.org
President: F. Angulo
Director: R. de Zarate

Ungarn

iz f 1 619
EVOSZ Metallbauverband
Döbrentei Tér 1, H-1013 Budapest
T: (0036201) 03 33 24   Fax: 44 37 27 29
Generalmanager: G. Kolozar

IZ F 1 620
Föderation der Europäischen Parkett-Industrie (FEP)
European Federation of the Parquet Industry
Fédération Européenne de l'Industrie du Parquet
Allée Hof-ter-Vleest 5 Boite 4, B-1070 Brüssel
T: (00322) 556 25 87   Fax: 556 25 95
Internet: http://www.parquet.net
E-Mail: euro.wood.fed@skynet.be
Gründung: 1956
Präsident(in): Dieter Betz (Bauwerk AG)
Generalsekretär(in): Filip De Jaeger
Verbandszeitschrift: FEP NEWS

IZ F 1 621
Föderation der Europäischen Schneidware, Besteck-, Tafelgeräte- und Küchengeschirrindustrie (FEC)
Federation of the European Cutlery, Flatware, Holloware and Cookware
Fédération de l'Industrie Européenne de la Coutellerie, des Couverts de Table, de l'orfevrerie et des articles culinaires
c/o Sekretariat FEC
Postf. 17 01 60, 42623 Solingen
Neuenhofer Str. 24, 42657 Solingen
T: (0212) 88 01 40-44   Fax: 88 01 39
Gründung: 1952
Präsident(in): John Price (OBE Arthur Price of England)
Sekretär: Dipl.-Vw. Jens-Heinrich Beckmann (D)

Hoppenstedt

iz f 1 645

Mitgliedsorganisationen

Deutschland

iz f 1 622

Industrieverband Haushalt-, Küchen- und Tafelgeräte HKT e.V.
Postf. 17 01 60, 42623 Solingen
Neuenhofer Str. 24, 42657 Solingen
T: (0212) 88 01-40, 88 01-44   Fax: 88 01-39
Internet: http://www.hkt-verband.de
E-Mail: info@hkt-verband.de

Frankreich

iz f 1 623

UNITAM
Union Intersyndicale des Fabricants d'Articles pour la Table, le Ménage et activités connexes
Rue Louis Blanc 39-41, F-92400 Courbevoie
T: (0033147) 17 64 60   Fax: 17 64 61

Großbritannien

iz f 1 624

British Cutlery & Silverware Association
Light Trades House
3 Melbourne Avenue, GB- Sheffield S10 2QI
T: (0044114) 2 66 30 84   Fax: 2 67 09 10

Italien

iz f 1 625

ANIMA - Federazione delle Associazioni Nazionali dell'Industria Meccanica
Federation of the Italian Mechanical and Engineering Industry Associations
Via Battistotti Sassi 11B, I-20133 Mailand
T: (00392) 73 97-1   Fax: 73 97-316
Internet: http://www.anima-it.com
E-Mail: assotermica@anima-it.com

Schweiz

iz f 1 626

ALA - Arbeitsgemeinschaft der schweizerischen Kochgeschirr- und Haushaltartikel-Fabrikanten
Zimmelstr. 35, CH-6314 Unterägeri
T: (0041) 4 17 50 31 43

Spanien

iz f 1 627

Asociacion Espanola de Fabricantes de Cuberteria y Menaje - A.E.F.C.U.M.
Calle Príncipe de Vergara, 74, E-28006 Madrid
T: (00341) 5 63 17 21

● **IZ F 1 628**

Föderation Europäischer Aerosol-Verbände (FEA)
European Federation of Aerosol Associations
Fédération Européenne des Associations Aérosols
Square Marie-Louise 49, B-1000 Brüssel
T: (00322) 2 38 98 29   Fax: 2 80 09 29
Gründung: 1959
Presidium:
President: Ad Hendriks (L'OREAL Nederland BV, Dr. A.D. Sacharovlaan 2, 2405 WB Alphen A/D Rijn (NL), T: (0031172) 44 63 59, Fax: (0031172) 44 63 89)
Secretary General: Peter-Alexander Sondermann (Ltg. Presseabt.)
Verbandszeitschrift: Aerosol Europe
Mitglieder: 23

● **IZ F 1 629**

Föderation der Suppen-Industrie-Verbände der EG (FAIBP)
Fédération des Associations de l'Industrie des Bouillons et Potages de la C.E.E.
Reuterstr. 151, 53113 Bonn
T: (0228) 21 20 17   Fax: 22 94 60
Generalsekretär(in): Dr.jur. Hans-Joachim Mürau
Mitglieder: Belgien, Deutschland, Frankreich, Irland, Italien, Niederlande, Gross-Britannien, Spanien, Schweiz, Norwegen, Österreich

● **IZ F 1 630**

Europäische Gesellschaft der Tiefkühlprodukten-Hersteller (FAFPAS)
Federation of the Associations of the E.U. Frozen Food Producers
Fédération des Associations de Fabricants de Produits Alimentaires Surgelés de l'U.E.
Avenue de Roodebeeklaan 30, B-1030 Brüssel
T: (00322) 7 43 87 30   Fax: 7368175
Gründung: 1962
Président: M.G. Molloy, Großbritannien
Secrétaire Général: M. Coenen
Mitglieder: 8 + 1
Mitarbeiter: 2

Mitgliedsorganisationen

Belgien

iz f 1 631

Association Belge de entreprises de produits alimentaires surgelés (ABEPAS)
Avenue de Roodebeek 30, B-1030 Bruxelles
T: (00322) 7 43 87 30   Fax: 7 36 81 75
E-Mail: sia01@sia-dvi.be
Contact: P. de Sloovere

Dänemark

iz f 1 632

Danish Frozen Food Association
c/o Dansk Dagligvareleverandorforening DLF
Kronprinsessegade 34 3., DK-1306 Kobenhaven K.
T: (004533) 33 95 00   Fax: 33 95 05
Secretary: A. Erner

Deutschland

iz f 1 633

Deutsches Tiefkühlinstitut e.V.
Bonner Str. 484-486, 50968 Köln
T: (0221) 9 37 48-0   Fax: 9 37 48-22
Internet: http://www.tiefkuehlinstitut.de
E-Mail: infos@tiefkuehlinstitut.de
Geschäftsführer(in): Manfred Sassen

Finnland

iz f 1 634

Elintarvikieteollisuusliitto ry (ETL)
Finnish Food and Drink Industries' Federation (FFDIF)
Finnish Frozen Food Industries' Association
Postfach 1 15, FIN-00241 Helsinki
T: (003589) 14 88 71   Fax: 14 88 72 01
Internet: http://www.elintarviketeollisuus.fi
E-Mail: antero.leino@etl.fi
Hillevi Latvalahti

Frankreich

iz f 1 635

Syndicat National des Fabricants de Produits Surgeles
18, Rue de la Pépinière, F-75008 Paris
T: (00331) 53 42 13 30   Fax: 53 42 13 32
E-Mail: jfc.snfps.sfig@ficur.com
Contact: Alain Delamort

Griechenland

iz f 1 636

FAFPAS
c/o G.F.F-Uncle Stathis S.A.
Postfach 108, GR-57022 Sindos
Thessaloniki's Industrial Area A 5 Str., GR-57022 Sindos
T: (003031) 79 72 10   Fax: 79 62 11
Managing Director: Dimitrios Takas

Großbritannien

iz f 1 637

UK Association of Frozen Food Producers
1, Green Street Grosvenor Square, GB- London W1Y 3RG
T: (004420) 76 29 06 55   Fax: 74 99 90 95
Contact: Kerina L. Cheesman

Italien

iz f 1 638

Associazione Italiana Industrie Prodotti Alimentari (A.I.I.P.A.)
Corso di Porta Nuova 34, I-20121 Mailand
T: (003902) 65 41 84   Fax: 65 48 22, 5 12 97 71 (BXL), (003905) 35 27 30 (Bologna)
E-Mail: aiipa@foodarea.it
Contact: Franca Peron

Niederlande

iz f 1 639

Federatie van de Nederlandse Diepvriesindustrie
Postfach 177, NL-2300 AD Leiden
T: (003171) 5 22 42 20   Fax: 5 22 50 95
Contact: F. H. J. van de Wetering

Schweden

iz f 1 640

Djupfrysningsbyran
Postfach 1093, S-25110 Helsinborg
T: (004642) 21 80 10   Fax: 21 00 54
E-Mail: djupfryst@djupfrysningsbyran.se
Contact: Kjell Olsson

Spanien

iz f 1 641

Asociacion Espanola de Fabricantes de Vegetales Congelados (ASEVEC)
Moratin, 28, E-28014 Madrid
T: (003491) 4 20 18 21   Fax: 4 20 08 81
Contact: J. M. Aguilar

● **IZ F 1 642**

Föderation der Verbände der Europäischen Wälzlagerindustrie (FEBMA)
Federation of European Bearing Manufacturers' Associations
c/o VDMA - Fachverband Antriebstechnik
Postf. 71 08 64, 60498 Frankfurt
Lyoner Str. 18, 60528 Frankfurt
T: (069) 66 03-1624   Fax: 66 03-1459
E-Mail: info@febma.org
Präsident(in): Sune Carlsson
Generalsekretär(in): Dr. Andreas Rowold

● **IZ F 1 643**

Gesamtverband der Mühlenbetriebe der EG-Länder (GAM)
Groupement des Associations Meunières des Pays de l'U.E.
Generalsekretariat: c/o ECCO
Avenue des Gaulois 9, B-1040 Bruxelles
T: (00322) 7 36 53 54, 7 32 34 27
E-Mail: gam@ecco.be
Sitz: 66, rue la Boétie, F-75008 Paris, T: (00331) 43 59 45 80
Gründung: 1959
Président: A. Fadie
Secrétaire Général: A. Galaski
Mitglieder: 14
Mitarbeiter: 2

Mitgliedsorganisationen

Belgien

iz f 1 644

Association Royale des Meuniers Belges
av. de Cortenbergh 172 bte 3, B-1040 Brüssel
T: (00322) 7 43 08 40   Fax: 7 43 08 42

Dänemark

iz f 1 645

Association of Danish Millers
c/o Dansk Industri
DK-1787 Kobenhavn V
T: (0045) 33 77 33 77   Fax: 33 77 34 10

iz f 1 646

Deutschland

iz f 1 646

Verband Deutscher Mühlen e.V.
Postf. 30 01 62, 53181 Bonn
Beueler Bahnhofsplatz 18, 53225 Bonn
T: (0228) 9 76 10-0   **Fax:** 9 76 10-99
Internet: http://www.muehlen.org
E-Mail: vdm@muehlen.org

Finnland

iz f 1 647

Kauppamyllyjen Yhdistys r.y.
Postfach 115, FIN-00241 Helsinki
T: (003589) 14 88 71   **Fax:** 14 88 72 01
E-Mail: antero.leino@etl.fi

Frankreich

iz f 1 648

Association Nationale de la Meunerie Francaise
66, rue la Boetie, F-75008 Paris
T: (00331) 43 59 45 80   **Fax:** 45 63 71 02

Großbritannien

iz f 1 649

National Association of British and Irish Millers
21, Arlington Street, GB- London SW1A 1RN
T: (004420) 74 93 25 21   **Fax:** 749 33 67 85

Irland

iz f 1 650

Odlum Group Ltd.
Alexandra Road, IRL- Dublin 1
T: (0035318) 74 17 41   **Fax:** 74 18 66

Italien

iz f 1 651

Associazione degli Industriali Mugnai e Pasta d'Italia
Via dei Crociferi 44, I-00187 Rom
T: (00396) 6 78 54 09   **Fax:** 6 78 30 54

Luxemburg

iz f 1 652

Fédération des Meuniers Luxembourgeois
Postfach 1604, L-1016 Luxemburg
T: (00352) 42 45 11-1   **Fax:** 42 45 25
Präsident(in): Edmond Muller
Sekretär: Ralph Weis

Niederlande

iz f 1 653

Nederlandse Vereniging van Meelfabrikanten
Postbus 2743, NL-3000 CS Rotterdam
T: (003110) 2 65 05 80   **Fax:** 2 65 02 80

Österreich

iz f 1 654

Verband der Mühlenindustrie
Wirtschaftskammer Österreich
Postfach 144, A-1037 Wien
Zaunergasse 1-3, A-1037 Wien
T: (00431) 7 12 21 21 26   **Fax:** 7 12 12 08

Portugal

iz f 1 655

Associacao Portuguesa da Industria de Moagem (APIM)
3° Esq. Salas 57-59, P-4050-259 Porto
T: (0035122) 2 08 14 88   **Fax:** 3 39 40 89

Schweden

iz f 1 656

Svenska Kvarnföreningen
Swedish Flour Milling Association
Postfach 1 61 41, S-10323 Stockholm
T: (00468) 6 78 66 02   **Fax:** 6 78 66 02
E-Mail: alf.messing@bageri.se

Spanien

iz f 1 657

Asociacion de Fabricantes de Harina de Espana
C/Ayala 13, Ia Izqda, E- Madrid 1
T: (00341) 5 75 40 04   **Fax:** 5 76 29 44

● **IZ F 1 658**

Europäischer Verband industrieller Energieverbraucher (IFIEC Europe)
International Federation of Industrial Energy-Consumers
Fédération Européenne des Consommateurs Industriels d'Energie
Chaussée de Charleroi 119, B-1060 Brüssel
T: (00322) 5 42 06 87   **Fax:** 5 42 06 92
Internet: http://www.ifiec-europe.be
E-Mail: goffin@hscbel.be
Gründung: 1988
Président: Dr. M. Seeger
Secrétaire Général: R. Goffin
Mitglieder: 13 féd. nat.

● **IZ F 1 659**

International Coffee Organization
22 Berners Street, GB- London W1T 3DD
T: (004420) 75 80 85 91   **Fax:** 75 80 61 29
Internet: http://www.ico.org
E-Mail: info@ico.org
Gründung: 1963
Executive Director: C. A. Lodder
Landes- und Fachverbände:
Membership consists of 62 coffee producing and consuming countries

● **IZ F 1 660**

Internationale Akademie für Bäder-, Sport- und Freizeitbauten e.V.
siehe T 3454

● **IZ F 1 661**

Internationale Chemiefaservereinigung (C.I.R.F.S.)
Comité International de la Rayonne et des Fibres Synthétiques
Avenue E. Van Nieuwenhuyse 4, B-1160 Brüssel
T: (00322) 6 76 74 55   **Fax:** 6 76 74 54
Internet: http://www.cirfs.org
E-Mail: info@cirfs.org

● **IZ F 1 662**

Internationale Europäische Vereinigung der Naturwerksteinindustrie (EURO-ROC)
European International Federation of Natural Stone Industries
Bremthaler Str. 43, 65207 Wiesbaden
T: (06127) 6 63 88   **Fax:** 6 19 57
Gründung: 1950
1er Vice-Président: Joad Saude (Président de l'Assimagra Lisbonne)
2nd Vice-Président: Georges Crassoulis (Greece)
Président: José Marin (Spanien)
Mitglieder: 17 associations
Mitarbeiter: 1

Mitgliedsorganisationen

Belgien

iz f 1 663

Union des carrières et scieries de marbres de Belgiue (UCSMB)
Raborive 2, B-4920 Aywaille

iz f 1 664

Federation Belge des Associations de Maitres Tailleurs de Pierres a.s.b.l.
rue des Fripiers, B-1000 Bruxelles

iz f 1 665

Federation Nationale des Maitres Marbriers de Belgique
Chaussee de Mons, 144, B-1070 Bruxelles
T: (00322) 5 23 20 51   **Fax:** 5 23 20 77
Président: G. Héris
Vice-Président: H. van der Lindon
J. P. St. Jean

Deutschland

iz f 1 666

Deutscher Naturwerkstein-Verband e.V. (DNV)
Sanderstr. 4, 97070 Würzburg
T: (0931) 1 20 61   **Fax:** 1 45 49
E-Mail: dnv@naturstein-netz.de

Finnland

iz f 1 667

The Finnish Stone Producer's Association
Kansakoulukatu 10, FIN-00100 Helsinki

Frankreich

iz f 1 668

Fédération Française de la Pierre et du Marbre (FFPM)
3, rue Alfred Roll, F-75849 Paris Cedex 17

iz f 1 669

Fédération Française du Granit
3, rue Alfred Roll, F-75849 Paris Cedex 17

iz f 1 670

Fédération Nationale de la Marbrerie Funéraire Française
3, rue Alfred Roll, F-75849 Paris Cedex 17

Griechenland

iz f 1 671

Panhellenic Marble Association (PMA)
1 Eleon Str., GR-14564 N. Kifisia-Athens

iz f 1 672

Unione Generale degli Industriali Apuani del Marmo ed Affini (UGIMA)
Via Sette Luglio 16 bis, I-54033 Carrara (Massa)

Irland

iz f 1 673

Architectural & Monumental Stone Association
Construction House
Canal RD, IRL- Dublin 6
Secretary: Martin Lang

Niederlande

iz f 1 674

ABN Algemene Nederlandse Bond van Natursteenbewerkendebedrijven
Postfach 216, NL-1440 AE Purmerend

Portugal

iz f 1 675

ASSIMAGRA
Rua Rodriguez Sampaio 100, 1° Dt, P-1100 Lisboa

Spanien

iz f 1 676

F.D.P. Federacion Española de la Piedra Natural
Alenza 13, 3 piso, E-28003 Madrid

Norwegen

iz f 1 677
Steinindustriens Landssammenslutning
Postfach 231, N-3251 Larvik

Großbritannien

iz f 1 678
Stone Federation
82, New Cavendish Street, GB- London W1M 8AD

iz f 1 679
National Association of Memorial Masons (NAMM)
Crown Buildings
27 A Albert Street Rugby, GB- Warwickshire CV 2 SG
T: (00441788) 54 22 64   Fax: 54 22 76
E-Mail: enquiries@namm.org.uk

● IZ F 1 680
Internationale Fruchtsaft-Union (IFU)
International Federation of Fruit Juice Producers
Fédération Internationale des Producteurs des Jus de Fruits
23, Bd des Capucines, F-75002 Paris
T: (00331) 47 42 82 80   Fax: 47 42 82 81
E-Mail: ifu.int.fed.fruit.juices@wanadoo.fr
Gründung: 1948
Verbandszeitschrift: Note d'Information, News Bulletin
Verlag: IFU
Mitglieder: 73
Mitarbeiter: 2

● IZ F 1 681
World Federation of Building Service Contractors (WFBSC)
10201 Lee Highway, Suite 225, USA- Fairfax VA 22030
T: (001703) 3 59 70 90   Fax: 3 52 04 93
President: Ron Farindon (Australien)
Executive Vice President: Carol A. Dean (USA)
Verbandszeitschrift: International Dimensions
Mitglieder: 15 nationale Mitgliedsorganisationen

● IZ F 1 682
Internationale Gemeinschaft der Gebäudereinigungsunternehmen (FIDEN)
International Association of Building Service Contractors
Fédération Internationale des Entreprises de Nettoyage
c/o Rae Westermeyr & Lerg
Richard-Wagner-Str. 19, 80333 München
T: (089) 52 30 40 55   Fax: 52 30 40 50
E-Mail: info@fiden.org
Gründung: 1956, seit 1987 e.V.
Präsident(in): Juan Bosco Arconada Lastras
Sekretär: Laurent Westermeyr
Verbandszeitschrift: Newsletter
Mitglieder: 150

● IZ F 1 683
Global Crop Protection Federation (GCPF)
Avenue Louise 143, B-1050 Brüssel
T: (00322) 5 42 04 10   Fax: 5 42 04 19
Internet: http://www.gcpf.org
E-Mail: gcpf@pophost.eunet.be
Gründung: 1960
President: G. Prante
Director General: C. Verschueren
Leitung Presseabteilung: Kristen Sukalac
Mitglieder: 6
Mitarbeiter: 4

iz f 1 684
American Crop Protection Association (ACPA)
1156 Fift. Street, N.W., USA-20005 Washington
T: (001202) 2 96 15 85   Fax: 4 63 04 74
Internet: http://www.acpa.org
President: J.J. Vroom

iz f 1 685
European Crop Protection Association (ECPA)
Avenue E. Van Nieuwenhuyse 6, B-1160 Brüssel
T: (00322) 6 63 15 50   Fax: 6 63 15 60
Internet: http://www.ecpa.be
E-Mail: ecpa@ecpa.be
Director General: P. A. Urech

iz f 1 686
Asia-Pacific Crop Protection Association (APCPA)
Pahonyothin Road 555 1405, Rasa Tower Building, T-10900 Bangkok
T: (00662) 9 37 04 87-90   Fax: 9 37 04 91
Internet: http://www.apcpa.org
E-Mail: apcpa@loxinfo.co.th
Secretary General: W.W. Ellis

iz f 1 687
Africa/Middle-East Working Group (AMEWG)
Postfach 96 18 10 Sport City, CI-11196 Amman
T: (009626) 5 68 71 80   Fax: 5 67 18 78
E-Mail: rcamewg@firstnet.com.jo
Coordinator: Ali Mohd. Ali

iz f 1 688
Latin America Crop Protection Association (LACPA)
Postfach 94-2020, CR-1000 San José
T: (00506) 2 57 32 76   Fax: 2 33 50 78
Internet: http://www.lacpa.org
Coordinator: F. Fernández

iz f 1 689
Japan Crop Protection Association (JCPA)
Nihonbashi Club Bldg.
Nihonbashi-Muromachi 5-8, J-103 Tokio
T: (00813) 32 41 02 30   Fax: 32 41 31 49
Senior Managing Director: Takeshi Sasaki

● IZ F 1 690
Internationale Gerbervereinigung (ICT)
International Council of Tanners
Conseil International des Tanneurs
Leather Trade House
Kings Park Road, Moulton Park, GB- Northampton NN3 6JD
T: (00441604) 67 99 17   Fax: 67 99 98
Internet: http://www.tannerscouncilict.org
E-Mail: sec@tannerscouncilict.org
Gründung: 1926
President: Tony Mossop
Secretary: Paul Pearson
Mitglieder: 29

● IZ F 1 691
Internationale Kakao-Organisation (ICCO)
International Cocoa Organization
Organisation Internationale du Cacao
22 Berners Street, GB- London W1P 3DB
T: (004420) 76 37 32 11   Fax: 76 31 01 14
TGR: WORLDCOCOA LONDON W1
Gründung: 1973
Executive Director: Edouard Kouamé
Verlag: ICCO, London
Mitglieder: 40 Länder + EU
Mitarbeiter: 22
Veröffentlichungen:
World Cocoa Directory
Cocoa Newsletter
Quarterly Bulletin of Cocoa Statistics
Annual Reports
The World Cocoa Market
Cocoa Consumption in the Russian Federation

● IZ F 1 692
Internationale Kautschuk-Vereinigung (IRA)
International Rubber Association
c/o Malaysian Rubber Board, Malaysian Rubber Exchange Unit
4th Floor, Bangunau Getha Asli 148 Talan Ampang, MAL-50450 Kuala Lumpur
T: (00603) 21 61 44 22   Fax: 21 61 65 86
Gründung: 1971 (24. September)
Chairman: Abdul Rasip Latiff
Executive Secretary: Gong Suk Kin

● IZ F 1 693
Internationale Kommission der Landwirtschafts- und Ernährungs-Industrien (CIIA)
International Commission Food Industries (CIIA)
Commission Internationale des Industries Agricoles et Alimentaires (CIIA)
14-16, rue Claude Bernard, F-75005 Paris
T: (00331) 43 31 30 36   Fax: 43 31 32 02
Gründung: 1934
Leitung Presseabteilung: Guy Dardenne
Verbandszeitschrift: Industries Alimentaires et Agricoles
Verlag: Editeurs le Courselles, 1-3 Rue du Depart, F-75001 Paris

● IZ F 1 694
Internationale Konföderation der Verarbeiter von Papier und Pappe in Europa (CITPA)
International Confederation of Paper and Board Converters in Europe
Confédération Internationale des Transformateurs de Papier et Carton en Europe
Strubbergstr. 70, 60489 Frankfurt
T: (069) 78 50 40   Fax: 78 50 41
E-Mail: info@citpa-europe.org
Gründung: 1961
Geschäftsführer(in): Dipl.-Volksw. Thomas Pfeiffer

Mitgliedsorganisationen

Belgien

iz f 1 695
Fédération des Industries Transformatrices de Papier et Carton (FETRA)
Ch. de Waterloo 715 bte 25, B-1180 Brüssel
T: (00322) 3 44 19 62   Fax: 3 44 86 61
E-Mail: info@fetra.be
Economy: Jan Cardon
Social Policy: Joseph Moeris

Dänemark

iz f 1 696
Emballageindustrien The Packaging Industry, Denmark
Norre Voldgade 48 1, DK-1358 København K
T: (004533) 91 38 00   Fax: 91 96 01
E-Mail: info@emballageindustrien
Direktor(in): Peter Huntley

Deutschland

iz f 1 697
Hauptverband der Papier, Pappe und Kunststoffe verarbeitenden Industrie (HPV) e.V.
Strubbergstr. 70, 60489 Frankfurt
T: (069) 97 82 81-0   Fax: 97 82 81-30
Internet: http://www.hpv-ev.org
E-Mail: info@hpv-ev.org
Direktor(in): Dipl.-Volksw. Thomas Pfeiffer
RA Dietmar Zellner

Frankreich

iz f 1 698
Fédération des Syndicats de Fabricants d'Articles de Papeterie
71, av. Marceau, F-75116 Paris
T: (00331) 47 20 90 12   Fax: 49 52 05 88
E-Mail: fed.papeterie@goformet.com
Direktor(in): B. de Leymarie

Italien

iz f 1 699
Associazione Nazionale Italiana Industrie Grafiche, Cartotecniche e Trasformatrici
Piazza della Conciliazione 1, I-20123 Mailand
T: (00392) 4 98 10 51   Fax: 4 81 69 47
Internet: http://www.assografici.it
E-Mail: assografici@assografici.it
Direktor(in): Dr. Claudio Covini

Niederlande

iz f 1 700
Vereniging van Nederlandse Fabrikanten van Kartonnagesen Flexible Verpakkingen (KARTOFLEX)
Laan Copes van Cattenburch 79, NL-2585 EW Den Haag
T: (003170) 312 39 12   Fax: 363 63 48
E-Mail: mail@kartoflex.nl
Direktor(in): Dr. Herman A. Voskamp

iz f 1 701
Vereniging Golfkarton
Postfach 732, NL-2130 AS Hoofddorp
Kruisweg 761, NL-2132 NE Hoofddorp
T: (003123) 5 54 30 60   Fax: 6 54 30 62
E-Mail: info@vereniginggolfkarton.nl
Direktor(in): A.M. Schrijver

Österreich

iz f 1 702

Fachverband der Papier und Pappe verarbeitenden Industrie
Association of the Austrian Paper and Board Converting Industry (PPV)
Postfach 131, A-1041 Wien
T: (00431) 5 05 53 82-0   Fax: 5 05 90 18
E-Mail: ppv@ppv.at
Geschäftsführer(in): Mag. Rudolf Bergolth

Portugal

iz f 1 703

Associaçâo Portuguesa das Industrias Graficas e Transformadoras do Papel (APIGTP)
Largo do Casal Vistoso 2-D Escritorio B, P-1900 Lissabon
T: (0035121) 8 49 10 20   Fax: 8 43 87 39
E-Mail: apigtp@mail.telepac.pt
Direktor(in): José Eduardo Carragosela

Schweden

iz f 1 704

Grafiska Företagens Förbund
Postfach 4 04, S-40126 Gothenburg
T: (0046) 31 62 94 23   Fax: 31 80 27 94
Internet: http://www.grafiska.se
E-Mail: info@grafiska.se
Direktor(in): Dan Wennegren

Norwegen

iz f 1 705

Federation of Norwegian Process Industries (PIL)
Norwegian Pulp and Paper Association
Postfach 5487 Majorstua, N-0305 Oslo
Essendrops gate 3, N-0305 Oslo
T: (00472) 308 78 00   Fax: 308 78 99
Internet: http://www.pil.no
E-Mail: pil@pil.no
Direktor(in): Kjell Wickstrand

● IZ F 1 706

Internationale Pharmazeutische Föderation (FIP)
International Pharmaceutical Federation
Fédération Internationale Pharmaceutique
Postfach 8 42 00, NL-2508 AE 's-Gravenhage
T: (003170) 3 02 19 70   Fax: 3 02 19 99
Internet: http://www.fip.org
E-Mail: fip@fip.nl
Gründung: 1912
Verbandszeitschrift: International Pharmacy Journal
Verlag: International Pharmaceutical Federation (FIP), P.O. Box 8 42 00, NL-2508 AE The Hague
Mitglieder: 4500 from around 90 countries, over 85 organisations which represent over 500000 pharmacists and pharmaceutical scientists around the world
Mitarbeiter: 7

● IZ F 1 707

Internationale Seiden-Vereinigung (AIS)
International Silk Association (ISA)
Association Internationale de la Soie (AIS)
34, Rue de la Charité, F-69002 Lyon
T: (0033478) 42 10 79   Fax: 37 56 72
E-Mail: isa-silk.ais-soie@wanadoo.fr
Gründung: 1950
Président: Michele Canepa (Italie)
Vice-Présidents: Anthony Gaddum (GB)
Olivier Fournier (France)
Paul Giger (Suisse)
Zhang Weiming (Chine)
Trésorier: Christian Morel Journel (France)
Verbandszeitschrift: LETTRE MENSUELLE
Redaktion: Ronald Currie, Secrétaire Général
Mitglieder: 450
Mitarbeiter: 2
Jahresetat: DM 0,4 Mio

● IZ F 1 708

Internationale Union der Bauzentren (UICB)
International Union of Building Centres
Union Internationale des Centres du Bâtiment
c/o BBRI - WTCB - CSTC
Lozenberg 7, B-1932 St. Stevens Woluwe
T: (00322) 716 42 11   Fax: 725 32 12
Internet: http://www.uicb.org
E-Mail: frans.henderieckx@bbri.be
Gründung: 1956
Secretary General: Frans Henderieckx
Verbandszeitschrift: "BULLETIN" UICB und "NEWS-LETTER UICB"
Mitglieder: 60

● IZ F 1 709

Internationale Union der Vereinigungen der Unternehmungen für Heizungs-, Lüftungs- und Klima-Anlagen (GCI)
International Union of the Associations of Heating Ventilating and Air Conditioning Contractors
"Génie Climatique International"
Union Internationale des Associations d'Installateurs de Chauffage Ventilation et Conditionnement d'Air
41 Rue Brogniez, B-1070 Bruxelles
T: (00322) 5 20 73 00   Fax: 5 20 97 49
President: Mike Burgoyne
Secretaire: J. Vantieghem (Ltg. Presseabt.)
Mitglieder: 14

● IZ F 1 710

Internationale Verbindungsstelle der Stickerei-Gardinen und Spitzenindustrie (CELIBRIDE)
International Liaison Committee for Embroideries, Curtains and Laces
Comité de Liaison International des Broderies, Rideaux et Dentelles
Rudolfsplatz 12, A-1013 Wien
T: (00431) 5 33 37 26 36   Fax: 5 33 37 26 40
E-Mail: zeyringer@fvtextil.wk.or.at
Präsident(in): Dr.-Ing. Giorgio Pelizzatti (I)
General Secretary: Wolfgang Zeyringer (A)

Europäische Sekretariate

Deutschland

iz f 1 711

Verband der Deutschen Heimtextilien-Industrie e.V.
Hans-Böckler-Str. 205, 42109 Wuppertal
T: (0202) 75 97-0   Fax: 75 97 97
E-Mail: info@heimtex.de
Kontaktperson: Dipl.rer.pol.techn. Peter Trepte

Frankreich

iz f 1 712

Fédération Française des Dentelles et Broderies
Rue de Clichy 24, F-75440 Paris
T: (00331) 42 80 63 23   Fax: 42 80 65 21
Kontaktperson: Mick Fouriscot

Frankreich

iz f 1 713

UNITEX
55, Montée de Choulans, F-69323 Lyon
T: (00334) 72 56 49 68   Fax: 78 42 90 90
Kontaktperson: Jean-Pierre Grillon

Italien

iz f 1 714

Federazione Italiana Industricali dei Tessili Vari
Piazza Castello, 24, I-20121 Mailand
T: (003902) 86 46 50 11   Fax: 86 46 50 09
Kontaktperson: Carla Ginella

Österreich

iz f 1 715

Verband der Vorarlberger Stickerei Industrie
Postfach 1 69, A-6890 Lustenau
Pontenstr. 20, A-6890 Lustenau
T: (004355) 7 78 32 34   Fax: 7 78 91 11
Kontaktperson: Christof Walch

iz f 1 716

Fachverband der Textilindustrie Österreichs (FTO)
Postfach 197, A-1013 Wien
Rudolfsplatz 12, A-1010 Wien
T: (00431) 5 33 37 26 30   Fax: 5 33 37 26 40
Internet: http://www.textilindustrie.at
E-Mail: zeyringer@fvtextil.wk.or.at
Kontaktperson: Wolfgang Zeyringer

Portugal

iz f 1 717

APIM
Rua Guilhermina suggia, 224, 1 sala 8, P-4200 Porto
T: (0035122) 5 07 42 50   Fax: 5 02 92 10
Kontaktperson: Dr. Paolo Vaz

Schweiz

iz f 1 718

V.S.S.E.
Waldmannstr. 6, 9014 St. Gallen
T: (004171) 2 74 90 90   Fax: 2 74 91 00
Kontaktperson: Tibor S. Pataky

Spanien

iz f 1 719

Asociacion Nacional de Fabricantes de Tules, Blondas y encajes
Sant Pere Més. Alt. 1, E-08003 Barcelona
T: (003493) 2 68 43 20   Fax: 2 68 03 24
Kontaktperson: Andrés Borao

● IZ F 1 720

Internationale Vereinigung der Druck-Industrie (INTERGRAF)
International Confederation for Printing and Allied Industries
Square Marie Louise 18, B 27, B-1040 Bruxelles
T: (00322) 2 30 86 46   Fax: 2 31 14 64
Gründung: 1984
Secretary General: Jean-Pierre Bouillot
Verbandszeitschrift: Newsletter
Redaktion: Jean-Pierre Bouillot
Mitglieder: 28
Mitarbeiter: 6
Jahresetat: DM 1,25 Mio

Mitgliedsorganisationen

Belgien

iz f 1 721

Febelgra
Rue Belliard 20 (bte 16), B-1040 Brüssel
T: (00322) 5 12 36 38   Fax: 5 13 56 76
Internet: http://www.febelgra.be
E-Mail: info@febelgra.be
Präsident(in): Alain Chauveheid
Geschäftsführer(in): Jos Rossie

Dänemark

iz f 1 722

Grafisk Arbejdsgiverforening
Helgavej 26, DK-5100 Odense
T: (0045) 63 12 70 00   Fax: 63 12 70 80
Internet: http://www.ga.dk
E-Mail: ga@ga.dk
Präsident(in): Ole Steen Hansen
Geschäftsführer(in): Erik Kjaer Poulsen

Deutschland

iz f 1 723

Bundesverband Druck und Medien e.V. (bvdm)
Postf. 18 69, 65008 Wiesbaden
Biebricher Allee 79, 65187 Wiesbaden
T: (0611) 8 03-0 **Fax:** 8 03-113
Internet: http://www.bvdm-online.de
E-Mail: info@bvdm-online.de
Präsident(in): Alexander Schorsch
Hauptgeschäftsführer(in): RA Thomas Mayer
Dipl.-Volkswirt Peter Klemm (stellv.)

Finnland

iz f 1 724

Graafisen Teollisuuden Liitto
Postfach 3 48, FIN-00120 Helsinki
Lönnrotinkatu 11a, FIN-00120 Helsinki 12
T: (003589) 22 87 72 00 **Fax:** 60 35 27
E-Mail: matti.sutinen@ttliitot.fi
Präsident(in): Matti Packalen
Geschäftsführer(in): Matti Sutinen

Frankreich

iz f 1 725

Fédération Française de l'Imprimerie et de la Communication Graphique
Bld St. Marcel 68, F-75005 Paris
T: (00331) 44 08 64 46 **Fax:** 43 36 09 51
E-Mail: ficg@aol.com
Präsident(in): François Gutle
Geschäftsführer(in): Pascal Bovero

iz f 1 726

SICOGIF
Rue de Berri 8, F-75008 Paris
T: (00331) 53 53 96 96 **Fax:** 53 53 96 97
Internet: http://www.sicogif.com
E-Mail: info@sicogif.com
Präsident(in): Joël Cardinal
Geschäftsführer(in): Philippe Queinec

Griechenland

iz f 1 727

Hellenic Federation of Printing Industries
Radou Street 4
Attiki Square, GR-10446 Athen
T: (00331) 8 21 23 00 **Fax:** 8 25 00 66
Präsident(in): Stephan Karydakis
Geschäftsführer(in): Efthimios Matsoukis

Großbritannien

iz f 1 728

British Printing Industries Federation - BPIF
Bedford Row 11, GB- London WC1R 4DX
T: (004420) 79 15 83 00 **Fax:** 74 05 77 84
Internet: http://www.bpif.org.uk
E-Mail: tmachin@bpif.org.uk
Präsident(in): Roy Bailie
Geschäftsführer(in): Tom Machin

iz f 1 729

Scottish Print Employers Federation
Palmerston Place 48, GB- Edingburgh EH12 5DE
T: (0044131) 2 20 43 53 **Fax:** 2 20 43 44
Internet: http://www.spef.org.uk
E-Mail: jraeburn@spef.org.uk
Präsident(in): Brian Purves
Geschäftsführer(in): Jim Raeburn

Irland

iz f 1 730

Irish Master Printers Association
Parkgate Street 33, IRL- Dublin 8
T: (003531) 6 79 36 79 **Fax:** 6 77 91 44
Präsident(in): Willie O'Hanlon
Geschäftsführer(in): Neville Galloway

iz f 1 731

Irish Printing Federation
Baggot Bridge House
Lower Baggot Street, IRL- Dublin 16
T: (003531) 6 60 10 11 **Fax:** 6 60 18 83
Präsident(in): Lorcan O'Hobain
Geschäftsführer(in): Eamon Carberry

Island

iz f 1 732

Samtök Idnadarins
Postfach 1450, IS-121 Reykjavik
Hallveigarstig 1, IS-121 Reykjavik
T: (00354) 5 11 55 55 **Fax:** 5 11 55 66
Internet: http://www.si.is
E-Mail: thorarinn@si.is
Präsident(in): Heraldur Sumarlidason
Geschäftsführer(in): Thorarinn Gunnarsson

Italien

iz f 1 733

Associazione Nazionale Italiana Industrie Grafiche, Cartotecniche e Trasformatrici
ASSOGRAFICI
Piazza della Conciliazione 1, I-20123 Mailand
T: (00392) 4 98 10 51 **Fax:** 4 81 69 47
Internet: http://www.assografici.it
E-Mail: assografici@assografici.it
Präsident(in): Alberto Gajani
Geschäftsführer(in): Claudio Covini

Kroatien

iz f 1 734

Hrvatska Udruga Poslodavaca
Praska 5 /III, HR-10000 Zagreb
T: (003851) 42 42 84 **Fax:** 42 42 86
Internet: http://www.tel.hr/hup
E-Mail: hup@hup.tel.hr
Präsident(in): Branko Jazbec
Geschäftsführer(in): Zeljko Ivancevic

Luxemburg

iz f 1 735

Association des Mai_3tres Imprimeurs du Grand-Duché de Luxembourg (AMIL)
Postfach 16 04, L-1016 Luxemburg
T: (00352) 42 45 11 22 **Fax:** 45 47 04
Präsident(in): Jean-Paul Schmitz
Geschäftsführer(in): Ralph Weis

Niederlande

iz f 1 736

Koninklijk Verbond van Grafische Ondernemingen
Postfach 2 20, NL-1180 AE Amstelveen
Startbaan 10, NL-1180 AE Amstelveen
T: (003120) 5 43 56 78 **Fax:** 5 43 54 75
Internet: http://www.kvgo.nl
E-Mail: info@kvgo.nl
Präsident(in): Jan van Ginkel
Geschäftsführer(in): Hans van Schaijk
Fons Bakkes

Norwegen

iz f 1 737

Grafiske Bedrifter Landsforeningen
Tollbugaten 27, N-0157 Oslo
T: (0047) 22 47 88 70 **Fax:** 22 47 88 71
Internet: http://www.gbl.net
E-Mail: gbl@gbl.no
Präsident(in): Knut Dale
Geschäftsführer(in): Terje Overgard

Österreich

iz f 1 738

Verband Industrieller Buchbinder
Postfach 131, A-1041 Wien
Brucknerstr. 8, A-1040 Wien
T: (00431) 5 05 53 82 **Fax:** 5 05 90 18
Internet: http://www.ppv.at
E-Mail: ppv@ppv.at
Präsident(in): Peter Farthofer
Geschäftsführer(in): Rudolf Bergolth

iz f 1 739

Verband Druck und Medientechnik
Grünangergasse 4, A-1010 Wien
T: (00431) 5 12 66 09 **Fax:** 5 13 28 26 19
Internet: http://www.druckundmedientechnik.or.at
E-Mail: verb.druck.u.medientechnik@aon.at
Präsident(in): Michael Hochenegg
Geschäftsführer(in): Dr. Hans Inmann

Polen

iz f 1 740

Polska Izba Druku
Polish Chamber of Printing
ul. Miedziana 11 pok 217, PL-00-835 Warschau
T: (004822) 6 24 87 49 **Fax:** 6 20 80 70
Präsident(in): Adam Grzelak
Geschäftsführer(in): Zdzislaw Adamski

Portugal

iz f 1 741

Associaçâo Portuguesa das Industrias Graficas e Transformadoras do Papel (APIGTP)
Largo do Casal Vistoso 2-D Escritorio B, P-1900 Lissabon
T: (0035121) 8 49 10 20 **Fax:** 8 43 87 39
E-Mail: apigtp@mail.telepac.pt
Präsident(in): Durvalino Ribeiro Neto
Geschäftsführer(in): José Eduardo Carragosela

Rumänien

iz f 1 742

Organizatia Patronala a Tipografiilor din România
Brezoianu Street 23-25 Sector 1, R- Bucharest
T: (00401) 3 15 17 01 **Fax:** 3 12 70 39
Präsident(in): Dipl. Eng. Niculae Vasilache

Schweden

iz f 1 743

Grafiska Företagens Förbund
Postfach 4 04, S-40126 Gothenburg
T: (0046) 31 62 94 23 **Fax:** 31 80 27 94
Internet: http://www.grafiska.se
E-Mail: info@grafiska.se
Präsident(in): Björn Bjurman
Geschäftsführer(in): Sverker Erlandson

Schweiz

iz f 1 744

Schweizerischer Verband für visuelle Kommunikation (Viscom)
Alderstr. 40
Postfach, CH-8034 Zürich
T: (00411) 4 21 28 28 **Fax:** 4 21 28 29
Internet: http://www.viscom.ch
Präsident(in): Rolf Balsiger
Direktor(in): Hans-Ulrich Bigler
Verbandszeitschrift: print
Chefredakteur: Hans-Joachim Laue

iz f 1 745

VSD - Verband der Schweizer Druckindustrie
Schoßhaldenstr. 20 CP 252, CH-3000 Bern 32
T: (004131) 3 51 15 11 **Fax:** 3 52 37 38
Internet: http://www.druckindustrie.ch
E-Mail: office@vsd.ch
Präsident(in): Angelo Eberle
Geschäftsführer(in): Maurice Wicky

Slowakische Republik

iz f 1 746

Zväz Polygrafie na Slovensku
Nobelova 18, SK-83102 Pressburg
T: (004217) 49 23 12 54 **Fax:** 49 23 12 17
Internet: http://www.printing-association.sk
Präsident(in): Ivan Kovacik
Geschäftsführer(in): Peter Blubla

iz f 1 747

Spanien

iz f 1 747
Federacion Empresarial de Industrias Graficas de España (FEIGRAF)
Calle Barquillo 11, 4, E-28004 Madrid
T: (003491) 5 22 72 49 Fax: 5 32 67 45
Internet: http://www.feigraf.es
E-Mail: feigraf@feigraf.es
Präsident(in): José-Antonio Gamarra Cabanas
Geschäftsführer(in): Enrique Cabezudo

Ungarn

iz f 1 748
Federation of the Hungarian Printers
Eötvös U. 12, H-1067 Budapest
T: (00361) 3 52-1788, 3 52-1778 Fax: 3 52-1791
E-Mail: fedprint@mail.matav.hu
Präsident(in): Laszlo Jaszkuti
Geschäftsführer(in): Akos Kelenyi

Korrespondierende Mitgliedsorganisationen

Australien

iz f 1 749
Printing Industries Association of Australia - PIAA
Lithgow Street 77
PO Box 58, AUS-NSW 2065 St. Leonards
T: (00612) 93 72 12 22 Fax: 93 72 12 88
Internet: http://printnet.com.au
E-Mail: philip@printnet.com.au
Präsident(in): Trevor Hone
Geschäftsführer(in): Phil Anderson

Brasilien

iz f 1 750
ABIGRAF-Associação Brasileira da Industria Grafica
Rua do Paraiso 533, BR-04103-000 Sao Paulo
T: (005511) 50 87 77 77 Fax: 50 87 77 33
Internet: http://www.abigraf.org.br
E-Mail: abigraf@abigraf.org.br
Präsident(in): Max Schrappe
Geschäftsführer(in): Adolpho Cyriaco

USA

iz f 1 751
Printing Industries of America (PIA)
100 Daingerfield Road, USA- Alexandria VA 22314-2888
T: (001703) 5 19 81 23 Fax: 5 48 32 27
Internet: http://www.printing.org
E-Mail: rroper@printing.org
Präsident(in): Jerry Williamson
Geschäftsführer(in): Ray Roper

Südafrika

iz f 1 752
Printing Industries Federation of South Africa
Printech Avenue Laser Park
PO Box 1084, ZA-2040 Honeydew
T: (002711) 7 94 38 10 Fax: 7 94 39 64
Internet: http://www.pifsa.org
E-Mail: pifsa@pifsa.org
Präsident(in): TP Kane
Geschäftsführer(in): Chris Sykes

• IZ F 1 753
Internationale Vereinigung für Abfallwirtschaft (I.S.W.A.)
International Solid Waste Association
Association Internationale pour les Résidus Solides
Overgaden Oven Vandet 48 E, DK-1415 Copenhagen K
T: (0045) 32 96 15 88 Fax: 32 96 15 84
Internet: http://www.iswa.org
E-Mail: iswa@inet.uni2.dk
Gründung: 1970
President: John Ferguson (OBE, United Kingdom)
Managing Director: Suzanne A. Veltzé
Verbandszeitschrift: Waste Management and Research, ISWA Times, ISWA Yearbook
Verlag: ISWA, Copenhagen K
Mitglieder: 1300
Mitarbeiter: 4

• IZ F 1 754
Internationale Vereinigung für Brückenbau und Hochbau (IVBH)
International Association for Bridge and Structural Engineering (IABSE)
Association Internationale des Ponts et Charpentes (AIPC)
ETH-Hönggerberg, CH-8093 Zürich
T: (0041) 6 33 26 47 Fax: 6 33 12 41
TGR: IVBH, CH-8093 Zürich
Internet: http://www.iabse.ethz.ch
E-Mail: secretariat@iabse.ethz.ch
Gründung: 1929
Geschäftsführender Direktor: Alain Golay
Leitung Presseabteilung: Sissel Niggeler
Verbandszeitschrift: Structural Engineering International
Redaktion: Allan Ipekian
Verlag: IVBH, ETH-Hönggerberg, CH-8093 Zürich
Mitglieder: 4400
Mitarbeiter: 7

iz f 1 755
Deutsche Gruppe der IVBH
c/o Deutscher Stahlbau-Verband
Sohnstr. 65, 40237 Düsseldorf
Internet: http://www.deutscherstahlbau.de
E-Mail: contact@deutscherstahlbau.de
Dipl.-Ing. Gerhard Buchmeier

iz f 1 756
Deutscher Beton- und Bautechnik-Verein E.V. (DBV)
Postf. 11 05 12, 10835 Berlin
Kurfürstenstr. 129, 10785 Berlin
T: (030) 23 60 96-0 Fax: 23 60 96-23
Internet: http://www.betonverein.de
E-Mail: dbv.berlin@t-online.de
Hauptgeschäftsführer(in): Dr.-Ing. Hans-Ulrich Litzner

• IZ F 1 757
Internationale Vereinigung für Margarine-Verbände (IFMA)
International Federation of Margarine Associations
Postfach 12, B-1150 Brüssel
Avenue de Tervuren 168, B-1150 Brüssel
T: (00322) 7 72 33 53 Fax: 7 71 47 53
President: B. H. C. Brinkers
Secrétaire Général: I. Herreman

• IZ F 1 758
Internationale Vereinigung für Meßtechnik (IMEKO)
International Measurement Confederation
Sekretariat
Postfach 457, H-1371 Budapest
T: (00361) 3 53 15 62 Fax: 3 53 15 62
Internet: http://www.imeko.org
E-Mail: imeko.ime@mtesz.hu
Gründung: 1958
President: Prof. Manfred Peters (PTB, Braunschweig)
Secretary General: Dr. Tamás Kemény
Executive Secretary: Karolina Havrilla
Verbandszeitschrift: IMEKO Bulletin and Measurement

• IZ F 1 759
Internationale Vereinigung für Schalentragwerke (IVS)
International Association for Shell and Spatial Structures
Association Internationale pour les Voiles Minces (en Béton) (AIVM)
Secretariat
Cedex Laboratorio Central de Estructuras y Materiales
Alfonso XII, no 3, E-28014 Madrid
T: (00391) 3 35 74 00 Fax: 3 35 74 22
Internet: http://www.cedex.es/iass
Gründung: 1959
Sekretariat: Eng. A. Madrid
Verbandszeitschrift: JOURNAL OF THE IASS former Bulletin of the IASS
Redaktion: IASS Secretariat
Verlag: CEDEX, Laboratorio Central, Alfonso XII, 3, 28014 Madrid (Spain)
Mitglieder: ca. 800

• IZ F 1 760
Internationale Vereinigung der Gasindustrie (UIIG)
International Gas Union (IGU)
Union Internationale de l'Industrie du Gaz
Secrétariat Général
c/o DONG A/S
Agern Allee 24-26 B.P 550, DK-2970 Hörsholm
T: (0045) 4517 1200 Fax: 4517 1900
Internet: http://www.igu.org
E-Mail: secr.igu@dong.dk
Gründung: 1931

President: Hiroshi Urano (Japan)
Vice-President: George H.B. Verberg
Immediate Past President: C. Détourné (France)
Secretary General: Peter K. Storm (Denmark)
Mitglieder: 62

• IZ F 1 761
Internationale Vereinigung der Hersteller und Verarbeiter von selbstklebenden und heißsiegelfähigen Papieren und anderen Stoffen (FINAT)
International Federation of Manufacturers & Converters of Adhesives and thermo-plastic adhesives on Paper and other base-materials
Fédération Internationale des Fabricants et Transformateurs d'Adhesifs et Thermo-Collants sur Papiers et autres Supports
Laan Copes van Cattenburch 79, NL-2585 EW Den Haag
T: (003170) 3 12 39 10 Fax: 3 63 63 48
E-Mail: info@finat.com
Gründung: 1958
Vorsitzende(r): H. Stiefel (CH)
Gen. Secretary: Dr. J.H.M. Lejeune
Mitglieder: 430 Firmen

• IZ F 1 762
Internationale Vereinigung der industriellen Strahlenbelastung (AIII)
Association of International Industrial Irradiation
Association Internationale d'Irradiation Industrielle
Route de Paris 59, F-69260 Charbonnières-les-Bains
T: (00334) 78 87 11 65 Fax: 78 87 88 31
Gründung: 1970
President: Pierre E. Vidal
Mitglieder: 76

• IZ F 1 763
Internationale Vereinigung der Nationalen Verbände der Reifenspezialisten und Runderneuerer (BIPAVER)
International Federation of National Associations of Tyre Specialists and Retreaders
Elsinore House, Buckingham Street, GB- Aylesbury, Buckinghamshire HP20 2NQ
T: (0044870) 9 00 06 15 Fax: 9 00 06 10
E-Mail: bipaver@ntda.co.uk
Leitung Presseabteilung: Richard Edy
Verbandszeitschrift: Directory, news release
Mitglieder: 15 associations
Mitarbeiter: 7

• IZ F 1 764
Internationale Vereinigung der Seifen- und Waschmittel- und Pflegemittel-Industrie (A.I.S.E.)
International Association of the Soap Detergent and Mountenance Products Industry
Association Internationale de la Savonnerie, de la Détergence et des Produits d'Entretien
Siège & Secrétariat:
Square Marie-Louise 49, B-1000 Bruxelles
T: (00322) 2 30 83 71 Fax: 2 30 82 88
Internet: http://www.aise-net.org
Präsident(in): Claude P. Mancel
Geschäftsführer(in): N.N.
Mitglieder: 31 (25 Länder)

• IZ F 1 765
Internationale Vereinigung der Spinnereiarbeiten (FIF)
International Federation of Sewing Thread Manufacturers
Fédération Internationale de la Filterie
Entreprises et Cités
40, Rue Eugene - Sac Postal 15, F-59708 Marcq en Baroeul Cedex
T: (0033320) 99 24 33 Fax: 65 06 38
Internet: http://www.textile.fr
E-Mail: jacques_dufour.uitnord@textile.fr
Gründung: 1960
Secrétaire Général: Jacques Dufour
Verbandszeitschrift: FIF Info

Mitgliedsorganisationen

Belgien

iz f 1 766
Belgian Sewing Thread
Oude Heirweg 129, B-8540 Deerlijk
T: (003256) 77 63 81 Fax: 77 57 34

Deutschland

iz f 1 767

Gesamtverband der deutschen Textilveredlungsindustrie TVI-Verband e.V.
Frankfurter Str. 10-14, 65760 Eschborn
T: (06196) 95 91-0   **Fax:** 95 91-25

Frankreich

iz f 1 768

Syndicat général de la filterie française
Entreprises et Cités
Rue Eugène Jacquet 40, F-59708 Marcq en Baroeul Cedex
T: (0033320) 99 24 33   **Fax:** 65 06 38

Großbritannien

iz f 1 769

UK Thread Manufacturers' Association
c/o Oxley Threads Ltd
Ashton Under Lyne Guide Hills, GB- Lancashire 0L7 0PJ
T: (0044161) 339 6400   **Fax:** 343 34 97

Italien

iz f 1 770

Associazione Tessile Staliana
Viale Sarca 223, I-20126 Mailand
T: (00392) 66 10 38 38   **Fax:** 66 10 38 63

Niederlande

iz f 1 771

BV Garenfabrick Bieze Stork & Co.
Postfach 22, NL-7440 AA Nijverdal
P. C. Stamstraat 19a, NL-7440 AA Nijverdal
T: (003154) 8 61 22 68   **Fax:** 8 61 79 05

Spanien

iz f 1 772

Asociación Profesional de Fabricantes de Hilos de Coser y para Labores
Gran Via de los Cortes Catalanes 670 4éme Planta,
Desp 406, E-08010 Barcelona
T: (00343) 3 02 37 90

● **IZ F 1 773**

Internationale Vereinigung der Teilzeitarbeitsvermittler (CIETT)
International Confederation of Temporary Work Business
Confédération Internationale des Entreprises de Travail Temporaire
Place de Luxembourg 2, B-1050 Brüssel
T: (00322) 733 04 27   **Fax:** 733 54 44
Internet: http://www.ciett.org
E-Mail: info@ciett.org
Gründung: 1967
President: Jean Claude Daoust
Secr. Gen.: Eva Casado Alarcón (Contact)
Mitglieder: 26 + 2 Associate Members
Mitarbeiter: 2

● **IZ F 1 774**

Internationale Vereinigung der Textilindustrie (ITMF)
International Textile Manufacturers Federation
Fédération Internationale des Industries Textiles
Postf., CH-8039 Zürich
Am Schanzengraben 29, CH-8039 Zürich
T: (00411) 2 01 70 80   **Fax:** 2 01 71 34
Internet: http://www.itmf.org
E-Mail: secretariat@itmf.org
President: Herbert Schmid (Brazil)
Vice Presidents: Sudhir Thackersey (India)
Tito Burgi (Italy)
Honorary Treasurer: Salim Ismail (Madagascar)

● **IZ F 1 775**

Europäische Vereinigung der Unternehmen für elektrische Anlagen (AIE)
European Association of Electrical Contractors
Association européenne des Entreprises d'Équipement Électrique
J. Chantraineplantsoen, 1, B-3070 Kortenberg
Gründung: 1954
Präsident(in): John Harrower (UK)
Generalsekretär(in): Evelyne Schellekens
Mitglieder: 19

Belgien

iz f 1 776

FEDELEC
J.Chantraineplantsoen, 1, B-3070 Kortenberg
Präsident(in): Laurent Neyrinck
Direktor(in): Willy Pauwels
AIE relations: Evelyne Schellekens

Dänemark

iz f 1 777

ELFO - Elinstallatorernes Landsforening
Paul Bergsoes Vej. 6, DK-2600 Glostrup
T: (0045) 43 43 60 00   **Fax:** 43 43 21 03
Internet: http://www.elfo.dk
E-Mail: elfo@elfo.dk
Präsident(in): Leif Jensen
Direktor(in): Niels Jorgen Hansen
AIE relations: Aage Kjærgaard

Deutschland

iz f 1 778

Zentralverband der Deutschen Elektrohandwerke (ZVEH)
Postf. 90 03 70, 60443 Frankfurt
Lilienthalallee 4, 60487 Frankfurt
T: (069) 24 77 47-0   **Fax:** 24 77 47-19
Internet: http://www.zveh.de
E-Mail: h.w.schult@zveh.de
Präsident(in): Karl Hagedorn
Direktor(in): Heinz-Werner Schult

Finnland

iz f 1 779

STUL - Suomen Sähkö- ja teleurakoitsijaliitto
Electrical contractors association of Finland
Postfach 55, FIN-02601 Espoo
Harakantie 18, FIN-02601 Espoo
T: (003589) 54 76 10   **Fax:** 54 76 14 00
Internet: http://www.stul.fi
E-Mail: stul@stul.fi
Präsident(in): Jarmo Salonen
Generalsekretär(in): Pekka Sallinen
AIE relations: Sinikka Hieta-Wilkman (T: (003589) 54 76 14 12, E-Mail: sinikka.hieta-wilkman@stul.fi)

Frankreich

iz f 1 780

SERCE
Rue Bayard 28, F-75008 Paris
T: (00331) 47 20 42 30   **Fax:** 47 23 53 49
E-Mail: serce@wanadoo.fr
Präsident(in): Jacques Gorlier
Direktor(in): Francis Bouquillon (AIE-Relations)

iz f 1 781

FFEE
Rue Hamelin 5, F-75116 Paris
T: (00331) 44 05 84 00   **Fax:** 44 05 84 05
Internet: http://www.ffee.fr
E-Mail: ffee@ffee.fr
Präsident(in): Guy Poullain
Direktor(in): Bernard Kramer
AIE relations: Christian de Barrin

Griechenland

iz f 1 782

Panhellenic Federation of Electrical Contractors Association (POSEI)
Platea Elefterias 2, GR-10553 Athen
T: (00301) 3 24 84 55   **Fax:** 3 21 16 30
Internet: http://www.poseh.fr
E-Mail: posei@otenet.gr
Präsident(in): Efstathios Daras
Direktor(in): Michael Hatzimarkos

Großbritannien

iz f 1 783

SELECT
Bush House, Bush Estate, GB- Midlothian EH26 0SB
T: (0044131) 4 45 55 77   **Fax:** 4 45 55 48
Internet: http://www.select.org.uk
E-Mail: mailto:admin@select.org.uk
Präsident(in): H.S. McGown
Direktor(in): Michael Goodwin

iz f 1 784

The Electrical Contractors' Association (ECA)
Palace Court 34
ESCA House, GB- London W2 4HY
T: (0044207) 3 13 48 00   **Fax:** 2 21 73 44
Internet: http://www.eca.co.uk
E-Mail: electricalcontractors@eca.co.uk
Präsident(in): Peter Hughes
Direktor(in): David Pollock

Irland

iz f 1 785

ECA Ireland - The Electrical Contractors' Association
Construction House, Canal Road, IRL- Dublin 6
T: (003531) 4 97 74 87   **Fax:** 4 96 69 53
E-Mail: ir@cif.ie
Präsident(in): Frank McCaffrey
Direktor(in): Terry McEvoy

Italien

iz f 1 786

ASSISTAL - Associazione Nazionale Costruttori di Impianti
Viale F. Restelli, 3, I-20124 Mailand
T: (00392) 6 08 52 11   **Fax:** 60 65 99
Internet: http://web.tin.it/assistal
E-Mail: assistal@tin.it
Präsident(in): Ivano Padovani
Direktor(in): Nicola Cianitto

Luxemburg

iz f 1 787

APEL - Association des Patrons Electriciens du Grand-Duché de Luxembourg
Postfach 16 04, L-1016 Luxemburg
2, circuit de la Foire internationale, L-1347 Luxemburg
T: (00352) 4 24 51 11   **Fax:** 42 45 25
Präsident(in): Guy Geffroy
Direktor(in): Jeannot Franck

Niederlande

iz f 1 788

UNETO / Unie van elektrotechnische ondernemers
Postfach 188, NL-2700 AD Zoetermeer
Bredewater 20, NL-2715 CA Zoetermeer
T: (003179) 3 25 06 50   **Fax:** 3 25 06 66
Internet: http://www.uneto.nl
E-Mail: uneto@pi.net
Präsident(in): P.J. de Bont
Direktor(in): Caspar Rosenbaum

Norwegen

iz f 1 789

NELFO - Norges Elektro-Entreprenoørforbund
Postfach 54 76, N-0305 Oslo Majorstua
Essendropsgate 3, N-0368 Oslo
T: (0047) 23 08 77 00   **Fax:** 23 08 77 01
Internet: http://www.nelfo.no

iz f 1 789

E-Mail: iso@nelfo.no
Präsident(in): Tore Bergum
Direktor(in): Jostein Skree

Österreich

iz f 1 790

Bundesinnung der Elektro-, Audio-, Video- und Alarmanlagentechniker
Postfach 352, A-1045 Wien
Wiedner Hauptstrasse 63, A-1045 Wien
T: (00431) 5 01 05-3254   Fax: 5 04 36 15
TX: 111871 BUKA
Internet: http://www.elektrotechniker.at
E-Mail: haustechnik@bigrii.wk.or.at
Präsident(in): Wolfgang Haybäck
Direktor(in): Karl Drimal

Portugal

iz f 1 791

AECOPS - Associaçao de Empresas de Construçao e Obras Publicas
Rua Duque de Palmela, n° 20, P-1250 Lissabon
T: (0035121) 3 11 02 00   Fax: 3 55 48 10
Internet: http://www.aecops.pt
E-Mail: aecops@mail.telepac.pt
Präsident(in): Rui Manuel Simoès Nogueira
Direktor(in): José J. Tomaz Gomes

Schweden

iz f 1 792

EIO - Elektriska Installatörsorganisationen
Postfach 17537, S-11891 Stockholm
Rosendlungsgatan 40, S-11891 Stockholm
T: (00468) 7 62 75 00   Fax: 6 68 86 17
Internet: http://www.eio.se
E-Mail: hans.enstrom@eio.se
Präsident(in): Gösta Allthin
Direktor(in): Hans Enström

iz f 1 793

USIE/VSEI Union suisse des installateurs électriciens
Postfach 2328, CH-8031 Zürich
Limmatstr. 63, CH-8005 Zürich
T: (00411) 4 44 17 17   Fax: 4 44 17 18
Internet: http://www.vsei.ch
E-Mail: info@vsei.ch
Präsident(in): Alfons Meier
Direktor(in): Hans-Peter In-Albon

Spanien

iz f 1 794

FENIE - Federacion Nacional de Industriales Electricistas de España
Principe de Vergara 74-6a, E-28006 Madrid
T: (003491) 4 11 32 17, 2 61 41 14   Fax: 5 64 68 07
Internet: http://www.fenie.es
E-Mail: fenie@fenie.es
Präsident(in): Serapio Calvo Miguel
Generalsekretär(in): Juan A. Villodre Miranda

● **IZ F 1 795**

Internationale Vereinigung der Wein- und Spirituosen Industrie (FIVS)
International Federation of Wines and Spirits
Fédération internationale des vins et spiritueux
Rue d'Anjou 20, F-75008 Paris
T: (00331) 42 68 82 48   Fax: 40 06 06 98
Internet: http://www.fivs.org
E-Mail: fivs.ass@wanadoo.fr
Gründung: 1951
Präsident(in): James P. Finkle (USA)
Mitglieder: 30 in 23 Ländern
Mitarbeiter: 1

● **IZ F 1 796**

Internationale Wollvereinigung (IWTO)
International Wool Textile Organisation
Fédération Lainière Internationale (FLI)
63, Albert Drive, GB- London SW19 6LB
T: (0044207) 7 88 88 76   Fax: 7 88 51 71
Internet: http://www.iwto.org
E-Mail: info@iwto.org
Gründung: 1928
President: Dieter J. Vollstedt
Verbandszeitschrift: Wool Statistics

Verlag: The Chameleon Press Ltd.
Mitglieder: 24 countries
Mitarbeiter: 2

● **IZ F 1 797**

Internationale Zivilluftfahrt Organisation (ICAO)
International Civil Aviation Organization (ICAO)
Organisation de l'Aviation Civile Internationale (OACI)
Headquarters:
University Street 999, CDN- Montreal, Quebec H3C 5H7
T: (001514) 9 54-8219   Fax: 9 54-6077
Internet: http://www.icao.int
E-Mail: icaohq@icao.int
Leitung Presseabteilung: Denis Chagnon
Verbandszeitschrift: ICAO Journal
Redaktion: ICAO Headquarters
Mitglieder: 187 Contracting States
Mitarbeiter: 800

iz f 1 798

International Civil Aviation Organization European Office
3 bis, Villa Emile Bergerat, F-92522 Neuilly-sur-Seine Cedex
T: (0033546) 41 85 85   Fax: 41 85 00

● **IZ F 1 799**

Internationaler Abdichtungsverband (IWA)
International Waterproofing Association
Association Internationale de l'Etanchéité
Association House
Beardall Street 186, GB- Hucknall NG15 7JU
T: (0044115) 9 56 50 07   Fax: 9 63 34 44
Internet: http://www.iwa.co.uk
E-Mail: joanna@bfrc.demon.co.uk
Gründung: 1968
President: Anders Buchwald
Chief Executive: Paul K. Newman
Mitarbeiter: 2

Mitgliedsverbände

Belgien

iz f 1 800

Association Belge des Entrepreneurs d'Etanchéité (ABEE)
Brusselsesteenweg, 333E, B-1785 Brussegem
T: (00322) 4 61 09 15   Fax: 4 61 09 12

iz f 1 801

Bitubel A.S.B.L.
c/o Performance Roofing Systems
Park Industriel, B-1360 Perwez
T: (00322) 3 34 87 00   Fax: 33 13 89
Francis Blake

Dänemark

iz f 1 802

Danske Tagpapfabrikanters Brancheforening
c/o Icopal a/s
Mileparken 28, DK-2730 Herlev
T: (0045) 44 88 55 00   Fax: 44 92 46 46
Anders Buchwald

Deutschland

iz f 1 803

DUD Geschäftsbereich Dach u. Dichtungsbahnen im IVK
Postf. 10 08 03, 64208 Darmstadt
Bleichstr. 26, 64283 Darmstadt
T: (06151) 2 11 80   Fax: 2 38 56
Internet: http://www.dud-flachdach.de
E-Mail: dud-Darmstadt@t-online.de
Geschäftsführer(in): Karin Arz

iz f 1 804

Hauptverband der Deutschen Bauindustrie e.V.
Bundesfachabteilung Bauwerksabdichtung
Kurfürstenstr. 129, 10785 Berlin
T: (030) 2 12 86-0   Fax: 2 12 86-240
Internet: http://www.bauindustrie.de
E-Mail: bauind@bauindustrie.de
Geschäftsführer(in): Dr.-Ing. Wolf-Michael Sack

iz f 1 805

vdd Industrieverband Bitumen-Dach- und Dichtungsbahnen e.V.
Karlstr. 21, 60329 Frankfurt
T: (069) 25 56-13 14-13 15   Fax: 25 56-16 02
Internet: http://www.vdd-bitumen.de
E-Mail: info@vdd-bitumen.de
Geschäftsführer(in): Dr.-Ing. Rainer Henseleit

iz f 1 806

Zentralverband des Deutschen Dachdeckerhandwerks - Fachverband Dach-, Wand- und Abdichtungstechnik e.V.
Postf. 51 10 67, 50946 Köln
Fritz-Reuter-Str. 1, 50968 Köln
T: (0221) 39 80 38-0   Fax: 39 80 38-99
Internet: http://www.dachdecker.de
E-Mail: zvdh@dachdecker.de
Präsident(in): Manfred Schröder

Finnland

iz f 1 807

RTT-Finnish Association of Construction Product Industries
Bitumen Roofing Division
Unionkatu 14, 2nd Floor, FIN-00130 Helsinki
T: (003589) 17 28 41   Fax: 17 28 44 44
Internet: http://www.rttry.fi/rtt/fr-engl.sh.htm
E-Mail: raimo.taivalkoski@rtt.ttliitot.fi
Managing Director: Ahti Kekonen (Katepal Oy, PO Box 33, 37501 Lempäälä, T.: (00385(0)3) 3 75 91 11, Fax: (00385(0)3) 3 75 09 74, E-Mail: ahti.kekonen@katepal.fi)

Frankreich

iz f 1 808

Chambre Syndicale Française de l'Échantéité (CSFE)
6-14 rue de la Perouse, F-75784 Paris Cedex 16
T: (00331) 40 70 94 57   Fax: 40 70 04 58
Erik Goger

Großbritannien

iz f 1 809

British Flat Roofing Council
Bagnall Road 177, GB- Basford, Nottingham NG6 8SJ
T: (0044115) 9 42 42 00   Fax: 9 42 44 88
Paul K. Newman

Italien

iz f 1 810

Federchimica Assochimica - Gruppo Produttori Membrane Bitume Polimero
Via Giovannni da Procida 11, I-20149 Mailand
T: (00392) 26 81 02 20   Fax: 26 81 03 49
Massimo Schieroni

Niederlande

iz f 1 811

BDA Keurings-en-Certificeringsinstituut BV
Postfach 739, NL-4200 AS Gorinchem
Avelingen West 35, NL-4200 AS Gorinchem
T: (00311830) 6 96 90   Fax: 6 08 66
Prof. Nico Hendriks

iz f 1 812

Venedak
Utrechtseweg 93a, NL-3702 AA Zeist
T: (00313404) 1 86 44   Fax: 1 51 28
Lodewy_5k G. Niemöller

Norwegen

iz f 1 813

Norske Buggevareprodusenters Forening
P.B. 123 Blindern, N-0314 Oslo
T: (004722) 96 55 00   Fax: 46 55 23
Arne Skjell

Schweden

iz f 1 814

Sveriges Tatskikfabrikanters Forening
c/o Trelleborg Building Products
Division Mataki
Postfach 22, S-26321 Höganäs
Peter Suter

Schweiz

iz f 1 815

VERAS
c/o Vaparoid AG
Härdi 11a, CH-4657 Dulliken
T: (00416235) 39 62   **Fax:** 54 86
René Huber

Spanien

iz f 1 816

ANFI
Calle Francisco Giralte 2, E-28002 Madrid
T: (00341) 4 11 41 77   **Fax:** 5 61 56 26
Da. Nuria Lacaci Vazquez

● **IZ F 1 817**

Internationaler Aerosol-Verband (IAA)
International Aerosol Association
Association Internationale des Aérosols
Bahnhofstr. 37, CH-8023 Zürich
T: (00411) 2 11 52 55   **Fax:** 2 21 29 40
Gründung: 1957 (18. September)
Präsident(in): W. Mäder
Geschäftsführer(in): Dr. M. Wenner
Mitglieder: 30

● **IZ F 1 818**

Internationaler Beratender Baumwoll-Ausschuß (ICAC)
International Cotton Advisory Committee
Comité Consultatif International du Coton (CCIC)
K Street 1629, Suite 702, USA- Washington D.C. 20006
T: (001202) 4 63 66 60   **Fax:** 4 63 69 50
E-Mail: secretariat@icac.org
Gründung: 1939
Executive Director: Dr. Terry Townsend
Leitung Presseabteilung: Patricia Buignet
Verbandszeitschrift: COTTON: World Statistics, World Textile Demand, World Cotton Trade, The Outlook for Cotton Supply in 2000/2001; The ICAC Recorder
Verlag: 1629 K Street NW, Suite 702, Washington DC 20006
Mitglieder: 45
Mitarbeiter: 10
Jahresetat: DM 1,9 Mio

● **IZ F 1 819**

Internationaler Bund Textil und Bekleidung (FITH)
International Federation of Textile and Clothing
Fédération Internationale Textile et Habillement
Rue de Trêves 33, B-1040 Brüssel
T: (00322) 2 85 47 33   **Fax:** 2 30 87 22
E-Mail: piet.nelissen@cmt-wcl.org
Gründung: 1897
Präsident(in): Jacques Jouret
Leitung Presseabteilung: Piet Nelissen

● **IZ F 1 820**

Internationaler Ölmühlen-Verband (IASC)
International Association of Seed Crushers
Association Internationale des Fabricants d'Huile
Postfach 277, GB- Teddington Middx TW11 8FZ UK
T: (004420) 83 95 11 31   **Fax:** 83 95 05 32
E-Mail: angela.bowden@iascuk.org
President: R. M. Alias
Secretary General: Angela Bowden

● **IZ F 1 821**

Internationaler Verband der Aromen-Industrie (IOFI)
International Organization of the Flavor Industrie
49, Square Marie-Louise, B-1000 Brüssel
T: (00322) 2 38 99 04   **Fax:** 2 30 02 65
E-Mail: secretariat@iofiorg.org
Gründung: 1969
Präsident(in): Mike Davis
Geschäftsführender Direktor: Dr. Maurice Wagner
Mitglieder: 20 Landesverbände

● **IZ F 1 822**

Internationaler Verband der Backwaren-Industrie (AIBI)
International Association of the Bakery Industry
Association Internationale de la Boulangerie Industrielle (AIBI)
Generalsekretariat
In den Diken 33, 40472 Düsseldorf
T: (0211) 65 30 86   **Fax:** 65 30 88 od. (02226) 1 79 51
Internet: http://www.verbaende.com/aibi.htm
E-Mail: info@grossbaecker.com
Gründung: 1956
Präsident(in): Dr. Luigi Lazzaroni (c/o Società Industriale Panificazione (S.IN.PA.), Saronno S.P.A., Via Asiago 626, I-21047 Caronno Pertusella (VA), T: (00392) 96 45 01 33, Fax: (00392) 9 65 50 75)
Vizepräsident(in): Kjell O. Hauge (c/o Bakehuset, Kneippen A/S Postboks 53, N-4033 Forus (Norway), T: (0047) 51 67 83 00, Fax: (0047) 51 67 71 86)
Yves Schwoob (c/o Société SOFRAPAIN, 14 Rue Denis Papin, F-78190 Trappes Elancourt, T: (00331) 34 82 11 22, Fax: (00331) 34 82 11 61)
Generalsekretär(in): Helmut Martell

● **IZ F 1 823**

Internationaler Verband der Brotindustrie (AIBI)
Association Internationale de la Boulangerie Industrielle (AIBI)
Generalsekretariat:
In den Diken 33, 40472 Düsseldorf
T: (0211) 65 30 86,   **Fax:** 65 30 88, (02226) 1 79 51
Internet: http://www.verbaende.com/aibi.htm
E-Mail: info@grossbaecker.com
Gründung: 1956
Generalsekretär(in): Helmut Martell

● **IZ F 1 824**

Internationaler Verband der Drahtindustrie (WAI)
Wire Association International
Association Internationale de l'Industrie du Fil de Fer
Boston Post Rd. 1570, USA- Guilford CT 06437
T: (001203) 4 53-2777   **Fax:** 4 53-83 84
Internet: http://www.wirenet.org
Gründung: 1930
President: Robert M. Shemenski
Executive Director: S. R. May
Verbandszeitschrift: Wire Journal International
Redaktion: Guilford, Ct. USA 06437
Mitglieder: 5000

● **IZ F 1 825**

Internationaler Verband für die Wärmebehandlung und Randschichttechnik (IFHT)
International Federation for Heat Treatment and Surface Engineering
Association Internationale de Traitement Thermique et de l'Ingénierie des Surfaces
1 Carlton House Terrace, GB- London SW1 5DB
T: (0044148) 3 22 24 24   **Fax:** 3 22 21 85
E-Mail: ifhtwood@aol.com
Gründung: 1971 (10. Oktober)
President: Prof. T. Bell (GB)
Past-Pres.: Dr. G. Totten (USA)
Treasurer: Franz J. Steiner, Zürich (CH)
Secretary: Robert Wood (Chequers the Street, West Clandon, GB-Guildford GU4 7TG)
Mitglieder: 32 Mitgliedsorganisationen aus 25 Ländern

● **IZ F 1 826**

Internationaler Verband der Hersteller von Wellkisten (ICCA)
International Corrugated Case Association
Association Internationale des Fabricants de Caisses de Carton Ondulé
37, rue d'Amsterdam, F-75008 Paris
T: (00331) 53 20 66 80   **Fax:** 42 82 97 07
Internet: http://www.iccanet.org
Präsident(in): W. Howes (USA)
Secrétaire Général: B. Benson
Secrétaire (Europe): J.P. Lardillon

● **IZ F 1 827**

Internationaler Verband von Herstellern gummierter Papiere (FIPAGO)
International federation of manufacturers of gummed paper
Fédération Internationale des fabricants des papiers gommés
Postfach 732, NL-2130 AS Hoofddorp
Kruisweg 761, NL-2132 NE Hoofddorp
T: (003120) 6 54 30 66   **Fax:** 6 54 30 62
Internet: http://www.fipago.org
E-Mail: info@fipago.org
Délégué: Drs. A.M. Schryver

● **IZ F 1 828**

Internationaler Verband der Möbelstoff-Fabrikanten (CITA)
International Confederation of Manufacturers of Furnishing Fabrics
Confédération Internationale des Fabricants de Tissus d'Ameublement
Sekretariat:
Hans-Böckler-Str. 205, 42109 Wuppertal
T: (0202) 75 97 30   **Fax:** 75 97 97
Internet: http://www.c.i.t.a.de
E-Mail: beate.guenther@heimtex.de
Gründung: 1994 (3. November)
Präsident(in): Gerrit Hendrik Hordijk (Schellens Furnishing Textiles, Eindhoven, Niederlande)
Geschäftsführer(in): Dipl.rer.pol.techn. Peter Trepte
Mitglieder: 9 Verbände aus 9 Ländern

● **IZ F 1 829**

Internationaler Verband der Seeunternehmen (IMCA)
International Marine Contractors Association
Association Internationale des Entreprises Maritimes
235 Vauxhall Bridge Road, GB- London SW1V 1EJ
T: (004420) 79 31 81 71   **Fax:** 79 31 89 35
Internet: http://www.imca-int.com
E-Mail: imca@imca-int.com
Gründung: 1972
Chief Executive: Tony Read
Mitglieder: 170
Mitarbeiter: 5

● **IZ F 1 830**

Internationaler Verband der Verarbeiter von Chemiefaserfilament und Naturseidengarnen (Aiuffass)
International Association of Users of Artificial and Synthetic Filament Yarns and of Natural Silk
Association Internationale des Utilisateurs de Fils de Filaments Artificiels et Synthétiques et de Soie Naturelle
Poortakkerstraat 98, B-9051 Gent
T: (00329) 2 42 98 20   **Fax:** 2 42 98 29
E-Mail: pvm@gent.febeltex.be
Gründung: 1954
Präsident(in): Patric Tuytens (B)
Generalsekretär(in): Pierre Van Mol (B)
Mitglieder: 6 Nationale Fachverbände

Mitgliedsorganisationen

Belgien

iz f 1 831

FEBELTEX
Direction Économique
Poortakkerstraat 98, B-9051 Gent
T: (00329) 2 42 98 20   **Fax:** 2 42 98 29
E-Mail: pvm@gent.febeltex.be
Directeur Économique: Pierre Van Mol

Deutschland

iz f 1 832

Verband der Deutschen Seiden- und Samtindustrie
Von-Beckerath-Str. 11, 47799 Krefeld
T: (02151) 63 26 40   **Fax:** 63 26 20
Dipl.-Oec. Rudolf Cremer

Spanien

iz f 1 833

ANATSE
Alta de San Pedro 1, E-08003 Barcelona
T: (003493) 2 68 43 20   **Fax:** 2 68 03 24
Directeur: A. Borao

Frankreich

iz f 1 834

UNITEX
55, Montée de Choulans, F-69323 Lyon
T: (00334) 72 56 49 68   **Fax:** 78 42 90 90
Claude Szternberg

iz f 1 835

Italien

iz f 1 835

Assoc. Serica Italiana
Via Odescalchi 17, I-22100 Como
T: (003931) 26 03 60   **Fax:** 30 06 78
Secrétaire: Guido Tettamanti

Schweiz

iz f 1 836

Textilverband Schweiz
Beethovenstr. 20, CH-8022 Zürich
T: (00411) 2 89 79 79   **Fax:** 2 89 79 80
Director: Alexander Hafner

● **IZ F 1 837**

Internationaler Verband der Wandbekleidungshersteller (IGI)
International Wallcovering Manufacturers Association
Groupement International des Fabricants de Revêtements Muraux
Avenue de Tervueren 402, B-1150 Brüssel
T: (00322) 7 61 66 81   **Fax:** 7 61 66 79
E-Mail: igi@intermar.be
Gründung: 1950
Vorsitzende(r): Marc Guillerot (2000/2001)
Geschäftsführerin: Mary McCue
Mitglieder: 50 und 26 Assoziierte Mitglieder
Mitarbeiter: 2

● **IZ F 1 838**

Internationales Büro der Beton- und Fertigteilindustrie
International Bureau for Precast Concrete
Bureau International du Béton Manufacturé
207/209 Boulevard A. Reyers, B-1030 Bruxelles
T: (00322) 7 35 60 69   **Fax:** 7 34 77 95
Internet: http://www.bibm.org
E-Mail: info@bibm.org
Gründung: 1954
Präsident(in): G. Coskun (Türkei)
Generalsekretär(in): W. Simons
Mitglieder: 14

Mitgliedsorganisationen

Belgien

iz f 1 839

Fédération de l'industrie du béton (FEBE)
Bd. A. Reyers 207-209, B-1030 Bruxelles
T: (00322) 7 35 80 15   **Fax:** 7 34 77 95
Internet: http://www.febe.be
E-Mail: mail@febe.be
Kontaktperson: W. Simons
E. Dano

Dänemark

iz f 1 840

Dansk Beton Industriforening
Danish Concrete Industry Association
c/o Danske Entreprenoører
Nørre Voldgade 106
Postf. 2125, DK-1015 Kopenhagen
T: (004533) 74 77 47   **Fax:** 74 77 00
Kontaktperson: K. Almer (E-Mail: kan@danent.dk)

Deutschland

iz f 1 841

Bundesverband Deutsche Beton- und Fertigteilindustrie e.V. (BDB)
Schloßallee 10, 53179 Bonn
T: (0228) 9 54 56-0   **Fax:** 9 54 56-90
Internet: http://www.betoninfo.de
E-Mail: betoninfo@lg.elge.de
Präsident(in): Dipl.-Ing. Rolf Werle
Vizepräsident(in): Dipl.-Kfm. Albrecht Braun
Dipl.-Betriebsw. Peter Klostermann
Sprecher der Geschäftsführung: Dipl.-Ing. Dieter Schwerm

Finnland

iz f 1 842

Finnish Association of Construction Product (RTT)
Concrete Industry Division
Unionkatu 14, 2nd Floor, FIN-00130 Helsinki
T: (003589) 17 28 41   **Fax:** 17 28 44 44
Internet: http://www.rttry.fi/rtt/fr-engl.sh.htm
E-Mail: raimo.taivalkoski@rtt.ttliitot.fi
Kontaktperson: R. Pesonen

Frankreich

iz f 1 843

FIB - Fédération française de l'industrie du béton
23, Rue de la Vanne, F-92126 Montrouge Cédex
T: (00331) 49 65 09 09   **Fax:** 49 65 08 61
E-Mail: fib@wanadoo.fr
Kontaktperson: J.P. Elguedj

Großbritannien

iz f 1 844

BPCF - British Precast Concrete Federation Ltd.
60, Charles Street, GB- Leicester LE1 1FB
T: (0044116) 2 53 61 61   **Fax:** 2 51 45 68
E-Mail: info@briprecast.org
Kontaktperson: A. Tydeman

Israel

iz f 1 845

Federation of Precast Concrete Manufacturers in Israel
Postfach 987, IL- Ramat-Gan 52100
T: (009723) 6 74 56 19   **Fax:** 6 76 33 69
Kontaktperson: A. Sadi

Italien

iz f 1 846

Assobeton
Via G. Zanella 36, I-20133 Mailand
T: (00392) 70 10 01 68   **Fax:** 7 49 01 40
E-Mail: assobeton@galactica.it
Kontaktperson: R. Cestari

Niederlande

iz f 1 847

BFBN - Bond van Fabrikanten van Betonprodukten in Nederland
Postfach 1 94, NL-3440 AD Woerden
Zaagmolenlaan 20, NL-3440 AD Woerden
T: (0031348) 41 09 44   **Fax:** 41 98 15
E-Mail: beton@bfbn.nl
Kontaktperson: A. P. Pielkenrood

Norwegen

iz f 1 848

Betongelementforeningen
Postfach 71 86, N-0303 Oslo
Majorstua, N-0303 Oslo
T: (0047) 23 08 75 00   **Fax:** 23 08 76 21
E-Mail: arne.skjelle@bnl.no
Kontaktperson: A. Skjelle

Österreich

iz f 1 849

VÖB - Verband Österreichischer Beton- und Fertigteilwerke
L. Hasnerstr. 36/1/4, A-4020 Linz
T: (0043732) 65 60 62   **Fax:** 66 66 83
E-Mail: office@voeb.co.at
Kontaktperson: Dr. G. Zieschank

Schweden

iz f 1 850

BR - Betongvaruindustrins Riksforbund
Postfach 1 41 04, S-16114 Bromma
T: (00468) 56 41 02 30   **Fax:** 56 41 02 39
Internet: http://www.betongvaruind.a.se
E-Mail: br.betongvaruind.a.se
Kontaktperson: M. Björs

Spanien

iz f 1 851

ANDECE - Associación Nacional de Prefabricados y Derivados del Cemento
Principe de Vergara 211-1°, E-28002 Madrid
T: (003491) 5 63 69 22   **Fax:** 5 64 59 45
E-Mail: andece@andece.es
Contact Person: J. M. de Eugenio Cid

Türkei

iz f 1 852

TPCA - Turkish Precast Concrete Association
Farabi Sokak 39/10, TR-06690 Kavaklidere Ankara
T: (0090312) 4 67 61 95   **Fax:** 4 67 62 95
E-Mail: prefab@ada.net.tr
Kontaktperson: B. Tokman

● **IZ F 1 853**

Internationales Daunen- und Federn-Bureau e.V.
International Down and Feather Bureau Inc.
Bureau International de Duvet et des Plumes
Röderweg 31, 63739 Aschaffenburg
T: (06021) 9 12 67   **Fax:** 9 69 22
Präsident(in): Gerard L. Hanauer (Seattle/USA)
Vizepräsident(in): Siegfried Böhler (Langenargen/D)
Zenichiro Kusada (Nagoya/Japan)

● **IZ F 1 854**

Internationales Komitee für Kaltwalzen (CIPF)
International Cold Rolling Committee
Comité International du Profilage à Froid
Robson Rhodes
Centre City Tower, 7 Hill Street, GB- Birmingham BS 4UU
T: (0044121) 6 97 60 00   **Fax:** 6 97 61 13
President: M. Bertrams
Administration: S. Battersby

● **IZ F 1 855**

Internationales Komittee für Bandstahlkaltwalzenstudie (CIELFFA)
Comité International d'Étude du Laminage à Froid du Feuillard d'Acier
Kaiserswerther Str. 137, 40474 Düsseldorf
T: (0211) 4 78 06-0   **Fax:** 4 78 06-22
E-Mail: fvk-fvp@t-online.de

● **IZ F 1 856**

Internationales Zellglas-Komitee (CIPCEL)
Comité International de la Pellicule Cellulosique
Avenue E. Van Nieuwenhuyse, 4, B-1160 Bruxelles
T: (00322) 6 76 74 55   **Fax:** 6 76 74 54
Gründung: 1964
Président: W. Lowther
Secrétaire Général: D. Morris
Mitglieder: 7

● **IZ F 1 857**

Verband europäischer Textilveredler (CRIET)
Joint Committee of the Textile Finishing Industry in the E.U.
Organisation des ennoblisseurs de textiles
Postfach 5 18, NL-3900 AM Veenendaal
De Schutterij 16, NL-3900 AV Veenendaal
T: (00313185) 6 44 88   **Fax:** 6 44 87
Internet: http://www.criet.org
E-Mail: krl@wxs.nl
President: M.L. Fox
Contact: C. Lodiers
Mitglieder: 12
Mitarbeiter: 5

Mitgliedsorganisationen

Belgien

iz f 1 858

Febeltex Textile Finishing Sector
rue Montoyer 24, B-1000 Brüssel
T: (00322) 2 87 08 25   **Fax:** 2 87 08 61
E-Mail: fq@febeltex.be
Contact: J.F. Quix

Dänemark

iz f 1 859

Federation of Danish Textile and Clothing
Postfach 507, DK-7400 Herning
Bredgade 41, DK-7400 Herning
T: (0045) 99 27 72 00   **Fax:** 97 12 23 50
Internet: http://www.textile.dk
E-Mail: aj@textile.dk
Contact: Soren Holm Petersen

Deutschland

iz f 1 860

Gesamtverband der deutschen Textilveredlungsindustrie TVI-Verband e.V.
Frankfurter Str. 10-14, 65760 Eschborn
T: (06196) 95 91-0   **Fax:** 95 91-25
Contact: Dipl.-Ing. Hartmut E. Reetz

Frankreich

iz f 1 861

Fédération de L'Ennoblissement Textile
Rue de Neuilly 37, F-92113 Clichy
T: (0033247) 56 31 70   **Fax:** 30 27 09
Contact: J.F. Gibier

Griechenland

iz f 1 862

Panhellenic Association
Dodekanisou 22, GR-54626 Tessaloniki
T: (0030) 546 26   **Fax:** 556 746

Italien

iz f 1 863

Associazione Nobilitazione Tessile
Viale Sarca 223, I-20126 Mailand
T: (003902) 66 10 34 04   **Fax:** 66 10 34 44
Contact: M. Chezzi

Niederlande

iz f 1 864

Ver. van Loonveredelingsbedrijven voor de Textielindustrie
Ver. Nederlandse Eigen-Textieldrukkers
De Schutterij 16, NL-3900 AV Veenendaal
T: (0031318) 56 44 88   **Fax:** 56 44 87
Contact: C. Lodiers

Norwegen

iz f 1 865

Association of Textile, Footwear and Sporting Goods (TBL Teko)
Postfach 70 72, N-0306 Oslo
Oscar Gate 20, N-0306 Oslo
T: (004722) 59 00 00   **Fax:** 59 00 06
Internet: http://www.tbl.no
E-Mail: oh@tbl.no

Österreich

iz f 1 866

Fachverband der Textilindustrie Österreichs (FTO)
Postfach 197, A-1013 Wien
Rudolfsplatz 12, A-1010 Wien
T: (00431) 5 33 37 26 53   **Fax:** 5 33 37 26 40
Contact: Dr. P. Schinzel

Schweiz

iz f 1 867

Schweizerischer Textilveredlungs- und Exportverband STVE
Waldmannstr. 6, CH-9014 St. Gallen
T: (004171) 2 77 67 67   **Fax:** 2 77 27 45
Contact: Dr. T. Pataky

Türkei

iz f 1 868

Textil Terbiye S. Dergeni
Yildiz Posta Cad. No. 8 D 39, TR-80700 Besiktas-Istanbul
T: (0090212) 274 38 89   **Fax:** 266 76 79

Großbritannien

iz f 1 869

The Knitting Industries' Federation Ltd.
Oxford Street 53, GB- Leicester LE1 6XY
T: (0044116) 2 54 16 08   **Fax:** 2 54 22 73
Contact: A. Carvell

iz f 1 870

Textile Finishers Association
Merrydale House
Randsdale Way, GB- Bradford BD4 6SD
T: (00441274) 652 207   **Fax:** 682 293
Contact: J.M. Lambert

● **IZ F 1 871**

Komitee der Baumwoll- und Verwandten Textilindustrien der E.G. (Eurocoton)
Committee of the Cotton and Allied Textile Industries of the E.U.
Comité des Industries du Coton et des Fibres connexes de la C.E.
24, rue Montoyer, B-1000 Bruxelles
T: (00322) 230 32 39   **Fax:** 230 36 22
E-Mail: michele.anselme@eurocoton.org
Gründung: 1960
Président: Hans-Christian Sanders
Secrétaire Général: Michèle Anselme
Mitglieder: 13
Mitarbeiter: 2
Jahresetat: DM 0,32 Mio

Mitgliedsorganisationen

Belgien

iz f 1 872

FEBELTEX
Poortakkerstraat 98, B-9051 Gent
T: (00329) 2 42 98 20   **Fax:** 2 42 98 29
E-Mail: pvm@gent.febeltex.be

Deutschland

iz f 1 873

Industrieverband Garne + Gewebe e.V.
Postf. 54 29, 65729 Eschborn
Frankfurter Str. 10-14, 65760 Eschborn
T: (06196) 47 23-0 (FB Garne), 47 23-5 (FB Gewebe)
Fax: 47 23-40 (FB Garne), 47 23-70 (FB Gewebe)

Frankreich

iz f 1 874

Fédération Française de l'industrie Textile Cotonnière
Rue de Neuilly, 37-39, F-92113 Clichy Cedex
T: (00331) 47 56 30 40   **Fax:** 47 56 30 49

Griechenland

iz f 1 875

Union des Industriels cotonniers de Grèce
Xenofontos, 5, GR-10557 Athens
T: (00301) 2 79 33 41   **Fax:** 2 77 00 58

iz f 1 876

Council of British Cotton Textiles (C.B.C.T.)
Shiloh Spinners Ltd.
Windsor Road 115 Thorncliffe, GB- Oldham OL8 1RQ
T: (0044161) 6 24 81 61   **Fax:** 6 27 38 40

Italien

iz f 1 877

Associazione Tessile Italiana (ATI)
Viale Sarca 223, I-20126 Milano
T: (003902) 66 10 38 38   **Fax:** 66 10 38 63-4189
E-Mail: valerio.astolfi@asstex.it

Portugal

iz f 1 878

Associacao Portuguesa de Texteis e Vestuario (ANITAF)
Rua Gonçalvo Cristovao 96 1° e 2°, P-4000 Porto
T: (035122) 2 05 79 61   **Fax:** 2 05 03 43

Spanien

iz f 1 879

Asociacion Industrial Textil de Proceso Algodonero (AITPA)
Gran Via 670, E- Barcelona 08010
T: (003493) 3 18 92 00   **Fax:** 3 02 62 35

Assoziierte Mitglieder

Österreich

iz f 1 880

Vereinigung Textilindustrie (VTI)
c/o Fachverband der Textilindustrie Österreichs
Rudolfplatz 12, A-1010 Wien
T: (00431) 5 33 37 26-31   **Fax:** 5 33 37 26-40

iz f 1 881

Teko Industrierna
Postfach 5510, S-11485 Stockholm
Storgatan 5, S-11485 Stockholm
T: (00468) 7 82 09 57   **Fax:** 7 62 68 87

Spanien

iz f 1 882

Asociacion Nacional de empresarios des motadores de algodon (ANEDA)
Castelló 115 (Apto 522), E-28006 Madrid
T: (003491) 5 64 29 30   **Fax:** 5 64 29 28

Griechenland

iz f 1 883

Panhellenic Union of Cotton Ginners and Exporters
Kondze Street 311, GR-546 29 Thessaloniki
T: (00301) 6 84 65 12   **Fax:** 6 84 71 95

Türkei

iz f 1 884

Turkish Textile Employers' Association
Akaretler
Vişnezade Camii Meydani Efe Apt. 2/10, TR-80680 Besiktas-Istanbul
T: (0090232) 433 98 10   **Fax:** 433 97 82

● **IZ F 1 885**

European Confederation of Associations of Manufacturers of Insulated Wires and Cables (EUROPACABLE)
c/o Cablebel
Diamant Building
Blvd. A. Reyers 80, B-1030 Brüssel
T: (00322) 7 02 61 25   **Fax:** 7 02 61 27
Internet: http://www.europacable.com
E-Mail: ecable@aol.com
Gründung: 1978
Secretary General: T. Neesen
Mitgliedsorganisationen: alle Kabelverbände der Europäischen Union

IZ F 1 886
Koordinationsausschuß der Berufsverbände von Stromerzeugern in Europa (EUROPGEN)
European Generating Set Association c/o Gigrel
Comité de Coordination des Associations Professionnelles du Groupe Electrogène en Europe
c/o AMPS - Association of Manufacturers
Kirkby House, GB- Andover SP11 6JW
T: (00441264) 365 367   Fax: 362 304
E-Mail: technical@amps.org.uk
Gründung: 1989
Präsident(in): Robert Beebee
Generalsekretär(in): Robert A. Wheadon
Verbandszeitschrift: "Statistics"
Mitglieder: 5 national associations

Nationale Mitgliedsorganisationen

Belgien

iz f 1 887
ADD-Agoria
"Diamant" Building
Bld. A. Reyers 80, B-1030 Bruxelles
T: (00322) 7 06 80 00   Fax: 5 10 25 61
E-Mail: herman.looghe@agoria.be
Kontaktperson: Herman Looghe

Deutschland

iz f 1 888
Arbeitsgemeinschaft Deutsche Stromerzeugungsagregate des ZVEI und VDMA
c/o VDMA
Postf. 71 08 64, 60498 Frankfurt
Lyoner Str. 18, 60528 Frankfurt
T: (069) 66 03-1554   Fax: 66 03-1566
E-Mail: krieger_krm@vdma.org
Kontaktperson: Dipl.-Wirtsch.-Ing. Gerd Dieter Krieger

Frankreich

iz f 1 889
GIGREL
c/o GIMELEC
Rue Hamelin 11, F-75783 Paris Cedex
T: (00331) 45 05 71 37   Fax: 45 05 16 79
E-Mail: j-mmuraz@gimelec.fr
Kontaktperson: Jean-Max Muraz

Großbritannien

iz f 1 890
AMPS
Postfach 17 14, GB- Andover SP11 6SL
T: (00441264) 36 53 67   Fax: 36 23 04
E-Mail: mail@amps.org.uk
Contact: Robert Wheadon

Italien

iz f 1 891
COGREL
c/o ANIE
Via Gattamelata 34, I-20149 Mailand
T: (003902) 3 26 42 55   Fax: 3 26 42 12
E-Mail: cogrel@anie.it
Contact: Tommaso Genova

IZ F 1 892
MODEUROP
Postf. 10 07 61, 63007 Offenbach
Waldstr. 44, 63065 Offenbach
T: (069) 82 97 41-0   Fax: 81 28 10

IZ F 1 893
Organisation des Fabricants de Produits Cellulosiques Alimentaires (OFCA)
Kerkweide 27, NL-2265 DM Leidschendam
T: (003170) 3 20 98 94   Fax: 3 20 37 59
Secretary General: Dr. E. Izeboud

IZ F 1 894
Organisation of European Aluminium Refiners and Remelters (OEA)
Postf. 20 08 40, 40105 Düsseldorf
Am Bonneshof 5, 40474 Düsseldorf
T: (0211) 45 19 33   Fax: 43 10 09
Gründung: 1960 (21. Oktober)
Geschäftsführer(in): RA Günter Kirchner

IZ F 1 895
Platin Gilde International
Feldbergstr. 59, 61440 Oberursel
Internet: http://www.Platin-Gilde.de
E-Mail: info@Platin-Gilde.de
Geschäftsführer(in): Roswitha Affemann (Im Heidegraben 27, 61440 Oberursel, T: (06171) 2 30 93, Telefax: (06171) 2 67 52)

IZ F 1 896
Schiffsausrüster-Verband der EU-Länder (O.C.E.A.N.)
Organization of Shipsuppliers in EC-Countries
Organisation de la Communauté Europe1enne des Avitailleurs de Navires
Van Stolkweg 31, NL-2585 JN Den Haag
T: (003170) 358 91 37   Fax: 358 45 38
Gründung: 1976
Präsident(in): Jens Olsen
Generalsekretär(in): Laurens J.C. van der Ziel
Mitglieder: ca. 700 Mitgliedsfirmen

Mitgliedsorganisationen

Belgien

iz f 1 897
Koninklijke Belgische Beroepsvereniging der Scheepsbevoorraders
Royal Belgian Ship Suppliers Association
Oude Leeuwenrui 8-B/8, B-2000 Antwerpen 1
T: (00323) 2 31 08 80   Fax: 2 31 08 80
R. A. van Uffel

Dänemark

iz f 1 898
Dansk Skibshandler Forening
Danish Ship Suppliers Association
Dronningens Tvaergade 50, DK-1302 Kopenhagen
T: (0045) 33 13 12 62   Fax: 33 12 05 80
Kontaktperson: Jens Olsen

Deutschland

iz f 1 899
Verband Deutscher Schiffsausrüster e.V.
German Shipsupplier Association
Raboisen 101, 20095 Hamburg
T: (040) 32 40 82, 33 82 95   Fax: 32 45 30
TX: 211 366
Vorsitzende(r): Hennig Engels

Finnland

iz f 1 900
Finlands Skeppshandlareförening r.f.
Finnish Shipsupplier Association
Putkitie 3, FIN-00880 Helsinki
T: (003589) 75 89 91   Fax: 75 89 92 00
Kontaktperson: Matti Kokkola

Frankreich

iz f 1 901
Syndicat National des Approvisionneurs de Navires
French Ship Suppliers Association
Postfach 64, F-34201 Sète Cédex
Quai François Maillol 6 Bis, F-34201 Sète
T: (00334) 67 74 83 76   Fax: 67 74 83 76
Kontaktperson: Georges Garguilo

Griechenland

iz f 1 902
Greek ShipSuppliers Association
Akti Miaouli 81, Loumou Building, GR-18538 Piraeus
T: (00301) 4 51 74 28   Fax: 4 53 73 45
Kontaktperson: Evagelos Pagakis

Großbritannien

iz f 1 903
British Association of Ship Suppliers
c/o Huttons of Hull
Kingson House, Royal Edward Dock, Avonmouth, GB- Bristol BS 11 9HB
T: (0044117) 9 82 12 29   Fax: 9 82 22 14
Kontaktperson: R. Blake

Italien

iz f 1 904
Associazione Nazionale Provveditori Appaltatori Navali (A.N.P.A.N.)
Italian Shipsuppliers Association
Via Dusmet 131, I-95131 Catania
T: (003995) 31 02 03   Fax: 32 65 80
Kontaktperson: Raimondo Bonini

Niederlande

iz f 1 905
Nederlandse Vereniging van Scheepsleveranciers
Netherlands Association of Shipsuppliers
Postfach 54 90, NL-3008 AL Rotterdam
T: (003110) 2 83 67 00   Fax: 2 83 67 38
Kontaktperson: P.C. de Haas

Portugal

iz f 1 906
Associacão dos Shipchandlers de Portugal
Portuguese Shipsuppliers Association
Praca D. Luis I 2, P-1200 Lissabon
T: (003511) 3 21 09 00, 3 21 09 77   Fax: 3 42 56 72, 3 97 68 34
Kontaktperson: A.J. Santos Almeida

Schweden

iz f 1 907
Sveriges Skeppshandlareförbund
Swedish Shipsuppliers Association
Frigoscandia
Skandiahamnen, S-41834 Gothenburg
T: (004631) 53 40 10   Fax: 53 88 77
Kontaktperson: Stefan Ericson

Spanien

iz f 1 908
Associación Española de Suministradores Marítimos (AESMAR)
Spanish Ship Suppliers Association
Puerto de Malaga, Muelle 1, E-29016 Malaga
T: (003495) 2 21 78 90   Fax: 2 21 98 96
Kontaktperson: Pedro A. Martin Graciani

IZ F 1 909
Spielzeugindustrie in Europa (TIE)
Toy Industries of Europe
Avenue des Arts 58, B-1000 Brüssel
T: (00322) 7 32 70 40   Fax: 7 36 90 68
Internet: http://www.tietoy.org
E-Mail: tie@grayling-ps.com
Gründung: 1990
Chairman: Alan Munn
Secretary General: Maurits Bruggink
Mitarbeiter: 5

Mitgliedsorganisationen

Deutschland

iz f 1 910
Deutscher Verband der Spielwaren-Industrie e.V. (DVSI)
Geschäftsstelle Nürnberg:
Messezentrum 1, 90471 Nürnberg
T: (0911) 9 49 68-0   Fax: 9 49 68-80
Internet: http://www.toy.de
E-Mail: printzen@dvsi.de
Geschäftsstelle Stuttgart

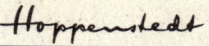

Frankreich

iz f 1 911

Association des Jouets de Marque (AJM)
c/o Information & Enterprise
32 rue de Trévise, F-75009 Paris
T: (00331) 56 03 12 12   **Fax:** 56 03 13 13
Internet: http://www.information-et-enterprise.fr
E-Mail: claude_unger@i-et-e.fr
Kontaktperson: Claude Unger

iz f 1 912

Fédération Française des Industries Jouet-Puériculture (FJP)
rue La Fayette 103, F-75481 Paris Cedex 10
T: (00331) 40 16 25 70   **Fax:** 40 16 25 71
Internet: http://www.fjp.fr
E-Mail: daniel.aboaf@fjp.fr
Kontaktperson: Daniel Aboaf

Großbritannien

iz f 1 913

British Toy & Hobby Association (BTHA)
Camberwell Road 80, GB- London SE5 0EG
T: (0044207) 7 01 72 71   **Fax:** 7 08 24 37
Internet: http://www.btha.co.uk
E-Mail: admin@btha.co.uk
Kontaktperson: David Hawtin

Italien

iz f 1 914

Assogiocattoli
Assarredo Federlegno-Arredo
Foro Bonaparte 65, I-20121 Mailand
T: (003902) 80 60 41   **Fax:** 80 60 43 92
Internet: http://www.federlegno.it
E-Mail: assogiocattoli@federlegno.it
Kontaktperson: Giovanni Battista Orsi

Niederlande

iz f 1 915

Organisatie van nederlandse speelgoedleveranciers (ORNES)
Postfach 9 60 70, NL-1006 EB Amsterdam
T: (003120) 6 10 08 20   **Fax:** 6 19 22 15
E-Mail: bureauvanrijn@wxs.nl, ornes@wxs.nl
Kontaktperson: Marie-Christine van Rijn

Schweden

iz f 1 916

Association of swedish suppliers of toys & hobby articles (LLH)
S-10329 Stockholm
T: (00468) 6 78 80 01   **Fax:** 6 79 96 65
E-Mail: johan.leffler@sht.se
Kontaktperson: Johan Leffler

Spanien

iz f 1 917

Asociación Española de Fabricantes de Juguetes (AEFJ)
La Ballaora 1, E-03440 Ibi
T: (003496) 6 55 11 76   **Fax:** 6 55 02 75
Internet: http://www.aefj.es
E-Mail: aefj@aefj.es
Kontaktperson: Salvador Miro

● **IZ F 1 918**

Ständiger Ausschuß der Glas-Industrien in der EG (CPIV)
Standing Committee of the EU Glass Industries
Comité Permanent des Industries du Verre de l'UE
89, Avenue Louise, B-1050 Brüssel
T: (00322) 5 38 44 46   **Fax:** 5 37 84 69
Internet: http://www.cpivglass.be
E-Mail: info@cpivglass.be
Gründung: 1962

Präsident(in): N. Ullmann
Generalsekretär(in): F. Van Houte
Leitung Presseabteilung: Véronique Favry
Verbandszeitschrift: CPIV-Info - Mensuel
Redaktion: V. Favry
Mitglieder: 12 Verbände
Mitarbeiter: 2

Mitgliedsorganisationen

Belgien

iz f 1 919

Association des Producteurs de Fibres de Verre Européens
Av. Louise 89, B-1050 Brüssel
T: (00322) 5 38 44 46   **Fax:** 5 37 84 69
Präsident(in): H. Gaarenstroom
Generalsekretär(in): G. Maeyaert

iz f 1 920

Europäischer Behälterglasindustrieverband (FEVE)
European Container Glass Federation
Fédération Européenne du Verre d'Emballage
av. Louise 89, Bte 4, B-1050 Brüssel
T: (00322) 539 34 34   **Fax:** 539 37 52
E-Mail: info@feve.org
Präsident(in): D. Anderson
Generalsekretär(in): Andrew Somogyi

iz f 1 921

European Special Glas Association (E.S.G.A.)
c/o CPIV
89, Avenue Louise, B-1050 Brüssel
T: (00322) 5 38 44 46   **Fax:** 5 37 84 69
Gründung: 1999 (01. Januar)
Präsident(in): Dr. R. Schumacher
Generalsekretär(in): F. van Houte

iz f 1 922

European Domestic Glass
c/o CPIV
Avenue Louise 89, B-1050 Brüssel
T: (00322) 538 44 46   **Fax:** 537 84 69
Präsident(in): T. Hoskins
Generalsekretär(in): F. Van Houte

iz f 1 923

Fédération de l'Industrie du Verre
Avenue Louise 89 B. 1, B-1050 Brüssel
T: (00322) 542 61 20   **Fax:** 542 61 21
Präsident(in): R. Buekenhout
Direktor(in): R. Deridder

iz f 1 924

Groupement Européen des Producteurs de Verre Plat
Av. Louise 89, B-1050 Brüssel
T: (00322) 5 38 43 77   **Fax:** 5 37 84 69
Präsident(in): L. Willame
Generalsekretär(in): E. Bullen

Deutschland

iz f 1 925

Bundesverband Glasindustrie und Mineralfaserindustrie e.V.
Postf. 10 17 53, 40008 Düsseldorf
Stresemannstr. 26, 40210 Düsseldorf
T: (0211) 1 68 94-0   **Fax:** 1 68 94-27
Gründung: 1953 (01. Januar)
Präsident(in): Axel Herberg
Geschäftsführer(in): Norbert Ullmann
Mitglieder: rd. 100 Unternehmen

Frankreich

iz f 1 926

Fédération des Chambres Syndicales de l'Industrie du Verre
3, rue de la Boétie, F-75008 Paris
T: (00331) 42 65 60 02   **Fax:** 42 66 23 88
Präsident(in): J. Demarty

iz f 1 927

Fédération des Cristalleries Verreries à la Main et Mixtes
32, rue de Paradis, F-75010 Paris
T: (00331) 47 70 26 42   **Fax:** 47 70 34 84
Präsident(in): I. Mouclier
Generalsekretär(in): I. L. Auziere

Großbritannien

iz f 1 928

British Glass Manufacturers Confederation
Northumberland Road, GB- Sheffield S10 2UA
T: (00441742) 68 62 01   **Fax:** 68 10 73
Präsident(in): A. Mair
DG: K. Barnsley

Irland

iz f 1 929

Irish Glass Federation
c/o Waterford Crystal Ltd.
IRL- Waterford
T: (0035351) 7 33 11   **Fax:** 7 85 39
Kontaktperson: J. Kennedy

Italien

iz f 1 930

Associazione Nazionale degli Industriali del Vetro
Via L. Bissolati 76, I-00187 Rom
T: (00396) 4 87 11 30   **Fax:** 4 88 56 83
Präsident(in): F. Todisco
Direktor(in): C. Giordano

Niederlande

iz f 1 931

Vereniging van Nederlandse Glasfabrikanten
Postfach 46, NL-3100 AA Schiedam
T: (003110) 4 27 45 80   **Fax:** 4 26 23 21
Präsident(in): Rhede van der Kloot
Generalsekretär(in): J. Van der Woude

Österreich

iz f 1 932

Fachverband der Glasindustrie
Postfach 328, A-1045 Wien
Wiedner Hauptstrasse 63, A-1045 Wien
T: (00431222) 5 01 05 34 28   **Fax:** 50 20 62 81
Präsident(in): R. Schraml
Direktor(in): A. Krissmanek

Spanien

iz f 1 933

Cristaleria Espanola SA
Delegacion Compania Saint Gobain E/P
Paseo de la Castellana 77, E-28046 Madrid
T: (00341) 3 97 20 61   **Fax:** 3 97 20 09
Kontaktperson: J. García-Bayón

Türkei

iz f 1 934

Turkiye Cam Sanayii Isverenleri Sendikasi
c/o Turkiye Sise Ve Cam Fabrikalari AS
Camhan
Barbaros Bulvari 125, TR-80706 Besiktas-Istanbul
T: (00901) 1 72 72 00   **Fax:** 1 67 04 18
Präsident(in): A. Caglayan
Sekr.: H. Özman

● **IZ F 1 935**

Ständiger Internationaler Ausschuß der Essighersteller - Gemeinsamer Markt - (CPIV)
Comité Permanent International du Vinaigre Marché Commun
Reuterstr. 151, 53113 Bonn
T: (0228) 21 20 17   **Fax:** 22 94 60
Président: Michel Dothey (Belgien)
Secrétaire Général: RA Dr.jur. Hans-Joachim Mürau (D)

Mitgliedsorganisationen

Belgien

iz f 1 936

AFISPA - VIVED
Section Vinegar
Av. de Roodebeek 30, B-1030 Brüssel
T: (00322) 7 43 87 30   Fax: 7 36 81 75
E-Mail: sia01@sia-dvi.be

Dänemark

iz f 1 937

Foreningen Eddikebryggere i Danmark de Jydske Eddikebryggerier A/S
Slaenfej 4, DK-8900 Randers
T: (004586) 42 48 33   Fax: 42 37 32

Deutschland

iz f 1 938

Verband der Essig- und der Senfindustrie e.V.
Reuterstr. 151, 53113 Bonn
T: (0228) 21 00 95   Fax: 22 94 60
Vorsitzende(r): Herbert Fastrich

Finnland

iz f 1 939

PRIMALCO Ltd., Polymers
Valta-akseli, FIN-05200 Rajamäki
T: (003589) 1 33 11   Fax: 1 33 13 22

Frankreich

iz f 1 940

Syndicat National des Fabricants de Vinaigres
8, Rue de l'Isly, F-75008 Paris
T: (00331) 53 42 33 80   Fax: 5 34 23 381

Großbritannien

iz f 1 941

The Vinegar Brewers' Federation
15 Primrose Court, Prince Albert Road, GB- London NW8 7LD
T: (0044207) 7 23 20 83   Fax: 7 22 74 88

Italien

iz f 1 942

Federazione Italiana Industriali Produttori, Esportatori ed Importatori di Vini, Acquaviti, Liquori, Sciroppi, Aceti ed affini (FEDERVINI)
Via Mentana 2 /b, I-00185 Rom
T: (003906) 4 94 16 30   Fax: 4 94 15 66
E-Mail: federvini@foodarea.it

Niederlande

iz f 1 943

De Burg bv azijn
Spijsolie - Limonade
Marconistraat 26, NL-1704 RG Heerhugowaard
T: (003172) 5 71 79 44   Fax: 5 74 34 70

Österreich

iz f 1 944

Fachverband der Nahrungs- und Genussmittelindustrie Österreichs
Postfach 1 44, A-1037 Wien
Zaunergasse 1-3, A-1030 Wien
T: (00431) 7 12 52 48   Fax: 7 15 48 19

Portugal

iz f 1 945

Associação dos Comerciantes e Industriais de Bebidas Espirituosas e Vinhos (ACIBEV)
Largo do carmo 15-1°, P-1200 Lissabon
T: (0035121) 3 46 23 18/9   Fax: 3 42 75 17
E-Mail: acibevmail@acibev.pt

Spanien

iz f 1 946

Asociación Española del Vinagre
C/Mallorca 286 entl. ° 2a, E-08037 Barcelona
T: (003493) 20 72 516   Fax: 20 71 611

● **IZ F 1 947**

Ständiges Internationales Büro der Automobil-Hersteller (OICA)
International Organization of Motor Vehicle Manufacturers (OICA)
Organisation Internationale des Constructeurs d'Automobiles (OICA)
4, rue de Berri, F-75008 Paris
T: (0033) 1 43 59 00 13, 1 43 59 07 01
Fax: 1 45 63 84 41
Internet: http://www.oica.net
E-Mail: oica@oica.net
Gründung: 1919
Président: Dr. di Camillo
Mitglieder: 40
Mitarbeiter: 6

● **IZ F 1 948**

Technischer Verband der europäischen Erdgaswirtschaft (MARCOGAZ)
Technical Association of the European Natural Gas Industry
4, Avenue Palmerston, B-1000 Brussels
T: (00322) 2 37 11 11   Fax: 2 30 44 80
TGR: FIGAZ
Secretary General: P. G. Claus (T: (00322) 2 37 11 26, Telefax: (00322) 2 30 62 91)

● **IZ F 1 949**

Union der Industrie- und Arbeitgeberverbände Europas (UNICE)
Union of Industrial and Employers' Confederations of Europe
Union des Confédérations de l'Industrie et des Employeurs d'Europe
Rue Joseph II, 40, Bte 4, B-1000 Bruxelles
T: (00322) 2 37 65 11   Fax: 2 31 14 45
E-Mail: main@unice.be
Gründung: 1958
Président: Georges Jacobs
Secrétaire Général: N. N.
Verbandszeitschrift: UNICE@NEWS
Redaktion: UNICE, Rue Joseph II, 40, B-1000 Bruxelles
Mitglieder: 34 Fédérations Nationales dans 26 pays d'Europe plus 5 associations obsevateurs
Mitarbeiter: 41

Mitgliedsorganisationen

Belgien

iz f 1 950

Fédération des Entreprises de Belgique - Verbond van Belgische Ondernemingen (VBO-FEB)
Rue Ravenstein /straat 4, B-1000 Brüssel
T: (00322) 5 15 08 11   Fax: 5 15 09 99
E-Mail: ja@vbo-feb.be

Dänemark

iz f 1 951

Confederation of Danish Employers (DA)
Postfach 386, DK-1790 Kobenhavn V
Vester Voldgade 113, DK-1790 Kobenhavn V
T: (0045) 33 38 90 00   Fax: 33 12 29 76
E-Mail: da@da.dk

iz f 1 952

Confederation of Danish Industries (DI)
H.C. Anderson Boulevard 18, DK-1787 Kobenhavn V
T: (0045) 33 77 33 77   Fax: 33 77 33 00
Internet: http://www.di.dk
E-Mail: di-uni@di.dk

Deutschland

iz f 1 953

Bundesvereinigung der Deutschen Arbeitgeberverbände e.V. (BDA)
Haus der Deutschen Wirtschaft
Breite Str. 29, 10178 Berlin
T: (030) 20 33-0   Fax: 20 33-1055

iz f 1 954

Bundesverband der Deutschen Industrie e.V. (BDI)
Haus der Deutschen Wirtschaft
Breite Str. 29, 10178 Berlin
T: (030) 20 28-0
E-Mail: b.dittmann@bdi-online.de

Finnland

iz f 1 955

Confederation of Finnish Industry and Employers (TT)
Postfach 30, FIN-00131 Helsinki
Eteläranta 10, FIN-00130 Helsinki
T: (003589) 6 86 81   Fax: 68 68 24 03
E-Mail: firstname.name@tt.fi

iz f 1 956

Employers' Confederation of Service Industries in Finland (PT)
Eteläranta 10, FIN-00130 Helsinki
T: (003589) 17 28 31   Fax: 66 46 73
E-Mail: main@palvelutyonantajat.fi

Frankreich

iz f 1 957

Mouvement des Entreprises de France (MEDEF)
31, Avenue Pierre 1er de Serbie, F-75784 Paris Cedex 16
T: (00331) 40 69 44 44   Fax: 47 23 47 32
E-Mail: initialname@medef.fr

Griechenland

iz f 1 958

Fédération des Industries Grecques (FIG)
5, Rue Xénofontos, GR-10557 Athen
T: (00301) 3 23 73 25   Fax: 3 22 29 29
E-Mail: main@fgi.org.gr

Großbritannien

iz f 1 959

Confederation of British Industry (CBI)
Centre Point
103 New Oxford Street, GB- London WC1A 1DU
T: (004420) 73 79 74 00   Fax: 72 40 15 78
Internet: http://www.cbi.org.uk
E-Mail: firstname.lastname@cbi.org.uk

Irland

iz f 1 960

Irish Business and Employers Confederation (IBEC)
Confederation House
84-86, Lower Baggot Street, IRL- Dublin 2
T: (003531) 6 60 10 11   Fax: 6 60 17 17
E-Mail: firstname.surname@ibec.ie

Island

iz f 1 961

Confederation of Icelandic Employers (SA)
Postfach 520, IS-121 Reykjavik
Garðastræti 41, IS-101 Reykjavik
T: (00354) 5 11 50 00   Fax: 5 11 50 50
E-Mail: sa@sa.is

iz f 1 962

Federation of Icelandic Industries (FII)
(Samtök idnadarins)
Postfach 1450, IS-121 Reykjavik
Hallveigarstig 1, IS-121 Reykjavik

T: (00354) 5 11 55 55   **Fax:** 5 11 55 66
E-Mail: firstname.name@si.is

Italien

iz f 1 963

Confederazione Generale dell'Industria Italiana (CONFINDUSTRIA)
Viale dell'Astronomia 30, I-00144 Rom
T: (003906) 5 90 31   **Fax:** 5 91 96 15
E-Mail: initial.surname@confindustria.it

Luxemburg

iz f 1 964

Fédération des Industriels Luxembourgeois (FEDIL)
31, boulevard Konrad Adenauer, L-1013 Luxemburg
T: (00352) 43 53 66   **Fax:** 43 23 28
E-Mail: fedil@fedil.lu

Malta

iz f 1 965

Malta Federation of Industry (MFOI)
Development House
St. Anne Street, GBY- Floriana, VLT 01-Malta
T: (00356) 23 44 28   **Fax:** 24 07 02
E-Mail: info@foi.org.mt

Niederlande

iz f 1 966

Vereniging VNO-NCW
Postfach 9 30 02, NL-2509 AA Den Haag
12, Bezuidenhoutseweg, NL-2509 AA Den Haag
T: (003170) 3 49 03 49   **Fax:** 3 49 03 00
Internet: http://www.vno-ncw.nl
E-Mail: initialsname@vno-ncw.nl

Norwegen

iz f 1 967

Confederation of Norwegian Business and Industry (NHO)
Postfach 5250, N-0303 Oslo
Middelthuns gate 27, N-0303 Oslo
T: (0047) 23 08 80 00   **Fax:** 23 08 80 01
E-Mail: firstname.name@nho.no

Österreich

iz f 1 968

Vereinigung der Österreichischen Industrie (VÖI)
Haus der Industrie
Postfach 61, A-1031 Wien
Schwarzenbergplatz 4, A-1031 Wien
T: (00431) 71 13 50   **Fax:** 7 11 35 25 07
E-Mail: initial.name@iv-net.at

Portugal

iz f 1 969

Associacao Industrial Portuguesa (AIP)
Praca das Industria, P-1300-307 Lissabon
T: (0035121) 3 60 10 11   **Fax:** 3 63 90 47
E-Mail: aip@aip.pt

iz f 1 970

Confederaçào da Indústria Portuguesa (CIP)
Ave. 5 de Outubro, 35-1°, P-1069-193 Lissabon
T: (0035121) 3 16 47 00   **Fax:** 3 54 50 94
E-Mail: ciplx@mail.telepac.pt

Schweden

iz f 1 971

Swedish Employers' Confederation (SAF)
Postfach 16120, S-10330 Stockholm
Södra Blasieholmshamnen 4A, S-10330 Stockholm
T: (00468) 7 62 60 00   **Fax:** 7 62 62 90
E-Mail: firstname.name@saf.se

iz f 1 972

Federation of Swedish Industries SI
Postfach 5501, S-11485 Stockholm
Storgatan 19, S-11485 Stockholm
T: (00468) 7 83 80 00   **Fax:** 6 62 35 95

Schweiz

iz f 1 973

Economie Suisse
Postfach 10 72, CH-8032 Zürich
Hegibachstr. 47, CH-8032 Zürich
T: (00411) 4 21 35 35   **Fax:** 4 21 34 34
E-Mail: firstname.lastname@economiesuisse.ch

iz f 1 974

Union patronale suisse (UPS)
Hegibachstr. 47, CH-8032 Zürich
T: (00411) 4 21 17 17   **Fax:** 4 21 17 18
E-Mail: verband@arbeitgeber.ch

Spanien

iz f 1 975

Confédération des Employeurs Espagnols (CEOE)
Diego de Leon 50, E-28006 Madrid
T: (003491) 5 66 34 00   **Fax:** 5 62 80 23
E-Mail: ceoe@ceoe.es

Türkei

iz f 1 976

Turkish Confederation of Employer Associations (TISK)
Mesrutiyet Cad. n° 1/4, TR-06650 Kizilay-Ankara
T: (0090312) 4 25 27 85   **Fax:** 4 18 44 73

iz f 1 977

Turkish Industrialists' and Businessmen's Association (TÜSIAD)
Mesrutiyet Caddesi 74, TR-80050 Istanbul
T: (0090212) 2 49 11 02   **Fax:** 2 49 13 50
E-Mail: unice@tusiad.org

● **IZ F 1 978**

Union der Kartoffelstärkefabriken der Europäischen Union (UFE)
Union of Potato Starch Factories of the European Union
Union des Féculeries de Pommes de Terre de l'Union Europeénne
Rue d'Arlon 82, B-1040 Brüssel
T: (00322) 2 82 46 77   **Fax:** 2 82 46 93
E-Mail: ufe.brussels@worldonline.be
Président: G. Herms
Secrétaire Général: C. L. Visser

● **IZ F 1 979**

Union der Verbände der Grießhersteller in der EU (SEMOULIERS)
Union of the Semolina Manufacturers' Associations in the EU
Union des Associations des Semouliers de l'Union Européenne
Via dei Crociferi 44, I-00187 Rom
T: (00396) 6 78 54 09   **Fax:** 6 78 30 54
Gründung: 1994
Président: Vincenzo Ferro
Secrétaire Général: Fabrizio Vitali (Contact)
Mitglieder: 10
Mitarbeiter: 3

● **IZ F 1 980**

Union der Vereinigungen von Teigwarenherstellern in der EU (UNAFPA)
Union of Organisations of Manufacturers of Pasta Products in the E.C.
Union des Associations de Fabricants de Pâtes Alimentaires de la C.E.
Via Po 102, I-00198 Rom
T: (00396) 8 54 32 91   **Fax:** 8 41 51 32
E-Mail: unipi@unipi-pasta.it
Président: Jose Amorim
Secrétaire Général: Raffaello Ragaglini (Contact)
Mitglieder: 11
Mitarbeiter: 3

Belgien

iz f 1 981

Groupement des Fabricants de Pâtes Alimentaires
c/o Etabl. Joseph Soubry N.V.
Verbrandhofstraat 51, B-8800 Roeselare
T: (003251) 22 23 20   **Fax:** 22 90 72
Contact: Michel Soubry

Deutschland

iz f 1 982

Verband der Teigwarenhersteller und Hartweizenmühlen Deutschlands e.V. (VTH)
Postf. 19 01 65, 53037 Bonn
An der Elisabethkirche 26, 53113 Bonn
T: (0228) 9 11 83-0   **Fax:** 9 11 83-20
E-Mail: info@verbaende-hees.de
Contact: Wolfgang Hees

Frankreich

iz f 1 983

Syndicat des Industriels Fabricants de Pâtes Alimentaires de France
Rue d'Artois 23, F-75008 Paris
T: (00331) 45 63 95 44   **Fax:** 45 63 37 66
Contact: Raymond Cauvet

Griechenland

iz f 1 984

Hellenic Association of Pasta Manufactures
69, Ethnikis Antistaseos, GR-15231 Chalandri
T: (00301) 6 71 11 77   **Fax:** 6 71 10 80
Kontaktperson: Vasso Papadimitriou

Großbritannien

iz f 1 985

British Pasta Products Association
Catherine Street 6, GB- London WC2B 5JJ
T: (004420) 78 36 24 60   **Fax:** 78 36 05 80
Contact: Charlotte Patrick

Italien

iz f 1 986

Unione Industriali Pastai Italiani
Via Po 102, I-00198 Rom
T: (003906) 8 54 32 91   **Fax:** 8 41 64 73
Contact: Raffaello Ragaglini

Luxemburg

iz f 1 987

Groupement des Fabricants de Pâtes Alimentaires
Postfach 13 04, L-1013 Luxemburg
T: (00352) 43 53 66   **Fax:** 43 23 28
Contact: Max Stoisa

Niederlande

iz f 1 988

Vereniging van de Nederlandse Deegwarenindustrie
Postfach 177, NL-2300 AD Leiden
T: (0031715) 22 42 20   **Fax:** 22 50 95
Contact: F. van de Wetering

Österreich

iz f 1 989

Verband der Teigwarenindustrie
Zaunergasse 1-3, A-1037 Wien
T: (00431) 7 12 21 21   **Fax:** 7 13 18 02
Kontaktperson: Manfred Klug

Portugal

iz f 1 990

Associacao Portuguesa da Industria de Moagem (APIM)
Praça D. Filipa De Lencastre, 22
3° Esq. Salas 57-59, P-4050-259 Porto
T: (0035122) 2 08 14 88   Fax: 3 39 40 89
Kontaktperson: José Amorim

Schweden

iz f 1 991

Kungsornen
Cerealia Jarna AB, S-15381 Jarna
T: (0046851) 97 87 40   Fax: 97 87 45
Contact: Hakan Lundstedt

Spanien

iz f 1 992

Asociación Española de Fabricantes de Pastas Alimenticias
Via Layelana 32,4, E-08003 Barcelona
T: (00343) 3 10 55 97   Fax: 3 10 55 97

iz f 1 993

Comercial Gallo S.A.
Avda. Diagonal 468 4°C, E-080006 Barcelona
T: (003434) 16 61 16   Fax: 16 61 15
Contact: José Morancho

● **IZ F 1 994**

Verband der Backmittel- und Backgrundstoffhersteller im E.W.R. (FEDIMA)
Federation of the Raw Materials and Improvers Industry for the Bakery and Confectionery Trades in the EEA
Fédération des Industries des Produits intermédiaires pour la Boulangerie et la Pâtisserie de l'EEE
Nolet de Branwerestraat 21 A/12, B-1800 Vilvoorde
T: (00322) 3 06 79 34   Fax: 3 06 94 18
E-Mail: fedima.vanhecke@pandora.be
Secr. Gen.: A. Van Hecke

Mitgliedsorganisationen

Belgien

iz f 1 995

UNIFA
Nieuwdreef 101 (bus 8), B-2060 Merksem
T: (00323) 6 45 60 04   Fax: 6 45 55 18

Dänemark

iz f 1 996

UNIMA
Palsgaardvej 10, DK-7130 Juelsminde
T: (0045) 75 69 01 22   Fax: 75 69 04 62

Deutschland

iz f 1 997

Verband der Deutschen Backmittel- und Backgrundstoffhersteller e.V.
Markt 9, 53111 Bonn
T: (0228) 96 97 80   Fax: 9 69 78 99
Internet: http://www.backmittelverband.de
E-Mail: backmittelverband@t-online.de

Frankreich

iz f 1 998

SYFAB
118, av. Achille Peretti, F-92200 Neuilly-sur-Seine
T: (0033546) 40 78 30   Fax: 37 15 60

Griechenland

iz f 1 999

FEDIMA Hellas
Troon 19A Nea Sepolia, GR-12133 Athen
T: (00301) 57 502 20   Fax: 5 75 57 03

Großbritannien

iz f 2 000

ABIM
4a, Torphrehen Street, GB- Edinburgh EH3 8IQ
T: (0044131) 2 29 94 15   Fax: 2 29 94 07

Italien

iz f 2 001

Assitol
Piazza di Campitelli 3, I-00186 Rom
T: (00396) 69 94 00 58   Fax: 69 94 01 18
E-Mail: assitol@foodarea.it

Niederlande

iz f 2 002

NEBAFA
Postfach 177, NL-2300 AD Leiden
T: (003171) 22 42 20   Fax: 22 50 95

Portugal

iz f 2 003

Ancipa
Largo de S. Sebastiao da Pedreira 31, P-1000 Lissabon
T: (003511) 3 52 88 25   Fax: 3 15 46 65

Schweden

iz f 2 004

SBMF
Postfach 5501, S-11485 Stockholm
Stortgatan 19, S-11485 Stockholm
T: (00468) 7 83 80 00   Fax: 7 83 82 73

Spanien

iz f 2 005

Asprime
Mallorca, 286, Entlo 2, E-08037 Barcelona
T: (00343) 2 07 25 16   Fax: 2 07 16 11

● **IZ F 2 006**

Verband der Diätetischen Lebensmittelindustrie der EU (IDACE)
European Association of Dietary Food Industries
Association des Industries des Aliments Diététiques de l'Union Européenne
194, rue de Rivoli, F-75001 Paris
T: (00331) 53 45 87 87   Fax: 53 45 87 80
E-Mail: andree.bronner@wanadoo.fr
Gründung: 1959
Secrétaire: Dr. Andrée Bronner
Mitglieder: 14

Mitgliedsorganisationen

Belgien

iz f 2 007

ABSAED
30 av. de Roodebeek, B-1030 Brüssel
T: (00322) 7 43 87 30   Fax: 7 36 81 75
E-Mail: absaed@sia-dvi.be
Kontaktperson: Michel Coenen

Dänemark

iz f 2 008

SEDAN
Frederiks Alle 22, DK-8000 Århus C
T: (004587) 31 20 00   Fax: 31 20 01
E-Mail: sedan@mejeri.dk
Kontaktperson: Jorgen Hald Christensen

Deutschland

iz f 2 009

DIÄTVERBAND
Bundesverband der Hersteller von Lebensmitteln für besondere Ernährungszwecke e.V.
Winkelsweg 2, 53175 Bonn
T: (0228) 3 08 51 10   Fax: 3 08 51 50
E-Mail: diaetverband@t-online.de
Kontaktperson: Michael Warburg

Frankreich

iz f 2 010

L'Alliance 7
194, rue de Rivoli, F-75001 Paris
T: (00331) 44 77 85 85   Fax: 42 61 95 34
E-Mail: jlallain@alliance7.com
Kontaktperson: Jean Loup Allain

Griechenland

iz f 2 011

SEPTE
c/o Wyeth
126 Kyprou a 25th Martiou Str., GR-16452 Argyroupoli Athen
T: (00301) 9 98 15 93   Fax: 9 92 19 94
E-Mail: gkioulea@wai.wyeth.com
Kontaktperson: Athanassia Gkiouleka

Großbritannien

iz f 2 012

IDFA
6, Catherine Street, GB- London WC2B 5JJ
T: (004420) 74 20 71 12   Fax: 78 36 05 80
E-Mail: sjacobs@fdf.org.uk
Kontaktperson: Sarah Jacobs

Irland

iz f 2 013

Irish Dairy Industries Association Limited (IDIA)
Confederation House
Lower Baggot Street 84-86, IRL- Dublin 2
T: (003531) 6 60 10 11   Fax: 6 38 15 74
E-Mail: pat.ivory@ibec.ie
Kontaktperson: Pat Ivory

Italien

iz f 2 014

Associazione Italiana Industrie Prodotti Alimentari (A.I.I.P.A.)
Corso di Porta Nuova 34, I-20121 Mailand
T: (003902) 65 41 84   Fax: 65 48 22
E-Mail: aiipa.bordoni@foodarea.it
Kontaktperson: Valerio Bordoni

Niederlande

iz f 2 015

Vereniging van Nederlandse Fabrikanten van Kinderen Dieetvoedingsmiddelen (VNFKD)
Bankastraat 131B, NL-2585 EL Den Haag
T: (003170) 3 55 47 00   Fax: 3 58 46 79
E-Mail: vnfkd@vbz.nl
Kontaktperson: Marieke Lugt

Österreich

iz f 2 016

Food Industries Assoc. of Austria
Zaunergasse 1-3, A-1030 Wien
T: (00431) 7 12 21 21   Fax: 7 12 12 08
E-Mail: m.klug@lebensmittel.wk.or.at
Kontaktperson: Manfred Klug

Portugal

iz f 2 017

ANID
c/o Nutricia
Rua da Fraternidade Operaria, P-2795-491 Carnaxide
T: (003511) 4 25 96 00 **Fax:** 4 18 46 19
E-Mail: plebreiro@nutricia.pt
Kontaktperson: Paulo Lebreiro

Schweden

iz f 2 018

Livsmedelsindustrierna (LI)
Swedish Juice Association
Postfach 1 63 47, S-10326 Stockholm
Södra Blasieholmshamnen 4 A, S-10330 Stockholm
T: (00468) 7 62 65 00 **Fax:** 7 62 65 12
E-Mail: info@li.se
Kontaktperson: Ulrika Ehrhardt

Spanien

iz f 2 019

Afepadi
Attico 4, Aragon 208-210, E-08011 Barcelona
T: (003493) 4 54 87 25 **Fax:** 4 51 31 55
E-Mail: afepadi@infonegocio.com
Kontaktperson: Camil Rodino

iz f 2 020

ANDI
San Hermenegildo 28 2°B, E-28015 Madrid
T: (003491) 7 11 45 99 **Fax:** 5 18 09 99
E-Mail: andi@teleline.es
Kontaktperson: Felipe Albert

● **IZ F 2 021**

Verband der Europäischen Bauwirtschaft (FIEC)
European Construction Industry Federation
Fédération de l'Industrie Européenne de la Construction
Avenue Louise 66, B-1050 Brüssel
T: (00322) 5 14 55 35 **Fax:** 5 11 02 76
Internet: http://www.fiec.org
E-Mail: info@fiec.org
Gründung: 1905
President: Franco Nobili (2000-2002)
Contact: RA Ulrich Paetzold
Mitglieder: 30 nationale Verbände
Mitarbeiter: 8

● **IZ F 2 022**

Verband der Europäischen Büromöbelindustrie (FEMB)
Fédération Européenne du Mobilier de Bureau
Sekretariat: Unifa
Avenue Daumesnil 28, F-75012 Paris
T: (00311) 44 68 18 00 **Fax:** 44 68 18 01

Ländersekretariate

Belgien

iz f 2 023

Association Professionale du Mobilier de Bureau Industriel et Inst.
c/o AGORIA
Diamant Building, bd. A. Reyers 80, B-1030 Bruxelles
T: (00322) 7 06 79 61 **Fax:** 7 06 79 66
Internet: http://www.agoria.be
E-Mail: francois-xavier.belpaire@agoria.be
Präsident(in): Carl van Marcke
Secr.: Francois-Xavier Belpaire

Dänemark

iz f 2 024

Foreningen Dansk Moebelindustri
Center Boulevard 5, DK-2300 Copenhagen S
T: (004531) 51 80 00 **Fax:** 51 83 32
Präsident(in): Nils Knudsen
Secr.: Keld Korsager

Deutschland

iz f 2 025

Verband der Büromöbelindustrie e.V.
Adelheidstr. 23, 65185 Wiesbaden
T: (0611) 90 02 80 **Fax:** 9 00 28 20
Internet: http://www.buero-forum.de
Vorsitzende(r): Ernst-Walter Krause
Geschäftsführer(in): Dipl.-Holzwirt Stephan Mieth

Finnland

iz f 2 026

Martela OY
Postfach 7, FIN-00381 Helsinki
Strombergintie 5, PL7, FIN-00381 Helsinki
T: (003580) 5 60 31 **Fax:** 5 65 36 95
Präsident(in): Matti T. Martela

Frankreich

iz f 2 027

UNIFA
GROUPEMENT SYMSO
Avenue Daumesnil 28, F-75012 Paris
T: (00331) 44 68 18 00 **Fax:** 44 68 18 01
Präsident(in): Jean Piétri
Secr.: Odile Duchenne

Großbritannien

iz f 2 028

OFFMA-Office Furniture and Filing Manufacturers Association
Russel Square House
10/12 Russel Square, GB- London WC1B 5AE
T: (004420) 73 31 20 30 **Fax:** 73 31 20 40
Präsident(in): I. Bloohm

Italien

iz f 2 029

ASSUFFICIO
Foro Buonapparte 65, I-20121 Mailand
T: (00392) 80 60 41 **Fax:** 80 60 43 93
Präsident(in): Alberto Steila
Secr.: Laura Ponzoni

Niederlande

iz f 2 030

VSM-Vereniging Fabrikanten van Systeem Kantooren Bedrijfsmeubelen
Postfach 1 90, NL-2700 PB Zoetermeer
Boerhaavelaan 40, NL-2700 PB Zoetermeer
T: (003179) 3 53 11 00 **Fax:** 3 53 13 65
Präsident(in): J.C. de Mos
Secr.: Ingrid M.L. v. Maarshalkerweerd

Norwegen

iz f 2 031

MIL Møbel-og Innredningsprodusen-tenes Landsforening
Essendrops Gt. 6, Pb. 5391 Majorstua, N-0304 Oslo
T: (004722) 96 50 50 **Fax:** 60 75 11
Präsident(in): Torgeir Mjør Grimsrud
Secr.: Yrjar Garshol

● **IZ F 2 032**

Verband der Europäischen Eisenbahnindustrien (UNIFE)
Union of European Railways Industries
Union des Industries Ferroviaires Européennes
Avenue Louise 221, bt. 11, B-1050 Bruxelles
T: (00322) 6 26 12 60 **Fax:** 6 26 12 61
E-Mail: mail@unife.org
Gründung: 1992
President: Herbert Steffen
Generalsekretär(in): Drewin Nieuwenhuis
Leitung Presseabteilung: Corinne Dhainaut
Verbandszeitschrift: UNIFE Newsletter (ca. alle 3 Monate)
Verlag: UNIFE, Avenue Louise 221, bt. 11, B-1050 Bruxelles
Mitglieder: 100 und 11 nationale Verbände
Mitarbeiter: 7
Jahresetat: DM 1,5 Mio

● **IZ F 2 033**

Verband der Europäischen Elektrowerkzeug-Hersteller (EPTA)
European Power Tool Association
Association Européenne de l'Outillage Électrique
c/o ZVEI, Sekretariat:
Postfl. 70 12 61, 60591 Frankfurt
Stresemannallee 19, 60596 Frankfurt
T: (069) 63 02-2 70 **Fax:** 63 02-306
E-Mail: werkzeuge@zvei.org
Gründung: 1984
Präsident(in): Dipl.-Ing. Hans Wolfgang Fein (Leuschnerstr. 41-47, 70176 Stuttgart)
Generalsekretär(in): Dipl.-Ing. Oskar Gebhardt (ZVEI)

Mitgliedsorganisationen

Deutschland

iz f 2 034

Fachverband Elektrowerkzeuge im ZVEI
Postfl. 70 12 61, 60591 Frankfurt
Stresemannallee 19, 60596 Frankfurt
T: (069) 6 30 22 70 **Fax:** 6 30 23 06
E-Mail: werkzeuge@zvei.org

Frankreich

iz f 2 035

Syndicat de l'Industrie de l'Outillage (S.I.O.)
Postfach 72, F-92038 Paris La Défense
39/41, rue Louis Blanc, F-92038 Paris La Défense
T: (00331) 47 17 64 59 **Fax:** 47 17 64 55

Großbritannien

iz f 2 036

Portable Electric Tool Manufacturers' Association (PETMA)
1, Puddle Dock, GB- London EC4V 3PD
T: (004420) 73 11 29 42 **Fax:** 73 11 29 13

Italien

iz f 2 037

Associazione Nationale Industrie Elettrotecniche ed Elettroniche (ANIE)
Via Gattamelata 34, I-20149 Mailand
T: (00392) 3 26 42 26/279 **Fax:** 3 26 43 27

Schweiz

iz f 2 038

Textile Machinery Division (SWISSMEM)
Sekretariat
Kirchenweg 4
Postfach, CH-8032 Zürich
T: (00411) 3 84 41 11 **Fax:** 3 84 42 42
E-Mail: l.sigrist@swissmem.ch

● **IZ F 2 039**

Verband der europäischen Hersteller von Stahl für Verpackungen (APEAL)
Association of European Producers of Steel for Packaging
Association Professionnelle des Producteurs Européens d'Aciers pour Emballages
Avenue Louise 89, B-1050 Brüssel
T: (00322) 5 37 91 51 **Fax:** 5 37 86 49
Internet: http://www.apeal.org
E-Mail: info@apeal.be
Gründung: 1986
Président: R. Vogel
Directeur Général: Ph. Wolper
Verbandszeitschrift: "APEAL News", 3-4 times a year in German, French, English and Spanish and other publications
Mitglieder: 7
Mitarbeiter: 7

● **IZ F 2 040**

Verband der europäischen Industrie für Nahrungsmittelzusätze und Nahrungsmittelenzyme (ELC)
Federation of European Food Additives and Food Enzymes Industries
Fédération Européenne de l'Industrie des additifs et enzymes alimentaires
Avenue des Gaulois 9, B-1040 Brüssel
T: (00322) 7 36 53 54 **Fax:** 7 32 34 27

IZ F 2 040

Internet: http://www.elc-eu.org
President: Dr. Holger Mahlmann
Contact: Dionne Heijnen
Mitglieder: 18
Mitarbeiter: 2

Mitgliedsorganisationen

Belgien

iz f 2 041

Association of Microbial Food Enzyme Producers (AMFEP)
Avenue de Roodebeeklaan 30, B-1030 Brüssel
T: (00322) 7438730   **Fax:** 7 36 81 75
Contact: K. Abeels

iz f 2 042

Europäischer Verband der Chemischen Industrie (CEFIC)
European Chemical Industry Council
Conseil Européen de l'Industrie Chimique
Food Regulation Panel
Av. E. Van Nieuwenhuyse, 4 B 1, B-1160 Bruxelles
T: (00322) 6 76 72 11   **Fax:** 6 76 73 00
Internet: http://www.cefic.org
E-Mail: mail@cefic.be
Contact: A. Hadjiyianni

iz f 2 043

Vereinigung der europäischen Hersteller von Nahrungsmittelemulgatoren (EFEMA)
European Food Emulsifier Manufacturers' Association
Association des Fabricants Européens d'Emulsifiants Alimentaires
Avenue E. Van Nieuwenhuyse 4 B2, B-1160 Brüssel
T: (00332) 6 76 7289   **Fax:** 6 76 73 01
Contact: Alexandra Hadjiyianni

iz f 2 044

European Polyols Association (EPA)
Avenue des Gaulois 9, B-1040 Brüssel
T: (0322) 7 36 53 54   **Fax:** 7 32 34 27
Contact: Dionne Heijnen

iz f 2 045

Europäischer Stärke-Verband (E.S.A.)
European Starch Associations
Association Européenne de l'Amidon
Av. des Arts 43, B-1040 Brüssel
T: (00322) 2 89 67 60   **Fax:** 5 13 55 92
Contact: Iliana Axiotiades

iz f 2 046

Europäischer Verband der Hersteller technischer Karamellen (EUTECA)
European Technical Caramel Association
9 Avenue des Gaulois, B-1040 Bruxelles
T: (00322) 7 36 53 54   **Fax:** 7 32 34 27
E-Mail: euteca@ecco.be
Contact: Dionne Heijnen

iz f 2 047

Internationaler Süßstoff-Verband (ISA)
International Sweeteners Association
Ave du Four à Briques 1, B-1140 Brussels
T: (00322) 7 26 13 50   **Fax:** 7 26 13 30
Internet: http://www.isabru.org
E-Mail: a.corti@isabru.org
Contact: Corti

Dänemark

iz f 2 048

Association of Manufacturers of Animal-derived Food Enzymes (AMAFE)
c/o CSK Food Enrichment BV
Postfach 2 25, NL-8901 BA Leeuwarden
Contact: A. van Boven

iz f 2 049

Institut Européen des Industries de la Gomme de Caroube (INEC)
c/o Grindsled Products A/S
Edwin Rahrs Vej 38, DK-8220 Braband
T: (0045) 89 43 50 00   **Fax:** 86 25 10 77
Contact: Thestrup

Spanien

iz f 2 050

Asociación de Fabricantes y Comercializadores de Aditivos y Complementos Alimentarios (AFCA)
c/Viladomat 174,4a planta, E-08015 Barcelona
T: (00343) 934 54 84 05   **Fax:** 454 39 09
Contact: Xalabarder

Frankreich

iz f 2 051

Marinalg International (CLITAM)
85, bd Haussmann, F-75008 Paris
T: (00331) 42 65 41 58   **Fax:** 42 65 02 05
E-Mail: marinalg@iway.com
Contact: Pierre Kirsch

iz f 2 052

Ausschuß der Glutaminsäurehersteller in der EG
Comité des Fabricants d'Acide Glutamique de la Communauté Économique Européenne (COFAG)
c/o Ajinomoto-Eurolysine
Rue de Courcelles 153, F-75817 Paris Cedex 17
T: (00331) 44 40 12 29   **Fax:** 44 40 12 15
Contact: Dr. R. Yamaguchi

iz f 2 053

Syndicat National des Producteurs d'Additifs Alimentaires (SYNPA)
Boulevard de Latour Maubourg, 41 bis, F-75007 Paris
T: (00331) 40 62 25 80   **Fax:** 45 50 37 05
Contact: Ribault

Italien

iz f 2 054

Federchimica-Asschimica Gruppo Prodotti
Via Accademia 33, I-20131 Mailand
T: (00392) 26 81 01   **Fax:** 26 81 03 49
Contact: Dr. Filippini

iz f 2 055

Organisation des Fabricants de Produits Cellulosiques Alimentaires (OFCA)
Kerkweide 27, NL-2265 DM Leidschendam
T: (003170) 3 20 98 94   **Fax:** 3 20 37 59
Contact: Dr. E. Izeboud

Schweiz

iz f 2 056

Verband für natürliche Lebensmittelfarben
Natural Food Colours Association (NATCOL)
Association pour colorants naturels pour denrees alimentaires
VML 241 /817, CH-4002 Basel
T: (004161) 6 88 30 27   **Fax:** 6 88 16 35
Contact: Dr. Ulrike Arlt

Großbritannien

iz f 2 057

Food Additives Ingredients Association (FAIA)
Whitchurch Close 10 Maidstone, GB- Kent ME16 8UR
T: (00441622) 68 21 19   **Fax:** 68 21 19
Contact: Ratcliffe

• **IZ F 2 058**

Europäischer Verband der Luft- und Raumfahrtindustrie (AECMA)
European Association of Aerospace Industries
Gulledelle 94, B-1200 Brüssel
T: (00322) 7 75 81 10   **Fax:** 7 75 81 11
Internet: http://www.aecma.org
E-Mail: info@aecma.org
Präsident(in): John Rose (England)
Generalsekretär(in): Dr. Peter Fichtmüller
Mitgliedsverbände: Belgien: GEBECOMA, Belgian Aerospace Industries Association; Dänemark: FDAI, Foreningen for Dansk Aerospace Industri; Deutschland: BDLI, Bundesverband der Deutschen Luft- und Raumfahrtindustrie; Finnland: FAI, Finnish Aerospace Industries; Frankreich: GIFAS, Groupement des Industries Françaises Aéronautiques et Spatiales; Griechenland: HAIG, Hellenic Aerospace Industries Group; Grossbritannien: SBAC, Society of British Aerospace Companies; Irland: FAEI, Federation of Aerospace Enterprises in Ireland; Italien: AIAD, Associazione Industrie Aerospaziali e Difesa; Luxembourg: LAI, Luxembourg Aerospace Industries; Niederlande: NAI, Netherlands Aerospace Industries; Österreich: AAI, Austrian Aeronautics Industries; Portugal: ADAP, Associação do Desenvolvimento Aeronáutico de Portugal; Schweden: SAI, Swedish Aerospace Industries; Spanien: ATECMA, Agrupación Tecnica Española de Constructores de Material Aerospacial; Tschechien: AAMCR, Association of the Aviation Manufacturers of the Czech Republic.

AECMA represents the aerospace industry in Europe in all matters of common interest.

• **IZ F 2 059**

Verband der europäischen Möbelindustrie (UEA)
European Furniture Manufacturers' Federation
Union Européenne de l'Ameublement
Chaussée de Haecht 35, B-1210 Brüssel
T: (00322) 2 18 18 89   **Fax:** 2 19 27 01
Internet: http://www.ueanet.com
E-Mail: secretariat@uea.be
Gründung: 1950
Vorsitzende(r): Jürgen Engels
Generalsekretär(in): Bart De Turck
Verbandszeitschrift: UEA Newsletter
Redaktion: Bart De Turck, Av. de Dixmude 8, B-1000 Brüssel
Mitglieder: 11
Mitarbeiter: 4

• **IZ F 2 060**

Verband der europäischen Photochemikalien-Industrie (EPI)
European Photographic Chemical Industry
L'Industrie Européenne des Produits Chimiques pour la Photographie
c/o CEFIC
Avenue E. Van Nieuwenhuyse 4 /1, B-1160 Brüssel
T: (00322) 6 76 72-40   **Fax:** 6 76 73-92
Président: A. C. H. Van Peski
Secrétaire Général: Bent Jensen

• **IZ F 2 061**

Verband der Europäischen Porenbetonindustrie (E.A.A.C.A.)
European Autoclaved Aerated Concrete Association
Association Européenne des Fabricants de Béton Cellulaire
Dostojewskistr. 10, 65187 Wiesbaden
T: (0611) 98 50 44-0   **Fax:** 80 97 07
Vorsitzende(r): Manfred Leist (YTONG Holding AG)
Geschäftsführer(in): Dipl.-Ing. Reinhard Schramm
Mitglieder: 18 Porenbetonproduzenten aus 10 Ländern

• **IZ F 2 062**

Verband der europäischen Telekommunikations- und Elektronikindustrie (ECTEL)
The European Telecommunications and Professional Electronics Industry
L'Industrie des Télécommunications Européenne et de l'Electronique Professionnelle
Diamant Building
A. Reyerslaan 80 bld. A. Reyers, B-1030 Brüssel
T: (00322) 7 06 81 20, 7 06 79 92   **Fax:** 7 06 81 21
Internet: http://www.ectel.org
E-Mail: ib.gronvaldt@ectel.org
Gründung: 1986
Président: Lars Stalberg
Secrétaire Général: Ib Grønvaldt
Mitglieder: 13 (Nat. Assoc. Representing about 700 companies)
Mitarbeiter: 2

• **IZ F 2 063**

Verband der europäischen Textildienstleister
European textile services association
Association européenne des services textiles
rue Montoyer 24, B-1000 Brüssel
T: (00322) 2 82 09 90   **Fax:** 2 82 09 99
Internet: http://www.etsa-europe.org
E-Mail: etsa@etsa-europe.org
Vorsitzende(r): Gunnar Andréen
Generalsekretär: Robert Long

• **IZ F 2 064**

Verband europäischer Hersteller von Bäckereiausrüstung (EBEMA)
European Bakery Equipements Manufacturers Association
Association des Fabricants Européens d'Equipements pour Boulangeries
Rue St.-Lazare 13, F-75009 Paris
T: (00331) 55 07 82 22   **Fax:** 42 85 29 00

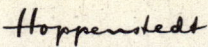

Gründung: 1988
President: Bob Bestley (T: (01) 55 07 82 22)
Secretary General: Jean-Paul Broutin (Contact)
Mitglieder: 200 Companies, 8 Associations Nationales
Mitarbeiter: 3

● **IZ F 2 065**

Verband Europäischer Hersteller von brominierten flammfesten Industrie
European Brominated Flame Retardant Panel (EBFRIP)
Association européenne des producteurs d'ignifugeants bromés
c/o CEFIC
Avenue E. Van Nieuwenhuyse 4 /1, B-1160 Brüssel
T: (00322) 6 76 73 38   Fax: 6 76 73 01
Internet: http://www.ebfrip.org
E-Mail: bje@cefic.be
Président: V. Steukers
Secretary General: R. Montaigne

● **IZ F 2 066**

Verband Europäischer Klebstoffindustrien e.V. (FEICA)
Association of European Adhesives Manufacturers
Fédération Européenne des Industries de Colles et Adhésifs
Postf. 23 01 69, 40087 Düsseldorf
Ivo-Beucker-Str. 43, 40237 Düsseldorf
T: (0211) 6 79 31-30   Fax: 6 79 31-88
Internet: http://www.feica.com
E-Mail: info@feica.com
Gründung: 1972 (15. November)
Präsident(in): Michael C. Ozier (GB)
Geschäftsführer(in): Dipl.-Kfm. Ansgar van Halteren
Permanent Secretary: Dipl.-Ing. Mats Hagwall

Mitgliedsorganisationen

Belgien

iz f 2 067
DETIC
Comité Professionnel BELCAM
Sq. Marie-Louise 49, B-1000 Brüssel
T: (00322) 238 9866   Fax: 2308288
E-Mail: phalleux@fedichem.be
President: Gustaaf de Bisschop
Secretary: Paulette Halleux

Dänemark

iz f 2 068
Brancheforeningen for Lim og Fugemasser
Danish Adhesives & Sealants Association
Norre Voldgade 48, DK-1358 København K
T: (004533) 15 92 22   Fax: 93 93 22
E-Mail: vibeke_plambeck@fdlf.dk
President: Preben Andersen
Secretary: Vibeke Plambeck

Deutschland

iz f 2 069
Industrieverband Klebstoffe e.V.
Postf. 23 01 69, 40087 Düsseldorf
Ivo-Beucker-Str. 43, 40237 Düsseldorf
T: (0211) 6 79 31-10   Fax: 6 79 31-88
Internet: http://www.klebstoffe.com
E-Mail: ansgar.v.halteren@klebstoffe.com
President: Arnd Picker
Secretary: Dipl.-Kfm. Ansgar van Halteren

Finnland

iz f 2 070
KT ry - Kemianteollisuus
Chemical Industry Federation
Postfach 4, FIN-00131 Helsinki
Etelaeranta 10, FIN-00131 Helsinki
T: (003589) 17 28 41   Fax: 63 02 25
Internet: http://www.chemind.fi
E-Mail: ville.kopra@kemia.ttliitot.fi, stina.kujala@kemia.ttliitot.fi
President: Erkki Solja
Secretary: Ville Kopra
Assistant: Stina Kujala

Frankreich

iz f 2 071
Syndicat Français des Colles et Adhésifs
Avenue Marceau 42, F-75008 Paris
T: (00331) 53 23 00 00   Fax: 47 20 90 30
Internet: http://www.fipec.org
E-Mail: direco@fipec.org
President: Didier Monot
Secretary: Jean-Noël Simonot

Großbritannien

iz f 2 072
British Adhesives & Sealants Association (BASA)
Fellowes Way 33, GB- Stevenage-Herts SG2 8BW
T: (00441438) 35 85 14   Fax: 74 25 65
Internet: http://www.basa.uk.com
E-Mail: dw@basa.uk.com
President: Gerald Digby
Secretary: David Williams

Italien

iz f 2 073
AVISA - Associazione Nazionale Vernici Inchiostri Sigillanti e Adesivi
Via Giovanni da Procida 11, I-20149 Mailand
T: (00392) 3 45 65-341   Fax: 3 45 65-350
E-Mail: a.tralongo@federchimica.it
President: Lorenzo Busetti
Secretary: Dr. Marco Surdi
Susy Tralongo

Niederlande

iz f 2 074
Vereniging Nederlandse Lijmindustrie
Postfach 418, NL-2260 AK Leidschendam
T: (003170) 3 17 72 43   Fax: 3 17 74 12
E-Mail: goudsmit@nrk.nl, baarslag@nrk.nl
President: Bert Hazewinkel
Secretary: Jaap W. Adrian
Frans Baarslag

Norwegen

iz f 2 075
MLF - Maling og Lakkfabrikkenes Forbund
Adhesive Group
Postfach 54 87, N-0305 Oslo Majorstuen
T: (0047) 23 08 78 00   Fax: 23 08 78 99
E-Mail: trygve@pil.no, marit@pil.no
Chairman: Mette Andresen
Secretary: Trygve Østmo
Assistant: Marit Wiik

Österreich

iz f 2 076
Vereinigung der österreichischen Klebstoffindustrie
c/o Henkel Austria GmbH
Erdbergstr. 29, A-1031 Wien
T: (00431) 7 11 04-510   Fax: 7 11 04-680
E-Mail: peter.ruiner@henkel.at
President: Mag. Peter Ruiner

Portugal

iz f 2 077
Associação da Indústria e Comércio de Colas e Similares
Av. Guerra Junqueiro 8, 2°-E, P-1000 Lissabon
T: (0035121) 8 49 45 02   Fax: 8 49 45 02
E-Mail: aiccs@mail.telepac.pt
President: António Monteiro
General Secretary: A. M. Rodrigues Gonçalves
Samira Shamsudin

Schweden

iz f 2 078
Sveriges Limleverantörers Förening
Swedish Adhesives & Sealants Association
Gävlegatan 16, S-113 84 Stockholm
T: (00468) 52 22 44 00   Fax: 52 22 44 90
Internet: http://www.lim.se
E-Mail: hjan@ktf.se, chma@ktf.se
President: Göran Larsson
Secretary: Christina Mattsson

Slowenien

iz f 2 079
Gospodarska Zbornica Slovenije
Združcnje Kemijske in Gumarske Industrije
Dimiceva 9, SLO-1504 Ljubljana
T: (003861) 58 98-259, 58 98-260   Fax: 58 98-100, 58 98-200
E-Mail: janez.furlan@gzs.si
President: Marjan Mateta
Secretary: Janez Furlan

Schweiz

iz f 2 080
Fachverband Klebstoffindustrie Schweiz
Löwenstr. 42, CH-8001 Zürich
T: (00411) 2 21 36 55   Fax: 2 21 36 78
E-Mail: info@fks.ch
President: Dr. Martin Geistlich
Secretary: Dr. Andreas Coradi

Spanien

iz f 2 081
Asociación Española de Fabricantes de Colas y Adhesivos (ASEFCA)
Gran Via. 630-4º, E-08007 Barcelona
T: (003493) 412 01 67   Fax: 412 71 24
E-Mail: asefca@ea.ictnet.es
President: Rafael Castellvi Enrich
Secretary: Antonio Soler Amor

● **IZ F 2 082**

afecor

Verband Europäischer Kontrollgerätehersteller
European control manufacturers' association
Association des fabricants européens d'appareils de contrôle et de régulation
c/o DIN Deutsches Institut für Normung
Burggrafenstr. 6, 10787 Berlin
T: (030) 26 01-2351   Fax: 26 01-1231
Gründung: 1963
Präsident(in): Christa Brüggemann (Deutschland)
Generalsekretär: G.J. Vedder (Niederlande)
Technischer Sekretär: Uwe Rechentin (c/o DIN Deutsches Institut für Normung, Burggrafenstr. 6, 10787 Berlin, T: (030) 26 01-2351, Fax: 26 01-1231)
Der Verband hat 17 Mitglieder aus 7 Ländern

Deutschland

iz f 2 083
Verband der Hersteller von Bauelementen für wärmetechnische Anlagen e.V.
Postf. 51 09 60, 50945 Köln
Marienburger Str. 15, 50968 Köln
T: (0221) 3 76 48-30   Fax: 3 76 48-61
E-Mail: figawa@t-online.de

● **IZ F 2 084**

Verband Europäischer Kunststoffverarbeiter (EuPC)
European Plastics Converters
Confédération Européenne de la Plasturgie
Av. de Cortenbergh 66, B-1000 Bruxelles
T: (00322) 732 41 24   Fax: 732 42 18
Internet: http://www.eupc.org
E-Mail: eupc@skynet.be
Gründung: 1990
President: Victor Dierinckx (EuPC)
Vice-Präsident: Joachim Eckstein (c/o Infra Serv GmbH & Co. Hoechst KG, Ökologie & Produktsicherheit, Gebäude C 660, D-65926 Frankfurt a.M., T:(069) 3 05 71 48, Fax: (069) 3 05 62 67)
Vice-Präsident: Emmanuel Paturle (c/o Multibase, ZI du Guiers, BP 25, F-38380 St. Laurent-du-Pont, T: (00334) 76 89 49 35, Fax: 76 89 49 35)
Honorary President: Marcel de Botton (c/o LOGOPLASTE Lda, Rua Fialho de Almeida 1-2°, P-1000 Lisboa, T: (003511) 3 87 44 40, Telefax: (003511) 3 87 24 78)
Aloys Michielsen (c/o Solvay, 33, Rue du Prince Albert, B-1050 Brüssel)

IZ F 2 084

Members of the EuPC Steering Committee: Marcel de Botton
Alberto Schiavi (c/o CRESPI GIOVANNI SPA, Viale Pasubio 38, I-20025 Legnano, T: (0039) (0331) 44 62 24, Telefax: (0039) (0331) 50 70 78)
Victor Dierinckx
Joachim Eckstein
Kari Teppola (c/o FIPIF, Eteläranta 10, 7Th. floor, P.O. Box 4, FIN-00131 Helsinki, T: (00358) 9 17 28 41, Fax 9 63 25 25)
Emmanuel Paturle (c/o Multibase, ZI du Guiers, BP 25, F-38380 St. Laurent-du-Pont, T: (0033476) 89 49 35, Fax: (0033476) 89 49 35)
Neal Crowe (c/o Akerlund & Rausin, old Blakehouse, Wrington, UK-BS405LB Bristol, T:(004419) 34 86 22 64, Fax: 34 86 22 64)
Hans Vandendoel (c/o Sengewald Verpackungen, Kreisstr. 16, D-33790 Halle)
Ingemar Björklund (c/o KWH Pipe Ltdf, Naumansvägen 17, S-12938 Hägersten, T: (0046) 86 46 42 09)
Eva Greive (c/o Greive GmbH, Kirchstr. 4, 48308 Senden-Ottmarsbocholt)
Director: Alexandre Dangis (presse)
Verbandszeitschrift: EuPC faxnews (only for members) via e-mail and fax
Mitarbeiter: 7

Europa

iz f 2 085

European Plasticised PVC Film Manufacturers Association (EPFMA)
Bourgetlaan 40, B-1130 Brüssel
T: (00322) 7 08 44 46   **Fax:** 7 08 44 46

Nationale Mitgliedsverbände

Belgien

iz f 2 086

Fabriplast (Association des Transformateurs de Matières Plastiques (FECHIPLAST))
Diamant Building
A. Reyerslaan 80, B-1030 Brüssel
T: (00322) 7 06 79 60   **Fax:** 7 06 79 66

Dänemark

iz f 2 087

The Danish Plastics Federation (DPF)
Noerre Voldgade 48 3rd floor, DK-1358 København K
T: (004533) 30 86 30   **Fax:** 30 86 31
Internet: http://www.plast.dk
E-Mail: pd@plast.dk

Deutschland

iz f 2 088

Gesamtverband kunststoffverarbeitende Industrie e.V. (GKV)
Am Hauptbahnhof 12, 60329 Frankfurt
T: (069) 27 10-527   **Fax:** 23 98 35
Internet: http://www.gkv.de
E-Mail: info@gkv.de

iz f 2 089

Industrieverband Kunststoffbahnen (IVK)
Emil-von-Behring-Str. 4, 60439 Frankfurt
T: (069) 57 20 64   **Fax:** 95 80 82 25

Finnland

iz f 2 090

The Finnish Plastic Industry Federation (FIPIF)
Eteläranta 10, 7th floor, FIN-00131 Helsinki
T: (003589) 17 28 41   **Fax:** 17 11 64
E-Mail: kari.teppola@kemia.ttiitot.fi

Frankreich

iz f 2 091

PLASTURGIE
Fédération de la Plasturgie
rue de Prony, 65, F-75854 Paris Cedex 17
T: (00331) 44 01 16 16   **Fax:** 44 01 16 55

Großbritannien

iz f 2 092

British Plastics Federation (BPF)
Bath Place 6 Rivington Street, GB- London EC2A 3JE
T: (004420) 74 57 50 00   **Fax:** 74 57 50 18
Internet: http://www.bpf.co.uk

Italien

iz f 2 093

Unione Nazionale Industrie Tranformatrici Materie Plastiche (UNIONPLAST)
Via Petitti 16, I-20149 Mailand
T: (003902) 3 92 31 71   **Fax:** 39 26 65 48
E-Mail: unionplast@unionplast.org

Österreich

iz f 2 094

Fachverband der Chemischen Industrie Österreichs (FCIO)
Wiedner Hauptstrasse 63, A-1045 Wien
T: (00431) 5 01 05 33 72   **Fax:** 50 20 62 80

iz f 2 095

Verband Kunststoff Recycling Österreich (V.K.R.Ö.)
c/o Baufeld-Austria GmbH
Margetinstr. 8c, A-1110 Wien
T: (00431) 76 92 02 10   **Fax:** 7 69 20 21 15

Portugal

iz f 2 096

Associacao Portuguesa da Industria de Plasticos (APIP)
Rua D'Estefania 32-2 Esq, P-1000 Lisboa 1
T: (0035121) 315 06 33   **Fax:** 314 77 60
E-Mail: apip.fisboa@mall.telepac.pt

Schweden

iz f 2 097

Plast- och Kemibranscherna
The Plastics and Chemicals Federation
Postfach 55 01, S-114 85 Stockholm
Størgatan 19, S-114 85 Stockholm
T: (00468) 783 80 00   **Fax:** 411 45 26
Internet: http://www.plast-kemi.se
E-Mail: thomas.bohlin@plast-kemi.se

Schweiz

iz f 2 098

Kunststoff-Verband Schweiz (KVS)
Schachenallee 29, CH-5000 Aarau
T: (004162) 8 23 08 63   **Fax:** 8 23 07 62

Spanien

iz f 2 099

Confederacion Espanola de Empresarios de Plasticos (FETEP)
Coslada 18, E-28028 Madrid
T: (003491) 3 56 50 59   **Fax:** 3 56 56 28

Ungarn

iz f 2 100

Association of the Hungarian Plastics Industry
Postfach 40, H-1406 Budapest 76
T: (00361) 3 43 58 83   **Fax:** 3 43 07 59

● IZ F 2 101

EuPET - European Association for Unoriented Polyester Films
Avenue de Cortenbergh 66 B.P. 8, B-1000 Brüssel
T: (00322) 7 32 41 24   **Fax:** 7 32 42 18
Vorsitzende(r): Joachim Eckstein

● IZ F 2 102

Verband Europäischer Luftverkehrsgesellschaften (AEA)
Association of European Airlines
Avenue Louise 350, Bte. 4, B-1050 Bruxelles
T: (00322) 6 39 89 89   **Fax:** 6 39 89 99
Internet: http://www.aea.be
E-Mail: aea.secretariat@aea.be
Gründung: 1952
Vorsitzende(r): Jean-Cyril Spinetta (Air France)
Generalsekretär(in): Karl-Heinz Neumeister
Stellv. Gen.-Sekr.: Kees Veenstra
Mitglieder: 29
Mitarbeiter: 21

Slovenia

iz f 2 103

Adria Airways
Kuzmiceva 7, SLO-61000 Ljubljana
T: (0038661) 1 36 24 99   **Fax:** 1 36 92 33
Internet: http://www.adria.si
E-Mail: info@adria.si
President: Peter Grašek

Irland

iz f 2 104

Aer Lingus (EI)
Dublin Airport
Postfach 180, IRL- Dublin
T: (003531) 8 86 22 22   **Fax:** 8 86 38 32
Internet: http://www.aerlingus.ie
Group Chief Executive: Michael Foley
Deputy Chief Executive: Larry Stanley

France

iz f 2 105

Air France (AF)
45, rue de Paris, F-95747 Roissy CDG Cedex
T: (00331) 41 56 78 00   **Fax:** 41 56 70 29
Internet: http://www.airfrance.fr
Chairman: Jean-Cyril Spinetta

Malta

iz f 2 106

Air Malta
Head Office
LQA05, Luqa
T: (00356) 22 99 90   **Fax:** 67 32 41
Internet: http://www.airmalta.com
E-Mail: info@airmalta.com.mt
Executive Chairman: Louis Grech

Italy

iz f 2 107

Alitalia
Linee Aeree Italiane SpA
Via Alessandro Marchetti 111, I-00148 Rom
T: (00396) 6 56 21
Internet: http://www.alitalia.it
Chairman of the Board: Fausto Cereti

Austria

iz f 2 108

Austrian Airlines
Postfach 50, A-1107 Wien
Fontanastr. 1, A-1107 Wien
T: (00431) 17 66   **Fax:** 6 88 55 05
Internet: http://www.aua.com
Joint President: Dr. Herbert Bammer
Mario Rehulka

Bulgaria

iz f 2 109

Balkan Bulgarian Airlines (LZ)
Sofia International Airport, BG-1540 Sofia
T: (003592) 98 44 81   **Fax:** 79 12 06
Internet: http://www.balkan.com
E-Mail: balkanair@balkanairlines.bg
Chief Executive Officer: Zvi Frank

Great Britain

iz f 2 110

British Airways plc
Waterside
Postfach 365, GB- Harmondsworth UB7 0GB
T: (004420) 87 59 55 11   **Fax:** 85 62 55 57
Internet: http://www.british-airways.com
Chief Executive: Rod Eddington

iz f 2 111

BMI British Midland
Donington Hall
Castle Donington, GB- Derby DE74 2SB
T: (00441332) 85 40 00   **Fax:** 85 46 62
Internet: http://www.britishmidland.com
Chairman: Sir Michael Bishop

Luxemburg

iz f 2 112

Luxair S.A.
Airport, L- Luxemburg
T: (00352) 4 79 81   **Fax:** 47 98 40 40
Internet: http://www.luxair.lu
E-Mail: info@luxair.lu
President: Christian Heinzmann

iz f 2 113

Cargolux Airlines International SA
Grand Duchy of Luxembourg, L-2990 Luxemburg
T: (00352) 4 21 11   **Fax:** 43 54 46
Internet: http://www.cargolux.com
President & CEO: Heiner Wilkens

Croatia

iz f 2 114

Croatia Airlines
Savska 41, HR-10000 Zagreb
T: (003851) 6 16 00 66   **Fax:** (003561) 6 17 68 45
Internet: http://www.ctn.tel.hr/ctn
E-Mail: ctnpr@ctn.tel.hr
President & CEO: Ivan Misetic

Czech Republic

iz f 2 115

Czech Airlines
Head Office
Airport Ruzyné, CZ-160 08 Prague 6
T: (004202) 20 11 11 11   **Fax:** 20 56 22 66
Internet: http://www.csa.cz
E-Mail: info@uit.csa.cz
President: Miroslav Kula

Cyprus

iz f 2 116

Cyprus Airways Ltd
Engomi
Postfach 21903, CY-1514 Nicosia
21 Alkeou Street, CY-2404 Engomi
T: (003572) 66 30 54   **Fax:** 66 31 67
Internet: http://www.cyprusair.com.cy
Chairman: Haris Loizides
General Manager: Christos Kyriakides

Finland

iz f 2 117

Finnair Oy (AY)
Postfach 15, FIN-01053 Helsinki
Tietotie 11 A, FIN-01053 Helsinki
T: (003589) 8 18 81   **Fax:** 8 18 44 01
Internet: http://www.finnair.fi
President & CEO: Keijo Suila

Spain

iz f 2 118

IBERIA
Lineas Aereas de España SA (IB)
Calle Velazquez 130, E- Madrid 28006
T: (003491) 5 87 87 87
Internet: http://www.iberia.com
E-Mail: infoib@iberia.com
Chairman & Chief Executive Officer: Xabier de Irala

Iceland

iz f 2 119

Icelandair
Reykjavik Airport, IS- Reykjavik
T: (00354) 5 05 03 00   **Fax:** 5 05 03 50
Internet: http://www.icelandair.net
E-Mail: pr@icelandair.is
President & Chief Executive Officer: Sigurdur Helgason

Yugoslavia

iz f 2 120

Jugoslovenski Aerotransport
Bulevar umetnosti 16, YU-11070 Novi Beograd
T: (0038111) 31 14 22   **Fax:** 3 11 28 53
Internet: http://www.jat.com
E-Mail: jatpr@jat.com
President: Mibailo Vujnovic

Netherlands

iz f 2 121

Koninklijke Luchtvaart Maatschappij nv (KLM)
KLM Royal Dutch Airlines
Postfach 77 00, NL-1117 ZL Schiphol Airport
T: (003120) 6 49 91 23   **Fax:** 6 49 31 13
Internet: http://www.klm.nl
President & CEO: Leo van Wijk

Germany

iz f 2 122

Deutsche Lufthansa Aktiengesellschaft
50664 Köln
Von-Gablenz-Str. 2-6, 50679 Köln
T: (0221) 8 26-0   **Fax:** 8 26-3818
TX: 8 873 531 lhx
TGR: Lufthansa Köln
T-Online: *5 0000#
Internet: http://www.lufthansa.com
Chairman & CEO: Jürgen Weber

Hungary

iz f 2 123

MALEV Hungarian Airlines Plc (MA)
Roosevelt tér 2, H-1051 Budapest V.
T: (00361) 2 35 35 35   **Fax:** 2 66 26 85
Internet: http://www.malev.hu
E-Mail: malev@malev.hu
Chief Executive Officer: Erzsebet Antal

Greece

iz f 2 124

Olympic Airways SA (OA)
96-100, Syngrou Avenue, GR- Athen 11741
T: (00301) 9 26 91 11   **Fax:** 9 26 71 54
Internet: http://www.olympic-airways.gr
Chairman & Chief Executive Officer: Dionysis Kalofonos

Belgium

iz f 2 125

Sabena S.A.
Sabena House
Avenue Mounierlaan 2, B-1200 Brüssel
T: (00322) 7 23 31 11   **Fax:** 7 23 41 11
Internet: http://www.sabena.com
E-Mail: communication@sabena.be
President & Chief Executive Officer: Christophe Müller

Romania

iz f 2 126

Tarom
Bucaresti-Ploiesti Rd. km 16,5, R- Bucarest
T: (00401) 2 01 47 00   **Fax:** 2 01 47 61
President: Nicolae Demetriade

Sweden

iz f 2 127

SAS - Scandinavian Airlines System (SK)
Frösundaviks Allé 1, S-19587 Stockholm
T: (00468) 7 97 00 00   **Fax:** 7 97 15 15
Internet: http://www.scandinavian.net
President & CEO: Jan Stenberg

Switzerland

iz f 2 128

Swissair AG
Airport, CH-8058 Zürich
T: (00411) 8 12 12 12   **Fax:** 8 10 80 46
Internet: http://www.swissair.com
President & CEO: Dr. Beat Schär

Spanien

iz f 2 129

Spanair
Edificio Spanair
Aeropuerto Aptdo 50086, E-07000 Palma de Mallorca
Internet: http://www.spanair.com
E-Mail: spanair@spanair.es
Chairman and Executive Director: Gonzalo Pascual Arias

Portugal

iz f 2 130

TAP AIR PORTUGAL
Postfach 50194, P-1704-801 Lisbon
T: (003511) 8 41 50 00   **Fax:** 8 41 50 95
Internet: http://www.tap.pt
Chairman: Norberto Pilar
Chief Executive Officer: Fermando Pinto

Turkey

iz f 2 131

TURKISH AIRLINES
Türk Hava Yollari A.O. (TK)
Genel Müdürlük Binasi
Atatürk Havalimani, TR-34830 Yesilköy
T: (0090212) 6 63 63 00   **Fax:** 6 63 47 44, 6 63 49 04
Internet: http://www.turkishairlines.com
President: Yusuf Bolayirli

● **IZ F 2 132**

Verband europäischer Schreib- und Zeichengeräte-Hersteller (EWIMA)
European Writing Instrument Manufacturer's Association
Spittlertorgraben 39, 90429 Nürnberg
T: (0911) 2 72 29-0   **Fax:** 2 72 29-11
Internet: http://www.ewima-isz.de
E-Mail: info@ewima-isz.de
Gründung: 1983
Vorsitzende(r): Walter Strasser (i.Fa. Brevillier-Urban Schreibwarenfabrik Ges.m.b.H., Günseldorfer Str. 3, A-2544 Leobersdorf, T: (02256) 6 20 11-0)
Geschäftsführer(in): RA Manfred Meller
Mitglieder: 112
Mitgliedsländer: 13

Wahrung der allgemeinen, wirtschaftlichen, rechtlichen und sozialpolitischen Interessen auf Europa-Ebene.

● **IZ F 2 133**

Verband für Blei-Förderung (LDA International)
Lead Development Association International
Association pour le développement du Marché de Plomb
42 Weymouth Street, GB- London W1G 6NP
T: (004420) 74 99 84 22   **Fax:** 74 93 15 55
Internet: http://www.ldaint.org
E-Mail: enq@ldaint.org
Chairman: A. Breeze

● **IZ F 2 134**

Verband der Getreidestärke-Hersteller der EG (AAC)
Association of Cereal Starch Manufacturers of the EU
Association des Amidonneries de Céréales de l'UE (A.A.C.)
Ave. des Arts 43, B-1040 Bruxelles
T: (00322) 289 67 60   **Fax:** 513 55 92

IZ F 2 134

Gründung: 1988
Präsident(in): C. Piwnica
Secrétaire Général: Iliana Axiotiades
Mitglieder: 18
Mitarbeiter: 4

● **IZ F 2 135**
Verband der Glukosehersteller in der EU (AFG)
Association of the Glucose Producers in the EU
Association des Fabricants de Glucose de l'UE
Avenue des Arts 43, B-1040 Brüssel
T: (00322) 289 67 60   Fax: 513 55 92
E-Mail: aac@aac-en.org
Gründung: 1968
Secrétaire Général: Iliana Axiotiades
Contact: Anita Marievoet
Mitglieder: 4
Mitarbeiter: 4

● **IZ F 2 136**
Verband der Hersteller von Aktivkohle
Activated Carbon Producers Association
Association des Producteurs de Charbon Actif
c/o CEFIC
Avenue E. Van Nieuwenhuyse 4-1, B-1160 Brüssel
T: (0322) 6 76 72 12   Fax: 6 76 73 01
E-Mail: LLE@CEFIC.BE
Gründung: 1978
President: DL Rees
Secretary General: L. Le Dore
Mitglieder: 6

● **IZ F 2 137**
Verband der Hersteller von Aminoplastleimen
Aminoplast Glues Manufacturers Association
Association des Fabricants de Colles aminoplastes
c/o CEFIC-BIT
Avenue E. Van Nieuwenhuyse 4-2, B-1160 Brüssel
T: (00322) 6 76 72 95   Fax: 6 76 72 16
Internet: http://www.cefic.org
Gründung: 1975
President: Dugert
Secretary General: Carine Jeukenne
Mitglieder: 10

● **IZ F 2 138**
Verband der Hersteller von Biaxial verstreckter Polypropylene Folie (OPMA)
Oriented Polypropylene Film Manufacturers' Association
Association des Producteurs de Film de Polypropylène Orienté
AC-Treuhand Association Consultants
Postfach 10, CH-8027 Zürich
T: (00411) 2 02 17 33, 2 02 15 00   Fax: 2 02 15 51

● **IZ F 2 139**
Verband der Hersteller von Produkten aus gegärten Enzymen (AMFEP)
Avenue de Roodebeeklaan 30, B-1030 Brüssel
T: (00322) 7 43 87 30   Fax: 7 36 81 75
Gründung: 1977
Vorsitzende(r): H. Scheres (NL)
General Secretary: K. Abeels

● **IZ F 2 140**
Verband der Hersteller von sauerstoffangereicherten Lösungsmitteln (OSPA)
Oxygenated Solvents Producers Association
Association des producteurs de Solvants oxygénés
c/o CEFIC
Avenue E. Van Nieuwenhuyse 4 /1, B-1160 Brüssel
E-Mail: pdk@cefic.be
Président: Dr. I. Dobson
Secrétaire Général: Pierre de Kettenis

● **IZ F 2 141**
Verband der Hersteller synthetischen amorphen Silizium (IV)-oxids (Silica) (ASASP)
Association of Synthetic Amorphous Silica Producers
Association des Producteurs de silicium amorphe
c/o CEFIC
Avenue E. Van Nieuwenhuyse 4-1, B-1160 Brüssel
T: (0322) 6 76 72 11   Fax: 6 76 73 01
E-Mail: pvd@cefic.be
Gründung: 1992
President: H. Wagner
Secretary General: P. van der Hoeven
Mitglieder: 9

● **IZ F 2 142**
Verband der Isoglucoseerzeuger der EU (API)
Association of Producers of Isoglucose of the EU
Association des Producteurs d'Isoglucose de l'UE
Avenue des Arts 43, B-1040 Bruxelles
T: (003202) 289 67 60   Fax: 513 55 92
Gründung: 1977
Président: J. Pellerin
Secrétaire Général: Iliana Axiotiades
Mitarbeiter: 4

● **IZ F 2 143**
Verband der japanischen Elektronik- und IT-Industrie (JEITA)
Japan Electronics and Information Technology Industries Association
Schadowstr. 41, 40212 Düsseldorf
T: (0211) 36 98 16/17   Fax: 35 48 47
Internet: http://www.eiaj.or.jp
E-Mail: hennig-jeita@kddnet.de
Gründung: 1973 (1. Oktober)
Präsident(in): E. Shoyama (EIAJ Tokyo, Tokyo Chamber of Commerce and Industry Bldg., 2-2, Marunouchi 3-chome, Chiyoda-ku, Tokyo 100, T: (00813) 32 13 58 61, Telefax: (00813) 32 13 58 63)
Hauptgeschäftsführer(in): Yaheita Yokoi
Verbandszeitschrift: Statistik "Facts & Figures", 1x jährlich
Redaktion: Hauptbüro in Tokyo
Mitglieder: 600
Mitarbeiter: 3

JEITA helps resolve trade issues, promotes technical standardization, sponsors meetings and exhibitions and promotes a wide range of industry-related publications. It is our hope that these efforts will enhance global communication through the exchange of opinions and information.

● **IZ F 2 144**
Internationaler Margarine-Verband der europäischen Länder (IMACE)
International Margarine Association of the Countries of Europe
Avenue de Tervuren 168 bte 12, B-1150 Brüssel
T: (00322) 772 33 53   Fax: 771 47 53
E-Mail: imace.ifma@pophost.eunet.be
Secretary General: I. Herreman

Mitgliedsorganisationen

Belgien

iz f 2 145
APIM - Association Professionelle de l'Industrie Margarinière
Avenue de Tervuren 168 bte. 12, B-1150 Brüssel
T: (00322) 7 71 45 38   Fax: 7 71 47 53
E-Mail: apim.ffhb@pophost.eunet.be
Kontaktperson: H. Zegers de Beyl

Dänemark

iz f 2 146
MIFU - Margarine Industri Foreningen
c/o advokat F. Madsen
Grønningen 17, DK-1270 København K
T: (0045) 33 15 50 50   Fax: 33 15 70 50
E-Mail: info@mifu.dk
Kontaktperson: F. Madsen

Deutschland

iz f 2 147
Verband der Deutschen Margarineindustrie e.V.
Adenauerallee 148, 53113 Bonn
T: (0228) 37 20 23   Fax: 37 20 25
E-Mail: margarineverband@t-online.de
Kontaktperson: Ass. jur. Gerhard Gnodtke
K. H. Legendre

Finnland

iz f 2 148
Finnish Margarine Industries Association
Postfach 1 15, FIN-00241 Helsinki
Pasilankatu 2, FIN-00241 Helsinki
T: (003589) 14 88 74 16   Fax: 14 88 74 16
E-Mail: maija.peltola@elintarviketeollisuus.fi
Kontaktperson: M. Peltola

Frankreich

iz f 2 149
Chambre Syndicale de la Margarinerie
Av. Achille Peretti 118, F-92200 Neuilly-sur-Seine
T: (00331) 46 37 23 01   Fax: 46 37 15 60
E-Mail: fncg@wanadoo.fr
Kontaktperson: Jean-Claude Barsacq

Griechenland

iz f 2 150
ELAIS Oleaginous Products
Neon Faliron
Postfach 122, GR-18531 Piräus
T: (00301) 4 89 62 16   Fax: 4 83 29 93
E-Mail: anthony.gortzis@unilever.com
Kontaktperson: A. Gortzis

Großbritannien

iz f 2 151
MSA - Margarine & Spreads Association
6, Catherine Street, GB- London WC2B 5JJ
T: (004420) 74 20 71 21   Fax: 73 79 57 35
E-Mail: msa@fooddrinkfed.demon.co.uk
Kontaktperson: Juliet Howard

Irland

iz f 2 152
Margarine Manufacturers Association of Ireland
Confederation House
84-86 Lower Baggot Street, IRL- Dublin 2
T: (003531) 6 60 10 11   Fax: 6 61 28 70
E-Mail: frances.mulhaney@ibec.ie
Kontaktperson: Frances Mulhaney

Italien

iz f 2 153
Assitol
Piazza di Campitelli 3, I-00186 Rom
T: (00396) 69 94 00 58   Fax: 69 94 01 18
E-Mail: assitol@foodarea.it
Kontaktperson: Dr. Giorgio Cilenti

Niederlande

iz f 2 154
Bond van Nederlandse Margarinefabrikanten
Bankastraat 131 Bus C, NL-2585 EL Den Haag
T: (003170) 3 52 50 74   Fax: 3 58 46 79
E-Mail: margarine.bond@wxs.nl
Kontaktperson: I. Tiesinga

Norwegen

iz f 2 155
Margarinindustriens Bransjeforening
Grev Wedels plass 9
P.O. Box 727 Sentrum, N-0105 Oslo
T: (0047) 22 93 65 00   Fax: 22 93 65 50
E-Mail: simonsen.musaeus@simonsen-musaus.no
Kontaktperson: A. Steen

Österreich

iz f 2 156
Fachverband der Nahrungs- und Genußmittelindustrie Österreichs (FNGO)
Postfach 4A, A-1037 Wien
T: (00431) 7 12 21 21   Fax: 7 12 12 08
TX: 131247
E-Mail: m.klug@lebensmittel.wk.or.at
Kontaktperson: M. Blass

Portugal

iz f 2 157
AIMGA - Associacao dos Industriais de Margarinas e Gorduras Alimentares
Av. Antonio José d'Almeida n° 7-2, P-1000 Lissabon

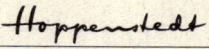

T: (003511) 7 95 15 50 Fax: 7 95 15 51
E-Mail: fiovde@mail.telefax.mail.pt
Kontaktperson: A. M. Couras

Spanien

iz f 2 158

A.E.F.M.A.
C/Castello 115 Suite 820, E-28006 Madrid
T: (00341) 5 61 61 71 Fax: 5 61 59 01
Kontaktperson: A. Martin

Schweden

iz f 2 159

Föreningen Svenska Margarintillverkare
c/o Livsmedelforehagen
Postfach 1 63 47, S-10326 Stockholm 5
T: (00468) 7 62 65 00 Fax: 7 62 65 12
Kontaktperson: J. Rosenstrøm

Schweiz

iz f 2 160

Zentralverband der Schweizerischen Fettindustrie
Elfenstr. 19, CH-3000 Bern
T: (004131) 3 52 11 88 Fax: 3 52 11 85
E-Mail: hodler@pingnet.ch
Kontaktperson: B. Hodler

Tschechische Republik

iz f 2 161

Czech Margarine Association
Snemovni 9, CZ-11800 Praha 1
T: (00422) 5 73 21 63 Fax: 57 32 14 13
E-Mail: vladimir.philip@scht.cz
Kontaktperson: Dr. V. Philip

Türkei

iz f 2 162

The Turkish Margarine Association
Piskinler Sokak, Güçlu Insaat,
D-Blok, Daire 5, TR-81120 Pazarbasi-Üsküdar / Istanbul
T: (0090216) 4 63 94 65 Fax: 4 93 94 87
E-Mail: taskin.tuglular@unilever.com
Kontaktperson: Taskin Tuglular

Ungarn

iz f 2 163

Association of Margarine Producers & Appliers
Dévai utca 26-28, H-1134 Budapest
T: (00361) 2 70 01 05 Fax: 2 70 01 19
Kontaktperson: Dr. E. Kurucz

● **IZ F 2 164**

Verband der Motorrad-Industrie in Europa (ACEM)
Motorcycle Industry in Europe
Association des Constructeurs Européens de Motocycles
Avenue de la Joyeuse Entrée 1, B-1040 Brüssel
T: (00322) 2 30 97 32 Fax: 2 30 16 83
Internet: http://www.acembike.org
E-Mail: f.galliano@acembike.org, r.sterckx@acembike.org, g.pizzio@acembike.org
Gründung: 1994
Präsident(in): Marco Frhr. von Maltzan
Leitung Presseabteilung: Federico Galliano
Mitglieder: 25
Mitarbeiter: 2
Jahresetat: Euro 950000,

● **IZ F 2 165**

Verband der Produzenten von Waschmittelzeolith (ZEODET)
Association of Detergent Zeolite Producers
Association des Producteurs de Détergents à Zéolithe
c/o CEFIC
Avenue E. Van Nieuwenhuyse 4 /1, B-1160 Brüssel
T: (00322) 6 76 72 11 Fax: 6 76 73 01
E-Mail: pvd@cefic.be
President: G. De Feo
Contact: P. van der Hoeven

● **IZ F 2 166**

Verband der Schokolade-, Dauerbackwaren- und Zuckerwarenindustrien der EU (CAOBISCO)
Association of the Chocolate-, Biscuit- and Confectionery Industries of the EU
Association des Industries de la Chocolaterie, Biscuiterie-Biscotterie et Confiserie de l'UE
1, rue Defacqz, B-1000 Bruxelles
T: (00322) 5 39 18 00 Fax: 5 39 15 75
E-Mail: caobisco@caobisco.de
Gründung: 1959 (13. Mai)
Vorsitzende(r): Hans Rysgaard
Direction: N.N.
Mitglieder: 18

Mitgliedsverbände

Belgien

iz f 2 167

CHOPRABISCO
30, av. de Roodebeek, B-1030 Brüssel
T: (00322) 7 43 87 30
Directeur: G. Gallet

Dänemark

iz f 2 168

Brancheforeningen af Kage. og Biscuitfabrikker i Danmark
c/o Dansk Industri, DK-1787 Kobenhavn V
T: (004533) 77 33 77 Fax: 77 33 00
Secretary: G. Hestehave

Deutschland

iz f 2 169

Bundesverband der Deutschen Süßwarenindustrie e.V. - BDSI
Schumannstr. 4-6, 53113 Bonn
T: (0228) 2 60 07-0 Fax: 2 60 07-89
Internet: http://www.bdsi.de
E-Mail: bdsi@bdsi.de
Hauptgeschäftsführer(in): Dr. Klaus Reingen

Finnland

iz f 2 170

Elintarvikieteollisuusliitto ry (ETL)
Finnish Food and Drink Industries' Federation (FFDIF)
Postfach 1 15, FIN-00241 Helsinki
T: (003589) 14 88 71 Fax: 14 88 72 01
Internet: http://www.elintarviketeollisuus.fi
E-Mail: antero.leino@etl.fi
Secretary: Lea Lastikka

Frankreich

iz f 2 171

Les Syndicats de: Biscotterie, Biscuiterie, Chocolaterie et Confiserie (Membres de l'Alliance 7)
Adresse commune: Alliance 7
194, rue de Rivoli, F-75001 Paris
T: (003311) 44 77 85 85 Fax: 42 61 95 34
Directeur: Sylvain Margou

Griechenland

iz f 2 172

Hellenic Association of Chocolate Industries
Ethnikis Anistaseos 69, GR-15231 Chalandri
T: (00301) 6 71 11 77 Fax: 6 71 10 80
Secretary: Marina Raptopoulou

Irland

iz f 2 173

Chocolate manufacturers' Association
c/o Cadbury Ireland Plc
Coolock, IRL- Dublin 5
T: (003531) 8 48 00 00 Fax: 8 47 29 05
Director: F. Deane

Italien

iz f 2 174

Associazione delle Industrie Dolciarie Italiane (A.I.D.I.)
Via Barnaba Oriani 92, I-00197 Rom
T: (00396) 80 91 071 Fax: 80 73 186
Direttore: Dr. Romano Chiavegatti

Niederlande

iz f 2 175

Vereniging voor de Bakkerij- en Zoetwarenindustrie (VBZ)
Bankastraat 131 B, NL-2585 El Den Haag
T: (003170) 3 55 47 00
Secretaris: John van de Kolk

Norwegen

iz f 2 176

The Norwegian Association of Chocolate Manufacturers
Postfach 57 42, N-0305 Oslo Majorstua
T: (004722) 08 87 05 Fax: 08 87 20
Secretary: K. Oyna

Österreich

iz f 2 177

Fachverband der Nahrungs- und Genußmittelindustrie Österreichs (FNGO)
Postfach 4A, A-1037 Wien
Zaunergasse 1-3, A-1030 Wien
T: (00431) 7 12 21 21 Fax: 7 12 12 08
TX: 131247
E-Mail: m.klug@lebensmittel.wk.or.at
Secretary: Dr. Michael Blass

Portugal

iz f 2 178

Associacao dos Industriais de Chocolates e Confeitaria (ACHOC)
Avenida la Republica 62F 6e, P-1000 Lissabon
T: (003511) 7 96 67 31 Fax: 7 93 85 76
Secretary: Miguel Barata Simoes

Großbritannien

iz f 2 179

The Biscuit, Cake, Chocolate and Confectionery Alliance
adress:
37-41 Bedford Row, GB- London WCI 4JH
T: (004420) 74 04 91 11 Fax: 74 04 91 10
Director: John E. Newman

Schweden

iz f 2 180

CHOKOFA
Postfach Box 5501, S-11485 Stockholm
Stortgatan 19, S-11485 Stockholm
T: (00468) 7 83 80 00 Fax: 7 83 82 73
E-Mail: jrm@li.se
Secretary: Jan Rosenström

Schweiz

iz f 2 181

Chocosuisse/Biscosuisse
Münzgraben 6, CH-3000 Bern 7
T: (004131) 3 11 64 94 Fax: 3 12 26 55
Secretary: F. Schmid

Spanien

iz f 2 182

Federacion Espanola de Asociaciones des Dulce (FEAD)
Mallorca, 286, Entlo 2, E-08037 Barcelona

iz f 2 182

T: (00343) 2 07 25 16
Secretary: Alfonso Bonmati

Tschechische Republik

iz f 2 183

Cokoladovny, AS - Reditelstvi Akciove Spolecnosti
Modranska 27, CZ-14320 Prag 4
T: (004202) 61 32 25 32   Fax: 61 32 27 87
E-Mail: jaroslav.camplik@nestle.cz
Secretary: Jaroslav Camplik

Ungarn

iz f 2 184

Association of Hungarian Confectionery Manufacturers
Kuny Domokos u. 13-15, H-1012 Budapest
T: (00361) 2 02 70 46   Fax: 1 55 50 57
Secretary: Dr. Ferenc Mohos

● IZ F 2 185

Verband der Sorbithersteller in der EG (ASPEC)
Association of Sorbitol Producers within the EEC
Association des Producteurs de Sorbitol de la CEE
avenue des Gaulois 9, B-1040 Bruxelles
T: (00322) 7 36 53 54   Fax: 7 32 34 27
E-Mail: aspec@ecco.be
Gründung: 1977
Generalsekretär(in): Dionne Heijnen
Mitglieder: 5
Mitarbeiter: 1

● IZ F 2 186

Verbindungs-Ausschuß der Aufbauten- und Anhänger-Industrie (CLCCR)
Liaison Committee of the Body- and Trailer Building Industry
Comité de Liaison de la Construction de Carrosseries et de Remorques (CLCCR)
Westendstr. 61, 60325 Frankfurt
T: (069) 9 75 07-308   Fax: 9 75 07-261
Gründung: 1959
Präsident(in): A. Filippi (I)
Vizepräsident(in): H. Nooteboom (NL)
Generalsekretär(in): Dr. Markus Heibach (D, Westendstr. 61, 60325 Frankfurt, T: (069) 9 75 07-3 08, Tx: 411 293, Fax: (069) 9 75 07-2 61, E-Mail: HEIBACH@VDA.de)
Sekretär TC: A. R. McKenzie (UK)
Mitglieder: Nationale Verbände der Anhänger- und Aufbautenhersteller
Belgien, Bundesrepublik Deutschland, Frankreich, Großbritannien, Italien, Niederlande, Norwegen, Österreich, Portugal, Schweden, Spanien

Mitgliedsorganisationen

Belgien

iz f 2 187

Federation Multisectorielle de l'Industrie Technologique (AGORIA)
Bld. A. Reyers 80, B-1030 Brüssel
T: (00322) 7 06 79 82   Fax: 7 06 79 88
Internet: http://www.agoria.be
E-Mail: pierre.juliens@agoria.be

Deutschland

iz f 2 188

Verband der Automobilindustrie e.V. (VDA)
Postf. 17 05 63, 60079 Frankfurt
Westendstr. 61, 60325 Frankfurt
T: (069) 9 75 07-0   Fax: 9 75 07-261
Internet: http://www.vda.de
Präsident(in): Prof. Dr. Bernd Gottschalk

Frankreich

iz f 2 189

Chambre Syndicale Nationale des Carrossiers et Constructeurs de Semi-Remorques et Conteneurs (CARCOSERCO)
35, rue des Renaudes, F-75017 Paris
T: (00331) 44 29 71 14   Fax: 42 67 48 21

Großbritannien

iz f 2 190

Society of Motor Manufacturers and Traders Ltd.
Forbes House
Halkin Street, GB- London SW1X 7DS
T: (004420) 72 35 70 00   Fax: 72 35 71 12

Italien

iz f 2 191

Associazione Nazionale Fra Industrie Automobilistiche (ANFIA)
Corso Galileo Ferraris 61, I-10128 Torino
T: (003911) 5 54 65 11   Fax: 54 59 86
Internet: http://www.anfia.it
E-Mail: anfra@anfia.it

Niederlande

iz f 2 192

Nederlandse Vereniging "De Rijwiel- en Automobiel-Industrie" (RAI / Autovak)
Postfach 7 48 00, NL-1070 DM Amsterdam
Wielingenstraat 28, NL-1070 DM Amsterdam
T: (003120) 5 04 49 49   Fax: 6 46 38 57
Internet: http://www.autovak.nl
E-Mail: autovak@rai.nl

Norwegen

iz f 2 193

Pabygg og Karosserie (BPK)
Pb. 7072 Majorsfua, N-0306 Oslo

Österreich

iz f 2 194

Fachverband der Fahrzeugindustrie Österreichs (FFÖ)
Postfach 337, A-1045 Wien 4
Wiedner Hauptstrasse 63, A-1045 Wien 4
T: (00431) 5 01 05 48 01   Fax: 50 10 52 89
E-Mail: fahrzeuge@wk.or.at

Portugal

iz f 2 195

Associaçăo Nacional do Ramo Automóvel (ARAN)
R. Faria Guimarăes 631, P-4200 Porto

Schweden

iz f 2 196

VI Sveriges Verkstadsindustrier
Lastfordousgruppen Inom
Storgatan 5 Box 5510, S-11485 Stockholm
T: (00468) 7 82 08 00   Fax: 7 82 09 00, 7 82 09 41
Internet: http://www.vi.se
E-Mail: heinrich.blauert@vi.se

Spanien

iz f 2 197

Asociacion Semirremolques, Cisternas y Vehiculos Analogos
ASFARES
Principe de Vergara 74, 5°, E-28006 Madrid
T: (003491) 5 62 55 90

● IZ F 2 198

Verbindungsausschuß der Hartfaser- und Tauwerkindustrie der E.W.G. (EUROCORD)
Liaison Committee of E.U. Twine Cordage & Netting Industries
Comité de Liaison des Industries de Corderie-Ficellerie de Fileís l'Union Européenne
47, rue de Monceau, F-75008 Paris
T: (00331) 53 75 10 04   Fax: 53 75 10 02
Internet: http://www.eurocord.com
E-Mail: eurocord@eurocord.com
Président: L. Gramazo (I)
Vice Président: O. Mammernes (Norwegen)
Treasurer: K. Mac Guire (UK)

Membre: E. Blonnaerts (B)
Generalsekretär(in): Dr. Anne B. Jourdain (F)
Mitglieder: 30
Mitarbeiter: 3
Company Members: Italien, Belgien, Deutschland, Niederlande, Großbritannien, Dänemark, Griechenland, Österreich, Schweden, Finnland, Frankreich, Spanien, Portugal

Portugal

iz f 2 199

Associaçao dos Industriais de Cordoaria e Redes (A.I.C.R.)
Rua da Paz 66 - 5A - 5/58, P-4050 Porto
T: (0035122) 6 09 13 47   Fax: 6 00 21 68

● IZ F 2 200

Verband der Hersteller von Teilen und Zubehör für Zweiräder in den EU-Ländern (COLIPED)
Organisation of the European Two-Wheeler Parts' Industries
Comité de Liaison des Fabricants de Pièces et Equipements de Deux-Roues des pays de l'UE
Bld. de la Woluwe 46 Bte. 6, B-1200 Brüssel
T: (00322) 7 78 64 58   Fax: 7 62 81 71
E-Mail: greet.engelen@coliped.com
Präsident(in): Pietro Boselli (Vice President)
Secretary General: Greet Engelen
Mitglieder: 9 (Belgien, Dänemark, Deutschland, Finnland, Frankreich, Großbritannien, Italien, Niederlande, Portugal)

Mitgliedsorganisationen

Belgien

iz f 2 201

FEBIAC
Bld. de la Woluwe 46, B-1200 Brüssel
T: (00322) 7 78 64 00   Fax: 7 62 81 71
E-Mail: svc@febiac.be
Kontaktperson: Stijn Vancuyck

Dänemark

iz f 2 202

Marwi International
Kievitsbloem 26, NL-2631 TB Nootdorp
T: (003115) 3 10 55 62   Fax: 3 10 55 82
E-Mail: mvogt@marwi.nl
Kontaktperson: Martin Vogt

iz f 2 203

Zweirad-Industrie-Verband e.V. (ZIV)
Pfingstbrunnenstr. 62, 65824 Schwalbach
T: (06196) 50 77-0   Fax: 50 77-20
Internet: http://www.ziv-zweirad.de
E-Mail: contact@ziv-zweirad.de
Kontaktperson: Siegfried Neuberger

Finnland

iz f 2 204

Federation of Finnish Metal, Engineering and Electrotechnical Industries (MET)
Postfach 10, FIN-00131 Helsinki
Eteläranta 10, FIN-00130 Helsinki
T: (003589) 1 92 33 97   Fax: 62 44 62
Internet: http://www.met.fi
E-Mail: veijo.niemi@met.fi
Kontaktperson: Veijo Niemi

Frankreich

iz f 2 205

S.F.E.P.C.M.
Rue J.J. Rousseau 77-81, F-92150 Suresnes
T: (003314) 6 25 02 34   Fax: 6 99 06 20
E-Mail: gjacques@fiev.fr
Kontaktperson: G. Jacques (E-Mail: gjacques@fiev.fr)

Großbritannien

iz f 2 206

Bicycle Assoc. Great Britain
Starley House
Eaton Road, GB- Coventry CV1 2FH

T: (004424) 76 55 38 38   Fax: 76 22 83 66
E-Mail: josie@bicycle-association.org.uk
Kontaktperson: Josie Carter

Italien

iz f 2 207

ANCMA Associazione Nazionale Ciclo, Motociclo, Accessori
Via Mauro Macchi 32, I-20124 Mailand
T: (0039266) 98 18 18   Fax: 98 20 72
E-Mail: boselli@ancma.it, nepentini@ancma.it
Kontaktperson: Pietro Boselli
Enea Nepentini

Niederlande

iz f 2 208

Nederlandse Vereniging "De Rijwiel- en Automobiel-Industrie" (RAI / Autovak)
Postfach 7 48 00, NL-1070 DM Amsterdam
Wielingenstraat 28, NL-1070 DM Amsterdam
T: (003120) 5 04 49 49   Fax: 5 04 49 98
E-Mail: g.stokreef@rai.nl
s.stock@rai.nl
Kontaktperson: Gerrit Jan Stokreef
Stef Stock

Portugal

iz f 2 209

ABIMOTA
Borralha, P-3750 Agueda
T: (00351) 34 62 37 97   Fax: 34 60 20 18
Kontaktperson: Angelino Ferreira

● **IZ F 2 210**

Europäischer Dachverband der Automobilzulieferindustrie "CLEPA"
European Association of Automotive Suppliers
Bvd Brand Whitlock 87 B.1, B-1200 Bruxelles
T: (00322) 7 43 91 30   Fax: 7 32 00 55
Internet: http://www.clepa.be
Gründung: 1959 (16. März)
Präsident(in): Trevor C. Bonner
Managing Director: Ralf Bergner
Treasurer: J. Pages
Internationale Interessenvertretung der Lieferanten automobiler Technologien und Dienstleistungen

Mitgliedsorganisationen

Belgien

iz f 2 211

Federation Multisectorielle de l'Industrie Technologique (AGORIA)
Bld. A. Reyers 80, B-1030 Brüssel
T: (00322) 7 06 79 82   Fax: 7 06 79 88
Internet: http://www.agoria.be
E-Mail: pierre.juliens@agoria.be
Präsident(in): Philippe de Buck
Direktor(in): L. De Vocht

Dänemark

iz f 2 212

AUTIG
Components Group
Borgmester Jensens Allé 25C Østerfalled Torv, DK-2100 Copenhagen
T: (004535) 25 05 50   Fax: 25 05 66
E-Mail: nsautig@post.uni2.dk
Präsident(in): F. Hansen
Direktor(in): N. Selmer

Deutschland

iz f 2 213

Verband der Automobilindustrie e.V. (VDA)
Components Group
Postf. 17 05 63, 60079 Frankfurt
Westendstr. 61, 60325 Frankfurt
T: (069) 9 75 07-0   Fax: 9 75 07-261

Internet: http://www.vda.de
Präsident(in): Prof. Dr. Bernd Gottschalk
Geschäftsführer(in): Dr. Peter Thomsen

Frankreich

iz f 2 214

FIEV
Rue J.J. Rousseau 77-81, F-92150 Suresnes
T: (0033) 1 46 25 02 34   Fax: 1 40 99 06 20
Internet: http://www.fiev.fr
E-Mail: fiev@fiev.fr
Präsident(in): A. Halna du Fretay

Großbritannien

iz f 2 215

SMMT
Components Group
Forbes House
Halkin Street, GB- London SW1X 7DS
T: (004420) 72 35 70 00   Fax: 72 35 71 12
Internet: http://www.smmt.co.uk
Head of Trade Sections: R. Davis
Präsident(in): Bryan McGinity

Italien

iz f 2 216

Association Italienne des Constructeurs d'Automobiles (ANFIA)
Corso Galileo Ferraris 61, I-10128 Turin
T: (003911) 5 54 65 11   Fax: 54 49 86
Internet: http://www.anfia.it
E-Mail: info@anfia.it
President: P. Fusaro
General Secretary: Aldo Malandra

Niederlande

iz f 2 217

Nederlandse Vereniging "De Rijwiel- en Automobiel-Industrie" (RAI / Autovak)
Components Group
Postfach 7 48 00, NL-1070 DM Amsterdam
Wielingenstraat 28, NL-1070 DM Amsterdam
T: (003120) 5 04 49 49   Fax: 6 46 38 57
Internet: http://www.autovak.nl
E-Mail: autovak@rai.nl
Direktor(in): Eric Rommerts

Portugal

iz f 2 218

AFIA
Rua do Crasto 190, P-4150 Porto
T: (003512) 6 17 26 68   Fax: 6 10 18 77
Internet: http://www.afia.pt
E-Mail: afia@mail.telepac.pt
Präsident(in): Jose Alberto de Sousa Ribeiro
Generalsekretär(in): Adão Ferreira

Schweden

iz f 2 219

Swedish Automotive Suppliers
Skeppsbro Platsen 1, S-41118 Göteborg
T: (004631) 7 11 89 01   Fax: 7 11 89 04
Internet: http://www.fordonskomponentgruppen.se
E-Mail: sfkg@sfkg.se
Präsident(in): L. Holmqvist
General Secretary: Svenåke Berglie

Spanien

iz f 2 220

Sernauto
Castello 120, E-28006 Madrid
T: (00341) 5 62 10 41   Fax: 5 61 84 37
Internet: http://www.sernauto.es
E-Mail: sernauto@sernauto.be
Präsident(in): J. M. Pujol
Generalsekretär(in): M. Escudero

● **IZ F 2 221**

Verbindungsausschuß des Schiffbaus der EU (CESA)
Committee of EU Shipbuilders' Associations
Comité de Liaison de la Construction Navale de la UE
c/o Fabrimetal
Bd.A.Reyers/A.Reyerslaan 80, B-1030 Brüssel
T: (00322) 5 10 23 11   Fax: 5 10 23 01
Gründung: 1968
Vorsitzende(r): Conrado Antonini (Italy)
Generalsekretär(in): José Esteban Pérez

Dänemark

iz f 2 222

Foreningen af Jernskibs- og Maskinbyggerier i Danmark
Store Kongensgade 128, DK-1264 København K.
T: (0045) 33 13 24 16   Fax: 33 11 10 96

Deutschland

iz f 2 223

Verband für Schiffbau und Meerestechnik e.V.
An der Alster 1, 20099 Hamburg
T: (040) 28 01 52-0   Fax: 28 01 52-30
Internet: http://www.vsm.de
E-Mail: vsm.e.v.@t-online.de
Sprecher des Vorstandes und Hauptgeschäftsführer: Dr.-Ing. Werner Schöttelndreyer
Geschäftsführer(in): Dipl.-Kfm. Volkhard Meier
Dr. RA Mathias Münchau

Spanien

iz f 2 224

UNINAVE Union Espanola de Constructores Navales
Juan Hurtado de Mendoza, 13-70-9, E-28036 Madrid
T: (00341) 3 45 21 65   Fax: 3 59 93 36

Frankreich

iz f 2 225

Chambre Syndicale des Constructeurs de Navires
47, Rue de Monceau, F-75008 Paris
T: (00331) 45 61 99 11   Fax: 42 89 25 32

Griechenland

iz f 2 226

Association of Greek Shipbuilding and Shiprepairing Industries
Notara Street 140, GR-185 36 Piraeus
T: (00301) 4 18 21 64/5   Fax: 4 53 35 92

Italien

iz f 2 227

ASSONAVE
Via Sardegna 40, I-00187 Roma
T: (00396) 4 82 79 80   Fax: 6 75 12 37

Niederlande

iz f 2 228

Vereniging Nederlandse Scheepsbouw Industrie (VNSI)
Postfach 1 38, NL-2700 AC Zoetermeer
Boerhaavelaan 40, NL-2700 AC Zoetermeer
T: (003179) 3 53 11 65   Fax: 3 53 11 55
Internet: http://www.vnsi.nl
E-Mail: info@vnsi.nl

Portugal

iz f 2 229

AIM Associação das Indústrias Marítimas
Rua Jorge Alfonso 31-6°, P-1600 Lisboa
T: (003511) 7 93 31 97   Fax: 7 96 78 27

Großbritannien

iz f 2 230

Shipbuilders and Shiprepairers Association
33 Catherine Place, GB- London SW1E 6DY
T: (004420) 78 28 09 33 Fax: 78 34 57 49

● **IZ F 2 231**

Verbindungs-Büro der europäischen Keramischen Industrie (CERAME-UNIE)
Bureau de Liaison des Industries Céramiques européennes
Rue des Colonies 18-21 bte. 17, B-1000 Brüssel
T: (00322) 5 11 30 12, 5 11 70 25 Fax: 5 11 51 74
Vorsitzende(r): L. G. von Boch (D)
Geschäftsführer(in): R. Chorus
Mitarbeiter: 4

Mitgliedsorganisationen

iz f 2 232

Vereinigung der europäischen Keramikfliesen-Hersteller (CET)
European Ceramic Tile Manufacturers Federation
Fédération européenne des producteurs de carreaux céramiques
Rue des Colonies 18-24 bte. 17, B-1000 Brüssel
T: (00322) 5 11 30 12, 5 11 70 25 Fax: 5 11 51 74

iz f 2 233

Europäische Vereinigung der Hersteller feuerfester Erzeugnisse (PRE)
European Refractories Producers Federation
Fédération Européenne des Fabricants de Produits Réfractaires
Rue des Colonies 18-24, B-1000 Brüssel
T: (00322) 5 11 30 12, 5 11 70 25 Fax: 5 11 51 74

iz f 2 234

Europäischer Verband der Porzellan- und Steingut-Industrie (Geschirr und Zierkeramik) (FEPF)
Common Market Committee of the European Federation of Porcelain and Earthenware Tableware and Ornamental Ware Industries
Fédération Européenne des Industries de Porcelaine et de Faience de table et d'ornementation
Rue des Colonies 18-24 bte. 17, B-1000 Brüssel
T: (00322) 5 11 30 12, 5 11 70 25 Fax: 5 11 51 74

iz f 2 235

European Technical Ceramics Federation (EuTeCer)
18-24, rue des Colonies, B-1000 Bruxelles
T: (00322) 5 11 30 12, 5 11 70 25 Fax: 5 11 51 74

iz f 2 236

Europäische Vereinigung der Steinzeugröhrenindustrie (FEUGRES)
European Federation for the Vitrified Clay Pipe Industry
Fédération Européenne des Fabricants de Tuyaux en Grès
Rue des Colonies 18-24, B-1000 Brüssel
T: (00322) 5 11 30 12, 5 11 70 25 Fax: 5 11 51 74

iz f 2 237

Europäische Vereinigung der Hersteller von Sanitärkeramik (FECS)
European Federation of Manufacturers of Sanitary Ceramics
Fédération Européenne des Fabricants de Céramiques Sanitaires
Avenue Victor Hugo 15, F-75116 Paris
T: (00331) 45 00 18 56 Fax: 45 00 47 56

iz f 2 238

Europäischer Verband der Dachziegel und Ziegelsteinindustrie (TBE)
Fédération Européenne des Fabricants de Tuiles et de Briques
Postfach 217, CH-8035 Zürich
Obstgartenstr. 28, CH-8035 Zürich
T: (00411) 3 61 96 50 Fax: 3 61 02 05
Internet: http://www.tbe-euro.com
E-Mail: office@tbe-euro.com

iz f 2 239

Association européenne des Producteurs d'Argiles (EuroARGILLA)
Postf. 20 16 49, 56016 Koblenz
T: (0261) 1 24 28 Fax: 1 51 79

iz f 2 240

Fédération européenne des producteurs d'abrasifs
Avenue Reille 20, F-75014 Paris
T: (00331) 45 81 25 90 Fax: 45 81 62 94

● **IZ F 2 241**

Verbindungs-Büro der Kautschuk-Industrie der EU (BLIC)
Liaison Office of the Rubber Industry of the EC
Bureau de Liaison des Industries du Caoutchouc de l'UE
2. Avenue des Arts, Bte 12, B-1210 Bruxelles
T: (00322) 2 18 49 40 Fax: 2 18 61 62
TGR: BLINCA
E-Mail: info@blic.be
Gründung: 1959
Generalsekretär(in): Fazilet Cinaralp
Mitglieder: 13 (Niederlande, Belgien, Frankreich, Italien, Deutschland, Dänemark, Großbritannien, Portugal, Spanien, Luxemburg, Schweden, Finnland, Ungarn)

Mitgliedsorganisationen

Belgien

iz f 2 242

Association Belge de l'Industrie du Caoutchouc (ABIC/BVR)
Sq. Marie-Louise 49, B-1000 Brüssel
T: (00322) 2 38 97 78 Fax: 2 30 03 89
Internet: http://www.fedichem.be
E-Mail: ddehemptinne@fedichem.be
Direktor(in): D. de Hemptinne

Dänemark

iz f 2 243

Gummifabrikantforeningen (GFF)
c/o Roulunds Fabriker
Hestehaven 51, DK-5260 Odense S
T: (0045) 66 11 55 15 Fax: 65 91 23 94
E-Mail: eb@roulunds.dk
Kontaktperson: C. Andersen

Deutschland

iz f 2 244

Wirtschaftsverband der deutschen Kautschukindustrie e.V. (W.D.K.)
Postf. 90 03 60, 60443 Frankfurt
Zeppelinallee 69, 60487 Frankfurt
T: (069) 79 36-115 Fax: 79 36-165
Internet: http://www.wdk.de
E-Mail: k.mocker@wdk.de
Kontaktperson: Klaus Mocker

Finnland

iz f 2 245

Rubber Manufacturers' Association of Finland (RMAF)
Eteläranta 10, FIN-00130 Helsinki
T: (003589) 62 20 41 48 Fax: 17 61 35
Internet: http://www.kumiteollisuus.fi
E-Mail: tuula.rantalaiho@kumi.ttliitot.fi
Kontaktperson: T. Rantalaiho

Frankreich

iz f 2 246

Syndicat National du Caoutchouc et des Polymères (SNCP)
60, Rue Auber, F-94408 Vitry-sur-Seine
T: (00331) 49 60 57 57 Fax: 45 21 03 50
Internet: http://www.lecaoutchouc.com
E-Mail: gerard.bresson@lecaoutchouc.com
Del. Gen: G. Bresson

Großbritannien

iz f 2 247

British Rubber Manufacturers' Association (BRMA)
6, Bath Place, Rivington Street, GB- London EC2A 3JE
T: (004420) 74 57 50 40 Fax: 79 72 90 08
E-Mail: j.dorken@brma.co.uk
Direktor(in): A.J. Dorken

Italien

iz f 2 248

Associazione Nazionale fra le Industrie della Gomma, Cavi elettrici ed Affini (ASSOGOMMA)
Via S. Vittore 36, I-20123 Milano
T: (00392) 48 55 80 21 Fax: 43 54 32
E-Mail: saltalamacchia@assogomma.it
Direktor(in): Saltalamacchia

Luxemburg

iz f 2 249

Groupement des Industries du Caoutchouc du Luxembourg (GICL)
Postfach 13 04, L-1013 Luxemburg
Rue Alcide de Gasperi 7, L-1013 Luxemburg
T: (00352) 43 53 66 Fax: 43 23 28
E-Mail: nicolas.soisson@fedil.lu
Secrétaire Général: Nicolas Soisson

Niederlande

iz f 2 250

Nederlandse Vereniging van Rubber- en Kunststoffabrikanten (NVR)
Postbus 418, NL-2260 AK Leidschendam
T: (003170) 3 17 72 43 Fax: 3 17 74 12
E-Mail: nvr@nrk.nl
Direktor(in): J. Adrian

Portugal

iz f 2 251

Associaçao Portuguesa dos Industriais de Borracha (APIB)
Rc Dto, Senhora da Hora
Rua Eduardo Torres 1734, P-4450 Matosinhos
T: (0035122) 9 37 39 94 Fax: 9 37 39 94
Kontaktperson: Conceiçao Sousa

Spanien

iz f 2 252

Consorcio Nacional de Industriales del Caucho (CONSORCIO)
Sagasta 13, E-28004 Madrid
T: (003491) 4 45 84 12 Fax: 4 47 81 11
Internet: http://www.arrakis.es/-cofaco
E-Mail: consorciocaucho@arrakis.es
Direktor(in): B. Rubio

Schweden

iz f 2 253

Sveriges Gummiindustriförening (SGI)
Postfach 5501, S-11485 Stockholm
T: (00468) 7 83 80 00 Fax: 6 63 63 23
Internet: http://www.chemind.se
E-Mail: gwn@chemind.se
Kontaktperson: G. Wergeman

Ungarn

iz f 2 254

Magyar Gumiipari Szövetség (MAGUSZ)
Csengery u. 48, H-1067 Budapest
T: (00361) 3 21 39 91 Fax: 3 21 39 91
E-Mail: magusz@mail.datanet.hu

IZ F 2 255

Verband der Fahrradhersteller in der EU (COLIBI)
Liaison Committee of European Bicycle Manufacturers
Comité de Liaison des Fabricants de Bicyclettes de la Communauté Européenne
Boulevard de la Woluwe 46 Bte. 6, B-1200 Brüssel
T: (00322) 7 78 64 58 **Fax:** 7 62 81 71
E-Mail: greet.engelen@copiled.com
President: N.N.
Vice-President: Eddi Ecclestone
Secretary General: Greet Engelen (Contact)
Mitglieder: 11 (Belgien, Dänemark, Deutschland, Finnland, Frankreich, Großbritannien, Italien, Niederlande, Österreich, Portugal, Spanien)
Mitarbeiter: 1

Mitgliedsorganisationen

Belgien

iz f 2 256

Federation Multisectorielle de l'Industrie Technologique (AGORIA)
Bld. A. Reyers 80, B-1030 Brüssel
T: (00322) 7 06 79 58 **Fax:** 7 06 79 66
E-Mail: annie.luchie@fabrimetal.be
Contact: Annie Luchie

Dänemark

iz f 2 257

Foreningen af Prod. i Cyklebranchen
Grønningen 17, DK-1270 København K
T: (0045) 33 15 50 50 **Fax:** 33 15 70 50
Contact: N.E. Kildemoes

Deutschland

iz f 2 258

Zweirad-Industrie-Verband e.V. (ZIV)
Pfingstbrunnenstr. 62, 65824 Schwalbach
T: (06196) 50 77-0 **Fax:** 50 77-20
Internet: http://www.ziv-zweirad.de
E-Mail: contact@ziv-zweirad.de
Kontaktperson: Siegfried Neuberger

Finnland

iz f 2 259

Federation of Finnish Metal, Engineering and Electrotechnical Industries (MET)
Postfach 10, FIN-00131 Helsinki
Eteläranta 10, FIN-00130 Helsinki
T: (003589) 1 92 33 97 **Fax:** 62 44 62
Internet: http://www.met.fi
E-Mail: veijo.niemi@met.fi
Kontaktperson: Veijo Niemi

Frankreich

iz f 2 260

FIEV
Rue J.J. Rousseau 77-81, F-92150 Suresnes
T: (0033) 1 46 25 02 34 **Fax:** 1 40 99 06 20
Internet: http://www.fiev.fr
E-Mail: fiev@fiev.fr
Contact: Gérard Jacques

Großbritannien

iz f 2 261

Bicycle Assoc. Great Britain
Starley House
Eaton Road, GB- Coventry CV1 2FH
T: (004424) 76 55 38 38 **Fax:** 76 22 83 66
E-Mail: josie@bicycle-association.org.uk
Kontaktperson: Josie Carter

Italien

iz f 2 262

ANCMA Associazione Nazionale Ciclo, Motociclo, Accessori
Via Mauro Macchi 32, I-20124 Mailand
T: (0039266) 98 18 18 **Fax:** 98 20 72
E-Mail: boselli@ancma.it, nepentini@ancma.it
Kontaktperson: Pietro Boselli
Enea Nepentini

Niederlande

iz f 2 263

Nederlandse Vereniging "De Rijwiel- en Automobiel-Industrie" (RAI / Autovak)
Postfach 7 48 00, NL-1070 DM Amsterdam
Wielingenstraat 28, NL-1070 DM Amsterdam
T: (003120) 5 04 49 49 **Fax:** 5 04 49 98
E-Mail: g.stokreef@rai.nl
s.stock.rai.nl
Kontaktperson: Gerrit Jan Stokreef
Stef Stock

Österreich

iz f 2 264

Fachverband der Fahrzeugindustrie Österreichs (FFÖ)
Postfach 337, A-1045 Wien 4
Wiedner Hauptstrasse 63, A-1045 Wien 4
T: (00431) 5 01 05 48 01 **Fax:** 50 10 52 89
E-Mail: fahrzeuge@wk.or.at
Kontaktperson: Mag. Walter Linszbauer

Portugal

iz f 2 265

ABIMOTA
Borralha, P-3750 Agueda
T: (00351) 34 62 37 97 **Fax:** 34 60 20 18
Kontaktperson: Angelino Ferreira

Spanien

iz f 2 266

S.E.E.B. (Sector Español Empresarial Bicicleta)
Arcacha 1, E-01006 Vitoria
T: (003445) 13 52 02 **Fax:** 13 93 21
Kontaktperson: Jose Antonio Gomez

IZ F 2 267

Verbindungsstelle der europäischen Maschinenbau-, Metallverarbeitenden und Elektroindustrie (ORGALIME)
Liaison Group of the European Mechanical, Electrical, Electronic and Metalworking Industries
Generalsekretariat:
Boulevard A. Reyers 80, B-1030 Brüssel
T: (00322) 7 06 82 35 **Fax:** 7 06 82 50
Internet: http://www.orgalime.org
E-Mail: secretariat@orgalime.org
Gründung: 1954
President: Enrico M. Carle (ANIMA, Italien)
Chairman of the Council: Heinrich Blauert (VI, Schweden)
Secretary General: Adrian Harris
Leitung Presseabteilung: Patrick Knox-Peebles
Verbandszeitschrift: ORGALIME NEWS
Mitglieder: 28
Mitarbeiter: 10
Jahresetat: DM 2 Mio

Member Associations

Germany

iz f 2 268

VDMA Verband Deutscher Maschinen- und Anlagenbau e.V.
Postf. 71 08 64, 60498 Frankfurt
Lyoner Str. 18, 60528 Frankfurt
T: (069) 66 03-0 **Fax:** 66 03-1511
Internet: http://www.vdma.de
E-Mail: puoe@vdma.org
President: Eberhard Reuther
Directeur: Dr. Martin Wansleben (Hauptgeschäftsführer)

iz f 2 269

Zentralverband Elektrotechnik- und Elektronikindustrie (ZVEI) e.V.
Postf. 70 12 61, 60562 Frankfurt
Stresemannallee 19, 60596 Frankfurt
T: (069) 6 30 22 95 **Fax:** 6 30 22 71
Internet: http://www.zvei.org
E-Mail: zvei@zvei.org
President: Dietmar Harting
Director: Franz-Josef Wissing (Hauptgeschäftsführer)
Managing Director: Gotthard Graß (Geschäftsführer)
Norbert Knaup (Geschäftsführer)
Hugo Rüsch (Geschäftsführer)

iz f 2 270

WSM Wirtschaftsverband Stahl- und Metallverarbeitung e.V.
Postf. 40 09, 58040 Hagen
Goldene Pforte 1, 58093 Hagen
T: (02331) 95 88 17 **Fax:** 95 87 17, 5 10 46
President: Günter Becker
Director: Dipl.-Phys. Hans-Dieter Oelkers (Hauptgeschäftsführer)

Austria

iz f 2 271

Fachverband der Eisen- und Metallwarenindustrie Österreichs
Austrian Galvanizers Association
Postfach 3 35, A-1045 Wien
Wiedner Hauptstr. 63, A-1045 Wien
T: (00431) 5 01 05 34 75 **Fax:** 5 05 09 28
Internet: http://www.fmwi.at
E-Mail: fmwi@fmwi.at
President: Reinhard Jordan
Director: Wolfgang Locker (Hauptgeschäftsführer)

iz f 2 272

**F.E.E.I.
Fachverband der Elektro- und Elektronikindustrie Österreichs**
Austrian Electrical and Electronic Industries Association (FEEI)
Mariahilfer Str. 37-39, A-1060 Wien
T: (00431) 5 88 39 44 **Fax:** 5 86 69 71
Internet: http://www.feei.at
E-Mail: martin@feei.wk.or.at
President: Albert Hochleitner
Director: Dr. Heinz Raschka (Hauptgeschäftsführer)

Belgium

iz f 2 273

Federation Multisectorielle de l'Industrie Technologique (AGORIA)
Diamant Building
Bld. A. Reyers 80, B-1030 Brüssel
T: (00322) 7 06 79 82 **Fax:** 7 06 79 88
Internet: http://www.agoria.be
E-Mail: pierre.juliens@agoria.be
President: John Cordier
Director: Philippe de Buck van Overstraeten (Administrateur-délégué)

Denmark

iz f 2 274

Confederation of Danish Industries (DI)
H.C. Anderson Boulevard 18, DK-1787 Kobenhavn V
T: (0045) 33 77 33 77 **Fax:** 33 77 33 00
Internet: http://www.di.dk
E-Mail: di-uni@di.dk
President: Ib Christensen
Director: Hans-Skov Christensen

Spain

iz f 2 275

CONFEMETAL Confederacion Española de Organizaciones Empresariales del Metal
Principe de Vergara 74, E-28006 Madrid
T: (003491) 5 62 55 90 **Fax:** 5 62 84 77
Internet: http://www.confemetal.es

iz f 2 275

E-Mail: confemetal@confemetal.es
President: Carlos Perez de Bricio Olaragia
Director: Andrès Sanchez de Apellániz

Finland

iz f 2 276

Federation of Finnish Metal, Engineering and Electrotechnical Industries (MET)
Postfach 10, FIN-00131 Helsinki
Eteläranta 10, FIN-00130 Helsinki
T: (003589) 1 92 33 97   **Fax:** 62 44 62
Internet: http://www.met.fi
E-Mail: veijo.niemi@met.fi
President: Mikko Kivimäki
Director: Harri Malmberg (Managing Director)

iz f 2 277

SET Federation of Finnish Electrical and Electronics Industry
Postfach 10, FIN-00131 Helsinki
Eteläranta 10, FIN-00130 Helsinki
T: (003589) 1 92 31   **Fax:** 63 58 55
Internet: http://www.electroind.fi
E-Mail: set@electroind.fi
President: Matti Alahuhta
Director: Tapio Forsgrén (Managing Director)

France

iz f 2 278

F.I.M. Fédération des Industries Mécaniques
Maison de la Mécanique, rue Louis Blanc 39-41, 92400 Courbevoie
la Défense Cedex, F-92038 Paris
President: Martine Clément
Director: Marc Bay_5 (Directeur Général)

iz f 2 279

FIEEC Fédération des Industries Electriques, Electroniques et de Communication
Rue Hamelin 11, F-75783 Paris Cedex 16
T: (00331) 45 05 70 70   **Fax:** 45 53 03 93
Internet: http://www.fieec.fr
E-Mail: comm@fieec.fr
President: François Mauduit
Director: Jean-Claude Karpelès (Délégué Général)

Great Britain

iz f 2 280

BEAMA Federation of British Electrotechnical and Allied Manufacturers' Associations Limited
Westminster Tower
3 Albert Embankment Westminster Tower, GB- London SE1 7SL
T: (004420) 77 93 30 00   **Fax:** 77 93 30 53
E-Mail: dd@eiema.demon.co.uk
President: Michael F. Barrett
Director: Alan Bullen

iz f 2 281

METCOM Mechanical & Metal Trade Confederation
Carlyle House
235/237 Vauxhall Bridge RD, GB- London SW1V 1EJ
T: (004420) 72 33 70 11   **Fax:** 78 28 06 67
Internet: http://www.metcom.org.uk
E-Mail: ecampbell@metcom.org.uk
Chairman of the Management Committee: Stan E. Vaughan
Director: John Carruthers

Ireland

iz f 2 282

E.I.A. Engineering Industry Association
Confederation House
Lower Baggot Street 84-86, Confederation House, IRL- Dublin 2
T: (003531) 6 60 10 11   **Fax:** 6 60 17 17
E-Mail: sean.beary@ibec.ie
President: Declan McGrath
Director: Sean Beary

Italy

iz f 2 283

ANIE - Associazione Nazionale Industrie Elettrotecniche ed Elettroniche
Via Gattamelata 34, I-20149 Mailand
T: (003902) 3 26 42 55   **Fax:** 3 26 42 12
Internet: http://www.anie.it
E-Mail: asde.segreteria@anie.it
Gründung: 1945
President: Renzo Tani
Director: Daniel Kraus
Luigi Meli (Director International Affairs)

iz f 2 284

ANIMA - Federazione delle Associazioni Nazionall dell'Industria Meccanica
Federation of the Italian Mechanical and Engineering Industry Associations
Via Battistotti Sassi 11B, I-20133 Mailand
T: (00392) 73 97-1   **Fax:** 73 97-316
Internet: http://www.anima-it.com
E-Mail: assotermica@anima-it.com
Président: Enrico M. Carle
Directeur: Enrico Malcovati

Luxembourg

iz f 2 285

GCFL - Groupement des Constructeurs et Fondeurs du Grand-Duché de Luxembourg
(Association of Luxembourg Manufacturers and Founder)
Postfach 1304, L-1013 Luxembourg
Rue Alcide de Gasperi 7, L-1013 Luxembourg
T: (00352) 43 53 66-1   **Fax:** 43 23 28
E-Mail: fedil@fedil.lu
President: Jean-Claude Schmitz
Director: Nicolas Soisson

Norway

iz f 2 286

T.B.L. Teknologibedriftenes Landsforening
Oscars Gate 20, Box 7072 Majorstua, N-0306 Oslo 3
T: (004722) 59 00 00   **Fax:** 59 00 01
Internet: http://www.tbl.no
E-Mail: tbl@tbl.no
President: Harald Oøyhovden
Director: Karl Nysterud

The Netherlands

iz f 2 287

FME/CWM Vereniging voor de Metaal- en de Elektronische Industrie
Bredewater 20, NL-2700 Zoetermeer
T: (003179) 3 53 12 47   **Fax:** 3 53 13 65
Internet: http://www.fme.nl
President: Arie Kraaijeveld (Pre4sident/Director General)
Director: Paul van Roon

iz f 2 288

METAALUNIE Nederlandse Organisatie van Ondernemers in het Midden- en Kleinbedrijf in de Metaal
Postfach 26 00, NL-3430 GA Nieuwegein
Einsteinbaan 1, NL-3439 NJ Nieuwegein
T: (00313060) 5 33 44   **Fax:** 5 31 22
Internet: http://www.metaalunie.nl
E-Mail: info@metaalunie.nl
President: Bertha Hovers-van Lierop
Director: Harm Jan Keijer

Portugal

iz f 2 289

ANEMM Associação Nacional das Empresas Metalúrgicas e Metalomecânicas
Estrada do Paço do Lumiar, Polo tecnologico de Lisboa, lote 13, P-1600 Lisboa
T: (003511) 7 15 21 72   **Fax:** 7 15 04 03
Internet: http://www.anemm.pt
E-Mail: anemm@anemm.pt
President: José de Oliveira Guia
Director: João Reis

Sweden

iz f 2 290

VI Sveriges Verkstadsindustrier
Storgatan 5 Box 5510, S-11485 Stockholm
T: (00468) 7 82 08 00   **Fax:** 7 82 09 00, 7 82 09 41
Internet: http://www.vi.se
E-Mail: heinrich.blauert@vi.se
President: Lennart Nilsson
Director: Heinrich Blauert (Managing Director)

Schweiz

iz f 2 291

Textile Machinery Division (SWISSMEM)
Kirchenweg 4, CH-8008 Zürich
Kirchenweg 4
Postfach, CH-8032 Zürich
T: (00411) 3 84 41 11   **Fax:** 3 84 42 42
E-Mail: l.sigrist@swissmem.ch
President: Johann N. Schneider-Ammann
Director: Thomas Daum

● IZ F 2 292

Verbindungsstelle der Fleischverwertungs-Industrie der EG (CLITRAVI)
Liaison Centre of the Meat Processing Industries of the EC
Centre de Liaison des Industries Transformatrices de Viandes de la Communauté Européenne
21, Bd. Baudouin - 7° Et., B-1000 Bruxelles
T: (00322) 22 03 51 41   **Fax:** 22 03 32 44
E-Mail: devries@skypro.be
Gründung: 1958
Président: Eddy van der Pluym
Vice-Président: Åke Rutegard
Secrétaire Général: Dirk Dobbelaere
Affaires Législatives: Claire Hiernaux
Mitglieder: 22
Mitarbeiter: 3

Mitgliedsorganisationen

Belgien

iz f 2 293

Fédération Nationale des Fabricants de Produits et Conserves de Viandes (FENAVIAN)
Kasteellaan 9, B-1080 Brüssel
T: (00322) 4 13 07 07   **Fax:** 4 13 07 08
E-Mail: vangoidsenhoven.fenavian@skynet.be
Président: F. Leroux
Secrétaire Général: Koen Vangoidsenhoven
Membre du conseil: Eddy van der Pluym

Deutschland

iz f 2 294

Bundesverband der Deutschen Fleischwarenindustrie e.V.
Postf. 29 51, 53019 Bonn
Schedestr. 11, 53113 Bonn
T: (0228) 2 67 25-0   **Fax:** 2 67 25-55
E-Mail: bvdf@compuserve.com
Président: F.G. Köhne
Secrétaire Général: Dr. J. Wiegner

Dänemark

iz f 2 295

Danske Slagterier
Axelborg-Axeltorv 3, DK-1609 København V
T: (0045) 33 11 60 50, 33 93 35 33   **Fax:** 33 11 68 14
Membre du conseil: Bent Olesen
Secrétaire Général: Arne Moesgaard

Estland

iz f 2 296

Estonian Meat Association
Lai tn. 39-41 -331, EW-0100 Tallinn
T: (00372) 6 41 10 35   **Fax:** 6 41 10 35
E-Mail: lihaliit@hot.ee
Président: Peeter Maspanov
Exécutif directeur: Helle Koppel

Finnland

iz f 2 297

Finnish Meat Board
c/o Finnish Food and Drink Industries' Federation
Postfach 1 15, FIN-00241 Helsinki
T: (003589) 14 88 71   **Fax:** 14 88 72 01
Directeur: Lea Lastikka
Personnes de contact: Markku Raevuori
Raymond Tuominen

Frankreich

iz f 2 298

F.I.C.T. (Fédération française des Industries Charcutières)
3, rue Anatole de la Forge, F-75017 Paris
T: (00331) 53 81 78 87   **Fax:** 46 22 26 01
E-Mail: federation.charcuteries@wanadoo.fr
Président: Charles-Hervé Richard
Secrétaire Général: Gérard Le Tyrant

Griechenland

iz f 2 299

Greek Meat Processing Association (S.E.V.E.K.)
15 A, rue Xenophontos, GR-105 57 Athens
T: (00301) 3 25 32 37   **Fax:** 3 25 44 60
E-Mail: sevek@hol.gr
Président: P.G. Nikas
Secrétaire Général: A. Primendas
Personnes de contact: S. Stasinoupoulo

Großbritannien

iz f 2 300

British Meat Manufacturers' Association (B.M.M.A.)
11-12 Buckingham Gate, GB- London SW1E 6LB
T: (0044171) 8 28 12 24   **Fax:** 8 28 12 37
E-Mail: bmma@dial.pipex.com
Président: W.J. Jermey B.Sc.
Secrétaire Général: Celia Bennett

Irland

iz f 2 301

Irish Meat Association (IMA)
Merrion Square 11, IRL- Dublin 2
T: (003531) 6 61 04 22   **Fax:** 6 61 04 27, 6 61 04 28
E-Mail: info@ima.ie
Président: Tom Mc Andrew
Chief Executive: John Smith

iz f 2 302

Irish Asociation of Pigmeat Processors (IAPP)
Lower Baggot Street Confederation House 84-86, IRL- Dublin 2
T: (003531) 6 60 10 11   **Fax:** 6 38 15 74
E-Mail: gerry.farrell@ibec.ie
Président: Eddie Power
Directeur: Ciaran Fitzgerald
Sous-Directeur: Gerry Farrell

Italien

iz f 2 303

Associazione Industriali Delle Carne - ASS.I.CA.
Milanofiori - Strada 4, Palazzo Q/8, I-20089 Rozzano
T: (00392) 8 92 59 01   **Fax:** 57 51 06 07
E-Mail: assica@promo.it
Président: Paolo Levoni
Membre du conseil: Sergio Franchi
Secrétaire Général: G. Gorreri

Litauen

iz f 2 304

Lietuvos Mesos Perdirbeju Asociacija/Lithuanian Meat Makers Association
I. Savickio, 4-1, LT-2001 Vilnius
T: (003702) 22 20 09   **Fax:** 22 20 09
E-Mail: maistas@klaipeda.omnitel.net
Président: Gintaras Valancius
Vice-Président: Marijonas Buklys (Secrétaire)

Luxemburg

iz f 2 305

E.M.O (Fédération Nationale des Fabricants et Distributeurs de Viandes en Gros du Grand-Duché du Luxembourg)
Grand Duché de Luxembourg
Postfach 54, L-5601 Mondorf-Les-Bains
T: (00352) 66 71 91/92/93   **Fax:** 66 12 23
Président: N. Eischen (Secrétaire)

Niederlande

iz f 2 306

V.N.V. (Vereniging voor de Nederlandse Vleeswarenindustrie)
Postfach 3036, NL-2280 GA Rijswijk
Sir Winsten Churchilllaan 275, NL-2288 EA Rijswijk
T: (003170) 3 40 99 88   **Fax:** 3 40 99 44
E-Mail: bvo.nl@tip.nl
Président: J.C. Carsouw
Secrétaire Général: Ir. Hans J. Heier

Norwegen

iz f 2 307

Norsk Kjott (Norwegian Meat Cooperative)
Postfach 360, N-0513 Oslo 5
Refstadt, N-0513 Oslo 5
T: (0047) 22 09 21 00, 22 18 11 66   **Fax:** 22 22 00 16
E-Mail: knut.framstad@gilde.no
Directeur de gestion: Axel Krogvig
Directeur: Knut Framstad

Österreich

iz f 2 308

Koordinationsbüro "Fleischwirtschaft" zwischen Fleischergbewerbe und Fleischwarenindustrie in der Wirtschaftskammer Österreich
Postfach 3 57, A-1045 Wien
Wiedner Hauptstr. 63, A-1045 Wien
T: (00431) 5 01 05-3376   **Fax:** 5 01 05-3379
E-Mail: koordinationsbuero.fleischwirtschaft@wko.at
Président: Ernest Pollak
Secrétaire Général: Dr. Reinhard Kainz

Portugal

iz f 2 309

Associacao Nacional dos Industrias de Carnes (ANIC)
av. Guerra Junquero 11, 1° D, P-1000 Lissabon
T: (0035121) 8 40 02 98   **Fax:** 8 40 02 40
Président: F. Marques
Secrétaire Général: Juvenal Giga

Rumänien

iz f 2 310

Asociatia Romana a Carnii - A.R.C. (Rumanian Meat Association) (ARC)
Str. Georg Enescu 27-29 Sector 1, R-70711 Bucharest
T: (00401) 3 15 55 92, 3 15 55 93   **Fax:** 3 15 55 94
E-Mail: asic@newsys.ro
Président: Mihai Lungu
Exécutif directeur: Mihai Visan
Secrétaire Général: Marieta Verdes

Schweden

iz f 2 311

Swedish Farmers Meat Marketing Association (Swedish Meats)
(Swedish Farmers' Meat Marketing Association)
Slakthusplan 4, S-121-86 Johanneshov
T: (00468) 7 25 80 00   **Fax:** 7 25 81 41
E-Mail: kurt.nykvist@swedishmeats.com
Président: Lars Wedén
Personne de contact: Kurt Nykvist

iz f 2 312

Swedish Meat Industry Association (Kott Branschen)
Postfach 5093, S-121-16 Johanneshov
Slakthusplan 3, S-121-16 Johanneshov
T: (00468) 6 59 00 05   **Fax:** 6 59 21 82, 6 00 17 59
E-Mail: info@meattrade.se
Président: Hans Bromert
Secrétaire Général: Åke Rutegard

Slowakische Republik

iz f 2 313

Slovak Meat Processing Industry Organization (Zväs Mäsiarov Slovenska)
Blumentálska 19, SK-81613 Bratislava
T: (00421) 7 55 42 40 08   **Fax:** 7 55 42 40 08
E-Mail: kajka@gmx.net
Président: Ing. Bubomír Brezovický
Exécutif directeur: Edita Ohrablová

Spanien

iz f 2 314

Confecarne (Confederacion de Organizaciones Empresariales del Sector Carnico de Espana)
General Rodrigo 6 Planta 12, E-28003 Madrid
T: (003491) 5 54 70 45, 5 54 78 46, 5 54 78 48
Fax: 5 54 78 49
E-Mail: aice@cestel.es
Président: D. Martin Garcia Garzon
Personnes de contact: M. Huerta Dana
J. Collado I Bosch

iz f 2 315

Associación Espagnola de Empresas de la Carne (CECARNE)
c/Infanta Mercedes nr. 13-4°, E-28020 Madrid
T: (003491) 5 71 68 55/56, 5 71 68 56   **Fax:** 5 71 68 54
E-Mail: asocarne@asocarne.com
Président: Jaime Ahuir Ferris
Secrétaire Général: Fernando Pascual

Tschechische Republik

iz f 2 316

Společenstvo Řezníku A Uzenářů Cech, Moravy a Slezska
4 Písnice, Libusská, 319, CZ-14201 Prag
T: (004202) 44 09 24 41   **Fax:** 44 09 24 05
E-Mail: masouzeniny@volny.cz
Président: Doc. MVDr. Ladislav Steinhauser (Csc.)
Secrétaire Général: Jaromír Štrobl
Personne de contact: Bohumil Ríha

Ungarn

iz f 2 317

Hungarian Meat Industry Federation
Postfach 505, H-1397 Budapest
Akadémia u. 1, 2° floor, Office 280, H-1054 Budapest
T: (00361) 3 32 11 26   **Fax:** 3 32 09 59
E-Mail: meatfed@matavnet.hu
Président: Ferenc Janco
Secrétaire Général: Edit Menczel

Associated Members

iz f 2 318

Kjøttbransjens Landsførbund
(Norwegian Independent Meat Association)
Postfach 6279, N-0603 Oslo 6
Etterstad, N-0603 Oslo 6
T: (0047) 23 24 44 70   **Fax:** 23 24 44 80
E-Mail: meat.association@online.no
Président: Stale Gausen
Secrétaire Général: Inger Solberg
Personne de contact: Rolf A. Aass

Slowenien

iz f 2 319

GIZ Meso-Izdelki (Commercial Branch Association for Meat and Meat Produkt)
Dimićeva 9, SLO-1000 Ljubljana
T: (003861) 2 32 92 92, 5 65 92 40   **Fax:** 5 65 92 45
E-Mail: giz.mi@siol.net
Secrétaire Général: Dr. Vet.Med. Čampa

IZ F 2 320
Internationaler Verband der Naturdarm-Hersteller
International Natural Casings Association
10400 Connecticut Avenue Suite 507, USA- Kensington MD 20895
T: (001301) 9 62 84 00 **Fax:** 9 62 76 30
Internet: http://www.insca.org
E-Mail: insca@aol.com
Director: Richard Theise, U.S.A.
Manfred Grundt, Germany
Michael Mayo, U.S.A.
Vice Presidents: David Gordon
Hans Hansen
Sergey Ivanenko
Franz Kienast
Li Xizhong
Bruce Neill

IZ F 2 321
Marinalg International (CLITAM)
85, bd Haussmann, F-75008 Paris
T: (00331) 42 65 41 58 **Fax:** 42 65 02 05
E-Mail: marinalg@iway.com
Gründung: 1973
Mitglieder: 14
Mitarbeiter: 1

IZ F 2 322
Verein der Kunststofferzeugenden Industrie in Europa (APME)
Association of Plastics Manufacturers in Europe (APME)
Association des producteurs de matières plastiques en Europe
Av. E. Van Nieuwenhuyse 4, Box 3, B-1160 Bruxelles
T: (00322) 6 75 32 97 **Fax:** 6 75 39 35
Internet: http://www.apme.org
E-Mail: info.apme@apme.org
Gründung: 1976 (Januar)
Président: A. d'Aramon
Director General: Nancy Russotto
Communications Director: C.R. Emerencia
Mitglieder: über 40 Firmen
Mitarbeiter: 25

IZ F 2 323
CBMC - Die Europäischen Brauer
CBMC - The Brewers of Europe
CBMC - Les Brasseurs Européens
Chaussée de la Hulpe 181 bte 20, B-1170 Brüssel
T: (00322) 672 23 92 **Fax:** 660 94 02, 675 17 29
Internet: http://www.cbmc.org
E-Mail: info@cbmc.org
Gründung: 1958
Generalsekretär(in): Rodolphe de Looz-Corswarem (Ltg. Presseabt.)
Präsident(in): P. Bergqvist
Verbandszeitschrift: Statistics European Parlement, Bier Club News
Verlag: The Brewers of Europe
Mitglieder: 18
Mitarbeiter: 8

Mitgliedsorganisationen

Belgien

iz f 2 324
Confédération des Brasseries de Belgique (C.B.B.)
Maison des Brasseurs
Grand' Place 10, B-1000 Brüssel
T: (00322) 5 11 49 87 **Fax:** 5 11 32 59
Internet: http://www.beerparadise.be
E-Mail: cbb@beerparadise.be
Präsident(in): Yannick Boes
Ad. Délégué: Michel Brichet

Dänemark

iz f 2 325
Bryggeriforeningen
Frederiksberggade 11, DK-1459 Kopenhagen K
T: (0045) 33 12 62 41 **Fax:** 33 14 25 13
Internet: http://www.bryggeriforeningen.dk
E-Mail: info@bryggeriforeningen.dk
Gründung: 1899 (6. 9.)
Präsident(in): Flemming Lindeløv
Direktor(in): Niels Hald

Deutschland

iz f 2 326
Deutscher Brauer-Bund e.V.
Postf. 20 04 52, 53134 Bonn
Annaberger Str. 28, 53175 Bonn
T: (0228) 9 59 06-0 **Fax:** 9 59 06-16
Internet: http://www.brauer-bund.de
E-Mail: info@brauer-bund.de
Gründung: 1871
Präsident(in): Dieter Ammer
Hauptgeschäftsführer(in): RA Peter Hahn
Mitglieder: 14 Verbände

Finnland

iz f 2 327
Panimoliitto (Finnish Federation of the Brewing Industry)
Postfach 115, FIN-00241 Helsinki
Pasilankatu 2, FIN-00241 Helsinki
T: (003589) 14 88 71 **Fax:** 14 88 72 01
Internet: http://www.panimoliitto.fi
E-Mail: info@panimoliitto.fi
Präsident(in): Jussi Länsiö
Direktor(in): Risto Saarinen

Frankreich

iz f 2 328
Association des Brasseurs de France
Boulevard Malesherbes 25, F-75008 Paris
T: (00331) 42 66 30 36 **Fax:** 42 66 52 79
Internet: http://www.brasseurs-de-france.com
E-Mail: contact@brasseurs-de-france.com
Präsident(in): Pierre Tourrette
Generalsekretär(in): Louis Delalande

Griechenland

iz f 2 329
Greek Brewers' Association
Postfach 383, GR-10434 Athen
102, Kifissos Ave, GR-122 41 Egaleo
T: (00301) 538 49 11 **Fax:** 545 08 48
E-Mail: amsteldd@otenet.gr
President: Minas Tanes
Secretary International: Dimitri Docopoulos

Großbritannien

iz f 2 330
Brewers and Licensed Retailers Association (BLRA)
42, Portman Square, GB- London W1H 0BB
T: (004420) 74 86 48 31 **Fax:** 79 35 39 91
Internet: http://www.blra.co.uk
E-Mail: prmail@blra.co.uk
Chairman: Michael R. M. Foster
Chief Executive: Rob Hayward
Secretary General: Dr. David Long

Irland

iz f 2 331
Irish Brewer's Association
Confederation House
84-86, Lower Baggot Street, IRL- Dublin 2
T: (003531) 660 1011 **Fax:** 660 1717
E-Mail: paddy.jordan@ibec.ie
Präsident(in): A. M. Prendergast
Direktor(in): Paddy Jordan

Italien

iz f 2 332
Associazione degli Industriali della Birra e del Malto
Viale di Val Fiorita 90, I-00144 Rom
T: (003906) 5 43 93 21/2/3/4/5 **Fax:** 5 91 29 10
Internet: http://www.assobirra.it
E-Mail: birra.viva@assobirra.it
Präsident(in): Dr. Rodolfo Peroni
Direktor(in): Stefano Genovese

Luxemburg

iz f 2 333
Fédération des Brasseurs Luxembourgeois
Postfach 13 04, L-1013 Luxembourg
31 bd Konrad Adenauer 1er étage, L-1115 Luxemburg Kirchberg
T: (00352) 43 53 66-1 **Fax:** 43 23 28
Internet: http://www.fedil.lu
E-Mail: fed.brasseurs@fedil.lu
Präsident(in): Raymond Martin
Direktor(in): Nicolas Soisson

Niederlande

iz f 2 334
Centraal Brouwerij Kantoor (CBK)
Postfach 34 62, NL-1001 AG Amsterdam
Herengracht 282, NL-1016 BX Amsterdam
T: (003120) 6 25 22 51 **Fax:** 6 22 60 74
Internet: http://www.cbk.nl
E-Mail: info@cbk.nl
Präsident(in): Hans Wiegel
Direktor(in): H. E. Jonker Roelants

Österreich

iz f 2 335
Verband der Brauereien Österreichs
Zaunergasse 1-3, A-1030 Wien
T: (00431) 7 13 15 05 **Fax:** 7 13 39 46
Internet: http://bier.oesterreich.com
E-Mail: getraenke@lebensmittel.wk.or.at
Präsident(in): Markus Liebl
Geschäftsführer(in): Jutta Kaufmann

Portugal

iz f 2 336
Associaçao da Indústria Cervejeira Portuguesa (AICP)
Avenida Almirante Reis 115-3 °, P-1050-014 Lissabon
T: (0035121) 3 30 49 68 **Fax:** 3 30 49 69
Präsident(in): Arnoldo Navarro Machado
Generalsekretär(in): Américo Martins

Schweden

iz f 2 337
Svenska Bryggareföreningen
Postfach 81 04, S-10420 Stockholm
Polhemsgatan 29, S-10420 Stockholm
T: (00468) 566 213 00 **Fax:** 566 213 10
Internet: http://www.swedbrewers.se
E-Mail: reception@swedbrewers.se
Gründung: 1885
President: Peter Mattson
Chairman: S. Wiking Sjöstrand

Spanien

iz f 2 338
Cerveceros de España
C/Almagro 24-2 ° izda, E-28010 Madrid
T: (003491) 308 6770 **Fax:** 308 6661
Internet: http://www.cerveceros.org
E-Mail: info@cerveceros.org
Präsident(in): Demetrio Carceller
Generalsekretär(in): Jacobo Olalla-Marañon

Assoziierte Mitglieder

Norwegen

iz f 2 339
Norsk Bryggeri- og Mineralvannindustris Forening
Postfach 7087 Homansbyen, N-0306 Oslo
Essendropsgt 6 - 2nd floor, N-0306 Oslo
T: (00472) 3 08 86 90 **Fax:** 2 60 30 04
Internet: http://www.nbmf.no
E-Mail: firmapost@nbmf.no
Gründung: 1901
Präsident(in): Bjorn Wiggen
Direktor: Per Undrum

Schweiz

iz f 2 340

Schweizerischer Bierbrauerverein
Société Suisse des Brasseurs
Postfach 6325, CH-8023 Zürich
Bahnhofplatz 9, CH-8023 Zürich
T: (00411) 2 21 26 28 **Fax:** 2 11 62 06
Internet: http://www.bier.ch
E-Mail: bierbrauerverein@spectraweb.ch
Gründung: 1877
Präsident(in): Hans-Ulrich Leupin
Direktor: Konrad Studerus

● **IZ F 2 341**

Vereinigung der Erfrischungsgetränke-Verbände in der EG (UNESDA)
Union of EU Soft Drinks Associations
Union des Associations de Boissons Rafraichissantes des Pays de la C.E.
Bd. Saint Michel 79, B-1040 Brüssel
T: (00322) 7 43 40 50 **Fax:** 7 32 51 02
Internet: http://www.unesda-cisda.org
E-Mail: mail@unesda-cisda.org
Gründung: 1958
President: F. Gantner
Secretary General: A. Beaumont
Leitung Presseabteilung: Helen O'Sullivan
Mitglieder: 17
Mitarbeiter: 4

Mitgliedsorganisationen

Belgien

iz f 2 342

Fédération des Industries des Eaux et Boissons Refraîchissantes (FIEB)
Av. Général de Gaulle 51 b/5, B-1050 Brüssel
T: (00322) 6 49 12 86 **Fax:** 6 46 13 39
E-Mail: fieb@fieb.be

Dänemark

iz f 2 343

Danske Laeskedrik Fabrikanter (DLF)
Frederiksberggade 11, DK-1459 Kopenhagen
T: (004533) 12 62 41 **Fax:** 14 25 13
Internet: http://www.laeskedrik.dk
E-Mail: info@laeskedrik.dk

Deutschland

iz f 2 344

Wirtschaftsvereinigung Alkoholfreie Getränke e.V.
Königswinterer Str. 300, 53227 Bonn
T: (0228) 44 10 72, 44 27 13 **Fax:** 44 00 19
Internet: http://www.bde-online.de
E-Mail: mail@bde-online.de

iz f 2 345

Verband Deutscher Mineralbrunnen e.V. (VDM)
Kennedyallee 28, 53175 Bonn
T: (0228) 95 99 00 **Fax:** 37 34 53
Internet: http://www.mineralwasser.com
E-Mail: vdm@mineralwasser.com

Finnland

iz f 2 346

PANIMOLIITTO
Finnish Federation of the Brewing and Soft Drinks Industry
Postfach 115, FIN-00241 Helsinki
T: (003589) 14 88 71 **Fax:** 1 48 72 01
Internet: http://www.panimoliitto.fi
E-Mail: risto@saarinen@et.ttiitot.fi

Frankreich

iz f 2 347

Syndicat National des Boissons Rafraîchissantes (SNBR)
Rue de la Trémoille 10, F-75008 Paris
T: (00331) 47 20 31 10 **Fax:** 47 20 27 62
E-Mail: snbr@wanadoo.fr

Griechenland

iz f 2 348

Greek Soft Drinks Association (SEVA)
Ethnikís Antistaseos 69 & Eptanisou 2, GR-15231 Chalandri
T: (00301) 6 71 11 77 **Fax:** 6 71 10 80

Großbritannien

iz f 2 349

British Soft Drinks Association Ltd. (BSDA)
20/22 Stukeley Street, GB- London WC2B 5LR
T: (004420) 74 30 03 56 **Fax:** 78 31 60 14
E-Mail: bsda@britishsoftdrinks.com

Irland

iz f 2 350

The Soft Drinks Association Ltd. (SDAI)
Unit 19A Naas Road Business Park, IRL- Dublin 12
T: (003531) 4 60 08 11 **Fax:** 4 60 08 14
E-Mail: sda@iol.ie

Italien

iz f 2 351

Italian Soft Drinks Association (ASSOBIBE)
Viale Umberto Tupini 103 CAP, I-00144 Rom
T: (00396) 5 92 46 88 **Fax:** 5 92 47 51
Internet: http://www.foodarea.it
E-Mail: assobibe@foodarea.it

iz f 2 352

MINERACQUA
Italien Mineral Water Association
Via delle Tre Madonne 12, I-00197 Rom
T: (00396) 8 07 99 50 **Fax:** 8 07 99 46
E-Mail: pigrippo@tin.it

Luxemburg

iz f 2 353

Fédération de l'Industrie et du Commerce des Eaux et des Boissons Non-Alcoolisées du Grand-Duché de Luxembourg (FICEB)
c/o Syndicat des Eaux de Sources
Alleé Charle V, F-94300 Vincennes
T: (00331) 43 65 51 18 **Fax:** 43 65 04 64
E-Mail: treherne@wanadoo.fr

Niederlande

iz f 2 354

Vereniging Nederlandse Frisdranken Industrie (NFI)
Postfach 2 61 55, NL-3002 ED Rotterdam
Heemraadssingel 167, NL-3002 ED Rotterdam
T: (003110) 4 77 40 33 **Fax:** 4 25 90 25
Internet: http://www.frisdrank.nl
E-Mail: info@frisdrank.nl

Österreich

iz f 2 355

Verband der Hersteller Alkoholfreier Erfrischungsgetränke (VDHAEI)
Zaunergasse 1-3, A-1030 Wien
T: (00431) 7 13 15 05 **Fax:** 7 13 39 46
E-Mail: bier-fruchtsaft-limonade@getraenkeverband-austria.telecom.at

Portugal

iz f 2 356

Portugese Soft Drinks Association (ANIRSF)
avenida Miguel Bombarda 110, P-1050-167 Lissabon
T: (00351217) 94 05 74 **Fax:** 93 82 33
E-Mail: apiam.anirsf@mail.telepac.pt

Schweden

iz f 2 357

SVENSKA Bryggareföreningen
Polhemsgatan 29, S-10420 Stockholm
T: (0046) 87 23 01 80 **Fax:** 87 91 87 75
Internet: http://www.swedbrewers.se
E-Mail: reception@swedbrewers.se

Spanien

iz f 2 358

Spanish Soft Drinks Association (ANFABRA)
Av. Menendez Pelayo 81, E-28007 Madrid
T: (003491) 5 52 64 22 **Fax:** 5 51 97 91
E-Mail: anafabra@fiab.es

● **IZ F 2 359**

Vereinigung der Ernährungsindustrie der EU (CIAA)
Confederation of the Food and Drink Industries of the EU
Confédération des Industries Agro-Alimentaires de l'UE
Avenue des Arts 43, B-1040 Brüssel
T: (00322) 5 14 11 11 **Fax:** 5 11 29 05
Internet: http://www.ciaa.be
E-Mail: ciaa@ciaa.be
Gründung: 1983
Président: R. Raeber (Nestlé)
Délégué Général: R. Destin
Leitung Presseabteilung: Nathalie Lecocq
Mitarbeiter: 14
Mitgliedsverbände: 16
Beobachter: 4
Mitgliedsverbände: 16
Beobachter: 4

Nationale Verbände

Belgien

iz f 2 360

Federation de l'Industrie Alimentaire (FEVIA)
Av. de Cortenberg 172 bte 7, B-1040 Brüssel
T: (0032) 7430820 **Fax:** (00322) 7 33 94 26
E-Mail: cm@fevia.be
Directeur Général: Chris Moris

iz f 2 361

Foedevareindustrien - Danis F & D Federation
Radhuspladsen 18, DK-1787 Kobenhavn V
T: (0045) 33 77 30 18 **Fax:** 33 77 34 20
E-Mail: olj@di.dk
Director: Ole Linnet Juul

Deutschland

iz f 2 362

Bund für Lebensmittelrecht und Lebensmittelkunde e.V.
Godesberger Allee 142-148, 53175 Bonn
T: (0228) 8 19 93 21 **Fax:** 8 19 93 88
E-Mail: mhorst@bll-online.de
Gründung: 1955 (10. März)
Hauptgeschäftsführer(in): RA Prof. Dr. Matthias Horst
Mitglieder: 550

Finnland

iz f 2 363

Elintarvikieteollisuusliitto ry (ETL)
Finnish Food and Drink Industries' Federation (FFDIF)
Postfach 1 15, FIN-00241 Helsinki
T: (003589) 14 88 71 **Fax:** 14 88 72 01
E-Mail: pekka.hamalainen@etl.fi
Director General: Pekka Hämäläinen

Frankreich

iz f 2 364

Association Nationale des Industries Alimentaires (ANIA)
155 Bd Hausmann, F-75008 Paris
T: (00331) 53 83 86 09 **Fax:** 45 61 96 64
E-Mail: bmangenot@ania.net
Délégué Général: Benoi_3t Mangenot

Griechenland

iz f 2 365

Federation of Hellenic Food Industries (SEVT)
Antistaseos 69 152 31 Chalandri, GR-118 Athen
T: (00301) 6 71 11 77   Fax: 6 71 10 80
E-Mail: sevt@hol.gr
General Manager: Vasso Papadimitriou

Großbritannien

iz f 2 366

Food and Drink Federation (FDF)
6, Catherine Street, GB- London WC2B 5J5
T: (0044207) 4 20 71 11   Fax: 8 36 05 80
E-Mail: jpeel@fdf.org.uk
Director European % International Affairs: Jonathan Peel

Irland

iz f 2 367

Food Drink and Tobacco Federation of Ireland
Confederation House
Lower Baggot Street 84-86, IRL- Dublin 2
T: (003531) 6 05 16 69   Fax: 6 38 16 69
E-Mail: fiona.macmahon@ibec.ie
Kontaktperson: Fiona Mac Mahon

Italien

iz f 2 368

Federazione Italiana dell'Industria Alimentara (FEDERALIMENTARE)
viale Pasteur 10, I-00144 Rom
T: (00396) 5 90 34 70   Fax: 5 90 33 42
E-Mail: federalimentare@foodarea.it
Direttore: Daniele Rossi

Luxemburg

iz f 2 369

Fédération des Industries Agro-Alimentaires Luxembourgeoises (FERRERO/FIAL)
Chée de la Hulpe 187-189, B-1170 Brüssel
T: (00322) 6 79 04 31   Fax: 6 72 63 15
E-Mail: elvio.bianotti@skynet.be
Directeur Affaires Générales Europe: Elvio Biancotti

Niederlande

iz f 2 370

VAI-Nederlandse Voedingsmiddelen Industrie
Postfach 9 30 02, NL-2509 AA Den Haag
T: (003170) 3 49 02 01   Fax: 3 49 02 94
E-Mail: riddiamant@vno-ncw.nl
Secretaris: R. Diamant

Österreich

iz f 2 371

FIAA - Fachverband der Nahrungs- und Genußmittelindustrie (FNGO)
Postfach 4A, A-1037 Wien
Zaunergasse 1-3, A-1030 Wien
T: (00431) 7 12 21 21   Fax: 7 12 12 08
TX: 131247
E-Mail: m.klug@lebensmittel.wk.or.at
Geschäftsführer(in): Dr. Michael Blass

Portugal

iz f 2 372

Federação das Indústrias Portuguesas Agro-Alimentares (FIPA)
Av. Antonio José d'Almeida 7-2 °, P-1000 Lissabon
T: (0035121) 7 93 86 79   Fax: 7 93 85 37
E-Mail: ciaa@fipa.pt
Directeur Général: Isabel Sarmento

Schweden

iz f 2 373

Livsmedelsindustrierna (LI)
Swedish Juice Association
Postfach 1 63 47, S-10326 Stockholm
Södra Blasieholmshamnen 4 A, S-10330 Stockholm
T: (00468) 7 62 65 01   Fax: 7 62 65 12
Director General: Jan Rosenström

Spanien

iz f 2 374

Federación Española de Industrias de la Alimentacion y Bebidas (FIAB)
Diego de Leon 44, E-28006 Madrid
T: (003491) 4 11 72 11   Fax: 4 11 73 44
E-Mail: internacional@fiab.es
Directeur Relations Internationales: Horacio Gonzalez Aleman

Beobachter

Estland

iz f 2 375

Association of Estonian Food Industry
Gonsiori 29, EW-10147 Tallinn
T: (00372) 5 04 79 28   Fax: 6 31 27 18
E-Mail: helve.remmel@toiduliit.ee
Managing Director: Helve Remmel

Polen

iz f 2 376

Polish Federation of Food Industry
ul. Nowowiejska 1/3 lok. 17, PL-00643 Warzawa
T: (004222) 8 25 39 65   Fax: 8 25 39 65
E-Mail: mail@pfpz.pl
Secretary General: Grzegorz Trochimczuk

Tschechische Republik

iz f 2 377

Cokoladovny, AS - Reditelstvi Akciove Spolecnosti
Modranska 27, CZ-14320 Prag 4
T: (004202) 61 32 25 32   Fax: 61 32 27 87
E-Mail: jaroslav.camplik@nestle.cz
Secretary: Jaroslav Camplik (Czech Republic)

Ungarn

iz f 2 378

Federation of Hungarian Food Industries
Postfach 5 05, H-1397 Budapest
Kuny Domonkos u 13-15, H-1397 Budapest
T: (00361) 2 02 55 86   Fax: 3 55 50 57
E-Mail: efosz@dbassoc.hu

● IZ F 2 379

Vereinigung der Europäischen Faltschachtel-Industrie (ECMA)
European Carton Makers Association
Postfach 8 56 12, NL-2508 CH Den Haag
Laan Copes van Cattenburch 79, NL-2585 EW Den Haag
T: (003170) 3 12 39 11   Fax: 3 63 63 48
Vorsitzende(r): Piero Capodieci
Secretary: Dr. J.H.M. Lejeune (Laan Copes van Cattenburch 79, NL-2585 EW Den Haag Niederlande, T: (003170) 3 12 39 11)

● IZ F 2 380

Vereinigung der europäischen Gesenkschmiedeverbände (EUROFORGE)
Goldene Pforte 1, 58093 Hagen
T: (02331) 95 88 37   Fax: 95 87 37
E-Mail: ltutmann@euroforge.org
Generalsekretär(in): Dr. Theodor L. Tutmann
Mitglieder: 9

Mitgliedsorganisationen

Belgien

iz f 2 381

Federation Multisectorielle de l'Industrie Technologique (AGORIA)
Bld. A. Reyers 80, B-1030 Brüssel
T: (00322) 7 06 79 58   Fax: 7 06 79 66
Internet: http://www.agoria.be
E-Mail: pierre.diederich@agoria.be

Deutschland

iz f 2 382

Industrieverband Deutscher Schmieden e.V. (IDS)
Postf. 38 23, 58038 Hagen
Goldene Pforte 1, 58093 Hagen
T: (02331) 95 88-13   Fax: 5 10 46
Internet: http://www.ids.wsu.de
E-Mail: ids@ids.wsu.de

Frankreich

iz f 2 383

Syndicat National de l'Estampage et de la Forge (SNEF)
Cedex, F-92038 Paris La Défense
T: (00331) 47 17 64 17   Fax: 47 17 64 23
Internet: http://www.mecanic.org
E-Mail: forgesnef@wanadoo.fr

Großbritannien

iz f 2 384

National Metalforming Centre (CBM)
Birmingham Road, GB- West Bromwich B70 6PY
T: (0044121) 60 16 35-0   Fax: 6 01 63 73
Internet: http://www.britishmetalforming.com
E-Mail: nmarshall@britishmetalforming.com

Italien

iz f 2 385

Associazione Industriali del Canavese (UNISA)
Corso Nigra 2, I-10015 Ivrea
T: (0039125) 42 47 48   Fax: 42 43 89
Internet: http://www.unisa.org
E-Mail: unisa@unisa.org

Polen

iz f 2 386

Zwiazek Kuzni Polskich
Al. Mickiewicza 30, PL-30059 Krakau
T: (004812) 6 17 29 08   Fax: 6 33 84 21
E-Mail: szyndler@metal.agh.edu.pl

Sweden

iz f 2 387

VI Sveriges Verkstadsindustrier
Storgatan 5 Box 5510, S-11485 Stockholm
T: (00468) 7 82 08 00   Fax: 7 82 09 66
Internet: http://www.vibab.se/smidesgruppe
E-Mail: per.westerhult@vi.se

Spanien

iz f 2 388

Sociedad de Industrias de Forja por Estampacion (SIFE)
General Concha 22-2, E-48010 Bilbao
T: (003494) 4 43 34 50   Fax: 4 43 34 54
E-Mail: sife@coiib.es

Tschechische Republik

iz f 2 389

SVAZ KOVAREN CR
Doudlebska 4, CZ-14200 Prag 4
T: (004202) 61 21 81 49   Fax: 61 21 81 49

Internet: http://www.voluy.cz/skcr
E-Mail: skcr@volny.cz

IZ F 2 390
Vereinigung der Europäischen Hersteller von Durchlauf-Gas-Wassererhitzern und -Badeöfen sowie -Umlauf Gas-Wasserheizern (AFECI)
Association of European Manufacturers of Instantaneous gas water heaters and wall-hung boilers
Association des fabricants européens de chauffe-bains et chauffe-eau instantanés et de chaudières murales au gas
c/o Agoria
Reyerslaan 80, B-1030 Brüssel
T: (00322) 7 06 79 62   Fax: 7 06 79 66
E-Mail: afeci@fabrimetal.be, felix.vaneyken@agoria.be
Gründung: 1958
Pres. Technical Commission: Michael Jantzer (Bosch Junkers)
President: Claude Chalufour (Saunier Duval)
Secretary General: Felix van Eyken (c/o Agoria, Diamant Building, Reyerslaan 80, 1030 Brussels, T: (00322) 7 06 79 62, Telefax: (00322) 7 06 79 66, E-Mail: felix.vaneyken@agoria.be)
Mitglieder: 14 active and 3 associated members
Jahresetat: DM 0,3325 Mio

IZ F 2 391
Vereinigung der europäischen Hersteller von Nahrungsmittelemulgatoren (EFEMA)
European Food Emulsifier Manufacturers' Association
Association des Fabricants Européens d'Emulsifiants Alimentaires
Avenue E. Van Nieuwenhuyse 4 B2, B-1160 Brüssel
T: (00332) 6 76 7289   Fax: 6 76 73 01
Gründung: 1973
President: Paul de Levita
Contact: Alexandra Hadjiyianni

IZ F 2 392
Vereinigung der Europäischen Hersteller von Reibbelägen (FEMFM)
Federation of European Manufacturers of Friction Materials
Fédération Européenne des Producteurs de Matières de Friction
c/o FIEV
79, Rue J.J. Rousseau, F-92158 Suresnes
T: (00331) 46 25 02 30   Fax: 46 97 00 80
E-Mail: vriverbd@netcologne.de
Sekretär: Dr. Günther Voßkötter (c/o VRI-Verband der Reibbelagindustrie e.V., Höhenberger Str. 30, D-51103 Köln, T: (0221) 87 10 57, Telefax: (0221) 87 82 38)
Mitglieder: 6 Nationale Verbände

IZ F 2 393
Vereinigung der Europäischen Kalksandsteinindustrie (E.C.S.P.A.)
European Calcium Silicate Producers Association
Sekretariat: Bundesverband Kalksandsteinindustrie e.V.
Postf. 21 01 60, 30401 Hannover
Entenfangweg 15, 30419 Hannover
T: (0511) 2 79 54-0   Fax: 2 79 54 54
Internet: http://www.kalksandstein.de
E-Mail: info@kalksandstein.de
Vorsitzende(r): G. J. M. Dorresteijn (Niederlande)

IZ F 2 394
Vereinigung der europäischen Keramikfliesen-Hersteller (CET)
European Ceramic Tile Manufacturers Federation
Fédération européenne des producteurs de carreaux céramiques
Rue des Colonies 18-24 bte. 17, B-1000 Brüssel
T: (00322) 5 11 30 12, 5 11 70 25   Fax: 5 11 51 74
Gründung: 1959
Secrétaire Général: R. Chorus
Mitarbeiter: 4

Mitgliedsorganisationen

Deutschland

iz f 2 395
Industrieverband Keramische Fliesen + Platten e.V.
Postf. 16 24, 95090 Selb
Schillerstr. 17, 95100 Selb
T: (09287) 8 08-37   Fax: 8 08-44
Internet: http://www.fliesenverband.de
E-Mail: info@fliesenverband.de

Frankreich

iz f 2 396
Chambre Syndicale du Carreau Céramique de France
Avenue Victor Hugo, 15, F-75116 Paris
T: (00331) 45 00 18 56   Fax: 45 00 47 56

Griechenland

iz f 2 397
Ceram Hellas
8, rue Marni, GR-10433 Athens
T: (00301) 8 22 14 65   Fax: 8 83 70 16

Italien

iz f 2 398
Asociazione Nazionale dei Produttori di Piastrelle de Ceramica + Refrattáti
Viale Monte Santo 40, I-41409 Sassuolo (Modena)
T: (0039536) 81 81 11   Fax: 80 79 35

Niederlande

iz f 2 399
Algemene Vereniging voor de Nederlandse Aardewerkindustrie
Postfach 473, NL-6800 AL Arnhem
T: (003126) 4 42 82 22   Fax: 4 45 45 39

Großbritannien

iz f 2 400
British Ceramic Tile Council
Federation House, GB- Stoke on Trent ST4 2RT
T: (00441782) 74 71 47   Fax: 74 71 61

Spanien

iz f 2 401
Asociacion Española de Fabricantes de Azulejos, Pavimentas y Baldosas Ceramicos (ASCER)
Postfach 10 20, E-12080 Castellon
T: (003464) 72 72 00   Fax: 72 72 12

Portugal

iz f 2 402
Associaçao Portuguesa de Cerâmica (APC)
Rua Coronel Veiga Simão, P-3020-053 Coimbra
T: (0035139) 49 76 00   Fax: 49 76 01
E-Mail: apicer.info@ctcv.pt

IZ F 2 403
Vereinigung der europäischen unabhängigen Stahlerzeuger (E.I.S.A.)
European Independent Steelworks Association
Association des Aciéries Européenne Indépendantes
Rue Belliard 205, B18, B-1040 Brüssel
T: (00322) 2 30 79 62   Fax: 2 30 01 36
Internet: http://www.eisa.org.
Gründung: 1981
President: H. Weitzmann
Director General: Maria Alois (Contact)
Mitglieder: 15
Mitarbeiter: 2

IZ F 2 404
Vereinigung der Europäischen Verbände der Holzindustrie im Baubereich (FEMIB)
Federation of the European Building Joinery Associations
Fédération Européenne des Syndicats de Fabricants de Menuiseries Industrielles de Bâtiment
Bockenheimer Anlage 13, 60322 Frankfurt
T: (069) 95 50 54-13   Fax: 95 50 54-11
Internet: http://www.window.de
E-Mail: femib@window.de
Gründung: 1958 (Mai)
Präsident(in): Mons Tore Lyssand (Lyssand Treindustri AS, Box 263, N-5201 Os, T: (004756) 30 33 00, Fax: (004756) 30 33 30, E-Mail: mons.tore@lyssand.com)
Vizepräsident(in): Miroslav Cas (Lesna Lip, Vorancev Trg 2, SL-2380 Slovenj Gradec, T: (00386288) 1 26 10, Fax: 1 26 11, E-Mail: cas@interles.de)
Jaime Ribas (Norma, c/.Tavern, 40 1°, E-08021 Barcelona, T: (003493) 4 14 54 00, Fax: 4 14 42 45, E-Mail: jribas@in.norma_doors.com)
Generalsekretär(in): Dipl.-Kfm. Karl-Heinz Herbert (FEMIB, Bockenheimer Anlage 13, 60322 Frankfurt am Main, T: (069) 95 50 54-13, Telefax: (069) 95 50 54-11, E-Mail: femib@window.de)
Ehrenpräsidenten: Peter Albers (Ernst Günter Albers GmbH, Hindenburgstr. 26, D-25704 Meldorf, E-Mail: info@aldara.de)
Dr. N. Burgers (Het Dordtsche Huis, NL-4143 Leerdam)
Silvio Santambrogio (Tre-P Company, Via Foscolo, I-20034 Birone di Giussano/Milano, E-Mail: tre@trep-trepiu.com)
Mitglieder: 12 associations from 10 countries

Mitgliedsorganisationen

Dänemark

iz f 2 405
Treats Arbejdsgiverforening
Confederation of Danish Industries
c/o VEST-WOOD A/S
Danmarksvej 9, DK-9670 Logstor
T: (0045) 96 66-2200   Fax: 96 66-2222
E-Mail: ab@gw.vest-wood.dk
Kontaktperson: Asbjoern Berge

Deutschland

iz f 2 406
Verband der Deutschen Holzwerkstoffindustrie e.V. (VHI)
Ursulum 18, 35396 Gießen
T: (0641) 9 75 47-0   Fax: 9 75 47-99
Internet: http://www.vhi.de
E-Mail: vhimail@vhi.de
Präsident(in): Dipl.-Ing. Hubertus Flötotto (Sauerländer Spanplatten GmbH & Co. KG, Arnsberg)
Geschäftsführer(in): Dr. Udo Leukens

iz f 2 407
Verband der Fenster- und Fassadenhersteller e.V. (VFF)
Fachabt. Holzfenster
Bockenheimer Anlage 13, 60322 Frankfurt
T: (069) 95 50 54-13   Fax: 95 50 54-11
Internet: http://www.window.de
E-Mail: vff@window.de
Kontaktperson: Dipl.-Kfm. Karl Heinz Herbert

Finnland

iz f 2 408
RTT-Finnish Association of Construction Product Industries
Unionkatu 14, 2nd Floor, FIN-00130 Helsinki
T: (003589) 17 28 41   Fax: 17 28 44 44
Internet: http://www.rttry.fi/rtt/fr-engl.sh.htm
E-Mail: raimo.taivalkoski@rtt.ttliitot.fi
Kontaktperson: Markku Leinos (E-Mail: markku.leinos@rtt.ttliitot.fi)

Italien

iz f 2 409
FEDERLEGNO-Milano
Foro Buonaparte 65, I-20121 Mailand
T: (00392) 80 60 41   Fax: 80 60 43 92
E-Mail: edilegno@federlegno.it
Kontaktperson: Donella Maiocchi

Niederlande

iz f 2 410
Nederlandse Bond Van Timmerfabrikanten (NBVT)
Postfach 24, NL-1400 AA Bussum
Nw. s'Gravelandseweg 16, NL-1400 AA Bussum
T: (00313569) 4 70 14   Fax: 4 49 10
E-Mail: j.douma@intrabouw.nl
Kontaktperson: A. W. M. Jacobs
Kontaktperson: A. %van der %Velden

Norwegen

iz f 2 411

Norske Trevare-Fabrikkers Landsforbund
Essendropsgate 3, N-0368 Oslo
T: (0047) 23 08 80 00, 23 08 76 13 **Fax:** 22 69 02 33
E-Mail: tore.gran@bnl.no
Kontaktperson: Tore Gran

Schweden

iz f 2 412

Snickerifabrikernas Riksförbund (SNIRI)
Grevgatan 5, S-11453 Stockholm
T: (00468) 6 67 80 00 **Fax:** 6 60 93 94
E-Mail: hans@sniri.se
Kontaktperson: Hans Öqvist

Schweiz

iz f 2 413

Fachverband Fenster- und Fassadenbau (FFF)
Hauptstr. 68, CH-5330 Zurzach
T: (004156) 2 49 01 49 **Fax:** 2 49 01 47
E-Mail: bfh@swissonline.ch
Kontaktperson: O. Malz

Slowenien

iz f 2 414

Gospodarska Zbornica Slovenije (GZS)
c/o Chamber of Commerce and Industry of Slovenia
Dimiceva ul. 13, SLO-1504 Ljubljana
T: (0038661) 1 89 82 84 **Fax:** 1 89 81 00, 1 89 82 00
E-Mail: joze.korber@gzs.si
Kontaktperson: Dr. José Korber (E-Mail: joze.korber@gzs.si)

Spanien

iz f 2 415

Federación española de Industrias de la Madera (FEIM)
Calle Hileras n° 17 1° puerta C, E-28013 Madrid
T: (003491) 5 47 89 43 **Fax:** 5 47 62 69
E-Mail: feim@wanadoo.es
President: J. Ribas
Kontaktperson: Beatriz Martin Sanz

● **IZ F 2 416**

Vereinigung Europäischer Akkumulatorenhersteller (EUROBAT)
Association of European Accumulator Manufacturers
Association de Fabricants Européens d'Accumulateurs
Secretariat: c/o ATAG Ernst & Young Ltd.
Postfach 5032, CH-3001 Bern
Belpstr. 23, CH-3001 Bern
T: (004131) 320-6843 **Fax:** 320-6161
Präsident(in): Giovanni Dolcetta (Italy)
Hauptgeschäftsführer(in): Hans Georg Herzberg (CH)

● **IZ F 2 417**

Vereinigung Europäischer Baustoffhersteller (CEPMC)
Council of European Producers of Materials for Construction
Conseil européen des producteurs de matériaux de construction
Gulledelle 98 box 7, B-1200 Brüssel
T: (00322) 7 75 84 91 **Fax:** 7 71 30 56
E-Mail: info@cepmc.org
Gründung: 1988
President: Fons Peeters
Secretary General: Philip Bennett
Verbandszeitschrift: Activities Report, Environmental Update
Mitglieder: 15
Mitarbeiter: 2 (mi-temps)

Mitglieder

Belgien

iz f 2 418

PMC/BMP-Producteurs Belges de Matériaux de Construction
Voltastraat 8, B-1050 Brüssel
T: (00322) 6 45 52 11 **Fax:** 6 40 06 70
E-Mail: febelcem@febelcem.be
President: J. Cox
Delegue General: J.P. Latteur
General Secretary: Jean-Pierre Jacobs

Dänemark

iz f 2 419

BI-Building Materials Industry (Confederation of Danish Industries)
H.C. Andersens Boulevard 18, DK-1787 Kobenhavn V
T: (0045) 33 77 33 77 **Fax:** 33 77 33 00
Internet: http://www.bi.di.dk
E-Mail: jn@di.dk
President: Thorkild Juul Jensen
Secretary General: Jens Norgaard

Deutschland

iz f 2 420

Bundesverband Baustoffe - Steine und Erden e.V.
Postf. 15 01 62, 60061 Frankfurt
Friedrich-Ebert-Anlage 38, 60325 Frankfurt
T: (069) 75 60 82-0 **Fax:** 75 60 82 12
Internet: http://www.baustoffindustrie.de
E-Mail: bvbaustoffe@aol.com
President: Dr. jur. Jürgen Lose
Director General: Dr. Wolfgang Mack

Finnland

iz f 2 421

RTT-Finnish Association of Construction Product Industries
Unionkatu 14, 2nd Floor, FIN-00130 Helsinki
T: (003589) 17 28 41 **Fax:** 17 28 44 44
Internet: http://www.rttry.fi/rtt/fr-engl.sh.htm
E-Mail: raimo.taivalkoski@rtt.ttliitot.fi
President: Lauri Rattia
Managing Director: Raimo Taivalkoski

Frankreich

iz f 2 422

AIMCC-Association des Industries de Produits de Construction
Rue Alfred Roll 3, F-75017 Paris
T: (00331) 44 01 47 80 **Fax:** 44 01 47 44
Internet: http://www.aimcc.org
E-Mail: micheline.seho@aimcc.org
President: Patrick Nodé-Langlois
Delegue General: Patrick Ponthier

Großbritannien

iz f 2 423

CPA - Construction Products Association
26 Store Street, GB- London WC1E 7 BT
T: (004420) 73 23 37 70 **Fax:** 73 23 03 07
Internet: http://www.constprod.org.uk
E-Mail: enquiries@constprod.org.uk
President: R. Marrish
Director General: Michael Ankers

Irland

iz f 2 424

BMF-Building Materials Federation
Lower Baggott Street 84-86, IRL- Dublin 2
T: (003531) 6 60 10 11 **Fax:** 6 60 17 17
E-Mail: paul.kelly@ibec.ie
President: I. Mc Donnel
Director: Paul Kelly

Italien

iz f 2 425

F.IN.CO-Federation of Industries, products, systems and services for Construction
Viale Pasteur 8, I- Rom 00144
T: (00396) 36 30 81 50 **Fax:** 3 69 27 78
E-Mail: fpiermattei@pelagus.it
President: Dir. Fabrizio Piermattei

Niederlande

iz f 2 426

NVTB-Nederlands Verbond Toelevering Bouw
Postfach 8 40 77, NL-2508 AB Den Haag
Scheveningseweg 50, NL-2517 KW Den Haag
T: (003170) 3 55 52 11 **Fax:** 3 55 19 49
Internet: http://www.nvtb.nl
E-Mail: nvtb@nvtb.nl
President: G. Westra
Director: Dr. Robert Wynands

Norwegen

iz f 2 427

Byggevareinindustrien-Construktion Produkts Association
Postboks 71 86 Majorstua, N-0307 Oslo 3
T: (0047) 23 08 75 00 **Fax:** 23 08 76 21
E-Mail: arne.skjelle@bnl.no
President: S. Larssen
Director General: Arne Skjelle

Österreich

iz f 2 428

SK-Fachverband der Stein- und Keramischen Industrie Österreichs
Postfach 329, A-1045 Wien
Wiedner Hauptstrasse 63, A-1045 Wien.
T: (00431) 5 01 05 35 31 **Fax:** 5 05 65 40
Internet: http://www.wk.or.at/stein_keramik
E-Mail: steine@wkoesk.wk.or.at
President: Dr. Erhard Schaschl
Director: Dr. Carl Hennrich

Portugal

iz f 2 429

APCMC-Portuguese Trade Association of Building Materials
Pr. Francisco Sa Carneiro 219-3 °, P-4200 Porto
T: (003512) 5 07 42 10 **Fax:** 5 50 48 41
Internet: http://www.apcmc.pt
E-Mail: jmatos@www.apcmc.pt
President: Dr. Jorge Greno
Director: Dr. José de Matos

Schweden

iz f 2 430

BYSAM-Swedish Building Materials Producers Association
Postfach 55 01, S-11485 Stockholm
Storgatan 19, S-11485 Stockholm
T: (00468) 7 83 84 20 **Fax:** 6 61 27 99
Internet: http://www.bysam.com, http://www.ib.ihb.se
E-Mail: hans.ewander@byggmtr.ihb.se
President: Hakan Fernvik
Director: Hans Ewander

Schweiz

iz f 2 431

KSE-Konferenz Steine und Erden
Postfach 83 23, CH-3001 Bern 3001
Bubenbergplatz 9, CH-3011 Bern 3001
T: (004132) 6 26 37 **Fax:** 6 26 29
E-Mail: kse-cpt@bluewin.ch
President: Jacques Grob
Secretary General: M Weder

Spanien

iz f 2 432

CEPCO-Confederación Española de Asociaciones de Fabricantes de Construcción
Rios Rosas 46-1 °B, E-28003 Madrid
T: (003491) 5 35 12 10   **Fax:** 5 35 12 08
E-Mail: cepco1@materialesconstruccion.com
President: Eduardo Gorgora
Secretary General: Luis Rodulfo Labala

● **IZ F 2 433**

Committee of Associations of European Foundries (CAEF)
Postf. 10 19 61, 40010 Düsseldorf
Sohnstr. 70, 40237 Düsseldorf
T: (0211) 6 87 12 15   **Fax:** 6 87 12 05
Internet: http://www.caef-eurofoundry.org
E-Mail: info@caef-eurofoundry.org
Gründung: 1953
Präsident(in): F. Delachaux (F)
Generalsekretär(in): Dr. Klaus Urbat
Mitglieder: 16 Länder, 19 Landesverbände

Behandlung aller Probleme, die für die Gießereiindustrie der europäischen Länder in wirtschaftlicher, technischer und sozialer Hinsicht von Interesse sind.

Belgien

iz f 2 434

Federation Multisectorielle de l'Industrie Technologique (AGORIA)
Group „Foundries, Primary Metal conversion & Plastics"
Bld. A. Reyers 80, B-1030 Brüssel
T: (00322) 7 06 79 59   **Fax:** 7 06 79 66
Internet: http://www.agoria.be/gieterij
E-Mail: hilde.vermeulen@agoria.be

Dänemark

iz f 2 435

Danske Stoberies Brancheforening
c/o Dansk Industri
H.C. Andersens Boulevard 18, DK-1787 Kobenhavn V
T: (0045) 33 77 33 77   **Fax:** 33 77 33 20
Internet: http://www.di.dk
E-Mail: tr@di.dk

Deutschland

iz f 2 436

Deutscher Gießereiverband e.V. (DGV)
Postf. 10 19 61, 40010 Düsseldorf
Sohnstr. 70, 40237 Düsseldorf
T: (0211) 68 71-215   **Fax:** 68 71-205
Internet: http://www.dgv.de
E-Mail: info@dgv.de

iz f 2 437

Gesamtverband Deutscher Metallgießereien e.V. (GDM)
Postf. 10 54 63, 40045 Düsseldorf
Am Bonneshof 5, 40474 Düsseldorf
T: (0211) 47 96-1 52   **Fax:** 47 96-409/416
E-Mail: info.gdm@ne-metalnet.de

iz f 2 438

Federación Española de Asociaciones de Fundidores (FEAF)
Alda. Urquijo, 33 - 1°D, E-48008 Bilbao
T: (003494) 4 70 07 07   **Fax:** 4 21 19 88
Internet: http://www.feaf.es
E-Mail: feaf@feaf.es

Finnland

iz f 2 439

Federation of Finnish Metal, Engineering and Elctrotechnical Industries, MET (MET)
MET Finnish Foundry Group
Postfach 10, FIN-00131 Helsinki
Eteläranta 10, FIN-00130 Helsinki
T: (003589) 1 92 31   **Fax:** 62 44 62
Internet: http://www.met.fi
E-Mail: pentti.kangasmaa@met.fi

Frankreich

iz f 2 440

Les Fondeurs de France
Cedex, F-92038 Paris La Défense
Rue Louis Blanc 45, F-92038 Paris La Défense
T: (0033143) 34 76 30   **Fax:** 34 76 31
Internet: http://www.sgff.org
E-Mail: sgff@wanadoo.fr

Italien

iz f 2 441

Assofond
Via Copernico 54, I-20090 Trezzano
T: (003902) 48 40 09 67   **Fax:** 48 40 12 82
Internet: http://www.assofond.it
E-Mail: ponzini@assofond.it

Niederlande

iz f 2 442

Algemene Vereniging van Nederlandse Gieterijen (AVNEG)
Postfach 1 90, NL-2700 AD Zoetermeer
Boerhaavelaan 40, NL-2714 HX Zoetermeer
T: (003179) 353 12 52   **Fax:** 353 13 65
Internet: http://www.fme.nl/frames/branches/avneg.html
E-Mail: jke@fme.nl

iz f 2 443

METAALUNIE/MGB
Postfach 26 00, NL-3430 GA Nieuwegein
Einsteinbaan 1, NL-3439 NJ Nieuwegein
T: (00313060) 5 33 44   **Fax:** 5 31 22
Internet: http://www.metaalunie.nl
E-Mail: info@metaalunie.nl

Norwegen

iz f 2 444

Støperienes Bransjeforening
c/o Teknologibedriftenes Landsforening (TBL)
Postfach 70 72 Majorstua, N-0306 Oslo
Oscargate 20, N-0306 Oslo
T: (004722) 59 00 00   **Fax:** 59 00 01
Internet: http://www.tbl.no
E-Mail: kr@tbl.no

Österreich

iz f 2 445

Fachverband der Giesserei-Industrie Österreichs
Postfach 339, A-1045 Wien
Wiedner Hauptstrasse 63, A-1045 Wien
T: (00431) 5 01 05-3463   **Fax:** 5 02 06-279
E-Mail: giesserei@wkoesk.wk.or.at

Polen

iz f 2 446

Odlewnicza Izba Gospodarcza
Centrum Polskiego Odlewnictwa
ul. Zakopiańska 73, PL-30-418 Krakau
T: (004812) 26 18-230   **Fax:** 26 18-288

Portugal

iz f 2 447

Associação Portuguesa de Fundição (APF)
Rua do Campo Alegre 672 2° Esq., P-4150 Porto
T: (003512) 6 09 06 75   **Fax:** 6 00 07 64
E-Mail: apf@esoterica.pt

Schweden

iz f 2 448

Svenska Gjuteriföreningen
Tullportsgatan 3 Box 2033, S- 55002 Jönköping
T: (004636) 30 12 00   **Fax:** 16 68 66
E-Mail: info@gjuteriforeningen.se

Schweiz

iz f 2 449

Giesserei-Verband der Schweiz (GVS)
Postfach 71 90, CH-8023 Zürich
Konradstr. 9, CH-8005 Zürich
T: (00411) 2 71 90 90   **Fax:** 2 71 92 92
Internet: http://www.jgp.ch/gvs/
E-Mail: gerster@jgp.ch

Großbritannien

iz f 2 450

British Metal Casting Association (BMCA)
Bordesley Hall, The Holloway, Alvechurch, GB- Birmingham B48 7QB
T: (00441527) 58 52 22   **Fax:** 59 09 90
E-Mail: info@bmca.org

iz f 2 451

British Foundry Association (BFA)
6th Floor- The McLaren Building, 35 Dale End, GB- Birmingham B4 7LN
T: (0044121) 2 00 21 00   **Fax:** 2 00 13 06
E-Mail: jparker@metcom.org.uk

Ungarn

iz f 2 452

Magyar Öntészéti Szövétség
Postfach 200/19, H-1751 Budapest
Gyepsor u. 1, H-1211 Budapest
T: (00361) 420 48 12   **Fax:** 420 48 12
Internet: http://www.foundry.matav.hu
E-Mail: foundry@mail.matav.hu

● **IZ F 2 453**

Vereinigung Europäischer Hersteller von Alarmanlagen für Brand, Einbruch und Überfall (EURALARM)
Association of European Manufacturers of Fire and Intruder Alarm Systems
Association des Constructeurs Européens de Systèmes d'Alarme-Incendié et Vol
c/o Siemens Building Technologies Cerberus Division
Alte Landstr. 411, CH-8708 Männedorf
T: (00411) 9 22 61 11   **Fax:** 9 22 64 50
Gründung: 1970
Präsident(in): Fred Shaw
Generalsekretär(in): Istvan Kulcsar

● **IZ F 2 454**

Vereinigung europäischer Sprengmittelhersteller (FEEM)
Federation of European Explosives Manufacturers
Fédération des Fabricants Européens d'Explosifs
c/o CEFIC
Avenue E. Van Nieuwenhuyse 4 Bte 1, B-1160 Brüssel
T: (00322) 6 76 72 40   **Fax:** 6 76 73 92
Président: K. Nilsen
Secrétaire Général: F.M. Murray
Contact: Ch. De Cooman
B. Jensen

● **IZ F 2 455**

Vereinigung der Fischindustrie in der E.U. (AIPCEE)
Association des Industries du Poisson de l'U.E.
Avenue de Roodebeeklaan 30, B-1030 Brüssel
T: (00322) 7 43 87 30   **Fax:** 7 36 81· 75
E-Mail: aipcee@sia-dvi.be
Gründung: 1973
Secretary General: M. Coenen (c/o S.I.A., Avenue de Roodebeeklaan 30, B-1030 Brussels, T: (00322) 7 43 87 30, Telefax: (00322) 7 36 81 75)
Mitarbeiter: 2

Mitgliedsorganisationen

Belgien

iz f 2 456

Beroepsvereniging der Visgroothandelaars van België
Vismijn, 44, B-8400 Oostende
T: (003259) 32 27 14 **Fax:** 33 08 67
Secretary: Roger Gekiere
Andre Gryson, Voorgitter

Dänemark

iz f 2 457

Danmarks Fiskeindustri - OG Eksportforening
H.C. Gads Vej 2, DK-9300 Sæby
T: (004598) 46 76 07 **Fax:** 46 76 07
E-Mail: hyldtoft@post8.tele.dk
H.C. Gads Vej 2, DK-9300 Saeby, T: (004598) 46 76 07, Fax: (004598) 46 76 07
Peder Hyldtoft
Bent Buch

Deutschland

iz f 2 458

Bundesverband der Deutschen Fischindustrie und des Fischgroßhandels e.V.
Große Elbstr. 133 II, 22767 Hamburg
T: (040) 38 18 11 **Fax:** 3 89 85 54
E-Mail: bvfisch@t-online.de
Geschäftsführer(in): Dr. Matthias Keller

Finnland

iz f 2 459

Elintarvikieteollisuusliitto ry (ETL)
Finnish Food and Drink Industries' Federation (FFDIF)
Postfach 1 15, FIN-00241 Helsinki
T: (003589) 14 88 71 **Fax:** 14 88 72 01
Internet: http://www.elintarvikeetollisuus.fi
E-Mail: antero.leino@etl.fi
Secretary General: Irmeli Mustonen

iz f 2 460

The Association of Finnish Fish Retailers and Wholesalers
Häméentie 155 C50
Postfach 7, FIN-00561 Helsinki
T: (00359) 79 85 83 **Fax:** 79 87 79
E-Mail: kalakaupiasliitto.kiiskinen@kolumbus.fi
Executive Director: Asta Kiiskinen

Frankreich

iz f 2 461

Syndicat National des Fabricants de Produits Surgeles
18, Rue de la Pépinière, F-75008 Paris
T: (00331) 53 42 13 30 **Fax:** 53 42 13 32
E-Mail: jfc.snfps.sfig@ficur.com
Alain Delamort

iz f 2 462

France Glaces Findus
Rue Charles Tellier 2, F-60000 Beauvais
T: (00331) 44 89 86 53 **Fax:** 44 02 31 91
E-Mail: luc.de-franssu@fr.nestle.com
L. De Franssu

iz f 2 463

Directeur "Produits Animaux" FIAC - Produits de la Mer
Division Maritime
Rue d'Alésia, 44, F-75682 Paris Cedex 14
T: (00331) 53 91 44 59 **Fax:** 53 91 44 70
E-Mail: fiac@alesial.org
Directeur Produits Animaux: P. Commere

iz f 2 464

Gelmer Iceland Seafood
rue des Margats 207, F-62206 Boulogne-Sur-Mer Cedex
T: (00333) 21 87 87 00 **Fax:** 21 87 86 84
Betrand Picard

iz f 2 465

Syndikat National du Commerce Extérieur des Produits Congelés et Surgelés
18, Rue de la Pépinière, F-75008 Paris
T: (00331) 53 04 33 48 **Fax:** 53 04 33 49
Secrétaire Général: Jean Lacombe

iz f 2 466

Union du Mareyage Francais
171, avenue Victor Hugo, F-75116 Paris
T: (0331) 47 27 19 06, 47 55 18 34 **Fax:** 45 53 49 63
Secrétaire Général: Bernard Steinitz

Irland

iz f 2 467

The Irish Fish Processors and Exporters Association (IFPEA)
25, Kincora Avenue - Clontarf, IRL- Dublin 3
T: (0035318) 33 78 82, 30 18 77 **Fax:** 34 68 88
Tom F. Geoghegan
Brendan Minehane (President, Eiranova Fisheries Ltd.)

Italien

iz f 2 468

A.N.C.I.T.
Corso di Porta Nuova, I-20121 Mailand
T: (00392) 6 55 19 38 **Fax:** 65 48 22
V. Bordoni

iz f 2 469

Société Trinity Alimentari Italiana
Via Luigi Einaudi 18-22, I-22072 Cermenate
T: (00393) 1 77 92 60 **Fax:** 1 77 93 10
E-Mail: sluoni@trinity.boltongroup.it
S. Luoni

Niederlande

iz f 2 470

Visfederatie
Postfach 72, NL-2280 AB Rijswijk
T: (003170) 3 36 96 00 (general calls),
3 36 96 40 (direct calls) **Fax:** 3 99 94 26
E-Mail: p-vis@p.vis.nl
J.C. Lipman

Portugal

iz f 2 471

Associacao Nacional dos Industriais de Conservas de Peixe
Postfach 2006, P-4450 Matosinhos
Rua Conde S Salvador 352-6° salas 26-29, P-4450 Matosinhos
T: (003512) 9 37 52 13 **Fax:** 9 37 58 05
Dr. Castro e Melo
Dr. Serafim Moutinho (Sec Gen)

Spanien

iz f 2 472

Associacion Nacional de Industrias de Elaboracion de Productos del Mar
Calle Alcala 76-2° Izq., E-28009 Madrid
T: (003491) 4 35 20 81, 4 35 21 79 **Fax:** 5 78 12 60
J. M. Allo

iz f 2 473

Asociacion Nacional de Fabricantes de Conservas de Pescados y Mariscos (ANFACO)
Marcosende-Lagoas (Campus Universitario de Vigo)
Postfach 258, E-36310 Vigo
Marcosende-Lagos, E-36310 Vigo
T: (0034986) 46 93 01 **Fax:** 46 92 69
E-Mail: jvieites@anfaco.cesga.es
Juan M. Vieites Baptista de Sousa

iz f 2 474

Associacion Espanola de Importadores Mayoristas de Alimento del Mar - Alimar
Calle Alcala 76 2° Izq., E-28009 Madrid
T: (003491) 4 35 20 81, 4 35 21 79 **Fax:** 5 78 12 60
R. Marin
J.A. Jimenez

Schweden

iz f 2 475

Fiskbranschens Riksförbund
Postfach Box 2099, S-45102 Uddevalla
T: (0046522) 3 93 69 **Fax:** 3 73 10
E-Mail: yngve.bjorkman@abbaseafood.se
Chairman: Yngve Björkman

Großbritannien

iz f 2 476

UK Association of Frozen Food Producers
1, Green Street Grosvenor Square, GB- London W1Y 3RG
T: (004420) 76 29 06 55 **Fax:** 74 99 90 95
Kerina L. Cheesman

iz f 2 477

A.F.C.A.M.A.
South Esplanade West, GB- Aberdeen AB9 2FJ
T: (00441224) 89 77 44 **Fax:** 87 14 05
Managing Director: R.H. Milne (MBE)

● **IZ F 2 478**

Vereinigung der Gemüse- und Obsttrocknungsindustrie in der EG (AIFLD)
European Organisation of the Dehydrated Fruit and Vegetable Industries
Association des Industries des Fruits et Légumes Déshydratés de l'U.E.
Av. de Roodebeek 30, B-1030 Brüssel
T: (00322) 7 43 87 30 **Fax:** 7 36 81 75
E-Mail: siaD1@sia-dvi.be
Gründung: 1968
Président: H. Darbonne ((F), DAREGAL, Boulevard du Maréchal Joffre 6, F-91490 Milly-La-Foret, T: (00331) 64 98 29 00, Fax: (00331) 64 98 29 57)
Vice Président: O. Von Felten (EL O. Von Felten s. f. a. Strada Langhirano 243, I-43010 Gaiore (PR), T: (00390) 5 21 64-8221, Fax: 5 21 64 89 85)
Secrétaire Générale: Pascale Keppenne (B)

Espagne

iz f 2 479

Agrupapación española de Conservas Vegetales (AGRUCON)
Calle Castello 115-820, E-28006 Madrid
T: (003491) 5 61 61 71, (00349) 5 61 59 94
Fax: (003491) 5 61 59 01
A. Martin

France

iz f 2 480

Syndicat National des Déshydrateurs des Produits alimentaires
rue d'Alésia 44, F-75682 Paris Cedex 14
T: (00331) 53 91 44 44 **Fax:** 53 91 44 70
Directeur: Yves Michelon

Pays-Bas

iz f 2 481

Vereniging van de Nederlandse Groenten- en Fruitverwerkende Industrie (VIGEF)
Postfach 1 77, NL-2300 AD Leiden
T: (003171) 5 22 42 20 **Fax:** 5 22 50 95
E-Mail: vigef@vsl.nl
Secrétaire Général: F. van de Wetering

Italie

iz f 2 482

Associazione Italiana Industrie Prodotti Alimentari (A.I.I.P.A.)
Gruppo: Alimenti Disidratati - Funghi Essiccati
Corso di Porta Nuova 34, I-20121 Mailand
T: (003902) 65 41 84 **Fax:** 65 48 22, 5 12 97 71 (BXL), (003905) 35 27 30 (Bologna)
E-Mail: aiipa@foodarea.it

Presidente: Demetrio Corno
Direttore: Dott. Giovanni Franco Crippa
Secrétaire: Massimo Uguzzoni

● **IZ F 2 483**

Vereinigung der Hersteller von löslichem Kaffee der EG-Länder (AFCASOLE)
Association of Soluble Coffee Manufacturers of the European Community
Association des Fabricants de Café Soluble des Pays de la CE
3, rue de Copenhague, F-75008 Paris
T: (00331) 53 42 13 38   Fax: 53 42 13 39
E-Mail: b-dufrene@wanadoo.fr
Präsident(in): B. Carlisle
Secrétaire Général: Dr. Barbara Dufrene (F)

Mitgliedsorganisationen

Deutschland

iz f 2 484

BLK Soluble Coffee Association e.V.
Am Sandtorkai 2, 20457 Hamburg
T: (040) 75 30 40   Fax: 75 30 44 17
Kontaktperson: Winfried Tigges

Frankreich

iz f 2 485

Syndicat Français des Fabricants de Café Soluble
18, Rue de la Pépinière, F-75008 Paris
T: (00331) 53 42 13 38   Fax: 53 42 13 39
Präsident(in): L. Olofsson
Kontaktperson: Dr. Barbara Dufrene

Großbritannien

iz f 2 486

British Soluble Coffee Manufacturers Association
6, Catherine Street, GB- London WC2B 5JJ
T: (004420) 78 36 24 60   Fax: 78 36 05 80
Kontaktperson: M. Costa

Italien

iz f 2 487

Associazione Italiana Industrie Prodotti Alimentari (A.I.I.P.A.)
Corso di Porta Nuova 34, I-20121 Mailand
T: (003902) 65 41 84   Fax: 65 48 22, 5 12 97 71 (BXL), (003905) 35 27 30 (Bologna)
E-Mail: aiipa@foodarea.it
Kontaktperson: V. Bordoni

Niederlande

iz f 2 488

Vereniging van Nederlandse Koffie Branders en Thee Pakkers
Postfach 90445, NL-1006 BK Amsterdam
Tourniairestraat 3, NL-1065 KK Amsterdam
T: (003120) 5 11 38 70   Fax: 5 11 38 10
E-Mail: vnkt@koffiethee.nl
Kontaktperson: C.G. Krietemeijer

Spanien

iz f 2 489

Asociación Española de Fabricantes de Cafe Soluble
c/o SEDA
P. Faustino Calvo s/n, Ap. de Correos 89, E-34005 Palencia
T: (0034979) 71 61 00   Fax: 71 61 14
Kontaktperson: J.A. Cruz

● **IZ F 2 490**

European Technical Ceramics Federation (EuTeCer)
18-24, rue des Colonies, B-1000 Bruxelles
T: (00322) 5 11 30 12, 5 11 70 25   Fax: 5 11 51 74
Mitarbeiter: 5

Frankreich

iz f 2 491

Syndicat des Poudres, Fibres et Céramiques Techniques
Ave Victor Hugo 15, F-75116 Paris
T: (00331) 45 00 18 56   Fax: 45 00 47 56

Großbritannien

iz f 2 492

British Ceramic Confederation
Federation House
Station Road, GB- Stoke on Trent ST4 2SA
T: (00441782) 74 46 31   Fax: 74 41 02

● **IZ F 2 493**

FIC Europe
Av. de Roodebeek 30, B-1030 Brüssel
T: (00322) 7 43 87 30   Fax: 7 36 81 75
E-Mail: fic.europe@sia-dvi.be
Gründung: 1960
Président: F. Sponza
Secrétaire Général: M. Coenen (Av. de Roodebeek, 30, B-1030 Brüssel)
Mitglieder: 10
Mitarbeiter: 2

Mitgliedsorganisationen

Belgien

iz f 2 494

AFISPA - VIVED
Av. de Roodebeek 30, B-1030 Brüssel
T: (00322) 7 43 87 30   Fax: 7 36 81 75
E-Mail: sia01@sia-dvi.be
Kontaktperson: M. Coenen
P. de Sloovere

Deutschland

iz f 2 495

Verband der deutschen Sauerkonserven-Industrie e.V. (VdS)
Von-der-Heydt-Str. 9, 53177 Bonn
T: (0228) 35 40 26   Fax: 36 18 89
Kontaktperson: Dipl.-Kfm. Dieter Adeneuer

iz f 2 496

Verband der Essig- und der Senfindustrie e.V.
Reuterstr. 151, 53113 Bonn
T: (0228) 21 00 95   Fax: 22 94 60
Kontaktperson: Dr. jur. Hans-Joachim Mürau
Dipl.-Volksw. G. Weber
Mitglieder: 48

iz f 2 497

Bundesverband der Deutschen Feinkostindustrie e.V.
Reuterstr. 151, 53113 Bonn
T: (0228) 21 20 17   Fax: 22 94 60
Kontaktperson: RA Dr. jur. Hans-Joachim Mürau
Dipl.-Volksw. Gerhard Weber
Mitglieder: 77

Frankreich

iz f 2 498

Fédération des Industries Condimentaires de France
Rue de l'Isly 8, F-75008 Paris
T: (00331) 53 42 33 80   Fax: 53 42 33 81
Secrétariat: A. Ribeyron-Montmartin

Großbritannien

iz f 2 499

Food and Drink Federation (FDF)
Pickles & Sauces Association
6, Catherine Street, GB- London WC2B 5J5
T: (0044207) 4 20 71 11   Fax: 8 36 05 80
E-Mail: jpeel@fdf.org.uk
Kontaktperson: M. Clay (E-MAil: mclay@fdf.org.uk)

Italien

iz f 2 500

Associazione Italiana Industrie Prodotti Alimentari (A.I.I.P.A.)
Corso di Porta Nuova 34, I-20121 Mailand
T: (003902) 65 41 84   Fax: 65 48 22, 5 12 97 71 (BXL), (003905) 35 27 30 (Bologna)
E-Mail: aiipa@foodarea.it
Kontaktperson: Massimo Uguzzoni (E-Mail: aiipa.uguzzoni@foodarea.it)
Franca Peron (E-Mail: aiipa.peron@foodarea.it)

Niederlande

iz f 2 501

Vereniging van de Nederlandse Groenten- en Fruitverwerkende Industrie (VIGEF)
Sectie Tafelzuren
Postfach 1 77, NL-2300 AD Leiden
T: (003171) 5 22 42 20   Fax: 5 22 50 95
E-Mail: vigef@vsl.nl
Kontaktperson: F. van de Wetering

iz f 2 502

Nederlandse Vereniging van Sausfabrikanten
Bankastraat 131 - Bus C, NL-2585 EL Den Haag
T: (003170) 3 52 50 74   Fax: 3 58 46 79
Kontaktperson: I. Tiesinga (E-Mail: margarine.bond@wxs.nl)

Spanien

iz f 2 503

Asociacion Espanola de Fabricantes de Salsas y Condimentos Preparados
C/Mallorca, 286 entl° 2 a, E-08037 Barcelona
T: (003493) 2 07 25 16   Fax: 2 07 16 11
E-Mail: aroque@bonmacor.es
Kontaktperson: A. Roque
M. Puyuelo

● **IZ F 2 504**

Vereinigung der Industrie für Sauerkraut und ähnliche Erzeugnisse innerhalb der EU
Association de l'Industrie de la Choucroute et des Produits similaires de la C.E.
Von-der-Heydt-Str. 9, 53177 Bonn
T: (0228) 35 40 26   Fax: 36 18 89
Generalsekretär(in): Dipl.-Kfm. Dieter Adeneuer

● **IZ F 2 505**

Vereinigung internationaler Erfrischungsgetränke-Verbände
Confederation of the international soft drinks association
Confédération internationale de boissons refraichissantes
Bd. Saint Michel 79, B-1040 Brüssel
T: (00322) 7 43 40 50   Fax: 7 32 51 02
Internet: http://www.unesda-cisda.org
E-Mail: mail@unesda-cisda.org
Gründung: 1952
President: F. Gantner
Generalsekretär(in): A. Beaumont
Leitung Presseabteilung: Helen O´Sullivan
Mitglieder: 8
Mitarbeiter: 4

● **IZ F 2 506**

Vereinigung der Obst- und Fruchtweinindustrie der EU (AICV)
Association des Industries des Cidres et Vins de Fruits de l'U.E.
Rue de la Loi 221, Box 5, B-1040 Brüssel
T: (00322) 2 35 06 20   Fax: 2 82 94 20
Internet: http://www.aicv.org
E-Mail: aicv@skynet.be

Mitgliedsorganisationen

Belgien

iz f 2 507

Association Belge du Cidre
c/o Cidre Stassen
Rue de Kan 7, B-4880 Aubel
T: (003287) 68 03 21   Fax: 68 61 39
E-Mail: cidre@stassen.be

Dänemark

iz f 2 508

V.S.O.D.
Vin og Spiritus Organisationen i Danmark
Børsen, DK-1217 Kopenhagen
T: (004533) 95 05 06   Fax: 95 05 17
E-Mail: vsod@commerce.dk

Deutschland

iz f 2 509

Verband der deutschen Fruchtwein- und Fruchtschaumwein-Industrie e.V. (VdFw)
Mainzer Str. 253, 53179 Bonn
T: (0228) 34 07 29   Fax: 9 54 60-20

Finnland

iz f 2 510

Elintarvikieteollisuusliitto ry (ETL)
Finnish Food and Drink Industries' Federation (FFDIF)
Postfach 1 15, FIN-00241 Helsinki
T: (003589) 14 88 71   Fax: 14 88 72 01
Internet: http://www.etl.fi
E-Mail: food.industry@eliutarvikieteollisuus.fi

Frankreich

iz f 2 511

Syndicat National des Industries Cidricoles
44, rue d'Alésia, F-75014 Paris
T: (00331) 53 91 45 33   Fax: 42 79 01 28

Großbritannien

iz f 2 512

National Association of Cider Makers
Catherine Street 6, GB- London WC2B 5JJ
T: (004420) 78 36 24 60   Fax: 78 36 05 80

Irland

iz f 2 513

Showerings (Ireland) Ltd
Annerville, IRL- Clonmel Co Tipperary
T: (0035352) 721 00   Fax: 722 56

Schweden

iz f 2 514

Kiviks Musteri AB
S- 27735 Kivik
T: (004641) 47 19 00   Fax: 47 19 19

Spanien

iz f 2 515

Asociacion Espanola de Fabricantes Elaboradores de Sidra
Aviles N° 4-5, E-33207 Gijon (Asturias)
T: (00349) 85 34 77 42   Fax: 85 34 77 42

● **IZ F 2 516**

Vereinigung der Ölmühlenindustrie der EG (FEDIOL)
Fédération de l'Industrie de l'Huilerie de la C.E.
Avenue de Tervuren 168 (box 12), B-1150 Brüssel
T: (00322) 7 71 53 30   Fax: 7 71 38 17
E-Mail: fediol@fediol.be
Gründung: 1957
Präsident(in): P. Conway
Geschäftsführer(in): P. Cogels
Mitglieder: 13
Mitarbeiter: 6

Mitgliedsverbände bzw. -betriebe

Deutschland

iz f 2 517

Verband Deutscher Oelmühlen e.V.
Am Weidendamm 1a, 10117 Berlin
T: (030) 7 26 25-900   Fax: 7 26 25-999
TGR: oelvb d
E-Mail: info@oelmuehlen.de
Gründung: 1900
President: W.F. Thywissen
Vice-President: A. von Wissel
A. Mergell
Secrétaire Général: P. Sprick

Belgien

iz f 2 518

FBVO - FBGH
Federatie van Belgische Fabrikanten van Vetten en Olien
168, av. de Tervuren, bte 12, B-1150 Brüssel
T: (00322) 7 71 53 30   Fax: 7 71 38 17
E-Mail: fbvo@fediol.be
President: E. Leys
Secrétaire Général: P. Cogels

Dänemark

iz f 2 519

ADOP - The Association of Danish Oil and Oilseed Processors
Postfach 50, DK-8100 Aarhus C
M.P. Bruunsgade 27, DK-8100 Aarhus C
T: (0045) 87 30 61 14   Fax: 87 30 60 02
E-Mail: adop.korning@aarhus.com
President: E. Højsholt
Secrétaire Général: J. Korning

Spanien

iz f 2 520

FEMYR - Federación de Asociaciones Molturadores y Refinadores de Aceites Vegetales del Reino de España
Príncipe de Vergara, 80, E-28006 Madrid
T: (003491) 5 63 10 38, 4 11 35 98   Fax: 5 62 14 24
E-Mail: afoex@fiab.es
President: J.M. Garcia Marcos
Secrétaire Général: F. Pino Garcia

Finnland

iz f 2 521

Finnish Oil Millers' Association (FOMA)
Postfach 1 15, FIN-00241 Helsinki
Pasilankatu 2, FIN-00241 Helsinki
T: (003589) 14 88 72 40   Fax: 14 88 72 01
E-Mail: katja.kivimaki@etl.fi
President: A. Aapola
Secrétaire Général: K. Kivimäki

Frankreich

iz f 2 522

SGFHTF - Syndicat Général des Fabricants d'Huile et de Tourteaux de France
118, av. Achille Peretti, F-92200 Neuilly-sur-Seine
T: (0331) 46 37 22 06   Fax: (00331) 46 37 15 60
E-Mail: huilerie@fncg.fr
President: H.G. Rieux
Secrétaire Général: J.C. Barsacq

iz f 2 523

Fédération Nationale des Huileries Métropolitaines et Industries Dérivées (FEDHUIL)
12, avenue George V, F-75008 Paris
T: (00331) 40 69 48 98   Fax: 47 23 38 84
President: A. Brinon
Secrétaire Général: B. Jacov

Italien

iz f 2 524

Associazione Italiana dell'Industria Olearia (ASSITOL)
Piazza di Campitelli 3, I-00186 Rom
T: (00396) 69 94 00 58   Fax: 69 94 01 18
E-Mail: assitol@foodarea.it
President: D. Corno
Secrétaire Général: Dott. G. Cilenti

Niederlande

iz f 2 525

Vereniging van Nederlandse Fabrikanten van Eetbare Olien en Vetten (VERNOF)
Postfach 3095, NL-2280 GB Rijswijk
Ampèrelaan 4E, NL-2289 CD Rijswijk
T: (003170) 3 90 52 63   Fax: 3 19 13 29
E-Mail: secretariaat@vernof.nl
President: J. van der Wild
Secrétaire Général: Drs. C. Meershoek

Österreich

iz f 2 526

Austrian Oil Crushers and Processors
Zaunergasse 1-3, A-1030 Wien
T: (00431) 7 12 21 21   Fax: 7 13 18 02
E-Mail: r.milewski@lebensmittel.wk.or.at
President: W. Erhart
Secrétaire Général: M. Blass

Portugal

iz f 2 527

AIREG - Associação dos Industriais Refinadores e Extractores de Girassol
Av. António José d'Almeida n° 7-2°, P-1000 Lissabon
T: (0035121) 7 99 15 50   Fax: 7 99 15 51
E-Mail: amcouras@fiovde.pt
President: A. Escaja Gonçalves
Secrétaire Général: A. M. Couras

Großbritannien

iz f 2 528

SCOPA - Seed Crushers' and Oil Processors' Association
6, Catherine Street, GB- London WC2B 5JJ
T: (0044207) 8 36 24 60   Fax: 3 79 57 35
E-Mail: angela.bowden@fdf.org.uk
President: P. Monzani
Vice-President: G. Secker
Secrétaire Général: A. Bowden

Schweden

iz f 2 529

Swedish Crushers and Refiners Association
c/o Karlshamns Sweden, S-37482 Karlshamm
T: (0046454) 8 20 00   Fax: 8 28 10
E-Mail: je@karlshamns.se
President: H. Nilsson
Secrétaire Général: J. Elmeklo

● **IZ F 2 530**

Europäische Organisation der Sägewerke (E.O.S.)
European Organisation of the Sawmill Industry
Organisation Européenne des Scieries
c/o SHIV
Allée Hof-ter-Vleest 4, Box 5, B-1070 Brüssel
T: (00322) 5 56 25 97, 5 56 25 85   Fax: 5 56 25 95
E-Mail: euro.wood.fed@skynet.be
Gründung: 1958
Vorstand: Pierre Ferbus (Président de la Fédération Belge des Exploitants Forestiers FEDEMAR, Galerie du Centre/Bloc II, B-1000 Bruxelles, T: (00322) 2 23 14 77, Fax: 2 23 18 60)
Dominique Juillot (Président FNB, Fédération nationale du bois, Scieries Réunis du Chalonnais, F-71640 Givry)
Christian Lheureux (Secrétaire Général de la Fédération Belge des Exploitants Forestiers FEDEMAR, Galerie du Centre/Bloc II, B-1000 Bruxelles, T: (00322) 2 23 14 77, Fax: 2 23 18 60)
André Pirothon (Fédération Belge des Exploitants Forestiers FEDEMAR, Champ de Harre, B-6960 Harre, T: (003286) 43 32 43, Fax: 43 39 28)
François Ruchenne (Secrétaire Général de la Fédération

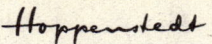

Nationale des Scieries FNS, Rue Royale 163, B-1210 Bruxelles, T: (00322) 2 19 27 43, Fax: 2 19 51 39)
Josef Rettemeier (Präsident der Vereinigung Deutscher Sägewerksverbände e.V., T: (0049) 98 53 33 83 41, Fax: (0049)98 53 33 81 05)
Gerhard Heider (Direktor der Vereinigung Deutscher Sägewerksverbände e.V., Bahnstr. 4, 65205 Wiesbaden-Erbenheim, T: (0611) 97 70 60, Fax: 9 77 06 22)
Bo Borgström (Manager of The Finnish Forest Industries Federation, P.O. Box 316, S.F. 00130 Helsinki, T: (003589) 1 32 61, Fax: 654 724)
René Maechler (Vice-Président de l'O.E.S. Paul Maechler SA, Scierie, F-67620 Soufflenheim, T: (00333) 88 86 61 02, Fax: 88 86 77 57)
Pierre Verneret (Directeur de la Fédération Nationale du Bois FNB, 1 Place André Malraux, F-75001 Paris, T: (00331) 42 60 30 27, Fax: 42 60 58 94)
Mario Giacomuzzi (Président du Assolegno Federlegno-Arredo, Groupement de sciage résineux, Via Nazionale 95, I-38030 Ziano di Fiemme, T: (0039462) 57 11 96, Fax: 57 15 96)
Sebastiano Cerullo (Assolegno, Viale Sacra, 183, I-20126 Milano, T: (00392) 661 45 1, Fax: 661 45 491, e-mail: Assolegno@Federlegno.it)
Finn Johansen (Managing Director of The Norwegian Sawmill Industries Association, P.O. Box 112/Blindern, N-0314 Oslo 3, T: (0047) 22 95 00, Fax: 22 46 55 23)
Dr. Gerhard Altrichter (Direktor des Fachverbandes der Österreichischen Sägeindustrie, Uraniastr. 4, Postf. 1 56, A-1010 Wien, T: (00431) 7 12 04 74, Fax: 7 13 10 18)
Dipl.-Ing. Hans Michael Offner (Präsident des Fachverbandes der Österreichischen Sägeindustrie, Uraniastr. 4, Postf. 1 56, A-1010 Wien, T: (00431) 7 12 04 74, Fax: 7 13 10 18)
Emil Mosimann (Präsident der SHIV/E.O.S. Mosimann, Sägerei- und Hobelwerke Köniz, Muhlernstr. 73, CH-3098 Köniz, T: (004131) 9 71 02 03, Fax: 9 72 13 18)
Hansruedi Streiff (Direktor SHIV/E.O.S., SHIV, Schweizerischer Sägerei- und Holzindustrieverband, Mottastr. 9, CH-3000 Bern 6, T: (004131) 3 52 75 21, Fax: 3 52 27 70)
Mikael Westin (Managing Director of The Swedish Wood Exporters Association, Gustavslundsvägen 12, plan4, S-16751 Bromma, T: (00468) 25 85 54, Fax: 25 85 27)
Stellvertretende(r) Geschäftsführer(in): Monika Reinwand
Mitglieder: 10
Mitarbeiter: 1 Pers. zu 25 % + ehrenamtl. Tätigkeit Präs. + Sekretär
Jahresetat: DM 0,11 Mio

● **IZ F 2 531**

Vereinigung der Speiseeis-Industrie der Europäischen Gemeinschaft (EUROGLACES)
Association des Industries des Glaces Alimentaires de la CEE
Secrétariat général:
3, Rue de Copenhague, F-75008 Paris
T: (00331) 53 42 13 38   Fax: 53 42 13 39
E-Mail: b-dufrene@wanadoo.fr
Präsident(in): D. Nicolaou (GR)
Secrétaire Général: Dr. Barbara Dufrene (F)

Mitgliedsorganisationen

Belgien

iz f 2 532

Groupement de l'Industrie des Crèmes Glacées
Av. de Roodebeek 30, B-1030 Brüssel
T: (00322) 7 43 87 44   Fax: 7 36 81 75
E-Mail: sia01@sia-dvi.be
Contact Person: M. Goffings

Dänemark

iz f 2 533

Iskremindustriens Sammenslutning
Vesterbrogade 2B,1, DK-1620 Kobenhaven V
T: (0045) 33 36 40 00   Fax: 33 36 40 01
Contact Person: J. Maltha Rasmussen

Deutschland

iz f 2 534

Bundesverband der Deutschen Süßwarenindustrie e.V. - BDSI
Schumannstr. 4-6, 53113 Bonn
T: (0228) 2 60 07-0   Fax: 2 60 07-89
Internet: http://www.bdsi.de
E-Mail: bdsi@bdsi.de
Contact Person: P. Scheibner

Frankreich

iz f 2 535

SFIG
Rue de la Pépinière 18, F-75008 Paris
T: (00331) 53 42 13 30   Fax: 53 42 13 32
Contact Person: Alain Delamort

Griechenland

iz f 2 536

Greek Ice Cream Manuf. Fed.
c/o Delta Dairy S.A.
3 Kerkyras Street, GR-117 78 Tavros
T: (00301) 3 49 40 00-5000   Fax: 3 49 40 40
Contact Person: D. Nicolaou

Großbritannien

iz f 2 537

Ice Cream Federation
1, Green Street Grosvenor Square, GB- London W1Y 3RG
T: (004420) 76 29 06 55   Fax: 74 99 90 95
Contact Person: Kerina L. Cheesman

Irland

iz f 2 538

Irish Ice Cream Manuf. Fed.
c/o Van Den Bergh Foods
Whitehall Road Rathfarnham, IRL- Dublin 14
T: (003531) 2 98 43 44   Fax: 2 96 01 31
Contact Person: J. Norris

Italien

iz f 2 539

A.I.D.I.
Via Barnaba Oriani 92, I-00197 Rom
T: (003906) 8 07 57 35   Fax: 8 07 31 86
Contact Person: M. Piccialuti

Finnland

iz f 2 540

Finnish Ice Cream Manufacturers Fed.
Postfach 115, FIN-00241 Helsinki
T: (003589) 14 88 71   Fax: 14 88 72 01
Contact Person: Seppo Heiskanen

Luxemburg

iz f 2 541

Centrale Paysanne
17, Rue de Bettembourg, L-5810 Hesperange
T: (00352) 3 62 54   Fax: 40 03 75
Contact Person: R. Weydert

Niederlande

iz f 2 542

Nederlandse Vereniging van Consumptie Ijsfabrikanten
Postfach 1 65, NL-2700 AD Zoetermeer
Bleiswijkseweg 35, NL-2712 PB Zoetermeer
T: (003179) 3 43 03 21   Fax: 3 42 61 85
Sekr.: M.L.J. Bögemann

Österreich

iz f 2 543

Verband der TK-Speiseeisind. Österreichs
Postfach 144, A-1037 Wien
Zaunergasse 1-3, A-1037 Wien
T: (00431) 7 12 21 21   Fax: 7 13 18 02
Contact Person: M. Domschitz

Portugal

iz f 2 544

Iglo Ola Portugal
Largo Monterroio Mascarenhas 1, Apartado 1805, P-1018 Lissabon Codex
T: (003511) 3 88 91 31   Fax: 3 88 76 23
Contact Person: K. Rabbel

Schweden

iz f 2 545

Föreningen Svenska Glasstillverkare
Postfach 5501, S-11485 Stockholm
T: (00468) 7 83 80 00   Fax: 7 83 82 73
Contact Person: Jan Rosenström

Spanien

iz f 2 546

Aso. Española de Fabricantes de Helados
C/Mallorca 286 entl. 02A, E- Barcelona 37
T: (003493) 2 07 25 16   Fax: 2 07 16 11
Contact Person: D. Roig

● **IZ F 2 547**

Vereinigung der Verbände der Reismühlen der EG (UARCE)
Union of EC Rice Millers Associations
Union des Associations des Riziers de la C.E.
Ave. Livingstone 26 Bte 3, B-1000 Brüssel
T: (00322) 2 31 12 99   Fax: 23 06 58
Präsident(in): Cesare Preve
Generalsekretär(in): Douglas Herbison
Mitglieder: 9
Jahresetat: DM 0,2 Mio

Mitgliedsorganisationen

Belgien

iz f 2 548

Association des Rizeries Belges
Industrielaan 5, B-2250 Olen
T: (003214) 25 18 11   Fax: 25 18 02
Präsident(in): F. Beckx
Generalsekretär(in): J. Vercauteren

Deutschland

iz f 2 549

Getreidenährmittelverband
Bundesverband der Hersteller von Nährmitteln aus Getreide und Reis e.V.
Postf. 19 01 65, 53037 Bonn
An der Elisabethkirche 26, 53113 Bonn
T: (0228) 2 67 10-0   Fax: 2 67 10-20
E-Mail: info@verbaende-hees.de
Präsident(in): Rolf Eick
Generalsekretär(in): Dipl.-Volksw. Wolfgang Hees

Frankreich

iz f 2 550

Syndicat de la Rizerie Francaise
Bourse de Commerce
Rue de Viarmes 2, F-75040 Paris Cedex 01
T: (00331) 1 40 41 03 52   Fax: 1 40 41 03 12

Griechenland

iz f 2 551

Association of Greek Rice Millers
Postfach 56, GR-57009 Saloniki
Kalochori, GR-57009 Saloniki
T: (003031) 75 15 66   Fax: 75 11 65
Generalsekretär(in): M. Mistakidis

Großbritannien

iz f 2 552

British Rice Miller's Association
Coldharbour Lane, GB- Rainham RM13 9YQ

iz f 2 552

T: (00441708) 71 77 77 **Fax:** 71 77 00
Präsident(in): R. Samani

Italien

iz f 2 553

Associazione Industrie Risiere Italiane
Via Bergaudigo da Feltze 6, I-27100 Pavia
T: (0039384) 9 42 51 **Fax:** 9 21 93
Präsident(in): E. Scaramuzza
Generalsekretär(in): R. Carriere

Niederlande

iz f 2 554

Vereniging van Rijstpellers in Nederland
Bankastraat 131B, NL-2585 EL Den Haag
T: (003170) 3 55 47 00 **Fax:** 3 58 46 79
Präsident(in): P.H.J.M. Allart

Portugal

iz f 2 555

Associacao Nacional dos Industriais de Arroz
Avenida da Republica 60 5-Esq, P-1000 Lissabon
T: (003511) 7 81 58 40 **Fax:** 7 81 58 45
Präsident(in): E. Morgado
Generalsekretär(in): P. Silva

iz f 2 556

Federacion Nacional Industria Arrocera Espanola
Lagasca 88-4, E-28001 Madrid
T: (003491) 5 15 55 42 **Fax:** 4 31 42 60
Präsident(in): A. Hernandez Callejas

● **IZ F 2 557**

Weltverband der Arzneimittel-Hersteller (WSMI)
World Self-Medication Industry
Industrie Mondiale de l'Automédication Responsable
15, Sydney House
Woodstock Road,
Chiswick, GB- London W4 1DP
T: (004420) 87 47 87 09 **Fax:** 87 47 87 11
Gründung: 1970
Generaldir.: Jerome A. Reinstein (PhD); 15 Sydney House, Woodstock Road, Chiswick, GB-London W4 1DP, T: (0044208) 7 47 87 09, Telefax: (0044208) 7 47 87 11)
Chairman: Akira Uehara (Japan)
Regionale Vizepräsidenten: Dr. Hubertus Cranz (Europa)
Dr. Michael Maves (North America & Caribbean)
Dr. S.P. Yu (Asia/Pacific)
Edgardo Gezzi (Latin America)
Dr. Johannes Burges (Schatzmeister, Europa)

Mitgliedsorganisationen

Argentinien

iz f 2 558

Cámara Argentina de Productores de Especialidades Medicinales de Venta Libre (CAPEMVeL)
Av Callao 1062 8° A y B, RA-1023 Buenos Aires
T: (00541) 8 13 56 81 **Fax:** 8 12 97 59
Executive Director: Ariel Pascielli

Australien

iz f 2 559

Self-Medication Industry (ASMI)
Postfach 938, AUS- North Sydney NSW 2059
T: (0002) 99 22 51 11 **Fax:** 99 59 36 93
Executive Director: Juliet Seifert

Belgien

iz f 2 560

Europäischer Fachverband der Arzneimittel-Hersteller (AESGP)
Association of the European self. Medication Industry
Association Européenne des Spécialités Pharmaceutiques Grand Public
7 avenue de Tervuren, B-1040 Brüssel
T: (00322) 7 35 51 30 **Fax:** 7 35 52 22
Internet: http://www.aesgp.be
E-Mail: info@aesgp.be
Direktor(in): Dr. Hubertus Cranz

Brasilien

iz f 2 561

Associação Brasileira da Indústria de Produtos para Saúde (ABIPS)
Rua Helena, 309-9, Andar Conj 94, BR-04552-050 Sao Paulo
T: (005511) 8295811 **Fax:** 8669823
Executive Vice-President: Piero Rapazzini

China

iz f 2 562

China Nonprescription Medicines Association (CNMA)
SPAC Building, A38 Beilishilu, CN- Beijing 100810
T: (00861) 831 3344/0412/1605 **Fax:** 831 5648
Executive Vice-President: Hu Sheng Yu

iz f 2 563

The Hong Kong Association of the Pharmaceutical Industry (HKAPI)
Room 2 10F Sincere Insurance Building
Room A13/F Trust Tower, Johnston Road Wanchai 68, HK- Hong Kong
T: (00852) 528 3061/2 **Fax:** 865 6283
Executive Director: Joy Ottway

Indien

iz f 2 564

Organisation of Pharmaceutical Producers of India
Cook's Building, 324, Dr. Dadabhoy Naoroji Road, IND- Fort, Mumbai 400 001
T: (009122) 2 04 55 09, 2 04 45 18 **Fax:** 2 04 47 05
Internet: http://www.indiaoppi.com
E-Mail: avdangi@indiaoppi.com

Israel

iz f 2 565

TELEM Israel Association of Non-Prescription Medicine
c/o Federation of Israeli Chambers of Commerce
Postfach 20027, IL- Tel Aviv 61200
T: (009723) 561 2444 **Fax:** 5619025
Präsident(in): Zeev Biber

Japan

iz f 2 566

The Proprietary Association of Japan (PAJ)
Kyodo Building 3F
13-4 Nihombashi-Kodemmacho Chuo-ku, J- Tokyo 103
T: (00813) 3667 9481 **Fax:** 3667 9483
Kontaktperson: Hiroshi Kumagai

Kanada

iz f 2 567

Nonprescription Drug Manufacturers Association of Canada (NDMAC)
1111 Prince of Wales Drive Suite 406, CDN- Ottawa, Ontario K2C 3T2
T: (001613) 722-4500 **Fax:** 722-6764
President: David Skinner

Kolumbien

iz f 2 568

Cámara Industria Farmacéutica Asociación Nacional de Industriales
Carrera 13 No 26-45 Piso 6, CO- Santa Fe de Bogota
T: (00571) 2 81 06 00 **Fax:** 2 81 31 88
Executive Director: Margarita Villate de Garcia

Korea

iz f 2 569

Korea Pharmaceutical Manufacturers Association (KPMA)
990-2 Banbae-1 Dong Seocho-ku, KP- Seoul 137-061
T: (00822) 581 2101 **Fax:** 581 2106
President: Dr. Pil-Keun Chung

Malaysia

iz f 2 570

Pharmaceutical Association of Malaysia (PhAMA)
75-3 Medan Setia 1 Bukit Demansara, MAL-50490 Kuala Lumpur
T: (00603) 256 2493/2494 **Fax:** 255 2143
Executive Director: Normah Naim

Mexiko

iz f 2 571

Asociación de Fabricantes de Medicamentos de Libre Acceso AC (AFAMELA)
Yautepec No. 12, Colonia Condesa, MEX-06140 México DF
T: (00525) 286 5297 **Fax:** 553 2909
Kontaktperson: Héctor Bolaños

Mittelamerika

iz f 2 572

Central America (Guatemala, Honduras, El Salvador, Nicaragua, Costa Rica, Panama) (FEDEFARMA)
Avenida Reforma 7-62 Zona 9, Edificio Aristos Reforma Oficina 812, GCA- Guatemala CA 01009
T: (00502362) 93 84 **Fax:** 93 88
E-Mail: fedefarm@guate.net
Exel Director: Dr. Rodolfo Lambour

Neuseeland

iz f 2 573

Non-Prescripton Medicines Association of New Zealand Inc (NMA)
Postfach 6473, NZ- Auckland
Wellesley Street, NZ- Auckland
T: (00649) 2 99 83 27 **Fax:** 2 99 83 27
Executive Director: Tony Miller

Nigeria

iz f 2 574

Pharmaceutical Manufacturers Group of the Manufacturers Association of Nigeria (PMG-MAN)
5 Eleruwa Street off Adeniyi Jones Avenue, WAN- Ikeja Lagos
T: (002341) 4 97 23 88 **Fax:** 4 97 23 88
Executive Secretary: Valentine OE Ofili

Philippinen

iz f 2 575

Pharmaceutical and Healthcare Association of the Philippines Inc (PHAP)
Unit 502 One Corporate Plaza, Condominium
845 Pasay Road, Pl- Makati Metro Manila
T: (00632) 815 0325, 816 7334, 816 7373 **Fax:** 819 2702
Executive Vice-President: Leo P. Wassmer jr.

Singapur

iz f 2 576

Singapore Association of Pharmaceutical Industries (SAPI)
02-23A/14 Manhattan House
151 Chin Swee Road, SGP- Singapore 0315
T: (0065) 738 0966 **Fax:** 738 0977
Executive Secretary: Fok Tai Hung

Südafrika

iz f 2 577

Self-Medication Association of South Africa (SMASA)
PO Box 55902,
Arcadia 0007, ZA- Pretoria
T: (002712) 44 18 11 **Fax:** 3 41 76 11
Executive Director: André van Zyl

Taiwan

iz f 2 578

Pharmaceutical Marketing & Management Association (PMMA)
c/o Smith Kline Beecham Far East BV
8F-D, No. 156, Section 3, Min Sheng East Road, RC- Taipei
T: (008862) 271 700 74   **Fax:** 254 759 59
Responsible Person: Joyce Lee

Thailand

iz f 2 579

Pharmaceutical Producers Association (PPA)
8th Floor, Land and Tower Building
Room 408/51, 12th Floor,
Phaholyothin Place Building
Phaholyothin Road
Samsennai, Phyathai, T- Bangkok 10400
T: (00662) 6172062   **Fax:** 6172066
Executive Director: Prof. Vanida Chitman

USA

iz f 2 580

Consumer Healthcare Products Association (CHPA)
1150 Connecticut Avenue NW, USA- Washington DC 20036
T: (001202) 4 29 92 60   **Fax:** 2 23 68 35
Internet: http://www.chpa-info.org
President: Dr. Michael Maves

Venezuela

iz f 2 581

Cámara Venezolana de Fabricantes de Medicamentos Sin Prescripción Facultativa (CAMESIP)
c/o Ms. Marisol Fuentes Niño
Gerente General Esq. Puente Anauco, Edif. Camara de Industriales
Piso 3, Ofic. 3A La Candelaria, YV- Caracas
T: (00582) 5 76 09 72   **Fax:** 5 71 54 32
E-Mail: solcom@telcel.net.ve

● **IZ F 2 582**

Weltverband der Lehrmittelfirmen (Worlddidac)
World Association of Publishers, Manufacturers and Distributors of Educational Materials
Association Mondiale des Éditeurs, Fabricants et Revendeurs de Matériels Didactiques
Postfach 8866, CH-3001 Bern
Bollwerk 21, CH-3001 Bern
T: (004131) 3 11 76 82   **Fax:** 3 12 17 44
Internet: http://www.worlddidac.org
E-Mail: info@worlddidac.org
Gründung: 1952
Präsident(in): David C. Macey (Great Britain)
Direktor(in): Beat Jost
Verbandszeitschrift: Education Market
Redaktion: Worlddidac
Mitglieder: 300
Mitarbeiter: 6

● **IZ F 2 583**

Zentralverband der Europäischen Holzindustrie (CEI-BOIS)
European Confederation of Woodworking industries
Confédération européenne des industries du bois
Allée Hof-ter-Vleest 5 Bte. 4, B-1070 Brüssel
T: (00322) 5 56 25 85   **Fax:** 5 56 25 95
Internet: http://www.cei-bois.org
E-Mail: euro.wood.fed@skynet.be
Gründung: 1952
Präsident(in): B. Borgström
Generalsekretär(in): Dr. Guy Van Steertegem
Mitglieder: 22 Nationalverbände, 9 Branchenverbände, 4 assoziierte
Mitarbeiter: 3

Europäische Verbände

iz f 2 584

Europäische Organisation der Sägewerke (E.O.S.)
European Organisation of the Sawmill Industry
Organisation Européenne des Scieries
Allée Hof-ter-Vleest 4,Box 5, B-1070 Brüssel
T: (00322) 5 56 25 97, 5 56 25 85   **Fax:** 5 56 25 95
E-Mail: euro.wood.fed@skynet.be
Präsident(in): Emil Mosimann
Jahresetat: DM 0,11 Mio

iz f 2 585

Europäischer Verband der Bürsten- und Pinsel-Industrie (F.E.I.B.P.)
Fédération Européenne de l'Industrie de la Brosserie et de la Pinceauterie
Allée Hof-ter-Vleest 5 Boíte 4, B-1070 Brüssel
T: (00322) 556 25 88   **Fax:** 556 25 95
Internet: http://www.eurobrush.com
Präsident(in): C. Schabert

iz f 2 586

Föderation der Europäischen Parkett-Industrie (FEP)
European Federation of the Parquet Industry
Fédération Européenne de l'Industrie du Parquet
Allée Hof-ter-Vleest 5 Boite 4, B-1070 Brüssel
T: (00322) 556 25 87   **Fax:** 556 25 95
Internet: http://www.parquet.net
E-Mail: euro.wood.fed@skynet.be
Präsident(in): Dieter Betz (Bauwerk AG)

iz f 2 587

Europäischer Holzwerkstoffverband (EPF)
European Panel Federation
Federation Europeenne des Panneaux a Base de Bois
Hof-ter-Vleestdreef 5 bus 5, B-1070 Brüssel
T: (00322) 5 56 25 89   **Fax:** 5 56 25 94
Internet: http://www.europanels.org
Präsident(in): F. Decock

iz f 2 588

Fédération Européenne de l'Industrie du Contreplaqué
Allée Hof-ter-Vleest 5 Bte. 4, B-1070 Brüssel
T: (00322) 5 56 25 84   **Fax:** 5 56 25 95
Internet: http://www.europlywood.org
Präsident(in): F. Allin

iz f 2 589

West. Europäisches Institut für Holzimprägnierung (WEI) (WEI)
Institut de l'Europe Occidentale pour l'Imprégnation du Bois
Hof-ter-Vleestdreef 5 bus 4, B-1070 Brüssel
T: (00322) 5 56 25 86   **Fax:** 5 56 25 95
Internet: http://www.wei-ieo.org
Präsident(in): Tom Bruce-Jones

iz f 2 590

Vereinigung der Europäischen Verbände der Holzindustrie im Baubereich (FEMIB)
Federation of the European Building Joinery Associations
Fédération Européenne des Syndicats de Fabricants de Menuiseries Industrielles de Bâtiment
Bockenheimer Anlage 13, 60322 Frankfurt
T: (069) 95 50 54-13   **Fax:** 95 50 54-11
Internet: http://www.window.de
E-Mail: femib@window.de
Generalsekretär(in): K.H. Herbert

iz f 2 591

Europäische Föderation der Holzfaserplatten-Fabrikanten (FEROPA)
European Federation of Fibreboard Manufacturers
Fédération Européenne des Fabricants de Panneaux de Fibres
724, Trav. des Rougons, F-83510 Lorgues
T: (0033494) 73 75 99   **Fax:** 67 67 07
E-Mail: omdahl@netcourrier.com
Präsident(in): J. Tisné

Belgien

iz f 2 592

Fédération belge des entreprises de la transformation du bois a.s.b.l. (FEBELHOUT VZW)
Hof-ter-Vleestdreef 5, B-1070 Brüssel
T: (00322) 5 56 25 55   **Fax:** 5 56 25 70
Präsident(in): G. Neyt

Dänemark

iz f 2 593

Association of the Danish Woodworking Industry
c/o Dansk Industri
DK-1787 Kobenhavn V
T: (0045) 33 77 33 77   **Fax:** 33 77 34 10

Deutschland

iz f 2 594

Hauptverband der Deutschen Holz und Kunststoffe verarbeitenden Industrie und verwandter Industriezweige e.V. (HDH)
Postf. 13 80, 53583 Bad Honnef
Flutgraben 2, 53604 Bad Honnef
T: (02224) 93 77-0   **Fax:** 93 77-77
Internet: http://www.hdh-ev.de
E-Mail: info@hdh-ev.de
Präsident(in): Helmut Lübke

Finnland

iz f 2 595

Metsäteollisuus - Finnish Forest Industries Federation
Postfach 316, FIN-001310 Helsinki
Eteläesplanadi 2, FIN-00130 Helsinki
T: (003580) 1 32 61   **Fax:** 65 47 24
Managing Director: Matti Korhonen

Frankreich

iz f 2 596

Fédération Nationale du Bois
1, place André Malraux, F-75001 Paris
T: (00331) 42 60 30 27   **Fax:** 42 60 58 94
Präsident(in): Roger Lesbats

iz f 2 597

Union des Industries du Bois (UIB)
Rue de Naples 33, F-75008 Paris
T: (00331) 53 42 15 50   **Fax:** 53 42 15 51

Großbritannien

iz f 2 598

Timber Research & Development Association
Stocking Lane, Hughenden Valley High Wycombe, GB- Buckinghamshire HP14 4ND
T: (00441494) 56 30 91   **Fax:** 56 54 87
Direktor(in): C. Gill

iz f 2 599

Wood Panel Industries Federation (WPIF)
28 Market Place, GB- Grantham Lincolnshire NG31 6LR
T: (00441476) 56 37 07   **Fax:** 57 93 14
Technischer Direktor: D. Duke-Evans

iz f 2 600

British Woodworking Federation (B.W.F.)
Leonard Street 56-64, GB- London EC 2A 4JK
T: (004420) 76 08 50 50   **Fax:** 76 08 50 51

Italien

iz f 2 601

Federlegno-Arredo
Viale Sarca 183, I-20126 Milano
T: (00392) 80 60 41   **Fax:** 80 50 43 92
Präsident(in): R. Rodriquez

Lettland

iz f 2 602

Latvian Association of Woodprocessing Entrepreneurs & Exporters
Brivibas Street 91, LV-1001 Riga
T: (003712) 37 27 89   **Fax:** 27 45 57
Kontaktperson: C. Grikis

Litauen

iz f 2 603

Association of the Lithuanian Woodworking Industry
Linkmenu 28-36, LT-2600 Vilnius
T: (003702) 75 20 79   Fax: 75 20 79
Kontaktperson: A. Morkevicius

Niederlande

iz f 2 604

Centrum Hout
Postfach 1350, NL-1300 BJ Almere
T: (003136) 5 32 98 21   Fax: 5 32 95 71
Director: C. de Bruin

iz f 2 605

Nederlandse Bond Van Timmerfabrikanten (NBVT)
Postfach 24, NL-1400 AA Bussum
Nw. s'Gravelandseweg 16, NL-1400 AA Bussum
T: (00313569) 4 70 14   Fax: 4 49 10
E-Mail: j.douma@intrabouw.nl
Generalsekretär(in): T. Jacobs

Norwegen

iz f 2 606

Norwegian Sawmill Industries Association
Postfach 112, N-0314 Oslo-Blindern
T: (004722) 96 55 00   Fax: 46 55 23

Österreich

iz f 2 607

Fachverband der holzverarbeitenden Industrie Österreichs
Postfach 1 23, A-1037 Wien
Schwarzenbergplatz 4, A-1037 Wien
T: (00431) 7 12 26 01   Fax: 7 13 03 09
Präsident(in): Dr. E. Wiesner

Portugal

iz f 2 608

Associacao das Industrias de Madeiras e Mobiliario de Portugal
Rua Alvarez Cabral 281, P-4000 Porto Codex
T: (003512) 332 40 16, 332 40 41   Fax: 205 65 73
Präsident(in): Pedro Ferrreira De Sousa Ribeiro

Schweden

iz f 2 609

Träindustriförbundet TIF
Postfach 16006, S-10321 Stockholm
S Blasieholmskajen, S-10321 Stockholm
T: (00468) 7 62 72 00   Fax: 7 62 72 01
Präsident(in): H. Jarlsson

iz f 2 610

Svenska Trävaruexportföreningen
Gustavslundsvägen 12, plan 4, S-16751 Bromma
T: (00468) 25 85 00   Fax: 25 85 27
Director: Mikael Westin

Schweiz

iz f 2 611

Verband Schweizerischer Spanplattenfabrikanten
c/o Novoplan Keller AG
CH-5314 Kleindottingen
T: (004156) 40 81 11   Fax: 40 82 10
Präsident(in): H. Vogel

Slowenien

iz f 2 612

Gospodarska Zbornica Slovenije (GZS)
Strokovno Zdruzenje Lesarstva
Dimiceva ul. 13, SLO-1504 Ljubljana
T: (0038661) 1 89 82 84   Fax: 1 89 81 00, 1 89 82 00
E-Mail: joze.korber@gzs.si
Kontaktperson: Dr. Joze Korber (E-Mail: korber@hq.gzs.sa)

Spanien

iz f 2 613

Confederatiòn Española de Empresarios de la Madera (CONFEMADERA)
Sagasta, 24 - 3th floor, E-28004 Madrid
T: (00341) 5 94 44 04   Fax: 5 94 44 64
President: P. Garcia Moya
Secretary General: F. Pons

Ungarn

iz f 2 614

Hungarian Federation of Forestry and Wood Industries FAGOSZ
Kuny D Str. 13-15, H-1012 Budapest
T: (00361) 3 55 65 39   Fax: 2 02 64 49
Internet: http://www.fagosz.hu
E-Mail: fagosz@dbassoc.hu
Generalsekretär(in): M. Möcsenyi

● **IZ F 2 615**

Zentralverband der Nationalen Vereinigungen der Gerber und Weißgerber in der E.U. (COTANCE)
Confederation of national associations of tanners and dressers of the EC
Confédération des Associations Nationales de Tanneurs et de Mégissiers de la CE
Rue Belliard 3, B-1040 Brüssel
T: (00322) 5 12 77 03   Fax: 5 12 91 57
Internet: http://www.euroleather.com
E-Mail: info@euroleather.com
President: Dr. M.H.M. Hulshof (Hulshof Royal Dutch Tanneries)
1. Vice-President: Dr. Giuseppe Walter Peretti (Conceria Cristina Spa, Via Fracarzana 26, I-36054 Montebello Vicentino VI, T: (003904) 44 64 94 55, Fax: (003904) 44 64 88 35, E-Mail: amministiagione@gruppoperetti.com)
2. Vice-President: Dr. Owen Paterson (British Leather Company, Hawthorne Tannery, Hawthorne Road, Merseyside, GB-Bootle L20 6JR, T: (0044151) 922 11 03, Fax: 933 35 72)
3. Vice-President: Josep Costa (CEC - Serpelsa Furs S.A., Poligono Industrial Malloles, P.O. Box 336, E-08500 Vic (Barcelona), T: (003493) 8 89 18 69, Fax: (003493) 8 89 09 96, E-Mail: serpelsa@cambrabcn.es)
Treasurer: Dr. Salvatore Mercogliano (UNIC, Via Brisa 3, I-20123 Milano, T: (003902) 86 10 26, Fax: 86 00 32, email: info@unic.it)
Deputy Treasurer: Paul Batigne (Ets Sabin SA, 9 avenue M. Pagnol, BP 35, F-81303 Graulhet Cedex, T: (0033563) 34 51 21, Fax: 34 25 69)
Secretary General: Gustavo Gonzalez-Quijano (COTANCE, 3 Rue Belliard, B-1040 Bruxelles, T: (00322) 512 77 03, Fax: 512 91 57, E-Mail: info@euroleather.com)
Mitglieder: 16
Mitarbeiter: 3

Mitgliedsorganisationen

Belgien

iz f 2 616

Union de la Tannerie et de la Mégisserie Belge (U.N.I.T.A.N.)
c/o Masure Dhalluin
Rue des Tanneurs 140, B-7730 Estaimbourg
T: (003269) 36 23 26   Fax: 36 23 10
E-Mail: masure@pophost.eunet.be
Président: B. Colle

Deutschland

iz f 2 617

Verband der Deutschen Lederindustrie e.V.
Fuchstanzstr. 61, 60489 Frankfurt
T: (069) 97 84 31 41   Fax: 78 80 00 09
Internet: http://www.vdl-web.de
E-Mail: lederverband@t-online.de
Präsident(in): M. Räuchle
Generalsekretär(in): R. Schneider

Finnland

iz f 2 618

Suomen Nahkateollīsuusliitto ry Finnish Leather Industry Association
Postfach 11, FIN-00131 Helsinki
Etelaeranta 10 VII, FIN-00131 Helsinki
T: (003589) 172 42 50   Fax: 17 95 88
E-Mail: sari.vannela@ryhma.ttliitot.fi
Executive Director: Sari Vannela

Frankreich

iz f 2 619

Fédération Française de la Tannerie-Mégisserie
Syndicat de la Tannerie Française
Rue de Provence 122, F-75008 Paris
T: (00331) 45 22 96 45   Fax: 42 93 37 44
E-Mail: fftm@wanadoo.fr
Président: Paul Batigne
Administration: U. Mandenoff
S. Ramière

Griechenland

iz f 2 620

Hellenic Tanners' Association
180 Piraeus, Lamias, GR-17778 Tavros
T: (00301) 346 23 35, 346 31 67   Fax: 346 14 34
E-Mail: ppant@tee.gr
President: Id Hadjidimitriou
Generalbevollmächtigter: P. J. Pantelaras

Großbritannien

iz f 2 621

British Leather Confederation
Leather Trade House
King Park Road, Moulton Park, GB- Northampton NN3 6JD
T: (00441604) 67 99 99   Fax: 67 99 98
E-Mail: info@blcleathertech.com
President: Robert E. Dickinson
Chief Executive: Dr. K. Alexander

Irland

iz f 2 622

Irish Leather Federation
Dudley's Mills Clonmel, IRL- Co. Tipperary
T: (0035352) 2 25 99   Fax: 2 28 92
E-Mail: pronan@ronangroup.ie
President: P. Ronan
Secretary General: G. Morrissey

Italien

iz f 2 623

Unione Nazionale Industria Conciaria (U.N.I.C.)
Via Brisa 3, I-20123 Mailand
T: (003902) 8 80 77 11   Fax: 86 00 32, 72 0000 72
E-Mail: info@unic.it
President: G. Walter Peretti
Director: Dr. Salvatore Mercogliano

Niederlande

iz f 2 624

Federatie van Nederlandse Lederfabrikanten
Postfach 9 01 54, NL-5000 LG Tilburg
Prof. Donderstraat 39, NL-5017 HH Tilburg
T: (003113) 594 47 78   Fax: 594 47 49
E-Mail: fnl@wispa.nl
President: Dr. M.H.M. Hulshof
Secretary General: Roef van Run

Norwegen

iz f 2 625

Norske Garveriers Landsforeningen
c/o Borge Garveri as
N-5250 Lonevåg
T: (004756) 39 20 10   Fax: 39 23 12
President: O. Borg

Portugal

iz f 2 626

Associacao Portuguesa dos Industriais de Curtumes (A.P.I.C.)
Av. Fernao de Magalhaes 406-5, P-4300 Porto
T: (00351225) 37 41 15   **Fax:** 37 20 65
E-Mail: apic@mail.telepac.pt
Presidente: Dr. L. Mota
Secretary General: E. Sousa Campos

Schweden

iz f 2 627

Svenska Garveriidkareforeningen
c/o Malungs Garveri AB
Postfach 157, S-78200 Malung
T: (0046325) 66 14 00   **Fax:** (0046280) 103 49
E-Mail: hborge@malgarv.se
Chairman: G. Truedson
Contact: Hilma Borge

Schweiz

iz f 2 628

Verband Schweizerischer Gerbereien
c/o Eduard Gallusser AG
Auerstr. 11, CH-9442 Berneck
T: (004171) 744 17 22   **Fax:** 744 65 59
Internet: http://www.leder.ch
President: Eduard Gallusser

Slowenien

iz f 2 629

GZS-Chamber of Commerce and Industry of Slovenia
Dimiceva 13, SLO-1540 Liubliana
T: (0038661) 1898 297   **Fax:** 1898 100
E-Mail: joze.smole@gzs.si
President: Viljem Glas
Director: Jože Smole

Spanien

iz f 2 630

Consejo Español de Curtidores (C.E.C.)
Valencia 359, 3, E-08009 Barcelona
T: (003493) 4 59 33 96   **Fax:** 4 58 50 61
E-Mail: inform@leather-spain.com
President: F. Fontanellas
Del. of Pres.: J. Ballbé

Ungarn

iz f 2 631

BCE-Association for Leather and Shoe Industry
Gisella u 24-26, H-1143 Budapest XIV
T: (00361) 2 21 93 27, 2 51 58 87   **Fax:** 2 21 93 26
E-Mail: bce@mail.matav.hu
Directeur: Arpád Várszgi

● **IZ F 2 632**

Zusammenschluß der Zigarettenhersteller der EU (CECCM)
Confederation of European Community Cigarette Manufacturers
Confédération des Producteurs de Cigarettes dans la Communauté Européenne
Avenue Louise 125, B-1050 Brüssel
T: (00322) 5 41 00 30   **Fax:** 5 41 00 45
Gründung: 1989
Président: Wilfried Dembach
Contact: Grace Lemass
Mitglieder: 6 Companies, 15 Nations
Mitarbeiter: 5

IZ G Handwerk

Zum Auffinden einer bestimmten Dienststelle oder Organisation dient das Suchwortverzeichnis, eines Personennamens das Personenverzeichnis

Fachverbände des Handwerks

IZ G 1

Fachverbände des Handwerks

● **IZ G 1**
Europäischer Verband des Friseur Handwerks
Confédération Européenne des Organisations Patronales de la Coiffure (c/c Europe)
Gooierserf 400, NL-1276 KT Huizen
T: (003135) 5 25 92 00   **Fax:** 5 26 37 86
E-Mail: ankonet@wxs.nl
Président: Piet Kalle
Executive Secretary: Robert Vos
Mitglieder: 16

iz g 2
Internationaler Friseurmeister-Verband
International Confederation of the Hairdressing Trade
Confédération Internationale de la Coiffure
Rue Notre-Dame des Victoires 17, F-75002 Paris
T: (00331) 42 61 53 24   **Fax:** 42 60 02 08

iz g 3
Fédération Nationale des Coiffeurs de Belgique (FNCB)
Av. A. Lacomblé 31, B-1030 Brüssel
T: (00322) 732 37 78   **Fax:** 732 75 93

iz g 4
Danmarks Frisörmesterforening
Vesterbrogade 64 1.TV, DK- Kopenhagen

iz g 5
Zentralverband des Deutschen Friseurhandwerks
Postf. 13 02 04, 50496 Köln
Weißenburgstr. 74, 50670 Köln
T: (0221) 97 30 37-0   **Fax:** 97 30 37-30
Internet: http://www.friseurhandwerk.de
E-Mail: info@friseurhandwerk.de

iz g 6
Fédération Syndicale des Coiffeurs
Rue Anafis 3, GR-112 56 Athen

iz g 7
CANAI Comitato Artistico Nazionale Acconiatori Italiani
c/o ARCALENI
Via dei Filosofi 25, I-06100 Perugia

iz g 8
Fédération des Patrons Coiffeurs du Grand-Duché de Luxemburg
Postfach 16 04, L-1016 Luxemburg
T: (00352) 42 45 11-1   **Fax:** 42 45 25
Präsident(in): Emile Goedert
Sekretär: Ralph Weis

iz g 9
Koninklijke Algemene Nederlandse Kappersorganisatie
Postfach 212, NL-1270 AE Huizen
T: (003135) 5 25 92 00   **Fax:** 5 26 37 86
Internet: http://www.anko.nl
E-Mail: ankonet@wxs.nl
President: Piet Kalle

iz g 10
Associaçao dos Cabeleireiros e Barbearias do Sul
rua dos Fanqueiros 135-2, P-1100 Lissabon

iz g 11
National Hairdressers Federation
Goldington Road 11, GB- Bedford MK40 3JY

● **IZ G 12**
Europäische Schlosservereinigung (ELF)
European Locksmith Federation
Fédération Européenne des Serruries
Mühlentorstr. 17, 49808 Lingen
T: (0591) 33 49   **Fax:** 34 99
Gründung: 1984 (8. September)

Präsident(in): Dipl.-Ing. Helmut Töbel
Sekretär: Wolfgang Schäfer
Verbandszeitschrift: INSIGHT
Mitglieder: 11 national locksmith association, representing approximately 1000 locksmith companies

Mitgliedsorganisationen

Bulgarien

iz g 13
Associated Locksmiths of Bulgaria
14, George Washington Str, BG-1301 Sofia
T: (003592) 83 38 32   **Fax:** 980 27 34

Dänemark

iz g 14
Dansk Låsesmede Forening
Allégade 23 "Villaen", DK-2000 Frederiksberg
T: (004538) 34 89 07   **Fax:** 33 41 12

Deutschland

iz g 15
Fachverband Europäischer Sicherheits- und Schlüsselfachgeschäfte e.V. (INTERKEY I)
Mühlentorstr. 17, 49808 Lingen
T: (0591) 5 10 79   **Fax:** 5 36 17
Internet: http://www.interkey.de
E-Mail: interkey@t-online.de

Finnland

iz g 16
Finnish Security Contractors Association
Kruunucuorenkatu 11, FIN-00160 Helsinki
T: (003580) 6 94 70 44   **Fax:** 68 42 75 60

Großbritannien

iz g 17
Master Locksmiths Association
Units 4/5, The Business Park Woodford Halse Daventry, GB- Northands NN 11 3 PZ
T: (00441327) 26 22 55   **Fax:** 26 25 39

Irland

iz g 18
Associated Locksmiths of Ireland
Ashbrook House
Howt Rd. 415 Raheny, IRL- Dublin 5
T: (003531) 8 31 05 34   **Fax:** 8 31 87 66

Italien

iz g 19
Esperti Riferme Serrature Italia
Viale Umbria 2, I-20090 Fizzonasco di Pieve
T: (00392) 90 72 45 26   **Fax:** 90 72 55 58

Niederlande

iz g 20
Nederlands Sleutel- en Slotenspecialisten Gilde
Rijksstraatweg 369g, NL-2025 DB Haarlem
T: (003123) 5 38 11 45   **Fax:** 5 37 69 07

Norwegen

iz g 21
Norske Låsesmeder
Postfach 5 06, N-1522 Moss
T: (004769) 26 18 30   **Fax:** 26 12 45

Schweden

iz g 22
Sveriges Låssmedsmästares Riksförbund
Postfach 284, S-12725 Skärholmen
T: (00468) 7 40 59 55   **Fax:** 7 40 42 09

Spanien

iz g 23
Asociación de Profesionales de España en Cerrajeria y Seguridad
La Vinya 21, E-08041 Barcelona
T: (003493) 4 36 85 33   **Fax:** (003443) 4 55 94 23

● **IZ G 24**
Europäische Schornsteinfegermeister-Föderation
European Federation of Chimney-Sweeps
- Generalsekretariat -
Westerwaldstr. 6, 53757 St Augustin
T: (02241) 34 07-0   **Fax:** 34 07-10
Präsident(in): Eugen Steichele
Generalsekretär(in): Bertold Steinebach

● **IZ G 25**
Europäische Union des Handwerks und der Klein- und Mittelbetriebe (UEAPME)
European Association of Craft, Small and Medium-Sized Enterprises
Union Européenne de l'Artisanat et des Petites et Moyennes Entreprises
Maison de l'Economie Européenne
4, Rue Jacques de Lalaing, B-1040 Bruxelles
T: (00322) 230-7599   **Fax:** 230-7861
Internet: http://www.ueapme.com
E-Mail: ueapme@euronet.be
Gründung: 1979
Präsident: Andrea Bonetti (Präsident Unione Nazionale dell'Artigianato (I))
Vizepräsident(in):
Mario Secca (Vizepräsident Associação Portuguesa (P))
Dieter Philipp (Präsident ZDH (D))
Kris Peeters (Präsident CNBPME (B))
Franz Bamberger (Bundesinnungsmeister (A))
Pascal Kneuss (Vorsitzender der Handwerkskammer der Vogesen (F))
Bruno Menini (Vizepräsident der CNA (I))
Schatzmeister(in): Jean-Pierre Martin (Stellv. Sekretär CAPEB (F))
Generalsekretär(in): Hans-Werner Müller
Leitung Presseabteilung: Garry Parker
Verbandszeitschrift: Rapport Annuel
Mitglieder: 62
Mitarbeiter: 16

Mitgliedsorganisationen

Belgien

iz g 26
Comité National Belge des Petites et Moyennes Entreprises
8, Rue de Spa, B-1000 Brüssel
T: (00322) 2 38 05 31   **Fax:** 2 38 07 94
E-Mail: kris.peeters@kmonet.org
Präsident(in): Kris Peeters
Sekretär: Luc Hendrickx (Schatzmeister)

iz g 27
Confédération Construction (CNC) (cnc)
Rue du Lombard 34-42, B-1000 Brüssel
T: (00322) 5 45 56 00   **Fax:** 5 45 59 00
E-Mail: direction.CNC@cobonet.be
Sprecher: Johan Berghmans

iz g 28
Syndicat des Indépendants et des PME (SDI)
Avenue Albert I 183, B-1332 Genval
T: (00322) 6 52 26 92   **Fax:** 6 52 37 26
President: Daniel Cauwel
European Responsible: Thierry Guns
Sprecher: Marc Vojtassak

iz g 29
Overlegcomité Kamers voor Ambachten en Neringen (KAN)
Hoogpoort 57, B-9000 Gent
T: (00329) 2 23 16 17   Fax: 2 33 25 69
President: Paul Verdonck

iz g 30
Union des Classes Moyennes (UCM)
Bd d'Atroy 42, B-4000 Lüttich
T: (00324) 2 21 65 50   Fax: 2 21 65 55
E-Mail: pierre.colin@ucm.be
Secretary General: Pierre Colin

iz g 31
Unie van Zelfstandige Ondernemers (UNIZO)
Rue de Spa 8, B-1000 Brüssel
T: (00322) 2 38 05 31   Fax: 2 38 07 94
Internet: http://www.unizo.be
E-Mail: kris.peeters@kmonet.org
Präsident(in): Rik Jaeken
Direktor(in): Kris Peeters

Dänemark

iz g 32
Håndvaerksrådet-Organisation for små og mellemstore virksamneder
Amaliegade 31, DK-1256 Copenhagen
T: (0045) 33 93 20 00   Fax: 33 32 01 74
President: Poul Ulsøe
Director: Lars Jørgen Nielsen
Chef d'Unité des Affaires Européennes: Peter Vesterdorf

Deutschland

iz g 33
Bundesverband der Selbständigen Deutscher Gewerbeverband e.V. (BDS/DGV)
Platz vor dem Neuen Tor 4, 10115 Berlin
T: (030) 28 04 91-0   Fax: 28 04 91-11
Internet: http://www.bds-dgv.de
E-Mail: info@bds-dgv.de
Präsident(in): Rolf Kurz (MdL)
BundesGeschF: Ralf-Michael Löttgen

iz g 34
Zentralverband des Deutschen Handwerks (ZDH)
Postf. 11 04 72, 10834 Berlin
Mohrenstr. 20 /21, 10117 Berlin
T: (030) 2 06 19-0   Fax: 2 06 19-460
Internet: http://www.zdh.de
E-Mail: info@zdh.de
President: Dieter Philipp
Secretary General: Hanns-Eberhard Schleyer

Finnland

iz g 35
Suominen Yrittäjät - Verband Finnischer Unternehmen
Postfach 999, FIN-00101 Helsinki
Kaisaniemenkatu 13 a, FIN-00101 Helsinki
T: (003589) 22 92 21   Fax: 22 92 29 80
Internet: http://www.yrittajat.fi
Gründung: 1993
President: Risto Heikkilä
Managing Director: Jussi Järventaus
European Responsible: Risto Suominen

Frankreich

iz g 36
Assemblée Permanente des Chambres de Métiers (APCM)
12, av. Marceau, F-75008 Paris
T: (00331) 44 43 10 00   Fax: 47 20 34 48
E-Mail: info@apcm.fr
Président: Alain Griset
Secretary General: Jean-Yves Rossi

iz g 37
Union Professionelle de l'Artisanat (UPA)
79 avenue de Villiers, F-75017 Paris
T: (00331) 47 63 31 31   Fax: 47 63 31 10
E-Mail: upa@wanadoo.fr
President: Robert Buguet
Secretary General: Pierre Burban

iz g 38
Confédération Générale des Petites et Moyennes Entreprises (CGPME)
10, terrasse Bellini, F-92806 Puteaux Cedex
T: (00331) 47 62 73 73   Fax: 47 73 08 86
President: Jacques Freidel
Secretary General: Dominique Barbey

Griechenland

iz g 39
Confédération Générale des Petites et Moyennes Entrepreneurs, Artisans et Commercants de Grèce
Artisans et Commerçants de Grèce
24, rue Kapodistriou, GR-10682 Athen
T: (00301) 3 81 66 00, 3 82 85 90   Fax: 3 82 07 35
E-Mail: gsevee@gsvee.gr
President: George Motsos
Secretary General: George Drikos

Großbritannien

iz g 40
Forum of Private Business
Drury Lane, Ruskin Chambers, GB- Knutsford, Cheshire WA16 6HA
T: (0044 1565) 63 44 67-8-9   Fax: 65 00 59
E-Mail: fpbusiness@aol.com
Chief Executive: Stan Mendham (OBE)
Head of Policy: Nick Goulding

Irland

iz g 41
Irish Small and Medium Enterprises Association (ISME)
Kildare Street 17, IRL- Dublin 2
T: (003531) 6 62 27 55   Fax: 6 61 21 57
E-Mail: isme@indigo.ie
President: Shay Fitzmaurice
Director: Ciaran McMahon

iz g 42
Small Firms Association (SFA)
Confederation House
84/86 Lower Baggot St., IRL- Dublin 2
T: (003531) 6 60 10 11   Fax: 6 60 17 17
E-Mail: patrick.delaney@ibec.ie
President: Lorraine Sweeney
Director: Pat Delaney

Italien

iz g 43
Confederazione Generale Italiana dell'Artigianato - CONFARTIGIANATO
Via S. Giovanni in Laterano 152, I-00184 Rom
T: (00396) 70 37 41   Fax: 70 45 21 88
E-Mail: f.giacomin@confartigianato.it
President: Luciano Petracchi
Secretary General: Francesco Giacomin

iz g 44
Confederazione Italiana della Piccola e Media Industria (CONFAPI)
Via della Colonna Antonina 52, I-00186 Rom
T: (00396) 6 99 15 30   Fax: 6 79 14 88
E-Mail: mail@confapi.it
Président: Luciano Bolzoni
Directeur Général: Sandro Naccarelli

iz g 45
Confederazione Nazionale dell'Artigianato e delle Piccole e Medie Imprese (CNA)
Via G. A. Guattani 13, I-00161 Rom
T: (00396) 44 18 82 44   Fax: 44 24 95 18
E-Mail: europa@cna.it
President: Gonario Nieddu
Secretary General: Gian Carlo Sangalli

Luxemburg

iz g 46
Chambres des Métiers du Grand Duché de Luxembourg
Circuit de la Foire Internat. 2, L-1016 Luxemburg
T: (00352) 42 67 67   Fax: 42 67 87
E-Mail: promotion@chambre-des-metiers.lu
President: Paul Reckinger
Direktor(in): Paul Ensch

iz g 47
Fédération des Artisans
Circuit de la Foire Internat. 2, L-1016 Luxemburg
T: (00352) 42 45 11   Fax: 42 45 25
E-Mail: fda@pt.lu
Präsident: Norbert Geisen
Generalsekretär(in): Romain Schmit

Niederlande

iz g 48
Koninklijke Vereniging MKB-Nederland (MKB)
Postfach 5096, NL-2600 GB Delft
Brassersplein 1, NL-2600 GB Delft
T: (0031152) 19 12 12   Fax: 19 14 14
Präsident: Hans de Boer
Generalbevollmächtigter: A.W.A.M. Broos

Österreich

iz g 49
Wirtschaftskammer Österreich
Bundesgremium des Außenhandels - Sektion Gewerbe
Postfach 3 50, A-1045 Wien
Wiedner Hauptstrasse 63, A-1045 Wien
T: (00431) 5 01 05-0   Fax: 5 01 05-250
Internet: http://www.wko.at
E-Mail: wkoe@wkoe.wk.or.at
Präsident(in): Dr. Christoph Leitl
Secretary General: Mag. Christian Domany
Dr. Reinhold Mitterlehner
Dr. Egon Winkler
Syndikus: Dr. Leitner

Portugal

iz g 50
Associacao Industrial Portuguesa (AIP)
Praca das Industria, P-1300-307 Lissabon
T: (0035121) 3 60 10 11   Fax: 3 63 90 47
E-Mail: aip@aip.pt
President: Jorge Rocha de Matos
Secretary General: Rui Fereira Leite
Vice President: Mario Secca

Schweden

iz g 51
Företagarnas Riksorganisation
S-10667 Stockholm
T: (00468) 4 06 17 00   Fax: 4 06 18 82

iz g 51

E-Mail: maria.bristrand@fr.se
President: Thomas Sigfridson
Managing Director: Åke Fagelberg

Spanien

iz g 52

Confederación Española de la Pequeña y Mediana Empresa (CEPYME)
Diego de Leon 50-8°, E-28006 Madrid
T: (003491) 4 11 61 61   **Fax:** 5 64 52 69
E-Mail: secretaria@cepyme.es
President: Antonio Masa Godoy
Secretary General: Elias Aparicio Bravo

● **IZ G 53**

Europäische Union der Tapezierer, Dekorateure (Raumausstatter) und Sattler (EUTDS)
c/o Schweizerischer Verband der Innendekorateure, des Möbelfachhandels und der Sattler (S.V.I.M.S.A.)
Gurzelngasse 27, CH-4500 Solothurn
T: (004132) 6 23 86 70   **Fax:** 6 23 46 09
E-Mail: info@psp-law.ch
Gründung: 1955
Präsident(in): Urs Kern
Generalsekretär(in): Peter Platzer
Mitglieder: 7

● **IZ G 54**

Europäische Vereinigung für Bestattungsdienste (EFFS)
European Federation of Funeral Services
Federation Européenne de Services Funéraires
Ungargasse 41, A-1030 Wien
T: (00431) 7 17 37-6236   **Fax:** 7 10 58 96
E-Mail: office@effs.at
Gründung: 1994 (16. Dezember)
Präsident(in): Wolfgang H. Zocher (Deutschland)
Vizepräsident(in): Birgit Baltzer (Dänemark)
Hervé Racine (Frankreich)
Jordi Vallverdu (Spanien)
Schatzmeister: Dirk van Vuure (Niederlande)
Geschäftsführender Direktor: Peter Skyba (Österreich)
Verbandszeitschrift: periodisch erscheinender NEWSLETTER
Mitglieder: 68 (23 nationale Verbände + 45 Einzelmitglieder)
Mitarbeiter: 2 tageweise

● **IZ G 55**

Europäische Vereinigung für Schweißen, Zusammenfügen und Schneiden (EWF)
European Federation for Welding, Joining and Cutting
Fédération Européenne du Soudage, de l'Assemblage et du Coupage
EN 249 - Km 3 - Leião
Tagus Park, Apartado 119, P-2781 Oeiras Codex
T: (0035121) 4 21 13 51   **Fax:** 4 22 81 22
Internet: http://www.institutovirtual.pt/ewf
E-Mail: ewf@isq.pt
President: I Giulio Costa
Chief Executive: Dr. Luisa Quintino
Administrative Secretary: Olga Teixeira

Mitgliedsorganisationen

Belgien

iz g 56

Belgisch Instituut voor Lastechniek
Institut Belge de la Soudure
Sint-Pietersnieuwstraat 41b, B-9000 Gent
T: (003292) 64 32 38   **Fax:** 23 73 26
E-Mail: robert.venekens@soete043.rug.ac.be
Contact person: Robert Vennekens

Dänemark

iz g 57

FORCE Instituttet
Park Allé 345, DK-2605 Bröndby
T: (0045) 43 26 70 00   **Fax:** 43 26 70 11
Contact person: Birger Hansen (E-Mail: bh@FORCE.dk)

Deutschland

iz g 58

DVS - Deutscher Verband für Schweißen und verwandte Verfahren e.V.
Postf. 10 19 65, 40010 Düsseldorf
Aachener Str. 172, 40223 Düsseldorf
T: (0211) 15 91-0   **Fax:** 15 91-2 00
Internet: http://www.dvs-ev.de
E-Mail: verwaltung@dvs-hg.de
Hauptgeschäftsführer(in): Prof. Dr.-Ing. Detlef von Hofe

Finnland

iz g 59

Suomen Hitsausteknillinen Yhdistys v.y.
The Welding Society of Finland
Makelankatu 36A-2 SF, FIN-00510 Helsinki
T: (003580) 7 73 21 99   **Fax:** 7 73 26 61
E-Mail: carl-gustaf.lindewald@met.fi
Contact person: Carl-Gustaf Lindewald

Frankreich

iz g 60

Institut de Soudure (IS)
ZI Paris Nord II
Postfach 5 03 62, F-95942 Roissy cdg Cedex
T: (00331) 49 90 36 02   **Fax:** 49 90 36 50/36
Internet: http://www.institutdesoudure.com
Contact persons: S. Viré (E-Mail: s.vire@institutdesoudure.com)
M. Rousseau (E-Mail: m.rousseau@institutdesoudure.com)

Irland

iz g 61

Enterprise Ireland
Glasnevin, IRL- Dublin 9
T: (003531) 8 08 25 39, 8 08 20 00   **Fax:** 8 08 20 46
Internet: http://www.enterprise-ireland.com
Contact person: Dr. Anthony Caroll (E-Mail: anthony.carroll@enterprise-ireland.com)

Island

iz g 62

IceTec - Technological Institute of Iceland
Keldnaholt, IS-112 Reykjavik
T: (00354) 5 70 71 00   **Fax:** 5 70 71 11
Contact person: Adalsteinn Arnbjörnsson (E-Mail: adelsteinn.ambjörnsson@iti.is)

Italien

iz g 63

Instituto Italiano della Saldatura
Lungo Bisagno Istria 15, I- Genova
T: (003910) 83 41-373   **Fax:** 83 41-370
Contact persons: Dr. Giulio Costa (E-Mail: costag@iis.it)
M. Scasso (E-Mail: scassom@iis.it)

Luxemburg

iz g 64

Commission Nationale de la Soudure
22, rue Henri Koch
B.P. 371, L-4004 Esch-sur-Alzette
T: (00352) 5 58 98 72 00   **Fax:** 55 93 25
Ing. François Ortolani

Niederlande

iz g 65

NIL - Netherlands Institute of Welding
Krimkade 20, NL-2251 KA Voorschoten
T: (003171) 5 61 12 11   **Fax:** 5 61 14 26
Internet: http://www.nil.nl
E-Mail: info@nil.nl
Contact person: B. Boesmans

Norwegen

iz g 66

Norwegian Welding Society
Oscargt 20 N, N-0306 Oslo 3
T: (0047) 22 59 66 00   **Fax:** 22 59 67 33
Contact person: Christian Holthe (E-Mail: christian.holthe@nts.no)

Österreich

iz g 67

Schweisstechnische Zentralanstalt
Arsenal OBJ. 207, A-1030 Wien
T: (00431) 7 98 26 26-0   **Fax:** 7 98 26 26-28
E-Mail: sza@aon.at
Contact person: Dr. Klaus Wichart

Portugal

iz g 68

Instituto de Soldadura e Qualidade (ISQ)
Tagus Park - Cabanas - Leião
TagusPark Apartado 199, P-2781 Oeiras Codex
T: (0035121) 4 22 81 00   **Fax:** 4 22 81 25
Internet: http://www.isq.pt
E-Mail: isq@isq.pt
Dr. José F. Oliveira Santos

Schweden

iz g 69

Swedish Welding Commission
Postfach 5073, S-10242 Stockholm
T: (00468) 7 91 29 00   **Fax:** 6 79 94 04
Internet: http://www.svets.a.se
Contact person: Lars Johansson (E-Mail: l.johansson@svets.a.se)

Schweiz

iz g 70

Schweizerischer Verein für Schweisstechnik
St. Alban-Rheinweg 222, CH-4052 Basel
T: (004161) 3 17 84 84   **Fax:** 3 17 84 60
Contact person: Ulrich Hadrian (E-Mail: gl@svsxass.ch)

Spanien

iz g 71

CESOL- Asociación Española de Soldadura
C/San Bernardo 123,
4ª Planta E, E-28015 Madrid
T: (003491) 4 45 68 00   **Fax:** 4 44 31 74
Internet: http://www.cesol.es
Contact person: G. Hernandez (E-Mail: ghernadez@cesol.es)

● **IZ G 72**

Internationale Union des Schreiner- und Möbelhandwerks
Union Internat. de la Menuiserie et des Fabricants de Meubles
Schmelzbergstr. 56, CH-8044 Zürich
T: (00411) 261 35 40   **Fax:** 252 40 35
Geschäftsführer(in): Dr. A. T. Müller

● **IZ G 73**

Europäische Vereinigung der Graveure und Flexografen (AEGRAFLEX)
European Association of Engravers and Flexographers
Association Européenne des Graveurs et des Flexographes
Postf. 18 69, 65008 Wiesbaden
Biebricher Allee 79, 65187 Wiesbaden
T: (0611) 80 31 15   **Fax:** 80 31 13
E-Mail: so@bvdm-online.de
Gründung: 1966
Präsident(in): Leif Waage, Bergen
Vizepräsident(in): Daniel Lemeunier, Paris
Jan Madern, Vlaardingen

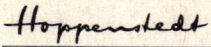

Axel Mosthaf, Frankfurt
Geschäftsführer(in): Dipl.-Ing. Hartmut Flothmann
Mitglieder: 300

Belgien

iz g 74
Féderatioon Nationale des Associations Professionelles de Maîtres Graveurs et de Flexographes de Belgique a.s.b.l.
Nationale Federatie der Beroepsverenigingen van Meester Graveurs en Flexographen von Belgie v.z.w.
Voorkempenlaan 15, B-2900 Schoten
T: (00323) 6 58 55 34   **Fax:** 6 58 03 07
Präsident(in): Leo van Ranst

Dänemark

iz g 75
Gravörlauget i Danmark
c/o Skandinavisk Gravor Industri
Postf. 48, DK-2860 Søborg
T: (004539) 69 66 22   **Fax:** 66 11 14

Deutschland

iz g 76

Bundesinnungsverband der Galvaniseure, Graveure und Metallbildner
Elisenstr. 5, 42651 Solingen
T: (0212) 20 80 10   **Fax:** 20 45 60
Internet: http://www.biv.org
E-Mail: mail@biv.org

iz g 77
Bundesverband Druck und Medien e.V. (bvdm)
Fachbereich Flexografie/Bundesinnung für das Flexografen-Handwerk
Postf. 18 69, 65008 Wiesbaden
Biebricher Allee 79, 65187 Wiesbaden
T: (0611) 8 03-0   **Fax:** 8 03-113
Internet: http://www.bvdm-online.de
E-Mail: info@bvdm-online.de

Finnland

iz g 78
Kaivertajat r.y. - Gravörföreningen i Finland
c/o FINN MAREKA OY
Patokoskenkatu 10 /PL 18, FIN-15701 Lahti
T: (003583) 7 35 49 31   **Fax:** 7 35 49 34
Präsident(in): Reino Vesterinen

Frankreich

iz g 79
Chambre Syndicale Nationale des Graveurs et Flexographes
Gravure - Tampons - Marquage - Signalisation
17 Rue Pastourelle, F-75003 Paris
T: (00331) 40 27 89 52   **Fax:** 40 27 89 58

iz g 80
Fédération Française de la Gravure
17 Rue Pastourelle, F-75003 Paris
T: (00331) 42 72 14 11   **Fax:** 42 72 54 19

Niederlande

iz g 81
Koninklijk Verbond van Grafische Ondernemingen
Sectie Rubberstempelfabricage
Postfach 2 20, NL-1180 AE Amstelveen
Startbaan 10, NL-1180 AE Amstelveen
T: (003120) 5 43 56 78   **Fax:** 5 43 54 75
Internet: http://www.kvgo.nl
E-Mail: info@kvgo.nl

iz g 82
Nederlandse Vereniging van Ondernemers in het Graveerbedrijf
Einsteinbaan 1, NL-3430 GA Niewegein
T: (003130) 6 05 33 44   **Fax:** 6 05 31 22

Norwegen

iz g 83
Norsk Gravörmester Forening
Gravörer, Skilt- og Stempelprodusenter
Postfach 123, Slåtthaug, N-5851 Bergen
Sanbrekketoppen 36, Midttun, N-5851 Bergen
T: (004755) 92 23 50   **Fax:** 92 23 60
Präsident(in): Leif Waage (c/o Protector Skilt AS)

Österreich

iz g 84
Wirtschaftskammer Österreich, Sektion Gewerbe und Handwerk, Bundesinnung Metall und Form
Postanschrift: Landesinnung Wien der Gürtler, Graveure, Metalldrücker und Flexografen
Rudolf-Sallinger-Platz 1, A-1030 Wien
T: (00431) 5 14 50 (Nebenstelle 2253, 2254)
Fax: 7 14 72-71

Schweden

iz g 85
Sveriges Gravörmästareförening Stockholm
Sekreterare: Eva Milberg c/o Sta_Olstämplar i Sthlm AB
Skattega_Ordsvägen 109, S-16226 Vällingby
T: (00468) 38 40 80   **Fax:** 38 40 85

Schweiz

iz g 86
Schweizerischer Stempelfabrikanten-Verband
Union Suisse des fabricants de timbres
Werkstr. 2, CH-7001 Chur
T: (004181) 2 84 53 83   **Fax:** 2 84 85 35
Präsident(in): Thomas Oechslin (Stempel Oechslin)

iz g 87
Schweizerischer Verband der Graveure
Union Süisse des Graveurs
Obere Gasse 16, CH-7000 Chur
T: (004181) 2 52 35 71   **Fax:** 2 52 50 38
Sekretariat: Enrico Capararo

● IZ G 88
Europäischer Rat für Optometrie und Optik (ECOO)
European Council of Optometry and Optics
Conseil Europeen de l'Optométrie et de l'Optique
61 Southwark Street, GB- London SE1 OHL
T: (004420) 79 28 92 69   **Fax:** 76 20 11 40
Präsident(in): Georgia Tolioù

Mitgliedsorganisationen

Belgien

iz g 89
Association Professionnelle des Opticiens de Belgique
Rue Capitaine Crespel 26, B-1050 Brüssel
Kontaktperson: P. Carlier

Dänemark

iz g 90
Danmarks Optikerforening
Kongevejs Centret 2, DK-2970 Hörsholm
Kontaktperson: Ole Larson

Deutschland

iz g 91
ZVA
Alexanderstr. 25a, 40210 Düsseldorf
Kontaktperson: RA Jochen Goerdt

Finnland

iz g 92
Suomen Silmaoptikkojen Liitto Ry
Mannerheimintie 76A, FIN-00250 Helsinki
Kontaktperson: B. Schwenson

Frankreich

iz g 93
Association des Optométristes de France
Boulevard Raspail 38, F-75008 Paris
Kontaktperson: J. L. Dubie

Griechenland

iz g 94
Scientific Ass of Greek Opticians Optometristss
Panespitimiou Street 25-9, GR-10564 Athen
Kontaktperson: N. Skoutaris

Großbritannien

iz g 95
JOCEU
British College of Optometrists
Knaresborough Place 10, GB- London SW5 0TG
Kontaktperson: P. Leigh

Irland

iz g 96
Association of Optometrists
Merrion Square 10 North, IRL- Dublin 2
Kontaktperson: K. Culliton

Italien

iz g 97
Federottica
Via Morgantini 24, I-20148 Mailand
Kontaktperson: G. Ricco

Luxemburg

iz g 98
Fédération des Patrons Opticiens et Optométristes du Grand-Duché de Luxembourg
Postfach 1604, L-1016 Luxemburg
T: (00352) 42 45 11-1   **Fax:** 42 45 25
Präsident(in): Jean-Jacques Nilles
Kontaktperson: R. Schmit

Niederlande

iz g 99
Algemene Nederlandse Vereniging Van Optometristen
Burg le Fevre de Montignylaan 58, NL-3055 NE Rotterdam
Kontaktperson: Kees Kortland

iz g 100
Nederlandse Unie van Optiekedrijven
Postfach 75650, NL-1070 AB Amsterdam
Kontaktperson: A. van Hoof

Norwegen

iz g 101

Norges Optikerforbund
Postfach 419, N-1301 Sandvika
Kontaktperson: I. Lewandowski

Österreich

iz g 102

Bundesinnung der Optiker
Postfach 352, A-1045 Wien
Wiedner Hauptstrasse 63, A-1045 Wien
Kontaktperson: K. Drimal

Polen

iz g 103

Zaklad Optometrii AM
ul. Przybyszewskiego 49, PL-60355 Poznan
Kontaktperson: Prof. Boleslaw Kedzia

Portugal

iz g 104

Uniao Profissional dos Opticos
Campo Grande 286 -20-Dto, P-1700 Lissabon
Kontaktperson: H. Nascimento

Schweden

iz g 105

Swedish Optometric Association
Arstaangsvagen 1C, S-11743 Stockholm
Kontaktperson: Per Soderberg

Schweiz

iz g 106

Schweizerischer Optikerverband
Basler Str. 32, CH-4601 Olten
Kontaktperson: G. Eyb

Slowakische Republik

iz g 107

Kamora Ocnych Optikov Slovenska
Vajnorska 134, SK-83257 Bratislawa
T: (004217) 253 603   Fax: 253 568

iz g 108

Drustvo Optikov Slovenije
Celjska 4a, SLO-3250 Rogaska Slatina
T: (0038663) 81 48 00   Fax: 81 48 00

Spanien

iz g 109

Colegio Nacional de Opticos Optometristas
Delegacion Regional de San Sebastian
Andia 2, E- San Sebastián
Kontaktperson: J. Castivia

Tschechische Republik

iz g 110

Ceské sdruzeni optometristu
Manetinska 15, CZ-32330 Plzen
T: (0042019) 52 60 31   Fax: 52 60 31

iz g 111

Spolecenstvo Ceskych Optiku a Optometristu
Prírodní 14, CZ-14200 Praha 411
T: (004202) 717 414 05   Fax: 444 722 41
Kontaktperson: Petr Táborsky

● **IZ G 112**

Europäischer Verband Selbständiger Zahntechniker (FEPPD)
Federation of European Dental Laboratory Owners
Fédération Européenne des Patrons Prothésistes Dentaires
c/o UNIZO EURODESK
Rue des Deux Églises 29, B-1000 Brüssel
T: (00322) 2 38 05 81   Fax: 2 30 93 54
Gründung: 1953
Präsident(in): Dr. Gerhard Hippmann (A)
Vizepräsident(in): Jürgen Schwichtenberg (D)
Nicola Pilla (I)
Schatzmeister: Jukka Wichmann (FIN)
Generalsekretär: David Smith (GB)
Mitglieder: 17

Mitgliedsorganisationen

Belgien

iz g 113

Nationale Confederatie der Tandtechnische Laboratoria van België (Delaco)
Confédération Nationale des Laboratoires dentaires de Belgique (DELACO)
Av. de la Charmille 20-25, B-1200 Brüssel
T: (00322) 7 63 20 47   Fax: 7 63 20 47

Dänemark

iz g 114

Danske Dental Laboratorier (DDL)
Vestergade 38, DK-7700 Thisted
T: (0045) 97 92 32 00   Fax: 97 91 11 59

Deutschland

iz g 115

Verband Deutscher Zahntechniker-Innungen - Bundesinnungsverband - (VDZI)
Max-Planck-Str. 25, 63303 Dreieich
T: (06103) 37 07-0   Fax: 37 07-33
Internet: http://www.vdzi.de
E-Mail: info@vdzi.de
Gründung: 1956 (24./25. August)
Leitung Presseabteilung: Ronald Rohloff
Verbandszeitschrift: „teleskop"
Redaktion: Ronald Rohloff
Verlag: Wirtschaftsgesellschaft des VDZI mbH
Mitglieder: 5275
Mitarbeiter: 12

Finnland

iz g 116

The Association of Finnish Dental Laboratories
Kaisaniemenkatu 13 A, FIN-00100 Helsinki
T: (003589) 2 29 44   Fax: 22 92 29 69

Großbritannien

iz g 117

The Dental Laboratories Association Ltd. (D.L.A.)
Arboretum Gate
North Sherwood Street 92-94, GB- Nottingham NG1 4EE
T: (0044115) 9 48 24 00   Fax: 8 48 27 77
E-Mail: Dental.Laboratories@Btinternet.com

Israel

iz g 118

The Israel Assoction of Dental Technicians
Trumpeldor Street 31, IL-63425 Tel Aviv
T: (0099723) 6 29 78 81   Fax: 6 29 78 81

Italien

iz g 119

Associazione Nazionale Titolari Laboratorio Odontotecnico (ANTLO)
Via Corfù 48, I-25124 Brescia
T: (003930) 2 42 71 16   Fax: 2 42 27 64

Irland

iz g 120

Dental Technicians Association
1 Glennville Drive Castleknock, Dublin 15
T: (00353) 8 21 39 86   Fax: 8 21 39 86

Kroatien

iz g 121

Lubno Protetski Labor
Gosposvetska 30, HR-10000 Zagreb Hryatska
T: (003851) 3 75 02 04   Fax: 3 75 02 04

Luxemburg

iz g 122

Fédération des Laboratoires Dentaires du Grand-Duché de Luxembourg
Postfach 1604, L-1016 Luxemburg
T: (00352) 42 45 11-1   Fax: 42 45 25

Niederlande

iz g 123

Vereniging van Laboratoriumhoudende Tandtechnici (VLHT)
Udenhoutseweg 6, NL-5056 PE Berkel Enschot
T: (003113) 5 11 50 30   Fax: 5 11 37 05

Norwegen

iz g 124

Norges Tanntteknikermesterforbund
Fred Olsensgatan 1, N-0152 Oslo
T: (004722) 41 27 40   Fax: 41 27 70
E-Mail: norgest@eunet.no

Österreich

iz g 125

Bundesinnung der Zahntechniker
Postfach 359, A-1045 Wien
Wiedner Hauptstrasse 63, A-1045 Wien
T: (00431) 5 01 05 32 62   Fax: 50 20 62 88
E-Mail: fvbigrx@wk.or.at

Portugal

iz g 126

Associação dos Industriais De protese
Rua Pascoal de Melo 83-1 ° Esq°, P-1000 Lissabon
T: (00356) 05 23   Fax: 3 15 18 56

Schweden

iz g 127

Dentallaboratoriernas Riksforening
Postfach 6060, S-16406 Kista
T: (004686) 92 35 90   Fax: 52 63 04

Schweiz

iz g 128

Association des Laboratoires de Prothèses Dentaires de Suisse (ALPDS)
Postfach 69 22, CH-3001 Bern
T: (004131) 3 02 23 22   Fax: 3 82 26 70

Ungarn

iz g 129

Orszagos Fogtechnikus Ipartestület
Söhaz U3, H-1056 Budapest
T: (00361) 3 18 15 35   Fax: 3 18 12 89

● IZ G 130

Europäischer Verband der Sicherheitsdienste (C.O.E.S.S.)
European Confederation of Security Services
Confédération Européenne des Services de Sécurité
rue Jean Jaurès 101-109, F-92300 Levallois-Perret
T: (00331) 42 70 80 20   Fax: 42 70 63 23
Internet: http://www.securebestvalue.org
E-Mail: confedcoess@post.club-internet.fr
Gründung: 1989 (26. Oktober)
Präsident(in): Dr. Stephan Landrock
Secretary: Claude Levy
Mitglieder: 15

Member Organisations

Austria

iz g 131

V.S.O.
Verband der Sicherheitsunternehmen Österreich
Fürstengasse 1, A-1090 Wien
T: (00431) 3 19 41 32   Fax: (01431) 3 19 90 44
Contact: Dr. Stephan Landrock

iz g 132

Association Professionnelle des Entreprises de Gardiennage (APEG)
Securis
J. Bogensstraat 249, B-1780 Wemmel
T: (00322) 4 62 07 73, (0032477) 52 36 43
Fax: (00322) 4 60 14 31
President: Yves Godin
General Secretary: Hilde de Clerck

Denmark

iz g 133

Federation of Employers for Security Appliances and Servises in Denmark
Sundkrogskaj 20, DK-21000 Kopenhagen
T: (00453) 77 33 47 11   Fax: 77 33 46 11
Contact: Henrik Uldal, I

Finland

iz g 134

The Association of Support Service Industries
Etelaranta 10, P.B. 11, FIN-00130 Helsinki
T: (003589) 17 28 42 43   Fax: 17 95 88
E-Mail: sanna.vakkilainen@palvelualat.ttliitot.fi
Contact: Jaakko Leinonen
Contact: Sanna Vakkilainen

United Kingdom

iz g 135

BSIA
Security House
Barbourne Road, GB- Worcester WR1 1RS
T: (00441905) 2 14 64   Fax: 61 36 25
E-Mail: info@bsia.co.uk
Contact: Derek Gee
Contact: David Fletcher
Contact: Stephen Brown

France

iz g 136

UFISS
rue Jean Jaurès 101-109, F-92300 Levallois-Perret
T: (00331) 42 70 80 20   Fax: 42 70 63 23
E-Mail: ufiss@club-internet.fr
Contact: Claude Levy
Contact: Patrick Coutand

Ireland

iz g 137

Security Federation of Ireland
c/o Castelroy co Limerick
Avignon 1 Castleroy Co., IRL- Limerick
T: (0035361) 33 65 09   Fax: 33 65 09
Contact: Dick O'Neill
Contact: Larry Quinn

Germany

iz g 138

Bundesverband Deutscher Wach- und Sicherheitsunternehmen Wirtschafts- und Arbeitgeberverband e. V. (BDWS)
Postf. 12 11, 61282 Bad Homburg
Norsk-Data-Str. 3, 61352 Bad Homburg
T: (06172) 94 80 50   Fax: 45 85 80
Internet: http://www.bdws.de
E-Mail: mail@bdws.de
Präsident(in): Rolf Wackerhagen, Kiel

Greece

iz g 139

ENEA
91 Alexandras Avenue 5th floor, GR- Athen
Contact: M. Livaditis

Italy

iz g 140

ASSVIGILANZA
Via Calatafimi 9, I-20121 Mailand
T: (00392) 58 32 55 29   Fax: 58 43 98 82
Contact: Claudio Moro
Contact: Fabrizio Proietti

Norway

iz g 141

Norske Vaktselskapers Landsforenning
Postfach 5473 Majorstua, N-0305 Oslo
Essendropsgate 6, N-0305 Oslo
T: (0047) 22 96 11 30   Fax: 22 96 11 39
Contact: Svein Berg

Spain

iz g 142

APROSER
Villanueva 2 OF 11, E-28001 Madrid
T: (00341) 4 31 57 44   Fax: 5 78 00 10
Contact: Enrique Doval

Sweden

iz g 143

Sweguard
Postfach 1826, S-17126 Solna

T: (00468) 27 56 00   Fax: 27 56 00
Contact: Juan Vallejo
Contact: Thomas Berglund

Switzerland

iz g 144

Association Suisse des Enterprises Suisse de Service de Securite
Postfach !, CH-3052 Zollikofen /Bern
T: (004131) 9 10 17 57   Fax: 9 11 22 32
Contact: Bernard Pettolaz

Czech Republic

iz g 145

Associatione Private Security Services of Ceech Republic
Pitterova 19, CZ-13000 Prag
T: (004202) 22 71 16 61   Fax: 6 91 90 14

Turkey

iz g 146

GÜSOD
Büyükdere Caddesi Tevfik Erönmez Sokak Gül Apt. No.2,D.21, TR-80280 Istanbul Gayrettepe
T: (0212) 2 72 40 57   Fax: 266 30 86
Contact: Oryal O. Ünver

● IZ G 147

Fachverband Europäischer Sicherheits- und Schlüsselfachgeschäfte e.V. (INTERKEY I)
Mühlentorstr. 17, 49808 Lingen
T: (0591) 5 10 79   Fax: 5 36 17
Internet: http://www.interkey.de
E-Mail: interkey@t-online.de
Gründung: 1964 (29. Februar)
Vorsitzende(r): Wolfgang Werner (i. Fa. Sicherheitstechnik WERNER, Kantstr. 83, 10627 Berlin, T: (030) 3 23 40 50, Telefax: (030) 3 24 44 27)
Geschäftsführer(in): Wolfgang Schäfer
Mitglieder: 194 in der Bundesrepublik, Österreich, Schweiz, Dänemark, Norwegen, Türkei, Kanada, England, Niederlande, Luxemburg

● IZ G 148

Föderation Europäischer Reprografie-Verbände
Federation of European Reprography Associations
Féderation des Associations Européennes de Reprographie
Fürstenbergerstr. 151, 60322 Frankfurt
T: (069) 95 96 36-0   Fax: 95 96 36-11
Internet: http://www.reprography.com
E-Mail: info@reprography.com
Gründung: 1993
Geschäftsführer(in): Achim Carius
Vorsitzende(r): Walter Höllhuber
Stellvertretende(r) Vorsitzende(r): Jimmie Holmberg Sergi Deltor
Mitglieder: 11 nationale Reprografie-Unternehmensverbände in Europa

● IZ G 149

Internationale Arbeitsgemeinschaft der Archiv-, Bibliotheks- und Graphikrestauratoren (IADA)
International Association of Book and Paper Conservators
c/o Niedersächsische Staats- und Unibibliothek
Papendiek 14, 37073 Göttingen
T: (0551) 39 52 02   Fax: 39 52 88
Internet: http://palimpsest.stanford.edu/iada
E-Mail: restaurierung@mail.sub.uni-goettingen.de
Gründung: 1957
Präsident(in): Mogens S. Koch (DK), Kopenhagen
Vizepräsident: Markus Klasz (A)
Geschäftsführer(in): Renate van Issem (D)
Schriftleiter: Manfred Anders (D)
Verbandszeitschrift: PapierRestaurierung - Mitteilungen der IADA
Redaktion: Wolfgang Jaworek, Liststr. 15, 70180 Stuttgart, Tel.: (0711) 60 90 21, Fax: (0711) 60 90 24, E-Mail: w.jaworek@fototext.s.shuttle.de
Verlag: Vorstand der IADA
Mitglieder: ca. 800

IZ G 150

Internationale Föderation des Dachdeckerhandwerks e.V. (IFD)
International Federation for the Roofing Trade
Fédération Internationale du Métier de Couvreur
Postf. 51 10 67, 50946 Köln
Fritz-Reuter-Str. 1, 50968 Köln
T: (0221) 39 80 38-0   Fax: 39 80 38-99
Internet: http://www.ifd-cologne.de
E-Mail: zvdh@dachdecker.de
Gründung: 1952
Präsident(in): Oswald Schopf
Generalsekretär(in): Dipl.-Volksw. Klaus Jobke (BR Deutschland)
Leitung Presseabteilung: Thomas Schmitz
Verbandszeitschrift: Das Dachdeckerhandwerk-DDH
Verlag: Verlag Rudolf Müller, Stolbergerstr. 84, Köln
Mitglieder: 15 nationale Dachdeckerverbände, 6 Partnermitglieder und 1 Kooperationspartner
Mitarbeiter: 5

Interessenvertretung; Stellungnahme zu gemeinsamen Fragen. Erfahrungsaustausch in fachtechnischen, betriebswirtschaftlichen und berufsstandspolitischen Fragen; Austausch von Dokumentationen.

● IZ G 151
Internationale Föderation des Seilerhandwerks (I.F.C.)
Fédération Internationale de la Corderie
Generalsekretär
Grelckstr. 21a, 22529 Hamburg
T: (040) 2 11 03-1 11   Fax: 2 11 03-1 20
Präsident(in): Urs Meister (Postf. 1 80, CH-3415 Hasle-Rüegsau, T: (004134) 61 61 41, Telefax: (004134) 61 41 94)
Generalsekretär(in): Thomas Bruhn (Grelckstr. 21 a, 22529 Hamburg, T: (040) 2 11 03-1 11, Telefax: (040) 2 11 03-1 20)

● IZ G 152
Weltrat der Optometrie
World Council of Optometry
8360 Old York Road, 4th Floor West, USA-Elkins Park PA 19027
T: (001215) 780-1320   Fax: 780-1325
Internet: http://www.worldoptometry.org
E-Mail: wco@pco.edu
Gründung: 1927
President: Dr. Scott D. Brisbin (Chairman of National Task Force of Canadian Association of Optometrists)
President-Elect: Dr. Damien P. Smith, Australia
Treasurer: Yigal Gutman (Director, Israel College of Optometry)
Executive Director: Anthony F. Di Stefano (OD, Executive Director WCO, 1200 West Godfrey Avenue, Fitch Hall, Philadelphia, PA 19141/USA, T: (215) 276-6220, Fax: (215) 276-6081, E-Mail: 6932932@MCIMAIL.COM)
Verbandszeitschrift: World Optometry
Redaktion: Melissa A. Padilla
Mitglieder: 81 national optometric organisations in 53 countries

● IZ G 153
Internationale Organisation für Ladenbau (ISO)
International Shopfitting Organisation
Organisation Internationale pour l'Aménagement des Magasins
Gladbachstr. 80, CH-8044 Zürich
T: (00411) 2 67 81 00   Fax: 2 67 81 50
Internet: http://www.shopfitting.org, http://www.iso-shopfitting.info
E-Mail: petra.isenberg@vssm.ch
Gründung: 1959 (Mai)
Präsident(in): J. Breitenmoser (Schweiz)
Sekretärin: P. Isenberg (ISO Sekretariat, c/o VSSM, Gladbachstr. 80, CH-8044 Zürich)
Landesverbände: Großbritannien, Bundesrepublik Deutschland, Schweiz, Frankreich, Norwegen, USA, Holland, Dänemark, Neuseeland
Einzelmitglieder in Finnland, Italien, Österreich

● IZ G 154
Internationale Union für Spenglerei und Sanitärinstallation (UICP)
Union Internationale de la Couverture et Plomberie
Rue Brogniez 41, B-1070 Bruxelles
T: (00322) 5 23 92 40   Fax: 5 23 67 39
E-Mail: oliver.loebel@ueapme.kmonet.be
Gründung: 1947
President: Jacques de Meester
Sekretariat: Oliver Loebel
Dr. Max Meyer

Mitgliedsorganisationen

Belgien

iz g 155

Fédération Nationale des Associations de Patrons Installateurs Sanitaires et de Chauffage au Gaz, Plombiers Zingueurs et Ardoisiers-Couvreurs de Belgique (FBIC)
rue Brogniez 41, B-1070 Anderlecht
T: (00322) 523 92 40   Fax: 523 67 39

Dänemark

iz g 156

Dansk VVS
Paul Bergsøes Vej 6, DK-2600 Glostrup
T: (004536) 41 15 44   Fax: 72 02 44
E-Mail: info@dansk-vvs.dk

Deutschland

iz g 157

Zentralverband Sanitär Heizung Klima
Zentralverband Sanitär Heizung Klima
Rathausallee 6, 53757 St Augustin
T: (02241) 92 99-0   Fax: 2 13 51, 2 11 31
Internet: http://www.zentralverband-shk.de
E-Mail: info@zentralverband-shk.de

Luxemburg

iz g 158

Fédération des Patrons Ferblantiers et Calorifugeurs du Grand-Duché de Luxembourg
2 circuit de la Foire Internationale, L-1347 Luxembourg
T: (00352) 4 24 51 11   Fax: 42 45 25

Niederlande

iz g 159

Vereniging van Nederlandse Installatiebedrijven (V.N.I.)
Ierlandlaan 45, NL-2703 HH Zoetermeer
T: (003179) 21 44 02   Fax: 21 07 02
E-Mail: vni@wxs.nl

Großbritannien

iz g 160

Association of Plumbing and Heating Contracters (APHC)
Ensign House - Ensign Business Centre
Westwood Way, GB- Coventry CV48JA
T: (004424) 76 47 06 26   Fax: 76 47 09 42

iz g 161

Scottish and Northern Ireland Plumbing Employer's Federation (SNIPEF)
2 Walker Street, GB- Edingurgh EH3 7LB
T: (0044131) 2 25 22 55   Fax: 2 26 76 38
E-Mail: info@snipef.orga

Österreich

iz g 162

Bundesinnung der Sanitär- und Heizungsinstallateure
Postfach 352, A-1045 Wien
Wiedner Hauptstr. 63, A-1045 Wien
T: (00431) 5 01 05 32 66   Fax: 5 04 36 15
Internet: http://www.wk.or.at/haustechnik
E-Mail: haustechnik@bigri.wk.or.at

Schweden

iz g 163

Platslageriemas Riksförbund
Postfach 1 75 36, S-11891 Stockholm
T: (00468) 7 62 75 90   Fax: 6 16 00 72

Schweiz

iz g 164

Schweizerischer Spenglermeister- und Installateur-Verband
Association Suisse des Maîtres Ferblantiers et Appareilleurs
Auf der Mauer 11, CH-8023 Zürich
T: (00411) 2 69 74 00   Fax: 2 69 74 99
Internet: http://www.ssiv.ch
E-Mail: info@ssiv.ch

Spanien

iz g 165

Confederacion Nacional de Asociaciones Empresoniales de Fontaneria, Gas, Calefaccion, Climatizacion, Mantenimiento y Afines (CONAIF)
C/Antracita 7,2, E-28045 Madrid
T: (003491) 468 10 03   Fax: 468 07 12

● IZ G 166
Nationaler Unternehmerverband der Maler und Glaser sowie der Innenausbaufirmen (UNIEP)
National Federation of Painters, Glaziers and Interior Finishing Companies
Union Nationale des Entrepreneurs de Peinture Viterie et Finitions
Generalsekretariat:
9, rue La Pérouse, F-75784 Paris Cedex 16
Präsident(in): Francois Foulon

● IZ G 167
Internationale Vereinigung der Motoreninstandsetzungsbetriebe (FIRM)
International Federation of Engine Reconditioners
Fédération Internationale des Réconstructeurs de Moteurs
c/o Umi
Christinenstr. 3, 40880 Ratingen
T: (02102) 44 72 22   Fax: 44 72 25
Gründung: 1956
Direction du service de presse: M.E.R. Nieswaag-Alsbach
Leitung Presseabteilung: Anton W. Pluim
Mitglieder: 9
Mitarbeiter: 3

● IZ G 168
Internationale Vereinigung der Orthopädie-Mechaniker und Bandagisten (INTERBOR)
Union Internationale des Techniciens Bandagistes et Orthopédistes
67, Rue de Laeken, B-1853 Strombeek
T: (00322) 2 67 95 44   Fax: 2 67 91 07
Präsident(in): Jan Ebbink (Oerdijk, 71A, 7438 AH Schalkhaar, Nederland, T: (00315700) 3 02 34, Telefax: (00315700) 2 04 05)
Generalsekretär(in): Dipl.-Kfm. F. Schütte (c/o Bundesinnungsverband für Orthopädie-Technik, Reinoldistr. 7-9, D-4600 Dortmund 1, T: (0231) 57 93 21-22)

● IZ G 169
Internationale Vereinigung Schmuck, Silberwaren, Diamanten, Perlen und Steine (CIBJO)
International Confederation of Jewellery, Silverware, Diamonds, Pearls and Stones
Confédération Internationale de la Bijouterie, Joaillerie, Orfèvrerie des Diamants, Perles et Pierres
52 Vanderbuilt Avenue, USA- New York NY 10017
T: (001646) 658 0246   Fax: 658 0256
Contact: David Rocha

IZ G 170
Internationale Vereinigung der Stuck-, Putz- und Trockenbauunternehmen (U.I.E.P.)
Int. Union of Contractors of Plastering, Dry Lining, Stucco & Related Industries
Union Internationale des Entrepreneurs de Plâtrerie, staff, stuc et activités annexes
Avenue Kléber 33, F-75784 Paris Cedex 16
T: (00331) 40 69 52 14 Fax: 47 23 50 92
Gründung: 1988
President: Gerry Klapwyk
Secretary General: Jacques Planeix (Contact)
Mitglieder: 11 Associations
Mitarbeiter: 1

Mitgliedsorganisationen

Belgien

iz g 171
UNEP
Galerie du Centre Bureau 220, B-1000 Brüssel
T: (00322) 2 23 06 47 Fax: 2 23 05 38
Roger Rapaille

Deutschland

iz g 172
Deutscher Stuckgewerbebund im ZDB
Kronenstr. 55-58, 10117 Berlin
T: (030) 2 03 14-522 Fax: 2 03 14-583
Internet: http://www.stukkateur.de
E-Mail: stuck@zdb.de
Vorsitzende(r): Manfred Bechtel, Ludwigsburg
Geschäftsführer(in): Dipl.-Ing.oec. Daniel Fritze

Frankreich

iz g 173
U.M.P.I.
9, rue la Pérouse, F-75784 Paris Cedex 16
T: (00331) 40 69 52 14 Fax: 47 23 50 98
Contact: Philippe Caillol
Contact: Veronique Puech

Großbritannien

iz g 174
BEC-NFPDC
New Cavendish Str. 82, GB- London W1M 8AD
T: (004420) 75 80 54 04 Fax: 76 36 59 84
Gerry Klapwyk

Irland

iz g 175
Irish Plastering Federation
Canal Road, IRL- Dublin 6
T: (003531) 4 97 74 87 Fax: 4 96 69 53
Peter McCabe

Italien

iz g 176
Anvides Lombarda
Via Menabrea 18, I-20159 Mailand
T: (00392) 41 87 37, -38 Fax: 48 30 05 65
Luigi Caimi
Jader Piovano

Niederlande

iz g 177
NAVAS
Stukadoorswerken
Klovenier 1, NL-3905 PN Veenendaal
T: (0031318) 52 72 90 Fax: 52 23 57
M.F.Th. Rohof

Österreich

iz g 178
Bundesinnung des Bauhilfsgewerbe
Wiedner Hauptstrasse 63, A-1045 Wien
T: (00431) 4 79 11 52 Fax: 4 79 81 97
Wilhelm Wilfinger

Schweden

iz g 179
PUTS & MUR AB
Kalkbruksgatan 9, S-41707 Göteborg
T: (004631) 50 00 20 Fax: 51 03 91
Bertil Tunbratt

Schweiz

iz g 180
SMGV
Postfach 72, CH-8304 Wallisellen
Grindelstr. 2, CH-8304 Wallisellen
T: (00411) 8 30 59 59 Fax: 8 30 11 76
Martin Stalder

Spanien

iz g 181
EPYSA
a/Alcala 95-4°, E-28009 Madrid
T: (00341) 4 31 90 40 Fax: 5 78 39 35
Juan Cabrera

IZ G 182
Internationaler Metzgermeister-Verband (CIBC)
International Butchers' Confederation
Confédération Internationale de la Boucherie-Charcuterie
Generalsekretariat:
Rue Jacques de Lalaing 4 bte 10, B-1040 Brüssel
T: (00322) 2 30 38 76 Fax: 2 30 34 51
E-Mail: info@cibc.be
Gründung: 1907
Präsident(in): Michel Meyer (Confédération Française de la Boucherie, Boucherie-Charmterie, Traiteurs), Paris
Vizepräsident(in): Eugen Nagel (DFV-Frankfurt)
José Folgado Alvarez (Cedecarne-Madrid)
Generalsekretär(in): Theo Wershoven (Deutscher Fleischer-Verband, Kennedyallee 53, 60596 Frankfurt, T: (004969) 6 33 02-0, Telefax: (004969) 6 33 02-150)
Leiterin: Kirsten Diessner (4, rue Jacques de Lalaing, B-1040 Brüssel, T: (00322) 2 30 38 76, Telefax: (00322) 2 30 34 51)
Mitglieder: 17

IZ G 183
Internationaler Verband der Konditoren, Confiseure und Speiseeishersteller (UIPCG)
International Union of Confectioners, Pastrycooks and Ice-Cream-Makers
Union Internationale de la Pâtisserie, Confiserie, Glacerie
Brühlstr. 7, 73061 Ebersbach
T: (07163) 62 21 Fax: 53 06 15
Vorsitzende(r): Dr. Paulus Stuller
Generalsekretär(in): Robert Widmann

IZ G 184
Internationaler Verband der Orthopädie-Schuhtechniker (IVO)
Association International Orthopedic Footwear
Association Internationale des Podo-Orthesistes
Rue de la Paix 2, F-75002 Paris
T: (00331) 42 61 00 29 Fax: 42 61 19 55
Gründung: 1973
Präsident(in): Raymond Massaro (Rue de la Paix 2, F-75002 Paris, T: (00331) 42 61 00 29, Telefax: (00331) 42 61 19 55)
Mitglieder: 14 nationale Verbände mit 4000 Mitgliedern
Landesverbände: Belgien, Deutschland, Canada, Dänemark, Frankreich, Großbritannien, Luxemburg, Niederlande, Schweiz, Süd-Tirol, Israel, Australien, Norwegen, Österreich, Marokko

IZ G 185
Ständiges Komitee der Europäischen Uhrmacherei (C.P.H.E.)
Permanent European Horological Committee
Comité Permanent de l'Horlogerie Européenne
c/o Fédération de l'industrie horlogère suisse
Rue d'Argent 6, CH-2501 Biel
T: (004132) 3 28 08 28 Fax: 3 28 08 80
Président: François Habersaat
Secr. Gen.: Jean-Daniel Pasche (Contact)
Mitglieder: 5

IZ G 186
Vereinigung der Europäischen Musik Industrien (CAFIM)
Tennelbachstr. 25, 65193 Wiesbaden
T: (0611) 95 45 88-6 Fax: 95 45 88-5
E-Mail: baumbach@wiesbaden.netsurf.de
Präsident(in): Michael Heuser
Generalsekretär(in): Winfried Baumbach

IZ G 187
Vereinigung des Europäischen Dental-Medizinischen Großhandels (ADDE)
Association of Dental Dealers in Europe
Association des Dépôts Dentaires Européens
Postfach 29, CH-3073 Gümligen
Moosstr. 2, CH-3073 Gümligen
T: (004131) 9 52 78 92 Fax: 9 52 76 83
E-Mail: uwanner@swissonline.ch
General secretary: Dr. Ulrich Wanner
Mitglieder: 19

Mitgliedsorganisationen

Belgien

iz g 188
Union Professionelle des Négociants en Fournitures Dentaires de Belgique (UNIFODENT)
c/o Denta B.v.
Industriepark "Blauwe Steen"
Heiveldekens 2, B-2550 Kontich
T: (00323) 4 50 93 20 Fax: 4 57 85 73
President: Frank Bruggeman
Secretary: Didier Putman

Bulgarien

iz g 189
Romy Neunzig
49, 6 September Str., BG- Sofia 1000
T: (003592) 2 80 33 03 Fax: 9 81 37 07
T. Kassev

Dänemark

iz g 190
Dentalbrancheforeningen
Boersen, DK-1217 Copenhagen
T: (0045) 33 95 05 01 Fax: 33 32 52 16
President: Lars Ellegaard
Secretary: Mette Herget

Deutschland

iz g 191
Bundes-Verband Dentalhandel e.V.
Salierring 44, 50677 Köln
T: (0221) 2 40 93 42 Fax: 2 40 86 70
Internet: http://www.bvdental.de
E-Mail: bvd-verband@netcologne.de
President: Bernd Neubauer
Secretary: Winfried Toubartz

iz g 192
Ansell Medical
Stahlgruberring 3, 81829 München
T: (089) 4 51 18-0 Fax: 4 51 18-113
E-Mail: evernooij@ansell.com.au
Eric Vernooij

Frankreich

iz g 193
UDAD
c/o COMIDENT
Rue Blanche 8, F-75009 Paris
T: (00331) 48 74 11 08 Fax: 42 85 20 32
President: Bernard Michaut
Exec.dir: Jacques Mercier
Secretary: Jacques Blain

Griechenland

iz g 194
Greek Dental Business Association
Gambeta 4, GR-10678 Athen
T: (00301) 17 77 22 67 **Fax:** 17 78 02 27
President: Kallifetides Ioannis
Secretary: Lia Papazoglou

Großbritannien

iz g 195
The British Dental Trade Association (BDTA)
Merritt House
Mineral Lane, Chesham, GB- Buckinghamshire HP 5 1NL, UK
T: (00441494) 78 28 73 **Fax:** 78 66 59
President: Brian Whitby
Executive Director: A.H. Reed

iz g 196
Prestige Dental
7, Oxford Place, Bradford, GB- West Yorkshire BD3 OEF
T: (00441274) 72 15 67 **Fax:** 30 42 37
E-Mail: info@prestige.dental.co.uk
Steven Blackhall

Irland

iz g 197
Irish Dental Trade Association
Postfach 59, IRL- Drogheda CO Louth
T: (0035341) 9 83 82 10 **Fax:** 9 83 82 10
President: Roger Killiner
Secretary: Anne Flaherty

Italien

iz g 198
ANCAD
c/o PROMANCAD
Via Delle Regioni n.27, I-53100 Siena
T: (0039577) 59 61 34 **Fax:** 59 61 37
President: Magarini Elio
Secretary: Giuliano Vaselli

Niederlande

iz g 199
VGT
Marius Baverstraat 30, NL-1062 Amsterdam
T: (003120) 4 08 16 66 **Fax:** 4 08 24 10
President: J. Westerman
Secretary: Ed Kolsteeg

Norwegen

iz g 200
Norsk Dentalbransjeforening
Sönsterudvn 32, N-1412 Sofiemyr
T: (0047) 66 80 07 18 **Fax:** 66 80 02 23
President: Morten Huse

Österreich

iz g 201
Österreichischer Dentalverband
Eschenbachgasse 11, A-1010 Wien
T: (00431) 5 87 36 33 **Fax:** 5 87 01 92
President: Bernd Knopp

Rumänien

iz g 202
Associata R.I.A.I. ms.
c/o Dental Partner's SRL
54, Dragos Voda St, sect. 2, R- Bukarest
T: (00402) 10 86 92 **Fax:** 10 57 88
President: Renata Ciamba

Schweiz

iz g 203
Assoc, Suisse du Commerce Dent.
Postfach 29, CH-3073 Gümligen Bern
Moosstr. 2, CH-3073 Gümligen Bern
T: (004131) 9 52 76 77 **Fax:** 9 52 76 83
President: Alex Engelberger
Secretary: Dr. Ulrich Wanner

Spanien

iz g 204
FENIN Dental Sector
Juan Bravo 10, 3e Planta, E-28006 Madrid
T: (003491) 5 75 98 00 **Fax:** 4 35 34 78
President: José Miguel Gomez
Secretary: Ramòn Pérez Bordó

Tschechische Republik

iz g 205
Ceská Asociace, Dentamed (CR) s.r.o.
Oldrichova 30, CZ-128 00 Prag
T: (00422) 6 92 66 03 **Fax:** 6 92 66 05
President: Pavel Smazik

IZ H Handel

Zum Auffinden einer bestimmten Dienststelle oder Organisation dient das Suchwortverzeichnis, eines Personennamens das Personenverzeichnis

Spitzenverbände des Handels
Großhandel, Import, Export
Einzelhandel
Handelsvertreter, Makler, Auktionatoren

Spitzenverbände des Handels

● IZ H 1
Die europäische Repräsentation des Einzel-, Groß- und Außenhandels bei der Europäischen Union (EuroCommerce)
The European Retail, Wholesale and International Trade Representation to the EU
La représentation européene du commerce de détail, de gros et international auprès de l'UE
Generalsekretariat
Rue Froissart 123-133, B-1040 Brüssel
T: (00322) 2 30 58 74 **Fax:** 2 30 00 78
Internet: http://www.eurocommerce.be
E-Mail: lobby@eurocommerce.be
Gründung: 1993
Präsident(in): Paul-Louis Halley
Verbandszeitschrift: Newsletter
Mitglieder: 83
Mitarbeiter: 14
Mitglieder: Nationale Dach- und Fachverbände des Einzelhandels, des Groß- und Außenhandels, des Filialvertriebs sowie europäische Fachverbände der EG-Mitgliedstaaten und Länder Zentraleuropas sowie Unternehmen des Handels der EFTA-Länder

Großhandel, Import, Export

● IZ H 2
Harmonisierungsamt für den Binnenmarkt (Marken, Muster und Modelle)
Office for Harmonization in the Internal Market (Trade Marks and Designs)
Office de l'harmonisation dans le marché intérieur (marques, dessins et modèles)
Avenida de Europa, 4, E-03080 Alicante
T: (003496) 51 39-100 **Fax:** 51 39-173
Internet: http://www.oami.eu.int/
E-Mail: information@oami.eu.int
Gründung: 1996 (1. April)
Präsident(in): Wubbo de Boer
Vizepräsident(in): Alexander von Mühlendahl (Rechtsangelegenheiten)
Alberto Casado Cerviño (Technische und Verwaltungsangelegenheiten)
Leitung Presseabteilung: Christine Roy
Verbandszeitschrift: Amtsblatt des HABM, Blatt für Gemeinschaftsmarken (gedruckte Version, CD-ROM und EUROM), Textsammlung zur Gemeinschaftsmarke, OAMI News, Tätigkeitsbericht (Jahresbericht), Nationales Recht zur Gemeinschaftsmarke, CTM-DOWNLOAD, CTM-ONLINE und CTM-AGENT
Verlag: OPOCE, Luxembourg
Mitarbeiter: ca. 600

● IZ H 3
Europäische Kaffee-Vereinigung
European Coffee Federation
Fédération Européenne du Café
Postfach 90445, NL-1006 Amsterdam
Tourniairestraat 3, NL-1006 BK Amsterdam
T: (003120) 5 11 38 15 **Fax:** 5 11 38 92
E-Mail: ecf@coffee-associations.org
Kontaktperson: J.A.J.R. Vaessen

● IZ H 4
Ausschuß der Europäischen Wirtschaftsgemeinschaft für Handel und Industrie von Wein, aromatisiertem Wein, Perlwein, Dessertwein (CEN)
Comité de la Communauté Economique Européenne des Industries et du Commerce des Vins, Vins Aromatisés, Vins Mousseux, Vins de liqueur
9, Rond-Point Schuman, Bte 4, B-1040 Bruxelles
T: (00322) 2 30 99 70 **Fax:** 2 30 43 23
E-Mail: cev@schuman9.com
Präsident(in): George Sandemann (P)
Mitglieder: Deutschland, Frankreich, Griechenland, Italien, Luxemburg, Niederlande, Portugal, Spanien, Schweden, Schweiz

Mitgliedsorganisationen

Deutschland

iz h 5
Bundesvereinigung Wein und Spirituosen e.V.
Sonnenberger Str. 46, 65193 Wiesbaden
T: (0611) 52 10 33 **Fax:** 59 97 75
E-Mail: vds-bws@t-online.de

iz h 6
Verband Deutscher Weinexporteure
Heussallee 26, 53113 Bonn
T: (0228) 22 14 01 **Fax:** 94 93 25 23
E-Mail: vdw-bonn@t-online.de

iz h 7
Verband Deutscher Sektkellereien e.V.
Sonnenberger Str. 46, 65193 Wiesbaden
T: (0611) 52 10 33 **Fax:** 59 97 75
E-Mail: vds-bws@t-online.de

Frankreich

iz h 8
Fédération Française des Vins Spéciaux (FEVIS)
8, Rue de l'Isly, F-75008 Paris
T: (00331) 53 04 30 33 **Fax:** 53 04 30 36
E-Mail: fevis@spirvis.org

iz h 9
Entreprises de Grands Vins de France (EGVF)
95, rue de Monceau, F-75008 Paris
T: (00331) 45 22 75 73 **Fax:** 45 22 94 16
E-Mail: fevsegvf@club-internet.fr

Griechenland

iz h 10
Fédération Hellénique des Industries des Vins
34 rue Nikis, GR-10557 Athen
T: (00301) 3 22 60 53 **Fax:** 3 23 79 43
E-Mail: seo@wine.org.gr

Italien

iz h 11
Federazione Italiana Industriali Produttori, Esportatori ed Importatori di Vini, Acquaviti, Liquori, Sciroppi, Aceti ed affini (FEDERVINI)
Via Mentana 2 /b, I-00185 Rom
T: (003906) 4 94 16 30 **Fax:** 4 94 15 66
E-Mail: federvini@foodarea.it

iz h 12
Union Italiana Vini (UNIVINI)
Via San Vittore al Teatro, 3, I-20213 Milano
T: (003902) 7 22 22 81 **Fax:** 86 62 26
E-Mail: info@uiv.it

Luxemburg

iz h 13
Fédération Luxembourgeoise des Industries et du Négoce des Vins, Liqueurs et Spiritueux
c/o Caves Gales et Cie
Postfach 482, L-2014 Luxembourg
T: (0352) 43 94 44 **Fax:** 43 94 50
E-Mail: info@ccl.lu

Niederlande

iz h 14
Koninklijke Vereniging van Nederlandse Wijnhandelaren (KVNW)
Van Eeghenlaan 27, NL-1071 EN Amsterdam
T: (003120) 673 03 31 **Fax:** 664 54 66
E-Mail: kvnw@xs4all.nl

Portugal

iz h 15
Associação das Empresas de Vinho do Porto (AEVP)
Rue Barào de Forrester, 412, P-4400-034 Villa Nova de Gaia
T: (003512) 23 74 55 20 **Fax:** 23 70 54 00
E-Mail: aevp@mail.telepac.pt

iz h 16
Federação dos Vinhos e Espirituosos de Portugal (FEVIN)
Rua Barão de Forrester 412, P-4400-034 Vila Nova de Gaia
T: (00351223) 74 55 20 **Fax:** 70 54 00
E-Mail: aevp@mail.telepac.pt

Schweiz

iz h 17
Association Suisse des Vins et Spiritueux
Case Postale, CH-3000 Bern 7
T: (004131) 3 11 45 08 **Fax:** 3 12 10 72
E-Mail: wineandspirit@pingnet.ch

Spanien

iz h 18
Union de Criadores Elaboradores de Vinos Espumosos (UCEVE)
Gran Via 644, E-08007 Barcelona
T: (0343) 891 02 36 **Fax:** 818 33 92

iz h 19
Federación Española del Vino (FEV)
calle Castello, 95-6°B, E-28006 Madrid
T: (003491) 5 76 27 26 **Fax:** 5 75 11 14
E-Mail: fev@fev.es

iz h 20
Asociación Española de Elaboradores y Distribuidores de Vermouth, Bitter Soda y Aperitivos Vinicos (ANEV)
Apartado Correos 14, E-08100 Mollet del Vallés
T: (003493) 5 70 65 56 **Fax:** 5 93 98 55
E-Mail: fabregat@bacardi.com

Schweden

iz h 21
System Bolaget
The Swedish Alcohol Retailing Monopoly
Kungsträdgardsgatan 14, S-10384 Stockholm
T: (00468) 7 89 35 00 **Fax:** 7 89 35 02
E-Mail: per.leimar@systembolaget.se

● IZ H 22
Ausschuß des Hopfenhandels im Gemeinsamen Markt
GROUPEMENT DU NÉGOCE HOUBLONNIER DU MARCHÉ COMMUN (G.N.H.M.C.)
Postf. 11 08, 85261 Pfaffenhofen
Hauptplatz 14, 85276 Pfaffenhofen
T: (08441) 60 35 **Fax:** 80 53 80
E-Mail: Hopfenhandel@t-online.de
Vorsitzende(r): Thomas Raiser (Joh. Barth + Sohn GmbH + Co. KG, Freiligrathstr. 7-9, 90482 Nürnberg)
Geschäftsführer(in): Josef Grauvogl ((D), Hauptplatz 14/I, 85276 Pfaffenhofen)

● IZ H 23
Foreign Trade Association (FTA)
Avenue de Janvier 5, B-1200 Bruxelles
T: (00322) 7 62 05 51 **Fax:** 7 62 75 06
Gründung: 1977
Vorsitzende(r): Jacqueline Peltier (F)
Generaldelegierter: Dr. Jan Eggert (D)
Verbandszeitschrift: FTA - Report
Mitglieder: 14 nationale und internationale Verbände, 86 Mitgliedsfirmen (Warenhäuser und Versandhandel in Ländern der EU)
Mitarbeiter: 4

Deutschland

iz h 24

Zentrum des Europäischen Einzelhandels (CECODE)
Centre Européen du Commerce de Détail
Gothaer Allee 2, 50969 Köln
T: (0221) 9 36 55-7 70   Fax: 9 36 55-7 79

iz h 25

Internationale Vereinigung von Einkaufs- und Marketingverbänden (IVE)
International Association of Buying and Marketing-Groups
Association Internationale des Groupements d'Achat et de Marketing
Vorgebirgsstr. 43, 53119 Bonn
T: (0228) 9 85 84-0   Fax: 9 85 84-10
E-Mail: info@ive-online.de

iz h 26

Aussenhandelsvereinigung des Deutschen Einzelhandels e.V. (AVE)
Mauritiussteinweg 1, 50676 Köln
T: (0221) 92 18 34-0   Fax: 92 18 34-6
E-Mail: ave-fta@t-online.de

Finnland

iz h 27

Association of Textile and Footwear Importers and Wholesalers
Postfach 1 50, FIN-00251 Helsinki
Mannerheimintie 76A, FIN-00250 Helsinki
T: (003580) 44 16 51   Fax: 49 61 42

Frankreich

iz h 28

Fédération Française des Entreprises des Gros Importation Exportation Chaussures, Jouets, Textiles (F.C.J.T.)
Rue Saint-Honoré 219, F-75001 Paris
T: (00331) 42 61 00 99   Fax: 42 61 01 09

iz h 29

Fédération Nationale des Grands Magasins et Magasins Populaires (FNGMMP)
Place d'Iena 8, F-75783 Paris Cedex 16
T: (00331) 44 34 69 70   Fax: 44 34 69 74

iz h 30

Fédération des Entreprises de Vente á Distance
Postfach 43808, F-75366 Paris
60, Rue la Boétie, F-75008 Paris
T: (00331) 42 56 38 86   Fax: 45 63 91 95
E-Mail: bs12@calva.net

Niederlande

iz h 31

Vereniging van Grootwinkelbedrijven in Textiel (VGT)
Postfach 715, NL-2700 AS Zoetermeer
Engelandlaan 374, NL-2711 DZ Zoetermeer
T: (003179) 3 42 15 01   Fax: 3 42 46 48

iz h 32

Verenigung van In- en Verkoopcombinaties (VIV)
Postfach 2 62, NL-2260 AG Leidschendam
T: (003170) 3 01 01 94   Fax: 3 01 01 98

iz h 33

Raad Nederlandse Detailhandel
Postfach 715, NL-2700 AS Zoetermeer
Engelandlaan 374, NL-2711 DZ Zoetermeer
T: (003179) 42 15 01   Fax: 42 46 48

Italien

iz h 34

Associazione Nationale Importatori Giocattoli & Modellismo (A.N.I.G.)
Via M.F. Quintiliano 24, I-20138 Mailand
T: (00392) 50 22 54   Fax: 50 22 54

Großbritannien

iz h 35

British Importers Association Ltd. (BIA)
Suite 8, Castle House
Castlereagh Street 25, GB- London W1H 5YR
T: (004420) 77 24-5900   Fax: 77 24-5055

iz h 36

British Retail Consortium
Grafton Street 5, GB- London W1X 3LB
T: (004420) 76 47-1500   Fax: 76 47-1599

Schweiz

iz h 37

Verband der Schweizerischen Waren- und Kaufhäuser (VSWK)
Association des Grands Magasins Suisses (AGMS)
Marktgasse 50, CH-3000 Bern 7
T: (004131) 3 12 40 40   Fax: 3 12 40 41

Schweden

iz h 38

Textilimportörerna
Blasieholmsgatan 4a, S-10329 Stockholm
T: (00468) 762 76 10   Fax: 762 76 18

● **IZ H 39**

European Federation of Animal Proteins Importers and Traders (EFAPIT)
Postfach 202, NL-3000 AE Rotterdam
Heer Bokelweg 157b, NL-3032 AD Rotterdam
T: (003110) 4 67 31 88   Fax: 4 67 87 61
E-Mail: cvg@graan.com
Gründung: 1961
Président: O. Derôme (Sopropeche, Boite Postale 275, F-62204 Boulogne sur Mer)
Secrétaire Général: M. S. Stegehuis
Mitglieder: 6

Mitgliedsorganisationen

Belgien

iz h 40

Grain and Cattle Food Import Export Trade Association
IMEXGRA
Borzestraat 29, B-2000 Antwerpen
T: (00323) 2 33 43 93   Fax: 2 33 34 60

Deutschland

iz h 41

Verein der Getreidehändler der Hamburger Börse e.V.
Börse, Kontor 24
Adolphsplatz 1 (Börse) Kontor 24, 20457 Hamburg
T: (040) 36 98 79-0   Fax: 36 98 70-20
Internet: http://www.vdg-ev.de
E-Mail: sekretariat@vdg-ev.de

Frankreich

iz h 42

A.F.I.P.A.
Postfach 2 75, F-62204 Boulogne sur Mer Cedex
T: (00333) 21 32 27 27   Fax: 21 32 28 28

Großbritannien

iz h 43

U.I.E.A.C. UK Experters & Importers of Agricultural Commoditis
Gafta House
Chapel Place 6 Rivington Street, GB- London EC2A 3SH
T: (004420) 78 14-9666   Fax: 78 14-8383
Internet: http://www.gafta.com
E-Mail: post@gafta.com

Italien

iz h 44

AIFA
c/o Unione Commerciale Lombarda SpA
Via Vittorio Emanuelle II°,, I-25121 Brescia
T: (003930) 2 38 11 03   Fax: 2 38 01 12

Niederlande

iz h 45

Hercomite Vereniging "De Nederlandse Graanhandel"
Postfach 202, NL-3000 AE Rotterdam
T: (003110) 4 67 31 88   Fax: 4 67 87 61
E-Mail: cvg@graan.com
Vorsitzende(r): G. J. van Noortwijk
Secretary: M. S. Stegehuis

● **IZ H 46**

TTE
Toy Traders of Europe
Sigmundstr. 220, 90431 Nürnberg
T: (0911) 6 55 63 59   Fax: 6 55 62 51
Internet: http://www.toy-tte.org
E-Mail: tte@nrz-gmbh.de
Präsident(in): D. Ivarsson (S)
Sekretariat: Dr. Stübler

● **IZ H 47**

Europäische Gemeinschaft der Bier-Großhandels-Verbände der EG-Länder (CEGROBB)
European Community of Association of the Beer an Beverage Wholesale for the EEC Countries
Communauté Européene des Associations du Commerce de Gros de Bière et autres Boissons des Pays-Membres de la C.E.E.
c/o Corsendonk bier
Steenweg opp Mol 118, B-2360 Oud-Turnhout
T: (00321) 4 45 33 11   Fax: 4 45 33 88
Präsident(in): Jozef Keersmaekers
Generalsekretär(in): Francoise Guillau
Dr. Alfonso de Barros-Queiroz

● **IZ H 48**

Europäische Gruppe der Wein- und Spirituosenimporteure
European Federation of Wine & Spirit Importers and Distributors
Van Eeghenlaan 27, NL-1071 EN Amsterdam
T: (003120) 6 73 03 31, 6 73 16 54   Fax: 6 64 54 66
E-Mail: CVNW@XS4ALL.NL
Gründung: 1973
President: F. Clottu (Scherer & Bühler AG, CH-6045 Meggen, T: (004141) 3 77 11 22, Telefax: (004141) 3 77 29 76)
Vice-President: Hans-Jürgen Hertzberg
Chris Searle
Direktor(in): R. J. B. Wallast Groenewoud (c/o European Federation of Wine & Spirit Importers and Distributors, Van Eeghenlaan 27, NL-1071 EN Amsterdam)
Mitglieder: 12
Mitarbeiter: 3 Vollzeitkräfte, 2 Teilzeitkräfte

Mitgliedsorganisationen

Belgien

iz h 49

Fédération Belge des Vins et Spiritueux asbl (FBVS)
Belgische Federatie van Wijn en Gedistilleerd vzw (BFWG)
Rue de Livourne 13 - Bte 5, B-1060 Brüssel

iz h 49

T: (00322) 5 37 00 51   Fax: 5 37 81 56
E-Mail: fbvs.bfwg@skynet.be

Dänemark

iz h 50

V.S.O.D.
Vin og Spiritus Organisationen i Danmark
Børsen, DK-1217 Kopenhagen
T: (004533) 95 05 06   Fax: 95 05 17
E-Mail: vsod@commerce.dk

Deutschland

iz h 51

Bundesvereinigung Wein und Spirituosen e.V.
Sonnenberger Str. 46, 65193 Wiesbaden
T: (0611) 52 10 33   Fax: 59 97 75
E-Mail: vds-bws@t-online.de

Finnland

iz h 52

Primalco Ltd.
Valta-akseli, FIN-05200 Rajamäki
T: (0035889) 1 33 12 31   Fax: 1 33 13 22

Frankreich

iz h 53

Association Française des Éleveurs Enbouteilleurs et Distributeurs de Vins es Spiritueux (AFED)
20, rue d'Anjou, F-75008 Paris
T: (00331) 42 68 82 46   Fax: 40 06 06 98
E-Mail: afed.ass@wanadoo.fr

Großbritannien

iz h 54

Wine & Spirits Association of Great Britain & Northern Ireland
Five Kings House
1 Queenstreet Place, GB- London EC4R 1XX
T: (004420) 72 48 53 77   Fax: 74 89 03 22
E-Mail: wsa@wsa.org.uk

Irland

iz h 55

The Wine & Spirit Association of Ireland
33, Clarinda Park West, Dun Laoghaire, IRL- Co. Dublin
T: (003531) 2 80 46 66   Fax: 2 80 75 66

Niederlande

iz h 56

Federatie Wijn/Importgedistilleerd
Van Eeghenlaan 27, NL-1071 EN Amsterdam
T: (003120) 6 73 03 31, 6 73 16 54   Fax: 6 64 54 66
E-Mail: kvnw@xs4all.nl

Norwegen

iz h 57

Arcus Produkter AS
Rodeløkka
Postfach 6764, N-0503 Oslo
T: (0047) 22 97 55 36   Fax: 22 64 39 15

Schweden

iz h 58

Sprit & Vin-Leverantörsföreningen
Blasieholmsgatan 4A, S-10329 Stockholm
T: (00468) 7 62 77 00   Fax: 7 62 76 27
E-Mail: svl@svenskhandel.se

Schweiz

iz h 59

ASVS
Amthausgasse 1, CH-3000 Bern 7
T: (004131) 3 11 45 08   Fax: 3 12 10 72
E-Mail: wineandspirit@pignet.ch

Ungarn

iz h 60

Association of Spirit Importers Hungary
Rétköz u. 5, H-118 Budapest
T: (00361) 2 46 42 87   Fax: 2 46 42 86

● **IZ H 61**

Europäische Konföderation des Handels mit Farben, Wand- und Bodenbelägen
European Confederation for Trade in Paint, Wall- and Floor Coverings
Confédération Européenne du négoce de la décoration, peintures, revêtements muraux et de sol
Memeler Str. 30, 42781 Haan
T: (02129) 5 57 09-0   Fax: 5 57 09-9
Präsident(in): Ing. Christian Seidler (A)
Kontaktperson: Dipl.-Ök. Hartmut Plümer

● **IZ H 62**

Europäische Union des Handels mit Milcherzeugnissen (EUCOLAIT)
European Union of Dairy Trade
Union Européenne du Commerce de Gros des Produits Laitiers et Dérivés
Secrétariat:
Avenue Livingstone 26, B-1000 Bruxelles
T: (00322) 2 30 44 48   Fax: 2 30 40 44
E-Mail: dairy.trade@eucolait.be
Präsident(in): Philippe Dischamp
Generalsekretär(in): Annelie Gehring

● **IZ H 63**

Europäische Union des Großhandels mit Eiern, Eiprodukten, Geflügel und Wild (EUWEP)
European Union of Wholesale with Eggs, Egg-Products, Poultry and Game
Union Européenne du Commerce de Gros des Oeufs, Produits d'Oeufs, Volaille et Gibier
89 Charterhousse Street, GB- London EC1M 6HR
T: (0044207) 6 08 37 60   Fax: 6 08 38 60
E-Mail: mwill10198@aol.com
Gründung: 1959
Kontaktperson: Mark Williams

● **IZ H 64**

Europäischer Verband des Wild- und Geflügel- Groß- und Außenhandels e.V.
Postf. 24 01 34, 53154 Bonn
Hochkreuzallee 72, 53175 Bonn
T: (0228) 9 59 60-0   Fax: 9 59 60-50
Internet: http://www.epega.org
E-Mail: info@epega.org
Vorsitzende(r): Peter Biegi
Geschäftsführer(in): C. von der Crone
Mitglieder: 125

● **IZ H 65**

Vereinigung der internationalen Hopfenindustrie
International Hop Industry Cooperation IHIC
Hauptplatz 14, 85276 Pfaffenhofen
T: (08441) 60 35   Fax: 80 53 80
E-Mail: Hopfenhandel@t-online.de
Präsident(in): Thomas Raiser (Deutschland)
1. Vizepräs: Jaroslav Kares (Tschechische R.)
2. Vize-Präsident: Andrei Natek (Slowenien)
Sekretär: Josef Grauvogl ((RFA.), Hauptplatz 14/I, 85276 Pfaffenhofen/Ilm, T: (08441) 60 35, Telefax: (08441) 80 53 80, E-mail: hopfenhandel@t-online.de)
Schatzmeister: José Antonio Magadan (Spanien)

● **IZ H 66**

Europäische Union des Kartoffelhandels (EUROPATAT)
European Union of the Potato Trade
Union Européenne du Commerce des Pommes de Terre
Rue de Spa 8, B-1000 Brüssel
T: (00322) 2 38 06 20   Fax: 2 38 04 08, 2 30 93 54

E-Mail: europatat@kmonet.be
Gründung: 1952 (12. Januar)
Präsident(in): J.M. Loridan
Generalsekretär(in): R. Cools
Mitarbeiter: 2
Mitgliedsverbände: Die Nationalen Kartoffelgroßhandelsverbände in: Belgien, Schweiz, Deutschland, Dänemark, Spanien, Frankreich, Großbritannien, Italien, Irland, Niederlande, Luxemburg, Zypern, Österreich

Mitgliedsorganisationen

Belgien

iz h 67

Belgapom
Rue de Spa 8, B-1040 Brüssel
T: (00322) 2 38 06 20   Fax: 2 38 04 08
Kontaktperson: R. Cools

Dänemark

iz h 68

DANESPO AS
Ryttervangen 1, DK-7323 Give
T: (004575) 73 59 00   Fax: 73 59 01
Kontaktperson: F. Myllorup

Deutschland

iz h 69

Zentralverband des Deutschen Kartoffelhandels e.V.
Postf. 30 16 55, 53196 Bonn
T: (0228) 9 75 85-22   Fax: 9 75 85-32
E-Mail: erich.luepken@bv-agrar.de
Kontaktperson: Erich Lüpken

Frankreich

iz h 70

FEDEPOM
9 rue d'Athènes, F-75009 Paris
T: (00331) 40 82 18 50   Fax: 40 82 18 51
Kontaktperson: H. Pouzin

Großbritannien

iz h 71

British European Potato Association
Lanseer Road Orwell Business Centre, GB- Ipswich IP3 0DB
T: (00441473) 22 10 60   Fax: 22 10 999
Kontaktperson: D. Fradd

Irland

iz h 72

Irish Potato Federation
Anglesea Street 11-12, IRL- Dublin 2
T: (003531) 6 77 12 00   Fax: 6 77 12 84
Kontaktperson: J. Fitzgerald

Italien

iz h 73

Associazione Nazionale Esportatori-Importatori Ortofrutticoli e Agrumari (ANEIOA)
Via Sabotino 46, I-00195 Rom
T: (00396) 37 51 51 47   Fax: 3 72 36 59
E-Mail: aneioarm@tin.it
Kontaktperson: C. Bianchi

Luxemburg

iz h 74

SYNPLANTS
Postfach 8, L-9701 Clervaux
Rue de Bastogne 4, L-9701 Clervaux

T: (00352) 9 11 67   Fax: 9 18 54
Kontaktperson: F. Meyers

Niederlande

iz h 75

NAO
Postfach 8 05 37, NL-2508 AC Den Haag
T: (003170) 3 58 93 31   Fax: 3 54 42 90
Kontaktperson: R. Van Diepen

Norwegen

iz h 76

Norwegian Fruit & Veg. Wholesales
Postfach 1 57, N-05909 Oslo
T: (0047) 22 65 03 75   Fax: 22 63 19 24
Kontaktperson: O. Østebø

Portugal

iz h 77

ANAIEF
Rua Diogo Docouto 21-1°, P-1100 Lissabon
T: (0035121) 8 14 05 21   Fax: 8 14 05 22
Kontaktperson: D. Galante

Schweiz

iz h 78

Swiss Patat
Postfach 2 28, CH-3186 Düdingen
T: (004126) 4 92 79 50   Fax: 4 92 79 53
Kontaktperson: K.O. Schaller

Spanien

iz h 79

FEPEX
C/Miguel Angel 13 4°a, E-28010 Madrid
T: (003491) 3 19 10 50   Fax: 3 10 38 12
E-Mail: angel@fepex.es
Kontaktperson: A. Rojo

Zypern

iz h 80

Cyprus Potato Marketing Board
Postfach 2029, CY- Nicosia
T: (003572) 44 31 06   Fax: 36 54 93
Kontaktperson: P. Stavrou

Österreich

iz h 81

Der Landesprodukthandel
Wiedner Hauptstr. 63, A-1045 Wien
T: (00431) 5 01 05 30 00   Fax: 50 20 62 90
Kontaktperson: Mag. D. Franta

Tschechische Republik

iz h 82

Ustrední Bramborársky Svaz
Dobrovskérro 2366, CZ-58003 Havlíckův Brod
T: (0042045) 12 63 14   Fax: 12 63 14
Kontaktperson: J. Novák

● **IZ H 83**

Europäische Union des Obst- und Gemüse-Groß- und Außenhandels (EUCOFEL)
European Union of the Fruit and Vegetable Wholesale, Import and Export Trade
Union Européenne du Commerce en Gros, des Fruits et Légumes des pays de la CEE
Rue Jenneval 29, B-1000 Bruxelles
T: (00322) 7 36 15 84   Fax: 7 32 17 47
E-Mail: eucofel.fruittrade.org@skynet.be

Gründung: 1958
Président: Pierre Gilot
Délégué Général: Vincent Van Dijk
Mitglieder: 20 nationale Mitgliedsverbände, 17 assoziierte Mitglieder
Mitarbeiter: 3

● **IZ H 84**

Europäischer Verband des Chemiehandels (FECC)
European Association of Chemical Distributors
Fédération Européenne du Commerce Chimique
Chaussée de Wavre 1519, B-1160 Brüssel
T: (00322) 6 79 02 60   Fax: 6 72 73 55
Internet: http://www.fecc.org
E-Mail: msg@fecc.org
Gründung: 1954
Präsident(in): Ed. E. Nordmann
Dir. General: Dr. H. Out
Communication Manager: M. Seegmüller
Verbandszeitschrift: Fecc Newsletter
Mitglieder: 60
Mitarbeiter: 3

● **IZ H 85**

Eurometal
Europäischer Bund der Stahl-, Röhren und Metallhändlerverbände
European Federation of Associations of Steel, Tubes and Metal Merchants
Boulevard de la Woluwe 46B-7, B-1200 Brüssel
T: (00322) 7 71 53 40   Fax: 7 72 19 77
President: Josef von Riederer
Contact: Francis van Remoortere
Mitglieder: 15
Mitarbeiter: 2

Mitgliedsorganisationen

Belgien

iz h 86

Groupement des Marchands de Fer de Belgique
Boulevard de la Woluwe 46B-7, B-1200 Brüssel
T: (00322) 7 71 53 40   Fax: 7 72 19 77

iz h 87

UN. PROF. DES GROSSISTES EN TUBES
P/a Rue Aux Laines 13/15, B-4800 Verviers
T: (0032087) 31 34 71   Fax: 31 08 45

Dänemark

iz h 88

Stålforeningen / Foreningen Af Danske Stalgrossister
Borsen, DK-1217 Copenhagen
T: (0045) 33 93 91 72   Fax: 33 93 91 73

iz h 89

Rorforeningen - Metalforeningen
Postfach 2607, DK-2100 Kobenhavn
Dag Hammarskjoelds All 5, DK-2100 Kobenhavn
T: (0045) 35 25 06 00   Fax: 35 25 06 25

Deutschland

iz h 90

BUNDESVERBAND DEUTSCHER STAHLHANDEL (BDS)
Max-Planck-Str. 1, 40237 Düsseldorf
T: (0211) 8 64 97-0   Fax: 8 64 97-22
Internet: http://www.stahlhandel.com
E-Mail: info-bds@stahlhandel.com

iz h 91

Edelstahlhandels-Vereinigung
Grafenberger Allee 60, 40237 Düsseldorf
T: (0211) 6 87 83 10   Fax: 68 78 31 28

iz h 92

Wirtschaftsverband Großhandel Metallhalbzeug e.V.
Ulrich-von-Hassell-Str. 64, 53123 Bonn
T: (0228) 2 59 01-0   Fax: 2 59 01-20
Internet: http://www.metallverein.de
E-Mail: metallverein@t-online.de

Finnland

iz h 93

The Assoc. of Finnish Technical Traders
Särkiniementie 3, FIN-00210 Helsinki
T: (00358) 9 682 4130   Fax: 9 682 41310

iz h 94

Finnish Tube Merchants' Association
Postfach 22, FIN-00431 Helsinki
T: (003589) 3 48 34 00   Fax: 34 83 41 00

Frankreich

iz h 95

France Negoce Aciers
Avenue Victor Hugo 65, F-75116 Paris
T: (00331) 45 00 72 50   Fax: 45 00 71 37

Griechenland

iz h 96

Greek Ass. Import-Export Iron and Steel
100, Nato Av., GR-19300 Aspropirgos
T: (00301) 5 57 09 58   Fax: 5 57 52 12

Großbritannien

iz h 97

National Association of Steel Stockholders (N.A.S.S.)
Gateway House - High Street, GB- Birmingham B4 7SY
T: (0044121) 6 32 58 21   Fax: 6 43 66 45
E-Mail: info@nass.org.uk

Italien

iz h 98

Assofermet
Corso Venezia 47 /49, I-20121 Mailand
T: (003902) 7 60 08-807   Fax: 7 81-027
Internet: http://www.assofermet.it
E-Mail: marcemas@tin.it

Luxemburg

iz h 99

Groupement Luxembourgeois Negociants d'Acier
Postfach 18, L-2010 Luxemburg
Grand-Rue 89-93, L-2010 Luxemburg
T: (00352) 40 17 01   Fax: 40 17 09

Niederlande

iz h 100

Staalfederatie Nederland/VEST
Postfach 3 04 47, NL-2500 CJ The Hague
T: (003170) 3 45 02 00   Fax: 3 63 66 81

iz h 101

Stal-Och Metallgrossistenes
Kronprisesse Märthas Plasse 1, N-0160 Oslo
T: (0047) 23 23 90 90   Fax: 22 83 60 60

Österreich

iz h 102

Fachvereinigung des Stahlhandels
Dorotheegasse 7, A-1010 Wien
T: (00431) 5 12 72 74 **Fax:** 5 12 72 74 22

Polen

iz h 103

Polska Unia Dystrybutorow Stali (PUDS)
Ul. Wagonowa 17/19, PL-02223 Warschau
T: (004822) 8 46 65 23 **Fax:** 8 46 65 23

Portugal

iz h 104

Associaçao Portuguesa dos Armazenistas e Importadores de Acos, Tubos e Metais (AÇOMEFER)
Rua Filipe Folque 67, 5e, P-1050-112 Lisboa
T: (0035121) 3 52 85 37 **Fax:** 3 56 03 71

Rumänien

iz h 105

ARDIMET
Strada Smardan 1 Anexa Turn Etaj Iii, R- Galati
T: (004036) 44 54 39 **Fax:** 46 16 80

Schweden

iz h 106

Stal-Och Metallforeningen
c/o Lars Lindahl
Grevgatan 69, S-11459 Stockholm
T: (00468) 667 88 63 **Fax:** 667 88 63

Schweiz

iz h 107

V.S.E.M.K.
Güterstr. 78 Pb-656, CH-4010 Basel
T: (0041061) 2 28 90 30 **Fax:** 2 28 90 39

iz h 108

Schweizer Stahlhandelsverband (SSV)
Güterstr. 78 - Pb 656, CH-4010 Basel
T: (0041061) 2 28 90 30 **Fax:** 2 28 90 39

Spanien

iz h 109

Transid
Asociación Española de Transformatores de Productos Planos Siderurgicos
Principe de Vergara 74-6, E-28006 Madrid
T: (003491) 5 62 27 32 **Fax:** 4 11 38 67

iz h 110

Union de Almacenistas de Hierros de España (W.A.H.E.)
Principe de Vergara 74, E-28006 Madrid
T: (003491) 4 11 18 34 **Fax:** 4 11 18 34

Tschechische Republik

iz h 111

Svaz Obchodu Ceske Republiky
Skretova 6, CZ-12059 Prag
T: (004200) 22 42-34689 **Fax:** 22 42-30606

iz h 112

Association of Hungarian Steel- and Metaltraders
Körvasut Sor 110, H-1158 Budapest
T: (00361) 4 14 87 09 **Fax:** 4 17 32 13

USA

iz h 113

SSCI-Steel Service Center Institute
8550 Bryn Mawr Suite 550, USA- Chicago IL 60631
T: (001773) 8 67-1300 **Fax:** (001073) 8 67-8750

● **IZ H 114**

Europäische Vereinigung des Handels mit Trockenfrüchten, Schalenobst, Konserven, Gewürzen, Honig und verwandten Waren (FRUCOM)
European Federation of the Trade in Dried Fruit, Edible Nuts, Preserved Food, Spices, Honey and Similar Foodstuffs
Fédération Européenne des Importateurs de Fruits Secs, Conserves, Epices, Miel
Große Bäckerstr. 4 1. Stock, 20095 Hamburg
T: (040) 37 47 19-0 **Fax:** 37 47 19-26, 37 47 19 19
Internet: http://www.waren-verein.de
E-Mail: frucom@waren-verein.de
Gründung: 1959
Präsident(in): Henry-Hartwig Masuhr
Geschäftsführer(in): Günther Schelling
Repräsentantin in Brüssel: Hannelore Mill
Anschrift der Repräsentanz in Brüssel:
FRUCOM, c/o SACAR, 29, Rue Jenneval, B-1000 Bruxelles,
T: (00322) 7 36 79 97, Tx: 24 395, Telefax: (00322) 7 32 67 66

Mitgliedsorganisationen

Belgien

iz h 115

Union Professionnelle Belge pour l'Importation de Denrées Alimentaires
Belgafood
60, rue Saint-Bernard, B-1060 Brüssel
T: (00322) 5 37 30 60 **Fax:** 5 39 40 26
E-Mail: belgafood@fedis.be

Dänemark

iz h 116

Danish Chamber of Commerce (D.C.C.)
Borsen (Royal Exchange), DK-1217 Copenhagen K
T: (0045) 33 95 05 00 **Fax:** 33 32 52 16, 33 91 12 03
E-Mail: handelskammeret@commerce.dk

Deutschland

iz h 117

Waren-Verein der Hamburger Börse e.V.
Große Bäckerstr. 4, 20095 Hamburg
T: (040) 37 47 19-0 **Fax:** 37 47 19-19
Internet: http://www.waren-verein.de
E-Mail: info@waren-verein.de

Finnland

iz h 118

The Finnish Food Marketing Association
Postfach 150, FIN-00251 Helsinki
Mannerheimvägen 76A, FIN-00251 Helsinki
T: (00358) 9 43 15 64 24 **Fax:** 9 43 15 64 25
E-Mail: niko.pulli@pty.fi

Frankreich

iz h 119

Syndicat National des Commerces et Industries des Fruits Secs
16 Place Général de Gaulle, F-13231 Marseille Cedex 3
T: (0033491) 57 71 00 **Fax:** 54 86 03
E-Mail: para@up13.com

Großbritannien

iz h 120

British Food Importers & Distributors Association (B.F.I.D.A.)
15 Primrose Court
49/50 Prince Albert Road, GB- London NW8 7LD
T: (004420) 77 23 20 83 **Fax:** 77 22 74 88
E-Mail: wjanzer@aol.com

iz h 121

Combined Edible Nut Trade Association
62, Wilson Street, GB- London EC2A 2BU
T: (004420) 77 82 00 07 **Fax:** 77 82 09 39
E-Mail: mish@voicevale.com

iz h 122

The National Dried Fruit Trade Association
49/50 Prince Albert Road, GB- London NW8 7LD
T: (004420) 77 23 20 83 **Fax:** 77 22 74 88
E-Mail: wjanzer@aol.com

Italien

iz h 123

Associazione Nazionale Esportatori-Importatori Ortofrutticoli e Agrumari (ANEIOA)
Via Sabotino 46, I-00195 Rom
T: (00396) 37 51 51 47 **Fax:** 3 72 36 59
E-Mail: aneioarm@tin.it

Niederlande

iz h 124

Nederlandse Vereniging voor de Handel in Gedroogde Zuidvruchten, Specerijen en Aanverwante Artikelen (NZV)
Bezuidenhoutseweg 82, NL-2594 AX 's-Gravenhage
T: (003170) 3 83 30 11 **Fax:** 3 47 52 53
E-Mail: secretariat@nzv-org.nl

● **IZ H 125**

Europäische Vereinigung der Papierwarenfachgroßhandels und Bürobedarfs-Verbände (ESOTA)
European Stationery and Office products Trade Association
Association européenne des Grossistes Spécialisés en Papeterie et Matériel de Bureau
c/o Boss Federation
6 Wimpole Str., GB- London W1G 9SL
T: (0044207) 6 37 76 92 **Fax:** 4 36 31 37
Internet: http://www.bossfed.co.uk
E-Mail: info@bossfed.co.uk
Gründung: 1959
President: Alan Hickman
Secretary: Keith Davies
Louis Demetrion

Mitgliedsorganisationen

Österreich

iz h 126

Bundesgremium des Papierhandels (BGP)
Postfach 440, A-1045 Wien
Wiedner Hauptstr. 63, A-1045 Wien
T: (00431) 5 01 05 33 20 **Fax:** 50 20 62 94
Bundesgremialvorsteher: Kommerzialrat Karl Gauster
Chairman: Dr. Oskar Rick

Belgien

iz h 127

Federation des Grossistes du papeterie belgique (FEGROPA)
Chaussée d'Athène 242, B-7850 Marcq
T: (00322) 23 97 02 25 **Fax:** 23 95 91 53
Gründung: 1980
President: Patrick Timmermans
Secretary: Justin Gesnot

Frankreich

iz h 128

Union de la filière papetière (UFIPA)
12, rue des Pyramides, F-75001 Paris
T: (00331) 42 60 40 30   Fax: 49 27 97 92
President: Roger Ortola
Secretary: Malika Yebbou

Deutschland

iz h 129

Großhandelsverband Schreib-, Papierwaren- und Bürobedarf e.V. (GVS)
Königstr. 10, 53113 Bonn
T: (0228) 9 49 18-10   Fax: 9 49 18-9
Secretary: Betriebswirt grad. Hans-Karl Gamerschlag

Niederlande

iz h 130

Office and Stationary Trade Association Netherlands (OSTON)
Postfach 2 98 22, NL-2502 LV Den Haag
Adriaan Goekooplaan 5, NL-2502 LV Den Haag
T: (003170) 3 54 30 91   Fax: 3 51 27 77
President: Piet Bieshaar
Secretary: Dr. Henry Kruiper

Italien

iz h 131

Filiera Cancelleria Italiana
Corso Venezia 51, I-20121 Mailand
T: (00392) 7 75 02 89   Fax: 7 75 04 62
President: Mario Poli
Secretary: Dr. Luigi d'Alò

Luxemburg

iz h 132

Confédération du Commerce Luxembourgeois
c/o Muller & Wegener
Postfach 482, L-2014 Luxemburg
31, Bd Konrad Adenauer, L-2014 Luxemburg
T: (00352) 48 49 49 301   Fax: 48 49 49 202
E-Mail: info@ccl.lu
President: Will Decker

Norwegen

iz h 133

Papiergrossistenes Landsforening (P.G.L.)
Postfach 24 83, N-0202 Oslo Solli
T: (004722) 54 17 00   Fax: 56 17 00
President: Carl Tybring-Gjedde
Secretary: Helge Aarseth

iz h 134

Norske Papierhandlers Landsforbund (NPL) (Norway)
Øvre Vollgate 15, N-0158 Oslo
T: (0047) 22 39 68 00   Fax: 22 39 68 10
E-Mail: e-mail@bokhandlerfor.no
Sekretär: Einar J. Einarsson

Spanien

iz h 135

Asociation nacionale de almacenistas de Papeleria objatos de escitorio (ANAPOE)
Marqués de Mudela 10, E-13600 Alcazar de San Juan
T: (0034926) 54 01 16, 54 60 29   Fax: 54 74 00
Secretary: Jose Mata Maderuelo

Schweiz

iz h 136

Lieferantenverband des Papeterie-, Büro- und Schreibwarenbedarfs (LVP)
Freigutstr. 27, CH-8090 Zürich
T: (00411) 201 38 40   Fax: 201 08 37
President: Charles Specker
Secretary: Kurt Wenk

Großbritannien

iz h 137

British Office Systems & Stationery Federation (BOSS Federation)
6 Wimpole Street, GB- London, W1M 8AS
T: (004420) 76 37 76 92   Fax: 74 36 31 37
President: Peter Frost
Secretary: Keith W. Davies

● **IZ H 138**

Europäische Vieh- und Fleischhandels-Union (UECBV)
European Livestock and Meat Trading Union
Union Européenne du Commerce du Bétail et de la Viande
Siège social: Bourse de Commerce, Strasbourg
Sekretariat:
81 A, rue de la loi, B-1040 Brüssel
T: (00332) 2 30 46 03   Fax: 2 30 94 00
Internet: http://uecbv.eunet.be
E-Mail: uecbv@pophost.eunet.be
Gründung: 1952
Président: L. Spanghero (FR)
Secrétaire gal: J.-L. Meriaux
Mitglieder: 25 (BRD, Dänemark, Estland, Österreich, Spanien, Frankreich, Holland, Polen, Portugal, Griechenland, Großbritannien, Irland, Italien, Belgien, Luxemburg, Norwegen, Schweden, Schweiz, Finnland, Ungarn, Slowenien, Tschechei, Serbien, Russland, Kroatien, Slowakei)
Europäischer Viehmärkteverband (Belgien, Holland, Frankreich, Großbritannien, Irland, Italien, Dänemark, Spanien und Nordirland)

● **IZ H 139**

Europäischer Ausschuß der Weinhandelsunternehmen
Comité Européen des Entreprises Vins
Rond-point Schuman 9, B-1040 Brüssel
T: (00322) 2 30 99 70   Fax: 2 30 43 23
E-Mail: cev@schuman9.com
Gründung: 1959
Président: George Sandeman
Gérant principal: Marion Wolfers
Mitglieder: 18 organisations
Mitarbeiter: 3

● **IZ H 140**

Europäischer Handelsverband für chirurgischen Bedarf (ESTA)
European Surgical Trade Association
Association Européenne de Commerce avec les Fournitures pour la Chirurgie
Georg-Gröning-Str. 16, 28209 Bremen
T: (0421) 3 47 86 08   Fax: 3 49 18 66
E-Mail: esta@esta-office.com
Gründung: 1959
President: George Bacacos (Greece)
President-Elect: Arni Thor Arnason (Iceland)
Vice-President: Jean-Claude Peters (France)
Mitglieder: 17

● **IZ H 141**

Europäischer Holzhandelsverband (FEBO)
European Timber Trade Association
Fédération Européenne du Négoce de Bois
General Sekretariat:
Galerie du Centre, Bloc 1, 5e étage
Rue de Fripiers 15-17 Gal. du Centre, Bl. 1, 5me et., B-1000 Brüssel
T: (00322) 2 29 32 60   Fax: 2 29 32 64
Internet: http://www.febo.org
Präsident(in): Lars Karlson (FIN)
Generalsekretär(in): Pierre Steenberghen

Mitgliedsorganisationen

Belgien

iz h 142

Fédération Nationale des Négociants en Bois
Galerie du Centre, Bloc 1, 5e étage
Rue des Fripiers 15-17, B-1000 Brüssel
T: (00322) 2 29 32 60   Fax: 2 29 32 64
Secrétaire Général: Pierre Steenberghen

Deutschland

iz h 143

Gesamtverband Holzhandel (BD Holz-VDH) e.V.
Postf. 18 67, 65008 Wiesbaden
Rostocker Str. 16, 65191 Wiesbaden
T: (0611) 50 69-0   Fax: 50 69-69
Europareferentin: Ludgart Behets-Oschmann

Finnland

iz h 144

Suomen Puutavaria JA Rakennustarvikekauppiasyhdistys ry
Postfach 2 84, FIN-00171 Helsinki
Snellmaninkatu 13, FIN-00171 Helsinki
T: (003580) 9 13 24 58   Fax: 1 32 45 90

Frankreich

iz h 145

Fédération Française du Négoce de Bois d'Oeuvre et del Produits Derivés
18, Rue des Pyramides, F-75001 Paris
T: (00331) 44 55 35 11   Fax: 42 86 01 83

Großbritannien

iz h 146

Timber Trade Federation
Clareville House
Oxendon Street 26-27, GB- London SW1Y 4EL
T: (004471) 8 39 18 91   Fax: (0044207) 9 30 00 94

Luxemburg

iz h 147

Holzhandelsgruppe Luxemburg
Postf. 18 67, 65008 Wiesbaden
Rostocker Str. 16, 65191 Wiesbaden
T: (0611) 50 69-0   Fax: 50 69-69

Niederlande

iz h 148

Vereniging van Nederlandse Houtondernemingen (VVNH)
Westeinde 6, NL-1344 BK Almere-Buiten
T: (003136) 5 32 10 20   Fax: 5 32 10 29

Österreich

iz h 149

Verband Österreichischer Händler mit Holz und Holzwerkstoffen
Kastellogasse 1 /15, A-3100 St. Pölten
T: (00432742) 25 62 31   Fax: 25 62 32

Schweiz

iz h 150

Schweizer Holzhandelszentrale
Schönenbachstr. 45, CH-4153 Reinach BL 1
T: (004161) 7 13 08 15   Fax: 7 13 08 16

Schweden

iz h 151
Byggmaterial Grossisterna
Postfach 5 31 22, S-40015 Göteborg
T: (004631) 18 55 65 **Fax:** 18 55 13

● IZ H 152
Europäischer Tabakwaren-Großhandels-Verband e.V. (ETV)
Stadtwaldgürtel 44, 50931 Köln
T: (0221) 40 07 00 **Fax:** 4 00 70 20
E-Mail: bdta@netcologne.de
Gründung: 1973 (2. Oktober)
Präsident(in): Erich Spengler
Generalsekretär(in): Peter Lind

Mitgliedsorgansationen

Belgien

iz h 153
Fédération des Grossistes Spécialisés en Produit du Tabac
Rue Grenouillette 2G-1, B-1030 Brüssel
T: (00322) 2 42 20 80

Deutschland

iz h 154
Bundesverband Deutscher Tabakwaren-Großhändler und Automatenaufsteller e.V. (BDTA)
Stadtwaldgürtel 44, 50931 Köln
T: (0221) 40 07 00 **Fax:** 4 00 70 20
E-Mail: bdta@netcologne.de

Frankreich

iz h 155
Société Nationale d'Exploitation Industrielle des Tabacs et Allumettes
53, Quai d'Orsay, F-75347 Paris Cedex 07
T: (00331) 45 56 61 50

Großbritannien

iz h 156
The Wholesale Confectionery & Tobacco Alliance Ltd.
17, Stoney Fields Farnham, GB- Surrey GK9 8DU
T: (004412) 52 72 77 69 **Fax:** 52 72 77 79

Irland

iz h 157
ICMOA Irish Cigarette Machine Operators Association
5 Oak Way, Green Park, IRL- Dublin 22
T: (003531) 4 59 44 60 **Fax:** 6 28-0196

Italien

iz h 158
Associazione Nazionale Gestori Magazzini Generi Monopoli di Stato
AGeMoS
Via della Cordonata 7, I-00187 Roma
T: (00396) 6 92 04 21

Niederlande

iz h 159
LBT-Nederland
Postfach 9 06 06, NL-2509 LP The Hague
Waasenaarseweg 80, NL-2509 LP The Hague
T: (003170) 3 28 66 41

iz h 160
D.T.S. Distribution du tabac en Suisse
Postfach 151, CH-1095 Lutry
T: (004121) 796-1234 **Fax:** 796-1235

● IZ H 161
Europäischer Verband für Werkzeugmaschinenhändler (EAMTM)
European Association of Machine Tool Merchants
L'Association Européenne des Marchands de Machines-Outils
Secretary-General
Villalaan 83, B-1190 Brüssel
T: (00322) 5341818 **Fax:** 5381214
E-Mail: info@eamtm.org
Secretary General: Skenazi André
Man. of Publicity Department: Skenazi André
Verbandszeitschrift: EAMTM Membership Directory
Mitglieder: 340

● IZ H 162
Europäischer Verband der Händler für Hauselektronik (EFER)
European Federation of Electronics Retailers
Fédération Européenne des Commerçants en Electronique Domestique
Stevinstraat 14, B-1000 Brüssel
T: (00322) 2 38 07 14
Gründung: 1991
President: Willy van Hove
Vice President: Dieter Angenton
Contact: Dirk Rutten
Mitglieder: 13
Mitarbeiter: 1

Mitgliedsorganisationen

Belgien

iz h 163
UNILEC
Avenue Louise 140 bte 5, B-1050 Brüssel
T: (00322) 6 27 01 80 **Fax:** 6 48 60 86
Contact: Willy Pauwels

iz h 164
NELECTRA
Groupe Electro
Stevinstraat 14, B-1000 Brüssel
T: (00322) 2 38 07 14
Kontaktperson: Dirk Rutten (T: (0032-02) 2 30 29 79)

Deutschland

iz h 165
Bundesverband Technik des Einzelhandels e.V. (BVT)
im Hauptverband des Deutschen Einzelhandels
Postf. 29 04 61, 50525 Köln
An Lyskirchen 14, 50676 Köln
T: (0221) 2 71 66-0 **Fax:** 2 71 66-20
Internet: http://www.bvt-ev.de
E-Mail: bvt@einzelhandel.de
Kontaktperson: Willy Fischel

Spanien

iz h 166
Federacion Española de Commerciantes de Electrodomesticos (FECE)
c/Abtao 11-1C, E-28007 Madrid
T: (00341) 5.51 32 06 **Fax:** 5 01 22 40
Contact: Miguel Devesa

Finnland

iz h 167
Kodintekniikkaliitto R.Y.
Vuorimiehenkatu 21, FIN-00140 Helsinki 14
T: (003589) 17 42 33 **Fax:** 62 44 74
Contact: Teijo Talka

Frankreich

iz h 168
Fédération Nationale des Professionnels Indépendants de l'Electricité et de l'Electronique (FEDELEC)
Place Uranie 1, F-94345 Joinville Le Pont Cedex
T: (00331) 43 97 31 30 **Fax:** 43 97 32 79
Contact: Philippe Goj

iz h 169
Organisation Nationale des Spécialistes du Commerce Radio-Télé Equipement Ménager (OSCREM)
Terrasse Bellini 14, F-92807 Puteaux Cedex
T: (00331) 41 02 94 40 **Fax:** 47 78 13 82
Contact: Raoul Aidan

Italien

iz h 170
Associazione Nazionale Commercianti Radio Televisione Elettrodomestici Dischi e Affini (ANCRA)
Piazza della Resistenza 56, I-51100 Pistoia
T: (0039573) 3 28 54 **Fax:** 36 45 90
Contact: Francesco Panerai

Niederlande

iz h 171
Unie van Elektrotechnische Ondernemers (UNETO)
Postfach 1 88, NL-2700 AD Zoetermeer
T: (003179) 3 25 06 50 **Fax:** 3 25 06 66

Norwegen

iz h 172
Elektronik Forbundet (NCERA)
Etterstad - Karoline Kristiansensvej 1, N-0604 Oslo
T: (0047) 22 72 21 40 **Fax:** 22 72 21 21
Contact: Ove Magndal

Österreich

iz h 173
Bundesgremium des Radio- und Elektrohandels Wirtschaftskammer Österreich (BUKA)
Wiedner Hauptstrasse 63A, A-1045 Wien
T: (00431) 5 01 05 33 52 **Fax:** 50 20 62 92
Contact: Wolfgang Krejcik
René Trischer

Schweden

iz h 174
Elektronikförbundet Svenska
Postfach 1408, S-11184 Stockholm
T: (00468) 54 51 68 80 **Fax:** 54 51 68 91
Contact: Lundin Sture

Großbritannien

iz h 175
Radio, Electrical and Television Retailers' Association Ltd. (RETRA)
RETRA House
Ampthill Street St. John's Terrace 1, GB- Bedford MK42 9EY
T: (0044 1234) 26 91 10 **Fax:** 26 96 09
Internet: http://www.retra.co.uk
E-Mail: retra@retra.co.uk
Fred Round

● IZ H 176
Europäischer Verband des Naturdarmhandels
European Natural Sausage Casings Association (ENSCA)
Association Européenne des Industries et Commerces de Boyauderie
Gotenstr. 21, 20097 Hamburg
T: (040) 23 60 16-0 **Fax:** 23 60 16 10

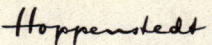

E-Mail: ensca@wga-hh.de
Vorsitzende(r): Bengt Landquist (Kontrollhudar International, Postf. 174, S-24423 Kävlinge)
Geschäftsführer(in): Dr. Monika Beutgen

Mitgliedsorganisationen

Belgien

iz h 177

Union Professionnelle de la Boyauderie Belge
Walgoedstraat 2, B-9140 Temse
T: (00323) 7 11 12 24   **Fax:** 7 11 05 03

Dänemark

iz h 178

Tarmhandlerforeningen i Danmark
Flaesketorvet 41, DK-1711 Copenhagen
T: (0045) 33 26 66 00   **Fax:** 33 26 66 96
E-Mail: im@dat-schaub.kd

Deutschland

iz h 179

Zentralverband Naturdarm e.V.
Gotenstr. 21, 20097 Hamburg
T: (040) 23 60 16-0   **Fax:** 23 60 16.10
Internet: http://www.naturdarm.de
E-Mail: zvn@wga-hh.de

Frankreich

iz h 180

Chambre Syndicale de la Boyauderie Française
Le Moulin de Bas, F-27920 St Pierre de Bailleul
T: (00332) 32 52 87 82   **Fax:** 32 52 22 59

Großbritannien

iz h 181

Natural Sausage Casings Association
Wychwood Cottage
High Street 38 Bedfordshire, GB- Risley MK441DX
T: (00441234) 70 90 22   **Fax:** 70 97 49

Italien

iz h 182

Associazione Italiana Industrie Prodotti Alimentari (A.I.I.P.A.)
Corso di Porta Nuova 34, I-20121 Mailand
T: (003902) 65 41 84   **Fax:** 65 48 22, 5 12 97 71 (BXL), (003905) 35 27 30 (Bologna)
E-Mail: aiipa@foodarea.it

Niederlande

iz h 183

Nederlandse Bond van Handelaren in en Bewerkers van Slachtproducten
Postfach 333, NL-7460 AH Rijssen
T: (0031548) 52 07 89   **Fax:** 52 18 34
E-Mail: teunisse-vanrossem@wks.nl

Österreich

iz h 184

Verband Österreichischer Naturdarmhändler
Meischlgasse 11, A-1233 Wien
T: (00431) 6 61 25 37   **Fax:** 66 12 59
E-Mail: oe.darmverband@teico.at

Portugal

iz h 185

Asso. Portuguesa dos Industrias de Tripas e Afins (ITA)
Avenue Guerra Junqueiro 11-1°, P-1000 Lisboa
T: (003511) 8 40 02 98   **Fax:** 8 40 02 40

Schweden

iz h 186

Svenska Tarmimportörers Förening
Postfach 174, S-24423 Kävlinge
T: (004646) 72 29 00   **Fax:** 73 21 38
E-Mail: casings@khi.se

Schweiz

iz h 187

Verband des Schweizerischen Darmhandels
c/o Roga S.A.
Postfach 50, CH-6862 Rancate
T: (004191) 6 40 55 30   **Fax:** 6 46 14 22
E-Mail: info@roga.ch

Spanien

iz h 188

Associacion Espanola de Tripa Natural
c/ General Afanaz
49 Ofic 5, E-28027 Madrid
T: (003491) 7 41 43 12   **Fax:** 3 20 05 87

Türkei

iz h 189

Turkish Natural Sausage Casing Association
c/o ENDA Consulting-Lao
Bagdat Cat. Dilman Apt. No. 167-9, TR-81030 Fenervolu-Kadiköy Istanbul
T: (00216) 3 45 83 82   **Fax:** 4 18 03 49

USA

iz h 190

Internationaler Verband der Naturdarm-Hersteller
International Natural Casings Association
10400 Connecticut Avenue Suite 507, USA- Kensington MD 20895
T: (001301) 9 62 84 00   **Fax:** 9 62 76 30
Internet: http://www.insca.org
E-Mail: insca@aol.com

● **IZ H 191**

Europäischer Viehmärkteverband (AEMB)
European Association of Livestock Markets (EALM)
Association Européenne des Marchés aux Bestiaux (AEMB)
Sitz Brüssel:
Sekretariat:
81a, rue de la Loi, bte. 9, B-1040 Bruxelles
T: (00322) 2 30 46 03   **Fax:** 2 30 94 00
Gründung: 1983
Präsident(in): Gilles Rousseau (FR)
Mitglieder: 8 (Belgien, Frankreich, Italien, Irland, UK, Niederlande, Dänemark, Spanien)

Mitgliedsorganisationen

Belgien

iz h 192

Association Nationale des Marchés aux Bestiaux de Belgique/Abattoirs et Marchés d'Anderlecht
Rue Ropsy Chaudron 24, B-1070 Brüssel
T: (00322) 5 21 54 19   **Fax:** 5 22 42 37
Président: Joris Tiebout

Dänemark

iz h 193

Samarbejde for Markedshandel (SamMark)
Granvaenget 10, DK-2980 Kokkedal
T: (004545) 86 29 10   **Fax:** 86 38 10
Präsident(in): Henrik Westergaard
Sekretär: Aage Winther Olesen

Frankreich

iz h 194

Fédération Nationale des Marchés organisés aux Enchères
Route de Giverville 6, F-27560 Lieurey
T: (00332) 32 57 98 77   **Fax:** 31 20 59 28
Président: Jean Verhaeghe

iz h 195

Fédération Française des Marchés de Bétail Vif
17 place des Vins de France, F-75012 Paris
T: (00331) 53 02 40 30   **Fax:** 43 47 29 71
Präsident(in): Gilles Rousseau
Sekretärin: Pascale Poiron

Großbritannien

iz h 196

Livestock Auctioneers' Association (LAA)
Surveyor Court, Westwood Way, GB- Coventry CV4 8JE
T: (004420) 73 34 38 32   **Fax:** 73 34 38 67
Président: Jim F. Watson
Secrétaire: John R.F. Martin

iz h 197

Institute of Auctioneers and Appraisers in Scotland
The Rural Centre, West Mains, Ingliston, GB- Midlotian EH28 8NZ
T: (0044131) 4 72 40 67   **Fax:** 4 72 40 67
President: John Neil
Hamish McCall
Secretary: William Blair

iz h 198

National Association of British Market Authorities (NABMA)
NABMA House
13 Moor Road, Orrell Post, GB- Wigan WN5 8ND
T: (00441942) 20 37 97   **Fax:** 20 58 85
President: M. Christian
Secrétaire: John Edwards

iz h 199

Northern Ireland Livestock Auctioneers' Association (NILAA)
c/o John Kyle Insurance
Henry Street 23, GB- Ballymena BT42 3AA, Co. Antrim
T: (00441266) 65 24 24   **Fax:** 4 76 10
Sekretär: Sean Kyle

Irland

iz h 200

Associated Livestock Marts / Irish Shows Association
Ellenborough House
Dublin Road (Co. Kildare), IRL- El-Naas
T: (0035345) 87 94 74   **Fax:** 87 40 82
Präsident(in): Gus Egan

iz h 201

Irish Co-operative Organisation Society Ltd (ICOS)
Merrion Square 84, IRL- Dublin 2
T: (003531) 6 76 47 83/6 76 47 86   **Fax:** 6 62 45 02
Président: Michael O'Dwyer
Secrétaire: Maurice Colbert

Italien

iz h 202

Associazione Italiana dei Mercati del Bestiame (AIMB)
Via Canaletto 88, I-41110 Modena
T: (003959) 31 54 15 Fax: 45 07 41
Président: Danilo Mor
Secrétaire: Guido Longhi

Niederlande

iz h 203

Groep Nederlandse Veemarkten Groenoordhallen
Willem de Zwijgerlaan 2, NL-2316 Leiden GB
T: (003171) 5 21 25 21 Fax: 5 22 45 06
Président: A.A.F.M. de Jong

Spanien

iz h 204

Asociacion Española de Mercados de Ganado (ASEMGA)
Mercado Nacional de Ganado Ctra. Nacional V - Km. 125, E-45600 Talavera de la Reina (Toledo)
T: (0034925) 82 66 63 Fax: 82 65 86
Präsident(in): Juan Carlos Vázquez Higueruela
Kontaktperson: Felipe Granados Lomas

● IZ H 205

Europäisches Verbindungskomitee für den Handel mit landwirtschaftlichen Nahrungsmitteln (CELCAA)
European Liaison Committee for the Food Trade
Comité Européen de liaison des Commerces Agro-Alimentaires
9 Rond-Point Schuman, B-1040 Bruxelles
T: (00322) 2 30 99 70 Fax: 2 30 43 23
E-Mail: celcaa@schuman9.com
Gründung: 1979
Präsident(in): Michel Rougé (F)
Hauptgeschäftsführer(in): Marion Wolfers
Mitglieder: 17

Mitgliedsorganisationen

iz h 206

Internationaler Metzgermeister-Verband (CIBC)
International Butchers' Confederation
Confédération Internationale de la Boucherie-Charcuterie
Generalsekretariat:
Rue Jacques de Lalaing 4 bte 10, B-1040 Brüssel
T: (00322) 2 30 38 76 Fax: 2 30 34 51
E-Mail: info@cibc.be

iz h 207

Komitee des Getreide-, Futtermittel-, Ölsaaten, Olivenöl-, Ölen und Fetten und landwirtschaftlichen Betriebsmittelhandels in der E.U. (COCERAL)
Comité du Commerce des Céréales, Aliments du Bétail, Oléagineux, Huile d'Olive, Huiles et Graisses et Agrofournitures de l'UE
Square de Meeûs 18, B-1050 Brüssel
T: (00322) 502 08 08 Fax: 502 60 30
Internet: http://www.coceral.com
E-Mail: secretariat@coceral.com

iz h 208

European Fresh Produce Importers Association (CIMO)
272, avenue de Broqueville, bte 4, B-1200 Bruxelles
T: (00322) 7 77 15 80 Fax: 7 77 15 81
E-Mail: secretariat@cimo.be

iz h 209

Europäische Union des Obst- und Gemüse-Groß- und Außenhandels (EUCOFEL)
European Union of the Fruit and Vegetable Wholesale, Import and Export Trade
Union Européenne du Commerce en Gros, des Fruits et Légumes des pays de la CEE
Rue Jenneval 29, B-1000 Bruxelles
T: (00322) 7 36 15 84 Fax: 7 32 17 47
E-Mail: eucofel.fruittrade.org@skynet.be

iz h 210

Europäische Vereinigung des Handels mit Trockenfrüchten, Schalenobst, Konserven, Gewürzen, Honig und verwandten Waren (FRUCOM)
European Federation of the Trade in Dried Fruit, Edible Nuts, Preserved Food, Spices, Honey and Similar Foodstuffs
Fédération Européenne des Importateurs de Fruits Secs, Conserves, Epices, Miel
Große Bäckerstr. 4 1. Stock, 20095 Hamburg
T: (040) 37 47 19-0 Fax: 37 47 19-26, 37 47 19 19
Internet: http://www.waren-verein.de
E-Mail: frucom@waren-verein.de

iz h 211

Vereinigung der Zuckerhandels-Verbände für die EU-Länder (ASSUC)
Association des Organisations Professionnelles du Commerce du Sucre de la CEE
Rue Jenneval 29, B-1000 Bruxelles
T: (00322) 7 36 79 97 Fax: 7 32 67 66
E-Mail: sacar@linkline.be

iz h 212

Europäische Union des Handels mit Milcherzeugnissen (EUCOLAIT)
European Union of Dairy Trade
Union Européenne du Commerce de Gros des Produits Laitiers et Dérivés
Avenue Livingstone 26, B-1000 Bruxelles
T: (00322) 2 30 44 48 Fax: 2 30 40 44
E-Mail: dairy.trade@eucolait.be
Gründung: 1959
Präsident(in): Jens Maijgaard (DK)
Geschäftsführer(in): Annelie Gehring

iz h 213

Europäische Union des Großhandels mit Eiern, Eiprodukten, Geflügel und Wild (EUWEP)
European Union of Wholesale with Eggs, Egg-Products, Poultry and Game
Union Européenne du Commerce de Gros des Oeufs, Produits d'Oeufs, Volaille et Gibier
89 Charterhousse Street, GB- London EC1M 6HR
T: (0044207) 6 08 37 60 Fax: 6 08 38 60
E-Mail: mwill10198@aol.com

iz h 214

Confédération des Détaillants en Volaille et Gibier de la CEE (GIBIER DETAIL)
28, rue Melsens, B-1000 Brüssel
T: (00322) 512 09 47 Fax: 512 03 74

iz h 215

Fédération Nationale du Commerce Extérieur des Produits Alimentaires (FIPA)
115, rue Louis Armand, F-13856 Aix en Provence Cedex 3
T: (00334) 42 24 24 42 Fax: 42 39 20 79

iz h 216

Vereinigung des "Internationalen Handels mit Blumenzwiebeln und Pflanzen" (CIBEP)
Association of the International Trade in Flowerbulbs and Plants
Association "Commerce International de Bulbes à Fleurs et de Plantes"
Postfach 170, NL-2180 AD Hillegom
Weeresteinstraat 12, NL-2101 AD Hillegom
T: (0031252) 53 50 80 Fax: 53 50 88

iz h 217

Union Fleurs
Postfach 2275, S-36292 Tingsryd
T: (0046459) 851-80 Fax: 851-41
E-Mail: bgr.rolf.persson@swipnet.se

iz h 218

Fédération Européenne des Unions Professionnelles de Fleuristes (FEUPE)
c/o VBW (Centrale Vereniging Bloemendetailhandel)
Zaandlaan 18, NL-6717 LP Ede
T: (0031318) 52 75 68 Fax: 54 22 66
E-Mail: t.zwitserlood@vbw-ede.nl

iz h 219

Communauté Européenne des Cuisiniers (EURO-TOQUES)
Galleria del Corso 2, I-20122 Mailand

iz h 220

Arbeitskomitee der Mälzereien in der EU (EURO-MALT)
Working Committee of the Malting Industry of the E.U.
Comité de Travail des Malteries de la CEE
9, Avenue de Gaulois, B-1040 Bruxelles
T: (00322) 7 36 53 54 Fax: 7 32 34 27
E-Mail: anna.maria.de.smet@ecco.be

iz h 221

Fédération Européenne des Transformateurs de Tabac (FETRATAB)
23, rue Frémicourt, F-75015 Paris
T: (00331) 45 66 86 43 Fax: 45 66 00 06

iz h 222

Europäische Vieh- und Fleischhandels-Union (UECBV)
European Livestock and Meat Trading Union
Union Européenne du Commerce du Bétail et de la Viande
81 A, rue de la loi, B-1040 Brüssel
T: (00332) 2 30 46 03 Fax: 2 30 94 00
Internet: http://uecbv.eunet.be
E-Mail: uecbv@pophost.eunet.be

● IZ H 223

Europäisches Verbindungskomitee der selbständigen Vertriebsgesellschaften für Automobilaustauschteile und -ausrüstung (CLEDIPA)
Comité de Liaison Européen de la Distribution Indépendante de Pièces de Rechange et Equipements pour Automobiles
Bld de la Woluwe 46 bte 12, B, B-1200 Brüssel
T: (00322) 7 78 62 00 Fax: 7 78 62 22
Gründung: 1982 (11. Mai)
Präsident(in): Frans Van Heck (NL)
Generalsekretär(in): Sylvia Gotzen
Mitglieder: 14

Mitgliedsorganisationen

Belgien

iz h 224

Fédération du Matériel pour l'Automobile a.s.b.l. (FMA)
Bld de la Woluwe 46 bte 12, B-1200 Brüssel
T: (00322) 7 78 62 00 Fax: 7 78 62 22
Internet: http://www.federauto.be
E-Mail: mail@federauto.be
Präsident(in): Christian Beert
Generalsekretär(in): Luc Missante

Dänemark

iz h 225

Autobranchens Handels- & Industriforening i Danmark (AUTIG)
Borgmester Jensens Allé 25C, DK-2900 Kopenhagen Ø
T: (004535) 25 05 50 Fax: 25 05 66
E-Mail: nsautig@post.uni.dk
Präsident(in): Bent Jensen
Generalsekretär(in): Nils Selmer

Deutschland

iz h 226

Gesamtverband Autoteile-Handel e.V. (GVA)
Gothaer Str. 17, 40880 Ratingen
T: (02102) 47 30 37 Fax: 47 56 63
Internet: http://www.gva.de
E-Mail: info@gva.de
Präsident(in): Edwart Hengstenberg
Geschäftsführer(in): Dipl.-Kfm. Hans Jürgen Wahlen

Finnland

iz h 227

The Association of Finnish Technical Traders (AOT)
The Automotive Importers and Distributiors Section
Särkiniementie 3, FIN-00210 Helsinki
T: (003589) 6 82 41 30   **Fax:** 68 24 13 10
Internet: http://www.tkl.fi
E-Mail: aot@tkl.fi
Präsident(in): Tapio Hakala
Generalsekretär(in): Klaus Katara

Frankreich

iz h 228

Fédération des Syndicats de la Distribution Automobile (FEDA)
10 rue Pergolèse, F-75782 Paris Cedex 16
T: (00331) 45 00 39 71   **Fax:** 45 00 93 60
Internet: http://www.feda.fr
E-Mail: infos@feda.fr
Präsident(in): Gabriel de Bérard
Direktor(in): Patrick Joubert

Großbritannien

iz h 229

Automotive Distribution Federation (ADF)
68-70 Coleshill Road, GB- Hodge Hill Birmingham B36 8AB
T: (0044121) 7 84 35 35   **Fax:** 7 84 44 11
Internet: http://www.adf.org.uk
E-Mail: bspratt@adf.org.uk
Generalmanager: Brian Spratt

iz h 230

The Society of Motor Manufacturers & Traders Ltd. (SMMT)
Aftermarket Section
Forbes House, Halkin Street, GB- London SW1X 7DS
T: (004420) 73 44 92 35   **Fax:** 73 44 16 76
Internet: http://www.smmt.co.uk
E-Mail: bdavis@smmt.co.uk
Head of Trade Sections: Robert Davis

Irland

iz h 231

The Society of the Irish Motor Industry (SIMI)
Wholesalers' Section
5 Upper Pembroke Street, IRL- Dublin 2
T: (003531) 6 76 16 90   **Fax:** 6 61 92 13
Internet: http://www.iol.ie/simi
E-Mail: simi@iol.ie
Präsident(in): Greg Howard
Service Development Manager: Paul Redmond

Niederlande

iz h 232

Nederlandse Vereniging "De Rijwiel- en Automobiel-Industrie" (RAI / Autovak)
Postfach 7 48 00, NL-1070 DM Amsterdam
Wielingenstraat 28, NL-1070 DM Amsterdam
T: (003120) 5 04 49 49   **Fax:** 6 46 38 57
Internet: http://www.autovak.nl
E-Mail: autovak@rai.nl
Präsident(in): Group AUTOVAK Frans C. van Heck
Direktor(in): Eric Rommerts

Österreich

iz h 233

Verband der freien KFZ-Teile Fachhändler
Postfach 1 97, A-1232 Wien
Kolpingstr. 17, A-1232 Wien
T: (00431) 6 16 60 76   **Fax:** 6 16 60 76
Internet: http://www.vft.at
E-Mail: office@vft.at
Präsident(in): Bernhard Dworak
Generalsekretär(in): Kurt-Werner Houfek

iz h 234

Landesgremium Wien für den Grosshandel mit Kraftfahrzeug-Teilen und -Serviceeinrichtungen
Wirtschaftskammer Wien - Sektion Handel
Postfach 45, A-1041 Wien
T: (00431) 5 14 50 32 56, 5 14 50 32 57
Fax: 5 14 50 32 82
E-Mail: walter.goetz@wkw.at
Präsident(in): Bernhard Dworak
Direktor(in): Walter Götz

Portugal

iz h 235

Associaçao do Comércio Automovel de Portugal (ACAP)
Divisão do Comércio Independente de Peças e Acessórios
Avenida Torre de Belém 29, P-1400-342 Lissabon
T: (0035121) 3 03 53 00   **Fax:** 3 02 14 74
Internet: http://www.acap.pt
E-Mail: acap@mail.telepac.pt
Präsident(in): Dr. Antonio Esteves
Generalsekretär(in): Division of Independent Spare Parts: Dr. Maria Catarina Correia

Schweden

iz h 236

Sveriges Bildelsgrossisters Förening (SBF)
Blasieholmsgatan 4B, S-103 29 Stockholm
T: (00468) 7 62 77 00   **Fax:** 7 62 77 60
E-Mail: bo.svensson@sht.se
Präsident(in): Christer Liljenberg
Direktor(in): Bo Svensson

Spanien

iz h 237

Federacion Nacional de Distribuidores del Recambio Libre (ANCERA)
Principe de Vergara 74, 1°, E-28006 Madrid
T: (003491) 5 64 23 86, 5 64 23 87   **Fax:** 5 61 84 22
E-Mail: ancera@retemail.es
Präsident(in): D. Valentin Alonso Aymerich
Generalsekretär(in): D. Valentin Alonso Aymerich

● IZ H 238

Getreide- und Futtermittel-Handelsvereinigung (GAFTA)
The Grain and Feed Trade Association
GAFTA House
6 Chapel Place, Rivington Street, GB- London EC2A 3SH
T: (004420) 78 14 96 66   **Fax:** 78 14 83 83
Internet: http://www.gafta.com
E-Mail: post@gafta.com
Leitung Presseabteilung: Robert Stein
Verbandszeitschrift: GAFTA-Newsletter
Mitglieder: 800

● IZ H 239

Internationale Vereinigung des Essenzöl- und Aromastoffhandels (IFEAT)
International Federation of Essential Oils and Aroma Trades
6 Catherine Street, GB- London WC2B 5JJ
T: (004420) 78 36 24 60   **Fax:** 78 36 05 80
President: Richard Pisano
Chairman: Hugo Bovill
Executive Secretary: Juliz Hawkins
Verbandszeitschrift: IFEAT Newsletter
Mitglieder: 200
Mitarbeiter: 2

● IZ H 240

Internationale Vereinigung der Großhändler von Auto-Teilen und Zubehör (FIGIEFA)
International Federation of Automotive Aftermarket Distributors
Fédération Internationale des Grossistes, Importateurs & Exportateurs en Fournitures Automobiles
Bld de la Woluwe 46 bte 12, B-1200 Brüssel
T: (00322) 7 78 62 00   **Fax:** 7 62 12 55
Gründung: 1995
Präsident(in): Frans C. van Heck
Generalsekretär(in): Sylvia Gotzen
Mitglieder: 27

Mitgliedsorganisationen

Belgien

iz h 241

Fédération du Matériel pour l'Automobile a.s.b.l. (FMA)
Bld de la Woluwe 46 bte 12, B-1200 Brüssel
T: (00322) 7 78 62 00   **Fax:** 7 78 62 22
Internet: http://www.federauto.be
E-Mail: mail@federauto.be
Präsident(in): Christian Beert
Direktor(in): Luc Missante

Dänemark

iz h 242

Autobranchens Handels- & Industriforening i Danmark (AUTIG)
Borgmester Jensens Allé 25C, DK-2900 Kopenhagen Ø
T: (004535) 25 05 50   **Fax:** 25 05 66
E-Mail: nsautig@post.uni.dk
Präsident(in): Bent Jensen
Generalsekretär(in): Nils Selmer

Deutschland

iz h 243

Gesamtverband Autoteile-Handel e.V. (GVA)
Gothaer Str. 17, 40880 Ratingen
T: (02102) 47 30 37   **Fax:** 47 56 63
Internet: http://www.gva.de
E-Mail: info@gva.de
Präsident(in): Edwart Hengstenberg
Geschäftsführer(in): Hans Jürgen Wahlen

Finnland

iz h 244

The Association of Finnish Technical Traders (AOT)
The Automotive Importers and Distributors Section
Särkiniementie 3, FIN-00210 Helsinki
T: (003589) 6 82 41 30   **Fax:** 68 24 13 10
Internet: http://www.tkl.fi
E-Mail: aot@tkl.fi
Präsident(in): Tapio Hakala
Generalsekretär(in): Klaus Katara

Frankreich

iz h 245

Fédération des Syndicats de la Distribution Automobile (FEDA)
10 rue Pergolèse, F-75782 Paris Cedex 16
T: (00331) 45 00 39 71   **Fax:** 45 00 93 60
Internet: http://www.feda.fr
E-Mail: infos@feda.fr
Präsident(in): Gabriel de Bérard
Direktor(in): Patrick Joubert

Großbritannien

iz h 246

Automotive Distribution Federation (ADF)
68-70 Coleshill Road, GB- Hodge Hill Birmingham B36 8AB
T: (0044121) 7 84 35 35   **Fax:** 7 84 44 11
Internet: http://www.adf.org.uk
E-Mail: bspratt@adf.org.uk
Generalmanager: Brian Spratt

iz h 247

The Society of Motor Manufacturers & Traders Ltd. (SMMT)
Aftermarket Section
Forbes House, Halkin Street, GB- London SW1X 7DS
T: (004420) 73 44 92 35   **Fax:** 73 44 16 76
Internet: http://www.smmt.co.uk
E-Mail: bdavis@smmt.co.uk
Head of Trade Sections: Robert Davis

Irland

iz h 248

The Society of the Irish Motor Industry (SIMI)
Wholesalers' Section
5 Upper Pembroke Street, IRL- Dublin 2
T: (003531) 6 76 16 90 **Fax:** 6 61 92 13
Internet: http://www.iol.ie/simi
E-Mail: simi@iol.ie
Präsident(in): Greg Howard
Service Development Manager: Paul Redmond

Niederlande

iz h 249

Nederlandse Vereniging "De Rijwiel- en Automobiel-Industrie" (RAI / Autovak)
Postfach 7 48 00, NL-1070 DM Amsterdam
Wielingenstraat 28, NL-1070 DM Amsterdam
T: (003120) 5 04 49 49 **Fax:** 6 46 38 57
Internet: http://www.autovak.nl
E-Mail: autovak@rai.nl
Präsident(in): Group AUTOVAK: Frans C. van Heck
Direktor(in): Eric Rommerts

Norwegen

iz h 250

Autobransjens Leverandorforening (ABL)
Stasjonsvn 59, N-1940 Bjoørkelangen
T: (0047) 63 85 55 60 **Fax:** 63 85 64 90
Präsident(in): Arne Bredesen
Direktor(in): Hroar Braathen

Österreich

iz h 251

Verband der freien KFZ-Teile Fachhändler
Postfach 1 97, A-1232 Wien
Kolpingstr. 17, A-1232 Wien
T: (00431) 6 16 60 76 **Fax:** 6 16 60 76
Internet: http://www.vft.at
E-Mail: office@vft.at
Präsident(in): Bernhard Dworak
Generalsekretär(in): Kurt-Werner Houfek

iz h 252

Landesgremium Wien für den Grosshandel mit Kraftfahrzeug-Teilen und -Serviceeinrichtungen
Wirtschaftskammer Wien - Sektion Handel
Postfach 45, A-1041 Wien
T: (00431) 5 14 50 32 56, 5 14 50 32 57
Fax: 5 14 50 32 82
E-Mail: walter.goetz@wkw.at
Präsident(in): Bernhard Dworak
Direktor(in): Walter Götz

Portugal

iz h 253

Associaçao do Comércio Automovel de Portugal (ACAP)
Divisão do Comércio Independente de Peças e Acessórios
Avenida Torre de Belém 29, P-1400-342 Lissabon
T: (0035121) 3 03 53 00 **Fax:** 3 02 14 74
Internet: http://www.acap.pt
E-Mail: acap@mail.telepac.pt
Präsident(in): Antonio Esteves
Generalsekretär(in): Division of Independent Spare Parts: Maria Catarina Correia

Schweden

iz h 254

Sveriges Bildelsgrossisters Förening (SBF)
Blasieholmsgatan 4B, S-103 29 Stockholm
T: (00468) 7 62 77 00 **Fax:** 7 62 77 60
E-Mail: bo.svensson@sht.se
Präsident(in): Christer Liljenberg
Direktor(in): Bo Svensson

Schweiz

iz h 255

Schweizerischer Verband der Grosshändler und Importeure der Motorfahrzeugzulieferbranche (SGM)
Hotelgasse 1, CH-3011 Bern
T: (004131) 3 11 38 70 **Fax:** 3 11 62 86
Internet: http://www.sgm.ch
E-Mail: info@sgm.ch
Präsident(in): Christian Lämmle
Generalsekretär(in): Bernard Loosli

Spanien

iz h 256

Federacion Nacional de Distribuidores del Recambio Libre (ANCERA)
Principe de Vergara 74, 1°, E-28006 Madrid
T: (003491) 5 64 23 86, 5 64 23 87 **Fax:** 5 61 84 22
E-Mail: ancera@retemail.es
Präsident(in): D. Valentin Alonso Aymerich

Tschechische Republik

iz h 257

Sdružení Importérů součástí automobilů servisní a garážové techniky -(SISA)
Doudlebská 2, CZ-140 00 Prag 4
T: (004202) 41 40 26 48 **Fax:** 41 40 26 48
Internet: http://www.czn.cz/sisa
E-Mail: sisa@czn.cz
Präsident(in): Josef Elmer
Generalsekretär(in): Miroslav Brůzěk

Ungarn

iz h 258

Magyar Autóalkatrész Importorök és Nagykereskedok Szövetsége (MAINSZ)
Dugonics u. 11, H-1043 Budapest
T: (00361) 3 69 75 75 **Fax:** 3 69 85 85
Präsident(in): Sándor Iharos

Assoziierte Mitglieder

Australien

iz h 259

Australian Automotive Aftermarket Association Ltd. (AAAA)
Suite 8, 622 Ferntree Gully Road, AUS- Mulgrave Victoria 3170
T: (00613) 95 61 70 44 **Fax:** 95 61 70 66
Internet: http://www.aaaa.com.au
E-Mail: aaaa@vicnet.net.au

USA

iz h 260

Automotive Aftermarket industry Association (AAIA)
4600 East-West Highway, Suite 300, USA- Bethesda Maryland 20814
T: (001301) 6 54 66 64 **Fax:** 6 54 32 99
Internet: http://www.aftermarket.org
E-Mail: aaia@aftermarket.org

iz h 261

Automotive Warehouse Distributors Association (AWDA)
9237 Ward Parkway, Suite 106, USA- Kansas City Missouri 64114
T: (001816) 5 23 86 93 **Fax:** 5 23 72 93
Internet: http://www.awda.org
E-Mail: chuck@awda.org
Administrative support services: siehe Adresse von MEMA

iz h 262

Motor & Equipment Manufacturers Association (MEMA)
Postfach 13966, USA- Research Triangle Park North Carolina 27709-3966
10 Laboratory Drive, USA- Research Triangle Park North Carolina 27709-3966
T: (001919) 5 49 48 00 **Fax:** 4 06 14 65
Internet: http://www.mema.org
E-Mail: info@mema.org

iz h 263

Specialty Equipment Market Association (SEMA)
Postfach 4910, USA- Diamond Bar California 91765-0910
1575 South Valley Vista Drive, USA- Diamond Bar California 91765-0910
T: (001909) 3 96 02 89 **Fax:** 8 60 01 84
Internet: http://www.sema.org
E-Mail: chuckb@sema.org

iz h 264

NORTH AMERICAN AUTOMOTIVE PRODUCTS INDUSTRY - European Office
Av. Marcel Thiry 204, B-1200 Brüssel
T: (00322) 7 74 96 06 **Fax:** 7 74 96 90
E-Mail: naapieo@eyam.be

Kanada

iz h 265

Automotive Parts Manufacturers Association (APMA)
195 The West Mall, Suite 516, CDN- Toronto ON M9C 5K1
T: (001416) 6 20 42 20 **Fax:** 6 20 97 30
Internet: http://www.apma.ca
E-Mail: info@apma.ca

iz h 266

Automotive Industries Association of Canada (AIA)
1272 Wellington Street, CDN- Ottawa Ontario K1Y 3A7
T: (001613) 7 28 58 21 **Fax:** 7 28 60 21
Internet: http://www.aiacanada.com
E-Mail: aia@aiacanada.com

Südafrika

iz h 267

National Motor Parts and Equipment Association (NMPEA)
Postfach 29 40, ZA- Randburg 2125
303 Surrey Avenue Ferndale Extension, ZA- Randburg 2194
T: (002711) 7 89 25 42 **Fax:** 7 89 45 25

● IZ H 268

Internationale Vereinigung der Häute-, Fell- und Lederhändler-Verbände
International Council of Hides, Skins & Leather Traders Associations
Douglas House
Douglas Road Melrose, GB- Roxburghshire TD6 9QT
T: (00441896) 82 22 33 **Fax:** 82 33 44
Internet: http://www.ichslta.org
E-Mail: offices@andaco.com
Gründung: 1929
President: John R. Gorman (Australia)
Director General: Anthony D. Cox (Great Britain)
Mitglieder: 32

● IZ H 269

Internationale Vereinigung des Handels (AIDA)
International Association for the distributive trade
Association Internationale de la distribution
Rue Marianne 34, B-1180 Bruxelles
T: (00322) 3 45 99 23 **Fax:** 3 46 02 04
Gründung: 1950
Generalsekretär(in): Léon F. Wegnez
Verbandszeitschrift: AIDA International Bulletin

● IZ H 270

Internationale Vereinigung des Sanitär- und Heizungs-Großhandels (VSHG)
Builders Merchants Federation
Fédération Internationale des Grossistes en Appareils Sanitaires et de Chauffage
Soho Square 15, GB- London W1V 6HL
T: (004420) 74 39 17 53 Fax: 77 34 27 66
Gründung: 1908
Verbandszeitschrift: Year Book; List of Members
Mitglieder: 2700

● IZ H 271

Internationale Vereinigung der Stroh-, Futtermittel-, Torfindustrie, sowie Derivate (CIPF)
International Federation of Straw, Animal Feed, Peat and Derivates Industries
C.P. - CEE de la Confédération Internationale du Commerce et de l'Industrie des Pailles, Fourrages, Tourbes et Dérivés
Rue de Viarmes 2 Bur. 282, Bourse de Commerce, F-75040 Paris Cedex 01
T: (00331) 42 36 76 54 Fax: 42 36 44 93
Gründung: 1968
President: Anton Estermann
Conseiller Technique: Jacques Gauthier
Mitglieder: 6

● IZ H 272

Internationaler Samenhandelsverband (FIS)
International Seed Trade Federation
Fédération Internationale du Commerce des Semences
Chemin du Reposoir 7, CH-1260 Nyon
T: (004122) 3 65 44 20 Fax: 3 65 44 21
Internet: http://www.worldseed.org
E-Mail: fis@worldseed.org
Gründung: 1924
Generalsekretär(in): Bernard Le Buanec
Mitglieder: in 61 Staaten

● IZ H 273

Internationaler Süßstoff-Verband (ISA)
International Sweeteners Association
Ave du Four à Briques 1, B-1140 Brussels
T: (00322) 7 26 13 50 Fax: 7 26 13 30
Internet: http://www.isabru.org
E-Mail: a.corti@isabru.org
Gründung: 1973
Hauptgeschäftsführer(in): Antonietta Corti
Leitung Presseabteilung: Kate Spencer
Redaktion: Antonietta Corti
Mitglieder: 28
Mitarbeiter: 4

● IZ H 274

Internationales Büro für Kakao, Schokolade und Süßwaren (IOCCC)
International Office of Cocoa, Chocolate and Confectionery
Office international du Cacao, du Chocolat et de la confiserie de sucre
Rue Defacqz 1, B-1000 Brüssel
T: (00322) 5 39 18 00 Fax: 5 39 15 75
E-Mail: ioccc@caobisco.be
Gründung: 1930
Vorsitzende(r): Tom Harrison (UK)
Generalsekretär(in): Céline Anselme (F)
Geschäftsführende(s) Vorstands-Mitglied(er): R. J. Ohlson (USA)
L. Graham (USA)
Fred Stauder (AU)
Stuart Spencer (AU)
Getulio Ursulino Netto (BR)
CAOBISCO (BE)
Assoziierte(s) Mitglied(er): Sukegawa (JP)
Association of Hungarian Confectionery Manufactures (HU)
Mitglieder: 6
Mitarbeiter: 2

● IZ H 275

Kakaohandelsverband der E.U. (ECCTO)
European Community Cocoa Trade Organisation
Organisation de Commerce avec le Cacao dans l'Union Européenne
Cannon Bridge, GB- London EC4R 3XX
T: (004420) 74 81 20 80 Fax: 76 80 95 40
President: I. J. Heijnis
Secr. Gen.: P. M. Sigley (Contact)
Mitglieder: 5 Member Associations
Mitarbeiter: 1

Mitgliedsorganisationen

Deutschland

iz h 276

Verein der am Rohkakaohandel beteiligten Firmen e.V.
Gotenstr. 21 II, 20097 Hamburg
T: (040) 23 60 16-25 Fax: 23 60 16-10, 23 60 16-40
E-Mail: kakao@wga-hh.de

Frankreich

iz h 277

Federation Française du Commerce des Cacaos
Rue de Viarmes 2, F-75040 Paris Cedex 01
T: (00331) 42 33 15 00

Niederlande

iz h 278

Nederlandse Cacao Vereniging
Netherlands Cocoa Association
Havengebouw
De Ruyterkade 7, NL-1013 AA Amsterdam
T: (003120) 4 22 27 27 Fax: 4 22 27 26

Großbritannien

iz h 279

Cocoa Association of London Limited
Cannon Bridge, GB- London EC4R 3XX
T: (004420) 73 79 28 84 Fax: 73 79 23 89
TX: 884 370

Österreich

iz h 280

Austrian Kakao Verein
Friedrich-Schmid-Platz 4, A-1082 Wien
T: (00431) 4 05 14 61

● IZ H 281

Komitee des Getreide-, Futtermittel-, Ölsaaten, Olivenöl-, Ölen und Fetten und landwirtschaftlichen Betriebsmittelhandels in der E.U. (COCERAL)
Comité du Commerce des Céréales, Aliments du Bétail, Oléagineux, Huile d'Olive, Huiles et Graisses et Agrofournitures de l'UE
Square de Meeûs 18, B-1050 Brüssel
T: (00322) 502 08 08 Fax: 502 60 30
Internet: http://www.coceral.com
E-Mail: secretariat@coceral.com
Präsident(in): Hermann Oder
Generalsekretär(in): Chantal Fauth

Mitgliedsorganisationen

Deutschland

iz h 282

Bundesverband der Agrargewerblichen Wirtschaft e.V. (BVA)
Postf. 30 16 55, 53196 Bonn
Beueler Bahnhofsplatz 18, 53225 Bonn
T: (0228) 9 75 85-0 Fax: 9 75 85-30, 9 75 85-32
E-Mail: zentrale@bv-agrar.de
Président: Claus Bacmeister
Secrétaire Général: M.R. Künzel

iz h 283

Verein der Getreidehändler der Hamburger Börse e.V.
Börse, Kontor 24
Adolphsplatz 1 (Börse) Kontor 24, 20457 Hamburg
T: (040) 36 98 79-0 Fax: 36 98 70-20
Internet: http://www.vdg-ev.de
E-Mail: sekretariat@vdg-ev.de
Président: S. Cremer
Secrétaire Général: M. C. Buchholz

iz h 284

Deutscher Verband des Großhandels mit Ölen, Fetten und Ölrohstoffen e.V. (GROFOR)
Adolphsplatz 1 (Börse), 20457 Hamburg
T: (040) 3 69 87 90 Fax: 36 98 70 20
E-Mail: info@grofor.de
Président: H. Schwabe
Secrétaire Général: C. Buchholz
Mitglieder: 108

Österreich

iz h 285

Verband des Österreichischen Getreide- und Futtermittelhandels
Wiedner Hauptstrasse 63, A-1045 Wien
T: (00431) 5 01 05 30 00 Fax: 50 10 52 90
E-Mail: agrarhandel@wko.at
Président: I. Froschauer
Secrétaire Général: Dr. Hanners Mraz

Belgien

iz h 286

Chambre Syndicale pour le Commerce d'importation et d'exportation de graines, et aliments pour bétail (IMEXGRA)
Borzestraat 29, B-2000 Antwerpen
T: (00323) 2 33 43 93 Fax: 2 33 34 60
E-Mail: imexgra@tijd.com
Président: M. Otte
Secrétaire Général: L. Weyn

iz h 287

Syndicat National du Commerce des Céréales et Légumes Secs (SYNAGRA)
Résidence Lemonnier
Boulevard du Midi 57 Bte 31, B-1000 Brüssel
T: (00322) 5 12 15 50 Fax: 5 12 48 81
E-Mail: synagra@netz.be
Président: M. Maertens
Secrétaire Général: M. Stasse

iz h 288

Union des Négociants grossistes en engrais chimiques (UNGREN)
Zuidstraat 8, B-8560 Wevelgem Industriezone
T: (003256) 43 25 41 Fax: 43 25 50
E-Mail: fernand.talpe@skynet.be
Président: J. Van Coppenolle
Secrétaire Général: F. Talpe

Dänemark

iz h 289

Danske Korn-og Foderstof-Im-og Eksportorer Faellesorganisation (DAKOFO)
Borsen, DK-1217 Copenhagen
T: (0045) 33 95 05 00 Fax: 33 91 33 20
TX: 19126
E-Mail: dakofo@internet.dk
Président: Albert Beckenkamp
Secrétaire Général: S. Trunshoej

Spanien

iz h 290

Asociacion de comercio de cereales de espana (A.C.C.E.)
Doctor Fleming 56 -3° dcha, E-28036 Madrid
T: (00341) 3 50 43 05 Fax: 3 50 50 09

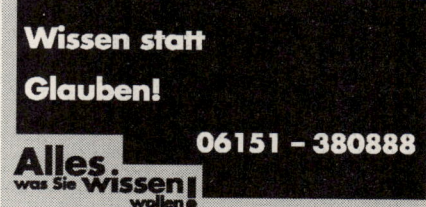

iz h 290

E-Mail: asocereal@teleline.es
Président: M.D. Pelayo Moreno
Secrétaire Général: Ricardo Garcia

iz h 291

Asociacion Espanola de comercio exterior de cereales (A.E.C.E.C.)
calle orense 85, Edificio lexington, E-28020 Madrid
T: (003491) 5 67 84 00   **Fax:** 5 71 42 44
E-Mail: aecec@arrakis.es
Président: J. Cornejo
Secrétaire Général: G. Lorenzo Zamorano

iz h 292

Asociacion nacional de Industriales Envasadores y Refinodores de Aceite Comestibles (ANIERAC)
Ayala 7-2° ISQ, E-28001 Madrid
T: (003491) 4 35 72 03   **Fax:** 57 83 60
E-Mail: anierac@anierac.com
Président: M. Herranz Fernandez
Secrétaire Général: M. Natera Muro

Finnland

iz h 293

Avena Nordic Grain Ltd.
Kansakoulukatu IB, FIN-00100 Helsinki
T: (003589) 34 88 42 72   **Fax:** 34 88 45 00
E-Mail: nordic.rc@avena.fi
Managing Director: Kaija Viljanen

Frankreich

iz h 294

Syndicat national du commerce extérieur des céréales, graines, légumes secs, produits oléagineux et dérivés (SYNACOMEX)
66, Rue La Boétie, F-75008 Paris
T: (00331) 43 59 44 92   **Fax:** 45 63 00 70
E-Mail: synacomex@wavadoo.fr
Président: Michel Rougé
Secrétaire Général: A. de Fougeroux

iz h 295

Fédération du Négoce Agricole (FNA)
Bourse de Commerce 272, F-75040 Paris Cedex 01
T: (00331) 44 76 90 40   **Fax:** 44 76 90 31
Président: A. Lepicard
Directeur General: P. Neuviale

iz h 296

Fedico-Copexco la Maison de l'huile d'olive
118, Av. Achille Peretti, F-92200 Neuilly sur Seine
T: (00331) 46 37 22 06   **Fax:** 46 37 15 60
E-Mail: fncg@wanadoo.fr
Président: B. Vercken
Secrétaire Général: J.C. Barsacq

Griechenland

iz h 297

Association Hellénique des commercants et exportateurs de céréales et d'aliments de bétail (SEEDYZ)
Rue Vissarionos 9, GR-10672 Athen
T: (00301) 3 64 30 84   **Fax:** 3 64 30 92
E-Mail: dimigr@hol.gr
Président: P. Della Tolla
Secrétaire Général: C. Sarantopoulos

iz h 298

ESVITE-Association grecque des artisans de normalisation d'huile d'olive
64, rue louise Riancour, GR-11523 Athen Ampelokipi
T: (00301) 6 92 40 86   **Fax:** 6 91 29 35
Président: M. Papaioanou
Secrétaire Général: P. Karantonis

Irland

iz h 299

Irish Grain and Feed Association (IGFA)
Herbert Street 18, IRL- Dublin 2
T: (003531) 6 76 06 80   **Fax:** 6 61 67 74
E-Mail: igfa@cereal.iol.ie
Président: S. Gormley
Secrétaire Général: Seamus Funge

iz h 300

FARM Federation of agrochemical retail merchants
11, oaklands Drive, Rathgal, IRL- Dublin 6
T: (003531) 4 97 01 47   **Fax:** 4 91 08 67
Président: B. Ahern
Secrétaire Général: M. Kennedy

Italien

iz h 301

COMPAG Federazione nazionale commercianti macchine e predotti per l'agercoltura
Via S.Stefano 29, I-40125 Ologna
T: (003951) 26 77 96   **Fax:** 23 66 89
E-Mail: compag@alinet.it
Président: P. Ceserani

iz h 302

Associazione nationale cerealisti (ANACER)
Via Po 102, I-00198 Rom
T: (00396) 8 84 02 96   **Fax:** 8 84 08 77
E-Mail: anacer@tin.it
Président: P. Pagnan
Secrétaire Général: L. Fineschi

iz h 303

Fed. Nazionale del Commercio Oleario (FEDEROLIO)
Via delle Conce 20, I-00154 Rom
T: (00396) 5 75 42 01   **Fax:** 5 78 18 13
E-Mail: federoli@tin.it
Président: G. Forcella
Secrétaire Général: T. Forcella

Niederlande

iz h 304

Hercomite Vereniging "De Nederlandse Graanhandel"
Postfach 202, NL-3000 AE Rotterdam
T: (003110) 4 67 31 88   **Fax:** 4 67 87 61
E-Mail: cvg@graan.com
Président: G.J. Van Noortwijk
Secrétaire Général: M. S. Stegehuis

Niederlande

iz h 305

Netherlands Oils Fats and Oilseeds Trade Association (NOFOTA)
Postfach 1 90, NL-3000 AD Rotterdam
T: (003110) 4 04 21 11   **Fax:** 4 04 26 25
E-Mail: nofota@trenite.com
Président: R.A. Mac-Nack
Secrétaire Général: P. W. Van Baal

Großbritannien

iz h 306

U.I.E.A.C. UK Experters & Importers of Agricultural Commoditis
Gafta House
Chapel Place 6 Rivington Street, GB- London EC2A 3SH
T: (004420) 78 14-9666   **Fax:** 78 14-8383
Internet: http://www.gafta.com
E-Mail: post@gafta.com
Secretary General: R. Warin

iz h 307

United Kingdom Agricultural Supply Trade Association Ltd. (UKASTA)
Whitehall Court, 3, GB- London SW1A 2EQ
T: (0044272) 9 30 36 11   **Fax:** 9 30 39 52
TX: 917 868
Internet: http://www.ukasta.org.uk
E-Mail: enquiries@ukasta.org.uk
Président: A. Barnard
Secrétaire Général: J. Reed

Schweden

iz h 308

Föreningen Foder och Spannmål (FS)
Postfach 11 33, S-11181 Stockholm
Barnhugsgatan 3, S-11181 Stockholm
T: (00468) 4 40 11 70   **Fax:** 24 95 30
E-Mail: erik.hartman@sinf.se
Président: Bengt Rosén
Secrétaire Général: Erik Hartman

iz h 309

Svenska Lantmännen
Postfach Box 30192, S-10425 Stockholm
T: (00468) 6 57 44 39   **Fax:** 6 18 71 13
E-Mail: peter.lundberg@slr.se
Président: D. Hakelius
Secrétaire Général: Peter Lundberg

UNISTOCK

iz h 310

Unistock
Avenue Michel Ange 68, B-1000 Brüssel
T: (00322) 7 36 75 52   **Fax:** 7 32 31 49
E-Mail: feport@skynet.be
President: Hans-Herbert Kathke
Secrétaire Général: H. De Leeuw

Ungarn

iz h 311

Hungarian grain and feed association
Alkotmany u. 16 II/9, H-1054 Budapest
T: (00361) 2 69 57 16   **Fax:** 2 69 52 61
E-Mail: gabonaszov@mail.datanet.hu
Président: Z. Lakatos
Secrétaire Général: George Makay

Schweiz

iz h 312

Association des Importateurs suisses de céréales
Chemin Messidor 7, CH-1002 Lausanne
T: (0041) 021-3182061   **Fax:** 021-3182697
E-Mail: peter.tesdorpf@andregroup.com
Président: P.-H. Tesdorpf
Secrétaire Général: B. Schauwecker

● **IZ H 313**

Internationaler Zusammenschluß des Hülsenfrucht-Handels und der Industrie (CICILS)
International Pulse Trade and Industry Confederation
Confédération Internationale du Commerce et des Industries des Légumes Secs
bureau 271, 2, rue de Viarmes, F- 75040 Paris Cedex 01 Bourse de Commerce
T: (00331) 42 36 84 35   **Fax:** 42 36 44 93

● **IZ H 314**

Vereinigung der Europäischen Frischobst und Gemüseimporteure und Vertriebsorganisationen (CIMO)
European Fresh Produce Importers Association
Avenue de Broqueville 272 B4, B-1200 Brüssel
T: (00322) 7 77 15 80   **Fax:** 7 77 15 81
Gründung: 1972
President: K. Kraseman
Délégué Général: Philippe Binard (Contact)

● **IZ H 315**
Vereinigung für den Laubholzhandel in der E.U. (U.C.B.D.)
The European Hardwood Federation
L'Union pour le Commerce des Bois Durs dans l'U.E.
Rue des Fripiers 15-17 Galerie du Centre, B-1000 Brüssel
T: (00322) 2 19 43 73 **Fax:** 2 29 32 67
E-Mail: info@boisimport.be
Président: Ad. Wesselink
Secrétaire Général: Guillaume Daelmans

Mitgliedsorganisationen

Belgien

iz h 316

Fédération Belge du Commerce d'Importation de Bois Asbl
Rue des Fripiers 15-17 Galerie du Centre, B-1000 Brüssel
T: (00322) 2 19 43 73 **Fax:** 2 29 32 67
E-Mail: info@boisimport.be
Contact: G. Daelmans

Deutschland

iz h 317

Gesamtverband Holzhandel (BD Holz-VDH) e.V.
Rostocker Str. 16, 65191 Wiesbaden
T: (0611) 5 06 90 **Fax:** 50 69 69
Leiter der Außenhandelsabteilung: Dr. Peter Sauerwein

Dänemark

iz h 318

Dansk Traeforening/Danish Timber Federation
Postfach 69, DK-2800 Lyngby
T: (0045) 45 87 54 00 **Fax:** 45 87 13 32
E-Mail: dktirnber@inet.uni2.dk
Contact: M. Bjorner

Frankreich

iz h 319

Fédération Française des Bois Tropicaux et Américains
Avenue de Saint-Mande 6, F-75012 Paris
T: (00331) 44 75 58 58 **Fax:** 44 75 54 00
E-Mail: ffbta-ffibn@wanadoo.fr
Contact: E. Boilley

Griechenland

iz h 320

Timber Importers Association of Greece
c/o Xylemboria Atene
14th, KLM Road Athens-Lamia, GR-14564 Kifissia
T: (00301) 8 07 40 02 **Fax:** 8 07 41 74
Contact: G. Papanastasiou

Großbritannien

iz h 321

Timber Trade Federation
Clareville House
Oxendon Street 26-27, GB- London SW1Y 4EL
T: (004471) 8 39 18 91 **Fax:** (0044207) 9 30 00 94
Contact: P. Martin

Italien

iz h 322

Federazione Nazionale dei Commercianti del Legno e del Sughero
Via Toscana 10, I-00187 Rom
T: (00396) 4 20 06 81 **Fax:** 42 01 22 36
E-Mail: fedecomlegno@federlegno.it
Contact: M. Colella

Niederlande

iz h 323

Vereniging van Nederlandse Houtondernemingen (VVNH)
Westeinde 6, NL-1344 BK Almere-Buiten
T: (003136) 5 32 10 20 **Fax:** 5 32 10 29
Contact: A. De Boer

Portugal

iz h 324

Madeiporto - Madeiras e Derivados SA
Via Jose Regio 256, P-4480 Vilar Do Pinheira
T: (03512) 92 28 78 70 **Fax:** 9 28 78 88
E-Mail: vicaima@mail.telepac.pt
Contact: Arlindo Da Costa Leite

Schweden

iz h 325

Svensk Traimportorforening
c/o AB Skanditra
Vastergatan 22, S-21121 Malmö
T: (004640) 6 11 47 90 **Fax:** 12 03 82
E-Mail: elisabet.esbensen@skanditra.com
Contact: Gunnar Baath

Spanien

iz h 326

Asociacion Espanola de Importadores de Maderas
Flora 3-2, E- Madrid 13
T: (003491) 5 47 97 45 **Fax:** 5 47 39 80
E-Mail: aeim@aeim.org
Contact: A. Romero

● **IZ H 327**
Vereinigung der Geflügelschlachtereien und des Geflügelimport- und Exporthandels der E.U.-Länder (a.v.e.c.)
Association of Poultry Processors and Poultry Import and Export Trade in the EU Countries
Association des Centres d'Abattage de Volailles et du Commerce d'Importation et d'Exportation de Volailles des Pays de l'Union Européenne
Trommesalen 5, 4th floor, DK-1614 Copenhagen V
T: (004533) 25 41 00 **Fax:** 25 35 52
E-Mail: avec@poultry.dk
Gründung: 1966 (5. Oktober)
President: J. Risse (F)
Vice President: Drs. J. J. Ramekers (NL)
Honorary Vice-President: Ch. Doux (F)
Secretary General: T. Lysgaard (DK)

Mitgliedsorganisationen

Belgien

iz h 328

Vereniging van industriele Pluimveeslachterijen van Belgie
V.I.P.-Belgie
Koningin Astrid Laan 57B-9, B-9100 Sint-Niklas
T: (00323) 7 76 86 07 **Fax:** 7 76 50 56
E-Mail: vip@velgonet.be
President: F. van den Steen
Secretary General: An Truyen

Dänemark

iz h 329

Danish Poultrymeat Association
Trommesalen 5 4th, DK-1614 Copenhagen V
T: (004533) 25 41 00 **Fax:** 25 30 14
E-Mail: dsf@poultry.dk
President: P. Pedersen
General Manager: Chr. Terkildsen

Deutschland

iz h 330

Bundesverband der Geflügelschlachtereien e.V.
Hinter Hoben 149, 53129 Bonn
T: (0228) 5 30 02 40 **Fax:** 5 30 02 77
E-Mail: Gefluegelwirtschaft@t-online.de
President: G. Wagner
Secretary General: Dr. Siegfried Hart

Finnland

iz h 331

Finnish Food and Drink Industries
Postfach 115, FIN-00241 Helsinki
T: (003589) 14 88 71 **Fax:** 14 88 72 01
E-Mail: lea.lastikka@etl.si
Director: Lea Lastikka

Frankreich

iz h 332

Federation des Industries Avicoles (F.I.A.)
Rue de Vaugirard 184, F-75015 Paris
T: (00331) 53 58 48 10 **Fax:** 47 83 79 95
President: F. Ranc
Secretary General: A. Lepeule

Irland

iz h 333

Irish Poultry Processors Association
Ballard House, Clara Road, IRL- Tullamore Co Offaly
T: (00353) 50 64 60 28 **Fax:** 50 64 60 29
E-Mail: pcm@iol.ie
President: J. Carton
Director General: P. Mulvehill

Italien

iz h 334

Unione Nazionale dell'Avicoltura - U.N.A.
Via Vibio Mariano, 58, I-00189 Roma
T: (00396) 3 32 58 41 **Fax:** 33 25 24 27
E-Mail: unionenazionaleavicoltura@iol.it
President: G. Sassi
Secretary General: R. Pasquarelli

Niederlande

iz h 335

Vereniging van de Nederlandse Pluimveeverwerkende Industrie - NEPLUVI
Zeisteroever 13, NL-3704 GB Zeist
T: (003130) 6 96 72 25 **Fax:** 6 96 79 80
E-Mail: nepluvi@het.net
President: Drs. J. J. Ramekers
Secretary General: C. Vermeeren

Österreich

iz h 336

Arbeitsgemeinschaft der Geflügelwirtschaft Österreichs (ALGÖ)
Dresdnerstr. 38-40, A-1200 Wien
T: (00431) 3 33 87 98 **Fax:** 3 33 87 98-25
E-Mail: algoe@aon.at
Chairman: KR Hermann Huber
Secretary General: D. Bibl

Portugal

iz h 337

ANCAVE
Av. Miguel Bombarda, 120-3°, P-1050-167 Lissabon
T: (00351) 21 79-66439 **Fax:** 21 79-66439
President: A. Teixeira
Secretary General: M. Lima

iz h 338

Spanien

iz h 338

Asociación Nacional de Mataderos de Aves, Conejos y Salas de Despiece (A.M.A.C.O.)
c/Virgen de los Peligros n°8-1°A, E-28013 Madrid
T: (00349) 15 32 36 93   **Fax:** 15 22 58 89
President: C. Arenas
Director General: Carmen Santamaria Remesal

iz h 339

Asociacion Nacional de Productores de Pollos (A.N.P.P.)
Diego de Leon 33, E-28006 Madrid
T: (003491) 5 62 42 93   **Fax:** 5 62 32 31
Director General: Angel Mártin Ruiz

Schweden

iz h 340

Svensk Fågel
Swedish Poultry Meat Association
Postfach 55633, S-10214 Stockholm
Sibyllegatan 17, S-10214 Stockholm
T: (00468) 6 67 17 20   **Fax:** 6 67 17 06
President: J. Kristensson
Managing Director: C. Littorin

Großbritannien

iz h 341

British Poultry Federation Ltd
Europoint House
Lavington Street 5, GB- London SE1 ON2
T: (004420) 72 02 47 60   **Fax:** 79 28 63 66
E-Mail: bpmf@bpmf.co.uk
President: W. J. Williams
Chief Executive: P. Bradnock

● **IZ H 342**

Vereinigung des "Internationalen Handels mit Blumenzwiebeln und Pflanzen" (CIBEP)
Association of the International Trade in Flowerbulbs and Plants
Association "Commerce International de Bulbes à Fleurs et de Plantes"
Postfach 170, NL-2180 AD Hillegom
Weeresteinstraat 12, NL-2101 AD Hillegom
T: (0031252) 53 50 80   **Fax:** 53 50 88

● **IZ H 343**

Vereinigung internationaler Handelshausverbände (CITHA)
Confederation of International Trading Houses Associations
Confédération des Associations Internationales de Maisons de Commerce
Postfach 2 98 22, NL-2502 LV Den Haag
Adriaan Goekooplaan 5, NL-2502 LV Den Haag
T: (003170) 3 54 68 11   **Fax:** 3 51 27 77
E-Mail: citha@verbondgroothandel.nl
President: A.H. Frei
Secretary General: L. Antonini

Mitgliedsorganisationen

Belgien

iz h 344

Belgische Vereniging van Internationale Traders (ABNEI)
Association Belge des Sociétés de Commerce International
Israëlietenstraat 7, B-2000 Antwerpen
T: (00323) 2 26 07 12   **Fax:** 2 31 99 69
Internet: http://www.obcebdbh.be
E-Mail: tradechem@skynet.be
President: A.H. Frei
Secretary general: G. Regniers

Deutschland

iz h 345

Bundesverband des Deutschen Groß- und Außenhandels (BGA)
10873 Berlin
Am Weidendamm 1a, 10117 Berlin
T: (030) 59 00 99 50   **Fax:** 5 90 09 95 39
Internet: http://www.bga.de
E-Mail: info@bga.de
President: Anton F. Börner
Secretary general: Dr. P. Spary
Leitung Presseabteilung: Volker Tschirch
Verbandszeitschrift: BGA-Report und Direkt aus Berlin

iz h 346

Bundesverband des Deutschen Exporthandels e.V. (BDEx) (BDEx)
Am Weidendamm 1a, 10117 Berlin
T: (030) 72 62 57 91   **Fax:** 72 62 57 99
Internet: http://www.bdexport.de
E-Mail: contact@bdexport.de
President: W. Putzier
Secretary general: H.J. Müller

Frankreich

iz h 347

Confédération Française du Commerce de Gros Interentreprises et du Commerce International (CGI)
18, Rue des Pyramides, F-75001 Paris
T: (00331) 44 55 35 00   **Fax:** 42 86 01 83
Internet: http://www.cgi-cf.com
E-Mail: cgi@cgi-cf.com
President: G. Laporte
Directeur Général: A. de Morcourt

Italien

iz h 348

Associazione Italiana Commercio Estero (AICE)
47-49 Corso Venezia, I-20121 Mailand
T: (00392) 7 75 03 20-1   **Fax:** 7 75 03 29
Internet: http://www.unione-milano.it/aice
E-Mail: aice@unione.milano.it
President: C. Rotti
Secretary General: Dr. M. Bossi

Niederlande

iz h 349

Nederlands Verbond van de Groothandel
Adriaan Goekooplaan 5, NL-2517 JX Den Haag
T: (003170) 3 54 68 11   **Fax:** 3 51 27 77
Internet: http://www.verbondgroothandel.nl
E-Mail: nvg@verbondgroothandel.nl
President: P.M. Slagmulder
Secretary General: Dr. L. Antonini

Österreich

iz h 350

Verband Österreichischer Transit- und Aussenhandelsunternehmen
c/o Bank Austria Handelsbank AG
Operngasse 6, A-1010 Wien
T: (00431) 51 44 00   **Fax:** 5 12 66 02
E-Mail: helmuthbohunovsky@bankaustria.com
President: Dipl.-Kfm. Helmuth Bohunovsky
Secretary General: Irmgard Klopf

Rumänien

iz h 351

Association of Rumanian Import/Export Traders
Str. Doamnei nr. 17-19 / sector 3, R-70416 Bukarest
T: (00401) 3 13 92 23, 3 11 11 41   **Fax:** 3 12 25 72, 3 12 11 03
E-Mail: aneir-cpce@aneir-cpce.ro
Secretary General: Dr. Mihai Ionescu

Schweiz

iz h 352

Schweizerischer Verband der Internationalen Handelsfirmen
Swiss Association of International Trading Houses
Aeschenvorstadt 4, CH-4010 Basel
T: (004161) 2 72 72 00   **Fax:** 2 72 80 90
President: Dr. A.R. Hegner
Secretary General: Dr. M. Pfeifer

Spanien

iz h 353

Spanish Exporters Club
C/Félix Boix, 3-2, E-28036 Madrid
T: (003491) 3 59 50 18   **Fax:** 3 50 25 66
E-Mail: club_exp@infomv.com
President: Balbino Prieto
Secretary General: Fernando Gonzalez Florenzano

Türkei

iz h 354

Foreign Trade Association of Turkey (Turktrade)
Kore Sehitleri Caddesi, Arcil Apt. 37/4, TR-80300 Zincirlikuyu Istanbul
T: (0090212) 2 72 69 81, 2 72 69 91
Fax: (090212) 2 75 51 36
President: Hasan Bengü
Secretary General: Dr. Suleyman Gedik

Ungarn

iz h 355

Hungarian Foreign Trading Houses Association
Kuny Domonkos U. 13-15, H-1012 Budapest
T: (00361) 3 55 48 58   **Fax:** 3 55 82 19
President: J. Tóth
Secretary general: I. Aranyi

● **IZ H 356**

Vereinigung des Nadelschnittholz-Einfuhrhandels in der EU
Union for the Imported Softwood Trade of the EU
Union pour le commerce d'importation des sciages de conifères dans la UE
Rue des Fripiers 15-17, Galerie du Centre, Bloc I, B-1000 Brüssel
T: (00322) 2 19 43 73   **Fax:** 2 29 32 67
E-Mail: info@boisimport.be
Präsident(in): Franz van Hoorebeke
Generalsekretär(in): Guillaume Daelmans
Mitglieder: 9

● **IZ H 357**

Vereinigung der Zuckerhandels-Verbände für die EU-Länder (ASSUC)
Association des Organisations Professionnelles du Commerce du Sucre de la CEE
Rue Jenneval 29, B-1000 Bruxelles
T: (00322) 7 36 79 97   **Fax:** 7 32 67 66
E-Mail: sacar@linkline.be
Gründung: 1959 (9. Dezember)
Secrétaire Général: Hannelore Mill (Ltg. Presseabt.)
Président: P. Loomans (B)
Mitglieder: 10 nationale Verbände
Mitarbeiter: 2

Mitgliedsorganisationen

Belgien

iz h 358

Assoc. Prof. des Importateurs, Exportateurs, Négociants, Courtiers et Distributeurs de Sucre
Grate Steenweg 57, B-2600 Berchem
T: (003) 4480124   **Fax:** 34 48 04 74
E-Mail: ploomans@hottletsugar.be

Dänemark/Schweden

iz h 359

DANISCO Sugar
Langebrogade 1, DK-1001 Kopenhagen K
T: (0045) 32 66 20 00   **Fax:** 32 66 21 79

Deutschland

iz h 360

Verband des Deutschen Zuckerhandels e.V.
Raboisen 58, 20095 Hamburg
T: (040) 33 54 25   **Fax:** 32 00 32 66

Finnland

iz h 361

FINNSUGAR
FIN-02400 Kantvik
T: (003589) 2 97-484   **Fax:** 2 97-4744
E-Mail: matti.suokas@cultor.com

Frankreich

iz h 362

Syndicat Français du Commerce des Sucres
Bourse de Commerce
Rue de Longchamp 32, F-75118 Paris
T: (00331) 45 53 02 29   **Fax:** 47 27 82 50

Großbritannien

iz h 363

Sugar Traders' Association of the United Kingdom
24, Chiswell Street, GB- London EC1Y 4SG
T: (004420) 79 72 66 31   **Fax:** 79 72 66 99
E-Mail: czarnikow@czarnikow.com

Irland

iz h 364

National Association of Sugar Traders of Ireland
Athy Road, IRL- Carlow
T: (00353503) 3 14 87   **Fax:** 4 30 87
E-Mail: ah@irishsugar.iol.ie

Italien

iz h 365

Sindacato Nazionale Grossisti, Droghe, Coloniali, Zucchero
Via Properzio 5, I-00193 Rom
T: (00396) 3 57 42 15   **Fax:** 68 89 04 76
E-Mail: federgrossisti@tin.it

Niederlande

iz h 366

Verbond van de Nederlandse Groothandel
Postfach 2 98 22, NL-2502 LV 's-Gravenhage
T: (003120) 5 90 69 11   **Fax:** 6 95 25 27
E-Mail: friso.devries@csmsuiker.com

Spanien

iz h 367

Sociedad General Azucarera de España, S.A.
Montalban II, E-28014 Madrid
T: (00341) 5 21 10 42   **Fax:** 5 32 79 70
E-Mail: fernando.troncoso@alasa.com

Einzelhandel

● **IZ H 368**

Conföderation der Europäischen Drogistenverbände (CED)
Confédération Européenne de la Droguerie
c/o Verband Deutscher Drogisten
Postf. 30 14 13, 50784 Köln
Vogelsanger Str. 165, 50823 Köln
T: (0221) 95 29 17-0   **Fax:** 95 29 17 20
Gründung: 1951
Präsident(in): Gerhard Fischler (Präsident des Österreichischen Drogistenverbandes, A-1015 Wien, Krugerstr. 3, **T:** (00431) 5 12 62 29, Telefax: (00431) 5 12 68 08 75)
1. Vizepräsident: Harald Escher
Generalsekretär(in): Mag. Christian Knoblich (c/o Drogenhansa-Bioreform, Drogerie- u. Reformwaren Handelsges. mbH, Michelbeuerngasse 9a, A-1090 Wien, **T:** (00431) 4 01 04 19 01)
Schatzmeister: Michael Bastian
Ehrenmitglied: Andre de Munck (Präs. d. Belgischen Drogistenverbandes, Brusselsesteenweg 160, B-1500 Halle, **T:** (00322) 3 56 81 89)

Mitgliedsorganisationen

Belgien

iz h 369

Union Professionelle de la Droguerie
Lakensestraat 119, B-1000 Bruxelles
T: (00322) 2 17 61 25
Président: Andre de Munck

Deutschland

iz h 370

Verband Deutscher Drogisten e.V. (VDD)
Postf. 30 14 13, 50784 Köln
Vogelsanger Str. 165, 50823 Köln
T: (0221) 95 29 17-0   **Fax:** 95 29 17-20
Internet: http://www.drogistenverband.de
E-Mail: bfv-vdd@einzelhandel.de
Präsident(in): Harald Escher
Hauptgeschäftsführer(in): Michael Bastian

Österreich

iz h 371

Österreichischer Drogistenverband
Krugerstr. 3, A-1015 Wien
T: (00431) 5 12 62 29   **Fax:** 5 12 68 08 75
Präsident(in): Gerhard Fischler

Polen

iz h 372

Stowarzyszenie Drogistów Polskich
ul. Podwale 3/13, PL-00952 Warszawa 40
T: (004822) 6 35 60 96
Präsident(in): N.N.

Spanien

iz h 373

Federation Nac. de Parfumistas y Drogueros
Paz, 13, E-28012 Madrid
T: (00341) 5 21 60 86   **Fax:** 5 32 70 89
Präsident(in): D. Javier Arango Menéndez

Tschechische Republik

iz h 374

SPOLEK DROGISTŮ ČESKÉ REPUBLIKY
c/o Drogimex
Zelivského 2, CZ-13000 Praha 10
T: (00422) 73 26 74   **Fax:** 67 31 26 01
Dr. Vladimir Gelbic

● **IZ H 375**

Europäische Buchhändlervereinigung (EBF)
European Booksellers Federation
Fédération Européenne des Libraires
Rue du Grand Hospice 34a, B-1000 Brüssel
T: (00322) 2 23 49 40   **Fax:** 2 23 49 41
Internet: http://www.ebf-eu.org
E-Mail: eurobooks@skynet.be
President: Doris Stockmann
Contact: Christiane Vuidar
Mitglieder: 20
Mitarbeiter: 2

● **IZ H 376**

Europäische Vereinigung der Mittel- und Großunternehmen des Einzelhandels (F.E.M.G.E.D.)
European Federation of Medium-size and Major Retailers
Fédération Européenne des Moyennes et Grandes Entreprises de Distribution
Avenue Edouard Lacomblé 17, B-1040 Bruxelles
T: (00322) 7 34 32 89   **Fax:** 7 34 32 96
Gründung: 1959
Präsident(in): Prof. J. D. Hellwege
Generalsekretär(in): Claude Droulans (L)
Verbandszeitschrift: FEMGED - European Newsletter
Verlag: FEMGED
Mitglieder: 25
Mitarbeiter: 2
Jahresetat: DM 0,4 Mio

Mitgliedsorganisationen

Deutschland

iz h 377

Bundesarbeitsgemeinschaft der Mittel- und Großbetriebe des Einzelhandels e.V.
Friedrichstr. 60, 10117 Berlin
T: (030) 20 61 20-0   **Fax:** 20 61 20-88
Internet: http://www.bag.de
E-Mail: handelsverband@bag.de
Präsident(in): N. N.
Hauptgeschäftsführer(in): Prof. Dr. Johann D. Hellwege

Österreich

iz h 378

Handelsverband-Verband der Mittel- u. Großbetriebe des Einzelhandels
Alserstr. 45, A-1080 Wien
T: (00431) 42 74 61   **Fax:** 48 64 81
Kontaktperson: D. Mailath-Pokorny

Schweiz

iz h 379

Verband der Schweizerischen Waren- und Kaufhäuser (VSWK)
Association des Grands Magasins Suisses (AGMS)
Marktgasse 50, CH-3000 Bern 7
T: (004131) 3 12 40 40   **Fax:** 3 12 40 41
Kontaktperson: Dr. K. Hug (Präsident)
Barbara Regli (Geschäftsführerin)

● **IZ H 380**

Europäische Vereinigung des Parfümerie-Einzelhandels
Fédération Européenne des Parfumeurs Détaillants
Generalsekretariat
Postf. 10 02 25, 45602 Recklinghausen
An der Engelsburg 1, 45657 Recklinghausen
T: (02361) 92 48-0   **Fax:** 92 48 88
Gründung: 1961
Präsident(in): Reinhard Dieter Wolf
Direktor Werner Hariegel
Mitglieder: 10
Mitgliedsverbände in: Niederlande, Belgien, Frankreich, Spanien, Italien, Schweiz, Oesterreich, Deutschland, Norwegen

Mitgliedsorganisationen

Belgien

iz h 381

Confédération Belge des Parfumeurs Détaillants
Rue du Luxembourg 42, B-1000 Brüssel

Deutschland

iz h 382

Bundesverband Parfümerien e.V.
An der Engelsburg 1, 45657 Recklinghausen

Frankreich

iz h 383

Fédération Nationale des Parfumeurs Détaillants
14, Terrasse Bellini, F-92806 Puteaux Cedex

Italien

iz h 384

FENAPRO-Federazione Nazionale Profumeria
Corso Venezia 47-49, I-20121 Mailand

Niederlande

iz h 385

Bond van Detaillisten in de Parfumeriehandel
Postfach 765, NL-2270 AT Voorburg

Norwegen

iz h 386

HSH Mote & Fritid
Postfach 2483, N-0230 Oslo Solli
T: (0047) 22 54 17 00   Fax: 22 56 17 00
Internet: http://www.hsh-org.no
E-Mail: info@hsh-org.no
President: Paul F. Brekklund
Generalsekretär(in): Leif Olsen

Österreich

iz h 387

Bundesgremium des Parfümeriewarenhandels
Wiedner Hauptstr. 63, A-1040 Wien

Schweiz

iz h 388

Parfümerieverband Schweiz
Färberstraße 15, CH-8034 Zürich

Spanien

iz h 389

Asociacion Espanola de Detallistas de alta Perfumeria y Cosmetica (AEDALPECO)
Portolà 2t-6, E-08023 Barcelona

● **IZ H 390**

Europäische Vereinigung der Reformhausfachverbände (GEAMR)
Groupement Européen des Associations des Maisons de Réforme
Gotische Str. 15, 61440 Oberursel
T: (06172) 3 00 98 61   Fax: 3 00 98 62
E-Mail: refo@neuform.de
Präsident(in): D. A. Schouw (Hilversum (NL))

Mitgliedsorganisationen

Belgien

iz h 391

NAREDI
Rue de la Sablonière 7, B-1000 Brüssel
T: (00322) 2 18 67 60   Fax: 2 18 66 79

Dänemark

iz h 392

Danske Helskostforretningers Bransjeforbund - Helsam
Ronsdam 1, DK-6400 Sonderborg
T: (0045) 74 48 68 02   Fax: 74 48 69 02

Deutschland

iz h 393

Bundesfachverband Deutscher Reformhäuser e.V. (refo)
Gotische Str. 15, 61440 Oberursel
T: (06172) 30 09-861   Fax: 30 09-862
E-Mail: ref@neuform.de

Finnland

iz h 394

The Health Product Retailer's Association in Finland
Mannernheimintie 76 B, FIN-00250 Helsinki
T: (003580) 44 92 16   Fax: 9 44 92 16

Irland

iz h 395

Irish Association of Health Stores
Unit 2 D, Kylemore Industrial Estate, IRL- Dublin 10
T: (003531) 6 23 68 28

Italien

iz h 396

Dr. Schär GmbH-Srl
Winkelau 5, I-39014 Burgstall
T: (00390473) 29 33 00   Fax: 29 33 99

Großbritannien

iz h 397

National Association of Health Stores
Postfach 1455, GB- Sheffield S7 29D
T: (0044114) 249-5345

Niederlande

iz h 398

Vereniging van Nederlandse Reformhuizen
Bussumerstraat 69, NL-1211 BJ Hilversum
T: (003135) 6 24 59 64   Fax: 6 23 29 83

Norwegen

iz h 399

Helsekostbransjens Detaljistforbund
Lars Herte Vigsgt 5, N-4005 Stavanger
T: (004751) 52 88 76   Fax: 53 01 05

Österreich

iz h 400

Österreichischer Drogistenverband
Krugerstr. 3, A-1015 Wien
T: (00431) 5 12 62 29   Fax: 5 12 68 08 75

Schweden

iz h 401

Hälsofackhandlarnas Riksförbund
Postf. 10 17, S-80134 Gävle
T: (004626) 51 80 15   Fax: 18 95 18

iz h 402

Hälsfack handlares Riksförbund
Postfach 1431, S-75144 Uppsala
T: (004618) 10-5000   Fax: 10-4176

● **IZ H 403**

Europäische Vereinigung des Spielwaren-Detailhandels
Dr. H. Stübler
Sigmundstr. 220, 90431 Nürnberg
T: (0911) 6 55 63 59   Fax: 6 55 62 51
E-Mail: tte@nrz-gmbh.de
Präsident: K. Müller (D)
Sekretariat: Dr. Helga Stübler (Sigmundstr. 220, 90431 Nürnberg, T: (0911) 6 55 6359)

● **IZ H 404**

Europäische Vereinigung der Spitzenverbände des Textileinzelhandels (AEDT)
European Association of national Organizations of textile retailers
Association Europeenne des organisations nationales des detaillants en textile
Geschäftsführung:
123-133, rue Froissart, B-1040 Brüssel
T: (00322) 2 30 52 96   Fax: 2 30 25 69
Internet: http://www.aedt.org
E-Mail: info@aedt.org
President: Siegfried Uetz (Präsident Schweizerischer Textildetaillisten-Verband, Sonnhaldenweg 13, CH-3506 Grosshöchstetten, T: (004131) 7 11 33 27, Fax: 7 11 33 26, E-Mail: heisiuetz%bluewin.ch)
Vice-Presidents: A.H. van Arenthals-Kramer Freher (Spijkse Kweldijk, 126, NL-4211 CW Spijk, T: (0031183) 56 23 60, Fax: 56 73 11)
Mikael Sandström (Rich Sandströms ab, Postbox 4, S-59800 Vimmerby, Kvarngatan 2, S-59895 Vimmerby, T: (0046492) 120 34, Fax: 154 48)
Member of the board: Carlo Massoletti (Eurosport, C. SO Zanardelli 13, I-25121 Brescia, T: (0039030) 4 82 66 + (0039035) 8 20 39 23, Fax: (0039030) 3 77 11 36, E-Mail: carlomassoletti@libero.it)
Renaat Soenens (Delegated Director, 123-133, rue Froissart, B-1040 Brüssel, T: (00322) 230 52 96, Fax: 230 25 69)

Mitgliedsorganisationen

Belgien

iz h 405

MODE UNIE
Secretary-General
Tweekerkenstraat 29, B-1000 Brüssel
T: (00322) 2 38 06 51   Fax: 2 30 64 44
Internet: http://www.navetex.be
E-Mail: navetex@kmonet.be
President: Maurits Daelman Maufry (Molenstraat 26 A, B-9230 Niewerkerke (AALST), T: (003253) 83 49 93)

Dänemark

iz h 406

Dansk-Textil-Union
H.C. Andersens Boulevard 48, DK-1553 København V
T: (004533) 12 17 08   Fax: 93 17 08
Internet: http://www.dtu.com
E-Mail: dtu@post1.tele.dk
President: Henrik Kaufmann
Secretary-General: Leif Bernth (E-Mail: lb@dtu.com)

Deutschland

iz h 407

Bundesverband des Deutschen Textileinzelhandels e.V. (BTE)
Postf. 29 02 63, 50524 Köln
T: (0221) 92 15 09-0   Fax: 92 15 09-10
Internet: http://www.bte.de

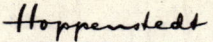

E-Mail: info@bte.de
Präsident(in): Klaus Magnus (Modehaus Karl Magnus KG, Leinstr. 7, 31061 Alfeld, T: (05181) 8 45 80, Fax: (05181) 84 58 11)
Generalsekretär(in): Jürgen Dax

Finnland

iz h 408

Munotikaupan Liitto Ry
The Association of Fashion Retailers in Finland
Mariankatu 26B-14, FIN-00170 Helsinki 17
T: (003589) 68 44 73 00, 68 44 73 33   **Fax:** 68 44 73 44
Internet: http://www.muotikaupanliitto.fi
President: Seppo A. Halme (Muotitalo Jokinen Oy, PL 39, SF-38201 Vammala, T: (0035835) 11 24 17, Telefax: (0035835) 11 24 18)
Secretary-General: Yrjö Gorski (E-Mail: yrjo.gorski@muotikaupanliitto.fi)

Frankreich

iz h 409

Fédération Nationale de l'Habillement Nouveauté et Accessoires (F.N.H.)
46, Bd. de Magenta, F-75010 Paris
T: (00331) 42 02 17 69   **Fax:** 42 02 53 95
President: Charles Melcer
Secretary-General: Nelly Servais

Großbritannien

iz h 410

British Shops & Stores Association (BSSA)
Middleton House
2 Main Road Middleton, Cheney, GB- Banbury OX17 2TN
T: (00441295) 71 22 77   **Fax:** 71 16 65
President: Jane Cox (Allen´s of Olney Ltd, 2-6, Market Place, OLNEY, GB-Buckinghamshire MK46 4EA, T: (00441234) 71 12 55, Fax: (00441234) 24 11 13)
Secretary-General: John Dean (E-Mail: j.dean@bssa.co.uk)

Italien

iz h 411

Federazione Nazionale Dettaglianti Tessili Abbigliamento Arredamento (Federabbigliamento)
Corso Venezia 26, I-20121 Mailand
T: (00392) 76 01 52 12   **Fax:** 76 00 37 79
E-Mail: federabbigliamento@confcommercio.it
President: Renato Borghi
Secretary-General: Franco Tomelli

Luxemburg

iz h 412

Confédération du Commerce Luxembourgeois
Postfach 482, L-2014 Luxemburg
31, Bd Konrad Adenauer, L-2014 Luxemburg
T: (00352) 48 49 49 301   **Fax:** 48 49 49 202
E-Mail: info@ccl.lu
President: Will Decker (Place du Marché, 5 à 7, L-6460 Echternach, T: (00352) 72 00 50, Fax: (00352) 72 88 36)
Management assistant for textiles: Christiane Poos-Kuhn (T: (00352) 43 94 44, Fax: (00352) 43 94 50, E-Mail: christiane.poos@ccl.lu)

Niederlande

iz h 413

Vereniging MITEX
Postfach 162, NL-3940 AD Doorn
Driebergsestraatweg 9, NL-3941 ZW Doorn
T: (0031343) 473 250   **Fax:** 473 251
Internet: http://www.mitex.nl
E-Mail: mitex@mitex.nl
President: Betty van Arenthals-Kramer Freher (Spijkse Kweldijk, 126, NL-4211 CW Spijk, T: (0031183) 56 23 60, Fax: (0031183) 56 73 11, E-Mail: arenthals@wxs.nl)
Secretary-General: Jan J. Meerman (E-Mail: jmeerman@mitex.nl)
European contacts: Paul te Grotenhuis (E-Mail: ptgrotenhuis@mitex.nl)

Norwegen

iz h 414

HSH Mote & Fritid
Postfach 2483, N-0230 Oslo Solli
T: (0047) 22 54 17 00   **Fax:** 22 56 17 00
Internet: http://www.hsh-org.no
E-Mail: info@hsh-org.no
President: Paul Fritjof Brekklund (Gauselvaagen 96, N-4032 Stavanger, T: (0047) 51 89 66 88, GSM: (0047) 92 80 50 06, Fax: (0047) 51 89 45 45, E-Mail: paul.brekklund@holgersen.no)
Director: Leif Olsen (E-Mail: l.olsen@hsh-org.no)

Österreich

iz h 415

Bundesgremium des Textilhandels
Postfach 440, A-1045 Wien
Wiedner Hauptstr. 63, A-1040 Wien
T: (00431) 5 01 05 33 14   **Fax:** 50 20 62 94
E-Mail: kuceras@wkoesk.wk.or.at
Präsident(in): Wilhelm Stift (Rathausplatz 4, A-3430 Tulln, T: (004322) 72 68 00 00, Fax: (004322) 7 26 80 00 11, Internet: http://www.modeshopping.at, E-Mail: stift.mode@netway.at)
Generalsekretär(in): Dr. Peter Zeitler

Schweden

iz h 416

STIL, Swedish Shoe Textile & Clothing Retailers' Association
Blasieholmsgatan 4 A, 2 tr, S-10329 Stockholm
T: (00468) 762 76 10   **Fax:** 762 76 18
Internet: http://www.stil.cc
President: Mikael Sandström (Rich Sandströms ab, Postbox 4, S-59800 Vimmerby, Kvarngatan 2, S-59895 Vimmerby, T: (0046492) 1 20 34, Fax: (0046492) 1 54 48, E-Mail: mikael.sandstrom.vimmerby@telia.com)
Secretary-General: Åke Weyler (E-Mail: ake.weyler@sht.se)

Schweiz

iz h 417

Swiss Fashion Stores
c/o KPMG
Hofgut, CH-3073 Gümlingen-Bern
Internet: http://www.swiss-fashion-stores.ch
E-Mail: dvisentini@kpmg.com
President: Siegfried Uetz (Präsident Schweizerischer Textildetaillisten-Verband, Sonnhaldenweg 13, CH-Grosshöchstetten, T: (004131) 7 11 33 27, Fax: (004131) 7 11 33 26, E-Mail: heisiuetz@bluewin.ch)
Secretary-General: Armin Haymoz (T: (04131) 3 84 76 83, Fax: 3 84 76 89, E-Mail: ahaymoz@kpmg.com)

Spanien

iz h 418

Gremi de Comerç Textil i Sastreria
Diputacio 290 pral., E-08009 Barcelona
T: (003493) 3 01 79 80   **Fax:** 3 01 87 20
E-Mail: agtc@bcn.servicom.es
President: Juan Torrents
Secretary-General: Javier Coll i Olalla

iz h 419

Gremio de commerciantes textiles de Valencia y provincia
Avda Maria Cristina, 10, 1.°, 1.,a, E-46001 Valencia
T: (00346) 3 91 93 38   **Fax:** 3 92 14 31
Internet: http://www.personaill.iddeo.es/ret004od
E-Mail: gremiotextil-v@reternail.es

● **IZ H 420**

Europäische Vereinigung des Versandhandels (AEVPC)
European Mail Order Traders' Association (EMOTA)
Association Européenne de Vente par Correspondance (AEVPC)
Buro & Design Center
Heizel Esplanade box 47, B-1020 Brüssel
T: (00322) 4 77 17 99   **Fax:** 4 78 91 65
Internet: http://www.emota-aevpc.org
Präsident(in): Didier Lahache
Vice President: Michel Casters (Treasurer)
Generalsekretär(in): Dr. Aad Weening

Belgien

iz h 421

Association Belge du Marketing Direct
Esplanade du Heysel, bte 46, B-1020 Brüssel
T: (00322) 4 77 17 97   **Fax:** 4 79 06 79
E-Mail: info@bdma.be
Präsident(in): Michel Casters
Sekretär: Paul van Lil

Dänemark

iz h 422

Dansk Postordreforening
Ehlersvej 11, DK-2900 Hellerup
T: (0045) 45 35 43 40 07   **Fax:** 45 39 61 55 07
Internet: http://www.postordre.org
E-Mail: sekretariat@postordre.org
Präsident(in): Alice Sanco
Sekretär: Erik Ryge

Deutschland

iz h 423

Bundesverband des Deutschen Versandhandels e.V. (BVH)
Johann-Klotz-Str. 12, 60528 Frankfurt
T: (069) 67 50 47   **Fax:** 67 50 98
Internet: http://www.bvh-versandhandel.de
E-Mail: info@bvh-versandhandel.de
Präsident(in): Klaus Wirth
Sekretär: Thomas Steinmark

Finnland

iz h 424

Suomen Suoramarkkinointiliitto RY. (SSML)
Finnish Direct Marketing Association
Lönnrotinkatu 11a III krs, FIN-00120 Helsinki
T: (003589) 22 87 74 01   **Fax:** 6 12 10 39
E-Mail: sakke@ssml-fdma.fi
Präsident(in): Jouko Kovero
Sekretär: Sakari Virtanen

Frankreich

iz h 425

Fédération des Entreprises de Vente á Distance
Postfach 43808, F-75366 Paris
60, Rue la Boëtie, F-75008 Paris
T: (00331) 42 56 38 86   **Fax:** 45 63 91 95
E-Mail: bs12@calva.net
Präsident(in): Jean-Christian Fandeux
Sekretär: Bernard Siouffi

Großbritannien

iz h 426

The Mail Order Traders' Association of Great Britain
PR8 2NG, 40 Waterloo Road, GB-Birkdale Southport
Präsident(in): Jim Martin
Sekretär: Malcolm Landau

Irland

iz h 427

Irish Mail Order Association
7, 351. North Circular Road, IRL- Dublin
T: (003531) 8 30 43 04   **Fax:** 8 30 03 33
E-Mail: howjac@iol.ie
President: Ewan Byrne
Secretary: Howard Jacobs

Italien

iz h 428

Associazione Nazionale fra Aziende de Vendita per Corrispondenza e a Distanza (ANVED)
Via Melchiorre Gioia 70, I-20125 Mailand
T: (00392) 67 07 20 59 **Fax:** 67 07 43 70
E-Mail: anved@iol.it
Präsident(in): Paolo Lavino
Sekretär: Pier Attilio Rubini

Niederlande

iz h 429

Nederlandse Postorderbond
Weerdestein 96, NL-1083 GG Amsterdam
Präsident(in): Gerard Marsman
Sekretär: Maarten Reuderink

Norwegen

iz h 430

Norsk Postorderforening
Postfach 2475, N-0202 Oslo
T: (0047) 22 54 17 00 **Fax:** 22 56 17 00
Präsident(in): Eddy Hansen
Sekretär: Tore Kvarud

Österreich

iz h 431

Handelsverband
Alserstr. 45, A-1080 Wien
T: (00431) 4 06 22 36 **Fax:** 4 08 64 81
E-Mail: e-mail@handelsverband.at
Präsident(in): Paul Mailath Fokomy
Sekretär: Hildegard Fischer

Portugal

iz h 432

Associação Portuguesa de Marketing Directo (AMD)
E.N.117-1. No.91-Valejas, P-2795 Linda-a-Velha
T: (003511) 4 36 67 27 **Fax:** 4 36 78 45
E-Mail: directimedia@mail.telepac.pt
Präsident(in): Jorge d'Orey Pinheiro
Sekretär: João Novais de Paula

Slowakische Republik

iz h 433

Slovenske Zdruzenie
Kosloka 37, SK-82108 Pressburg
T: (004217) 55 56 00 05 **Fax:** 55 56 93 27
E-Mail: myalaskova@quelle.sk
President: Magda Valaskova

Spanien

iz h 434

Asociacion Española de Venta a Distancia
Avda Diagonal 437 5_U 1a, E-08036 Barcelona
T: (00343) 2 40 40 70 **Fax:** 2 01 29 88
E-Mail: fecemd@fecemd.org
Präsident(in): Miquel Angel Feiris
Sekretär: Elena Gomez

Schweden

iz h 435

Svenska Postorderföreningen
Stora Brogatan 12, S-50330 Borås
T: (004633) 13 17 70 **Fax:** 12 53 17
E-Mail: lennart.helgesson@postorder.se
Präsident(in): Gunnar Ryman
Sekretär: Lennart Helgesson

Schweiz

iz h 436

Verband des Schweizerischen Versandhandels
Brandenbergstr. 30, CH-8304 Wallisellen
T: (00411) 8 30 16 02 **Fax:** 8 30 16 08
E-Mail: info@vsv-versandhandel.ch
Präsident(in): H. Mark Meier

Tschechische Republik

iz h 437

Asociace Direkt Marketingu á Záselkového
3, Obchodu, CZ-13000 Prag
T: (004202) 20 19 81 00 **Fax:** 61 21 60 31
E-Mail: info@schober.cz
President: Petr Vana

Ungarn

iz h 438

Magyar Áruküldök Egyesülte
Fehéritögyar street 2, H-1037 Budapest
T: (00361) 4 57 37 04 **Fax:** 4 57 37 34
E-Mail: mac@mail.elender.hu
President: Attila Hegyi
Secretary: Erika Horvath

● **IZ H 439**

Europäischer Bund der Tabakwareneinzelhändler (CEDT)
European Confederation of Retail Tobacconists
Confédération Européenne des Detaillants en Tabac
Avenue de Broqueville, 158, B-1200 Brüssel
T: (00322) 7 72 13 05 **Fax:** 7 72 44 01
E-Mail: cedt@compaqnet.be
Gründung: 1970
President: Giovanni Risso (Italien)
Vice-President and Treasurer: Manuel Fernandez Vicario (Spanien)
Secretary General: Jean Maquet (Frankreich)
Contact: Monica Speranza
Mitglieder: 7
Mitarbeiter: 2

Frankreich

iz h 440

Confédération des Débitants de Tabac de France (CDTF)
Rue d'Amsterdam 75, F-75008 Paris
T: (00331) 53 21 10 00 **Fax:** 53 21 10 09
E-Mail: pub@lelosange.fr
President: Michel Arnaud

Griechenland

iz h 441

Hellenic Association of Tobacco Retailers (HATR)
Othonos, 10, GR-10557 Athen
T: (00301) 3 22 95 00 **Fax:** 3 21 43 67
President: Iorgos Lambris

Irland

iz h 442

Irish Retail Newsagents Association (IRNA)
21 Priority Hall, Stillorgan, IRL- Dublin
T: (003531) 2 88 78 17 **Fax:** 2 88 72 24
E-Mail: irna@iol.ie
President: Pat McKeown

Italien

iz h 443

Federazione Italiana Tabaccai (F.I.T.)
Via Leopoldo Serra, 32, I-00153 Rom
T: (003906) 36 70 03 17 **Fax:** 36 00 39 54
E-Mail: fitesteri@tabaccai.it
President: Giovanni Risso

San Marino

iz h 444

Unione Sammarinese Commercianti (U.S.C.)
Settore Tabaccherie
Via Piana 111, RSM-47031 San Marino
T: (00378) 99 28 92 **Fax:** 99 28 92
President: Giovanni Fabbri

Spanien

iz h 445

Union de Asociaciones de Estanqueros de Espana (UAEE)
C/Argensola 2, 3°, E-28004 Madrid
T: (003491) 3 08 36 66 **Fax:** 3 08 37 13
E-Mail: general@union-estanqueros.com
President: Manuel Fernandez Vicario (Vice-President and Treasure de la CEDT)

Schweiz

iz h 446

Fédération Suisse des Négociants en Tabac, Journaux et Articles Divers (FSNTJ)
Postfach 33 60, CH-1002 Lausanne
T: (004121) 7 96 12 58 **Fax:** 7 96 12 36
E-Mail: fsntj_jet@hotmail.com
President: Pierre-Alain Sauthier

● **IZ H 447**

Europäischer Direktvertriebsverband (FEDSA)
Federation of European Direct Selling Associations
Fédération Européenne de la Vente Directe
Avenue de Tervueren 14, B-1040 Brüssel
T: (00322) 7 36 10 14 **Fax:** 7 36 34 97
Internet: http://www.fedsa.be
E-Mail: fedsa@fedsa.be
Gründung: 1968
Präsident(in): A. Berglund
Geschäftsführer(in): Marie-Andrée Vander Elst
Mitglieder: 25
Mitarbeiter: 3

Belgien

iz h 448

Association pour la Vente Directe asbl
c/o FEDIS
31, avenue Franklin Roosevelt, B-1050 Brüssel
T: (00322) 6 27 01 30 **Fax:** 6 40 11 48
E-Mail: gabriellegeeroms@tupperware.com
Chairman: Bernard Lucas

Deutschland

iz h 449

Arbeitskreis "Gut beraten zu Hause gekauft" e.V.
Bundesallee 221, 10719 Berlin
T: (030) 23 63 56 80 **Fax:** 23 63 56 88
Internet: http://www.bundesverband-direktvertrieb.de
E-Mail: info@bundesverband-direktvertrieb.de
Vorsitzende(r): Dr. Hans Adelmann
Geschäftsführer(in): Wolfgang Bohle

Dänemark

iz h 450

Direkte Salgs Föreningen (DSF)
c/o Tupperware Scandinavia A/S
Sejrogade 9, DK-2100 Copenhagen 0
T: (004539) 27 23 24 **Fax:** 27 26 64
E-Mail: dan-esch@post.tele.dk
Chairman: Soren E. Sorensen

Finnland

iz h 451

Suomen Suoramarkkinointiliitto RY. (SSML)
Finnish Direct Marketing Association
Direct Selling Section
Lönnrotinkatu 11a lll krs, FIN-00120 Helsinki
T: (003589) 22 87 74 01 **Fax:** 6 12 10 39
E-Mail: sakke@ssml-fdma.fi
Chairman: Johannes Linden
Managing Director: Sakari Virtanen

Frankreich

iz h 452

Syndicat de la Vente Directe (SVD)
8, Place d'Iéna, F-7583 Paris Cédex
T: (00331) 44 34 68 60 **Fax:** 47 55 17 83
E-Mail: svd@clubinternet.fr
Président: Henri-Michel Maire
Délégué Général: Philippe Dailey

Griechenland

iz h 453

Greek Union of Direct Selling Companies (SEADIP)
61b, Apostolou Pavlou Str., GR-11851 Athens Thissio
T: (00301) 3 42 15 79 **Fax:** 3 42 19 13
Chairman: Yannis Yannacopoulos
Secretary: Stavros Efremidis

Großbritannien

iz h 454

Direct Selling Association Ltd. (DSA)
29 Floral Street, GB- London WC 2 E 9 DP
T: (004420) 74 97 12 34 **Fax:** 74 97 31 44
E-Mail: ukdsa@globalnet.co.uk
Chairwoman: Sandy Mountford
Director: Richard Berry

Irland

iz h 455

Direct Selling Association of Ireland (DSA)
Unit 9, Swords Business Park, IRL- Dublin Ireland
T: (003531) 8 90 43 28 **Fax:** 8 90 42 66
Internet: http://www.usernet.org/dsa-ireland
E-Mail: maria.brewer@avon.com
Chairman: Roger Brown
General Secretary: Peter Grala

Italien

iz h 456

Associazione Nazionale Vendite Dirette Servizio Consumatori (AVEDISCO)
Viale Andréa Doria, 8, I-20214 Milano
T: (00392) 6 70 27 44 **Fax:** 6 70 51 41
Internet: http://www.usernet.org/avedisco
E-Mail: avedisco@tin.it
President: Luigi Nadalini
Segretario Generale: Giorgio Giuliani

Luxemburg

iz h 457

Association pour la Vente Directe
avenue Roosevelt 31, B-1050 Brüssel
T: (00322) 6 27 01 30 **Fax:** 6 40 11 48
Chairman: Bernard Lucas

Kroatien

iz h 458

Hrvatska Gospodarska komora
Direct Selling Association of Croatia
c/o Gendar d.o.o.
Podolje 20, HR-10000 Zagreb
T: (003851) 3 76 84 47 **Fax:** 3 76 91 08
Secretary General: Marija Novak-Istok

Niederlande

iz h 459

Vereniging Direkte Verkoop (VDV)
Postfach 90154, NL-5000 LG Tilburg
T: (003113) 5 94 43 00 **Fax:** 5 94 47 47
E-Mail: vdv@wispa.nl
Vorsitzende(r): Bart van Dijk
Sekretaris: Floortje Teeuwen

Norwegen

iz h 460

Direktesalgsforbundet (DF)
Direct Selling Association of Norway
c/o Oriflame Norge AS; Kalbakken
Solveien 68, N-1162 Oslo
T: (004767) 81 88 10 **Fax:** 81 88 11
E-Mail: malke@online.no
Chairman: Nils J. Moen

Österreich

iz h 461

Handelsverband Arbeitsgruppe Direktvertrieb
Alser Str. 45, A-1080 Wien
T: (00431) 4 06 22 36 **Fax:** 4 08 64 81
Vorsitzende(r): Dr. Michael Drabek
Geschäftsführer(in): Dr. Hildegard Fischer

Portugal

iz h 462

Associaçao de Empresas de Venda Directa (AVD)
c/o Avon Portugal
av. de 5 Outubro 10 1° sala 6, P-1000 Lissabon
T: (0035121) 3 16 51 00 **Fax:** 3 16 51 20
E-Mail: rui.rodrigues@avon.com
Chairman: Rui Rodrigues

Polen

iz h 463

Laszczuk & Partners
c/o Miroslaw Lubon
Pl.Bankowy 2, PL-00095 Warschau
T: (004822) 5 31 20 00 **Fax:** 5 31 20 01
E-Mail: pssb@mlp.com.pl
Chairman: Stuart Mactavish
Executive Director: Miroslaw Lubon

Rußland

iz h 464

Russian Association of Direct Selling Companies
c/o Avon Beauty Products
Ulansky per. 4, Building 1, RUS- Moskau 101000
T: (007097) 5 92 36 11 **Fax:** 5 92 36 41
Chairman: John Law
Secretary General: Tony Donnan

Schweden

iz h 465

Direkthandelsföretagens Förening (DF)
Kärleksgatan 2 a, S-21145 Malmö
T: (004640) 29 43 70 **Fax:** 29 43 82
Internet: http://www.direkthandeln.org
Chairman: Anders Berglund
Director: Hans-Henrik Ramel

Schweiz

iz h 466

Schweizerischer Verband der Direktverkaufsfirmen (VDF)
Association Suisse pour la Vente Directe
Association Suisse pour la Vente Directe
Postfach 3257, CH-4002 Basel
Elisabethenanlage 7, CH-4002 Basel
T: (004161) 2 71 19 19 **Fax:** 2 71 85 02
Internet: http://www.svdf.ch
E-Mail: info@hinderling.ch
Vorsitzende(r): Marcel Jüstich
Geschäftsführer(in): Dr. Hans Georg Hinderling

Slowakische Republik

iz h 467

Slovakia DSA
c/o Avon Cosmetics
Prepostska 9, SK-81101 Bratislava
T: (00427) 5 33 57 85 **Fax:** 5 37 87 02
Delegate: Mariana Bradovkova

Slowenien

iz h 468

Prodaje Slovenije (SPDPS)
Aktiva Cosmetica
Dravska 10, SLO-10000 Ljubljana
T: (0038661) 1 68 81 15 **Fax:** 1 68 82 94
E-Mail: bostjan.erzen@anova.net
Chairman: Bostjan Erzen

Spanien

iz h 469

Asociación de Empresas de Venta Directa (AVD)
Calle Aragón 210, E-08011 Barcelona
T: (00343) 4 51 56 17 **Fax:** 4 51 59 42
Presidente: Antonio Mendez
Executive Director: Juan Turró

Tschechische Republik

iz h 470

Ceský národni svaz přimého prodeje (CNSPP)
c/o AMWAY
Nad Kazankou 29 /216, CZ-17000 Prag 7
T: (004202) 83 01 71 20 **Fax:** 8 54 21 00
E-Mail: janstransky@amway.com
Chairman: Jan Stransky

Türkei

iz h 471

Dogrudan Satis Dernegi (DSD)
Tunus caddesi 79/2, TR-06680 Kavaklidere Ankara
T: (0090312) 4 68 77 46 **Fax:** 4 68 78 97
E-Mail: erold@eczacibasi.com.tr
Chairman: Erol Dönmez

Ungarn

iz h 472

Közvetlen Értekesitok Szövetsége (KESZ)
c/o AB Lux
Erzsébet Királyné Utja 1/C, H-1146 Budapest
T: (00361) 3 44 49 51 **Fax:** 3 63 44 49 51
Secretary General: Eva Rajki
Chairman: Janos Koos

● **IZ H 473**

Europäischer Franchise-Verband (EFF)
European Franchising Federation
Fédération européenne de la franchise
Thames View, Newtown Road, GB- Henley on Thames Oxon RG9 IHG Gran Bretagna
T: (00441491) 57 80 50 **Fax:** 5 35 17
Gründung: 1972
Secrétaire Général: Brian Smart

IZ H 473

Chairman: Manfred Maus
Vice-Chairman: Pierre Jeanmart
Executive Director: Carine Thonon
Verbandszeitschrift: EFF Newsletter
Mitglieder: 17
Mitarbeiter: 1

● **IZ H 474**
Europäischer Verband des Kraftfahrzeuggewerbes (CECRA)
European Committee for Motor Trades and Repairs
Comité Européen du Commerce et de la Réparation Automobiles
bd de la Woluwe 46 (bte 17), B-1200 Bruxelles
T: (00322) 7 71 96 56 **Fax:** 7 72 65 67
Gründung: 1983
Vorsitzende(r): D. Evans (GB)
Generalsekretär(in): R. Soetaert ((B), Service de Presse)
Verbandszeitschrift: CECRA News
Redaktion: Bertelmanns
Mitglieder: 20 associations nationales + 10 amicales européennes
Mitarbeiter: 2

Mitgliedsorganisationen

Belgien

iz h 475
FEDERAUTO
Bd de la Woluwe 46, B-1200 Brüssel
T: (00322) 7 78 62 00 **Fax:** 7 78 62 22
Internet: http://www.federauto.be
E-Mail: mail@federauto.be
President: M. Jacobs
Director: B. Pauwels

Dänemark

iz h 476
Danmarks Automobilforhandler Forening (D.A.F.)
Alhambravej 5, DK-1826 Frederiksberg C.
T: (004533) 31 45 55 **Fax:** 31 30 75
Internet: http://www.daf.dk
E-Mail: daf@daf.dk
President: A. Meiniche
Director: P. Kjær

Deutschland

iz h 477
Zentralverband Deutsches Kraftfahrzeuggewerbe (ZDK)
Franz-Lohe-Str. 21, 53129 Bonn
T: (0228) 91 27-0 **Fax:** 91 27-150
Internet: http://www.kfzgewerbe.de
E-Mail: zdk@kfzgewerbe.de
President: R. Leuchtenberger (E-Mail: leuchtenberger@kfzgewerbe.de)
Director: J. Creutzig (E-Mail: creutzig@kfzgewerbe.de)

Finnland

iz h 478
Autoalan Keskuslitto Ry
Hietalahdenkatu 4 A, FIN-00180 Helsinki
T: (003589) 6 80 32 00 **Fax:** 68 03 20 11
E-Mail: harri.nykanen@akl.fi
President: M. Pörhö
Director: H. Nykänen

Frankreich

iz h 479
CNPA
Rue Rouget de Lisle 50, F-92158 Suresnes Cedex
T: (00331) 40 99 55 00 **Fax:** 47 28 44 15
Internet: http://www.cnpa.fr
E-Mail: postmaster@cnpa.fr
President: R. Gardin
Director: J. L. de Salins

Griechenland

iz h 480
OBEAMBE
Monastiriou 69, GR-54627 Thessaloniki
T: (003031) 55 36 09 **Fax:** 55 36 09
President: S. Magopoulos
Director: K. Kantouris

Großbritannien

iz h 481
Retail Motor Industry (R.M.I.)
Great Portland Street 201, GB- London W1N 6AB
T: (0044207) 5 80 91 22 **Fax:** 3 07 34 07
Internet: http://www.rmif.co.uk
President: Coward
Director: D. J. Evans

Irland

iz h 482
The Society of the Irish Motor Industry (SIMI)
5 Upper Pembroke Street, IRL- Dublin 2
T: (003531) 6 76 16 90 **Fax:** 6 61 92 13
Internet: http://www.iol.ie/simi
E-Mail: simi@iol.ie

Italien

iz h 483
Federazione Associazione Italiane Concessionnari Produzione Automobilistica (FEDERAICPA)
Via Nomentana 248, I-00162 Roma
T: (003906) 86 32 51 49, 86 32 53 97 **Fax:** 86 32 55 49
E-Mail: sabrina.cungi@federaicpa.it
President: V. Malago
Director: G. Soranna

Luxemburg

iz h 484
Fédération des Garagistes du Grand-Duché de Luxembourg (Fegarlux)
Circuit de la Foire Internationale 2, L-1347 Luxemburg Kirchberg
T: (00352) 42 45 11-1 **Fax:** 42 45 25
Internet: http://www.fegarlux.lu
E-Mail: info@fegarlux.lu
Präsident(in): Nic. Thommes
Sekretär: Ralph Weis

iz h 485
Adal
56, Rue Cessange, L-1320 Luxemburg
T: (00352) 29 83 84 **Fax:** 29 83 85
President: J. Kaysen

Niederlande

iz h 486
BOVAG
Kosterijland 15, NL-3981 AJ Bunnik
T: (003130) 6 59 52 11 **Fax:** 6 56 78 35
Internet: http://www.bovag.nl
E-Mail: bovag@bovag.nl
President: J. Hoekzema

Österreich

iz h 487
Bundesgremium des Fahrzeughandels
Wiedner Hauptstr. 63, A-1045 Wien
T: (00431) 5 01 05 33 52 **Fax:** 50 10 52 92, 50 20 62 92
E-Mail: bggr3@wkoesk.wk.or.at
President: H. Havelka
Director: M. Kandelhart

Portugal

iz h 488
ACAP
Avenida Torre de Belém 29, P-1400-342 Lissabon
T: (0035121) 3 03 53 00 **Fax:** 3 02 14 74
Internet: http://www.acap.pt
E-Mail: acap@mail.telepac.pt
President: M. Rui Costa
Secretary General: Helder Pedro

iz h 489
ANECRA
Calçada da Estrela 77, P-1249-089 Lissabon
T: (0035121) 3 92 90 30 **Fax:** 3 97 85 04
Internet: http://www.anecra.pt
E-Mail: anecra@mail.telepac.pt
President: A. Ferreira Nunes
General Secretary: J. Neves da Silva

Schweden

iz h 490
MRF
Postfach 5611, S-114 86 Stockholm
Karlavägen 14 A, 1tr, S-114 86 Stockholm
T: (00468) 7 01 63 00 **Fax:** 24 44 01
Internet: http://www.mrf.se
E-Mail: mrf@mrf.se
President: W. Komstedt

Spanien

iz h 491
GANVAM
Principe de Vergara 74, 6°, E-28006 Madrid
T: (003491) 4 11 37 45 **Fax:** 5 63 90 81
Internet: http://www.ganvam.es
E-Mail: ganvam@ganvam.es
President: Juan Antonio Sanchez Torres
General Secretary: T. Herrera Ricoy

iz h 492
CETRAA
Plaza Dr. Letamendi 37, 6°, 3a, E-08007 Barcelona
T: (003493) 4 51 66 67 **Fax:** 3 23 28 36
Internet: http://www.cetraa.com
E-Mail: info@cetraa.com
President: C. V. Olmo Agorreta
General Secretary: A. Higueras

● **IZ H 493**
Internationale Buchhändler-Vereinigung (IBV)
International Booksellers Federation (IBF)
Fédération Internationale des Libraires (FIL)
Rue du Grand Hospice 34 A, B-1000 Brussels
T: (00322) 2 23 49 40 **Fax:** 2 23 49 41
E-Mail: eurobooks@skynet.be
Gründung: 1956
President: Yvonne Steinberger
Generalsekretär(in): Christiane Vuidar (Rue du Gd. Hospice 34 A, B-1000 Brussels)
Mitglieder: 20 nationale Buchhändlerverbände, ca. 117 fördernde Mitglieder (Buchhändler) und außerordentliche Mitglieder (Verleger und Grossbuchhändler)

● **IZ H 494**
Internationale Handelsorganisation für die Sportbootindustrie (ICOMIA)
International Council of Marine Industry Associations
Marine House Thorpe Lea Road, GB- Egham Surrey TW20 8BF
T: (00441784) 22 37 00 **Fax:** 22 37 05
E-Mail: info@icomia.com
Gründung: 1965
Secretary General: T.P.T. Donkin (Ltg. Presseabt.)
Verbandszeitschrift: Yearbook
Verlag: IBI, Link House, Dingwall Ave., Croydon CR9 2TA, GB
Mitglieder: 24 Plus 26 Internationale Mitglieds Firmen
Mitarbeiter: 5
Jahresetat: 4,8
Mitglieder sind die nationalen Verbände der EG, Skandinaviens, der USA und Canadas, der Schweiz, Japans und Australiens, South Africa

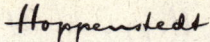

● IZ H 495
Internationale Kunsthändler-Vereinigung (C.I.N.O.A.)
International Confederation of Art Dealers
Confédération Internationale des Négociants en Oeuvres d'Art
Generalsekretariat der CINOA
Restelbergstr. 97, CH-8044 Zürich
T: (00411) 360-5160   Fax: 360-5161
Gründung: 1919
Verbandszeitschrift: catalogue „Faire des Antiquaires de Belgique"
Verlag: Chambre des Antiquaires de Belgique
Mitglieder: ca. 5000

● IZ H 496
Internationale Liga der Antiquariats-Buchhändler
International League of Antiquarian Booksellers (ILAB)
Ligue Internationale de la Librairie Ancienne
400 Summit Ave., USA- St. Paul MN 55102
Fax: (001651) 2 90 06 46
Internet: http://www.ilab-lila.com
E-Mail: rulon@winternet.com
Gründung: 1997 (Januar)
President: Alain Nicolas (41, Quai des Grands Augustins, F-75006 Paris, Telefax: (00331) 43 26 06 11, E-Mail: muses@cybercable.fr)
Vice-President: Georg Schreyer (Euskirchner Str. 57-59, 53121 Bonn, Fax: (0049228) 61 30 29, E-Mail: schreyer-bonn@t-online.de)
Treasurer: Poul Jan Poulsen (3 Kron-Prinsens-Gade, P.O. Box 2184, DK-1017 Copenhagen K. Denmark, Telefax: +45 33 93 70 07)
Secrétaire Général: Robert Rulon-Miller (400 Summit Ave, St. Paul MN 55102, Telefax: (00612) 2 90 06 46, E-Mail: Rulon@WINTERNET.COM)
Verbandszeitschrift: ILAB Newsletter
Redaktion: 400 Summit Ave., St. Paul MN 55102

● IZ H 497
Internationale Selbstbedienungs-Organisation (ISSO)
c/o EuroHandelsinstitut e.V.
Spichernstr. 55, 50672 Köln
T: (0221) 5 79 93-0   Fax: 5 79 93 45
Präsident(in): Dr. Bernd Hallier

● IZ H 498
Internationale Vereinigung der Hartwaren- und Haushaltsartikelverbände (IHA)
International Federation of Hardware and Housewares Associations
Bristol Road 225 Edgbaston, GB- Birmingham B5 7UB
T: (0044121) 4 46 66 88   Fax: 4 46 52 15
Internet: http://www.ihaworldwide.org
E-Mail: secretary@worldwide.org
Gründung: 1899
President: T. Endo
Contact: Jonathan Swift
Leitung Presseabteilung: Patrick Leventon
Verbandszeitschrift: Documentation
Mitglieder: 20
Mitarbeiter: 2

Mitglieder

iz h 499
Hardware Federation of Australia Inc.
Postfach 1330, AUS- Penrith New South Wales 2751
T: (00612) 9634-1361   Fax: 9634-2893
National Secretary: Yvonne Anderson
Mitglieder: 1818

iz h 500
Canadian Retail Hardware Association (CRHA)
Association Canadienne des Détaillants en Quincaillerie
Argentia Road 2121 Suite 102, CDN- Mississauga L5N 2X4
T: (001905) 821-3470   Fax: 821-8946
E-Mail: crha@crha.com
Executive Director: Bob Elliott
Mitglieder: 1820

iz h 501
China National Hardware Association
No.6 Dixing, Ju An Wai, Dong Cheng District, CN- Beijing
T: (008610) 64 26 07 01   Fax: 64 26 04 66
Internet: http://www.e-hardware.com.cn
E-Mail: mail@e-hardware.com.cn
President: Zhan Dong Li
Vice Chairman: Shi Seng Lan
Mitglieder: 10,000 (est)

iz h 502
Dansk Isenkram Forening
Postfach 5 00, DK-1506 Copenhagen V
Vester Farimagsgade 19, DK-1506 Copenhagen V
T: (004533) 74 61 15   Fax: 74 61 80
Internet: http://www.isenkrambranchen.dk
E-Mail: til@isenkrambranchen.dk
Director: Soren Vestereng
Mitglieder: 550

iz h 503
Zentralverband Hartwarenhandel e.V. (ZHH)
Eichendorffstr. 3, 40474 Düsseldorf
T: (0211) 4 70 50-0   Fax: 4 70 50 39
Internet: http://www.zhh.de
E-Mail: zhh@hartwaren.de
Director: Dipl.-Btw. Gerd Scharping
Mitglieder: 1550

iz h 504
Federacion Español de Associaciones de Ferreteria (FEDAFE)
Calle Principe de Vergara 74, 1° dcha., E-28005 Madrid
T: (003491) 5 61 07 04   Fax: 5 62 14 73
Secretary General: Miguel Rodriguez
Mitglieder: 21

iz h 505
Finnish Hardware Association
Mannerheimintie, 76 B, FIN-00250 Helsinki
T: (003589) 43 15 64 80   Fax: 43 15 64 82
E-Mail: kari.kulmala@rasie.pp.fi
Director: Kari Kulmala
Mitglieder: 260

iz h 506
Cofracom Confédération française des commerces pour l'industrie et l'habitat
Rue de Miromesnil 91, F-75008 Paris
T: (003314) 5 61 99 44   Fax: 2 25 77 52
President: Olivier Blondet
Mitglieder: 406

iz h 507
Irish Hardware Association
Elmville
Upper Kilmacud Road Dundrum, IRL- Dublin 14
T: (003531) 2 98 09 69   Fax: 2 98 61 03
Internet: http://www.irishhardware.ie
E-Mail: info@irishhardware.ie
Director: Jim Goulding
Mitglieder: 600

iz h 508
Assofermet
Corso Venezia 47 /49, I-20121 Mailand
T: (003902) 7 60 08-807   Fax: 7 81-027
Internet: http://www.assofermet.it
E-Mail: marcemas@tin.it
President: Marcello Masi
Mitglieder: 179

iz h 509
Japan Diy Industry Association
1-85, Kajicho, Chiyodaku Shinkanda Bldg, J- Tokio 101-0044
T: (00813) 3256-4475   Fax: 3256-4457
Internet: http://www.diy.or.jp
E-Mail: diy01@mx7.mesh.me.jp
Secretary General: Michiaki Yamamoto
Mitglieder: 856 (Retail: 173; Industry: 683)

iz h 510
Nederlandse Vereniging Van Handelaren In Ijzerwaren
Postfach 2 98 22, NL-2502 LV Den Haag
Adrian Goekooplaan 5, NL-2502 LV Den Haag
T: (003170) 3 54 68 11   Fax: 3 51 27 77
E-Mail: nvvy@verbondgroothandel.nl
Director: Henry J. J. Kruiper
Mitglieder: 160

iz h 511
Jernvaregrossistenes Landsforening
Postfach 2866 Solli, N-0230 Oslo
Drammensveien 30, N-0230 Oslo
T: (0047) 22 44 78 73   Fax: 22 44 87 47
Secretary General: Paul Eilertsen
Mitglieder: 10

iz h 512
Norges Jernvarenhandleres Forbund
Postfach 193, N-0903 Oslo
Stanseveien 2, N-0903 Oslo
T: (0047) 22 25 03 00   Fax: 22 25 03 20
Director: Jan Nessheim
Mitglieder: 150

iz h 513
Verband Österreichischer Eisenwaren- und Küchengerätehändler
Postfach 2 65, A-1021 Wien
Taborstr. 35, A-1020 Wien
T: (00431) 3 17 56-05   Fax: 3 17 56-0520
Internet: http://www.eisenwaren.com
E-Mail: verband@eisenwaren.com
Präsident(in): Komm. Rat. Hans Seemann
Mitglieder: 152

iz h 514
Sveriges Järnhandlareförbund
Postfach 2 41 46, S-10451 Stockholm
T: (00468) 6 63 51 40   Fax: 6 67 71 48
Internet: http://www.jarnhandlarna.se
E-Mail: info@jarnhandlarna.se
Director: Roland Billme
Mitglieder: 362

iz h 515
Verband des Schweizerischen Eisenwaren- und Haushaltsartikelhandel (VSE)
Postfach 27, CH-8034 Wallisellen
Neugutstr. 12, CH-8034 Wallisellen
T: (00411) 8 78 70 50   Fax: 8 78 70 55
Internet: http://www.neugut.ch
E-Mail: info@vse-online.ch
Präsident(in): Urs Delay
Secretary General: Christoph Rotermund
Mitglieder: 556

iz h 516
British Hardware Federation (BHF)
Bristol Road 225 Edgbaston, GB- Birmingham 5B 7UB
T: (0044121) 4 46 66 88   Fax: 4 46 52 15
Internet: http://www.bhfgroup.demon.co.uk
E-Mail: secretary@ihaworldwide.org
Managing Director: Jonathan Swift
Mitglieder: 4000

iz h 517
National Retail Hardware Association
West 74th Street 5822, USA- Indianapolis, IN 46278
T: (001317) 2 90-0338   Fax: 3 28-4354
Internet: http://www.nrha.org
E-Mail: nrha@iquest.net
Managing Director: John P. Hammond
Mitglieder: 15000

● IZ H 518
Internationale Vereinigung der Händler und Reparaturbetriebe für Landwirtschaftliche Maschinen - CLIMMAR (CLIMMAR)
International Association of Dealers and Repair Companies for Agricultural Machinery - CLIMMAR
Centre de Liaison International des Marchands de Machines agricoles et Réparateurs - CLIMMAR
c/o H.A.G.
Ruhrallee 12, 45138 Essen
T: (0201) 8 96 24-0   Fax: 8 96 24-24
Präsident(in): Dipl.-Ing. Heinz-Jürgen Müller
Generalsekretär(in): RA Thomas Fleischmann

● IZ H 519
Internationale Warenhausvereinigung (IWV)
International Association of Department Stores (IADS)
Association Internationale de Grands Magasins (AIGM)
Rue de Rome 4, F-75008 Paris

IZ H 519

T: (00331) 42 94 02 02   Fax: 42 94 02 04
Internet: http://www.iads.org
E-Mail: iads@iads.org
Gründung: 1928
Secrétaire Général: M. de Groot van Embden
Verbandszeitschrift: Retail News Letter
Verlag: IADS
Mitglieder: 18

● **IZ H 520**
Internationaler Verband des Kraftfahrzeuggewerbes (IOMTR)
International Organization for Motor Trades and Repairs
Organisation Internationale du Commerce et de la Réparation Automobiles
Kosterijland 15, NL-3981 AJ Bunnik
T: (003130) 6 59 53 01   Fax: 6 56 49 82
Internet: http://www.rdc.nl/iomtr
E-Mail: iomtr@rdc.nl
Gründung: 1947 (6. Juli)
Präsident(in): Roger Smith (GB)
Geschäftsführer(in): Henk W. G. van Dijk
Mitglieder: 37 Verbände in 25 Ländern

● **IZ H 521**
Verband des Geflügel- und Wildeinzelhandels in der EG (CDVGP)
Confédération des Detaillants en Volaille et Gibier des Pays de la CE
Av. L. Pasteur, 8, B-1780 Wemmel
T: (00322) 5 12 61 78   Fax: 5 12 03 74
Gründung: 1969
Président: Patrick van Gaever (B)
Secrétaire Général: Jan Willem de Jong
Vice-Président pour la Belgique: Malhaise
Vice-Président pour la France: Camprodon
Vice-Président pour l'Allemagne: Bernett
Vice-Président pour les Pays-Bas: Ruig
Vice-Président pour l'Autriche: Sima

● **IZ H 522**
Verbindungsausschuß der europäischen Einzelhandelsverbände (CLD)
Committee of Liaison for European Associations of Distribution and Trade
Comité de Liaison des Associations Européennes du Commerce de Détail
14, Ave. de Tervueren, B-1040 Bruxelles
T: (00322) 7 36 10 14   Fax: 7 36 34 97
Gründung: 1978
Präsident(in): N. N.
Generaldelegierter: Marie-Andrée Vander Elst
Mitglieder: 7 Verbände
Mitgliedsverbände: 8 europäische Einzelhandelsverbände (Kaufhäuser, Lebensmittelfilialbetriebe, Versandhandel, Einkaufsgenossenschaften, gewerbliche Einkaufsgruppen, Einzelhandelszentrum u. Aussenhandelsvereinigung, Direktvertrieb, Direkt Marketing)

iz h 523
Europäische Vereinigung des Versandhandels (AEVPC)
European Mail Order Traders' Association (EMOTA)
Association Européenne de Vente par Correspondance (AEVPC)
Buro & Design Center
Heizel Esplanade box 47, B-1020 Brüssel
T: (00322) 4 77 17 99   Fax: 4 78 91 65
Internet: http://www.emota-aevpc.org

iz h 524
Europäischer Direktmarketing Verband (FEDMA)
Federation of European Direct Marketing (FEDMA)
Fédération Européenne du Marketing Direct
Avenue de Tervuren 439, B-1150 Brüssel
T: (00322) 778 99 20   Fax: 778 99 24
E-Mail: info@fedma.org

iz h 525
Europäischer Direktvertriebsverband (FEDSA)
Federation of European Direct Selling Associations
Fédération Européenne de la Vente Directe
Avenue de Tervueren 14, B-1040 Brüssel
T: (00322) 7 36 10 14   Fax: 7 36 05 42

iz h 526
Foreign Trade Association
Avenue de Janvier 5, B-1200 Brüssel
T: (00322) 7 62 05 51   Fax: 7 32 75 06

iz h 527
Union der Verbundgruppen von selbständigen Einzelhändlern Europas (UGAL)
Union des Groupements de Commerçants Détaillants Indépendants de l'Europe
3, Avenue des Gaulois, Bte 3, B-1040 Bruxelles
T: (00322) 7 32 46 60   Fax: 7 35 86 23
E-Mail: ugal@optinet.be

iz h 528
Zentrum des Europäischen Einzelhandels (CECODE)
Centre Européen du Commerce de Détail
Gothaer Allee 2, 50969 Köln
T: (0221) 9 36 55-7 70   Fax: 9 36 55-7 79

iz h 529
Internationale Vereinigung von Einkaufsverbänden
Lindenstr. 20, 50765 Köln
T: (0221) 21 94 56   Fax: 23 05 45

● **IZ H 530**
Zentrum des Europäischen Einzelhandels (CECODE)
Centre Européen du Commerce de Détail
Gothaer Allee 2, 50969 Köln
T: (0221) 9 36 55-7 70   Fax: 9 36 55-7 79
Präsident(in): Joseph Demesmacre, Brüssel/Belgien
Generalsekretär(in): Dipl.-Vw. Horst Krüger (D), Köln

Mitgliedsorganisationen

Belgien

iz h 531
Foreign Trade Association
Avenue de Janvier 5, B-1200 Brüssel
T: (00322) 7 62 05 51   Fax: 7 32 75 06

Deutschland

iz h 532
Association Européenne des Détaillants en Textile
An Lyskirchen 14, 50676 Köln
T: (0221) 92 15 09-0   Fax: 92 15 09-10

iz h 533
Groupement Européen des Associations des Maisons de Réforme
Gotische Str. 5, 61440 Oberursel
T: (06172) 30 09-861   Fax: 30 09-862

Frankreich

iz h 534
Fédération Internationale des Horlogers, Bijoutiers, Joailliers, Orfèvres Détaillants de la CE
63-65, Grandes Arcades, F-67000 Straßburg
T: (0033388) 32 45 89

Österreich

iz h 535
Confédération Européenne de la Droguerie
Krugerstr. 3, A-1010 Wien
T: (0043222) 52 62 29

Schweiz

iz h 536
Union Internationale des Détaillants Alimentaires
Postfach 2740, CH-3001 Bern
Falkenplatz 1, CH-3001 Bern
T: (004131) 23 76 46

Handelsvertreter, Makler, Auktionatoren

● **IZ H 537**
Europäische Schausteller-Union (ESU)
European Showmen's-Union
Union Foraine Européenne (UFE)
Generalsekretariat:
Rue Alcide de Gasperi 7, L-2014 Luxembourg Kirchberg
T: (00352) 43 94 44   Fax: 43 94 50
Gründung: 1954
Präsident(in): Harry Wollenschläger (Preußenallee 14, 14052 Berlin)
Stellv. Präsidenten: Kommerzialrat Heimo Medwed, Graz (Österreich)
Dr. Cesare Falchero (Italien)
Bertos Donks (Niederlande)
Kalle Justander (Finnland)
Generalsekretär: Ing. Marc Weydert (Ville de Luxembourg, Luxembourg)
Mitglieder: Einzelmitglieder: 70000 Schausteller, Circus- und Freizeitparkunternehmen
Mitarbeiter: 2
Büro: Lippestr. 59, 59368 Werne,
T: (02389) 32 74, Telefax: (02389) 53 50 33

● **IZ H 538**
Europäischer Maklerverband (CEI)
European Confederation of Estate Agents
Confédération Européenne de l'Immobilier
Sainctelettesquare 11-12, B-1000 Brüssel
T: (00322) 2 19 40 08   Fax: 2 17 88 41
Internet: http://web-cei.com
Gründung: 1988
President: Liam O'Donnel (T: (003536) 78 56 85, Telefax: (003536) 76 28 90, E-Mail: lodonnell@ipav.ie)
Vice-President: Antonio Reina Martin Chantal Coste
Sec. General: Ian Tonge (Honorary President)
Treasurer: André Groot
Public Relations to the European Commission: André Groot
Honorary President: Axel Bernd Stiller
Camillo Laurerxe
Mitglieder: 23000

Mitgliedsorganisationen

Deutschland

iz h 539
Verband Deutscher Makler für Grundbesitz, Hausverwaltung und Finanzierungen e.V. (VDM)
Saatwinkler Damm 42 /Riedemannweg 57, 13627 Berlin
T: (030) 38 30 25 28   Fax: 38 30 25 29
Internet: http://www.vdm.de
E-Mail: kontakt@vdm.de
President: Robert P. Kuhlmann
CEI Ehrenpräsident: Axel Bernd Stiller
Leitung Presseabteilung: Dirk Kube
Verbandszeitschrift: Der Grundbesitz
Redaktion: VDM, Saatwinkler Damm 42/Riedemannweg 27, 13627 Berlin
Verlag: Limbach Verlag, Postfach 80 12, 38130 Braunschweig
Mitglieder: ca. 2500 Unternehmen

Frankreich

iz h 540
Union Nationale Indépendante des Transactionnaires Immobiliers (UNIT)
Rue de Stockholm 4, F-75008 Paris
T: (00331) 42 93 79 86   Fax: 42 93 79 90
President: Chantal Coste (CEI Rep.)

Großbritannien

iz h 541

The National Association of Estate Agents (NAEA)
Arbon House
21 Jury Street, GB- Warwick CV34 4EH
T: (00441926) 49 68 00   Fax: 40 09 53
Internet: http://www.naea.co.uk
E-Mail: naea@dial.pipex.com
President: John H. Smith
CEI Rep: Ian Tonge

iz h 542

Federation of Overseas Property Developers, Agents & Consultants (FOPDAC)
Postfach 3534, GB- London NW5 1DQ
T: (004420) 87 44 23 62   Fax: 88 92 02 04
President: Steve Emmet

Irland

iz h 543

Institute of Professional Auctioneers and Valuers (IPAV)
Upper Fitzwilliam Street 39, IRL- Dublin 2
T: (003531) 6 78 56 85   Fax: 6 76 28 90
President: Tom Collins

Italien

iz h 544

Federazione Italiana Agenti Immobiliari Professionali (FIAIP)
Via Monte Zebio 30, I-00195 Rom
T: (06) 3 21 97 98, (0789) 9 25 50   Fax: (06) 3 22 36 18, (0789) 9 43 54
President: Luciano Passuti
CEI Rep: M. Facco

Niederlande

iz h 545

Vereniging Bemiddeling Onroerend Goed (V.B.O.)
Postfach 17330, NL-2502 CH Den Haag
1e Sweelinckstraat 25, NL-2517 GA Den Haag
T: (003170) 3 45 87 03   Fax: 3 10 65 11
President: Joël E. van der Reÿd
CEI Rep: André Groot

Österreich

iz h 546

ÖVI-Österreichischer Verband der Immobilientreuhänder
Mariahilfer Str. 196, A-1150 Wien
T: (00431) 8 93 24 47   Fax: 8 94 02 22
President: Ewald Gerersdorfer

Portugal

iz h 547

Associação dos Mediadores Imobiliários do Algarve (A.M.A.)
Rua Sotto Mayor N° 7-5 Frente, P-8000 Faro
T: (0035189) 80 69 72   Fax: 80 69 72
President: Abel Santos (CEI Rep.)

Spanien

iz h 548

Gestores Intermediarios en Promociones de Edificaciones (G.I.P.E.)
C/Larios 3 (Entrada por Moreno Monroy 2), E-29015 Malaga
T: (00345) 2 22 52 01   Fax: 2 22 52 41
President: Antonio Reina Martin (CEI Rep.)

● **IZ H 549**

Internationale Handelsvertreter-Vereinigung der Europäischen Gemeinschaft (CIRCCE)
Confédération Internationale de la Représentation Commerciale de la Communauté Européenne
Rue d'Hauteville 2, F-75010 Paris
T: (00331) 48 24 97 59   Fax: 45 23 19 48
Président: Jean Pierre Broggi

Mitgliedsorganisationen

Belgien

iz h 550

Fédération Belge des Représentants de Commerce
Dascottelei 99 Anvers, B-2100 Deurne
T: (00323) 3 21 32 82, 3 22 48 03   Fax: 3 21 27 71
Président: Ernest De Bodt

iz h 551

Union Professionnelle de la representation commerciale
Rue Edouard Colson 38/2, B-4431 Loncans
T: (00324) 2 39 21-4143   Fax: 2 39 21-45
Président: Bernard Dacaouffe

Frankreich

iz h 552

Conseil National des Forces de Vente
Rue d'Hauteville 2, F-75010 Paris
T: (00331) 48 24 97 59   Fax: 45 23 19 48
Président: Jean Pierre Broggi

iz h 553

Fédération Syndicale Nationale de la Représentation Commerciale
Rue d'Hauteville 2, F-75010 Paris
Präsident(in): J.P. Broggi

Luxemburg

iz h 554

Representants de Commerce Luxembourgeois VRP-FEP-FIT et Cadres
24 Rue Emile Mayrisch, L-4470 Soleuvre
T: (00352) 59 26 48
Präsident(in): Albert Kuhn

Schweiz

iz h 555

Fédération des Agents Indépendants et Représentants (F.A.I.R.)
20, rue Camille Martin, CH-1203 Genf
T: (004122) 7 96 07 11   Fax: 7 97 35 30
Trésorier Central: Michel Conus

Spanien

iz h 556

Confederation Espanola de Representantes de Comercio
Diego de Leon, 58, 1°IZDA, E-28006 Madrid
T: (003491) 4 01 63 16   Fax: 4 01 87 46
Président: Andres Crespo

● **IZ H 557**

Internationale Union der Handelsvertreter und Handelsmakler (IUCAB)
International Union of Commercial Agents and Brokers
Union Internationale des Agents Commerciaux et des Courtiers
De Lairessestraat 158, NL-1075 HM Amsterdam
T: (003120) 4 70 01 77   Fax: 6 71 09 74
Internet: http://www.iucab.nl
E-Mail: info@iucab.nl
Gründung: 1953 (21. September)
President: W. Hinderer
Secretary General: J. W. B. Baron van Till
Secr.: N. van Blaaderen

Verbandszeitschrift: IUCAB-Info
Mitglieder: 18
Mitarbeiter: 2

Mitgliedorganisationen

Belgien

iz h 558

Union Belge des Agents Commerciaux
Rue du Tournois 43, B-1190 Brüssel
T: (00322) 3 44 45 45   Fax: 3 43 02 43

Dänemark

iz h 559

Ass. of Commercial Agents of Denmark
Boørsen, DK-1217 Kopenhagen
T: (0045) 33 95 05 00   Fax: 33 33 04 64

Deutschland

iz h 560

Centralvereinigung Deutscher Wirtschaftsverbände für Handelsvermittlung und Vertrieb (CDH)
Am Weidendamm 1a, 10117 Berlin
T: (030) 7 26 25-600   Fax: 7 26 25-699
Internet: http://www.cdh.de
E-Mail: centralvereinigung@cdh.de

Finnland

iz h 561

Finnish Foreign Trade Agents' Federation
Elimaenkatu 29, FIN-00510 Helsinki
T: (00358) 9 86 83 16 50   Fax: 9 86 83 16 51
E-Mail: fftaf@agenttiliitto.fi

Frankreich

iz h 562

Fédération Nationale des Agents Commerciaux et Mandataires
30, Avenue de l'Opera, F-75002 Paris
T: (00331) 44 94 05 00   Fax: 44 94 05 10
E-Mail: fnac@comagent.com

Griechenland

iz h 563

Federation of Independent Commercial Agents Ass.
3, Karitsi Street, GR-10561 Athen
T: (00301) 3 23 08 90

Großbritannien

iz h 564

The Manufacturers' Agents' Association
Model Cottage
Brockford Green Stowmarket, GB- Suffolk 1P14 5NL
T: (00441449) 767761   Fax: 767126
E-Mail: petersmith@themaa.co.uk

Italien

iz h 565

Federazione Nationale Ass. Agenti e Rappresentanti die Commercio
Corso Venezia 51, I-20121 Mailand
T: (00392) 7 75 02 77   Fax: 76 00 84 93

iz h 566

Unione Sindicati Agenti Rappresentanti di Commercio Italiani
Corso del Rinascimento 11, I-00186 Rom
T: (00396) 6 83 89 22   Fax: 6 83 40 46

Internet: http://www.usarci.it
E-Mail: federusarci@usarci.it

Niederlande

iz h 567

Verbond van Nederlandse Tussenpersonen (VNT)
Postfach 74773, NL-1070 BT Amsterdam
T: (003120) 4 70 01 77   **Fax:** 6 71 09 74
Internet: http://www.vnt.org
E-Mail: info@vnt.org

Norwegen

iz h 568

The Fed. of Norwegian Commercial Agents
Postfach 2896, Solli, N-0230 Oslo 2
T: (0047) 22 44 68 33   **Fax:** 22 43 44 28
E-Mail: rwaa@telepost.no

Österreich

iz h 569

Bundesgremium der selbstständigen Handelsvertreter und Vermittler
Postfach 4 40, A-1045 Wien
T: (00431) 5 01 05 33 22   **Fax:** 50 20 62 87
E-Mail: bggr6@wkoesk.wk.or.at

Schweden

iz h 570

The Swedish Association of Agents
Vasagatan 46, S-1118 Stockholm
T: (00468) 4 11 00 22   **Fax:** 4 11 00 23
Internet: http://www.agenturforetagen.se
E-Mail: mail@agenturforetagen.se

Schweiz

iz h 571

Verband Kaufmännischer Agenten der Schweiz (VKAS)
Ackersteinstr. 164, CH-8049 Zürich
T: (00411) 3401888   **Fax:** 3417894
E-Mail: info@vka-ch

Spanien

iz h 572

AESPAC
C/Goya 55-1°, E-28001 Madrid
T: (003491) 5 75 92 85   **Fax:** 57 00 84
E-Mail: aespac@cgac.es

USA

iz h 573

Manufacturers' Agents National Association
Postfach 3467, USA-92654 Laguna Hills

T: (001949) 8 59 40 40   **Fax:** 8 55 29 73
Internet: http://www.manaonline.org
E-Mail: mana@manaonline.org

● **IZ H 574**

Internationaler Verband der Immobilienberufe (FIABCI)
Fédération Internationale des Professions Immobilières
23, Avenue Bosquet, F-75007 Paris
T: (00331) 45 50 45 49   **Fax:** 45 50 42 00
Internet: http://www.fiabci.com
E-Mail: info@fiabci.com
Gründung: 1949
Weltpräsident: Nestor Weigand (2001-2002)
Laurence McCabe (2000-2001)
Tanaka Jun-Ichiro (1999-2000)
Generalsekretär(in): Bruno Crosby
Verbandszeitschrift: FIABCI-Press
Mitglieder: 4500
Mitarbeiter: 6

● **IZ H 575**

Vereinigung der nationalen Schiffsmakler- und -agenten-Verbände (FONASBA)
Federation of National Associations of Shipbrokers and Agents
Fédération des associations nationales des agents et courtiers maritimes de navires
c/o Institute of Chartered Shipbrokers
3, St.Helen's Place, GB- London EC3A 6EJ
T: (004420) 76 28-5559   **Fax:** 75 88-7836
Internet: http://www.fonasba.com.
E-Mail: fonasba@ics.org.uk
General Manager: Jonathan C. Williams (MICS)

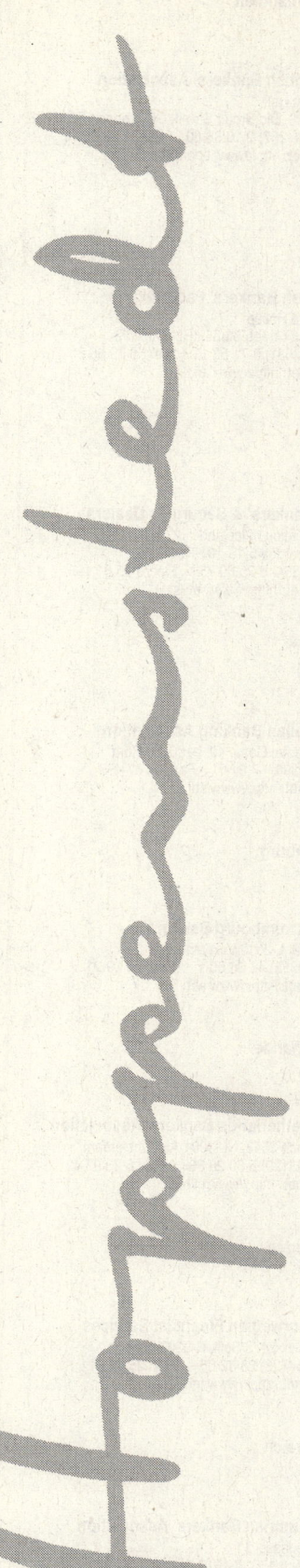

IZ I Banken und Börsen

Zum Auffinden einer bestimmten Dienststelle oder Organisation dient das Suchwortverzeichnis, eines Personennamens das Personenverzeichnis

Spitzenverbände der Banken und Börsen
Sparkassen, Raiffeisen, Volksbanken, Kreditgenossenschaften
Bausparkassen, Hypothekenwesen
Finanzen
Kredit- und Exportversicherung
Wertpapier- und Warenbörsen

IZ I 1

Spitzenverbände der Banken und Börsen

● IZ I 1
EURO Bankenvereinigung (EBV)
EURO Banking Association (EBA)
Association Bancaire pour l'EURO (ABE)
Rue de Galliéra 4, F-75116 Paris
T: (00331) 53 67 07 00   Fax: 53 67 07 07
Internet: http://www.ABE.ORG
Gründung: 1985
President: Olivier Mas
Secretary General: Gilbert Lichter
Leitung Presseabteilung: Daniel Szmukler
Mitglieder: 130 + 20 Assoziierte Mitglieder
Mitarbeiter: 23

● IZ I 2
Euro-Institut (EI)
Euro Institute
Institut de l'euro
Rue Président Carnot 8, F-69002 Lyon
T: (0033) 4 72 56 42 32   Fax: 4 72 41 84 91
Internet: http://www.euro-institut.org
E-Mail: euroinstitut@asi.fr
Gründung: 1992
President: Frans Andriessen
Direktor(in): Alain Malegarie
Contact: Ghislaine Galinet-Lucido
Mitarbeiter: 3

● IZ I 3
Europäische Bank für Wiederaufbau und Entwicklung (EBRD)
European Bank for Reconstruction and Development (EBRD)
Banque européenne pour la reconstruction et le développement (BERD)
1, Exchange Square, GB- London EC2A 2 JN
T: (004420) 73 38-60 00   Fax: 73 38-61 00
Internet: http://www.ebrd.com
E-Mail: harrisob@ebrd.com
Präsident(in): Jean Lemierre
Generalsekretär(in): Antonio Maria Costa
Pressesprecherin: Brigid Janssen
Mitglieder: 58 Mitgliedsstaaten plus European Commission und European Investment Bank

● IZ I 4
Europäischer Investitionsfonds (EIF)
European Investment Fund (EIF)
Fonds européen d'investissement (FEI)
Avenue J.F. Kennedy 43, L-2968 Luxembourg
T: (00352) 42 66 88-1   Fax: 42 66 88-200
Internet: http://www.EIF.ORG
E-Mail: info@eif.org
Gründung: 1994 (Juni)
Chief Executive: W. Cernoià

Sekretariat und Verwaltung
Generalsekretär(in): R. Wagener
Presseabteilung: Pé Verhoeven
M. Schublin

● IZ I 5
Europäische Zentralbank (EZB)
European Central Bank (ECB)
Postf. 16 03 19, 60066 Frankfurt
Kaiserstr. 29, 60311 Frankfurt
T: (069) 13 44-0   Fax: 13 44-6000
Internet: http://www.ecb.int
E-Mail: info@ecb.int
Präsident(in): Dr. Willem Frederik Duisenberg
Vizepräsident(in): Christian Noyer
Direktorium: Eugenio Domingo Solans
Sirkka Hämäläinen
Otmar Issing
Tommaso Padoa-Schioppa
Mitarbeiter: ca. 940 (15.12.00)

● IZ I 6
Bankenvereinigung der Europäischen Union (FBE)
Banking Federation of the European Union
Fédération Bancaire de l'Union Européenne
rue Montoyer 10, B-1000 Brüssel
T: (00322) 5 08 37 11   Fax: 5 11 23 28
Internet: http://www.fbe.be
E-Mail: fbe@fbe.be
President: Maurizio Sella (Italien)

Secretary General: Nikolaus Bömcke (Deutschland)
Mitglieder: 18 Mitgliedsverbände und 16 assoziierte Verbände

Mitgliedsorganisationen

Belgien

iz i 7

The Belgian Bankers' Association
Rue Ravenstein, 36-Bte5, B-1000 Brüssel
T: (00322) 5 07 68 11   Fax: 51 25 861
Internet: http://www.abb-bvb.be

Dänemark

iz i 8

The Danish Bankers' Association
Pengeinstitutters Forening
Amaliegade 7, DK-1256 Kopenhagen
T: (004533) 70 10 00   Fax: 93 02 60
Internet: http://www.finansraadet.dk

Deutschland

iz i 9

Bundesverband deutscher Banken e.V.
Postf. 04 03 07, 10062 Berlin
Burgstr. 28, 10178 Berlin
T: (030) 16 63-0   Fax: 16 63-1399
Internet: http://www.bankenverband.de
Präsident(in): Dr. Frank Heintzeler (Sprecher d. Vorst. der Baden-Württembergischen Bank AG, Stuttgart)
Vorstand: Hans-Detlef Bösel (pers. haft. Ges. des Bankhauses Sal. Oppenheim jr. & Cie KGaA, Köln)
Dr. Rolf-E. Breuer (Sprecher d. Vorst. der Deutschen Bank AG, Frankfurt)
Prof.Dr. Bernd Fahrholz (Sprecher d. Vorst. der Dresdner Bank AG, Frankfurt)
Dr. Karsten von Köller (Mitglied des Vorst. der RHEINHYP Rheinische Hypothekenbank AG, Frankfurt/Main)
Martin Kohlhaussen (Sprecher des Vorst. der Commerzbank AG, Frankfurt)
Dr. Lutz Raettig (Vors. des Vorst. der Morgan Stanley Bank AG, Frankfurt/Main)
Christian Ratjen (Mitinhaber des Bankhauses Delbrück & Co Privatbankiers, Frankfurt/Main)
Dr. Albrecht Schmidt (Sprecher d. Vorstandes der Bayerischen Hypo- und Vereinsbank AG, München)
Dr. Alexander von Tippelskirch (Sprecher d. Vorstandes d. IKB Deutsche Industriebank AG, Düsseldorf)
Bernhard Walter (Sprecher d. Vorst. der Dresdner Bank AG, Frankfurt)
Hauptgeschäftsführer: Dr. Manfred Weber
Mitglieder: 13 Landes- und Fachverbände u. 278 Banken (Stand 1.3.2001)

Finnland

iz i 10

The Finnish Bankers' Association
Museokatu, 8 A
P.O. Box 1009, FIN-00101 Helsinki
T: (003589) 40 56 12-0   Fax: 40 45 12-91
Internet: http://www.pankkiyhdistys.f

Frankreich

iz i 11

The French Bankers Association
18, rue La Fayette, F-75009 Paris
T: (0033) 1 48 00 52 52   Fax: 1 42 46 76 40
Internet: http://www.afb.fr/

Griechenland

iz i 12

The Hellenic Bank Association
Massalias Street, 1, GR-10680 Athen
T: (00301) 3 64 41 36   Fax: (00311) 3 61 53 24
Internet: http://www.hba.gr

Großbritannien

iz i 13

The British Bankers' Association
Pinners Hall
105-108, Old Broad Street, GB- London EC2N 1EX
T: (0044207) 2 16 88 00   Fax: 2 16 88 11
Internet: http://www.bba.org.uk

Irland

iz i 14

The Irish Bankers' Federation
Nassau House
Nassau Street, 33-35, IRL- Dublin 2
T: (003531) 6 71 53 11   Fax: 6 79 66 80
Internet: http://www.ibid.ie

Island

iz i 15

The Bankers' & Securities Dealers'
Association of Iceland
Austurstræti 5, IS-101 Reykjavik
T: (00354) 5 25 60 75   Fax: 5 25 61 19
Internet: http://www.sbv.is

Italien

iz i 16

The Italian Banking Association
Piazza del Gesù, 49, I-100186 Rom
T: (00396) 67 67-1   Fax: 67 67-457
Internet: http://www.abi.it

Luxemburg

iz i 17

The Luxembourg Bankers'
B.P. 13, L-2010 Luxemburg
T: (00352) 46 36 60-1   Fax: 46 09 21
Internet: http://www.abbl.lu

Niederlande

iz i 18

The Netherlands Bankers' Association
Postfach 3543, NL-1001 AH Amsterdam
T: (003120) 5 50 28 88   Fax: 6 23 97 48
Internet: http://www.nvb.nl/

Norwegen

iz i 19

The Norwegian Financial Services
P.O. Box 2473 Solli, N-0202 Oslo
T: (004723) 28 42 00   Fax: 28 42 01
Internet: http://www.fnh.no

Österreich

iz i 20

The Austrian Bankers' Association
Börsegasse, 11
Postfach 132, A-1013 Wien
T: (00431) 5 35 17 71   Fax: 5 35 17 71-38
Internet: http://www.voebb.at

Portugal

iz i 21

The Portuguese Bankers Association
Avenida da República 35-5, P-1050-186 Lissabon
T: (003511) 3 57 98 04   Fax: 2 13 57 95 33

Schweden

iz i 22

The Swedish Bankers' Association
Postfach 7603, S-10394 Stockholm
Regeringsgatan 38, S-10394 Stockholm
T: (00468) 4 53 44 00   **Fax:** 7 96 93 95
Internet: http://www.bankforeningen.com

Schweiz

iz i 23

The Swiss Bankers Association
Aeschenplatz 7
Postfach 4182, CH-4002 Basel
T: (004161) 2 95 93 93   **Fax:** 23 53 82
Internet: http://www.swissbanking.org

Spanien

iz i 24

The Spanish Bankers' Association
Velazquez, 64y66, E-28001 Madrid
T: (003491) 5 77 70 15   **Fax:** 5 77 70 22

● **IZ I 25**

International Bankers Forum e.V. (IBF)
International Bankers Forum e.V.
Forum International des Banquiers
Wiesenau 1, 60323 Frankfurt
T: (069) 97 17 61 80   **Fax:** 97 17 65 55
Internet: http://www.ibf-ev.org
E-Mail: info@ibf-ev.org
Gründung: 1986 (17. September)
Präsident: Dr. Nader Maleki
Vizepräsident: Dr. Hermann Reuter
Schatzmeister: Dr. Rupert Hengster
Mitglieder: 1000 ordentliche, 45 institutionelle
Mitarbeiter: 2

Förderung des internationalen Gedankenaustausches unter Führungskräften intern. Banken. Organisation intern. Branchenforen der Finanzindustrie.

● **IZ I 26**

Internationaler Währungsfonds (IWF)
International Monetary Fund
Fonds monétaire international
700, 19th Street NW, USA- Washington, D.C. 20431
T: (001202) 6 23-70 00   **Fax:** 6 23-46 61
Internet: http://www.imi.org
E-Mail: publicaffairs@imf.org, media@imf.org, imfcenter@imf.org
Geschäftsführender Direktor: Horst Köhler
1. Stellv. geschäftsführender Direktor: Stanley Fischer
Stellv. geschf. Dir.: Shigemitsu Sugisaki
Eduardo Aninat
Leitung Presseabteilung: Graham Newman
Mitglieder: 182
Mitarbeiter: 2700 aus 123 Ländern

Sparkassen, Raiffeisen, Volksbanken, Kreditgenossenschaften

● **IZ I 27**

Europäische Sparkassenvereinigung (ESV)
European Savings Banks Group (ESBG)
Groupement Européen des Caisses d'Epargne (GECE)
Generalsekretariat:
11, Rue Marie-Thérèse, B-1000 Brüssel
T: (00322) 2 11 11 11   **Fax:** 2 11 11 99
Internet: http://www.savings-banks.com
E-Mail: info@savings-banks.com
Gründung: 1963 (23. April)
Präsident(in): Raymond Kirsch
Vors. der Geschäftsleitung: Ch. De Noose
Leitung Presseabteilung: Silvia Cambié
Verbandszeitschrift: Perspectives
Mitglieder: 24
Mitarbeiter: 36

● **IZ I 28**

Weltinstitut der Sparkassen (WSBI)
World Savings Banks Institute
Institut Mondial des Caisses d'Epargne
rue Marie Thérèse 11, B-1000 Brüssel
T: (00322) 2 11 11 11   **Fax:** 2 11 11 99
Internet: http://www.savings-bank.com/wsbi/wsbi.htm
Gründung: 1994 (9. Juni)
President: Manuel Pizarro (Chairman der Spanischen Sparkassenvereinigung (CECA))
Vice-Presidents: Eulalia Arboleda de Montes (President der Banco Caja Social of Columbia)
Dr. Holger Berndt (Geschäftsführender Vorstand Deutscher Sparkassen- und Giroverband)
Andrei Kazmin (Vorstandsvorsitzender und CEO der Sberbank)
Charnchai Musignisarkorn (Generaqldirektor der Government Savings Banks of Thailand)
Treasurer: Nicole Moreau (Präsidentin der Féde_ration Nationale des Caisses d'Epargné)
Chairman of the Management Committee: Chris De Noose (B)
Members of the Management Committee: Adriana Alvarez (ME, Interest Representation)
Giampiero Pasquali (I, Business Cooperation)
Mitglieder: 108 Mitglieder aus 87 Ländern (1. Juli 2000)

● **IZ I 29**

Europäische Vereinigung der Genossenschaftsbanken
European Association of Co-operative Banks
Groupement Européen des Banques Coopératives
Rue de la Science 23-25, B-1040 Bruxelles
T: (00322) 2 30 11 24   **Fax:** 2 30 06 49
E-Mail: secretariat@gebc.org
Gründung: 1970
Mitglieder des Präsidiums
Generalsekretär(in): Johann-G. von Süsskind
Deputy Secretary General: Hervé Guider
Präsident(in): De heer Wim Meijer (Voorzitter Raad van Beheer, Rabobank Nederland (UC-0566), Postbus 17 100, NL-3500 HG Utrecht, T: (003130) 2 16 35 22, Telefax: (003130) 2 16 27 55)
Vizepräsident(in): Christhoper Pleister (Präsident Bundesverband der Deutschen Volksbanken und Raiffeisenbanken - BVR)
Etienne Pflimlin (Président, Confédération Nationale du Crédit Mutuel, 88-90, rue Cardinet, F-75017 Paris, T: (00331) 44 01 10 01, Telefax: (00331) 44 01 12 17)
Mitglieder: 42
Mitarbeiter: 7
Jahresetat: DM 2 Mio

Mitgliedsverbände

Dänemark

iz i 30

Sammenslutningen Danske Andelskasser
Baneskellet 1, DK-8834 Hammershoj
T: (004587) 99 30 00   **Fax:** (004586) 45 00 14
Internet: http://www.sda.dk
Vagn T. Raun (Executive Secretary)

Deutschland

iz i 31

Bundesverband der Deutschen Volksbanken und Raiffeisenbanken e.V. (BVR)
Postf. 12 04 40, 53046 Bonn
Heussallee 5, 53113 Bonn
T: (0228) 5 09-0   **Fax:** 5 09-201
Internet: http://www.vrnet.de
Vorstand: Dipl.-Volksw. Dr. Christopher Pleister (Präsident), Bonn
RA Jochen Lehnhoff, Bonn
Dipl.-Kfm. Dr. Bernd Rodewald (T: (0228) 50 92 13, Telefax: (0228) 50 92 75), Bonn

Frankreich

iz i 32

Confédération Nationale du Crédit Mutuel
88-90, rue Cardinet, F-75017 Paris
T: (00331) 44 01 10 10   **Fax:** 44 01 12 30
Internet: http://www.creditmutuel.fr
Etienne Pflimlin (Président)

iz i 33

Fédération Nationale du Crédit Agricole
48, rue La Boétie, F-75008 Paris
T: (00331) 49 53 43 23   **Fax:** 49 53 44 81
Marc Bue (Président)

Jean-Yves Hocher (Directeur Général)
Jacques Stefani (Secrétaire Général, T: (00331) 49 53 43 23, Telefax: (00331) 49 53 44 81)

Griechenland

iz i 34

Association of Cooperative Banks of Greece
50, Skoufa Str Kolonaki, GR-10672 Athen
T: (00301) 36 36-311   **Fax:** 36 10-210
Evangelos Floratos (President)

Irland

iz i 35

Irish League of Credit Unions
33-41 Lower Mount Street, IRL- Dublin 2
T: (003531) 6 14 67 00   **Fax:** 6 14 67 01
Frank Lynch (League President)

Italien

iz i 36

Feder. Italiana delle Banche di Cooperativo - Casse Rurali e Artigiane
Via Massimo d'Azeglio 33, I-00184 Rom
T: (00396) 48 29 54 51/455   **Fax:** 48 29 54 16
Internet: http://www.bcc.it
Alessandro Azzi (Presidente, T: (00396) 48 29 54 51, Telefax: (00396) 48 90 30 80)

iz i 37

Associazione Nazionale fra le Banche Popolari
Piazza Venezia 11, I-00187 Rom
T: (00396) 6 79 50 60   **Fax:** 6 79 55 58
Siro Lombardini (Presidente)

Österreich

iz i 38

Österreichischer Genossenschaftsverband (ÖGV)
(Schulze-Delitzsch)
Schottengasse 10, A-1010 Wien
T: (00431) 3 13 28-0   **Fax:** 3 13 28-58
Internet: http://www.volksbank.co.at/oegv
Verbandsanw. KR Dr. Hans Hofinger (Mitgl. d. Vorst.)

iz i 39

Fachverband der Kreditgenossenschaften nach dem System Raiffeisen
Am Stadtpark 9, A-1030 Wien
T: (00431) 7 17 07 12 41   **Fax:** 7 17 07 24 96
Internet: http://www.rzb.at
Komm.Rat Dr. Erwin Fischer (Generalsekretär)

Polen

iz i 40

Krajowy Zwiazek Bankow Spoldzielczych
KZBS
Ul. Swietokrzyska 20, PL-00049 Warschau
T: (004822) 8 26 32 11   **Fax:** 8 26 32 14
E. Laszkiewicz (Président)

Portugal

iz i 41

Federaçao Nacional das Caixas de Crédito Agricola Mutuo (FENACAM)
FENACAM
Rua Castilho, 233 - 7°, P-1070 Lissabon
T: (003511) 3 80 99 00   **Fax:** 3 87 12 46
J. V. de Jesus Carvalho Cardoso (Presidente de Direcçao)

Spanien

iz i 42

Unión Nacional de Cooperativas de Crédito
Calle Virgen de los Peligros 4 - 4a planta, E-28013 Madrid
T: (003491) 5 95 67 85   **Fax:** 5 95 67 96
D. Angel Luis Martin Serrano (Secretario General)

Ungarn

iz i 43

National Federation of Saving Co-operatives
Szabadsag ter 14, H-1054 Budapest
T: (00361) 3 31 51 16   **Fax:** 3 32 61 52
Dr. Endre Kiss (Chairman of the Board)

● **IZ I 44**

Europäischer Bund für Altersversorgung (EFRP)
European Federation for Retirement Provision
Rue Ducale 85 Hertogstraat, B-1000 Brüssel
T: (00322) 289 14 14   **Fax:** 289 14 15
E-Mail: efrp@efrp.org
Gründung: 1981
President: Drs. C. J. van Rees
Secretary General: Chris Verhaegen
Mitglieder: 20 Lidstaten, 23 Associaties
Mitarbeiter: 3

● **IZ I 45**

Internationale Raiffeisen-Union (IRU)
Adenauerallee 127, 53113 Bonn
T: (0228) 1 06-3 64   **Fax:** 1 06-2 66
Teletex: 228 37 56
Internet: http://www.iru.de
E-Mail: iru@raiffeisen.de
Gründung: 1968
Präsident(in): Wim Meijer, Utrecht
Vizepräsident(in): Prof. Rik Donckels (zugleich Schatzmeister), Leuven
Dr. Christian Konrad, Wien
Manfred Nüssel, Bonn
Etienne Pflimlin, Paris
Generalsekretär(in): Dr. Hans-Detlef Wülker, Bonn

● **IZ I 46**

Internationale Volksbankenvereinigung (CIBP)
International Confederation of Popular Banks
Confédération Internationale des Banques Populaires
5, Rue Leblanc, F-75511 Paris Cedex 15
T: (00331) 40 39 66 19   **Fax:** 40 39 60 60
Internet: http://www.cyber.banquepopulaire.fr
E-Mail: martine-connolly@csbp.banquepopulaire.fr
Gründung: 1950
Präsident: Giovanni De Censi (Istituto Centrale delle Banche Popolari Italiane)
Mitglieder: 25000000
Mitgliedsorganisationen: 10 aktive, 2 korrespondierende

● **IZ I 47**

Lokaler Kredit Europas (GEIE)
Local Credit of Europe
Crédit local d'Europe
Boulevard Pachéco 44 P 1/2, B-1000 Brüssel
T: (00322) 2 22 33 32   **Fax:** 2 22 33 49
Internet: http://www.arcana.be/cle.html
E-Mail: credit@mail.interpac.be
Gründung: 1990
Präsident(in): N. N.
Mitglieder: 7
Members: Crédit Communal (B); Crédit local de France (F); Banco de Credito local (E); CREDIOP (I); Caixa Geral de Depositos (P); Deutsche Girozentrale-Deutsche Kommunalbank (D); Bank Nederlandse Gemeenten (NL)

● **IZ I 48**

Weltweite Vereinigung der Kreditgenossenschaften (WOCCU)
World Council of Credit Unions, Inc.
Conseil Mondial des Coopératives d'Epargne et de Crédit
Postfach 2982, USA- Madison, WI 53701
5710 Mineral Point RD, USA- Madison, WI 53701-2982
T: (001608) 2 31-71 30   **Fax:** 2 38-80 20
TGR: WOCCU MSN
Internet: http://www.woccu.org
Gründung: 1971 (1.January)
Chief Executive Officer: Arthur Arnold
Verbandszeitschrift: Annual Report, Statistical Report, Credit Union World
Mitglieder: 81 national affiliates, 4 regional confederations
Mitarbeiter: 85

Bausparkassen, Hypothekenwesen

● **IZ I 49**

Europäische Bausparkassenvereinigung
European Federation of Building Societies
Fédération Européenne d'Epargne et de Crédit pour le Logement
Klingelhöferstr. 4, 10785 Berlin
T: (030) 59 00 91-913   **Fax:** 59 00 91-917
Internet: http://www.efbs.org
E-Mail: info@efbs.org
Gründung: 1962
Präsident(in): Heinz Wilderer
Geschäftsf. Dir.: Andreas J. Zehnder (Europäische Bausparkassenvereinigung, Klingelhöfer Str. 4, 10785 Berlin, T: (030) 59 00 91-913, Telefax: (030) 59 00 91-917)
Verbandszeitschrift: EuBV-Mitteilungsblatt
Verlag: EFBS, Klingelhöfer Str. 4, 10785 Berlin
Mitglieder: 65

● **IZ I 50**

Europäischer Hypothekenverband
European Mortgage Federation
Fédération Hypothécaire Européenne
Secrétariat:
Av. de la Joyeuse Entrée 14, Bte. 2, B-1040 Brüssel
T: (00322) 2 85 40 30   **Fax:** 2 85 40 31
Internet: http://www.hypo.org
E-Mail: emfinfo@hypo.org
Gründung: 1967 (27. Oktober)
Präsident(in): P. O'Reilly

Mitgliedsorganisationen

Belgien

iz i 51

U.P.C.
Avenue de la Joyeuse Entrée, 12, bte 4, B-1040 Brüssel
T: (00322) 2 31 07 93   **Fax:** 2 30 45 47

Deutschland

iz i 52

Verband deutscher Hypothekenbanken e.V.
Postf. 12 06 40, 53048 Bonn
Holbeinstr. 17, 53175 Bonn
T: (0228) 9 59 02-0   **Fax:** 9 59 02-44
Internet: http://www.hypverband.de
E-Mail: vdh@hypverband.de

iz i 53

Bundesverband Öffentlicher Banken Deutschlands e.V. (VÖB)
Postf. 11 02 72, 10832 Berlin
Lennestr. 17, 10785 Berlin
T: (030) 81 92-0   **Fax:** 81 92-222
Internet: http://www.voeb.de
E-Mail: postmaster@voeb.de

iz i 54

Gesamtverband der Deutschen Versicherungswirtschaft e.V. (GDV)
Postf. 08 02 64, 10002 Berlin
Friedrichstr. 191, 10117 Berlin
T: (030) 20 20-5000   **Fax:** 20 20-6000
Internet: http://www.gdv.de
E-Mail: info@gdv.org

iz i 55

Verband deutscher Schiffsbanken
Domshof 17, 28195 Bremen
T: (0421) 36 09-0   **Fax:** 32 35 39
Mitglieder: 2

Österreich

iz i 56

Verband der Österreichischen Landes-Hypothekenbanken
Brucknerstr. 8, A-1043 Wien
T: (00431) 5 05 87 32-0   **Fax:** 5 05 87 32 20

iz i 57

Erste Bank der Österreichischen Sparkassen AG
Postfach 2 55, A-1011 Wien
Schubertring 5, A-1011 Wien
T: (00431) 7 11 94 83 50   **Fax:** 7 11 94 86 07

iz i 58

Creditanstalt AG
Scholtenbastei 11, A-1010 Wien
T: (00431) 51 880   **Fax:** 51 880-445

Dänemark

iz i 59

Realkreditrådet
Zieglers Gaard
Nybrogade 12, DK-1203 Copenhagen K
T: (0045) 33 12 48 11   **Fax:** 33 32 90 17

Finnland

iz i 60

Suomen Hypoteekkiyhdistys
The Mortgage Society of Finland
Postfach 509, FIN-00101 Helsinki
T: (003580) 64 74 01   **Fax:** 64 74 43

iz i 61

Oko Mortgage Bang Ltd.
Malminkatu 30 (PL 930), FIN-00101 Helsinki
T: (003580) 40 41   **Fax:** 4 04 42 09

Frankreich

iz i 62

Crédit Foncier de France S.A.
Rue des Capucines 19, F-75001 Paris
T: (00331) 42 44 80 00   **Fax:** 42 44 99 96

iz i 63

Groupe Comptoir des Entrepreneurs - La Henin
Boulevard Vauban 35, F-78280 Guyancourt
T: (00331) 39 41 10 10   **Fax:** 39 41 10 60

iz i 64

Union de Crédit pour le Bâtiment
25, avenue Kléber, F-75791 Paris Cedex 16
T: (00331) 40 67 41 40   **Fax:** 40 67 44 85

iz i 65

Caisse Centrale du Crédit Immobilier de France
3 CIF, Avenue George V, 41, F-75008 Paris
T: (00331) 44 51 20 20   **Fax:** 44 51 28 03

iz i 66

Association Française des Etablissements de Crédit et des Entreprises d'Investissement
Rue Taitbout 36, F-75009 Paris
T: (003314) 8 24 34 34   **Fax:** 8 24 13 31

iz i 67

Caisse de Refinancement de l'Habitat
Rue de la Boetie 35, F-75008 Paris
T: (00331) 42 89 49 40   **Fax:** 42 89 29 67

Großbritannien

iz i 68

Building Societies Association
Savile Row 3, GB- London W1X 1AF
T: (004420) 74 37 06 55   **Fax:** 77 34 64 16

iz i 69

Council of Mortgage Lenders
Savile Row 3, GB- London W1X 1AF
T: (004420) 74 37 06 55   **Fax:** 77 34 64 16

Griechenland

iz i 70

National Bank of Greece
Postfach 3667, GR-10210 Athen
Venizelou Avenue 40, GR-10210 Athen
T: (00301) 3 69 55 01-3   **Fax:** 3 63 12 64

Irland

iz i 71

Irish Mortgage and Savings Association
Heritage House
23 St. Stephen's Green, IRL- Dublin 2
T: (003531) 6 76 63 33   **Fax:** 6 61 86 22

Italien

iz i 72

Associazione Bancaria Italiana
Piazza del Gesù 49, I-00186 Rom
T: (00396) 6 76 71   **Fax:** 6 76 74 57

Luxemburg

iz i 73

Europäische Hypothekenbank S.A.
Boulevard Royal 26, L-2449 Luxemburg
T: (00352) 46 33 12-1   **Fax:** 46 33 12-300

Niederlande

iz i 74

Nederlandse Vereniging van Banken
Singel 236, NL-1016 AB Amsterdam
T: (003120) 5 50 28 88   **Fax:** 6 23 97 48

iz i 75

Bouwfonds Hypotheken BV
Postfach 15, NL-3870 DA Hoevelaken
T: (003134) 9 53 91 11   **Fax:** 9 53 95 85

Norwegen

iz i 76

Den Norske Bankforening
Postfach 14 89, N-0116 Oslo
T: (00472) 2 83 31 60   **Fax:** 2 83 07 51

Spanien

iz i 77

Argentaria - Casa Postal Y Banco Hipotecario
Paseo de Recoletos 12, E-28001 Madrid
T: (00341) 5 37 40 00   **Fax:** 5 37 44 44

iz i 78

Asociacion Hipotecaria Española
c/Maldonado 28-Bajo Deha., E-28006 Madrid
T: (00341) 5 77 55 89   **Fax:** 5 76 96 36

Portugal

iz i 79

Crédito Predial Português
Rua Augusta 237 - 6°, P-1194 Lissabon Codex
T: (003511) 73 40 24   **Fax:** 32 12 13

iz i 80

Caixa Geral de Depósitos, SA
Av. Joao XXI, 63, P-1117 Lissabon Codex
T: (003511) 7 90 50 00   **Fax:** 7 90 50 51

iz i 81

Banco Internacional de Crédito
Av. Fontes Pereira de Melo-apartado 1496, P-1013 Lissabon Codex
T: (003511) 3 11 55 55   **Fax:** 52 61 65

iz i 82

Caixa Economica Montepio Geral
Rue Aurea 219-241, P-1100 Lissabon
T: (003511) 3 47 55 52   **Fax:** 3 45 20 04

Schweden

iz i 83

The Swedish Council of Mortgage Lenders
c/o The Swedish Bankers' Association
Postfach 7603, S-10394 Stockholm
T: (00468) 4 53 44 40   **Fax:** 7 96 93 95

Assoziierte Mitglieder

Schweiz

iz i 84

Verband Schweizerischer Kantonalbanken
Union des Banques Cantonales Suisses
Postfach !, CH-4002 Basel
Wallstr. 9, CH-4002 Basel
T: (004161) 2 71 66 66   **Fax:** 2 71 66 67

Ungarn

iz i 85

Caisse d'Epargne Nationale
V. Nádor u. 16, H-1876 Budapest
T: (00361) 1 32 47 14   **Fax:** 1 12 68 58

Slowenien

iz i 86

SKB Banka D.D.
ajdovscina 4, SLO-61000 Ljubljana
T: (003861) 1 31 52 54   **Fax:** 31 45 49

● **IZ I 87**

Internationaler Bausparkassen- und Hypothekenbanken-Verband (IUHF)
International Union of Housing Finance
Union Internationale des Sociétés d'Epargne et de Prêts Immobiliers
111 East Wacker Drive, USA- Chicago IL 60601
T: (001312) 9 46-8200   **Fax:** 9 46-8202
Gründung: 1938 (15. September)
Präsident(in): Alex J. Pollock
Generalsekretär(in): Donald Holton
Verbandszeitschrift: Housing Finance International
Redaktion: International Union for Housing Finance, IIIE. Wacker Dr., Chicago, IL 60601-3704, USA
Mitglieder: 350 in weltweit 71 Ländern
Mitarbeiter: 2
Jahresetat: DM 0,32 Mio

Finanzen

● **IZ I 88**

Assoziation für die Europäische Währungsunion (AMUE)
Association for the Monetary Union of Europe
Association pour l'Union Monétaire de l'Europe
Rue de la Pépinière 26, F-75008 Paris
T: (00331) 44 70 60 30   **Fax:** 45 22 33 77
Internet: http://www.amue.org
E-Mail: info@amue.org
Gründung: 1987
President: Etienne Davignon
Secrétaire Général: Bertrand de Maigret
Verbandszeitschrift: EMU for business
Mitglieder: 270
Mitarbeiter: 6

● **IZ I 89**

Europäische Investmentvereinigung (FEFSI)
European Federation of Investment Funds and Companies
Fédération Européenne des Fonds et Sociétés d'Investissement
Square de Meeûs 18, B-1050 Brüssel
T: (00322) 5 13 39 69   **Fax:** 5 13 26 43
Internet: http://www.fefsi.org
E-Mail: info@fefsi.be
Gründung: 1974
Président: Kajsa Lindståhl
Vice Président: Udo Behrenwaldt
Secrétaire Général: Steffen Matthias (Dir. du service de presse)
Mitglieder: 20 europäische Länder
Mitarbeiter: 6

Belgien

iz i 90

Association Belge des Organismes de Placement Collectif (ABOPC) / Belgische Vereniging van de Instellingen voor Collectieve Belegging (BVICB)
avenue Marnixlaan 28 /III + 4, B-1000 Brüssel
T: (00322), 5 47 74 06, 5 47 74 09, 5 47 74 10
Fax: 5 47 74 11
E-Mail: annemie.roppe@abopc-bvicb.be
Président: Stefan Duchateau
International Adviser: Marc Bayot
Secrétaire Général: Annemie Roppe

Dänemark

iz i 91

Investerings Forenings Rådet (IFR)
(The Federation of Danish Investment Associations)
Nyropsgade 21, DK-1780 Kopenhagen V
T: (004533) 32 29 81   **Fax:** 93 95 06
Internet: http://www.ifr.dk
E-Mail: info@ifr.dk
Président: Peter Hemme
Secrétaire Général: Peter Wendt

Deutschland

iz i 92

BVI Bundesverband Deutscher Investment-Gesellschaften e.V.
Postf. 10 04 37, 60004 Frankfurt
Eschenheimer Anlage 28, 60318 Frankfurt
T: (069) 15 40 90-0   **Fax:** 5 97 14 06
Internet: http://www.bvi.de
E-Mail: info@bvi.de
Sprecher d. Vorst.: Horst Zirener
Hauptgeschäftsführer(in): Dr. Manfred Laux
Geschäftsführer(in): Rüdiger Päsler

Finnland

iz i 93

Suomen Sijoitusrahastoyhdistys ry
(The Finnish Association of Mutual Funds)
Postfach 40, FIN-00131 Helsinki
Aleksanterinkatu 48a, 6th Floor, FIN-00100 Helsinki
T: (003589) 6 68 91 70   **Fax:** 65 65 23
Internet: http://www.sijoitusrahastot.fi
E-Mail: markku.savikko@apvy.fi
President: Matti Byman
Vice-President: Lauri Lundström
Managing Director: Markku Savikko

Frankreich

iz i 94

Association Française de la Gestion Financière (AFG-ASFFI)
31, rue de Miromesnil, F-75008 Paris
T: (00331) 44 94 94 00   **Fax:** 42 65 16 31
Internet: http://www.afg-asffi.com
E-Mail: documentation@afg-asffi.com
Président: Alain Leclair
Délégué Général: Pierre Bollon

Griechenland

iz i 95

Association of Greek Institutional Investors (AGII)
15, Homirou Street, GR-10672 Athens
T: (00301) 3 62 85 80   **Fax:** 3 61 69 68
Internet: http://www.ugii.gr
E-Mail: ugii@otenet.gr
Président: Christos Spanos
Direktor(in): Panayiotis Kavouropoulos
International Affairs Manager: Marina Vassilicos

Großbritannien

iz i 96

Association of Unit Trusts and Investment Funds (AUTIF)
Kingsway 65, GB- London WC2B 6TD
T: (004420) 78 31 08 98   **Fax:** 78 31 99 75
Internet: http://www.investmentfunds.org.uk
E-Mail: info@investmentfunds.org.uk

iz i 96

Chairman: Alan Ainsworth
Director General: Richard Saunters
Deputy Director General: Sheila Nicoll

Irland

iz i 97

Dublin Funds Industry Association (DFIA)
Merrion Square 4, IRL- Dublin 2
T: (003531) 6 76 37 74   Fax: 6 62 80 32
Internet: http://www.dfia.ie
E-Mail: dfia@dfia.ie
Chief Executive Office:
Merrion Square, 4, IRL-Dublin 2
T: (003531) 6 76 37 74, Fax: 6 62 80 32, E-Mail: dfia@dfia.ie
Chairman: Paul McGowan
Intern. Officer: John Fitzpatrick
Chief Executive: Gary Palmer

Italien

iz i 98

ASSOGESTIONI
Rome Office:
Via in Lucina 17, I-00186 Rom
T: (003906) 6 89 31 72   Fax: 6 89 32 62
E-Mail: info.roma@assogestioni.it
Milan Office:
Via Andegari 18, I-20191 Mailand
T: (00392) 80 52-168, Fax: 80 52-483
Internet: http://www.assogestioni.it
E-Mail: info.milano@assogestioni.it
Président: Mario Arcelli
Vice-Président: Gianluigi Costanzo (International Affairs)
Secrétaire Général: Guido Cammarano

Luxemburg

iz i 99

Association Luxembourgeoise des Fonds d'Investissement (A.L.F.I.)
20 rue de la Poste, L-2346 Luxembourg
T: (00352) 22 30 26   Fax: 22 30 93
Internet: http://www.alfi.lu
E-Mail: info@alfi.lu
Président: Rafik Fischer
Vice-President: Patrick Zurstrassen (International Affaires)
General Manager: Robert Hoffmann
Director in Charge of Public Relations: Jean-Jacques Picard

Norwegen

iz i 100

Verdipapirfondenes Forening
(Norwegian Mutual Fund Association)
Karl Johansgt. 18C, N-0159 Oslo
T: (004722) 47 75 80   Fax: 42 95 40
Internet: http://www.vff.no
E-Mail: vff@vff.no, anette.garshol@vff.no
Chairman: Arnfinn Kirkenes
Managing Director: Lasse Ruud

Österreich

iz i 101

Vereinigung Österreichischer Investmentgesellschaften (VÖIG)
Schubertring 9-11/2. Stock/Top 33, A-1010 Wien
T: (00431) 7 18 83 33   Fax: 7 18 83 33-8
Internet: http://www.voeig.co.at
E-Mail: voeig@voeig.at
Vorsitzende(r): Dr. Mathias Bauer
Internationaler Repräsentant: Georg Festetics

Polen

iz i 102

Stowarzyszenie Towarzystw Funduszy Inwestycyjnch w Polsce
(Association of Investment Fund Companies in Poland)
c/o Towarzystwo Funduszy Inwestycyjnych Banku Handlowego S.A.
7/9 Traugutta str., PL-01-067 Warschau
T: (004822) 6 90 11 45   Fax: 6 90 20 55
E-Mail: adabala@kapitalhandlowy.com
President: Andrzej Kolatkowski

Portugal

iz i 103

Associação Portuguesa das Sociedades Gestoras de Patrimónios e de Fundos de Investimento (APFIN)
Edificio América
Rua Soeiro Pereira Gomes, P-1600 Lissabon
T: (0035121) 7 99 48 40   Fax: 7 99 48 42-43
Internet: http://www.apfin.pt
E-Mail: apfin@mail.telepac.pt
Presidente: José Maia
Secretário-Geral: Marta Passanha

Schweden

iz i 104

Fondbolagens Förening
Postfach 5501, S-11485 Stockholm
Storgatan 19 - Industrihuset, S-11485 Stockholm
T: (00468) 7 83 84 48   Fax: 6 62 53 39
Internet: http://www.fondbolagen.se
E-Mail: fbf@fondbolagen.se
Président: Joachim Spetz
International Representative: Eva Broms
Managing Director: Pia Nilsson

Schweiz

iz i 105

Schweizerischer Anlagefondsverband
Swiss Fund Association (SFA)
Dufourstr. 49, CH-4002 Basel
T: (004161) 2 78 98 00   Fax: 2 78 98 08
Internet: http://www.sfa.ch
E-Mail: office@sfa.ch
Präsident(in): Stefan Bichsel
Geschäftsführer(in): Max Baumann

Spanien

iz i 106

Asociacion de Instituciones de Inversion Colectiva (INVERCO)
Principe de Vergara, 43, 2a pl., E-28001 Madrid
T: (003491) 4 31 47 35   Fax: 5 78 14 69
Internet: http://www.inverco.es
E-Mail: inverco@tsai.es
President: Mariano Rabadan
Deputy Secretary General: José Manuel Pomaron

Tschechische Republik

iz i 107

Unie Investičních společností České republiky (UNIS ČR)
Union of Investment Companies of the Czech Republic
Garazdova 10, CZ-120 00 Prag 2
T: (004202) 24 91 91 14   Fax: 24 91 91 15
Internet: http://www.uniscr.cz
E-Mail: unie@uniscr.cz
Chairman: Petr Zapletal
Secretary General: Jana Fajtova

Ungarn

iz i 108

Befektetési Alapkezelok Magyarországi Szövetsége (BAMOSZ)
Association of Investment Fund Managing Companies in Hungary
Deák Ferenc u. 7-9, H-1052 Budapest
T: (00361) 2 66 92 09   Fax: 2 66 90 24
Internet: http://www.bamosz.hu
E-Mail: kinga.palffy@bamosz.datanet.hu
Président: Gyula Fatér
Secretary General: Kinga Pálffy

● IZ I 109

Europäische Vereinigung der Finanzvorstandsinstitute (EFFEI)
European Federation of Financial Executive Institutes
Fédération Européenne des Instituts d'Administrateurs Financiers
c/o ERC S.A.
Rue Philippe le Bon 20, B-1000 Brüssel
T: (00322) 2 30 22 23   Fax: 2 30 34 40
Internet: http://www.effei.org
E-Mail: secretariat@effei.org

Gründung: 1991
President: Georges Couvois (NSM - ABN-Amro Bank, Lille)
Vice-President: Carlo Locatelli (P&A sas, Mailand)
Treasurer: Mike Darbyshire
Executive Director: Andy Stern (ERC SA, Brüssel)
Mitglieder: Organisationen in 10 Ländern

● IZ I 110

Europäische Vereinigung der Verbände von Finanzierungsbanken (EUROFINAS)
European Federation of Finance House Associations
Fédération Européenne des Associations des Instituts de Crédit
267, avenue de Tervuren, B-1150 Bruxelles
T: (00322) 7 78 05 60   Fax: 7 78 05 79
Internet: http://www.eurofinas.org
E-Mail: eurofinas@eurofinas.be
Gründung: 1960
Mitglieder: 14
Mitarbeiter: 7

● IZ I 111

Europäischer Verband für Beteiligungskapital (EVCA)
European Venture Capital Association
Minervastraat 6, B-1930 Zaventem
T: (00322) 7 15 00 20   Fax: 7 25 07 04
Internet: http://www.evca.com
E-Mail: evca@evca.com
Gründung: 1983
Vorsitzende(r): Ari Tolppanen
Generalsekretär(in): Javier Echarri
Verbandszeitschrift: Europe Private Equity Update, Press Summary, EVCA Yearbook,
EVCA Directory, Special Papers, EVCA white Paper
Mitglieder: 600
Mitarbeiter: 12

● IZ I 112

Internationale Finanz-Corporation (IFC)
International Finance Corporation
Société financière internationale (SFI)
Headquarters
2121 Pennsylvamia Ave, USA- Washington, D.C. 20433
T: (001202) 4 73-7986   Fax: 9 74-4384
Internet: http://www.ifc.org
Gründung: 1956
Leitung Presseabteilung: Mark Constantine (Manager Corporate Relations)
Verbandszeitschrift: IFC Annual Report
Mitglieder: 174 member countries
Mitarbeiter: 1818

Kredit- und Exportversicherung

● IZ I 113

Internationale Kreditversicherungs-Vereinigung (ICIA)
International Credit Insurance Association
Association Internationale des Assureurs-Crédit
2nd Floor, 1/2 Castle Lane, GB- London SWIE 6DR
T: (004420) 72 33 88 80   Fax: 72 33 85 44
Internet: http://www.icia.ch
E-Mail: secretariat@icia.org.uk
President: B. H. Meyer
Executive Director: Klaus Oppenheimer
Mitglieder: 49

● IZ I 114

Internationale Union der Spezialversicherer für Exportkredit- und Investmentversicherung (IUCII)
The International Union of Credit and Investment Insurers (The Berne Union)
Castle Lane 1-2, GB- London SW1E 6DR
T: (004420) 72 33 82 28   Fax: 72 33 82 08
E-Mail: bu-sec@berneunion.org.uk
Secretary General: Anne van't Veer
Mitglieder: 48

Mitgliedsorganisationen

Argentinien

iz i 115

Compania Argentina de Seguros de Crédito a la Exportacion S.A. (CASC)
Corrientes 345 7th Floor, RA-1043 Buenos Aires
T: (0054114) 3 13 30 48   Fax: 3 13 29 19

Australien

iz i 116

Export Finance & Insurance Corporation (EFIC)
Level 5, Export House
Postfach R 65, AUS- Sydney NSW 2000
Pitt Street 22, AUS- Sydney NSW 2000
T: (00612) 92 01 21 11   Fax: 92 01 22 94

Belgien

iz i 117

Office National du Ducroire (OND)
Square de Meeûs 40, B-1000 Brüssel
T: (00322) 5 09 42 11   Fax: 5 13 50 59

China

iz i 118

The People's Insurance Company (PLCC)
No. 69 Xuan Wu Men Dong He Yan Xuan Wu, CN- Peking
T: (008610) 63 03 46 75   Fax: 63 03 47 14

iz i 119

Hong Kong Export Credit Insurance Corporation (HKEC)
South Seas Centre, Tower 1, 2nd Floor
Moody Road 75 Tsimshatsui East, CN- Kowloon
T: (00852) 27 23 38 83   Fax: 27 22 62 77

Dänemark

iz i 120

Eksportkreditfonden (EKF)
Dahlerups Pakhus, Langelinie Allé 17, DK-2100 Kopenhagen
T: (004535) 46 61 00   Fax: 46 61 11

Deutschland

iz i 121

Hermes Kreditversicherungs-Aktiengesellschaft
Friedensallee 254, 22763 Hamburg
T: (040) 88 34-0 (Hamburg)   Fax: 88 34-9175
Internet: http://www.hermes-kredit.com

Finnland

iz i 122

Finnuera PLC
Vuorimiehenkatu 1, FIN-00130 Helsinki
T: (00358) 2 04 60 11   Fax: 2 04 60 72 20

Frankreich

iz i 123

Compagnie Française d'Assurance pour le Commerce Extérieur (COFACE)
Cours Michelet 12 La Défense 10, F-92800 Puteaux
T: (00331) 49 02 20 00   Fax: 49 06 09 88

iz i 124

Korea Export Insurance Corporation (KEIC-PARIS)
5 Avenue du Marechal Juin 92100 Boulogne Bilancourt, F- Paris
T: (00331) 46 99 18 93   Fax: 41 31 26 00

iz i 125

Export-Import Insurance Department Jetro - Paris (EID/MITI PARIS)
Centre d'Affaires de Louvre
Place du Palais Royal 2, F-75001 Paris
T: (00331) 42 61 58 79, 42 61 58 83   Fax: 42 61 50 49

Großbritannien

iz i 126

Export Credits Guarantee Department (ECGD)
2 Exchange Tower
Harbour Exchange Square, GB- London E14 9GS
T: (004420) 75 12 70 00   Fax: 75 12 76 49

iz i 127

Euler Trade Indemnity plc
1 Canada Square, GB- London EI4 5DX
T: (004420) 715 12 93 33   Fax: 715 12 91 86

Indien

iz i 128

Export Credit Guarantee Corporation of India Limited (ECGC)
10th Floor, Express Tower
Nariman Point, IND- Bombay 400021
T: (009122) 2 02 48 52   Fax: 2 04 52 53

Indonesien

iz i 129

Asuransi Ekspor Indonesia (ASEI)
Sarinah Building, 13th Floor
Jl. M.H. Thamrin No. 11, RI- Jakarta 10350
T: (006221) 3 90 35 35   Fax: 32 78 86, 32 36 62

Israel

iz i 130

The Israel Foreign Trade Risks Insurance Corporation Ltd (IFTRIC)
Petah Tikva Road 65, IL- Tel Aviv 61201
T: (009723) 5 63 17 77   Fax: 5 61 03 13

Italien

iz i 131

Sezione Speciale per l'Assicurazione del Credito all'Esportazione (SACE)
Postfach 253, I-00100 Rom Centro
Piazza Poli 37, I-00100 Rom
T: (003906) 6 73 61   Fax: 6 78 98 35

iz i 132

Società Italiana Assicurazione Crediti S.p.A. (SIAC)
Postfach 11/253, I-00139 Rom Montesacro
Via Raffaello Matarazzo 19, I-00139 Rom
T: (003906) 8 72 92-1   Fax: 87 29 22 18

Jamaika

iz i 133

National Export-Import Bank of Jamaica Limited (EXIM J)
Postfach 3, JA- Kingston
Duke Street 48, JA- Kingston
T: (001876) 9 22 96 90/9   Fax: 9 22 91 84

Japan

iz i 134

Export-Import Insurance Department International Trade Administration Bureau (EID/MITI)
Ministry of International Trade and Industry
Kasumigaseki 1-3-1, Chiyoda-ku, J-100 Tokio 100
T: (008133) 5 01 16 65   Fax: 5 08 26 24

Kanada

iz i 135

Export Development Corporation (EDC)
O'Connor Street 151, CDN- Ottawa K1A 1K3
T: (001613) 5 98 25 00   Fax: 2 37 26 90

Korea

iz i 136

Korea Export Insurance Corporation (KEIC)
Seorin-Dong 33 Chongro-Ku, KP- Seoul 110-752
T: (00822) 3 99 68 00   Fax: 3 99 65 77

Malaysia

iz i 137

Malaysia Export Credit Insurance Berhad (MECIB)
Level 17, Bangunan Bank Industri
Postfach 1 10 48, MAL-50734 Kuala Lumpur
No. 1016 Jalan Sultan Ismail, MAL-50250 Kuala Lumpur
T: (00603) 2 91 06 77   Fax; 2 91 03 53

Mexiko

iz i 138

Banco Nacional de Comercio Exterior S.N.C. (BANCOMEXT)
Camino A Santa Teresa 1679, 3a Planta
Colonia Jardines del Pedregal, MEX-01900 Mexico-City
T: (00525) 4 81 60 00   Fax: 4 81 61 57

Neuseeland

iz i 139

EXGO
Microsoft House
Postfach 5037, NZ- Wellington
Hunter Street 3-11, NZ- Wellington
T: (00644) 4 96 96 00   Fax: 4 96 96 70

Niederlande

iz i 140

Nederlandsche Credietverzekering Maatschappij N.V. (NCM)
Postfach 473, NL-1000 AL Amsterdam
Keizersgracht 271-285, NL-1016 ED Amsterdam
T: (003120) 5 53 91 11   Fax: 5 53 28 11

Norwegen

iz i 141

Garanti-Instituttet for Eksportkreditt (GIEK)
Postfach 1763 Vika, N-0122 Oslo
Dronning Mauds gt 15 IV, N-0250 Oslo
T: (0047) 22 83 70 70   Fax: 22 83 24 45

Österreich

iz i 142

Oesterreichische Kontrollbank Aktiengesellschaft (OeKB)
Abteilung Internationale Verbindungen
Postfach 70, A-1011 Wien
Am Hof 4, A-1011 Wien
T: (00431) 5 31 27-0   Fax: 5 31 27-693

Polen

iz i 143

Export Credit Insurance Corporation (KUKE)
ul. Widok 5/9, PL-00-023 Warschau
T: (004822) 8 27 35 35   Fax: 8 27 35 87

Portugal

iz i 144

Companhia de Seguro de Créditos, S.A. (COSEC)
Avenida da Republica 58, P-1069 Lissabon Cedex
T: (0035121) 7 91 37 00   Fax: 7 91 37 20

Schweden

iz i 145

Exportkreditnämnden (EKN)
Postfach 3064, S-10361 Stockholm
Kungsgatan 36, S-10561 Stockholm
T: (00468) 7 88 00 00   Fax: 4 11 81 49

Schweiz

iz i 146

Geschäftsstelle für die Exportrisikogarantie (ERG)
Postfach !, CH-8032 Zürich
Kirchenweg 8, CH-8032 Zürich
T: (00411) 3 84 47 77   Fax: 3 84 47 87

Simbabwe

iz i 147

Credit Insurance Zimbabwe Limited (CREDSURE)
Postfach CY 1584, RSR- Harare
Second Street 69, RSR- Harare
T: (002634) 73 89 44-7, 70 61 01-4   Fax: 70 61 05

Singapur

iz i 148

ECICS Credit Insurance Ltd.
7 Temasek Boulevard U-01 Suntec Tower One, SGP- Singapur 038987
T: (0065) 3 37 47 79   Fax: 3 38 92 67

Slowenien

iz i 149

Slovene Export Corporation Inc. (SEC)
Josipine Turnograjske 6, SLO-6100 Ljubljana
T: (0038661) 2 00 75 00   Fax: 2 00 75 75

Spanien

iz i 150

Compania Espanola de Seguros de Credito a la Exportacion, S.A. (CESCE)
Velazquez 74, E-28001 Madrid
T: (003491) 4 23 48 00   Fax: 5 76 51 40 V

iz i 151

Compania Espanola de Seguros de Crédito y Caucion S.A. (CYC)
Paseo de la Castellana 4, E-28046 Madrid
T: (003491) 4 32 63 80   Fax: 4 32 65 11

Sri Lanka

iz i 152

Sri Lanka Export Credit Insurance Corporation (SLECIC)
Level 4, Export Guarantee House
No 42 Nawan Mawatha, CL- Colombo 2
T: (009474) 71 94 10-13   Fax: 71 94 00

Südafrika

iz i 153

Credit Guarantee Insurance Cooperation of Africa Limited
Credit Guarantee House
Postfach 125, ZA- Randburg 2125
Dover Street 31 Randburg 2194, ZA- Johannesburg
T: (002711) 8 89 70 00   Fax: 8 86 10 27, 8 86 57 15

Taiwan

iz i 154

Taipei Export-Import Bank of China (TEBC)
8th Floor, 3 Nanhai Road, RC- Taipei 100
T: (0088622) 3 21 05 11   Fax: 3 94 06 30

Tschechische Republik

iz i 155

Export Guarantee and Insurance Corporation
Vodickova 34, CZ-11000 Prag 1
T: (004202) 22 84 20 00/2010   Fax: 22 84 41 00

Türkei

iz i 156

Export Credit Bank of Turkey (TURK EXIMBANK)
Müdafaa Cad. 20
Bakanliklar 06100, TR- Ankara
T: (0090312) 4 17 13 00, 4 17 32 87, 4 25 65 02
Fax: 4 25 78 96, 4 25 75 47

Ungarn

iz i 157

Hungarian Export Credit Insurance Ltd.
Nagymezo u. 46-48, H-1065 Budapest
T: (00361) 3 74 92 00   Fax: 2 69 11 98

USA

iz i 158

Export-Import Bank of the United States (EXIMBANK)
Vermont Avenue 811 N.W., USA- Washington D.C. 20571
T: (001202) 5 65 36 30   Fax: 5 65 36 84

iz i 159

Foreign Credit Insurance Association (FCIA)
Rector Street 40, USA- New York N.Y. 10006
T: (001212) 3 06 50 00   Fax: 5 13 47 04

iz i 160

Overseas Private Investment Corporation (OPIC)
New York Avenue N.W. 1100, USA- Washington D.C. 20527
T: (001202) 3 36 85 86   Fax: 4 08 51 42, 4 08 98 59

iz i 161

Multilateral Investment Guarantee Agency (MIGA)
12th Floor
H Street N.W., 1818, USA- Washington D.C. 20433
T: (001202) 4 73 61 68   Fax: 5 22 26 30

iz i 162

AIG Global Trade & Political Risk
70 Pine Street, USA-10270 New York
T: (001212) 7 70 70 43   Fax: 9 43 11 25

Zypern

iz i 163

Export Crédit Insurance Service (ECIS)
Ministry of Commerce & Industry
CY- Nikosia
T: (003572) 86 71 00   Fax: 37 51 20

Wertpapier- und Warenbörsen

● IZ I 164

Europäische Warenbörse
European Commodities Exchange
Bourse de Commerce Européenne
Place Gutenberg 10, F-67081 Strasbourg Cedex
T: (0033388) 75 25 76   Fax: 75 25 79
Gründung: 1960
Président: Enrico Ferrario, Milano
Vice-Président: Aurelio Casabona, Barcelona
Secrétaire Général: Laurence Roesch, Strasbourg

● IZ I 165

Internationale Vereinigung der Wertpapierbörsen (F.I.B.V.)
Fédération Internationale des Bourses de Valeurs
Boulevard de Courcelles 22, F-75017 Paris
T: (00331) 44 01 05 45   Fax: 47 54 94 22
Internet: http://www.fibv.com
E-Mail: secretariat@fibv.com
Gründung: 1961 (Oktober)
Président: Manuel Robleda (Chairman Mexico Stock Exchange)
Secrétaire Général: Gerrit H. de Marez Oyens
Leitung Presseabteilung: Lorenzo Gallai
Verbandszeitschrift: FOCUS
Mitglieder: 51 bourses membres et 47 bourses correspondantes
Mitarbeiter: 7

● IZ I 166

Internationale Vereinigung der Börsenaufsichtsbehörden
International Organization of Securities Commissions (IOSCO)
Organisation internationale des commissions de valeurs (OICV)
Stock Exchange Tower
Postfach 171, CDN- Montreal H4Z 1C8
800, square Victoria 42nd Floor, Suite 4210, CDN- Montreal H4Z 1C8
T: (001541) 8 75-8278   Fax: 8 75-2669
Internet: http://www.iosco.org
E-Mail: mail@oicv.iosco.org
Secretary General: Peter Clark
Executive Committee
Chairman of the Executive Committee: Prof. Fernando Teixeira dos Santos (Presidente, Comissão do Mercado Valores Mobiliários, Portugal)
Chairman of the Technical Committee: David A. Brown (Chairman, Ontario Securities Commission, Ontario)
Chairman of the Emerging Markets Committee: Devendra Raj Mehta (Chairman, Securities and Exchange Board of India (SEBI), Indien)
Chairman of the Asia/ Middle-East Regional Committee: Ashraf Shamseldin (Deputy Chairman, Capital Market Authority, Ägypten)
Chairman of the Asia-Pacific Regional Committee: Ali Abdul Kadir (Chairman, Securities Commission, Malaysia)
Chairman of the European Regional Committee: Stavros Thomadakis (Chairman, Capital Market Commission, Griechenland)
Chairman of the Interamerican Regional Committee: Enrique Di_1az Ortega (Presidente, Comisión Nacional Supervisora de Empresa y Valores, Peru)

● IZ I 167

Verband der Europäischen Börsen
Federation of European Securities Exchanges
Fédération des Bourses Européennes
Rue du Lombard 41, B-1000 Bruxelles
T: (00322) 5 51 01 80   Fax: 5 12 49 05
Internet: http://www.fese.be
E-Mail: detry@fese.be
Gründung: 1974
Präsident(in): George Möller (Euronext, Amsterdam)
Generalsekretär(in): Paul Arlman
Mitglieder: 18 Voll., 3 Assoz. M.
Mitarbeiter: 5
Mitgliedsorganisationen:
Börsen in den Mitgliedstaaten
15 Securities Exchanges in Member States
15 Bourses officielles des Etats membres
3 EFTA-Börsen aus folgenden Ländern: Island, Norwegen und Schweiz
3 Börsen aus: Polen, Slowenien, Ungarn (Assoz. M.)

Vollmitglieder

Belgien

iz i 168

Euronext (Brüssel)
Palais de la Bourse, B-1000 Brüssel
T: (00322) 5 09 12 11   Fax: 5 09 12 12
Internet: http://www.bxs.be
Board of Directors: André Dircks
Jean Peterbroek
Executive Committee: Olivier Lefebvre
Vincent Van Dessel (Member)

Dänemark

iz i 169

Copenhagen Stock Exchange Ltd.
Postfach 1040, DK-1007 Copenhagen K
Nikolaj Plads 6, DK-1007 Copenhagen K
T: (004533) 93 33 66   Fax: 12 86 13
Internet: http://www.xcse.dk
Chairman: Hans Ejvind Hansen
Präsident(in): Hans-Ole Jochumsen (Chief Executive)

Deutschland

iz i 170

Deutsche Börse Aktiengesellschaft
60284 Frankfurt
Neue Börsenstr. 1, 60487 Frankfurt
T: (069) 21 01-0   **Fax:** 21 01-2001
Internet: http://www.exchange.de
Chief Executive Officer: Werner G. Seifert
Chairmann Supervisory Board: Dr. Rolf-E. Breuer

Finnland

iz i 171

Helsinki Exchanges
Postfach 361, FIN-00131 Helsinki
T: (003589) 61 66 71   **Fax:** 61 66 73 66
Internet: http://www.hex.fi
President: Jukka Ruuska

Frankreich

iz i 172

Euronext (Paris)
Rue Cambon 39-41, F-75001 Paris
T: (00331) 49 27 10 00   **Fax:** 49 27 14 33
Internet: http://www.parisboursesa.com
Président Directeur Général: Jean-François Théodore
Directeur Général Adjoint: Dominique Leblanc
Direktor(in): Paul-François Dubroeucq

Griechenland

iz i 173

Athens Stock Exchange
Sofokleous Street 10, GR-10559 Athen
T: (00301) 3 21 13 01   **Fax:** 3 21 39 38
Internet: http://www.ase.gr
Präsident(in): Panayotis Alexakis
Chief Executive: Sokratis Lazaridis

Großbritannien

iz i 174

London Stock Exchange
Old Broad Street, GB- London EC2N 1HP
T: (004420) 7797 1000
Internet: http://www.londonstockexchange.com
Chairman: Don Cruickshank
Manager: Rhian Browning (Global Business Dev.)

Island

iz i 175

Iceland Stock Exchange
Engjateigur 3, IS-105 Reykjavik
T: (003541) 5 25 28 00   **Fax:** 5 25 28 88
Internet: http://www.vi.is
Chairman: Tryggvi Pálsson
President: Finnur Sveinbjornsson

Irland

iz i 176

The Irish Stock Exchange
Anglesea Street 28, IRL- Dublin 2
T: (003531) 617 42 00   **Fax:** 671 90 29
Internet: http://www.ise.ie
Präsident(in): David Kingston (Chairman)
Chief Executive: Tom Healy

Italien

iz i 177

Borsa Italiana Spa/Italian Exchange
Piazza Affari 6, I-20123 Mailand
T: (003902) 72 42 61   **Fax:** 72 00 43 33
Internet: http://www.borsaitalia.it
President: Massimo Capuano

Luxemburg

iz i 178

Bourse de Luxembourg
Postfach 165, L-2011 Luxemburg
Avenue de la Porte-Neuve 11, L-2207 Luxemburg
T: (00352) 4 77 93 61   **Fax:** 47 32 98
Internet: http://www.bourse.lu
Chairman: Remy Kremer (Board of Directors)
Chief Executive: Michel Maquil

Niederlande

iz i 179

Euronext (Amsterdam)
Postfach 19163, NL-1000 GD Amsterdam
Beursplein 5, NL-1012 JW Amsterdam
T: (003120) 550 44 44   **Fax:** 550 49 60
Internet: http://www.aex.nl
Präsident(in): George Möller (T: (003120) 5 50 40 00, Telefax: (003120) 5 50 49 59)

Norwegen

iz i 180

Oslo Stock Exchange
Postfach 460, N-0105 Oslo
T: (004722) 34 17 00   **Fax:** 41 65 90
Internet: http://www.ose.no
President: Sven Arild Andersen

Österreich

iz i 181

Wiener Börse AG
Strauchgasse 1-3, A-1010 Wien
T: (00431) 531 65-0   **Fax:** 532 97 40
Internet: http://www.wbag.at
Chief Executive: Erich Obersteiner (Member of the Executive Board)

Portugal

iz i 182

Bolsa de valores de Lisboa
Edificio da Bolsa
Rua Soeiro Pereira Gomes, P-1649 Lissabon
T: (0035121) 7 90 00 00   **Fax:** 7 95 20 22
Internet: http://www.bvl.pt
Managing Director: Alvaro Cordeiro Damaso

Schweden

iz i 183

OM Stockholm Exchange
Norrlandsgatan 31, S-10578 Stockholm
T: (00468) 4 05 60 00   **Fax:** 4 05 60 01
Internet: http://www.omgroup.com

Schweiz

iz i 184

SWX Swiss Exchange
Selnaustr. 30, CH-8021 Zürich
T: (00411) 229 21 11   **Fax:** 229 22 33
Internet: http://www.swx.com
Vorsitzende(r): Dr. Jörg Fischer
Chairperson: Antoinette Hunziker-Ebneter
Delegate for Int. Affairs: Richard Meier

Spanien

iz i 185

Bolsa de Madrid
Sociedad Rectora de la Bolsa de Valores de Madrid S.A.
Plaza de la Lealtad 1, E-28014 Madrid
T: (003491) 5 89 26 00   **Fax:** 5 89 11 06/07
Internet: http://www.bolsamadrid.es
Chairman: Antonio Zoido
Deputy Chairman: Manuel Pizarro Moreno

Assoziierte Mitglieder

Polen

iz i 186

Warsaw Stock Exchange
Nowy Swiat 6/12, PL-00400 Warschau
T: (004822) 6 28 32 32   **Fax:** 6 28 74 84
Internet: http://www.wse.pl
President and Chief Executive: Wieslaw Rozlucki

Slowenien

iz i 187

Ljubljana Stock Exchange
Slovenska cesta 56, SLO-1000 Ljubljana
T: (0038661) 171 0212   **Fax:** 171 0213
Internet: http://www.ljse.si
President and Chief Executive: Drasko Veselinovic

Ungarn

iz i 188

Budapest Stock Exchange
Deak Ferenc Utca 5, H-1052 Budapest
T: (00361) 4 29 67 00   **Fax:** 4 29 68 00
Internet: http://www.bse.hu
Chairman: Andras Simor
President: Mária Dunavölgyi

Notizen

Verbände, Behörden, Organisationen der Wirtschaft 2001

IZ K Versicherungswesen

Zum Auffinden einer bestimmten Dienststelle oder Organisation dient das Suchwortverzeichnis, eines Personennamens das Personenverzeichnis

Spitzenverbände des Versicherungswesens
Sozialversicherung
Privatversicherungen

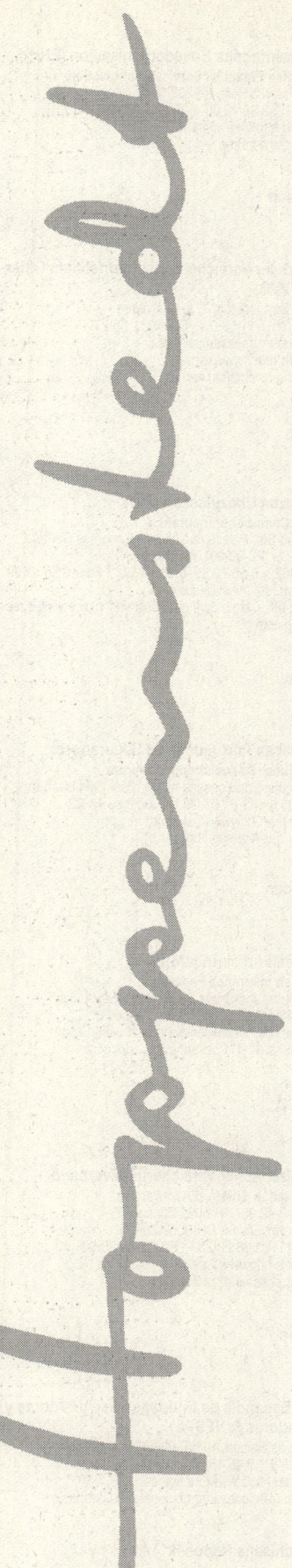

IZ K 1

Spitzenverbände des Versicherungswesens

● IZ K 1

Europäische Versicherungs-Vereinigung (CEA)
Comité Européen des Assurances
3 bis, rue de la Chaussée d'Antin, F-75009 Paris
T: (00331) 44 83 11 83   Fax: 47 70 03 75
Internet: http://www.cea.assur.org
Gründung: 1953
Präsident(in): Gijsbert Swalef
Leitung Presseabteilung: Emmanuel Reinert
Mitglieder: 29 membres
Mitarbeiter: 31

Mitgliedsorganisationen

Belgien

iz k 2

Beroepsvereniging der Verzekeringsondernemingen (BVVO)
Union Professionnelle des Entreprises d'Assurances (UPEA)
Maison de l'Assurance
Square de Meeûs 29, B-1000 Brüssel
T: (00322) 5 47 56 11   Fax: 5 47 56 00, 5 47 56 01
Internet: http://www.upea.be, http://www.bvvo.be
E-Mail: pdg@upea.be

Dänemark

iz k 3

Forsikring & Pension (F&P)
Amaliegade 10, DK-1256 Kopenhagen K
T: (0045) 33 43 55 00   Fax: 33 43 55 01
Internet: http://www.forsikringenshus.dk
E-Mail: fp@forsikringenshus.dk

Deutschland

iz k 4

Gesamtverband der Deutschen Versicherungswirtschaft e.V. (GDV)
Postf. 08 02 64, 10002 Berlin
Friedrichstr. 191, 10117 Berlin
T: (004930) 20 20 50 00   Fax: 20 20 60 00
Internet: http://www.gdv.de
E-Mail: berlin@ber.gdv.org

Finnland

iz k 5

Suomen Vakuutusyhtiöiden Keskusliitto
Bulevardi 28, Pl 214, FIN-00121 Helsinki
T: (003589) 680 401   Fax: 680 402 16
Internet: http://www.vakes.fi
E-Mail: aira.hanninen@vakes.fi

Frankreich

iz k 6

Fédération Française des Sociétés d'Assurances (FFSA)
26, boulevard Haussmann, F-75311 Paris Cedex 09
T: (00331) 42 47 90 00   Fax: 42 47 93 11, 42 47 93 85 (service international)
Internet: http://www.ffsa.fr
E-Mail: dufrin@ffsa.fr

Griechenland

iz k 7

Association des Compagnies d'Assurances-Grèce
Rue Xénophontos 10, GR-10557 Athen
T: (00301) 3 33 41 00   Fax: 3 33 41 47
Internet: http://www.eaee.gr
E-Mail: eaee@eaee.gr

Großbritannien

iz k 8

The British Insurers' International Committee (BIIC)
51, Gresham Street, GB- London EC2V 7HQ
T: (004420) 72 16 76 30, 72 16 76 31   Fax: 72 16 73 31
Internet: http://www.abi.org.uk
E-Mail: anja.imberechts@abi.org.uk

Irland

iz k 9

The Irish Insurance Federation (IIF)
Insurance House
Molesworth Street 39, IRL- Dublin 2
T: (003531) 676 18 20   Fax: 676 19 43
Internet: http://www.iif.ie
E-Mail: fed@iif.ie

Island

iz k 10

Samband Íslenskra Tryggingafélaga
Sudurlandsbraut 6, IS-108 Reykjavik
T: (00354) 5 68 16 12   Fax: 5 68 96 64
E-Mail: sit@itn.is

Italien

iz k 11

Associazione Nazionale fra le Imprese Assicuratrici (ANIA)
Via della Frezza 70, I-00186 Rom
T: (003906) 32 68 81   Fax: 3 21 07 93
TGR: Assicuro Roma
Internet: http://www.ania.it
E-Mail: aniacea@ania.it

iz k 12

Associazione Nazionale fra le Imprese Assicuratrici
Piazza S Babila 1, I-20122 Mailand
T: (003902) 7 76 41   Fax: 78 08 70
TGR: Assicuro Milano
Internet: http://www.ania.it
E-Mail: doc@ania.it

Luxemburg

iz k 13

Association des Compagnies d'Assurance du Grand Duché de Luxembourg (ACA)
3, rue Guido Oppenheim, L-2263 Luxemburg
T: (00352) 4 42 14 41   Fax: 44 02 89
E-Mail: aca@pt.lu

Malta

iz k 14

Malta Insurance Association
43A/2, St. Paul's Buildings West Street, GBY- Valetta VLT 12
T: (00356) 23 26 40, 24 06 09   Fax: 24 83 88
E-Mail: miamalta@maltanet.net

Niederlande

iz k 15

Verbond van Verzekeraars in Nederland (VVN)
Postfach 93450, NL-2509 AC Den Haag
Bordewijklaan 2, NL-2509 AL Den Haag
T: (003170) 3 33 85 00   Fax: 3 33 85 10, 3 33 86 80 (service Int.)
Internet: http://www.verzekeraars.org
E-Mail: archief@verzekeraars.org

Norwegen

iz k 16

Finansnaeringens Hovedorganisasjon (FNH)
Norwegian Financial Services Association
Postfach 2473 Solli, N-0202 Oslo
T: (00472) 3 28 42 00   Fax: 3 28 42 01
Internet: http://www.fnh.no
E-Mail: fnh@fnh.no

Österreich

iz k 17

Verband der Versicherungsunternehmen Österreichs (VVO)
Schwarzenbergplatz 7, A-1031 Wien
T: (00431) 7 11 56-0   Fax: 7 11 56-270
TGR: Assekuranzkanzlei Wien
Internet: http://www.vvo.at
E-Mail: versver@ibm.net

Polen

iz k 18

Polska Izba Ubezpieczen (PIU)
Polish Chamber of Insurance
1 Defilad Sq., Palace of Culture - Congress Center - 16th floor, PL-00-901 Warschau
T: (004822) 6 56 79 56, 6 56 79 57   Fax: 6 56 67 90
Internet: http://www.piu.com.pl
E-Mail: office@piu.com.pl, president@piu.com.pl, director@piu.com.pl

Portugal

iz k 19

Associaçao Portuguesa de Seguradores
Portuguese Association of Insurers
Rua Rodrigo da Fonseca 41, P-1250-190 Lissabon
T: (0035121) 3 84 81 00   Fax: 3 83 14 22
Internet: http://www.apseguradores.pt
E-Mail: aps@apseguradores.pt

Schweden

iz k 20

Sveriges Försäkringsförbund
Swedish Insurance Federation
Klara Norra Kyrkogata 33, S-11122 Stockholm
T: (00468) 7 83 9800   Fax: 7 83 9815
Internet: http://www.forsakringsforbundet.com
E-Mail: kansli@forsakringsforbundet.com

Schweiz

iz k 21

Schweizerischer Versicherungsverband
Association Suisse d'Assurances
Postfach 42 88, CH-8022 Zürich
C F Meyer Str. 14, CH-8002 Zürich
T: (00411) 2 08 28 28   Fax: 2 08 28 00
Internet: http://www.svv.ch
E-Mail: stefan.plozza@svv.ch

Spanien

iz k 22

Unión Española de Entidades Aseguradoras y Reaseguradoras (UNESPA)
Núñez de Balboa, 101, E-28006 Madrid
T: (003491) 7 45 15 30   Fax: 7 45 15 31
Internet: http://www.unespa.es
E-Mail: relaciones.internacionales@unespa.es

Tschechische Republik

iz k 23

Ceská asociace pojišťoven (CAP)
Czech Insurance Association
Na Porící 12, CZ-115 30 Prag 1

T: (004202) 24 87 56 11   Fax: 24 87 56 12
Internet: http://www.cap.cz
E-Mail: sekretariat@cap.cz

Türkei

iz k 24

Türkiye Sigorta ve Reasürans Sirketleri Birligi
Association of the Insurance and Reinsurance Companies of Turkey
Büyükdere Caddesi
195 Büyükdere Plaza 1-2 Floor, TR-80620 Levent-Istanbul
T: (0090212) 3 24 19 50   Fax: 3 25 61 08
Internet: http://www.tsrsb.org.tr
E-Mail: genel@tsrsb.org.tr

Ungarn

iz k 25

Magyar Biztositók Szövetsége (MABISZ)
Association of Hungarian Insurance Companies
Postfach 2 36, H-1364 Budapest
Deák Ferenc u. 10, H-1052 Budapest
T: (00361) 3 18 34 73, 3 18 61 55   Fax: 3 37 53 94
Internet: http://www.mabisz.hu
E-Mail: info@mabisz.hu

Zypern

iz k 26

Insurance Association of Cyprus
Postfach 2 20 30, CY-1516 Nicosia
23 Zenon Sozos Street, CY-1516 Nicosia
T: (003572) 76 39 13, 76 49 07   Fax: 76 10 07
Internet: http://www.iac.org.cy
E-Mail: cina@cytanet.com.cy

Assoziierte Mitglieder

Estland

iz k 27

Eesti Kindlustusseltside Liit
Estonian Insurance Association
Kiriku 6, EW-10130 Tallin
T: (00372) 6 20 19 03   Fax: 6 46 65 27
E-Mail: info@eksl.ee

Lettland

iz k 28

Latvijas Apdrošinataju Asociacija
Latvian Insurers Association
3 Valnu Street, LV-1050 Riga
T: (003717) 21 43 42   Fax: 24 32 86
E-Mail: lia@parks.lv

Litauen

iz k 29

Lietuvos draudiku asociacija
Association of Lithuanian Insurers
Vytenio g. 50, LT-2006 Vilnius
T: (003702) 31 03 84   Fax: 31 03 81
Internet: http://www.draudikai.lt
E-Mail: asociacija@draudikai.lt

Slowakische Republik

iz k 30

Slovenská asociácia poistovni
Slovak Insurance Association
Postfach 51, SK-82009 Bratislava 29
Drieňová 34, SK-82009 Bratislava 29
T: (004217) 43 42 99 85   Fax: 43 42 99 84
Internet: http://www.slaspo.sk
E-Mail: pstulrajter@slaspo.sk

Slowenien

iz k 31

Slovensko Zavarovalno Zdruzenje (SZZ)
Slovenian Insurance Association
Postfach 2512, SLO-1001 Ljubljana
Železna cesta 14, SLO-1001 Ljubljana
T: (003861) 4 37 70 98, 4 37 65 11   Fax: 4 73 56 92
Internet: http://www.zav-zdruzenje.si
E-Mail: info@zav-zdruzenje.si

● IZ K 32

Information über das internationale Versicherungsgeschäft (PIA)
Presse Internationale des Assurances
Santa Engracia 151, E-28003 Madrid
T: (00341) 5 34 15 36   Fax: 5 35 29 55
Internet: http://www.inese.es/pia
E-Mail: insemad@inese.com
Gründung: 1953
President: José M. Maestro
Vice-President: Roel Veldwijk (Postbus 122, NL-3100 AC Schiedam, T: (003110) 4 27 41 61, Fax: (003110) 4 73 26 40, E-Mail: vvp@nijgh.nl)
Mitglieder: 17 countries

Members:
Actualidad Aseguradora (Spain)
Assicurazioni (Italy)
ASSINEWS (Italy)
Biztositasi Szemle (Hungary)
De Verzekeringswereld/Le Monde de L'Assurance (Belgium)
Die Versicherungsrundschau (Austria)
Boletim Informativo (Portugal)
Idiôtiké Asphalisis (Grece)
Insurance Research Letter (USA)
L'Argus (France)
Osiguranje (Croatia)
Poistné Rozhl'Ady (Slovak Rep.)
Pojistny Obzor (Czech Rep.)
Post Magazine (Great Britain)
Reactions (Great Britain)
Schweizerische Versicherungszeitschrift (Switzerland)
The Review (Great Britain)
Versicherungsrecht (Germany)
Versicherungswirtschaft (Germany)
Verzekerings Magazine VVP (The Netherlands)
Wiadomosci Ubezpieczeniowe-PZU (Poland)
La Tribune de l'assurance (France)
Asekuracja & Re (Poland)
Het Verzekeringsblad (The Netherlands)

● IZ K 33

Internationaler Versicherungsrat (IIC)
International Insurance Council
Conseil International d'Assurance
900 19th Street NW Suite 250, USA- Washington D.C. 20006
T: (001202) 6 82-23 45   Fax: 6 82-7730
Internet: http://www.iicdc.org
Gründung: 1946 (6. Mai)
Chairman: Michael J. Marchesani
President: Kevin T. Cronin
Director: John Sproha
Mitglieder: 87
Mitarbeiter: 6

Sozialversicherung

● IZ K 34

Association Internationale de la Mutualité (AIM)
Sekretariat
Rue d'Arlon 50, B-1000 Brüssel
T: (00322) 2 34 57 00   Fax: 2 34 57 08
E-Mail: aim.secretariat@skynet.be
Gründung: 1950
Präsident(in): Michel Schmitz (L)
Direktor(in): Willy Palm (B)
Project-Manager: Rita Kessler (B)
Alain Coheur (B)
Verbandszeitschrift: "Aims", vier mal jährlich in englisch, französisch, deutsch
Mitglieder: 43 Mitgliedsverbände aus 27 Ländern
Mitarbeiter: 4 im Sekretariat

● IZ K 35

Multinationale Versicherungsvermittlung Betriebliche Versorgungsanwartschaften (MIA)
Multinational Insurance Arrangement
Rights to pensions granted by employers
Agence Multinationale d'Assurances
Droits à la retraite des employés
c/o MIA Office Europe S.C.R.L.
Avenue Louis Dehoux 25 Box 3, B-1160 Brüssel
T: (00322) 6 63 06 80   Fax: 6 73 18 10
Internet: http://www.miaoffice.com
Président: Philip Klopper (Nationale-Nederlanden)
Administrateurs: Patrice-Michel Langlume (Groupe Médéric)
Philippe Barret (Groupe Malakoff)
Frank Randall (Scottish Equitable)
Direktor(in): Anne Van Biesbroeck (MIA Office Europe S.C.R.L.)

● IZ K 36

Europäischer Genossenschaftlicher und Wechselseitiger Versicherungsverband (ACME)
Association of European Cooperative and Mutual Insurers
Association des Assureurs Coopératifs et Mutualistes Européens
Postfach 21, GB-WA14 4PD Altrincham
T: (0044161) 9 29 50 90   Fax: 9 29 40 01
Gründung: 1978
Président: Dr. Siegfried Sellitsch
Vice-Président: Jan Verheij
Directeur des activités: Birgitta Lindström
Sous-directeur: Faye Lageu
ACME-EU: Florence Kusters
Verbandszeitschrift: Rapport, Together
Mitglieder: 41
Mitarbeiter: 3
Jahresetat: DM 0,7 Mio

● IZ K 37

Internationale Vereinigung für Soziale Sicherheit (IVSS)
International Social Security Association (ISSA)
Association Internationale de la Sécurité Sociale (AISS)
Postfach 1, CH-1211 Genève 22
T: (004122) 7 99 66 17   Fax: 7 99 85 09
TGR: Interissa, Geneva
Internet: http://www.issa.int
E-Mail: issa@ilo.org
Gründung: 1927
President: Johan Verstraeten
Secretary General: Dalmer D. Hoskins
Mitglieder: 360 in 142 Ländern
Mitarbeiter: 50
Jahresetat: DM 9 Mio
Verbandszeitschriften: Internationale Revue für Soziale Sicherheit; African News Sheet; Social Security Documentation - African Series; CONTACTO; Documentacion de la Seguridad Social Americana; Estudios de la Seguridad Social; ISSA Asia and Pacific Link; Social Security Documentation - Asian and Pacific Series; Social Security Documentation - European Series; EDV-Bulletin; Trends in der sozialen Sicherheit; Bulletin Safety Worldwide
Verlag (für alle): ISSA Veröffentlichungen Intern. Vereinigung f. Soziale Sicherheit, Postf. 1, CH-1211 Genf 22 Verbandszeitschriften: Veröffentlichungen der IVSS Internationalen Sektionen: ISSA Prevention Series. Verlag: Sekretariate der einzelnen Sektionen.

● IZ K 38

Internationale Vereinigung der Versicherungsgesellschaften auf Gegenseitigkeit (AISAM)
International Association of Mutual Insurance Companies
Association Internationale des Sociétés d'Assurance Mutuelle
Rue la Boetie 114, F-75008 Paris
T: (00331) 42 25 84 86   Fax: 42 56 04 49
Gründung: 1963
President: Bent Knie-Andersen (Dänemark)
Vice-President & Secretary General: Patrick Peugeot (Frankreich)
Vice-Presidents: Julio Castelo (Spanien)
Remo Segnana (Italien)
Dr. Werner Görg (Deutschland)
Secretary General: Gérard Outters (Frankreich)
Leitung Presseabteilung: Jean-Jacques Faguet
Verbandszeitschrift: Mutuality (yearly magazine)
Directory of Members
Mutual Insurance Worldwide (yearly statistics)
Mitglieder: 235
Jahresetat: 0,360 Mio Schweizer Franken

IZ K 39
Internationaler Verband Genossenschaftlicher und Wechselseitiger Versicherungen (ICMIF)
International Co-operative and Mutual Insurance Federation
Fédération Internationale des Coopératives et Mutuelles d'Assurances
Postfach 21, GB- Altrincham, Cheshire WA14 4PD
Denzell House, Dunham Road, GB- Altrincham, Cheshire WA14 4QE
T: (0044161) 9 29 50 90 Fax: 9 29 51 63
Gründung: 1922
Board of Directors:
Board of Directors: Dimon McFerson (Chairman; Chairman & CEO, Nationwide Insurance, USA)
Alfredo Gonzalez Moledo (Gerente General, AACMS, Argentina)
Dr. Jürgen Förterer (Chairman, R + V Group, Germany)
Lakshmanan Meyyappan (Chief Executive Officer, MCIS, Malaysia)
Dr. Siegfried Sellitsch (General Direktor, Wiener Städtische, Austria)
David Hollas (Chief Manager, CIS, United Kingdom)
Terry Squire (President and Chief Executive Officer, The Co-operators, Canada)
Tore Andersson (Managing Director, Folksam, Sweden)
Hiroyuki Nishimura (Senior Managing Director, Zenkyoren, Tokyo, Japan)
Eu-Nam Son (Deputy Chairman & Senior Vice President, NACF, Seoul, Korea)
Dennis Deters (Seniorvicepresident, Co-Operators, Guelph., Ontario, Canada)
Jacques Forest (Chairman of Management Committee, P&V, Brussels, Belgium)
Giovanni Consorte (Presidente, UNIPOL, Bologna, Italy)
Jean-Louis Bancel (Directeur Géneral, FNMF, France)
Jean Simonet (Chairman, MACIF, Niort, France)
Chief Executive: Hans Dahlberg
Manager: Zahid Qureshi (Snr. VP Development & Communications)
Hideki Aoki (Snr VP Reinsurance Asia)
Mike Hansford (VP Reinsurance Latin America & Caribbean)
Mike Ashurst (Manager Reinsurance Africa)
Shaun Tarbuck (VP Finance & Membership)
Kevin Vogt (VP Intelligence Unit)
Verbandszeitschrift: ICMIF World
Redaktion: ICMIF, P.O.Box 21, Altrincham, Cheshire WA14 4PD, GB
Mitglieder: over 150 co-operative and mutual insurers in 65 countries
Mitarbeiter: 20
Jahresetat: DM 3 Mio

Regional Associations

iz k 40
Europäischer Genossenschaftlicher und Wechselseitiger Versicherungsverband (ACME)
Association of European Cooperative and Mutual Insurers
Association des Assureurs Coopératifs et Mutualistes Européens
Postfach 21, GB-WA14 4PD Altrincham
T: (0044161) 9 29 50 90 Fax: 9 29 40 01
Director of Activities: Birgitta Lindström
Jahresetat: DM 0,7 Mio

iz k 41
Americas Association of Cooperative/Mutual Insurance Societies (AAC/MIS)
One Nationwide Plaza, USA- Columbus, OH 43215-2220
T: (001614) 2 49 54 00 Fax: 2 49 30 90
Executive Secretary: W. E. Fitzpatrick

iz k 42
Asia and Oceania Association of ICMIF (AOA) International Affairs Division
General Affairs Department, Zenkyoren
7-9 Hirakawa-cho, 2 chome, Chiyoda-ku, J- Tokyo 102
T: (00813) 32 65-31 11 Fax: 32 63 50 95
Executive Secretary: K. Shioiri

Privatversicherung

IZ K 43
Europäische Vereinigung für Risikomanagement (FERMA)
Federation of European Risk Management Associations
Fédération Européenne des Associations de Risk Management
Rue de la Presse 4, B-1000 Brüssel
T: (00322) 2 27 11 44 Fax: 2 27 11 48
E-Mail: ferma@skynet.be
Gründung: 1974
Président: M. Castelli (I)
Vice Président: T. van Santén (FR)
Trésorier: S. Marchand (BE)
Verbandszeitschrift: FERMA NEWS (members only)
Mitglieder: 1800 davon 9 Assoziierte Mitglieder
Mitarbeiter: 1

IZ K 44
Europäischer Rat für Brandschutz- und Sicherungstechnik (EFSAC)
European Fire and Security Advisory Council
c/o VdS Schadenverhütung GmbH
Postf. 10 37 53, 50477 Köln
Amsterdamer Str. 174, 50735 Köln
T: (0221) 7 76 61 85 Fax: 7 76 61 50
E-Mail: vdskoeln.schuengel@t-online.de
Sekr: Hans Schüngel

IZ K 45
Internationale Flugversicherungs-Union (IUAI)
International Union of Aviation Insurers
Union Internationale des Assureurs Aéronautiques
6, Lovat Lane, GB- London EC3R 8DT
T: (004420) 76 26 53 14 Fax: 79 29 35 34
Gründung: 1934
General Secretary: David Gasson (6, Lovat Lane, GB-London EC3R 8DT (Großbritannien), T: (0044207) 6 26 53 14)
Mitglieder: 45
Mitarbeiter: 2

IZ K 46
Internationale Vereinigung der Hagelversicherer (AIAG)
International Association of Hail Insurers
Association Internationale des Assureurs contre la Grêle
Seilergraben 61, CH-8023 Zürich
T: (00411) 2 51 71 72 Fax: 2 61 10 21
E-Mail: info@hagel.ch
Gründung: 1951
Präsident(in): U. Braun, Zürich
Sekretär-Schatzmeister: Arnaud de Rincquesen, Paris
Mitglieder: 135

IZ K 47
Internationaler Transport-Versicherungs-Verband (IUMI)
International Union of Marine Insurance
Union Internationale d'Assurances-Transports
Gotthardstr. 3, CH-6304 Zug
T: (004141) 729 39 66 Fax: 729 39 67
Internet: http://www.iumi.com
E-Mail: mail@iumi.com
Gründung: 1874
President: Richard D. DeSimone (USA)
Vice Presidents: Rolf LO. Berentzen (Norwegen)
Claudio Campana (Italien)
Jaime D'Almeida (Portugal)
Nigel T. Jenkins (Vereinigtes Königreich)
Arthur Payne (Kanada)
Masaki Sasamoto (Japan)
Generalsekretär(in): Stefan Peller (Gotthardstr. 3, CH-6034 Zug, T: (0041 41) 729 39 66, Fax: (0041 41) 729 39 67, E-Mail: s.peller@nick-ineichen.ch)
Mitglieder: 52 Landesverbände

IZ K 48
Internationaler Verband der Versicherungs- und Rückversicherungs-Vermittler (BIPAR)
Bureau International des Producteurs d'Assurances et de Réassurances
Sekretariat:
Avenue Albert Elisabeth 40, B-1200 Brüssel
T: (00322) 7 35 60 48 Fax: 7 32 14 18
Internet: http://www.bipar.org
E-Mail: bipar@skynet.be
Gründung: 1937

Präsident(in): Victor Galceran
Direktor(in): Harald Krauss
Mitglieder: 43 nationale Verbände

Belgien

iz k 49
Fédération des Professionnels d l'Assurance de Belgique (FEPRABEL)
Avenue Albert Elisabeth 40, B-1200 Brüssel
T: (00322) 7 43 25 60 Fax: 7 35 44 58
Internet: http://www.feprabel.be
E-Mail: info@feprabel.be

iz k 50
Federatie van Verzekeringsmakelaars
Tolstraat 9, B-2000 Antwerpen
T: (00323) 2 44 12 80 Fax: 2 16 97 45
Internet: http://www.fvv.be
E-Mail: fvv@pophost.eunet.be

iz k 51
Union Professionnelle de Courtiers d'Assurance (UPCA)
c/o Aurel Coghe
Plantin en Moretuslei 295, B-2140 Antwerpen
T: (00323) 2 17 54 00 Fax: 2 71 06 84
E-Mail: ac@vk.vanbreda.be

Dänemark

iz k 52
Forsikringsmaeglerforeningen i Danmark
c/o Advokat Flemming Kosakewitsch
Skt. Gjertruds Straede 10, DK-1129 Kopenhagen K
T: (004533) 32 25 44 Fax: 13 20 44
E-Mail: info@ck-law.dk

iz k 53
Forsikringsmaeglernes Brancheforening
Postfach 119, DK-4050 Skibby
Bredvigvej 12, DK-4050 Skibby
T: (0045) 70 20 60 68 Fax: 47 52 49 56
E-Mail: mail.@f-b.dk

Deutschland

iz k 54
Bundesverband Deutscher Versicherungskaufleute e.V. (BVK)
Kekuléstr. 12, 53115 Bonn
T: (0228) 2 28 05-0 Fax: 2 28 05-50
Internet: http://www.bvk.de
E-Mail: bvk@bvk.de

iz k 55
Bundesverband Deutscher Versicherungsmakler e.V. (BDVM)
Cremon 33, 20457 Hamburg
T: (040) 36 98 20-0 Fax: 36 98 20-22
Internet: http://www.bdvm.de
E-Mail: bdvm_e.v.@t-online.de

iz k 56
Bundesverband der Assekuranzführungskräfte e.V. (VGA)
- Arbeitgeberverband für das private Versicherungsvermittlungsgewerbe
- Verband der Assekuranzführungskräfte
Kaiser-Wilhelm-Ring 15, 50672 Köln
T: (0221) 9 52 12 80, 9 52 12 81 Fax: 9 52 12 82
Internet: http://www.vga-koeln.de
E-Mail: info@vga-koeln.de

iz k 57
Versicherungs-Makler-Verband e.V. (VMV)
Käthe-Bauer-Weg 17 II, 80686 München
T: (089) 89 16 16 02 Fax: 89 16 16 04
Internet: http://www.vmv.de
E-Mail: info@vmv.de

Finnland

iz k 58

Finnish Insurance Broker Association
c/o Finib Oy
Vattuniemenkuja 4, FIN-00210 Helsinki
T: (003589) 2 78 21 80   Fax: 2 78 21 80

Frankreich

iz k 59

Fédération Nationale des Syndicats d'Agents Généraux d'Assurances (AGEA)
rue Jouffroy d'Abbans, 104, F-75847 Paris
T: (00331) 44 01 18 00   Fax: 43 18 72 60
Internet: http://www.agea.fr
E-Mail: xavier.journoud@agea.fr, jeanlouis.randon@agea.fr

iz k 60

Syndicat Français des Assureurs Conseils (SFAC)
Rue de la Grange Batelière 14, F-75009 Paris
T: (00331) 55 33 51 51   Fax: 48 00 93 01
E-Mail: info@sfac-assurance.fr

iz k 61

Fédération Française des Courtiers d'Assurances et de Réassurances (FCA)
91, Rue Saint-Lazare, F-75009 Paris
T: (00331) 48 74 19 12   Fax: 42 82 91 10
E-Mail: lesage.fca@wanadoo.fr

Griechenland

iz k 62

H.I.B.A. Hellenic Insurance Brokers Association
Meintani 25, GR-117 41 Athen
T: (00301) 9 24 91 04   Fax: 9 24 91 05
E-Mail: sema@mland.gr

Großbritannien

iz k 63

British Insurance Brokers' Association (BIBA)
BIBA House
Bevis Marks 14, GB- London EC3A 7NT
T: (0044207) 6 23 90 43   Fax: 6 26 96 76
Internet: http://www.biba.org.uk
E-Mail: enquiries@biba.org.uk

iz k 64

Association of Independent Financial Advisers (AIFA)
Paul Smee
Austin Friars House, 2-6 Austin Friars, GB- London EC2N 2HD
T: (0044207) 6 28 12 87   Fax: 6 28 16 78
Internet: http://www.aifa.net
E-Mail: info@aifa.net

Irland

iz k 65

Irish Brokers Association (IBA)
Merrion Square 87, IRL- Dublin 2
T: (003531) 6 61 30 67, 6 61 30 69   Fax: 6 61 99 55
Internet: http://www.iba.com
E-Mail: iba@iol.ie

Israel

iz k 66

Association of Insurance Brokers and Agents in Israel
18, Hamsger st., IL-61574 Tel Aviv
T: (009723) 6 39 66 76   Fax: 6 39 63 22
E-Mail: be_moshe@netvision.net.il

Italien

iz k 67

Associazione Italiana Brokers di Assicurazioni e Riassicurazioni (AIBA)
V. le Parioli n. 10, I-00197 Rom
T: (003906) 8 07 32 36   Fax: 80 66 55 39
Internet: http://www.aiba.it
E-Mail: aiba@pronet.it

iz k 68

Sindacato Nazionale Agenti di Assicurazione (SNA)
Via Lanzone 2, I-20123 Mailand
T: (003902) 8 06 61 31   Fax: 86 78 78
Internet: http://www.sna.it
E-Mail: sna@comm2000.it

iz k 69

Unione Europea Assicuratori (UEA)
Via Gaetano Giardino 4, I-20123 Mailand
T: (003902) 87 53 15   Fax: 72 00 24 17
Internet: http://www.uea.it
E-Mail: ueaita@tin.it

Kanada

iz k 70

Chambre de l'Assurance de Dommages (ChAD)
500 rue Sherbrooke Ouest, 7ème étage, CDN- Montreal (Québec) H3A 3C6
T: (001514) 8 42 25 91   Fax: 8 42 31 38
Internet: http://www.chad.qc.ca
E-Mail: info@chad.qc.ca

iz k 71

The Insurance Brokers Association of Canada
181 University Avenue, Suite 1902, CDN- Toronto Ontario M5H 3M7
T: (001416) 3 67 18 31   Fax: 3 67 36 87
E-Mail: jbrown@sympatico.ca

Libanon

iz k 72

Lebanese Insurance Brokerage Syndicate (LIBS)
Postfach 5 08, LIB- Jounieh
T: (009619) 22 43 80   Fax: 22 43 86
E-Mail: aimsins@dm.net.lb

Luxemburg

iz k 73

ALUPASS Association Luxembourgeoise des Mandataires Generaux, Agents Generaux et Agents Professionnels d'Assurances, asbl
Mme A. Wertheim
29 rue de Bragance, L-1255 Luxemburg
T: (00352) 25 33 55   Fax: 25 33 60
E-Mail: webmaster@aghp.lu

Malta

iz k 74

**The Chairman
Association of Insurance Brokers (AIB)**
c/o Mediterranean Building
Abata Rigord Street, GBY- Ta'xbiex
T: (0356) 34 05 30   Fax: 34 15 98
E-Mail: joseph_cutajar@aon.com

Niederlande

iz k 75

Nederlandse Vereniging van Makelaars in Assurantiën en Assurantieadviseurs (NVA)
Postfach 235, NL-3800 AE Amersfoort
T: (003133) 4 64 34 64   Fax: 4 62 20 75
Internet: http://www.nva.nl
E-Mail: info@nva.nl

iz k 76

Nederlandse Bond van Assurantie-Bemiddelaars (NBVA)
Postfach 6152, NL-4000 HD Tiel
T: (0031344) 62 02 00   Fax: 61 79 28
Internet: http://www.nbva.nl
E-Mail: nbva@atriserv.nl

Niederländische Antillen

iz k 77

UNAC (Unie van Assurantiebemiddelaars Curacao)
Postfach 4540, Willemstad, NA- Curacao
T: (005999) 4 62 36 80, 4 62 34 77   Fax: 4 62 56 30
E-Mail: wiricur@hotmail.com

Norwegen

iz k 78

Norske Forsikringsmegleres Forening
c/o Skagerak
Rådhüsgt. 23, N-0158 Oslo
T: (004722) 00 74 74   Fax: 00 74 75
E-Mail: christian.mevatne@lindhstabell.no

Österreich

iz k 79

Bundesgremium der Versicherungsmakler und Versicherungsagenten
Wiedner Hauptstrasse 63, A-1045 Wien
T: (00431) 5 01 05/3312   Fax: 5 01 05/287
E-Mail: bggr6@wkoesk.wk.or.at

iz k 80

Verband Österreichischer Versicherungsmakler (VÖVM)
Eschenbachgasse 11, A-1010 Wien
T: (00431) 5 87 36 33, 5 87 36 21   Fax: 5 87 01 92
Internet: http://www.vovm.at
E-Mail: verband.makler@apanet.at

Polen

iz k 81

Association of Polish Insurance and Reinsurance Brokers
ul. Szpitalna 1 apt. 55, PL-00-020 Warschau
T: (004822) 8 28 43 49   Fax: 8 26 71 18
Internet: http://www.polbrokers.org.pl
E-Mail: polbrokers@polbrokers.org.pl

Portugal

iz k 82

Associacao Portuguesa dos Produtores Profissionais de Seguros (APROSE)
Edifíco infante D. Dinís
Praça da República, 93 - s/301, P-4050-497 Porto
T: (003512) 22 00 30 00, 22 00 30 42   Fax: 23 32 25 19
Internet: http://www.aprose.pt
E-Mail: aprose@aprose.pt

Tschechische Republik

iz k 83

Association of Czech Insurance Brokers (ACIB)
Opletalova 41, CZ-110 00 Prag 1
T: (004202) 21 00 43 08   Fax: 21 00 43 09
Internet: http://www.acpm.cz
E-Mail: acpm@volny.cz

Slowakische Republik

iz k 84

The Slovak Association of Insurance Brokers (SAMP)
Drienova street 34, SK-82 102 Bratislava
T: (004217) 43 42 16 48   Fax: 43 42 16 48

iz k 84

Internet: http://www.samp.sk
E-Mail: samp@gtsi.sk

Schweden

iz k 85
Swedish Insurance Brokers Association
Ulvsundavägen 181, S-168 67 Bromma
T: (00468) 98 79 72 **Fax:** 98 50 08
E-Mail: info@sfm.se

Schweiz

iz k 86
Federation Suisse des Agents Generaux d'Assurances (SVVG/FSAGA)
Postfach 72 32, CH-3001 Bern
Spitalgasse 9, CH-3001 Bern
T: (004131) 3 12 15 55 **Fax:** 3 11 00 94

iz k 87
Swiss Insurance Brokers Association (SIBA)
Dufourstr. 22, CH-8008 Zürich
T: (00411) 2 62 17 63 **Fax:** 2 62 56 71
E-Mail: info@siba.ch

Ukraine

iz k 88
Association of Professional Intermediaries of Ukraine (APIIU)
500 Office
Uritsky str. 45, UA-252035 Kiew
T: (0038044) 2 44 03 85 **Fax:** 2 44 03 85
E-Mail: lbn2000@stackman.com.ua

Spanien

iz k 89
Asociacion Nacional de Agentes y Corredores de Seguros Empresarios (ANACSE)
Nunez de Balboa 116 - 3°, E-28006 Madrid
T: (003491) 5 61 15 29 **Fax:** 5 62 80 34
E-Mail: anacse@teleline.es

iz k 90
Consejo General de Los Colegios de Mediadores de Seguros Titulados
D.J. José Henche Morillas
Nunez de Balboa 116 - 3°, E-28006 Madrid

T: (003491) 5 61 15 29 **Fax:** 5 62 80 34
E-Mail: cgcmst@segurcity.net

iz k 91
ADECOSE
c/ Serrano, 166, E-28002 Madrid
T: (003491) 5 61 16 00 **Fax:** 5 61 16 09
E-Mail: info@adecose.com

Ungarn

iz k 92
Associacion of Independent Insurance Brokers of Hungary (AIIBH)
6 Arboc street, H-1134 Budapest
T: (00361) 4 65 42 00 **Fax:** 4 65 42 80

● IZ K 93
Internationaler Versicherungs-Pool für Altersversorgung (IGP)
International Group Program
c/o John Hancock Int. Services S.A.
Avenue De Tervueren 270-272, B-1150 Brüssel
T: (00322) 7 72 74 34 **Fax:** 7 72 77 63

IZ L Energiewirtschaft

Zum Auffinden einer bestimmten Dienststelle oder Organisation dient das Suchwortverzeichnis, eines Personennamens das Personenverzeichnis

Elektrizität
Kernenergie
Erdgas und Erdöl, Kohle
Alternative Energie
Sonstige Organisationen der Energiewirtschaft

Elektrizität

● IZ L 1

Europäische Vereinigung zur verbrauchsabhängigen Energiekostenabrechnung - EWIV (E.V.V.E.)
European Association for the Consumption-based Billing of Energy Costs
Association européenne pour le décompte des cou_4ts énergétiques sur la base de la consommation
Burgstr. 69, 53177 Bonn
T: (0228) 35 14 96   Fax: 35 83 71
E-Mail: info@evve.com, E.V.V.E.@t-online.de
Gründung: 1993
Präsident(in): Ben Wiegers (NL)
Vizepräsident(in): Alain Bignotti (F)
Geschäftsführer(in): Dipl.-Ing. Christian Sperber
Mitglieder: 19 Unternehmen in Europa
Mitarbeiter: 2

● IZ L 2

Internationale Konferenz für große Hochspannungsnetze (CIGRÉ)
International Council on Large Electric Systems
Conseil International des Grands Réseaux Electriques
Rue d'Artois 21, F-75008 Paris
T: (00331) 53 89 12 90   Fax: 53 89 12 99
Internet: http://www.cigre.org
E-Mail: sales-meetings@cigre.org
Gründung: 1921
Verbandszeitschrift: ELECTRA
Verlag: CIGRE, 21 rue d'artois, F-75008 Paris
Mitglieder: 5000

● IZ L 3

Union der Elektrizitätswirtschaft (EURELECTRIC)
Union of the Electric Industry
Bd. de l'Imperatrice 66, B-1000 Brüssel
T: (00322) 5 15 10 00   Fax: 5 15 10 10
Internet: http://www.eurelectric.org
E-Mail: eurelectric@eurelectric.org
Gründung: 1999, 7. Dezember (Unipede: 1925, Eurelectric: 1990)
President: Dr. Rolf Bierhoff (Vorstand der RWE Energie AG)
Secretary-General: Paul Bulteel
Communications Officer: Chris Boothby
Verbandszeitschrift: WATT's new
Verlag: EURELECTRIC
Mitglieder: 53
Mitarbeiter: 30
Jahresetat: DM 4 Mio

● IZ L 4

Union für die Koordinierung des Transportes elektrischer Energie (UCTE)
Union pour la Coordination du Transport de l'Electricité
Sekretariat
Chausseestr. 23, 10115 Berlin
T: (030) 5150-4151   Fax: 5150-4154
Internet: http://www.ucte.org
E-Mail: info@ucte.org
Gründung: 1951
Präsident(in): J. Stotz (D)
Vizepräsident(in): F. Vandenberghe (B)

Kernenergie

● IZ L 5

Europäisches Atomforum (FORATOM)
Forum Atomique Européen
Rue Belliard 15-17, B-1040 Brüssel
T: (00322) 5 02 45 95   Fax: 5 02 39 02
Internet: http://www.foratom.org
E-Mail: foratom@skynet.be
Gründung: 1960
Präsident(in): Eberhard Wild
Secretary General: Dr. Wolf-J. Schmidt-Küster
Mitglieder: 14
Mitarbeiter: 14

Mitgliedsorganisationen

Belgien

iz I 6

Belgium Nuclear Forum
Forum Nucléaire Belge
Avenue Ariane, 7, B-1200 Brüssel
T: (00322) 7 73 84 96   Fax: 7 73 98 20
E-Mail: belgatom@tractebel.be
President: Marcel Gaube
Secretary: J. Boone

Deutschland

iz I 7

Deutsches Atomforum e.V. (DAtF)
German Nuclear Forum
Tulpenfeld 10, 53113 Bonn
T: (0228) 5 07-215   Fax: 5 07-219
Internet: http://www.atomforum.de
Präsident(in): Dr. Gert Maichel
Generalbevollmächtigter: Dr. Peter Haug

Finnland

iz I 8

Finnish Nuclear Forum
c/o Finnish Energy Industries Federation, Finergy
Postfach 21, FIN-00131 Helsinki
Etelaeranta 10, FIN-00131 Helsinki
T: (003589) 68 61 61   Fax: 68 61 63 00
E-Mail: milja.walsh@finergy.fi
President: Heikki Kolehmainen
Vice-President: Heikki Raumolin
Secretary General: Milja Walsh

Frankreich

iz I 9

French Nuclear Forum
Forum Atomique Français (FAF)
67, rue Blomet, F-75015 Paris
T: (00331) 53 58 32 10   Fax: 53 58 32 11
E-Mail: panossian@wanadoo.fr
President: F. Tetreau
Secretary-General: Jacques Panossian

Großbritannien

iz I 10

British Nuclear Industry Forum (BNIF)
Whitehall House 41 Whitehall, GB- London SW1A 2BY
T: (004420) 78 39 36 97   Fax: 78 39 46 95
Internet: http://www.bnif.com
E-Mail: info@bnif.co.uk
Chairman: Ray Hall
Trade and Industry Director: John R. Haddon
Communications and Public Affairs Director: Keith Parker

Italien

iz I 11

Associazione Italiana Nucleare (AIN)
Via Cernaia 49, I-00185 Rom
T: (00396) 49 19 25   Fax: 4 46 93 35
E-Mail: ricci@ain.it, synthesis@iol.it
President: Prof. Renato Angelo Ricci
Vice-Presidents: Prof. Maurizio Cumo
Ing. Paolo Fornaciari
Prof. Carlo Salvetti
Secretary General: Ing. Ugo Spezia

Niederlande

iz I 12

Nederlands Atoomforum
Postfach 25, NL-1755 ZG Petten
T: (0031224) 56 40 82   Fax: 56 39 12
E-Mail: versteegh@nrg-nl.com
President: Ger Küpers
Secretary General: A.M. Versteegh
Treasurer: G.A. de Boer

Österreich

iz I 13

Österreichisches Energieforum
Kampstr. 40, A-2346 Maria Enzersdorf
T: (00432236) 4 69 34   Fax: 4 61 94
President: Prof. Dr. C.A. Fleck
Secretary General: Dr. T. Dobner

Rumänien

iz I 14

Romanian Nuclear Forum
Postfach 22-102, R-70164 Bucharest
33 Bld. Gh. Maghern, R-740164 Bucharest
T: (0401212) 5061   Fax: 0800
E-Mail: dchirica@snn.rdsnet.ro
Secretary General: Teodor Chirica
President: Joan Rotaru

Schweden

iz I 15

Swedish Atomic Forum
SAFO
c/o Energiforum AB
Allhelgonavägen 25, S-61135 Nyköping
T: (0046115) 28 10 70   Fax: 28 10 71
E-Mail: cew@energiforum.se
Chairman: Niels Andersson
Secretary and Press Contact: Göran Lagerstedt

Schweiz

iz I 16

Schweizerische Vereinigung für Atomenergie (SVA)
Swiss Association for Atomic Energy
Association Suisse pour l'Énergie Atomique (ASPEA)
Postfach 50 32, CH-3001 Bern
Belpstr. 23, CH-3001 Bern
T: (004131) 3 20 65 25   Fax: 3 20 68 31
E-Mail: sva@to.aey.ch
President: Dr. Hans Jörg Huber (former MP)
Secretary General: Dr. Peter Hählen
Deputy Secretary General: Hansjörg Ruh

Spanien

iz I 17

Spanish Nuclear Forum
Forum Atómico Español
Boix y Morer 6, S-28003 Madrid
T: (003491) 5 53 63 03   Fax: 5 35 08 82
E-Mail: correo@foronuclear.org
President: Adolfo Garcia Rodriguez
Secretary General: Santiago San Antonio
Press Contact: Piluca Núñez Lopez

Slowakische Republik

iz I 18

Slovakien Nuclear Forum
Jana Bothu 2, SK-917 Trnava
T: (00421805) 5 34 08 62   Fax: 5 33 39 84
E-Mail: encon_Ometax.sk
President: Tibor Mikus
Secretary General: Vladimir Grujbor

Tschechische Republik

iz I 19

Czech Nuclear Forum
České Jaderné Fórum (ČJF)
Hoffmannova 3, CZ-147 00 Prag 4 Podoli
T: (004202) 6 43 11 85   Fax: 6 43 11 85
E-Mail: office@nuclear.forum.cz
President: Dr. Jiri Beránek
Secretary General: Dr. Lena Pifflová

Ungarn

iz l 20

Hungarian Nuclear Forum
Angyal u 1-3, H-1094 Budapest
T: (00361) 2 15 99 74 **Fax:** 2 15 18 54
E-Mail: aforum@etv.hu
Executive President: Pál Zarandi_1
Secretary General: Dr. Laszlo Czibolya

● **IZ L 21**

Europäische Kernenergie-Gesellschaft
European Nuclear Society (ENS)
Postfach 5032, CH-3001 Bern
Belpstr. 23, CH-3001 Bern
T: (004131) 3 20 61 11 **Fax:** 3 20 68 45
Internet: http://www.euronuclear.org
E-Mail: ens@to.aey.ch
Gründung: 1975
President: Agneta Rising
Hauptgeschäftsführer(in): Dr. Konrad Hädener
Verbandszeitschrift: Nuclear Europe Worldscan (NEW)

Mitglieder

iz l 22

Belarus Nuclear Society
c/o IPEP, Sosny
220109 Minsk
T: (00375) 1 27 46 77 71 **Fax:** 1 72 46 70 55
E-Mail: grush@sosny.bas-net.by
Svetlana V. Vastchenko

iz l 23

Belgian Nuclear Society
c/o Ondraf/Niras
Postfach 25, B-1210 Brüssel
Avenue Ariane 4, B-1200 Brüssel
T: (00322) 7 74 05 38 **Fax:** 7 74 05 47
Werner Couwnbergh (E-Mail: w.couwenbergh@belgo)

iz l 24

British Nuclear Energy Society
Great George Street 1-7, GB- London SW1P 3AA
T: (004420) 76 65 22 41 **Fax:** 77 99 13 25
Teletex: 935 637 iceas g
E-Mail: tillbrook_a@ice.org.uk
Andrew Tillbrook

iz l 25

Bulgarian Nuclear Society
Institut für Nuclear Research
Krasno selo 61 212 D, BG-1618 Sofia
T: (003592) 52 79 19 **Fax:** 52 79 19
Lilia Stoeva (stoeva@solo.bg)

iz l 26

Czech Nuclear Society
c/o Skoda Praha a.s. DT/RS
Temelin Division
CZ-37305 Temelin
T: (00420334) 42 17 60 **Fax:** 42 17 55
Jiri Fleischhans (E-Mail: jfleisch@temelp2.sodanet.cz)

iz l 27

Croatian Nuclear Society
Physics dept, faculty of electrical engineering, University of Zagreb
Postfach 1 48, HR-10000 Zagreb
T: (003851) 6 12 96 70 **Fax:** 6 12 96 05
Kosta Bojic

iz l 28

Danish Nuclear Society (DKS)
Vester Farimagsgade 29, DK-1780 Copenhagen
T: (004533) 15 65 65 **Fax:** 15 37 07
Benny Majborn

iz l 29

Föreningen Kärnteknik
(Swedish Nuclear Society)
ABB Atom
S-72163 Västerås
T: (004621) 34 72 35 **Fax:** 34 75 00

E-Mail: atomst2@ato.abb.se
Margareta Stigenberg

iz l 30

Hungarian Nuclear Society
Hungarian Atomic Energy Authority
Postfach 6 76, H-1539 Budapest
T: (0361) 1 56 55 66 ext. 2551 **Fax:** (00361) 1 55 15 91
Internet: http://www.kfki.hu/hnucsoc
E-Mail: hnucsoc@sunserv.kfki.hu
Zoltán Lengyel

iz l 31

Institution of Nuclear Engineers
The Secretary
Penerley Road 1, GB- London SE6 2LQ
T: (004420) 86 98 15 00 **Fax:** 86 95 64 09

iz l 32

Kerntechnische Gesellschaft e.V. (KTG)
(German Nuclear Society)
Heussallee 10, 53113 Bonn
T: (0228) 50 72 59 **Fax:** 50 72 58
Internet: http://www.ktg.org
Secretary General: Peter Haug

iz l 33

Netherlands Nuclear Society
c/o N. V. KEMA
Utrechtseweg 310, NL-6812 AR Arnhem
T: (003124) 3 23 20 61 **Fax:** (003126) 4 45 90 35
J. L. Matteman (c/o N. V. KEMA)

iz l 34

Nuclear Society of Russia
Kurchatov Square, RUS-123182 Moscow
T: (007095) 1 96 73 00 **Fax:** 1 96 20 73, 8 82 59 37

iz l 35

Nuclear Society of Slovenia
Društvo Jedrskih Strokovnjakov Slovenije
Postfach 1 00, SLO-1001 Ljubljana
Jamova 39, SLO-61111 Ljubljana
T: (0038661) 1 88 52 47 **Fax:** 1 61 23 35
Dr. Igor Jenčič (Jozef Stefan Institute)

iz l 36

Österreichische Kerntechnische Gesellschaft
Austrian Nuclear Society - Atominstitut
Stadionallee 2, A-1020 Wien
T: (00431) 58 88 01-14168 **Fax:** 15 88 01-14199
Walter Binner

iz l 37

Polish Nuclear Society
Ul. Dorodna 16, PL-03195 Warschau
Fax: (004822) 11 15 32
E-Mail: sekdyrn@orange.ichtj.waw.pl
Czeslaw Nycz (Institute of Nuclear Chemistry & Technology)

iz l 38

Romanian Nuclear Energy Professional Association (AREN)
Postfach 53, R-76900 Bucharest Magurele
33 Bdul Magheru, R-76900 Bucharest
T: (00401) 650 4565 **Fax:** 312 0800
Mihaela Stiopol

iz l 39

Schweizerische Gesellschaft der Kernfachleute
(Swiss Nuclear Society)
CH-5232 Villigen
T: (004156) 3 10 27 33 **Fax:** (004153) 3 10 23 27
Martin Zimmermann (Paul Scherrer Institut)

iz l 40

Slovak Nuclear Society
Nuclear Power Plant Research Institute (VUJE)
Okružná 5, SK-91864 Trnava
T: (00421) 80 55 99 11 76 **Fax:** 80 55 50 14 71
Stefan Andrasovský

iz l 41

Sociedad Nuclear Española
(Spanish Nuclear Society)
Campoamor 17, E-28004 Madrid
T: (003491) 3 08 63 18, 3 08 62 89 **Fax:** 3 08 63 44
Maria Teresa Dominguez

iz l 42

Società Nucleare Italiana
(Italian Nuclear Society)
Viale Risorgimento 2, I-40136 Bologna
T: (003951) 6 44 34 00 **Fax:** 6 44 34 11
Prof. Enrico Sobrero (Facoltà di Ingegneria)

iz l 43

Société Française d'Energie Nucléaire (SFEN)
(French Nuclear Society)
67, rue Blomet, F-75015 Paris
T: (00331) 53 58 32 10 **Fax:** 53 58 32 11
E-Mail: sfen@wanadoo.fr
Jacques Panossian (Délégué Général)

iz l 44

Suomen Atomiteknillinen Seura - Atomtekniska Sällskapet i Finnland r.y. (ATS)
(Finnish Nuclear Society)
c/o VTT Energy/Nuclear Energy
Postfach 16 04, FIN-02044 Espoo
T: (003589) 45 61 **Fax:** 4 56 50 00

iz l 45

Ukrainian Nuclear Society
Postfach 1 36, UA-27009 Odessa
T: (00380482) 60 41 60 **Fax:** 60 41 60
Dr. S. V. Barbashev

iz l 46

Yugoslav Nuclear Society
Postfach 522, YU-11001 Belgrad
T: (0038111) 45 47 96 **Fax:** 4 46 22 31
Miroslava Savkovic (Inst. od Nuc. Sciences)

iz l 47

Associazione Haliana Nucleare
Via Cernaia 49, I-00185 Rom
T: (003906) 49 19 25 **Fax:** 4 46 93 35
E-Mail: ain@iol.it
Ing. Ugo Spezia

● **IZ L 48**

Europäisches Gericht für Kernenergie
European Nuclear Energy Tribunal
Tribunal européen pour l'énergie nucléaire
c/o Agence de l'OCDE pour l'énergie nucléaire
12 bd. des Iles, F-92130 Issy-les-Moulineaux
T: (00331) 45 24 10 30 **Fax:** 45 24 11 10
E-Mail: patrick.reyners@oecd.org
Gründung: 1957 (20. Dezember)
Contact: Patrick Reyners
Mitglieder: Belgien, Bundesrepublik Deutschland, Dänemark, Frankreich, Großbritannien, Irland, Italien, Luxemburg, Niederlande, Norwegen, Österreich, Portugal, Schweden, Schweiz, Spanien, Türkei

● **IZ L 49**

Weltverband der Kernkraftwerksbetreiber (WANO)
World Association of Nuclear Operators
Coordinating Centre
Kings Buildings, 16 Smith Square, GB- London SW1P 3HQ
T: (004420) 782 82-1 11
Gründung: 1989 (15. Mai)
Präsident(in): Soo Byung Choi
Vorsitzende(r): Zack T. Pate
Direktor(in): Vince Madden

Regionalzentrum Paris

iz l 50

World Association of Nuclear Operators (WANO)
Paris Centre
43, rue Vineuse, F-75116 Paris

iz l 50

T: (00331) 53 70 35 55   Fax: 53 70 35 53
Vorsitzende(r): Willy De Roovere (Oel NPP)
Direktor(in): John Moares

Interface-Organisation zwischen WANO und den Betreibern deutscher Kernkraftwerke

iz l 51

World Association of Nuclear Operators
c/o VGB Technische Vereinigung der Großkraftwerksbetreiber e.V.
Postf. 10 39 32, 45039 Essen
Klinkestr. 27-31, 45136 Essen
T: (0201) 81 28-3 39   Fax: 25 32 17

Erdgas und Erdöl, Kohle

● **IZ L 52**
Europäische Union Unabhängiger Mineralölunternehmen (UPEI)
Union Pétrolière Européenne Indépendante
c/o Aussenhandelsverband für Mineralöl und Energie e.V.
Große Theaterstr. 1, 20354 Hamburg
T: (040) 34 08 58   Fax: 34 42 00
E-Mail: afm-verband.hamburg@t-online.de
Vorsitzende(r): Hellmuth Weisser
Generalsekretär(in): Bernd Schnittler

Belgien

iz l 53

Union Pétrolière Belge
157 rue de la Station, B-7700 Mouscron
T: (003256) 85 92 00   Fax: 56 85 92 30

Deutschland

iz l 54

AFM + E Aussenhandelsverband für Mineralöl und Energie e.V.
Große Theaterstr. 1, 20354 Hamburg
T: (040) 34 08 58   Fax: 34 42 00
E-Mail: afm-verband.hamburg@t-online.de

iz l 55

Bundesverband Freier Tankstellen und Unabhängiger Deutscher Mineralölhändler e.V. (bft)
Ippendorfer Allee 1d, 53127 Bonn
T: (0228) 91 02 90   Fax: 9 10 29 29
Internet: http://www.bft.de
E-Mail: infoservice@bft.de

iz l 56

Bundesverband mittelständischer Mineralölunternehmen e.V.
Postf. 76 33 00, 22071 Hamburg
Buchtstr. 10, 22087 Hamburg
T: (040) 2 27 00 30   Fax: 22 70 03 38
E-Mail: info@uniti.de

Frankreich

iz l 57

Fédération Francaise des Pétroliers Indépendants
Rue de Laborde 10, F-75008 Paris
T: (00331) 43 87 00 01   Fax: 43 87 43 46

Italien

iz l 58

Federazione Nazionale Commercio Petroli
Largo Fiorentini 1, I-00186 Rom
T: (00396) 6 86 91 56   Fax: 6 86 18 62

Großbritannien

iz l 59

Association of United Kingdom Oil Independents (A.U.K.O.I.)
Meg Annesley
Cutlers Cottage, Carbrooke Lane, Shipdham, GB- Norfolk IP25 7RP
T: (00441362) 820 739   Fax: 820 124

Niederlande

iz l 60

NOVE Nederlandse Organisatie voor de Energiebranche
S-Gravendykwal 103, NL-3021 EH Rotterdam
T: (003110) 2 44 38 88   Fax: 2 44 38 83

Österreich

iz l 61

Mineralölverband i.Gr.
c/o Josef Ronacher
Fließerau, A-6500 Landeck
T: (00435442) 6 25 30   Fax: 64 64 63

Spanien

iz l 62

U.P.I. (Union de Petroleros Independientes)
Paseo de la Castellana, 166 - Esc. 1- 1°izda, E-28046 Madrid
T: (003491) 3 50 90 57   Fax: 3 50 91 14

● **IZ L 63**
Europäische Vereinigung der Erdgaswirtschaft (EUROGAS)
European Union of the Natural Gas Industry
Union Européenne de l'Industrie du Gaz Naturel
Av. Palmerston 4, B-1000 Brüssel
T: (00322) 2 37 11 11   Fax: 2 30 62 91
Internet: http://www.eurogas.org
Secretary General: P. G. Claus

Mitgliedsorganisationen

Belgien

iz l 64

Fédération de l'Industrie du Gaz
Av. Palmerston 4, B-1000 Brüssel
T: (00322) 2 37 11 22   Fax: 2 30 44 80

Dänemark

iz l 65

Dansk Naturgas A/S
Agern Alle 24-26, DK-2970 Hörsholm
T: (0045) 45 17 10 22   Fax: 42 57 00 21

Deutschland

iz l 66

Bundesverband der deutschen Gas- und Wasserwirtschaft e.V. (BGW)
Reinhardtstr. 14, 10117 Berlin
T: (030) 2 80 41-0   Fax: 2 80 41-520
E-Mail: info@bgw.de

Finnland

iz l 67

Finnish Natural Gas Association GASUM OY
Postfach 21, FIN-02151 Espoo
Keilaranta 6, FIN-02151 Espoo 15
T: (00358020) 4 50 54 74   Fax: 4 50 47 70

Frankreich

iz l 68

Gaz de France
Rue Philibert Delorme 23, F-75017 Paris
T: (00331) 47 54 20 20   Fax: 47 54 39 09

Griechenland

iz l 69

DEPA
207 Messoghion Avenue, GR-11525 Athen
T: (00301) 6 74 96 06   Fax: 6 74 95 04

Großbritannien

iz l 70

Larrice plc
Thames Valley Park Drive 100, GB- Reading RG6 1PT
T: (00441734) 29 32 79   Fax: 29 22 60

iz l 71

CENTRICA
Charter Court - so Windsor Road, GB- Slough, Bucks SL1 2HA
T: (00441753) 75 83 05   Fax: 75 83 30

Irland

iz l 72

Bord Gais Eireann
Inchera - Little Island
Postfach 51, IRL- Inchera
T: (0035321) 50 91 99   Fax: 35 34 87

Italien

iz l 73

SNAM
Largo Regio Parco 11, I-10152 Turin
T: (003911) 2 39 43 87   Fax: 2 39 50 72

Niederlande

iz l 74

Energiened
Utrechtseweg 310, NL-6812 AR Arnhem
T: (003126) 3 56 94 44   Fax: 4 45 13 47

iz l 75

N.V. Nederlandse Gasunie
Concourslaan 17, NL-9700 MA Groningen
T: (003150) 5 21 22 61   Fax: 5 21 19 43

Österreich

iz l 76

Fachverband der Gas- und Wärmeversorgungs-Unternehmungen
Schubertring 14, A-1010 Wien
T: (00431) 5 13 15 88-10   Fax: 5 13 15 88-25

Portugal

iz l 77

Transgas Grupo/GDP
Av. de Republica 35, P-1050-186 Lissabon
T: (00351) 2 19 68 82 12   Fax: 2 19 69 38 10

Schweden

iz I 78
Svenska Gasforeningen
Sitz:
Eriksgatan 44, S-10029 Stockholm
T: (00468) 6 92 18 40   Fax: 6 54 46 15

Schweiz

iz I 79
Association Suisse de l'Industrie Gazière
Postfach 6 58, CH-8027 Zürich
Grütlistr. 44, CH-8027 Zürich
T: (00411) 2 88 31 31   Fax: 2 02 18 34

Spanien

iz I 80
Sedigas S.A.
Balmes 357, E-08006 Barcelona
T: (0034393) 4 17 28 04   Fax: 4 18 62 19

iz I 81
ENAGAS
Avenida de America 38, E-28028 Madrid
T: (00341) 5 89 31 70   Fax: 5 89 34 76

Slowakische Republik

iz I 82
Slovak Gas Industry (SPP)
Mlynshé nivy 44 /e, SK-82511 Bratislava
T: (004217) 409 24 25   Fax: 409 25 28

Tschechische Republik

iz I 83
Ceska Plynárenská UNIE
Belgicka 26, CZ-12000 Prag 2
T: (00422) 627 01 39   Fax: 627 27 19

Ungarn

iz I 84
Association of Gas Distribution Company
Aslesttr u. 9-11, H-1075 Budapest
T: (00361) 342 11 93   Fax: 322 00 22

● **IZ L 85**
Europäischer Ausschuß für feste Brennstoffe (CECSO)
Avenue de Tervuren 168 Bte 11, B-1150 Brüssel
T: (00322) 7 71 99 74   Fax: 7 71 41 04
E-Mail: cecso.brussels@yucom.be
Secretary General: Léopold Janssens
Assistent: N.N.

Belgien

iz I 86
ISSEP
Rue du Chéra 200, B-4000 Lüttich 1
T: (003242) 29 83 11   Fax: 52 46 65
E-Mail: jcl.maquinay@issep.be
Contact: J.C. Maquinay

Deutschland

iz I 87
Wirtschaftsvereinigung Bergbau e.V.
Postf. 12 07 36, 10597 Berlin
Am Schillertheater 4, 10625 Berlin
T: (030) 31 51 82-0   Fax: 31 51 82-35
Internet: http://www.wv-bergbau.de
E-Mail: wvb.berlin@t-online.de

iz I 88
Gesamtverband des deutschen Steinkohlenbergbaus
Postf. 10 36 63, 45036 Essen
Rellinghauser Str. 1, 45128 Essen
T: (0201) 1 77-08   Fax: 1 77-4288

iz I 89
Deutscher Braunkohlen-Industrie-Verein e.V.
Postf. 40 02 52, 50832 Köln
Max-Planck-Str. 37, 50858 Köln
T: (02234) 18 64-0   Fax: 18 64-18
Internet: http://www.braunkohle.de
E-Mail: debriv@t-online.de

Frankreich

iz I 90
Charbonnages de France
100 avenue Albert ler, F-92503 Rueil Malmaison Cedex
T: (00331) 47 52 35 00   Fax: 47 52 31 33
Internet: http://www.groupecharbonnages.fr

Griechenland

iz I 91
Public Power Corporation (PPC)
Kifissou & Diarrahiou 89, GR-10443 Athen
T: (00301) 5 12 42 99   Fax: 5 12 43 99
Internet: http://www.dei.gr

Polen

iz I 92
Confederation of Polish Lignite Industry
Unejowska 9, PL-62700 Turek
T: (004862) 78 73 92   Fax: (004863) 78 51 09

Spanien

iz I 93
Assocation of the Spanish hard coal and lignite producers (CARBUNION)
Padre Damian 5, 1°, E-28036 Madrid
T: (003491) 4 57 00 36   Fax: 4 57 00 55

Tschechische Republik

iz I 94
Employers Union of Mining and Oil Industries in the Czech Republic
Skretova 6, CZ-12059 Prag
T: (00422) 24 23 05 88   Fax: 24 21 08 30

● **IZ L 95**
Europäischer Flüssiggasverband (AEGPL)
European LPG Association
Association Européenne de Gaz de Pétrole Liquéfiés
6, Rue Galilée, F-75782 Paris Cedex 16
T: (00331) 47 23 52 74   Fax: 47 23 52 79
Président: Patrick Kilmartin
Contact: Henri Chapotot
Mitglieder: 41
Mitarbeiter: 6

● **IZ L 96**
Europäisches Komitee der europäischen Hersteller von Erdölmess- und Verteilanlagen (CECOD)
Committee of European Manufacturers of Petroleum Measuring and Distributing Equipment
Comité des Fabricants Européens d'Installation et de Distribution de Pétrole
c/o Syndicat de la Mesure
Maison de la Mécanique, F-92038 Paris La Défense
T: (00331) 43 34 76 80, 43 34 76 81   Fax: 43 34 76 82, 43 34 76 83
E-Mail: mesure@club-internet.fr
Président: Dr.-Ing. Franco Margani (LOGITRON SrI, Italie)
Vice-Président: Patrick Berthon (Schlumberger Technologies RPS, France)
Secrétaire Général: Michel Valitchek
Mitglieder: 33

● **IZ L 97**
The International Association of Oil & Gas Producers (OGP)
(formerly E & P Forum)
25/28 Old Burlington Street, GB- London W1S 3AN
T: (004420) 7292 06 00   Fax: 7434 37 21
E-Mail: ogp@org.com
Gründung: 1974
Leitung Presseabteilung: Lloyd Slater
Mitglieder: 60
Mitarbeiter: 13

● **IZ L 98**
Internationales Informationszentrum für Erdgas u. andere Kohlenwasserstoffgase (CEDIGAZ)
Centre International d'Information sur le Gaz Naturel et autres Hydrocarbures Gazeux Cedigaz
1&4, Avenue de Bois-Préau, F-92852 Rueil-Malmaison
T: (00331) 47 52 60 12   Fax: 47 52 70 14
Gründung: 1961
Präsident(in): Olivier Appert
Leitung Presseabteilung: Marie-Françoise Chabrelie
Verbandszeitschrift: Cedigaz News Report
Mitglieder: 190
Mitarbeiter: 4

● **IZ L 99**
Europäischer Verband der Petroleum-Industrie (Europia)
European Petroleum Industry Association
Association de l'Industrie Pétrolière Européenne (AIPE)
Place Madou 1 Madou Plaza, 25th Fl., B-1210 Brüssel
T: (00322) 2 26 19 11   Fax: 2 19 95 51
President: François Cornelis
Secr. Gen.: Jan F. Timmermann
Mitglieder: 29
Mitarbeiter: 12
Membership: Belgian Refining Corporation NV, BP Oil International Ltd., Cepsa, Conoco Ltd., DEA Mineraloel AG, EKO ABEE, Elf Aquitaine, ENI SpA, Exxon Company International, Gulf Oil (Great Britain) Ltd., Hellenic Aspropyrgos Refinery sa, Holborn European Marketing Co., ISAB SpA, Kuwait Petroleum International Ltd., Mobil Europe Inc., Motor Oil (Hellas)-Corinth Refineries sa, Neste Oy, Norsk Hydro a.s., OEMV AG, OK Petroleum AB, Petrofina, Petrogal, Phillips-Imperial Petroleum Ltd., Repsol, Saras SpA, Shell, Statoil, Tamoil Italia SpA, Texaco Services (Europe) Ltd., Total, Veba Oel AG, Wintershall AG

● **IZ L 100**
Welt-Erdöl-Kongress
World Petroleum Congress
Congrès Mondiaux du Pétrole
A Forum for Petroleum Science, Technology, Economics and Management
Fourth Floor, Suite 1
1 Duchess Street, GB- London W1N 3DE
T: (004420) 76 37-4995   Fax: 76 73-4973
E-Mail: lamia@world-petroleum.org
Gründung: 1933
President: Ir. D. van der Meer
Director General: Dr. Pierce Riemer
International Executive Secretary: Lamia Elhouni
Verbandszeitschrift: WPC Newsletter, WPC Briefing; Congress Proceedings
Verlag: WPC
Mitglieder: 60
Mitarbeiter: 2-6

Alternative Energie

● **IZ L 101**
EUROSOLAR
Europäische Vereinigung für Erneuerbare Energie e.V.
Kaiser-Friedrich-Str. 11, 53113 Bonn
T: (0228) 36 23 73   Fax: 36 12 79
Internet: http://www.eurosolar.org
E-Mail: inter_office@eurosolar.org
Präsident(in): Dr. Hermann Scheer (MdB), Bonn/Waiblingen
Geschäftsführerin: Irm Pontenagel
Verbandszeitschrift: "Solarzeitalter" (vierteljährlich)
Mitglieder: 25000

IZ L 102

● IZ L 102
Europäische Union der Nationalen Vereinigungen der Wasserversorger (EUREAU)
European Union of National Associations of Water Suppliers and Waste Water Services
Union Européenne des Associations Nationales des Distributeurs d'Eau et de Services d'Assainissement
127 Rue Colonel Bourg, B-1140 Brüssel
T: (00322) 7 06 40 80   **Fax:** 7 06 40 81
E-Mail: eureau@skynet.be
Gründung: 1975 (21. März)
Präsident(in): F. Porta (Spanien)
Vizepräsident(in): P. Taylor (Großbritannien)
Geschäftsführer(in): F. Rillaerts (B-Brüssel)
Mitglieder: Die nationalen Wasserversorgungsvereinigungen folgender Länder (in der Reihenfolge der Präsidentschaft): Belgien, Frankreich, Luxemburg, Niederlande, Bundesrepublik Deutschland, Großbritannien, Italien, Dänemark, Irland, Spanien, Portugal, Ungarn, Griechenland, Finnland, Schweden, Norwegen, Schweiz, Polen, Rumänien, Zypern, Estland, Island, Bulgarien. Deutschland ist durch BGW und DVGW vertreten.

Mitgliedsorganisationen

Belgien

iz l 103
Fédération belge du secteur de l´Eau
Belgische Federatie voor de Watersector (BELGAQUA)
Rue Colonel Bourg 127, B-1140 Brüssel
T: (00322) 7 06 40 90   **Fax:** 7 06 40 99
Internet: http://www.belgaqua.be
E-Mail: info@belgaqua.be

Dänemark

iz l 104
Danish Water Supply Association
Paludan-Müllers Vej 227, DK-8200 Arhus N
T: (0045) 86 16 75 00   **Fax:** 86 16 05 20
Internet: http://www.dvf.dk
E-Mail: dvf@dvf.dk

Deutschland

iz l 105
Bundesverband der deutschen Gas- und Wasserwirtschaft e.V. (BGW)
Reinhardtstr. 14, 10117 Berlin
T: (030) 2 80 41-0   **Fax:** 2 80 41-520
E-Mail: info@bgw.de

iz l 106
DVGW Deutsche Vereinigung des Gas- und Wasserfaches e.V.
- Technisch-wissenschaftlicher Verein -
Postf. 14 03 62, 53058 Bonn
Josef-Wirmer-Str. 1-3, 53123 Bonn
T: (0228) 91 88-5   **Fax:** 91 88-990
Internet: http://www.dvgw.de
E-Mail: dvgw@dvgw.de

Finnland

iz l 107
Vesi-Ja viemärilaitosyhdistys
Ratabartijankatu 2 A, FIN-00520 Helsinki
T: (003589) 8 68 90 10   **Fax:** 1 48 47 50
E-Mail: vvy@vvy.fi

Frankreich

iz l 108
Syndicat Professionel des Distributeurs d'Eau (SPDE)
avenue Foch 83, F-75116 Paris
T: (00331) 53 70 13 58   **Fax:** 53 70 13 40
E-Mail: spde@cybercable.fr

Griechenland

iz l 109
Hellenic Union of Municipal Enterprises for Water Supply and Sewage
Anthimou Gazi Street 3, GR-41222 Larissa
T: (003041) 25 82 61   **Fax:** 53 23 47

Großbritannien

iz l 110
Water UK
1 Queen Anne's Gate, GB- London SW1H 9BT
T: (004420) 73 44 18 44   **Fax:** 73 44 18 66

Irland

iz l 111
County and City Managers' Association
Ushers Quay 35-37 Olaf House, IRL- Dublin 8
T: (00351) 71 84 00

Island

iz l 112
Federation of Icelandic Energy & Waterworks (SAMORKA)
Sudurlandsbraut 48, IS-108 Reykjavik
T: (00354) 5 88 44 30   **Fax:** 5 88 44 31
E-Mail: samorka@skima.is

Italien

iz l 113
Federazione Italiana delle Imprese dei Servizi Idrici, Energetici e varii (FEDERGASACQUA)
Federgasacqua
Via Cavour 179a, I-00184 Rom
T: (00396) 47 86 56 20   **Fax:** 47 86 56 05
E-Mail: acqua@federgasacqua.it

Luxemburg

iz l 114
Association Luxembourgeoise des Services d'Eau (ALUSEAU)
c/o SEBES
L-9650 Esch-Sur-Sure
T: (00352) 83 95 91-1   **Fax:** 89 90 57

Niederlande

iz l 115
Vereniging van Exploitanten van Waterleidingbedrijven in Nederland (VEWIN)
Postfach 1019, NL-2280 Rijswijk AB
Sir Winston Churchill-laan 273, NL-2280 Rijswijk AB
T: (003170) 4 14 47 50   **Fax:** 4 14 44 20

iz l 116
Unie van Waterschappen
Postfach 80200, NL-2508 GE Den Haag
T: (003170) 3 51 97 51   **Fax:** 3 54 46 42

Norwegen

iz l 117
Norvar-Norsk Vann-Og Avlopsverkforening
Vangsvegen 143, N-2300 Hamar
T: (0047) 62 52 86 50   **Fax:** 62 53 40 06
E-Mail: firmapost@norvar.telemax.no

Österreich

iz l 118
Österreichische Vereinigung für das Gas- und Wasserfach (ÖVGW)
Schubertring 14, A-1010 Wien
T: (00431) 5 13 15 88-0   **Fax:** 5 13 15 88-25
Internet: http://www.fv-ovgw.or.at
E-Mail: info@fv-ovgw.or.at

Portugal

iz l 119
Associacao Portuguesa de Distribuicao e Drenagem de Aguas
Av. do Movimento das Forças Armadas 16, P-2710 Sintra
T: (0035121) 9 24 15 25   **Fax:** 9 24 15 34
E-Mail: a.agua@mail.telepac.pt

Schweden

iz l 120
Swedish Water and Waste Water Association (VAV)
Postf. 4 76 07, S-10153 Stockholm
T: (00468) 50 60 02 00   **Fax:** 50 60 02 10
E-Mail: vav@vav.se

Schweiz

iz l 121
Société Suisse de l'Industrie du Gaz et des Eaux (SSIGE-SVGW)
Postfach 6 58, CH-8027 Zürich
Grütlistr. 44, CH-8027 Zürich
T: (00411) 2 88 33 33   **Fax:** 2 02 16 33
E-Mail: svgw@iprolink.ch

Spanien

iz l 122
Asociacion Española de Abastecimiento de Agua y Saneamiento
Calle Orense n°4, 1° derecha A, E-28020 Madrid
T: (003491) 5 56 43 00   **Fax:** 5 56 89 98
Internet: http://www.servicom.es/aeas/aeas.htm
E-Mail: aeas@mad.servicom.es

Mitglieder mit Beobachterstatus

Bulgarien

iz l 123
Bulgarian Water Supply and Sewerage Association (BAWK)
3 Naroden Gueroy Street, BG-1618 Sofia
T: (003592) 55 70 76   **Fax:** 56 48 64
E-Mail: bawk@m.box.cit.bg

Estland

iz l 124
Estonian Water Works Association (EWWA)
Eesti Vee - Ettevotete Liit, Kadaka tee 5, EW-10621 Tallinn
T: (00372) 6 56 36 85   **Fax:** 6 56 30 91
E-Mail: evel@ewc.ee

Polen

iz l 125
Chamber of Commerce of Poland
85-073 Bydogoszcz, PL- ul. Sielanka 18
T: (004852) 28 78 28   **Fax:** 22 62 94

Rumänien

iz l 126

Romanian Water Services Committee
202A Splaiul Independentei, 9th floor, R-78123 Bukarest
T: (00401) 4 10 39 53   **Fax:** 4 10 38 72
E-Mail: cnpdar@fx.ro

Ungarn

iz l 127

Hungarian Professional Association of Water and Sewerage Companies
Postfach 201, H-1051 Budapest sas. u. 25
T: (00361) 1 31 83 82   **Fax:** 1 53 32 41

Zypern

iz l 128

Water Board of Nicosia
Postfach 1943, CY-1515 Nicosia
T: (003572) 42 22 91   **Fax:** 31 60 33
E-Mail: waterbrd@cytanet.com.cy

● **IZ L 129**

Internationale Gesellschaft für Solarenergie e.V. (ISES)
International Solar Energy Society
Villa Tannheim
Wiesentalstr. 50, 79115 Freiburg
T: (0761) 4 59 06-0   **Fax:** 4 59 06 99
Internet: http://www.ises.org
E-Mail: hq@ises.org
Gründung: 1954 (Dezember)
President: Dr. Cesare Silvi
Secretary: Dr. Donald W. Aitken
Executive Director: Burkhard Holder
Treasurer: Prof. Dr. Sakae Tanemura
Verbandszeitschrift: Solar Energy Journal (monthly)
Redaktion: Prof. Joachim Luther
Verlag: Elsevier Science, Inc., Oxford
Verbandszeitschrift: Refocus (10 issues per year)
Redaktion: Paul Spencer
Verlag: Elsevier Advanced Technology, Oxford
Mitglieder: ca. 4000
Mitarbeiter: 8

Förderung von Forschung und Anwendung auf dem Gebiet der erneuerbaren Energien weltweit.

iz l 130

Deutsche Gesellschaft für Sonnenenergie e.V. (DGS)
Deutsche Sektion der International Solar Energy Society (ISES)
Augustenstr. 79, 80333 München
T: (089) 52 40 71   **Fax:** 52 16 68
Internet: http://www.dgs-solar.org
E-Mail: info@dgs-solar.org
Präsident(in): Prof. Sigrid Jannsen

● **IZ L 131**

Internationaler Verband für Fernheizung, Fernkühlung und Kraft-Wärme-Kopplung (Euroheat & Power, Unichal)
International Association for District Heating, District Cooling and CHP
Association Internationale pour le chauffage urbain, le refroidissement à distance et le couplage chaleur-force
Av. Du Diamant 26, B-1030 Brüssel
T: (00322) 7 40 21 10   **Fax:** 7 40 21 19
Internet: http://www.euroheat.org
E-Mail: info@euroheat.org
Gründung: 1954
Präsident(in): Ilkca Pirvola (FIN)
1. Vizepräs.: Laszlo Uhri (H)
2. Vizepräs.: Tomas Bruce (S)
Generalsekretär(in): Sabine Froning (D)
Mitglieder: ca. 160

Sonstige Organisationen der Energiewirtschaft

● **IZ L 132**

Euröpäischer Verband zur Förderung der Kraft Wärme Kopplung (Cogen Europe)
European Association for the Promotion of Cogeneration
Association Européenne de Promotion de la Cogénération
Rue Gulledelle 98, B-1200 Brüssel
T: (00322) 7 72 82 90   **Fax:** 7 72 50 44
Internet: http://www.cogen.org
E-Mail: info@cogen.org
Gründung: 1993
Président: Ton Van der Does
Direktor(in): Simon Minett
Leitung Presseabteilung: Andrea Morass
Verbandszeitschrift: Cogen Europe Newsletter
Verlag: Cogen Europe
Mitglieder: 200
Mitarbeiter: 5
Jahresetat: 0,5

● **IZ L 133**

Conférence Européenne des Négociants en Combustibles et Carburants
Temporary Secretariat:
Rue Leon Lepage 4, B-1000 Brüssel
T: (00322) 5 02 42 00   **Fax:** 5 02 54 46
Internet: http://www.brafco.be
E-Mail: info@brafco.be
Gründung: 1975
Mitglieder: 5

Mitglieder

iz l 134

Fédération Belge des Négociants en Combustibles
Rue Leon Lepage 4, B-1000 Brüssel
T: (00322) 5 02 42 00   **Fax:** 5 02 54 46
Internet: http://www.brafco.be
E-Mail: info@brafco.be

iz l 135

Gesamtverband des Deutschen Brennstoff- und Mineralölhandels e.V. Berlin (gdbm)
Französische Str. 15, 10117 Berlin
T: (030) 6 85 90 90, 6 85 21 59   **Fax:** 68 59 75 35
E-Mail: gdbm-berlin@t-online.de

iz l 136

Brance Nationale des Négociants en Produits pétroliers
50 Rue Rouget de Lisle, F-92158 Seresnes Cedex

iz l 137

Federation of Petroleum Suppliers
Ellesmere Chambers
2 Laters Court Princess St Knutsford, GB- Cheshire WA16 6BW

iz l 138

Nederlandse Organisatie van Olie- en Kolenhandelaren
Postfach 25078, NL-3001 HB Rotterdam
s' Gravendijkwal 103, NL-3001 HB Rotterdam

iz l 139

Union du Charbon et du Mazout S.à.r.l. Mart & Kinsch
Rue de l'Eau 3, L-4001 Esch-Sur-Alzette

● **IZ L 140**

Europäische Kommission Gemeinsame Forschungsstelle Institut für Transurane (ITU)
European Commission Joint Rescarch Centre Institute for Transuranium Elements
Gemeinsame Forschungsstelle (GFS)
Centre Commun de Recherche (CCR)
Joint Research Centre (JRC)
Institut für Transurane (ITU)
Postf. 23 40, 76011 Karlsruhe
T: (07247) 95 13 50   **Fax:** 95 15 91
E-Mail: roland.schenkel@jrc.org
Direktor: Dr. Roland Schenkel

● **IZ L 141**

Internationale Energie-Agentur (IEA)
International Energy Agency (IEA)
Agence Internationale de l'Énergie (AIE)
Rue de la Fédération 9, F-75739 Paris Cedex 15
T: (00331) 40 57 65 00   **Fax:** 40 57 65 59
E-Mail: info@iea.org
Gründung: 1974 (15. November)
Exekutivdirektor: Robert Priddle
Stellv. Exekutivdirektor: William Ramsay
Presseabteilung: Scott Sullivan
Mitglieder: 25 Staaten (Australien, Belgien, Dänemark, Deutschland, Finnland, Frankreich, Griechenland, Irland, Italien, Japan, Kanada, Luxemburg, Neuseeland, Niederlande, Norwegen, Österreich, Portugal, Schweden, Schweiz, Spanien, Tschechische Republik, Türkei, Ungarn, Großbritannien, Vereinigte Staaten von Amerika)

● **IZ L 142**

Weltenergierat (WEC)
World Energy Council
Conseil Mondial de l'Energie
5th Floor - Regency House, 1-4 Warwick Street, GB- London W1B 5LT
T: (004420) 77 34 59 96   **Fax:** 77 34 59 26
Internet: http://www.worldenergy.org
E-Mail: info@worldenergy.org
Gründung: 1924
Präsident(in): D. D. Jordan (USA)
Secretary-General: G.-W. Doucet
Verbandszeitschrift: Annual Report
Redaktion: WEC London HQ
Verlag: WEC
Mitglieder: 96 Mitgliedsländer
Mitarbeiter: 45
Next Congress. 18th Congress of the World Energy Council 2001 Buenos Aires, Argentina

Notizen

IZ M Verkehrsgewerbe

Zum Auffinden einer bestimmten Dienststelle oder Organisation dient das Suchwortverzeichnis, eines Personennamens das Personenverzeichnis

Schienenverkehr
Straßenverkehr
Schiffahrt
Luftverkehr
Sonstige Organisationen des Verkehrsgewerbes

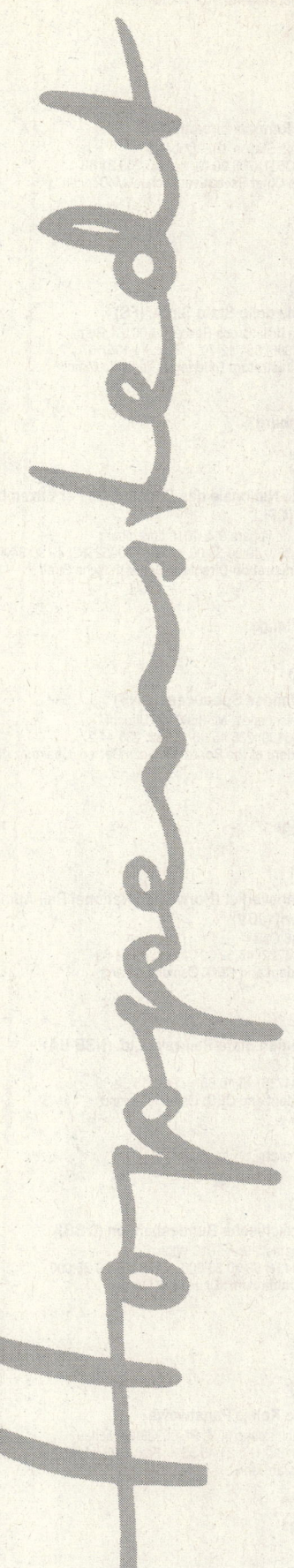

IZ M 1

Schienenverkehr

● **IZ M 1**

Europäische Gesellschaft für die Finanzierung von Eisenbahnmaterial (EUROFIMA)
European Company for the Financing of Railroad Rolling Stock
Société Européenne pour le Financement de Matériel Ferroviaire
Postfach 17 64, CH-4001 Basel 1
Rittergasse 20, CH-4001 Basel
T: (004161) 2 87 33 40   Fax: 2 87 32 40
Internet: http://www.eurofima.org
E-Mail: info@eurofima.org
Gründung: 1955 (20. Oktober)
Präsident d. Verwaltungsrates: Etienne Schouppe
Generaldirektor: André M. Bovet
Mitglieder: 23 Europäische Eisenbahnen

● **IZ M 2**

Europäisches Bahn Forum (FTE)
Forum Train Europe
Hochschulstr. 6, CH-3000 Bern 65
T: (0041512) 20 27 15   Fax: 20 23 02
E-Mail: peter.jp.jaeggy@sbb.ch
Gründung: 1923 (1. Januar)
Präsident(in): P. A. Urech
Mitglieder: 70

● **IZ M 3**

Europäische Vereinigung der Transportinstitute (ESTI)
European Society of Transport Institutes
Association Européenne d'Instituts de Transport
rue Archimède 5, box 11, B-1000 Brüssel
T: (00322) 2 30 02 11   Fax: 2 30 34 34
E-Mail: esti@euronet.be
Gründung: 1984
President: Tom Reid
Vice-Presidents: Prof. Drs. C. J. Ruijgrok (Past President) J. A. Lasserre (Incoming President)
Prof. M. Savy (Vice-President for Research)
Secretary General: L. Hoste
Mitglieder: 50

● **IZ M 4**

Gemeinschaft der Europäischen Bahnen (GEB)
Community of European Railways (CER)
Communauté des Chemins de Fer Européens (CCFE)
Bd.de l'Impératrice 13 bt.11, B-1000 Brüssel
T: (00322) 5 25 90 70   Fax: 5 12 52 31
Internet: http://www.cer.be
E-Mail: contact@cer.be
Gründung: 1988
Chairman: Louis Gallois (SNCF)
Vice-Chairmen: Henrik Hassenkam (DSB)
Hartmut Mehdorn (DB)
Sir Philip Beck (RT)
Secretary General: Anna Ottavianell
Deputy Secretary General: Carl-Henrik Lundstrøm
Verbandszeitschrift: GEB Bulletin
Redaktion: Communications
Mitglieder: 32

Mitgliedsorganisationen

Belgien

iz m 5

Railtrack PLC Europe (RT)
Rue Ducale 85-87, B-1000 Brüssel
T: (00322) 5 51 09-80   Fax: 5 51 09-89
Director General Europe: David Moss

iz m 6

Société Nationale des Chemins de Fer Belges (SNCB)
Rue de France 85, B-1060 Brüssel
T: (00322) 525 20 00   Fax: 521 24 79
Adminstrateur délégué: Etienne Schouppe

Dänemark

iz m 7

Danish National Railway Agency-Banestyrelsen (BS)
Sølvgade 40, DK-1349 København K
T: (004533) 7 65 00 05   Fax: 76 50 01
Chief Executive: Erik Elsborg

iz m 8

Danske Statsbaner (DSB)
Danish State Railways
Sølvgade 40, DK-1349 København K
T: (004533) 14 04 00   Fax: 14 04 40
Managing Director: Henrik Hassenkam

Deutschland

iz m 9

Deutsche Bahn Aktiengesellschaft
Stephenson Str. 1, 60326 Frankfurt
T: (069) 97 33-0   Fax: 97 33-61155
Internet: http://www.bahn.de
Vorsitzende(r) des Vorstandes: Hartmut Mehdorn

Estland

iz m 10

Aktsiaselts Eesti Raudtee
Pikk Tänav 36, EW-15073 Tallinn
T: (0372) 6 15 86 10   Fax: 6 15 87 10
CEO: Parbo Juchnewitsch

Finnland

iz m 11

Ratahallintokeskus (RHK)
Kaivokatu 6, FIN-00100 Helsinki
T: (003589) 58 40 51 11   Fax: 58 40 51 00
Chief Director: Ossi Niemimuukko

iz m 12

Finnish Railways - VR-Group Ltd. (VR)
Vilhonkatu 13, FIN-00100 Helsinki
T: (003589) 707 20 00   Fax: 707 37 00
President and CEO: Henri Kuitunen

Frankreich

iz m 13

Réseau Ferré de France (RFF)
Tour Pascal A, F-92045 Paris La Defense
T: (00331) 46 96 90 88   Fax: 46 96 90 75
Président du Conseil d'Administration: Claude Martinand

iz m 14

Société Nationale des Chemins de Fer Français
Rue du Commandant Mouchotte 34, F-75699 Paris
T: (00331) 53 25 60 01   Fax: 53 25 61 08
Président du Conseil d'Administration: Louis Gallois
(Vice-Président de la CCFE)

Griechenland

iz m 15

Chemins de Fer Helleniques (CH)
Hellenic Railways Organisation
Organisme des Chemins de Fer Helléniques
rue Karolou 1, GR-10437 Athen
T: (00301) 529 78 61   Fax: 524 41 50
Managing Director: Ioannis Mourmouris

Großbritannien

iz m 16

Association of Train Operating Companies (ATOC)
3rd floor, The Podium
40 Bernard Street, GB- London WC 1N 1BY
T: (004420) 7904 30 12   Fax: 7904 30 63
Director General: Ivor Warburton

Irland

iz m 17

Córas Iompair Éireann (CIE)
Heuston Station, IRL- Dublin 8
T: (003531) 703 20 04   Fax: 703 21 68
Group Chief Executive: Michael McDonnell

Italien

iz m 18

Ferrovie dello Stato S.p.A. (FS)
Piazza della Croce Rossa 1, I-00161 Rom
T: (00396) 854 12 70   Fax: 44 105 157
Amministratore Delegato: Giancarlo Cimoli

Luxemburg

iz m 19

Société Nationale des Chemins de Fer Luxembourgeois (CFL)
Place de la gare 9, L-1616 Luxemburg
T: (00352) 49 90 33 00   Fax: (00352352) 49 90 34 40
Administration-Directeur Général: René Streff

Niederlande

iz m 20

Nederlandse Spoorwegen (NS)
Moreelsepark 1, NL-3500 HA Utrecht
T: (003130) 235 45 00   Fax: 235 44 27
President of the Board: Rob den Besten (Chairman of the CER)

Norwegen

iz m 21

Jernbaneverket (Norwegian National Rail Administration) (JBV)
N-0048 Oslo
T: (004722) 45 52 00   Fax: 45 51 09
President and CEO: Osmund Ueland

iz m 22

Norwegian State Railways Ltd. (NSB BA)
N-0048 Oslo
T: (004723) 15 10 65   Fax: 15 32 00
President and CEO: Osmund Ueland

Österreich

iz m 23

Österreichische Bundesbahnen (ÖBB)
Elisabethstr. 9, A-1010 Wien
T: (00431) 58 00 33 000   Fax: 58 00 25 000
Generaldirektor: Dr. Helmut Draxler

Polen

iz m 24

Polskie Koleje Panstwowe
Chalubinskiego ul. 4, PL-00928 Warschau
T: (0048221) 6 24 45 33   Fax: 6 28 51 49
CEO: Jan Janik

Portugal

iz m 25

Caminhos de Ferro Portugueses, E.P. (CP)
Calçada do Duque 20, P-1294 Lisboa Codex
T: (003511) 346 31 82   Fax: 347 30 93
Président du Conseil d'Administration: Dr. António Crisóstomo Teixeira

iz m 26
Rede Ferroviária Nacional, E.P. (REFER)
Largo dos Caminhos de Ferro, P-1149 Lissabon Codex
T: (003511) 8 81 64 60 **Fax:** 8 81 64 68
Président du Conseil d'Administration: Dr. Manuel Frasquilho

Schweden

iz m 27
Banverket (BV)
S-78185 Borlänge
T: (0046243) 44 54 00 **Fax:** 44 54 06, 450 09
Director General: Bo Bylund

iz m 28
Swedish State Railways (SJ)
Headquarters, S-10550 Stockholm
T: (00468) 7 62 30 03 **Fax:** 4 68 14 94 31
President and Director General: Daniel Johannesson

Schweiz

iz m 29
BLS Lötschbergbahn AG
Genfergasse 11, CH-3001 Bern
T: (004131) 3 27 27 27 **Fax:** 3 27 29 10
Direktor(in): Mathias Tromp

iz m 30
Chemins de Fer Fédéraux Suisses (CFF)
Hochschulstr. 6, CH-3030 Bern
T: (0041512) 20 22 00 **Fax:** 20 42 65
Président: Dr. Benedikt Weibel

Slowenien

iz m 31
Slovenske Zeleznice
Kolodvorska ul 11, SLO-1506 Ljubljana
T: (0038661) 2 91 40 00 **Fax:** 31 72 62
CEO: Igor Zasec

Spanien

iz m 32
Red Nacional de los Ferrocarriles Españoles (RENFE)
Final Avenida Pio XII, s/n, E-28036 Madrid
T: (003491) 733 91 62 **Fax:** 314 06 65
Président du Conseil d'Administration: Miguel Corsini Freese

Tschechische Republik

iz m 33
Ceske Drahy
Nabr. L. Svobody 12, CZ-11015 Prag 1
T: (004202) 232 53 00 **Fax:** 232 87 84
CEO: Dalibor Zeleny

Ungarn

iz m 34
Magyar Allamvasutak
Andrássy út 73-75, H-1062 Budapest
T: (00361) 2 24 58 12 **Fax:** 2 24 58 08
Màrton Kukely

iz m 35
Györ-Sopron-Ebenfurti Vasut Részvénytarsasag
Raab-Oedenburg-Ebenfurter Eisenbahn AG
Szilagyi Dezsö Tér 1, H-1011 Budapest
T: (00361) 224 58 12 **Fax:** 224 58 08
CEO: Dr. Janos Berenyi

● **IZ M 36**
Internationale Eisenbahn-Kongress-Vereinigung (AICCF)
International Railway Congress Association
Association Internationale du Congrès des Chemins de Fer
Rue de France 85, B-1060 Brüssel
T: (00322) 5 20 78 31 **Fax:** 5 25 40 84
Gründung: 1885
Präsident(in): Etienne Schouppe (Administrateur-délégué, Nationalgesellschaft der Belgischen Eisenbahnen)
Generalsekretär(in): Ir. A. Martens (Administrateur - Directeur Général adjoint, Nationalgesellschaft der Belgischen Eisenbahnen)
Leitung Presseabteilung: Pierre Jacquemin
Verbandszeitschrift: Rail International - Schienen der Welt
Verlag: A.I.C.C.F., Bruxelles
Mitglieder: 124
Mitarbeiter: 7
Jahresetat: DM 0,9 Mio

● **IZ M 37**

Internationale Privatgüterwagen-Union (UIP)
International Union of Private Wagons
Union Internationale des Wagons Privés
Boulevard du Souverain 53 /17, B-1160 Brüssel
T: (00322) 6 72 88 47 **Fax:** 6 72 81 14
Internet: http://www.uiprail.org
E-Mail: uip@unicall.be
Gründung: 1950
Präsident(in): Heinrich Sikora
Generalsekretär(in): Wolf D. Gehrmann

Vertretung der Mitgliederinteressen gegenüber staatlichen und nichtstaatlichen internationalen Organisationen.

Mitgliedsorganisationen

Belgien

iz m 38
LOMATFER - Union Professionnelle des Loueurs de Matériel de Chemin de Fer
Avenue Herrman Debroux 46, B-1160 Bruxelles
T: (00322) 6 63 75 76 **Fax:** 6 63 75 50
E-Mail: a.margerin@brambles-rail.com

Bulgarien

iz m 39
BPW - Balkan Private Wagons Association
c/o EASTRA Ltd.
105, Arsenalski Bulvd., BG-1421 Sofia
T: (003592) 9 63 13 30 **Fax:** 66 55 58
E-Mail: eastra@geobiz.bg

Deutschland

iz m 40
VPI Vereinigung der Privatgüterwagen-Interessenten
Hochallee 60, 20149 Hamburg
T: (040) 4 50 50 86 **Fax:** 4 50 50 90
E-Mail: vpihamburg@t-online.de

Frankreich

iz m 41
AFWP Association Française des Wagons de Particuliers
18 Place des Reflets Tour Aurore, F-92975 Paris la Défense 2 Cedex
T: (00331) 47 78 65 30 **Fax:** 47 73 52 12
E-Mail: afwp@c-si.fr

Großbritannien

iz m 42
PWF Private Wagon Federation
Intl. Section
Westland Green Homelea, GB- Little Hadham Herts, 5GiL 2AG
T: (00441279) 84 34 87 **Fax:** 84 23 94
E-Mail: geoffp@homelea.demon.co.uk
Secretary General: Geoffrey G. Pratt Mcjt

Italien

iz m 43
ASSOFERR Associazione Titolari Carri Ferroviari
Via Lanzone 92 /31, I-20123 Mailand
T: (00392) 80 63 02 01 **Fax:** 86 45 53 01
E-Mail: assoferr@galactica.it

Niederlande

iz m 44
NVPG Nederlandse Vereniging Particuliere Goederenwagons
Secretariat
Wolwevershaven 30, NL-3311 AW Dordrecht
T: (003178) 6 39 28 88 **Fax:** 6 39 28 89
E-Mail: trimodal@companynet.com

Österreich

iz m 45
VPI
Verband der Privatgüterwagen-Interessenten Österreichs
Kunigundbergstr. 40, A-2380 Perchtoldsdorf
T: (00431) 8 65 66 85 **Fax:** 8 65 66 85 91
E-Mail: kesselwagen@kvg.at

Polen

iz m 46
IGTL Izba Gospodarza Transporter Ladowego
Ul. Twarda 30, PL-00831 Warschau
T: (004822) 6 97 91 16 **Fax:** 6 97 91 95
E-Mail: marketing@decyst.com.pl

Schweden

iz m 47
SPF Svenska Privatvagnföreningen
c/o Sveriges Industriförbund
Postfach 55 01, S-11485 Stockholm
Storgatan 19, S-11485 Stockholm
T: (00468) 7 83 80 13 **Fax:** 6 61 79 01
E-Mail: ingrid.heilborn@yahoo.se

Schweiz

iz m 48
VAP Verband Schweiz. Anschlußgeleise- und Privatgüterwagen-Besitzer (VAP)
Postfach Postfach, CH-8142 Zürich
T: (00411) 4 91 15 95 **Fax:** 4 91 28 80
E-Mail: furrer.vap@bluewin.ch

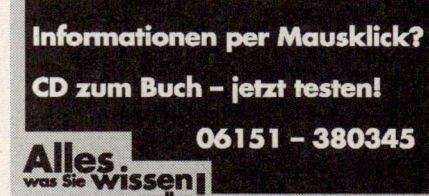

Slowakische Republik

iz m 49

ZVKV Zdruzenie Vlastníkov a Prevádzkovatelov Súkromných Kolajových Vozidiel
Stúrovo Námestie 5, SK-91101 Trencin
T: (0042 1831) 44 21 02   **Fax:** 44 21 02
E-Mail: galko@zvkv.sk

Spanien

iz m 50

FAPROVE Fomento de Asociaciones de Propietarios y Operadores de Vagones de Espana
Alberto Alcocer 46, Atico A, E-280016 Madrid
T: (003491) 4 57 70 67   **Fax:** 4 58 80 29
E-Mail: ivexa@teleline.es

Tschechische Republik

iz m 51

SPV Sdružení Majitelů a Provozovatelů Soukromých Železničních Vozů
Perucká 7, CZ-12144 Praha 2
T: (004202) 6 91 08 37   **Fax:** 6 91 08 37
E-Mail: spv@telecom.cz

● **IZ M 52**

Internationale Vereinigung der Anschlußgleise-Benützer -IVA- (AIEP)
International Association of Users of Private Sidings
Association Internationale des Usagers d'Embranchements Particuliers
Postfach 15, CH-8570 Weinfelden
T: (004171) 6 22 58 18   **Fax:** 6 22 58 14
Gründung: 1912 (20. März)
Präsident(in): Alfred Welter
Vizepräsident(in): Dr.jur. Karl Frohner (Präsident Verband für Anschlußbahnunternehmen (VABU), Wiedner Hauptstr. 63, A-1045 Wien)
Sekretär: Dr. iur. Frank Furrer (Suracherstr. 6, CH-8142 Uitikon (Zürich), T:(00411) 4 91 15 95, Telefax: (00411) 4 91 28 80, furrer.vap@bluewin.ch)

● **IZ M 53**

Internationaler Eisenbahnverband (UIC)
International Union of Railways
Union Internationale des Chemins de Fer
16, rue Jean Rey, F-75015 Paris
T: (00331) 44 49 20 20   **Fax:** 44 49 20 29
Internet: http://www.uic.asso.fr/
E-Mail: communication@uic.asso.fr
Gründung: 1922
Präsident(in): Miguel Corsini
Generaldirektor: Philippe Roumeguère
Presseabteilung: Paul Véron
Verbandszeitschrift: Panorama UIC; Rail International/Schienen der Welt
Mitglieder: 150
Mitarbeiter: 120
In dem Fachverband UIC sind 150 Bahnen und Verkehrsunternehmen zusammengeschlossen. Seine Aufgaben sieht er in der technischen Harmonisierung und Interoperabilität des Eisenbahnsystems, der Durchführung von R+D-Aktivitäten, der Förderung gemeinsamer Vorhaben zur Entwicklung des internationalen Eisenbahnverkehrs und der Verbreitung von Information und Dokumentation.

● **IZ M 54**

Internationales Eisenbahntransportkomitee (CIT)
International Rail Transport Committee
Comité international des transports ferroviaires
Secrétariat
Bahnhofplatz 10a, CH-3000 Bern 65
T: (0041512) 20 28 06/29 63   **Fax:** 20 34 57
E-Mail: cit@sbb.ch
Gründung: 1902
Präsident(in): Dr. Benedikt Weibel
Geschäftsführer(in): Dr. Thomas Leimgruber
Verbandszeitschrift: CIT-INFOS
Redaktion: Secrétariat, Bahnhofplatz 10 A, CH-3000 Bern 65
Mitglieder: 300
Mitarbeiter: 7

● **IZ M 55**

Übereinkommen über die gemeinschaftliche Benutzung von Güterwagen (EUROP)
European Railway Wagon Pool
Convention pour l'utilisation en commun de wagons marchandises (Convention EUROP)
c/o Société Nationale des Chemins de fer Belges, Section 81
Rue de France 85, B-1060 Brüssel
T: (00322) 525 4101   **Fax:** 525 4497
Gründung: 1953
Präsident(in): A. Martens (Adminstrateur-Directeur-Général-Adjoint)
Mitglieder: Denmark, Netherlands, Deutschland, Österreich, Switzerland, Italien, Frankreich, Luxemburg, Belgien

Straßenverkehr

● **IZ M 56**

Europäischer Auto- und Lastwagen-Vermietungs-Verband (ECATRA)
European Car and Truck Rental Association
Association européenne des entreprises de location de véhicules
Avenue de Tervuren 402, B-1150 Brüssel
T: (00322) 7 61 66 14   **Fax:** 7 77 05 05
Internet: http://www.ecatra.com
E-Mail: do@intermar.be
Gründung: 1964
Präsident(in): Bernard Pollak
Generalsekretär(in): Daniele Overath
Verbandszeitschrift: ECATRA News
Mitglieder: 18 Mitgliedsverbände

Angeschlossene nationale Mitgliedsverbände

Belgien

iz m 57

Union Professionnelle Belge des Loueurs de Véhicules
Rue Washington 40, B-1050 Brüssel
T: (00322) 6 49 63 11   **Fax:** 6 49 89 08
Secretary General: Walter Nollet

Dänemark

iz m 58

Danske Biludlejere
Risvangen, 26, DK-2700 Bronshoj
T: (0045) 38 80 40 45   **Fax:** 38 80 40 42
E-Mail: hansen.dk@mail.tele.dk
Secretary General: Poul Hansen

Deutschland

iz m 59

Bundesverband der Autovermieter Deutschlands e.V. (BAV)
Grafenberger Allee 363, 40235 Düsseldorf
T: (0211) 6 90 00-0   **Fax:** 6 90 00-10
Internet: http://www.bav.de
E-Mail: info@bav.de
Gründung: 1954 (04. April)
Secretary General: Klaus Langmann-Keller

iz m 60

Verband Markenunabhängiger Autoleasing- und Fuhrparkmanagement
c/o LeasePlan - W. Reinhold
Hellersbergstr. 10b, 41460 Neuss
T: (02131) 1 32-0, 1 32-181   **Fax:** 1 32-103

Frankreich

iz m 61

Fédération Nationale des Loueurs de Véhicules
13, rue de Calais, F-75320 Paris Cedex 09
T: (00331) 53 32 13 13   **Fax:** 53 32 77 44
E-Mail: dgrigal@tlf.fr
Secretary General: Daniel Rigal

Griechenland

iz m 62

Greek Car Rental Association
576 A Vouliagmenis Avenue, GR-16451 Athens
T: (00301) 9 94 28 50   **Fax:** 9 93 66 54

Großbritannien

iz m 63

BVRLA
West Sussex PO19 IUU
River Lodge, Badminton Court, GB- Amersham HP7 OD Bucks
T: (00441494) 43 47 47   **Fax:** 43 44 99
Internet: http://www.bvrla.co.uk
E-Mail: bvrla@bvrla.co.uk
Secretary General: John Lewis

Italien

iz m 64

ANIASA
Via Cesare Giulio Viola, 74
Parco de Medici, I-148 Rom
T: (003906) 65 68 51   **Fax:** 6 55 50 62

Luxemburg

iz m 65

Fédération Nationale des Loueurs de Véhicules
c/o Fédération des Artisans
Postfach 1604, L-1016 Luxembourg
T: (00352) 4 24 51 11   **Fax:** 42 45 25
Secretary General: Patrick Koenen

Niederlande

iz m 66

BOVAG
Postfach 1100, NL-3980 DC Bunnik
T: (003130) 6 59 52 11   **Fax:** 6 56 78 35
E-Mail: arnoudkoedijk@bovag.nl
Secretary General: Arnoud Koedijk

iz m 67

VNA
Postfach 42, NL-3980 DC Bunnik
T: (003130) 6 59 52 99   **Fax:** 3 57 24 69
E-Mail: vna@rdc.nl
Secretary General: W. de Geus

Norwegen

iz m 68

Norges Bilutleieforbund
Parkveien 9, N-0350 Oslo
T: (004722) 59 89 62   **Fax:** 56 75 75
E-Mail: gunnybo@online.no
Secretary General: Leif Neiboe

Österreich

iz m 69

Fachverband für die Beförderungsgewerbe mit PKW
Wiedner Hauptstr. 69, A-1045 Wien
T: (00431) 5 01 05 31 70   **Fax:** 50 20 62 83

Portugal

iz m 70

ARAC
Rua Dr. Antonio Candido, 8, P-1050 076 Lissabon
T: (0035121) 3 56 38 36   **Fax:** 3 56 37 37
Secretary General: Joachim Almeida

Schweden

iz m 71

BURF
Postfach 1375, S-11193 Stockholm

T: (00468) 7 62 74 50   Fax: 21 25 55
E-Mail: info@burf.se
Secretary General: Bengt Thimgren

Schweiz

iz m 72

Autovermieter-Verband der Schweiz
Postfach 801, CH-8004 Zürich-Lochergut
T: (00411) 2 41 88 66   Fax: 2 42 46 64

Spanien

iz m 73

Federacion Nacional Empresarial de Alquiler de Vehiculos con y sin Conductor
Rodriguez San Pedro, 2, E-28015 Madrid
T: (003491) 4 47 28 73   Fax: 4 47 65 52

iz m 74

Asociacion Espanola de Renting
C/o Lease Plan
Calendula, 95
Soto de la Moraleja, E-28109 Alconbendas Madrid
T: (003491) 6 50 99 61   Fax: 6 50 93 42

● **IZ M 75**

Dachorganisation des internationalen Strassenkühlverkehrs
Transfrigoroute International
c/o ASTAG
Weissenbühlweg 3, CH-3007 Bern
T: (004131) 3 70 85 85, 3 70 85 42 (dir.)   Fax: 3 70 85 89
Internet: http://www.transfrigo.ch
E-Mail: transfrigo@bluewin.ch
Gründung: 1955 (28. März)
Ehrenpräs: Prof. Dr.oec. Gábor Mezei (Béla Király út 30/b, H-1125 Budapest, T: (00361) 3 02-41 70, Telefax: (00361) 2 74-42 77)
Eric Rapin (Case postale 315, CH-1530 Payerne, T: (004126) 6 60 10 12, 6 60 20 30 (privé), Telefax: (004126) 6 60 60 65)
Präsident(in): rag. Luciano Marani (c/o Transfrigoroute Italia, Via A. Manzoni 16/C, I-47023 Cesena (FC), T: (0039-0547) 2 77 23, Fax: (0039-0547) 2 82 97, E-Mail: transfrigoroute@tin.it)
Vizepräsident(in): Jean-Charles Fromage (Directeur Général Délégué, c/o Stef Logistique, Port Edouard Herriot, 4 rue de Dijon, F-69007 Lyon, T: (0033-4) 72 76 73 40, Fax: (0033-4) 72 76 73 39, E-Mail: fromage@stef-tfe.fr)
Walter-Dietrich Hautz (W. Herrmann & Co. GmbH, Moorfleeter Str. 42, 22113 Hamburg, T: (040) 7 33 67-0 (Zentrale), 7 33 67 (-100) (direkt), Telefax: (040) 7 33 67-129 (direkt))
Tomislav Ivanek (c/o Frito d.o.o., 10020 Zagreb, Trnsko 33D, T: (00358-1) 6 55 25 55, 6 55 23 57, Fax: (00358-1) 6 52 14 27, E-Mail: frito@zg.tel.hr)
Präsidentin FCI: Jacqueline de Rijk (c/o Jan de Rijk Logistics, Leemstraat 15, Postb. 1086, NL-4700 BB Roosendaal, T: (00310165) 57 25 72, Fax: (00310165) 57 25 75)
Präsident CCT: Peter Grosskopf (c/o FRIGOBLOCK, Grosskopf GmbH, Weidkamp 274, D-45356 Essen-Borbeck, Postfl. 11 02 39, D-45332 Essen, T: (0201) 6 13 01-0, Fax: (0201) 6 13 01-48, E-Mail: sekretariat@frigoblock.de)
Berater: Doct. André Gac (65, Boulevard Exelmans, F-75016 Paris, T: (00331) 47 43 13 93, Telefax: (00331) 47 43 13 93)
Generalsekretär(in): Beat Keiser (TRANSFRIGOROUTE INTERNATIONAL, c/o ASTAG, Weissenbühlweg 3, CH-3007 Bern, T: (004131) 3 70 85 85 (Zentrale), (004131) 3 70 85 40 (direkt), Telefax: (004131) 3 70 85 89)
Rechnungsprüfer: Herbert Konrad (c/o FHS E. Frech-Hoch AG, Reuslistr. 29, CH-4450 Sissach, T: (0041061) 9 76 66 66, Fax: (0041061) 9 76 66 00)
Verbandszeitschrift: frigoriscope
Redaktion: Generalsekretariat Transfrigoroute International, Bern
Verlag: Monsieur Bernard Giroud, TL, Les Rappes, CH-1921 Martigny, T: (0041-27) 722 34 34, Fax: (0041-27) 7 22 94 93, E-Mail: tl@bluewin.ch
Mitglieder: rund 1700 Mitglieder weltweit

Aktive Mitglieder

Österreich

iz m 76

Transfrigoroute Österreich
Wiedner Hauptstr. 68, A-1040 Wien
T: (00431) 9 61 63 63   Fax: 9 61 63 75
Präsident(in): Komm. Rat Anton Müller (Müller Transporte GmbH, Palmerstr. 10, A-2351 Wiener Neudorf, T: (00432236) 6 45 10, Telefax: (00432236) 6 33 60)
Geschäftsführer(in): Mag. Rudolf Christian Bauer

Belgien

iz m 77

Transfrigoroute Belgique
c/o FEBETRA
Stapelhuisstraat 5A, B-1020 Brussel
T: (00322) 4 21 51 84   Fax: 4 25 05 68
Internet: http://www.febetra.be
E-Mail: febetra@febetra.be
Président: M. Carlos Leenknecht (c/o TRANSFRIGOROUTE BELGIQUE)
Directeur: Philippe Degraef

Bulgarien

iz m 78

Transfrigoroute Bulgaria
c/o AEBTRI- Association des Entreprises de Transports Internationaux et des Routes
rue Iskarski Prolom 6, BG-1680 Sofia
T: (003592) 9 58 16 28, 9 58 14 75, 9 58 14 13
Fax: 9 58 12 59, 9 58 10 91
Directeur: Vassil Gueorguiev
Secretaire: Mariana Aplakova

Schweiz

iz m 79

Transfrigoroute Schweiz
c/o ASTAG
Weissenbühlweg 3, CH-3007 Bern
T: (004131) 3 70 85 85   Fax: 3 70 85 88
Internet: http://www.astag.ch
E-Mail: astag@astag.ch
Präsident(in): Rolf Thalmann (Thalmann Transporte AG, Sulgerstrasse 45, CH-9220 Bischofszell, T: (004171) 4 24 24 60, Fax: (004171) 4 22 44 59, E-Mail: info-thalmann-transporte.ch)
Sekretär: Hanspeter Tanner

Zypern

iz m 80

Transfrigoroute Cyprus
c/o T.D.A. Transport Development Association Ltd.
Postfach 25390, CY- Nicosia
60, Tricoupi Street, CY- Nicosia
T: (003572) 75 57 96, 75 44 45   Fax: 76 85 60
E-Mail: tdacyiru@spidernet.com.cy
President: Andreas Papadopoulos (Arch. Michael 34, Katolakatamia, CY-Nicosia, T: (003572) 38 88 15, Telefax: (003572) 76 85 60)

Tschechische Republik

iz m 81

Transfrigoroute Czech Republic
c/o CESMAD Bohemia
Nad sokolovnou 117/1, CZ-14700 Praha 4-Podolí
T: (00422) 41 43 05 46   Fax: 41 43 16 57
Internet: http://www.cesmad-bohemia.cz
E-Mail: sdruzeni@cesmad.com
Präsident(in): Jan Vlnas (c/o CSAD Jihotrams, Pekárenská 77, CZ-37021 České Budějovice, T: (038) 7 72 02 07, Fax: (038)7 72 02 01)

Deutschland

iz m 82

Transfrigoroute Deutschland (TD) e.V.
Postfl. 93 02 60, 60457 Frankfurt
Breitenbachstr. 1, 60487 Frankfurt
T: (069) 79 19-267   Fax: 79 19-328 Bürozeiten: 09.00-15.30
Vorstandsvorsitzende(r): Walter-Dietrich Hautz (W. Herrmann & Co. GmbH, Moorfleeter Str. 42, 22113 Hamburg, T: (040) 7 33 67-1 00, Telefax: (040) 7 33 67-1 29)
Geschäftsführer(in): Roger Schwarz
Assistentin: Gabriela Hackenberg

Dänemark

iz m 83

Transfrigoroute Denmark
c/o ITD (International Transport Danmark)
Omfartsvejen 1, DK-6330 Padborg
T: (004574) 67 12 33   Fax: 67 43 17
Internet: http://www.idt.dk
E-Mail: in@itd.dk
Präsident(in): Egon Soørensen
Director: Jens I. Petersen
Secretary: Lars Nielsen

Spanien

iz m 84

Transfrigoroute España
Lopez de Hoyos, 322 2ª planta, E-28043 Madrid
T: (003491) 7 44 47 42, 7 44 47 43   Fax: 4 15 29 56
E-Mail: astic@cetm.es
President: Manuel de la Concepcion Mulet (Transportes Internacionales El Marqueset S.A., Avda Carlos Gomis, 4, E-46740 Carcagente (Valencia), T: (00346) 2 46 71 80, Telefax: (00346) 2 46 13 23)
Director: Carlos Pascual Quirós
Secretary: Anabel Córcoles Cubero

Frankreich

iz m 85

Transfrigoroute France
18, rue de la Pépinière, F-75008 Paris
T: (00331) 53 04 33 40   Fax: 53 04 33 42
Président: Jean-Charles Fromage (c/o Stef Logistique, Port Edouard Herriot, 4 rue de Dijon, F-69007 Lyon, T: (00334) 72 76 73 40, Fax: (00334) 72 76 73 39, E-Mail: fromage@stef-tfe.fr)
Secrétaire Général: Joseph Busnel
Assistante: Michelle Masson

Finnland

iz m 86

Transfrigoroute Suomi-Finland ry.
Postfach 38, FIN-00401 Helsinki
Nuijamiestentie 7, FIN-00400 Helsinki
T: (003589) 47 89 99, 4 78 94 89   Fax: 5 87 85 20
President: Christer Eklund (Kuljetus Oy Eklund, Akkutie 20, FIN-00770 Helsinki, T: (003589) 38 94 366, Fax: 38 94 387)
Secretary: Siv Relander-Heinonen

Großbritannien

iz m 87

Transfrigoroute U.K. Ltd.
5, The Mall Ealing, GB- London W5 2PJ
T: (004420) 88 40 56 15   Fax: 88 40 25 70
E-Mail: liamolliff@transfrigoroute.co.uk
President: Roy Hook (Coolchain (Paddock Wood) Ltd., Henley Road, Paddock Wood, Tonbridge, Kent TN12 6DN, T: (0044-1795) 52 32 00, Fax: (0044-1795) 52 32 19, E-Mail: rhook@coolchain.com)
Secretary: Liam Olliff
Assistant: Jane Brown

Griechenland

iz m 88

Transfrigoroute Hellas
c/o OFAE
351 Odos Patission, GR-11141 Athenes
T: (00301) 2 01 97 60-62   Fax: 2 28 43 68
President: Panagiotis Nikolaras (c/o Transfrigoroute Hellas, 1. Patission 351, 11141 Athens, Greece, T: (00301) 2 01 97 60-62, Telefax: (00301) 2 28 43 68)
Secretary General: Vassilios Papadakis
Secretary: Chrissi Giannelou

Ungarn

iz m 89

Transfrigoroute Hungary
Egressy út 77, H-1149 Budapest
T: (00361) 252-0688   Fax: 383-6307
E-Mail: papolczy@mail.mkfe.hu
President: István Badacsonyi
Secretary: Dr. Peter Papolczy

Kroatien

iz m 90

Transfrigoroute Croatia
c/o TRANSPORTKOMERC
Croatian Road Transport Association
Marticeva 8 /1, HR-10000 Zagreb
T: (003851) 46 15-715, 46 14-959, -969, -971   Fax: 46 15-105

E-Mail: transportkomerc-giu@zg.tel.hr
President: Tomislav Ivanek
Secretary General: Zeljko Devcic

Italien

iz m 91

Transfrigoroute Italia
Via Alessandro Manzoni 16c, I-47023 Cesena
T: (00390547) 2 77 23   **Fax:** 2 82 97 Office hours: 08.30-12.30
E-Mail: transfrigoroute@tin.it
President: rag. Luciano Marani
Vice-Président: Giorgio Frigo
Director: Mario Mannino
Secretary: Giovanna Mannino

Luxemburg

iz m 92

Transfrigoroute Luxembourg
c/o Confédération du Commerce Luxembourgeois
Postfach 482, L-2014 Luxembourg
31, Bld Konrad Adenauer, L-2014 Luxembourg
T: (00352) 43 94 44   **Fax:** 43 94 50
Secrétaire: Thierry Nothum

Marokko

iz m 93

Transfrigoroute Maroc
c/o ONT (Office national des transports)
Rue Al Fadila, Quartier industriel, MA- Rabat
T: (002127) 79 78 42à 48   **Fax:** 79 78 50
E-Mail: ont-tir@mail.winner.net.ma
Président: Ahmed El Yousfi (c/o TRANSFRIGOROUTE MAROC)

Norwegen

iz m 94

Transfrigoroute Norge
c/o Norwegian Hauliers Association (NLF)
Postfach 4658 Sofienberg, N-0506 Oslo
Thorvald Meyers gate 72, N-0506 Oslo
T: (004722) 03 32 00   **Fax:** 20 56 15
E-Mail: jan.ml@ah.telia.no
President: Jan B. Mejlaender-Larsen

Niederlande

iz m 95

Transfrigoroute Holland
Postfach 19365, NL-2500 CJ Den Haag
Spui 188, NL-2511 BW Den Haag
T: (003170) 3 75 17 14   **Fax:** 3 75 17 18
President: J.G.M. de Rijk (c/o Jan de Rijk Logistics, Leemstraat 15, Postbus 1086, NL-4700 BB Roosendaal, T: (0031) 1 65 57 25 72, Telefax: (0031) 1 65 57 25 75)
Secretary: Dr. Rob Enthoven
Deputy Secretaries: Cateleine Wijsen
H. E. Runia
Contact.: Anneke Janzen-Verhoek
Adviser: Fred Reijnders

Portugal

iz m 96

Transfrigoroute Portugal
c/o ANTRAM - Associação Nacional de Transportadores Públicos Rodoviários de Mercadorias
Rua Conselheiro Lopo Vaz Edificio Varandas do Rio Lote AB, P-1800-142 Lisboa
T: (0035121) 8 54 41 00
Fax: 8 54 41 81 Office hours: 09.00-13.00/14.00-18.00
E-Mail: sede@antram.pt
President: Osvaldo Pereira da Costa (c/o TRANSFRIGOROUTE PORTUGAL)
Director: Hilário Reis Duarte
Secretary: Carlos Cazenave

Polen

iz m 97

Transfrigoroute Poland
c/o Pekaes S.A.
Postfach 425, PL-00-950 Warszawa
ul. Siedmiogrodzka 1/3, PL-01-204 Warszawa

T: (004822) 6 32 22 51   **Fax:** 6 32 10 92
Internet: http://www.pekaes.com.pl
President: Albert Borowski
Secretary: Marta Szupicka

Rumänien

iz m 98

Uniunea Nationala "Transfrigoroute" Romania
Soseaua Borsului Nr. 53, R-3700 Oradea
T: (004059) 31 60 75   **Fax:** 43 74 64
President: Ing. Florian Mihut
Contact: Victor Petrut (Secretary)

Slowenien

iz m 99

Transfrigoroute Slovenia
c/o Giz Intertransport p.o.
Tivolska 50, SLO-1000 Ljubljana
T: (0038661) 3 13-931   **Fax:** 3 18-967
E-Mail: giz@intertransport.si
President: Ivan Jelercic
Director: Ing. Milan Svetek (c/o TRANSFRIGOROUTE SLOVENIA)
Secretary: Lucka Medvesek

Slowakische Republik

iz m 100

Transfrigoroute Slovakia
c/o CESMAD Slovakia
Levická 1, SK-82640 Bratislava
T: (004217) 55 41 04 18   **Fax:** 55 41 04 56
President: Pavol Hudák
Director: Ing. Robert Domcek
Contact person: Martin Hurban

Korrespondenz-Mitglieder

Überseemitglieder

Brasilien

iz m 101

Rodoviário Michelon Ltda (TRANSFRIGOROUTE BRASIL)
Rua Carlos José Michelon, 293, BR- São Paulo - SP Brasil, CEP. 02166-010
T: (005511) 69 54-5111   **Fax:** 69 54-4628
Gründung: 1966
Responsable: Ladair Pedro Michelon (Director)
Marta Prado (Secretary)

Saudi Arabien

iz m 102

Saudi Land Transport Co. (MUBARRAD)
Postfach 7939, SA-11472 Riyadh
T: (009661) 4 77 50 64, 4 79 41 13   **Fax:** 4 79 25 86
Generalbevollmächtigter: Yousef Bakhsh

● IZ M 103

Verband der Möbelspediteure des Gemeinsamen Marktes (FEDEMAC)
Association of Furniture Transporters of the Common Market
Fédération des Déménageurs du Marché Commun
Schulstr. 53, 65795 Hattersheim
T: (06190) 98 98-11   **Fax:** 98 98-20
Präsident(in): Klaus Moericke
Sekretariat: Dr. Ellen Troska
Verbandszeitschrift: FEDEMAC review

Mitgliedsorganisationen

Belgien

iz m 104

Chambre belge des Déménagements s.s.b.l.
Belgische Kamer der Verhuizers v.z.w.
Picardstraat 69 bus 4, B-1080 Brüssel
T: (00322) 24 28 83 45   **Fax:** 24 28 83 49
Kontaktperson: H. Bessemans

Dänemark

iz m 105

Dansk Möbeltransport Forening
Alhambravej 18, DK-1826 Frederiksberg C
T: (0045) 33 21 24 14   **Fax:** 33 23 01 05
Kontaktperson: Justesen

Deutschland

iz m 106

Bundesverband Möbelspedition (AMÖ) e.V.
Schulstr. 53, 65795 Hattersheim
T: (06190) 98 98-13   **Fax:** 98 98 20
E-Mail: amoe-neumann@t-online.de
Kontaktperson: Wolfgang Kownatka

Frankreich

iz m 107

Chambre Syndicale du Déménagement
Avenue Jean Lolive 73-83, F-93100 Montreuil-sous-Bois Cedex
T: (00331) 49 88 61 40   **Fax:** 49 88 61 46
Kontaktperson: J. N. Canioni

Großbritannien

iz m 108

British Association of Removers
Churchill Court 3 Station Road 58, GB- North Harrow HA2 7SA
T: (004420) 88 61 77 71   **Fax:** 88 61 33 32
Kontaktperson: Robert Syers

Irland

iz m 109

NAOMI
c/o National and Overseas Movers of Izeland (NAOMI)
Merchants Yard
East Wall Road, IRL- Dublin 1
T: (003531) 8 36 56 11   **Fax:** 8 36 62 90
E-Mail: denis@oman.ie
Kontaktperson: D. Caulfield

Niederlande

iz m 110

SAVAM
Plein van de Verenigde Natlee 15, NL-2719 EO Zoetermeer
T: (003179) 3 63 62 28   **Fax:** 3 63 62 69
Kontaktperson: Annemiek van Andel

Norwegen

iz m 111

Norges Forbund for Internasjonale Möbeltransporter
c/o Flytte Service A/S
Postfach 2 44, N-4066 Stavanger
T: (004751) 44 39 00   **Fax:** 44 39 01
E-Mail: elfinn.moen@flytte-service.no, elfinn.moen@nfim.org
Präsident(in): Elfinn Moenn

Österreich

iz m 112

Österreichischer Möbel-Transport-Verband
Wipplingerstr. 29/II, A-1013 Wien
T: (00431) 5 32 48 51   **Fax:** 5 32 48 51
Präsident(in): Klaus Jagersbacher

Schweden

iz m 113

Swedish Movers Federation (SMF)
Jämtlandsgatan 125, S-16260 Vällingby
T: (00468) 87 85 10   **Fax:** 6 87 44 90
Kontaktperson: Gunnar Gudmundsson

Schweiz

iz m 114

ASTAG Schweizerischer Nutzfahrzeugverband
Fachgruppe Möbeltransport
Weissenbühlweg 3, CH-3000 Bern 14
T: (004131) 3 70 85 40 **Fax:** 3 70 85 85
Präsident(in): Dr. Andreas Amiet-Keller

Spanien

iz m 115

Federacion Espanola de Empresas de Mudanzas (FEDEM)
Lopez de Hoyos 322, E-28043 Madrid
T: (003491) 7 44 47 00 **Fax:** 4 15 86 04
Kontaktperson: J. Perez Villar

● **IZ M 116**

Internationale Straßentransportunion (IRU)
International Road Transport Union (I.R.U.)
Union Internationale des Transports Routiers
Centre International
3, rue de Varembé, CH-1202 Genève
T: (004122) 9 18 27 00 **Fax:** 9 18 27 41
Internet: http://www.iru.org
E-Mail: IRU@iru.org
Gründung: 1948 (23. März)
Präsident(in): David C. Green (GB)
Generalsekretär(in): Martin Marmy
Leitung Presseabteilung: Guy Willis
Mitglieder: 151 nationale Verbände in 68 Ländern
Mitarbeiter: 125

● **IZ M 117**

Internationale Verkehrssicherheitsorganisation (PRI)
International Road Safety Organisation
La Prévention Routière Internationale
Estrada da Luz, 90 - 1° Andar, P-1600-160 Lissabon
T: (0035121) 3 51 37 40 **Fax:** 3 58 28 71
Internet: http://www.lapri.org
E-Mail: info@lapri.org, trigoso@mail.eunet.pt
Gründung: 1959
Vize-Präsidenten: J.-M. Trigoso
Vize-Präsidenten: Dr. Joop Goos
Verbandszeitschrift: Revue PRI
Mitglieder: 55 Mitglieder, 23 Assoziierte Mitglieder, 3 Individuale Mitglieder
Mitarbeiter: 1,5
Jahresetat: DM 0,9 Mio

● **IZ M 118**

Internationaler Straßenverband (IRF)
International Road Federation
Fédération Routière Internationale
Secretariat:
2 chemin de Blandonnet, CH-1214 Vernier
T: (004122) 3 06 02 60 **Fax:** 3 06 02 70
Internet: http://www.irfnet.org
E-Mail: info@irfnet.org
Gründung: 1948
Director General: W. Westerhuis (42, Chemin du Vieux-Bureau, CH-1217 Meyrin, T: (004122) 7 82 96 45)
Chairman: Ton Begemann (The Netherlands, Senior Vice-President, Philips Lighting B.V., Mathildelaan 1, Building EEA-2, PO Box 80020, NL-5600 JM Eindhoven, T: (003140) 2 75 67 16, Telefax: (003140) 2 75 52 57, E-Mail: ton.begemann@ehv.lighting.philips.com)
First Vice Chairman: Prof. Dr.-Ing. Hans-Josef Kayser (Germany, President, Deutsche Straßenliga Vereinigung zur Förderung des Straßen- und Verkehrswesens e.V., Herderstr. 56, D-53173 Bonn, T: (0228) 95 67 30, Telefax: (0228) 9 56 73 20)
Second Vice Chairman: Alistair W. Gilmour (United Kingdom, Head - Bitumen Marketing, Shell International Petroleum Company, OBMB, Shell Centre, London SE1 7NA, T: (0044171) 9 34 62 23, Telefax: (0044171) 9 34 67 57, E-Mail: alistair.a.gilmour@orc.simis.com)
Third Vice Chairman: Michael A. R. Bernhard (Switzerland, Traffic Safety Consultant TCM, 3M Europe SA, 3 chemin de Carvalho, CH-1009 Pully, T: (004121) 7 28 49 01, Telefax: (004121) 7 28 49 02)
Fourth Vice Chairman: Samir Allam (Egypt, Hassan Allam Sons, Yehia Zakaria Street, Industrial Zone, behind Sheraton Heliopolis, PO Box 1620, Cairo, T: (00202) 2 66 69 21, Telefax: (00202) 2 66 69 20)
Treasurer: Manfred Swarovski (Austria, Chairman, Swarco Holding GmbH, Blattenwaldweg 8, A-6112 Wattens, T: (00435224) 5 87 70, Telefax: (00435224) 5 60 70, E-Mail: 72130.451@compuserve.com, Internet:
http://www.swarco.com)
Verbandszeitschrift: World Highways/Routes du Monde (8x pro Jahr)

iz m 119

International Road Federation
1010 Massachusetts Avenue, Suite 410, USA- Washington D.C. 20001
T: (001202) 3 71 55 44 **Fax:** 3 71 55 65
Chairman: Gary L. Godbersen
Director General: Gerald P. Shea
Deputy Director General: Wayne McDaniel
Director of Programs: Amy S. Englehart

● **IZ M 120**

Straßen Weltorganisation (AIPCR/PIARC)
World Road Association
Association mondiale de la Route
La Grande Arche
Paroi Nord, F-92055 La Defense cedex
T: (00331) 47 96 81 21 **Fax:** 49 00 02 02
Internet: http://www.piarc.org
E-Mail: piarc@wanadoo.fr
Gründung: 1909
Président: Oliver Michaud
Secrétaire Général: Jean-François Coste
Direction du service de presse: Gilbert Batac
Verbandszeitschrift: Routes/Roads
Verlag: AIPCR/PIARC
Mitglieder: 3000
Mitarbeiter: 5

● **IZ M 121**

Verbindungsausschüsse der I.R.U. bei der EU (I.R.U.)
IRU Delegation to the EU
Délégation de l'I.R.U. auprès de l'Union Européenne
Avenue de Tervuren 32-34, b.37, B-1040 Brüssel
T: (00322) 7 43 25 80 **Fax:** 7 43 25 99
Internet: http://www.iru.org
E-Mail: brussels@iru.org
Délégué Général Délégation de l'IRU à Bruxelles: Head of the IRU Delegation to the EU: Hubert Linssen
Comité du Transport Professionnel Routier de Personnes
Président: F. Pacifico (Direktor ANAC (I))
Head-Passenger Transport, IRU Delegation to the EU: Marc Billiet
Comité du Transport Professionnel Routier de Marchandises
Président: Georges Causse (F)
Head-Goods Transport, IRU Delegation to the EU: Dr. W. Röckmann
Comité du Transport Routier pour Compte Propre
Président: Christian Labrot (Hauptgeschäftsführer BWV (D))
Head-Own Account Transport, IRU Delegation to the EU: W. Smolders

Mitgliedsorganisation

Österreich

iz m 122

Arbeitsgemeinschaft Internationaler Straßenverkehrsunternehmer Österreichs (AISÖ)
Postfach 175, A-1045 Wien
Wiedner Hauptstr. 68, A-1040 Wien
T: (00431) 9 61 63 63 **Fax:** 9 61 63 75
Internet: http://www.dietransporteure.at
E-Mail: office@aisoe.at

Belgien

iz m 123

Fédération Belge des Exploitants d'Autobus et d'Autocars (FBAA)
Dobbelenberg
avenue de la Métrologie 8 C.P., B-1130 Brüssel
T: (00322) 2 45 35 70 **Fax:** 2 45 20 50
Internet: http://www.fbaa.be
E-Mail: info@fbaa.be

iz m 124

Fédération Belge des Transporteurs (FEBETRA)
Rue de l'Entrepôt 5a, B-1020 Brüssel
T: (00322) 425 68 00 **Fax:** 425 05 68
Internet: http://www.febetra.be
E-Mail: febetra@febetra.be
Président: Alfred Evers
Directeur: Philippe Degraef

Deutschland

iz m 125

Bundesverband Deutscher Omnibusunternehmer e.V. (BDO)
Reinhardtstr. 25, 10117 Berlin
T: (030) 24 08-9300 **Fax:** 24 08-9400
Internet: http://www.bdo-online.de
E-Mail: info@bdo-online.de

iz m 126

Bundesverband Deutscher Güterkraftverkehr und Logistik e.V.
Postf. 93 02 60, 60457 Frankfurt
Breitenbachstr. 1, 60487 Frankfurt
T: (069) 79 19-0 **Fax:** 79 19-227
Internet: http://www.bgl-ev.de
E-Mail: bgl@bgl-ev.de

iz m 127

Arbeitsgemeinschaft zur Förderung und Entwicklung des internationalen Straßenverkehrs e.V. (AIST)
Selma-Lagerlöf-Str. 7, 13189 Berlin
T: (030) 4 78 61-0 **Fax:** 4 78 61-201
Internet: http://www.aist-ev.com
E-Mail: berlin@aist-ev.com

iz m 128

Bundesverband Werkverkehr und Verlader e.V. (BWV)
Postf. 16 01 08, 53060 Bonn
Lengsdorfer Hauptstr. 73, 53127 Bonn
T: (0228) 9 25 35-0 **Fax:** 9 25 35-45
Internet: http://www.bwv.de
E-Mail: info@bwv.de

Dänemark

iz m 129

Danske Busvognmænd (DB)
Danish Bus and Coach Owners'Association
Carit Etlars Vej 3, DK-1814 Frederiksberg C
T: (0045) 70 22 70 99 **Fax:** 70 22 10 99
Internet: http://www.db-dk.dk
E-Mail: db@db-dk.dk

iz m 130

DTL Danish Transport and Logistics Association
Gammeltorv 18 Vognmaendenes Hus, DK-1457 Copenhagen
T: (0045) 70 15 95 00 **Fax:** 70 15 95 02
Internet: http://www.dtl-dk.dk
E-Mail: dtl@dtl-dk.dk

iz m 131

I.T.D. International Transport Denmark
Omfartsvejen 1, DK-6330 Padborg
T: (0045) 74 67 12 33 **Fax:** 74 67 43 17
Internet: http://www.itd.dk
E-Mail: itd@itd.dk

Spanien

iz m 132

Asociación del Transporte Internacional por Carretera (ASTIC)
Lopez de Hoyos, 322-2 planta, E-28043 Madrid
T: (003491) 7 44 47 42 **Fax:** (00341) 4 15 29 56
E-Mail: astic@cetm.es

Frankreich

iz m 133

Association Française des Transporteurs Routiers Internationaux (AFTRI)
Rue de la Bienfaisance 48, F-75008 Paris
T: (00331) 53 53 02 40 **Fax:** 53 76 13 03
Internet: http://www.aftri.com
E-Mail: aftri@aftri.com

iz m 134

Fédération Nationale des Transports de Voyageurs (FNTV)
106, rue d'Amsterdam, F-75009 Paris

iz m 134
T: (00331) 40 82 62 72 Fax: 40 82 62 73
Internet: http://www.fntv.fr
E-Mail: contact@fntv.fr

iz m 135
Fédération Nationale des Transports Routiers (FNTR)
Rue Ampère 6, F-75017 Paris
T: (00331) 44 29 04 29 Fax: 44 29 04 01
Internet: http://www.fntr.fr
E-Mail: fntr@fntr.fr

iz m 136
Association des Utilisateurs de Transport de Frêt (AUTF)
91, rue du Faubourg Saint Honoré, F-75008 Paris
T: (00331) 42 68 34 80 Fax: 40 06 94 40
Internet: http://www.autf.fr
E-Mail: info@autf.fr

Großbritannien

iz m 137
Confederation of Passenger Transport UK (CPT)
Imperial House
15-19 Kingsway, GB- London WC2B6UN
T: (0044207) 2 40 31 31 Fax: 2 40 65 65
Internet: http://www.cpt-uk.org
E-Mail: cpt@cpt-uk.org

iz m 138
Road Haulage Association Ltd. (RHA)
Roadway House
35 Monument Hill, GB- Weybridge Surrey KT 138 RN
T: (00441932) 84 15 15 Fax: 85 45 26
Internet: http://www.rha.net
E-Mail: international@rha.net

iz m 139
Freight Transport Association Ltd. (FTA)
Hermes House
St. John's Road, GB- Tunbridge Wells TN49UZ
T: (00441892) 52 61 71 Fax: 53 49 89
Internet: http://www.fta.co.uk
E-Mail: jwykes@fta.co.uk

Griechenland

iz m 140
Fédération Hellénique des Transports Routiers Internationaux (OFAE)
351, rue Patission, GR-11144 Athenes
T: (00301) 201 97 60/61 Fax: 228 43 68

Irland

iz m 141
Irish Road Haulage Association (IRHA)
ICG Building Unit 12
Blanchardstown Corporate Park, IRL- Dublin 15
T: (003531) 8 22 48 88 Fax: 8 22 48 98
E-Mail: irha@indigo.ie

Italien

iz m 142
Associazione Nazionale Autotrasporto (ANAV)
Piazza dell'Esquilino 29, I-00185 Rom
T: (003906) 4 82 05 31 Fax: 4 82 12 04
E-Mail: anavmail@tin.it

iz m 143
Confederazione Generale Italiana dei Trasporti (CONFETRA)
Via Panama 62, I-00198 Rom
T: (00396) 8559151 Fax: 8415576
E-Mail: confetra@tin.it

iz m 144
Federazione Autotrasportatori Italiani (FAI)
Viale Bacchiglione 16, I-20139 Mailand
T: (003902) 5 39 35 39 Fax: 5 39 73 81
E-Mail: webmaster@fai.it

Luxemburg

iz m 145
Fédération Luxembourgeoise des Exploitants d'Autobus et d'Autocars (FLEAA)
Postfach 4 82, L-2014 Luxemburg
T: (00352) 43 94 44 Fax: 43 94 50
E-Mail: info@clc.lu

iz m 146
Confédération Luxembourgeoise du Commerce (CLC)
Postfach 4 82, L-2014 Luxemburg
T: (00352) 43 94 44 Fax: 43 94 50
E-Mail: info@clc.lu

Niederlande

iz m 147
Koninklijk Nederlands Vervoer (KNV)
Postfach 1 93 65, NL-2500 CJ Den Haag
Spui 188, NL-2511 BW Den Haag
T: (003170) 375 17 51 Fax: 345 58 53
Internet: http://www.knv.nl
E-Mail: postbus@knv.nl

iz m 148
Stichting Nederlandse Nationale en Internationale Wegvervoer Organisatie (NIWO)
Postfach 30 04, NL-2280 Rijswijk Z.H.
Veraartlaan 10, NL-2280 MB Rijswijk Z.H.
T: (003170) 3 99 20 11 Fax: 3 90 94 19
Internet: http://www.niwo.nl
E-Mail: info@niwo.nl

iz m 149
Transport en Logistiek Nederland (TLN)
Postfach 30 08, NL-2700 KS Zoetermeer
Plein van de Verenigde Naties 15, NL-2719 EG Zoetermeer
T: (003179) 363 61 11 Fax: 363 62 00
Internet: http://www.tln.nl
E-Mail: info@tln.nl

iz m 150
Algemene Verladers- en Eigenvervoer Organisatie (EVO)
Postfach 3 50, NL-2700 AJ Zoetermeer
Kadelaan 6, wijk 25, NL-2700 AJ Zoetermeer
T: (003179) 346 73 46 Fax: 346 78 00
Internet: http://www.evo.nl
E-Mail: evo@evo.nl

Portugal

iz m 151
Associaçao Nacional de Transportadores Rodoviários de Pesados de Passageiros (ANTROP)
Av.5 de Outubro, 256-r/c Esq., P-1600038 Lissabon
T: (0035121) 7 98 75 40 Fax: 7 98 75 39
E-Mail: buslis@antrop.pt

iz m 152
Associaçao Nacional de Transportadores Públicos Rodoviários de Mercadorias (ANTRAM)
Rua Conselheiro Lopo Vaz, lote AB-Escritorio A, P-1800142 Lissabon
T: (0035121) 85 44 100 Fax: 85 44 181
Internet: http://www.antram.pt
E-Mail: sede@antram.pt

Schweden

iz m 153
Svenska Bussbranschens Riksförbund (BR)
Postfach 17548, S-11891 Stockholm
Swedenborgsgatan 2, S-11891 Stockholm
T: (00468) 462 06 50 Fax: 462 97 50
Internet: http://www.bussbranschen.se
E-Mail: info@bussbranschen.se

iz m 154
Svenska Akeriförbundet (SA)
Postfach 5 04, S-18215 Danderyd
Vendevägen 90, S-18215 Danderyd
T: (00468) 753 54 00 Fax: 755 60 01
Internet: http://www.akeri.se
E-Mail: info@akeri.se

Finnland

iz m 155
Linja Autoliitto r.y. (LA)
Lauttasaarentie 8, FIN-00200 Helsinki
T: (003589) 68 27 01 Fax: 6 92 27 87
Internet: http://www.linja-autoliitto.fi

iz m 156
Suomen Kuorma-Autoliitto r.y. (SKAL)
Postfach 38, FIN-00401 Helsinki
Nuijamiestentie 7, FIN-00400 Helsinki
T: (003589) 47 89 99 Fax: 587 85 20
Internet: http://www.skal.fi
E-Mail: skal@skal.fi

● IZ M 157
Internationale Föderation der Abschleppunternehmer (IFRS)
International Federation of Recovery Specialists
Fédération Internationale des entreprises de dépannage et de remorquage
Bld. de la Woluwe 46/9, B-1200 Brüssel
T: (00322) 7 78 62 18 Fax: 7 78 62 22
Gründung: 1984

Belgien

iz m 158
DETABEL
Algemeen Secretaris
Woluwedal 46, B-1200 Brüssel
T: (00322) 7 78 62 00 Fax: 7 71 20 13
André Sommereyns (ander.sommereyns@federauto.be)

Dänemark

iz m 159
Dansk Autohjaelp A/S
Postfach 30 35, DK-8200 Arhus N
T: (004570) 10 80 92 Fax: 10 80 93
E-Mail: dah@dah.dk
General Manager: Erik Rose-Anderson

Finnland

iz m 160
SKAL Sopimusliikenne ry
Nijamiestentie 7, FIN-00400 Helsinki
T: (003589) 47 89 99 Fax: 5 87 85 20
E-Mail: risto@skal.fi
Risto Jaakkola

Frankreich

iz m 161
CNPA
Rue Rouget de Lisle 50, F-92158 Suresnes Cedex
T: (00331) 40 99 55 00 Fax: 47 28 44 15
Internet: http://www.cnpa.fr
E-Mail: postmaster@cnpa.fr
Secrétaire Général: Jean-Claude Philibin

Deutschland

iz m 162
Verband der Bergungs- und Abschleppunternehmen e.V. (VBA)
Wittener Str. 237, 42279 Wuppertal
T: (0202) 2 66 56-0 Fax: 2 66 56-4
Internet: http://www.vba-service.de
E-Mail: info@vba-service.de
Generalsekretär(in): Volker Grandjean

Großbritannien

iz m 163
Association of Vehicle Recovery Operators (AVRO)
32, North Street, GB- Rugby CV21 2AH
T: (00441788) 57 28 50 Fax: 57 28 50
Coordinator: Sarah Baratt

Italien

iz m 164
A.N.C.S.A.
Via S. Andrea 12, I-51100 Pistoia
T: (003957) 32 42 26   **Fax:** 32 42 27
E-Mail: ancsa@zen.it
President: Graziano Meoni

Niederlande

iz m 165
Nederlands Verbond van Bergingsspecialisten (VBS)
Algemeen Secretaris
Anthony Van Leeuwenhoekweg 19, NL-2408 Al Alphen Aan den Rijn
T: (0031172) 47 53 37   **Fax:** 42 44 30
E-Mail: info@vbs-berging.nl
G.L.C. Huffener

Norwegen

iz m 166
Viking Redningsjeneste AS.
Postfach 9120, N-0133 Oslo-Gronland
Konows Gate 1-3, N-0133 Oslo-Gronland
T: (004722) 08 60 20   **Fax:** 68 02 30
E-Mail: jcl@vikingredning.no
Director: Jorn Clausen

Spanien

iz m 167
FEAEAC
Juan Hurtado de Mendoza, 5, E-28036 Madrid
T: (0034902) 34 56 70   **Fax:** (0034913) 50 30 79
President: Rafaël Merino Calderón

Schweden

iz m 168
Assistancekären Sverige AB.
Postfach 1216, S-17224 Sundbyberg
T: (00468) 4 04 14 56   **Fax:** 21 00 94
E-Mail: lars-gunnar@assistancekaren.se
Director: Lars-Gunnar Johansson

Schweiz

iz m 169
Gerber Pannendienst AG
Götzisbodenweg 16, CH-4133 Pratteln
T: (004161) 8 26 26 26   **Fax:** 8 26 26 25
Kontaktperson: Hans Peter Gerber

Vereinigte Arabische Emirate

iz m 170
I.A.T.C. Recovery
Postfach 40 18, AE- Abu Dhabi U.A.E.
Old Passport Road, AE- Abu Dhabi U.A.E.
T: (009712) 6 41 64 15   **Fax:** 6 41 84 89
E-Mail: iatcuae@emirates.net.ae
Managing Director: Hamad Ali Al Mazroui

Assoziierte Mitglieder

Vereinigte Staaten

iz m 171
Friends of Towing, Inc.
USA- Salado
T: (001) 80 04 37 48 09   **Fax:** 81 79 47 92 27
Executive Director: Jack Schrock

Schiffahrt

● IZ M 172
Europäische Gemeinschaft Verband der Schiffseigner (ECSA)
European Community Shipowners' Associations
Rue Ducale 45, B-1000 Bruxelles
T: (00322) 5 11 39 40   **Fax:** 5 11 80 92
E-Mail: mail@ecsa.be
Gründung: 1965
President: Knud Pontoppidan
Vice-President: Emanuele Grimaldi
Secretary General: Alfons Guinier
Mitglieder: 17
Mitarbeiter: 6

Mitgliedsorganisationen

Österreich

iz m 173
Austrian Shipowners' Association
Kolingasse 12, A-1090 Wien
T: (00431) 3 17 42 83-0   **Fax:** 3 17 41 54
E-Mail: office@oellvie.be

Belgien

iz m 174
Union des Armateurs Belges
Brouwersvliet 33 Bus 9, B-2000 Antwerpen
T: (00323) 2 32 72 32, 2 32 10 52   **Fax:** 2 31 39 97
E-Mail: belgische.redersvereniging@brv.be

Dänemark

iz m 175
DANMARKS REDERIFORENING
Amaliegade 33, DK-1256 Copenhagen K
T: (004533) 11 40 88   **Fax:** 11 62 10
E-Mail: info@danmarksrederiforening.dk

Frankreich

iz m 176
Comité Central des Armateurs de France
47, Rue de Monceau, F-75008 Paris
T: (003301) 53 89 52 52   **Fax:** 53 89 52 35
E-Mail: ccaf@ccaf.asso.fr

Deutschland

iz m 177
Verband Deutscher Reeder e.V. (VDR)
Esplanade 6, 20354 Hamburg
T: (040) 35 09 70   **Fax:** 35 09 72 11
Internet: http://www.reederverband.de
E-Mail: vdr@reederverband.de

Griechenland

iz m 178
UNION OF GREEK SHIPOWNERS
Akti Miaouli 85, GR-18538 Piraeus
T: (00301) 4 29 11 59   **Fax:** 4 29 11 66, 4 29 01 07
E-Mail: ugs@ath.forthnet.gr

Irland

iz m 179
IRISH CHAMBER OF SHIPPING
Talka Quay Road, IRL- Dublin 1
T: (003531) 6 61 82 11   **Fax:** 6 61 82 70
E-Mail: bks@iol.ie

Italien

iz m 180
CONFEDERAZIONE ITALIANA ARMATORI
Piazza S.S. Apostoli 66, I-00187 Rome
T: (00396) 67 48 11   **Fax:** 6 78 94 73
E-Mail: confitarma@tin.it

iz m 181
Fedarlinea
Via Nazionale, 54, I-00184 Rom
T: (00396) 47 67 21   **Fax:** 4 88 21 17
E-Mail: fedarlin@tin.it

Luxemburg

iz m 182
Union des Armateurs Luxembourgeois
Rue Goethe 9, L-1022 Luxemburg
T: (00352) 4 82 85 01   **Fax:** 48 28 71

Niederlande

iz m 183
Koninklijke Vereniging van Nederlandse Reders
Wijnhaven 65b, NL-3011 WJ Rotterdam
T: (003110) 4 14 60 01   **Fax:** 2 33 00 81
E-Mail: kvnr@kvnr.nl

Spanien

iz m 184
ASSOCIACION DE NAVIEROS ESPANOLES
Dr. Fleming, 11-1°D, E-28036 Madrid
T: (003491) 4 58 00 40   **Fax:** 4 58 60 87
E-Mail: anave@anave.es

Großbritannien

iz m 185
THE CHAMBER OF SHIPPING
Carthusian Court
12 Carthusian Street, GB- London EC1M 6EZ
T: (0044207) 4 17 84 00   **Fax:** 6 26 81 35
E-Mail: postmaster@british-shipping.org

Finnland

iz m 186
Finnish Shipowners' Association
Postfach 155, FIN-00161 Helsinki
Satamakatu 4a, FIN-00161 Helsinki 16
T: (003589) 6 22 67 30   **Fax:** 66 92 51
E-Mail: annell.kankaansyria@varustamoyhdistys.fi

iz m 187
Älands Redarförening r.f.
Hamngatan 8, FIN-22100 Mariehamn
T: (0035818) 1 34 30   **Fax:** 2 25 20
E-Mail: info@alship.aland.fi

Norwegen

iz m 188
NORWEGIAN SHIPOWNERS' ASSOCIATION
Rädhusgaten 25, N-0116 Oslo 1
T: (004722) 40 15 00   **Fax:** 40 15 15
E-Mail: nr.firmapost@rederi.n

Schweden

iz m 189
SWEDISH SHIPOWNERS' ASSOCIATION
Postfach 3 30, S-40125 Göteborg
Södra Hamngatam 53, S-40125 Göteborg
T: (004631) 62 95 25   **Fax:** 15 23 13
E-Mail: srf@sweship.se

Portugal

iz m 190
Associaçao de Armadores da Marinha de Comercio
Cais de Alcântara
Rocha de Conde D'obidos Edificios Da Gare Maritima 2° Piso, Sala B, P-1350 Lissabon
T: (0035121) 3 93 27 20   **Fax:** 3 93 27 29
E-Mail: ana@transinsular.pt

IZ M 191
Europäischer Nassbaggerverband (EuDA)
European Dredging Association
Association Européenne de Dragage
Rue de Praetere 2-4, B-1000 Brüssel
T: (00322) 646 81 83 Fax: 646 60 63
Président: J. Allaert
Secrétaire Général: F.J. Mink
Contact: A.C.F. de Meester
Mitglieder: 20
Mitarbeiter: 2

IZ M 192
Internationale Binnenschiffahrts-Union (UINF)
International Union for Inland Navigation
Union Internationale de la Navigation Fluviale
Sitz: 19, rue de la Presse, B-1000 Bruxelles
Korrespondenz-Anschrift: M. Ruscher
7 quai du Général Koenig, F-67085 Strasbourg Cedex
Gründung: 1954
Korrespondenz-Anschrift M. Ruscher (Sekretär, 7 quai du Général Koenig, F-67085 Strasbourg Cedex, T:(0033) 3 88 36 28 44, Telefax: 3 88 37 04 82)

IZ M 193
Europäische Fluß-See-Transport Union e.V., Berlin (ERSTU)
European River-Sea-Transport Union
Alt Stralau 55-58, 10245 Berlin
T: (030) 29 37 64 14 Fax: 29 37 62 01
Gründung: 1997 (24. Juni)
Präsident(in): Dr. Manfred Breuer
Vizepräsident(in): Peter Aarosin
Claus-Peter Brinner
Theo Blecker
Walter Edinger
Michael Hicko
Dr. David Hilling
Karel Horyna
Andras Kiss
Roman V. Trotzenko
Arnold van Thull
Dr. Michael Turek
Generalsekretär(in): Dr. Heinz Rentner
Verbandszeitschrift: Mitglieder-Bulletin, Newsletter in Zeitschrift "Schifffahrt und Technik"
Redaktion: Sekretariat
Verlag: Eigenverlag
Mitglieder: 90, darunter 13 Vereine, aus 11 Mitgliedsländern
Mitarbeiter: 3
Jahresetat: DM 0,15 Mio, € 0,08 Mio

IZ M 194
Internationale Organisation für die Seeschiffahrt (IMO)
International Maritime Organization (IMO)
Organisation maritime internationale
4 Albert Embankment, GB- London SE1 7SR
T: (004420) 77 35 76 11 Fax: 75 87 32 10
TGR: INTERMAR LONDON SE1
Internet: http://www.imo.org
E-Mail: info@imo.org
Gründung: 1959
Leitung Presseabteilung: Lee Adamson
Verbandszeitschrift: IMO News
Mitglieder: 157
Mitarbeiter: 300

IZ M 195
Internationaler Verband für Schiffahrt
International Navigation Association (PIANC)
Association Internationale de Navigation (AIPCN)
20, Bld. du Roi Albert II, B-1000 Bruxelles Graaf de Ferraris, 11e étage
T: (00322) 5 53 71 60 Fax: 5 53 71 55
Internet: http://www.pianc-aipcn.org
E-Mail: info@pianc-aipcn.org
Gründung: 1885
Président: E. Van Den Eede
Secrétaire Général: L. Van Schel
Verbandszeitschrift: PIANC Bulletin
Mitglieder: rd. 2500, Abteilung Deutschland: 120

iz m 196
International Navigation Association (PIANC) Abteilung Deutschland
c/o Bundesministerium für Verkehr, Bau und Wohnungswesen
- Referat EW 23 -
Postf. 20 01 00, 53170 Bonn
T: (0228) 3 00-4230 Fax: 3 00-1478
E-Mail: ref-ew23@bmvbw.bund.de
Secretary: MinRat Hans-Peter Tschucke (German Section of PIANC)

IZ M 197
Internationaler Verband der Navigationsinstitute (IAIN)
International Association of Institutes of Navigation
Royal Institute of Navigation
Prins Hendrikkade 189, NL-1011 TD Amsterdam
Gründung: 1975
Leitung Presseabteilung: David M. Page (1 Oakwood Close, GB-Burgess Hill, West Sussex RH15 0HY, T: (00441444) 23 24 05)
Verbandszeitschrift: IAIN Newsletter
Mitglieder: 16 Mitgliedsinstitutionen weltweit

IZ M 198
Internationales Seebüro (ICC)
ICC International Maritime Bureau
Maritime House 1 Linton Road, GB- Barking, Essex IG11 8HG
T: (004420) 85 91 30 00 Fax: 85 94 28 33
Internet: http://www.icc-ccs.org
E-Mail: ccs@icc-ccs.org
Director: Pottengal Mukundan

IZ M 199
Rat der Ostsee und der internationalen Seefahrt (BIMCO)
The Baltic and International Maritime Council
Bagsvaerdvej 161, DK-2880 Bagsvaerd
T: (0045) 44 36 68 00 Fax: 44 36 68 68
Internet: http://www.bimco.dk
E-Mail: mailbox@bimco.dk
Gründung: 1905
Président: Philippe Poirier d'Angé d'Orsay (France)
Secrétaire Général: Finn Frandsen
Manager of Publicity Department: Peter Rygaard Andersen
Press Department: Tina Pedersen
Verbandszeitschrift: Bimco Bulletin
Redaktion: BIMCO Publications
Verlag: Bimco, Bagsvaerdvej 161, DK-2880 Bagsvaerd, Denmark
Mitglieder: 2658
Mitarbeiter: 47

IZ M 200
Vereinigung europäischer privater Hafenumschlagbetriebe (FEPORT)
Federation of European Private Port Operators
Fédération des Opérateurs Portuaires Privés
Avenue Michel Ange 68, B-1000 Brüssel
T: (00322) 7 36 75 52 Fax: 7 32 31 49
Gründung: 1993
Président: P. Valkeniers
Secrétaire Général: Hanneke de Leeuw (Contact)
Mitglieder: 14
Mitarbeiter: 2

Mitgliedsorganisationen

Belgien

iz m 201
Werkgeversbond der Belgische Havens
Brouwersvliet 33, B-2000 Antwerpen

Dänemark

iz m 202
Danish Stevedoring Association
Rosenorns Alle 1, DK-1970 Frederiksberg C

iz m 203
Dansk Havnevirkson Heder
Boørsen, DK-1217 Kopenhagen

Deutschland

iz m 204
Zentralverband der deutschen Seehafenbetriebe e.V. (ZDS)
Am Sandtorkai 2, 20457 Hamburg
T: (040) 36 62 03/04 Fax: 36 63 77
E-Mail: zds_seehaefen@t-online.de

Spanien

iz m 205
Asociación Nacional de Empresas Estibadoras y Consignatarias de Buques
Serrano 76, E-28006 Madrid

Frankreich

iz m 206
Union Nationale des Industries de la Manutention dans les Ports Français
Avenue Marceau 76, F-75008 Paris

Portugal

iz m 207
Associaçao de Operadores do Porto de Lisboa
Largo do Capo Santo No. 21, E-1200 Lisboa

iz m 208
Asociaçao dos Operadores Portuarios dos Portos do Douro E Leixoes
Rua Doutor Filipe Coelho 179 /2, P-4450 Matosinhos

Großbritannien

iz m 209
UKAPTO
c/o BpA Africa House
64-78 Kingsway, GB- London WC2B-6AH

iz m 210
UKMPG
6 Marshalsea Road, GB- London SE1 1HL

Niederlande

iz m 211
Deltalinqs
Postfach 54200, NL-3008 Rotterdam

iz m 212
Scheepvaart Vereniging Noord
De Ruyter Kade 7, NL-1000 GK Amsterdam

Finnland

iz m 213
Federation of Finnish Master Stevedores
Postfach 268, FIN-00181 Helsinki

iz m 214
Contship Italia
Via XII Oktobre 2/63, I- Genua

IZ M 215
Zentralkommission für die Rheinschiffahrt (CCR)
Central Commission for the Navigation of the Rhine
Commission Centrale pour la Navigation du Rhin
Place de la République 2, F-67082 Straßburg Cedex
T: (0033388) 52 20 10 Fax: 32 10 72
E-Mail: ccnr@ccr-zkr.org
Gründung: 1816 (5. August)
Präsident(in): J. Devadder
Mitglieder: 5 Etats memebres: Belgien, Deutschland, Frankreich, Niederlande, Schweiz

Luftverkehr

IZ M 216
BARIG e.V.
Bundesverband der in Deutschland tätigen Luftverkehrsgesellschaften
Board of Airline Representatives in Germany
Union des Représentants de Lignes Aériennes en R.F.A.
Am Hauptbahnhof 16, 60329 Frankfurt
T: (069) 23 72 88 Fax: 23 06 66

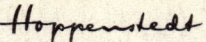

Internet: http://www.barig.org
E-Mail: barigev@barig.org
Gründung: 1951
Vorsitzende(r): Jörgen Möllegaard
Generalsekretär(in): Martin Gaebges
Verbandszeitschrift: BARIG-Bulletin
Redaktion: BARIG e.V.
Verlag: Am Hauptbahnhof 16, 60329 Frankfurt
Mitglieder: 105

Interessenvertretung aus- und inländischer Luftfahrtunternehmen in allen Fragen der zivilen Luftfahrt.

● **IZ M 217**
Europäische Organisation für Flugsicherung (EUROCONTROL)
European Organisation for the Safety of Air Navigation
Organisation européenne pour la sécurité de la navigation aérienne
Rue de la Fusée, 96, B-1130 Brüssel
T: (00322) 7 29 90 11   **Fax:** 7 29 90 44
Internet: http://www.eurocontrol.be
Gründung: 1960 (13. Dezember)
Generaldirektor: Victor M. Agwood
Presseabteilung: Gerhard Stadler (Direktor Generalsekretariat)
Verbandszeitschrift: Rapport annuel, Skyway Magazine
Redaktion: Gerhard Stadler, Direktor Generalsekretariat
Mitglieder: 30 Länder
Mitarbeiter: 2000
Jahresetat: DM 1060 Mio

● **IZ M 218**
Europäische Zivilluftfahrtkonferenz (ECAC)
European Civil Aviation Conference (ECAC)
Conférence européenne de l'aviation civile (CEAC)
3 bis villa Emile Bergerat, F-92522 Neuilly-sur-Seine
T: (00331) 46 41 85 44   **Fax:** 46 24 18 18, 47 38 13 67
Internet: http://www.ecac-ceac.org
E-Mail: ecac@compuserve.com
Gründung: 1955
Secrétaire exécutif de la CEAC: R. Benjamin
Leitung Presseabteilung: Angelika Kupka
Mitglieder: 38 Staaten
Mitarbeiter: 16

● **IZ M 219**
Europäischer Verband der Geschäftsluftfahrt
European Business Aviation Association
Association Européenne de l'Aviation d'Affaires
Brusselsesteenweg 2, B-3080 Tervuren
T: (00322) 766-0070   **Fax:** 768-1325
Internet: http://www.ebaa.org
E-Mail: info@ebaa.org
Gründung: 1977
President: F.A. Chavatte
Chairman: Brian Humphries
Contact: F. M. François
Mitglieder: 200
Mitarbeiter: 5

● **IZ M 220**
Internationaler Luftverkehrs-Verband (IATA)
International Air Transport Association
Association du Transport Aérien International
IATA
Postfach 1 13, CDN-H4Z 1M1 Montreal
Place Victoria 800, CDN-H4Z 1M1 Montreal
T: (001514) 874-0202
Internet: http://www.iata.org/
Director General: Pierre J. Jeanniot

● **IZ M 221**
Internationaler Rat der Flughäfen (ACI)
Airports Council International (ACI)
Postfach 16, CH-1215 Genf 15-Flughaf
T: (004122) 717-8585   **Fax:** 717-8888
Internet: http://www.airports.org
E-Mail: aci@airports.org
Chairman: Dr. Ghanem Al Hajri
Director General: Jonathan Howe
Secretary General: Alexander Strahl

● **IZ M 222**
Verband der Fluglinien Europäischer Regionen (ERA)
European Regions Airline Association
Association des Compagnies d'Aviation des Regions d'Europe
The Baker Suite
Fairoaks Airport, GB- Chobham, Woking, Surrey, GU24 8HX
T: (00441276) 85 64 95   **Fax:** 85 70 38
Internet: http://www.eraa.org
E-Mail: info@eraa.org
Gründung: 1987

President: João Ribeiro da Fonseca
Director General: Mike A. Ambrose
Leitung Presseabteilung: Lesley Shepherd (Corporate Communications Manager)
Verbandszeitschrift: ERA-Yearbook
Verlag: PPS Publications, Publications House, 87-93 Bell Street, Reigate RH2 7AN
Mitglieder: 250
Mitarbeiter: 18

Sonstige Organisationen des Verkehrsgewerbes

● **IZ M 223**
Verband der Europäischen Expressdienste
European Express Association (EEA)
Avenue de Cortenbergh 118, B-1000 Brüssel
T: (00322) 7 37 95 76   **Fax:** 7 37 95 01
Internet: http://www.euroexpress.org
E-Mail: info@euroexpress.org
Secretary General: Russell Patten
Mitglieder: 14 Vollmitglieder in 7 Länder

● **IZ M 224**
Europäische Logistik-Vereinigung (ELA)
European Logistics Association
Ave. des Arts 19 Kunstlaan 19, B-1210 Brüssel
T: (00322) 2 30 02 11   **Fax:** 2 30 81 23
Internet: http://www.elalog.org
E-Mail: ela@elalog.org
President: Gérard Roux (SGL Bern, E-Mail: roux@elalog.org)
Vice President: Prof. Dr. Dr. h.c. Hans-Christian Pfohl (TU Darmstadt, E-Mail: pfohl@elalog.org)
Secretary: Piet R. H. van der Meulen (VLM, Rotterdam, E-Mail: pvdmeul@elalog.org)
Treasurer: Stig Arne Mattson (PLAN, Stockholm, E-Mail: stig-arne.mattsson@swipnet.se)
Executive Officer: Nicole Geerkens (ELA European H.Q., 1210 Brüssel, Belgien, E-Mail: ela@elalog.org)
Verbandszeitschrift: Logistics Europe-ELA FOCUS
Redaktion: ELA secretariat
Mitglieder: 15000 ; 37 europäische Logistikverbände
Deutsche Mitglieder: BVL, BME, VDI

● **IZ M 225**
Internationaler Verband für Öffentliches Verkehrswesen (UITP)
International Association of Public Transport
Union Internationale des Transports Publics
Ausschuß Europäische Union
Av. Herrmann Debroux 17, B-1160 Brüssel
T: (00322) 6 73 61 00   **Fax:** 6 63 66 23
E-Mail: uitp-euroteam@uitp.com
Chairman: Hugo van Wesemael (Director-General de Lijn)
Geschäftsführer(in): Klaus-J. Meyer
Presse: Roger Kesteloot
Verbandszeitschrift: EuroExpress, europäische Nachrichten über den öffentlichen Verkehr (jeweils in deutsch, englisch, französisch)
Mitglieder: 34
Mitarbeiter: 10

● **IZ M 226**
Europäischer Rat für Transportpflege (ETMC)
European Transport Maintenance Council
Central Office
Lorkenlaan 24, B-2950 Kapellen
T: (00323) 6 65 38 77   **Fax:** 6 05 11 58
Gründung: 1983
Direktion: Frans De Putter
General Secretary: Frank Theré
Verbandszeitschrift: ETMC Express
Verlag: F. Theré
Mitglieder: 7400
Mitarbeiter: 2
Jahresetat: Eur. 0,4 Mio

● **IZ M 227**
Europäische Vereinigung für Geldtransporte und -begleitung (E.S.T.A.)
European Security Transport Association
Association Européenne du Transport et Convoyage de Valeurs
Rue Mercelis 19, B-1050 Brüssel
T: (00322) 7 58 13 90   **Fax:** 7 59 43 70
President: R. Maddalone
Contact: J. Godefroimont
Mitglieder: 95
Mitarbeiter: 1

● **IZ M 228**
Europäisches Verbindungscomite des Speditions- und Lagereigewerbes im Gemeinsamen Markt (CLECAT)
European Liaison Committee of Common Market Freight Forwarders
Comité de Liaison Européen des Commissionnaires et Auxiliaires de Transports du Marché Commun
rue Montoyer 31 2nd floor, B-1000 Brüssel
T: (00322) 5 03 47 05   **Fax:** 5 03 47 52
E-Mail: clecat@euronet.be
Gründung: 1958
Président: Manfred F. Boes
Secrétaire Général: J.P.N. Van Os
Directeur: Ivan Sorensen
Mitarbeiter: 3

● **IZ M 229**
Internationale Föderation der Internationalen Möbelspediteure (FIDI)
International Federation of International Furniture Removers
Fédération Internationale des Déménageurs Internationaux
Rue Picard 69 Bte 5, B-1080 Brüssel
T: (00322) 4 26 51 60   **Fax:** 4 26 55 23
Internet: http://www.fidi.com
E-Mail: fidi@fidi.com
Gründung: 1950
President: Cees Zeevenhooven
Junior Vice-President: Ernst Jörg
Senior Vice-President: Jorge Laporta
Vice President Délégué: Tom Ansley
Verbandszeitschrift: FIDI Focus
Mitglieder: 725
Mitarbeiter: 6
Jahresetat: DM 2,5 Mio

● **IZ M 230**
Internationale Föderation der Spediteurorganisationen (FIATA)
International Federation of Freight Forwarders Associations
Fédération Internationale des Associations de Transitaires et Assimilés
Postfach 8493, CH-8050 Zürich
Baumackerstr. 24, CH-8050 Zürich
T: (00411) 3 11 65 11   **Fax:** 3 11 90 44
Internet: http://www.fiata.com
E-Mail: info@fiata.com
Gründung: 1926 in Wien
Direktor(in): Marco A. Sangaletti
Sekretäre: S. Consoli
K. Ohl
M. Schöni
P. Mägerle
Präsident(in): Ch. Gillespie (Canada)
Past-President: A. Dahmani (Tunesien)
Secretary General: M. Oeschger (Schweiz)
Treasurer: S. J. Nagarvala (Indien)
Verbandszeitschrift: FIATA Review
Verlag: FIATA Sekretariat, Baumackerstr., 8050 Zürich
Mitglieder: 95 nationale Verbände; ca. 2500 assoziierte Mitglieder aus 150 Ländern
Mitarbeiter: 7
Jahresetat: DM 1,2 Mio
4 Beratungsgremien für juristische Fragen, Public relations, Berufsausbildung, Gefahrengut
3 Institute für Luftfracht, multimodalen Transport und Zoll + Handelserleichterungen

● **IZ M 231**
Internationaler Koordinationsverband für Frachtgut (ICHCA)
International Cargo Handling Co-ordination Association
Association Internationale pour la Coordination de la Manutention des Marchandises
(International Association fostering the increase of efficiency and economy in the handling and movement of goods from origin to destination in all modes amd phases of the transport chain)
71 Bondway, GB- London SW8 1SH
T: (004420) 77 93 10 22   **Fax:** 78 20 17 03
Gründung: 1952
President: Ken Hoggett
Chairman of Council: Ken Hoggett (Australia)
Chief Executive: Gerry Askham
Leitung Presseabteilung: Marion Mc Finlay
Verbandszeitschrift: Whos Who Incargo Handling, Buyers Guide, The World of Cargo Handling
Mitarbeiter: 8

● **IZ M 232**
Internationaler Verband für öffentliches Verkehrswesen (UITP)
International Union (Association) of Public Transport
Union Internationale des Transports Publics
Av. Herrmann-Debroux 17, B-1160 Bruxelles

IZ M 232

T: (00322) 673 61 00   Fax: 660 10 72
Internet: http://www.uitp.com
E-Mail: administration@uitp.com
Gründung: 1885
Président: J.P. Bailly
Secrétaire Général: Hans Rat
Verbandszeitschrift: "Public Transport International"; "UITP-Express"; "EUROExpress"
Mitglieder: 2000
Mitarbeiter: 42

• **IZ M 233**
Internationales Container-Büro (BIC)
Bureau International des Containers
167 rue de Courcelles, F-75017 Paris
T: (00331) 47 66 03 90   Fax: 47 66 08 91
Internet: http://www.bic-code.org
E-Mail: bic@bic-code.org
Gründung: 1933
Président: Christoph Seidelmann
Secrétaire Général: Jean Rey

• **IZ M 234**
Komitee der Nordseehafenspediteure (CNE)
Committee of North Sea Port Forwarding Agents
Comité des Commissionnaires de Transport des Ports de la Mer du Nord
Jordaenskaai 25 B 3, B-2000 Antwerpen
T: (00323) 233 67 86   Fax: 231 82 02
E-Mail: vea@vea-ceb.be
Secretary: Frank Boogaerts

Seaport forwarding agent organisations in: Hamburg, Bremen, Amsterdam, Rotterdam, Antwerpen, Gent, Dunkirk, Le Havre, Humberside

IZ N Gastronomie und Fremdenverkehr

Zum Auffinden einer bestimmten Dienststelle oder Organisation dient das Suchwortverzeichnis, eines Personennamens das Personenverzeichnis

Hotels, Restaurants und Hospize
Tourismus

Hotels, Restaurants und Hospize

● **IZ N 1**

iz n 1

Ausschuß des Hotel- und Gaststättengewerbes in der EG und dem EWR (HOTREC)
The Confederation of the National Associations of Hotels, Restaurants, Cafés and Similar Establishments in the European Union and European Economic Area
La Confédération des Associations Nationales de l'Hôtellerie, de la Restauration, des Cafés et Etablissements Similaires de l'Union Européenne et de l'Espace Economique Européen
111, Boulevard Anspach, Bte 4, B-1000 Bruxelles
T: (00322) 5 13 63 23   **Fax:** 5 02 41 73
Internet: http://www.hotrec.org
E-Mail: main@hotrec.org
Gründung: 1982
Präsident(in): Niels Nuygaard (Denmark)
Vizepräsident(in): Giancarlo Picca (Italy)
General Sekretärin: M. Sequaris
Mitarbeiter: 4

Belgien

iz n 2

HORECA Bruxelles
Anspachlaan/bd Anspach 111 b4, B-1000 Brüssel
T: (00322) 5 13 64 84, 5 13 78 14   **Fax:** 5 13 89 54
E-Mail: fed.vlaanderen@horeca.be, fed.bruxelles@horeca.be

iz n 3

HORECA Wallonie
Chaussée de Charleroi 83, B-5000 Namur
T: (003281) 72 18 88   **Fax:** 73 76 89
Gründung: 1975
Verbandszeitschrift: L'Horeca Officiel
Redaktion: Christian Delache
Verlag: 83, Chaussée de Charleroi, 5000 Namur
Mitglieder: 3000
Mitarbeiter: 7

Dänemark

iz n 4

HORESTA
Vodroffsvej 32, DK-1900 Frederiksberg C.
T: (0045) 35 24 80 80   **Fax:** 35 24 80 88
Internet: http://www.horesta.dk
E-Mail: horesta@horesta.dk
Gründung: 1884
Verbandszeitschrift: Hotel- Restaurant- og Turisme
Verlag: Ajour
Mitglieder: Approx. 1800
Mitarbeiter: 60
Jahresetat: DM 7 Mio

Deutschland

iz n 5

Deutscher Hotel- und Gaststättenverband e.V. (DEHOGA)
Am Weidendamm 1a, 10117 Berlin
T: (030) 72 62 52-0
Präsident: Dr. Erich Kaub
Geschf. Präsidialmitgl.: RA Christian Ehlers

iz n 6

Hotelverband Deutschland e.V. (IHA)
Anschrift ab 01.06.2001
Am Weidendamm 1a, 10117 Berlin
T: (030) 59 00 99 69-0   **Fax:** 59 00 99 69-9
Internet: http://www.hotelverband.de
E-Mail: ihad@iha-hotelverband.de
Anschrift bis 31.05.2001
Kronprinzenstr. 37, 53173 Bonn
T: (0228) 36 50 40, **Fax:** 35 62 01
Geschäftsführendes Vorstandsmitglied: Dipl.-Kfm. Bernd Geyer

Finnland

iz n 7

Finnish Hotel and Restaurant Association
29 Merimiehenkatu, FIN-00150 Helsinki
T: (003589) 62 20-200   **Fax:** 62 20-2090
Internet: http://www.shr.fi
E-Mail: shr@shr.fi

Frankreich

iz n 8

Groupment National des Chaînes d'Hôtels
22 Rue d'Anjou, F-75008 Paris
T: (00331) 44 94 19 94   **Fax:** 47 42 15 20
E-Mail: fnih@imaginet.fr
Mitglieder: 80000

iz n 9

Syndicat Français de l'Hôtellerie (SFH)
7, bd de la Madeleine, F-75001 Paris
T: (00331) 47 03 16 16   **Fax:** 47 03 16 17
E-Mail: hotelsfh@aol.com
Gründung: 1871
Mitglieder: 1321
Mitarbeiter: 9

iz n 10

Syndicat National des Restaurateurs Limonadiers et Hôteliers (SNRLH)
4 Rue Gramont, F-75002 Paris
T: (00331) 42 96 60 75   **Fax:** 42 86 80 28

iz n 11

Union des Métiers et de l'Industrie de l'Hôtellerie
22 Rue d'Anjou, F-75008 Paris
T: (00331) 44 94 19 94   **Fax:** 47 42 15 20
E-Mail: fnih@imaginet.fr

Griechenland

iz n 12

Hellenic Chamber of Hotels (HCH)
24 Stadiou Street, GR-10564 Athen
T: (00301) 3 31 00 22   **Fax:** 3 23 69 62
E-Mail: grhotels@otenet.gr

Großbritannien

iz n 13

B.H.A. British Hospitality Association
Lincoln's Inn Fields 55-56, GB- London WC2A 3BH
T: (004420) 74 04 77 44   **Fax:** 74 04 77 99
Internet: http://www.bha-online.org.uk
E-Mail: bha@bha.org.uk
Chief Executive: Bob Cotton

Großbritannien

iz n 14

Brewers and Licensed Retailers Association (BLRA)
42, Portman Square, GB- London W1H 0BB
T: (004420) 74 86 48 31   **Fax:** 79 35 39 91
Internet: http://www.blra.co.uk
E-Mail: prmail@blra.co.uk
Chairman: Michael R. M. Foster
Chief Executive: Rob Hayward
Secretary General: Dr. David Long

iz n 15

The Restaurant Association of Great Britain (RAGB)
64-78 Kingsway, GB- London WC2B 6AH
T: (0044207) 8 31 87 27   **Fax:** 8 31 87 03
Internet: http://www.ragb.co.uk
E-Mail: info@ragb.co.uk

Irland

iz n 16

Irish Hotels Federation (IHF)
13 Northbrook Road, IRL- Dublin 6
T: (003531) 4 97 64 59   **Fax:** 4 97 46 13
Internet: http://www.ihf.ie
E-Mail: info@ihf.ie

iz n 17

Restaurants Association of Ireland (RAI)
11 Bridge Court, City Gate, St. Augustine Street, IRL- Dublin 8
T: (003531) 6 77 99 01   **Fax:** 6 71 84 14
E-Mail: info@restaurantassociation.ie
Gründung: 1971
President: Kay Caball
Vice-President: Patrick Guilbaud
Chief Executive: Henry O'Neill
Mitglieder: ca. 450

Italien

iz n 18

Federazione delle Associazioni Italiane Alberghi e Turismo (FEDERALBERGHI)
1 Via Toscana, I-00187 Rom
T: (00396) 42 74 11 51   **Fax:** 42 87 11 97
Internet: http://www.italyhotels.it
E-Mail: info@italyhotels.it

iz n 19

Federazione Italiana Pubblici Esercizi (FIPE)
2 Piazza G. G. Belli, I-00153 Roma
T: (00396) 5 88 10 12   **Fax:** 5 81 86 82
Internet: http://www.fipe.it
E-Mail: boxfipe@fipe.it

Niederlande

iz n 20

Koninklijk Horeca Nederland
Postfach 5 66, NL-3440 AN Woerden
Pelmolenlaan 10, NL-3447 GW Woerden
T: (0031348) 489 489   **Fax:** 489 493
Internet: http://www.kon-horeca.nl
E-Mail: info@kon-horeca.nl
Président: Jan Geenemans
Mitglieder: 18000

Österreich

iz n 21

Fachverband Hotellerie
(Austrian Professional Hotel Association)
Postfach 342, A-1045 Wien
Wiedner Hauptstr. 63, A-1045 Wien
T: (00431) 50 10 53-555   **Fax:** 50 10 53-568
Internet: http://www.diehotellerie.at
E-Mail: hotels@wko.at

iz n 22

Fachverband Gastronimie (APRA)
Postfach 3 41, A-1045 Wien
Wiedner Hauptstr. 63, A-1045 Wien
T: (00431) 50 10 53-560   **Fax:** 50 51-312
Internet: http://www.diegastronomie.at
E-Mail: gastronomie@wko.at

iz n 23

Verband der Konzertlokalbesitzer und aller Veranstalter Österreichs (KLBV) (KLBV)
Dorotheergasse 7/I/5a, A-1010 Wien
T: (00431) 5 12 29 18, 5 12 29 19   **Fax:** 5 12 29 18 33
Internet: http://www.klbv.at
E-Mail: office@kblv.at

Portugal

iz n 24

Federaçao da Restauraçao Café e Similares de Porugal
R. Fernandes Tomès 235, P-4000 Porto
T: (003512) 5 89 95 30, 5 89 95 31   **Fax:** 5 10 35 88

iz n 25

Federaçao da Industria Hoteleira e do Alojamento (FIHOTEL)
Turistico de Portugal
Rua Fernandes Tomès 235, P-4000 Porto
T: (003512) 57 80 55, 57 80 56   **Fax:** 5 10 35 88

Schweden

iz n 26

Swedish Hotels and Restaurants Association
Postfach 1158, S-11181 Stockholm
Kammakargatan 39, S-11181 Stockholm
T: (00468) 7 62 74 00   **Fax:** 21 58 61
Internet: http://www.shr.se
E-Mail: info@shr.se

Spanien

iz n 27

Federación Española de Hosteleria (FEHR)
Camino de las Huertas 18 1°, E-
28223 Madrid Pozuelo de Alarcón
T: (003491) 3 52 91 56   **Fax:** 3 52 90 26
Internet: http://www.federahoteles.com
E-Mail: federahoteles@ipf.es
President: Pedro Galindo
General Secretary: José Luis Guerra

iz n 28

Agrupación Hotelera de las Zonas Turísticas de España (ZONTUR)
Aragon 214, 3°, E-07008 Palma de Mallorca Bareares
T: (003471) 70 60 05   **Fax:** 47 09 43
Internet: http://www.intermundial.es/zontur

Beobachter

Estland

iz n 29

Estonian Hotel and Restaurant Association (EHRA)
6 Kiriku street, EW-10130 Tallinn
T: (003726) 41 14 28   **Fax:** 41 14 25
Internet: http://www.ehrl.ee
E-Mail: info@ehrl.ee

Malta

iz n 30

Malta Hotel and Restaurant Association (MHRA)
34, Windsor Terrace, GBY- Sliema SLM 09
T: (003563) 1 81 33   **Fax:** 3 64 77
E-Mail: mhra@digigate.net

Norwegen

iz n 31

Reiselivsbedriftenes Landsforening
Postfach 5465 Majorstua, N-0305 Oslo
T: (0047) 23 08 86 20   **Fax:** 23 08 86 21
Internet: http://www.rbl.no
E-Mail: firmapost@rbl.no
Managing Director: Knut Almquist
Information Director: Eva Björeng
Verlag: Ø. Slottsgt. 12, N-0157 Oslo, T: (0047) 22 41 71 18, Fax: 22 42 30 36
Mitglieder: 2200
Mitarbeiter: 31

Schweiz

iz n 32

Société Suisse des Hôteliers (SSH)
130 Monbijoustraße, CH-3001 Bern
T: (004131) 3 70 41 11   **Fax:** 3 70 44 44
Internet: http://www.swisshotels.ch
E-Mail: shv@swisshotels.ch

iz n 33

GASTROSUISSE
Verband für Hotellerie & Restauration
Blumenfeldstr. 20, CH-8046 Zürich
T: (00411) 3 77 51 11   **Fax:** 3 71 51 21
Internet: http://www.gastrosuisse.ch
E-Mail: direktion@gastrosuisse.ch
Gründung: 1891
Président: Peter Staudenmann
Directeur: Dr. oec. F. Hew
Leitung Presseabteilung: Hans Keller
Verbandszeitschrift: Schweizer Gastronomie
Verlag: Blumenfeldstr. 20, CH-8046 Zürich
Mitglieder: 22500
Mitarbeiter: 63
Jahresetat: DM 20 Mio

Tschechische Republik

iz n 34

Czech National Federation of the Hotels and Restaurants (NFHRCR)
Senovèzné nam.23, CZ-11282 Prag
T: (0422) 24 14 26 76   **Fax:** 24 14 26 81
Internet: http://www.nfhr.cz
E-Mail: nfhr@iol.cz

Ungarn

iz n 35

Hotel Association of Hungary
Novotel Budapest Convention Centrum
Postfach 233, H-1444 Budapest
Jagelló út. 1/3., H-1123 Budapest
T: (00361) 4 66 94 62   **Fax:** 3 22 38 54
Internet: http://www.miwo.hu/partner/hah/index-en.html
E-Mail: hah@mail.matav.hu
Gründung: 1968 (30. März)
President: Dr. Peter Wolff
Gen. Secretary: Gabor Lombosi
Mitglieder: 410
Mitarbeiter: 3
Jahresetat: DM 0,1 Mio

● IZ N 36

European Waterpark Association e.V. (EWA)
Geschäftsstelle
Hainstr. 6, 04109 Leipzig
T: (0341) 9 62 58 28   **Fax:** 9 62 58 30
Internet: http://www.freizeitbad.de
E-Mail: ewa@rhein-main.net
Gründung: 1989 (6. Dezember)
Präsident(in): Dr. Harald Frisch (blub Badeparadies, Berlin/Deutschland)
Vizepräsident(in): Dr. Göran Sundeby (Paradisbadet, Örnsköldsvik/Schweden)
Dr. Michael Quell (Die Therme Münster, Münster/Deutschland)
Geschäftsführer(in): Dr. Klaus Batz
Verbandszeitschrift: Amusement Technologie & Management
Redaktion: Petra Probst
Verlag: Junfermann Verlag, Imadstr. 40, 33102 Paderborn
Mitglieder: 120
Mitarbeiter: 2
Jahresetat: DM 0,25 Mio, € 0,13 Mio

● IZ N 37

European Vending Association (EVA)
Avenue Louise 216, B-1050 Bruxelles
T: (00322) 5 12 00 75   **Fax:** 5 02 23 42
Internet: http://www.eva.be
E-Mail: vending@eva.be
Gründung: 1976
Präsident(in): Pierre Pernet
Geschäftsführer(in): Catherine Piana
Mitglieder: 65
Mitarbeiter: 4

● IZ N 38

Internationale Hotelier-Vereinigung (IHV)
Tannenstr. 13, 40476 Düsseldorf
T: (0211) 51 88 86-0   **Fax:** 51 88 86-88
Internet: http://www.i-hv.de
E-Mail: service@i-hv.de
Gründung: 1869
Präsident(in): Peter Schmid
Vizepräsident(in): Ute Schatz
Friedrich W. Loew
Geschäftsführer(in): Haakon Herbst
Verbandszeitschrift: Gastrotel
Redaktion: Hans J. Nikenich
Verlag: GW-Verlag, Zeughausstr. 28-38, 50667 Köln
Verbandszeitschrift: IHV-NEWS
Redaktion: IHV, Tannenstr. 13, 40476 Düsseldorf
Mitglieder: 200 inhabergeführte Privathotels

● IZ N 39

Internationale Vereinigung für Hotel & Restaurant (IH&RA)
International Hotel & Restaurant Association
251, rue du Faubourg Saint Martin, F-75010 Paris
T: (00331) 44 89 94 00   **Fax:** 40 36 73 30
Internet: http://www.ih-ra.com
E-Mail: infos@ih-ra.com
Gründung: 1946
Secrétaire Général: Christiane Dhorne
Leitung Presseabteilung: Hazel Hamelin
Verbandszeitschrift: "HOTELS" The International Magazine of the Hotel and Restaurant Industry
Verlag: "Hotels" Cahners Publishing, 1350 East Touhy Ave. Des Plaines, Illinois 60018, USA
Redaktion und Info: Caroline Harreg
Mitglieder: 3000
Mitarbeiter: 18
Committee: Executive Committee - Finance - National Association Chief Executives Council

● IZ N 40

Internationaler Verband Christlicher Hotels (VCH)
Association of Christian Hotels
Association Internationale des Hôtels Chrétiens
Hotel-Pension Mon-Désir, CH-6644 Orselina/Ticino
T: (004191) 743 48 42   **Fax:** 743 31 02
Internet: http://www.vch.ch
E-Mail: mondesir@cybernet.ch
Gründung: 1895
Präsident(in): Peter Salvisberg (Ltg. Presseabt., Hotel-Pension Mon-Désir, CH-6644 Orselina/Ticino, T: (004191) 7 43 48 42)
Verbandszeitschrift: Impression
Redaktion: Werner Kathmeyer, Internet: http://www.vch.de,
E-Mail: hotelinfo@vch.de
Verlag: c/o VCH-BRD, Steinbeisstr. 2, 74189 Weinsberg
Mitglieder: 250
Mitarbeiter: 11
Landesverbände: Schweiz, Bundesrepublik Deutschland, Dänemark, Schweden, Norwegen, Österreich, Finnland, Italien

VCH-Hotels sind in christlichem Geist geführte Häuser. Gastlichkeit mit Herz gehört zu unserer Tradition. Freundlichkeit, Ruhe, Entspannung ist unser Angebot.

Tourismus

● IZ N 41

Europäische Fremdenverkehrs-Kommission (ETC)
European Travel Commission (ETC)
Commission Européenne du Tourisme (CET)
Rue du Marché aux Herbes 61, B-1000 Brüssel
T: (00322) 504 03-03   **Fax:** 514 18 43
Internet: http://www.etc-europe-travel.org
E-Mail: etc@planetinternet.be
Gründung: 1948
Präsident(in): Theo J. J. Schmitz
Geschäftsf. Direktor: Walter Leu
Mitglieder: 30 National Tourism Organizations
Jahresetat: DM 5,5 Mio

● IZ N 42

Europäische Gruppe für Reisen und Aktionstourismus (ETAG)
European travel & tourism action group
Group européen du voyage et du tourisme actif
Hartington Road 115, GB- London SW8 2HB
T: (004420) 7627 8633   **Fax:** 7627 8287
E-Mail: hn23@dial.pipex.com
Gründung: 1981
Vorsitzende(r): Prof. Dr. Urbain Claeys
Stellvertretende(r) Vorsitzende(r): L.J. Lickorish
Sekretär: Bill Richards
Mitglieder: 18

● IZ N 43

Alliance Internationale de Tourisme (AIT)
Postfach 1 11, CH-1215 Genf 15
Chemin de Blandonnet 2, CH-1214 Vernier
T: (004122) 5 44 45 00   Fax: 5 44 45 50
Internet: http://www.aitgva.ch
E-Mail: ait@aitgva.ch
Gründung: 1898
Präsident(in): Fernando Falco
Dir. gen: Peter Doggwiler
Mitglieder: 135 Verbände mit 100 Millionen Einzelmitgliedern
Mitarbeiter: 15

● IZ N 44

Vereinigung der Nationalen Verbände der Reisebüros und -Veranstalter (ECTAA)
Group of National Travel Agents' and Tour Operators' Association within the EU
Groupement des Unions Nationales des Agences et Organisateurs de Voyage de L'UE
Rue Dautzenberg 36 Box 6, B-1050 Brüssel
T: (00322) 6 44 34 50   Fax: 6 44 24 21
Internet: http://www.ectaa.org
E-Mail: ectaa@skynet.be
Gründung: 1961
President: Carl Axel Rheborg (Schweden)
Vice-President: Francisco Calheiros
Ralph Osken
Treasurer: Peter Hrabac
Secretary General: Michel de Blust (Contact)
Mitglieder: 15
Mitarbeiter: 3

Mitgliedsorganisationen

Belgien

iz n 45

Fédération de l'Industrie du Tourisme (FIT)
avenue de la Métrologie 8, B-1130 Brüssel
T: (00322) 2 45 35 70   Fax: 2 45 20 50
Internet: http://www.fti-fit.be
E-Mail: FTI@travelstreet.com
Chairman: Luc Glorieux
Secretary General: Piet Vintevogel

Dänemark

iz n 46

Danmarks Reisebureau Forening (DRF)
Falkoner Allé 58B, DK-2000 Frederiksberg
T: (0045) 35 35 66 11   Fax: 35 35 88 59
Internet: http://www.drf-dk.dk
E-Mail: drf@travelassoc.dk
Generalsekretaer: Karin Aagesen

Deutschland

iz n 47

Deutscher Reisebüro und Reiseveranstalter Verband e.V. (DRV)
Albrechtstr. 10c, 10117 Berlin
T: (030) 2 84 06-0   Fax: 2 84 06-30
Internet: http://www.drv.de
E-Mail: info@drv.de
Präsident(in): Klaus Laepple
Hauptgeschäftsführer(in): Dr. H. Jochen Martin

Spanien

iz n 48

Asociación Catalana de Agencias de Viages (ACAV)
Avenida Roma 13-15 Entres 2A, E-08029 Barcelona
T: (003493) 3 21 97 29   Fax: 3 22 12 04
E-Mail: acav@intelred.es
Contact: Marian Muro Olle

iz n 49

Asociación Empresarial de Agencias de Viages Españolas (AEDAVE)
Plaza de Castilla 3 pl 3-9 °A, E-28046 Madrid
T: (003491) 3 14 18 30   Fax: 314 18 77
Internet: http://www.aedave.es
E-Mail: aedave@aedave.es
President: Juan Careaga
Director General: Félix Arévalo Sancho

Frankreich

iz n 50

Syndicat National des Agents de Voyages (SNAV)
Fue Villaret de Joyeuse 6, F-75017 Paris
T: (00331) 44 09 36 99   Fax: 44 09 36 98
Internet: http://www.snav.org
Contact: Jean-François Pezaire

Griechenland

iz n 51

Hellenic Association of Travel and Tourist Agents (HATTA)
Iossif Rogon Street 1, GR-11743 Athen
T: (00301) 9 23 11 98, 9 23 41 43   Fax: 9 23 33 07
E-Mail: hatta@travelling.gr
Contact: Yiannis Evangelou

Irland

iz n 52

Irish Travel Agents Association (ITAA)
Heaton House
South William Street 32-34, IRL- Dublin 2
T: (003531) 6 79 40 89   Fax: 6 71 98 97
Internet: http://www.itaa.ie
E-Mail: itaa@iol.ie
President: Fergus Kilkelly

Italien

iz n 53

Federazione Italiana delle Associazioni imprese Viaggi e Turismo (FIAVET)
Via Ravenna 8, I-00161 Rom
T: (00396) 4 40 25 52   Fax: 4 40 22 05
Internet: http://www.fiavet.it
E-Mail: fiavetnazionale@fiavet.it
Präsident(in): Antonio Tozzi
Direktor(in): Alberto Corti

Luxemburg

iz n 54

Groupement des Agences de Voyages Luxembourgeoises (GAVL)
Rue Alcide de Gasperi 7, L-1631 Luxemburg
T: (C0352) 43 94 44   Fax: 43 94 50

Niederlande

iz n 55

Algemene Nederlandse Vereniging van Reisebureaus (ANVR)
Postfach 55, NL-3454 ZH De Meern
Rijnzathe, NL-3454 PV De Meern
T: (003130) 6 69 70 33   Fax: 6 69 70 34
Internet: http://www.anvr.nl
E-Mail: anvr@anvr.nl
Contact: P. T. Vanderkaaij

Portugal

iz n 56

Associaçao Portuguesa das Agencias de Viagens e Turismo (APAVT)
Rua Duque de Palmela 2 1_0dt_0, P-1200 Lissabon
T: (003511) 3 52 94 63   Fax: 3 14 50 80
Internet: http://www.apavtnet.pt
E-Mail: apavt@apavtnet.pt
Präsident(in): João António Pires Pombo
Generalsekretär(in): Filipe Machado Santos

Großbritannien

iz n 57

Association of British Travel Agents (ABTA)
Newman Street 68-71, GB- London W1P 4AH
T: (004420) 7637 2444   Fax: 7637 0713
Internet: http://www.abtanet.com
E-Mail: information@abta.co.uk

Österreich

iz n 58

Österreichischer Reisebüro- und Reiseveranstalterverband (ÖRV)
Kongreßzentrum Hofburg, Helden Platz Postf. 113, A-1014 Wien
T: (00431) 5 87 36 66 24   Fax: 532 26 91
Internet: http://www.oerv.at
E-Mail: office@oerv.at
Präsident(in): Günter Arlow
Generalsekretär(in): Elisabeth Rehulka

Finnland

iz n 59

Association of Finish Travel Agents (SMAL)
Vilhonkatu 4B, FIN-00100 Helsinki
T: (003589) 41 33 35 00   Fax: 41 33 35 55
E-Mail: smal@smal.fi
Contact: Hannu Hämäläinen

Schweden

iz n 60

Svenska Resebyråforening (SRF)
Postfach 13 75, S-11193 Stockholm
T: (00468) 7 62 74 60   Fax: 21 25 55
Internet: http://www.srf-travelagent.se
E-Mail: kansli@srf-travelagent.se
Contact: Christina Wennmark

● IZ N 61

Welt Tourismus Organisation (WTO)
World Tourism Organization (WTO)
Organisation mondiale du tourisme (OMT)
Calle Capitán Haya, 42, E-28020 Madrid
T: (003491) 5 67-8100   Fax: 5 71-3733
Gründung: 1975 (27. September)
Secretary-General: Francesco Frangialli
Presseabt: Deborah Luhrman
Publications: Dirk Glaesser
Verbandszeitschrift: WTO NEWS
Mitglieder: 139
Mitarbeiter: 80

● IZ N 62

Welt-Vereinigung von Reisebüros (WATA)
World Association of Travel Agencies
Association Mondiale d'Agences de Voyages
Rue Ferrier 14, CH-1202 Genève
T: (004122) 7 31 47 60   Fax: 7 32 81 61
Internet: http://www.wata.net
E-Mail: wata@wata.net
Gründung: 1949
Secretary General: Marco Aqustoni
Administrative Manager: Christine Fournier
Verbandszeitschrift: WATA GAZETTE
Mitglieder: 250
Jahresetat: DM 1 Mio

● IZ N 63

Welt-Vereinigung der Reisebüro-Verbände (UFTAA)
Universal Federation of Travel Agents' Associations
1, Avenue des Castelans, Entrée H, MC-98000 Monaco
T: (00377) 92 05 28 29   Fax: 92 05 29 87
Internet: http://www.uftaa.com
E-Mail: uftaamc@tekworld.mc
Gründung: 1966
President: Michael Hannah
Vice President: Oscar Rueda Garcia
Secretary General: Birger Bäckman
Verbandszeitschrift: Courier
Mitglieder: 1500 Individual Members, 104 Countries
Mitarbeiter: 4

IZ O Kultur und Kommunikation

Zum Auffinden einer bestimmten Dienststelle oder Organisation dient das Suchwortverzeichnis, eines Personennamens das Personenverzeichnis

Theater, Musik
Filmwirtschaft
Rundfunk, Fernsehen
Presse- und Verlagswesen
Werbewirtschaft
Ausstellungen, Messen, Kongresse
Verschiedene Gewerbe

Theater, Musik

● IZ O 1
Europa Cantat - Europäische Föderation Junger Chöre e.V. (EFJC)
European Federation of Young Choirs (EFYC)
Fédération Européenne des Jeunes Chorales (FEJC)
Postf. 26 07, 53016 Bonn
T: (0228) 9 12 56 63 **Fax:** 9 12 56 58
Internet: http://www.europacantat.org
E-Mail: info@europacantat.org
Gründung: 1963 als e.V.
Präsident(in): Christopher Simmons, England
1. Vize-Präsident: Noël Minet, Belgien
2. Vize-Präsident: Hansruedi Kämpfen, Schweiz
Schatzmeister: Tomaz Faganel
Generalsekretär(in): N.N.
Executive Manager: Sonja Greiner
Verbandszeitschrift: Europa Cantat Magazine
Redaktion: Agnes Szalai
Mitglieder: 38 Organisationen, ca. 300 Chöre, ca. 400 Einzelpersonen
Mitarbeiter: 2 Vollzeitkräfte + mehrere Werksverträge

● IZ O 2
Internationale Föderation für Chormusik
International federation for choral music
Fédération internationale pour la musique chorale
c/o Thomas Rabbow
Gerhard-Rohlfs-Str. 13, 53173 Bonn
T: (0228) 20 91-160 **Fax:** 20 91-250
Internet: http://www.choralnet.org
Gründung: 1982
Präsident(in): Eskil Hemberg, Schweden
Vizepräsident(in): Maria Guinand, Lateinamerika
Lupwishi Mbuyamba, Afrika
Thomas Rabbow, Europa
Yozo Satoh, Asien/Pazifik
Michael Anderson, Nordamerika
Generalsekretär(in): Jean-Claude Wilkens, Spanien
Verbandszeitschrift: International Choral Bulletin

● IZ O 3
Europäische Arbeitsgemeinschaft der Theaterbesucherorganisationen e.V. (EATO)
European Association of Theatreaudience Organisations
Föderativer Zusammenschluß von Kulturgemeinschaften
Geschäftsstelle:
Kufsteiner Str. 8, 10825 Berlin
T: (030) 8 54 60 85 **Fax:** 85 72 87 89
E-Mail: dkramarz@t-online.de
Gründung: 1995 (21. Oktober)
Leiter(in): Dr. Joachim Kramarz (Ltg. Presseabt.)
Mitglieder: 11
Mitarbeiter: 1
Jahresetat: DM 0,003075 Mio, € 0 Mio

EATO ist der Dachverband von Theaterbesucherorganisationen zur internationalen Förderung von Kultur und Bildung

● IZ O 4
Europäische Streichinstrumentenlehrer Gesellschaft (ESTA)
European String Teachers Association (ESTA)
c/o Musikschule Konservatorium Bern
Kramgasse 36, CH-3011 Bern
T: (004131) 3 26 53 78 **Fax:** 3 12 20 53
E-Mail: u.meyer@mskonsibe.ch
Gründung: 1972
President: Prof. Siegfried Palm (Germany)
Vice President: Elspeth Iliff (Great Britain)
Secretaire: Ursula Meyer
Verbandszeitschrift: ESTA International Newsletter
Mitglieder: 5000

● IZ O 5
Europäische Union der Musikwettbewerbe für die Jugend (EMCY)
European Union of Music Competitions for Youth
c/o Jugend musiziert
Postf. 66 22 05, 81219 München
Trimburgstr. 2, 81249 München
T: (089) 87 10 02-50 **Fax:** 87 10 02-90
Gründung: 1970
Generalsekretär(in): Dr. Eckart Rohlfs
Präsident(in): Hans-Peter Pairott
Mitglieder: 23 nationale Organisationen, 17 internationale Organisationen

● IZ O 6
Europäische Union der Musiker
Union Européenne des Musiciens
Rue Sosthene-Weis 2, L-2722 Luxemburg
T: (00352) 46 25 36 34, 46 25 36 23 **Fax:** 47 14 40
E-Mail: direction@ugda.lu
Président: Henri Schumacher
Secrétariat Européen: Martine Sales

● IZ O 7
Europäische Konferenz der Veranstalter neuer Musik
European Conference of Promoters of New Music
Union européenne des organisateurs de musique nouvelle
a.b.s. Fondation Gaudeamus
Swammerdamstraat 38, NL-1091 RV Amsterdam
Internet: http://www.ecpnm.com
E-Mail: info@ecpnm.com
Gründung: 1980
Präsident(in): H. Erdmann
Secrétaire Général: Henk Heuvelmans
Mitglieder: 80

● IZ O 8
Internationale Amateurtheater-Organisation (AITA/IATA)
International Amateur Theatre Association
Association Internationale du Théâtre Amateur
Sekretariat
Vene 6, EW-10123 Tallinn Estonia
T: (00372) 64 18-405 **Fax:** 64 18-406
Internet: http://www.aitaiata.org
E-Mail: aitaiata@online.ee
Gründung: 1952
Präsident(in): Jacques Lemaire
Geschäftsführer(in): Kaja Pöld
Verbandszeitschrift: Newsletter
Redaktion: AITA/IATA
Mitglieder: 85 Länder
Mitarbeiter: 2
Jahresetat: DM 0,2 Mio

● IZ O 9
Internationale Föderation der Chopin-Gesellschaften
International Federation of Chopin Societies
Fédération internationale des Sociétés Chopin
Präsidium:
Biberstr. 4, A-1010 Wien
T: (00431) 5 12 23 74 **Fax:** 5 12 23 74-75
E-Mail: ifes@chopin.at
Gründung: 1985
Präsident(in): Dr. Theodor Kanitzer
Leitung Presseabteilung: Tomasz Olszewski
Verbandszeitschrift: Chopin in the World
Redaktion: c/o Intern. Chopin Ges., Biberstr. 4, A-1010 Wien
Verlag: c/o Intern. Chopin Ges., Biberstr. 4, A-1010 Wien
Mitglieder: ca. 40
Mitarbeiter: 2
Chopin-Gesellschaften in: Europa, Amerika, Asien und Australien

● IZ O 10
Internationale Gesellschaft für Musikerziehung (ISME)
International Society for Music-Education
ICRME, University of Reading
Postfach 8 05, NL-3500 AV Utrecht
T: (003130) 2 36 12 58 **Fax:** 2 36 12 17
E-Mail: info@isme.org
Gründung: 1953
Honorary President: Sir Frank Callaway (Australia)
President: John Drummond (New Zealand)
Verbandszeitschrift: International Journal of Music Education
Verlag: ISME
Mitglieder: 1500
Mitarbeiter: 1

● IZ O 11
Internationale Gesellschaft für Musiktheater und Architektur e.V. (ORPLID)
International Society for Musical Theatre and Architecture
Société Internationale pour Théâtres de Musique et Architecture
Hohenheimer Str. 84, 70184 Stuttgart
T: (0711) 6 40 93 57
Vorsitzende(r): Wilhelm Keitel
Stellvertretende(r) Vorsitzende(r): Matthias Thurow
Geschäftsführer(in): Beate Neidhart-Keitel

● IZ O 12
Internationale Vereinigung von Musik-Informations-Zentren
IAMIC - International Association of Music Information Centers
Secretary: mica -music information center austria
Stiftgasse 29, A-1070 Wien
T: (00431) 5 21 04-50 **Fax:** 5 21 04-99
Internet: http://www.iamic.ie
E-Mail: office@iamic.at

● IZ O 13
Internationale Vereinigung des Theaters für Kinder und Jugendliche (ASSITEJ)
Association Internationale du Théâtre pour L'Enfance et la Jeunesse (ASSITEJ) - Sektion Bundesrepublik Deutschland e.V.
Schützenstr. 12, 60311 Frankfurt
T: (069) 29 15 38 **Fax:** 29 23 54
E-Mail: assitej@kjtz.de
Gründung: 1966
Vorsitzende(r): Prof. Dr. Wolfgang Schneider
Geschäftsführer(in): Eckhard Mittelstädt
Verbandszeitschrift: Fundevogel mit der Beilage Grimm + Grips
Redaktion: Eckhard Mittelstädt
Verlag: dipa Verlag, Nassauer Str. 1-3, 60439 Frankfurt
Mitglieder: 320 (Institutionen und Einzelpersonen)
Mitarbeiter: 1

● IZ O 14
Internationaler Musikrat (IMC)
International Music Council
Conseil International de la Musique
rue Miollis 1, F-75732 Paris Cedex 15
T: (00331) 45 68 25 50 **Fax:** 43 06 87 98
Internet: http://www.unesco.org/imc
E-Mail: imc_cim@compuserve.com
Gründung: 1949
President: Frans de Ruiter (Niederlande)
Secretary General: Guy Huot (Canada)
Mitglieder: 110

● IZ O 15

Internationaler Arbeitskreis für Musik e.V. (IAM)
International Association of Music and Education
Cercle International pour la musique
Postf. 41 02 36, 34064 Kassel
Heinrich-Schütz-Allee 33, 34131 Kassel
T: (0561) 9 35 17-0 **Fax:** 31 37 72
Internet: http://www.iam-ev.de
E-Mail: iamer@t-online.de
Gründung: 1933
Vorsitzende(r): Prof. Dr. Hans Jaskulsky (Univ. Bochum)
Stellvertretende(r) Vorsitzende(r): Manfred Harras (Basel)
Generalsekretär(in): Frank Ebel
Verbandszeitschrift: IAM-Journal
Redaktion: Frank Ebel
Mitarbeiter: 4
Jahresetat: DM 1,4 Mio, € 0,72 Mio

Musikfortbildung für Jugendliche und Erwachsene.

● IZ O 16
Internationaler Rat für Musik (CIM)
International Music Council
Conseil international de la musique
1 rue Miollis, F-75732 Paris Cedex 15
T: (00331) 45 68 25 50 **Fax:** 43 06 87 98
TGR: C.I.M. UNESCO PARIS
Internet: http://www.unesco.org/imc
E-Mail: imc_cim@compuserve.com
Gründung: 1949
Präsident(in): Frans de Ruiter (Niederlande)
Vizepräsident(in): Kifah Fakhouri (Jordanien)
Tania Siver (Uruguay)
Franz Müller-Heuser (D)
Generalsekretär(in): Guy Huot
Schatzmeister: Lars Grunth (Dänemark)
Verbandszeitschrift: RESONANCE
Mitglieder: 73 comités nationaux et 34 organisations internationales/membres associés

● IZ O 17
Europäischer Musikrat (EMC)
European Music Council
Conseil Européen de la Musique
Weberstr. 59, 53113 Bonn
T: (0228) 20 91-195 **Fax:** 20 91-200

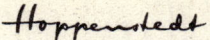

Internet: http://www.european-music-council.org
Gründung: 1972
Secretary: Dr. Marlene Wartenberg

● **IZ O 18**

European Music Office (EMO)
Rue du Trône 51, B-1050 Brüssel
T: (00322) 2 13 14 00   **Fax:** 2 13 14 01
E-Mail: emo@emo.skynet.be
Secrétaire Général: Jean-Françás Michel

● **IZ O 19**

Internationaler Verband der Rhythmiklehrer (Dalcroze)
International Federation of Rhythmics
Fédération International des Enseignants de Rythmique (F.I.E.R.)
Terrassiére 44, CH-1207 Genf
T: (004122) 36 82 50
Internet: http://www.fier.com
E-Mail: RRing@t-online.de
Gründung: 1976
Präsident(in): Prof. Reinhard Ring
Vizepräsident(in): Iramar Rodrigues
Geschäftsführer(in): Walter Iten
Verbandszeitschrift: Le Rythme
Redaktion: Prof. R. Ring
Verlag: FIER, Genf und Laatzen
Mitglieder: 17 Länder, 3500 Mitgl.

● **IZ O 20**

Internationales Musikzentrum Wien
Speisinger Str. 121-127, A-1230 Wien
T: (00431) 8 89 03 15   **Fax:** 8 89 03 15-77
Internet: http://www.imz.at
E-Mail: office@imz.at
Präsident(in): Henk van der Meulen (NPS Television, Amsterdam)
Vizepräsident(in): Reiner Moritz (RM Associates, London)
Haide Tenner (ORF, Wien)
Hazel Wright (BBC Worldwide, London)
Schatzmeister: Bernd Hellthaler (EuroArts, Stuttgart)
Generalsekretär(in): Franz Patay

● **IZ O 21**

Zentrum Bundesrepublik Deutschland des Internationalen Theaterinstituts e.V. (ITI)
Federal Republic of Germany Centre of the ITI
Centre de la Republique Federale d'Allemagne de l'IIT
Postf. 41 11 28, 12121 Berlin
Schloßstr. 48, 12165 Berlin
T: (030) 7 91 17 77   **Fax:** 7 91 18 74
Internet: http://www.iti-germany.de
E-Mail: info@iti-germany.de
Gründung: 1955 (21. Mai)
Präsident(in): Generalintendant Dr. Manfred Beilharz
Geschäftsführer(in): Dr. Martin Roeder-Zerndt
Wiss. Mitarb., Ltg. Presseabt.: Dr. Thomas Engel
Verbandszeitschrift: impuls (deutsch), impulse (englisch)
Redaktion: Dr. Thomas Engel
Verlag: ITI, Schloßstr. 48, 12165 Berlin
Mitglieder: 143 pers. Mitglieder, 25 koop. Mitglieder
Mitarbeiter: 5

Filmwirtschaft

● **IZ O 22**

Ausschuß der Europäischen Filmindustrien (CICCE)
Comité des Industrues Cinématographiques des Communautés Européennes
5, rue du Cirque, F-75008 Paris
T: (00331) 53 89 01 30   **Fax:** 42 25 94 27
Gründung: 1979
Président: Gianni Massaro
Délégué-général: Yvon Thiec
Secrétaire Général: Pascal Rogard

● **IZ O 23**

Eurocinema - Verband der Hersteller (EUROCINEMA)
Eurocinema - Association of Producers
Eurocinema - Association de Producteurs de cinéma et de télévision
212 rue Stévin, B-1000 Brüssel
T: (00322) 7 32 58 30   **Fax:** 7 33 36 57
E-Mail: eurocinema@euronet.be
Gründung: 1991
Contact: Yvon Thiec (Gen. Delegate)
Mitarbeiter: 2

● **IZ O 24**

Europäische Vereinigung des Zeichentrickfilms (CARTOON)
European Association of Animation Film
Association Européenne du Film d'Animation
Boulevard Lambermont 418, B-1030 Brüssel
T: (00322) 2 45 12 00   **Fax:** 2 45 46 89
Internet: http://www.cartoon-media.be
E-Mail: cartoon@skynet.be
Gründung: 1988
President: B. Balser
Secretary General: M. Vandeweyer
Direktor(in): C. Jenart
Mitarbeiter: 10

● **IZ O 25**

Internationale Gesellschaft für Medien in der Wissenschaft (IAMS)
International Association for Media in Science
1 place Aristide Briand, F-92195 Meudon Cedex
T: (00331) 45 07 51 98
Gründung: 1992
President: David Cleverly
Leitung Presseabteilung: Alessandro Griffini
Verbandszeitschrift: IAMS Newsletter
Mitglieder: 70
Mitarbeiter: 1

iz o 26

Permanent Office:
c/o BUFVC
77 Wells Street, GB- London W1P 3RE

● **IZ O 27**

Internationale Katholische Organisation für Film- und Audiovisuelle Medien (OCIC)
International Catholic Organization for Cinema and Audiovisual
Organisation Catholique Internationale du Cinéma et de l'Audiovisuel
Rue du Saphir 15, B-1030 Brüssel
T: (00322) 7 34 42 94   **Fax:** 7 34 32 07
Internet: http://www.ocic.org
E-Mail: sg@ocic.org
Gründung: 1928
President: Peter Malone
Secretary-General: Robert Molhant
Directeur du bureau: Daniel Van Espen
Leitung Presseabteilung: Guido Convents
Verbandszeitschrift: Cine & Media
Redaktionsleiter: Robert Molhant
Redaktionssekretär: Guido Convents
Verlag: OCIC, Rue du Saphir 15, 1030 Bruxelles
Mitglieder: 140
Jahresetat: US-Dollar 0,1 Mio.
Mitarbeiter: 10

● **IZ O 28**

Internationale Vereinigung der Filmkunst- und Experimentiertheater (C.I.C.A.E.)
International Confederation of Art Cinemas
Confédération Internationale des Cinémas d'Art et d'Essai
13, Square Gabriel Fauré, F-75017 Paris
T: (00331) 56 33 13 20   **Fax:** 43 80 41 14
E-Mail: afcae@art-et-essai.org
Gründung: 1955
Président: Pierre Todeschini
Verbandszeitschrift: Bulletin d'information de la C.I.C.A.E.
Redaktion: 13 rue Gabriel Fauré, F-75017 Paris
Mitglieder: 13

● **IZ O 29**

Internationale Vereinigung der Filmpresse und Filmnews (iNNA)
International Newsreel and News Film Association
Association Internationale de la Presse Filmée
Siège Social: Luxembourg
Secrétariat Général
Rue de Verrewinkel, 93, B-1180 Bruxelles
T: (00322) 3 75 44 89   **Fax:** 3 75 32 34
E-Mail: p.fannoy.@infoboard.b
Gründung: 1956
Secrétaire Général: Philippe Fannoy
Verbandszeitschrift: INNA Newsletter
Redaktion: C. Perez
Verlag: INNA Sarl G3, R. Verrewinkel, Bruxelles
Mitglieder: 44
Mitarbeiter: 3
Jahresetat: DM 0,06 Mio

● **IZ O 30**

Internationale Vereinigung der Filmproduzenten-Verbände (FIAPF)
International Federation of Film Producers Associations
Fédération Internationale des Associations de Producteurs de Films
9, rue de l'Echelle, F-75002 Paris
T: (00331) 1 44 77 97 50   **Fax:** 1 44 77 97 55
Internet: http://www.fiapf.org
E-Mail: infos@fiapf.org
Gründung: 1950
Président: Aurelio de Laurentiis
Directeur Général: André Chaubeau
Mitglieder: 29

● **IZ O 31**

Inforfilm International (INFORFILM INTERNATIONAL)
International Association of Informational Film & Video Distributors
Postf. 20 32 38, 20222 Hamburg
Belleallianceestr. 54, 20259 Hamburg
T: (040) 43 25 09 39   **Fax:** 43 50 09
Internet: http://www.inforfilm.com
E-Mail: inforfilm@inforfilm.com

● **IZ O 32**

Internationaler Animationsfilmverband (ASIFA)
International Animated Film Association
Association Internationale du Film d'Animation
Hrvatskog proljeća 36, HR-10040 Zagreb
T: (003851) 2 99 13 95   **Fax:** 2 99 13 95
Internet: http://www.asifa.net
E-Mail: secretary@asifa.net
Gründung: 1960
President: Abi Feijó (Portugal, E-Mail: president@asifa.net)
Vice-President: Antran Manoogian (USA, E-Mail: manoogian@asifa.net)
Sayoko Kinoshita (Japan, E-Mail: kinoshita@asifa.net)
Andy Wyatt (Vereinigtes Königreich, E-Mail: wyatt@asifa.net)
Marco Blois (Kanada, E-Mail: deblois@asifa.net)
Treasurer: Pierre Azuélos (Frankreich, E-Mail: azuelos@asifa.net)
Secretary General: Vesna Dovniković (Kroatien, E-Mail: secretary@asifa.net)
Press Department: Thomas Renoldner (ASIFA NET)
Verbandszeitschrift: ASIFA NEWS

● **IZ O 33**

Internationale Föderation der Filmklubs (IFFS)
International Federation of Film Societies (IFFS)
Fédération Internationale des Ciné-Clubs (FICC)
Werdtweg 8, CH-3007 Bern
T: (004131) 371 32 72   **Fax:** 371 32 72
E-Mail: robert.richter@datacomm.ch
Gründung: 1947
Präsident(in): Theo Angelopoulos (Griechenland)
Vizepräsident(in): Peter Cargin (82, Gladstone Road, UK-Wimbledon London SW19, Tel./Fax: (oo44) 208-543 58 16, E-mail: peter.cargin@ntlworld.com)
Vizepräsident(in): Robert Richter (Werdtweg 8, CH-3007 Bern, Tel./Fax: (0041) 31-371 32 72, E-mail: robert.richter@datacomm.ch)

Rundfunk, Fernsehen

● **IZ O 34**

Europäische Dienstleister (ETSA)
European Television Services Association
c/o Studio Hamburg Atelierbetriebs GmbH
Jenfelder Allee 80, 22039 Hamburg
T: (040) 66 88-31 00   **Fax:** 66 88-31 03
E-Mail: orben@studio-hamburg.de
Chairman: Hans Orben

● **IZ O 35**

Europäische Organisation für einen unabhängigen Markt in der Bild- und Tontechnik (EURO AIM)
European Organisation for an Audiovisual Independent Market
Organisation Européenne pour un Marché de l'Audiovisuel Indépendant
18, Val Sainte Croix, L-1371 Luxemburg
T: (00352) 25 03 93   **Fax:** 25 03 94
Gründung: 1988
President: P. Poch
Contact: Nicolas Steil
Honorary President
Dieter Geissler (Cinevox, Bavariafilmplatz 7, 82025 Grünwald, T: (089) 6 41 80 00, Telefax: (089) 6 49 32 88)
Honorary Members
René Cleitman (Hachette Premiere, 10, rue de Marignan, F-75008 Paris, T: (00331) 42 25 19 70, Telefax: (00331) 42 56 00 81)

IZ O 35

Danny Geys (Iblis Films, 3B 48, rue des Visitandines, 100 Bruxelles, T: (00322) 5 11 08 61, Telefax: (00322) 5 11 51 06)
Leo Pescarolo (Ellepi Film, Via Allessandro Poerio 114, I-00152 Rome, T: (00396) 5 87 96 364, Telefax: (00396) 5 81 24 07)
David Puttnam (Enigma Productions, GB-Iver Heath, Bucks SLO ONH, T: (0044171) 5 81 02 38, Telefax: (0044171) 5 84 17 99)
José Antonio Sainz de Vicuña (Impala, Manuel Montilla, 1, E-28016 Madrid, T: (0341) 3 45 71 15, Telefax: (0341) 3 50 30 33)
Mitglieder: 77
Mitarbeiter: 18

● IZ O 36
Verband Europäischer Rundfunkstationen (AER)
Association of Europeen Radios
Association Européene des Radios
Avenue d'Auderghem 76, B-1040 Brüssel
T: (00322) 7 36 91 31   **Fax:** 7 32 89 90
Internet: http://www.aereurope.org
E-Mail: aer@aereurope.org
President: Hans-Dieter Hillmoth (D)
Secretary General: Sergio Natucci (I)
Contact: Sergio Natucci (I)
Mitglieder: 10

Deutschland

iz o 37
Verband Privater Rundfunk und Telekommunikation e.V. (VPRT)
Burgstr. 69, 53177 Bonn
T: (0228) 9 34 50-0   **Fax:** 9 34 50-48
E-Mail: vprt@vprt.de
Contact: Hans-Dieter Hillmoth

Spanien

iz o 38
Asociación Española de Radiodifusión Privada (AERC)
Plaza de la Independeucia, 2, E-28001 Madrid
T: (003491) 4 35 70 72   **Fax:** 4 35 61 96
E-Mail: aerc@retemail.es
Contact: A. Ruiz de Assin

Frankreich

iz o 39
Syndicat des Editeurs Radiophoniques Nationaux (SRN)
Rue Boileau 22, F-75203 Paris
T: (00331) 40 71 42 11   **Fax:** 44 14 92 74

iz o 40
Syndicat des Radios Généralistes Privées SRGP-RTL-Ediradio
Rue Bayard 22, F-75008 Paris
T: (00331) 40 70 40 70   **Fax:** 40 70 42 47
Contact: Anne Kacki

Portugal

iz o 41
Asociação Portuguesa de Radiodifusão - APR
Edificio Eurovisio Apartamento 602, P-3500 Viseu
T: (0035122) 2 00 36 56   **Fax:** 2 00 36 57
Contact: Francisco Jose Oliveira

Großbritannien

iz o 42
Commercial Radio Companies Association (CRCA)
Shaftesbury Avenue 77, GB- London W1V 7AD
T: (004420) 73 06 26 03   **Fax:** 74 70 00 62
Contact: Paul Brown

Griechenland

iz o 43
Athens Independent Radio Station Association
Kifisias Ave 64, GR-15125 Athen
T: (00301) 6 89 61 11   **Fax:** 6 89 95 69
Contact: Eleni Kokalli

Italien

iz o 44
Radio Nazionali Associate (RNA)
Piazza del Gesú 47, I-00186 Rom
T: (003906) 6 79 36 45   **Fax:** 6 79 14 15
Contact: Sergio Natucci

Niederlande

iz o 45
Nederlands Vereniging voor Commerciele Radios (NVCR)
c/oSky Radio 100.7 FM
Naarderpoort 2, NL-1411 Naarden
T: (0031356) 99 10 07   **Fax:** 99 10 96
Contact: Martin Banga

Schweden

iz o 46
(RU) Radioutgivareföreningen
Postfach 1 63 80, S-10327 Stockholm
T: (00468) 7 62 68 16   **Fax:** 6 11 08 28
Contact: Christer Jungeryd

● IZ O 47
Europäische Rundfunkunion (EBU-UER (Eurovision/Euroradio))
European Broadcasting Union
Union Européenne de Radio-Télévision
Sitz und Generalsekretariat:
Ancienne Route 17A, CH-1218 Grand-Saconnex
T: (004122) 7 17 21 11   **Fax:** 7 17 24 00
Internet: http://www.ebu.ch
E-Mail: ebu@ebu.ch
Präsident(in): Arne Wessberg (YLE, Finnland)
Vizepräsident(in): Boris Bergant (RTVSLO, Slowenien)
Vizepräsident(in): Roberto Zaccaria (RAI, Italien)
Vizepräsident(in): Klaus Berg (Hessischer Rundfunk)
Vizepräsidentin: Michèle Cotta (France Télévision)
Generalsekretär(in): Dr. Jean-Bernard Münch

● IZ O 48
Internationale Christliche Rundfunkgemeinschaft e.V. (ICR)
Radio Horeb
Postf. 11 65, 87501 Immenstadt
T: (08323) 96 75 25   **Fax:** 96 75 20
Internet: http://www.horeb.org
E-Mail: info@radiohoreb.de
Gründung: 1986 (Januar)
Vorsitzende(r): Pfarrer Dr. Richard Kocher
Mitglieder: 30
Mitarbeiter: 12

iz o 49
Radio Neues Europa
Konviktstr. 1, 85049 Ingolstadt
T: (0841) 3 38 15   **Fax:** 3 38 86
E-Mail: radio.horeb@t-online.de

● IZ O 50
Media Communications Association-International (ITVA)
9202 N. Meridian Street, Ste. 200, USA- Indianapolis IN 46260-1810
T: (001317) 8 16 62 69   **Fax:** (001800) 8 01 89 26
Internet: http://www.mca-i.org
E-Mail: info@mca-i.org
Gründung: 1968
President: Todd O'Neill
Vice President: Steve Tingley
Secretary: Jamie Cromack
Treasurer: Cameron Sanders
Mitglieder: 9000
Mitarbeiter: 7
Jahresetat: DM 2,7 Mio

● IZ O 51
Europäisches Fernsehprogrammkontor (TELE-POOL)
Sonnenstr. 21, 80331 München
T: (089) 55 87 6-0   **Fax:** 5 58 76-188
E-Mail: telepool@telepool.de
Geschäftsführer(in): Weymar Thomas

● IZ O 52
Vereinigung des europäischen kommerziellen Fernsehens (ACT)
Association of Commercial Television in Europe
Association des Télévisions Commerciales Européennes
Sq. Ambiorix 7, B-1000 Brüssel
T: (00322) 7 36 00 52   **Fax:** 7 35 41 72
Internet: http://www.acte.be
E-Mail: info@acte.be
Gründung: 1989
President: Jan Mojto
Director General: Ross Biggam (Contact)
Mitglieder: 20
Mitarbeiter: 5

Presse- und Verlagswesen

● IZ O 53
Europäische Presse-Bildagentur (epa)
European Pressphoto Agency b.v.
Gutleutstr. 110, 60327 Frankfurt
T: (069) 27 16 48 00   **Fax:** 27 16 48 09
Gründung: 1985 (1. Januar)
Vorsitzende(r): Walter Grolimund (c/o Keystone Press AG, Grubenstr. 45, CH-8045 Zürich)
Hauptgeschäftsführer(in): Cengiz Seren (Gutleutstr. 110, 60327 Frankfurt)
Mitglieder: 14

● IZ O 54
Europäische Zeitungsverleger-Vereinigung (ENPA)
European Newspaper Publishers' Association
Association Européenne des Editeurs de Journaux
Steenstraat 29/8, B-1000 Brüssel
T: (00322) 5 51 01 90   **Fax:** 5 51 01 99
Gründung: 1961
Président: Dominique Alduy
Director: Dietmar Wolff (Steenstraat 29/8, B-1000 Brüssel, T: (00322) 5 51 01 90, Telefax: (00322) 5 51 01 99)
Verbandszeitschrift: Revue Mensuelle
Redaktion: ENPA, Brüssel
Verlag: ENPA, Brüssel
Mitglieder: 23 (Associations Nationales de la Presse Quotidienne)
Mitarbeiter: 4

Mitgliedsverbände

Belgien

iz o 55
Association Belge des Editeurs de Journaux
Les Journaux Francophones Belges (JFB)
Paepsem Business Park
Boulevard Paepsem 22 Bte 7, B-1070 Brüssel
T: (00322) 5 58 97 80   **Fax:** 5 58 97 89
E-Mail: margaret.boribon@jfb.be
Secrétaire Général: Margaret Boribon

iz o 56
Belgische vereniging van dagbladuitgevers
Vlaamse Dagbladpers (VDP)
Paepsem Business Park
Paepsemlaan 22 Bus 7, B-1070 Brüssel
T: (003202) 5 58 97 70   **Fax:** 5 22 60 04
E-Mail: alex.fordyn@dagbladpers.org
Generalsekretär(in): Alex Fordyn

Dänemark

iz o 57
Danske Dagblades Forening
Pressens Hus
Skindergade 7, DK-1159 Kopenhagen K
T: (0045) 33 97 40 00   **Fax:** 33 14 23 25
E-Mail: ed@danskedagblade.dk
Managing Director: Ebbe Dal

Deutschland

iz o 58
Bundesverband Deutscher Zeitungsverleger e.V. (BDZV)
Markgrafenstr. 15, 10969 Berlin
T: (030) 72 62 98-200   **Fax:** 72 62 98-204
Internet: http://www.bdzv.de
E-Mail: bdzv@bdzv.de
Hauptgeschäftsführer(in): Volker Schulze

Finnland

iz o 59
Sanomalehtien Liitto
Postfach 415, FIN-00121 Helsinki
Lönnrotinkatu 11, FIN-00121 Helsinki
T: (003589) 22 87 73 04   **Fax:** 22 87 73 35
E-Mail: hakan.gabrielsson@sanomalehdet.fi
Managing Director: Håkan Gabrielsson

Frankreich

iz o 60
Syndicat de la Presse Parisienne
Rue La Fayette 13, F-75009 Paris
T: (00331) 53 20 90 60   **Fax:** 53 20 01 89
E-Mail: dubois@pqn-spp.org
Directeur: Laurent Dubois

iz o 61
Syndicat de la Presse Quotidienne Régionale
Place des Etats Unis 17, F-75116 Paris
T: (00331) 40 73 80 23   **Fax:** 47 20 48 93
E-Mail: hocquart@spqr.fr
Directeur Général: Bruno Hocquart de Turtot

Griechenland

iz o 62
Athens Daily Newspaper Publishers Association
Mourouzi Street 14, GR-10674 Athen
T: (00301) 3 62 41 02   **Fax:** 7 24 64 56
E-Mail: adnpa@hol.gr
Director: George Aidinis

Großbritannien

iz o 63
The Newspaper Society
Bloomsbury House
Great Russell Street 74-77, GB- London WC1B 3DA
T: (004420) 76 36 70 14   **Fax:** 75 80 19 72
E-Mail: david_newell@newspapersoc.org.uk
Director: David Richard Newell

Irland

iz o 64
National Newspapers of Ireland
Clyde Lodge
Clyde Lodge Road 15, IRL- Dublin 4
T: (003531) 6 68 90 99   **Fax:** 6 68 98 72
E-Mail: fcullen@cullencommunications.ie
Director: Frank M. Cullen

Italien

iz o 65
Federazione Italiana Editori Giornali
Via Piemonte 64, I-00187 Rom
T: (00396) 4 88 16 83   **Fax:** 4 87 11 09
E-Mail: fiegroma@iol.it
Directeur Général: Sebastiano Sortino

Luxemburg

iz o 66
Association Luxembourgeoise des Editeurs de Journaux
c/o tageblatt
Rue de Canal 44, L-4050 Esch-sur-Alzette
T: (00352) 54 71 31   **Fax:** 53 05 87
E-Mail: asold@tageblatt.lu
Président: Alvin Sold

Niederlande

iz o 67
vereniging De Nederlandse Dagbladpers
Postfach 12040, NL-1100 AA Amsterdam Zuidoost
Hoogoorddreef 5, NL-1100 AA Amsterdam Zuidoost
T: (003120) 4 30 91 71   **Fax:** 4 30 91 99
E-Mail: jw.gast@nuv.nl
Secretaris Generaal: Jan Willem Gast

Norwegen

iz o 68
Norske Avisers Landsforening
Tollbugaten 27, N-0157 Oslo
T: (0047) 22 86 12 00   **Fax:** 22 42 26 11
E-Mail: kurt.borgen@nal.no
Managing Director: Kurt Borgen

Österreich

iz o 69
VÖZ Verband Österreichischer Zeitungen
Renngasse 12, A-1010 Wien
T: (00431) 5 33 79 79   **Fax:** 5 33 79 79 22
E-Mail: gs@voez.at
Generalsekretär(in): Walter Schaffelhofer

Portugal

iz o 70
Administrador Publico Lisboa
Rua Agostinho Neta n° 16C, P-1769-010 Lissabon
T: (0035121) 7 59 99 97   **Fax:** 7 58 76 38
E-Mail: jbarreiros@publico.pt
President AID: Jaime Barreiros

Schweden

iz o 71
The Swedish Newspaper Publishers' Association
Postfach 22500, S-10422 Stockholm
T: (00468) 6 92 46 80   **Fax:** 6 92 46 65
E-Mail: bf@tu.se
Managing Director: Barbro Fischerström

Schweiz

iz o 72
Schweizer Presse
Baumackerstr. 42, CH-8050 Zürich
T: (00411) 3 18 64 64   **Fax:** 3 18 64 62
E-Mail: contact@schweizerpresse.ch
Directeur: Peter Hartmeier

Spanien

iz o 73
Asociacion de Editores de Diarios Espanoles
Espronceda 32 -6 A, E-28003 Madrid
T: (003491) 4 42 19 92   **Fax:** 4 42 86 21
E-Mail: imbenito@aede.es
General Director: Ignacio M. Benito Garcia

Assoziierte Mitgliedsverbände

iz o 74
DISTRIPRESS
Beethovenstr. 20, CH-8002 Zürich
T: (00411) 2 02 41 21   **Fax:** 2 02 10 25
E-Mail: heinz.graf@distripress.ch, angela.lerber@distri-press.ch
Directeur Général: Heinz E. Graf

iz o 75
DISTRIPRESS
c/o Media Vitesse
61, rue du Landy, F-93300 Aubervilliers
T: (00331) 53 56 04 20   **Fax:** 53 56 04 29
E-Mail: alain.sautel@wanadoo.fr
Vice Président: Alain Sautel

iz o 76
Société Professionnelle des Papiers de Presse
39 rue de Courcelles, F-75008 Paris
T: (00331) 56 88 87 03   **Fax:** 42 25 91 11
E-Mail: jcbrognaux@cfpp-sppp.com
Président Directeur Général: Jean-Claude Brognaux

• IZ O 77

Europäischer Adreßbuch und Datenbankverleger-Verband
European Association of Directory and Database Publishers Brussels
Association Européenne des Editeurs d' Annuaires et de bases de données
Avenue Louise 363, B-1050 Bruxelles
T: (00322) 6 46 30 60   **Fax:** 6 46 36 37
Internet: http://www.eadp.org
E-Mail: mailbox@eadp.org
Gründung: 1966
Präsident(in): Frank-Peter Oppenborn
Beratender Präsident: Daniël Labbeke (ABC POUR LE COMMERCE ET L'INDUSTRIE SPRL, Sphere Business Park, Doornveld 11 B 28, B-1731 Asse (Zellik) Belgium)
Vizepräsident(in): Trevor Fenwick (Managing Director, EUROMONITOR PLC, 60-61 Britton Street, GB-London EC1M 5NA, United Kingdom)
Edouard Prisse (Président Directeur Général, EUREDIT SA, 47 Rue Louis Blanc, F-92984 Paris La Defense Cedex, France)
Leitung Presseabteilung: Anne Lerat
Verbandszeitschrift: Verzeichnis der Mitglieder des Verbandes mit den von ihnen verlegten Adreßbüchern
Liste des membres de l'association et des annuaires qu'ils publient Diffusion gratuite
List of members and directories they publish. Free of Charge
Mitglieder: 192
Mitarbeiter: 5
Jahresetat: DM 0,400 Mio

Untersuchung und Forschung auf dem Gebiet des Adressbuchwesens und die Verbreitung der daraus resultierenden Erkenntnisse, die berufliche Solidarität unter den Adressbuchverlegern auf allen Gebieten ihres Gewerbes zu schaffen, gemeinsame Richtlinien für einen lauteren Wettbewerb aufzustellen und auf dieser Grundlage unlauteren Geschäftsmethoden entgegenzutreten, die fachlichen Interessen der Adressbuchverleger zu vertreten, insbesondere auch gegenüber internationalen Instanzen, der Verband beschäftigt sich mit allen Fragen, welche das Adressbuchgewerbe angehen, insbesondere solchen, deren Lösung auf internationaler Ebene erstrebenswert und möglich ist.

• IZ O 78
Europäischer Verleger-Verband (F.E.E.)
Federation of European Publishers
Fédération des Editeurs Européens
Avenue de Tervuren 204, B-1150 Brüssel
T: (00322) 7 70 11 10   **Fax:** 7 71 20 71
E-Mail: fep.alemann@brutele.be
Gründung: 1967
Board of Directors
Président: Michael Gill (Ireland)
Vice-Président: Anton Hilscher (Austria)
Trésorier: Jean Vandeveld (Ed. Bruylant, 67, Rue de la Régence, B-1000 Bruxelles, T: (00322) 5 12 98 42, Telefax: (00322) 5 11 94 77, E-Mail: bruylant@pophost.eunet.be)
Directeur: Mechthild von Alemann
Mitglieder: 17
Mitarbeiter: 3

iz o 79
Association des Editeurs Belges
Boulevard Lambermont 140, B-1030 Bruxelles
T: (00322) 2 41 65 80   **Fax:** 2 16 71 31
E-Mail: adeb@adeb.be
Directeur: Bernard Gérard
Président: Jean Vandeveld
Mitglieder: 107
Mitarbeiter: 2

iz o 80
Vlaamse Uitgerers Vereniging vzw
Publishers from Flanders
Hof ter Schrieck laan 17, B-2600 Berchem
T: (00323) 2 30 89 23   **Fax:** 2 81 22 40
E-Mail: jan.vanderheyden@skynet.be
Director: Jan Vanderheyden
President: Jos Rens

iz o 81
Den Danske Forlaggerforening
Koebmagergade, 11, DK-1150 Kobenhavn K
T: (0045) 33 15 66 88   **Fax:** 33 15 65 88

iz o 81

E-Mail: publassn@webpartner.dk
Director: Ib Tub Olsson
President: Erik Lindgren

iz o 82

Irish Publishers' Association
Irish Writers Centre
Temple Bar 43 /44, IRL- Dublin 2
T: (003531) 670 73 93   Fax: 670 76 42
E-Mail: cle@iol.ie
Director: Orla Martin
President: Sarah Wilbourne

iz o 83

Fed. Luxembourgeoise des Editeurs de Livres
Rue Alcide de Gasperi 7, L-1615 Luxembourg
T: (00352) 4 99 32 75   Fax: 48 58 76
E-Mail: promoculture@lbm.net
Conseiller: Roman Jeblick
President: Albert Daming

iz o 84

Publishers Association
1 Kingsway, GB- London WC2B 6XH
T: (004420) 7565 74 74   Fax: 7836 45 43
E-Mail: ronnie.williams@publishers.org.uk
Director: Ronnie Williams
President: David

iz o 85

Hellenic Federation of Publishers and Booksellers
Themistokleous St 73, GR- Athen 10683
T: (00301) 3 30 09 24   Fax: 3 30 16 17
E-Mail: poev@otenet.gr
Adviser: Elli Filippopoulou
Director: Dimitri Panteleskos

iz o 86

Börsenverein des Deutschen Buchhandels e.V.
Postf. 10 04 42, 60004 Frankfurt
Großer Hirschgraben 17-21, 60311 Frankfurt
T: (069) 13 06-0   Fax: 13 06-2 01
Internet: http://www.boersenverein.de
E-Mail: info@boev.de
Direktor(in): Edith Kards (T: (069) 13 06-325, Fax: (069) 13 06-399, e-mail: maurer@boev.de)
Präsident(in): Roland Ulmer
Geschäftsführer(in): Dr. Harald Heker (T: (069) 13 06-313, Fax: (069) 13 06-301, e-mail: pabst@boev.de)

iz o 87

Associazione Italiana Editori
Via delle Erbe, 2, I-20121 Milano
T: (003902) 86 46 30 91/92   Fax: 89 01 08 63
E-Mail: ivan.cecchini@aie.it
Director: Ivan Cecchini
President: Federico Motta

iz o 88

Dutch Publishers Association
Postfach 12040, NL-1100 AA Amsterdam
T: (003120) 4 30 91 50   Fax: 4 30 91 79
E-Mail: r.vrij@uitgeversverbond.nl
Secretary: Robbert M. Vrij

iz o 89

Federacione de Gremios de Editores de Espana
Cea Bermudez 44 2° dcha, E-28003 Madrid
T: (003491) 534 51 95 50 91 05/03   Fax: 535 26 25
E-Mail: fgee@fge.es
President: Josep Lluis Monreal
General Secretary: Ana Molto

iz o 90

Associacao Portuguesa de Editores e Livreiros
Av. Estados Unidos da America 97-6 Esq, P-1700 Lisboa
T: (003511) 843 51 80   Fax: 848 93 77
E-Mail: everbo@mail.telepac.pt
President: Graça Didier
Ed. Verbo. Representative: Joao Miguel Guedes

iz o 91

Hauptverband des österreichischen Buchhandels
Grünangergasse 4, A-1010 Wien
T: (00431) 5 12 15 35   Fax: 5 12 84 82, 4 01 36 85
E-Mail: kralupper@hob.at
Präsident(in): Dr. Tony Hilscher
Direktor(in): Dr. Inge Kralupper

iz o 92

The Norwegian Book Publishers Association
Ovre Vollgt 15, N-0158 Oslo
T: (0047) 22 00 75 80   Fax: 22 33 38 30
E-Mail: dnf@forleggerforeningen.no
President: Smith-Simsonsen
Managing Director: Kristin C. Slørdal

iz o 93

Finnish Book Publishers Association
Postfach 1 77, FIN-00121 Helsinki
Lönnrotinkatu 11A, FIN-00120 Helsinki
T: (003589) 22 87 72 58   Fax: 6 12 12 26
E-Mail: veikko.sonninen@skyry.pp.fi
Managing Director: Veikko Sonninen

iz o 94

Syndicat National de L'Edition
Bd. Saint Germain 115, F-75006 Paris
T: (00331) 44 41 40 50   Fax: 44 41 40 60
E-Mail: jsarzana@snedition.fr
President: Serge Eyrolles
Délégué Général: Jean Sarzana

iz o 95

Svenska Förläggareföreningen
97, Drottninggat AN SW-2 th, S-11360 Stockholm
T: (00468) 7 36 19 41   Fax: 7 36 19 44
E-Mail: kristina.ahlinder@forlagskansli.se
President: Lars Grahn
Director: Kristina Ahlinder

● IZ O 96

Föderation für Wirtschaftsinformationsdienste e.V. (FEBIS)
Federation of European Business Information Services
Fédération des Services d'Information Economique
c/o Verband der Vereine Creditreform e.V.
Postf. 10 15 53, 41415 Neuss
Hellersbergstr. 12, 41460 Neuss
T: (02131) 1 09-1 32
Gründung: 1973
Präsident(in): Liam C. Reddy, Ireland

● IZ O 97

Internationale Pressevereinigung für den Rennsport (IRPA)
International Racing Press Association
Postfach 206, CH-1211 Geneve 19
T: (004122) 7 88 82 06
Fax: 7 88 82 06
Gründung: 1964
Präsident(in): Bernard Cahier (27, avenue des Grottes, F-74500 Evian-Les-Bains, T: (0033) 4 50 75 04 95, Telefax: (0033) 4 50 75 08 98 (priv. Adress))
Vizepräsident(in): Keith Botsford
Schatzmeister: Alain Walon
Leitung Presseabteilung: Bernard Cahier
Mitarbeiter: 2

● IZ O 98

Internationale Vereinigung der Zeitungsausschnittbüros (FIBEP)
International Federation of Press Cutting Agencies
Fédération Internationale des Bureaux d'Extraits de Presse
Generalsekretariat:
Streulistr. 19, CH-8030 Zürich 7
T: (00411) 3 88 82 00   Fax: 3 88 82 01
E-Mail: fibep@swissline.ch
Generalsekretär(in): Thomas Henne
Mitglieder: 71 (in 33 Ländern)

● IZ O 99

Internationale Verleger-Union (IVU)
International Publishers Association
Union Internationale des Editeurs
Avenue de Miremont 3, CH-1206 Genève
T: (004122) 3 46 30 18   Fax: 3 47 57 17
Internet: http://www.ipa-uie.org
E-Mail: secretariat@ipa-uie.org
Gründung: 1896
Präsident(in): A. Gründ
Hauptgeschäftsführer(in): Benoit Müller
Mitglieder: 74

Landesverbände: Argentina, Austria, Belgium (2 x), Bolivia, Bosnien-Herzegowina, Brazil, Bulgaria, Canada (2 x), Chile, Colombia, Czech Republic, Korea, Denmark, Ecuador, Egypt, Estonia, Finland, France, Germany, Ghana, Great Britain, Greece, Hungary, Iceland, India, Indonesia, Ireland, Israel, Italy, Japan, Kenya, Korea, Latvia, Lithuania, Luxembourg, Malaysia, Mexico, Morocco, Netherlands, New Zealand, Nigeria, Norway, Peru, Philippines, Poland, Portugal, Russia, Singapore, Slovenia, South Africa, Spain, Sri Lanka, Sudan, Sweden, Switzerland (2 x), Tanzania, Thailand, Turkey, Uganda, USA, Uruguay, Venezuela, Yugoslavia, Zimbabwe

Fachverbände: International Association of Scientific, Technical & Medical Publishers, Music Section, International Association of Scholarly Publishers

Regionale Gruppen: Fédération des éditeurs europeens (F.E.E.), Grupo Interamericano de Editores (GIE), African Publishers Network (APNET)

● IZ O 100

Internationaler Verband der Filmkritik (FIPRESCI)
International Federation of Film Critics
Fédération Internationale de la Presse Cinématographique
Schleißheimer Str. 83, 80797 München
T: (089) 18 23 03   Fax: 18 47 66
Internet: http://www.fipresci.org
E-Mail: keder@fipresci.org
Generalsekretär(in): Klaus Eder

● IZ O 101

Weltverband der Zeitungen (WAN)
World Association of Newspapers
Association Mondiale des Journaux
Rue d'Astorg 25, F-75008 Paris
T: (00331) 47 42 85 00   Fax: 47 42 49 48
Internet: http://www.wan-press.org
E-Mail: contact_s@wan.asso.fr
Gründung: 1948
Président: Roger Parkinson
Leitung Presseabteilung: Larry Kilman
Verbandszeitschrift: Quarterly Newsletter
Mitglieder: 67 nationale Mitgliedverbände, individuelle Mitglieder in 93 Ländern, 17000 Zeitungen
Mitarbeiter: 28

● IZ O 102

Internationaler Verband der Zeitschriftenpresse (FIPP)
International Federation of the Periodical Press
Fédération Internationale de la Presse Périodique
Queens House
Lincoln's Inn Fields 55-56, GB- London WC2A 3LJ
T: (004420) 74 04 41 69   Fax: 74 04 41 70
Internet: http://www.fipp.com
E-Mail: info@fipp.com
Gründung: 1925
Chairmen: Thomaz Sonto Corréa (Brazil)
Abril Gronpo (Editorial Perfil)
Deputy Chairman: Alberto Guido Fontevecchia (EMAP Argentinien)
Treasurer: Chris Llwellyn
President & CO.O: Per R. Mortensen
General Manager: Helen Bland
Marketing und Information Executive: Gregory Stevenson
Verbandszeitschrift: Magazine World (4 times a year)
Mitglieder: 125
Mitarbeiter: 37 National Associations, 100 Publishing Companies

● IZ O 103

Internationales Presse-Institut (IPI)
International Press Institute
Institut International de la Presse (IIP)
Spiegelgasse 2/29, A-1010 Wien
T: (00431) 5 12 90 11   Fax: 5 12 90 14
Internet: http://www.freemedia.at
E-Mail: ipi@freemedia.at
Gründung: 1950 (Oktober)
Direktor(in): Johann P. Fritz
Leitung Presseabteilung: Barbara Trionfi
Verbandszeitschrift: IPI Global Journalist (quarterly), IPI World Press Freedom Review (annual)
Redaktion: David Dadge
Verlag: IPI, Spiegelgasse 2, A-1010 Wien
Mitglieder: 2000
Mitarbeiter: 9

● IZ O 104

Katholische Weltunion der Presse (UCIP)
International Catholic Union of the Press
Union Catholique Internationale de la Presse
Postfach 197, CH-1211 Genf 20
Rue de Vermont 37-39, CH-1211 Genf 20
T: (004122) 7 34 00 17, 7 34 74 16   Fax: 7 34 00 53
Internet: http://www.ucip.ch
E-Mail: helo@ucip.ch
Gründung: 1927
Präsident(in): Theresa Ee-Chooi (Malaysia)
Generalsekretär(in): Joseph Chittilappilly
Verbandszeitschrift: "UCIP-Information"
Redaktion: in Genf, Adresse wie oben
Mitarbeiter: 4 im Generalsekretariat

Hoppenstedt

● **IZ O 105**

Union der Europäischen Wirtschafts- und Finanzpresse
European Business Press
Union de la Presse Financière et Économique Européenne
Brussels Representative Office
Research Park, B-1731 Zellik
T: (00322) 4 67 56 11 **Fax:** 4 67 57 57
Internet: http://www.business-press.org
Honorary President: Pierre Gerckens (Aufsichtsrat Verlagsgruppe Georg von Holtzbrinck)
President: Hans-Jacob Bonnier (Dagens Industri)
Treasurer: Ralph Büchi (HandelsZeitung)
Secretary General: Slobodan Sibinèiè (Gospodarski Vestnik)

Werbewirtschaft

● **IZ O 106**

Europäische Allianz der Werbeselbstdisziplin (EASA)
European Advertising Standards Alliance
Alliance Européenne pour l'Ethique en Publicité
Rue de la Pépinière 10A, B-1000 Brüssel
T: (00322) 5 13 78 06 **Fax:** 5 13 28 61
Internet: http://www.easa-alliance.org
E-Mail: library@easa-alliance.org
Gründung: 1992
President: José-Domingo Gomez-Castallo
General Dir.: Dr. Oliver Gray (Contact)
Mitglieder: 27
Mitarbeiter: 5
Jahresetat: 15 Mio (BEF)

Mitgliedsorganisationen

Belgien

iz o 107

Jury d'Ethique Publicitaire (JEP)
Jury voor Eerlijke Praktijken Inzake Reclame (JEP)
Postfach 5, B-1050 Brüssel
Ave Louise/Louizalaan 120, B-1050 Brüssel
T: (00322) 5 02 70 70 **Fax:** 5 02 77 33
E-Mail: jep@optinet.be
Contact: Jean-Claude Dastot

Finnland

iz o 108

Liiketapalautakunta (LTL)
Postfach 10 00, FIN-00101 Helsinki
T: (003580) 9 69 69 69 **Fax:** 9 65 03 03
Internet: http://www.keskuskauppakamari.fi
E-Mail: keskuskauppakamari@wtc.fi
Contact: Paula Paloranta

Deutschland

iz o 109

Deutscher Werberat (DW)
Postf. 20 14 14, 53144 Bonn
Villichgasse 17, 53177 Bonn
T: (0228) 82 09 20 **Fax:** 35 75 83
Internet: http://www.werberat.de
E-Mail: werberat@werberat.de
Contact: Dr. Georg Wronka

iz o 110

Zentrale zur Bekämpfung unlauteren Wettbewerbs e.V. Frankfurt am Main
Postf. 25 55, 61295 Bad Homburg
Landgrafenstr. 24B, 61348 Bad Homburg
T: (06172) 12 15 11 **Fax:** 8 44 22
Internet: http://www.wettbewerbszentrale.de
E-Mail: mail@wettbewerbszentrale.de
Contact: Dr. Reiner Münker

Frankreich

iz o 111

Bureau de Vérification de la Publicité (BVP)
11 rue Saint Florentin, F-75008 Paris
T: (00331) 40 15 15 40 **Fax:** 40 15 15 41/2
Internet: http://www.bvp.org
E-Mail: contact@bvp.org
Contact: Joseph Besnainou

Griechenland

iz o 112

Enossi Diafimistikon Etairion Ellados (EDEE)
Yperidou 7, GR-105 58 Athen
T: (00301) 3 24 62 15/6/8 **Fax:** 3 24 68 80
Internet: http://www.edee.gr
E-Mail: admin@edee.gr
Contact: Maro Cambouris
Contact: Christiana Paschaliedes

Großbritannien

iz o 113

The Advertising Standards Authority Limited (ASA)
Brook House
Torrington Place 2, GB- London WC1E 7HW
T: (004420) 75 80 55 55 **Fax:** 76 31 30 51
Internet: http://www.asa.org.uk
E-Mail: enquiries@asa.org.uk
Contact: Tony Butler

iz o 114

Broadcast Advertising Clearance Centre (BACC)
200 Gray's inn Road, GB- London WC1X 8HF
T: (004420) 78 43 82 65 **Fax:** 78 43 81 54
Internet: http://www.bacc.org.uk
E-Mail: contact@bacc.org.uk
Contact: Uisdean Maclean

Irland

iz o 115

Advertising Standards Authority for Ireland (ASAI)
IPC House
35-39 Shelbourne Road, IRL- Dublin 4
T: (003531) 6 60 87 66 **Fax:** 66 08 11 13
Internet: http://www.asai.ie
E-Mail: info@asai.ie
Contact: Edward McCumiskey

Italien

iz o 116

Istituto dell' Autodisciplina Pubblicitaria (IAP)
Via Larga 15, I-20122 Mailand
T: (003902) 58 30 39 75/ 58 30 49 41 **Fax:** 58 30 37 17
Internet: http://www.iap.it
E-Mail: iapublit@iap.it
Contact: Dr. Vincenzo Guggino

Luxemburg

iz o 117

Commission Luxembourgeoise pour l'Ethique en Publicité (CLEP)
c/o Polygraphic S.A.
23, Val Fleuri, L-1526 Luxemburg
T: (00352) 25 18 81 **Fax:** 25 18 89
E-Mail: rkayser@polygraphic.lu
Contact: Roland Kayser

Niederlande

iz o 118

Stichting Reclame Code (SRC)
Postfach 1 23 52, NL-1100 AJ Amsterdam
Paasheuvelweg 15, NL-1105 BE Amsterdam ZO
T: (003120) 6 96 00 19 **Fax:** 6 96 56 59
Internet: http://www.reclamecode.nl
E-Mail: srcode@xs4all.nl
President: Prisca Ancion-Kors

Österreich

iz o 119

Österreichischer Werberat (ÖWR)
Wiedner Hauptstrasse 63, A-1045 Wien
T: (00431) 5 01 05 37 60 **Fax:** 50 20 62 85
Internet: http://www.werberat.or.at
E-Mail: werbung@wk.or.at
Contact: Bärbel Tasch

Portugal

iz o 120

Instituto Civil da Autodisciplina da Publicidade (ICAP)
Avenida da Republica 62F-6, P-1000 Lissabon
T: (003511) 7 96 67 31/ 7 96 96 92 **Fax:** 7 93 85 76
Internet: http://www.icap.pt
E-Mail: icap@icap.pt
Contact: Miguel Morais Vaz

Rußland

iz o 121

Reklamny Sovet Rossii (RSR)
4 Zubovsky Blvd., RUS- Moskau 119021
T: (007095) 2 01 45 50 **Fax:** 2 01 24 26
Internet: http://www.advertising.ru
E-Mail: rsr@ftcenter.ru
Kontaktperson: Dr. Dmitry Badalov

Slowakische Republik

iz o 122

Rada Pre Reklamu (SRPR)
Grösslingova 45, SK-81109 Pressburg
T: (004217) 59 27 62 91 **Fax:** 59 27 63 11/62 71
Internet: http://www.rpr.sk
E-Mail: rpr@nextra.sk
Contact: Daniela Perlakiova

Slowenien

iz o 123

Slovensko Oglaševalska Zbornica (SOZ)
7 Dunajska Cesta, SLO-1000 Ljubljana
T: (0038661) 1 39 60 50/55 **Fax:** 1 33 94 70
Internet: http://www.soz.si
E-Mail: info@soz.si
Contact: Ana Predovic

Spanien

iz o 124

Asociacion de Autocontrol de la Publicidad (AAP)
P.º de Recoletos 18 - esc. izqda. 6º dcha, E-28001 Madrid
T: (003491) 5 76 66 01 **Fax:** 4 35 94 53
Internet: http://www.aap.es
E-Mail: autocontrol@aap.es
Contact: José Domingo Gomez-Castallo
Carmen Fernandez-Neira

Schweden

iz o 125

MarknadsEtiska Rådet (MER)
Postfach B ox 55 01, S-114 85 Stockholm
Størgatan 19, S-114 85 Stockholm
T: (00468) 7 83 80 20 **Fax:** 6 60 52 04
E-Mail: industriforbundet.se
Contact: Anders Stenlund

Tschechische Republik

iz o 126

Rada Pro Reklamu (CRPR)
Skretova 6 /44, CZ-12059 Praha 2
T: (004202) 24 22 56 92 **Fax:** 24 23 05 90
Internet: http://www.rpr.cz
E-Mail: rpr@rpr.cz
Contact: Juraj Podkonicky

Mittelständische Unternehmen im Detail?
06151 - 380428
Alles, was Sie wissen wollen

Türkei

iz o 127

Reklam Özdenetim Kurulu (RÖK)
Yildiz Çiçeği Sok. No. 19, TR-80630 Etiler Istanbul
T: (0090212) 2 57 88 73 **Fax:** 2 57 88 70
Internet: http://www.rok.org.tr
E-Mail: rok@rok.org.tr
Kontaktperson: Dr. Erdal Karamercan

Ungarn

iz o 128

Önszabályozó Reklám Testület (ÖRT)
Borbély u 5-7, H-1132 Budapest
T: (00361) 3 49 27 17 **Fax:** 2 39 98 66, 3 49 32 23
E-Mail: ort@matarnet.hu
Contact: Ildikó Fazekas

Assoziierte Mitglieder

Canada

iz o 129

Advertising Standards Canada
350 Bloor Street, Suite 402, CDN- Toronto ON M4W 1HS
T: (001416) 961 6311 **Fax:** 961 7904
Internet: http://www.canad.com
E-Mail: info@adstandards.com
Contact: Linda Nagel

Dänemark

iz o 130

ReklameForum (RF)
c/o Dansk Annoncørforening
Kalkbraenderiloebskaj 4a, DK-2100 Copenhagen
T: (004533) 14 43 46 **Fax:** 14 05 03
Internet: http://www.annoncoer.dk
E-Mail: daf@annoncoer.dk
Contact: Eva Tufte

Schweiz

iz o 131

Commission Suisse pour la Loyauté (CSL)
Kappelergasse 14 Postf. 46 75, CH-8022 Zürich
T: (00411) 2 11 79 22 **Fax:** 2 11 80 18
Internet: http://www.lauterkeit.ch
E-Mail: info@lauterkeit.ch
Contact: Dr. Hanspeter Marti
Bernadette Viviani

Korrespondierende Mitglieder

Südafrika

iz o 132

Advertising Standards Authority of South Africa (ASASA)
Burnside Island
Willowview
410 Jan Smuts Avenue, ZA- Craighall Park
T: (002711) 7 81 20 06 **Fax:** 7 81 16 16
E-Mail: asasa01@iafrica.com
Contact: Deline Beukes

Neuseeland

iz o 133

Advertising Standards Authority Inc.
Postf. 10-675, Ground Floor, 79 Boulcott Street, NZ- Wellington
T: (00644) 4 72 78 52 **Fax:** 4 71 17 85
Internet: http://www.asa.co.nz
E-Mail: asa@asa.co.nz
Kontaktperson: Glen Wiggs

Vereinigte Staaten von Amerika

iz o 134

Advertising Review Council (ARC)
c/o Entertainment Software Rating Board (ESRB)
845 Third Ave., 14th Floor, USA- New York NY 10022
T: (001212) 7 59 07 00 **Fax:** 7 59 22 23
Internet: http://www.esrb.org
E-Mail: info@esrb.org
Contact: Arthur Pober

● IZ O 135

Europäischer Direktmarketing Verband (FEDMA)
Federation of European Direct Marketing (FEDMA)
Fédération Européenne du Marketing Direct
Avenue de Tervuren 439, B-1150 Brüssel
T: (00322) 778 99 20 **Fax:** 778 99 24
E-Mail: info@fedma.org
President: Ivan Hodac
Director General Public: Alastair Tempest

Mitgliedsorganisationen

Belgien

iz o 136

Belgian Direct Marketing Association (BDMA)
Heizel Esplanade Heysel B 46, B-1020 Brüssel
T: (00322) 4 77 17 97 **Fax:** 4 79 06 79
Internet: http://www.bdma.be
E-Mail: info@bdma.be
Director: Paul Van Lil

Deutschland

iz o 137

Deutscher Direktmarketing Verband e.V. (DDV)
Hasengartenstr. 14, 65189 Wiesbaden
T: (0611) 9 77 93-0 **Fax:** 9 77 93-99
Internet: http://www.ddv.de
E-Mail: info@ddv.de
Kontaktperson: Holger Albers

Finnland

iz o 138

Suomen Suoramarkkinointiliitto RY. (SSML)
Finnish Direct Marketing Association
Lönnrotinkatu 11a III krs, FIN-00120 Helsinki
T: (003589) 22 87 74 01 **Fax:** 6 12 10 39
E-Mail: sakke@ssml-fdma.fi
Kontaktperson: Sakari Virtanen

Frankreich

iz o 139

Union Française du Marketing Direct (UFMD)
Rue de la Boetie 60, F-75008 Paris
T: (00331) 42 56 38 86 **Fax:** 45 63 91 95
Kontaktperson: Bernard Siouffi

Griechenland

iz o 140

Pan Mail
Posidonos Avenue 1-2, GR-17561 Athen
T: (00301) 9 85 01 03 **Fax:** 9 88 30 45
Kontaktperson: Panos Vatsis

Großbritannien

iz o 141

Direct Marketing Association (DMA-UK)
Haymarket House
Oxenden Street 1, GB- London SW1Y 4EE
T: (004420) 73 21 25 25 **Fax:** 78 39 54 60
Kontaktperson: Colin Fricker

Irland

iz o 142

Irish Direct Marketing Association (IDMA)
Response House
Aungier Street Whitefriars, IRL- Dublin 2
T: (0035314) 78 45 09 **Fax:** 78 45 31
Kontaktperson: Alex Pigot

Niederlande

iz o 143

Nederlandse Associatie voor Direct Marketing, Distance Selling en Sales Promotion (DMSA)
Weerdestein 96, NL-1083 GG Amsterdam
T: (003120) 6 42 95 95 **Fax:** 6 44 01 99
Kontaktperson: Dr. Frits van Dorst

Österreich

iz o 144

Wirtschaftskammer Österreich
Fachverband Werbung
Postfach 3 50, A-1045 Wien
Wiedner Hauptstrasse 63, A-1045 Wien
T: (00431) 50 10 50 **Fax:** 50 20 62 75
Kontaktperson: Herbert Bachmaier

Portugal

iz o 145

Associação Portuguesa de Marketing Directo (AMD)
E.N.117-1. No.91-Valejas, P-2795 Linda-a-Velha
T: (003511) 4 36 67 27 **Fax:** 4 36 78 45
E-Mail: directimedia@mail.telepac.pt
Kontaktperson: Joao Novais de Paula

Schweden

iz o 146

Swedish Direct Marketing Association (SWEDMA)
Postfach 1 40 38, S-10440 Stockholm
T: (00468) 6 61 39 10 **Fax:** 6 60 07 13
Kontaktperson: Tom Ekelund

Schweiz

iz o 147

Schweizerischer Verband für Direktmarketing (SVD)
Postfach !, CH-8708 Männedorf
T: (00411923) 75 60 **Fax:** 67 80
Kontaktperson: Rudolf Waldburger

Spanien

iz o 148

Asociacion Española de Venta a Distancia
Avda Diagonal 437 5_U 1a, E-08036 Barcelona
T: (00343) 2 40 40 70 **Fax:** 2 01 29 88
E-Mail: fecemd@fecemd.org
Kontaktperson: Elena Gomez

● IZ O 149

Europäischer Dreierverband für Werbung (EAT)
European Advertising Tripartite
Tripartite Européenne de Publicité
Avenue de Tervuren 267, B-1150 Brüssel
T: (00322) 7 79 21 30 **Fax:** 7 72 89 80
Gründung: 1989
Chairman: John Hooper
Secretary General: Florence Ranson
Mitarbeiter: 3

● IZ O 150

Europäischer Vereinigung für Fernsehwerbung (EGTA)
European Group of Television Advertising
International Association
Rue Wiertz 50, B-1050 Brüssel
T: (00322) 2 90 31 31 **Fax:** 2 90 31 39
Internet: http://www.egta.com
E-Mail: info@egta.com
Gründung: 1978
Chairman: Colm Molloy (RTE)
Vice-Chairman: Pierre-Paul Vander Sande (RMB)
Franz Prenner (ORF)
Treasurer: Bernd Gilgen (ARD)
Secretary General: Michel Grégoire
Mitglieder: 34 (Vertriebsgesellschaften oder Handelsabteilungen der Fernsehsender) aus 24 europ. Ländern

● IZ O 151

Europäischer Vereinigung der Werbeagenturen (EAAA)
European Association of Advertising Agencies
Association Européenne des Agence de Publicité
Blvd. Brand Whitlock 152, B-1200 Brüssel
T: (00322) 7 40 07 10 **Fax:** 7 40 07 17
Internet: http://www.eaaa.be
E-Mail: info@eaaa.be
Gründung: 1969
President: Xavier Oliver
Dir. General: Stig Carlson
Contact: Shirley May

Annick Walgraef
Mitglieder: 25 National States, 19 Multinational
Mitarbeiter: 3

● **IZ O 152**

Filmreklame-Weltverband (SAWA)
Screen Advertising World Association
Association Mondiale de la Publicité Cinématographique
Rob Cooksey c/o Pearl and Dean
3 Waterhouse Square 138-142 Holborn, GB- London EC1N 2NY
T: (004420) 78 82 11 00 **Fax:** 78 82 11 11
Internet: http://www.sawa.com
Gründung: 1963
President: Terry Savage
Secretary General: Rob Cooksey
Mitglieder: 45

● **IZ O 153**

Internationales Netz selbständiger Direct-Marketing-Agenturen (INTERDIRECT NETWORK)
International Network of Independent Direct Marketing Agencies
Réseau International des Agences Autonomes de Publicité Directe
Inter Direct Central
Amstelstein House
Postfach 55, NL-1190 AB Ouderkerk aan de Amstel
Burg. Stramanweg 63, NL-1191 CX Ouderkerk aan de Amstel
T: (003120) 4 96 54 65 **Fax:** 4 96 52 31
Internet: http://www.interdirectnetwork.com
E-Mail: interdir@euronet.nl
Gründung: 1988
Contact: Clive R. Payne
Mitglieder: 15
Mitarbeiter: 1

● **IZ O 154**

Internationales Werbe-Festival (IAF)
International Advertising Festival
27 Mortimer Street, GB- London WIN 7RJ
T: (004420) 72 91 84 44 **Fax:** 72 91 84 00
Internet: http://www.canneslions.com
C.E.O. Romain Hatchuel
Mitarbeiter: 15

● **IZ O 155**

Weltverband der Werbungtreibenden (WFA)
World Federation of Advertisers
Avenue Louise 120, B-1050 Brüssel
T: (00322) 5 02 57 40 **Fax:** 5 02 56 66
Internet: http://www.wfanet.org
E-Mail: info@wfanet.org
President: Anthony Gortzig
Vizepräsident(in): Hans Merkle
Director General: Bernhard Adriaensens
EU Affairs: Stephan Loerke

Mitglieds-Vereinigungen

Argentinien

iz o 156

Camara Argentina de Anunciantes
624, Belgrano -3° Piso, RA- Buenos Aires
T: (00541) 3 31 88 52 **Fax:** 3 31 88 52
E-Mail: geia-cam-anun@passnet.com.ar
Kontaktperson: Cristian Fernandez

Australien

iz o 157

Australian Association of National Advertisers
99 Elizabeth Street, Level 5, AUS-NSW 2000 Sydney
T: (00612) 92 21 80 88 **Fax:** 92 21 80 77
E-Mail: sara.mortonstone@aana.com.au, leanne.miller@aana.com.au
General Manager: Sara Morton-Stone

Belgien

iz o 158

Union Belge des Annonceurs
120 Avenue Louise - Boite 2, B-1000 Brüssel
T: (00322) 5 02 42 20 **Fax:** 5 02 42 69
Internet: http://www.ubadv.be
E-Mail: bob.dpaepe@ubadv.be
Administrateur Directeur Général: Bob De Paepe

Brasilien

iz o 159

Asociacao Brasileira de Anunciantes
352 Avenida Paulista - 6° Andar - conj. 61-64, BR--CEP 01310 Sao Paulo
T: (005511) 2 83 45 88 **Fax:** 2 83 14 57
E-Mail: rafael@abs.com.br
Vice-Presidente Executivo: Rafael Sampaio

Chile

iz o 160

Asociacion Nacional de Avisadores
255 Guardia Vieja, office 1004 Providencia, RCH- Santiago
T: (00562) 3 31 09 19 **Fax:** 3 31 09 31
E-Mail: anda@entelchile.net
Kontaktperson: Maria Teresa Wormald

China

iz o 161

China Enterprise Confederation
17 Zizhuyuan Nalu, Haidian District, CN-1000 44 Beijing
T: (008610) 687 25 437 **Fax:** 684 14 280
E-Mail: ceaac@sina.com
Kontaktperson: Yanning Zhang

Dänemark

iz o 162

Dansk Annoncorforening
4A Kalkbroenderilobskaj, DK-2100 Kopenhagen O
T: (0045392) 7 43 46 **Fax:** 7 49 46
Internet: http://www.annoncoer.dk
E-Mail: daf@annoncoer.dk
Kontaktperson: Eva Tufte

Deutschland

iz o 163

MARKENVERBAND e.V.
Schöne Aussicht 59, 65193 Wiesbaden
T: (0611) 58 67 21, 58 67 24 **Fax:** 58 67 27
Internet: http://www.markenverband.de
E-Mail: info@markenverband.de
Deputy General Manager: Dipl.-Volksw. Wolfgang Hainer

Finnland

iz o 164

Mainostajien Liitto
3 D Meritullinkatu, FIN-00170 Helsinki
T: (003589) 6860 8417 **Fax:** 6225411
Internet: http://www.mainostajat.fi
E-Mail: kristiina.suhonen@mainostajat.fi
Director: Kristiina Suhonen

Frankreich

iz o 165

Union des Annonceurs
53 Avenue Victor Hugo, F-75116 Paris
T: (00331) 45 00 79 10 **Fax:** 45 00 55 79
Internet: http://www.uda.fr
E-Mail: direction-generale@uda.fr
Vice President: Gérard Noël

Griechenland

iz o 166

Greek Advertisers Association
17 Mousson Street, GR-115 24 Athen
T: (00301) 698 39 17 **Fax:** 698 41 29
Internet: http://www.sde.gr
E-Mail: sde@otenet.gr
Director: Katy Petropoulou

Großbritannien

iz o 167

Incorporated Society of British Advertisers
44 Hertford Street, GB-W1J 7AE London
T: (004420) 7499 75 02 **Fax:** 7493 0824

E-Mail: malcolme@isba.org.uk
Kontaktperson: Malcolm Earnshaw

Indien

iz o 168

The Indian Society of Advertisers
148 Mahatma Gandhi Road, Army & Navy Bldg. 3rd Floor, IND-400 001 Mumbai
T: (009122) 284 35 83 **Fax:** 204 21 16
E-Mail: isa@bom4.vsnl.net.in
Kontaktperson: Dinkar Sharma

Indonesien

iz o 169

The Advertisers Association of Indonesia
16 Jl. Pulo Lentut, Kawasan Industri, Pulogadung, RI-13920 Jakarta Timur
T: (006221) 460 02 45 **Fax:** 460 02 44
Chairman: Anak Agung Gde Agung

Irland

iz o 170

Association of Advertisers in Ireland
Rock House 2, Main Street, IRL- Blackrock Co. Dublin
T: (003531) 2 78 04 99 **Fax:** 2 78 04 88
Internet: http://www.aai.ie
E-Mail: aai@aai.ie
Chief Executive: Aidan Burns

Island

iz o 171

Association of Icelandic Advertisers
Verslunarrad Islands
c/o Samtok Auglysenda
1 Studlahals, IS-110 Reykjavik
T: (0035452) 5 25 00 **Fax:** 5 26 00
E-Mail: fridrik@vifilfell.is
Kontaktperson: Fridrik Eysteinsson

Israel

iz o 172

Advertisers Association of Israel
Postfach 20 440, IL-61207 Tel Aviv
T: (009723) 561 53 10 **Fax:** 561 52 81
E-Mail: igud@inter.net.il
Generalbevollmächtigter: Yair Feldmann

Italien

iz o 173

Utenti Pubblicita Associati
13 Via Larga, I-20122 Mailand
T: (003902) 58 30 37 41 **Fax:** 58 30 44 43
E-Mail: upaformazione@tin.it
Director General: Felice Lioy

Japan

iz o 174

Japan Advertisers Association Inc
4-8-12 4 Ginza, Chuo-ku, J-104 0061 Tokio
T: (00813) 35 62 58 26 **Fax:** 35 62 58 28
Internet: http://www.jaa.or.jp
E-Mail: jaa-info@jaa.or.jp
Kontaktperson: Naotake Kire

Kanada

iz o 175

Association of Canadian Advertisers
175 Bloor Street East- Suite 307, South Tower, CDN-M4W 3R8 Toronto - Ontario
T: (001416) 964 38 05 **Fax:** 964 07 71
Internet: http://www.aca-online.com
E-Mail: rlund@aca-online.com
Kontaktperson: Ronald S. Lund

Kolumbien

iz o 176

Asociacion Nacional de Anunciantes Colombia
Calle 98 N° 9-03 Off. 606, Apartado Aéro 90565, CO-8060 Santafe de Bogota, DC
T: (00571) 218 29 31 **Fax:** 218 22 94
Kontaktperson: Carlos Delgado-Pereira

Korea

iz o 177

Korean Advertisers Association
28-1 Yoido-Dong, Yeongdeungpo - gu, FKI Building 17th Fl, KP-150 756 Seoul
T: (00822) 782 83 90 **Fax:** 780 23 91
Internet: http://www.kaa.or.kr
E-Mail: kaa@unitel.co.kr
Kontaktperson: Hyo-Shin Park

Libanon

iz o 178

Lebanese Association for Marketing & Advertising
Sourati St, Lions Building, Apt 301, LIB- Hamra/Beirut
T: (009611) 35 03 78 **Fax:** 34 85 42
E-Mail: cmc@dm.net.lb
Director: Atef Iddriss

Marokko

iz o 179

Groupement des Annonceurs du Maroc
23 Rue Jean Jaures-Q. Gauthier, MA-20000 Casablanca
T: (0021202) 2 26 98 39 **Fax:** 2 20 34 41
Internet: http://www.gam.co.ma
E-Mail: gam@casanet.net.ma
Kontaktperson: Abdelhamid Mimouni

Neuseeland

iz o 180

Association of New Zealand Advertisers
Postfach 9348, NZ- Auckland Newmarket
T: (00649) 300 59 32 **Fax:** 300 59 31
E-Mail: anza@anza.co.nz
Executive Director: Jeremy Irwin

Niederlande

iz o 181

BVA/Associatie Nederlandse Adverteerders
Postfach 75257, NL-1070 AG Amsterdam
T: (003120) 661 40 66 **Fax:** 661 40 56
Internet: http://www.bva.nl
E-Mail: bert.versteege@bva.nl
Director: Adelbert Versteege

Norwegen

iz o 182

Norske Annonsörers Forbund
7 övre Slottsgt., N-0157 Oslo
T: (004722) 35 87 21 **Fax:** 33 69 07
E-Mail: bjorn.hauge@anfo.no
Director: Bjorn Hauge

Österreich

iz o 183

Österreichischer Verband der Markenartikelindustrie
Am Heumarkt 12, A-1030 Wien
T: (00431) 7 13 32 88 **Fax:** 7 13 83 28
E-Mail: office@mav.at
Kontaktperson: Dr. Thomas Oliva

Pakistan

iz o 184

The Pakistan Advertisers Society
Plot N°. 6-C, 2nd Floor, Office N°.3, 7th Commercial Zamzama Lane, PH-5, PAK-DHA Karachi
T: (009221) 5 83 60 72, 5 83 60 73 **Fax:** 5 83 60 73

E-Mail: adsociety@hotmail.com
Kontaktperson: Anwar M. Chaudbery

Paraguay

iz o 185

Camara de Anunciantes del Paraguay
380 Tte. Alfredo Nunez esq. El Dorado, PY-1164 Asuncion
T: (0059521) 23 00 68 **Fax:** 23 00 68
E-Mail: cap1@conexion.com.py
Kontaktperson: Maura Mercedes Ramos

Peru

iz o 186

Asociación Nacional de Anunciantes del Perú
126 Elias Aguirre, Of. 502, Miraflores, PE-18 Lima
T: (00511) 241 12 10 **Fax:** 444 00 91
E-Mail: anda@terra.com.pe
Kontaktperson: Jorge Merino

Polen

iz o 187

Forum of Adverttisers - Pro Marka
4 ul. Trebacka pok. 453, PL-00-074 Warschau
T: (004822) 630 96 21 **Fax:** 826 13 99
Internet: http://www.marka.pl
E-Mail: tomek@marka.pl
Kontaktperson: Tomasz Gryzewski

Portugal

iz o 188

Associaçao Portuguesa de Anunciantes
62 F 6° Ave. da Republica, P-1050 Lissabon -197
T: (0035121) 7 96 96 92 **Fax:** 7 93 85 76
Internet: http://www.apan.pt
E-Mail: apan@apan.pt, barata.simoes@apan.pt
Secretary General: Manuel Barata Simões

Rußland

iz o 189

Association of Advertisers (Russia)
405 Maly Kislovsky Per Building 3 office 405, RUS-103 009 Moskau
T: (007095) 202 77 68 **Fax:** 203 82 95
E-Mail: assadv@plugcom.ru
Kontaktperson: Vadim Zhelnin

Schweden

iz o 190

Annonsörföreningen
Postfach 1327, S-111 83 Stockholm
71C Drottninggatan, S-111 83 Stockholm
T: (00468) 54 52 52 30 **Fax:** 23 55 10
Internet: http://www.annons.se
E-Mail: info@annons.se, anders.ericson@annons.se
Kontaktperson: Anders Ericson

Schweiz

iz o 191

Schweizer Werbe-Auftraggeberverband
Postfach 61 26, CH-8023 Zürich
T: (00411) 363 18 38 **Fax:** 363 18 31
E-Mail: f.schwab@datacomm.ch
Managing Director: Fredi Schwab

Simbabwe

iz o 192

Association of Zimbabwe Advertisers
Postfach 1181, Causeway, RSR- Harare
T: (002634) 86 13 26 **Fax:** 70 21 85
E-Mail: joann@icon.co.zw
Kontaktperson: Jo Ann Ross

Slowakische Republik

iz o 193

Slovak Association for Branded Products/Unilever
7 Cintorinska, SLO-810 00 Bratislava
T: (004217) 59 32 62 80 **Fax:** 59 32 64 00
Internet: http://www.szzv.sk
E-Mail: peter.kamenicky@unilever.com
Kontaktperson: Peter Kamenicky

Slowenien

iz o 194

Slovenian Advertising Chamber
7 Dunajska Cesta, SLO-1000 Ljubljana
T: (003861) 4 39 60 50 **Fax:** 4 33 94 70
Internet: http://www.soz.si
E-Mail: ana.pedrovic@soz.si
Kontaktperson: Ana Predovic

Spanien

iz o 195

Asociacion Espanola de Anunciantes
121 Paseo de la Castellana, 8° C Esc. Izda, E-28 046 Madrid
T: (003491) 5 56 03 51 **Fax:** 5 97 04 83
E-Mail: aea@anunciantes.com
Director General: Juan Plana

Südafrika

iz o 196

Association of Marketers
Postfach 9 88 59, ZA-2152 Bryanston
Sloane Park, ZA-2152 Bryanston
T: (002711) 706 16 33, 706 16 38 **Fax:** 706 41 51
Internet: http://www.asom.co.za
E-Mail: fiona@asom.co.za
Kontaktperson: Howard Gabriels

Tschechische Republik

iz o 197

Czech Association for Branded Products (CSZV)-Section of Advertisers
9 Snemovni, CZ-118 00 Prag
T: (004202) 5732 13 63 **Fax:** 5732 14 13
E-Mail: cszv@telecom.cz
Executive Director: Jan Levora

Türkei

iz o 198

Turkish Advertisers' Association
193 Büyükdere Cad., TR-80 640 Levent/Istanbul
T: (0090216) 3 61 44 63
E-Mail: erdalk@eczacibasi.com.tr
Vice President: Dr. Erdal Karamercan

Uruguay

iz o 199

Camara de Anunciantes del Uruguay
2541 Pte Gral. oscar D. Gestido, U-11 300 Montevideo
T: (005982) 707 91 16 **Fax:** 707 72 75
E-Mail: anuncinates@gamanet.com.uy
Kontaktperson: José Luis Simone

USA

iz o 200

Association of National Advertisers Inc
708 Third Avenue, USA-NY 10017 New York
T: (001212) 697 59 50 **Fax:** 867 66 89 dir
Internet: http://www.ana.net
E-Mail: jsarsen@ana.net
President: John Sarsen jr.

Venezuela

IZ O 201

Asociacion Nacional de Anunciantes Venezuela
Postfach Oficina B. Apartado 61762, YV- Avenida Santa Eduvigis - Caracas
Urbanizacion Santa Eduvigis 1ra., YV- Avenida Santa Eduvigis - Caracas
T: (00582) 286 17 32   **Fax:** 283 65 53
E-Mail: anda@tclcel.net.ve
Directora Ejecutiva: Thais Hernandez

Ausstellungen, Messen, Kongresse

● IZ O 202

Europäische Vereinigung der Kongress-Städte (EFCT)
European Federation of Conference Towns
Fédération Européenne des Villes de Congres
Postfach 182, B-1040 Brüssel
T: (00322) 7 32 69 54   **Fax:** 7 35 48 40
Gründung: 1964
President: Christian Mutschlechner
Secrétaire Général: Aline Legrand
Leitung Presseabteilung: Robin Anderson
Verbandszeitschrift: Inter-Europe, EFCT Newsletter - Directory, Destination Europe
Redaktion: Robin Anderson
Verlag: BP 1 82, B-1040 Brüssel
Mitglieder: 100
Mitarbeiter: 3

● IZ O 203

Europäischer Verband der Veranstaltungs-Centren (EVVC)
European Association of Event Centers
Association Européenne des Centres de Manifestations
Messedamm 22, 14055 Berlin
T: (030) 30 38 58 00   **Fax:** 30 38 58 02
Internet: http://www.evvc.de
E-Mail: info@evvc.org
Gründung: 1955
Leiterin der Geschäftsstelle: Elisabeth Pietrek (Messedamm 22, 14055 Berlin, T: (030) 30 38 58 00, Telefax: (030) 30 38 58 02)
Vorstand:
Präsident(in): Klaus Krumrey (Karlsruher Kongreß- und Ausstellungs-GmbH, Postf. 12 08, 76002 Karlsruhe, T.: (0721) 37 20-2103, Fax: (0721) 37 20-2109)
Vizepräsident(in): Joachim König (Congress Union Celle, Thaerplatz 1, 29221 Celle, T.: (05141) 91 93, Fax: (05141) 91 94 44)
Finanzen: Simone Dietz (Leipziger Messe Liegenschaftsgesellschaft mbH, Messe-Allee 1, 04356 Leipzig, T.: (0341) 6 78-7651, Fax: (0341) 6 78-7652)
Öffentlichkeitsarbeit: Dietmar Philipp (Graf-Zeppelin-Haus, Postf. 15 25, 88005 Friedrichshafen, T.: (07541) 28 81 10, Fax: (07541) 28 81 50)
Internationales: Hans P. Mixner (Design-Center Linz, Europaplatz 1, 4020 Linz, Österreich, T.: (0043(0)732) 69 66-0, Fax: (0043(0)732) 69 66-666)

Dem Vorstand gehören ferner die Vorsitzenden der Arbeitsgruppen an:
Arbeitsgruppe I: Karl-Heinz Kindervater (Kaisersaal Erfurt GmbH, Futterstr. 15/16, 99084 Erfurt, T.: (0361) 56 88-111, Fax: (0361) 56 88-112)
Arbeitsgruppe II: Günter Ihlenfeld (Pforzheim Kongress- und Marketing GmbH, Am Waisenhausplatz 1-3, 75172 Pforzheim, T: (07231) 1 45 45-0, Telefax: (07231) 1 45 45 45)
Arbeitsgruppe III: Claus Kleyboldt (Stadthalle Bremen Veranstaltungs mbH, Postf. 10 13 49, 28013 Bremen, T: (0421) 35 05-330, Fax: (0421) 35 05-332)
Arbeitsgruppe IV Technik: Thomas Voigt (Stadthalle Chemnitz Kultur- und Kongreßzentrum GmbH, Rathausstr. 1, 09009 Chemnitz, T.: (0371) 45 08-600, Fax: (0371) 45 08-602)
Leitung Presseabteilung: Lothar Meyer-Mertel (congress centrum neue weimarhalle, UNESCO-Platz 1, 99423 Weimar, T: (03643) 81 02 02, Telefax: (03643) 81 02 22)
Mitglieder: 279 (31.12.2000)
Mitarbeiter: 2

Internationale Organisation der bedeutendsten Veranstaltungsstätten aus 9 europäischen Ländern. Durch jahrzehntelange Erfahrung der Mitglieder im Veranstaltungsgeschäft bündeln sich im EVVC technisches Fachwissen, betriebswirtschaftliche Erkenntnisse und funktionales Know-how.

● IZ O 204

Europäischer Verband der großen Ausstellungszentren (EMECA)
European Major Exhibition Centres Association
Association des Grands Parcs d'Expositions Européens
c/o Parc d'Expositions de Paris-Nord Villepinte
Postfach 6 00 04, F-95970 Roissy Charles de Gaulle Cedex
T: (00331) 48 63 30 94   **Fax:** 48 63 31 28
Internet: http://www.emeca.com
E-Mail: emeca@expoparisnord.com
Gründung: 1992 (30. Januar)
Präsident(in): Adolf Cabruja (General Manager, Fira de Barcelona)
Vizepräsident(in): Ruud Van Ingen (Managing Director, Royal Dutch Jaarbeurs Utrecht)
Vizepräsident(in): Michel F. Berroeta (General Manager, Paris expo)
Vizepräsident(in): John Cole (Corporate Development Director, Birmingham)
Mitglieder: 19
Mitarbeiter: 3

● IZ O 205

Internationale Vereinigung der Ausstellungsunternehmen (IFES)
International Federation of Exhibition Services
Beaulieulaan 6/1, B-1160 Brüssel
T: (00322) 6 75 45 11   **Fax:** 6 75 23 19
Internet: http://www.ifesnet.org
E-Mail: deceuster@ifesnet.org
Gründung: 1985
President: Leslie P.C. Zech
Vice-President: Holger Nicolaysen
Past President: Paolo Plotini
Geschäftsführer(in): Jan De Ceuster
Verbandszeitschrift: www.ifesnet.org
Mitglieder: 13 Länder: Frankreich, Bundesrepublik Deutschland, Niederlande, Belgien, Italien, Dänemark, USA, Spanien, Österreich, Tschech. Republik, Slovak Republik, Schweiz, Portugal
Mitarbeiter: 1

● IZ O 206

Internationaler Verband für Kongresse und Tagungen, Sektion Mitteleuropa (ICCA)
International Meetings Association
Association Internationale pour Congrès et Réunions, Section Europe Centrale
c/o Düsseldorf Congress Veranstaltungsgesellschaft mbH
Stockumer Kirchstr. 61, 40474 Düsseldorf
T: (0211) 45 60 84 01   **Fax:** 45 60 85 36
Internet: http://www.icca.nl
E-Mail: icca@ccd.de
Vorsitzende(r): Hilmar Guckert

● IZ O 207

Der Verband der Internationalen Treffen (ICCA)
The International Meetings Association
L'Association de Réunions Internationales
Entrada 121, NL-1096 EB Amsterdam
T: (003120) 3981919   **Fax:** 6 99 07 81
Internet: http://www.icca.nl
E-Mail: icca@icca.nl
Gründung: 1963
Präsident(in): Tuula Lindberg (Managing Director Helsinki-Finland congress Bureau, Finland)
Chief Executive Officer: Tom Hulton, Amsterdam, The Netherlands
Verbandszeitschrift: International Meetings News
Redaktion: ICCA Head Office
Mitglieder: 620 in 80 Ländern
Mitarbeiter: 17

● IZ O 208

Internationales Ausstellungs-Büro (BIE)
International Exhibitions Bureau
Bureau International des Expositions
56, avenue Victor Hugo, F-75783 Paris Cedex 16
T: (00331) 45 00 38 63   **Fax:** 45 00 96 15
E-Mail: bie@bie-paris.org
Gründung: 1928 (22. November)
Präsident(in): Gilles Noghes
Generalsekretär(in): Vicente Gonzalez Loscertales
Mitglieder: 88

● IZ O 209

Komitee der Organisatoren nationaler Beteiligungen an internationalen Wirtschaftsveranstaltungen (INTEREXPO)
Committee of Organizers of National Participations in International Economic Displays
Comité des Organisateurs de Participations Nationales aux Manifestations économiques Internationales
c/o N.C.H.-Netherlands Council for Trade Promotion
Postfach 10, NL-2501 CA Den Haag
Bezuidenhoutseweg 181, NL-2501 CA Den Haag
T: (003170) 344 15 21   **Fax:** 347 50 71
Jährlich wechselnder Vorsitz je nach Tagungsort.
Generalsekretär(in): P.R.M. Smulders
Mitglieder: 24 Messedurchführungsgesellschaft aus 17 Ländern

● IZ O 210

Organisationskomitee für Internationale Automobil-, Fahrrad-, Motorrad- und Sportmessen (COSI-ACMS)
Comité d'Organisation des Salons Internationaux de l'Automobile, du Cycle, du Motocycle et des Sports
23-25, avenue Franklin Roosevelt, F-75008 Paris
T: (00331) 56 88 22 40   **Fax:** 42 56 50 80
Internet: http://www.moto-cycle.com
E-Mail: info@amcpromotion.com
Präsident(in): Pierre Peugeot
Commissaire Général: Thierry Hesse
Presse: Jean-Pierre Mercier

● IZ O 211

Union Internationaler Messen (UFI)
Union of International Fairs
Union des Foires Internationales
35 bis rue Jouffroy d'Abbans, F-75017 Paris
T: (00331) 42 67 99 12   **Fax:** 42 27 19 29
TGR: UNIFOIRES
Internet: http://www.ufinet.org
E-Mail: info@ufinet.org
Gründung: 1925
Präsident(in): Prof. Dr. Manfred Busche
Generalsekretär(in): Gerda Marquardt
Mitglieder: 179 Mitgliedsveranstalter, 34 assoziierte Mitglieder
Mitarbeiter: 8
601 anerkannte Veranstaltungen, 70 Mehrbranchenmessen, 531 Fachmessen in 71 Ländern, 143 Städten, 5 Kontinenten

Verschiedene Gewerbe

● IZ O 212

Europäischen Vereinigung der Fachverbände der Floristen (F.E.U.P.F.)
European Federation of Florists Associations
Fédération Européenne des Unions Professionelles de Fleuristes
Zandlaan 18, NL-6717 LP Ede
T: (0031318) 52 75 68   **Fax:** 54 22 66
Gründung: 1958
Präsident(in): Theo Duchatean
Vizepräsident(in): Friedeman Haug
Carlo Sprocatti
Generalsekretär(in): Toine Zwitserlood
Vorst.-Mitgl: Rolf Thorhang
Mitglieder: 20
Mitarbeiter: 4
Jahresetat: SFR 0,08 Mio

● IZ O 213

Europäische Vereinigung der Verbände von Leasing-Gesellschaften (LEASEUROPE)
European Federation of Equipment Leasing Company Associations
Fédération Européenne des Associations des Etablissements de Crédit-bail
Avenue de Tervuren 267, bte. 9 b, B-1150 Brüssel
T: (00322) 7 78 05 60   **Fax:** 7 78 05 79
Internet: http://www.leaseurope.org
E-Mail: leaseurope@leaseurope.org
Gründung: 1972
Präsident(in): Tony Mallin
Generalsekretär(in): Marc Baert
Mitglieder: 26
Mitarbeiter: 8

● IZ O 214

European Parking Association (EPA)
Richartzstr. 10, 50667 Köln
T: (0221) 2 57 10 18   **Fax:** 2 57 10 19
E-Mail: gth@epa.k.uunet.de
Gründung: 1983
Präsident(in): Gilles d'Ambrières, Paris
Vizepräsident(in): Peter Rienäcker, Bremen
Geschäftsführer(in): Gerhard Trost-Heutmekers
Beisitzer: Günther Janezic, Wien

Alfredo Morales, Barcelona
Nick Lester, London
Verbandszeitschrift: Parking Trend International
Verlag: Richartzstr. 10, 50667 Köln
Mitglieder: 39

● **IZ O 215**
Föderation europäischer Inkasso-Verbände (FENCA)
Federation of European National Collection Associations
Fédération des Associations Européennes de Collection Nationale
Sekretariat:
Dendermondsesteenweg 636, B-9070 Destelbergen
T: (00329) 2 18 90 42   **Fax:** 2 18 90 97
Internet: http://www.fenca.com
Gründung: 1993 (15. Januar)
President: Thor A. Andersen (P.O. Box 311, 3201 Sandefjord, Norwegen)
Vice-President: Dr. Carsten D. Ohle (Brennerstr. 76, 20099 Hamburg)
Secretary: R. Jan Kossem (Avenue de Brocqueville 297/5, 1200 Brüssel, Belgien)

Mitgliedsorganisationen

iz o 216
Svenska Inkassoföreningen
The Swedish Debt Collectors Association
Postfach 14038, S-10440 Stockholm
T: (00468) 6 61 12 32   **Fax:** 6 62 76 12
Chairman: Tom Ekelund (Managing Director)

iz o 217
Inkassoverband Österreich
Pulvermühlstr. 19, A-4040 Linz
T: (0043732) 25 32 32   **Fax:** 25 32 32
Manfred Ratz

iz o 218
Verband Schweizerischer Inkassotreuhandinstitute
Zum Türmli (Watt/Zürich), CH-8105 Regensdorf
T: (00411) 8 40 45 42   **Fax:** 8 40 45 84
Hans Thoma

iz o 219
Bundesverband Deutscher Inkasso-Unternehmen e.V. (BDIU)
Geschäftsstelle:
Brennerstr. 76, 20099 Hamburg
T: (040) 28 08 26-0   **Fax:** 28 08 26-99
Internet: http://www.inkasso.de
E-Mail: bdiu@inkasso.de
Dr. Carsten D. Ohle

iz o 220
Nederlandse Vereniging van Incasso-Ondernemingen
Postfach 4255, NL-5004 JG Tilburg
T: (003113) 5 44 33 33   **Fax:** 5 44 43 73
Peter Schnellen

iz o 221
Norske Inkassobyråers Forening
Postfach 311, N-3201 Sandefjord
T: (0047) 33 46 95 60   **Fax:** 33 46 93 13
Thor A. Andersen

iz o 222
The Credit Services Association
56 Thorpe Road, GB- Norwich NR1 1RY
T: (00441603) 62 91 05   **Fax:** 62 91 05
Goldsmith

iz o 223
ANCR
c/o CGD Groupe
1 bis rue des Potiers, F-31068 Toulouse Cèdex
T: (0033561) 10 36 00   **Fax:** 10 36 36
Madeleine Gorrias

iz o 224
ASSIAREC
Via E.Q. Visconti 8, I-00193 Rom
T: (00396) 36 00 12 00   **Fax:** 36 00 12 13
Clemente Reale

iz o 225
The Hungarian Association of Debt Collecting and Credit Reporting Agencies
c/o Hotel Korona, World Trade Center Club
Kecskeméti u. 14, H-1053 Budapest
T: (00361) 1 38 24 16   **Fax:** 1 18 37 31
Ákos Radó

iz o 226
Belgische Vereniging van Inkasso-Ondernemingen vzw (BVI)
Association belge des sociétés de secawrement de uéances a3bl
Winninglaan 3, B-9140 Temse
T: (003203) 7 10 82 42   **Fax:** 7 10 82 57
President: C. Louis

iz o 227
The Spanish Association of Collection Entities
c/o Mr. Luis Bedon Terradez
Treym Consulting y Servicios a Empresas, S.L.
C/. Almirante 1-4, E-28004 Madrid
T: (00341) 5 22 19 38   **Fax:** 5 21 10 20

Potencial members:

iz o 228
Suomen Perimistoimistojen Liitto
c/o Contant OY
Postfach 20, FIN-20101 Turku
T: (0035821) 27 00 00   **Fax:** 2 70 02 00
Timo Mäki

iz o 229
Dansk Inkassobrancheforening
c/o Nordan AS (APS)
DK-2620 Brønby
T: (0045) 43 43 18 28   **Fax:** 43 43 29 27
Winnie Carrasco

● **IZ O 230**
Internationale Kommission der Detektivverbände (I.K.D.)
Ottakringerstr. 128 /20, A-1160 Wien
T: (00431) 4 85 45 71   **Fax:** 4 85 45 71 71
Internet: http://www.i-k-d.com
Gründung: 1964
Generalsekretär: Richard D. Jaques-Zurner, Hull/ England
stellv. Generalsekretär: Komm.-Rat Heinz Rambousek, Wien/Österreich
Schatzmeister: Markus Wegst, Zürich/Schweiz

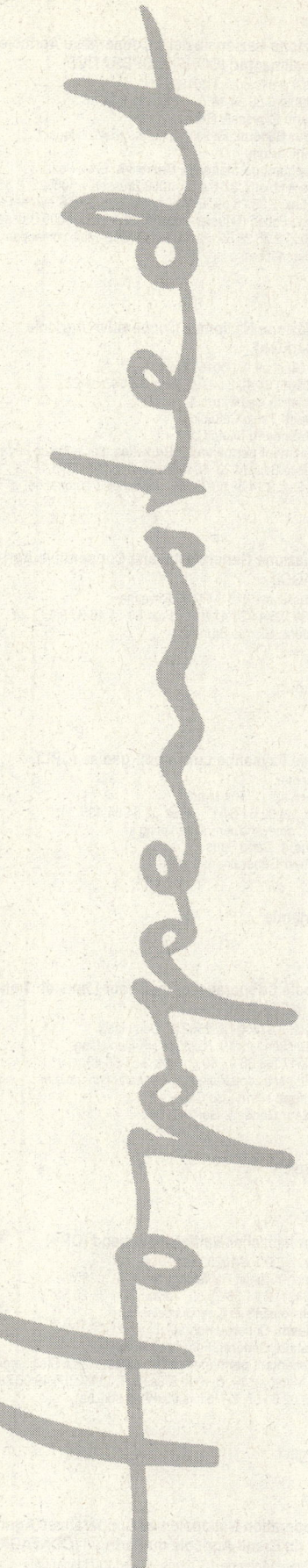

IZ P Genossenschaften

Zum Auffinden einer bestimmten Dienststelle oder Organisation dient das Suchwortverzeichnis, eines Personennamens das Personenverzeichnis

Genossenschaftliche Spitzenverbände
Weitere genossenschaftliche Fachverbände

IZ P 1

Genossenschaftliche Spitzenverbände

● IZ P 1
Internationaler Genossenschaftsbund (IGB)
International Co-operative Alliance
Alliance coopérative internationale (ACI)
15 Route des Morillons, CH-1218 Grand-Saconnex, Geneva
T: (004122) 9 29 88 88   Fax: 7 98 41 22
TGR: Interallia Geneva
E-Mail: ica@coop.org
Gründung: 1895 (19. August)
Direktor(in): Karl-Johann Fogelstrom
Verbandszeitschrift: ICA Magazine "Alliance", Review of International Co-Operation
Mitglieder: 724904821
242 Organisationen in 93 Staaten

Regionalvertretungen:
- New Delhi (Indien)
- Nairobi (Kenya)
- Ougadougou, Burkina Faso
- San José (Costa Rica)
Project Office:
- Buenos Aires (Argentinien)
- Singapore
- Egypt

Weitere genossenschaftliche Fachverbände

● IZ P 2
Allgemeiner Ausschuß des Ländlichen Genossenschaftswesens der E.U. (COGECA)
General Committee of Agricultural Cooperation in the U.E.
Comité Général de la Coopération Agricole de l'Union Européenne
Rue de la Science 23-25, Bte 3, B-1040 Brüssel
T: (00322) 2 87 27 11   Fax: 2 87 27 00
E-Mail: mail@copa-cogeca.be
Gründung: 1959 (24. September)
Président: Mario Campli (I)
1. Vice Président: Marcus H. Borgström (FIN)
2. Vice Président: David Evans (UK)
3. Vice Président: Knud J. Vest (DK)
Secrétaire général: Für das gemeinsame COPA/COGECA-Sekretariat: Risto Volanen (FIN)
Secrétaires généraux adjoints: Fernando Castillo (E)
Herbert Kellner (D)
Stef Swinnen (B)
Directeur de la Coordination et des Stratégies: Dominique Souchon (F)
Mitarbeiter: 50

Mitgliedsorganisationen

Belgien

iz p 3

AVEVE/BOERENBOND (BB)
Minderbroedersstraat 8, B-3000 Leuven
T: (0032) 16 24 20 02   Fax: 16 24 26 09
E-Mail: urbain_avermaete@boerenbond.be
Président: Walter Vandepitte
Directeur Général: Alex Geets
Secrétaire Général: adj. (BB): Urbain Avermaete

Dänemark

iz p 4

Danske Andelsselskaber
Axelborg, Vesterbrogade 4a.2.sal, DK-1620 Kopenhagen V
T: (0045) 33 12 14 19   Fax: 33 12 61 48
E-Mail: andel@fedecoop.dk
Président: Bent Juul Sørensen
1. Vice Président: Knud Vest
2. Vice Président: Niels Skadhauge
Secrétaire Général: Leif Erland Nielsen
Représentant permanent à Bruxelles: Torben Kudsk (Rue de la Science 23-25, bte 12, B-1040 Brüssel, T: (00322) 2 30 27 05, Fax: 2 30 01 43, E-Mail: tk@agridan.be)

Deutschland

iz p 5

Deutscher Raiffeisenverband e.V. (DRV)
Postf. 12 02 20, 53106 Bonn
Adenauerallee 127, 53113 Bonn
T: (0228) 1 06-0   Fax: 1 06-266
Internet: http://www.raiffeisen.de
E-Mail: info@drv.raiffeisen.de
Gründung: 1948
Président: Manfred Nüssel
Secrétaire Général: Dr. Rolf Meyer
Représentant permanent à Bruxelles: Thomas Memmert (47-51, rue de Luxembourg, B-1050 Brüssel, T: (00322) 2 85 40 50, Fax: 2 85 40 59, E-Mail: dbv-drv.bxl@pophost.eunet.be)

Finnland

iz p 6

Finn Coop Pellervo
Postfach 77, FIN-00101 Helsinki
T: (003589) 4 76 75 01   Fax: 6 94 88 45
E-Mail: finncoop@pellervo.fi
Président: Matti Kavetvuo
Vice Président: Marcus H. Borgström
Directeur Général: Samuli Skurnik
Représentant permanent à Bruxelles: Pekka Pesonen (Rue de la Science 23-25, bte 19, B-1040 Brüssel, T: (00322) 2 85 48 10, Fax: 2 85 48 19, E-Mail: pekka.pesonen@mtk.be)

Frankreich

iz p 7

Confédération Française de la Coopération Agricole (CFCA)
49, avenue de la Grande Armée, F-75116 Paris
T: (00331) 44 17 57 00   Fax: 44 17 57 01
Président: Philippe Mangin
Directrice Générale: Catherine Lion
Représentant permanent à Bruxelles: Véronique Guerin (Rue de la Science 23-25, bte 17, B-1040 Brüssel, T: (00322) 2 31 19 52, Fax: 2 30 65 98, E-Mail: cfca.bxl@pophost.eunet.be)

Griechenland

iz p 8

Confederation Panhellenique des Unions des Cooperatives Agricoles (PASEGES)
16, Kifissias Avenue, GR-11526 Athen
T: (00301) 7 77 57 89   Fax: 7 77 93 13
Président: Nikos Liolios
Secrétaire Général: Fotios Litsos
Directeur Général: Anastasia Alexandropoulou
Représentant permanent à Bruxelles: Ioannis Kolyvas (Rue de la Science 23-25, bte 14, B-1040 Brüssel, T: (00322) 2 30 66 85, Fax: 2 30 59 15, E-Mail: paseges@swing.be)

Großbritannien

iz p 9

Federation of Agricultural Cooperatives Ltd. (FAC)
164 Shaftesbury Avenue, GB- London WC2H 8HL
T: (0044207) 3 31 73 39   Fax: 3 31 73 72
Président: Poul Christensen
Directeur Général: David Evans
Représentant permanent à Bruxelles: Julie Smith (Rue de la Science 23-25, bte 5, B-1040 Brüssel, T: (00322) 2 85 05 80, Fax: 2 30 39 28, E-Mail: julie.smith@nfu.org.uk)

Irland

iz p 10

Irish Cooperative Organisation Society Ltd. (ICOS)
The Plunkett House, 84, Merrion Square, IRL- Dublin 2
T: (003531) 6 76 47 83   Fax: 6 62 45 02
Président: Dessie Boylan
Directeur Général: John Tyrrell (E-Mail: john.tyrell@icos.ie)
Représentant permanent à Bruxelles: Michael Quigley (Rue de la Science 23-25, bte 2, B-1040 Brüssel, T: (00322) 2 31 06 85, Fax: 2 31 06 98, E-Mail: icosbxl@pophost.eunet.be)

Italien

iz p 11

Federazione Nazionale delle Cooperative Agricole ed Agroalimentari (CONFCOOPERATIVE)
Via de Gigli d'Oro 21, I-00186 Rom
T: (003906) 6 89 34 14-5   Fax: 6 89 34 86
Président: Giovenale Gerbaudo
Directeur Général: Fabiola Di Loreto (E-Mail: fedagro@farm-it.com)
Représentant permanent à Bruxelles: Enzo Pezzini (Square Ambiorix, 32-bte 35, 1000 Brüssel, T: (00322) 2 35 28 60, Fax: 2 35 28 69, E-Mail: confcooperative@euronet.be)
Leonardo Pofferi (Square Ambiorix, 32-bte 35, 1000 Brüssel, T: (00322) 2 35 28 60, Fax: 2 35 28 69, E-Mail: confcooperative@euronet.be)

iz p 12

Associazione Nazionale Cooperative Agricole (ANCA-LEGA)
Via A. Guattani 9, I-00161 Rom
T: (003906) 64 40 31 47   Fax: 6 84 43 94 22
E-Mail: anca.lega@farm.it
Président: Paolo Cattabiani
Vice Président: Mario Campli
Représentant permanent à Bruxelles: Lucia Fusco Legacoop (Rue Belliard 20, 1040 Brüssel, T: (00322) 5 14 38 49/50, Fax: 5 14 38 43, E-Mail: legacoop@euronet.be)

iz p 13

Associazione Generale Italiana Cooperative Agricole (AGCI)
Via Classicana 313, I-48100 Ravenna
T: (00390) 5 44 24 41 91   Fax: 60 54 46 30 99
Président: Giorgio Brunelli

Luxemburg

iz p 14

Centrale Paysanne Luxembourgeoise (CPL)
Agrocenter
Postfach 48, L-7501 Mersch
T: (00352) 32 64 64 1   Fax: 32 64 64 405
E-Mail: gmeyer@centralmarketing.lu
Président: Carlo Raus
Directeur Général: Jos Ewert

Niederlande

iz p 15

Nationale Coöperatieve Raad voor Land- en Tuinbouw (NCR)
Postfach 2 97 74, NL-2502 LT Den Haag
Prinsevinkenpark 19, NL-2585 HK Den Haag
T: (003170) 3 38 27 80   Fax: 3 54 66 43
E-Mail: ncr@cooperatie.nl, jj.helder@cooperatie.nl
Président: Harm Eiso Clevering
Directeur Général: Gert van Dijk

Österreich

iz p 16

Österreichischer Raiffeisenverband (ÖRV)
Postfach 3 00, A-1025 Wien
Friedrich-Wilhelm-Raiffeisenplatz 1, A-1025 Wien
T: (00431) 2 11 36 25 50   Fax: 2 11 36 25 59
E-Mail: koeltringer@oerv.raiffeisen.at
Président: Christian Konrad
Secrétaire Général: Ferdinand Maier
Représentant permanent à Bruxelles: Helga Steinberger (Rue Montoyer 14, B-1040 Brüssel, T: (00322) 5 49 06 78, Fax: 5 02 64 07, E-Mail: raiffbxl@arcadis.be)

Portugal

iz p 17

Confederation Nationale des Cooperatives Agricoles et du Credit Agricole du Portugal (CONFAGRI)
Rua Maria Andrade 13, 4ème ét., P-1100 Lissabon
T: (003512) 18 11 80 00   Fax: 18 11 80 08
E-Mail: confagri.lisboa@mail.telpac.pt
Président: Fernando da Silva Mendonca
Vice-Président: Diamantino da Silva Diogo
Secrétaire Général: F. Bernardino da Silva

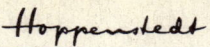

Représentant permanent à Bruxelles: José Miranda Relvas (Rue du Bémel 105, B-1040 Brüssel, T: (00322) 7 62 64 56, Fax: 7 63 11 98, E-Mail: confagri@skynet.be)

Schweden

iz p 18

Federation of Swedish Farmers (LRF)
Klara Östra Kyrkogatan 12, S-10533 Stockholm
T: (00468) 7 87 50 00   **Fax:** 7 87 54 37
E-Mail: info@lrf.se
Président: Hans Jonsson
Vice-Président: Olle Hakelius
Directeur Général: Leif Zetterberg
Représentant permanent à Bruxelles: Carl Utterström (Rue d'Arlon, 82, B-1040 Brüssel, T: (00322) 2 80 06 64, Fax: 2 80 06 08, E-Mail: ragnhild.broms@lrf.be)

Spanien

iz p 19

Confederacion de Cooperativas Agrarias de España (CCAE)
c/Agustin de Bethencourt, 17 - 4ª planta, E-28003 Madrid
T: (003491) 5 35 10 35   **Fax:** 5 54 00 47
E-Mail: ccaemad@redestb.es
Président: José M. Luqui
Directeur Général: Eduardo Baamonde
Représentant permanent à Bruxelles: Javier Rodriguez (Rue de la Loi 83, bte 4, 5è ét, B-1040 Brüssel, T: (00322) 2 80 05 54, 2 31 19 54, Fax: 2 30 94 97, E-Mail: campos@ccae.es)

Assoziierte Mitglieder

Frankreich

iz p 20

Confédération Nationale de la Mutualité, de la Coopération et du Crédit Agricoles (CNMCCA)
129, Boulevard Saint-Germain, F-75279 Paris Cedex 06
T: (00331) 43 29 93 31   **Fax:** 43 25 15 16
Président: Joseph Balle
Directeur Général: Roland Combier
Directeur général Adjoint: Marc Bentolila

iz p 21

Confédération de la Coopération, de la Mutualité et du Crédit Maritimes (CCMCM)
Rue du Rocher 24, F-75008 Paris
T: (00331) 53 42 47 90   **Fax:** 42 93 86 19
Président: Maurice Benoish
Secrétaire Général: Jean-Luc de Feuardent

Niederlande

iz p 22

Stichting van de Nederlandse Visserij
Postfach 72, NL-2280 AB Rijswijk
T: (003170) 3 36 96 00   **Fax:** 3 99 94 26
Président: Johann K. Nooitgedagt
Secrétaire Général: Anton Leerling
Délégué Général: Dick J. Langstraat

Spanien

iz p 23

Union Nacional de Cooperativas del Mar
c/o S. Cooperativa de Armadore de Pesca del Puerto de Vigo (A.R.V.I.)
Puerto Pesquero-Edif. de Vendadores, Of. 1 al 6, E-36202 Vigo
T: (003486) 43 38 44   **Fax:** 43 92 18
Président: Antonio Marzoa Dopico
Directeur: José Ramón Fuertes Gamundi

● IZ P 24

Europäisches Komitee der Arbeits- und Produktionsgenossenschaften (CECOP)
European Confederation of Workers' Co-operatives, Social Co-operatives and Participe Enterprises
Confédération Européenne des Coopératives de Production et de Travail Associé, des Coopératives Sociales et des Entreprises Participatives
Rue Guillaume Tell 59, B-1060 Brussels
T: (00322) 5 43 10 33   **Fax:** 5 43 10 37
E-Mail: cecop@cecop.org
Gründung: 1979 (September)
Vorsitzende(r): Felice Scalvini
Generalsekretär(in): Rainer Schlüter
Mitglieder: 35
Mitarbeiter: 3
Jahresetat: DM 0,6 Mio

Mitgliedsgesellschaften

Allemagne

iz p 25

vdp MitUnternehmerverband e.V.
Landesgeschäftsstelle Sachsen/Anhalt
Wasserstadt 16-18, 06844 Dessau
T: (0340) 2 20 24 24   **Fax:** 2 20 23 62
Internet: http://www.mitunternehmer.de
E-Mail: vdp@mitunternehmer.de

iz p 26

Berliner Verband der Arbeitsförderungs- und Beschäftigungsgesellschaften e.V. (BVAB)
Liebermannstr. 75, 13088 Berlin
T: (030) 4 61 24 24   **Fax:** 4 61 24 31

Danemark

iz p 27

DKF
Det Kooperative Faellesforbund
Reventlowsgade 14², DK-1651 Kopenhagen V
T: (004531) 31 22 62   **Fax:** 31 30 41
E-Mail: dkf@net.dialog.dk

Espagne

iz p 28

COCETA
Confederación Española de Cooperativas de Trabajo Asociado
Calle Vallehermoso 15-1º, E-28015 Madrid
T: (003491) 4 46 97 50   **Fax:** 5 93 87 60
E-Mail: coceta@ribernet.es

iz p 29

CONFESAL
Confederación Empresarial de Sociedades Anónimas Laborales
Calle Valleermoso 15-1°, E-28015 Madrid
T: (003491) 4 44 09 70   **Fax:** 4 44 09 74

France

iz p 30

CGSCOP
Confédération Générale des Sociétés Coopératives Ouvrières de Production
Rue Jean Leclaire 37, F-75017 Paris
T: (00331) 44 85 47 00   **Fax:** 44 85 47 10
E-Mail: cgcom@scop.entreprise.tm.fr

Italie

iz p 31

AGCI
Associazione Generale Cooperative Italiane
Via Tirso 26, I-00198 Rom
T: (00396) 8 54 24 42   **Fax:** 8 84 82 58

iz p 32

CONFCOOPERATIVE
Confederazione Cooperative Italiane
Borgo Santo Spirito 78, I-00193 Rom
T: (00396) 680 003 69   **Fax:** 680 003 78
E-Mail: confcooperative@agora.stm.it

iz p 33

LEGA ANCPL
ASSOCIAZIONE DELLE COOPERATIVE DI PRODUZIONE E LAVORO
Piazzale di Porta Pia 121, I-00198 Rom
T: (00396) 44 29 17 17   **Fax:** 44 29 02 53

Pologne

iz p 34

National Auditing Union of Workers' Co-operatives
Route Zurawia 47, PL-00680 Warschau
T: (004822) 6 28 27 63   **Fax:** 6 30 06 27

Portugal

iz p 35

FENACERCI
Impasse E n° 2A, Quinta dos Inglesinhos, P-1600 Lissabon
T: (003511) 7 11 25 80   **Fax:** 7 11 25 81
E-Mail: fenacerci@mail.telepac.pt

Royaume-Uni

iz p 36

ICOM Ltd
Industrial Commo Ownership Movement
Vassalli House
20 Central Road, GB- Leeds LS1 6DE
T: (0044113) 246 17 37   **Fax:** 244 00 02
E-Mail: icom@icom.org.uk

Romãna

iz p 37

UCECOM
The Central Union of Handicraft Co-operatives from Romania
Calea Plevnei 46, R- Bucarest
T: (00401) 6 15 11 68   **Fax:** 3 12 07 74

Tchéquie

iz p 38

Union Tchèque des Coopératives de Production
Place St. Venceslas 21, CZ-11360 Praha 1
T: (004202) 26 35 19   **Fax:** 26 03 01
E-Mail: wiesner@scmvd.cz

Slovaquie

iz p 39

Union Slovaque des Coopératives de Production
Mliekárenská 10, SK-82492 Pressburg
T: (004217) 534 123 36   **Fax:** 534 124 12

Suede

iz p 40

Swedcoop
c/o Föreningen Kooperativ Utveckling
Andra Långgatan 29, S-41327 Göteborg
T: (004631) 85 94 84   **Fax:** 85 94 29
E-Mail: mattsson@kooperativkonsult.se

● IZ P 41
Internationale Vereinigung von Einkaufs- und Marketingverbänden (IVE)
International Association of Buying and Marketing-Groups
Association Internationale des Groupements d'Achat et de Marketing
Vorgebirgsstr. 43, 53119 Bonn
T: (0228) 9 85 84-0   **Fax:** 9 85 84-10
E-Mail: info@ive-online.de
Gründung: 1951 in Amsterdam
Präsident(in): Drs. Jan Peter Karelse

Generalsekretär(in): Prof.Dr. Günter Olesch
Präsidialmitglieder: Dr. Ernstgünter Kiock (Musterring International, Postbus 84200, NL-2508 AE Den Haag)
M.P.J.A. Muijser (VIV, Postbus 54 51, NL-1007 AL Amsterdam)
Dr. R. Vandenabeele (HOBO/FAAM, Stationsstraat 34, B-1072 Groot-Bijgaarden)
Mitglieder: ca. 500

● IZ P 42
Union der Verbundgruppen von selbständigen Einzelhändlern Europas (UGAL)
Union des Groupements de Commerçants Détaillants Indépendants de l'Europe
3, Avenue des Gaulois, Bte 3, B-1040 Bruxelles
T: (00322) 7 32 46 60   **Fax:** 7 35 86 23
E-Mail: ugal@optinet.be
Gründung: 1963 (November)
Vorsitzende(r): P. Dettmann
Generalsekretär: Denis Labatut
Mitarbeiter: 2

IZ Q Landwirtschaft und Umweltschutz

Zum Auffinden einer bestimmten Dienststelle oder Organisation dient das Suchwortverzeichnis, eines Personennamens das Personenverzeichnis

Land- und Forstwirtschaft
Milchwirtschaft
Jagd und Fischerei
Natur- und Umweltschutz
Tier- und Pflanzenschutz

Land- und Forstwirtschaft

IZ Q 1

Ausschuss der berufsständischen landwirtschaftlichen Organisationen der E.U. (COPA)
Committee of Agricultural Organisations in the E.U.
Comité des Organisations Professionnelles Agricoles de l'U.E.
Rue de la Science 23/25, bte 3, B-1040 Brüssel
T: (00322) 2 87 27 11   Fax: 2 87 27 00
E-Mail: mail@copa-cogeca.be
Gründung: 1958
Président: Noël Devisch (B)
Vice-Présidents: Heinz Christian Bär (D)
Jean-Paul Bastian (F)
Ben Gill (UK)
João Pedro Machado (P)
Secrétaire Général: Risto Volanen (SF)
Secrétaires Généraux Adjoints: Herbert Kellner (D)
Stef Swinnen (B)
Fernando Castillo Ortega (ESP)
Directeur Coordination et Stratégies: Dominique Souchon (F)
Mitglieder: 30
Mitarbeiter: 47
Jahresetat: DM 6,5 Mio

Mitgliedsorganisationen

Belgien

iz q 2

Alliance Agricole Belge (AAB)
Chaussée de Namur 47, F-5030 Gembloux
T: (003281) 60 00 06   Fax: 60 04 64
E-Mail: alliance.agricole.belge@skynet.be
Président: Pierre Ska
Directeur Général: Sabine Laruelle

iz q 3

Boerenbond (BB)
Minderbroederstraat 8, B-3000 Leuven
T: (003216) 24 20 02   Fax: 24 20 07
E-Mail: boerenbond@boerenbond.be
Président: Noël Devisch
Secrétaire Général: Frans Hofkens

iz q 4

Agriculture Wallonie
Entente Syndicale (U.P.A.-U.D.E.F.)
Chaussée de Namur 47, B-5030 Gembloux
T: (003281) 60 00 60   Fax: 60 04 46
E-Mail: upa@win.be
Président: Lambert Franc
Secrétaire Général: Jean-Pierre Champagne

Dänemark

iz q 5

Landbrugsraadet
Axelborg, Axeltorv 3, DK-1609 Kopenhagen V
T: (004533) 14 56 72   Fax: 14 95 74
E-Mail: okl@landbrug.dk
Président: Peter Gaemelke
Directeur Général: Klaus Bustrup
Représentant permanent à Bruxelles: Jacob Bagge Hansen (Rue de la Science 23-25, bte 12, B-1040 Brüssel, T: (00322) 2 30 27 05, Fax: 2 30 01 43, E-Mail: lbh@agri-dan.be)

iz q 6

De Danske Landboforeninger
Axelborg, Vesterbrogade, 4 A, DK-1620 Kopenhagen V
T: (004533) 12 75 61   Fax: 32 76 62
Président: Peter Gaemelke
Directeur Général: C. A. Dahl

iz q 7

Danske Familielandbrug/Husmandsforeninger
Vester Farimagsgade 6, 3 sal., DK-1606 Kopenhagen
T: (004533) 12 99 50
Président: Peder Thomsen
Directeur Général: Heidi Alsing

Deutschland

iz q 8

Deutscher Bauernverband e.V. (DBV)
Postf. 20 04 54, 53134 Bonn
T: (0228) 8 19 80   Fax: 8 19 82 31
E-Mail: deutscherbauernverband@t-online.de
Président: Gerd Sonnleitner
Secrétaire Général: Dr. Helmut Born
Représentant permanent à Bruxelles: M. Willi Kampmann (47-51, rue du Luxembourg, B-1050 Brüssel, T: (00322) 2 85 40 50, Fax: 2 85 40 59, E-Mail: w.kampmann@bauernverband.de, o.zeller@bauernverband.net)

Finnland

iz q 9

Maa-Ja Metsätalous Tuottajain Keskusliitto (MTK) (Central Union of Agricultural Producers and Forest Owners)
Postfach 510, FIN-00101 Helsinki
Simonkatu 6, FIN-00101 Helsinki
T: (003589) 13 11 51   Fax: 13 11 54 08
E-Mail: jaana.kaokkola@mtk.fi
Président: Esa Härmälä
Secrétaire Général: Paavo Mäkinen
Représentant permanent à Bruxelles: M. Suojanen (Rue de la Science 23-25, bte 19, B-1040 Brüssel, T: (00322) 2 85 48 10, Fax: 2 85 48 19, E-Mail: pekka.pesonen@mtk.fi)

iz q 10

Svenska Lantbruksproducenternas Centralförbund (SLC)
Fredriksgatan 61, FIN-00100 Helsinki
T: (003589) 6 94 05 33   Fax: 6 94 13 58
E-Mail: kristian.westerholm@slc.inet.fi
Président: Holger Falck

Frankreich

iz q 11

Assemblee Permanente des Chambres D'Agriculture (APCA)
9, avenue Georges V, F-75008 Paris
T: (00331) 53 57 10 10   Fax: 53 57 10 05
E-Mail: accueil@apca.chambagri.fr
Président: Jean-François Hervieu
Directeur Général: Alain Moulinier
Premier Vice-Président: Jean-Claude Sabin
Représentant permanent à Bruxelles: Sylvain Lhermitte (Rue de la Science 23-25, bte 17, B-1040 Brüssel, T: (00322) 2 85 43 87, Fax: 2 85 43 83, E-Mail: sylvain.lhermitte@apca.chambagri.fr)

iz q 12

Confederation Nationale de la Mutualite, de la Cooperation et du Credit Agricoles (CNMCCA)
129, Boulevard Saint-Germain, F-75006 Paris
T: (00331) 43 29 93 31, 43 54 13 58   Fax: 43 25 15 16
Président: Joseph Balle
Directeur: Roland Combier

iz q 13

Federation Nationale des Syndicats d'Exploitants Agricoles (FNSEA)
11, rue de la Baume, F-75008 Paris
T: (00331) 53 83 47 47   Fax: 53 83 48 48
E-Mail: fnsea@fnsea.fr
Président: Luc Guyau
Directeur Général: Yves Salmon
Représentant permanent à Bruxelles: Claude Veron-Reville (Rue de la Science 23-25, bte 17, B-1040 Brüssel, T: (00322) 2 85 43 80, Fax: 2 85 43 81, E-Mail: brigitte.dassargues@skypro.be)

Griechenland

iz q 14

Confederation Panhellenique des Unions des Cooperatives Agricoles (PASEGES)
16, Kifissias Avenue, GR-11526 Athen
T: (00301) 7 77 57 89 7 78 37 12, 7 78 49 75, 7 78 95 21
Fax: 7 77 93 13
Président: Nikos Liolios
Secrétaire Général: Fotios Litsos
Représentant permanent à Bruxelles: Ioannis Kolyvas (Rue de la Science 23-25, bte 14, B-1040 Brüssel, T: (00322) 2 30 66 85, Fax: 2 30 59 15, E-Mail: paseges@infonie.be)

iz q 15

General Confederation of Greek Agrarian Associations (GESASE)
16, Kifissias Avenue 1st Floor, GR-11526 Athen
T: (00301) 7 71 17 11, 7 77 93 78, 7 77 94 93
Fax: 7 71 01 57
Président: Kourniakos Styllianos
Secrétaire Général: Panayiotis Peveretos

Großbritannien

iz q 16

National Farmers' Union of England and Wales (NFU)
164 Shaftesbury Avenue, GB- London WC2H 8HL
T: (0044207) 3 31 73 97   Fax: 3 31 73 13
Président: Ben Gill
Directeur Général: Richard MacDonald
Représentant permanent à Bruxelles: Julie Smith (Rue de la Science 23-25, bte 5, B-1040 Brüsel, T: (00322) 2 85 05 80, Fax: 2 30 39 28, E-Mail: julie.smith@nfu.org.uk)

iz q 17

National Farmers' Union of Scotland (SNFU)
Rural Centre - West Mains
Ingleston, Newbridge, GB- Midlothian EH28 8LT
T: (0044131) 4 72 40 00   Fax: 4 72 40 10
Président: Jim Walker
Directeur Général: Ed Rainy Brown

iz q 18

Ulster Farmers' Union (UFU)
475-477 Antrim Road, GB- Belfast BT15 3 BP
T: (00442890) 77 92 22   Fax: 37 07 39
Président: D. Rowe
Secrétaire Général: Alasdair MacLaughlin

Irland

iz q 19

Irish Farmers' Association (IFA)
The Irish Farm Center
Bluebell - Naasroad, IRL- Dublin 12
T: (003531) 4 50 11 66   Fax: 4 55 10 43
Président: Tom Parlon
Secrétaire Général: Michael Berkery
Représentant permanent à Bruxelles: Michael Treacy (Rue de la Science 23-25, bte 2, B-1040 Brüssel, T: (00322) 2 30 31 37, Fax: 2 31 06 98, E-Mail: ifa.brussels@pophost.eunet.be)

Italien

iz q 20

Confederazione Nazionale Coltivatori Diretti (COLDIRETTI)
Via XXIV Maggio 43, I-00187 Rom
T: (003906) 4 68 21   Fax: 4 74 31 22
E-Mail: sandali@coldiretti.it
Président: Paolo Bedoni
Secrétaire Général: Franco Pasquali
Représentant permanent à Bruxelles: Maurizio Reale (Rue de la Science 23-25, bte 13, B-1040 Brüssel, T: (00322) 2 30 98 93, Fax: 2 31 14 78, E-Mail: maurizio.reale@euronet.be)

iz q 21

Confederazione Generale dell'Agricoltura Italiana (CONFAGRICOLTURA)
Corso Vittorio Emanuele 101, I-00186 Rom
T: (00396) 6 85 21   Fax: 68 30 85 78, 6 86 17 26
E-Mail: mail@confagricoltura.it
Président: Augusto Bocchini
Directeur Général: V. Bianco
Représentant permanent à Bruxelles: Sandro Mascia (Rue de la Science 23-25, bte 4, B-1040 Brüssel, T: (00322) 2 30 67 32, Fax: 2 30 92 87, E-Mail: confagricoltura@euronet.be)

iz q 22

Confederazione Italiana Degli Agricoltori (CIA)
Via Mariano Fortuny 20, I-00196 Rom

T: (00396) 32 68 79   Fax: 3 20 47 61, 3 20 34 64
E-Mail: cia@cia.it
Président: Massimo Pacetti
Responsable international: F. Serra Caracciolo
Représentant permanent à Bruxelles: Claudio Di Rollo
(Rue Philippe Le Bon 46, B-1000 Brüssel, T: (00322) 2 30 30 12, 2 30 20 30, Fax: 2 80 03 33, E-Mail: cia@infonie.be)

Luxemburg

iz q 23

Centrale Paysanne Luxembourgeoise (CPL)
16, Boulevard d'Avranches, L-2980 Luxemburg
T: (00352) 48 81 61   Fax: 40 03 75
Président: Carlo Raus
Secrétaire Général: M. Haller

Niederlande

iz q 24

Land- en Tuinbouw Organisatie Nederland
(LTO Nederland)
Postfach 2 97 73, NL-2502 LT Den Haag
T: (003170) 3 38 27 00   Fax: 3 38 28 10
E-Mail: earnoutse@lto.nl
Président: Gerard J. Doornbos
Directeur Général: Dirk Duijzer
Représentant permanent à Bruxelles: Berend Pastoor
(Rue de la Science 23-25, bte 21, B-1040 Brüssel, T: (00322) 2 30 75 00, Fax: 2 30 67 49, E-Mail: ltobrussel@pophost eunet.be)

Österreich

iz q 25

Präsidentenkonferenz der Landwirtschaftskammern Österreichs (PK)
Postfach 124, A-1014 Wien
Löwelstr. 12, A-1014 Wien
T: (00431) 53 44 10   Fax: 5 34 41 85 09
E-Mail: pklwk@pklwk.at
Président: Rudolf Schwarzböck
Secrétaire Général: Dipl.-Ing. August Astl
Représentant permanent à Bruxelles: Nikolaus Morawitz
(Avenue de Cortenberg 30, B-1040 Brüssel, T: (00322) 2 85 46 70, Fax: 2 85 46 71, E-Mail: pkbrux@pklwk.at)

Portugal

iz q 26

Confederacao dos Agricoltures de Portugal (CAP)
Av. do Colégio Militar, Lote 1786, P-1500 Lissabon
T: (0035121) 7 16 61 60   Fax: 7 16 61 22
Président: Joao Pedro Machado
Secrétaire Général: Luis Mira
Représentant permanent à Bruxelles: Diogo Santiago
(Rue St. Gertrude 15, B-1040 Brüssel, T: (00322) 7 36 85 28, Fax: 7 32 30 54, E-Mail: cap.bxl@pophost.eunet.be)

Schweden

iz q 27

Lantbrukarnas Riksförbund (LRF)
Federation of Swedish Farmers
Klara Östra Kyrkogata 12, S-10533 Stockholm
T: (00468) 7 87 50 00   Fax: 7 87 54 37
E-Mail: info@lrf.se
Président: Hans Jonnson
Directeur Général: Leif Zetterberg
Représentant permanent à Bruxelles: Maria Larsson (Rue d'Arlon 84, B-1040 Brüssel, T: (00322) 2 80 06 64, Fax: 2 80 06 08, E-Mail: maria.larsson@lrf.se)

Spanien

iz q 28

Asociacion Agraria-Jovenes Agricultores (A.S.A.J.A.)
c/. Agustin de Bethencourt 17 - 2ª planta, E-28003 Madrid
T: (003491) 5 33 67 64   Fax: 5 34 92 86
E-Mail: asaja.n@mx2.redestb.es
Président: Pedro M. Barato Triguero
Secrétaire Général: J. Sanchez Brunete
Représentant permanent à Bruxelles: José Fonseca (c/o Confederación Española de Organisaciones i Empresariales, 52, Avenue de Tervueren, B-1040 Brüssel, T: (00322) 7 36 62 43, Fax: 7 36 80 90, E-Mail: asaja-bruselas@arcadis.be)

iz q 29

Coordinadora de Organizaciones de Agricultores y Ganaderos.-.INICIATIVA RURAL (COAG - I.R.)
Agustin de Bethencourt 17-5a planta, E-28003 Madrid
T: (003491) 5 34 63 91   Fax: 5 34 65 37
E-Mail: coag.madrid@coaginforma.es
Secrétaire Général: Lucio Monteagudo
Affaires Internationales: Joan Caball
Représentant permanent à Bruxelles: Miguel Garcia Navarro (51, Rue d'Arlon, bte 15, B-1040 Brüssel, T: (00322) 2 80 04 84, Fax: 2 80 21 60, E-Mail: coag.bx@euronet.be)

iz q 30

Union de Pequeños Agricultores (UPA)
c/Augustin de Bethencourt 17, 3ª planta, E-28002 Madrid
T: (003491) 5 54 18 70, 5 54 21 47, 5 54 23 41, 5 54 26 21
  Fax: 5 54 26 21
E-Mail: jmdelgado@upa.ugt.org
Secrétaire Général: Fernando Moraleda Quiles
Représentant permanent à Bruxelles: Hector Sanchez
(Rue de Grétry 11, bte 52, B-1000 Brüssel, T + Fax: (00322) 2 19 18 27, E-Mail: upa.bruselas@online.be)

● IZ Q 31

Europäische Stiftung für Landschaftsgestaltung
European Foundation for Landscape Architecture
Fondation Européenne pour l'Architecture du Paysage
Avenue Brugmann 52, B-1190 Brüssel
T: (0322) 3 46 38 62   Fax: 3 46 98 76
Internet: http://www.efla.org
E-Mail: efla.feap@skynet.be
Gründung: 1989
President: Lars Nyberg
Secretary General: M. Nath-Esser
Contact: Jeanine Colin
Mitglieder: 15

Mitgliedsorganisationen

Belgien

iz q 32

Association belge des architectes de jardins et des architectes paysagistes (ABAJP/BVTL)
Belgische vereniging van tuinarchitekten en landschapsarchitekten
Avenue Brugmann 185, B-1190 Brüssel
Fax: (00322) 3476401
E-Mail: bvtl-abajp@kmo.net

Dänemark

iz q 33

DL - Danske Landskabsarkitekter
Wesselgade 2st, DK-2200 Kopenhagen
T: (0045) 35 34 68 33   Fax: 35 34 68 23
Internet: http://www.landskabsarkitekter.dk/
E-Mail: dl@landskabsarkitekter.dk

Deutschland

iz q 34

Bund Deutscher LandschaftsArchitekten e.V. (BDLA)
Köpenicker Str. 48/-49, 10179 Berlin
T: (030) 27 87 15-0   Fax: 27 87 15-55
Internet: http://www.bdla.de
E-Mail: info@bdla.de

Spanien

iz q 35

Instituto de Estudios de Jardineria y Arte Paisajista (IEJAP)
Tracia 16, E-28037 Madrid
T: (003491) 4 20 04 38   Fax: 3 27 46 92
Internet: http://www.aepaisajistas.org
E-Mail: aep@aepaisajistas.org

Frankreich

iz q 36

Fédération Française du Paysage (FFP)
4, rue Hardy R.P. n° 914, F-78009 Versailles-Cedex
T: (00331) 30 21 47 45   Fax: 39 20 07 75
E-Mail: f.f.p.@wanadoo.fr

Griechenland

iz q 37

Panhellenic Association of Landscape Architects (PH.A.L.A.)
Rigilis Street 30, GR-10674 Athen
T: (00301) 7 22 42 81   Fax: 7 25 23 69

Irland

iz q 38

Irish Landscape Institute (ILI)
Merrion Square 6, IRL- Dublin 2
T: (003531) 6 62 74 09   Fax: 6 76 95 02

Italien

iz q 39

Associazione Italiana di Architettura del Paesaggio (AIAPP)
Via Solitaria, 39, I-80132 Neapel
Fax: (003981) 2400073
E-Mail: aiapp.nazionale@libero.it

Luxemburg

iz q 40

Association Luxembourgeoise des Paysagistes (ALP)
Am Beierbierg 10, L-6973 Rameldange
T: (00352) 34 82 82   Fax: 34 68 17
E-Mail: jweier@pt.lu

Niederlande

iz q 41

Nederlandse Vereniging voor Tuin- en Landschapsarchitektuur (NVTL)
Beurs van Berlage
Oudebrugsteeg 11, NL-1012 JN Amsterdam
T: (003120) 4 27 55 90   Fax: 4 21 71 72
Internet: http://www.nvtl.nl/home.htm
E-Mail: secretariaat@nvtl.nl

Portugal

iz q 42

Associaçao Portuguesa dos Arquitectos Paisagistas (APAP)
Rua do Século 79 r/e Esq., P-1200 Lissabon
T: (00351) 13 47 36 02   Fax: 13 43 11 54
E-Mail: apap@mail.telepac.pt

Großbritannien

iz q 43

The Landscape Institute (LI)
6/7, Barnard Mews, GB- London SW11 1QU
T: (004420) 77 38 91 66   Fax: 77 38 91 34
Internet: http://www.l-i.org.uk/
E-Mail: mail@l-i.org.uk

Finnland

iz q 44

MARK - The Finnish Association of Landscape Architects
Postfach 3 31, FIN-00121 Helsinki
Suomen Maisema, FIN-00121 SF Helsinki 12

iz q 44

T: (003589) 869 43 25   Fax: 8 69 40 16
E-Mail: anneli.wilska@hut.fi

Schweden

iz q 45
Landskapsarkiteternas Riksforbund (L.A.R.)
Wirwachs malmgard - Ansgarigatan, 5, S-11727 Stockholm
T: (00468) 6 68 46 70   Fax: 6 68 22 25
Internet: http://www.lar.se
E-Mail: webmaster@lar.se

Norwegen

iz q 46
Norske Landskapsarkitekters Forening (N.L.A.)
Kongens Gate 4, N-0153 Oslo
T: (004722) 42 58 50   Fax: 42 53 25
E-Mail: nla@c2i.net

● IZ Q 47
Europäische Vereinigung für Tierproduktion (EVT)
European Association for Animal Production (EAAP)
Fédération Européenne de Zootechnie (FEZ)
Via Nomentana 134, I-00161 Rom
T: (00396) 86 32 91 41   Fax: 86 32 92 63
Gründung: 1948
President: Dr. Aimé Aumaitre
Secretary General: Dr. Jean Boyazoglu
Verbandszeitschrift: Live Stock Production Science
Redaktion: Chefredakteur: Dr. Jean Boyazoglu (Viale della tecnica 245, 00144 Rom, Italien)
Verlag: Elsevier Science, P.O. Box 211, 100 AE Amsterdam, Niederlande
Mitglieder: 37
Mitarbeiter: 3

● IZ Q 48
Europäische Vereinigung der Institutionen für die Neuordnung des ländlichen Raumes (AEIAR)
Association Européenne des Institutions d'Aménagement Rural
Secretariat/Geschäftsstelle:
c/o Vlaamse Landmaatschappij
Guldenvlieslaan 72, B-1060 Brüssel
T: (00322) 5 43 72 00   Fax: 5 43 73 99
Internet: http://www.aeiar.org
E-Mail: marc.heyerick@vlm.be
Gründung: 1965
Secrétaire Général: Marc Heyerick
Mitglieder: 20

Belgien

iz q 49
Vlaamse Landmaatschappij
Guldenvlieslaan 72, B-1060 Brüssel
T: (00322) 543 72 01   Fax: 543 73 99

iz q 50
Office Wallon du Development Rural
Rue Fleurie 2, B-6800 Libramont
T: (003261) 23 01 00   Fax: 23 01 01

Frankreich

iz q 51
FN SAFER
Rue Turin 3, F-75008 Paris
T: (00331) 44 69 86 00   Fax: 43 87 96 56

iz q 52
Terres D Europe
Rue de Turin 3, F-75008 Paris
T: (00331) 44 69 86 00   Fax: 43 87 96 56

Luxemburg

iz q 53
Office National du Remembrement
Bd de la Foire 32 B.P. 664, L-2016 Luxemburg
T: (00352) 45 17 71   Fax: 45 43 31

Niederlande

iz q 54
Arcadis N.V.
Postfach 33, NL-6812 LE Arnhem
Utrechtseweg 68, NL-6812 LE Arnhem
T: (0031263) 77 84 88   Fax: (0031264) 42 22 59

iz q 55
International Institute for Land Reclamation and Improvement
Lawickse Allee 11, NL-6700 AA Wageningen
T: (0031317) 49 01 44   Fax: 41 71 87

Italien

iz q 56
Cassa per la Formazione della Proprieta Contadina
Via Nizza 128, I-00198 Rom
T: (00396) 85 56 82 89   Fax: 85 56 83 10

Deutschland

iz q 57
Bundesverband der gemeinnützigen Landgesellschaften (BLG)
Meckenheimer Allee 128, 53115 Bonn I
T: (0228) 63 33 14   Fax: 63 17 34
Internet: http://www.blg-bonn.de
E-Mail: blg-bonn@t-online.de

iz q 58
Bayerische Landessiedlung GmbH
Widenmayerstr. 3, 80538 München
T: (089) 2 38 70   Fax: 2 91 38 55
Gründung: 1947

iz q 59
Thüringer Landgesellschaft mbH
Weimarische Str. 29b, 99099 Erfurt
T: (0361) 4 41 31 25   Fax: 4 41 32 99

iz q 60
Landgesellschaft Mecklenburg-Vorpommern mbH
Lindenallee 2a, 19067 Leezen
T: (03866) 4 04 0   Fax: 4 04 49
Internet: http://www.lgmv.de
E-Mail: landgesellschaft@lgmv.de
Mitarbeiter: 230

iz q 61
Landgesellschaft Sachsen-Anhalt mbH - Gemeinnütziges Unternehmen für die Entwicklung des ländlichen Raumes
Große Diesdorfer Str. 56-57, 39110 Magdeburg
T: (0391) 7 33 39 16   Fax: 7 36 17 77

iz q 62
Niedersächsische Landgesellschaft mbH Gemeinnütziges Unternehmen für die Entwicklung des ländlichen Raumes
Arndtstr. 19, 30167 Hannover
T: (0511) 12 11-0   Fax: 12 11-214
Internet: http://www.nlg.de
E-Mail: info@nlg.de

iz q 63
Hessische Landgesellschaft mbH Staatliche Treuhandstelle für ländliche Bodenordnung
Wilhelmshöher Allee 157-159, 34121 Kassel
T: (0561) 30 85 126   Fax: 30 85 153
Gründung: 1919

iz q 64
Sächsische Landsiedlung GmbH - SLS
Schützestr. 1, 01662 Meißen
T: (03521) 4 69 00   Fax: 46 90 13

iz q 65
Schleswig-Holsteinische Landgesellschaft mbH
Postf. 38 69, 24037 Kiel
Fabrikstr. 7, 24103 Kiel
T: (0431) 97 96-02   Fax: 97 96-999

iz q 66
Landsiedlung Baden-Württemberg GmbH
Postf. 10 29 61, 70025 Stuttgart
Weimarstr. 25, 70176 Stuttgart
T: (0711) 66 77 202   Fax: 6 15 37 33
Internet: http://www.landsiedlung.de
E-Mail: info@landsiedlung.de
Gründung: 1971

Dänemark

iz q 67
Ministeriet for Fodevarer Landbrug og fiskeri
Allégarde 24, DK-6270 Tønder

● IZ Q 68
Europäischer Rat der Junglandwirte (CEJA)
Conseil Européen des Jeunes Agriculteurs
Generalsekretariat
23/25 Rue de la Science, Boite 11, B-1040 Bruxelles
T: (00322) 2 30 42 10   Fax: 2 80 18 05
Gründung: 1958
Président: Arnold Puech d'Alissac (France)
Vice-Président: Giovanni Nigliorati (Italia)
Hans Benno Wichert (Allemagne)
John Martin (GB)
Philippe Appeltans (Belgique)
Secretaire Général: Euros Jones (GB)
Verbandszeitschrift: CEJA News, Rapport d'activité annuel, brochure d'informations, press release
Mitglieder: 24 organisations members, 900.000 jeunes agriculteurs

● IZ Q 69
Europäischer Verband der Düngemittel-Hersteller (EFMA)
European Fertilizer Manufacturers Association
Association européenne des producteurs d'engrais
Avenue E. Van Nieuwenhuyse 4, B-1160 Brüssel
T: (00322) 675 35 50   Fax: 675 39 61
Internet: http://www.efma.org
E-Mail: main@efma.be
Gründung: 1987 (Dezember)
Generaldirektor: Dr. Helmuth Aldinger
Verbandszeitschrift: The EFMA Bulletin
Verlag: Jackie Burton
Mitarbeiter: 8

● IZ Q 70
Europäischer Verband der Jugend im Gartenbau (CEJH)
European Community of Young Horticulturists
Communauté Européenne des Jeunes de l'Horticulture (CEJH)
Gießener Str. 47, 35305 Grünberg
T: (06401) 91 01 50   Fax: 91 01 76
Gründung: 1965
President: Frederik Leys (Belgium)
Mitglieder: Dänemark, Schweden, Norwegen, Finnland, Estland, Lettland, Deutschland, Österreich, Italien, Belgien, Luxemburg
Beobachter: Polen, Frankreich, Niederlande, Litauen, Ungarn, Schweiz
Mitarbeiter: 1

● IZ Q 71
Internationale Katholische Land- und Bauernjugendbewegung (MIJARC)
International Movement of Catholic Agricultural and Rural Youth
Mouvement International de la Jeunesse Agricole et Rurale Catholique
Rue J. Coosemans 53, B-1030 Brüssel
T: (00322) 7 34 92 11   Fax: 7 34 92 25
E-Mail: asbl.mijarc@chello.be
Gründung: 1954 (10. Oktober)

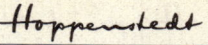

Präsident(in): Daniel Locatin (Guadeloupe)
Generalsekretär(in): Marita Wiggerthale (Deutschland)
Verbandszeitschrift: MIJARC Nouvelles (englisch, französisch, spanisch)
Redaktion: World Team
Mitglieder: 2000000 Landjugendliche, 34 Vollmitgliedsbewegungen, 11 assoziierte Bewegungen

● IZ Q 72

Internationale Konferenz der Landwirtschaftskammern (WACA)
International Conference of the Chambers of Agriculture
Conférence Internationale des Chambres d'Agriculture
Godesberger Allee 142-148, 53175 Bonn
T: (0228) 3 08 01-0   Fax: 3 08 01-10
E-Mail: vlk-bonn@t-online.de
Gründung: 1979
Präsident(in): Karl Meise
Hauptgeschäftsführer(in): Verbandsdir. Dr. Beate Bajorat
Mitglieder: 29 nationale Landwirtschaftskammer-Organisationen

● IZ Q 73

Internationale Vereinigung Biologischer Landbaubewegungen (IFOAM)
International Federation of Organic Agriculture Movements
Fédération Internationale des Mouvements d'Agriculture Biologique
c/o Ökozentrum Imsbach
66636 Tholey
T: (06853) 91 98 90   Fax: 91 98 99
Internet: http://www.ifoam.org
E-Mail: headoffice@ifoam.org
Gründung: 1972
Bernward Geier
Verbandszeitschrift: Ökologie und Landbau
Redaktion: Stiftung ökol. Landbau, Wienstr. Süd 51, 67098 Bad Dürkheim
Mitglieder: 770 Verbände in 107 Ländern
Mitarbeiter: 8
Jahresetat: DM 1,8 Mio, € 0,92 Mio

● IZ Q 74

Internationale Vereinigung Europäischer Rübenanbauer (CIBE)
Confédération Internationale des Betteraviers Européens
29, rue du Général Foy, F-75008 Paris
T: (00331) 44 69 39 00   Fax: 42 93 28 93
E-Mail: cibeurop@easynet.fr
Präsident(in): Jan Kirsch
Generalsekretär(in): H. Chavanes
Mitglieder: 25 Verbände, die 20 Länder vertreten

Belgien

iz q 75

Confédération des Betteraviers Belges
Bd. Anspach 111 Bte 10, B-1000 Brüssel
T: (00322) 5 13 68 98   Fax: 5 12 19 88
Präsident(in): F. Bernard
Generalsekretär(in): J. F. Sneessens

Dänemark

iz q 76

Danske Sukkerroedyrkere
Landbrugsraadet
Axeltorv 3, 1 sal, DK-1609 Kopenhagen V
T: (004533) 14 56 72   Fax: 14 56 55
Präsident(in): E. Thiesen
Sekr.: Klaus Sorensen

Deutschland

iz q 77

Arbeitsgemeinschaft Deutscher Rübenbauerverbände
Reinhardtstr. 18, 10117 Berlin
T: (030) 3 19 04 225   Fax: 3 19 04 485
E-Mail: n.heim@bauernverband.de, b.gossens@bauernverband.de
Vorsitzende(r): Jan Kirsch
Geschäftsführer(in): Dr. N. Heim

iz q 78

Dachverband Norddeutscher Zuckerrübenanbauer e.V.
Warmbüchenstr. 3, 30159 Hannover
T: (0511) 3 67 04 40   Fax: 3 67 04 11
Präsident(in): Friedrich Baxmann
Geschäftsführer(in): Heinrich-Hubertus Helmke

iz q 79

Rheinischer Rübenbauer-Verband e.V. (RRV)
Malteserstr. 3, 53115 Bonn
T: (0228) 65 25 34   Fax: 65 25 14
Präsident(in): Jan Kirsch
Sekr.: K. Haase

iz q 80

Verband Süddeutscher Zuckerrübenanbauer e.V.
Simon-Breu-Str. 52, 97074 Würzburg
T: (0931) 7 96 95-0   Fax: 7 96 95-20
Präsident(in): Hans-Jörg Gebhard
Sekr.: Dr. Henning Wiedenroth

Finnland

iz q 81

Central Union of Agricultural Producers (MTK)
Simonkatu 6 PL 510, FIN-00100 Helsinki
T: (003589) 13 11 51   Fax: 13 11 54 25
Präsident(in): Esa Härmälä
Generalsekretär(in): Paavo Mäkinen

Frankreich

iz q 82

Confédération Générale des Planteurs de Betteraves
43/45, rue de Naples, F-75008 Paris
T: (00331) 44 69 39 00   Fax: 42 93 42 37
Präsident(in): D. Ducroquet
Generaldirektor: A. Jeanroy

iz q 83

Fédération Nationale des Coopératives Agricoles et Sica de Transformation de la Betterave
Rue du Général Foy 29, F-75008 Paris
T: (00331) 44 69 41 28   Fax: 42 93 42 07
Präsident(in): J. Patenotre
Generaldirektor: Paul Credoz

Griechenland

iz q 84

General Confederation of Greek Agrarian Associations (GESASE)
16, Kifissias Avenue 1st Floor, GR-11526 Athen
T: (00301) 7 71 17 11, 7 77 94 93   Fax: 7 77 93 13
Präsident(in): Stelios Kourniakos
Generalsekretär(in): Efsrathios Fran Giadakis

iz q 85

Panhellenic Confederation of Agricultural Cooperative Organizations (PASEGES)
16, Kifissias Avenue, GR-11526 Athen
T: (00301) 7 77 57 89   Fax: 7 77 93 13
Präsident(in): Nikos Liolios
Generalsekretär(in): Anastasia Alexandro Poulou

Großbritannien

iz q 86

National Farmers' Union Sugar Beet Committee
Shaftesbury Avenue 164 Agriculture House, GB- London WC2H 8HL
T: (004420) 73 31 72 36   Fax: 73 31 74 10
Präsident(in): M. E. Twidale
Sekr.: H. Kirkman

Irland

iz q 87

Irish Farmers' Association Sugar Beet and Vegetable Section
Irish Farm Centre
Naas Road Bluebell, IRL- Dublin 12
T: (003531) 4 50 10 67   Fax: 4 55 10 43
Präsident(in): W. French
Direktor(in): E. Farrell

Italien

iz q 88

Associazione Nazionale Bieticolotri
Via d'Azeglio 48, I-40123 Bologna
T: (003951) 6 44 14 11   Fax: 58 13 91
Präsident(in): Alberto Paolo Fiorini
Vizepräsident(in): Francesco Vitali
Generalsekretär(in): Carlo Biasco

Niederlande

iz q 89

Nederlandse Bieten Federatie
Augustalaan 5, NL-4615 HM Bergen op Zoom
T: (0031164) 23 60 86   Fax: 23 70 46
Präsident(in): A. Maarsingh
Generalsekretär(in): Hazen

iz q 90

Cooperatie COSUN U.A.
Postfach 3411, NL-4800 MG Breda
Zuilenstraat 100, NL-4800 MG Breda
T: (003176) 5 30 32 22   Fax: 5 30 33 03
Präsident(in): H. E. Clevering
Sekr: W.. Dijkstra

Österreich

iz q 91

Vereinigung der Österreichischen Rübenbauernorganisationen - VÖR - Rübenbauern Vertretungs- und Übernahmeges. m.b.H.
Lerchengasse 3-5, A-1080 Wien
T: (00431) 4 06 54 76   Fax: 4 06 54 75 40
Präsident(in): M. Weiss
Sekretär: Josef Pinkl

Polen

iz q 92

Krajowy Zwiazek Plantatorow Burakow Cukrowych w Polsce
ul. Kopernika 34, PL-00336 Warschau
T: (00482) 28 26 41 04   Fax: 28 26 41 04
Präsident(in): S. Barnaš
Generalsekretär(in): Kazimierz Kobza

Portugal

iz q 93

Associação Nacional de Produtores de Beterraba (ANPROBE)
Rua Santa Margarida 1a, P-2000 Santarem
T: (00351243) 32 75 02   Fax: 32 75 02
Präsident(in): Manuel Holstein Campilho
Vizepräsident(in): Maria Gabriela Cruz

Rumänien

iz q 94

Federatia Cultivatorilor de SFECLA de Zahar din Romania (FCSZR)
Str. Fundatwiri 2, R- Brasov 2200
T: (004068) 47 67 95   Fax: 47 66 08
Präsident(in): Gheorghe Clotan
Generalsekretär(in): Aurel Florentin Badiu

Schweden

iz q 95

Sveriges Betodlares Centralförening
Postfach 75, S-23053 Alnarp
T: (004640) 46 40 45   Fax: 46 20 85
Präsident(in): O. von Arnold
Generalsekretär(in): Anika Atterwall

Schweiz

iz q 96

Schweizerischer Verband der Zuckerrübenpflanzer
CH-3232 Ins
T: (004132) 3 12 91 31   Fax: 3 12 91 30
Präsident(in): Werner Schwendimann
Generalsekretär(in): Robert Winkelmann

Slowakische Republik

iz q 97

Sväz Pestovatelov Cukrovej Repy Slovenska
OKR, Trnava, SK-91928 Bucany
T: (00421804) 7 43 57 25   Fax: 7 43 42 84
Präsident(in): Jan Rehora
Generalsekretär(in): Eva Tomkuljakovà

Spanien

iz q 98

Confederacion Nacional Española de Cultivadores de Remolacha y Caña Azucareras
San Bernardo 20-4°, E-28015 Madrid
T: (003491) 5 22 53 56   Fax: 5 21 00 90
Präsident(in): Vicente Jimenez Davila
Generalsekretär(in): Josê Miguel Herrero Ugarte

Tschechische Republik

iz q 99

Svaz Pestitelu Cukrovky Ceske Republiky
CZ-29446 Semcice
T: (00420326) 98 81 86   Fax: 98 81 86
Präsident(in): Jan Bartos
Generalsekretär(in): J. Krousky

Ungarn

iz q 100

Cukorrepa Termesztök Orszagos Szövetsege - CTOSZ
Akademia u. 1-3, H-1054 Budapest
T: (00361) 3 12 12 44   Fax: 3 12 12 44
Präsident(in): Gesa Szöke
Direktor(in): Istvan Gyenes

● **IZ Q 101**

Internationaler Verband der Bienenzüchter-Vereinigungen (APIMONDIA)
International Federation of Beekeepers Associations
Fédération Internationale des Associations d'Apiculture
Corso Vittorio Emanuele1 101, I-00186 Roma
T: (00396) 6 85 22 86   Fax: 6 85 22 86
Internet: http://www.beekeeping.com/apimondia
E-Mail: apimondia@mclink.it
Gründung: 1949
President: A.S. Jørgensen (Møllevej, 15, DK-4140 Borup, Denmark)
Vice-President: Erich Schieferstein (Villiper Hauptsstr. 3, 53343 Wachtberg, Deutschland)
General Secretary: Riccardo Jannoni-Sebastianini (Corso Vittorio Emanuele 101, I-00186 Roma, Italy)
Verbandszeitschrift: APIACTA
Redaktion: IITEA/APIMONDIA, Bul. Ficusului, 42-Sect. I, R-71544 Bukarest, Rumänien
Verlag: IITEA/APIMONDIA, Bul. Ficusului, 42-Sect. I, R-71544 Bukarest, Rumänien
Mitglieder: 62
Mitarbeiter: 3

● **IZ Q 102**

Internationaler Verband des Erwerbsgartenbaues (AIPH)
International Association of Horticultural Producers
Association Internationale des Producteurs de l'Horticulture
Postfach 2 80, NL-2700 AG Zoetermeer
Louis Pasteurlaan 6, NL-2719 EE Zoetermeer
T: (003179) 3 47 07 01   Fax: 3 47 04 04
Internet: http://www.aiph.org
E-Mail: e.clemens@tuinbouw.nl
Gründung: 1948
General Secretary: Drs. J. B. M. Rotteveel
Mitglieder: 25 Länder
Mitgliedsverbände: 34

● **IZ Q 103**

Internationaler Verband landwirtschaftlicher Erzeuger (IFAP)
International Federation of Agricultural Producers
Fédération Internationale des Producteurs Agricoles (FIPA)
Rue Saint-Lazare 60, F-75009 Paris
T: (00331) 45 26 05 53   Fax: 48 74 72 12
E-Mail: ifap@ifap.org
Gründung: 1946
Président: Gerard Doornbos (Holland)
Vice-Président: Jack Wilkinson (Canada)
Alejandro Delfino (Argentina)
Leonardo Montemayor (Philippines)
Past-Président: Graham Blight (Australia)
Trésorier: Noël Devisch (Belgium)
Secrétaire Général: David King
Mitglieder: 85 nationale Bauernverbände und landwirtschaftliche Genossenschaften in 60 Ländern

● **IZ Q 104**

Internationales Büro der Kleingärtnerverbände
International Office of Allotment and Leisure Garden Societies
Office International du Coin de Terre et des Jardins Familiaux A.S.B.L.
20, rue de Bragance, L-1255 Luxemburg
T: (00352) 45 32 31   Fax: 45 34 12
Internet: http://www.jardins-familiaux.org
E-Mail: office-international@jardins-familiaux.org
Gründung: 1926
Präsident(in): John Farmer (GB)
Secrétaire Général: Malou Weirich (20 rue de Bragance, L-1255 Luxemburg)
Mitglieder: 3000000

Mitgliedsorganisationen

Belgien

iz q 105

Nationaal Verbond van Volkstuinen v.Z.W./Ligue Nationale des Coins de Terre et du Foyer
Jardins Populaires ASBL
c/o M.L. Van Belleghem
Oudburgweg 6, B-9830 St. Martens-Latem
T: (00329) 3 29 85 22   Fax: 3 29 85 22

Dänemark

iz q 106

Kolonihaveforbundet for Denmark
Frederikssundsvej 304 A, DK-2700 Brønshøj
T: (0045) 38 28 87 50   Fax: 38 28 83 50
Internet: http://www.kolonihave.dk
E-Mail: info@kolonihave.dk

Deutschland

iz q 107

Bundesverband Deutscher Gartenfreunde e.V. (BDG)
Steinerstr. 52, 53225 Bonn
T: (0228) 47 30 36, 47 30 37   Fax: 47 63 79
Internet: http://www.kleingarten-bund.de
E-Mail: bdg@kleingarten-bund.de

Finnland

iz q 108

Suomen Siirtolapuutarhaliitto ry.
Pengerkatu 9B 39, FIN-00530 Helsinki
T: (003589) 76 31 55   Fax: 76 13 25
E-Mail: ssplry@sgic.fi

Frankreich

iz q 109

Ligue Française du Coin de Terre et du Foyer
Federation Nationale des Jardins Familiaux
11, rue Desprez, F-75014 Paris
T: (00331) 45 40 40 45   Fax: 45 40 78 90
E-Mail: jardinfa@club-internet.fr

Großbritannien

iz q 110

National Society of Allotment and Leisure Gardeners Ltd.
O'Dell House
Hunters Road, GB- Corby, Northants NN17 5IE
T: (00441536) 26 65 76   Fax: 26 45 09
Internet: http://www.nsalg.demon.co.uk
E-Mail: natsoc@nsalg.demon.co.uk

Luxemburg

iz q 111

Ligue Luxembourgeoise du Coin de Terre et du Foyer
97, rue de Bonnevoie, L-1260 Luxemburg
T: (00352) 48 01 99   Fax: 40 97 98
E-Mail: liguectf@pt.lu

Niederlande

iz q 112

Algemeen Verbond van Volkstuinders Vereinigingen in Nederland
Kemphaanweg 1, NL-1358 AA Almere
T: (003136) 5 38 44 36   Fax: 5 38 44 37
E-Mail: avvn@euronet.nl

Norwegen

iz q 113

Norsk Kolonihageforbund
Groønlandsleiret 23, N-0190 Oslo 1
T: (0047) 22 17 23 71   Fax: 22 17 33 71
E-Mail: forbundet@kolonihager.no

Österreich

iz q 114

Zentralverband der Kleingärtner, Siedler und Kleintierzüchter Oesterreichs
Getreidemarkt 11/10, A-1060 Wien
T: (00432221) 5 87 07 85   Fax: 5 87 07 85 30
E-Mail: zvwien@chello.at

Polen

iz q 115

Polski Zwiazek Dzialkowcow
Krajowa Rada
ul. Grzybowska 4, PL-00131 Warschau
T: (004822) 6 54 62 32   Fax: 6 20 61 12
E-Mail: reklama@dzialkowiec.com.pl

Schweden

iz q 116

Svenska Förbundet för Koloniträdgårdar och Fritidsbyar
Åsogatan 149, S-11632 Stockholm

T: (00468) 7 43 00 90   Fax: 6 40 38 98
E-Mail: leif.thorin@koloni.org

Schweiz

iz q 117

Schweizer Familiengärtner-Verband
Sekretariat:
St. Georgenstr. 71a, CH-9000 St. Gallen
T: (004141) 7 12 22 98 26
E-Mail: ruth.steiner@dtc.ch
Kontaktperson: Ruth Steiner

Slowakische Republik

iz q 118

Slovenský Zväz Záhradkárov - Republikovy Výbor
Havličkova 34, SK-81702 Bratislava
T: (004217) 37 23 85   Fax: 37 10 41

Tschechische Republik

iz q 119

Český Zahrádkářský Svaz
Rokycanova 15/318, CZ-130 00 Prag 3
T: (004202) 22 78 27 10   Fax: 22 78 27 11
Internet: http://www.zahradkari.cz
E-Mail: zahradkari@vol.cz

● **IZ Q 120**

Komitee der Forstbaumschulen in der EU
Committee of Forest Nurseries in the EU
Comité des Pépinières Forestières de la UE
Sekretariat:
25 Kenton Drive, GB- Shrewsbury SY2 6TH
T: (00441743) 35 72 52   Fax: 36 58 09
President: Ralf Koether (Rudolf Schrader GmbH & Co, Tangstedter Chaussee 31-33, D-25462 Rellingen, T: (00494101) 5 93 20, Fax: (00494101) 59 32 28, E-Mail: ralf.koether@t-online.de)
Secretary: Andrew Gordon (25 Kenton Drive, GB- Shrewsbury, SY2 6TH, T: (00441743) 35 72 52, Fax: (00441743) 36 58 09, E-Mail: a.gordon@dial.pipex.com)

● **IZ Q 121**

Europäische Saatgutverbände (ESA)
European Seed Associations
Associations Européennes de Semences
Avenue Michel Ange, B-1000 Brüssel
T: (00322) 743 28 60   Fax: 743 28 69
Internet: http://www.euroseeds.org
E-Mail: euroseeds@skynet.be
Präsident(in): Anthony Keeling (GB)
Generalsekretär(in): Joachim Winter (D)

● **IZ Q 122**

Union Europäischer Forstberufsverbände (UEF)
Union of European Foresters
Union Européenne des Forestiers
Office:
Square Marie-Louise 49, B-1040 Brüssel
T: (00322) 2 30 22 59   Fax: 2 31 18 43
Gründung: 1965
Präsident(in): Prof. Piotr Paschalis
Mitglieder: 24 Berufsverbände von Forstleuten in 19 europäischen Ländern

● **IZ Q 123**

Verband der europäischen Landwirtschaft (CEA)
European Confederation of Agriculture
Confédération Européenne de l'Agriculture
Rue de la Science, 23-25, B-1040 Bruxelles
T: (00322) 2 30 43 80   Fax: 2 30 46 77
E-Mail: cea@pophost.eunet.be
Gründung: 1948
Präsident(in): Ben Gill (Vereinigtes Königreich)
Generalsekretär(in): Christophe Hémard, Brüssel (Belgien)
Verbandszeitschrift: Dialog
Redaktion: CEA
Verlag: CEA
Mitglieder: 400

● **IZ Q 124**

Europäische Kommission für die Bekämpfung der Maul- und Klauenseuche (EUFMD)
European Commission for the Control of Foot- and Mouth Disease (EUFMD)
Viale delle Terme di Caracalla, I-00100 Rom
T: (003906) 57 05 55 28   Fax: 57 05 55 78 49
Internet: http://www.fao.org/org/ag/aga/agah/eufmd
Secretary: Dr. Yves Leforban
Executive Committee: Dr. R. Marabelli, Italy
Dr. L. Celeda, Czech Republic
Dr. W. Zwingmann, Germany
Dr. G. Liven, Norway
Dr. T. Balint, Hungary
Dr. N. Aslan, Turkey
Dr. D. Panagiotatos, Greece
Dr. B. Hallet, Belgium

● **IZ Q 125**

Welt-Landfrauen-Verband (ACWW)
Associated Country Women of the World
Union mondiale des femmes rurales (UMFR)
Centha House, 10 Storey_2s Gate, GB- London SW1P 3AY
T: (004420) 723308-89   Fax: 723308-79
Präsidentin: Hilda Stewart
Generalsekretärin: Anna Frost

Milchwirtschaft

● **IZ Q 126**

Internationaler Milchwirtschaftsverband (IMV)
International Dairy Federation (IDF)
Fédération Internationale de Laiterie (FIL)
Square Vergote 41, B-1030 Brüssel
T: (00322) 7 33 98 88   Fax: 7 33 04 13
Internet: http://www.fil-idf.org
E-Mail: info@fil-idf.org
Gründung: 1903
Président: J. Kozak (USA)
Mitglieder: 40 Länder
Mitarbeiter: 7
Jahresetat: DM 2 Mio

● **IZ Q 127**

Vereinigung der Schmelzkäseindustrie in der E.U. (ASSIFONTE)
Association de l'Industrie de la Fonte de Fromage de la U.E.
Adenauerallee 148, 53113 Bonn
T: (0228) 9 59 69-0   Fax: 37 15 35
Gründung: 1964
Vorsitzende(r): J.E.M. Ruys (NL)
Generalsekretär(in): Dipl.-Volksw. Eberhard Hetzner (D) (E-Mail: hetzner@milchindustrie.de)

Mitgliedsorganisationen

Belgien

iz q 128

Kraft Foods
B-5020 Temploux
T: (003281) 56 32 11   Fax: 56 34 00

Dänemark

iz q 129

Mejeriforeningen
Danish Dairy Board
Federiks Allé 22, DK-8000 Århus C
T: (0045) 87 31 20 00   Fax: 87 31 20 01

Deutschland

iz q 130

Milchindustrie-Verband e.V. (MIV)
Adenauerallee 148, 53113 Bonn
T: (0228) 9 59 69-0   Fax: 37 15 35
Internet: http://www.milchindustrie.de
E-Mail: info@milchindustrie.de

Frankreich

iz q 131

Chambre Syndicale Française des Industriels Fondeurs de Fromage (SYNDIFONTE)
Rue de Saint Petersbourg 34, F-75008 Paris Cedex 08
T: (00331) 49 70 72 93   Fax: 42 80 63 99

Irland

iz q 132

Irish Dairy Industries Association Limited (IDIA)
Confederation House
Lower Baggot Street 84-86, IRL- Dublin 2
T: (003531) 6 60 10 11   Fax: 6 38 15 74
E-Mail: pat.ivory@ibec.ie

Italien

iz q 133

Associazione Italiana Lattiero Casearia
Corso di Porta Romana 2, I-20122 Milano
T: (003902) 72 02 18 17   Fax: 72 02 18 38

Niederlande

iz q 134

Nederlandse Vereniging van Kaassmelters -NEDSMELT-
Postfach 1 65, NL-2700 AD Zoetermeer
T: (003179) 3 43 03 21   Fax: 3 42 61 85

Großbritannien

iz q 135

Dairy Industry Federation
Cornwall Terrace 19, GB- London NW1 4QP
T: (004420) 74 86 72 44   Fax: 74 87 47 34

Spanien

iz q 136

Asociacion Nacional de Fabricantes de Quesos y Mantequilla
Ayala 10 - 1.° Izqda, E-28001 Madrid
T: (003401) 5 76 21 00   Fax: 5 76 21 17

Österreich

iz q 137

Verband der Österreichischen Schmelzkäseindustrie
Postfach 22, A-6911 Lochau
T: (00435574) 49 73-0   Fax: 49 73-150
Obmann: Dir. Wolfgang Alge

Schweden

iz q 138

Swedish Dairies' Association
Mejerienna Service AB
Torsgatan 14, S-10546 Stockholm
T: (00468) 7 88 03 00   Fax: 7 88 03 30

Finnland

iz q 139

Finnish Dairy Association
Postfach 1 15, FIN-00241 Helsinki
Pasilarkatu 2, FIN-00241 Helsinki
T: (003589) 14 88 71   Fax: 14 88 72 01

Jagd und Fischerei

● **IZ Q 140**

Europäische Gesellschaft für Fischzucht im Meer (EAS)
European Aquaculture Society
Société Européenne d'Aquaculture
Slijkensesteenweg 4, B-8400 Oostende
T: (003259) 32 38 59 Fax: 32 10 05
Internet: http://www.easonline.org
E-Mail: eas@unicall.be
Gründung: 1976 (April)
President: Dr. Rosa Flos
Secr.: Dr. Y. Staykov
Contact: A. Lane
Verbandszeitschrift: "The European edition of World Aquaculture" 4 Times/Year; "Aquaculture International" 6 Times/Year
Mitglieder: 627 Individual + Companies
Mitarbeiter: 5

● **IZ Q 141**

Europäische Vereinigung der Forellenproduzenten (FEAP)
Federation of European Aquaculture Producers
Fédération Européenne des Associations Piscicoles
Rue Vivaldi 30, B-4100 Boncelles
T: (00324) 338 29 95 Fax: 337 98 46
Internet: http://www.feap.org/
E-Mail: Courtney@feap.org
Gründung: 1969
Président: Dr. Alessandro Perolo (c/o Agricenter, Viale de Lavoro, I-8-37135 Verona, T: (003945) 58 09 78, Fax: 58 27 41, E-Mail: alperolo@tin.it)
Vice Président: Tarald Siversten (Pir Senteret 5, N-7005 Trondheim, T: (004773) 87 09 50, Fax: 87 09 55, E-Mail: otto.gregussen@nho.no)
Vice Président: John Stephanis (1-3 Skra Str., GR-176 73 Kallithea, T: (00301) 953-1030, Fax: 9 53-1028, E-Mail: selonda@hol.gr)
Secrétaire Général: Courtney Hough (30 rue Vivaldi, B-4100 Boncelles, T: (003241) 338 29 95, Fax: 337 98 46, E-Mail: Courtney@feap.org, Internet: http://www.feap.org/)
Mitglieder: 23
Mitarbeiter: 2

● **IZ Q 142**

Nordwest Atlantik Fischerei Organisation (NAFO)
Northwest Atlantic Fisheries organization
Postfach 638, CDN- Dartmouth Nova Scotia, B2Y 3Y9
Morris Drive 2, CDN- Dartmouth Nova Scotia, B2Y 3Y9
T: (001902) 4 68-5590 Fax: 4 68-5538
Internet: http://www.nafo.ca
E-Mail: nafo@fox.nstn.ca
Gründung: 1979 (1. Januar)
Chairman: E. Oltuski (Cuba)
Vice-Chairman: P. Chamut (Canada)
Executive Secretary: Dr. L.I. Chepel
Mitglieder: 18 Contracting Parties
Mitarbeiter: 12

● **IZ Q 143**

Vereinigung von Erzeugergemeinschaften in der Europäischen Gemeinschaft (EAPO)
European Association of Fish Producers Organisations
Association Européenne des Organisations de Producteurs dans le Secteur de la Pêche
H. Baelskaai 25, B-8400 Oostende
T: (003259) 32 18 76 Fax: 32 28 40
Gründung: 1980
Vorsitzende(r): Maurice Benoish (Frankreich)
Generalsekretär(in): Luc Coibisier (Contact), Belgien
Mitglieder: 30

● **IZ Q 144**

Vereinigung der nationalen Verbände von Fischereiunternehmen in der E.U. (EUROPECHE)
Association des Organisations nationales d'Entreprises de Pêche de l' U.E.
Rue de la Science 23-25, Boîte 15, B-1040 Bruxelles
T: (00322) 2 30 48 48, 2 30 32 00 Fax: 2 30 26 80
E-Mail: europeche@free-way.net
Gründung: 1962
Président d'Honneur: Ervio Dobosz (Viale Timocle, 92, I-00124 Rome, T: (00396) 50 91 33 68, Fax: 85 35 29 92)
Président: Alain Parres (Rue des Mathurins, 59, F-75008 Paris, T: (00331) 42 66 32 60, Fax: (00331) 47 42 91 12)
Vice Présidents: Luigi Giannini (Via E. dei Cavalieri n°7, I-00198 Roma, T: (00396) 8 55 41 98, Fax: 85 35 29 92, E-Mail: direttore@federpesca.it)
José Ramón Fuertes Gamundi (ARVI - Puerto de Vigo, 36200 Vigo - España, T: (0034986) 43 38 44, Fax: 43 92 18, E-Mail: direccion@arvi.org)
Maria José Gonzales Martinez (C/Diego de León, 60-1°D, E-28004 Madrid, T: (003491) 3 09 20 20, Fax: 3 09 37 29, E-Mail: feabupes@teleline.esp)
Trésorier: Hugo Andersson (Amerikaskjulet - Uppgång G, SW-41463 Göteborg, T: (0046122) 2 01 55, Fax: 2 01 95, E-Mail: hugo.andersson@lio.se)
Secrétaire Général: Guy Vernaeve (Rue de la Science 23/25, B-1040 Bruxelles, T: (00322) 2 30 48 48, (0477) 33 18 76, Fax: 2 30 26 80; E-Mail: guy.vernaeve@copa-cogeca.be)
Assistante: Francisca Martinez Toledo (Rue de la Science 23/25, B-1040 Bruxelles, T: (00322) 2 30 48 48, 2 30 32 00, Fax: 2 30 26 80, E-Mail: europeche@free-way.net)
Mitglieder: 15
Mitarbeiter: 3
Mitgliedsverbände in Belgien, der Bundesrepublik Deutschland, Frankreich, Italien, den Niederlanden, Dänemark, Irland, Großbritannien, Griechenland, Spanien, Schweden

Mitgliedsorganisationen

Belgien

iz q 145

Rederscentrale
H. Baelskaai 25, B-8400 Oostende
T: (003259) 32 35 03 Fax: 32 28 40
E-Mail: rederscentrale@unicall.be
Président: B. Schiltz
Directeur: Corbisier

Dänemark

iz q 146

Danmarks Fiskeriforening
Kongensgade 33, DK-6700 Esbjerg
T: (0045) 70 10 40 40 Fax: 75 45 19 28
E-Mail: nw@fiskeriforening.dk
Président: B. Rulle
Chief Executive: N. Wichmann

Deutschland

iz q 147

Deutscher Hochseefischerei-Verband e.V.
Venusberg 36, 20459 Hamburg
T: (040) 31 48 84 Fax: 3 19 44 49
Président: Klaus Hartmann
Directeur: Lothar Fischer
Mitglieder: 4

iz q 148

Deutscher Fischerei-Verband e.V.
Venusberg 36, 20459 Hamburg
T: (040) 31 48 84 Fax: 3 19 44 49
Président: Cartensen
Directeur: Fischer

Frankreich

iz q 149

Union des Armateurs à la Pêche de France
59, rue des Mathurins, F-75008 Paris
T: (00331) 42 66 32 60 Fax: 47 42 91 12
E-Mail: ghiglia.m@wanadoo.fr
Président: Patrick Soisson
Délégué Général: M. Dion

Griechenland

iz q 150

PASEGES
Kifissias Av. 16, GR-1152 Athen
T: (00301) 7 77 57 89 Fax: 7 77 93 13
E-Mail: pasegs@otonet.gr
Directeur Général: Kavadias
Secrétaire Général: Fotis Litsos
Papadopoulou (T: (00301) 7 78 84 56)

Großbritannien

iz q 151

National Federation of Fishermen's Organisations (NFFO)
Mardsen Road - Fish Docks, GB- Grimsby DN 31 3 SG
T: (00441472) 35 21 41 Fax: 24 24 86
E-Mail: natfedfish@easynet.co.uk
Président: Townsend
Chief Executive: B. Deas

iz q 152

Scottish Fishermen's Federation
14 Regent Quay, GB- Aberdeen AB11 5AE
T: (00441224) 57 55 33 Fax: 57 15 64
E-Mail: sff@btinternet.com
Président: A. Smith
Chief Executive: Hamish R. Morrison

Irland

iz q 153

Irish Fishermen's Organisation Ltd.
Cumberland House
Fenian Street, IRL- Dublin 2
T: (0035316) 61 24 00 Fax: 61 24 24
Président: J. V. Maddock
Secrétaire Général: F. Doyle

Italien

iz q 154

Federazione Nazionale delle Imprese di Pesca
Via Emilio de Cavalieri n°7, I-00198 Rom
T: (00396) 8 55 41 98, 8 54 11 25 Fax: 85 35 29 92
E-Mail: direttore@federpesca.it
Président: E. Dobosz
Directeur Général: L. Giannini

Niederlande

iz q 155

Stichting van de Nederlandse Visserij
Postfach 72, NL-2280 AB Rijswijk
T: (003170) 3 36 96 00 Fax: 3 99 94 26
Président: Nooitgedagt
Dél. Général: Langstraat

Schweden

iz q 156

Sveriges Fiskares Riksförbund
Amerikaskjulet - UPPGANG G, S-41463 Göteburg
T: (004631) 12 45 90 Fax: 24 86 35
E-Mail: hugo.andersson@lio.se
Président: Johansson
Vice Président: Andersson

Spanien

iz q 157

Federación Española de Organizacione Pesqueras
C/Comandante Zorita n°12, E-28020 Madrid
T: (003491) 5 33 38 84, 5 34 54 84 Fax: 5 34 37 18
Président: Liria Franch
Secrétaire Général: José Ramón Fuertes Gamundi

iz q 158

Federación Española de Armadores de Buques de Pesca (FEABP)
C/Diego de León 60 -1° D, E-28006 Madrid
T: (003491) 3 09 20 20 Fax: 3 09 37 29
E-Mail: feabupes@teleline.esp
Président: Suarez Villa
Secrétaire Général: Maria José Gonzalez Martínez

iz q 159

Federación Nacional de Cofradias de Pescadores
C/Barquillo, n° 7 - 1° D, E-28004 Madrid

T: (003491) 5 31 98 01 **Fax:** 5 31 63 20
Président: Muñiz Guardado
Secrétaire Général: Gil De Bernabe

● **IZ Q 160**

Zusammenschluß der Jagdschutzverbände in der EU (FACE)
Federation of Fieldsports Associations of the EU
Fédération des Associations de Chasseurs de l'UE
Rue F. Pelletier 82, B-1030 Brüssel
T: (00322) 7 32 69 00 **Fax:** 7 32 70 72
Internet: http://www.face-europe.org
E-Mail: face.europe@infoboard.be
Gründung: 1977
President: P. Misselbrook
Secretary General: Y. Lecocq (Contact)
Mitglieder: 24
Mitarbeiter: 6

Mitglieder

iz q 161

Royal Saint-Hubert Club de Belgique (RSHCB)
Boulevard Lambermont 410, B-1030 Brüssel
T: (00322) 248 25 85 **Fax:** 248 25 95
E-Mail: st-hubert.club@euronet.be

iz q 162

Danmarks Jaegerforbund
Højnæsvej 56, DK-2610 Rødovre
Postf. 99, DK-2610 Rødovre
T: (0045) 36 72 42 00 **Fax:** 36 72 09 11
E-Mail: ht@jaegerne.dk

iz q 163

Deutscher Jagdschutz-Verband e.V. (DJV)
Vereinigung der deutschen Landesjagdverbände
Johannes-Henry-Str. 26, 53113 Bonn
T: (0228) 9 49 06-0 **Fax:** 9 49 06-30
E-Mail: a.nuy@jagdschutzverband.de

iz q 164

Federación Española de Caza (FEC)
C/Francos Rodríguez 70-2 °, E-28039 Madrid
T: (00341) 3 11 16 34 **Fax:** 4 50 66 08
E-Mail: fec@ran.es

iz q 165

Union Nationale des Fédérations Départementales des Chasseurs (UNFOC)
Rue d'Alésia 48, F-75014 Paris
T: (00331) 43 27 85 76 **Fax:** 43 21 36 97

iz q 166

Confédération de la Chasse en Grèce
Koraï 2, GR-10564 Athen
T: (00301) 3 23 12 71 **Fax:** 3 22 27 55

iz q 167

Federation of Hunting Organizations of Ireland
"Weston"
Spawell Road, IRL- Wexford
T: (0035353) 2 48 49 **Fax:** 2 48 49
E-Mail: nargc@iol.ie

iz q 168

Unione Nazionale Assoc. Venatorie Italiane (UNAVI)
Viale Tiziano 80, I-00196 Rom
T: (00396) 320 84 29 **Fax:** 320 27 35
E-Mail: unavi@tin.it

iz q 169

Fédération des Chasseurs Luxembourgeois
Postfach 60, L-2010 Luxemburg
T: (00352) 33 97 69 **Fax:** 95 78 69

iz q 170

Saint-Hubert Club du Grand-Duché de Luxembourg
Boulevard Pierre Dupong 22, L-1430 Luxemburg
T: (00352) 78 70 74 **Fax:** 72 00 95

iz q 171

Koninklijke Nederlandse Jagers Vereniging (KNJV)
Postfach 11 65, NL-3800 BD Amersfoort
T: (003133) 461 98 41 **Fax:** 465 13 55
E-Mail: knjv@wxs.nl

iz q 172

Fédération Portugaise des Chasseurs
Av. Marechal Gomes da Costa 15, P-1800 Lissabon
T: (003511) 2 84 32 55 20 **Fax:** 2 84 32 55 20

iz q 173

British Association for Shooting & Conservation (BASC)
Marford Mill
Rosset Wrexham, GB- Clwyd LL12 OHL
T: (00441244) 57 30 00 **Fax:** 57 30 01
E-Mail: jeffrey@basc.demon.co.uk

iz q 174

The Countryside Alliance
The Old Town Hall
Kennington Road 367, GB- London SE11 4PT
T: (004420) 7582 54 32 **Fax:** 7793 84 84, 7793 98 99
E-Mail: info@countryside-alliance.org

iz q 175

Zentralstelle Österreichischer Landesjagdverbände
Wickenburggasse 3/13, A-1080 Wien
T: (00431) 4 05 16 36 **Fax:** 4 05 16 36 28
E-Mail: jagd@noeljv.at

iz q 176

Fédération des Associations suisses de Chasseurs (FACH)
Via Ceresio 12, CH-6963 Pregassona
T: (004191) 803 36 11 **Fax:** 923 82 27

iz q 177

Orszagos Magyar Vadaszati Vedegylet
Medve u. 34-40.II.em, H-1027 Budapest 11
T: (00361) 155 06 97 **Fax:** 175 83 78

iz q 178

Ghaqda Kacc. Nassaba Konservazzjonisti
Postfach 26, GBY- Sliema SLM 01
T: (00356) 31 04 48 **Fax:** 80 92 58

iz q 179

Polski Zwiazek Lowiecki
Nowy Swiat 35, PL-00-029 Warschau
T: (004822) 827 45 45 **Fax:** 826 33 22

iz q 180

Lovska Zveza Slovenije
Zupanciceva 9, SLO-61000 Ljubljana
T: (0038661) 21 49 50 **Fax:** 21 79 94
E-Mail: lzs-lj@siol.net

iz q 181

Slowakischer Jagdverband
Slovenského pol'ovníckeho zväzu
Stefanikova 10, SK-81105 Pressburg
T: (00427) 39 89 90 **Fax:** 39 22 96

iz q 182

Hunters' Central Organization
Postfach !, FIN-01100 Östersundom
T: (003589) 8777 677 **Fax:** 8777 617

iz q 183

Svenska Jägareförbundet
Postfach 1, S-16321 Spånga
T: (00468) 7 95 33 00 **Fax:** 7 61 20 15
E-Mail: bo.lindevall@jagareforbunolet.se

iz q 184

Českomoravská Myslivecká Jednota
Jungmannova 25, CZ-11525 Prag 1
T: (004202) 24 23 23 49 **Fax:** 26 12 14

iz q 185

Estonian Hunters Society
Kuristiku 7, EW-12129 Tallin
T: (00372) 6 42 29 25 **Fax:** 6 42 65 67

iz q 186

Kroatischer Jagdverband
Hrvatski Lovacki Savez
Vladimira Nazora 63, H-10000 Zagreb
T: (003851) 43 33 10 **Fax:** 42 75 98

Natur- und Umweltschutz

● **IZ Q 187**

Arbeitsgemeinschaft Alpenländer (ARGE ALP)
Working Group of the Alpine Regions
Communauté de Travail des Regions Alpines
Landhaus, A-6010 Innsbruck
T: (0043512) 5 08 23 40 **Fax:** 5 08 23 45
Internet: http://www.argealp.org
E-Mail: f.staudigl@tirol.gv.at
Gründung: 1972 (12. Oktober)
Vorsitzende(r): Regierungsrat lic. iur. Peter Schönenberger (Davidstr. 35, CH-9001 St. Gallen, T: (004171) 2 29 32 86, Fax: (004171) 2 29 39 91, E-Mail: fd-regierungsrat@fd-sekr.sg.ch)
Geschäftsführer(in): Dr. Fritz Staudigl (Landhaus, A-6010 Innsbruck, T: (0043512) 5 08 23 40, Fax: 5 08 23 45)
Leitung Presseabteilung: Hildegard Jutz
Mitglieder: 11
Landesverbände: Land Baden-Württemberg
Freistaat Bayern
Autonome Provinz Bozen-Südtirol
Kanton Graubünden
Region Lombardei
Land Salzburg
Kanton St. Gallen
Land Tirol
Autonome Provinz Trient
Land Vorarlberg
Kanton Tessin
Fachverbände:
Kommission I - Kultur und Gesellschaft
Kommission II - Umwelt, Raumordnung und Landwirtschaft
Kommission III - Wirtschaft und Arbeit
Kommission IV - Verkehr

● **IZ Q 188**

Internationale Alpenschutzkommission (CIPRA)
Commission Internationale pour la Protection des Alpes
Postfach, FL-9494 Schaan
T: (00423) 2 37 40 30 **Fax:** 2 37 40 31
Internet: http://www.cipra.org
E-Mail: cipra@cipra.org
Gründung: 1952
Präsident(in): Andreas Weissen (Postf. 29, CH-3900 Brig, Tel.: (00410) 27 924 23 19, Fax: (00410) 27 924 43 05, E-Mail: a.weissen@rhone.ch)
1. Vize-Präsident: Helmuth Moroder (Horazstr. 7, I-39100 Bozen, Tel./Fax: (00390471) 28 35 20, E-Mail: helmuth.moroder@libero.it)
2. Vize-Präsident: Peter Hasslacher (Wilhelm-Greil-Str. 15, A-6010 Innsbruck, Tel.: (0043(0)512) 5 95 47 27, Fax: (0043(0)512) 57 55 28, E-Mail: office@alpenverein.at)
Schatzmeister: Josef Biedermann
Geschäftsführer(in): Andreas Götz (Im Bretscha 22, Postf. 128, FL-9494 Schaan, Tel.: (00423) 237 40 30, Fax: (00423) 237 40 31, E-Mail: cipra@cipra.org)
Mitglieder: mehr als 100 im Rahmen von 7 nationalen und einer regionalen Vertretung in allen 7 Alpenstaaten

iz q 189

CIPRA-Deutschland e.V.
Internationale Alpenschutzkommission (CIPRA)
Waltherstr. 29, 80337 München
T: (089) 54 42 78-50 **Fax:** 54 42 78-99
Internet: http://www.cipra.de
E-Mail: info@cipra.de
Gründung: 1952 (5. Mai)
Präsident(in): Dr. Stefan Köhler
Hauptgeschäftsführer(in): Andreas Güthler
Mitglieder: 16 Verbände (1.900.000 Mitglieder)

● **IZ Q 190**

Arbeitsgemeinschaft Wasserwerke Bodensee-Rhein (AWBR)
c/o Zweckverband Bodensee-Wasserversorgung
Hauptstr. 163, 70563 Stuttgart
T: (0711) 973-2222 **Fax:** 973-2035

IZ Q 190

E-Mail: awbr@zvbwv.de
Gründung: 1968
Präsident(in): Prof. Dr.-Ing. H. Mehlhorn (Technischer Geschäftsführer Zweckverband Bodensee-Wasserversorgung)
Vizepräsident(in): Dr. H. Klein (Direktor Wasserversorgung Zürich)
Geschäftsführer(in): Dr.-Ing. R. Schick (Zweckverband Bodensee-Wasserversorgung)
Mitglieder: 72 Wasserwerke aus Deutschland, Frankreich, Österreich, Liechtenstein und Schweiz

● IZ Q 191
EuropaBio
Avenue de l'Armée 6, B-1040 Brüssel
T: (00322) 7 35 03 13   Fax: 7 35 49 60
Internet: http://www.europa-bio.be
E-Mail: mail@europa-bio.be
Gründung: 1996 (27. September)
Präsident(in): Dr. E. Tambuyzer
Hauptgeschäftsführer(in): Hugo Schepens (Secretary General)
Verbandszeitschrift: Euro Bio News
Mitglieder: 40 und 13 nationale Organisationen
Mitarbeiter: 8

● IZ Q 192
Europäischer Verband für Verkehr und Umwelt (T&E)
European Federation for Transport and Environment
Fédération Européenne pour le Transport et l'Environnement
Boulevard de Waterloo 34, B-1000 Brüssel
T: (00322) 502 9909   Fax: 502 9908
Internet: http://www.t-e.nu
E-Mail: info@t-e.nu
Gründung: 1989
Director: Beatrice Schell
Verbandszeitschrift: T&E Bulletin
Mitglieder: 37

● IZ Q 193
Europäisches Umweltbüro (EEB)
European Environmental Bureau
Bureau Européen de l'Environnement
Boulevard de Waterloo 34, B-1000 Brüssel
T: (00322) 289 10 90   Fax: 289 10 99
Internet: http://www.eeb.org
E-Mail: info@eeb.org
Gründung: 1974
President: Ralph Hallo
Secretary General: John Hontelez
Press Department: Regina Schneider
Verbandszeitschrift: Metamorphosis
Mitglieder: 138
Mitarbeiter: 10, davon 5 Teilzeit

● IZ Q 194
Europäische Plastik Recycler (EuPR)
European plastics recyclers
Recupérateurs européens de matière plastique
Avenue de Cortenbergh 66, B-1000 Brüssel
T: (00322) 7 32 41 24   Fax: 7 32 42 18
E-Mail: eupr@skynet.be
Präsident(in): Bernard Merkx
Generalsekretär: Alexandre Dangis

● IZ Q 195
Greenpeace International
(Stichting Greenpeace Council)
Keizersgracht 176, NL-1016 DW Amsterdam
T: (003120) 5 23-6222   Fax: 5 23-6200
Internet: http://www.greenpeace.org
E-Mail: receptie@ams.greenpeace.org
Gründung: 1971
Executive Director: Dr. Gerd Leipold (bis Aug. 2001)

● IZ Q 196
Internationales Institut für Umwelt und Entwicklung (IIED)
International Institute for Environment and Development
3 Endsleigh Street, GB- London WC1H 0DD
T: (004420) 73 88 21 17   Fax: 73 88 28 26
Gründung: 1971
Executive Director: Richard Sandbrook
Mitarbeiter: 55, davon 5 Teilzeit

● IZ Q 197
Internationales Meeres-Forum d. Ölgesellschaften (OCIMF)
Oil Companies International Marine Forum
27 Queen Anne's Gate, GB- London SW1H 9BU
T: (004420) 7654 1200   Fax: 7654 1205
Internet: http://www.ocimf.com
E-Mail: enquiries@ocimf.com
Gründung: 1970 (April)
Chairman: R.L. Paniguian (Regional President for the Middle East BP Amoco International, London)
Director: J.W. Hughes
Verbandszeitschrift: Marine Publications Catalogue
Verlag: Witherby & Co. Ltd.
Mitglieder: 40
Mitarbeiter: 9

● IZ Q 198
Naturfreunde Internationale (NFI)
International Friends of Nature
Internationale des Amis de la Nature
Diefenbachgasse 36, A-1150 Wien
T: (00431) 8 92 38 77   Fax: 8 12 97 89
Internet: http://www.nfi.at
E-Mail: nfi@nfi.at
Gründung: 1895
Präsident(in): Herbert Brückner
Vizepräsident(in): Bruno K. Lampasiak
Michèle Davieau
Ed Smit
Heinz Kaupa
Ralph Siegenthaler
Hauptgeschäftsführer(in): Manfred Pils
Mitglieder: 600000
Mitarbeiter: 4
Jahresetat: DM 1 Mio

Mitgliedsorganisationen

Belgien-Flandern

iz q 199
ATB "De Natuurvrienden"
Provinciestraat 53, B-2018 Antwerpen
T: (00323) 27 00 28-0   Fax: 2 35 51 42
E-Mail: atb@natuurvrienden.be

Belgien-Wallonien

iz q 200
Union Francophone Les Amis de la Nature
42, rue de l'Abbaye, B-7800 Ath
T: (003268) 28 38 50

Dänemark

iz q 201
Landsforeningen Natur & Fritid Danmark
Odensegade 5 st th., DK-2100 Copenhagen
T: (0045) 3526 0120   Fax: 3526 4820
E-Mail: naturfri@post6.tele.dk

Deutschland

iz q 202
**Die NaturFreunde
Bundesgruppe Deutschland e.V.**
Postf. 60 04 41, 70304 Stuttgart
Hedelfinger Str. 17-25, 70327 Stuttgart
T: (0711) 4 09 54-0   Fax: 4 09 54-4
E-Mail: naturfreunde-d@t-online.de
Verbandszeitschrift: NaturFreundIn
Verlag: NaturFreunde Verlag, Postf. 60 04 41, 70304 Stuttgart

Großbritannien

iz q 203
Naturefriends - Great Britain
33 Knyvetts Green, GB- Ashwellthorpe, Norwich NR 16 1HA
T: (00441508) 4 14 57
E-Mail: info@naturefriends.org.uk
John Hubbard

Finnland

iz q 204
Työväen Retkeilyliitto ry
Paasivuorenkatu 5A, FIN-00530 Helsinki
T: (003589) 76 73 52   Fax: 76 73 54
E-Mail: trl@trl.inet.fi

Frankreich

iz q 205
**Les Amis de la Nature
Fédération Française**
Rue Championnet 197, F-75018 Paris
T: (00331) 46 27 53 56   Fax: 46 27 40 46
E-Mail: ffutan@utan.asso.fr

Niederlande

iz q 206
NIVON
Hilversumstraat 32, NL-1014 MB Amsterdam
T: (003120) 435 07 00   Fax: 637 65 33
E-Mail: nivon@nivon.nl

Italien

iz q 207
Gruppo Italiano Amici della Natura G.I.A.N.
Via del Centro 19, I-10090 Bardassano di Gassino
T: (003911) 9605113
E-Mail: gianaturitaly@libero.it

Luxemburg

iz q 208
Letzebuerger Naturfrenn a.s.b.l.
Rue J.P. Ries 6, L-6143 Junglinster
T: (00352) 7 86 53
Edouard Frisch

Mexiko

iz q 209
Piero G. Alberti Amistur A.C.
Postfach 6, MEX-61094 Mexico-City
T: (00525) 5 64 89 67

Österreich

iz q 210
Naturfreunde Österreich
Bundesleitung
Viktoriagasse 6, A-1150 Wien
T: (00431) 8 92 35 34   Fax: 8 92 35 34 36
E-Mail: info@naturfreunde.at

Polen

iz q 211
PTTK
Senatorska 11, PL-00075 Warschau
T: (004822) 8 26 22 51   Fax: 8 26 22 05
E-Mail: buiro@kdp-pttk.org.pl

Schweden

iz q 212
Naturvännernas Internationella Turistförening I Sverige
Säbyholmsskolan PL5, S-19791 Bro
T: (00468) 58 24 25 34   Fax: 58 24 26 93
E-Mail: manfred.scholze@telia.com
Kontaktperson: Manfred Scholze

Schweiz

iz q 213

Naturfreunde Schweiz
Zentralsekretariat
Pavillonweg 3, CH-3012 Bern
T: (004131) 3 06 67 67   **Fax:** 3 06 67 68
E-Mail: org@naturfreunde.ch

Senegal

iz q 214

Association Sénégalaise des Amis de la Nature
15 bis, Rue Jules Ferry, SN-BP 1810 Dakar
T: (00221) 21 39 75

Slowakei

iz q 215

Naturfreunde Slowakei
Junacka 6, SK-83280 Pressburg
T: (004217) 49249-224   **Fax:** 49249-569

Südtirol

iz q 216

Eigenlandesverband Südtirol "Die Naturfreunde"
Schillerstr. 8, I-30912 Meran
T: (0039473) 23 22 10

Tschechische Republik

iz q 217

Naturfreunde Tschechien
c/o Duha
Senovázné námesti 24, CZ-11647 Praha 1
T: (004202) 2 41 10 23 74   **Fax:** 2 41 10 23 75
E-Mail: prokes@duha.cz

Ungarn

iz q 218

Magyar Természetbarát Szövetség
Bajcsy Zsilinszky út 31 .II.3, H-1065 Budapest
T: (00361) 3 11 24 67   **Fax:** 3 53 19 30

USA

iz q 219

T.C. "The Nature Friends"
6127 Contra Costa Rd., USA- Oakland CA 94618
T: (001510) 5 47-1176
E-Mail: susiraub@aol.com
Kontaktperson: Susi Raub

NFJI

iz q 220

Naturfreundejugend Internationale (NFJI)
International Young Naturefriends (IYNF)
Internationale des Jeunes Amis de la Nature (IJAN)
Hamerstraat 19, B-1000 Brüssel
T: (00322) 217 62 82   **Fax:** 217 81 33
E-Mail: iynf@iynf.org

● **IZ Q 221**

Internationaler Wildnisführer Verband e.V. (IWV)
Albblick 3, 72160 Horb
T: (07482) 91 32 30
Internet: http://www.wildnisfuehrer.ch

● **IZ Q 222**

Naturopa Zentrum (CN)
Centre Naturopa
Conseil de l'Europe
F-67075 Strasbourg Cedex
T: (0033388) 41 20 00   **Fax:** 41 27 15
Internet: http://www.nature.coe.int
E-Mail: centre.naturopa@coe.int
Gründung: 1967

● **IZ Q 223**

IUCN - Internationale Union für die Erhaltung der Natur und der natürlichen Hilfsquellen
IUCN - The World Conservation Union
IUCN - Union mondiale pour la nature
Rue Mauverney 28, CH-1196 Gland
T: (004122) 9 99 00 01   **Fax:** 9 99 00 02
Internet: http://www.iucn.org
E-Mail: mail@iucn.org
Gründung: 1948
President: Sra Yolanda N. Kakabadse (E-Mail: president@iucn.org)
Director General: Achim Steiner
Verbandszeitschrift: World Conservation (English version), Planète Conservation (French version), Conservación Mundial (Spanish version)
Redaktion: N. Meith
Verlag: IUCN, 28 rue Mauverney, 1196 Gland, Switzerland
Mitglieder: 988 in 141 countries

● **IZ Q 224**

Zusammenschluß europäischer Ölgesellschaften für Umwelt-, Sicherheits- u. Gesundheitsschutz (CONCAWE)
The oil companies' european organization for environment, health and safety
Boulevard du Souverain 165, B-1160 Brüssel
T: (00322) 5 66 91 60   **Fax:** 5 66 91 81
Internet: http://www.concawe.be
E-Mail: info@concawe.be
Gründung: 1963
Vorsitzende(r): Bart van Holk
Generalsekretär(in): Jean Castelein
Mitglieder: 27
Mitarbeiter: 13

Tier- und Pflanzenschutz

● **IZ Q 225**

BirdLife International
Wellbrook Court, Girton Road, GB- Cambridge CB3 0NA
T: (00441223) 27 73 18   **Fax:** 27 72 00
Internet: http://www.birdlife.net
E-Mail: birdlife@birdlife.org.uk
Gründung: 1922
Vorsitzende(r): Dr. Gerard Bertrand
Hauptgeschäftsführer(in): Dr. Michael Rands
Leitung Presseabteilung: Michael Szabo
Verbandszeitschrift: World Birdwatch
Mitglieder: 2000000 in 100 Countries
Mitarbeiter: 37

● **IZ Q 226**

Pflanzenschutzorganisation für Europa und den Mittelmeerraum (EPPO)
European and Mediterranean Plant Protection Organization (EPPO)
Organisation Européenne et Méditerranéenne pour la Protection des Plantes (OEPP)
1, rue le Nôtre, F-75016 Paris
T: (00331) 45 20 77 94   **Fax:** 42 24 89 43
Internet: http://www.eppo.org.
E-Mail: hq@eppo.fr
Gründung: 1951
Verbandszeitschrift: Bulletin OEPP/EPPO Bulletin
Mitglieder: 43
Mitarbeiter: 11

● **IZ Q 227**

Politischer Arbeitskreis für Tierrechte in Europa e.V. (PAKT)
Political Association for Animal Rights in Europe
Initiative Politique Européene pour les Droits des Animaux
Sitz Bonn, Geschäftsstelle: Umwelt-Zentrum Düsseldorf
Merowingerstr. 88, 40225 Düsseldorf
T: (0211) 93 37 45-1   **Fax:** 93 37 45-2
E-Mail: paktev@t-online.de
Gründung: 1990 (5. Mai)
1.Vorsitzende(r): Dr.sc.agr. Hans-Joachim Becker, Hamburg
2.Vorsitzende(r): Dipl.Pol. Edgar Guhde, Düsseldorf
Vorstand: Christoph Fink, Bonn
Vorstand: Dr.med.dent Marion Hallerbach-Redlin, Bad Neuenahr
Vorstand: Kurt-Christian Schmidinger, Wien
Vorstand: Dipl.Päd. Silke Sißmeier, Baesweiler
Vorstand: Dr.med.vet. Christina Sultan, Hamburg
Mitglieder: 150

PAKT e.V. betreibt die rechtliche und politische Interessenvertretung aller Tiere gegenüber den nationalen und internationalen Gesetzgebungsorganen, nationalen und internationalen Verwaltungen sowie gegenüber den Organen der Justiz.

● **IZ Q 228**

Welttierschutz-Gesellschaft (WSPA)
World Society for the Protection of Animals
Société Mondiale pour la Protection des Animaux
2, Langley Lane, GB- London SW8 1TJ
T: (004420) 77 93 05 40   **Fax:** 77 93 02 08
Internet: http://www.wspa.org.uk
E-Mail: wspa@wspa.org.uk
Gründung: 1981
Manager of Press Department: Jonathan Owen
Verbandszeitschrift: Animals International
Verlag: WSPA, 2 Langley Lane, London SW8 1TJ
Mitglieder: (Amendment) 200000 Worldwide
Mitarbeiter: 60
Jahresetat: DM 4 Mio

iz q 229

WSPA Welttierschutzgesellschaft Deutschland e.V.
Am Michaelshof 8-10, 53177 Bonn
T: (0228) 9 56 34 55   **Fax:** 9 56 34 54
Gründung: 1998
Geschäftsführer(in): Martin Riebe

Notizen

IZ R Sozialpolitische Organisationen

Zum Auffinden einer bestimmten Dienststelle oder Organisation dient das Suchwortverzeichnis, eines Personennamens das Personenverzeichnis

Arbeitgeberorganisationen
Arbeitnehmerorganisationen
Beamten-Organisationen

Arbeitgeberorganisationen

● **IZ R 1**

Europäischer Bund der Kleinbetriebe (ESBA)
European Small Business Alliance
Union Européenne des Petites Entreprises
Rue Vautier n° 54, B-1050 Brüssel
T: (00322) 6 39 62 30 **Fax:** 7 87 40 66

Deutschland

iz r 2

Arbeitsgemeinschaft Mittelständischer Unternehmen e.V. (AMU)
Im Haus der Selbständigen
Schlüterstr. 4, 10625 Berlin
T: (030) 7 84 20 38-39, 31 86 81-3 **Fax:** 7 87 40 66
Präsident(in): Josef Stingl

iz r 3

BDS/DGV Landesverband Nordrhein-Westfalen e.V.
Schwanenwall 23, 44135 Dortmund
T: (0231) 52 71 84, 52 71 85, 52 71 86 **Fax:** 52 71 83
Präsident(in): Hans-Peter Murmann

iz r 4

Europäische Fluß-See-Transport Union e.V., Berlin (ERSTU)
European River-Sea-Transport Union
Alt Stralau 55-58, 10245 Berlin
T: (030) 29 37 64 14 **Fax:** 29 37 62 01

Frankreich

iz r 5

Patrons Independants
La Boetie 25, F-75008 Paris
T: (00331) 53 300 200 **Fax:** 53 300 222
E-Mail: alguyard@compuserve.com
Präsident(in): Philippe Courtin
European Responsible: Christian Foulon

Großbritannien

iz r 6

Federation of Small Business (FSB)
Catherine Place 2, GB- London SW1E 6HF
Präsident(in): Ian L. Handford
European Responsible: Brian A. Prime

Österreich

iz r 7

Freier Wirtschaftsverband Österreich (F.W.V.O.)
Wiedner Hauptstr. 57, A-1040 Wien
T: (00431) 5 01 21 **Fax:** 5 01 21 20
Internet: http://www.wirtschaftsverband.at
E-Mail: selbst@wirtschaftsverband.at
Präsident(in): René Alfons Haiden
European Responsible: Dr. Robert Schediwy

Schweden

iz r 8

Swedish Association of Free Entrepreneurs - S.A.F.E.
Postfach 3111, S-10362 Stockholm
T: (00468) 7 11 55 01 **Fax:** 7 11 82 90
Präsident(in): Leif Svensson
European Responsible: Gustaf Skulason

● **IZ R 9**

Europäische Vereinigung der Verbände kleiner und mittlerer Unternehmen (EV-KMU)
Av. de la Renaissance 1, B-1000 Bruxelles
T: (00322) 7 36 76 31 **Fax:** 7 36 05 71
Internet: http://www.cea-pme.de
E-Mail: ev-kmu@bvmw.org
Direktor: Walter Grupp
Präsident(in): Reué Eckhardt

Vizepräsident(in): Metin Alkoclar
Generalsekretär(in): Dieter Härthe
Geschäftsführer(in): Heike Esser
Leitung Presseabteilung: Dr. Manfred Vohrer
Verbandszeitschrift: Newsletter
Redaktion: Heike Esser

● **IZ R 10**

CEDI

Europaverband der Selbständigen (CEDI)
European Association of Independents
Confédération Européenne des Indépendants
Hauptgeschäftsstelle:
Oberbexbacher Str. 7, 66450 Bexbach
T: (06826) 14 70, 21 88 **Fax:** 5 09 04
Internet: http://www.bvd-cedi.de
E-Mail: info@bvd-cedi.de
Büro Berlin:
Carsten Lucht, Kaiser-Friedrich-Höfe, Kaiser-Friedrich-Str. 30, 10585 Berlin
Büro Brüssel: 11/12 Square Sainctelette, Stufe 7, B-1000 Brüssel
Mitglieder sind Selbständigenverbände in den einzelnen EU-Staaten; die CEDI vertritt 1,5 Mio Selbständige in der EU
Präsident(in): Karl Philippi
Past-Präsident: Karl Kunrath
Verbandszeitschrift: Gewerbe-Report (Zeitschrift für Selbständige)
Verlag: Oberbexbacher Str. 7, 66450 Bexbach

Mitgliedsverbände und Kontaktstellen der CEDI in der EU, Osteuropa und Übersee

Andorra

iz r 11

CEDI-Repräsentanz Andorra
Xalet Aguila, Auvinya, AND- Sant Julià de Lòria
T: (00376) 84 20 07 **Fax:** 84 29 37
Internet: http://www.mhz.ad/delegat
E-Mail: boldt.partner@andorra.ad
Wirtschaftsberater: Hans H. Boldt, Xalet Aguila

Belgien

iz r 12

SYNDICAT NEUTRE POUR INDEPENDANTS a.s.b.l.
Square Sainctelette 11-12, Stufe 7, B-1000 Brüssel

Frankreich

iz r 13

Confédération Européenne des Indépendants de France
13, rue de Buci, F-75006 Paris

Georgien

iz r 14

CEDI-Repräsentanz Georgien
Vertretung in Deutschland:
Wiesengrund 17, 66822 Lebach
Kontaktperson: Dr. Wladimir Saridse
G. Lauran (Wiesengrund 17, 66822 Lebach)

Italien

iz r 15

Confesercenti
Via Nazionale 60, I-00184 Rom
T: (00396) 4 72 51 **Fax:** 4 88 21 56

Luxemburg

iz r 16

Steuerberater Edgar Bisenius
Bd. G.-D. Charlotte 9a, L-1330 Luxemburg
E-Mail: bisenius@becofis.com

Niederlande

iz r 17

De Nederlandse Kermisbond (NKB)
Oudegracht 188, NL-1811 CP Alkmaar
T: (003172) 12 35 83 **Fax:** 12 12 52
Internet: http://www.confesercenti.it
E-Mail: dipco@confesercenti.it
Kontaktperson: Jan Boots

Österreich

iz r 18

Europäischer Verband der unabhängigen Finanzdienstleister
Irenäusgasse 39, A-1210 Wien
T: (00431) 2 90 14 14 **Fax:** 2 90 18 00
Präsident(in): Wolfgang Göltl

Polen

iz r 19

JCH - Wirtschafts-Service
ul. Koszycka 4, PL-53-014 Wroclaw
T: (004871) 3 39 97 95 **Fax:** 3 39 82 59
Kontaktperson: Dipl.-Ing. Jan Chelstowski

Portugal

iz r 20

PME
Rua da Divisao 735 -4405, P-735-4405 S. Felix da Marinha
Präsident(in): Pedro Fernandes

Rumänien

iz r 21

Consiliul National al Intreprinderilor private Mici si Mijlochii din Romania (CNIPMMR)
General Berthelot Str. No. 22, Sektor 1, R- Bukarest

Russland

iz r 22

CEDI-Repräsentanz Russland
Postfach 58 06, RUS-121309 Moskau
Seslawinskaja-Str. 12-2-45, RUS-121309 Moskau
T: (007095) 3 41 50 70, 3 41 51 00 **Fax:** 4 34-1148, Satelliten-Fax: 007 502 220 32 49
Kontaktperson: Dr. Wladimir Maslow

Spanien

iz r 23

Dr. oek. Horst Haarkötter Hartmann
Edificio Mercurio Torre 2 - 5. Aa, E-35100 Playa del Inglés/gran Canaria
T: (0034928) 76 15 09, 76 15 10 **Fax:** 76 89 76

Türkei

iz r 24

HTS Cevreteknik LTD
65/18 Sk. No 4 D2, TR-35350 F. Altay - Izmir
T: (0090232) 278 53 04 **Fax:** 278 53 04
Kontaktperson: Dipl.-Ing. Levent Mercan

Ungarn

iz r 25

CEDI-Repräsentanz Ungarn
Vadon U20, H-1112 Budapest
T: (00361) 1 86 06 53
Kontaktperson: Dr. Janos Szabo

USA

iz r 26

Heer Associates, Inc.
Heer Associates, Inc.
5329 Crown Avenue, USA- La Canada, CA 91011
Präsident(in): Dr. Ewald Heer

● **IZ R 27**

Internationale Christliche Unternehmervereinigung (UNIAPAC)
International Christian Union of Business Executives
Union Internationale Chrétienne des Dirigeants d'Entreprise
Place des Barricades, 2, B-1000 Brüssel
T: (00322) 2 18 31 14   **Fax:** 2 19 70 37
Internet: http://www.uniapac.org
E-Mail: uniapac@skynet.be
Gründung: 1931
Board of Directors:
President: Dr. H. Onno Ruding (Vice Chairman of CITIBANK, N.A.,263g Bld Général Jacques, B-1050 Brussels (Belgium), T: (00322) 6 26 62 62, Fax: (00322) 6 47 47 30, E-Mail: onno.ruding@citicorp.com)
Vice-President, President of UNIAPAC Europe: Etienne Wibaux (Chairman of Subrenat Expansion, 91 rue de l'Epinette, F-59420 Mouvaux (France), T: (00333) 20 11 63 53, Fax: 20 24 34 44, E-Mail: management@subrenat.com)
Vice-President, President of UNIAPAC Latin America: Jan Wiegerinck (Chairman of Gelre Trabalho Temporario S.A., Rue 24 de Maío, 35-7 andar, CEP 01041-001 - Sao Paulo SP (Brazil), T: (005511) 2 22 43 11, Fax: 2 21 67 59, E-Mail: jwiegeri@amcham.com.br)
Treasurer: Luc Steyaert (General Manager of Besix N.V., Tegenover Gebouw 3, Luchthaven, B-1930 Zaventem (Belgium), T: (00322) 7 53 37 03, Fax: 7 53 37 05, E-Mail: tv.iac@belcom.be)
Member of the Board: Carlos Alvarez Jimenez (Chairman of ASE (Acción Social Empresarial), Chairman of the Board CORPORACION MAPFRE, Ctra. de Pozuela de Alarcón a Majadahonda Km 3500, E-28220 Majadahonda (Madrid) (Spain), T: (003491) 6 26 55 01, Fax: 6 38 05 15, E-Mail: carlos_alvarez@fremap.es)
Member of the Board: Jean Brunet-Lecomte (Chairman of Les EDC (Les Entrepreneurs et Dirigeants Chrétiens), Managing Director of B.L. Consultants, 74, rue Bonnel, F-69428 Lyon Cedex 03 (France), T: (00334) 72 84 45 84, Fax: 72 84 45 89, E-Mail: bl.consultants@wanadoo.fr)
Member of the Board: Christopher Beresford (to be confirmed; Chairman of CABE (Christian Association of Business Executives) - IBE (Institute of Business Ethics), 24, Greencoat Place, GB-London SW1P 1 BE, T: (004420) 77 98 60 40, Fax: 77 98 60 44)
Member of the Board: Jorge Costa (General Manager of Christophersen S.A., c/o ACDE (Asociación Cristiana de Dirigentes de Empresa), José Enrique Rodo, 2074 Montevideo (Uruguay), T: (005982) 4 08 51 76, Fax: 4 01 21 13, E-Mail: uniapacuru@uyweb.com.uy)
Member of the Board: Michel Dussenne (President of ADIC (Association Chrétienne des Dirigeants et Cadres d'Entreprise), President of Belgacom, Bld. du Roi Albert II, 27, B-1030 Brussels (Belgium), T: (00322) 2 02 81 70, Fax: 2 03 55 72, E-Mail: michel.dussenne@belgacom.be)
Member of the Board: R.F. Martin Ekwa bis Isal (S.J., General Secretary of CADICEC Uniapac-Congo (Centre Chrétien d'Action pour les Dirigeants et Cadres d'Entreprise au Congo), B.P. 3417, 81, Avenue Roi Baudouin (ex. 3Z), Kinshasa/Gombe (Congo), T: (00243) 8 80 62 73, Fax: (00322) 7 06 51 08, E-Mail: cadicec@raga.net)
Member of the Board: Cornelius Georg Fetsch (Honorary President of BKU (Bund Katholischer Unternehmer), Rahmer Str. 34, D-40489 Düsseldorf (Germany), T: (0203) 74 28 68, Fax: 74 70 13, E-Mail: cubfetsch@t-online.de)
Member of the Board: Somsak Leeswadtrakul (Former Chairman of CBEG (Catholic Business Executives Group), Chairman & CEO of SSP Group, 116/36-39 11th Floor, SSP Tower 2, Soonthornkosa Road, Klongtoey, Bangkok 10110 (Thailand), T: (00662) 6 71 25 83 ext. 122, 188, Fax: 6 71 25 98, E-Mail: somsak@loxinfo.co.th)
Member of the Board: José Ignacio Mariscal Torroella (Chief Executive Officer of Grupo Marhnos, S.A., Lafayette 40, Col. Anzures, CP-11590 México, D.F. (Mexico), T: (00525) 5 31 14 46/2 03 51 02, Fax: 5 31 25 51, E-Mail: jimariscal@marhnos.com.mx)
Member of the Board: Francesco Merloni (Chairman of UCID Nazionale (Unione Cristiana Imprenditori Dirigenti), Chairman of Merloni S.p.A., Via della Scrofa 64, I-00184 Rome (Italy), T: (003906) 6 87 55 05, Fax: 6 87 57 41, E-Mail: fmerlonir@getnet.it)
Member of the Board: Alberto Augusto Perazzo (Chairman of ADCE (Assosiação de Dirigentes Cristãos de Empresa), President of Bull South America S.A., Rue Haddock Lobo, 347-13 andar, CEP 01414-001 - São Paulo - SP (Brazil), T: (05511) 31 56-3121, Fax: 31 56-3110, E-Mail: alberto.perazzo@bull-sam.com.br)
Member of the Board: Bruno Carlos Pinto-Basto Bobone (Chairman of ACEGE Lisbon (Associaçao Cristã de Empresários e Gestores), Av. 24 de Julho, 1-D, P-1200 Lisbon (Portugal), T: (0035121) 3 23 04 02, Fax: 3 42 35 31, E-Mail: bruno.bobone@pintobasto.com)
Member of the Board: Daniel Risopatrón (Chairman of USEC-Chile (Unión Social de Empresarios y Ejecutivos Cristianos), General Holleyn n° 186 Of.B - Providencia Santiago (Chile), T: (00562) 2 33 77 90/2 52 07 78, Fax: 2 33 29 43, E-Mail: usec@terra cl)
Member of the Board: Luis Riva (Vice-President of Managers S.A., Cordoba 1255-Piso 10°, (1055) Buenos Aires (Argentina), T: (005411) 48 15 91 11/14, Fax: 48 15 91 15, E-Mail: lriva@ibm.net)
Member of the Board: Jacques Schraven (Chairman of Vereniging NCW, Bezuidenhoutseweg 12, Postbus 93002, NL-2509 AA The Hague (Netherlands), T: (003170) 3 49 03 49, Fax: 3 49 03 00, E-Mail: lmgijzendoorn@vno-ncw.nl)
Member of the Board: Norbert van Broekhoven (President of VKW (Verbond van Kristelijke Werkgevers en Kaderleden), President of UNIAPAC-Belgium, Avenue de Tervuren, 463, B-1160 Brussels (Belgium), T: (00322) 7 73 16 80, Fax: 7 73 16 00, E-Mail: monique.goossens@vkw.be)
Member of the Board: Armin Villiger (VCU Board Member (Vereinigung Christlicher Unternehmer der Schweiz), Baanhalden, 28, CH-8307 Effretikon (Switzerland), T & Fax: (004152) 3 43 46 13, E-Mail: swisshand@ol.com)
Member of the Board: Alberto Falck (Co-opted Member; Chairman of "FALCK S.p.A.", Vice-President UCID Italiana, Corso Venezia, 16, I-20121 Milano (Italy), T: (003902) 2 43 31, Fax: 2 42 88 30, E-Mail: alberto.falck@falck.it)
Member of the Board: Philippe Ledouble (Co-opted Member; President of MCC (Mouvement Chrétien des Cadres et Dirigeants), Responsable Mission Solidarité auprès de la SNCF, 115, Av. Paul Vaillant-Couturier, F-92300 Levallois-Perret (France), T & Fax: (0331) 47 31 03 65, E-Mail: ledouble@club-internet.fr)
Member of the Board: José Alfonso Lozano Irazábal (Co-opted Member; Vice-President of UNIAPAC Latin America; Chairman of USEM (Confederación de Uniones Sociales de Empresarios de México, A.C.), Chairman of Coeficiente S.A. de C.V., Edgar Alan Poe 19, Polanco, 11560 México, D.F. (Mexico), T: (00525) 2 80 79 65, Fax: 2 80 78 72, E-Mail: lozano@mail.internet.com.mx)
Member of the Board: Hans Hermann Reschke (Co-opted Member; Member of the Board of AEU (Arbeitskreis Evangelischer Unternehmer), Director and Partner Bankhaus B. Metzler Seel. Sohn & Co., Große Gallusstr. 18, D-60311 Frankfurt (Germany), T: (069) 2 10 42 25, Fax: 2 10 46 94, E-Mail: sdisser@metzler.com)
Member of the Board: Klaus-Dieter Schmidt (Co-opted Member; BKU Board Member (Bund Katholischer Unternehmer), Bonnfinanz AG, Adalbert-Stifter-Str. 4, D-53113 Bonn (Germany), T: (0228) 53 32 93, Fax: 53 31 93)
Are taking part in the Board's meeting with a consultative status
Honorary President of UNIAPAC: Philippe de Weck (Les Rappes, CH-1753 Matran (Switzerland), T: (004126) 4 02 34 16, Fax: 4 01 02 18)
Past President of UNIAPAC: Michel Albert (Member of the Monetary Policy Committee (MPC) of the Bank of France, 9, rue de Valois, F-75001 Paris (France), T: (0331) 42 92 55 00/42 92 44 55, Fax: 42 92 56 01, E-Mail: cpm@banque.france.fr)
Past President of UNIAPAC: Guy de Wouters (President of the Compagnie Financière de la Trinité, Paris, 89, rue Taitbout, F-75009 Paris (France), T: (00331) 42 85 30 00, Fax: 42 85 23 67)
Past President of UNIAPAC: Domingo Sugranyes (General Manager & Member of the Board CORPORACION MAPFRE, Paseo de Recoletos 25, E-28004 Madrid (Spain), T: (003491) 5 81 13 41, Fax: 5 81 11 13, E-Mail: dsugranyes@mapfre.com)
Past President of UNIAPAC: Ernst van den Biggelaar (Potgieterlaan, 7, NL-1401 AS Bussum (Netherlands), T: (003135) 6 91 20 56, Fax: 6 93 58 69)
General Secretary of UNIAPAC: Benoît Meessen (Place des Barricades, 2, B-1000 Brussels (Belgium), T: (00322) 2 18 31 14, Fax: 2 19 70 37, E-Mail: uniapac@skynet.be)
Spiritual Adviser of UNIAPAC: R.F. Rafael Braun (c/o ACDE-Argentina, Bolivar, 425, 1066 Buenos Aires (Argentina), T: (005411) 43 31 47 73 or 43 31 02 51, Fax: 43 31 13 95, E-Mail: rbraun@smt.edu.ar)
Spiritual Adviser of UNIAPAC: Pierre de Charentenay (S.J.; O.C.I.P.E., Rue de Trévires, 3, B-1040 Brussels (Belgium), T: (00322) 7 37 97 22, Fax: 7 37 97 29, E-Mail: pierredecha@compuserve.com)
Spiritual Adviser of UNIAPAC: Hermann E.J. Kalinna (Oberkirchenrat, Viktoriastr. 12, D-53173 Bonn (Germany), T & Fax: (0228) 36 61 27)
Mitglieder: 60000
Mitarbeiter: 4

Mitgliedsorganisationen

Argentinien

iz r 28

ACDE - UNIAPAC ARGENTINA
Federación de Asociaciones Cristianas de Dirigentes de Empresa
Bolívar, 425, RA-1066 Buenos Aires
T: (005411) 43 31 47 73/0251   **Fax:** 43 31 13 95
E-Mail: alejandro@acde.org.ar
President: Ing. Celso Arabetti
Secretary General: Ing. Alejandro Tonnelier
ACDE - BUENOS AIRES
President: Ing. José Maria Simone
Executive Director: Ing. Alejandro Tonnelier

Australien

iz r 29

ITIM - Inter-Church Trade and Industry Mission
La Verna, 39 Sackville Street; Corrospondence: Lokked Bag 21, AUS- Kew 3101
T: (00613) 8 16 94 77   **Fax:** 8 16 96 17
Director: Rev. Peter Marshall

Belgien

iz r 30

UNIAPAC-BELGIQUE
Avenue de Tervueren, 463, B-1160 Brüssel
T: (00322) 7 73 16 80   **Fax:** 7 73 16 00
E-Mail: monique.goossens@vkw.be
Chairman: Norbert Van Broekhoven
Vice-Chairman: Michel Dussenne
Secretary: Monique Vanderhagen-Goossens

iz r 31

ADIC - Association Chrétienne des Dirigeants et Cadres d'Entreprise
Avenue Konrad Adenauer, 8, B-1200 Brüssel
T: (00322) 7 71 47 31   **Fax:** 7 72 46 33
E-Mail: adic@belgacom.net
Chairman: Michel Dussenne
Deputy Chairman: Jo Marichal
Secretary General: Monique Vincke

iz r 32

VKW - Verbond van Kristelijke Werkgevers en Kaderleden
Avenue de Tervueren, 463, B-1160 Brüssel
T: (00322) 7 73 16 80   **Fax:** 7 73 16 00
Internet: http://www.vkw.be
E-Mail: monique.goossens@vkw.be
Chairman: Norbert Van Broekhoven
General Secretary: Ivo Clerix

Bolivien

iz r 33

UNIAPAC-BOLIVIA
Av. Banzer 402 Km. 1 N., Casilla Postal 409, BOL-00591 Santa Cruz
T: (005913) 43 04 04   **Fax:** 43 04 09
E-Mail: semco@albatros.cnb.net
Chairman: Guillermo Roig Pacheco

Brasilien

iz r 34

ADCE - Associação de Dirigentes Cristãos de Empresa
Rua Santanésia 528 - 1° S/L, BR-05580-060 São Paulo
T: (005511) 2 12 82 92   **Fax:** 2 12 82 99
Internet: http://www.adce.org.br
E-Mail: arnaldo.lages@bol.com.br
Chairman: Alberto Augusto Perazzo
Executive Director: Arnaldo Lages

Chile

iz r 35

USEC - Unión Social de Empresarios y Ejecutivos Cristianos
General Holley n_6 186, Oficina B Comuna de Providencia, RCH- Santiago
T: (00562) 2 33 77 90, 2 52 07 78 **Fax:** 2 33 29 43
Internet: http://www.usec.terra.cl
E-Mail: usec@terra.cl
Chairman: Daniel Risopatrón
Executive Director: Francisco Javier Guzmán González

Deutschland

iz r 36

Arbeitskreis Evangelischer Unternehmer in Deutschland e.V. (AEU)
Klauprechtstr. 2, 76137 Karlsruhe
T: (0721) 81 28 35 **Fax:** 82 60 23
Chairman: Michael Freiherr Truchseß
Director: Stephan Klinghardt

iz r 37

Bund Katholischer Unternehmer e.V. (BKU)
Georgstr. 18, 50676 Köln
T: (0221) 2 72 37-0 **Fax:** 2 72 37-27
Internet: http://www.bku.de
E-Mail: service@bku.de
Chairmen: Erich Gerard
Mechthild E. Löhr
Ernst Mommertz
Secretary General: Georg Fell

Ecuador

iz r 38

ANDE - Asociación Nacional de Empresarios
Avenida Amazonas 1429 y Colón, Edificio España, 6° piso, Of. 67, EC-1701-3489 Quito
T: (005932) 23 85 07, 55 08 79 **Fax:** 50 98 06
E-Mail: ande@uio.satnet.net
Chairman: Econ. Raul Daza Martinez
Executive Director: Lcdo. Patricio Rivadeneira V.

Frankreich

iz r 39

EDC - Les Entrepreneurs et Dirigeants Chrétiens
24, rue Hamelin, F-75116 Paris
T: (00331) 45 53 09 01 **Fax:** 47 27 43 32
Internet: http://www.lesedc.org
E-Mail: gdesaintphalle@lesedc.org
Chairman: Jean Brunet-Lecomte
Honorary President: Etienne Wibaux
National Centre Executive: Guillaume de Saint-Phalle

iz r 40

MCC - Mouvement Chrétien des Cadres et Dirigeants
18, rue de Varenne, F-75007 Paris
T: (00331) 42 22 18 56 **Fax:** 45 44 44 46
Internet: http://www.mcc.cef.fr
E-Mail: solange.roussier.mcc@online.fr
Chairpersons: Christine Ledouble
Philippe Ledouble
General Secretary: Patrice Meheux

Großbritannien

iz r 41

CABE - Christian Association of Business Executives - I.B.E. - Institute of Business Ethics
24, Greencoat Place, GB- London SW1P 1BE
T: (004420) 77 98 60 40 **Fax:** 77 98 60 44
E-Mail: kenrushton@ibe.org.uk
Chairman: Christopher Beresford
Director: Kenneth Rushton

Italien

iz r 42

UCID - Unione Cristiana Imprenditori Dirigenti
Via Piemonte 39, I-00187 Rom
T: (003906) 4 87 34 44 **Fax:** 4 87 45 05
Internet: http://www.ucid.it
E-Mail: uciditalia@mclink.it
Chairman: On. Ing. Francesco Merloni
Secretary: Giuseppe Accorinti

iz r 43

UCID-Gruppo Lombardo
15 A, Via Bigli, I-20121 Mailand
T: (003902) 76 02 00 49 **Fax:** 76 00 54 94
Chairman: Luigi Gavazzi
Secretaries: Giulio Barana
Renzo Bozzetti

Kolumbien

iz r 44

UNIAPAC DE COLOMBIA
Calle 104A N° 17-91 OFC 103, CO- Santafe de Bogotá D.C.
T: (00571) 2 14 93 59 **Fax:** 2 22 75 13
E-Mail: acarulla@openway.com.co
Chairman: Luis Escayón Caizedo
Executive Director: Clara Lopez G.

Kongo

iz r 45

CADICEC - Centre Chrétien d´Action pour les Dirigeants et Cadres des Entreprises du Congo
Postfach 3417, RCB- Kinshasa /Gombe
81, avenue Roi Baudoin (ex. 3 Z), RCB- Kinshasa /Gombe
T: (00243) 8 80 62 73, 8 84 32 68 **Fax:** 7 06 51 08
Internet: http:/cadicec.come.to/
E-Mail: cadicec@raga.net
Chairman of the Board: J. Kazadi Nduba
General Secretary: S.J. R.F. Martin Ekwa bis Isal

Mexiko

iz r 46

CONFEDERACION USEM - Confederación Sociales de Uniones de Empresarios de México, A.C.
Euginea N° 13-402, Col. Nápoles, MEX-03810 Mexiko D.F.
T: (00525) 6 69 47 90, 6 68 17 70 **Fax:** 5 43 06 05
Internet: http://www.usem.org.mx
E-Mail: usem@prodigy.net.mx
Chairman: José Alfonso Lozano Irazábal
General Director: Lic. Gustavo Mendoza Avila

Niederlande

iz r 47

VERENIGING NCW
Postfach 9 30 02, NL-2509 AA Den Haag
12, Bezuidenhoutseweg, NL-2509 AA Den Haag
T: (003170) 3 49 03 49 **Fax:** 3 49 05 02
E-Mail: arutgersvdloeff@vno-ncw.nl
Chairman: Drs. Jacques Schraven
Secretary: Bram Ruttgers van der Loeff

Österreich

iz r 48

VCUÖ - Verband Christlicher Unternehmer Österreichs
Hoher Markt 4 /36, A-1010 Wien
T: (0043222) 5 33 31 86 **Fax:** 5 35 43 40 33
Chairman: Dr. Johannes Giessrigl

Paraguay

iz r 49

ADEC - Asociación de Empresarios Cristianos
Antequera 611, Esq. Azara, 1er Piso, Of. 4, Casilla de Correo 2163, PY- Asunción
T: (0059521) 44 21 08 **Fax:** 44 54 90
E-Mail: adec@uninet.com.py
Chairman: Pascual Rubiani Yanho
Executive Secretary: Sara C. de Talavera

Peru

iz r 50

UCDE - Unión Cristiana de Dirigentes de Empresa
Postfach 28 99, PE- Lima 18
Avenida La Paz 1450 - Miraflores, PE- Lima 18
T: (00511) 3 44 07 21, 4 44 83 36 **Fax:** 4 44 82 62
E-Mail: jordi1@post.cosapidata.com.pe
Chairman: Jorge Feliu Llobet

Polen

iz r 51

PACE - Polskie Stowarzyszenie Chrzescijankich Przedsiebiorcow
(Polish Association of Christian Entrepreneurs)
30, Kopernika St., PL-31-501 Krakau
T: (004812) 4 29 38 07 **Fax:** 4 29 38 07
E-Mail: irmar@box43.gnet.pl
Chairman: Ireneusz Marczyk
Secretary: Malgorzata Cieslak

Portugal

iz r 52

ACEGE - Associação Cristão de Empresarios e Gestores
R. Padre Luis Aparicio, 9 - 6° F, P-1150-248 Lissabon
T: (0035121) 3 55 53 99 **Fax:** 3 53 51 57
E-Mail: fec@ip.pt
Chairman: João Alberto Pinto Basto
General Secretary: Jorge Libano Monteiro

Schweiz

iz r 53

VCU - Vereinigung Christlicher Unternehmer der Schweiz
Zentralsekretariat
Theaterstrasse 4, CH-4051 Basel
T: (004161) 2 70 96 86 **Fax:** 2 70 96 89
E-Mail: ubreinach@datacomm.ch
Chairman: Dr. Urs-Viktor Ineichen
General Secretary: Urs Baumann

Slowakische Republik

iz r 54

ACEAC-Slovakia - Association of Christian Entrepreneurs and Craftsmen of Slovakia
Vojtecha Spanyola, 11, SK-01001 Zilina
T: (0042141) 7 24 70 26-5684553 **Fax:** 7 24 70 26-5684553
E-Mail: klubzps@post.sk
Chairman: JUDr. Frantisek Sulka
General Secretary: Ing. Jan Simo (Csc.)

Slowenien

iz r 55

ZKPS - Slovene Christian Union of Business Executives
Na Zalah 2, SLO-1000 Ljubljana
T: (003861) 4 38 38 70 **Fax:** 4 38 38 74
E-Mail: zkps-uniapac@siol.net, drago.rudel@guest.arnes.si
Chairman: Dr. Drago Rudel (El.Eng.)
Secretary: Mateja Macek

Spanien

iz r 56

ASE - Acción Social Empresarial
Calle José Marañón 3, E-28010 Madrid
T: (003491) 5 93 27 58 **Fax:** 5 93 28 21
E-Mail: ase@planalfa.es
Chairman: Carlos Alvarez Jimenez
General Secretary: Pedro Murga Ulibarri

Thailand

iz r 57

CBEG - Catholic Business Executives Group
Catholic Mission Building, Assumption Cathedral
57 Soi Oriental, Bangrak District, T- Bangkok 10500
T: (00662) 2 34 17 30, 2 37 73 15   **Fax:** 2 34 17 30
E-Mail: jlozare@loxinfo.co.th
President: Kavi Ansvananda
General Secretary: Pholachart Kraiboon
Secretary: Mila C. Delos Santos

Uruguay

iz r 58

ACDE - Asociación Christiana de Dirigentes de Empresa
Postfach 11200, U- Montevideo
José Enrique Rodo, 2074, U- Montevideo
T: (005982) 4 08 51 76   **Fax:** 4 01 21 13
Internet: http://www.uyweb.com.uy/uniapaccuru
E-Mail: acdeur@adinet.com.uy
Chairman: Juan Carlos Deicas
Gerente General: Cecilia B. Clerici

Lateinamerika

iz r 59

UNIAPAC LATIN AMERICA
Rue 24 de Maio, 35 - 7 andar, BR-01041-001 Sao Paulo SP
T: (005511) 2 22 43 11   **Fax:** 22 16 75 92
E-Mail: jwiegeri@amcham.com.br
President: Jan Wiegerinck (Latin-American President of UNIAPAC, Gelre Trabalho Temporario S.A., Rue 24 de Maio, 35 - 7 andar, CEP 01041-001 - Sao Paulo SP, T: (005511) 2 22 43 11, Fax: 22 16 75 92, E-Mail: jwiegeri@amcham.com.br)
Vice-President: José Alfonso Lozano Irazábal (Latin-American Vice-President of UNIAPAC, Coeficiente S.A. de C.V., Edgar Alan Poe 19 Polanco, CP - 11560 Mexiko D.F., T: (00525) 2 80 77 15, Fax: 2 80 74 65, E-Mail: lozano@mail.internet.com.mx)
General Secretary: Jorge Sangiovanni (Latin-American General Secretary of UNIAPAC, c/o ACDE-Uruguay, E-Mail: acdeur@adinet.com.uy)

● **IZ R 60**

Internationale Vereinigung von Unternehmerinnenverbänden (FCEM)
The World Association of Women Entrepreneurs
Les Femmes Chefs d'Entreprises Mondiales
FCEM Secretariat
Immeuble Yasmine, Appt. 1.1, Les Berges du Lac, TN-1053 Tunis
T: (002161) 86 23 99   **Fax:** 86 26 09
Internet: http://www.fcem.org
E-Mail: wpresd.fcem@planet.tn
World President: Leyla Khaïat (FCEM Secretariat, Immeuble Yasmine, Appt. 1.1, Les Berges du Lac, 1053 Tunis, T: (002161) 86 23 99, Fax: 86 26 09, E-Mail: wpresd.fcem@planet.tn)
Treasurer: Enée Van Assche (Werkhiuzenkaai 112-154, M 55/56, 1000 Brüssel, T: (00322) 2 42 66 00, Fax: 2 15 11 63)
General Secretary: Etta Carigniani (Via San Giovanni Bosco 5, 34144 Trieste, T: (00390) 40 76 16 20, Fax: 40 63 96 82, E-Mail: etta@ettacarignani.interware.it)

in Deutschland:

iz r 61

Verband deutscher Unternehmerinnen e.V. (VdU)
Breite Str. 29, 10178 Berlin
T: (030) 2 03 08 45-40, 2 03 08 45-41   **Fax:** 2 03 08 45-45
Internet: http://www.vdu.de
E-Mail: info@vdu.de
Präsident(in): Inge Sandstedt (Sandstedt GmbH & Co., SANCO FEINKOST GmbH, In den Freuen 106, 28719 Bremen, T: (0421) 6 44 17 64, Fax: 6 44 91 15)
Geschäftsführerin: Lisa Heermann (Lt. Presseabteilung)

● **IZ R 62**

Internationaler Arbeitgeber-Verband (OIE)
International Organization of Employers (IOE)
Organisation Internationale des Employeurs
26, Chemin de Joinville, CH-1216 Cointrin-Genève
T: (004122) 7 98 16 16   **Fax:** 7 98 88 62
TGR: Employers-Genève
Internet: http://www.ioe-emp.org
E-Mail: ioe@ioe-emp.org
Exekutiv Vizepräsident: Rolf Thüsing
Generalsekretär(in): Antonio Peñalosa

● **IZ R 63**

Internationaler Verband der Berufs- und Geschäftsfrauen (berufstätigen Frauen) (IFBPW)
International Federation of Business & Professional Women
Studio 16, Cloisters House, Cloisters Business Centre
8 Battersea Park Road, GB- London SW8 4BG
T: (004420) 77 38-83 23   **Fax:** 76 22 85 28
Internet: http://www.bpwintl.com
E-Mail: bpwihq@es.com
Gründung: 1930
Leitung Presseabteilung: Dir. Tamara Martinez
Verbandszeitschrift: Widening Horizons, BPW News International (a monthly newsletter)
Redaktion: IFBPW
Mitglieder: 40000
Mitarbeiter: 3
Jahresetat: DM 1,25 Mio

● **IZ R 64**

WEM - The Employers' Organisation for the Metal Trades in Europe (WEM aisbl)
Organisation patronale de la transformation des métaux en Europe
Organisation der Arbeitgeberverbände der europäischen Metallindustrie
Boulevard A. Reyers 80, B-1030 Brüssel
T: (00322) 7 06 84 65   **Fax:** 7 06 84 69
Internet: http://www.wem.org
E-Mail: secretariat@wem.org
Gründung: 1962 (seit 1999 aisbl nach belgischem Recht)
Präsident(in): Stig Gustavson (Präsident des Verbandes der Finnischen Metallindustrie)
Vorsitzende(r): Steuerungsausschuß: Paul Soete (Belgien)
Generalsekretär: RA Uwe Combüchen
Mitarbeiter: 3

Arbeitnehmerorganisationen

● **IZ R 65**

Europäische Föderation der Bau- und Holzarbeiter (E.F.B.H.)
Fédération Européenne des Travailleurs du Bâtiment et du Bois
Rue Royale 45, bte. 3, B-1000 Brüssel
T: (00322) 2 27 10 40   **Fax:** 2 19 82 28
E-Mail: info@efbh.be
Gründung: 1958
Präsident(in): Ove Bengtsberg
Generalsekretär(in): Harrie Bijen
Mitarbeiter: 8
Jahresetat: DM 2,2 Mio
angeschlossene Verbände: 51 (in 18 Europäischen Ländern)

● **IZ R 66**

Europäische Organisation der Militärverbände (Dachorganisation der Berufsverbände von Soldaten) (EUROMIL)
European Organisation of Military Associations
Organisation Européenne des Associations des Militaires
Geschäftsstelle
Av. Général de Gaulle 33, B-1050 Brüssel
T: (00322) 6 26 06 83   **Fax:** 6 26 06 99
Sitz:
Südstr. 123, 53175 Bonn
T: (0228) 38 23-0, Telefax: (0228) 3 82 32 30
Vizepräsident: Bernhard Gertz, Bauke Snoep
Präsident(in): Jens Rotbøll
Generalsekretär(in): Ulrich A. Hundt

● **IZ R 67**

Europäische Union der Unabhängigen Gewerkschaften (CESI)
European Confederation of Independent Trade Unions
Confédération Européenne des Syndicats Indépendants
Avenue de la Joyeuse Entrée 1-5 2. Etage, B-1040 Brüssel
T: (00322) 282 18 70   **Fax:** 282 18 71
Internet: http://www.cesi-bxl.be
E-Mail: cesi.bx@skynet.be
Gründung: 1990
Président: Massimo Cesarini
Secrétaire Général: Bernd Rupp
Mitarbeiter: 9

Mitgliedsorganisationen

International

iz r 68

Autonome Lokführergewerkschaft Europas (ALE)
Baumweg 45, 60316 Frankfurt
T: (069) 40 57 09-21   **Fax:** 40 57 09-49

iz r 69

European Network of Independent Unions of Local Authority Staffs
Rue Baudouin 66, L-1218 Luxemburg
T: (00352) 40 77 20/1   **Fax:** 40 77 20/40

iz r 70

Fédération de la Fonction Publique Européenne
Rue de la Loi 200, B-1049 Brüssel
T: (00322) 2 95 00 12   **Fax:** 2 96 43 26

Nationale Mitgliedsverbände

Belgien

iz r 71

Centrale Générale des Syndicats Libéraux de Belgique
Bd Poincaré, B-1070 Brüssel
T: (00322) 5 58 51 50   **Fax:** 5 58 51 51

iz r 72

Union Nationale des Service Publics
Rue de la Sablonnière 25, B-1000 Brüssel
T: (00322) 2 23 38 36   **Fax:** 2 19 88 02

Bulgarien

iz r 73

CGSBB - Centrale Générale des Syndicats de Branche en Bulgarie
10 a, Graf Ignatiev Str., BG-1000 Sofia
T: (003592) 9 88 82 75   **Fax:** 9 88 82 75

Dänemark

iz r 74

Firma Funktionaererne
Postfach 925, DK-5100 Odense
Paghs Gard, Overstraede 2b, DK-5100 Odense
T: (0045) 63 13 86 02   **Fax:** 63 13 86 05

Deutschland

iz r 75

DBB-Beamtenbund und Tarifunion
Peter-Hensen-Str. 5-7, 53175 Bonn
T: (0228) 8 11-0   **Fax:** 8 11-171
Internet: http://www.dbb.de
E-Mail: post@dbb.de

iz r 76

Christlicher Gewerkschaftsbund Deutschlands (CGB)
Konstantinstr. 13, 53179 Bonn
T: (0228) 35 70 62   **Fax:** 35 70 83
E-Mail: cgbbonn@t-online.de

iz r 77

Bundesverband der Lebensmittelchemiker/-innen im öffentlichen Dienst e.V. (BLC)
c/o Volker Charné
Ludwig-Wucherer-Str. 86, 06108 Halle
T: (0345) 2 83 21 02

Frankreich

iz r 78

Confédération Syndicale de l'Education Nationale
rue de Trévise, F-75009 Paris
T: (00331) 47 70 96 83   **Fax:** 47 70 33 58

iz r 79

Union Fédérale des Cadres des Fonctions Publiques
Rue du Rocher 59-63, F-75008 Paris
T: (00331) 44 70 65 90   **Fax:** 55 30 13 44/3

Italien

iz r 80

Confederazione Italiana Sindacati Autonomi Lavoratori
Via Giuglio Cesare 21, I-00192 Rom
T: (003906) 3 21 25 24   **Fax:** 3 21 25 21

iz r 81

Confederazione Italiana Sindacati Addetti ai Servizi
Via Sapri 6, I-00185 Rom
T: (003906) 4 46 66 18/9   **Fax:** 4 46 66 17

iz r 82

Confederazione Italiana Lavoratori Liberi
Viale di Trastevere, I-00188 Rom
T: (003906) 6 87 25 08   **Fax:** (003906) 6 87 25 09

iz r 83

Confederazione dei Sindacati Autonomi dei Lavoratori
Viale Trastevere 60, I-00153 Rom
T: (003906) 5 89 95 53   **Fax:** 5 81 82 18

iz r 84

Confederazione Sindacale Autonoma di Polizia
Via Nazionale 214, I-00184 Rom
T: (003906) 47 82 55 41   **Fax:** 47 82 55 38

iz r 85

Unione Sindacati Professionalisti Pubblico - Privado Impiego
Via Cesare Baronio 187, I-00197 Rom
T: (003906) 7 80 49 09   **Fax:** 7 80 62 88

Lettland

iz r 86

Latvijas Valsts Iestazu, Pasvaldibu, Uznemumu un Finansu Darbinieku Arodbiedriba
32, Valnu iela 307-309 kab, LV-1050 Riga
T: (003717) 21 16 51   **Fax:** 22 47 38

Luxemburg

iz r 87

Confédération Générale de la Fonction Publique
Dernier Sol 28-Residence Dali, L-2543 Luxemburg
T: (00352) 43 47 45   **Fax:** 43 47 45

iz r 88

Fédération Générale de la Fonction Communale
Rue Baudouin 66, L-1218 Luxemburg
T: (00352) 40 77 20-1   **Fax:** 40 77 20-40

Rumänien

iz r 89

Confederatia Nationala Sindicala Independenta, 15 Noiembrie
Str. Michael Weiss 13, R-2200 Brasov
T: (004016) 37 35 27   **Fax:** (004013) 11 26 55

Rußland

iz r 90

Syndicat des Employés d'Etat et de la Fonction Publique de la Russie
Av. Lenin 42, RUS-117119 Moskau
T: (007095) 9 38 77 44   **Fax:** 9 52 56 24

Portugal

iz r 91

ANP - Associação Nacional de Professores
Rua San Vincente 37, P-4710-312 Braga
T: (00351253) 20 95 90   **Fax:** 20 95 99

Schweiz

iz r 92

Vereinigung der Kader des Bundes
Postfach 20, CH-3000 Bern 7
T: (004131) 3 22 05 70 31   **Fax:** 9 21 68 48

iz r 93

ZV - Zentralverband des Staats- und Gemeindepersonals der Schweiz
Schönaustr.25, CH-5430 Wettingen
T: (0041564) 37 60 60   **Fax:** 37 60 60

Spanien

iz r 94

CSI-CSIF Central Syndical Independiente y de Funcionarios
C/Fernando El Santo 17 1° y 2°, E-28010 Madrid
T: (003491) 3 19 75 15   **Fax:** 3 10 15 53

iz r 95

Federación Asociaciónes Sindicales de Grandes Almacenes
C/Almagro 4 1° y 2°, E-28010 Madrid
T: (003491) 3 10 45 81   **Fax:** 3 19 55 68

iz r 96

Asociación Nacional de los Profesores Españoles
Carretas 14 5° A, E-28012 Madrid
T: (003491) 5 22 90 56   **Fax:** 5 22 12 37

Tschechien

iz r 97

Svaz Ceskych Lekaru
Katerinska 32, CZ-12108 Praha 2
T: (004202) 29 56 34   **Fax:** 24 91 90 40

● **IZ R 98**

Europäische Föderation der Gewerkschaften des Lebens-, Genussmittel-, Landwirtschafts- und Tourismussektors und verwandter Branchen (EFFAT)
European Federation of Trade Unions in the Food, Agriculture and Tourism sectors and allied branches
Fédération européenne des syndicats des secteurs de l'Alimentation, de l'Agriculture et du Tourisme et des branches connexes
Rue Fossé-aux-Loups 38, B-1000 Brüssel
T: (00322) 2 18 77 30   **Fax:** 2 18 30 18
E-Mail: effat@effat.org
Gründung: 2000 (11. Dezember)
Präsident(in): Uliano Stendardi (I)
Generalsekretär: Harald Wiedenhofer (D)
Verbandszeitschrift: Newsletter
Mitglieder: 140 Gewerkschaften mit ca. 2,5 Mio. Mitgliedern
Mitarbeiter: 9
Mitgliedsverbände: 140 Gewerkschaften aus Nahrungsmittelindustrie, Getränkewirtschaft, Tabakwirtschaft, Landwirtschaft, Hotel- und Gaststättengewerbe

● **IZ R 99**

Europäischer Gewerkschaftsverband Textil, Bekleidung und Leder
European Trade Union Federation: Textiles, Clothing and Leather
Fédération Syndicale Européenne du Textile, de l'Habillement et du Cuir
8, Josef Stevens Straat, B-1000 Brüssel
T: (00322) 5 11 54 77   **Fax:** 5 11 81 54
E-Mail: fse.thc@skynet.be
Gründung: 1964
Präsident(in): Willi Arens (D)
Generalsekretär(in): Patrick Itschert (B)
Mitglieder: 1500000 der 52 Mitgl.-Organisationen in der EU, EFTA und Ost-Mitteleuropa
Mitarbeiter: 3

Mitgliedsorganisationen

Belgien

iz r 100

La Centrale Générale
Rue Haute, 26-28, B-1000 Brüssel
T: (00322) 5 49 05 49   **Fax:** 5 14 16 91

iz r 101

ABVV Textiel, Kleding, Diamant
Opvoedingstraat 143, B-9000 Gent
T: (00329) 242 86 86   **Fax:** 242 86 96

iz r 102

Christelijke Centrale der Textiel- en Kledingsbewerkers van België
Koning Albertlaan 27, B-9000 Gent
T: (00329) 222 57 01   **Fax:** 220 45 59

Bulgarien

iz r 103

FOSIL
1 Macedonia Sq. 1, BG-1040 Sofia
T: (003592) 87 70 16   **Fax:** 88 15 20

Bosnien-Herzegowina

iz r 104

STKOG BIH
O Bala Kulina bano no 1, BA-71000 Sarajevo
T: (0038771) 21 36 69   **Fax:** 21 36 69

Dänemark

iz r 105

Forbundet Trae - Industri-Byg
Mimersgade 35, DK-2200 Kopenhagen N
T: (0045) 35 31 95 99   **Fax:** 35 31 94 50

iz r 106

Specialarbejderforbundet i Danmark (SID)
Nyropsgade 30, DK-1790 Kopenhagen V
T: (0045) 33 14 21 40   **Fax:** 33 97 14 60

Deutschland

iz r 107

Industriegewerkschaft Bergbau, Chemie, Energie
Hauptvorstand
Königsworther Platz 6, 30167 Hannover
T: (0511) 7 63 10   **Fax:** 7 00 08 91
E-Mail: presse@igbce.de
Leitung Presseabteilung: Bernd Leibfried

iz r 108

IG Metall
- Vorstand -
60519 Frankfurt
Lyoner Str. 32, 60528 Frankfurt
T: (069) 66 93-0   **Fax:** 66 93-2843

Internet: http://www.igmetall.de
E-Mail: vorstand@igmetall.de

Finnland

iz r 109

Textiili-ja Vaatetustyöväen Liitto r.y.
Postfach 87, FIN-33101 Tampere
T: (003583) 2 59 31 11   Fax: 2 59 33 43

iz r 110

Teknisten Liitto (TL)
Postfach 146, FIN-00131 Helsinki
Unioninkatu 8, FIN-00130 Helsinki
T: (003589) 172 731, 172 73265   Fax: 170 518

iz r 111

Kemian Liitto - Kemifacket Ry
Postfach 3 24, FIN-00531 Helsinki 53
T: (003589) 77 39 71   Fax: 753 80 40

iz r 112

STL
Pyhäjärvenkatu S B IV, FIN-33200 Tampere
T: (003583) 31 41 20 15   Fax: 2 14 52 60

Frankreich

iz r 113

Fédération Générale des Cuirs-Textile-Habillement FO
Passage Tenaille 7, F-75014 Paris
T: (00331) 40 52 83 00   Fax: 40 52 82 99

iz r 114

Fédération Nationale des Syndicats du Personnel d'Encadrement du Textile - CGC
Rue du Rocher 59-63, F-75008 Paris
T: (00331) 553 01 316   Fax: 553 01 317

iz r 115

Fédération CFTC des Syndicats du Textile, Cuir, Habillement
Rue Jacques Preiss 26, F-68100 Mulhouse
T: (0033389) 66 52 32   Fax: 42 58 01

iz r 116

Hacuitex- CFDT
avenue Simon Bolivar 47-49, F-75950 Paris
T: (0331) 42 02 50 20   Fax: 42 01 09 98

iz r 117

CGT - Textile, Habillement, Cuir
rue de Paris 263, F-93514 Montreuil Cedex
T: (00331) 48 18 82 98   Fax: 48 18 83 01

Griechenland

iz r 118

OEKIDE
37 Halkokondili, 5 Floor, GR-104 32 Athen
T: (00301) 5 22 03 06   Fax: 5 22 15 32

Großbritannien

iz r 119

GMB Clothing and Textiles Section
22-24 Worple Road, GB- London SW19 4DD
T: (004420) 89 47 31 31   Fax: 89 44 65 52

iz r 120

Transport and General Workers' Union
Textile Group
National House, Sunbridge Road, GB- Bradford BD1 2QB
T: (00441274) 72 56 42   Fax: 37 02 82

iz r 121

National Union of Knitwear, Footwear and Apparel Trades (KFAT)
55 New Walk, GB- Leicester LE1 7EB
T: (0044116) 255 67 03   Fax: 254 44 06

Italien

iz r 122

Federazione Italiana Lavoratori Tessili Abbigliamento - CISL
Via Goito 39, I-00185 Rom
T: (00396) 4 47 01 26   Fax: 4 46 25 44

iz r 123

Unione Italiana Lavoratori Tessili Abbigliamento
Via del Viminale, I-00184 Rom
T: (00396) 4 87 40 19   Fax: 4 81 94 21

iz r 124

FILTEA-CGIL
Via Leopoldo Serra 31, I-00153 Rom
T: (00396) 5 80 30 89   Fax: 5 80 31 82

Kroatien

iz r 125

TOKG
Kresimirov trg 2/III, HR-4100 Zagreb
T: (003851) 46 55-131   Fax: 46 55-022

Lettland

iz r 126

Latvian Industrial Workers Trade Union
Bruninieku Str. 29-31, LV- Riga LV 1001
T: (003712) 27 21 85   Fax: 27 52 14

Malta

iz r 127

General Workers' Union
South Street, GBY- Valletta 11
T: (00356) 24 18 66   Fax: 24 29 75

Niederlande

iz r 128

FNV Bondgenoten
Postfach 92 08, NL-3506 GE Utrecht
T: (003130) 2 73 82 22   Fax: 2 73 86 90

iz r 129

CNV BedrijvenBond
Prins Bernardweg 69, NL-3991 De Houten
T: (003130) 6 34 83 48   Fax: 6 34 82 00
Internet: http://www.cnv.net

Norwegen

iz r 130

Fellesforbundet
Lilletorget 1, N-0184 Oslo
T: (0047) 23 06 31 00   Fax: 2306 31 01

Österreich

iz r 131

Gewerkschaft Textil, Bekleidung, Leder
Plösslgasse 15, A-1041 Wien
T: (00431) 50 14 64 09   Fax: 50 14 61 34 00

Portugal

iz r 132

Sindetex
Av. dos Aliados 9-6, P-4050 Porto
T: (003512) 208 28 83   Fax: 200 22 85

iz r 133

FESETE
Rua Clemente Meneres 47 1°, P-4050 Porto
T: (003512) 208 78 50   Fax: 202 68 04

Schweden

iz r 134

Industrifacket
Postfach 114, S-11181 Stockholm
Olof Palmes Gata 11, S-11181 Stockholm
T: (00468) 7 86 85 00   Fax: 10 59 68

Schweiz

iz r 135

Gewerkschaft Bau und Industrie
Postfach 8021, CH-8004 Zürich
T: (00411) 2 95 15 15   Fax: 2 95 17 99

iz r 136

SYNA
Josefstr. 59, CH-8031 Zürich
T: (00411) 279-7171   Fax: 279-7172

iz r 137

SMUV
Postfach 272, CH-3000 Bern 15
T: (004131) 350 21 11   Fax: 350 22 55

Slowenien

iz r 138

Trade Union of the Slovenian Textile and Leather Processing Industry
Dalmatinova 4, SLO-1000 Ljubljana
T: (003861) 3 00 08 40   Fax: 3 00 08 50

Spanien

iz r 139

FITEQA CC.OO
Plaza Cristina Martos 4-5e Planta, E-28015 Madrid
T: (003491) 5 40 92 40   Fax: 5 48 20 74

iz r 140

FIA-UGT
Avenida América 25 planta 5, E-28002 Madrid
T: (003491) 5 89 74 50   Fax: 5 89 74 53
Internet: http://www.rhconsulting.es/fiaugt
E-Mail: fiaugt@rhconsulting.es

iz r 141

ELA - IGEKO
Barrainkuz 13, E-48009 Bilbao
T: (0034944) 24 33 00   Fax: 24 17 30

Slowakische Republik

iz r 142

SOZ-TOK
Vajnorska 1, SK-81570 Bratislava
T: (004217) 55 42 33 89   Fax: 55 57 25 70

Tschechische Republik

iz r 143
OS-TOK
W. Churchilla 2, CZ-11359 Prag 3
T: (004202) 24 22 21 23 **Fax:** 22 72 13 72

Türkei

iz r 144
DISK-Tekstil
Akçay Sok N° 22 3-4 Merter, M. Nezihi özmen Mah, TR-34010 Istanbul Güngören
T: (0090212) 6 37 29 00 **Fax:** 6 37 29 09
E-Mail: disk-f@tr-net.net.tr

iz r 145
DERI Is
Aksaray
Gençtürk Cad. Birlik Is Hani 17/3, TR- Istanbul
T: (0090212) 5 22 19 89 **Fax:** 5 28 62 07

iz r 146
Öz Iplik - Is
Anittepe Mah Isk Sk N° 28, TR- Ankara Maltepe
T: (0090312) 2 32 06 07 **Fax:** 2 31 99 95

Zypern

iz r 147
Cyprus Industrial Workers´ Federation
Postfach 25018, CY- Nicosia
T: (003572) 84 98 49 **Fax:** 84 98 50

Ungarn

iz r 148
TDSZ
Rippi-Ronai utca 2, H-1068 Budapest
T: (00361) 3 42 81 96 **Fax:** 3 42 81 69

iz r 149
RDSZ
Almassy ter 2, H-1077 Budapest
T: (00361) 3 42 37 02 **Fax:** 3 22 67 17

iz r 150
BDSZ
Bajza u 24, H-1062 Budapest
T: (00361) 3 22 92 83 **Fax:** 3 22 92 83

• IZ R 151
Europäischer Gewerkschaftsbund (EGB)
European Trade Union Confederation (ETUC)
Confédération Européenne des Syndicats (CES)
bd. du Roi Albert II 5, B-1210 Brüssel
T: (00322) 2 24 04 22 **Fax:** 2 24 04 75
Internet: http://www.etuc.org
E-Mail: etuc@etuc.org
Gründung: 1973
Präsident(in): Fritz Verzetnitsch (ÖGB)
Generalsekretär(in): Emilio Gabaglio
Leitung Presseabteilung: Wim Bergans
Mitglieder: 68 Mitgliedsorganisationen, 6 Beobachter
Mitarbeiter: 46

Mitgliedsorganisationen

Belgien

iz r 152
Confédération des Syndicats Chrétiens
Rue de la Loi 121, B-1040 Brüssel
T: (00322) 2 46 31 11 **Fax:** 2 46 30 10
Präsident(in): Luc Cortebeeck

iz r 153
Fédération Générale du Travail de Belgique
Rue Haute 42, B-1000 Brüssel

T: (00322) 5 06 83 54 **Fax:** 5 06 82 29
Präsident(in): Michel Nollet

Bulgarien

iz r 154
CITUB
Place Macedonia 1, BG-1040 Sofia
T: (003592) 86 65 01 **Fax:** 9 81 41 22
E-Mail: knsb@mbox.cit.bg
Präsident(in): Jelijasko Hristov

iz r 155
PODKREPA
Angel Kantchev Str. 2, BG-1000 Sofia
T: (003592) 981 45 51 **Fax:** 981 29 28
Präsident(in): Dr. Konstantin Trentchev

Dänemark

iz r 156
Akademikernes al organisation (AC)
Nørre Voldgade 29, DK-1358 København K
T: (0045) 33 69 40 40 **Fax:** 33 93 85 40
E-Mail: ac@ac.dk
Präsident(in): Svend M. Christensen

iz r 157
FTF
Postfach 11 69, DK-1010 Copenhagen
Niels Hemmingsensgade 12, DK-1010 Copenhagen
T: (0045) 33 36 88 00 **Fax:** 33 36 88 80
Präsident(in): Anker Christoffersen

iz r 158
LO Danmark
Rosenörns Allé 12, DK-1634 Kobenhavn V
T: (0045) 35 24 60 00 **Fax:** 35 24 63 00
TGR: Fagforbund Copenhagen
E-Mail: lo@lo.dk
Präsident(in): Hans Jensen

Deutschland

iz r 159
Deutscher Gewerkschaftsbund (DGB)
Postf. 11 03 72, 10833 Berlin
Henriette-Herz-Platz 2, 10178 Berlin
T: (030) 2 40 60-0 **Fax:** 2 40 60-471
Internet: http://www.dgb.de
E-Mail: info@bundesvorstand.dgb.de
Vorsitzende(r): Dieter Schulte
Stellvertretende(r) Vorsitzende(r): Dr. Ursula Engelen-Kefer

Finnland

iz r 160
AKAVA
Akavatalo ry. Rautaticläisenkatu 6, FIN-00520 Helsinki
T: (003589) 14 18 22 **Fax:** 14 25 95
Präsident(in): Risto Piekka

iz r 161
STTK
Postfach 2 48, FIN-00171 Helsinki
Pohjoisranta 4 A, 21, FIN-00171 Helsinki
T: (003589) 13 15 22 10 **Fax:** 13 15 22 04
Präsident(in): Mikko Mäenpää

iz r 162
ITUH
Brussels Office
SAK/AKAVA/STTK
bd. du Roi Albert II 5, B-1210 Brüssel
T: (00322) 2 01 06 81 **Fax:** 2 03 11 37

iz r 163
SAK
Postfach 1 57, FIN-00531 Helsinki
Siltasaarenkatu 3A, FIN-00531 Helsinki
T: (003589) 7 72 11 **Fax:** 7 72 14 47

TGR: SAK/Helsinki
Präsident(in): Lauri Ihalainen

Frankreich

iz r 164
CFTC
13, rue des Ecluses St. Martin, F-75483 Paris Cedex 10
T: (00331) 44 52 49 00 **Fax:** 44 52 49 45
E-Mail: eurint.cftc@wanadoo.fr
Präsident(in): Gerard Sauty
Generalsekretär(in): Jacques Voisin

iz r 165
Confédération Française Démocratique du Travail
Boulevard de la Villette 4, F-75955 Paris Cedex 19
T: (00331) 42 03 80 00 **Fax:** 42 03 81 44
Dept. international:
Tel.: (00331) 42 03 80 00, Telefax: (00331) 40 18 79 23
Generalsekretär(in): Nicole Notat

iz r 166
Confédération Générale du Travail - Force Ouvrière
Rue de Paris 263, F-93516 Montreuil Cedex
T: (00331) 48 18 82 12 **Fax:** 48 51 55 31
E-Mail: europe@cgt.fr
Generalsekretär(in): Bernard Thibault

iz r 167
Délégation Permanente à Bruxelles - CGT-F.O.
av. des Gaulois 36, B-1040 Brüssel
T: (00322) 7 34 46 06 **Fax:** 7 33 05 33

Griechenland

iz r 168
ADEDY
Rue Psylla-Philellinon 2, GR-10557 Athen
T: (00301) 3 24 46 77 **Fax:** 3 24 61 65
TGR: Adedy Athènes
E-Mail: adedy@hol.gr
Präsident(in): Tassos Deligiannis

iz r 169
GGCL
Rue du 28 Octobre 69, GR- Athen
T: (00301) 8 83 46 11 **Fax:** 8 20 21 86
TGR: Confédération travail Athènes
Präsident(in): Christos Protopapas

iz r 170
GSEE
Bureau de Bruxelles
Av. Général Eisenhower 104, B-1030 Brüssel
T: (00322) 2 16 78 82 **Fax:** 2 16 46 13
Kontaktperson: Georgios Dassis

Großbritannien

iz r 171
Trade Union Congres
Congress House
Great Russell Street, GB- London NC1B 3LS
T: (0044207) 4 67 12 68 **Fax:** 6 36 06 32
TGR: Traduinc London WC1
Generalsekretär(in): John Monks

Irland

iz r 172
Irish Congress of Trade Unions
Parnell Square 31-32, IRL- Dublin 1
T: (003531) 8 89 77 77 **Fax:** 6 60 90 27
Generalsekretär(in): Peter Cassells

Island

iz r 173
Bandalag Starfsmanna Rikis of Baeja
Grettisgötu 89, IS- Reykjavik 105

T: (00354) 5 62 66 88   **Fax:** 5 62 91 06
Präsident(in): Ögmundur Jonasson

iz r 174
ASI
Postfach 87 20-128, IS- Reykjavik 108
Grensávegur 16 A, IS- Reykjavik 108
T: (00354) 5 81 30 44   **Fax:** 5 68 00 93
Präsident(in): Gretar Thorsteinsson

Italien

iz r 175
Confederazione Generale Italiana del Lavoro
Corso d'Italia 25, I-00198 Rom
T: (003906) 8 47 63 27   **Fax:** 85 35 03 23
E-Mail: org.internazionale@cgil.it
Generalsekretär: Sergio Cofferati
Dept. international:
Telefax: (00396) 8 44 09 37

iz r 176
CGIL-Bureau de Bruxelles
Av. de la Joyeuse Entrée 1, B-1040 Brüssel
T: (00322) 2 31 10 05   **Fax:** 2 30 61 65
Kontaktperson: Antonio Giacche

iz r 177
Confederazione Italiana Sindacati Lavoratori
Via Po 21, I-00198 Rom
T: (003906) 8 47 31   **Fax:** 8 41 37 82
E-Mail: cisl@cisl.it
Generalsekretär(in): Sergio D'Antoni
Dept. international:
Tel.: (00396) 8 54 04 54

iz r 178
Unione Italiana del Lavoro
Via Lucullo 6, I-00187 Rom
T: (003906) 4 75 31   **Fax:** 4 75 32 08
E-Mail: economia@uil.it
Generalsekretär(in): Luigi Angeletti

iz r 179
UIL-Bureau de Bruxelles
Rue du Gouvernement Provisoire 34, B-1000 Brüssel
T: (00322) 2 17 88 38, 2 17 87 72   **Fax:** 2 19 98 34

Luxemburg

iz r 180
Confédération Générale du Travail du Luxembourg
Postfach 1 49, L-4002 Esch-sur-Alzette
T: (00352) 5 40 54 51   **Fax:** 54 16 20
Präsident(in): John Castegnaro

iz r 181
Lëtzebuerger Chrëschtleche Gewerkschafts-Bond (LCGB)
Postfach 12 08, L-1012 Luxembourg-Ville
T: (00352) 4 99 42 41   **Fax:** 49 94 24 49
Präsident(in): Robert Weber

iz r 182
Secrétariat européen CGT/LCGB
Postfach 1818, L-1018 Luxemburg

Malta

iz r 183
Confederation of Trade Unions CMTU
Postfach 4 67, GBY-CMR01 Valletta 11
13/3 South Street, GBY-CMR01 Valletta 11
T: (00356) 23 73 13   **Fax:** 25 01 46
TGR: Comtu
E-Mail: cmtu@kemmunet.net.mt
Präsident(in): Alfred Buhagiar

iz r 184
General Workers' Union
South Street, GBY- Valletta 11
T: (00356) 24 18 66   **Fax:** 24 29 75
Generalsekretär(in): Tony Zarb

Niederlande

iz r 185
Christelijk Nationaal Vakverbond
Postfach 24 75, NL-3500 GL Utrecht
Ravellaan 1, NL-3500 GL Utrecht
T: (003130) 2 91 36 25   **Fax:** 2 94 65 44
Generalsekretär(in): Doekle Terpstra

iz r 186
Federatie Nederlandse Vakbeweging
Postfach 84 56, NL-1005 AL Amsterdam
Naritaweg 10, NL-1005 AL Amsterdam
T: (003120) 5 81 63 00   **Fax:** 6 84 45 41
Internet: http://www.fnv.nl
E-Mail: fnvvoorl@wxs.nl
Vorsitzende(r): Lodewijk de Waal

iz r 187
MHP
Postfach 4 00, NL-3995 GA Houten
Randhoeve 223, NL-3995 GA Houten
T: (00313063) 7 47 92   **Fax:** 7 88 29
Vorsitzende(r): A. H. Verhoeven

iz r 188
AVC
Laan van Meerdervoort 50, NL-2517 AM 's-Gravenhage
T: (003170) 3 56 15 43   **Fax:** 3 61 56 81
Vorsitzende(r): Kees Van der Hoek

Norwegen

iz r 189
LO-N
Youngs Gate 11, N-0181 Oslo
T: (004723) 06 10 50   **Fax:** 06 11 00
TGR: Fagsekretariat
E-Mail: inter.lo@loit.no
Präsident(in): Yngve Hagensen
Dept. international:
Tel.: (004722) 03 16 35, Telefax: (004722) 03 11 00

iz r 190
ITUH
Brussels Office
bd. du Roi Albert II 5, B-1210 Brüssel
T: (00322) 2 01 18 10   **Fax:** 2 01 18 10

iz r 191
AF
Postf. 506 Sentrum, N-0105 Oslo
T: (004722) 82 33 00   **Fax:** 42 45 48
Präsident(in): Aud Blankholm

Österreich

iz r 192
Österreichischer Gewerkschaftsbund
Postfach 1 55, A-1011 Wien
Hohenstaufengasse 10-12, A-1010 Wien
T: (00431) 53 44 40, 53 44 43 49 (Dpt. Int.)
Fax: 53 44 42 04
TGR: Gewebund Wien
E-Mail: oegb@oegb.at
Präsident(in): Karl Drochter

iz r 193
ÖGB-Büro Brüssel
Av. de Cortenberg 30, B-1040 Brüssel
T: (00322) 2 30 74 63   **Fax:** 2 31 17 10
Kontaktperson: Mag. Bettina Agathonos-Möhr

Polen

iz r 194
NSZZ Solidarnosc
ul. Waly Piastowskie 24, PL-80-855 Danzig
T: (004858) 3 84 43 53   **Fax:** 3 01 01 43
E-Mail: zagr@solidarnosc.org.pl
Präsident(in): Janusz Sniadek

Portugal

iz r 195
Uniao Geral de Trabalhadores
Rua Buenos Aires 11, P-1200 Lissabon
T: (003511) 2 13 93 12 00   **Fax:** 2 13 97 46 12
E-Mail: ugt@mail.telepac.pt
Generalsekretär: João Proenca

iz r 196
Délégation UGT-P
Rue Grétry 11 (Bte 21), B-1000 Brüssel
T: (00322) 2 17 14 83   **Fax:** 2 17 14 83

iz r 197
CGTP-IN
Rua Victor Cordon 1-2, P-1294 Lisboa Codex
T: (003511) 2 13 23 65 00   **Fax:** 2 13 23 66 95
E-Mail: cgtp@mail.telepac.pt
Koordinator: Manuel Carvalho da Silva

iz r 198
CGTP-IN - Délégation de Bruxelles
Rue de la Brasserie 85, B-1050 Brüssel
T: (00322) 6 46 31 16   **Fax:** 6 46 24 01

Rumänien

iz r 199
CARTEL ALFA
Splaiul Independentei 202A cam. 21, Secteur 6 a, R-77208 Bucharest
T: (00401) 2 12 66 38   **Fax:** 3 12 34 81
Präsident(in): Bogdan Illiu Hossu

iz r 200
CSdL
Via Napoleone Bonaparte 75, RSM-47031 San Marino
T: (00378) 0 54 99 92 33   **Fax:** 05 49 96 20 95
E-Mail: csdl@omniway.sm
Generalsekretär(in): Giovanni Ghiotti

San Marino

iz r 201
CDLS
Via Cinque Febbraio 17, RSM-47031 San Marino
T: (00378) 05 49 96 20 80, 05 49 96 20 11
Fax: 05 49 99 21 78
E-Mail: cdls2@omniway.sm
Generalsekretär(in): Marco Beccari

Schweden

iz r 202
LO-S
c/o International Dept
Barnhusgatan 18, S-10553 Stockholm
T: (00468) 7 96 25 00   **Fax:** 20 03 58, 7 96 28 00 (dpt. Int.)
TGR: Svelofack Stockholm
Präsident(in): Wanja Lundby-Wedin

iz r 203
Tjanstemannens Centralorganisation
Linnegatan 14, S-11494 Stockholm
T: (00468) 7 82 91 00   **Fax:** 6 63 75 20
TGR: Teceocent
Präsident(in): Sture Nordh

iz r 204
Brussels Office of the Swedish Trade Unions (LO/TCO)
Avenue de Tervuren 15, B-1210 Brüssel
T: (00322) 7 32 18 00   Fax: 7 32 21 15

iz r 205
CNG
Zentralsekretatiat
Postfach 57 75, CH-3007 Bern
Hopfenweg 21, CH-3007 Bern
T: (004131) 3 70 21 11   Fax: 3 70 21 09
Präsident(in): Hugo Fasel

iz r 206
VSA
Badenerstr. 332, CH-8004 Zürich
T: (00411) 4 91 25 81   Fax: 4 01 06 25
Präsident(in): Hans-Rudolf Enggist

Slowakische Republik

iz r 207
KOZ SR
Odborárske nám. 3, SK-81570 Pressburg
T: (004217) 5 26 58 80   Fax: 55 56 19 56
E-Mail: internat.dep@kozsr.sk
Präsident(in): Ivan Saktor

Spanien

iz r 208
UGT-E
Hortaleza 88, E-28004 Madrid
T: (003491) 5 89 76 01   Fax: 5 89 76 03
E-Mail: internacional@cec.ugt.org
Generalsekretär(in): Candido Mendez

iz r 209
UGT-E - Bureau de Bruxelles
Rue Grétry 11 (Bte 52), B-1000 Brüssel
T: (00322) 2 18 38 09

iz r 210
ELA-STV
Postfach 9 71, E-20014 Donostia-San Sebastian
Consulado 8 -bajo, E-20080 San Sebastian
T: (003494) 4 03 77 00   Fax: 4 03 77 77
E-Mail: internac.ela@euskalnet.net
Präsident(in): José Miguel Leunda

iz r 211
ELA-STV
C/Barrainkua n° 15, E-48009 Bilbao
T: (003444) 24 33 00   Fax: 4 24 17 30

iz r 212
CC.OO
Fernandez de la Hoz 12, E-28010 Madrid
T: (003491) 7 02 80 00   Fax: 3 10 48 04
Generalsekretär(in): José Maria Fidalgo

iz r 213
CC.OO - Bureau de Bruxelles
Rue Archimede 14, B-1040 Brüssel
T: (00322) 2 30 09 28   Fax: 2 80 00 58

Tschechische Republik

iz r 214
CMK OS
Nam. W. Churchilla 2, CZ-11359 Praha 3
T: (004202) 24 22 02 60   Fax: 22 72 17 19
Präsident(in): Richard Falbr

Türkei

iz r 215
DISK-Tekstil
Akçay Sok N° 22 3-4 Merter, M. Nezihi özmen Mah, TR-34010 Istanbul Güngören
T: (0090212) 6 37 29 00   Fax: 6 37 29 09
E-Mail: disk-f@tr-net.net.tr
Präsident(in): Önder Konuloglou

iz r 216
DISK-Bureau de Bruxelles
Galerie Ravenstein 3, B-1000 Brüssel
T: (00322) 5 11 55 01   Fax: 5 02 47 80
Yücel Top

iz r 217
TÜRK-IS
Bayindir Sokak 10 Yenisehir, TR- Ankara
T: (0090312) 4 33 31 25   Fax: 4 33 68 09
TGR: Türkis
E-Mail: turkis@ato.org.tr
Präsident(in): Bayram Meral

iz r 218
TÜRK-SEN
Postfach 829, TR- Mersin 10
Sehit Mehmet 7-7A R. Hüsseyin, TR- Mersin 10
T: (0090392) 2 27 24 44   Fax: 2 28 78 31
Präsident(in): Önder Konuloglou

Ungarn

iz r 219
LIGA
Thököly út 156, H-1146 Budapest
T: (00361) 2 51 23 00   Fax: 2 51 22 88
E-Mail: liga@mail.c3.hu
Präsident(in): István Gaskó

iz r 220
MOSz
Tárogató u. 2-4, H-1021 Budapest
T: (00361) 2 75 14 45   Fax: 1 76 28 02
E-Mail: mosz.ird.dept@pronet.hu
Präsident(in): Imre Palkovics

iz r 221
MSzOSz
Dózsa György út 84/b, H-1415 Budapest
T: (00361) 4 13 06 18   Fax: 3 42 19 24
Präsident(in): László Sandor

Zypern

iz r 222
Synomospondia Ergaton Kypron
Strovolos Avenue 11, CY-2018 Strovolos-Nicosia
T: (00357) 2 84 98 49   Fax: 2 84 98 50
E-Mail: sek@sek.org.cy
Generalsekretär(in): Michael Ioannou

● IZ R 223
Europäischer Metallgewerkschaftsbund (FEM)
European Metalworkers' Federation
Fédération Européenne des Métallurgistes
Rue Royale 45, bte. 2, B-1000 Bruxelles
T: (00322) 227 10 10   Fax: 217 59 63
Internet: http://www.emf-fem.org
E-Mail: emf@emf-fem.org
Gründung: 1971
Präsident(in): Tony Janssen (Belge)
Secrétaire Général: Reinhard Kuhlmann (Allemagne)
Adjoint du Secrétaire Général: Bart Samyn
Mitglieder: 6000000
Mitarbeiter: 13

● IZ R 224
Europäischer Verband der Führungskräfte (CEC)
European Federation of Managerial Staff
Confédération Européenne des Cadres
Bureau Europeen
Rue de la Loi 81 A, B-1040 Brüssel
T: (00322) 4 20 10 51   Fax: 4 20 12 92
Internet: http://www.cec-managers.org
E-Mail: info@cec-managers.org
Gründung: 1989
Président: Maurizio Angelo
Sécrétaire Général: Claude Cambus
Dep. Sécrétaire Général: Ludger Ramme
Leitung Presseabteilung: Alexe von Wurmb
Mitglieder: 1200000
Mitarbeiter: 3 (Brüssel)

Mitgliedsorganisationen

iz r 225
Confédération Francaise de l'Encadrement C.G.C. (CFE-CGC)
Rue du Rocher 59-63, F-75000 Paris
T: (00331) 44 55 77 77   Fax: 42 96 45 97
E-Mail: cambus@fecgc.fr

iz r 226
Confederazione Italiana Dirigenti di Azienda (CIDA)
Via Nazionale, 75, I-00184 Roma
T: (00396) 488 82 41   Fax: 487 39 94
E-Mail: dirigenti@tin.it

iz r 227
Ledernes Hovedorganisation (LH)
Vermlandsgade, 65, DK-2300 Kobenhavn S
T: (0045) 31 57 56 22   Fax: 32 83 32 92
E-Mail: lh@lederne.dk

iz r 228

Führungskräfte der Deutschen Wirtschaft
Union der Leitenden Angestellten (ULA)
Kaiserdamm 31, 14057 Berlin
T: (030) 30 69 63-0   Fax: 30 69 63-13
Internet: http://www.ula.de
E-Mail: info@ula.de

iz r 229
Fédération des Employés Privés
Fédération Independant des Travailleurs et Cadres (FEP-FIT et Cadres)
Postfach 1382, L-1013 Luxemburg
Av. de la Faïencerie 16, L-1013 Luxemburg
T: (00352) 22 62 62   Fax: 22 62 66

iz r 230
Confederacion de Cuadros (CC)
Calle Vallehermoso 78, 2ª Planta, E-28015 Madrid
T: (00341) 5 34 38 62, 5 34 66 72   Fax: 5 34 05 14
E-Mail: confuadros@cotesa.es

iz r 231
Confédération Nationale des Cadres (CNC-NCK)
Avenue Carton de Wiart 148, B-1090 Brüssel
T: (00322) 4 20 43 34   Fax: 4 20 46 04
E-Mail: cnc.nck@optinet.be

iz r 232
LEDARNA
Postfach 12069, S-102 22 Stockholm 12
Sit Eriksgatan 26, S-102 22 Stockholm 12
T: (00468) 6 93 55 00   Fax: 6 93 55 60
E-Mail: anders.palm@ledarna.se

iz r 233
Lederne
Postfach 2523, N-0203 Oslo 2
Drammensveien 40, N-0203 Oslo 2
T: (0047) 2 22 55 66 10   Fax: 22 55 65 48
E-Mail: jobrekke@online.no
Präsident(in): Olav Brekke

iz r 234
Wirtschaftsforum für Führungskräfte (WdF)
Lothringerstr. 12, A-1031 Wien
T: (00431) 7 12 56 10   Fax: 7 11 35/29 12
E-Mail: wdf@voei.at

iz r 235
UNIONQUADRI
Sede Centrale
Via Gramsci 34, I-00197 Rom
T: (00396) 361 16 83   Fax: 3 22 55 58
E-Mail: unionquadri@unionquadri.it
Rossitto

iz r 236
Confederazione Unitaria dei Quadri
Via XX Settembre 58, I-10121 Torino
T: (003911) 561 77 06   Fax: 561 20 42
E-Mail: confquadri@tin.it
Capellaro

iz r 237
Association of Chief Executive Officers (EASE)
Fleming Street, 24, GR-15123 Maroussi
E-Mail: aceo@ease.gr

iz r 238
Managers Association of Slovenia
Dunjaska, 22, SLO-1511 Ljubljana
E-Mail: manager.association@zdrnzenje-manager.si

● IZ R 239
Europäischer Verband für Tourismus-Fachleute (EUTO)
European Union of Tourist Officers
Union Européenne des Cadres du Tourisme
Rue Saint-Bernard 116, B-1060 Brüssel
T: (00322) 5 44 15 50   Fax: 5 44 06 78
Internet: http://www.euto.org
E-Mail: euto@2020tourism.com
Gründung: 1975
President: Henk Schüller (c/o VVV Amstelland en de Meerlanden, Postbus 540, NL-1180 AM Amstelveen, T: (003120) 6 45 43 50, Telefax: (003120) 6 47 02 88)
Immediate Past President: Arild N Kristiansen (7 Les Chenes-Valcros, F-83250 La Londe Les Maures, E-Mail: arilno@online.no)
Vice-President: Paolo de Gavardo (c/o APT do Trieste, Via San Nicolò 20, I-34121 Trieste, T: (0039040) 679 6111, Fax: (0039040) 679 6299, E-Mail: info@triestetourism.it)
Secretary General: Bruce Taylor (Großbritannien)
Treasurer: Richard Bifield (c/o Telford & Wrekin Council, Jordan House, Park Hall Way Telford, UK-TF3 4NN, T: (00441952) 23 77 49, Fax: (00441952) 23 77 46, E-Mail: tourism@wrekin.gov.uk)
Board Members: Sieghard Baier (c/o Vorarlberg Tourismus, Postfach 302, A-6901 Bregenz, T: (00435574) 4 25 25 0, Fax: 42 52 55, E-Mail: sieghard.baier@vbgtour.at)
Tuula Hatakka (Merikarhunkuja 8 A 40, Fin-02320 Espoo. T: (00358) 5 03 38 06 49, Fax: 98 13 71 63, E-Mail: tuula.hatakka@espoo.fi)
Verbandszeitschrift: EUTO Bulletin
Redaktion: Secretary General

● IZ R 240
Europäischer Verband der Gewerkschaften des Verkehrspersonals (FEOST)
European Federation of Trade Unions of Transport Workers
Fédération Eur. des Organisations Syndicales du Personnel des Transports
Secrétariat Général:
Rue de Trèves 33, B-1040 Bruxelles
T: (00322) 285 47 35   Fax: 230 87 22
Président: Michel Bovy
Secrétaire Ex.: Freddy Pools

● IZ R 241
Europäischer Verband staatlicher Veterinärbeamter (EASVO)
European Association of State Veterinary Officers
Association Européenne des fonctionnaires vétérinaires
Residensgatan 36, S-46230 Vänersborg
T: (0046521) 6 60 99   Fax: 60 55 49
E-Mail: herbert.lundstrom@public.leissne
Präsident(in): Dr. Herbert Lundström
Mitglieder: 17 europäische Länder

● IZ R 242
Europäisches Gewerkschaftsinstitut (EGI)
European Trade Union Institute (ETUI)
Institut Syndical Européen (ISE)
Bd. du Roi Albert II, 5, B-1210 Brüssel
T: (00322) 2 24 04 70   Fax: 2 24 05 02
Gründung: 1978
Direktor(in): Reiner Hoffmann
Verbandszeitschrift: TRANSFER - European Review of Labour and Research
Verlag: Reiner Hoffman, ISE, Bd. du Roi Albert II, 5, B-1210 Bruxelles
Mitarbeiter: 25

● IZ R 243
Internationales Netzwerk von Frauen im Management (EWMD)
European Women's Management Development International Network
Réseau international de femmes dans le management
Mainzer Str. 52, 65185 Wiesbaden
Internet: http://www.ewmd.org
E-Mail: info@ewmd.org
Gründung: 1984 (1. März)
President: Claudia Schmitz (Danziger Str. 4, 61381 Friedrichsdorf, T: (06172) 76 35 94, Fax: (03250) 34 85 08, E-mail: claudia.schmitz@ewmd.org)
Britt Solvik (Norwegen, E-Mail: britt.solvik@ewmd.org)
Verbandszeitschrift: EWMD Online-Newsletter
Mitglieder: über 1000 individuals, 55 institutionals
In 20 europäischen Ländern

● IZ R 244
Gewerkschaft Internationaler und Europäischer Beamten (S.F.I.E.)
International and European Officials' Association
Syndicat des Fonctionnaires Internationaux et Européens
Rue de la Loi 102 Bureau 06/22, B-1049 Brüssel
T: (00322) 2 95 66 69   Fax: 2 96 43 27
Präsident(in): André Heck
Vize-Präsidenten: Jean-Pierre Hennart

● IZ R 245
Interalliierte Reserveoffiziervereinigung (CIOR)
Confédération Interalliée des Officiers de Réserve (CIOR)
c/o Verband der Reservisten der Deutschen Bundeswehr e.V.
Provinzialstr. 91, 53127 Bonn
T: (0228) 2 59 09 10   Fax: 2 59 09 50
Internet: http://www.vdrbw.de
E-Mail: abteilungI@vdrbw.de
Gründung: 1947
Verbandszeitschrift: Newsletter "CIOR INFO"
Mitglieder: ca. 800000
Mitgliedsverbände aus allen NATO-Ländern

● IZ R 246
Interalliierte Vereinigung der Sanitätsoffiziere der Reserve (CIOMR)
Confédération Interalliée des Officiers Médicaux de Réserve
c/o Deutsche Gesellschaft für Wehrmedizin und Wehrpharmazie e. V -VdSO-
Bundesgeschäftsstelle Bonn
Baumschulallee 25, 53115 Bonn
T: (0228) 63 24 20   Fax: 69 85 33

● IZ R 247
Internationale Union der Lebensmittel-, Landwirtschafts-, Hotel-, Restaurant-, Café- und Genussmittelarbeiter-Gewerkschaften (IUL)
Intern. Union of Food, Agricultural, Hotel, Restaurant, Catering, Tobacco and allied Workers Assoc. (IUF)
Union Intern. d. Travailleurs d. l'alimentation, d l'agricult. d. l'hôtellerie-rest., du tabac et d. branches-connexes (UITA)
Rampe du Pont-Rouge 8, CH-1213 Petit-Lancy
T: (004122) 7 93 22 33   Fax: 7 93 22 38
Internet: http://www.iuf.org
E-Mail: iuf@iuf.org
Gründung: 1920
Präsident(in): Frank Hurt (USA)
Kohki Takeshita (Japan)
Gary Nebeker
Franz-Josef Möllenberg (Deutschland)
Brian Revell (Ver. Königreich)
Jorma Kallio (Finnland)
Vesna Dejanovi_a (Kroatien)
Leif Håkansson (Schweden)
Generalsekretär(in): Ron Oswald
Leitung Presseabteilung: Peter Rossman
Verbandszeitschrift: IUL-Nachrichten
Redaktion: Ron Oswald
Verlag: IUL, CH-1213 Petit-Lancy
Mitglieder: 2600000 Mitglieder in 345 Mitgliedsverbänden in 120 Ländern
Mitarbeiter: 19

Regionale Vertretungen

Afrika

iz r 248
IUF Regional Secretariat for Africa
Woodland House, 1st Floor
Postfach 1 10 71, EAK- Nairobi
Moi Avenue, EAK- Nairobi
T: (002542) 31 22 96, 31 22 97   Fax: 31 22 98
E-Mail: iufafro@form-net.com
Regionalsekretär: N.N.

Asien/Pazifik

iz r 249
IUF Regional Secretariat for Asia and the Pacific
Labour Council Building
377-383 Sussex Street, room 5, 8th Floor, AUS- Sydney NSW 2000
T: (00612) 92 64 64 09   Fax: 92 61 85 39
Internet: http://www.peg.apc.org/~iufasia/
E-Mail: iuf-asia@iuf.org
Regionalsekretär: Ma Wei Pin

iz r 250
IUF Japan Office
Sanei Building Annex 2F
17-11, 2-Chome, Kyobashi Chuo-ku, J- Tokyo 104
T: (00813) 52 50 03 75, 52 50 03 76   Fax: 52 50 03 74
E-Mail: iuf-jcc@iuf.org
Regionalsekretär: Tomoji Misato

iz r 251
IUF-Asia and Pacific, South Asia Education Office
8/4 Tilak Apartements, Maharashtra Society, Mithakali, IND- Ahmedabad 380 006
T: (009179) 6 44 40 47
E-Mail: iufsaeo@ad1.vsnl.net.in
Schulungskoordinatorin für Südasien: Meena Patel

Europa

iz r 252
Europäische Föderation der Gewerkschaften des Lebens-, Genussmittel-, Landwirtschafts- und Tourismussektors und verwandter Branchen (EFFAT)
European Federation of Trade Unions in the Food, Agriculture and Tourism sectors and allied branches
Fédération européenne des syndicats des secteurs de l'Alimentation, de l'Agriculture et du Tourisme et des branches connexes
Rue Fossé-aux-Loups 38, B-1000 Brüssel
T: (00322) 2 18 77 30   Fax: 2 18 30 18
E-Mail: effat@effat.org
Generalsekretär(in): Harald Wiedenhofer

iz r 253
ICEM/IUF Education Projekt South-Eastern Europe
trg. Kralja Kresimira IV br. 2/II, HR- Zagreb
T: (003851) 4 55 66 31   Fax: 4 55 66 31
E-Mail: mato.lalic@zg.tel.hr
Koordinator: Mato Lalic

GUS

iz r 254
IUF CIS Office (Moscow)
Postfach 16, RUS- Moskau 129642
T: (00795) 9 38 86 17   Fax: 9 38 81 89
E-Mail: iufmoscow@glasnet.ru
Koordinator: der IUL für die GUS Kirill Buketov

Karibik

iz r 255

IUF Caribbean
c/o Barbados Workers Union
"Solidarity House"
Postfach 1 72, BDS- Bridgetown /Barbados
Harmony Hall, St. Michel, BDS- Bridgetown /Barbados
T: (001246) 4 26 34 92, 4 26 34 95 **Fax:** 4 36 64 96
E-Mail: bwu@caribsurf.com
Regionalsekretär: Richards LeVere

Lateinamerika

iz r 256

Secretaria Regional Latinoamericana UITA
c/ Wilson Ferreira
Aldunate.1229, Oficina 201, U-11100 Montevideo
T: (005982) 9 00 74 73, 9 02 10 48 **Fax:** 9 03 09 05
Internet: http://www.chasque.apc.org/uita/
E-Mail: uita@rel-uita.org
Regionalsekretär: Enildo Iglesias

Nordamerika

iz r 257

IUF North America
Suite 400, 1126 16th Street, NW, USA- Washington DC 20036
T: (001202) 9 55 55 22 **Fax:** 2 65 06 84
E-Mail: iufnaro@igc.apc.org
Regionalkoordinatorin: Susanne Lowen

Sub-Regionale Koordinationsausschüsse

Nordische Länder

iz r 258

Nordisk Union inden for Nearings-og Nydelsesmiddelindustrien (food)
c/o NNN
Arbeidersamfunnets pl. 1
Postfach 87 19, N-0028 Oslo
Youngstorget, N-0028 Oslo 1
T: (0047) 22 20 66 75 **Fax:** 22 36 47 84
E-Mail: firmapost.nnn@nnn.no
Präsident(in): Torbjoørn Dahl
Sekretär: Johnny Hagen
Kassierer: Aril Oliversen

iz r 259

Nordisk Union for Hotel-, Café-og Restaurantansatte (HRC)
c/o HRAF
Postfach 88 82, N-0028 Oslo
Storgata 32 - 5 etg., Youngstorget, N-0028 Oslo
T: (0047) 23 16 35 50 **Fax:** 23 16 35 51
Präsident(in): Solfrid Johansen
Sekretärin: Tilde S. Pedersen
Kassierer: Jens Hoel

Nationale Koordinationsausschüsse

Australien

iz r 260

IUF Australien Consulative Committee (IUF-ACC)
Locked Bag 9, AUS- Haymarket NSW 1240
T: (00612) 92 81 95 11 **Fax:** 92 81 44 80
Präsident(in): Greg Sword
Sekretär: Jeff Carr

Dänemark

iz r 261

Dansk Sammenslutning af Foødevare-, Drikkevare- og Serviceabejdere (FDS)
C.F. Richs Vej 103, 3, DK-2000 Frederiksberg
T: (0045) 31 86 18 85 **Fax:** 38 88 38 66
E-Mail: info@fds-iuf.dk
Präsident(in): Eigil Pedersen
Sekretär: Tage Bak

Japan

iz r 262

IUF Japan Coordinating Council (IUF-JCC)
Sanei Building Annex 2F
17-11, 2-Chome, Kyobashi, Chuo-ku, JA- Tokyo 104, Nippon
T: (00813) 52 50 03 75, 52 50 03 76 **Fax:** 52 50 03 74
E-Mail: iuf-jcc@iuf.org
Präsident(in): Makoto Takahashi
Generalsekretär(in): Tomoji Misato

Schweden

iz r 263

Svenska IUL-kommittén
c/o SLF
Postfach 11 04, S-111 81 Stockholm
Upplandsgatan 3, S-111 81 Stockholm
T: (00468) 7 96 29 70 **Fax:** 7 96 29 88
Koordinator: Leif Håkansson

Vereinigte Staaten von Amerika

iz r 264

Food & Allied Service Trades Department, AFL-CIO (FAST)
815 Sixteenth St. N.W., Suite 408, USA- Washington D.C. 20006
T: (001202) 7 37 72 00 **Fax:** 7 37 72 08
E-Mail: fast3@igc.org
Präsident(in): Jeff Fiedler

● **IZ R 265**

Internationale Berufskraftfahrer-Vereinigung (U.I.C.R.)
Union Internationale des Chauffeurs Routiers (U.I.C.R.)
La Chocolatière 26, CH-1026 Echandens
Gründung: 1968 (7. April)
Präsident(in): Ludwig Büchel
Generalsekretär(in): Rolf Lehmann
Mitglieder: ca. 1200000 in 22 Verbänden

● **IZ R 266**

Internationale Föderation von Chemie-, Energie-, Bergbau- und Fabrikarbeitergewerkschaften (ICEM)
International Federation of Chemical, Energy, Mine and General Workers' Unions
Fédération internationale des Syndicats de Travailleurs de la Chimie, de l'Energie, des Mines et des Industries diverses
109, Av. E. De Béco, B-1050 Bruxelles
T: (00322) 6 26 20 20 **Fax:** 6 48 43 16
Generalsekretär(in): Fred Higgs (109, Av. E. De Béco, B-1050 Bruxelles, T: (00322) 6 26 20 20, Telekopie-System: (00322) 6 48 43 16)
Informationsbeauftragter: Ian Graham
Verbandszeitschrift: ICEM INFO
Redaktion: Ian Graham
Mitglieder: 20000000

● **IZ R 267**

Internationale Musiker-Föderation (IFM)
International Federation of Musicians
Fédération internationale des Musiciens
Hauptsitz: ICEMK - International Committee of Entertainment & Media Unions
Rue Victor Massé 21 Bis, F-75009 Paris
T: (00331) 45 26 31 23 **Fax:** 45 26 31 57
E-Mail: fimparis@compuserve.com
Präsident(in): John Morton (79 Redhill Wood, New Ash Green, Dartford, Kent DA3 8 QP, United Kingdom)
Generalsekretär(in): Jean Vincent
Verbandszeitschrift: FIM Bulletin
Mitglieder: 50
Mitarbeiter: 3

● **IZ R 268**

Internationale Textil-, Bekleidungs- und Lederarbeiter-Vereinigung (ITBLAV)
International Textile, Garment and Leather Workers' Federation
Fédération internationale des Travailleurs du Textile de l'Habillement et du Cuir
8, rue Joseph Stevens, B-1000 Bruxelles
T: (00322) 5 12 26 06, 5 12 28 33 **Fax:** 5 11 09 04
E-Mail: office@itglwf.org
President: Peter Booth

Presidium Members: Renzo Bellini
Eunice Cabral
Adouwetchi Assemian Dorgeles
Des Farrell
Jay Mazur
Reemaben Nanavaty
Alena Nárovcová
Amon Ntuli
Leif Ohlsson
Anne Margrethe Pedersen
Manuel Pedreira
Manfred Schallmeyer
Zaheer Ahmad Taj
Tsuyoshi Takagi
Donald Wittevrongel
General Secretary: Neil Kearney
Akiko Gono
P. Itschert
Jabu Ngcobo
José Ramirez

● **IZ R 269**

Internationale Transportarbeiter-Föderation (ITF)
International Transport Workers' Federation
Fédération Internationale des Ouvriers du Transport
Borough Road 49-60, GB- London SE1 1DS
T: (004420) 74 03 27 33 **Fax:** 73 57 78 71
Internet: http://www.itf.org.uk
E-Mail: mail@itf.org.uk
Gründung: 1896
President: Umraomal Purohit
General Secretary: David Cockroft
Verbandszeitschrift: Seafarers' Bulletin (annually); Transport International (quarterly)
Mitglieder: 4703648
Mitgliedsverbände: 500

● **IZ R 270**

Internationale Vereinigung der Agrar-Bibliothekare und -Dokumentalisten (IAALD)
International Association of Agricultural Information Specialists
Association Internationale de Bibliothécaires et Documentalistes
14 Queen Street, Dorchester-on-Thames, GB- Wallingford, Oxon OX10 7HR
T: (00441865) 34 00 54
President: Dr. Jan van der Burg (Boeslaan 55, NL-6703 ER Wageningen, T: (00318370) 2 28 20, Fax: (00318370) 2 28 20, E-Mail: jvdburg@user.diva.nl)
Senior Vice President: Pamela Q.J. André (Director National Agricultural Library, USDA Room 200, 10301 Baltimore Blvd. Beltsville, MD 20705-2351 USA, T: (001301) 5 04 52 48, Fax: (001301)5 04 70 24, E-Mail: pandre@nalusda.gov)
Junior Vice President: Dr. Qiaoqiao Zhang (c/o CAB INTERNATIONAL, Wallingford, Oxon OX10 8DE, UK, Fax: (00441491) 83 35 08, E-Mail: q.zhang@cabi.org)
Secretary-Treasurer: Margot Bellamy (CAB Int., Wallingford, Oxon OX10 7HR, UK, T: (00441865) 34 00 54, E-Mail: margot.bellamy@fritillary.demon.co.uk)
Editional Office: Debra L. Currie (Agricultural and Environmental Sciences, North Carolina State University, NCSU Box 7111, Raleigh, NC27695-7111, USA, T: (001919) 5 15-7556, Fax: (001919) 5 13-1108, E-Mail: debbie.currie@ncsu.edu)
Verbandszeitschrift: Quarterly Bulletin of IAALD

● **IZ R 271**

Internationale Vereinigung der Flugleiterverbände (IFATCA)
International Federation of Air Traffic Controllers' Associations
Fédération Internationale des Associations de Contrôleurs du Trafic Aérien
University Street 1255
Suite 408, CDN- Montreal H3B 3B6
T: (001514) 866 70 40 **Fax:** 866 7612
Internet: http://www.ifatca.org
E-Mail: office@ifatca.org
Gründung: 1961
President: Samuel Lampkin (47 Mora-Drive, Homeland Gardens Cunupia Trinidad + Tobago, T.+Fax: (001868) 6 65 38 17, E-Mail: samlampk@tstt.net.tt)
Publicity: Paul Robinson (P.O. Box 60-087, Titirangi, New Zealand, T: (00649) 817 6307, Fax: 8173573, E-Mail: paul-rob@pl.net)
Verbandszeitschrift: THE CONTROLLER
Redaktion: 29 Heritage Lawn, Langshott, Horley, RH6 9XH, Großbritannien
Mitglieder: mehr als 40000 Mitglieder in über 100 Ländern

● IZ R 272
Internationale Vereinigung der Linien-Flugzeugführer-Verbände (IFALPA)
International Federation of Air Line Pilots' Associations
Fédération Internationale des Associations de Pilotes de Ligne
Interpilot House
Gogmore Lane, GB- Chertsey, Surrey KT16 9AP
T: (00441932) 57 17 11   **Fax:** 57 09 20
E-Mail: ADMIN@IFALPA.ORG
Gründung: 1948
President: Captain E.A. Murphy
Leitung Presseabteilung: Tony Myers (T.A.)
Mitglieder: 94 Pilots Associations
Mitarbeiter: 77
Jahresetat: DM 3,4 Mio

● IZ R 273
Internationale Vereinigung der Sozialarbeiter (IFSW)
International Federation of Social Workers
Fédération Internationale des Assistants Sociaux
Postfach 68 75, CH-3001 Bern
Schwarztorstr. 20, CH-3001 Bern
T: (004131) 3 82 60 15   **Fax:** 3 13 82 60 17
Internet: http://www.ifsw.org
E-Mail: secr.gen@ifsw.org
Gründung: 1928
Executive Committee:
Honorary President: Andrew Mouravieff-Apostol (31, rue de l'Athénée, CH-1206 Geneva (Switzerland), T: (004122) 346 3688 (res), 347 1236 (off), Fax: 346 8657, E-Mail: aem.apostol@span.ch)
President: Elis Envall (Pionvägen 3, S-18330 Täby (Sweden), T: (00468) 7 68 04 14, Fax: 7 68 04 14, Cell.ph: 7 07 36 07 14, E-Mail: pres@ifsw.org)
Vice President Africa: Nigel Hall (SAfAIDS, P.Bag A509, Avondale, Harare (Zimbabwe), T: (002634) 33 61 93 (off), 74 15 58 (res), Fax: 33 61 95, E-Mail: vpafr@ifsw.org)
Vice President Asia & Pacific: Imelda Dodds (Autism Association of New South Wales, P.O.Box 361, Forestville, NSW 2087, Australia, T: (00612) 94 52 50 88 (off), Fax: 94 51 34 47 (off), T & Fax: (00612) 95 57 11 84 (res), E-Mail: vpapa@ifsw.org)
Vice President Europe: Herbert Paulischin (Holzstrasse 15, A-4020 Linz (Austria), T: (0043732) 77 07 17(7) (off), Fax: 7 70 71 79 (off), Cell.phone (0043699) 10 77 10 77, E-Mail: vpeur@ifsw.org)
Vice Pres. Latin America & Caribbean: Juan Manuel Latorre Carvajal (Calle 84, N.24A-107, Diamante II, Bucaramanga, Columbia, T: (005776) 36 06 90, Fax: 33 38 86, E-Mail: vplac@ifsw.org)
Vice President North America: Josephine A.V. Allen (Cornell University, College of Human Ecology, Dep. of Policy Analysis and Management, 182 Martha van Rensselaer Hall, Ithaca, NY 14853-4401, USA, T: (001607) 2 55 19 73 (off), Fax: 2 55 40 71 (off), E-Mail: vpnam@ifsw.org)
Treasurer: Ng Shui Lai (Hong Kong Christian Service, 33, Granville Road, Kowloon, Hong Kong, T: (00852) 27 31 62 81 (off), 23 18 46 75 (res), Fax: 23 11 02 75, Cell.phone: 90 90 80 43, E-Mail: treas@ifsw.org)
Secretary General: Tom Johannesen (Postfach 68 75, CH-3001 Bern, Switzerland, T: (004131) 3 82 60 15, Fax: 3 13 82 60 17, E-Mail: secr.gen@ifsw.org)
Verbandszeitschrift: IFSW Newsletter, International Social Work
Mitglieder: 70 Landesverbände
Jahresetat: DM 0,42 Mio

● IZ R 274
Internationaler Bund der Bau- und Holzarbeiter (IBBH)
International Federation of Building and Wood Workers (IFBWW)
Fédération Internationale des Travailleurs du Bâtiment et du Bois (FITBB)
Postfach 1412, CH-1227 Carouge (GE)
Route des Acacias 54, CH-1227 Carouge (GE)
T: (004122) 8 27 37 77   **Fax:** 8 27 37 70
E-Mail: info@ifbww.org
Gründung: 1891
President: Roel de Vries (Bouw- en Houtbond FNV, Niederlande)
Deputy President: Klaus Wiesehügel (IG Bau, Deutschland)
General Secretary: Ulf Asp (Schweden)
Verbandszeitschrift: Bau und Holz Bulletin
Mitglieder: 281 Gewerkschaften in 124 Ländern

● IZ R 275
Beratender Gewerkschaftsausschuß bei der OECD
Trade Union Advisory Committee to the OECD (TUAC)
Commission Syndicale Consultative auprès l'OCDE (CSC)
26, avenue de la Grande-Armé, F-75017 Paris
T: (00331) 47 63 42 63   **Fax:** 47 54 98 28
Internet: http://www.tuac.org
E-Mail: tuac@tuac.org
President: John Sweeny (President des AFL-CIO (USA))
Vice Presidents: Luc Cortebeeck (President des Belgischen Bundes Christlicher Gewerkschaften)
Etsuya Washio (President des RENGO (Japan))
Evy Buverud-Pedersen (Erster Sekretär des Norwegischen Gewerkschaftsbundes (LO-N-Norwegen))
General Secretary: John Evans
Mitglieder: 55 Gewerkschaften in den 29 OECD Ländern

Deutsches Mitglied:

iz r 276
Deutscher Gewerkschaftsbund (DGB)
Postf. 11 03 72, 10833 Berlin
Henriette-Herz-Platz 2, 10178 Berlin
T: (030) 2 40 60-0   **Fax:** 2 40 60-471
Internet: http://www.dgb.de
E-Mail: info@bundesvorstand.dgb.de

● IZ R 277
Internationaler Bund Freier Gewerkschaften (IBFG)
International Confederation of Free Trade Unions (ICFTU)
Confédération Internationale des Syndicats Libres (CISL)
Confederacion Internacional de Organizaciones Sindicales Libres (CIOSL)
Bd. du Roi Albert II, 5, Bte 1, B-1210 Brüssel
T: (00322) 2 24 02 11   **Fax:** 2 01 58 15, 2 03 07 56
Internet: http://www.icftu.org
E-Mail: internetpo@icftu.org
Gründung: 1949
Secrétaire Général: Bill Jordan
Leitung Presseabteilung: Luc Demaret (Departement Presse et Publications)
Mitglieder: 156000000
Mitarbeiter: 70
Mitgliedsverbände: 221 angeschlossene Organisationen in 148 Ländern

● IZ R 278
Welt Gewerkschaftsbund (WGB)
World Federation of Trade Unions (WFTU)
Fédération syndicale mondiale (FSM)
Branicka 112, CZ-14701 Prag 4
T: (04202) 44 46-2140, 44 46-2085   **Fax:** 44 46-1378, 44 46-0221
Internet: http://www.wftu.cz
E-Mail: wftu@login.cz
President: K.L. Mahendra (General Secretary, AITUC, Indien)
General Secretary: Alexander Zharikov (Rußland)

● IZ R 279
Internationaler Bund der Gewerkschaften der Öffentlichen Dienste (INFEDOP)
International Federation of Employees in Public Service
Fédération Internationale du Personnel des Services Publics
33, rue de Trèves, B-1040 Bruxelles
T: (00322) 2 30 38 65   **Fax:** 2 31 14 72
Internet: http://www.eurofedop.org
E-Mail: info@infodop-eurofedop.com
Gründung: 1966
Leitung Presseabteilung: Bert van Caelenberg
Verbandszeitschrift: SERVUS
Redaktion: Bert van Caelenberg, Trierstraat 33, B-1040 Brussel (auch Verlag)
Mitglieder: 1240000
Mitarbeiter: 7

● IZ R 280
UNI - Union Network International
Av. Reverdil 8-10, CH-1260 Nyon
T: (004122) 3 65 21 00   **Fax:** 3 65 21 21
Internet: http://www.union-network.org
E-Mail: contact@union-network.org
Gründung: 2000 (1. Januar)
Präsident(in): Kurt van Haaren (Deutschland)
Generalsekretär(in): Philip J. Jennings
Leitung Presseabteilung: Noel Howell
Verbandszeitschrift: UNI Info
Mitglieder: 15,5 Mio. in mehr als 900 Organisationen in 145 Ländern weltweit
Mitarbeiter: 80 weltweit
Jahresetat: DM 16 Mio

iz r 281
UNI-Europa
Rue de l'Hopital 31, B-1000 Brüssel
T: (00322) 2 34 56 70
Internet: http://www.uni-europa.org
E-Mail: uni-europa@union-network.org
Direktor(in): Bernadette Tesch-Ségol

● IZ R 282
Internationaler Fremdsprachenlehrer-Verband (FIPLV)
International Federation of Foreign-Language
Fédération Internationale des Professeurs de Langues Vivantes
Sekretariat:
Seestr. 247, CH-8038 Zürich
T: (00411) 4 85 52 51   **Fax:** 4 82 50 54
Gründung: 1931
President: Denis Cunningham (AUS)
Secretary: Judith Hamilton (GB)

● IZ R 283
Internationales Komitee der Unterhaltungs- und Medien-Gewerkschaften (ICEMU)
International Committee of Entertainment and Media Unions
Chris Pate c/o IGF
Rue des Fripiers, 17 Galerie du Centre, Bloc 2, B-1000 Brüssel
T: (00322) 2 23 02 20   **Fax:** 2 23 18 14
Präsident(in): John McGuire

● IZ R 284
Internationaler Hebammenbund (ICM)
International Confederation of Midwives
Confédération internationale des sages-femmes
Eisenhowerlaan 138, NL-2517 KN Den Haag
T: (003170) 3 06 05 20   **Fax:** 3 55 56 51
E-Mail: intlmidwives@compuserve.com
Gründung: 1919
President: Maria Spernbauer (Österreichisches Hebammen Gremium, Wallensteinstr. 65, A-1200 Wien, Österreich)
Vorsitzende(r): Dr. Joyce E. Thompson (CNM DrPh, 2942 Valley View Drive, Doylestown, PA 18901-1796, United States of America)
Hauptgeschäftsführer(in): Petra Hoope-Bender (Eisenhowerlaan 138, NL-2517 KN Den Haag)
Verbandszeitschrift: 6 Times A Year Newsletter; International Midwifery; International Confederation of Midwives
Mitglieder: Vereinigungen der Hebammen in 80 Ländern
Mitarbeiter: 2

● IZ R 285
Internationaler Metallgewerkschaftsbund (IMB)
International Metalworkers' Federation (IMF)
Fédération Internationale des Organisations de Travailleurs de la Métallurgie (FIOM)
Postfach 536, CH-1227 Carouge GE
Route des Acacias 54, CH-1227 Carouge GE
T: (004122) 308505-0   **Fax:** 308505-5
Präsident(in): Klaus Zwickel
Generalsekretär(in): Marcello Malentacchi
Presseabteilung: Len Powell

● IZ R 286
Internationaler Schauspielerverband (FIA)
International Federation of Actors
Fédération Internationale des Acteurs
Federación Internacional de Actores
FIA
Guild House
Upper St. Martin's Lane, GB- London WC2H 9EG
T: (004420) 73 79 09 00   **Fax:** 73 79 82 60
Internet: http://www.fia-actors.com
E-Mail: office@fia-actors.com
Gründung: 1952
President: Tomas Bolme (Teaterförbundet (Sweden))
General Secretary: Katherine Sand
Verbandszeitschrift: FOCUS: Published in English, French, German & Spanish (quarterly newsletter in English, German, Spanish, French)
Redaktion: FIA
Verlag: FIA
Mitarbeiter: 2
Members: The International Federation of Actors (FIA) represents 100 Unions of performing Artists in 70 countries

● **IZ R 287**
Internationaler Verband der Gewerkschaften des Verkehrspersonals (I.F.T.U.T.W.)
International Federation of Trade Unions of Transport Workers
Fédération Internationale des Organisations Syndicales du Personnel des Transports (FIOST)
Trierstraat 33, B-1040 Brüssel
T: (00322) 2 85 47 35 **Fax:** 2 30 87 22
Internet: http://www.cmt-wcl.org
E-Mail: freddy.pools@cmt-wcl.org
President: Michel Bovy
Executive Secretary: Freddy Pools

● **IZ R 288**
Katholischer Weltbund für Krankenpflege (CICIAMS)
International Catholic Committee of Nurses and Medico-Social Assistants
Comité International Catholique des Infirmières et Assistantes Médico-Sociales
General Secretariate
Square Vergote 43, B-1030 Brüssel
T: (00322) 7 32 10 50 **Fax:** 7 34 84 60
Gründung: 1933
International President: R. Lai
General Secretary: A. Verlinde (Manager of Publicity Press Department)
Verbandszeitschrift: CICIAMS-NEWS, CICIAMS Nouvelles
Redaktion: A. Verlinde, General Secretary of CICIAMS, Vergote Square 43, B-1030 Bruxelles
Mitglieder: 500000
Mitarbeiter: 5 in the international Secretariat

● **IZ R 289**
Ständiger Ausschuß der Krankenschwestern/Krankenpfleger der EG
Standing Committee of Nurses of the EC
Comité Permanent des Infirmier(e)s de la CE
53, rue de la Concorde, B-1050 Brüssel
T: (00322) 512-7419 **Fax:** 512-3550
Internet: http://www.pcn.yucom.be
E-Mail: webmaster.pcn@yucom.be
Gründung: 1971
Präsidentin: Christine Hancock (GB)
Vicepresident: Jean-Francois Negri

Mitgliedsorganisationen

Belgien

iz r 290
Federation Nationale Neutre des Infirmier(e)s de Belgique
rue de la Source 18, B-1060 Brüssel
T: (0322) 5 37 01 93
Kontaktperson: Paul De Raeve

Dänemark

iz r 291
The Danish Nurses' Organization
Vimmelskaftet 38, DK-1161 Kopenhagen
T: (0453) 315-1555 **Fax:** 315-2455
Internet: http://www.dansk-sygeplejeraad.dk
E-Mail: dsr_hle@dansk-sygeplejeraad.dk
Kontaktperson: Connie Kruckow

Deutschland

iz r 292
Deutscher Berufsverband für Pflegeberufe e.V. (DBfK)
Hauptstr. 392, 65760 Eschborn
T: (06173) 32 00 71 **Fax:** 32 00 47
Internet: http://www.dbfk.de
E-Mail: hrpst@dbfk.de
Vorsitzende(r): Brunhilde Dissen
Geschäftsführer(in): Joachim Conrad
Leitung Presseabteilung: Eva-Maria Krampe
Verbandszeitschrift: Pflege Aktuell
Redaktion: E. Krampe

Finnland

iz r 293
Suomen Sairaanhoitahaliito RY
Asemamiehenkatu 4, FIN-00520 Helsinki
T: (03589) 2 29 00 20 **Fax:** 91 48 18 40
Internet: http://www.sairaanhoitajaliitto.fi
E-Mail: helena.partinen@sairaanhoitajaliitto.fi
Kontaktperson: Katriina Laaksonen

Frankreich

iz r 294
Association Nationale Française des Infirmières Diplômés ou Etudiants
rue d'Avron 125, F-75020 Paris
T: (0033) 1 43 08 84 07 **Fax:** 1 43 08 84 07
Kontaktperson: Jean-François Negri

Griechenland

iz r 295
Hellenic National Graduate Nurses Association
Athens Tower (C building)
Athens' Tower (C Building) II, Ia, GR-11527 Athen
T: (0301) 7 70 28 61 **Fax:** 7 79 03 60
Generalsekretär(in): Aspasia Papadantonaki

Großbritannien

iz r 296
Royal College of Nursing of the UK (RCN)
Cavendish Square 20, GB- London WIG ORN
T: (004420) 74 09 33 33 **Fax:** 76 47 34 13
Internet: http://www.rcn.org.uk
E-Mail: susan.williams@rcn.org.uk
Kontaktperson: Christine Hancock

Irland

iz r 297
Irish Nurses Organisation
11 Fitzwilliam Place, IRL- Dublin
T: (03531) 6 76 01 37 **Fax:** 6 61 04 66
Internet: http://2000.ino.ie
E-Mail: annette@ino.iol.ie
Kontaktperson: Annette Kennedy

Italien

iz r 298
Consociazione Nazionale delle Associazioni Infermiere-Infermieri
Via Trebbia 9, I- Milano 20135
T: (0396) 4 96 92 55
Internet: http://www.nursing.uniroma1.it
E-Mail: sansoni@axrma.uniroma1.it
Kontaktperson: Santina Bonardi

Luxemburg

iz r 299
Association Nationale des Infirmier(e)s Luxembourgeois(es)
Postfach 1184, L-1011 Luxemburg
T: (00352) 49 58 09 **Fax:** 40 85 85
E-Mail: claude.kuffer@ci.educ.lu
Kontaktperson: Claude Kuffer

Niederlande

iz r 300
National Nurses Association Nederlandse Maatschappij voor Verpleegkunde
Postfach 6001, NL-3503 PA Utrecht
Leidseweg 83, NL-3503 PA Utrecht
T: (003130) 296-4144 **Fax:** 296-3904
Internet: http://www.nu91.nl
E-Mail: t.kraakman@nu91.nl
Kontaktperson: Ted Kraakman (International officer)

Österreich

iz r 301
Österreichischer Krankenpflegeverband
Postfach 63, A-1182 Wien
Mollgasse 3a, A-1180 Wien
T: (00431) 4 78 27 10 **Fax:** 4 78 27 10-9
Kontaktperson: Eva Kürzl

Portugal

iz r 302
Associação Portuguesa de Enfermeiros
Rua Duque de Palmela 27, P-1250 Lisabon 4.0 Dt.0
T: (0035121) 353-5543 **Fax:** 353-5543
Kontaktperson: Marilia Viterbo de Freitas

iz r 303
The Swedish Association of Health Professionals Vardforbundet
Postfach 3260, S-10365 Stockholm
T: (00468) 14 77 00 **Fax:** 20 40 96
Internet: http://www.vardforbundet.se
E-Mail: marianne.lidbrink@vardforbundet.se
Kontaktperson: Marianne Lidbrink

Spanien

iz r 304
Organizacion Colegial de Enfermeria Consejo General
Fuente del Rey, n.2,, E-28023 Madrid
T: (003491) 334-5520 **Fax:** 334-5503
E-Mail: movalle@smail1.ocenf.org
Kontaktperson: Dr. Myriam Ovalle Bernal

● **IZ R 305**
Union Europäischer Bankpersonalverbände (UEB)
Union of European associations of bank employees
Union européenne des associations du personnel de la banque
Postfach 8235, CH-3001 Bern
Monbijoustr. 61, CH-3001 Bern
T: (004131) 3 71 43 11 **Fax:** 3 71 98 74
Gründung: 1966
Präsident(in): Friedrich-W. Hütte
Hauptgeschäftsführer(in): Urs Tschumi
Mitglieder: 6 (Frankreich, Schweiz, Bundesrepublik Deutschland, Malta, Irland)

● **IZ R 306**
Verband Europäischer Filmregisseure (F.E.R.A.)
Federation of European Film Directors
Fédération Européenne des Réalisateurs de l'Audiovisuel
Av. Everard 59, B-1190 Brüssel
T: (00322) 5 51 03 50 **Fax:** 5 51 03 55
Internet: http://www.fera-matin.org
E-Mail: secretariat@fera-matin.org
Président: Manuel Gutierrez Aragon
Senior Vice-Président: Gabriel Auer
Vice-Présidents: Janne Giese
Panos Papakyriakopoulos
Peter Carpentier
Secrétaire Général: Joao Correa
Adjointe au Président: Angela de Luisi

● **IZ R 307**
Verband der Personalvertretungen internationaler Angestellter (nicht-offizielle Uebersetzung) (FICSA)
Federation of International Civil Servants' Associations
Fédération des Associations de Fonctionnaires Internationaux
Vertretung der Interessen der Angestellten in den Organisationen der Vereinten Nationen (UNO)
Palais de Nations, CH-1211 Genf 10
T: (004122) 9 17 31 50 **Fax:** 9 17 06 60
Gründung: 1952
President: Bernard Grandjean
General-Secretary: André J. Heitz
Verbandszeitschrift: FICSA Quarterly

Redaktion: L. Ewart
Mitglieder: 27 Verbände (30000 Beamte)
Mitarbeiter: 6

IZ R 308
Vereinigung Europäischer Unteroffiziere der Reserve (AESOR)
Association Européenne des Sous-Officiers de Réserve
c/o Verband der Reservisten der Deutschen Bundeswehr e.V.
Provinzialstr. 91, 53127 Bonn
T: (0228) 2 59 09 10 **Fax:** 2 59 09 50
Internet: http://www.vdrbw.de
E-Mail: abteilungl@vdrbw.de

IZ R 309
Vereinigung Europäischer Verkaufs- und Marketingkräfte (AESA)
Association European Salesmanager and -Adviser
Postf. 12 06 04, 53048 Bonn
T: (02224) 94 03 13 **Fax:** 94 03 14
Gründung: 1990
Präsident(in): Präsidium:
Wolfgang M. Nitsche (D)
Vizepräsident(in): Heribert-Gaston Blondiau (B)
Präsidiumsmitglied(er): Bruce E. Rienstra (GB)
Mitglieder: 15 nationale Verbände (Vertretung von ca. 7,3 Mio Marketing-, Verkaufs- und Vertriebskräften im Außendienst)
Mitarbeiter: 5
Jahresetat: DM 2,25 Mio, € 1,15 Mio

IZ R 310
Vereinigung der Techniker der Farb-, Lack-, Email- und Druckfarben-Industrien des europäischen Festlandes (FATIPEC)
Federation of Associations of Technicians in the Paint, Varnish, Enamels and Printing-Ink Industries of Continental Europe
Fédération d'Associations de Techniciens des Industries des Peintures, Vernis, Emaux et Encres d'Imprimerie de l'Europe Continentale
Secrétariat Général:
c/o AFTPVA
5, rue Etex, F-75007 Paris
T: (00331) 42 63 45 91 **Fax:** 42 63 31 50
Siège social:
28, rue Saint-Domingue
F-75007 Paris
Gründung: 1950
Secrétaire Général: André Toussaint (32, G. Gibonstraat, B-1600 Sint Pieters Leeuw, T/Fax: (00322) 3 77 40 83)
Mitglieder: 4500 Mitglieder in 14 Ländern

IZ R 311
Weltbewegung der Christlichen Arbeitnehmer (WBCA)
World Movement of Christian Workers (WMCW)
Mouvement Mondial des Travailleurs Chrétiens (MMTC)
Bd. du Jubilé 124, B-1080 Bruxelles
T: (00322) 4 21 58 40 **Fax:** 4 21 58 49
Internet: http://www.mmtc-wmcw-wbca.be
E-Mail: mmtc@skynet.be
Gründung: 1966
Generalsekretär(in): Norbert Klein
Verbandszeitschrift: INFOR (en cinq langues: allemand, anglais, français, espagnol et portugais)
Redaktion: Norbert Klein, Bd du Jubilé, 124, B-1080 Bruxelles
Mitglieder: 1500000, 47 Nationale Bewegungen

IZ R 312
Weltföderation der Agrar- und Lebensmittelarbeiter (WFAFW)
World Federation of Agriculture and Food Workers (W.F.A.F.W.)
Fédération Mondiale des Travailleurs de l'Agriculture et de l'Alimentation (F.E.M.T.A.A.)
Rue de Trèves 33, B-1040 Bruxelles
T: (00322) 2 85 47 53, 2 85 47 00 **Fax:** 2 30 87 22
E-Mail: femtaa@cmt-wcl.org
Président: Adrian Cojocaru (Rumänien)
Secrétaire Général: Jose Gomez Cerda

IZ R 313
Weltverband der Arbeitnehmer (WVA)
World Confederation of Labour (WCL)
Confédération Mondiale du Travail (CMT)
33, rue de Trèves, B-1040 Bruxelles
T: (00322) 2 85 47 00 **Fax:** 2 30 87 22
Internet: http://www.cmt-wcl.org
E-Mail: info@cmt-wcl.org
Gründung: 1920 (19. Juni)
Vorsitzende(r): F. Kikongi
Generalsekretär(in): W. Thys
Leitung Presseabteilung: André Linard
Verbandszeitschrift: Labor-Magazine (4x/AN)
Mitglieder: ca. 26000000
Mitarbeiter: 45

IZ R 314
Weltverband Katholischer Erzieher (UMEC)
Union Mondiale des Enseignants Catholiques
Palazzo S. Calisto, I-00120 Cittàdel Vaticano
T: (00396) 69 88 72 86
Gründung: 1951
Verbandszeitschrift: Nouvelles UMEC
Redaktion: General Secretariat Rome
Mitglieder: 43 member associations

IZ R 315
Weltverband der Lehrer (WVL)
World Confederation of Teachers
Confédération Syndicale Mondiale de l'Enseignement
Rue de Trèves 33, B-1040 Brüssel
T: (00322) 2 85 47 29 **Fax:** 2 30 87 22
Internet: http://www.wctcsme.org
E-Mail: wct@cmt-wcl.org
Gründung: 1963 Oktober
Mitglieder des Comité Conféderal:
Président: Louis Van Beneden
Secrétaire général: Gaston de la Haye
Vice-président: Mansourou Lala (Afrika)
Gerard Gunaratne (Asien)
Claudio Corries (Lateinamerika)
Helmut Skala (Euregion)
Schatzmeister: Cees Van Overbeek (Niederlande)
Mitglieder: Musa Shezi (Südafrika)
Mohamed Benjelouin (Marokko)
Razvan Bobulescu (Rumänien)
Leonid Sachkov (Ukraine)
Evert De Jong (Niederlande)
Gust Van Dongen (Belgien)
Vinayak Sirdesai (Indien)
Leitung Presseabteilung: Francisco Galvez
Verbandszeitschrift: WCT/CSME Info
Verlag: Secretariat CSME
Mitglieder: 65 + 11 Assoziierte
Mitarbeiter: 2
Mitgliedsverbände und assoziierte Verbände in:
Afrika:
Südafrika, Bénin, Burkina Faso, Kongo, Elfenbeinküste, Gabun, Ghana, Guinea, Insel Mauritius, Liberia, Mali, Marokko, Namibia, Niger, Zentralafrikanische Republik, Demokratische Republik Kongo, Ruanda, Senegal, Sierra Leone, Tschad, Togo, Simbabwe
Lateinamerika:
Argentinien, Aruba, Bolivien, Brasilien, Chile, Columbien, Costa Rica, Curaçao, Ecuador, El Salvador, Honduras, Panama, Paraguay, Peru, Puerto Rico, Dominikanische Republik, Surinam, Uruguay, Venezuala
Asien:
Armenien, Bangladesh, Korea, Hong Kong, Indien, Indonesien, Kasachstan, Malaisia, Pakistan, Philippinen, Sri Lanka, Thailand
Europa:
Belgien, Bulgarien, Dänemark, Deutschland, Frankreich, Georgien, Kroatien, Litauen, Moldawien, Niederlande, Österreich, Polen, Portugal, Rumänien, Slowakei, Spanien, Tschechische Republik, Ukraine, Ungarn, Weißrußland,

Beamten-Organisationen

IZ R 316
Europäische Föderation der Öffentlich Bediensteten (EUROFEDOP)
European Federation of Employees in Public Services
Fédération Européenne du Personnel des Services Publics
rue de Trèves 33, B-1040 Bruxelles
T: (00322) 2 30 38 65 **Fax:** 2 31 14 72
Internet: http://www.eurofedop.org
E-Mail: info@infedop-eurofedop.com
Gründung: 1966
Secr. Gen.: Bert van Caelenberg (Ltg. Presseabt.)
Verbandszeitschrift: SERVUS
Redaktion: Bert van Caelenberg
Verlag: B. van Caelenberg, Trierstraat 33, B-1040 Brussel
Mitglieder: 1500000
Mitarbeiter: 5

Notizen

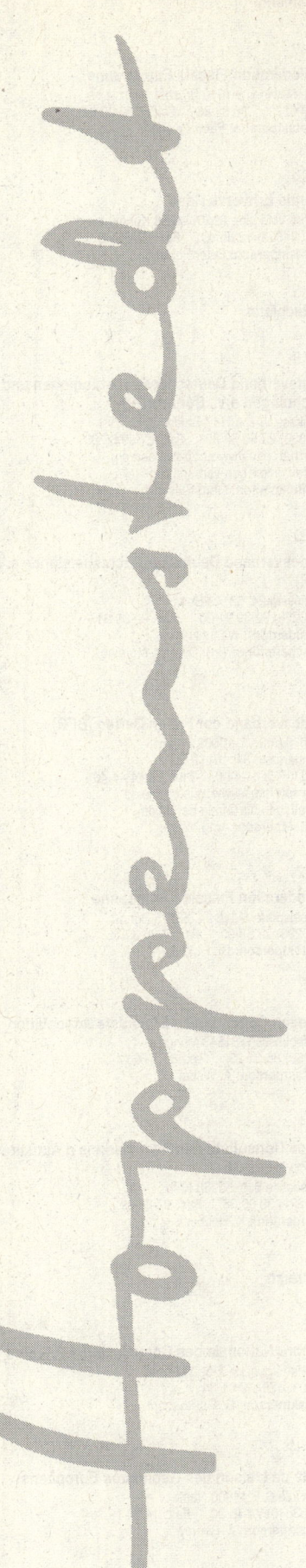

IZ S Freie Berufe und andere Berufsverbände

Zum Auffinden einer bestimmten Dienststelle oder Organisation dient das Suchwortverzeichnis, eines Personennamens das Personenverzeichnis

Freie Berufe

Ärzte, Zahnärzte, Tierärzte, Apotheker, medizinische Hilfsberufe

Anwälte, Notare, Richter, Staatsanwälte, Rechtsbeistände

Wirtschaftsprüfer, Berater, Steuerberater, Buchprüfer u. a.

Landwirtschaft, Fischerei, Ernährung, Gartenbau, Landespflege

Architekten, Ingenieure, Chemiker, Designer, technische Sachverständige, Wissenschaftler u. a.

Bildende Künstler, Grafik-Designer, Schriftsteller, Komponisten, Kritiker, Journalisten, Dolmetscher, Übersetzer u. a.

Immobilienexperten und andere Berufsverbände

Freie Berufe

● **IZ S 1**

Europäischer Rat der Freien Berufe (CEPLIS)
European Council for the Liberal Professions
Conseil Européen des Professions Liberales (CEPLIS)
Coudenberg 70, B-1000 Bruxelles
T: (00322) 5 11 44 39   Fax: 5 11 01 24
E-Mail: ceplis@pi.be
Gründung: 1974
Präsident(in): Adrien Bedossa
Generalsekretär(in): Estelle Mangold
Verbandszeitschrift: Le télégramme du CEPLIS
Mitglieder: 14 monoprofessionnels, 10 interprofessionels
Mitarbeiter: 2

Mitglieder:
Die interprofessionellen Verbände der einzelnen Mitgliedsstaaten:
Bundeskomitee Freie Berufe Österreichs - BUKO (A); Union Nationale des Prof. Lib. et Intellectuelles de Belgique - UNPLIB (B); Federatie voor Vrije en Intellectuele Beroepen - FVIB (B); Unión Profesional - UP (E); Union Nationale des Professions Libérales - UNAPL (F); Confederazione Sindacale Italiana Libere Professioni - CONSILP (I); Irish Inter-Professional Association - IIPA (IRL); Conselho Nacional de Profissões Liberais - CNPL (P); The UK Inter-Professional Group - UKIPG (UK)

Die monoprofessionellen Verbände auf europäischer Ebene:
Comité de Liaison des Dentistes de l'UE - CLDUE (B); Conférence des Notariats de l'UE - CNUE (B); European Condederation of Conservator-Restorers Organisations - ECCO (B); Fédération Internationale des Experts en Automobile - FIEA (B); European Council of Interior Architects - ECIA (B/F); Fédération Européenne des Ostéopathes - FEO (B/F); Groupement Pharmaceutique de l'UE - GPUE (B/L); European Communities Biologists Association - ECBA (D); Comité de Liaison des Géomètres Europe_ens - CLGE (D/F); Comité de Liaison des Podologues de l'UE - CLPUE (F); Chambre Nationale des Commissaires Priseurs - CNCP (F); Comité des Postulants européens - CPE (F); Fédération Internationale des Conseils en Propriété Industrielle - FICPI (UK)

Beobachter:
Chambre Nationale Commissairs Priseurs; Union Suisse des Professions Libérales - usl (CH); Confédération des Associations Suisses des Professions Indépendantes

Mitgliedsorganisationen

Belgien

iz s 2

Europäischer Rat für private Krankenhäuser & Europäische Union der unabhängigen Krankenhäuser (CEHP/UEHP)
European Committee of Private Hospitals & European Union of Independent Hospitals (ECPH/UEHP)
Comité Européen de l'Hospitalisation Privée & Union Européenne de l'Hospitalisation Privée (CEHP/UEHP)
Avenue A. Solvay 5, B-1170 Brüssel
T: (0322) 6 60 35 50   Fax: 6 72 90 62
Kontaktperson: Henri Anrys

iz s 3

Comité de Liaison des Architectes Indépendants de la CE
Verschansingstraat 4e, B-9910 Mariakerke-Gent
T: (003292) 26 24 42   Fax: 27 92 37
Kontaktperson: D. Craet
M. van de Veer

iz s 4

Conseil Européen des Urbanistes
Av. E. Masoin 41, B-1090 Brüssel
T: (00322) 4 78 24 80   Fax: 4 25 54 44
Kontaktperson: A. Del Vaux
Kontaktperson: Marcel Lahousse

iz s 5

Conseil des Architectes d'Europe
rue Paul Emile Janson 29, B-1050 Brüssel
T: (00322) 5 43 11 40   Fax: 5 43 11 41
E-Mail: ace.cae@skynet.be
Generalsekretär(in): Alain Sagne

iz s 6

Conseil des Barreaux de la CE
Place des Barricades 13, B-1000 Brüssel
T: (00322) 2 23 09 79   Fax: 2 23 14 59
Kontaktperson: J. R. Thys

iz s 7

Conseil des Barreaux de la CE
Rue Washington 40, B-1050 Brüssel
T: (00322) 6 40 42 74   Fax: 6 47 79 41
Kontaktperson: Caroline Goemans

iz s 8

Dental Liaison Committee EEC
VII Olympiadelaan 14, B-2020 Antwerpen
T: (00323) 2 38 50 74   Fax: 2 38 50 74
Kontaktperson: Dirk Vandeputte

iz s 9

Federatie voor Vrije en Intellectuele Beroepen (FVIB)
Spastraat 8, B-1040 Brüssel
T: (00322) 2 38 05 31   Fax: 2 38 07 94
E-Mail: fvib@kmonet.be
Sekretärin: Katrien Penne

iz s 10

Fédération Int. des Experts en Automobile
Chaussée de Louvain 775, B-1140 Brüssel
T: (00322) 7 30 36 00   Fax: 7 30 36 00
Kontaktperson: A. Moeremans

iz s 11

Fédération Int. des Experts en Automobile
Chaussée de Ruisbroeck 25, B-1190 Brüssel
T: (00322) 3 76 52 39   Fax: 3 32 19 47
Kontaktperson: J. P. Carez

iz s 12

Fédération des Notaires de Belgique
Grand Place 11, B-7600 Peruwelz
T: (00322) 5 05 08 11   Fax: 5 14 14 48
Kontaktperson: P. Fr. Ghorain

iz s 13

Föderation der Tierärzte in Europa (FVE)
Federation of Veterinarians of Europe
Fédération des Vétérinaires de l'Europe
Rue Defacqz 1, B-1000 Brüssel
T: (00322) 5 38 29 63   Fax: 5 37 28 28
Internet: http://www.fve.org
E-Mail: info@fve.org
Kontaktperson: Miriam Ryan

iz s 14

Groupe Consultatif des Associations d'Actuaires des Pays des CE
Rue François Roffiaen 43 Bte 5, B-1050 Brüssel
T: (00322) 6 49 70 13   Fax: 6 40 76 68
Kontaktperson: André Frisque

iz s 15

Zusammenschluss der Apotheker der Europäischen Union
Pharmaceutical Group of the European Union
Groupement Pharmaceutique de l'Union Europeenne
Rue Belliard 159, B-1040 Brüssel
T: (00322) 2 38 08 18   Fax: 2 38 08 19
Internet: http://www.pgeu.org
E-Mail: pharmacy@pgeu.org
Kontaktperson: Lisette Tiddens

iz s 16

Union Nationale des Professions Libérales et Intellectuelles de Belgique
Rue Paul Emil Janson 3A, B-1050 Brüssel
T: (00322) 5 37 26 60   Fax: 5 38 53 38
Kontaktperson: J. Rousseaux

Dänemark

iz s 17

Confédération Fiscale Européenne
Rue Newton, B-1040 Brüssel
T: (00322) 7 36 88 86   Fax: 7 36 29 64
Kontaktperson: Peter Poulsen

iz s 18

Liberale Erhvervs Raad
Noore Voldgade 29, DK-1358 København K
T: (004533) 12 85 40   Fax: 93 85 40
Kontaktperson: Peter Poulsen

Deutschland

iz s 19

Berufsverband Deutscher Psychologinnen und Psychologen e.V., Bonn (BDP)
Glinkastr. 5-7, 10117 Berlin
T: (030) 22 60 56 99   Fax: 22 60 56 98
Internet: http://www.bdp-verband.org
E-Mail: info@bdp-verband.org
Kontaktperson: Gerd Pulverich

iz s 20

Bundesverband Deutscher Rechtsbeistände e.V. (BDR)
Rheinweg 24, 53113 Bonn
T: (0228) 92 39 91 20   Fax: 92 39 91 26
Präsident(in): Walter Heinze
Geschäftsführer(in): Dorothe Moraing

iz s 21

Bundesverband der Freien Berufe (BFB)
Postf. 04 03 02, 10062 Berlin
Reinhardtstr. 34, 10117 Berlin
T: (030) 28 44 44-0   Fax: 28 44 44-40
Internet: http://www.freie-berufe.de
E-Mail: info-bfb@freie-berufe.de
Kontaktperson: Arno Metzler

iz s 22

Confédération Fiscale Européenne
Poppelsdorfer Allee 24, 53115 Bonn
T: (0228) 72 63 90   Fax: 7 26 39 52
Kontaktperson: Dr. H. Weiler

iz s 23

European Communities Biologists Association
Humboldtstr. 1, 81543 München
T: (089) 66 31 23   Fax: 6 51 56 44
Kontaktperson: A. Weber

iz s 24

Groupe Consultatif des Associations d'Actuaires des Pays des CE
Lindenallee 53b, 50968 Köln
T: (0221) 38 00 38   Fax: 37 88 89
Präsident(in): K. Heubeck

Frankreich

iz s 25

Chambre Nationale des Commissaires Priseurs
Rue Paufuque 19, F-69002 Lyon
T: (0033478) 42 01 34
Kontaktperson: G. Guillaumont

iz s 26

Comité de Liaison des Géomètres Européens
Rue Vidie 6, F-44000 Nantes
T: (003340) 74 48 20   Fax: 14 30 19
Kontaktperson: A. Bourcy

iz s 27

Comité de Liaison des Podologues de la CE
Rue Saint-Honoré 163, F-75001 Paris
T: (00331) 42 60 62 45   Fax: 42 61 04 40
Präsident(in): G. Noret

iz s 28

Fédération Nationale des Infirmières
Rue Godot de Mauroy 7, F-75009 Paris
T: (00331) 47 42 94 13
Kontaktperson: M. J. Ourth-Bresle

iz s 29

Fédération Vétérinaire Européenne
Rue Breguet 34, F-75011 Paris
T: (00331) 47 00 12 27   **Fax:** 47 00 09 25
Generalsekretär(in): Dr. Christian Rondeau

iz s 30

Union Mondiale des Professions Libérales
Rue Boissière 38, F-75116 Paris
T: (00331) 44 05 90 15   **Fax:** 44 05 90 17
Président: Luis Eduardo Gauterio Gallo (T: (005561) 223 1683, Fax: 223 1944), Brasilien
Délégué Général: Henry Salmon

iz s 31

Union Nationale des Associations de Proffessions Libérales
Rue le la Tour-Maubourg 46, F-75007 Paris
T: (00331) 44 11 31 50   **Fax:** 44 11 31 50
Generalsekretär(in): Guy Robert

iz s 32

Union Nationale des Syndicats Français d'Architectes
Bd. Raspail 26, F-75007 Paris
T: (00331) 45 35 26 82   **Fax:** 45 44 93 68
Kontaktperson: B. Oge

Großbritannien

iz s 33

Association of Optometrists
South Bank Technopark
London Road 90, GB- London SE1 6LN
T: (004420) 72 61 96 61   **Fax:** 72 61 02 28
Kontaktperson: Ian Hunter

iz s 34

Institute of Actuaires
Beelslaan 22, NL-2012 PK Haarlem
T: (00441865) 79 41 44   **Fax:** 79 40 94
Kontaktperson: John Michael Henty (Secretary General)

iz s 35

Groupe Consultatif des Assocations d'Actuaires des Pays des communautés Européennes
Napier House, A Woreester Street, GB- Oxford OX1 2AW
T: (00441865) 72 68 21   **Fax:** 72 68 23
President: Holger Dock
Secretary: John Henty

iz s 36

Institute of Education
University of London
20, Bedford Way, GB- London WC1H OAL
T: (004420) 76 12 62 81   **Fax:** 76 12 63 04
Kontaktperson: I. Lunt

Irland

iz s 37

The Inter-Professional Group (UKIPG)
Merrion Square East 38, IRL- Dublin 2
T: (003531) 6 61 17 94 /5   **Fax:** 6 61 17 97
Präsident(in): D. Grehan

iz s 38

The Irish Auctioneers and Valuers Institute
Merrion Square East 38, IRL- Dublin 2
T: (003531) 6 61 17 94 /5   **Fax:** 6 61 17 97
Kontaktperson: J. Healy

Luxemburg

iz s 39

Conseil des Architectes d'Europe
rue Paul Emile Janson 29, B-1050 Brüssel
T: (00322) 543 11 40   **Fax:** 543 11 41
E-Mail: ace.cae@skynet.be
Secrétaire Général: Alain Sagne

Niederlande

iz s 40

Comité de Liaison des Architectes Indépendants
Keizersgracht, NL-1016 EE Amsterdam
T: (003120) 5 55 36 66   **Fax:** 5 55 36 99
Kontaktperson: M. D. van de Veer

iz s 41

European Federation of Professional Psychologists Association
c/o Psychology Tilburg University
NL-5000 LE Tilburg
T: (003113) 66 23 70   **Fax:** 66 23 70
Kontaktperson: Dr. Y. H. Poortinga

iz s 42

Raad voor het Vrije Beroep
c/o Van Doorne en Sjollema
Postfach 75265, NL-1007 AG Amsterdam
T: (003120) 78 91 23   **Fax:** 78 95 89

iz s 43

Raad voor het Vrije Beroep
Postfach 96827, NL-2509 JE 's-Gravenhage
t' Hoenstraat 5, NL-2509 JE 's-Gravenhage
T: (003170) 3 30 71 11   **Fax:** 3 45 32 26
Kontaktperson: Dr. J. Boehmer
Sekr.: Zethof

iz s 44

EFAA (European Federation of Accountant and Auditors for small and medium - sized Entreprise
Nieuwe Parklaan 25, NL-2508 The Hague
T: (003170) 3 38 36 00   **Fax:** 7 03 51 28 36
Kontaktperson: Peter L. Legerstee

iz s 45

ECIA (European Council of Interior Architects)
Herengracht 162, NL-1016 BP Amsterdam
T: (003120) 6 38 21 37   **Fax:** 6 38 21 38
Kontaktperson: Roeland van der Hidde (President)

iz s 46

FICPI (Fédération Internationale des Conseils en propriété industrielle)
Chancery Lane 53-64, GB- London WC12A ISD
T: (004420) 74 05 49 16   **Fax:** 78 31 03 43
Kontaktperson: M.T.L. Johnson (President)

Österreich

iz s 47

Bundeskonferenz der Kammern der Freien Berufe Österreichs
Tuchlauben 15, A-1010 Wien
T: (00431) 5 33 22 86   **Fax:** 5 33 22 86 15
Generalsekretär(in): A. M. Sigmund

Portugal

iz s 48

Conselho National das Professoes Liberais
Av. Almirante Gago Cautinho 151, P-1700 Lissabon
T: (003511) 86 18 82   **Fax:** 86 24 03
Kontaktperson: M. E. Machado Macedo

iz s 49

Sebastiano Honorato
R. Rodrigo da Fonseca 149-3 Dto, P-1000 Lissabon
T: (003511) 65 76 33/34   **Fax:** 3 87 47 76

Schweiz

iz s 50

Fédération Européenne des Ecoles
Boulevard James Fazy 13, CH-1201 Genf
T: (004122) 7 41 18 00   **Fax:** 7 41 18 01
Generalsekretär(in): Maret

iz s 51

Union Suisse des Professions Libérales
c/o Fédération des Syndicats Patronaux
Postfach 446, CH-1211 Genf
T: (004122) 7 15 31 11   **Fax:** 7 31 36 42
Kontaktperson: S. Dubuis von der Weid

iz s 52

Schweizerischer Verband freier Berufe (SVFB)
Union suisse des professions libérales (USPL)
Schwarztorstr. 26, CH-3001 Bern
T: (004131) 3 82 15 41   **Fax:** 3 82 23 66
Kontaktperson: Beatrice Marti

Spanien

iz s 53

Fédération Européenne des Ecoles
Castillo de Alarcon 49 Urb, E-28692 Madrid
T: (00341) 8 15 10 36   **Fax:** 8 15 04 28
Präsident(in): O. Segovia

iz s 54

Union Profesional
Calle Argensola 16-1 Izq, E-28004 Madrid
T: (00341) 4 35 76 76   **Fax:** 5 77 73 84
Kontaktperson: G. Muzquiz

Ärzte, Zahnärzte, Tierärzte, Apotheker, medizinische Hilfsberufe

● IZ S 55

Aktion Zahnfreundlich International
Toothfriendly Sweets International
Fédération Sympadent Internationale
Bundesstr. 29, CH-4054 Basel
T: (004161) 2 73 77 07   **Fax:** 2 73 77 03
Gründung: 1990
Präsident(in): Prof. Dr. Bernhard Guggenheim
Vizepräsident(in): Prof. Dr. Klaus Bößmann
Direktor(in): Dr. Albert Bär
Sekretariat: Jasmin Kossenjans
Mitglieder: 6

Mitgliedsorganisationen

Belgien

iz s 56

Tandvriendelijk
Secretariat
Dr. R. Verbruggen
St. Hubertuslaan 4A, B-3080 Brussels (Tervuren)
T: (00322) 3 05 04 36   **Fax:** 7 67 02 74

Deutschland

iz s 57

Aktion zahnfreundlich e.V.
Alt-Pempelfort 9, 40211 Düsseldorf

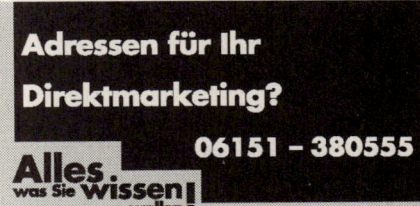

iz s 57

T: (0211) 1 62 32 18 Fax: 1 62 32 19
Internet: http://www.zahnmaennchen.de
E-Mail: aktion-zahnfreundlich@t-online.de
Gründung: 1985 (16. September)
Vorsitzende(r): Prof. Dr. Jean-François Roulet (Medizinische Fakultät der Humboldt-Universität zu Berlin, Campus Virchow Klinikum, Zentrum für Zahnmedizin, Abt. für Zahnerhaltung und Präventivzahnmedizin, Augsburger Platz 1, 13353 Berlin, T: (030) 4 50 56 26 72, Fax: (030) 4 50 56 26 91, E-Mail: jfroulet@aol.com)
Mitglieder: ca. 380

Japan

iz s 58

Toothfriendly Sweets Japan
Secretariat: Prof. T. Yamada
Ohmachi 1-1-18, Seiookan Bldg. 3 Floor, J- Sendai 980-0804
T: (008122) 717 82 94 Fax: 717 82 97
E-Mail: t-yamada@mail.eetohoku.ae.jp
Präsident(in): Prof. T. Yamada (Tohoku University, Dept. of Oral Biochemistry, Seyrio-machi 4-1, J-Sendai 980)

Korea

iz s 59

Toothfriendly Sweets Korea
Secretariat
Prof. Shin Seung-Chul
c/o KDHA (Korean Dental Health Assoc.) Wha-Sin Bldg. 503 Bongre-Dong 1 GA 82, KP- Junggu Seoul
T: (00822) 753 71 24 Fax: 753 14 71
Präsident(in): Prof. Kim Ju-Whan (Korean Dental Health Assoc., Yang Jae Billa 102, 63-1 Yang Jae Dong, Seocho-ku, Seoul)

Schweiz

iz s 60

Aktion Zahnfreundlich Schweiz
Sekretariat Fr. Petra Hirsig
Plattenstr. 11, CH-8028 Zürich
T: (00411) 634 32 77 Fax: 634 43 10
Präsident(in): Prof. Dr. Bernhard Guggenheim (Zahnärztliches Institut Zürich, Plattenstr. 11, CH-8028 Zürich)

Türkei

iz s 61

Toothfriendly Sweets Turkey
Cumhuriyet Cad. Nisbet Sok. Kocaeli Apt. No. 2 /6, TR-80230 Elmadag
T: (0090212) 240 82 84, Mobile: 0090 532 615 0656
Fax: 286 35 52
Secretariat: Selda Alemdar (DIS Dostu)

andere Länder

iz s 62

Toothfriendly Sweets Intl.
Secretariat
Fr. Jasmin Koosenjans
CH-4054 Basel
T: (004161) 2 73 77 07 Fax: 2 73 77 03
Präsident(in): Prof. Dr. Bernhard Guggenheim (Zahnärztliches Institut Zürich, Plattenstr. 11, CH-8028 Zürich)

● **IZ S 63**

Vereinigung der Apotheker der Pharmazeutischen Industrie in Europa (GPPIP-CEE)
European Industrial Pharmacist Group
Groupement des Pharmaciens de l´Industrie en Europe
Délégation aux Affaires Extérieures
Ellermannstraat 18, BO. 4, B-2060 Antwerpen
T: (00323) 2 13 15 28 Fax: 2 13 15 28
Gründung: 1960
Président: Jean-Pierre Paccioni
Mitglieder: ca. 7500

● **IZ S 64**

CIDESCO - Sektion Deutschland
Comite International D'esthetique et de Cosmetologie
Postfl. 15 36, 58244 Ennepetal
Voerder Str. 61, 58256 Ennepetal

T: (02333) 7 66 97 Fax: 7 14 44
CIDESCO Secretariat:
Witikonerstr. 365, CH-8053 Zürich, T: (00411) 380 0075, Fax: (00411) 380 0105, email: secretariat@cidesco.com
Sektionspräsidentin: Brigitte Sterz
siehe auch: Berufsverband der Fachkosmetiker (-innen) in Deutschland e. V. (BfD)

● **IZ S 65**

Europäische Konföderation der Spezialisten für Kinder- und Jugendmedizin (CESP)
Confederation of European Specialists in Paediatrics
Confédération Européenne des Spécialistes en Pédiatrie
Secretariat:
Avenue de la Couronne, 20, B-1050 Bruxelles
T: (00322) 6 49 21 47 Fax: 6 49 26 90
Präsident(in): Prof. Denis Gill (The Children's Hospital Temple Street, Dublin 1 Ireland, T: (00353) 8 74 17 51, Fax: (00353) 8 74 83 55)
Generalsekretär(in): Prof. José Ramet (AZ-VRIJE Universiteit, Laarbeeklaan 101, B-1090 Brussels, T: (00322) 4 77 51 72, Fax: (00322) 4 77 51 79)
Mitglieder: Staaten der E.U. und Schweiz, Norwegen
Delegierte: 34 aus 17 Nationen

Erfüllung der Römischen Verträge / Harmonisierung der Kinderärztlichen Tätigkeit und Aufgaben in der EG.

● **IZ S 66**

Europäische Union praktischer Tierärzte (UEVP)
European Union of Veterinary Practitioners
Union Européenne des Vétérinaires Praticiens
Den Danske Dyrlaegeforening
5 Riccarton Mains Road, GB- Midlothian EHI4 5NOQ
T: (0044131) 4 51 51 11 Fax: 4 51 54 55
E-Mail: fredrind@aol.com
Präsident(in): Dr. Otto Brojorgensen

● **IZ S 67**

Europäische Union der Versicherungsmedizin und der sozialen Sicherung (UEMASS)
Union Européenne de Médecine d'Assurance et de Sécurité Sociales
Avenue de Broqueville 167 B 15, B-1200 Brüssel
Gründung: 1969
Secrétaire Général: Dr. Freddy Falez (UNMS, 32 rue Saint-Jean, B-1000 Bruxelles, T: (00322) 5 15 03 20, E-Mail: freddy.falez@mutsoc.be)

● **IZ S 68**

Europäische Vereinigung der Ärzteverbände der besonderen Therapierichtungen Brüssel (ECPM)
European Council of Doctors for Plurality in Medicine Brussels
Conseil Européen des Médecins pour le Pluralisme Thérapeutique Bruxelles
BD Saint-Michel 119/Sint Michielslaan 119, B-1040 Brussel
Büro
Ortenaustr. 10, 76199 Karlsruhe
T: (0721) 88 62 76/77 Fax: 88 62 78
Gründung: 1990 (31. März)
Präsident(in): Dr. Robert Kempenich (F)
Co-Präsidenten: Dr. Wolfgang Schmitz-Harbauer (D)
Vorstandsmitglieder:
(Beisitzer/Vizepräsidenten)
Dr.med. Andreas Beck (CH)
Dr.med. Horst Becke (D)
Prof. (Ro) Dr.med. Werner Becker (D)
Dr.med. Mark Bottu (B)
Prof.Dr.med.rer.nat.habil. Hartmut Heine (D)
Dr. med. Beduja Himpel-Ommer (D)
Dr.med. Wolfgang Kühnen (A)
Dr.med. Harry Lamers (NL)
Dr.med. Georg Lück (D)
Dr.med. Antonio Marco-Chover (E)
Dr. med. Walburga Maric (D)
Dr. med. Montserrat Nougera (E)
Dr. med. Margriet Oussoren (NL)
Dr.med. Antonio Maria Pasciuto (I)
Dr.med. Eric Reymond (F)
Dr. med. Frederic Schmitt (F)
Dr. med. Ursula Schönhöff-Bauer (D)
Dr. med. Parviz Sedaghat (A)
Dr.med. Marie-Anne Stettbacher (CH)

● **IZ S 69**

Europäische Vereinigung der Allgemeinärzte (UEMO)
European Union of General Practitioners
Union Européenne des Médecins Omnipraticiens
Ordem dos Medicos
International Department
Piazza Cola di Rienzo 80 /A, I-00192 Rom
President: Prof. Dr. J. Germano de Sousa

Mitgliedsorganisationen

Belgien

iz s 70

Fédération Belge des Chambres Syndicales de Médecins
Rue du Château 15, B-1420 Braine-l'Alleud
T: (00322) 3 84 39 30

Dänemark

iz s 71

Den Almindelige Danske Lægeforening
Danish Medical Association
Trondhjemsgade 9, DK-2100 Kopenhagen
T: (0045) 31 38 55 00 Fax: 31 42 66 78
Internet: http://www.dadl.dk
E-Mail: dadl@dadl.dk

Deutschland

iz s 72

Hartmannbund
Verband der Ärzte Deutschlands e.V.
Postfl. 26 01 25, 53153 Bonn
Godesberger Allee 54, 53175 Bonn
T: (0228) 81 04-0 Fax: 81 04-1 55
Internet: http://www.hartmannbund.de
E-Mail: hb-info@hartmannbund.de

Finnland

iz s 73

Finnish Medical Association
Postfach 49, FIN-00501 Helsinki
T: (003580) 39 30 91

Frankreich

iz s 74

Confédération des Syndicats Médicaux Français
Domus Medica
60, bd de Latour-Maubourg, F-75340 Paris
T: (00331) 47 05 05 95

Griechenland

iz s 75

Association of Trainees and Trained General Practitioners
78, Fillaretou, GR-17672 Kallithea

Großbritannien

iz s 76

British Medical Association
BMA House
Tavistock Square, GB- London WC1H 9JP
T: (004420) 73 87 44 99 Fax: 73 83 64 00
Internet: http://www.bma.org.uk
E-Mail: internationalinfo@bma.org.uk

Irland

iz s 77

Irish Medical Organisation
Fitzwilliam Place 10, IRL- Dublin 2
T: (003531) 676 72 73 Fax: 661 27 58
E-Mail: imo@imo.ie

Italien

iz s 78

Federazione Nazionale degli Ordini dei Medici
Piazza Cola di Rienzo 80 /A, I-00192 Rom
T: (003906) 36 20-3221   **Fax:** 3 22-2429
Internet: http://www.fnomceo.it
E-Mail: estero@fnomceo.it

Luxemburg

iz s 79

Association des Médecins et Médecins-Dentistes du GD-Lux
29, rue de Vianden, L-2680 Luxemburg
T: (00352) 44 40 33   **Fax:** 45 83 49
E-Mail: secretariat@ammd.lu

Niederlande

iz s 80

Landelijke Huisartsen Vereniging
Australielaan 16 A-B, NL-3526 AB Utrecht
T: (003130) 81 37 13

Portugal

iz s 81

Ordem dos Medicos
Av.Almirante Gago Coutinho 151, P-1749084 Lissabon
T: (03511) 842-7100   **Fax:** 847-0467
E-Mail: ordemmedicos@mail.telepac.pt

Spanien

iz s 82

Consejo General de Colegios Oficiales de Medicos
Villanueva 11, E-28001 Madrid
T: (03491) 4 31 77 80   **Fax:** 5 76 43 88
E-Mail: internacional1@cgcom.es, internacional2@cgcom.es

● **IZ S 83**

Europäische Vereinigung der Fachärzte (UEMS)
European Union of Medical Specialists
Union Européenne des Médecins Spécialistes
Avenue de la Couronne, 20, B-1050 Brüssel
T: (0322) 6 49 51 64   **Fax:** 6 40 37 30
Internet: http://www.uems.be
E-Mail: uems@skynet.be
Gründung: 1958 (20. Juli)
Président: Dr. C. Twomey (IRL)
Secrétaire Général: Dr. C. C. Leibbrandt (av. de la Couronne 20, B-1050 Bruxelles)
Mitglieder: 18 Landesverbände

2 Facharztvertreter je EG-Land

Mitgliedsorganisationen

Belgien

iz s 84

Groupement des Unions Professionnelles Belges de Médecins Spécialistes
Av. de la Couronne 20, B-1050 Brüssel
T: (0322) 6 49 21 47   **Fax:** 6 49 26 90
Internet: http://www.gbs-vbs.org
E-Mail: info@gbs-vbs.org

Dänemark

iz s 85

Den Almindelige Danske Lægeforening
Trondhjemsgade 9, DK-2100 Kopenhagen
T: (0045) 31 38 55 00   **Fax:** 31 42 66 78
Internet: http://www.dadl.dk
E-Mail: dadl@dadl.dk

Deutschland

iz s 86

Gemeinschaft Fachärztlicher Berufsverbände (GFB)
Zermatter Str. 21-23, 28325 Bremen
T: (0421) 4 09 88 09   **Fax:** 42 97 40
E-Mail: dr.rueggeberg@t-online.de
President: Dr. med. Jörg-Andreas Rüggeberg

Finnland

iz s 87

Finnish Medical Association
Suomen Laakarilitto
Postfach 49, FIN-00501 Helsinki
Mäkelänkatu 2, FIN-00501 Helsinki
T: (03589) 39 3-091   **Fax:** 3 93-0794
Internet: http://www.medassoc.fi
E-Mail: fma@fimnet.fi

Frankreich

iz s 88

Union Nationale des Médecins Spécialistes Confédérés
79, Rue de Tocqueville, F-75017 Paris
T: (00331) 44 29 01 30, 44 29 01 23   **Fax:** 40 54 00 66
Internet: http://www.csmf.org
E-Mail: umespe@club-internet.fr

Griechenland

iz s 89

Pan Hellenic Medical Association
Ploutarchou 3, GR-10675 Athen
T: (0301) 7 25 86 60   **Fax:** 7 25 86 63
E-Mail: pisinter@otenet.gr, pis@otenet.gr

Großbritannien

iz s 90

British Medical Association
BMA House
Tavistock Square, GB- London WC1H 9JP
T: (004420) 73 87 44 99   **Fax:** 73 83 64 00
Internet: http://www.bma.org.uk
E-Mail: internationalinfo@bma.org.uk

Irland

iz s 91

The Irish Medical Organization
Fitzwilliam Place 10, IRL- Dublin 2
T: (03531) 6 76 72 73   **Fax:** 6 61 27 58
Internet: http://www.imo.ie
E-Mail: imo@iol.ie

Island

iz s 92

Icelandic Medical Association
Hilioasmara 8, IS-200 Kopavogur
T: (00354) 5 64 41 00   **Fax:** 5 64 41 06
E-Mail: icemed@icemed.is

Italien

iz s 93

Federazione Nazionale degli Ordini dei Medici
Piazza Cola di Rienzo 80 /A, I-00192 Rom
T: (003906) 36 20-3221   **Fax:** 3 22-2429
Internet: http://www.fnomceo.it
E-Mail: estero@fnomceo.it

Luxemburg

iz s 94

Association des Médecins et Médecins-Dentistes du GD-Lux
29, rue de Vianden, L-2680 Luxemburg
T: (00352) 44 40 33   **Fax:** 45 83 49
E-Mail: secretariat@ammd.lu

Niederlande

iz s 95

Orde van Medisch Specialisten
Lomanlaan 103, NL-3502 LB Utrecht
T: (03130) 282-3300   **Fax:** 282-3375
Internet: http://www.knmg.nl/orde/
E-Mail: raad@ordemeds.nl
Secretary: W.L.R. Kuipers

Norwegen

iz s 96

Norwegian Medical Association
Postfach 11 52, N-0107 Oslo
Akersgate 2, N-0107 Oslo 1152 Semtrum
T: (0047) 2310-9000   **Fax:** 2310-9010
Internet: http://www.legeforeningen.no
E-Mail: hans.asbjoern.holm@legeforeningen.no

Österreich

iz s 97

Ärztekammer Österreich und Wien
Foreign Affairs Office
Postfach 213, A-1011 Wien
Weihburggasse 10-12, A-1011 Wien
T: (0431) 51 50 12 53   **Fax:** 51 50 12 54
Internet: http://www.aekwien.or.at
E-Mail: post@aekwien.or.at

Portugal

iz s 98

Ordem dos Medicos
Av.Almirante Gago Coutinho 151, P-1749084 Lissabon
T: (03511) 842-7100   **Fax:** 847-0467
E-Mail: ordemmedicos@mail.telepac.pt

Schweden

iz s 99

Swedish Medical Association
Postfach 5610, S-11486 Stockholm
T: (0468) 7 90 33 00   **Fax:** 20 57 18
Internet: http://www.slf.se
E-Mail: info@slf.se

Schweiz

iz s 100

Swiss Medical Association, FMH
Elfenstr. 18, CH-3000 Bern 16
T: (04131) 359-1111   **Fax:** 359-1112
Internet: http://www.fmh.ch
E-Mail: fmhinfo@hin.ch

Spanien

iz s 101

Consejo General de Colegios Oficiales de Medicos
Villanueva 11, E-28001 Madrid
T: (03491) 4 31 77 80   **Fax:** 5 76 43 88
E-Mail: internacional1@cgcom.es, internacional2@cgcom.es

● **IZ S 102**

Europäische Vereinigung der Krankenhausapotheker (EVKA)
European Association of Hospital Pharmacists
Association Européenne des Pharmaciens des Hôpitaux
c/o Apotheke, Universitätsklinikum Benjamin-Franklin der FU Berlin
Hindenburgdamm 30, 12203 Berlin
T: (030) 84 45 20 50   **Fax:** 84 45 44 70
Past President: Dr. Jochen Kotwas (Apotheke, Universitätsklinikum Benjamin-Franklin der FU Berlin, Hindenburgdamm 30, 12200 Berlin)

● **IZ S 103**

Europäische Gesellschaft für Allgemeinmedizin
European Society of General Practice/Family Medicine (ESGP)
Société Européenne de Médecine Générale/Médecine de Famille
The Research Unit for General Practice, University of Aarhus
Vennelyst Boulevard 6, DK-8000 Århus C

IZ S 103

T: (0045) 89 42-6020   **Fax:** 86 12 47 88
Gründung: 1995
President: Dr. Frede Olesen
Vice-Pres.: Dr. Vaclav Benes
Hon. Secretary: Dr. Philip Evans (The Guildhall Surgery, Lower Baxter Street, GB-Bury St. Edmunds, Suffolk IP33 1ET, T: (00441284) 70 16 01, Telefax: (00441284) 72 30 52)
Hon. Treasurer: Dr. Anna Källkvist
Verbandszeitschrift: The European Journal of General Practice
Verlag: MEDISELECT, P.O. Box 28091, 3828 ZH Hoogland, Netherlands
Mitglieder: 40000

● **IZ S 104**
Europäische Union der Veterinär-Hygieniker (UEVH)
European Union of Veterinary Hygienists
Union Européenne des Vétérinaires Hygienistes
R. Fernando Vaz lote 26-B, P-1750-108 Lissabon
T: (0035121) 7 54 11 10   **Fax:** 7 59 84 26
E-Mail: alicontrol@ip.pt
Präsident(in): Dr. Manuel Abreu Dias
Secretary General: Dr. Robert J. Huey (15 Drumanee Road, BELLAGHY Co., Londonderry, Northern Ireland, United Kingdom BT45 8LE, Tel.: (00442890) 52 41 14, Fax: (00442890) 52 50 12, E-Mail: Robert.Huey@dardni.gov.uk)
Verbandszeitschrift: Newsletter
Verlag: Dr. Niels Bjeergaard, Galgemosevej 1, DK-7500 Holstebro, Dänemark, T.: (0045) 97 42 64 50, Fax: (0045) 97 42 27 29

● **IZ S 105**
Föderation der Tierärzte in Europa (FVE)
Federation of Veterinarians of Europe
Fédération des Vétérinaires de l'Europe
Rue Defacqz 1, B-1000 Brüssel
T: (00322) 5 38 29 63   **Fax:** 5 37 28 28
Internet: http://www.fve.org
E-Mail: info@fve.org
Gründung: 1961 (19. Februar)
Präsident(in): Dr. K. Simon
Executive Director: Dr. P. Choraine
Vizepräsident(in): Dr. C. Mir
Dr. Joørgensen Bro
Dr. R. Zilli
Dr. A. Udo
Verbandszeitschrift: Newsletter
Redaktion: FVE
Mitglieder: 40 national associations
Mitarbeiter: 2

Belgien

iz s 106
Federation of European Veterinarians in Industry and Research (FEVIR)
c/o Pfizer Animal Health
Merwreusstraat 20, B-1930 Zaventem
T: (00322) 7 14 64 96   **Fax:** 7 14 62 60
Kontaktperson: Declan O'Rourke

iz s 107
Union Professionnelle Vétérinaire
Rue des Frérer Grisleins 11, B-1400 Nivelles
T: (003267) 21 21 11   **Fax:** 21 21 14
E-Mail: upv@arcadis.be
Kontaktperson: Alain Schonbrodt

iz s 108
Vlaamse Dierenartsen Vereniging
Industriepark West 75/28, B-9100 Sint-Niklaas
T: (00323) 7 80 17 93   **Fax:** 7 80 17 94
E-Mail: vdv.secretariaat@ping.be
Contact Person: Marc Janssens

Dänemark

iz s 109
Union of European Veterinary Hygienists
Galgemosevej 1, DK-7500 Holstebro
T: (004597) 42 64 50   **Fax:** 42 27 29
E-Mail: ddd@ddd.dk
Kontaktperson: Manuel Abreu Dias

iz s 110
Den Danske Dyrlaegeforening (DDD)
Rosenlundsallé 8, DK-2720 Vanlose
T: (0045) 38 71 01 56   **Fax:** 38 71 03 22
E-Mail: ddd@ddd.dk
Kontaktperson: Lars Holsaae

Deutschland

iz s 111
Bundestierärztekammer (BTK)
Oxfordstr. 10, 53111 Bonn
T: (0228) 7 25 46-0   **Fax:** 7 25 46 66
Internet: http://www.vetline.de/btk
E-Mail: geschaeftsstelle@btk-bonn.de
Kontaktperson: Eberhardt Rösener

Estland

iz s 112
Eesti Loomaarstide Ühing
Kreutzwaldi 62, EW-2400 Tartu
T: (003727) 42 22 59, 42 10 68   **Fax:** 42 22 59
E-Mail: ely@ph.eau.ee
Kontaktperson: Madis Aidnik

Finnland

iz s 113
Suomen El.
Mäkelänkatu 2 C, FIN-00500 Helsinki
T: (003589) 77 45 48 10   **Fax:** (003599) 77 45 48 18
Kontaktperson: Paula Junnilainen

Frankreich

iz s 114
Syndicat National des Vétérinaires Français
10, pl. Léon Blum, F-75011 Paris
T: (00331) 44 93 30 11   **Fax:** 43 79 33 79
Kontaktperson: René Bailly

iz s 115
Ordre National des Vétérinaires
34 rue Bréguet, F-75011 Paris
T: (0331) 53 36 16 00   **Fax:** 53 36 16 01
E-Mail: cso.paris@veterinaire.fr
Kontaktperson: Christian Rondeau

Griechenland

iz s 116
Hellenic Veterinary Association
Chalkokondyli 15, GR-10432 Athen
T: (00301) 5 22 67 69   **Fax:** 5 22 67 69
E-Mail: helvetas@hellasnet.gr
Kontaktperson: Dimitris Trakas

Großbritannien

iz s 117
Royal College of Veterinary Surgeons (RCVS)
62-64 Horseferry Road, GB- London SW1P 2AF
T: (004420) 72 22 20 01   **Fax:** 72 22 20 02
E-Mail: trust@rcvs.org.uk
Kontaktperson: Andrea Samuelson

iz s 118
British Veterinary Association (BVA)
7, Mansfield Street, GB- London W1M OAT
T: (004420) 76 36 65 41   **Fax:** 74 36 29 70
E-Mail: bvahq@bva.co.uk
Kontaktperson: Jim Baird

iz s 119
Europäische Union praktischer Tierärzte (UEVP)
European Union of Veterinary Practitioners
Union Européenne des Vétérinaires Praticiens
5 Riccarton Mains Road, GB- Midlothian EHI4 5NOQ
T: (0044131) 4 51 51 11   **Fax:** 4 51 54 55
E-Mail: frednind@aol.com
Contact Person: Fred Nind

Irland

iz s 120
Irish Veterinary Council
53, Lansdowne Road, Ballsbridge, IRL- Dublin 4
T: (003531) 6 68 44 02   **Fax:** 6 60 43 73
E-Mail: vetcouncilofire@tinet.ie
Kontaktperson: Michael Fenlon

iz s 121
Veterinary Ireland
32 Kenilworth Square, IRL- Dublin 6
T: (003531) 4 97 11 60   **Fax:** 4 96 02 77
E-Mail: ivu@eircom.net
Kontaktperson: John Horan

Island

iz s 122
Dyralaknafélag Islands
Lágmúli 7, IS-108 Reykjavik
T: (003541) 68 95 45   **Fax:** 67 39 79
Kontaktperson: Eggert Gunnarsson

Italien

iz s 123
Federazione Nazionale degli Ordini dei Veterinari Italiani (FNOVI)
Via del Tritone 125, I-00187 Rom
T: (00396) 4 88 11 90   **Fax:** 4 74 43 32
Kontaktperson: Domenico D'Addario

Jugoslawien

iz s 124
Veterinary Chamber of Serbia & Montenegro (VKS)
Postfach 422, YU- Belgrad
Bul.JA 18, YU- Belgrad
T: (0038111) 68 45 97   **Fax:** 68 56 19
E-Mail: vks@vet.bg.ac.yu
Kontaktperson: Nebojsa Staljonic

Kroatien

iz s 125
Hravtska Veterinarska Komora
Planinska 2 a a, HR-10000 Zagreb
T: (003851) 21 58 30   **Fax:** 21 58 30
E-Mail: hvk@zg.tel.hr
Kontaktperson: Aldo Kursar

iz s 126
Societas Veterinaria Croatica
Savska Cesta 143, HR-10000 Zagreb
T: (003851) 6 19 08 38   **Fax:** 6 19 08 41
Kontaktperson: Ivan Udovicic

Lettland

iz s 127
Latvijas Veterinaarstu biedriba (LVB)
Skolas iela 3, LV- Riga 1010
T: (003717) 28 87 47   **Fax:** 28 87 47
E-Mail: lvb@apollo.lv
Kontaktperson: Juris Tolpenikovs

Litauen

iz s 128
Lithvos Veterinarijos Gydytoju Asociacija (LVGA)
Tilzés 18, LT-3022 Kaunas
T: (003707) 26 79 71   **Fax:** 26 79 71
E-Mail: lvga@mail.lva.lt
Kontaktperson: Petras Maciulskis

Luxemburg

iz s 129
Association des Médecins Vétérinaires de Grand-Duché de Luxemburg
15, Rue du Luxemburg, L-3392 Roedgen
T: (00352) 1 32 01 26   **Fax:** 1 37 89 78
Kontaktperson: Carlo Dahm

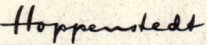

Mazedonien

iz s 130

Veterinary Chamber of the Former Yugoslav Republic of Macedonia
Ul. Lazar Pop Trjkov 5-7, Skopje
T: (038991) 11 51 25 **Fax:** 11 46 19
Kontaktperson: Vlatko Ilieski

Niederlande

iz s 131

Koninklijke Nederlandse Maatschappij voor Diergeneeskunde (KNMvD)
Postfach 14031, NL-3508 SB Utrecht
Julianalaan 8-10, NL-3508 NT Utrecht
T: (003130) 2 51 01 11 **Fax:** 2 51 17 87
Kontaktperson: Tjeerd Jorna

Norwegen

iz s 132

Den Norske Veterinaerforening (DNV)
General Birchs gate 16, N-0454 Oslo 4
T: (0047) 22 59 16 50 **Fax:** 22 69 04 50
E-Mail: dnv@vetnett.no
Kontaktperson: Johan Aurstad

Österreich

iz s 133

Bundeskammer der Tierärzte Österreichs
Biberstr. 22, A-1010 Wien
T: (00431) 5 12 17 66 **Fax:** 5 12 14 70
E-Mail: bktier@ping.at
Kontaktperson: Josef Jäger

Polen

iz s 134

Polish National Veterinary Chamber
Al. Przyjaciol 1, PL-00950 Warschau
T: (004822) 6 22 09 55 **Fax:** 6 28 93 35
E-Mail: vetpol@vetpol.org.pl
Kontaktperson: Bartosz Winiecki

Portugal

iz s 135

Sindicato Nacional dos Medicos Veterinarios (SNMV)
Rua Victor Cordon No 30, 2oE, P-1200 Lisabon
T: (0035121) 3 43 06 61 **Fax:** (0335121) 3 46 59 29
E-Mail: snmv@mail.telepac.pt
Kontaktperson: Manuel Abreu Dias

iz s 136

Ordem dos Medicos Veterinarios
Rua Victor Cordon No 30, P-1200 Lisabon 20E
T: (0035121) 3 43 37 77 **Fax:** 3 42 54 00
E-Mail: mop69723@mail.telepac.pt
Kontaktperson: José Augusto Cardoso Resend

Rumänien

iz s 137

Asociatia Generala a Medicilor Veterinarin din Romania (AGMVR)
Spl.Independentej 105, R-76201 Bukarest sect. S
T: (00401) 4 11 28 83 **Fax:** 4 10 98 11
E-Mail: agmvr@digicom.ro
Kontaktperson: Horatiu Olaru

Schweden

iz s 138

Europäischer Verband staatlicher Veterinärbeamter (EASVO)
European Association of State Veterinary Officers
Association Européenne des fonctionnaires vétérinaires
Residensgatan 36, S-46230 Vänersborg
T: (0046521) 6 60 99 **Fax:** 60 55 49
E-Mail: herbert.lundstrom@public.leissne
Contact Person: Herbert Lundström
Mitglieder: 17 europäische Länder

iz s 139

Sveriges Veterinärförbund (SVF)
Postfach 12709, S-11294 Stockholm
Kungsholm Hamnplan 7, S-11294 Stockholm
T: (00468) 6 54 24 80 **Fax:** 6 51 70 82
E-Mail: office@svf.se
Kontaktperson: Erik Kjellgren

Schweiz

iz s 140

Gesellschaft Schweizerischer Tierärzte (GSTSVS)
Postfach 6324, CH-3001 Bern
Länggassstrasse 8, CH-3001 Bern
T: (004131) 3 07 35 35 **Fax:** 3 07 35 39
E-Mail: info@gstsvs.ch
Kontaktperson: Andrea Meisser

Slowakische Republik

iz s 141

Komora veterinárnych lekárov Slovenskej Republiky
Botanická 17, SK-84213 Pressburg
T: (004217) 65 42 33 85 **Fax:** 65 42 33 85
Kontaktperson: Marian Gajdos

Slowenien

iz s 142

Veterinarska Zbornica Slovenije
Lesta V Mestni Log 47, SLO-61000 Ljubljana
T: (0038661) 1 29 54 60 **Fax:** 33 23 03
Kontaktperson: Borut Zemljic

Spanien

iz s 143

Consejo General de Colegios Veterinarios de España
Villanueva 11-5a Planta, E-28001 Madrid
T: (00349) 15 76 73 30 **Fax:** 15 78 34 68
E-Mail: consejo@colvet.es
Kontaktperson: Francisco Orozco

Tschechische Republik

iz s 144

Komora veterinarrich lekaru Ceské Republiky
Palackéko 1-3, CZ-61242 Brno
T: (004205) 75 64 07 **Fax:** 75 64 07
E-Mail: vetkom@mbox.vol.cz
Kontaktperson: Karel Daniel

Ungarn

iz s 145

Magyar Állatorvosi Kamara (MAOK)
Lebel 43-47, H-1135 Budapest
T: (00361) 4 51 00 37 **Fax:** 4 51 00 36
E-Mail: maok@mail.matav.hu
Kontaktperson: Zsolt Pinter

Zypern

iz s 146

Pancyprian Veterinary Association
Postfach 5284, CY-1308 Nicosia
T: (003572) 42 07 91 **Fax:** 49 66 25
Kontaktperson: Takis Koliandris

● **IZ S 147**

Internationale Föderation der Kosmetikerinnen (INFA)
International Federation of Aestheticians
Fédération Internationale de l'Esthétique-Cosmétique
Secrétariat général:
Avenue Louise 32, B-1050 Bruxelles
T: (0032) 56 55 57 89 **Fax:** 55 63 10
Internet: http://www.infa.org
E-Mail: salembier@unicall.be
Gründung: 1978
Mitglieder: 36 associations nationales

● **IZ S 148**

Internationale Föderation Psychoanalytischer Gesellschaften (IFPS)
International Federation of Psychoanalytic Societies
Association Internationale des Sociétés de Psychoanalyse
Callejon del Horno 6 Villa Coyoacan, MEX-04000 Mexico d.F.
T: (00525) 5 54 09 25
Internet: http://www.ifp-s.org
E-Mail: sgojman@yahoo.com, 103703@compuserve.com
Gründung: 1962
Secretary General: Sonia Gojman (Ph.D.)
Deputy Secretary General: Carola Mann (Ph.D., USA)
Executive Committee: Carlo Bonomi (Ph.D., Italy)
Valerie Tate Angel (CSW, USA)
Prof. Dr. med. Michael Ermann, Germany
Marja Lindqvist (FM, Finnland)
Klaus Hoffmann (M.D., Germany)
Agnar Berle (M.D., Norway)
Javert Rodrigues (M.D.), Brazil
Verbandszeitschrift: International Forum of Psychoanalysis
Redaktion: Taylor Francis
Verlag: P.O. Box 32 55, 10365 Stockholm, Schweden
Mitglieder: Societies with about 2000 Members

● **IZ S 149**

Internationaler Ärztinnenbund (MWIA)
Medical Women's International Association
Herbert-Lewin-Str. 1, 50931 Köln
T: (0221) 40 04-5 58 **Fax:** 40 04-5 57
E-Mail: mwia@aol.com
Gründung: 1919 (25. Oktober)
President: Dr. Lila Stein Kroser (2855 Welsh Road, Philadelphia, PA 19152, U.S.A.)
Immediate Past President: Dr. Florence Manguyu (P.O.Box 41 307, Nairobi, Kenya)
President-Elect: Dr. Shelley Ross ((7555 Morley Drive), Burnaby, B.C. Canada V5E 3Y2)
Treasurer: Dr. Cajsa Rangnitt (Terrassvägen 2, 13141 Nacka, Sweden)
Secretary-General: Dr. Waltraud Diekhaus (MWIA Secretariat, Herbert-Lewin-Str. 1, 50931 Köln)
Mitglieder: über 20000
Mitgliedsverbände: in 43 Ländern, Einzelmitglieder in 31 Ländern
Mitarbeiter: 2

● **IZ S 150**

Internationaler Heilpraktiker-Verband (IFoH)
International Federation of Heilpraktiker e.V.
Max-Planck-Str. 47, 53340 Meckenheim
T: (02225) 94 55 36 **Fax:** 94 55 37
E-Mail: 02225945536-0001@t-online.de
Gründung: 1979
Präsident(in): Dipl.-Betriebsw. Klaus Schwarzbach (D)
Vizepräsident(in): Grethe Schmidt (DK)
Barbara Burbach (USA)
Alexander Willige (I)
Verbandszeitschrift: NATUR-HEILKUNDE Journal
Verlag: Max-Planck-Str. 47, 53340 Meckenheim, T: (02225) 94 55 36, Telefax: (02225) 94 55 37
Mitglieder: 23 Verbände weltweit
Mitarbeiter: 3

● **IZ S 151**

Ständiger Ausschuß der Europäischen Ärzte
Standing Committee of European Doctors
Comité Permanent des Médecins Européens
Avenue de Cortenbergh 66 B2, B-1000 Brüssel
T: (00322) 7 32 72 02 **Fax:** 7 32 73 44
Gründung: 1959
President: Markku Aarimaa (Finland)
Secretary General: Grethe Aasved
Mitglieder: 17
Mitarbeiter: 5

● **IZ S 152**

Verbindungsausschuß der Podologen der Europäischen Union (CLPUE)
Liaison Committee of Podologists of the european Union
Comité de Liaison des Podologues de l'Union Européenne
Siège: c/o F.N.P.
46, rue de Rome, F-75008 Paris
T: (00331) 40 08 03 15 **Fax:** 40 08 03 65
Gründung: 1969
Président: Serge Coimbra (45 Bd D'Anvers, F-67000 Strasbourg)
Mitglieder: 22600
Mitarbeiter: 1

Mitgliedsorganisationen

Belgien

iz s 153

Belgische Vereinigung der Podologen (BVP)
ABP - Association Belge des Podologues
443 avenue Louise, B-1150 Bruxelles
T: (00322) 6 47 12 57   Fax: 3 54 98 21
Président: Smekens

Dänemark

iz s 154

Landsforeningen af Statsautoriserede Fodterapeuter (LSF)
Bjelkes Allé 43, DK-2200 København N
T: (00451) 85 14 90   Fax: 31 85 71 35
Président: Bent R. Nielsen

Frankreich

iz s 155

Fédération Nationale des Podologues (FNP)
46, rue de Rome, F-75008 Paris
T: (00331) 40 08 03 15   Fax: 40 08 03 65
Président: Olie

Niederlande

iz s 156

Nederlandse Vereniging van Podotherapeuten (N.V.v.P.)
Postfach 3258, NL-5203 DG 's-Hertogenbosch
Président: Schreur

Großbritannien

iz s 157

Society of Chiropodists and Podiatrists
53, Welbeck Street, GB- London W1M 7HE
T: (004420) 74 86 33 81
Président: Lorimer

Schweden

iz s 158

Sveriges Fotterapeuters Riksförbund (SFR)
Turebergs Torg Allfarvägen 31, S-19686 Sollentuna
T: (00468) 92 10 75   Fax: 96 42 22
Président: Bodil Hofvander

iz s 159

Svenska Fotvardsförbundets Kansli (SFF)
Stora Gungans Väg 12, S-12231 Enskede
T: (00468) 6 59 86 12   Fax: 6 59 86 12
Président: Margaretha Lindmann

Norwegen

iz s 160

Norske Fotterapeuters Forbund (NFF)
Lakkegata 3
9202 Grøønland, N-0187 Oslo
T: (0047) 21 01 39 53   Fax: 21 01 36 60
Président: Ranveig Tvedt Breivik

Island

iz s 161

Félag Fótaadgerda Fraedinga (FFF)
Postfach 9200, IS-129 Reykjavik
T: (003541) 7 59 73   Fax: 61 10 99
Président: Greta Óskarsdóttir

Finnland

iz s 162

Suomen Jalkojenhoitajain Liitto R.Y. (SJHL)
Hämeentie 21 à 16, FIN-00500 Helsinki
T: (003580) 33 72 47   Fax: 33 19 05
Président: Marjut Mills

● IZ S 163

Weltorganisation der Zahnärzte (FDI)
World Dental Federation
Fédération Dentaire Internationale
Carlisle Street 7, GB- London W1V 5RG
T: (004420) 79 35 78 52   Fax: 74 86 01 83
Internet: http://www.fdi.org.uk
E-Mail: worldental@fdi.org.uk
Gründung: 1900 (15. August)
President: Jacques Monnot (France)
Executive Director: Dr. P.A. Zillén (Schweden)
Mitglieder: 10000 Personen; 140 nationale Mitgliedsverbände, 30 Internationale zahnärztliche Verbände
Mitarbeiter: 18
Verbandszeitschriften:
FDI World, 7 Carlisle Street, London W1V 5RG
INTERNATIONAL DENTAL Journal,
Editor: Dr. Margaret Seward,
Verlag: FDI World Dental Press Ltd., 7 Carlisle St., GB- London W1V 5RG

● IZ S 164

Welt-Vereinigung der Gesellschaften für Anästesiologie
World Federation of Societies of Anaesthesiologists
Level 8, Imperial House, 15-19 Kingsway, GB- London WC2B 6TH
T: (004420) 78 36 56 52   Fax: 78 36 56 16
E-Mail: office@wfsa-office.org
Gründung: 1955 (9. September)
President: Dr. T. C. Kester Brown (Level 8, Imperial House, 15-19 Kingsway, London WC2B6TH, UK)
Secretary: Dr. A. E. E. Meursing (Level 8, Imperial House, 15-19 Kingsway, London, WC2B6TH, UK, E-Mail: aeemeursing@malawi.net)
Treasurer: Dr. R. Walsh (90 Bridge St., Lane Cove, NSW 2066, Sydney, Australia, T: (00612) 95 15 85 64, Fax: (00612) 94 27 43 34, E-Mail: walsh@matra.com.au)
Executive Committee: Dr. David Bevan (Chairman; Dept. of Anaesthesia, University Health Network, Toronto General Hospital, 585 University Avenue, Toronto, ON M5G 2CA, Canada, T: (001416) 3 40 48 00, 80 05, Telefax: (001416) 3 40 36 98, E-Mail: david.bevan@utoronto.ca)
Maria Janecsko (Deputy Chairman; Dept. of Anaesthesiology, Semmelweiss University, Kutvölgyi Street 4, Budapest, H-1125, Hungary, T: (00361) 3 55 11 22, Telefax: (00361) 3 55 79 75, E-Mail: janmar@kut.sote.hu)
Deepthi Attygalle (Dept. of Anaesthesia, National Hospital, Colombo, Sri Lanka, T: (00941) 69 56 97, Telefax: (00941) 69 53 34, E-Mail: attygalle@mail.com)
Gonzalo Barreiro (VERDI 4132/701, CP 11400, Uruguay, Telefax: (005982) 7 09 42 31, E-Mail: gbe@comercial-net.com.uy)
Charles Cote (Children's Memorial Hospital, 2300 Children's Plaza, Chicago, Illinois, IL 60614, USA, T: (001773) 8 80 44 14, Telefax: (001773) 8 80 33 31, E-Mail: ccote@nwu.edu)
Roger Eltringham (Dept. of Anaesthesia, Royal Gloucester Hospital, Great Western Road, Gloucester, GL1 3NN, UK, T: (00441452) 52 85 55, Telefax: (00441452) 39 44 85, E-Mail: 106147.2366@compuserve.com)
Angela Enright (Dept. of Anaesthesia, Royal Jubilee Hospital, 1900 Fort Street, Victoria BC, V8R 1J8, Canada, T: (001250) 3 70 84 41, Telefax: (001250) 4 72 08 70, E-Mail: ape@telus.net)
H. Jerrel Fontenot (Anaesthesia Associates of Monroe, A Medical Corporation, PO Box 14175, Monroe, Louisiana, 71207-5175, USA, Telefax: (001318) 3 23 10 45, E-Mail: hjfontenot@aol.com)
Kazuo Hanaoka (Dept. of Anaesthesiology and Pain Relief Center, The University of Tokyo, 3 18-11 Hongo, Bunkyo-ku, Tokyo, 112 0033, Japan, T: (00813) 58 00 89 37, Telefax: (00813) 58 00 89 39, E-Mail: hanaoka-ane@h.u.tokyo-ae.jp)
Prof. Gunter Hempelmann (Dept. of Anaesthesiology and Intensive Care Medicine, Justus-Liebig University, Rudolf-Buchheim-Str. 7, D-35385 Gießen, Germany, T: (0641) 9 94 44 00/01, Telefax: (0641) 9 94 44 09, E-Mail: gunter.hempelmann@chiru.med.uni-giessen.de)
Peter Kempthorne (Dept. of Anaesthesia, Christchurch Hospital, Private Bag 4710, Christchurch, New Zealand, T: (00643) 3 64 06 40/3 65 37 77, Telefax: (00643) 3 64 02 82, E-Mail: pkempthorne@clear.net.nz)
John Moyers (Dept. of Anaesthesia, University of Iowa College of Medicine, Iowa City, Iowa, 52242, USA, T: (001319) 3 56 29 40, Telefax: (001319) 3 56 29 40, E-Mail: john-moyers@uiowa.edu)
Dr. Jose Nociti (Avenida Savoade 456, 14085-000 Ribeirao, Preto-SP, Brazil, T: (005516) 6 35 15 00, Telefax: (005516) 6 35 15 00, E-Mail: carp@keynet.com.br)
Michael Rosen (45 Hollybush Road, Cardiff, CF23 6TZ, UK, T: (00442920) 75 26 33, Telefax: (00442920) 75 38 93, E-Mail: mirosen@compuserve.com)
Per Rosenberg (Dept. of Anaesthesiology & Intensive Care, Helsinki University Hospital, Helsinki, FIN-00029 HYKS, Finland, T: (003589) 47 17 25 10, Telefax: (003589) 47 17 40 17, E-Mail: per.rosenberg@hus.fi)
Ali Salama (Khartoum Teaching Hospital, PO Box 335, Khartoum, Sudan, T: (0024911) 77 56 72, Telefax: (0024911) 77 99 35, E-Mail:alisal@sudanmail.net)
Philippe Scherpereel (Dept. d'Anaesthesie 2, CHU Hospital Huriez, Place de Verdun, Lille, Cedex, 59037, France, T: (00333) 20 44 51 96, Telefax: (00333) 20 44 44 00, E-Mail: pscherpereel@chru-lille.fr)
MSM Takrouri (Dept. of Anaesthesia, King Rhahid University Hospital, Al Dariyah, PO Box 2925, Riyadh, 11461(41), Kingdom of Saudi Arabia, T: (009661) 4 67 15 95, Telefax: (009661) 4 67 93 64, E-Mail: takrouri@ksu.edu.sa, takrouri@hotmail.com)
David Wilkinson (Dept. of Anaesthesia, St. Bartholmew's Hospital, London, EC1A 7BE, UK, T: (004420) 76 01 75 18, Telefax: (004420) 85 02 38 87, E-Mail: davidwilkinson@compuserve.com)
Committee on Education: Angela Enright (Chairman; Dept. of Anaesthesia, Royal Jubilee Hospital, 1900 Fort Street, Victoria BC, V8R 1J8, Canada, T: (001250) 3 70 84 41, Telefax: (001250) 4 72 08 70, E-Mail: apc@telus.net)
Committee on Finance: H. Jerrel Fontenot (Chairman; Anaesthesia Associates of Monroe, A Medical Corporation, PO Box 14175, Monroe, Louisiana, 71207 5175, USA, T/Fax: (001318) 3 23 10 45, E-Mail: hjfontenot@aol.com)
Committee on Statutes: David Wilkinson (Dept. of Anaesthesia, St. Bartholmews Hospital, London, EC1A 7BF, UK, T: (004420) 76 01 75 18, Telefax: (004420) 85 02 38 87, E-Mail: davidwilkinson@compuserve.com)
Committee on Publications: Dr. Roger Eltringham (Dept. of Anaesthesia, Royal Gloucester Hospital, Great Western Road, Gloucester GL1 3NN, UK, T: (00441452) 52 85 55, Telefax: (00441452) 39 44 85, E-Mail: 106147.2366@compuserve.com)
Vice-Presidents: Dr. Anis S. Baraka, Lebanon
Dr. Patricio Jorge Kelly, USA
Dr. Harald Breivik, Norway
Prof. Michael Rosen, UK
Dr. Jean-Marie Desmonts, France
Verbandszeitschrift: World Anaesthesia
Verlag: Level 8, Imperial House, 15-19 Kingsway, London WC2B6TH, UK
Mitglieder: 106 National Member Societies
Jahresetat: DM 1 Mio

● IZ S 165

Zahnärztlicher Verbindungs-Ausschuß zur EU (ZÄV) (CLDCE)
Dental Liaison Committee in the EU
Comité de Liaison des Praticiens de l'Art Dentaire des Pays de l'UE
Rue Newton 1, B-1000 Brüssel
T: (00322) 7·32-8415   Fax: 7 32-5407
Gründung: 1963
Präsident(in): Dr. Robert Walter
Vice-President: Dr. Nico Diederich
Generalsekretär(in): Dipl.-Kffr. Christine Gersching
Mitglieder: 25
Mitarbeiter: 2

Belgien

iz s 166

Verbond der Vlaamse Tandartsen
Avenue de la Liberté 61, B-1081 Brüssel
T: (00322) 4 13 00 13   Fax: 4 14 87 27

iz s 167

Chambres Syndicales Dentaires Asbl
Rue Paul Devigne 7, B-1030 Brüssel
T: (00322) 4 28 37 24   Fax: 4 28 18 81
Boulevard Tirou, 25, Bt 9, B-6000 Charleroi, T: (003271) 31 05 42, Fax: 32 04 13

Dänemark

iz s 168

Dansk Tandlaegeforening
Amaliegade 17, DK-1256 Kopenhagen
T: (0045) 70 25 77 11   Fax: 70 25 16 37

Deutschland

iz s 169

Bundeszahnärztekammer Arbeitsgemeinschaft der Deutschen Zahnärztekammern e.V.
Postf. 04 01 80, 10061 Berlin
Chausseestr. 13, 10115 Berlin
T: (030) 4 00 05-0   Fax: 4 00 05-200
Internet: http://www.bzaek.de

Finnland

iz s 170

Finnish Dental Association
Fabianinkatu 9 B, FIN-00130 Helsinki
T: (003589) 6 22 02 50   **Fax:** 6 22 30 50

Frankreich

iz s 171

CNSD Confédération Nationale des Syndicats Dentaires
22, Avenue de Villiers, F-75849 Paris
T: (00331) 56 79 20 20   **Fax:** 56 79 20 29

Griechenland

iz s 172

Hellenic Dental Association
38, Themistocles Street, GR-10678 Athen 142
T: (00301) 3 81 33 80   **Fax:** 3 83 43 85

Großbritannien

iz s 173

British Dental Association
64 Wimpole Street, GB- London W1M 8 AL
T: (004420) 79 35 08 75   **Fax:** 74 87 52 32

Irland

iz s 174

Irish Dental Association
10 Richview Office Park Clonskeagh Road, IRL- Dublin 14
T: (003531) 2 83 04 99   **Fax:** 2 83 05 15

Italien

iz s 175

Associazione Nazionale Dentisti Italiani (A.N.D.I.)
Via Savoia 78, I-00198 Rom
T: (003946) 8 54 05 35, 8 41 14 82   **Fax:** 8 41 41 33

iz s 176

Associazione Italiana Odontoiatri (A.I.O.)
Via S. Francesco 4, I-34133 Triest
T: (003940) 370456   **Fax:** 370456
Contact: Dr. I. Mayer

Luxemburg

iz s 177

Association des Médecins et Médecins-Dentistes du GD-Lux
29, rue de Vianden, L-2680 Luxemburg
T: (00352) 44 40 33   **Fax:** 45 83 49
E-Mail: secretariat@ammd.lu

Niederlande

iz s 178

Nederlandse Maatschappij tot Bevordering der Tandheelkunde (NMT)
Postfach 2000, NL-3430 CA Nieuwegein
Geelgors 1, NL-3430 CA Nieuwegein
T: (003130) 6 07 62 76   **Fax:** 6 04 89 94

Österreich

iz s 179

Österreichische Ärztekammer Bundeskurie Zahnärzte
Weihburggasse 10-12, A-1010 Wien
T: (00431) 5 12 51 26   **Fax:** 5 12 51 26 67

Portugal

iz s 180

Associacao Profissional dos Médicos Dentistas
Av. Dr. Antunes Guimarãres 463, P-4100 Porto
T: (0035122) 6 19 76 90   **Fax:** 6 19 76 99

Schweden

iz s 181

Swedish Dental Association
Postfach 12 17, S-11182 Stockholm
T: (00468) 6 66 15 00   **Fax:** 6 62 58 42

Spanien

iz s 182

Consejo General de Colegios de Odontólogos Y Estomatólogos de Espana
Calle Alcalá, 79-2, E-28009 Madrid
T: (003491) 4 26 44 10   **Fax:** 5 77 06 39

● **IZ S 183**

Zusammenschluss der Apotheker der Europäischen Union
Pharmaceutical Group of the European Union
Groupement Pharmaceutique de l'Union Europeenne
Rue Belliard 159, B-1040 Brüssel
T: (00322) 2 38 08 18   **Fax:** 2 38 08 19
Internet: http://www.pgeu.org
E-Mail: pharmacy@pgeu.org
President: Aidan O'Shea (Irland)
Secrétaire Général: Lisette Tiddens-Engwirda

Belgien

iz s 184

A.P.B.
Rue Archimède 11, B-1000 Brüssel
T: (00322) 2 85 42-00   **Fax:** 2 85 42-85
Internet: http://www.apb.be
E-Mail: info@mail.apb.be
Président: M. le Phn. Jan Denecker

Dänemark

iz s 185

Danmarks Apotekerforening
Postfach 21 81, DK-1017 Kopenhagen
Bredgade 54, DK-1017 Kopenhagen
T: (0045) 33 76 76 00   **Fax:** 33 76 76 99
Internet: http://www.apoteket.dk
E-Mail: apotekerforeningen@apotekerforeningen.dk
President: M. Paul Bundgaard

iz s 186

Association of Danish Pharmacists
Rygaards Allé 1, DK-2900 Hellerup
T: (0045) 39 46 36 00   **Fax:** 39 46 36 39
Internet: http://www.pharmaceut.dk
E-Mail: peter@pharmaceut.dk
Président: Gerd Askaa

Deutschland

iz s 187

ABDA - Bundesvereinigung Deutscher Apothekerverbände
Postf. 57 22, 65732 Eschborn
T: (06196) 92 80   **Fax:** 92 81 14
E-Mail: abda@abda.aponet.de
Président: Hans-Günter Friese

iz s 188

ABDA Büro Brüssel
Rue Newton 1, B-1000 Brüssel
T: (00322) 7 35 30 57   **Fax:** 7 35 02 68
E-Mail: abda-buero.bruessel@aponet.de
Leiterin: Dr. Susanne Hof

Finnland

iz s 189

The Association of Finnish Pharmacies
Pieni Roobertinkatu 14C, FIN-00120 Helsinki
T: (003589) 22 87 11   **Fax:** 64 71 67
Internet: http://www.apteekkariliitto.fi
E-Mail: reijo.purasamaa@salnet.fi
President: Reijo Purasmaa

Frankreich

iz s 190

Fédération des Syndicats Pharmaceutiques de France
Rue Ballu 13, F-75311 Paris Cedex 09
T: (00331) 44 53 19 25   **Fax:** 44 53 21 75
E-Mail: bureaunational@fspf.fr
Président: M. le Phn. B. B. Capdeville
Vice Président: M. le Phn. G. Lupus (GPUE 98, 8 Impasse de l'Eglise, F-54890 Vandelainville, T: (0033/3) 83 81 84 32)

iz s 191

Union Nationale des Pharmaciens de France
57, rue Spontini, F-75116 Paris
T: (00331) 53 65 61 71   **Fax:** 47 04 70 15
E-Mail: unpf@unpf.org
Président: P. Beras
Chef de Délégation: S. Caillier

iz s 192

Conseil Central de l'Ordre des Pharmaciens d'Officine
4, Avenue Ruysdaël, F-75379 Paris Cedex
T: (00331) 56 21 34 34   **Fax:** 56 21 34 99
E-Mail: smallet@ordre.pharmacien.fr
Président: M. le Phn. Christian Blaesi

Griechenland

iz s 193

Pharmaceutical Panhellenic Association
134 Piraeus & Agathimeroy, GR-11854 Athens
T: (00301) 3 41 03 72   **Fax:** 3 45 93 24
Président: M. Phn. D. Vagionas

Großbritannien

iz s 194

Royal Pharmaceutical Society of Great Britain
1, Lambeth High Street, GB- London SE1 7JN
T: (004420) 77 35 91 41   **Fax:** 77 35 76 29
E-Mail: inquiries@rpsgb.org.uk
Président: Christine Glover
Chef de Délégation: W. Darling

iz s 195

National Pharmaceutical Association
Mallinson House
40-42, St. Peter's Street, GB- St. Albans-Herts AL1 3NP
T: (0044172) 7 83 21 61   **Fax:** 7 84 08 58
Internet: http://www.npa.co.uk
E-Mail: npa@cix.co.uk
Director: John D'Arcy

iz s 196

Pharmaceutical Society of Northern Ireland
73, University Street, GB- Belfast BT7 1HL
T: (004428) 2 32 32 69 27   **Fax:** 2 32 43 99 19
Internet: http://www.dotpharmacy.com
E-Mail: djlawson.psni@dnet.co.uk
Président: T. A. Maguire

Irland

iz s 197

Irish Pharmaceutical Union
Butterfield House
Butterfield Avenue, IRL- Rathfarnham Dublin 14
T: (003531) 4 93 64 01   **Fax:** 4 93 64 07
E-Mail: ipu@iol.ie
Président: B. Quinn
Kontaktperson: O'Shea (Blackpool Bridge, Cork-Ireland, T: (0035321) 4 39 18 38, Fax: 4 30 23 04, E-Mail: aosp@eircom.net)

iz s 198

Pharmaceutical Society of Ireland
Northumberland Road 37, IRL- Dublin 4
T: (003531) 6 60 05 51, 6 60 06 99   **Fax:** 6 68 14 61
Internet: http://www.pharmaceuticalsociety.ie/pharmsoc
E-Mail: pharmsoc@pharmaceutical.society.ie
Président: M. Durcan

Italien

iz s 199

Federazione Ordini Farmacisti Italiani (FOFI)
Via Palestro 75, I-00185 Rom
T: (00396) 4 45 03 61   **Fax:** 4 46 14 63
E-Mail: fofi@mbox.netway.it
Président: G. Leopardi
Alexandra Petroni (Secretary of M. Leopardi)

iz s 200

Federfarma
Via Emanuele Filiberto 190, I-00185 Rom
T: (00396) 70 38 01   **Fax:** 70 47 65 84, 70 47 65 87
Internet: http://www.federfarma.it
E-Mail: box@federfarma.it
Président: G. Siri

Luxemburg

iz s 201

Union des Pharmaciens Luxembourgeois
Postfach 49, L-4501 Differdange
T: (00352) 58 80 80   **Fax:** 58 35 71
E-Mail: unaphalu@pt.lu
Président: R. Philippart
Secrétariat: 12, Ceinture des Rosiers, L-2446 Luxembourg-Howald, F: (00352) 29 63 33, Fax: 29 63 32

Niederlande

iz s 202

KNMP
Postfach 3 04 60, NL-2500 GL Den Haag
Alexanderstraat 11, NL-2500 GL Den Haag
T: (003170) 3 73 73 73   **Fax:** 3 10 65 30
Internet: http://www.knmp.nl
E-Mail: ruizveld.de.winter@knmp.nl, hoofdbestuur@knmp.nl
Président: Martin L. A. Favié
Chef de Délégation: M. le Phn. L. Arts

Österreich

iz s 203

Österreichische Apothekerkammer
Postfach 87, A-1091 Wien IX
Spitalgasse 31, A-1090 Wien
T: (00431) 40 41 41 07   **Fax:** 4 08 84 40
E-Mail: info@apotheker.or.at
Président: Mag.pharm. Dr. Herbert Cabana

Portugal

iz s 204

Associacao Nacional das Farmacias
Rua Marechal Saldanha 1, P-1249-069 Lissabon
T: (0035121) 3 40 00 53   **Fax:** 3 40 07 59
E-Mail: anf@anf.pt
Président: João Cordeiro

iz s 205

Ordem dos Farmaceuticos
Rua da Sociedade Farmaceutica 18, P-1100 Lissabon
T: (0035121) 3 19 13 70   **Fax:** 3 19 13 99
E-Mail: dirnacional@ordemfarmaceuticons.pf
Président: João Silveira

Schweden

iz s 206

Apoteksbolaget
Apoteket AB
S-13188 Stockholm
T: (00468) 4 66 11 41   **Fax:** 4 66 11 42, 4 66 13 10
Internet: http://www.apoteket.se
Chef de Délégation: Thony H. Björk

Spanien

iz s 207

Consejo General de Colegios Oficiales de Farmaceuticos Espana
Villanueva 11-6 °, E-28001 Madrid
T: (003491) 4 31 25 60   **Fax:** 5 76 39 05
E-Mail: congral@recol.es
Président: M. le Phn. Capilla

Anwälte, Notare, Richter, Staatsanwälte, Rechtsbeistände

● IZ S 208

Europäischer Anwaltsverein
Union des Avocats Européens (UAE)
Grand Rue 31, L-2011 Luxemburg
Internet: http://www.uae.lu
Gründung: 1986
President: Christian E. Roth
Secrétaire Général: Francesco de Beaumont
Verbandszeitschrift: UAE Journal
Verlag: UAE, 31 Grand-Rue, Luxembourg

● IZ S 209

Internationaler Anwalts-Verband (IBA)
International Bar Association
Association Internationale du Barreau
Regent Street 271, GB- London W1R 7PA
T: (004420) 76 29 12 06   **Fax:** 74 09 04 56
Internet: http://www.ibanet.org
E-Mail: moray.mclaren@int-bar.org
Gründung: 1947
Präsident(in): Dianna Kempe
Executive Director: Mark Ellis (271 Regent Street, GB-London W1R 7PA (Großbritannien), T: (0044207) 6 29 12 06, Tx: 88 12 664 INBAR)
Leitung Presseabteilung: Moray McLaren
Verbandszeitschrift: International Business Lawyer; International Legal Practitioner; International Bar News; Journal of Energy & Natural Resources Law
Mitglieder: 16900
Mitgliedsverbände: 173

● IZ S 210

Internationale Union der Gerichtsvollzieher und Gerichtsbeamten (UIHJ)
International Association of judicial officers
Union Internationale des Huissiers de Justice et officiers judiciaires
44, Rue de Douai, F-75009 Paris
T: (00331) 48 74 86 91   **Fax:** 40 16 99 35
Präsident(in): Jacques Ismard (Frankreich)
Generalsekretär(in): René Duperray (Frankreich)

● IZ S 211

Internationale Vereinigung Junger Rechtsanwälte (AIJA)
International Association of Young Lawyers
Association Internationale des Jeunes Avocats
Secrétariat général:
Av. Louis Lepoutre 59 /20, B-1050 Brüssel
T: (00322) 3 47 33 34   **Fax:** 3 47 55 22
Internet: http://www.aija.org
E-Mail: aija@pophost.eunet.be
President: Malcolm McNeil (1901 Avenue of the Stars, Suite 1200, USA-Los Angeles, CA 90067-6013, T: (001310) 556-3002, Fax: 556-3006, E-Mail: mmcneil007@aol.com)
Immediate Past President: Felix Ehrat (POB 2214, Riva Albertolli 1 (Palazzo Gargantini), CH-6901 Lugano, T: (004191) 913 44 10, Fax: 913 44 19, E-mail: lugano@baer-karrer.ch)
First Vice-President: Michelle Sindler (Seefeldstr. 19, CH-8024 Zürich, T: (00411) 2 61 51 50, Fax: 2 51 30 25, E-Mail: m.sindler@baerkarrer.ch)
Secretary General: Etienne Rocher (69, avenue Victor Hugo, F-75783 Paris Cedex 16, T: (00331) 45 01 93 50, Fax: 45 01 24 71, E-mail: lsdpfh@aol.com)
Treasurer: G.-Bernard Van Parys (rue Camille Lemonnier, 68, B-1050 Brüssel, T: (00322) 3 44 18 45, Fax: 3 47 21 23, E-mail: avocats@gregoire.be)
Deputy Treasurer: Maite Mascaro-Miralles (c/Madrazo 27, 30-2a, E-08006 Barcelona, T: (003493) 4 15 06 77, Fax: 4 15 13 31, E-Mail: dm-law@teleline.es, mascaro@iponet.es)

● IZ S 212

Internationaler Patentanwaltsverband (FICPI)
International Federation of Patent Attorneys
Fédération Internationale des Conseils en Propriété Industrielle
Holbeinstr. 36-38, CH-4003 Basel
T: (004161) 295 57 00   **Fax:** 271 52 68
Gründung: 1906
Präsident(in): Malcolm Royal
Verbandszeitschrift: Newsletter, Bulletin, Bücher
Mitglieder: ca. 3000 in 60 Ländern
Mitgliedsverbände: 32

● IZ S 213

Rat der Anwaltschaften der Europäischen Gemeinschaft (CCBE)
Council of the Bars and Law Societies of the European Community
Conseil des Barreaux de la Communauté Européenne
Rue de Trèves 45, B-1040 Brüssel
T: (00322) 2 34 65 10   **Fax:** 2 34 65 11, 2 34 65 12
Internet: http://www.ccbe.org
E-Mail: ccbe@ccbe.org
Gründung: 1960
Président: Rupert Wolff (Wolff, Wolff & Wolff, Aignerstr. 21, A-5026 Salzburg)
Secrétaire générale: Valerie Bauer
Verbandszeitschrift: Feuillet d'information
Verlag: CCBE

● IZ S 214

Ständige Konferenz der Notariate der EU (CNUE)
Conférence Permanente des Notariats de Union Européenne
Coudenberg, 70, B-1000 Bruxelles
T: (00322) 5 13 95 29   **Fax:** 5 13 93 82
Gründung: 1976
Président: Notar Dr. Hans-Dieter Vaasen
Secrétaire Général: Clarisse Martin (Directeur de bureau, 70, Rue Coudenberg, B-1000 Bruxelles, T: (0322) 513 95 29, Fax: 513 93 82)
Mitglieder: 10
Mitarbeiter: 2

Mitgliedsorganisationen

Belgien

iz s 215

Fédération Royale des Notaires de Belgique
Rue de la Montagne 30-32, B-1000 Brüssel
T: (00322) 505 08 11   **Fax:** 505 08 59
E-Mail: deblock@fednot.be
Président: James Dupont

Deutschland

iz s 216

Bundesnotarkammer
Burgmauer 53, 50667 Köln
T: (0221) 25 68 23   **Fax:** 25 68 08
Internet: http://www.bnotk.de
E-Mail: bnotk@bnotk.de
Präsident(in): Notar Dr. Hans-Dieter Vaasen
Hauptgeschäftsführer(in): Notar a.D. Dr. Timm Starke

Frankreich

iz s 217

Conseil Supérieur du Notariat Français
31, Rue du Général Foy, F-75383 Paris -Cedex 08
T: (00331) 44 90 30 00   **Fax:** 44 90 30 30
E-Mail: international.csn@notaires.fr
Président: Alain Lambert

Spanien

iz s 218

Consejo General del Notariado
Paseo del General
Paseo del General Martinez Campos 46, 6°, E-28010 Madrid
T: (003491) 3 08 72 32   **Fax:** 3 08 70 53
E-Mail: internacional@notariado.org
Président: Juan Bolás Alfonso

Griechenland

iz s 219

Conseil National du Notariat Héllénique
4, rue G. Gennadiou, GR-10678 Athenes
T: (00301) 3 81 41 67 **Fax:** 3 81 22 49
E-Mail: syllogos@hol.gr
Président: Elias Kotsakis

Italien

iz s 220

Consiglio Nazionale del Notariato
Via Flaminia 160, I-00196 Roma
T: (00396) 3 21 58 66 **Fax:** 36 20 92 08
E-Mail: cnn.idaros@notariato.it
Président: Gennaro Mariconda

Luxemburg

iz s 221

Chambre des Notaires du Grand-Duché de Luxembourg
50, route d'Esch, L-1470 Luxembourg
T: (00352) 44 70 21 **Fax:** 45 51 40
E-Mail: notarie.delvaux@perceval.lu
Président: Jacques Delvaux

Niederlande

iz s 222

KNB-Koninklijke Notariële Beroeporgansatie
Spui 184, NL-2511 BW Den Haag
T: (003170) 3 30 71 11 **Fax:** 3 62 17 49
E-Mail: s.heyman@knb.nl
Président: Hans Tromp

Österreich

iz s 223

Österreichische Notariatskammer
Landesgerichtsstr. 20, A-1010 Wien
T: (00431) 4 02 45 09 **Fax:** 4 06 34 75
E-Mail: kammer@notar.or.at
Président: Georg Weissmann

Portugal

iz s 224

Direcção-Geral dos Registos e do Natariado-Ministerio da Justicia
Avenida 5 de Outubro 202 Apartado 14015, P-1064-062 Lissabon Codex
T: (0035121) 7 98 55 00 **Fax:** 7 95 13 53
Président: J. Seabra Lopes

iz s 225

Associação Portuguesa de Notários
Rua dos Sapateiros, 115 3°, P-1100 Lissabon
T: (0035121) 8 87 52 01 **Fax:** 8 86 88 29
E-Mail: apn2000@hotmail.com
Président: Zulmira da Natividade Martins Lino Da Silva

● **IZ S 226**

Europäische Union der Rechtspfleger
Schloßstr. 7, A-2320 Schwechat
T: (00431) 7 07 63 17, 7 07 65 14 **Fax:** 70 76 31 75 00
Internet: http://www.justice.rechtspfleger.org
Präsident(in): Hofrat Paul Sturm (Gewerkschaft Öffentlicher Dienst)
Generalsekretär(in): Herta Habersam-Wenghoefer (Bezirksgericht Schwechat)
Schatzmeister: Reinhard Fettner (Oberlandesgericht Innsbruck)
Mitglieder: 15 nationale Mitgliedsverbände, 4 assozierte Mitgliedsverbände

---

■ **Wirtschaftsprüfer, Berater, Steuerberater, Buchprüfer u.a.**

● **IZ S 227**

Europäische Beratervereinigung (E.C.U.)
European Consultants Unit
European Association of Lawyers, Tax Advisors, Certified Accountants and Management Consultants e.V.
Postf. 17 17, 82307 Starnberg
Joseph-Jägerhuber-Str. 13, 82319 Starnberg
T: (08151) 1 59 90 **Fax:** 38 53
Internet: http://www.ecu-online.org
E-Mail: ecu@ecu-online.org
Gründung: 1988 (Oktober)
Präsident(in): Prof. Dr. Dimitris Oekonomidis (RA)
Vizepräsident(in): Dipl.-Wirtsch.-Ing. Hatto Brenner (UB)
Prof. Dipl.-Kfm. Hermann Daniel (UB)
Dr. Roland Rehm (RB/StB)
Dr. Konrad Schwan (UB)
Michael Trixl (WP/TH)
Conseil de L'Academie: Dipl.-Oec. Manfred Batz
Internat. Ausschreibungen, E.C.U.-Auftragsstelle: Dipl.-Kfm. Hermann Daniel (UB)
Public Relations Office: Dipl.-Ing. Dr. Günter Horn
E.C.U.-Management GmbH/Marketing: Dipl.-Kfm. Mathias Weber
Verbandszeitschrift: Newsletter + Fax-News
Redaktion: Dr. R. Rehm
Mitglieder: 340 (Stand 15.1.97)
Mitarbeiter: 2
Jahresetat: DM 0,2 Mio, € 0,1 Mio
In Gründung: Kanada, Irland, Niederlande, Großbritannien, USA

Nationale Landesorganisationen

iz s 228

E.C.U. Bosnien
Livanska 1 /I, BA-71000 Sarajevo
T: (0038771) 67 65 27 **Fax:** 66 47 20
Präsident(in): Ph. D. Selim Durmic

iz s 229

E.C.U. - Deutschland e.V.
Gerstäckerweg 8, 14089 Berlin
T: (030) 36 80 10-43 **Fax:** 36 80 10-44
E-Mail: rh∞anagement@t-online.de
Präsident(in): Dipl.-Vw. Rolf-Roger Hoeppner (UB)
Vizepräsidenten: RA/ Notar Diethard Schütze (MdB)
RA Klaus-Peter Hess
Dipl.-Oec. Manfred Batz
Dipl.-Kfm., Dipl.-Volksw. Frank Maikranz
Mitglieder: 153

iz s 230

E.C.U. Frankreich
rue de la Croix Neuve 23, F-77850 Hericy
T: (00331) 64 23 66 28 **Fax:** 64 23 65 60
Präsident(in): Eric Maquenhen (UB)

iz s 231

E.C.U. - Griechenland
Sinastr. 9, GR- Athen 10680
T: (00301) 3 61 00 43 **Fax:** 3 63 44 27
Präsident(in): Prof. Dr. Dimitris Oekonomidis (RA)

iz s 232

E.C.U. - Italien
Dr.-Steiter-Gasse 32, I-39100 Bozen
T: (00390471) 97 77-0 **Fax:** 9 74 00
Präsident(in): Walter Seidner (StB)

iz s 233

E.C.U. - Österreich
Radetzkystr. 20 /II, A-9020 Klagenfurt
T: (0043463) 51 36 00 **Fax:** 51 30 54
Präsident(in): Dipl.-Kfm. Hermann Daniel (UB)

iz s 234

E.C.U. - Polen
Ul. Skrzyneckiego 4a /27, PL-30403 Krakau
T: (004812) 66 07 90 **Fax:** 66 07 90
Mgr. Gregorczyk Zdzislaw

---

iz s 235

E.C.U. - Rumänien
Strada Schitu Magureanu, R-70626 Bukarest
T: (00401312) 74 54 **Fax:** 16 90
Joan-Christi Silvin

iz s 236

E.C.U. - Rußland
Pushkinskaga vl. 9, Blok 6, RUS-103009 Moskau
T: (007095) 2 07 77 28 **Fax:** 2 07 77 18
Präsident(in): Dr. Elena Orlova (RA)
Vizepräsident(in): Prof.Dr. Oleg Protsenco (UB)
Dr. Alexander Sawtschenko (RA)

iz s 237

E.C.U. - Schweden
Västra Hamngatan 12, S-41117 Göteborg
T: (004631) 17 00 45 **Fax:** 13 78 77
Präsident(in): Carl-Einar Mellander (RA)

iz s 238

E.C.U. Schweiz
Bahnhofstr. 25, CH-6300 Zug
T: (004141) 7 10 62 72 **Fax:** 7 10 62 06
Präsident(in): StB/WP Michael Trixl

iz s 239

E.C.U. - Spanien
c/ GOYA, 47.4A, E-28001 Madrid
T: (003491) 5 76 21 28 **Fax:** 5 76 46 85
Präsident(in): Alfredo Kasner Bonza

iz s 240

E.C.U. - Slowakei
Halasova 1, SK-83103 Bratislava
T: (004217) 54 77 36 12 **Fax:** 54 77 36 12
Präsident(in): Prof. Dr. Vladimir Burcik (UB)

iz s 241

E.C.U. - Bulgarien
Postfach 30, BG-9014 Varna
Makedonia Str. 86, BG-9014 Varna
T: (0035952) 23 62 81 **Fax:** 22 95 17
Präsident(in): Dr. Angel Mirtchev (STB, UB, WP)

iz s 242

E.C.U. - Ukraine
Prirechnaja Str. 13, UA-254213 Kiev
T: (0038044) 4 13 65 56 **Fax:** 4 13 65 56
Präsident(in): Dr.oec. Sergej S. Gasanov

iz s 243

E.C.U. - Ungarn
Andrassy Str. 113, H-1062 Budapest
T: (00361) 3 42 49 50 **Fax:** 3 42 43 23
Präsident(in): Dr. Katalin Szamosi (RA)

● **IZ S 244**

Europäische Vereinigung der Unternehmensberater-Verbände (FEACO)
European Federation of Management Consultancies Associations
Fédération Européenne des Associations de Conseils en Organisation
Ave. des Arts 3 /4/5, B-1210 Brüssel
T: (00322) 2 50 06 50 **Fax:** 2 50 06 51
Internet: http://www.feaco.org
E-Mail: feaco@feaco.org
Gründung: 1960
Chairman: Gil Gidron
Manager: Else Groen
Mitglieder: 23 europäische Länder

Mitgliedsorganisationen

Belgien

iz s 245

Association Belge des Conseils en Gestion et Organisation (ASCOBEL)
Place des Chasseurs Ardennais 20, B-1030 Brüssel
T: (00322) 7 43 41 50 **Fax:** 7 42 17 85
Internet: http://www.ascobel.be
E-Mail: info@ascobel.be
President: Roland Van den Berghe
Secretary: Celcile Delys

Bulgarien

iz s 246

Bulgarian Association of Management Consultants (BAMCO)
1 Macedonia Square, 17th floor, BG- Sofia 1040
T: (003592) 86 65 06   **Fax:** 29 86 12 79
E-Mail: bamco@delin.org
President: Gergana Mantarkova
Secretary General: Ekaterina Ignatova

Dänemark

iz s 247

Dansk Management Raad (DMR)
14 A, 2 Sal, Amaliegade, DK-1256 Kopenhagen
T: (0045) 33 18 16 20   **Fax:** 33 18 16 25
Internet: http://www.danskmanagementraad.dk
E-Mail: kh@danskmanagementraad.dk
President: Jannick Pedersen
Managing Director: Karsten Hillerstroem

Deutschland

iz s 248

Bundesverband Deutscher Unternehmensberater BDU e.V.
Zitelmannstr. 22, 53113 Bonn
T: (0228) 91 61-0   **Fax:** 91 61-26
Internet: http://www.bdu.de
E-Mail: info@bdu.de
Gründung: 1954
Präsident(in): Rémi Redley
Geschäftsführer(in): Christoph Weyrather
Klaus Reiners (Ltg. Presseabteilung)
Verbandszeitschrift: Depesche
Verlag: Servicegesellschaft f. Unternehmensberater mbH, Zitelmannstr. 22, 53113 Bonn
Mitglieder: 504 Firmen mit 16000 Mitarbeitern
Mitarbeiter: 15

Finnland

iz s 249

Liikkeenjohdon Konsultit (LJK)
Eteläranta 10, FIN-00130 Helsinki
T: (003589) 6 22 44 42   **Fax:** 62 20 10 09
Internet: http://www.ljk.fi
E-Mail: ljk@ljk.fi
President: Pentti Harmanen
Association Secretary: Jani Kekkonen

Frankreich

iz s 250

SYNTEC MANAGEMENT
Chambre Syndicale des Sociétés de Conseil
3 Rue Léon Bonnat, F-75016 Paris
T: (00331) 44 30 49 20   **Fax:** 40 50 73 57
Internet: http://www.syntec-management.com
President: Alain Donzeaud
Délégué Général: Brigitte David-Gardon

Griechenland

iz s 251

Hellenic Association of Management Consulting Firms (SESMA)
Elikonos 13, GR- Chalandri GR - 152 34
T: (00301) 6 85 86 53   **Fax:** 6 84 07 84
Internet: http://www.sesma.gr
E-Mail: sesma@hol.gr
President: Napoleon Karantinos
Director: Yannis Caralis

Großbritannien

iz s 252

Management Consultancies Association (MCA)
11 West Halkin Street, GB-SW1X 8JL London
T: (004420) 72 35 38 97   **Fax:** 72 35 08 25
Internet: http://www.mca.org.uk
E-Mail: mca@mca.org.uk
President: Brian Tash
Executive Director: Bruce Petter

Italien

iz s 253

ASSOCONSULT
Associazione delle Società di Consulenza Direzionale e Organizzativa
Piazza Velasca, I-20122 Mailand
T: (00392) 86 66 86   **Fax:** 89 01 27 50
Internet: http://www.assoconsult.org
E-Mail: assoconsult.mi@flashnet.it
Vice President: Federico Butera
Secretary General: Patrizia Marino

Niederlande

iz s 254

Raad van Organisatie Adviesbureau (ROA)
Postfach 310, NL-4200 AH Gorichem
T: (0031183) 62 11 53   **Fax:** 62 16 01
E-Mail: roa@cantrijn.nl
President: Pim Zoeteweij
Contact: M. Melis

Norwegen

iz s 255

NBF - Norges Bedriftsrådgiverforening
c/o Interforum Partners As
Askerveien 61, N-1384 Asker
T: (0047) 66 98 99 90   **Fax:** 66 78 99 93
E-Mail: catom@online.no
President: Cato Musaeus

Österreich

iz s 256

Fachverband Unternehmensberatung und Datenverarbeitung (FUD)
Wiedner Hauptstrasse 63, A-1045 Wien
T: (00431) 5 01 05 35 39   **Fax:** 50 20 62 85
Internet: http://www.wk.or.at/ubdv
E-Mail: office@wkubdv.wk.or.at
President: Hans-Jürgen Pollirer
Secretary General: Herbert Bachmaier

Polen

iz s 257

Stowarzyszenie Doradcow Gospodarczych w Polsce (SDG)
Ul Rakowiecka 36, PL-02 532 Warschau
T: (004822) 6 06 39 74   **Fax:** 6 06 39 74
Internet: http://www.sdg.com.pl
E-Mail: sdg@sdg.com.pl
President: Andrzej Glowacki
Secretary General: Nicolai Illukowicz

Portugal

iz s 258

Associação Portuguesa de Projectistas e Consultores (APPC)
Avenida Antonio Augusto Aguiar 126 - 7°, P-1050 Lissabon
T: (0035121) 3 58 07 85, 3 58 07 86   **Fax:** 3 15 04 13
Internet: http://www.appconsultores.pt
E-Mail: info@appconsultores.pt
Vice-President: Fernando Rolin
Secretary: Manuela Lourenço

Rumänien

iz s 259

Asociatia Consultantilor in Management din Romania (AMCOR)
7-9 Piata Amzei, Sc. C, ap. 6, R-70174 Bukarest
T: (00401) 3 12 68 91   **Fax:** 3 12 70 94
Internet: http://www.amcor.ccir.ro
E-Mail: svasta@mail.kappa.ro
Vice President: George Plesoianu
Secretary General: Mihai Svasta

Russland

iz s 260

Association of Consultants for Economics and Management (ACEM)
12 Petrovka, RUS-103756 Moskau
T: (007095) 9 28 26 16   **Fax:** 2 00 44 52
E-Mail: acem@tsr.ru
President: Sergey Vasiliev
Director General: Alexander Posadsky

Schweden

iz s 261

Sveriges Managementkonsulter (SM)
Swedish Association of Management Consultants (SAMC)
Kungsgatan 48, S-11135 Stockholm
T: (00468) 20 83 30   **Fax:** 21 25 40
Internet: http://www.samc.se
E-Mail: grufman@grufman-reje.se
President: Anders Grufman

Schweiz

iz s 262

Association Suisse des Conseils en Organisation et Gestion (ASCO)
Postfach 923, CH-8029 Zürich
Forchstr. 428, CH-8029 Zürich
T: (00411) 3 95 24 04   **Fax:** 3 95 24 05
Internet: http://www.asco.ch
E-Mail: office@asco.ch
President: Dr. André Wohlgemuth
Association Secretary: Marianne Senti

Slowenien

iz s 263

Association of Management Consultants of Slovenia (AMCOS)
Dimiceva 13, SLO-1504 Ljubljana
T: (003861) 1 89 82 53   **Fax:** 1 89 82 00
Internet: http://www.gzs.si
E-Mail: cernjac@hq.gzs.si
President: Janko Arah
Secretary General: Albin Cernjac

Spanien

iz s 264

Asoc. Espanola de Empressa de Consultoria (AEC)
Orfila 5, Esc. 1, 4° C, E-28010 Madrid
T: (003491) 3 08 01 61   **Fax:** 3 08 23 27
Internet: http://www.consultoras.com
E-Mail: aec@wanadoo.es
President: Gil Gidron
Contact: Eduardo Mendicutti

Tschechische Republik

iz s 265

Association for Consulting to Business (APP)
Veletrzni 21, CZ-170 01 Prag 7
T: (004202) 87 90 43   **Fax:** 87 90 43
E-Mail: asocpor@mbox.vol.cz
President: Miroslav Kobza
Executive Director: Ivo Ulrych

Ungarn

iz s 266

Association of Management Consultants in Hungary (VTMSZ)
Szt. István krt. 11, H-1055 Budapest
T: (00361) 3 02 76 81   **Fax:** 3 02 76 81
E-Mail: hetyey@mail.externet.hu
President: Cornai Gabor
Secretary General: Sándor Hetyey

Zypern

iz s 267

Cyprus Association of Business Consultants
Postfach 1657, CY-1511 Nicosia

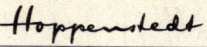

30, Grivias Dhigenis Ave., CY-1511 Nicosia
T: (003572) 66 51 02   Fax: 66 94 59
E-Mail: oeb@dial.cylink.com.cy
President: Chris Michaelides
Secretary General: George Phedonos

● **IZ S 268**

Europäischer Ausschuß der Betriebsberatungsdienste (CESCE)
European Committee for Consulting Services
Comité Européen des Services de Conseillers d'Entreprise
Kanselarijstraat 19, B-1000 Brüssel
T: (00322) 2 27 63 93   Fax: 2 17 46 12
Internet: http://www.cesce.org
Gründung: 1972
Président: Jean-Claude Bachelot
Vice-Président: Gilbert Otten
Verbandszeitschrift: Newsletter
Mitglieder: 14 Institutions Européennes
Mitarbeiter: 1
Jahresetat: DM 0,05 Mio

● **IZ S 269**

Europäische Public Relations Vereinigung (CERP)
European Confederation of Public Relations
Confédération Européenne des Relations Publiques
Chaussée de Gand 443 bte 4, B-1080 Brüssel
T: (00322) 4 14 04 32   Fax: 4 14 96 05
Internet: http://www.cerp.org
E-Mail: public.relations@achelis.com
Gründung: 1959
CERP-Vorstand
Président: Thomas Achelis (Achelis & Partner, Friedenspromenade 87, 81827 München, T: (089) 4 39 84 20, Fax: (089) 4 30 72 84)
Vice Président: Richard Linning (PRP, 5 Av. R. Vandendriessche, B-1150 Bruxelles, T: (00322) 7 62 04 85, Fax: (00322) 7 71 19 59, e-mail: rlinning@prp.be)
Vorstand: Francis Xavier Carty (35 Sandymount Avenue, Dublin 4, Ireland, T: (003531) 2 69 28 03, Fax: (003531) 6 76 45 62, E-Mail: fxcarty@indigo.ie)
Vorstand: Sonja Kleijne (Padualaan 99 - P.O. Box 8611, NL-3503 Utrecht, Niederlande, T: (003130) 2 91 34 12, Fax: (003130) 2 91 30 40, E-Mail: s.kleijne@scom.fcj.hvu.nl)
CERP Education:
President: Anne-Marie Cotton (Egon Hogeschool, St. Pieters Nieuwstraat 160, 9000 Gent, T: (00329) 3 62 27 88, Fax: 3 62 35 65, E-Mail: jos.willems@glo.be)
Verbandszeitschrift: CERP Newsletter
Redaktion: Chaussée de Gand 443 bte 4, 1080 Brüssel

Mitgliedsorganisationen

Belgien

iz s 270

Belgian Public Relations Centre (BPRC)
Chaussée de Gand 443 bte 4, B-1080 Brüssel
T: (00332) 4 14 04 32   Fax: 4 14 96 05
E-Mail: secretariat@bprc.be
President: Christophe Weerts (BMW BELGIUM, Industriepark "De Vliet", Lodderstraat 16, 2880 Bornem, T: (00323) 8 90 97 08, Fax: (00323) 8 90 98 98, e-mail: christophe.weerts@bmw.be)
General Secretary: Daniel De Marto
Council Delegate: Erwin De Weerdt (Rue Lambert Fortune 73, 1300 Wavre, T: (003210) 24 69 63, Fax: (003210) 24 69 64, e-mail: erwin.deweerdt@ping.be)

Bulgarien

iz s 271

Public Relations Society of Bulgaria (PRSB)
L.Q. Emil Markov Bl 231 app. 34, BG-1404 Sofia
T: (003592) 58 99 13   Fax: 58 99 13
President: Christo Christov (c/o PRSB)
Council Delegate: Andrej Nonchev (Z.K. Druzba, bl 184 ap. 34, BG-1000 Sofia)

Dänemark

iz s 272

Dansk Public Relations Forening (DPRF)
Boersen, DK-1217 Copenhagen K
T: (004533) 95 05 20   Fax: 32 52 16
President: Jan Horskjaer (Manager of Information, The Municipality of Copenhagen, The City Hall, DK-1599 Copenhagen V)
General Secretary, Council Delegate: Thorsten Pedersen (Pilestraede 48, P.O. Box 1174, DK-1010 Copenhagen K, T: (004533) 13 33 09, Fax: 32 33 90)

Deutschland

iz s 273

Deutsche Public Relations Gesellschaft e.V. (DPRG)
Sankt Augustiner Str. 21, 53225 Bonn
T: (0228) 9 73 92 87   Fax: 9 73 92 89
Internet: http://www.dprg.de
E-Mail: info@dprg.de
President: Stephan Becker-Sonnenschein (more relations, Steinerstr. 15, 81369 München, T: (089) 72 44 91-28, Fax: (089) 72 44 91-50)
General Secretary: Rosemarie Büschel
Council Delegate: Thomas Achelis (Achelis & Partner GmbH, Öffentlichkeitsarbeit, Friedenspromenade 87, 81827 München, T: (089) 43 98 42-0, Telefax: (089) 4 30 72 84)

Finnland

iz s 274

Finnish Association of Organizational Communicators (STIL)
Meritullinkatu 13 C 64, FIN-00170 Helsinki
T: (003580) 1 35 77 75   Fax: 1 35 63 94
President: Reijo Toivonen (c/o STIL)
Council Delegate: Leo Allo (General Secretary; c/o Vallmet Corporation, Panuntie 6, PO Box 27, SF-00621 Helsinki, T: (003580) 77 70 51, Telefax: (003580) 77 70 55 72)

Frankreich

iz s 275

Association Francaise des Relations Publiques (AFREP)
c/o AIVF
20, rue Bachaumont, F-75002 Paris
T: (00331) 40 13 94 95   Fax: 40 13 94 96
President: Marie France Bouilly (General Secretary, c/o AIVF, 20, rue Bachaumont, F-75002 Paris, T: (00331) 40 13 94 95, Telefax: (00331) 40 13 94 96)
Council Delegate: Patrick Alvarez (1 Rue Bleue, F-75009 Paris)

Griechenland

iz s 276

Hellenic Public Relations Association (HEPRA)
Skoufa 56, GR-10672 Athen
T: (00301) 3 61 34 79   Fax: 3 64 70 48
President: Iannis Lavetzis (c/o Antenna)
General Secretary: Maria Rigopoulou
Council Delegate: Iannis Lavetzis (c/o Antenna Communications Consultants, 13 Pindarou Street, GR-10673 Athens, T: (00301) 3 64 15 11, Telefax: (00301) 3 64 15 25, e-mail: antenna@otenet.gr)
Alternative Council Delegate: Andreas Gregoariades

Großbritannien

iz s 277

The Institute of Public Relations (IPR)
The Old Trading House
15, Northburgh St., GB- London EC1V 0PR
T: (004420) 72 53 51 51   Fax: 74 90 05 88
President: Philip Dewhurst
General Secretary: John Lavelle
Council Delegate: Colin Farrington (The Old Heading House, 15 Northburgh Street, UK-London EC1V OPE, T: (0044171) 2 53 51 51, Fax: (0044171) 4 90 05 88, E-Mail: colinf@ipr.org.uk)

Irland

iz s 278

Public Relations Institute of Ireland (PRII)
78, Merrion Square, IRL- Dublin 2
T: (003531) 6 61 80 04   Fax: 6 76 45 62
President: Nigel Heneghan
Administrator: Francis Xavier Carty (Council Delegate)

Italien

iz s 279

Federazione Relazioni Pubbliche Italiana (FERPI)
Via Larga 13, I-20122 Milano
T: (00392) 58 31 24 55   Fax: 58 31 33 21
Internet: http://www.ferpi.it
E-Mail: info@ferpi.it

President: Mauro Miccio (Editoriale Progetto, Via Prenestina 685, I-00155 Roma, T: (00396) 22 75 42 72, Telefax: (00396) 22 75 42 49)
General Secretary: Serenella Salgarelli Mortani
Council Delegate: Rosanna D'Antona (c/o Edelman - Gruppo D'Srl, Via Telesio 25, I-20145 Milan, T: (00392) 48 01 37 71, Telefax: (00392) 48 01 37 66)

Luxemburg

iz s 280

Cercle National des Relations Publiques (CENARP)
Postfach 609, L-2016 Luxemburg
President: Marc Schonckert (c/o ARBED S.A., L-2930 Luxemburg, T: (00352) 47 92-2363, Fax: 47 92-2658, E-Mail: marc.schonckert@corporate.arbed.lu)
General Secretary: Monique Feidt
Council Delegate: Luc Scheer (c/o Goodyear, Av. Gordon Smith, L-7750 Colmar-Berg-Luxembourg, T: (00352) 81 99 20 10, Fax: (00352) 81 99 27 05, E-mail: luc/scheer@goodyear.com)

Niederlande

iz s 281

Beroepsvereniging voor Communicatie
Koninginnegracht 22, NL-2514 AB Den Haag
T: (003170) 3 46 70 49   Fax: 3 61 58 96
President: Peter V. M. Vroom
Council Delegate: Hans H.H. Klooster

Norwegen

iz s 282

The Norwegian Public Relations Association (NPRA)
Postfach 9/47 Groenland, N-0186 Oslo
T: (004722) 20 72 20   Fax: 20 72 22
President: Bjorn Richard Johansen

Österreich

iz s 283

Public Relations Verband Austria (PRVA)
Reisnerstr. 40, A-1030 Wien
T: (00431) 7 15 15 40   Fax: 7 15 15 35
President: Beate Steiner
General Secretary: Barbara Mann
Secretary: Susanne Tausend
Council Delegate: Dr. Klaus Lojka (Austr. 7, A-2000 Stockerau, T: (00431) 6 54 15, Telefax: (00431) 4 02 06 07)

Portugal

iz s 284

Associaçao Portuguesa de Relaçoes Publicas (APREP)
Av. Casal Ribeiro 48-6° Esq., P-1000 Lissabon
T: (003511) 3 15 31 07
President: Joao Sena (Council Delegate, c/o Gabinete do Ministro da Administracao Interna, Praca de Comercio, P-1100 Lisboa, T: (003511) 3 46 45 21, Telefax: (003511) 3 46 80 31)
General Secretary: Castro Fernandes

Schweden

iz s 285

Swedish Public Relations Association (SPR)
Postfach 1 22 30, S-10226 Stockholm
Hantverkargatan 71, S-10226 Stockholm
T: (00468) 6 53 18 00   Fax: 6 51 10 88
President: Klas Råsäter (Vice President, Corporate Communication, SPP)
General Secretary and Managing Director: Margaretha Sjöberg (Council Delegate)

Schweiz

iz s 286

Schweizerische Public Relations Gesellschaft (SPRG)
c/o Bernische Treuhand AG
Postfach 54 24, CH-3001 Bern
Länggass-Str. 7, CH-3012 Bern
T: (004131) 3 00 55 00   Fax: 3 00 55 66
President: Hans-Ulrich Schaub (Seefeldstr. 84, Postfach,

iz s 286

CH-8034 Zürich, T: (00411) 383 47 58, Fax: 383 47 58)
General Secretary: Maya Stähli
Council Delegate: Ruth Stadelmann Kohler (Credit Suisse, Media Relations, CCUM, Postf. 100, 8070 Zürich, T: (00411) 333 76 50, Fax: 333 60 72)

Slowenien

iz s 287

Public Relations Society of Slovenia (PRSS)
Postfach 49, SLO-61113 Ljubljana
Dunajska 107, SLO-61113 Ljubljana
T: (0038661) 37 23 02   Fax: 34 95 60
President: Nada Serajnik Sraka
Council Delegate: Dejan Vercic (c/o PRISTOP Group (PRSS))

Spanien

iz s 288

Agrupacion Espanola des Relaciones Publicas (AERP)
Valencia 273 Entlo. Derecha, E-08009 Barcelona
T: (00343) 2 15 81 51   Fax: 2 15 68 36
President: Agustin de Uribe-Salazar (Gabinete Uribe S.A., Montaner 263 6°, E-08021 Barcelona, T: (00343) 2 00 95 20, Telefax: (00343) 2 02 34 17)
General Secretary: Imma Canongia
Council Delegate: Antonio Noguero (Universidad Autonoma des Barcelona - Edificio I, Cerdanyola Del Valles, E-08193 Bellaterra Barcelona)

Ungarn

iz s 289

Magyar Public Relations Szövetség
Hungarian Public Relations Association (HPRA)
Krisztina tér 1, H-1013 Budapest
T: (00361) 375-7855   Fax: 214-6496
Internet: http://www.mprsz.hu
E-Mail: mprsz@mail.matav.hu
President: Dr. György Pető (interPRotector PR Agency, Krisztina tér 1, H-1013 Budapest, T: (00361) 375-7057, Fax: 375-7057)
Council Delegate: Tamás Barát (Medipen Management Consulting Co., Zab u. 3, H-1033 Budapest, T/Fax: (00361) 387-0090)

Zypern

iz s 290

Cyprus Public Relations Professional Association (CPRPA)
Postf. 3955, CY-Nicosia
Postfach 3955, CY-1310 Nicosia
T: (003572) 44 41 57   Fax: 44 50 31
President: Mary Pyrgos (General Secretary, Council Delegate; PO Box 5307, Nicosia, T: (003572) 44 41 57, Telefax: (003572) 44 50 31)

Korrespondierende Mitglieder

Russland

iz s 291

Russian Public Relations Associations (RPRA)
Vernadskgo prospect 76, RUS-117454 Moskau
T: (007095) 4 34 93 77   Fax: 4 34 93 81
President: Alexander Borisov (c/o Dep. of International Information, MGIMO - 76 Vernadskgo prospect, Moscow 117454, T: (007095) 4 34 92 15, Telefax: (007095) 4 34 93 81)
Council Delegate: Sergey D. Belenkov (Moscow City Hall, Novy Arbat 36, Moscow)

Jugoslawien

iz s 292

Public Relations Society of Yugoslavia (PRSYU)
Zerazije 6, YU-11000 Belgrad Zerbia
T: (0038111) 65 84 30, 64 63 41   Fax: 68 87 02
E-Mail: profile@eunet.yu
President: Milenko Djuric (c/o PRSYU)

● IZ S 293

Europäischer Verband der Vereinigungen der Finanzanalysten (EFFAS)
European Federation of Financial Analysts Societies
Fédération Européenne des Associatins d' Analystes Financiers
Palais de la Bourse, Place de la Bourse, F-75002 Paris
T: (00331) 40 26 84 81   Fax: 40 26 84 82
Gründung: 1961
Président: Fritz H. Rau (Commerzbank AG, Kaiserplatz, 60261 Frankfurt, T: (069) 13 62 43 62, Fax: 13 62 48 01, E-Mail: fritz.rau@dvfa.de)
Mitglieder: 13000-15000

● IZ S 294

LIGA-Oeconomica
Europaverband Wirtschaftsberatender Berufe e.V.
Kirchbergstr. 23, 86157 Augsburg
T: (0821) 59 10-40   Fax: 59 10-60
E-Mail: ulrich.s.mueller@t-online.de
Gründung: 1989
Präsident(in): Lothar Kühne (Stieglitzsteig 4, 16348 Groß Schönebeck)
Vizepräsident(in): RA Ulrich S. Müller
Verbandszeitschrift: LO-Kurier
Redaktion: Ulrich S. Müller
Verlag: Eigenverlag
Mitglieder: 60
Mitarbeiter: 1

● IZ S 295

Vereinigung von europäischen Steuerberaterverbänden (CFE)
Confédération Fiscale Européenne (C.F.E.)
Confédération de Groupements de Conseils Fiscaux Européens
Sitz: 9 rue Richepanse, F-75008 Paris
Generalsekretariat:
Postf. 13 40, 53003 Bonn
Poppelsdorfer Allee 24, 53115 Bonn
T: (0228) 7 26 39-44, 7 26 39-0   Fax: 7 26 39-52
E-Mail: buka-cfe@t-online.de
Neue Adresse ab 01.07.2001 in Berlin
Gründung: 1959
Präsident(in): Jean-Nicolas Andriev, Nevilly-sur-Seine
Generalsekretär(in): Dipl.-Vw. Dr. Heinrich Weiler, Bonn
Verbandszeitschrift: European Taxation
Redaktion: c/o International Bureau of Fiscal Documentation, P.O. Box 2 02 37, NL-1000 HE Amsterdam
Mitglieder: 29 Organisationen in 22 europäischen Ländern

Vertretung der Berufsinteressen der Steuerberater der EG gegenüber nicht-nationalen Institutionen; Mitwirkung an der Harmonisierung des Steuerwesens innerhalb der EG; Förderung der Zusammenarbeit der Steuerberater in Europa durch Kongresse u.a.

Mitgliedsorganisationen

Belgien

iz s 296

Institut Belge des Conseils Fiscaux
2, rue d'Assaut, B-1000 Brüssel
T: (00322) 2 10 13 42   Fax: 2 17 64 12

iz s 297

Instituut van Belastingconsulenten van Belgie
Stormstraat 2, B-1000 Brüssel
T: (00322) 2 10 13 42   Fax: 2 17 64 12

Dänemark

iz s 298

Foreningen af Skatteradgivere i Danmark
1 Aamarksvej, DK-2650 Hvidovre
T: (0045) 36 34 44 22   Fax: 34 44 44
E-Mail: frr@frr.dk

Deutschland

iz s 299

Bundessteuerberaterkammer
Postf. 13 40, 53003 Bonn
Poppelsdorfer Allee 24, 53115 Bonn
T: (0228) 7 26 39-0   Fax: 7 26 39-52
Internet: http://www.bstbk.de
E-Mail: BStBK-Bonn@t-online.de

iz s 300

Bundesverband der Steuerberater e.V.
Ludwigstr. 2, 50667 Köln
T: (0221) 9 25 36 37   Fax: 9 25 36 38
E-Mail: bv.steuerberater@t-online.de

iz s 301

Deutscher Steuerberaterverband e.V. (DStV)
Littenstr. 10, 10179 Berlin
T: (030) 27 87 62   Fax: 27 87 67 99
Internet: http://www.dstv.de
E-Mail: dstv.berlin@dstv.de

Finnland

iz s 302

Suomen verokonsulttien yhdistys SVKY
c/o HTM - tilintarkastajat ry
Kastelholmantie 2, FIN-00900 Helsinki
T: (003589) 47 67 93 02   Fax: 47 67 93 06

Frankreich

iz s 303

Institut des Avocats Conseils Fiscaux
9, rue Richepanse, F-75008 Paris
T: (00331) 42 60 10 18   Fax: 42 60 54 93

iz s 304

Union Professionnelle des Sociétés d'Avocats
2 bis, rue de Villiers, F-92309 Levallois
T: (00331) 46 39 46 46   Fax: 47 58 15 87

Griechenland

iz s 305

Hellenic Federation of Independent Professional Tax Consultants (P.O.F.E.E.)
Ioulianou 42-46, GR-10434 Athen
T: (00301) 8 25 34 45   Fax: 8 25 34 46

Großbritannien

iz s 306

The Chartered Institute of Taxation
12, Upper Belgrave Street, GB- London SW1X 8BB
T: (004420) 7235-9381   Fax: 7235-2562
Internet: http://www.tax.org.uk
E-Mail: post@ciot.org.uk

Irland

iz s 307

The Institute of Taxation in Ireland
19, Sandymount Avenue, IRL- Dublin 4
T: (003531) 6 68 82 22   Fax: 6 68 80 88
E-Mail: info@taxireland.ie

Italien

iz s 308

Associazione Nazionale Tributaristi Italiani
Via Daniele Manin, 35, I-20121 Mailand
T: (00392) 29 00 49 16   Fax: 6 57 27 46
E-Mail: anti@box.infomark

Luxemburg

iz s 309

Ordre des Experts Comptables Luxembourgeois (OECL)
Postfach 1362, L-1013 Luxembourg
Avenue de la Liberté 68, L-1013 Luxemburg
T: (00352) 29 13 33   Fax: 29 13 34
E-Mail: oecl@pt.lu

Niederlande

iz s 310

De Nederlandse Federatie van Belastingadviseurs
Nieuwe Parklaan 11, NL-2597 LA Den Haag

T: (003170) 3 52 20 61   Fax: 3 55 08 94
E-Mail: federatie@fb.nl

iz s 311

De Nederlandse Orde van Belastingadviseurs
Postfach 58067, NL-1040 HB Amsterdam
T: (003120) 6 18 16 11   Fax: 6 18 14 56
E-Mail: nob@nob.net

Österreich

iz s 312

Kammer der Wirtschaftstreuhänder
Stiege 1, 6. Obergeschoß, Top 2
Schönbrunnerstr. 222-228 /1/6/2, A-1120 Wien
T: (00431) 8 11 73-0   Fax: 8 11 73-100
E-Mail: office@kwt.or.at

Schweden

iz s 313

Föreningen av Skatterådgivare i Sverige FSS
Postfach 5770, S-11487 Stockholm
T: (00468) 6 63 22 50   Fax: 6 63 02 48
E-Mail: info@revisorsamfundet.se

Schweiz

iz s 314

Treuhand-Kammer
Schweizerische Kammer der Wirtschaftsprüfer, Steuerexperten und Treuhandexperten
Postfach 8 92, CH-8025 Zürich
T: (00411) 2 67 75 75   Fax: 2 67 75 85
E-Mail: dienste@treuhand-kammer.ch

Slowenien

iz s 315

Drustvo Davcnih Svetovalcev Slovenije (DDSS)
Parmova 53, SLO-1113 Ljubljana
T: (0038661) 134 48 97   Fax: 134 48 99

Spanien

iz s 316

Asociación Española de Asesores Fiscales
Calle de Montalbán, n° 3-6, E-28014 Madrid
T: (00341) 5 32 51 54   Fax: 5 32 37 94
E-Mail: aedafmadrid@mad.servicom.es

Tschechische Republik

iz s 317

Komora danových poradcu Ceské Republiky
Postfach 121, CZ-65721 Brno 2
Kancelár, CZ-65721 Brno 2
T: (004205) 42 22 00 11-12   Fax: 42 21 03 06
E-Mail: kdp@kdpcr.cz

Ungarn

iz s 318

Magyar Adótanácsadó Kamara
Dózsa György út 72, H-1132 Budapest
T: (00361) 1 31-1756   Fax: 1 31-1756
E-Mail: adokamara@mail.matav.hu

Beobachter

Großbritannien

iz s 319

Faculty of Taxation
The Institute of Chartered Accounts in England & Wales
Chartered Accountants' Hall
Postfach 433, GB- London EC2P 2BJ
Moorgate Place, GB- London EC2P 2BJ

Polen

iz s 320

Stowarzyszenie Ekspertów Finansowych i Doradców Podatkowych (SEFiD)
ul. Wilcza 56 m 8, PL-00679 Warschau
T: (004822) 6 25 44 13   Fax: 6 25 44 13
E-Mail: sefid@bti.pl

Portugal

iz s 321

Associação Portuguesa de Consultores Fiscais
Av. Óscar Monteiro Torres, 18 R/C Dto., P-1000 Lissabon

Spanien

iz s 322

Registro de Economistas Asesores Fiscales (REAF)
Claudio Coelle 18, Principal 1, E-28001 Madrid
T: (003491) 577 27 27, 577 36 83, 577 36 85
Fax: 577 95 56

● **IZ S 323**

Vereinigung Europäischer Wirtschaftsprüfer
Federation of European Accountants
Fédération des Experts Comptables Européens
Rue de la Loi 83, B-1040 Brüssel
T: (00322) 2 85 40 85   Fax: 2 31 11 12
Internet: http://www.euro.fee.be
E-Mail: secretariat@fee.be
Gründung: 1987
Präsident(in): Hélène Bon
Verbandszeitschrift: FEE Highlights, FEE Euronews
Mitglieder: 400000
Mitarbeiter: 11

Mitgliedsorganisationen

Belgien

iz s 324

Institut des Réviseurs d'Entreprises (IRE)
Avenue Marnix 22, B-1000 Bruxelles
T: (00322) 5 12 51 36   Fax: 5 12 78 86
E-Mail: info@ibr-ire.be

iz s 325

Institut des Experts Comptables (IEC)
Rue de Livourne 41, B-1050 Bruxelles
T: (00322) 5 43 74 90   Fax: 5 43 74 91
E-Mail: a.lagrau@iec-idac.be

Deutschland

iz s 326

Institut der Wirtschaftsprüfer in Deutschland e.V. (IDW)
Postf. 32 05 80, 40420 Düsseldorf
Tersteegenstr. 14, 40474 Düsseldorf
T: (0211) 45 61-0   Fax: 4 54 10 97
Internet: http://www.idw.de
E-Mail: info@idw.de

Dänemark

iz s 327

Foreningen af Statsautoriserede Revisorer (FSR)
Kronprinsessegade 8, DK-1306 Kopenhagen K.
T: (0045) 33 93 91 91   Fax: 33 11 09 13
E-Mail: fsr@fsr.dk

Finnland

iz s 328

KHT - Yhdistys Foreningen CGR
Fredrikinkatu 61 A, FIN-00100 Helsinki 10
T: (003589) 6 94 22 55   Fax: 6 94 22 50
E-Mail: kht@kht.fi

Frankreich

iz s 329

Ordre des Experts Comptables (OEC)
Rue de Courcelles 153, F-75817 Paris Cedex 17
T: (00331) 44 15 60 00   Fax: 44 15 90 05
E-Mail: csoec@cs.experts-comptables.org

iz s 330

Institut Français des Experts Comptables (IFEC)
Rue du Faubourg St-Honoré 139, F-75008 Paris
T: (00331) 42 56 49 67   Fax: 42 25 52 61

iz s 331

Compagnie Nationale des Commissaires aux Comptes (CNCC)
Rue de l'Amiral de Coligny 6, F-75001 Paris
T: (00331) 44 77 82 82   Fax: 42 61 37 73
E-Mail: groupe.cncc@cncc.fr

Griechenland

iz s 332

Soma Orkoton Elegton (SOE)
Kapodistriou Street 28, GR-10682 Athenes
T: (00301) 3 83 05 11   Fax: 3 82 51 59
E-Mail: solaeoe@denet.gr

iz s 333

Association of Certified Accountants and Auditors of Greece (SELE)
330 Thisseos Avenue, GR-17675 Kallithea
T: (00301) 9 30 81 80   Fax: 9 30 81 82

Großbritannien

iz s 334

Institute of Chartered Accountants in England and Wales (ICAEW)
Chartered Accountants' Hall
Postfach 433, GB- London EC2P 2BJ
Moorgate Place, GB- London EC2P 2BJ
T: (004420) 79 20 81 00   Fax: 73 74 20 60

iz s 335

Institute of Chartered Accountants of Scotland (ICAS)
27 Queen Street, GB- Edinburgh EH2 1LA
T: (0044131) 2 25 56 73   Fax: 2 25 38 13
E-Mail: icas@icas.org.uk

iz s 336

Association of Chartered Certified Accountants (ACCA)
29 Lincoln's Inn Fields, GB- London WC2A 3EE
T: (004420) 72 42 68 55   Fax: 78 31 80 54

iz s 337

Chartered Institute of Management Accountants (CIMA)
63 Portland Place, GB- London W1N 4AB
T: (004420) 76 37 23 11   Fax: 76 31 53 09

iz s 338

Chartered Institute of Public Finance and Accountancy (CIPFA)
3 Robert Street, GB- London WC2N 6BH
T: (004420) 75 43 56 00   Fax: 75 43 57 00
E-Mail: ca@icai.ie

Irland

iz s 339

Institute of Chartered Accountants in Ireland (ICAI)
Pembroke Road 87-89, IRL- Dublin 4
T: (003531) 6 68 04 00   Fax: 6 68 08 42
E-Mail: ca@icai.ie

iz s 340

Institute of Certified Public Accountants in Ireland (ICPAI)
9 Ely Place, IRL- Dublin 2

T: (003531) 6 76 73 53   Fax: 6 61 23 67
E-Mail: cpa@iol.ie

Island

iz s 341

Félag Löggiltra Endurskodenda (FLE)
Sudurlandsbraut 6, IS-108 Reykjavik
T: (003545) 68 81 18   Fax: 68 81 39
E-Mail: fle@islandia.is

Israel

iz s 342

Institute of Certified Public Accountants in Israel (ICPA in Israel)
Postfach 29281, IL- Tel Aviv 61292
20 Scheffer Street, IL- Tel Aviv 61292
T: (009723) 5 16 11 14   Fax: 5 10 31 05
E-Mail: cpas@icpas.org.il

Italien

iz s 343

Consiglio Nazionale dei Dottori Commercialisti (CNDC)
Via Poli, 29, I-00187 Roma
T: (00396) 67 58 63 16   Fax: 67 58 63 48
E-Mail: jic-cndc-cnr@cndc.it

iz s 344

Consiglio Nazionale dei Ragionieri e Periti Commerciali (CNRPC)
Via Paisiello, 24, I-00198 Roma
T: (00396) 85 23 61   Fax: 85 23 63 55
E-Mail: webmaster@consrag.it

Luxemburg

iz s 345

Ordre des Experts Comptables Luxembourgeois (OECL)
Postfach 1362, L-1013 Luxembourg
Avenue de la Liberté 68, L-1013 Luxemburg
T: (00352) 29 13 33   Fax: 29 13 34
E-Mail: oecl@pt.lu

iz s 346

Institut des Réviseurs d'Entreprises (IRE)
Postfach 2056, L-1020 Luxembourg
Avenue de la Liberté 68, L-1930 Luxembourg
T: (00352) 29 11 39   Fax: 29 13 34
E-Mail: ire@pt.lu

Malta

iz s 347

The Malta Institute of Accountants
Accountancy House 14, Princess Elizabeth Street, GBY- Malta Ta´xbiex MSD 11
T: (00356) 32 39 91   Fax: 32 39 90
E-Mail: mia@dream.vol.net.mt

Monaco

iz s 348

Conseil de l'Ordre des Experts Comptables de Monaco (COECM)
c/o Mr. A. Garino
2, rue de la Lüjerneta, MC-98000 Monaco
T: (00377) 97 77 77 00   Fax: 97 77 77 01

Niederlande

iz s 349

Koninklijk Nederlands Instituut van Registeraccountants (NIVRA)
Postfach 79 84, NL-1008 AD Amsterdam
A.J. Ernststraat 55, NL-1083 GR Amsterdam
T: (003120) 3 01 03 01   Fax: 3 01 03 02
E-Mail: nivra@nivra.nl

Norwegen

iz s 350

Den Norske Revisorforening
Postfach 58 64, N-0354 Oslo
Pilestredet 75D, N-0354 Oslo
T: (0047) 23 96 52 00   Fax: 22 69 05 55
E-Mail: firmapost.dnr@revisornett.no

Österreich

iz s 351

Kammer der Wirtschaftstreuhänder
Schönbrunnerstr. 222-228 /1/6/2, A-1120 Wien
T: (00431) 8 11 73-0   Fax: 8 11 73-100
E-Mail: office@kwt.or.at

iz s 352

Institut Österreichischer Wirtschaftsprüfer (IÖW)
Schönbrunner Str. 222-228/1/6/2, A-1120 Wien
T: (00431) 8 11 73   Fax: 81 17 31 00
E-Mail: iwp@kwt.or.at

Portugal

iz s 353

Câmara dos Revisores Oficiais de Contas (CROC)
rua do Salitre, nº 51/53, P-1200 Lissabon
T: (003511) 3 53 60 77   Fax: 3 53 61 49
E-Mail: croc@cidadevirtual.pt

Rumänien

iz s 354

Corpul Expertilor Contabili si Contabililor Autorizati
The Chartered and Authorised Accountants Body of Romania
Bd. Mircea Vodä 35 bl. M27 sc. 1, et. 1, R- Bukarest
T: (00401) 3 12 68 89

Schweden

iz s 355

Foreningen Auktoriserade Revisorer (FAR)
Postfach 6417, S-113 82 Stockholm
Norrtullsgatan 6, S-113 82 Stockholm
T: (00468) 50 61 12 00   Fax: 34 14 61
E-Mail: sekr@far.se

Schweiz

iz s 356

Treuhand-Kammer
Postfach 8 92, CH-8025 Zürich
T: (00411) 2 67 75 75   Fax: 2 67 75 85
E-Mail: dienste@treuhand-kammer.ch

Slowenien

iz s 357

Slovenski Institut za Revizijo
The Slovenian Institute of Auditors
Dunajska cesta 106/II, SLO-1000 Ljubljana
T: (0038661) 1 68 55 54   Fax: 1 68 63 32
E-Mail: barbara@rsi.si

Spanien

iz s 358

Instituto de Auditores-Censores Jurados de Cuentas de España (IACJCE)
General Arrando 9, E-28010 Madrid
T: (00341) 4 46 03 54   Fax: 4 47 11 62
E-Mail: auditoria@iacjce.es

Tschechische Republik

iz s 359

Komora Auditoru Ceske Republiky
Chamber of Auditors Czech Republic
Opletalova 55/57, PF 772, CZ-11184 Prag

T: (004202) 24 21 26 70   Fax: 24 21 19 05
E-Mail: kacr@ms.anet.cz

Ungarn

iz s 360

**Magyar Konyvvizgaloi Kamara
Chamber of Hungarian Auditors**
Roosevelt tér 7-8, H-1370 Budapest V
T: (00361) 3 12 46 51   Fax: 3 12 32 36
E-Mail: mkk@mail.matav.hu

Zypern

iz s 361

Institute of Certified Public Accountants of Cyprus (ICPA of Cyprus)
Hawaii Nicosia Tower
Postfach 4935, CY- Nicosia
41 Therm. Dervis Street, 5th Floor 503/504, CY- Nicosia
T: (003572) 76 98 66   Fax: 76 63 60

Landwirtschaft, Fischerei, Ernährung, Gartenbau, Landespflege

● IZ S 362

Europäische Union der Spitzenköche (EUROTOQUES)
European Union of Cooks
Union Européenne des Cuisiniers
Administrative Office
Postfach 11 58, S-11181 Stockholm
T: (00468) 6 13 28 16   Fax: 7 97 91 16
Internet: http://www.euro-toques.org
E-Mail: info@euro-toques.org
Siege Social:
Grand Hotel Mercure "Royal Crown Brussels", Rue Royale 250, B-1210 Brussels
Gründung: 1986
Founder President: Pierre Romeyer
European President: Gualtiero Marchesi
Verbandszeitschrift: EUROTOQUES Bulletin
Redaktion: Mme Mary Doolan
Mitglieder: 3500

National Offices

Belgien

iz s 363

Euro Toques
Rest. Bruneau
Avenue Broustin 73-75, B-1083 Ganshoren
T: (00322) 4 27 47 44   Fax: 4 25 97 26
President: Jean-Pierre Bruneau

Deutschland

iz s 364

Eurotoques-Deutschland
Organisations-Office für Geschmackssensibilisierung & Euro-Toques Pressestelle c/o Schassbergers Kur- und Sporthotel
Winnender Str. 10, 73667 Ebnisee
T: (07184) 29 21 02   Fax: 9 10 53, 29 21 38
Internet: http://home.t-online.de/home/Eurotoques∅eutschland
E-Mail: Eurotoques_Office@t-online.de
Präsident(in): Ernst Ulrich Schassberger
Vizepräsident(in): Heinz Winkler
Günter Scherrer
Heiner Finkbeiner

Finnland

iz s 365

Euro-Toques
Yleisradio
Postfach 77, FIN-00024 Helsinki
T: (003580) 9 14 80 58 65   Fax: 9 14 80 47 16
E-Mail: p.parssinen@pekkores.com
President: Alf Gustafsson
Hocus Pocus

Frankreich

iz s 366

Euro-Toques
14 bis Rue Daru, F-75008 Paris
T: (00331) 47 64 50 70 **Fax:** 47 64 15 61
President: Henri Charvet (Au Comte De Gascogne, 89 Avenue Jean Baptiste Clement, 92100 Boulogne)

Griechenland

iz s 367

Euro-Toques
c/o N.J.V. Athens Plaza Hotel
Proxenou Koromila 13, GR-54623 Saloniki
T: (003031) 28 59 91 **Fax:** 22 44 77
President: Nikos Sarantos

Großbritannien

iz s 368

Euro-Toques
Eurostar
Sherwood
Canterbury Road, GB- Charing, Kent, TN27 OE4
E-Mail: mwba@compuserve.com
Commissioner General: Annie Schwab
President: Antony Worrall-Thompson

Irland

iz s 369

Euro-Toques Irish Branch
11 Bridge Court, City Gate, IRL- Dublin 8
T: (003531) 6 77 99 95 **Fax:** 6 71 84 14
E-Mail: info@restaurantassociation.ie
President: John Howard (Le Coq Hardi, 35 Pembroke Road, Ballsbridge, Dublin 4)
Administrator: Henry O'Neill

Italien

iz s 370

Euro-Toques
Ristorante Gualtiero Marchesi
Via Udine 1, I-25030 Brescia
T: (0039030) 34 74 56 **Fax:** 34 74 56
President: Gualtiero Marchesi

Luxemburg

iz s 371

Euro-Toques
Restaurant La Ramaudiere
Postfach 19 73, L-1019 Luxemburg
T: (00352) 34 05 71 **Fax:** 34 02 17
President: Daniel Rameau

Niederlande

iz s 372

Euro-Toques Holland
Rest. Het Bosch
Jollenpad 10, NL-1081 Amsterdam
T: (003120) 6 44 58 00 **Fax:** 6 44 19 64
President: Constant Fonk De Heer
Rosmolen De Oude (Duinsteeg 1, 1621 ER Hoorn)
Administrator: Ferry Van Houten

Portugal

iz s 373

Euro-Toques
Avenida Marquer De Tomar 9-3, P-1050 Lissabon
T: (003511) 13 57 10 51 **Fax:** 13 57 11 39
Commissioner General: Michel Da Costa

San Marino

iz s 374

Euro-Toques
Restaurant Righi La Taverna
Piazza della Liberta 10, RSM-47031 San Marino
T: (00378) 99 11 96 **Fax:** 99 05 97
Commissioner General: Giovanni Righi

Schweden

iz s 375

Euro-Toques
Steiner Öster Rest AB
Blasieholmsg. 4 A, S-11148 Stockholm
T: (00468) 6 79 99 57 **Fax:** 6 79 99 58
Commissioner General: Erik Florén

Spanien

iz s 376

Euro-Toques
C/ Azpeitia, 9-2 A, E-20010 San Sebastian - Donostia
T: (0034943) 45 52 55/66 **Fax:** 47 15 59
E-Mail: vegana@geocities.com
President: Juan Maria Arzak (Rest. Arzak, Alto de Miracruz 21, 20015 San Sebastian Gipuzkoa)
Administrator: Joaquin Martinez

Schweiz

iz s 377

Euro-Toques Switzerland
Logis-du-Pont Restaurant
Place dela Navigation 2, CH-1006 Lausanne
T: (004121) 6 13 10 00 **Fax:** 6 13 10 05
President: Gérard Morisset

● **IZ S 378**

Europäische Vereinigung der Diätassistenten-Verbände (EFAD)
European Federation of the Associations of Dietitians
Fédération européenne des associations de diététiciens
3 Hornsey Lane Gardens Highgate, GB- London N6 5NX
T: (004420) 83 40 87 13 **Fax:** 83 40 87 13
Internet: http://www.efad.org
E-Mail: president@efad.org
Honorary President: Irene C I Mackay (E-Mail: icimakkay@aol.com)
Secretariat: Judith Liddell (T: (00492822) 6 83 67, Fax: (00492822) 6 83 58, E-Mail: secretariat@efad.org)
Mitglieder: 23 representing, more than 21100 Dietitians in Europe

● **IZ S 379**

EUROPEAN LANDSCAPE CONTRACTORS ASSOCIATION

Gemeinschaft des europäischen Garten-, Landschafts- und Sportplatzbaues (ELCA)
European Landscape Contractors Association
Union Européenne des Entrepreneurs du Paysage
Alexander-von-Humboldt-Str. 4, 53604 Bad Honnef
T: (02224) 77 07-20 **Fax:** 77 07 77
Internet: http://www.eu-landscapers.org
E-Mail: elca@galabau.de
Gründung: 1963
Präsident(in): E. P. van Ginkel (Castor 64, NL-3900 AA Veenendaal, T: (0031318) 51 29 92, Telefax: (0031318) 51 29 92)
Vizepräsident(in): Werner Küsters (St.-Antonius-Str. 1 a, 41470 Neuss, T: (02137) 95 33-0, Fax: (02137) 95 33 30)
Carl Misseghers (7, rue de la Boissière, F-76170 La Frenaye, T: (0033232) 38 06 80, Fax: (0033232) 84 06 83)
Erik Krogstrup (Thomsens Anlaegsgartneri A/S, Hjortevej 1, Skalborg, DK-Aalborg SV, T: (004596) 34 15 50, Fax: 34 15 59)
Geschäftsführer(in): Dr. Hermann Kurth
Mitglieder: 12

Interessenvertretung des europäischen Garten-, Landschafts- und Sportplatzbaues - Förderung des gegenseitigen Informations- und Erfahrungsaustausches - Förderung der Nachwuchsbildung und des Austausches junger qualifizierter Landschaftsgärtner.

Mitgliedsorganisationen

Österreich

iz s 380

Bundesinnung der Gärtner Berufsgruppe Gartengestalter
Wiedner Hauptstr. 63, A-1045 Wien
T: (00431) 5 01 05-3311 **Fax:** 5 01 05-245
E-Mail: bigrl@wkoesk.wk.or.at
President: Ing. Gerold Hauser (Erlaaer Str. 97, A-1233 Wien, T: (00431) 6 67 61 48, Fax: 6 67 06 83)
Secretary: Mag. Erich Jancik
Verbandsorgan: Gärtner-Kurier

Belgien

iz s 381

Association des Entrepreneurs de Jardins de Belgique (AEJB)
Zuidstationstraat 18, B-9000 Gent
T: (003292) 23 73 75 **Fax:** 25 73 36
Internet: http://www.users.skynet.be/sky82549/
E-Mail: garden.contractors@skynet.be
Präsident(in): Edwin van Cauwelaert (Steenweg naar Pepingen 250, B-1600 Sint-Pieters-Leeuw, T: (00322) 3 56 29 82, Fax: 3 60 33 46)
Secretary: Léon Trivier

Dänemark

iz s 382

Landsforeningen Danske Anlaegsgartnermestre (LDA)
Sankt Knudsvej 25, DK-1903 Frederiksberg C.
T: (004533) 86 08 60 **Fax:** 86 08 50
Internet: http://www.lda.dk
E-Mail: www.lda@lda.dk
President: Lars Aarup (Dragsmøllevej 24, Lille Skovvang, DK-4534 Hoerve, T: (00455) 9 65 66 39, Fax: 65 74 94, E-Mail: info@lars-aarup.dk, Internet: http://www.lars-aarup.dk)
Secretary: Stephan Falsner
Verbandszeitschrift: Grønt Miljø (trade magazine), LDA-NYT (for the members only)
Verlag: Grønt Miljø
Mitglieder: 195
Mitarbeiter: 8
Jahresetat: DM 1,5 Mio

Finnland

iz s 383

Viheraluerakentajat r.y.
c/o Jouko Hannonen
Eskonmäentie 4, FIN-92540 Kylmälä
T: (00358) 4 00 44 04 76 **Fax:** 9 56 44 78
Internet: http://www.viheraluerakentajat.fi
E-Mail: jouko.hannonen@puutarhapalvelu.com
Président: Olavi Järvenpää (Viherrengas Oy, Pikkukiventie 6, Fin-90630 Oulu, T: (00358)88 83 02 00, Fax: 88 83 02 20, E-Mail: olavi.jarvenpaa@viherrengas.fi)

Deutschland

iz s 384

Bundesverband Garten-, Landschafts- und Sportplatzbau e.V. (BGL)
Haus der Landschaft
Alexander-von-Humboldt-Str. 4, 53604 Bad Honnef
T: (02224) 77 07-0 **Fax:** 77 07-77
Internet: http://www.galabau.de
E-Mail: bgl@galabau.de
Gründung: 1964
President: Werner Küsters (St.-Antonius-Str. 1, 41470 Neuss, T: (02137) 95 33-0, Fax: 95 33 30)
Hauptgeschäftsführer: Dr. Hermann J. Kurth
Verbandszeitschrift: "Landschaft Bauen & Gestalten"
Verbandsorgan: BGL-Verbandsorgan
Mitglieder: 14 Landesverbände, in denen rd. 3000 Betriebe organisiert sind
Mitarbeiter: 32

Italien

iz s 385
Associazione Italiana Costruttori Del Verde ASSOVERDE
c/o FEDERLOMBARDA
Viale della Costituzione 1, I-40050 Monteveglio (BO)
T: (003951) 6 70 71 95   **Fax:** 6 70 26 33
Internet: http://www.lifesistem.com/assoverde/
E-Mail: assoverde@lifesistem.com
President: Franco Gaslini
Secretary: Sandro Ceccoli

Niederlande

iz s 386
Vereniging van Hoveniers en Groenvoorzieners (VHG)
Postfach 85, NL-3980 CB Bunnik
John F. Kennedylaan 99, NL-3980 CB Bunnik
T: (003130) 6 59 56 50   **Fax:** 6 59 56 55
Internet: http://www.vhg.org
E-Mail: info@vhg.org
President: Jan A. Boogaart (Dolf Nijhoffstraat 18, NL-7552 GR Hengelo, T: (003174) 2 43 60 00, Fax: 2 42 62 46)
Secretary: Ing. C. Oostlander
Mitglieder: 1100
Verbandsorgan: Tuin- en Landschap

Norwegen

iz s 387
Norsk Anleggsgartnermesterlag (NAML)
Essendropsgt. 6, N-00305 Oslo
T: (004722) 96 11 50   **Fax:** 56 97 70
President: Steinar Tranby (Tranby A/S, Boks 273, N-1324 Lysaker)
Secretary: Knut Geir Bjartland

Schweden

iz s 388
Sveriges Trädgårdsanläggningsförbund (STAF)
Postfach 351, S-20314 Malmö
Gustav Adolfs Torg 8A, S-20314 Malmö
T: (004640) 7 56 20   **Fax:** 23 79 04
Internet: http://www.staf.se
E-Mail: info@staf.se
President: Rolf Östinge (Luggudevägen 2, S-23254 Äkarp, T:(004640) 43 44 46, Fax: 43 79 15)
Verbandsorgan: Utemiljö

Schweiz

iz s 389
Verband Schweizerischer Gärtnermeister (VSG)
Forchstr. 287, CH-8029 Zürich
T: (00411) 3 88 53 00   **Fax:** 3 88 53 40
Internet: http://www.gplus.ch
E-Mail: info@gplus.ch
President: Antoine Berger (Friedensgasse 3, CH-8002 Zürich, T: (00411) 7 16 18 18, Fax: 7 16 18 28, Internet: http://www.berger-gartenbau.ch, E-Mail: berger-gartenbau@swiss-online.ch)
Secretary: H. Wyler
Verbandsorgan: G'plus

Frankreich

iz s 390
Union Nationale des Entrepreneurs du Paysage (UNEP)
10, Rue Saint-Marc, F-75002 Paris
T: (00331) 42 33 18 82   **Fax:** 42 33 56 86
President: Jean Millet (Route des Chênes, F-73420 Drumettaz Clarafond, T: (003379) 61 51 42, Fax: 35 34 71)
Secretary: François Pichon

Außerordentliches Mitglied

iz s 391
The Israel Landscape & Gardening Association
Aba Achimeir Str. 22, IL- Petach Tikva 49370
T: (009723) 9 08 02 35   **Fax:** 9 08 02 34
E-Mail: info@gardening.org.il
President: Benjamin Nol ("Rov-Noy" Ltd., Landscaping company, Moshav Kidron 70795, P.O. Box 75, Israel, (009728) 8 59 11 12, Fax: 8 59 15 22)
Direktor: Israel Drory

● IZ S 392
Internationale Agrarwirtschaftler-Vereinigung (IAAE)
International Association of Agricultural Economics
Association Internationale des Economistes Agronomiques
c/o Dr. W. J. Armbruster, Farm Foundation
1211 West 22nd Street, Suite 216, USA- Oak Brook, IL 60523
T: (001630) 5 71-93 93   **Fax:** 5 71-95 80
E-Mail: IAAE@FARMFOUNDATION.ORG
Gründung: 1929
President: Joachim von Braun (Center for Development Research, University of Bonn, Walter-Flex-Str. 3, 53113 Bonn, T: (0228) 73-1800, Fax: (0228) 73-1869, E-Mail: jvonbraun@uni-bonn.de)
President-Elect: Prabhu L. Pingali (CIMMYT, Apdo Postal 6-641, 06600 Mexico, DF, Mexico, T: (00525) 8.04-7530, Fax: (0525) 8 04-7558/9, E-Mail: p.pingali@cgiar.org)
Past President: Douglas D. Hedley (Farm Financial Programs Branch, Agriculture and Agri-Food Canada, Sir John Carling Bldg., Ottawa, Ont. K1A 0C5, Canada, T: (001613) 759-7243, Fax: (001613) 759-7229, E-Mail: hedleyd@em.agr.ca)
Vice-President-Program: David R. Colman (School of Economic Studies, University of Manchester, Oxford Road, Manchester, M13 9PL, United Kingdom, T: (0044161) 2 75-4804, Fax: (0044161) 2 75-4929, E-Mail: david.colman@man.ac.uk)
Secretary-Treasurer: Dr. Walter J. Armbruster (Farm Foundation, 1211 W. 22nd Street, Suite 216, Oak Brook, IL 60523-2197 USA, T: (001630) 5 71-9393, Fax: (001630) 5 71-9580, E-Mail: iaae@farmfoundation.org)
Verbandszeitschrift: Journal of Agricultural Economics
Verlag: ELSEVIER Science Publishers B.V., P.O. Box 330, 100 AH Amsterdam, The Netherlands
Mitglieder: 2100

● IZ S 393
Internationaler Oenologenverband (UIO)
International Union of Oenologists
Union Internationale des Oenologues
c/o O.I.V.
Route de l'eglise 59, CH-1956 St. Pierre de Clages
T: (004127) 306 39 21   **Fax:** 306 78 49
Gründung: 1965 (24. April)
Präsident(in): Pietro Pittaro
Generalsekretär(in): Mike Favre
Mitglieder: 5000
Landesverbände: Bundesrepublik Deutschland, Frankreich, Spanien, Italien, Griechenland, Portugal, Großbritannien, Canada, Peru, Bolivien, Schweiz

---

Architekten, Ingenieure, Chemiker, Designer, technische Sachverständige, Wissenschaftler u.a.

● IZ S 394
EUDIX Eurobund der Ingenieure & Experten e.V.
Ingenieure und Experten helfen Gleichgesinnten
Postf. 30 07 62, 51336 Leverkusen
Burscheider Str. 8, 51381 Leverkusen
T: (02171) 73 40 03   **Fax:** 73 40 04
Internet: http://www.leverkusen.com/eudix
E-Mail: eudix@leverkusen.com
Präsidium
geschäftsführender Präsident und Generalsekretär: Dipl.-Ing. Karl Heinz Reinecke
Vizepräsident(in):
Ing.P.Eur.(en) Dipl.-Ing. Reinhard W. Ganske
Ingenieur (grad.) Georg Zins
Beirat:
Dr.-Ing. Peter Wintzer (Schweiz)
Dipl.-Ing. Louis Siegel (China)
Beirat: Ditmar May (Germany)
Schiedskommission: Ingenieur (grad.) Georg Zins
Dipl.-Ing. Hubertus W. Weckmann
Dipl.-Ing. Karl Heinz Reinecke
Mitglieder: ca. 20

● IZ S 395
Europäische Schiffer-Organisation (ESO)
European Skippers Organization
Association européenne des bateliers
Bischoffsheimlaan 36, B-1000 Brüssel
T: (00322) 2 17 22 08   **Fax:** 2 17 22 08
Gründung: 1975
Präsident(in): J. Conings (Winterkoningstraat 11, B-2170 Merksem)
M. Dourlent (Frankreich)
J. de Vries (Niederlande)
Mitglieder: ca. 10000

Mitgliedsorganisationen

Belgien

iz s 396
Vereniging Belgische Reders
Lathysusplein 12, B-2900 Schoten
Vorsitzende(r): A. Bauwens

iz s 397
Bond van Eigenschippers
Komvest 40, B-8000 Brugge
T: (003250) 47 07 20   **Fax:** 33 53 37

Deutschland

iz s 398
Bundesverband der Selbständigen Abteilung Binnenschiffahrt e.V.
August-Bier-Str. 18, 53129 Bonn
T: (0228) 74 63 77   **Fax:** 74 65 69
Vorsitzende(r): J. Schlieter

Frankreich

iz s 399
Chambre Nationale de la Batellerie Artisanale
45-47 Bd. Vincent Auriol, F-75013 Paris
Vorsitzende(r): R. Walbrecq

Niederlande

iz s 400
Onafhankelijke Nederlandse Schippersvakbond
Vasteland 12e, NL-3011 BL Rotterdam

iz s 401
Algemeene Schippers Vereeniging
Leeuwenstraat 13, NL-3011 AL Rotterdam

iz s 402
C.B.O.B.
Vasteland 12c, NL-3011 BL Rotterdam
T: (003110) 2 06 06 02   **Fax:** 2 13 41 71
E-Mail: cbob@dbenr.nl

iz s 403
Ryn en Yssel
Boomstraat 2q, NL-3311 Rotterdam
Vorsitzende(r): Joh. A. Groeneveld

● IZ S 404
Europäische Vereinigung der Bau- und Gebäudesachverständigen (AEEBC)
Association of European Building Surveyors
Association d'Experts Européens du Bâtiment et de la Construction
Great George Street 12, GB- London SW1P 3AD
T: (004420) 7334 38 77   **Fax:** 7334 38 44
Internet: http://www.rics.org.uk
E-Mail: lmarcouly@rics.org.uk
Gründung: 1992
President: Trevor Mole (UK)
Secretary General: F. Wargnies (Belgium)
Contact: Laurence Marcouly
Mitglieder: 20
Mitarbeiter: 1

● IZ S 405
Europäische Vereinigung für technische Beratung (EFCA)
European Federation of Engineering Consultancy Associations
Avenue des Arts 3/4/5, B-1210 Brüssel
T: (00322) 2 09 07 70   **Fax:** 2 09 07 71
Internet: http://www.efcanet.org
E-Mail: efca@efca.be
Gründung: 1992 (22. Mai)
Präsident: José Rayagra
Vice-Président: Pablo Bueno
Anne Potter

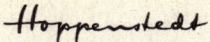

Verbandszeitschrift: EFCA EURO NEWS
Verlag: EFCA Secretariat
Mitglieder: 23
Mitarbeiter: 4

Mitgliedsorganisationen

Belgien

iz s 406

ORI - Organisatie van Raadgevende Ingenieurs, Engineering- en Consultancybureaus
Organisation des Ingénieurs-Conseils, d'Ingénierie et de Consultance
Rue de Genève 6-8, B-1140 Brüssel
T: (00322) 7 06 05 70 **Fax:** 7 06 05 79
E-Mail: ori@skynet.be

Dänemark

iz s 407

Foreningen af Rådgivende Ingeniører (FRI)
Postfach 26 04, DK-2100 Kopenhagen Ø
Kristianiagade 8, DK-2100 Kopenhagen Ø
T: (004535) 25 37 37 **Fax:** 25 37 38
Internet: http://www.frinet.dk
E-Mail: fri@fridk.dk

Deutschland

iz s 408

Bundesvereinigung Consultingwirtschaft (BCW)
c/o VBI
Budapester Str. 31, 10787 Berlin
T: (030) 2 60 62-0 **Fax:** 2 60 62-100
Internet: http://www.vbi.de
E-Mail: vbi@vbi.de

iz s 409

Verband Beratender Ingenieure e.V. (VBI)
Budapester Str. 31, 10787 Berlin
T: (030) 2 60 62-0 **Fax:** 2 60 62-100
Internet: http://www.vbi.de
E-Mail: vbi@vbi.de

iz s 410

Verband Unabhängig Beratender Ingenieure und Consultants e.V. (VUBIC)
Wallstr. 23 /24, 10179 Berlin
T: (030) 27 87 32-0 **Fax:** 27 87 32-20
Internet: http://www.vubic.de
E-Mail: info@vubic.de
Hauptgeschäftsführer(in): Dipl.-Ing. Ulrich Welter

iz s 411

Bund Deutscher Baumeister, Architekten und Ingenieure e.V. (BDB)
Willdenowstr. 6, 12203 Berlin
T: (030) 84 18 97-0 **Fax:** 84 18 97-22
Internet: http://www.baumeister-online.de
E-Mail: info@baumeister-online.de

Finnland

iz s 412

Finnish Association of Consulting Engineers (SKOL)
Pohjantie 12 A, FIN-02100 Espoo
T: (003589) 46 01 22 **Fax:** 46 76 42
Internet: http://www.skolry.fi
E-Mail: skolry@skolry.fi

Frankreich

iz s 413

Chambre des Ingénieurs-Conseils de France (CICF)
3, rue Léon Bonnat, F-75016 Paris
T: (00331) 44 30 49 30 **Fax:** 40 50 92 80
Internet: http://www.cicf.fr
E-Mail: cicf@cicf.fr

iz s 414

SYNTEC-Ingénierie - Chambre Syndicale des Sociétés d'Etudes Techniques et d'Ingénierie
3, rue Léon Bonnat, F-75016 Paris
T: (00331) 44 30 49 60 **Fax:** 45 24 23 54
Internet: http://www.syntec-ingenierie.fr
E-Mail: syntec.ingeniere@wanadoo.fr

Griechenland

iz s 415

Hellenic Association of Consulting Firms (HEL-LASCO)
2 Macedonon Street, GR-115 21 Athen
T: (00301) 6 45 22 32 **Fax:** 6 44 46 85
Internet: http://www.segm.gr
E-Mail: segm@tee.gr

Großbritannien

iz s 416

Association of Consulting Engineers (ACE)
Alliance House
12 Caxton Street, GB- London SW1H 0QL
T: (0044207) 2 22 65 57 **Fax:** 2 22 07 50
Internet: http://www.acenet.co.uk
E-Mail: consult@acenet.co.uk

Irland

iz s 417

Association of Consulting Engineers of Ireland (ACEI)
51 Northumberland Road, Ballsbridge, IRL- Dublin 4
T: (003531) 6 60 03 74 **Fax:** 6 68 25 95
Internet: http://www.acei.ie
E-Mail: info@acei.ie

Italien

iz s 418

Associazione delle Organizzazioni di Ingegneria e di Consulenza Tecnico Economica (OICE)
Via Adda 55, I-00198 Rom
T: (00396) 8 55 87 97 **Fax:** 8 54 16 85
Internet: http://www.oice.it
E-Mail: info@oice.it

Luxemburg

iz s 419

Ordre des Architectes et de Ingénieurs-Conseils (OAI)
Postfach 50 40, L-1050 Luxemburg
rue Jean Engling 8, L-1466 Luxemburg
T: (00352) 42 24 06 **Fax:** 42 24 07
E-Mail: oai@pt.lu

Niederlande

iz s 420

Organisatie van Nederlandse Raadgevende Ingenieursbureaus (ONRI)
Postfach 3 04 42, NL-2500 GK Den Haag
Koningskade 30, NL-2500 GK Den Haag
T: (003170) 3 63 07 56 **Fax:** 3 60 06 61
Internet: http://www.onri.nl
E-Mail: onri@onri.nl

Norwegen

iz s 421

Rådgivende Ingeniørers Forening (RIF)
Pilestredet 56, N-0167 Oslo 1
T: (00472) 2 56 40 60 **Fax:** 2 56 42 40
Internet: http://www.rif.no
E-Mail: rif@rif.no

Österreich

iz s 422

Bundeskammer der Architekten und Ingenieurkonsulenten (ACA)
BS-Ing - Bundessektion Ingenieurkonsulenten
Karlsgasse 9/2, A-1040 Wien
T: (00431) 5 05 58 07 **Fax:** 5 05 32 11
Internet: http://www.arching.at
E-Mail: office@arching.at

iz s 423

Fachverband Technische Büros - Ingenieurbüros (FTBI)
Wiedner Hauptstr. 63, A-1045 Wien
T: (00431) 5 01 05 32 48 **Fax:** 5 02 06 288
E-Mail: ftbi@wkoesk.wk.or.at

Polen

iz s 424

Stowarzyszenie Inzynierów Doradców I Rzeczoznawców (SIDIR)
ul. Erazma Ciolka 16/422, PL-01402 Warschau
T: (004822) 6 35 57 08 **Fax:** 8 31 00 22
E-Mail: hydrowar@pol.pl

Portugal

iz s 425

Associação Portuguesa de Projectistas e Consultores (APPC)
Avenida Antonio Augusto Aguiar 126 - 7°, P-1050 Lissabon
T: (0035121) 3 58 07 85, 3 58 07 86 **Fax:** 3 15 04 13
Internet: http://www.appconsultores.pt
E-Mail: info@appconsultores.pt

Schweden

iz s 426

AI - Företagen
Postfach 1 61 05, S-103 22 Stockholm
Blasieholmsgatan 5, S-103 22 Stockholm
T: (00468) 7 62 67 00 **Fax:** 7 62 67 10
Internet: http://www.ai-foretagen.se
E-Mail: ai@ai-foretagen.se

Schweiz

iz s 427

Schweizerische Vereinigung Beratender Ingenieure (USIC)
Union Suisse des Ingénieurs-Conseils
c/o Markus Kamber & Partner
Postfach 69 22, CH-3001 Bern
Schwarztorstr. 26, CH-3001 Bern
T: (004131) 382 23 22 **Fax:** 382 26 70
Internet: http://www.usic-engineers.ch
E-Mail: office@kamberpartner.ch

Slowenien

iz s 428

National Association of Consulting Engineers of Slovenia (NACES)
Dimiceva 13, SLO-1504 Ljubljana
T: (0038661) 1 89 82 55 **Fax:** 1 89 82 00
E-Mail: zle@hq.gzs.si

Spanien

iz s 429

Asociación Española de Consultores en Ingeniería (ASINCE)
Arturo Soria, 191 4° D, E-28043 Madrid
T: (003491) 5 10 07 26 **Fax:** 4 16 81 92
Internet: http://www.asince.org
E-Mail: asince@asince.org

iz s 430

TECNIBERIA CIVIL - Asociación Española de Empresas Consultoras de Ingeniería Civil
c/Serrano 23-5°, E-28001 Madrid
T: (003491) 4 31 37 60 **Fax:** 5 75 54 99

iz s 430

Internet: http://www.tecniberia.es
E-Mail: civil@tecniberia.es

Tschechische Republik

iz s 431

Czech Association of Consulting Engineers (CACE)
K Ryšánce 16, CZ-14754 Prag 4
T: (004202) 41 44 25 64   **Fax:** 41 44 16 15
E-Mail: mailbox@pragoprojekt.cz

Ungarn

iz s 432

Association of Hungarian Consulting Engineers and Architects (AHCEA)
IPARTERV S.C. (TMSz)
Türr István u. 9, 2nd floor, room 205, H-1052 Budapest
T: (00361) 3 18 08 67, 3 18 69 00 (Zentrale IPARTERV)
Fax: 3 18 08 67
Internet: http://www.tmsz.org
E-Mail: tmsz@tmsz.org

● **IZ S 433**

Europäischer Rat der Stadtplaner (ECTP)
European Council of Town Planners
Conseil européen des Urbanistes
26 Portland Place, GB- London W1N 4BE
T: (004420) 76 36 91 07   **Fax:** 73 23 15 82
E-Mail: online@rtpi.org.uk
Gründung: 1985
President: Robin Thompson
Vice-Presidents: Virna Bussadori
Frank D'hondt
Charles Lambert
Robin Thompson
Ciarán Tracey
Jan Vogelij
Redaktion: ECTP, London
Mitglieder: ca. 20000 (in 20 member organisations - 13 EU members, 8 corresponding members)
Jahresetat: DM 0,066 Mio

Mitgliedsorganisationen

Belgien

iz s 434

Chambre des Urbanistes de Belgique
rue Dautzenberg 43 (REZ), B-1050 Brüssel
T: (00322) 6 48 67 70   **Fax:** 6 40 47 23
President: Peter Pillen
Delegates: Mireille Delvaux
Marcel Lahousse

iz s 435

Vlaamse Vereniging voor Ruinte en Planning (VKP)
Aarlenstraat 53 bus 4, B-1040 Brüssel
T: (00322) 2 33 31 39   **Fax:** 2 33 31 52
President: Peter Janssens
Delegates: Frank D'hondt

Dänemark

iz s 436

Foreningen af Byplanlaeggere
Peder Skrams Gade 2B, DK-1054 Kopenhagen
T: (0045) 31 20 84 88
President: Lindy Tawig
Delegates: Henrik W. Jensen

Deutschland

iz s 437

Vereinigung für Stadt-, Regional- und Landesplanung e.V. (SRL)
Köpenicker Str. 48-49, 10179 Berlin
T: (030) 30 86 20 60   **Fax:** 30 86 20 62
Internet: http://www.srl.de
E-Mail: info@srl.de
President: Dr.-Ing. Jörg Forßmann
Delegates: Marta Doehler
Herbert Zimmermann

Frankreich

iz s 438

Société Française des Urbanistes
39 rue Pernety, F-75014 Paris
T: (00331) 45 39 69 53   **Fax:** 45 41 02 27
President: Charles Lambert (Delegate)
Delegate: Dominique Lancrenon

Griechenland

iz s 439

Greek Planners Association
Sarantapihou 15-17, GR-11471 Athen
President: Costas Gartsos
Delegate: Athena Wallace Baibas
Moskos Dianantopoulos

Großbritannien

iz s 440

Royal Town Planning Institute
26 Portland Place, GB- London W1N 4BE
T: (004420) 76 36 91 07   **Fax:** 73 23 15 82
President: Nick Davies
Delegates: Robin Thompson
Robert Upton
Colin McGill

Irland

iz s 441

Irish Planning Institute
8 Merrion Square, IRL- Dublin 2
T: (003531) 6 62 88 07   **Fax:** 6 61 09 48
President: Philip Jones
Delegates: Ciarán Tracey
Tony Manahan

Italien

iz s 442

Associazione Nazionale degli Urbanisti
via Camuffo 57, I-30172 Mestre (VE)
President: Daniele Rallo
Delegates: Rosario Leonardi
Virna Bussadori

iz s 443

Istituto Nazionale di Urbanistica
Via S. Caterina da Siena 46, I-00186 Rom
President: Stefano Stanghellini
Delegate: Gianfranco Pagliettini
Delegate: Franco Mighiorini

Niederlande

iz s 444

Beroepsvereniging van Stedebouwkundigen en Planologen (BNSP)
Beurs van Berlage, Oudebrugsteeg 11/2, NL-1012 JN Amsterdam
T: (003120) 4 27 34 27   **Fax:** 4 21 71 72
President: Jan Laan
Delegate: Jan Vogelij
Otto Smits

Portugal

iz s 445

Associação de Urbanistas Portuguesas
IST-Pavilhão de Civil, Piso 1, Sala 1°41, Avenida Rovisco Pais, P-1096 Lissabon Codex
T: (003511) 8 47 21 68   **Fax:** 8 40 98 84
President: Manuel Costa Lobo
Delegates: Paulo Correia
Ana Queiroz do Vale

Spanien

iz s 446

Asociación Española de Técnicos Urbanistas
Paseo Teruel 14, E-50004 Zaragoza

President: Maria Pilar Sancho Marco
Delegates: Ignacio Pemán Gavin
Luis Zarralugui Ortiwsa

● **IZ S 447**

Europäischer Rat der Ingenieure des Bauwesens (ECCE)
European Council of Civil Engineers
Conseil Européen des Ingénieurs en génie civil
Great George Street 1 Westminster, GB- London SW1P 3AA
T: (004420) 7222 722   **Fax:** 7222 7500, 7233 1806
Internet: http://www.eccenet.org
E-Mail: maxwell_d@ice.org.uk
Gründung: 1985
President: Prof. Antonio Adão da Fonseca
Secretary General: John Whitwell
Contact: Diana Maxwell
Mitarbeiter: 2

Representationen

Dänemark

iz s 448

Ingeniorforening i Danmark
IDA BYG
Kalvedbod Brygge, DK-1780 København V
T: (0045) 33 18 48 48   **Fax:** 33 18 48 87
Internet: http://www.ida.dk
Kurt Eriksen

Deutschland

iz s 449

Deutsche Sektion des European Council of Civil Engineers e.V. - ECCE
Edelsbergstr. 8, 80686 München
T: (089) 5 70 07-0   **Fax:** 57 00 72 60
E-Mail: verband@t-online.de
Präsident(in): Dr.-Ing. Carl August Günther
Vizepräsident(in): Dipl.-Ing. Stefan Ritzer
Hauptgeschäftsführer(in): VM VERBANDS-MANAGEMENT GMBH (Edelsbergstr. 8, 80686 München)

Estland

iz s 450

Estonian Association of Civil Engineers
Ravala pst.8 - C 810, EW-0105 Tallin
T: (00372656) 36 00   **Fax:** 36 38
E-Mail: karema@online.ee
Contact: Holger Karema

Finnland

iz s 451

Association of Finnish Civil Engineers
Suomen Rakennusinsinöörien Liitto RIL r.i.y.
Meritullinkatu 16A, FIN-00170 Helsinki
T: (003589) 684 0780   **Fax:** 1 35 76 70
Internet: http://www.ril.fi
E-Mail: ril@ril.fi, yrjo.matikainen@ril.fi
Managing Director: Yrjö Matikainen

Frankreich

iz s 452

Conseil National des Ingénieurs et Scientifiques de France (CNISF)
Rue Lamennais 7, F-75008 Paris
T: (00331) 44 13 66 88   **Fax:** 42 89 82 50
Internet: http://www.cnisf.org
E-Mail: j.berthier@wanadoo.fr
President: Jean Berthier (Civil Engineering Commission)

iz s 453

Anciens Elèves de l'Ecole Nationale des Ponts et Chaussées
c/o Soler Ingénierie
Avenue de l'Amiral Lemonnier 30, F-78160 Marly le Roi
Francois-Gérard Baron

Griechenland

iz s 454

The Association of Civil Engineers of Greece
Kallirois Street 89, GR-11745 Athen
T: (00301) 9 23 81 70   **Fax:** 9 23 59 59
Vassilis Economopoulos

Großbritannien

iz s 455

Institution of Civil Engineers
Great George Street 1-7, GB- London SW18 3AA
T: (004420) 72 22 77 22   **Fax:** 72 22 75 00
Contact: Diana Maxwell

Irland

iz s 456

Institution of Engineers of Ireland
Clyde Road 22 Ballsbridge, IRL- Dublin 4
T: (003531) 6 68 43 41   **Fax:** 6 68 55 08
Internet: http://www.iei.ie
E-Mail: iei@iol.ie
Contact: Peter Purcell

Italien

iz s 457

Consiglio Nazionale Degli Ingegneri
Via IV Novembre 114, I-00187 Rom
T: (00396) 6 79 66 50   **Fax:** 69 92 21 67
Internet: http://poseidon.selfin.net/cni/
E-Mail: cniesteri@selfin.net
President: Sergio Polese

Polen

iz s 458

Polish Society of Civil Engineers
Swietokryska 14, PL-00050 Warschau
T: (004822) 8 26 86 34   **Fax:** 8 26 86 34
E-Mail: zgpzitb@it.com.pl.
Contact: Stanislaw Kus

Portugal

iz s 459

Ordem dos Engenheiros
Colégio de Engenharia Civil
Av. A. Agusto de Aguiar 3, P-1069 030 Lissabon Codex
T: (003511) 3 13 26 00   **Fax:** 3 52 46 32
E-Mail: ordeng@mail.telepac.pt
Antonio Adão da Fonseca
Carlos Matias Ramos

Rumänien

iz s 460

UAICR - Romanian Union of Civil Engineers Associations
c/o Technical University of Civil Engineering of Bucharest
B-dul Lacul Tei 124, R-72302 Bucharest
T: (00401) 2 42-1161, 2 42-1200   **Fax:** 2 42-0866
E-Mail: manoliu@hidro.utcb.ro
Prof. I. Manoliu

Russland

iz s 461

Russian Society of Civil Engineers
ul Novy Arbyt, 11, RUS-121822 Moskau
T: (00795) 2 02 32 15   **Fax:** 2 02 82 90
Contact: Oleg Lobov

Slowenien

iz s 462

Zveva Drustev Gradbenich Inzenirjev in Tehnikov Slovenije (ZDGITS)
Karlovska 3, SLO-1000 Ljubljana
T: (0038661) 221 587   **Fax:** 221 587
Gorazd Humar

Spanien

iz s 463

Colegio de Ingenieros de Caminos, Canales y Puertos
Almagro 42, E-28010 Madrid
T: (003491) 3 08 20 24, 3 08 20 23   **Fax:** 3 08 39 32
Contact: José Ma Fluxa Ceva

Tschechische Republik

iz s 464

Cesky svaz Stavebnich Inzenyru
Sekretariat: Ceskeho Vyboru
Legerova 52, CZ-12000 Prag 2
T: (00422) 22 51 61 44   **Fax:** 22 51 53 61
E-Mail: cssi@praha.czcom.cz
Jirí Plička

Türkei

iz s 465

Turkish Chamber of Civil Engineers
Selanik Caddesi No: 19/1, 06650 Yenisehir, TR- Ankara
T: (0090212) 2 85 37 02   **Fax:** 2 85 60 00
E-Mail: numuh@superonline.com
Ecce Representative: Muzaffer Tuncag

Zypern

iz s 466

Cyprus Association of Civil Engineers
Postfach 33 34, CY-1306 Nicosia
T: (003572) 374 027   **Fax:** 374 933
Dr. Nicos Stylianou

● **IZ S 467**

Europäischer Seelotsenverband (EMPA)
European Maritime Pilots Association
Association Européenne des Pilotes en Mer
St. Aldegondiskaai 36-38, B-2000 Antwerpen
T: (00323) 2 25 03 81   **Fax:** 2 25 03 81
President: G.A. Topp
Secr. Gen.: A. Cools (Contact)
Mitglieder: 16 Nationale Organisationen

● **IZ S 468**

Europäischer Verband Nationaler Ingenieurvereinigungen (FEANI)
European Federation of National Engineering Associations
Fédération Européenne d'Associations Nationales d'Ingénieurs
Rue de Beau Site 21, B-1000 Brüssel
T: (00322) 639 0390   **Fax:** 639 0399
Internet: http://www.feani.org
Gründung: 1951
Secrétaire Général: Philippe Wauters (E-Mail: philippe.wauters@feani.org)
Verbandszeitschrift: FEANI News
Verlag: z. Zt. FEANI
Mitglieder: 27 nationale Ingenieurvereinigungen in Europa
Mitarbeiter: 4

Nationale Organisationen

Belgien

iz s 469

Comité National Belge de la FEANI
c/o F.A.B.I.
Rue Hobbema 2, B-1000 Brüssel
T: (00322) 7 34 75 10   **Fax:** 7 34 53 15
E-Mail: fed.ass.irs.fabi@skynet.be
Secrétaire Général: Ir. François Grépain

Dänemark

iz s 470

Danish National Committee of FEANI
Ingeniorforeningen i Denmark, IDA
Kalvebod Brygge 31.33, DK-1780 Kopenhagen
T: (0045) 33 18 48 48   **Fax:** 33 18 48 99
E-Mail: nbe@ida.dk
Secrétaire Général: Niels Beltoft

Deutschland

iz s 471

Deutscher Verband technisch-wissenschaftlicher Vereine (DVT)
Postf. 10 11 39, 40002 Düsseldorf
Graf-Recke-Str. 84, 40239 Düsseldorf
T: (0211) 62 14-499   **Fax:** 62 14-172
Internet: http://www.dvt-verband.de
E-Mail: dvt@vdi.de
Generalsekretär(in): Dr. J. Debelius

Estland

iz s 472

Estonian Association of Engineers
5 Ehitajate tee, EW-190086 Tallin
T: (00372) 6 39 70 72   **Fax:** 6 39 79 92
E-Mail: rein.haavel@cyber.ee
Secrétaire Général: Rein Haavel

Finnland

iz s 473

Finnish National Committee for FEANI
c/o The Finnish Association of Graduate Engineers TEK
Ratavartijankatu 2, FIN-00520 Helsinki
T: (003589) 22 91 22 54   **Fax:** 22 91 29 11
Internet: http://www.tek.fi
E-Mail: matti.hirvikallio@tek.fi
Secrétaire Général: Matti Hirvikallio

Frankreich

iz s 474

Conseil National des Ingénieurs et Scientifiques de France (CNISF)
Rue Lamennais 7, F-75008 Paris
T: (00331) 44 13 66 88   **Fax:** 42 89 82 50
Internet: http://www.cnisf.org
E-Mail: j.berthier@wanadoo.fr
Secrétaire Général: Paul Allard

Griechenland

iz s 475

Hellenic National Committee for FEANI
c/o Technical Chamber of Greece
European Community Affairs Office
Rue Karageorgi Servias 4, GR-10248 Athen
T: (0031) 3 22 03 19   **Fax:** 3 22 03 19
E-Mail: tcgeudep@tee.gr
Secrétaire Général: Christos Sinanis

Großbritannien

iz s 476

The British National FEANI Committee
The Engineering Council
Maltravers Street 10-16, GB- London WC2R 3ER
T: (004420) 75 57 64 50   **Fax:** 73 79 55 86
Internet: http://www.engc.org.uk
E-Mail: aramsey@engc.org.uk
Secrétaire Général: A. Ramsey

Irland

iz s 477

The Institution of Engineers of Ireland
Clyde Road 22 - Ballsbridge, IRL- Dublin 4
T: (003531) 6 68 43 41   **Fax:** 6 68 55 08
E-Mail: iei@iol.ie
Secrétaire Général: P. Purcell

Island

iz s 478

FEANI National Committee of Iceland
Association of Chartered Engineers in Iceland
Engjateigur 9, IS-105 Reykjavik
T: (003541) 68 85 11   **Fax:** 68 97 03
Secrétaire Général: Logi Kristjánsson

Italien

iz s 479

Consiglio Nazionale Degli Ingegneri
Via IV Novembre 114, I-00187 Rom
T: (00396) 6 79 66 50   Fax: 69 92 21 67
Internet: http://poseidon.selfin.net/cni/
E-Mail: cniesteri@selfin.net
Secrétaire Général: A. Dusman

Luxemburg

iz s 480

Comité National Luxembourgeois de la FEANI
Association Luxembourgeoise des Ingénieurs et des industriels
Boulevard Grande Duchesse Charlotte 4, L-1330 Luxemburg
T: (00352) 45 13 54   Fax: 45 09 32
Internet: http://www.aliai.lu
E-Mail: aliasbl@pt.lu
Secrétaire Général: Marc Mathias Schmit

Malta

iz s 481

Chamber of Professional Engineers
"Professional Centre_O
Sliema Road, GBY- Gzira GZ 506
T: (00356) 33 48 58   Fax: 34 71 18
E-Mail: cpe@maltanet.net, cbellul@mail.global.net
Vice President: Carmel B. Ellul

Niederlande

iz s 482

Netherlands National FEANI Committee
c/o KIvI
Postfach 3 04 24, NL-2500 GK Den Haag
T: (0031703) 91 99 00   Fax: 91 98 40
Internet: http://www.kivi.nl
E-Mail: kivi@kivi.nl
Secrétaire Général: ir. J. N. P. Haarsma

Norwegen

iz s 483

The Norwegian National Committee of FEANI
c/o NITO
Postfach 9100, N-0133 Oslo-Grøønland
T: (0047) 22 05 35 67   Fax: 22 17 24 80
E-Mail: abn@nito.no
Secrétaire Général: Anthon B. Nilsen

Österreich

iz s 484

Österreichisches Nationalkomitee der FEANI
c/o OIAV
Eschenbachgasse 9, A-1010 Wien
T: (00431) 5 87 35 36   Fax: 58 73 53 65
Internet: http://www.oiav.at
E-Mail: office@oiav.at
Generalsekretär(in): Georg Widtmann

Polen

iz s 485

The Polish Federation of Engineering Associations (PFEA)
Foreign Dept.
UP-Czackiego 3/5-Skr Loczt. 903, PL-00950 Warschau
T: (004822) 8 27 16 86   Fax: 8 27 29 49
Internet: http://ciuw.warman.net.pl/not/
E-Mail: fsntnot@medianet.com.pl
Secrétaire Général: K.C. Wawrzyniak

Portugal

iz s 486

Ordem dos Engenheiros
Av. A. Agusto de Aguiar 3, P-1069 030 Lissabon Codex
T: (003511) 3 13 26 00   Fax: 3 52 46 32
E-Mail: ordeng@mail.telepac.pt
Secrétaire Général: Joao Vaz Lopes

Rumänien

iz s 487

Association Generale des Ingenieurs de Roumanie - A.G.I.R.
Calea Victoriei nr. 118, R-70179 Bucarest
T: (00401) 6 59 23 95   Fax: 3 12 55 31
E-Mail: agir@euroweb.ro
Secrétaire Général: Ing. Luminita Scurei

Schweden

iz s 488

Swedish National Committee for FEANI
c/o Sveriges Civilingenjörsförbund
Postfach 14 19, S-11184 Stockholm
T: (00468) 6 13 80 00   Fax: 7 96 71 02
Secrétaire Général: January Martin

Schweiz

iz s 489

Schweizer Nationalkomitee der FEANI
Comité National Suisse de la FEANI
Oberhofstr. 10 /PF 278, CH-8353 Elgg
T: (004152) 3 64 22 55   Fax: 3 64 22 55
Secrétaire: Santiago Schuppisser (Arch. Eur. Ing.)

Slowakische Republik

iz s 490

Association of Slovak Scientific and Technological Societies (ZSVTS)
Koceľova ul. 15, SK-81594 Pressburg
T: (00427) 5 26 29 94   Fax: 5 26 29 91
Internet: http://www.zsvts.sk
E-Mail: zsvts@rainside.sk
Secrétaire Général: Dipl.-Ing. L. Simočič

Slowenien

iz s 491

Zveza Drustev Inzenirjev in Technokov Maribor
Slovenian National Committee for FEANI
Sekretariat FEANI - ZDIT Maribor
Vetrinjska 16, SLO-2000 Maribor
T: (0038602) 2 50 79 21, 2 50 13 23   Fax: 2 50 13 24
E-Mail: group1.mbzdit@guest.arnes.si
Ivan Lesnik (Vice-Pres. NCSI FEANI)

Spanien

iz s 492

Comite Nacional Espanol de la FEANI
General Arrando 38, E-28010 Madrid
T: (003491) 3 08 46 52   Fax: 3 10 33 80
Secrétaire Général: Jose Javier Medina Munoz

Tschechische Republik

iz s 493

FEANI National Committee
c/o Czech Technical University of Praha CSVTS
1, Novotného Lávka 5, CZ-11668 Prag 1
T: (004202) 24 35 74 82   Fax: 24 92 05 94
E-Mail: das@csvts.cz
Secrétaire Général: Zdenka Dahinterová

Ungarn

iz s 494

Hungarian National Committee for FEANI
Technical University of Budapest
Institute of Continuing Engineering Education
Műegyetem rkp. 9 T. ép, H-1521 Budapest
T: (00361) 4 63 22 51   Fax: 4 63 22 50
E-Mail: sarkozi@mti.bml.hu
Secrétaire Général: Zsuzsanna Sarkozi Zagoni

Zypern

iz s 495

Cyprus National Feani Commitee (CPEA and CEAA)
Postfach 28772, CY-2082 Nicosia
T: (003572) 31 45 56   Fax: 49 20 32
Secrétaire Général: Paulos Demetrion

● **IZ S 496**

Internationale Gesellschaft für Markscheidewesen (ISM)
International Society for Mine Surveying
RWTH Aachen
Institut für Markscheidewesen
Wüllnerstr. 2, 52062 Aachen
T: (0241) 80-5687   Fax: 88 88-150
E-Mail: preusse@cip.ifm.rwth-aachen.de
Gründung: 1968
Deutsche Mitglieder des ISM-Präsidiums: Univ. Prof. Dr.-Ing. Axel Preuße (Direktor des Instituts für Markscheidewesen (RWTH Aachen))
Dr.-Ing. Hans Jürgen Palm (Unternehmensberater)
Mitglieder: 35 Länder

● **IZ S 497**

Internationale Vereinigung Beratender Ingenieure (FIDIC)
International Federation of Consulting Engineers
Fédération Internationale des Ingénieurs-Conseils
Postfach 86, CH-1000 Lausanne 12
Avenue du Temple 13c, CH-1012 Lausanne 12
T: (004121) 6 54 44 11   Fax: 6 53 54 32
Internet: http://www.fidic.org
E-Mail: fidic@pobox.com, fidic.pub@pobox.com
Gründung: 1913
Managing Director: Marshall Gysi
Administration Director: Peter Boswell
Publications Manager: Peter van der Togt
Assistant to Publications Manager: Véronique Lietti
Accountant: Annie Jabaudon
Secretary: Lydie Roulet
Verbandszeitschrift: ICE (Independent Consulting Engineer)
Mitglieder: 65
Mitarbeiter: 5

Mitgliedsorganisationen

Argentina

iz s 498

Camara Argentina de Consultores
Cerrito 1250, Piso 1, RA-1010 Buenos Aires
T: (00541) 8 11 41 33, 49 61, 05 70, 36 30   Fax: 8 12-0475
Jorge F.J. Solari (Secretary CAC)
Máximo Fioravantti (President CAC)

Australia

iz s 499

The Association of Consulting Engineers Australia
Postfach 1002, AUS- North Sydney, NSW 2060
75 Miller Street, AUS- North Sydney, NSW 2060
T: (00612) 99 22 47 11   Fax: 99 57 24 84
Internet: http://www.acea.aust.com
E-Mail: acea@acea.aust.com
Grahame D. Campbell (President ACEA)

Austria

iz s 500

VBIÖ - Verband Beratender Ingenieure Österreichs
c/o Bundessektion Ingenieurkonsulenten
Karlsgasse 9/2, A-1040 Wien
T: (00431) 5 05 58 07   Fax: 5 05 32 11
Edith Kotschwar (Secretary VBIÖ)
Erich Hackl (President VBIÖ)

Bangladesh

iz s 501

Bangladesh Association of Consulting Engineers
137, Jahanara Garden, Green Road, BD- Dhaka 1205
T: (008802) 31 74 52   Fax: 81 31 10
Jujibur Rahman Khan (Honorary General Secretary BACE)
S.M. Shaheedullah (President BACE)

Belgium

iz s 502

Ordre des Ingénieurs-Conseils et des Bureaux d'Ingénierie A.S.B.L.
Orde van de Raadgevende Ingenieurs en van de Engineeringbureaus V.Z.W.
Avenue Legrand 80, B-1050 Brussels
T: (00322) 6 48 10 55   Fax: 6 46 05 41
E-Mail: ORI@Skynet.be
P. Carlier (Secretary General ORI)
Michel Weiler (President ORI)

Botswana

iz s 503

Association of Consulting Engineers Botswana (ACEB)
Postfach 50 23 54, RB- Gaborone
T: (00267) 35 25 57   Fax: 35 30 09
E.P. Mitchell (Hon. Secretary ACEB)
K. Kgoboko (Chairman ACEB)

Canada

iz s 504

Association of Consulting Engineers of Canada
Association des Ingénieurs-Conseils du Canada
130 Albert Street, Suite 616, CDN- Ottawa, Ontario K1P 5G4
T: (001613) 2 36-05 69   Fax: 2 36-61 93
Internet: http://www.acec.ca
E-Mail: exec@acec.ca
Timothy Page (President and Chief Operating Officer ACEC)
Philippe Lefebvre (Chairman ACEC (Elected))

China

iz s 505

China National Association of Engineering Consultants
11 Floor, Sichuan Mansion, No 1 Fuchengmen Wai St., CN- Peking 100037
T: (00861) 0 68 36 48 43   Fax: 0 68 36 48 43
Liu Guodong (Executive Vice Chairman and Secretary)
Jin Xiying (Chairman CNAEC)

Croatia

iz s 506

Croatian Association of Consulting Engineers
c/o Koprojekt
Postfach 422, HR-41000 Zagreb
Gunduliceva 23, HR-41000 Zagreb
T: (0038541) 4 85 41 30, 4 85 41 36   Fax: 4 85 41 37
Dr. Petar Dukan (President CACE)

Czech Republic

iz s 507

Czech Association of Consulting Engineers (CACE)
K Ryšánce 16, CZ-14754 Prag 4
T: (004202) 41 44 25 64   Fax: 41 44 16 15
E-Mail: mailbox@pragoprojekt.cz
Vladimír Vesely (President CACE)

Denmark

iz s 508

Foreningen af Raadgivende Ingeniører
Postfach 2214, DK-1018 Copenhagen K
Kristianiagade 8, DK-2100 Copenhagen
T: (0045) 35 25 37 37   Fax: 35 25 37 38
E-Mail: fridk@fridk.dk
John Cederberg (Executive Director F.R.I.)
Allan Christensen (President F.R.I.)

Egypt

iz s 509

The Egyptian Society of Consulting Engineers
7, Lebanon Street, Mohandesseen, Giza, ET- Cairo
T: (00202) 3 46 10 62   Fax: 3 46 10 62
Prof. Dr.-Ing. Gamal Nassar (Secretary General ESCONE)
Prof. Dr. Ahmad Moharram Ahmad (President ESCONE)

Estonia

iz s 510

Estonian Association of Architectural and Consulting Engineering Companies
Rävala Pst. 8, EW-0001 Tallinn
T: (003722) 42 58 69   Fax: 42 58 69
E-Mail: epbl@online.ee
Peeter Kokk (Managing Director EAACEC)
Andres Saar (Chairman EAACEC)

Finland

iz s 511

Finnish Association of Consulting Engineers (SKOL)
Pohjantie 12 A, FIN-02100 Espoo
T: (003589) 46 01 22   Fax: 46 76 42
Internet: http://www.skolry.fi
E-Mail: skolry@skolry.fi
Timo Myllys (Managing Director SKOL)
Matti Ollila (President SKOL)

France

iz s 512

Chambre des Ingénieurs-Conseils de France (CICF)
chez CICF, à l'att. de C. Raymond
Maison de l'Ingénierie
3, rue Léon Bonnat, F-75016 Paris
T: (00331) 44 30 49 30   Fax: 40 50 92 80
Internet: http://www.cicf.fr
E-Mail: cicf@cicf.fr
Xavier Roiret (Director CICF)
Michel Faudou (President CICF)

Germany

iz s 513

Bundesvereinigung Consultingwirtschaft (BCW)
c/o Verband Beratender Ingenieure VBI
Budapester Str. 31, 10787 Berlin
T: (030) 2 60 62-0   Fax: 2 60 62-100
Internet: http://www.vbi.de
E-Mail: vbi@vbi.de
Dipl.-Ing. Klaus Rollenhagen
Acting Managing Director: Dipl.-Ing. Martin Assmann (Acting President BCW)

Greece

iz s 514

Hellenic Association of Consulting Firms (HELLASCO)
2 Macedonon Street, GR-115 21 Athen
T: (00301) 6 45 22 32   Fax: 6 44 46 85
Internet: http://www.segm.gr
E-Mail: segm@tee.gr
Panos Panagopoulos (General Secretary HELLASCO)
Gr. Drettas (President HELLASCO)

Guinea

iz s 515

Ordre National des Ingénieurs du Bâtiment et des Travaux Publics de Guinée
Postfach 258, GN- Conakry
Faya Koundouno (Secretary General ONIBAT)
Kerfalla Toure (President ONIBAT)

Hong Kong

iz s 516

The Association of Consulting Engineers of Hong Kong
c/o Ir Tim Ingram, Hon. Secretary
34/F Citicorp Centre, 18 Whitfield Road, Causeway Bay, HK- Hong Kong
T: (00852) 25 03 66 88   Fax: 28 07 15 77
Dr. Amadou Gueye (Secretary General ONIBAT)
Dr. Chérif Diallo (President ONIBAT)

Hungary

iz s 517

Association of Hungarian Consulting Engineers and Architects (AHCEA)
Türr István u. 9, 2nd floor, room 205, H-1052 Budapest
T: (00361) 3 18 08 67, 3 18 69 00 (Zentrale IPARTERV)
Fax: 3 18 08 67
Internet: http://www.tmsz.org
E-Mail: tmsz@tmsz.org
Éhn József (President AHCE)

Iceland

iz s 518

Félag Rádgjafarverkfrœdinga
Postfach 8153, IS-105 Reykjavik
Engjateigi 9, IS-105 Reykjavik
T: (003545) 53 42 00   Fax: 5 68 97 03
Internet: http://www.vso.is/frv
E-Mail: frv@vso.is
Magnús Baldursson (Managing Director FRV)
Thorbergur Karlsson (President FRV)

India

iz s 519

Consulting Engineers Association of India
India Habitat Centre
East Court, Zone 4, 2nd Fl., Core 4B
Lodi Road, IND-110003 New Delhi
T: (009111) 4 60 10 68   Fax: 4 64 28 31
Internet: http://www.ceaindia.org
E-Mail: cengr@del2.vsnl.net.in
R. K. Abrol (Director ACE (India))

Indonesia

iz s 520

National Association of Indonesian Engineering Consultants INKINDO-TEKNIK
Jalan Bendungan Hilir Raya 29, RI- Jakarta 10210
T: (006221) 5 73 34 74, 5 73 85 77-78   Fax: 5 73 34 74
Irawan B. Kusumo (Secretary INKINDO-TEKNIK)
Ary Mochtar Pedju (Coord. Chairman INKINDO-TEKNIK)

Iran

iz s 521

Iranian Society of Consulting Engineers
155 Park Ave (K. Islamboli), IR- Tehran
T: (009821) 8 79 78 87   Fax: 8 77 36 86
Reza M. Safavian (Chairman ISCE)

Ireland

iz s 522

Cumman Innealtóiri Comhairle na h-Éireann
Association of Consulting Engineers of Ireland
51 Northumberland Road, Ballsbridge, IRL- Dublin 2
T: (003531) 6 60 03 74   Fax: 6 68 25 95
Anne Potter (Executive Director ACEI)
Malachy Walsh (President ACEI)

Israel

iz s 523

The Israel Organization of Consulting Engineers
Postfach 63 85, IL- Tel Aviv 61063
T: (009723) 5 23 62 89   Fax: 5 22 30 41
Internet: http://www.aaa.org.il
E-Mail: ioce@netvision.net.il
Yaacov Talmudi (Secretary General IOCE)
Arie Shilo (Chairman IOCE)

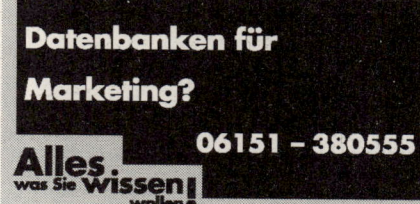

Italy

iz s 524

Sindacato Nazionale Ingegneri Liberi Professionisti Italiani
Corso Venezia 16, I-20121 Mailand
T: (00392) 76 02 22 85 **Fax:** 79 42 27
Dr.-Ing. Renos A. Michaelides (Int. Secretary General SNILPI)
Dr.-Ing. Donato Bosco (President SNILPI)

Japan

iz s 525

Association of Japanese Consulting Engineers (AJCE)
3-16-4 Ueno, Taito-ku, J- Tokyo 110
T: (00813) 38 39 84 71 **Fax:** 38 39 84 72
Goro Fujie (Secretary General AJCE)
Dr. Kazunari Matsunaga (President AJCE)

Kenya

iz s 526

The Association of Consulting Engineers of Kenya
The Professional Centre, St. John's Gate
Postfach 72643, EAK- Nairobi
Parkland (0R542), EAK- Nairobi 54 38
G. Macodawa (Honorary Secretay ACEK)
D. G. Njagi (Chairman ACEK)

Korea

iz s 527

Korean Council of Consulting Engineers
Engineering Association Hall 6, 7th Fl., 474-14, Pangbae-dong Seocho-gu, KP- Seoul
T: (00822) 5 23 75 46-7 **Fax:** 5 23 48 94-5
Jin-Ik Choung (Vice-Chairman KCCE)
Baik June Sung (Chairman KCCE)

Luxembourg

iz s 528

Ordre des Architectes et des Ingénieurs-Conseils, Section des Ingénieurs-Conseils
Rue Jean Engling, 8, L-1466 Luxemburg
T: (00352) 42 24 06 **Fax:** 42 24 07
E-Mail: oai@pt.lu
Pierre Hurt (Managing Director OAIC-Sect. IC)
Florent Schroeder (President OAIC-Sect. IC)

Malaysia

iz s 529

Association of Consulting Engineers Malaysia
63-2 & 65-2, Medan Setia 1, Damansara Heights, MAL- 50490 Kuala Lumpur
T: (00603) 2 55 00 31, 2 55 00 79, 2 55 01 58
Fax: 2 55 34 99
E-Mail: sec@acem.po.my
Wong Shu Leong (Honorary Secretary ACEM)
Tang Kam Kok (President ACEM)

Mexico

iz s 530

Cámara Nacional de Empresas de Consultoría
Torre World Trade Center, C.D. de Mexico
Av. de la Naciones No 1, Piso 18-35, oficina 34, 35 & 36, Col. Napoles, MEX-CP 03810 México, D.F.
T: (00525) 4 88 05 22-26 **Fax:** 4 88 05 27
Internet: http://www.internet.com.mx/cnec
E-Mail: cnec95@email.internet.com.mx
Lic. Alejandro Sánchez Quiroz (Gen. Manager CNEC)
Luis Salzar Zuñiga (President CNEC)

Morocco

iz s 531

Fédération Marocaine du Conseil et de l'Ingénierie
Postfach 1340, MA- Rabat
Hay Riad, MA- Rabat
T: (002127) 71 11 20 **Fax:** 71 10 87
E-Mail: CID@Winner.Net.MA
Moncef Ziani (Secretary General AMCI)
Rachid Balafrej (President AMCI)

Namibia

iz s 532

The Association of Consulting Engineers of Namibia
Postfach 31435, NA-9000 Windhoek
T: (0026461) 22 75 47 **Fax:** 22 57 04
Joe Calleja (President ACEN)

Nepal

iz s 533

Society of Consultiing Architectural and Engineering Firms, Nepal (SCAEF)
Postfach 15 13, NP- Kathmandu
T: (009771) 24 45 83, 24 46 32 **Fax:** 24 45 83
E-Mail: acnepal@wlink.com.np
Rajesh Thapa (General Secretary SCAEF)
Bal Sundar Malla (President SCAEF)

Netherlands

iz s 534

Organisatie van Nederlandse Raadgevende Ingenieursbureaus (ONRI)
Postfach 3 04 42, NL-2500 GK Den Haag
Koningskade 30, NL-2500 GK Den Haag
T: (003170) 3 63 07 56 **Fax:** 3 60 06 61
Internet: http://www.onri.nl
E-Mail: onri@onri.nl
Eugene J.C. Hillen (Managing Director ONRI)
Pieter van Rangelrooij (President ONRI)

Netherlands Antilles

iz s 535

Sociedat di Arkitekto i Ingeniero Antiano
c/o Grabowsky & Poort International NV
Postfach 48 89, NA- Curaçao
T: (005999) 37 32 81, 37 22 32 **Fax:** 37 31 73, 36 97 45
Th. Vleeshouwers (Secretary SAIA)
Ronny O. Lobo (Chairman SAIA)

New Zealand

iz s 536

The Association of Consulting Engineers New Zealand (Inc)
Postfach 10247, NZ- Wellington
Level 7, 108 The Terrace, NZ- Wellington
T: (00644) 47 21-2 02 **Fax:** 47 33-8 14
Internet: http://www.acenz.org.nz
E-Mail: service@acenz.org.nz
Enrico V. M. Vink (Executive Director ACENZ)
Jon J. Lorentz (President ACENZ)

Nigeria

iz s 537

Association of Consulting Engineers Nigeria
Postfach 2751, WAN- Lagos
T: (002341) 86 01 13, 86 19 03
E-Mail: kunle.ogunbayo@home.metrong.com
Ibikunle S. Ogunbayo (Secretary ACEN)
Ibikunle A.A. Okunoren (President ACEN)

Norway

iz s 538

Rådgivende Ingeniørers Forening (RIF)
Pilestredet 56, N-0167 Oslo 1
T: (00472) 2 56 40 60 **Fax:** 2 56 42 40
Internet: http://www.rif.no
E-Mail: rif@rif.no
Tom Rellsve (Managing Director RIF)
Harald Strand (President RIF)

Pakistan

iz s 539

Association of Consulting Engineers (Pakistan)
Institution of Engineers Building
4th Fl., Shahrah-e-Faisal, PAK- Karachi
T: (009221) 4 54 22 90-4 **Fax:** 4 54 52 55
Siddiq Essa (Honorary Secretary ACEP)
Zaheer Mirza (President ACEP)

Peru

iz s 540

Asociación Peruana de Consultoría (APC)
Pasaje Los Pinos No. 156, Of. B-1, Miraflores, PE- Lima 18
T: (005114) 46 27 10 **Fax:** 46 27 10
Hugo Cuzcano Vera (Secretary APC)
Jorge Peñaranda Castañeda (President APC)

Philippines

iz s 541

Council of Engineering Consultants of the Philippines
2nd Fl., Manila Mem. Park Bldg.
2nd Fl. AWIA Building, Corner of Sinag and Libertad Streets, PI-1550 Mandaluyong City, Metro Manila
T: (00632) 5 32 13 02 **Fax:** 5 33 35 08
E-Mail: aablaza@info.com.ph
Mary Ann V. Bisagas (Administrative officer CECOPHIL)
Alexander Ablaza (President CECOPHIL)

Poland

iz s 542

Stowarzyszenie Inzynierów Doradców i Rzeczoznawców, SIDIR
ul. Erazma Ciolka 16/422, PL-01402 Warszawa
T: (004822) 36 02 41, ext. 3 54 **Fax:** 37 92 73
Andrzej Michalowski (Secretary SIDIR)
Adam Heine (President SIDIR)

Portugal

iz s 543

Associação Portuguesa de Projectistas e Consultores (APPC)
Avenida Antonio Augusto Aguiar 126 - 7°, P-1050 Lissabon
T: (0035121) 3 58 07 85, 3 58 07 86 **Fax:** 3 15 04 13
Internet: http://www.appconsultores.pt
E-Mail: info@appconsultores.pt
Manuela Lourenço (Assistant APPC)
Artur Ravara (President APPC)

Singapore

iz s 544

Association of Consulting Engineers Singapore
Anson Centre
51 Anson Road 2-65, SGP- Singapore 079904
T: (0065) 3 24 26 82 **Fax:** 3 24 25 81
Tham Poh Kuan (Honorary Secretary ACES)
Kog Yue Choong (President ACES)

Slovenia

iz s 545

National Association of Consulting Engineers of Slovenia
Slovenska 58, SLO-61000 Ljubljana
T: (0038661) 31 72 87 **Fax:** 31 25 69
Franc Zle (Secretary NACES)
Vekoslav Korosec (President NACES)

South Africa

iz s 546

The South African Association of Consulting Engineers
Die Suid-Afrikaanse Vereniging van Raadgewende Ingenieurs
Postfach 1644, ZA- Randburg 2125
T: (002711) 7 87 59 44 **Fax:** 7 89 52 64
Internet: http://www.saace.co.za

E-Mail: saace@iafrica.com
Graham Pirie (Executive Director SAACE)
J.F.S. Strydom (President SAACE)

Spain

iz s 547

Asociación Española de Consultores en Ingeniería (ASINCE)
Arturo Soria, 191 4° D, E-28043 Madrid
T: (003491) 5 10 07 26   **Fax:** 4 16 81 92
Internet: http://www.asince.org
E-Mail: asince@asince.org
Luis del Pozo Vindel (Secretary General ASINCE)
José Luis Manzanares Japón (President ASINCE)

Sri Lanka

iz s 548

The Association of Consulting Engineers Colombo, Sri Lanka
415, Bauddhaloka Mawatha, CL- Colombo 7
T: (00941) 68 71 43   **Fax:** 68 72 88
E-Mail: engcons@sri.lanka.net
W. M. S. C. Piyadasa (Honorary Secretary ACESL)
T. G. Perera (Honorary President ACESL)

Suriname

iz s 549

Orde van Raadgevende Ingenieurs in Suriname
Postfach 1864, SME- Paramaribo
van Roosmalenstraat 30, SME- Paramaribo
T: (00597) 47 22 75, 40 09 84   **Fax:** 47 44 08
E-Mail: socsunnc@sr.net
George D. Soerjoesing (Secretary ORIS)
Marcel A. Meyer (President ORIS)

Sweden

iz s 550

Swedish Federation of Architects and Consulting Engineers
Postfach 7394, S-103 91 Stockholm
Norrlandsgatan 11, S-103 91 Stockholm
T: (00468) 23 23 00   **Fax:** 20 49 13
E-Mail: ai@ark-ing.se
Mårten Lindström (Managing Director AI)
Lars Hansson (President AI)

Switzerland

iz s 551

Schweizerische Vereinigung Beratender Ingenieure (USIC)
Union Suisse des Ingénieurs-Conseils
Association Suisse des Ingenieurs-Conseils (ASIC)
Postfach 69 22, CH-3001 Bern
Schwarztorstr. 26, CH-3001 Bern
T: (004131) 382 23 22   **Fax:** 382 26 70
Internet: http://www.usic-engineers.ch
E-Mail: office@kamberpartner.ch
Markus Kamber (Secretary ASIC)
Carlo Galmasini (President USIC)

Tanzania

iz s 552

The Association of Consulting Engineers Tanzania
Postfach 63, EAT- Dar Es Salaam
T: (0025551) 11 44 14, 11 47 02, 3 85 12, 3 85 06
Fax: 11 66 01, 3 55 63, 11 28 20, 11 30 34
E-Mail: interconsult@raha.com
A. C. Andrew (Secretary ACET)
M. W. Niju (Chairman ACET)

Thailand

iz s 553

The Consulting Engineers Association of Thailand
SPC Building, 1 Sol Chanemchan, Sukhumvit 55, T- Bangkok 10110
T: (00662) 3 81 72 23   **Fax:** 3 81 08 57
Anan Soontornsiri (Secretary Gen. CEAT)
Somchai Achavanuntakul (President CEAT)

Tunisia

iz s 554

Association Nationale des Bureaux d'Etudes et des Ingénieurs Conseils
chez M. Radhi Meddeb, Prés. ANBEIC
28, Avenue Habib Bourguiba, TN-1001 Tunis
T: (002161) 84 11 20, 84 13 86   **Fax:** 79 60 31
Walid Bel Hadj Amor (President ANBEIC)

Turkey

iz s 555

Association of Turkish Consulting Engineers and Architects
Ahmet Rasim Sokak 35/-2, TR-06550 Çankaya/Ankara
T: (0090312) 4 40 89 70-71   **Fax:** 4 40 89 72
Kivanç Eryavuz (Directory Secretary ATCEA)
Fatma Çölasan (President ATCEA)

Uganda

iz s 556

Uganda Association of Consulting Engineers
Postfach 3007, EAU- Kampala
T: (0025641) 23 13 05, 23 12 82   **Fax:** 23 28 36, 23 33 16
P.M. Batumbya (Secretary General UACE)
J.B. Walusimbi (Chairman UACE)

United Kingdom

iz s 557

Association of Consulting Engineers (ACE)
Alliance House
12 Caxton Street, GB- London SW1H 0QL
T: (0044207) 2 22 65 57   **Fax:** 2 22 07 50
Internet: http://www.acenet.co.uk
E-Mail: consult@acenet.co.uk
Hugh Woodrow (Chief Executive and Secretary ACE)
Ray Cousins (Chairman ACE)

United States of America

iz s 558

American Consulting Engineers Council
1015 Fifteenth Street NW, USA- Washington, DC 20005
T: (001202) 3 47-74 74   **Fax:** 8 98-00 68
Internet: http://www.acec.org
E-Mail: hmessner@acec.org
Howard M. Messner (Executive Vice-President ACEC)
James R. Thomas (President ACEC)
Donald R. Trim (FIDIC Delegate)
Henry L. Michel (Chairman Intern. Affairs Com.)

Venezuela

iz s 559

Camara Venezolana de Empresas Consultoras
Edf. Majestic, Piso 3, Ofc. 32, Av. Litertador, YV- Caracas
T: (00582) 7 62 23 83   **Fax:** 7 62 26 58
E-Mail: cavecon@true.net
Delia Castro Casas (Executive Director CAVECON)
Alberto Held Fuentes (President CAVECON)

Vietnam

iz s 560

Vietnam Engineering Consultant Association
No. 37 Le Dai Hanh St., Hai Ba Trung Dis., VN- Hanoi City
T: (00844) 8 21 80 93   **Fax:** 9 76 21 53
Nguyen Canh Chat (General Secretary VECAS)
Nguyen Tan Van (Chairman VECAS)

Zambia

iz s 561

The Association of Consulting Engineers of Zambia
Postfach 30866, Z- Lusaka
T: (002601) 27 24 55   **Fax:** 27 48 37
Dinesh J. Bhatt (Honorary Secretary ACEZ)
Levy Zulu (Chairman ACEZ)

Zimbabwe

iz s 562

Zimbabwe Association of Consulting Engineers
Postfach 3337, RSR- Harare
T: (002634) 8 61 481
E-Mail: zace@hall.icon.co.zw
Janet M. Hall (Secretary ZACE)
Stuart D.M. Perry (President ZACE)

● **IZ S 563**

Internationale Vereinigung der Vermessungsingenieure (FIG)
International Federation of Surveyors
Fédération Internationale des Géomètres
FIG Office:
Lindevangs-Allé 4, DK-2000 Frederiksberg
T: (0045) 38 86 10 81   **Fax:** 38 86 02 52
E-Mail: fig@fig.net
Gründung: 1878
President: Robert W. Foster
Director: Markku Villikka
Verbandszeitschrift: FIG Bulletin, FIG Annual Review, publications, Congress proceedings
Mitglieder: 79 Mitgliedsverbände in 69 Ländern

● **IZ S 564**

Internationaler Akademikerinnen-Bund (IFUW)
International Federation of University Women (IFUW)
Fédération Internationale des Femmes Diplômées des Universités (FIFDU)
Rue de l'Ancien-Port 8, CH-1201 Genf
T: (004122) 7 31 23 80   **Fax:** 7 38 04 40
Internet: http://www.ifuw.org
E-Mail: ifuw@ifuw.org
Gründung: 1919
Präsidentin: Dr. Linda Souter (Canada)
Generalsekretärin: Murielle Joye
Mitglieder: 180000, 66 Mitgliedsverbände

● **IZ S 565**

Internationaler Architekten-Verband (UIA)
International Union of Architects
Union Internationale des Architectes
51, rue Raynouard, F-75016 Paris
T: (00331) 45 24 36 88   **Fax:** 45 24 02 78
Internet: http://www.uia-architectes.org
E-Mail: uia@uia-architectes.org
Gründung: 1948
President (1999-2002): Vassilis Sgoutas
Secretary General (1999-2002): Jean-Claude Riguet
Direction du service de presse: Catherine Hayward
Verbandszeitschrift: UIA Information Newsletter
Redaktion: Catherine Hayward (Rédacteur en chef)
Mitglieder: 91 Sections Nationales (101 pays membres)
Mitarbeiter: 7

● **IZ S 566**

Internationaler Rat der Gemeinschaft für industrielle Formgebung und -gestaltung (ICSID)
International Council of Societies of Industrial Design
Erottajankatu 11 A 18, FIN-00130 Helsinki
T: (003589) 69 62 29-0   **Fax:** 69 62 29-10
Internet: http://www.icsid.org
E-Mail: icsidsec@icsid.org
Gründung: 1957
President: Augusto Morello
President-Elect: Peter Butenschøn
Secretary General: Kaarina Pohto
Verbandszeitschrift: ICSIDnews
Mitglieder: 151
Mitarbeiter: 3

● **IZ S 567**

Internationaler Verband weiblicher Architekten (UIFA)
International Union of Women-Architects
Union Internationale des Femmes Architectes
14, rue Dumont d'Urville, F-75116 Paris
T: (00331) 47 20 88 82   **Fax:** 47 23 38 64
Gründung: 1963
Président: S. d'Herbez de la Tour (- Architecte -)
Mitglieder: 1800

● **IZ S 568**

Luftfahrt-Ingenieure International (AEI)
Aircraft Engineers International
Postfach 6 49, NL-2132 MJ Hoofddorp
Hoofdweg Oostzijde 616, NL-2132 MJ Hoofddorp
T: (00312356) 6 31 64   **Fax:** (00312356) 2 04 16
Internet: http://www.airengineers.com
E-Mail: airengineers@cs.com, fredbruggeman@cs.com

IZ S 568

Gründung: 1972
Präsident(in): A. Georgiades (ASSISEKA)
Vizepräsident(in): J. Miettinnen (ITA)
Secretary General: F.G.H. Bruggeman (De UNIE)
Public Relations Chairman: D. Golubovic (YAEA)
Mitglieder: 39 affiliated organisations with over 38000 licensed Engineers as members

● IZ S 569
Union Europäischer Eisenbahn-Ingenieur-Verbände (UEEIV)
Union of European Railway Engineer Associations
Union des Associations Européennes des Ingénieurs Ferroviaires
Kaiserstr. 61, 60329 Frankfurt
T: (069) 25 93 29   Fax: 25 92 20
E-Mail: ueeiv@t-online.de
Gründung: 1990 (10. Mai)
Präsident(in): Ing. Claude Boutté
Vizepräsident(in): Civ.Eng. Pat Jennings
Ober-Ing. Heinrich Salzmann
mgr.ing. Jerzy Zalewski
Dipl.-Ing. Wolfgang Seehafer
Office Manager: Ursula Weber
Verbandszeitschrift: UEEIV Report
Mitglieder: 23 Verbände 34 fördernde Mitglieder
Mitarbeiter: 2 Mitarbeiter
Jahresetat: DM 0,1 Mio, € 0,05 Mio
Landesverbände: 32 in Albanien, Belgien, Bulgarien, Deutschland, Frankreich, Griechenland, Großbritannien, Italien, Irland, Kroatien, Litauen, Niederlande, Österreich, Polen, Rumänien, Schweden, Schweiz, Slowakei, Tschechien, Ungarn.

Mitgliedsorganisationen

Albanien

iz s 570
Verband der Eisenbahn-Ingenieure Albaniens (SIH)
Drejtoria Perghitheshme Hukurudhave
Rruga Skenderbeg, AL- Durres
T: (0035552) 22 286   Fax: 22 037
Ing. J. Tati

Belgien

iz s 571
Union Royale Professionnelle des Ingénieurs Civils de la SNCB asbl
Koningin Maria Hendrikaplein 2, B-9000 Gent
T: (00329) 2 41 21 07
Ir Pierre Bogaert

Bulgarien

iz s 572
Nationale Vereinigung der Bahnanlagen-Ingenieure
GSRTE bei Transproekt
Rakovski Str. 112, BG-1080 Sofia
T: (003592) 88 85 55   Fax: 88 41 48
Dipl.-Ing. Luka Kolarov

iz s 573
Wissenschaftlich Technischer Verband für Verkehrswesen
Rakowskistrasse 108, BG-1000 Sofia
T: (003592) 8 43 31 90
Dr.-Ing. S. Kotov

Deutschland

iz s 574
Verband Deutscher Eisenbahn-Ingenieure E.V. (VDEI)
Kaiserstr. 61, 60329 Frankfurt
T: (069) 23 61 71   Fax: 23 12 19
Internet: http://www.vdei.de
E-Mail: vdei.ev@t-online.de
Bundesvorsitzender: Dipl.-Ing. Gregor Janssen

Frankreich

iz s 575
Association Ferroviaire Française des Ingénieurs et Cadres (AFFI)
Rue Bixio 12, F-75007 Paris
T: (00331) 39 76 91 94
Jean-Henri Lemoussu

Griechenland

iz s 576
Verband Griechischer Ingenieure des Eisenbahnwesens (SEMS)
c/o Polydata AG
Loukianou Str. 6, GR-10675 Athen
T: (00301) 7 29 07 08   Fax: 7 24 20 40
Dipl.-Ing. N. Steinhauer

Großbritannien

iz s 577
Permanent Way Institution (PWI)
Reginald Road 4 Wombwell, Barnsley, GB- South Yorkshire S 73 OHP
T: (00441226) 75 26 05   Fax: 75 42 87
Eng. Civ. Brain J. Garvey

Irland

iz s 578
Permanent Way Institution (PWI)
Civil Engineers' Dep., Irish Rail
North Wall Quey 50-60, IRL- Dublin 1
T: (003531) 7 03 42 22   Fax: 8 74 16 95
E. Fox

Italien

iz s 579
Collegio Ingegneri Ferroviari Italiani
Via Giolitti 34, I-00185 Rom
T: (00396) 4 88 21 29   Fax: 4 74 29 87
Dr.-Ing. Emilio Maestrini

Kroatien

iz s 580
Klub ITHZ der Kroat. Bahnen
Klub Inzenjera I Tenicara Hrvatskih Zeljeznica
Postfach 971, HR-41000 Zagreb
Antuna Mihanovica 12, HR-41000 Zagreb
T: (003851) 45 77 709
Dr. Stjepan Bozičevič

Litauen

iz s 581
Verband der Eisenbahningenieure von Litauen (LGIS)
Mindaugo 12-14, LT-2604 Vilnius
T: (003702) 62 44 65   Fax: 61 83 23
Dipl.-Ing. Vytautas Stasys Trumpa

Niederlande

iz s 582
Weg en Werken Vereniging
NS Verkeersleiding
Postfach 3 36, NL-8000 AH Zwolle
T: (003138) 497 4875   Fax: 497 4556
Drs. J.A.M. van Heugstum

Österreich

iz s 583
Österreichischer Verkehrswissenschaftliche Gesellschaft (OVG)
Postfach 489, A-1010 Wien
T: (00431) 5 12 69 98
Prof. Dr. P. Faller

iz s 584
Verband der Eisenbahn-Akademiker (VdEA)
Postfach 73, A-1103 Wien
T: (0043316) 9 84 83 60   Fax: 9 84 85 96
Prof. Dipl.-Ing. Zajic

Polen

iz s 585
Gesellschaft der Ingenieure und Techniker für Verkehrswesen (SITK)
ul. Czacklego 3-5, PL-004032 Warschau
T: (004822) 8 27 02 59   Fax: 8 27 02 58
Dr.-Ing. W. Starowicz

Rumänien

iz s 586
Vereinigung der Rumänischen Eisenbahn Ingenieure (A.I.F.R.)
Postfach 55-32, R-78223 Bukarest
T: (00401) 6 38 55 00, 6 17 54 78   Fax: 3 12 31 45
Dipl.-Ing. Doru Adrian Stanescu

Schweden

iz s 587
Nordiska Järnvägsmannasällskapet (NJ)
c/o SJ Hauptverwaltung
S-10550 Stockholm
T: (00468) 7 62 40 09   Fax: 7 62 40 05
Ing. S. Barstrom

Schweiz

iz s 588
Verband der Ingenieure und Architekten der Schweizerbahnen
Hochschulstr. 6, CH-3030 Bern
T: (0041512) 24 22 38
Präsident(in): Werner Zeder

iz s 589
Verband der Ingenieure und Architekten der Schweizerbahnen (VIA)
Postfach 8609, CH-3030 Bern
T: (0041512) 24 29 01   Fax: 24 30 70
Ing. ETS Jean-Paul Michel

Slowakische Republik

iz s 590
Verband der Eisenbahn-Ingenieure der Slowakei (EIVS)
GR ZSR - Abt. Strategie
Klemensova 8, SK-81361 Bratislava
T: (004217) 32 5242   Fax: 548 7118
Dipl.-Ing. Peter Havrila

Tschechische Republik

iz s 591
CSVTS-Spolecnost dopravy
Novoméno Lávka 5, CZ-11668 Praha 1
T: (004202) 21 08 2336   Fax: 21 08 2329
Dr.-Ing. K. Korinková

iz s 592
Verband der Transportingenieure der Tschechischen Republik
Hybernská 5, CZ-11000 Praha 1
T: (004202) 230 32 185   Fax: 248 12 437
Dipl.-Ing. Roshslav Konicek

Ungarn

iz s 593
Ungarischer Verkehrswissenschaftlicher Verein
Közlekedestudomanyi Egyesület
Kossuth Lajos ter 6-8, H-1055 Budapest
T: (00361) 153 20 05, 153 05 62   Fax: 153 20 05
Prof. Dr. S. Gyurkovics

● IZ S 594

Verbindungsausschuß für Europäische Vermessungsexperten (CLGE)
The council of european geodetic surveyors
Comité de liaison des geométrès européens
c/o Secretary General BEV
Bürgerstr. 34, A-6010 Innsbruck
T: (0043512) 58 89 48 60   Fax: 58 84 11 61
Internet: http://www.ps.ucl.ac.uk/clge
E-Mail: gerda.schennach@bev.gv.at
Gründung: 1972
President: Paddy Prendergast (Ireland)
Vice President: Klaus Rürup (Germany)
Secretary General: Gerda Schennach (Austria)
Mitglieder: 19 associations

Mitgliedsorganisationen

Belgien

iz s 595

Union Belge des Géomètres-Experts Immobiliers
Rue du Nord 76, B-1000 Brüssel
T: (00322) 219 6281   Fax: 219 6281
E-Mail: ubg_bul@compuserve.com
President: Tanguy della Faille

Dänemark

iz s 596

Den Danske Landinspektørforening
Lindevangs-Allé 4, DK-2000 Frederiksberg
T: (0045) 3886 1070   Fax: 3886 0252
Internet: http://www.ddl.org, http://www.plf.dk
E-Mail: ddl@ddl.org
President: Jens Bruun Andersen

Deutschland

iz s 597

Bund der Öffentlich bestellten Vermessungsingenieure e.V. (BDVI)
Lindenstr. 14, 50674 Köln
T: (0221) 92 18 39-300   Fax: 92 18 39-399
Internet: http://www.bdvi.de
E-Mail: bdvi@gebig.com
President: Dipl.-Ing. Volkmar Teetzmann (Oher Weg 2 a, 21509 Glinde)

Finnland

iz s 598

The Finnish Association of Geodetic and Land Surveyors MIL, (Suomen Maanmittausinsinöörien Liitto ry MIL)
Maanmittansinsinoorlen Liitto ry
Kellosita 10, FIN-00520 Helsinki
T: (003589) 148 1900   Fax: 148 3580
Internet: http://www.maanmittari.fi
E-Mail: mil@maanmittari.fi, marjut.kuusela@pp.kolumbus.fi
President: Mikko Uimonen

Frankreich

iz s 599

Ordre des Géomètres-Experts
Avenue Hoche 40, F-75008 Paris
T: (00331) 53 83 88 00   Fax: 45 61 14 07
E-Mail: ordre.geometres-experts@wanadoo.fr
President: Jean-Louis Marty

Griechenland

iz s 600

Technical Chamber of Greece
4, Karageorghi Servias, GR-10562 Athen
T: (00301) 32 54 591   Fax: 32 21 772
E-Mail: tcgeudep@tee.gr

iz s 601

Hellenic Association of Rural and Surveying Engineers
Arachovis Str. 61, GR-10681 Athen
T: (00301) 330 10 45, 330 10 89   Fax: 330 09 72
E-Mail: psdam@tec.gr

Großbritannien

iz s 602

The Royal Institution of Chartered Surveyors
12, Great George Street, Parliament Square, GB- London SW1P 3AD
T: (004420) 7222 7000, 7334 3856   Fax: 7334 3712
E-Mail: rics@rics.org.uk
President: Richard Lay

Ireland

iz s 603

Irish Institution of Surveyors
c/o ERA-Maptec Ltd
36 Dame Street, IRL- Dublin 2
T: (003531) 402 38 38   Fax: 402 39 99
President: Muiris de Buitleir

Italien

iz s 604

Consiglio Nazionale Geometri
Via Barberini 68, I-00187 Rom
T: (00396) 4 82 40 18   Fax: 4 81 40 26, 4 74 68 27
President: Francesco Leonardi

Luxemburg

iz s 605

Ordre Luxembourgeois des Géomètres du Grand-Duché
Postfach 651, L-2016 Luxembourg
T: (00352) 47 96 26 57   Fax: 47 46 61 56
President: Jean van den Bulcke

Niederlande

iz s 606

Nederlandse Vereniging voor Geodesie
Goudmos 9, NL-2661 MA Bergschenhoek
T: (003110) 242 6579   Fax: 452 8892
E-Mail: wtenkate@worldaccess.nl
President: Jos C. Anneveld (LL.M)

iz s 607

Vereniging van Nederlandse Bedijven in de Geodesie
Association of the Netherlands Companies in Geodetic Surveying
c/o Oranjewoud B.V.
Postfach 1 00 44, NL-1301 AA Almere
T: (003136) 5 39 64 79   Fax: 5 39 65 86

Norwegen

iz s 608

Norwegian Association of Chartered Surveyors
c/o FIG Norway
Parkveien 7, N-1430 Ås
T: (0047) 64 94 83 71   Fax: 64 94 27 21
Manager: Gunnar Balle

Österreich

iz s 609

Bundeskammer der Architekten und Ingenieurkonsulenten (ACA)
Bundesfachgruppe Vermessungswesen
Karlsgasse 9/2, A-1040 Wien
T: (00431) 5 05 58 07   Fax: 5 05 32 11
Internet: http://www.arching.at
E-Mail: office@arching.at
President: Dipl.-Ing. Hans Polly

Portugal

iz s 610

Associacao Nacional de Topografos
Rua Alfredo Pereira 209, P-4560 Penafiel
T: (00351) 93 62 42 00 24, 55 21 26 12   Fax: 55 71 22 57
Internet: http://www.terravista.pt/AguaAlto/1112/
E-Mail: mop16024@mail.telepac.pt
President: José Augusto F. Veiga Ferraz

Schweden

iz s 611

Swedish Association of Chartered Surveyors (Sveriges Lantmätareförening)
Swedish Association of Chartered Surveyors
Postfach 53 24, S-10247 Stockholm
T: (00468) 667 9590   Fax: 667 9705
Internet: http://www.slf.net
E-Mail: kansli@slf.net
President: Tommy Österberg

Schweiz

iz s 612

Société Suisse des Mensurations et Améliorations Foncières (SSMAF)
Postfach 7 32, CH-4501 Solothurn
T: (004132) 6 24 65 03   Fax: 6 24 65 08
Internet: http://www.svvk.ch
E-Mail: info@svvk.ch
President: René Sonney

Slowakische Republik

iz s 613

Technical University of Košice
Department of Geodesy and Geophysics
Park Komenského 19, SK-04384 Kosice
T: (00421) 9 56 33 27 47   Fax: 9 65 33 66 18
E-Mail: sedlak@ccsun.tuke.sk
Dr. Vladimir Sedlàk (Technical University of Kosice)

Spanien

iz s 614

Colegio Oficial de Ingenieros Técnicos en Topografia
Av. Reina Victoria 66 2 C, E-28003 Madrid
T: (00341) 5 53 89 65   Fax: 5 33 46 32
E-Mail: coit-cop@arrakis.es
President: Angel Rivero

Tschechische Republik

iz s 615

Chamber of Surveying in co-operation with the Czech Union of Surveyors and Cartographers and with the Czech Office of Surveying and Cadastre
c/o President Jan Fafejta
Novotného lávka 5, CZ-11668 Praha 1 1
T: (004202) 21 08 23 74   Fax: 21 08 23 74
E-Mail: geodeti@csvts.cz
President: Jan Fafejta

● IZ S 616

Verbindungskomitee der Vereinigungen graduierter Ingenieure bei der EU (C.L.A.I.U.)
Liaison Committee of the Associations of University Graduate Engineers of the European Union
Comité de Liaison des Associations d'Ingénieurs Universitaires de l'Union Européenne
c/o F.A.B.I.
Rue Hobbema 2, B-1000 Brüssel
T: (00322) 5 12 57 17   Fax: 5 12 89 49
E-Mail: fed.ass.vis.fabi@skynet.be
Gründung: 1988
President: J.P. Wapener
Contact: Lic.jur. Ann Van Eycken
Mitglieder: 8

● IZ S 617

Vereinigung der Fernmeldeingenieure der Europäischen Gemeinschaft (F.I.T.C.E.)
Federation of the Telecommunications Engineers of the European Community
Fédération des Ingénieurs des Télécommunications de la Communauté Européenne
Tour TBR, 13 Floor, Room 131
Bd. Emile Jacqmain 166, B-1000 Bruxelles
T: (00322) 202 77 05   Fax: 202 79 66
Gründung: 1962
Präsident(in): Guntram Kraus (Deutsche Telekom, Postfach 200016, D-80324 München, Arnulfstr. 60, T: (004989) 55 00-55 50, Fax: 55 00-55 59)
Secretary General: Geneviève Bolle (BELGACOM, Tour TBR, 13 Floor, Boulevard Emile Jacqmain 166, B-1000 Bruxelles, T: (00322) 202 77 05, Fax: 202 79 66)
Treasurer: Pierre Henin (BELGACOM Towers, U-Tower, 23

IZ S 617

Floor, Boulevard Emile Jacqmain 177, B-1000 Bruxelles, T: (00322) 202 83 71, Fax: 203 34 07)
Leitung Presseabteilung: Tapash Ray (FITCE UK, Postal Point 230, Fleet Building, 40 Shoe Lane, GB-London EC4V 3DD, T: (0044171) 353 4205, Fax: 353 4206)
Verbandszeitschrift: FITCE FORUM
Verlag: F.I.T.C.E., Tour TBR, 13 Floor, Room 131, Boulevard Emile Jacqmain 166, B-1000 Bruxelles
Mitglieder: 5000

● **IZ S 618**

Weltföderation der Wissenschaftler (WFW)
World Federation of Scientific Workers (WFSW)
Fédération Mondiale des Travailleurs Scientifiques (FMTS)
Postfach 404, F-93514 Montreuil Cedex
T: (00331) 4818 8175   Fax: 4818 8003
E-Mail: fmts@wanadoo.fr
Gründung: 1946
Verbandszeitschrift: Scientific World
Mitglieder: 19
Mitarbeiter: 1

Bildende Künstler, Grafik-Designer, Schriftsteller, Komponisten, Kritiker, Journalisten, Dolmetscher, Übersetzer u.a.

● **IZ S 619**

Büro der Europäischen Designer-Verbände (BEDA)
The Bureau of European Designers Associations (BEDA)
Bureau des Associations de Désigners Européens
Secretariat:
Diagonal 452, 5_0, E-08006 Barcelona
T: (0034934) 15 36 55   Fax: 15 54 19
Internet: http://www.beda.org
E-Mail: office@beda.org
Gründung: 1969
President: Francisco Carrera
Vice-President: Stephen Hitchins
Executive-Officer: Estela Vera Noble
Mitglieder: 18
Mitarbeiter: 1

Mitgliedsorganisationen

Belgien

iz s 620

Union des Designers en Belgique (UDB)
Drève-Hof-ter-Vleest 5 (box 6), B-1070 Brüssel
T: (00322) 5 23 52 04   Fax: 5 56 25 76
Internet: http://www.udb.org
E-Mail: astral@skynet.be

Dänemark

iz s 621

Foreningen Danske Designere (MDD)
The Association of Danish Designers
Vestergade 11, DK-1456 København K
T: (004533) 13 72 30   Fax: 32 61 08
Internet: http://www.danske-designere.dk
E-Mail: mdd@danske-designere.dk

Deutschland

iz s 622

Bund Deutscher Grafik-Designer e.V. (BDG)
Flurstr. 30, 22549 Hamburg
T: (040) 83 29 30 43   Fax: 83 29 30 42
Internet: http://www.bdg-deutschland.de
E-Mail: info@bdg-deutschland.de

iz s 623

Verband Deutscher Industrie-Designer e.V. (VDID)
Gelsenkirchener Str. 181, 45309 Essen
T: (0201) 8 30 40 10   Fax: 8 30 40 19
E-Mail: ddv@germandesign.de
Geschäftsführer(in): Prof. Dr. Peter Zec

Finnland

iz s 624

Grafia Ry
Uudenmaankatu 11 B 9, FIN-00120 Helsinki

T: (003589) 60 19 41   Fax: 60 11 40
E-Mail: grafia@grafia.fi

iz s 625

The Finnish Association of Designers Ornarno
Yrjönkatu 11 E, FIN-00120 Helsinki
T: (003589) 60 75 00   Fax: 60 74 88
Internet: http://www.finnishdesign.fi

Großbritannien

iz s 626

Chartered Society of Designers (CSD)
Saffron Hill 32-38, GB- London EC1N 8FH
T: (004420) 78 31 97 77   Fax: 78 31 62 77
Internet: http://www.csd.org.uk
E-Mail: csd@csd.org.uk

Irland

iz s 627

Institute of Designers in Ireland (IDI)
Merrion Square 8, IRL- Dublin 2
T: (003531) 2 84 14 77   Fax: 4 96 28 06

Italien

iz s 628

Associazione per il Disegno Industriale (ADI)
Via Bramante 29, I-20154 Mailand
T: (00392) 33 10 01 64   Fax: 33 10 08 78
Internet: http://www.essai.it/adi
E-Mail: adi@essai.it

iz s 629

Associazione Italiana Progettisti in Architettura d'Interni (AIPI)
Via C. Borgazzi 4, I-20122 Mailand
T: (00392) 58 31 02 43   Fax: 58 31 24 85
E-Mail: aipi.archinterni@iol.it

iz s 630

Associazione Italiana Progettazione per la Communicazione Visiva (AIAP)
Via Col di Lana 12, I-20136 Mailand
T: (00392) 58 10 72 07   Fax: 58 11 50 16
E-Mail: aiap@planet.it

Niederlande

iz s 631

Beroepsorganisatie Nederlands Ontwerpers (BNO)
Weesperstraat 5, NL-1018 DN Amsterdam
T: (003120) 6 24 47 48   Fax: 6 27 85 85
Internet: http://www.bno.nl
E-Mail: bno@bno.nl

Österreich

iz s 632

Design Austria (DA)
Kandlgasse 16, A-1070 Wien
T: (00431) 5 24 49 49-0   Fax: 5 24 49 49-4
E-Mail: info@designaustria.at

Schweden

iz s 633

Föreningen Svenska Industridesigner (SID)
Postfach 5501, S-11485 Stockholm
T: (00468) 7 83 83 42   Fax: 6 61 20 35
E-Mail: sid@svid.se

iz s 634

Spanish Designers
C/San Vicente 35 3° 5°, E-46002 Valencia
T: (003496) 3 51 00 28   Fax: 3 94 08 42
E-Mail: adcv@iglobal.es

● **IZ S 635**

Europäische Autorenvereinigung Die Kogge, e.V., Sitz Minden (EADK)
European Authors' Association "Die Kogge"
Association Européenne des auteurs "Die Kogge"
Geschäftsstelle
Postf. 30 80, 32387 Minden
Kleiner Domhof 6, 32423 Minden
T: (0571) 8 94 14   Fax: 8 96 80
E-Mail: kulturbuero@minden.de
Gründung: 1924 (Neugründung 1953; verboten 1933-45)
Geschäftsführer(in): Friedrich-Wilhelm Steffen (Kulturamt Stadt Minden)
Verbandszeitschrift: Kogge-Brief
Mitglieder: ca. 170
Jahresetat: DM 0,024 Mio, € 0,01 Mio

● **IZ S 636**

Europäische Sportpresse-Vereinigung (UEPS)
European Sports Press Union
Union Européenne de la Presse Sportive
113 Tudor Way Rickmansworth Herts, GB- London WD3 2HT
T: (00441923) 77 07 99   Fax: 77 07 99
Gründung: 1977 (Milano Marittima, Italien)
President: Leif Nilsson
Vice-Pres: Evgen Bergant (Glavarjeva 17, SLO-61000 Ljubljana, Slovenia, T: (003861) 31 82 55 + 31 83 62, 34 15 03 (priv.), TX: 31 255)
Secretary General: Morley Myers (113 Tudor Way, Rickmansworth Herts, GB-London WD3 2HT, T: (00441923) 77 07 99, Telefax: (00441923) 77 07 99)
Members: José Carlos Freitas (Expresso: 3157406, Telefax: 3 15 74 07, C.N.I.D.: 3428736, 4972953 (priv.))
Leif Nilsson (Ungovägen 9, S-760 10 Bergshamra T: (0046176) 6 05 47 (priv.), (00468) 7 38 30 00, Telefax: (00468) 6 56 97 91)
Yiannis Theodorakopoulos (3, Asklipiou Str., GR-106 79 Athens, T: (00301) 3 63 47 19, Telefax: (00301) 3 63 57 77)
Nils-Göran Wallen (Mannerheimvägen 18, FIN-00100 Helsinki, T: (003580) 1 25 33 27, 60 77 43 (priv.), TX: 124 402)
Verbandszeitschrift: Media Sport
Redaktion: Media & Sport, Gianni Merlo, Via Dante, 12, I-27029 Vigevano (PV), T: (0039381) 69 06 36, Telefax: (0039381) 69 06 38
Verlag: European Sports Press Union/UEPS
Mitglieder: 10000
45 Landesverbände in Europa

● **IZ S 637**

Internationale Journalisten-Föderation (IJF)
International Federation of Journalists (IFJ)
Fédération Internationale des Journalistes (FIJ)
Rue Royale, 266, B-1210 Bruxelles
T: (00322) 223 22 65   Fax: 219 29 76
Internet: http://www.ifj.org
E-Mail: ifj@pophost.eunet.be
Gründung: 1952
Präsident(in): Chris Warren
Generalsekretär(in): Aidan White
Mitglieder: 450000 in 100 Ländern

● **IZ S 638**

Internationale Übersetzer-Vereinigung (FIT)
International Federation of Translators
Fédération Internationale des Traducteurs
2021, avenue Union, bureau 1108, CDN- Montréal (Québec) H3A 259
T: (001514) 845-0413   Fax: 745-9903
Internet: http://www.fit-ift.org
E-Mail: secretariat@fit-ift.org
Gründung: 1953
Präsident(in): Adolfo Gentile (Australien)
Generalsekretär(in): Peter Krawutschke
Verbandszeitschrift: Translatio-Nouvelles de la FIT- FIT Newsletter + BABEL
Redaktion: René Haeseryn, Heiveldstraat 245, B-9040 St-Amandsberg, T u. Fax: (00329) 2 22 39 71
Mitglieder: 74 ordentliche, 25 assoziierte

● **IZ S 639**

Internationale Vereinigung der Audiovisuellen Autoren (A.I.D.A.A.)
International Association of Audiovisual Writers and Directors
Association Internationale des Auteurs de l'Audiovisuel
Rue du Prince Royal 87, B-1050 Brüssel
T: (00322) 5 51 03 50   Fax: 5 51 03 55
Internet: http://www.aidaa.org
E-Mail: secretariat@aidaa.org
Président: Jacques Deray
Vice-Présidents: Manuel Gutierrez Aragon
Massimo Sani
Pennaut Roberts
Secrétaire Général: Joao Correa

• **IZ S 640**

Internationaler Verband der Konferenzübersetzer (AITC)
International Association of Conference Translators
Association internationale des traducteurs de conférence
Route des Morillons 15, CH-1218 Grand Saconnex
T: (004122) 7 91 06 66 **Fax:** 7 88 56 44
Internet: http://www.aitc.ch
E-Mail: secretariat@aitc.ch
President: Geneviéve Seriot
Geschäftsführender Sekretär: Michel Boussonnier

• **IZ S 641**

Internationale Vereinigung der Philatelie-Journalisten (AIJP)
International Association of Philatelic Journalists
Association Internationale des Journalistes Philatéliques
c/o Fritz Baeker
Am Osterberg 19, 29386 Hankensbüttel
T: (05832) 24 22
Gründung: 1962 (20. August)
Generalsekretär(in): Fritz E. Baeker (Am Osterberg 19, 29386 Hankensbüttel, T: (05832) 24 22)
Mitglieder: über 400

• **IZ S 642**

Internationale Vereinigung von Reisejournalisten und -schriftsteller (FIJET)
International Federation of Travel Journalists and Writers
Fédération Internationale des
Journalistes et Écrivains du Tourisme
Secrétariat
Zavelstraat 62, B-3071 Kortenberg
T: (00322) 7 59 62 18 **Fax:** 7 59 49 40
Gründung: 1954
Membres du Bureau Executif
Président: Tijani Haddad (Chairman OMJET & ATJET, Tunisian association; Affiliation: Gazette Touristique - Hebdo Touristique, 2 rue du Jeune Foyer, 1004 El Menzah, TN-Tunis, Tunesien, T: (002161) 78 63 18, Telefax: (002161) 79 48 91)
Secretary General: Rene Van Hoof (Chairman BFTP, Belgian Feder Tourist Press; Affiliation: Officiele Horeca, Gastro Horeca, Local radio, Semaine d'Anvers, Zavelstraat 62, B-3071 Kortenberg, Belgien, T: (00322) 7 59 62 18, Telefax: (00322) 7 59 49 40)
1st Vice President: Juan Barrera Salamanca (Secretary General APPTUR; Affiliation: Atlapa News, Apartado 8168 Zona 8, PA-Panama City, Panama, Telefax: (00507) 64 64 03)
Vice President America: Concepcion Schiaffino (President AMPRETUR MEXICO; Affiliation: El Universal, Schiller 138 PH Colonia Polanco, MEX-Mexico DF, Mexico, T: (00525) 2 50 85 55, Telefax: (00525) 5 21 52 40)
Vice President Eurasia: Anna Plenzler (President Polish FIJET Club; Affiliation: Gtosu Wielskopolskiego, Ul Grunwasldzka 19, P-60.959 Poznan, Polen, T: (004861) 65 96 32, Telefax: (004861) 47 30 73)
Vice President Europe: Miguel Martinez Monge (Board member FEPET; Affiliation: SPIC, Correo de Viajes y Turismo, Santa Rita 1, 2° A, E-03500 Benidorm, Spanien, T: (00346) 5 85 05 71, Telefax: (00346) 5 85 05 71)
Vice President Mediterrannee: Pericles Lytras (President Greek travel journalist association; Affiliation: Touristiki Agora, Augi, 11 Fidiou street, GR-163.41 Athens, Griechenland, T: (00301) 9 95 34 80, Telefax: (00301) 9 93 58 75)
Leitung Presseabteilung: Rene Van Hoof
Board of Directors
Algeria: Larbi Timizar (President Algerian Association, Affiliation: El Moudjahid, Cite Concorde, DZ-Bir Moudries, Alger, Algerien, T: (00213) 73 70 30)
Austria: Fred Turnheim (President OJC, Österreichischer Journalisten Club, Affiliation: ORF, Austrian Radio and Television, Gablengasse 7, Penthouse, A-1150 Wien, Österreich, T: (00432) 9 82 85 55, Telefax: (00432) 98 28 50)
Belgium: Guido Andries (Past President BFTP, Belgian Federation Tourist press, Affiliation: Gastro Horeca revue, Holstraat 75, B-1770 Liedekerke, Belgien, T: (003253) 66 88 91, Telefax: (003253) 67 34 73)
Bolivia: Ignacio Orella Vargas (President Bolivian association, Affiliation: Cartel, Tourist magazine, Casilla Postal 87 58, BOL-La Paz, Bolivien, T: (005912) 37 73 69, Telefax: (005912) 36 16 44)
Bulgaria: Plamen Starev (Secretary ABUJET Bulgarian writers association, Affiliation: Radio Sofia, 4. N.Kofardgiev str, BG-1606 Sofia, Bulgarien, T: (003592) 52 69 43, Telefax: (003592) 80 03 06)
Colombia: Antonio Vargas (President Colombian travel writers association, Job title: journalist, Affiliation: Radio Bogota, Calle 20 / 8-73 piso 2, CO-Pereira, Kolumbien)
Costa Rica: Beltran Meza (Apartado 85 03, CR-1000 San Jose, Costa Rica)
Croatia: Drago Ferencic (President Croatian association, Affiliation: Hotel Magazin, Jordanovac A, HRV-41000 Zagreb, Kroatien, T: (0038541) 21 78 17, Telefax: (0038541) 21 78 17)
C-Tour: Ditmar Hauer (President C-Tour, Affiliation: Neues Deutschland, Greifswalderstr. 150, 10409 Berlin, T: (030) 4 23 60 11)
Cuba: Carmen Carinas Lemus (Circulo de Periodistas de Turismo, Affiliation: Sol de Cuba, Calle 23 N° 452 Apartado 6646, La Habana, Kuba, T: (00537) 32 35 16, Telefax: (00537) 33 34 22)
Cyprus: Skevi Tselepou (Board member Cypriot Association, Affiliation: Action Publications, P.O.Box 46 76, CY-Nicosia, Zypern, T: (003572) 44 41 04, Telefax: (003572) 46 74 43)
Czechie: Miroslav Navara (President Club FIJET Czech republic, Affiliation: Travel info, Pod Stanici 19, CZ-102 00 Praha 10, Tschechische Republik, T: (00422) 75 80 37, Telefax: (00422) 2 31 64 49)
Egypt: Salah Attia (President Egyptian association, Affiliation: Egyptian travel and tourism magazine, 137 Misr and Sudan street, Hadayek el Kobba, ET-Cairo, Ägypten, T: (00202) 2 82 72 27, Telefax: (00202) 2 82 72 37)
France: Pierre Pons (President AFJET, Affiliation: La depêche du Midi, 4 rue Jean Jaures, F-09300 Lavelanet, Frankreich, T: (0033) 61 01 28 94)
Germany: Joachim Fischer (President ITMJ, Affiliation: TIAG Breslauer Str. 2, 97762 Hammelburg, T: (06664) 8 91 64, Telefax: (06664) 8 91 98)
Greece: Dimitris Loukas (Affiliation: Touristiki Zoi, 2 Rue Nikis, GR-10563 Athens, Griechenland, T: (00301) 3 23 15 62, Telefax: (00301) 7 66 22 95)
Great Britain: Chris Hawskworth (President BITE, British association, Affiliation: BBC Radio, Old Mill Pound, Sunny Bank Road, GB-Meltham near Huddersfield, West Yorkshire HD7 3LL, T: (0044484) 85 07 97)
Hungary: Zoltan Miklody (Affiliation: TURISM Petofi S.U.G., H-9783 Egyhazasradoc, Ungarn, T: (003694) 42 04 78, Telefax: (003694) 42 04 78)
Israel: Eytan Shabi (Chairman Touristwriters section Tel Aviv, Affiliation: Radio Tel Aviv & Israel, Skolov House, 4 Kaplan Street, IL-Tel Aviv, Israel, T: (009723) 6 95 61 41, Telefax: (009723) 6 95 14 38)
Italy: Antonio Bonelli (President Cist Italian association, Affiliation: International tourist press, Viale Tito Livio, 166, I-00136 Roma, Italien, T: (00396) 3 45 16 70, Telefax: (00396) 3 42 09 78)
Lebanon: George Kahy (President ALJET, Affiliation: L'oriente-Jour and La Revue du Liban, Farah Centre c/o ALJET, PO Box 113.5066, RL-Beyrouth, Libanon, T: (00961) 34 92 50, Telefax: (00961) 30 22 50, 34 93 95)
Mexico: Raul Iriarte (Cataluna 19, T: (00525) 5 98 20 51)
Morocco: Ahmed Zeghari (President Travel Journalist association, Affiliation: La Vie Tourist Africaine, 142 Bld Mohammed V, MA-Casablanca, Marokko, T: (002122) 27 53 19)
Monaco: Peggy Butet (President Travel Writers Monte Carlo, Affiliation: Le Trocadero, Le Chateau d'Azur, 44 Bld d'Italie, MC-98000 Monaco, Monaco, T: (003393) 92 16 08 39, Telefax: (003393) 93 21 91 24)
Panama: Luis A. Pimentel E. (President APPTUR, Affiliation: Panamenian television, Apartado 8786 Zona 5, PA-Panama city, Panama, T: (00507) 23 79 24, Telefax: (00507) 64 39 50)
Peru: Jose Vicente Nisizaka Mejia (President Prensatur, Affiliation: Ejectutivo & Turismo Mondial, Jr T. Cardenas 369 (12 Av P.Thouars), PE-Santa Beatriz - Lima 1, Peru, T: (005114) 71 47 49, Telefax: (005114) 72 07 90)
Poland: Alicjia Kostecka (Secretary General Polish FIIJET Club, Affiliation: Tygodnik Lodewy, OS 1000 Lecia 72/76, PL-61.255 Poznan, Polen, T: (004861) 76 05 65, Telefax: (004861) 52 61 08)
Portugal: Salvador Alves Dias (President Portuguese Association, Affiliation: radio Lisboa, owner magazines, Rua do Quelas 10, P-1200 Lisboa, Portugal, T: (003511) 60 25 94)
Rumania: Constantin Priescu (Cale Victoriei 63-81, Scara Al, APT 6, Bucarest, T: (00401) 3 12 70 47, Telefax: (00401) 3 12 10 47)
Russia: Svetlana Kalnik (President Russian FIJET Club Journalist, Affiliation: The Independant, Pyatnitskaya Street 25, RUS-113326 Moscou, Russische Föderation, T: (007095) 2 33 60 51)
Slovenia: Cveta Potocnik (Secretary General, Affiliation: Radio Slovenija, Vilharjeva 37, SLO-61000 Ljubljana, Slovenien, T: (0038661) 32 94 34, Telefax: (0038661) 1 32 72 76)
Spain: Gabriel Garcia Brera (Gran Via 68, 4° E-28013 Madrid, T: (00341) 5 59 83 90, Telefax: (00341) 5 42 22 65)
Sweden: Susanne Hushagen (Chairman Swedish Association, Affiliation: TUR Goteborg, Morningblattern, Linnegatan 8 4 TR, S-41304 Goteborg, Schweden, T: (004631) 24 28 94, Telefax: (004631) 12 93 43)
Tunisia: Hedi Zaheg (Secretary General ATJET, Affiliation: Radio Tunisia, 2 rue du Jeune Foyer, TN-1004 El Menzah Tunis, Tunesien, T: (002161) 78 83 18, Telefax: (002161) 79 48 91)
Turkey: Nikat Boytüzun (Tourism Review, Cunfuriyet Codesi, n° 257/3°, TR-80280 Istanbul, T: (0090212) 2 31 14 20, Telefax: (0090212) 2 30 36 97)
United States: Don Bonhaus (One Ballinswood Road, USA-Atlantic Highlands NJ 07716, USA, T: (001908) 2 91 28 40, Telefax: (001908) 2 91 92 72)
Account Controllers: Iskra Koynova (Hahgahan Str. 71 D, BG-Sofia, Bulgarien, T: (003592) 79 61 69)
François Roux (9 rue Borie, F-St Etienne, T: (0033) 77 74 33 29)
Councellors:
Past Vice President: Emile Alexandrov Hegedus (Secretary General Bulgarian association, Affiliation: Nouvelles de Sofia, Nezabravka 1/III, BG-Sofia 1113, Bulgarien, T: (003592) 75 56 63, Telefax: (003592) 88 30 47)
Verbandszeitschrift: Vue Touristique
Redaktion: Secretaire General
Mitglieder: 1600
Technical Organ
Centre International FIJET/ International FIJET Center K.Martelstraat 54, B-1040 Brussel, Director: G.Andries, Holstraat 75, B-1770 Liedekerke, T: (003253) 66 88 91, Telefax: (003253) 67 34 73

• **IZ S 643**

Internationaler Verband der Umweltjournalisten (IFEJ)
International Federation of Environmental Journalists
Grande Rue /Pierre d'angle, F-26400 Beaufort sur Gervanne
Fax: (00334) 75 76 47 69
Internet: http://www.ifej.org
E-Mail: ifej@comlink.org
Gründung: 1993
President: Darryl D'Monte (Indien)
Deputy President: Randa Fouad (Ägypten)
Maria Elena Velez (Kolumbien)
General Secretary: Robert A. Thomas (USA)
Treasurer: Victor L. Bacchetta (Uruguay)
Executive Director: Michael Schweres
Louisette Gouverne
Verbandszeitschrift: The planet's voice
Verlag: IFEJ-Headoffice, T-26400 Beaufert/Gervanne
Mitglieder: 105 Länder

• **IZ S 644**

Internationaler Kunstkritikerverband (AICA)
Association Internationale des Critiques d'Art
Sektion der Bundesrepublik Deutschland
Maternusstr. 29, 50678 Köln
T: (0221) 31 46 41 **Fax:** 31 53 37
Internet: http://www.aica.de
E-Mail: info@aica.de
Gründung: 1951
Präsident(in): Walter Vitt, Köln
Vizepräsident(in): Prof. Klaus Honnef, Bonn
Andreas Hüneke, Potsdam
Generalsekretärin: Dr. Sabine Schütz, Köln
Mitglieder: 160

• **IZ S 645**

Internationaler Rat der Vereinigung des graphischen Gewerbes (ICOGRADA)
International Council of Graphic Design Associations
Conseil International d'Associations de Design Graphiques
Postfach 398, GB- London W11 4UG
T: (004420) 76 03 84 94 **Fax:** 73 71 60 40
E-Mail: 106065.2235@compuserve.com
Gründung: 1963 (27. April)
President: Guy-A. Schockart (October 1999-2001)
Secretary General: Mary V. Mullin
Verbandszeitschrift: MESSAGE BOARD (Published Quaterly); ICOGRADA FAXNEWS (Published monthly)
Redaktion: PO Box 398, GB-London W11 4UG
Mitglieder: 56 Verbände in 38 Ländern

• **IZ S 646**

Internationaler Verband der Reiseleiter (IATM)
International Association of Tour Managers
Association Internationale des Responsables de Voyages
397, Walworth Road, GB- London SE17 2AW
T: (004420) 77 03 91 54 **Fax:** 77 03 03 58
Internet: http://www.iatm.co.uk.
E-Mail: iatm@iatm.co.uk
Gründung: 1961
Honorary President: Ingrid Rückwarth
Chief Executive: Marieke Waayer
Chairman: Joppy Wissink
General Manager: Ronald Julian
Verbandszeitschrift: IATM Newsletter
Redaktion: IATM
Verlag: 397 Walworth Rd., London SE17 2AW
Mitglieder: 1500
Mitarbeiter: 2

• **IZ S 647**

Vereinigung der Journalisten der Luft- und Raumfahrt (A.J.P.A.E.)
Association des Journalistes Professionnels de l'Aéronautique et de l'Espace
Geschäftsstelle/Office:
6, Rue Galilée, F-75116 Paris
T: (00331) 40 70 90 31 permanence mardi et jeudi de 14h30 à 17h30 **Fax:** 40 70 05 74
E-Mail: agpae@worldnet.fr
Gründung: 1949
Président: Pierre Julien (RTL)
Vice-Présidents: Philippe Gallard (L'EXPANSION)
Bruno Lancesseur (Aeronautique Business)
Secrétaire Général: Thierry Vigoureux (Le Figaro)
Secrétaire Général Adjoint: Jean-Pierre Jolivet (L'Usine Nouvelle)
Trésorier: Christian Lardier (Air et Cosmos)
Trésorier Adjoint: Yann Cochennec (Air et Cosmos)
Membres du Comite: Jacqueline Couvert du Crest ("Pilote de Ligne")
Thierry Dubois (Indépendant)
Denis Fainsilber (Les Echos)
Bruno Riviere (Aéroports Magazine)
Mathieu Quirey (Air et Cosmos)
Christian Sotty (RFI)
Mitglieder: 250

Immobilienexperten und andere Berufsverbände

● IZ S 648
Arbeitsgemeinschaft der Europäischen Anerkannten Sachverständigen (AEXEA)
Association of European Recognized Experts
Association des Experts Européens Agréés
28, rue du Château, F-77000 Melun
T: (00331) 64 37 01 16   Fax: 64 37 42 22
Gründung: 1990
Präsident(in): Ing. Bernard Robert (Sté ALAC ETOILE, 3 rue du Colonel Moll, F-75017 Paris, T: (00331) 53 81 77 00, Fax: 53 81 77 03)
Vizepräsident(in): Ing. Christian Bellon de Chassy (42 rue des Rosiers, F-75004 Paris, T: (00331) 42 77 17 46, Fax: 42 46 10 30)
Ing. Jean-Paul Baert (13, rue Jean Nicot, BP 209-07, F-75327 Paris Cedex 07, T u. Fax: (00331) 45 56 03 39)
Heiner Schneider (Völklinger Str. 37, D-66333 Völklingen, T: (06898) 4 10 09, Fax: 45 54)
Robert Trofleau (5 rue des Louveries, F-28210 Faverolles, T: (00332) 37 51 47 37, Fax: 37 38 21 07)
Kämmerer: Ing. Michel Brun (46 avenue de Genève, F-95190 Goussainville, T: (00331) 44 35 71 02, Fax: 42 89 05 97)
Generalsekretär(in): Hauptgeschäftsstelle: Dr. René Tollemer (83 rue de Bourrassol, F-31300 Toulouse, T: (00335) 61 42 33 91, Fax: 62 21 00 29)
Mitglieder: 4000

● IZ S 649
Bund Europäischer Farbberater (BEF)
European Association of Colour Consultants
Association Européenne des Conseillers de Couleur
Augustinerstr. 32, 55116 Mainz
T: (06131) 22 46 02   Fax: 67 87 38
1. Vorsitzende(r): Prof. Gerhard Meerwein (Augustinerstr. 32, 55116 Mainz, T: (06131) 67 25 18, Telefax: (06131) 67 87 38)
2. Vorsitzende(r): Dr. Bettina Rodeck-Madsen (Kaiser-Friedrich-Ring 1, 65185 Wiesbaden, T: (0611) 9 49 03 73, Telefax: (0611) 9 49 06 83)
Geschäftsführer(in): Dipl.-Farbberater Carl A. Ceppi (IACC/BEF, St. Jodernstr. 47, CH-3930 Visp, T: (004128) 46 54 14, Telefax: (004128) 46 66 14)

● IZ S 650

Europäische Gesellschaft für Schriftpsychologie und Schriftexpertise e.V. (EGS)
European Society of Handwriting Psychology (ESHP)
Société Européenne de Graphologie (SEG)
Zentralseketariat:
Postfach 88, CH-8041 Zürich
Klebestr. 6, CH-8041 Zürich
T: (00411) 481 62 18   Fax: 481 62 88
Internet: http://www.graphologie-europa.com
E-Mail: egs_sekretariat@web.de
Gründung: 1968 (25. Mai)
Präsident(in): Rudolf Känzig (dipl. Psychologe (CH)), Zürich
Vizepräsident(in): Dr. phil. Rainer Brütsch, Üitikon (CH)
Verbandszeitschrift: EGS Bulletin
Redaktion: Zentralsekretariat
Mitglieder: ca. 600, 9 europäische Landesverbände

● IZ S 651
Europäische Vereinigung der Bewerterverbände (TEGoVA)
The European Group of Valuers' Associations
Groupe européen d'expertise en immobilistions
Great George Street 12 Parliament Square, GB- London SW1P 3AD
T: (004420) 7334 37 28   Fax: 7334 38 44
President: Peter Champness
General Secretary: Rebekah Lowe
Mitglieder: 10
Mitarbeiter: 1

● IZ S 652
Europäische Vereinigung der Architekten (CAE)
Conseil des Architectes d'Europe
rue Paul Emile Janson 29, B-1050 Bruxelles
T: (00322) 5 43 11 40   Fax: 5 43 11 41
Internet: http://www.ace-cae.org
E-Mail: info@ace-cae.org
Gründung: 1990
Président: Utz Purr (Austria)
Secrétaire Général: Alain Sagne
Mitglieder: 29
Mitarbeiter: 4

● IZ S 653
Europäische Vereinigung von Bilanzaufstellern und Prüfern für kleine und mittlere Unternehmen (EFAA)
European Federation of Accountants and Auditors for SME's
Rue Newton 1, B-1000 Brüssel
T: (00322) 7 36 88 86   Fax: 7 36 29 64
Internet: http://www.efaa.com
E-Mail: info@efaa.com
President: Philippe Arraou, Frankreich
Vice-President: Klas-Eric Hjorth
Jerzy Sablik, Polen
Council Chairman: Axel Pestke
Board Member: Fritz Vogt
Secretary General: Peter Poulsen

● IZ S 654
Europäische Vereinigung der Immobilienmakler
European Property Agents Group (EPAG)
Groupement Européen des Agents Immobiliers
Avenue de Tervueren 36 bte 2, B-1040 Brüssel
T: (00322) 735 49 90   Fax: 735 99 88
Internet: http://www.cepi.be
E-Mail: epag@cepi.be
Gründung: 1991
President: Roger Handy
Secretary General: Hans-Eberhard Langemaack
Contact: Martine van Adorp
Verbandszeitschrift: Cepi Info
Mitglieder: 16
Mitarbeiter: 1

● IZ S 655
Europäischer Immobilienrat (CEPI)
European Real Estate Council
Conseil Européen des Professions Immobilières
Avenue de Tervueren 36 bte 2, B-1040 Brüssel
T: (00322) 735 49 90   Fax: 735 99 88
Internet: http://www.cepi.be
E-Mail: cepi@cepi.be
Gründung: 1990
President: Frans A. I. Burgering
Secretary General: Matti Aunola
Contact: Martine van Adorp
Verbandszeitschrift: Cepi Info
Mitarbeiter: 1

● IZ S 656
Europäischer Rat der Wehrpflichtigen-Organisationen (ECCO)
European Council of Conscripts Organisations
Conseil Européen des Organisations de Conscrits
Sehlstedtgatan 7, S-11582 Stockholm
T: (0468) 7 82 69 12   Fax: 85 98 33 73
Internet: http://www.xs4all.nl/~ecco/
E-Mail: ecco@home.se
Gründung: 1979 (März)
President: Jonas Thörnblom
Secretary General: Marc Hulst
Verbandszeitschrift: ECCO-Echo
Mitglieder: 11
Mitarbeiter: 1
Jahresetat: DM 0,07 Mio

Mitgliedsorganisationen

Finnland

iz s 657
Suomen Varusmiesliitto (VML)
Postfach 13 03, FIN-00101 Helsinki
T: (03589) 774-1822   Fax: 774-1823
Internet: http://www.varusmiesliitto.fi
E-Mail: info@varusmiesliitto.fi

Georgien

iz s 658
Association for the Rrotection of Rights of Conscripts in Georgia
Gldani, 6th Micro distr. bld. 1, app.63, GE-380120 Tbilisi

Italien

iz s 659
Alba
c/o Massimo Bongiorno
Via Giambellino 115, I-230147 Milano
T: (00392) 4 23 25 51   Fax: 4 22 39 52

Niederlande

iz s 660
Stichting Erfgoed VVDM
Postfach 85746, NL-2508 CK Den Haag
E-Mail: vvdm@wxs.nl

Österreich

iz s 661
Vereinigung Demokratischer Soldaten Österreichs (VDSÖ)
Postfach (743)-21435-A20etlen

Portugal

iz s 662
CASMO
Rua Pascoal de Melo 70-1 (Sala 12), P-1000 Lissabon
T: (003511) 1 52 70 04

Schweden

iz s 663
Värnpliktsrådet
Sehlstedtsgatan 7, S-11528 Stockholm
T: (0468) 782-6912   Fax: 782-6766
Internet: http://www.varnpliktsradet.mil.se
E-Mail: radet@varnpliktsradet.mil.se

Slowakische Republik

iz s 664
Zväz Vojenskej Mladeze SR
VLA
MR Stefanika, SK-04001 Kosice
T: (042195) 651-2329   Fax: 633-5192
Leitung Presseabteilung: Oula Järvinen

Spanien

iz s 665
Oficina del Defensor del Soldado (ODS)
Calle Salustiano Olózaga m. 6-2°D, E-28001 Madrid
T: (0341) 576-9225   Fax: 575-4760
Internet: http://www.civilia.es/ods
E-Mail: ods@correo.interlink.es

Tschechische Republik

iz s 666
Sdruzeni Vojaku a Mladeze (SVM)
Celnak 974, CZ-69142 Valtice
E-Mail: cvokk@post.cz

● IZ S 667
Europäischer Verband der Vermögensverwalter
European Confederation of Property Managers
Confédération Européenne des Administrateurs de biens (CEAB)
Avenue de Tervueren 36 bte 2, B-1040 Brüssel
T: (00322) 735 49 90   Fax: 735 99 88
Internet: http://www.cepi.be
E-Mail: ceab@cepi.be
Gründung: 1989
President: Frans A. I. Burgering
Secretary General: Matti Aunola
Contact: Martine van Adorp
Verbandszeitschrift: Cepi Info
Mitglieder: 17
Mitarbeiter: 1

IZ S 668
Europäischer Verein für schulische und berufliche Orientierung, Beratung und Information (EURO-Orientation)
European association for orientation, vocational guidance and educational & professional information
Association européene pour l'orientation, la guidance et l'information scolaires et professionelles
Kortrijksestraat 343, B-8870 Izegem
T: (003251) 30 13 62   Fax: 30 13 62
Gründung: 1990
Président: Gerard Wulleman (B)
Secretaire: Robert I. Stokes (Gloucestershire (U.K.))
Vice-Présidents: Jacques Giust (F)
Immaculada Martinez (SP)
Barbara Grabinska (POL)
Gérant principal: Gerard Wulleman (Inspecteur CLB (B))
Verbandszeitschrift: EO-News
Mitglieder: 20 associations nat. dans l'Europe

IZ S 669
Internationale Experten Union (Inter-Expert)
International Association of Experts
Union Internationale d'Experts
Avenue André Malraux 11, F-57000 Metz
T: (0033387) 63 83 87   Fax: 63 84 29
Internet: http://www.inter-expert.com
Gründung: 1971
Président: Friedrich Köstler
Secretary General: Jean-Pierre Gielen (Contact)
Mitglieder: 300
Mitarbeiter: 1

IZ S 670
Internationale Sachverständigenorganisation (ORDINEX)
International Union of Experts
Organisation International des Experts
19, bd. de Sebastopol, F-75001 Paris
T: (00331) 40 28 06 06   Fax: 40 28 03 13
Internet: http://www.ordinex.org
E-Mail: contact@ordinex.org
Gründung: 1961
Vorsitzende(r): Ali Elkaïbi (Tunisie, président Général)
Generalsekretär: Pierre Royer (France)
Mitglieder: 600 individual members and professional members associations

Mitgliedsorganisationen

Frankreich

iz s 671
Chambre Nationale des Experts-Conseils Financiers (C.N.C.F.)
44, av. du Pdt Kennedy B.P. 110, F-75763 Paris Cedex 16
Président: Roger-Henri Chipot

iz s 672
Compagnie Nationale des Experts en Mode, Couture, Textile et Habillement
8, rue Montesquieu, F-75001 Paris
T: (00331) 42 96 21 01   Fax: 42 61 79 29
Président: Lucien David Langman

iz s 673
Compagnie d'Expertise en Antiquites et Objets d'Art (C.E.A.)
34, Passage Jouffroy, F-75009 Paris
T: (00331) 47 70 89 65   Fax: 48 00 08 24
Président: Michel D´Istria

iz s 674
Groupement des Graphologues Conseils de France (G.G.C.F.)
80, av. Charles de Gaulle, F-92200 Neuilly-sur-Seine
T: (0033) 47 47 91 51   Fax: 46 40 77 02
Président: Françoise Elefteriou

IZ S 675
Internationaler Sachverständigendachverband EuroExpert-Ost
Geschäftsstelle
Margaretenstr. 7, 10317 Berlin
T: (030) 5 22 47 32   Fax: 5 22 47 38
E-Mail: euroexpertost@aol.com
Gründung: 1998 (Juni)
Präsident: Holger Kraft
Vizepräsidenten: Filipina Siderowa
Pawel Bogdanow
Wjatscheslaw Wolkow

Präsidium: Vilis Zuromskis
Dietrich Rollmann
Leiter der Geschäftsstelle: Frank-Michael Adam
Mitglieder: 35 juristische Personen in 11 Ländern mit ca. 40.000 Mitgliedern

IZ S 676
Osteuropäischer Sachverständigen Verein e.V. (OSV)
Margaretenstr. 7, 10317 Berlin
T: (030) 5 22 47 32   Fax: 5 22 47 38
E-Mail: osvexpert@aol.com
Gründung: 1993 (Juni)
Präsident(in): Holger Kraft
Vizepräsident(in): Dr. Günter Lucke
1. Vorsitzende(r): Jürgen Felker
Mitglieder: ca. 600 in 8 Ländern

IZ S 677
Internationale Vereinigung der Automobilsachverständigen (FIEA)
Fédération Internationale des Experts en Automobiles
Gentsstraat 162, B-9406 Ninove
T: (00322) 7 30 36 85   Fax: 7 30 36 27
Internet: http://www.fiea-net.com
Gründung: 1954
Président: José Villalba-Ripol (Conde de Borell, 196, bajos, E-08029 Barcelona, T: (003493) 4 54 40 04, Fax: (003493) 3 23 51 55, E-Mail: jvrpe@arrakis.es)
Secrétaire Général: Jean-Léon Rollier (Gentsstraat 162, B-9406 Ninove (Outer), T: (00322) 7 30 36 85, (00322) 54 33 67 17, Fax: (00322) 7 30 36 01, (00322) 54 32 73 96, E-Mail: jean-leon.rollier@sgsgroup.com, jean-leon.rollier@skynet.be (privé))
Trésorier: Michel Gallet (Rue du Pressoir Bp21, F-18390 St. Germain du Puy-Bourges, T: (0033) 2 48 27 25 25, Fax: (0033) 2 48 65 32 75, E-Mail: michelgallet@wanadoo.fr)
Premier Vice-Président: François de Bueger (5, Av. De Fontainebleau, B-1380 Lasne (Plancenoit), T: (00322) 6 39 56 11, Fax: (00322) 6 33 66 81, E-Mail: francois.de.bueger@zurich.com)
Délégué Général: Michel Lhuillier (64, Rue du Moulin du Président, F-89000 Auxerre, T: (0033) 3 86 42 00 72, Fax: (0033) 3 86 51 00 66 92, E-Mail: michel.lhuillier@wanadoo.fr)
Mitglieder: 8000
Mitarbeiter: 1

Mitgliedsorganisationen

Algerien

iz s 678
Association Nationale des Experts en Automobile et Materiel Industriel
07, Rue Abderezak Abdeslam, DZ- Alger Sacré Coeur
T: (002132) 74 38 17
Président: Rhachid Kherif

Belgien

iz s 679
Union Professionnelle des Experts en Automobile de Belgique (UPEX)
Maison de l'Automobile, 46, Boulevard de la Woluwe, B-1200 Bruxelles
Secrétariat:
Rue Leon Lepage 23, B-1000 Brüssel
T: (00322) 5 46 11 37   Fax: 5 14 30 32
Internet: http://www.upex.org
E-Mail: info@upex.org
Président: H. Goetghebuer (Av. des Ombrages, 26, B-1200 Bruxelles, T: (00322) 7 71 11 43, Fax: (00322) 7 71 12 31)

Deutschland

iz s 680
Bundesverband der freiberuflichen und unabhängigen Sachverständigen für das Kraftfahrzeugwesen e.V. (BVSK)
Lindenstr. 76, 10969 Berlin
T: (030) 25 37 85-0   Fax: 25 37 85-10
Internet: http://www.bvsk.de
E-Mail: bvsk-berlin@t-online.de
Präsident: Dipl.-Ing. Wolfgang Küssner (Lauenburger Str. 32, D-24113 Kiel, T: (0431) 6 48 89-0, Fax: (0431) 6 48 89-99, E-Mail: dressler-kuessner-metke@t-online.de)

iz s 681
DEKRA Automobil GmbH
Hauptverwaltung Bereich Gutachten
Handwerkstr. 15, 70565 Stuttgart
T: (0711) 78 61 23 54   Fax: 78 61 27 22

E-Mail: maritta.fuchs@automobil.dekra.de
Secretary: Maritta Fuchs

Frankreich

iz s 682
Chambre Syndicale Nationale des Experts en Automobiles de France (CSNE AF)
Siège social et secrétariat
Rue Raymond Losserand 48, F-75014 Paris
T: (0033) 43 20 86 50   Fax: 43 27 85 74
E-Mail: csneaf@wanadoo.fr
Président: Jean-Claude Gillet (48, Rue Raymond Losserand, F-75014 Paris, T: (0033) 43 20 86 50, Fax: (0033) 43 27 85 74, 2 96 85 12 62 (bur.), E-Mail: gillet.experts@leclub-auto.com)

Griechenland

iz s 683
Union Panhellénique d'Experts en Automobile
6, Rue Agiou Konstantinou, GR-10431 Athen
T: (00301) 5 22 87 73   Fax: (0030) 5 23 44 74
E-Mail: angelinalag@hotmail.com
Président: Polichronis Sinanis

iz s 684
Northeen Greece Association of Car Experts
50 Venizelou Str., GR-54631 Saloniki
T: (00303) 1 23 39 45   Fax: 1 23 37 55
Président: Ioannis Manologlou

Großbritannien

iz s 685
The Institute of Automotive Engineer Assessors
Stowe House
Netherstowe, GB- Lichfield Staffs WS 13 6-TJ
T: (00441543) 25 13 46   Fax: 41 58 04
E-Mail: the-secretary@iaea.demon.co.uk
Contact: J. R. Morris

Italien

iz s 686
Associazione Italiana Consulenti in Infortunistica Stradale (AICIS)
Via Piranesi 31, I-20137 Mailand
T: (00392) 7 38 18 50   Fax: 70 10 47 64
E-Mail: segreteria@aicis.it
Président: Marco Mambretti (Via Piranesi 31, I-20137 Mailand, T: (00392) 7 38 18 50, Fax: (00392) 70 10 47 64, E-Mail: segreteria@aicis.it)

Marokko

iz s 687
Conseil des Experts Automobiles et Industriels du Maroc
27, Zankat El Balibil, MA- Casablanca
T: (002122) 20 37 10   Fax: 20 37 09
Président: Larbi Outaleb

Niederlande

iz s 688
Nederlands Instituut van Automobiel en Verkeersongevallendeskundigen (NIAV)
Postfach 42 31, NL-3006 AE Rotterdam
T: (003110) 2 42 85 55   Fax: 2 42 85 58
Président: C. G. Gelderblom (Nic. Beetsstraat 40, NL-2941 TP Lekkerkerk, T: (0031) 1 80 66 99 32, Fax: (0031) 1 80 66 99 34, E-Mail: c.gelderblom@ced-bergweg.nl)

Österreich

iz s 689
KFZ SV Union
Strubergasse 4B, A-5020 Salzburg
T: (00436) 62 43 79 60   Fax: 6 24 37 96 04
Président: Peter Semmelrock

iz s 690

Polen

iz s 690

Stowarzyszenie Rzeczznawcow Techniki Samochodowej i Ruchu Drogoweco
Conseil Général
Ul. Koszykowa 33, PL-00553 Warszawa
T: (022) 6 21 03 33, 6 22 12 24   **Fax:** 6 22 12 24
Président: Emil Wolski

Portugal

iz s 691

A.P.P.A.
Rua Dr Nicolau Bettencourt 45, P-1069-131 Lissabon
T: (0035121) 3 84 38 00   **Fax:** 3 84 38 10
Président: Fernando Gomes Rodrigues

Schweiz

iz s 692

Association Suisse des Experts Automobiles Indépendants (ASEAI)
c/o Jost Kuenzli
SWEXAG
Dammweg 57, CH-5000 Aarau
T: (0041) 6 28 36 80 09   **Fax:** 6 28 36 80 08
E-Mail: info@vffs.ch
Président: Rolf Triner (ZENTREX A.G., Rothenburgstr. 80, CH-6020 Emmenbrücke, T: (0041) 4 12 89 30 60, Fax: (0041) 4 12 89 30 66)

Spanien

iz s 693

Asociación de Peritos de Segurosy Comisarios de Averias
Campoamor 13 1° DCHA, E-28004 Madrid
T: (003491) 3 10 17 54   **Fax:** 3 10 52 14
E-Mail: apcaslui@infonegocio.com
Président: José Villalba-Ripol (Campoamor 13, 1° DCHA, E-28004 Madrid, T: (003491) 3 10 17 54, Fax: (003491) 3 10 52 14)

Tunesien

iz s 694

Association Tunisienne des Experts en Automobile et Circulation
Secrétariat
2, Rue Erroussafa, TN-1000 Tunis
T: (002161) 22 05 91   **Fax:** 51 61 47
Président: Mohamed Hedi Driss

● **IZ S 695**
Union des Finanzpersonals in Europa (UFE)
Union of the Finance-Personnel in Europe
Union du Personnel des Finances en Europe
c/o DSTG
In der Raste 14, 53129 Bonn
T: (0228) 5 30 05-11   **Fax:** 23 90 98
Internet: http://www.finanzpersonal.europa.de
Gründung: 1963 (22. Mai)
Präsident(in): D. Ondracek
Generalsekretär(in): Dr. Paul Courth
Mitglieder: 420000
Mitgliedsverbände:
Steuer- und Zollgewerkschaften aus: Belgien, Bundesrepublik Deutschland, Dänemark, Finnland, Frankreich, Großbritannien, Irland, Island, Italien, Luxemburg, Niederlande, Norwegen, Österreich, Schweden, Schweiz u. Ungarn

● **IZ S 696**
Europäischer Fachverband für Dauerhafte Schminkmethoden (EFDS)
Tal 16, 80331 München
T: (089) 24 20 90 20   **Fax:** 24 20 90 14
Gründung: 1993 (September)
Vorsitzende(r): Walter Wollenberg
Stellvertretende(r) Vorsitzende(r): Waltraud Kuffner
Verbandszeitschrift: Euro News
Verlag: EFDS, München
Mitglieder: ca. 500
Mitarbeiter: 3

IZ T Technisch-wissenschaftliche Vereinigungen

Zum Auffinden einer bestimmten Dienststelle oder Organisation dient das Suchwortverzeichnis, eines Personennamens das Personenverzeichnis

Forschungsvereinigungen

Technisch-wissenschaftliche Vereinigungen

Technische Überwachungsvereine, Materialprüfung, Vermessung, Normung

Wirtschafts- und Sozialwissenschaft, Marketing- und Meinungsforschung

Bank- und Versicherungswissenschaften

Ernährungs-, land- und forstwissenschaftliche Vereinigungen, Institute, Umweltforschung

Medizin, Gesundheitswesen, Veterinärmedizin

Rechtswissenschaften

Internationale Beziehungen, Europäische Fragen

Kommunikation, Druck- und Zeitungswissenschaften

Berufliche Aus- und Weiterbildung

Forschungsvereinigungen

IZ T 1

Ausschuß für Raumforschung (COSPAR)
Committee on Space Research
Comité mondial pour la Recherche Spatiale
51 bd. de Montmorency, F-75016 Paris
T: (00331) 45 25 06 79   Fax: 40 50 98 27
Internet: http://cospar.itodys.jussieu.fr
E-Mail: cospar@paris7.jussieu.fr
Gründung: 1958
President: Prof. Dr. Gerhard Haerendel
Executive Director: Dr. I. Révah
Associate Director: A. Janofsky
Verbandszeitschrift: COSPAR Information Bulletin, Advances in Space Research, COSPAR Colloquia Series, COSPAR Directory of Organization & Associates
Publisher: Elsevier Science
Mitglieder: 54 (42 National Scientific Institutions, 12 International Scientific Unions), Around 4.000 Individual Associates; 2 Associated Supporters, companies wishing to support the committees activities
Mitarbeiter: 4
Editor: Dr. R. Harrison (Information Bulletin only), Rutherford Appleton Laboratories, Chilton Didcot, Oxon OXII OQX, U.K.

IZ T 2

EG-Ausschuß für Chemie (ECCC)
European Communities Chemistry Council
c/o Royal Society of Chemistry
Burlington House, Piccadilly, GB- London W1V 0BN
T: (004420) 74 37 86 56   Fax: 74 37 88 83
Internet: http://chemsoc.org/networks/enc/eccc.htm
E-Mail: mcewane@rsc.org
Gründung: 1973
Vorsitzende(r): Lars Carlsen (Dept. of Environmental Chemistry, Nat. Environmental Research Institute. Frederiksborgvej 399, PO Box 358, 4000 Roskinde, Dänemark)
Generalsekretär(in): Evelyn McEwan (Burlington House, Piccadilly, London W1V 0BN, T: (0044207) 437 8656, Fax: 437 8883, E-mail: McEwanE@rsc.org, World Wide Web: http://www.chemsoc.org/gateway/european.htm)

Mitgliedsorganisationen

Belgien

iz t 3
Société Royale de Chimie
Campus Plaine ULB
Postfach 206/4, B-1050 Brüssel
Boulevard du Triomphe, B-1050 Brüssel
T: (0322) 6 50 52 08   Fax: 6 50 51 84
E-Mail: src@ulb.ac.be
Secretary General: Robert Fuks

iz t 4
Koninklijke Vlaamse Chemische Vereniging
Groot Begijnhof 6, B-3000 Leuven
T: (003216) 29 32 14   Fax: 22 68 92

iz t 5
Fabechim-Vebevechem
Av. E. Thibault 19, B-1040 Brüssel

Dänemark

iz t 6
Danish Chemical Society
Universitetsparken 5, DK-2100 Kopenhagen
T: (004535) 32 01 23   Fax: 32 01 33

iz t 7
Kemiingeniorgruppen Dansk Ingeniorforening
Vester Farimagsgade 29, DK-1780 Kopenhagen V
T: (004533) 15 65 65   Fax: 93 71 71

Deutschland

iz t 8
Gesellschaft Deutscher Chemiker e.V.
Postf. 90 04 40, 60444 Frankfurt
Varrentrappstr. 40-42, 60486 Frankfurt
T: (069) 79 17-1   Fax: 79 17-322
Internet: http://www.gdch.de
E-Mail: gdch@gdch.de

iz t 9
Verband angestellter Akademiker und Leitender Angestellter der chemischen Industrie e.V. (VAA)
Postf. 10 12 10, 50452 Köln
T: (0221) 16 00 10   Fax: 16 00 16
Internet: http://www.vaa.de
E-Mail: info@vaa.de

iz t 10
DECHEMA Gesellschaft für Chemische Technik und Biotechnologie e.V.
Postf. 15 01 04, 60061 Frankfurt
Theodor-Heuss-Allee 25, 60486 Frankfurt
T: (069) 75 64-0   Fax: 75 64-201
Internet: http://www.dechema.de
E-Mail: info@dechema.de

Spanien

iz t 11
Real Sociedad Española de Química
Universidad Complutense, E-28040 Madrid
T: (003491) 3 94 43 61   Fax: 5 43 38 79

iz t 12
Asociacion Nacional de Quimicos de Espana (ANQUE)
Consejo General de Colegios Oficiales de Quimicos de Espana
C/ Lagasca 85, E-28006 Madrid
T: (003491) 4 31 07 03   Fax: 5 76 52 79
Internet: http://www.anque.es
E-Mail: anque@mail.ddnet.es

Finnland

iz t 13
Association of Finnish Chemical Societies
Hietaniemenkatu 2, FIN-00100 Helsinki
T: (03589) 4 54 20 40   Fax: 40 87 80
E-Mail: skks@kemia.pp.fi

Frankreich

iz t 14
Société Française de Chimie
Rue Saint-Jacques 250, F-75005 Paris
T: (0331) 40 46 71 60   Fax: 40 46 71 61
E-Mail: sfc@sgc.fr
Secretary General: J.C. Brunie

Griechenland

iz t 15
Association of Greek Chemists
Kaningos Street 27, GR-10682 Athen
T: (0301) 3 82 15 24, 3 82 11 51   Fax: 3 83 35 97
E-Mail: info@eex.gr

Irland

iz t 16
Institute of Chemistry of Ireland
c/o Royal Dublin Society
Ballsbridge, IRL- Dublin 4
T: (0039332) 78 99 84   Fax: 78 99 63
Internet: http://www.iol.ie/~instchem
E-Mail: instchem@iol.ie

Italien

iz t 17
Societa Chimica Italiana
Via Liegi 48, I-00198 Roma
T: (00396) 8 54 96 91   Fax: 8 54 87 34
E-Mail: soc.chim.it@agora.stm.it

iz t 18
Consiglio Nazionale dei Chimici
c/o Ministero di Grazia e Giustizia
Via Arenula 71, I-00187 Rom
T: (0396) 42 82 40 76   Fax: 42 82 36 22

Luxemburg

iz t 19
Association des Chimistes Luxembourgeois (ACHIL)
Postfach 8 31, L-2018 Luxemburg
T: (00352) 44 76 41   Fax: 4 66 64 43 55
Gründung: 1981

Niederlande

iz t 20
Koninklijke Nederlandse Chemische Vereniging (KNCV)
Postfach 90613, NL-2509 LP Den Haag
Burnierstraat 1, NL-2509 LP Den Haag
T: (003170) 3 46 94 06   Fax: 3 61 51 97

Norwegen

iz t 21
Norwegian Chemical Society
Norsk Kjemisk Selskap
Postfach 1107, N-0317 Oslo-Blindern
T: (004722) 85 55 31   Fax: 85 54 41

Portugal

iz t 22
Sociedade Portuguesa de Química
Av. da República 37-4°, P-1000 Lisboa
T: (003511) 7 93 46 37   Fax: 7 95 23 49

Großbritannien

iz t 23
Royal Society of Chemistry
Burlington House, Piccadilly, GB- London W1J 0BA
T: (004420) 74 37 86 56   Fax: 74 37 88 83

Schweden

iz t 24
Swedish Chemical Society
Svenska Kemistsamfundet
Wallingatan 24 3tr, S-11124 Stockholm
T: (00468) 4 11 52 60, 4 11 52 80   Fax: 10 66 78

Österreich

iz t 25
Gesellschaft Österreichischer Chemiker
Nibelungengasse 11 /6, A-1010 Wien
T: (00431) 5 87 39 80   Fax: 5 87 89 66

Slowenien

iz t 26
Slovenian Chemical Society
Postfach 3430, SLO-1000 Ljubljana
Hajdrihova 19, SLO-1000 Ljubljana
T: (038661) 1 76 02 52   Fax: 1 25 92 44
E-Mail: chem.soc@ki.si
Secretary General: Prof. Dr. Marijan Kocear

Spanien

iz t 27

Consejo General de Colegios Oficiales de Quimicos de Espana
Lagasca 85, E-28006 Madrid
Fax: (00341) 5 76 52 79

Schweiz

iz t 28

New Swiss Chemical Society
c/o Ciba
Postfach 2 55 01, CH-4002 Basel
T: (004161) 696 6796   **Fax:** 696 6985

● **IZ T 29**

Europäische Föderation Biotechnologie (EFB)
European Federation of Biotechnology
Fédération Européenne de la Biotechnologie
c/o DECHEMA
Postf. 15 01 04, 60061 Frankfurt
T: (069) 75 64-163   **Fax:** 75 64-2 01
Internet: http://www.dechema.de/efb.htm
Gründung: 1978 (25. September)
Sekretär: des Büros Frankfurt: Prof. Dr.rer.nat. Gerhard Kreysa
Mitglieder: 81 Mitgliedsvereine und 5 korrespondierende Mitgliedsvereine

Förderung der europäischen Zusammenarbeit zwischen den Vereinigungen im Interesse der allg. Entwicklung der Biotechnologie als einem interdisziplinären Wissenschaftsgebiet und im Interesse ihrer Anwendungen auf industrielle Prozesse.

● **IZ T 30**

Europäische Föderation für Chemie-Ingenieur-Wesen
European Federation of Chemical Engineering
Fédération Européenne du Génie Chimique
c/o DECHEMA e.V.
Postf. 15 01 04, 60061 Frankfurt
Theodor-Heuss-Allee 25, 60486 Frankfurt
T: (069) 75 64-0 oder 75 64-209   **Fax:** 75 64-2 01
Internet: http://www.dechema.de
Gründung: 1953

Für Deutschland zuständig: Generalsekretariat, Büro Frankfurt:
Sekretär des Büros in Frankfurt: Prof. Dr.rer.nat. Gerhard Kreysa
Verbandszeitschrift: EFCE Newsletter (in Englisch)

Angeschlossen sind 41 technisch-wissenschaftliche Vereine aus 26 europäischen Ländern als Mitglieder und 12 Vereine aus 9 außereuropäischen Ländern als korrespondierende Gesellschaften

Zusammenarbeit zwischen gemeinnützigen technisch-wissenschaftlichen Institutionen in Europa, um die wissenschaftlichen Grundlagen der Chemischen Technik zu fördern.

● **IZ T 31**

Europäische Organisation für astronomische Forschung in der südlichen Hemisphäre (ESO)
European Southern Observatory
Organisation Européenne pour des Recherches Astronomiques dans l'Hémisphère Austral
Karl-Schwarzschild-Str. 2, 85748 Garching
T: (089) 3 20 06-0
TGR: EURASTRO Garching bei München
Gründung: 1962 (05. Oktober)
Generaldirektor: Dr. C. Cesarsky
Leitung Presseabteilung: Dr. Richard M. West
Mitgliedstaaten: 9

● **IZ T 32**

Europäische Physikalische Gesellschaft
European Physical Society
Main Secretariat
34 rue Marc Seguin, F-68060 Mühlhausen
T: (0033389) 32 94 40   **Fax:** 32 94 49
E-Mail: entrytod.lee@univ-mulhouse.fr
Secretary General: D. Lee
Verbandszeitschrift: Europhysics News
Verlag: EDP Sciences, Paris

Förderung der Physik in Europa und angrenzenden Ländern; Organisation von Konferenzen durch Fachausschüsse; Koordinierung von Konferenzen und Publikationen; Beratungsgremien für angewandte Physik, Erziehung und Beziehungen zur Gesellschaft; Internationaler Austausch von Studenten.

● **IZ T 33**

Europäische Weltraumorganisation (ESA)
European Space Agency
Agence Spatiale européenne
8-10 rue Mario Nikis, F-75738 Paris Cedex 15
T: (00331) 53 69-7654   **Fax:** 53 69-7560, 53 69-7561, 53 69-7562
Internet: http://www.esa.int
Gründung: 1975
Generaldirektor: Antonio Rodotá
Verbandszeitschrift: Esa Bulletin
Verlag: ESA Publication Division, Keplerlaan, NL-2200 AZ Noordwijk
Mitglieder: 15
Mitarbeiter: 1664 (November 99)
Jahresetat: DM 5278 Mio

Zielsetzung
Die Europäische Weltraumorganisation, die am 31. Mai 1975 durch den Zusammenschluß von ESRO und ELDO gegründet wurde, hat die Aufgabe, die Zusammenarbeit europäischer Staaten zu ausschließlich friedlichen Zwecken auf dem Gebiet der Weltraumforschung und Weltraumtechnologie sicherzustellen und zu entwickeln.

Mitgliedstaaten
Belgien, Dänemark, Deutschland, Finnland, Frankreich, Irland, Italien, Niederlande, Norwegen, Österreich, Portugal, Schweden, Schweiz, Spanien, Vereinigtes Königreich.
Mit Kanada besteht ein Kooperationsvertrag.

Niederlassungen:
Die ESA beschäftigt 1664 Personen, die am Sitz der Organisation in Paris und in folgenden technischen Niederlassungen tätig sind:
Das ESTEC (Europäisches Zentrum für Weltraumforschung und -technologie) in Noordwijk (Niederlande), ist die größte technische Niederlassung der Organisation. Es nimmt bei den Programmen, auf dem Gebiet der Weltraumforschung, Nachrichtenübertragung, Erdbeobachtung und der Raumtransportsysteme die Projektleitung wahr. Das Zentrum ist außerdem mit Studien für künftige Vorhaben und mit einem Weltraumforschungsprogramm befaßt und für die Planung und Leitung eines europäischen Programms für raumfahrttechnologische Forschung zuständig. Es verfügt über eine breite Skala von Prüf- und Laboreinrichtungen, in denen die Satelliten vom Einzelteil bis zum kompletten System erprobt werden können. Neue Testanlagen wie der grosse Weltraum-Simulator, die zu den grössten ihrer Art zählen, sind bei ESTEC aufgebaut worden.
Das ESOC (Europäisches Weltraum-Operationszentrum) ist für den Betrieb der Satelliten und die dazu notwendigen Bodenanlagen verantwortlich. Neben dem Hauptkontrollzentrum in Darmstadt besitzt es ein weltweites Bodenstationsnetz mit Telemetrie-, Bahnverfolgungs- und Telekommandoeinrichtungen. Es betreibt mehrere Satelliten, die entweder der Forschung oder voroperationellen und operationellen Anwendungen (Meteorologie, Fernerkundung und Nachrichtenübertragung) dienen.
Das ESRIN (Europäisches Weltraum-Informationszentrum), die Niederlassung der ESA in Frascati bei Rom, ist für die Verarbeitung und Nutzung von Daten der Erdbeachtungssatelliten verantwortlich.
Das EAC (Europäisches Astronautenzentrum) in Köln beherbergt die europäischen Astronauten und koordiniert deren Training in verschiedenen spezialisierten Einrichtungen.

● **IZ T 34**

Internationaler Rat der Wissenschaftlichen Gesellschaften (ICSU)
International Council for Science (ICSU)
Conseil International pour la Science (CIUS)
Secrétariat:
51, Bd. de Montmorency, F-75016 Paris
T: (00331) 45 25 03 29   **Fax:** 42 88 94 31
Internet: http://www.icsu.org
E-Mail: secretariat@icsu.org
Gründung: 1931
President: H. Yoshikawa
President-elect: J. Lubchenko
Vice-President: J. G. Tundisi (Scientific Planning and Review)
H. Kleinkauf (External Relations)
Secretary General: H. A. Mooney
Treasurer: Y. Verhasselt
Executive Director: L. R. Kohler
Verbandszeitschrift: Science International, Yearbook, Annual Report
Mitglieder: 98 National Members, 26 Scientific Unions, 28 Scientific Associates, 26 Interdisciplinary Committees, 10 Joint Programmes
Mitarbeiter: 9

Deutsche Vertretung:

iz t 35

Deutsche Forschungsgemeinschaft (DFG)
Kennedyallee 40, 53175 Bonn
T: (0228) 8 85-1   **Fax:** 8 85 27 77, 8 85 21 80 PR
Internet: http://www.dfg.de
Präsident(in): Prof. Dr. Ernst-Ludwig Winnacker

● **IZ T 36**

Europäische Wissenschaftsstiftung (ESF)
European Science Foundation
1 Quai Lezay Marnesia, F-67080 Strasbourg Cedex
T: (0033388) 76 71 00   **Fax:** 37 05 32
Internet: http://www.esf.org
Gründung: 1974 (18. November)
Board
Präsident(in): Dr. Reinder van Duinen (NL)
Vizepräsident(in): Prof. Gustav Björkstrand (FI)
Prof. Max Kaase (DE)
Generalsekretär(in): Prof. E. Banda
Secretary: V. M. Schauinger-Horne
Leitung Presseabteilung: Jens Degett
Verbandszeitschrift: ESF Communications
Redaktion: Jens Degett, ESF
Mitglieder: 67 Forschungsräte, Einrichtungen der Forschungsförderung und wissenschaftliche Akademien aus 24 europäischen Ländern
Mitarbeiter: 45
Deutsche Mitglieder:
Deutsche Forschungsgemeinschaft (DFG);
Max-Planck-Gesellschaft (MPG);
Union der deutschen Akademien der Wissenschaften;
Hermann von Helmholtz-Gemeinschaft Deutscher Forschungszentren (HGF)

Mitgliedsorganisationen

Österreich

iz t 37

Fonds zur Förderung der Wissenschaftlichen Forschung in Österreich
Austrian Science Research Fund
Weyringergasse 35, A-1040 Wien

iz t 38

Österreichische Akademie der Wissenschaften
Austrian Academy of Sciences
Dr. Ignaz-Seipel-Platz 2, A-1010 Wien

Belgien

iz t 39

Fonds National de la Recherche Scientifique (FNRS)
National Fund for Scientific Research
5, rue d'Egmont, B-1000 Bruxelles

iz t 40

Fonds voor Wetenschappelijk Onderzoek-Vlaanderen
Egmontstraat 5, B-1000 Brüssel

Tschechische Republik

iz t 41

Akademie věd České republiky
Academy of Science of the Czech Republic
Narodni 3, CZ-11720 Prague 1

iz t 42

Grantová agentura České republiky
Grant Agency of the Czech Republic
Postfach 10 81, CZ-11142 Prague 1
Narodni 3, CZ-11720 Prague 1

Dänemark

iz t 43

Det Kongelige Danske Videnskabernes Selskab
Royal Danish Academy of Sciences and Letters
H. C. Andersens Boulevard 35, DK-1553 København V

iz t 44

Statens Humanistiske Forskningsråd
Danish Research Council for the Humanities
Forskningsrådene
Bredgade 43, DK-1260 København V

iz t 45

Statens Jordbrugs-og Veterinaervidenskabelige Forskningsråd
Danish Agricultural and Veterinary Research Council
Forskningsrådene
Bredgade 43, DK-1260 Copenhagen K

iz t 46

Statens Sundhedsvidenskabelige Forskningsråd
Danish Medical Research Council
Forskningsrådene
Bredgade 43, DK-1260 Copenhagen K

iz t 47

Statens Naturvidenkabelige Forskningsråd
Danish Natural Science Research Council
Forskningsrådene
Bredgade 43, DK-1260 Copenhagen K

iz t 48

Statens Samfundsvidenskabelige Forskningsråd
Danish Social Science Research Council
Forskningsrådene
Bredgade 43, DK-1260 Copenhagen K

iz t 49

Statens Teknisk-Videnskabelige Forskningsråd
Danish Technical Research Council
Forskningsrådene
Bredgade 43, DK-1260 Copenhagen K

Finnland

iz t 50

Suomen Akatemia/Finlands Akademi
Academy of Finland
Postfach 99, FIN-00501 Helsinki
Vilhonvuorenkatu 6, FIN-00501 Helsinki

iz t 51

Suomen Tiedeakatemiain Valtuuskunta/Delegationen för Vetenskapsakademierna i Finland
Delegation of the Finnish Academies of Science and Letters
Mariankatu 5, FIN-00170 Helsinki

Frankreich

iz t 52

Centre National de la Recherche Scientifique (CNRS)
National Centre for Scientific Research
3, rue Michel-Ange, F-75794 Paris Cedex 16

iz t 53

Institut National de la Santé et de la Recherche Médicale (INSERM)
National Institute for Health and Medical Research
101, rue de Tolbiac, F-75654 Paris Cedex 13

iz t 54

Commissariat à l'Energie Atomique (CEA) Direction des Sciences de la Matière
Centre d'Etudes Nucléaires de Saclay
Orme des Merisiers, F-91191 Gif-sur-Yvette Cedex

iz t 55

Institut Français de Recherche pour l'Exploitation de la Mer (IFREMER)
French Sea Research Institute
Technopolis 40
155 rue Jean-Jacques Rousseau, F-92138 Issy-les-Moulineaux Cedex

Deutschland

iz t 56

Deutsche Forschungsgemeinschaft (DFG)
Kennedyallee 40, 53175 Bonn
T: (0228) 8 85-1   Fax: 8 85 27 77, 8 85 21 80 PR
Internet: http://www.dfg.de

iz t 57

Union der deutschen Akademien der Wissenschaften e.V.
Geschwister-Scholl-Str. 2, 55131 Mainz
T: (06131) 21 85 28-10   Fax: 21 85 28-11
Internet: http://www.akademienunion.de
E-Mail: uaw@mail.uni-mainz.de

iz t 58

Max-Planck-Gesellschaft zur Förderung der Wissenschaften e.V.
Generalverwaltung:
Postf. 10 10 62, 80084 München
Hofgartenstr. 8, 80539 München
T: (089) 21 08-0   Fax: 21 08-1111

iz t 59

Hermann von Helmholtz - Gemeinschaft Deutscher Forschungszentren (HGF)
Postf. 201448, 53144 Bonn
Ahrstr. 45, 53175 Bonn
T: (0228) 3 08 18-0   Fax: 3 08 18-30
Internet: http://www.helmholtz.de
E-Mail: hgf@helmholtz.de

Estland

iz t 60

Eesti Teaduste Akadeemia
Estonian Academy of Sciences
Kohtu 6, EW-10130 Tallin

iz t 61

Eesti Teadusfond
Estonian Science Foundation
Kohtu 6, EW-10130 Tallin

Griechenland

iz t 62

National Hellenic Research Foundation (NHRF)
48 Vassileos Constantinou Avenue, GR-11635 Athens

Ungarn

iz t 63

Hungarian Academy of Sciences
Magyar Tudományos Akadémia
Roosevelt ter. 9, H-1051 Budapest

iz t 64

Hungarian Scientific Research Fund (OTKA)
Konyves Kalman Krt. 48-52, H-1087 Budapest

Irland

iz t 65

Health Research Board
73 Lower Baggot Street, IRL- Dublin 2

iz t 66

Enterprise Ireland
Glasnevin, IRL- Dublin 9
T: (003531) 8 08 25 39, 8 08 20 00   Fax: 8 08 20 46
Internet: http://www.enterprise-ireland.com

iz t 67

Royal Irish Academy
19 Dawson Street, IRL- Dublin 2

Island

iz t 68

The Research Council of Iceland
Rannsóknarráð Islands
Laugavegi 13, IS-101 Reykjavik

Italien

iz t 69

Consiglio Nazionale delle Ricerche (CNR)
National Research Council
Piazzale Aldo Moro 7, I-00100 Roma

iz t 70

Istituto Nationale per la Fisica della Materia (INFM)
Corso Perrone 24, I-16152 Genova

iz t 71

Istituto Nazionale di Fisica Nucleare (INFN)
Piazza del Caprettari 70, I-00186 Rom

Niederlande

iz t 72

Koninklijke Nederlandse Akademie van Wetenschappen
Royal Netherlands Academy of Arts and Sciences
Het Trippenhuis
Postfach 19121, NL-1000 GC Amsterdam
Kloveniersburgwal 27, NL-1000 GC Amsterdam

iz t 73

Nederlandse organisatie voor wetenschappelijk onderzoek (NWO)
Netherlands organization for scientific research (NWO)
Postfach 93138, NL-2509 AC 's-Gravenhage
Laan van Nieuw Oost Indië 131, NL-2509 AC 's-Gravenhage

Norwegen

iz t 74

Det Norske Videnskaps-akademi
Norwegian Academy of Science and Letters
Drammensveien 78, N- Oslo 2

iz t 75

Norges Forskningsråd
The Research Council of Norway
Postfach 2700, N-0131 Oslo
Stensberggata 26, N-0131 Oslo

Polen

iz t 76

Polska Akademia Nauk
Polish Academy of Sciences
Palace of Culture and Science, PL-00-901 Warsaw

Portugal

iz t 77

Academia das Ciências de Lisboa
Lisbon Academy of Sciences
Rua da Academia das Ciências, 19, P-1200 Lisboa

iz t 78

Fundacao para a Ciencia e a Tecnologica (FCT)
Foundation for Science and Technology
Avenida Dom Carlos I 126, P-1200 Lissabon

Hoppenstedt

iz t 79

Instituto de Cooperação Científica e Tecnológica Internacional
Institute for International Scientific and Technological Cooperation
Avenida Dom Carlos I, 126, P-1200 Lisboa

Spanien

iz t 80

Consejo Superior de Investigaciones Científicas (CSIC)
Council for Scientific Research
Calle Serrano 117, E-28006 Madrid

iz t 81

Oficina de Ciencia y Tecnología
Comisión Interministerial de Ciencia Y Tecnología
Interministerial Commission for Science and Technology
c/Rosario Pino 14-16 pl. 18ª, E-28020 Madrid

Schweden

iz t 82

Forskningrådsnämnden
Council for Planning and Coordination of Research
Postfach 7101, S-10387 Stockholm

iz t 83

Humanistisk-Samhällsvetenskapliga Forskningsrådet (HSFR)
Swedish Council for Research in the Humanities and Social Sciences
Postfach 7120, S-10387 Stockholm

iz t 84

Kungliga Vetenskapsakademien
The Royal Swedish Academy of Sciences
Box 50005, S-10405 Stockholm

iz t 85

Kungliga Vitterhets, Historie och Antikvitets Akademien
Royal Academy of Letters, History and Antiquities
Postfach 5622, S-11486 Stockholm

iz t 86

Medicinska Forskningsrådet (MFR)
Medical Research Council
Postfach 7151, S-10388 Stockholm

iz t 87

Naturvetenskapliga forskningsrådet (NFR)
Swedish Natural Science Research Council
Postfach 7142, S-10387 Stockholm

iz t 88

Skogs- och Jordbrukets Forskningsråd
Swedish Council for Forestry and Agricultural Research
Postfach 6488, S-11382 Stockholm

iz t 89

Socialvetenskapliga Forskningsrådet
Swedish Council for Social Research
Postfach 2220, S-10315 Stockholm

iz t 90

Teknikvetenskapliga Forskningsrådet (TFR)
Postfach 7136, S-10387 Stockholm

Schweiz

iz t 91

Schweizerischer Nationalfonds zur Förderung der wissenschaftlichen Forschung (NF)
Swiss National Science Foundation
Wildhainweg 20, CH-3001 Bern

iz t 92

Konferenz der Schweizerischen wissenschaftlichen Akademien (CASS)
Conference of the Swiss Scientific Academies
Postfach 25 35, CH-3001 Bern
Hirschengraben 11, CH-3001 Bern

Türkei

iz t 93

The Scientific and Technical Research Council of Turkey (TÜBITAK)
Atatürk Bulvari, 221 Kavaklidere, TR-06100 Ankara

Großbritannien

iz t 94

Biotechnology and Biological Sciences Research Council (BBSRC)
Polaris House
North Star Avenue, GB- Swindon SN2 1UH

iz t 95

The British Academy
10 Carltow House Terrace, GB- London SW1 5AH

iz t 96

Economic and Social Research Council (ESRC)
Polaris House, North Star Avenue, GB- Swindon SN2 1UJ

iz t 97

Medical Research Council (MRC)
20 Park Crescent, GB- London W1N 4AL

iz t 98

Natural Environment Research Council (NERC)
Polaris House
North Star Avenue, GB- Swindon SN2 1EU

iz t 99

The Royal Society
Carlton House Terrace 6, GB- London SW1Y 5AG

iz t 100

Engineering and Physical Sciences Research Council (EPSRC)
Polaris House
North Star Avenue, GB- Swindon SN2 1ET

iz t 101

Particle Physics and Astronomy Research Council (PPARC)
Polaris House
North Star Avenue, GB- Swindon SN2 1SZ

Slowenien

iz t 102

Slovenian Academy of Sciences and Arts
Novi trg. 3, SLO-61000 Ljubljana

iz t 103

Slovenian Science Foundation
Stefanova 15, SLO-61000 Ljubljana

● **IZ T 104**

Europäisches Laboratorium für Molekularbiologie (EMBL)
European Laboratory for Molecular Biology
Laboratoire Européen de Biologie Moléculaire
Postf. 10 22 09, 69012 Heidelberg
Meyerhofstr. 1, 69117 Heidelberg
T: (06221) 38 70 **Fax:** 3 87-3 06
Teletex: 461 613 (embl d)
Gründung: 1974
Generaldirektor: Prof. Dr. Fotis Kafatos
Vorsitzender des Rates: Prof. P. Gruss (MPI f. Biophysical Chemistry Dept. Mol. Cellbiology, Am Fassberg, 37077 Göttingen)
Stellvertretende(r) Vorsitzende(r): Dr. G. Björk (Dept. of Microbiology University of UMEA, S-90187 Umea, Sweden)
Prof. C. Martinez (A. Autonomous Univ. National Centre of Biotechnology Dept. of Immunology and Oncology, 28049 Madrid)
Geschäftsführer(in): Barton Dodd (Admin.)
Mitglieder: 16 Mitgliedsländer
Mitarbeiter: 900
Jahresetat: DM 114 Mio, € 58,29 Mio
Österreich, Dänemark, Frankreich, Israel, Italien, Niederlande, Vereinigtes Königreich, Schweden, Schweiz, Griechenland, Finnland, Bundesrepublik Deutschland, Norwegen, Spanien, Belgien, Portugal

Grundlagenforschung in der Molekularbiologie mit den folgenden Programmen: Zellbiologie und Zellbiophysik, Entwicklungsbiologie, Biologische Strukturen und Biocomputing, Genexpression, Biochemische Instrumentation und Außenstellen in Hamburg (D), Grenoble (F), Hinxton (GB), Mouse Biology Programme Monterotondo (I)

● **IZ T 105**

Europäisches Laboratorium für Teilchenphysik (CERN)
European Laboratory for Particle Physics
Laboratoire européen de physique des particules
CH-1211 Genf
T: (004122) 7 67 61 11 **Fax:** 7 67 65 55
Internet: http://www.cern.ch/
Gründung: 1954
Präsident(in): H.C. Eschelbacher, Deutschland
Vors. d. Wissenschaftsausschusses: G. Kalmas, Großbritannien
Vors. d. Finanzausschusses: F.D. Bello, Portugal
Generaldirektor: Prof. L. Maiani, Italien
Presseabteilung: Neil Calder (T: (004122) 7 67 41 01)
Verbandszeitschrift: CERN COURIER
Redaktion: Gordon Fraser
Verlag: CERN, CH-1211 Genf 23
Mitglieder: 20 Staaten
Mitgliedsländer: Belgien, Bulgarien, Dänemark, Deutschland, Finnland, Frankreich, Griechenland, Großbritannien, Italien, Niederlande, Norwegen, Österreich, Polen, Portugal, Schweden, Schweiz, Slowakien, Spanien, Tschechien, Ungarn

● **IZ T 106**

Europäisches Operationszentrum für Weltraumforschung (ESA/ESOC)
European Space Operations Centre
Robert-Bosch-Str. 5, 64293 Darmstadt
T: (06151) 90-0 **Fax:** 90-495
TGR: ESOC Darmstadt
Internet: http://www.esoc.esa.de
Gründung: 1967
Leiter(in): Pieter Gaele Winters
Leitung Presseabteilung: Jocelyne Landeau-Constantin

Das Europäische Operationszentrum für Weltraumforschung ESOC in Darmstadt ist eine Niederlassung der Europäischen Weltraumorganisation ESA mit Sitz in Paris und ist für den Betrieb von Satelliten der ESA und anderer Organisationen verantwortlich.

● **IZ T 107**

European Network of Freshwater Research Organizations (EurAqua)
Avenido do Brasil 101, P-1799 Lissabon Codex
Chairman: A. R. van Bennekom (RIZA)
Secretary: Rob Uyterlinde (RIZA)

● **IZ T 108**

Föderation Europäischer Chemischer Gesellschaften (FECS)
Federation of European Chemical Societies
Fédération des Sociétés Chimiques Européennes
Sekretariate: Ms. Evelyn K. McEwan
Royal Society of Chemistry
Burlington House, Piccadilly, GB- London W1V 0BN
T: (004420) 74 37 86 56 **Fax:** 74 37 88 83
I. Antal (Hungarian Chemical Society, H-1027 Budapest II, Fo u 68, T: (00361) 2 01 68 83, Fax: (00361) 2 01 80 56)
President: Dr. R. Battaglia (Migros Scientific Services, P.O. Box, CH-8031 Zürich, T: (00411) 2 77 31 40)
Honorary President: Dr.rer.nat. Wolfgang Fritsche (HON FRSC FICI, Ober den Birken 13, 65779 Kelkheim, T: (06174) 6 20 33, Fax: (06174) 6 20 33)

Mitgliedsorganisationen

Belgien

iz t 109

Koninklijke Vlaamse Chemische Vereniging
Groot Begijnhof 6, B-3000 Leuven
T: (003291) 223 33 73   **Fax:** 223 34 55

iz t 110

Société Royale de Chimie
ULB Camplus Plaine
Postfach 206/4, B-1050 Brüssel
Boulevard du Triomphe, B-1050 Brüssel
T: (0322) 6 50 52 08   **Fax:** 6 50 51 84
E-Mail: src@ulb.ac.be

Bulgarien

iz t 111

Bulgarian Chemical Association
Faculty of Chemistry
University of Sofia
J. Bourchier, Bd 1, BG-1126 Sofia
T: (003592) 62 561

iz t 112

Union of Chemists in Bulgaria
Postfach 431, BG-1000 Sofia
Rakovski Street 108, BG-1000 Sofia
T: (003592) 87 58 12   **Fax:** 87 93 60

Dänemark

iz t 113

Danish Chemical Society
Universitetsparken 5, DK-2100 Kopenhagen
T: (004535) 32 01 23   **Fax:** 32 01 33

Deutschland

iz t 114

Deutsche Bunsen-Gesellschaft für Physikalische Chemie e.V.
Varrentrappstr. 40-42, 60486 Frankfurt
T: (069) 79 17-201   **Fax:** 79 17-450
Internet: http://www.bunsen.de
E-Mail: H.Behret@bunsen.de

iz t 115

Deutsche Gesellschaft für Klinische Chemie
Marienhospital Gelsenkirchen Zentral.
Thiemstr. 111, 03048 Cottbus
T: (0335) 46-2480, 42 28   **Fax:** (0355) 46-2003, 21 00

iz t 116

Gesellschaft Deutscher Chemiker e.V.
Postf. 90 04 40, 60444 Frankfurt
Varrentrappstr. 40-42, 60486 Frankfurt
T: (069) 79 17-1   **Fax:** 79 17-322
Internet: http://www.gdch.de
E-Mail: gdch@gdch.de

Estland

iz t 117

Estonian Chemical Society
Tonismagi 7, EW-200106 Tallin
T: (00372) 253 6452   **Fax:** 253 6371

Finnland

iz t 118

Association of Finnish Chemical Societies
Hietaniemenkatu 2, FIN-00100 Helsinki
T: (003580) 40 80 22   **Fax:** 40 87 80

Frankreich

iz t 119

Groupe pour l'Avancement des Sciences Analytiques
Boulevard Malesherbes 88, F-75008 Paris
T: (00331) 45 55 92 36   **Fax:** 45 55 92 49

iz t 120

Société Française de Chimie
Rue Saint-Jacques 250, F-75005 Paris
T: (0331) 40 46 71 60   **Fax:** 40 46 71 61
E-Mail: sfc@sgc.fr

Griechenland

iz t 121

Association of Greek Chemists
Kaningos Street 27, GR-10682 Athen
T: (0301) 3 82 15 24, 3 82 11 51   **Fax:** 3 83 35 97
E-Mail: info@eex.gr

Großbritannien

iz t 122

Royal Society of Chemistry
Burlington House
Piccadilly, GB- London W1V 0BN
T: (004420) 74 37 86 56   **Fax:** 74 37 88 83

Irland

iz t 123

Institute of Chemistry of Ireland
c/o Royal Dublin Society
Science Section
Ballsbridge, IRL- Dublin 4
T: (0039332) 78 99 84   **Fax:** 78 99 63
Internet: http://www.iol.ie/~instchem
E-Mail: instchem@iol.ie

Israel

iz t 124

The Israel Chemical Society
c/o The Israel Academy of Sciences
A. Einstein Square, IL- Jerusalem
T: (009723) 613 3340   **Fax:** 613 3341

Italien

iz t 125

Italian Chemical Society
Viale Liegi 48c, I-00198 Rom
T: (00396) 854 96 91, 855 39 68   **Fax:** 854 87 34

Kroatien

iz t 126

Croatian Chemical Society
Marulleev trg 19 /11, HR-41001 Zagreb
T: (003841) 44 65 28   **Fax:** 44 65 28

Lettland

iz t 127

Latvian Chemical Society
Aizkraukles St 21, LV- Riga 1006
T: (00371) 8 82 81 14   **Fax:** 2 55 32 33

Luxemburg

iz t 128

Association des Chimistes Luxembourgeois (ACHIL)
Postfach 8 31, L-2018 Luxemburg
T: (00352) 44 76 41   **Fax:** 4 66 64 43 55

Niederlande

iz t 129

Royal Netherlands Chemical Society
Postfach 90613, NL-2506 LP Den Haag
Burnierstraat 1, NL-2506 LP Den Haag
T: (003170) 3 46 94 06   **Fax:** 3 61 51 97

Norwegen

iz t 130

Norwegian Chemical Society
Norsk Kjemisk Selskap
Postfach 1107, N-0317 Oslo-Blindern
T: (004722) 85 55 31   **Fax:** 85 54 41

Österreich

iz t 131

Gesellschaft Österreichischer Chemiker
Nibelungengasse 11 /6, A-1010 Wien
T: (00431) 5 87 39 80   **Fax:** 5 87 89 66

iz t 132

Österreichische Gesellschaft für Analytische Chemie in der Göch
Technische Universität Wien
Institut für Analytische Chemie
Getreidemarkt 9, A-1060 Wien
T: (00431) 5 88 01, 4840   **Fax:** 5 86 78 13

Polen

iz t 133

Polish Chemical Society
Freta 16, PL-00227 Warschau
T: (004822) 31 13 04   **Fax:** 6 35 85 56

Portugal

iz t 134

Sociedade Portuguesa de Química
Av. da República 37-4°, P-1000 Lisboa
T: (003511) 7 93 46 37   **Fax:** 7 95 23 49

iz t 135

Portuguese Electrochemical Society
Departimento Quimica
Universidade de Coimbra, P-3000 Coimbra

Rumänien

iz t 136

Romanian Chemical Society
c/o The Romanian Academy
Calea Victoriei nr. 125, R-71102 Bucharesti
T: (00405) 50 76 80, 50 71 75

iz t 137

Romanian Society of Analytical Chemistry
Bulevardul Republicii 13, R-70346 Bucharesti

Russland

iz t 138

Mendeleev Chemical Society
Krivokolennijper 12, RUS- Moskau
T: (00795) 295 72 85

Schweden

iz t 139

Swedish Chemical Society
Svenska Kemistsamfundet
Wallingatan 24 3tr, S-11124 Stockholm
T: (00468) 4 11 52 60, 4 11 52 80   **Fax:** 10 66 78

Schweiz

iz t 140

Swiss Committee for Chemistry
Institute of Inorganic Chemistry
University of Fribourg
CH-1700 Fribourg
T: (004137) 82 64 74, 82 64 22

iz t 141

New Swiss Chemical Society
c/o Ciba
Postfach 2 55 01, CH-4002 Basel
T: (004161) 696 6796   Fax: 696 6985

Slowakische Republik

iz t 142

Slovak Chemical Society
Radlinskeho 9, SK-81237 Pressburg
T: (00427) 49 52 05

Slowenien

iz t 143

Slovenian Chemical Society
c/o National Institute of Chemistry
Postfach 3430, SLO-1000 Ljubljana
Hajdrihova 19, SLO-1000 Ljubljana
T: (038661) 1 76 02 52   Fax: 1 25 92 44
E-Mail: chem.soc@ki.si

Spanien

iz t 144

Real Sociedad Española de Química
Facultade de Quimica
Universidad Complutense, E-28040 Madrid
T: (003491) 3 94 43 61, 3 94 43 59   Fax: 5 43 38 79

iz t 145

Spanish Society for Analytical Chemists
Departamento De Quimica Analitica
Universidad De Salamanca, E-37008 Salamanca
T: (003423) 32 21 49 39

Tschechische Republik

iz t 146

Czech Chemical Society
Pelleova ul 24, CZ-16000 Prag 6
T: (00422) 32 92 65, 31 14 657   Fax: 79 24 564

Türkei

iz t 147

Chemical Society of Turkey
Uzay Apartimani 53 D 8 Posta Kutusu 829, TR- Istanbul

Ukraine

iz t 148

Ukrainian Chemical Society
Dimitrova 9a, UA-252005 Kiev
T: (0038044) 2 27 45 91, 2 27 24 16   Fax: 5 43 51 52

Ungarn

iz t 149

Hungarian Chemical Society
Fo u. 68, H-1027 Budapest 11
T: (00361) 2 01 68 83   Fax: 2 01 80 56

Zypern

iz t 150

The Pancyprian Union of Chemists
Postfach 83 61, CY-2093 Nicosia
T: (003572) 36 72 40   Fax: 36 70 73

● **IZ T 151**

Forschungs- und Dokumentations-Zentrum für das Sprachenproblem (wörtlich) (CED)
Centre for Research and Documentation on the Language Problem
Nieuwe Binnenweg 176, NL-3015 BJ Rotterdam
T: (003110) 4 36 10 44   Fax: 4 36 17 51
Geschäftsführer(in): Osmo Buller
Vorsitzende(r): M. Fettes (Ottawa)
Dr. Detlev Blanke (Berlin)
Dr. Probal Dasgupta (Hyderabad)
K. Schubert (Flensburg)
Prof. Humphrey Tonkin (West Hartford)
Verbandszeitschrift: Language Problems & Language Planning
Verlag: John Benjamins, Publishing Company, P.O. Box 75577, 1070 AN Amsterdam

● **IZ T 152**

Gruppe für Luftfahrt-Forschung und -Technologie in Europa (GARTEUR)
Group for Aeronautical Research and Technology in Europe
Groupe pour la recherche et la technologie aéronautique en Europe
c/o ONERA
(GARTEUR-Secretariat)
Avenue de la Division Leclerc 29
B.P. 72, F-92322 Châtillon Cedex
T: (00331) 46 73 37 35   Fax: 46 73 41 68
Internet: http://www.onera.fr
E-Mail: eric.maire@onera.fr
Gründung: 1973 ; 1981 Memorandum of Understanding/ Regierungsvereinbarung zwischen Deutschland, Frankreich, Großbritannien, Niederlande, Schweden und (seit 1996) Spanien
Chairman of the Council: IGA G. Bretécher (DGA/ DSA/ SPAe, 26, Bd. Victor, F-00460 Armées, Tel.: (0033(0)1) 45 52 42 43, Fax: (0033(0)1) 45 52 51 46)
Chairperson of the Executive Committee: Dr. D. Nouailhas (ONERA, International Affairs Directorate, BP 72, Avenue de la Division Leclerc, 92322 Chatillon Cedex, Frankreich, Tel.: (0033(0)1) 46 73 46 56, Fax: (0033(0)1) 46 73 41 68, E-Mail: dominique.nouailhas@onera.fr)
Secretary: Eric Maire (ONERA (Office National d'Études et de Recherche Aérospatiales), Direction pour les Affaires Internationales)
Mitglieder: ca. 400 direkte Mitwirkende im Leitungs- und F & E-Bereich aus 7 europäischen Ländern

An den gemeinschaftlichen F&E-Vorhaben im Bereich Luftfahrt sind beteiligt:
Ministerien, Behörden, Forschungsanstalten, Industriefirmen, Hochschulen aus den GARTEUR-Mitgliedsländern sowie weiteren europäischen Ländern.

● **IZ T 153**

Internationale Arbeitsgemeinschaft der Papierhistoriker (IPH)
International Association of Paper Historians
Association Internationale des Historiens du Papier
Wehrdaer Str. 135, 35041 Marburg
T: (06421) 8 17 58
Gründung: 1962
Präsident(in): Dr. Albert Elen, Leiden/NL
Sekretär: Ludwig Ritterpusch (Wehrdaer Str. 135, 35041 Marburg, T. u. Fax: (06421) 8 17 58)
Verbandszeitschrift: "IPH - Papiergeschichte International", "Jahrbuch"
Verlag: Selbstverlag
Mitglieder: ca. 300

● **IZ T 154**

Internationale Assoziation der Hydrogeologen (IAH)
International Association of Hydrogeologists
Association Internationale des Hydrogéologues
Postfach 9, GB- Kenilworth CV8 1JG
Internet: http://www.iah.org
E-Mail: iah@iah.org
President: Prof. Emilio Custodio Gimena
Secretary General: Dr. Andrew Skinner
Treasurer: Dr. Wilhelm Struckmeier
Mitglieder: 3500 members in 120 countries; 33 National Committees, 12 Commissions

● **IZ T 155**

Internationale Astronautische Vereinigung (IAF)
International Astronautical Federation
Fédération Internationale d'Astronautique
3-5, Rue Mario Nikis, F-75015 Paris
T: (00331) 45 67 42 60   Fax: 42 73 21 20
Internet: http://www.iafastro.com
E-Mail: iaf@wanadoo.fr
Gründung: 1951
Executive Director: Claude Gourdet
Verbandszeitschrift: IAF Newsletter
Mitglieder: 136
Mitarbeiter: 3

● **IZ T 156**

Internationale Föderation Religions-Soziologischer Forschungsinstitute (FERES)
International Federation of Institutes for Socio-Religious Research
Fédération Internationale des Instituts de Recherches socio-religieuses
Place Montesquieu 1/13, B-1348 Louvain-la-Neuve
T: (003210) 47 42 39   Fax: 47 42 67
E-Mail: gendebien@anso.ucl.ac.be
Gründung: 1955
Verbandszeitschrift: Publication: SOCIAL COMPASS - International; Journal of Sociology of Religion - Quarterly (English and French)
Mitglieder: 28

● **IZ T 157**

Internationale Forschungsgesellschaft für Kinder- und Jugendliteratur (IRSCL)
International Research Society for Children's Literature
Société Internationale de Recherche en Littérature d'Enfance et de Jeunesse
Centre for Research and Education in the Arts, University of Technology
Kuring-gai campus, Eton Road, Lindfield, AUS- Sydney N.S.W. 2070
T: (00612) 95 14-5402   Fax: 95 14-5556
Internet: http://www.education.uts.edu.au/centres/crea/irscl/
Gründung: 1970
President: Sandra Beckett (Dept. of French, Italian and Spanish, Brock University, St. Catharines, Ontario, Canada L2T 3N4, Tel.: (001 905) 687-7315, Fax: (001 905) 687-9242, E-Mail: sbeckett@spartan.ac.brocku.ca)
Vice-President: Rolf Romören (Faculty of Arts, Agder College, Serviceboks 422, 4604 Kristiansand, Norwegen, Tel.: (0047) 38 14 94 46, Fax: (0047) 38 14 94 25, E-Mail: rromoere@online.no)
Secretary: Rosemary Johnston (Centre for Research and Education in the Arts, University of Technology, Sydney, Kuring-gai campus, Eaton Rd., Lindfield N.S.W. 2070, Australien, T: (0061 2) 9514-5402, Fax: 9514-5556, E-mail: rosemary.ross.johnston@uts.edu.au)
Mitglieder: 300

● **IZ T 158**

Internationale Geographische Union (IGU)
International Geographical Union
Union Géographique Internationale
1710 Sixteenth Street NW, USA- Washington DC 20009-3198
T: (001202) 2 34-1450   Fax: 2 34-2744
Internet: http://www.igu-net.org
E-Mail: igu@aag.org
Gründung: 1922
President: Prof. Anne Buttimer (Department of Geography, University College Dublin, Belfield, Dublin 4, Ireland, T: (003531) 7 06-8174, Fax: (003531) 2 69-5597, E-Mail: anne.buttimer@ucd.ie)
Secretary-General and Treasurer: Prof. Ronald F. Abler (Association of American Geographers, 1710 Sixteenth Street NW, Washington DC 20009-3198 USA, T: (001202) 2 34-1450, Fax: (001202) 2 34-2744, E-Mail: rabler@aag.org)
First Vice President: Prof. Adalberto Vallega (Department Polis, University of Genoa, Stradone S. Agostino, 37, 16123 Genoa, Italy, T: (003910) 2 09-5858, Fax: (003910) 2 09-5891, E-Mail: a.vallega@iol.it)
Vice Presidents: Prof. Nikita F. Glazovsky (Institute of Geography, Russian Academy of Sciences, Staromonetni pezeulok 29, 10917 Moscow, Russia, T: (007095) 9 59-0040, Fax: (007095) 9 59-0033, E-Mail: nikita@rpdir.gins.msk.su)
Academician Changming Liu (Institute of Geographical Sciences and Resources, The Chinese Academy of Sciences, Building 917, Datun Road, Ahwai, Beijing 100101 China, T: (008610) 64 88-9306, Fax: (008610) 64 88-9309, E-Mail: liucm@dls.iog.ac.cn)
Prof. Markku Löytönen (Department of Geography, University of Helsinki, PO Box 4, 00014 Helsinki, Finland, T: (003589) 19 12-2433, Fax: (003589) 19 12-2641, E-Mail: markku.loytonen@helsinki.fi)
Prof. Lindisizwe M. Magi (University of Zululand, Durban-Umlazi Campus, Private Bag X10, Isipingo 4110, South Africa, T: (002731) 9 07-700, Fax: (002731) 9 07-3011, E-Mail: Immagi@pan.uzulu.ac.za)
Prof. José L. Palacio-Prieto (Institute of Geography, National University of Mexico, Cuidad Universitaria, Mexico DF 04510, Mexico, T: (00525) 6 22-4339, Fax: (00525) 6 16-2145, E-Mail: palacio@servidor.unam.mx)
Prof. Hiroshi Tanabe (Faculty of Economics, Keio University, Mita 2-15-45, Minato-ku, 108-8345 Tokyo, Japan, T: (00813) 54 27-1339, Fax: (00813) 54 27-1339, E-Mail: xlh02561@nifty.ne.jp)
Verbandszeitschrift: IGU Bulletin
Redaktion: Prof. R. Abler
Mitglieder: 83 Staaten (Nationalkomitees)

● IZ T 159

Internationale Gesellschaft für Wissensorganisation e.V. (ISKO)
International Society for Knowledge Organization
Generalsekretariat: Dr. G. J. A. Riesthuis
Universiteit van Amsterdam
Oude Turfmarkt 147, NL-1012 GC. Amsterdam
E-Mail: isko@hum.uva.nl
Gründung: 1989 (22. Juli)
Executive Board: Dr. Clare Beghtol (President), Toronto
Hanne Albrechtsen, Copenhagen
Dr. Rebecca Green, Maryland/USA
Dr. Widad Mustafa El Hadi, Lille
Dr. Gerhard Riesthuis, Amsterdam/Niederlande
Dr. Nancy Williamson, Toronto
Verbandszeitschrift: Knowledge Organization
Mitglieder: ca. 500
Jahresetat: DM 0,01 Mio

● IZ T 160

Internationale Kommission für Optik (ICO)
International Commission for Optics (ICO)
Commission Internationale d'Optique (CIO)
c/o Institut d'Optique, C.N.R.S.
ICO Secretary General:
Postfach 147, F-91403 Orsay Cedex
T: (00331) 69 35 87 41   **Fax:** 69 35 87 00
E-Mail: pierre.chavel@iota.u-psud.fr
Gründung: 1947 (Juni)
Verbandszeitschrift: ICO Newsletter
Verlag: P. Chavel, BP 147, F-91403 Orsay Cedex
Mitglieder: 45
Jahresetat: DM 0,1 Mio

● IZ T 161

Internationale Mathematische Vereinigung (IMU)
International Mathematical Union
Union Mathématique Internationale
Secretariat: c/o IMPA
Estrada Dona Castorina, 100, Jardim Botanico, BR-22460 Rio de Janeiro-RJ
T: (005521) 5 29 52 70, 5 11 17 49   **Fax:** 5 12 41 12, 5 12 41 15
Internet: http://www.mathunion.org
E-Mail: imu@impra.br
Gründung: 1951
Executive Committee (1999 - 2002):
President: Jacob Palis (IMPA-Estrada Dona Castorina, 110, Jardim Botanico, Rio de Janeiro, RJ 22460-320, Brazil, T: (005521) 5 11 17 49 or 2 94 94 47, (005521) 5 33 72 72 or 5 37 30 98 (priv.), Telefax: (005521) 5 12 41 12 or 5 12 41 15)
Vice-President: Simon K. Donaldson (Dept. of Mathematics, Huxley Building, Imperial College, 180 Queen's Gate, London SW7 2BZ, UK, Fax: (0044(0)171) 5 94 85 17, E-Mail: s.donaldson@ic.ac.uk)
Shigefumi Mori (RIMS - Kyoto Univ., Kyoto, 606, Japan, T: (008175) 7 53 72 27, Telefax: (008175) 7 53 72 72, E-Mail: mori@kurims.kyoto-u.ac.jp)
Secretary: Phillip A. Griffith (Inst. for Advanced Study, IAS, Olden Lane, Princeton, NJ 08540, US, Fax: (001(0)609) 6 83 76 05, E-Mail: imu@ias.edu)
Members: Vladimir Igorevitch Arnold (Steklov Math. Institute, 8, Gubkina Street, 117966-Moskau, Russia, T: (007095) 135 1490, Telefax: (007095) 135 0555, E-Mail: arnold@genesis.mi.ras.ru)
Jean-Michel Bismut (Département de Mathématique, Université Paris-Sud, 91405 Orsay, Frankreich, Fax: (0033(0)1) 69 15 63 48, E-Mail: bismut@topo.math.u-sud.fr)
Bjorn Engquist (KTH - Dep. of Math., The Royal Inst. of Technology, S-10044 Stockholm, Sweden, Telefax: (00468) 24 77 84, E-Mail: enquist@nada.kth.se)
Prof. Dr. Martin Grötschel (Konrad-Zuse-Zentrum für Informationstechnik Berlin, Takustr. 7, 14195 Berlin, Deutschland, Tel.: (30) 8 41 85-210, Fax: (030) 8 41 85-269, E-Mail: groetschel@zib.de)
Madabasi S. Raghunathan (School of Mathematics, Tata Institute of Fundamental Research, Homi Bhabha Road, Colaba, Bombay 400 005, Fax: (0091(0)22) 2 18 86 54, E-Mail: msr@math.tifr.res.in)
Mitglieder: aus 60 Ländern

● IZ T 162

Internationale Quartärvereinigung (INQUA)
International Union for Quaternary Research
Union Internationale pour l'Etude du Quaternaire
c/o Agricultural University of Norway
Department of Soil and Water Sciences
Postfach 50 28, N-1432 Aas
T: (004764) 94 82 52   **Fax:** 94 74 85
Internet: http://inqua.nlh.no
E-Mail: sylvi.haldorsen@ijvf.nlh.no
Gründung: 1928
President: Prof. Nicholas J. Shackleton (University of Cambridge, Godwin Laboratory, New Museums Site, Pembroke Street, Cambridge CB2 3SA, UK, T.: (00441223) 33 48 76, Fax: (00441223) 33 48 71, E-Mail: njs5@cam.ac.uk)
Secretary: Prof. Sylvi Haldorsen (Agricultural University of Norway, Department of Soil and Water Sciensces, Section of Geology and Water, P.O.Box 5028, N-1432 AAS, Norway, T.:
(0047) 64 94 82 52, Fax: 64 94 74 85, E-Mail: sylvi.haldorsen@ijvf.nlh.no)
Treasurer: Dr. Allan R. Chivas (School of Geosciences, University of Wollongong, Wollongong NSW 2522, Australia, T.: (00612) 42 21 32 63, Fax: (00612) 42 21 42 50, E-MAil: allan_chivas@uow.edu.au)
Verbandszeitschrift: Quaternary International
Redaktion: Elsevier, Oxford, UK
Mitglieder: ca. 600
Jahresetat: DM 0,09 Mio

● IZ T 163

Internationale Union für Kristallographie (IUCr)
International Union of Crystallography
Union Internationale de Cristallographie
2 Abbey Square, GB- Chester CH1 2HU
T: (00441244) 34 54 31   **Fax:** 34 48 43
Gründung: 1948
President: Prof. H. Schenk (Lab. for Crystallography University of Amsterdam, Nienwe Achtergracht 166, 1018 WV NL-Amsterdam, T: (003120) 525 7035, Fax: 525 6940)
Vice-President: Prof. M. Tanaka
Past President: Prof. E.N. Baker (New Zealand)
General Secretary and Treasurer: Prof. S. Larsen (Center for Crystallographie Studies, Dep. of Chemistry, Univ. of Copenhagen, Universitetsparken 5, DK-2100 Copenhagen, Denmark, T: (0045) 35 32 02 82, Telefax: (0045) 35 32 02 99)
Executive Secretary: M. H. Dacombe (International Union of Crystallography, 2 Abbey Square, Chester CH1 2HU, England, T: (00441244) 34 54 31, Telefax: (00441244) 34 48 43)
Nationalkomitees für Kristallographie in den einzelnen Ländern

● IZ T 164

Internationale Union für reine und angewandte Biophysik (IUPAB)
International Union for Pure and Applied Biophysics
Union Internationale de Biophysique Pure et Appliquée
Secretary General: c/o Department of Biochemistry & Molecular Biology The University of Leeds
GB- Leeds LS2 9JT
T: (0044113) 2 33 30 23   **Fax:** 2 33 31 67
Internet: http://iupab.leeds.ac.uk/iupab/
E-Mail: a.c.t.north@leeds.ac.uk
Gründung: 1961
Secretary General: Prof. A.C.T. North (Department of Biochemistry & Molecular Biology, The University of Leeds)
Verbandszeitschrift: Quarterly Review of Biophysics
Redaktion: Cambridge University Press
Mitglieder: 50 Länder

● IZ T 165

Internationale Union für Reine und Angewandte Chemie (IUPAC)
International Union of Pure and Applied Chemistry
Union Internationale de Chimie Pure et Appliquée
Secretariat
Postfach 13757, USA- Research Triangle Park NC 27709-3757
104 T.W. Alexander Drive Building 19, USA- Research Triangle Park NC 27709
Gründung: 1919
Executive Director: Dr. J. W. Jost
President: Dr. A. Hayes (UK)
Vice-President: Prof. P.S. Steyn (South Africa)
Secretary General: Dr. E.D. Becker (USA)
Treasurer: Dr. C.F. Buxtorf (Switzerland)
Verbandszeitschrift: Pure and Applied Chemistry; Chemistry International; Macromolecular Symposia
Mitglieder: 45 Nationale Organisationen in 44 Ländern

Deutsche Vertretung: Deutscher Zentralausschuß für Chemie
Geschäftsführung: Gesellschaft Deutscher Chemiker, Carl-Bosch-Haus, Varrentrappstr. 40-42, 60486 Frankfurt, Postfl. 90 04 40, 60444 Frankfurt, T: (069) 7 91 73 20, Telefax: (069) 7 91 73 07

● IZ T 166

Internationale Union für reine und angewandte Physik (IUPAP)
International Union of Pure and Applied Physics
Union Internationale de Physique Pure et Appliquée
CEA Saclay, F-91191 Gif-Sur-Yvette
T: (00331) 6908-8418   **Fax:** 6908-7401
Secretary-General: R. Turlay

Deutsche Vertretung

iz t 167

Deutsches Nationales Komitee für IUPAP
Hauptstr. 5, 53604 Bad Honnef
T: (02224) 92 32-0   **Fax:** 92 32-50
Sekretär: Dr. Volker Häselbarth

● IZ T 168

Internationale Union für Theoretische und Angewandte Mechanik (IUTAM)
International Union of Theoretical and Applied Mechanics
Union Internationale de Mécanique Théorique et Appliquée (IUTAM)
University College Dublin, Belfield, IRL- Dublin 4
T: (003531) 706 8370   **Fax:** 706 1172
Internet: http://www.iutam.org
Gründung: 1947
President: Prof. Werner Schiehlen (University of Stuttgart, 70550 Stuttgart)
Secretary-General: Prof. Michael A. Hayes (Mathematical Physics Dept., University College Dublin, Belfield, Dublin 4, Ireland)
Treasurer: Prof. L. Ben Freund (Brown University, Providence, RI 02912, USA)
Verbandszeitschrift: IUTAM-Annual Report
Mitglieder: 49 Länder

● IZ T 169

Internationale Union der Geologischen Wissenschaften (IUGS)
International Union of Geological Sciences
Union Internationale des Sciences Géologiques
IUGS Secretariat: c/o Geological Survey of Norway
N-7491 Trondheim
T: (0047) 73904040   **Fax:** 73 50 22 30
Internet: http://www.iugs.org
Gründung: 1961
President: Prof. Ed F. J. de Mulder (Netherlands Institute of Applied Geosciences, TNO; Schoemakerstraat 97, P.O. Box 6012 2600, JA Delft The Netherlands, T: (003115) 2 69 71 05, Fax: (003115) 2 56 48 00, (003123) 5 26 27 09, E-Mail: demulder@wxs.nl, e.demulder@nitg.tno.nl)
Secretary General: Prof. Attilio C. Boriani (Dip. di Scienze della Terra, Univ. degli Studi di Milano, Via Botticalli 23, I-20133 Milano, Italy, T: (003902) 23 69 83 10, Fax: (003902) 70 63 86 81, E-mail: attilio.boriani@unimi.it)
Treasurer: Dr. Werner R. Janoschek (Austrian Geological Survey, Rasumofskygasse 23, Postfl. 1 27, A-1031 Vienna, Austria, T: (00431) 7 12 56 74 ext. 400, Fax: (00431) 7 12 56 74 56, E-Mail: wjanoschek@cc.geolba.ac.at)
Verbandszeitschrift: "EPISODES"
Redaktion: Dr. Hou Hongfei, Managing Editor, P.O. Box 8 23, 26 Baiwanzhuang Road, Beijing 100037, China, T: (008610) 68 32 08 27, Fax: (008610) 68 32 89 28, E-mail: episodes@public2.east.cn.net
Mitglieder: National Committees in ca. 114 Countries

● IZ T 170

Internationale Union der Gesellschaften für Mikrobiologie (IUMS)
International Union of Microbiological Societies
Institut de Biologie Moléculaire et Cellulaire du CNRS
15 Rue Descartes, F- Strasbourg
T: (0033388) 41 70 22   **Fax:** 61 06 80
E-Mail: vanregen@ibmc.u-strasbg.fr
Secretary-General: Dr. M. H. V. van Regenmortel
Mitglieder: 110 national Societies from 65 Countries

● IZ T 171

Internationale Vereinigung für Geodäsie und Geophysik (IUGG)
International Union of Geodesy and Geophysics
c/o University of Colorado
CIRES
Campus Box 216, USA- Boulder CO 80309-0216
T: (001303) 4 97 51 47   **Fax:** 4 97 36 45
Internet: http://www.iugg.org
E-Mail: jjoselyn@cires.colorado.edu
Gründung: 1919
Secrétaire Général: Dr. JoAnn Joselyn
Verbandszeitschrift: Yearbook
Redaktion: Dr. JoAnn Joselyn, University of Colorado
Mitglieder: 75 Länder
Mitarbeiter: 2
Jahresetat: DM 2 Mio

● IZ T 172

Europäische Dachorganisation für Geographische Information (EUROGI)
European Umbrella Organisation for Geographic Information (EUROGI)
Jean-Monnetpark 1, NL-7336 BA Apeldoorn
T: (003155) 5 28 57 46   **Fax:** 3 55 73 62
Internet: http://www.eurogi.org
E-Mail: eurogi@euronet.nl
Gründung: 1994 (November)
President: Ian Masser
Vice-President: Antonio Fernandez Perez de Talens (AM/FM-Italia, Pisa)
Treasurer: Gábor Remetey-Fülöpp (HUNAGI, Budapest)
Secretary General: Anton Wolfkamp (EUROGI, Apeldoorn)
Mitglieder: 19

Belgien

iz t 173

Co-ordination committee for digital geographical information
c/o Institut Géographique National
Abbaye de la Cambre 13, B-1000 Brüssel
T: (00322) 6 29 82 19   **Fax:** 6 29 82 12
President: J. De Smet

Dänemark

iz t 174

GeoForum Denmark - Society for Geographical Information
Lindevangs Allé 4, DK-2000 Frederiksberg
T: (0045) 38 86 10 75   **Fax:** 38 86 02 52
Internet: http://www.geoforum.dk
E-Mail: info@geoforum.dk
Gründung: 2001 (1. Januar)
President: Peter Normann Hansen
Secretary General: Vagn Laursen
Mitglieder: 120 Organisationen und 600 Personen

Deutschland

iz t 175

Deutscher Dachverband für Geoinformation (DDGI)
Telegrafenberg A 3, 14473 Potsdam
T: (0331) 2 88-1681   **Fax:** 2 88-1703
Präsident(in): Dr. rer. nat. Joachim Wächter (GeoForschungsZentrum Potsdam, Telegrafenberg A3, T.: (0331) 2 88 16 80, Fax: (0331) 2 88 17 03, E-Mail: wae@gfz-potsdam.de)
Geschäftsführer(in): Dipl.-Ing. Martin Knabenschuh (Landesvermessungsamt Nordrhein-Westfalen, E-Mail_: knabenschuh@lverma.nrw.de)

Finnland

iz t 176

Progis Ry
c/o National Land Survey aof Finland
Geographic Information Centre
Postfach 84, FIN-00521 Helsinki
T: (0035820) 5 41 54 45   **Fax:** 5 41 54 54
Internet: http://www.progis.fi
E-Mail: progis@nls.fi
President: Juha Saarentaus
Secretary General: Pasi Pekkinen

Frankreich

iz t 177

Association Française pour l'Information Géographique (AFIGÉO)
07 SP
136 bis, Rue Grenelle, F-75700 Paris
T: (00331) 43 98 83 12   **Fax:** 43 98 85 66
President: Jean Berthier
Secretary General: Jean Claude Lummaux

Griechenland

iz t 178

National Documentation Center (ndc)
48, Vass Konstantiou ave, GR- Athen 11635
T: (00301) 7 24 21 72   **Fax:** 7 24 68 24
President: Prof. Nicos Polydorides
Secretary General: E. Bouboukas

Großbritannien

iz t 179

Association for Geographic Information (AGI)
12 Great George Street, Parliament Square, GB- London SW1P 3AD
T: (004420) 73 34 37 46   **Fax:** 73 34 37 91
Internet: http://www.agi.org.uk
E-Mail: info@agi.org.uk
President: Lord Chorley
Chairman: Vanessa Lawrence

Irland

iz t 180

Irish Organisation for Geographic Information (IRLOGI)
Museum Building Trinity College, IRL- Dublin 2
T: (003531) 6 08 25 44   **Fax:** 6 77 30 72
Internet: http://www.irlogi.ie
E-Mail: info@irlogi.ie
President: Muiris de Butléir
Secretary General: Ron Cox

Italien

iz t 181

"Automated Mapping Facilities Management Geographic Information Systems" Italiana (AM/FM Italia)
v. le America, 11, I-00144 Rom
T: (00396) 54 22 04 49   **Fax:** 54 22 93 85
Internet: http://www.amfm.it
E-Mail: info@amfm.it
President: Ing. Carlo Cannafoglia
Secretary General: Ing. Claudio Bertola
Jahresetat: ITL 58,09

Luxemburg

iz t 182

Group de Travail Interministériel SIG (GTIM-SIG)
c/o Administration du Cadastre et de la Topographie
Postfach 17 61, L-1017 Luxemburg
Avenue Gaston Diderich 54, L-1017 Luxemburg
T: (00352) 44 90 12 72   **Fax:** 44 90 12 88
President: André Majerus
Secretary General: Romain Heinen

Niederlande

iz t 183

Netherlands Council for Geograhic Information (RAVI)
Postfach 5 08, NL-3800 AM Amersfoort
T: (003133) 4 60 41 00   **Fax:** 4 65 64 57
Internet: http://www.ravi.nl
E-Mail: scretariaat@ravi.nl
President: G. C. van Wijnbergen
Secretary General: B. C. Kok

Norwegen

iz t 184

Organisasjon for geografisk informasjon (GeoForum)
Storgaten 13, N-3500 Hoønefoss
T: (004732) 12 31 66   **Fax:** 12 06 16
E-Mail: nktf@nktf.no
President: Ivar Maalen-Johansen
Secretary General: Roger Gustavson

Polen

iz t 185

National Land Information System Users Association (GISPOL)
ul. Godebskiego 25, PL-02-910 Warschau
T: (004822) 6 42 31 89
Internet: http://www.gispol.org.pl
E-Mail: gispol@gispol.org.pl
President: Edward Mecha
Secretary General: Stanislawa Sucherowa

Portugal

iz t 186

Centro Nacional de Informaçao Geográfica (CNIG)
Tagus Park, Núcleo Central, 301, P-2780 Oeiras
T: (003511) 3 86 00 11   **Fax:** 3 86 28 77
E-Mail: cnig@cnig.pt
President: Rui Gonçalves Henriques

Schweden

iz t 187

The Swedish Development Council for Land Information (ULI)
S-801 82 Gävle
T: (004626) 61 10 50   **Fax:** 61 32 77
Internet: http://www.uli.se
E-Mail: uli@uli.se
President: Björn Risby
Secretary General: Lars Hansen

Schweiz

iz t 188

Swiss Organization for Geo-Information (SOGI)
c/o AKM
Postfach 6, CH-4005 Basel
T: (004161) 6 91 51 11   **Fax:** 6 91 81 89
Internet: http://www.sogi.ch
E-Mail: info@akm.ch
President: Alessandro Carosio
Secretary General: Heinz Lindenmann

Spanien

iz t 189

Asociatión Española de Sistemas de Informatión Geográfica (AESIG)
Cardenal Sili_1ceo 37 B1, E-28002 Madrid
T: (003491) 4 13 66 87   **Fax:** 4 16 13 32
President: Jordi Guimet Pereña
Secretary General: José Mª Tejero de la Cuesta

Ungarn

iz t 190

Hungarian Association for Geo-Information (HUNAGI)
Postfach 1, H-1860 Budapest
T: (00361) 3 01 40 52   **Fax:** 3 01 46 91
Internet: http://www.fomi.hu/hunagi
President: Miklós Havass
Secretary General: Gábor Remetey-Fülöpp

● **IZ T 191**

Internationale Vereinigung für hydrologische Wissenschaften (IAHS)
International Association of Hydrological Sciences (AISH)
Association Internationale des Sciences Hydrologiques
Wilfrid Laurier University, Dep. of Geography
ON N2L 3C5, CDN- Waterloo
T: (001519) 8 84 19 70   **Fax:** 8 46 09 68
E-Mail: 44iahs@mach1.wlu.ca
Generalsekretär(in): Dr. Gordon J. Young
President: Dr. John Rodda
Verbandszeitschrift: IAHS Proceedings and Reports, IAHS Special Publications, Bimonthly: Hydrological Science Journal
Redaktion: IAHS-Press
Mitglieder: 2000
Mitarbeiter: 3 Editorial Staff Members

● **IZ T 192**

Internationale Vereinigung für Limnologie (SIL)
Department of Biological Siences, The University of Alabama
USA- Tuscaloosa
T: (001205) 3 48-1793   **Fax:** 3 48-1403
E-Mail: rwetzel@biology.as.ua.edu
Gründung: 1922
General Secretary: Prof. Robert G. Wetzel (Department of Biological Sciences, The University of Alabama, Tuscaloosa, Alabama 35487-0206)
Mitglieder: ca. 3500

● **IZ T 193**

Internationale Vereinigung für Politische Wissenschaften (IPSA/AISP)
International Political Science Association (IPSA)
Association Internationale de Science Politique (AISP)
Department of Politics, University College Dublin
Belfield, IRL- Dublin 4
T: (003531) 7 06-81 82   **Fax:** 7 06-11 71
Internet: http://www.ucd.ie/~ipsa/index.html
E-Mail: ipsa@ucd.ie
Gründung: 1949
President: Theodore J. Lowi (USA)
Past President: Jean Leca (France)
1st Vice-President: Kim Dalchoong (Republic of Korea)

IZ T 193

Vice-Presidents: Renato R. Boschi (Brazil)
Krzysztof Palecki (Poland)
Helen Shestopal (Russia)
Ursula Vogel (UK)
Other Members
Executive Committee:
Carlos R. Alba (Spain)
Mauro Calise (Italy)
Gideon Doron (Israel)
L. Adele Jinadu (Africa)
Max Kaase (Germany)
Ikuo Kabashima (Japan)
Guy Lachapelle (Canada)
Paula McClain (USA)
Yves Schemeil (France)
Gunnar Sjöblom (Denmark)
Jan Škaloud (Czech Republic)
International Political Science Abstracts: Serge Hurtig
International Political Science Review: Nazli Choucri
International Political Science Review: Jean Laponce
Advances in Political Science International Series: Asher Arian
Programme Committee, XVIIIth World Congress: William M. Lafferty
Secretary General: John Coakley
Administrator: Margaret Brindley
Verbandszeitschrift: International Political Science Abstracts
Redaktion: Serge Hurtig
Verlag: IPSA
Verbandszeitschrift: International Political Science Review
Redaktion: Nazli Choucri, Jean Laponce
Verlag: Sage, London
Verbandszeitschrift: Participation
Redaktion: IPSA Secretariat
Verlag: IPSA Secretariat
Mitglieder: 1300 Individual, 100 Institutional, 41 Collective
Mitarbeiter: 1

● IZ T 194

Internationaler Verband für Arbeitswissenschaft (IEA)
International Ergonomics Association
Association Internationale d'Ergonomie
Laboratoire d'Ergonomie, CNAM
rue Gay Lussac 41, F-75005 Paris
T: (00331) 44-107802   Fax: 43-253614
Internet: http://www.iea.cc
E-Mail: falzon@cnam.fr
Gründung: 1959
President: Prof. Waldemar Karwowski
Secretary General: Prof. Pierre Falzon
Schatzmeister: Kazutaka Kogi
Verbandszeitschrift: ERGONOMICS
Verlag: Taylor & Francis, 4 John St., London WC1N 2ET

Federated Societies

iz t 195
All-Ukrainian Ergonomics Association
Department of Ergonomics
National Research Institute for Design
Postfach 3, UA-252054 Kiev
T: (0038044) 2 16-1354   Fax: 2 16-4817
Dr. Alexander Burov

iz t 196
Associación Española de Ergonomía
Salustiano Olózaga 5, E-28001 Madrid
T: (003491) 4 31-7721, 89   Fax: 5 76-2228
Dr. José Luis Mercado Segoviano

iz t 197
Belgian Ergonomics Society
UCL Unité Hygiène et Phys. Trav.
Clos Chapelle aux Champs 3038, B-1200 Brüssel
T: (00322) 76-43229   Fax: 76-43954
Prof. Jacques Malchaire

iz t 198
Brazilian Ergonomics Associations (ABERGO)
UERJ State University of Rio de Janeiro, Department of Product Design
Rua Evaristo da Veiga, 95, BR-20031-040 Lapa, Rio de Janeiro RJ
T: (005521) 2 86-9907   Fax: 2 46 50 77
Administration Director: Anamaria de Moraes (UERJ State of University of Rio de Janeiro, Department of Product Design, Rua Evaristo da Veiga 95, BR-20031-040 Lapa, Rio de Janeiro, Brazil, T: (005521) 2 86 99 07, Telefax: (005521) 2 46 50 77)

iz t 199
Chinese Ergonomics Society
Shanghai Bureau of Higher Education 200031,
202 South Shanxi Road, CN- Shanghai
T: (008621) 62 56 30 10   Fax: 62 55 00 26
Deputy Director: Prof. Runbai Wei (Shanghai Bureau of Higher Education, 202 South Shanxi Road, RC-Shanghai 200031, T: (008621) 62 56 30 10, Telefax: (008621) 62 55 00 26)

iz t 200
Croatian Ergonomics Society
Salajeva 3, HR-41000 Zagreb
T: (0038541) 62 01 99   Fax: 62 00 37
D. Maslić Seršić

iz t 201
Czech Ergonomics Society
c/o Agricultural University-VSZ SUCHDOL
CZ-16021 Praha 6
T: (004202) 32 36 40 Ext. 3 18
Assoc. Prof. Ing. Ludmila Rímsová (Agricultural University - VSZ SUCHDOL, CZ-16021 Praha 6, T: (00422) 32 36 40 Ext. 3 18)

iz t 202
The Ergonomics Society
Devonshire House
Devonshire Square, GB- Loughborough LE11 3DW
T: (00441509) 23 49 04   Fax: 23 49 04
Julia Scriven

iz t 203
Ergonomics Society of Australia
Canberra Business Centre
Bradfield Street (cnr melba), AUS- Downer ACT 2602
T: (00616) 2 42-1951   Fax: 2 41-2554
Internet: http://www.ergonomics.org.au
E-Mail: esa@interact.netau
Christine Stone

iz t 204
Ergonomics Society of the Federal Republic of Yugoslavia
ESFRY Secretariat
Lola Corp.
Bulevar Revolucije 84, YU-11000 Belgrad
T: (003811) 4 57-390   Fax: 4 57-390

iz t 205
Ergonomics Society of Korea
Secretariat, Dept. of Industrial Engineering
Dong-A University
KP- Pusan
T: (008251) 2 91-8468   Fax: 2 00-7697

iz t 206
Ergonomics Society of South Africa
Department of Human Kinetics and Ergonomics
Rhodos University
Postfach 94, ZA- Grahamstown 6140
T: (0027461) 31 84 71   Fax: 2 50 49
Prof. Pat Scott

iz t 207
Gesellschaft für Arbeitswissenschaft e.V.
Ardeystr. 67, 44139 Dortmund
T: (0231) 12 42 43   Fax: 7 21 21 54
Internet: http://www.gfa-online.de
E-Mail: gfa@ifado.de
Gründung: 1953 (16. Oktober)
Geschäftsführendes Vorstandsmitglied: Prof. Dr. Andreas Seeber
Verbandszeitschrift: Zeitschrift für Arbeitswissenschaft
Verlag: Ergon GmbH, Bruno-Jacoby-Weg 11, 70597 Stuttgart

iz t 208
Hellenic Ergonomics Society
Ergonomia Ltd.
3th Septembriou, 77, GR-10434 Athens
T: (00301) 8 22 88 88   Fax: 8 22 88 88
Ilias Banoutsos

iz t 209
Association of Canadian Ergonomists/Association canadiennee d'ergonomie (ACE)
Association canadienne d´ergonomie
1304-2 Carlton Street, CDN- Toronto ON M5B 1J3
T: (0416) 979-3946   Fax: 979-1144
Internet: http://www.ace-ergocanada.ca
E-Mail: info@ace-ergocanada.ca
Executive Manager: Andrew D. Parr

iz t 210
Human Factors & Ergonomics Society
Postfach 1369, USA- Santa Monica, CA 90406
T: (001310) 3 94-1811   Fax: 3 94-2410
Executive Direktor: Lynn Strother

iz t 211
Hungarian Ergonomics Society
Tótfalusi K.M. st. 24, H-1201 Budapest
T: (00361) 1 31 81-37   Fax: 1 18 79 98
Krisztina Lakatos

iz t 212
Indian Ergonomics Society
Secretariat
Mohan Bagan Lane 11A, IND- Calcutta 70004

iz t 213
Irish Ergonomics Society
City Engineers
Limerick Corporation
IRL- Limerick
T: (0035361) 41 57 79   Fax: 41 83 45
M. McNamara

iz t 214
Israeli Ergonomics Society
Technion-Israel Institute of Technology, Faculty of Ind. Engineering & Management
IL-32000 Technion City, Haifa
T: (009724) 29 44 34, 29 44 51   Fax: 23 51 94
Prof. Issachar Gilad (Phd., Technion-Israel Institute of Technology Faculty of. Ind. Engineering & Management, IL-Technion City, IL-Haifa 32000, T: (009724) 29 44 34, 29 44 51, Telefax: (009724) 23 51 94)

iz t 215
Japan Ergonomics Research Society
Nihon University School of Medicine, Department of Hygiene 30-1, Ohyaguchi Kamimachi, Itabashi-ku, J- Tokyo 173
T: (00813) 39 74-35 59   Fax: 39 74-91 31
Prof. Kazuyoshi Yajima (Nihon University School of Medicine, Department of Hygiene, 30-1, Ohyaguchi Kamimachi, Itabashi-ku, J-Tokyo 173, T: (00813) 39 74-35 59, Telefax: (00813) 39 74-91 31)

iz t 216
Nederlandse Vereniging Voor Ergonomie
Secretariat Dutch Ergonomics Society
W.G. Plein 564, NL-1054 SJ Amsterdam
T: (003120) 6 18 09 30   Fax: 6 85 37 16

iz t 217
New Zealand Ergonomics Society
Postfach 8 02, NZ- Palmerston North
Secretary: Richard Parker (LIRO, P.O. Box 147, NZ-Rotorua, T: (00647) 348 7168, Fax: 346 2886)

iz t 218
Nordic Ergonomics Society
Håg a/s
Postfach 5055, N-0301 Oslo 3
T: (0047) 22 46 96 16   Fax: 22 69 02 75
Kirsti Vandraas

iz t 219
Österreichische Arbeitsgemeinschaft für Ergonomie
c/o Institut für Arbeits- und Betriebswissenschaften der TU-Wien
Theresianumgasse 27, A-1040 Wien
T: (00431) 6 58-315   Fax: 5 04-7146
Geschäftsführer(in): Ass.-Prof. Dipl.-Ing. Dr. Walter Hackl-Gruber (c/o Institut für Arbeits- und Betriebswissenschaften der TU-Wien, Theresianumgasse 27, A-1040 Wien)

iz t 220
Polish Ergonomics Society
c/o National Labour Inspectorate
Krucza Street 38/42, PL-00-512 Warsaw
T: (00482) 6 61-9394 **Fax:** 6 25-4770
Dr. Halina Cwirko (M.D., National Labour Inspectorate, Krucza Street 38/42, PL-00-512 Warsaw, T: (00482) 21 10-11 ext. 5 46, Telefax: (00482) 6 28-41 13)

iz t 221
Portuguese Association of Ergonomics (APERGO)
Graca Gomes Pereira
Estrada da Costa, P-1499 Lisboa Codex
T: (003511) 4 19 67 77 **Fax:** 4 15 12 48

iz t 222
Russian Ergonomics Association
Voinovastr. 9, ap. 1, RUS-191187 St. Petersburg
T: (007812) 2 34 89 60 **Fax:** 3 14 33 60
Dr. Andrey Redman

iz t 223
Slovak Ergonomics Association
c/o Faculty of Material Science & Technology
STU Paulinska St. 16, SK-917 24 Trnava
T: (0042805) 2 26 36 **Fax:** 2 77 31
Doc.Ing. Jozef Sablik (CSc.)

iz t 224
Societa Italiana di Ergonomia
Via S. Barnaba 8, I-20122 Mailand
T: (00392) 57 99-2613
Dr. Ricardo Della Valle

iz t 225
Société d'Ergonomie de Langue Française (SELF)
ERGODIN
rue d'Ophem 64, B-1000 Brüssel
T: (00322) 2 17-7363 **Fax:** 2 18-1667
Dina Notte

iz t 226
South-East Asian Ergonomics Society
School of Housing, Building & Planning
Universiti Sains Malaysia
Minden 11800, MAL- Penang
T: (00604) 6 57-7888 ext. 3972 **Fax:** 6 57-1526
Assoc.Prof.Dr. Guat-Lin
Evelyn Tan

Affiliated Societies

iz t 227
Human Ergology Society
c/o Institute for Science of Labor
2-8-14 Sugao, Miyamae-ku, J- Kawasaki, Kanagawa 213
T: (008144) 9 77-21 21
Kazuhiro Sakai (Institute for Science of Labor, 2-8-14 Sugao, Miyamae-ku, J-Kawasaki, Kanagawa 213, T: (008144) 9 77-21 21)

iz t 228
European Society of Dental Ergonomics
17, Avenue d'Argenteuil, F-92600 Asnieres sur Seine
T: (0033147) 93 02 72 **Fax:** (0033140) 86 95 45
Dr. S. Bogopolsky

Sustaining Member

iz t 229
Bureau of the Hungarian Council of Industrial Design & Ergonomics (IFETI)
Szervita tér 8, H-1052 Budapest
T: (00361) 266-04-08 **Fax:** 266-04-69
Kontaktperson: Krisztina Lakatos

● IZ T 230
International Association of Hydraulic Engineering and Research (IAHR)
Association Internationale de Recherches Hydrauliques (AIRH)
Rotterdamseweg 185, NL-2629 HD Delft
T: (003115) 2 85 85 85 **Fax:** 2 85 85 82
Internet: http://www.iahr.org
E-Mail: iahr@iahr.org
Gründung: 1935
Präsident(in): o. Prof. F. H. Holly (USA)
Executive Direktor: Dr. C. George
Verbandszeitschrift: Journal of Hydraulic Research, IAHR Newsletter
Verlag: IAHR Secretariat, Rotterdamseweg 185, NL-2629 HD Delft, the Netherlands
Mitglieder: 2225 (Einzelmitglieder)
körperschaftliche Mitglieder: 220
Mitarbeiter: 5

● IZ T 231
Internationaler Verband für Paläontologie (IPA)
International Palaeontological Association
Association Internationale de la Paléontologie
Paleontologisk Museum
University of Oslo
Boks 1172 Blindern, N-0318 Oslo
T: (004722) 85 16 68 **Fax:** 85 18 10
E-Mail: d.l.bruton@nhm.uio.no
Member: International Union of Geological Sciences (IUGS)
President: J.A. Talent (School of Earth Sciences, Macquarie University, 2109 Australia)
Secretary-General: Prof. D.L. Bruton (Paleontologisk Museum, University of Oslo, Boks 1172 Blindern, 0318 Oslo, Norwegen)
Treasurer: Prof. R. Kaesler (Paleontological Institute, Univ. of Kansas, 121 Lindley Hall, USA-Lawrence, Kansas 66045, 2911)

● IZ T 232
Internationales Büro für Audiophonologie (BIAP)
Bureau International d'Audiophonologie (BIAP)
Boude des chevreuils 30, B-6500 Beaumont
T: (003271) 58 75 93 **Fax:** 58 75 93
Gründung: 1964
Président: Dr. Yves Dejean
Vice Présidents: Herbert Bonsel
Vice Présidents: Salvador Santiago
Secrétaire Général: Albert Roussel
Secrétaire Général adjoint: Frank Kuphal
Trésorier: G. Madeira (B)

● IZ T 233
Internationales Forschungszentrum für Konjunkturumfragen (CIRET)
Centre for International Research on Economic Tendency Surveys
c/o Konjunkturforschungsstelle der ETH-Zürich/ Swiss Institute for Business Cycle Research
ETH Zentrum, CH-8092 Zürich
T: (00411) 632 42 39 **Fax:** 632 12 34
Internet: http://www.ciret.org
Gründung: 1960
President: Prof. Dr.rer.pol. Bernd Schips
Contact: Petra Huth
Mitarbeiter: 5
Publikationen: Ciret Studien, Ciret Information Letter; Ashgate, 39 Milton Park, Abingdon, Oxon OX14 4TD, UK

● IZ T 234
Internationales Statistisches Institut (ISI)
International Statistical Institute (ISI)
Institut International de Statistique (IIS)
Postfach 950, NL-2270 AZ Voorburg
428, Prinses Beatrixlaan, NL-2270 AZ Voorburg
T: (003170) 3 37 57 37 **Fax:** 3 86 00 25
Internet: http://www.cbs.nl/isi
E-Mail: isi@cbs.nl
Gründung: 1885
President: J.-L. Bodin (France)
President-Elect: D. Trewin (Australia)
Vice-Presidents: D. Tim Holt (U.K.)
R. Gnanadasikan (I)
N. Reid (Canada)
Director and Secretary-Treasurer: M.P.R. Van den Broecke
Leitung Presseabteilung: Daniel Berze
Mitglieder: 2000
Mitarbeiter: 12

● IZ T 235
Zusammenarbeit der Westeuropäischen metrologischen Staatsinstitute (EUROMET)
c/o Physikalisch-Technische Bundesanstalt
Postfl. 33 45, 38023 Braunschweig
Bundesallee 100, 38116 Braunschweig
T: (0531) 5 92-10 09, -10 00 **Fax:** 5 92 92 92
Internet: http://www.ptb.de/
E-Mail: presse@ptb.de/
Gründung: 1887
Präsident(in): Prof. Dr. Ernst O. Göbel
Delegierter Deutschlands: Prof. Dr. Ernst O. Göbel (Braunschweig, T: (0531) 5 92-10 00)
Leitung Presseabteilung: Dr. Dr. Jens Simon
Mitarbeiter: 1650
Jahresetat: DM 234,7 Mio, € 120 Mio

● IZ T 236
Internationale Forschungsgemeinschaft für Mechanische Produktionstechnik
International Institution for Production Engineering Research
Collège International pour l'Etude Scientifique des Techniques de Production Mécanique (CIRP)
rue Mayran 9, F-75009 Paris
Internet: http://www.cirp.net
Gründung: 1951
Verbandszeitschrift: CIRP Annals
Redaktion: Editions Colibri-Nording 4 - 3001 Berne. Suisse
Mitglieder: 515
Mitarbeiter: 2

Technisch-wissenschaftliche Vereinigungen

● IZ T 237
Arbeitsgemeinschaft der wissenschaftlichen Institute des Handwerks in den EG-Ländern
Communauté de Travail des Instituts Scientifiques de l'Artisanat dans les Pays de la CEE
Ludwig-Fröhler-Institut
Forschungsinstitut im Deutschen Handwerksinstitut
Max-Joseph-Str. 4, 80333 München
T: (089) 59 36 71 **Fax:** 55 34 53
Leiter(in): Prof. Dr. H.-U. Küpper

● IZ T 238
EURATOM-Versorgungsagentur
EURATOM Supply Agency
Agence d'Approvisionnement d'EURATOM
Rue de la Loi 200, B-1049 Brüssel
T: (00322) 29-91111 (Zentrale) **Fax:** 29-50527
E-Mail: esa@cec.eu.int
Büro: Rue de la Loi 102, B-1040 Brüssel
Gründung: 1958
Generaldirektor: Michael Goppel (T: (00322) 29-55586, E-Mail: michael.goppel@cec.eu.int)
Kontaktperson: Verträge und Studien in Verbindung von Kernenergie: Jean-Claude Blanquart
Natururan: André Bouquet
Besondere spaltbare Stoffe: José Mota
Allgemeine Angelegenheiten, Sekretariat des Beirats: David Ennals
Assistent des Generaldirektors: Daniel Monasse

Beirat der Versorgungsagentur:
Vorsitzende(r): S. Sandklef (Vattenfall Fuel, Schweden)
Stellvertretende(r) Vorsitzende(r): L.F. Durret (Cogema, Frankreich)
C. Gimeno (Ständige Vertretung, Spanien)

Arbeitsgruppe:
Vorsitzende(r): M. Travis (Rio Tinto Mineral Services Ltd., Großbritannien)
Stellvertretende(r) Vorsitzende(r): G. Pauluis (Synatom, Belgien)
J. Huber (E.On, Deutschland)

● IZ T 239
Europäische Föderation Korrosion
European Federation of Corrosion
Fédération Européenne de la Corrosion
c/o DECHEMA
Postfl. 15 01 04, 60601 Frankfurt
Theodor-Heuss-Allee 25, 60486 Frankfurt
T: (069) 75 64-2 09 **Fax:** 75 64-2 01
Internet: http://www.dechema.de
Gründung: 1955
Generalsekretariat Büro Frankfurt: Prof. Dr.rer.nat. Gerhard Kreysa
Verbandszeitschrift: EFC Newsletter (in Englisch)
Mitglieder: 30 Mitgliedsvereine aus 24 europäischen Ländern und 9 Vereine als assoziierte Mitglieder

Zusammenarbeit zwischen gemeinnützigen technisch-wissenschaftlichen Institutionen in Europa, um die wissenschaftlichen Grundlagen und die Anwendungstechnik der Korrosion und des Korrosionsschutzes zu fördern.

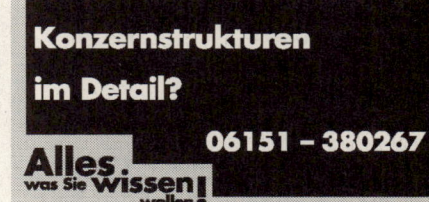

IZ T 240
Europäische Vereinigung der Forschungs- und Technologie-Organisationen (EARTO)
European Association of Research and Technology Organisations
Association européenne des Organisations de Recherche et de Technologie
Av. des Arts 53, B-1000 Brüssel
T: (003202) 5 02 86 98 Fax: 5 02 86 93
Internet: http://www.earto.org
E-Mail: info@earto.org
Präsident(in): Prof. Dr. Markku Mannerkosi, Finnland
Generalsekretär: Dr. Giovanni Caprioglio

IZ T 241
Europäische Zusammenarbeit im gesetzlichen Meßwesen (WELMEC)
European cooperation in legal metrology
Coopération Européenne en Métrologie Légale
c/o National Weights and Measures Laboratory
Stanton Avenue, GB- Teddington, Middlesex TW 11 0JZ
T: (004420) 89 43 72 63 Fax: 89 43 72 70
Internet: www.welmec.org
E-Mail: welmec@nwml.dti.gov.uk
Gründung: 1990 (Juni)
Mitglieder: 18 member countries, 10 ass. member countries

IZ T 242
Verband der europäischen Raumfahrt-Industrie (EUROSPACE)
15-17 Av. de Ségur, F-75007 Paris
T: (00331) 44 42 00 70 Fax: 44 42 00 79
Internet: http://www.eurospace.org
E-Mail: europac@micronet.fr, letterbox@eurospace.org
Gründung: 1961 (September)
Präsident(in): Ivan Öfverholm
Generalsekretär(in): Alain Gaubert
Studiendirektor: Marcel Toussaint
Presse- und Öffentlichkeitsarbeit: Rosy Plet
Mitglieder: 53 in 13 europäischen Ländern

IZ T 243
Europäische Organisation für Molekularbiologie (EMBO)
European Molecular Biology Organization
Organisation européenne de biologie moléculaire
Postf. 10 22 40, 69012 Heidelberg
T: (06221) 38 30 31 Fax: 38 48 79
E-Mail: embo@embo.org
Gründung: 1964
Vorsitzende(r): Prof. Herbert Jäckle
Stellvertretende(r) Vorsitzende(r): Dr. Susan M. Gasser
Hauptgeschäftsführer(in): Prof. F. Gannon
Verbandszeitschrift: EMBO Journal, EMBO Reports
Verlag: Oxford University Press (IRL), POBI, GB-Oxford OX8 1JJ
Mitglieder: 1070
Mitarbeiter: 20

IZ T 244
European Meteorological Society e.V. (EMS)
Carl-Heinrich-Becker-Weg 6-10, 12165 Berlin
T: (030) 83 87 12 05, 79 70 83 28 Fax: 7 91 90 02
Internet: http://www.met.fu-berlin.de/ems
E-Mail: ems-sec@bibo.met.fu-berlin.de
Gründung: 1999 (16. September)
President: René Morin (SMF, Frankreich)
Vice-President and Treasurer: Stanley Cornford (RMS, Großbritannien)
Vice-President: Fritz Neuwirth (ÖGM, Österreich)
Vice-President: Jon Wieringa (NVBM, Niederlande)
Executive Secretary: Arne Spekat (DMG)
Mitglieder: 20
Mitarbeiter: 1

IZ T 245
Europäische Organisation für die Nutzung von Wettersatelliten (EUMETSAT)
European Organisation for the Exploitation of Meteorological Satellites
Organisation Européenne pour l' Exploitation de Satellites Météorologiques
Am Kavallieriesand 31, 64295 Darmstadt
T: (06151) 8 07-7 Fax: 8 07-555
Internet: http://www.eumetsat.de
E-Mail: ops@eumetsat.de
Gründung: 1986 (19. Juni)
Direktor(in): Dr. Tillmann Mohr
Technischer Direktor: Alain Ratier
Vors. d. EUMETSAT-Rats: Dr. H. Malcorps
Verwaltungsdirektor: B. Mc Williams
Leitung Presseabteilung: Michael Phillips
Mitglieder: 17 europäische Staaten (Belgien, Dänemark, Finnland, Frankreich, Deutschland, Irland, Griechenland, Italien, Niederlande, Norwegen, Österreich, Portugal, Schweden, Schweiz, Slovakei, Türkei, Ungarn, Vereinigtes Königreich, Spanien) und 3 Kooperation-Staaten (Polen, Slovakei, Ungarn)
Mitarbeiter: ca. 140
Jahresetat: 311 Mio EURO (2000)

IZ T 246
Europäische Vereinigung für den Transfer von Technologien, Innovation und industrieller Information (TII)
European Association for the Transfer of Technologies, Innovation and Industrial Information
Association européenne pour le Transfert des Technologies, de l'Innovation et de l'Information industrielle
3, rue des Capucins, L-1313 Luxembourg
T: (00352) 46 30 35 Fax: 46 21 85
Internet: http://www.tii.org/
E-Mail: tii@tcp.ip.lu
Gründung: 1984
Präsident(in): Enrico Astarita (Minerva Service Srl, Via Colle S. Agata, 11, I-04024 Gaeta LT, T: (0039771) 47 08 54, Fax: (0039771) 47 08 54)
Generalsekretär(in): Christine Robinson (T II asb Luxembourg, 3, rue des Capucins, L-1313 Luxembourg, T: (00352) 46 30 35, Fax: (00352) 46 21 85; T II Brussels Office, 107 Rue Frédéric Pelletier, B-1030 Bruxelles, T: (00322) 7 36 89 48, Fax: (00322) 7 36 89 48)
Vorstand: Jacques Evrard (Belgien)
Frank Knudsen (Dänemark)
Peter Heydebreck (Deutschland)
Reijo Itkonen (Finnland)
Pierre Michel (Frankreich)
Ioannis Karabassis (Griechenland)
Gordon Ollivere (Großbritannien)
Colette Henry (Irland)
Gilles Schlesser (Luxemburg)
Peter van der Sijde (Niederlande)
Ferdinand Hager (Österreich)
Raul Caires (Portugal)
Patric Eriksson (Schweden)
Angel Guardia (Spanien)
Verbandszeitschrift: FOCUS
Redaktion: Christine Robinson
Verlag: TII, Luxembourg
Mitglieder: 300
Mitarbeiter: 3

Mitgliedsorganisationen

Belgien

iz t 247

Technopol Brussel/Bruxelles
4. Rue Gabrielle Petit, Boi_3te 12, B-1080 Bruxelles
T: (00322) 4 22 00 20 Fax: 4 22 00 43
Kontakt: Jacques Evrard

Dänemark

iz t 248

Danish Innovation Centre
Postfach 1 41, DK-2630 Taastrup
Gregersensvej, DK-2630 Taastrup
T: (004543) 50 48 50 Fax: 50 48 88
Frank Knudsen

Deutschland

iz t 249

inno AG
Postf. 33 66, 76019 Karlsruhe
Karlstr. 45b, 76133 Karlsruhe
T: (0721) 9 13 45-0 Fax: 9 13 45-99
Internet: http://www.inno-group.com
Gründung: 1991
Kontakt: Dr. Peter Heydebreck

Finnland

iz t 250

Finn-Medi Research
Lenkkeilijänkatu 6, FIN-33520 Tampere
T: (003583) 2 47 40 23 Fax: 2 47 40 29
Kontakt: Reijo Itkonen

Frankreich

iz t 251

CCI de Lyon - Innovexpert
20 rue de la Bourse, F-69289 Lyon Cedex 2
T: (00334) 72 40 57 23 Fax: 72 40 59 65
Kontakt: Pierre Michel

Griechenland

iz t 252

Patras Science Park
Postfach 11 05, GR-26110 Patras
T: (003061) 99 40 46 Fax: 99 41 06
Kontakt: Ioannis Karabassis

Großbritannien

iz t 253

RTC North Ltd
1 Hylton Park, Wessington Way, GB- Sunderland SR5 3HD
T: (0044191) 5 16 44 00 Fax: 5 16 44 01
Kontakt: Gordon Ollivere

Irland

iz t 254

Dundalk Institute of Technology
Dept. of Business Studies
Co Louth, IRL- Dundalk
T: (0035342) 9 37 02 25 Fax: 9 33 09 44
Kontakt: Colette Henry

Luxemburg

iz t 255

Luxinnovation
Blvd. Konrad Adenauer, L-2981 Luxemburg
T: (00352) 43 62 61-1 Fax: 43 23 28
Kontakt: Gilles Schlesser

Niederlande

iz t 256

University of Twente
Liaison Group
Postfach 2 17, NL-7500 AE Enschede
T: (003153) 4 89 46 99 Fax: 4 89 33 60
Kontakt: Peter van der Sijde

Österreich

iz t 257

Salzburg Agentur
Schillerstr. 30, A-5020 Salzburg
T: (0043662) 45 13 27 Fax: 45 13 27 11
Kontakt: Ferdinand Hager

Portugal

iz t 258

CEIM - BIC Madeira
Medeira Tecnopolo, P-9000-390 Funchal Madeira
T: (0035191) 72 30 00 Fax: 72 00 30
Kontakt: Raul Caires

Schweden

iz t 259

Gothia Science Park
Kanikegränd 1, box 331, S-54127 Skövde
T: (0046500) 42 70 70 Fax: 42 70 42
Kontakt: Patrice Eriksson

Spanien

iz t 260

ICT - Institut Catala de Tecnologia
Pl. Ramon Berenguer 1 pral, E-08002 Barcelona
T: (00343) 3 15 16 13 Fax: 3 19 60 42
Kontakt: Angel Guardia

IZ T 261
Internationales Wissenschafts- und Technologie-Zentrum (ISTC)
International Science and Technology Center (ISTC)
Luganskaya Uliza 9, RUS-115516 Moskau
T: (007501) 7 97-6010 Fax: 7 97-6047
Internet: http://www.istc.ru
E-Mail: istcinfo@istc.ru

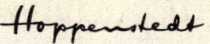

Gründung: 1992
Executive Director: Prof. Dr. Michael Kröning
Press Department: Peter Falatyn
Mitglieder: 120

● IZ T 262

Europäische Vereinigung für das Management der Industrieforschung (EIRMA)
European Industrial Research Management Association
Association Européenne pour l'Administration de la Recherche Industrielle
34, rue de Bassano, F-75008 Paris
T: (00331) 53 23 83 10   **Fax:** 47 20 05 30
Internet: http://www.eirma.asso.fr
E-Mail: info@eirma.asso.fr
Gründung: 1966
President: Kars-Göran Rosengren (Volvo)
Secretary General: Andrew Dearing
Verbandszeitschrift: Newsletters
Redaktion: Working Group Reports, Workshop Reports
Mitglieder: 160
Mitarbeiter: 6

● IZ T 263

Europäischer Rat für Forschung und Entwicklung auf dem PKW-Sektor (EUCAR)
European Council for Automotive Research & Development
Conseil Européen de la Recherche et du Développement de l'Automobile
Rue du Noyer 211, B-1000 Brüssel
T: (00322) 7 38 73 53   **Fax:** 7 38 73 12
Gründung: 1994
Secrétaire Général: Dr. André Rault
Mitglieder: 10
Mitarbeiter: 3

● IZ T 264

Europäischer Verband für Produktivitätsförderung
European Federation of Productivity Services
Kyrkogatan 1a, S-64530 Strängnäs
T: (0046152) 2 15 20   **Fax:** 2 15 53
E-Mail: ekstyr@algonet.se
Gründung: 1961 (16. Juni)
President: Harry Downes
Executive Secretary: Ingemar Eriksson
Mitglieder: 12 + 1 korrespondierendes

● IZ T 265

Verband für die umweltverträgliche Verwendung und Rückgewinnung von Ressourven in Europa
The Association for the Sustainable use and Recovery of Resources in Europe
Postfach 5, B-1200 Brüssel
Avenue E. Mounier 83, B-1200 Brüssel
T: (00322) 7 72 52 52   **Fax:** 7 72 54 19
Internet: http://www.assure.org
E-Mail: management@assurre.org
Gründung: 2000
Contact: William R. Duncan
Mitglieder: 31
Mitarbeiter: 3

● IZ T 266

Europäisches Komitee für Tauchtechnologie (EDTC)
European Diving Technology Committee
Comité Européen pour la Technologie de plongée
c/o Stolt Offshore
Verven 4
P.O. Box 740, N-4004 Stavanger
Internet: http://www.edtc.org
President: Olav Hauso
Secretary: Ole Christian Andersen
Mitglieder: 50

● IZ T 267

Europäisches Technisches Fluor Komitee (CTEF)
European Technical Fluor Committee
Comité Technique Européen du Fluor
c/o CEFIC
Avenue E. Van Nieuwenhuyse 4 /1, B-1160 Brüssel
T: (00322) 6 767240   **Fax:** 6 76 7392
Chairman: J. Bromberg
Secrétaire Général: Bent Jensen

● IZ T 268

Ifra
Washingtonplatz 1, 64287 Darmstadt
T: (06151) 7 33-6   **Fax:** 7 33-800
Internet: http://www.ifra.com
E-Mail: editor@ifra.com, ads@ifra.com
Gründung: 1961 (18. Mai)
President: Murdoch MacLennan (Associated Newspapers, London, GB)
Vice-President: Hans-Dieter Baumgart (Rheinische Post, Düsseldorf)
Treasurer: Gary L. Watson (Gannett, Washington DC, USA)
Ian Ashcroft (The Manchester Evening News, Manchester, GB)
Peter Baert (Concentra Holding, Hasselt, B)
Jean-Claude Brognaux (SPPP, Rueil-Malmaison, F)
Mario Ciancio Sanfilippo (La Sicilia, Catania, I)
Xavier Ellie (Le Progrè, Chassieu, F)
Jesús Fernandez-Miranda y Lozana (Prensa Española, Madrid, E)
Ivar Green-Paulsen (De Berlingske Dagblade, Copenhagen, DK)
Käre Gustafsson (Svenska Dagbladet, Stockholm, S)
Seppo Kievari (Sanoma Corporation, Helsinki, FIN)
Wilhelm O. Kok (De Telegraaf, Amsterdam, NL)
Frank Meik (Frankfurt/Main, D)
Azizi Meor Ngah (Utusan Melayu (Malaysia) Berhad, Kuala Lumpur, MAL)
Olav Martin Mugaas (Aftenposten, Oslo, N)
Narasimhan Murali (The Hindu, Chennai, IND)
Roger Parkinson (The Globe and Mail, Toronto, CDN)
Eugen A. Russ (Vorarlberger Medienhaus, Schwarzach, A)
Marco E. de Stoppani (Neue Zürcher Zeitung, Zürich, CH)
Oc Chairman: Åke Halvdanson (Kvällstidningen Expressen, Stockholm, S)
Managing Director: Günther W. Böttcher (Ifra, Darmstadt)
Verwaltung: Elvira Ihrig
Leitung Presseabteilung: Heike Appel
Verbandszeitschrift: Zeitungstechnik (dt., engl. franz.)
Redaktion: Michael Spinner-Just (dt.), Dean Roper (engl.), Valérie Arnould (franz.), Chef-Red.: Klaus von Prümmer
Mitglieder: 1750
Mitarbeiter: 65
Jahresetat: DM 15 Mio, € 7,67 Mio

● IZ T 269

Internationale Bodenkundliche Union (IBU)
International Union of Soil Sciences
Union Internationale de la Science du Sol
Generalsekretariat:
Institut für Bodenforschung, Universität für Bodenkultur
Gregor Mendel-Str. 33, A-1180 Wien
T: (00431) 4 78 91 07   **Fax:** 4 78 91 10
E-Mail: iuss@edv1.boku.ac.at
Gründung: 1924
President: Dr. Sompong Theerawong (Soil and Fertilizer Society of Thailand, Dpt. of Soil Science, Kasetsart University, Chatuchak, Bangkok 10900, Thailand)
Generalsekretär(in): Prof. Dr. W. E. H. Blum (Institut für Bodenforschung, Universität für Bodenkultur, Gregor-Mendel-Str. 33, A-1180 Wien)
Verbandszeitschrift: Mitteilungsblatt der Int. Bodenkundlichen Union
Verlag: IBU, Institut für Bodenforschung, Universität für Bodenkultur, Gregor-Mendel-Str. 33, A-1180 Wien
Mitglieder: 45000

● IZ T 270

Internationale Elektrotechnische Kommission (IEC)
International Electrotechnical Commission
Commission Electrotechnique Internationale (CEI)
Postfach 131, CH-1211 Genève
3, rue de Varembé, CH-1202 Genève
T: (004122) 9 19 02 11   **Fax:** 9 19 03 00
Internet: http://www.iec.ch
E-Mail: info@iec.ch
General Secretary: A. Amit
President: M. Fünfschilling

● IZ T 271

Internationaler Verband für Robotertechnik (IFR)
International Federation of Robotics
Fédération internationale de robotique
Postfach 55 10, S-11485 Stockholm
Storgatan 5, S-11485 Stockholm
T: (00468) 782 08 00   **Fax:** 660 33 78
Internet: http://www.ifr.org
E-Mail: ifr@vi.se
Gründung: 1987
Vorsitzende(r): Mike Wilson (Meta Technology Ltd.), Großbritannien
Stellvertretende(r) Vorsitzende(r): Jean-Luc Burquier (Stäubli S.A.), France
Sekretär: Bjorn Weichbrodt, Schweden
Verbandszeitschrift: IFR Newsletter, World Industrial Robots
Redaktion: IFR Secretariat
Mitglieder: 64
Mitarbeiter: 2

● IZ T 272

Internationale Forschungsgruppe für Tiefziehen (IDDRG)
International Deep Drawing Research Group
Groupement International des Recherches sur l'Emboutissage
Treskewes Farm House, St. Keverne, GB- Helston, Cornwall TR12 6NT
T: (00441326) 28 01 60   **Fax:** 28 09 98
Gründung: 1958
Secretary-General: Nico Langerak (c/o Corus RD & T, PO Box 10000, 1970 CA IJmuiden, The Netherlands)
Mitglieder: 25 Länder
Jahresetat: 100 _V Sterling

● IZ T 273

Internationale Gemeinschaft für Forschung und Prüfung auf dem Gebiet der Textilökologie (Öko-Tex)
International Association for Research and Testing in the Field of Textile Ecology
Association Internationale de Recherche et d'Essai dans le domaine de l'Ecologie des Textiles
c/o TESTEX Schweizer Textilprüfinstitut
Postfach 5 85, CH-8027 Zürich
Gotthardstr. 61, CH-8027 Zürich
T: (00411) 2 06 42 42   **Fax:** 2 06 42 30
Internet: http://www.oeko-tex.com
E-Mail: info@oeko-tex.com
Gründung: 1992
Sekr: Raimar Freitag
Mitglieder: 18 Institute
Jahresetat: DM 0,3 Mio

iz t 274

Schweizer Textilprüfinstitut TESTEX
Postfach 5 85, CH-8027 Zürich
Gotthardstr. 61, CH-8027 Zürich
T: (00411) 2 06 42 42   **Fax:** 2 06 42 30
Internet: http://www.testex.com
E-Mail: zuerich@testex.com

iz t 275

TESTEX Swiss Textile-Testing Ltd.
3/F, Unit 313A, Mirror Tower
61 Mody Road Tsimshatsui East, Kowloon, CN- Hongkong
T: (00852) 23 68 17 18   **Fax:** 23 69 55 27
Internet: http://www.testex.com
E-Mail: hongkong@testex.com

iz t 276

TESTEX Swiss Textile-Testing (Ltd.)
Rm 1704, 17/F, Hitech Plaza, No. 831 Changshou Road, CN- Shanghai 200 042
T: (008621) 52 98 76 33   **Fax:** 52 98 76 32
E-Mail: shanghai@testex.com

iz t 277

IFP Research AB
Postfach 1 04, S-43122 Mölndal
Argongatan 30, S-43122 Mölndal
T: (004631) 7 06 63 00   **Fax:** 7 06 63 63
Internet: http://www.ifp.se
E-Mail: info@ifp.se

iz t 278

CITEVE
Centro Tecnológico das Indústrias Têxtil
Quinta da Maia, Rua Fernando Mesquita, 2785, P-4760-034 Vila Nova de Famalicao
T: (00351252) 30 03 00   **Fax:** 30 03 33
Internet: http://www.portugaltextil.com/instituicoes/citev
E-Mail: bz@citeve.pt

iz t 279

BTTG, British Textile Technology Group
Shirley House
856 Wilmslow Road, Didsbury, GB- Manchester M2O 2RB
T: (0044161) 4 45 81 41   **Fax:** 4 34 99 57
Internet: http://www.bttg.co.uk
E-Mail: oeko-tex@bttg.co.uk

iz t 280

Forschungsinstitut Hohenstein
Schloß Hohenstein, 74357 Bönnigheim
T: (07143) 27 10   **Fax:** 2 71 51
Internet: http://www.hohenstein.de
E-Mail: info@hohenstein.de

iz t 281
Hohenstein Ekoteks Tekstil Analiz ve Kontrol Hizmetleri Ltd. Sti
Mahmut Sevket Pasa Mah. Kurucay Cad. Eren Sok. No. 5, TR- Okmeydani Istanbul
T: (0090212) 238 01 40 **Fax:** 238 01 41
E-Mail: turkey@hohenstein.org

iz t 282
Hohenstein Institutes
Textile Testin Services
9016 Oak Branch Drive, USA- Apex NC 27502
T: (001919) 3 63 50 62 **Fax:** 3 87 83 26
E-Mail: usa@hohenstein.org

iz t 283
Deutsche Zertifizierungsstelle Öko-Tex
Zertifizierungsstelle für Deutschland der Internationalen Gemeinschaft für Forschung und Prüfung auf dem Gebiet der Textilökologie
Frankfurter Str. 10-14, 65760 Eschborn
T: (06196) 9 66-230 **Fax:** 9 66-226
Presse- und Öffentlichkeitsarbeit: Dipl.-Journalistin Petra Knecht (T: (07143) 2 71-720, Fax: 2 71-721)

iz t 284
IFTH Lyon Institut Français du Textile et de l'Habillement
Postfach 60, F-69132 Ecully Cédex
Avenue Guy de Collongue, F-69132 Ecully Cédex
T: (0033) 4 72 86 16 00 **Fax:** 4 78 43 39 66
Internet: http://www.textile.fr
E-Mail: tpollet@ifth.org

iz t 285
Centexbel
Technologiepark 7, B-9052 Zwijnaarde
T: (00329) 2 20 41 51 **Fax:** 2 20 49 55
E-Mail: gent@centexbel.be

iz t 286
DTI Beklaedning og Textil
Postfach 1 41, DK-2630 Taastrup
Gregersensvej, DK-2630 Taastrup
T: (0045) 72 20 21 20 **Fax:** 72 20 21 40
Internet: http://www.dti.dk
E-Mail: textile@teknologisk.dk

iz t 287
AITEX, Instituto Tecnológico Textil
Plaza Emilio Sala 1, E-03801 Alcoy
T: (003496) 5 54 22 00 **Fax:** 5 54 34 94
Internet: http://www.aitex.es
E-Mail: info@aitex.es

iz t 288
Centro Tessile Cotoniero e Abbigliamento S.p.A.
P.za Sant'Anna 2, I-21052 Busto Arsizio VA
T: (00390331) 69 67 11 **Fax:** 68 00 56
E-Mail: sez.oeko@centrocot.it

Assoziiertes Mitglied

iz t 289
Innovatext
Postfach 6, H-1103 Budapest X
Gyömröi út 86, 1475 Bp., H-1103 Budapest X
T: (00361) 2 60 18 09 **Fax:** 2 61 52 60
E-Mail: innova@mail.datanet.hu

iz t 290
Nissenken, Japan Dyer's Inspection Institute Foundation
4-2-8, Tateishi Katushika-ku, J- Tokio 124-0012
T: (00813) 56 70 36 04 **Fax:** 56 70 37 51
E-Mail: n-senken-c@hi-ho.ne.jp

● IZ T 291
Europäisches Textilnetzwerk für Technologietransfer
TEXTRANET - The European Textile Network for Technology Transfer
Le Réseau Textile Européen du Transfer Technologique
c/o Institut Français du Textile et de l'habillement
14, rue des Reculettes, F-75013 Paris
T: (00331) 44 08 19 00 **Fax:** 44 08 19 39
E-Mail: robertbiquet@compuserve.com
Gründung: 1992
Kontaktperson: Robert Biguet

● IZ T 292
Internationale Gemeinschaft für Holztechnologie-Transfer e.V. (COMBOIS)
Im Hager Feld 30 (Hüpenhof), 41749 Viersen
T: (02162) 6 72 44 **Fax:** 8 00 35
E-Mail: phkuehnhenrich@t-online.de
Gründung: 1967
Präsident(in): Josef Rosa (Geschäftsführender Gesellschafter der Firma Romac N.V., Vosseschijnstraat 20, B-2030 Antwerpen)
Beauftragter des Präsidiums: Paul H. Kühnhenrich (Paul-H. Kühnhenrich, Ingenieurbüro)
Verbandszeitschrift: COMBOIS
Mitglieder: ca. 15 in Europa und Übersee
Mitarbeiter: 4/2

● IZ T 293
Internationale Gesellschaft für Erd- und Geotechnik (ISSMGE)
International Society for Soil Mechanics and Geotechnical Engineering
Société Internationale de Mécanique des Sols et de la Géotechnique
c/o City University
Northampton Square, GB- London EC1V 0HB
T: (004420) 74 77-8154 **Fax:** 74 77-8832
Secretary General: Prof. R.N. Taylor (Geotechnical Engineering Research Centre, City University, Northampton Square, London EC1V 0HB, T: (0044207) 4 77 81 54, Fax: 4 77 88 32)

● IZ T 294
Internationale Gesellschaft für Photogrammetrie und Fernerkundung (ISPRS)
International Society for Photogrammetry and Remote Sensing
Société Internationale de Photogrammétrie et Télédétection
Dept. of Geomatic Engineering University College London
Gower St., GB- London WC1E 6BT
T: (004420) 76 79-7226 **Fax:** 73 80-0453
Internet: http://www.isprs.org
E-Mail: idowman@ge.ucl.ac.uk
Gründung: 1910 (4. Juli)
President: Prof. John Trinder (Australia)
Secretary General: Prof. Ian Dowman (UK)
Verbandszeitschrift: ISPRS Journal of Photogrammetry & Remote Sensing
Redaktion: Dr. E. Baltsavias, Federal Technical University of Switzerland, Zürich
Verlag: Elsevier Science Publishers Journals Dept., P.O. Box 211, NL-1000 AE Amsterdam
Mitglieder: 103 countries

● IZ T 295
Internationale Gesellschaft für Warenwissenschaften und Technologie (IGWT)
International Society of Commodity Science and Technology
Société Internationale des Sciences de Marchandises et de la Technologie
Augasse 2-6, A-1090 Wien
T: (00431) 3 13 36/4806 **Fax:** 3 13 36/706
Gründung: 1976 (8. Oktober)
Präsident(in): Prof. Dr. Jacek Koziol
Vizepräsident(in): Prof. Dr. Gerhard Vogel
Generalsekretär(in): Prof. Dr. Dietlind Hanrieder
Vizegeneralsekretär: Prof. Dr. Waclaw Adamczyk
Leitung Presseabteilung: Dr. Eva Waginger
Verbandszeitschrift: FORUM WARE
Redaktion: Dr. Reinhard Löbbert
Nationale Gesellschaften: Österreich, Bundesrepublik Deutschland, Italien, Japan, Belgien, Polen, Schweiz, Korea, Rußland, China, Litauen

Förderung der Warenkunde in Schule und Erwachsenenbildung (Konsumentenerziehung). Förderung des Technologieverständnisses.

● IZ T 296
Internationale Kautschuk-Studien-Gruppe (IRSG)
International Rubber Study Group
Groupe International d'Etudes du Caoutchouc
109/115 Wembley Hill Road, GB- Wembley HA9 8DA
T: (004420) 8903-7727 **Fax:** 8903-2848
Internet: http://www.rubberstudy.com
E-Mail: irsg@compuserve.com
Gründung: 1944
Leitung Presseabteilung: V. K. Gardiner
Verbandszeitschrift: Rubber Statistical Bulletin, International Rubber Digest, Rubber Statistics Yearbook, Rubber Economics Yearbook, Outlook for Elastomers, Key Rubber Indicators, Directory of Rubber Organizations, Rubber Industry Atlas, World Rubber Statistics Historic Handbook 1900-1960, World Rubber Statictics Handbook Volume 5, 1975-1995.
Verlag: International Rubber Study Group, GB
Mitglieder: 19
Mitarbeiter: 9

● IZ T 297
Internationale Kommission für Glas (ICG)
International Commission on Glass
Commission Internationale du Verre
c/o Stazione Sperimentale del Vetro
Via Briati 10, I-30141 Venezia-Murano
T: (0039) 2 73 70 11 **Fax:** 2 73 70 48
Internet: http://www.spevetro.it
E-Mail: mail@spevetro.it
President: Prof. H. A. Schaeffer (DGG, Mendelssohnstraße, Frankfurt/Main, Germany)
Secretary: Dr. F. Nicoletti

● IZ T 298
Internationale Kommission für Kohlenpetrologie (ICCP)
International Committee for Coal and Organic Petrology
Rua Eça de Queiróz, 682/402, BR-90670-020 RS Porto Alegre Rio Grande do Sul
T: (005551) 3 30-33 80 **Fax:** 3 30-33 80
E-Mail: zcarretta@uol.com.br
Gründung: 1953
President: Dr. Alan C. Cook (Keiraville Konsultants Pty. Ltd., 7 Dallas Street)
Vice President: Prof. Dr. Barbara K. Kwiecinska (Academy of Mining and Metallurgy Institute of Geology & Mineral Deposits, Al. Mickiewicza 30, PL-30-059 Cracow/Poland)
General Secretary: Prof. Dr. Zuleika Carretta Corrêa da Silva (Rua Eça de Queiróz, 682/402, 90670-020 Porto Alegre, Brazil, T: (005551) 3 30 33 80, Telefax: (005551) 3 30 33 80, E-Mail: ZULEIKA@IF.UFRGS.BR)
Editor: Prof. Dr. Monika Wolf (Mergelskull 29, 47802 Krefeld/Germany)
Verbandszeitschrift: ICCP News
Redaktion: Prof. Dr. Monika Wolf
Mitglieder: 260

● IZ T 299
Internationale Kommission für Pflanzenschutzmittel - Analysenmethoden (CIPAC)
Collaborative International Pesticides Analytical Council Limited
Commission Internationale des Méthodes d'Analyse des Pesticides (CIMAP)
't Gotink 7, NL-7261 VE Ruurlo
T: (0031573) 45 28 51 **Fax:** 45 28 51
Internet: http://www.cipac.org/
E-Mail: martijn.ruurlonl@freeler.nl
Gründung: 1957
Chairman: Dr. W. Dobrat (Biologische Bundesanstalt für Land- und Forstwirtschaft, Messweg 11-12, D-38104 Braunschweig, T: (0531) 2 99 35 02, Telefax: (0531) 2 99 30 04, E-Mail: w.dobrat@bba.de)
Assistant Secretary: Dr. M. J. Gillespie (Pesticides Safety Directorate, Mallard House, Kings Pool, 3 Peasholme Green, York YO1 7PX, England, T: (00441904) 45 59 05, Fax: (00441904) 45 57 11, E-Mail: m.j.gillespie@psd.maff.gsi.gov.uk)
Committee of Management: Drs. A. Martijn (Netherlands)
M. J. P. Harrington (England)
W. R. Bontoyan (USA)
B. Declercq (France)
Dr. W. Dobrat (Germany)
D. J. Hamilton (Australia)
A. R. C. Hill (UK)
M. Galoux (Belgium)
Dr. M. J. Gillespie (England)

Mitgliedsländer:
Ägypten, Australien, Belgien, China, Cyprus, Tschechien, Dänemark, Frankreich, Bundesrepublik Deutschland, Finnland, Griechenland, Großbritannien, Indien, Irland, Japan, Malaysien, Niederlande, Polen, Portugal, Südafrika, Spanien, Schweden, Schweiz, Vereinigten Staaten von Amerika, Slowakei, Slowenien, Thailand, Ungarn

● IZ T 300
Internationale Union der Selbständigen Laboratorien (UILI)
Union Internationale des Laboratoires Indépendants
1629 K Street NW Suite 400, USA- Washington DC 20006-1633
T: (001202) 887-5504 **Fax:** 887-0021
Internet: http://www.uili.org
E-Mail: jlw@uili.org, badams@uili.org
Gründung: 1960
Président: Ronald L. Harris
Vice-Presidents: Dr. M. Fernández Alonso
Dr. E. Soers
Secrétaire Général: G. G. McIntee
Tresorier Honoraire: Dr. U. P. Nehring
Conseil de Direction: Dr. K. J. Albutt
M. Dorado González

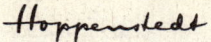

Dr. L.H.A. Scholtis
David H. Stanger
Leitung Presseabteilung: Dr. J. L. Wilson
Verbandszeitschrift: Register of Members
Mitglieder: 900
Mitglieder:
Argentinien, Belgien, Brasilien, Kanada, Chile, Deutschland, Dänemark, Irland, Spanien, Frankreich, Grossbritannien, Griechenland, Indien, Malaysien, Norwegen, Niederlande, Saudi-Arabien, Schweden, Singapur, Vereinigte Staaten von Amerika, Südafrika, Türkei

● IZ T 301

Europäisches Büro der Bibliotheks-, Informations- und Dokumentationsverbände (EBLIDA)
European Bureau of Library, Information and Documentation Associations
Bureau européen des Associations de Bibliothèques, d'Information et de Documentation
Postfach 4 33 00, NL-2504 AH Den Haag
T: (003170) 3 09 06 08   **Fax:** 3 09 07 08
Internet: http://www.eblida.org
E-Mail: eblida@nblc.nl
President: Britt Marie Häggström (DIK-förbundet, Schweden)
Vice-President: Mogens Damm (Danmarks Biblioteksforening, Dänemark)
Honorary Secretary: Françoise Danset (Association des Bibliothécaires Français (ABF), Frankreich)
Treasurer: Barbara Lison (Bundesvereinigung Deutscher Bibliotheksverbände (BDB), Deutschland)
Director: Teresa Hackett

● IZ T 302

Internationale Vereinigung der Bibliotheken Technischer Universitäten (IATUL)
International Association of Technological University Libraries
Association Internationale des Bibliotheques d'Universités Polytechniques
c/o Helsinki University of Technolgiy
Postfach 7000, FIN-02015 HUT
T: (003589) 451 4112   **Fax:** 451 4132
Gründung: 1955
President: Michael Breaks (Library Heriot-Watt University, GB-Riccarton, Edinburgh EH14 4AS, T: (004431) 4 49 51 11, Telefax: (004431) 4 51 31 64, E-Mail: m.l.breaks@hw.ac.uk)
Secretary: Dr. Sinikka Koskiala (Helsinki University of Technology, P.O. Box 7000, FIN-02015 HUT, T: (003589) 451 4112, Fax: (003589) 451 4132, E-Mail: sinikka.koskiala@hut.fi)
Mitglieder: 202

● IZ T 303

Internationale Vereinigung der Forschungsinstitute für Verpackung (IAPRI)
International Association of Packaging Research Institutes
Emiel Versèstraat 24, B-1070 Brussels
T: (00322) 5 21 27 09   **Fax:** 5 21 27 09
Gründung: 1971
President: Anders Sörås (Director, PACKFORSK - Swedish Packaging Research Institute, Kista (Schweden))
Sec.Gen.: Prof. Dr. Frans Lox (Emiel Versèstraat 24, B-1070 Brussels, T: (00322) 5 21 27 09, Fax: (00322) 5 21 27 09)
Verbandszeitschrift: IAPRI-Handbook; IAPRI-Newsletter
Redaktion: Secretariat of IAPRI
Verlag: Secretariat of IAPRI, Em. Versestr. 24, B-1070 Brussels
Mitglieder: 45

IAPRI is a non profit organization, founded in 1971 to promote research on testing and the evaluation of packagings and to stimulate the exchanges of information, knowledge and practice among its member institutes.

● IZ T 304

Internationale Vereinigung für Mathematik und Computerrechnungen (IMACS)
International Association for Mathematics and Computers in Simulation
Université Libre de Bruxelles, Nucleaire Metrologie CP 165/84
50, av. F.D. Roosevelt, B-1050 Brüssel CP 165/84
T: (00322) 6 50 20 85   **Fax:** 6 50 45 34
E-Mail: rbeauwen@ulb.ac.be
Gründung: 1956
Secrétaire Général: Prof. Robert Beauwens

Verbandszeitschrift: MATCOM, APNUM, J. COMP AC
Redaktion: R. Vichnevetsky, Dept. of Computer Science, Rutgers Univ. USA
Verlag: ELSEVIER, P.O. Box 103, 1000 AC Amsterdam, Holland
Mitarbeiter: 2
Jahresetat: DM 0,054 Mio

● IZ T 305

Internationale Vereinigung Wissenschaftlicher Zentren (IASP)
International Association of Science Parks
World Headquarters
Parque Tecnológico de Andalucia Sede Social
c/Maria Curie, s.n., E-29590 Campanillas, Málaga
T: (003495) 261 91 97   **Fax:** 261 91 98
Internet: http://www.iaspworld.org
E-Mail: iasp@iaspworld.org
Gründung: 1984 (Juli)
Director General: Luis Sanz (IASP Headquarters, Málaga, Spain)
International President: Klaus Plate (Technologiepark Heidelberg GmbH, Germany)
International Vice-President: Marco Baccanti (Centuria Science & Technology Park, Italy)
President European Division: Charlotte Munck (Medeon Science Park, Sweden)
President Asia-Pacific Division: Carrick Martin (Macquarie University, Australia)
President Latin-American Division: Germán Crespo (Corporación Parque Tecnológico Sartenejas, Venezuela)
President North-American Division: Pierre Belanger (Laval Technopole, Canada)
Verbandszeitschrift: IASP Books
Mitglieder: 206 members, representing over 50.000 companies and Research Institutions in 52 countries
Mitarbeiter: 5

● IZ T 306

Internationaler Rat für Kautschuk-Forschung und -Entwicklung (IRRDB)
International Rubber Research and Development Board
Conseil International de la Recherche et du Développement sur le Caoutchouc
PO Box (00603) 2 16-80808 Kuala Lumpur
Internet: http://www.irrdb.org
E-Mail: irrdb@aol.com
Gründung: 1937
Secretary General: Datuk Dr. A Aziz b S A Kadir (Fax: (00603) 216 20414, E-Mail: draziz@pop.jaring.my)
Verbandszeitschrift: NEWSLETTER
Mitglieder: 15
Mitarbeiter: 3
Jahresetat: DM 0,35 Mio

● IZ T 307

Internationaler Rat für Luftfahrtwissenschaften (ICAS)
International Council of the Aeronautical Sciences
Conseil International des Sciences Aéronautiques
Route de Verneuil 66 B.P. 3002, F-78133 Les Mureaux Cedex
T: (00331) 39 06 33 02   **Fax:** 39 06 36 15
Gründung: 1957
President: Dr. W. Schmidt (Germany)
Executive Secretary: Clément Dousset (France)

● IZ T 308

Internationaler Rat für wissenschaftliche und technische Information (ICSTI)
The International Council for Scientific and Technical Information
Conseil International pour l'Information Scientifique et Technique
51, boulevard Montmorency, F-75016 Paris
T: (00331) 45 25 65 92   **Fax:** 42 15 12 62
Internet: http://www.icsti.org
E-Mail: icsti@dial.oleane.com
Gründung: June 1984 as the successor to ICSU AB created in 1952
President: David Russon (British Library, Boston Spa, Wetherby (West Yorks.) LS 23 7BQ, UK)
Vice President: Ben Fouché (University of Stellenbosch, P.B.X1, Matieland, Stellenbosch 7602, South Africa)
General Secretary: Marie Wallin (Royal Institute of Technology Library, Valhallavägen 81, S-10044 Stockholm)
Treasurer: Kurt Molholm (DTIC, 8725 John K. Jingman Rd, STE 0944, Ff Belvoir, VA 22060-6218, USA)
Executive Secretary: Marthe Orfus (ICSTI, 51, boulevard Montmorency, F-75016 Paris)
Mitglieder: 49

● IZ T 309

Internationaler Verband für Meß- und Automatisierungstechnik (IFAC)
International Federation of Automatic Control
Fédération Internationale pour l'Automatique
IFAC Secretariat
Schlossplatz 12, A-2361 Laxenburg
T: (00432236) 7 14 47   **Fax:** 7 28 59
Internet: http://www.ifac-control.org
E-Mail: secr@ifac.co.at
Gründung: 1957
President: Prof. Pedro Albertos
President Elect: Vladimir Kucera
Vice-President: Rolf Isermann (Technical Board)
Vice-President: Wook Hyun Kwon (Executive Board)
Immediate Past President: Yong-Zai Lu
Treasurer: Walter Schaufelberger
Verbandszeitschrift: IFAC Newsletter
Redaktion: Dr. G. Hencsey
Mitglieder: 50

● IZ T 310

Internationales Eisen- und Stahl Institut (IISI)
International Iron and Steel Institute
Rue Col. Bourg, 120, B-1140 Bruxelles
T: (00322) 7 02 89 00   **Fax:** 7 02 88 99
Internet: http://www.worldsteel.org
E-Mail: steel@iisi.be
Gründung: 1967
Secretary General: Ian Christmas
Leitung Presseabteilung: John Fewtrell

● IZ T 311

Internationales Institut für Schweißtechnik (IIW)
International Institute of Welding
Institut International de la Soudure (IIS)
ZI Paris Nord II
Postfach 5 03 62, F-95942 Roissy cdg Cedex
T: (0331) 49 90 36-10   **Fax:** 49 90 36-80
Internet: http://www.iiw-iis.org
E-Mail: iiw@iiw-iis.org
Gründung: 1948
Chief Executive: Michel Bramat
Verbandszeitschrift: Welding in the World
Verlag: Elsevier Science Ltd., Oxford, UK
Mitglieder: 39 Countries
Jahresetat: DM 0,7 Mio

● IZ T 312

Internationales Kali-Institut
International Potash Institute
Institut International de la Potasse
Postfach 1609, CH-4001 Basel
T: (004161) 2 61 29 22-24   **Fax:** 2 61 29 25
Internet: http://www.ipipotash.org
E-Mail: ipi@iprolink.ch
Gründung: 1952
Direktion: Dr. A. Krauss
Verbandszeitschrift: International Fertilizer Correspondent (ifc)
Verlag: Internat. Potash Inst., P.O. Box 16 09, CH-4001 Basel

● IZ T 313

Internationales Komitee Gießereitechnischer Vereinigungen (CIATF)
World Foundrymen Organization (WFO)
Postfach 7190, CH-8023 Zürich
Konradstr. 9, CH-8023 Zürich
T: (00411) 2 71 90 90   **Fax:** 2 71 92 92
E-Mail: gerster@jgp.ch
Generalsekretär(in): Dr. Jürg Gerster

● IZ T 314

Internationales Reis-Forschungs-Institut (IRRI)
International Rice Research Institute (IRRI)
Institut International de Recherches sur le Riz
Los Banos, Laguna, Philippinen
Postfach 31 27, PI-1271 Makati City
T: (00632) 845 0563   **Fax:** 891 1292, 761 2406
Internet: http://www.cgiar.org/irri
E-Mail: postmaster@irri.cgiar.org
Gründung: 1960
Dir. General: Dr. Ronald Cantell (IRRI Los Banos Philippines)
Leitung Presseabteilung: Duncan Ian Macintosh (Head, Public Awareness)
Verbandszeitschrift: IRRI Press & Photo release, IRRI Hotline
Redaktion: Research Center, Los Banos, Laguna, Philippines
Verlag: MCPO Box 3127, Makati City, Philippines
Mitglieder: 8000 scientists trained at IRRI & 2700 others trained in IRRI collaborative country
Mitarbeiter: 1007 (878 National Staff and 129 International Staff)
Jahresetat: DM 74,2 Mio

● IZ T 315

Internationales Technisches Komitee für vorbeugenden Brandschutz und Feuerlöschwesen (CTIF)
International Technical Committee for the Prevention and Extionction of Fire
Comité Technique Internationale de Prevention et d'Extinction du Feu
Sitz: 32 rue Bréguet, F-75011 Paris
Generalsekretariat:
Stadtplatz 1, A-4600 Wels
T: (00437242) 23 54 00   **Fax:** 23 58 24
Gründung: 1900 (August)
President: Colonel François Maurer (Directeur de l'INESC, B.P. 36, F-91750 Nainville les Roches, T: (00331) 64 98 20 01, Fax: (00331) 64 98 20 09, Internet: http://www.inesc.fr, E-Mail: maurer@inesc.fr)
General Secretary: Dr. iur. Alfred Zeilmayr (Magistratsdirektor, Stadtplatz 1, A-4601 Wels, T: (0043) 72 46 64 54 (Priv.), (0043) 72 42 23 54 00, Fax: (0043) 7 24 62 00 17 (Priv.), (0043) 72 42 23 58 24, E-Mail: a.zeilmayr@aon.at (Priv.), zeilmaya@wels.gv.at)
Ordentl. Mitglieder: 41 Nationen
angeschl. Mitglieder: 18

● IZ T 316

Städteverband für Recycling
Association of Cities and Regions for Recycling
Association des Cites et Regions pour le Recyclage
Rue Gulledelle 100, B-1200 Brüssel
T: (00322) 7 75 77 01   **Fax:** 7 75 76 35
E-Mail: acr@ibgebim.be
Gründung: 1994
President: Jean-Pierre Hannequart
Verbandszeitschrift: ACR Newsletter
Redaktion: Francis Radermaker
Mitglieder: 60
Mitarbeiter: 2

● IZ T 317

Technische Organisation der Europäischen Reifen- und Felgenhersteller (E.T.R.T.O.)
The European Tyre and Rim Technical Organisation
Organisation Technique Européenne du Pneu et de la Jante
32 Av. Brugmann, Bte 2, B-1060 Bruxelles
T: (00322) 3 44 40 59   **Fax:** 3 44 12 34
Internet: http://www.eh-to.org
E-Mail: info@eh-to.org
Gründung: 1964 (Oktober)
Vorsitzende(r): E. Petraschek
Generalsekretär(in): L. Chession (B)
Mitglieder: 160

● IZ T 318

The Textile Institute
Oxfort Street, 4th Floor, St James's Buildings, GB- Manchester M1 6FQ
T: (0044870) 8 76 01 00   **Fax:** 8 76 07 00
Internet: http://www.texi.org
E-Mail: tiihq@textileinst.org.uk
Gründung: 1910
Director General: Themessey
Leitung Presseabteilung: Katharine Stephenson
Verbandszeitschrift: Journal of the Textile Institute, Textile Progress, Textiles
Mitarbeiter: 30

● IZ T 319

Union Internationaler Technischer Vereine (UATI)
International Union of Technical Associations and Organizations (UATI)
Union Internationale des Associations et Organismes Techniques (UATI)
UATI, 1, rue Miollis, F-75732 Paris Cedex 15
T: (00331) 45 68 27 70   **Fax:** 43 06 29 27
Internet: http://www.unesco.org/uati
E-Mail: uati@unesco.org
Gründung: 1951 (2. März)
Président: Aussourd (France)
Premier Vice-Président: Tchogovadze (Georgie)
Vice-Présidents: Ohnaka (Japan)
Murati (France)
Bramat (France)
Kruuse (Danemark)
Administrateurs: Jacques Bresson (France)
Dewerdt (France)
Fried (France)
Martuscelli
Mesny (France)
Rousset (France)
Schissler (France)
Turowski (Pologne)
Vander Sloten (Suisse)
Sécretaire Général: Rolland Bresson (France)
Vice-Président Délégue: Noël Murati (France)
Verbandszeitschrift: "Convergence"

Redaktion: Jean Réaubourg (France)
Mitglieder: 25
Mitarbeiter: 3

● IZ T 320

Rat der Europäischen Informatiker Gesellschaften (CEPIS)
Council of European Professional Informatics Societies
Stresemannallee 15, 60596 Frankfurt
T: (069) 63 08-392   **Fax:** 96 31 52 33
Internet: http://www.cepis.org
E-Mail: secretary@cepis.org
Gründung: 1988
President: Peter Morrogh (Lifetime Assurance plc, Lifetime House, Bank of Ireland Head Office, Lower Baggot Street, Dublin 2, Irland, Tel.: (00353 1) 7 03 95 00, Fax: (00353 1) 6 62 08 11, E-Mail: pmorrogh@lifetime.ie)
President Elect: Prof. Dr. Wolffried Stucky
Vice President: Tone Dalen
Vice President: Jaan Oruaas
Vice President: Francois Louis Nicolet
Honorary Treasurer: Dr. Walter Grafendorfer
Honorary Secretary: Dr. Adriano Liberale
Special Advisor: Dr. Dieter Klumpp
Chief Executive Officer: Dr. Peter Bumann
Verbandszeitschrift: UPGRADE
Mitglieder: 31 nationale Verbände in 27 europ. Ländern

● IZ T 321

Internationale Union für Elektrizitätsanwendungen (UIE)
Internationale Union for Electricity Applications
Union Internationale pour les Applications de l'Electricité
Espace ELEC-CNIT
place de la Defense 2, F-92053 Paris
T: (00331) 41 26 56 48   **Fax:** 41 26 56 49
Internet: http://www.uie.org
E-Mail: uie@uie.org
Gründung: 1953
Präsident(in): Ronnie Belmans
Delegue General: Roland Wolf
Generalsekretär(in): Michel Machiels (Belgique)
Mitglieder: 20
Mitarbeiter: 1

● IZ T 322

Vereinigung der astronomischen und geophysikalischen Dienststellen (FAGS)
Federation of Astronomical and Geophysical Services
Fédération des Services Astronomiques et Géophysiques
c/o National Survey and Cadastre
Rentemestervej 8, DK-2400 Kopenhagen
T: (0045) 35 87 52 83   **Fax:** 35 87 50 57
Internet: http://www.kms.dk/fags/
E-Mail: fags@kms.dk
Secretary: Dr. Niels Andersen

● IZ T 323

Weltbergbau-Kongress (WMC)
World Mining Congress
Congrès Minier Mondial
c/o WUG
Poniatowskiego 31, PL-40-956 Kattowitz
T: (004832) 2 51 53 77   **Fax:** 2 51 48 84
Internet: http://www.wmc.org.pl
E-Mail: wmc.wug@it.com.pl
Gründung: 1958
Chairman: Ing. E. Ciszak (WUG)
First Vice-Chairman: M. West (Mining Journal Limited, 60 Worship Street, GB-London EC2A 2HD, Telefax: (0044171) 2 16 60 50, E-Mail: michael.west@mining-journal.com)
Vice-Chairman: Prof. G. B. Fettweis (Montanuniversität Leoben, Gasteigergasse 5, A-8700 Leoben, Telefax: (00433842) 4 02-5 30, E-Mail: bergbau@uniloeben.ac.at)
Dr. Y. N. Malyshev (Union of Coal Manufactures of Russia, Novyi Arbat, 15, RUS-Moskva, 121910, Tel.: (00795) 2 02 00 70, Fax: (007095) 2 02 98 41)
Prof. Fan Weitang (Ministry of Coal Industry, 21 Heping Beijive, RC-Beijing 1000713, Tel.: (008610) 64 21 39 49, Fax: (008610) 64 23 58 38, E-Mail: SACI@public.east.cn.net)
Prof. R. Mañana (Aitemin (Presidente), Alenza 1, E-28003 Madrid, Tel.: (003491) 4 42 04 04, Fax: (003491) 4 41 78 56, E-Mail: presidencia@aitemin.es)
Prof. A. K. Ghose (Flat No 2B, 102, Regent Estate, IND-700092 Calcutta, Telefax: (009133) 2 15 58 67/2 23 83 45, E-Mail: ghose@satyam.net.in)
Dr. E. Shekarchi (9802 De Paul Dr., Bethesda, US-20817 Md, Tel.: (001302) 5 30 85 24, Fax: (001301) 8 69 69 72, E-Mail: shekarchi@juno.com)
Secretary General: Dr. Slawomir Brodziński (WUG)
Mitglieder: 177 aus 48 Ländern
Mitarbeiter: 3

● IZ T 324

Welt-Verband der industriellen und gewerblichen Forschungs-Organisationen (WAITRO)
World Association of Industrial and Technological Research Organizations
Danish Technological Institute
Postfach 141, DK-2630 Taastrup
T: (0045) 72202085   **Fax:** 72202080
Internet: http://www.waitro.org
E-Mail: waitro@dti.dk
Gründung: 1970
President: Ömer Kaymakçalan (Gebze Institute of Technology)
Secretary-General: Kristian Olesen
Deputy Secretary-General: Moses Mengu (Ltg. Presseabt.)
Leitung Presseabteilung: Avner Shamir
Verbandszeitschrift: WAITRO NEWS
Verlag: WAITRO
Mitglieder: 180 in 75 countries

● IZ T 325

Westeuropäisches Institut für Holzimprägnierung (WEI-IEO)
Western-European Institute for Wood Preservation
Institut de l'Europe Occidentale pour l'Imprégnation du Bois
Allée Hof-ter-Vleest 5 Boîte 4, B-1070 Brüssel
T: (00322) 556 85 86   **Fax:** 556 25 95
Internet: http://www.wei-ieo.org
E-Mail: euro.wood.fed@skynet.be
Gründung: 1951
President: Tom Bruce-Jones
Secretary General: Filip De Jaeger
Mitglieder: ca. 120
Mitarbeiter: 3

● IZ T 326

Wissenschaftliche Technische Glastechnische Vereinigung (USCV)
Technical Union for the Scientific Study of Glass
Union Scientifique et Technologque du Verre
Sekretariat:
10, bd. Defontaine, B-6000 Charleroi
T: (003271) 27 29 11   **Fax:** 33 44 80
E-Mail: Inv@charline.be
Gründung: 1947
Président: J.P. Houdaer
Secretary Treasurer: Dr. P. Eloy
Belgian delegate: J.-P. Delande
Holland delegate: Dr. H. Veenvliet
French delegate: Dr. M. H. Chopinet
Italian delegate: F. Geotti Bianchini
Mitarbeiter: 38

● IZ T 327

Europäische Vereinigung der Mikrobiologie-Gesellschaften (FEMS)
Federation of European Microbiological Societies
Fédération européenne des sociétés de microbiologie
FEMS Central Office
Poortlandplein 6, NL-2628 BM Delft
T: (003115) 2 78 56 04   **Fax:** 2 78 56 96
Internet: http://www.fems-microbiology.org
E-Mail: info@fems-microbiology.org
President: Dr. Raymond Auckenthaler (Unilabs SA, 12 Place de Cornavin, CH-1211 Genève, T.: (004122) 9 09 77 77, Fax: (004122) 9 09 77 65, E-Mail: rauckenthaler@unilabs.ch)
Vice President: Dr. H. G. Trüper (Institut für Mikrobiologie und Biotechnologie, Rheinische Friedrich-Wilhelms-Universität Bonn, Meckenheimer Allee 168, D-53115 Bonn, T.: (0228) 73 23 20, Fax: (0228) 73 75 76, E-Mail: trueper@uni-bonn.de)
Secretary General: Dr. Claudine Elmerich (Département des Biotechnologies, Institut Pasteur, 25 rue du Dr. Roux, F-75724 Paris Cedex 15, T.: (00331) 45 68 88 17, Fax: (00331) 45 68 87 90, E-Mail: elmerich@pasteur.fr)
Executive Officer: Dimam van Rossum
Secretary General: Peter Raspor (Biotechnical Faculty, Dept of Food Science and Technology, University of Ljubljana, Jamnikarjeva 101, 1000 Ljubljana, Slovenia, T: (0038601) 4 23 11 61, Fax: (0038601) 2 57 40 92, E-Mail: peter.raspor@bf.uni-lj.si)

Belgien

iz t 328

Belgische Vereniging voor Microbiologie (BE-BVM-SBM)
Société Belge de Microbiologie
c/o Rega Institute for Medical Research,
Catholic University of Leuven
Minderbroederstraat 10, B-3000 Leuven
T: (003216) 33 73 75   **Fax:** 33 73 40
Contact person: Jozef Anné (E-Mail: jozef.anne@rega.kuleuven.ac.be)

Bulgarien

iz t 329

Union of Scientists in Bulgaria
Bulgarian Society for Microbiology (USB)
Oborishte Str. 35, BG-1504 Sofia
T: (003592) 43 01 28   **Fax:** 9 44 15 90
Contact person: S Neytcheff

Kroatien

iz t 330

Croatian Microbiological Society
c/o Animal Health and Agrochemicals Division
Avenida Grada Vukovara 49, HR-10000 Zagreb
T: (003851) 371-1168   **Fax:** 371-1173
Contact person: Danko Hajsig

Dänemark

iz t 331

Danish Microbiologiske Selskab
c/o Afd. Mikrobiologi Statens Veterinære Serumlaboratorium
Bülowsvej 27, DK-1870 Frederiksberg C
T: (004535) 30 01 00   **Fax:** 30 01 20
Contact person: Dr. Frank Aarestrup (E-Mail: faa/vs.dk)

Deutschland

iz t 332

Deutsche Gesellschaft für Hygiene und Mikrobiologie e.V. (DGHM)
Josef-Schneider-Str. 2, 97080 Würzburg
T: (0931) 2 01 39 36   **Fax:** 2 01 34 45
Gründung: 1906 (01. Juni)
Mitglieder: 1800

iz t 333

VAAM - Vereinigung für Allgemeine und Angewandte Mikrobiologie e. V.
Ringstr. 2, 06120 Lieskau
T: (0345) 5 50 93 18   **Fax:** 5 50 93 19
Internet: http://www.vaam.de
E-Mail: mail@vaam.uni-halle.de

Estland

iz t 334

Estonian Society for Microbiology
Riia 23, EW-2400 Tartu
T: (003727) 46 50 13   **Fax:** 42 02 86
Contact person: Tiina Alamäe (E-Mail: talamae_ebc.ee)

Finnland

iz t 335

Societas Biochemica, Biophysica et Microbiologica Fenniae
c/o University of Helsinki, Dept. of Biosciences
PO Box 56, Viikinaari 5, FIN-00014 Helsinki
T: (003589) 7 08-59258   **Fax:** 7 08-59262
Internet: http://www.helsinki.fi/_4juuti/biobio.html
Contact person: Prof. Kielo Haahtela (E-Mail: kielo.haahtela@helsinki.fi)

Frankreich

iz t 336

Société Française de Microbiologie
c/o Departement of Bacteriology-Mycology, Institut Pasteur
rue du Docteur Roux 28, F-75724 Paris Cedex 15
T: (00331) 40 61 32 55   **Fax:** 45 68 84 20
Contact person: Dr. P. Boiron (E-Mail: pboiron@pasteur.fr)

Griechenland

iz t 337

Hellenic Society for Microbiology
c/o Dept. Microbiology, Medical School,
University of Athens
M. Assias 75-77, GR-11527 Athen
T: (00301) 7 78 56 38   **Fax:** 7 70 91 80
Contact person: Dr. N. J. Legakis (E-Mail: nlegakis@cc.uoa.gr)

Großbritannien

iz t 338

Society for Applied Microbiology
The Blore Tower, The Harpur Centre, GB- Bedford MK40 1TQ
T: (00441234) 32 66 61   **Fax:** 32 66 78
E-Mail: sfam@btinternet.com
Contact person: Dr. R. A. Herbert (E-Mail: r.a.herbert@dundee.ac.uk)

Island

iz t 339

Microbiological Society of Iceland
c/o Institute for Experimental Pathology
University of Iceland
Keldur
Vesturlandsveg, IS-112 Reykjavik
T: (00354) 5 67-4700   **Fax:** 5 67-3979
Contact person: Dr. Bjarnheidur Gudmundsdóttir (E-Mail: bjarngud@rhi.hi.is)

Irland

iz t 340

Irish Society of Clinical Microbiologists (IE-ISCM)
c/o Bon Secours Hospital
Glasnevin, IRL- Dublin 9
T: (003531) 8 37-5111   **Fax:** 8 37-5280
Contact person: Dr. Marie Thérèse Clancy

Israel

iz t 341

The Israel Society for Microbiology
c/o Dept. of Molecular Microbiology and Biotechnology
Tel Aviv University
Postfach 39040, IL- Tel Aviv 69978
T: (009723) 6 40 93 79   **Fax:** 6 41 41 38
Contact person: Dr. E. Ron (E-Mail: eliora@post.tau.ac.il)

Italien

iz t 342

Associazione Microbiologi Clinici Italiani
c/o Istituto di Microbiologica
Università degli Studie di Udine
Facoltà di Medicina e Chirurgia
Policlinico Universitario
Ospedales S. Maria della Misericordia, I-33100 Udine
T: (0039432) 55 92 28   **Fax:** 55 92 28
Contact person: Dr. G. A. Botta

iz t 343

Società Italiana di Microbiologia
c/o Universitá di Roma "La Sapienza" I,
Cattedra di Microbiologia
Piazzale Aldo Moro 5, I-00185 Rom
T: (00396) 4 95 83 71   **Fax:** 49 91 46 26
Contact person: Dr. N. Orsi (orsi@axrma.uniroma1.it)

iz t 344

Societá Italiana di Microbiologia Generale e Biotecnologie Microbiche
c/o Lepetit Research Center
Via R. Lepetit 34, I-21040 Gerenzano
T: (00392) 96 47 43 67   **Fax:** 96 47 44 00
Contact person: Dr. G. Lancini

Jugoslawien

iz t 345

Yugoslav Society for Microbiology
c/o Institute of Food Technology and Biotechnology
Faculty of Agriculture
University of Belgrade
Departement of Industrial Microbiology
Nemanjina 6, YU-11080 Zemun-Beograd
T: (0038111) 19 97 11   **Fax:** 19 97 11
Contact person: Dragojlo Obradovic (dbobrad@eunet.yu)

Lettland

iz t 346

The Latvian Society for Microbiology
Kronvalda Boulv. 4, LV-1586 Riga
T: (00371) 73 20 30 19   **Fax:** 7 32 56 57
Contact person: Dr. Alexander Rapoport (E-Mail: rapoport@latnet.lv)

Litauen

iz t 347

Lithuanian Society of Medical Microbiologists
c/o Dept. of Microbiology
Kaunas Medical Academy
Mickevicius 9, LT-3000 Kaunas
T: (003707) 73 25 23   **Fax:** 22 07 33
Contact person: Dr. Alvydas Pavilonis

Mazedonien

iz t 348

Macedonian Microbiological Society
c/o Institute of Preventive Medical Care
Dept. of Microbiology
Naroden Front 23 -6/15, 91000 Skopje
T: (0038991) 36 26 22   **Fax:** 37 21 24
Contact person: Dr. Vaso Taleski (E-Mail: mailto:vtaleski@mkinter.net)

Niederlande

iz t 349

Nederlandse Vereniging voor Microbiologie
c/o Delft University of Technology
Faculty of Chemical Technology & Material Science
Kluyver Laboratory of Biotechnology
Julianalaan 67, NL-2628 BC Delft
T: (003115) 2 78-2411   **Fax:** 2 78-2355
Contact person: Dr. W. A. Scheffers (E-Mail: lex.scheffers@stm.tudelft.nl)

Norwegen

iz t 350

Norwegian Society for Microbiology
c/o National Institute of Public Health
Postfach 4404 Torshov, N- Oslo
T: (004722) 8 69-487   **Fax:** 8 69-490
Contact person: Dr. Tone Toønjun (E-Mail: tone.tonjum@ioks.uio.no)

Österreich

iz t 351

Österreichische Gesellschaft für Hygiene, Mikrobiologie und Präventivmedizin
c/o Hygiene-Institut der Universität
Kinderspitalgasse 15, A-1095 Wien
T: (00431) 4 04 90-79410   **Fax:** 4 04 90-9794
Contact person: Dr. Gerold Stanek

Portugal

iz t 352

Sociedad Portugesa de Microbiologia
c/o Departamento de Zoologia
Faculdade de Ciencias e Tecnologia
Universidade de Coimbra
Codex, P-3049 Coimbra
T: (0035139) 82 40 24   **Fax:** 82 67 98
Contact person: Dr. Milton S. da Costa (E-Mail: Milton@cygnus.ci.uc.pt)

Polen

iz t 353

Polskie Towarzystwo Microbiologow
ul. Lodowa, PL-93232 Lodz
T: (004842) 6 49 22 77   **Fax:** 6 49 16 33

Russland

iz t 354

Russian Microbiological Society
c/o Institute of Biochemistry & Physiology of Plants & Microorganisms
Russian Academy of Sciences
Entuziastov pr 13, RUS- Saratov 410015
T: (007845) 2 44 38 28   **Fax:** 2 24 04 46
Contact person: Dr. Vladimir V. Ignatov

Slowenien

iz t 355

The Microbiological Society of Slovenia
c/o Biotechnical Faculty
Food Science & Technology Department
Jamnikarjeva 101, SLO-61000 Ljubljana
T: (0038661) 1 23 11 61   **Fax:** 27 40 92
Internet: http://www.bfro.uni-lj.si/smd
Contact person: Dr. Peter Raspor (E-Mail: peter.raspor@BF.UNI-LJ.SI)

Schweden

iz t 356

Swedish Society for Microbiology
c/o Dept. of Clinical Bacteriology
Umeå University
S-90185 Umeå
T: (004690) 7 85-2347   **Fax:** 7 85-2225
Contact person: Dr. Mari Norgren (Mari.Norgren@clini.umu.se)

Schweiz

iz t 357

Swiss Society for Microbiology
Via Ospedale 6, CH-6904 Lugano

Türkei

iz t 358

Türk Mikrobiyoloji Cemiyeti
Postfach P.K. 57, TR- Beyazit 34492 Istanbul
T: (0090212) 6 35 11 86 55 94   **Fax:** 6 35 11 86 55 94
Contact person: Dr. O. Ang

Tschechische Republik und Slowakische Republik

iz t 359

Czechoslovak Society for Microbiology
Odborárske nam 5, SK-81107 Pressburg
T: (00427) 5 26 74 76   **Fax:** 21 49 02
Contact person: Dr. L. Ebringer (E-Mail: ebringer@m2.fedu.uniba.sk)

Ungarn

iz t 360

Hungarian Society for Microbiology
c/o Microbiological Research Group,
National Institute of Hygiene
Pihenö ut 1, H-1529 Budapest
T: (00361) 3 94 50 44   **Fax:** 3 94 54 09
Contact person: Dr. János Minárovits (E-Mail: mini@microbi.hu)

Technische Überwachungsvereine, Materialprüfung, Vermessung, Normung

● **IZ T 361**
EUROLAB aisbl
Europäische Vereinigung nationaler Verbände von Mess-, Prüf- und Analyselaboratorien
European Federation of National Associations of Measurement, Testing and Analytical Laboratories
Féderation Européenne des Associations Nationales des Laboratoires de Mesure, de Contrôle et d'Analyse
Technical Secretariat
Bundesanstalt für Materialforschung und -prüfung (BAM)
Unter den Eichen 87, 12205 Berlin
T: (030) 81 04 37 62   **Fax:** 81 04 46 28
Internet: http://www.eurolab.org
E-Mail: eurolab@bam.de
Gründung: 1990
President: Prof. Dr.-Ing. Dr.h.c. Horst Czichos (President, Bundesanstalt für Materialforschung u. -prüfung (BAM), Germany)
Vice-President: Prof. Jarl Forsten (Deputy Director General, Technical Research Center of Finland (VTT) Finland)
Treasurer: Claes Bankvall (President, Swedish National Testing and Research Institute (SP), Schweden)
Board Members: Guy Jacques (AIB Vinçotte, Belgium)
Carlos Ganopa (President, Associação de Laboratorios de Portugal (RELACRE), Portugal)
Dr. Jaroslav Vesely (President Czecholab, c/o ABF Praha, Czech Republic)
Michel Vieillefosse (President, Laboratoire Central des Industries Electriques (LCIE), France)
Dr. Richard Worswick (The Government Chemist, Laboratory of the Government Chemist (LGC), United Kingdom)
Verbandszeitschrift: "Eurolab Newsletter" (3 times a year, in English)
Mitglieder: ca. 2000
Mitarbeiter: 2-3

● **IZ T 362**
Europäische Konformitätsbewertungs-Organisation (EOTC)
European Organisation for Conformity Assessment
Organisation Européenne pour l'Evaluation de la conformité
Rue d'Egmont 15, B-1000 Brüssel
T: (00322) 5 02 41 41   **Fax:** 5 02 42 39
Internet: http://www.eotc.be
E-Mail: helpdesk@eotc.be
Gründung: 1990
Président: Dipl.-Ing. Ingfried B. Becker
Secrétaire Général: Gordon Gaddes
Direction du service de presse: Carlos Correia
Verbandszeitschrift: EOTC News
Verlag: Mr. Correia, EOTC, rue d'Egmont 15, B-1000 Brüssel, Belgien
Mitglieder: 34
Mitarbeiter: 2,5

Belgien

iz t 363

National Accreditation and Certification Council
c/o Ministry of Economic Affairs
boulevard E. Jacqmain 154 North Gate III, B-1000 Brüssel
T: (00322) 2 06-4674   **Fax:** 2 06-5744
Contact: Ir J De Windt

Denmark

iz t 364

Danish EOTC Committee Secretariat
c/o Danish Agency for Trade and Industry, Ministry of Business & Industry
Tagensvej 137, DK-2200 Kobenhaven K
T: (004535) 86 86 86   **Fax:** 86 86 87
E-Mail: mette.holst@efs.dk
Contact: M. Holst

Finland

iz t 365

SFS Consultative Committee for Testing and Certification
Postfach 1 16, FIN-00241 Helsinki
T: (003589) 1 49-9331   **Fax:** 14 99-3323
E-Mail: ep@sfs.fi
Contact: E. Parviainen

Germany

iz t 366

Deutscher Rat für Konformitätsbewertung im DIN (DIN KonRat)
German Council for Conformity Assessment in DIN
Burggrafenstr. 6, 10787 Berlin
T: (030) 26 01-2613   **Fax:** 26 01-1143
E-Mail: neun@gl.din.de
Contact: Dipl.-Ing. J. Neun

Greece

iz t 367

ELOT / National Certification Council
Acharnon Street 313, GR-11145 Athen
T: (00301) 2 23-4966   **Fax:** 2 28-3034
Contact: M. Pitsika

Ireland

iz t 368

The Irish Conformity Assessment Committee (NSAI)
Glasnevin, IRL- Dublin 9
T: (003531) 8 07 3905   **Fax:** 8 07 3838
E-Mail: cunninghamb@nsai.ie
Contact: B. Cunningham

Netherlands

iz t 369

RvA - Raad voor Accreditatie
Dutch Council for Accreditation
Office Adress: Radboudkwartier 223
Postfach 2768, NL-3500 GT Utrecht
T: (003130) 23-94500   **Fax:** 23-94539
E-Mail: harry.gundlach@rva.nl
Contact: Dr. H.C.W. Gundlach

Portugal

iz t 370

Instituto Português da Qualidade (IPQ)
Rua António Gião 2, P-2829-513 Caparica
T: (0035121) 2 94 81 00   **Fax:** 2 94 81 01
Internet: http://www.ipq.pt
E-Mail: ipq@mail.ipq.pt
Contact: F. Barroca

Spain

iz t 371

CECC-Spanish Committee for Conformity Assessment
Serrano, 240, 7th Floor, E-28016 Madrid
T: (00341) 4 57-3289   **Fax:** 4 58-6280
Contact: A. Muñoz Muñoz

Sweden

iz t 372

SEOTC
c/o SIS
Postfach 64 55, S-11382 Stockholm
T: (00468) 6 10-3023   **Fax:** (004680468) 30-1068
E-Mail: leif.lundberg@sis.se
Contact: Leif Lundberg

Switzerland

iz t 373

Swiss Committee for Testing and Certification
Comité Suisse pour les Essais et la Certification
SAPUZ Secretariat, c/o SNV - Swiss Association for Standardisation
Mühlebachstr. 54, CH-8008 Zürich
T: (0041) 2 54 54 54   **Fax:** 2 54 54 74
Internet: http://www.snv.ch
E-Mail: christian.schenk@snv.ch
Contact: C. Schenk

● **IZ T 374**
Europäische Organisation für Qualität
European Organisation for Quality
Organisation Européenne pour la Qualité
3, rue de Luxembourg, B-1000 Brüssel
T: (00322) 5 01 07 35   **Fax:** 5 01 07 36
Internet: http://www.eoq.org
E-Mail: bjouslin@compuserve.com
President: Riccardo Dell'Anna
Past President: Sean Conlan (Irland)
Secretary General: Bertrand Jouslin de Noray
Mitglieder: 34 nationale Europäische Organisationen
Mitarbeiter: 3

Mitgliedsorganisationen

Austria

iz t 375

Austrian Association for Quality (ÖVQ)
Gonzagagasse 1 4. Stock/Top 24, A-1010 Wien
T: (0431) 533 30 52   **Fax:** 533 30 55
Internet: http://www.oevq.co.at/oevq
E-Mail: office@oevq.co.at
Gründung: 1979
Executive Secretary: V. Seitschek (EOQ Representative)
Mitglieder: 40 Individual, 370 Corporate

Belgium

iz t 376

Flemish Quality Management Centre (VCK)
Keizerstraat 20-22, B-2000 Antwerpen
T: (00323) 201-1450   **Fax:** 232-4436
Gründung: 1973
President: C.M. Horrez
Executive Secretary: Bart Vanbriel
EOQ Representative: A. Geirnaert
Mitglieder: 1900 Corporate

Bulgaria

iz t 377

Cttee for Standardization and Metrology, at the Council of Ministers
21, 6th September Street, BG-1000 Sofia
T: (003592) 85 91   **Fax:** 80 14 02
E-Mail: csm@techno-link.com
Gründung: 1962
President: M. Tzokov
Executive Secretary: N.G. Stoytcheva

Croatia

iz t 378

Croatian Society for Quality (HDK)
Elektrokontakt d.d.
Radnicka cesta b.b., HR-10000 Zagreb
T: (003851) 2 33 08 66   **Fax:** 22 08 47
Gründung: 1993
Kontaktperson: D. Smojver
Mitglieder: 218 Individual, 51 Corporate

Czech Republic

iz t 379

Czech Society for Quality (CSJ)
Novotného la_vka 5, CZ-11668 Prag 1
T: (0042022) 1 08 22 69   **Fax:** 1 08 22 29
Internet: http://www.vol.cz/csqpraha
E-Mail: csqpraha@mbox.vol.cz
Gründung: 1990
President: V. Votápek
Executive Secretary: P. Ryšánek
EOQ Representative: J. Hnátek
Mitglieder: 1227 Individual, 7 Corporate

Denmark

iz t 380

Danish Society for Quality (DFK)
Åhavevej 5, DK-8260 Viby J.
T: (0045) 87 34 03 30   **Fax:** 86 14 42 95
Gründung: 1960
EOQ Representative: Dr. O. Hartz
Mitglieder: 939 Individual, 735 Corporate

Estland

iz t 381

Estonian Association for Quality (EKVA)
Tallinn Technical University
Ehitajate tee 5, EW-0026 Tallinn
T: (003722) 62 03 205   **Fax:** 62 02 020
Gründung: 1991
President: S. Ratso
Executive Secretary: A. Tihkan
Mitglieder: 81 Individual, 21 Corporate

Finland

iz t 382

Finnish Society for Quality (SLY)
Postfach 50, FIN-00381 Helsinki
T: (00358) 9 86 22 44-00   **Fax:** 9 86 22 44-11
Gründung: 1966
President: J. Horelli
Executive Secretary: R. Lintula
EOQ Representative: V. Lehtomäki
Mitglieder: 2100 Individual, 220 Corporate

France

iz t 383

French Quality Movement (MFQ)
41 rue des Trois Fontanot, F-92024 Nanterre Cedex
T: (0033) 1 55 17 47 82   **Fax:** 1 55 17 47 71
Gründung: 1956
President: B. de Gastines
Executive Secretary: A. Leretour
EOQ Representative: B. Jouslin de Noray
Mitglieder: 1000 Individual, 2000 Corporate

Germany

iz t 384

Deutsche Gesellschaft für Qualität e.V. (DGQ)
German Society for Quality
Postf. 50 07 63, 60395 Frankfurt
August-Schanz-Str. 21A, 60433 Frankfurt
T: (069) 9 54 24-0   **Fax:** 9 54 24-1 33
Internet: http://www.dgq.de
E-Mail: info@dgq.de
Gründung: 1952 (Oktober)
President: Dr. Friedrich Clever
Mitglieder: 8200 (Stand 1.1.99)
Mitarbeiter: 61
Jahresetat: DM 23 Mio, € 11,76 Mio

Greece

iz t 385

Hellenic Management Association (HMA)
200 Ionias Ave & Iakovaton Str., GR-11144 Athen
T: (00301) 21 12 00 09   **Fax:** 21 12 02 02
President: N. Ebeoglou
Executive Secretary: P. Seitanidis

Hungary

iz t 386

Hungarian National Committee for EOQ (HNC)
Postfach 740, H-1535 Budapest
T: (00361) 13 56 50 82   **Fax:** 12 74 10 05
Gründung: 1972
President: Prof. P.J. Molnár
Executive Secretary: Dr. F. Boross
Mitglieder: 1500 Individual, 500 Corporate

Iceland

iz t 387

Icelandic Association for Quality (GSFI)
Holtagardar v. Holtaveg, IS-104 Reykjavik
T: (00354) 533-5666   **Fax:** 533-5666
Internet: http://www.gsfi.is/
E-Mail: gsfi@vsi.is
Gründung: 1986
President: Haraldur A. Hialtason
Mitglieder: 188 Individual, 282 Corporate

Ireland

iz t 388

Excellence Ireland
Merrion Hall, Strand Road, Sandymount, IRL- Dublin 4
T: (003531) 2 69-95255   **Fax:** 2 69-8053
Gründung: 1969
President: P.A. O'Neill
Executive Secretary: S. Conlan (EOQ Representative)
Mitglieder: 2200 Individual

Italy

iz t 389

Italian Association for Quality (AICQ)
Via Cornalia 19, I-20124 Mailand
T: (00392) 66 71 24 84   **Fax:** 66 71 25 10
Internet: http://www.aicq.it
E-Mail: aicqna@tin.it
Gründung: 1955
EOQ Representative: R. Dell'Anna
Mitglieder: 1400 Individual, 600 Corporate

Lettland

iz t 390

Latvian Society for Quality
Valdemara Street 35, LV-1010 Riga
T: (003717) 32 00 00   **Fax:** 24 26 59
E-Mail: igesv@cs.rtu.lv
Kontaktperson: Dr.sc. Ing. J. Mazais

Luxemburg

iz t 391

Ministére de l'Economie
BLD Royal 19-21, L-2449 Luxemburg
T: (00352) 4 78 41 13   **Fax:** 22 26 60
E-Mail: jean-marie.reiff@eco.etat.lu

Macedonia

iz t 392

Macedonian Organization for Quality and Standardization (MOQS)
Dimitrie Cuposki 13, 91000 Skopje
T: (0038991) 118 088   **Fax:** 116 210
Gründung: 1971
Kontaktperson: R. Petrov
Mitglieder: 60 Individual, 55 Corporate

The Netherlands

iz t 393

Dutch Foundation for Quality (KDI)
Postfach 8 40 31, NL-3009 CA Rotterdam
T: (003110) 4 55 47 00   **Fax:** 4 55 88 57
Internet: http://www.kwaliteitsdienst.nl
E-Mail: KDI@kwaliteitsdienst.nl
Gründung: 1953
Executive Secretary: Dr. P.C.M. Breed
Mitglieder: 350 Corporate

Norway

iz t 394

Norwegian Association of Quality and Leadership (NAQL)
Postf. 370, N-0212 Oslo
T: (0047) 2251-7800   **Fax:** 2251-7801
Gründung: 1960
Executive Secretary: Rolf Barry-Berg
Mitglieder: 1910 Individual, 1010 Corporate

Poland

iz t 395

Polish Centre for Testing and Certification (PCBC)
Klobucka 23AA, PL-02699 Warschau
T: (004822) 6 47-07   **Fax:** 6 47-8041
Gründung: 1958
President: W. Henrykowski

Portugal

iz t 396

Portuguese Association for Quality (APQ)
Praça Félix Correia, 2, Reboleira, P-2720 Amadora
T: (03511) 4 96 80 07   **Fax:** 4 95 84 49
Internet: http://www.apq.pt
Gründung: 1969
President: António de Almeida
Executive Secretary: I. Oliveira
EOQ Representative: António de Almeida (jr.)
Mitglieder: 1487 Individual, 928 Corporate

Romania

iz t 397

Romanian Association for Quality (ARC)
Str. Iani Buzoiani nr. 1, Sect. 1, R-78223 Bukarest
T: (00401) 22 41 052   **Fax:** 22 42 901
Internet: http://www.rnc.ro
E-Mail: arc@sunu.tnc.ro
Gründung: 1990
President: C. Pârvan
Executive Secretary: A. Cordasevschi
EOQ Representative: T. Teodoru
Mitglieder: 15 Individual, 265 Corporate

Russia

iz t 398

Committe of the Russian Federation for Standardization, Metrology and Certification
(GOSSTANDART of Russia)
9 Leninsky Prospekt, RUS-117049 Moskau
T: (00795) 2 36 40 44   **Fax:** 23 76 032
Gründung: 1925
President: Prof. Dr. G.P. Voronin
Executive Secretary: N. N.
EOQ Representative: Prof. Dr. S.N. Riabov
Mitglieder: 320 Individual

Slovakia

iz t 399

Slovak Society for Quality (SSA)
Postfach 35, SK-01008 Zilina
Dolné Rudiny 3, SK-01008 Zilina
T: (0042189) 7 63 26 32   **Fax:** 7 63 26 32
Gründung: 1990
President: I. Chovan
Executive Secretary: J. Cajchan
EOQ Representative: P. Kovac_3ik
Mitglieder: 92 Individual, 128 Corporate

Slovenia

iz t 400

Slovenian Quality Association (SQA)
Dunajska 106 /VII, SLO-61000 Ljubljana
T: (0038661) 11 68 24 68   **Fax:** 34 47 88
Gründung: 1991
President: D. Dolenc
Mitglieder: 420 Individual

Spain

iz t 401

Spanish Association for Quality (AEC)
Calle Claudio Coello 92, E-28006 Madrid
T: (003491) 57 52-750   **Fax:** 57 65-258
E-Mail: aec@asoc-esp-caidad.es
Gründung: 1961
Executive Secretary: S. Olivas
Mitglieder: 2885 Individual, 1073Corporate

Sweden

iz t 402

Swedish Association for Quality (SFK)
Postfach 55 01, S-11485 Stockholm
T: (00468) 7 83 01 71   **Fax:** 6 61 19 67
Gründung: 1952
President: P.O. Idfelt
Executive Secretary: B. Winnsjö
EOQ Representative: U. Andersson
Mitglieder: 3000 Individual, 160 Corporate

Switzerland

iz t 403

Swiss Association for the Promotion of Quality (SAQ)
Hauptgasse 33, CH-4600 Olten
T: (004162) 2 05 45 45   **Fax:** 2 05 45 55
Gründung: 1965
Executive Secretary: Dr. H.R. Gygax (EOQ Representative)
Mitglieder: 30 Individual, 1820 Corporate

Turkey

iz t 404

Turkish Standards Institution (TSE)
Necatibey Cad. No. 112, TR-06100 Bakanliklar-Ankara
T: (0090312) 41 84 725   **Fax:** 41 73 578
Internet: http://www.tse.org.tr
E-Mail: didb@tse.org.tr
Gründung: 1954
President: M.Y. Ariyörük (EOQ Representative)
Mitglieder: 1701 Individual, 3661 Corporate

Ukraine

iz t 405

Ukrainian Association for Quality
Academician Glushkov Avenue 40, UA-252022 Kyiv
T: (0038044) 2 66 35 10   **Fax:** 2 66 35 10
E-Mail: uquality@public.ua.net
President: P. Ya. Kalyta
Executive Secretary: A. Trofimenko

United Kingdom

iz t 406

The Institute of Quality Assurance (IQA)
Gresvenor Crescent 12, GB- London SW1X 7EE
T: (004420) 74 01 72 27   **Fax:** 74 01 27 25
E-Mail: dcampbell@iqamail.demon.co.uk
Gründung: 1919
Kontaktperson: Frank Steer
Mitglieder: 13000 Individual, 450 Corporate

● **IZ T 407**

Europäische Organisation für Technische Zulassungen (EOTA)
European Organisation for Technical Approvals
Organisation Européenne pour l'Agrément Technique
Avenue des Arts 40, B-1040 Brüssel
T: (00322) 5 02 69 00   **Fax:** 5 02 38 14
Internet: http://www.eota.be
E-Mail: info@eota.be
Gründung: 1991
President: Dipl.-Ing. Dr. Rainer Mikulits
Secretary General: Paul Caluwaerts (Contact)
Verbandszeitschrift: EOTA News
Mitglieder: 29
Mitarbeiter: 2

Belgien

iz t 408

Directie Goedkeuring en Voorschriften (DGV)
Direction Agrément et Spécifications (DAS)
Westraat 155 Rue de la Loi, B-1040 Brüssel
T: (00322) 2 87 31 54   **Fax:** 2 87 31 51
Kontaktperson: M. Franssens

Dänemark

iz t 409

ETA-Danmark A/S
Postfach 54, DK-2970 Hörsholm
Venlighedsvej 6, DK-2970 Hörsholm
T: (004545) 76 20 20   **Fax:** 76 33 20
Kontaktperson: C. Skjernov

Deutschland

iz t 410

Deutsches Institut für Bautechnik (DIBt)
Anstalt des öffentlichen Rechts
Kolonnenstr. 30 L, 10829 Berlin
T: (030) 7 87 30-0   **Fax:** 7 87 30-320
Internet: http://www.dibt.de
E-Mail: dibt@dibt.de
Gründung: 1968
Kontaktperson: Prof. Dr.-Ing. Horst Bossenmayer

Finnland

iz t 411

Valtion Teknillinen Tutkimuskeskus (VTT)
Postfach 18 00, FIN-02044 Espoo
T: (003589) 4 56 68 00   **Fax:** 4 56 70 31
Kontaktperson: E. Leppävuori

Frankreich

iz t 412

Centre Scientifique et Technique du Bâtiment (CSTB)
4, Avenue du Recteur Poincaré, F-75782 Paris
T: (00331) 40 50 28 28   **Fax:** 45 25 61 51
Kontaktperson: R. Slama

iz t 413

Service d'Etudes Techniques des Routes et Autoroutes (SETRA)
46, Avenue A. Briand, F-92225 Bagneux
T: (00331) 46 11 33 84   **Fax:** 11 36 50
Kontaktperson: A. Bourrel

Griechenland

iz t 414

Hellenic Organization for Standardization (ELOT)
Acharnon Street 313, GR-11145 Athen
T: (00301) 2 12 01 00   **Fax:** 2 28 30 34
Internet: http://www.elot.gr
E-Mail: elotinfo@elot.gr
Kontaktperson: D. Agapalidis

Großbritannien

iz t 415

British Board of Agrément (BBA)
Postfach 1 95, GB- Garston Watford WD2 7NG
Bucknalls Lane, GB- Garston Watford WD2 7NG
T: (00441923) 66 53 00   **Fax:** 66 53 01
Internet: http://www.bbacerts.co.uk
E-Mail: mail@bba.star.co.uk
Kontaktperson: P. Hewlett

iz t 416

Wimlas Ltd.
St. Peter's House
68 Highstreet Buckinghamshire, GB- Iver SLO 9NG
T: (00441753) 73 77 64   **Fax:** 79 23 21
Kontaktperson: P.D. Johnson

Irland

iz t 417

Irish Agrément Board (AIB)
National Standards Authority of Ireland
NSAI, Glasnevin, IRL- Dublin 9
T: (003531) 8 37 01 01   **Fax:** 8 07 38 42
Kontaktperson: W. Crowe

Island

iz t 418

The Icelandic Building Research Institute (IBRI)
RB- Keldnaholt, IS-112 Reykjavik
T: (00354) 5 70 73 00   **Fax:** 5 70 73 11
Kontaktperson: H. Olafsson

Italien

iz t 419

Servizio Tecnico Centrale della Presidenza del Consiglio Superiore
Via Nomentana 2, I-00161 Rom
T: (003906) 44 26 73 96   **Fax:** 44 26 73 83

iz t 420

Centro Studi Esperienze Antincendi dell Corpo Nazionale dei Vigili del Fuoco (CSEA)
Piazza Scilla 2, I-00178 Rom
T: (003906) 7 18 89 96   **Fax:** 7 18 77 19
Kontaktperson: F. Mazzini

iz t 421

Istituto Centrale per L'Industrializzazione e la Tecnologia Edilizia (ICITE)
Via Lombardia 49, I-20098 San Guiliano Milanese
T: (003902) 9 80 61   **Fax:** 98 28 00 88
Kontaktperson: W. Espostt

Luxemburg

iz t 422

Laboratoire des Ponts et Chaussées
23, rue du Chemin de Fer., F-8057 Bertrange
T: (00352) 3 10 50 21   **Fax:** 31 73 11
Kontaktperson: G. Scharfe

Niederlande

iz t 423

Stichting Bouwkwaliteit (SBK)
Cobbenhage
Treubstraat 1, NL-2288 EG Rijswijk
T: (003170) 3 99 84 67   **Fax:** 3 90 29 47
Kontaktperson: C. M. I. Richter

iz t 424

BDA Intron
Postfach 2 70, NL-4190 CG Geldermalsen
Ryksstraatweg 21, NL-4190 Geldermalsen
Kontaktperson: R. Woonink

iz t 425

Stichting Keuringsbureau Hout
Postfach 50, NL-1270 AB Huizen
Huizermaatweg 29, NL-1270 AB Huizen
T: (003135) 5 26 87 37   **Fax:** 5 26 83 81
Kontaktperson: R. Wigboldus

iz t 426

BV Kwaliteitsverklaringen Bouw
Postfach 18 36, NL-3000 BV Rotterdam
Veerhaven 7, NL-3000 BV Rotterdam
T: (003110) 4 36 22 00   **Fax:** 4 36 39 55
Kontaktperson: H.C. van Den Berg

iz t 427

Certificatie - Instelling Stichting BMC
Postfach 1 50, NL-2800 AD Gouda
Büchnerweg 3, NL-2800 AD Gouda
T: (0031182) 53 23 00   **Fax:** 57 02 16
Kontaktperson: C. Souwerbren

iz t 428

IKOB, Stichting Institut voor Keuring en Onderzoek van Bouwmaterialen
Postfach 2 05, NL-3770 AE Barneveld
Ambachtsweg 10, NL-3770 AE Barneveld
T: (00313420) 1 36 43   **Fax:** 9 31 36
Kontaktperson: C.M. de Dreu

iz t 429

Stichting Kwaliteitscentrum Gevelelementen (SKG)
Postfach 2 12, NL-3454 ZL De Meern
Veldzicht 30b, NL-3454 ZL De Meern
T: (003130) 6 62 16 33   **Fax:** 6 62 16 77
Kontaktperson: F.A. Zandstra

iz t 430

KIWA N.V. Certificatie en Keuringen
Postfach 70, NL-2280 AB Rijswijk
Sir Winston Churchillaan 273, NL-2280 AB Rijswijk
T: (003170) 3 95 35 35   **Fax:** 3 95 34 20
Kontaktperson: Kag Moow

Norwegen

iz t 431

Norwegian Building Research Institute (BI/Byggforsk)
Postfach 1 23, N-0314 Oslo-Blindern
T: (004722) 96 55 00   **Fax:** 69 94 38
Kontaktperson: A. Hallquist

Österreich

iz t 432

Österreichisches Institut für Bautechnik (OIB)
Schenkenstr. 4, A-1010 Wien
T: (00431) 5 33 65 50   **Fax:** 5 33 64 23
Kontaktperson: Dipl.-Ing. Dr. Rainer Mikulits

Portugal

iz t 433

Laboratorio Nacional de Engenharia Civil (LNEC)
Avenida do Brasil 101, P-1799 Lissabon
T: (00351) 2 18 47 38 30   **Fax:** 2 18 44 30 28
Kontaktperson: J.A.V. de Paiva

Schweden

iz t 434

SITAC AB
Postfach 5 53, S-37123 Karlskrona
T: (0046455) 33 63 00   **Fax:** 2 06 88
Kontaktperson: P. Bengtsson

Spanien

iz t 435

Instituto de Ciencias de la Construccion Eduardo Torroja (IETcc)
Serrano Galvache S/N, E-28033 Madrid
T: (003491) 3 02 04 40   **Fax:** 3 02 07 00
Kontaktperson: C. Andrade

iz t 436

Instituto de Tecnologia de Construccion de Cataluna (ITEC)
Wellington 19, E-08018 Barcelona
T: (003493) 3 09 34 04   **Fax:** 3 09 29 62
Kontaktperson: A.M. Checa

● **IZ T 437**

Europäische Stiftung für Qualitätsmanagement (EFQM)
European Foundation for Quality Management
Fondation Européenne de Management par la Qualité
Avenue des Pléiades 15, B-1200 Brüssel
T: (00322) 7 75 35 11   **Fax:** 7 75 35 35
Internet: http://www.efqm.org
E-Mail: info@efqm.org
Gründung: 1988
Président: John Roberts (Ceo of The Post Office (UK))
Secrétaire Général: Alain de Dommartin
Public Relations: Anny K. Schiltz
Verbandszeitschrift: Quality Link
Mitglieder: 770
Mitarbeiter: 35

● **IZ T 438**

CEOC
Europäische Vereinigung der Überwachungs-, Prüf- und Präventivorganisationen
European Confederation of Control, Inspection & Prevention Organisations
Confédération européenne des organismes de contrôle, d'inspection et de prévention
Rue du Commerce 20-22, B-1000 Brüssel
T: (00322) 511 50 65   **Fax:** 502 50 47
Internet: http://www.ceoc.com
E-Mail: ceoc@skynet.be, voelzow@ceoc.com
Gründung: 1961
Generalsekretär: Michael Völzow
Verbandszeitschrift: CEOC Bulletin
Redaktion: CEOC
Mitglieder: 33
Mitarbeiter: 2

Belgien

iz t 439

AIB-Vinçotte
Avenue André Drouart 29, B-1160 Brüssel
T: (00322) 6 74 57 11   **Fax:** 6 74 59 59

iz t 440

Apragaz
Rue des Quatre-Vents 11, B-1080 Brüssel
T: (00322) 4 10 44 40   **Fax:** 4 10 91 84

Dänemark

iz t 441

Arbejdstilsynet - Direktoratet
Landskronagade 33-35, DK-2100 Copenhagen
T: (004539) 15 20 00   **Fax:** 15 25 60

iz t 442

FORCE Instituttet
Park Allé 345, DK-2605 Bröndby
T: (0045) 43 26 70 00   **Fax:** 43 26 70 11

Deutschland

iz t 443

Verband der Technischen Überwachungs-Vereine e.V. (VdTÜV)
Postf. 10 38 34, 45038 Essen
Kurfürstenstr. 56, 45138 Essen
T: (0201) 89 87-0   **Fax:** 89 87-120
Internet: http://www.vdtuev.de
E-Mail: vdtuev.essen@t-online.de

iz t 444

DEKRA Automobil AG
Technische Überwachung und Sicherheit
Handwerkstr. 15, 70565 Stuttgart
T: (0711) 78 61 24 24   **Fax:** 78 61 20 92

Estland

iz t 445

Tehnokontrollikeskus (TKK)
Mustamäe tee 5 pk 13, EW-10616 Tallinn

Finnland

iz t 446

Inspecta Oy
Postfach 44, FIN-00811 Helsinki
T: (00358) 10 52 16 11   **Fax:** 10 52 16 211

Frankreich

iz t 447

Apave Groupe
Rue de Vaugirard 191, F-75015 Paris
T: (00331) 45 66 99 44   **Fax:** 47 73 35 38

iz t 448

Institut de Soudure (IS)
ZI Paris Nord II
Postfach 5 03 62, F-95942 Roissy cdg Cedex
T: (00331) 49 90 36 02   **Fax:** 49 90 36 50/36
Internet: http://www.institutdesoudure.com

Großbritannien

iz t 449

Safety Assessment Federation - SAFed
Nutmeg House
Gainsford Street 60 Butlers Wharf, GB- London SE1 2NY
T: (004420) 74 03 09 87   **Fax:** 72 34 03 32

Italien

iz t 450

Istituto Superiore per la Prevenzione e la Sicurezza del Lavoro (ISPESL)
Via Urbana 167, I-00184 Rom
T: (00396) 4 88 48 26   **Fax:** 4 74 18 31

Japan

iz t 451

Japan Power Engineering and Inspection Corporation (JAPEIC)
1-5-11 Akasaka, Minato-ku, J- Tokyo Japan 107-0052

Luxemburg

iz t 452

Luxcontrol
Postfach 350, L-4004 Luxemburg
Avenue des Terres Rouges (Esch/Alzette), L-4004 Luxemburg
T: (00352) 5 47 05 11   **Fax:** 54 04 48

iz t 453

Niederlande

iz t 453

Llouds' Register Stoomwezen
Postfach 769, NL-3000 AT Rotterdam
T: (003110) 2 01 42 00   Fax: 4 12 74 90

Österreich

iz t 454

Technischer Überwachungs-Verein Österreich
Krugerstr. 16, A-1015 Wien
T: (00431) 51 40 72 50   Fax: 51 40 72 40

Polen

iz t 455

Urzad Dozoru Technicznego (UDT)
Ul. Szczesliwicka 34, PL- Warschau 30
T: (004822) 22 65 89   Fax: 22 72 09

iz t 456

Glowny Inspektorat Kolejowego Dozoru Technicznego (KDT)
Chalubinskiego 4, PL-00928 Warschau

Portugal

iz t 457

Direccao-Geral de Energia (DGE)
Avenida 5 de Outubro 87, P-1000 Lissabon Codex
T: (003511) 7 93 95 20   Fax: 7 93 95 40

Rumänien

iz t 458

ISCIR
Frumoasa Street 26, Sector 1, R-78116 Bucarest
T: (00401) 315 10 15   Fax: 312 28 96

Schweden

iz t 459

DNV Sweden
Postfach 49306, S-10029 Stockholm
Alstromersgatan 12, S-10029 Stockholm
T: (00468) 6 17 40 00   Fax: 6 50 86 58

Schweiz

iz t 460

Association Suisse d'Inspection Technique (ASIT)
Schweizerischer Verein für Technische Inspektionen (SVTI)
Richtistr. 15, CH-8304 Wallisellen
T: (00411) 877 61 05   Fax: 877 62 14

Slowakische Republik

iz t 461

Technicka Inspekcia (TI)
Mileticova 5, SK-82108 Bratislava

Slowenien

iz t 462

Slovenian Institute of Quality and Metrology (SIQ)
Trzaska Cesta 2, SLO-1000 Ljubljana
T: (0038661) 17 78-100   Fax: 17 78-444

Spanien

iz t 463

Asistencia Tecnica Industrial Sociedad Anonima Española (ATISAE)
San Telmo 28, E-28016 Madrid 16
T: (00341) 3 59 65 61   Fax: 3 59 56 46

iz t 464

ECA Global S.A.
Avenida Tibidabo 30, E-08022 Barcelona
T: (00343) 53 03 30   Fax: 53 03 25

Tschechische Republik

iz t 465

Institut Technické Inspekce (ITI Praha)
Ve Smeckách 29, CZ-11000 Praha 1
T: (004202) 222 11 501   Fax: 222 10 471

iz t 466

Strojírenský Zkušební Ústav (SZU)
Tovární 5, CS-46621 Jablonec n.N.

Ungarn

iz t 467

Technical Safety Inspectorate - MBF
Attila Út. 99, H-1012 Budapest
T: (00361) 356 98 02   Fax: 375 88 02

iz t 468

EMI-TÜV
Dózsa György út 26, H-2000 Szentendre

iz t 469

TÜV Rheinland Hungária
Paulay Ede u. 52, H-1061 Budapest

● **IZ T 470**

Europäischer technischer Verband für Schutzbeschichtungen (ETAPC)
European Technical Association for Protective Coatings
Association Technique Européenne des Revêtements de Protection
Korenstraat 6-8, B-2170 Antwerpen
T: (00323) 646 33 73   Fax: 645 49 05
Gründung: 1972
Président: E. Van Hoydonck
Secrétaire Général: K. Mertes (Ltg. Presseabt.) N. D'Hondt
Mitglieder: 150
Mitarbeiter: 2

● **IZ T 471**

Europäischer Verband für Längenmeßtechnik (ELMA)
European Association for Length Measuring Instruments and Machines
Postfach Po st f., F-92038 Paris La Défense
Rue Louis Blanc 39 /41, F-92400 Courbevoie
T: (00331) 47 17 63 91   Fax: 47 17 63 93
Präsident(in): Michel Denis (Sagem, Paris)
Geschäftsführer(in): Desjonqueres (c/o Fachgemeinschaft Präzisionswerkzeuge (DPV) im VDMA)

Mitgliedsorganisationen

Deutschland

iz t 472

Fachverband Präzisionswerkzeuge im VDMA
Postf. 71 08 64, 60498 Frankfurt
Lyoner Str. 18, 60528 Frankfurt
T: (069) 66 03-1467   Fax: 66 03-1816
Geschäftsführer(in): Dr. Wolfgang Sengebusch

Frankreich

iz t 473

Association Française de la Mécanique de Haute Précision (AFMHP)
Maison de la Mécanique
Rue Louis Blanc 39-41, F-92400 Courbevoie
T: (00331) 47 17 63 91   Fax: 47 17 63 93
Geschäftsführer(in): Laurence Cherillat

Großbritannien

iz t 474

The Gauge and Tool Makers' Association (GTMA)
3, Forge House, Summerleys Rd, GB- Princes Risborough HP27 9DT
T: (00441844) 27 42 22   Fax: 27 42 27
Geschäftsführer(in): Steve Eyles

● **IZ T 475**

Europäisches Komitee für elektrotechnische Normung (CENELEC)
European Committee for electrotechnical Standardization
Comité Européen de normalisation Electrotechnique
35, Rue de Stassart, B-1050 Brüssel
T: (00322) 5 19 68 71   Fax: 5 19 69 19
E-Mail: general@cenelec.org
Gründung: 1973
Leitung Presseabteilung: Paco Cabeza-López
Verbandszeitschrift: Electrotechnical Standards Europe
Redaktion: CENELEC
Verlag: CENELEC, 35, Rue de Strassart, B-1050 Bruxelles
Mitglieder: 19
Mitarbeiter: 32
Jahresetat: 3,5 Mio Euro

Mitgliedsorganisationen

Belgien

iz t 476

Comité Electrotechnique Belge (CEB)
Boulevard August Reyers, 80, B-1030 Brüssel
T: (00322) 7 06 85 70   Fax: 7 06 85 80
Internet: http://www.bec-ceb.be
E-Mail: centraloffice@bec-ceb.be
Presidency: R. Laurent (Rue des Hauts Taillis, 2, B-1330 Rixensart, T: (00322) 6 53 03 90, Fax: 6 53 21 98)
Secretariat: J. Papier (T: (00322) 7 06 85 71, E-mail: jean.papier@bec-ceb.be)

Dänemark

iz t 477

Dansk Standard (DS)
Electrotechnical Sector
Kollegievej 6, DK-2920 Charlottenlund
T: (0045) 39 96 61 01   Fax: 39 96 61 02/03
Internet: http://www.ds.dk
E-Mail: dansk.standard@ds.dk
Presidency: J.E. Holmblad (Managing Director, Sector Manager, Permanent, Fax: (0045) 39 96 61 02)
Secretariat: M.C. Verholt (Electrotechnical Sector, Fax: (0045) 39 96 61 02, E-mail: cmv@ds.dk)

Deutschland

iz t 478

Deutsche Elektrotechnische Kommission im DIN und VDE (DKE)
DKE
Stresemannallee 15, 60596 Frankfurt
T: (069) 63 08-0   Fax: 6 31 29 25
Internet: http://www.dke.de
E-Mail: dke.zbi@vde.com
Presidency: D. Harting (Persönlich haftender Ges. der Harting KGaA, Marienwerderstr. 3, 32339 Espelkamp, T: (05772) 4 72 41, Fax: (05772) 4 75 10, E-mail: dietmar.harting@harting.com)
Secretariat: Dipl.-Ing. E. Liess (Secretary, T: (069) 6 30 82 50, Fax: (069) 96 31 52 22, E-mail: dke.liess@vde.com)

Finnland

iz t 479

Finnish Electrotechnical Standards Association (SESKO)
SESKO
Postfach 134, FIN-00211 Helsinki
Särkiniementie 3, FIN-00211 Helsinki
T: (003589) 696 391   Fax: 677 059
Internet: http://www.sesko.fi
E-Mail: finc@sesko.fi
Presidency: K.B. Saarinen (Vice President Quality and R&D, Evox Rifa Oy, PO Box 36, FIN-08701 Virkkala, T: (0035819) 3 32 92 12, Fax: (0035819) 3 32 92 16, E-mail: kimmo.saarinen@evorifa.fi)
O. Kuusisto (Vice-President, E-mail: otso.kuusisto@ener-

gia.fi)
Sekretariat: T. Ilomäki (Director, E-mail: tuomo.ilomaki@sesko.fi)

Frankreich

iz t 480

Union Technique de l'Electricité (UTE)
Postfach 23, F-92262 Fontenay-aux-Roses Cedwx
avenue du Général Leclerc 33, F-92262 Fontenay-aux-Roses Cedwx
T: (00331) 40 93 62 00   **Fax:** 40 93 44 08
Internet: http://www.ute-fr.com
E-Mail: ute@ute.asso.fr
Presidency: R. Denoble (President, T: (00331) 40 93 62 01, Fax: (00331) 40 93 01 61, E-mail: denoble@ute.asso.fr)
Sekretariat: M.C. Radonde (22, avenue du Général Leclerc, BP 23, F-92262 Fontenay-aux-Roses Cedex, T: (00331) 40 93 62 00, Fax: (00331) 40 93 44 08, E-mail: ute@ute.asso.fr)

Griechenland

iz t 481

Hellenic Organization for Standardization (ELOT)
Acharnon Street 313, GR-11145 Athen
T: (00301) 2 12 01 00   **Fax:** 2 28 30 34
Internet: http://www.elot.gr
E-Mail: elotinfo@elot.gr
Presidency: P. Theofanopoulos (Managing Director, ELOT, T: (00301) 2 12 04 20, E-mail: fim@elot.gr)

Großbritannien

iz t 482

British Electrotechnical Committee (BEC)
British Standards Institution (BSI)
389 Chiswick High Road, GB- London W4 4AL
T: (0044208) 9 96 90 00   **Fax:** 9 96 77 99
Internet: http://www.bsi-global.com
E-Mail: mike.graham@bsi-global.com
Presidency: Dr. J.E.J. Cottrill (Director of Engineering and Safety, The Electricity Association, 30, Millbank, GB-London SW1P 4RD, T: (0044207) 9 63 57 46, Fax: (0044207) 9 63 59 83, E-mail: christine_harris@electricity.org.uk)
Sekretariat: M. Graham (British Electrotechnical Committee, T: (0044208) 9 96 74 59, Fax: (0044208) 9 96 74 60, E-mail: mike.graham@bsi-global.com)

Irland

iz t 483

Electro-Technical Council of Ireland Limited (ETCI)
9, Glasnevin, IRL- Dublin
T: (003531) 8 07 38 00   **Fax:** 8 07 38 38
Internet: http://www.etci.ie
E-Mail: etci@nsai.ie
Presidency: J. O'Dwyer (Chairman, Unit 43, Parkwest Business Park, IRL-Dublin 12, E-mail: chairman@etci.ie)
P. Hession (Administrator, Unit 43, Parkwest Business Park, IRL-Dublin 12, E-mail: phession@etci.ie)
Sekretariat: B.J. Cunningham (Head of Secretariat, National Standards Authority of Ireland Limited (NSAI), Glasnevin, IRL-Dublin 9, T: (003531) 8 07 38 00, Fax: (003531) 8 07 38 38, E-mail: cunninghamb@nsai.ie)

Island

iz t 484

Icelandic Council for Standardization (STRI)
Technological Institute of Iceland
Laugavegur 178, IS-105 Reykjavik
T: (00354) 5 20 71 50   **Fax:** 5 20 71 71
Internet: http://www.stri.is
E-Mail: stri@stri.is
Presidency: Fridrik Alexandersson (Chairman, Rafteinkning hf-Consulting Engineers, Borgartun, 17, IS-105 Reykjavik, T: (00354) 5 20 17 00, Fax: (00354) 5 20 17 01, E-mail: fa@rafteikning.is)
Sekretariat: Johannes Thorsteinsson (Senior Officer, EFTA, Rue de Trèves, 74, B-1040 Brussels, T: (00322) 2 86 18 11, Fax: (00322) 2 86 18 00, E-mail: johannes.thorsteinsson@secrbru.efta.be)

Italien

iz t 485

Comitato Elettrotecnico Italiano (CEI)
Via Saccardo 9, I-20134 Mailand
T: (003902) 21 00 61   **Fax:** 21 00 62 10
Internet: http://www.ceiuni.it
E-Mail: cei@ceiuni.it

Presidency: Dr. Enrico Comellini (President CEI, T: (003902) 21 00 62 02, E-mail: comellini@ceiuni.it)
Sekretariat: A. Alberici (T: (003902) 21 00 62 01)

Luxemburg

iz t 486

Service de l'Energie de l'Etat (SEE)
Organisme Luxembourgeois de Normalisation
Postfach 10, L-2010 Luxemburg
Avenue de la Porte-Neuve 34, L-2227 Luxemburg
T: (00352) 4 69 74 61   **Fax:** 46 97 46 39
Internet: http://www.etat.lu/SEE
E-Mail: see.normalisation@eg.etat.lu
Presidency: J.-P. Hoffmann (Director, T: (00352) 46 97 46 20, Fax: (00352) 22 25 24, E-mail: jean-paul.hoffmann@eg.etat.lu)

Niederlande

iz t 487

Nederlands Normalisatie-instituut (NEN)
Postfach 5059, NL-2600 Delft GB
Vlinderweg 6, NL-2623 Delft
T: (0031) 2 69 03 90   **Fax:** 2 69 01 90
TGR: normalisatie delft
Internet: http://www.nen.nl
E-Mail: (firstname.lastname)@nen.nl
Managing Dir.: Dr. C. de Visser

Norwegen

iz t 488

Norsk Elektroteknisk Komite (NEK)
Postfach 280, N-0212 Oslo 2
Harbitzalléen 2A Skoyen, N-0212 Oslo 2
T: (0047) 24 12 41 00   **Fax:** 24 12 41 01
Internet: http://www.nek.no
E-Mail: nek@nek.no
Presidency: T. Brataas (President, Alcatel Telecom Norway AS, Research Director, Rislokkvn 2, Økern, N-0511 Oslo, T: (0047) 22 63 89 33, Fax: (0047) 22 63 81 09, E-mail: torbjorn.brataas@thomson-csf.no)
Sekretariat: B.I. Ødegård (Director, E-mail: bjorn_odegard@nek.no)

Österreich

iz t 489

Österreichischer Verband für Elektrotechnik (ÖVE)
Eschenbachgasse 9, A-1010 Wien
T: (00431) 5 87 63 73   **Fax:** 5 86 74 08
Internet: http://www.ove.at
E-Mail: ove@ove.at
Presidency: Dipl.-Ing. Herbert Schröfelbauer (President)
Sekretariat: Dr.-Ing. H. Stärker (General Secretary)
P. Rausch (Executive Secretary, T: (00431) 5 87 63 73 26, E-mail: p.rausch@ove.at)

Portugal

iz t 490

Instituto Português da Qualidade (IPQ)
Rua António Gião 2, P-2829-513 Caparica
T: (0035121) 2 94 81 00   **Fax:** 2 94 81 01
Internet: http://www.ipq.pt
E-Mail: ipq@mail.ipq.pt
Presidency: A. Ramos Pires (President, T: (0035121) 2 94 81 06, Fax: (0035121) 2 94 81 10, E-mail: rpires@mail.ipq.pt)
Sekretariat: Valdemar Lopez (Standardization Department, T: (0035121) 2 94 81 13, Fax: (0035121) 2 94 81 12, E-mail: nore@mail.ipq.pt)

Schweden

iz t 491

Svenska Elektriska Kommissionen (SEK)
Postfach 1284, S-16429 Kista-Stockholm
Kistagangen 19, S-16429 Kista-Stockholm
T: (00468) 4 44 14 00   **Fax:** 4 44 14 30
Internet: http://www.sekom.se
E-Mail: snc@sekom.se
Presidency: B. Hermansson (President SEK, ABB AB, S-72183 Västerås, T: (004621) 32 32 58, Fax: (004621) 14 27 46, E-mail: bo.hermansson@se.abb.com)
L. Ljung (Vice-President, Elsakerhetsverket, P.O. Box 1371, S-11193 Stockholm, T: (00468) 51 91 12 22)
Sekretariat: H.E. Rundqvist (Director, T: (00468) 4 44 14 03, E-mail: rundqvist@sekom.se)

Schweiz

iz t 492

Swiss Electrotechnical Committee (CES)
Luppmenstr. 1, CH-8320 Fehraltorf
T: (00411) 9 56 11 80   **Fax:** 9 56 11 90
Internet: http://www.sev.ch
E-Mail: ces@sev.ch
Presidency: Dr.-Ing. P.W. Kleiner (President, T: (00411) 3 05 95 01, E-mail: paul.kleiner@awkgroup.com)
Sekretariat: R.E. Spaar (Secretary General, T: (00411) 9 56 11 70, E-mail: roland.spaar@sev.ch)

Spanien

iz t 493

Asociación Española de Normalización y Certificación (AENOR)
c/Génova 6, E-28004 Madrid
T: (003491) 4 32 60 00, 4 32 60 23 (Info Service)
Fax: 3 10 45 96, 3 10 36 95 (Standt Dept)
Internet: http://www.aenor.es
E-Mail: norm.clciec@aenor.es
Presidency: R. Naz (Director General, T: (003491) 4 32 60 65, Fax: (003491) 3 10 45 96)
Sekretariat: V.R. De Valbuena (Secretary, T: (003491) 5 77 65 65, Fax: (003491) 5 77 08 48)

Tschechische Republik

iz t 494

Czech Standards Institute (CSNI)
Biskupsky dvûr 5, CZ-11002 Praha 1
T: (004202) 21 80 21 00   **Fax:** 21 80 23 11
Internet: http://www.csni.cz
E-Mail: internat.dept@csni.cz
Presidency: Kunc (Director, T: (004202) 21 80 21 10, E-mail: director@csni.cz)

● **IZ T 495**

Europäisches Komitee für Normung (CEN)
European Committee for Standardization
Comité Européen de Normalisation
CEN Management Centre
rue de Stassart, 36, B-1050 Bruxelles
T: (00322) 5 50-0811   **Fax:** 5 50-0819
Internet: http://www.cenorm.be
E-Mail: infodesk@cenorm.be
Gründung: 1961
Generalsekretär(in): Georg Hongler
Verbandszeitschrift: CEN Newsletter
CEN/CENELEC/ETSI Bulletin
Mitglieder: 19
Mitarbeiter: 96
Jahresetat: EUR 28 Mio

Mitgliedsorganisationen

Belgien

iz t 496

Institut Belge de Normalisation/Belgisch Instituut voor Normalisatie (IBN/BIN)
Avenue de la Brabançonne 29, B-1040 Brüssel
T: (00322) 7 38 01 11   **Fax:** 7 33 42 64
TGR: benor
Internet: http://www.cenorm.be/IBNpage.htm
Directeur General: P.M. Croon

Dänemark

iz t 497

Dansk Standard (DS)
Kollegievej 6, DK-2920 Charlottenlund
T: (0045) 39 96 61 01   **Fax:** 39 96 61 02/03
Internet: http://www.ds.dk
E-Mail: dansk.standard@ds.dk
Direktor(in): J.E. Holmblad

Deutschland

iz t 498

DIN Deutsches Institut für Normung e. V.
10772 Berlin
Burggrafenstr. 6, 10787 Berlin
T: (030) 26 01-0   **Fax:** 26 01-1231
TGR: deutschnormen berlin
Internet: http://www.din.de
Direktor(in): Dr.-Ing. Torsten Bahke

iz t 499

Finnland

iz t 499

Suomen Standardisoimisliitto r.y. (SFS)
Postfach 1 16, FIN-00241 Helsinki
T: (003589) 1 49 93 31   **Fax:** 1 46 49 25
TGR: finnstandard
Internet: http://www.sfs.fi
E-Mail: sfs@sfs.fi
Managing Dir.: K. Kaartama

Frankreich

iz t 500

Association Française de Normalisation (AFNOR)
Tour Europe, F-92049 Paris La Défense
T: (00331) 42 91 55 55   **Fax:** 42 91 56 56
Teletex: 933-142915611=afnor
TGR: afnor courbevoie
Internet: http://www.afnor.fr
Gen. Dir.: A. Bryden

Griechenland

iz t 501

Hellenic Organization for Standardization (ELOT)
Acharnon Street 313, GR-11145 Athen
T: (00301) 2 12 01 00   **Fax:** 2 28 30 34
Internet: http://www.elot.gr
E-Mail: elotinfo@elot.gr
Managing Director: E. Vagia

Großbritannien

iz t 502

British Standards Institution (BSI)
Chiswick High Road 389, GB- London W4 4AL
T: (004420) 89 96 90 00   **Fax:** 89 96 74 00
Internet: http://www.bsi.global.com
E-Mail: info@bsi-global.com
Kontaktperson: D. Lazenby

Irland

iz t 503

National Standards Authority of Ireland (NSAI)
Glasnevin, IRL- Dublin 9
T: (003531) 8 07-3800   **Fax:** 8 07-3838
Internet: http://www.nsai.ie
E-Mail: nsai@nsai.ie
Direktor(in): E. McDonnel

Island

iz t 504

Icelandic Council for Standardization (STRI)
Laugavegur 178, IS-105 Reykjavik
T: (00354) 5 20 71 50   **Fax:** 5 20 71 71
Internet: http://www.stri.is
E-Mail: stri@stri.is
Kontaktperson: G Rögnvaldardottir

Italien

iz t 505

Ente Nazionale Italiano di Unificazione (UNI)
Via Battistotti Sassi 11b, I-20133 Mailand
T: (00392) 70 02 41   **Fax:** 70 10 61 06
TGR: unificazione
Internet: http://www.unicei.it
E-Mail: uni@uni.unicei.it
Managing Director: P. Morelli

Luxemburg

iz t 506

Service de l'Energie de l'Etat (SEE)
Département Normalisation
Postfach 10, L-2010 Luxemburg
Avenue de la Porte-Neuve 34, L-2227 Luxemburg
T: (00352) 4 69 74 61   **Fax:** 46 97 46 39
Internet: http://www.etat.lu/SEE
E-Mail: see.normalisation@eg.etat.lu
Managing Director: J.P. Hoffmann

Niederlande

iz t 507

Nederlands Normalisatie-instituut (NEN)
Postfach 5059, NL-2600 Delft GB
Vlinderweg 6, NL-2623 Delft
T: (003115) 2 69 03 90   **Fax:** 2 69 01 90
TGR: normalisatie delft
Internet: http://www.nen.nl
E-Mail: (firstname.lastname)@nen.nl
Presidency: R.C. Peters (Nederlandse Philips Bedrijven B.V., Building SAN 5 Corp. Stand. Dept., P.O. Box 218, NL-5600 MD Eindhoven, T: (003140) 2 73 28 00, Fax: (003140) 2 73 84 44)
J.L. de Kroes
C. CH. Smit

Norwegen

iz t 508

Standardiseringsforbund (NSF)
P.O. Box 353, N-0212 Oslo
T: (004722) 04 92 00   **Fax:** 04 92 11
Internet: http://www.standard.no/
E-Mail: info@standard.no
Managing Dir.: I. Jachwitz

Österreich

iz t 509

Österreichisches Normungsinstitut (ON)
Postfach 130, A-1021 Wien
Heinestr. 38, A-1021 Wien
T: (00431) 2 13 00   **Fax:** 21 30 06 50
X.400: s=post,o=snv,p=snv,a=400net,c=ch
Internet: http://www.on-norm.at
E-Mail: infostelle@on-norm.at
Managing Dir.: G. Hartmann

Portugal

iz t 510

Instituto Português da Qualidade (IPQ)
Rua António Gião 2, P-2829-513 Caparica
T: (0035121) 2 94 81 00   **Fax:** 2 94 81 01
Internet: http://www.ipq.pt
E-Mail: ipq@mail.ipq.pt
Präsident(in): C. Dos Santos

Schweden

iz t 511

Standardiseringen i Sverige (SIS)
Postfach 6455, S-11382 Stockholm
St Eriksgatan 115, S-11382 Stockholm
T: (00468) 6 10 30 00   **Fax:** 30 77 57
Internet: http://www.sis.se
E-Mail: info@sis.se
Managing Dir.: S. Lundin

Schweiz

iz t 512

Schweizerische Normen-Vereinigung (SNV)
Bürglistr. 29, CH-8400 Winterthur
T: (004152) 2 24 54 54   **Fax:** 2 24 54 74
Internet: http://www.snv.ch
E-Mail: info@snv.ch
Direktor(in): H.P. Homberger

Spanien

iz t 513

Asociación Española de Normalización y Certificación (AENOR)
c/Génova 6, E-28004 Madrid
T: (003491) 4 32 60 00, 4 32 60 23 (Info Service)
Fax: 3 10 45 96, 3 10 36 95 (Standt Dept)
Internet: http://www.aenor.es
E-Mail: norm.clciec@aenor.es
Dir. Gen. Adj.: R. Naz Pajares

Tschechische Republik

iz t 514

Czech Office for Standards, Metrology and Testing
Biskupsky dvůr 5, CZ-11347 Prag
T: (004202) 2 32 44 30   **Fax:** 2 32 43 73
Internet: http://www.csni.cz
E-Mail: csni@login.cz
Kontaktperson: O. Kunc

● **IZ T 515**

Verband europäischer Materialgesellschaften (FEMS)
Federation of European Materials Societies
Fédération des Associations Européenne de Matériaux
c/o Deutsche Gesellschaft für Materialkunde
Hamburger Allee 26, 60486 Frankfurt
T: (069) 79 17-750   **Fax:** 79 17-733
Internet: http://www.fems.org
E-Mail: fems@dgm.de
Gründung: 1987 (Januar)
President: Prof. Donato Firrao (Politecnico di Torino, Corso Duca degli Abruzzi 24, 10129 Torino, T: (0039011) 5 64 79 77, Fax: 5 64 79 79)
Vice President: Alan Morrell (B.Sc.C.Eng., Acorm Group, Shipley, GB-Yorkshire BD 17 5DZ, T: (0044) 1274-599 289, Fax: 1274-599-289)
Past President: Dr. Paul Costa (ONERA, Direction Scientifique des Matériaux, B.P. 72, F-92322 Châtillon Cedex, T: (00331) 46 73 45 00, Fax: 46 73 41 42)
Secretary: Dr. Peter Paul Schepp (DGM, Hamburger Allee 26, 60486 Frankfurt, T: (069) 7 91 77 51, Fax: 7 91 77 33)
Leitung Presseabteilung: Dr. Peter Gregory
Verbandszeitschrift: Euromaterials
Verlag: Wiley-VCH, Postf. 10 11 62, 69451 Weinheim
Mitglieder: 22 Gesellschaften mit zus. 25.000 Mitgliedern

Mitgliedsverbände

Belgien

iz t 516

Benelux Métallurgie
c/o ULB, Service Métallurgie Physique
CP 194/3
50, Av. F. Roosevelt, B-1050 Brüssel
T: (00322) 6 50 27 23   **Fax:** 6 50 27 01
E-Mail: jdecerf@ulb.ac.be, jvereeck@vub.ac.be
President: Dr. L. Segers
Secretary: J. Decerf

Dänemark

iz t 517

Danish Metallurgical Society
The Technical University of Denmark
Building 204
DK-2800 Lyngby
T: (0045) 35 29 86 64   **Fax:** 35 29 86 35
E-Mail: vf@vaekstfonden.dk
President: Dr. Povl Brondsted
Secretary: Niels Langvad

Deutschland

iz t 518

Deutscher Verband für Materialforschung und -prüfung e.V. (DVM)
Unter den Eichen 87, 12205 Berlin
T: (030) 8 11 30 66   **Fax:** 8 11 93 59
Internet: http://www.dvm-berlin.de
E-Mail: office@dvm-berlin.de
President: Prof. Dr.-Ing. Joachim W. Bergmann
Director: Ingrid Maslinski

iz t 519

Deutsche Gesellschaft für Materialkunde e.V. (DGM)
Hamburger Allee 26, 60486 Frankfurt
T: (069) 7 91 77 50   **Fax:** 7 91 77 33
Internet: http://www.dgm.de
E-Mail: dgm@dgm.de
President: Prof. Manfred Rühle
Managing Director: Dr. Peter Paul Schepp

Estland

iz t 520

Estonian Material Science Society (EMSS)
c/o Tallinn Technical University
Chair of Semiconducting Materials Technology
Ehitajate tee 5, EW-0026 Tallinn
T: (003722) 47 44 41 **Fax:** 6 20 27 96
E-Mail: enn@edu.ttu.ee
Chairman: Prof. Enn Mellikov

Frankreich

iz t 521

Societé Française de Métallurgie et de Matériaux (SF2M)
Les Fontenelles
1, Rue de Craiova, F-92024 Nanterre Cedex
T: (00331) 41 02 03 90 **Fax:** 41 02 03 88
E-Mail: sfmm@wanadoo.fr
President: Gérad Beck
Secretary: Yves Franchot

Griechenland

iz t 522

Hellenic Society for the Science and Technology of Condensed Matter
Institute of Materials Science
Aghia Paraskevi Attiki, GR-14310 Athen
T: (0030651) 4 53 96 **Fax:** 4 53 96
E-Mail: egamari@ims.democritos.gr
President: Prof. P. Eythymiou
Secretary: Dr. Helene Gamari-Seale

Großbritannien

iz t 523

The Institute of Materials (IoM)
1 Carlton House Terrace, GB- London SW1Y 5DB
T: (0044207) 4 51 73 67 **Fax:** 8 39 17 02
E-Mail: bernie_rickinson@materials.org.uk, carolyn_figgett@materials.org.uk
President: Dr. E. B. Farmer
Secretary: Dr. Bernhard Rickinson

Italien

iz t 524

Associazione Italiana di Metallurgia (AIM)
Piazzale Rodolfo Morandi 2, I-20121 Mailand
T: (003902) 76 02 11 32 **Fax:** 76 02 05 51
E-Mail: aim@fast.mi.it
President: Prof. Walter Nicodemi
Secretary: Dr. Piero Bufalini

Lettland

iz t 525

Latvian Materials Research Society (LMRS)
Azenes 14, LV-1048 Riga
T: (00371) 70 89-284 **Fax:** 70 89-121
E-Mail: rocensk@acad.latnet.lv
President: Prof. Karlis Rocens
Manager: Dr. hab. Janis Grabis (Foreign Affairs)

Niederlande

iz t 526

Bond voor Materialenkennis (BvM)
Anna Paulownastraat 7, NL-3331 AA Zwijndrecht
T: (003178) 6 19 26 55 **Fax:** 6 19 57 35
E-Mail: bvm@worldonline.nl
President: Ing. H. J. van der Torren
Secretary: Dr. S. H. van der Brink

Norwegen

iz t 527

Norsk Metallurgisk Selskap (NMS)
c/o SINTEF Materials Technology
N-7465 Trondheim
T: (0047) 73 59 30 68 **Fax:** 73 59 70 43
E-Mail: h.sovik@matek.sintef.no
President: Carl Ludvig Kjelsen
Secretary: Jostein H. Sovik

Polen

iz t 528

Polish Society for Materials (PMT)
ul. Woloska 141, PL-02-507 Warschau
T: (004822) 6 60 84 41 **Fax:** 8 48 49 47
E-Mail: haga@inmat.pwedu.pl
President: Dr. Tadeusz Wierzchón
Secretary: Dr. Halina Garbacz

Portugal

iz t 529

Sociedade Portuguesa de Materiais (SPM)
IST - Pavilhao de Mestrados
Av. Rovisco Pais, P-1049-001 Lissabon
T: (003511) 8 41 77 46 **Fax:** 8 47 40 45
E-Mail: lfspm@lemac.ist.utl.pt
President: Prof. Luciano O. Faria
Secretary: Prof. Fernanda Margarido

Schweden

iz t 530

Svenska Föreningen för Materialteknik (SFMT)
c/o Dept. of Materials Science and Engineering
Royal Institute of Technology
KTH
S-10044 Stockholm
T: (00468) 7 90 90 42 **Fax:** 20 76 81
E-Mail: joakim@met.kth.se
President: Prof. John Agren
Secretary: Joakim Odqvist

Schweiz

iz t 531

Schweizerischer Verband für die Materialtechnik (SVMT)
Am BAchtelweg 8, CH-3254 Messen
T: (004131) 7 65 59 60 **Fax:** 7 65 59 61
E-Mail: c.escher@bluewin.ch
President: Prof. Heinrich Hofmann
Secretary: Catherine Escher

Slowakische Republik

iz t 532

Society for New Materials and Technologies in Slovakia (SNMTS)
c/o Slovak Technical University
Dept. of Materials & Technologies
Pionierska 15, SK-831 02 Bratislava
T: (004217) 44 45 50 86 **Fax:** 44 45 50 91
E-Mail: emmers@dec.sjf.stuba.sk
President: Dr. Peter Kostka
Secretary: Ing. Stefan Emmer

Slowenien

iz t 533

Slovensko Drustvo Za Materiale (SDM)
Lepi pot 11, SLO-1000 Ljubljana
T: (0038661) 1 70 18 00 **Fax:** 1 70 19 39
E-Mail: matjaz.torkar@imt.si
President: Prof. Franc Vodopivec
Secretary: Dr. Matjaz Torkar

Spanien

iz t 534

Sociedad Española de Materiales (SEMAT)
Av. G. del Amo 8, E-28040 Madrid
T: (003491) 5 53 89 00 **Fax:** 5 34 74 25
E-Mail: avazquez@fresno.csic.ac, martinez-duart@uam.es
President: Prof. José Manuel Martinez-Duart
Secretary: Prof. A. J. Vázquez-Vaamonde

Tschechische Republik

iz t 535

Czech Society for New Materials and Technologies (CSNMT)
c/o Tastech Materials- technologies research - development - consultancy
Kvetná 441, CZ-76321 Slavicin
T: (00420636) 34 13 81 **Fax:** 34 13 81
E-Mail: tastech@sl.inext.cz
President: Dr. Karel Sperlink
Secretary: Dr. Frantisek Hronek
Foreign Relations: Dr. Tasilo Prnka

iz t 536

Metal Science Society of the Czech Republic (MSS)
Institute of Physics of Materials ASCR
Zizkova 22, CZ-61662 Brünn
T: (004205) 7 26 84 17 **Fax:** 41 21 23 01
E-Mail: vrestal@chemi.muni.cz
President: Prof. Dr. Vladimir Cihal
Secretary: Prof. Jan Vrestal

Ungarn

iz t 537

Országos Magyar Bányászati és Kohászati Egyesület (OMBKE)
Postfach 5 48, H-1373 Budapest 5
T: (00361) 1 18 29 00 **Fax:** 1 17 27 43
President: Dr. Pál Tardy
General Secretary: Csada Kiss

● **IZ T 538**

Internationale Kommission für röntgenologische Einheiten und Maße (ICRU)
International Commission on Radiation Units and Measurements
Commission Internationale des Unités et des Mesures Radiologiques
7910 Woodmont Av. Suite 800, USA- Bethesda, MD 20814
T: (001301) 6 57-26 52 **Fax:** 9 07-87 68
E-Mail: ICRU@ICRU.ORG
Gründung: 1925
Chairman: Prof. André Wambersie (B)
Vice Chairman: Prof. Paul M. Deluca (USA)
Secretary: R. S. Caswell (USA)
Executive Secretary: Dr. Eric E. Kearsley
Managing Editor of the ICRU News: H. G. Ebert
Verbandszeitschrift: ICRU Report; ICRU News
Redaktion: Bethesda, MD
Mitglieder: 14
Mitarbeiter: 2

● **IZ T 539**

Internationale Organisation für Normung (ISO)
International Organization for Standardization
Organisation internationale de normalisation
Postfach 56, CH-1211 Genéve 20
1, rue de Varembé, CH-1211 Genéve 20
T: (004122) 7 49 01 11 **Fax:** 7 33 34 30
Internet: http://www.iso.ch
E-Mail: central@iso.ch
Gründung: 1947
President: Mario Gilberto Cortopassi (Brazil)
Vice-President (policy): Akira Aoki (Japan)
Vice-President (technical management): Ross Wraight (Australien)
Treasurer: Pierre Amsler (Schweiz)
Secretary General: Lawrence D. Eicher
Verbandszeitschrift: ISO Bulletin, ISO 9000 + ISO 14000 News, ISO Catalogue
Verlag: ISO, 1, rue de Varembé, P.O. Box 56, CH-1211 Genéve 20
Mitglieder: in 137 Ländern

● **IZ T 540**

Internationale Vereinigung der Überwachungsagenturen (IFIA)
International Federation of Inspection Agencies Ltd.
Fédération Internationale des Agences d'Inspection
Great Tower Street 22-23, GB- London EC3R 5HE
T: (004420) 72 83-1001 **Fax:** 76 26-4416
Internet: http://www.ifia-federation.org
E-Mail: Webmaster@ifia-federation.org
Gründung: 1982
President: R. Nelson
Director General: Michel Barruel
Secretary: Anthony S. Holmes
Mitglieder: 135 all company members

● **IZ T 541**

Internationaler Ausschuß für Standardisierung im Rechnungswesen (IASC)
International Accounting Standards Committee
Compagnie Internationale pour la Standardisation de la Comptabilité
166 Fleet Street, GB- London EC4A 2DY
T: (004420) 73 53-05 65 **Fax:** 73 53-05 62
Internet: http://www.iasc.org.uk
E-Mail: iasc@iasc.org.uk
Gründung: 1973 (Juni)

IZ T 541

Chairman: Sir David Tweedie
Vice Chairman: Patricia McConnell
Tom Jones
Secretary-General: Bryan Carsberg
Publications Director: Gillian Bertol
Verbandszeitschrift: IASC INSIGHT (4 per year), IASC UPDATE (3 per year), Bound Volume of International Accounting Standards (annual), News from SIC
Redaktion: 166 Fleet Street, GB-London EC4A 2DY
Verlag: International Accounting Standards Comitee
Mitglieder: 104 Countries, 143 Accounting Bodies
Mitarbeiter: 17

● IZ T 542

European co-operation for Accreditation (EA)
c/o COFRAC
37, Rue de Lyon, F-75012 Paris
T: (00331) 44 68 82 25   **Fax:** 44 68 82 21
Internet: http://www.european-accreditation.org
E-Mail: martine.simon@cofrac.fr
Gründung: 1997
Chairman: Daniel Pierre (COFRAC)
Deputy Chairman: Thomas Facklam (DAR)
Secretary: Martine Simon (COFRAC)
Mitglieder: 24 Länder

Wirtschafts- und Sozialwissenschaft, Marketing- und Meinungsforschung

● IZ T 543

Europäische Marketing Konföderation (EMC)
European Marketing Confederation
20 Place des Chasseurs Ardennais, B-1030 Brüssel
T: (00322) 7 42 17 80   **Fax:** 7 42 17 85
Internet: http://www.emc.be
E-Mail: infodesk@emc.be
Gründung: 1993
Chairman of the Board: Louis Delcart (Belgien)
Vice-President: Nikos Panoussopoulos (Greece)
Ken Tatham (France)
Geschäftsführer(in): Jean-Marie van Houwe
Leitung Presseabteilung: Julia Ridsdale-Saw
Mitglieder: 350000
Mitarbeiter: 3

Mitglieder

Belgien

iz t 544

The Marketing Foundation
Research Park Zellik
De Haak 1, B-1731 Zellik
T: (00322) 4 67 59 59   **Fax:** 4 67 59 56
Internet: http://www.stichtingmarketing.be
E-Mail: stichtingmarketing@skypro.be
Officials: Mark Michils (President)
Louis Delcart (EMC Vice-President)
Marc Logman (Education)

Finnland

iz t 545

SML Suomen Markkinointilliitto
Finnish Marketing Federation
Fabianinkatu 4B, FIN-00130 Helsinki
T: (003589) 65 15 00   **Fax:** 17 94 98
Internet: http://www.mark.fi
E-Mail: kari.hamalainen@mark.fin
Officials: Kari Hämäläinen
Leena Saksa (Communications)

Frankreich

iz t 546

DCF Les Dirigeants Commerciaux de France
1 Villa Georges Sand, F-75016 Paris
T: (00331) 45 25 11 44   **Fax:** 40 50 15 56
Internet: http://www.dcf-fr.com
E-Mail: fede@dcf-fr.com
Officials: Daniel Bigeard
Elisabeth Desperbasque (D.G.)
Ken Thatam (EMC Vice-Pres.)
Marie-Ange Carroy (Secretariat)
Francis Petel (Education, e-mail: fpetel@magic.fr)

Griechenland

iz t 547

H.I.M. Hellenic Institute of Marketing
200 Ionias Avenue & Iakovaton 61, GR-11144 K. Patisia
T: (00301) 2 11 20 00-9   **Fax:** 2 11 20 20
Internet: http://www.eede.gr
E-Mail: cip-eede@otenet.gr
Officials: Nikos Panoussopoulos (President & EMC Vice-President)
Peter Malliaris (Education)
Maria-Christina Griva (International Relations)

Großbritannien

iz t 548

C.I.M. Chartered Institute of Marketing
Moor Hall Cookham, GB- Maidenhead, Berkshire SL6 9QH
T: (00441628) 42 75 00   **Fax:** 42 74 99
Internet: http://www.cim.co.uk
Officials: Laurie Wood (Chairman)
John Edmund (EMC Vice-President)
John Stubbs (D-G)
David Sagar (Education)
Chris Lenton (Commercial Director)

Irland

iz t 549

The Marketing Institute
South County Business Park
Leopardstown, IRL- Dublin 18
T: (003531) 2 95 23 55   **Fax:** 2 95 24 53
Internet: http://www.mii.ie
E-Mail: mii@iol.ie
Officials: Fergal Quinn (President)
Martin McEvoy (Chairman)
John Casey (Cheif Executive)
Catherine Kilbride (Education)

Niederlande

iz t 550

NIMA
Netherlands Institute of Marketing
Asserring 188, NL-1187 KL Amsterdam
T: (003120) 5 03 93 00   **Fax:** 5 03 93 90
Internet: http://www.nima.nl
E-Mail: info@nima.nl
Officials: Ge van Schaik (President)
Petra Claessen

Russland

iz t 551

Russian Marketing Association
Trechsvjatitelsky per. 2, RUS-109028 Moskow
T: (007095) 9 26 28 94   **Fax:** 2 00 10 30
Officials: Alexander Braverman
Alexander Ijcrsky

Schweden

iz t 552

Sveriges Marknadsförbund
Sveavägen 17, 5 tr, S-11157 Stockholm
T: (00468) 21 58 63   **Fax:** 21 58 19
Internet: http://www.svemarknad.se
E-Mail: kansli@svemarknad.se
Officials: Rune Borg (Chairman)
Marianne Reuterskiöld
Bo Sandqvist (EMC President)

Tschechische Republik

iz t 553

C.I.M.A. Czech Institute of Marketing
Rexkova street 1717/5, CZ-130000 Prag 3Zizkov
T: (004202) 6 28 01 69   **Fax:** 6 28 01 66
Internet: http://www.cima.cz
E-Mail: cima@iol.cz
Officials: Zdenek Liska (President)
Otakar Piovoda

● IZ T 554

Europäische Stiftung für Managemententwicklung (EFMD)
European Foundation for Management Development
Rue Gachard 88, B-1050 Bruxelles
T: (00322) 6 48 03 85   **Fax:** 6 46 07 68
Gründung: 1971
Präsident(in): G. van Schaik
Generaldirektor: Eric Cornuel
Verbandszeitschrift: FORUM
Redaktion: M. Plompen, EFMD
Mitglieder: Mehr als 600 Firmen, Management-Schulen, Management-Fortbildungszentren, Consultants und Einzelpersonen
Mitarbeiter: 25
Jahresetat: DM 3,5 Mio

● IZ T 555

Europäisches interuniversitäres Institut für soziale Massnahmen (IEIAS)
Inter-University European Institute on Social Welfare (IEISW)
Institut européen interuniversitaire de l'action sociale
rue du Débarcadère 179, B-6001 Marcinelle
T: (003271) 44 72 11   **Fax:** 47 11 04
E-Mail: ieias@busmail.net
Gründung: 1970
Président: J. Gillain
Directeur Général: Serge Mayence

● IZ T 556

Europäisches Zentrum für Arbeit und Gesellschaft (EZAG)
Hauptsitz
Hoogbrugstraat 43, NL-6221 CP Maastricht
Postanschrift:
Postfach 3073, NL-6202 NB Maastricht
T: (003143) 3 21 67 24   **Fax:** 3 25 57 12
E-Mail: info@ecws.nl
Gründung: 1979
President: Prof. Drs. A. van der Staay
Generalbevollmächtigter: D. Wijgaerts
Verbandszeitschrift: ECWS News
Mitarbeiter: 25

iz t 557

Brüsseler Büro
ECWS-Training
European Centre for Work and Society
Keltenlaan 20, B-1040 Brüssel
T: (00322) 7 42 36 20   **Fax:** 7 42 36 24

● IZ T 558

Gallup International Association (GI)
25 Coborn Road, GB- London E3 2DA
T: (004420) 89 83 45 09   **Fax:** 89 83 41 05
Internet: http://www.gallup-international.com
E-Mail: info@gallup-international.com
Gründung: 1947
Präsident(in): Leila Lotti (Finland)
Secretary General: Meril James
Mitglieder: 45 Markt- und Meinungsforschungsinstitute in aller Welt
Mitarbeiter: 2

● IZ T 559

Gesellschaft für internationale Marktstudien (EUROPANEL)
IHA International Research Center / EUROPANEL
IHA Institut pour l'Analyse des Marchés SA
centre de recherches pour la Suisse
av. de Beaulieu 19, CH-1004 Lausanne
T: (004121) 641 27 77   **Fax:** 641 27 60
E-Mail: 3104372pfaff@ihagfm.ch, 3104382elsmark@ihagfm.ch
Gründung: 1966
Leitung Presseabteilung: Rolf-Peter Pfaff
Mitarbeiter: 3

● IZ T 560

Internationale Forschungsgemeinschaft für Einkommen und Wohlstand (IARIW)
International Association for Research in Income and Wealth
Dept. of Economics, Room 700, New York University
269 Mercer Street, USA- New York, NY 10014
T: (001212) 9 24-43 86   **Fax:** 3 66-50 67
Internet: http://www.econ.nyu.edu/iariw
E-Mail: iariw@nyu.edu
Gründung: 1947
Council:
Edith Archambault (Paris, France)
Andrea Brandolini (Banca d´Italia, Italy)

Anne-Marie Bråthén (Statistics Sweden, Sweden)
Theresa Garner (Bureau of Labor Statistics, USA)
Anne Harrison (OECD, Paris, France)
Liv Hobbelstad Simpson (Statistics Norway, Norway)
Stephen Jenkins (University of Essex, UK)
Steven Jan Keuning (Statistics Netherlands, Voorburg, Netherlands)
Kishori Lal (Statistics Canada, Ottawa, Canada)
Brian Newson (Eurostat, Luxembourg)
Lars Osberg (Dalhousie University, Halifax, N.S., Canada)
Utz-Peter Reich (Fachhochschule Rheinland-Pfalz, Mainz, Germany)
Timothy M. Smeeding (Syracuse University, Syracuse, NY, USA)
Bent Thage (Statistics Denmark, Denmark)
Michael Ward (Chairperson; World Bank, Washington, DC, USA)
Executive Secretary: Jane Z. Forman (New York, NY (USA))
Verbandszeitschrift: Review of Income and Wealth
Mitglieder: 450

● **IZ T 561**

International Union for the Scientific Study of Population (IUSSP)
Union Internationale pour l'Étude Scientifique de la Population
cedex 20, 3-5 rue Nicolas, F-75980 Paris
T: (00331) 56 06 21 73   **Fax:** 56 06 22 04
E-Mail: iussp@iussp.org
Gründung: 1928
President: José Alberto de Carvalho (Brasilien)
Vice-President: Jacques Vallin (Frankreich)
Director: Landis Mackellar (USA)
Mitglieder: 1900
Mitarbeiter: 10
Jahresetat: DM 1,95583 Mio, € 1 Mio

● **IZ T 562**

Europäische Gesellschaft für Bevölkerungswissenschaft (EAPS)
European Association for population studies
Association européenne pour l'étude de la population
Postfach 1 16 76, NL-2502 AR Den Haag
Lange Houtstraat 19, NL-2502 AR Den Haag
T: (003170) 3 56 52 00   **Fax:** 3 64 71 87
E-Mail: eaps@nidi.nl
Gründung: 1983
Verbandszeitschrift: EAPS Newsletter
Mitglieder: 550

● **IZ T 563**

Internationale Vereinigung für das Studium der Versicherungswirtschaft (AIEEA)
International Association for the Study of Insurance Economics
Genfer Vereinigung/ The Geneva Association
18, Chemin Rieu, CH-1208 Genève
T: (004122) 3 47 09 38   **Fax:** 3 47 20 78
Internet: http://www.genevaassociation.org
E-Mail: geneva.association@vtx.ch
Gründung: 1973
Präsident(in): Walter Kielholz, Zürich
HGeschF u. Generalsekretär: Dr. Orio Giarini, Genf
Verbandszeitschrift: The Geneva Papers
Verlag: Blackwell, UK
Mitglieder: 80
Mitarbeiter: 8

● **IZ T 564**

Internationaler Ausschuß für sozialwissenschaftliche Dokumentation (ICSSD)
International Committee for Social Science Information and Documentation (ICSSD)
Comité International pour l'Information et la Documentation en Sciences Sociales
c/o CLACSO
Callao 875 3rd, RA-1023 Buenos Aires
T: (005411) 48 14-2301   **Fax:** 48 12-8459
Internet: http://www.unesco.org/most/icssd.htm
E-Mail: saugy@clacso.edu.ar
Gründung: 1950
2. Vorsitzende(r): Krishna G. Tyagi
Leitung Presseabteilung: Catalina Saugy
Verbandszeitschrift: ICSSD Newsletter
Redaktion: K. G. Tyagi, C. Saugy
Mitglieder: 25
Mitarbeiter: 1

● **IZ T 565**

Internationaler Rat für Sozialwissenschaften (ISSC)
International Social Science Council (ISSC)
Conseil International des Sciences Sociales (CISS)
Unesco - 1, rue Miollis, F-75732 Paris Cedex 15
T: (00331) 45 68-2558, 45 68-2559   **Fax:** 45 66-7603
E-Mail: issclak@unesco.org
Gründung: 1952
Président: Kurt Pawlik (Germany)
Secrétaire Général: Leszek A. Kosiński (Canada)
Verbandszeitschrift: ISSC Newsletter (published in UNESCO International Social Science Journal)
Redaktion: ISSC Secretariat
Mitglieder: 14 Member associations, 20 Associate members, 18 Member organisations
Mitarbeiter: 3

● **IZ T 566**

Internationaler soziologischer Verband (ISA)
International Sociological Association (ISA)
Association Internationale de Sociologie (AIS)
c/o Faculty Political Sciences and Sociology
University Complutense, E-28223 Madrid
T: (003491) 3527650   **Fax:** 3524945
Internet: http://www.ucm.es/info/isa
E-Mail: isa@sis.ucm.es
Gründung: 1949
President: Alberto Martinelli (Italy)
Leitung Presseabteilung: Izabela Barlinska (Executive Secretary)
Verbandszeitschrift: ISA Bulletin, International Sociology, Current Sociology
Redaktion: Madrid, USA, Canada
Verlag: SAGE, 6 Bonhille, London (UK)
Mitglieder: 3000
Mitarbeiter: 3
Jahresetat: 200.000 US-Dollar

● **IZ T 567**

Internationaler Verband der Wirtschaftswissenschaften (IEA)
International Economic Association (IEA)
Association Internationale des Sciences Economiques (AISE)
23, rue Campagne Première, F-75014 Paris
T: (00331) 43 27 91 44   **Fax:** 42 79 92 16
Internet: http://www.iea-world.org
E-Mail: iea.aise@aol
Gründung: 1950
Secrétaire Général: Prof. Jean-Paul Fitoussi
Mitglieder: 60
Mitarbeiter: 1

● **IZ T 568**

Internationales Forschungs- und Informationszentrum für öffentliche Wirtschaft und Gemeinwirtschaft (I.F.I.G.)
International Centre for Research and Information on the Public and Cooperative Economy
Centre International de Recherches et d'Information sur l'Economie publique, sociale et coopérative
c/o Université de Liège
Sart Tilman Bât. B. 33 (bte 6), B-4000 Liège
T: (00324) 3 66 27 46   **Fax:** 3 66 29 58
Internet: http://www.ulg.ac.be/ciriec
E-Mail: ciriec@ulg.ac.be
Gründung: 1947
Direction: Prof. Dr. Bernard Thiry (Université de Liège)
Sektionen: Deutschland, Österreich, Belgien, Italien, Frankreich, Argentinien, Portugal, Spanien, Japan, Slowenien, Kanada, Schweden, Türkei und Venezuela
Leitung Presseabteilung: Prof. Dr. Bernard Thiry
Presseabteilung: Barbara Sak

Deutsche Sektion: Gesellschaft für öffentliche Wirtschaft e.V., Sponholzstr. 11, 12159 Berlin
Verbandszeitschrift: Annals of Public and Cooperative Economics
Redaktion: CIRIEC
Verlag: Blackwell Publishers Ltd, 108 Cowley Road, Oxford, OX4 1JF, United Kingdom
Mitglieder: 14 nation. Sektionen
Mitarbeiter: 5

● **IZ T 569**

Internationales Institut für öffentliche Finanzen
International Institute of Public Finance
Institut International de Finances Publiques e. V.
Generalsekretariat:
Universität des Saarlandes
Im Stadtwald Geb. 9.1, 66123 Saarbrücken
T: (0681) 3 02 36 53   **Fax:** 3 02 43 69
Internet: http://www.iipf.net
E-Mail: sec@iipf.net
Gründung: 1937
Mitglieder: 980
Mitarbeiter: 1

● **IZ T 570**

International Institute for Management Development (IMD)
Institut de Management
Postfach 915, CH-1001 Lausanne
Chemin de Bellerive 23, CH-1007 Lausanne
T: (004121) 6 18 01 11   **Fax:** 6 18 07 07
Internet: http://www.imd.ch
E-Mail: info@imd.ch
Gründung: 1946
Hauptgeschäftsführer(in): Prof. Peter Lorange
Leitung Presseabteilung: Pascale Luck
Mitglieder: 140 multinationale Industriefirmen in 30 Ländern
Mitarbeiter: 220

● **IZ T 571**

Internationales Zentrum für Interdisziplinäre Zyklenforschung (ICICR)
International Center for Interdisciplinary Cycle Research e. V.
Centre International de la Recherche Interdisciplinaire de Cycles
Postf. 64 03 48, 60357 Frankfurt
Gründung: 1977
Managing Director: R. Bartsch

● **IZ T 572**

Ökonometrische Gesellschaft
The Econometric Society
Société d'Économétrie
c/o Department of Economics, Northwestern University
2003 Sheridan Road, USA- Evanston, IL 60208-2600
T: (001847) 491-3615   **Fax:** 4 91-5427
Internet: http://www.econometricsociety.org
Officers:
President: Prof. Avinash Dixit (Department of Economics, Princeton University, Princeton, NJ 08544-1021, T: (001609) 258-4013, Fax: (001609) 258-6419, E-Mail: dixitak@princeton.edu)
First Vice-President: Prof. Guy Laroque (INSEE-CREST, 15, boulevard Gabriel Peri, J 360, F-92245 Malakoff Cedex, T: (00331) 41 17-77 18, Fax: (00331) 41 17-76 66, E-Mail: laroque@ensae.fr)
Second Vice-President: Prof. Eric Maskin (School of Social Science Institute for Advanced Study, Einstein Drive, Princeton, NJ 08540, T: (001609) 734-8309, Fax: (001609) 951-4457, E-Mail: maskin@ias.edu)
Past President: Prof. Elhanan Helpman (Department of Economics, Littauer Center 230, Harvard University, Cambridge, MA 02138, T: (001617) 495-4690, Fax: (001617) 495-7730, E-Mail: ehelpman@harvard.edu; Eitan Berglas School of Economics, Tel Aviv University, Ramat Aviv 69978, Tel Aviv/ Israel, T: (009723) 641-0194, Fax: (009723) 642-8074, E-Mail: helpman@econ.tau.ac.il)
Secretary: Prof. Julie P. Gordon (The Econometric Society, Department of Economics, Northwestern University, Evanston, IL 60208-2600, T: (001847) 491-3615, Fax: (001847) 491-5427, E-Mail: jpg@northwestern.edu)
Treasurer: Prof. Robert J. Gordon (Department of Economics, Northwestern University, Evanston, IL 60208-2600, T: (001847) 491-3616, Fax: (001847) 491-5427, E-Mail: rjg@northwestern.edu)

● **IZ T 573**

Vereinigung Europäischer Konjunktur-Institute (AIECE)
Association d'Instituts Européens de Conjuncture Economique
Institut de Recherches Economiques et Sociales, IRES
Place Montesquieu 3, B-1348 Louvain-La-Neuve
T: (003210) 47 34 26   **Fax:** 47 39 45
Internet: http://www.econ.ucl.ac.be/CONJ/AIECE.fr.htm
E-Mail: olbrechts@ires.ucl.ac.be
Président: P. Vartia (ETLA-The Research Institute of the Finnish Economy, Helsinki)
Comité de Direction: J.M. Boussemart (Rexecode, Paris)
Cagiano (ISCO-Istituto Nazionale per la Studio della Congiuntura, ROma)
J. Fitzgerald (ESRI - Economic and Social Research Institute, Dublin)
A. Olano (Ministerio de Elonomia, Madrid)
N. Presern (SKEP, Ljubljana)
J. Volz (DIW-Deutsches Institut für Wirtschaftsforschung, Berlin)
Secrétaire administratif: Paul Olbrechts (Institut de Recherches Economiques et Sociales-IRES, Louvain-la-Neuve (Belgique))
Mitglieder: 40 in 18 Staaten

Mitgliedsorganisationen

Belgien

iz t 574

Département d'Economie Appliquée de l'Université Libre de Bruxelles - DULBEA
Postfach 140, B-1050 Bruxelles
Avenue F. D. Roosevelt 50, B-1050 Bruxelles
T: (00322) 6 50 41 25, 6 50 41 26   **Fax:** 6 50 38 25
Internet: http://www.ulb.ac.be
E-Mail: cdebaill@ulb.ac.be, cbinotto@ulb.ac.be
Comité de Direction: P. Kestens

iz t 575

Institut de Recherches Economiques et sociales, IRES
Collège L. H. Dupriez
Place Montesquieu 3, B-1348 Louvain-la-Neuve
T: (003210) 47 34 26 **Fax:** 47 39 45
Internet: http://www.econ.ucl.ac.be/eas/eas.html, http://www.econ.ucl.ac.be/conj/conj.html
E-Mail: bodart@ires.ucl.ac.be, olbrechts@ires.ucl.ac.be, durre@ires.ucl.ac.be
V. Bodart
Paul Olbrechts
A. Durré

iz t 576

Bureau du Plan
Avenue des Arts 47-49, B-1000 Brüssel
T: (00322) 5 07 74 22 **Fax:** 5 07 73 29
Internet: http://www.plan.be
E-Mail: eh@plan.be
Kontaktperson: Evelyne Hespel

Deutschland

iz t 577

Deutsches Institut für Wirtschaftsforschung (DIW Berlin)
Postf., 14191 Berlin
Königin-Luise-Str. 5, 14195 Berlin
T: (030) 8 97 89-0 **Fax:** 8 97 89-100
Internet: http://www.diw-berlin.de
E-Mail: postmaster@diw.de
J. Volz
Mitarbeiter: ca. 200
Jahresetat: ca. DM 31 Mio, € 15,85 Mio

iz t 578

Rheinisch-Westfälisches Institut für Wirtschaftsforschung (RWI)
Hohenzollernstr. 1-3, 45128 Essen
T: (0201) 81 49-0 **Fax:** 81 49-2 00
Internet: http://www.rwi-essen.de
E-Mail: rwi@rwi-essen.de
Kontaktperson: H. Nehls (E-Mail: nehls@rwi-essen.de)

iz t 579

Hamburgisches Welt-Wirtschafts-Archiv (HWWA)
Hamburg Institute of International Economics
20347 Hamburg
Neuer Jungfernstieg 21, 20354 Hamburg
T: (040) 4 28 34-0 **Fax:** 4 28 34-451
Internet: http://www.hwwa.de
E-Mail: weinert@hwwa.de
Gründung: 1908
Dr. G. Weinert
E. Wohlers

iz t 580

Institut für Weltwirtschaft an der Universität Kiel (IfW)
24100 Kiel
Düsternbrooker Weg 120, 24105 Kiel
T: (0431) 8 81 42 64 **Fax:** 8 58 53
E-Mail: jscheide ifw.uni-kiel.de
J. Scheide
J.-V. Schrader

iz t 581

IFO-INSTITUT für Wirtschaftsforschung e.V.
Postf. 86 04 60, 81631 München
Poschingerstr. 5, 81679 München
T: (089) 92 24-0 **Fax:** 98 53 69
Internet: http://www.ifo.de
E-Mail: ifo@ifo.de
Gründung: 1949
Kontaktperson: O. Kuntze (E-Mail: kuntze@ifo.de)

Dänemark

iz t 582

Danish Economic Council, DEC
Adelgade 13, DK-1304 København K
T: (004533) 13 51 28 **Fax:** 32 90 29
Internet: http://www.dors.dk
E-Mail: pa@dors.dk, jsm@dors.dk
Comité de Direction: P. Andersen

Finnland

iz t 583

The Research Institute of the Finnish Economy (ETLA)
Lönnrotinkatu 4 B, FIN-00120 Helsinki 12
T: (003589) 60 99 00 **Fax:** 60 17 53
Internet: http://www.etla.fi
E-Mail: paavo.suni@etla.fi, pentti.vartia@etla.fi
President: P. Vartia (Comité de direction)
P. Suni

Frankreich

iz t 584

Bureau d'Information et de Prévisions Economiques (BIPE)
Atrium
6 Place Abel Gance, F-92652 Boulogne
T: (00331) 46 94 45 22 **Fax:** 46 94 45 99
Internet: http://www.bipe.fr
E-Mail: martin.foeth@bipe.fr, christian.deperthuis@bipe.fr
C. de Perthuis
M. Foeth

iz t 585

Centre d'Observation Economique de la Chambre de Commerce et d'Industrie de Paris
27 Avenue de Friedland, F-75382 Paris Cedex 08
T: (00331) 55 65 70 77 **Fax:** 55 65 70 74
Internet: http://www.coe.ccip.fr
E-Mail: ahenriot@ccip.fr
Ch. de Boissieu
J. L. Biacabe
A. Henriot

iz t 586

Institut National de la Statistique et des Etudes Economiques (INSEE) - Département de la conjoncture
15 Boulevard Gabriel Peri, F-92244 Malakoff Cedex
T: (00331) 41 17 60 54 **Fax:** 41 17 36 10
Internet: http://www.insee.fr
E-Mail: michel.devilliers@insee.fr
Devilliers
R. Lescure

iz t 587

Fondation Nationale des Sciences Politiques Service d'Etude de l'Activité Economique (SEAE)
4 Rue Michelet, F-75006 Paris
T: (00331) 40 46 72 60 **Fax:** 44 07 07 50
Internet: http://www.sciences-po.fr
E-Mail: jean-claude.casanova@seae.sciences-po.fr, vespe@club-internet.fr
Casanova
J.P. Vesperini

iz t 588

Observatoire Français de Conjonctures Economiques (O.F.C.E.)
69 Quai d'Orsay, F-75340 Paris Cedex 07
T: (00331) 44 18 54 00 **Fax:** 45 56 06 15
Internet: http://www.ofce.sciences-po.fr
E-Mail: sigogne@ofce.sciences-po.fr, catherine.mathieu@ofce.sciences-po.fr
P. Sigogne
Prof. Jean-Paul Fitoussi

iz t 589

REXECODE
29, Avenue Hoche, F-75008 Paris
T: (00331) 53 89 10 89 **Fax:** 45 63 86 79
E-Mail: rexecode@calva.net, boussemart@rexecode.asso.fr
Didier Boussemart

iz t 590

Institut d'Economie Publique IDEP
Centre de La Vieille Charité
La Vieille Charité, 2 Rue de la Charité, F-13002 Marseille
T: (0334) 91 14 07 70, 90 74 40 **Fax:** 91 90 02 27
E-Mail: idep@ehess.cnrs-mrs.fr
B. Morel
L. A. Gerard-Varet

Griechenland

iz t 591

Center of Planning and Economic Research
22 Hippokratous Street, GR-106 80 Athens
T: (00301) 3 62 59 19, 3 63 01 30 **Fax:** 3 63 01 22
Internet: http://www.kepe.gr
E-Mail: stbalf@kepe.gr
S. Balfoussias
Athanasiou

Großbritannien

iz t 592

The National Institute of Economic and Social Research (NIESR)
2 Dean Trench Street, Smith Square, GB- London SW1P 3HE
T: (004420) 72 22 76 65 **Fax:** 72 22 14 35
Internet: http://www.niesr.ac.uk
E-Mail: rbarrell@niesr.ac.uk, dw@niesr.ac.uk
R. J. Barrell
M. Weale

Irland

iz t 593

Economic and Social Research Institute (ESRI)
4 Burlington Road, IRL- Dublin 4
T: (003531) 6 67 15 25 **Fax:** 6 68 62 31
Internet: http://www.esri.ie
E-Mail: jfzmsc@esri.ie
Kontaktperson: John Fitzgerald
David Duffy

Italien

iz t 594

Association Prometeia
Via Marconi 43, I-40122 Bologna
T: (0039051) 6 48 09 11 **Fax:** 22 07 53
Internet: http://www.prometeia.it
E-Mail: gujab@prometeia.it
Kontaktperson: G. Bacchilega
A. Tantazzi

iz t 595

Istituto per la Ricerca Sociale (IRS)
Via XX Settembre 24, I-20123 Milano
T: (003902) 46 76 41 **Fax:** 46 76 42, 46 76 27
E-Mail: fdenovellis@hsn.it
P. Saraceno

iz t 596

Istituto di Studi E Analisi Economica ISAE
Piazza dell'Indipendenza, 4, I-00185 Roma
T: (003906) 44 48 21 **Fax:** 44 48 22 19
E-Mail: m.cagiano@isnae.it
Comité de direction: M. Cagiano
M.G.P. Oneto

iz t 597

Centro Studi CONFINDUSTRIA
Viale dell'Astronomia 30 EUR, I-00144 Roma
T: (003906) 5 90 36 43, 5 90 32 38 **Fax:** 5 91 83 48
Internet: http://www.confindustria.it
E-Mail: s.denardis@confindustria.it
Kontaktperson: S. de Nardis
G. P. Galli

Jugoslawien (Serbien + Montenegro)

iz t 598

Foreign Trade Research Institute
Postfach 943, YU-11000 Beograd
Mose Pijade 8/III, YU-11000 Beograd
T: (0038111) 323 53 91 **Fax:** 323 53 06
E-Mail: radovank@eunet.yu
Radovan Kovacevic

iz t 599

Marketing Research Institute
Postfach 247, YU-11000 Beograd
Mose Pijade 8/I, YU-11000 Beograd
T: (0038111) 33 51 97 **Fax:** 33 53 01
E-Mail: izit@beotel.yu
Stosic

Niederlande

iz t 600

Centraal Planbureau
Postfach 80510, NL-2508 GM The Hague
Van Stolkweg 14, NL-2585 JR 's-Gravenhage
T: (003170) 3 38 33 80   **Fax:** 3 38 33 50
Internet: http://www.cpb.nl
E-Mail: hulsman@cpb.nl, kranendonk@cpb.nl
W. Hulsman
H.C. Kranendonk

Norwegen

iz t 601

Statistics Norway
Postfach 8131, N-0033 Oslo
T: (0047) 22 86 45 00   **Fax:** 22 11 12 38
Internet: http://www.ssb.no
E-Mail: isw@ssb.no
Macroeconomic Division: Ingvild S. Wold

Österreich

iz t 602

Österreichisches Institut für Wirtschaftsforschung (WiFO)
Postfach 91, A-1103 Wien
T: (00431) 7 98 26 01   **Fax:** 7 98 93 86
Internet: http://www.wifo.ac.at
E-Mail: breuss@wifo.ac.at, marterb@wifo.ac.at
F. Breuss
M. Marterbauer

Polen

iz t 603

Foreign Trade Research Institute - IKC HZ
ul. Frascati 2, PL-00483 Warszawa
T: (004822) 8 26 89 08, 6 29 79 79   **Fax:** 8 26 55 62, 6 28 17 77
Internet: http://www.ikchz.warszawa.pl
E-Mail: koniunkt@atos.warman.com.pl
K. Marczewski
J. Chojna

Schweden

iz t 604

Industriförbundet
Office address: Storgatan 19
Mail adress:
Postfach 5501, S-11485 Stockholm
T: (00468) 7 83 80 49   **Fax:** 6 62 35 95
Internet: http://www.industriforbundet.se
E-Mail: ola.virin@industriforbundet.se
O. Virin

Schweiz

iz t 605

Konjunkturforschungsstelle an der Eidgenössischen Technischen Hochschule (ETH)
Weinbergstr. 35, CH-8092 Zürich
T: (00411) 6 32 42 39, 6 32 51 57   **Fax:** 6 32 12 18
Internet: http://www.kof.ethz.ch
E-Mail: schmidbauer@kof.reok.ethz.ch
F. Schmidbauer

Slowenien

iz t 606

SKEP
Economic Outlook and Policy Services
Chamber of Commerce and Industry of Slovenia
Dimiceva 13, SLO-1504 Ljubljana
T: (0038661) 1 89 81 68   **Fax:** 1 89 81 00
E-Mail: nina.presern@gzs.si, skep@gzs.si
N. Presern
Sisko Debeljak

Spanien

iz t 607

Subdirección General de Previsión y Coyuntura Dirección General de Poli_1tica Económica y Defensa de la Competencia
Ministerio de Economía y Hacienda
Alcale, 9 - 1a planta, E-28071 Madrid
T: (003491) 595 88 71   **Fax:** 595 88 53
Internet: http://www.meh.es
E-Mail: alberto.olano@dgpedc.meh.es
A. Olano

Tschechische Republik

iz t 608

Center of Conjunctural Studies and Forecasting, Prague
Taussigova 1155, CZ-18200 Praha 8
T: (004202) 8 58 46 40   **Fax:** 8 58 46 40
E-Mail: sereg@nb.vse.cz
Dr. J. Sereghyova

Ungarn

iz t 609

Economic Research Company (GKI Co)
Postfach 78, H-1364 Budapest
Semmelweis u. 9, H-1052 Budapest 1364
T: (00361) 3 18 18 68   **Fax:** 3 18 40 23
Internet: http://www.gki.hu
E-Mail: semm@gki.hu, gerl@gki.hu
A. Vertes
G. Papanek
L. Akar

iz t 610

Institute for Economic and Market Research and Informatics KOPINT-DATORG
Csokonai u. 3, H- Budapest 1081
T: (00361) 303 95 78   **Fax:** 303 95 88
E-Mail: koves@mail.datanet.hu
A. Köves
G. Oblath

● **IZ T 611**

"Collegium Aussenwirtschaft"
c/o Volker von Sengbusch & Partner
Deutsch-Ordens-Schloss
Postf. 2 06, 91543 Dinkelsbühl
Föhrenberggasse 30, 91550 Dinkelsbühl
T: (09851) 55 32 93, 55 30 73   **Fax:** 55 32 94, 55 32 74
E-Mail: conseng@gmx.de
Gründung: 1991 (15. Juni)
Vorsitzende(r): Dipl. oec. Prof. Volker von Sengbusch (MBA; Professor für Aussenwirtschaft)
Mitglieder: (31.12.1999) 260 weltweit
Jahresetat: für 2000 ca. DM 0,240 Mio, € 0,12 Mio

Bank- und Versicherungswissenschaften

● **IZ T 612**

Beratungsgruppe der Versicherungsmathematikerverbände der EG (GCAAPCE)
Groupe Consultatif des Associations d'Actuaires des Pays des Communautés Européennes
4 Worcester Street, GB- Oxford OX1 2AW
T: (00441865) 268 233   **Fax:** 268 218
E-Mail: groopecor@actuaries.org.uk
Gründung: 1978
Chairman: Holger Dock
Vice-Chairman: Manuel Peraita
Peter Clark
Sekretär: John Michael Henty (GB)

Mitgliedsorganisationen

Belgien

iz t 613

Association Royale des Actuaires Belges
Koninklijke Vereniging van Belgische Aktuarissen
Wolvengrachtstraat 48, B-1000 Bruxelles
Rue du Fossé-aux-Loups 48, B-1000 Bruxelles

Dänemark

iz t 614

Den danske Aktuarforening
c/o DIP
Slotsholmsgade 1, DK-1216 Copenhagen K

Deutschland

iz t 615

Deutsche Aktuarvereinigung (DAV) e.V.
Unter Sachsenhausen 33, 50667 Köln
T: (0221) 9 12 55 40   **Fax:** 91 25 54 44

Frankreich

iz t 616

Association des Actuaires Diplômes de l'Institut de Science Financière et d'Assurances
59, rue de la Boetie, F-75008 Paris
T: (00331) 45 63 61 35   **Fax:** 45 6 36 61 35

iz t 617

Institut des Actuaires Français
59 rue de la Boetie, F-75008 Paris
T: (00331) 45 63 61 35   **Fax:** 45 63 61 35

Griechenland

iz t 618

Association of Greek Actuaries
c/o Nationale Nederlanden Insurance Co.
198 Syngroll Av., GR-17671 Athens

Irland

iz t 619

Society of Actuaries in Ireland
5 Wilton Place, IRL- Dublin 2
T: (003531) 6 61 24 22   **Fax:** 6 62 24 89

Italien

iz t 620

Istituto Italiano degli Attuari
Via del Corea 3, I-00186 Roma
T: (06) 3 22 60 51   **Fax:** 3 22 60 56

iz t 621

Ordine Nazionale degli Attuari
Via del Corea 3, I-00186 Roma
T: (006322) 60 51

Luxemburg

iz t 622

Association Luxembourgeoise de Actuaires
125, Route d'Esch, L-1471 Luxembourg
T: (0049) 9 20 21 86   **Fax:** 49 53 35

Niederlande

iz t 623

Actuarieel Genootschap
Postfach 5 40, NL-3440 AM Woerden
T: (00348) 43 96 41   **Fax:** 43 05 55
Internet: http://www.ag-ai.nl
E-Mail: actgen@ag-ai.nl

Großbritannien

iz t 624

The Institute of Actuaries
Staple Inn Hall, High Holborn, GB- London WC1V 7QJ
T: (004420) 7632 21 00   **Fax:** 7632 21 11
Internet: http://www.actuaries.org.uk
E-Mail: institute@actuaries.org.uk
Gründung: 1848
Präsident(in): Paul N. Thornton (MA FIA (Jul 1998-Jun 2000))

iz t 625

Secretary-General: Gregor B. L. Campbell (Civil Eng)
Chief Education Executive: Dr. Elisabeth Goodwin (MSc PhD FRIN FSS FIMA)
Leitung Presseabteilung: Barbara Beebee
Verbandszeitschrift: British Actuali Journal
Mitarbeiter: 81

iz t 625

The Faculty of Actuaries
Maclaurin House
18 Dublin Street, GB- Edinburgh EH1 3PP
T: (0044131) 24 01-300 **Fax:** 24 01-313
Internet: http://www.actuaries.org.uk

Spanien

iz t 626

Instituto de Actuarios Españoles
Victor Andrés Belaunde 36, E-28016 Madrid
T: (001457) 86 96 **Fax:** 14 07

Portugal

iz t 627

Instituto dos Actuarios Portugueses
Alameda D. Afonso Henriques 72 - r/c Esq., P-1000 Lisbon
T: (001846) 38 82 **Fax:** 38 82

Ernährungs-, land- und forstwissenschaftliche Vereinigungen, Institute, Umweltforschung

● IZ T 628

Verband für Emissionsregelung mit Katalysator (AECC)
Association for Emissions Control by Catalyst
Association pour le contrôle des émissions avec catalyseurs
Avenue de Tervueren 100, B-1040 Brüssel
T: (00322) 7 43 24 90 **Fax:** 7 43 24 99
Internet: http://www.aecc.be
Gründung: 1985
Executive Director: Robert A. Searles (Ltg. Presseabt.)
Verbandszeitschrift: AECC Newsletter
Redaktion: Robert A. Searles
Mitglieder: 9
Mitarbeiter: 3

● IZ T 629

Europäische Akademie für Ernährungswissenschaften (EANS)
European Academy of Nutritional Sciences
c/o Unilever Research
Postfach 114, NL-3130 AC Vlaardingen
Oliver van Noortlan 120, NL-3133 AT Vlaardingen
T: (003110) 4 60 51 60 **Fax:** 4 27 05 08
Internet: http://www.eans.net
E-Mail: info@eans.net
Gründung: 1961 /1993
President: R. Hermus
Secretary General: J. A. Weststrate (Unilever Research, PO Box 1140, NL-3130 AC Vlaardingen, T: (0031)(0)10) 4 60 51 60, Telefax: (0031)(0)10) 4 27 05 08)
Mitglieder: 250

● IZ T 630

Europäische Gesellschaft für Kartoffelforschung (EAPR)
European Association for Potato Research
Association Européenne pour la Recherche sur la Pomme de terre
Postfach 20, NL-6700 AA Wageningen
Internet: http://www.dpw.wau.nl/eapr/index.htm
Gründung: 1957
President: Prof. Dr. G. Wenzel
Verbandszeitschrift: Potato Research
Redaktion: EAPR
Verlag: P.O. Box 20, 6700 AA Wageningen, Netherlands
Mitglieder: 750

● IZ T 631

Europäische Gesellschaft für Züchtungsforschung (EUCARPIA)
European Association for Research on Plant Breeding
Association Européenne pour l'Amélioration des Plantes
Secretariat:
Postfach 315, NL-6700 AH Wageningen
Gründung: 1956 (2. Juli)

President: Dr. G.R. Mackay
Leiterin Presseabt.: Dr.Ir. M. J. de Jeu (Secretary General)
Verbandszeitschrift: Eucarpia Bulletin
Redaktion: Eucarpia Secretariat
Verlag: P.O. Box 3 15, NL-6700 AH Wageningen
Mitglieder: 12 sections, ca. 1100 members

● IZ T 632

Europäische Vereinigung für Wasserwirtschaft (EWA)
European Water Association
Association Européenne pour la Maî3trise de l'eau
Theodor-Heuss-Allee 17, 53773 Hennef
T: (02242) 8 72-0 **Fax:** 8 72-1 35
Internet: http://www.ewaonline.de
E-Mail: ewa@atv.de
Gründung: 1981 (22. Juni)
Präsident(in): Claus Hagebro (DK)
Generalsekretär(in): Dr.-Ing. Sigurd van Riesen
Verbandszeitschrift: EUROPEAN WATER MANAGEMENT
Verlag: Terence Dalton, Lavenham Press Ltd., 47, Water Street, Lavenham, Suffolk, CO10 9RN (UK)
Mitglieder: ca. 50000 in 28 Mitgliedsverbänden

Mitgliedsorganisationen

Belgien

iz t 633

Belgian Committee of IWA (BIWA)
Rue Colonel Bourg 127/129, B-1140 Brüssel
T: (00322) 7 06 40 93 **Fax:** 7 06 40 99

Bulgarien

iz t 634

Bulgarian National Association on Water Quality (BNAWQ)
22, Maria Luiza Blvd, Room 23, BG-1000 Sofia
T: (003592) 9 80 35 47 **Fax:** 9 80 35 47

Dänemark

iz t 635

The Water Pollution Committee of the Society of Danish Engineers
Kalvebod Brugge 31-33, DK-1780 Kopenhagen V
T: (0045) 33 18 48 48 **Fax:** 33 18 48 99

Deutschland

iz t 636

ATV-DVWK Deutsche Vereinigung für Wasserwirtschaft, Abwasser und Abfall e.V.
Postf. 11 65, 53758 Hennef
Theodor-Heuss-Allee 17, 53773 Hennef
T: (02242) 8 72-0 **Fax:** 8 72-1 35
Internet: http://www.atv.de

Estland

iz t 637

Estonian Water Association
Järvevana tee 5, EW-0001 Tallinn
T: (003726) 55 50 05 **Fax:** 79 83 63

Finnland

iz t 638

Vesiyhdistys r.y.
Water Association Finland
Postfach 7 21, FIN-00101 Helsinki
T: (003589) 13 14 11 **Fax:** 66 32 87

Frankreich

iz t 639

Association Générale des Hygiénistes et Techniciens Municipaux (AGHTM)
Postfach 3916, F-75761 Paris
Avenue Foch 83, F-75761 Paris Cedex 16
T: (00331) 53 70 13 50 **Fax:** 53 70 13 40

Griechenland

iz t 640

The Hellenic Institute of Environment (EIPA)
25 Trapezountos Str., GR-18121 Koridallos
T: (00301) 5 61 55 65 **Fax:** 5 61 55 65

Großbritannien

iz t 641

The Chartered Institution of Water and Environmental Management (CIWEM)
15 John Street, GB- London
T: (004420) 78 31 31 10 **Fax:** 74 05 49 67

Italien

iz t 642

Associazione Nazionale di Ingegneria Sanitaria (ANDIS)
EWA Italian Section
Via Andrea Palladio 26, I-20135 Mailand
T: (00392) 58 30 15 01 **Fax:** 58 30 15 50

Jugoslawien

iz t 643

Yugoslav Society on Water Pollotron Control (YuSWPC)
Kneza Milosa St. 9, YU-11000 Belgrad
T: (00381) 11 34 16 56 **Fax:** 11 34 16 56

Kroatien

iz t 644

Croatian Water Pollution Control Society
Ulica Grada Vukovara 220, HR-10000 Zagreb
T: (00385) 16 11 05 22 **Fax:** 16 15 17 94

Lettland

iz t 645

Latvian Water and Wasle Water Works Society (LWSA)
Riharda Vagnera iela III, LV-1050 Riga
T: (00371) 4 82 17 89 **Fax:** 7 89 48 06

Litauen

iz t 646

Clean Water Association (VSA)
Sausmedziu skg. 3, LT-3014 Kaunus
T: (003707) 37 00 13 **Fax:** 37 00 13

Luxemburg

iz t 647

Association Luxembourgeoise des Services d'Eau (ALUSEAU)
S.E.B.E.S.
L-9650 Esch-Sur-Sure
T: (00352) 89 59 11 **Fax:** 89 90 57

iz t 648

Administration des Travaux et des Services Techniques
51 Boulevard Royal, L-2449 Luxemburg
T: (00352) 47 96 28 32 **Fax:** 46 37 49

Niederlande

iz t 649

Netherlands Association for Water Management (NVA)
Postfach 70, NL-2280 AB Rijswijk
Sir Winston Churchill-laan 273, NL-2280 AB Rijswijk
T: (003170) 4 14 47 77 **Fax:** 4 14 44 20
Internet: http://www.nva.net

Norwegen

iz t 650

Norwegian Water Association (NWA)
Bjerkelundveien 9, N-1342 Jar
T: (0047) 22 18 51 00   Fax: 22 18 52 00

Österreich

iz t 651

Österreichischer Wasser- und Abfallwirtschaftsverband (ÖWAV)
Marc Aurel-Str. 5, A-1010 Wien
T: (00431) 5 35 57 20   Fax: 5 35 40 64

Polen

iz t 652

Polish National Committee of the IAWQ
Ul Podlesna 61, PL-01-673 Warschau
T: (004822) 34 02 75   Fax: 34 02 75

Portugal

iz t 653

Associacao Portuguesa para Estudos de Saneamento Basico (APESB)
c/d Laboratorio Nacional de Engenharia Civil
Av. do Brasil 101, P-1700-066 Lissabon
T: (0035121) 8 44 38 49   Fax: 8 44 30 32

Russland

iz t 654

RosNIIVKH
Mira Str. 23, RUS-620049 Ekaterinburg
T: (007343) 2 44 32 72   Fax: 2 44 27 15

Schweden

iz t 655

Swedish Water and Waste Water Association (VAV)
Postf. 4 76 07, S-10153 Stockholm
T: (00468) 50 60 02 00   Fax: 50 60 02 10
E-Mail: vav@vav.se

Schweiz

iz t 656

Verband Schweizer Abwasser- und Gewässerschutzfachleute (VSA)
Strassburgstr. 10, CH-8026 Zürich
T: (00411) 2 41 25 85   Fax: 2 41 61 29

Spanien

iz t 657

ADECAGUA
Via Laietana 39, E-08003 Barcelona
T: (003493) 3 19 23 00   Fax: 3 10 06 81

Slowenien

iz t 658

Slovenian Water Pollution Control Association
Postfach 34 30, SLO-1001 Ljubljana
T: (0038661) 1 76 02 00   Fax: 1 25 92 44

Slowakei

iz t 659

Association of Water Management Employers in Slovakia
Povodie Hrona s.p.
Partizánska cesta 69, SK-97498 Banská Bystrica
T: (004288) 4 28 84   Fax: 74 64 44

Tschechische Republik

iz t 660

Association of Wastewater Treatment Experts (AWWTE)
Poznanská 3, CZ-61600 Brünn
T: (004205) 75 00 42   Fax: 75 00 42

Ungarn

iz t 661

Hungarian Waste Water Association
Müegyetem rkp 3, H-1111 Budapest
T: (00361) 4 63 15 33   Fax: 4 63 37 53

● **IZ T 662**

Europäische Vereinigung der Nahrungsmittelwissenschaft und -Technologie (EFFOST)
European Federation of Food Science and Technology
Fédération Européenne de la Science, Technologie et Génie Alimentaire
c/o ATO-DLO
Postfach 17, NL-6700 AA Wageningen
T: (0031317) 47 50 00   Fax: 47 53 47
Internet: http://www.ato.dlo.nl/effost
E-Mail: effost@ato.dlo.nl
Gründung: 1985
Contact: Daniella Stijnen
Mitglieder: 20 Countries
Mitarbeiter: 2

● **IZ T 663**

Europäisches Netz der Organisationen für Umweltforschung (ENERO)
European Network of Environmental Research Organisations
Réseau Européen des Organisations de Recherche en Environnement
Rue de Rocroy 9, F-75010 Paris
T: (00331) 55 07 95 00   Fax: 55 07 95 01
Gründung: 1992
Président: Paal Berg
Vice-Président: Don Berg
Secrétaire Général: Jean-Claude Maquinay
Trésorier: Friedrich Arendt
Mitglieder: 14 Members

Aktive Mitglieder

Belgien

iz t 664

ISSEP
Rue du Chéra 200, B-4000 Lüttich 1
T: (003242) 29 83 11   Fax: 52 46 65
E-Mail: jcl.maquinay@issep.be
Contact: J.C. Maquinay

Dänemark

iz t 665

RISO National Laboratory
Postfach 49, DK-4000 Roskilde
T: (0045) 46 77 41 01   Fax: 46 77 51 99
E-Mail: nijs.duijm@risoe.dk
Contact: Jan Duijm

Europäische Union

iz t 666

**Institut de l'Environnement
Centre Commun de Recherche**
TP 290, I-21020 Ispra VA
T: (00390332) 78 99 81   Fax: 78 92 22
E-Mail: jose.jimenez@ei.jrc.it
Contact: J.M. Jimenez

Frankreich

iz t 667

INERIS
Postfach 2, F-60550 Verneuil en Halatte
Parc Technologique ALATA, F-60550 Verneuil en Halatte
T: (00333) 44 55 64 73   Fax: 44 55 66 00
E-Mail: philippe.villeneuve-de-janti@ineris.fr
Contact: Philippe Villeneuve de Janti

Deutschland

iz t 668

Forschungszentrum Karlsruhe GmbH
Postf. 36 40, 76021 Karlsruhe
Hermann-von-Helmholtz-Platz 1, 76344 Eggenstein-Leopoldshafen
T: (07247) 8 21, 82 27 03   Fax: 82 39 49
E-Mail: arendt@psa.fzk.de
Contact: Dr. Friedrich Arendt

Großbritannien

iz t 669

**AEA Technology
National Environmental Technology Centre**
Culham-Abingdom, GB- Oxfordshire OX14 3DB
T: (00441235) 46 31 12   Fax: 46 30 01
E-Mail: neil.hurford@aeat.co.uk
Contact: Neil Hurford

Griechenland

iz t 670

NCSR Demokritos
INT-RP/EREL
Attikis, GR-15310 Aghia Paraskevi
T: (00301) 6 52 50 04   Fax: 6 53 34 31
E-Mail: bartzis@avra.nrcps.ariadnet.gr
Contact: John Bartzis

Niederlande

iz t 671

**Nederlandse Organisatie voor Toegepast
Natuurwetenschappelijk Onderzoek (TNO)**
Postfach 3 42, NL-7300 AH Apeldoorn
Laan van Westenenk 501, NL-7300 AH Apeldoorn
T: (003155) 5 49 34 93   Fax: 5 41 98 37
E-Mail: j.a.don@mep.tno.nl
Contact: Bert Don

Norwegen

iz t 672

**Norsk institutt for luftforskning (NILU)
Norwegian Institute for Air Research**
Postfach 100, N-2007 Kjeller
Institutteiven 18, N-2007 Kjeller
T: (0047) 63 89 80 55   Fax: 63 89 80 50
E-Mail: paal.berg@nilu.no
Contact: Paal Berg

Österreich

iz t 673

Austrian Research Centre Seibersdorf (ARCS)
A-2444 Seibersdorf
T: (00432254) 7 80 36 51   Fax: 7 80 36 53
E-Mail: kroath@zdfs.arcs.at
Contact: Hans Kroath

Polen

iz t 674

GIG
Plac Gwarkow 1, PL-40166 Kattowitz
T: (004832) 58 30 02   Fax: 59 65 33
E-Mail: newxip@boruta.gig.katowice.pl
Contact: Dr. Filipek

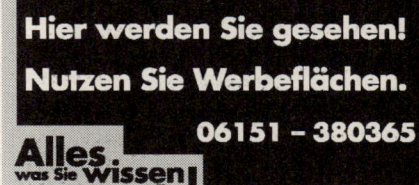

Slowenien

iz t 675
Jozef Stefan Institute
Jamova 39, SLO-1000 Ljubljana
T: (003861) 4 77 32 75   Fax: 4 25 20 17
Contact: B. Kontic

Spanien

iz t 676
CIEMAT
Avenida Complutense 22, E-28040 Madrid
T: (0034) 913 466 705   Fax: 913 466 005
E-Mail: fernando.recreo@cimeat.es
Contact: Fernando Recreo-Jimenez

Schweden

iz t 677
Institutet för Vatten- och Luftvårdsforskning (IVL)
Postfach 2 10 60, S-10031 Stockholm
Hälsingegatan 43, S-10031 Stockholm
T: (00468) 59 85 63 00   Fax: 59 85 63 90
E-Mail: lars.zetterberg@ivl.se
Contact: Lars Zetterberg

● **IZ T 678**
Europäisches Zentrum für mittelfristige Wettervorhersage (EZMW)
European Centre for Medium-Range Weather Forecasts (ECMWF)
Centre européen pour les prévisions météorologiques à moyen terme (CEPMMT)
Shinfield Park, Reading, GB- Berkshire RG2 9AX
T: (0044118) 9 49 91 01   Fax: 9 86 94 50
Internet: http://www.ecmwf.int/
E-Mail: dra@ecmwf.int
Gründung: 1973 (11. Oktober)
Direktor(in): David Burridge
Stellv. Dir: Anthony Hollingsworth
Mitglieder: 18 Mitgliedsstaaten
Mitarbeiter: ca. 140

● **IZ T 679**
Intern. Vereinigung für Bienenforschung (IBRA)
International Bee Research Association
Association Internationale de Recherche Apicole
18 North Road, GB- Cardiff CFIO 3DT
T: (004429) 20 37 24 09   Fax: 20 66 55 22
Internet: http://www.cf.ac.uk/ibra/index.html
E-Mail: ibra@cardiff.ac.uk
Gründung: 1949
President: Dr. Hachiro Shimanuki (USA)
Council: Chairman C. O'Toole (UK)
Director: Richard Jones
Leitung Presseabteilung: Pamela Munn
Verbandszeitschrift: Bee World, Journal of Apicultural Research, Apicultural Abstracts
Redaktion: 18 North Rd., GB-Cardiff CFIO 3DT
Mitglieder: ca. 900
Mitarbeiter: 4

● **IZ T 680**
Internationale Gesellschaft für Getreidewissenschaft und -technologie (ICC)
International Association for Cereal Science and Technology
Association Internationale des Sciences et Technologies Céréalières
Postfach 77, A-2320 Schwechat
Wiener Str. 22 a, A-2320 Schwechat
T: (00431) 707 72 02   Fax: 707 72 04
Internet: http://www.icc.or.at/icc/
E-Mail: gen.sec@icc.or.at
Präsident(in): Prof. Dr. Okkyung Kim Chung (USA)
Generalsekretär(in): Dr. Dipl.-Ing. H. Glattes (Österreich)

● **IZ T 681**
Internationale Kommission für Agrartechnik (C.I.G.R.)
International Commission of Agricultural Engineering
Commission Internationale du Génie Rural
General Secretariat:
Institut für Landtechnik Universität Bonn
Nußallee 5, 53115 Bonn
T: (0228) 73 25 97   Fax: 73 96 44
E-Mail: cigr@uni-bonn.de
Gründung: 1930
President: Prof. El Houssine Bartali (ANAFID, 2, rue Haroun Errachid, 10101 Agdal Rabat, Morocco, T: (002127) 67 03 20, Fax: (002127) 67 03 03, E-Mail: hbartali@acdim.net.ma)
Leitung Presseabteilung: Prof. Dr. P. Schulze Lammers
Verbandszeitschrift: CIGR Newsletter (engl.)
Bulletin de la CIGR (franz.)
Verlag: Prof. Dr. Peter Schulze Lammers, CIGR, Institut für Landtechnik, Universität Bonn, Nussallee 5, 53115 Bonn, T: (0228) 73 23 89
Mitglieder: ca. 3500 aus 40 Ländern der ganzen Welt
Mitarbeiter: 1

● **IZ T 682**
Internationale Kommission für Zuckertechnologie (CITS)
International Commission of Sugar Technology
Commission Internationale Technique de Sucrerie
Marktbreiter Str. 74, 97199 Ochsenfurt
T: (09331) 9 14 50   Fax: 9 14 62
Gründung: 1949
President Comité Administratif: Léon Sué (Raffinerie Tirlemontoise S.A., Aandorenstraat, 1, B-3300 Tienen, T:(003216) 80 12 11/07, Telefax: (003216) 82 10 67)
Président du Comité Scientifique: Dr. ir. Jan Maarten de Bruijn (CSM Suiker bv, Centraal laboratorium, Postbus 32 48, NL-4800 DE Breda, T: (0031076) 52 30 604, Fax: 52 11 851)
Secrétaire Général: Dr. Henk van Malland (Südzucker AG, Marktbreiter Str. 74, 97199 Ochsenfurt, T: (09331) 9 14 50, Fax: 9 14 62)

● **IZ T 683**
Internationale Union der Ernährungswissenschaften (IUNS)
International Union of Nutritional Sciences
Union Internationale des Sciences de la Nutrition
Department of Community Health Services, School of Public Health, UCLA
Postfach 951772, USA- Los Angeles, California 90095-1772
T: (001310) 206 9639   Fax: 794 1805
Internet: http://www.iuns.org
E-Mail: info@iuns.org
Secretary General: Dr. Osman Galal
Verbandszeitschrift: Directory, Annual Report, Newsletter

● **IZ T 684**
Internationale Vereinigung für Gewässerschutz und -kontrolle (IWA)
International Water Association
Alliance House
12 Caxton Street, GB- London SW1H 0QS
T: (004420) 76 54-5500   Fax: 76 54-5555
Internet: http://www.iawq.org.uk
E-Mail: water@iwahq.org.uk
Gründung: 1965
President: P. E. Odendaal (South Africa)
V. Bath (South Africa)
Executive Director: Anthony Milburn (UK)
Manager of Publicity Department: Amanda White
Verbandszeitschrift: Water 21,
Water research,
Water science and Technology
Year Book
Scientific and technical Reports
Technical Group Newsletters
Water supply
Aqua
Mitglieder: 7000
Mitarbeiter: 14
Jahresetat: DM 2,5 Mio

● **IZ T 685**
Internationale Vereinigung für Saatgutprüfung (ISTA)
International Seed Testing Association
Association Internationale d'Essais de Semences
ISTA Secretariat
Postfach 308, CH-8303 Bassersdorf
Zürichstr. 50, CH-8303 Bassersdorf
T: (00411) 8 38 60 00   Fax: 8 38 60 01
Internet: http://www.seedtest.org
E-Mail: ista.office@ista.ch
Gründung: 1924
Verbandszeitschrift: ISTA News Bulletin; Wissenschaftl. Journal: Seed Science and Technology
Redaktion: ISTA Secretariat
Mitglieder: 158 offizielle Saatgutprüfstellen und 210 persönliche Mitglieder in 71 verschiedenen Ländern
Mitarbeiter: 6

● **IZ T 686**
Internationaler Rat für Meeresforschung (ICES/CIEM)
International Council for the Exploration of the Sea
Conseil International pour l'Exploration de la Mer
Palaegade 2-4, DK-1261 Copenhagen K
T: (0045) 33 15 42 25   Fax: 33 93 42 15
E-Mail: ices.info@ices.dk
Gründung: 1902
General Secretary: Prof. C. C. E. Hopkins
Verbandszeitschrift: ICES Journal of Marine Science, ICES Marine Science Symposia, ICES Cooperative Research Report series, ICES Techniques in Marine Environmental Sciences, ICES Identification Leaflets for Plankton/Diseases and Parasites of Fish and Shellfish
Mitglieder: 19 member countries
Mitarbeiter: ca. 35

● **IZ T 687**
Internationaler Verband forstlicher Forschungsanstalten (IUFRO)
International Union of Forest Research Organizations
Union Internationale des Instituts de Recherches Forestières
Sekretariat:
Seckendorff-Gudent-Weg 8, A-1131 Wien
T: (00431) 8 77 01 51   Fax: 8 77 93 55
Internet: http://iufro.boku.ac.at
E-Mail: iufro@forvie.ac.at
Gründung: 1892
Präsident(in): Prof. Risto Seppälä (Metsäntutkimuslaitos (Metla), Unioninkatu 40 A, FIN-00170 Helsinki, Finnland)
Generalsekretär(in): DI Heinrich Schmutzenhofer
Verbandszeitschrift: IUFRO News
Verlag: Eigenverlag
Mitglieder: ca. 700 in 110 Ländern, 15 000 Wissenschaftler
Mitarbeiter: 10 (im Sekretariat)

● **IZ T 688**
Internationaler Verband der Pflanzenzüchter für den Schutz von Pflanzenzüchtungen (ASSINSEL)
International Association of Plant Breeders for the Protection of Plant Varieties
Association Internationale des Sélectionneurs pour la Protection des Obtentions Végétales
Ch. du Reposoir 7, CH-1260 Nyon
T: (004122) 365 44 20   Fax: 365 44 21
Internet: http://www.worldseed.org
E-Mail: assinsel@worldseed.org
Gründung: 1938
Generalsekretär(in): Bernard Le Buanec
Mitglieder: in 27 Staaten

● **IZ T 689**
Internationale Gesellschaft für Gartenbauwissenschaft (ISHS)
International Society of Horticultural Sciences
K. Mercierlaan 92, B-3001 Leuven
T: (003216) 22 94 27   Fax: 22 94 50
Internet: http://www.ishs.org
E-Mail: info@ishs.org
Gründung: 1959
Chairman: Dr. C. D. Brickell (The Camber, The Street, Pullborough, West Sussex RH20 2HE, United Kingdom, Tel.: (0044) 17 98 81 31 70, Fax: (0044) 17 98 81 53 50, E-Mail: brickell.camber@btinternet.com)
Vice-Chairman: Dr. J. Possingham (31 Thornber Street, Unley Park, SA 5061, Australien, Tel./Fax: (0061) 8 82 72 34 06, E-Mail: possinham@esc.net.au)
Treasurer: Dr. R. H. Zimmerman (507 Leighton Ave., Silver Spring, MD 20901-4825, USA, Tel.: (001) 30 15 87 89 07, Fax: (001) 30 15 87 89 07, E-Mail: rzh1415@starpower.net)
Secretary: Prof. Dr. Uygun Aksoy (Ege University, Faculty of Agriculture, Departement of Horticulture, 35100 Bornova-Izmir, Türkei, Tel.: (0090) 23 23 88 01 10, Fax: (0090) 23 23 88 18 64, E-Mail: aksoy@ziraat.ege.edu.tr)
Executive Director: Jozef Van Asche
Mitglieder: mehr als 3800 Personen in über 100 Ländern sowie 270 Organisationen und 54 Mitgliedsländern

● **IZ T 690**
Internationales Institut für Rübenforschung (IIRB)
International Institute for Beet Research
Institut International de Recherches Betteravières
Avenue de Tervuren 195, B-1150 Brüssel
T: (00322) 7 37 70 90   Fax: 7 37 70 99
E-Mail: mail@iirb.org
Gründung: 1932
Präsident des Verwaltungsrates: J. Fr. Misonne
Vorsitzender d. Wissenschaftl. Beratungsausschusses: Prof. B. Märlander
Geschäftsf. Gen.-Sekretär: Dr. R. Beckers (Ltg. Presseabt. T: (00322) 7 37 70 93)
Verbandszeitschrift: IIRB-Info
Mitglieder: 600
Mitarbeiter: 3
Jahresetat: DM 0,65 Mio

● IZ T 691
Internationales Komitee für Leistungsprüfungen in der Tierproduktion (ICAR)
International Committee for Animal Recording
Comité International pour le Contrôle des Performances en Élevage
Via Nomentana 134, I-00161 Rom
T: (00396) 86 32 91 41   **Fax:** 86 32 92 63
Internet: http://www.icar.org
E-Mail: zoorec@rmnet.it
Gründung: 1952
President: Dr. J. Crettenand
Secretary General: Dr. Jean Boyazoglu
Mitglieder: 36
Mitarbeiter: 3

● IZ T 692
Verbindungs-Zentrale für wissenschaftliche Tabak-Forschung (CORESTA)
Cooperation Centre for Scientific Research Relative to Tobacco
Centre de Coopération pour les Recherches Scientifiques Relatives au Tabac
11, rue du Quatre Septembre, F-75002 Paris
T: (00331) 58 62 58 70   **Fax:** 58 62 58 79
Internet: http://www.coresta.org
Gründung: 1956
Président du Conseil d'Administration: Dr. Paul Sadler
Vice-Président du Conseil: Dr. David Townsend
Secrétaire Général: François Jacob
Président de la Commission Scientifique: Dr. Martin Ward
Vice-Président de la Commission Scientifique: Dr. Jürgen Hollweg
Mitglieder: 187
Mitarbeiter: 2

● IZ T 693
Europäisches Netzwerk der Technik für Landwirtschaft und Umwelt (ENGAGE)
European Network of Engineering for Agriculture and Environment
c/o Bundesforschungsanstalt für Landwirtschaft (FAL)
Institut für Technologie u. Biosystemtechnik
Bundesallee 50, 38116 Braunschweig
T: (0531) 5 96-309, 5 96-466   **Fax:** 596-369
E-Mail: axel.munack@fal.de, gerhard.jahns@fal.de
Chairman: Prof. Dr.-Ing Axel Munack
Secretariat: Dr.-Ing. Gerhard Jahns

Verbundene Organisationen

Belgien

iz t 694

Katholieke Universiteit Leuven
Dept. of Agro-Engineering and Economics
Kardinaal Mercierlaan 92, B-3001 Heverlee
T: (003216) 32 14 45   **Fax:** 32 19 94
Internet: http://www.agr.kuleuven.ac.be/aee/ame/ame.htm
E-Mail: josse.debaerdemaeker@agr.kuleuven.ac.be
Prof. J. De Baerdemaeker

iz t 695

Dept. Mechanization, Labour, Buildings, Animal Welfare and Environm. Protection
Burg. Van Gansberghelaan 115, B-9820 Merelbeke
T: (00329) 2 72 28 00   **Fax:** 2 72 28 01
E-Mail: dvl@clo.fgov.be

Dänemark

iz t 696

Danish Institute of Agricultural Sciences
Department of Agricultural Engineering
Research Centre Bygholm
Postfach 5 36, DK-8700 Horsens
Schüttesvej 17, DK-8700 Horsens
T: (004576) 29 60 21   **Fax:** 29 61 00
Internet: http://www.agrsci.dk
E-Mail: dae.bygholm@agrsci.dk, SvendMartin.Nielsen@agrsci.dk
Dr. S.M. Nielsen
Contact: Dr. M.H. Joørgensen (E-Mail: martinheide.joergensen@agrsci.dk)

Deutschland

iz t 697

Institut für Agrartechnik (440)
c/o Lehrstuhl Grundlagen der Landtechnik
Universität Hohenheim
Garbenstr. 9, 70599 Stuttgart
T: (0711) 4 59 32 00   **Fax:** 4 59 25 19
E-Mail: kutzbach@uni-hohenheim.de
Prof. Dr.-Ing. H. D. Kutzbach

iz t 698

Institut für Technologie und Biosystemtechnik
c/o Bundesforschungsanstalt für Landwirtschaft
Bundesallee 50, 38116 Braunschweig
T: (0531) 59 63 09   **Fax:** 59 63 69
Internet: http://www.fal.de
E-Mail: axel.munack@fal.de
Prof. Dr.-Ing. Axel Munack

Finnland

iz t 699

Agricultural Research Centre of Finland
Agricultural Engineering Research
MTT/Vakola
Vakolantie 55, FIN-03400 Vihti
T: (003580) 22 42 51   **Fax:** 2 24 62 10
Internet: http://www.mtt.fi
E-Mail: hannu.haapala@mtt.fi
Contact: Dr. H. Haapala

Frankreich

iz t 700

CEMAGREF
Agricultural Equipment and Food Process Engineering Department
Parc de Tourvoie, BP 44, F-92163 Antony Cedex
T: (00331) 40 96 61 24 (Marchal), 40 96 61 21 (Lavarde)
Fax: 40 96 61 34
E-Mail: patrick.lavarde@cemagref.fr, philippe.marchal@cemagref.fr
Dr. P. Lavarde
Dr. Ph. Marchal

Griechenland

iz t 701

Department of Agricultural Engineering
Agricultural University of Athens
Iera Odos 75, GR- Athen 118
T: (00301) 5 29 40 36   **Fax:** 5 29 40 39
Internet: http://www.aua.gr
E-Mail: ns@auadec.aua.gr, n.sigrimis@computer.org
Prof. N. Sigrimis

Großbritannien

iz t 702

Silsoe Research Institute
Wrest Park Silsoe, GB- Bedford MK 45 4HS
T: (0044525) 86 00 00   **Fax:** 86 01 56
E-Mail: bill.day@bbsrc.ac.uk
Contact: Prof. B. Day

Irland

iz t 703

Head of Agricultural Engineering
Oak Park Research Centre
IRL- Carlow
T: (00353503) 7 02 00   **Fax:** 4 24 23
E-Mail: brice@oakpark.teagasc.ie
B. Rice

Portugal

iz t 704

Departamento de Fitotechnia
Universidade de Evora, P-7001 Evora Codex
T: (00351266) 76 08 22   **Fax:** 71 11 63
Contact: Prof. J.O. Peça

Italien

iz t 705

Institute of Agricultural Engineering
c/o University of Milano
via Celoria 2, I-20133 Mailand
T: (003902) 23 69 14 24   **Fax:** 23 69 14 99
E-Mail: luigi.bodria@unimi.it
Prof. Dr.-Ing. L. Bodria

Niederlande

iz t 706

Milieu- en Agritechnick (IMAG-DLO)
Mansholtlaan 12, NL-6700 AA Wageningen
T: (00313174) 7 63 46   **Fax:** 2 56 70
E-Mail: a.a.jongebreur@imag.dlo.nl
Ir. A. A. Jongebreur

Norwegen

iz t 707

Institutt for Tekniske Fag
Norges landbrukshogskole
Postfach 50 65, N-1432 Aas
T: (004764) 94 87 00   **Fax:** 94 88 10
E-Mail: egil.berge@itf.nlh.no
Prof. Dr. E. Berge

Österreich

iz t 708

Bundesanstalt für Landtechnik
Rottenhauserstr. 1, A-3250 Wieselburg
T: (00437416) 5 21 75-10   **Fax:** 5 21 75-45
Internet: http://www.blt.bmlf.gv.at
E-Mail: direktion@blt.bmlf.gv.at
Dr. J. Schrottmaier

Schweden

iz t 709

JTI Institutet för jordbruks- och milijöteknik
Postfach 70 33, S-75007 Uppsala
T: (004618) 30 33 20   **Fax:** 30 09 56
Internet: http://www.jti.slu.se
E-Mail: lennart.nelson@jti.slu.se
Contact: Dr. L. Nelson

Schweiz

iz t 710

Eidgenössische Forschungsanstalt für Agrarwirtschaft und Landtechnik
CH-8356 Tänikon
T: (004152) 3 68 31 31   **Fax:** 3 65 11 90
E-Mail: walter.meier@fat.admin.ch
Prof. Dr. W. Meier

Spanien

iz t 711

Instituto Valenciano de Investigaciones Agrarias
Apartado, oficial 46113
(Valencia), E-46133 Montada
T: (00346) 1 39 10 03   **Fax:** 1 39 02 40
E-Mail: florentino.juste@ivia.es
Prof. F. Juste Pérez

iz t 712

Escuela Tecnica Superior de Ingenieros Agronomos
Departamento de Ingenieria Rural
Universidad Politecnica de Madrid
E-28040 Madrid
T: (003491) 3 36 58 55   **Fax:** 3 36 58 45
E-Mail: mruiz@iru.etsia.upm.es
Prof. M. Ruiz Altisent

IZ T 713
Weltvereinigung für Geflügelwissenschaften (WPSA)
World's Poultry Science Association
Association Universelle d'aviculture Scientifique (AVI)
Centre for Applied Poultry Research
Het Spelderholt, PB 31, NL-7360 AA Beekbergen
T: (003155) 5 06 65 34   Fax: 5 06 48 58
Gründung: 1920
President: Anuradha Desai (Venkateshwara House, S. No. 114/A/2, Pune-Sinhagad Road, Pune-411 030, India)
Secretary: Dr. Ir. P. C. M. Simons (Centre for Applied Poultry Research, "Het Spelderholt", PB 31, 7360 AA Beekbergen, T: (003155) 5 06 65 34, Telefax: (003155) 5 06 48 58, The Netherlands)
Treasurer: Dr. Francine Bradley (Avian Sciences, Univ. of California, Davis, CA 95616-8532, USA)
Journal Editor: C. M. Hann (Little Orchard, Back Lane, Westbury-sub-Mendip, Wells, Somerset BA5 1HZ, England)
Verbandszeitschrift: WPS-Journal (4 Hefte im Jahr)
Redaktion: C. M. Hann, Little Orchard, Backlane, Westbury-sub-Mendip, Wells, Sommerset BA5 1HZ (England)
Mitglieder: ca. 6000

iz t 714
Deutsche Vereinigung für Geflügelwissenschaft e.V.
(Deutsche Gruppe der World's Poultry Science Association WPSA)
c/o Bayer AG, GB Tiergesundheit
51368 Leverkusen
Gründung: 1952
Sekretär: Dr. Sabine Schüller
Verbandszeitschrift: Archiv für Geflügelkunde (6 Hefte im Jahr)
Redaktion: Priv. Doz. Dr. M. Grashorn, Universität Hohenheim, 70593 Stuttgart
Mitglieder: 360

Medizin, Gesundheitswesen, Veterinärmedizin

IZ T 715
Ständiger Ausschuß der Krankenhäuser der Europäischen Union (HOPE)
Standing Committee of the Hospitals of the European Union
Comité Permanent des Hôpitaux de l'Union Européenne
Kapucijnenvoer 35, B-3000 Leuven
T: (003216) 33 69 02   Fax: 33 69 06
Internet: http://www.hope.be
E-Mail: info@hope.be
Gründung: 1966
President: Jorma Back (SF)
Vice-President: Gérard Vincent (F)
Secretary General: Prof. Kris Schutyser (B)
Mitglieder: 15 Membres, 6 Membres Observateurs
Mitarbeiter: 8

Vollmitglieder

Belgien

iz t 716
Association des Etablissements Publics de Soins - Vereniging van Openbare Verzorgingsinstellingen
Rue des Guildes 9-11, B-1040 Brüssel
T: (00322) 2 30 03 65   Fax: 2 30 66 94

iz t 717
Association Belge des Hôpitaux - Belgische Vereniging der Ziekenhuizen
route de Lennik 808, B-1070 Brüssel
T: (00322) 5 55 36 34   Fax: 5 55 47 28
Internet: http://www.abhbvz.org
E-Mail: abh_bvz@yahoo.com

Belgische Federatie van Caritas Ziekenhuizen - Fédération Belge des Hôpitaux de Caritas

iz t 718
Fédération des Institutions Hospitalières de Wallonie
Chaussée de Marche 604, B-5101 Erpent
T: (003281) 32 76 60   Fax: 32 76 76
E-Mail: FIH-W@openweb.be

iz t 719
Verbond der Verzorgingsinstellingen, vzw
Guimardstraat 1, B-1040 Brüssel
T: (00322) 5 11 80 08   Fax: 5 13 52 69
Internet: http://www.vvi.be
E-Mail: post@vvi.be

Dänemark

Amtsrådsforeningen i Danmark og Hovenstadens Sygehusfaelleskab

iz t 720
Amtsrådsforeningen i Danmark
Postfach 2593, DK-2100 Kopenhagen
Dampfærgevej 22, DK-2100 Kopenhagen Ø
T: (004535) 29 81 00   Fax: 29 83 00
Internet: http://www.arf.dk
E-Mail: arf@arf.dk

iz t 721
Hovenstadens Sygehusfælleskab
Bredgade 34, opg. A.1. sal, DK- Kopenhagen K
T: (004533) 48 37 55   Fax: 48 38 79

Deutschland

iz t 722
Deutsche Krankenhausgesellschaft (DKG)
Tersteegenstr. 9, 40474 Düsseldorf
T: (0211) 4 54 73-0   Fax: 4 54 73 61
Internet: http://www.dkgev.de
E-Mail: dkg.mail@dkgev.de
Gründung: 1949
Leitung Presseabteilung: Dr. Andreas Priefler

Finnland

iz t 723
Suomen Kuntaliitto
Association of Finnish Local and Regional Authorities
Toinen linja 14, FIN-00530 Helsinki
T: (003589) 77 11   Fax: 7 71 22 91
Internet: http://www.kuntaliitto.fi/indexeng.htm
E-Mail: heikki.telakivi@kuntaliitto.fi

Frankreich

iz t 724
Fédération Hospitalière de France
33, avenue d'Italie, F-75013 Paris
T: (00331) 44 06 84 44   Fax: 44 06 84 45
Internet: http://www.fhf.fr
E-Mail: fhf@fhf.fr

iz t 725
Fédération des Etablissements Hospitaliers et d'Assistance Privés à but non lucratif
10 rue de la Rosière, F-75015 Paris
T: (00331) 45 78 65 59   Fax: 45 79 40 91
Internet: http://www.fehap.fr
E-Mail: info@fehap.fr

Griechenland

iz t 726
Upourgeio Ugeias kai Pronoias
Ministry of Health and Welfare
Aristotelous Street 17, GR-10187 Athen
T: (00301) 5 24 90 11   Fax: 5 23 31 10
E-Mail: yyp2@compulink.gr

Großbritannien

iz t 727
United Kingdom National Health Service
Department of Health, Richmond House
79 Whitehall, GB- London SW1A 2NS
T: (004420) 72 10 30 00   Fax: 72 10 55 23
Internet: http://www.nhsconfed.net
E-Mail: mbwehap@doh.gov.uk

Irland

iz t 728
Ministerium für das Gesundheitswesen und für Kinder
Department of Health and Children
Hawkins Street, IRL- Dublin 2
T: (003531) 6 71 47 11   Fax: 6 71 19 47
Internet: http://www.doh.ie
E-Mail: queries@health.irlgov.ie

Italien

iz t 729
Ministero della Sanità
Ministry of Health
Piazzale dell'Industria, 20, I-00144 Rom
T: (00396) 59 94 22 56   Fax: 59 94 22 67
Internet: http://www.sanita.interbusiness.it
E-Mail: relgab.sanita@interbusiness.it

Luxemburg

iz t 730
Entente des Hôpitaux Luxembourgeois
13-15, rue Jean-Pierre Sauvage, L-2514 Kirchberg
T: (00352) 42 41 42   Fax: 42 55 50
Internet: http://www.ehl.org
E-Mail: info@ehl.org

Niederlande

iz t 731
Nederlandse Vereniging van Ziekenhuizen
Postfach 96 96, NL-3506 GR Utrecht
Oudlaan 4, NL-3515 GA Utrecht
T: (003130) 2 73 99 11   Fax: 2 73 94 38
Internet: http://www.ziekenhuis.nl
E-Mail: nvz@icns

Österreich

iz t 732
Bundesministerium für soziale Sicherheit und Generationen
Sektion VII
Stubenring 1, A-1010 Wien
T: (00431) 7 11 72   Fax: 7 15 81 18
Internet: http://www.bmags.gv.at
E-Mail: ulrike.richter@bmg.gv.at

Portugal

iz t 733
Direcção-Geral da Saúde
Alameda D. Alfonso Henriques 45, P-1056 Lissabon Codex
T: (003511) 8 47 56 77   Fax: 8 47 64 55

Schweden

iz t 734
Landstingsförbundet
Federation of County Councils
Postfach 70491, S-10726 Stockholm
Hornsgatan 20, S-10727 Stockholm
T: (00468) 7 02 43 00   Fax: 7 02 45 90
Internet: http://www.lf.se
E-Mail: landstingsforbundet@lf.se

Spanien

iz t 735
Instituto Nacional de la Salud
C/Alcalá 56, E-28014 Madrid
T: (003491) 3 38 00 57   Fax: 3 38 00 55
Internet: http://www.msc.es
E-Mail: insaludhope@insalud.es

Mitglieder mit Beobachterstatus

Bulgarien

iz t 736

Association of Bulgarian Hospitals
47 Veliko Hristovstreet, Floor 1, ap. 2, BG-9000 Varna
E-Mail: abb@mbox.digsys.bg

Malta

iz t 737

Health Division
Palazzo Castellania
15 Merchantstreet, GBY- Valletta VLT 03
T: (00356) 24 51 04   Fax: 24 28 84

Rumänien

iz t 738

Romanian Hospital Association
Bd. Constantin Brandoveanu 20, R-75544 Bukarest
T: (00401) 3 30 74 99   Fax: 3 12 39 40
E-Mail: olteanu@kappa.ro

Schweiz

iz t 739

H+ Swiss Hospital Association
Rain 32, CH-5001 Aarau
T: (004162) 8 24 12 22   Fax: 8 22 33 35
Internet: http://www.hplus.ch
E-Mail: geschaeftsstelle@hplus.ch

Slowakische Republik

iz t 740

Slovak Hospital Association
Hollárova 2, SK-03659 Martin
T: (00421842) 4 13 59 27   Fax: 4 13 59 27
E-Mail: ans@mt.sanet.sk

Zypern

iz t 741

Ministry of Health
Department of medical and public health services
11, Byron Avenue, CY- Nicosia
T: (003572) 30 31 66   Fax: 36 79 02
E-Mail: zocpil@cytanet.com.cy

● IZ T 742

Europäische Akademie für Allergologie und Klinische Immunologie
European Academy of Allergology and Clinical Immunology
Académie Européenne d'Allergologie et d'Immunologie Clinique
c/o EAACI Executive Office
Postfach 2 41 40, S-10451 Stockholm
T: (00468) 4 59 66 23   Fax: 6 63 38 15
Internet: http://www.eaaci.org
E-Mail: executive.office@eaaci.org
Gründung: 1957
President: Prof. Sergio Bonini (EAACI Office, Via Ugo de Carolis 59, I-00136 Rome, T: (003906) 35 34 68 40, Fax: 35 40 30 17)
Secretary General: Dr. Anthony Frew (School of Medicine (810), University of Southampton, Tremona Road, 9016 6YD Southampton, T: (00442380) 79 40 69, Fax: 77 79 96)
Treasurer: Prof. Brunello Wüthrich (Allergy Unit, Dept. of Dermatology, University Hospital, Gloriastr. 31, CH-8091 Zürich, T: (00411) 2 55 30 78, Fax: 2 55 44 31)
Executive Manager: Catharina Öström
Verbandszeitschrift: ALLERGY
Redaktion: S.G.O. Johansson, Munksgaard, DK-Kopenhagen
Mitglieder: 2500

● IZ T 743

Europäische Hippokrates Gesellschaft e.V. (EHG)
Verein zur Förderung der Ganzheitsmedizin
Oberstr. 171, 56154 Boppard
T: (06742) 87 13-0   Fax: 27 95
Internet: http://www.neurodermitis.net
E-Mail: Bvneuro@aol.com, info@neurodermitis.net
Gründung: 1994 (8. Oktober) in Boppard

Präsidium:
Präsident(in): Jürgen Pfeifer
Schatzmeister: Hans-Josef Ensel
Schriftführer(in): Adelheid Hölz

● IZ T 744

Europäische Vereinigung für Medizinische Physik (EFOMP)
European Federation of Organisations for Medical Physics
South Cleveland Hospital
Regional Medical Physics. Dept.
Marton Road, GB- Middlesbrough TS4 3BW
T: (00441642) 85 47 78   Fax: 82 35 74
Internet: http://www.efomp.org/
E-Mail: efomp@ipern.org.uk
Gründung: 1980
President: Prof. Dr. Fridtjof Nüsslin (Radiologische Universitätsklinik Abt. Medizinische Physik, Hoppe-Seyler-Str. 3, D-72076 Tübingen, T: (07071) 29 21 76, Telefax: (07071) 29 59 20), Tübingen (Deutschland)
Past President: Dr. Karl-Arne Jessen, Århus (Dänemark)
Secretary General: Prof. John K. Haywood (South Cleveland Hospital, Middlesbrough TS4 3BW, Vereinigtes Königreich, T: (00441642) 85 47 78, Telefax: 82 35 74, E-Mail: efomp@ipemb.org.uk)
Verbandszeitschrift: EMP-News
Verlag: Eigenverlag
Mitglieder: 26 nationale Gesellschaften

Mitgliedsorganisationen

Algerien

iz t 745

Algerian Association of Medical Physicists
Service d'Endocrinologie
Unite de Medicine Nucleaire, Hospital de Bologhine, DZ- Alger
Präsident(in): Dr. Mohammed S. Bourouba

Österreich

iz t 746

Austrian Society for Medical Physics (ÖGMP)
c/o Steiermärkische Krankenanstaltengesellschaft
Billrothgasse 18 a, A-8036 Graz
T: (043316) 340-5315   Fax: 340-5314
E-Mail: hubert.leitner@kages.at
Präsident(in): Univ.Doz. Dr. H. Leitner
Vizepräsident(in): Dipl.-Ing. H. Mandl

Belgien

iz t 747

Société Belge des Physiciens des Hôpitaux
Clinique Générale St Jean Service de Radiotherapie
rue du Marais 104, B-1000 Brüssel
T: (0322) 221 99-96   Fax: 221 99-99
E-Mail: bs131616@skynet.be
Präsident(in): Michel Van Dycke
Vizepräsident(in): Marleen Piessens

Bulgarien

iz t 748

Bulgarian Society of Biomedical Physics and Engineering
c/o Medical University, Dept. of Physics and Biophysics
Zdrave No. 2, BG-1431 Sofia
T: (03592) 5166-447
Präsident(in): Prof. V. Todorov (Ph.D.)

Kroatien

iz t 749

Croatian Medical & Biological Engineering Society (CROMBES)
c/o University of Zagreb, Faculty of Electrical Engineering
Unska 2, HR-10000 Zagreb
T: (03851) 6129-931   Fax: 6129-652
E-Mail: asantic@maja.zesoi.fer.hr
Präsident(in): Prof. Dr. Ante Santic
Vizepräsident(in): Vrtar Mladen (Ph. D.)

Zypern

iz t 750

Cyprus Association of Medical Physics and Bio-Medical Engineering (CAMPBE)
c/o Medical Physics Department, Nicosia General Hospital
Nicosia General Hospital, CY-1450 Nicosia
T: (03572) 801-770   Fax: 801-773
E-Mail: p.a.kaplanis@cytanet.com.cy
Präsident(in): Prodromos Kaplanis
Vizepräsident(in): Dr. Kypros Kouris

Dänemark

iz t 751

Danish Society for Medical Physics
Radiofysisk Laboratorium, Aalborg Sygehus Syd
Hobrovej 18-22, DK-9100 Aalborg
T: (04599) 3228-91   Fax: 3229-04
E-Mail: jcarl@post8.tele.dk
Präsident(in): Dr. Carl Jesper

Estland

iz t 752

Estonian Society for Biomedical Engineering and Medical Physics
Biomedical Engineering Centre, Tallinn Technical University
Ehitajate tee 5, EW-0026 Tallinn
T: (003722) 620-2200   Fax: 620-2201
E-Mail: hiie@bmt.cb.ttu.ee
Präsident(in): Prof. Hiie Hinrikus
Vizepräsident(in): Sen.Res. Rein Raamat

Finnland

iz t 753

Finnish Association of Physicists in Medicine
Department of Oncology, Helsinki University Central Hospital HYKS
Postfach 180, FIN-00029 Helsinki
T: (003580) 94711
Präsident(in): Dr. Mikko Tenhunen
Vizepräsident(in): Dr. Maunu Pitkanen

Frankreich

iz t 754

Société Française de Physique Médicale (SFPM)
Centre Georges-Francois Leclerc, Service de Radiophysique
Rue Professeur Marion 1, F-21034 Dijon Cedex
T: (0033) 380 73 75 00   Fax: 380 67 19 15
E-Mail: snaudy@dijon.fnclcc.fr
Präsident(in): Dr. Suzanne Naudy
Generalsekretär(in): Bénédicte Perrin

Deutschland

iz t 755

Deutsche Gesellschaft für Medizinische Physik e.V. (DGMP)
Postf. 10 10 20, 50450 Köln
Kreuzgasse 2-4, 50667 Köln
T: (0221) 9 25 48-253   Fax: 9 25 48-282
Internet: http://www.dgmp.de
E-Mail: dgmp@ccmkoeln.de
Präsident(in): Dr. Michael Wucherer

Griechenland

iz t 756

Hellenic Association of Medical Physicists (HAMP)
University of Athens, Areteion Hospital, Radiology Dpt.
76 Vas. Sofias Ave., GR-11528 Athen
T: (00301) 7 28 62 62   Fax: 9 32 23 20
E-Mail: anper@matrix.kapatel.gr
Präsident(in): Prof. Antonis Perris
Vizepräsident(in): Dr. Tasos Siountas

Ungarn

iz t 757

Hungarian Association of Medical Physics
(in the Hungarian Biophysical Society), Uzoki Hospital
Uzsoki U 29, H-1145 Budapest
T: (00361) 2 51-2168   Fax: 2 51-4069

E-Mail: h13270zar@ella.hu
Präsident(in): Prof. Pál Zárand
Vizepräsident(in): Éva Pintye (Ph.D.)

Irland

iz t 758

Association of Physical Scientists in Medicine (APSM)
Medical Physics & Bioengineering Dept., Garden Hill House, St. James's Hospital
8, IRL- Dublin
T: (003531) 4 16 26 45   Fax: 4 10 34 78
E-Mail: nohare@stjames.ie
Vorsitzende(r): Dr. Neil O'Hare
Stellvertretende(r) Vorsitzende(r): Paddy Gilligan

Israel

iz t 759

Israel Society for Medical Physics
c/o Medical Pysics Department, Rabin Medical Center, IL-49100 Petach Tikva
T: (009723) 9 37 73 79   Fax: 9 37 73 11
E-Mail: schifter@barak-online.net
Präsident(in): N.N.
Generalsekretär(in): Dr. Dan Schifter (Schatzmeister)

Italien

iz t 760

Associazione Italiana di Fisica in Medicina (AIFM)
c/o Servizio di Fisica Sanitaria, Ospedale di Circolo
V.le Borri 57, I-21100 Varese
T: (039332) 278459   Fax: 278279
E-Mail: leocon@tin.it
Präsident(in): Prof. Leopoldo Conte

Jugoslawien

iz t 761

Yugoslav Society for Biomedical Engineering and Medical Physics (YUBEMP)
Military Medical Academy, Nuclear Medicine
Crnotravska 17, YU-11000 Belgrad
T: (0038111) 661 122   Fax: 663 963
E-Mail: bozor@ibbi.ibiss.bg.ac.yu
Präsident(in): N.N.
Vizepräsident(in): Rajko Spaic

Lettland

iz t 762

Latvian Medical Engineering and Physics Society
c/o EEMT Institute, Riga Technical University
Kalku str. 1, LV-1658 Riga
T: (00371) 7 08 93 83   Fax: 7 08 93 83
E-Mail: dekhtyar@latnet.lv
Präsident(in): Prof. Yuri Dekhtyar
Vizepräsident(in): Prof. Harald Jansons

Norwegen

iz t 763

Norwegian Society of Medical Physics (NFMF)
Kreftavdelingen, Regionsykehuset i Trondheim
N-7006 Trondheim
T: (0047) 73 86 78 24   Fax: 73 86 78 21
E-Mail: onkolog@medisin.ntnu.no
Präsident(in): Dr. Anne Beate Langeland Marthinsen
Generalsekretär(in): Harald Valen

Polen

iz t 764

Polish Society of Medical Physics (PSMP)
Institute of Precision and Biomedical Engineering, Warsaw University of Technology
Chodkiewicza 8, PL-02525 Warschau
T: (004822) 48 37 64   Fax: 48 37 64
E-Mail: pawlicki@mp.pw.edu.pl
Präsident(in): Prof.Dr.hab.inz. Grzegorz Pawlicki
Vizepräsident(in): Prof. Dr.hab.inz. Tadeusz Palko

Portugal

iz t 765

Portugese Association of Physicists in Medicine
Instituto Portugues Oncologia, Dept. de Radiotherapia, Servico de Fisica
Rua Prof. Lima Basto, P-1093 Lisboa Codex
T: (003511) 7 22 98 00
Präsident(in): Dr. M.C. Oliveira
Schatzmeister(in): Dr. N. Teixeira

Rumänien

iz t 766

Romanian Medical Physicists Association (RMPA)
Oncology Institute Bucharest
Soseaua Fundeni No. 252, R-72435 Bucharest 11
T: (00401) 2 40 30 40   Fax: 2 40 61 60
E-Mail: matache@mail.iob.ro
Präsident(in): Dr. Gheorge Matache
Vizepräsident(in): Gheorghe Abusan

Russland

iz t 767

Department of Medical Physics Cancer Research Centre (Oncological Scientific Centre)
Moscow Research Gerzen Oncology Institute
3, 2-nd Botkinskiy p-d, RUS-125284 Moskau
T: (00795) 321 11 13   Fax: 321 11 13
E-Mail: ampr@com.ru
Präsident(in): Dr. V. A. Kostylev
Vizepräsident(in): Dr. Nikolay N. Blinov

Slowenien

iz t 768

Slovenian Biophysical Society
Institute of Oncology, Dept. of Radiophysics
Zaloska 2, SLO-1000 Ljubljana
T: (0038661) 1 31 91 08   Fax: 1 31 91 08
E-Mail: bcasat@onko-i.si
Präsident(in): Dipl.-Ing. Bozidar Casar
Schatzmeister(in): France Sevsek

Spanien

iz t 769

Sociedad Espanola de Fisica Medica (SEFM)
Hospital Cli_1nico Univ. Salamanca, Serv. Radiofi_1sica y Protecció Radiológica
Po San Vicente 182, E-37007 Salamanca
E-Mail: mfbordes@gugu.usal.es
Präsident(in): Dr. Manuel Fernández Bordes
Vizepräsident(in): Roberto Martin Oliva

Schweden

iz t 770

Swedish Hospital Physicists Association
Radiofysikhuset, Sahlgrenska University Hospital
S-41345 Göteborg
T: (004631) 60 40 25   Fax: 82 24 93
E-Mail: larsgm@radfys.gu.se
Präsident(in): Dr. Lars Gunnar Mønsson
Vizepräsident(in): Hans-Erik Källman (MSc)

Schweiz

iz t 771

Schweizerische Gesellschaft für Strahlenbiologie und Medizinische Physik (SGSMP)
Service de Radiotherapie, Hospital Cantonal
Rohrschacher Str., CH- St. Gallen
T: (004171) 494 22 33   Fax: 494 28 93
E-Mail: wolf.seelentag@kssg.ch
Präsident(in): Dr. Wolf W. Seelentag
Vizepräsident(in): PD Dr. Jean-François Germond

Niederlande

iz t 772

Nederlandse vereniging voor klinische fysika (NVKF)
Academisch Ziekenhuis Utrecht, afd. Radiotherapie
Postfach 8503, NL-3503 RM Utrecht
Heidelberglaan 100, NL-3508 GA Utrecht
T: (003130) 24 74-287   Fax: 24 74-439
E-Mail: secretariaat@nvkf.nl
Präsident(in): Ph. D. P. H. van der Giessen (Dr. Bernhard Verbeeten Instituut ald. Radiotherapie)
Generalsekretär(in): Ph. D. H. van Langen

Türkei

iz t 773

Medical Physics Association
I.Ü. Oncology Enstitüsü, Tibbi Radyofizik Bilim Dali
TR-34390 Istanbul-Capa
T: (090212) 5 31 31 00   Fax: 5 34 80 78
E-Mail: gonulk@aidata.com.tr
Präsident(in): Ass.Prof.Dr. Seyfettin Kuter
Vizepräsident(in): Ass. Prof. Hatice Bilge

Ukraine

iz t 774

Ukrainian Association of Medical Physics
Scientific Research Centre VIDHUK
61-B Volodymyrska str., UA-252033 Kiev 33
T: (007044) 2 27 11 26   Fax: 2 27 44 82
Präsident(in): Prof. Sergei P. Sit'ko
Vizepräsident(in): Valeri E. Orel
Generalsekretär(in): Dr. sci. Grigoriy S. Litvinov

Großbritannien

iz t 775

The Institute of Physics and Engineering in Medicine (IPEM)
c/o Medical Physics and Bioengin. Dept. Bristol General Hospital
Postfach BS1 6SY, GB- Bristol
T: (0044117) 9286-274   Fax: 9286-371
E-Mail: peter.wells@bris.ac.uk
Präsident(in): Prof. P.N.T. Wlls

● IZ T 776

Europäischer Dachverband für künstlerische Therapien
Von-Esmarch-Str. 111, 48149 Münster
T: (0251) 86 15 00   Fax: 86 64 88
Internet: http://www.muenster.de/~bkmt
E-Mail: prof.hoermann@uni-muenster.de
Gründung: 1986
Präsident(in): Prof. Dr. Dr.med. Dipl.-Psych. Georg Hörmann (Universität Bamberg)
Vizepräsident(in): Prof. Dr. Hermann Rauhe (Präsident der Hochschule für Musik und Theater, Hamburg)
Vorsitzende(r): Prof. Dr. Dipl.-Psych. Walter Zifreund (Universität Tübingen)
Geschäftsführer(in): Prof. Dr. Dipl.-Psych. Walter Schurian (Universität Münster)
Verbandszeitschrift: Musik-, Tanz- und Kunsttherapie
Redaktion: Prof. Dr. Dr. Karl Hörmann
Verlag: Verlag für Angewandte Psychologie Dr. Hogrefe, Postf. 32 51, 37085 Göttingen
Mitglieder: ca. 1000
Mitarbeiter: 5

● IZ T 777

Europäischer Rat für private Krankenhäuser & Europäische Union der unabhängigen Krankenhäuser (CEHP/UEHP)
European Committee of Private Hospitals & European Union of Independent Hospitals (ECPH/UEHP)
Comité Européen de l'Hospitalisation Privée & Union Européenne de l'Hospitalisation Privée (CEHP/UEHP)
Avenue A. Solvay 5, B-1170 Brüssel
T: (00322) 6 72 13 50, (00396) 3 21 56 53
Fax: 6 72 90 62
Internet: http://www.uehp.org
E-Mail: uehp@skynet.be
Gründung: 1991
President: Dr. Andre Wynen
Secretary General: Alberta Sciacchi
Contact: Henri Anrys
Mitglieder: 13
Mitarbeiter: 1

Mitgliedsorganisationen

Belgium

iz t 778

Fédération des Hôpitaux Privés de Belgique
Avenue A. Solvay 5, B-1170 Brüssel
T: (00322) 6 72 13 50   Fax: 6 72 90 62
President: Albert Bogaerts

Spain

iz t 779

Federación Nacional Clinicas Provadas
Estebanez Calderon 5-5° esq., E-28020 Madrid
T: (00341) 5 70 29 56   Fax: 5 70 31 92
President: Dr. Bartolome

France

iz t 780

Fédération Française Intersyndicale des Etablissements d'Hospitalisation Privée
Rue de Monceau 81, F-75008 Paris
T: (00331) 53 83 77 57   Fax: 43 59 91 80
President: Dr. Max Ponseille

iz t 781

Union Hospitalière Privée
17 bis Bd Pasteur, F-75015 Paris
T: (00331) 44 38 52 52   Fax: 44 38 52 50
Délégué Général: Coulomb

Greece

iz t 782

Diamet Hospital 31 Moscou & Athens Medical Center SA
Distomou Street 5-7, GR-15125 Maroussi
T: (00301) 6 86 24 01   Fax: 6 89 85 55
Contact: Apostolopoulos

iz t 783

Enassis Synkronon Genikon Klinikon Athenon
Avenue Reine Sophie 102, GR- Athen
T: (00301) 7 77 51 11   Fax: 7 77 43 04
Contact: Dr. Alazraki

Ireland

iz t 784

Irish Independent Hospital Association
41 Fitzwilliam Place, IRL- Dublin 2
T: (00353) 16 76 85 50   Fax: 16 76 85 54
Contact: Michael Heavey

Italy

iz t 785

Associazione Ospedalita Privata
Via Lucrezio, Caro 67, I-00192 Rom
T: (00396) 3 21 56 53   Fax: 3 21 57 03
Contact: Sciachi (President)

Austria

iz t 786

Verband der Privatkrankenanstalten Österreichs
c/o Evangelischer Krankenhausverein
Hans-Sachs-Gasse 10-12, A-1180 Wien
T: (00431) 40 42 25 01   Fax: 40 42 25 10
President: Fehrer
Contact: Fehrer

Switzerland

iz t 787

Association Suisse des Cliniques Privées
Postfach 29, CH-3073 Gümligen
Moostr. 2, CH-3073 Gümligen
T: (004131) 952 61 33   Fax: 952 76 23
Contact: Wanner (United Kingdom)

United Kingdom

iz t 788

Independent Healthcare Association
Little Russell Street 22, GB- London WC1
T: (004420) 74 30 05 37   Fax: 72 42 26 81
Contact: B. Hassell

iz t 789

BuPA
Bloosmbury Way 15-19, GB- London WC1A 2BA
T: (004420) 7656 20 00, 7656 23 69   Fax: 7656 27 19, 7656 27 29

● **IZ T 790**

Europäischer Verband für Generika (EGA)
European Generic Medicines Association
Association Européenne des médicaments génériques
Postfach 1 93, B-1040 Brüssel
T: (00322) 7 36 84 11   Fax: 7 36 74 38
Internet: http://www.egagenerics.com
E-Mail: info@egagenerics.com
Gründung: 1991
Président: Andrew Kay
Directeur General: Greg Perry

● **IZ T 791**

Europäischer Verband für Gesundheitsinformationen und -Büchereien (AEIBS)
European Association for Health Information and Libraries (EAHIL)
Association Européenne pour l'Information et les Bibliothèques de Santé (AEIBS)
Secretariat
c/o NVB Bureau
Plompetorengracht 11, NL-3512 CA Utrecht
T: (003130) 2 61 96 63   Fax: 2 31 18 30
Internet: http://www.eahil.org
E-Mail: eahil-secr@nic.surfnet.nl
Gründung: 1987
President: Tony McSeán
Contact: Suzanne Bakker (EAHIL Supervisor, e-mail: sbakker@nki.nl)
Verbandszeitschrift: Newsletter to European Health Librarians
Mitglieder: 480

● **IZ T 792**

Europäischer Verband der Tierheilkunde (FEDESA)
European Federation of Animal Health
Fédération Européenne de la Santé Animale
Rue Defacqz 1 B8, B-1000 Brüssel
T: (00322) 5 43 75 60   Fax: 5 37 00 49
Internet: http://www.fedesa.be
E-Mail: fedesa@fedesa.be
Gründung: 1987
President: Dr. Ghislain Follet
Secretary General: Dr. Johan VanHemelrijck (Contact)
Mitglieder: 15 sociétés, 14 associations nationales, 2 affiliés
Mitarbeiter: 10

Mitgliedsorganisationen

Belgien

iz t 793

AGIM
Sq. Marie-Louise 49, B-1000 Brüssel
T: (00322) 2 38 97 11   Fax: 2 31 11 64
Internet: http://www.agim-avgi.be
E-Mail: louis.loontjens@agim-avgi.be
Louis Loontjens

Dänemark

iz t 794

VIF
Strodamvej 50A, DK-2100 Copenhagen
T: (0045) 39 27 09 25   Fax: 39 27 09 18
Internet: http://www.vif.dk
E-Mail: hpk@vif.dk
Henriette Pagh Kohl

Deutschland

iz t 795

Bundesverband für Tiergesundheit e.V. (BfT)
Aennchenplatz 6, 53173 Bonn
T: (0228) 31 82 96   Fax: 31 82 98
Internet: http://www.bft-online.de
E-Mail: bft-animalhealth@t-online.de
Dr. Martin Schneidereit

Frankreich

iz t 796

SIMV
Blvd Haussmann, F-75008 Paris
T: (00331) 53 30 04 00   Fax: 53 30 06 05
Internet: http://www.simv.org
E-Mail: simv@wanadoo.fr
Secrétaire Général: Jean-Louis Hunault

Griechenland

iz t 797

Havepharm
63 Agion Dimitriou Street, GR-17455 Alimos Athen
T: (00301) 9 89 74 32   Fax: 9 88 79 25
E-Mail: stamatis.barbatiotis@spcorp.com
Stamatis Barbatiotis

Großbritannien

iz t 798

NOAH
Gladbeck Way 3 Crossfield Chambers, GB- Enfield EN2 7HF
T: (004420) 83 67 31 31   Fax: 83 63 11 55
Internet: http://www.noah.co.uk
E-Mail: r.cook@noah.co.uk
Roger Cook

Irland

iz t 799

Animal and Plant Health Association (APHA)
7 Whitefriars, Aungier Street, IRL- Dublin 2
T: (003531) 4 75 18 82   Fax: 4 75 18 84
E-Mail: apha@iol.ie
Director: Declan O'Brien

Italien

iz t 800

AISA
Associazione Industrie Salute Animale
Via Accademia 33, I-20149 Mailand
T: (003902) 26 81 02 19   Fax: 26 81 04 05
E-Mail: l.vingiani@federchimica.it
Leonardo Vingiani

Niederlande

iz t 801

FIDIN
Postfach 8 05 23, NL-25086M Den Haag
T: (003170) 3514851   Fax: 3549766
E-Mail: fidin@fidin.nl
Maritza van Assen

Portugal

iz t 802

Associaçao Portuguesa da Indústria Framaceutica-APIFARMA
Rua Pêro da Covilha, 22, P-1400 Lissabon
T: (003512) 13 03 17 80   Fax: 13 03 17 98
Internet: http://www.apifarma.pt
E-Mail: apifarma.board@mail.telepac.pt

Schweden

iz t 803

LIF
Postfach 17608, S-11892 Stockholm
T: (00468) 52 22 15 00   Fax: 52 22 15 01
Internet: http://www.lif.se
E-Mail: berit.karlsson@lif.se
Berit Karlsson

Schweiz

iz t 804

Schweizerische Gesellschaft für Chemische Industrie (SGCI/SSIC)
Nordstr. 15, CH-8035 Zürich
T: (00411) 3 68 17 94   Fax: 3 68 17 70
Internet: http://www.sgci.ch
E-Mail: dieter.grauer@sgci.ch
Dieter Grauer

Spanien

iz t 805

VETERINDUSTRIA
Fernan Flor 8-1° A, E-28014 Madrid
T: (003491) 3 69 21 34   Fax: 3 69 39 67
Internet: http://www.veter.com
E-Mail: sdeandres@veter.com
Santiago De Andrés Juarez

● **IZ T 806**

Europäischer Verbindungsausschuß für Zahnhygiene (ELCDHyg)
Comité de Liaison Européenne pour l'Hygiène dentaire
55 Kemble Road Foresthill, GB- London
T: (00440208) 6 99 35 31   Fax: 4 88 10 67
Gründung: 1979
Contact: S. Lloyd

Mitgliedsorganisationen

Dänemark

iz t 807

Dansk Tanplejerforening
Norre Vildgade 90, DK-1358 København K
T: (004533) 13 82 11   Fax: 93 82 14
Contact: L. Andersen

Schweiz

iz t 808

SDHV
Oberstadt 11, CH-6204 Sempach-Stadt
T: (0041462) 70 65   Fax: 70 61

Italien

iz t 809

AIDI
Via Celentano 16, I-70121 Bari
T: (003980) 5 56 15 02   Fax: 5 24 73 49

Niederlande

iz t 810

NVM
c/o BA Dallinga
GF Kennedylaan 101, NL-3981 GB Bunnik
T: (00313405) 7 10 13

Großbritannien

iz t 811

British Dental Hygienists Association
13 The Ridge, GB- Yatton, Avon, BS19 4DQ
T: (00441934) 87 63 89
Contact: A. Craddock

Deutschland

iz t 812

DDHV
Grotenkamp 22, 48268 Greven
T: (02571) 5 56 87   Fax: 5 56 87

Schweden

iz t 813

Sveriges Tandhygienistforening
c/o SRAT
Postfach 38401, S-10064 Stockholm
T: (00468) 7 20 02 00   Fax: 7 20 00 90
Contact: Anitha Wijkström

Norwegen

iz t 814

Norsk Tannpleierforening
Postfach 9202, N-0134 Oslo
T: (0047220) 5 36 64   Fax: 5 36 60

Spanien

iz t 815

HIDES
c/Lerida N30 Escalera C 10, E-46009 Valencia
T: (00346) 3 47 06 70

Finnland

iz t 816

The Finnish Federation of Dental Hygienists
Mannerheimintie 134 A 8, FIN-00270 Helsinki
T: (003580) 17 90 02   Fax: 62 64 24

● **IZ T 817**

Europäisches Ökologie- und Toxicologiezentrum der Chemie (ECETOC)
European Center for Ecotoxicology and Toxicology of Chemicals
Centre Européen d'Ecotoxicologie et de Toxicologie des Produits Chimiques
Av. E. Van Nieuwenhuyse, 4 Bte 6, B-1160 Brussels
T: (00322) 6 75 36 00   Fax: 6 75 36 25
Internet: http://www.ecetoc.org
E-Mail: info@ecetoc.org
Gründung: 1978
President: J. J. Van de Berg (Solvay)
Secretary General: Dr. F. M. Carpanini
Communications Officer: Sabine Henssler
Mitglieder: 52 full members
Mitarbeiter: 8
Jahresetat: DM 2,5 Mio
Verbandszeitschrift, Monographs, Technical Reports, Joint Assessments of Commodity Chemicals
Redaktion: ECETOC

● **IZ T 818**

Internationale Föderation der Rotkreuz- und Rothalbmondgesellschaften (LICROSS)
International Federation of Red Cross and Red Crescent Societies
Fédération internationale des Sociétés de la Croix-Rouge et du Croissant-Rouge
Postfach 372, CH-1211 Genève 19
Chemin des Crêts 17, Petit-Saconnex, CH-1211 Genève
T: (004122) 730 4222   Fax: 733 0395
Internet: http://www.ifrc.org
E-Mail: secretariat@ifrc.org
Gründung: 1919 (5. Mai)
Präsident(in): Astrid Heiberg
Generalsekretär(in): Didier J. Cherpitel
Mitglieder: 175

● **IZ T 819**

Internationale Gesellschaft der Chirurgie, Orthopädie und der Unfallchirurgie (SICOT)
Société Internationale de Chirurgie Orthopédique et de Traumatologie
40, rue Washington, Bte 9, B-1050 Bruxelles
T: (00322) 648 68 23   Fax: 649 86 01
E-Mail: hq@sicot.org
Gründung: 1929
Verbandszeitschrift: INTERNATIONAL ORTHOPAEDICS
Verlag: Springer Verlag, Postf. 10 52 80, 69042 Heidelberg
Mitglieder: 3000
Mitarbeiter: 5

● **IZ T 820**

WeltHerzVerband
Postfach 117, CH-1211 Geneva 12
34, rue de l'Athénée, CH-1211 Geneva 12
T: (004122) 3 47 67 55   Fax: 3 47 10 28
Internet: http://www.worldheart.org
E-Mail: admin@worldheart.org
Gründung: 1978
Executive Board
President: M.F.C. Maranhão (MD, Brazil)
Vice-President: J.B. Napier (New Zealand)
President Elect: Ph. Poole-Wilson (MD, United Kingdom)
Vice-President Elect: E. Wilson (RN, PhD, Canada)
Past President: T.-F. Tse (MD, Hong Kong)
Past Vice-President: P.D. Murphy (Ireland)
Secretary: J.G. Papp (MD, Hungary)
Treasurer: M. Hunn (United States)
Chairman, Scientific Advisory Board: J.L. Lopez-Sendon (MD, Spain)
Chairman, Foundations' Advisory Board: J.H. Moller (MD, United States)
Continental Representatives Asia-Pacific: S.A. Sheikh (MD, Pakistan)
Lip-Ping Low (MD, Singapore)
Continental Representatives Europe: L. Rydén (MD, Sweden)
J.C. van Deth (The Netherlands)
Continental Representatives Interamerica: H. Faella (MD, Argentina)
R. Esper (MD, Argentina)
Chief Executive Officer: Janet Voûte
Verbandszeitschrift: Heartbeat, CVD Prevention Journal
Redaktion: c/o Central Offical (only for members)
Mitglieder: in 93 Ländern
Mitarbeiter: 6

● **IZ T 821**

Internationale Gesellschaft für Gruppenpsychotherapie (IAGP)
International Association of Group Psychotherapy
Association Internationale de Psychotherapie de Groupe
Bondegatan 21, S-11633 Stockholm
T: (00468) 5060 88 00   Fax: 5060 88 50
Gründung: 1954
President: Roberto de Inocencio (M.D., Spain)
President-Elect: Sabar Rustomjee (FRANZCP, 44 Cummins Road, East Brighton, Vic 3187, Australia, T: (00613) 95 57 74 21, Fax: (00613) 95 57 93 73)
Secretary: Christer Sandahl (Ph.D., Gamla Brogatan 36-38, 11120 Stockholm, Sweden, T: (00468) 24 21 00, Fax: (00468) 24 08 90, E-Mail: christer.sandahl@sandahls.se)
Treasurer: Hans Reijzer (Ph.D.)
Verbandszeitschrift: FORUM
Redaktion: 3666 McTavish St. Montreal, Quebec, Canada
Mitglieder: ca. 800

● **IZ T 822**

Internationale Gesellschaft für Musik in der Medizin e.V.
c/o Sportkrankenhaus Hellersen
Paulmannshöher Str. 17, 58515 Lüdenscheid
T: (02351) 9 45 22 60   Fax: 36 30 35
Gründung: 1982
Vorsitzende(r): Dr. Roland Droh
Hauptgeschäftsführer(in): Dr. Ralph Spintge
Verbandszeitschrift: INTERNATIONAL JOURNAL OF ARTS MEDICINE
Redaktion: Dr. Rosalie Pratt, Ph. D.
Verlag: MMB Inc., Saint Louis, MO 63103-1019 USA
Mitarbeiter: 2

● **IZ T 823**

Internationale Olympische Vereinigung für sportmedizinische Forschung (AIORMS)
International Olympic Association for Sports Medical Research
Association Olympique Internationale pour la Recherche Médico-Sportive c/o CIO
Château de Vidy, CH-1007 Lausanne
T: (004121) 6 21 61 11   Fax: 6 21 62 16
Gründung: 1982
President: H.E.Mr. Juan Antonio Samaranch
Pres. of the Working Group: Prince Alexandre De Mérode

● **IZ T 824**

Internationale Union für Gesundheitserziehung (UIPES)
International Union for Health Promotion and Education
Union Internationale de Promotion de la Santé et d'Education pour la Santé
Immeuble le Berry
2, Rue Auguste Comte, F-92170 Vanves
T: (00331) 46 45 00 59   Fax: 46 45 00 45
E-Mail: iuhpemcl@worldnet.fr
Gründung: 1951
President: Spencer Hagard
Vice-Presidents: H. Arroyo (without portfolio)
J. P. Deschamps (Coordination, Administration & Membership)
M. Mittelmark (without portfolio)
D. Nutbeam (Scientific and Technical Development)
B. Roussille (Organization of the World Conference)
A. Taub (Promotion & Communication)
P. Trowell (Finance and Fund Raising)
Regional Vice-Presidents: A. Eguchi (Northern Part of

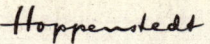

Western Pacific)
F. Fiori (North America)
D. Piette (Europe)
M. Wise (South West Pacific)
Honorary President: R. Senault
Executive Director: M. C. Lamarre
Director of Programmes: A. W. Bunde-Birouste
Verbandszeitschrift: Promotion & Education/Revue internationale de Promotion de la Santé et d'Education pour la Santé
Mitglieder: 2000
Mitarbeiter: 4

● IZ T 825

Internationale Union der Psychologischen Wissenschaft (IUPsyS)
International Union of Psychological Science
Union Internationale de Psychologie Scientifique
School of Psychology, University of Ottawa
Postfach 450, CDN-K1N 6N5 Ottawa Station A
Jean Jacques (00613) 5 62-5169 CDN-K1N 6N5 Ottawa
Internet: http://www.iupsys.org
President: Prof. Dr. Michel Denis (Groupe Cognition humaine, LIMSI-CNRS, Université de Paris-Sud, F-91403 Orsay Cedex)
Secretary General: Prof. Pierre L.-J. Ritchie (School of Psychology, University of Ottawa, 145 Jean-Jacques Lussier, P.O. Box 450, Station A, Ottawa ON K1N 6N5 Canada, Telefax: (00613) 5 62-51 69)
Mitglieder: 63 nationale wissenschaftliche Fachgesellschaften für Psychologie

Member of the International Council of Scientific Unions and of the International Social Science Council
Services: Publishes International Journal of Psychology (Quarterly), Quadrennial Congresses: Beijing-2004; Berlin-2008

● IZ T 826

Internationale Vereinigung für Gerontologie (IAG)
International Association of Gerontology
Association Internationale de Gerontologie
Centre for Ageing Studies, Flinders University of South Australia
Laffer Drive, Science Park, Bedford Park, AUS-South Australia 5042
T: (00618) 82 01 75 52 **Fax:** 82 01 75 51
E-Mail: iag@flinders.edu.au
Gründung: 1950
President: Prof. Gary Andrews (Australia)
Secretary General: Prof. Mary Luszcz (Australia)
Verbandszeitschrift: IAG Newsletter
Redaktion: IAG. Headquarter
Verlag: IAG. Executive Committee
Mitglieder: 62 Mitgliedsländer
Mitarbeiter: 1
Jahresetat: 10000 US-Dollar

● IZ T 827

International Federation of Clinical Chemistry and Laboratory Medicine (IFCC)
Geschäftsstelle:
Centre du Médicament
Université Henri Poincaré Nancy 1
30, rue Lionnois, F-54000 Nancy
T: (00333) 83 35 26 16 **Fax:** 83 32 13 22
Internet: http://www.ifcc.org
E-Mail: gerard.siest@ifcc.u-nancy.fr, chantal.thirion@ifcc.u-nancy.org
Gründung: 1952
President: Prof. Mathias M. Müller (Institute of Laboratory Diagnostics, Kaiser Franz Josef Hospital, Kundrastr. 3, A-1100 Vienna, Austria, T: (00431) 6 01 91 33 01, Fax: 6 01 91 33 09, E-Mail: mathias.mueller@kfj.magwien.gv.at)
Vice-President: Dr. Carl A. Burtis (Health Division, Oak Ridge National Laboratory, P.O. Box 20 08, Oak Ridge, TN 37831-6220, USA, T: (001865) 5 76 29 17, Fax: 5 76 53 81, E-Mail: cxb@ornl.gov)
Past President: Prof. Matthew J. McQueen (Department of Laboratory Medicine, Hamilton Health Sciences Corporation, 237 Barton Street East Hamilton, Ontario L8L 2X2, Canada, T: (001905) 5 27 02 71, Fax: 5 77 80 28, E-Mail: mcquemat@hhsc.ca)
Secretary: Dr. Renze Bais (Express Laboratory, PaLMS, Royal North Shore Hospital, Pacific Highway, St. Leonards, Sydney, Australia 2065, T: (00612) 99 26 74 64, Fax: 99 26 60 69, E-Mail: rbais@me.usyd.edu.au)
Treasurer: Prof. Paolo Mocarelli (University Department of Laboratory Medicine, Hospital of Desio, Via Benefattori 2, 20033 Desio-Milano, Italy, T: (0039362) 38 32 96/255, Fax: 38 34 64, E-Mail: mocarelli@uds.unimib.it)
Corporate Representative: Prof. Wieland Hölzel (Roche Diagnostics GmbH, Bahnhofstr. 9-15, 82327 Tutzing, Germany, T: (008158) 22 42 31, Fax: 22 45 83, E-Mail: wieland.hoelzel@roche.com)
Members: Prof. Christopher Wklam (Department of Chemical Pathology, The Chinese University of Hong Kong, Prince of Wales Hospital, Shatin, Hong-Kong, T: (00852) 26 32 23 32, Fax: 26 36 50 90, E-Mail: waikeilam@cuhk.edu.hk)
Dr. Ghassan Shannan (Military Medical Service, P.O. Box 3 11 47, Damascus, Syria, T: (0096311) 2 77 38 37, Fax: 6 61 57 35, E-Mail: gshannan@cyberia.net.lb)
Dr. Rosa Sierra-Amor (Children's Hospital CRC Ch3rd, 3333 Burnet Avenue, Cincinnati, Ohio 45229, USA, T: (001513) 6 36 74 58, Fax: 6 36 46 95, E-Mail: sierra0@chmcc.org)
Verbandszeitschrift: Journal of the International Federation of Clinical Chemistry
Verlag: Intenational Scientific Communications, PO Box 42, Shelton, CT 06484, USA
Mitglieder: ca. 27000
Mitarbeiter: 1
Jahresetat: DM 0,437 Mio
Landesverbände: Albania, Algeria, Argentina, Australia, Austria, Belgium, Brazil, Bulgaria, Canada, Chile, China (Taipei), Colombia, Croatia, Cuba, Czech, Denmark, Ecuador, Egypt, Federal Republic of Germany, Guatemala, Finland, France, Hong Kong, Hungary, Iceland, India, Indonesia, Iran, Ireland, Israel, Italy, Ivory Coast, Japan, Kenya, Korea (Republic), Kuwait, Latvia, Luxembourg, Mexico, Morocco, Netherlands New Zealand, Nigeria, Norway, Peru, Poland, Portugal, Singapore, Slovenia, South Africa, Spain, Sweden, Switzerland, Syrian Arab Republic, Thailand, Tunisia, United Kingdom, United States of America, Venezuela, Slovakia, Socialist Republic of Vietnam, Yugoslavia (Serbia/Montenegro)

● IZ T 828

Weltverband für Katastrophen- und Notfallmedizin
World Association for Disaster and Emergency Medicine
Association Mondiale pour la Médecine de catastrophe et d'urgence
c/o Marvin C. Birnbaum, MD, PhD
600 Highland Ave. 3rd fl., Madison WI 53792-6733
Gründung: 1976
Président: Knut Ole Sundnes (MD, (Oslo, Norway))
Secrétaire Général: Prof. W. Dick (MD, PhD (Mainz))
Treasurer: Dr. K-A. Norberg, Stockholm
Administrative Office: 1930 Monroe St., Ste. 304, Madison, WI 53711, USA, Fax: (001608) 265-3037
Verbandszeitschrift: Annual Newsletter, Prehospital and Disaster Medicine, Journal
Redaktion: M. Birnbaum, MD (Madison)

● IZ T 829

Mediterraner Club für Brandkatastrophen
Mediterranean Club for Burns and Fire Disasters-WHO Collaborating Centre
Club Méditerranéen pour les Brûlures et Catastrophes d'Incendies-Centre Collaborateur OMS
c/o Prof. M. Masellis, Divisione di Chirurgia Plastica e Centro Ustioni
Ospedale Civico, via C.Lazzaro, I-90127 Palermo
T: (0039091) 6 66 36 31 **Fax:** 59 64 04
E-Mail: mbcpa@cres.it
Président: Prof. S. William Gunn (MD, MS, FRCSC, Switzerland)
Secréraire Général: Prof. Michele Masellis (MD, Italy)
Treasurer: Dr. G. Sferraza-Papa, Palermo
Verbandszeitschrift: Annals of Burns and Fire Disasters
Redaktion: M. Masellis, S.W.Gunn

● IZ T 830

Internationaler Verband für Humanitäre Medizin - Brock Chisholm
International Association for Humanitarian Medicine - Brock Chisholm
Association Internationale pour la Médecine Humanitaire - Brock Chisholm
c/o Prof. S. William Gunn
La Panetière, CH-1279 Bogis-Bossey
T: (004122) 7 76 21 61 **Fax:** 7 76 64 17
Gründung: 1984 (Incorporating the Brock Chisholm Memorial Trust)
Président: Prof. S. William Gunn (MD, MS, FRCSC), Schweiz
Director: Prof. Michele Masellis (MD), Italien
Secretary: Dr. Jean Marie Fonrouge
Verbandszeitschrift: Journal of Humanitarian Medicine-Annals of Burns and Fire Disasters
Administration: Prof. Masellis, Divisione di Chirurgia Plastica, Ospedale Cicico, via Lazzaro, 90127 Palermo, Italien, Tel.: (0039091) 6 66 36 31 Fax: (0039091) 59 64 04, E-Mail: mbcpa@cres.it

● IZ T 831

Internationale Vereinigung der Privatkrankenanstalten (UIHP)
Union Internationale de l'Hopitalisation Privée
81, Rue de Monceau, F-75008 Paris
T: (00331) 45 63 22 08 **Fax:** 43 59 91 80
Gründung: 1936
Leitung Presseabteilung: Francois Engel
Verbandszeitschrift: Hospitalisation Privée
Mitglieder: 1100
Mitarbeiter: 14
Jahresetat: EUR 6 Mio

● IZ T 832

Internationaler Rat für Gesundheit und Leibeserziehung (ICHPER.SD)
International Council for Health, Physical Education, Recreation, Sport and Dance
Association Drive 1900, USA- Reston VA 20191
T: (001703) 4 76-34 62 **Fax:** 4 76-95 27
E-Mail: ichper@aahperd.org
Gründung: 1958
Secretary General: Dr. Dong Ja Yang
Verbandszeitschrift: Journal of the International Council for Health, Physical Education, Recreation, Sport and Dance

● IZ T 833

Internationaler Riechstoffverband (IFRA)
International Fragrance Association
Square Marie-Louise 49, B-1000 Brüssel
T: (00322) 238 99 04 **Fax:** 230 02 65
E-Mail: secretariat@ifraorg.org
Gründung: 1973
Präsident(in): Ron Fenn
Geschäftsführender Direktor: Dr. Maurice Wagner
Wissenschaftlicher Direktor: Dr. Matthias Vey
Mitglieder: 14

● IZ T 834

Internationales Grünes Kreuz (IGC)
International Green Cross
Croix Verte Internationale
Pettenkoferstr. 8a, 80336 München
T: (089) 51 60-3675 **Fax:** 5 50 37 36
Gründung: 1970
Vorsitzende(r): Prof. Dr.med. H. Spiess
Vizepräsident(in): Prof. Dr.med. Urs B. Schaad (Römergasse 8, CH-4005 Basel, T: (0041) 6 16 91-26 26, Fax: (0041) 6 16 91-26 40)
Generalsekretär(in): Prof. Dr.med. K. Stehr (Loschgestr. 15, 91054 Erlangen, T:(09131) 85 31 11/12, Fax: (09131) 85 31 13)

● IZ T 835

Internationales Komitee vom Roten Kreuz (IKRK)
International Committee of the Red Cross (ICRC)
Comité International de la Croix-Rouge (CICR)
19, Av. de la Paix, CH-1202 Genève
T: (004122) 7 34 60 01 **Fax:** 7 33 20 57
Gründung: 1863
Präsident(in): Dr. Jakob Kellenberger
Vizepräsident(in): Prof. Anne Petitpierre
Prof. Dr. Jacques Forster
Verbandszeitschrift: Revue internationale de la Croix-Rouge
Redaktion: Dr. Hans-Peter Gasser
Verlag: CICR, 19, avenue de la Paix, 1202 Genève
Mitglieder: 23
Mitarbeiter: 10000

● IZ T 836

Internationaler Sicherheits-Rat
International Safety Council
Spring Lake Drive 1121, USA- Itasca IL 60143
T: (001630) 7 75-20 56 **Fax:** 2 85-07 97
Gründung: 1995 (31. Januar)
Director of Publicity Department: Charles A. Hurley
International: Darlene Anderson
Verbandszeitschrift: Safety + Health
Verlag: ITASCA IL USA, 1121 Spring Lake Drive, Itasca IL 60143 USA
Mitglieder: 18000
Mitarbeiter: 300
Jahresetat: DM 44 Mio

● IZ T 837

Verband der Europäischen Sozialen Apotheken (VESA)
European Union of the Social Pharmacies (E.U.S.P.)
Union Européenne des Pharmacies Sociales, Mutualistes et Coopératives
Route de Lennik 900, B-1070 Brüssel
T: (00322) 5 29 92 11 **Fax:** 5 29 93 76
E-Mail: mh_cornely@multipharma.be
Gründung: 1960
Präsident(in): William Janssens (GROUPE MULTIPHARMA S.C., Route de Lennik 900, B-1070 Bruxelles, T: (00322) 5 29 92 01, Telefax: (00322) 5 29 92 05)
Secrétaire Général: Marc-Henry Cornely (OPHACO, Route de Lennik 900, B-1070 Bruxelles, T: (00322) 5 29 92 41, Telefax: (00322) 5 29 92 05)
Verbandszeitschrift: FLASH
Redaktion: Marc-Henry Cornely
Mitglieder: 6 societies (2500 pharmacies)
Mitarbeiter: ca. 10000
Jahresetat: DM 0,120 Mio

IZ T 838

Weltbund für Psychische Hygiene (WFMH)
World Federation for Mental Health
1021 Prince Street, USA- Alexandria VA 22314-2971
T: (001703) 8 38-75 43U.S.A.   Fax: 6 84-5968U.S.A., 519-7648
Internet: http://www.wfmh.com
E-Mail: wfmh@erols.com
Gründung: 1948
Präsident(in): Pirkko Lahti
European Regional Vice President: Aart-Ian Vrijlandt
European Regional Council: Josee Van Remoortel (Boulevard Clovis 7, B-1040 Brüssel)
Verbandszeitschrift: Newsletter
Redaktion: WFMH, c/o Sheppard Pratt Hospital, P.O. Box 6815, Baltimore MD 21285
Mitglieder: 3000
Mitarbeiter: 4

IZ T 839

Weltrat für Sportwissenschaft und Leibes-/Körpererziehung (ICSSPE)
International Council of Sport Science and Physical Education
Conseil International pour l'Education Physique et la Science du Sport
Am Kleinen Wannsee 6, 14109 Berlin
T: (030) 8 05-00360   Fax: 8 05-6386
Internet: http://www.icsspe.org
E-Mail: icsspe@icsspe.org
Gründung: 1958
Präsident(in): Prof. Dr. Gudrun Doll-Tepper
Geschäftsführender Direktor: Christophe Mailliet
Leitung Presseabteilung: Detlef Dumon
Verbandszeitschrift: ICSSPE Bulletin
Redaktion: Sportwissenschaft
Verlag: Meyer & Meyer Sports, Von-Coels-Str. 390, 52080 Aachen
Mitglieder: 200 Organisationen

IZ T 840

Welt-Tierärztegesellschaft
World Veterinary Association
Association Mondiale Vétérinaire
Secretariat:
Rosenlunds Allé 8, DK-2720 Vanløse
T: (0045) 38 71 01 56   Fax: 38 71 03 22
E-Mail: wva@ddd.dk
Gründung: 1863
President: Dr. Jim Edwards (5 Kakariki Grove, Waikanae, 6454, New Zealand, T: (00644) 4 71 41 38 (work), T & Fax: (00644) 2 93 49 77 (home), E-Mail: edwardsj@maf.govt.nz (work), edwards.j.&.p@xtra.co.nz (home))
Vice-Presidents: Dr. Herbert Schneider (Veterinary Association of Namibia, P.O. Box 2 96, Windhowk, Namibia, T: (0026461) 22 89 09, Fax: 26 33 20, E-Mail: agri-vet@iafrica.com.na)
Dr. Faouzi Kechrid (Conseil National de l'Ordre des Médecins Vétérinaires de Tunisie, B.P. n° 267, Cité Mahrajéne 1082, Tunis, Tunisia, T & Fax: (002161) 56 50 09 (Council), T: 38 09 90 (work), Fax: 38 02 10 (work), T & Fax: (002161) 76 75 74 (home), E-Mail: conord.vet@planet.tn)
Executive Secretary: Dr. Lars Holsaae
Councillors: Africa: Dr. I.G. Kahiu (Kenya)
Prof. Morkel Terblanche (South Africa)
America (North): Dr. Peter Fretz (Canada)
Prof. Leon Russel (USA)
America (Latin): Prof. Dr. Josélio de Andrade Moura (Brazil)
Dr. J. D. Espinosa (Panama)
East Asia and Oceania: Dr. Shigeru Matsuyama (Japan)
Dr. Garth McGilvray (Australia)
Europe (Eastern): Dr. Karel Daniel (Czech Republic)
Dr. Horatiu Olaru (Romania)
Europe (Western): Dr. Marc Janssens (Belgium)
Dr. Stanislav Knez (Slovenija)
Dr. Olga Sabatakou (Greece)
Dr. Per Thorup (Denmark)
Associate Members: Dr. P. Moisson (Mulhouse, France)
R. C. Krecek (South Africa)
Prof. Dr. Paul Teufel (Berlin, Germany)
Prof. Peter J. Timoney (Lexington, Kentucky, USA)
Mitglieder: 74 Landesmitglieder, 20 Korrespondierende Mitglieder (Welt-Gesellschaften von tierärztlichen Spezialisten), 5 Affiliierte Mitglieder (Handelsunternehmen), 17 Ehrenmitglieder

IZ T 841

Weltverband für Physiotherapie - Europäische Sektion (WCPT-E)
European Region of World Confederation for Physical Therapy
Boulevard Louis Schmidt 119 /2, B-1040 Brüssel
T: (00322) 7 43 82 32   Fax: 7 36 82 51
Internet: http://www.euro-physio.org
E-Mail: euro.physio@belacom.net
Chairman: Antonio Lopes
1. Vice Chairman: Marese Cooney
2. Vice Chairman: Sigrun Knutsdottir

Treasurer: Eckhardt Böhle
General Secretary: Julia Botteley
Mitglieder: 35

IZ T 842

Welt-Vereinigung der Gesellschaft für Pathologie und für Laboratoriumsmedizin (WASP)
World Association of Societies of Pathology (Anatomic and Clinical)
WASP Administrative Office
c/o Japan Clinical Pathology Foundation for Int. Exchange,
Sakura-Sugamo Building 7 F
Sugamo 2-11-1, Toshima-Ku, J- Tokyo 170-0002
T: (00813) 39 49-6168   Fax: 39 49-6168
Internet: http://www.waspalm.org
Gründung: 1947 (November)
President: Dr. Utz P. Merten (Deutschland)
President Elect: Prof. Mikio Mori (Japan)
Secretary General: Prof. Kenneth D. McClatchey (USA)
Treasurer: Dr. George C. Hoffman
Executive Director: Prof. Ikonosuke Sakurabayashi
Verbandszeitschrift: WASP News bulletin
Mitglieder: 57 national Societies

Rechtswissenschaften

IZ T 843

Europäische Gesellschaft für Gesetzgebung (EAL)
European Association of Legislation
c/o Universität Hamburg
Schlüterstr. 28, 20146 Hamburg
T: (040) 4 28 38-30 23, 4 28 38 23 40
Gründung: 1991 (13. Dezember)
Vorsitzende(r): Prof. Dr. Ulrich Karpen (Universität Hamburg, Seminar für öffentliches Recht und Staatslehre, Schlüterstr. 28, 20146 Hamburg)
Mitglieder: 23 korporative und 120 natürliche Mitglieder

IZ T 844

Europäische Rechtsakademie Trier (ERA)
Academy of European Law Trier
Académie de Droit Européen de Trèves
Metzer Allee 4, 54295 Trier
T: (0651) 9 37 37-0   Fax: 9 37 37 90
Internet: http://www.era.int
Gründung: 1992 (22. Juni)
Präs. des Stiftungsrats: Jacques Santer
Vors. des Stiftungsvorstands: Ana Palacio
Akademiedirektor: Dr. Wolfgang Heusel
Leitung Presseabteilung: Romain Gaasch
Mitarbeiter: 34
Jahresetat: DM 4 Mio, € 2,05 Mio

IZ T 845

Europäischer Verband für das Recht auf Nahrung (AEDA)
European Food Law Association
Association Européenne pour le Droit de l'Alimentation
c/o Coutrelis & Associés
Rue de la Loi 235, B-1040 Brüssel
T: (00322) 2 30 48 45   Fax: 2 30 82 06
E-Mail: efla_aeda@hotmail.com
Gründung: 1973
Président: M. C. Cockbill
Contact: Nicole Coutrelis (Secrétaire Général)
Mitglieder: ca. 200

IZ T 846

Institut für Europäisches Medienrecht (EMR)
Nell-Breuning-Allee 6, 66115 Saarbrücken
T: (0681) 9 92 75-0   Fax: 9 92 75-12
Internet: http://www.emr-sb.de
E-Mail: emr@emr-sb.de
Gründung: 1990
Direktor(in): Thomas Kleist
1. Stellvertretende(r) Vorsitzende(r): Reinhold Kopp
Geschäftsführer(in): Alexander Scheuer

IZ T 847

Institut für Internationales Recht (IDI)
Institute of International Law
Institut de Droit International
c/o Institut Universitaire de Hautes Études Internationales
Postfach 36, CH-1211 Genève 21
132, rue de Lausanne, CH-1211 Genève 21
T: (004122) 7 76 06 46, 9 08 57 20 (Secr.)
Fax: 9 08 57 10
E-Mail: gerardi@hei.unige.ch/
Gründung: 1873
Secrétaire Général: Christian Dominicé
Mitglieder: 132

IZ T 848

Internationale Föderation für Europarecht (FIDE)
International Federation for European Law
Fédération Internationale Pour le Droit Européen
c/o Wissenschaftliche Gesellschaft für Europarecht
Universität Heidelberg
Friedrich-Ebert-Platz 2, 69117 Heidelberg
T: (06221) 54-7595   Fax: 54-7655
E-Mail: p.mueller-graff@urz.uni-heidelberg.de
Prof. Dr. Peter-Christian Müller-Graff

Mitgliedsorganisationen

Belgien

iz t 849

Association Belge pour le Droit Européen
c/o Université de Liège - Faculté de Droit
Bd. du Rectorat 7 Bâtiment B 31, B-4000 Lüttich

iz t 850

Belgische Vereniging voor Europees Recht
Bd. Brand Whilclock 30, B-1200 Brüssel

Dänemark

iz t 851

Dansk Forening for Europaret
c/o attorney-at-law Charlotte Friis Bach, Dragsted & Helmer Nielsen Law Firm
Rådhuspladsen 4, DK-1550 Copenhagen V
T: (0045) 33 31 18 94 40

Deutschland

iz t 852

Wissenschaftliche Gesellschaft für Europarecht
Fachgruppe für Europarecht der Gesellschaft für Rechtsvergleichung
Universität Heidelberg
Friedrich-Ebert-Platz 2, 69117 Heidelberg
T: (06221) 54-7595   Fax: 54-7655

Finnland

iz t 853

Finnish Association for European Law
c/o Nordic Law Offices
Mihonhatu 2D, FIN-00100 Helsinki

Frankreich

iz t 854

Association des Juristes Européens
198, av. Victor Hugo, F-75116 Paris
T: (00331) 45 04 61 73   Fax: 45 04 41 43

Griechenland

iz t 855

Association Hellénique pour le Droit Européen
Centre de Droit Economique Européen International
Postfach 14, GR-55102 Kalamaria
T: (003031) 47 34 03

Großbritannien

iz t 856

United Kingdom Association for European Law
King's College
Strand, GB- London WC2R 2LS
T: (004420) 77 22 97 46

Irland

iz t 857

Irish Society for European Law
c/o Office of the Group Law Agent,
Allied Irish Banks, p.l.c.
Bankcentre
Ballsbridge, IRL- Dublin 4

T: (003531) 6 60 03 11 **Fax:** 6 68 96 77
Chairman: Bryan Sheridan (AIB Group, Bankcentre, Ballsbridge, IRL-Dublin 4)

Italien

iz t 858

Associazione Italiana dei Giuristi Europei
Via N. Tartaglia 5, I-00197 Rom
T: (00396) 8 08 15 56

Luxemburg

iz t 859

Association Luxembourgeoise des Juristes Européens
Rue du Fort Niedergrünewald, L-2925 Luxemburg
T: (00352) 43 03-3520 **Fax:** 43 03-2100

Niederlande

iz t 860

Nederlandse Vereniging voor Europees Recht
Weena 666 Gebouw Plaza, NL-3000 AD Rotterdam
T: (003110) 3 96 02 97 **Fax:** 4 04 23 33

Norwegen

iz t 861

Association Norvégienne pour le Droit Européen
c/o Hjort, Eriksrud & Co.
Akersgaten 20, N-0158 Oslo
T: (00472) 42 71 66 **Fax:** 41 24 36

Österreich

iz t 862

Österreichische Gesellschaft für Europarecht
Universitätstr. 2, A-1090 Wien

Portugal

iz t 863

Associacao Portuguesa de Direito Europeo
Rua Castilho 63-6, P-1000 Lissabon
T: (003511) 3 86 33 21 **Fax:** 3 86 23 75

Schweden

iz t 864

Swedish Association for European Law
Swedish Institute of Foreign Law
Postfach 5513, S-11485 Stockholm
T: (00468) 7 83 83 13

Schweiz

iz t 865

Fédération de l'Industrie horlogère suisse FH
Rue d'Argent 6, CH-2501 Biel-Bienne
T: (004132) 28 08 28 **Fax:** 28 08 80
Sekretär: Max Hool

Spanien

iz t 866

Asociacion Espanola para el Estudio del Derecho Europeo
Departamento de Derecho Internacional Publico
Facultad de Derecho Uni. Complutense de Madrid, E-28003 Madrid

Zypern

iz t 867

Cypriot Association for European Law
c/o X. Xenopoulos
2 Limassol Ave., CY- Nicosia
Acting President: Christos Josephides

IZ T 868

Internationale Gesellschaft für Urheberrecht e.V. (INTERGU)
Sitz Berlin
Geschäftsstelle:
Rosenheimer Str. 11, 81667 München
T: (089) 4 80 03-00 **Fax:** 4 80 03-9 69
Geschäftsführender Vorstand:
Prof. Dr. Reinhold Kreile (Vorsitzer)
Jack Black
Prof. Dr. Gerhard Frotz
Dr. Frank Schubert (Schatzmeister)
Ehrenpräs.: Prof. Dr. jur.h.c. Erich Schulze
Generalsekretär(in): Dr. Martin Vogel
Mitglieder: 397

IZ T 869

Internationale Juristen-Kommission (IJK)
International Commission of Jurists (ICJ)
Commission Internationale de Juristes (CIJ)
Postfach 216, CH-1219 Chatelaine Genf
81 A, avenue de Châtelaine, CH-1219 Chatelaine Genf
Gründung: 1952
Generalsekretär(in): Louise Doswald-Beck
Verbandszeitschrift: ICJ Review, ICJ Newsletter, Sonderberichte (in Englisch und/oder Französisch und/oder Spanisch)
Mitglieder: satzungsgemäß bis zu 45 Juristen (gewählt)
Mitarbeiter: 14
Nationale Sektionen und angeschlossene Organisationen: 80

iz t 870

Deutsche Sektion der Internationalen Juristen-Kommission e.V.
Nowackanlage 15, 76137 Karlsruhe
T: (0721) 38 86 99 **Fax:** 35 82 63

IZ T 871

Internationale Seerecht Kommission (CMI)
International Maritime Committee
Comité Maritime International (CMI)
Markgravestraat 9, B-2000 Antwerpen
T: (00323) 2 27 35 26 **Fax:** 2 27 35 28
E-Mail: admini@CMI.IMC-ORG
President: Patrick Griggs
Verbandszeitschrift: CMI NEWSLETTER
Redaktion: CMI Secretariat, Antwerpen
Verlag: Scandinavian University Press, Holländergatan 20, S-10365 Sweden, T: (00468) 4 40 80 41, Fax: (00468) 4 40 80 50
Mitglieder: 54

Deutsche Landesgruppe:

iz t 872

Deutscher Verein für Internationales Seerecht e.V.
Esplanade 6 IV, 20354 Hamburg
T: (040) 3 50 97-0 **Fax:** 3 50 97-2 11
Mitglieder: 293

IZ T 873

Internationale Vereinigung für Versicherungsrecht (AIDA)
International Association for Insurance Law
Association Internationale de Droit des Assurances
c/o Barlow Lyde & Gilbert, Beaufort House
15 St. Botolph Street, GB- London EC3A 7NJ
T: (004420) 72 47-22 77 **Fax:** 77 82-85 00
Internet: http://www.aida.org.uk
E-Mail: mmendelowitz@blg.com.au
Gründung: 1960
President: Mikael Rosenmejer (Plesner & Gronborg, 34 Esplanaden, DK-1263 Copenhagen K, Denmark, T: (04533) 12-1133, Fax: 12-0014, E-mail: rosenmejer@pglaw.dk)
Vice-President: Dr. Emilio M. Bullo (Estudio Bullo, Carlos Pellegrini 1069, Piso 10, 1009 Buenos Aires, Argentina, T: (0541) 320-9600, Fax: 320-9699, E-mail: ebullo.com.ar)
Prof. Dr. Agostino Gambino (Via dei Tre Orologi n. 14/a, I-00197 Roma, Italy, T: (0396) 80 888 55, Fax: 80 704 83)
Michael Gill (Phillips Fox, 255, Elizabeth Street, Sydney, NSW 2000, Australia, T: (0612) 9286 8000, Fax: 9283 4144, E-mail: mjg@sydney.phillipsfox.com.au)
Mitglieder: 53 national sections

IZ T 874

Internationale Vereinigung juristischer Bibliotheken (IALL)
International Association of Law Libraries
Association Internationale des Bibliothèques Juridiques
Postfach 5709, USA- Washington, D.C. 20016-1309
T: (001202) 7 07-9866 **Fax:** 7 07-1820
Internet: http://www.iall.org
Gründung: 1959

President: Officers: Larry B. Wenger (University of Virginia, Law Library, 580 Massie Road, Charlottesville, VA 22903 1789 USA, Telefax: (001801) 804-924- 33 84, Fax: 804-924-72 39, E-Mail: lbw@virginia.edu)
Second Vice President: Holger Knudsen (Max-Planck-Institut fuer ausländisches und internationales Privatrecht, Mittelweg 187, 20148 Hamburg, T: 040-1 90 02 26, Fax: 1 90 02 88, E-Mail: knudsen@mpipriv-hh.mpg.de)
Secretary: Marie-Louise H. Bernal (Law Library of Congress, Office of the Law Librarian, LM 240 101 Independence Avenue, S.E., Washington, DC 20540-3000, USA, T: (001202) 202-707- 98 66, Fax: 202-707-18 20, E-Mail: mber@loc.gov)
Treasurer: Gloria F. Chao (Rutgers University School of Law Library, 217N. 5th Street, Camden, NJ 08102, USA, T: (001801) 609-225-64 57, Fax: 609-225-64 88, E-Mail: chao@camden.rutgers.edu)
Members of the Board of Directors: Joan A. Brathwaite (University of the West Indies, Faculty of Law Library, Cave Hill Campus, Bridgetown, Barbados, W.I., T: (001809) 246-417- 42 49, Fax: 246-424-13 18, E-Mail: lawlib@carib-surf.com)
Richard A. Danner (Duke University School of Law, Box 90361, Durham, NC 27708-0361, USA, T: (001202) 919-613-71 15, Fax: 919-613-72 37, E-Mail: danner@law.duke.edu)
Jacqueline Elliott (High Court of Australia Library, P.O.BoxE435, Kingston, A.C.T., Australia 2604, T: (006102) 62 70 69 22, Fax: 62 73 21 10, E-Mail: jelliott@hcourt.gov.au)
Britt S.M. Kjolstad (United Nations Library, Palais des Nations B. 148, 8-14 Avenue de la Paix, CH-1211 Geneva 10, T: (004122) 917 30 65, Fax: 917 01 57, E-Mail: bkjolstad@unog.ch)
Ann Morrison (Dalhousie Law School, 60 61 University Avenue, Halifax, Nova Scotia, Canada B3 H 4H9, T: (00902) 494 2640, Fax: 494 66 69, E-Mail: morriso6@is.dal.ca)
Harald Mueller (Max-Planck-Institut für ausländisches öffentliches Recht und Voelkerrecht, Im Neuenheimer Feld 535, 69120 Heidelberg, T: 06221) 48 22 19, Fax: 48 22 88, E-Mail: harald.mueller@mpiv-hd.mpg.de)
Lisbeth Rasmussen (University of Copenhagen, Law Students' Libbrary at the Faculty of Law, Studiestraede 34, DK-1455 Copenhagen, (0045) 35 32 33 03, Fax: 35 32 33 13, E-Mail: lisbeth.rasmussen@jur.ku.dk)
Jules Winterton (University of London, Institute of Advanced Legal Studies, 17 Russell Square, London WC1B 5DR, T: (0044171) 6 37 17 31, Fax: 5 80 96 13, E-Mail: julesw@sas.ac.uk)
Verbandszeitschrift: International Journal of Legal Information
Mitglieder: 600

IZ T 875

Internationale Vereinigung von Versicherungsjuristen (AIDA)
Association Internationale de Droit des Assurances
Deutsche Landesgruppe:
c/o Dt. Verein für Versicherungswissenschaft e.V.
Johannisberger Str. 31, 14197 Berlin
T: (030) 8 21 20 31 **Fax:** 8 22 28 75
Vorsitzende(r): Prof. Dr.jur. Ulrich Hübner, Köln

IZ T 876

Internationales Institut für die Vereinheitlichung des Privatrechts (UNIDROIT)
International Institute for the Unification of Private Law
Institut International pour l'Unification du Droit Privé
28, Via Panisperna, I-00184 Rom
T: (003906) 69 62 11 **Fax:** 69 94 13 94
Internet: http://www.unidroit.org
E-Mail: unidroit.rome@unidroit.org
Gründung: 1926
President: Berardino Libonati
Secretary General: Prof. Dr. Herbert Kronke
Verbandszeitschrift: UNIFORM LAW REVIEW
Mitglieder: 58 Governments

IZ T 877

Transeuropäischer Verband von Rechtsanwaltskanzleien (TELFA)
Trans European Law Firms Association
Association Transeuropéenne pour Etudes d'Avocats
Rue du Monastere/Munsterstr.10, B-1000 Brüssel
T: (00322) 7 35 02 06 **Fax:** 7 35 37 13
Gründung: 1990
Président: Andrew Baker
Contact: Giancarlo Agace
Mitglieder: 19
Mitarbeiter: 1

Internationale Beziehungen, Europäische Fragen

IZ T 878

Europäische Rektorenkonferenz (CRE)
10 rue du Conseil Général, CH-1211 Genf 4
T: (004122) 3 29 22 51 **Fax:** 3 29 28 21

IZ T 878

Internet: http://www.unige.ch/cre
E-Mail: info@cre.unige.ch
President: Kenneth Edwards (Universität Leicester)
Vice-President: Paolo Blasi (Universität Florenz)
Lucy Smith (Universität Oslo)
Treasurer: Hélène Lamicq (Universität Paris XII)
Board Members: Alberto Amaral (Universität Porto)
Michael Daxner (Universität Oldenburg)
Janina Jozwiak (Warsaw School of Economics)
André Oosterlinck (Katholische Universität Leuven)
Ludvik Toplak (Universität Maribor)
Secretary General: Andris Barblan
Mitglieder: 540 Universitäten, Hochschulen und assoziierte Mitglieder in 41 europäischen Ländern

● IZ T 879

Akademie Europa
Forschungs- und Weiterbildungseinrichtung der CESI
Academie Europe
Centre for Research and Training of the CESI
Academie Europe
Centre de Formation et de Recherche de la CESI
Avenue de la Joyeuse Entrée 1-5, B-1040 Brüssel
T: (00322) 2 82 18 60 **Fax:** 2 82 18 72
E-Mail: cesi.akad.eur@skynet.be
Gründung: 1990
Leiter: Guy Lemoine

● IZ T 880

Alcide de Gasperi-Institut für europäische Studien (ISE)
Institute of European Studies Alcide de Gasperi
Institut d'études européennes Alcide de Gasperi
Via Poli 29, I-00187 Roma
T: (003906) 6 78 42 62 **Fax:** 6 79 41 01
Gründung: 1952
Präsident(in): Giuseppe Schiavone
Dir. (Ricerca): Umberto Leanza
Sekr.: Cesare Selva
Verbandszeitschrift: Annali/ISE

● IZ T 881

Centre for European Policy Studies (CEPS)
Place du Congrès 1, B-1000 Brüssel
T: (00322) 2 29 39 11 **Fax:** 2 19 41 51
Gründung: 1983
Direktor(in): Peter Ludlow
Kontaktperson: Dominic Gilmore
Verbandszeitschrift: CEPS News (Newsletter)
Mitglieder: 90 Corporate Members; 140 Public Organisations, 20 Private Service Organisations, 60 Individuals
Mitarbeiter: 40

● IZ T 882

Europäischer Rat für Lateinamerika-Forschung (CEISAL)
European Council for Research in Social Sciences on Latin America
Conseil Européen de Recherche en Sciences Sociales sur l' Amérique Latine
c/o Université de Toulouse-le-Mirail - Prof. Dr. Romain Gaignard
5, Allées Antonio Machado, F-31058 Toulouse Cédex
T: (0033) 61 50 49 99 **Fax:** 61 50 43 50
Gründung: 1971
Presidente Honorario: Prof. Dr. Hanns-Albert Steger (Spardorfer Str. 55, 91054 Erlangen, T: (09131) 2 66 62, Telefax: (09131) 2 96 60)
Presidente: Prof. Dr. Romain Gaignard (Université de Toulouse-le-Mirail, 5, Allées Antonio Machado, F-31058 Toulouse Cedex, T: (0033) 5 61 50 49 99, Telefax: (0033) 61 50 43 50)
Vice-Presidente: Prof. Dr. Andrzej Dembicz (CESLA - Centro de Estudios Latinoamericanos, Universidad de Varsovia, ul. Zurawia 4, P-00-503 Varsovia, (00482) 6 25-30-98, Telefax: (00482) 6 25-31-70)
Tesorero: Prof. Dr. Claude Bataillon (GRAL-CNRS, Maison de la Recherche, Université de Toulouse-le-Mirail, 5, Allées Antonio Machado, F-31058 Toulouse 56 34 14 o 44 16, Telefax: (0033) 61 50 49 25)
Communication: Marie Christine Lacoste (GRAL-CNRS, Maison de la Recherche, Université de Toulouse-le-Mirail, 5, Allées Antonio Machado, F-31058 Toulouse Cedex, T: (0033) 61 50 43 08, Telefax: (0033) 61 50 49 25)
Mitglieder: 30 Institute, 30 Forscher
Sede Juridica: c/o Instituto Austríaco para América Latina (Österreichisches Lateinamerika-Institut), Schlickgasse 1, A-1090 Wien, T: (00431) 3 10 74 66, Telefax: (00431) 3 10 74 68 21

● IZ T 883

Europäisches Bildungsinstitut e.V. (CIFE)
Centre international de formation européenne
Hauptverwaltung: 10, Avenue des Fleurs, F-06000 Nice, T: (0033) 4 93 97 93 97, Fax: (0033) 4 93 97 93 98
Gesellschaftssitz: Maison de l'Europe
35-37 rue des Francs-Bourgeois, F-75004 Paris
Internet: http://www.cife.org
E-Mail: cife@webstore.fr
Gründung: 1954
Präsident(in): Michel Albert
Generaldirektor: Ferdinand Graf Kinsky
Leitung Presseabteilung: Arnaud Marc-Lipiansky
Verbandszeitschrift: L'Europe en formation
Redaktion: Departement Presses d'Europe
Verlag: CIFE, 10 avenue des Fleurs, F-06000 Nice
Mitglieder: 112
Mitarbeiter: 20

Europäisches Studium und Bildungsarbeit, gestützt auf Forschung, Lehre und eigene Publikationen. Gegenstand sind die Zielsetzung und praktischen Probleme des europäischen Zusammenschlusses, insbesondere die Rolle und Aufgabe Europas in der heutigen Welt sowie die grundlegenden gesellschaftspolitischen Fragen europäischer Dimension. In Forschung und Bildung werden Modelle für die künftigen politischen, wirtschaftlichen, gesellschaftlichen und kulturellen Strukturen Europas erarbeitet. Im Mittelpunkt steht der Föderalismus als Orientierungsmodell.

● IZ T 884

Europäisches Institut für internationales Hochschulstudium Nizza (IEHEI)
Nice Institut Européen des Hautes Etudes Internationales-Berlin-Rom
Geschäftsführung:
10, Avenue des Fleurs, F-06000 Nice
T: (003493) 97 93 70 **Fax:** 93 97 93 71
Internet: http://www.cife.org
E-Mail: iehei@wanadoo.fr, cife@webstore.fr
Gründung: 1966
Leiter(in): Claude Nigoul
Presseabteilung: Mlle Valérie Charpentier
Mitglieder: 100
Mitarbeiter: 10/12

● IZ T 885

Europäisches Institut für öffentliche Verwaltung (EIPA)
European Institute of Public Administration
Institut européen d'Administration publique
Postfach 1229, NL-6201 BE Maastricht
O.L. Vrouweplein 22, NL-6201 BE Maastricht
T: (003143) 32 96-222 **Fax:** 32 96-296
Internet: http://www.eipa.nl
E-Mail: info@eipa-nl.com
Gründung: 1981
Leitung Presseabteilung: Veerle Deckmyn
Verbandszeitschrift: EIPASCOPE (3 x year), Head, Information, Documentation, Publications-Services
Redaktion: EIPA-Publication Services
Verlag: EIPA, Maastricht
Mitglieder: 48 Staff, 30 Faculty

Mitgliedsorganisationen

iz t 886

Bureau de Représentation de l'Institut Européen
Rue d'Egmont 11, B-1050 Brüssel
T: (00322) 502 10 06
E-Mail: alain.guggenbuhl@euronet.be
Kontaktperson: Alain Guggenbuhl

iz t 887

Centre Européen de la Magistrature et des Professions juridiques
European Centre for Judges and Lawyers
Circuit de la Foire Internationale 2, L-1347 Luxembourg-Kirchberg
T: (00352) 42 62 30-1 **Fax:** 42 62 37
E-Mail: eipa@eipa.net

iz t 888

European Centre for the Regions (EIPA-ECR)
C/Girona 20, E-08010 Barcelona
T: (003493) 5 67 24 00 **Fax:** 5 67 23 99
E-Mail: eipa@eipa-ecr.com
Directeur: Eduardo Sanchez Monjo
Kontaktperson: Raymond Pelzer (e-mail: r.pelzer@eipa-ecr.com)

● IZ T 889

OIER
DONAUEUROPÄISCHES INSTITUT

OIER - Donaueuropäisches Institut, Organisation für Internationale Wirtschaftsbeziehungen
Konsultativstatus beim Wirtschafts- und Sozialrat der Vereinten Nationen und beim Europarat

Präsidium und Vorstandssekretariat:
Am Stadtpark 9, A-1030 Wien
T: (00431) 7 17 07-3344 **Fax:** 7 17 07-1656
E-Mail: rzb-oier@rzb.at
Gründung: 1947
Präsident(in): Dr. Christoph Leitl (Präsident der Wirtschaftskammer/ Wirtschaftsbund)
Vizepräsident(in): Generaldirektor Konsul Komm. Rat Dr. Ludwig Scharinger
Dipl.-Kfm. Gerhard Randa
Prof. Dr.h.c. Günther A. Granser
Botschafter Dr. Helmut Liedermann
Gen. Dir. Stv. Komm. Rat Dkfm. Dr. Herbert Stepic
Geschäftsführender Vorstand: Mag. Peter Dubsky (Am Stadtpark 9, A-10130 Wien)

Kontaktpflege vor allem im mittel- und osteuropäischen Wirtschaftsraum.

● IZ T 890

Institut für Europäisch-Lateinamerikanische Beziehungen (IRELA)
Institute for European-Latin American Relations
Instituto de Relaciones Europeo-Latinoamericanas
C/Serrano 187-189, E-28006 Madrid
T: (003491) 5 61 72 00 **Fax:** 5 62 64 99
Internet: http://www.irela.org
E-Mail: info@irela.org
Gründung: 1984 (Oktober)
President: Rolf Linkohr
Vice President: Roberta Lajous
Generalbevollmächtigter: Wolf Grabendorff (Founding Director)
Mitarbeiter: 25

● IZ T 891

Internationaler Rat für Mittel- und Osteuropastudien (ICCEES)
International Council for Central and East European Studies
Conseil International d'Etudes sur l'Europe centrale et orientale
International Studies Programme, York University, Glendon College
Bayview Avenue 2275, CDN- Toronto, Ontario M4N 3M6
T: (001416) 4 87-6704 **Fax:** 4 87-6851
E-Mail: gl250114@glendon.yorku.ca
Gründung: 1974
Executive Committee:
President: Prof. Leslie Holmes (Department of Political Science, The University of Melbourne, Parkville, Victoria 3052, Australia, E-Mail: lth@politics.unimelb.edu.au, T: (0613) 9344-6565, Fax: 9344-7906)
Vice Presidents: Prof. John D. Elsworth (Department of Russian Studies, University of Manchester, M13 9PL, United Kingdom, E-Mail: john.elsworth@man.ac.uk, T: (044161) 275-3003, Fax: 275-3031)
Prof. Jim Millar (The Institute for Russian and Eurasian Studies, The George Washington University, 2013 G Street, N.W., Suite 401 A, Washington, DC 20052, USA, E-Mail: millar@gwis2.circ.gwu.edu, T: (01202) 994-6342, Fax: 994-5436)
Secretary: Prof. Stanislav J. Kirschbaum (International Council for Central and East European Studies, International Studies Programme, York University, Glendon College, 2275 Bayview Avenue, Toronto, Ontario, Canada M4N 3M6, E-Mail: gl250114@glendon.yorku.ca, T: (01416) 736-2100, Fax: 487-6852)
Hiroshi Kimura (International Research Centre for Japanese Studies, #509, 1-5-3, Ooe, Kitakkutukake-cho, Nishikyo-ku, Kyoto 610-1101, T: (08175) 333-4410, Fax: 333-4409, E-Mail: kimura@nichibun.ac.jp)
Waldemar Melanko (Finnish Institute for Russian and East European Studies, Annankatu 44, 00100 Helsinki, Finland, E-Mail: waldemar.melanko@rusin.fi, T: (03589) 228-54434, Fax: 228-54431)
Thomas Bremer (Oekumenisches Institut, Katholisch-Theologische Fakultaet der Westfaellischen Wilhelms-Universitaet

Münster, Huefferstr. 27, 48149 Münster, E-Mail: th.bremer@uni-muenster.de, T: (049251) 833-1991, Fax: 833-1995)
Georges Mink (Université de Paris X, 92000 Nanterre, Frankreich, E-Mail: mink@u-paris10.fr, T./Fax: (033) 1457 10229)
Dr. Lilia Shevtsova (Moscow Carnegie Center, Tverskaja 16/2, 103009 Moskau, Russland, E-Mail: lilia@carnegie.ru, T: (07095) 935-8904, Fax: 935-8906)
Pertti Piispanen (International Information Centre, Finnish Institute for Russian and European Studies, Annankatu 44, 00100 Helsinki, Finland, E-Mail: pertti.piispanen@rusin.fi, T: (03589) 228-54448, Fax: 228-54431)
Verbandszeitschrift: International Newsletter
Redaktion: Pertti Piispanen, Finnish Institute for Russian and East European Studies, Annakatu 44, 00100 Helsinki, Finnland, E-Mail: pertti.piispanen@rusin.fi, T: (03589) 228-54448, Fax: (03589) 228-54431
Mitglieder: 6000
Mitarbeiter: 10

● **IZ T 892**
Internationales Institut für Verwaltungswissenschaften (IISA)
International Institute of Administrative Sciences (IIAS)
Institut International des Sciences Administratives (IISA)
Rue Defacqz 1, Bte 11, B-1000 Bruxelles
T: (00322) 5 36 08 89   **Fax:** 5 37 97 02
Internet: http://www.iiasiisa.be
E-Mail: iias@iiasiisa.be
Gründung: 1930
President: Ignacio Pichardo Pagaza (Ambassado of Mexico in the Netherlands)
Generaldirektor: Giancarlo Vilella (Italy)
Deutsche Sektion: Präsident: Christoph Hauschild (Bundesministerium des Innern, Graurheindorfer Str. 198, 53117 Bonn)
Verbandszeitschrift: Revue Internationale des Sciences administratives/International Review of Administrative Sciences
Redaktion: Mme. C. Humblet
Mitglieder: 46 Etats Membres, 55 Sections Nationales, 9 OIG et 50 membres Collectifs
Mitarbeiter: 12

● **IZ T 893**
Internationaler Beamtenbund (CIF)
International confederation of public Servants
Confédération Internationale des fonctionnaires
59-63 rue du Rocher, F-75008 Paris
T: (00331) 40 85 08 98   **Fax:** 41 21 46 47
Internet: http://www.cif-net.org
Président: Pierre Trausch ((CGFP), Luxemburg)
Secrétaire Général: Christian Chapuis ((U.F.C.F.P.-CGC), Frankreich)

● **IZ T 894**
Sozialwissenschaftlicher Studienkreis für Internationale Probleme e.V. (SSIP)
Society for the Study of International Problems
Centre d'Etudes des Sciences Sociales pour les Problèmes Internationaux
Geschäftsführung
c/o 1. Vorsitzender Dr. Armin Triebel
Deidesheimer Str. 3, 14197 Berlin
T: (030) 85 10 33 92, 8 22 83 79   **Fax:** 85 00 22 07, 85 10 33 92
E-Mail: atriebel@zedat.fu-berlin.de
Gründung: 1960 (28. Januar)
1. Vorsitzende(r): Dr. Armin Triebel (Deidesheimer Str. 3, 14197 Berlin, E-Mail: atriebel@zedat.fu-berlin.de)
2. Vorsitzende(r): Joachim Mangold (Römerstr. 60, 53111 Bonn, E-Mail: 1169-361@onlinehome.de)
Geschäftsführer(in): Imken Schroko (Südwestkorso 11a, 12161 Berlin)
Leitung Presseabteilung: Dr. Dieter Danckwortt
Dr. Armin Triebel
Verbandszeitschrift: SSIP-Mitteilungen
Redaktion: Dr. Armin Triebel
Mitglieder: 166

● **IZ T 895**
Stiftung Europa Centrum (SEC)
Europa Centrum Fondation
Fondation Europa Centrum
Riouwstraat 137, NL-2585 HP Den Haag
T: (003170) 3 50 86 20   **Fax:** 3 58 76 06
Präsident(in): Drs. J. G. Hoogduin
Direktor(in): Drs. M. Scheurkogel (Ltg. Presseabteilung)
Mitarbeiter: 3
Jahresetat: DM 0,2 Mio

Kommunikation, Druck- und Zeitungswissenschaften

● **IZ T 896**
Deutschsprachige Flexodruck-Fachgruppe e.V. (DFTA)
Verbunden mit F.T.A. Inc. (Flexographic Technical Association) USA und EFTA (UK) Ltd. (European Flexographic Technical Association, United Kingdom Group)
Nobelstr. 5B, 70569 Stuttgart
T: (0711) 6 79 60-0   **Fax:** 6 79 60-20
Internet: http://www.dfta-tz.de
E-Mail: dfta@dfta-tz.de
Gründung: 1979 (27. September)
Vorsitzende(r): Senator Wolfgang Kurz (i. Verwaltungsgesellschaft Kurz GbR, Hindenburgstrasse 3, 91555 Feuchtwangen T: (09852) 61 48 70, Fax: 61 48 72)
Geschäftsführer(in): Dipl.-Volksw. Runald Probst
Verbandszeitschrift: Flexoprint
Redaktion: Keppler Verlag
Verlag: Keppler Verlag
Mitglieder: 370 (Stand 31.12.96)

● **IZ T 897**
Europäische Organisation des Fernmeldewesen über Satellit (EUTELSAT)
European Telecommunications Satellite Organization
Organisation Européenne de Télécommunications par Satellite
Tour Maine-Montparnasse
70, rue Balard, F-75502 Paris Cedex 15
T: (00331) 53 98 47 47   **Fax:** 53 98 37 00
Internet: http://www.eutelsat.org
E-Mail: infomaster@eutelsat.org
Gründung: 1977
Director Administration and Finance: David G. Hardman
Director General: Giuliano Berretta
Kaufm. Direktor: Volker Steiner
Technical Director: Andreas Langemeyer
Head of Press Department: Vanessa O'Connor
Verbandszeitschrift: EUTELSAT News, EUTELSAT Infos
Verlag: EUTELSAT
Mitglieder: 45 European States
Mitarbeiter: 230

● **IZ T 898**
Europäischer Verband für elektronische Nachrichten (EEMA)
The European Forum for Electronic Business
Association Européenne pour Messages Electroniques
Secretariat:
EEMA Executive Office
Alexander House, GB- Inkberrow Worcs WR7 4DT
T: (00441386) 79 30 28   **Fax:** 79 32 68
Gründung: 1987
Membership Director: Jim Dickson
Roger Dean (Alexander House, Inkberrow, Worcs, WR7 4DT, United Kingdom, T: (0044/386) 79 30 28, Telefax: (0044/386) 79 32 68, E-Mail: info@eema•org)
Leitung Presseabteilung: Catherina Rolinston
Verbandszeitschrift: EEMA Briefing
Mitglieder: 300
Mitarbeiter: 10

● **IZ T 899**
Europäischer Verband für Kabelverbreitung (APEC)
Association of Private European Cable Communications Operators
Boulevard Anspach 1, bte 25, B-1000 Brüssel
T: (00322) 2 23 25 91   **Fax:** 2 23 06 96
Gründung: 1955
Président: M. De Sutter
Mitglieder: 24
Mitarbeiter: 6
Jahresetat: DM 0,7 Mio

● **IZ T 900**
Europäisches Medieninstitut e.V.
European Institute for the Media
Institut Européen de la Communication
Zollhof 2a, 40221 Düsseldorf
T: (0211) 9 01 04-0   **Fax:** 9 01 04-56
Internet: http://www.eim.de
E-Mail: Info@eim.de
Gründung: 1983
Präsident(in): Joan Majó i Cruzate, Barcelona
Generaldir.: Prof. Dr. Jo Groebel
Forschungsleiter: Runar Woldt
Mitarbeiter: ca. 40
Publikationen: Bulletin (vierteljährlich)
Media Monographs, Mediafacts, Working Papers (unregelmäßig), Europäisches Medieninstitut, Kaistr. 13, 40221 Düsseldorf

Das Europäische Medieninstitut führt Forschungsprojekte und Veranstaltungen zur Rolle und Entwicklung der Kommunikationsmedien (Presse, Rundfunk/TV, Neue Medien) in Europa durch.

● **IZ T 901**
Internationale Organisation für Telekommunikation per Satellit (INTELSAT)
International Telecommunications Satellite Organization
Organisation internationale des télécommunications par satellites
International Drive NW 3400, USA- Washington DC 20008
T: (001202) 9 44-6800   **Fax:** 9 44-7890
Gründung: 1964 (20.August)
Generaldirektor: Conny Kullman
Director: Tony Trujillo (Corporate/Communications)
VP Len Dooley (External affairs)
Mitglieder: 143
Mitarbeiter: 650

● **IZ T 902**
Internationale Fernmelde-Union (ITU)
International Telecommunication Union (ITU)
Union internationale des télécommunications (UIT)
Headquarters:
Place des Nations, CH-1211 Genf 20
T: (004122) 7 30 51 11   **Fax:** 7 33 72 56
Internet: http://www.itu.int
E-Mail: itumail@itu.int
Gründung: 1865 (17. Mai)
Generalsekretär(in): Yoshio Utsumi, Japan
Stellvertretende(r) Generalsekretär(in): Roberto Blois, Brasilien
Direktor(in): Robert W. Jones (Radiocommunication Bureau), Canada
Hamadoun Touré (Telecommunication Development Bureau), Mali
Houlin Zhao (Telecommunication Standardization Bureau), China
Leitung Presseabteilung: Francine Lambert
Verbandszeitschrift: ITU News
Redaktion: Patricia Lusweti, Managing Editor
Mitglieder: 189 Member States and 657 Sector Members
Mitarbeiter: 770 of 83 nationalities

● **IZ T 903**
Internet Corporation for Assigned Names and Numbers (ICANN)
4676 Admiralty Way, Suite 330, USA- Marina del Rey CA 90292
T: (001310) 8 23-9358   **Fax:** 8 23-8649
Internet: http://www.icann.org
E-Mail: icann@icann.org
Board or Directors:
Chairperson: Vinton G. Cerf
Directors: Amadeu Abril i Abril
Karl Auerbach
Robert Blokzijl
Ivan Moura Campos
Jonathan Cohen
Philip Davidson
Frank Fitzsimmons
Ken Fockler
President/CEO: Michael Roberts
Masanobu Katoh
Hans Kraaijenbrink
Sang-Hyon Kyong
Andy Müller-Maguhn
Jun Murai
Alejandro Pisanty
Nii Quaynor
Michael Roberts
Helmut Schink
Linda S. Wilson

● **IZ T 904**
Internationale Filmarchiv-Vereinigung (FIAF)
International Federation of Film Archives
Fédération Internationale des Archives du Film
Rue Defacqz, 1, B-1000 Brüssel
T: (00322) 5 38 30 65   **Fax:** 5 34 47 74
Internet: http://www.fiafnet.org
E-Mail: info@fiafnet.org
Gründung: 1938
President: Ivan Trujillo (Mexico)
Secrétaire Général: Roger Smither (London)
Senior Administrator: Christian Dimitriu
Verbandszeitschrift: Journal of Film Preservation
Redaktion: R. Daudelin, FIAF Secrétariat
Mitglieder: 125
Mitarbeiter: 5

IZ T 905
Internationale Satelliten-Mobilfunk-Organisation (Inmarsat)
International Mobile Satellite Organization
Organisation Internationale de télécommunications mobiles par satellites
99 City Road, GB- London EC1Y 1AX
T: (004420) 77 28 10 00 **Fax:** 77 28 10 44
Internet: http://www.inmarsat.org
Gründung: 1982 (1. Februar)
Manager of Media Relations: Elizabeth Hess
Verbandszeitschrift: Via Inmarsat
Mitarbeiter: 400 Permanent Staff

IZ T 906
Internationale Organisation der Luftfahrt (SITA)
Airline Telecommunication and Information Services
Société Internationale de Télécommunications Aéronautique
Le Galion
Av.Henri Matisse 14, B-1040 Brüssel
T: (0322) 74505-15 **Fax:** 74505-17
Internet: http://www.sita.int
E-Mail: pardwxs@typeb.sita.int
Gründung: 1949
Generaldirektor: J. Watson
Secretary General: Francis Titley
Verbandszeitschrift: SITAFORUM
Redaktion: Information & Communication Division
Verlag: Rue Paul Lafargue 18, F-92904 Paris-La Défense Cedex
Mitglieder: 4320
Mitarbeiter: 600

IZ T 907
Internationale Föderation für Informationsverarbeitung (IFIP)
International Federation for Information Processing
Fédération Internationale pour le Traitement de l'Information
IFIP Secretariat
Hofstr. 3, A-2361 Laxenburg
T: (00432236) 7 36 16 **Fax:** 73 61 69
Internet: http://www.ifip.or.at/
E-Mail: ifip@ifip.or.at
Executive Director: Plamen Nedkov

IZ T 908
Internationale Vereinigung für Kommunikationsforschung (IAMCR)
International Association for Media and Communication Research
Association Internationale des Etudes et Recherches sur l'Information AIERI
c/o Aalborg University
Kroghst. 3, DK-92220 Aalborg East
T: (0045) 9635 9038 **Fax:** 9815 6869
Internet: http://www.humfak.auc.dk/iamcr
Gründung: 1957
President: Manuel Pares i Maicas (Spanien)
President elect: Frank Morgan (Australien)
Secretary General: Ole Prehn (Dänemark)
Verbandszeitschrift: IAMCR Newsletter, Monographs, Book Series
Mitglieder: 2200 (individuals and institutions)

IZ T 909
Federation of European Industrial Editors Association (FEIEA)
c/o BACB
42 Borough High Street, GB- London SW1 1XW
T: (004420) 73 78 71 39 **Fax:** 73 78 71 40
Internet: http://www.feiea.org.uk
E-Mail: secgen@feiea.org.uk

IZ T 910
Internationale Vereinigung der Musikbibliotheken, Musikarchive und Musikdokumentationszentren (IVMB) - Gruppe Bundesrepublik Deutschland e.V.
International Association of Music Libraries, Archives and Documentation Centres (IAML)
Association Internationale des Bibliothèques, Archives et Centres de Documentation Musicaux (AIBM)
c/o Staatsbibliothek zu Berlin, Generaldirektion
10102 Berlin
T: (030) 2 66-0
Gründung: 1951 (in Paris)
Präsident(in): Prof. Dr. Wolfgang Krueger (c/o Hochschule für Bibliotheks- und Informationswesen, Wolframstr. 32, 70191 Stuttgart, T: (0711) 2 57 06-170, Fax: (0711) 2 57 06-301, E-Mail: krueger@hbi-stuttgart.de)
Vizepräsidentin: Brigitte Geyer (Leipziger Städtische Bibliotheken, Musikbibliothek, Wilhelm-Leuschner-Platz 10/11, 04107 Leipzig, T: (0341) 1 23-5383, Fax: (0341) 1 23-5305, E-Mail: bgeyer@leipzig.de)
Sekretär: Stefan Domes (c/o Städtische Bibliotheken, Musikbibliothek, Freiberger Str. 33, 01067 Dresden, T: (0351) 86 48-250, Fax: (0351) 86 48-102, E-Mail: domes@bibo-dresden.de)
Schatzmeisterin: Petra Wagenknecht (c/o Hochschule der Künste, Hochschulbibliothek, Hardenbergstr. 33, 10623 Berlin, T: (030) 31 85-2694, Fax: (030) 31 85-2679, E-Mail: wagenkne@mail.hdk-berlin.de)
Verbandszeitschrift: Fontes Artis Musicae
Redaktion: John Wagstaff (GB)
Verlag: A-R-Editions, 801 Deming Way, Medison WI 53717, USA
Mitglieder: 235 (national), ca. 2000 (international)

IZ T 911
Internationaler Archivrat (ICA)
International Council on Archives
Conseil International des Archives
60, rue des Francs-Bourgeois, F-75003 Paris
T: (0331) 40 27 63 06 **Fax:** 42 72 20 65
Internet: http://www.ica.org
E-Mail: ica@ica.org
Gründung: 1948
Präsident(in): Elisa de Santos (Spain)
Verbandszeitschrift: Archivum
Redaktion: Secrétariat du CIA, 60 rue des Francs-Bourgeois, F-75003 Paris (Editeur)
Mitglieder: 1594
Mitarbeiter: 4

IZ T 912
Internationaler Rat für Forschung und Innovation in Bau und Konstruktion
International Council for Research and Innovation in Building and Construction
CIB General Secretariat:
Postfach 1837, NL-3000 BV Rotterdam
Kruisplein 25g, NL-3014 DB Rotterdam
T: (003110) 4 11 02 40 **Fax:** 4 33 43 72
Internet: http://www.cibworld.nl
E-Mail: secretariat@cibworld.nl
Gründung: 1953
Mitglieder: 500 Institute und Betriebe in 100 Ländern
Mitarbeiter: 6

IZ T 913
Internationaler Verband der bibliothekarischen Vereine und Institutionen (IFLA)
International Federation of Library Associations and Institutions
Fédération Internationale des Associations de Bibliothécaires et des Bibliothèques
Postal address:
Postfach 95312, NL-2509 CH Den Haag
T: (003170) 3 14 08 84 **Fax:** 3 83 48 27
Internet: http://www.ifla.org
E-Mail: ifla@ifla.org
Royal Library (Königliche Bibliothek), Prins Willem-Alexanderhof 5, NL-Den Haag (Niederlande)
Gründung: 1927
President: Christine Deschamps, France
Generalsekretär(in): Ross Shimmon
Leitung Presseabteilung: Josche Neven
Verbandszeitschrift: IFLA Journal
Redaktion: IFLA HQ
Verlag: K.G. Saur Verlag, Postf. 70 16 20, 81316 München (Germany)
Mitglieder: 1700 in 152 Ländern
Mitarbeiter: 9 ; 7 Full Time, 2 Part Time
Jahresetat: DM 1,4 Mio

IZ T 914
Internationaler Verband für Information und Dokumentation (FID)
International Federation for Information and Documentation
Fédération Internationale d'Information et de Documentation
Postfach 90402, NL-2509 LK Den Haag
Prins Willem-Alexanderhof 5, NL-2509 LK Den Haag
T: (003170) 3 14 06 71 **Fax:** 3 14 06 67
Internet: http://www.fid.nl
E-Mail: fid@fid.nl
Gründung: 1895
President: Martha B. Stone
Verbandszeitschrift: FID Review
Mitglieder: 46 National Members; 5 International Members; 300 Institutional and Personal Members

IZ T 915
Stiftung Europäische Archive (FAE)
European Archives Foundation
Fondation Archives Européennes
Archiv und Sekretariat:
UNI MAIL
boulevard du Pont d'Arve 40, CH-1211 Genf 4
T: (004122) 705 82 94 **Fax:** 705 82 98
Internet: http://www.unige.ch/ieug/
E-Mail: lubor.jilek@ieug.unige.ch
Sitz: 2, rue Jean-Daniel Colladon, 1204 Genève, Schweiz
Gründung: 1984 (10. Juli)
Präsident(in): Dr. Gérard F. Bauer (ancien ministre du Suisse)
Direktor(in): Prof. Dr. Antoine Fleury (Université de Genève)

IZ T 916
Vereinigung der öffentlichen europäischen Postdienstbetreiber (PostEurop)
Association of European Public Postal Operators
Association des Opérateurs Postaux Publics Européens
Rue de la Fusée 100, B-1030 Brüssel
T: (00322) 7 24 72 80 **Fax:** 7 26 30 08
Internet: http://www.posteurop.org
E-Mail: posteurop@posteurop.org
Gründung: 1992 (September)
President: Jack Dempsey (Ireland)
Secretary General: Marc Pouw
Communications Assistant: Jeffrey McMaster
Clerical Assistants: Birgit Reifgerste
Danielle Dubigh
Verbandszeitschrift: Customer Newsletter, Member Information Bulletin
Mitglieder: 42
Mitarbeiter: 5

Albanien

iz t 917
Alba Post SH.A.
International Relations Dept.
Reshit Collaku Str., AL- Tiranë
T: (0035542) 2 32 43 **Fax:** 3 21 33
E-Mail: alpost@icc.al.eu.org
General Dir.: Aleksandra Çollaku

Belgien

iz t 918
La Poste
Centre Monnaie, B-1000 Brüssel
T: (00322) 2 26 25 70 **Fax:** 2 26 21 80
E-Mail: bernard.damiens@post.be
Director Regulatory: Paul-Bernard Damiens

Bosnien-Herzegowina

iz t 919
Public Enterprise PTT BIH
Ferhadija 17/-1, BA-71000 Sarajevo
T: (0038771) 21 36 08 **Fax:** 21 36 10
E-Mail: pttintaf@bih.net.ba
Direcotr of International Affairs Bureau: Mehmed Spaho

Bulgarien

iz t 920
Bugarian Posts Ltd.
rue Arso Pandourski 1, BG-1700 Sofia
T: (003592) 9 49 65 24 **Fax:** 9 62 50 50
E-Mail: ventzeslavk@bgpost.bg
Director General: Ventzeslav Krastev

Dänemark

iz t 921
Post Denmark
Headquarters
Tietgensgade 37, DK-1566 Kopenhagen V
T: (0045) 33 75 40 07 **Fax:** 33 75 40 04
E-Mail: tt@post.dk
Head of International Relations: Troels Thomsen

Deutschland

iz t 922
Deutsche Post AG
Zentrale
53105 Bonn
Heinrich-von-Stephan-Str. 1, 53175 Bonn
T: (0228) 1 82-0 **Fax:** 1 82-7099
TX: 8 85 650 gdp d
Internet: http://www.deutschepost.de
Executive Director: Herbert-Michael Zapf (International, T: (0228) 1 82-2400, Fax: 1 82-24009, E-mail: h.zapf@deutschepost.de)

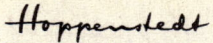

Estland

iz t 923

Estonian Post
Narva mnt 1, EW-10001 Tallinn
T: (003726) 25 72 00 **Fax:** 60 19 47
E-Mail: ep@post.ee
Director General: Tarmo-Jaan Tõeleid

Finnland

iz t 924

Finland Post Ltd.
Postfach 102, FIN-00011 Posti
T: (00358204) 51 49 90 **Fax:** 51 49 94
E-Mail: jorn.allardt@posti.fi
Vice President: Jörn Allardt (International Mail)

Frankreich

iz t 925

La Poste
Case Postale A801, F-92777 Boulogne Billancourt Cedex
T: (00331) 41 41 79 35 **Fax:** 41 41 79 42
E-Mail: laposte-daei@magic.fr
Directeur des Affaires européennes et internationales: Edouard Dayan

Griechenland

iz t 926

Postes Helléniques (ELTA)
Division des Relations Internationales
Apellou 1, GR-101 99 Athina
T: (00301) 3 24 00 80 **Fax:** 3 22 79 16
E-Mail: eltairel@otenet.gr
Chef de la Div. d. Relations Intern.: Georges Goumas

Großbritannien

iz t 927

The Post Office
49, Featherstone Street, GB- London EC1Y 8SY
T: (0044207) 3 20 40 09 **Fax:** 3 20 42 55
E-Mail: angie.taylor@postoffice.co.uk
European Policy Manager: Angie Taylor (PostEurop)

Channel Islands/Guernsey

iz t 928

Postal Headquarters
GB- Guernsey GY1 1AA
T: (00441481) 72 62 41 **Fax:** 71 20 82
Chief Executive: Paul K. Veron

Channel Islands/Isle of Man

iz t 929

Isle of Man Post Office
Post Office Headquarters
Spring Valley Industrial Estate, GB- Douglas IM2 1AA Isle of Man
T: (00441624) 69 84 00 **Fax:** 69 84 06
E-Mail: wrc@po.gov.im
Chief Executive: W. R. Collister

Channel Islands/Jersey

iz t 930

Jersey Post
Postal Headquarters
JE1 1AA, GB- Jersey
T: (00441534) 61 66 03 **Fax:** 61 66 96
E-Mail: pinelj@jerseypost.com
Chief Executive: J. A. Pinel

Island

iz t 931

Iceland Post
Stórhöfdi 29, IS-110 Reykjavik
T: (00354) 5 80 10 05 **Fax:** 5 80 10 09
E-Mail: bjorgk@postur.is
Head of International Relations: Kristín Björg Kristjánsdóttir

Irland

iz t 932

AN POST - General Post Office
General Post Office
O'Connell Street Room 2-149, IRL- Dublin 1
T: (003531) 7 05 83 65 **Fax:** 7 05 76 30
E-Mail: colm.farrelly@anpost.ie
Manager International Affairs: Colm Farrelly

Italien

iz t 933

Poste Italiane, S.p.A.
Service Central des Relations Internationales
Viale Europa 190, I-00144 Rom
T: (00396) 59 58 73 46 **Fax:** 5 94 26 63
E-Mail: coratellam@posteitaliane.it
Directeur du Service: Francesca Coratella

Kroatien

iz t 934

Croatian Post Inc. - HP
Jurisiceva 13, HR-10001 Zagreb
T: (003851) 4 87 38 33 **Fax:** 4 87 38 01
E-Mail: hrvatska-posta@posta.tel.hr
Member of the Board: Bozidar Sever

Lettland

iz t 935

Latvia Post
Bri_1vi_1bas Bulváris 21, LV-1000 Riga PDP 1000
T: (00371) 7 01 87 00 **Fax:** 7 01 87 54
E-Mail: aivars@admin.riga.post.lv
Director General: Aivars Droiskis (Chairman of Board)

Liechtenstein

iz t 936

Liechtensteinische Post AG
Im Städle 38 Postf. 1255, FL-9490 Vaduz
T: (00423238) 11 91 **Fax:** 11 98
E-Mail: ruedisserh@post.li
Managing Director: Herbert Rüdisser

Litauen

iz t 937

State Enterprise "Lithuanian Post"
Vivulskio g.23, LT-2600 Vilnius
T: (003702) 23 10 87 **Fax:** 26 32 04
E-Mail: regina@post.lt
Head of International Mail and Accounts: Regina Vesuniené

Luxemburg

iz t 938

Entreprise des Postes et Télécommunications
Service des Affaires européennes et internationales
L-2020 Luxemburg
T: (00352) 47 65 42 14 **Fax:** 46 57 23
E-Mail: jean-marie_schanck@ept.lu
Chef de Service: Jean-Marie Schanck

Malta

iz t 939

Maltapost plc
Qormi Road 305, GBY- Marsa GPO 01
T: (00356) 22 62 23 **Fax:** 22 27 11
E-Mail: mpost@maltanet.net
Manager International Accounts: Henry Gauci

Mazedonien

iz t 940

Entreprise Publique du Trafic Postal "Makedonska Posta" - SKOPJE
Rue Orce Kikolov bb, 91000 Skopje
T: (0038991) 10 52 11 **Fax:** 10 52 11
E-Mail: nikolas@mp.com.mk
Manager of Postal Operations Department: Nikola Setlov

Moldawien

iz t 941

State Enterprise "Posta Moldovei"
Stefan cel Mare Av. 134, 2012 Chisinau
T: (003732) 24 36 60 **Fax:** 22 42 90
E-Mail: postam@cni.md
Director General: Ilie Castravet

Monaco

iz t 942

Délégation permanente auprès des Organismes Intl.
Affaires Techniques
Boulevard de Suisse 16, MC-98030 Monaco Cedex
T: (00377) 93 15 88 22 **Fax:** 93 15 87 98
E-Mail: delperm@gouv.mc
Ministre plénipotentiaire: S.E. Jean Pastorelli

Niederlande

iz t 943

PTT Post International
Postfach 1992, NL-2130 GC Hoofddorp
T: (003123) 5 67 51 10 **Fax:** 5 63 59 86
E-Mail: j.sertons@ptt-post.nl
Manager International Relations: Jan Sertons

iz t 944

Royal PTT Post
Postfach 30250, NL-2500 GG Den Haag
T: (003170) 3 34 33 65 **Fax:** 3 34 27 60
E-Mail: c.s.bos@ptt-post.nl
Member of the Mail Board: Simone Bos

Norwegen

iz t 945

Norway Post
Communication International
Postfach 1181, N-107 Oslo 1
T: (0047) 23 14 80 23 **Fax:** 22 42 66 87
E-Mail: hild.stokke@posten.no
Head of International Relations: Hild Stokke

iz t 946

Norway Post International
Headquarters
Postfach 1181 Sentrum, N-0107 Oslo
T: (0047) 23 14 80 21 **Fax:** 22 42 66 87
E-Mail: john.hurlen@posten.no
Director: John Hurlen

Österreich

iz t 947

Österreichische Post AG
Business unit Post
Postgasse 8, A-1011 Wien
T: (00431) 5 15 51 11 01 **Fax:** 5 12 09 29
Internet: http://www.post.at
E-Mail: petra.burianek@pta.at
Head of Int. & Legal Affairs Department: Petra Burianek

Polen

iz t 948

Polish Post
Pl. Malachowskiego 2, PL-00 940 Warschau
T: (004822) 6 21 16 64 **Fax:** 6 21 14 62
E-Mail: malgorzata.ptasinska@poczta-polska.pl
Expert: Malgorzata Ptasinska

Portugal

iz t 949

CTT Correios de Portugal, S.A.
Direction des Relations Internationales
Rua de San José 10-2°, P-1167-001 Lissabon
T: (0035121) 3 22 74 58 **Fax:** 3 22 79 94

iz t 949

E-Mail: d.ivo.cruz@ctt.pt
Directeur: Duarte Ivo Cruz

Rumänien

iz t 950

Romanian Post
Bd Libertati 14, R-70106 Bucuresti
T: (00401) 4 00 13 68   **Fax:** 4 11 42 75
E-Mail: office@posta-romana.ro
Director International Cooperation and Technical Ass.: Mircea Hartopeanu

Russland

iz t 951

The International Post Office
37, Varchavskoyé chaussée, RUS-113105 Moskau
T: (007095) 1 14 45 84   **Fax:** 1 14 45 70
E-Mail: igor.syrtsov@ipom.ru
Director General: Igor A. Syrtsov

San Marino

iz t 952

Direction Générale des Postes et Télécommunications
Contrada Omerelli 17, RSM-47031 San Marino A-2
T: (00378) 88 25 57   **Fax:** 99 27 60
E-Mail: dirposte@omniway.sm
Ass. Director General for Postal Service: Serse Faetanini

Schweden

iz t 953

Posten AB
International Division
S-105 00 Stockholm
T: (00468) 7 81 15 67   **Fax:** 21 36 07
E-Mail: sture.wallander@posten.se
Director: Sture Wallander (International Relations Secretariat)

Schweiz

iz t 954

La Poste Suisse
Affaires Internationales
Victoriastr.21, CH-3030 Bern
T: (004131) 3 38 01 96   **Fax:** 6 67 61 43
E-Mail: clivazp@post.ch
Chef: Pascal Clivaz (Affaires Internationales)

Slowenien

iz t 955

Pošta Slovenije, d.o.o.
Postfach 500, SLO-2500 Maribor
T: (0038662) 4 49 22 02   **Fax:** 4 49 21 12
E-Mail: matjaz.andric@posta.si
Deputy Manager of Postal Service Dept.: Matjaz Andric
Head of Int. Postal Affairs: Marjan Osvald

Slowakische Republik

iz t 956

The Slovak Post
Postfach 290, SLO-81000 Bratislava 1
Námestie SNP 35, SLO-81000 Bratislava 1
T: (004217) 54 43 51 80   **Fax:** 54 43 51 80
E-Mail: kollarj@ompv.slposta.sk
Director of International Postal Affairs: Ján Kollár

Spanien

iz t 957

Organismo Autónomo Correos Y Telégrafos
Area de Asuntos Internacionales
Vía de Dublín 7, E-28070 Madrid
T: (003491) 5 96 30 35   **Fax:** 5 96 35 61
E-Mail: andres.argente@correos.es
Jefe del Area: Julio de Frutos

Tschechische Republik

iz t 958

Ceska Posta, State Enterprise
Headquarters
Olsanska 9, CZ-22599 Prag 3
T: (004202) 69 19 24 03 72   **Fax:** 67 19 64 31
E-Mail: nammezvzgr@gr.cpost.cz
Deputy Director General: Petr Angelis (International Relations)

Türkei

iz t 959

Czech Post, State Enterprise
Département des Relations Internationales
TR-06101 Ankara
T: (0090312) 3 09 54 00   **Fax:** 3 09 54 08
E-Mail: puidb@ptt.gov.tr
Président du Département: Necdet Akkus

Ukraine

iz t 960

State Enterprise "Ukrpochta"
22, Khreschatyk Street, UA-252001 Kiev 1
T: (0038044) 2 26 25 59   **Fax:** 2 28 79 69
E-Mail: nat@ukrp.viaduk.net
Director General: Vasil Mukhin

Ungarn

iz t 961

Hungarian Post Office Ltd.
Directorate General
XII. Krisztina krt 6-8, H-1540 Budapest
T: (00361) 4 87 17 52   **Fax:** 4 87 14 05
E-Mail: budai.ivan@posta.hu
Director International Affairs: Iván Budai

Zypern

iz t 962

Department of Postal Services
CY-1900 Nicosia
T: (003572) 80 57 51   **Fax:** 30 41 54
E-Mail: cyprus.gov@cytanet.com.cy
Head Postal Services Division: Soteris Avgoustis

● **IZ T 963**

Verband europäischer Betreiber von öffentlichen Fernmeldenetzen (ETNO)
European Public Telecommunications Network Operators Association
Association des opérateurs européens de réseaux de télécommunications
Boulevard Bischoffsheim 33, B-1000 Brüssel
T: (00322) 2 19 32 42   **Fax:** 2 19 64 12
Gründung: 1992
Director: M. Bartholomew
Exec. Manager, Operations: J.-L. Debecker
External Relations Manager: N. Gibbs (Leitung Presseabteilung)
Mitglieder: 44
Mitarbeiter: 8

| Berufliche Aus- und Weiterbildung |

● **IZ T 964**

Aktion in Europa für Bildung, Erfindung und Innovation (AEI)
Action in Europe for Education, Invention and Innovation
Association Européenne pour l'Education, l'Invention et l'Innovation
Rue du Champ de Mars 27 Espace Entreprises, F-57200 Saargemünd
T: (0333) 87 98-7575   **Fax:** 87 98-2727
Gründung: 1991
Président: Dipl.-Ing. Georges Harrmann
Vice President: Dipl.-Ing. Joachim Bader, Stuttgart
Mitglieder: 6 Federations, 6 Correspondents
Mitarbeiter: 2

● **IZ T 965**

Bildungsinternationale
Education International
Internationale de l'Education
5, Bd. du Roi Albert II (8), B-1210 Brüssel
T: (00322) 2 24 06 11   **Fax:** 2 24 06 06
Internet: http://www.ei-ie.org
E-Mail: headoffice@ei-ie.org
Gründung: 1993 (26. Januar)
President: Mary Hatwood Futrell (USA)
General Secretary: Fred Van Leeuwen (Niederlande)
Vice-Presidents: Georgina Baiden (Ghana National Association of Teachers (GNAT), P.O. BOX 209, Accra (Ghana), T: (0023321) 226 286, Fax: 224 917)
Sharan Burrow (Australian Education Union (AEU), P.O. Box 11 58, City Road, South Melbourne Vic 3205 (Australien), T: (00613) 92 54 18 00, Fax: 92 54 18 05, E-mail: sharan@edunions.labor.net.au)
Sandra Feldman (United Federation of Teachers, AFT 555 New Jersey Ave. N.W. Washington D.C. 20001, United States of America, T: (001202) 8 79 44 40, Fax: (001202) 8 79 45 45, E-mail: sfeldman@aft.org)
Charlie Lennon (Association of Secondary Teachers, Ireland, ASTI, ASTI House, Winetavern Street Dublin 8, Ireland, T: (003531) 6 71 95 15, Fax: (003531) 6 71 90 39, E-mail: gansec@asti.iol.ie)
Verbandszeitschrift: The EI Monthly Monitor; The Education International Quarterly Magazine (beide in Englisch, Französisch und Spanisch)
Mitglieder: 304 nationale Gewerkschaftsorganisationen in 155 Ländern, die ca. 24 Mio. Lehrer und Erzieher vertreten
Mitarbeiter: 30

● **IZ T 966**

Europäische Stiftung für Berufsbildung (ETF)
European Training Foundation
Fondation européenne pour la formation
Viale Settimio Severo 65 Villa Gualino, I-10133 Turin
T: (0039011) 630 22 22   **Fax:** 630 22 00
Internet: http://www.etf.eu.int
E-Mail: info@etf.eu.int
Gründung: 1990 (Mai)
Direktor(in): Peter G. M. de Rooij
Stellv. Dir.: Ulrich Hillenkamp
Livio Pescia

● **IZ T 967**

Europäischer Rat der nationalen Vereinigungen freier Schulen (ECNAIS)
The European Council of National Associations of Independent Schools
Conseil Européen d'Associations Nationales des Ecoles Indépendantes
Deutsche Kontaktadresse:
Bundesverband Deutscher Privatschulen - Bildungseinrichtungen in freier Trägerschaft
Darmstädter Landstr. 85A, 60598 Frankfurt
T: (069) 60 91 89-0   **Fax:** 60 91 89-10
Internet: http://www.ecnais.org
Gründung: 1988 (8. April)
Chairman: Carlos Diaz Muniz (Confederacion de Centros Education y Gestion, Hacienda de Pavones, 5-2 Izda, E-28030 Madrid/Spanien, T: (003491) 3 28 80 18, Fax: (003491) 3 28 80 17, E-mail: chairman@ecnais.org)
Hauptgeschäftsführer(in): K.P. Ahlmann Olesen (Frie Grundskolers Fallesrad, Japanvej 36, DK-4200 Slagelse/Dänemark, T: (0045) 53 53 18 45, Telefax: (0045) 53 53 25 88, E-mail: secretariat@ecnais.org)
Mitglieder: 23 Länderorganisationen

● **IZ T 968**

Europäischer Verband Beruflicher Bildungsträger e.V. (EVBB)
Generalsekretariat:
Postf. 10 03 17, 32503 Bad Oeynhausen
Bismarckstr. 8, 32545 Bad Oeynhausen
T: (05731) 1 57-0   **Fax:** 1 57-1 01
Gründung: 1992
Präsident(in): Dr. Adalbert Kitsche, Düsseldorf
Generalsekr.: Dipl.-Betriebsw. Ernst W. Stothfang, Bad Oeynhausen
Mitarbeiter: über 20000 in den Mitgliedsorganisationen

● **IZ T 969**

Europäischer Verband für die Ausbildung der Kinder von Berufsreisenden (EFECOT)
European Federation for the Education of the Children of Occupational Travellers
Fédération Européenne pour l'Education des Enfants de Parents non-résidents
Grensstraat 6, B-1210 Brüssel
T: (00322) 2 27 40 60   **Fax:** 2 27 40 69
Internet: http://www.efecot.net
E-Mail: efecot@efecot.net
Gründung: 1988
Président: Raf de Zutter
Direktor(in): Ludo Knaepkens
Contact: Lieve Hendrickx

Verbandszeitschrift: Newsline Magazine
Verlag: EFECOT, Brüssel
Mitglieder: 26 und 11 Assoziierte Mitglieder
Mitarbeiter: 7

IZ T 970
Europäischer Verband für Erwachsenenbildung (E.A.E.A.)
European Association for the Education of Adults
Association Européenne pour l'Éducation des Adultes
Main Office:
Sigi Gruber
General Secretary
Rue J. Stevens 8, B-1000 Brüssel
T: (0322) 5 13-5205, **Fax:** 5 13-5734
Internet: http://www.eaea.org
E-Mail: sigi.gruber@eaea.org
Information and Documentation Office:
Johanni Larjanko
Uudenmankatu 17b 28, FIN-00120 Helsinki
T: (003589) 64 65 02, Fax: 64 65 04
E-Mail: eaea@eaea.org
Gründung: 1953
President: Paolo Federighi (Assoc. Italiana di Educazione degli Adulti, Via Fillungo, 152, I-55100 Lucca, Italien, T: (0039583) 49 60 00, Fax: (0039583) 49 60 00, E-Mail: federighi@cesit1,unif.it, Università degli Studi de Firenze, T: (003955) 28 06 20, Fax: (003955) 2 38 20 98)
General Secretary: Sigi Gruber (Rue J. Stevens 8, BE-1000 Brüssel, T: (00322) 5 13-5205, Fax: 5 13-5734, E-Mail: sigi.gruber@eaea.org)
Members: Rosa Maria Falgàs i Casanovas (Federación de Asociaciones de Educación de Adultos (FAEA), Apartado de Correos 213, E-17080 Girona, Spanien, T: (0034) 2 78 02 94 ext. 3114, Fax: 2 78 01 74, E-Mail: rmfa@redestb.es)
Vida A. Mahorcic Spolar (Andragogical Association of Slowenie, Smartomsla 134a, Ljubiliana 61000, Slowenien, T: (0038661) 44 64 82, 1 84 25 60, Fax: 44 58 81, E-Mail: Vida.Mahorcic.Spolar@acs-saec.si)
Talvi Märja (Association of Estonian Adult Education "ANDREAS", Lasnamäe 50, EE-0010 Tallinn, Estland, T: (003722) 21 17 89, (003726) 38 01 80, Telefax: (003726) 38 01 80, E-Mail:andreas@uninet.ee)
Kerstin Mustel (Svenska Fölkhöskolans Lärarförbund, Box 2087, S-17102 Solna, Schweden, T: (00468) 28 58 74, Fax: 28 20 34, E-Mail: kerstin.mustel@sfhl.se)
John Ryan (Aontas 22, Earlsfort Terrace, Dublin 2, Irland, T: (003531) 4 75 41 21, 4 75 41 22, Fax: 4 78 00 84, E-Mail: aontas@iol.ie)
Michael Samlowski (IZZ/DVV, Obere Wilhelm Str. 32, 53225 Bonn, T: (0228) 97 56 90, Fax: 9 75 69 55, E-Mail: izz-dvv-bonn@geod.geonet.de)
Klitos Symeonides (Cyprus Adult Education Association, P.O. Box 4019, CY-Nicosia, Zypern, T: (003572) 30 28 75, 48 49 60 (home), Fax: (003572) 36 53 22)
Janos Sz. Toth (Hungarian Folk High School Society, Corvin ter 8, 1011 Budapest, Ungarn, T: (00361) 2 01 90 96, Fax: 2 01 49 28, E-Mail: mnthfhss@mail.matav.hu)
Jorma Turunen (L'Association pour l'Education des Travailleurs (TSL), Paasivuorenkatu, 5 B, 00530 Helsinki, Finnland, T: (003589) 47 62 86 20, Fax: (0035840) 5 53 95 60, E-Mail: jourma.turunen@tsl.fi)
Verbandszeitschrift: EAEA Newsletter
Redaktion: EAEA Information and Documentation Office, Johanni Larjanko, Uudenmankatu 17b 28, FIN-00120 Helsinki, E-Mail: eaea@eaea.org
Mitglieder: 108 (Organisations)
Mitarbeiter: 2

IZ T 971
Europäischer Verband der Optometrieschulen- und Lehranstalten (AEUSCO)
European Association of Universities, Schools and Colleges of Optometry
Association Européenne des Ecoles d'Optométrie
134, Route de Chartres, F-91440 Bures sur Yvette
T: (00331) 64 86 12 13 **Fax:** 69 28 49 99
Internet: http://www.ubi.pt/~aeusco
E-Mail: ico.direction@wanadoo.fr
Gründung: 1979 (November)
Executive Committee
President: Gloria Rico Arnaiz de las Revillas (Universidad Complutense, Madrid/Spain)
Vice-President: Hilmar Bussacker (Ecole Supérieure d'Optique, Olten/Switzerland)
Treasurer: Louis Moschetti (Lycée Victor Bérard Morez, France)
General Secretary: Jean-Paul Roosen (ICO, Bures-sur-Yvette, France)
Kjell Inge Daae (Buskerud College, Kongsberg/Norway)
Brigitte Denis (IORT, Bruxelles/Belgium)
Donaat Vandenhende (IRIS HOGESCHOOL, Bruxelles/Belgium)
Paulo Torrão Fiadeiro (Universidat da Beira Interior, Covilhã, Portugal)
Honorary Members: Don Pedro Jimenez Landi Martinez (Hon. Director of the Escuela de Optica Universidad Complutense, Madrid/Spain)
Josep Ribe-Pons (Director Escuela Universitaria de Optica Terrassa, Barcelona/Spain)
Gérad-Norbert Roosen (Hon. President ICO, Bures-sur-Yvette/France)
Norman Edward Wallis (Executive Director NBEO, Maryland/USA)
Committees: Future Actions and Finance Committee: President Gloria Rico (Universidad Complutense, Madrid/Spain)
Secretary Jean-Paul Roosen (ICO, Bures-sur-Yvette/France)
Communication Committee: President Brigitte Denis (IORT, Bruxelles/Belgium)
Educators Training Committee: President Kjell Inge Daae (Buskerud College, Kongsberg/Norway)
Secretary Georges Benoliel (ESOP, Paris/France)
Inter-School Relations Committee: President Bruno Francois (Ecole Fizeau, Fougères/France)
Secretary Karina Weintraub (ICO, Bures-sur-Yvette/France)
Verbandszeitschrift: "Newsletter"

IZ T 972
Europäisches Hochschulinstitut (EHI)
European University Institute
Institut Universitaire Européen
Postfach 2330, I-50100 Florenz Ferrovia
Via dei Roccettini 9, I-50016 San Domenico di Fiesole
T: (003955) 46 85-1 **Fax:** 59 98 87
Internet: http://www.iue.it
Gründung: 1972 (14. April) Unterzeichnung d. Übereinkommens d.d. Mitgliedsstaaten d. EG zur Gründung eines EHI
Präsident(in): Patrick Masterson
Generalsekretär(in): Gianfranco Varvesi
Mitglieder: ca. 50 Vollzeitprofessoren, ca. 300 Doktoranden, 30 Fellows

IZ T 973
Europäisches Institut für Bildung und Sozialpolitik (IEEPS)
European Institute of Education and Social Policy
Institut Européen d'Education et de Politique Sociale
c/o Université de Paris IX-Dauphine
pl. du Maréchal de Lattre de Tassigny, F-75116 Paris
T: (00331) 44 05 40 01 **Fax:** 44 05 40 02
E-Mail: ieeps@dauphine.fr
Gründung: 1974
Präsident(in): Hywel Ceri Jones
Direktor(in): Jean-Pierre Jallade
Leitung Presseabteilung: François-Xavier Chevrier
Verbandszeitschrift: European Journal of Education, Politique d'Education et de Formation
Mitarbeiter: 10
Jahresetat: DM 2 Mio

IZ T 974
Europäisches Institut für postgraduale Bildung an der Technischen Universität Dresden e.V. (EIPOS)
European Institute for Post-Graduate Education
Institut européen de formation post-universitaire
Goetheallee 24, 01309 Dresden
T: (0351) 4 40 72 10 **Fax:** 4 40 72 20
Internet: http://www.eipos.de
E-Mail: eipos@t-online.de
Gründung: 1990 (1. September)
Präsident(in): Prof. Dr.rer.nat.habil. Dr.-Ing.E.h. Günther Landgraf
Vizepräsident(in): Prof.Dr.paed.habil. Günter Lehmann
Prof.Dr.-Ing.habil. Günter Binger
Prof.Dipl.-Ing.Dr. Adolf Melezinek
Prof.Dipl.-Ing. Martin Mittag
Leitung Presseabteilung: Dr. Peter Schoenball
Verbandszeitschrift: Schriftenreihe zur wissenschaftlichen Weiterbildung
Redaktion: EIPOS-Sekretariat
Verlag: Eigenverlag
Mitglieder: 57
Mitarbeiter: 14

IZ T 975
Europäisches Zentrum für die Bildung im Versicherungswesen (CEZ)
European Centre for Insurance Education and Training
Centre Européen pour la Formation dans l'Assurance
Kirchlistr. 2, CH-9010 St. Gallen
T: (004171) 2 43 40 43 **Fax:** 2 43 40 40
Internet: http://www.ivwhsg.ch
E-Mail: ivwhsg@notes.unisg.ch
Präsident(in): Prof. Dr. Matthias Haller
Geschäftsführer(in): Prof. Dr. Walter Ackermann

IZ T 976
Europäisches Zentrum zur Förderung der Ausbildung und Fortbildung in der Landwirtschaft und im ländlichen Raum (CEPFAR)
European Training and Development Center for Farming and Rural Life
Centre Européen pour la Promotion et la Formation en Milieu Agricole et Rural
Rue de la Science 23-25, bte. 10, B-1040 Brüssel
T: (0322) 2 30 32 63 **Fax:** 2 31 18 45
E-Mail: cepfar@agrinfo.be
Gründung: 1972
Président: Jean-Paul Bastian
Secrétaire Général: Julio Martins-Cruz
Mitglieder: 3 Europäische Organisationen und ihre nationalen Organe.

IZ T 977
Internationale Gesellschaft für kaufmännisches Bildungswesen (SIEC)
International Society of Business Education (ISBE)
Société Internationale pour l'Enseignement Commercial
3550 Anderson Street, USA- Madison WI 53704-2599
T: (00608) 8 37-75 18 **Fax:** 8 34-13 01
Internet: http://www.siec-isbe.org
E-Mail: gkantin@madison.tec.wi.us
Gründung: 1901
International President: Michaela Feuerstein (Linden Strasse 10, 81545 München, T: (089) 2 33-32895, Fax: 2 33-32897, E-Mail: michaela.feuerstein@sch-f1.musin.de)
International Vice Presidents: Gianfranco Benati (Via A. da Messina 24, I-20146 Milan, T: (03902) 4 04 22 98, Fax: 4 04 22 98, E-mail: gfbenati@tin.it)
Janet Elliott (40 Temple Fortune Lane, GB-London NW11 7UE, T: (0044208) 4 55 21 91, Fax: 455 19 82, E-Mail: janet-elliott@tfl.sonnet.co.uk)
Leif Haar (Odense Business College, Nonnebakken 9, DK-5000 Odense C, T: (0045) 66 11 57 47, Fax: 91 60 47, E-Mail: leha@tietgen.dk)
Paula Kinnunen (Helsinki Business Polytechnic, Rautatieläisenkatu 1, FIN-00520 Helsinki, T: (035809) 14 89 03 22, Fax: 14 89 04 57, E-Mail: paula.kinnunen@helia.fi)
Dr. Hans Weber (Schulhausstrasse 74, CH-8704 Herrliberg, T: (0411) 9 15 26 00, E-Mail: hans_weber@swissonline.ch)
Dr. Dorothy Wiese (Elgin Community College, 45W895 Middleton Road, Hampshire, IL 60140, T: (01847) 6 83 35 15, Fax: 6 83 18 10, E-Mail: wiesed@mcs.com)
General Secretary: G.L. Kantin
Verbandszeitschrift: International Review for Business Education
Redaktion: 3550 Anderson Street, Madison, WI 53704-2599 USA
Mitglieder: 2100
Landesverbände: 20
Mitarbeiter: 1

IZ T 978
Internationale Vereinigung für den Studentenaustausch zum Erwerb technischer Erfahrungen (IAESTE)
International Association for the Exchange of Students for Technical Experience
Association Internationale pour l'Echange d'Etudiants en vue de l'Acquisition d'une Expérience Technique
Swords, Co. Dublin
Postfach 61 04, IRL- Dublin
T: (003531) 840 20 55 **Fax:** 840 20 55
E-Mail: jimreidgsiaeste@eircom.net
Gründung: 1948
Generalsekretär(in): James E. Reid
Mitglieder: 72 pays membres

IZ T 979
Internationale Vereinigung für Schul- und Berufsberatung (AIOSP)
International Association for Educational and Vocational Guidance
Association Internationale d'Orientation Scolaire et Professionnelle
c/o Essex Careers & Business Partnership
Westergaarde House
The Matchyns
London Road, GB- Rivenhall, Essex CM8 3HA
T: (00441376) 39 13 00 **Fax:** 39 14 98
E-Mail: linda.taylor@careersbp.co.uk
Gründung: 1951
Präsidium:
Präsident(in): Dr. Bernhard Jenschke (Landesarbeitsamt Berlin-Brandenburg, Friedrichstr. 34, 10969 Berlin, Deutschland)
Vizepräsident(in): Dr. Bryan Hiebert (Dept. of Educational Psychology, University of Calgary, 2500 University Dr. NW, Calgary, Alberta, Canada)
Dr. Peter Plant (Danmarks Laererhöjskole, Emdrupvej 101, DK-2400 Kobenhavn NV, Dänemark)
Prof. Dr. Elvira Repetto Talavera (Cátedra de Orientación, Facultad de Educación, UNED, C/ Senda del Rey, s/n, 28040 Madrid, Spanien)
Generalsekretär(in): Linda Taylor (Essex Careers & Business Partnership, Westergaard House, The Matchyns, London Road, Rivenhall, Essex CM8 3HA, UK)
Schatzmeisterin: Lyn Barham (7 Lansdown Crescent, Bath, BA 1 5EX, UK, T: +44 1225 428039, E-Mail: lynbarham@cwcom.net)
Weitere aktive Mitglieder des Exekutiv-Ausschusses:
Prof. Diana Aisenson (Argentinien)
Prof. Dr. Raoul Van Esbroeck (Belgien)
Jean-Luc Brun (Frankreich)
Prof. Naoki Tsukuda (Japan)
Lester Oakes (Neu Seeland)
Dr. Saša Niklanovic (Slowenien)
Dr. Mark L. Savickas (USA)
Stellvertretende Mitglieder des Exekutiv-Ausschusses:
Prof. Silvia Gelvan de Veinsten (Argentinien)

IZ T 979

Jacques Giust (Frankreich)
Déirdre Teeling (Irland)
Dr. Riekie Motz (Niederlande)
Dr. Elba Ramos Lopez (Peru)
Dr. José Antonio Rodri_1guez Docavo (Spanien)
Dr. L. Sunny Hansen (USA)
Verbandszeitschrift: International Journal for Educational and Vocational Guidance
Redaktion: Prof. Dr. Paoul Van Esbroeck, CöOrdinator, Onder Wijsbegeleidiing Vrije Pleinlaain 2, 1050 Brussels
Mitglieder: 60 Länder aus allen Kontinenten

• IZ T 980

Internationale Vereinigung des klassischen Studiums (FIEC)
Fédération Internationale des Associations d'Etudes Classiques
Chemin Aux-Folíes 6, CH-1293 Bellevue
T: (004122) 7 74 26 56 **Fax:** 7 74 27 34
Gründung: 1948
Generalsekretär(in): Prof. Paschoud
Mitglieder: 78 Vereinigungen

• IZ T 981

Die Internationale Studentenorganisation Dt. Komitee der AIESEC e.V. (AIESEC)
Postf. 30 03 31, 50773 Köln
Subbelrather Str. 247, 50825 Köln
T: (0221) 55 10 56 **Fax:** 5 50 76 76
Internet: http://www.de.aiesec.org
E-Mail: nc@de.aiesec.org
Gründung: 1948
Mitglieder: rund 60 Komitees (Deutschland), ca. 800 Komitees weltweit
Mitarbeiter: ca. 1500 in Deutschland, ca. 30 000 weltweit

• IZ T 982

Nationale Studentenvereinigungen in Europa (ESIB)
The National Unions of Students in Europe
Unions nationales des Etudiant(e)s en Europe
Avenue de la Toison d'Or 17A, B-1050 Brüssel
T: (00322) 5 02 23 63 **Fax:** 5 11 78 06
Internet: http://www.esib.org
E-Mail: secretariat@esib.org
Gründung: 1982
Direktor(in): Manja Klemenčič
Verbandszeitschrift: European Student Link
Redaktion: ESIB
Mitglieder: 41 Mitgliederorg. in 32 Ländern (in Europa)
Mitarbeiter: 2
Jahresetat: DM 0,4 Mio

• IZ T 983

Council on International Educational Exchange e.V. (CIEE)
Oranienburger Str. 13-14, 10178 Berlin
T: (030) 28 48 59-0 **Fax:** 28 09 61 80
Internet: http://www.councilexchanges.org
E-Mail: infogermany@councilexchanges.de
Gründung: 1984
Vorsitzende(r): Dr. Stevan Trooboff
Geschäftsführer(in): Dr. Kurt Gamerschlag
Leitung Presseabteilung: Christiane Hinrichs

Mitglieder: ca. 360 Universitäten, Colleges, Bildungs- und Jugendorganisationen
Mitarbeiter: 35 in der BRD, weltweit ca. 900

Mutterorganisation

iz t 984

Council on International Educational Exchange (CIEE) -seit 1947 -
633 Third Avenue, 20th Floor, USA- New York NY 10017
T: (001212) 8 22-2625 **Fax:** 8 22-2779
Internet: http://www.ciee.org

• IZ T 985

Verein europäischer Luft- und Raumfahrtstudenten (EUROAVIA)
European association of aerospace students
Union européenne des étudiants dans l'aéronautique et l'aérospace
Kluyverweg 1, NL-2629 HS Delft
T: (003115) 2 78-5215, 2 78-5366 **Fax:** 2 78-1243
Gründung: 1959 (16. März)
Präsident(in): Robin van Loo
Sprecher: Bas Sudmeyer
Verbandszeitschrift: Euroavia News
Redaktion: Euroavia Delft
Verlag: Kluyverweg 1, 2629 HS Delft
Mitglieder: 1000
Jahresetat: DM 0,180 Mio

Euroavia Repräsentationen:
Deutschland: Aachen, Berlin, Stuttgart, Braunschweig, München, Dresden
Italien: Mailand, Neapel
Belgien: Leuven, Liège
Großbritannien: Southhampton
Niederlande: Delft, Haarlem
Frankreich: Toulouse, Paris
Schweden: Stockholm
Finnland: Helsinki
Polen: Warschau
Österreich: Wien
Rumänien: Bucarest

• IZ T 986

Vereinigung der Europäischen Studentenschaft (AEGEE-Europe)
Association of Students in Europe
Association des Etats Généraux des Etudiants de l'Europe
Rue Nestor de Tiere 15, B-1040 Brüssel Schaarbeek
T: (0322) 2452300 **Fax:** 2456260
Internet: http://www.aegee.org
E-Mail: info@aegee.org
Gründung: 1985
Président: Hélène Berard
Secrétaire Général: Stevan Vuković
Leitung Presseabteilung: Dan Luca
Verbandszeitschrift: One Europe Magazine, Key to Europe, AEGEE GAZETTE
Mitglieder: 20000

• IZ T 987

Vereinigung für Lehrerbildung in Europa (ATEE)
Association for Teacher Education in Europe
Association pour la Formation des Enseignants en Europe
Rue de la Concorde 60, B-1050 Brüssel

T: (00322) 5 12 74 05, 5 12 84 25 **Fax:** 5 12 84 25
E-Mail: atee@euronet.be
Gründung: 1976
President: Kieran R. Bykne
Secretary General: Mara Garofalo
Verbandszeitschrift: Atee News/EJTE
Redaktion: Mara Garofalo, Maurice Whitehead
Verlag: Carfax Publishing, PO BOX 25, Abingdon, Oxfordshire, OX14 3UE United Kingdom
Mitglieder: 600
Mitarbeiter: 1
Jahresetat: EUR 0,099 Mio

• IZ T 988

Vereinigung der Internationalen Schulen
International Schools Association
Association des Ecoles Internationales
Postfach 20, CH-1211 Genf 20
T: (004122) 733 67 17 **Fax:** 734 70 82
Gründung: 1951 (November)

• IZ T 989

Internationaler Rat für Fernunterricht (ICDE)
International Council for Open and Distance Education
Conseil International de l'Enseignement à Distance
Gjerdrums vei 12, N-0484 Oslo
T: (0047) 22 02 81 70 **Fax:** 22 02 81 61
Internet: http://www.icde.org
E-Mail: icde@icde.no
President: Molly Corbett Broad (University of North Carolina, General Administration, 910 Raleigh Road, P.O. Box 2688, Chapel Hill, NC38626-2688, USA, Tel.: (001) 919 962 100, Fax: (001) 919 962 27 51, E-Mail: mbroad@ga.unc.ed)
Secretary General: Reidar Roll (CEO der ICDE)

• IZ T 990

Vereinigung der Schulen für das öffentliche Gesundheitswesen im Europäischen Bereich (ASPHER)
Association of Schools of Public Health in the European Region
Permanent Secretariat
14, rue du Val d'Osne, F-94415 Saint-Maurice Cedex
T: (00331) 43 96 64 59 **Fax:** 43 96 64 63
Internet: http://www.ensp.fr/aspher
E-Mail: thierry-louvet@aspher.ensp.fr, aspher@aspher.ensp.fr (secretariat)
Gründung: 1968
Direction: Thierry Louvet
Verbandszeitschrift: ASPHER Monthly Letter
Mitglieder: 58
Mitarbeiter: 4

• IZ T 991

Weltverband christlicher Studenten - Europäisches Büro (WSCF)
World Student Christian Federation - Europe Office
Fédération Mondiale des Etudiants Chrétiens - Bureau Européen
Prins Hendriklaan 37, NL-1075 BA Amsterdam
T: (003120) 6 75 49 21 **Fax:** 6 75 57 36
E-Mail: wscf-europe@xs4all.nl
Gründung: 1895
Secretary General: F.A. Havinga
Mitglieder: 100
Mitarbeiter: 2

IZ U Interessengemeinschaften und sonstige Zentralstellen und Organisationen

Zum Auffinden einer bestimmten Dienststelle oder Organisation dient das Suchwortverzeichnis, eines Personennamens das Personenverzeichnis

Beratungs- und Informationsstellen, Wirtschaftsfördernde Gesellschaften
Bau-, Wohnungs- und Siedlungswesen
Schutzverbände
Heimatvertriebene, Kriegsgeschädigte
Verbraucherorganisationen
Familien, Frauen, Jugend und Senioren
Wohlfahrtsverbände
Entwicklungshilfe
Politisch-Ideologische, Philosophische und Religiöse Verbände
Sport-, Freizeit- und Hobbyverbände
Kulturverbände und sonstige Einrichtungen

Beratungs- und Informationsstellen, Wirtschaftsfördernde Gesellschaften

● IZ U 1
Europäische Liga für wirtschaftliche Zusammenarbeit (LECE)
European League for Economic Cooperation (ELEC)
Ligue Européenne de Coopération Economique (LECE)
Rue de Ligne 11, B-1000 Brüssel
T: (00322) 2 19 82 50 Fax: 2 19 06 63
E-Mail: elec@honet.be
Gründung: 1946
International President: Ferdinand Chaffart ((Belgium), Banker)
International Secretary-General: Jean-Claude Koeune
Mitarbeiter: 1

● IZ U 2
Europäische Vereinigung der nationalen Produktivitätszentralen (AECNP/EANPC)
European Association of National Productivity Centres
Association Européenne des Centres Nationaux de Productivité
rue de la Concorde 60, B-1050 Brüssel
T: (00322) 5 11 71 00 Fax: 5 11 02 97
Gründung: 1966
Vorsitzende(r): Peter Rehnström (Finnland)
Generalsekretär(in): Anthony C. Hubert (Ltg. Presse, (GB))
Verbandszeitschrift: "epi"
Mitglieder: 19
Mitarbeiter: 2
Jahresetat: DM 0,29 Mio

Mitgliedsorganisationen

Belgien

iz u 3
Institut National de Recherche sur les Conditions de Travail (INRCT/NOVA)
rue de la Concorde 60, B-1050 Brüssel
T: (00322) 5 11 81 55 Fax: 5 11 24 01
E-Mail: nova-inrct@skynet.be
Administrateur: Général ad interim Dr. Sim Moors

Bulgarien

iz u 4
Bulgarian Quality and Productivity Centre
3a "165" Street, BG- Sofia 1797
T: (003592) 9 71 45 92 Fax: 9 71 11 22
Executive Director: Toma Chuparov

Dänemark

iz u 5
Danish Technological Institute
Postfach 141, DK-2630 Taastrup
T: (004572) 20 27 20 Fax: 20 27 14
Kontaktperson: Karsten Bogh (E-Mail: karsten.bogh@technologisk.dk)

Deutschland

iz u 6
RKW - Rationalisierungs- und Innovationszentrum der Deutschen Wirtschaft e.V.
Postf. 58 67, 65733 Eschborn
Düsseldorfer Str. 40, 65760 Eschborn
T: (06196) 4 95-1 Fax: 4 95-303
Internet: http://www.rkw.de
E-Mail: rkw@rkw.de
Geschäftsführer(in): Carsten Ullrich
Dr. Klaus Dieckhoff

Finnland

iz u 7
The Finnish Work Environment Fund
Yrjönkatu 30, FIN-00100 Helsinki
T: (003589) 68 03-3311 Fax: 68 03-3315
E-Mail: peter.rehnstrom@tsr.fi
Managing Director: , President EANPC Peter Rehnström

Frankreich

iz u 8
Agence Nationale pour l'Amélioration des Conditions de Travail (ANACT)
4 Quai des Etrois, F-69 005 Lyon
T: (00334) 72 56 13 13 Fax: 72 56 13 13
E-Mail: h.rouilleault@anact.fr
Directeur Général: Henri Rouilleault

Griechenland

iz u 9
Manpower Employment Organisation (O.A.E.D.)
125 Tatoiou Ave, GR-14564 Nea Kifissia
T: (00301) 9 98 90 78 Fax: 9 98 90 78
Kontaktperson: Dimitri Kodonas

Irland

iz u 10
IPC
42-47 Lower Mount Street, IRL- Dublin 2
T: (003531) 8 22 71 25 Fax: 8 22 71 16
E-Mail: ipc@ipc.ie
Tom McGuinness (Chief Executive)
Norbert Gallagher (International Director)

Luxemburg

iz u 11
Office Luxembourgeois pour l'Accroissement de la Productivité (O.L.A.P.)
Rue A. Lumière 18, L-1950 Luxemburg
T: (00352) 48 98 48 Fax: 40 39 72
E-Mail: form.continue@olap.lu
Antoine Hengen (Secrétaire Général)

Niederlande

iz u 12
TNO Work and Employment
Postfach 7 18, NL-2130 AS Hoofddorp
Polarisavenue 151, NL-2130 AS Hoofddorp
T: (003123) 5 54 99 34 Fax: 5 54 93 00
Internet: http://www.arbeid.tno.nl
E-Mail: f.pot@arbeid.tno.nl
Prof. Dr. Frank Pot (Director)
Fietje Vaas (Manager Organisational Innovation)

Österreich

iz u 13
Wirtschaftsförderungsinstitut der Bundeswirtschaftskammer (WIFI)
Wiedner Hauptstr. 63, A-1045 Wien
T: (00431) 5 01 05 30 23 Fax: 50 20 62 53
E-Mail: otto.schweizer@wko.at, monika.elsik@wko.at
Kontaktperson: Otto Schweizer
Monika Elsik

Slowenien

iz u 14
Center for International Competitiveness
Dunajska cesta 101, SLO-1000 Ljubljana
T: (0038661) 1 68 32 21 Fax: 1 68 30 49
E-Mail: cic@cic.si
President: Prof. Vlado Dimovski

Zypern

iz u 15
Cyprus Productivity Centre (CPC)
Ministry of Labour and Social Insurance
Postfach 5 36, CY- Nicosia
Kallipoleos Avenue, CY- Nicosia
T: (003572) 80 61 00 Fax: 37 68 72
E-Mail: kepaky@cytanet.com.cy
Director: Theodoros Ioannou

Korrespondierendes Mitglied

Italien

iz u 16
Fondazione Giacomo Rumor
Centro Produttività Veneto
Via Enrico Fermi, 134 (1° piano), I-36100 Vicenza
T: (0039444) 99 47 00 Fax: 99 47 10
E-Mail: info@cpv.org
Dr. Antonio Girardi (Director)
Patrizia Bernardini

Assoziierte Mitglieder

Russland

iz u 17
All Russia Centre for Occupational Safety and Health
4 Parkovaya str., 29, RUS-105043 Moskau
T: (007095) 3 67 13 09 Fax: 1 64 93 64
E-Mail: vcot@online.ru
Dr. Vladimir N. Shlykov (Director)
Victor V. Kardashevsky (First Deputy)

Slowakische Republik

iz u 18
Slovak Productivity Center
Moyzesova 20, CH-010 26 Žilina
T: (0042189) 5 13 27 00 Mobile: 421 903 522151
Fax: 5 25 35 41
E-Mail: gregor@fstroj.utc.sk
Director: Prof. Milan Gregor

Südafrika

iz u 19
National Productivity Institute
Postfach 39 71, ZA-0001 Pretoria
T: (002712) 3 41 14 70 Fax: 44 18 66
E-Mail: dladlay@npi.co.za, graaffj@npi.co.za
Dr. Yvonne Dladla (Chief Executive Director)
Jacob Graaff (General Manager)

Ukraine

iz u 20
Productivity Centre
Donetsk region
Rumyantsseva Street 4, UA-343904 Kramatorsk
T: (003806264) 6 53 39 Fax: 6 94 16
E-Mail: centre@npc.dntel.donetsk.ua
Victor Eremenko (Director General)
Sergiy Luchaninov

Ungarn

iz u 21
Hungarian Productivity Center
Gyömroi út 120, H-1103 Budapest
T: (00361) 3 29 12 10, 3 29 76 33 Fax: 3 40 23 16
E-Mail: soos@hpc.hu
Managing Director: Levenk Szekely
Deputy Managing Director: Laszlo Soos

● IZ U 22
Europäisches Geschäftsethik-Netzwerk (EBEN)
The European Business Ethics Network
Secretariat:
c/o Universiteit Nyenrode, the Netherlands Business School
Straatweg 25, NL-3621 BG Breukelen
T: (0031346) 29 12 90 Fax: 29 12 96
Internet: http://www.eben.org
E-Mail: eben@nyenrode.nl
Gründung: 1987 (November)

Chairman: Dr. Heidi von Weltzien Høivik
Verbandszeitschrift: EBEN Newsletter
Mitglieder: ca. 800 (worldwide)
Mitarbeiter: 4 (executive committee)

● IZ U 23

Rat der Gemeinden und Regionen Europas (RGRE)
Council of European Municipalities and Regions (CEMR)
Conseil des Communes et Régions d'Europe (CCRE)
Rue de Castiglione 14, F-75001 Paris
T: (0031) 44 50 59 59   **Fax:** 44 50 59 60
Internet: http://www.ccre.org
E-Mail: cemr@ccre.org
Bureau de Bruxelles: Rue d'Arlon 22, B-1050 Bruxelles, T: (00322) 5 11 74 77, Fax: 5 11 09 49
Gründung: 1951
Président: Valéry Giscard D'Estaing (Président de la région Auvergne, Député du Puy-de-Dôme)
Premier Vice-Président: Dr. Heinrich Hoffschulte
Présidents délégués: Dr. Michael Häupl
João Soares
Hans van der Sluijs
Secrétaire Générale: Elisabeth Gateau
Mitglieder: 40 Associations Nationales

Mitgliedsvereinigungen

Belgien

iz u 24

Union des Villes et Communes Belges
Rue d'Arlon 53 B.4-5e étage, B-1040 Brüssel
T: (00322) 2 33 20 01   **Fax:** 2 31 15 23
Internet: http://www.uvcb-vbsg.be/choifed.htm
E-Mail: vbsg@pophost.eunet.be
Président: Jacques de Grave
Secrétaire Fédéral: Dominique Laurent

Bulgarien

iz u 25

National Association of Municipalities in the Republic of Bulgaria
Alabin Street 16-20, BG-1000 Sofia
T: (003592) 9 80-0304, 9 88-4660   **Fax:** 9 80-0313
Internet: http://www.namrb.org
E-Mail: namrb@lgi-bg.org
President: Dimitar Kaltchev
Executive Director: Ginka Tchavdarova

Dänemark

iz u 26

Kommunernes Landsforening
Gyldenlovesgade 11, DK-1600 Copenhagen V
T: (004533) 70 33 70   **Fax:** 70 33 71
Internet: http://www.kl.dk
E-Mail: kl@kl.dk, international.relations@kl.dk
President: Anker Boye
Managing Director: Peter Gorm Hansen

iz u 27

Amtsrådsforeningen i Danmark
Postfach 2593, DK-2100 Kopenhagen
Dampfærgevej 22, DK-2100 Kopenhagen Ø
T: (004535) 29 81 00   **Fax:** 29 83 00
Internet: http://www.arf.dk
E-Mail: arf@arf.dk
President: Kresten Philipsen
Managing Director: Otto Larsen
Director for International Affairs: Ove Nissen

Deutschland

iz u 28

Rat der Gemeinden und Regionen Europas (RGRE) -Deutsche Sektion-
Lindenallee 13-17, 50968 Köln
T: (0221) 37 71-0, 37 71-311   **Fax:** 37 71-150
Internet: http://www.rgre.de
E-Mail: post@rgre.de
Gründung: 1955
Präsident(in): Oberbürgermeisterin Bärbel Dieckmann
Erster Vizepräsident: Dr. Heinrich Hoffschulte
Generalsekretär(in): Dr. Stephan Articus
Stellv. Generalsekretär: Walter Leitermann

Verbandszeitschrift: Europa Kommunal
Mitglieder: 900 Mitgliedskommunen, 55 Kreise, 50 Kommunalverbände

iz u 29

Deutscher Städtetag
(Ausland und Europa)
Lindenallee 13-17, 50968 Köln
T: (0211) 3 77 10   **Fax:** 3 77 1150
Straße des 17. Juni 112, 10623 Berlin
T: (030) 3 77 11-0 **Fax:** (030) 3 77 11-999
Internet: http://www.staedtetag.de
E-Mail: post@staedtetag.de
President: Hajo Hoffmann
Secretary General: Dr. Stephan Articus

iz u 30

Deutscher Städte- und Gemeindebund (DStGB)
Marienstr. 6, 12207 Berlin
T: (030) 7 73 07 0   **Fax:** 7 73 07 200
Internet: http://www.dstgb.de
E-Mail: steffi.hoeckel@dstgb.de
President: Heribert Thallmair
Secretary General: Dr. Gerd Landsberg

iz u 31

Deutscher Landkreistag
Lennestr. 17, 10785 Berlin
T: (030) 59 00 97-0   **Fax:** 59 00 97-450
Internet: http://www.landkreistag.de
E-Mail: presse@landkreistag.de, info@landkreistag.de
President: Axel Endlein
Secretary General: Dr. Hans Henning Becker-Birck

Estland

iz u 32

Eesti Linnade Liit
Vana Viru 12, EW-15078 Tallinn
T: (00372) 6 94 34 11   **Fax:** 6 94 34 25
Internet: http://www.ell.ee
E-Mail: inga@ell.ee
Chairman: Raivo Murd
Executive Director: Ain Kalmaru

Finnland

iz u 33

Suomen Kuntaliitto
Association of Finnish Local and Regional Authorities
Toinen linja 14, FIN-00530 Helsinki
T: (003589) 77 11   **Fax:** 7 71 22 91
Internet: http://www.kuntaliitto.fi/indexeng.htm
E-Mail: heikki.telakivi@kuntaliitto.fi
President: Jorma Seppänen
Managing Director: Risto Parjanne
Director of International Affairs: Heikki Telakivi

Frankreich

iz u 34

Association Française Pour Le Conseil Des Communes Et Régions D'Europe
30, Rue Alsace Lorraine, F-45000 Orleans
T: (00332) 38 77-8383   **Fax:** 38 77-2103
E-Mail: ccrefrance@wanadoo.fr
Président: Louis Le Pensec
Secrétaire Générale: Annick Courtat
Déléguée Générale: Martine Buron
Directeur Général: François Zaragoza

Griechenland

iz u 35

Central Union of Municipalities and Communities
65 Akadimias & Genadiou Street, GR-10678 Athen
T: (00301) 3 30 42 82   **Fax:** 3 82 08 07, 3 30 20 44
Internet: http://www.eeta.gr/kedke
E-Mail: kedke@ath.forthnet.gr
President: Páris Koukoulópoulos
Directeur: Stellios Giannarakis

Großbritannien

iz u 36

Local Government International Bureau (LGIB)
Local Government House
Smith Square, GB- London SW1P 3HZ
T: (0044207) 6 64 31 00   **Fax:** 6 64 31 28
Internet: http://www.lgib.gov.uk
E-Mail: eis@lgib.gov.uk
Chairman: Ken Bodfish
Director: Jeremy Smith

iz u 37

Convention of Scottish Local Authorities
Rosebery House
9 Haymarket Terrace, GB- Edinburgh EH 12 5XZ
T: (0044131) 4 74 92 00   **Fax:** 4 74 92 92
Internet: http://www.cosla.gov.uk
President: Keith Geddes
Secretary: Douglas Sinclair

iz u 38

Local Government Association
26 Chapter Street, GB- London SW 1P 4ND
T: (0044171) 8 34 22 22   **Fax:** 6 64 32 32
Internet: http://www.lga.gov.uk
Chairman: Sir Jeremy Beecham
Chief Executive: Brian Briscoe

iz u 39

Association of Local Authorities of Northern Ireland
123 York Street, GB- Belfast BT15 1AB
T: (00441232) 24 92 86   **Fax:** 23 33 28
President: Jim Dillon
Secretary: Raymond McKay

iz u 40

Welsh Local Government Association
10-11 Raleigh Walk - Atlantic Wharf -, GB- Cardiff CF 1 5LN
T: (00441222) 46 86 00   **Fax:** 46 86 01
Internet: http://www.wlga.org
Chairman: Tom Middelhurst
Secretary: Colin L. Jones

Irland

iz u 41

General Council of County Councils
3, Greenmount House, Harold's Cross Road, IRL- Dublin 6W
T: (003531) 4 54 87 00, 4 54 87 02   **Fax:** 4 73 09 95
E-Mail: director@gccc.ie
Chairman: Tom Kelleher
Director General: Liam Kenny

iz u 42

Association of Municipal Authorities of Ireland
40 Main Street, IRL- Dungarvan Co. Waterford
T: (0035358) 4 22 82   **Fax:** 4 25 77
President: Patsy Treanor
Secretary General: Bertie White

Island

iz u 43

Samband Islenskra Sveitarfelaga
Postfach 8100, IS-128 Reykjavik
Haaleitisbraut 11, IS-128 Reykjavik
T: (00354) 5 81 37 11   **Fax:** 5 68 78 66
Internet: http://www.samband.is

E-Mail: samband@samband.is
President: V. Th. Vilhjalmsson
Director: Thordur Skulason

Israel

iz u 44

Merkaz Hashilton Hamekomi Be-Israel
Postfach 20040, IL-61200 Tel Aviv
3, Haftman Street, IL-61200 Tel Aviv
T: (009723) 6 95 50 24   **Fax:** 6 91 68 21
Internet: http://www.ladpc.gov.il/shilton/eng/open.htm
E-Mail: ulais@netvision.net.il
President: Adi Eldar
Acting Director General: Giora Rosenthal
Deputy Director General: Avi Rabinovitch

Italien

iz u 45

Consiglio dei Comuni e delle Regioni d'Europa
Piazza di Trevi 86, I-00187 Rom
T: (00396) 69 94 04 61   **Fax:** 6 79 32 75
Internet: http://www.aiccre.it
E-Mail: organizzazione@aiccre.it
Président: Piero Badaloni
Président faisant fonction: Franco Punzi
Secrétaire Général: Fabio Pellegrini
Secrétaire Général Adjoint: Roberto Di Giovan Paolo

Lettland

iz u 46

Latvijas Pašvaldibu Savíeníba
1 Mazá Pils Str., LV-1050 Riga
T: (00371) 7 32 66 34, 7 22 04 39   **Fax:** 7 21 22 41
Internet: http://www.lps.lv
E-Mail: lps@lps.lv
Président: Andris Jaunsleinis
Secrétaire Général: Ligita Zacesta
Responsable de l´adhésion UE: Agita Strazda

Luxemburg

iz u 47

Syndicat des Villes et Communes Luxembourgeoises (SYVICOL)
Section Luxembourgeoise
Boulevard de la Grande Duchesse Charlotte 11, L-1331 Luxemburg
T: (00352) 44 36 58   **Fax:** 45 30 15
E-Mail: syvicol@pt.lu
Président: Jean-Pierre Klein
Secrétaire Général: Jean-Marie Halsdorf
Directeur: Alphonse Cruchten

Malta

iz u 48

Assocjazzjoni Tal-Kunsilli Lokali
Main Street 153, GBY- Balzan BZN.06
T: (00356) 44 64 28   **Fax:** 44 64 27
President: Dr. Ian Micallef (LL.D.)
Executive Secretary: Oreste Alessandro

Niederlande

iz u 49

Raad der Europese Gemeenten en Regio's
Batterijstraat 36a, NL-6211 SJ Maastricht
T: (003143) 3 25 02 45   **Fax:** 3 21 77 42
Internet: http://www.regr.nl
E-Mail: serviceburo@regr.nl
President: Drs. Jan H. Mans
Secretary General: Harrie Jeurissen

iz u 50

Vereiniging van Nederlandse Gemeenten
Postfach 3 04 35, NL-2500 GK Den Haag
Nassaulaan 12, NL-2500 GK Den Haag
T: (003170) 3 73 83 93   **Fax:** 3 63 56 82
Internet: http://www.vng.nl
E-Mail: vng@vng.gemnet.nl

iz u 51

Interprovinciaal Overleg (IPO)
Postfach 1 61 07, NL-2500 BC Den Haag
Muzenstraat 61, NL-2511 WB Den Haag
T: (003170) 8 88 12 12   **Fax:** 8 88 12 80
E-Mail: leeuwen@ipo.nl
President: Jos van Kemenade
General Director: Bert van Delden
European Affairs Officer: Henk van Leeuwen

Norwegen

iz u 52

Kommunenes Sentralforbund
Postfach 13 78, N-0114 Oslo 1
Haakon VII's gate 9, N-0114 Oslo 1
T: (004722) 94 77 00   **Fax:** 83 62 04
Internet: http://www.ks.kommorg.no, http://www.ks.no
E-Mail: ks@ks.no
Chairman: Halvdan Skard
Director General: Tom Veieroed
Executive Director: Gunnar Gussgard

Österreich

iz u 53

Österreichischer Gemeindebund
Löwelstr. 6, A-1010 Wien
T: (00431) 5 12 14 80   **Fax:** 5 12 14 80 72
Internet: http://www.gemeindebund.at
E-Mail: oesterreichischer@gemeindebund.gv.at
President: Bürgermeister Helmut Mödlhammer
Secretary General: Dr. Robert Hink

iz u 54

Österreichischer Städtebund
Rathaus, A-1082 Wien
T: (00431) 40 00 89-980   **Fax:** 40 00 71 35
Internet: http://www.staedtebund.wien.at, http://www.staedte.at
E-Mail: post@stb.or.at
President: Dr. Michael Häupl
Secretary General: Dr. Erich Pramböck

Polen

iz u 55

Zwiazek Miast Polskich
Al. Marcinkowskiego 11, PL-61827 Poznan
T: (004861) 8 53 08 13   **Fax:** 8 53 08 42
Internet: http://www.zmp.org.pl
E-Mail: apc@zmp.org.pl
President: Piotr Uszok
Director: Andrzej Porawski

Portugal

iz u 56

Associaçao Nacional de Municipios Portugueses (ANMP)
Av. Marnoco e Sousa 52, P-3000 Coimbra
T: (00351239) 40 44 34   **Fax:** 70 18 62, 70 17 60
Internet: http://www.anmp.pt
E-Mail: anmp@anmp.pt
Président: Mario de Almeida
Secrétaire Général: Artur Jose Pontevianne Homem Da Trindade

Schweden

iz u 57

Svenska Kommunförbundet
Hornsgatan 15, S-11882 Stockholm
T: (00468) 4 52 71 00   **Fax:** 6 41 15 35
Internet: http://www.svekom.se
E-Mail: sk@svekom.se
Chairman: Ilmar Reepalu
Managing Director: Evert Lindholm

iz u 58

Landstingsförbundet
Federation of County Councils
Postfach 70491, S-10726 Stockholm

T: (00468) 4 52 72 00   **Fax:** 4 52 72 10
Internet: http://www.lf.se
E-Mail: landstingsforbundet@lf.se
Chairman: Lars Isaksson
Head of Brussels office: Elmire Af Geijerstam

Schweiz

iz u 59

Association Suisse du CCRE (ASCCRE)
Escaliers du Marché 2, CH-1003 Lausanne
Hôtel de Ville case postale, CH-1002 Lausanne
T: (004121) 3 15 24 39   **Fax:** 3 15 20 08
E-Mail: asccre@lausanne.ch
Président: Josef Bürge
Secrétaire Général: Jean Meylan

Slowakische Republik

iz u 60

Zdruzenie Miest A Obci Slovenska
Bezrucova 9, SK-81109 Bratislava
T: (004217) 52 96 42 43, 6 49 14, 2 59 42
Fax: 52 96 42 56
Internet: http://www.zmos.sk
E-Mail: centr@zmos.sk
President: Michal Sykora
Secretary General: Gejza Balogh

Slowenien

iz u 61

Association of Municipalities and Towns
Partizanska 47, SLO-62000 Maribor
T: (003862) 2 50 26 90   **Fax:** 2 51 57 25
Internet: http://www.zrcalo.si/skls/
E-Mail: skls@zrcalo.si
Secretary General: Jasmina Vidmar

Spanien

iz u 62

Federación Española de Municipios y Provincias (FEMP)
Calle del Nuncio 8, E-28005 Madrid
T: (003491) 3 64 37 00   **Fax:** 3 65 54 82
Internet: http://www.femp.es
E-Mail: internac@femp.es, femp@femp.es
Présidente: Rita Barberá Nolla
Secrétaire Général: Alvaro De la Cruz Gil

Tschechische Republik

iz u 63

Svaz mest a obci Ceské republiky
Pacovska 31, CZ-14000 Praha 4
T: (004202) 42 46 31, 61 21 13 00, 61 21 14 24
Fax: 61 21 13 18
Internet: http://www.smocr.cz
E-Mail: smocr@smocr.cz
President: Evzen Tošenovský
Director: Vera Jechová

Ungarn

iz u 64

Települési Önkormanyzatok Orszagos Szövetsege (TÖOSZ)
Eötvös u. 10, H-1067 Budapest
T: (00361) 3 22 38 43   **Fax:** 3 22 74 07
E-Mail: toosztit@mail.matav.hu
President: László Dióssy
Co-President: Gábor Magda
Secretary General: Dr. Ferenc Köllner
Secretary: Dr. György Csalóztky

iz u 65

Kisvarosi Önkormanyzatok Orzagos Erdekvedelmi Szövetsege (KÖOSZ)
Böszörményi út 20-22, H-1126 Budapest
T: (00361) 4 57 09 01   **Fax:** 4 57 09 01

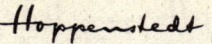

E-Mail: polhivjb@mail.datanet.hu
President: József Láger
Secretary General: Judit Deilinger

Zypern

iz u 66

Union of Cyprus Municipalities
Postfach 22033, CY-1516 Nicosia
T: (003572) 66 91 50   Fax: 67 72 30
Internet: http://www.ucm.org.cy
E-Mail: endeky@cytanet.com.cy
President: Lellos Demetriades
Secretary General: Athos Germanos

Assoziierte Mitglieder

Irland

iz u 67

Institute of Public Administration
57-61 Landsdowne Road, IRL- Dublin 4
T: (003531) 6 68 62 33   Fax: 6 68 91 35
Internet: http://www.ipa.ie
E-Mail: mcallanan@ipa.de
Director: Anne O'Keefe

Beratende Mitglieder

Frankreich

iz u 68

Villes et Cinemas en Europe
25 rue Deparcieux, F-75014 Paris
T: (00331) 43 20 29 29   Fax: 43 20 52 55
Internet: http://www.cinema.presse.fr/villes&cinemas
E-Mail: villes.et.cinemas@wanadoo.fr
Présidente: Carole Tongue
Secrétaire Général: Jacques Guenee

Italien

iz u 69

Association des Collectivites Textiles Europeennes
Comune di Prato, Piazza del Comune 2, I-50047 Prato
T: (0039574) 61 65 03   Fax: 61 65 57
E-Mail: a.fontani@comune.prato.it
Président: Andrea Lulli
Secrétaire permanent: Alessandro Fontani

Weißrussland

iz u 70

Belarus Democrtic Support Foundation
13-416, V. Khoruzaja Street, Minsk 220123
T: (0037517) 2 34 37 91, 2 89 37 11, 2 76 97 11
Fax: 2 34 37 91, 2 89 37 11, 2 76 97 11
E-Mail: sapieha@user.unibel.by
Chairman and Executive Director: Miroslav Kobasa

Mitglieder mit Beobachter-Status

iz u 71

Twin Cities International Association (CEI/CIS)
Vozdvizhenka 14, RUS- Moskau 103885
T: (00795) 2 90 12 97, 2 03 42 03   Fax: 2 90 63 25, 2 90 15 33
Executive Vice-President: Sergei Paramonov
Deputy Director: Vadim A. Galushko

● **IZ U 72**

Forum Mittel- und Osteuropa für Friseur- und Kosmetikwirtschaft (FRIS KOS - MOE)
c/o Volker von Sengbusch & Partner GmbH
Postf. 2 06, 91543 Dinkelsbühl
Föhrenberggasse 30, 91550 Dinkelsbühl
T: (09851) 55 32 93, 55 30 73   Fax: 55 32 94, 55 30 74
E-Mail: conseng@.gmx.de
Gründung: 1995
Koordination: Ilze Sture (Lettland)
(Freie Sachverständige für Betriebs- und Marktwirtschaft der Friseur-, Kosmetik- und Wellnessbetriebe)
Mitglieder: (1999) 36 Deutschland

57 Mittel- und Osteuropa
Koordinationsstelle: SENAT SIA, Lacplese 27, LV 1050 Riga, Lettland, T/Fax: (00371) 7 284 022

Bau-, Wohnungs- und Siedlungswesen

● **IZ U 73**

Europäische Union der Freien Wohnungsunternehmen (U.E.P.C.)
European Union of Developers and House Builders
Union Européenne des Promoteurs-Constructeurs
Siège:
43 rue de la Violette, B-1000 Bruxelles
T: (00322) 5 11 25 26   Fax: 19 71 99
Internet: http://www.uepc.org
E-Mail: uepc@unicall.be
Gründung: 1958 (17. November)
Président: A. Sovgné
Directeur: L. Wille

Belgien

iz u 74

Union Professionnelle du Secteur Immobilier (U.P.S.I.)
43 rue de la Violette, B-1000 Bruxelles
T: (00322) 5 11 47 90   Fax: (00329) 2 21 68 91
Internet: http://www.upsi-bvs.be
E-Mail: upsi-bvs@unicall.be

Bulgarien

iz u 75

Bulgarian Association of General Contractors
71, "Hristo Botev" Blud, BG- Sofia
T: (003592) 8 97 66 11   Fax: 29 88 19 77
E-Mail: nvggraep@ttn.bg

Deutschland

iz u 76

Bundesverband Freier Wohnungsunternehmen e.V. (BFW)
Kurfürstendamm 57, 10707 Berlin
T: (030) 3 27 81-0   Fax: 3 27 81-298, 3 27 81-299
Internet: http://www.bfw-bund.de
E-Mail: office@bfw-bund.de

Frankreich

iz u 77

Fédération Nationale des Promoteurs Constructeurs (F.N.P.C.)
106 rue de l'Université, F-75007 Paris
T: (00331) 47 05 44 36   Fax: 47 53 92 73
Internet: http://www.fnpc.fr
E-Mail: fnpc2@wanadoo.fr

Griechenland

iz u 78

Greek Federation of Constructors & Building Enterprises (E.O.K.O.E.)
11 Silistrias Street ANO ILISIA (T.K. 157.71), GR- Athen
T: (00301) 7 70 37 40   Fax: 9 93 36 12

Irland

iz u 79

Irish Home Builders Association (I.H.B.A.)
Federation House
Canal Road, IRL- Dublin 6
T: (003531) 4 97 74 87   Fax: 4 96 69 53
Internet: http://www.cif.ie
E-Mail: ihba@cif.ie

Italien

iz u 80

Associazione Nazionale Costruttori Edili (A.N.C.E.)
Via Guattani 16-18, I-00161 Rom
T: (003906) 8 48 81   Fax: 44 23 28 32
Internet: http://www.ance.it
E-Mail: info@ance.it

Marokko

iz u 81

Fédération Nationale de l'Immobilieri (F.N.I.)
Rue Arrachati (es.Réaumur) 6, Quartier des Hôpitaux, MA- 20100 Casablanca
T: (002122) 2 27 81 83   Fax: 2 27 81 04
E-Mail: fni@resotel.net.ma

Norwegen

iz u 82

Staatsaut. Eiendomsmegler
Markensgt. 4 B, N-4601 Kristiansand S
T: (0047381) 7 89 00   Fax: 7 89 10
Internet: http://www.sedberg.no
E-Mail: post@sedberg.no

Polen

iz u 83

Polska Koalicja Budowlana
c/o Don Development S.A.
Intraco ul Stawki 2, VII Pietro, PL-00193 Warschau
T: (00482) 28 60 68 78   Fax: 28 60 63 11
E-Mail: jaroslow.szanajca@dondevelopment.com.pl

Österreich

iz u 84

Vereinigung Österreichischer Bauträger (VÖB)
Währinger Str. 18, A-1090 Wien
T: (00431) 3 15 41 21   Fax: 3 17 44 43
E-Mail: seg@immostart.co.at

Portugal

iz u 85

Associação dos Industriais da Construção de Edifícios (A.I.C.E.)
Av. Ressano Garcia 13, r/c., P-1070 Lisboa
T: (003511) 3 81 55 00   Fax: 3 81 55 09
Internet: http://www.aice.pt
E-Mail: aicemail@aice.pt

Spanien

iz u 86

Asociacion de Promotores Constructores de España (A.P.C.E.)
Diego de León 50, E-28006 Madrid
T: (003491) 5 62 40 33   Fax: 5 62 40 35
Internet: http://www.apce.es
E-Mail: mmarti@apce.es

Türkei

iz u 87

Turkish Contractors Association (T.C.A.)
Ahmet Mithat Efendi Sokak 21, Çankaya, TR-06550 Ankara
T: (0090312) 4 39 17 12   Fax: 4 40 02 53
Internet: http://www.tca-uic.org
E-Mail: mailbox@tca-uic.org.tr

Vereinigtes Königreich

iz u 88

The House-Builders Federation (H.B.F.)
56-64 Leonard Street, GB- London EC2A 4JX

IZ U 88

T: (004420) 76 08 51 00 Fax: 76 08 51 01
Internet: http://www.hbf.co.uk
E-Mail: staff@hbf.co.uk

● **IZ U 89**
Internationaler Verband für Wohnungswesen, Städtebau und Raumordnung (IVWSR)
International Federation for Housing and Planning
Fédération Internationale pour l'Habitation, l'Urbanisme et l'Aménagement des Territoires (FIHUAT)
43, Wassenaarseweg, NL-2596 CG Den Haag
T: (003170) 3 24 45 57 Fax: 3 28 20 85
Internet: http://www.ifhp.org
E-Mail: IFHP.nl@inter.nl.net
Gründung: 1913
Präsident(in): Dr.-Ing. Irene Wiese-von Ofen (Deutschland)
Generalsekretär(in): Elsbeth E. van Hylckama Vlieg
Verbandszeitschrift: IFHP Newsletter
Mitglieder: 800
Mitarbeiter: 6

● **IZ U 90**
Verband Europäischer Selbstbau-Partner e.V. (VES)
Beuthener Str. 34, 53117 Bonn
T: (0228) 76 72 24 Fax: 66 94 15
Internet: http://www.selbstbauverband.de
E-Mail: rdsev@t-online.de
Gründung: 1988
Vorsitzende(r): Hermann-Josef Schmid (Beuthener Str. 34, 53117 Bonn, T: (0228) 76 72 24, Fax: (0228) 66 94 15)
Stellvertretende(r) Vorsitzende(r): Dr. Hellwig Kamm (Geschäftsführer der Fa. YTONG Bausatzhaus GmbH, Grube Messel, 64409 Messel, T: (06159) 5 93 01, Fax: (06159) 5 93 30)
Wolf-Dieter Dötterer (Geschäftsführung der Fa. NATURHAUS GmbH, Industriestr. 3, 74372 Sersheim, T: (07042) 83 01 00, Fax: (07042) 83 01 01)
Vorstand: Hans-Jürgen Bach (Geschäftsführer der Fa. Joseph Raab & Cie. KG, Gladbacher Feld 5, 56566 Neuwied, T: (02631) 9 13-111, Fax: (02631) 91 31 74)
Dr. Sieghard Groër (Architekturbüro, Südstr. 2, 07937 Zeulenroda, T: (036628) 6 68-19, Fax: (036628) 6 68 10)
Detlef Jakel (Geschäftsführer der Fa. JADE-Radiaesthesie Beratung, Klostergässle 4, 71579 Spiegelberg, T: (07194) 88 01, Fax: (0171) 1 37 74 38 43)
Holger Schönemann (Geschäftsführer der Fa. Softwareparadies, Lingnerallee 3, 01069 Dresden, T: (0351) 4 92 85-66, Fax: (0351) 4 92 85 50)
Mitglieder: 115

Schutzverbände

● **IZ U 91**
Europäische Gemeinschaftsvereinigung für Markenartikeln (ECTA)
European Communities trade Mark Association
Association communautaire du droit des marques
ECTA Secretariat
Bisschoppenhoflaan 286 Box 5, B-2100 Deurne -Antwerpen
T: (00323) 326 47 23 Fax: 326 76 13
Internet: http://www.ecta.org
E-Mail: ecta@ecta.org
Sitz: 8th Floor Aldwych House, 81 Aldwych
GB-London WC2B 4HP
Gründung: 1980
President: Robert Freitag
First Vice-President: Kaj Henriksen
Second Vice-President: Max Oker-Blom
Secretary General: Herve Thireau
Executive Secretary: Claude Sautory
Treasurer General: Norman MacLachlan
Chairmen: Luis H. de Larramendi (Anti-Counterfeiting)
Matthieu van Kaam (Industrial Designs and Models)
Dietrich Ohlgart (Law)
João Pereira da Cruz (OHIM Link Sub-Committee)
David Minto (Membership and Disciplinary)
Keith Havelock (Professional Affairs)
Leo Kooy (Publications)
Mitglieder: 15 European Union member countries, 61 countries outside the European Union
Mitarbeiter: 3

● **IZ U 92**
Europäischer Markenverband (AIM)
European Brands Association
Association des industries de marque
9 Avenue des Gaulois, B-1040 Brüssel
T: (00322) 7 36 03 05 Fax: 7 34 67 02
E-Mail: brand@aim.be
Gründung: 1967
Präsident(in): Paolo Barilla

Director General: A. Galaski
Mitglieder: National associations of branded product manufacturers; Österreich, Schweiz, Deutschland, Dänemark, Spanien, Frankreich, Italien, Niederlande, Schweden, Norwegen, Großbritannien, Griechenland, Belgien/Luxemburg, Tschechische Republik, Portugal, Polen, Ungarn, Slovakia, Ireland and individual Manufacturers of branded products active on a European scale

Mitgliedsorganisationen

Belgien/Luxembourg

iz u 93
BABM - Belgilux Association of Branded Products Manufacturers
Rue F. Bossaert 53, B-1030 Brüssel
T: (00322) 7 36 58 10 Fax: 7 36 12 76
E-Mail: babm@vidac.be

Dänemark

iz u 94
Dansk Dagligvareleverandør Forening
Kronprinsessegade 34 II, DK-1306 Kobenhaven
T: (004533) 13 92 92 Fax: 91 13 75
E-Mail: dlf@dansk-dlf.dk

Deutschland

iz u 95
MARKENVERBAND e.V.
Schöne Aussicht 59, 65193 Wiesbaden
T: (0611) 58 67 21, 58 67 24 Fax: 58 67 27
Internet: http://www.markenverband.de
E-Mail: info@markenverband.de

Frankreich

iz u 96
Verbindungs- und Studien-Institut der Verbrauchsgüter-Industrien (ILEC)
Institut de Liaisons et d'Etudes des Industries de Consommation
Avenue Victor Hugo 71, F-75116 Paris
T: (00331) 4 50 00 03 37 Fax: 45 00 89 13
E-Mail: ilec@wanadoo.fr

Griechenland

iz u 97
Greek Association of Branded Products Manufacturers
40 Kiffissias Avenue, GR-11523 Athen
T: (00301) 9 32 96 50 Fax: 9 32 96 49

Großbritannien

iz u 98
British Brands Group
8 Henrietta Place, GB- London WIM 9AG
T: (00447020) 93 42 50 Fax: 93 42 52
E-Mail: bbg@brands.prestel.co.uk

Italien

iz u 99
Centromarca
Via Serbelloni 5, I-20122 Mailand
T: (00392) 76 01 35 87 Fax: 76 00 10 30

Irland

iz u 100
Food Drink and Tobacco Federation of Ireland
Confederation House
Lower Baggot Street 84-86, IRL- Dublin 2
T: (003531) 6 60 10 11 Fax: 6 61 28 70

Niederlande

iz u 101
Stichting Merkartikel
Postfach 90445, NL-1066 BK Amsterdam
Tourniairestraat 3, NL-1006 BK Amsterdam
T: (003120) 5 11 38 50 Fax: 5 11 38 10

Norwegen

iz u 102
Dagligvare Leverandorenes Forening
Grensen 9, N-0159 Oslo
T: (004722) 41 49 40 Fax: 41 49 41

Österreich

iz u 103
Markenartikelverband
Am Heumarkt 12, A-1030 Wien
T: (00431) 7 13 32 88 Fax: 7 13 83 28
E-Mail: iv.vienna@wien.voei.ada.at

Polen

iz u 104
PRO-MARKA
4 ul. Trebacka pok. 453, PL-00-074 Warschau
T: (004822) 630 96 21 Fax: 826 13 99
Internet: http://www.marka.pl
E-Mail: tomek@marka.pl

Portugal

iz u 105
Centromarca
Avenue de Republica 62F, 6°, P-1000 Lissabon
T: (003511) 7 96 96 92 Fax: 7 93 85 76
E-Mail: centromarca@centromarca.pt

Schweden

iz u 106
Dagligvaruleverantörers Forbund
Postfach 66 20, S-11384 Stockholm
T: (00468) 52 22 43 00 Fax: 52 22 43 90
E-Mail: info@dlf.se

Schweiz

iz u 107
Promarca
Postfach !, CH-3000 Bern 7
T: (004131) 3 12 55 65 Fax: 3 12 34 44
E-Mail: promarca@blvewin.ch

Slowakische Republik

iz u 108
Slovak Association for Branded Products (SZZV)
Havlickova 34, SK-81702 Bratislava
T: (00421) 7 37 77 62

Spanien

iz u 109
Promarca
Prof Waskman 10-4° IZQ, E-28036 Madrid
T: (00341) 4 57 78 05 Fax: 4 57 71 66

Tschechische Republik

iz u 110
CSZV - Czech Association for Branded Products
Snemovni 9, CZ-11000 Praha 1 Mala Str.
T: (004202) 57 32 13 63 Fax: 57 32 19 13

Ungarn

iz u 111
Hungarian Association of Branded Products Manufacturers
Postfach 4 72, H-1538 Budapest
T: (00361) 213 8778   Fax: 213 8778

● IZ U 112
Europäisches Büro für Sprachminderheiten (EBSM)
European Bureau for Lesser Used Languages (EBLUL)
Le bureau européen pour les langues moins répandues (BELMR)
49 Sint-Jooststraat, B-1210 Brüssel
T: (00322) 2 18 25 90   Fax: 2 18 19 74
Internet: http://www.eblul.org
E-Mail: eblul@eblul.org
Dublin Office: European Bureau for Lesser Used Languages (EBLUL), 10 Sr. Haiste locht, Baile Átha Cliath 2, T: (003531) 6 61 22 05, Fax: 6 76 68 40, E-Mail: eblul@indigo.ie
Gründung: 1982
Secretary General: Tom Moring
Mitglieder: 13 Member State Committees
Mitarbeiter: 7

● IZ U 113
Europol
Postfach 9 08 50, NL-2509 LW Den Haag
Raamweg 47, NL-2596 Den Haag
T: (003170) 3 02 53 02   Fax: 3 45 58 96
Gründung: 1999 (01. Juli)
Direktor: Jürgen Storbeck
Stellvertretende Direktoren: Willy Bruggemann
Emanuele Marotta
David Lawrence Valls-Russell
Gilles Leclair
Kontaktperson: Evangelos Stergioulis
Rainer Wenning
Brigitte Knöll
Verbandszeitschrift: Jährliche Publikationen: Annual Report, Organised Crime Report.
Mitarbeiter: 242
Budget 2001: 35,4 Mio Euro

● IZ U 114
Internationale Gewerbe-Union (IGU)
International Association of crafts and small and medium-sized enterprises (IACME)
Union Internationale de l'Artisanat et des Petites et Moyennes Entreprises
c/o Centre patronal
Postfach 1215, CH-1001 Lausanne
Route du Lac 2, CH-1094 Paudex
T: (004121) 7 96 33 00   Fax: 7 96 33 11
Internet: http://www.centrepatronal.ch
E-Mail: igu@centrepatronal.ch
Gründung: 1947
Präsident(in): Mario Secca
Generalsekretär(in): Jacques Desgraz
Mitglieder: ca. 6000000

● IZ U 115
Internationale Vereinigung der Auflagenkontrolleinrichtungen
International Federation of Audit Bureaus of Circulations (IFABC)
c/o AG für Werbemedienforschung
Bachmattstr. 53, CH-8048 Zürich
T: (00411) 43 43 125   Fax: 43 43 112
Internet: http://www.ifabc.org
E-Mail: christel.ploeger@wemf.ch
Gründung: 1963
Secretary General: Christel Plöger (AG für Werbemedienforschung, Schweiz)
Deputy Secretary General: Michael J. Lavery (Audit Bureau of Circulations, USA/Kanada)
Mitglieder: 36 in 33 Ländern

● IZ U 116
Internationale Vereinigung für gewerblichen Rechtsschutz (IVfGR)
International Association for the Protection of Industrial Property (IAPIP)
Association Internationale pour la protection de la propriété Industrielle (AIPPI)
Tödistrasse 16, CH-8027 Zürich
T: (00411) 280 58 80   Fax: 280 58 85
Internet: http://www.aippi.org
E-Mail: mail@aippi.org
Gründung: 1897 (8. Mai)
President: Rayn J. Desmond (Patent Attorney, Davies Collinson Cave, 1 Little Collins Street, Melbourne VIC 3000, Australia, T: (00613) 92 54 27 77, Fax: 92 54 27 70, E-Mail: drayn@davies.com.au)
Executive President: J. Michael Dowling (Arthur Robinson & Hedderwicks, Level 27-34, 530 Collins Street, GPO Box 1776Q, Melbourne VIC 3001, Australia, T: (00613) 96 14 10 11, 96 13 87 00, Telefax: (00613) 96 14 46 61, E-Mail: michael.dowling@arh.com.au)
Executive Vice President: Dr. Gerd F. Kunze (Of Counsel, Walder Wyss & Partners, Zürich, Cremiéres, CH-1605 Chexbres, Switzerland, T: (004121) 9 46 23 63, Fax: 9 46 24 84, E-Mail: kunze@bluewin.ch)
Secretary General: Vincenzo M. Perdazzini (Isler & Pedrazzini, Patent & Trademark Attorneys, Gotthardstr. 53, P.O. Box 6940, CH-8023 Zurich, Switzerland, Office: T: (00411) 2 83 47 00, Fax: 2 83 47 47, E-Mail: vincenzo.pedrazzini@islerpedrazzini.ch)
Mitglieder: 7800, 65 Landes- und Regionalgruppen

● IZ U 117
Internationale Vereinigung für Urheberrechts-Organisationen (IFRRO)
International Federation of Reproduction Rights Organisations
Rue du Prince Royal 87, B-1050 Brüssel
T: (00322) 551 08 99   Fax: 551 08 895
Gründung: 1984
Präsident(in): N.N.
Vizepräsident(in): Daniel Geruak
Secretary General: Olav Stokkmo
Mitglieder: 88 Organisationen

● IZ U 118
Zentrum der europäischen Immobilieneigentümer (CPIE)
Centre des propriétaires immobiliers européens
Secrétariat Général
Galerie du centre Bloc II 6ème étage, B-1000 Bruxelles
T: (0032) 75 32 18 65   Fax: 64 21 23 85
Siège Social: 274, Bvd. Saint Germain, 75007 Paris 7e, T: (00331) 7 05 87 61, 7 05 87 62
Gründung: 1998
Leiter(in): Jean-Yves Quevy
Mitglieder: 10000000

● IZ U 119
Internationaler Suchdienst (ISD)
International Tracing Service (ITS)
Service international de recherches (SIR)
Große Allee 5-9, 34454 Bad Arolsen
T: (05691) 62 90
Direktor(in): Charles-Claude Biedermann

● IZ U 120
Internationales Büro für mechanische Vervielfältigungsrechte (BIEM)
International Bureau for Mechanical Reproduction
Bureau International des Sociétés gérant les Droits d'Enregistrement et de Reproduction Mécanique (BIEM)
Rue Lincoln 14, F-75008 Paris
T: (00331) 5393 6700   Fax: 4563 0611
Internet: http://www.ourworld.compuserve.com/Homepages/biem/
E-Mail: biem@msn.com
Präsident(in): Prof. Dr. Hans Sikorski
Vizepräsident(in): Ariel Ramirez (Argentinien)
Generalsekretär(in): Ronald Mooij

Heimatvertriebene, Kriegsgeschädigte

● IZ U 121
Internationale Flüchtlingshilfe e.V. (IAR)
International Assistance to Refugees
Assistance Internationale aux Refugiés
Andreaestr. 1, 30159 Hannover
T: (0511) 32 38 34
Gründung: 1970 (22. Juli)
Vorstand: Konsul h.c. Kurt Uihlein, Hannover
Dr. Dietrich Ahrens, Essen
Wilfried Hubert (Kantstr. 38, 40667 Meerbusch)

● IZ U 122
Internationaler Verband der ehemaligen Kriegsgefangenen (CIAPG)
International Federation of Prisoners of War
Confédération Internationale des Anciens Prisonniers de Guerre
46, Rue Copernic, F-75782 Paris Cedex 16
T: (00331) 01 53 64 20 00   Fax: 01 53 64 20 20
Gründung: 1945
Président: Werner Kiessling
Mitglieder: 1200000

● IZ U 123
Weltverband für Ehemalige Kriegsteilnehmer (WVF)
World Veterans Federation
Fédération mondiale des anciens combattants
17, rue Nicolo, F-75116 Paris
T: (00331) 40 72 61 00   Fax: 40 72 80 58
E-Mail: 101727,1446@Compuserve.Com
Gründung: 1950 (27. November)
Président d'Honneur: W.Ch.J.M. van Lanschot (Netherlands)
President: Serge Wourgaft (France)
Secretary General: Marek Hagmajer (Poland)
Treasurer General: Abdul Hamid Ibrahim (Malaysia)
Vice-Presidents: Stanley Alten (United States)
Mohamed Benjelloun (Morocco)
Vladimir Govorov (Russia)
June Stone (Australia)
Chairman of the Council: Jan F.H. Loos (Netherlands)
Verbandszeitschrift: Liaison; La FMAC en Bref, Le Chemin du Retour
Redaktion: FMAC, 17 rue Nicolo, 75116 Paris
Mitglieder: 150 Associations dans 78 pays
Mitarbeiter: 7

● IZ U 124
Internationale Assoziation ehemaliger politischer Gefangener und Opfer des Kommunismus
Genslerstr. 66, 13055 Berlin
T: (030) 9 93 93 16   Fax: 99 40 18 88
E-Mail: detlef.w.stein@t-online.de
Gründung: 1991
Präsident(in): Jure Knezović, Zagreb
Vizepräsident(in): Roland Bude
Hauptgeschäftsführer: Detlef W. Stein
Mitarbeiter: 1

Verbraucherorganisationen

● IZ U 125
Europäische Gemeinschaft der Verbrauchergenossenschaften (EUROCOOP)
European Community of Consumer Cooperatives
Communauté Européenne des Coopératives de Consommateurs
rue Archimède 17-bte 2, B-1000 Brüssel
T: (00322) 2 85 00 70   Fax: 2 31 07 57
Internet: http://www.eurocoop.org
E-Mail: info@eurocoop.org
Gründung: 1957
Verbandszeitschrift: Euroflash
Mitglieder: 10 full members and 4 associate members
Mitarbeiter: 4

Mitglieder

iz u 126
A.N.C.C. (Associazione Nazionale delle Cooperative di Consumo)
Via Panaro 14, I-00199 Rom
T: (00396) 86 50 51   Fax: 86 50 52 51

iz u 127
HISPACOOP (Confederacion Española de Cooperativas de Consumidores y Usuarios)
Via Laetana 593-1a, E-08003 Barcelona
T: (003439) 317 25 21   Fax: 317 25 21

iz u 128
CO-OPERATIVE GROUP (CWS)
New House Century, GB- Manchester M60 4ES
T: (0044161) 8 32 43 00   Fax: 8 34 80 96

iz u 129
F D B (Faellesforeningen for Danmarks Brugsforeninger)
Roskildevej 65, DK-2620 Albertslund
T: (0045) 43 86 43 86 **Fax:** 43 86 46 66

iz u 130
Fédération Nationale des Cheminots - Entente des COOP luxembourgeoises
Rue Bonnevoie 63, L-1260 Luxembourg
T: (00352) 48 70 44 **Fax:** 48 85 25

iz u 131
Fédération Nationale des Coopératives de Consommateurs (F.N.C.C.)
Tour Mattei
Rue de Bercy 207, F-75012 Paris
T: (00331) 43 45 45 42 **Fax:** 43 42 44 08

iz u 132
FENACOOP (Federaçao Nacional das Cooperativas de Consumo)
Rua da Guiné, 8 R/o,Dto., P-1100 Lissabon
T: (003511) 8 14 69 69 **Fax:** 8 14 69 90

iz u 133
COOP NEDERLAND U.A.
Velperweg 157, NL-6824 MB Arnhem
T: (003126) 3 84 39 00 **Fax:** 3 84 39 99

iz u 134
K F (Kooperative Förbundet)
Postfach 15200, S-10465 Stockholm 15
T: (00468) 7 43 10 00 **Fax:** 6 42 75 61

iz u 135
FCCA (Finnish Consumer Cooperative Association)
Postfach 171, FIN-00511 Helsinki
T: (003589) 1 88 22 27 **Fax:** 1 88 22 28

iz u 136
Slovak Union of Consumer Cooperatives
Bajkalska 25, SK-82718 Bratislava
T: (00427) 3 59 93 33 **Fax:** 49 59 83

iz u 137
Union of Czech and Moravian Consumer Cooperatives
Tesnov 5, CZ-11101 Praha 1
T: (004217) 57 29 93 33 **Fax:** 53 41 41 32

iz u 138
C.C.U. (Central Cooperative Union)
Rakovsky Street 99, BG-1000 Sofia
T: (003592) 87 51 25 **Fax:** 9 81 73 66

iz u 139
COOP HUNGARY (National Federation of Consumer Cooperative Societies)
Szabadsag Ter 14, H-1054 Budapest
T: (003613) 31 05 82 **Fax:** 11 36 47

● IZ U 140
Europäischer Verband für Verbraucherschutz (ECOSA)
European Consumer Safety Association
Association européenne pour la sécurité des consommateurs
Postfach 75169, NL-1070 AD Amsterdam
T: (003120) 5 11 45-00 **Fax:** 5 11 45-10
Internet: http://www.ecosa.org
E-Mail: ecosa@consafe.nl
Gründung: 1984
President: Mike Drewry (c/o P.O. Box 7 51 69, NL-1070 AD Amsterdam)
General Secretary: Dr. W.H.J. Rogmans (NL)
Verbandszeitschrift: International Journal of Consumer Safety
Mitglieder: 68
Jahresetat: DM 1 Mio

● IZ U 141
Europäischer Verbraucherverband (BEUC)
Bureau Européen des Unions de Consommateurs
36 Avenue de Tervueren bte 4, B-1040 Brüssel
T: (00322) 7 43 15 90 **Fax:** 7 35 74 55
Internet: http://www.beuc.org
E-Mail: consumers@beuc.org
Gründung: 1962
President: Sheila McKechnie
Mitglieder: 25 Mitgliedsorganisationen in 21 Ländern, 3 Korrespondierende Mitglieder, 4 Assoziierte Mitglieder (Schweiz, Slowenien, Polen, Ungarn)
Mitarbeiter: 15

Mitgliedsorganisationen

Belgien

iz u 142
Test-Achats (TA)
13 rue de Hollande, B-1060 Brüssel
T: (00322) 5 42 32 11 **Fax:** 5 42 33 67
E-Mail: pressta@euronet.be
Kontaktperson: Serge Maucq

Dänemark

iz u 143
Forbrugerrådet (FR)
Postfach 21 88, DK-1017 Kopenhagen
Fiolstræde 17, DK-1017 Kopenhagen
T: (0045) 77 41 77 41 **Fax:** 77 41 77 42
E-Mail: fbr@fbr.dk, loj@fbr.dk
Kontaktperson: Benedicte Federspiel

Deutschland

iz u 144
Bundesverband der Verbraucherzentralen und Verbraucherverbände - Verbraucherzentrale Bundesverband e.V. (BVZV)
Markgrafenstr. 66, 10969 Berlin
T: (030) 2 58 00-0 **Fax:** 2 58 00-18
E-Mail: info@bvzv.de
Kontaktperson: Anne-Lore Köhne

Finnland

iz u 145
Kuluttajat-Konsumenterna ry (KK)
Kasöörinkatu 3B, FIN-00520 Helsinki
T: (003589) 87 75 01 20 **Fax:** 87 75 01 20
E-Mail: kkry@kuluttajat-konsumenterna.fi
Kontaktperson: Eila Salomaa

iz u 146
Suomen Kuluttajaliitto (SK)
Mannerheimintie 15A, FIN-00260 Helsinki
T: (003589) 4 54 22 10 **Fax:** 45 42 21 20
E-Mail: suomen@kuluttajaliitto.fi
Kontaktperson: Sinikka Turunen

Frankreich

iz u 147
UFC - Que Choisir
11, rue Guénot, F-75011 Paris
T: (00331) 43 48 55 48 **Fax:** 43 48 44 35
E-Mail: webmaster@quechoisir.com
Kontaktperson: Marie-José Nicoli

iz u 148
Confédération de la Consommation du Logement et du Cadre Vie (CLCV)
13, rue Niepce, F-75014 Paris
T: (00331) 56 54 32 10 **Fax:** 43 20 72 02
E-Mail: clcv@hol.fr
Kontaktperson: Reine-Claude Mader

iz u 149
Organisation Générale des Consommateurs (OR.GE.CO.)
16 avenue du Chateau, F-94300 Vincennes
T: (00331) 49 57 93 00 **Fax:** 49 57 92 99
E-Mail: orgeco@wanadoo.fr
Kontaktperson: Claude Courty

Griechenland

iz u 150
E.K. P.I. Z.O
Valtetsiou Street 43-45, GR-10681 Athen
T: (00301) 3 30 06 73 **Fax:** 3 30 05 91
E-Mail: ekpizo@ath.forthnet.gr
Kontaktperson: Helen Goulielmou

iz u 151
KEPKA - Consumers' Protection Center
54 Tsimiski, GR-54623 Thessaloniki
T: (003031) 26 94 49 **Fax:** 24 22 11
E-Mail: consumers@kepka.gr
Kontaktperson: Ioannis Sidiropoulos

Großbritannien

iz u 152
Consumers' Association (CA)
2, Marylebone Road, GB- London NW1 4DF
T: (004420) 77 70 72 14 **Fax:** 77 70 76 66
E-Mail: fiona.wein@which.co.uk
Kontaktperson: Fiona Wein

iz u 153
National Consumer Council (NCC)
20, Grosvenor Gardens, GB- London SW1 0DH
T: (004420) 77 30 34 69 **Fax:** 77 30 01 91
E-Mail: abr@ncc.org.uk
Kontaktperson: Anna Bradley

iz u 154
Consumers in Europe Group (CEG)
Groupe des consommateurs en Europe
20, Grosvenor Gardens, GB- London SW1W ODH
T: (004420) 78 81 30 21 **Fax:** 77 30 85 40
Internet: http://www.ceg.co.uk
E-Mail: ceg@consumer-ceg.demon.co.uk
Kontaktperson: Stephen Crampton

Irland

iz u 155
Consumers' Association of Ireland (CAI)
45, Upper Mount Street, IRL- Dublin 2
T: (003531) 6 61 20 90 **Fax:** 6 61 24 64
E-Mail: dermott.jewell@consumerassociation.ie
Kontaktperson: Jewell Dermott

Island

iz u 156
Neytendasamtökin (NS)
Postfach 81 60, IS- Reykjavik
Sidumúla 13, IS- Reykjavik
T: (00354) 5 45 12 00 **Fax:** 5 45 12 12
E-Mail: ns@ns.is
Kontaktperson: Jóhannes Gunnarsson

Italien

iz u 157
Comitato Consumatori Altroconsumo (CCA)
Via Valassina 22, I-20159 Mailand
T: (003902) 66 89 01 **Fax:** 66 89 02 88
E-Mail: cca@altroconsumo.it
Kontaktperson: Paolo Martinello

Luxemburg

iz u 158

Union Luxembourgeoise des Consommateurs (ULC)
55 rue des Bruyères, L-1274 Howald
T: (00352) 4 96 02 21   **Fax:** 49 49 57
E-Mail: ulcegc@mailsvr.pt.lu
Kontaktperson: Alexander Kieffer
Aloyse Schmitz

Niederlande

iz u 159

Consumentenbond (CB)
Enthovenplein 1, NL-2521 CV Den Haag
T: (003170) 4 45 45 45   **Fax:** 4 45 45 90
E-Mail: klantenservice@consumentenbond.nl
Direktor(in): Felix Cohen

Norwegen

iz u 160

Forbrukerrådet (FR)
Postfach 81 04, N-0032 Oslo
Dep Strandveien 6, N-0032 Oslo
T: (0047) 67 59 96 00   **Fax:** 67 58 36 06
E-Mail: fr-pol@forbrukerradet.no
Kontaktperson: Finn Aas

Österreich

iz u 161

Verein für Konsumenten-information (VKI)
Postfach 4 40, A-1061 Wien
Mariahilfer Str. 81, A-1060 Wien
T: (00431) 58 87 70   **Fax:** 5 88 77 73
E-Mail: hspitalsky@vki.or.at
Kontaktperson: Dipl.-Ing. Hannes Spitalsky

Polen

iz u 162

FK - Polish Consumer Federation
Plac Powstancow W-WY 1/3, PL-00-030 Warschau
T: (004822) 8 27 11 73   **Fax:** 8 27 90 59
E-Mail: biuro@federacja-konsumentow.org.pl
Kontaktperson: Malgorzata Niepokulczycka

Portugal

iz u 163

Associação Portuguesa para a Defesa do Consumidor (DECO)
Av Defensores Chaves, 22-1°D, P-1049 Lissabon
T: (003511) 3 57 39 08   **Fax:** 3 57 78 51
E-Mail: deco.deac@ip.pt
Kontaktperson: Manuel Ataíde Ferreira

Schweden

iz u 164

Sveriges Konsumentråd (SK)
Barnhusgatan 22,3 tr., S-11123 Stockholm
T: (00468) 4 06 08 60   **Fax:** 4 06 02 60
E-Mail: konsumentraadet@mbox300.swipnet.se
Kontaktperson: Marie Sälmark

Schweiz

iz u 165

Fédération Romande des Consommateurs (FRC)
Postfach 2820, CH-1002 Lausanne
Rue de Genève 7, CH-1004 Lausanne
T: (004121) 3 12 80 06   **Fax:** 3 12 80 04
E-Mail: admin@frc.ch
Kontaktperson: Aleksandra Favrod

Slowenien

iz u 166

Zveza Potrošnikov Slovenije (ZPS)
Frankopanska 5, SLO-1000 Ljubljana
T: (003866) 1 17 40 40   **Fax:** 11 33 33 71
E-Mail: breda.kutin@guest.arnes.si
Kontaktperson: Breda Kutin

Spanien

iz u 167

Confederacion Estatal de Consumidores y Usuarios (CECU)
Cava Baja 30 Escalera Secundaria, E-28005 Madrid
T: (003491) 3 64 02 76   **Fax:** 3 66 90 00
E-Mail: cecu@mail.ddnet.es
Kontaktperson: Maria Rodriguez

iz u 168

Organizacion de Consumidores y Usuarios (OCU)
Milán 38, E-28043 Madrid
T: (003491) 3 00 00 45   **Fax:** 3 88 73 72
E-Mail: ccu.ocu@consumo-inc.es
Kontaktperson: J. del Real Martin
Carlos Sanchez Reyes

Ungarn

iz u 169

National Association for Consumer Pretection in Hungary (NACPH)
Balaton ut 27 I em, H-1055 Budapest
T: (00361) 3 11 70 30   **Fax:** 3 31 73 86
E-Mail: ofebp@mail.matav.hu
Kontaktperson: István Garai

Korrespondierende Mitglieder

Deutschland

iz u 170

Stiftung Warentest
Lützowplatz 11-13, 10785 Berlin
T: (030) 26 31-0   **Fax:** 26 31-2727
Internet: http://www.stiftung-warentest.de
E-Mail: email@stiftung-warentest.de
Leitung Presseabteilung: Wolfgang Springborn
Verbandszeitschrift: test, FINANZtest
Verlag: Stiftung Warentest
Mitarbeiter: 250
Jahresetat: DM 100 Mio

Finnland

iz u 171

Kuluttajavirasto
Postfach 5, FIN-00531 Helsinki
T: (003589) 77 26 75 57   **Fax:** 77 26 75 57
E-Mail: pirkko.varpasuo@kuluttajavirasto.fi
Kontaktperson: Pirkko Varpasuo

Österreich

iz u 172

Arbeitskammer - AK
Postfach 5 34, A-1041 Wien
Prinz-Eugen-Str. 20-22, A-1041 Wien
T: (00431501) 65 23 04   **Fax:** 65 26 93
E-Mail: harald.glatz@akwien.or.at
Kontaktperson: Harald Glatz

Spanien

iz u 173

Unión de Consumidores de Espâna (UCE)
Silva, 6-4 B, E- Madrid 28013
T: (00349) 15 48 40 45   **Fax:** 15 48 00 10
E-Mail: uce@uce.org
Kontaktperson: Jorge Hinojora

● **IZ U 174**

Europäischer Radfahrerverband (ECF)
Fédération Européenne des Cyclistes
European Cyclists' Federation
Rue de Londres 15 (b.3), B-1050 Brüssel
T: (00322) 5 12 98 27   **Fax:** 5 11 52 24
Internet: http://www.ecf.com
E-Mail: office@ecf.com
Gründung: 1983
Management Committee:
Direktor: Marie Cardine Coppieters (Belgien)
Vizepräsident(in): Bernard Weerdmeester (Schatzmeister, Niederlande)
Vizepräsident(in): Haritz Eder ferrando (Spanien)
Vizepräsident(in): Terend Berget (Norwegen)
Vizepräsident(in): Horst Hahn Klöckner (Deutschland)
Vizepräsident(in): Walter Knudsen (Dänemark)
Verbandszeitschrift: Bicycle Research Report
Verlag: European Cydistsfederation asbl, rue de Londres, 15 bt 3, 1050 Brüssel
Mitglieder: 50
Mitarbeiter: 3

Familien, Frauen, Jugend und Senioren

● **IZ U 175**

Bund der Familienorganisationen der Europäischen Union (COFACE)
Confédération des Organisations Familiales de l'Union Européenne
17, Rue de Londres, B-1050 Bruxelles
T: (00322) 5 11 41 79   **Fax:** 5 14 47 73
E-Mail: coface@butele.be.
Gründung: 1979
Vorsitzende(r): Lucien Bouis
Leitung Presseabteilung: William Lay
Verbandszeitschrift: COFACE-CONTACT
Mitglieder: 75
Mitarbeiter: 7

● **IZ U 176**

Europäische Elternvereinigung (EPA)
European Parents' Association
Association Européenne des Parents d'Elèves
1a, rue du Champ de Mars, B-1050 Brussels
T: (00322) 5 14 05 99   **Fax:** 5 14 47 67
Internet: http://www.epa-parents.org
E-Mail: infos@epa.be
Gründung: 1985
President: Dominique Barriller (France)
Vice-Presidents: Hira Laci (France)
Solveig Gaarsmand (Denmark)
Secretary General: Karin Schutz (Deutschland)
Treasurer: Maria Conceição Mendes (Portugal)
Verbandszeitschrift: EPA Info
Mitglieder: 49
Mitarbeiter: 3

● **IZ U 177**

Europäische Föderation der aktiven Hausfrauen (FEFAF)
European Federation of Women working in the Home
Fédération Européenne des Femmes Actives au Foyer
Avenue Père Damien 76, B-1150 Bruxelles
T: (003202) 771 23 34   **Fax:** 771 23 34
Internet: http://www.fefaf.org
E-Mail: mehelleputte@skynet.be
Gründung: 1983
Président: Isabel Avila
Vice-Président: Brigitte Le Gouïs
Secrétaire Général: Marielle Helleputte
Verbandszeitschrift: dossiers trimestriels
Mitglieder: 19 Associations
Jahresetat: DM 0,02 Mio

● **IZ U 178**

Europäische Frauenlobby (EFL)
European Women's Lobby (EWL)
Lobby Européen des Femmes (LEF)
Rue Hydraulique 18, B-1210 Brüssel
T: (00322) 217 90 20   **Fax:** 219 84 51
Internet: http://www.womenlobby.org
E-Mail: ewl@womenlobby.org
Gründung: 1990
Präsidentin: Denise Fuchs
Contact: Mary McPhail
Verbandszeitschrift: Newsletter & Newsflash

IZ U 178

Mitglieder: 3000 Associations (Women)
Mitarbeiter: 7
Jahresetat: BEF 26,22

● **IZ U 179**
Europäische Frauen-Union (EFU)
European Union of Women (EUW)
Union Européenne Féminine (UEF)
Pittakou & Periandrou Street 2, GR-10558 Athen
T: (00301) 3 31 48 47   Fax: 3 31 48 17
E-Mail: fpetralia@parliament.gr
Gründung: 1953
Chairman: Fanny Palli-Petralia (M.P.)
First Vice-Chairman: Dr. Bärbel Steinkemper
Second Vice-Chairman: Sonja Moser-Starrach
General Secretary: Vasso Kollia
Treasurer: Lizzie Lichtenberg
Board Members: Lidia Bialek
Tricia Birchley
Eva Navarete
Sonja Sjoli (M.P.)
Christian Tricot
Mitglieder: in 19 Ländern

● **IZ U 180**
Socialist International Women (SIW)
Socialist International Women
Internationale socialiste des femmes
Maritime House
Old Town, Clapham, GB- London SW4 0JW
T: (004420) 7627 4449   Fax: 7720 4448, 7498 1293
Internet: http://www.socintwomen.org.uk
E-Mail: socintwomen@gn.apc.org
Präsident(in): Renau Dolors (Spain)
Chairman: Marlène Haas (Secretary General), Niederlande
Mitgliedsorganisationen: 131

● **IZ U 181**
Europäische Organisation für die Eingliederung und Unterbringung der Jugend (OEIL)
European Organisation for the Integration and Housing of joung people
Organisation Européenne de l'Insertion et de Logement pour les Jeunes
12, ave. du Général de Gaulle, F-94307 Vincennes Cedex
T: (00331) 41 74 81 00   Fax: 43 74 04 29
Gründung: 1955
Président: Maric Chistine Foin
Mitglieder: 400
Mitarbeiter: 38

● **IZ U 182**
Europäische Vereinigung der Jugendclubs (ECYC)
European Confederation of Youth Clubs Organisations
Confédération Européenne des Organisations des Centres de Jeunes
Ørnevej 45, DK-2400 NV Kobenhagen
T: (004538) 10 80 38   Fax: 10 46 55
E-Mail: ecycdk@centrum.dk
Gründung: 1976
President: Nonna Lemda
Secretary General: Andrew Cummings
Mitglieder: 18
Mitarbeiter: 3

● **IZ U 183**
Europäische Guttempler Jugend Föderation (EGTYF)
European Good Templar Youth Federation
Fédération Européenne des Jeunes Bons Templiers
Vasatorget 1, S-70354 Örebro
T: (004619) 14 08 64   Fax: 14 08 64
Internet: http://www.egtyf.org
E-Mail: office@egtyf.org
Gründung: 1990 (Previous Int. Good Templar Youth Fed., Founded 1962)
President: A_Osa Hagelstedt (Sweden)
Vice President: Elke Richter
Treasurer: Charlotte Stenermark
Mitglieder: App. 75000
Mitarbeiter: 1

● **IZ U 184**
Europäischer Verband der Jugendservice Organisationen (EFYSO)
European Federation of Youth Service Organisations
Fédération Européenne des Associations au Service de la Jeunesse
Mittelgasse 16, A-1060 Wien
T: (00431) 8 69 10 43 22   Fax: 8 69 10 43 32

Internet: http://www.efyso.org
E-Mail: office@efyso.org
Gründung: 1993
Président: Horst Dreimann
Secretary General: Heinz Hartl
Mitglieder: 12

Mitgliedsorganisationen

iz u 185
Mouvement des Jeunes Travailleurs
1/2 Place Saint-Jean, B-1000 Brüssel
T: (00322) 5 15 04 58   Fax: 5 12 27 62
Contact: Philippe Marchal

iz u 186
Internationaler Bund - IB
Freier Träger der Jugend-, Sozial- und Bildungsarbeit e.V.
Postf. 60 04 60, 60334 Frankfurt
Burgstr. 106, 60389 Frankfurt
T: (069) 9 45 45-0   Fax: 9 45 45-280
Internet: http://www.internationaler-bund.de
E-Mail: zgf-oeffentlichkeitsarbeit@internationaler-bund.de
Contact: Horst Dreimann (E-Mail: horst.dreimann@internationaler-bund.de)

iz u 187
Stadtverwaltung Reichenbach
Bahnhofstr. 105, 08468 Reichenbach
T: (03765) 52 43 80   Fax: 52 43 02
E-Mail: kuehnle@reichenbach-vogtland.de
Contact: Anja Dehmel

iz u 188
Etablisssement Public Departemental de l'Enfance et de la Famille
Postfach 528, F-62008 Arras Cedex
1, rond-point Baudimont, F-62008 Arras Cedex
T: (0033321) 71 51 32   Fax: 71 52 90
E-Mail: epdef.dev@wanadoo.fr
Contact: Alain Guffroy

iz u 189
Institut National de la Jeunesse et de l'Education Populaire (INJEP)
Parc Val Flory
Postfach 35, F-78160 Marly le Roi
rue Paul Leplat, F-78160 Marly le Roi
T: (00331) 39 17 27-55   Fax: 39 17 27-90
Contact: Bernard Abrignani (E-Mail: abrignani@injep.fr)

iz u 190
National Association of Boys' Clubs
Clubs for Young People
Kennington Lane 369, GB- London SE11 5QY
T: (004420) 77 93 07 87   Fax: 78 20 98 15
E-Mail: efe@nacyp.org.uk
Contact: Euan Eddie

iz u 191
National Youth Federation (NYF)
Old School, College Street, IRL- Carlow
T: (0035318) 72 99 33   Fax: 72 41 83
E-Mail: cariowys@iol.ie
Contact: Mary Doyle

iz u 192
Ufficio Scambi Internaziobali, Citta' Di Torino
via Assarotti 2 (1°piano), I- Turin
T: (003911) 4 42 49 75   Fax: 4 43 48 31
E-Mail: youth.exchanges@comune.torina.it
Contact: Giovanni Bianco

iz u 193
Österreichische Jugendarbeiterbewegung (ÖJAB)
Mittelgasse 16, A-1060 Wien
T: (00431) 5 97 97 35   Fax: 5 97 97 35-89
E-Mail: office@oejab.at
Contact: Eduard Schüssler

iz u 194
Associace Stredoskolskych Klubu (ASK)
Josefska 15, CZ-65855 Brünn
T: (004205) 42 21 00 30   Fax: 42 21 00 30
E-Mail: ask@askcr.cz
Contact: Lothar Indruch

iz u 195
Den Sociale Udriklingsfond (SUF)
Vester Alé 24,3, DK-8000 Århus C
T: (00458) 6 19 28 00   Fax: 6 19 90 81
E-Mail: suf@post4.tele.dk
Contact: Poul Altschuler

iz u 196
Polish Rural Youth Union
ul. Nowy Swiat 18/20, PL-00920 Warschau
T: (004822) 8 26 11 68   Fax: 8 26 11 68

iz u 197
Fundacao da Juventude
Rua das Flores, no 69, P-4050 Porto
T: (003511) 4 12 63 70   Fax: 4 10 79 09
E-Mail: fjuventudeporto@mail.telepac.pt
Contact: Madela Moura

iz u 198
Help to Youth Cooperation
Karla Marksa 25a, RUS-183023 Murmansk
T: (0078) 1 52 54 63-88   Fax: 1 52 54 64-38
E-Mail: hope@committe.murmansk.ru
Contact: Nadejda Malvcheva

iz u 199
Union of Clubs for Children and Youth in Slovakia
Prazska 11, SK-81636 Pressburg
T: (00421) 7 57 29 72 11   Fax: 9 05 50 59 00
E-Mail: 90125@post.sk
Contact: Marek Smatrala

● **IZ U 200**
Frauen Europas
Women of Europe
Association Femmes d'Europe (A.I.S.B.L.)
Avenue de Beaulieu 1, B-1160 Brüssel
T: (00322) 6 60 56 96   Fax: 6 75 48 19
Gründung: 1976
President: Jantien Brinkhorst

● **IZ U 201**
Internationale Christliche Arbeiterjugend (IYCW)
International Young Christian Workers
Jeunesse ouvrière chrétienne internationale
Avenue Georges Rodenbach 4, B-1030 Brüssel
T: (00322) 2 42-1811   Fax: 2 42-4800
Internet: http://www.jociycw.net
E-Mail: international.secretariat@jociycw.net
Gründung: 1957
Président: Josee Desrosiers
Secrétaire Général: Gertraud Langwiesner
Verbandszeitschrift: Bulletin, Info
Mitglieder: 48 Nationen
Mitarbeiter: 9

Regionale Sekretariate

Afrika

iz u 202
YCW Panafrican Secretariat
Postfach 46528, EAK- Nairobi
T: (002542) 53 70 78   Fax: 53 70 78
E-Mail: panafycw@insightkenya.com

Amerika

iz u 203
JOC America
Apartado Postal 17-21, EC-1200 Quito
T: (005932) 50 16 55   Fax: 50 16 57
E-Mail: joca@impsat.net.ec

Asien & Pazifik

iz u 204

Regional Secretariat ASPAC
n° 6 District 1, Pui Man Street, HK- Kowloon
T: (00852) 23 39 09 39 **Fax:** 23 39 09 39
E-Mail: ycwaspac@hk.super.net

Europa

iz u 205

JOC Européenne
Rue des Moucherons 3, B-1000 Brüssel
T: (00322) 4 26 21 49 **Fax:** 4 26 21 49
E-Mail: joceurope@skynet.be

● **IZ U 206**

Naturfreundejugend Internationale (NFJI)
International Young Naturefriends (IYNF)
Internationale des Jeunes Amis de la Nature (IJAN)
Hamerstraat 19, B-1000 Brüssel
T: (00322) 217 62 82 **Fax:** 217 81 33
E-Mail: iynf@iynf.org
Gründung: 1895
President: Kasia Dyniak
Secretary General: Rosa Gallego
Mitglieder: 27
Mitarbeiter: 2

● **IZ U 207**

Internationale Katholische Studierende Jugend (JECI)
International Young Catholic Students
Jeunesse Etudiants Catholique Internationale
Rue de Rennes 171, F-75006 Paris
T: (00331) 45 48 14 72 **Fax:** 42 84 04 53
Generalsekretär(in): Anita Wenger
Verbandszeitschrift: Info Rapid - 4 Times/Year
Mitglieder: 35
Mitarbeiter: 3

● **IZ U 208**

Internationale Organisation für Senioren (FIAPA)
International Federation of Associations of the Elderly
Fédération Internationale des Associations de Personnes Agées
24 rue d'Anjou, F-75008 Paris
T: (00331) 44 56 84 50, 44 56 84 31 **Fax:** 44 56 85 35
Gründung: 1980
Président: Giuseppe Bertoldi
Delegue General: Albert Magarian
Verbandszeitschrift: FIAPA INFOS
Mitglieder: ca. 124000000 in 52 Ländern

● **IZ U 209**

Internationale Union der Familienorganisationen (UIOF)
International Union of Family Organisations
Union Internationale des Organismes Familiaux
World Family Organization
Headquarters:
28, Place Saint-Georges, F-75009 Paris
T: (00331) 48 78 07 59 **Fax:** 42 82 95 24
E-Mail: wfo@ibm.net
Presidency Office:
Rua Mauricio Caillet, 265, Sala 1, Agua Verde, Curitiba, Paraná/Brazil, T/Fax: (005541) 3 42-5358, e-mail: uiofal@mps.com.br
Gründung: 1947
President: Dr. Deisi Noeli Weber Kusztra
Honorary President: Philippe Garigue
Verbandszeitschrift: L'UIOF établit un rapport annuel sur ses activités. Les régionsent les bulletins
Mitglieder: 305

● **IZ U 210**

Internationale Union der Sozialistischen Jugend (IUSY)
International Union of Socialist Youth
Unión Internacional de la Juventud Socialista
Neustiftgasse 3 /13, A-1070 Wien
T: (00431) 5 23 12 67, 5 23 12 82 **Fax:** 5 23 12 67-9
Internet: http://www.iusy.org
E-Mail: iusy@iusy.org
Gründung: 1907
President: Alvaro Elizalde
Secretary General: Lisa Pelling
Secretariat: Silvia Hruška

Rodolfo Losada Chaveli
Verbandszeitschrift: IUSY us in Action
Mitglieder: 134 Organizations (104 Full members, 24 observers, 6 Consultative memb. in all continents)
Mitarbeiter: 3

● **IZ U 211**

Internationaler Christlicher Jugendaustausch (AEIJC)
International Christian Youth Exchange in Europe (ICYE)
Association pour les Echanges Internationaux des Jeunesses Chrétiennes (en Europe)
Große Hamburger Str. 30, 10115 Berlin
T: (030) 28 39 05 50 **Fax:** 28 39 05 52
Internet: http://www.icye.org
E-Mail: icye@icye.org
Gründung: 1977
Life President: Jón Djarman
Chairperson: Christine Holler
Treasurer: Ramon Magi
Secretary General: Salvatore Romagna
Mitglieder: 15 national member organisations
Mitarbeiter: 2

Europäische Mitgliedsorganisationen

Österreich

iz u 212

Grenzenlos (ICYE Austria)
c/o Ev. Jugendwerk
Liechtensteinstr. 20 /9, A-1090 Wien
T: (00431) 3 15 76 36 **Fax:** 3 15 76 37
E-Mail: grenzenlos@magnet.at
Contact: Christoph Mertl

Belgien

iz u 213

VIA (ICYE Belgium)
Draakstraat 37, B-2018 Antwerpen
T: (00323) 2 35 92 21 **Fax:** 2 35 29 73
Internet: http://www.jeugdworknet.be/via
E-Mail: via.belgium@icye.org
Contact: Ann d'Harse

Dänemark

iz u 214

Dansk ICYE
Skolebakken 5, DK-8000 Aarhus
T: (0045) 86 18 07 15 **Fax:** 86 18 07 61
Internet: http://www.icye.dk
E-Mail: icye@icye.dk
Contact: Marlene Ja Yung Olesen

Finnland

iz u 215

Maailmanvaihto (ICYE-Finland)
Pitkänsillanranta 11, FIN-00530 Helsinki
T: (003589) 7 74 11 01 **Fax:** 73 10 41 46
Internet: http://www.kaapeli.fi/-icyefin/
E-Mail: icyefin@katto.kaapeli.fi, icye-programme@kaapeli.fi
Contact: Heini Siirola

Deutschland

iz u 216

(ICIA) ICYE-Germany
Kiefernstr. 45, 42283 Wuppertal
T: (0202) 50 10 81 **Fax:** 50 65 63
Internet: http://www.icja.de
E-Mail: icja.germany@t-online.de
Contact: Stephan Langenberg

Island

iz u 217

ICYE Iceland (AUS)
Postfach 1310, IS-121 Reykjavik
T: (00354) 5 61 46 74 **Fax:** (00345) 5 61 46 17
Internet: http://www.aus.is

E-Mail: aus.@aus.is
Contact: Th. Ivarsson

Italien

iz u 218

AFSAI (ICYE Italia)
via Luigi Ronzoni 91, I-00151 Rom
T: (0039653) 7 03 32 **Fax:** (0039658) 20 14 42
Internet: http://www.afsai.it
E-Mail: uden@afsai.it
Contact: Massimiliano Viatore

Norwegen

iz u 219

ICYE Norway
Postfach 6613, N-0129 Oslo St. Olavs Plass
T: (0047) 23 06 26 19 **Fax:** 23 06 25 20
Internet: http://home.sol.no/-leyen
E-Mail: norway@icye.org
Contact: T. Natvig

Spanien

iz u 220

AFC (ICYE Spain)
Caballero de Gracia 24 4° dcha, E-28013 Madrid
T: (00349) 15 23 20 54 **Fax:** 15 21 35 37
Internet: http://www.personales.jet.es/aecmadrid
E-Mail: ecmadrid@jet.es
Contact: Josée-Luis Vllela

Schweiz

iz u 221

ICYE Switzerland
Postfach 473, CH-3000 Bern 14
T: (004131) 3 71 77 80 **Fax:** 3 71 40 78
Internet: http://www.icye.ch
E-Mail: icye@datacomm.ch
Contact: C. Drucy

Frankreich

iz u 222

ICYE France
Jeunesse et Reconstruction
rue de Trévise 10, F-75009 Paris
T: (00331) 47 70 15 88 **Fax:** 48 00 92 18
Internet: http://www.volontariat.org
E-Mail: icye@volontariat.org
Contact: Marie Chr. Abiska

Schweden

iz u 223

IKU (ICYE Schweden)
c/o Sørensson
Barnängsgatan 54, S-11641 Stockholm
T: (00468) 6 15 05 58 **Fax:** 6 15 05 58
E-Mail: iku-sweden@icye.org
Contact: E. Persson

Großbritannien

iz u 224

ICYE United Kingdom
Argyll House
Latin American House, Kingsgte Place, GB- London NW6 4TA
T: (0044207) 6 81 09 83 **Fax:** 6 81 09 83
Internet: http://www.icye.co.uk
E-Mail: admin@icye.co.uk
Contact: A. Galteland

● **IZ U 225**

Internationaler Rat der Frauen (ICW)
International Council of Women
Conseil International des Femmes
13, rue Caumartin, F-75009 Paris

IZ U 225

T: (00331) 47 42 19 40 Fax: 42 66 26 23
E-Mail: icw-cif@wanadoo.fr
Gründung: 1888
Président: Pnina Herzog (Israel)
Vice Présidents: Alison Roxburgh (New Zealand)
Eleonore Hauer-Rona (Austria)
Brigitte Polonovski Vauclair (Switzerland)
Elisabeth Acar de Langre (France)
Eleanor Sumner (Australia)
Secrétaire Générale: Marie-Christine Lafargue
Mitglieder: 78 Conseils Nationaux de Femmes affiliés
Mitarbeiter: 2

Association régionale

iz u 226

Centre Européen du CIF (CECIF)
Boulevard du Triomphelog, bte 2, B-1160 Brüssel
Présidente: Lily Boeykens

iz u 227

Conseil Régional des Amériques (CRA)
11 Ingraham Lane, USA- Hempstead NY 11550
Présidente: Vera Rivers

● IZ U 228

Internationales Studenten Austausch Programm (ISEP)
International student exchange program
Programme international pour échange d'étudiants
1601 Connecticut Ave. NW, 501, USA- Washington, D.C. 20009-1035
T: (001202) 667-8027 Fax: 667-7801
Internet: http://www.isep.org
E-Mail: info@isep.org
Gründung: 1979
Präsident(in): Mary Anne Grant (Executive Director)
Direktor(in): Nana Rinehart (Associate)
Leitung Presseabteilung: Barbara Wanasek
Mitglieder: 230 Universitäten und Colleges weltweit
Mitarbeiter: 15

● IZ U 229

Jugend für Austausch und Verständigung (YEU)
Youth for exchange and understanding
Yeunesse pour échanges et compréhension
Kirchfeldstr. 85, 40215 Düsseldorf
T: (0211) 33 39 46 Fax: 33 41 74
E-Mail: yeu_headoffice@t-online.de
Kontaktperson: Claudia Gawrich

● IZ U 230

Jugend und Umwelt Europa (YEE)
Youth and Environment Europe
Kubatova 1 /32, CZ-10200 Praha 10
T: (004202) 71 75 06 43   Fax: 71 75 05 48
Internet: http://www.ecn.cz/yee
E-Mail: yee@ecn.cz
Gründung: 1983
Chairman: Soren Meinert
Verbandszeitschrift: Y&E, Newsletter, Camplist
Redaktion: YEE office
Mitglieder: over 50 member organizations, ca. 2 000 000 members
Mitarbeiter: 1
Jahresetat: DM 0,09 Mio

● IZ U 231

Europäisches Jugendforum
European Youth Forum
Forum Européen De la Jeunesse
Rue Joseph II 120, B-1000 Brüssel
T: (00322) 2 30 64 90 Fax: 2 30 21 23
Internet: http://www.youthforum.org
E-Mail: youthforum@youthforum.org
Gründung: 1978
President: Pau Solanilla
Henrik Söderman
Secretary General: Tobias Flessenkemper
Verbandszeitschrift: Annual Report; Directory of Youth Organisations; Youth Opinion
Mitarbeiter: 17

Nationale Vollmitglieder

Belgien

iz u 232

Vlaams Platform voor International Jongerenwerk (VPIJ)
Plate-forme flamande pour le travail international de jeunesse de la communauté flamande de Belgique
Grétrystraat 26, B-1000 Brüssel
T: (00322) 2 09 07 20 Fax: 2 09 07 49
E-Mail: vpij@ping.be
President: An Jo Jacobs
Secretary General: Ingrid Danckaerts

iz u 233

Committee for International Youth Relations of the Frenchspeaking Community of Belgium
Comité pour les Relations internationales de Jeunesse de la Communauté française de Belgique
Boulevard Léopold II 44, B-1080 Brüssel
T: (00322) 4 13 29 29 Fax: 4 13 29 31
E-Mail: crij@cfwb.be
President: Jean-Michel Lavaux
Secretary General: Victor Neira (International secretary)

Dänemark

iz u 234

Dansk Ungdoms Faellesrad (DUF)
Danish Youth Council
Conseil national des organisations de jeunesse danoises
Scherfigsvej 5, DK-2100 Copenhagen 0
T: (004539) 29 88 88 Fax: 29 83 82
Internet: http://www.duf.dk
E-Mail: duf@duf.dk
President: Katrine Hermansen
Secretary General: Anders Landekarl

Deutschland

iz u 235

Deutsches Nationalkomitee für internationale Jugendarbeit (DNK)
German National Committee for International Youth Work
Comité national allemand pour le travail international de jeunesse
c/o DBJR
Haager Weg 44, 53127 Bonn
T: (0228) 9 10 21-16 Fax: 9 10 21-22
Internet: http://www.dbjr.de
E-Mail: info@dbjr.de
President: Frank Schauff
Secretary General: Ronald Berthelmann

Finnland

iz u 236

Suomen Nuorisoyhteistyö Allianssi Finlands Ungdomsamarbete Allians
Finnish Youth Co-operation Allianssi
Olympiastadion Eteläkaarre, FIN-00250 Helsinki
T: (003589) 34 82 43 16 Fax: 49 12 90
Internet: http://www.alli.fi
E-Mail: info@alli.fi
President: Teemu Japisson
Secretary General: Jukka Tahvanainen

Frankreich

iz u 237

Comité pour les Relations Nationales et Internationales des Associations de Jeunesse det d'Education Populaire (CNAPJEP)
15 Passage de la Main d'or, F-75011 Paris
T: (00331) 40 21 14 21 Fax: 40 21 07 06

Griechenland

iz u 238

National Council of Hellenic Youth Organisations
National Council of Hellenic Youth Organisations
Conseil national des organisations de jeunesse hélleniques
Acharnonstr. 417, GR-11143 Athen
T: (00301) 2 51 27 42 Fax: 2 58 51 33
Internet: http://www.esyn.gr
E-Mail: secretariat@esyn.gr
President: Christos Kourousis

Großbritannien

iz u 239

British Youth Council
2 Plough Yard, Shoreditch High Street, GB- London EC 3A 3LP
T: (004420) 74 22 86 40 Fax: 74 22 86 46
E-Mail: mail@lyc.org.uk
President: David Jones
Secrétaire Général: Peter Facey (Executive Director)

Irland

iz u 240

National Youth Council of Ireland (NYCI)
Conseil national de la Jeunesse d'Irlande
Montague Street 3, IRL- Dublin 2
T: (003531) 4 78 41 22 Fax: 4 78 39 74
Internet: http://www.nyci.ie
E-Mail: info@nyci.ie
President: James Doorley
Secretary General: Peter Byrne

Island

iz u 241

Aeskulydssamband Islands (AESI)
The National Youth Council of Iceland
Hverfisgata 105 Box 1426, IS-121 Reykjavik
T: (00354) 562 30 35 Fax: 562 30 52
E-Mail: aesi@iceinter.net
President: Sigvardur Ari Huldarson
Mitglieder: 5000

Luxemburg

iz u 242

Conférence générale de la Jeunesse luxembourgeoise (CGJL)
Rue Philippe II 21, L-2340 Luxemburg
T: (00352) 40 60 90 Fax: 22 57 10
E-Mail: cgjl@pt.lu
Del. Exec.: Fabio Secci
President: José Pereira
Secretary General: Frank Bauler

Lettland

iz u 243

Latvijas Jaunatnes Padome (LJP)
Youth Council of Latvia
Conseil de la Jeunesse de Lettonie
Audeju iela 5, LV-1050 Riga
T: (003717) 81 41 48, 81 41 47 Fax: 81 41 48, 81 41 47
E-Mail: juris.tiltins@padone.org
President: Gunta Kelle
Secretary General: Talivalois Kronbergs

Litauen

iz u 244

Lietuvos Jaunimo Organizaciju Taryba
Council of Lithuanian Youth Organisations
Conseil des organisations de jeunesse lituaniennes
Vokieciu g. 28/ 17/-29, LT-2001 Vilnius
T: (03702) 79 10 14 Fax: 79 10 14
Internet: http://www.baltic.lt/lijot
E-Mail: lijot@post.5ci.lt
President: Aleksandras Valentas
Secretary General: Mindaugas Kiznis

Malta

iz u 245

Kunsill Nazzjonali taz-Zghazagh
St Francis Ravelin, GBY-VLT15 Floriana
T: (00356) 23 43 05 **Fax:** 24 53 76
E-Mail: knz∞alta@yahoo.com
President: Lorraine Napier
Secretary General: Claudette Azzopardi

Niederlande

iz u 246

Nederlands Comité voor Multilateraal Jongerenwerk
Dutch Committee for Multilateral Youth Work
Comité néerlandais pour le travail multilatéral de la Jeunesse
Prinsengracht 770-11, NL-1017 JX Amsterdam
T: (003120) 6 38 39 18 **Fax:** 6 38 60 94
Internet: http://www.vereniging31.nl
E-Mail: kantoor@vereniging31.nl
President: Alexander Auerbach
Secretary General: Annelieke Mens

Norwegen

iz u 247

Landsradet for Norges barne- og ungdomsorganisasjoner (LNU)
Norwegian Youth Council
Conseil national des organisations de jeunesse norvégiennes
Nedre Vollgate 5, N-0158 Oslo
T: (04723) 31 05 90 **Fax:** 31 06 01
Internet: http://www.lnu.no
E-Mail: lnu@lnu.no
President: Lars Birger Salvesen
Secretary General: Tirne Skei Grande

Österreich

iz u 248

Österreichischer Bundesjugendring (ÖBJR)
Austrian Federal Youth Council
Conseil fédéral de la jeunesse autrichienne
Praterstr. 70/13, A-1020 Wien
T: (00431) 2 14 44 99-0 **Fax:** 2 14 44 99-10
E-Mail: oebjr@oebjr.at
President: S. Maderner
R. Feichter
R. Pichler
F. Meinhard
Secretary General: Martina Fürpass

Portugal

iz u 249

Conselho nacional de Juventude (CNJ)
Portuguese National Youth Council
Conseil national de la Jeunesse du Prtugal
R. Forno Do Tijolo No. 73 2° Dto, P-1100 Lissabon
T: (00351218) 16 01 30 **Fax:** 16 01 39
E-Mail: geral@cnj.pt
President: Pedro Renqhuina Dias
Secretary General: Ana Caritas

Schweden

iz u 250

Landsradet för Sveriges Ungdomssorganisationer (LSU)
National Council of Swedish Youth Organisations
Conseil national des organisations de jeunesse suédoises
Kungsgatan 74, S-11122 Stockholm
T: (00468) 4 40 86 70 **Fax:** 20 35 30
E-Mail: info@lsu.se
President: Marlen Berggren
Secretary General: Henrik Gustavsson

Schweiz

iz u 251

Federazione svizzera della Associazioni giovanuli/Federaziu
National youth council of Switzerland
Cartel Suisse des Associations de jeunesse
Postgasse 21, CH-3011 Bern
T: (004131) 3 26 29 29 **Fax:** 3 26 29 30
Internet: http://www.sajv.ch
E-Mail: sajv@sajv.ch
President: Claudio Burkhard
Secretary General: Andrea Isali
Key Rennenkampff

Slowakische Republik

iz u 252

Rada mladeze Slovenska (RMS)
Youth Council of Slovakia
Conseil de la Jeunesse de Slovaquie
Prazska 11, SK-81636 Bratislava
T: (00421) 7 39 81 08 **Fax:** 7 39 33 01
E-Mail: rms@changenet.sk
President: Rastislav Dikant
Secretary General: Maria Knapcikova

Slowenien

iz u 253

Mladinski svet Slovenije (MSS)
National Youth Council of Slovenia
Conseil national de la jeunesse de Slovénie
Linhartova 13, SLO-61000 Ljubljana
T: (0038661) 3 06 39 87 **Fax:** 1 33 85 07
E-Mail: mss@mail.ljudmila.org
President: Alenka Zibert
Secretary General: Dominik Lavric

Spanien

iz u 254

Consell Nacional de la Joventut de Catalunya (CNJC)
National Youth Council of Catalonia
Conseil national de la Jeunesse catalane
Diagonal 430 Primer Pis, E-08037 Barcelona
T: (003493) 3 68 30 80 **Fax:** 3 68 30 84
Internet: http://www.cnjc.net
E-Mail: consell@cnjc.net
President: Dolors Camatis I Luis
Secretary General: David Pérez I Martin (Director)

iz u 255

Consejo de la Juventud de España (CJE)
Spanish Youth Council
Conseil de la Jeunesse d'Espagne
c/Montera 24-6 ° planta, E-28013 Madrid
T: (003491) 7 01 04 20 **Fax:** 7 01 04 40
Internet: http://www.cje.org
E-Mail: info@cje.org
President: Julio del Valle de Iscar
Secretary General: Gregorio Martinez Garrido

Ungarn

iz u 256

Hungarian Coordination Bureau for International Youth Work
Bureau de Coordination du travail international de jeunesse hongrois
Amerikai Ut 96, H-1145 Budapest
T: (0361) 2 52 32 75 **Fax:** 2 51 86 74
Internet: http://www.euro26.org
E-Mail: kub@mail.mgx.hu
President: Enne Vanderschaf
Secretary General: Birgit Vigverberg

● **IZ U 257**

Europäischer Dachverband studentischer Unternehmensberatungen (JADE)
European Confederation of Junior Enterprises
Rue Ulens 82, B-1080 Brüssel
T: (00322) 420 17 52 **Fax:** 420 17 51
Internet: http://www.jadenet.org
E-Mail: jade1@skynet.be
Gründung: 1990
President: Rogier Kalkhoven
Treasurer: Illenia Furlanis
General Secretary: Joachim Ritzer
Mitglieder: 30000

● **IZ U 258**

Ökumenischer Jugendrat in Europa (EYCE)
Ecumenical Youth Council in Europe
Conseil oecuménique de la Jeunesse en Europe
Rue du Champ de Mars 5, B-1050 Brüssel
T: (00322) 5 10 61 87 **Fax:** 5 10 61 72
Internet: http://www.eyce.org
E-Mail: generalsecretary@eyce.org
Gründung: 1968
President: Ioana Ivacenco
Secretary General: Torsten Moritz (Contact)
Verbandszeitschrift: Circular Letter, Euro update (6 x Jahr)
Mitglieder: 25 Mitglieder in 23 europ. Ländern, Kontakte in 18 weiteren Ländern
Mitarbeiter: 1

● **IZ U 259**

Ökumenisches Forum Christlicher Frauen in Europa (FOFCE)
Ecumenical Forum of European Christian Women
Forum Oecuménique de Femmes Chrétiennes d'Europe
Rue Joseph II 174, B-1040 Brüssel
T: (00322) 2 30 57 97 **Fax:** 2 31 14 13
E-Mail: forum.oecumenique@skynet.be
Gründung: 1982
Co-President: Catherine Gyarmathy
Inge Schintlmeister
Katarina Zorbas-Karkala
Mitglieder: 30 Countries with Member Organizations
Mitarbeiter: 1 Part-Time

● **IZ U 260**

Soroptimist International (SI)
87, Glisson Road, GB- Cambridge, CBI 2HG
T: (00441223) 31 18 33 **Fax:** 46 79 51
Internet: http://www.sorop.org
E-Mail: sorophq@dial.pipex.com.
Gründung: 1921 (Oktober)
President: Jane Zimmerman
Executive Officer: Janet Bilton
Leitung Presseabteilung: Betty Loughhead-Turland
Verbandszeitschrift: The International Soroptimist and World Span
Redaktion: Betty Loughhead-Turland, 87, Glisson Road, GB- Cambridge CB1 2HG
Mitglieder: 95000
Mitarbeiter: 3

iz u 261

Soroptimist International of the Americas Inc.
Two Penn Center Plaza, Suite 1000, USA- Philadelphia, PA 19102-1883
T: (001215) 5 57 93 00 **Fax:** 5 68 52 00
E-Mail: siahq@soroptimist.org
Executive Director: Leigh Wintz

iz u 262

Soroptimist International of Europe
Route de Florissant 72, CH-1206 Geneva
T: (004122) 3 46 08 80 **Fax:** 7 89 04 43
E-Mail: sie@bluewin.ch
Executive Officer: Marie-Irene Paleologue

iz u 263

Soroptimist International of Great Britain & Ireland
Wellington Road South 127, GB- Stockport SK 1 3TS
T: (0044161) 4 80 76 86 **Fax:** 4 77 61 52
E-Mail: hg@soroptimistgbi-prestel.co.uk

iz u 264

Soroptimist International of the South West Pacific
Postfach Q817, QVB Post Office, AUS- Sydney NSW 1230
T: (00612) 92 62 45 55 **Fax:** 92 62 42 55
E-Mail: siswphq@ozemail.com.au
Administrative Officer: Marilyn Black

IZ U 265

● **IZ U 265**
Weltgemeinschaft orthodoxer Jugendlicher (SYN-DESMOS)
World Fellowship of Orthodox Youth
Organisation Mondiale des Jeunes orthodoxes
Eleftheriou Venizelou 59a, GR- Holargos 15562
T: (00301) 656 0991   Fax: 656 0992
Internet: http://www.syndesmos.org
E-Mail: syndesmos@syndesmos.org
Gründung: 1953
Acting President: Hildo Bos, Netherlands
Vice-President: Natalia Kulkova, Russia
Milivoj Randjic, Yugoslavia
Mitglieder: 120
Mitarbeiter: 3

● **IZ U 266**
Welt-Organisation der Mütter aller Nationen (W.O.M.A.N.)
World Organisation for Mothers of all Nations
Organisation mondiale des Mères de toutes les nations
Deutscher Frauenverband e.V.
Raabestr. 6, 26386 Wilhelmshaven
T: (04421) 6 06 33
Gründung: 1948 (Deutschland)
Vorsitzende(r): Ingrid Kaluza
Stellvertretende(r) Vorsitzende(r): Marion Retterath
Mitglieder: ca. 800

● **IZ U 267**
Weltorganisation des Pfadfinderbewegung - Das europäische Pfadfinderbüro (OMMS/BES)
World Organisation of the Scout Movement - The European Scout Office
Organisation Mondiale du Mouvement Scout - Bureau Européen de Scoutisme
Avenue de la Porte de Hal 39, B-1060 Brüssel
T: (00322) 534-3315   Fax: 706-5267
Internet: http://www.scout.org/europe
E-Mail: eurobureau@euro.scout.org
Rue Henri-Christiné 5, CH-1205 Geneva, T: (0041) 7 05 11 00, Fax: (0041) 7 05 11 09
Regional Director: Dominique Bénard
Mitglieder: ca. 250 associations
Mitarbeiter: 7

● **IZ U 268**
Welt-Union der Katholischen Frauen-Organisationen (UMOFC)
World Union of Catholic Women's Organizations
Union Mondiale des Organisations Féminines Catholiques
18, rue Notre-Dame-des-Champs, F-75006 Paris
T: (00331) 45 44 27 65   Fax: 42 84 04 80
Internet: http://www.wxs.nl/-wuc.wo/
E-Mail: wucwoparis@compuserve.com
Gründung: 1910 (26. August)
Président-Général: Maria Eugenia Diaz de Pfennich
Secrétaire-Générale: Gillian Badcock
Verbandszeitschrift: NEWSLETTER
Verlag: Mrs. M. L. van Wijk-van-de Ven, Burg. S'Jacoblaan 63, 1401 BP Bussum, Pays Bas
Mitglieder: 90 Organisationen

● **IZ U 269**
Weltverband der Pfadfinderinnen - Region Europa (AMGE-Europe)
World Association of Girl Guides and Girl Scouts - Europe Region (WAGGGS-Europe)
Association Mondiale des Guides et des Eclaireuses - Région Europe (AMGE-Europe)
Avenue de la Porte de Hal 38, B-1060 Brüssel
T: (00322) 5 41 08 80   Fax: 5 41 08 99
Internet: http://www.wagggseurope.org/uk.html
Chairman: Regula Furrer
Vice-Chairman: Sheran Oke

● **IZ U 270**
Europäische Allianz der christlichen Vereine junger Männer (CVJM) (EAY)
European Alliance of YMCAs
Alliance Européenne des Associations Chrétiens de Jeunes Hommes
Na porici 12, CZ-11530 Praha 1
T: (00422) 24 87 20 20   Fax: 24 87 20 25
Internet: http://www.eay.org
E-Mail: eay@eay.org

● **IZ U 271**
Youth for Understanding - Europäischer Bildungsaustausch (YFU)
Youth for Understanding - European Educational Exchanges
Les jeunes pour la compréhension des peuples - Echange éducatif européen
Regastraat 47 /4, B-3000 Leuven
T: (003216) 29 08 55   Fax: 29 06 97
E-Mail: eee-yfu@skyret.be
Gründung: 1985
President: Hans-Holger Hernfeld
Secretary: Isabelle Forges
Mitglieder: 119
Mitarbeiter: 2

Mitgliedsorganisationen

Belgien

iz u 272
YFU - Vlaanderen
Regastraat 47/1, B-3000 Leuven
T: (003216) 29 06 14   Fax: 29 32 15
E-Mail: info@yfu.be

iz u 273
YFU - Wallonie
Rue Saint Thomas 32, B- Liège
T: (003204) 2 23 76 68   Fax: 2 23 08 52
E-Mail: yfu@bxw.econophone.be

Dänemark

iz u 274
Youth For Understanding-Denmark
Stationsvej 4, DK-5690 Tommerup
T: (0045) 64 76 30 06   Fax: 64 76 30 75
E-Mail: yfu-danmark@vfu.dk

Deutschland

iz u 275
Deutsches YOUTH FOR UNDERSTANDING Komitee e.V.
Postf. 76 21 67, 22069 Hamburg
T: (040) 22 70 02-0   Fax: 22 70 02-27
Internet: http://www.yfu.de
E-Mail: info@yfu.de

Estland

iz u 276
Youth For Understanding-Estonia
Kreutzwaldi 13-6, EW-10124 Tallinn
T: (003726) 41 92 97   Fax: 41 92 98
E-Mail: yfu@yfu.edu.ee

Finnland

iz u 277
Suomen Youth for Understanding r.y.
Vironkatu 6A-11, FIN-00170 Helsinki
T: (003589) 6 22 61 30   Fax: 62 26 13 10
E-Mail: yfu.finland@yfu.fi

Frankreich

iz u 278
Youth For Understanding-France
Echanges et Jeunesse
74, rue Blanche, F-75009 Paris
T: (00331) 45 26 37 38   Fax: 45 26 35 25
E-Mail: yfu@worldnet.fr

Griechenland

iz u 279
Youth For Understanding
5 Xanthou Street, GR-10673 Athen
T: (00301) 3 64 01 43   Fax: 3 64 65 90

Großbritannien

iz u 280
Youth For Understanding
Unit 1 D-3
Templeton Business Centre
62 Templeton Street, GB- Glasgow G40, 1 DA
T: (0044141) 5 56 11 16   Fax: 5 51 09 49
E-Mail: yfu@exchange18.freeserve.co.uk

Italien

iz u 281
Free Culture
Via Emilio Morosini, 17, I-00153 Rom
T: (00396) 5 81 42 20   Fax: 5 88 44 95
E-Mail: freecultureyfu@rpilo.it

Kasachstan

iz u 282
Youth For Understanding
Ul. Valikhanov 79, KZ- Almaty 480100
T: (0073272) 91 46 45   Fax: 91 82 98
E-Mail: lingyfu@kaznet.kz

Lettland

iz u 283
Youth For Understanding-Latvia
Pils laukums 4-202 (istaba), LV- Riga LV-1050
T: (00371) 7 21 20 25   Fax: 7 24 22 65
E-Mail: ieva@yfu.apollo.lv

Litauen

iz u 284
Youth For Understanding
c/o Mindaugas Kojelis
Antakalnio 70-35, LT- Vilnius
T: (00370) 2 34 13 13   Fax: 8 52 48 03
E-Mail: mindko@pub.osf.lt

Niederlande

iz u 285
Educatieve Uitwisseling YFU-Benelux
Herenweg 115c, NL-3645 ZJ Vinkeveen
T: (00312972) 6 48 50   Fax: 6 21 56
E-Mail: info@yfu.nl

Norwegen

iz u 286
Youth For Understanding-Norge
Professor Dahls gate 18, N-0353 Oslo
T: (0047) 22 69 81 80   Fax: 22 60 06 33
E-Mail: post@yfu.no

Polen

iz u 287
Youth For Understanding-Poland
skrytka pocztowa 36, PL-60-972 Poznan 1
T: (004861) 8 53 60 81 ext. 213   Fax: 8 53 79 55

Rumänien

iz u 288

Youth For Understanding-Romania
Postadresse:
O.P. 22-C.P. 180, R- Bukarest
Büroadresse:
Calca Victoriei Nr. 81-83
Bl. 81C, sc A, et, 7, ap. 28
RO-70176 Bukarest 1
T: (00401) 6 59 57 09 **Fax:** 6 30 75 24
E-Mail: yfu-ro@medifax.ro

Russland

iz u 289

Youth For Understanding-Russia
Pulkovskaya ulitsa d3, k, I, RUS-125565 Moskau
T: (00795) 4 52 54 10 **Fax:** 4 52 54 10
E-Mail: yfu-russ@aha.ru

Schweden

iz u 290

Youth For Understanding
Flemingatan 21, S-112 26 Stockholm
T: (00468) 6 50 50 25 **Fax:** 6 50 50 29
E-Mail: yfu.sweden@yfu.a.se

Schweiz

iz u 291

Youth For Understanding
Postfach 89 20, CH-3001 Bern
Stadtbachstr. 42, CH-3001 Bern
T: (004131) 3 05 30 60 **Fax:** 3 05 30 61
E-Mail: infoyfu@yfu.ch

Spanien

iz u 292

Youth For Understanding-Spain
Maria Izuzquiza
National Director YFU-Spain
P° de la Castellana 167, 9° B, E-28046 Madrid
T: (003491) 5 71 98 05
E-Mail: yforum@globalmail.net

Tschechische und Slowakische Republik

iz u 293

YFU-CS
Vrsovicka 71, CZ-100 00 Prag 10
T: (004202) 67 31 42 85 **Fax:** (001202) 4 78 09 17
E-Mail: yfucs@parkeria.com

Ukraine

iz u 294

Youth For Understanding-Ukraine
c/o Marichka Padalko
16/16 Sofiyevska Street, Apt. 7, UA- Kiew 254025
T: (0038044) 2 90 80 52 **Fax:** 2 28 17 15
E-Mail: diana@dianastella.kiev.ua

Ungarn

iz u 295

YFU-Hungary
Bern Rakpart 6, H-1011 Budapest
T: (00361) 2 01 01 25 **Fax:** 2 01 01 25
E-Mail: yfuhungary@matavnet.hu

USA

iz u 296

International Secretariat
Youth For Understanding
3501 Newark Street, N.W., USA- Washington D.C. 20016
T: (001202) 9 66 68 00 **Fax:** 8 95 11 04
E-Mail: oconnor@us.yfu.org

Weißrussland

iz u 297

Youth For Understanding-Belarus
Communisticheskaya 4-3, 220029 Minsk
T: (00375172) 36 60 86
E-Mail: yfu@user.unibel.by

Wohlfahrtsverbände

● **IZ U 298**

CARITAS EUROPA
Rue de Pascale 4, B-1040 Brüssel
T: (00322) 2 80 02 80 **Fax:** 2 30 16 58
E-Mail: postmaster@caritas-europa.be
Gründung: 1971
Président: Denis Viénet
Secrétaire Général: Hermann Icking
Contact: Miriam Purdue
Mitglieder: ca. 48
Mitarbeiter: 9

● **IZ U 299**

Europäische Konföderation der Laryngektomierten (CEL)
Confederation of European Laryngectomees
Confédération Européenne des Laryngectomisés
Fresiahof 5, NL-1688 WG Nibbixwoud
T: (0031229) 57 24 13 **Fax:** 57 43 67
E-Mail: cel.mpk@hetnet.nl
Gründung: 1965 (14. Juni)
Präsident(in): Marianne Peereboom (Fresiahof 5, NL-1688 WG Nibbixwoud, T: (0031229) 572413, Fax: 574367)
Generalsekretär(in): Walter Gils (9 Rue Kosselt, L-8292 Meispelt, T: (00352) 309808, Fax: 307612)
Mitglieder: rd. 45000
Jahresetat: DM 0,050 Mio

● **IZ U 300**

Europäische Behindertenaktion (AEH)
European action of the Disabled
Action Européenne des Handicapés
Sitz Luxemburg
Generalsekretariat
Wurzerstr. 4a, 53175 Bonn
T: (0228) 8 20 93-0 **Fax:** 8 20 93-46
E-Mail: aeh.europe@t-online.de
Gründung: 1979 (18. Mai)
Präsident(in): Walter Hirrlinger (Arbeitsminister a.D., Wiflingshauser Str. 129, 73732 Esslingen, T: (0711) 37 97 57)
Vizepräsident(in): Lieke Zaeyen-Kuyken (ANGO, Niederlande)
Marie-José Schmitt (GEEPHM), Frankreich
Willi-Klaus Benesch (KOBV-Ö), Österreich
Generalsekretär(in): Ulrich Laschet (Wurzerstr. 4a, 53175 Bonn)
Europa-Ref.: Manfred Mörs (Wurzerstr. 4a, 53175 Bonn)
Die AEH ist eine Dachorganisation von 17 Mitgliedsverbänden aus den Staaten der Europäischen Gemeinschaft

Die AEH setzt sich dafür ein, daß behinderte Menschen in den Staaten der EU ein selbstbestimmtes Leben führen können, im Mobilitätsbereich Chancengleichheit mit Nichtbehinderten realisiert wird und angemessene Bedingungen im Erwerbsleben geschaffen werden.

● **IZ U 301**

Europäische Allianz der Verbände für Muskelkrankheiten (EAMDA)
European Alliance of Neuromuscular Disorders Associations
Union européenne des associations pour les maladies musculaires
7-11 Prescott Place, GB- London SW4 6BS
T: (004420) 77 20 80 55 **Fax:** 74 98 89 63
E-Mail: mail@eamda.sonnet.co.uk
Verbandszeitschrift: EAMDA Newsletter
Redaktion u. Verlag: EAMDA

● **IZ U 302**

Europäische Narkolepsie Vereinigung
European Narcolepy Association
Association Européenne de Narcolepsie
Sekretariat
Postfl. 11 07, 42755 Haan
T: (02129) 95 96 85 **Fax:** 3 29 45
Internet: http://www.dng-ev.de
E-Mail: dnger@wtal.de
Gründung: 1997 (26. Juni)
Präsident(in): Günter Baus (Deutschland)
Vizepräsident(in): Fin Schalck (Dänemark)
Sekretärin: Tuulikki Ramsay (Finnland)
Finanzen: Dr. Per Egil Hesla (Norwegen)
Sonstige: Don Pincham (Großbritannien)
Severine Deloche (Frankreich)
Jose Francisco Vincente (Spanien)
Direktor: Ben van Veen (Niederlande)
Leitung Presseabteilung: K. Günter Baus
Verbandszeitschrift: International Journal of Members
Redaktion: Marga Grimm, Deutschland
Verlag: WFT-Verlag, 42929 Wermelskirchen
Mitglieder: ca. 10000
Mitarbeiter: 8 (ehrenamtl.)
Jahresetat: ca. DM 0,01 Mio, € 0,01 Mio (noch im Aufbau)
Eingetragen: NL-Krimpen/Rotterdam

● **IZ U 303**

Europäische Rheumaliga (EULAR)
European League against Rheumatism
Ligue Européenne Contre le Rhumatisme
Witikonerstr. 15, CH-8032 Zürich
T: (00411) 3 83 96 90 **Fax:** 3 83 98 10
Internet: http://www.eular.org
E-Mail: eular@bluewin.ch
Gründung: 1947
Exekutiv-Sekretär: Fred K. Wyss
Verbandszeitschrift: Rheumatologie in Europa (vierteljährlich)
Verlag: Eular Verlag, Postfach, CH-4012 Basel
Mitglieder: ca. 9500
Mitarbeiter: 2
Mitgliedsverbände: Alle nationalen Gesellschaften Europas plus Libanon und Israel

● **IZ U 304**

Europäische Stomavereinigung (EOA)
European Ostomy Association
Association Europeenne des Stomisés
c/o Deutsche ILCO
Postf. 12 65, 85312 Freising
T: (08161) 93 43 01, 93 43 02 **Fax:** 93 43 04
E-Mail: info@ilco.de
Gründung: 1990 (2. Juni)
Präsident(in): Heinz Wolff (c/o Deutsche ILCO)
Mitglieder: 36 Nationale Verbände

● **IZ U 305**

Europäische Vereinigung gegen die schädlichen Auswirkungen des Luftverkehrs
European Union against Aircraft Nuisance
Union Européenne contre la Nuisance des Avions
Postfach 418, CH-1214 Vernier
T: (0033450) 41 19 05 **Fax:** 42 72 95
Gründung: 1968 (28. Januar)
Président: Martin Kessel (E-Mail: kessel.marketing@t-online.de), Frankfurt/Germany
Vice-Président: George Savage (Fax: (00331) 39 64 37 52), Saint-Gratien/France
Secrétaire Général: H.J. Beckers, Ratingen/Germany
Trésorier: P. Naef (peter.naef.aiza@freesurf.ch), Schönenbuch/Basel/Suisse
Die EUROPÄISCHE VEREINIGUNG gegen die schädlichen Auswirkungen des Luftverkehrs ist der Dachverband der Landesverbände in 6 europäischen Staaten:
Bundesrepublik Deutschland, Frankreich, Schweiz, Österreich, Niederlande, England, Spanien

Landesverbände:
Bundesvereinigung gegen Fluglärm e. V., Mörfelden
Union Française contre les Nuisances des Avions, Wissous
SVESAL Schweizerische Vereinigung gegen die schädlichen Auswirkungen des Luftverkehrs
Österreichische Vereinigung gegen die schädlichen Auswirkungen des Luftverkehrs, Salzburg
Stichting tegen Geluidshinder door Vliegtuigen, Amsterdam
Federation of Heathrow Anti-Noise Groups (FHANG), Heathrow

● **IZ U 306**

Internationale Europäische Bewegung
International European Movement
Mouvement Européen International
Square de Meeûs 25, B-1050 Brüssel

IZ U 306

T: (00322) 5 08 30 88 Fax: 5 12 66 73
E-Mail: secretariat@europeanmovement.skynet.be
Gründung: 1948
President: José Maria Gil-Robles
Secretary General: Pier Virgilio Dastoli
Contact: Bénédicte de Jamblinne
Mitglieder: 30 conseils nationaux, 20 organisations membres
Mitarbeiter: 3

IZ U 307

Internationale Gesellschaft für die Rehabilitation der Behinderten
Rehabilitation International (RI)
25 East 21st St., USA- New York, N.Y. 10010
T: (001212) 420-1500 Fax: 505-0871
Internet: http://www.rehab-international.org
E-Mail: rehabinti@aol.com
President: Dr. Arthur O'Reilly
General Secretary: Dave Henderson

IZ U 308

Internationale Kommission für Alkoholismusvorsorge (ICPA)
International Commission for the Prevention of Alcoholism and Drug Dependency
Commission Internationale de Prévention contre l'Alcoolisme
Old Columbia Pike 12501, USA- Silver Spring MD 20904
T: (001301) 6 80-6719 Fax: 6 80-6707
E-Mail: landlessp@gc.adventist.org
Gründung: 1952
Executive Director: Peter N. Landless
Advisor to Executive Director: Thomas R. Neslund
Honorary President and Special Consultant: Ernest H.J. Steed
Vizepräsident(in): Bert Beach
Valeri Surrell
Carlos Cagliotti
Nevenka Cop
Lothar Schmidt
Executive Secretary: Abdul Al-Awadhi
Treasurers: Charles D. Watson (USA)
Elwin B. David (USA)
Leitung Presseabteilung: Gary Swanson
Verbandszeitschrift: Reporter, ALERT, Dispatch
Mitglieder: 6000 Commission Members
US-Dollar 25.000
Mitarbeiter: 1

IZ U 309

Inclusion Europe (ILSMH)
The European Association of Societies of Persons with Intellectual Disability and their Families
L'Association Européenne des Personnes Handicapées Mental et leurs Familles
Inclusion International
Galaries de la Toison d_1Or, 29 Chaussée d'Ixelles #393/35, B-1050 Bruxelles
T: (00322) 5 02 28 15 Fax: 5 02 80 10
Internet: http://www.inclusion-europe.org
E-Mail: secretariat@inclusion-europe.org
Gründung: 1989
President: Thérèse Kempeneers-Foulon (Belgium)
President-elect: Françoise Jan (France)
Vice-Presidents: Julietta Sanches (Portugal)
Lloyd Page (United Kingdom)
Secretary General: Patrick Gohet (France)
Treasurer: Martin Jan de Jong (The Netherlands)
Director: Geert Freyhoff
Verbandszeitschrift: INCLUDE
Redaktion: Marlen Krause
Verlag: Inclusion Europe, Galeries de la Toison d'Or, 29 Chaussée d'Ixelles, #393/35, B-1050 Brussels (Belgium)
Mitglieder: 25
Mitarbeiter: 7

IZ U 310

Internationale Stomavereinigung (IOA)
International Ostomy Association
Association Internationale des Stomisés
IOA Contact Office c/o British Colostomy Association
Station Road 15, GB- Reading Berks RG1 1LG
T: (0044118) 939 1537 Fax: 956 9095
Gründung: 1987
Präsident(in): Brenda Flanagar
Leitung Presseabteilung: Margaret Reid
Verbandszeitschrift: Tidings
Redaktion: British Colostomy Association
Verlag: 15, Station Rd., Reading
Mitglieder: 14500
Mitarbeiter: 10

IZ U 311

Internationale Union zur Bekämpfung von Tuberkulose und Lungenkrankheiten (UICTMR/IUATLD)
International Union against Tuberculosis and Lung Disease (IUATLD)
Union Internationale Contre la Tuberculose et les Maladies Respiratoires (UICTMR)
68 boulevard Saint-Michel, F-75006 Paris
T: (00331) 44 32 03 60 Fax: 43 29 90 87
Internet: http://www.iuatld.org
E-Mail: union@iuatld.org
Gründung: 1920
President: Anne Fanning
Executive Director: Dr. N. Billo
Public Relations: Sophie Aumonier
Verbandszeitschrift: International Journal of Tuberculosis and Lung Disease, Newsletter, Tuberculosis Guide, Asthma Guide, ARI Guide, Tobacco Guide
Redaktion: Clare Pierard, IUATLD
Mitglieder: 3500
Mitarbeiter: 15
Publications: Newsletter, Tuberculosis Guide, Asthma Guide, ARI Guide, Tobacco Guide

IZ U 312

Internationale Vereinigung gegen den Lärm (AICB)
International Association against Noise
Association Internationale contre le bruit
Hirschenplatz 7, CH-6004 Luzern
T: (004141) 410 30 13 Fax: 410 90 93
Gründung: 1957
Generalsekretär(in): RA Dr. iur. Willy Aecherli (Ltg. Presseabt.; Hirschenplatz 7, CH-6004 Luzern)
Mitglieder: 5
Mitarbeiter: 5

Ihr Zweck ist auf internationaler Ebene die Lärmbekämpfung zu fördern; die Zusammenarbeit und den Erfahrungsaustausch zu pflegen; überstaatliche Maßnahmen vorzubereiten.

IZ U 313

Internationale Vereinigung der Schwerhörigen (IFHOH)
International Federation of the Hard of Hearing People
Fédération internationale des malentendants
IFHOH Head-office:
Otto-Suhr-Allee 26-28, 10585 Berlin
T: (030) 34 707 313 Fax: 347 07 315
E-Mail: info@dr-harmsen.de
Gründung: 1977 (15. April)
Präsident(in): Dr. Claus Harmsen (Deutschland)
Vizepräsident(in): Marcia D ugan (USA)
Generalsekretär(in): Christopher Shaw (Vereinigtes Königreich)
Schatzmeister(in): Kalle Tervaskari (Finnland)
Verbandszeitschrift: IFHOH Journal
Mitglieder: mehr als 50 Mitgliedsverbände aus mehr als 30 Staaten der Erde

IZ U 314

Internationale Union gegen Krebs (UICC)
International Union against Cancer
Union internationale contre le cancer
Rue du Conseil-Général 3, CH-1205 Genf
T: (004122) 8 09 18 11 Fax: 8 09 18 10
Internet: http://www.uicc.org
E-Mail: info@uicc.org
Gründung: 1933
Präsident(in): Dr. E. Robinson, Israel
Secretary General: L. J. Denis, Belgien
Mitglieder: 291 in weltweit 89 Staaten

IZ U 315

Internationaler Diabetes-Bund (IDF)
International Diabetes Federation
Fédération Internationale du Diabète
1 Rue Defacqz, B-1000 Brüssel
T: (00322) 5 38 55 11 Fax: 5 38 51 14
Internet: http://www.idf.org
E-Mail: idf@idf.org
Gründung: 1950
President: Prof. Sir George Alberti
President-Elect: Prof. Pierre Lefèbvre
Vice-Presidents: Bjørnar Allgot
Prof. Morsi Arab
Dr. Antonio Roberto Chacra
Prof. Donald Chisholm
Prof. Clive Cockram
Prof. Philip Home
Dr. Jean-Claude Mbanya
Ron Raab
Prof. Martin Silink
Dr. Linda Siminerio
Dr. Wim Wientjens
Prof. Rhys Williams
Verbandszeitschrift: Diabetes Voice, The Bulletin of the International Diabetes Federation

Redaktion: Verlag Krichheim + Co GmbH, Postf. 25 24, 55015 Mainz, Kaiserstr. 41, 55115 Mainz, T: (06131) 9 60-7 00, Telefax: (06131) 9 60-70 70
Verlag: Communications Dept., 1 Rue Defacqz, B-1000 Brussels
Mitglieder: 175 Associations
Mitarbeiter: 7

IZ U 316

Internationaler Verband körperbehinderter Menschen (FIMITIC)
International Federation of Persons with Physical Disability
Fédération internationale des personnes handicapées physiques
c/o Sozialverband Deutschland e.V.
Beethovenallee 56-58, 53173 Bonn
T: (0228) 95 64-130 Fax: 95 64-132
E-Mail: fimitic@t-online.de
Gründung: 1953 (4. Oktober), Namur, Belgien
Amtierender Präsident: Friedrich-Wilhelm Herkelmann, Deutschland
Vizepräsident(in): Boo Fogelberg, Schweden
Generalsekretärin: Marija Stiglic, Bonn
Mitglieder: 5000000
Mitgliedsverbände in folgenden Ländern: Albanien, Belarus, Belgien, Bulgarien, Deutschland, Estland, Finnland, Fürstentum Liechtenstein, Griechenland, Italien, Kroatien, Lettland, Litauen, Mazedonien, Niederlande, Österreich, Polen, Portugal, Rumänien, Schweiz, Slowakei, Slowenien, Tschechische Republik, Ungarn

IZ U 317

Internationaler Verband für Autismus in Europa (IAAE)
International Association Autism-Europe
Association Internationale Autisme-Europe
Ave. E. Van Becelaere 26B, Bte 21, B-1170 Bruxelles
T: (00322) 6 75 75 05 Fax: 6 75 72 70
Internet: http://www.autismeurope.arc.be
E-Mail: autisme.europe@arcadis.be
Gründung: 1983 (23. Januar) Statuts établis dans le cadre de la loi belge de 1919 sur les associations internationales, publiés au Moniteur Belge 9.02.84
Präsident(in): Gilbert Huybrechts (20, Rue Jean Bertels, L-12330 Luxembourg, Gd.Duche de Luxembourg, T: (00352) 44 18 86)
Vice-President: Pat Matthews (29, Kincora Grove, Clontarf, IRL-Dublin 3, T: (00353) 1 74 27 83)
Isabel Cottinelli Telmo (Largo Frei Heitor Pinto 3-1 Esq., P-1700 Lisboa, T: (00351) 18 48 62 37)
Direction: Anne-Sophie Parent
Mitglieder: 70 Associations Nationales ou Regionales de Parents de Personnes Autistes dans 27 Pays + des Membres Individuels
Landesverbände: Allemagne - Rép. Féd.-, Belgique, Danemark, Espagne, France, Irlande, Italie, Luxembourg, Norvège, Pays-Bas, Royaume-Uni, Suède, Suisse, Finlande, Bulgarie, Croatie, Grèce, Hongrie, Islande, Pologne, Portugal, Russie

IZ U 318

Internationales Fair-Play-Komitee (C.I.F.P.)
International Committee for Fair Play
Comité International pour le Fair-Play
Maison du Sport Français
1 avenue Pierre de Coubertin, F-75013 Paris
T: (00331) 40 78 02 05 Fax: 40 78 29 51
Gründung: 1964
Secrétaire Général: Alain Gelès

IZ U 319

SOLIDAR
Rue du Commerce 22, B-1000 Brüssel
T: (00322) 500 10 20 Fax: 500 10 30
Gründung: 1995 (Nov.)
Präsident(in): Dr.jur. Manfred Ragati
Vorsitzende(r): Giampiero Alhadeff
Mitglieder: 27
Mitarbeiter: 5

IZ U 320

Weltbund der Hämophilie (WFH)
World Federation of Hemophilia
Fédération Mondiale de l'hémophile
1425 René-Levesque West, Suite 1010, CDN- Montréal Québec H3G IT7
T: (001514) 8 75-7944 Fax: 8 75-8916
Internet: http://www.wfh.org
E-Mail: wfh@wfh.org
Gründung: 1963
Executive & Council
President: Brian O'Mahony
Vice President-Finance: Kenneth E. Poyser
Vice President Medical: Paul Giangrande (M.D.)
Executive Director: Line Robillard
Founder: Frank Schnabel
Mitglieder: 88 Länder

Entwicklungshilfe

● **IZ U 321**
Europäische Solidarität auf eine gleichmäßige Beteiligung des Volkes (EUROSTEP)
European Solidarity Towards Equal Participation of People
Solidarité Européenne pour une Egale Participation des Peuples
Rue Stévin 115, B-1000 Brüssel
T: (00322) 2 31 16 59   Fax: 2 30 37 80
Internet: http://www.oneworld.org/eurostep/
E-Mail: admin@eurostep.org
Gründung: 1991
Président: Bjørn Førde
Director: Simon Stocker
Mitglieder: 22
Mitarbeiter: 4,5

Mitglieder

iz u 322
National Centrum voor Ontwikkelingssamenwerking (NCOS)
Vlasfabriekstraat 11, B-1060 Brüssel
T: (00322) 536-1111   Fax: 536-1910
E-Mail: ncos@ncos.ngonet.be
Contact: Jozef De Witte

iz u 323
IBIS
Norrebrogade 68B, DK-2200 Kopenhagen K
T: (004531) 35 87 88   Fax: 35 06 96
E-Mail: ibis@ibis.dk
Contact: Vagn Berthelsen

iz u 324
Mellemfolkeligt Samvirke
Borgergade 10-14, DK-1300 Kopenhagen
T: (004533) 32 62 44   Fax: 15 62 43
E-Mail: ms@ms-dan.dk
Contact: Bjørn Førde

iz u 325
Deutsche Welthungerhilfe e.V.
Postf. 12 05 09, 53047 Bonn
Adenauerallee 134, 53113 Bonn
T: (0228) 22 88-0   Fax: 22 07 10
Internet: http://www.welthungerhilfe.de
E-Mail: dwhh_gs@compuserve.com
Contact: Volker Hausmann

iz u 326
terre des hommes Deutschland e.V.
Hilfe für Kinder in Not
Postf. 41 26, 49031 Osnabrück
Ruppenkampstr. 11a, 49084 Osnabrück
T: (0541) 71 01-0   Fax: 70 72 33
Internet: http://www.tdh.de
E-Mail: terre@t-online.de
Contact: Peter Mucke

iz u 327
INTERMON
Roger de Llúria 15, E-08010 Barcelona
T: (003493) 482 07 00   Fax: 482 07 07
E-Mail: intermón@intermón.org
Contact: Ignasi Carreras

iz u 328
KEPA
Frederikinkatu 11c, S-00100 Helsinki
T: (003589) 584 233   Fax: 584 23 200
E-Mail: kepa@kepa.fi
Contact: Folke Sundmann

iz u 329
Frères des Hommes
Rue du Savoie 9, F-75006 Paris
T: (00331) 55 42 62 62   Fax: 43 29 99 77
E-Mail: fdh.fr.secperm@globenet.org
Contact: Robert Fallay

iz u 330
Terre des Hommes
4, Rue Franklin, F-93200 Saint Denis
T: (00331) 48 09 09 76   Fax: 48 09 15 75
E-Mail: tdhf@globenet.org
Contact: Alain Lejeune

iz u 331
HELINAS
Meandrou Str. 7, GR-11528 Athen
T: (00301) 72 34 456   Fax: 72 17 455
E-Mail: hel@mail.hol.gr
Contact: Tassos Hatzimikes

iz u 332
CONCERN
Lower Camden Street 52-55, IRL- Dublin 2
T: (003531) 4 75 41 62   Fax: 4 75 73 62
E-Mail: concernd@iol.ie
Contact: Howard Dalzell

iz u 333
Action Aid
16-17 Lomer O'Conell Street, IR- Dublin
T: (003531) 8 78 79 11   Fax: 8 78 62 45
E-Mail: actionaidireland@tinet.ie
Contact: Liam Flynn

iz u 334
MANI TESE 76
Piazza Gambara 7/9, I-20146 Mailand
T: (00392) 4 07 51 65   Fax: 4 04 68 90
E-Mail: manitese@manitese.it
Contact: Sabina Siniscalchi

iz u 335
MOVIMONDO
Piazza Albania 10, I-00153 Rom
T: (003906) 573 00 33 0   Fax: 574 48 69
E-Mail: molisv.movimondo@star.flashnet.it
Contact: Guiseppe Crippa

iz u 336
HIVOS
Raamweg 16, NL-2596 HL Den Haag
T: (003170) 376 55 00   Fax: 362 46 00
E-Mail: hivos@hivos.nl
Contact: Jaap Dijkstra

iz u 337
Novib
P.O. Box 30919, NL-2500 GX Den Haag
T: (003170) 3 42 16 21   Fax: 3 61 44 61
E-Mail: info@novib.nl
Contact: Greetje Lubbi

iz u 338
Norwegian People's Aid (NPA)
Postfach 88 44, N-0028 Oslo
T: (004722) 03 77 00   Fax: 20 08 70
E-Mail: npaid@npaid.no
Contact: Halle Jørn Hanssen

iz u 339
Forum Syd
Postfach 1 54 07, S-10465 Stockholm
T: (00468) 50 63 70 00   Fax: 50 63 70 99
E-Mail: forum_syd@forumsyd.se
Contact: Svante Sandberg

iz u 340
Actionaid
Hamlyn House, Archway, GB- London N19 5PG
T: (004420) 7281 41 01   Fax: 7272 08 99
E-Mail: mail@actionaid.org.uk
Contact: Salil Shetty

iz u 341
OIKOS
Rua Santiago 9, P-1100 Lissabon
T: (0035121) 8 82 36 30   Fax: 8 82 36 38
E-Mail: oikos.sec@oikos.pt
Contact: Luis De França

iz u 342
Swiss Coalition of Development Organisations
Postfach 67 35, CH-3001 Bern
T: (004131) 381 17 11   Fax: 381 17 18
E-Mail: mail@swisscoalition.ch
Contact: Peter Niggli

iz u 343
Oxfam-UKI
Banbury Road 274, GB- Oxford OX2 7DZ
T: (00441865) 311 311   Fax: 312 600
E-Mail: oxfam@oxfam.org.uk
Contact: David Bryer

● **IZ U 344**
Europäischer Verband der Entwicklungsagenturen (EURADA)
European Association of Development Agencies
Association Européenne des Agences de Développement
Av. des Arts 12, bte. 7, B-1210 Brüssel
T: (00322) 2 18 43 13   Fax: 2 18 45 83
E-Mail: christian.saublens@eurada.org
Gründung: 1991
Président: F. Gaskell
Contact: C. Saublens
Mitglieder: 150
Mitarbeiter: 4

● **IZ U 345**
Europäisches Zentrum für den Freiwilligen (CEV)
European Volunteer Centre (EVC)
Centre Européen du Volontariat
Rue de l'Industrie 42b 10, B-1040 Brüssel
T: (00322) 5 11 75 01   Fax: 5 14 59 89
Internet: http://corporate.skynet.be/cev/
E-Mail: raf.de.zutter@cev.be

● **IZ U 346**
Internationale Arbeitsgemeinschaft für Entwicklung und Solidarität (CIDSE)
International Cooperation for Development and Solidarity
Coopération Internationale pour le Développement et la Solidarité
Secrétariat général:
Rue Stévin 16, B-1000 Bruxelles
T: (00322) 2 30 77 22   Fax: 2 30 70 82
Internet: http://www.cidse.org
E-Mail: postmaster@cidse.org
Gründung: 1967
Verbandszeitschrift: CIDSE Advocacy Newsletter
Redaktion: Jef Felix
Verlag: Jef Felix, Rue Stevin 16, 1000 Bruxelles
Mitglieder: 14
Mitarbeiter: 8
Jahresetat: BEF 31,71

● **IZ U 347**
Comité de liaison des organisations non gouvernementales de développement auprès de l'Union européenne (CLONG)
Liaison Committee of Non Governmental Development Organisations to the European Union
Square Ambiorix 10, B-1000 Brüssel
T: (00322) 7 43 87 60   Fax: 7 32 19 34
Internet: http://www.oneworld.org/liaison
E-Mail: sec@clong.be
Gründung: 1976
President: Joachim Lindau
Contact: James Mackie (Secretary General)
Leitung Presseabteilung: Sam Biesemans
Verbandszeitschrift: Liaison Info
Mitglieder: 900 (15 plates-formes européennes)
Mitarbeiter: 25

Politisch-Ideologische, Philosophische und Religiöse Verbände

● **IZ U 348**
Die Kommission Kirche und Gesellschaft der Konferenz europäischer Kirchen (KEK)
Church and Society Commission of the Conference of European Churches
Commission Eglise et Société de la Conférence des Eglises européennes
Rue Joseph II 174, B-1000 Brüssel
T: (00322) 2 30 17 32   Fax: 2 31 14 13
E-Mail: eeccs@skypro.be
Gründung: 1999
Secretary General: Keith Jenkins

● **IZ U 349**
Europäische Föderation Grüner Parteien
Rue Wiertz, B-1047 Brüssel
T: (00322) 2 84 51 35   Fax: 2 84 91 35
Internet: http://www.europeangreens.org
E-Mail: efgp@europarl.eu.int
Sprecherin: Marian Coyne, Belgien

Sprecher: Pekka Haavisto, Finland
Generalsekretär(in): Arnold Cassola
Treasurer: Jef Leestmans

● IZ U 350

Die Grünen/Europäische Freie Allianz im Europäischen Parlament
The Greens/European Free Alliance
Les Verts/Alliance Libre européennee
Secrétariat général
Rue Wiertz, B-1047 Brüssel
T: (00322) 2 84 30 45, 2 84 22 74, 2 84 33 24, 2 84 33 27, 2 84 30 38 **Fax:** 2 30 78 37
Internet: http://www.europarl.eu.int/greens-efa/
Co-Présidents: Heidi Hautala
Paul Lannoye
Vice-Présidents: Danielle Auroi
Joost Lagendijk
Trésorier: Heidi Rühle
Secretaires Généraux: Juan Behrend (Paraskevi (Vula) Tsetsi Schlyter)
Secrétaire général adjoint: Neil Fergusson

● IZ U 351

Europäische Kommunal- und Regionalpolitische Vereinigung (EKRPV)
European Association of Local and Regional Politics
Association Européenne des Élus locaux et régionaux (AEELR)
Sekretariat:
Maria-Theresien-Str. 18 Rathaus, A-6020 Innsbruck
T: (0043512) 5 36 01 61 **Fax:** 5 36 05 54
Präsident(in): Dr. Dr. Herwig Van Staa
Generalsekretär(in): Wolfgang Steinbauer (Maria-Theresien-Strasse 18, A-6020 Innsbruck, T: (043512) 53 60-155, Fax: 53 60-115)

● IZ U 352

Verband der Atlantischen Gesellschaften (ATA)
Atlantic Treaty Association
Association du Traite Atlantique
Sekretariat:
rue Crevaux 10, F-75116 Paris
T: (00331) 45 53 28 80 **Fax:** 47 55 49 63
E-Mail: ata.sg@noos.fr
President: Alan Lee Williams
Vice-President: Anton Bebler
Ambassador Robert E. Hunter
Fabrizio W. Luciolli
François Moreau de Balasy
Dr. Ferenc Somogyi
Secretary General: Antonio Borges de Carvalho

Belgien

iz u 353

Association Atlantique Belge
Rue Bruyn 12, B-1120 Brüssel
T: (00322) 2 64 40 17 **Fax:** 2 68 52 77
Internet: http://www.users.skynet.be/aabbav.ata
E-Mail: aabbav.ata@skynet.be
Président: Amiral Vicomte Edmond Poullet
Secrétaire Général: Jean Plasschaert

Dänemark

iz u 354

Atlantsammenslutningen
Postfach 2521, DK-2100 Kopenhagen
Ryvangs Allé 1, DK-2100 Kopenhagen
T: (0045) 39 27 19 44 **Fax:** 39 27 56 26
Internet: http://www.atlant.dk
E-Mail: atlant@atlant.dk
President: Eva Kjer Hansen (MP)
Vice President: Anneliese Molin
Secretary General: Troels Frøøling

Deutschland

iz u 355

Deutsche Atlantische Gesellschaft e.V.
Am Burgweiher 12, 53123 Bonn
T: (0228) 62 50 31 **Fax:** 61 66 04
Internet: http://www.deutscheatlantischegesellschaft.de
E-Mail: dtatlges@aol.com
Gründung: 1956 (20. März)
Präsident(in): Ruprecht Polenz (MdB)
Hauptgeschäftsführer(in): Barbara Könitz
Verbandszeitschrift: Atlantischer Kurier, Beihefter zum NATO-Brief
Mitglieder: 3229
Mitarbeiter: 4
Arbeitskreise in Aachen, Baden, Bergisches Land, Berlin, Bonn, Brandenburg, Bremen, Franken/Oberpfalz, Hamburg, Hannover, Heidelberg, Hessen, Koblenz, Lüneburg, Mainz, Mannheim, Mecklenburg-Vorpommern, München, Münsterland, Niederrhein, Östliches Ruhrgebiet, Saarland/Westpfalz, Sachsen, Sachsen-Anhalt, Schleswig-Holstein, Stuttgart, Thüringen, Weser-Ems
Ausschüsse: Sicherheitspolitischer Ausschuß, Wirtschaftspolitischer Ausschuß, Ausschuß für politische Bildung, Ausschuß "Junge Atlantische Politiker"

Frankreich

iz u 356

Association Française pour la Communauté Atlantique
10 rue Crevaux, F-75116 Paris
T: (00331) 45 53 15 08 **Fax:** 47 55 49 63
Internet: http://www.club-internet.fr/perso/afca
E-Mail: afca@club-internet.fr
Président: Jean-Antoine Giansily
Secrétaire Général: Guy Meral

Griechenland

iz u 357

Greek Association for the Atlantic and European Coorperation
160 A Ioannou Droddopoulou Str, GR-11256 Athen
T: (00301) 8 65 59 79 **Fax:** 8 65 47 42
E-Mail: gaaec@ath.forthnet.gr
President: Theodossis Georgiou

Großbritannien

iz u 358

The Atlantic Council of the United Kingdom
185 Tower Bridge Road, GB- London SE1 2UF
T: (004420) 74 03-0640/0740 **Fax:** 74 03-0901
E-Mail: acuk@atlantic-council.demon.co.uk
Director: Alan Lee Williams (OBE)

Island

iz u 359

Samtök um Vestraena Samvinnu
Postfach 28, IS-121 Reykjavik
T: (00354) 5 61 00 15 **Fax:** 5 51 00 15
E-Mail: jonhakon@kom.is
Chairman: Jon Hakon Magnusson
Secretary General: Dagny Larusdottir

Italien

iz u 360

Comitato Italiano Atlantico
Piazza Firenze 27, I-00186 Rom
T: (003906) 6 87 37 86 **Fax:** 6 87 33 76
E-Mail: italata@iol.it
President: Emilio Colombo
Secrétaire Général: Dr. Fabrizio W. Luciolli

Kanada

iz u 361

Atlantic Council of Cananda
6 Hoskin Avenue (Trinity College), CDN- Toronto Ontario M5S IH8
T: (001416) 979-1875 **Fax:** 9 79-0825
Internet: http://www.atlantic-council.ca
E-Mail: atlantic@idirect.com
Chairman: Donald S. Macdonald
President: Brian S. Macdonald

Luxemburg

iz u 362

Comité Atlantique du Luxembourg
Postfach 8 05, L-2018 Luxembourg
T: (00352) 46 35 63 **Fax:** 46 29 32
E-Mail: birden@compuserce.com
Président: Patrick Birden
Vice-Président: Henri Maar

Niederlande

iz u 363

Atlantische Commissie
Bezuidenhoutseweg 237-239, NL-2594 Den Haag
T: (003170) 3 63 94 94 **Fax:** 3 64 63 09
Internet: http://www.atlcom.nl
E-Mail: atlcom@xs4all.nl
Chairman: Jan Hoekema
Director: Dr. Abraham Boxhoorn

Norwegen

iz u 364

Den Norske Atlanterhavskomite
Fridtjof Nansens, N-0160 Oslo 1
T: (004722) 40 36 00 **Fax:** 40 36 10
Internet: http://www.nato.int/related/dnak/poc.ntm
E-Mail: post@atlanterhavskomiteen.no
Chairman: Alv Jakob Fostervoll
Secretary General: Chris Prebensen

Polen

iz u 365

Polish Atlantic Club
Al.3 Maja 5/51, PL-00401 Warschau
T: (004822) 6 25 47 49 **Fax:** 6 25 47 49
President: Marian Krzaklewski
Vice-President: Adam Glapinski
Secretary General: Krzysztof Zielke

iz u 366

Euro-Atlantic Association
Ul. sienkiewicza 12/14, PL-00944 Warschau
T: (004822) 8 28 11 45 **Fax:** 8 28 11 46
Chairman: Jerzy Holzer
President: Dr. Jacek Sarysz-Wolski

Portugal

iz u 367

Comissão Portuguesa do Atlântico
Av. Infante Santo 42,6, P-1350-174 Lissabon
T: (0035121) 3 97 59 06, 3 90 59 57
E-Mail: cpa@mail.telepac.pt
President: Bernadino Gomes

Spanien

iz u 368

Asociacion Atlantica Española
Velasquez, 78,1°, E-28001 Madrid
T: (003491) 5 76 65 72
E-Mail: gonzala.ceballos@oepm.es
President: Alejandro Muñoz-Alonso Lledo
Secrétaire Général: Gonzalo Ceballos Watling

Tschechische Republik

iz u 369

Czech Atlantic Commisssion
Revoluceni 26, CZ-11000 Prag
T: (004202) 24 81 14 17 **Fax:** (00422) 24 81 12 39
E-Mail: jitka.smolikova@eis.cuni.cz
President: Jan Zahradil
Vice-President: Dr. Jiri Stepanovsky
Vice-President and Director: Pavel Bilek

Türkei

iz u 370

Türk Atlantic Council of the United Kingdom
G.O. Pasa Kuleli Sokak 44/1, TR-06700 Ankara
T: (0090312) 4 46 34 23 **Fax:** 4 46 50 11
Chairman: Ü. Halûk Bayülken
Secretary General: Muammer Baykan

Ungarn

iz u 371

Hungarian Atlantic Council
Margit Krt. 43-45, H-1024 Budapest
T: (00361) 3 26-8791, 3 26-8793
Internet: http://www.hac.hu

E-Mail: mat@matavnet.hu
President: Dr. Ferenc Somogyi
Secretary General: Miklos Derer

Vereinigte Staaten

iz u 372
Atlantic Council of the United States
910 17th Street, N.W. Suite 1000, USA- Washington D.C. 20006
T: (001202) 4 63 72 26   **Fax:** 4 63 72-41
Internet: http://www.acus.org
E-Mail: info@acus.org
Chairman: Henry E. Catto
President: Christopher J. Makins

● IZ U 373
Europäische Union der Jüdischen Studenten (EUJS)
European Union of Jewish Students
Union Européenne des Etudiants Juifs
Av. Antoine Depage 3, B-1000 Brüssel
T: (00322) 6 47 72 79   **Fax:** 6 48 24 31
Internet: http://www.eujs.org
E-Mail: eujsoffice@compuserve.com
Président: Laure Amoyer
Executive Director: Daphna Stern
Mitglieder: 170000 from all Europe

● IZ U 374
Europäische Volkspartei (EVP)
European People's Party (EPP)
Rue d'Arlon 67, B-1040 Brüssel
T: (00322) 2 85 41 40   **Fax:** 2 85 41 41
Internet: http://www.eppe.org
E-Mail: secgen@evppe.be
President: Wilfried Martens
Vice-President: Margareta Af Ugglas, Schweden
John Bruton, Irland
Karl Lamers, Deutschland
Kostantinos Karamanlis, Griechenland
Nadezhda Mihailova, Bulgarien
Wim Van Velzen, Niederlande
Treasurer: Ingo Friedrich, Deutschland
Generalsekretär(in): Alejandro Agag Longo, Spanien

● IZ U 375
Jugend der Europäischen Volkspartei
Youth of the Europeans People's Party (YEPP)
Rue Belliard 97-113, B-1047 Brüssel
T: (00322) 2 84-3673   **Fax:** 2 84-9769
Internet: http://www.yepp.org
Gründung: 1947
President: Michael Hahn (Adresse JU: Inselstr. 1b, 10179 Berlin, T: (030) 27 87 87-10, Fax: 27 87 87-20, E-Mail: mhahn@junge-union.de, I-Net: http://www.junge-union.de, Privat: Prenzlauer Allee 188, 10405 Berlin, Fax: (030) 44 73 95 49, E-Mail: m_hahn@gmx.net)
First Vice-President: Belén Ureña (Privat: Castellana 167, 28004 Madrid, T: (003491) 3 19 20 27 d., Fax: 3 08 68 74 (Nuevas Genraciones), E-Mail: bufontecha%recoletos.es)
Secretary General: Rutger-Jan Hebben (Privat: Witte Singel 69, 2311 BM Leiden, T: (003120) 6 74 15 03 d., Fax: (003171) 5 12 79 87 p., E-Mail: hebben@gironet.nl)
Deputy Secretary General: Eva Mitsopoulou (Privat: Ag. Glykerias Str. 39, 11147 Galatsi, Postfach 20, Larnaka, Zypern, T: (00301) 8 61 31 24 p., Fax: 7 29 28 58 p.)
Vice-President: Alina Bita (Privat: Sos. Mihai Bravu, Nr. 110, Bl. D2, Sc. B, Et. 8, Apt. 56, Sect.2 Bucuresti, Fax: (0040) 13 10 10 53, E-Mail: alina@pmb.ro, alina@main.pmb.ro)
Niklas Claesson (Moderaterna, Box 1243, S-11182 Stockholm, T: (00468) 6 76 80 98, Fax: (004670) 6 19 25 96, E-Mail: niklas.claesson@moderat.se)
Yannick Georges (rue du Tonnelier 3, 5360 Hamois, Avenue Besme 81, 1190 Forest, T: (00322) 2 38 01 90 d., Fax: 2 38 01 30 d., (0032495) 77 51 26 p., E-Mail: georges@psc.be)
Sidonia Jedrzejewska (Adresse Warschau: ul. Gabinska 30/24, 01-703 Warszawa-Zoliborz, Polen, T: (004822) 6 33 61 98, Fax: (004861) 8 53 35 34, E-Mail: sidonia.jedrzejewska@ceu.edu.pl)
Jyrki Katainen (Privat: Veturitie 3C18, 00240 Helsinki, dienstl.: Eduskunta, 00120 Helsinki, T: (003589) 43 21 d., E-Mail: jyrki.katainen@eduskunta.fi)
Martin Ledolter (ÖVP: Lichtenfelsgasse 7, 1010 Wien, T: (00431) 4 01 26 61, E-Mail: martin.ledolter@bp.oevp.at)
Jose Eduardo Martins (T: (003511) 3 95 22 33 JSD, 3 03 10 40 d., Fax: 3 97 83 97 JSD, E-Mail: jeduardomartins@hotmail.com)
Stephen Mc Cullen (33 Texas Lane, Malahide, Co. Dublin, Fax: (003531) 6 62 50 46, E-Mail: smccullen@transaer.ie)
Aidas F. Palubinskas (Hough, Vilcins, Seppala & Palubinskas (Klaipeda), Sernu kaimas, Rimku pastas, Klaipedos rajonas, LT-5860 Lithuania, T: (003706) 47 65 07 d., Fax: 25 44 00, 47 65 07 d., E-Mail: aidas@earthling.net)
Verbandszeitschrift: Dossier-JDCE/Lettre d'Info - EYCD File/News Letter
Redaktion: Bureau de press
Verlag: Rue Dr. Elie Lambotte, 10, B-1030 Bruxelles

Mitglieder: 1000000
39 Memberorganisations in 25 European countries, 5 observers in 6 European countries

Mitgliedsorganisationen

iz u 376
Junge Union Deutschlands
Inselstr. 1b, 10179 Berlin
T: (030) 27 87 87-0   **Fax:** 27 87 87-20
Internet: http://www.junge-union.de
E-Mail: ju@junge-union.de
Mitglieder: ca. 145000
Mitarbeiter: 11

iz u 377
Giovani del Centro Cristiano Democratico (Giovani CCD)
Via due Macelli 66, I-00187 Rom
T: (00396) 6 97 91 00   **Fax:** 6 79 15 86
E-Mail: infoccd@ccd.it

iz u 378
Giovani Unione Democratici per l'Europa (Giovani U.D.euR.)
Largo Arenula 34, I-00186 Rom
T: (00396) 6 87 25 93, 68 42 41   **Fax:** 6 87 25 93
E-Mail: admin@epica.it

iz u 379
Giovani Popolari Italiani (GPI)
Partito Popolare Italiano
Pza del Gesú Dipartimento Esteri, I-00186 Rom
T: (00396) 6 79 19 17   **Fax:** 6 79 23 04
E-Mail: bindi@datacomm.iue.it

iz u 380
Junge Österreichische Volkspartei (Junge ÖVP)
Lichtenfelsgasse 7, A-1010 Wien
T: (00431) 4 06 57 58, 40 12 66 10   **Fax:** 4 06 57 20
Internet: http://www.oevp.or.at/oevp/jvp
E-Mail: jvp_bund@oevp.or.at

iz u 381
Christen Democratisch Jongeren Appél (CDJA)
Postfach 3 04 53, NL-2500 GL Den Haag
T: (003170) 3 42 48 50   **Fax:** 4 27 55 89
Internet: http://www.cdja.nl
E-Mail: bestuur@cdja.nl, secretariaat@cdja.nl

iz u 382
Junge Christlichdemokratische Volkspartei der Schweiz (JDV/JCVP)
c/o Dominic Müller
Oerlikonstr. 5, CH-8057 Zürich
T: (004178) 6 00 84 04   **Fax:** (00411) 3 63 07 43
E-Mail: jcvp@swissinfo.ch, dominic.mueller@datacomm.ch
Mitglieder: 10000

iz u 383
Young Fine Gael (YFG)
51 Upper Mount Street, IRL- Dublin 2
T: (00351) 6 19 84 44   **Fax:** 6 62 46 59
Internet: http://www.finegael.ie
E-Mail: joanne@finegael.com

iz u 384
Kristelig Folkepartis Ungdom (KrFU)
Postfach 4 78, N-0105 Oslo
T: (0047) 23 10 28 80   **Fax:** 23 10 28 10
Internet: http://www.krfu.no
E-Mail: krfu@krf.no

iz u 385
Unge Høyres Landsforbund (UHL)
Postfach 13 52, N-0113 Oslo
Stortingsgatan 20, N-0161 Oslo
T: (0047) 22 82 90 90, 22 82 91 91   **Fax:** 22 82 90 92
Internet: http://www.unge.hoyre.no
E-Mail: unge@hoyre.no

iz u 386
Christelijke Volkspartij Jongeren (CVPJo)
Wetstraat 89, B-1040 Brussel
T: (00322) 2 38 38 90   **Fax:** 2 30 33 01
Internet: http://www.cvp-jo.be
E-Mail: info@cvp-jo.be

iz u 387
Jeunes du Parti Social Chrétien (JPSC)
rue des Deux Eglises 41, B-1000 Brüssel
T: (00322) 2 38 01 48, 2 38 01 86   **Fax:** 2 38 01 29, 2 38 01 96
Internet: http://www.ping.be/jeunes.psc
E-Mail: jeunes.psc@ping.be

iz u 388
Unio de Joves UDC (UJDCC)
Gran De Gràcia 229 Pral.-1a, E-08012 Barcelona
T: (003493) 2 18 71 72, 2 37 04 84   **Fax:** 2 18 71 72
E-Mail: udjtgn@tinet.fut.es

iz u 389
Euzko Gaztedi (EGI)
Ibañez de Bilbao 16 Apdo 5195, E-48001 Bilbao
T: (00344) 4 35 94 00   **Fax:** 4 35 94 12
Internet: http://www.egi.es
E-Mail: egibbb@eaj-pnv.com

iz u 390
Chreschtlech-Sozial Jugend (CSJ)
Postfach 826, L-2018 Luxembourg
T: (00352) 2 55 73 11   **Fax:** 47 27 16
Internet: http://www.csj.lu
E-Mail: csj@csj.lu

iz u 391
Moviment Zghazagh Tal-Partit Nazzjonalista (MZPN)
Dar Centrali P.N.
Dar Centrali P.N., Triq Herbert Ganado, HMR, GBY-08 Hamrun
T: (0356) 24 36 41   **Fax:** 24 36 40, 66 16 75
Internet: http://pn.org.mt/mzpn
E-Mail: cus701@hotmail.com, mzpn@hotmail.com
Vorsitzende(r): Malcolm Custo

iz u 392
Kristdemokratiska Ungdomsförbundet (KDU)
Postfach 4 51, S-10129 Stockholm
T: (00468) 7 23 25 30   **Fax:** 7 23 25 35
Internet: http://www.kdu.se
E-Mail: international@kdu.se

iz u 393
Moderata Ungdomsforebundet (MUF)
Postfach 12 43, S-11182 Stockholm
Schönfeldts grånd 2-6, S-11182 Stockholm
T: (00468) 6 76 81 50   **Fax:** 20 34 49
Internet: http://www.muf.se/
E-Mail: info@muf.se

iz u 394
Giovani Democratico Cristiani (GDC)
via Scalette 6, I-47031 San Marino
T: (00378) 99 11 93   **Fax:** 99 26 94
Internet: http://www.inthenet.sm/pdcs
E-Mail: pdcs@omniway.sm

iz u 395
Mlodzi Chrzescijanscy Demokraci (MChD)
Postfach 1 36, PL-00959 Warschau 30
T: (004881) 5 32 86 52, (004822) 6 51 92 60
Fax: (004881) 5 32 86 52

iz u 396
Krestanskodemokraticka Mladez Slovenska (KDMS)
Zabotova 2, SK-81105 Bratislava
T: (004217) 39 72 94   **Fax:** 52 49 72 94
Internet: http://www.kdh.sk/kdms.html
E-Mail: kdms@kdh.sk

iz u 397
Partidul National Taranesc Crestin Democrat- Organizatia de Tineret (PNTCD-T)
Bulevardul Carol 1 No 34 Sector 2, R-70468 Bucarest
T: (00401) 6 14 72 31   **Fax:** 2 30 24 21

iz u 398
Mladi Krscanski Demokrati (MKD)
Beethovnova 4, SLO-1000 Ljubljana
T: (0038661) 1 26 21 79, 1 26 32 33   **Fax:** 1 26 25 78
E-Mail: mkd@sio.net

iz u 399
Nuevas Generaciones del Partido Popular (NN.GG.)
C/Génova 13, E-28004 Madrid
T: (00341) 5 57 73 00, 5 57 73 01   Fax: 3 08 68 74, 3 08 70 17
Internet: http://www.pp.es/nngg
E-Mail: nngg@pp.es

iz u 400
Organossis Neon Neas Dimokratias (ONNED)
2-4 Nikitara str., GR-10678 Athens
T: (00301) 3 84 58 90, 3 81 72 27   Fax: 3 84 22 10
E-Mail: pdrosos@abcfactors.gr

iz u 401
Saqartvelos Akhalgazrdobis Qristianul-Democratiuli Asoziatzia (SAQDA)
M. Kostava str. 63, GE-380071 Tbilisi
T: (0099532) 33 58 40, 36 38 28   Fax: 92 32 82, (009532) 33 58 40
E-Mail: eurogeorgia@hotmail.com

iz u 402
Young National Democrat (YND)
21, Rustaveli Avenue, GE-380008 Tbilissi
T: (0099532) 98 31 87   Fax: 92 12 67
E-Mail: yndgeorgia@hotmail.com

iz u 403
Ifjúsági Demokrata Fórum (IDF)
Bem József tér 3, H-1027 Budapest
T: (00361) 2 12 46 01, 1 31 01 76   Fax: 2 91 61 96
Internet: http://www.sziliciumvolgy.com/mirror/idf/
E-Mail: idf10@freemail.hu, richterrichard@mailexcite.com

iz u 404
Res Publica
Postfach 35 69, EW-0090 Tallinn
T: (003726) 31 65 74   Fax: 31 65 75
Internet: http://www.ngonet.ee/respublica
E-Mail: respublica@ngonet.ee

iz u 405
Jaunieji Krikscionys Demokratai (JKD)
Pylimo 36 /2, LT-2001 Vilnius
T: (003702) 22 15 21   Fax: 22 73 87
E-Mail: jdk.lt@usa.net

iz u 406
Latvijas Kristigo Demokratu Jaunatnes Savieniba (LKDJS)
Evarts Anosovs
Launkalnes street 6-1, LV-1039 Riga
T: (00371) 7 21 08 59   Fax: 7 08 71 00
E-Mail: kdjs@parks.lv

iz u 407
Forum Rinor i Partia Demokratika (FR-PD)
Selia e Tartisë Demokratike
Rruga Punétoré e Rilindjes, AL- Tirana
T: (0035542) 4 79 62, 4 79 46   Fax: 2 84 63, 2 35 25
Internet: http://www.albania.co.uk/dp
E-Mail: dpa@albania.co.uk

iz u 408
Mladez Sajuz na Demokraticeska Partija (MSDP)
8 Dondukov St., BG-1000 Sofia
T: (003592) 9 81 36 47, 9 80 23 37   Fax: 9 81 36 47, 9 81 37 11
E-Mail: m.nesheva@minedu.govrn.bh, kalin.hinov@balkan-pharma.com

iz u 409
Stowarzyszenie Mlodzi Demokraci (MD)
ul.Marszalkowska 77/79 Vlp., PL-00683 Warschau
T: (004822) 8 27 50 47   Fax: 8 27 78 51

iz u 410
Juventude Social Democratico (JSD)
R. Buenos Aires 28-1, P-1200 Lissabon
T: (003511) 3 96 87 08   Fax: 3 97 83 97
E-Mail: jsd.nacional@mailtelepac.pt

iz u 411
Christian Democratic Youth Union of Russia (SkhDM)
SkhDM, Russia
Gilyarouskiy street 6, RUS- Moscow
T: (00795) 2 98 48 07   Fax: 2 92 39 32
E-Mail: evn@ortu.ru

iz u 412
Christian Democratic Youth of Ukraine (CDYU)
Postfach 15, UA-252014 Kiew 14
Jimiryazevska St. 2, UA-252014 Kiew 14
T: (0038044) 2 27 11 36   Fax: 2 27 11 36
E-Mail: cdy@sovamua.com

iz u 413
Christian Democratic Youth Union of Ukraine
2-A prov. Chekistiv, apt. 48, UA-252024 Kiew
T: (003844) 2 53 46 24   Fax: 2 53 46 24, 2 53 85 78
E-Mail: cdyuu@cdpu.kiev.ua

iz u 414
Mladez Hrvatske demokratske zajednice (MHDZ)
Trg hrvatskih velikana 4, HR-10000 Zagreb
T: (003851) 4 55 30 00   Fax: 4 55 28 52
Internet: http://www.mhdz.hr
E-Mail: mladez@mhdz.hr

iz u 415
Neolaia Dimokratikou Synagermoy (NE.DI.SY)
Homer Avenue 20 Apt. 601, CY-1097 Nicosia
T: (003572) 68 00 22, 68 01 02   Fax: 66 36 34
E-Mail: s.michaelides@spidernet.com.cy

iz u 416
Kristelig Folkepartis Ungdom (KFU)
Allégade 24B, DK-2000 Frederiksberg
T: (0045) 33 27 78 00   Fax: 33 21 31 16
Internet: http://www.kfu.dk
E-Mail: kfu@kfu.dk

iz u 417
Kokoomuksen Nuorten Liitto (KNL)
Kansakoulukuja 3, FIN-00100 Helsinki
T: (003589) 6 93 82 63   Fax: 6 94 37 02
Internet: http://www.kokoomus.fi/knl/mainweb.html
E-Mail: jukka.tahvanainen@kokoosmus.fi

iz u 418
Suomen Kristillisen Liiton Nuoret (SKLN)
Mannerheimintie 40d, FIN-00100 Helsinki
T: (003589) 34 88 22 27   Fax: 34 88 22 28
Internet: http://www.skl.fi
E-Mail: skln@skl.fi

● IZ U 419
Europäisches Komitee für katholischen Unterricht und Erziehung (CEEC)
European Comittee for Catholic Education
Comité Européen pour l'Enseignement Catholique
Avenue Marnix 19A bte, 6, B-1000 Brüssel
T: (00322) 5 11 47 74   Fax: 5 13 86 94
Internet: http://www.ceec-edu.org
E-Mail: ceec@skynet.be
Gründung: 1974
President: Armand Beauduin
Secretary General: Etienne Verhack
Contact: Myriam Badart
Mitglieder: 21 effectifs + 2 associés
Mitarbeiter: 2

● IZ U 420

Fraktion der Europäischen Volkspartei (Christdemokraten) und europäischer Demokraten des Europäischen Parlaments
Generalsekretariat
Rue Wiertz, B-1047 Brüssel
T: (00322) 2 84 21 11   Fax: 2 30 97 93 (Presse)
Internet: http://www.europarl.eu.int/ppe
Gründung: 1953 (23. Juni)
Vorsitzende(r): Hans-Gert Pöttering
Stellvertretende(r) Vorsitzende(r): Carmen Fraga
James Elles
Françoise Grossetête
Fracesco Fiori
Ilkka Suominen
Wim van Velzen
Generalsekretär(in): Klaus Welle
Schatzmeister: Othmar Karas
Mitglieder: 233
Mitarbeiter: ca. 150

iz u 421
Geschäftsstelle der CDU/CSU-Gruppe in der EVP/ED-Fraktion des Europäischen Parlaments
Deutscher Bundestag, IHZ Zi. 325
11011 Berlin
T: (030) 20 96 13 25   Fax: 20 96 13 30

iz u 422
Geschäftsstelle der CDU/CSU-Gruppe in der EVP/ED-Fraktion des Europäischen Parlaments
Rue Wiertz ASP 15 E 205, B-1047 Brüssel
T: (00322) 2 84 28 77   Fax: 2 84 93 61

● IZ U 423
Sozialdemokratische Partei Europas
rue Wiertzstraat, B-1047 Bruxelles
T: (00322) 284-2976, 284-2978   Fax: 284 230 1766
Internet: http://www.eurosocialists.org
E-Mail: pes@pes.org
Vorsitzende(r): Robin Cook, Vereinigtes Königreich
Stellvertretende(r) Vorsitzende(r): Jean Asselborn, Luxemburg
Heinz Fischer, Österreich
Henri Nallet, Frankreich
Lena Hjelm Wallen, Schweden
Trinidad Jiménez, Spanien
Achille Occhetto, Italien
Ruairi Quinn, Irland
Akis Tsochatzopulos, Grichenland
Jan Marinus Wiersma, Niederlande
Generalsekretär(in): Ton Beumer (E-Mail: abeumer@euro-parl.eu.int)

● IZ U 424
Fraktion der Sozialdemokratischen Partei Europas
Europäisches Parlament
Rue Wiertz, Parlament European, B-1047 Bruxelles
T: (00322) 284 21 11   Fax: 230 17 66
Gründung: 1953 (23. Juni)
Vorsitzende(r): Enrique Baron Crespo
General Secretary: Christine Verger
Mitglieder: 218 Mitglieder des Europ. Parlaments

● IZ U 425
Internationale Falken Bewegung - Sozialistische Erziehungsinternationale (IFM-SEI)
International Falcon Movement - Socialist Education International
Mouvement International des Faucons - Internationale de l'Education Socialiste
Rue Quinaux 3, B-1030 Brüssel
T: (00322) 2 15 79 27   Fax: 2 45 00 83
E-Mail: ifm-sei@infonie.be, ifm-sei@chello.be
Gründung: 1928
President: Jessie Sörensen
Secretary General: Odette Lambert
Contact: Ingrid Decock
Verbandszeitschrift: IFM-SEI Bulletin, IFM-SEI Flash Info
Redaktion: Anglais + Espagnol
Mitglieder: 64
Mitarbeiter: 4

● IZ U 426
Internationale humanistische und ethische Union (IHEU)
International Humanist and Ethical Union
Union Internationale Humaniste et Laique
Theobalds Road 1, GB- London WC1X8 SP
T: (004420) 78 31 48 17   Fax: 74 04 86 41
Internet: http://www.iheu.org
Gründung: 1952 (August)
President: Levi Fragell (Norway)
Leitung Presseabteilung: Babu Gogineni
Verbandszeitschrift: International Humanist News
Verlag: 47 Theobalds Road, London WC1X 8SP
Mitglieder: 83 Organisations, from 37 countries

● IZ U 427
Internationale Liberale (Liberale Weltunion)
Liberal International (World Liberal Union)
1 Whitehall Place, GB- London SW1A 2HD
T: (004420) 78 39 59 05   Fax: 79 25 26 85
Internet: http://www.worldlib.org
E-Mail: li@worldlib.org
Gründung: 1947
President: Annemie Neyts
Past President: Frits Bolkestein
Secretary General: Jan Weijers
Verbandszeitschrift: London Aerogramme
Mitglieder: 82 parties in 54 countries and territories
Mitarbeiter: 4

● IZ U 428
Internationale Politikberatung (IPB)
Kaesenstr. 15, 50677 Köln
T: (0221) 31 53 56   Fax: 9 32 15 08
E-Mail: ipa_cologne@go.com
Gründung: 1994 (1. Januar)
Vorsitzende(r): Dr. James G. Bennett
Dr. Matthias Brenzinger
Mitarbeiter: 5
Jahresetat: DM 0,6 Mio, € 0,31 Mio

● IZ U 429
Internationale Vereinigung der liberalen und radikalen Jugend (IFLRY)
International Federation of Liberal and Radical Youth
Fédération Internationale des Jeunesses Libérales et Radicales
Postfach 781, B-1000 Brüssel 1
Rue du Midi 37, B-1000 Brüssel
T: (00322) 5 12 44 57   Fax: 5 02 41 22
Internet: http://www.iflry.org
E-Mail: office@iflry.org
Gründung: 1947
Président: Jonas Renz (Mittelstr. 1, 95444 Bayreuth, Deutschland, Tel.: (0921) 85 24 51, Fax: (0921) 85 24 61, E-Mail: renz@iflry.org)
Secrétaire Général: Emil Kirjas (Naroden Front 31/31, 91000 Skopje, Mazedonien, Tel.: (0038991) 36 30 99, Fax: (0038991) 36 31 01, E-Mail: emil@iflry.org)
Executive Director: Anne Tillema
Mitglieder: 71
Mitarbeiter: 2

● IZ U 430
Jugendaktion für den Frieden (Christliche Bewegung für den Frieden) (AJP/MCP)
Youth Action for Peace
Action Jeunesse pour la Paix
Avenue du Parc Royal 3, B-1020 Brüssel
T: (00322) 478 94 10   Fax: 478 94 32
Internet: http://www.yap.org
E-Mail: yapis@xs4all.be
President: Roel Forceville
Secretary International: Helmut Warmenhoven
Mitarbeiter: 2

● IZ U 431
Junge Europäische Föderalisten (JEF)
Young European Federalists
Jeunesse Européenne Fédéraliste
Place du Luxembourg plein 1, B-1050 Brüssel
T: (00322) 5 12 00 53   Fax: 5 12 66 73
E-Mail: jef.europe@euronet.be
Gründung: 1949 /1972
President: Paolo Vacca (Italien, E-Mail: paolovac@tin.it)
Secretary General: Niki Klesl
Mitglieder: 17000
Mitarbeiter: 1

● IZ U 432
Förderalistische Union Europäischer Volksgruppen (FUEV)
Federal Union of European Nationalities (FUEN)
Union Fédéraliste des Communautés Ethniques Européennes (UFCE)
Schiffbrücke 41, 24939 Flensburg
T: (0461) 1 28 55   Fax: 18 07 09
Internet: http://www.fuen.org
E-Mail: info@fuen.org
Gründung: 1949 (19./20. November)
Präsident(in): Romedi Arquint (CH)
Vizepräsident(in): Hans Heinrich Hansen (DK)
Vorsitzende(r): Pierre Le Moine
Stellvertretende(r) Vorsitzende(r): Dr. L. Elle (D)
B. Hosp (J)
Hauptgeschäftsführer(in): Armin Nickelsen
Geschäftsführer(in): Frank Nickelsen (Ltg. Presseabt.)
Verbandszeitschrift: FUEV-Aktuell
Redaktion: Frank Nickelsen
Verlag: Schiffbrücke 41, 24939 Flensburg

Mitglieder: 102 Mitgliedsorganisationen
Mitarbeiter: 2 hauptamtl., 7 ehrenamtl.
Jahresetat: DM 0,4 Mio, € 0,2 Mio

● IZ U 433
Ökumenische Vereinigung für Kirche und Gesellschaft (AOES)
Ecumenical Association for Church and Society
Association Oecuménique pour Eglise et Société
Rue Joseph II 174, B-1000 Brüssel
T: (00322) 2 30 17 32   Fax: 2 31 14 13
E-Mail: eeccs@skypro.be
Contact: Alastair Hulbert

● IZ U 434
Die Europäische Liberale, Demokratische und Reform Partei (ELDR)
European Liberal, Democrat and Reform Party
Parti Européen des Libéraux, Démocrates et Réformateurs
Generalsekretariat: Parlement européen
Rue Wiertz, B-1047 Brüssel
T: (00322) 2 84 31 69   Fax: 2 31 19 07
Internet: http://www.eldr.org
E-Mail: eldrparty@europarl.eu.INT
Gründung: 1976
Vorsitzende(r): Werner Hoyer
Stellvertretende(r) Vorsitzende(r): Giorgio Le Malfa
Kristina Ojuland
John Alderdice
Schatzmeister: Jules Maaten (MEP)
Honorar Präsident: Willy De Clercq
Generalsekretär: Lex Corijn
Leitung Presseabteilung: Sabine Dechamps
Verbandszeitschrift: Newsletter ELDR
Redaktion: Lex Corijn
Verlag: ELDR Partei, Rue Wiertz, B-1047 Bruxelles
Mitglieder: 28 Mitgliederparteien und 10 Affilierte
Mitarbeiter: 4
Jahresetat: FB 13 million

Mitgliedsparteien

Belgien

iz u 435
PRL
Rue de Naples 41, B-1050 Brüssel
T: (00322) 5 00 35 11   Fax: 5 00 35 00
Political Leader: Daniel Ducarme
Secretary General: Jean Pierre Dardenne

iz u 436
VLD
Melsensstraat 34, B-1000 Brüssel
T: (00322) 5 49 00 20   Fax: 5 12 60 25
E-Mail: vld@vld.be
Political Leader: Karel De Gucht
Secretary General: Fientje Moerman

Bosnien-Herzegowina

iz u 437
Liberal Party of Bosnia-Hercegovina
M.Tita 7a, BA-71000 Sarajevo
T: (0038771) 66 45 40, 44 23 49   Fax: 66 45 40
Political Leader: Rasim Kadic
Secretary General: Nias Nurkoviz
International Officer: Bojan Zec-Philipovic

Dänemark

iz u 438
Det Radikale Venstre
Christiansborg, DK-1240 Copenhagen
T: (0045) 33 37 47 47   Fax: 33 13 72 51
Political Leader: Johannes Lebech
Secretary General: Anders Kloppenborg
International Officer: Henning Nielsen

iz u 439
Venstre
Sollerodvej 30, DK-2840 Holte
T: (0045) 45 80 22 33   Fax: 45 80 38 30
Political Leader: Anders Fogh Rasmussen
Secretary General: Claus Hjort Frederiksen
International Officer: Niels Kirkegaard

Deutschland

iz u 440
Freie Demokratische Partei (F.D.P.)
Thomas-Dehler-Haus
Reinhardtstr. 14, 10117 Berlin
T: (030) 28 49 58-0   Fax: 28 49 58-22
Internet: http://www.fdp.de
E-Mail: fdp@liberale.de
Political Leader: Wolfgang Gerhardt
Secretary General: Guido Westerwelle
International Officer: Stefan Kapferer (E-Mail: kapferer@fdp.de)

Bundestagsfraktion
Dorotheenstr. 93, 10117 Berlin
T: (030) 22 77 79 76, Fax: (030) 22 77 69 83

Estland

iz u 441
Estonian Reform Party - Liberals
Tönismagi 3A-15, EW-10119 Tallinn
T: (00372) 6 40 87 40, 6 40 87 42   Fax: 6 40 87 41
Political Leader: Siim Kallas (MP)
Secretary General: Eero Tohver
Foreign Secretary: Kristiina Ojuland (MP)

Finnland

iz u 442
Centre Party
Pursimiehenkatu 15, FIN-00150 Helsinki
T: (003589) 75 14 42 31   Fax: 75 14 42 40
Political Leader: Esko Aho
Secretary General: Eero Lankia
International Officer: Satu Mäki

iz u 443
Svenska Folkpartiet
Postfach 4 30, FIN-00101 Helsinki
T: (003589) 69 30 70   Fax: 6 93 19 68
E-Mail: info@sfp.fi
Political Leader: Jan-Erik Enestam
Secretary General: Peter Heinström
Foreign Secretary: Satu Manner
International Officer: Mikaela Nylander

Großbritannien

iz u 444
Alliance Party Northern Ireland
BT7 1HE, 88, University Street, GB- Belfast
T: (004428) 90 32 42 74   Fax: 90 33 31 41
E-Mail: alliance@allianceparty.org
Political Leader: Sean Neeson
President: Eileen Bell
Acting Secretary General: Stephan Farry
International Officer: Nicolas Whyte
Chief Whip: David Ford

iz u 445
Liberal Democrats
SW1P 3NB, 4 Cowley Street, GB- London
T: (0044207) 2 22 79 99   Fax: 7 99 21 70
Political Leader: Charles Kennedy
President: Baroness Maddock (MP)
Secretary General: Hugh Rickard
Foreign Secretary: Menzies Campbell
Head of the Internat. Department: Karla Hatrick

Irland

iz u 446
Progressive Democrats
25, South Frederick Street, IRL- Dublin 2
T: (003531) 6 79 43 99   Fax: 6 79 47 57
Political Leader: Mary Harney
Secretary General: John Higgins

Italien

iz u 447
Partito Repubblicano Italiano (PRI)
Piazza dei Caprettari 70, I-100186 Rom
T: (003906) 6 83 40 37   Fax: 6 89 30 02
President: Guglielmo Negri
Political Leader: Giorgio La Malfa

iz u 448

Partito Liberale
Via del Corso 117, I-00187 Rom
T: (003906) 6 78 77 91   Fax: 6 78 75 11
Political Leader: Stefano de Luca
Secretary General: Giuseppe Benedetto
International Officer: Ottavio Lavaggi

Kosovo

iz u 449

Liberal Party of Kosova (PLK)
Aktashi I NO: 70, YU-38000 Prishtine Kosova
T: (0038138) 2 87 70   Fax: 2 87 70
Political Leader: Gjergj Dedaj
Secretary General: Sokol Blakaj
International Officer: Krist Ndrecaj

Luxemburg

iz u 450

Demokratesch Partei
Postfach 7 94, L-2015 Luxemburg
T: (00352) 22 10 21   Fax: 22 10 13
E-Mail: dp@dp.lu
Political Leader: Lydie Polfer
Secretary General: Henri Grethen
International Officer: Isabelle Lejeune-Welter

Niederlande

iz u 451

D66
Noordwal 10, NL-2513 Den Haag
T: (003170) 3 56 60 66   Fax: 3 64 19 17
E-Mail: lsd66@d66.nl
President: Gerard Schouw
Political Leader: Thom de Graaf
Secretary General: Marijke Mous
International Secretary: Wilfried Derksen
International Officer: Ralph de Vries

iz u 452

VVD
Koninginnegracht 57, NL-2514 Den Haag
T: (003170) 3 61 30 06   Fax: 3 60 82 76
E-Mail: int.sec@vvd.nl
President: Bas Eenhoorn
Political Leader: Hans Dijkstal
Secretary General: Marco Swart
International Secretary: Zsolt Szabo
International Officer: Roger van de Wetering

Österreich

iz u 453

Liberales Forum
Reichsratstr. 7-10, A-1010 Wien
T: (00431) 5 03 09 93   Fax: 5 03 09 90-22
Political Leader: Dr. Friedhelm Frischenschlager
Secretary General: Liane Steiner
International Officer: Martina Gredler

Rumänien

iz u 454

PNL
712612, Bd. Aviatorilor 86, R- Bucharest
T: (00401) 3 10 29 39, 2 31 07 95   Fax: 3 10 29 39, 2 31 07 96
E-Mail: compas@pro.ro
Political Leader: Mircea Ionesco Quintus
Secretary General: Ovidiu Draganescu
International Officer: Christian Troaca

Slowenien

iz u 455

LDS
Trg. Republike 3, SLO-61001 Ljubljana
T: (0038661) 1 25 03 51 (Parliament), 31 26 59
Fax: 1 25 61 50
Political Leader: Janez Drnovsek
Secretary General: Gregor Golobic
International Officer: Zoran Thaler

Schweden

iz u 456

Folkpartiet Liberalerna
Postfach 6508, S-11383 Stockholm
Luntmakargartan 66, S-11383 Stockholm
T: (00468) 50 91 16 00   Fax: 50 91 16 60
Political Leader: Lars Leijonborg
Acting Secretary General: Torbjörn Pettersson
International Officer: Susann Torgerson

Schweiz

iz u 457

FDP
Postfach 6136, CH-3001 Bern
Nevengasse 20, CH-3001 Bern
T: (004131) 3 20 35 35, 3 20 35 00
Political Leader: Franz Steinegger (MP)
Secretary General: Johannes Matyassy
International Officer: Claudia Kohlschutter

Ungarn

iz u 458

SzDSz
Alliance of Free Democrats
Gizella u. 36, H-1143 Budapest
T: (00361) 2 23 20 50   Fax: 2 22 35 99, 2 21 05 79
Political Leader: Balint Magyar
Secretary Foreign Affairs: Zsolt Udvarvölgyi

● **IZ U 459**

Union Europäischer Föderalisten (UEF)
Union of European Federalists
Union des Fédéralistes Européens
Place de Luxembourg 1, B-1050 Bruxelles
T: (00322) 5 08 30 30   Fax: 5 12 66 73
Internet: http://www.euraction.org
E-Mail: uef.european.federalists@skynet.be
Gründung: 1946
Président: Jo Leinen (D)
Vice-président: Caterina Chizzola (I)
John Parry (GB)
Secrétaire Général: Bruno Boissière (F)
Verbandszeitschrift: UEFlash
Mitglieder: ca. 30000
Mitarbeiter: 2
Jahresetat: Euro 0,18 Mio

● **IZ U 460**

Union der Sozialdemokratischen Kommunal- und Regionalpolitiker Europas
Union of Socialist Local and Regional Representatives in Europe
Union des Elus Locaux et Régionaux Socialistes d'Europe
c/o Local Government House
Smith Square, GB- London SW1P 3HZ
T: (004420) 7664-3301   Fax: 7664-3202
Präsident(in): Martine Buron (Maire de Chateaubriant)
Vizepräsident(in): Norbert Burger (MdL, Oberbürgermeister a.D.)
José Conde Rodrigues (Bürgermeister von Cartaxo)
Fabio Pellegrini (Generalsekretär der AICCRE)
Schatzmeister: Wolfgang Peterl (Bürgermeister von Korneuburg)
Generalsekretär(in): Steve Bullock (Head of Labour Group, Local Government Association)

● **IZ U 461**

Weltbund für religiöse Freiheit (IARF)
International Association for Religious Freedom
Association Internationale pour la Liberté Religieuse
2 Market Street, GB- Oxford OX1 3EF
T: (00441865) 20 27 44   Fax: 20 27 46
Internet: http://www.iarf-religiousfreedom.net
E-Mail: ng@iarf.net
Gründung: 1900
Präsident(in): Elmert van Herwijnen (Niederlande)
Vizepräsident(in): Ellen Campbell (Canada)
Hauptgeschäftsführer(in): Andrew C. Clark
Verbandszeitschrift: IARF WORLD
Mitglieder: 300
Mitarbeiter: 5

Sport-, Freizeit- und Hobbyverbände

● **IZ U 462**

Allgemeiner Verband der Internationalen Sportvereinigungen (AGFIS)
General Association of International Sports Federations
Association Générale des Fédérations Internationales de Sports
c/o Villa Le Mas
Boulevard du Jardin Exotique 4 Villa le Mas, MC-98000 Monaco
T: (00377) 97 97 65 10   Fax: 93 25 28 73
E-Mail: info@agfisonline.com
Président: Dr. Un Yong Kim
Secrétaire Général: Don Porter
Director general: Jean-Claude Schupp
Mitglieder: 95

● **IZ U 463**

Internationale Vereinigung Sport- und Freizeiteinrichtungen e.V. (IAKS)
International Association for Sports and Leisure Facilities
Association internationale équipements de sport et de loisirs
Carl-Diem-Weg 3, 50933 Köln
T: (0221) 4 91 29 91   Fax: 4 97 12 80
Internet: http://www.iaks-online.org
E-Mail: IAKS-@t-online.de
Gründung: 1965
Präsident(in): RA und Notar Dr. Stephan J. Holthoff-Pförtner (Zweigertstr. 21, 45130 Essen)
Vizepräsident(in): Prof. Dr. Takazumi Fukuoka (2-12-11 Tsujido, Fujisawa-shi, Kanagawa 251-0047, Japan)
Rudolf Killias (Postfach, 3076 Worb, Schweiz)
Geschäftsführer(in): Roswitha Thibes
Generalsekretär(in): Prof. Frieder Roskam
Verbandszeitschrift: sportstättenbau und bäderanlagen
Redaktion: Prof. Frieder Roskam
Verlag: sb 67 verlags gmbh, Blériotstr. 6, 50827 Köln
Mitglieder: 970
Mitarbeiter: 5 hauptamtl., 60 ehrenamtl.
Jahresetat: DM 1 Mio, € 0,51 Mio

Sammlung, Auswertung und Weitervermittlung aller Informationen über Planung, Bau, Ausstattung, Erhaltung, Betrieb, Renovation, Management von Erholungs-, Spiel- und Sportanlagen.

● **IZ U 464**

Das Europäische Olympische Komitee (E.O.C.)
The European Olympic Committees
Les Comités Olympiques Europeens
Pallazina CONI "Villino Giulio Onesti"
Via della Pallacanestro 19, I-00194 Rom
T: (00396) 36 85 78 28   Fax: 36 85 76 66
Internet: http://www.eurolympic.org
E-Mail: secretariat@eurolympic.org
Gründung: 1968
President: Jacques Rogge
Secretary General: Mario Pescante
Verbandszeitschrift: Sport Europe
Mitglieder: 48 National Olympic Committees

● **IZ U 465**

International Amateur Athletic Federation (IAAF)
Internationaler Leichtathletikverband
rue Princesse Florestine 17 B.P. 359, MC-98007 Monaco Cedex
T: (00377) 93 10 88 88   Fax: 93 15 95 15
Internet: http://www.iaaf.org
E-Mail: headquarters@iaaf.org
Acting President: Lamine Diack
General Secretary: István Gyulai

● **IZ U 466**

Der Internationale Tischtennis-Bund (ITTF)
The International Table Tennis Federation
La Fédération Internationale de Tennis de Table
Avenue Mon-Repos 30, CH-1005 Lausanne
T: (004121) 3 40 70 90   Fax: 3 40 70 99
Internet: http://www.ittf.com
E-Mail: ittf@ittf.com
Gründung: 1926
President: Adham Sharara
Deputy President: Pierre Albertini
Executive Director: Jordi Serra
Verbandszeitschrift: Table Tennis Illustrated
Mitglieder: 186
Mitarbeiter: 8

IZ U 467
Europäische Gesellschaft für Freizeit e.V. (ELRA)
European Leisure and Recreation Association
Association européenne du loisir
c/o Amsterdam School of Leisure Management
Postfach 261, NL-1110 AG Diemen The Netherlands
T: (003120) 4 95-1513 **Fax:** 4 95-1920
Internet: http://www.elra.net
E-Mail: elra@hsholland.nl
Präsident(in): Fien Meiresonne (The Netherland)
Vizepräsident(in): Hillel Ruskin (Israel)
Generalsekretär(in): Rudy Snippe (The Netherlands)

IZ U 468
Europäischer Verband der Formelfahrer (EFDA)
European Formula Drivers Association
Association Européenne des Pilotes de Formule
Rue Jean Jaurès 2, L-1836 Luxemburg
T: (00352) 44 64 64 **Fax:** 45 56 83
Gründung: 1979
President: Daniel Partel
Secr. Gen.: Russell Nehmer (Contact)
Mitglieder: 12
Mitarbeiter: 4

IZ U 469
Europäischer Volleyball-Verband
European Volleyball Confederation a.s.b.l.
Confédération Européenne de Volleyball a.s.b.l.
Boulevard Joseph II 26, L-1840 Luxemburg
T: (00352) 2 54 64 61 **Fax:** 25 46 46 40
Internet: http://www.cev.lu
E-Mail: webmaster@cev.lu
Gründung: 1972
Président: Dr. Rolf Andresen
Vice-Président: André Meyer
Leitung Presseabteilung: Xavier Thein
Verbandszeitschrift: CEV Newsletter
Mitglieder: 54
Mitarbeiter: 7

IZ U 470
Welt-Karate-Verband (FMK)
World Karate Federation
Fédération Mondiale de Karaté
Princesa, 22, 4°Izqada, E-28008 Madrid
T: (003491) 5424-625 **Fax:** 5424-913
Internet: http://www.wkf.net
E-Mail: ekf@arrakis.es
Gründung: 1960
Président: Antonio Espinos
General Secretary: George Yerolimpos

IZ U 471
Internationale Baseballvereinigung (IBAF)
International Baseball Federation
Postfach 131, CH-1000 Lausanne 5
Avenue Mon-Repos 24, CH-1005 Lausanne 5
T: (004121) 318 82 40 **Fax:** 318 82 41
Internet: http://www.baseball.ch
E-Mail: ibaf@baseball.ch, press.ibaf@baseball.ch
Gründung: 1938
President: Aldo Notari
Secretary General: John C. Ostermeyer
Contact: Miquel Ortín (Directeur Exécutif)
Mitglieder: 109
Mitarbeiter: 5

IZ U 472
Internationaler Bob- und Tobogganverband (FIBT)
International Bobsleighing and Tobogganing Federation
Fédération Internationale de Bobsleigh et de Tobogganing
Via Piranesi 44b, I-20137 Mailand
T: (003902) 7 57-3319 **Fax:** 757-3384
Internet: http://www.bobsleigh.com
E-Mail: egarde@tin.it
Gründung: 1923
Président: Robert H. Storey
Secrétaire Général: Ermanno Gardella (Contact)
Mitglieder: 54
Mitarbeiter: 1

IZ U 473
Internationale Kanu Föderation (ICF)
International Canoe Federation
Fédération Internationale de Canoé (IOC)
C/Antracita 7 4° pta., E-28045 Madrid
T: (003491) 5 06 11 50 **Fax:** 5 06 11 55
Internet: http://www.canoeicf.com
E-Mail: canoedg@ctv.es
Gründung: 1924
President: Ulrich Feldhoff
General Secretary: José Perurena Lopez
Administrative Director: Volker Bernardi (Contact)
Mitglieder: 111

IZ U 474
Internationale Olympische Akademie (IOA)
International Olympic Academy (IOA)
Académie Internationale Olympique (AIO)
52, Dimitrios Vikelas Avenue, GR-15233 Halandri
T: (00301) 68 78-809, 68 78-810, (00301) 68 78-811, (00301) 68 78-813 **Fax:** (00301) 68 78-840
Gründung: 1961
President: Nikos Filaretos
Mitglieder: 12
Mitarbeiter: 30

IZ U 475
Internationale Softball-Vereinigung (ISF)
International Softball Federation
Fédération internationale de softball
1900 S. Park Road, USA- Plant City 71. 33566-8113
T: (001813) 7 07 72 04 **Fax:** 7 07 72 09
Internet: http://www.internationalsoftball.com
E-Mail: isf@internationalsoftball.com
Gründung: 1965
Président: Don Porter
Secrétaire Général: Andrew S. Loechner jr.
Director: Tamara Malikoff
Verbandszeitschrift: World Softball
Mitglieder: 120

IZ U 476
Internationale Tonjägerföderation (FICS)
International Federation of Sound Hunters
Fédération Internationale des Chasseurs de Sons
Riedernrain 264, CH-3027 Bern
T: (004131) 991 62 40 (privat), 950 34 00 **Fax:** 950 34 40
Internet: http://www.soundhunters.com
Gründung: 1956 (21. Oktober) in Paris
Ehrenmitgl.: Douglas Brown (Esq.)
Dr. Jan Mees
Cees G. Nijsen
Dr. Miroslav Štěpánek
Fritz Aebi
Paul Robert
Präsident(in): Milan Haering (Horackova 1212, CR-14000 Praha 4, T: (004202) 3 01 11 08, Telefax: (004202) 3 01 11 08)
Vizepräsident(in): Helena Nováková (Pisecká 2, CS-13000 Praha-Vinohrady, T: (P) (004202) 73 21 23, Telefax: (B) (004202) 24 22 21 63)
Generalsekretär(in): Helmut Weber (Riedernrain 264, CH-3027 Bern, T: (P) (004131) 9 91 62 40, (B) 9 50 34 00, Telefax: (B) 9 50 34 40)
Kassierer: Harry Rudtke (Neisserstr. 5, P.O. Box 51 02 41, D-90216 Nürnberg, T: (P) (0911) 80 32 21, Telefax: (0911) 8 93 84 24)
Delegierter für Diaporama und Video: Ekkehard Neumann (Gantenhals 28, 44229 Dortmund, T: (P) (0231) 7 92 33 93)
Public Relations: Ph. Dr. Jozef Vasváry (Blumentálska 24, SK-81107 Bratislava, T: (P) (004217) 5 26 15 79, (B) 3 81 41 29, (B) 59 21 41 29, (B) 59 21 42 18, (P) 55 57 15 79, Telefax: (B) (004217) 32 65 01)
Direktorium: Walter Weiss (Vorsitzender Österreichischer Tonjägerverband, Klosterneuburgerstr. 53-55/15, A-1200 Wien, T: (00431) 3 32 25 37)
Paul Janssens (Rue Auguste Lacroix 26, B-7060 Soignies, T + Fax: (003267) 33 00 12)
Helmut Weber (Zentralpräsident STV, Riedernrain 264, CH-3027 Bern, T: (P) (004131) 9 91 62 40, (B) (004131) 9 50 34 00, Telefax: (B) 9 50 34 40)
Helena Nováková (Sekretärin Český Fonoklub, Pisecká 2, CS-13000 Praha-Vinohrady, T: (P) (004202) 73 21 23)
Harry Rudtke (Ring der Tonband- und Videofreunde e.V., Box 51 02 41, D-90216 Nürnberg, T: (0911) 80 32 21, Telefax: (0911) 8 93 84 24)
Dominique Calace de Ferluc (1 ET 3, Av. de la Porte Brancion, F-75015 Paris, T: (P) (00331) 96 80 71 25 71)
John Willett (Chairman FBTRC, Circle House, 14, Waveney Close, Bicester, GB-Oxon OX6 8GP, T/Telefax: (P) (00441869) 24 00 51, T: (Mobil) (0044831) 57 53 65, T: (B) (00441628) 85 08 11, Telefax: (B) 85 09 58)
Marco Rovara (Segretario Associazione Italiana Fonoamatori, Via Malan 56, I-10062 Luserna San Giovanni (To), T: (0039121) 90 13 62, Telefax: (0039121) 90 13 62)
Dr. Jan Mees (Vorsitzender NVG, Weteringlaan 7, NL-2243 GJ Wassenaar, T: (00317051) 7 94 38, Telefax: (00317051) 7 94 38)
Ph Dr. Jana Bila-Mees (Vorsitzende SKAV, Weteringlaan 7, NL-2243 GJ Wassenaar, T: (00317051) 7 94 38, Telefax: (00317051) 7 94 38)
Mitglieder: 11 Verbände in 10 europ. Ländern

Mitgliedsverbände

iz u 477
Österreichischer Tonjägerverband
Klosterneuburgerstr. 53-55/15, A-1200 Wien
T: (00431) 3 32 25 37
Walter Weiss

iz u 478
Chasseurs de Sons, Enregistrements sonores et applications audiovisuelles Bruxelles
Av. des Ortolans 103, B-1170 Brüssel

iz u 479
Schweizer Ton- und Videoamateure
Riedernrain 264, CH-3027 Bern
T: (004131) 9 91 62 40
Internet: http://www.soundhunters.com
E-Mail: helmut.weber@swissonline.ch
Zentralpräsident: Helmut Weber

iz u 480
Chasseurs de Sons et d'images
Avenue Fraisse 14, CH-1006 Lausanne
T: (0041421) 40 12 37
Président: Fernand Kenel

iz u 481
Cesky Fonoklub
Pisecka 2, 02020 130 28, Praha-Vinohrady
ATTN: Miskova

iz u 482
Ring der Tonband- und Videofreunde e.V. (RdT)
Johann-Sebastian-Bach-Str. 33, 88400 Biberach
T: (07351) 7 33 54 **Fax:** 1 77 07
E-Mail: ruettersph@aol.com
Vorsitzende(r): Paul-Heinz Rütterswörden
Mitglieder: ca. 300

iz u 483
Fédération Française des Chasseurs de Sons
Rue Castagnary 114, F-75015 Paris
T: (00331) 48 42 35 94
Paul Robert

iz u 484
Federation of British Tape Recordists
Hawthorne Road 26, GB- Stapleford CB2 5DU
T: (00441268) 41 93 43 **Fax:** 41 71 63
Hon. Secretary: Jim Purcell

iz u 485
Associazione Italiana Fonoamatori
Via Malan 56, I-10062 Luserna San Giovanni (TO)
T: (0039121) 90 13 62 **Fax:** 90 13 62
Marco Rovara

iz u 486
Nederlandse Vereniging voor Geluid- en Beeldregistratie (NVG)
Graaf Janstraat 239, NL-2713 CM Zoetermeer
T: (003179) 3 16 60 27
Jan H. Hageman

iz u 487
Slovenský Klub Audiovízie
Národne osvetove centrum
SNP 12, SK-81234 Bratislava
T: (004217) 59 21 41 29 **Fax:** 59 21 42 18

IZ U 488
Internationale Union für Motorbootsport (UIM)
Union of International Motorboating
Union Internationale Motonautique
Av. de Castelans 1, MC-98000 Monaco Stade Louis II/Entrée H
T: (00377) 92 05 25 22 **Fax:** 92 05 04 60
E-Mail: powerboating@uim.worldsport.org
Gründung: 1922
Président: Ralf Fröhling (Rommersceider Str. 72, 51465 Bergisch Gladbach, T: (02202) 3 00 02, Fax: 3 00 03)
Secrétaire Général: Régine Vandekerckhove (Stade Louis II

- Entrée H, 1 Avenue des Castelans MC 98000, Monaco, Principality of Monaco, T: (0377) 92 052 522, Fax: 92 050 460)
Mitglieder: 61 affiliated countries over the 5 continents
Mitarbeiter: 3 fully employed, 150 active commission members

● **IZ U 489**

Internationale Union des modernen Fünfkampfes (UIPM HQ)
International Union of Modern Pentathlon
Union Internationale de Pentathlon Moderne et Biathlon
13, Avenue des Castellans Stade Louis II, MC-98000 Monaco
Internet: http://www.pentathlon.org
E-Mail: pentathlon@monaco.org
Président: Klaus Schormann (GER)
Secretary General: Joël Bouzou

● **IZ U 490**

Internationale Vereinigung des Amateurrugbys (FIRA)
FIRA-A.E.R.
FIRA-Association Européene de Rugby
Rue de Liège 9, F-75009 Paris
T: (00331) 53 21 15 22   **Fax:** 42 81 00 04
Président: Jean-Claude Baqué
Secrétaire Général: Jean-Louis Barthes

● **IZ U 491**

Internationale Vereinigung des Automobils (FIA)
Fédération Internationale de l'Automobile
Chemin de Blandonnet 2, CH-1215 Genf 15
T: (004122) 544 44 00   **Fax:** 544 44 50 (Sport), 544 45 50 (Tourismus und Automobil)
Internet: http://www.fia.com
Gründung: 1904 (20. Juni)
President: Max Mosley
General Secretary: David Ward
Mitglieder: 157 Automobilclubs

● **IZ U 492**

Internationale Vereinigung des Ballspielens (FIPV)
International Federation of Pelota Vasca
Fédération Internationale de Pelote Basque
Palacio de Urdanibia-Apt. Correos 468, E-20300 Irun
T: (003443) 61 00 06, 61 00 36   **Fax:** 61 00 44
Internet: http://www.worldsport.com
E-Mail: fipv@facilnet.es
Gründung: 1929
President: Enrique Gaytan de Ayala
Secretary General: César Gonzalez de Heredia
Contact: José Iraundegui
Mitglieder: 22
Mitarbeiter: 3

● **IZ U 493**

Internationale Vereinigung des Bogenschießens (FITA)
International Archery Federation
Fédération Internationale de Tir à L'Arc
Avenue de Cour 135, CH-1007 Lausanne
T: (004121) 6 14 30 50   **Fax:** 6 14 30 55
Internet: http://www.archery.org
E-Mail: info@archery.org
Gründung: 1931
President: James L. Easton
Secretary General: Giuseppe Cinnirella
Mitglieder: 131

● **IZ U 494**

Internationale Vereinigung für Blindensport (IBSA)
International Blind Sports Association
Association Internationale de Sport pour Aveugles
c/o Féd. Franc. Handisport
Calle Quevedo 1, E-28014 Madrid
T: (003491) 589 45 33   **Fax:** 589 45 37
Internet: http://www.ibsa.es
E-Mail: ibsa@ibsa.es
Président: Enrique Sanz
Secrétaire Général: Michel Berthèzéne

● **IZ U 495**

Internationale Federation für Wasserlebensrettung (ILS)
International Life Saving Federation
Fédération Internationale de sauvetage Aquatique
Gemeenteplein 26, B-3010 Leuven
T: (003216) 35 35 00   **Fax:** 35 01 02
Internet: http://www.ilsf.org
E-Mail: ils.hq@pandora.be
Gründung: 1910 (renamed 1993)
President: Allan Whelpton Am (Australia)

Secr. Gen.: Dr. Harald Vervaecke (PhD)
Mitglieder: 131 Countries (33.000.000 members)
Mitarbeiter: 3

● **IZ U 496**

Internationale Vereinigung für Leibeserziehung (FIEP)
International Federation of Physical Education
Fédération Internationale d'Education Physique
Caixa Postal 837, CEP 85.857-970 Foz do Iguacu, BR-Parana
T: (005545) 525-1272   **Fax:** 525-1272
Internet: http://www.fiepbrasil.org
E-Mail: fiep.brasil@foznet.com.br
Gründung: 1923
President: Prof. Dr. Manoel Gomes Tubino (Rua Souza Lima 185, Apto 402, Copacabana, Rio De Janeiro, T: (0055)2 15 21 98 33, E-Mail: mtubino@openlik.com.br)
Secr. Gen.: Ghislaine Ouvrard
Mitglieder: 123 Countries

● **IZ U 497**

Internationale Vereinigung der Luft- und Raumfahrt (FAI)
The World Air Sports Federation
Fédération Aéronautique Internationale
Avenue Mon-Repos 24, CH-1005 Lausanne
T: (004121) 3 45 10 70   **Fax:** 3 45 10 77
Internet: http://www.fai.org
E-Mail: maxb@fai.org
Gründung: 1905
Président: Wolfgang Weinreich
Secrétaire Général: Max Bishop
Verbandszeitschrift: Air Sports International
Redaktion: Atul Dev, New Delhi
Mitglieder: 96
Mitarbeiter: 5

● **IZ U 498**

Internationale Vereinigung der Netzballverbände (IFNA)
International Federation of Netball Associations
Fédération Internationale des Associations de balles de filets
Birmingham Sports Centre
Balsall Heath Road 201, GB- Highgate, Birmingham B12 9DL
T: (0044121) 4 46 44 51   **Fax:** 4 46 58 57
E-Mail: ifna@btinternet.com
Gründung: 1960
President: Sheryl Dawson
Executive Officer: Anne Steele
Verbandszeitschrift: IFNA News
Mitglieder: 45

● **IZ U 499**

Internationale Vereinigung der olympischen Philatelisten (FIPO)
International Olympic Philately Federation
Fédération Internationale de Philatélie Olympique
Villa du Centenaire - Av. de l'Elysee 28, CH-1006 Lausanne
T: (004121) 6 21 63 88/89   **Fax:** 6 21 63 94
Internet: http://www.collectors.olympic.org/e/fipo/fipo_charter_e.html
E-Mail: webmaster.cco@olympic.org
Président: S.E. Juan Antonio Samaranch
Secrétaire Général: Maurizio Tecardi
Contact: Manfred Bergman

● **IZ U 500**

Internationale Vereinigung des Roller-Skatings (FIRS)
Fédération Internationale de Roller Sports
Rambla Catalunya 121, piso 6 puerta 7, E-08008 Barcelona
T: (003493) 2 37 70 55, 2 37 98 85   **Fax:** 2 37 27 33
Internet: http://www.rollersports.org
E-Mail: firs@idgrup.ibernet.com
Gründung: 1924
Président: Isidro Oliveras
Secrétaire Général: Dr. Roberto Marotta
Mitglieder: 114

● **IZ U 501**

Internationale Vereinigung des Universitätssportes (FISU)
International University Sports Federation
Fédération Internationale du Sport Universitaire
Avenue Franklin Roosevelt 56, B-1050 Brüssel
T: (00322) 6 40 68 73   **Fax:** 6 40 18 05
Internet: http://www.fisu.net
E-Mail: fisuhq@ulb.ac.be
Gründung: 1949
President: George E. Killian
Secretary General: Roch Campana
Verbandszeitschrift: FISU MAGAZINE

Verlag: FISU, Avenue Franklin Roosevelt 56, B-1050 Bruxelles
Mitglieder: 129

● **IZ U 502**

Internationale Wasserski-Vereinigung (IWSF)
International Water Ski Federation
Fédération internationale de ski nautique
La Ferme de Saint-Sernin
C.P. 5537 BO 22, I-40134 Bologna
T: (0039051) 615 50 15   **Fax:** 615 29 56
Internet: http://www.iwsf.com
Gründung: 1946
Président: Andrès Botero (P.O. Box 2038, Medellin, Columbia, T: (00574) 2 77 97 83, Fax: 2 81 77 88)
Secrétaire Général: Prof. Chantal Amade-Escot
Verbandszeitschrift: IWSF News
Verlag: Andres Botero, P.O. Box 20 38, Medellín (Columbien)

● **IZ U 503**

Internationaler Amateur-Box-Verband
International Amateur Boxing Association
Association Internationale de Boxe Amateur
Postfach 7 63 43, USA- Georgia 30358
T: (0077045) 58 83 50   **Fax:** 46 467
Gründung: 1946
Präsident(in): Prof. Anwar Chowdhry (35 Sunnyside Apts., Seafield Road, G.P.O. Box 799, Karachi 1, Pakistan, T: (009221) 5 68 36 46, Fax: (009221) 5 68 25 05, TX: (082) 512 52 90 AIBA PK)
Generalsekretär(in): Loring Baker (USA)

● **IZ U 504**

Internationaler Arbeitssportverband (CSIT)
International Labour Sports Confederation
Confédération Sportive Internationale du Travail
Sekretariat
Paasivuorenkatu 4-6 A, FIN-00530 Helsinki
T: (003589) 7 70 61   **Fax:** 7 70 62 34
Internet: http://www.asn.or.at/csit
E-Mail: csit@tul.fi
Gründung: 1913
Mitglieder: 20000000
Mitarbeiter: 1

Mitglieds-Vereinigungen

Ägypten

iz u 505

Egyptian Compagnies Sports Federation (ECSF)
Secrétariat Général
Rue El Sherifain 9, ET- Le Caire
T: (002039) 2 15 68   **Fax:** 3 18 42
TX: 6 180 SEK CY

Algerien

iz u 506

Federation Algerienne Sport et Travail (FAST)
Postfach N 2 29, DZ- Alger
Maison du Peuple, Place de ler mai, DZ- Alger
T: (002132) 66 82 80   **Fax:** 65 75 88
TX: 65 080 FAST-D.Z.

Angola

iz u 507

Union Nationale des Travailleurs Angolais (UNTA)
Postfach 28, AO- Luanda
Avenida Rainha Ginga 23, AO- Luanda
T: (002442) 33 46 70   **Fax:** 39 35 90
TX: 4072 CIAM AN

Belgien

iz u 508

Centrale des Federations Francophones du Sport Travailliste de Belgique (CFFSTB)
Boulevard de l'Empereur 13, B-1000 Brüssel
T: (00322) 5 12 24 27   **Fax:** 5 12 24 27

iz u 509

Vlaamse Arbeidersport Centrale (VASC)
Boomgaardstraat 22 Bus 13, B-2600 Berchem
T: (00323) 2 86 07 17   **Fax:** 2 86 07 34

Brasilien

iz u 510

Servico Social da Industria (SESI)
Ed. Roberto Simonsen 10 andar, SBN Quadra 01, Bloco C,
BR-70040-903 Brasilia DF
T: (005561) 3 17 92 03 **Fax:** 3 17 92 94
Internet: http://www.cni.org.br
E-Mail: rcampos@sesi.org.br

Bulgarien

iz u 511

Bulgarian Worker's Sport Federation (FSTB)
Macedonia Sq. 1, BG- Sofia
T: (003592) 87 41 42 **Fax:** 87 41 42

Dänemark

iz u 512

Dansk Abejder Indraetsforbund (DAI)
Idraettens Hus, DK-2605 Brondby
T: (0045) 43 26 23 82 **Fax:** 43 26 23 86
Internet: http://www.dai-sport.dk
E-Mail: thomsen@dai-sport.dk

Deutschland

iz u 513

Solidaritätsjugend Deutschlands (SoliJ)
c/o Uwe Lambinus
Postf. 13 32, 97822 Marktheidenfeld
T: (09391) 26 23 **Fax:** 26 23

Estland

iz u 514

Estonian Sports Association Kalev (KALEV)
41 Pärnu Rd., EW-0001 Tallinn
T: (003726) 44 57 06 **Fax:** 44 29 87

Finnland

iz u 515

Finnish Worker's Sports Federation (TUL)
Paasivuorenkatu 4-6 A, FIN-00530 Helsinki
T: (003589) 7 70 61 **Fax:** 7 70 62 34
Internet: http://www.tul.fi
E-Mail: tul@tul.fi

Frankreich

iz u 516

Federation Française du Sport Travailliste (FFST)
51 Boulevard de Valmy, F-59650 Villeneuve D'Asco
T: (00333) 20 91 09 06 **Fax:** 20 91 09 07
E-Mail: cl.tabet@infonie.fr

iz u 517

Federation Sportive et Gymnique du Travail (FSGT)
Rue de Scandicci 14, F-93508 Pantin Cedex
T: (00331) 49 42 23 19 **Fax:** 49 42 23 60
E-Mail: fsgt@wanadoo.fr

Irland

iz u 518

Athletic Association of Ireland (AAI)
Claremont Stadium
Commons Road, IRL- Navan Co. Meath
T: (0035346) 2 36 38 **Fax:** 2 99 66

Israel

iz u 519

Hapoel Sport Association (HAPOEL)
8, Haarbaa Street, IL-64739 Tel Aviv
T: (009723) 5 61 33 22 **Fax:** 5 61 05 68

Italien

iz u 520

Associazione Centri Sportivi Italiani (ACSI)
Via Montecatini 5, I-00186 Rcm
T: (003903) 66 99 04 98 **Fax:** 6 79 46 32
Internet: http://www.acsi.it
E-Mail: acsi@pn.itnet.it

iz u 521

Associazione Italia Cultura Sport (AICS)
Via Giulio Cesare 78, I-00192 Rom
T: (00396) 37 51 36 34 **Fax:** 37 51 36 64
Internet: http://www.aics.it
E-Mail: dn@aics.it

iz u 522

Unione Italiana Sport Popolare (UISP)
Largo Nino Franchellucci 73, I-00155 Rom
T: (00396) 43 98 43 06, 43 98 41 **Fax:** 43 98 43 20
Internet: http://www.uisp.it
E-Mail: uisp@uisp.it

Lettland

iz u 523

Latvian Trade Sport Association (LTSA)
Valnu street 32, LV-1050 Riga
T: (003712) 7 22 62 15 **Fax:** 7 21 24 07

Litauen

iz u 524

Lithuanian Sports Society "ZALGIRIS"
Seimyniskiu 23/2, LT- Vilnius
T: (003702) 75 05 35 **Fax:** 75 33 34

Marokko

iz u 525

Fédération Travailliste Marocaine des Sports (FTMS)
232 Avenue des FAR, MA-13464 Casa Principal Casablanca
T: (002122) 29 91 32 **Fax:** 29 91 32
TX: 27 825 M UMATRA

Mexiko

iz u 526

Instituto del Deporte de los Trabajadores (INDET)
Av. Ricardo Flores Magon 44, 4 Piso Col. Guerrero, MEX- Mexico-City
T: (00525) 5 97 06 00, 5 83 87 66 **Fax:** 5 83 87 66

Niederlande

iz u 527

Nederland Culturele Sportbond (NCS)
Meeuwenlaan 41, NL-1021 HS Amsterdam
T: (003120) 6 36 30 61 **Fax:** 6 36 34 66
Internet: http://www.sport4all.nl
E-Mail: ncs@sport4all.nl

Österreich

iz u 528

Arbeitsgemeinschaft für Sport und Körperkultur in Österreich (ASKÖ)
Steinergasse 12, A-1233 Wien
T: (00431) 8 69 32 45 **Fax:** 8 69 32 45 28
Internet: http://www.askoe.or.at
E-Mail: mm@askoe.or.at

Palästina

iz u 529

Palestinian Popular Sports Federation
Hebreon, West Bank P.O. Box 635, IL- Palestine via Israel
T: (009727) 82 92 22 **Fax:** 9 92 04 57

Portugal

iz u 530

Instituto Nacional para Approveitamento dos Tempos Livres dos Trabalhadores (INATEL)
Calcada de Santana 180, P-1100 Lissabon
T: (003511) 8 85 22 75 **Fax:** 8 85 15 61
Internet: http://www.inatel.pt
E-Mail: desporto@inatel.pt

Russland

iz u 531

The Sport Society of Trade Unions "ROSSIYA"
Vorontsovskaya Street 6 bolck 1, RUS- Moskau 1109004
T: (007095) 9 11 73 37 **Fax:** 9 11 74 36

iz u 532

La Cofédération des Associations Sportives de la Russie (SYNDICATSPORT)
Solianka 14/2, RUS-109240 Moskau
T: (007095) 9 28 52 07 **Fax:** 2 00 32 24
TX: 411 052 VDFSO SU

Schweiz

iz u 533

Schweizerischer Arbeiter-, Turn- und Sportverband (SATUS)
Postfach 78 64, CH-3001 Bern
Schlösslistr. 15, CH-3001 Bern
T: (004131) 3 81 86 86 **Fax:** 3 81 87 80
E-Mail: satus@blue.win.ch

Senegal

iz u 534

Federation Senegalaise Des Sports Travaillistes (FSST)
Postfach 28 03, SN-21722 Dakar
Stade Demba Diop, SN- Dakar
T: (00221) 8 24 08 48 **Fax:** 8 24 58 55

Spanien

iz u 535

Asociacion Espanola de Deporte Para Todos (AEDPT)
Rio de Monelos 2-1 D, E-15006 La Coruña
T: (0034981) 13 83 83 **Fax:** 13 83 84

Tunesien

iz u 536

Organisation Nationale Sport - Culture et Travail (ONSCT)
Postfach 7 82, TN-1002 Tunis
58, Avenue de la Liberté, TN-1002 Tunis
T: (002161) 84 27 20 **Fax:** 84 55 81

Zypern

iz u 537

Pancyprian Worker's Sport Club of Cyprus (PASEK)
Postfach 2 50 18, CY-1306 Nicosia
11, Stroulus Ave., CY-2018 Stroulus
T: (003572) 84 98 49 **Fax:** 84 98 50

Mitglied mit Beobachterstatus

Bulgarien

iz u 538

Bulgarian Worker´s Sport Union (BWSU)
Vassil Levski Stadium
Evlogi Georgiev Blvd. 38, BG-1142 Sofia
T: (003592) 9 81 66 83 **Fax:** 9 86 57 17

● IZ U 539
Internationaler Badminton-Bund
International Badminton Federation
Fédération Internationale de Badminton
Manor Park Place
Rutherford Way, GB- Cheltenham, Gloucestershire GL51 9TU
T: (00441242) 23 49 04 **Fax:** 22 10 30
Internet: http://www.intbadfed.org, http://www.worldbadminton.net
E-Mail: info@intbadfed.org
Gründung: 1934
President: Lu Shengrong
Contact: Neil Cameron
Andrew Ryan (Director of Marketing & Development)
Mitglieder: 147
Mitarbeiter: 16

● IZ U 540
Internationaler Basketball-Verband e.V. (FIBA)
International Basketball Federation
Fédération Internationale de Basketball
Postf. 70 06 07, 81306 München
Boschetsrieder Str. 67, 81379 München
T: (089) 74 81 58-0 **Fax:** 74 81 58-33
TGR: BASKETBALL MÜNCHEN
Internet: http://www.fiba.com
E-Mail: secretariat@office.fiba.com
Gründung: 1932 (18. Juni)
Président: Abdoulaye Seye Moreau
Generalsekretär(in): Borislav Stankovic
Leitung Presseabteilung: Florian Wanninger
Mitglieder: 211 Nationale Verbände

● IZ U 541
Internationaler Body-Builder-Verband (IFBB)
International federation of body builders
Fédération internationale de bodybuilding
2875 Bates Road, CDN- Montreal Que. H3S 1B7
T: (001514) 7 31 37 83 **Fax:** 7 31 90 26 oder 7 31 70 82
Internet: http://www.ifbb.com
E-Mail: ifbb@weider.ca
Gründung: 1946 (Januar)
Président: Ben Weider
Secrétaire Général: Eric Weider (T: (001514) 7 31 37 83, Fax: 7 31 70 82)
Executive Assistant: Rafael Santonja (Marques de Lema 13, E-28003 Madrid, T: (003491) 5 36-00 18, Fax: 5 33-47 67)
Verbandszeitschrift: Flex, Muscle and Fitness including other special IFBB Reports
Mitglieder: 170 Länder
Mitarbeiter: 4

● IZ U 542
Internationaler Bund für Orientierungslauf (IOF)
International Orienteering Federation
Fédération Internationale d'Orientation
Radiokatu 20, FIN-00093 Slu
T: (003589) 34 81-3112 **Fax:** 34 81-3113
E-Mail: iof@orienteering.org
Président: Sue Harvey
Secrétaire Général: Barbro Rönnberg
Mitglieder: 58

● IZ U 543
Internationaler Eishockey Verband (IIHF)
International Ice Hockey Federation
Parkring 11, CH-8002 Zürich
T: (00411) 2 89 86 00 **Fax:** 2 89 86 20 (General Secretary), 2 89 86 22 (PR, Info, Sport, In-Line)
Internet: http://www.iihf.com
E-Mail: iihf@iihf.com
Gründung: 1908
Präsident(in): Dr. René Fasel
Secrétaire Général: Jan-Ake Edvinsson
Contact: Kimmo Leinonen (PR-Direktor)
Mitglieder: 59
Mitarbeiter: 15

● IZ U 544
Internationaler Eislauf-Verband (ISU)
International Skating Union
Union Internationale de Patinage
Chemin de Primerose 2, CH-1007 Lausanne
T: (004121) 612 66 66 **Fax:** 612 66 77
Internet: http://www.isu.org/
E-Mail: info@isu.ch
Gründung: 1892
Président: Ottavio Cinquanta
Secrétaire Général: Alfred Schmid
Mitglieder: 73 Member Federations, 2 Clubs

● IZ U 545
Internationaler Fechtverband (FIE)
International Fencing Federation
Fédération Internationale d'Escrime
Postfach 1 28, CH-1000 Lausanne
Ave. Mon-Repos 24, CH-1000 Lausanne
T: (004121) 3 20 31-15 **Fax:** 3 20 31-16
Gründung: 1913
Président: René Roch
Secrétaire Général: Mario Favia
Verbandszeitschrift: Escrime Internationale
Mitglieder: 99

● IZ U 546
Internationaler Fußball-Verband (FIFA)
International Federation of Association Football
Fédération internationale de football association
Postfach 85, CH-8030 Zürich
Hitzigweg 11, CH-8030 Zürich
T: (00411) 3 84 95 95 **Fax:** 3 84 96 96
Internet: http://www.fifa.com
Gründung: 1904
President: Joseph S. Blatter
Vice Presidents: Julio H. Gordona (Argentina)
David H. Will (Scotland)
Lennart Johannsson (Sweden)
Issa Hayatou (Cameroon)
Dr. Antonio Matarrese (Italy)
Dr. Mong-Joon Chung (Korea Republic)
Jack A. Warner (Trinidad and Tobago)
General Secretary: Michael Zen-Ruffinen (Suisse)
Verbandszeitschrift: FIFA NEWS/MAGAZIN
Mitglieder: 203
Mitarbeiter: 60

● IZ U 547
Internationaler Gewichtheber-Bund (IWF)
International Weightlifting Federation
Postfach 6 14, H-1374 Budapest
Hold u. 1, H-1054 Budapest
T: (00361) 3 53 05 30 **Fax:** 3 53 05 30, 3 53 01 99
Internet: http://www.iwf.net
E-Mail: iwf@iwf.net
Gründung: 1905
President: Gottfried Schödl
Secretary General: Dr. Tamás Ajan
Mitglieder: 167

● IZ U 548
Internationaler Hockeyverband (FIH)
International Hockey Federation
Fédération Internationale de Hockey
Avenue des Arts 1B 5, B-1210 Brüssel
T: (00322) 2 19 45 37 **Fax:** 2 19 27 61, 2 17 01 09
Internet: http://www.FIHockey.org
E-Mail: fih@fihockey.org
Gründung: 1924
Président: Juan Angel Calzado de Castro ((Spain), Avenida Diagonal 622, 4a planta, Barcelona 08021, T: (003493) 2 41 97 50, 2 41 97 53 (Off), Telefax: 2 02 32 37)
Vice-Présidents: Mansoor H. Atif ((Pakistan), 29-A Shan Plaza, Sanda Road, Lahore, Pakistan, T: (009242) 7 31-2026)
His Royal Highness Sultan Azlan Shah ((Malaysia), Istana Kinta, IPOH, Perak Darul Ridzuan, Telefax: (00605) 2 55 61 66)
Peter Cohen ((Australia), 3rd Floor, 608 St. Kilda Road, Melbourne, Vic. 3004, T: (00613) 95 21 22 44 (Off.), 95 00 91 92 (Home), Telefax: (00613) 95 21 22 53)
Rosa de Massa ((Argentina), Coronel Diaz 2241-1° piso, Buenos Aires 1425, T: (00541) 3 26 11 96 (Off), 3 26 97 79 (Off.), 8 22 15 49 (Home), Telefax: (00541) 3 26 95 59)
Anita Manning ((Ireland), "Waltonmere", Cross Douglas Road, Cork, T: (0035321) 29 53 17, Telefax: (0035321) 29 17 22)
Antonio von Ondarza ((Venezuela), Apartado 61.810, Chacao, Caracas 1060, T: (00582) 9 75 03 22/9 76 48 80 (Off.), 9 76 56 25/9 75 03 39 (Home), Telefax: (00582) 9 76 65 39, 9 76 57 68)
Secrétaire Général: Els Van Breda Vriesman (Contact, (Netherlands), Vogelkerslaan 4, 5263 HA Vught, T: (003173) 6 56 06 18 (Home), Telefax: (003173) 6 56 70 89 (Home))
Ex. Direct: Hans Bertels
Trésorier: Robert Lycke (Belgium)
Direction du service de presse: Steven Morris
Verbandszeitschrift: World Hockey Magazine
Mitglieder: 120
Mitarbeiter: 10

● IZ U 549
Internationaler Jiu-Jitsu-Bund (IJJF)
International Ju-Jitsu Federation
Fédération Internationale de Ju-Jitsu
c/o Nippon Sport
Vesterbrogade 173, DK-1800 Frederiksberg C
T: (0045) 33 23 13 13 **Fax:** 33 24 01 13
Gründung: 1977
President: Dr. Rinaldo Orlandi

Secretary General: Frank Furst
Mitglieder: 800000
Mitarbeiter: 2

● IZ U 550
Internationaler Korbballbund (IKF)
International Korfball Federation
Fédération Internationale de korf-ball
Postfach 1000, NL-3980 DA Bunnik
T: (003130) 6 56 63 54 **Fax:** 6 57 04 68
E-Mail: office@ikf.org
Gründung: 1933
President: Bob De Die
Secr. Gen.: Jan C. Fransoo
Mitglieder: 34

● IZ U 551
Internationaler Verband für Kraftdreikampf (IPF)
International Powerlifting Federation
Fédération Internationale de la Force
c/o Heiner Köberich
Bahnhof Louisa 9, 60598 Frankfurt
T: (069) 63 30 71 15 **Fax:** 63 30 71 16
Internet: http://www.powerlifting-ipf.com
E-Mail: koeberich@bvdk.de
President: Norbert Wallauch (Österreich)
Secretary General: Heiner Köberich

● IZ U 552
Internationaler Pferdesport-Verband (FEI)
Fédération Equestre Internationale
Postfach 157, CH-1000 Lausanne 5
Ave. Mon-Repos 24, CH-1000 Lausanne 5
T: (004121) 3 10 47 47 **Fax:** 3 10 47 60
Internet: http://www.horsesport.org
Gründung: 1921 (21. Mai) in Lausanne
Président: S.A.R. la Princesse Doña Pilar de Borbón
Secrétaire Général: Prof. Bo Helander
Leitung Presseabteilung: Muriel Faienza
Verbandszeitschrift: FEI Bulletin
Redaktion: FEI
Verlag: Avenue Mon-Repos 24, CH-1000 Lausanne 5
Mitglieder: 125
Mitarbeiter: 30
Jahresetat: DM 8 Mio

● IZ U 553
Internationaler Racquetball-Verband (IRF)
International racquetball federation
Fédération internationale de raquetball
1685 W. Uintah, USA-80904-2921 Colorado Springs
T: (001719) 6 35 53 96 **Fax:** 6 35 06 85

● IZ U 554
Internationaler Rat für Militärsport (CISM)
International Military Sports Council
Conseil International du Sport Militaire
Rue Jacques Jordaens 26, B-1000 Brüssel
T: (00322) 6 47 68 52 **Fax:** 6 47 53 87
Gründung: 1948
Président: Colonel Dott. Gianni Gola
Secrétaire Général: Colonel Bernard Hurst
Verbandszeitschrift: Sport International
Verlag: Mous Même
Mitglieder: 122 nations
Mitarbeiter: 14

● IZ U 555
Internationaler Regatta-Bund (ISAF)
International Sailing Federation
Union Internationale de Course de Bâteaux à Voile
Ariadne House
Town Quay, GB- Southampton, Hampshire SO14 2AQ
T: (004423) 80 63 51 11 **Fax:** 80 63 57 89
E-Mail: sail@isaf.co.uk
Gründung: 1907
President: Paul Henderson
Secrétaire Général: Arve Sundheim
Leitung Presseabteilung: Luissa Smith
Verbandszeitschrift: Making Waves
Mitglieder: 120
Mitarbeiter: 14

● IZ U 556
Internationaler Rennrodelverband
International Luge Federation
Fédération Internationale de Luge de Course (F.I.L.)
Rathausplatz 9, 83471 Berchtesgaden
T: (08652) 6 69 60 **Fax:** 6 69 69
Internet: http://www.fil-luge.org
E-Mail: office@fil-luge.org
Gründung: 1957
Präsident(in): Josef Fendt
Vizepräsident(in): Claire DelNegro (Sport)
Einars Fogelis (Technik)

Werner Kropsch (Naturbahn)
Jan Steler (Int. Aufgaben)
Harald Styrer (Finanzen)
Executive Director: Hartmut Kardaetz
Generalsekretär(in): Svein Romstad
Mitglieder: 45
Mitarbeiter: 4

IZ U 557
Internationaler Ringerverband (FILA)
International Federation of Associated Wrestling Styles
Fédération Internationale des Luttes Associees
Av. Juste-Olivier 17, CH-1006 Lausanne
T: (004121) 3 12 84 26   **Fax:** 3 23 60 73
Internet: http://www.fila-wrestling.org
E-Mail: filalausanne@bluwin.ch
Gründung: 1912
Président: Milan Ercegan
Secrétaire Général: Michel Dusson
Mitglieder: 141

IZ U 558
Internationaler Ruderverband (FISA)
International Rowing Federation
Fédération Internationale des Sociétés d'Aviron
Postfach 18, CH-1000 Lausanne 3
Avenue de Cour 135, CH-1007 Lausanne 3
Internet: http://www.worldrowing.com
E-Mail: info@fisa.org
Gründung: 1892
President: Denis Oswald
Secretary General: Matt Smith
Mitglieder: 110

IZ U 559
Internationaler Schwimm-Verband (FINA)
International Swimming Federation
Fédération Internationale de Natation
Av. de l' Avant-Poste 4, CH-1005 Lausanne
T: (004121) 3 10 47 10   **Fax:** 3 12 66 10
Internet: http://www.fina.org
Gründung: 1908 (19. Juli)
President: Mustapha Larfaoui (Algerien)
Honorary Secretary: Bartolo Consolo (Italien)
Honorary Treasurer: Dr. Julio Maglione (Uruguay)
Executive Director: Cornel Marculescu
Verbandszeitschrift: FINA News
Redaktion: Jean-Louis Meuret, Cornel Marculescu
Verlag: "GRAPHSTYLE", Rue Valentin, CH-Lausanne
Mitglieder: 176
Mitarbeiter: 11

IZ U 560
Internationaler Ski-Verband (FIS)
International Ski Federation
Fédération Internationale de Ski
Blochstr. 2, CH-3653 Oberhofen
T: (004133) 2 44 61 61   **Fax:** 2 44 61 71
Internet: http://www.fis-ski.com
E-Mail: mail@fisski.ch
Gründung: 1924
Präsident(in): Gian Franco Kasper
Direktor(in): Sarah Lewis
Marketing: Christian Knauth
Mitglieder: 100 Mitgliedsnationen

IZ U 561
Internationaler Sport- und Freizeitbund der Hirngelähmten (CP-ISRA)
Cerebral Palsy International Sports and Recreation Association
Association Internationale de Sport et de Récréation pour Paralyses Cérébraux
Postfach 16, NL-6666 ZG Heteren
T: (003126) 4 72 25 93   **Fax:** 4 72 39 14
E-Mail: cpisra_nl@hotmail.com
Gründung: 1979
President: Colin Rains
Secretary General: Margret Kellner
Contact: T. Rombouts
Mitglieder: 60
Mitarbeiter: 0,5

IZ U 562
Internationaler Sportvereinigung für Geistig Behinderte (INAS-FID)
International Sports Federation for Persons with an intellectual Disability
Fédération Internationale de sports pour les personnes handicapeés mentallement
Av. Rafaela Ybarra 75, E-28026 Madrid
T: (003491) 5 69 65 48   **Fax:** 5 65 26 17
Internet: http://www.inas-fid.org
E-Mail: inas-fid@inas-fid.org
Gründung: 1985
Präsident(in): Fernando Martin Vicente (Avda. Rafaela Ybarra, 75, 28026 Madrid, Spanien, T: (0034091) 569 65 48, Fax: 565.26.17)
Vizepräsident(in): Dimitry Rymkim (OLYMP, Luzhenetskaya nab. 8, 11978 Moskau, Russland, T: (007095) 921 622, Fax: 921 622)
Generalsekretär(in): Zenon Jaszcur (Polskie Towarzystow Spoleczno-Sportowe Sprawni-Razem, U1.E Ciolka 11, 01-402 Warschau, Polen, T: (004822) 83 77 987, Fax: 83 77 987)
Schatzmeister(in): Takis Papaconstatopoulos (Eidiki Olympiada of Greece, 22 Mirsinis Street, Kifisia 145 62, Athen, Griechenland, T: (0031) 523 8416, Fax: 523 8416)
Mitglieder: 72 Member Nations

IZ U 563
Internationaler Rollstuhl Sportverband (ISMWSF)
International Wheelchair Sports Federation
Fédération Sportive Internationale en Fauteuil roulant
Stoke Mandeville
Olympic Village
Guttmann Road, GB- Aylesbury, Bucks HP21 9PP
T: (00441296) 43 61 79   **Fax:** 43 64 84
Internet: http://www.wsw.org.uk
E-Mail: info@wsw.org.uk
Gründung: 1960
President: Bob McCullough
Secr. Gen.: Maura Strange (Contact)
Mitglieder: 76 Associations
Mitarbeiter: 2

IZ U 564
Internationaler Surf-Verband (I.S.A.)
International Surfing Association
Association internationale de surfing
World Headquarters
Suite 145
5580 La Jolla Boulevard, USA- La Jolla CA 92037
T: (001619) 55 15-292   **Fax:** 55 15-290
E-Mail: surf@isasurf.org
Gründung: 1976 (Hawaii)
President: Fernando Aguerre
Vice-President: Jacques Hele
Alan Atkins
Robin de Kock
Marcos Conde
Operations Manager: M. de Guimaraes
Public Relations: Maile H. Aguerre
Verbandszeitschrift: ISA Newsletter (Quaterly), ISA Guide (Yearly), ISA Highlights (Monthly)
Redaktion: ISA World Headquaters
Mitglieder: 45
Mitarbeiter: 4

IZ U 565
Internationaler TanzSport-Verband (IDSF)
International Dance Sport Federation
Im Hungerbüel 22, CH-8614 Bertschikon
T: (00411) 9 35 19 73   **Fax:** 9 36 19 73
Internet: http://www.idsf.net
Gründung: 1935
Präsident(in): Rudolf Baumann
Secretary General: Prof. Dr. Herbert Fenn
Treasurer: Lukas Hinder
Leitung Presseabteilung: Johannes Biba
Verbandszeitschrift: International News
Redaktion: Int. DanceSport Media GmbH
Verlag: Rigiweg 9, CH-6343 Rotkreuz Schweiz
Mitglieder: 77

IZ U 566
Internationaler Tauzieh-Verband
Tug of War International Federation
Association internationale de la traction à la corde
c/o J.A.P. Koren
De Lepelaar 8, NL-2751 CW Moerkapelle
T: (003179) 5 93 61 64   **Fax:** 5 93 61 63

IZ U 567
Internationaler Tennis Verband (ITF)
International Tennis Federation (ITF)
Fédération Internationale de Tennis (FIT)
Bank Lane Roehampton, GB- London SW15 5XZ
T: (004420) 88 78 64 64   **Fax:** 88 78 77 99
Internet: http://www.itftennis.com
E-Mail: reception@itftennis.com
Gründung: 1913
President: Francesco Ricci Bitti
Executive Vice President: Juan Margets
Mitglieder: 198
Mitarbeiter: 80

IZ U 568
Internationaler Verband der Alpinistenvereine (UIAA)
International Mountaineering and Climbing Federation
Union Internationale des Associations d'Alpinisme
Postfach !, CH-3000 Bern 23
T: (004131) 3 70 18 28   **Fax:** 3 70 18 38
Internet: http://www.uiaa.ch
E-Mail: uiaa@compuserve.com
Gründung: 1932
Präsident(in): Ian McNaught-Davis (80, Abingdon Road, Kensington, GB-London W8 6QT, T: (0044171) 937 65 59 (home), Fax: 937 76 64 (home), e-mail: MACDAVIS@compuserve.com)
Vizepräsident(in): Dr. Fritz März (Hörnerweg 7, 87527 Ofterschwang, T: (08321) 8 73 25, Fax: 2 22 37)
Generalsekretär(in): Dr. Claude Eckhardt (Rue des Jonquilles 16, F-68400 Riedisheim)
Direktor: Julia M. Spörri
Schatzmeister: Fredi von Gunten (Blümlimattweg 48 A, CH-3600 Thun)
Verbandszeitschrift: World Mountaineering & Climbing
Verlag: Ernst Haase, Hüttenberg 1, 87527 Ofterschwang
Mitglieder: 88 Verbände mit 2,5 Mio Mitgliedern
Jahresetat: Euro 0,43 Mio
Mietgliedsorganisationen: 88

IZ U 569
Europäische Wandervereinigung (EWV)
European Ramblers Association (ERA)
Fédération Européenne de la Randonnée Pédestre (FERP)
Generalsekretariat:
Wilhelmshöher Allee 157-159, 34121 Kassel
T: (0561) 9 38 73-0   **Fax:** 9 38 73-10
Internet: http://www.era-ewv-ferp.org
Gründung: 1969
Präsident(in): Jan Havelka (CZ)
Vizepräsident(in): Karl Schneider (D)
Geschäftsführer(in): Walter Sittig
Verbandszeitschrift: wandern und transport
Mitglieder: 5000000

IZ U 570
Internationaler Verband für Camping und Caravaning (FICC)
International Camping and Caravanning Association
Fédération Internationale de Camping et de Caravanning
Rue d'Arenberg 44 /34, B-1000 Brüssel
T: (00322) 5 13 87 82   **Fax:** 5 13 87 83
Internet: http://www.ficc.be
E-Mail: ficc@skynet.be
Gründung: 1933
Président: Lars Dahlberg
Contact: Silvia Brohl
Mitglieder: 2000000
Mitarbeiter: 2

IZ U 571
Internationaler Turnerbund (FIG)
International Gymnastics Federation
Fédération Internationale de Gymnastique
Postfach 359, CH-2740 Moutier 1
Rue des Oeuches 10, CH-2740 Moutier 1
T: (004132) 4 94 64 10   **Fax:** 4 94 64 19
E-Mail: fig.gymnastics@worldsport.org
Gründung: 1881
President: Bruno Grandi (ITA)
Vice-Presidents: Siegfried Fischer (BRA)
Hans-Jürgen Zacharias (GER)
Nicolae Vieru (ROM)
Members: Slava Corn (CAN)
Koji Takizawa (JPN)
Jamile "Jay" Ashmore (USA)
Rosa Guillamet Gonzales de Aguero (ESP)
Dr. Michel Leglise (FRA)
Ivan Weber (SUI)
Jian Zhang (CHN)
President MTC/CTM: Hardy Fink (CAN)
President WTC/CTF: Jackie Fie (USA)
President RSG-TC/CT-GRS: Egle Abruzzini (ITA)
President GG-TC/CT-GG/CT-TRA/CT-ACRO: Margareth Sikkens Ahlquist (SWE)
President UEG: Klaus Lotz (GER)
President UASG: Tarao Tokuda
President UPAG: William Torres (CUB)
President UAFG: Mohamed Yamani (ALG)
Mitglieder: 125

IZ U 572
Internationaler Verband der musikalischen Jugend (FIJM)
Jeunesses Musicales International
c/o Palais des Beaux Arts
10, rue Royale, B-1000 Brüssel
T: (00322) 5 13 97 74   **Fax:** 5 14 47 55
Internet: http://www.jmi.net
E-Mail: mail@jmi.net

Gründung: 1945
President: Pierre A. Goulet
Secrétaire Général: Dag Franzen
Contact: Irina Bussoli
Mitglieder: 39 member sections and 20 observers all over the World
Mitarbeiter: 4 full time - 3 part time

● IZ U 573

Weltverband für internationale Musikwettbewerbe
World Federation of International Music Competitions
Fédération Mondiale des Concours Internationaux de Musique (FMCIM)
104 rue de Carouge, CH-1205 Geneva
T: (004122) 3 21 36 20   **Fax:** 7 81 14 18
Internet: http://www.fmcim.org, http://www.wfimc.org
E-Mail: fmcim@iprolink.ch
Gründung: 1957
Président: Marianne Granvig
Secrétaire Général: Renate Ronnefeld
Treasurer: Philippe Languin
Executive Secretary: Lottie Chalut
Mitarbeiter: 106

● IZ U 574

Internationale Vereinigung für Schlittenhunde-Sport (IFSS)
International Federation of Sleddog Sports
Fédération internationale de sport des traîneau
Secretary General:
Prospect House
Charlton Kilmersdon, GB- Bath BA3 5TN
T: (00441761) 43 46 54   **Fax:** 43 65 99
Internet: http://www.sleddog.worldsport.com
E-Mail: secretary.ifss@ukonline.co.uk
Président: Tim White (881 Country Road 14, Grand Marais, MN 55604 USA, Tel/Fax: (001) 218 387 2712, Email: 201-9889@mcimail.com)
Vice Président: Johan Baumann (Gamlevn 38, N-3030 Drammen, Norway, T: (0047) 3288 50 66 (p), Fax: (0047) 6715 4747 (o), Email: mtdnorge@online.no)
Chairman: Robert I. Levorsen (IFSS Olympic Committee, 1763 Indian Valley Road, USA-Novato CA 94947, T: (001415) 8 97 83 87, Fax: 8 92 58 44, Email: bobmush@aol.com)
Press Department: Maureen Nicholls (Secretary General IFSS)
Verbandszeitschrift: The Gazette

● IZ U 575

Internationaler Verband für Sportakrobatik (IFSA)
International Federation of Sports Acrobatics
Fédération internationale des sports acorbatiques
Vassil Levski Blvd. 75, BG-1040 Sofia
T: (003592) 86 54 83   **Fax:** 9 80 09 13
Gründung: 1973
President: Stoil Sotirov (Bulgarien)
Vice-President: Kurt Becker (Deutschland)
Mitglieder: 57
Mitarbeiter: 1

Members
Algeria, Republic of Armenia, Australia, Austria, Republica Azerbaidjan, Republic of Belarus, Belgium, Bulgaria, Costa Rica, Czech Republic, Cuba, Canada, Fermany, Great Britain, Denmark, Equator, Finland, France, Finland, Greece, Rep. Georgia, The Netherlands, Hong Kong, Hungary, Iran, Israel, Italy, India, Ireland, Rep. of Kazakhstan, Japan, Kirgistan, DRP of Korea, Korea, Latvia, Lithuania, Mexico, Republic of Moldova, Poland, People's Republic of China, Portugal, Romania, russia, Slovak Republic, Spain, Singapore, Switzerland, South Africa, Republick Tadjik, Thailand, Trinidad and Tobago, Turkey, Turkmenistan, Ukarine, USA, Rep. of Uzbekistan, Venezuela, Yugoslavia

● IZ U 576

Internationaler Volleyball-Verband (FIVB)
International Volleyball Association
Fédération Internationale de Volleyball
1, Av. de la Gare 12, CH-1000 Lausanne
T: (004121) 345 35 35   **Fax:** 345 35 45
Internet: http://www.fivb.ch
E-Mail: info@mail-fivb.ch
Gründung: 1947
Président: Rubén Acosta Hernandez
Mitglieder: 217

● IZ U 577

Internationales Komite für Gehörlosensport (CISS)
International Sports Committee for the Deaf
Comité International des Sports des Sourds
Thayer Avenue 814 Suite 350, USA-20910 Silver Spring
Internet: http://www.ciss.org
E-Mail: info@ciss.org
Gründung: 1924
President: John M. Lovett

Leitung Presseabteilung: Dr. Donalda Ammons
Verbandszeitschrift: CISS Bulletin
Mitglieder: 80 nations

● IZ U 578

Internationales Komitee der Mittelmeerspiele (CIJM)
International Comitee of Mediterranean Games
Comité International des Jeux Méditerranéens
52, Avenue Dimitrios Vikelas, GR-15233 Athen Halandri
T: (00301) 6 87 88 82   **Fax:** 6 87 87 20
Gründung: 1951
Président: Claude Collard
Secrétaire Général: Nikos Filaretos
Mitglieder: 40
Mitarbeiter: 2

● IZ U 579

Internationales Olympisches Komitee (IOC)
International Olympic Committee
Comité International Olympique
Château de Vidy, CH-1007 Lausanne
T: (004121) 6 21 61 11   **Fax:** 6 21 62 16
Gründung: 1894
President: Juan Antonio Samaranch
Vice President: Anita Defrantz (USA)
Keba Mbaye (Senegal)
Kevan Gosper (Australia)
Thomas Bach (Germany)
Director General: François Carrard
Secretary General: Françoise Zweifel

● IZ U 580

Internationales Paralympisches Komitee (IPC)
International Paralympic Committee
Adenauerallee 212-214, 53113 Bonn
T: (0228) 2 09 72 00   **Fax:** 2 09 72 09
Internet: http://www.paralympic.org
E-Mail: info@paralympic.org
Gründung: 1989
President: Dr. Robert D. Steadward
Secretary General: Miguel Sagarra
Geschäftsführer(in): RA Thomas Reinecke
Verbandszeitschrift: „The Paralympian" 4 x pro Jahr
Mitglieder: 161
Mitarbeiter: 13

● IZ U 581

Internationales Pierre de Coubertin Komitee (IPCC)
International Pierre de Coubertin Committee (IPCC)
Comité International Pierre de Coubertin (CIPC)
Avenue Verdeil 1, CH-1005 Lausanne
T: (004121) 3 12 12 83   **Fax:** 3 23 76 50
Gründung: 1975
President: Conrado Durantez
Secretary General: Ada Wild (Contact)
Mitglieder: 180

● IZ U 582

Sportabteilung Generaldirektion IV - Bildung, Kultur und Kultureleserbe, Jugend und Sport/Europarat
Sport Department Directorate General IV - Education, Culture and Heritage, Youth and Sport Council of Europe
Service du sport Direction Générale IV - Education, Culture et Patrimoine, Jeunesse et Sport Conseil de l'Europe
Cedex, F-67075 Straßburg
T: (0033388) 41 33 07   **Fax:** 41 27 55
Internet: http://culture.coe.int
E-Mail: firstname.lastname@coe.int, prenom.nomdefamille@coe.int
Gründung: 1949
Secrétaire Général: Walter Schwimmer
Contact: George Walker
Leitung Presseabteilung: Jack Hanning
Mitglieder: 47
Mitarbeiter: ca. 1800

● IZ U 583

International Masters Games Association (IMGA)
Brondby Stadion 20, DK-2605 Bröndby
T: (0045) 43 26 29 81   **Fax:** 43 26 29 82
E-Mail: imga@dif.dk
Gründung: 1995 (25. Oktober)
Präsident(in): Kai Holm
Generalsekretär(in): Børge Kaas-Andersen
Mitglieder: 14
Mitarbeiter: 1

● IZ U 584

Philokartisten Union Europas e.V.
Seidelbastweg 122a, 12357 Berlin
T: (030) 99 40 02 38   **Fax:** 99 49 81 20
Gründung: 1961

Geschäftsführer(in): Stefan Janik (Presse und PR)
Verbandszeitschrift: AKSB = Ansichtskartensammlerbrief
Mitglieder: über 1000
Jahresetat: ca. DM 0,05 Mio, € 0,03 Mio

● IZ U 585

Trimm & Fitness International - Bund Sport für alle (TAFISA)
Trim & Fitness International - Sport for all Association
Association Internationale de Sport pour tous - Trim and Fitness
Route de Leognan, F-33140 Villenave
T: (0033556) 69 38 28   **Fax:** 50 02 33
Gründung: 1990
President: Dr. Jürgen Palm
Secretary General: Joel Raynaud
Mitglieder: 129

● IZ U 586

Verband der Internationalen Olympischen Sommerspielvereinigungen (ASOIF)
Association of Summer Olympic International Federations
Association des Fédérations Internationales Olympiques D'éTé
Postfach 14, CH-1000 Lausanne 3
Avenue de Cour 135, CH-1000 Lausanne 3
T: (004121) 601 48 88   **Fax:** 601 48 89
Internet: http://www.asoif.com
E-Mail: info@asoif.com
Gründung: 1983
President: Denis Oswald (Schweiz)
Director: Robert J. Fasulo (USA)
Mitglieder: 28

● IZ U 587

Verband der von der IOC anerkannten internationalen Sportvereine (ARISF)
Association of the IOC Recognized International Sports Federations
Association des Fédérations Sportives Internationales Reconnues par l'IOC
Heulweg 10, NL-2641 KR Pijnacker
T: (003115) 36 97 643   **Fax:** 36 97 745
E-Mail: h.heijden.import@club.tip.nl
President: Ron Froehlich (P.O. Box 531208, USA-Birmingham, AL35253, T: (001205) 879 1977, Fax: 871 1239, E-Mail: toolsports@worldnet.All net)
Secr. Gen.: Han van der Heijden (Heulweg 10, NL-2641 KR Pijnaker, T: (003115) 36 97 643, Fax: 36 97 745, E-mail: h.heijden.import@club.tip.nl)

● IZ U 588

Welt-Squash-Verband (WSF)
World Squash Federation
Fédération Squash Mondiale
6 Havelock Road, GB- Hastings, East Sussex TN34 IBP
T: (00441424) 42 92 45   **Fax:** 42 92 50
E-Mail: squash@wsf.cablenet.co.uk
Gründung: 1957
President: Susie Simcock
Secretary General: Edward J. Wallbutton
Mitglieder: 115
Mitarbeiter: 3

● IZ U 589

Weltverband für Curling
World Curling Federation
Fédération Mondiale de Curling
PH2 8NN, 14 Tay Street, GB- Perth
T: (0044131) 5 56 48 84   **Fax:** 5 56 94 00
E-Mail: wcf@dial.pipex.com
Gründung: 1966
President: Roy Sinclair (1 Admiralty Cottage, Almondbank, Perthshire PH1 3NP, Scotland, T: (00441738) 58 35 28, Fax: (00441738) 58 31 33, E-Mail: wcf@dial.pipex.com)
Vice President: Les Harrison (916 Yale Avenue, Riverview, N.B., Canada E1B 2C7, T: (001506) 3 86 15 01 (Winter), (001902) 6 61 18 02 (Summer), Fax: (001506) 3 86 88 23 (Winter), (001902) 6 61 04 77 (Summer), E-Mail: lharris@nbnet.nb.ca)
Director of Finance: Denis Fox (499 Parkland Drive, Fairbanks, AK 99712, USA, T: (001907) 4 57 25 83, Fax: (001907) 4 57 73 10, E-Mail: foxes@alaska.net)
Secretary General: Mike Thomson (Contact, E-Mail: wcf@dial.pipex.com)
Mitglieder: 36
Mitarbeiter: 4

● IZ U 590

Weltverband für Unterwasseraktivitäten
World Underwater Federation
Confédération Mondiale d'Activités Subaquatiques (C.M.A.S.)
Viale Tiziano 74, I-00196 Rom
T: (003906) 36 85 84 80   **Fax:** 36 85 84 90

E-Mail: cmasmond@tin.it
Gründung: 1959
President: Achille Ferrero
Secretary General: Pierre Dernier
Mitglieder: 96
Mitarbeiter: 8

Kulturverbände und sonstige Einrichtungen

● **IZ U 591**

Aktionsservice Bürger in Europa (ECAS)
Euro Citizen Action Service
Euro Citoyen Action ServiceEuro Citoyen Action Service
53, rue de la Concorde, B-1050 Brüssel
T: (00322) 5 48 04 90 **Fax:** 5 48 04 99
Internet: http://www.ecas.org
E-Mail: admin@ecas.org
Gründung: 1990
Président: Michael Brophy
Director: Tony Venables
Leitung Presseabteilung: Isabelle Dambrun
Verbandszeitschrift: The European Citizen Newsflash, Guide to EU Funding for NGOS
Mitglieder: 200
Mitarbeiter: 4

● **IZ U 592**

ALAI Deutsche Landesgruppe (ALAI)
Association Littéraire et Artistique Internationale
Deutsche Landesgruppe
Geschäftsstelle: (beim Max-Planck-Institut)
Marstallplatz 1, 80539 München
T: (089) 2 42 46-434 **Fax:** 2 42 46-501
Präsidium:
Präsident(in): Prof. Dr.Dr.h.c. Adolf Dietz, München
Vizepräsident(in): Prof. Dr. Ulrich Loewenheim
Prof. Dr. Thomas Dreier
Schatzmeister: Dr. Arthur L. Sellier, München
Delegierte zum Executivkomitée des Intern. Verbandes in Paris:
Prof. Dr. Thomas Dreier
Prof. Dr. Dr.h.c. Adolf Dietz
Prof.Dr. Ulrich Loewenheim (Frankfurt (Main))

● **IZ U 593**

Amerikanisch-Europäischer Gemeinschaftsverband (A.E.C.A.)
American-European Community Association
Association de Communautel Américain-Europeen
Avenue de Messidor 208, box 1, B-1180 Brüssel
T: (00322) 3 44 59 49 **Fax:** 3 44 53 43
Gründung: 1980
Chairman: Baron Groothaert
Georges de Veirman (CEO)

● **IZ U 594**

Arbeitsgemeinschaft Europäischer Grenzregionen (AGEG)
Association of European Border Regions (AEBR)
Association des régions frontalières européennes (ARFE)
c/o EUREGIO
Enscheder Str. 362, 48599 Gronau
T: (02562) 7 02 22, 7 02 32 **Fax:** 7 02 59
Internet: http://www.aebr-ageg.de
E-Mail: c.pandary@aebr-ageg.de, m.perou@aebr-ageg.de
Gründung: 1971
Präsident(in): Joan Vallvé i Ribera
Generalsekretär(in): Dipl.-Volksw. Jens Gabbe
Mitglieder: 79 Regionen
Mitarbeiter: 7

● **IZ U 595**

Esperanto-Weltbund (UEA)
Universal Esperanto Association
Association universelle d'espéranto
Nieuwe Binnenweg 176, NL-3015 BJ Rotterdam
T: (003110) 4 36 10 44 **Fax:** 4 36 17 51
TGR: ESPERANTO ROTTERDAM
E-Mail: uea@interni.net
Gründung: 1908 (28. April)
Präsident(in): Kep Enderby (Australia)
Vizepräsident(in): Renato Corsetti (Italy)
Hauptgeschäftsführer(in): Osmo Buller
Verbandszeitschrift: Esperanto
Redaktion: c/o UEA
Mitglieder: 20119 (1997)
Nationale Verbände: in 60 Ländern
Fachverbände: 45

● **IZ U 596**

Europa Nostra
Sitz:
35 Lange Voorhout, NL-2514 EC Den Haag
T: (003170) 3 02 40 57 **Fax:** 3 61 78 65
E-Mail: office@europanostra.org
Gründung: 1963
Präsident(in): S.K.H. Prinz Henrik von Dänemark
Generalbevollmächtigte(r): Daniel Cardon de Lichtbuer (ehrenamtlich)
Generalsekretär(in): Sneska Quaedvlieg-Mihailovic
Leitung Presseabteilung: Marynke de Jong
Verbandszeitschrift: Europa Nostra Review, Newsletter, Awards Journal, Europa Nostra Bulletin
Mitglieder: ca. 400 Verbände und 1100 Einzelmitglieder überall in Europa
Mitarbeiter: 6 hauptamtliche
Präs.: S.K.H. Prinz Henrik von Dänemark

● **IZ U 597**

Europäische Akademie Otzenhausen e.V. (EAO)
European Academy Otzenhausen
Académie Européenne d'Otzenhausen
Europahausstr., 66620 Nonnweiler
T: (06873) 6 62-0 **Fax:** 6 62-150
E-Mail: info@eao-otzenhausen.de
Gründung: 1954 (22. Mai)
Vorsitzende(r) des Vorstandes: Arno Krause
Stellvertretende(r) Vorsitzende(r): Doris Pack (MdEP)
Mitglieder: 32
Mitarbeiter: 70
Jahresetat: DM 6 Mio, € 3,07 Mio

Institut für Grundfragen der europäischen Einigung, politischen Bildung und der deutsch-französischen Zusammenarbeit.

● **IZ U 598**

Europäische Graphische Föderation
European Graphical Federation
Fédération Graphique Européenne
Galerie du Centre, Bloc 2
Rue des Fripiers 17 Galerie du Centre Bloc 2, B-1000 Brüssel
T: (00322) 2 23 02 20 **Fax:** 2 23 18 14
E-Mail: 100723.405@compuserve.com
Präsident(in): Tom Durbing (DK)
Generalsekretär(in): Christopher Pate
Mitglieder: 33 nationale Gewerkschaften in 19 europ. Ländern

● **IZ U 599**

Europäische Kulturstiftung (ECF)
European Cultural Foundation
Fondation européenne de la culture
Jan van Goyenkade 5, NL-1075 HN Amsterdam
T: (003120) 6 76 02 22 **Fax:** 6 75 22 31
Internet: http://www.eurocult.org
E-Mail: eurocult@eurocult.org
Gründung: 1954
President: Her Royal Highness Princess Margriet of the Netherlands
Vice-President: Dr. Miriam Hederman O'Brien
Dr. G. J. Leibbrandt
Secretary General: Dr. Rüdiger Stephan
Director of Programmes: O. Chenal
Verbandszeitschrift: Newsletter, Annual Report, Grants Report

Mitgliedsorganisationen

Belgien

iz u 600

Comité mixte belge de la Fondation européenne de la culture
13, ave Alfred Solvay, B-1170 Brüssel
T: (00322) 6 60 39 48 **Fax:** 6 60 39 48
President: Dr. Jan Robert Vanden Bloock

Bulgarien

iz u 601

Bulgarian National Committee of the ECF
c/o Balkan Media
Cyril i Metodi 72, BG-1202 Sofia
T: (003592) 9 83 19 70 **Fax:** 9 83 19 70
E-Mail: balkanmedia@internet-bg.bg
President: Dr. Rossen Milev
General Secretary: Prof. Dr. Georgy Eldarov

Deutschland

iz u 602

Deutsches Komitee für kulturelle Zusammenarbeit in Europa e.V.
Rheinallee 117a, 40545 Düsseldorf
T: (0211) 57 46 30 **Fax:** 57 46 30

Estland

iz u 603

Estonian National Committee of the European Cultural Foundation
c/o Estonian Heritage Society
Pikk 46, EW-10133 Tallinn
T: (00372) 6 41 12 87 **Fax:** 6 41 12 87
Chairman: Prof. Marju Lauristin
Correspondent: /Vice-President Jaan Tamm

Finnland

iz u 604

Euroopan Kultuurisäätiö Suomen Osasto
Postfach 1 84, FIN-00101 Helsinki
T: (003589) 4 54 71 77 **Fax:** 45 41 15 10
E-Mail: ekso@ecf.finland.fi
Chairman: Dr. Laura Kolbe
Secretary: Tuija Kärkkäinnen

Frankreich

iz u 605

Correspondant français de la Fondation européene de la culture
c/o Transeuropéennes
116, rue du Bac, F-75007 Paris
T: (00331) 45 44 47 33 **Fax:** 45 48 72 41
E-Mail: transeuropeennes@wanadoo.fr
Correspondent: Ghislaine Glasson Deschaumes

Griechenland

iz u 606

Greek National Committee of the European Cultural Foundation
7 Valtou Street, GR-11526 Athen
T: (00301) 8 94 03 61 **Fax:** 8 94 79 09
President: Panayotis Economou
General Secretary: Lena Giokas

Großbritannien

iz u 607

European Cultural Foundation U.K. Committee
c/o International Arts Bureau
4 Baden Place, Crosby Row, GB- London SE1 1YN
T: (004420) 74 03 70 01 **Fax:** 74 03 70 01
E-Mail: enquiry@international-arts.org
Chairman of the Committee and of the Trustees: N.N.
Joint Directors: Rod Fisher
Simon Mundy

Irland

iz u 608

Irish National Committee of the European Cultural Foundation
32 Nassau St., IRL- Dublin 2
T: (003531) 6 62 55 80 **Fax:** 6 62 55 81
Director: Jim O'Donnell

Island

iz u 609

Icelandic National Committee of the European Cultural Foundation
Háskóli Islands
Lagadeild, IS-101 Reykjavik
T: (0354) 5 69 43 86 **Fax:** 5 69 43 88
Correspondent: Prof. Gunnar G. Schram

Italien

iz u 610

Fondazione Europea della Cultura Comitato Italiano
Via E.Q. Visconti 20, I-00193 Rom
T: (00396) 3 20 87 32 **Fax:** 3 20 86 28
E-Mail: ristucciad@quesire.it
President: Sergio Ristuccia
Assistant: Saveria Addotta

Niederlande

iz u 611

Stichting Nationaal Comité Nederland voor de Europese Culturele Samenwerking
Jan van Goyenkade 5, NL-1075 HN Amsterdam
Chairman: Dr. Gottfried J. Leibbrandt

Norwegen

iz u 612

Norwegian National Committee of the European Cultural Foundation
Postfach 367 - Skoyen, N-0212 Oslo 2
T: (00472) 3 09 32 51
E-Mail: egil.alnaes@eunet.no
Chairman: Dr. Egil Alnaes

Österreich

iz u 613

Austrian National Committee of the European Cultural Foundation
c/o Institut für die Wissenschaften vom Menschen
Spittelauer Lände 3, A-1090 Wien
T: (00431) 31 35 80 **Fax:** 3 13 58 30
E-Mail: iwm@iwm.univie.ac.at
President: Duke K. von Schwarzenberg

Polen

iz u 614

Polish National Committee of the European Cultural Foundation
Rynek Glówny 25, PL-31-008 Krakau
T: (004812) 4 21 79 18 **Fax:** 4 21 85 71
President: Prof. Jacek Wózniakowski
Secretary: Dominika Tomaszewska

Portugal

iz u 615

Fundaçaõ Europeia da Cultura Comissaõ Portuguesa
c/o SEDES
Rua Duque de Palmela 2-4a, P-1200 Lissabon
T: (003511) 3 54 38 30 **Fax:** 3 54 38 30
Correspondent: Mário Coelho

Schweden

iz u 616

Svenska Nationalkommitén för Kulturellt Samarbete i Europa
Postfach 16050, S-103 21 Stockholm
T: (00468) 10 49 02 **Fax:** 46 63 16 70
E-Mail: monica.wranne@chamber.se
Executive Secretary: Dr. Monica Setterwall-Wranne

Schweiz

iz u 617

Swiss National Committee of the European Cultural Foundation
c/o Centre Européen de la Culture
Villa Moynier, 120 B rue de Lausanne, CH-1202 Genf
T: (004122) 7 32 28 03 **Fax:** 7 38 40 12
E-Mail: cecge@vtx.ch
President: Prof. Curt Gasteyger

Slowakische Republik

iz u 618

Slovak National Committee of the European Cultural Foundation
c/o Public International
Grösslingova 45, SK-81109 Bratislava
T: (004217) 59 27 63 01 **Fax:** 59 27 62 60
Chair: Zuzana Mistríková

Spanien

iz u 619

Fundación Europea de la Cultura Comite Nacional Espanol
Universidad de Castilla-La Mancha
Facultad de Ciencias Economicas
Avenida de Espana 5/n, E-02071 Albacete
T: (00349) 67 22 86 50 38 **Fax:** 67 50 52 88
E-Mail: evianna@interlink.es
Correspondent: Enrique Viana Remis

Tschechische Republik

iz u 620

Czech National Committee of the European Cultural Foundation
K. Poudjezdu 3, CZ-14000 Prag 4
T: (004202) 41 40 36 00 **Fax:** 45 08 02
E-Mail: petr.pajas@ecn.cz
Contact: Petr Pajas

Ungarn

iz u 621

Hungarian National Committee of the European Cultural Foundation
Pauley E. u. 19, H-1061 Budapest
T: (00361) 3 43 43 62 **Fax:** 3 51 95 44
E-Mail: ecf.karadi@matavnet.hu, koztigon@matavnet.hu
Chair: Eva Karadi
Correspondent: Judit Rajk

Zypern

iz u 622

Cypriot National Committee of the European Cultural Foundation
c/o Municipal Arts Centre
Postfach 24 05, CY-1500 Nicosia
T: (003572) 43 25 77 **Fax:** 43 25 31
E-Mail: toumazis@spidernet.com.cy
President: Dr. Dimitris Michaelides
Secretary General: Yiannis Toumazis

● **IZ U 623**

Europäische Sachverständigenkammer für Kunstwerke
European Chamber of Experts for Works of Art
Chambre Européenne des Experts-Conseil en Oeuvres d'Art
Secretariat Administratif
44, avenue de New-York, F-75116 Paris
T: (00331) 47 20 15 32 **Fax:** 47 20 68 23
Internet: http://www.cecoa.com
Gründung: 1987
Président: Danielle Ghanassia
Vice-Président: Robert Bellet
Secrétaire Général: Henry Bertrand
Trésorier Général: Michel Jeuillard
Trésorier Adjoint: Marie-Claire Cotinaud
Mitglieder: 56

● **IZ U 624**

Europäische Staatsbürger-Akademie e.V. (ESTA)
European Citizens' Academy
Académie Européenne des Citoyens
Zentralverwaltung:
Adenauerallee 59, 46399 Bocholt
T: (02871) 3 43-0 **Fax:** 3 43-1 01
E-Mail: esta-edu@t-online.de
Gründung: 1961 (19. Januar)
Vorsitzende(r) des Vorstandes: Magdalene Hoff (MdEP), Hagen
Geschf. Vorstandsmitglied: Gerhard Eickhorn
Mitglieder: 34

Fachverbände

iz u 625

Arbeitskreis Deutscher Bildungsstätten e.V. (AdB)
Haager Weg 44, 53127 Bonn
T: (0228) 9 10 28-0 **Fax:** 29 90 30
Internet: http://www.adbildungsstaetten.de
E-Mail: geschaeftsstelle@adbildungsstaetten.de
Gründung: 1959
Mitglieder: 111
Mitarbeiter: 9

iz u 626

Europäische Bewegung Deutschland
Bundesallee 22, 10717 Berlin
T: (030) 8 84 12-245 **Fax:** 8 84 12-247
E-Mail: ebd_berlin@yahoo.de

iz u 627

Internationale Föderation der Europahäuser (FIME)
International Federation of Europe Houses
Fédération Internationale des Maisons de l'Europe
Generalsekretariat:
Pestelstr. 2, 66119 Saarbrücken
T: (0681) 9 54 52 22 **Fax:** 9 54 52 50
Internet: http://www.fime.org
E-Mail: info@fime.org

● **IZ U 628**

Europäische Vereinigung für die Erschließung von Grauer Literatur (EAGLE)
European Association for Grey Literature Exploitation
Association Européenne pour l'Exploitation de la littérature grise
Sekretariat:
Postfach 90407, NL-2509 LK Den Haag
T: (003170) 3 14 02 81 **Fax:** 3 14 04 93
Internet: http://www.kb.nl/infolev/eagle/frames.htm
Gründung: 1985 (4. Dezember)
Präsident(in): Dr. David Wood (British Library - Document Supply Centre (BL-DSC), Boston Spa, GB-Wetherby LS23 7BQ, T: (00441937) 54 60 32, Telefax: (00441937) 54 63 65)
Executive Director: Dr. R. H. A. Wessels (P.O. Box 9 04 07, NL-2509 LK Den Haag, T: (003170) 3 14 02 81, Telefax: (003170) 3 14 04 93, E-mail: Wessels@KONbib.NL, Internet: http://www.konbib.nl/sigle)
Mitglieder: 15 Mitgliedsstaaten

Fachverbände, Organe, Ausschüsse:
EAGLE - Vollversammlung
EAGLE - Fachkomitee
EAGLE - Executive Board

Mitgliedsorganisationen

Belgien

iz u 629

UCL/BSE
Centre de documentation
Place Cardinal Mercin, B-1348 Louvain-la-Neuve
T: (003210) 47 42 92 **Fax:** 47 42 96

Tschechische Republik

iz u 630

Czech Academy of Sciences
c/o State Technical Library
Postfach 206, CZ-11001 Prag 1
Marianske, nam. 5, CZ-11001 Prag 1
T: (004202) 21 66 34 80 **Fax:** 22 22 13 40
Kontaktperson: Jan Bayer (E-Mail: j.bayer@stk.cz)

Frankreich

iz u 631

INIST-CNRS
2, Allée du Parc de Brabois, F-54514 Vandoeuvre-lés-Nancy
T: (00333) 383 504-710 **Fax:** 383 504-732
Internet: http://www.inist.fr
E-Mail: infoclient@inist.fr
Kontaktperson: Christiane Stock (E-Mail: christiane.stock@inist.fr)

Deutschland

iz u 632

Fachinformationszentrum Karlsruhe
Gesellschaft für wissenschaftlich-technische Information mbH
Postf. 24 65, 76012 Karlsruhe
Hermann-von-Helmholtz-Platz 1, 76344 Eggenstein-Leopoldshafen
T: (07247) 8 08-313 **Fax:** 8 08-114
Internet: http://www.fiz-karlsruhe.de
E-Mail: helpdesk@fiz-karlsruhe.de
Kontaktperson: Eike Hellmann

iz u 633

Universitätsbibliothek Hannover und TIB (UB/TIB)
Postf. 60 80, 30060 Hannover
Welfengarten 1B, 30167 Hannover
T: (0511) 7 62-3428 **Fax:** 7 62-4075
E-Mail: christine.hasemann@TIB.uni-hannover.de
Kontaktperson: Christine Hasemann

Ungarn

iz u 634

Technical University Budapest
Central Library
Postfach 91, H-1521 Budapest
Müegyetem rkp. 3-9, H-1111 Budapest
T: (00361) 1463-1031 **Fax:** 1463-2440
Internet: http://www.bme.hu/en/index.html
E-Mail: edit@iris.ktk.bme.hu
Kontaktperson: Marta Leces

Italien

iz u 635

Consiglio Nazionale delle Ricerche
Biblioteca Centrale
Piazzale Aldo Moro 7, I-00100 Roma

Lettland

iz u 636

Latvian Academic Libery
Rüpniecibas str. 10, LV-1235 Riga
T: (003712) 710-6206 **Fax:** 710-6202
E-Mail: acadlib@lib.acadlib.lv
Direktor: Venta Kocere

Luxemburg

iz u 637

Bibliothéque Nationale Luxembourg
Boulevard f.d. Roosevelt 37, L-2450 Luxemburg
T: (00352) 22 97 55-1 **Fax:** 47 56 72

Niederlande

iz u 638

Koninklijke Bibliotheek
Postfach 90407, NL-2509 LK Den Haag
T: (003170) 3 14 04 51 **Fax:** 3 14 04 50
Internet: http://www.kb.nl/infoley/eagle/frames.htm
Kontaktperson: Teunis van Lopik (E-Mail: lopik@konbib.nl)

Großbritannien

iz u 639

The British Library
Document Supply Centre
Boston Spa, Wetherby, GB- West Yorkshire LS23 7BQ
T: (00441937) 54 60 44 **Fax:** 54 64 53
Internet: http://www.bl.uk/index.html
Kontaktperson: Andrew Smith (E-Mail: bl.uk/index.html)

Spanien

iz u 640

CINDOC
Joaquin Costa 22, E-28002 Madrid
T: (003491) 563 54 82 **Fax:** 5 64 26 44

Internet: http://www.cindoc.csic.es/
Kontaktperson: Marisol Hernando (E-Mail: marisol@cindoc.csic.es)

Portugal

iz u 641

Centro de fanccimento Documentacao Cientifica e Tecnologie
c/o FCT/SID
Av. D. Carlos I, 126, P-1200-651 Lissabon
T: (003511) 7 97 28 86 **Fax:** 7 96 56 22
Kontaktperson: Gabriela Lopes da Silva (E-Mail: g.l.silvia@fct.mct.pt)

Slowakische Republik

iz u 642

Slovak Technical Library
c/o Slovak Centre of Scientific and Technical Information
Nam. Slobody 19, SK-81223 Bratislava
T: (004217) 43 42 04 51 **Fax:** 43 29 57 85
Kontaktperson: Daniela Dranackova (E-Mail: daniela@tbb5.sltk.stuba.sk)

Dänemark

iz u 643

The Royal Library
Danish Department, Collection of Reports & Ephemera
Postfach 21 49, DK-1016 Copenhagen
T: (0045) 33 93 01 11 **Fax:** 33 12 18 76

Russland

iz u 644

VNTIC
14 Smolnaya St., RUS-125493 Moskau
T: (00795) 456-8200 **Fax:** 456-7521
Kontaktperson: Leonid Pavlov (E-Mail: pavlov@vntic.org.ru)

● **IZ U 645**

Europäische Vereinigung für interkulturelles Lernen (EFIL)
European Federation for Intercultural Learning
Rue des Colonies 18-24, B-1000 Brüssel
T: (00322) 5 14 52 50 **Fax:** 5 14 29 29
Internet: http://www.afs.org/efil
E-Mail: info@efil.be
Gründung: 1971
Président: Patrick Worms
Secrétaire Général: Elisabeth Hardt (Contact)
Programme Co-Ordinator: Susan O'Flaherty
Project Coordinator: Pascal Hildebert
Verbandszeitschrift: Latest Edition
Mitglieder: 21 Vollmitglieder, 1 assoziiertes Mitglied, 1 Partner Organisation
Mitarbeiter: 4
Jahresetat: DM 0,5 Mio

Mitglieder

Belgien

iz u 646

AFS Belgium (Flanders)
AFS-VZW Interkulturele Programma's
Brand Whitlocklaan 132, B-1200 Brüssel
T: (00322) 7 35 85 25 **Fax:** 7 35 29 63
Contact: Anne Mees (E-Mail: anne.mees@afs.org)

iz u 647

AFS Belgium (French)
AFS Programmes Interculturels
Boulevard Brand Whitlock 132, B-1200 Brüssel
T: (00322) 7 43 85 40 **Fax:** 7 32 87 28
Contact: Sabine Clausse (E-Mail: sabine.clausse@afs.org)

Dänemark

iz u 648

INTERKULTUR DENMARK
Nordre Fasanvej 111, DK-2000 Frederiksberg
T: (0045) 38 34 33 00 **Fax:** 38 34 66 00
Contact: Ansger Boertmann (E-Mail: info-denmark@afs.org)

Deutschland

iz u 649

AFS Interkulturelle Begegnungen e.V.
Postf. 50 01 42, 22701 Hamburg
Friedensallee 48, 22765 Hamburg
T: (040) 39 92 22-0 **Fax:** 39 92 22-99
Internet: http://www.afs.de
E-Mail: germany@afs.org
Geschäftsführer(in): Mick Petersmann (E-Mail: mick.petersmann@afs.org)

Finnland

iz u 650

AFS Finland
Postfach 47, FIN-00131 Helsinki
T: (003589) 66 66 44 **Fax:** 66 66 21
Contact: Marjatta Erlund (E-Mail: jatta.erlund@afs.org)

Frankreich

iz u 651

AFS Vivre Sans Frontière (France)
Rue du Commandant Jean Duhail, F-94120 Fontenay-sous-Bois
T: (00331) 45 14 03 10 **Fax:** 48 73 38 32
Contact: Xavier Godet (E-Mail: xavier.godet@afs.org)

Großbritannien

iz u 652

AFS UK
Leeming House
Vicar Lane, GB- Leeds LS2 7JF
T: (0044113) 2 42 61 36 **Fax:** 2 43 06 31
Contact: Wendy Taylor (E-Mail: wendy.taylor@afs.org)

Irland

iz u 653

Interculture Ireland
Lower Camden Street 10A, IRL- Dublin 2
T: (003531) 4 78 20 46 **Fax:** 4 78 06 14
Contact: Eddie Farelly (National Director)

Italien

iz u 654

Intercultura Italy
Via Gracco del Secco 100, I-53034 Colle Val d'Elsa
T: (00390577) 90 00 11 **Fax:** 92 09 48
Contact:
Dr. Roberto Ruffino (E-Mail: rruffino@intercultura.it)

Niederlande

iz u 655

AFS Netherlands
AFS Interculturele Programma's
Marnixkade 65A, NL-1015 XW Amsterdam
T: (003120) 6 26 94 81 **Fax:** 6 25 22 48
Contact: Leo de Kam (E-Mail: leo.dekam@afs.org)

Norwegen

iz u 656

AFS Norway
Akersgaten 18, N-0158 Oslo
T: (0047) 22 40 11 00 **Fax:** 22 40 11 50
Contact: Knut Jostein Berglyd (E-Mail: knut-jostein.berglyd@afs.org)

Österreich

iz u 657

AFS Österreich
Austauschprogramme für Interkulturelles Lernen
Maria Theresienstr. 9, A-1090 Wien
T: (00431) 31 92 52 00 **Fax:** 3 19 25 31 32
E-Mail: office@afs.at
Contact: Johanna Nemeth (E-Mail: johanna.nemeth@afs.org)

Portugal

iz u 658

Intercultura Portugal
Rua Joaquim Antonio de Aguiar, 43 Cave Esq, P-1070 Lissabon
T: (0035121) 3 84 57 50   **Fax:** 3 84 57 59
Contact: Teresa Fragoso (E-Mail: teresa.fragoso@afs.org)

Russland

iz u 659

Intercultura Russia
National Intercultura Foundation
Bolhaya Kommunisticheskaya Str. 30, Building 1, RUS-109004 Moskau
T: (007095) 9 12 04 48   **Fax:** 9 12 73 49
E-Mail: olga.duganova@afs.org
Contact: Sergey Suyetin

Schweden

iz u 660

AFS Interkulturell Utbildning (Sweden)
Postfach 4 51 87, S-104 30 Stockholm
T: (00468) 4 06 00 00   **Fax:** 4 06 00 04
E-Mail: info.sweden@afs.org

Schweiz

iz u 661

AFS Switzerland
AFS Interkulturelle Programme
Löwenstr. 16, CH-8001 Zürich
T: (00411) 2 11 60 41   **Fax:** 2 12 20 12
Contact: Sandra Keller (E-Mail: sandra.keller@afs.org)

Slowakische Republik

iz u 662

AFS Slovakia
Ventúrska 4, SK-81101 Bratislava
T: (004217) 54 43 54 83   **Fax:** 5 33 54 83
Contact: Igor Kováč (igor.kovac@afs.org)

Spanien

iz u 663

Intercultura Spain
C/Infantas 40 2° Dcha., E-28004 Madrid
T: (0034191) 5 23 45 95   **Fax:** 5 23 55 30
Contact: Jaime Martinez-Esparza (
E-Mail: jaime.martinez-esparza@afs.org)

Tschechische Republik

iz u 664

AFS Czech Republic
Zlatnická 7, CZ-11000 Prag 1
T: (004202) 2 32 40 06   **Fax:** 2 32 40 06
Contact: Vladimír Sedláček (E-Mail: vladimir.sedlacek@afs.org)

Türkei

iz u 665

AFS Turkey
AFS Türk Kültür Vakfi
Valikonagi Cad.
Konak Apt. 67/-4, TR- Nisantasi
T: (0090212) 2 46 23 28   **Fax:** 2 32 45 39
Contact: Meral Alguadis (E-Mail: meral.alguadis@afs.org)

Tunesien

iz u 666

AFS Tunisia Intercultural Programs
Avenue de la Liberté 61, TN-1002 Tunis
T: (002161) 83 10 06   **Fax:** 83 56 42
Contact: Moncef Moalla

Ungarn

iz u 667

AFS Hungary
Alkotas u. 37.,1./6., H-1123 Budapest
T: (00361) 212 18 21   **Fax:** 212 18 22
Contact: Anett Miklos (E-Mail: anett.miklos@afs.org)

● **IZ U 668**

Europäischer Kulturverband (E.C.A. - Lux)
European Cultural Association (ASBL)
Association Culturelle Européenne
c/o Events & Catering s.c.
Route D'ATH 320, B-7050 Jurbise (MONS)
Gründung: 1991 /1995
Président: Olivier Lebbink (Ltg. Presseabt.)
Secrétaire Général: Philippe Bourguignon
Mitarbeiter: 4

● **IZ U 669**

Europäisches Aktionskomitee Freier Verbände (CEDAG)
European Council for Voluntary Organisations
Comité Européen des Associations d'Intérêt Général
Rue Guillaume Tell, 59B, B-1060 Brüssel
T: (00322) 5 42 63 13   **Fax:** 5 42 63 19
E-Mail: cedag@wanadoo.be
Gründung: 1989
President: Anne David
Secretary General: Patrick De Bucquois
Co-Ordinator: Matthieu Havard
Verbandszeitschrift: CEDAG Newsletter
Mitglieder: 34
Mitarbeiter: 1

● **IZ U 670**

Internationale Vereinigung für Weltspiele
International World Games Association
Association Internationale des Jeux Moindiaux
De Lepelaar 8, NL-2751 CW Moerkapelle
T: (003179) 5 93 61 64   **Fax:** 5 93 61 63

● **IZ U 671**

International Toy Libraries Association
Internationaler Spieliotheken/Ludotheken-Verband
Via del Proconsolo 15, I-50122 Florenz
T: (003955) 28 46 21   **Fax:** 28 46 21
E-Mail: cidlfi@ats.it
Gründung: 1993 (7. Oktober)
President: Freda Kim
Vice President: Jean-Pierre Cornelissen
Leitung Presseabteilung: Giorgio Bartolucci
Verbandszeitschrift: Newsletter
Redaktion: ITLA, Florenz
Mitglieder: 28 Nationale Spieliotheken/Ludotheken-Verb{nde
Jahresetat: DM 0,0039 Mio, € 0 Mio

● **IZ U 672**

Europäisches Zentrum für staatsbürgerliche Gesinnung
Civic European Center
Centre Européen du Civisme
Avenue Franklin Roosevelt 17 -CP 108-, B-1050 Brüssel
T: (00322) 6 50 35 99   **Fax:** 6 50 35 99
Gründung: 1990
Président: Pr. Guy Haarscher
Secrétaire Général: Monique Lambert

● **IZ U 673**

Europäisches Zentrum für Stiftungen (EFC)
European Foundation Centre
51 rue de la Concorde, B-1050 Brüssel
T: (00322) 5 12 89 38   **Fax:** 5 12 32 65
Internet: http://www.efc.be
E-Mail: efc@efc.be
Gründung: 1989
Gouverning Council:
Chairman: Carlos A. Monjardino
Vice Chairs: Françis Charhon
Luc Tayart de Borms
Direktor(in): John Richardson
Treasurer: Hans Hillenius
Verbandszeitschrift: EFC Executive Newsline, EFC Partners Europe, EFC Bookshelf, EFC Alerts, EFC Communiqués, EFC Annual General Meeting Reports, EFC Annual Reports, European Grants Index, Environmental Funding in Europe, Cultural Funding in Europe
Mitglieder: 150

● **IZ U 674**

Europäisches Zentrum für Traditionelle- und Regionalkultur (ECTARC)
European Centre for Traditional and Regional Cultures
Centre Européen des Cultures Traditionnelles et Régionales
Parade Street - Llangollen, GB- Denbighshire LL20 8RB
T: (00441978) 86 15 14   **Fax:** 86 18 04
E-Mail: ectarc@aol.com
Gründung: 1982
President: Miguel Strubell i Trueta
Contact: Alan Kilday (Director)
Mitarbeiter: 18

● **IZ U 675**

Europa-Kontakt
Verein zur Förderung der europäischen Integration e.V.
Europe Contact
Association for the Promotion of the European Integration
Europe-Contact
Association pour la Promotion de l'Intégration Européenne
Informationsbüro im Haus der Deutschen Wirtschaft
Breite Str. 29, 10178 Berlin
T: (030) 2 03 08-4060   **Fax:** 2 03 08-4061

● **IZ U 676**

Europaverband der Schausteller (EDS)
European Confederation of Showmen
Confédération Européenne des Forains (CDF)
Generalsekretariat:
Adenauerallee 48, 53113 Bonn
T: (0228) 22 40 26   **Fax:** 22 19 36
E-Mail: bsm.bonn@t-online.de
Gründung: 1994 (8. Dezember)
Präsident(in): Walter Weitmann
Vizepräsident(in): Jean Dubois
Leonard Keulemans
Ginetto Puglie
Bérengère De Bruyne
Generalsekretär(in): Dipl.-Kfm. Heinz Bachmann (Ltg. Presseabt.)
Verbandszeitschrift: Der Komet
Verlag: Der Komet, Molkenbrunner Str. 10, 66954 Pirmasens
Mitglieder: 5 Verbände
Mitarbeiter: 5

iz u 677

Europaverband der Schausteller
Büro Brüssel
c/o Europaverband der Selbständigen - CEDI
Square Sainctelette 11/12, B-1000 Brüssel

Mitglieder:

iz u 678

Association des Forains Francais (AMAG)
5 Ter Avenue de l'Urss, F-31400 Toulouse
T: (003361) 53 44 48   **Fax:** 53 16 95
Präsident(in): Jean Dubois

iz u 679

Associazione Nazionale Spettacoli Viaggianti Ed Affini (ANSVA)
Via Farine 5, I-00185 Rom
T: (00396) 47 25   **Fax:** 4 74 68 86
Präsident(in): Ginetto Puglie
Sekr: N. N.

iz u 680

De Nederlandse Kermisbond (NKB)
Oudegracht 188, NL-1811 CP Alkmaar
T: (003172) 12 35 83   **Fax:** 12 12 52
Internet: http://www.confesercenti.it
E-Mail: dipco@confesercenti.it
Präsident(in): Leonard Keulemans
Sekr: Jan Boots

iz u 681

Wettelijk Erkende Vereniging
Vrij Nationaal Syndikaat der Foorreizigers
Syndicat National Libre des Forains
Courtensstraat 38, B-8791 Beveren-Leie
T: (003256) 70 47 34   **Fax:** 70 47 34
Präsident(in): Guido Herman
Sekr: Martine Vandorpe

iz u 682

Bundesverband Deutscher Schausteller und Marktkaufleute e.V. (BSM)
Adenauerallee 48, 53113 Bonn
T: (0228) 22 40 26   Fax: 22 19 36
Internet: http://www.bsm-lsm.de
E-Mail: bsm.bonn@t-online.de
Präsident(in): Walter Weitmann
Hauptgeschäftsführer(in): Dipl.-Kfm. Heinz Bachmann

● **IZ U 683**

Gesellschaft der Europäischen Akademien e.V. (GEA)
Society of European Academies
Sociétés des Académies Européennes
Geschäftsstelle
Bonner Talweg 42, 53113 Bonn
T: (0228) 94 93 01-0   Fax: 94 93 01-29
E-Mail: geaketzler@aol.com
Gründung: 1974 (26. März)
Vorsitzende(r): Dipl.-Pol. Michael Jörger (Leiter der Europäischen Akademie Bayern)
Stellvertretende(r) Vorsitzende(r): Hanns Christhard Eichhorst
Andreas Handy
Mitglieder: 20

● **IZ U 684**

International federation of air traffic safety electronic associations (IFATSEA)
75/79 York Road, GB- London SE1 7 AQ
T: (004420) 79 02 66 00   Fax: 79 02 66 67
President: Gary Myers
Verbandszeitschrift: NAVAIRE

● **IZ U 685**

Internationale Föderation der Europahäuser (FIME)
International Federation of Europe Houses
Fédération Internationale des Maisons de l'Europe
Pestelstr. 2, 66119 Saarbrücken
T: (0681) 9 54 52 22   Fax: 9 54 52 50
Internet: http://www.fime.org
E-Mail: info@fime.org
Gründung: 1962 (28./29. September)
Präsident(in): Arno Krause
Generalsekretär(in): Roswitha Jungfleisch
Mitglieder: 126 in 30 Ländern
Europapolitische Jugend- und Erwachsenenbildung und Informationsarbeit.

Mitgliedsorganisationen

Albanien

iz u 686

House of Europe of Sarandë
Laghia Koder Sarandë
Laghia Nr. 1, Rr. Dh. Kamarda Nr. 88, AL- Tirana
T: (00355) 3 82 03 09 61   Fax: 4 26 19 31
Kontaktperson: Revecca Vasili
Ilia Vasili

Belgien

iz u 687

Académie Européenne de Bruxelles
Rue Guillaume Tell 59, B-1060 Brüssel
T: (00322) 5 43 10 32   Fax: 5 43 10 37
E-Mail: forum@cecop.org
Kontaktperson: Philippe Joachim

iz u 688

Centre Européen Louis Delobbe
Rue St. Eloi 45 Province de Namur, B-5670 Olloy-sur-Viroin
T: (003260) 39 94 54, 39 08 85   Fax: 39 09 92, 39 98 58
Kontaktperson: Jean-Pol Colin

iz u 689

Maison de l'Europe Trois Frontières
Eurégio Meuse/Rhin
Albertstr. 39, B-4720 La Calamine
T: (003287) 65 34 51   Fax: 65 79 14
E-Mail: eu.info@skynet.be, forum@cecop.org
Kontaktperson: Mathieu Grosch (MdEP)

Bosnien-Herzegowina

iz u 690

Sarajevo - Kuca Evrope
Titova 9a /V, BA-71000 Sarajevo
T: (0071) 20 79 48   Fax: 20 79 48
E-Mail: ibrosa@bih.net.ba
Kontaktperson: Ibrahim Spahic

Dänemark

iz u 691

EuropaCenter Danmark
IUC-Europe
Postfach 150, DK-5700 Svendborg
Vilhelmskildevej 1,2, DK-5700 Svendborg
T: (004562) 21 68 92   Fax: 20 28 92
E-Mail: iuc@iuc-europe.dk
Kontaktperson: Nina Nørgaard

Deutschland

iz u 692

Auslandsgesellschaft Nordrhein-Westfalen e.V.
Postf. 10 33 34, 44033 Dortmund
Steinstr. 48, 44147 Dortmund
T: (0231) 8 38 00 0   Fax: 8 38 00 55
E-Mail: sowa@auslandsgesllschaft.org
Kontaktperson: Peter Sowa

iz u 693

Europa-Haus Görlitz
Europäisches Bildungs- und Informationszentrum Görlitz e.V.
Untermarkt 9, 02826 Görlitz
T: (03581) 40 14 64   Fax: 40 14 66
E-Mail: europa-haus-goerlitz@t-online.de
Kontaktperson: Eva-Maria Reitz

iz u 694

Europa-Haus Land Brandenburg e.V.
Plauener Str. 42, 13055 Berlin
T: (030) 44 65 03 81   Fax: 4 46 38 93
E-Mail: europahaus-brandenburg@t-online.de
Kontaktperson: Dr. Horst Grützke

iz u 695

Europa-Haus Leipzig e.V.
Katharinenstr. 11, 04109 Leipzig
T: (0341) 1 29 04 00   Fax: 9 60 14 90
E-Mail: europa@rzaix530.rz.uni-leipzig.de
Kontaktperson: Dr. Maria Peter

iz u 696

Europa-Haus Marienberg (EHM)
Öffentliche Stiftung bürgerl. Rechts
Postf. 12 04, 56464 Bad Marienberg
Europastr. 1, 56470 Bad Marienberg
T: (02661) 6 40-0, 6 40-438   Fax: 6 40-1 00
E-Mail: ehm@europa-haus-marienberg.de
Kontaktperson: Detlev Otto

iz u 697

Europäische Akademie Arnstadt e.V.
Karolinenstr. 1, 99310 Arnstadt
T: (03628) 7 98 04   Fax: 6 00-567
Internet: http://www.mbc.de/eaa
E-Mail: eaa@mbc.de
Kontaktperson: Hans Joachim Schaaf

iz u 698

Europäische Akademie Bayern e.V.
Hirtenstr. 16, 80335 München
T: (089) 54 91 41-0, 54 91 41-15   Fax: 54 91 41-9
E-Mail: h.hoffmann@europäische-akademie.de
Kontaktperson: Dr. Heike Hoffmann

iz u 699

Europäische Akademie Berlin e.V.
Bismarckallee 46-48, 14193 Berlin
T: (030) 89 59 51-0   Fax: 8 26 64 10
E-Mail: sch@eaue.de
Kontaktperson: Dr. Barbara Munske

iz u 700

Europäische Akademie Hessen e.V.
Luisenplatz 2, 64283 Darmstadt
T: (06151) 29 75 65   Fax: 29 75 66
E-Mail: europakademiehessen@rpda.hessen.de
Kontaktperson: Bruno P. Bengel

iz u 701

Europäische Akademie Otzenhausen e.V. (EAO)
European Academy Otzenhausen
Académie Européenne d'Otzenhausen
Europahausstr., 66620 Nonnweiler
T: (06873) 6 62-0   Fax: 6 62-150
E-Mail: info@eao-otzenhausen.de
Postanschrift:
Geschäftsstelle
Pestelstr. 2, 66119 Saarbrücken
T: (0681) 9 54 52-0, Fax: 9 54 52-50
E-Mail: info@fime.org
Kontaktperson: Arno Krause

iz u 702

Europäische Akademie Schleswig-Holstein e.V.
Bundesstr., 24988 Sankelmark
T: (04630) 55-0   Fax: 5 51 99
E-Mail: info@eash.de
Kontaktperson: Dr. Rainer Pelka

iz u 703

Europäische Bildungs- und Aktionsgemeinschaft e.V. (EBAG)
Bonner Talweg 42, 53113 Bonn
T: (0228) 94 93 01-0   Fax: 94 93 01-29
E-Mail: ebaghsch@aol.com
Kontaktperson: Helmut Schöneseiffen

iz u 704

Europäische Heimvolkshochschule Helenenau e.V.
16321 Börnicke
T: (03338) 39 17-0   Fax: 39 17-17
E-Mail: europahaus.helenenau@barnim.de
Kontaktperson: Dr. Jürgen Prang

Europäische Staatsbürger-Akademie e.V.
GF: Dir. G. Eickhorn
bestehend aus folg. Bildungseinr.:

iz u 705

Europa-Institut Bocholt
Adenauerallee 59, 46399 Bocholt
T: (02871) 3 43-0   Fax: 3 43-101
E-Mail: esta-edu@t-online.de, esta-bocholt@t-online.de
Kontaktperson: Ragnar Leunig

iz u 706

Europa-Institut Bad Oeynhausen
Westkorso 18, 32545 Bad Oeynhausen
T: (05731) 2 70 66-67   Fax: 2 14 01
E-Mail: esta-oeynhausen@t-online.de
Kontaktperson: Volkert Bünz

iz u 707

Europa-Institut Berlin
Mariannenplatz 26, 10997 Berlin
T: (030) 6 17 79 04-0   Fax: 6 17 79 04-101
E-Mail: esta-berlin@t-online.de
Kontaktperson: Harry Golm

iz u 708

Europäische Staatsbürger-Akademie Brandenburg e.V.
Joachimsthaler Str. 20, 16244 Altenhof
T: (033363) 64 09   Fax: 64 09
E-Mail: esta-brandenburg@t-online.de
Kontaktperson: Harry Golm

iz u 709

Europäische Staatsbürger-Akademie Thüringen e.V.
Ortsstr. 29-31, 98744 Cursdorf

iz u 709
T: (036705) 6 10 99   Fax: 6 26 30
E-Mail: esta-thueringen@t-online.de
Kontaktperson: Axel Schäfer

iz u 710
Europahaus Aurich
Deutsch-Niederl. Heimvolkshochschule
Von-Jhering-Str. 35, 26603 Aurich
T: (04941) 95 27-0, 95 27 15   Fax: 95 27 27
E-Mail: Europahaus@emsnet.de
Kontaktperson: Heinz-Wilhelm Schnieders

iz u 711
Europa Zentrum Baden-Württemberg
Institut und Akademie für Europafragen
in Baden-Württemberg e.V.
Nadlerstr. 4, 70173 Stuttgart
T: (0711) 2 34 93 67   Fax: 2 34 93 68
E-Mail: europa.bw@t-online.de
Kontaktperson: Sabine Bliestle

iz u 712
Europa-Zentrum Meißen e.V.
Postf. 10 04 28, 01654 Meißen
T: (03521) 45 22 09, 45 22 74   Fax: 45 22 95
E-Mail: europazentrummeissen@t-online.de
Kontaktperson: Dr. Ines Kunitzsch

iz u 713
Europa Zentrum Rostock e.V.
Gerhart-Hauptmann-Str. 19, 18055 Rostock
T: (0381) 3 70 14   Fax: 3 12 22
Kontaktperson: Bernhard Haeske

iz u 714
Gesamteuropäisches Studienwerk e.V.
Südfeldstr. 4, 32602 Vlotho
T: (05733) 91 38-0   Fax: 1 88 04
E-Mail: gesw@kube-vlotho.de
Kontaktperson: Dr. Michael Walter

iz u 715
Fridtjof-Nansen-Akademie für politische Bildung
Wilhelm-Leuschner-Str. 61, 55218 Ingelheim
T: (06132) 7 90 03-13   Fax: 7 90 03-22
E-Mail: fna@wbz-ingelheim.de

**Gustav-Stresemann-Institut e.V.
bestehend aus folgenden Bildungseinrichtungen:**

iz u 716
Gustav-Stresemann-Institut e.V. (GSI)
Langer Grabenweg 68, 53175 Bonn
T: (0228) 81 07-0   Fax: 81 07-198 (Verwaltung)
Internet: http://www.gsi-bonn.de
E-Mail: eigentagung@gsi-bonn.de
Kontaktperson: Ralf Hell

iz u 717
Europäische Akademie Bad Bevensen
Klosterweg 4, 29549 Bad Bevensen
T: (05821) 9 55-0   Fax: 9 55-299
Kontaktperson: Frank S. Rüdiger (M.A.)

iz u 718
Informations- und Bildungszentrum Schloß Gimborn e.V.
Schloßstr. 10, 51709 Marienheide
T: (02264) 60 91   Fax: 37 13
E-Mail: ibz.gimborn@t-online.de
Kontaktperson: Klaus-Ulrich Nieder

iz u 719
Internationales Haus Sonnenberg
Clausthaler Str. 11, 37444 St. Andreasberg
T: (05582) 9 44-0, Fax: 9 44-100
Postanschrift:
Internationaler Arbeitskreis Sonnenberg e.V.
Gesellschaft z. Förderung intern. Zusammenarbeit
Bankplatz 8, 38100 Braunschweig
T: (0531) 2 43 64-0   Fax: 2 43 64-50
E-Mail: sonnenberg@tu-clausthal.de
Kontaktperson: Adrian Greenwood

iz u 720
International Sonnenberg Association
Postf. 26 54, 38016 Braunschweig

T: (0531) 2 43 64-0   Fax: 2 43 64 50
E-Mail: sonnenberg@tu-clausthal-de
Kontaktperson: Fritz Eitel

iz u 721
Internationales Forum Burg Liebenzell
Postf. 12 28, 75375 Bad Liebenzell
T: (07052) 92 45-0   Fax: 92 45-18
E-Mail: gandenberger@internationalesforum.de, info@internationalesforum.de
Kontaktperson: Gertrud Gandenberger

Finnland

iz u 722
Tampere Europe Academy
Hallilantie 24, FIN-33820 Tampere
T: (003583) 2 65 01 67   Fax: 2 66 03 44
E-Mail: teafime@saunalahti.fi
Kontaktperson: Marju Luoma

Frankreich

iz u 723
Académie Européenne du Nord de l'Europe
Postfach 2001, F-59011 Lille cedex
T: (0033320) 52 72 07   Fax: 52 25 01
E-Mail: ceava@wanadoo.fr
Kontaktperson: Daniel Zielinski

iz u 724
Institut Robert Schuman pour l'Europe (I.R.S.E.)
3, avenue des Sources, F-84000 Avignon
T: (0033490) 14 71 54   Fax: 14 71 55
Kontaktperson: Père Maurice Rieutord

iz u 725
Centre Européen Robert Schuman
Rue Robert Schuman 8, F-57160 Scy-Chazelles
T: (0033387) 60 10 15   Fax: 60 14 71
E-Mail: centre-robert-schuman@wanadoo.fr
Kontaktperson: Richard Stock

iz u 726
Maison de l'Europe d'Agen et de Lot-et-Garonne
6 bis, rue de Strasbourg, F-47000 Agen
T: (0033553) 66 47 59   Fax: 66 47 59
E-Mail: agen.europe@wanadoo.fr
Kontaktperson: André Labbé

iz u 727
Maison de l'Europe d'Avignon - Mediterranée
6 boulevard Saint-Michel, F-84000 Avignon
T: (0033490) 16 35 00   Fax: 16 35 01
E-Mail: cyrille.perez@europe-avignon.com, maison.europe@europe-avignon.com
Kontaktperson: Cyrille Perez

iz u 728
Maison de l'Europe Dunkerque et Flandre Littorale
1 rue des Remparts, F-59140 Dunkergue
T: (0033328) 21 00 16   Fax: 21 00 16
E-Mail: maisoneuropedk@voila.fr
Kontaktperson: Nathalie Legros

iz u 729
Maison de l'Europe de la Grande Thiérache
Rue Saint-Louis 2, F-59610 Fourmies
T: (0033327) 60 50 28, 57 95 31   Fax: 60 50 30
E-Mail: eurothierache@wanadoo.fr
Kontaktperson: Stéphane Libert

iz u 730
Maison de l'Europe de Montpellier
Hôtel de Sully 14 Descente en Barrat, F-34000 Montpellier
T: (0033467) 02 72 72   Fax: 02 72 73
E-Mail: europelr@europelr.org
Kontaktperson: Gérard Rousset

iz u 731
Maison de l'Europe de Nîmes et sa région
Place du Château 1, F-30000 Nîmes
T: (0033466) 21 77 50   Fax: 21 87 99
E-Mail: maisoneuropenimes@yahoo.fr
Kontaktperson: Henri Banus

iz u 732
Maison de l´Europe de Paris
Rue de Francs-Bourgeois 35-37 Hotel de Coulanges, F-75004 Paris
T: (00331) 44 61 85 85   Fax: 44 61 85 95
Kontaktperson: Olivier Passelecq

iz u 733
Maison de l'Europe de Toulouse
Place Saint-Sernin 21, F-31000 Toulouse
T: (0033561) 12 34 34   Fax: 13 70 22
E-Mail: europe.toulouse@hol.fr
Kontaktperson: Geneviève Saint-Hubert

iz u 734
Maison de l'Europe de Tours Centre Val de Loire
66 Bd Béranger, F-37000 Tours
T: (0033247) 20 05 55   Fax: 05 24 27 (z.Hd. H. Vialles)
E-Mail: maiseurop.tours@wanadoo.fr
Kontaktperson: Sabine Thillaye

iz u 735
Maison de'l Europe de Lyon
12, rue du Président Carnot, F-69002 Lyon
T: (0033478) 42 42 76   Fax: 42 52 07
E-Mail: lyon.mde@wanadoo.fr
Vice-Président: Daniel Hulas

iz u 736
Maison de l'Europe en Limousin
Avenue Georges Dumas 51, F-87000 Limoges
T: (0033555) 32 47 63   Fax: 32 47 63
E-Mail: maison.europe.limoges@wanadoo.fr
Kontaktperson: Jacques Taurisson

iz u 737
Maison Douaisienne de l'Europe
Quai Foch 175, F-59500 Douai
T: (0033327) 88 82 13   Fax: 96 37 99
E-Mail: maisoneuropedouai@nordnet.fr
Kontaktperson: Patrice Barrier

iz u 738
Maison Européene de la Formation du Citoyen
CDEI du Pas-de-Calais
1, Rond Point Baudimont, F-62008 Arras Cedex
T: (0033321) 24 38 70   Fax: 71 52 90
E-Mail: mefc@wanadoo.fr
Kontaktperson: François Debarguer

Griechenland

iz u 739
La Maison de l'Europe d'Athènes
Rue Stadiou 28, GR-10564 Athen
T: (0031) 9 23 29 82, 3 31 33 77
Fax: (00301) 3 31 33 77 (z.Hd. Herrn Stamelos)
E-Mail: dmallouh@hol.gr
Kontaktperson: Basile Petropoulos

iz u 740
La Maison de l'Europe de Patras
Rue Karolou 93, GR-26223 Patras
T: (0033061) 65 27 79, 43 24 94,
(00301) 6 91 50 25 (F. Bavarezou, Athen),
6 42 01 62 (J. Micros, Athen)   Fax: (00301) 3 63 08 65,
6 49 49 01, 8 23 79 01, 6 46 27 54
E-Mail: europehouse@matrix.kapatel.gr
Kontaktperson: Jannis Micros

iz u 741
La Maison de l'Europe de Pirée & des Iles
Ave Vassileos Pavlou 6, GR-18534 Pireas
T: (00301) 4 13 57 22, 4 17 03 91   Fax: 4 12 22 10
Kontaktperson: Georgette Kotzia-Vyzantiou

iz u 742
La Maison de l'Europe de Saloniki
Miaouli 23, GR-54642 Thessaloniki
T: (003031) 83 34 13   Fax: 22 18 97
E-Mail: eleni@mail.kapatel.gr
Kontaktperson: Nikos Konstas

iz u 743
Europe House Byron
Themistokleous Street 3, GR-10677 Athen
T: (00301) 3 64 47 04, 3 80 40 05   Fax: 3 63 57 48

E-Mail: eurobyron@yahoo.com
Kontaktperson: Stavros Vardalas

Großbritannien

iz u 744

Centre for Europe London
21, Holme Chase St. George's Avenue Weybridge, GB- Surrey KT13 0BZ
T: (00441932) 84 67 54   Fax: 84 67 54
E-Mail: cfe@lineone.net
Kontaktperson: Roger Kercher

iz u 745

Forward in Europe
Middleshaw Hall
Old Hutton, Nr Kendal, GB- Cumbria LA8 0LZ
T: (00441539) 72 80 55   Fax: 72 80 55
E-Mail: amsh@care4free.net
Kontaktperson: Stephen Hinchliffe

iz u 746

SCIENTIA
´Annandale´
Linksfield Street, GB- Leven KY8 4HX
T: (00441333) 42 26 44   Fax: 42 26 44
Kontaktperson: Malcolm Houston

Ungarn

iz u 747

Europa-Akademie Budapest
Keleti Károly u. 28 /b. II. 1., H-1024 Budapest
T: (00361) 3 16 73 46   Fax: 3 16 73 46
E-Mail: europaakademia@mail.datanet.hu
Kontaktperson: Tibor Pál

Kroatien

iz u 748

Europe House Zagreb
Jurišiceva 1/I, HR-10000 Zagreb
T: (003581) 48 13-414, 48 13-960   Fax: 48 13-419, 48 13-956
E-Mail: europe-house-zg@zg.tel.hr
Kontaktperson: Ljubomir Cucic

iz u 749

Europski Dom Dubrovnik
Frana Supila 6, HR-20000 Dubrovnik
T: (0038520) 48 86 21   Fax: 48 86 21
E-Mail: europski-dom-dubrovnik@du.tel.hr
Kontaktperson: Adriana Kremenjas-Danicic

Italien

iz u 750

Accademia Europeista del Friuli-Venezia Giulia
Casella Postale 45, I-34170 Gorizia
Via Diaz 8 /D, I-34170 Gorizia
T: (0039 0481) 53 64 29   Fax: 53 70 36
E-Mail: accademiaeuropeista@interfree.it
Kontaktperson: Dott. Pio Baissero

iz u 751

Associazione Italia-Francia per l'Europa "Charles Jeffroy"
Via Ginesio 33 bis, I-04010 Bassiano
T: (0039 0773) 35 54 25   Fax: 35 54 25
Kontaktperson: Prof. Mattia Pacilli

iz u 752

Casa d'Europa di Puglia "Aldo Moro"
Hotel Villaggio - Cala Corvino
Viale Aldo Moro 4, I-70043 Monopoli
T: (0039 080) 80 29 22   Fax: 80 20 78
E-Mail: monopoli.net@libero.it
Kontaktperson: Avv. Antonio Muolo

iz u 753

Casa d'Europa "Altiero Spinelli" di Trapani
Via R. Sanzio n.7, Casa Santa, I-91100 Trapani
T: (0039 0923) 55 17 45   Fax: 55 83 40
Großkontaktperson: Dott. Rodolfo Gargano

iz u 754

Casa d'Europa di Caltagirone
via SS Salvatore 12, I-95041 Caltagirone
T: (0039 0933) 5 43 03   Fax: 5 43 03
Kontaktperson: Dr. Angelo Meraviglia

iz u 755

Casa d´Europe di Enna
Via Roma 93, I-94100 Enna
T: (0039 0935) 2 25 99, 2 44 65   Fax: 50 22 61
E-Mail: micsabat@tin.it
Kontaktperson: Dott. Michele Sabatino

iz u 756

Casa d'Europa di Gallarate
Via Marsala 36/B, I-21013 Gallarate
T: (0039 0331) 78 90 57   Fax: 78 63 29, 78 09 90, 20 59 26
Kontaktperson: Dr. Salvatore Pignatelli

iz u 757

Casa d'Europa di Palermo
Via Emerico Amari 162, I-90139 Palermo
T: (0039 091) 58 44 32   Fax: 58 44 32
E-Mail: caseuropa@caseuropa.org
Kontaktperson: Dott. Giovanni Guarino

iz u 758

Casa d'Europa di Roma
c/o Fondazione Luigi Einaudi
Largo dei Fiorentini n°1, I-00186 Rom
T: (0039 06) 6 87 10 05   Fax: 6 87 14 46
E-Mail: casa.europa.roma@infinito.it
Kontaktperson: Antonio Venece

iz u 759

Casa d'Europa di Treviglio
VI. Merisio 14 c/o ITC. Oberdan, I-24047 Treviglio
T: (0039 0363) 4 83 16, 41 90 62   Fax: 30 31 65, 30 18 39
Presidente: Albano Cagnin

iz u 760

Casa d'Europa di Trieste
Via Roma 15, I-34100 Triest
T: (0039 040) 76 18 81   Fax: 76 18 81
E-Mail: sifumis@tin.it
Kontaktperson: Silva Fumis

iz u 761

Casa d'Europa Federico II
Via Cupa della Torretta 8, I-80070 Napoli
T: (0039 081) 8 68 77 53   Fax: 20 47 75
E-Mail: casaeuropanapoli@email.com
Kontaktperson: Dr. Giovanni Migliaccio

iz u 762

Casa d´Europa "Mario Zagari"
Via Cuostile 2, I-04024 Gaeta
T: (0039 0771) 74 06 07   Fax: 74 06 07
Kontaktperson: Dr. Alessandra Pedagna-Leccese

iz u 763

Centro Einstein di Studi Internazionali (C.E.S.I.)
Via Schina 26, I-10144 Torino
T: (0039 0911) 4 73 28 43   Fax: 4 73 28 43
E-Mail: grua@de.unito.it
Kontaktperson: Prof. Claudio Grua

iz u 764

Centro di Studi sul Federalismo Mario Albertini
Via Porta Pertusi 6, I-27100 Pavia
T: (0039 0382) 30 47 33   Fax: 30 37 84
Kontaktperson: Prof. Carlo Guglielmetti

iz u 765

Istituto di Studi Mezzogiorno d'Europa (ISME) - Casa d'Europa
Piazza Drpinia 1, I-09134 Cagliari
T: (0039 070) 49 99 92   Fax: 40 20 91, 4 20 46
E-Mail: vaela@tiscalinet.it
Kontaktperson: Amalia Bene

Luxemburg

iz u 766

Institut d'Europe Luxembourg
Centre d'information et de formation européenne
Rue du Parc 31, Château de Munsbach, L-5374 Munsbach
T: (00352) 35 96 91, 35 98 96, 35 63 53   Fax: 35 96 92
Kontaktperson: Alain Tandel

Malta

iz u 767

AZAD Academy for the development of a democratic environment
Casa Pereira
224 Triq ir-Repubblika, Valletta
T: (00356) 24 75 15, 23 48 84   Fax: 22 04 96
Kontaktperson: Richard Muscat

Niederlande

iz u 768

kontakt der kontinenten
Amersfoortsestraat 20, NL-3769 AS Soesterberg
T: (0031 346) 35 17 55   Fax: 35 47 35
E-Mail: kdk@kdk.antenna.nl
Kontaktperson: Wico Bunskoek

Norwegen

iz u 769

Europahuset Oslo
Fredensborgveien 6, N-0177 Oslo
T: (004722) 99 36 00   Fax: 99 36 01
E-Mail: eb@europahuset.no, vera.selnes@europahuset.no
Kontaktperson: Vera Selnes

Österreich

iz u 770

Europäische Akademie Wien
Pichlergasse 2 /10, A-1090 Wien
T: (00431) 3 15 78 69   Fax: 3 15 78 68 20
E-Mail: eaw@chello.at
Kontaktperson: Dr. Erich Wendl

iz u 771

Europahaus Burgenland
Domplatz 12, A-7000 Eisenstadt
T: (0043 2682) 7 56 50   Fax: 7 56 51
E-Mail: europahaus@magnet.at
Kontaktperson: Mag. Johann Göttel

iz u 772

Europahaus Graz
Zinzendorfgasse 1, A-8010 Graz
T: (0043 316) 38 48 38   Fax: 38 48 38-14
E-Mail: mail@europahaus-graz.at
Kontaktperson: Willibald Richter

iz u 773

Europahaus Klagenfurt
Reitschulgasse 4, A-9020 Klagenfurt
T: (0043 463) 51 17 41   Fax: 51 17 41
E-Mail: europahaus.klu@utanet.at
Kontaktperson: Mathilde Sabitzer

iz u 774

Europahaus Linz
Postfach 3 84, A-4010 Linz
T: (0043 732) 77 55 48   Fax: 77 55 48
E-Mail: franz.kremaier@ooe.gv.at, c.kremaier@mail.asn-linz.ac.at
Kontaktperson: Dr. Franz Kremaier

iz u 775

Karl Brunner Europahaus Neumarkt
Jahnweg 5, A-8330 Feldbach
T: (0043 3152) 24 97   Fax: 24 97-4
E-Mail: die.europäer@europajugend.at
Kontaktperson: Max Wratschgo

iz u 776

Salzburger Bildungswerk - Institut für Europa
Imbergstr. 2 /III, A-5020 Salzburg
T: (0043662) 87 26 91-21   Fax: 87 26 91-25
E-Mail: w.forthofer@sbw.salzburg.at
Kontaktperson: Dr. Wolfgang Forthofer

iz u 777

Schloß Hofen - Wissenschafts- und Weiterbildungszentrum
am Bodensee, Hoferstr. 26, A-6911 Lochau
T: (00435574) 49 30-0   Fax: 49 30-22
E-Mail: info@schlosshofen.at
Kontaktperson: Dr. Gabriele Böheim

Portugal

iz u 778

Casa da Europa do Ribatejo
Edf. Museu Distrital
Rua Passos Manuel r/c, P-2000-118 Santarem
T: (00351243) 39 12 93   Fax: 39 12 92
E-Mail: ceribatejo@mail.telepac.pt
Kontaktperson: Pedro Canavarro

iz u 779

CERNE - Casa da Europa da Madeira
Rua Latino Coelho n° 57-3°, P-9050 Funchal-Madeira
T: (0035191) 23 55 45   Fax: 23 53 82
E-Mail: cerne.madeira@mail.telepac.pt
Kontaktperson: João Henrique de Nóbrega Gonçalves

Polen

iz u 780

Akademia Europejska na Slasku Opole
ul. Grota Roweckiego 6d-8, PL-45256 Opole
T: (004877) 4 55 52 96   Fax: 4 55 52 96
E-Mail: akadeuro@polo.po.opole.pl
Kontaktperson: Jerzy Kaczmarek

iz u 781

Dom Europejski Ustroń-Cieszyn
Ul. Agrestowa 1, PL-43450 Ustrón
T: (0048338) 54 26 36
Kontaktperson: Dr. Joachim Liszka

iz u 782

Komitet Europejski w Walbrzychu
Rynek 9, PL-58300 Walbrzych
T: (004874) 8 42 58 74   Fax: 8 42 46 13, 8 42 58 74
Kontaktperson: Jacek Szerer

Rumänien

iz u 783

Eurolink - The House of Europe Foundation
18, Sapte Drumuri Str., bl.PM 40A, sc.B, ap.49 District 3, R-Bukarest
T: (00401) 3 24 80 78   Fax: 2 30 77 11
E-Mail: eurolink@fx.ro
Kontaktperson: Sever Avram

Rußland

iz u 784

Europe House Moscow
Vozdvizhenska Str. 16, RUS-103885 Moskau
T: (007095) 2 90 12 92, 2 90 15 09   Fax: 2 90 61 81, 2 00 12 09
E-Mail: rciscc@gov.ru
Kontaktperson: Dr. Eugenij Tabachnikow

iz u 785

Europe House St. Petersburg
Emb. r. Fontanka 78, n° 205, RUS- St. Petersburg
T: (0070812) 1 13 34 26   Fax: 3 14 89 45, 5 28 10 08
E-Mail: spb251@spb.sitek.net
Kontaktperson: Prof. Nina Litvinova

Schweden

iz u 786

Europahuset Sandviken
Box 144, S-81122 Sandviken
Hyttgatan 23, S-81122 Sandviken
T: (004626) 27 67 00   Fax: 27 67 01

E-Mail: ala@europahuset.se
Kontaktperson: Laila Nordfors

Schweiz

iz u 787

Centre Européen de la Culture
Maison de l'Europe
Rue de Lausanne 120b, CH-1202 Genf
T: (004122) 7 32 28 03   Fax: 7 38 40 12
E-Mail: cecge@vtx.ch
Kontaktperson: Laurence Arnaud

iz u 788

Europa-Institut Schweiz
Rütistr. 1, CH-8044 Gockhausen-Zürich
T: (00411) 8 21 10 50   Fax: 8 22 00 29
E-Mail: eis@eis-ch.ch
Kontaktperson: Dr. Erich Schmid

iz u 789

Maison de l'Europe Transalpine
c/o BERSY
Rue de Pierre fleurs 15, CH-1958 Uvrier
T: (004127) 2 03 73 30   Fax: 2 03 73 32
E-Mail: bersy@freesurf.ch
Kontaktperson: Jean-Pierre Rausis

iz u 790

Maison de l'Europe Transjurassienne
Rue de l´Hôtel-de-Ville 4, CH-2002 Neuenburg
T: (004132) 9 14 20 94 (Chr. Sester), 7 21 30 71 (L. Sester)
E-Mail: christian.sester@lettres.unine.ch, laurentsester@hotmail.com

Slowakische Republik

iz u 791

Dom Európy Bratislava
Biela Ulica 6, SK-81101 Bratislava
T: (004217) 54 43 09 04   Fax: 54 64 22 42
E-Mail: office@domeuropy.sk
Kontaktperson: Peter Beňuška

Slowenien

iz u 792

Evropska Hiša Maribor
Gospejna ulica 10, SLO-2000 Maribor
T: (0038662) 2 51 58 51   Fax: 2 52 75 58
E-Mail: eu.hisa@uni-mb.si
Kontaktperson: Barbara Kobale

iz u 793

Evropska Hiša Nova Gorica
Erjavcev 4, p.p. 267, SLO-5000 Nova Gorica
T: (0038665) 2 52 19, 2 84 89   Fax: 2 40 44, 2 27 56
E-Mail: stobos.boris@siol.net
Kontaktperson: Boris Savle

Spanien

iz u 794

Casa de Europa de la Comunidad Valenciana
Padre Espla, 39-2° D, E-03013 Alicante
T: (0034965) 18 95 18   Fax: 18 95 18
Kontaktperson: Juan Cantó Rubio

iz u 795

Casa de Europa de Madrid
Gran Via, 43.3°, E-28013 Madrid
T: (003491) 2 41 32 05
Fax: 2 48 08 69 (über Movimento Europeo)
Kontaktperson: Raúl Herrero

iz u 796

Casa de Europa de Marbella
Avda. Ricardo Soriano 65 -2ª planta, E-29600 Marbella
T: (0034952) 77 58 12, 77 58 35   Fax: 82 99 32
E-Mail: bocanegra@marbella.net
Kontaktperson: Ricardo Sánchez Bocanegra

iz u 797

Casa de Europa Euronorba
cl. Obispo Jesús Dominguez, 1-I°.A, E-10001 Cáceres

T: (0034927) 26 00 42   Fax: 26 00 42
E-Mail: mfgiraldo@readysoft.es
Kontaktperson: Maria Francisca Giraldo Garrón

iz u 798

Casa de Europa en Cantabria
Gral. Dávila, 89-planta 1a, E-39006 Santander
T: (0034942) 24 12 80   Fax: 24 12 80
E-Mail: casaeuropa@mundiva.es
Kontaktperson: Venancio Diego Alonso

Tschechische Republik

iz u 799

Association for the European Home
Postfach 56, CZ-11001 Praha 1
T: (004202) 24 22 32 79   Fax: 24 22 28 82
Kontaktperson: Dr. Alexander Ort

iz u 800

Evropský dum Jihlava
Palackého 28, CZ-58601 Jihlava
T: (004266) 7 30 48 70   Fax: 7 31 05 85
E-Mail: ed.jihlava@ji.cz
Kontaktperson: Dipl.-Ing. Tomáš Sedlák

Türkei

iz u 801

Turkey - European Union Association
Mahatma Gandi Caddesi 90/4, TR-06670 Gaziosmanpasa Ankara
T: (009312) 4 47 50 49   Fax: 4 47 93 46
E-Mail: turkiyeabder@superonline.com, oralalp@ankara.gap.gav.tr
Kontaktperson: Prof. Haluk Gunugur

Zypern

iz u 802

Maison de l'Europe de Chypre
Postanschrift:
Michalakopoulou 200, GR-11527 Athen
T: (00301) 7 77 86 68   Fax: 7 77 86 68
Kontaktperson: Dr. Michael Pissas
Evagoras Avenue 40 Flat 12, 4th floor, CY-Nicosia
T: (003572) 46 45 84, E-Mail: euhouse@istos.com

iz u 803

Cyprus Europe House Zenon
Kroisou 9 Strovolos, CY-2028 Nicosia
T: (003572) 49 20 19   Fax: 49 20 19
E-Mail: loizos@logos.cy.net
Kontaktperson: Luisa Koshis

● **IZ U 804**

Internationale Föderation für Informationsverarbeitung (INTERSTENO)
International Federation of Information-Processing
Fédération Internationale pour la traitement de l'information
Postf. 12 02 69, 53044 Bonn
T: (0228) 25 15 09   Fax: 25 15 09
Gründung: 1953
Generalsekretär(in): Dr. Karl Gutzler (Merler Allee 97, 53125 Bonn)
Mitglieder: Mitgliedsverbände: 25 Landesgruppen

Internationaler Erfahrungsaustausch über Fragen der Informationsverarbeitung; Veranstaltung von internationalen Kongressen.

● **IZ U 805**

Internationale Heinrich-Schütz-Gesellschaft e.V. (ISG)
Heinrich-Schütz-Allee 35, 34131 Kassel
T: (0561) 31 05-0   Fax: 31 05-2 40
Gründung: 1930
Vorstand
Präsident(in): KMD Prof. Dr. Wolfgang Herbst (Kleinschmidtstr. 50, 69115 Heidelberg)

Vizepräsident(in): Dr. Dietrich Berke (Am Galgenköppel 9, 34289 Zierenberg)
Privatdozent Dr. Walter Werbeck (Möringstr. 15, 37671 Höxter)
Cornelis van Zwol (Utrechtseweg 44, NL-3818 EM Amersfoort)
Geschäftsführer(in): Sieglinde Fröhlich
Verbandszeitschrift: Acta Sagittariana
Redaktion: Sieglinde Fröhlich
Mitglieder: 1000

IZ U 806

Internationale Vegetarier Union (IVU)
International Vegetarian Union
Union internationale des végetariens
Postfach 38130, E-28080 Madrid
T: (003491) 3 31 99 60 Fax: 3 32 14 16
Internet: http://www.ivu.org
E-Mail: secretary@ivu.org
Gründung: 1908
President: Howard Lyman (U.S.A.)
Vice-Pres: Maxwell G. Lee (U.K.)
General Secretary: Francisco Martin (Spain)
Assistant General Secretary: Hiren Kara (India)
Verbandszeitschrift: IVU News
Mitglieder: 200 societies worldwide with memberships from 50 to 20000

IZ U 807

Internationale Vereinigung für das Hundewesen (FCI)
Fédération Cynologique Internationale
Place Albert 1er 13, B-6530 Thuin
T: (003271) 59 12 38 Fax: 59 22 29
Internet: http://www.fci.be
Gründung: 1911
Président: Hans W. Müller
Directeur Exécutif: Yves De Clercq
Mitglieder: 69 + 10 Partenaires sous Contrat
Mitarbeiter: 10

IZ U 808

Internationaler Bund der Überwachungsgesellschaften (LISS)
International Federation of Security Services
Ligue Internationale des Sociétés de Surveillance
c/o Securitas AG
Alpenstr. 20, CH-3052 Zollikofen
T: (004131) 9 10 12 18 Fax: 9 11 63 34
Internet: http://www.security-ligue.org
E-Mail: liga@securitas.ch
Gründung: 1934
Chairman: Thomas Berglund
Secretary General: Hans Winzenried
Mitglieder: 41

IZ U 809

Internationaler Verband für Arbeiterbildung (IFWEA-IVA-FIAET)
International Federation of Workers' Education Associations
Fédération Internationale des Associations pour l'Education des Travailleurs
Postfach 8703, N-0028 Oslo
T: (0047) 23 06 12 88 Fax: 23 06 12 70
Internet: http://www.ifwea.org
E-Mail: jmehlum@online.no
Gründung: 1947
President: Dan Gallin (Geneva, Switzerland)
Secretary-General: Jan Mehlum (Oslo, Norway)
Vice-Presidents: João Proença (Portugal)
Robert Lochrie (United Kingdom)
Aaron Barnea (Israel)
Károly György (Hungary)
Susan Schurman (USA)
Executive Members: Jean-Claude Parrot (Canada)
Aslak Leesland (Norway)
Orlando Quesada (Philippines)
José A. Marcos Sánchez (Peru)
Rudolf Helfrich (Germany)
Jorma Turunen (Finland)
Sahra Ryklief (South Africa)
Ulric Sealy (Barbados)
Ron Kelly (Ireland)
Kent Wong (USA)
Sandiso Ndlovu (Zimbabwe)
Namrata Bali (India)
Giampiero Alhadeff (Belgium)
Sheila Conroy (Ireland)
Björn Wall (Sweden)
Joël Jamet (France)
Bosse Bergnehr
Editors: Alana Dave
Verbandszeitschrift: "Workers' Education"
Redaktion: Sekretariat IVA
Mitglieder: 110 Mitgliedsverbände
Mitarbeiter: 2
Jahresetat: DM 0,4 Mio

IZ U 810

Internationaler Verband der Photographischen Kunst (FIAP)
International Federation of Photographic Art
Fédération Internationale de l'Art Photographique
Generalsekretariat
_ 't Grachtje Over 128, NL-1625 PN Hoorn
T: (0031229) 27 11 03 Fax: 27 11 06
Gründung: 1950
Président: Emile Wanderscheid
Vice-Présidents: Jacques Denis (Belgique)
Joan Burgues (Andorre)
Secrétaire Général: Jan Jansen (Ltg. Presseabteilung)
Verbandszeitschrift: Informations + règlements
Mitglieder: 82 countries
Jahresetat: DM 0,18 Mio

IZ U 811

Internationales Kuratorium für das Jugendbuch (IBBY)
International Board on Books for Young People
Nonnenweg 12, CH-4003 Basel
T: (004161) 2 72 29 17 Fax: 2 72 27 57
Internet: http://www.ibby.org
E-Mail: ibby@eye.ch
Gründung: 1953
Präsident(in): Tayo Shima (6-2-2, Kitashinagawa, Shinagawa-ku Tokyo 141-0601, Japan)
Sekretariat: Leena Maissen (IBBY, Postfach, Nonnenweg 12, CH-4003 Basel)
Verbandszeitschrift: Bookbird: a Journal of International Children's Literature
Verlag: Bezugsadresse: Bookbird, c/o University of Toronto Press, 5201 Dufferin Street, North York, ON Canada M3H 5T8, T: (00416) 667-7810, Fax: (00416) 667-7881, E-mail: journals@utpress.utoronto.ca
Mitglieder: 64 Ländersektionen
Mitarbeiter: 2
Jahresetat: DM 0,2 Mio

IZ U 812

Junge Unternehmer für Europa (YES)
Young Entrepreneurs for Europe
Jeunes Entrepreneurs pour l'Europe
Av. de la Joyeuse Entre_e 1, bte.11, B-1040 Brüssel
T: (00322) 2803-425 Fax: 2803-317
Internet: http://www.yes.be
E-Mail: secretariat@yes.be
Gründung: 1988
Vorsitzende(r): Wolfgang Mainz
Generalsekretär(in): Marco Pezzini
Verbandszeitschrift: Entrepreneurial-Mail Monthly Newsletter
Mitglieder: 10
Mitarbeiter: 2

IZ U 813

Mensa International (MI)
Mensa International Ltd.
Mensa International
15 the Ivories
15 The Ivories 6-8 Northampton St., GB- London N1 2HY
T: (004420) 72 26-68 91 Fax: 72 26-70 59
Internet: http://www.mensa.org
Gründung: 1946 (1. Oktober)
Präsident(in): Victor Serebriakoff, London
Vorsitzende(r): Udo Schultz, Kiel (Germany)
Hauptgeschäftsführer(in): Ed Vincent, London
Mitglieder: ca. 110000

Tochterorganisationen in z. Z. 25 Staaten, Mitglieder in weiteren ca. 50 Staaten sind direkte Mitglieder bei Mensa International Ltd.
Landesverbände: Bundesrepublik Deutschland: Mensa in Deutschland e.V., Münzstr. 6, 51063 Köln (Geschäftsstelle)
Fachverbände: Es gibt weltweit über 300 "Special Interest Groups" innerhalb von Mensa

IZ U 814

Paneuropa-Union Deutschland e.V.
Paneuropean Union Germany
Union Paneuropéenne Allemagne
Dachauer Str. 17, 80335 München
T: (089) 55 46 83 Fax: 59 47 68
Internet: http://www.paneuropa.org
E-Mail: 08954829826-0001@t-online.de
Gründung: 1923
Verbandszeitschrift: PANEUROPA DEUTSCHLAND, Paneuropa Intern
Landesverbände:
Baden-Württemberg, Bayern, Berlin/Brandenburg, Hessen, Mecklenburg-Vorpommern, Niedersachsen/Bremen, Nordrhein-Westfalen, Rheinland-Pfalz, Saarland, Sachsen, Sachsen-Anhalt, Schleswig-Holstein/Hamburg, Thüringen

Einigung Europas, Völkerverständigung durch Schaffung eines christlich-freiheitlichen Gesamteuropa.

IZ U 815

Richard Wagner Verband International (RWVI)
International Richard Wagner Society
Cercle International Richard Wagner
Sonnhalde 123, 79104 Freiburg
T: (0761) 5 37 56 Fax: 5 37 56
Gründung: 1909, international 1991
Präsident(in): Josef Lienhart
Verbandszeitschrift: Wagner weltweit
Redaktion: Richard Wagner Verband International, Sonnhalde 123, 79104 Freiburg (auch Verlag)
Mitglieder: 31000
Ortsverbände: 130 von Tokio bis Hawaii

IZ U 816

Society for Creativity e.V. (SfC)
Société Internationale de la Créativité
Gesellschaft für Kreativität e.V.
Beethovenstr. 24, 65779 Kelkheim
T: (06195) 32 66 Fax: 32 66
Gründung: 1976
Präsident(in): N. N.
Stellv. Vorsitzende: Margarete Bruns (65779 Kelkheim)

IZ U 817

Ständige Europäische Konferenz für Straffälligen- und Bewährungshilfe (CEP)
Permanent European Conference on Probation and Aftercare
Conférence Permanente Europeenne de la Probation
Secretariat
Postfach 82 15, NL-3503 RE Utrecht
T: (003130) 2 32 49 00 Fax: 2 32 49 50
Internet: http://www.cep-probation.org
Gründung: 1981
President: João Figueiredo (Portugal)
Secretary General: John Walters (GB)
Verbandszeitschrift: CEP-BULLETIN
Mitglieder: 16 Justizministerien, 16 nationale Organisationen aus 18 europäischen Ländern, Einzelpersonen aus 10 europäischen Ländern

IZ U 818

Union der Internationalen Verbände (UAI)
Union of International Associations
Union des Associations Internationales (UAI)
38-40, rue Washington, B-1050 Bruxelles
T: (00322) 6 40 18 08 Fax: 6 43 61 99
Internet: http://www.uia.org/
E-Mail: uia@uia.be
Gründung: 1910
Président: A-M Boutin
Secrétaire Général: Jacques Raeymaeckers
Verbandszeitschrift: Transnational Associations/Associations Transnationales
Verlag: UAI
Mitglieder: 120 actifs, 100 associés
Mitarbeiter: 20
Jahresetat: DM 1,350 Mio

IZ U 819

Verband für innovative Zusammenarbeit in Europa (AICE)
Association for Innovative Cooperation in Europe
Association de Coopération Innovative en Europe
Rue de la Concorde 51, B-1050 Brüssel
T: (00322) 5 12 89 38 Fax: 5 12 48 83
Gründung: 1977
President: Rüdiger Stephan
Managing Director: Raymond Georis
Mitglieder: 14
Mitarbeiter: 1
Jahresetat: BEF 4,03

IZ U 820

Verband der in Belgien niedergelassenen Internationalen Vereinigungen (FAIB)
Federation of International Associations Established in Belgium
Fédération des Associations Internationales Etablies en Belgique
rue Washington 40, B-1050 Bruxelles
T: (00322) 6 40 16 65 Fax: 6 46 05 25
E-Mail: faib@uia.be
Secrétaire Général: G. de Coninck

IZ U 821

Vereinigung der halbamtlichen und privaten in Genf ansässigen internationalen Institutionen (FIIG)
Federation of Semi-Official and Private International Institutions Established in Geneva
Fédération des Institutions Internationales Semi-Officielles et Privées Etablies à Genève
Postfach 20, CH-1211 Genf 20

IZ U 821

T: (004122) 733.6717
Gründung: 1929
Präsident(in): Cyril Ritchie

IZ U 822
Versammlung der Regionen Europas (VRE)
Assembly of European Regions (AER)
Assemblée des Régions d'Europe (ARE)
Place des Halles 20, F-67054 Strasbourg Cedex
T: (0033388) 22 07 07   Fax: 75 67 19
Internet: http://www.are-regions-europe.org
E-Mail: infopresse@are-regions-europe.org
Gründung: 1985
Präsident(in): Liese Prokop
Generalsekretär(in): Hans De Belder
Leitung Presseabteilung: Barbara Thauront
Francine Huhardeaux
Verbandszeitschrift: ARE en direct, AER on line, VRE direkt
Redaktion: Presse & Communication
Mitglieder: 270 Regionen in Europa
Mitarbeiter: 18

IZ U 823
Weltverband für Esperantonachwuchs (TEJO)
World Organisation of Young Esperantists
Organisation Mondiale des Jeunes Espérantistes
Nieuwe Binnenweg 176, NL-3015 BJ Rotterdam
T: (003110) 4 36 10 44   Fax: 4 36 17 51
Gründung: 1938
Président: Jozef Truong
Secrétaire Général: Jeroen Balkenende, Niederlande
Mitglieder: 3800 individuals; 37 national affiliates
Mitarbeiter: 1

IZ U 824
Zentralverwaltung des Umweltschutzes unter künstlerischen Aspekten (CAAED)
Central Administration of Artistic Environment Defence
Kirchstr. 25 OT Bodenburg, 31162 Bad Salzdetfurth
T: (05060) 96 16 36   Fax: 96 16 40
Gründung: 1970
Leiter(in): Hans-Oiseau Kalkmann

IZ U 825
Europäische Vegetarier Union (EVU)
European Vegetarian Union
Bluetschwitzerweg 5, CH-9443 Widnau
T: (004171) 7 22 64 45   Fax: 7 22 64 45
E-Mail: evu@openoffice.ch
Gründung: 1985
President: Dr. Igor Bukovsky (Slowakei)
Generalbevollmächtigter: Sigrid De Leo (Schweiz)
Verbandszeitschrift: "European Vegetarian"
Redaktion: Bluetschwitzerweg 5, CH-9443 Widnau
Mitglieder: 222

IZ U 826
Ständige Konferenz der Europäischen Geschichtslehrer-Verbände
European Standing Conference of History Teachers Associations (EUROCLIO)
Juliana van Stolberglaan 41, NL-2595 CA Den Haag
T: (003170) 3 85 36 69   Fax: 3 85 36 69
Internet: http://www.glasnet.ru/~euroclio
President: Sue Bennett (137 Rusthall Avenue, Chiswick W4 1BL, London, Vereinigtes Königreich, Tel.: (0044 207) 509 5514, Fax: (0044 207) 509 6966, E-Mail: bennetsue@btinternet.com)
Executive Director: Joke van der Leeuw-Roord

IZ V Supra-nationale Organisationen

Zum Auffinden einer bestimmten Dienststelle oder Organisation dient das Suchwortverzeichnis, eines Personennamens das Personenverzeichnis

Vereinte Nationen
Vereinte Nationen, Regionalausschüsse
Behörden und Ämter der Vereinten Nationen
Internationaler Gerichtshof

Vereinte Nationen

• IZ V 1
Vereinte Nationen (UN)
United Nations
Organisation des Nations Unies (ONU)
United Nations Plaza, USA- New York NY 10017
T: (001212) 9 63 12 34   **Fax:** (01212) 9 63 48 79
Internet: http://www.un.org
Gründung: 1947
Generalsekretär(in): Kofi Annan (VN)
Stellvertrende(r) Generalsekretär(in): Louise Fréchette
Leitung Presseabteilung: Kensaku Hogen
Mitglieder: 188 Staaten

Vereinte Nationen, Regionalausschüsse

• IZ V 2
UNO-Wirtschaftskommission für Afrika (UNECA)
United Nations Economic Commission for Africa (ECA)
Commission économique des Nations Unies pour l'Afrique (CEA)
Headquarters: Africa Hall, United Nations Economic Commission for Africa
Postfach 3001, ETH- Addis Abeba
Africa Hall, ETH- Addis Abeba
T: (002511) 51 58 26   **Fax:** 51 03 65
Internet: http://www.uneca.org
E-Mail: ecainfo@uneca.org
Gründung: 1958
Executive Secretary: K. Y. Amoako
Secretariat Officers:
Deputy Executive Secretary: Lalla Ben Barka
Special Assistant to the Executive Secretary and Secretary to the Commission: M. Ehui
African Centre for Women: Josephine Ouedraogo (E-Mail: ouedraogoj@un.org)
Conference and General Services Division: Patrick Chiumya (E-Mail: chiumya.uneca@un.org)
Development Information Systems Division: Karima Bounemra Ben Soltane (E-Mail: bounema.uneca.org)
Development Management Division: James Nxumalo (E-Mail: nxumalo@un.org)
Regional Cooperation and Integration Division: Yousif A. Suliman (E-Mail: sulimany@un.org)
Economic and Social Policy Division: P. K. Asea
Food Security and Sustainable Development Division: Ousmane Laye
Office of Policy Planning and Resource Management: Samba Jack (E-Mail: jack.uneca.org)
Mitglieder: 50 Mitgliedsstaaten
Mitarbeiter: 740
Jahresetat: DM 91,988 Mio
Publikationen: Annual Report of the Economic Commission for Africa, African Women Report - YES..(Every 2 years), Compendium of Intra-African and Related Foreign Trade Statistics (every 2 years), Survey of Economic and Social Conditions in Africa (only subregional surveys)

iz v 3
Subregional Development Centre North Africa
Postfach 3 16, MA- Tangier
T: (0021239) 32 23 46-47   **Fax:** 34 03 57
E-Mail: srdc-na@uneca.org
Director: Abdelouahab Rezig

iz v 4
Subregional Development Centre West Africa
Postfach 744, NIG- Niamey
T: (0022772) 29 61, 27 88   **Fax:** 28 94
E-Mail: srdcwest@eca.ne
Director: Jeggan C. Senghor

iz v 5
Subregional Development Centre Southern Africa
Postfach 3 06 47, Z-10101 Lusaka
T: (002601) 23 10 62, 22 85 03   **Fax:** 23 69 49
E-Mail: uneca@zamnet.zm
Director: Robert M. Okello

iz v 6
Sub Regional Development Centre East Africa
Postfach 46 54, RWA- Kigali
T: (00250) 8 65 49, 5 01 51   **Fax:** 8 65 46
E-Mail: easrdc@rwandateL1.rwanda1.com
Director: Mbaye Diouf

iz v 7
Sub Regional Development Centre Central Africa
PO Box 836, RFC- Yaoundé
T: (0023723) 14 61   **Fax:** 31 85
TX: 8 441 KN
Internet: http://www.un.cm/cdsrac
E-Mail: srdc@camnet.cm, casrdc@un.cm
Director: Addo Iro

• IZ V 8
Wirtschafts- und Sozialkommission für Asien und den Pazifischen Raum (ESCAP)
Economic and Social Commission for Asia and the Pacific (ESCAP)
Commission économique et sociale pour l'Asie et le Pacifique (CESAP)
United Nations Building
Rajadamnern Avenue, T- Bangkok 10200
T: (00662) 2 88-1234   **Fax:** 2 88-1000
TGR: ESCAP, Bangkok
Internet: http://www.unescap.org
E-Mail: webmaster@unescap.org
Mitglieder: 51 Länder
Members:
Afghanistan, Armenia, Australia, Azerbaijan, Bangladesh, Bhutan, Brunei Darussalam, Cambodia, China, Democratic People's Republic of Korea, Fiji, France, India, Indonesia, Iran, Islamic Republic of Iran, Japan, Kazakhstan, Kiribati, Kyrgyzstan, Lao People's Democratic Republic, Malaysia, Maldives, Marshall Islands, Micronesia (Federated States of), Mongolia, Myanmar, Nauru, Nepal, Netherlands, New Zealand, Pakistan, Palau, Papua New Guinea, Philippines, Republic of Korea, Russian Federation, Samoa, Singapore, Solomon Islands, Sri Lanka, Tajikistan, Thailand, Tonga, Turkey, Turkmenistan, Tuvalu, United Kingdom of Great Britain and Northern Island, United States of America, Uzbekistan, Vanuatu, Viet Nam
Associate Members:
American Samoa, Cook Islands, French Polynesia, Guam, Hong Kong, China, Macau, New Caledonia, Niue, Northern Mariana Islands

• IZ V 9
Wirtschaftskommission für Lateinamerika und die Karibik (ECLAC)
ECLAC Economic Commission for Latin America and the Caribbean
CEPAL Commission économique pour l'Amérique Latine et les Caraïbes
Edificio Naciones Unidas
Avda. Dag Hammarskjöld, RCH- Santiago de Chile
T: (00562) 2 10 20 00   **Fax:** 2 08 02 52
TGR: UNATIONS, SANTIAGO, CHILE
E-Mail: Biblioteca@eclac.cl

• IZ V 10
Wirtschaftskommission für Westasien (ESCWA)
Economic and Social Commission for Western Asia (ESCWA)
Commission Economique et Sociale pour l'Asie Occidentale (CESAEO)
Riad el-Solh Square P.O.B. 11-8575, LIB- Beirut
T: (009611) 981 301, 981 401   **Fax:** (00911) 981 510
Internet: http://www.escwa.org.lb
E-Mail: unescwa@escwa.org.lb
Gründung: 1973 (9. August)
Executive Secretary: Hazem El-Beblawi
Leitung Presseabteilung: Nejib Friji
Verbandszeitschrift: Various Technical & Sectoral Publk. on economic & social issues
Redaktion: ESCWA, AMMAN
Mitglieder: 13 Member Countries
Mitarbeiter: 350

• IZ V 11
Wirtschaftskommission der Vereinten Nationen für Europa (ECE)
United Nations Economic Commission for Europe (UNECE)
Commission économique des Nations Unies pour l'Europe (ONU-CEE)
Palais des Nations, CH-1211 Genève 10
T: (004122) 9 17 44 44   **Fax:** 9 17 05 05
TGR: ECE UNATIONS Genf
Internet: http://www.unece.org
E-Mail: info.ece@unece.org
Gründung: 1947
Exekutivsekretärin: Danuta Hübner
Leitung Presseabteilung: Jean Michel Jakobowicz
Mitglieder: 55 Länder
Mitarbeiter: 200
Periodische Informationsschrift: ECE Highlights

Behörden und Ämter der Vereinten Nationen

• IZ V 12
Vereinte Nationen
Der Hohe Flüchtlingskommissar der Vereinten Nationen
Amt des Vertreters in der Bundesrepublik Deutschland (UNHCR)
United Nations High Commissioner for Refugees
Nations Unies, Haut Commissariat pour les Réfugiés
Case Postale 2500, CH-1211 Genève 2 Dépôt
T: (004122) 7 39 81 11, **Fax:** (004122) 7 39 73 77, **E-Mail:** unhcr@unhcr.ch, **Internet:** www.unhcr.ch
Wallstr. 9-13, 10179 Berlin
T: (030) 2 02 20 20   **Fax:** 20 22 02 20
Internet: http://www.unhcr.de
E-Mail: gfrien@unhcr.ch
Gründung: 1951 Vertretung in Bonn, seit 11/98 in Berlin; seit 1953 Zweigstelle in Zirndorf/Nürnberg (ab 11/96)
Leitung Presseabteilung: Stefan Telöken
Verbandszeitschrift: Flüchtlinge
Redaktion: Stefan Telöken
Mitarbeiter: 4 in Nürnberg, 17 in Berlin

iz v 13
Vereinte Nationen
Der Hohe Flüchtlingskommissar der Vereinten Nationen
Zweigstelle Nürnberg
Frankenstr. 210, 90461 Nürnberg
T: (0911) 44 21 00   **Fax:** 44 21 80
E-Mail: gfrnu@unhcr.ch

• IZ V 14
Ernährungs- und Landwirtschaftsorganisation der Vereinten Nationen (FAO)
Food and Agriculture Organization of the United Nations
Organisation des Nations Unies pour l'alimentation et l'agriculture (FAO)
Viale delle Terme di Caracalla, I-00100 Rom
T: (003906) 5 70 51   **Fax:** 57 05 31 52 (GR. II/III)
TGR: FOODAGRI ROME
Internet: http://www.fao.org
E-Mail: FAO-HQ@fao.org
Deutscher Dienst: T: (003906) 57 05 31 05
Gründung: 1945
Chief Media Branch: Nick Parsons
Generaldirektor: Jacques Diouf
Verbandszeitschrift: The State of Food and Agriculture; Yearbooks; The state of food insecurity in the world
Mitglieder: 180 Länder, 1 organis. Mitglied (EC)
Mitarbeiter: 4200
Jahresetat: US-Dollar 650 Mio (2000-01)

• IZ V 15
Haager Konferenz für internationales Privatrecht
Conférence de La Haye de droit international privé
Bureau Permanent:
Scheveningseweg 6, NL-2517 KT Den Haag
T: (003170) 3 63 33 03   **Fax:** 3 60 48 67
Internet: http://www.hcch.net
E-Mail: secretariat@hcch.net
Generalsekretär(in): J.H.A. van Loon

• IZ V 16
Hilfswerk der Vereinten Nationen für Palästinaflüchtlinge im Nahen Osten (UNRWA)
United Nations Relief and Works Agency for Palestine Refugees in the Near East
Office de secours et de travaux des Nations Unies pour les réfugiés de Palestine dans le Proche Orient
Postal Adress: POBox 700, Vienna International Centre, A-1400 Vienna
Postfach 14 01 57, JOR- Amman 11814
T: (009728) 677 73 33   **Fax:** 677 7555
Gründung: 1949 (Dezember)
Commissioner-General: Peter Hansen
Verbandszeitschrift: Annual Report
Mitarbeiter: ca. 22000

• IZ V 17
Internationale Arbeitsorganisation (ILO)
International Labour Organisation (ILO)
Organisation internationale du Travail (OIT)
4 route des Morillons, CH-1211 Genève 22
T: (004122) 7 99 61 11   **Fax:** 7 98 86 85

Internet: http://www.ilo.org
Gründung: 1919
Generaldirektor: Juan Somavia
Leitung Presseabteilung: Zohreh Tabatabai
Verbandszeitschrift: Die Welt der Arbeit
Redaktion: Dr. H. von Rohland
Verlag: SRO-Kundig, Genf
Mitarbeiter: 2000
Mitgliedsstaaten: 175

iz v 18

Internationale Arbeitsorganisation (IAO)
Vertretung in Deutschland
Hohenzollernstr. 21, 53173 Bonn
T: (0228) 36 23 22, 36 39 88   **Fax:** 35 21 86
Teletex: 2 283 726 eilobonn
Internet: http://www.ilo.org/bonn
E-Mail: bonn@ilo.org
Direktor(in): Dr. Ernst Kreuzaler

iz v 19

ILO-Büro Brüssel
Bureau de liaison de l'OIT avec les Communautés Européennes et les pays du Benelux
Rue A. Smekens 40, B-1040 Brüssel
T: (00322) 7 36 59 42

● IZ V 20

Internationale Atomenergie Agentur (IAEA)
International Atomic Energy Agency (IAEA)
Agence internationale de l'énergie atomique (AIEA)
Postfach 100, A-1400 Wien
Wagramerstr. 5, A-1400 Wien
T: (00431) 2 60 00   **Fax:** 2 60 07
Internet: http://www.iaea.or.at/worldatom
E-Mail: official.mail@iaea.org
Gründung: 1957 (29. Juli)
Leitung Presseabteilung: David Kyd
Verbandszeitschrift: International Atomic Energy Agency Bulletin
Redaktion: Lothar Wedekind
Mitglieder: 130 Mitgliedsstaaten
Mitarbeiter: 2300
Jahresetat: DM 220 Mio

● IZ V 21

Internationale Bank für Wiederaufbau und Entwicklung - Weltbank (IBRD)
International Bank for Reconstruction and Development (IBRD) - World Bank
Banque Internationale pour le reconstruction et le développement (BIRD)
1818 H Street, NW, USA- Washington, D. C. 20433
T: (001202) 4 77-12 34   **Fax:** 4 77-63 91
TGR: INTBAFRAD WASHINGTONDC
President: James D. Wolfensohn

iz v 22

The World Bank European Office
66, avenue d'Iéna, F-75116 Paris
T: (00331) 40 69 30 18   **Fax:** 47 23 74 36
Internet: http://www.worldbank.org/
Vice Président: Jean-Francois Rischard

iz v 23

The World Bank Tokyo Office
Kokusai Building
1-1, Marunouchi 3-chome, Chiyoda-ku, J- Tokio 100
T: (00813) 2 14-50 01

● IZ V 24

Internationaler Seegerichtshof
International Tribunal for the Law of the Sea
Tribunal International du Droit de la Mer
Am Internationalen Seegerichtshof, 22609 Hamburg
T: (040) 3 56 07-0   **Fax:** 3 56 07-245
E-Mail: itlos@itlos.hamburg.de
Gründung: 1996 (18. Oktober)
Präsident(in): P. Chandrasekhara Rao
Vizepräsident(in): L. Dolliver M. Nelson
Kanzler: Gritakumar E. Chitty
Vizekanzler: Philippe Gautier
Pressearbeit: Robert H. van Dijk
Verbandszeitschrift: Press Releases - Annual Report to the Meeting of States Parties - Yearbook
Mitarbeiter: 30

● IZ V 25

Kinderhilfswerk der Vereinten Nationen (UNICEF)
United Nations Children's Fund
Fonds des Nations Unies pour l'enfance
UNICEF House, 3 UN Plaza, USA- New York, NY 10017
T: (001212) 3 26-7000   **Fax:** 8 88-7465, 8 88-7454
TGR: UNICEF
Internet: http://www.unicef.org
E-Mail: netmaster@unicef.org
Executive Director: Carol Bellamy

wichtigste UNICEF Büros

iz v 26

UNICEF Regional Office for Europe
Palais des Nations, CH-1211 Genf 10
T: (004122) 9 09 51 11   **Fax:** 9 09 59 00
TGR: UNICEF GENEVA (SWITZERLAND)

iz v 27

UNICEF Regional Office for Central and Eastern Europe, Commonwealth of Independent States and the Baltics
Palais des Nations, CH-1211 Genf 10
T: (004122) 9 09 56 05   **Fax:** 9 09 59 09

● IZ V 28

Konferenz der Vereinten Nationen für Handel und Entwicklung (UNCTAD)
United Nations Conference on Trade and Development
Conférence des Nations Unies sur le commerce et le développement (CNUCED)
avenue de la Paix 8-14 Palais des Nations, CH-1202 Genf
T: (004122) 917 12 34   **Fax:** 917 00 57
Internet: http://www.unctad.org
E-Mail: webmaster@unctad.org
Secretary-General: Rubens Ricupero
Deputy Secretary-General: Carlos Fortin

● IZ V 29

Koordinierungs-Ausschuß für den Internationalen Freiwilligen-Dienst (CCIVS)
Coordinating Committee for International Voluntary Service
Comité de Coordination du Service Volontaire International
UNESCO - 1, rue Miollis, F-75015 Paris Cedex 15
T: (00331) 45 68 49 36   **Fax:** 42 73 05 21
Internet: http://www.unesco.org/ccivs
E-Mail: ccivs@unesco.org
Gründung: 1948
Direktor(in): Dr. Simona Costanzo
Verbandszeitschrift: CCIVS News
Mitarbeiter: 3
Jahresetat: DM 0,3 Mio
Mitgliedsorganisationen: 140

iz v 30

Aktionsgemeinschaft Dienst für den Frieden e.V. (AGDF)
Blücherstr. 14, 53115 Bonn
T: (0228) 2 49 99-0   **Fax:** 2 49 99-20
Internet: http://www.friedensdienst.de
E-Mail: agdf@friedensdienst.de

iz v 31

Christlicher Friedensdienst e.V. (CFD)
Rendeler Str. 9-11, 60385 Frankfurt
T: (069) 45 90 72   **Fax:** 46 12 13
Internet: http://ourworld.compuserve.com/homepages/christlicherfriedensdienst
E-Mail: christlicherfriedensdienst@compuserve.com

iz v 32

Internationale Jugendgemeinschaftsdienste (IJGD)
Glogauer Str. 21, 10999 Berlin
T: (030) 6 11 10 91   **Fax:** 6 11 10 94
E-Mail: ijgdbln@aol.com

iz v 33

Nothelfergemeinschaft der Freunde (NdF)
Postf. 10 15 10, 52315 Düren
T: (02421) 7 65 69   **Fax:** 7 64 68
E-Mail: ndf-dn@t-online.de

iz v 34

Internationale Begegnung u. Gemeinschaftsdienste (IBG)
Schlosserstr. 28, 70180 Stuttgart
T: (0711) 6 49 11 28   **Fax:** 6 40 98 67
E-Mail: igb-workcamps@t-online.de

iz v 35

St. Martins Orden
Neue Wiese 32, 32760 Detmold
T: (05231) 82 83

iz v 36

Vereinigung junger Freiwilliger e.V. (VJF)
Hans-Otto-Str. 7, 10407 Berlin
T: (030) 42 85 06 03   **Fax:** 42 85 06 04

iz v 37

International Christian Youth Exchange (ICYE)
Große Hamburger Str. 30, 10115 Berlin
T: (030) 28 39 05 50   **Fax:** 28 39 05 52

iz v 38

Service Civil International Deutscher Zweig e.V.
Blücherstr. 14, 53115 Bonn
T: (0228) 21 20 86, 21 20 87   **Fax:** 26 42 34
Internet: http://www.sci-d.de
E-Mail: sci-d@sci-d.de

iz v 39

Aktion Sühnezeichen Friedensdienste e.V. (ASF)
Auguststr. 80, 10117 Berlin
T: (030) 28 39 51 84   **Fax:** 28 39 51 35
Internet: http://www.asf-ev.de
E-Mail: asf@asf-ev.de

● IZ V 40

Organisation der Vereinten Nationen für Bildung, Wissenschaft, Kultur und Kommunikation (UNESCO)
United Nations Educational, Scientific and Cultural Organization
Organisation des Nations Unies pour l'éducation, la science et la culture
UNESCO House
Place de Fontenoy 7, F-75352 Paris 07 SP
T: (00331) 45 68 10 00   **Fax:** 45 67 16 90
TGR: UNESCO PARIS
Internet: http://www.unesco.org
Gründung: 1946
Chairperson of the Executive Board: Sonia Mendieta de Badaroux (Botschafterin, Ständige Delegierte von Honduras bei der UNESCO)
Director-General: Koichiro Matsuura
Secretary of the Board: Mohamed Al Shaabi
Verbandszeitschrift: Sources UNESCO und THE UNESCO-COURIER
Verlag: Sources UNESCO, Unesco-BPI, UNESCO HOUSE, Place de Fontenoy 7, F-75352 Paris 07 SP
THE UNESCO COURIER, 1, rue Miollis, F-75732 Paris Cédex 15
Mitglieder: 186
Mitarbeiter: 2500

iz v 41

Deutsche UNESCO-Kommission e.V.
Colmantstr. 15, 53115 Bonn
T: (0228) 6 04 97-0   **Fax:** 6 04 97-30
Internet: http://www.unesco.de
E-Mail: dispatch@unesco.de
Gründung: 1950
Leitung Presseabteilung: Dieter Offenhäußer
Verbandszeitschrift: UNESCO-KURIER
Redaktion: Dr. Urs Aregger
Verlag: Freemedia Verlag Hans Frieden, Holligenstr. 33, CH-3008 Bern
Mitglieder: bis zu 100
Mitarbeiter: 21
Jahresetat: DM 2,6 Mio, € 1,33 Mio

● IZ V 42

Organisation der Vereinten Nationen für industrielle Entwicklung (UNIDO)
UN Industrial Development Organization
Organisation des NU pour le Developpement Industriel
Vienna International Centre
Postfach 3 00, A-1400 Wien
T: (00431) 2 60 26   **Fax:** 2 69 26 69
Internet: http://www.unido.org
Gründung: 1966
General Dir.: Carlos Alfredo Magariños

● IZ V 43

Umweltprogramm der Vereinten Nationen (UNEP)
United Nations Environment Programme (UNEP)
Programme des Nations Unies pour l'environnement (PNUE)
Postfach 30552, EAK- Nairobi
T: (002542) 62 12 34   **Fax:** 22 68 86, 62 26 24, 62 26 15
TGR: UNITERRA NAIROBI
Internet: http://www.unep.org
E-Mail: cpiinfo@unep.org
Gründung: 1972
Executiv Director: Klaus Töpfer
Leitung Presseabteilung: Tore Brevik
Verbandszeitschrift: Our planet
Redaktion: UNEP Nairobi
Verlag: UNEP
Mitarbeiter: 685 with approx., 345 Professionals

● IZ V 44

Übereinkommen zur Erhaltung der wandernden wildlebenden Tierarten (UNEP/CMS)
Convention on Migratory Species
Convention sur les espèces migratrices
Martin-Luther-King-Str. 8, 53175 Bonn
T: (0228) 8 15-2401, 8 15-2402   **Fax:** 8 15-2445
Internet: http://www.unep-wcm.org/cms
E-Mail: cms@unep.de
Executive Secretary: Arnulf Müller-Helmbrecht (Deutschland)

● IZ V 45

Weltgesundheitsorganisation (WHO)
World Health Organization
Organisation mondiale de la Santé (OMS)
Av. Appia 20, CH-1211 Genf 27
T: (004122) 791 21 11   **Fax:** 791 23 00
Internet: http://www.who.ch
E-Mail: info@who.ch
Gründung: 1948
Generaldirektorin: Dr. Gro Harlem Brundtland
Mitglieder: 190 Etats Membres
Mitarbeiter: 4500

● IZ V 46

Wirtschafts- und Sozialrat der Vereinten Nationen
Economic and Social Council of the United Nations
Conseil économique et social des NU
United Nations Bldg., Room 5-2950 C, USA- New York N.Y. 10017
T: (001212) 9 63-4640   **Fax:** (0014212) 9 63-5935
Internet: http://www.un.org/esa/

● IZ V 47

mWeltorganisation für geistiges Eigentum (WIPO/OMPI)
World Intellectual Property Organization (WIPO)
Organisation Mondiale de la Propriété Intellectuelle (OMPI)
Postfach 18, CH-1211 Genève 20
34, Chemin des Colombettes (Place des Nations), CH-1211 Genève 20
T: (004122) 3 38 91 11   **Fax:** 7 33 54 28
Internet: http://www.wipo.org
Directeur général: Dr. Kamil Idris
Vice-Directeur général: François Curchod
Mitglieder: 166 Mitgliedsstaaten

● IZ V 48

Zwischenstaatlicher Ausschuß für Urheberrecht (IGC)
Intergovernmental Committee of the Universel Copyright Convention
Comité Intergouvernemental du Droit d'Auteur
c/o UNESCO
1 Rue Miollis, F-75732 Paris Cedex 15
T: (00331) 45 68 10 00, 45 68 47 07   **Fax:** 45 68 55 89
Chairman: Mayer Gabay, Israel
Verbandszeitschrift: Bulletin du Droit d'Auteur
Verlag: UNESCO, 7 place de Fontenoy, 75700 Paris
Mitglieder: 18 etats

● IZ V 49

Freiwilligenprogramm der Vereinten Nationen (UNV)
United Nations Volunteers
Postf. 26 01 11, 53153 Bonn
Martin-Luther-King-Str. 8, 53175 Bonn
T: (0228) 8 15-2000   **Fax:** 8 15-2001
Internet: http://www.unv.org
E-Mail: hq@unv.org
Executive Coordinator: Sharon Capeling-Alakija (Kanada)

Internationaler Gerichtshof

● IZ V 50

Internationaler Gerichtshof (ICJ)
International Court of Justice
Cour internationale de Justice (CIJ)
Peace Palace
Carnegieplein 2, NL-2517 KJ Den Haag
T: (003170) 3 02 23 23   **Fax:** 3 64 99 28
Internet: http://www.icj-cij.org
E-Mail: information@icj-cij.org, mail@icj-cij.org
Gründung: 1945
Präsident(in): Gilbert Guillaume
Vizepräsident(in): Jiuyong Shi
Registrator: Philippe Couvreur

IZ W Internationale Organisationen

Zum Auffinden einer bestimmten Dienststelle oder Organisation dient das Suchwortverzeichnis, eines Personennamens das Personenverzeichnis

Sonstige internationale und interregionale
staatliche Zusammenschlüsse
Sonstige internationale und interregionale Ämter und Behörden

Sonstige internationale und interregionale staatliche Zusammenschlüsse

● IZ W 1
Asia-Pazifische Fischerei Kommission (APFIC)
Asia-Pacific Fishery Commission
Commission Asia-Pacifique des Pêches
FAO Regional Office:
Maliwan Mansion, Phra Atit Road, T- Bangkok 10200
T: (00662) 2 81 78 44   Fax: 2 80-04 45
E-Mail: fao-rap@fao.org
Gründung: 1948
Presseabteilung: Veravat Hongskul (E-Mail: veravat.hongskul@fao.org)
Mitglieder: 20

● IZ W 2
Europäische Freihandelsassoziation (EFTA)
European Free Trade Association (EFTA)
Association Européenne de Libre-Échange (AELE)
9-11, rue de Varembé, CH-1211 Genève 20
T: (004122) 7 49 11 11   Fax: 7 33 92 91, 7 40 14 37
Internet: http://www.efta.int
Gründung: 1960
Generalsekretär(in): Kjartan Jóhannsson
Mitgliedsländer: Island, Norwegen, Schweiz, Liechtenstein

● IZ W 3
Oberstes Hauptquartier der Alliierten Streitkräfte in Europa (SHAPE)
Supreme Headquarters Allied Powers Europe
Grand Quartier Général des Puissances Alliées en Europe
Postfach ., B-7010 Shape
T: (003265) 44 71 11 Mons-Belgien
E-Mail: shapepio@sce.nato.int
Oberster Befehlshaber Saceur: Gen. Joseph W. Ralston (US Air Force)

● IZ W 4
OECD Agentur der Atomenergie (OCDE)
Organisation for Economic Co-operation and Development
Organisation de Coopération et de Développement Économiques
Le Seine St Germain 12, bld des Iles, F-92130 Issy les Moulineaux
T: (00331) 45 24 10 10   Fax: 45 24 11 10
Internet: http://www.nea.fr
E-Mail: nea@nea.fr
Gründung: 1958
Director-General: Luis Enrique Echávarri
Leitung Presseabteilung: Jacques de la Ferté
Mitglieder: 27 Member governments (Europe + US, Canada, Japan, Australia, Republic of Korea, Mexico)

● IZ W 5
Organisation für afrikanische Einheit - Kommission für Wissenschaft, Technik und Forschung (OAU/STRC)
Organization of African Unity, Scientific, Technical and Research Commission
Organisation de l'Unite Africaine - Commission Scientifique, Technique et de la Recherche
26/28 Marina, WAN- Lagos
T: (002341) 2 63 34 30, 2 63 32 89, 2 63 33 59, 2 63 37 52
Fax: 2 63 60 93
Teletex: 22 199 TECOAU NG
TGR: TECNAFRICA Lagos
E-Mail: oaustrcl@rcl.nig.com
Gründung: 1965
Executive Secretary: Dr. R. N. Mshana (a.i.)
Asst. Exec. Secretary: Dr. M. Ndoye
Verbandszeitschrift: African Soils (in English), Sols Africains (in France)
African Pharmacopoeia (in Englisch), Pharmacopee Africaine (in France), Research into African Medicinal Plants Newsletter
Verlag: OAU/STRC, Lagos
Mitglieder: 53 Mitgliedsstaaten
Mitarbeiter: 37

● IZ W 6
Organisation für wirtschaftliche Zusammenarbeit und Entwicklung (OECD)
Organisation for Economic Co-operation and Development (OECD)
Organisation de Coopération et de Développement Économiques (OCDE)
2, rue André Pascal, F-75775 Paris Cedex 16
T: (00331) 45 24 82 00   Fax: 45 24 85 00
TGR: DEVELOPECONOMIE
Internet: http://www.oecd.org/
Gründung: 1960, Konvention vom 14. Dezember, in Kraft getreten 1961 (30. September)
Generalsekretär(in): Donald Johnston
Stellv. Generalsekr.: Thorvald Moe
Herwig Schlögl
Seiichikondo
Sally Shelton-Colby

Mitgliedsländer (30):
in Europa: Belgien, Dänemark, Deutschland (BR), Finnland, Frankreich, Griechenland, Großbritannien, Irland, Island, Italien, Luxemburg, Niederlande, Norwegen, Österreich, Polen, Portugal, Schweden, Schweiz, Slowakei, Spanien, Tschech. Republik, Türkei, Ungarn
in Nordamerika: Kanada, Mexiko, U.S.A.
im pazifischen Raum: Australien, Japan, Korea, Neuseeland

iz w 7
OECD Berlin Centre
Albrechtstr. 9, 10117 Berlin
T: (030) 2 88 83 53   Fax: 28 88 35 45
Internet: http://www.oecd.org/deutschland
E-Mail: berlin.contact@oecd.org
Leiter: Dr. Dieter Menke

● IZ W 8
Organisation des Nordatlantikpaktes (NATO)
North Atlantic Treaty Organisation (NATO)
Organisation du Traité de l'Atlantique Nord (OTAN)
B-1110 Bruxelles
T: (00322) 7 07 41 11   Fax: 7 07 41 17
Internet: http://www.nato.int
Gründung: 1949
Secretary General: George Robertson
Leiter(in): General Joseph W. Ralston (Oberbefehlshaber Europa)
Leitung Presseabteilung: Jamie Shea
Verbandszeitschrift: NATO Review, NATO Handbook, Fact Sheets, NATO Update
Verlag: OTAN, 1110 Bruxelles
Mitglieder: 19 Länder

● IZ W 9
Westeuropäische Union (WEU)
Western European Union (WEU)
Union de l'Europe Occidentale (UEO)
Secretariat General - Secrétariat Général - Generalsekretariat
4 Rue de la Régence, B-1000 Bruxelles
T: (00322) 5 00 44 11   Fax: 5 11 35 19
Internet: http://www.weu.int
E-Mail: ueo.presse@skynet.be
Gründung: 1955
Secretary-General: Dr. Javier Solana
Deputy Secretary-General: Dr. Roland Wegener (Germany)
Press and Information Officer: Myriam Sochacki
President: Klaus Buehler (Germany)
Clerk: Colin Cameron (Royaume-Uni)
Verbandszeitschrift: Weu Press Review
Mitglieder: 28 Länder

iz w 10
Assembly of W.E.U.
Assemblée de l
U.E.O.
Avenue du Président Wilson, F-75775 Paris Cedex 16
T: (00331) 47 23 54 32   Fax: 47 20 81 78

● IZ W 11
Wirtschafts-Union zwischen Belgien, den Niederlanden und Luxemburg (BENELUX)
Union Economique BENELUX
Secrétariat Général:
39, rue de la Régence, B-1000 Bruxelles
T: (00322) 5 19 38 11   Fax: 5 13 42 06
Internet: http://www.benelux.be
E-Mail: r.vanimpe@benelux.be

Generalsekretariat der Benelux-Wirtschaftsunion:
Generalsekretär: Drs. B. M. J. Hennekam (NL)

Beigeordnete Generalsekretäre: Marie-Rose Berna (L)
E. Baldewijns (B)

Sonstige internationale und interregionale Ämter und Behörden

● IZ W 12
Allgemeines Zoll- und Handelsabkommen/Welt Handelsorganisation (GATT/WTO)
General Agreement on Tariffs and Trade/World Trade Organization
Accord général sur les tarifs douaniers et le commerce
Centre William Rappard
154, rue de Lausanne, CH-1211 Genève 21
T: (004122) 7 39 51 11   Fax: 7 31 42 06
Gründung: 1947 (GATT); 1.1.1995 (WTO)
Director-General: Mike Moore
Leitung Presseabteilung: Keith Rockwell
Mitglieder: 140 Länder
Mitarbeiter: 500

● IZ W 13
Bank für Internationalen Zahlungsausgleich (BIZ)
Bank for International Settlements (BIS)
Banque des Règlements Internationaux (BRI)
Centralbahnplatz 2, CH-4002 Basel
T: (004161) 280 80 80   Fax: 280 91 00
TGR: Interbank Basel
Internet: http://www.bis.org
E-Mail: email@bis.org
Gründung: 1930
Chairman of the Board of Directors and President of the Bank: Urban Bäckström (Stockholm)
Vice-Chairman: Lord Kingsdown (London)
Generalbevollmächtigter: Andrew D. Crockett
Mitglieder: 49 Zentralbanken
Mitarbeiter: 500 aus 35 Ländern
BIS Representative Office for Asia and the Pacific: 8th Floor, Citibank Tower, 3 Garden Road, Central, Hong Kong SAR of the People's Rep. of China, T: (852) 28 78 71 00, Fax: (852) 28 78 71 23, Chief Representative: George Pickering

● IZ W 14
Arbeitsgruppe "Bekämpfung der Geldwäsche" (FATF)
Financial Action Task Force on Money Laundering (FATF)
Groupe d'action financière sur le blanchiment de capitaux (GAFI)
FATF Secretariat - FATF/OECD
Rue André-Pascal 2, F-75775 Paris Cedex 16
T: (00331) 45 24 82 00
Internet: http://www.oecd.org/fatf
E-Mail: fatf.contact@oecd.org
President: José Maria Roldán Alegre (seit 1. Juli 2000)
Mitglieder: 48 dav. 31 Länder, 5 regionale Körperschaften und 12 internationale Organisationen
Mitglieder: Länder: Argentinien, Australien, Belgien, Brasilien, Dänemark, Deutschland, EU-Kommission, Finnland, Frankreich, Griechenland, Gulf Co-operation Council, Hong Kong (China), Irland, Island, Italien, Japan, Kanada, Luxemburg, Mexiko, Niederlande, Neuseeland, Norwegen, Österreich, Portugal, Schweden, Schweiz, Singapur, Spanien, Türkei, USA, Vereinigtes Königreich;
Retgionale Körperschaften: Asia/Pacific Group on Money Laundering (APG), Caribbean Financial Action Task Force (CFATF), Council of Europe PC-R-EV Committee, Eastern an Southern Africa Anti-Money Laundering Group, Intergovernmental Task Force against Money Laundering in Afrikca;
Internationale Organisationen: Asia Development Bank, The Commonwealth Secretariat, Europäische Bank für Wiederaufbau und Entwicklung, Inter-Amerikanische Entwicklungsbank, Internationaler Währungsfonds, Interpol, International Organisation of Securities Commissions, Organisation of American States, Offshore Group of Banking Supervisors, United Nations Office for Drug Control and Crime Prevention, Weltbank, World Customs Organisation

● IZ W 15
Internationale Hydrographische Organisation (IHO)
International Hydrographic Organization
Organisation Hydrographique Internationale
c/o International Hydrographic Bureau
4 Quai Antoine-1er B.P. 445, MC-98011 Monaco Cedex
T: (00377) 93 10 81 00   Fax: 93 10 81 40
Internet: http://www.iho.shom.fr
E-Mail: info@ihb.mc
Gründung: 1921
Président: Rear Admiral Giuseppe Angrisano, USA
Direktor(in): Rear Admiral Neil Guy (Südafrika)

Verbandszeitschrift: International Hydrographic Bulletin
Mitglieder: 69

Member States:
Algeria, Argentina, Australia, Bahrain, Belgium, Brazil, Canada, Chile, China, Colombia, Croatia, Cuba, Cyprus, Democratic People's Republic of Korea, Denmark, Dominican Republic, Ecuador, Egypt, Estonia, Fiji, Finland, France, Germany, Greece, Guatemala, Iceland, India, Indonesia, Iran, Italy, Jamaica, Japan, Malaysia, Monaco, Morocco, Mozambique, Netherlands, New Zealand, Nigeria, Norway, Oman, Pakistan, Papua New Guinea, Peru, Philippines, Poland, Portugal, Republic of Korea, Republic of South Africa, Russian Federation, Singapore, Spain, Sri Lanka, Suriname, Sweden, Syrian Arab Republic, Thailand, Trinidad and Tobago, Tonga, Tunisia, Turkey, Ukraine, United Arab Emirates, United Kingdom of Great Britain & Northern Ireland, United States of America, Uruguay, Venezuela, Yugoslavia, Democratic Rep. of the Congo

● **IZ W 16**

Internationale Organisation für gesetzliches Meßwesen (OIML)
International Organization of Legal Metrology
Bureau International de Métrologie Légale
11, rue Turgot, F-75009 Paris
T: (00331) 48 78 12 82, 42 85 27 11 **Fax:** 42 82 17 27
Internet: http://www.oiml.org
E-Mail: biml@oiml.org
Präsident(in): G.J. Faber (Netherlands)
Direktor(in): Bernard Athané (BIML)

● **IZ W 17**

Internationale Organisation für Migration (IOM)
International Organization for Migration (IOM)
Organisation Internationale pour les Migrations (OIM)
Headquarters:
17, route des Morillons, Geneva
Postfach 71, CH-1211 Geneva 19
T: (004122) 7 17 91 11 **Fax:** 7 98 61 50
E-Mail: Telex@geneva.iom.int
Gründung: 1951
Director General: Brunson McKinley
Leitung Presseabteilung: Jean-Philippe Chauzy
Verbandszeitschrift: IOM News (E/F/S)
Redaktion: IOM
Verlag: eigen
Mitglieder: 67
Mitarbeiter: 1200
Jahresetat: 450

iz w 18

Verbindungsstelle bei der Regierung der Bundesrepublik Deutschland
Postf. 20 14 62, 53144 Bonn
Koblenzer Str. 99, 53177 Bonn
T: (0228) 82 09 40

● **IZ W 19**

Internationale Seidenbau-Kommission (CSI)
International Sericultural Commission (ISC)
Commission Séricicole Internationale
25 quai Jean Jacques Rousseau, F-69350 La Mulatière
T: (0033478) 50 41 98 **Fax:** 86 09 57
Gründung: 1967
Secrétaire Général: Dr. G. Chavancy
Verbandszeitschrift: SERICOLOGIA
Redaktion: Secrétariat
Verlag: Commission Sericicole Internationale, 25 quai Jean Jacques Rousseau, F-69350 La Mulatiere
Mitglieder: 12 Etats-members, 100 membres associés
Mitarbeiter: 1 salarié, 1 bénévole

● **IZ W 20**

Internationale Walfang-Kommission (IWC)
International Whaling Commission
The Red House
Station Road 135 Impington, GB- Cambridge CB4 9NP
T: (00441223) 23 39 71 **Fax:** 23 28 76
Internet: http://www.iwcoffice.org
E-Mail: secretariat@iwcoffice.org
Chairman: Prof. Bo Fernholm (Sweden)
Vice-Chairman: Com. H. Fischer (Denmark)
Secretary: Dr. Nicola Grandy
Mitglieder: 40 Member Governments
Mitarbeiter: 17

● **IZ W 21**

Internationaler Gemeinde-Verband (IULA)
International Union of Local Authorities
Union Internationale des Villes et Pouvoirs Locaux
Postfach 90646, NL-2509 LP The Hague
Laan Copes van Cattenburch 60A, NL-2585 GC The Hague
T: (003170) 3 06 60 66 **Fax:** 3 50 04 96
Internet: http://www.iula.org
E-Mail: iula@iula-hq.org
Gründung: 1913
Präsident(in): Alan Lloyd
Generalsekretär(in): Jacques Jobin
Leitung Presseabteilung: Astrid van der Veer
Redaktion: Astrid van der Veer
Mitglieder: over 420 members in 110 countries
Mitarbeiter: 8
Associated Organisations:
The International City/County Management Association (ICMA)
The International Council for Local Environmental Initiatives (ICLEI)
The International Daughter Companies Network (IDCN) of IULA
The IULA Municipal Insurance Group (MIG)
Towns and Development (T&D)
The IULA Office for Research and Training
The World Academy for Local Government and Democracy (WALD)
The World Union of Wholesale Markets (WUWM)

Regional Sections

Latin America

iz w 22

IULA-CELCADEL
Postfach 1701, EC- Quito
Agustin Guerrero 219 y Pacifico Chiriboga, EC- Quito
T: (005932) 46 93 65 **Fax:** 43 52 05
Secrétaire Général: Jaime Torres Lara

Africa

iz w 23

IULA Africa Section
Postfach 68 52, RSR- Harare
T: (002634) 79 55 60 **Fax:** 79 55 61
Secrétaire Général: Charles Katiza

Eastern Mediterranean & Middle East Section

iz w 24

IULA-EMME
Sultanahmet
Yerebatan Cad. 2, TR- Istanbul
T: (0090212) 5 11 10 10, 5 19 00 58 **Fax:** 5 19 00 60
Secrétaire Général: Dato Khalid Bin HJ. Husin

Asia & Pacific Section

iz w 25

IULA-ASPAC
Postfach 1286, RI-14350 Jakarta Utara
T: (006221) 6 40 84 49 **Fax:** 6 40 84 46
Secretary General: Endi Rukmo

North America

iz w 26

IULA North America
c/o National League of Cities
Pennsylvania Avenue 1301, USA- Washington DC 20004
T: (001202) 6 26 30 00 **Fax:** 6 26 30 43
E-Mail: borut@nlc.org
Secretary General: Don Borut

Europe

iz w 27

IULA-CEMR
Rue de Castiglione 14, F-75001 Paris
T: (00331) 44 50 59 59 **Fax:** 44 50 59 60
E-Mail: cemr@ccre.org
Secrétaire Général: Elisabeth Gateau

iz w 28

IULA-CEMR
Brussels Office
Rue d'Arlon 22-24, B-1040 Brüssel
T: (00322) 5 11 74 77 **Fax:** 5 11 09 49

Central America

iz w 29

IULA-Central America
4ª Avenida A 21-45 Zona 14, GCA- Guatemala
T: (00502) 3 68 33 73, 3 68 26 45 **Fax:** 3 37 35 30
E-Mail: femica@secmas.gus.net
Secrétaire Général: Patricia Durán de Jager

● **IZ W 30**

Internationaler Sonder-Ausschuß für Störungen im Rundfunkverkehr (CISPR)
International Special Committee on Radio Interference
Comité International Spécial des Perturbations Radioélectriques
British Standards Institution
389 Chiswick High Road, GB- London W4 4AL
T: (004420) 89 96-90 00
Chairman: P.J. Kerry
Assistant Secretary: J. B. Childs

● **IZ W 31**

Internationaler Tee-Ausschuß
International Tea Committee LTD
Comité International du Thé
Sir John Lyon House
5 High Timber Street, GB- London EC4V 3NH
T: (004420) 72 48 46 72 **Fax:** 73 29 69 55
Internet: http://www.intteacomm.co.uk
E-Mail: inteacom@globalnet.co.uk
Gründung: 1933
Chairman: M.J. Bunston
Statistician: Manuja Peiris
Verbandszeitschrift: Annual Bulletin of Statistics, Monthly Statistical Summary, World Tea Statistics 1910-1990
Mitglieder: 16 Tea producing and consuming governments/associations
Mitarbeiter: 3

● **IZ W 32**

Internationaler Weizen-Rat (IGC)
International Grains Council
Conseil international des céréales
1 Canada Square, Canary Wharf, GB- London E14 5AE
T: (004420) 7513-1122 **Fax:** 7513-0630
Gründung: 1949
IGC
Chairman: R. D. Kapur (Secretary (Food and Public Distribution), New Delhi, India)
Vice-Chairman: C. Burns (Minister-Counseller (Agriculture), Australian Delegation to the OECD, Paris)
Food Aid Committee
Chairman: F. Brand (Deputy Head of International Affairs Section, Federal Office of Agriculture, Bern, Switzerland)
Vice-Chairman: H. Inomata (Economic Counsellor, Embassy of Japan, London)
Executive Director: G. Denis
Publications: Grain Market Indicativ (weekly), Grain Market Report (monthly), World Grain Statistics (annual), Report for the Fiscal Year (annual), Wheat and Coarse Grains Shipments (annual), Food Aid Shipments (annual)

● **IZ W 33**

Internationales Büro für Maß und Gewicht (BIPM)
International Bureau of Weights and Measures
Bureau International des Poids et Mesures
Pavillon de Breteuil, F- Sèvres Cedex
T: (00331) 45 07 70 70 **Fax:** 45 34 20 21
Internet: http://www.bipm.org
E-Mail: info@bipm.org
Gründung: 1875
Directeur: T. J. Quinn
Verbandszeitschrift: Metrologia
Redaktion: BIPM
Mitglieder: 49 Staaten

● **IZ W 34**

Internationales Institut für Kältetechnik (IIF-IIR)
International Institute of Refrigeration (IIR)
Institut International du Froid (IIF)
177, boulevard Malesherbes, F-75017 Paris
T: (00331) 42 27 32 35 **Fax:** 47 63 17 98

IZ W 34

Internet: http://www.iifiir.org
E-Mail: iifiir@iifiir.org
Gründung: 1908
Direktor(in): François Billiard
Verbandszeitschrift: Bulletin de l'IIF, IIR Bulletin
Revue Internationale du Froid; International Journal of Refrigeration; Newsletter
Mitglieder: 61 Mitgliedsstaaten, 1500 assoziierte Mitglieder oder Mitglieder der Kommission
Mitarbeiter: 13

IZ W 35

Internationales Wein-Amt (OIV)
International Vine & Wine Office
Office International de la Vigne et du Vin (O.I.V.)
18, rue d'Aguesseau, F-75008 Paris
T: (00331) 44 94 80 80   **Fax:** 42 66 90 63
Internet: http://www.oiv.int
E-Mail: oiv@oiv.int
Gründung: 1924
Leitung Presseabteilung: Georges Dutruc-Rosset
Verbandszeitschrift: Bulletin de l'o.i.v., et Lettre de l'o.i.v.
Mitglieder: 45 Etats membres

IZ W 36

Interparlamentarische Union (IPU)
Inter-Parliamentary Union (IPU)
Union interparlementaire (UIP)
Place du Petit-Saconnex, CH-1211 Genève 19
T: (004122) 9 19 41 50   **Fax:** 9 19 41 60
Internet: http://www.ipu.org
E-Mail: postbox@mail.ipu.ch
Gründung: 1889
Council President: Dr. Najma Akbarali Heptulla (India)
Secretary General: Anders B. Johnsson (Sweden)
Leitung Presseabteilung: Luisa Ballin
Verbandszeitschrift: The Inter-Parliamentary Bulletin (bi-annually)
Summary Records of Inter-Parliamentary Conferences (bi-annually)
Chronicle of Parliamentary Elections (annually)
World Directory of Parliaments (annually)
List of books and articles catalogued (annually)
Study on Free and Fair Elections, International Law and Practice by Prof. Guy S. Goodwin-Gill
Presiding Officers of National Parliamentary Assemblies by Mr. Georges Bergougnous
Democracy: its principles and achievement
The Parliamentary Mandate
Participation of Women in Political Life
Politics: Women's Insight
Mitglieder: Nationale interparlamentarische Gruppen in den Parlamenten von 140 Staaten
Mitarbeiter: 35

IZ W 37

Organisation Erdölexportierender Länder (OPEC)
Organization of the Petroleum Exporting Countries
Organisation des pays exportateurs de pétrole
Obere Donaustr. 93, A-1020 Wien
T: (00431) 2 11 12-0   **Fax:** 2 14 98 27
TGR: opecountries
Internet: http://www.opec.org
E-Mail: prid@opec.org
Gründung: 1960 (14. September)
Generalsekretär(in): Dr. Alí Rodriguez-Araque
Mitglieder: 11 (Algerien, Indonesien, die Islamische Republik Iran, Irak, Kuwait, die Sozialistische Libysche Arabische Volksjamahiriya, Nigeria, Katar, Saudi Arabien, die Vereinigten Arabischen Emirate, Venezuela)

IZ W 38

Welt-Föderation der Gesellschaften für die Vereinten Nationen (FMANU/WFUNA)
World Federation of United Nations Associations (WFUNA)
Fédération Mondiale des Associations pour les Nations Unies (FMANU)
Palais des Nations, CH-1211 Genève 10
T: (004122) 7 33 07 30   **Fax:** 7 33 48 38
TGR: WORFEDUNA Genève
Gründung: 1946
Secretary-General: Paul Ignatieff
Mitglieder: 80 (Nov. 1995)

IZ W 39

Weltorganisation für Meteorologie (WMO)
World Meteorological Organization
Organisation météorologique mondiale (OMM)
Postfach 2300, CH-1211 Genève 2
7 bis, avenue de la Paix, CH-1211 Genève 2
T: (004122) 7 30 81 11   **Fax:** 7 30 81 81
Internet: http://www.wmo.ch
E-Mail: ipa@gateway.wmo.ch
Secretary General: Godwin O. P. Obasi

IZ W 40

Weltpostverein (UPU)
Universal Postal Union
Union postale universelle (UPU)
Weltpoststr. 4, CH-3000 Bern 15
T: (004131) 3 50 31 11   **Fax:** 3 50 31 10
TGR: UPU
Internet: http://www.upu.int
E-Mail: info@upu.int
Gründung: 1874 (9. Oktober)
Directeur général: T. E. Leavey (USA)
Leitung Presseabteilung: Chefredakteur Luiz L. F. Pinheiro
Verbandszeitschrift: Union Postale
Redaktion: Chefredakteur Luiz L. F. Pinheiro
Mitglieder: 189
Mitarbeiter: 165
Sonderorganisation der Vereinten Nationen

IZ W 41

Zwischenstaatliche Organisation für den internationalen Eisenbahnverkehr (OTIF)
Organisation intergouvernementale pour les transports internationaux ferroviaires
Zentralamt
Gryphenhübeliweg 30, CH-3006 Bern
T: (004131) 359 10 10   **Fax:** 359 10 11
TGR: OTIF Bern
Internet: http://www.otif.ch
E-Mail: otif@otif.ch
Gründung: 1893 /1985
Vors. d. Verwaltungsrates: Michel Aymeric (F)
Leitung Presseabteilung: Iris Petra Gries
Verbandszeitschrift: Zeitschrift für den internationalen Eisenbahnverkehr
Verlag: Eigenverlag
Mitarbeiter: 13
Jahresetat: sFr. 3 Mio.

Notizen

Verbände, Behörden, Organisationen der Wirtschaft 2001

Notizen

Noch Fragen?

Wie ein Puzzle ergänzen sich die einzelnen Hoppenstedt-Handbücher sowie die elektronischen Medien von Hoppenstedt zu einem umfassenden und fundierten Informationspool. Wenn Sie in diesem Handbuch trotz seiner Informationsvielfalt nicht alles finden, was Sie gerne wissen möchten, nutzen Sie die ergänzenden Angebote aus unserem Verlagsprogramm. Ein Beispiel stellen wir Ihnen hier kurz vor.

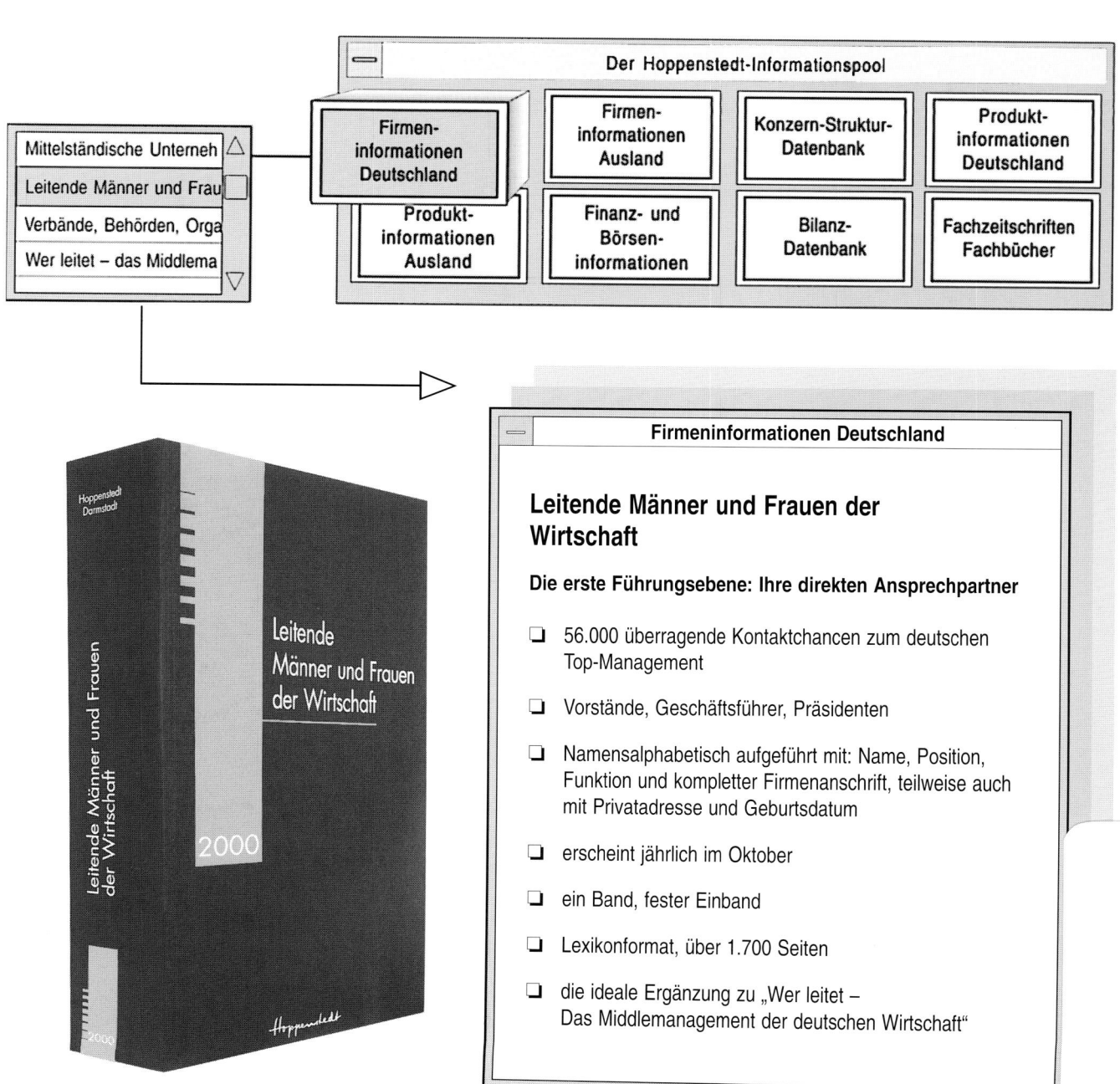

Fordern Sie unter Fax 06151/380-360 oder telefonisch unter 06151/380-0 weitere Informa oder ein Angebot an.

Personen-Verzeichnis

Die nach den Personennamen stehenden Buchstaben und Kennziffern verweisen auf die jeweiligen Verbände, die im Hauptteil nach Gruppen (A Bundes-Behörden bis IZ Internationale Zusammenschlüsse) und aufsteigenden Zahlen veröffentlicht sind.

A

Aagesen, Karin → iz n 46
Aapola, A. → iz f 2 521
Aarestrup, Frank Dr. → iz t 331
Aarimaa, Markku → IZ S 151
Aarosin, Peter → IZ M 193
Aarseth, Helge → iz h 133
van Aartsen, Jozias → iz b 187
Aarup, Lars → iz s 382
Aas, Finn → iz u 160
Aasen, B. Dr.-Ing. → iz f 349
Aass, Rolf A. → iz f 2 318
Aasved, Grethe → IZ S 151
De Abate, Carla → E 263
de Abate, Carla → e 367
Abatzis, Georgios → c 169
Abbott, Roderick → iz a 30
Abbrascia-Rath, Silvana → o 171
Abdelkarim, Ahmed Gaafar → C 1 284
Abdenur, Roberto → C 673
Abe, Kohei → c 247
Abeels, K. → IZ F 596, iz f 2 041, IZ F 2 139
Abel, Christian → u 2 610
– Georg → U 1 161
– Gudrun, Dr. → T 2 625
– Hj., Prof. Dr. → T 2 665
– I., Dipl.-Oec. → T 2 526
– Jürgen → T 408
Abeler, Rainer Dipl.-Kfm. → f 811, H 98
Abelmann, Klaus → U 371
Abeln, Bernd → b 88
– Wolfgang, Dipl.-Betriebsw. → S 284
Abels, Peter → S 387
Abeltshauser, Thomas E. Prof. Dr. → S 615
Aben, Manfred → b 505
v. Abercron, Gisbert Dipl.-Kfm. Dr. → U 1 895
von Abercron, Michael Dr. → U 2 131
Aberle, Gerd Univ.-Prof. Dr. → T 3 630
– Hans-Jürgen → G 1, G 5, I 85, I 86
Abholz, Heinz-Harald Prof.med. → T 3 281
Abicht, Lothar Dr. habil. → T 2 333
Abiska, Marie Chr. → iz u 222
Ablaza, Alexander → iz s 541
Abler, Ronald F. Prof. → IZ T 158
Abmayr, Christiane → S 1 576
Aboaf, Daniel → iz f 1 912
Abraham-Etzold, Marion → H 325
Abrakat, Lothar → U 1 160
Abravanel, Ika → iz e 39
Abreu Dias, Manuel → iz s 109, iz s 135
– Manuel, Dr. → IZ S 104
Abrignani, Bernard → iz u 189
Abril i Abril, Amadeu → IZ T 903
Abrol, R. K. → iz s 519
Abruzzini, Arnaldo → IZ E 3
– Egle → IZ U 571
Abs, Christoph Dr. → T 812
Abstein, Rainer Dr. → E 188
Abt, Karl Otto Dipl.-Phys. → L 1
– Karl Otto, Dipl.-phys. → L 29
– Karlheinz, Dr. → Q 397
– Leopold → g 545
Abusan, Gheorghe → iz t 766
Acar de Langre, Elisabeth → IZ U 225
Accorinti, Giuseppe → iz r 42
Acebes Paniagua, Angel → iz b 245
Achatz, Birgit → O 64
Achavanuntakul, Somchai → iz s 553
Achelis, Thomas → IZ S 269, iz s 273
Achenbach, Gerd → U 415
– Klaus, Dr. → A 20
– Lutz, Dipl.-Volksw. → f 769, f 777
Achille, Michel → iz f 503
Achilles, Christian → h 622, l 58
– Hermann → F 375
Achleitner, Paul Dr. → I 143
Achner, Johann → u 800
Achnitz, Rolf → T 3 896
Achtelig, Michael Dr. → Q 511
Achterberg, Klaus-Jürgen → R 619
Achtzehn, Werner Dr. → u 1 377
Acker, Alexander Luitpold → c 409
Ackermann, Andreas J. Dipl.-Ing. → s 870
– Bernd → s 1 352
– Dietmar → U 348
– Frank → S 1 585
– Gerhard, Prof. Dr. → T 424
– Hella → n 82
– Hermann-Josef → O 386
– Josef, Dr. → u 3 073
– Jürgen → I 142
– Jürgen E., Prof. Dr. → T 1 266
– Klaus-Hellmuth → C 427
– Till, Dipl.-Kfm. → M 1

Fortsetzung nächste Spalte

Ackermann (Fortsetzung)
– Ursula → T 1 971
– Walter, Prof. Dr. → IZ T 975
– Werner, Dipl.-Kfm. → K 21
Ackermeier, Volker Dipl.-Kfm. → m 93, m 121, M 180, m 182, m 183
van Ackern, Klaus Prof. Dr. med. Dr. med. h.c. → T 3 282
Ackerschott, Harald Dipl.-Psych. → S 1 506, T 2 446
Ackmann, Hans-Peter Dr. → S 615
– Hans-Peter, Dr.jur. → R 79
Acosta Hernandez, Rubén → IZ U 576
Adala, Embarka M. → C 973
Adam → A 8
– Evelyn → t 227
– Frank-Michael → IZ S 675
– G., Prof. Dr. → T 2 618
– Herta → b 150
– Karel, Dipl.-Ing. → n 236
– Klaus → g 429, O 647
– Klaus G. → I 18
Adamczak, Wolfgang Dr. → T 2 220
Adamczyk, Waclaw Prof. Dr. → IZ T 295
Adamek, Margit → D 119
Adami, Manfred → K 310
Adamietz, Axel → s 536
Adamowitsch, Georg Wilhelm → b 118
Adams, Helmut → U 2 027
– Joachim, Dr.-Ing. → T 2 007
– Karl-Heinz → U 154
Adamski, Zdzislaw → iz f 1 740
Adamson, Lee → M 194
Adamy, Helmut → g 244
Adão da Fonseca, Antonio → iz s 459
– Antonio, Prof. → IZ S 447
Addotta, Saveria → iz u 610
Adelberger, Andreas W. → T 2 579
Adelhardt, Anton → b 23
Adelhelm, Ingrid → E 497
Adelmann, Gerd → S 1 095
– Hans, Dr. → iz h 449
– Hans R., Dr. → R 237
Adelmund, Karin → iz b 189
Adelt, Ursula K. → O 406
Aden, Detthold → M 212, m 216, M 220
Adenauer, Max Dr. → c 873, E 489, T 791
Adeneuer, Dieter Dipl.-Kfm. → F 446, iz f 2 495, IZ F 2 504
Adermann, Hans-Jürgen Prof. Dr.-Ing. → T 703
– Sybille, RAin → h 482
Adinolfi, Constanza → iz a 25
Adjemian, Artin → E 26
Adjeoda, Doh Yawovi → E 703
Adler → A 2
– Andree, Dr. → s 542
– Brigitte → A 35
– Dieter K., Prof. Dr.-Ing. → t 1 577
– Dirk → O 534
– Elfie → O 586
– Gert, Dipl.-Wirt.-Ing. → E 21
– Gert, Dr. → Q 342
– Hans-Joachim → F 578
– Hans-Peter → u 2 253
– Matthias → O 406
– Michael → U 2 661
– Sabine → O 288
– Winfried → h 357
Adlerstein → A 12
Adlhoch → u 1 674
Adlof, Werner W. → U 38
Adnan bin Buntar, Dato Paduka Haji Awang Mohd. → C 682
Adolf, Hilde → A 39, b 54
– Siegfried → t 3 199
Adolff, Jürgen Dr. → c 1 185
– Peter, Dr.jur. → c 992
Adolph, M. Dr. → T 3 312
– Uwe, Dipl.-Kfm. → S 1 069
Adolphs, Rolf → U 416
Adomaitis, Peter → k 88
Adomeit, Gerd W. → E 353
Adorján, András → O 113
van Adorp, Martine → IZ S 654, IZ S 655, IZ S 667
Adriaensens, Bernhard → IZ O 155
Adrian, Carl-Hans → G 467
– J. → iz f 2 250
– J. W. → iz f 666
– Jaap W. → iz f 2 074
– Peter → E 195
– Ulrike, Dr. → Q 582
Aebi, Fritz → IZ U 476
Aebischer, André → iz f 145
– René → U 2 060
Aecherli, Willy Dr. iur. → IZ U 312
Aelvoet, Magda → iz b 30
Aengeneyndt, Wolf Dr.-Ing. → E 151

Aeuer, Dietrich Dipl.-Ing. → S 706
Af Geijerstam, Elmire → iz u 58
Af Ugglas, Margareta → IZ U 374
Afanassiev, Barbara → e 363
Affeldt, Jörn → o 566
Affemann, Roswitha → IZ F 1 895
Afting, Ernst-Günter Prof. Dr.Dr. → T 1 832
Agace, Giancarlo → IZ T 877
Agag Longo, Alejandro → IZ U 374
Agapalidis, D. → iz t 414
Agathocles, Aristide → IZ C 6
Agathonos-Möhr, Bettina → iz r 193
Agbemenya Apetcho, Komi → E 703
Ager, Brian → IZ F 834
Agerer, Reinhard Prof. Dr. → T 2 621
De Agostini, Enrico → c 880
Ågren, Anders → IZ F 1 586
Ågren, John Prof. → izt 530
Ågren, Per → iz f 977, iz f 1 459
Agricola, Sigurd → U 2 724
Aguado, Angel → iz f 303, iz f 1 428
Aguerre, Fernando → IZ U 564
– Maile H. → IZ U 564
Aguiar, José → iz f 1 157
Aguilar, J. M. → iz f 1 641
Aguirre, Marcelo → c 700
– P. → iz f 1 282
Aguirre Gil de Biedma, Esperanza → IZ B 21
Agung Gde Agung, Anak → iz o 169
Agwood, Victor M. → IZ M 217
Ahern, B. → iz h 300
– Bertie → IZ B 124
– Dermot → iz b 133
Ahlbrecht, Bernd-Rüdiger Dr. → M 248
von Ahlefeld, Konstantin → O 271
Ahlers, Manfred → m 158
Ahlert, Dieter Prof. Dr. rer. pol. → t 2 295
– Frank → M 276
Ahlhaus, Otto E. o.Prof. Dr.rer.nat. → T 1 865
Ahlinder, Kristina → iz o 95
Ahlmann Olesen, K.P. → IZ T 967
Ahlsdorff, Manfred Dr. → f 5, r 5
– Manfred, Dr. rer.pol. → R 1
Ahmad, Ahmad Moharram Prof. Dr. → iz s 509
Ahmann, Gunhild → U 1 751
Ahmels, Peter Dr. → L 39
Ahnen, Doris → b 137
Ahner, Dr. → E 67
Aho, Esko → iz o 442
Ahr, Theodor → R 425
Ahrberg, Edda → B 285
Ahrend, Jörg → u 868
Ahrendt, Marion → E 74
Ahrens → u 1 684
– Dietrich, Dr. → IZ U 121
– Hans Jürgen, Dr. → K 78
– Hans-Jürgen, Prof. Dr. → T 3 603
– Heinz → I 105
– Katharina → T 3 275
– Matthias, Dr. → U 1 259
– Michael, Dr.-Ing. → E 132
– Peter-Paul, Dr. → U 376
– Rupert → S 741
– Wilhelm, Dr. → T 95, T 96, T 2 255
– Winfried, Dipl.-Ing. → U 518, u 524
Ahresmann, Michael → A 303
Ahrling, Stefan Dr. → u 512
Ahrndt, Birgit → q 439
– Willfried → g 733
Ahrons, Barbara → r 223, R 241, r 247
Ahsendorf, Falko → R 515
Ahues, Rainer → S 560
Ahuir Ferris, Jaime → iz f 2 315
Ahuis, Helmut Prof. Dr.-Ing. → T 3 766
Aichele, Erich → E 348
– Fritz → f 469
– H., Dr. → U 2 722
– Klaus-Dieter, Dipl.-Ing. → s 872
Aicher, Julian → L 53
Aichholz, Hans-Jörg → h 686
Aidan, Raoul → iz h 169
Aidinis, George → iz o 62
Aidnik, Madis → iz s 112
Aierstock, Hermann → R 534
Aigle, Günter Dipl.-Ing. → t 1 532
Aigner, Albert Prof. → s 1 154
– Manfred, Prof.Dr. → T 1 266
– Martin, Dr. → h 417, h 490, h 530
Ainsworth, Alan → iz i 96
Aisenbrey, Hans Dipl.-Ing. → T 1 325, T 2 154
Aisenson, Diana Prof. → IZ T 979
Aitken, Donald W. Dr. → IZ L 129
Aizpurua, Manuel → c 1 142
Ajan, Tamás Dr. → IZ U 547
Akalin, Yildiz → R 537
Akar, L. → iz t 609
Akça, Turhan → c 509
Akkermann, Remmer Dr. → Q 349

Akkus, Necdet → iz t 959
Akses, Ahmet → c 1 332
Aksoy, Uygun Prof. → IZ T 689
Al-Awadhi, Abdul → IZ U 308
Al-Blehed, Abdelrahman → c 1 210
Al-Dhabbi, Mohy A. → C 903
Al-Ghais, Faisal Rashed → C 953
Al Hajri, Ghanem Dr. → IZ M 221
Al-Jaber, Mohamed Hassan → C 925
Al-Omary, Falk → O 710
Al-Rayrs, Saleh → c 954
Al-Sady, Mohammed Dr. → E 386
Al Shaabi, Mohamed → IZ V 40
Al-Sulaiman, Sheikh Abdulaziz Abdullah → E 385
Al-Wazir, Tarek → a 46
Al-Zarauni, Ali Mohammed → C 1 382
Ala-Peijari, J. → iz f 73, iz f 438
Aladro → i f 1 049
Alagna, Pietro → iz f 1 347
Alahuhta, Matti → iz f 2 277
Alamäe, Tiina → iz t 334
Aland, Jörg → R 801
Alarcón, Eva Casado → IZ F 1 773
Alazraki, Dr. → iz t 783
Alba, Carlos R. → IZ T 193
Aband, Matthias → u 2 162
Albani, Stephan Dr. → S 268
Albano-Müller, Lothar Dr.-Ing. → f 267, F 846, T 795, IZ F 597
Albarani, Mohamed Omar → C 973
von Albedyll, Dietrich → n 72
Alber, Gotelind → Q 400
– Siegbert → IZ A 219
Alberici, A. → iz t 485
Albers, Albert Prof. Dr.-Ing. Dr. h.c. → T 388
– Detlev → U 2 251, u 2 256
– Heinz-Hermann, Prof. → T 440
– Hermann → L 39
– Holger → iz o 137
– Horst → R 416
– Margret → O 192
– Norman, Dr. → F 785
– Peter → IZ F 2 404
– Prof. Dr.med. → T 1 270
Albert, Doris → S 426, s 427
– Felipe → iz f 2 020
– Fritz → F 493
– Gerhard, Prof. Dr.-Ing. → t 1 616
– Horst, Dipl.-Betriebsw. → g 345
– Jürgen, Dr. → u 1 836
– Michael → K 5
– Michel → IZ R 27, IZ T 883
– Peter, Dipl.-Ing. (FH) → t 1 858
– Reinhold → O 370
– Rüdiger → U 108
– Tanja → S 509
Alberth, Wolfgang → F 690
Alberti, George Prof. Sir → IZ U 315
Albertini, Pierre → IZ U 466
Albertos, Pedro Prof. → IZ T 309
Alberts, Dietrich → f 248
– Dietrich, Dipl.-Betriebsw. → E 157
– Helgo, Dipl.-Volksw. → E 47
– Klaus, Dr. → S 805
Albertsen, G. Dipl.-oec. troph. → T 395
Albertsen-Marton, Renate → u 2 962
Albeshausen, Hans Dipl.-Ing. → s 811
Albiez, Thomas Dipl.-Kfm. → E 142
Albig → A 14
Albinger, Peter → S 1 592
Albir Buhl, Martha Lucia → c 1 070
Albracht, Gerd Dipl.-Chem. → T 880
Albrecht, Carlos → S 1 313
– Detlef R., Dipl.-Ing. → L 60
– Dr. → s 244
– Eckhard, Dr. → D 173
– Frank → E 93, H 308, H 316
– Franz, Dipl.-Ing. → t 872
– G., Prof. Dr.-Ing. → t 2 045
– Günter → K 304, t 3 102
– Hans → E 140
– Hans-Jörg, Prof. Dr. → t 167
– Hans-Peter → e 63, E 72
– Markus, Dr. → Q 329, Q 333
– Michael → o 274
– Peter Prof. Dr. → T 2 541, T 4 041
– Prof. → T 2 196
– Susann → T 3 010
– Torsten, Dr. → S 284
– Uwe, Dipl.-Ing. → u 462
– Volker, Prof. Dr. → E 723
Albrecht-Engel, Ines → U 1 188
Albrechtsen, Hanne → IZ T 159
Albri, Dr. → s 236
Albutt, K. J. Dr. → IZ T 300
Alda, Willi Dr. → I 87
Aldag, Rudolf Prof.Dr. → T 2 735
Alder, Claudia → G 91, G 99

Alderdice, John → IZ U 434
Aldinger, Fritz Prof. Dr. → t 137
– Fritz, Prof. Dr. rer. nat. → t 1 751
– Helmuth, Dr. → IZ Q 69
Alduy, Dominique → IZ O 54
Alefeld, G. Prof. Dr. → T 1 943
Alegría, Carlos → iz a 32
von Alemann, Heine Dr. → t 2 399
– Mechthild → IZ O 78
– Ulrich, Prof. Dr. → T 2 221
Alemdar, Selda → iz s 61
Alessandro, Oreste → iz u 48
Alex, Christian Dr.med. → S 225
– Julien, Dr. → C 981
Alexakis, Panayotis → iz i 173
Alexander, K. Dr. → iz f 2 621
Alexandersson, Fridrik → iz t 484
Alexandro Poulou, Anastasia → iz q 85
Alexandropoulou, Anastasia → iz p 8
Alff, Klaus → Q 481
Alge, Wolfgang → iz q 137
Alguadis, Meral → u 665
Alhadeff, Giampiero → IZ U 319, IZ U 809
Ali, Ali Mohd. → iz f 1 687
Alias, R. M. → IZ F 1 820
Alig, Christian → g 371
– I., Dr. → T 1 931
Alioglu, Özgür → iz f 149
Aliotti, E. → IZ F 1 604
Alisch, Horst → s 828
Alken, Peter Prof. Dr.med. → T 3 427
Alkoclar, Metin → IZ R 9
Allaert, J. → IZ M 191
– S. → iz f 1 605
Allain, Jean Loup → iz f 2 010
Allam, Samir → IZ M 118
Allard, Alfred → G 743
– Paul → iz s 474
Allardt, Jörn → iz t 924
Allart, P.H.J.M. → iz f 2 554
Allden, Hans → iz a 54
Allen, Heribert → O 96
A.V. Allen, Josephine → IZ R 273
Allen, Olivier → IZ A 227
Aller, Heinrich → A 39, b 109
Allerbeck, Klaus Prof. Dr. → t 2 381
Allerdissen, Gerd → u 2 470
Allerkamp, Jürgen Dr. → E 117, I 22, i 23
Allers, Gerd Dipl.-Ing. → k 237
– Tyark → f 677
Alles, Eberhard → T 446
Allexi, Gieselher → g 276
Allgot, Björnar → IZ U 315
Allin, F. → IZ F 787, iz f 2 588
Allinger, Gerd Dr.-Ing. → U 91
Allmann, Stefanie → I 43
Allmeling, Klaus-Otto Dr. med. → s 181
Allmendinger, Joachim → g 322
– Jutta, Prof. → T 2 234
Allnoch, Norbert Dr. → T 1 062
Allo, J. M. → iz f 2 472
– Leo → iz s 274
Alloco, Vittorino → iza 66
Allolio, Hanno → T 406
Allthin, Gösta → iz f 1 792
Allwein, Otto Dr. med. → T 2 875
Allwood, John → iz f 1 564
Alm, Axel → n 24
de Almeida, António → iz t 396
Almeida, Joachim → iz m 70
de Almeida, Mario → iz u 56
Almeida Coelho, Jorge Paulo Sacadura Dr. → iz b 212
Almeida Santos, António Dr. → IZ B 19
Almer, K. → iz f 1 840
Almeroth, Thomas Dr. → H 273
Almquist, Knut → iz n 31
Alnaes, Egil Dr. → iz u 612
d'Alò, Luigi Dr. → iz h 131
Alois, Maria → IZ F 2 403
Alonso, Juan Manuel → iz f 522
– Venancio Diego → iz u 798
von Alpen, Ulrich Dr. → T 3 660
Alpmann, Ariane Ass. iur. → T 889
Alsdorf, Elke → t 3 117
Alsfeld, Ralf → Q 182
Alsing, Heidi → iz q 7
Alst, Kjell Fredrik → c 363
Alt, Arno → m 34
– Dietmar, Dipl.-Wirtsch.-Ing. → t 1 509
– Hans-Jürgen → f 638
– Heinrich → b 181, K 349
Alten, Roger Dr. → s 301
– Stanley → IZ U 123
Altenähr, Volker → K 45
Altenburg, Dr. → A 8
– W. → T 855
Altenburger, Andreas → u 1 537
Fortsetzung nächste Spalte

Altenburger (Fortsetzung)
– Otto, Dipl.-Kfm. → g 722
– Rolf, Dr. → H 277
Altenhofen, Joachim → f 873, u 526, U 547
Altenkirch, Holger Prof. Dr. → t 3 092
Alter, Christian → Q 304
– Monika → u 1 190
Altermann, Manfred Dr. → t 2 646, T 2 693
Althammer, Helmut Dipl.-Kfm. → E 16
Athans, Dorothee → s 452, t 2 861
– Günter C. → T 3 871
Althanß, Reinhard → r 650
Althaus, Dieter → A 67, U 2 114
– Dieter, Dr. → u 2 132
– E., Prof. Dr. Dr. h.c. → T 846
– Jürgen, Dipl.-Ing. → f 300
– Marco, Bankkfm. → U 772
Altherr, R. Prof. Dr. → T 846
Althofen, Norbert → T 2 317
Althoff, Friedrich Dankward Dr.-Ing. → T 1 006
– Hans, Dr. → s 371
– Jürgen, Prof. Dr.-Ing. → t 1 204, t 1 220
Althoff-Epting, Ruth Dipl.-Päd. → U 1 246
Altmann, Alfred → u 2 499
– Aloys → b 169
– Gila → A 33
– Helmut → u 2 474
– Klaus → k 87
– Volker, Dipl.-Ing. → s 694
– Warnfried → s 1 300
Altmayer, Antje → s 607
Altmeier, Hans Jörg Dipl.-Volksw. → s 701
Altmeyer, Andreas Dr. → D 174
Altner, Helmut Prof. Dr. → T 826
– Helmut, Prof. Dr.rer.nat. → T 651
Altrichter, Gerhard Dr. → IZ F 2 530
Altschuler, Poul → iz u 195
Altstaedt, Jürgen Dipl.-Ing. → S 1 109
Altwein, Jens E. Prof. Dr. med. → T 3 427
Alvarez, Adriana → IZ I 28
– José Folgado → IZ G 182
– Patrick → iz s 275
Alvarez Barrios, Antonio → iz f 1 216
Álvarez-Cascos Fernandez, Francisco → iz b 248
Alvarez Dortas, Julio → c 952
Alvarez Gorsira, Francisco Dr. → c 1 377
Alvarez Jimenez, Carlos → IZ R 27, iz r 56
de Alvear, Maria → S 1 290
von Alvensleben → A 8
v. Alvensleben, R. Prof. Dr. → T 2 594
de Alwis, Elmo → E 396
Amade-Escot, Chantal Prof. → IZ U 502
Amado, Miguel → iz a 84
Amalric, C. → iz f 100
Amann, Frank → T 2 226
– Günter → H 619, q 92
– Josef, Dr. → E 43
– Rosemarie → T 2 833
– Steffen, Dr. → S 383
Amaral, Alberto → IZ T 878
Amarotico, Enzo Dr. med. → s 24
Ambacher, Josef → u 2 516
Amberg, Helge Dr. → P 58
Ambos, Hellmut → T 2 683
Ambrogi, C. → iz f 215
Ambrose, Mike A. → IZ M 222
Ambrosius, Bernd Dipl.-Ing. → F 576
Ambrosy, Rainer Dr. → T 432
Ambruch, Rudolf → U 675
Amelang, Manfred Prof. Dr. → T 2 878
Ameling, Dieter Prof. Dr.-Ing. → F 1, f 10
– Dieter, Prof. Dr.-Ing → f 46
– Dieter, Prof. Dr.-Ing. → F 323, T 999
von Ameln, Hermann → c 1 084
v. Ameln, Tilo → u 2 039
Amelsbarg, Jan Dr.jur. → E 120
Amelung, Gabriele Dipl.-Ing. → s 875
Amend, Reiner Dr. → T 990
Amendt, Hans Dr. → T 4 182
von Amerongen, Otto Wolff → E 680, T 4 153
Amhoff, Aribert → o 662
Amiet-Keller, Andreas Dr. → iz m 114
Amine, Bisrat Yemane → c 750
Amit, A. → IZ T 270
Amler, Hans → U 375
Ammann, Lothar → f 560, T 3 769
Ammer, Dieter → F 145, f 153, O 592, iz f 2 326
– Ludwig → u 1 834
Ammermann, Gert Dr. → E 162
Ammerpohl, Ute → S 166
Ammon, Maria Dipl.-Psych. → T 2 873
Ammonn, Anna → r 342
Ammons, Donalda Dr. → IZ U 577
Amoako, K. Y. → IZ V 2
Amon, Dieter → T 403
Amoneit, Frank Dr. → T 1 072

Bel Hadj Amor, Walid → iz s 554
Amorim, Jose → IZ F 1 980
– José → iz f 1 990
Åmotsbakken, Helge → iz f 1 226
Amoy, C. → iz f 663
Amoyer, Laure → IZ U 373
Amphoux, M. Cl. → iz f 455
Amrhein, Franz → K 310
– Karl-Heinz → E 100
Amsinck, Christian Dipl.-Volksw. → F 496
Amsink, Gerold → k 137
Amsler, Pierre → IZ T 539
Anchuelo, André → u 1 551
Ancion-Kors, Prisca → iz o 118
Ancker, Frauke → s 1 324, U 748
Anda, Bela → A 6
van Andel, Annemiek → iz m 110
Andelfinger, Ulrich → t 2 826
Anders, Bernd Dr. → U 866
– Dieter → B 822, T 1 165
– Frank, Dr.-Ing. → T 719
– Ingo → Q 644
– Klaus → U 1 177
– Manfred → IZ G 149
– Monika → U 1 177
– Peter → T 95, u 2 891
– Rainer → E 263
– Wolfgang, Prof. Dr. → T 589
Andersch, Martin → c 140
Andersen, C. → iz f 2 243
– Gerhard, Dr. → s 25
– Hans-Nissen → I 44
– Holger, Dr. jur. → S 264
– Jens Bruun → iz s 596
– L. → iz t 807
– Niels → IZ T 322
– Ole Christian → IZ T 266
– Ole Krogh, Prof. Dr. → t 117
– P. → iz t 582
– Preben → iz f 2 068
– Sven Arild → iz i 180
– Thor A. → IZ O 215, iz o 221
– Uwe, Prof. Dr. → T 2 251
Anderson, D. → IZ F 916, iz f 1 920
– Darlene → IZ T 836
– Michael → IZ O 2
– Phil → iz f 1 749
– Reid → E 553
– Robert → IZ A 193
– Robin → IZ O 202
– Yvonne → iz h 499
Anderssohn, Luise → U 1 295
Andersson → iz q 156
– Hugo → IZ Q 144
– Niels → iz I 15
– Tore → IZ K 39
– U. → iz t 402
– W. Paul → c 568
Andörfer, Adolf Dr. → b 877
Andrade, C. → iz t 435
Andrä, Hans-Peter Dr. → c 1 187
– Hartmut → k 99, k 117, k 247, k 334
Andrae, Jürgen → T 455
Andrä, Kirsten → T 2 960
Andrasovský, Stefan → iz f 40
Andratzek, Helge → g 631
André → M 141
– Doris, Dr. rer.pol. → R 1
– Georges → iz a 90
– Pamela Q.J. → IZ R 270
– Skenazi → IZ H 161
– U. → Q 338
Andreae, Hans-Georg → F 495
– Meinrat O., Prof. Dr. → t 108
Andréen, Gunnar → IZ F 2 063
Andreesen, Jan Remmer Prof. Dr. → T 2 571
Andres, Gerd → A 20
– Werner, Prof. Dr.-Ing. → T 525
Andresen, Bernd Dr. → m 92, M 174, m 177
– Boy-Jürgen, Dr. → K 365
– Jörn → M 151
– Mette → iz f 2 075
– Rolf, Dr. → IZ U 469
– Sylvia → O 183
– Wilh. Ludwig, Dipl.-Ing. → t 2 090
Andreß, Ulrich → r 710
Andretta, Annamaria Dr. → E 292
Andrew, A. C. → iz s 552
Andrews, Gary Prof. → IZ T 826
Andric, Matjaz → iz t 955
Andrick, Jürgen Dr. → e 219
Andries, Guido → IZ S 642
Andriessen, Frans → IZ I 2
Andriev, Jean-Nicolas → IZ S 295
Andrijanič, Senka → E 338
Andriof, Udo Dr. → B 213
Anft, Alfred → Q 136
Ang, O. Dr. → iz t 358
Angel, Valerie Tate → IZ S 148

de los Angeles Pena Pena, Maria A. → c 736
Angeletti, Luigi → iz r 178
Angelis, Petr → iz f 958
Angelo, Maurizio → IZ R 224
Angelopoulos, Theo → IZ O 33
Angelroth, Dirk Dr. → u 2 964
Angenton, Dieter → IZ H 162
Anger, Susanne → U 1 874
Angerer, Hans → B 219
– Iris Helene → T 262
– Martin, Dr. → T 3 723
Angermaier, Maximilian → k 205
Angermann, Wolfgang → T 3 200
Angl, Helmut → H 629
Angrisano, Giuseppe → IZ W 15
Angst, Dieter → U 696
Angulo, F. → iz f 1 618
Anhelm, Fritz Erich Dr. → s 766
Anheuser, Peter → q 16
Anhut, Siegbert Dipl.-Biol. → q 527, q 541
Ainat, Eduardo → IZ I 26
Ankers, Michael → iz f 2 423
Anlauff, Bernhard → g 716
Anna, Otto Prof. Dr. → F 294
Annan, Kofi → IZ V 1
Anné, Jozef → iz t 328
Annecke, Horst Dr. → R 32, R 210
Anneveld, Jos C. → iz s 606
Annuss, Heinz → h 186, h 194
– Reinhard → H 185
Anolick, Winfried → T 3 761, T 4 038
Anomeritis, Georgios → iz b 89
Anrys, Henri → iz s 2, IZ T 777
Ansay, Tuğrul Prof. Dr. → S 621
Anselm, D. Dr.-Ing. → T 3 660
Anselme, Céline → IZ H 274
– Michèle → iz f 420
– Michèle → IZ F 1 871
Anselment, Markus → E 46
Ansley, Tom → IZ M 229
Ansohn, Meinhard → o 134
Ansorge, Kathrin → T 949
Anspach, Klaus → h 481
Ansvananda, Kavi → iz r 57
Antal, Arpád → iz f 554
– Erzsebet → iz f 2 123
– I. → IZ T 108
Antenore, P. → iz f 460
Antes, Harald → Q 592
– Peter, Prof. Dr. → U 22
Anthes, Johanna → U 2 602
Anthopoulos, Ioannis → iz b 94
Antoja, Eduardo → IZ F 497, iz f 514, iz f 515
Anton, Wilfried → O 114
– Wolfgang → T 3 866
Antón Santos, Lorenzo → iz a 81
Antonietti, Markus Prof. Dr. → t 130
Antonini, Conrado → IZ F 2 221
– L. → IZ H 343
– L., Dr. → iz h 349
Antretter, Robert → T 2 993, U 1 619
Antwerpes, Michael → O 322
Antz, Christian → o 642
Graf de Anwandter, Britta → u 2 931
Anz, Henning → f 125
Anzinger, Rudolf → A 20
Aoki, Akira → IZ T 539
– Hideki → IZ K 39
Aparicio Bravo, Elias → iz g 52
Aparicio Pérez, Juan Carlos → iz b 250
Apel, Günter → u 1 063
– Harald, Dr.-Ing. → t 1 705
– Wolfgang → Q 578
Apfelt, G. → T 395
Apitz, Jens → t 45
Apitzsch, Helmut → E 197
Aplakova, Mariana → iz m 78
Apostolakis, Dimitrios → iz b 101
Apostoloff, Nikolay → C 683
Apostolopoulos → iz t 782
Apostolou, C. → iz f 442
Appel, Clemens → b 48
– Franz Ulrich → e 369
– Heike → IZ T 268
– Holger → E 74, O 525
– Roland → a 48
– Walter, Prof. Dr. → F 514, T 3 417
– Werner → o 650
Appelbaum, Edmund → iza 171
– Walter → r 291
Appeltans, Philippe → IZ Q 68
Appenzeller, Immo Prof. Dr. → T 1 282
Appert, A. Dr. → iz f 1 189
– Olivier → IZ L 98
Appold, Wolfgang Dr. → S 952
Apsel, Axel → k 226
Aqustoni, Marco → IZ N 62
Arab, Morsi Prof. → IZ U 315

Arabetti, Celso Ing. → iz r 28
Arah, Janko → iz s 263
Arand, Bodo → u 2 159
Arango Menéndez, D. Javier → iz h 373
Aranyi, I. → iz h 355
Araújo Figueiredo, Maria Margarida → IZ C 12
Aravantinou, Mata → iz a 200
Arbogast, Bernd Dipl.-Ing. (TU) → E 64
– Erhard → O 176
Arboleda de Montes, Eulalia → IZ I 28
Arcelli, Mario → iz i 98
Archambault, Edith → IZ T 560
Archner, Hans-Peter → O 322
Archut, Andreas Dr. → T 436
Arconada Lastras, Juan Bosco → iz f 705, IZ F 1 682
Arda, T. S. Prof. → IZ F 338
Ardagh, Jill → iz f 75
Ardelt, Bettina Dipl.-Kauff. → t 2 163
Arenas, C. → iz h 338
Arend, Edgar → g 750
– Volker Maria → R 513
Arendarski, Andrzej → iz e 32
Arendt, Friedrich → IZ T 663
– Friedrich, Dr. → iz t 668
– Wolfgang → U 677
Arenillas de los Rios, Javier → iz f 1 206
Arens, Franz-Josef → F 432, G 577
– Hans-Peter → H 773, h 785
– Heinz-Werner → B 339
– Karlpeter → K 319
– Willi → IZ R 99
Arenskrieger, Reinhard → K 277
van Arenthals-Kramer Freher, A.H. → IZ H 404
– Betty → h 413
Arentoft, Kent → iz f 578
Arentz, Hermann-Josef → U 2 114
Arenz, Frank Dr. → S 290
von Aretin, Felicitas Dr. → T 417
Freiherr von Aretin, Georg Adam → u 1 776
Aretz, Anneliese → t 3 211
– Carlo, Dipl.-Kfm. → U 159
– Jürgen, Dr. → b 190
Arévalo Sancho, Félix → iz n 49
Argenton, Dieter → H 308
Arian, Asher → IZ T 193
Arias, Gonzalo Pascual → iz f 2 129
Arias Cañete, Miguel → iz b 252
Aris, Bernd Dr. → g 410
Ariyörük, M.Y. → iz t 404
Arlitt, Peter → U 2 021
Arlman, Paul → IZ I 167
Arlow, Günter → iz n 58
Arlt, Dieter Dipl.-Ing. → T 1 895
– Gabriele → O 300
– Günter → U 2 823
– Joachim, Prof. Dr.-Ing. → T 1 894
– Klaus → H 153
– Monika, Dr. → U 502
– Rudolf → g 744
– Ulrike, Dr. → iz f 2 056
Armbruster, Bernt Dr. → U 123
– Walter J., Dr. → IZ S 392
Armengol, B. → iz f 106
Armindo-Teixeira, J. → iz f 119
Armitter, Peter → s 1 381
Armonies, Klaus Dipl.-Ing. → F 294
Arnaiz de las Revillas, Gloria Rico → IZ T 971
Arnason, Arni Thor → IZ H 140
Arnaud, Francis → iz f 1 340
– Laurence → iz u 787
– Michel → iz h 440
Arnbjörnsson, Adalsteinn → iz g 62
Arndt, Dieter Dipl.-Ing. → t 1 173
– F. Wolfgang, Prof. Dr.-Ing. → t 1 593
– Franz-Josef → I 74
– H.-Dieter, Dipl.-Kfm. → o 547, O 562
– Hans-Jochen, Dipl.-Volksw. → E 221, E 229
– Lutz → U 2 460
– Mark, Dr. → U 2 423
– Olaf → S 741
– Pit → H 23, iz f 501
– Wolfgang → T 3 332
– Hans, Prof. Dr. med. → T 591
– Hans, Prof. Dr.med → T 3 362
– Hans-Henning, Dr. → O 406
– Holger → H 185

Arnold (Fortsetzung)
– Karl Heinz → c 838
– Klaus → S 737
– Lothar → n 20
– Meinrad → g 76
– Michael, Dr. → K 263
von Arnold, O. → iz q 95
Arnold, Rainer → b 11
– Richard → b 4
– Rüdiger → o 549, o 574
– Tim → T 725
– Ulli, Prof. Dr. Dr.habil. → T 4 146
– Vladimir Igorevitch → IZ T 161
– Walter, Dr. → E 97
– Willi, Dipl.-Volksw. → A 192
Arnoldi, Klaus → u 2 632
Arns, Klaus → F 1 048, F 1 049, G 524, g 534
Arnsmeyer, Lutz → q 108
Arntz, Johann Wilhelm Dipl.-Wirtschaftsing. → E 175
– Peter → s 534
Arnulf, Volkmar → g 210
Aronen, I. → iz f 1 271
Arp, Manfred → g 263
Arques, Enrique Iranzo → c 1 266
Arquint, Romedi → IZ U 432
Arraou, Philippe → IZ S 653
Arras, Christian → O 631
Arrault, Antoine → iz f 580
Arrieta, Fernando → IZ F 285
Arrowsmith, J. B. → iz f 194
Arroyo, H. → IZ T 824
Arsenis, Gerasimos → iz b 94
de Arteche, Blanca → iz f 1 183
Artemoff, Nikolaj → U 2 423
Articus, Stephan Dr. → D 2, d 12, t 844, U 1 690, iz u 28, iz u 29
– Volker → s 375
Artischewski, R. Dipl.-Ing. → s 1 082
Arts, L. → iz s 202
Artus, Reinhard → S 738
Artymiak, Dieter Dr. → G 50
Arweiler, Michael → t 2 093
Arwidson, Marie S. → IZ F 107
Arz, Karin → iz f 1 803
Arzak, Juan Maria → iz s 376
Arzinger, Rainer Dr. → U 848
Arzt, Eduard Prof. Dr. → t 137
Asbach, Friedhelm Dipl.-Kfm. → E 109
Asche, Erich → E 62
Van Asche, Jozef → IZ T 689
Aschenberner, Peter Dr. → T 1 091, t 1 098
Aschenbrenner, A 14
– Xaver → T 3 772
Aschenbrücker, Karin Prof. Dr. → T 405
Aschendorf, Burkhard → H 134
Ascherl, R. Prof.Dr.med. → T 3 371
Aschl, Heidi Dipl.-Ing. → S 846
Aschmann, Arnold → T 3 761
Asea, P. K. → IZ V 2
Ashcroft, Ian → IZ T 268
Asheeke, Hinyangerwa P. → C 1 061
Ashmore, Jamile "Jay" → IZ U 571
Ashurst, Mike → IZ K 39
Asirwatham, G. → c 1 269
Askaa, Gerd → iz s 186
Askham, Gerry → iz f 22
Askling, Anders → iz f 22
Aslan, N. Dr. → IZ Q 124
Asmacher, Christoph Dr. → E 170
Asmussen → A 14
– Peter → o 452, R 215
Asmuth, Peter Dr.-Ing. → I 8
Asp, Ulf → IZ R 274
Assariotis, Nikolaos → E 474
Asselborn, Jean → IZ U 423
– Wolfgang → T 1 940
Assemian Dorgeles, Adouwetchi → IZ R 268
van Assen, Maritza → iz t 801
Assendorp, Jan Joost Drs. → T 3 714
Assenmacher, Marianne Prof. Dr. → T 705
Asser, J.-D. → F 615
Assimenios, Stamatis → E 473
Assing, Bernhard → G 623, g 626
Aßmann, Barbara → u 2 033
Assmann, Gerd Prof. Dr. med. → T 3 344, T 3 444
– Karl → E 288, g 290
Aßmann, Martin Dipl.-Ing. → S 925, S 976
Assmann, Martin Dipl.-Ing. → iz s 513
– René → b 503
Aßmuß, Hans-Hermann Dr. → I 5
Assmy, Michael → H 2, h 123
Astarita, Enrico → IZ T 246
Astasio, Ramón Tiscar → U 2 789
Astl, August Dipl.-Ing. → iz q 25
Astolfi, Valerio → iz f 401
Aston, David Dr. → IZ F 286

Astrup, Holger → a 97
Astrup Bertelsen, Jørn → c 96
Ataíde Ferreira, Manuel → iz u 163
Atanov, Murat → c 922
Athanasiou → iz t 591
Athanasopoulos, Antonios → iz f 861
Athané, Bernard → IZ W 16
Athen, Peter Dr. med. → s 151
Atif, Mansoor H. → IZ U 548
Atkins, Alan → IZ U 564
Atkinson, Edwin → iz f 1 353
Atmadja, Otto Sidharto Soeria → c 853
Atterwall, Anika → iz q 95
Attfield, John → t 2 508
Attia, Salah → IZ S 642
Attygalle, Deepthi → IZ S 164
Atzler, Wolfgang → K 270
Atugoda, Satharatilaka Banda → C 1 268
Au, Hans-Erich → d 234
Aubele, Richard Prof. Dipl.-Ing. → T 480
Aubert, Patrice → F 1 197
Aubke, Wolfgang Dr. med. → s 161
Auch, Werner → F 504
Auckenthaler, Raymond Dr. → IZ T 327
von der Aue, Gisela → B 266
Aue, Hans-Joachim → g 232
Auell, Christoph → I 139
Auer, Gabriel → IZ R 306
– Joachim, Prof. → T 601
– Jörg → A 21
– Michael, Dr. → t 1 414
Auerbach, Alexander → iz u 246
– Bettina → S 572
– Karl → IZ T 903
– Klaus Peter, Dr. → T 2 460
– Rainer → s 343
Auernhammer, Hermann Prof. Dr. → T 2 558
Auernheimer, Richard Dr. → b 134
Auerswald, Almut → O 129, s 1 155
– Sven, Dipl.-Ing. → s 159
– Ursula, Dr.med. → s 27
Aufderheide, Bernd → o 611
Aufermann, Dirk → R 538
Auffret, Guy → IZ F 692
Aufleger, Jürgen → g 291
– Otto → N 117
von Aufschnaiter, Michel Dr. → I 143
Augat, Armin Dr. → r 279
Augenstein, Harald → E 18
Augstein, Renate → A 23
Augter, Harald Dr. → E 192
Augustin, Bettina → T 597
– Franz Xaver → u 2 860
– Marianne → S 1 290
Augustinski, Wladimir Dr. → E 355
Aukamp, Reinke → N 94
Auken, Svend → iz b 43
Aulenbacher, Christa → U 1 350
Aulich, Dietmar → o 609
– Oskar, Dipl.-Kfm. → T 2 115, t 2 120
Aumaitre, Aimé Dr. → IZ Q 47
Aumann, Friedrich Dipl.-Volksw. → t 2 295
– Jörg → d 252
– Walter → F 381
Aumonier, Sophie → IZ U 311
Aumüller, Axel → T 1 888
– Helmut → t 2 511
– Michael → H 36
Aune, Ivar A. → T 3 466
Aunola, Matti → IZ S 655, IZ S 667
Aurich, Hubertus → h 568
Aurisch, Klaus Dr. → c 131
Auroi, Danielle → IZ U 350
Aurstad, Johan → iz s 132
Auschner, Lutz Dipl.-Ing. → T 2 078
Ausländer, Dietmar Dipl.-Betriebsw. (FH) → t 1 509
Aussourd → IZ T 319
Aust, Dieter Dipl.-Ing. agr. → S 1 545
– Norbert → t 2 389
Aust-Dodenhoff, Karin → B 686
Austrup, M. → s 394
Autenrieth, Werner → Q 590
Auterhoff, Gert Dr.rer.nat. → F 581
Autin, J. → IZ F 1 176
Auziere, I. L. → iz f 1 927
Avenarius, Hermann Prof. Dr. → T 394
– Horst, Dr. → S 739
Averbeck, August → N 153
Averkamp, Ludwig Dr. → U 1 783, u 2 358
Avermaete, Urbain → iz p 3
Avery, Graham → iz a 28
Avgoustis, Soteris → iz t 962
Avila, Isabel → IZ U 177
Avram, Sever → iz u 783

Axford, Ian Prof. → t 98
Axiotiades, Iliana → iz f 2 045, IZ F 2 134, IZ F 2 135, IZ F 2 142
Axmann, Mario → s 505
Axt, Heinz-Jürgen Prof. Dr. → e 585
Aye, Horst → N 29
Aymeric, Michel → IZ W 41
Aymerich, D. Valentin Alonso → iz h 237, iz h 256
Ayoub, Yvonne → U 1 818
Azizi, Ahmad → C 860
– Josef → iz a 220
Azlan Shah, Sultan → IZ U 548
Aznar López, José Mª → IZ B 241
de Azua, Pedro Vicente → IZ F 854
Azuélos, Pierre → IZ O 32
Azzi, Alessandro → iz i 36
Azzopardi, Claudette → iz u 245
Azzoug, Amar → U 936

B

Baab, Annerose → s 1 150
Baaden, Andreas → U 2 042
Baader, Petra → c 1 111
Baake, Charlotte-Rosita → t 2 906, t 3 009, u 1 635
– Rainer → A 33, Q 480, T 1 951
– Wolfgang → O 264, O 470
Baaken, Monika → s 1 538
– Monika, Dipl.-Ing.agr. → s 1 538
Baamonde, Eduardo → iz p 19
Baan, Marinus → iz a 88
Baanstra, W.G. → iz f 298
Baar, Heidemarie → h 472
Baars, Elisabeth → u 1 450
Baarslag, Frans → iz f 2 074
Baas, Werner → k 204, k 213
Baass, Walter Dipl.-Kfm. → g 508
Baath, Gunnar → iz h 325
Baatz, Gerhard Dr. → s 502
– Joachim → U 820
– Klaus-Peter, Dr. → T 2 798
– Peter → S 747
– Wolfgang → g 366
Babatz, Eva → e 163
Babel, Bernd → G 10, G 34
Babendreyer, Joachim → b 96
Babilon, Heiner → E 42
Bacacos, George → IZ H 140
Baccanti, Marco → IZ T 305
Bacchetta, Victor L. → IZ S 643
Bacchilega, G. → iz t 594
Bach, Alfred Dr. → F 173
– Armin → f 196
– Arne → u 2 643
– Axel → Q 532
– Dieter, Dr. → E 604
– Dorothea → U 2 793
– Hans-Jürgen → IZ U 90
– Herbert → I 44
– Heribert, Dipl.-Ing. → f 1 037
– Lothar → g 282
– Rolf → Q 390
– Thomas → IZ U 579
– Walter, Dipl.-Wirtsch.-Ing. (FH) → E 44
– Wulf → U 724
Bachelot, Jean-Claude → IZ S 268
Bachem, Achim Prof. Dr. → T 1 266
– Carl Jakob, Dipl.-Volksw. → T 1 138
– Claus → T 3 696
Bachert-Mertz von Quirnheim, Sabine → s 1 335
Bachhaber, Liz Prof. → T 701
Bachler, Joachim Dr. → Q 545
Bachmaier, Herbert → iz o 144, iz s 256
– Hermann → A 35
Bachmann → N 192
– A. Udo → U 488
– Fritz, Dipl.-Ing. → B 419
– Gerhard → E 285
– Gudrun, Dr. → T 3 738
– Hanns-Martin, Dr. → b 86
– Hans-Dieter, Dr. → s 210
– Heinz, Dipl.-Kfm. → H 773, IZ U 676, iz u 682
– Helmut F., Dipl.-Kfm. → R 270, S 711
– Michael, Dr. → T 4 143
– Richard, Prof. Dr. → T 3 923
– Till → T 1 127
– Wolfgang, Dipl.-Ing. (FH) → G 3, G 50
Bachus, Peter → r 173
Back, Gerhard → A 21
– Hans-Jürgen, Dipl.-Volksw. → t 2 391
– Jorma → IZ T 715
– Werner → s 1 539
Backenköhler, Rainer → P 39

Backer, Halfdan Loennechen → c 366
– Turid → iz f 867
Backes, Heinz-Peter Dr.-Ing. → O 714
– Horst, Dipl.-Volksw. → U 186
– Manfred → G 100
– Norbert → S 383
– Rose → o 420, t 976
– Siegward, Prof. Dipl.-Math. → t 1 781
– Uwe, Dr. → T 2 454
Backes-Gellner, Uschi Prof. Dr. → t 2 276, T 2 461
Backhaus, Rolf → e 373
– Till → b 101
Backs, Ulrike Dipl.-Päd. → t 3 899
Bacmeister, Claus → H 37, H 66, h 73, h 621, h 624, h 626, h 628, iz h 282
Bacon Lara, Tamara → T 2 756, T 2 757
Badacsonyi, István → iz m 89
Badaloni, Piero → iz u 45
Badalov, Dmitry Dr. → iz o 121
Badart, Myriam → IZ U 419
Badcock, Gillian → IZ U 268
Bade, Erika → t 3 043
Badeck, Gerda → U 1 346
Baden, Alexander → g 496, h 144
Badenheuer, Konrad → U 991
Bader, Anne Dipl.-Vw. Dr. → s 664
– Joachim, Dipl.-Ing. → T 1 901, IZ T 964
– Jutta → U 3 124
– Thomas → U 1 950
– Werner → O 95, O 703
– Wolfgang, Dr. → u 2 980
Badiu, Aurel Florentin → iz q 94
Badstübner, Thomas → n 12
Badura, Peter Prof. Dr. → T 3 601
Badziong, Norbert → k 227
Bächmann, Horst Dr. → C 23
Bächtold, Manfred → U 734
Baeck, Carsten → u 922
Bäcker, Gerhard Prof. Dr. → T 2 203
Baeckler, Andreas Dr. → g 153
Bäckman, Birger → IZ N 63
Bäckström, Urban → IZ W 13
Baedeker, Karl → o 456
Bäder, Günter Dr. → T 2 639
– Hans → k 203, k 222
Baedorf, Peter → K 15
Baehr, Dominic → S 1 288
Bähr, Hans-Jörg Dipl.-Ing.Päd. → T 545
– Johannes → O 131
Baehr, Michael Dr. → S 383
Bähr, Rolf → O 190
Baehrens, Heike → u 1 854
Baeker, Fritz E. → IZ S 641
Bänfer, Christa L. → g 480
Bänsch, Dagmar → s 604
Bär, Albert Dr. → IZ S 55
Baer, Andreas → O 441, O 446, T 1 900
Bär, Bettina → s 405
Baer, Detlef → k 149
Bär, Georg → E 62
– Heinz Christian → Q 58, IZ Q 1
– Heinz Christian, Dipl.-Ing. → Q 4, q 11, Q 305, T 2 596
Baer, Konstantin Dr. → S 275
Bär, Rüdiger → s 1 481
Baer, Ulrich → U 1 565
De Baerdemaeker, J. Prof. → iz t 694
Bärecke, Werner Dr. → k 404, k 428
Baerlecken, Marta Dr. → U 3 020
Baerns, Manfred Prof. Dr. → T 1 917
Baert, Jean-Paul → IZ S 648
– Marc → IZ O 213
– Peter → IZ T 268
Bärtels, Andreas Dipl.-Ing. → T 2 649
Bärtsch, Peter Prof. Dr. → T 3 398
Bärwolf, Rolf → d 239
Bäse, Hans-Jürgen Dr. → s 1 563, T 3 944
Bäßler, Hans Prof. Dr. → R 938
Bästlein, Volker → D 2
Baethge, Martin Prof. Dr. → t 2 385
Bätz, Ludwig → f 470
Bäuerle, Horst → r 598, R 767
– Horst, Ing.grad. → S 943
Baeuerle, Karl H. Dipl.-Ing. → U 21
Bäuerlein, Monika → B 703
Bäumer, Franz-Josef Prof. Dr. → T 621
– Günter → i 3
– Ulrich → T 902
Bäumler, Helmut Dr. → b 183, B 355
– Lothar, Dr. → E 64, f 863
Bäurle, Manfred → U 1 404
Bagaliantz, Vera → u 2 968
Bagan, Mustafa → iz f 203
Baganz, Hubertus → h 363
– Jens, Dr. → D 106
Bagge Hansen, Jacob → iz q 5
Bahke, Torsten Dr.-Ing. → T 1 306, iz t 498
Bahl, Bernd-Rüdiger → R 577

– Hubert, Prof. Dr. → T 2 571
Bahlburg, Manfred Dr. → E 121
Bahler, Joachim → t 954
Bahlo, Ekkehard Dr. → U 705
– Fritz → T 2 535
Bahls, Hans-Joachim → s 1 439
Bahr, Daniel → U 2 217
– Hela → r 222
– Petra, Dr. → s 779
von Bahr, Stig → IZ A 219
Bahr, Wolfgang Dr. → U 309
Bahula, Jaroslav → iz f 304
Baiden, Georgina → IZ T 965
Baier, Dietfried → T 2 147
– Erik → iz f 1 482
– Günter → o 602
– Ingeburg → s 1 275
– Klaus-Dieter → O 691
– Peter E., Dr. → S 1 502
– Rudolf → G 89, S 1 356
– Sieghard → IZ R 239
Bailie, Roy → iz f 1 728
Bailly, J.P. → IZ M 232
– René → iz s 114
Baird, Jim → iz s 118
Bais, Renze Dr. → IZ T 827
Baissero, Pio Dott. → iz u 750
Bajczuk, Robert → n 235
Bajomi, Daniel Dr. → iz f 171
Bajorat, Beate Dr. → Q 47, IZ Q 72
Bak, Tage → r 261
Bakây, Ergül → c 1 338
Bake, Uwe Dr. → A 29
Bakenecker, Walter Dr. → k 425
Baker, Andrew → IZ T 877
– E.N., Prof. → IZ T 163
– Loring → IZ U 503
– Michael C. → IZ F 337, IZ F 1 405
Bakhsh, Yousef → iz m 102
Bakker, J.R. → iz f 908
– Suzanne → IZ T 791
Bakkes, Fons → iz f 1 736
Balafoutas, Anastassios → E 272
Balafrej, Rachid → iz s 531
Balcombe, Gisela → C 479
– Wilfried → f 656
Baldeaux, D. Dr.rer.soc. → U 2 072
Balders, Günter → U 2 851
Baldewijns, E. → IZ W 11
Baldt, Bärbel → O 176
Baldursson, Magnús → iz s 518
Baldwin, Ian Prof. Dr. → t 146
van Balen, Jeroen → IZ F 1 178
Balfoussias, S. → iz t 591
Bali, Namrata → IZ U 809
Balint, T. Dr. → IZ Q 124
Balis, Michaela → E 272
Balk, Georg Dipl.-Ing. → T 2 628
Balke, Klaus → U 1 938
– Ludger → T 3 490
– Rainer → n 18
Balkenende, Jeroen → IZ U 823
Balkovic, Anton → C 667
Ball, Rafael Dr. → T 982
– Raymund → S 1 546
Ballard, D. E. → iz f 1 610
Ballbé, J. → iz f 2 630
Balle, Gunnar → iz s 608
– Hermann, Dr. → O 393, o 451
– Joseph → iz p 20, iz q 12
Balleer, Martin Dr. → T 2 536, t 2 537
Balleis, Siegfried Dr. → D 70
Baller, Bernhard → E 265
Ballerstein, Jürgen → g 684
von Ballestrem, Sophie → s 590
Ballhausen, Anne → U 1 338
– Werner → b 171, B 210
Ballier → U 914
– Roland → E 39, U 914
Ballin, Klaus-Dieter → g 319
– Klaus Dieter → g 645
– Luisa → IZ W 36
Ballmann, Winfried → E 151
Ballof, Rolf → R 867
Balogh, Gejza → iz u 60
Balonyi, Beáta → iz f 554
Balram, Singh Malla → C 1 062
Bals, Horst Heinrich → E 255
Bals-Rust, Rudolf → B 742
Balsam, Fred → G 73
Balser, B. → IZ O 24
Balsiger, Rolf → iz f 1 744
Balster, Klaus Dr. → U 2 450
Baltazar, Telmo → iz a 17
Balter, Hagen → U 3 057
Baltes, Joachim Prof. Dr.iur. → T 2 959
– Paul B., Prof. Dr. → t 103
Balthasar, Rüdiger Dr.rer.pol. → s 161

Baltrusch, Hartmut → A 20
Baltzer, Birgit → IZ G 54
Baltzer-Fabarius, Thomas Prof. Dr.-Ing. → t 1 680
Balz, Manfred Dr. → A 202
Balzani, Nadine → U 620
Balzer, Karl-Heinz → u 2 524
– Klaus → K 178
– Werner, Dr. → B 547
Bambach, Gerhard Dr. → U 638
Bamberg, Eduard → u 1 770
– Ernst, Prof. Dr. → t 107
Bamberger, Erich → q 267
– Franz → IZ G 25
– Gustel → E 110
– Heinz Georg → B 806
Bambula, Anton Dr. → E 46
Bamelis, Pol Dr. → F 173
Bammann, Udo → g 368
Bammer, Herbert Dr. → iz f 2 108
Bammert, Jörg Dipl.-Ing. (FH) → T 1 376
Bancel, Jean-Louis → IZ K 39
Banchi, Alessandro Dr. → IZ F 948
von der Banck, Henner → T 1 313
Banda, E. Prof. → IZ T 36
Bandelin, Karin Dr. → t 2 771
Bandera, Jan Eric Dipl.-Ing. → t 1 723
Bandhold, Uwe Dipl.-Ing. → t 1 185
– Uwe F. H., Dipl.-Ing. → t 1 215
Bandmann, Manfred Prof. → T 3 659
– Manfred, Prof. Dipl.-Ing. → k 240
Bandow, Udo → I 97, i 98
Bandt, Olaf → Q 407
Banerjee, Brigitte → h 125
– Prabuddha, Dr. → E 482
Baneth, Elisa-Christa → S 1 262
Banga, Martin → iz o 45
Bangemann, Klaus → U 2 072
Bangert, Kurt → U 2 089
Bangerter, Jörg Dipl.-Chem. → H 6
– Jörg, Dipl.-Chemiker → H 2
Banke, Bernd Prof. Dr. iur. → t 1 682
Bankhofer, Manfred Dipl.-Finanzw. (FH) → o 614
Bankonin, Klaus → u 2 837
Bankvall, Claes → IZ T 361
Bannemer, Matthias → E 151
Bannenberg, Thomas → S 172
Bannert, Brigitte → Q 491
– Karin → g 318
– Rainer, Dipl.-Volksw. → U 172
Bannuscher, Christiane Dr. → u 1 285, U 1 295
Banoutsos, Ilias → iz t 208
Banse, Gerhard Prof. Dr. → T 4 154
Banter, Harald Prof. → S 1 290
Banthien, Eric Dr. → S 282
Banus, Henri → iz u 731
Banzer, Jürgen → g 364
– Winfried, Prof. Dr. med. Dr. phil. → U 2 450
– Winfried, Prof. Dr. med. → U 2 450
da Boa Baptista, Filipe Alberto Dr. → iz b 223
Baqué, Jean-Claude → IZ U 490
v. Bar, Christian Prof. Dr. → T 3 603
Bar-Gal, Noam → E 492
Barabas, Dieter → k 88
Baraka, Anis S. Dr. → IZ S 164
Barana, Giulio → iz r 43
Baranowski, Guido Dipl.-Betriebsw. → U 103, U 145, U 193
Barát, Tamás → iz s 289
Barate, João Diogo Nunes Dr. → C 1 179
Barato Triguero, Pedro M. → iz q 28
Baratt, Sarah → iz m 163
Barba García, Alvaro Fernando → c 1 364
Barbashev, S. V. Dr. → iz l 45
Barbaso, Fabrizio → iz a 18
Barbatiotis, Stamatis → iz t 797
Barberá Nolla, Rita → iz u 62
Barberin, Gérard → iz f 1 180
Barberis Martínez, Jaime Dr. → c 742
Barbey, Dominique → iz g 38
Barbier, Hans D. Dr. → T 725, T 778
– Raymond → IZ F 598
Barbieri, Carlo → iz f 584
Barblan, Andris → IZ T 878
Barckow, D. Prof. Dr. → T 3 331
– Klaus → t 962
Barczewski, B. Dr.-Ing. → t 2 688
Barczyk, Ernst → n 779
Bard, Arnold Dipl.-Betriebsw. → I 43, P 4, P 33, u 460
Bardeleben, Christian → O 587
Bardenheuer, Fred Dipl.-Ing. → f 670
Bardong, Otto Prof. Dr. → u 3 075
Bardt, Ruprecht Dr. → N 78
Bareinz, Rosemarie → t 3 214
Bareither, Harald → f 238, T 3 890
Barenberg, Rolf → M 243

Barenbrügge, Josef → T 4 182
Barenhoff, Günther → u 1 853
Bares, Bernhard → f 471
Barfknecht, Holger → K 327
Barfuß, Karl-Marten Prof. Dr. → T 440
Barfuss, Wolfgang → c 135
Bargen, Hanfried → S 1 579
Bargende, Michael Prof. Dr.-Ing. → T 2 026
Bargum, Magnus → E 269
Barham, Lyn → IZ T 979
Barig, Bernd Dipl.-Ing. → U 105, U 115
Barilla, Paolo → IZ U 92
Bariller, Dominique → IZ U 176
Baringhorst, Sigrid Prof. Dr. → T 2 221
Barion, Jörg → u 2 529
Barjenbruch, Mark → s 147
Barke, Karl-Heinz Dipl.-Ing. → g 257, g 262
Barker, Eileen Prof. Dr. → U 22
– Enno, Dr. → C 492
Barkey, Ralf W. → G 25
Barkow, Angela → h 105
Barlinska, Izabela → IZ T 566
Barlow, Rachel → IZ F 1 161
Barnard, A. → iz f 1 273, iz h 307
Barnaš, S. → iz q 92
Barnea, Aaron → IZ U 809
Barner, Gerhard Dr. → E 121
Barnett, Doris → A 35
Barnier, Michel → IZ A 1
Barnsley, K. → iz f 1 928
Barnstedt, Elke Luise Dr. → A 361
Baron, Anna Maria → u 1 198
– Francois-Gérard → iz s 453
– Frédéric → iz a 174
Baron Crespo, Enrique → IZ U 424
Barona Sobrino, Fernando Dr. → c 328
Barowski, Michael → O 562
Barreiro, Gonzalo → IZ S 164
Barreiros, Jaime → iz o 70
Barrell, Michael Alexander → c 548
– R. J. → iz t 592
Barret → IZ F 890
– Philippe → IZ K 35
Barrett, Michael F. → iz f 2 280
Barrier, Patrice → iz u 737
de Barrin, Christian → iz f 1 781
Barroca, F. → iz t 370
de Barros-Queiroz, Alfonso Dr. → IZ H 47
Barruel, Michel → IZ T 540
Barry-Berg, Rolf → iz f 394
Barsacq, J.C. → iz f 2 522, iz h 296
– Jean-Claude → IZ F 812, iz f 2 149
Barsch, A. Dipl.-Ing. → T 1 924
Barsig, Dietmar → o 353
Barske, Udo → K 78
Barstrom, S. → iz s 587
Bart, Volker Dr. → e 218
Bart-Williams, Gaston → E 375
Bartel, Gabriele → t 2 289
– Hans-Joachim → M 277
– Wolfgang, MR Dr. med. → T 2 803
Bartels → u 1 684
– Friedhelm, Dr. med. → T 3 442
– Gerhard → C 791
– Günther → s 357
– Hans-Günther → M 37, m 173
– Hans-Jochen, Prof. Dr. → T 2 541, T 4 041
– Horst, Dr. jur. → s 149
– Rolf → R 449
– Uwe → b 113
– Wolfgang → u 1 843
Bartelt, Heinrich → L 39
Bartenstein, Martin Dr. → iz b 201
Bartetzko, Norbert → s 343
Barth → A 21
– A., Dr. → U 24
– Berndt, Prof. Dr. → U 2 450, u 2 489
– C. A., Prof. Dr. → T 2 605
– Dieter, Prof. → E 30
– Edgar → I 343
– Elisabeth → T 3 909
– Evelin → E 233
– Hermann, Dr. → u 2 288
– Joachim → G 623
– Jürgen → U 2 450
– Karl-Heinz, Dr. phil. Dipl.-Arch. → s 820
– Konrad → N 183
– Margareta → Q 345
– Monika → S 1 585
– Peter → H 257
– Peter, Dr. → E 179, R 191
– Rudolf → u 2 880
– Wolfgang, Dipl.-Ing. → A 305
Barth-Gillhaus, Eva → H 422
Barthel, Günter → e 511
– Jörg → t 3 086
– Jürgen, Dr. → N 136
– Michael → U 2 450
– Uwe, Dipl.-Ing. → I 46

Barthelmä, Frank Dipl.-Ing. → t 383
Barthels, Joachim Dr. med. → T 2 803
Barthenheier, Günter → t 5, T 407
– Wilhelm, Dr. → K 376
Barthes, Jean-Louis → IZ U 490
Bartholmae, Angela → A 305
Bartholomä, Helmut → g 723
Bartholomäi, Reinhart Chr. → U 488
Bartholomé, Ernst Dr. → d 198, U 392
Bartholomew, M. → IZ T 963
Barths, Karl L. → E 553
Bartkus, Axel → E 343
Bartl, Michael → iz f 553
Bartlau, Karlheinz → g 510
Bartley, Ross → IZ F 173
Bartling, H. Prof. Dr. → t 2 291
– H., Prof.Dr. → t 2 291
– Heiner → b 108
– Heinrich → U 773
– Klaus, Dr. → S 272
Bartmann, Christoph Dr. → u 2 898
– Ingrid → T 3 313
Bartodziej, Dr. → A 12
Bartol, Jean-Louis → IZ F 1 358
Bartold, Martin → g 700
Bartolome, Dr. → iz t 779
Bartolone, Claude → iz b 79
Bartolucci, Giorgio → IZ U 671
Barton, Herbert Dipl.-Volksw. → S 846, s 891
Bartos, Jan → iz q 99
Bartram, Claus Prf. Dr.med. → T 3 323
Bartsch, A. Dr.med. → s 200
– Beate → r 254
– Dietmar, Dr. → U 2 234
– Ekkehard → U 1 600
– Herbert, Dr. → R 661
– Holger → E 134
– Manfred → k 93
– Monika → D 104, D 220
– Peter → n 24
– R. → IZ T 571
– Rudolf, Dr. → u 2 916
– Wilfried → L 17
– Wolfgang → u 2 843
– Wolfram → k 147
Bartunik, Hans-Dieter Dr. → t 142
Bartz, Edda → U 2 450
– Ralf → B 713
– Volker Paul → T 3 313
Bartzis, John → iz t 670
Barwinski, Dipl.-Ing. → B 624
– Klaus, Dipl.-Ing. → T 378
Basa, Francesco → IZ F 1 505
Basedow, Jürgen Prof. Dr. → S 615, S 621, t 158, T 3 579
Frhr. Baselli von Süssenberg, Enzio → c 407
Basenau, Alfred → A 386
Basler, Armin Prof. Dr. → T 3 443
Bassendowski, Andreas → S 595
Bassenge, Tilman → H 771
von Bassewitz, Christian → c 986
Graf von Bassewitz, Heinrich Dr. → c 1 369
Bassier, Reinhard Dr.-Ing. → T 901
Bassler, Peter → E 112
Bast, Helmut Dipl.-Kfm. → F 932, F 933, U 611
– Thomas → U 2 091
Bastian, Horst → T 3 934
– Jean-Paul → IZ Q 1, IZ T 976
– Konrad, Dipl.-Soz. → E 44
– Lothar → h 437
– M., Dr. → T 1 931
– Michael → M 355, h 358, h 361, h 362, h 363, h 364, h 365, h 366, h 367, h 368, h 369, h 370, U 385, IZ H 368, iz h 370
– Michael, Prof. Dr. → t 4 079
– Nicole → T 3 796
– Olaf, Dr. → N 195
– Peter, Dr. → t 1 642
– Rainer, Dr. → F 188
– Thomas → O 188
Bastians, Jürgen → H 20
Bastin, K.-D. → U 1 478
Basting, Dirk Dr. → T 1 326
Bastong, Karlheinz → k 233
Batac, Gilbert → IZ M 120
Bataillon, Claude Prof. Dr. → IZ T 882
Bates, Eamonn → IZ F 1 172
– Roger → IZ F 983
Bath, V. → IZ T 684
Bathe, Hans-Jürgen → r 489
Batigne, Paul → IZ F 2 615, iz f 2 619
Batsch, Klaus-Jürgen → c 762
Batschari, Alexander → F 629
Battaglia, R. Dr. → IZ T 108
Battersby, S. → IZ F 1 854
Battke, Kathleen → T 593
Batumbya, P.M. → iz s 556
Batz, Klaus Dr. → IZ N 36

– Manfred, Dipl.-Oec. → IZ S 227, iz s 229
Batzel, Ingo Dr. → H 259
Bauch, Johannes → E 604, E 653, E 654
– Karl → U 751
– Werner, Dr. → U 2 076
Baucke, Heider Dipl.-Volksw. → k 199
Bauckhage, Hans-Artur → A 39, b 135, T 2 183
Bauckhorn, Klemens Dipl.-Ing. → I 16
Baud, Bernard → iz f 1 335
Bauder, Paul-Hermann Dipl.-Wirtsch.-Ing. → F 179
– Ulrich, Prof. Dr. → t 2 994, u 1 620
Baudet, A. → IZ F 1 230
Gräfin von Baudissin, Ute → u 2 988
Baudouin, Ingrid Dr. → c 53
Bauer → A 18, B 746
– Adolf → H 308, H 321, h 450, h 523
– Alexander → h 68
– Annette → T 490
– Axel, Dipl.-Phys. → t 229
– Axel, Dr. → c 722
– Bernd → T 754
– Bernhard → b 12
– Birgit, Dr. → B 184
– Dieter → I 45
– Dieter, Dr. → t 877
– Dietrich, Dipl.-Ing. → Q 179
– Eberhard, Dipl.-Ing. → f 876
– Erich, Dr. → F 322
– Erich, Prof. Dr. → T 402
– Ernst → k 210
– Erwin, Dr. → M 180
– Florian → u 2 218
– Franz, Dipl.-Ing. → s 960
– Franz-Xaver → N 105
– Gérard F., Dr. → IZ T 915
– Gerd → g 156
– Gerhard, Prof. Dipl.-Ing. → T 692
– Gottfried → F 424, Q 158
– Günther, Dr. → K 45
– Hans → g 573
– Hans, Dr. → B 248
– Hans H., Prof. Dr. → T 2 520
– Hans-Joachim, Dr. → B 896
– Hans-Joachim, Dr. h.c. → B 812
– Hans-Karl → G 43
– Harry → U 1 181
– Hartmut → U 2 046
– Helmut G. → O 406
– J., Dr.med → T 2 800
– Jörg → k 150
– Josef → U 1 636
– Katrin → T 461
– Knut, Dr. → A 29
– Ludwig → c 717
– Lutz → U 1 741
– Marita → r 543
– Mathias, Dr. → T 659, iz i 101
– Michael, Prof. Dr. → T 401
– Nils → U 2 817
– Patricia, Dr. → T 2 221
– Peter → E 247, F 882
– Peter, Dipl.-Ing. → F 932
– Peter E., Dr. → T 2 180
– R., Prof. Dr. → T 2 625
– Renate → u 2 440
– Rudolf Christian → iz m 76
– Sibylle → E 47
– Siegfried → U 2 340
– Thomas, Dipl.-Kfm. Prof. → R 1
– Thomas, Prof. Dipl.-Kfm. → F 69, f 73, R 33, r 37
– Ulrich, Prof. Dr. → B 561
– Valerie → IZ S 213
– Walter, Dr. → B 754
– Wolf Dieter → T 3 929
Bauermeister, Hanns Dr. → K 45
– Thomas → O 233
Bauhaus, Dieter → r 293
Bauknecht, Ann-Katrin → c 1 066
Bauler, Frank → iz u 242
Baum, Georg → A 25
– H., Prof. Dr. → T 3 639
– Harald, Dr. → S 618
– Karl-Josef → H 308
– M. → B 833
– Ortwin, Dipl.-Volksw. → f 235, r 107
– Philipp → O 336
– Ulrike → T 3 074
– Uwe → o 48
– Wolfgang → s 1 215
Baumann, Ann-Margret → s 63
– Birgit → U 80
– Bruno → O 406
– Günter, Dr.-Ing. → E 31, e 33
– Guido, Prof. Dr. → T 927
– Heinrich → a 316, a 318

Baumann (Fortsetzung)
– Johan → IZ U 574
– Jürgen → q 376, U 515, U 1 348
– Leonie → U 3 028
– Max → iz i 105
– Rudolf → IZ U 565
– Rüdiger → F 511
– Stefan, Dipl.-oec. → U 347
– Urs → iz r 53
– Ursula → q 570
– Wolf-Rüdiger, Dr. → f 49, F 961, iz f 391
– Wolfgang → U 2 450
Baumart, Joachim → b 485
Baumbach, Henning Dr. → s 302
– Winfried → F 725, t 333, IZ G 186
Baumeister, Alwin Dr. → S 1 427
– Lutz → u 1 683
– Nicolette, Dipl.-Ing. → S 807
– Rolf → F 1 051
– Wolfgang, Prof. Dr. → t 104
Baumert, Armin → U 2 450
– Jürgen, Prof. Dr. → t 103, t 2 368
Baumeyer, Thomas Dr. → A 862
Baumgärtel, Hans Theo → F 992
– Manfred → T 792
Baumgärtler, Hans W. → g 269
Baumgärtner, Werner Dr. med. → s 150
Baumgardt, Christoph → g 798
– Michael → H 666
Baumgart, Christian Dr.-Ing. → t 875
– Hans-Dieter → IZ T 268
Baumgarten, Albert → H 617
– Dieter, Prof. Dr. → B 486
– Günter → s 651
– Harald, Dipl.-Ing. → s 994
– Helmut, Prof. Dr.-Ing. → M 13
– Joachim, Prof. Dr. → k 66
– Ludwig, Dr. → F 1 604, T 1 832
– Rolf, Dipl.-Kfm. → f 278
Baumgartl, Adolf → u 1 006
– Wolf-Dieter → K 6
Baumgartner, Heinz Masch.Bau-Ing. → f 878
– Steffi → q 433
– W. → IZ F 1 604, iz f 1 616
Baumhakl, Angelika → s 465
Baumhauer, Roland Prof. Dr. → T 688
Baumheuer, Rudolf → p 45
Baums, Georg → U 2 759
Baumüller, Günter Dipl.-Ing. → E 62
Baumung, Dietmar → e 218
Baumunk, Wilfried → H 474
Baun, Wolf Jürgen → F 706, f 707
Baur, Dr. → u 1 674
– Fritz, Dr. → D 146
– Gernot, Dr. → T 2 842
– Hans → q 268
– Helmut, Dr. → c 1 009
– Jürgen F., Prof. Dr. → L 22
– Manfred → B 683
– Sigrid, Dr. → T 2 608
– Tobias → U 1 924
Baus, Erik → U 1 603
– Günter → IZ U 302
– K. Günter → T 3 106, IZ U 302
– Nicola → T 2 131
– Stephan, Dipl.-Wirtschaftsing. → T 2 131
Bausch, Eleonore → E 67
– Prof. Dr.-Ing. → t 2 053
Bauschinger, Oscar Dipl.-Ing. → T 1 270
Bause, Margarete → u 2 099
Bauwens, A. → iz s 396
Bauwens-Adenauer, Paul → c 1 086, E 162
Bavendam, Hinrich → q 9
Baviera-Betson, Caren → IZ A 219
Bawiedemann, Renate → U 965
Baxmann, Friedrich → q 219, iz q 78
– Ulrich → t 4 121
Baÿ, Marc → iz f 2 278
Bay Bundegaard, Anita → iz b 41
Bay-Mueller, Theresa → E 695
Bayarsaikhan, Bazarragachaa → C 1 054
Baye, Burkhard → S 692
Bayer, Alfred → T 792
– Georg, Dr. → c 782
– Günter → q 111
– Helmut, Dipl.-Ing. → t 1 794
– Jan → iz u 630
– Karl → k 205, t 3 091
– M. → U 12
– Wolfgang, Dr. jur. → f 75, r 39
Bayerer, Peter Prof. → T 418
Bayerl, Heiko Dipl.-Kfm. → f 735, f 743
Bayerlein, Manfred Dr. → f 666
Herzog von Bayern, Franz → H 302
Baykan, Muammer → iz u 370
Bayliss, Christine → o 713
Bayot, Marc → iz i 90
Bayülken, Ü. Halük → iz u 370
Baz, Elia → U 2 723

Bazil, Vazrik Dr. → S 738
Bazin, Jens Uwe Dr. → S 1 572
Bazzani, Hannelore → IZ F 751
Beach, Bert → IZ U 308
Beary, Sean → if 2 282
Beauduin, Armand → IZ U 419
Beaugrand, Günter → O 467
Beaumont, A. → IZ F 2 341, IZ F 2 505
de Beaumont, Dominique → IZ F 1 463
– Francesco → IZ S 208
Beaumont, W. H. → iz f 1 190
Beauwens, Robert Prof. → IZ T 304
van Bebber, Klaus → U 2 450
Bebek, Christian Dipl.-Ök. → e 122
Bebler, Anton → IZ U 352
Beccari, Marco → iz r 201
Becher, Axel → o 349
– Bert, Dipl.-Kfm. → F 285
– Hartmut, Dr. → u 2 894
– Jürgen → u 881
– Volker → R 78
Becherer, Herbert Dr. → s 669
Bechert, Heinrich Prof. Dr.-Ing. → S 978
Bechhofer, Jack → T 3 586
Becht, Michael Dr. → t 1 758
Bechte, Hartwig Dr. → T 1 058
Bechtel, Karl → k 399, k 424
– Manfred → iz g 172
Bechthold, Andreas → T 2 847
– F. Rainer → S 738
Bechtold, Bernd → E 21
– Klaus, Dr.-Ing. → T 1 058
Freiherr von Bechtolsheim, Richard-Franz Dipl.-Landw. → u 1 782
Beck, Almut → e 199
– Andreas, Dr.med. → IZ S 68
– Bernhard, Dr. → U 3 029
– Carsten → B 315
– Christian, Dipl.-Volkswirt → E 39
– Erwin, Prof. Dr. → T 927
– Gérad → iz t 521
– Götz → N 101
– Gunther → I 40
– Hans Dieter, Dr. → O 517
– Heinz → U 92
– Hermann → T 2 191
– Joachim → T 1 865
– Katrin → b 42
– Kurt → A 39, B 127, O 336, O 361, u 2 262
– Kurt A. → o 575
– Manfred, Dr. → g 776
– Marieluise → A 20
– Monika → B 140, b 148, B 208
– Peter → T 95, T 3 200
– Petra → F 611, U 1 295
– Philip, Sir → IZ M 4
– Ralf-Uwe → Q 407
– Thomas → e 357
– Volker → A 40, U 1 608
– Walter, Dipl.-Ing. (BA), Dipl.-Exportwirt → t 1 418, t 1 420, t 1 422
– Walter, Dipl.-Ing. (BA) Dipl.-Exportwirt → t 1 730
Beck-Gernsheim, Elisabeth Prof. Dr. → t 2 380
Becke, Horst Dr.med. → IZ S 68
Beckedorf, Bodo → e 529
Beckehoff, Frank → N 164
Beckel, Torsten → k 227
Beckenbach, Wiltraud → R 434, r 442
Beckenkamp, Albert → iz f 1 269, iz h 289
Becker → A 206, B 677
– Adolf → T 3 184
– Alfons → q 71
– Alois, Dr. → T 3 807, T 3 953, T 3 954, T 4 182
– Andreas → g 511
– Anni → U 1 605
– Barbara → E 91
– Bernhard → r 305
– Björn → H 288
– Brigitte → r 696
– Christiane, Dr. med. → s 38
– Christine → u 1 506
– Clemens, Dr. → Q 399
– Dieter → K 321
– Dieter, Dipl.-Kfm. → T 3 959
– Dieter, Prof. Dr. → T 625
– E.D., Dr. → IZ T 165
– Frank → R 801
– Frank-Wilhelm → E 170
– Franz, Dipl.-Volksw. → E 173
– Fritz → s 361
– Gerd → I 130
– Gerd, Dr. → e 566
– Gerda → r 440
– Gerhard → u 2 506, U 2 602
– Gero, Prof. Dr. → t 1 486, T 2 703

Becker (Fortsetzung)
- Gero, Prof. Dr.Dr.h.c. → T 2 706
- Günter → iz f 2 270
- Günther → H 253
- Gunter → B 718
- H. → f 151, N 175
- Hans, Dr. → a 160
- Hans F. → s 1 077
- Hans H., Dipl.-Kfm. Dr. → R 209, R 213, R 214, T 3 867
- Hans-Joachim, Dr. → IZ Q 227
- Hans-Jürgen, Prof. Dr. → t 4 048
- Hans-Jürgen, Prof. Dr.med. → T 2 799
- Heinrich, Dr. → T 2 592
- Helmut → T 4 178
- Helmuth, Dr. h.c. → A 37
- Herbert → F 284, o 426
- Heribert, Dipl.-Volksw. → c 649, E 151
- Horst → t 2 504
- Ingfried B., Dipl.-Ing. → IZ T 362
- Ingo → R 208
- Joachim → O 368
- Joachim, Dr. → D 116
- Joachim C. → H 250
- Jörg-Konrad → u 827
- Josef → u 2 211
- Jürgen → A 20, S 793
- Jürgen, Prof. Dr. → S 1 157, S 1 170, T 759, T 3 594
- Jürgen, Prof.Dr. → S 1 169
- Karl, Dr. med. → T 2 747
- Karl Eugen → O 368
- Karl Eugen, Prof. Dr.-Ing. → T 2 021
- Karl-Heinz → F 181
- Karl-Otto → F 437, Q 391
- Karlheinz, Dr. → I 61
- Klaus → g 230, m 106
- Klaus, Dr. → T 3 801
- Kurt → u 2 521, IZ U 575
- Manfred → O 336
- Markus, Dipl.-Ing. → g 190
- Martin → U 654
- Michael → U 2 781
- Michel, Prof. Dr. → T 2 703
- Nicole → Q 131
- Peter → B 741, G 12, G 59, G 142, K 297, T 1 051, u 1 469
- Peter, Dr. → T 3 826
- Petra → T 574
- Reinhold → n 89
- Rolf → c 793, S 1 184
- Rudolf → T 552
- Thomas → U 1 575, U 2 378, U 2 648
- Udo, Dr. → o 457
- Ulrich → A 20
- Walter → U 1 040
- Werner → u 2 580
- Werner, Prof. (RO) Dr. med. dent. → S 317
- Werner, Prof. (Ro) Dr.med. → IZ S 68
- Wieland → o 170
- Wolfgang → D 85, U 1 030
- Becker-Becker, Erik Dr. → C 1 375
- Becker-Birck, Hans-Henning Dr. → D 19
- Hans Henning, Dr. → iz u 31
- Becker-Blonigen, Werner → S 1 505
- Becker-Christensen, Henrik Dr. → c 724
- Becker-Huberti, Manfred Dr. → u 2 360
- Becker-Müller, Christa → R 456
- Becker-Platen, J. D. Prof. Dr. → A 354
- J.-D., Prof. Dr. → Q 213
- Becker-Sonnenschein, Stephan → S 738, iz s 273
- Becker-Toussaint, Hildegard → B 822
- von Beckerath, Dr. → B 674
- Beckerle, Klaus → r 288
- Beckers, Eleonore → T 3 798
- Hans Joachim → E 225
- H.J. → IZ U 305
- Horst, Dr. → H 119
- Joachim Hans, Dipl.-Ing. → T 1 256
- R., Dr. → IZ T 690
- Rolf → E 91
- Beckert, Gabriele → u 1 436
- Beckett, Margaret → IZ B 9
- Sandra → IZ T 157
- Beckles, Carlos → N 205
- Beckmann, Friedrich-Wilhelm Dr. → O 591
- Gerhard, Dr. → Q 57
- Hans-Rudolf → U 1 348
- Heino A. P., Dr. → c 565
- Heinz → o 49
- Jens-Heinrich, Dipl.-Volksw. → f 259, f 271
- Jens-Heinrich, Dipl.-Vw. → IZ F 1 621
- Josef → h 698
- Josef Albert → F 1, f 49, F 961
- Klaus → E 156
- Klaus, Dipl.-Soz. → O 625
- Lukas → A 40

Fortsetzung nächste Spalte

Beckmann (Fortsetzung)
- Martina → N 30
- Peter, Dr. → T 3 790
- Rainer → S 562
- Rolf, Dipl.-Volksw. → T 2 567
- Rondo → S 1 530
- Udo → T 2 191
- Uwe → E 133
- Uwe-Jörg → S 1 576
- Wilfried, Dr. → S 296
- Beckord, Jochen Dr. → E 151
- Michael → T 3 758
- Becks, Helmut Dipl.-Phys. → E 188, t 361, T 1 165, T 1 839
- T., Dr.-Ing. → T 1 164
- Beckstein, Günther Dr. → b 17, o 615
- Beckus, Peter → U 209
- Beckwith, V.W. → t 100
- Beckx, F. → iz f 2 548
- Becsky, Stefan → U 1 400
- Bedani, R. → iz f 990
- Beddies, Peter Dr. → k 168, k 187
- Bedholm, Bruno → n 220
- Bednarz, Klaus → E 604
- Bedoni, Paolo → iz q 20
- Bedossa, Adrien → IZ S 1
- Beebee, Barbara → iz t 624
- Robert → IZ F 1 886
- Beecham, Jeremy → iz u 38
- Beeck, Wilfried → I 143
- Beeckman, Jean → IZ F 1 063
- Beecroft, Barry → IZ F 982
- Beeftink, Ellen → o 426
- Beeg, Jngrid R. → r 236
- Beek, Hans-Dieter → T 470
- Beekmann, K. R. → S 1 574
- Beelitz, Karin → Q 457
- Beemelmans, Hubert Dr. → E 743
- Hubertus, Dr. → E 741
- Beer, Helmut → r 322
- Michael → m 38
- Theo, Dipl.-Volksw. → D 203, E 175
- Wolfgang, Dr. → S 758
- Beerbaum, Horst → q 26
- Beereboom, Henk → iz a 51
- Beerfeltz, Hans-Jürgen → U 2 200
- Beermann, Heiner → T 3 956
- Johannes, Dr. → B 203
- Karl Johannes, Dr. → B 82, b 85
- Wilhelm → F 122, T 900
- Wilhelm Hans, Dr. → F 139
- Beers, Mathias → p 20, p 35
- Beert, Christian → iz h 224, iz h 241
- Beese, Jürgen → K 298
- Ute → r 406
- Beesten, Andrea → A 346
- Beetz, Richard Dipl.-Ing. → T 1 932
- Beez, Theo → k 152
- Begemann, Heiner → f 1 040
- Ton → IZ M 118
- Walter, Dr. → T 1 963
- Beger, Gabriele → t 955
- Beghtol, Clare Dr. → IZ T 159
- Begitt, Kurt Dr. → T 984
- Behets-Oschmann, Ludgart → iz h 143
- Behla, Siegfried → u 2 846
- Behler, Gabriele → b 124
- Behlmer, Gert Hinnerk → b 75
- Behm, Olaf → U 1 500
- Wolfgang, Dr. → S 1 518, s 1 566
- Behmer, Hans-Werner → E 222
- Behncke, Eckehart → c 1 259
- Jörg → g 457, h 600
- Behne, Klaus-Ernst Dr. → T 526
- Behning, Walter Dipl.-Kfm. → e 90, E 100, f 815, T 1 145
- Behnisch, Klaus → k 91, K 322
- Behnke, Eberhard Dr. → r 469, S 1 070
- Gerd → R 270
- Ulrike → Q 657
- Behnsen, Gerhard Dr. → s 368
- Behr, August W. Prof. Dr.rer.nat. → T 402
- Eberhard → U 404
- Eckhard → E 112
- Hans-Christoph, Dr. → Q 304
- Heinz-Peter, Dr. → C 304
- Silvia → t 90, T 266
- Walter → h 175
- Behrend, Eberhard → T 1 374
- Juan → IZ U 350
- Manfred → s 1 336
- Peter → f 276
- Reinhard → Q 402
- Behrends, Ehrhard Prof. Dr. → T 1 942
- Johann → E 67
- Wilhelm, Dipl.-Kfm. → E 120
- Behrendt, Brigitte → u 2 523
- Dipl.-Ing. → b 519

Fortsetzung nächste Spalte

Behrendt (Fortsetzung)
- Erich, Dr. → S 1 117
- Frank, Dr. → t 1 528
- H. → E 494
- Norbert, Dipl.-Volksw. → g 373, g 705
- Behrens, Brigitte → Q 340
- Ernst H. → E 258
- Fritz, Dr. → A 39, b 120, u 1 067
- Heinrich, Dipl.-Ing., Dipl.-Wirtsch.-Ing. → E 120
- Heinz H. → O 573
- Henry → u 1 427
- Hermann, Prof. Dr. → Q 448, T 2 599
- J., Dr. → Q 455
- Jörg-Holger → u 2 325
- Jürgen, Dr.-Ing. → T 1 091
- K. → t 2 475
- Peter, Prof. Dr. → T 733
- Uwe → H 678, S 474, T 3 048
- William F. → c 570
- Behrenwaldt, Udo → I 87, IZ I 89
- Behret, H. Dr. → T 983
- Behringer, Armin → E 18
- Heinz → k 80
- Klaus → s 1 251
- Kurt, Prof. Dr. → t 156
- Behrmann, Hermann → R 861
- Klaus → E 67
- Behrsing, Wolfgang → t 4 122
- Beibst, Gabriele Prof. Dr. sc. oec. → T 550
- Beicken, Wolfgang Dipl.-Ing. → S 1 018
- Beiderwieden, Thieß → c 1 109
- Beier, Alfred → U 3 104
- D., Dr. → S 319
- Dietrich, Dr. → U 2 450
- Gerhard → T 3 670
- Hermann Hans-Heinrich → c 485
- Michael → S 806
- Udo, Prof. Dr. → T 1 911
- Wilfried → o 7
- Beier-Xanke, Norbert Dipl.-Ing. → s 833
- Beigel, Herbert → S 802
- Beijer, Gerardus Jacobus → c 352
- Beil, Justus → k 111, k 129, k 259, k 346
- Beilharz, Meinhard Dr. → IZ O 21
- Beilken, Berend → g 426
- Beilschmidt, Rolf → u 2 469
- Beilstein, Frank → E 179
- Beimann, Wilfried → T 904
- Beimdiek → A 31
- Beimfohr, Uwe → n 16
- Beimler, Josef Dipl.-Volksw. → E 64
- Bein, Judith Dr. → k 77
- Beine, Christina Dr. → E 82
- Beinhofer, Paul Dr. → B 222
- Beins, Doris → o 231
- Beirle, Konrad → B 817
- Beischall, Eduard → R 711
- Beischer, Julius Dr. → S 296, s 305
- Beisel, Marc → U 179
- Marc, Dipl.-Wirtsch.-Ing. → U 183
- Sofia → T 3 115
- Beisenbusch, Klaus → q 211
- Beisenkötter, Theodor Dipl.-Ing. → F 88
- Beisert, Peter → U 848
- Beiße, Thomas → N 155
- Graf Beissel von Gymnich, Franz-Josef → T 3 704
- Beitz, Berthold Prof. Dr. h.c. → E 604
- Steffen → U 2 046
- Beiwinkel, Franz-Josef → r 554
- Bekele, Veronika → s 1 410
- Bekke, Han J.A. → f 1 404
- Belanger, Pierre → IZ T 305
- Belau, Ingrid → N 200
- Beleites, Eckhart → U 848, U 850
- Eggert, Prof. Dr.med. → s 38
- Michael → B 284
- Beleke, Norbert → O 448
- Belenkov, Sergey D. → iz s 291
- Belger, Bernd → E 74
- Belina, Peter Dipl.-Geogr. → s 1 478
- Belitz, Gunther → U 2 450
- Belkafi, Mohamed → c 1 343
- Bell, Eileen → u 1 406
- Hermann, Dr. → c 373
- Karin, Dr. → T 3 388
- T., Prof. → IZ F 1 825
- Bellamy, Carol → IZ V 25
- Margot → IZ R 270
- Bellet, Robert → IZ R 623
- Bellgardt, Helmut Dipl.-Ing. → U 681
- Bellinger, Carl-Hermann Dr. → q 599
- Dieter, Dr. → I 74
- Stefan → r 246
- Bellingham, M. → iz f 443
- Bellinghausen, Gert Dipl.-Ing. → f 877, F 881
- Bellini, Renzo → IZ R 268
- Bellmer, H.-G. Dr. → IZ F 917

Benner
- Horst, Prof. Dipl.-Ing. → s 930
- Horst-Gevert, Dr. → Q 154, Q 158
- Bello, F.D. → IZ T 105
- Bellon de Chassy, Christian → IZ S 648
- Belloni, Aldo Dr. → E 239
- Bellwinkel, Kai → g 292, H 232, U 541
- Belmans, Ronnie → IZ T 321
- von Below, Wedig → u 2 031
- Belpaire, Francois-Xavier → iz f 288, IZ F 888, iz f 2 023
- Beltoft, Niels → iz s 470
- Beltran, D. Jimenez → IZ A 194
- Beltz, Petra → o 254
- Beltz Peralta, Hernán → C 933
- Belz, Dorothee → O 406
- Günther → u 831
- Sabine → u 2 949
- Ben Barka, Lalla → IZ V 2
- Ben Zev, Hedvah → U 1 394
- Bena-Dietrich, Edith → U 2 450
- Bénard, Dominique → IZ U 267
- Benati, Gianfranco → IZ T 977
- Bénazeth, Claude → t 2 480
- Benazzo, G.B. → iz f 583
- Benchakroun, Inge → N 129
- Bencheikh, Mourad → C 615
- Benclowitz, Joachim → o 16
- Bencze, Karin → s 534
- Benda, Ernst Prof. Dr. → O 364
- Hans-Heinrich → E 91
- Bende, Thomas Prof. Dr.rer.nat. Dipl.-Phys. → t 1 775
- Bendel, Dominique → r 302
- Bender → U 1 342
- Anke, Dr. → T 4 179
- Christiane, Prof. Dr. → t 2 393
- Dieter → u 2 438
- Diethelm → S 787
- Eva → u 952
- Gerald → r 703
- Gerd, Dr.-Ing. → t 940
- Hans Georg, Prof. Dr. med. → T 3 319
- Heinrich G. → E 45
- Helmut → U 1 398
- Ignaz → T 688
- Jürgen → B 714
- Martin → t 3 100
- Rainer, Prof. Dr. → T 635
- Roland → G 205
- Willi, Dipl.-Volksw. → U 721
- Wolfhard → U 773
- Bendhacke, Volker → G 383
- Bendig, Detlef → u 2 418
- Kristel → U 2 166
- Manuel → u 2 419
- Nicole → r 185
- Bendisch, Roger → I 88
- Bendixen, Peter Dr. → u 1 891
- Bendkowski, Halina → U 1 608
- Bene, Amalia → iz u 765
- Benecke, Bernhard J. → c 745
- Reiner, Prof. Dr. med. → t 3 097
- Benedetti, Marco → iza 32
- Benedetto, Giuseppe → iz u 448
- Benedicto, D.P. Serrat → zt f 683
- Benedix, Volker Dr.-Ing. → S 803
- Werner → R 415
- Bénéfice, Sylvie → IZ A 189
- Beneke, Sabine → s 99
- Beneker, Jörg Dr. → s 195
- Benes, Vaclav Dr. → IZ S 103
- Benesch, Willi-Klaus → IZ U 300
- Benett-Sturies, Anne → q 530
- Bengard, Günter → U 574
- Bengel, Bruno P. → iz u 700
- Sofia → T 2 448
- Benger, Raimo → f 138, F 933, F 935, U 611
- Bengoa Crespo, A. → iz f 993
- Bengsch, Lutz Dr. → U 2 450
- Bengsohn, Jochen Dr. → T 657
- Bengtsberg, Ove → IZ R 65
- Bengtsch, Lutz Dr. → U 2 450
- Bengtsson, Bengt → iz f 282
- P. → iz t 434
- Bengu, Sibusiso M.E. Prof. Dr. → C 1 278
- Bengü, Hasan → iz h 354
- Benigni, Monika → T 2 783
- Bening, Wilfried → H 279
- Benito Garcia, Ignacio M. → iz o 73
- Benjamin, R. → IZ M 218
- Benjelloun, Mohamed → IZ U 123
- Benjelouan, Mohamed → IZ R 315
- Benkendorf, Volker → F 65
- Benkert, Hannelore → R 481
- Benkler, Manfred Dr. → K 316
- Benneker, Heinrich Dipl.-Volksw. → f 258
- van Bennekom, A. R. → IZ T 107
- Benner, Heinz Friedrich → T 3 808

Bittscheidt

– M. → T 395
Bennerscheidt, Willi → q 14
Bennet, John M. → iz f 1 565
Bennett, Celia → iz f 2 300
– James G., Dr. → IZ U 428
– Philip → IZ F 1, IZ F 2 417
– Sue → IZ U 826
Bennewitz, Ingrid Prof. Dr. → T 407
– Jürgen → T 3 503
Benning, Wilhelm Prof. Dr.-Ing. → t 1 853
Benninghoven, Harald → q 14, q 32
Bennink, D. → IZ F 873
Benöhr, Gertraude → U 3 093
Benoish, Maurice → iz p 21, IZ Q 143
Benoit, Christian → c 781
Benoliel, Georges → IZ T 971
Benos, Stavros → iz b 99
Benrath, Gerd → R 32
Bensaid, Fayçal → e 566
Bensch, Christiane → T 709
– Reiner → T 701, T 1 892
Benscheidt, Dieter → k 221
Benschop, Dick → iz b 187
Bense, W. Dipl.-Ing. → T 2 351
Bensmann, Peter → u 1 765
Benson, B. → IZ F 1 826
Bente, Martin Dr. → O 443
Bentegeac, Yves → iz f 1 332
Bentele, Karlheinz Dr. → I 67
– Martin → q 267
Benthaus, Rainer → T 3 725
Prinz zu Bentheim und Steinfurt, Oskar → q 634
Benthin, Dr. → N 150, U 304
Benthues, Wilm → h 132
Bentin, Lothar → t 4 118
Bentlage, Jürgen → I 75
Bento Ribeiro, Alberto do Carmo → C 623
Bentolila, Marc → iz p 20
Bentrup, Hans-Hermann Dr. → T 2 596
Bentz, Norbert → k 91
Ben_7uška, Peter → iz u 791
Benz, Axel → k 142
– Claus → s 505
– Eberhard, Dr. → E 30
– Klaus-W., Prof. Dr. → T 492
– Peter → D 64, d 247, T 2 243, U 238
– Rolf → U 643
– Winfried, Dr. → T 1
Benzinger, Franz-Josef → R 577
– Josef-P., Prof. Dr. → t 1 412
Beránek, Jiri Dr. → iz l 19
Beránek, Milan Dr. → c 1 318
de Bérard, Gabriel → iz h 228, iz h 245
Berard, Hélène → IZ T 986
Beras, P. → iz s 191
Berberich, Dieter → r 598, r 680
Berchem, Theodor Prof. Dr. → T 712, T 3 780
Berchtold, Willi → F 372
Berck, Helmut Dr. → I 68
Berckemeyer, Hans → U 1 020
Bercker, Edmund Dr. → E 151
– Klaus → f 761, r 924
Berckmüller, Reinhard Dipl.-Ing. (FH) → f 353, f 365
– Reinhard, Dipl.-Wirtschafts-Ing. (FH) → f 368
Berekoven, L. Prof. Dr. → T 2 182
Baron von Berenberg-Consbruch, Joachim → c 1 051
Berenbruch, Hans Wilhelm → t 3 822
Berend, Rolf → u 3 079
Berendes, Elmar → s 504, s 550
Berentelg, Hermann → F 949
Berentzen, Hans Dr. → E 133
– Jan B., Dr. → U 2 152
– Luitpold, Dipl.-Ing. → f 459
– Rolf LO. → IZ K 47
Berenyi, Janos Dr. → m 35
Beresford, Christopher → IZ R 27, iz r 41
Bereska, Marianne → s 487
Berg, Arne → u 442
– Bernd, Dipl.-Ing. → f 256
– D. E., Prof. Dr. → T 1 365
von Berg, Detlof Dr. → C 302
– Dietrich → c 694
Berg, Don → IZ T 663
– Franz-Josef → d 235
– Friedhelm → R 535
– Fritz, Dr. → E 173
van den Berg, Hans → F 1 053
von Berg, Hans Henning → E 411
van Den Berg, H.C. → iz t 426
Berg, Heike → u 2 241
– Henriette → b 182
– Kay Uwe → R 467

Fortsetzung nächste Spalte

Berg (Fortsetzung)
– Klaus → IZ O 47
– Klaus, Prof. Dr. → O 289, O 381
– Manfred → K 37, T 3 761, u 1 262
– Mathias → O 438
– Paal → IZ T 663, iz t 672
– Peter, Dr. → S 263
– Rainer, Dipl.-Biologe → T 1 140
– Svein → iz g 141
– Wilfried, Dr. → E 69
– Wilfried, Dr. jur. → T 3 444
vom Berg, Wolfgang Dr. → IZ F 613
Berg-Winters, Albert → U 384
Bergans, Wim → IZ R 151
Bergant, Boris → IZ O 47
– Evgen → IZ S 636
Berge, Arne Magnus → iz f 510
– Asbjoern → iz f 2 405
– E., Prof. Dr. → iz t 707
Bergeest, Volker Dr. → K 16
Bergemann, Ernst Dipl.-Volksw. → f 528
Bergen, V. Prof. Dr. → T 2 707
Berger, Alf-Jörg → N 131
– Anita → h 418
– Antoine → iz s 389
– Bernd → c 1 005
– C., Prof. Dr.-Ing. → t 2 039
– Christian → C 295
– Christoph → u 2 847
– Dietmar → P 4, P 36
– Dr. → A 16
– Eduard → u 2 309
– Eduard, Bischof → u 2 328
– Gerhard → h 550
– Gundolf → G 483
– Hans → I 21
– Hans Wilhelm → c 754
– Hartwig, Dr. → T 820
– Helmut → U 208
– Herbert → r 364
– Joachim, Dr. jur. → k 210
– Klaus → l 65
– Manfred, Dipl.-Kfm. → t 2 412
– Mathias, Prof. Dr. med. → T 3 384
– Rainer, Dr. → S 956
– Roland → t 759, t 2 474
– Volker → A 23
Berger-Vogel, Wolfgang Dr. → S 785
van Bergerem, Stephanus → c 665
Berges, Bernd → I 111
– Gerhard → r 677
– Martin, Dr. → q 75
Berget, Terend → IZ U 174
Bergfeld, Jost Dr. → s 9
Berggren, Marlen → iz u 250
Berghmans, Johan → iz g 27
Berghoef, Jan → iz f 508
Berghoff, Dagmar → Q 645
Bergholz, Lothar Dr. → S 271
Bergler, Friedrich Prof. Dr. → T 549
Berglie, Svenåke → iz f 2 219
Berglund, A. → IZ H 447
– Anders → iz h 465
– Thomas → iz g 143, IZ U 808
Berglyd, Knut Jostein → iz u 656
Bergman, Manfred → IZ U 499
Bergmann, Bernd Dr.-Ing. → U 565
– Christine → U 2 251
– Christine, Dr. → A 23, E 655
– Eckart, Dr. → u 2 672
– Ernst-August → r 669
– Frank, Dr. med. → T 2 836
– Fritz-Werner → u 2 620
– Günter → S 1 199, S 1 285
– Günther, Prof. Dr. phil → t 1 655
– Herbert → Q 545
– Holger → U 3 023
– J., Dr. → t 2 052
– J., Prof. Dr.-Ing. → T 2 125
– Joachim, Univ.-Prof. Dr.-Ing. → T 2 028
– Joachim W., Prof. Dr.-Ing. → T 1 287, iz t 518
– Jochen, Dr. → e 235, e 236
– K.-Chr., Prof. Dr. → T 2 526
– Karl-Heinz → T 3 693
– Manfred, Dr.-Ing. → t 1 179
– Margit → U 211
– Marita → r 438
– Martin, Dipl.-Ing. → u 527
– Michael → o 654, T 3 493
– Robert → e 236
Bergnehr, Bosse → IZ U 809
Bergner, Christoph Dr. → A 65
– Hans Peter → A 23
– Karlfried → c 358
– Martin → p 55
– Ralf → IZ F 2 210
– Thomas, Dipl.-Ing. → f 315

Bergolth, M.R. → iz f 689
– Rudolf → iz f 1 702, iz f 1 738
Bergomi, Francesco → iz f 757
Bergqvist, P. → IZ F 2 323
Bergsdorf, Wolfgang Dr. habil. → T 474
Bergstraeßer, Volker → T 3 869
Bergum, Tore → iz f 1 789
Berheide, Bernd → S 738
– Wolfgang → T 3 761
Beringer, Kaj → h 435
Beriot, N. → iz f 74
Berkau-Hein, Brigitte → U 267
Berke, Dietrich Dr. → IZ U 805
– Joachim → r 498
Berkefeld → A 27
Berkel, Mathias → F 499
– Mathias, Dipl.-Brennmeister → H 256
– Ute → T 95
Berker, Peter Prof. Dr. → T 569
Berkery, Michael → iz q 19
Berkhout, Pieter → F 1, f 42, F 693
Berkling, Ruth → c 204
Berkner, Wolfgang Prof. Dr. Dr. → t 4 097
Berkowsky, Hartmut → u 1 766
Berlaimont → IZ F 888
Berle, Agnar → IZ S 148
Berlin, Ulrich → T 440
Berliner, M. Dr. → T 2 568
Berling, Theo → s 500, s 544
Berna, Marie-Rose → IZ W 11
Bernadotte, Sonja → T 2 647
Bernal, Marie-Louise H. → IZ T 874
– Myriam Ovalle, Dr. → iz r 304
Bernard, Ernst-Uwe → h 559
– F. → iz q 75
– Frits, Dr. → T 3 245
– J. → iz f 441
– Wolfdieter, Dr. med. → T 3 316
Bernard-Reymond, Pierre → Ac 913
Bernardi, Hans-Ludwig Dipl.-Ing. → f 82, g 194, r 46
– Volker → IZ U 473
Bernardinelli, Massimo → c 883
Bernardini, Patrizia → iz u 16
Bernardino da Silva, F. → iz p 17
Bernd, Herman-Uwe → o 354
– Rolf → A 21
Berndl, Ernst H. Dipl.-Ing. → f 661
Berndt, Dieter Prof. → T 1 137
– Hartmut, Dr. → q 524
– Holger, Dr. → h 622, I 58, IZ I 28
– Inge, Dr. → U 2 450
– Jürgen D., Dr. → u 777
– Kay → K 16
– Rolf → T 745, T 790
– Ronald, Dipl.-Ing. → S 946, S 976
Bernecker, Viktor → k 95, K 326
Berner, Anita → h 532
– Manfred → T 730, u 1 832
– Volker → H 150
– Walter → O 362
Berners, Kurt → f 542
Bernet, Georg → E 62
Bernett → IZ H 521
Bernhard → b 494
– Christine → Q 202
– Helmut → g 363
– Michael A. R. → IZ M 118
– Otmar, Dr. → Q 97, q 98
– Rudi → u 2 464
Bernhardi, Manfred → h 364
Bernhardt, Dörte → T 1 114
– Dr. → A 12
– Heike, Dipl.-Ing. oec. → T 2 681
– Iris → U 198
– Ute → T 1 358
– Wolfgang → h 75
Bernhardt-Müller, Sigrid → u 1 854
Bernicot, Jean-François → IZ A 222
Berning, Klaus Otto Dr. → E 157
Berninger, Matthias → A 18, U 2 654
Berninghausen, Carl → F 579
Berns, Manfred → E 151
Bernschein, Lutz → H 631
Bernstein, Rainer Dr. → O 704
Bernth, Leif → iz h 406
Berntsen, Georg → f 635, f 663, f 671, iz f 903
Berntßen, Hartmut Dipl.-Verw.-Betriebsw. → R 466
von Bernuth, Hans-Dietrich → u 2 032
Bernzen, Uwe → u 1 200
Berodt, Jürgen → c 48
Berrada, Abdelali → iz f 402
Berraies, Anouar → C 1 341
Berrang, Bernhard → H 272
Berresford Dutton, Malcolm → iz f 941
Berretta, Giuliano → IZ T 897

Berroeta, Michel F. → IZ O 204
Berry, Richard → h 454
Bert, Friedrich Dr. → B 596
Bertagni, Marco → iz f 474
Bertelmann, L. → F 378
Bertels, Hans → IZ U 548
Bertermann, Marc-Mario → U 399
Berth, Rolf Dr. → T 1 901
Berthelmann, R. Dr. → r 919
– Ronald → T 1 456, iz u 235
Berthelsen, Vagn → iz u 323
Berthèzéne, Michel → IZ U 494
Berthier, Jean → iz s 452, iz f 1 177
Berthold, Martin → U 1 867
– Norbert, Prof. Dr.rer.pol. → T 2 209, T 2 358, T 2 465
– Norbert, Univ.-Prof. Dr. → T 2 358
– Peter, Prof. Dr. → t 147
– Steffen → t 4 055
Berthon, Patrick → IZ L 96
Bertig, Helmut → d 242
Bertling, Friedhelm → U 2 061
– Gertrud → u 463
Bertol, Gillian → IZ T 541
Bertola, Claudio → iz t 181
Bertoldi, Giuseppe → IZ U 208
Bertram, Christoph Dr. → T 803
– Curt → U 448
– Gabriele, Dipl.-Psych. → T 2 446
– Gerhard → E 220, m 98, M 196
– Hans-Bodo, Dr. → C 55
– Hans-Jürgen → Q 671
– Hermann, Dr.-Ing. → e 88, E 93, U 120
– Horst → Q 352, T 822
– Karin → T 2 450
– Klaus → g 195
– Michael → b 107
– Winfried, Dr. med. → U 1 953
– Winfried, Dr.med. → s 74, u 1 960
– Wolfgang → s 352
Bertrams, Christoph → u 2 881
– Hans-Jürgen → O 237
– M. → IZ F 1 854
– Michael, Dr. → B 846, B 891
Bertrand, Gerard Dr. → IZ Q 225
– Henry → IZ U 623
– Ute → Q 573
Bertsch, Detlev → t 910
– Jürgen → T 4 144
Bertzbach, Martin → B 688
Beruev, Nurlan → c 930
Berweger, Winfried Dipl.-Volksw. → E 222
Berz, Gerhard Dr. → Q 356
Berze, Daniel → IZ T 234
Besch, Bernd → g 436
Besche, Hans → U 2 599
Besching, Alexander → T 4 003
Beschorner, Patrick Dipl.-Volksw. → T 2 358
Besemer, Karl Heinz Dipl.-Ing. (FH) → s 847
Besenfelder, Günter → R 782, r 841
Besnainou, Joseph → iz o 111
Besse, Karl → O 632, o 640, f 500
Bessemans, H. → iz m 104
Besser, Hans Rolf Dozent Dipl.-Wirtsch. Dipl.-Ing. → T 853
– Hans Walter → u 826
– Patricia H. → e 359
Besserer, Heinrich → E 117
Bessey, Lore → o 660
Bessler, Walther M. → c 1 243
Besson, Louis → iz b 77
Best, Berthold Dipl.-Ing. Univ. → t 1 200
– Carl-Maria → s 650
– Dieter, Dipl.-Psych. → S 163
– Heinrich, Prof. Dr. → T 2 359, t 2 394
– Peter, Dipl.-Kfm. → H 710, h 714
Beste, Hermann → u 2 305
den Besten, Rob → iz m 20
Besters, Christoph Dipl.-Volksw. → S 275
Bestley, Bob → IZ F 2 064
Betge, Peter Prof. Dr. → t 4 071
Bethge, Herbert → U 1 921
– Ulrich, Dr. → s 373
Bethke, Andreas → T 3 200
– Ralf, Dr. → f 127
– Siegfried, Prof. Dr. → t 150
– Ulrich → m 7
von Bethmann-Hollweg, Christoph → u 2 622
Betos, Vicente C. → E 321
Betscher, Hermann → T 1 267
Bette, Klaus Dr.jur. → H 50
Bettels, Dirk → c 1 252
– Dirk, Dipl.-Kfm. → E 121
Bettermann, Erik → A 39, b 57, B 201, T 3 951
– Erik, Staatsrat → A 39
Bettin, Sabine → E 74
Bettzuege, reinhard → C 598
Betz, D. Prof. Dr. → T 846

– Dieter → IZ F 1 620, iz f 2 586
– Heinrich, Prof. Dr. → t 124
– Joachim → U 1 126, u 1 157
– Joachim, Dr. → r 468
– Matthias → U 1 497
– Thomas → E 578
– Wolfgang, Dr. → u 1 839
Betzen, Sigrid → R 458
Beu, Hermannjosef Dipl.-Ing. → S 800
Beucher, Friedhelm Julius → A 35, O 579
Beuchke, Karl Prof. Dr. → T 701
Beucker, Helmut F.J. → o 133
Beuermann, Dieter → O 336, T 797
– Dieter E. → E 67
de Beukelaer, Emile → iz f 1 324
Beukes, Deline → iz o 132
Beulig, Jörg → e 208
Beumer, Ton → IZ U 423
Beumers, Monika → S 737
Beurotte, Jean-Jack → IZA 222
Beus, Hans-Bernhard Dr. → A 10
Beuscher, Hermann → H 78
– Kurt → E 21
von Beust, Ole → A 57, U 2 114
Beutel, Holger → A 352
– Jens → D 102, U 3 093
– Martin, Dr. → T 3 493
– Walter → E 263
Beutelmann, Josef → K 45, T 3 757
Beutgen, Monika Dr. → F 443, H 11, H 252, H 285, iz f 1 055, IZ F 1 162, IZ H 176
Beutler, Bernhard Dr. → u 2 885
Beutnagel, Eckhard → q 109
Bevan, David Dr. → IZ S 164
Beverburg, Sigrid → M 280
Bewernitz, Jutta → s 346
Bewersdorf, Jörg Dr. → B 796
Beye, Claus-Jürgen Dipl.-Math. → k 368, K 373
Beyen, Katharina Dr. → T 3 443
Beyer, Arno Dr. → O 301
– Axel → Q 651
– Bernd → H 223
– Birgit → N 186
– Christina → G 469
– Detlef, Dr. → s 309
– Eckhard → u 2 616
– Eckhard, Prof. Dr.-Ing. habil. → t 236
– Erwin, Dipl.-Ing. (FH) → Q 127, s 896
– Frank Michael → U 3 009
– Götz → r 401, r 433
– Hans Hermann, Dipl.-Kfm. → G 116
– Hans-Joachim, Dr. → H 587
– Harm → T 3 454
– Herbert → C 388
– Jürgen, Prof. Dr. → t 3 304
– Klaus, Dipl.-Ing. → t 278, T 2 567, T 2 582
– Lothar, Prof. Dr.med. → T 2 804
– Manfred → g 349, S 684
– Michael, Dr. → T 901
– Ralf → t 3 100
– Rüdiger, Dr. → E 188
– Thomas → t 960
– Torsten → o 33
– Ulrich, Dipl.-Ing. → s 992
– Wolfgang → k 139, o 100
Beyerl, Erhard Dipl.-Ing. → s 912, s 963
Beyersdorf, Rolf-Dieter → E 148
Beyersdorff, Dietrich → T 2 789
– Günter, Prof. → T 952
Beyerstedt, Hans-Günther → g 687
Beyme, F. → q 114
von Beyme, Jörg Dipl.-Ing. → q 89
Beyreuther, Konrad Prof. Dr. → b 2
– Konrad, Prof. Dr.Dr.h.c. → T 1 910
Beyseyeva, Gauhar → c 921
Bezdek, Jaroslav → iz f 592
Bezold, Wilhelm Dr. → c 659
Bezzenberger, Gerold Dr. → U 709
Bhatt, Dinesh J. → iz s 561
Bi-Lev, Y. → E 494
– Yohanan → E 288
Biacabe, J. L. → iz t 585
Biagioni, Markus → D 102
Bialas, Rolf Prof.med. → k 227
Bialek, Lidia → IZ U 179
Bianchi, C. → iz h 73
Bianchini, F. Geotti → IZ T 326
Bianco, Giovanni → iz u 192
– Gisela → N 36
– V. → iz q 21
Biancotti, Elvio → iz f 369
Bias, Dr. → T 2 074
Biasco, Carlo → iz q 88
Biaudet, Eva → o 3
Biba, Johannes → IZ U 565
Biber, Alfons → iz f 16
– Zeev → iz f 2 565
Bibl, D. → iz h 336

Bicher, Norbert → A 82
Bichi, Alberto → IZ F 1 602
Bichler, Thomas → u 2 111
Bichsel, Stefan → iz i 105
Bick, Wolfgang Dr. → B 314
Bickel, Gernot W. H. → u 731
– Matthias, Dr. → s 437
– R. R. → T 3 878
Bickelmann-Follmar, Jörg → g 628
Bickenbach, Jörg → b 122
Bicker, Karlheinz → r 634
Bicking, Heinz → g 291
Bidlingmaier, Frank Prof. Dr.Dr. → E 495
Bie-Johansen, W. → iz f 510
Biebach, Peter Dipl.-Ing. → B 360, B 425
Bieback, Karl-Jürgen Prof. Dr. → T 520
Biebel, Siegfried → r 408
Biebelmann, Ulrike → T 746
Biedefeld, Susan → u 2 253
Biedenbender, Wolfgang → g 369
Biedendorf, Ulrich Dr. → e 168
Biedenkopf, Ingrid → t 3 102, T 3 221
– Kurt, Prof. Dr. → A 39
– Kurt H., Prof. Dr. → A 39, B 151, t 2 275, U 2 114, U 2 721
Bieder, Steffen → u 446
Biederbick, Klaus-Günther → A 21
Biedermann, Bernhard Dr. → T 3 677
– Bodo, Prof. Dr. → T 563
– Charles-Claude → IZ U 119
– Detlev → A 4, A 202
– Elfriede → S 915
– Heinz-Jürgen → r 402
– Horst → IZ F 1 265
– Josef → IZ Q 188
– Jost → U 1 347
Biege, Ralf → E 115
Bieger, Renate → E 65
– Roland → F 821, F 829
Biegi, Peter → IZ H 64
Biehahn, Claudia → T 3 492
Biehal, Manfred → p 20
– Manfred, Dr. → I 26
Biehl, Dieter Prof.Dr. → T 2 597
Biehler, Axel → Q 491
Biehn, Erika → u 1 226
Biek, Manfred → f 274
Biel, Carsten → C 8
– Jörn, Dipl.-Volksw. Dr. → E 225
Bielagk, Werner Dr. → U 2 450
Biele, Hartmut → B 321
– Hartmut → R 1, R 182
– Volker, Dipl.-Volksw. → T 3 516
Bieler, Dr. → A 18
– Harald C. → T 2 799
Bieler-Seelhoff, Susanne → b 174
Bielert-Hagemann, Konrad → q 42, R 91, R 99
Bielfeld, Kurt → R 956
Bielfeldt, Maike → E 2
Bielitzer, Bernhard → k 224
Bieller, Rudi Ernst Karl → c 1 002
Bielmeier, Fritz → T 3 786
Bieneck, Hans-Jürgen Prof. Dipl.-Ing. → A 135
Bienek, Olaf → m 105, M 147
Bienfait, Rainer Dr. → s 363
– Udo → g 141
Bieniek, Hans-Joachim Dr. → s 327
Bienk, Herbert → T 2 785
Bier, Brigitte → t 3 005, u 1 631
– Dr. → B 847
Bier-Kruse, Joachim Dipl.-Ing. → s 1 107
Bierbaum, Detlef Dipl.-Kfm. → E 239, i 57
– Gunter → t 2 480
Bierbichler, Rudolf → F 398
Bierbrauer, Udo → u 1 677
Bierhalter, Udo → h 287
Bierhinkel, Curd Jürgen → u 1 898
Bierhoff, Rolf Dr. → L 3
– Rolf, Dr.-Ing. → T 1 058
Bieri-Klimek, Barbara → o 79
Bierich, Andreas → g 666
– Marcus, Prof. Dr. → T 773
Bierig, Reiner → q 138
Bieringer, H.-F. → G 248
Bierl, Leonhard → A 194
Bierle, Klaus Dipl.-Kfm. Dr. → S 749
Biermann, Anna → U 942
– Dorothee → q 62
– Egbert → R 835
– Klaus → h 589
– Stefan → U 858
– Walter → k 110, k 128, k 258, k 345
Biermeyer, Marianne Dr. → s 307
Biernath-Wüpping, S. Dr. → T 2 129
Biersack, Dorothea → u 1 320
Bierschenk, Jan → g 474

Bierschneider, Friedrich → M 229
Bierwirth → A 14
Bies, Rainer → E 151
Biesemans, Sam → IZ U 347
Biesenbach, Heinz → I 67
Bieser, Karl Ludwig Dr. → p 16
Bießhaar, Piet → iz h 130
Bießmann, Hans-Richard → R 505
van der Biest, J. → IZ F 788
Bietendorf, Günter → g 530, g 543
Bietmann, Bernhard → U 2 023
Biewald, Dieter Dr. → t 955, T 1 119
Bifield, Richard → IZ R 239
Bigalke, Godlind → s 760
Bigeard, Daniel → iz t 546
Biggam, Ross → IZ O 52
van den Biggelaar, Ernst → IZ R 27
Bigl, Volker Prof. Dr. → T 584
Bigler, Hans-Ulrich → iz f 1 744
Bignotti, Alain → IZ L 1
Bigongiali, Giancarlo → IZ F 337
Biguet, Robert → IZ T 291
Bihler, Dr. → Q 299
Bihn, Friedhelm Dipl.-Volksw. → M 1
Bijen, Harrie → IZ R 65
Biker, Reinhard → S 258
von Bila, Wolf → c 672
Bila-Mees, Jana Dr. → A 21
Bilaniuk, Zenon Dipl.-oec. → U 890, u 892
Bilda, Klaus Dr. Dr. h.c. → B 803, T 3 524
Bildau, Gerd → t 4 084
Bilek, Pavel → iz u 369
Bilge, Hatice Prof. → iz t 773
Bilgin, Yasar Dr.med. → E 712
Bihler, Dr. → Q 299
Bilitza, Uwe-Volker Dr. → T 3 757, T 4 102
Bill, Helmut → s 841
– Jörg → s 841
– Ralf, Prof. Dr.-Ing. → t 1 689
Billen, Gerd → Q 492
Biller, Martin → k 159
Billian, Eduard → g 519
Billiard, François → IZ W 34
Billib, Max Prof. Dr. → T 2 689
Billiet, Marc → IZ M 121
Billigmann, Frank-Rainer → f 26, R 195
Billing, Peter → u 1 890
– Werner → g 231
Billme, Roland → iz h 514
Billo, N. Dr. → IZ U 311
Billot, D. → iz f 1 410
– Thierry → iz f 1 342
Billstein, Reinhard Jo Dipl.-Ing. → s 829
Billwitz, Konrad Prof. Dr. → q 373
Bilo, Albert → T 952
Bilstein, Katharina → E 162
– Stephen → u 1 772
– Uwe, Dr. → E 151
Biltgen, François → iz b 182
Bilton, Janet → IZ U 260
Bimberg, Hermann → Q 122
Bimczok, Rudolf Dr. → T 993
Binard, Philippe → IZ F 706, IZ H 314
Bindemann, Detlev → k 233
Binder, Anette Dr.med. → T 2 880
– Hermann → u 2 486
– Matthias → Q 131
Binder-Hobbach, Jutta Prof. Dr. → T 711
Bindert, Franz-Josef → A 25
Bindseil, Heinz → F 801, G 633
Binegger, Erwin Ing. (grad) → s 961
Bingel, Odo-Ekke → O 573
Bingen, Dieter → E 653
Binger, Günter Prof.Dr.-Ing.habil. → IZ T 974
Binias, Udo → R 483
Biniek, Alois → O 115
Binnenbrücker, Rolf D. Dipl.-Volksw. → G 451
Binner, Hartmut-F. Prof. Dr.-Ing. → t 1 521
– Swen, Dipl.-Kfm. → E 142
– Walter → iz l 36
Binnewies, Rolf Dr. → M 245
Binnig, Gerd Prof. Dr.rer.nat. → T 1 901
Binninger, Theo → E 725
Binoth, Sascha M. → s 527
Binroth, Gabriele Dr. → S 1 398
Bintz, Peter Udo Dr. → T 734
Biot, J.-M. → iz f 1 018
Birch, Ulf → r 299
Birchley, Tricia → IZ U 179
Birck, Wilfried → F 997
Birden, Patrick → iz o 362
Birgisson, Haukur → n 246
Biria, Mehdi → F 504
Birk, Angelika → A 39
Birke, Burkhard → O 288
– Hans-Eberhard, Dr. → f 39
– Hans Eberhard, Dr. → F 628
Birkel, Eberhard Prof. Dr.-Ing. → t 1 475
– Fred → S 1 318
– Wolfram, Dipl.-Ing. → U 118

Birkelbach, Franz → g 279
Birkendorf, Rainer Dr. → T 3 978
Birkenfeld, Udo → s 184
Birkenheier → A 21
Birkhäuer, Frank Dipl.-Ing. → m 12
Birkhofer, Adolf Prof. Dr. Dr.-Ing.E.h. → T 1 951
Birkholz, Heike → O 716
– Klaus, Dr. → s 1 467
– Manfred → U 2 450
– Siegfried → g 197
Birkmann, Andreas Dr. → A 39, b 194, t 3 105
Birkner, Peter → q 412
– Ursula, Dr. → T 2 558
Birmans, Wolfgang → R 805
Birnbaum, D. Prof. Dr. → T 3 422
– Daniel, Prof. Dr. → T 489
Birnkammer, Maria → T 578
Birnmann, Dieter → E 43
Biró, Erhard → u 2 412
Birr, Joachim A. → O 268
Birthelmer, Fritz → U 917
Birthler, Marianne → A 242, T 818
– Wolfgang → b 45
Birulés y Bertrán, Anna María → iz b 251
Birzele, Frieder → E 604, e 617, t 4 108
– Ilse → u 1 250
Bisagas, Mary Ann V. → iz s 541
Bisani, Fritz Prof. Dr. → S 750
Bischel, Franz-Josef → A 62
Bischof, Annegret Dipl.-Ing. → g 796
– Bernd, Dr. → r 786
– Gerhard, Dipl.-Ing. → s 1 014
– Kurt → F 950, f 956, T 2 106, t 2 113, iz f 577
– Robert → c 189, E 480
– Roland → O 543
– Wolfgang → h 687
Bischoff, Dieter → H 587
– Dr. → D 201
– Gaby → U 1 343
– Gerhard, Dipl.-Kfm. → E 21
– H.-P, Dr. → T 2 806
– Horst → g 637, g 699
– Horst, Dr. → f 149
– Joachim → u 2 240
– Manfred, Dr. → E 499
– Manfred J., Dipl.-Ing. → F 288, F 857, F 858, F 859
– Ralf → Q 532
– Werner → u 901
– Wolfgang → U 383
– Wolfgang, Dr. → s 544
Frhr. von Bischoffshausen, Alexander → U 938
Bischopink, Veronika → D 204
Bise, Gerd → S 736
– Gerd, Dipl.-Vw. → o 616
Biselli, O. Dipl.-Ing. (FH) → g 82
Bisenius, Jean-Claude → O 406
Bisgaard, Nikolai → iz f 1 590
Bishop, Max → IZ U 497
– Michael → iz f 2 111
Biskop, Siegfried Dr.-Ing. → s 705
Biskup, Susanna Betriebswirtin (VWA) → E 24
Biskupek, Matthias → U 3 018
Bisky, Lothar Prof. Dr. → a 77, u 2 238
Bislich, Michael → q 140
Bismut, Jean-Michel → IZ T 161
Bisping, Dirk Dr. → S 1 114
– Michael → S 1 289
– Susanne → S 1 114
de Bisschop, Gustaaf → iz f 2 067
Bissel, Christian Dr. → s 499
Bistrup, Tonny → iz f 26
Biswas, Tapan Kumar → n 223
Bita, Alina → U 375
Bittel, Bertram → O 322
Bittelmeyer, Günther Dipl.-Volksw. → T 2 193
Bitter, Harald Dr.-Ing. → S 995
– Jürgen → O 492
– Wolf-Gernot → Q 304
Bitterlich, Joachim → C 455
Bittermann, Rainer → O 288
Bittmann, Heribert → R 767
– Heribert, Dipl.-Ing. (FH) → r 770
– Klaus, Dr. med. → s 156
Bittner, Claus → T 3 782
– Gunnar → u 789
– Hans-Jürgen → u 2 513
– Kerstin → N 188
– Michael → U 2 024
– Peter → T 1 358
– Roland → g 657
Bittner-Voigt, Elfriede Dipl.-Fw. → s 656
Bittorf, Karl-Jürgen Dipl.-Ing. → e 66
– Rudolf → c 320
Bittscheidt, Dorothee Dr. → T 520

Bitz, Werner → t 2 961
– Werner, Dipl.-Volksw. → O 539
Bitzer, Frank → T 3 696
– Günter → U 2 089
– Günter → U 706
Bizac, A. → iz f 439
Bizley, Michael → iz f 698
Bjartland, Knut Geir → iz s 387
Bjerregaard, Ritt → iz b 56
Bjertnaes, Gunnar → iz f 312
Björeng, Eva → iz n 31
Björk, G. Dr. → IZ T 104
– Thony H. → iz s 206
Björklund, Ingemar → IZ F 2 084
Björkman, Yngve → iz f 2 475
Björkstrand, Gustav Prof. → IZ T 36
Björs, M. → iz f 1 850
Bjorner, M. → iz h 318
Bjurman, Björn → iz f 1 743
van Blaaderen, N. → IZ H 557
Blaas, Hans-Ludwig → t 2 163
Black, Jack → IZ T 868
– Marilyn → iz u 264
– Peter C. → C 893
Blackhall, Steven → iz g 196
Bläcker, Andreas → H 631
– Hans → U 754
Blaese, Hans-Dieter → G 10, G 34
Blaesi, Christian → iz s 192
Bläsing, Dieter → K 8
– Jürgen P., Prof. Dr.-Ing. → t 1 786, t 1 796
Bläss, Petra → A 35, A 75
Blässing, Klaus → u 2 618
Blätte, Hans Jochen Dipl.-Phys. → U 854
Blättermann, Erwin → h 558
Blaha, Dagmar → T 2 133
Blain, Jacques → iz g 193
Blair, Tony → IZ B 108
– William → iz h 197
Blakaj, Sokol → iz u 449
Blake, Francis → iz f 1 801
– R. → iz f 1 903
Blanck, Klaus-Jürgen Dr. → s 301
Blanco, Álvaro → n 267
Bland, Helen → IZ O 102
Blank, Carsten → U 219
– Herbert → E 162, H 308, H 391
– Hildegard, Dr. → T 881
– Joseph-Theodor, Prof. Dr. → U 2 724
– Klaus → f 952
– Olaf → F 422
– Peter, Dipl.-Ing. → d 137
– Rolf → O 396
– Udo → u 1 848
– Wolf → h 360
– Wolfgang → g 253
Blanke, Detlev Dr. → IZ T 151
– Hermann, Dipl.-Ing. (FH) → t 1 445, t 1 624, t 1 733, t 1 799
Blankemeyer, Martin → U 1 559
Blanken, Jochen → E 382
Blankenburg, Christa-Maria → E 756, u 1 694
Blankenhorn, Ludwig → s 410
Blankholm, Aud → r 191
Blanquart, Jean-Claude → IZ T 238
Blasche, Siegfried Prof. Dr. → T 2 250
Blaschke, Claus-Peter → u 2 829
– Hans J. → F 68
– Peter → s 853
Blase, Andreas → T 3 479
– Dieter → s 1 226, U 185
– Georg → U 2 386
Blasi, Paolo → IZ T 878
Blaß, H. J. Prof. Dr.-Ing. → t 2 044
Blass, M. → iz f 2 156, iz f 2 526
– Michael, Dr. → iz f 2 177, iz f 2 371
Blaß, Werner → f 348
Blatt, Klaus Dr. → u 1 268
Blatter, Joseph S. → IZ U 546
Blattmann, Corinna → T 3 754
Blattner, Petra → T 607
Blauert, Heinrich → IZ F 2 267, iz f 2 290
Blauhut, Barbara Prof. Dr. → T 3 424
Blaurock, Uwe Prof. Dr. → T 3 526
Blauth, Jürgen → k 103, k 121, k 251, k 338
Blawth, Stefan → S 1 585
Blažičková, Alexandra → iz f 264
Blecher, Henner → T 1 884
Blechinger, Beate → A 55
Blechschmidt, André → u 2 250
– Uwe, Dipl.-Ing. → S 976
– Volker, Dr.-Ing. → s 702
Blecker, Theo → IZ M 193
Bleckmann, Joachim → T 1 313
Bleibtreu, Eike → r 810
Bleich, Michael → g 164
– Susanne, Prof. Dr. → T 719
Bleicher-Nagelsmann, Heinrich → U 2 857
Bleimann, U. Prof. Dr. → T 886

Bleks, Michael → T 709
Blennemann, Friedhelm Dr.-Ing. → T 1 844
Blens, Heribert Dr. → A 39
Blessing → U 592
– Angelika → u 2 183
– Karl-Heinz → U 1 929
– Karlheinz, Dr. → T 2 209
– Susanne → a 2 839
Bleßmann, Helmut → T 1 148
– Werner → r 779
Blettner, Maria Prof.-Dr. → T 1 953
Bleul, Gerhard → T 2 768
Bley, Angela → A 353
– Bernhard → g 440
– Dr. → A 14
– Michael, Dr. → A 306
– Volker → T 647
Bleyleven, Alfons → r 469
Bliddal, Carsten → c 729
Bliesener, Rainer → r 295
– Ulrich, Prof. Dr. → R 904
Bliestle, Sabine → iz u 711
Blight, Graham → IZ Q 103
Blin, Jutta Prof. Dr. phil. → T 717
Blinkert, Baldo Dr. → t 2 382
Blinov, Nikolay N. Dr. → iz t 767
Blobel, Wolfgang Dipl.-Ing. → T 1 342
Bloch, Benjamin → U 2 040
– Christian → E 197
– Ludwig → T 645
Blochwitz, Axel → U 81
Block, Florian P. → u 2 220
– H.-J., Prof. Dr. → T 838
– Heiko → O 319
– Reinhold → g 431
Blocks, Günter → S 738
Blocman, Philippe → IZ A 222
Bloech, H. Dr. → U 572
Blöcker, Hans-Werner Dipl.-Ing. → f 85, r 48
Blödorn, Christa → T 3 798
– Wolfgang → r 612
Blödtner, Mario Dipl.-Rechtspfleger → S 596
Blöink → A 12
Blömeke, Heinrich Dr. → u 2 977
Blömer, H. J. → H 279
– Richard → T 781
Blöser jr., Josef → q 292
von Bloh, Rolf → n 46
Blohm, Edith → s 660
– Hanno → S 1 503
Blois, Marco → IZ O 32
– Roberto → IZ T 902
Blokzijl, Robert → IZ T 903
von Blomberg, P. Dr. → T 4 040
Blome, Birgit → T 4 002
Blomen, Manuel → s 717
Blomeyer, Christian Dr. → T 472
– Wolfgang, Prof. Dr. → S 615
Blondet, Olivier → iz h 506
Blondiau, Heribert-Gaston → S 745, S 747, IZ R 309
Bloonaerts, E. → IZ F 2 198
Bloohm, I. → iz f 2 028
Bloth, Christian Dr. → c 1 214
Blottner, Eberhard → O 445
Blubla, Peter → iz f 1 746
Bludau, Barbara Dr. → H 97
Blüher, Bernhard Dr. → r 748
– Ulrich, Dipl.-Ing. → s 1 039
Blüm, Norbert → Q 356
Blümcke, Martin → u 961
Blümel, Dieter Wolf Prof. Dr. → T 846
Blümelhuber, Christian Dr. → T 2 525
Blümer, Helmut → G 451
Blümke, Burkhard Dipl.-Ing. → k 226
Blüml, Andreas → r 695
Blümle, Christiane → U 1 952
Blümler, Harald → u 1 943
Blümmel, Dieter → u 827
Bluhm, Detlef → o 421, R 185
Blum, Askan Prof. → T 678
– Bertram, Dr. → T 3 953
– Bruno → S 444, s 453, T 2 853, t 2 862
– Camille → IZ F 176
– Erwin, Prof. Dr. → T 578
– Gernot, Dr.med. → U 3 087
– Jürgen, Prof. Dr. → T 1 266
– Karl-Heinz → f 412
– Leo → k 105, k 123, k 253, k 340, q 16
– Marc-Michael → U 1 425
– Ottmar → h 434
– Ullrich, Prof. Dr. → t 4 096
– W. E. H., Prof. Dr. → IZ T 269
Blumberger-Sauerteig, Karin-Elsa → C 94
Blume, Franz Dr.-Ing. → f 871, t 2 089, u 524
– Hans-Heinrich → u 2 613
– Jürgen → T 1 272
– Michael → U 267

Fortsetzung nächste Spalte

Blume (Fortsetzung)
– Michaela → b 33
– Volker → h 296
Blumenauer, Hans Joachim → H 733
Blumenberg, Markus Dr. → T 1 242, T 1 243
Blumendorf, Peter Prof. Dr.-Ing. → T 525
Blumenröhr, Dr. → A 362
Blumenschein, Kornelie → Q 174, q 177
Blumenthal, Jörg → D 103
– Richard → S 1 369
Blumentritt, Klaus → A 233
Blumer, Jürgen Dr. → c 655
– Rolf-Dieter → S 1 513
Blunck, Lilo → U 913
Blunkett, David → iz b 112
Bluschke, Friedrich Wilhelm → k 86
de Blust, Michel → IZ N 44
Boavista Marques, Rui → E 658
Bobsien, Peter → g 625
Bobsin, Jürgen → g 612
Bobulescu, Razvan → IZ R 315
Bobzin, Fritz → M 197
Bocanegra, Sergio Rafael → c 629
Bocchini, Augusto → iz q 21
von Boch, L. G. → IZ F 2 231
– Wendelin → f 37, F 584, q 275
von Boch-Galhau, Wendelin → F 1
– Wendelin, Dipl.-Kfm. → E 196
Bochat, Lothar → k 164, k 183
Boche, Hartmut Dipl.-Ing. → t 1 561
Bochmann, Andreas → D 62
– Dieter, Prof. Dr.-Ing. → t 1 441
Bochow, Klaus → U 515
Bochum, Ulrich Dr. → T 2 332
Bocionek, P. Dr. → T 2 801
Bock → A 101
– Bernhard → t 3 174
– Dieter → k 85
– Frank → E 315
– Gerd → O 385
– Hans → g 386
– Hans-Georg, Prof. Dr. Dr. h.c. → t 1 531
– Hans-Günther → G 33
– Harald M. → E 385
– Heinz-Jürgen → S 732
– Jens → B 862
– Jürgen → f 548, F 847, R 264
– Karl Walter, Prof. Dr. med. → t 1 776
– Manfred → O 704
– Rainer → E 225
– Siegfried, Prof. Dr. → T 3 610
– T., Prof.Dr.-Ing. → T 2 175
– Wolfgang J., Prof. Dr. → T 3 278
Bock-Müller, Reinhard → P 47
Bock-Petzolt, Michael → r 171
von Bock und Polach, Michael → G 395
Bockelmann, Michael Dipl.-Kfm. → P 38
Bockemühl, Walter → k 90
Bockermann, Gisela → D 55
Bockheim, Alf → g 533
Bockholt, Heinrich Prof. → S 727, S 731
– Ingrid, Dr. → t 2 789
Bockhorn, H. Prof. Dr.-Ing. → T 1 923
Bockhorst, Hildegard → U 1 560
Bockisch, Christoph → u 1 764
– Michael, Prof. Dr. → T 1 072
Bocklet, Reinhold → A 39, b 15, B 198, E 579
Bockshecker, Walter → T 3 757
Bodamer, Claus-Thomas → m 31, m 71
Bodamer, Claus-Thomas Dipl.-Volksw. → m 115
Bodamer, Claus-Thomas Dipl.-Volksw. → M 188
Bodart, V. → iz t 575
Boddenberg, Matthias → E 285
von Boddien, Wilhelm → E 229
Bode, Arndt Prof. Dr. → T 618
– Christian, Dr. → T 3 780
– Franz-Josef, Dr. → J 2 366
– Gerlind, Dr. phil. → T 3 074
– Hanni → O 288
– Harald, Univ.Prof. Dr.med. → T 2 870
– Harro, Prof. Dr.-Ing. → L 60
– Joachim, Dipl.-Math. Dr. → S 1 578
– Jürgen, Dipl.-Bw. → E 65
– Karl-Josef, Dr. → K 373
– Rainer → U 3 023
Bode-Kirchhoff, M. → Q 655
Bodem, Ingrid → T 3 582
Bodemer, Klaus Dr. → E 745
– Klaus, Prof. Dr. → t 2 307
Boden, Bernadette → T 674
– Dieter → t 3 972
– Dr. → T 3 666
– Fernand → iz b 167, iz b 168
Bodendorf, W. → s 394
Bodenhagen, Gert → K 178
Bodenschatz, Ralf Dipl. Med. → T 2 836
Bodensohn, Thomas Dr. → s 1 537

Bodenstein, Henning → g 603
Bodenstein-Dresler, Carl-Wilhelm → q 417
Bodet, C.H. → U 45
Bodewig, Kurt → A 27
Bodfish, Ken → iz u 36
Bodifée, H.-P. → iz f 1 119
Bodin, J.-L. → IZ T 234
– Manfred, Dr. h.c. → c 727, E 121, l 22, l 76
– Raymond-Pierre → IZ A 193
– Roger → K 318
Bodnar, G. Dr. → iz f 1 139
Bodria, L. Prof. Dr.-Ing. → iz t 705
Bodström, Thomas → iz b 236
De Bodt, Ernest → iz h 550
Boecher, Hans-Peter → O 58
Boeck, Alexander Dr. → f 195
– Dieter, Dr. → S 60
– Dr. → T 2 074
Boeck, Robert Hartmut → H 169
Boeck, Werner Dr. → K 10
Böck, Willibald → d 239
Boeck, Wolfram Prof. Dr.-Ing. → T 2
Böckel, Hermann → H 710, h 711, h 712, h 713, h 714
Böckenhoff, Johannes → F 455
Böckenholt, Dirk → h 499
Böcker, Klaus → k 59
– Werner → N 34
– Wilhelm → g 125
– Winfried, Dr. → B 380
– Wolf-Hermann → G 1, G 3
– Wolf-Hermann, Dr. → T 2 334
Boecker, Wolfgang Dipl.-Kfm. → G 30
Boeckh, Andreas Prof. Dr. → T 2 431
Boeckhaus, Michael Dipl.-Volksw. → u 900
Böckheler, Hans-Otto Dipl.-Psych. → T 2 871
Böckholt, Dierk → h 346
Böckler, Hans-U. Dipl.-Ing. → s 934
Böckstiegel, Karl-Heinz Prof. Dr. → T 3 587, T 3 598, T 3 599, U 763
Bödder-Wollmer, Ursula → U 945
Bödding, Klaus → b 876
Bödecker, Hans → S 1 285
Bödeker, Friedel → S 1 342
Boedicker, Dagmar → T 1 358
Bödige, Rudolf → E 192, f 241
Böer Alves, Barbara → S 1 399
Böge, Ulf Dr. → A 351
– Wolfgang, Dr. → r 873
Bögemann, Heiner → m 214, m 216
– M.L.J. → iz f 2 542
Böger, Klaus → A 39, B 27, b 34
Boegler, Heiner → k 90
Böheim, Gabriele Dr. → iz u 777
Böhl, Hans → U 1 952
Böhle, Eckhardt → S 393, IZ T 841
– Fritz, Prof. Dr. → t 2 421
– Thomas, Dr. → r 279
Böhlein, Matthias → E 62
Böhler, Siegfried → IZ F 1 853
Böhling, Gerhard → U 1 178
Boehlkau, Tilman → r 346
Böhm, Gerhard Dr. → O 701
– Hans, Dr. → T 2 213, T 3 912
– Horst Dieter, Dipl.-Ing. → I 11
– Inge M. → U 1 599
– Johann → B 326, O 276, q 518, u 947, U 991
– Josef → E 64
– Klaus, Dr. → s 522
– M., Prof. Dr.med → T 3 326
– Margaretha → r 226
– Michaela → s 1 347
– Otto → u 1 261
Boehm, Peter Dipl.-Ing. → U 597
Böhm, Richard → h 798
– Roland → g 337
– Rudi → U 848
– Thomas → B 593
Boehm, Thomas Prof. Dr. → t 125
Böhm, Werner-Eckhard Dr. → r 611
– Werner-Hans → B 217
von Boehm-Bezing, Carl L. → I 40
Boehm-Bezing, Carl-L. → T 752
Böhmdorfer, Dieter Dr. → iz b 206
Böhme, Anita Dipl.-Ing.oec. → r 230
– Arnd, Dipl.-Ing. → F 86, T 1 089
Boehme, Brigitte → u 2 300
Böhme, Christian → T 2 076
– Gerhard, Dipl.-Ing. → s 993
– Helfried → N 38, n 48
– Ingeborg → g 344, g 672
– Jörn → A 40
– Klaus → A 287
– Klaus, Dr. → s 197
– Manfred → n 83
– Martin → T 2 695
– Prof. Dr. → T 2 134
Boehme, Robert W. → c 622

- Böhme, Rolf Dr. → D 73, T 836, T 837
- – Sybille → S 479
- – Udo → q 19
- – Wolfgang, Prof. Dr. → T 2 719
- Böhmer, Christian → O 406
- – Dietmar → s 534
- – Gregor → I 64
- – Hans-Joachim → E 324
- Boehmer, J. Dr. → iz s 43
- Böhmer, Klaus → g 509
- – M., Dipl.-agr. Dr. → T 2 526
- – Manfred → u 2 508
- – Manfred, Dipl.-Ing. → L 66
- – Maria, Dr. → A 39, A 52, O 336, U 2 114
- – Paulus → S 1 206
- – Wolfgang, Prof. Dr. → B 338, U 2 114, u 2 130
- Böhmler, Rudolf → b 2
- Boehncke, Susanne Dipl.-Komm. Wirtin → S 790
- Böhnel, H. Prof. Dr. → T 2 622
- Böhner, Werner → T 751
- Böhnisch, Eberhard Dipl.-Ing. → g 196
- Böhnke, Frank Dipl.-Volksw. → O 388
- – Susanne → U 1 380
- – Werner → I 27
- Böhnlein, Claus Dipl.-Kfm. → T 2 358
- – Gregor → s 482
- Böhr, Christoph → A 62
- – Christoph, Dr. → U 2 114, u 2 127
- Böhringer, Paul → c 832
- Börnsen, Jens → a 87, d 245
- Bökamp, Heinrich Dr.-Ing. → S 952
- Böker, Andreas → S 692
- – Renate → I 128
- Bölk, Elisabeth → N 127
- Bölke, Eckhard Dipl.-Ing. → T 2 178
- Boelke, Klaus Prof. Dr.-Ing. → t 1 543
- Bölkow, Ludwig Dipl.-Ing. Dr.-Ing. E.h.mult. → T 726, T 1 901
- Böll, Rudolf-Karl → q 71
- – Winfried → E 466
- Böllhoff, Wolfgang Dr. → E 142
- Bölling, Klaus → f 255, F 843, f 844
- Boelte, Hans Heiner Dr. → o 274
- Bömcke, Nikolaus → IZ I 6
- Bömer, Reinhold → U 2 052
- Bömermann, Hartmut Dipl.-Soz. → T 2 235
- Bönders, Ulrich → M 174
- Bönig, Michael → T 1 346
- Böning, Dieter → E 417
- – J., Prof. Dr.med. → T 3 419
- Böninger, Martin → b 6
- Bönner, Hans → U 1 175
- – Karl-H., Prof. Dr. → T 3 495
- von Bönninghausen, Inge → U 1 278
- Bönsch, Hans Jürgen → h 393
- de Boer, Friedrich Dodo → o 550
- – G.A. → iz l 12
- – Hans → iz g 48
- – Hendrik → B 332
- – Wubbo → IZ H 2
- Boerchers, Theodor → r 787
- Börger, Karl-Heinz → H 635, h 640
- – Stephan → u 2 640
- Börkircher, Helmut Prof. Dr. → t 1 644
- Börmann, W. Dr. → T 1 164
- – Walter, Dr. → T 1 006, T 2 142
- Börner, Albrecht Dr. → s 1 282
- – Anton F. → H 1, iz h 345
- – Anton F., Dipl.-Kfm. → H 2
- – Bertram → b 872
- – Gerhard → f 635
- Börs, Peter → o 138
- Börsch, Dieter Dr. → r 932
- Börsig, Clemens Prof. Dr. → T 2 199, t 2 290, T 4 153
- Boersma, Magda → IZ F 151
- Boerstra, H. H. → c 1 076
- Boertmann, Ansger → iz u 648
- Börtzler, Karl Ludwig → t 2 498
- Bös, Dieter Prof. Dr. Dr. → t 2 276
- – Dieter, Prof.Dr.Dr. → T 2 457, T 2 461
- Boes, Hans → q 16
- – Manfred → M 180, m 182
- – Manfred F. → E 239, M 102, m 121, IZ M 228
- – Ulrich → t 2 493
- – Wilhelm → E 309
- – Yannick → iz f 2 324
- Boesch, Christophe A. Prof. Dr. → t 99
- Bösche, Burchard Dr. → p 56
- Boese, Axel → M 152
- Böse, Gerald → o 602
- Boese, Hans-Georg Prof. Dr.-Ing. → r 891
- – Norbert, Dr. → U 239
- Böseke, Harry → S 1 198, s 1 249
- Bösel, Hans-Detlef → I 46, iz i 9
- von Boeselager, Wolfhard Dr. → Q 384

- Böshagen, Kurt-Ernst → E 156
- – Ulrich → F 320
- Boesing, Karl Dr. → s 328
- Boesken, Dietrich H. → E 12, E 24
- Bösken, Rainer → k 138
- Bösken-Diebels, Paul Dr. → E 151
- – Paul, Dr. rer. oec. → E 151
- Boesler, A. K. Prof. Dr. → T 1 270
- – Kurt → m 133
- Boesmans, B. → iz g 65
- Boeßenecker, Karl-Heinz Prof.Dr. → T 818
- Bößmann, Klaus Prof. Dr. → IZ S 55
- Böth, Friedhelm Dr. → h 345, h 359, h 428
- Boetius, Jan Dr. → K 45
- Bötnagel, Tristan → E 129, k 25
- Bötsch, Wolfgang Dr. → A 52, A 68, T 2 238
- Böttcher, Arnd Dr. → U 404
- Boettcher, Dietmar → O 288
- Böttcher, A 18
- – Egon → O 588
- – Günther W. → IZ T 268
- – Hans Joachim, Dr. → T 3 760
- – Hans Rainer → k 148
- Boettcher, Irmgard Dr. → h 526
- Böttcher, Karl-Ludwig → d 6, d 36
- – Maritta → U 2 786
- Boettcher, Michael → k 218
- Böttcher, Oskar Dr. → F 177, iz f 561
- – Reinhard, Prof. Dr. → B 791, T 3 512
- Boettcher, Roland Dipl.-Ing. → B 307
- Böttcher, Ulf Dipl.-Ing. (FH) → B 246, B 254
- – Werner → Q 304
- – Wolfgang → A 306
- Böttcher-Bühler, Eckard → T 3 326
- Böttger → B 587
- – Dagmar → N 190
- – Klaus → m 45
- – Klaus-Peter → R 482
- – Marianne → O 121
- Böttges-Papendorf, Dorothee Dipl.-Volksw. Dr. → S 711
- Boettcher, B. Dr. → T 2 620
- – John, Dr. → H 2
- von Boetticher, Manfred Dr. → T 3 722
- Bötticher, Sabine → T 3 876
- Bötzl, Franz Dr. → F 690
- Böving, Ulrich Dipl.-Kfm. → U 556
- Boeykens, Lily → iz u 226
- Bofinger, Peter Prof. Dr.rer.pol. → T 2 358
- – Peter, Univ.-Prof. Dr. → T 2 358
- Bogaert, Pierre → iz s 571
- Bogaerts, Albert → iz t 778
- Bogaschewsky, Ronald Prof. Dr. → H 682, T 2 358
- Bogatzky, Torsten Dipl.-Ing. (FH) → t 1 597
- Bogdanow, Pawel → IZ S 675
- Boggasch, Elke → N 63
- Bogh, Karsten → iz u 5
- Bogner, Ingeborg → o 3
- – Magdalena → U 1 240, U 1 243
- Bogopolsky, S. Dr. → iz t 228
- Bogumil, Karlotto Dr. → B 642
- Boháč, Hans-Martin → h 406
- Bohl, Alfred → S 972
- – Friedrich → U 2 051
- – Jochen → u 1 849
- – Peter → u 1 459
- Bohland, Maren → s 401
- Bohle, Andreas Dipl.-Kfm. → h 692
- – Wolfgang → R 237, iz h 449
- Bohleber, Werner Dr.phil. → T 2 876
- Bohlen, Babette → b 96
- – Peter, Dipl.-Ing. → T 2 175
- – Reinhold, Prof. Dr. → T 687
- von Bohlen und Halbach, Friedrich Dr. → F 173
- Bohlin, Thomas → iz f 314
- Bohling, Werner → c 67
- Bohlmann, D. Prof. Dr. → t 1 297
- Bohm, Dietrich → B 38
- – Elmar, Dipl.-Braum. → t 935
- Bohman, Staffan → E 333
- Bohn, Jürgen Dr. → c 1 360
- – Peter → T 1 880
- – Rolf → F 68
- Bohne, Rainer Dipl.-Ing. → S 1 106
- Bohnenkamp, Ernst → s 766
- – Petra → D 92
- – Wulf, Dr.-Ing. E.h. → T 2 007
- Bohnert, Wolfgang → E 40
- Bohnet, Armin Prof. Dr. → E 418
- – Georg → q 64
- – Hans-Georg → U 677
- – Prof. Dr. → A 31
- Bohnhorst, Jutta → T 2 879
- Bohr, Christoph → Q 133
- – Kurt, Prof. Dr. → t 4 048
- Bohrisch, Oliver → u 828
- Bohrmann, Hans Prof. Dr. → O 527, T 3 735

- Bohse, Margret → O 538
- Bohunovsky, Helmut Dipl.-Kfm. → iz h 350
- Boie, Gabriele → S 393
- – Hans-Adolf → I 69
- Boikat, U. Dr. → T 2 526
- Boilley, E. → iz h 319
- Boiron, P. Dr. → iz t 336
- Bois d'Enghien, Ann → IZ F 854
- Boisnel, Marc → IZ A 193
- Boissière, Bruno → IZ U 459
- de Boissieu, Ch. → iz t 585
- – Pierre → IZ A 227
- Boixareu Carrera, Ángel → IZ A 227
- Bojic, Kosta → I 27
- Bojinov, Bojidar → iz e 28
- Bojsen-Møller, T. → iz f 273
- Bojunga, Gabriele Dr. → s 347
- Bokeloh, Claudia → k 147
- Boklund, Björn → c 439
- Boland, Wilhelm Prof. Dr. → t 146
- Bolaños, Héctor → iz f 2 571
- Bolás Alfonso, Juan → iz s 218
- Bolayirli, Yusuf → iz f 2 131
- Boldt, Hans H. → iz r 11
- – Klaus → u 792
- Bolewski, Norbert → T 1 958
- Bolhöfer, Jobst Dr. → I 117
- Bolkestein, Frits → IZ A 1, IZ U 427
- Boll, Bernhard → o 457
- – Georg → E 133
- – Karl-Heinz → r 776
- Bolland, Paul → D 219
- Bolle, Eckart → R 372
- – Frank → c 279
- – Gabriele → N 150
- – Geneviève → IZ S 617
- Boller, Herbert → n 20
- Bollerup-Jensen, Jensen → iz f 390
- Bollhöfer, Herbert → h 673
- – Klaus-Dieter, Dipl.-Ing. → R 79
- Bollier, Ernst → U 1 910, u 1 914
- Bolliger, Dorothee → s 372
- – Rudolf, Dr. → iz f 1 222
- Bollin, Jörg → U 3 056
- Bollin-Flade, Dagmar Dipl.-Ing. → E 93
- Bollinger, Clemens → S 1 360
- Bollmann, Beate → R 477
- – Dieter → s 143
- – Georg → U 916
- – Harry → h 495
- Bollon, Pierre → iz i 94
- Bolme, Tomas → IZ R 286
- Boloto, Lhelo → C 938
- Bolstorff, Christian Dr. → S 258
- – Utz-Dieter → H 302
- Bolt, Hans-Harald Prof. Dr. → t 156
- Bolte, Thomas → F 980
- Bolten, Hans → g 150
- Boltz, Ulrich → T 2 958
- Bolwin, Rolf → O 11
- Bolz, Armin Prof. Dr. → T 2 849
- – Rüdiger, Dr. → u 2 990
- Bolza-Schünemann, Claus Dipl.-Ing. → E 65
- Bolzenius, Theodor → U 2 379
- Bolzmann, Hans, Dipl.-Ing. → d 143
- Bolzoni, Luciano → iz g 44
- Bombassei, Ranieri → iza 37
- Bomhoff, Heinrich → n 18
- Bomm, Werner → G 117, g 514
- Bommas-Collée, Doris → M 231
- Bommelmann, Annegret → D 93
- Bommer, Hans Dipl.-Kfm. → F 608, U 586
- – Kay → I 142
- Bon, Hélène → IZ S 323
- Bona, Thomas → f 265, F 830
- Bonacci, Giorgio → iz a 29
- Bonacker, Heinz W. → c 1 348
- Bonardi, Santina → iz r 298
- Bonauer, Hans-Christoph → s 148
- Bonaventura, Karl → Q 347
- Bonaventuza, Salvatore → c 887
- Bondar, L. Dr. → iz f 1 039
- Boneberger, J. → T 2 583
- Bonekamp, Berthold Dipl.-Kfm. → f 125, F 140, R 1 495
- – Berthold, Dr.-Ing. Dr.-Ing. E.h. → F 122
- Bonelli, Antonio → IZ S 642
- Bonert, Kurt → g 620
- Bonetti, Andrea → IZ G 25
- Bonewitz, Herbert → U 2 060
- Bonfert, Hans-Christoph → S 738
- Bong, Uwe Prof. Dr. → T 495
- Bongard, Manfred → T 1 385
- Bongert, Dieter → L 60, T 1 140
- – Jürgen, Dipl. Kfm. → H 254
- Bonhaus, Don → IZ S 642
- Bonhoeffer, Tobias Dr. → t 143
- Bonifer, Bernd → M 186
- Bonin, Lothar → r 949

- Bonini, Raimondo → iz f 1 904
- – Sergio, Prof. → IZ T 742
- Bonitz, Wolf → h 686
- Bonjean, Heinz Werner Dipl.-Volksw. → G 503
- Bonk, Hans → h 568
- – Winfried, Dr. → o 274
- Bonkas, Hans → U 1 023
- Bonmati, Alfonso → iz f 2 182
- Bonn, Andreas → k 85
- – Edgar → G 772
- – Mathias → T 2 518
- Bonnaire, Roman → s 1 386
- Bonnemann-Böhner, Adelheid Prof. → U 1 272
- Bonner, Trevor C. → IZ F 2 210
- Bonnet, Bernd → H 308
- de Bonneville, Roland → f 326
- Bonnier, Hans-Jacob → IZ O 105
- Bonollo, Giuseppe → iz f 474
- Bonomi, Carlo → IZ S 148
- Bonorden, Volker Dr. → r 283
- Bonse, Eberhard → O 560
- Bonse-Geuking, Wilhelm Dipl.-Ing. → c 1 379, T 387
- Bonsel, Herbert → IZ T 232
- de Bont, P.J. → iz f 1 788
- Bontoyan, W. R. → IZ T 299
- Boob, Franz → t 3 185
- Boockhoff, R. → B 753
- Boogaart, Jan A. → iz s 386
- Boogaerts, Frank → IZ M 234
- Boogen-Heudorf, Horst José → c 460
- Boomgaarden, Hiltrud → u 1 255
- Boomgarden → A 8
- Boone, J. → iz I 6
- Boos, Karl → G 800
- Boos-Nünning, Ursula Prof. Dr. → E 714
- – Ursula, Prof. Dr. rer.soc.oec. → T 478
- Booß, Christian → A 242
- Booth, Peter → IZ R 268
- Boothby, Chris → IZ L 3
- Boots, Jan → iz r 17, iz u 680
- Bootz, F. Prof. Dr. → T 3 394
- van Booven, Heinz → r 334
- Bopp, Karl Prof. P. Dr. → T 409
- Bopp-Simon, Annelie → U 279
- Boppel, Werner Dr. → A 29
- Borao, A. → iz f 1 833
- – Andrés → iz f 1 719
- Boravan, P. → iz f 980
- de Borbón, Enrique → U 1 896
- Borbonus, Theo → R 956
- von Borch, Peter Dr. → S 1 085, S 1 092
- – Karl, Dr. → C 597
- – Klaus, Prof. Dr.-Ing. → T 398, T 436
- – Klaus, Prof.Dr.-Ing. → Q 128, T 2 697
- Borchardt, Barbara → U 1 639
- – Eugen → O 322
- – Jörg → q 554
- Borcherding, Günther → s 369
- Borchers, Henning Dr. Dr. → S 264
- – Klaus → g 149
- – Wilfried, Dipl.-Ing. → s 1 032
- Borchert, Dieter → f 551
- – Hartmut, Dr. → d 47
- – Horst → s 37
- – Jochen → U 2 114, U 2 627
- – Wolfgang → o 16
- Borck, Heinz-Günther Dr. → B 639
- Bordemann, Heinz-Gerd Prof. Dr. → U 2 759
- Bordes, Manuel Fernández Dr. → iz t 769
- Bordoni, V. → iz f 2 468, iz f 2 487
- – Valerio → iz f 2 014
- Borell, Rolf Dipl.-Volksw. → u 891
- Borer-Fielding, Thomas Dr. → C 1 223
- Borg, O. → iz f 2 625
- – Richard → z 2 401
- – Rune → iz t 552
- Borg Cardona, A. → iz e 40
- Borge, Hilma → iz f 2 627
- Borgelt, Rainer Dr. → O 589
- Borgen, Kurt → iz o 68
- Borges de Carvalho, Antonio → IZ U 352
- Borgetto, Bernhard Dipl.-Soz. → t 2 384
- Borghi, Gianni Dr. → IZ F 55
- – Renato → iz h 411
- Borgmann, B. Dipl.-Psych. → t 2 473
- – Daniel → T 3 675
- – Franz-Josef → g 485, g 495, H 136, h 143
- – Hans Günter, Dipl.rer.pol. → E 170
- – Horst, Dr.-Ing. → t 1 848
- – Maria, Dr. → S 738
- – Ulrich, Dr.med. → s 123
- Borgström, B. → IZ F 2 583
- – Bo → IZ F 2 530
- – Marcus H. → IZ P 2, iz p 6
- Borgward, Monica → g 472

Boriani, Attilio C. Prof. → IZ T 169
Boribon, Margaret → iz o 55
Borisov, Alexander → iz s 291
Bork, Michael Dipl.-Ing. → f 899
– Torsten K. → R 200
– Udo Karl → m 215
– Ulrich → N 158
Borkenhagen, Frederik → u 2 549
– Günter → h 564
Borkenstein, Dr. → A 27
Borkowski, Heidrun → U 2 062
Bormann, Dieter Dipl.-Ing. → s 835
Born → A 21
– Aline → h 781
– Gernot, Prof. Dr. → t 1 218
– Hans → U 938
– Hans-Jürgen → t 2 970
– Helmut, Dr. → Q 1, Q 4, Q 66, iz q 8
– Jürgen, Dr. rer.pol. → T 378
– Martin → O 322
– Wolf-Ruthart, Dr. → C 317
Bornecke, Jürgen Dr. → O 631, T 2 211, iz f 502
Bornemann, Birgit → T 2 701
– P., RA Dr. → Q 323
– Rüdiger → g 424
– Thomas → T 3 917
Bornes, Gregor → T 2 554
Bornhoffer, Hanz → E 351
Bornholdt, Werner Prof. Dr. → t 1 803
Bornholt, Tim-Rainer → D 224
Bornitz, Ulrich Dr. → U 2 659
Bornkessel, Werner Prof. Dr.-Ing. → T 550
Bornmann, Michael Dr. → I 30
Bornschein, Manfred → O 322
Bornträger, Wolfgang Dr. → U 2 763
Boross, F. Dr. → iz t 386
Borowski, Albert → iz m 97
– Martin, Dipl.-Ing. → S 958
Borrell, A. → iz f 763
von Borries, Reimer Prof. → S 615
Borringo, Dipl.-Ing. → B 379
Borris, Christian Dr. iur. → S 1 573
Borrmann, Brigitte → s 98
– Stefan → o 456
– Stephan, Dr. → t 108
Borst, Els Dr. → iz b 197
von Borstel, Friederike → u 1 282, U 1 295
– Rainer → T 4 005
– Rainer, Dipl.-Bw. → s 661
von Borstell, Anna → S 60
Bort, Ulrich Prof. → T 658
Bortenlänger, Christine Dr. → I 92
Bortscheller, Ralf H. → E 737
Borut, Don → iz w 26
Bos, Gustaaf → IZ F 305, iz f 306
– Hildo → IZ U 265
te Bos, J. G. → IZ F 248
Bos, Simone → iz t 944
– Werner, Dr. → K 307
Bosbach, Wolfgang → A 52
Bosch, Günter Dipl.-Volksw. → e 36
– Günter W., Dipl.-Volksw. → E 31
– Hansjörg, Dipl.-Ing.,Dipl.-Wirtsch.-Ing. → t 279
– Hartmut → b 98
– Jens → O 534
– K., Prof. Dr. → t 38
– Martina → S 561
– Petronilla → E 703
– Roland → T 632
– Wolfgang, Dipl.-Ing. → U 3 114
Boschi, Renato R. → IZ T 193
Boschke, Wolfram L. Dipl.-Volksw. → K 63, k 71, S 226
Bosco, Donato Dr.-Ing. → iz s 524
Bose, Günter Karl Prof. → T 581
von Bose, Henry → u 1 854
Bose, Michael → R 193
Boselli, Luigi → iz a 179
– Pietro → IZ F 2 200, iz f 2 207, iz f 2 262
Bosetzky, Horst Prof. Dr. → s 1 243
Boshold, Frank Steffen → U 1 185
Boss, Hedi → T 3 489
– Helga → T 1 971
– Willy → e 523
Boss, Wolfgang → s 68
van den Bossche, Luc → iz b 37
Boßdorf, Hagen → U 2 450
Bosse, Andrea → T 2 807
– Gerd → q 524
– Lars → E 206
– Manfred → U 3 127
– Martina → f 247
– Ursula, Dr. → T 542
Bosse-Brekenfeld, Peter → O 471
Bossemeyer, Susanne → T 511
Bossen, Harro → T 2 807, t 2 813

Bossenmayer, Horst Prof. Dr.-Ing. → T 1 384, T 1 898, iz t 410
Bossi, M. Dr. → iz h 348
Boßmann, Gabriele → k 434
Bossow, Conrad → u 1 367
Bostel, Wulf → T 2 603
Boswell, Peter → IZ S 497
Bot, B. R. → IZ C 10
Botero, Andrès → IZ U 502
– Guillermo Sanint → c 281
Both, Hans-Jürgen → g 393
Bothe, Arno Dr. → S 749
– Michael, Prof. Dr. → E 723, T 3 583
von Bothmer, Henrik → U 1 576
Botschatzki, Walter → f 16, r 15
– Walter, Dipl.-Ing. → R 1, r 116
Botsford, Keith → IZO 67
Botta, G. A. Dr. → iz t 342
Botte, Robert → IZ F 237
Botteley, Julia → IZ T 841
Botterbusch, Reinhart → A 29
Bottermann, Bernhard → T 805
– Peter, Prof. Dr. → T 2 755
– Peter, Prof. Dr. med. → T 3 294
Bottke, Wilfried Prof. Dr. → T 405, T 4 023
Bottlinger, Erich → O 483
de Botton, Marcel → IZ F 1 245, IZ F 2 084
Botts, Michael → U 135
Bottu, Mark Dr.med. → IZ S 68
Bouboukas, E. → iz t 178
Boucard, Philippe → n 216
Boucke, Dr. → T 1 318
Boucsein, Hildegard Dr. → B 199
Boudgoust, Peter → O 322
Bouffier, Volker → b 87
Bouillon, Erhard → T 760
Bouillot, Jean-Pierre → IZ F 1 720
Bouilly, Marie France → iz s 275
Bouis, Lucien → IZ U 175
Bounemra Ben Soltane, Karima → IZ V 2
Bouquet, André → IZ T 238
Bouquillon, Francis → iz f 1 780
Bourauel, Stephan → O 394, o 450
Bourcy, A. → iz s 26
Bourdon, Gerhard → R 211
Bourguignon, Philippe → IZ U 668
– Roswitha → b 39
Bourichter, Walter → G 90
Bourlanger, Katharina → R 482
Bourlos-May, Jannis Dipl.-Kfm. → E 474
Bourouba, Mohammed S. Dr. → iz t 745
Bourrel, A. → iz t 413
Bourrienne-Bautista → IZ F 489
Bouß, Alfred → G 98
Boussemart, Didier → iz t 589
– J.M. → IZ T 573
Boussonnier, Michel → IZ S 640
Boutard, Norbert → iz f 1 342
Boutin, A-M → IZ U 818
Boutté, Claude Ing. → IZ S 569
Bouveret, Andreas M. Dr.rer.pol. → T 2 358
Bouzou, Joël → U 489
Bovelett, Heinrich → U 1 032
van Boven, A. → iz f 2 048
Bovero, Pascal → iz f 1 725
Bovet, André M. → IZ M 1
Bovill, Hugo → IZ H 239
Bovy, Michel → IZ R 240, IZ R 287
– Vincent → iz e 4
Bowden, A. → iz f 2 528
– Angela → IZ F 1 820
Bowinkelmann, Josef → U 2 450
Boxberger, Ekkehardt → c 466
Boxhoorn, Abraham Dr. → iz u 363
Boxler, Petra Dr. → U 1 184
van Boxtel, Roger → iz b 186
Boy, Elmar Dipl.-Ing. → T 1 895
Boyazoglu, Jean Dr. → IZ Q 47, IZ T 691
Boye, Anker → iz u 26
– Wolfram G. → T 2 785
Boylan, Dessie → iz p 10
Boysen, Margret → T 1 239
– Rolf → F 65
– Thede → U 2 818
– Ulrich, Dipl.-Volksw. → h 54
– Uwe → T 3 200
– Wilfried → f 102, R 1, R 49, r 55
Boytüzun, Nikat → IZ S 642
Bozičevič, Stjepan Dr. → iz s 580
Boztepe, Fuat → c 1 334
Bozzano, Jean-Jacques → c 133
Bozzetti, Renzo → iz r 43
Braackmann, Dirk → T 2 743
Braas, Jürgen → f 870
Braasch, Joachim → M 151
– Manfred → q 414
Braathen, Hroar → iz h 250
Brach, Marcel → I 66
Brachat, Arthur → g 485, H 136
Bracht, Max → r 915

Brachtendorf, Helmut → U 618
Brack, Alfons → S 709
Bracke, Dieter → s 1 384
Bracker, Reimer → s 16
Brackmann, Arno → H 678
– Hans-Jürgen → T 2 187, T 3 831
Bradley, Anna → iz u 153
– Francine, Dr. → IZ T 713
– Kevin → IZ F 172
Bradnock, P. → iz h 341
Bradovkova, Mariana → iz h 467
Bradshaw, A. M. Prof. Dr. → t 119
– Alexander M., Prof. Dr. → t 156
– Alexander Marian, Prof. Dr. → t 156
Brähler, Elmar Prof. Dr. → T 3 278
Braem, Peter → s 369
Braemer → u 1 663
Brämer, Rolf Dieter → s 494, s 541
– Susanne → h 412, h 538
Brämisch, Michael → h 788
Brändlein, Dr. → T 2 074
– Johannes, Prof. Dr. → T 713
Bräske, Tino → u 2 233
Braeß, Ulrich → U 2 859
Bräuer, Günter Prof. Dr. → t 225, t 231
– Norbert, Dr. → I 17
Bräuker, Gabriele Dipl.-Betriebsw. → S 1 180
– Marcus A. → S 1 180
– Rudolf A., Prof. hc. Dr. hc. → S 1 180
Bräunche, Karl-Heinz → E 92
Bräunicke, Sabine → E 431
Bräuninger, Helmut → H 684, h 687
– Thilo → G 159
Bräunlen, Gerhard → r 89
Bräutigam, Hans Otto Dr. → E 604
– Hans-Otto, Dr. → U 943
– Lothar → U 30
– Peter → G 633
Braga da Cruz, J.M. → iz f 461
Brah, Ingrun → T 1 354
Braham, J. → IZ F 1 258
Braig, Horst-Dieter → H 671
Brake, Christoph Dr. → T 3 738
– Jörg → h 656
Brakhage, Axel Prof. Dr. → T 2 571
Brakhane, Wolfgang → h 341, h 377, h 390, h 396, h 411, h 427, h 462, h 479, h 515, h 533, h 654
Brakutt, Andrea → s 457, t 2 866
Bramat → IZ T 319
– Michel → IZ T 311
Brameier, Ulrich → r 927
Bramesaber, W. Prof. Dr.-Ing. → t 2 060
Bramigk, Detlef → U 23
Brammer, Ralf P. → I 142
Brammertz, Klaus → r 257
Branco, Duarte → E 384
– Duarte, Dipl.-Volksw. → E 660
Brand → A 101
– Albrecht → H 88
– Christian → I 44
– F. → IZ W 32
– Heiner → U 2 450
– Heinrich, Dr. → T 2 582
– Helmut, Dr. → B 603
– Jürgen, Dr. → B 712
– Michael → U 2 133
– Paul → H 247
– Ursel → T 2 925
– Volker → f 972
Brand-Friedberg, Ingrid Dipl.-Oec. → R 21, R 82
Brand-Hückstädt, Ingrid → R 581
Brandão, Joaquim Dr. → iz b 226
Brandenburg, Stephan Dr. → k 227
Brandenstein, Frank → h 27
von Brandenstein, Gerd → f 4, R 1, r 4
Graf von Brandenstein-Zeppelin, Albrecht → T 700
von Brandenstein-Zeppelin, Constantin Dr. → e 512, U 1 752, u 1 763
Brandes, Dr. → A 16
– Harald, Dipl. oec. → G 13, G 14, G 106
– Henning → u 1 835
– Klaus-Peter → C 74
– Rüdiger → s 1 448
Brandes-Peitmann, Ulrike → E 117
Brandi-Dohrn, Anselm Dr. → T 884
Branding, Burkhard Dr. → s 313
Brandl, Karen → s 87
– Klaus-Peter → T 1 347
Brandlmeier, Alois → k 108, k 126, k 256, k 343
Brandmaier, Otto J. → s 1 083
Brandner, Klaus → k 159
– Martin → F 833
Brandolini, Andrea → IZ T 560
– Andreas, Prof. → T 661

Brands, Albert → k 421
– Werner → g 506
Brands-Schlusche, Helga → t 2 808
Brandsmöller, Gerhard Dipl.-Ing. → T 2 007
Brandstätter, Gerhard Dr. → c 233
Brandt, Alfred → U 3 107
– Armin M. → E 728, E 729
– Carola → U 152
– Gerold → I 13
– Gisela E. → E 728, E 729
– Günther, Dr. → O 712
– Hans, Dr. → R 204
– Harald → s 376
– Hermann → K 274
– Horst, Dr. → T 2 616
– J. → iz f 467
– Joachim → Q 97
– Jürgen, Prof. → U 1 032
– Karsten → U 27
– Michael → O 288
– Siegfried, Dipl.-Ing. → t 1 170, t 1 213
– Siegfried, → s 526
– Ulrich, Prof. Dr. → T 3 290
– Winfried, Dipl.-Ing. → f 654, f 665
– Wolfgang → H 699
Brandt-Wehner, Anngret Dipl.-Ing. → B 619
Branoner, Wolfgang → b 36, n 68, T 2 183, U 342
Branscheid, Wolfgang Dir. u. Prof. Dr. → A 154
Braouet, Christophe → E 460
Braren, Rörd → M 204
Brasch, Bernadette Dipl.-Betrw. (FH) → E 18
Braschel, Reinhold Prof. Dr. → E 31
Braselmann, Hans J. → h 743
Brass, Hans Peter → T 3 200
Brassel, Anna M. → E 749
Brasseur, Anne → iz b 171
– Guy P., Prof. Dr. → t 138
Brataas, T. → iz t 488
Bratek, Hartwig → a 97
Bråthen, Anne-Marie → IZ T 560
Brathwaite, Joan A. → IZ T 874
Bratmann, Karl-Rüdiger → K 280
– Klaus → E 286
Bratzke, Gunthard Dr. habil. → T 2 333
Brauch, Dirk Dipl.-Kfm. → r 69
– Hans Günter, Dr. → U 2 091
– Michael, Dr. → c 639
– Otto → f 235, k 83, r 107
Brauckmann, Jürgen Dr. → t 2 016
– Ulrich → K 22
Brauer, Birgit → u 1 462
– Dietmar → Q 671
– Erwin → u 972
– Hubertus, Dr.-Ing. → S 1 019, s 1 028
– Knud D. → U 1 568
– Peter → U 2 627
– Urban, Dr. → F 692
Brauers, Hans Leo → K 374
Braulke, Michael Prof. Dr. → t 4 067
Braumann, Annelie → U 1 126
– Marcel → a 79, u 2 247
Braun, A. Prof. Dr. → T 1 923
– Albrecht, Dipl.-Kfm. → F 865, iz f 1 841
– Andreas → u 2 098
– Annette, Dr. → t 215
– Anton → S 480
– Birgit → s 1 541
– Bruno, Prof. Dr.-Ing. habil. → c 961, T 2 012, t 2 014
– Bruno O., Prof. Dr.-Ing. → T 1 985
– Claudia → M 135
– Claus-Dieter → u 730
– Dieter → T 1 972
– Egidius, Dr. → u 2 490
– Elmar → o 603
– Hans → T 819
– Hans-Gert, Prof. Dr. → T 729
– Hans-Josef → T 1 322
– Hansjörg → E 31
– Heinrich → c 387
– Heinz B., Dr.-Ing. → c 1 098
– Helmut, Dipl.-Betriebswirt → K 22
– Herbert → D 83
– Hubertus → s 430
von Braun, Joachim → IZ S 392
Braun, Jürgen → T 903
– Jürgen, Dr.-Ing. → s 980
– Karl, Dr. → u 2 349
– Katharina, Dr. → T 3 361
– Ludwig Georg → E 2, E 101, iz e 6
– Luitpold → d 225
– Matthias, Dr. → T 3 688
– Michael, → O 288, U 531
– Oskar J. → E 14
– Ottomar → c 982
– Peter → F 185

Fortsetzung nächste Seite

Braun (Fortsetzung)
- Peter, Dr.-Ing. → A 29
- Reiner → U 2 722
- Reinhold, Dr. → H 302
- Renate → E 63
- R.F. Rafael → IZ R 27
- Stephan → Q 130
- Thomas → h 289, O 384
- Tilo → q 64
- U. → IZ K 46
- Volker → n 9
- Werner → T 3 203
- Wolfgang → O 322, q 529, t 3 230

Braun-Elwert, Rudolph → H 574
Braun-Falco, Otto Prof. Dr. Dr. → T 3 121
Braun-Himmerich, Bernd → H 211, Q 301
- Jürgen, Dr. → S 289, S 296
Braunbach, Ulrich → S 737
Braune, Renate → T 3 112
- Tilo → B 204
- Werner → U 1 690, u 1 821
Brauner, Adolf → U 735
- Dr. → A 16
- Thomas → F 208
Braunert, Joachim Dipl.-Kfm. → f 771
Braunewell, Markus Dr. jur. → t 1 586
Braunöhler → A 14
Brauns, Hans-Jochen Prof. Dr. → u 1 694
Braunsteffer, Heike Dr.jur. → k 227
Braus, Hans-Peter → F 897, f 902, f 903, F 907, F 918, f 925, F 950, f 956, f 957, T 2 084, t 2 092, T 2 097, t 2 102, T 2 106, t 2 113, T 2 116, t 2 122, iz f 577
Brauß, Martin Prof. → T 526
Brautmeier, Bernhard → s 149
de Brauwere, Hugues Nolet → iz f 1 324
Braverman, Alexander → iz t 551
Breaks, Michael → IZ T 302
Brech, Wolfgang Prof. Dr.med. → s 158
Brecht, Gerd Dr. → f 744
Brechter, Petra → s 642
Brechtken, Rainer → a 83, u 2 530
Brede, Edith → u 2 197
Brede-Weisflog, Barbara Dr. med. → T 3 941
Bredehorst, Marlis → K 286
- R., Prof. Dr. → T 1 911
Bredel, Bernhard → b 527
Bredemeier, Karsten Dr. → Q 49
Bredenbach, Ingo Prof. → T 691
Bredendiek, Marianne → T 2 925
Bredesen, Arne → iz h 250
Bredohl, Manfred → g 475
Freiherr von Bredow, Christian Dipl.-Volksw. → E 134
von Bredow, Hans-Jochen → T 4 174
Bredow, Jens → U 763
Breed, P.C.M. Dr. → iz t 393
Brees, Danny → o 274
Breetz, Hans-Joachim → B 592
Breeze, A. → IZ F 2 133
Bregger, Klaus E. → r 242
Brehe, Jobst Dipl.-Ing. → E 151
Brehl → s 1 310
- Bernhard → d 37
Brehm, Andreas → u 931
- Birgit → g 667
- Elmar → r 261
- Heinz → G 623
Brehmer, Christian Dr. → E 170
- Werner → g 792
Breidenbach, Helmut → T 1 256
- Norbert → g 265
- Peter, Dr. → H 666
Breidenstein, Hans-Jürgen → E 93
Breiholdt, Peter Dr. → c 1 064
Breimaier, Herbert → O 90
Breinersdorfer, Fred Prof. Dr. → S 1 240, S 1 260
Breinl, H. Prof. Dr. → T 3 435
Breit, Dieter Dr. → H 305
Breitbach, E. Prof. Dr. → T 1 266
- Kurt → B 574
- Michael, Dr. → T 505
Breitenbach, Christian → S 103
- Peter → H 8, R 76
Breitenborn, Konrad Dr. habil. → u 958
Breitengroß, Jens Peter Dr. → c 927, H 2
Breitenhuber, Hans-Dieter → T 3 761
Breitenmoser, J. → IZ G 153
Breithardt, G. Prof. Dr. → T 3 332
Breithaupt, Karl Dr. → O 322
Breitkopf, Klaus → O 322
Breitkreutz, Kuno → F 286, f 780
Breitsameter, Ernst F. → M 245
Breitschuh, Gerhard Prof.Dr.habil. → T 2 604
Breitsprecher, Dieter Dipl.-Ing. oec. Ing. → s 639
- Hasso → G 101
Breitzke, Christian Dr. → H 253

Breivik, Harald Dr. → IZ S 164
Brejon, P. → IZ F 126, iz f 132
Brekenfeld, Henning Dr. → R 239
Brekke, Olav → iz r 233
Brekklund, Paul F. → iz h 386
- Paul Fritjof → iz h 414
Breloer, Bernd Jobst → E 162
- Bernd Jobst, Dipl.-Kfm. → f 125
Breloh, Dr. → A 18
- Paul, Dr. → T 2 742
Brem, G. Prof. Dr.Dr.h.c. → T 2 662
Breme, Harald → E 139
- Stefanie → u 2 187
Bremer, Chris-Carol → U 2 450
- Hans-Jürgen → k 408, k 433
- Susanne → T 3 978
- Thomas → IZ T 891
- Thomas, Dipl.-Kfm. → F 889
Bremermann, Eric → E 554
Bremicker, Jürgen Wirtschaftsing. → U 649
Bremkamp, Volker → E 82, R 184
Bremme, Hans Joachim Dr. → T 2 522
Bremmer, Gerhard Prof. → S 797
Bren d'Amour, Henry → b 148
Brend'Amour, Henry → B 208
Brendel, Erich → b 530
- Joachim, Dipl.-Geogr. → E 170
- Michael → g 255
Brendel-Herrmann, Angela → T 648
Brender, Nikolaus → O 336
Brendgen, Sigrid → f 603, S 970
Brendicke, Reiner → F 503, T 1 889
Brenig, B. Prof. Dr.Dr. → T 3 508
Brenke, Herbert → O 395
Freiherr von und zu Brenken, Georg → q 31
Brennan, James → IZ C 7
- John D. → E 721
- Raymond → U 2 060
Brennauer, Gabriel A. → E 255
Brenncke, Joachim Dipl.-Ing. → S 798
Brennecke, Volker Dr. → T 1 165
Brenneisen, Manfred → s 724
Brenneke, Horst-Peter → f 102, r 55
Brenner, Anton Prof. Dr. → T 704
- Edina → m 29, m 50, m 65, m 94, M 186
- Hans-Jörg, Dipl.-Ing. (FH) → U 2 856
- Hatto, Prof. Dipl.-Wirtsch.-Ing. → S 687, IZ S 227
- Karsten → A 29
- Margarete → T 2 807
- Margrit → I 126
- Mechthild → T 2 254
- Peter → S 1 114
- Thomas → G 633
Brennfleck, Wolfgang → u 1 883
Brenni-Wicki, Bianca Maria → c 445
Brensing, Walter → D 147
Brentle, Ingmar → c 379
Brenzen, Uwe Dr. → u 1 765
Brenzinger, Matthias Dr. → IZ U 428
Brera, Gabriel Garcia → IZ S 642
Bresche, Monika Dipl.-Volksw. → f 758, r 156
Bressel, Angelika → K 22
von Bressensdorf, Gerhard → S 1 431, s 1 433
Bresson, G. → iz f 2 246
- Jacques → IZ T 319
- Rolland → IZ T 319
Brétéché, Jean → iz a 175
Bretécher, G. IGA → IZ T 152
Bretón, J. Luis → iz f 1 330
Bretschneider, Gerd → m 20, m 61
- Ulrich, Dipl.-Ing. → S 953
- Wolfgang, Prof. Dr. → O 89
Bretthauer, Georg Prof. Dr.-Ing. → t 1 010, T 1 289
- Georg, Prof. Dr.-Ing.habil. → T 1 165
Brettin, Stefanie → S 509
Brettschneider, Jörg → k 225
- Jutta → U 1 239
Bretz, Alexander → o 452, R 215
- Hans → T 1 341
- Harm → h 581
- Michael → H 36
Bretzler, Gerrit Dr. → u 2 959
Breuer, Axel → u 1 506
- Dietmar → B 470
- Evelyn → M 232
- Günter → g 781
- Hannelore → U 1 855
- Henry → E 134
- Jacques → S 1 182
- Joachim, Dr. → k 215
- Joachim, Dr. jur. → T 3 443
- Peter, Prof. Dr.-Ing. → t 1 731
- Rolf-E., Dr. → I 46, I 143, T 752, iz i 9, iz i 174
- Wilhelm, Dr. → t 2 406

Fortsetzung nächste Spalte

Breuer (Fortsetzung)
- Wolfgang, Prof. → U 1 565
- Wolfgang, Prof. Dr. → T 2 457
Breuer-Asomaning M.A., Roswitha → K 262
Breunig, Gerhard Dr. → S 732
Breuninger, Helga Dr. → T 1 901
- Werner → Q 393
Breuss, F. → iz t 602
Breves, Gerhard → T 2 663
Brevik, Tore → IZ V 43
Brexel, Ernst → u 5
Brey, Hans-Michael Dr. → U 418
- Hansjörg, Dr. → E 582
- Horst → g 669, g 675
Breyer, Heidrun → r 350
- Nicolay, Dr. → s 222
- Ralf, Dr. → T 487
Breymann, Jochen → H 223
- Klaus → s 589
Brezina, Wolfgang Dir. Dr. → T 4 043
Brezovický, Ľubomír → iz f 2 313
Brich, Werner Dr. → U 3 014
Brichet, M. → iz f 918
- Michel → iz f 2 324
Brick, Martin → Q 241
Brickell, C. D. Dr. → IZ T 689
Brickenstein, Rudolf → E 148
Brickwedde, Fritz → T 721, T 727, T 769
- Monika → T 530
Briczin, Catrin → k 157
Brieden, Karin → O 288
Brieger, Sabine → T 675
Brieger-Lutter, Jörgen → A 207
Briem, Gabriele → E 571
- Wilfried → E 571
Brient, Gérard → iz f 988
Brieskorn S. J., Norbert Prof. Dr. → T 614
Briest, Jürgen → B 388
Brignone, Alessandro → iz f 584
Brill, Klaus → h 686
Brilla, Rudolf → B 804
Brinck, Berthold → H 773
Brinckmeier, Marianne → O 321
Brindley, Margaret → IZ T 193
Bringewski, Frank Dr. → T 871
Bringmann, Hermann → U 2 450
Brink, Eberhard → U 116
- Jürgen, Dr. → H 96
van der Brink, S. H. Dr. → iz t 526
Brink, Ulrich Dr.jur. → H 50
Brinker, Günter B.J. → u 894
- Werner, Dr. → I 7
Brinkers, B. H. C. → IZ F 1 757
Brinkhorst, Jantien → IZ U 200
- Laurens Jan → iz b 195
Brinkmann → B 758
- Bernd, Prof. Dr. med. → T 3 391
- Christian → t 3 645
- Dieter, Dr. → U 2 787
- Ernst → G 379
- F. → iz f 437
- Günther, Dipl.-Kfm. → c 837
- Hans-Egbert → F 382, F 435
- Hans-Gerhard, Prof. Dr. → r 888
- Klaus → f 109, h 696
- Peter → s 366
- Peter, Dipl.-Ing. → S 890
- Rolf-Rainer → E 139
- Werner, Dr. → U 1 169
- Wolfdieter → s 352, s 372
- Wolfgang → f 103, r 56, u 2 626
Brinkmeier, Bernd Dr.-Ing. → F 839
Brinktriene, Wolfgang → r 687
Brinner, Claus-Peter → IZ M 193
Brinon, A. → iz f 2 523
Brisbin, Scott D. Dr. → IZ G 152
Briscoe, Brian → iz U 38
Britsch, Gerd Jürgen → m 83
- Gerd-Jürgen → m 103, T 3 669
Britt, Karl-Heinz Prof. → h 492
Brittnacher, Günter Dipl.-Handelslehrer → T 3 880
Britz, Marcel → K 42
Britzke → D 84
Brix, Peter → U 1 612
Brixner, Ulrich Dr. → I 26, I 143, p 20, p 35
Bro, Joørgensen Dr. → IZ S 105
Broch, Thomas Dr. → U 1 745
Brochado, Joao Paulo → iz f 1 182
Brock, Dietmar Prof. Dr. → t 2 375
- Inés → u 2 111
- Lothar, Prof. Dr. → U 2 683
- Ulrich → K 22
- Wolf-Dieter → h 492
Graf Brockdorff, Thilo Dr. → e 514
Brocke, Hartmut → T 758
- Wulf Rüdiger → u 2 119
Brocker, Ulrich Dr. → r 2, r 104
Brockhoff, Arne Dr. → f 127

Breuer (Fortsetzung)
- Klaus, Prof. Dr. → T 695
Brockmann, Anna Dorothea Prof. Dr. → T 640
- Anneliese → B 566
- Heinz Wilhelm → u 1 202
- Leo → r 405
- Manfred → c 418
- Volker → G 99
Brockmeier, Martina Dr. → t 2 277, T 2 588
- Thomas, Dr. → E 210
Brockmeyer, Hans Joachim → T 3 585
Brockstedt, Jochen → O 23, o 24
Brocza, Stefan → IZ A 227
Brod, Hans-Georg Dr. → T 2 604
Brodach, Marianna → iz f 143
Broddak, Dr. → u 2 581
Brodehl, Johannes Prof.Dr.med. → T 2 783
Brodersen, Klaus-Uwe Dipl.-Ing. → f 601
- Norbert → F 706
Brodhage, Eberhard → E 576
Brodowski-Stetter, M. → T 3 289
Brodschelm, Heino → m 70
Brodtmann, Thilo → F 629
- Thilo K., Dipl.-Kfm. → f 660
Brodzin_1ski, Slawomir DR. → IZ T 323
Bröchler, Reimund → U 124
Bröckelmann-Simon, Martin Dr. → U 2 085
Bröckelmann, Marc → M 251
Bröcker, Richard Dr. → H 246
Brödel, Christfried Prof. Dr. Dr.h.c. → T 460, U 2 340
Brödl, Klaus → B 703
Bröhl, Helmut → U 142
Brökelmann, Jost Prof. Dr. med. → H 679
Broekelschen → A 21
Bröker, Alfons Dipl.-Ing. → D 193
- Franz-Josef → n 5
van Broekhoven, Norbert → IZ R 27
Broekhuis, J.W. → IZ F 433, iz f 447
Brömmling, Ulrich F. → T 722, T 727
- Ulrich Ferdinand → T 721
Brömse, Michael Prof. Dr. → T 524
Brönner, Manfred → u 2 983
- Wolfgang, Prof. Dr. → B 655
Broggi, Jean Pierre → IZ H 549, iz h 552
- J.P. → iz h 553
Broglie, Max → S 135
Brognaux, Jean-Claude → iz o 76, IZ T 268
Brohl, Silvia → IZ U 570
Broja, Dipl.-Ing. → b 524
Brojorgensen, Otto Dr. → IZ S 66
Brok, Elmar → U 2 682, U 3 064
Brokamp, Ludwig Dr. → S 288
Brolén, Erik → c 428
Broman, Väinö H. → c 126
Bromberg, J. → IZ T 267
Bromert, Hans → iz f 2 312
Bromkamp, Joachim Dr. → c 799
Broms, Eva → iz i 104
Bronder, Dietmar J. → T 2 191
Brondsted, Povl Dr. → iz t 517
Bronner, Andrée Dr. → IZ F 2 006
Bronny, Anja → E 471
- Horst, Dr. → e 568
Brons, Bernhard → E 120
Broockmann, Hiltrud → T 2 449
Brooking, Patrick → E 475
Broos, A.W.A.M. → iz g 48
Brophy, Michael → IZ U 591
Brosch, Helfried → g 706
- Peter → R 577
- Renate → O 74
- Sabine → IZ A 189
- Wolfgang → c 788
Brosche, Manfred Dr. → e 50
- Ruth → U 2 450
Brosda, Gabriele → u 1 257
Brose, Dieter Dipl.-Ing. → S 957
- Gabriele → u 1 192
- Michael → U 2 850
Brosey, Dieter → N 141
Brosi, Walter → A 141, t 2 364
Brosig, Arne Dr. med. → T 2 836
Brosius, Dieter Dr. → B 637, T 3 746
- Hans-Bernd → T 3 683
Bross, Dagmar Dipl.-Vw. → E 26
- Michael → F 204
Brost, Heike Dipl.-Ökonomin → T 2 535
Brotzmann, Hans → T 3 184
Broudré-Gröger → A 8
Brouër, Dirk → b 39, B 200
Broutin, Jean-Paul → IZ F 2 064
Broweleit, Rita → E 132
Brown, David A. → IZ I 166
- David Rex → c 341
- Douglas → IZ U 476
- Ed Rainy → iz q 17
- Gordon → b 122
- Jane → iz m 87

Fortsetzung nächste Seite

Brown (Fortsetzung)
- Nicholas Hugh → iz b 109
- Paul → iz o 42
- Roger → iz h 455
- Simon → iz f 1 461
- Stephen → iz g 135
Browning, Rhian → iz i 174
Brozek, Günther → u 1 769
Brozik, Karl Dr. → U 1 016
Bruce, Tomas → IZ L 131
Bruce-Jones, Tom → iz f 2 589, IZ T 325
Bruch, Beatrix Diplom-Bibliothekarin → T 2 358
- Bernhard → s 112
- Karl Peter → a 93
vom Bruch, Thomas Dr. → A 56
Bruchhausen, Thomas → O 358
Brucker, Otwin → d 34
Brucker-Maschke, Sigrid → S 561
Bruckermann, Gerhard-E. → I 143
Bruckert, Andreas → t 2 499
- Emil, Dr. → t 2 499
Brucklacher, Dieter Dr. → E 16, f 633
Bruckmayer, Kuno → G 574
Bruckner, W. Dr. → iz f 769
Brucksch, Roland → u 1 429
Bruder, Leopold Dr. → c 234
- Markus → h 120
- Thomas → E 21
- Thomas, Dr. → t 1 212
Brücher, Lothar → F 118
vor der Brück, Hans Dr. → T 404
Brück, Heinz Dr. → Q 644
- Robert → t 3 176
Brücken, Julius → T 3 696
Brücker, Gerd → K 326
Brückers, Rainer → u 1 128, U 1 709
Brückmann, Heinrich Dr. → b 876
- Jochen → E 67
Brückner, Andreas → g 328
- Ernst, Dr. → f 23, F 1 052
- Heide-Rose, Dr. → U 1 180
- Herbert → IZ Q 198
- J.A. → E 572
- Klaus, Dr. → B 736
- Peter, Dr.-Ing. → t 1 831
- Volkmar, Prof. Dr.sc.nat. → T 579
- Wolfgang → r 792
Brüderle, Rainer → A 69, U 2 200, u 2 211
Brüderlin, Beat Prof. Dr. → t 1 559
Brüggemann, Christa → IZ F 2 082
- Dieter, Prof. Dr.-Ing. → t 1 410
- Eckhard, Dr. → S 207
- Eike → E 21
- Günter → g 341
- Hans-Peter → m 216
- Horst → U 1 023
- Jürgen, Dr.jur. → R 30
- Rose Marie → Q 581
Brüggen, Georg → B 151
- Joachim → c 1 122
Brügger, Andreas Dr. → H 53
Brüggmann, Winfried → H 150
Brügmann-Eberhardt, Lotte → S 1 268
Brühan, Wolf → U 1 446
Brühl, Thomas Dipl.-Ing. → F 991
- Volker → T 887
- Wolfgang → T 4 038
Brüner, Franz-Hermann → iz a 6
Brüngel, Markus Dr. oec. troph. → T 3 313
Brünger, Karl-Heinz → G 94
Brüning, J. Prof. Dr. → T 1 942
- K.H. → M 264
Brüninghaus, Beate → F 323, T 999
- Gerhard, Dr.-Ing. → f 250, F 841
Brünjes → A 16
- Bernhard → U 1 606
- Iris → T 2 190
Brünn, Harald Dr. med. → T 3 432
Brünner, Thea Dr. → u 1 145
Brüssel, Marion → s 88
- T. → T 3 451
Brütsch, Rainer Dr. phil. → IZ S 650
Bruewer, Klaus W. → I 43
Bruggeman, F.G.H. → IZ S 568
- Frank → iz g 188
Bruggemann, Willy → IZ U 113
Brugger, Harald → F 480, iz f 1 327
- Heidrun → E 47, e 57
- Winfried, Prof. Dr. → S 615
Bruggink, Maurits → IZ F 1 909
Bruha, Thomas Prof. Dr. → T 733
Bruhn, Christian → S 1 157, S 1 290
- Dieter → m 119
- Manfred → T 3 761
- Thomas → IZ G 151
Bruhns, Günter → u 1 996
- Karl-Albrecht → H 666
de Bruijn, Jan Maarten Dr. ir. → IZ T 682

de Bruin, C. → iz f 2 604
Brumen, Leon Dr. → c 1 258
Brumm, Hans-Peter Dipl.-Ing. → t 2 016
Brumme, Volkmar → t 2 955
Brummer, Franz-Xaver Dipl.-Ing. → t 946
Brummermann, Hans → c 1 366
Brun, Jean-Luc → IZ T 979
- Michel → IZ S 648
Bruncken, Wolfgang Dipl.-Kfm. → T 786
Brundtland, Gro Harlem Dr. → IZ V 45
Brune, Kay Prof. Dr.med. → T 3 314
Bruneau, Jean-Pierre → iz s 363
Brunelli, Giorgio → iz p 13
Brunemund, Hans → E 146
Brunet-Lecomte, Jean → IZ R 27, iz r 39
Brunetti, Fausto → c 886
Brunie, J.C. → iz t 14
Brunk, Michael → s 1 076
Brunke, Dieter → M 245
- Volker → u 508
Brunmayr, Hans → IZ A 227
Brunmayr-Tutz, Linde Prof. Dr. → T 689
Brunn, Hubertus Chem.-Dir. Prof. Dr. → B 595
Brunnbauer, Alfred Dr. → E 64
- Josef → Q 191
Brunnemann, Arvid → A 105
Brunner, Alfred Dipl.-Ing. → T 719
- Andreas → S 1 576
- Anne → t 2 049, T 2 074
- G., Dr. → iz f 1 606
- Georg, Prof. Dr. → E 716
- Georg O. → U 568
- Gottfried → k 225
- Hannes, Prof. → T 564
- Herwig, Prof. Dr. techn. → t 242
- Manfred, Dr. → F 220
- Max → N 116
- Peter → o 423
- Reinhard H. → n 232
Brunnett, Brigitte → T 2 344
Bruno, Patrick Prof. Dr. → t 141
Brunotte, Jürgen → K 282
Bruns, Annegret → d 255
- Christian → b 58
- Georg, Dr. med. → T 2 876
- Gisela → S 1 313
- Harro → K 371
- Heike → s 402
- Holger → b 55
- Ingeborg → U 1 237
- Karl-Ingo → I 36
- Karl Ingo → I 76
- Manfred → U 1 608
- Margarete → IZ U 816
- Michael → E 132
- Stefan → H 2, H 19
- Tissy → O 520
- Werner, Dr. → A 6
- Winfried, Dipl.-Kfm. → M 1
Brunsch, Lothar Prof. Dr. → e 515
Brunsmeier, Klaus → q 383
Brunswig, Wolfgang Dipl.-Volksw. → E 146
Brunt, A. G. Ing. → iz f 348
Brusis, Ilse → T 2 317, U 2 251
Brusniak, Friedhelm Dr. → U 3 012
Bruton, D.L. Prof. → IZ T 231
- John → IZ U 374
Brutzer, Rainer → S 706
De Bruyne, Bérengère → IZ U 676
Brůže_7k, Miroslav → iz h 257
Brychcy, Michael → K 298
Bryden, A. → iz t 500
Bryer, David → iz u 343
Brzuszczak, Robert → IZ F 996
Bsirske, Frank → R 294, R 398
Bub, Wolf-Rüdiger Dr. → S 1 488
Bubb, H. Prof. Dr. → T 786
Bubel, Ulrich Dipl.-Kfm. → U 235
Bubendey, Hans-Jürgen → c 229
Bubori, Wolfgang → u 2 241
Bucak, Sertac → U 941
von Buch, Andrés → E 241
Buch, Bent → iz f 2 457
- Wolfgang → c 472
Buchard, Gerd-Dieter Dr. → T 3 425
Buchberger, Dieter Prof. Dr.-Ing. → t 1 623
- Dietmar, Dr. → F 994
- Hubert, Prof. → T 486
- Ingeborg → U 1 930
- Josef → K 263
Buchbinder, Thomas Christian → I 15
Bucher, Georg Prof. Dr. → t 1 542
- Helmut → h 800
- Pius → c 1 230
Buchetmann, Franz → u 2 888
Buchheister, Konrad → N 34
Buchheit, Bernd → A 20
Buchholtz, Thomas Dipl.-oec. → F 985

Buchholz, Axel → O 320
- Birgit → R 865
- C. → iz h 284
- Christian → U 3 092
- Christof → h 68, H 230, H 245, I 140
- Fred → M 37, m 40
- Friedrich, Prof. Dr. → A 148
- Gerhard → E 67
- Günter, Prof. Dr. → t 1 407
- Günther E., Dr. → S 295
- H. J., Prof. Dr. → T 1 124
- Hans-Gerd, Dipl.phys. → B 449
- M. C. → iz h 283
- Rainer → U 3 088
- Ulrich → t 2 472
- Wolfgang → F 712, U 538
von Buchka, Hans-Joachim → T 455
Buchkremer, Hermann-Josef Prof. Dipl.-Phys. → T 399
Buchleitner, Karl Dr.med. → T 2 842, T 2 850
Buchmann, Bianca → E 374
- Franz, Dr. → u 997
- Friedrich → g 322
- Gilbert → u 803
- Ilka → Q 459
- Johannes, Dr.med. → T 2 804
- Siegfried, Dipl.-Ing. → e 663
Buchmeier, Gerhard Dipl.-Ing. → F 849, iz f 1 755
Buchwald, Albrecht Dipl.-Kfm. → E 62
- Anders → IZ F 1 799, iz f 1 802
von Buchwald, Werner Dipl.-Ökonom → E 140
von Buchwaldt, Wolf Dipl.-Landw. → K 132, Q 23
Buck, Dorothea → T 3 017
- Elmar, Prof. Dr. → T 3 687
- Herbert, Dr. → T 483
- J., Dr. → T 2 583
- M., Dr. → T 2 129
de Buck, Philippe → iz f 2 211
de Buck van Overstraeten, Philippe → iz f 2 273
Buckel, Klaus → g 251
Buckenberger, T. → T 395
Buckenham, A. H. Dr. → iz f 571
Buckenhüskes, Herbert J. Prof. Dr. → S 1 516
Buckler, Michael Dipl.-Ing. → T 1 079
Buckley, Helmut → T 4 174
De Bucquois, Patrick → IZ U 669
Budai, Iván → iz t 961
Budak, Klaus → U 908
Budau, Paul Uwe Dr.-Ing. → U 662
Budczies, Elisabeth → s 399
Budde, Alfred → r 847
- Andreas, Dr. → u 2 154, u 2 158
- Willi → K 134, k 141
Buddenbaum, G. R. → c 1 085
- Gerhard → F 697, f 700
Buddenberg, Hellmuth Dr. → E 275
Bude, Roland → U 1 028, IZ U 124
Budelmann, H. Prof. Dr.-Ing. → t 2 036
Budenz, Stephane Dipl.-Volksw. → E 97
Buder, Heinz → O 631
Budich, Georg → U 761
Budnick, Manfred Dr. → q 35
Budzinski, Christel Dr. → T 1 314
Bue, Marc → iz i 33
Büber, Pia → Q 510
Büch, Martin-Peter Dr. → A 297, U 2 450
Büchau, B. Prof. Dr.-Ing. → U 125
Büchel, Gudrun → B 713
- Ludwig → IZ R 265
Büchele, Manfred Dr. → s 1 532
Büchen, Erich → c 471
Bücherl, Rolf-Udo → r 574
Büchi, Ralph → IZ O 105
Büchler, Andreas → o 709
- Peter → u 781
Büchner, Andrea → o 554
- Bernward → S 562
- Georg, Dr. → T 2 539
- Gernot → F 204
- Klaus, Dir. → T 4 043
- Wolfgang, Dr. → T 884
Büchting, Andreas J. Dr. → t 337
Bück, Wolfgang → U 2 450
Buecker, Bernard → c 574
Bücker, Josef → G 430, g 446
- Michael → h 498
- Renate → R 865
Bücking, Hans-Albert → Q 305
Bueckle, Günther → U 754
Büdicker, Klaus Dr.-Ing. → t 1 169
de Bueger, François → IZ S 677
Bühl, Horst Dr. → t 1 815
Bühler, Heinz Dr. → U 2 042

Fortsetzung nächste Spalte

Bühler (Fortsetzung)
- Herbert, Dipl.-Kfm. → G 347
- Jörg → f 103, r 56
- Klaus → IZ W 9
- Leonhard → I 126
- Wolfgang, Dr. → c 1 089, T 3 758
- Wolfgang, Prof. Dr. → T 2 225
Bühren, Astrid Dr.med. → S 59
Bührens, Peter Dr. → s 304
Bühring, V. Prof. → u 191
Buekenhout, R. → iz f 1 923
Büllesbach, Alfred Prof. Dr. → T 884
Graf Bülow, Axel → H 649
Graf von Bülow, Axel → q 530
Bülthoff, Heinrich H. Prof. Dr. → t 131
Bültjer, Klaus → H 757, h 758
- Uwe → F 596, f 601, iz f 309
Bültmann, Herbert Dr. → B 446
Bümmerstede, Helga → R 453
Bünck, Bernhardt → m 112, m 176
Bünder, Lothar → G 347, U 681
Büngeler, Heidi → T 1 971
Bünger, Janna → U 2 600
- Uwe → g 297
Bünning, Klaus → F 690
- Thies → I 41
Bueno, Pablo → IZ S 405
Bünten, Norbert Dipl.-Volksw. → G 85
Bünz, Volkert → iz u 706
Buer, Dieter Dipl.-Ing. → B 488
Bürck, Rainer → O 73
Bueren, Ilse → T 728
Bürge, Josef → iz u 59
Bürgener, Axel → A 341
Bürger, Horst Dr.-Ing. → T 1 932
Bürger-Büsing, Jutta → T 2 755, T 2 756, T 2 757
Büring, Ralf Dr. → s 492
Bürker → u 1 650
- Michael → S 738
Bürkl, Rolf → t 2 296
Bürkle, Gerhard → P 26
- Maria → E 431
- Stefan → U 1 952
- W., Dipl.-Ing. → T 1 246
Bues, Manfred Prof. → t 1 487
Büschel, Rosemarie → S 738, S 739, iz s 273
Büscher → A 21
- Helmut C., Dipl.-Sow. → D 192
- Thomas, Dipl.-Wirtsch.-Ing. → f 874
Büschges, Günter Prof. Dr. → T 2 443, T 2 444
Büschke, Helmut → u 864
Bueß, Gerhard Fritz Prof. Dr. → t 1 769
Frhr. von dem Büssche, Philip → Q 58
Büssenschütt, Wolfgang → S 1 139
Büssow, Jürgen → B 233
Büther, Horst Dr. → B 446
Bütikofer, Reinhard → U 2 097
Bütow, Detlef → m 235
- Lutz, Dr. → t 281
- Martin, Dr. → T 2 321
Büttner, Dieter Dr.-Ing. → T 3 866
- Hartmut → A 35
- Jens, Prof. → T 459
- Jörg → U 1 029
- Marc → U 2 784
- Michael → R 193
- Rolf → R 398
- Stephan → n 6, N 27
Bufalini, Piero Dr. → iz t 524
Buff, Robert → E 684
Buffet, Marie-George → iz b 87
Buguet, Robert → iz g 37
Buhagiar, Alfred → iz r 183
Buhl, Barbara → B 726
Buhle, Manfred Dr. → Q 491
Buhlmann, Heinrich → T 3 965
Buhmann, Hans-Otto → R 577
- Kai W. → U 1 498
Buhr, Carl → h 333
- Horst, Dipl.-Ing. → k 208
Buhrich, Stephan → c 800
Buhse, Margret → T 2 518
Buignet, Patricia → IZ F 1 818
de Buitleir, Muiris → iz s 603
Bujok, Werner → h 687
Buketov, Kirill → iz r 254
Buklys, Marijonas → iz f 2 304
Bukovsky, Igor Dr. → IZ U 739
Buksti, Jacob → iz b 50
Bukvić, Peter → N 182
van den Bulcke, Jean → iz s 605
Bulfone-Paus, Silvia Prof. Dr.med. Dr.rer.nat. → T 376
Bulich, Carl Dr. → t 337
Bulirsch, Roland Prof. Dr. Dr.h.c. → t 87
Bull, Birke → a 80
Bulla, Eckart Dr.jur. → k 239

Bullen, A. A. → iz f 228, iz f 1 433
– Alan → iz f 2 280
– E. → IZ F 1 401, iz f 1 924
Buller, Osmo → IZ T 151, IZ U 595
– Ulrich, Dr. → t 223
Bullerjahn, Frank Dipl.-Ing. → u 523
– Jens → a 96
Bullermann, Martin Dipl.-Ing. → Q 457
Bulling-Schröter, Eva → u 2 236
Bullinger, Hans-Jörg Prof. Dr.-Ing.habil. Dr.h.c. Prof.e.h. → U 36
– Hans-Jörg, Prof. Dr.-Ing.habil. Prof.E.h. Dr.h.c. → t 204
Gräfin v. Bullion, Michaela → O 239
Bullo, Emilio H. Dr. → IZ T 873
Bullock, Steve → IZ U 460
Bullwinkel, Heino → U 83, U 85
Bulmahn, Edelgard → A 29, T 835, U 2 251, u 2 260
Buls, Bruno Dipl.-Geogr. → s 1 469
Bulteel, Paul → IZ L 3
Bultmann, K. → T 4 040
– Torsten → T 2 220
Bumann, Peter Dr. → IZ T 320
Bumke, Peter Dr. → u 2 923
Bund, Manfred → u 795
Bunde-Birouste, A. W. → IZ T 824
Bundgaard, M. Paul → iz s 185
Bundscherer, Stefan → q 411
Bundschuh, Gerhard Dr. → S 280, S 318
Bundsgaard, Lotte → iz b 53
Bungart, Johannes → G 331, iz f 695
Bunge, Martina Dr. → A 39, b 104
Bungenstock, Wilfrid Dr. → P 22
Bungert, Hans-Ludwig Dr. → I 29
– Wolfgang → U 2 723
Bunimov, Valerij → u 2 407
Bunke, Harro → O 632, iz f 500
Bunsen, Hartmut → E 206
Bunskoek, Wico → iz u 768
Bunston, M.J. → IZ W 31
Bunte, Monika → R 434
Bunz, Axel → iz a 41
– Axel R. → iz a 40
Burbach, Barbara → E 736, U 2 553, IZ S 150
Burbach-Tasso, Ute → T 481
Burban, Pierre → iz g 37
Burbiel, Ilse Dr. → T 2 873
Burchard, Wolfgang → f 643, f 666
Burchardi, H. Prof. Dr. med. → T 3 330
Burchardt, Axel → T 401
– Rainer → O 288
– Ursula → A 35
Burcher, Michael Dr. → IZ F 541
Burcik, Vladimir Prof. Dr. → iz s 240
Burda, Hubert Dr. → O 509
Burdack, Rolf → f 790
Burde, Wolf-Dieter → K 316
Burden, George Prof. → t 1 707
Burfeind, Hinrich → q 61
Burg, Gerhard Dipl.-Ing. → t 1 581
van der Burg, Jan → iz f 1 443
– Jan, Dr. → iz f 231, IZ R 270
Burgard, Thiemo → B 442
Burgbacher, Wolfgang Dr. → U 146
Burgdorf, Albrecht → F 604
Burgdorff, Peter → G 22, G 23, G 84
Burgemeister, Bernd → O 270, R 512
Burger, Brigitte → F 287, F 509, F 510, F 511
– Helmut, Prof. Dr. → F 1 026
– Herbert → t 3 002, u 1 628
– Jürgen → r 341
– Karl → b 528
– Norbert → IZ U 460
– Norbert, Dr.rer.nat. → F 287, F 509, F 511, IZ F 678
– Rudolf, Dr. → s 24
Burgering, Frans A. l. → IZ S 655, IZ S 667
Burgers, N. Dr. → IZ F 2 404
Burges, Johannes → F 224
– Johannes, Dr. → F 2 557
Burghard, Renate → S 116
Burghardt, Günter → iz a 173
– Günter, Dr. → T 732
– Lothar → U 667
– W., Prof. Dr. → T 846
Burghaus, Christoph Dipl.-Volksw. → E 145
Burghold, Johannes Dr. → F 977
Burgi, Tito → IZ F 1 774
Burgkhardt, M. Dr. → s 250
– Michael, Dr.med. → s 201
Burgmann → A 27
Burgmer, Dieter → I 20
Burgos, Arsenio → C 44
Burgoyne, Mike → t 1 709
Burgues, Joan → IZ U 810
Burgunder, Rainer → R 416
Burhenne, Wolfgang Dr. → Q 357, U 2 654

Burianek, Petra → iz t 947
Burk, Peter → k 79
Burkard, Susanne → U 1 433
Burkardt, Joachim → h 555
– Ludwig → u 452
Burkart, Hans → O 437
– Stefan → F 982
– Werner → C 316
Burke, Lothar → q 249
– Wilhelm → A 202, b 100
Burkert, Hans-Jürgen → F 724
– Winfried → S 173
Burkhard, Claudio → iz u 251
– Marjatta → e 433
Burkhardt, Bernd → K 326
– Claudia → o 343
– Dr. → A 16
– Gerhard → U 448, u 449
– Irene → s 865
– Reiner, Dr. → g 751
– Rosemarie → u 2 214
– Rudolf, Dr.med. → U 2 855
– Volker, Dipl.-Volksw. → H 82
Burkholder, Udo → A 251
Burmann, Clemens → g 265
Burmeier, Harald Prof. Dipl.-Ing. → S 1 050
Burmeister, Brigitte Dr. → S 1 396
– Gerd-Rainer, Dr.med. → s 125
– Hans-Christian → m 21, m 86
– Jörg, Dr.med. → T 2 879
– Kerstin → A 151
– Manfred → K 308
Burmester, Bärbel Dr. → E 121
– Christoph → r 313
– G.-R., Prof. Dr. med. → T 3 392
– Helmut, Dr. → F 697
Burns, Aidan → o 170
– C. → IZ W 32
Buron, Martine → iz u 34, IZ U 460
Burov, Alexander Dr. → iz t 195
Burow, Helge Dr. → B 585
Burquier, Jean-Luc → IZ T 271
Burr, August Prof. Dr. → t 1 435
– Wolfgang, Dr. → E 572, T 729
Burrer, Barbara → T 2 788
Burridge, David → IZ T 678
Burrow, Sharan → IZ T 965
Burrows, Richard → iz f 1 346
Bursch, Birgit Dipl.-Ing. → S 1 520
Bursig, Hans-Peter → iz f 986
– Hans-Peter, Dipl.-Volksw. → t 345, IZ F 984
Burska, Ottmar Dipl.-Vw. → H 630
Burster, Hans → s 603
Burth, Martin Dipl.-Ing. → T 1 369
– Ulrich, Prof. Dr. → a 160
Burtis, Carl A. Dr. → IZ T 827
Bury, Hans Martin → A 4
– Keith → IZ F 251
Burzlaff, Klemens → R 801
Busacker, Armin → H 308, U 759
Busch, Angelika → o 424
– Ebba → U 2 450
– Günther → k 256
– H.-W. → A 16
– Hans-Georg → n 84
– Hans Werner, Dr. → R 103
– Herbert → M 274
– Holger → O 509
– K. → T 4 028
– Klaus, Prof. Dr. → T 639
– Kurt → Q 620
– Martina → S 736
– Mathias → h 557
– Michael → U 1 919
– Prof. Dr. → T 638
– Ralf, Dipl.-Volksw. → M 1
– Reinhold → U 3 086
vom Busch, Werner → T 3 693
Busch, Wolfgang → F 507
Busch-Petersen, Nils → h 167, H 171, h 210, H 313, h 339, h 375, h 394, h 442, h 461, h 477, h 512, h 513, h 531, h 552
Busch-Schirm, Beate → U 1 175
Buschalsky, Horst → q 280
Buschan, Wolfgang → g 691
Buschbeck, Christine Dr. → s 1 419
Buschbell-Steeger, Marga → s 495
Busche, Manfred Prof. Dr. → E 580, IZ O 211
– Winfried → T 2 881
Buscher, Herbert Dr. → t 2 292
– Lore → E 419
– Rolf → H 150
Buschhaus, Günter → g 446
Buschhoff, Karl Dr. → u 2 839
Buschhorn, Gerd Prof. Dr. → t 150
Buschkey, Werner → r 507
Buschkühler, Ulrich → U 2 823, u 2 832, U 2 850
Buschky, Werner → R 505

Buschmann, Bodo → U 2 648
– Hans → g 314
– H.J., Dr. → h 354
– Klaus → g 439
– Peter → k 94
– Rolf → Q 635
Buschmeier, Jürgen → U 151
Buschner, Horst → M 196
Buschor, Ernst Prof. Dr. → T 725
Buschschlüter, Siegfried → O 288
Buse, Heinz → h 42
– Werner → a 81, u 2 250
Busetti, Lorenzo → iz f 2 073
Bush, Anthony → F 854
Bushan, Rakesh → c 846
Buske, Irmgard Dr. med. dent. → S 318
– Klaus, Dipl.-Kfm. → n 14
Buskotte, Nicola → U 2 683
Busmann, Gerd → E 403
Busnel, Joseph → m 85
Busquin, Philippe → IZ A 1
Buss, Christian → O 91
– Enno → t 2 821
– Gerhard, Dr. → Q 401
Buß, Klaus → A 39, b 177
– Michael, Dr. → O 322
Bussacker, Hilmar → IZ T 971
Bussadori, Virna → IZ S 433, iz s 442
Freiherr von dem Bussche, Philip → Q 3, U 621
Busse, Caspar → O 519
– Dirk, Dr. → f 962
– Dr.-Ing. → t 2 068
von Busse, F.-G. → iz f 210
– Franz Georg, Dr. → c 1 193
– Franz-Georg, Dr. → f 659, f 680
Busse, Jürgen Dr. → d 35
– Paul → o 609
– Prof. Dr.rer.nat.habil. → t 2 061
– Wilhelm, Dr.-Ing. → T 1 886
– Wilhelm G., Prof. Dr. → T 2 316
Bußer, Michael → b 87
Bußmann, Alfred → T 2 317
– Elisabeth → T 3 953, U 1 238
– Hildegard, Dr. → O 322
– Werner → T 381
Bussoli, Irina → IZ U 572
Bustrup, Klaus → iz q 5
Butchereit, Wolfgang → g 425
Butenholz, Stefan → U 1 563
Butenschøn, Peter → IZ S 566
Butera, Federico → iz s 253
Butet, Peggy → IZ S 642
Buth, Gerhard → N 108
– Jürgen → g 775
de Butléir, Muirís → iz t 180
von Butler, Peter → C 39
Butler, Tony → iz o 113
Butscher, Anke → U 2 079
Butte, Rüdiger → B 295
Buttimer, Anne Prof. → IZ T 158
Buttkus, Burkhard Prof. Dr. → T 1 132
Buttler, Günter Prof. Dr. → t 2 426, T 2 444
– Marc → u 1 462
– Marion → n 209
Buttolo, Albrecht Dr. → b 153
Butz, H.-P. Dr. → T 1 951
– Michael-Andreas, Dr. → B 27, D 54
– Rüdiger, Dr. → S 265
– Wolfgang, Dr. → S 385
Butze, Brigitte → e 73
Buurman, H. → IZ F 596
Buverud-Pedersen, Evy → IZ R 275
Buxmann, Sylvia → t 3 096
Buxot, Werner → r 946
Buxtorf, C.F. Dr. → IZ T 165
Buyck, M. → iz f 339
Buyken, Gerd-Peter → T 3 294
Byers, Stephen → iz b 121
Bykne, Kieran R. → IZ T 987
Bykowski, Günter → T 2 852
Bylda, Götz Dr. → I 50
Bylund, Bo → iz m 27
Byman, Matti → iz j 93
Byrd, Sharon Prof. Dr. → S 615
Byrne, David → IZ A 1
– Ewan → h 427
– Peter → iz u 240
– Sibeal → iz f 1 154
Byung Choi, Soo → IZ L 49

C

Caball, Joan → iz q 29
– Kay → iz n 17
Caballero, Luis → iz f 1 329
Cabana, Herbert Dr. → iz s 203

Cabanillas Alonsio, Pio → IZ B 241
Cabeza-López, Paco → IZ T 475
Cabezudo, Enrique → iz f 1 747
Cabral, Eunice → IZ R 268
– Joao → iz e 23
Cabrera, Juan → iz g 181
Cabruja, Adolf → IZ O 204
van Caelenberg, Bert → IZ R 279, IZ R 316
Caesar, Norbert → h 654
– Rolf, Prof. Dr. → T 2 352
Caffier, Lorenz → A 59
Cagiano → IZ T 573
– M. → iz t 596
Caglayan, A. → iz f 1 934
Cagliotti, Carlos → IZ O 308
Cagnin, Albano → iz u 759
Cahier, Bernard → IZ P 22
Cahill, Sylvester → e 487
Caillier, S. → iz s 191
Caillol, Philippe → iz g 173
Cailluet, Michel → iz g 99
Caimi, Luigi → iz g 176
Caires, Raul → IZ T 246, iz t 258
Cajchan, J. → iz t 399
Calace de Ferluc, Dominique → IZ U 476
Calder, Neil → IZ T 105
Calderón, Rafaël Merino → iz m 167
Calheiros, Francisco → IZ N 44
Calise, Mauro → IZ T 193
Callaert, T. → IZ F 706
Callaway, Frank → IZ O 10
Calleja, Joe → iz s 532
Calließ, Jörg Dr. → s 766
Callsen, Johannes Dipl.-Verwaltungsw. → E 225
Callway, Eric W. → c 817
Caloghirou, John → iz a 70
Calvo Miguel, Serapio → iz f 1 794
Calzado de Castro, Juan Angel → IZ U 548
Camacho Peralta, Vicente → C 734
Camatis I Luis, Dolors → iz u 254
Cambezes, M. → IZ F 450
– Miguel → iz f 461
Cambié, Silvia → IZ I 27
Cambier, F.J. Dr. → IZ F 336
Cambouris, Maro → iz o 112
Cambus, Claude → IZ R 224
Camerer, Rudolf Dr. → t 4 107
Cameron, Colin → IZ W 9
– Neil → IZ U 539
Camhis, Marios → iz a 46
di Camillo, Dr. → IZ F 1 947
Cammann, Karl-Heinz → S 1 373
Cammans, Heide-Marie → U 1 606
Cammarano, Guido → iz i 98
Camões, José Dr. → iz b 224
Campa, Dr. Vet.Med. → iz f 2 319
Campana, Claudio → IZ K 47
– Roch → IZ U 501
Campbell, Ellen → IZ U 461
– Grahame D. → iz s 499
– Gregor B. L. → iz f 624
– Menzies → iz u 445
– Rory → e 360
von Campe, Burchard → c 109, E 265
– Moritz, Dr. → s 543
Frhr. von Campenhausen, Axel Prof. Dr. → T 721, T 727
Camphausen, Rainer → U 531
Campli, Mario → IZ P 2, iz p 12
Camplik, Jaroslav → iz f 2 183, iz f 2 377
Camppnile, Antimo → c 889
Camprodon → IZ H 521
Camroux, A. → iz f 471
– André → iz f 1 336
Canaris, Claus-Wilhelm Prof. Dr. Dr.h.c.mult. → T 3 593
Canavarro, Pedro → iz u 778
Candidus, Wolfram A. → S 706
Candioti, Enrique José Alejandro → C 626
Canepa, Michele → IZ F 1 707
Canh Chat, Nguyen → iz s 560
Canibol, Heinz → T 3 983
Canioni, J. N. → iz m 107
Canisius, Ulrich → U 2 602
Cannafoglia, Carlo → iz t 181
Canofari, Dr. → iz f 1 567
Canongia, Imma → iz s 288
Cantarella, Paolo → IZ F 176
Cantell, Ronald Dr. → IZ T 314
Cantorné, Jean-Claude → iz f 1 339
Canzler, Gerhard Dipl.-Verwaltungswirt → E 167
Cap, R. → iz f 1 483
Capararo, Enrico → iz g 87
Capdeville, B. → iz s 190
Capeling-Alakija, Sharon → IZ V 49
Capell, Conrad → c 526

Capellaro → iz r 236
Capilla → iz s 207
Capnoulas, Christos → c 171
Capodieci, Piero → IZ F 2 379
Capoulas Santos, Luis Manuel Dr. → iz b 221
Cappel, Hans-Günther → U 1 023
– Jörg → u 1 468
Caprano, Karl-Hans → r 68
Caprara, Livia → iz f 19
Caprioglio, Giovanni Dr. → IZ T 240
Capuano, Massimo → iz i 177
Caralis, Yannis → iz s 251
Caramelle, Ernst Prof. → S 1 171
Carberry, Eamon → iz f 1 731
Carceller, Demetrio → iz f 2 338
Cardinal, Joël → iz f 1 726
Cardon, Jan → iz f 518, iz f 680, iz f 1 695
Cardon de Lichtbuer, Daniel → IZ U 596
Cardoso Mota, António → iz a 64
Cardoso Resend, José Augusto → iz s 136
Careaga, Juan → iz n 49
Carez, J. P. → iz s 11
Cargin, Peter → IZ O 33
Carigniani, Etta → IZ R 60
Carissimo, Guido → IZ F 177
Caritas, Ana → iz u 249
Carius, Achim → H 631, O 707, IZ G 148
Carl, Anke → s 101
– Fritz → E 45
– Gunther, Dr. med. → T 2 836
– Hartmut → u 931
– Mogens Peter → iz a 30
Carlé → B 696
Carle, Enrico M. → IZ F 2 267, iz f 2 284
– Erna → U 1 865
– Prof. Dr. → T 2 602
Carlier, P. → iz g 89, iz s 502
Carlisle, B. → IZ F 2 483
Carloni, Bernardo → c 891
von Carlowitz, Wilhelm → c 648
Carlsen, Inge → A 385
– Lars → IZ T 2
– Sabine → g 138
Carlson, Stig → IZ O 151
Carlsson, Sune → IZ F 1 642
Carlström, Mats → c 432
Carmona-Schneider, Juan-J. Dipl.-Geogr. → s 1 456
Caroll, Anthony Dr. → iz g 61
Carosio, Alessandro → iz t 188
Carpanini, F. M. Dr. → IZ T 817
Carpenter, Francis → IZ A 226
Carpentier, Peter → R 513, IZ R 306
Carpio Mendoza, Sonia → C 841
Carr, Jeff → iz r 260
Carragosela, José Eduardo → iz f 1 703, iz f 1 741
Carrard, François → IZ U 579
Carrasco, Winnie → iz o 229
Carrera, Francisco → IZ S 619
Carreras, Gisela M. → C 582
– Ignasi → iz u 327
Carriere, R. → iz f 2 553
Carroll, Julian → IZ F 612
– Kenneth → iz f 1 202
Carroy, Marie-Ange → iz t 546
Carruthers, John → iz f 294, iz f 2 281
Carsberg, Bryan → IZ T 541
Carsouw, J.C. → iz f 2 306
Carstens, Hans-Georg → E 222
– Manfred → U 2 114, u 2 125
– Uwe, Dr. → U 2 785
– Veronica, Dr.med → T 3 485
Carstensen, Bernhard Dipl.-Verwaltungsw. → E 175
– Janina → e 631
– Peter Harry → A 35, T 2 188
– Uwe → U 619
– Uwe Thomas → L 31
Cartagena, Nelson → S 1 414
Cartellieri, Ulrich Dr. → T 3 582, U 2 114
Cartensen → iz q 148
Carter, Josie → iz f 2 206, iz f 2 261
Cartheuser, Eckehard → i 54
Carton, J. → iz h 333
Cartron, Xavier → iz f 1 343
Carty, Francis Xavier → IZ S 269, iz s 278
Caruso, Dagmar → f 64
Carvalho, F. → IZ F 271
de Carvalho, J.A. Lima Dr. → iz f 512
– José Alberto → IZ T 561
Carvalho Cardoso, J. V. de Jesus → iz i 41
Carvalho da Silva, Manuel → iz r 197
Carvell, A. → iz f 1 869
Carver, Peter → iz f 1 215
Cas, Miroslav → IZ F 2 404
Casabona, Aurelio → IZ I 164
Casado Cerviño, Alberto → IZ H 2
Casamassa, Silke → h 293
Casanova → iz t 587

Casar, Bozidar Dipl.-Ing. → iz t 768
Casel, Gertrud → A 23
Caser, Raimund → u 2 382
Casey, John → iz t 549
Caspar, Helmut → U 3 084
– Jörg → u 1 468
Caspari → A 14
– Reinhard → E 604, e 618
– Stefan, Dr. → E 2
Caspary, Dieter → U 1 495
Casper, Paul → T 1 975
– Till → E 2
– Till, Dipl.-Ing. → E 12, E 27, f 527
– Udo → u 872
Caspers-Merck, Marion → A 25
Cassel, Manfred-Otto → H 155
Cassells, Peter → iz r 172
Cassola, Arnold → IZ U 349
Caßon, Michael → A 349
Castegnaro, John → iz r 180
Castelein, Jean → IZ Q 224
Erbgraf zu Castell-Rüdenhausen, J. F. → Q 585
Castella, René → IZ F 1 448
Castellano, J. → iz f 221
Castelli, M. → IZ K 43
Castellini, B. → IZ F 787
Castellucci, Federico → iz f 1 347
Castellvi Enrich, Rafael → iz f 2 081
Castelo, Julio → IZ K 38
Casters, Michel → IZ H 420, iz h 421
Casties-Bergfeld, Anja → s 1 403
Castillo, Fernando → IZ P 2
Castillo Ortega, Fernando → IZ Q 1
del Castillo Vera, Pilar → iz b 249
Castivia, J. → iz g 109
Castravet, Ilie → iz t 941
Castro, Antonio → iz f 1 554
– Dietmar, Prof. Dipl.-Ing. → S 1 106
Castro Caldas, Júlio Dr. → iz b 214
Castro Casas, Delia → iz s 559
Caswell, R. S. → IZ T 538
Catal, Isik → R 537
Catalani, Piero Dr. → iz f 565
Catenhusen, Wolf-Michael → A 29, T 865, U 2 251
Cattabiani, Paolo → iz p 12
Cattepoel, Jan Dr. → s 1 278
Catto, Henry E. → izu 372
Caukin, Lorraine → U 1 188
Caulfield, D. → iz m 109
Causi, José → iz f 284
Causse, Georges → IZ M 121
Cauvet, Raymond → iz f 1 983
Cauwel, Daniel → iz g 28
van Cauwelaert, Edwin → iz s 381
Cauwenbergh, M. J. → iz f 434
Cavaco, Manuela → iz f 830
Cave, Karen → C 478
Cazenave, Bertrand → iz f 1 439
– Carlos → iz m 96
Ceballos Watling, Gonzalo → iz u 368
Cecarelli, Alexander → g 132
Ceccarelli, Lucia → iz a 2, IZ A 187
Cecchini, Ivan → iz o 87
Ceccoli, Sandro → iz s 385
Cederberg, John → iz s 508
Ceelaert, Alphonsus J. M. → IZ F 1 285
Cele, Sven → iz f 411
Celeda, L. Dr. → IZ Q 124
Ceppi, Carl A. Dipl.-Farbberater → IZ S 649
Cereti, Fausto → iz f 2 167
Cerf, Vinton G. → IZ T 903
Cerne, Rudi → U 2 450
Cernik, P. → iz f 1 617
Cernjac, Albin → iz s 263
Cernoia, W. → IZ I 4
Černý, František → C 1 316
Cerny, Horst → u 1 987
– M. → iz f 315
Cerullo, Sebastiano → IZ F 2 530
Cervino, Mario → iz a 24
Cesarini, Massimo → IZ R 67
Cesarsky, C. Dr. → IZ T 31
Ceserani, P. → iz h 301
Cestari, R. → iz f 1 846
Cevajka, Kerstin → R 482
Ceylan, Fatih → c 1 328
Cezanne, Wolfgang Prof.Dr. → t 4 055
Chabert, Jos → IZ A 188
Chabi, Driss → c 1 028
Chabowski, Peter Prof. Dr. → t 4 099
Chabrelie, Marie-Françoise → IZ L 98
Chacra, Antonio Roberto Dr. → IZ U 315
Chaffart, Ferdinand → IZ F 2
Chagnon, Denis → IZ F 1 797
Chahoud, André → U 1 476
Chaigne, D. → izf 100
Chalmet, DDany → IZ F 1 505

Chalufour, Claude → IZ F 2 390
Chalut, Lottie → IZ U 573
v. Chamier, Marion → q 31
von Chamier-Glisziński, Mohr → R 512
Chamoni, Peter Prof. Dr. → t 4 074, t 4 084
Champagne, Jean-Pierre → iz q 4
Champignon, Inge → h 785
Champness, Peter → IZ S 651
Chamut, P. → IZ Q 142
Chandler, Steve → IZ F 1 313
Chandrasekhara Rao, P. → IZ V 24
Chantelau, Frank → T 594
Chantrel, Alain → IZ F 1 414
Chao, Gloria F. → IZ T 874
Chapman, Anthony L. → c 263
Chapotot, Henri → IZ L 95
Chapuis, Christian → IZ T 893
Charalambous, Ioannis → iz b 90
de Charentenay, Pierre → IZ R 27
Charhon, François → IZ U 673
Charissé, Peter Dr. jur. → O 384
Charlie, Barbara → S 972
Charné, Volker → S 1 059
Charpentier, Valérie → IZ T 884
Charrier, Dagmar Dr.med. → T 2 747
Charters d'Azevedo, Ricardo → iz a 53
Charvet, Henri → iz s 366
Charzinski, Jürgen → H 198
Chassain, Bernard → IZ F 628
Chatupa, Edgar P. → r 499
Chatzipanagiotou, Stavros → iz a 13
Chaubeau, André → IZ O 30
Chaudbery, Anwar M. → iz o 184
Chauveheid, Alain → iz f 1 721
Chauzy, Jean-Philippe → IZ W 17
Chavancy, G. Dr. → IZ W 19
Chavanes, H. → IZ Q 74
Chavatte, F.A. → IZ M 219
Chaveli, Rodolfo Losada → IZ U 210
Checa, A.M. → iz t 436
Cheesman, Kerina L. → iz f 1 637, iz f 2 476, iz f 2 537
Chelius, Margot → U 3 051
Chelstowski, Jan Dipl.-Ing. → iz r 19
Chenal, O. → IZ U 599
Chene, Claude → iz a 35
Chepel, L.I. Dr. → IZ Q 142
Cherbuliez, Antoinette → T 1 880
Cherdron, Eberhard → U 2 074, u 2 308
Cherillat, Laurence → iz f 1 473
Cherpitel, Didier J. → IZ T 818
Chession, L. → IZ T 317
Chevallard, Giancarlo → iz a 101
de la Chevallerie, Hildebert → Q 134
Chevillot, Jean-Pierre → t 1 235
Chevrier, François-Xavier → IZ T 973
von Chexal, Jopsephine → c 191
Chezzi, M. → iz f 1 863
Chiachiarella, F. → K 2
Chiang, Nai Hoa → e 415
– Nai Ying → E 413
Chiarini, Donato → iz a 177
Chiavegatti, Romano Dr. → iz f 2 174
Chidzidzi, Givemore → n 282
Chiha, Abdelaziz → E 715
Childs, J. B. → IZ W 30
Chipot, Roger-Henri → iz s 671
Chirica, Teodor → iz l 14
Chisholm, Donald Prof. → IZ U 315
Chitman, Vanida Prof. → iz f 2 579
Chittilappilly, Joseph → IZ O 104
Chitty, Gritakumar E. → IZ V 24
Chiu, Yi-Cheh → c 1 293
Chiumya, Patrick → IZ V 2
Chivas, Allan R. Dr. → IZ T 162
Chizzola, Caterina → IZ U 459
Chlumsky, Jürgen → t 2 299
Chmella, Anke → t 3 056
Chmiel, Matthias → U 607
Chmielewski, K. → iz f 1 034
Choi, Young-Chul → c 943
Chojna, J. → iz t 603
Cholet, Evelyne → IZ F 1 516, iz f 1 519
Chomrak, Rudolf → I 87
Chopinet, M. H. Dr. → IZ T 326
Choraine, P. Dr. → IZ S 105
Chorley, Lord → iz t 179
Chorus, R. → IZ F 629, IZ F 788, IZ F 2 231, IZ F 2 394
Choucri, Nazli → IZ T 193
Choufani, Hamza → c 312
Choung, Jin-Ik → iz s 527
Chovan, I. → iz t 399
Chowaniec, Elisabeth Dr. → T 2 744
Chowdhry, Anwar Prof. → IZ U 503
Chowdhuri, Irene → t 4 054
Chrambach, Birgit → u 1 437
Chrestensen, Niels Lund → E 2, E 232
Chrisochoidis, Michalis → iz b 103

Christ, Angelika Dipl.-Vw. → f 778
– Claudia → U 2 628
– Elisabeth → IZ F 173
– Gerhard → m 47
– Hans-Dieter → F 691
– Horst Walter, Dr. → U 2 660
– Hubertus, Prof. Dr.-Ing. → O 530, T 1 165, t 1 227
– Jürgen → H 509
– Jürgen, Dr. → q 594
– Otto → E 18
– Rainer → S 802
– Walter, Dipl.-Hdl. → r 906
Christaller, Thomas Prof. Dr. rer. nat. → t 1 698
v. Christen, Elisabeth → O 430
Christen, Uwe → T 887
Christensen, Allan → iz s 508
– Gerda → S 726
– Hans-Skov → iz f 2 274
– Ib → iz f 2 274
– Jorgen Hald → iz f 2 008
– Peter → a 366
– Poul → iz p 9
– Svend M. → iz r 156
Christern, Jörn Dipl.-Ing. agr. → P 4
Christiaens, Wolfgang → T 3 247
Christian, M. → iz h 198
Christians, Norbert → g 545
Christiansen, Andreas → H 251
– Claus → IZ A 189
– Eva → U 2 114
– Gerd → f 460
– Jens A. → E 427
– Jørgen → E 264
– Udo → U 262
– Uwe → O 631
– Uwe, Dr. → E 137
Christier, Holger Dr. → a 88
Christman, Helmut Dipl.-Ing. → F 1
Christmann → A 14
– Helmut, Dipl.-Ing. → f 30, F 520
– M., Prof. Dr. → T 2 636
Christmas, Ian → IZ T 310
Christochowitz, Sylvia → t 2 392
Christodoulakis, Nikolaos → iz b 104
Christoffers, Ralf → u 2 238
Christoffersen, Anker → iz r 157
– Poul Skytte → IZ C 2
Christofilis, Ioannis → c 805
Christoph, Ernst Dipl.-Ing. (FH) → T 2 138
Christophers, Enno Prof. Dr. → T 3 121
Christophersen, Heino → e 444
Christophery, Klaus → F 596
Christophory, Jul → iz a 50
Christov, Christo → iz s 271
Chrobog, Jürgen → C 535
Chrobok, Reiner Dipl.-Kfm. Dr. → T 1 316, T 3 982
Chrysostomidou, A. → iz f 213
Chudek, Nikolaus → g 681
Chung, Mong-Joon Dr. → IZ U 546
– Pil-Keun, Dr. → iz f 2 569
Chuparov, Toma → iz u 4
Churet, Charles → IZ F 1 264
Ciamba, Renata → g 202
Cianitto, Nicola → iz f 1 786
Cibrian Uzal, Ramiro → iz a 164
Cibulski, Bettina → U 1 108
Ciccione, C. → iz f 1 191
Cierzon, Hans-Jürgen → H 288
Cieslak, Jochen Dr. → A 306
– Malgorzata → iz r 51
Cihal, Vladimir Prof. Dr. → iz t 536
Cilenti, G. Dr. → iz f 2 524
– Giorgio, Dr. → iz f 2 153
Cimoli, Giancarlo → iz m 18
Cinaralp, Fazilet → IZ F 2 241
Cinnirella, Giuseppe → IZ U 493
Cinquanta, Ottavio → IZ U 544
Cioffi, Enrico → iz a 184
Cipriani, Gabriele → IZ A 222
Cisneros Zueco, Jesús → iz 23
Ciszak, E. → IZ T 323
Claasen, Carl-Peter → h 778
Claassen, N. Prof. Dr. → T 2 671
Claessen, Petra → iz t 550
Claessens, Léon → E 404
Claesson, Niklas → IZ U 375
Claeys, Urbain Prof. Dr. → IZ N 42
Clair, René → U 1 233
Clancy, Marie Thérèse Dr. → iz t 340
Clarin, Lars → iz f 1 571
Clark, Andrew C. → IZ U 461
– Graham → IZ F 573
– Karin, Dr. → S 1 258
– Peter → IZ I 166, IZ T 612
Clarke, J. → iz f 1 114
Clasani, Andrea → t 2 981

Clasen, Heinz → M 271
– Matthias → s 374
– Peter → E 391
Clasing, Dirk Prof. Dr. → U 2 450
Claßen → A 16
Classen, Erika → t 3 059
Claßen, Hans-Wolfgang Dr.med. → s 126
Classen, Peter-Uwe → g 642
Claus, Burghard Dr. → U 2 044
– Detlef, Prof. Dr. → T 3 339
– Dirk, Dr. → U 381
– Jürgen, Dr. → Q 336
– Mechthild → O 149
– P. G. → IZ F 1 948, IZ L 63
– Roland → A 75
Claus, Volker → K 270
Clausen, G. R. Dr. med. → T 3 289
– Hinrich → s 610
– Hinrich, Dipl.-Rechtspfleger → S 596
– Jorn → iz m 166
– Lars, Prof. Dr. → t 2 397, U 2 785
– Uwe, Prof. Dr.-Ing. → t 213
Clauser, Christoph Dr. habil. → T 846
Clausing, Ulrich → U 2 450
Clausnitzer, Klaus → k 352
Claß → A 8, A 21
Clauss, Armin → a 89, T 2 887
Clauß, Ina → o 664
Clausse, Sabine → iz u 647
Claußen, Angelika Dr. med. → Q 360
– Edith → t 3 159
Claussen, Harald → U 2 764
– Klaus → H 248
Claußen, Martin Prof. Dr. → T 1 239
Clauter-Schmitt, Gabriella → S 737
Clay, Barbara → IZ I 3
– M. → IZ F 1 196, iz f 2 499
Claßen, Ferdinand Dr. → O 406
Cleemann, Lutz Dr. → T 2 138
– Lutz, Dr. rer. nat. → t 1 167
Cleitman, René → IZ O 5
Clemens, Barbara → u 509
– Bernd → U 176
– Bodo → s 401
– Jakob, Dipl.-Ing. → U 3 103
– Norbert, Dr.med. → T 3 375
– Richard → f 682
– Richard, Dipl.-Ing. → f 661
Clement, Hans-Rolf → O 288
– Hermann, Dr. → t 2 294
Clément, Martine → iz f 2 278
Clement, Wolfgang → A 39, B 117, O 336, T 772, t 3 099, U 2 251, U 2 721
Clemente, Giorgio → IZ A 222
Clements, A. → IZ F 1 065
Clemtsen, Claus → r 69
Clemm, Hermann → A 381
De Clercq, Yves → IZ U 807
Clerici, Cecilia B. → iz r 58
Clerix, Ivo → iz r 32
Clesius, Astrid → T 430
Cleven, Birger → r 790
Clever, Friedrich Dr. → T 1 332, T 2 133, iz t 384
Clevering, H. E. → iz q 90
– Harm Eiso → iz p 15
Cleverly, David → IZ O 25
Clivaz, Pascal → iz t 954
Clobes, Hans-Martin → q 61
Cloeren → A 203
Cloos, Karl-Günther → E 109, H 2, h 29
Cloppenburg, Hendrik → U 770
– James A. → H 549, h 554
Cloß, Heike → E 196
Clotan, Gheorghe → iz q 94
Clottu, F. → IZ H 48
Clouth, Alfred → E 108
Coakley, John → IZ T 193
Coblenz, Bernhard → D 203
Cochennec, Yann → U 334
Cochrane, Winston Alexander → C 1 067
Cockbill, M. C. → IZ T 845
Cockram, Clive Prof. → IZ U 315
Cockroft, David → IZ R 269
Codjambopoulo, Phedon → E 474
Cody, Veronica → IZ A 227
Coeffard, Jacqueline → iz a 25
Coehne, Uwe Prof. Dr. → t 1 648
Çölasan, Fatma → iz s 555
Coelho, Mário → iz u 615
Coen, Dieter → U 1 807
Coenen, Benno → h 571
– H., Dr. → q 223, q 226
– M. → IZ F 1 208, IZ F 1 630, IZ F 2 455, IZ F 2 493, f 2 494
– Michel → iz f 2 007
– Paul → R 1, R 63, T 3 837
– Siegfried, Dr. → B 829
– Walter, Dipl.-Hdl. → l 69

Coenenberg, Adolf G. Prof. Dr. Dr.h.c. → T 2 199, t 2 290
Coester, Michael Prof. Dr. → T 3 593
Cofferati, Sergio → iz r 175
Cogels, P. → IZ F 2 516, iz f 2 518
Coget, Gérald → IZ A 222
Coggins, Chris R. Dr. → IZ F 286
Cohausz, Helge B. Dr.-Ing. → T 1 165
Cohen, Felix → iz u 159
– Jonathan → IZ T 903
– Peter → IZ U 548
Coheur, Alain → IZ K 34
Cohn-Bendit, Daniel → S 1 202
Cohrt, Dieter → f 388, R 1, R 122
Coibisier, Luc → IZ Q 143
Coimbra, S. → IZ F 96
– Serge → IZ S 152
Cointat, Christian → iz a 184
Cojocaru, Adrian → IZ R 312
– George → iz e 34
Colasanti, Fabio → iz a 22
Frhr. Loeffelholz von Colberg, Bernhard Dr. → T 747
Colbert, Maurice → iz h 201
Coldewey, Ines Dipl.-Ing. → Q 331
Colditz, Werner Dr. Ing. → m 98
Cole, Anthony D. → N 205
– John → IZ O 204
Colella, M. → iz h 322
Coleman, Robert → iz a 15
Colin, Jean-Pol → iz u 688
– Jeanine → IZ Q 31
– Pierre → iz g 30
Coll i Carbo, Josep → iz a 56
Coll i Olalla, Javier → iz h 418
Collado I Bosch, J. → iz f 2 314
Çollaku, Aleksandra → iz t 917
von Collani, Elart Prof. Dr. apl. → T 2 358
Collard, Claude → IZ U 578
Collas, Hubert → m 239
von Collas, Ullrich → N 58
Colle, B. → iz f 2 616
Collet, Peter Dr. → B 578
Colli, Giampiero → iz f 297
Colling, François → IZ A 222
Collingwood, Robert → iz a 75
Collins, Stephen → E 480
– Tom → iz h 543
Collister, W. R. → iz t 929
Colman, David R. → IZ S 392
Colneric, Ninon → IZ A 219
Colognato, Gianfrance → c 885
Colom i Naval, Joan → IZ A 183
Colombo, Emilio → iz u 360
Colonius, Günter → N 56
Colpan, Metin Dr. → F 173
Combecher, Wolfram → u 728
Combescot, Philippe → iz a 93
Combier, Roland → iz p 20, iz q 12
Combüchen, Uwe → R 64
Comellini, Enrico Dr. → iz t 485
Commandeur, Beatrix → U 3 044
Commer, Klaus → T 457
Commere, P. → iz f 2 463
Commichau, Gerhard Dr. → H 753
– Klaus-Dieter → U 188
Comotio, Hans A. → u 2 772
Compére, Charles Prof. → S 1 520
Comrie, Bernard Prof. Dr. → t 99
Comu, Avni → iz f 593
Comuzzi, G. → iz f 102
Conceição Mendes, Maria → IZ U 176
de la Concepcion Mulet, Manuel → iz m 84
Conde, Marcos → IZ U 564
Conen, Gabriele Dr. → A 23
de Coninck, G. → IZ U 820
Conings, J. → IZ S 395
Conlan, S. → iz t 388
– Sean → IZ T 374
Conrad → U 334
– Carsten → f 1 039, g 554
– Claus-Dieter → B 862
– Dietrich → F 500, f 554
– Frank → r 610, r 692
– Hans-Jochen → h 74
– Hans-Werner, Dr. → O 289
– Heinz → g 234
– Helmut → S 289
– Holger, Dr. → f 563, F 579, U 549, U 594
– Joachim → r 545, iz r 292
– Jürgen → g 604
– Margit → U 309
– Rainer → O 359
– Ralf, Prof. Dr. → t 140
– Uwe → K 146, k 153
Conradi, Eberhard Prof.Dr. → T 3 488
– Joachim, Dr. → S 1 186
– Jochen, Dr. → c 959

Conradi (Fortsetzung)
– Peter, Dipl.-Ing. → S 790
– Sabine → S 1 186
Conrads, Axel Dipl.-Ing. → S 952
– Bernhard, Dr. → T 2 993, U 1 619
– Reinhard → T 2 152
Conradt, Helmut → r 390
Conraths, F. Dir. und Prof. PD Dr. → A 165
Conroy, Sheila → IZ U 809
Consoli, S. → IZ M 230
Consolo, Bartolo → IZ U 559
Consorte, Giovanni → IZ K 39
Constantin, Ernst O. → T 781
Constantine, Mark → IZ I 112
Constantino, German D. → E 321
Constien, Angret → s 416
– Michael → q 12
Constroffer, Jürgen → S 1 592
Conte, Leopoldo Prof. → iz t 760
Conus, Michel → h 555
Convent, Theo → E 151
Convents, Guido → IZ O 27
Conway, P. → IZ F 2 516
Conzelmann → b 463
Conzen, Friedrich G. → H 319
– Friedrich G., Dr.h.c. → E 154, f 574, H 308
– Leo → h 217
Cook, Alan C. Dr. → IZ T 298
– George H. → c 261
– Murray → iz f 545
– Robin → iz b 114, IZ U 423
– Roger → iz t 798
– William G. A. → IZ F 249
Cooke, John D. → iza 220
Cooksey, Rob → IZ O 152
Cools, A. → IZ S 467
– R. → IZ H 66, iz h 67
Cooney, Marese → IZ T 841
Cop, Nevenka → IZ U 308
Coppens, M. → iz f 343
Coppieters, Marie Cardine → IZ U 174
Coprian, Wilhelm Dipl.-Ing. → U 389
Coradi, Andreas Dr. → iz f 2 080
Coratella, Francesca → iz f 1 933
Corbett, Bryce → IZ E 1
Corbett Broad, Molly → IZ T 989
Corbisier → iz q 145
Córcoles Cubero, Anabel → iz m 84
Cordasevschi, A. → iz t 397
Cordeiro, Filipa Dr. → c 1 183
– João → iz s 204
Cordes, Edeltraud → T 3 184
– Helmut → s 108
– Herbert → g 419
– Jens → S 115
– Markus, Dr. → T 3 784
– Peter → B 252
– Peter, Dipl.-Volksw. → E 82
Cordier, John → iz f 364, iz f 2 273
Cording, Markus → u 1 889
Coressel, Anton Dr. med. → s 151
Coridaß, Michael E. Dr. rer. pol. → S 801
Corijn, J. M. → iz f 1 081
– Lex → IZ U 434
Cork, A. → iz f 444
Corkery, Michael → c 217
Corman, Igor Dr. → C 1 045
Corn, Slava → IZ U 571
Cornejo, J. → iz h 291
Cornelis, François → IZ L 99
Cornelissen, Jean-Pierre → IZ U 671
Cornelius, C.-D. Dr. → T 846, T 1 129
– Leenert → L 67, l 68
– Peter → Q 331
– Volker, Dr.-Ing. → s 932
Cornely, Marc-Henry → IZ T 837
Cornetz, Wolfgang Prof. Dr. → T 663
Cornford, Stanley → IZ T 244
Cornides, Christoph → u 2 235
Cornils, Hans Peter → Q 50
Corno, D. → IZ F 1 052, iz f 2 524
– Demetrio → izf 446, iz f 2 482
Corporal, Timo → iz f 734
Correa, Joao → IZ R 306, IZ S 639
Corrêa da Silva, Zuleika Carretta Prof. Dr. → IZ T 298
Correia, Amaro → iz f 550
– Carlos → IZ T 362
– Maria Catarina → iz h 253
– Maria Catarina, Dr. → iz h 235
– Paulo → iz s 445
– Ricardo Simões, Dr. → iz b 227
Correira, A. Ing. → iz f 1 458
Corries, David → IZ U 595
Cors, Klaus G. Dipl.-Ing. → S 1 069
Corsa, Anke → U 1 477
Corsetti, Renato → IZ U 595
Corsini, Miguel → IZ M 53
Corsini Freese, Miguel → iz m 32

Corsmeyer, Eckart → B 844
Corssen, Birgitta → U 1 389
Cortebeeck, Luc → iz r 152, IZ R 275
Corti → iz f 2 047
– Alberto → iz n 53
– Antonietta → IZ H 273
Cortopassi, Mario Gilberto → IZ T 539
Corts, Udo → p 87
Coskun, G. → IZ F 1 838
Cossmann, Wilfried Dr. → s 326
– Wolfgang → G 663, g 664
Cost, Hilde Dipl.-Volksw. → E 31
Costa, Antonio Maria → IZ I 3
– Carlos, Dr. → iz b 216
– Giulio → IZ G 55, iz g 63
– Jorge → IZ R 27
– Josep → IZ F 2 615
– M. → iz f 2 486
da Costa, Milton S. Dr. → iz t 352
Costa, Paul Dr. → IZ T 515
– Piero → iz f 400
da Costa Guimarães Ferreira, Elisa Maria Dr. → iz b 220
Costa Lobo, Manuel → iz s 445
Costanzo, Gianluigi → iz i 98
– Simona, Dr. → IZ V 29
Coste, Chantal → IZ H 538, iz h 540
– Jean-François → IZ M 120
Cote, Charles → IZ S 164
Cotinaud, Marie-Claire → IZ U 623
Cotta, Michèle → IZ O 47
Cottinelli Telmo, Isabel → IZ U 317
Cotton, Anne-Marie → IZ S 269
– Bob → iz n 13
Cottrill, J.E.J. Dr. → iz t 482
Coulanges, Rolf → R 515
Coulier-We_rneau, Catherine → c 138
Coulomb → iz t 9
Coupland, George Dr. → t 176
Couras, A-M. → iz f 190
– A. M. → iz f 2 157, iz f 2 527
Courtat, Annick → iz u 34
Courth, Lambert → F 481
– Paul, Dr. → IZ S 695
Courtin, Philippe → iz r 5
Courty, Claude → iz u 149
Cousins, Ray. → iz s 557
Coutand, Patrick → iz g 136
Coutrelis, Nicole → IZ T 845
Coutrot, D. → iz f 276
Couvert du Crest, Jacqueline → IZ S 647
Couvois, Georges → IZ I 109
Couvreur, Philippe → IZ V 50
Couwnbergh, Werner → iz l 23
Covini, Claudio → iz f 1 733
– Claudio, Dr. → iz f 1 699
Coward → izh 481
Cowen, Brian → iz b 131
Cox, Anthony D. → IZ H 268
– H. L., Prof. Dr. → T 1 117
– Horst → S 277, t 1 644
– J. → iz f 2 418
– Jane → iz h 410
– Karl-Heinz, Dr. → U 448
– Ron → iz t 180
Coyle, John → IZ E 3
Coym, Peter Dr. → I 143
Coyne, Marian → IZ U 349
Craddock, A. → iz t 811
Craet, D. → iz s 3
Cramer, Hansjörg → K 36
– Hellmut → T 548
– Jörg-E., Prof. Dr. → T 3 784
– Michael → s 345
– Nicola → U 939
– Udo H., Dipl.-Kfm. → S 228
– Ursula, Dr. → S 1 118
– Wolfgang, Prof. Dr. → T 1 239
von Cramon, D. Yves Prof. Dr. → t 145
Crampton, Stephen → iz u 154
Cranfield, Thomas → IZ A 219
– Thomas L. → iz a 2, IZ A 187
Cranz, Hubertus Dr. → IZ F 948, IZ F 2 557, iz f 2 560
Crasner, Anthony → iz a 137
Crassoulis, Georges → IZ F 1 662
Crauser, Guy → iz a 19
Cravinho, Joao → IZ F 1 400
Cray, Christian → q 434
Credoz, Paul → iz q 83
Cremaschi, S. → iz f 1 611
Cremer, Georg Prof. Dr. → U 1 745
– H., Prof. Dr.-Ing. → T 1 165, T 1 839
– Helmut, Prof. Dr.-Ing. → t 361
– J., Prof. Dr. → T 3 422
– Jutta → t 2 928
– Michael, Dr. med. → T 3 373
– Rolf-Peter → U 1 479

Cremer (Fortsetzung)
– Rudolf, Dipl.-Oec. → F 981, F 985, F 986, F 987, iz f 1 832
– S. → iz h 283
– Stefan → H 66, h 68, I 140
– Stephan M. → S 738
Cremer-Renz, Christa Prof. Dr. → T 593
Cremers, Hartwig Dr. jur. → T 665
Cremona, Lazzaro → IZ F 1 545
Crespo, Andres → iz h 556
– Germán → IZ T 305
Creter, Klaus Peter → G 54, O 377
Crettenand, J. Dr. → IZ T 691
Crettiez, Pierre → U 28
Creusen, Utho Prof. Dr. → H 683
Creutzig, J. → iz h 477
Creuzburg, Stephan → s 344
Creuzer, Peter → B 615
Crippa, Giovanni Franco Dott. → iz f 446, iz f 2 482
– Guiseppe → iz u 335
Crisand, Manfred → k 216
Crockett, Andrew D. → IZ W 13
Crößmann, Wilhelm Dipl. Ing. → f 599
de la Croix, Ph. → iz f 29
Crolow, Reiner → g 252
Cromack, Jamie → IZ O 50
Crome, Erhard Dr. → t 2 366
Cromme, Gerhard Dr. → E 156
Cromwell-Ahrens, Christine → S 1 507
Cronauer, Jürgen → k 90
Cronauge, Ulrich → T 2 155
von der Crone, C. → F 395, H 153, S 922, IZ H 64
– Caspar → Q 576
Crone, Michael Dr. → O 408
Crone-Erdmann, Hans Georg → B 256, E 138
Cronenberg → A 16
Cronin, Kevin T. → IZ K 33
De Croo, Herman → IZ B 1
Croon, P.M. → iz t 496
Croonenbroeck, Hans Dipl.-Volksw. → f 862, F 886, f 951
Crosby, Bruno → IZ H 574
Crouzet, Maurice → iz f 1 336
Crowe, Alan → IZ F 1 040
– Brian L. → IZ A 227
– Neal → IZ F 2 084
– W. → iz t 417
Croy, Jürgen → N 185
Erbprinz von Croy, Rudolph → u 1 772
Cruchten, Alphonse → iz u 47
Crüsemann, Michael Dr. → H 549
Cruickshank, Don → iz i 174
Crusius, Andreas Dr. → s 30
Cruz, Duarte Ivo → iz t 949
– J.A. → iz f 2 489
– Juan Antonio → IZ F 1 108
– Maria Gabriela → iz q 93
– Paulo J. S. → iz f 351
De la Cruz Gil, Alvaro → iz u 62
Csalóztky, György Dr. → iz u 64
Cuadra, Manuel Dr. → s 814
Cuatrecasas, Llibert → IZ B 258
Cubasch, Helmut Dr.med. Dipl.-psych. → T 2 781
Cucic, Ljubomir → iz u 748
Cuesta de la Fuente, Marceliano → IZ A 222
Cuk, Jozko → iz e 36
Culha, Rifat → c 508
Cullen, Frank M. → iz o 64
Cullin, Michel Prof. Dr. → U 1 567
Culliton, K. → iz g 96
Cummings, Andrew → IZ U 182
Cumo, Maurizio Prof. → iz I 11
Cunha Rodrigues, José Narciso → IZ A 219
Cunningham, B. → iz f 368
– B.J. → iz t 483
– Denis → IZ R 282
Cuntz, Christian F. → O 539
– Dr. → A 8
Cunz, Reiner Dr. → U 3 082
Cura, Halit Davut → c 507
Curchod, François → IZ V 47
Curdts, Axel → N 152
Curilla, Martin → s 1 214, S 1 221, s 1 230
– Wolfgang → T 822
Currie, Debra L. → IZ R 270
– James → iz a 21
Cuskun, Ines → s 284
Custo, Malcolm → u 391
Custodio Gimena, Emilio Prof. → IZ T 154
Cutler, Anne Prof. Dr. → t 160
Cuzange, Antoine → iz f 1 337, iz f 1 341
Cuzcano Vera, Hugo → iz s 540
Cwielag, Corinna → q 416
Cwirko, Halina Dr. → t 220
Cyprian, R. → D 222
Cyriaco, Adolpho → iz f 1 750

Czada, Roland Prof. Dr. → T 2 221
Czaia, Uwe → iz f 2 479
Czajka, Maya → T 3 018
Czakert → A 14
Czapek, Frank-Michael Dr. → R 921
Czarkowski, Hans Dr. → U 2 073
Czarnecki, Irmgard → U 1 126, u 1 146
Czarnetzki, Jürgen → t 3 643
Czarwinski, Renate Dipl.-Phys. → T 1 955
Czech, Dieter Dr. → T 2 596
Czell, Gernot Dipl.-Psych. Dr. → U 1 246
Czeranowsky, Günter Prof. Dr. → t 4 069
Czerny, Ernst Dr. paed. → t 3 836
Czerwenka, Beate Dr. → S 3 579
Czibolya, Laszlo Dr. → iz l 20
Czichos, Horst Prof. Dr.-Ing. Dr.h.c. → A 356, t 2 029, IZ T 361
Czirnich, Wolfgang Dr. → f 745
Czogalla, Bernhard → D 101
Czudaj-Schlotterer, Gabriele → s 816
Czujack, Alfred → f 342
Czura, Manfred → r 117
Czwalinna, Hans-Jürgen Dr.-Ing. → T 900

D

D ugan, Marcia → IZ U 313
Da Costa, Michel → iz s 373
Da Costa Leite, Arlindo → iz h 324
Da Silva, Zulmira da Natividade Martins Lino → iz s 225
Daab, Peter Dipl.-Phys. → t 1 329
Daae, Kjell Inge → IZ T 971
Dabbert, S. Prof. Dr. → t 38
– Stephan, Prof. Dr. → T 2 585
Dabrowski, Klaus → T 2 081
Dacaouffe, Bernard → iz h 551
Dach, Günter Dr. → f 124, F 139
Dacombe, M. H. → IZ T 163
Dadam, Peter Prof. Dr. → t 1 792
D'Addario, Domenico → iz s 123
Daebeler, Steffen Dr. → T 2 742
Dähn, Gesine → S 1 322
Dähne, Eberhard Dr. → Q 582
Däke, Karl Heinz Dr. → U 890, u 891, u 900
van Daele, Frans → IZ C 1
Dälken, Martin → H 355
Daelman Maufry, Maurits → iz h 405
Daelmans, G. → iz h 316
– Guillaume → IZ H 315, IZ H 356
Dämpfert, Elke → T 952, T 969
Daems, Rik → iz h 429
von Dänemark, Henrik → IZ U 596
Därr, Erika → e 563
Daerr, Hans-Joachim → C 378
Därr, Wolfgang → iz l 1 241
Däubler-Gmelin, Herta → U 2 251
– Herta, Prof. Dr. → A 12, U 2 028
– Herta, Prof. Dr. jur. → T 3 075
Däuwel, Manfred Horst → u 3 075
Daewel, Hartwig Dr. → u 1 839
Däxl, Theo Dipl.-Ing. agr. → T 2 627
Daglish, J. → iz f 113
Dahinterová, Zdenka → iz s 493
Dahl, Birgitta → IZ B 20
– C. A. → iz q 6
– Johannes, Dr. → u 2 912
– Nils → U 2 818
– Torbjøorn → iz r 258
Dahlbeck, Günter → g 336, g 401, g 779
Dahlberg, Hans → IZ K 39
– Lars → IZ F 982, IZ U 570
Dahle, Gerd → E 45
van Dahle, Holger → E 229
Dahlem, Günter → R 460
– Rainer → r 338
Dahlhaus, Hans Dieter Dipl.-Kfm. → U 770
Dahlmann, Günter → o 654
Dahlmanns, Gert Dr. → T 2 254
Dahlquist, Charles W. → c 573
Dahm, Axel → F 68
– Carlo → iz s 129
– Klaus, Dipl.-Kfm. → U 19
– W. → H 156
Dahmani, A. → IZ M 230
Dahmen, Egbert Dr. → F 609
– Margarete → s 871
– Sabine, Dr. → T 826
– Udo, Prof. → O 148
Dahrendorf, Frank → O 364
Daiber, Dirk Dr. → A 301
– Karl-Fritz, Prof. Dr. → U 22
Daigl, Christoph → o 29
Dailey, Philippe → iz h 452
Dal, Ebbe → iz o 57
Dalchoong, Kim → IZ T 193

Dalchow, Claus Dr. → T 2 608
Dale, Knut → iz f 1 737
Dalen, Tone → IZ T 320
Dalferth, Siegfried Dr. → U 2 608
– Winfried → iz f 1 248
Dallmann, Bernd Dr. → T 836, T 837
– Frank → T 3 890
– Heiko → f 923
Dallmeier, Martin Dr. → T 3 723
– Volker, Dr. → S 1 173
Dallmeyer, Harm → S 738
von Dallwitz, Wolfgang → U 851, U 1 020
D'Almeida, Jaime → IZ K 47
Dalzell, Howard → u 332
Dam, M. → IZ F 1 140
van Dam, N. Dr. → C 1 073
Damaso, Alvaro Cordeiro → iz i 182
Dambacher, Paul → g 696
Damberger, Monika → U 2 199
d'Ambrières, Gilles → IZ O 214
Dambrun, Isabelle → IZ U 591
Damerius, Winfried → o 652
Damerow, Hans-Christian → s 756
Dames-Willers, Klaus → c 1 270
Damidot, Jacques → iz f 1 343
Damiens, Paul-Bernard → iz t 918
Daming, Albert → iz o 83
Daminger, Dieter Dipl.-Volkswirt → U 306
Damisch, Hans E. → l 88
Damm, Andreas Dr. → S 1 302
von Damm, Hans-Wilhelm → K 134
Damm, Klaus-H. Dr. → s 28
– Mogens → IZ T 301
– Peter → s 609
– Siegfried → r 430, R 577
– Thomas → u 887
Dammann, Hanns Diether → A 353
Dammasch, Wolfgang Dipl.-Kfm. → g 721
Dammer, Silvia → S 738
Dammertz, Viktor Josef Dr. → u 2 348
Damnik, Oliver Dipl.-Ing. → t 1 723
Dams, Klaus → A 35
Damwerth, Marlis → S 1 198
Danckaerts, Ingrid → iz u 232
Danckert, Peter Dr. → M 265, u 2 612
Danckwortt, Dieter Dr. → IZ T 894
Dane, Michael → s 876
Danek, Milan → f 98, f 967, r 51
Danet, M. → IZ A 221
Dangis, Alexandre → IZ F 2 084, IZ Q 194
Dango, Manfred Dipl.-Ing. → E 173
Daniel, Hermann Dipl.-Kfm. → IZ S 227, iz s 233
– Hermann, Prof. Dipl.-Kfm. → IZ S 227
– Jutta → D 85
– Karel → iz s 144
– Karel, Dr. → IZ T 840
– Rudolf → S 918
Danielmeyer, Hans Günter Prof. Dr. → E 500
Danielowski, Jürgen → D 77, U 250
Daniels, Dieter Prof. Dr. → T 581
– Dirk, Dipl.-Kfm. → T 2 514
– Horst → q 562
– Jürgen, Dr. → S 617
Dank, Klaus → g 680
Dankert, Klaus-Jürgen → u 2 459
– Reinhard → a 90
– Ulrich → m 74
Danksagmüller, Klaus Dipl.-Ing. → t 1 638
Dann, Hanns-Dieter Prof. Dr. → t 2 426
– Hans → u 2 610
– Klaus → g 552
– Wilfried, Dipl.-Kfm. Dr. → s 645
– Wilfried Dr. → k 207
Danne, Nadja → N 159
Dannebom, Michael Dr. → U 415
Dannemann, Bernd → b 149, B 352
– Günter, Dr. → b 50, r 282
Dannemayer, Bernd Dr. → t 1 578
Dannenberg, Guido MinDirig. Dr. → B 204
Danner, Ernst → r 529
– Richard A. → IZ T 874
– Wolfgang, Dr. jur. → A 352
Dannert, Horst Dieter Dipl.-Ing., Dipl.-Wirtsch.-Ing. → f 255
– Horst Dieter, Dipl.-Ing.,Dipl.-Wirtsch.-Ing. → F 843, f 844, f 845
Dano, E. → iz f 1 839
Danset, Françoise → IZ T 301
D'Antona, Rosanna → iz s 279
D'Antoni, Sergio → iz r 177
Dany → B 847
Danz, Georg → U 34
Daoust, Jean Claude → IZ F 1 773
Daraja, Andrew Mhando → C 1 294
d'Aramon, A. → F 2 322
Daras, Efstathios → iz f 1 782
Darbonne, H. → IZ F 2 478

Darboven, Hans-Jürgen → S 712, s 715
Darbyshire, Mike → IZ I 109
D'Arcy, John → iz s 195
Dardenne, Guy → IZ F 1 693
– Jean Pierre → iz u 435
Dardón Castillo, Juan José Dr. → c 825
Darenberg, Helga → U 1 865
– Rudolf, Dipl.-Ing. → s 1 021
Dargatz, Reinhard → R 99
Darling, Alistair → iz b 120
– W. → iz s 194
Darschin, Wolfgang → o 274
Dartsch, Michael → O 289
Dascher, Ottfried Prof. Dr. → B 638, T 3 742
Dasenbrook, Dieter → G 11, G 41, G 507, k 150
Dasgupta, Probal Dr. → IZ T 151
von Dassel, Hans-Dietrich → r 283
Dassis, Georgios → iz r 170
Daßler, Rolf → s 472
Dastoli, Pier Virgilio → IZ U 306
Daston, Lorraine Prof. Dr. → iz t 173
Dastot, Jean-Claude → iz o 107
Dathe, Holger Prof. Dr. → t 2 615
Dathie, Jean-François → c 777
Dau, Hans-Peter → E 229
– Holger → e 521
– Rolf → u 923
Daubenbüchel, Rainer Dr. → A 132
Daubert, Hannelore → S 1 203
Daubitz, Detlef → r 647
Dauch, Günther → k 80
Dauderstädt, Klaus M. → R 618
Dauenhauer, U. → n 92
Dauer, Karl-Rainer → U 677
Dauger, Oliver → u 2 222
Daugird, Harry → K 32
Daum, Eugen Dr. → g 403
– Thomas → iz f 1 432, iz f 1 460, iz f 2 291
– Ulrich, Prof.h.c. Dr. → S 1 399
Dauner, Ulrich → I 61
Dauner-Lieb, Barbara Prof. Dr. → T 3 592
Dauphin, Elke → S 1 220
Daus, Silvia Dr. → s 347
Dausend, Dieter → g 441
Dautzenberg, Rudolf L. → o 577
Davakis, Platon → n 238
Dave, Alana → IZ U 809
Davelaar, Noëlle → iz f 701
Davenport, Claus Peter → t 2 063
Davepon, Norbert → t 2 984
David → iz o 84
– Anne → IZ U 669
– Eberhard → D 55
– Elwin B. → IZ U 308
– Hans → T 2 974
– Jürgen → Q 588
David-Gardon, Brigitte → iz s 250
Davidoff, Michail Prof. Dr.med. → T 3 283
Davidová, Pavla → iz f 170
Davids, Peter Dr.-Ing. → Q 487, T 1 165, T 1 339
Davidson, Philip → IZ T 903
Davieau, Michèle → IZ Q 198
Davies, Keith → IZ H 125
– Keith W. → iz h 137
– Nick → iz s 440
Davignon, Etienne → IZ I 88
Davis, Céline B. → s 1 271
– Mike → IZ T 1 821
– R. → iz f 2 215
– Robert → iz h 230, iz h 247
Dawid, Oliver → g 795
Dawin, Gebhard → u 1 853
Dawirs, Eugen → S 260
Dawson, Sheryl → IZ U 498
Dax, Jürgen → H 528, h 545, h 547, iz h 407
– Manfred → S 1 589
– Paul, Dr. → H 302
Daxhammer, Rolf Prof. Dr. → t 1 483
Daxner, Michael → IZ T 878
Day, B. Prof. → t 702
– Catherine → iz a 26
Dayan, Edouard → iz t 925
Daza Martinez, Raul → iz r 38
De Andrés Juarez, Santiago → iz f 1 194, iz t 805
De Belder, Hans → IZ U 822
De Bernabe, Gil → iz q 159
De Boer, A. → iz h 323
De Censi, Giovanni → IZ I 46
De Ceuster, Jan → IZ O 205
de Clerck, Hilde → iz g 132
De Clercq, Willy → IZ U 434
De Cock, F. → IZ F 271
De Cooman, C. → IZ F 719, IZ F 2 454
De Die, Bob → IZ U 550
De Feo, G. → IZ F 2 165
De França, Luis → iz u 341

De Heer, Constant Fonk → iz s 372
De Jaeger, Filip → IZ F 1 620
De Jong, Evert → IZ R 315
De Koster, Tonnie → iz a 16
De Laet, Pascal → n 211
De Leeuw, H. → iz h 310
de Levita, Paul → IZ F 2 391
De Marto, Daniel → iz s 270
De Mérode, Alexandre → IZ T 823
De Noose, Ch. → IZ I 27
– Chris → IZ I 28
De Oude, Rosmolen → iz s 372
De Paepe, Bob → iz o 158
De Paoli, Ferdinand → s 400
De Putter, Frans → IZ M 226
De Schepper, André → IZ F 56
De Sloovere, P. → iz f 70
De Smet, J. → iz t 173
De Sutter, M. → IZ T 899
De Turck, Bart → IZ F 2 059
De Valbuena, V.R. → iz t 493
De Vocht, L. → iz f 2 211
De Weerdt, Erwin → iz s 270
De Windt, Ir J → iz t 363
De Witte, Jozef → iz u 322
Deac, Liliane → iz e 34
Dean, Bonnie → IZ F 55
– Carol A. → IZ F 1 681
– John → iz h 410
– Roger → IZ T 898
Deane, F. → iz f 2 173
Dearing, Andrew → IZ T 262
Deas, B. → iz q 151
Debarguer, François → iz u 738
Debecker, J.-L. → IZ T 963
Debelius, J. Dr. → L 81, L 82, T 817, T 852, iz s 471
– Wilfried → f 924
Debeljak, Sisko → iz t 606
Debier, Mike → IZ F 1 493
Debling, Hans-Peter Dr. → E 93
Debour, Ursula → r 471, S 1 531
– Ursula, Dr. → S 1 545
Debray, Jean-Pierre → iz f 1 333
von Debschitz, Matthias → S 728
Debus, Hans Ullrich → F 88
Debuschewitz, Ingo → T 3 666
– Peter → u 2 536
Debusmann, Gero → B 804
Decerf, J. → iz t 516
Dech, Dr. → T 1 266
– Walter → G 69
Dechamps, Sabine → IZ U 434
Decken, Ulf-Wilhelm → I 14
Decker, Andreas → U 2 450
De Decker, Armand → IZ B 2
Decker, Friedhelm → q 14
– Friedrich → d 14
– Heinz → F 88
– Herbert, Dipl.-Ing. → F 836, U 615
– Maria-Luise → S 259
– Will → iz h 132, iz h 412
– Wolfram → p 10
Deckers, Hans → S 1 358
– Winfried → u 837
Deckert, Anke → u 3 072
Deckmyn, Veerle → IZ T 885
Deckstein, Brigitte Dr. → b 164
Decu, Willi → s 542
Declair, Josef → t 1 206
Declercq, B. → IZ T 299
Decock, F. → iz f 2 587
– Ingrid → IZ U 425
Decrop, Philippe → c 43
Dedaj, Gjergj → iz u 449
Dedecke, Horst → c 236
Dederichs, Erich → F 145, O 592
Deeg, Michael Dr.med. → s 117
Deen, Kadir → C 1 006
Deerberg, Karl-Wilhelm → E 142
Deetjen, Gottfried Dr. → T 587
Defrantz, Anita → IZ U 579
Dege, Eckart Univ.-Prof. Dr. → t 1 105
Degel, Claus Dr. → B 389
– Volker → B 697
Degen, Hans-Jürgen Dr. → F 219
– Jürgen → f 570
– Michael → o 609
Degenhard, Monika → U 1 175
– Norbert → U 1 175
Degenhardt, Johannes Joachim Dr. → u 2 367
Degert, Vincent → iz a 28
Degett, Jens → IZ T 36
Degraef, Philippe → iz m 77, iz m 124
Deh, Heinz → h 785
Dehio, Alexander → f 165
Dehler, Manfred Dipl.-Kfm. → s 643

Dehlinger, Hans Prof. Dr. → T 1 342
Dehm, Diether Dr. → U 2 234
Dehmel, Anja → iz u 187
Dehn, Christoph → U 2 071
– Jürgen → B 824
– Walter → T 3 613
Dehne, H.-W. Prof. Dr. → T 2 657
Dehnert, Carmen → u 1 552
Dehollain, J. → IZ F 207, iz f 212
Dehoust, Wolfgang Dipl.-Kfm. → F 1 027
Deibel, Wilhelm → T 2 023
Deicas, Juan Carlos → iz r 58
Deichmann, Heinz → O 35, o 46
– Heinz Horst, Dr. → c 850
– Jutta → s 755
Deilinger, Judit → iz u 65
Deilmann, Jürgen Dr. → R 1, T 786
Deimel, Gerd → U 166
– Johanna, Dr. → E 582
– Manuel, Dipl.-Ing. → F 282
Deimer, Josef → D 2, d 4, t 4 109
– Petra, Dipl.-Biol. → Q 591
– Reinhard, Dr. → t 2 499
von Deimling, Helmuth Dipl.-Ing., Dipl.-Wirtsch.-Ing. → t 340
Deinert, Beate → o 244
– Jochen → E 206
Deinhardt, Erich → E 97
Deininger, Thomas → S 1 524
Deinis, Birgit Dipl.-Betriebsw. → t 4 012
Deinwallner, Horst → u 2 911
Deis, Hugo A. → e 330
Deisler, Harald → K 132
– Harald, Dr. → K 96, K 114, K 243, K 331
Deismann, Norbert → f 371
Deiss, Bruno Dr. → T 1 946
Deißler, Wolfgang → r 490
Deitenbeck, Martin → O 374
Deiters, Gustav → E 170
– Norbert → T 2 240
Dejaegher, Y. → iz f 1 268
Dejanovi_a, Vesna → IZ R 247
Dejean, Yves Dr. → IZ T 232
Dekena, Horst → IZ F 55
DeKepper, Christophe → U 2 450
Dekhtyar, Yuri Prof. → iz t 762
Del Vaux, A. → iz s 4
Delachaux, F. → IZ F 2 433
Delalande, Louis → iz f 2 328
Delamort, Alain → iz f 1 635, iz f 2 461, iz f 2 535
Delande, J.-P. → IZ T 326
Delaney, Pat → iz g 42
Delaporte, M. → iz f 1 210
Delay, Urs → iz h 515
Delbanco, Helmut → S 1 503
Delbos, Roland Dr. → T 2 187, T 3 757, T 4 102
Delbrouck, Klaus → U 638
Delcart, Louis → IZ T 543, iz t 544
van Delden, Bert → iz u 51
Delfino, Alejandro → IZ Q 103
Delfs, Hans Joachim → u 923
Delgado, L. → iz f 221
Delgado-Pereira, Carlos → iz o 176
von Delhaes-Guenther, Linda Dr. → E 210
Delhaye, Jean-Jacques → iz f 1 324
Delheid, Johannes Dr. → G 240
Deligiannis, Tassos → iz r 168
Delius, Cornelia → r 234
Della Tolla, P. → iz h 297
Della Valle, Ricardo Dr. → iz t 224
Dell'Anna, R. → iz t 389
– Riccardo → IZ T 374
Dellar, Mike → iz f 524
Dellemann, Kerstin Dr. → O 628
Dellheim, Judith Dr. → U 2 234
Dellicour, Dominique → iz a 153
Delling, Ullrich → T 3 502
Frhr. von Dellingshausen, Rötger Dr. jur. → s 377
Dellmann, Hansjörg Dr. → A 371
Dellmuth, Volker → g 460, h 603
DelNegro, Claire → IZ U 556
Deloche, Severine → IZ U 302
Delorme, Karl → u 1 887, U 3 093
Delos Santos, Mila C. → iz r 57
Delp, Horst → U 2 450
– Ludwig, Prof. Dr. → T 767, T 777, T 975
Delpierre, Philippe → c 134
Delpino, Dorothea → B 410
Deltau, Gerhard → Q 457
Deltor, Sergi → IZ G 148
Delubac, Renaud Dr. → c 146
Deluca, Paul M. Prof. → IZ T 538
Delvaux, Jacques → iz s 221
– Mireille → iz s 434
Delys, Celcile → iz s 245
Demann, Nico → E 311, e 371

DeMarcus, Bruce Dipl.-Ing. → F 122
Demaret, Luc → IZ R 277
Demarrez, Erik Dipl.-Volksw. → F 435, iz f 437
Demarty, J. → iz f 1 926
– Jean-Luc → iz a 18
Dembach, Wilfried → IZ F 2 632
Dembicz, Andrzej Prof. Dr. → IZ T 882
Dembinski, Matthias Dr. → U 2 683
Demel, Hartmut Dipl.-Kfm. Dipl.-Hdl. → s 638
– I., Dipl.-Ing. → T 1 379
Demenet, Erika Dr. → u 2 906
Demesmacre, Joseph → IZ H 530
Demessine, Michelle → p b 77
Demeter, Ulrich → K 306
Demetriade, Nicolae → iz f 2 126
Demetriades, Lellos → iz u 66
– Stavroula → IZ A 193
Demetrion, Louis → IZ H 125
– Paulos → iz s 495
Demisch, Karl-Dieter Dr. → o 613
Demke, Christoph Dr. → U 1 864
– Elena → B 282
Deml, Wolfgang → P 1, P 4
Demleitner, Roland → G 568, g 570, g 572, g 573
Demmer, Hans-Heinz Dipl.-Ing. → T 4 006, t 4 018
– Karl W., Dr. → A 21
– Kurt, Dr. → T 2 209
Dempsey, Jack → IZ T 916
– Martin → iz f 506
– Noel → iz b 132
Demtröder, Klaus Dipl.-Ing. → s 839
Demuth, Marion → O 94
– Reinhard, Prof. Dr.rer.nat. → T 562
Denecker, Jan → iz s 184
Denetre, P. → IZ F 872
Dengenhart, Bert → u 1 197
Denis, Brigitte → IZ T 971
– G. → IZ W 32
– Jacques → IZ U 810
– L. J. → IZ U 314
– Michel → IZ T 471
– Michel, Prof. Dr. → IZ T 825
Denk, Karl → G 219
– Winfried, Dr. → t 136
Denkhaus, Gert → S 786, S 787
Denneboom, Hein → H 82
Dennert, Dorothee → U 3 030
Dennig, D. Dr.med. → T 2 800
– Jörg → H 116
Denninghoff, Frank → T 3 776
Denoble, R. → iz t 480
Densau, Hilmar → S 690
Denzau, Jürgen → k 111, k 129, k 346
Denzinger → B 782
Denzol, Frank → u 2 227
Depayre, Gérard → iz a 26
Depelmann, Hargen → S 1 181
Depiereux, R. → F 289
Deplanque, R. Dr. → U 29
Deppe, Astrid → t 203
– Erich, Dr. → L 41
– Lothar, Dipl.-Ing. → s 897
Deppert, Dr. → A 362
Deppmeyer, Otto → k 99, k 334, q 13
Dera, Robert → R 429, R 597, R 614
Deray, Jacques → IZ S 639
Derboven, Klaus → E 129
Derde, A. → IZ F 466, iz f 475
Derer, Miklos → iz u 371
Deridder, R. → iz f 1 923
Derksen, Wilfried → iz u 451
Dermott, Jewell → iz u 155
Dernbach, Angela → U 3 127
Dernier, Pierre → IZ U 590
Derntl, Erwin → iz f 1 412
Derôme, O. → iz H 39
Derouane, Alain → iz a 195
Derstappen, Josef Dr. → q 16
Dertinger, Antje → s 1 249
– Rudolf → S 997
Dertz, Wolfgang Dr. → Q 545
Derwald, Walter Dipl.-Kfm. → g 189, u 835
Derwein, Ulla → R 398
Desai, Anuradha → IZ T 713
Desch, Heijo Dipl.-Betriebsw. → E 42
Deschamps, Christine → IZ T 913
– J. P. → IZ T 824
Deschaumes, Ghislaine Glasson → iz u 605
Descher, Dirk → U 136
Deschle, Heike → Q 450
Desgraz, Jacques → IZ U 114
DeSimone, Richard D. → IZ K 47
Desjonqueres → IZ T 471
Desmond, Rayn J. → IZ U 116
Desmonts, Jean-Marie Dr. → IZ S 164
Desperbasque, Elisabeth → iz t 546

Desquiotz, R. Dipl.-Ing. → U 11
Desrosiers, Josee → IZ U 201
Deß, Albert Dr. → T 2 742
Desseaux, T. → f 98
Destin, R. → IZ F 2 359
Deston, Brigitte → iz f 17
Detering, Cordt → U 2 217
– Jürgen, Dipl.-Psych. → U 1 444
Deterink, Aloysius Antonius Maria → c 349
Deters, Dennis → IZ K 39
van Deth, Jan W. Prof. Dr. → t 2 413
– J.C. → IZ T 820
Dethlefsen, V. Dr. habil. → Q 453
Dethloff, Hartmut → s 178
– Jan → S 1 052
Dethomas, Bruno → iz a 140
Detiège, Georgette → iz f 557
Detjen, Holger → g 507
Detken → A 18
Detlefsen, Dirk → Q 165
– Hendrik → g 368, g 668, g 673, g 746
Detmar, Claudia Dr.med. → S 166
Détourné, C. → IZ F 1 760
Dette, Gerhard Dr. → S 1 396, T 3 754
– Gundula, Dipl.-Des. → U 101
– Klaus, Dr.-Ing. → U 101
Detter, Gerhard → s 598
Dettinger, Hellmuth Dr.h.c. → c 972
Dettling, Christel → r 598
– Heinz, Dr.-Ing. → u 519
Dettmann, P. → IZ P 42
– Reinhard, Dr. → d 10, d 39
Dettner, Konrad Prof. Dr. → T 1 055
Dettweiler → B 773
– Klaus D. → T 2 302
Detzel, Martin Prof. Dr. → t 1 578
Detzer, Kurt A. Dr.-Ing. → t 1 212
Detzler, Astrid → I 43
Deubel, Claudia → M 186
– Ingolf, Dr. → b 132
– Simone → Q 510, u 1 526
Deubert, Waltraud → T 3 268
Deubig, Bernhard J. → D 90
Deufel, Konrad Dr. → D 86, U 1 690
– Th., Prof. Dr. → T 3 337
Deuflhard, Peter Prof. Dr. → T 888
Deuker, Wolfgang Dr. rer. oec. → S 1 573
Deuscher, Reinhardt → O 288
Deuschle, Dieter Dr. → o 12
Deusinger, Ingrid M. Prof. Dr. → T 3 352
Deuss, Walter Dr. → H 549, R 1
Deußen, Christiane Dr. → E 754
– Hans Joachim, Dr. → F 243
Deutsch, Elisabeth Dipl.-Volksw. → h 111
Deutscher, Knut Dipl.-Oek. → G 44
Deutschland, Peter → k 86, r 300
Devadder, J. → IZ M 215
DeValera, Sile → iz b 134
Devcic, Zeljko → iz m 90
Devesa, Miguel → iz h 166
Devilliers → iz t 586
Devisch, Noël → IZ Q 1, iz q 3, IZ Q 103
Devisscher, Marc → IZ F 1 017
von Devivere, Beate → s 1 246
Devos, Elsbeth → IZ F 1 195
Dewenter, Eduard Dipl.-Ing. → f 78, r 42
Dewerdt → IZ T 319
Dewhurst, Philip → iz s 277
Dewies, Heinzgerd → U 2 599
Dewirgaerden, Paul → IZ F 1 356
von Dewitz → A 16
Dewitz, Gerhard → u 971
von Dewitz, Marc Aurel → u 725
– Wedige → T 803
Dewost, Jean-Louis → iz a 34
Dexheimer, Fritz → g 496, h 144
Deyhle, Albrecht Dipl.-Kfm. Dr. → S 784
Graf von Deym, Joseph → G 574
Dezelske, Peter → M 151
Dhainaut, Corinne → IZ F 2 032
Dhaouadi, Zouhaier → c 1 342
d'Harse, Ann → iz u 213
D'Hondt → A 31
D'hondt, Frank → IZ S 433, iz s 435
D'hondt, N. → IZ T 470
Dhorne, Christiane → IZ N 39
Di Giovan Paolo, Roberto → iz u 45
Di Lieto, Ingrid → S 1 514
Di Loreto, Fabiola → p 11
Di Rollo, Claudio → iz q 22
Di Stefano, Anthony F. → IZ G 152
Diack, Lamine → IZ U 465
Diacont, Dieter → I 6
Diallo, Chérif Dr. → iz s 516
Diamant, R. → iz f 2 370
Diamantopoulou, Anna → IZ A 1
Dianantopoulos, Moskos → iz s 439
Dias, Pedro Renquina → iz u 249
– Salvador Alves → IZ S 642

Diaz, Maria-Victoria → c 937
Diaz Muniz, Carlos → IZ T 967
Diaz Ortega, Enrique → IZ I 166
Dibowski, Klaus Prof. Dr.rer.nat. → T 583
Dichgans, Johannes Prof. Dr. → T 2
Dick, Alexandra → t 90, T 266
– Alfred → M 227
– Georg Clemens → C 78
– Peer-Michael → k 79
– W., Prof. → IZ T 828
– Wolf-Rüdiger → c 868
Dick-Küstenmacher, Steffen → B 775
Dicke, Klaus Prof. Dr. → E 749
Dickel, Günter Dipl.-Kfm. → F 69, f 80, R 33, r 44
Dickhausen, Günter → R 294
Dickhaut, Karl-Heinz → I 70
Dickhuth, H.-H. Prof. Dr. → U 2 450
– Hans-Hermann, Prof. Dr. → T 3 398, u 2 547
Dickinson, Robert E. → iz f 2 621
Dickler, Erich Dr. → a 163
Dickmann, Heinrich Dr. → c 1 120, U 853
– Heinz Werner, Dipl.-Volksw. → E 374
Dickmanns, Christoph Dr. → U 156, U 363
Dicknelte, Klaus → t 2 967
Dickopf, Michael → A 229
Dickson, Jim → IZ T 898
Didier, Graça → iz o 90
Didlaukies, Dorothea → T 1 971
Didyk, Richard → u 2 455
tom Dieck, Heindirk Prof. Dr. Dr.h.c. → T 984, T 986
Dieckell, Friedrich → c 1 257
Dieckheuer, Gustav Prof. Dr. rer. pol. → t 2 295
Dieckhoff, Klaus Dr. → iz u 6
Dieckmann, Bärbel → D 57, iz u 28
– Helga, Dr. → T 1 954
– Jan → O 380
– Jochen → b 121
– Klaus → T 4 035
– Meinolf → A 245
– Peter → I 26, p 20
– Rudolf, Dr. → b 62, B 268
– Thomas → F 692
Dieckmann-Großhundorf, Günter → U 2 608
Dieckmann von Laar, Günther A. → O 701
Diedenhofen, Axel → f 870, F 934, u 522
Diederich, Claus-Jürgen → H 753, H 755
– H., Prof. Dr. → t 2 291
– Mathilde → b 167
– Nico, Dr. → IZ S 165
– Nils, Prof. Dr. → T 2 359, t 2 360
– Pierre → IZ F 1 574
Diederichs, Bernd A. → o 615, S 1 220
– Claus Jürgen, Prof. Dr.-Ing. → S 977
Diederichsen, Ch. Dr.-Ing. → t 1 298
Diedrich, Peter Dr. → E 654
Diedrich-Fuhs, Helen → T 3 785
Diefenbach, Friedrich Wilhelm → f 553
– Udo → G 249
– Verena, Dr.jur. → s 35
Diefenbacher, Holger → T 2 130
Diefenthal, Gert → f 110
Dieffenbacher, Heinrich → f 296
Diegelmann, Klaus → M 272
Diegner, Dr. → T 1 162
do Prado Dieguez, Ney → c 674
Diehl, Egbert → E 239
– Günter → B 335
– Herbert, Dr. → A 29
– Heribert H. → o 671
– Hildebrand → D 130
– Jürgen, Dipl.-Ing. → F 1 017, f 1 040
– Klaus, Dipl.-Volksw. → o 617
– Roland, Dr. → t 190
– Susanne → T 971
– Thomas → O 366
– Torsten → o 33
– Ulrike → S 729
– Volker, Prof. Dr.med. → T 3 320
– Werner → H 666
– Werner, Dipl.-Kfm. → I 43
– Wolfgang → I 45
Dieing, Werner → t 2 477
Diek, Rolf → T 3 779
Dieke, Gerold → B 226
van Dieken, Christel → u 2 800
Diekers-Paproth, Rita Dipl.-Kommunikationswirtin → U 1 598
Diekhaus, Waltraud Dr. → IZ S 149
Diekmann, Heike Dr. → T 3 219
– K., Prof. Dr.-Ing. → T 434
Diekmeyer, Jürgen → Q 152
Diekstall, Hubert Dr. → K 43
Diel, Armin → Q 300
– Barbara → e 607
Dieler, Wolfgang → u 2 464

Dielewicz, Olaf Cord → d 17, I 70
Diem, Albrecht → h 459
– Alfred → N 58
Diemer, Annekathrin → s 11
– Rainer → K 312
Diener, Dieter → f 72, g 165, r 36
– Peter → I 121
Dienhold, Hans-Dieter → h 727
Diening, Mark → D 123, U 309
Dieninghoff, Paul → k 139
Dienst, Rolf-Gunter Prof. → T 628
Dienstbach, I. Dr. → T 2 570
Dienstbir, Antje → g 473
Dienstl, Erika → T 827, U 2 450, u 2 489
Van Diepen, R. → iz h 75
Diepenbrock, W. Prof. Dr. → T 2 734
Diepgen, Eberhard → B 27, b 33, D 54, U 2 114, u 2 116, U 2 721
Dierbach, Doris → S 560
Diercks, Willy Dr. → u 960
Dierdorf, Bernhard → r 670
Dierichs, Karl-Hugo → S 1 371
Dierinckx, Victor → IZ F 1 014, IZ F 2 084
Dierker, Herbert Dr. → U 2 450
Dierkes, Heinrich → Q 245
von Dierkes, Peter Dr. → d 139
v. Dierkes, Peter Dr. → D 202
von Dierkes, Peter Dr. → T 2 440
Dierks, Andreas → U 1 614
– Ch., PD Dr. iur. Dr. med. → T 3 354
– Peter, Dr. → S 265
Dierschke, Hartmut Prof. Dr. → T 2 658
– Wolfgang, Dipl.-Phys. → B 423
Dierßen, Klaus Prof. Dr. → T 907
Diescher, Reinhard → g 272
Diessner, Kirsten → IZ G 182
Dietel, Helfried → G 483
– Klaus-Günter, Dr. → N 105, T 1 351
Dieter, Gerhard Dr. med. → s 157
– Hans-Heinrich → A 21
Dieterich → B 746
Dieterle, Eugen → Q 397
Dieth, Helmut → H 236
Dietl, Markus → u 2 226
Dietrich, Christiane → u 1 533
– Ewald → U 2 060
– Franz, Dipl.-Kfm. → t 1 634
– Friedhelm → k 145
– Georg → E 14
– Gert → A 21
– Gisela → Q 645
– Hartmut, Dr. → T 823
– Heinz → q 566
– Jean Louis → E 458, U 28
– Jürgen → Q 560, q 571, iz f 154
– Jürgen, Dr. → Q 299
– Karl, Prof. → s 1 301
– Klaus → k 152
– Lars → U 1 476
– Manfred → Q 50
– Peter → M 212, m 213
– Ralf, Dr. → U 402
– Siegfried, Prof. Dr. → t 137
– Thorsten → T 3 675
– Uwe → U 329
Dietsch, Ulrich Dr. → E 580
Dietsche, Chris Dipl.-Pol. → U 1 163
– Götz → m 8
Dietz, Adolf Prof. Dr. Dr.h.c. → IZ U 592
– Heinrich → r 627
– Heinrich, Dr. Dr. → B 279
– Horst, Dr. → O 595
– Peter, Prof. Dr. → T 447
– Simone → IZ O 203
– Thoralf → T 630
– Werner → s 308
– Wolfgang → e 535
Dietze, Peter Prof. Dr. → T 1 953
– Rudolf F., Dr. → T 651
Dietzel, Fred Dr. → B 420
– Wilhelm → b 93
Dietzen, Armin → f 874, f 904, f 926, f 958, f 1 042, h 181, h 697, t 2 093
Dietzfelbinger, Stefan Dr. → e 169
Dietzsch, M. → Q 338
– Michael, Dr. → f 148
– Ulrich, Dr. → U 114, U 115
Diez Marijuan, A. → iz f 449, iz f 463
Diezel, Birgit → b 187
Diezmann, Udo Dipl.-Ing. → e 218
Digby, Gerald → iz f 2 072
Digel, Hans → F 17
– Helmut, Prof. Dr. → u 2 501, U 2 552
van Dijk, Gert → iz p 15
– Henk W. G. → IZ H 520
– Robert H. → IZ V 24
Dijkstal, Hans → iz u 452
Dijkstra, Jaap → iz u 336

– W.. → iz q 90
Dikant, Rastislav → iz u 252
Dilanas, Athanasios → c 170
de Dilectis, M. → iz f 459
Dill, C.-M. Dr. → T 4 039
– Claus-Michael, Dr. → K 1
– Gudrun → S 103, s 110
– Michael, Dr. → I 143
Dillenberg, Rainer → t 2 907, t 3 008, u 1 634
Diller, H. Prof. Dr. → T 2 320
– Karl → A 14
Dillitzer, Andrea Dipl.-Journ. → t 230
Dillmann, Claudia → O 178
– Horst → q 143
– Ulrich, Dr. → t 3 042
Dillon, Jim → iz u 39
Dils, O. → iz f 1 209
Dilschmann, Axel → k 151
Dißner, Harry → d 249
Dimanski, Hans-Michael Dr. → g 411
Dimitriu, Christian → IZ T 904
Dimitrov, Manol → n 215
Dimovski, Vlado Prof. → iz u 14
Dingeldein, Heinrich Prof. Dr. → T 606
Dinger, Hubert Dipl.-Volksw. → E 133, N 153
Dingermann, Theodor Prof. Dr. rer.nat. → T 1 323
Dingethal, Fritz Johann Dr. → t 2 087
Dinius, Gerhard Prof. Dr.-Ing. → t 1 499
Dinkel, Hans-Paul → G 447, g 448
Dinkelmeyer, Reinhard Dr. → u 2 930
Dinnendahl, Volker Prof. Dr. → S 382
Dinse, Jürgen → B 313
– O. → q 427
Dinter, Helmut → h 588
Dion, M. → iz q 149
de Dios, Lala → IZ F 1 573
Dióssy, László → iz u 64
Diouf, Jacques → IV 14
– Mbaye → iz v 6
von Dippel, Dietmar → H 8, H 9, R 76
Dippel, H. Dipl.-Vw. → T 3 903
Dippon, Hartmann → q 197
Dircks, André → iz i 168
Dirks, Bernd → q 728
– Burkhard, Dr.med. → s 203
– Hartmut → s 1 348
– Heinz-Martin → U 233
Dirksen, Hagen e. W. → c 495
Dirscherl, Klaus Prof. Dr. → T 645
Dirschka, Joachim → G 83
Dischamp, Philippe → IZ H 62
Dischinger, Karlhubert → E 14
– Rolf → m 17
Dissen, Brunhilde → R 540, iz r 292
Disson, Gregor → f 171, r 71
Distelrath, Gerd → e 181
– Günter → I 65
Distl, O. Prof. Dr. → T 3 506
Distler, Klaus Dipl.-Ing. → T 3 926
D'Istria, Michel → iz s 673
Ditscheid, Hans Bernd → G 159
Ditt, Egon → u 2 515
Dittko, Klaus → b 30
Dittmann → u 1 648
– Andreas, Dr. → T 1 121
– Gerd → g 253
– Heinrich → u 811
– Karl-Martin → u 2 511
– Manfred → u 2 188
– Marlen → t 1 877
– Matthias → U 1 639
– Rüdiger → r 652
– Siegward → u 2 440
– Uwe, Prof. → t 1 657
– Werner, Prof. Dr. → S 173
Dittmar, Günter Prof. Dr.-Ing. → t 1 392
– Harald → F 223, iz f 858
– Jürgen → s 1 274
– Rolf → R 581
– Rolf, Dr. → E 418
Dittmer, Klaus → g 589
– Maritha → N 183
Dittner, Jürgen → N 60
Dittrich, Andrea Dr. → S 1 551
– Claus → g 261
– Claus, Dr. → T 1 161
– Dr. → T 1 162
– G., Dr. → t 332
– Gerhard → I 125
– Hartmut, Dr. → F 1 045
– Holger → N 186
– Johannes → N 181
– Jürgen → u 1 838
– Klaus → k 80
– Klaus-Steffen, Dr. → T 1 918
– Rolf → U 805
– Siegfried, Dipl.-Ing. → s 1 107
– Wolfgang, Dr. → R 481

Diwell, Margret → B 862, S 561
Diwinski, Manfred → N 190
Dix, Alexander Dr. → B 344
– Oliver → U 968, u 1 000
Dixit, Avinash Prof. → IZ T 572
Djafari, Nasser → t 2 966
Djakowytsch, Myroslawa → c 515
Djarman, Jón → IZ U 211
Djuric, Milenko → iz s 292
Dladla, Yvonne Dr. → iz u 19
Dlhopolcek, J. → iz f 125
Dlouhy, Walter Dr. → N 192
Dmoch, Walter Dr. → T 3 386
Dobbeck, Otto D. → U 768
Dobbelaere, Dirk → IZ F 2 292
Dobbelstein, Niels-Georg Dr. → M 79
Dobberthien, Marliese Dr. → u 1 149
Dobbratz, Klaus-Joachim → s 1 389
Doberenz, Wolfgang → t 2 905
Dobler, Fritz → O 65
– K., Dr.-Ing. → T 1 838
Dobner, T. Dr. → iz l 13
Dobosz, E. → iz q 154
– Ervio → IZ Q 144
Dobrat, W. Dr. → IZ T 299
Dobson, I. Dr. → IZ F 2 140
– Keith → E 478
Dock, Holger → iz s 35, IZ T 612
Dockhorn, W. → B 776
Dockter, Gerd Prof. Dr. med. → T 3 219
Docopoulos, Dimitri → iz f 2 329
Dodd, Barton → IZ T 104
Dodds, Imelda → IZ R 273
Döbrich, Peter → T 394
Doege, Eckart Prof. Dr.-Ing. → T 1 926, t 2 034
Döge, Heimo-Jürgen → k 102, k 120, k 250, k 337
Doege, Wolfgang → t 2 898
Döhle, Berend Dipl.-Ing. → t 1 849
Doehler, Christian → e 507
Döhler, Heinz Bau.-Ing. agr. → s 842
– Jens → B 448
Doehler, Marta → iz s 437
– Marta, Dr.-Ing. → S 1 106
– Olaf, Dipl.-Ing. → S 803
Döhler, Udo → c 65
Döhne, Andreas → T 2 913
Döhr, Gerhard → i 54
Döhring, Bärbel → S 738
Doehring, Carl → T 2 207, T 2 208
Döhring, Karl-Josef → s 1 332
– Rolf-Karl, Dipl.-Kfm. → f 752, f 753
Döler, Linda → T 2 358
Dölitzsch, Burckhard → e 526
Döll, Edgar → t 3 041
– Heinz → o 422
Dölle → A 21
Döllekes, Hans-Peter Dr. → R 201
Dölling, Claus → f 410
– Dieter, Prof. Dr. → s 578
Döllinger, Walter Dr. → A 29
Doellken, Julia → u 2 223
Döllmann, Jürgen → T 3 954
Döllner, Josef → E 579
Dönitz, Hans → O 57
Dönmez, Erol → iz h 471
– Mehmet → c 1 333
Dönnhoff, Helmut → Q 300
Döpel, Gerhard → t 4 123
Doepelheuer, Frank → r 23
Döpfer, Reinhard → U 43
Doepke, Gregor → K 198
Doepner, Gerd M. → E 308
Döpp, Hansjörg Dr. jur. → r 10, r 111
– Siegmar, Prof. Dr. → T 3 711
Döppenschmitt, Silvia → r 566
Dörfer, Joachim Dr. → T 2 581
Dörfler, Peter → U 405
– Reinhard, Dr. → E 41, E 47, E 239, I 37
Doerflinger, Oscar → iz a 32
Dörflinger, Rolf → r 783
– Werner → E 725
Dörge, Jürgen → K 316
Dörig, Walter Dr. → U 2 200
Döring, A. → IZ T 1 267
– Beate, Dipl.-Ing. → S 877
– Christina → A 348
– Claus → I 143
– Diether, Prof. Dr. → T 2 203, T 3 767
– Günther → H 276
– Martin → t 877
– Ulrike → U 1 247
Doering, Uwe → a 76
Döring, Uwe → b 178
– Walter, Dr. A 39, b 10, n 65, u 2 201
Dörner, Dietrich Dr. h.c. → E 31
– Otto → F 992
Dörper-Link, Rita → k 423

Dörr, Bettina Dr. oec. troph. → T 3 313
- Christian, Dr.med. → s 129
- Daniel → u 1 536
Doerr, H. W. Prof. Dr. med. → T 2 784
Dörr, Ingo → k 74
- Joachim W. → u 806
- Karl Werner, Dipl.-Ing. → U 557
- Michael → R 830
- Paul → S 76
Doerr, Thomas → U 2 030
Dörr, Werner → T 565
- Wilfried → P 61
Dörrenbächer, Christoph → T 2 332
- Heike, Dr. → E 577
Dörrhöfer-Tucholski, Heide → T 3 951
Dörrich, Hans-Jürgen → T 2 060
Dörrie, Klaus Dipl.-Sozialw. → U 1 041
Doescher-Holste, Insa → I 142
Dötenbier, Gunther → g 225
Doetsch, Michael → t 936
Dött, Marie-Luise → R 238
Dötterer, Wolf-Dieter → IZ U 90
Doetz, Jürgen → O 406
Doggwiler, Peter → IZ N 43
Doherr, D. Prof. Dr. → T 1 126
- Detlev, Prof. Dr. → t 1 505
Dohm, Josef → E 553
- Peter, Prof. Dr. → t 1 662
- Peter-Jochen, Dipl.-Volksw. → e 227, e 228
Dohmen, Arndt Dr. med. → T 2 848
Dohmes, Johannes → C 601
- M. Johannes, Dr. → IZ B 256
Dohms, Joachim → E 39
- Norbert, Dipl.-Geogr. → T 432
- Udo → G 99
Dohn, Bernd → N 28
- Hanno, Dr. → U 2 608, u 2 617
Dohna, Ilse → U 1 865
Gräfin zu Dohna-Lauck, Uta Dr. → T 445
Dohr, Walter → g 150
Dohrmann, Bernd → N 287
Doko, Blaz → n 234
Dokter, Andrea → U 1 272
Doktor, Norbert → T 595
Dolcetta, Giovanni → IZ F 2 416
Dold, Edelbert Dipl.-Ing. (FH), Betriebswirt (VWA) Dr. → E 179
Doldi, Hans → N 283
Doldinger, Dorothea Dr.med. → T 2 765
Dolenc, D. → iz t 400
Dolezych, Udo Dipl.-Kfm. → E 148
Doll, Bernd → d 3
- Diethelm → E 716
- Herbert → O 587
Doll-Tepper, Gudrun Prof. Dr. → IZ T 839
von der Dollen, Busso Dr. → Q 621
Dollhopf, Rüdiger → r 64
Dollinger, Marianne → s 640
- Wolfgang → U 1 094
Dolors, Renau → IZ U 180
Dolzer, R. Prof.Dr.Dr. → T 3 607
Domanski, Frank → T 683
Domany, Christian Mag. → iz e 21, iz g 49
Dombek, Bernhard Dr. → S 480
- Irene → U 502
Domberger, Carl → m 84
von Dombois, Gabriele → u 1 312
Dombrowski, Harald Dr. → E 93
- Waldemar → R 622
Dombrowsky, Herbert → k 238
Domcek, Robert Ing. → iz m 100
Domdey, K.-H. Prof. Dr. habil. Dr. sc. → t 2 271
Domes, Stefan → IZ T 910
Dominguez, Maria Teresa → iz l 41
Dominiak, P. Prof. Dr.med → T 3 326
Dominicé, Christian → IZ T 847
Dominik, Wulf → M 211
Domiter, Kristijan Dr. → R 900
Domizlaff, Georg C. → F 1, F 23, F 1 052
Domke, Martin → t 3 179
Domkowski, Hubert Dr.-Ing. → F 510
de Dommartin, Alain → IZ T 437
Dommermuth, Horst Dipl.-Volksw. → E 42
Domrös, Michael → k 176, k 195
Domsch, Andreas Dr. → T 993
Domschitz, M. → iz f 2 543
Domschke, W. Prof. Dr. → T 3 429
Domurath, Jörg → u 1 958
Don, Bert → iz t 671
Donaldson, Robert → iz f 509
- Simon K. → IZ T 161
Donat, Sven → u 2 150
Donath, Imrich Dipl.-Kfm. → E 710
- Joachim, Dipl.-Kfm. Dr.rer.pol. → F 86
- Joachim, Dr. → O 621, T 2 209
Donckels, Rik Prof. → IZ L 45
Donders, A. P. P. → iz f 263
Dong Li, Zhan → iz h 501

Donges, Juergen Prof. Dr. → t 2 289
- Juergen B., Prof. Dr. → T 2 181
Donhauser, Klaus Peter Dipl.-Ing. → E 64
- Walter, Dipl.-Kfm. Dr. → S 278
Doni, Barbara → u 826
- Wilhelm, Dr. → M 227
Donkin, T.P.T. → IZ H 494
Donks, Bertos → IZ H 537
Donnan, A. → IZ F 178
- Tony → iz h 464
Donndorf, Reiner Dipl.-Ing.agr. → q 27, T 3 501
Donner, Andreas Dr. → s 183
- Hartwig, Prof. Dr. → T 594
- Wolfgang T., Dr. → T 2 835
Donoghue, G. → iz f 1 610
Donzeaud, Alain → iz s 250
Dooley, Len → IZ T 901
Doorley, James → iz u 240
Doorn, Bernhard → h 343
Doornbos, Gerard → IZ Q 103
- Gerard J. → iz q 24
Doose, Hans-Jürgen → r 920
Dopatka → A 18
- Fritz → b 31
Dopfer, Monika → u 2 135
Doppler, Claus W. Dipl.-Ing. → t 354
- Hartmut → U 2 823, u 2 834
- Otto → s 1 539
Dorado González, M. → IZ T 300
Dorasil → A 31
Dorbritz, Jürgen Dr. → T 3 584
Dorenburg, Jürgen → E 151
d'Orey Pinheiro, Jorge → iz h 432
Dorff, Robert Dipl.-Ing. → S 952
Dorfmeier, Jürgen → c 383
Dorgerloh, Stephan → s 773
Dorigoni, Günter Dipl.-Betriebsw. → E 82
Dorka, Marco → N 152
Dorken, A.J. → iz f 669, iz f 2 247
Dormoy, Elodie → IZ F 882
Dorn, Anton Magnus Dr. → T 3 922
- Axel → I 88
- Irene → s 473
- Karl-Heinz, Dr. → F 216
- Lienhard → u 503
- Marie-Thérèse → U 1 603
- Michael → E 206
- Rüdiger → u 836
Dornburg, Annette → t 2 817
Dornbusch, Adalbert → R 698
- Detlev, Dipl.-Ing. → T 1 292
- Gisela → U 221
- Hans → E 112
Dornellas, José → iz f 1 350
Dorner, Siegfried → S 737
Dornhaus, Ralf Dr. → T 260
Dornhof, Walter → R 166
Dornquast, Volker → d 47
Dornscheidt, Werner M. → O 624
Dornseifer, Berndfried → h 397, p 8
- Rainer → z 257
Dornwell, Ulrike Dr. → Q 330
Doron, Gideon → IZ T 193
Dorrer, Jürgen → u 928
Dorresteijn, G. J. M. → IZ F 2 393
Dorsch, Manfred Prof. Dipl.-Ing. → t 1 538
- Horst → IZ U 184, iz u 186
Dorschel, Dr. → T 1 270
Dorschner, Franz → h 568
Dorsel, Wolfgang → T 846
van Dorst, Frits Dr. → iz o 143
Dorst, Harry Dr. → T 3 071
Dorstewitz, Ulf-Ekhard Dr.-Ing. → t 2 089
Dortans, Peter → T 1 859
- Peter, Dipl.-Kfm. → t 1 225
Dos Santos, C. → iz t 510
Dosch, Alfred Dipl.-Betriebsw. → E 26
- Helmut, Prof. Dr. → t 137
- Kai-Uwe → U 1 872
- Klaus, Dipl.-Ing. → U 35
- Thomas → Q 182
Dose, Ralf → T 3 245
- Volker, Prof. Dr. Dr. h.c. → t 156
Doss, Hansjürgen → r 252
Dossche, R. → iz f 208
Dossett → iz f 229
Dossi, Ugo → U 2 374
Dossmann, Martin Dr. → f 81, r 45
Dost, Wolfgang Dr. → U 3 034
Doster, Alfred → R 844
Doswald-Beck, Louise → IZ T 869
Dotan, A. → iz f 586
Dothey, Michel → IZ F 1 935
Dottermusch, Horst → g 530
Dotto, Daniele → iz a 35
Doucet, G.-W. → IZ L 142
Dougal, Jim → iz a 58
Dougan, Carlyle → C 1 276

Douglas, Gustaf → iz e 24
- Ingmar → K 45
- Stephanie → s 404
Doukouré, Abraham → C 829
Dourcy, Jean-Louis → iz f 43
Dourlent, M. → IZ S 395
Dousset, Clément → IZ T 307
Doux, Ch. → IZ H 327
Doval, Enrique → iz g 142
Dové, Hans-Jürg → c 1 224
Dovidat, Wolfgang → U 769
Dovniković, Vesna → IZ O 32
Dowdeswell, T.R. → iz f 214
Dowling, J. Michael → IZ U 116
Dowman, Ian Prof. → IZ T 294
Down, M. → IZ F 718
Downes, Harry → IZ T 264
Doyle, F. → iz q 153
- Mary → iz u 191
- Peter → iz a 47
- Sean → iz a 124
- Susan → iz f 399
Draaf, Wolfgang Dipl.-Ing. → m 34, M 36
Drab, Joachim → A 306
- Jochaim → A 306
Drabant-Schwalbach, Astrid → S 738
Drabek, Michael Dr. → iz h 461
Drabner → B 237
- Bernhard → B 409
- Martina → N 62
Dräger, Christian Dr. → E 229, T 839
- Klaus → IZ F 612
- Rudi → f 796
Draf, Dieter → D 163
Draganescu, Ovidiu → iz u 454
Draganis, Stephan → U 2 047
Dragomir, Johannes G. Dipl.-Ing. → S 1 106
Dragunn, Werner Dr. → T 2 303, t 2 304, t 2 305
Drake, Peter S.F. → c 195
Drakeford, David → IZ A 189
Draken, Wolfgang → R 767
- Wolfgang, Dipl.-Ing. → r 774
Dranackova, Daniela → iz u 642
Dransfeld, M. → E 295
Draxler, Helmut Dr. → iz m 23
Dreber, Marie-Luise → U 1 400
Drechsler, Wolfgang M. → R 207
Drees → A 14
- Andreas, Dr.-Ing. → S 1 019
- Jürgen → M 78
Dreesen, Fritz Georg → E 146
Drefahl, Udo Dr. → d 24
Dreger, Gerhard Dr.-Ing. → T 2 142
Dregger, Alfred Dr. → U 2 114
Dreher, Johann Georg → C 95
- Peter, Dr. → Q 342
- Sibylle → U 1 031
- Steffen → T 3 313
- Sybille → U 968
Dreibus, Heinz → d 27
Dreier, Hardy Dr. → T 1 957
Dreier, Rudolf-Werner → T 492
Dreier, Thomas Prof. Dr. → IZ U 592
- Wolfram, Dipl.-Wirtsch.-Ing. (FH) → t 1 665
Dreihaupt, Frank Dr. → S 269
Dreimann, Albrecht → k 101, k 119, k 249, k 336
Dreisbach, Dipl.-Ing. → B 445
- Fred → h 663
Dreisbusch, Gabriele Dr. → g 477
- Thomas → H 133
Dreise, Klaus → b 537
Dreisigacker, Ernst Dr. → T 787
Dreismann, Jörg → O 149
Dreiss, Uwe Dipl.-Ing. M.Sc. Prof. Dr.jur. → S 574
Dreixler, Jochen → u 2 218
Drensek, Jürgen → S 1 370
Dresbach, Doris → e 9
Drescher, Burkhard → D 111
- Christoph → E 2
- Gerhard → E 40
Dreschers, Volker → f 797
Dreschler-Fischer, Leonie Prof. Dr. → T 1 358
Dresen, Hans-Ludwig → M 226
- Micaela → S 615
Drespa, Peter → O 542
Dress, Thomas Dr. → A 174
Dressel, Bernd Prof. Dr.-Ing. habil. → s 991
- Bertram, Dr. → U 103, U 193
- Carl Christian → U 3 081
- Heinz, Dr.-Ing. → s 1 015
Dressino, Hildegard → s 371
Dressler, Hans Thomas → r 856
Dreßler, Jutta → r 924
Dressler, Markus → U 22
Dreßler, Rudolf → C 224

Drettas, Gr. → iz s 514
de Dreu, C.M. → iz t 428
Dreuillet, A. → IZ F 466, iz f 472
Dreuw, Wilhelm → g 648
Drevermann, Rainer → R 535
Drewes, Achim → E 179
- Jürgen → E 139, E 239
- Robert O. → c 1 116
- Sabine → D 259
Drewitz, Dieter Dr. → O 361
Drewniok, Jochen Dipl.-Kfm. → F 836, U 615
Drewry, Mike → IZ U 140
Drews, Hans-Jürgen Dr. → E 45
- Holger → b 47
- Jan → b 48
- Michael Thimo → c 1 189
- Paul → E 129
Drexel, Edgar → H 793
Drexelius, G. Dr. → A 170
Drexhage, Wolfram Dipl.-Kfm. → U 2 096
Drexler, Andreas → T 1 271
- Ingrid → S 176
- Wolfgang → u 2 252
Dreyer, Boris Dr. des. → T 3 711
- Günter, Dr. phil. → a 127
- Joachim, Dr. → T 1 345
- Karl-Joachim, Dr. → E 2
- Karl-Joachim, Dr.jur. → E 82, I 63, u 729
- Lydia → r 411
- Paul Uwe, Prof. Dr. h.c. → T 682
- Torsten → t 3 082
- W. → Q 655
Dreyer-Eimbcke, Oswald → c 871, E 488
Dreyling, Georg → A 208
Driesen, Christiane-J. Dr. → S 1 399
Driessen, Peter Dipl.-Volksw. → E 47
Driftmann, Hans-Heinrich Dr. → c 1 380
- Hans Heinrich, Prof. Dr. → E 225, f 15, r 6
Drikos, George → iz g 39
Drimal, K. → iz g 102
- Karl → iz f 1 790
Drings, P. Prof. Dr. → T 3 342
Dris, Georgios → iz b 104
Drissler, Hans Joachim → E 545
Drkosch, Max → f 193
Drnovsek, Janez → iz u 455
Drochner, Doris → U 281
Drochter, Karl → iz r 192
Dröge, Jürgen → C 256
- Karl-Heinz, Prof. Dipl.-Ing. → t 1 605
Drömer, Peter → H 635
Drönner, Renate → s 445, t 2 854
Drößler, Stefan → U 3 117
Droh, Roland Dr. → IZ T 822
Drohsel, Petra Dr. → A 25
Droiskis, Aivars → iz t 935
Drory, Israel → iz s 391
Droschek, Peter → O 288
Droß, Michael Dipl.-Geogr. → s 1 460
Drossard, Klaus → e 245
Drossou, Georgia → a 37
Droste, Günter Dipl.-Betr. → N 153
Droth, Markus → u 807
Drouin, Klaus → g 515
Droulans, Claude → IZ H 376
Drozd, Fredy → b 104
Drschka, Christian → S 475
Drube, Volker Dipl.-Ing. → T 1 988, T 1 995
Drubig, Roland Dr. → T 2 437, U 2 052, U 2 078
Drucy, C. → iz u 221
Drücke, Manfred Dr. → T 2 879
Drücker, Ansgar → U 1 504
Drüg, Dieter → s 939
Drünkler, Heinrich → H 272
Druey, Marcel → n 244
Drumm, Joachim Dr. → T 3 953
Drummond, John → IZ O 10
Druschke, Max Axel Georg → c 392
- W. → IZ F 1 173
Drust, Peter → F 68
Druwe, Georg Dipl.-Betriebsw. → E 117
Druxes, Herbert Prof. Dr. → T 600
Dryden, W.-A. Dr. → s 224
Drygala, Wilfried → m 22, m 87, M 148
Drzisga, Thomas Dr. → a 80, u 2 248
Dschumagulow, Apas Dr. → C 929
D'Souza, A. → e 282
Du Tre, D. → iz f 208
Du Tré, D. → iz f 1 473
Duarte, Hilário Reis → iz m 96
Dubbers, Annette → s 873
Dubbers-Albrecht, Rita → c 720
Dubie, J. L. → iz g 93
Dubiel, Uwe → s 1 499
Dubigh, Danielle → IZ T 916
Dubois, Jean → IZ U 676, iz u 678
- Laurent → iz o 60
- Thierry → IZ S 647

Duboux, Monique → iz f 167
Dubroeucq, Paul-François → iz i 172
Dubsky, Peter Mag. → IZ T 889
Dubuis von der Weid, S. → iz s 51
Ducarme, Daniel → iz u 435
Duchatean, Theo → IZ O 212
Duchateau, Stefan → iz i 90
Duchenne, Odile → iz f 2 027
Duchowska, Ewa → n 258
Ducke, Karl-Heinz Dr. → T 818
Ducklau, Dr. → A 31
Duckwitz, Edmund Dr. → C 522
Ducroquet, D. → iz q 82
Duczynski, Martin → c 457
Dudda, Sabine Dipl.-Ing. → S 268
Dude, Dietmar → u 2 613
– Eva → E 108
Duden, Barbara → d 246
Dudenhausen, J. W. Prof. Dr.med. → T 3 464
– Wolf-Dieter, Dr. → A 29
Dudziak, A. → U 2 556
– Reiner, Prof. Dr.-Ing. → T 432
Dübbert, Peter Dipl.-Ing. → S 952, S 1 019
– Rolf → k 84
Dückers, Alexander → S 22
Dückert, Thea → A 40
Düdden, Dietmar Dr. rer.pol. → U 368
Dühr, Daniela → U 27
Dülk, Horst → h 216
Düll, Peter Dipl.-Ing. → T 930
Düllberg, Manfred → f 190
Dümler, Bärbel → E 387
Dünisch, Ruth → H 683
Dünkel, Frieder Prof. Dr. → s 582
Dünkelmann, Joachim → H 439
Dünnebier, Anna → s 1 249
– Michael, Dr. → U 3 045
Dünnhaupt, Klaus → U 2 050
Dünninger, Eberhard Prof. Dr. → U 3 085
Dünow, Günter → B 757
Dürbaum, H.-J. Prof. Dr. → T 2 694
Dürbeck, Karl Dipl.-Kfm. → H 2
Duerbeck, Matthias → M 250
Düren, Friedrich → F 785
Düringer, Hermann Dr. → s 759
Dürk, Bernhard → m 65
Dürkop, Marlis Prof. Dr. → b 66, b 80
Dürr, Axel Dipl.-Ing. → s 882
– Birgit → s 884
– Hans-Peter, Prof. Dr. → S 1 116
– Heinz, Dr. → T 819
– Heinz, Dr.-Ing.E.h. → M 13
– Josef, Dr. → a 42
– Klaus Günther, Dr. → S 316
– Rolf → S 1 397
– Volker, Dipl.-Ing. → U 365, U 990
– Walter → F 512
Dürr-Pucher, Jörg → Q 611
Dürre, Reiner → u 461
Düshop, Lutz → H 118, H 135, H 282, S 1 517
Düsing, Lutz-Rainer → B 327
Düssel, Mirko → T 3 768
Düsterhöft, Frank → S 950
– Marianne → n 44
Düsterloh, Helmut G. → T 4 140
Dütemeyer, Gunter → M 225, R 163, R 164
– Minita → S 1 261
Dützmann, Klaus → U 137
Düvel, Hasso → r 356
Düver, Wolfgang → U 2 559
Dufek, Milan Dr. → c 1 319
Duffour, Michel → iz b 83
Duffy, David → iz t 593
Dufour, Jacques → iz f 426, IZ F 1 765
Dufrene, Barbara Dr. → IZ F 1 052, IZ F 1 108, IZ F 2 483, iz f 2 485, IZ F 2 531
Dugall, Berndt → T 483
Dugert → IZ F 2 137
Duggal, V. K. → E 481
Duggen, Finn Dipl.-Betr. → U 206
Duhr, Axel → N 283
Duif, Frank Dipl.-Ing. → g 176
Duijm, Jan → iz t 665
Duijzer, Dirk → iz q 24
van Duinen, Reinder Dr. → IZ T 36
Duisenberg, Willem Frederik Dr. → IZ I 5
Dukan, Petar Dr. → iz s 506
Duke-Evans, D. → IZ T 2 599
Duker, J. P. → iz f 120
Dulger, Viktor Prof. Dr. h.c. → T 1 901
– Viktor, Prof.Dr.h.c. → c 1 024
Dulleck, Diethard Dipl.-Volksw. → E 44
Dullinger, Florian Dipl.-Kfm. → T 2 525
Dullo, Wolf-Christian Prof. Dr. → T 379
Dumke, Horst → IZ A 192
Dummel, Klaus Dr. → T 2 715
Dummer, Kurt → O 412

Dumon, Detlef → IZ T 839
Dumstorf, Hermann Dr. → P 4, Q 332
Dunai, Peter → iz e 38
Dunavölgyi, Mária → iz i 188
Duncan, William R. → IZ T 265
Duncker, Stefanie → U 3 023
Dunemann, L. Prof. Dr. → B 605
Dunger-Löper, Hella → T 412
Dunin von Przychowski, Annette → s 343
Dunke, Barbara → s 344
Dunkel, Gunter Dr. → E 239, I 22
– Klaus → B 575
Dunkelberg, Hartmut Prof. Dr. → T 3 325
Dunkelmann, Dieter → N 142
Dunker, Klaus Prof. → K 290
Dunnzlaff → A 31
Duperray, René → IZ S 210
Dupin, D. → iz f 441, iz f 453
Dupont, James → iz s 215
– Werner, Dr. → F 688
Dupp, Peter → O 288
Duppel → A 8
Duppré, Hans Jörg → d 27
Dupré, Frank Dipl.-Kfm. → g 192
Duque, José Fernando Jorge Coronel → iz b 215
de Duque, Lucella Osman → c 936
Duquesne, Antoine → iz b 25
Durán de Jager, Patricia → iz w 29
Durant, Isabelle → iz b 35
Durante, Raffaele Dr. → E 289
Durantez, Conrado → IZ U 581
Duranti, Gianfranco → c 230
Durbing, Tom → U 598
Durcan, M. → iz s 198
Durchholz, Heinrich → k 391
Durdel, Arnold → a 523
Durdu, Halis → R 537
Durmann, Christian Dipl.-Kfm. → M 144
Durmic, Selim → iz s 228
Durner, Heinz → R 660, r 839
Durnwalder, Josef → E 109
Durré, A. → iz t 575
Durret, L.F. → IZ T 238
Durris, J. P. → iz f 471, iz f 472
Durst, Rainer → O 707
– Rolf → O 707
Durukan, Irene → u 1 219
Dury, Walter → B 808
Duschek, Sigurd → s 139
Duschner, Josef → T 402
Dusman, A. → iz s 479
Dussenne, Michel → IZ R 27, iz r 30, iz r 31
Dusson, Michel → IZ U 557
Dutiné, Gottfried H. Dr. → M 13
Dutruc-Rosset, Georges → IZ W 35
Dutschke, Dieter Dipl.-Ing. → B 260
Duttenhofer, Edgar Dipl.-Kfm. → E 65
Duursema, Eiko Jan → iz f 20
Duus, Anke → t 3 242
Duval, O. → IZ F 629
Duvergé, François → iz e 10
Duvigneaud, P.H. Prof. → IZ F 336
Dwarak, Bernhard → iz h 233, iz h 234, iz h 251, iz h 252
Dworek, Günter → U 1 608
Dyck, Joachim Prof. Dr. → o 5
Van Dycke, Michel → iz t 747
Dyckerhoff-Koriller, Kristina → U 2 608
van Dyk, Elmar → u 925
Dyllick-Brenzinger, Helmut W. Dipl.rer.pol. → c 997
Dyniak, Kasia → IZ U 206
Dziallas, Joachim W. Dipl.-Ing. → E 16
Dziallas, Joachim W. Dipl.-Ing. → f 769
Dziellak, Dieter → u 961
Dzienian-Barta, Martina Dipl.-Ing. agr. → t 873
Dzionara, Andreas → E 38
Dzudzek, Jürgen → k 230
Dzulko, Stephan → U 1 998
Dzwonnek, Manfred → O 444

E

Earl, Roger → iz f 18
Earnshaw, Malcolm → iz o 167
East, Michael G. → c 192
Easton, James L. → IZ U 493
Ebach, Frank Dr. med. → s 133
Ebberink, Johannes Prof. Dr.-Ing. → t 1 805
Ebbert, Birgit Dr. → U 1 561
Ebbertz, Lothar Dr. → f 146
Ebbinghaus, Thomas Dipl.-Kfm. → S 1 521
– Walter, Dr. → c 912
Ebbink, Jan → IZ G 168
Ebbrecht, Günter Prof.Dr. → s 765

– Peter → r 312
Ebel, Frank → b 34, IZ O 15
– Rudolf → s 1 442
Ebel-Waldmann, Markus W. Dr. → s 1 537
Ebeling, Holger → U 850
– Klaus → g 199
– Rolf → U 2 450
– Udo → k 396, k 405
Ebeoglou, N. → iz t 385
Eberenz, Theo → A 132
Eberhard, Marianne → S 1 320
– Max → h 797
– Petra → s 447, t 2 856
– Uwe, Dipl.-Ing. → s 1 034
Eberhardt, Albert Dipl.-Kfm. → G 119
– Gert → F 977
– Richard → M 126
– Stefanie → r 576
– Walfried → u 2 411
Eberl, Peter Dipl.-Kfm. → E 44
Eberle → A 21
– Angelo → T 2 178, iz f 1 745
– Carl-Eugen, Prof. Dr. → O 336
– Franz → G 105
– Gerd → E 16
– Gerhard, Dr. → R 829
– Harald → R 505, r 508
– Hermann → U 87
– Werner, Dipl.-Ing. → T 2 132
– Wilhelm, Dipl.-Ing. → h 55
Eberlein, Bernhard → U 733
– Michael, Dr.med. → T 2 761
Ebersbach, Gerhard Dr.-Ing. → t 384
Eberspächer, Jörg Prof. Dr.-Ing. → t 1 007, T 1 046
Eberstein, Karsten Dr. → F 482
Ebert, Achim Dipl.-Kfm. → T 755, T 2 787
– Bernd, Dr. → T 583
– Dieter → r 941
– Gert, Kaufm. → E 98
– H. G. → IZ T 538
– Hans-Joachim → h 519
– Hedwig → iz a 35
– Heinz → T 2 621
– Johannes → u 2 993
– Otto → E 220
– Reinhard → T 2 886
– Sigune → r 657
– Volkmar Prof., Dipl.-Ing. → T 2 523
Ebert-Schifferer, Sybille Prof. Dr. → t 102
Eberts, P. Gerhard → O 466
Eberwein, Bernd Dr. → F 224
Eble, Heinz → t 2 903
– Thomas → U 312
Ebling, Iris Dr. → A 372
Ebner, Axel → f 231
– Johannes, Dipl.-Ing. → T 1 843
– Lothar, Prof. Dr. rer. nat. → t 1 650
Ebnet, Otto Dr. → b 100
Ebrahimzadeh, Heide → T 4 002
Ebringer, L. Dr. → iz t 359
Ebster, K.-D. Dipl.-Chem. → t 1 300
Ecclestone, Eddi → IZ F 2 255
Eceterski, Anne → t 3 080
Echarri, Javier → IZ I 111
Echávarri, Luis Enrique → IZ W 4
Echensperger, Heimo → N 287
Echeruo, Emeka Patrick → C 1 099
Echterhoff, Uwe Dipl.-Ing. → t 221
– Wilfried, Prof. Dr.rer.nat. → T 3 664
Echtermeyer, Klaus → T 887
Eck, Andreas → I 129
– Bernadette → r 242
– Heinz → U 2 651
– Rudolf → E 151
– Wolf-Dieter, Dipl.-Ing. → u 906
– Wolfgang → E 64
Eckardt, Burkhard → g 650
– Harald, Dipl.-Ing. → t 1 703
– Malte → h 693
– Peter, Dr. → A 35
Eckart, Otto → c 828
Eckart-Bäcker, Ursula Prof. Dr. → O 144
Eckei, Wilhelm → y 62
Eckel, Heyo Prof. Dr. med. → s 31
Eckelmann, Gerd Dr. → E 2
– Gerd, Dr.-Ing. → E 110
Eckenberger, Dipl.-Ing. → B 371
– Klaus, Dipl.-Ing. → B 362
Ecker, Martin Egon → f 263
– Sabine Marie → s 488
– Ute, Dr. → T 861
Eckermann, Eckart → K 1
Eckern, Ulrich Prof. Dr. → T 405
Eckernkamp, Kurt Dr. → E 65
Eckersberg, Günter → g 604
Eckert, Albert → T 744

Fortsetzung nächste Spalte

Eckert (Fortsetzung)
– Franz → r 702
– Friedrich → h 436
– Gerhard H., Dipl.-Ing. → L 56
– Günter → g 693
– Hansjörg → n 67
– Klaus, Dr. → E 151
– Peter, Prof. Dr. med. → T 3 380
– Reinhard → U 1 752
– Roland → b 5
– Walter A. → N 201
– Werner → O 322
– Wolfgang, Dr. med. → s 146
Eckes, Matthias → E 100
Eckes-Chantré, Harald → F 474, iz f 1 326
Eckhardt → A 27
– Anja, Dr. → B 329
– Claude, Dr. → IZ U 568
– Dr. → A 14
– Hans-Peter, Dipl.-oec. → g 551
– Reué → IZ R 9
Eckhoff, Jens → A 56
– Johann, Prof. Dr. → T 2 269
– Rudolf → U 2 450
Eckinger, Ludwig Dr. → R 713
Eckl, Klaus → R 577
Eckle, Barbara → U 2 450
Ecklebe, Dietrich → u 2 675
Eckler, Paul → C 671
Eckrodt, Rolf → M 13
Eckstädt, Hartmut Dr.-Ing. habil. → t 1 690
Eckstein, D. Prof. Dr. → A 150
– Hans-Dieter → T 753
Eckstein jr., Heinrich Dipl.-Kfm. → O 704
Eckstein, Joachim → U 634, IZ F 2 084, IZ F 2 101
– Josef, Prof. Dr. → T 650
– R., Prof. Dr. → T 3 424
– Rudolf → b 880
– Werner E., Prof. Dr. → T 3 673
– Wilfried → u 2 973
– Wolfram, Dr. → O 703
Economopoulos, J. S. → iz f 370
– Vassilis → s 454
Economou, Panayotis → iz u 606
Eddie, Euan → iz u 190
Eddington, Rod → iz f 2 110
Edel, Reinhard → U 331
Edelbauer, Josef → g 34
Edelmann, Christian Prof. Dr. rer. nat. habil → t 1 485
– Günter, Dipl.-Kfm. → f 539
– Oskar → E 101
– Peter → o 228
Edelmann-Mohr, Christiane → N 96
Eden, Haro Dr. → E 24
Edener, Birgit → E 374, E 741
– Birgit, Dipl.-Volksw. → e 83
Edenhofer, Bernd Dr. → T 1 156
Eder → A 379
– Franz Xaver, Dr.h.c. → u 2 368
– Friedbert, Dipl.-Volksw. → E 42
– Fritz → E 42
– Horst → t 3 079
– Jan → E 67
– Klaus → IZ O 100
– Norbert → T 889
– Rainer, Dipl.-Ing. → F 69, f 74, R 33, r 38
Eder ferrando, Haritz → IZ U 174
Ederle, Hans-Ulrich → f 824
Edinger, Engelbert Dipl.-Ing. → iz f 21
– Franz-Josef → H 633
– Peter → S 727
– Walter → IZ M 193
Edler, Claudia → R 583
– Kurt → u 2 103
Edlinger, Peter → i 55
Edmund, John → iz t 548
Edvinsson, Jan-Ake → IZ U 543
Edward, David Alexander Ogilvy → IZ A 219
Edwards, Jim Dr. → IZ T 840
– John → iz h 198
– Kenneth → IZ T 878
Edy, Richard → IZ F 1 763
Ee-Chooi, Theresa → IZ O 104
van Eeden, Christian → M 14
Eekhoff, Johann Prof. Dr. → t 2 289, T 3 612
Eenhoorn, Bas → iz u 452
Effing, Ulrich → O 470
Efremidis, Stavros → iz h 453
Egan, Gus → iz h 200
Egardt, Peter → iz e 24
Ege, Werner → R 577
Egeler, Roderich → A 250
Egelhof, Ludwig → T 1 976
Egelkraut, Herbert → b 473
Egener, Ludwig → F 395
Egenolf, Hans-Andreas Dr. → O 377
Egenter, Peter → E 68, E 74

Eger, Hanns-Peter → H 594
- Hans-Peter → u 513
Egerland, Klaus → f 556
Egert, Friedrich → u 2 831
Egerter, Wolfgang → U 2 821
Egg, Rudolf Prof. Dr. → T 2 450
Eggen, Peter → u 893
Eggengoor, Kerstin → U 239
Egger, Saskia → T 760
Eggerer, Reiner → U 1 811
Eggers, Christa → U 1 601
- Ernst → b 135
- Heinz → T 1 351
- Helmut, Prof. Dr. → E 702
- Helmut, Prof. Dr.-Ing. → T 2 697
- Horst → G 33
- Philipp → G 773
Eggert, Beate → R 398
- Conny, Dipl.-Ing. → u 511
- Jan, Dr. → IZ H 23
- Jan A. → H 39
- Lars → K 298
- Rolf, Prof. Dr. → A 39
- Rolf-Michael → s 520
- Ulrich, Dipl.-Kfm. → h 309
- Wolf Dieter → O 446
Eggertsson, Asgeir → E 490
Eggimann, F. Prof. Dr. → t 2 051
Eggler, Bernd → U 1 939
Eggs, Helmut → I 40, I 42
Eging, Wolfgang → f 266
Egli, Kurt → iz f 302, IZ F 644
Graf von und zu Eglöffstein, Albrecht Dr. → q 623
Egner, Dieter → u 2 801
- Harald, Dipl.-Ing. → B 317
Egtved, Bernd Dipl.-Volksw. → g 228, g 229
Eguchi, A. → IZ T 824
Ehing, Konrad → k 135
Ehinger, Bernd → g 272
Ehl, Bernhard Dipl.-Ing. (FH) → u 526
- Helmut → K 287
Ehle, Sigrid → s 93
Ehlen, Elke Dipl.-Kfm. → e 99
- Helmut → Q 3, q 232
Ehler, Christian Dr. → r 245
Ehlerding, Karl Hugo Ernst → c 932
Ehlers → A 14
- Anette → U 195
- Christian → N 1, N 57, O 117, iz n 5
- Manfred, Prof. Dr.-Ing. habil. → t 1 800
- Peter, Dr. → A 336
- Ulrich → o 253
Ehlert, Gerhard → g 645
- Kai → S 1 211
- Ulrike, Dr. → T 3 269
Ehling, Ludwig Dipl.-Ing. → S 1 106
Ehm, Harald Dipl. Geograph → D 210
Ehmann, Dr. → IZ F 1 436
- Wolfgang → E 262
Ehmcke, Torsten Prof. Dr. → B 676
Ehmke, Adelheid Dr. → T 686
Ehnert, Rolf Dr.-Ing. habil. → t 1 442
Ehni, Reinhard W. Dr. → C 220
Ehrat, Felix → IZ S 211
Ehrecke, Fritz → r 332
von Ehren, Lorenz → q 107
Ehrenberg, Christoph → T 639
- Hartwig → U 263
Ehrenboger, Hans → E 151
Ehrenhöfler, Eduard → c 372
Ehrentraut, Erik Dr. → f 537
Ehresmann, Dieter → h 686
Ehret, Jürgen → G 623, g 624
- Reiner → Q 351
Ehrfeld, Wolfgang Prof. Dr.-Ing. → f 676
Ehrhardt, Bernd Dr. → t 3 976
- Christiane, Dipl.-Ing. → S 1 001
- Dieter → e 126
- Irina, Dr. → A 29
- Jan, Dr. → O 60
- Ulrika → iz f 2 018
- Wilhelm → E 210
Ehrhardt-Rösser, Holger → T 3 479
Ehrhart, Niels → IZ F 1 600
Ehricht, Thomas → s 1 296
Ehricke, Hans-Heino Prof. Dr. → t 1 711
Ehrig, Dr. → A 14
Ehrl, Otmar Dipl.-Wirtsch.-Ing. → S 1 052
Ehrle, Michael Dr. → t 953
Ehrler, Ludwig Prof. → T 512
Ehrlich → B 415
- Irmgard → T 3 203
- Klaus → g 464, h 607
- Wolfhard → u 2 037
Ehrly, Ludwig → s 23
Ehrmann, Beate → o 154
Ehrnsperger → A 16
- Franz, Dr. → E 64

Ehrt, Ulrich → g 280
Ehses, Albrecht → h 215, h 218
Ehwald, Rudolf Prof. Dr. → T 927
Eibach, R. Dr. → q 207
Eibauer, Alois → F 454
Eiberle, Hans → s 1 382
Eibl, Albert → S 917
- Josef, Prof. Dr.-Ing. Dr.-Ing. E.h. → t 2 043
Eibner, Wolfgang Prof. Dr. → r 897
Eich, Albert Dipl.-Ing. → S 954
- Rolf-Achim, Dr. → f 730, r 68, r 154
Eichbauer, Fritz → g 171, g 172
von Eichborn, Wolfram → F 375
Eiche, Daniel Dipl.-Ing. (FH) → t 1 822
Eichel, Hans → A 14, I 35, I 143, U 2 251, u 2 258
Eichele, Gregor Prof. Dr. → t 113
- Herbert, Prof. Dr. → T 630
Eichelmann, Jürgen → k 370
Eichen, Jochen → M 13
- Michael → m 20, m 61, M 145
Eichenberg, Dieter → Q 203
Eichendorf, Walter Dr. → K 198
Eichenlaub, Helmut → N 137
Eicher, Hermann Dr. → O 322
- Jochen, Dr. → T 3 596
- Lawrence D. → IZ T 539
Eichert, Christof Dr. → T 952
- Jack → s 1 214, S 1 221, s 1 222, s 1 234
Eichhoff-Cyrus, Karin M. Dr. → T 3 752
Eichhorn → g 590, g 591, g 593, g 594, g 605
- Cornelia → A 332
- Georg → t 4 062
- Klaus-Joachim → T 2 344
- Lothar → B 317
- Maria → U 2 199
- Peter, Prof. Dr. Dr. h.c. → T 4 044
- Peter, Prof. Dr. → T 2 241
- Rainer → D 135
- Renate → t 3 088
- Sabine → F 405
- Ulrich → E 220
- Ulrich, Dr. → T 1 061
Eichhorst, Hanns Christhard → IZ U 683
Eichin, R. → T 2 651
Eichinger, Peter → S 296
Eichler, Andreas Dr. → U 2 450
- Bertin → R 355
- Gabriele → g 315
- Heinrich → I 136
- Karlheinz → c 1 196
- Torsten → a 90
- Volker, Dr. → B 635
- Wolfgang, Dr. → b 164
Eichler-Jorre de Saint Jorre, Maryse → C 448
Eichmann, Daniel → S 614
- Klaus, Prof. Dr. → t 125
- Ricardo, Prof. Dr. → a 120
Eichner, Harald Dipl.-Pol. → T 2 203
- Heinz → k 91
Eichner Lisboa, Sabine Dr. → f 28, F 379
Eichstädt, Dietmar Dr. → F 204, iz f 816
Eichstädt-Bohlig, Franziska → A 40
Eichsteller, Bernd → e 504
Eichwald, Berthold Dr. → I 25
Eick, Rolf → t 2 549
Eicke, Dieter → F 87
Eickelberg, Margret → U 1 209
Eicken, Horst → H 272
ten Eicken, Jörg → r 469, S 1 070
Eickenboom, Peter Dr. → A 35
Eicker, Gerd Dr. → T 3 960
- Stefan, Prof. Dr. → t 4 073
Eickhoff, Dieter → A 20
- Dirk → R 639, s 612
- Horst, Dipl.-Ing. → F 222, g 202
- Matthias, Prof. Dr. → T 1 901
- W., Dr. → iz f 1 029
- Walter → C 196
Eickholt, Rolf → T 2 759
Eickhorn, Gerhard → E 466, T 3 581, U 2 682, IZ U 624
Eickmeier, Ottmar → u 1 207
Eickstädt, Knut → K 32
Eid, Kurt → f 438
- Ursula, Dr. → T 729
- Uschi, Dr. → A 31, U 2 068
Eidson, Ute → u 2 807
Eidt, Johannes → e 528
Eierhoff, Klaus Dr. → T 756
Eifler, Gerhard → E 148
Eigen, Karl → q 21, T 2 742
- Manfred, Prof. Dr. → T 1 901
Eigenberger, Gerhart Prof. Dr.-Ing. → T 2
Eigenmann, Peter → g 700
Eihoff, Manfred → U 555, U 694
Eikermann, Helmut → S 1 262

Eikhoff, Jürgen Dipl.-Ing. → f 124, F 139
Eilebrecht, Gerhard → k 212
Eilenberger, Hans Günter → U 359
Eiler, Frank → o 574
- Klaus, Dr. → B 635
Eilers, Ralf → s 762
- Reimer, Dr. → s 1 245
- Renate → T 1 971
Eilertsen, Paul → iz h 511
Eilrich, Claus → R 355
- Marita → O 368, r 298
Eils, Hans-Georg Dr.-Ing. → t 945
- Roland, Dr. → t 1 706
Eimer, Gerhard → q 76
Eimertenbrink, Karl-Heinz → T 3 682
Einarsson, Einar J. → iz h 134
Einer, Günther → s 154
Einert, Ulf → q 95
Einhäupl, Karl Max Prof. Dr. → T 1
Einsele, Rolf W. Dipl.-Ing. → S 975, T 1 265
Einsiedler, Wolfgang → c 505
Eirich, Hubert Dipl.-Ing. → E 26
Eiriksson, Svanur → c 221
Eischen, N. → iz f 2 305
Eise, Bernd → T 2 573
Eisel, Paul → T 3 946
Eisele, Anton → r 590
- Günter → O 594
- Hans → S 738
- Willi → r 869
- Wolfgang, Prof. Dr. → t 4 050
Eiselt, Andreas → u 790
Eisenach, Siegbert → E 115
Eisenbach, C. D. Prof. Dr. → t 338, T 1 950
- Gerhard, Prof. Dr. → c 1 050
- Manfred R. → A 69
- Ulrich, Dr. → e 90
Eisenbart, Hanna → o 99
Eisenbarth, Hans-Gerd Dipl.-Ing. → S 954
- Karin → s 398
Eisenbeis, Horst Dipl.-Volkswirt, Dipl.-Wirtsch.-Ing. → F 1 017
- Martin → r 572
Eisenberg → iz f 235
- Gustavo → IZ F 222
Eisenblätter, Bernd Dr. → U 2 067
- Stefan, Dipl.-Oec. → S 1 001
Eisenburger, Peter → T 887
Eisenfeld, Peter → B 282
Eisenfeller, Wilfried → c 523
Eisenga, E. → IZ F 596
Eisenhardt, Erwin → U 1 872
v. Eisenhart Rothe, Christoph → q 522
Eisenhöfer, Ralf → r 653
Eisenlohr, Peter → f 171, f 215, r 71
- Uwe, Dr. → T 1 250
Eisenmann, Horst → U 1 910, u 1 915
Eisenmenger, W. Prof. Dr. → T 3 354
Eisenreich, Dirk Dipl.-Geogr. → s 1 485
Eisenschmidt, Imke → u 1 455
Eisentraut, Anette → E 74
Eisert, Armin → E 42
Eisinger, Bernd Prof. Dr. → t 1 535
Eißing, Gerhard → T 3 219
Eißler, Werner Prof. Dr.-Ing. → t 1 673
Eitel, Dieter → F 1 026
- Florian, Prof. Dr. → T 3 347
- Fritz → iz u 720
- Jürgen → r 72
- Ullrich → U 3 101
Eitelberg, Dr. → T 1 266
Eitenbenz, Helmut → c 1 378
Eitenbichler, Lucia → U 1 746
Eiteneier, Gerd → u 2 416
Eiteneyer, Helmut Dr. → T 1 866
Eith, Siegfried → u 2 545
Eitner, Eckhart → A 132
- Jochen → N 184
Eiwanger, Josef Dr.phil. → a 124
Ejvind Hansen, Hans → izi 169
Ekat, Sibylle → s 1 330
Ekelund, Tom → iz o 146, iz o 216
Eklund, Christer → iz m 86
Ekvall, Sonja → U 2 780
Ekwa bis Isal, R.F. Martin → IZ R 27, iz r 45
El-Beblawi, Hazem → IZ V 10
El Hadi, Widad Mustafa Dr. → IZ T 159
El Hayani, Mohamed → e 567
Elbe, Frank → C 395
Elberskirch, Dirk → I 100
Elberskirchen, Bernd → e 128
Elbracht, Dieter Prof. Dr.-Ing. → t 1 196
Eldar, Adi → u 44
Eldarov, Georgy Prof. Dr. → iz u 601
van Elderen, C. H. J. → f 259
Eldering, Bram → S 789
Elefteriou, Françoise → iz s 674
Elen, Albert Dr. → IZ T 153
Elena, José → IZ A 218

Elfe, Horst → E 67, T 2 246
Elgaard, M. Dr. → iz f 340
Elger, Christian E. Prof. Dr. med. → T 3 339
- Hagen → r 694
Elgeti, Herwig Dr. → H 66, h 77, H 196, h 204, h 623
Elguedj, J.P. → iz f 1 843
Elhouni, Lamia → IZ L 100
Elias, Jürgen → C 476
- Wolfgang Gerhard, Dr. med. → t 3 095
Eliass, Claudia Dr. → U 1 316
Elies, Dietrich → A 381
- Irene → u 999
Elio, Magarini → iz g 198
Elis, Cläre → u 1 263
Elitz, Ernst → O 288
Elizalde, Alvaro → IZ U 210
Elkaïbi, Ali → IZ S 670
Elkan, Isolde Dipl.-Ing. → f 539, f 541, f 542, f 543, F 610, F 613, U 566
Elle, L. Dr. → IZ U 432
Ellegaard, Lars → iz g 190
Ellegast, Konrad → F 583
Ellenberg, Günter → f 154
Ellenberger, Horst → E 62
- Irene → B 340
Ellendorff, Michael → S 684
Eller, Ulrich → g 694
Ellerbracke, Karl-Dieter → U 2 627
Ellerbrock, Carl Olav → c 1 271
- Karl-Peter, Dr. → e 150
- Ronald → u 1 904
Ellerkamp, Thomas Dipl.-Ing. → U 145
Ellermann, M. → q 226
Elles, James → IZ U 420
Ellgaard, Peter → o 340
Ellger, Christof Dr. → s 1 467
Ellgering, Ingo Dr. → Q 620
Ellias, Holger → u 2 250
Ellie, Xavier → IZ T 268
Ellinger, Dipl.-Phys. → A 21
- Dirk → n 25
- Wilhelm, Dr. → Q 304
Elliott, Bob → iz h 500
- Jacqueline → IZ T 874
- Janet → IZ T 977
Ellis, Mark → IZ S 209
- W.W. → iz f 1 686
Ellmaier, Andreas → n 10
Ellmers, Detlev Prof. Dr. → U 3 043
Ellner → T 2 074
- Claude Robert, Dr. → C 214
Ellsäßer, Gabriele Dr. → B 589
Ellsässer, Karl-Heinz Dr. → S 379
Ellsäßer, Michael → B 38
Ellul, Carmel B. → iz s 481
Elm, Winfried Anton Dr. → c 716
Elmeklo, J. → iz f 2 529
Elmendorf, Knut → iz f 468, iz f 1 328
Elmendorff, Gloria → c 895
Elmer, Josef → iz h 257
Elmerich, Claudine R. → IZ T 327
Elo, Heikki → iz f 1 331
Elorza Cavengt, Francisco Javier → IZ C 14
Eloy, Frank Peter → I 19, I 90
- P., Dr. → IZ T 326
Elpers, Franz-Georg → T 769
Elping, Nicole → A 23
Els, Heinrich Dr.-Ing. → T 258, t 270
Elsässer, Martin Dr. sc. agr. → T 2 626
Elsborg, Erik → iz m 7
Elsche, Frank → K 19
Elschen, Rainer Prof. Dr. → t 4 073
Elschner, Helga → u 904
Elsen, Charles → IZ A 227
Elser, Hubert → L 51
- John → s 396
Elsik, Monika → iz u 13
Elsing, Peter → U 1 939
Elsmann, Thomas Dr. → R 481
Elsner, Dieter → e 357
- Dr.-Ing. → t 241
- J. → I 88
Elspaß, Peter J.J. Dipl.-Geogr. → s 1 455
van Elst, Ansgar → Q 386
Elst, Günter Prof. Dr.-Ing. → t 193
Elste, Günter Dipl.-Kfm. → M 1
Elstermann, Hermann → E 133
Elstner, Marianne → u 1 236
Elsworth, John D. Prof. → IZ T 891
Eltringham, Roger → IZ S 164
- Roger, Dr. → IZ S 164
Graf von und zu Eltz, Karl Dr. → Q 621
Elvebakken, Kristina → iz f 307
Frhr. von Elverfeldt, F. Ing. agr. → A 149
Frhr. von Elverfeldt, Ina → u 1 762
Elz, Hans-Joachim → T 827
Elze, Rainet → b 165
- Renate → B 862

Em, Jürgen Dr. → E 575
Emaldí, Antonio → iz f 474
Emde, Franz August → A 302
– Klaus, Dipl.-Ing. → t 2 018, t 2 019
Emerencia, C.R. → IZ F 2 322
Emge, Leo → g 697
Emich, Hans → g 580, g 581, g 582
Emisch, Hans → g 644
Emmen, Hertus → k 207
Emmen, W. J. → iz f 116
Emmer, Stefan Ing. → iz t 532
Emmerich, Cristian → E 254
– Norbert → k 204
– Peter → E 258
– Wolf-Dieter, Dr. → U 94
Emmerling, Eugen → O 416
Emmermann, Rolf Prof. Dr. → Q 356, T 380, T 846, T 2 835
Emmert, Artur → B 768
Emmet, Steve → iz h 542
Emmett, D.G.T. → F 819
Emminger, Haimo → F 604
Emmink, Koob → iz f 20
Emons, Hermann → R 712
Empl, M. → iz f 467
– Martin → F 451
– Martin, Dipl.-Ing. agr. → F 452
– Martin, Dipl.-Ing.agr. → F 463
Emrich, Eike PD Dr. → U 2 450
– Götz → k 144
– Hinderk M., Prof. Dr. med. Dr. phil. → T 2 882
Emunds, Beate → s 306
Encarnação, José L. Prof. Dr.-Ing. Dr.h.c. Dr.E.h. → t 209, T 3 891
Encinas Santos, J. A. → iz f 1 282
Encke, A. Prof. Dr. med. → T 3 278
Ende, Manfred Dr. → B 557
vom Ende, Michael → O 379
– Rüdiger → K 313, K 371
Ender, K. Prof. Dr. habil. → T 2 661
Enderby, Kep → IZ U 595
Enderlein, Dorothea → G 96
– Hinrich → O 288
Enders, Brigitte → E 74
– Gerd → f 83, r 47
– Gerd, Dr.-Ing. → F 69, R 33
– Gisela → q 408, Q 425
– Hans → k 200, k 237
– Herbert → r 421
– Peter → R 597
– Wolfram, Dr. med. → S 78
– Wolfram, Dr.med. → n 52
Endes, Yvonne → t 1 874
Endl, Hans-L. Dr. → R 474
Endlein, Axel → D 19, d 25, iz u 31
Endler, Peter → t 3 104
– Ronald → T 3 765
Endlich, Lutz → u 2 531
Endo, T. → IZ H 498
Endres, Michael Dr. → T 2 834
– Stefan → E 553
– Wolfgang → B 729
Endreß, Klaus Dipl.-Ing. → d 138
– J., Prof. Dr. med. → T 3 334
– Katrin → U 153
Endruweit, Günter Prof. Dr. → t 2 397
Endt, Manfred → F 692
Endter, Stefan → s 1 328
– Waldemar, Dr. → T 2 598
Enekel, Anton Dr. → f 638
Enestam, Jan-Erik → iz b 66, iz u 443
Engberts, E. → U 12
Enge, Hans-Christoph → K 16
– Hans-Joachim, Dr. → c 815
– Matthias → Q 407
Engel, Achim Dipl.-Kfm. → I 67
– Andreas → o 134
– Christoph, Prof. Dr. → t 164
– Francois → IZ T 831
– Gerhard → u 1 458
– Hans-Detlef → s 1 437
– Hans-Georg, Dr. → I 83, I 143, T 3 784
– Hans-Peter, Dipl.-Biol. → E 26
– Hasso, Dr. → u 1 954
– Heidi → R 831
– Helga → t 2 978
– Helmut, Prof. Dr. → T 488
– Johannes → h 722
– Jürgen, Dipl.-Ing. → s 814
– Karl-Heinz → s 415
– Lothar, Dr. → U 1 301
– Michael → S 1 361
– Peter, Dr. → S 265
– Rainer → T 3 640, u 1 141
– Ralf, Dipl.-oec. → T 4 029
– Reinhard, Dipl.rer.pol. → F 1 026
– Thomas, Dr. → IZ O 21
– Uwe, Prof. Dr. → T 2 359, t 2 360
– Winfried → O 368

Engeland, Susanne → A 23
Engelberger, Alex → iz g 203
Engelbrecht, D. G. → F 819
– Georg, Dr. → t 2 307
– J., Dr. med. → U 2 450
– Michael → T 531
– Rudolf → O 698
Engelen, Greet → IZ F 2 200, IZ F 2 255
Engelen-Kefer, Ursula → U 2 251
– Ursula, Dr. → R 294, iz r 159
Engelhard, Dorothee → A 23
– Heinz → u 2 190
– Johann, Prof. Dr. → T 407
– Michel → c 540
Engelhardt, B. Dipl.-Ing. → iz f 617
– Bernd → E 31
– Friedrich Wilhelm → u 2 987
– Jürgen → I 65
– Martin, Dr. → U 2 450, u 2 529
von Engelhardt, Michael Prof. Dr. → t 2 380
– Moritz → T 3 809
Engelhardt, Thomas → U 18
– Ulrich, Prof. Dr. → T 2 459
– Wolfgang, Prof. Dr. → T 813
Engelhaupt, Heinz Dr. → I 33
Engelke, Berthold → T 754
– Joachim → I 114
– Peter → h 593
Engelke-Denker, Arne Dipl.-Wirtsch.-Ing. (FH) → t 1 799
Engelking, Gerhard → u 2 954
Engelmann → A 14
– Angelika, Prof. Dr. → T 458
– Elke → n 51
– Hans Ulrich, Prof. Dr. → s 1 295
– R. → q 225
– Reinhard, Dipl.-Volksw. → E 42
– Thomas → k 423
– Walter, Dipl.-Volksw. → E 93
– Wilfried → U 533
Engelmann-Merkel, Gunter → h 486, h 525
Engeln-Müllges, Gisela Prof. Dr.rer.nat. → T 399
Engels, Dieter Dr. → A 99
– Dietrich, Dr. → t 2 406
– Ewerhard → O 271
– Florian → b 45
– Hennig → F 803, iz f 1 899
– Hilde → iz f 693
– Jürgen → IZ F 2 059
– Katharina → U 2 056
– Maria, Dr. → T 2 199
– Rainer, Dr. → T 1 114
– Robert, Dr. → F 1 055
– Roland → E 67
Engelskirchen, Karl → U 359
– W. Hans, Dr.-Ing. → T 1 165, T 1 330
Engemann, Joachim F. Dipl.-Chem. Dr. → T 1 255
Engenhardt, Gerold F. Dr. → S 728
Engenhart-Cabillic, R. Prof. Dr. → T 3 342
Engeroff, Hubert → S 1 322
Engert, E. → Q 447
– J., Prof. Dr. med. → T 3 334
– Katrin → U 153
Engesser, Achim → u 788
Enggist, Hans-Rudolf → iz r 206
Engl, Charlotte → R 583
Englehart, Amy S. → iz m 119
Engler, Barbara → T 3 803
– Heinz-Peter → r 852
– Margitta → S 392
Englert, Gerhard Prof. Dr.rer.nat. → T 3 071
– Helga → T 3 071
– Marcus, Dr. → O 406
– Peter-Stephan → U 2 072
– Wolf Dieter, Dr. → a 164
– Wolfram → o 243
Englert-Naser, Gudrun Dipl.-oec.troph. → Q 670
Englitz, Peter → B 310
Engmann, Dietrich Dipl.-Ing. → E 38
– Peter W. → H 371, H 408, h 544, H 674
Engquist, Björn → IZ T 161
Engqvist, Lars → iz b 234
Engster, Detlef → D 124
Engstler, Angelika → A 23
Engwirda, Maarten B. → IZ A 222
Enke, Barbara → S 1 056
Enkelmann, Jürgen Dipl.-Ing. → U 126
Ennals, David → IZ T 238
Ennemann, Wilhelm H. → t 2 476
Enning, Bernhard → H 594, T 2 007
Enright, Angela → IZ S 164
Ensch, Paul → iz g 46
Ense, Horst → q 230, U 2 608
Ensel, Hans-Josef → IZ T 743
Ensinger, Roland Prof. → T 652
– Wilfried, Dipl.-Ing. → E 31

Enßlin, Joachim Dr. → o 613
Enström, Hans → iz f 1 792
Entenmann, Nicole → O 573
Enthoven, Rob Dr. → iz m 95
Enticknap, Monika → F 803
Entrich, Manfred Dr. → u 2 342
– Michael → u 2 248
Entrup, Norbert Lütke Prof. Dr. → Q 212
Enüstün, Hakan → N 288
Envall, Elis → IZ R 273
Epp, Rainer → E 499
– Steffen → U 292
– Wolfgang, Dr. → E 43
Eppelmann, Rainer → R 452, U 2 114
Eppendorf, Jürgen → T 3 218
Eppeneder, Ralf Dr. → u 2 882
Eppenstein, Dieter → U 1 961
Epping, Andreas → S 426
Epple, Karl Dr. → S 621
– Karl Ulrich → f 898, t 2 085
– Manfred H., Dr. → P. 17
– Sabine → t 3 014
Er, Kahraman → R 537
Erasmy, Walter Dr. jur. → F 893, t 314, U 529
Erath, Hermann → C 494
Erb, Michael Dr. → M 243
Erbar, Ralph Dr. → r 877
Erbe, Gunter → t 3 063
– Knuth → U 1 479
– Raimond → s 1 293
Erben-Meißner, Hannelore → e 211
Erbersdobler, Helmut Prof. Dr.med.vet. → T 2 548
Erbrath, Petra → U 1 384
Erbslöh, Carl Hugo → H 2
Ercan, Bergü → S 621
Ercegan, Milan → IZ U 557
Erck, Wolfgang → C 377
Erckel, Rüdiger Dr. → f 171, r 71
Erdel, Jürgen → H 699
Erdmann, Axel → c 1 221
– Georg, Prof. Dr. → T 1 059
– Gertrud → u 896
– H. → IZ O 7
– Hans → f 74, r 38
– Helmut W., Prof. → s 1 297
– Jörg, Dr.-Ing. → s 988
– Karsten → c 413
– Monika → T 2 548
– Prof. Dr. → A 362
– Rolf → t 3 192
Erdrich, Gerald → F 466
Erdsiek-Rave, Ute → b 176
Eremenko, Victor → iz u 20
Erfurt, Ludger → E 151
Erfurth, Reinhard Dr. sc. techn. → S 955
– Tilo → U 2 030
Ergenzinger, Wilhelm → i 2
Erhard, Josef → b 19
– Ludwig → T 2 250
Erhardt, E. → iz f 61
– Frank → O 557
– Hans-Jochen → u 1.835
– Horst, Dipl.-Ing. → F 88, T 258, t 270
– Inez → O 557
– Manfred, Prof. Dr.iur. → T 95
– Manfred, Prof. Dr.jur. → T 2 255
– Werner → H 223
Erhart, W. → iz f 2 526
Erich, Egon Dr.-Ing. → T 987
Erichsen, Leif → S 1 368
– Norbert → E 222
Ericson, Anders → iz o 190
– Stefan → iz f 1 907
Ericsson, Ingolf Prof. Dr. → T 4 173
Eriksen, Kurt → iz s 448
Eriksson, Hans → iz f 548
– Ingemar → IZ T 264
– Patric → IZ T 246
– Patrice → iz t 259
Erk, T. → iz f 1 038
Erkayhan, Seref → E 713
Erker, Gerhard Prof. Dr. → T 984
Erkes, Hans-Theo → Q 304
Erl, Willi → U 1 818
Erlach, Stephan → H 134
Erland, S. → iz f 217
Erlandson, Sverker → iz f 1 743
Erlei, Ewald → g 661
Erlen, Hubertus Dr. → E 67
Erlenwein, Roswitha → O 319
– Sabine → u 2 921
Erler, Gernot → A 82, E 582
– Hans-Lutz, Dr. → s 309
– Karl-Heinz → m 106
Erletz, Marianne → o 605
Erlhöfer, Dirk W. → r 74, R 118
Erlich, Manfred → u 2 396
Erling, Hans-Christoph → F 432, G 577

Erlund, Marjatta → iz u 650
Ermann, Michael Prof. Dr. med. → IZ S 148
Ermel, Horst Prof. Dipl.-Ing. → s 818
Ermer, Leonhard → D 161
Ermer-Externbrink, Monika Dr. → T 3 493
Ermert, H. Prof. Dr.-Ing. → T 1 164
Ermisch, Günter, Dr. → e 608
Ermrich, Michael Dr. → d 30
Erner, A. → iz f 1 632
Ernesti, Christoph → U 2 030
– Marc → O 128
Ernsberger, Klaus Prof. Dipl.-Ing. → t 1 814
Ernst → u 1 647
– Anne → T 520
– Annette → O 233
– Dietrich, Dr.sc.techn. → U 3 059
– Helga → S 1 369
– Helmut, Prof. Dr.med. → T 3 438
– Hubert → E 210
– Johannes → O 116
– Jürgen F., Dr. → s 498
– Karl-Friedrich → U 1 646
– Leopold → U 2 602
– Manfred, Dr. → b 864
– Raimund → g 180, g 201
– Rainer W., Prof. → T 423
– Rainer W., Prof. Dipl.-Ing. → s 810
– Siegrid, Prof. h.c. → s 1 297
– Tassilo, Dr. → E 742
– Thomas → F 474
– Udo M., Dipl.-Ing. (FH) → g 268
– Ulrich → E 145
– Waldemar, Dr. → E 16
– Willy, Dipl.-Ing. → s 905
Ernst-Flaskamp, Ursula → O 463
Ernsting, Jans-Paul Dipl.-Kfm. → G 65
Erps, Jan-Christian → d 31
Erséus, Torgny → O 112
Ersfeld, Petra → r 688
– Rudolf → E 195
Ertel, Burkhard → r 709
– Rainer, Dr. → t 2 284
Ertinger, Wolfgang → f 624
Ertl, Gerhard Prof. Dr. → T 2, t 119
Erwand, J. Peter Dipl.-Volksw. → H 302
Erwin, Joachim → D 67
Eryalcin, Kasif → c 1 331
Eryavuz, Kivanç → iz s 555
Erz, Matthias → D 100
Erzen, Bostjan → iz h 468
Escayón Caizedo, Luis → iz r 44
Esch, Arnold Prof. Dr. → A 144
– Franz-Rudolf, Prof. Dr. → T 736
– Hans-Ulrich, Dipl.-Ing. → s 1 029
– Heinz-Baldo → H 682
– Thomas, Dipl.-Wirtsch.-Ing. → U 120
– Wally → S 60
– Werner → R 459
Eschbach, Werner → f 606
Esche, Matthias Dr. → U 407
Eschelbacher, Hans C. Dr. → A 29
– H.C. → IZ T 105
Eschenbach, Eckhard → a 312
Eschenbacher, Wolfgang Dr. → S 1 317
Eschenbaum, Gerhard Dr. → E 154
Escher, Catherine → iz t 531
– Harald → H 355, IZ H 368, iz h 370
– Hartmut → N 153
– Horst → F 189, f 191
Escher, Kerstin → o 555
Eschinger, Anne-Barbara Prof. Dr. → T 421
Eschke, Claus-Achim → c 763
– Claus Achim → E 430
– Richard, Prof. → t 363
Eschker, Wolfgang Dr. → u 2 948
Eschwei, Walter Dipl.-Ing. → T 1 272
Eschweiler, Otto Prof. Dr. → c 1 075
Eschwey, Helmut Dr. → f 653
Escudero, M. → iz f 2 220
von Esebeck, Rüdiger → s 395
Eser, Albin Prof. Dr. → t 167
– Dietmar → f 97, r 50
Eske, Rolf-Paul Dipl.-Ing. → u 1 913
Espadas, Christina → M 184
Espel, Hans → g 182, g 183
Esper, R. → IZ T 820
Espersen, Uwe → s 445, t 2 854
Espinos, Antonio → IZ U 470
Espinosa, J. D. Dr. → IZ T 840
Espinosa Cantellano, Patricia → C 1 037
Espostt, W. → iz t 421
van Ess, Margarete Dr. phil. → a 120
Essa, Siddiq → iz s 539
van Essen, Jörg → A 69
Esser, Barbara → o 14
– Elmar → S 358, S 382
– Ferdinand → Q 620
Eßer, Gerd → R 597
Esser, Heike → IZ R 9

- Heinz Christian → S 393
- Karl → Q 137
- Marlies → U 1 395
- Martin → c 473
- Otto → R 1
- Eßer, Stephan Dipl.-Kfm. → S 164
- Esser, Werner Dr. → S 562
- Eßer, Wolfgang Dr. → S 286
- Eßer-Scherbeck, Claudia Dr. → T 1 059
- Essers, Reinhard → S 709
- Essink, Albert → s 299
- Essler, Walter Dipl.-Ing., Dipl.-Wirtsch.-Ing. → e 60
- Esswein, Petra Dr. → T 2 571
- de Esteban Alonso, Fernando → iz a 10
- Estébez, Miguel Arias → c 1 262
- Estel, Renate Dr. → t 3 215
- Wilfried → u 1 428
- Estermann, Anton → IZ H 271
- Hans → U 342
- Josef, Dr. → U 3 118
- Esteves, Antonio → iz h 253
- Antonio, Dr. → iz h 235
- Estiévenart, Georges → IZ A 191
- Estler, Frank → s 24
- Etienne, Francis → c 785
- Philippe → IZ C 5
- Etschberger, Konrad Prof. Dr.-Ing. → t 1 811
- Etschenberg, Helmut → K 286
- Ettelbrück, Ursula Dipl.-Volksw. Dr. → U 417
- Etter, Horst → U 2 016
- Ettinghausen, Rüdiger → u 2 248
- Ettingshausen, Rüdiger → a 80
- Etz, Barbara → O 396
- Ekkehard → s 1 380
- Etzkorn, H.-W. Dr. rer.nat. → t 298, T 1 980
- Etzler, Klaus Dr.med. → S 232
- Etzmuß, Thomas → u 2 122, u 2 124
- Etzold, Jost Dipl.-Volksw. → K 41
- Euba, Norbert Dr. → E 14
- Euchner, Heinz → s 655
- de Eugenio Cid, J. M. → iz f 1 851
- Eujen, Dirk → A 330
- Eulen, Eike → k 236
- Eulenstein, Irmhild → E 408
- Joachim, Dr. → g 411
- Euler, Anna Maria → T 2 656
- Hartlieb → T 1 369
- Eulering, Johannes Dr. → U 2 450
- Eulgem, Michael → o 640
- Eulitz, Karl → g 498, h 146
- Eumann, Marc Dr. → S 615
- Eurskens, Albert → P 5
- Euting, Thomas → o 351
- Eva, Catherine → a 59
- Evangelidis, Leonidas → IZ A 227
- Evangeliou Andriopoulou, Mary → iz f 157
- Evangelou, Yiannis → iz n 51
- Evans, D. → IZ H 474
- D. J. → iz h 481
- David → IZ P 2, iz p 9
- John → IZ R 275
- Philip, Dr. → IZ S 103
- Everitt, Neil J. → iz f 1 329
- Evers, Alfred → iz m 124
- Hans-Joachim → H 116, O 541
- Jörg → s 1 292
- Johannes, Dr. → I 14
- M., Drs. → iz f 768
- Manfred → M 212
- Margret → O 224
- W. → U 352
- Eversheim, Friederike → T 2 698
- Walter, Prof. Dr.-Ing. Dr.h.c. Dipl.-Wirt.-Ing. → T 2 179
- Everts, Peter → IZ F 205
- Everz, Dieter Dr. med. → s 33
- Eveslage, Frank Dr. → T 421
- Hans → d 40
- Evrard, Jacques → IZ T 246, iz t 247
- Ewald, Andreas → E 100
- Hans-Joachim → P 39
- Rolf, Dr. → T 1 374
- Ewander, Hans → iz f 2 430
- Ewel, Manfred → u 2 955, u 2 956
- Ewen, Adalbert → r 409, R 415
- Richard → o 136
- Ewers, Eberhard → U 1 926
- Hans-Heino, Prof. Dr. → O 439
- Hans-Jürgen, Prof. Dr. → T 2 238
- Hans-Jürgen, Prof. Dr. rer.pol. → T 425
- Hubertus → U 146
- Margareta → R 583
- Ewert, Christine → s 1 459
- Jos → iz p 14
- Ralf, Prof. Dr. → t 4 059
- Exner, Helga → c 688
- Klaus, Dipl.-Ing. → s 862

Fortsetzung nächste Spalte

Exner (Fortsetzung)
- Martin → E 129
- Martin, Prof. Dr. → T 3 325
- Externbrink, Rolf → g 187
- Eyb, G. → iz g 106
- Eyerer, Prof. Dr.-Ing. → t 241, t 2 061
- van Eyken, Felix → iz f 1 605, IZ F 2 390
- Eykmann, Walter Dr. → U 2 654
- Eyles, Steve → iz t 474
- Eymael, Günter → b 135
- Eymer, Anke → A 35
- van Eynde, M. → iz f 1 053
- Eyrich, Heinz Dr. → U 2 823
- Marianne → r 227
- Eyrolles, Serge → iz o 94
- Eysteinsson, Fridrik → iz o 171
- Eythymiou, P. Prof. → iz t 522
- Ezrin, Hershell E. → E 297

F

- Faatz, Gerhard → u 2 843
- Fabbri, Fabio → IZ C 8
- Giovanni → ih 444
- von Fabeck, Wolf Dipl.-Ing. → F 839
- Faber, Astrid → u 1 461
- Ernst → h 713
- Erwin, Dipl.-Hdl. → r 872
- G. H. → iz b 195
- G.J. → IZ W 16
- Horst → h 167, h 394, R 241, r 244
- Joachim, Dr. → R 272
- Karl-Heinz → f 623
- Maria → r 551
- Norbert → B 402
- Graf von Faber-Castell, Anton Wolfgang → c 680, F 515
- Anton-Wolfgang → S 1 220
- Fabian, Michael → M 1
- Peter, Prof.Dr.Dr.h.c. → T 2 711
- Rüdiger → T 3 271
- Fabig, Dieter → U 1 104
- Fabiunke, Jörg → e 70
- Fabius, Laurent → iz b 81
- Fabra Vallés, Juan Manuel → IZ A 222
- Fabrégas, Javier → IZ F 1 472
- Fabri, Andreas → g 669, g 675
- Fabricius, Brunhilde → U 1 305
- Günter → H 682
- Prof. Dr. → T 3 604
- Fabritius, Hans Georg Dr. → I 1, i 7
- Fabry, Isabel → g 282, g 343, g 616, g 655, g 724, R 272
- Facco, M. → iz h 544
- Stefano → F 625
- Facey, Peter → iz u 239
- Fachinger, Beate Dr. → A 23
- Fack, Alexander → T 1 311
- Fackelmann, Norbert → E 62
- Facklam, Thomas → IZ T 542
- Fackler, Angelika → U 1 599
- Faden, Wolfgang → T 3 761
- Fader, Werner Dr. → Q 203
- Fadie, A. → IZ F 1 643
- Fähndrich, Michael → U 1 478
- Faehre, Walther → H 154
- Faella, H. → IZ T 820
- Fänger, Helge Dr. → f 14, r 14
- Färber, Eberhard → U 93
- Harry → F 937, G 711, g 721
- Uwe, Dr. → b 56
- Färnlöf, Åke → iz f 869
- Faetanini, Serse → iz t 952
- Fafejta, Jan → iz s 615
- Faganel, Tomaz → IZ O 1
- Fagelberg, Åke → iz g 51
- Fagernaes, Kari Elisabeth → iz a 208
- Fagiolo, Silvio → IZ C 8
- Faguet, Jean-Jacques → IZ K 38
- Fahey, Frank → iz b 138
- Noel → C 863
- Fahlbusch, Detlef → r 326
- Rudolf, Prof. Dr.med. → T 3 394
- Fahlenkamp, Hans Prof. Dr.-Ing. → t 254
- Fahlin, Roland → IZ F 205
- Fahnebrock, Dieter → c 464
- Fahnemann, Martina → T 2 144
- Fahning, Antje → A 29
- Hans, Dr. → O 336
- Fahrenholz, Heiner → O 59
- Fahrenkamp, Hans-Henning → c 774
- Henning → f 213
- Monika → u 2 795
- Fahrholz, Bernd Prof.Dr. → I 46, iz I 9
- Fahrion, Gunter H. → u 2 509

Fortsetzung nächste Spalte

Fahrion (Fortsetzung)
- Joachim → G 108
- Joachim, Dipl.-Ing. (FH) → f 72, g 165, r 36
- Fahrnschon, Helmut Prof. Dr. h.c. → E 716
- Faienza, Muriel → IZ U 552
- Faigle, Erhard → k 214
- della Faille, Tanguy → iz s 595
- Fainsilber, Denis → IZ S 647
- Faisst-Steigleder, Dorothea → r 598
- Faix, Werner Gesa Prof. Dr. → t 1 421, t 1 547, t 1 548
- Fajtova, Jana → iz i 107
- Fakhouri, Kifah → IZ O 16
- Fakili, Sakir → c 1 339
- Falatyn, Peter → IZ T 261
- Falbe, Günther → O 486
- Falbr, Richard → iz r 214
- Falchero, Cesare Dr. → IZ H 537
- Falck, Alberto → IZ R 27
- Holger → iz q 10
- Falck-Steffens, Christiane Dipl.-Ing. → S 798
- Falco, Fernando → IZ N 43
- Falcone, Vicenzo → IZ A 188
- Falez, Freddy Dr. → IZ S 67
- Falgàs i Casanovas, Rosa Maria → IZ T 970
- Falge, Hans-Joachim Dr.habil. → T 1 146
- Falk, Antje → U 2 047
- Bernhard → A 234
- Hans-Ulrich → E 220
- Heiko → O 573
- Oliver, Dipl.-Volksw. → S 631
- Werner → k 159
- Falke, Dieter Dr. → I 143
- Dirk, Dipl.-Ing. → f 603, S 970
- Franz-Peter → U 39
- Karen → t 956
- Paul → F 995, IZ F 87
- Falken, Ingo → Q 645
- Falkenbach, A. Dr. → T 2 323, T 2 568
- von Falkenhausen, Franz-Ferdinand Dr. → E 233, t 2 170
- von Falkenhayn, Falko Dr. → U 2 450
- Falkenstein, Hans-Jürgen Dipl.-Volksw. → E 133
- Falkner, H. Prof. Dr.-Ing. → t 2 036
- Fallay, Robert → iz u 329
- Faller, Karlheinz → T 3 902
- P., Prof. Dr. → iz s 583
- Falsner, Stephan → iz s 382
- Falter, Annegret Dipl.-Pol. → S 1 116
- Jürgen, Prof. Dr. → T 2 221
- Falterer, Hansgeorg → T 578
- Faltermeier, Brigitte → u 2 541
- Falthauser, Kurt Prof. Dr. → T 2 238
- Faltings, Gerd Prof. Dr. → t 133
- Faltlhauser, Kurt Prof. Dr. → b 21
- Falzon, Pierre → IZ T 194
- Famula, Ingrid → U 1 596
- Fandeux, Jean-Christian → iz h 425
- Fanger, Petra → o 662
- Fangerau, Horst Dr. → O 406
- Fanghänel, Jochen Prof. Dr.med. → T 3 283
- Fangmann, Helmut → T 492
- Fanke, Horst Dr.-Ing. → S 946
- Fanning, Anne → IZ U 311
- Fannoy, Philippe → IZ O 29
- Fanoko Kpodzro, Philippe → E 703
- Fanslau, Klaus → B 570
- Fantoni, P. → IZ F 271
- Farcke → A 18
- Farelly, Eddie → iz u 653
- Luciano O., Prof. → iz t 529
- Farindon, Ron → IZ F 1 681
- Farke, Heidemarie → S 1 513
- Farkos, Harry → u 2 398
- Farmakis, Nikolaos → iz b 96
- Farmer, E. B. Dr. → iz t 523
- John → IZ Q 104
- Farnschläder, Helmut → G 695, g 704
- Farrell, Des → IZ R 268
- E. → iz q 87
- Gerry → iz t 2 302
- Julian → c 821
- Farrelly, Colm → iz t 932
- Farrington, Colin → iz s 277
- Farrugia, Luis → iz e 40
- Farry, Stephan → iz u 444
- Farthofer, Peter → iz f 1 738
- Fasbender, Volker → f 7, r 7, r 109
- Fasbender-Döring, Beate → b 134
- Fasco, Jochen → O 360
- Fasel, Hugo → r 205
- Michael → iz a 205
- René, Dr. → IZ U 543
- Fasen, Wolfgang Dr. → T 3 500
- Fasolt, Volker → S 631, s 632
- Faßbender, Bernd-R. → U 822

Fahrion (Fortsetzung)
- Joachim → G 108

- Engelbert → U 1 096
- Fritz → g 278
- Gregor → S 738
- Mario → u 2 117
- Fassbinder, W. Prof. Dr.med. → T 3 338
- Fasselt, Klaus → H 66, h 69
- Kurt → u 837
- Faßhauer, Edeltraud Dr. med. → t 3 103
- Wilhelm → t 3 103
- Fäßler, Andreas → r 562
- Fast, Kirsten Dr. → U 3 033
- Fastabend, Michael Dr.-Ing. → S 952
- Wiltrud → T 2 807
- Fastenau, Karl-Hermann Dipl.-Ing. → s 899, s 1 010
- Fastrich, Herbert → F 396, iz f 1 938
- Lorenz, Prof. Dr. → T 3 593
- Fasulo, Robert J. → IZ U 586
- Fatér, Gyula → iz i 108
- Faudou, Michel → iz s 512
- Faull, Jonathan → a 5
- Faulstroh, Helmut → S 280
- Faupel, Erhard → t 3 105
- Faust, Alfons → D 159
- Joachim → r 527
- Fausten, Susanne → U 177
- Fauster, Thomas Prof. Dr. → t 1 327
- Fauter, Wolfgang → K 45
- Fauth, Chantal → IZ H 281
- G. → iz f 467
- Gottlieb, Dipl.-Ing.Dr. → F 452, F 463
- Favia, Mario → IZ U 545
- Favié, Martin L. A. → iz s 202
- Favre, Mike → IZ S 393
- Favrod, Aleksandra → iz u 165
- Favry, Véronique → IZ F 1 918
- Fay, Armin → O 537, S 737
- Faye, Françoise → iz f 1 343
- Fayl, Beatrice → IZ A 189
- Fazekas, Ildikó → iz o 128
- Fazil, Fazlurrahman → c 613
- Fecasas, Ricardo → iz f 579
- Fechler, Armin → U 187
- Fechner, Frank → B 330
- Hans, Dr. → f 686
- Michael, Dipl.-Ökonom → E 229
- Oswald → u 1 887
- Fechteler-Borchert, Rosemarie → T 1 971
- Feck, Heinz-Dietrich → h 340
- Feddersen, Dieter Prof. Dr. → T 839
- Hinrich → R 398
- Knut → e 243
- Fedderwitz, Jürgen Dr. → S 283
- Federighi, Paolo → IZ T 970
- Federle, Hartmut Prof. Dr.-Ing. → t 1 496
- Hartmut, Prof. Dr.-Ing. → t 1 806
- Federlin, Klaus M. → F 817
- Federrath, Hannes Dr.-Ing. → S 1 427
- Federspiel, Benedicte → iz u 143
- Fedigan, Richard → IZ F 205
- Fedrigoni, G. → iz f 115
- Feest, Christian Prof. Dr. → T 3 709
- Fegeler, W. Priv.-Doz. Dr. → T 3 358
- Fehlhammer, Wolf Peter Prof. Dr. → U 3 030, U 3 040
- Fehling, Christian → F 474, iz f 1 326
- Fehn, Hans → k 431
- Fehr, Hendrik → IZ A 222
- Horst → g 784
- Manfred → U 339
- Fehrensen, Karl-Heinz → H 793
- Fehrer → iz t 786
- Fehrmann, Helga → F 721
- Klaus, Dr. oec. → T 2 755
- Uwe → t 717
- Fehrs, Wolfgang Dipl.-Ing. → s 861
- Fehse, Eckhard Dr. → U 228
- Fehsel, Inge → h 465
- Fehske, Hans-Herbert Prof. Dr. → r 951
- Feichter, R. → u 248
- Feidt, Monique → iz s 280
- Feige, Detlef → D 71
- Mathias, Dr. → t 2 325
- Feigel-Harms, Gaby → N 129
- Feijó, Abi → IZ O 32
- Feik, Ulrich → t 2 014
- Feil, Adelheid → T 2 852
- Georg, Prof. Dr. → R 512
- Fein, Erich Dr. → i 3
- Hans Wolfgang, Dipl.-Ing. → c 1 159, f 347, IZ F 2 033
- Feinäugle, Norbert Prof. Dr. → T 704
- Feingold, Karin → u 2 394
- Feiris, Miquel Angel → ih 434
- Feisel, Reinhard → S 1 546
- Feisol Hassan, Datuk Muhd → E 307
- Feist, Peter → C 1 345
- Rainer → A 21
- Feit, Stefan → F 491

Feith, Norbert → A 23
Feitzinger, J. V. Prof. Dr. → T 1 273
Feix, Joachim → g 588
Felber, Werner Prof.Dr.med. → T 3 267
Felbermayer, Karl → iz f 299
von Felbert, Stephan → Q 85
Felcht, Utz-Hellmuth Prof. Dr.rer.nat. Dr.h.c. → T 991
Feld, Gerhard Dipl.-Ing. → s 983
– Klaus → o 427
– Klaus, Dipl.-Volksw. → h 350, h 433, o 428
Feldbaum, H. Dipl.-Ing. → T 2 129
zum Felde, Cord H. → H 240, H 241, Q 336
Felden, Dietmar Dr. → T 469
van der Felden, Marisa → U 1 425
Feldhaar, Bernhard Dipl.-Kfm. → T 2 197
Feldhaus, Erich → T 2 025
– Günther → u 2 186
– Heiner, Dr. → T 3 757
Feldhoff, Barbara → u 1 453
– Norbert, Dr. h.c. → u 2 360
– Ulrich → U 2 450, u 2 497, IZ U 473
Feldman, Boris → u 2 405
– Sandra → IZ T 965
Feldmann, Christian → K 277
– Gerhard, Dipl.-Volksw. → H 716
– Heike, Dr. → F 203
– Heinz, Dipl.-Volksw. → T 444
– Joachim → g 779
– K., Prof. Dr. → t 288
– Yair → iz o 172
Feldmeier, Claudia → T 650
– Georg → p 9
Feldsien-Sudhaus, Inken Dipl.-Ing. → t 958
Feldt, Kjell-Olof → iz f 1 352
Feles, Michael → T 2 788
Felger, Wolfgang Dr. → t 212
Feliu Llobet, Jorge → iz r 50
Felix, Sascha W. Prof. Dr. → e 509
Felken, Hans-Bernd Dipl.-Volksw. → e 172
Felker, Jürgen → IZ S 676
Fell, Charlotte → R 216
– Georg → R 238, iz r 37
– Rita → O 373
Feller, Carsten → T 669
– Gerd → r 926
– Monika → T 1 370
Fellermann, Jörg → T 2 448
Fellhauer, Axel → U 590
Fellmer, Eberhard → U 2 608
– Hans, Dipl.-Ing. (FH) → S 957
– Heiner → e 72
Felmberg, Hans-Friedrich → Q 637
Fels, Gerhard Prof. Dr. → T 2 184, t 2 287
– Gerhard, Prof.Dr. → t 2 401
Felsberg, Roderich Dipl.-Ing. → A 116
Felsenberg, Alexander → O 581
Felser, Reinhard → g 674
Felsmann, Klaus-Dieter → o 169
Felten, Jean-Baptiste → O 543
Feltens, Heiko → S 1 572
Felter, Birgid → s 663
Feltes, Horst → G 636, g 655
– Reinhold → g 408
– Thomas, Prof. Dr. → T 698
Feltgen, Jean-Paul → iz a 206
Felzmann, Gerd → R 418
Fendt, Dieter → S 386
– Josef → g 296, IZ U 556
– Peter → g 632
Fengels, Dieter → R 660, r 839
Fenger, Ulrich → T 1 051
Fenk, Helmut → u 440
Fenlon, Michael → iz s 120
Fenn, Herbert Prof. Dr. → IZ U 565
– Ron → IZ T 833
Fennekold, Heinz → T 2 317
Fenner, Brigitte → S 631
– Henrich → F 432, G 577, g 583
– Jochen, Dr. → Q 216
Fennessy, Edward → IZ A 222
Fenrich, Heinz → D 91
Fenske, Klaus → r 251
Fenton, Bob → iz f 371
Fenwick, Trevor → IZ O 77
Fenzau, Monika → t 4 055
Ferber, Klaus M. Dipl.-Betriebsw. → T 4 006, t 4 018
– Markus → u 3 066
– Reinhild → S 425
Ferbus, Pierre → IZ F 2 530
Ferchland, Monika → q 149
Ferdinand, Gerd → K 302
– Monika → G 450
– Reinhold, Dr. → r 461
– Uwe, Dipl.-Ing. → S 805
– Walter E. → H 308
Fereira Leite, Rui → iz g 50
Ferencic, Drago → IZ S 642

Ferendino, Radu → E 65
Ferenz, Hans → O 357
Ferger, Herbert Dr. → E 162, E 239
Ferguson, John → IZ F 1 753
Fergusson, Neil → IZ U 350
Fern, Arno → u 2 404
Fernandes, Armindo → C 1 208
– Castro → iz s 284
– Pedro → iz r 20
– Raimundo → iz f 590
Fernandes Marcos, Adérito Dr. → t 3 893
Fernandes-Stacke, Manuel → S 712
Fernandez, A. → iz f 979
– C. → iz f 662
– Cristian → iz o 156
– Francisco → IZ U 2 789
– José → c 697
Fernandez, R. → iz f 1 136
Fernández, Rocio → iz f 1 151
Fernández Aller, Raphael → IZ F 488
Fernández Alonso, M. Dr. → IZ T 300
Fernandez de Lezeta, Milagros → IZ F 151, iz f 169
Fernandez-Miranda y Lozana, Jesús → IZ F 268
Fernandez-Neira, Carmen → iz o 124
Fernandez Norniella, Jose Manuel → iz e 26
Fernandez Perez de Talens, Antonio → IZ T 172
Fernandez Vicario, Manuel → IZ H 439, iz h 445
Fernholm, Bo Prof. → IZ W 20
Ferns, Annemarie → m 266
Fernvik, Hakan → iz f 2 430
Ferrario, Enrico → IZ I 164
Ferraz, José Augusto F. Veiga → iz s 610
Ferreira, Adão → iz f 2 218
– Angelino → iz f 2 209, iz f 2 265
Ferreira da Cunha, Rui António → iz b 217
Ferrero, Achille → IZ U 590
Ferrero-Waldner, Benita Dr. → iz b 200
Ferro, Vincenzo → IZ F 1 979
Ferro Rodrigues, Eduardo Luis Barreto Ferro Dr. → iz b 217
Ferrreira De Sousa Ribeiro, Pedro → iz f 2 608
Ferscha, Rudolf → I 96
Ferstera, Markus → S 1 067
de la Ferté, Jacques → IZ W 4
Fesefeldt, K. Prof. Dr. → T 846
Fesel, Bernd → U 2 858
– Bernd, Dipl.-Volksw. → H 617, H 618
Feser, Rolf → u 2 473
Feskorn, Helmut → h 337
Fessaguet, Joël → iz a 163
Feßmann, Jürgen Prof. Dr. rer. nat. → t 1 481, t 1 512
Festerling, Günther → u 2 626
Festetics, Georg → iz i 101
Festge, Reinhold Dr. → f 644
Festl, Florian Dr. → f 1 036
Feth, Reiner Prof. → T 664
Fetsch, Adolf → U 968
– Cornelius G. → T 2 232
– Cornelius Georg → IZ R 27
Fett, Günter → M 212, m 218
– Valentin → S 801
Fettelschoß, Kurt Dipl.-Ing., Dipl.-Wirtsch.-Ing. → t 1 561
Fettes, M. → IZ T 151
Fettner, Reinhard → IZ S 226
Fettweis, G. B. Prof. → IZ T 323
de Feuardent, Jean-Luc → iz p 21
Feuchthofen, Jörg E. → T 3 831
Feuchtmann, Jürgen → K 267
Feuerbach, Andreas → I 87
Feuerbacher, B. Prof. Dr.rer.nat. → T 1 266
– Berndt, Prof. Dr. rer. nat. → t 1 585
Feuerhake, Rainer Dipl.-Kfm. → E 121
Feuerhelm, H. T. Dr. → T 1 924
Feuerlein, Hermann → S 998
Feuersenger, Matthias → S 115
Feuerstein, Bernd Dr. rer. nat. → t 1 704
– Franz, Dr. → r.177
– Michaela → IZ T 977
– Olaf → S 1 500
Feuler, Klaus → G 45
Feuls, Heinrich → g 487
Feußner-Koßick, Christina → T 3 115
Feustell, Peter Dipl.-Ing. → E 120
Fewtrell, John → IZ T 310
Fexer, Hubert Dr. → g 453, h 596
Fey, Marlis → O 120
Feyl, Renate → O 364
Feys, M. → IZ F 596
Fiat, Michel → IZ F 237
Fichert, Frank Dr. → t 2 291
Fichte, Barbara → E 69

Fichter, Manfred Prof. Dr. → T 3 269
– Werner → A 281
Fichtmüller, Peter Dr. → IZ F 2 058
Fichtner, Georg → E 31
– Hans-Joachim, Dr. → t 3 818
– Rolf → g 134
Ficke, Georg B. → e 169
– Ursula A., Dipl.-Volksw. → o 617
Fickel, Siegfried Dr. → s 331
Fickenscher, Jens → s 1 499
Fidalgo, José Maria → iz r 212
– Victor A.G. → C 917
Fie, Jackie → IZ U 571
Fieberg, Christian → K 300
– Dieter → E 263, e 367
Fiebig, Heinz → C 296
– Joachim → k 90
– Udo, Techn. Dipl.-Volksw. → E 132
Fiebiger, Werner → U 850
Fiederling, Otto → h 373
Fiedler, Barbara Ass. jur. → h 694
– Detlef → g 462, h 605
– Dr. → A 14
– Ekkehard → T 3 226
– Georg → k 357
– Gerhard → U 1 421
– Gerhard, Dipl.-Kfm. → k 231
– Gerlach → D 172
– Hans → U 1 026
– Jeff → iz r 264
– Klaus, Prof. Dr. → T 3 270
– Otto → M 221
– Peter → R 516
– Ralf-Hartmut, Ing. → E 239
– Ruth → T 1 971
Fiedler-Schwab, Jeanette → T 834
Fiedler-Winter, Rosemarie → S 1 264
Fiege, Jürgen Dipl.-Kfm. → E 145
Fieles-Kahl, Norbert Prof. Dipl.-Phys. → t 1 669
Fielitz, Frank → r 781
Fielstette, Jürgen → r 112
Fienbork, Klaus → o 609
Fieten, Robert Dr. → H 682
Fietz, Ulrich → t 2 015
– Yvonne → U 3 024
Figueiredo, João → IZ U 817
Fikentscher, Anneliese → U 2 766
– Rüdiger, Dr. → a 96, u 2 265
Fikuart, Karl Dr. → Q 582
Filaretos, Nikos → IZ U 474, IZ U 578
Filatov, Tarja → iz b 62
Filges, Axel C. → s 491
Filipek, Dr. → iz t 674
Filippi, A. → IZ F 2 186
de Filippi, Carlo → iza 89
Filippini, Dr. → iz f 2 054
– F., Dr. → iz f 1 115
Filippone, Maria Pia → iz a 4
Filippopoulou, Elli → iz o 85
Filler, Gert → s 143
Filser, Erwin → N 111
Filsinger, Kurt → Q 85, Q 86
Filter, Wolfgang Dr. → g 144
Fimm, Dr. → u 1 685
Fincken, Veerle → iz f 1 559
Finckh, Ulrich → U 1 871
Findeisen, Maximilian → O 710
– Veronika → S 425
Finer, E. G. Dr. → iz f 1 024
Fineschi, L. → iz h 302
Finge, Wilhelm → O 467
Finger, Eric → c 27
– Gerhard → U 1 869
– Horst Rudolf → B 826
Fingerhuth, Rudolf → m 130
Fink, Andreas → I 87
– Annette, Prof. → T 455
– Armin → T 3 756
– Bernhard → K 15
– Christoph → IZ Q 227
– Dieter, Dipl.-Volksw. → m 4
– Franz, Dr. → U 1 812, U 2 023
– H. J. → H 164
– Hardy → IZ U 571
– Maria → S 1 501
– Ulf → T 818, u 2 540
– Willibald → R 455
Finkbeiner, Heiner → iz s 364
– Rolf → P 51
Finke, Bernd → D 146
– Detlev → u 846, U 852
– Gertrud → t 3 092
– Gudrun → A 336
– Klaus, Dr. med. → T 2 887
– Raimund → O 56
– Werner → S 783
Finkeldey, Reiner Dr. → T 2 710
Finkelmann, H. Prof. Dr. → T 1 915

Finkelnburg, Klaus Prof. Dr. → u 948
Finkenbeiner, Otto → b 13
Finkenberger, Martin → O 494
Finkle, James P. → IZ F 1 795
Finkler, Dietmar → s 434
Finn, Gerhard → U 1 028
– Horst → h 191
Finster, Christian → S 274
Finz, Alfred Dr. → iz b 203
Finzel, Dieter → s 492
Fioravantti, Máximo → iz s 498
Fiori, F. → IZ T 824
– Fracesco → IZ U 420
Fiorini, Alberto Paolo → iz q 88
Fip, Hans-Jürgen → D 114, U 400
Firatan, Nalan → N 101
Firnhaber, Fred → h 434
Firnkorn, Hans → E 18
Firrao, Donato Prof. → IZ T 515
Firschke, Dieter → H 509
Fisch, Norbert Manfred Prof. Dr.-Ing. → t 1 722
– Rudolf, Univ.-Prof. Dr. → T 675
Fischbach, Bernhard → B 720
– Stephan → T 3 837
Fischbacher, Alfred → e 59
Fischbeck, H.-J. Dr. → U 2 722
Fischedick, Gerlinde → s 487
Fischel, Willy → H 372, H 474, H 490, H 509, iz h 165
Fischenich, Reinhold Dr. → Q 662
Fischer → u 1 658, iz q 148
– A., Prof. Dr. → T 2 602
– Achim → S 1 357, T 604
– Ada → q 61
– Albrecht, Dr.-Ing. → t 1 183
– Alexander → U 400
– Alfred → u 2 844
– Andrea → U 2 097
– Andreas → O 370, U 932
– Andreas, Prof. Dr. → Q 369
– Andreas, Prof. Dr.rer.nat. → T 609
– Anneliese → u 1 981
– Ansgar → r 468
– Artur, Prof. Dr. phil. h. c. → T 1 901
– Arwed → H 629
– Axel → H 528, n 8
– Bernd → E 233, E 269, n 76
– Bernd, Dipl.-Ing. → s 887
– Bernhard → K 325
– Bodo, Dipl.-Ing. → I 10
– Clemens, Dipl.-Ing. → M 79
– Cornelia, Dr. → A 20
– Dieter → H 438
– Dietrich → S 972
– Dietrich, Prof. Dr. → U 1 639
– Dirk → U 2 114, u 2 119
– Dirk, Dr. → U 702
– Eberhard, Prof. Dr. → Q 386
– Eike → A 306
– Emil → U 2 182, u 2 195
– Ernst → G 45, n 9
– Ernst O., Prof. Dr. → T 1 901
– Erwin, Dr. → iz i 39
– Felix → O 322
– Frank → s 141
– Gerd → m 32, m 190, m 193
– Gerd G. → S 1 362, T 2 758
– Gerhard, Prof. Dr. → U 1 015
– Gernot → d 43
– Gerold, Dr. → u 2 109
– Gunnar → R 864
– Gunold → r 369
– Gunter S., Prof. Dr. → t 115
– H. → IZ W 20
– Hans → T 2 627
– Hans, Dr. → T 2 212
– Hans-Günter, Dipl.-Volksw. → H 288
– Hans-Jürgen → q 105
– Hans-Martin → t 338, f 367
– Hans Peter, Dr. → E 26
– Hans-Ulrich → g 553, h 759
– Harald, Dipl.-Betriebsw. → s 327
– Hartmut → h 128
– Hartwig → u 2 122, u 2 124
– Heike → O 624
– Heinz → IZ U 423
– Heinz, Dr. → IZ B 18
– Heinz, Prof. Dr.rer.nat. → S 1 208
– Helma → E 108
– Helmut → U 912
– Hermann, Dipl.-Ing. → t 874
– Hildegard → iz h 431
– Hildegard, Dr. → iz h 461
– Hildrun → I 74
– Holger, Dr. → e 589
– Horst, Dr. → T 1 160
– Ivo → T 2 259

Fortsetzung nächste Seite

Fischer (Fortsetzung)
- J., Prof. Dr. → T 3 395
- Joachim → IZ S 642
- Jörg, Dr. → I 95, iz i 184
- Johannes B. → K 32
- Joschka → U 2 097
- Josef, Dr. → b 123
- Joseph → A 8
- Jürgen → u 2 595
- Jürgen, Dr. → T 2 309, u 878
- Jürgen, Dr.med. → S 228
- Kai → O 406
- Karl-Friedrich, Prof. Dr.-Ing. habil. → T 719
- Karl Heinz → s 603
- Karl-Heinz, Dr. → T 4 043
- Karl Manfred → U 3 025
- Karlheinz, Dipl.-Phys. → B 414
- Klaus → b 9
- Klaus, Prof. Dipl.-Ing. → t 1 640
- Klaus, Prof. Dr. med. → S 41
- Klaus-Christian, Dr.-Ing. → T 2 189
- L., Prof. Dr. → T 2 602
- Laurent, Dr. → T 3 693
- Leonhard H. → l 143
- Lorenz, Prof. Dr. → t 2 407
- Lothar → M 265, Q 242, iz q 147
- Lothar, Dipl.-Kfm. → Q 241
- Lutz, Dipl.-Kfm. → s 1 272
- Manfred, Dipl.-Ing. → F 932
- Manuela → N 187
- Michael R., Dr. → S 615
Fischer*), Paul Dipl.-Betriebsw. → I 43
Fischer, Peter → h 130, t 2 945
- Pius → C 197
- Rafik → iz i 99
- Rainer, Dipl.-Geogr. → Q 384
- Rainer D., Prof. Dr. → T 1 911
- Ralf → E 263
- Ralf, Dipl.-Geogr. → S 1 454
- Robert → S 972, s 1 461
- Robert, Dr. → F 206, iz f 817
- Roland, Dr. → s 898, S 922, S 924
- Roland, Prof. Dr. → T 433
- Rudolf → K 3, S 922
- Siegfried → IZ U 571
- Stanley → IZ I 26
- Thomas → I 12
- Thomas, Dr. → I 42
- Thomas R., Dr. → c 681
- Ullrich, Dipl.-Ing. → g 567
- Ulrich, Dr. → u 2 296
- Ulrich, Dr. med. → T 2 768
- Uwe → Q 246, s 771
- Walter → T 3 786, U 607
- Werner → S 1 430
- Werner, Prof. Dr.-Ing. → T 554
- Werner B., Dr. → I 80
- Wolfgang → A 39, I 45, k 60
- Wolfgang, Dipl.-Geogr. → h 338
- Wulf, Prof. Dr. rer. nat. → T 666
Fischer-Bahlau, Dagmar → u 1 673
Fischer-Breihofer, Margit → T 2 925
Fischer-Heidelberger, Heinz Dr. → I 37
Fischer-Heidlberger, Heinz Dr. → b 25
Fischerström, Barbro → iz o 71
Fischler, Franz → IZ A 1
- Gerhard → IZ H 368, iz h 371
Fischli, Bruno → u 2 892
Fisher, Barry Darrell Hedley → c 30
- Rod → iz u 607
Fiss, Manfred → F 394
Fissenewert, Horst Prof. Dr.rer.pol. → T 426
Fisser, Michael Dr. → c 864
Fitoussi, Jean-Paul Prof. → IZ T 567, iz t 588
Fitschen, Jürgen → U 687
Fittschen, Klaus Prof. Dr.phil. → a 126
Fitzgerald, Ciaran → iz f 2 302
- J. → iz h 72, IZ T 573
- John → iz t 593
Fitzke, Jens Dipl.-Geogr. → s 1 458
Fitzmaurice, Shay → iz g 41
Fitzner, Hans Dipl.-Holzwirt → g 181
Fitzpatrick, J. A. → iz f 1 059
- John → iz i 97
- W. E. → iz k 41
Fitzsimmons, Frank → IZ T 903
Fix, Hans-Günter Dr. → R 22
Flach, Bettina C. → r 553
- Norbert → K 268
- Ulrike → A 35
- Uwe E. → I 25, l 143
Flachenäcker, Michael → Q 462
Flachowsky, Gerhard Prof. Dr. → A 149
Flacke, Franz-Josef → T 627
Flad, Horst Dipl.-Ing. Dir. → U 679
Flade, Frido → L 38, R 264
Fladung, Gabi → T 887
Flämig, Dieter Dr. → T 2 440
- Eckbert, Dr. → d 254

Flahaut, André → iz b 28
Flaherty, Anne → iz g 197
Flaig, Berthold → t 2 510
- Gerhard → b 21, I 37
Flambard, Anthony R. Dr. → U 29
Flamm, Harald → m 82
Flanagar, Brenda → IZ U 310
Flanderka, Dr. → T 2 189
Flasbarth, Jochen → Q 361, Q 480, Q 492
Flasche, Rolf → E 145
Flaskamp, Dieter → T 4 006, t 4 018
Flaßhoff, Carsten → S 615
- Wolfgang → T 3 757
Flassig, Reiner Dipl.-Volkswirt → g 39
Flath, Steffen → A 39, b 160
Flatow, Curth Prof. → S 1 287
Flatscher, Gottfried → iz f 1 351
Flechsel, Fritz → H 619
Flechtenmacher, Christian → s 1 405
Fleck, C.A. Prof. Dr. → iz l 13
- E., Prof. Dr. → T 3 332
- Friedel → i 8
- Gerhard → I 37
- Klaus, Dr.med. → S 1 363
- Olaf → F 838
- Winfried → h 551
Flecken, Walter → i 53
Fleckenstein, Knut → u 1 882
- Kurt, Dr. → E 2
Flege, Dirk → U 2 631
Flegel, Ernst → I 43
Flehr, Jürgen → u 2 461
Fleig, Günther Dipl.-Volksw. → E 31
- Ulrich → T 1 322
- W., Dipl.-Ing. → F 1 032
Fleiner, Peter → B 738
Fleisch, Hans Dr. → U 2 048
Fleischauer, Peter Prof. Dipl.-Ing. → t 1 778
Fleischer, Andreas → F 496
- Dietrich, Dr. → T 1 250
- Gundolf → u 2 453
- Peter, Dr. → I 30
- Petra → k 93
- Walter → I 119
- Wolfgang → u 2 435
Fleischhans, Jiri → iz l 26
Fleischhauer, Heinz J. H. Dipl.-Pol. → T 2 204, T 2 222
- Jens, Dr. → S 531
- Renate → T 2 204, T 2 222
Fleischle, Ulrike → E 30
Fleischmann, Birgit → T 423
- Klaus → g 649
- Klaus, Dr. → T 259
- Michael → U 371
- Thomas → G 484, g 486, G 548, H 136, IZ H 518
Flemming, Arend Dr. → T 952
- Axel → O 288
- Peter → g 452, h 595
Flenker, Ingo Dr. med. → s 39
Flessenkemper, Tobias → IZ U 231
Fletcher, David → iz g 135
Fleury, Antoine Prof. Dr. → IZ T 915
Fley → B 222, u 1 658
Flick, Friedrich Karl Dr. → T 735
- Heinz, Dipl.-Ing. → I 49
- Karl Heinz → u 1 911
Fliege → T 2 004
- Ilse → c 1 306
Fliegel, Horst → u 2 826
Flieger, Burghard Dr. → S 743, T 2 329
- Jutta → S 742
- Klaus-Peter → K 265, K 266
Fliegner, Martin → T 2 349
Flierl, Thomas Dr. → U 2 234
Fliese → B 712
Fliether, Karl Joachim Dipl.-Volksw. → F 244, f 269
Flietner, Olaf → E 110
Flimm, Fritz Hermann → C 450
- Jürgen, Prof. → O 11
- Otto → U 1 074
Flitsch → U 604
Flittner, Karl → c 443
Flock, Gerhard Dipl.-Vw. → s 648
Flodin, Ulf R. → iz f 735
Flöck, Engelbert → N 170
Flögel, Friedhelm Dipl.-Betriebsw. → m 12
Flöhl, Rainer Dr. → T 849
Flöter, Thomas Dr. → S 174
- Thomas, Dr.med. → T 3 438
Flöthner, Reiner Dr. med. → s 153
Flötotto, Hubertus Dipl.-Ing. → f 566, iz f 267, iz f 274, iz f 2 406
Flohr, Hans-Joachim → H 594
- Herbert, Dr. → E 82
Flohrer, Manfred Dr.-Ing. → s 929
Flor, Michael Dipl.-Wirtsch.-Ing. → T 1 357

Floratos, Evangelos → iz i 34
Florén, Erik → iz s 375
Florenzano, Fernando Gonzalez → iz h 353
Flores, Ricardo → iz f 193
Florian, Klaus-Peter Dr. → b 31
- Sabine → E 262
Floridis, Georgios → iz b 105
Florin, Gerhard Dr. → F 375
- Rüdiger → M 14
Flos, Rosa Dr. → IZ Q 140
Floßdorf, Franz-Josef Dr.-Ing. → T 1 001
Floter, Bernhard Dipl.-Betriebsw. → T 2 224
Flothmann, Hartmut Dipl.-Ing. → G 310, G 502, IZ G 73
Flotho, Manfred → B 800
Floto, Christian Dr. → Q 356
- Christian, Prof. Dr. → O 239
- Udo → R 237
Floto-Degener, Hanna → T 2 532
Flubacher, Christoph → M 250
Fluck, Georg → T 1 066
Flügge, Christel → s 403
- Matthias → U 3 009
Flügger, Michael → o 159
Flüß, Martina → s 600
Fluhr, Christa → u 452
Flynn, Liam → iz u 333
Fochem, F. Rainer → T 2 742
Fock, Rolf → K 375
- Karin → h 354
Fockler, Ken → IZ T 903
Focke, Heinrich Dr. → c 987
Föhles, Johannes → T 3 499
Föhr, Horst Dr. → L 3
- Marco → H 634, H 635
Földi, E. Dr. med. → T 3 345
Fölster, Uta → S 566
Förger, Hans-Rainer Dr. → I 29
Först, Hans-Christian → U 2 608
Förstemann, Hans → T 887
Förster, Annette → U 401
- Bernhard → k 201, k 211
- Carsten → U 1 500
- Claus, Dr. → r 290
- Gerd → g 319
- Holger → D 162
- Horst → A 339
- Horst, Prof. Dr. Dr. h.c. → e 600
Foerster, Horst Dieter Dipl.-Ing. → s 860
Förster, Jan → s 608
- Joachim → S 608
- Lars Ansgar → O 534
von Foerster, Peter Dr. → E 82, f 6, F 508, F 939, T 2 302
Förster, Ullrich → S 712, s 721
- Ulrike → T 2 923
- Wolfgang → C 156, U 2 602
Foerster-Baldenius, Werner Dipl.-Ing. → S 1 113
Försterling, Joachim → K 320
- Rudolf → G 662
Förstermann, Michael → k 151
- Volker → iz s 578
Förterer, Jürgen Dr. → K 1, P 4, IZ K 39
Förtsch, Dagmar → c 181
Foeth, M. → iz t 584
Fogelberg, Boo → IZ U 316
Fogelis, Einars → IZ U 556
Fogelstrom, Karl-Johann → IZ P 1
Fogg, Karen → iz a 166
Fohs, Helmut Adolf → c 1 308
Foin, Maric Chistine → IZ U 181
Foken, Wolfgang Prof. Dr.-Ing. → T 719
Fokomy, Paul Mailath → iz h 431
Folchert, Birgit → K 325
Foley, Michael → iz f 2 104
Folfa, Gabriela_7 → c 1 191
Folkerts, Petra → T 1 004
Folkmann, Benjamin → U 2 450
Folland, Richard D. → E 476
Follert, Karlheinz → R 532
Follet, Ghislain Dr. → IZ T 792
Follmann, Heribert → U 2 650
Folz, Artur → r 609
- Ernst → u 2 833
- Thomas → r 684
Fonger, Matthias Dr. → E 80
Fonrouge, Jean Marie Dr. → IZ T 830
Fonseca → iz f 104
- José → iz q 28
Fontaine, Klaus → q 18
- Nicole → IZ A 183
Fontana Rava, Gian Pietro → iz a 49
Fontanellas, F. → iz f 2 630
Fontani, Alessandro → iz u 69
Fontenot, H. Jerrel → IZ S 164
Fontevecchia, Alberto Guido → IZ O 102
Fooken, Ralf → k 435
Foramitti, A. → iz f 477
Forbrig, Andreas Dr. → T 2 715

Forcella, G. → iz h 303
- T. → iz h 303
Forceville, Roel → IZ U 430
Forcher, Rudolf Prof. → N 56
- Rudolf, Prof. Dr. → n 40
Ford, David → iz u 444
Fordyn, Alex → iz o 56
Forest, Jacques → IZ K 39
Forges, Isabelle → IZ U 271
Forgo, L. → iz f 118
Forman, Jane Z. → IZ T 560
Formel, Klaus → R 518
Formigoni, Carlo Ing. → IZ F 678
Fornaciari, Paolo Ing. → iz l 11
Fornahl, Michael → T 838
Forner, Helmut → t 2 996, u 1 622
Forni, Raymond → IZ B 7
Fornoff, Jürgen → u 2 517
Forschbach, Edgar → O 432
Forsgrén, Tapio → iz f 2 277
Forßmann, Jörg Dr.-Ing. → S 1 106, iz s 437
Forst, H.-Jürgen Dr. → R 81
- Hans-Jürgen, Dr. → R 19, T 3 845, T 3 846
- Harry → k 152
Forsten, Jarl Prof. → IZ T 361
Forster, Edgar Dipl.-Volksw. Dr. → E 490
- Elmar, Dr. → G 92
- Hans-Erich, Dr. → M 13
- Jacques, Prof. Dr. → IZ T 835
- Klaus, Dipl.-Ing. → T 1 058
Forstinger, Monika Dr. → iz b 205
Forstner, Manfred → O 689
Forsyth, Iain → IZ A 218
Fortescue, Adrian → iz a 17
Forthmann Petersen, Cay → e 423
Forthofer, Wolfgang Dr. → iz u 776
Fortin, Carlos → IZ V 29
Fortmeier, Ludger → k 207
Fortmeier, Paul → T 2 448
Forwergk, Heinz → r 575
Forwood, Nicholas James → iz a 220
Foschepoth, Josef Prof. Dr. → T 4 162
Fossen, Horst → T 4 102
Foster, Michael R. M. → iz f 2 330, iz n 14
- Robert W. → IZ S 563
Fostervoll, Alv Jakob → iz u 364
Fotiadis, Fokion → iz a 142
Fotis Litsos → iz q 150
Fouad, Randa → IZ S 643
Fouché, Ben → IZ T 308
de Fougeroux, A. → iz h 294
Foulon, Christian → iz r 5
- Francois → IZ G 166
Foundas, Paraskevas → iz b 89
Fouriscot, Mick → iz f 1 712
Fournes, Roland → c 401
Fournier, Christine → IZ N 62
- Olivier → IZ F 1 707
Fox, Charles L. → c 180
- Denis → IZ U 589
- E. → iz s 578
- Gerhard F. → F 501
- Manfred → O 73
- M.L. → iz t 1 857
Fraas, Wolfgang → T 2 755
Fracke, Heinz → U 1 572
Frackowiak, Dagmar → U 3 093
Fradd, D. → iz h 71
Frädrich, Martin Dr. → E 31
Fraedrich, Michael → I 27
- T. → F 378
Frählke, Albert H. → I 137
Fraga, Carmen → IZ A 420
Fragell, Levi → IZ U 426
Fragner, Bert G. Prof. Dr. → E 390
Fragoso, Teresa → iz u 658
Frahm, Harald → u 2 526
- Johann, Dr. → T 2 659
Framstad, Knut → iz f 2 307
Fran Giadakis, Efsrathios → iz q 84
Franc, Lambert → iz q 4
France, Eric → iz f 1 520
Francés, Enrique → iz f 1 428
Franceschini, Ernst Dr. → E 146
Franchet, Yves → iz a 3
Franchi, Sergio → iz f 2 303
Franchot, Yves → iz t 521
Franck, Jeannot → iz f 1 787
- P. J. → IZ F 1 140
- Peter → F 283
Francke, Bernhard → f 1 012
- Gabriele → u 1 145
- Gunnar, Dr.-Ing. → f 868
- H., Dr. → T 1 136
- Viola → L 23
- W., Prof. Dr.h.c. → T 1 911
Francois, Bruno → IZ T 971
François, F. → iz f 108

François

- F. M. → IZ M 219
- Frandsen, Finn → IZ M 199
- I. → iz f 1 121
- Frangen, Eva → U 3 039
- Frangialli, Francesco → IZ N 61
- Franiatte, J. P. → iz f 112
- Frank → B 722
- Angela, Dr. → O 362
- B., Dr. → T 2 625
- Barbara → S 381
- Christine → r 463
- Daniela, Dr. → U 2 064
- Dieter → q 540
- Dr. → A 6
- Eberhard, Prof. Dr.-Ing. → t 1 789
- Gerald → e 124
- H., o.Prof. Dr. → R 860
- Hannes, Dr. → E 2, E 147
- Helge → u 2 426, U 2 436
- Horst, Dr. → T 2 890
- Jörg, Dipl.-Ing. → S 798
- Klaus, Dr. → U 1 024
- Marcus → N 58
- Martin → B 263, E 63
- Michael, Dr. → S 262
- Nina → U 2 058
- Paul M., Prof. Dr.-Ing.mult. → T 375
- Peter → c 632, c 704, S 738
- Rainer → g 432, n 90
- Rainer, Prof. Dr. → T 980
- Susanne → u 1 435
- Ulrike → T 1 971
- Winfried E. → G 20, G 100
- Wolfgang → B 798
- Zvi → iz f 2 109
- Frhr. Frank von Fürstenwerth, Jörg Dr. → K 1
- Franke → B 568
- Arnim → D 19
- Berthold, Dr. → U 2 859
- Dieter → t 2 494
- Dr. → T 2 074
- Friedhelm → F 1 053
- Hans, Dipl.-Ing. → S 965
- Hans-Oskar → H 355, h 365
- Horst → h 591, t 2 965
- Jörg → I 95
- Konrad, Dr. → O 288
- Reinhart → K 294
- Roland, Dr. → U 178
- Stefan, Dr. → b 155
- Sylva → c 1 150
- W., Prof. Dr. → T 1 129
- Walter, Prof. Dr. → c 1 026
- Wilfried, Prof. Dr. → t 1 444
- Wolfgang → S 1 585
- Wolfgang, Dipl.-Betriebsw. → S 748
- Franken, Werner → u 1 675
- Frankenberg, Peter Prof. Dr. → b 7, T 398
- Peter, Prof. Dr.h.c. → T 604, T 2 522
- Peter, Prof. Dr.Dr.h.c. → T 4 179
- Frankenberger, Hans-Joachim Dipl.-Kfm. → e 58
- Wilhelm → P 4, P 26
- Frankenfeld, Johann-Heinrich → T 2 116, t 2 122
- Frankenstein, Peter → F 506
- Fransoo, Jan C. → IZ U 550
- Franßen, Everhardt Dr. → A 367
- Franssens, M. → iz t 408
- De Franssu, L. → iz f 2 462
- Franta, D. → iz h 81
- Frantzioch, Fritz Dr. → A 331, T 3 579
- Franz, Bettina → G 469
- Claus St., Dr. → S 282
- Elvira → s 1 309
- Friedhelm, Dr. → U 175
- Günther → S 801
- H.-Gerd → n 93
- Hartmut, Dr. → t 1 457
- Henning → n 6, N 27
- Kurt, Prof. Dr. → S 1 207
- Michael G. → O 399
- Otmar, Dr. → T 778, T 2 156, T 4 148
- Peter → T 749
- Reinhard → E 100
- Wolfgang → f 920, H 9, t 2 108
- Wolfgang, Prof. Dr. → t 2 292
- Franzel, Karin → s 406
- Franzen, Claus → H 387
- Dag → IZ U 572
- Hermann → E 154, H 1, H 308
- Ingrid → b 180
- Jürgen → E 336
- Karl-Heinz → E 2
- Lothar → T 2 551
- Volker → U 2 067
- Franzius, Volker Dr.-Ing. → S 1 050
- Franzky, Berward → M 168
- Frark, Günter → f 236

- Fraser → iz f 227
- G.L. → iz f 989
- Frasquilho, Manuel Dr. → iz m 26
- Fratzscher, Günther Dr. → U 966
- Günther, Dr.agr. → T 2 601
- Frauenberger, K.-Andreas → f 598
- Michael, Dr. → U 1 175
- Frauenrath, Arndt → G 161
- von und zu Fraunberg, Seppo → c 123
- Fraune, Heinz → g 321
- Førde, Bjørn → IZ U 321, iz u 324
- Frece, Norbert → L 60
- Frech, Joachim Prof. Dr.-Ing. → t 1 462
- Frechen, Friedel → D 57
- Fréchette, Louise → IZ V 1
- Fredericksen, L. → IZ F 1 230
- Frederiksen, Claus Hjort → iz u 439
- Fredholm, O. → iz f 1 031
- Freeland, R. D. → iz f 360
- Freeman, Gemma → E 287
- Freericks, Wolfgang Univ.-Prof. Dr. → T 2 358
- Freese, Hans Uwo → G 238, U 567
- Henning, Dipl.-Ing. → s 819
- Frei, A.H. → IZ H 343, iz h 344
- Jeremy D. → S 1 288
- Peter → b 25
- Sebastian → S 738
- Freiberg, Konrad → R 294, R 377, r 385
- Ulf → T 1 313
- Freibrodt, Ute → T 3 115
- Freidel, Jacques → iz g 38
- Freidinger-Legay, A. → IZ F 872
- Freier, S. Dr. → s 223
- Freiherr Poschinger von Frauenau, Stephan → E 63
- Freiländer, Hans Dipl.-Kfm. → U 696
- Freiling, Frank-Dieter Dr. → O 508
- Freimann, Horst → G 44
- Freimuth, Jörg Dipl.-Ing. (FH) → Q 127, s 896, T 2 679
- Frein, Kurt → B 655
- Freise, Busso → E 147
- Freiß, Peter Dipl.-Volksw. → P 18
- Freitag, Anke → r 705
- Heinrich → h 690
- Lutz → K 160, K 329, U 448
- Paul → g 404
- Raimar → IZ T 273
- Robert → IZ U 91
- Uwe → T 1 276
- Freitas, José Carlos → IZ S 636
- Jovita, Dr. → iz b 229
- Gaspar Freitas, Maria Gabriela Ing. → iz b 221
- de Freitas, Marilia Viterbo → iz r 302
- Freiwald, Uta → O 218
- Freller, Karl → b 19
- Fremerey, Ulrike → A 23
- Fremmer, Hans-Jürgen → k 174, k 193
- French, Thomas Jeremy → IZ F 764
- W. → iz g 87
- Frenken, Wolfgang → S 1 199
- Frenschkowski, Marco → U 3 015
- Frentrop, Nina → E 478
- Frentz, Hanns-Peter → O 528
- Frenzel, Burkhard Prof. Dr. → T 3 724
- Horst, Dr. med. → s 24
- Michael, Dr. → F 1
- Udo → F 1 016
- Frerich, J. Prof. Dr. → T 2 457
- Marcus → F 577
- Frerichs → B 747
- Göke → IZ A 225
- Göke, Dipl.-Volksw. Dr. → H 2
- Göke, Dr. → E 239, H 12
- Klaus → A 324
- Ursula → R 267
- Uwe, Dipl.-Ing. → f 876
- Frerick, Helmut Dipl.-Troph. → T 3 636
- Michael → F 1 034
- Frerker, Michael Dipl.-Volksw. → f 534, f 538
- Frese, Herbert → u 2 496
- Hermann, Dipl.-Volksw. → E 14
- Jörg → E 239
- Peter → u 2 495
- Frese-Kroll, Carmen → O 444
- Halna du Fretay, A. → iz f 2 214
- Fretz, Peter Dr. → IZ T 840
- Freudenberg, Dr. → b 3
- Frank, Dipl.-Wirt.-Ing. → T 2 178
- Hans-Dieter, Dipl.-Ing. → h 728
- Manfred → U 44
- N., Prof. Dr. h.c. → T 3 435
- Freudenberger, Hans-Christoph → S 1 588
- Freudenstein, Jörg → Q 545
- Freudl, Carola → u 2 237
- Freukes, Burghardt → U 646
- Freund, Bernhard → h 712

Fortsetzung nächste Spalte

Freund (Fortsetzung)
- Birgit → B 765
- Christian, Dr. → S 278
- Hans-Joachim, Prof. Dr. → t 119
- Klaus → r 423
- L. Ben, Prof. → IZ T 168
- Mathias, Prof. Dr.med. → T 3 320
- Miguel → u 2 398
- Thomas, Dr. → B 95
- Ulf-Peter → U 222
- Freundl, Carola → a 76
- Frevert, Conrad Dr. → t 2 780
- Uwe → U 2 019
- Frew, Anthony Dr. → IZ T 742
- Frey, Bernhard → U 41
- Hans → g 676
- Hans Dieter, Prof. Dr. → T 907
- Hans-Dieter, Prof. Dr. → t 908
- Hans Paul → R 63
- Heinrich → I 90, M 15
- Hellmuth → G 502
- Herbert → f 970
- Jens-Georg → t 3 732
- Manfred, Dr.rer.nat. → t 1 619
- Frey-Vor, Gerlinde Dr. → O 408
- von Freyberg, Silke → F 321
- Freyberger, Klaus St. Prof. Dr. phil. → a 131
- Freye, Horst → U 293
- Wolfgang → u 2 244
- Freyer, Erich → t 2 101
- Volker → O 288
- Freyhardt, Herbert C. Prof. Dr. → T 867
- Freyhoff, Geert → IZ U 309
- von Freyhold, A. Prof. → T 3 794
- Freytag, Andreas Dr. → t 2 289
- Friauf, Karl Heinrich Prof. Dr. → T 3 612
- Frick, Achim Prof. Dr. → t 1 394
- Christoph → k 214
- Elmire → s 94
- Hans-Joachim → S 1 197
- Markus → N 142
- Tobias → U 22
- Fricke → B 725
- Christian-Albert, Dr. jur. → E 132, E 239
- Eckehard → U 2 066
- Hans J. → u 2 470
- Hans-Joachim → t 2 946
- Heinz → s 1 377
- Horst → K 316
- Jochen, Dipl.-Ing. → U 149
- Jutta → U 2 778
- Klaus, Prof. Dr.-Ing. → T 1 369
- Peter → g 780
- Peter, Dr. → A 23
- Rüdiger → u 2 645
- Stefan → O 94
- Ulrich → H 682
- Werner → f 760, R 97, r 110
- Fricke-Heise, Susanne → t 3 816
- Frickel, Marianne → E 151
- Thomas → o 155, O 225
- Fricker, Colin → iz o 141
- Gert, Prof. Dr. → t 1 529
- Fridrich, Albrecht Dr. → t 2 157
- Bernd-Dieter → E 413
- Frie, Norbert → T 622
- Friebel, Henning Dr.med. → s 36
- Frieber, Helga → R 427
- Fried → IZ T 319
- Ulrich, Dipl.-Volksw. → u 897
- Friede, H. Dr.-Ing. → U 664
- Friedeheim, Hans-Jürgen → H 288
- Friedel, B. Prof. Dr.med. → T 3 634
- Frieden, Luc → b 174, iz b 177
- Friederichs, Günter → k 140
- Friederichsen, Wolfgang → H 281
- Friederici, Angela D. Prof. Dr. → t 145
- Friedewald, Horst → O 542, S 737
- Friedhoff, Paul K. → E 151
- Theodor, Dr.-Ök. → E 151
- Friedl, Andrej → iz e 36
- Helmut → u 1 158
- Friedman, M. Dr. → I 43
- Friedmann, Bernhard → IZ A 222
- Michel, Dr. → U 2 387
- Stefan, Dr. → i 49
- Friedrich → T 2 074
- Alfons → H 575
- Bärbel, Prof. Dr. → T 2
- Bernhard, Univ.-Prof. Dr.-Ing. → T 3 653
- Christiane → b 126
- Claudia → u 2 142
- Dieter, Dipl.-Inform. → t 1 700
- Eckhard, Dr. → Q 129
- Georg → a 211
- Hans-Günter → U 131
- Hans Joachim → U 917

Fortsetzung nächste Spalte

Friedrich (Fortsetzung)
- Hans Rainer, Prof. → A 29
- Harald → g 462, h 605
- Harald, Dr. → Q 641, Q 642
- Horst → A 69, M 265
- Inge, Dr. → O 377, U 2 450
- Ingo → IZ A 183, IZ U 374
- Ingo, Dr. → E 572, U 2 198
- Johannes, Dr. → u 2 297
- Karl-Heinz → u 809
- Karl-Heinz, Dipl.-Ing. → S 844
- Klaus → U 850
- Knut → t 3 191
- Marlies → R 867, r 871
- Nelly → R 428
- Peter → E 192
- Thomas → t 4 120
- Thomas → s 375
- Till → O 579
- Werner, Dr. → t 2 406
- Wolfgang → h 689
- Friedrichs, Jürgen Prof. Dr. → t 2 399
- Karl August, Dr. → T 645
- Karl-Josef, Dipl.-Volksw. → U 160
- Reinhard → T 2 230
- Sigrid → t 1 622, t 1 717
- Friele, Reinhold → S 1 576
- Frieling, Irmgard → U 1 814
- von Frieling, Klaus → I 84
- Frielinghaus, Monika Prof. Dr. → t 2 609, t 2 646, T 2 693
- Frielingsdorf, Joachim Dr. → T 1 842
- Fries, Christel → r 488
- Winfried → C 199
- Friese, Hans-Günter → s 357, S 358, iz s 187
- Heinz → E 289
- Heinz W., Dr. → R 921
- Karl-Heinz → B 848
- Klaus Gerrit → S 1 181
- Friesel, Heike → u 2 970
- Jürgen → c 346
- Friesenhahn, Elfriede → s 12
- Frieß, Rudolf → Q 302
- Frigo, Giorgio → iz m 91
- Friji, Nejib → IZ V 10
- Frimmel, F. Prof. Dr.rer.nat. → T 1 923
- Frindt, Oswald → c 84
- Frings, Johann → H 171
- Walter → E 151
- Frisch, Edouard → iz q 208
- Harald, Dr. → IZ N 36
- Jürgen → T 2 455
- Kornelia → s 433
- Ulrich H. → o 578
- Frische, Detlef → U 2 781
- Frischeisen, Georg → u 1 917
- Frischenschlager, Friedhelm Dr. → iz u 453
- Frischgesell, Bernd Dipl.-Ing. → s 900, s 1 004
- Frischholz, Peter → f 586, f 587
- Peter, Dipl.-Betriebsw. (FH) → f 37, F 584, f 585
- Frischmann, Andrea → t 3 817
- Frisius, Rudolf Prof. Dr. → T 3 979
- Friske, Erhard → I 128
- Frisque, André → iz s 14
- Frisse, Kenneth → E 74
- Fritsch, Andreas → T 2 910
- Bernd → B 294
- Dieter, Prof. Dr.-Ing. → T 685
- Gunter → a 86
- Klaus Rüdiger → U 45
- Rolf → O 93
- Ulrich → S 172
- Ulrich, Dr. → T 3 690
- Uwe, Dipl.-Ing. (FH) → t 1 624, t 1 733
- Fritsch-Albert, Wolfgang → H 94
- Fritsche, Klaus-Dieter → A 244
- Ulrich, Dr. → t 249
- Wolfgang, Prof. Dr.rer.nat. → IZ T 108
- von Fritschen, Franz Dr. → s 334
- Fritscher, Gertraud → u 1 144
- Fritton, Matthias Dr → I 35
- Fritz → A 21
- Bruno, Dipl.-Ing. (FH) → E 43, u 520
- Erich → T 2 317
- Georg → U 2 450
- Gerd → T 1 975
- Gereon → E 453
- H.-G., Dr. → U 1 611
- Johann P. → IZ O 103
- Karin → N 127
- Ludwig C., Dr. → c 1 295
- Michael → T 3 695
- Peter → u 2 032
- Rainer → I 119
- Rüdiger → t 2 493
- Sabrina → O 322

Fortsetzung nächste Seite

Fritz (Fortsetzung)
- Sebastian, Dipl.-Ing. → T 1 074
- Thomas, Dr. → s 71
- Uwe, Dr. → Q 490
- Wolfgang, Dr.-Ing. → F 122, k 215
- Wolfgang, Prof. Dr.-Ing. → T 554
Fritze, Daniel Dipl.-Ing.oec. → g 175, iz g 172
- Erika → s 397
- Hans-Joachim → u 2 518
- Jürgen, Prof. Dr. med. → T 3 384
- Mikko → u 2 899
Fritzen, Gisela → T 2 762
- Helmut → T 2 807
Fritzlar, Jürgen → F 1 005
- Kurt → q 279
Fritzsch, Reinhard Dr. → s 335
Fritzsche, Bernd → E 197, e 203
- Heidrun, Dr. → T 1 906
- Ilka, Dr. → B 361
- K. Peter, Prof. Dr. → T 3 810
- Klaus-Peter, Dr.-Ing. → S 920
- Michael → c 779
Frizen, Johannes → Q 240
Frobel, Kai Dr. → Q 135
Froböse, Dr. → A 27
- Michael, Prof. Dr. → t 1 534
Frode, Soørensen → iz b 57
Fröbel, Konrad → R 584
Fröhlich, Georg → H 594
- Gerd → U 374
- Hans-Peter → r 413
- Helgard, Dr. → U 2 682
- Ines → b 170
- Linde → O 191
Froehlich, Ron → IZ U 587
Fröhlich, Sieglinde → IZ U 805
- Wolfgang → b 7
Fröhling, Ralf → IZ U 488
Fröhner, Georg → E 14
- Gudrun, Dr. → U 2 450
Fröling, Heiner Dr. → F 1 026
Frömming, Michael → u 2 640
Frömsdorf, Claus → T 562
Fröschen, Werner → K 22
Fröschl, Josef → I 72
Froese, Doris → T 3 960
- Karin-Ingeborg → r 706
- Peter, Dr. → s 375
Frohberg, Wilfried → g 400
Frohloff, Rainer → h 375
Frohmann, Armin → S 738
Frohn, Joachim Prof. Dr. → T 4 177
- Rüdiger → A 1, A 2
Frohne, Ronald Prof. Dr. → O 199
Frohner, Karl Dr.jur. → IZ M 52
- Siegfried → U 371
Frohnert, Hartmut Dr. → m 69, M 178
Frøling, Troels → iz u 354
From, Tomas → iz f 383
Fromage, Jean-Charles → IZ M 75, iz m 85
Fromherz, Peter Dr. → t 104
Fromm, Beatrice → T 857
- Heinz → A 244, Q 516, q 522
- Ludwig, Prof. Dr. → T 564
Frommann, H. Dr. → I 88
Fromme, Erwin → H 66
- Jochen-Konrad → d 232
Frommel, Christoph Luitpold Prof. Dr. → t 102
Frommholz, Dirk-Walter Dipl.-Wirtsch.-Ing. → E 142
Froning, Sabine → IZ L 131
Frosch, Matthias Prof. Dr. med. → T 3 324
- Vera → U 47
Froschauer, Hermann → B 816
- I. → iz h 285
Frost, Anna → IZ Q 125
- J., Dr. → b 598
- Peter → iz h 137
Frostell, Patrick → iz f 225
Frotscher, Michael Prof. Dr.med. → T 3 283
Frotscher-Hoof, U. Dr. → Q 641
- Ulrike, Dr. → Q 642
Frotz, Gerhard Prof. Dr. → T 868
Frowein, Dietrich-Kurt → E 93
- Jochen Abr., Prof. Dr. → T 97, t 171, t 183
- Stefan → iz a 95
Früchtenicht, Hermann → Q 55
Früchtnicht, Heide → q 70
Frühauf, Jürgen → k 95
- Norbert, Rechtsanwalt → u 810
de Frutos, Julio → iz t 957
Frydendal, A. K. → iz f 667
Fryer, Lawrence → U 2 094
Fuchs, Anke → A 35, A 39, O 336, U 871, u 1 133, U 2 251
- Anke, Dipl.-Päd. → R 866
- Barbara → U 3 057
- Carsten → h 416

Fuchs (Fortsetzung)
- Christian → o 165
- Christoph, Prof. Dr.med. → S 22
- Denise → IZ U 178
- Elmar → S 1 087
- Gerhard → E 62, k 342
- Gerhard, Dipl.-Kfm. → O 572
- Gerhard, Dr. → o 274, O 276
- Günter → U 1 615
- Günther → r 349
- Hannelore → T 2 227
- Hans-Georg → H 335
- Hans-Peter → H 231
- Hilmar, Prof. Dr. Dr. → T 1 965
- Jockel → U 3 093
- Josef, Dipl.-Ing. → s 907
- Jürgen → A 23, B 767
- Julius → g 587
- Kajetan → e 706
- Karl → Q 46
- Manfred, Dr. → E 26
- Maritta → iz s 681
- Martin → g 299
- Max, Prof. Dr. phil. → U 1 565
- Max, Prof. Dr.phil. → U 1 560
- Michael → q 112
- Michael, Dr. → H 2, H 15, H 16, R 1, T 778
- Nikolai → Q 179
- Peter → A 23, E 14
- Rainer → I 20
- Richard → S 920
- Silke → U 1 616
- Susanne → U 1 474
- Thorsten → T 3 958
- Tillmann → f 272
- Ulrich → Q 605
- Werner → I 18
- Werner, Dipl.-Kfm. Dr. → U 558
- Willi, Dr. → T 1 901
- Willi Johannes, Dr.-Ing. → T 1 165
- Wolfgang → H 335
Fuchs-Pellmann, Christiane → Q 166
Fuchs-Wegner, Gertrud Dr. → t 2 290
Fuchtel, Hans-Joachim → A 231
Fuder, Hermann Prof. Dr. med. → T 3 285
Fuderer, Herta → K 307
Fücks, Ralf → T 744
Füge, Barbara → U 2 823
Füger, Manfred → B 38
Füglein, Egon Prof. Dr.-Ing. → t 1 687
Führ, Axel → u 1 825
- Gabriele → t 1 878
- Heinz-Bodo, Dr. → T 4 153
Führer, Arnold Prof. → t 1 784
- Oliver, Dr.rer.nat. → T 1 378
- Reinhard → B 327
Führich, Ernst R. Prof. Dr. → T 3 586
Führmann, Jörg Dipl.-Ing. → T 926
Fülle, Jutta → B 843
Fülles, Helmwart → O 631
Füllgraf, Günter → G 743, g 754
Füllkrug-Weitzel, Cornelia → u 1 136, U 2 074
Füllkrug-Weizel, Cornelia → U 1 820
Fünfgeld, Hermann → E 412
Fünfschilling, M. → IZ T 270
Fuentes, Alberto Held → iz s 559
Fürbeth, Frank Dr. → T 2 316
Fürböck, Georg → b 102
- Martin → E 233
Fürniß, Wolfgang Dr. → A 202, b 43
Fürpass, Martina → iz u 248
Fürsen, E. J. Dr. → c 1 091
Fürst, Gebhard → u 2 370
- Michael → u 2 395
Fürstenberg, Friedrich Prof. Dr. → t 2 372
Fürstenwerth, Christian E. → S 738
von Fürstenwerth, Frank Dr. → E 239
Fürstner, Alois Prof. Dr. → t 129
- Wolfgang → O 509
Fürter, Alexander → H 18, h 47
Fuertes Gamundi, José Ramón → iz p 23, IZ Q 144, iz q 157
Füsgen, I. Prof. Dr.med. → T 3 316
Füssel, Frank → f 538
- Stephan, Prof. Dr. → U 3 097
Füssenich, Iris Prof. Dr. → T 587
Füssl-Gutmann, Christine → U 3 041
Füting, Wilhelm → p 45, T 885
Fütterer, D. Prof. Dr. → T 846
- Lutz → U 917
Fugger, Klaus-Hubert Dipl.-Pol. → r 106
Fugmann, Frank Dipl.-Kfm. → F 893, t 314, U 529
Fuhr, Anette Dr. → e 3
Fuhrberg, Torsten → u 2 780
Fuhrhop, Andreas Dr. → E 82
Fuhrmann, Eike → u 2 900
- Elisabeth, Prof. Dr. → T 2 530

Fuhrmann (Fortsetzung)
- Gerrit → U 225
- Hans-Joachim → O 449
- Heinz Jörg, Dr. → f 329
- Horst, Prof. Dr. Dr.h.c.mult. → t 87
- Maria → E 759
- Ulrike → s 469
Fuhrmann-Koch, Marietta → T 639
Fuhrmeister, Bettina → Q 169
Fujara, F. Prof. Dr. → U 2 722
Fujie, Goro → iz s 525
Fujimoto, Osamu → E 296
Fuks, Robert → iz t 3
Fukuoka, Takazumi Prof. Dr. → U 2 557, IZ U 463
Fulda, Gerhard Dr. → C 210
Fulde, Peter Prof. Dr. → t 151
Fulgraft, Johannes Dipl.-Geogr. → s 1 457
Fumis, Silva → iz u 760
Funck, Götz → E 272
Funge, S. A. → iz f 1 274
- Seamus → iz h 299
Funk, Arno → K 276
- Joachim, Dr. → T 4 144
- Joachim, Prof. Dr. → T 4 153
- Jürgen, Dipl.-Ing. → E 42
- Karl-Walter → P 4
- Peter Michael → U 720
- Robert, Prof. Dr. → T 1 918
Funke, Astrid Dr. → Q 579
- Hans-Jürgen, Dipl.-Volksw. → h 591
- Peter → T 1 322
- Rainer → T 2 238, U 2 076
- Silvia → U 2 450
- Ursula → s 347
- Ursula, Prof. Dr. → T 3 933
Funkschmidt, Dr. → A 16
Furche, Norbert Dipl.-Volksw. → f 549, f 823, f 824
Furchert, Dirk Dr. → D 79
Furlan, J. → iz f 1 036
- Janez → iz f 2 079
Furlanis, Illenia → IZ U 257
Furler, Addi → s 1 388
- Klaus, Dipl.-Kaufm. → f 736, f 737
- Wolfgang → f 728
- Wolfgang, Dipl.-Ing. → r 149
Furrer, Frank Dr.iur. → IZ M 52
- Regula → U 269
Furst, Frank → IZ U 549
Furtak, H Dr. → IZ F 1 265
Furulund, Petter → iz f 702
Fusaro, P. → iz f 2 216
Fusco Legacoop, Lucia → iz p 12
Fuß, Jörg Dr. → T 4 124
Fussan-Freese, Kirstin → U 2 450
Fußangel, Manfred → F 689
Fussek, Claus → U 1 708
Fußmann, Gerd Prof. Dr. → t 156
Fust, Hans-Joachim → g 337
Fyodorova, Nelli Nikolaevna → f 200

G

Gaarenstroom, H. → iz f 1 919
Gaarsmand, Solveig → IZ U 176
Gaasch, Romain → IZ T 844
Gabaglio, Emilio → IZ R 151
Gabaschwill, Konstantin Dr. → C 795
Gabay, Mayer → IZ V 48
Gabbe, Jens Dipl.-Volksw. → D 206, IZ U 594
Gabelmann, Heiner → U 2 450
Gabler, Diethelm Dr. → u 2 584
- Max → F 858
Gabolde, Emmanuel → IZ A 222
Gabor, Cornai Dr. → iz s 266
Gabriel, Angelika → u 1 757
- Annelie → T 2 534
- Christa → u 1 223
- Enno → g 418
- Gerhard, Dipl.-Ing. → I 44
- Harald → q 187
- Karl, Prof. Dr. Dr. → t 2 422
- Matthias → U 393
- Otto, Prof. Dr. → A 153
- Sigmar → A 39, B 105, U 2 251
- Torsten, Dr. → T 2 742
Gabriels, Howard → iz o 196
- Jaak → b 34
Gabrielsson, Arne → iz f 81
- Håkan → iz o 59
Gabrysch, Gunter → U 2 653
Gac, André → IZ M 75
Gaddes, Gordon → IZ T 362
Gaddum, Anthony → IZ F 1 707
Gade, N. → iz f 1 054

Gadis, Karlolus → c 804
Gadomski, Franz Dr.med. → s 34
Gaebe, Wolf Prof. Dr. → t 1 747
Gaebel, W. Prof. Dr. → T 3 291
- Wolfgang, Prof. Dr. → T 3 278
Gaebges, Martin → M 266, IZ M 216
Gäde, Carola → U 1 570
- Catrin → O 572
Gaedertz, Alfred-Carl → U 694
Gaedtke, Wolfgang → T 797
Gäfke, Adelheid → N 142
Gaemelke, Peter → iz q 5, iz q 6
Gänger, Ulf → I 16
Gänßlen, Siegfried → S 785
Gärtner, Adolf Dr.-Ing. → T 1 361
- Andreas → t 2 769
- Dieter → T 3 876
- Gerd-Walter → f 777
- Judith → T 952
- Karl-Heinz → u 2 865
- Klaus → b 173, B 211
- Matthias → a 80
- Norbert → T 402
- Reinhard → r 692
- Udo, Dipl.-Met. → A 333, T 846
- Ulrich, Prof. Dr.-Ing. → t 1 513
- Waldemar → O 645
Gaethgens, Peter Univ.-Prof. Dr. → T 417
van Gaever, Patrick → IZ H 521
Freiherr von Gagern, Olof → E 30
von Gagern, Olof → G 801
Gago, José Mariano Prof. Dr. → iz b 225
Gahrau, Jürgen Michael → U 412
Gahsche, Helmut → d 227
Gaier, Stefan Dipl.-Wirt-Ing. → t 1 408
Gaignard, Romain Prof. Dr. → IZ T 882
Gaisbauer, R. Gustav → U 3 015
- Roswitha → U 3 015
Gaiser, Gerd Dr.-Ing. → t 1 670
- Hans → U 965
- Volker → g 170
Gaissmaier, Helmut → H 619
Gajani, Alberto → iz f 1 733
Gajda, Joanna → e 623
Gajdos, Marian → iz s 141
Gajowski, Uwe → s 1 336
Galal, Osman Dr. → IZ T 683
Galante, Claudio → iz f 1 569
- D. → iz h 77
- Gabriele → IZ F 1 486
Galaski, A. → IZ F 1 643, IZ U 92
Galceran, Victor → IZ K 48
Galda, M. → U 349
Galea, Joseph → n 227
de Galhau, Odile Villeroy → c 784
Galicz-Ostrowska, Wanda → c 1 177
Galimberti, M. → iz f 230
Galindo, Enrique Alberto Thayer → C 1 140
- Pedro → iz n 27
Galinet-Lucido, Ghislaine → IZ I 2
Gall, Maximilian-Rudolf → U 1 175
Gallach, Christine → IZ A 227
Gallagher, Norbert → iz u 10
Gallai, Lorenzo → IZ I 165
Galland, Cornelia → S 172
- Heidi → S 1 453
Gallard, Philippe → IZ S 647
Gallas, Dr. → A 33
- Viktor → G 45
Gallasch, Waltraud → S 1 554
Galle, Ellen → t 3 091
- Heinz Jürgen → U 3 015
Gallego, Rosa → IZ U 206
Gallenkamp, Hans-Michael → E 133
Gallenstein, Kerstin → T 589
Gallert, Horst → N 177, N 181
- Wulf → a 80
Gallet, G. → iz f 2 167
- Michel → IZ S 677
Galli, G. P. → iz t 597
Galliano, Federico → IZ F 2 164
Gallikowski, Claudia Dr. → U 2 450
Gallimore, Ronald → iza a 123
Gallin, Dan → IZ U 809
Gallist, Rudolf → F 374
Gallner, Inken → S 575
Gallois, Louis → IZ M 4, iz m 14
Galloway, Neville → iz f 1 730
Gallrein, Günther → E 151
Gallus, Bertram → o 426, O 517
Gallusser, Eduard → iz f 2 628
Gallwitz, Dieter Prof. Dr. → t 109
Galmasini, Carlo → iz s 551
Galonska, Jürgen Dr. → T 3 879
Galoux, M. → IZ T 299
Galteland, A. → iz u 224
Galushko, Vadim A. → iz u 71
Galvez, Francisco → IZ R 315
Matos da Gama, Jaime José Dr. → iz b 211

Gamari-Seale, Helene Dr. → iz t 522
Gamarra Cabanas, José-Antonio → iz f 1 747
Gambert, Ludwig → u 2 662
Gambino, Agostino Prof. Dr. → IZ T 873
Gamerschlag, Hans-Karl → H 99, iz h 129
– Kurt, Dr. → IZ T 983
Gamm, Hannelore → s 543
Gamma, R. → iz f 570, iz f 1 118
Gándara, Gabriela → c 1 041
Gandenberger, Gertrud → iz u 721
Gander, Jakob H. → e 629
Gangloff, Maria → a 79
Gannon, F. Prof. → IZ T 243
Ganopa, Carlos → IZ T 361
Gans, Bernd Dr. → N 285
– Oskar, Prof.Dr. → T 2 586
– Thomas → f 105, f 149, f 241, F 499, f 762, f 971, r 58, t 3 857
Gansauge, Claudia → r 573
Gansel, Norbert → D 93
Ganser-Maisel, Ingrid → U 1 605
Ganske, Nikolaus → O 644
– Reinhard W., Dipl.-Ing. → IZ S 394
Ganslmayer, Anton Dr. → E 47
Ganster, Lieselotte → I 43
Gante, Friedhelm Dipl.-Volksw. → g 258
Ganten, Detlev Prof. Dr.med. → T 259
Gantenberg, Detlev R. → o 613
Ganter, Klaus → u 519
Gantner, F. → IZ F 2 341, IZ F 2 505
– Norbert, Dipl.-Psych. → T 2 446
Gantzer, Peter Prof. Dr. → S 620
Ganz, Rolf-Dieter → O 320
– Sabine → g 698
Ganzinger, Harald Prof. Dr. → t 127
Ganzke, Iris Dr. phil. → T 2 848
Ganzleben, Karl-Heinz → E 74
Gao, Huajian Prof. Dr. → t 137
Garai, István → iz u 169
Garavello, Emanuele → iz f 1 203
Garbacz, Halina Dr. → iz t 528
Garbade, Dorothee → q 9
Garbe, Reinhard Dipl.-Volksw. → S 684
Garbe-Emden, Joachim → T 3 517
Garbrecht, Günter → f 783
– Prof. Dr. → F 848
– Thomas, Prof. Dr.-Ing. → t 1 666
Garcia, A. → IZ F 572
Mallitz de Garcia, Elke → c 330
Garcia, Ricardo → iz h 290
García-Bayón, J. → iz f 1 933
Garcia Carrrido, Manuel → E 339
Garcia Garzon, D. Martin → iz e 2 314
Garcia-Gatchalian, Elaine → E 321
Garcia Marcos, J.M. → iz f 2 520
Garcia Molina, Francisco → iz f 1 329
Garcia Moya, P. → iz f 2 613
Garcia Navarro, Miguel → iz q 29
Garcia Romero, Teresita → c 935
García-Valdecasas y Fernández, Rafael → iz a 220
García Velázquez, Antonio → iz a 78
Garczynski, J. → iz f 103
– Jerzy → iz f 408
Gard, Robert → F 577
Gardeik, Hans Otto Dr.-Ing. → R 165
Gardella, Ermanno → IZ U 472
Gardelli, Antonio → c 883
Gardemann, Joachim Prof. Dr.med. → T 3 882
Gardiewski, Isa-Dorothe → T 646
Gardin, R. → iz h 479
Gardiner, V. K. → IZ T 296
Gareis, Albrecht → u 2 834
– Josef, Dr. → r 923
Gargano, Rodolfo Dott. → iz u 753
Garguilo, Georges → iz f 1 901
Garigue, Philippe → IZ U 209
Garlichs, Dietrich Dr. → E 753
Garling, Holger Dr. → s 304
Garlipp, Birgit → t 3 007, u 1 633
Garnatz, Eberhard Pr. → R 480
Garncarz, Joseph Dr. → T 3 687
Garncarz-Buchleitner, Ursula → T 2 850
Garner, Graham → IZ F 1 505
– Theresa → IZ T 560
Garofalo, Mara → IZ T 987
Garrido, Gregorio Martinez → iz u 255
Garshol, Yrjar → iz f 2 031
Garske, Peter → u 2 843
Garstka, Hansjürgen Prof. Dr. → B 343
Garth, Joachim → S 262
Gartiser, Isa → h 393
Gartner, Hans-Herbert Dr. → c 1 123
Gartsos, Costas → iz s 439
Gartzke, Martin → O 301
Garvey, Brain J. → iz s 577
Gas, Bruno Dr. → K 1
Gasanov, Sergej S. Dr.oec. → iz s 242

Gaschler, Karlheinz Dipl.-Volksw. → g 440, g 735
Gasde, Susanne → A 20
Gasiecki, Joachim Prof. Dr. → u 3 072
Gaskell, F. → IZ U 344
Gaskó, István → iz r 219
Gaslini, Franco → iz s 385
Gaspar, Claudia → t 2 296
Gaspary, Udo → S 958
Gaßdorf, Dagmar Dr. → E 156
Gasse, Detlef → S 595
– Peter → r 357
Gassen, Beate → T 3 787
– H. G., Prof.Dr. → T 2 552
– Hans-Dieter → B 237
Gassenmeier, Heijo → h 546
Gasser, Heribert → IZ F 644
– P. → IZ F 464
– Stefan → B 733
– Susan M., Dr. → IZ T 243
Gassert, Herbert Dr.-Ing. → T 905
Gaßmann, Helmut Dr. → f 663
– Pia → S 1 508, U 1 126, u 1 132, U 1 391
– Uwe, Dr. → f 11, r 85, T 3 847
Gaßner, Michael → S 230
Gassner, Peter Dr. → c 747
Gasson, David → IZ K 45
Gast, Dagmar Dipl.-Ing. → U 1 182
– Jan Willem → iz o 67
– Manfred → R 185
– Reiner, Prof. Dr.-Ing. → t 2 049, T 2 074
– Rudolf → t 3 167
Gastell, Friedrich Dr. jur. → F 69, R 33
Gasteyger, Curt Prof. → iz u 617
de Gastines, B. → iz t 383
Gateau, Elisabeth → IZ U 23, iz w 27
Gately, B. → iz f 1 479
Gather, Hans-Herbert Dr. → U 823
Gathof, Robert → U 121
Gattermann, Dieter Dipl.-Kfm. → s 10, s 664
Gatti, Helmuth → U 87
Gattineau, Peter → E 453, U 2 450
Gattmann, Heinz-Ewald → u 2 417
Gatzer → A 14
Gatzke, Harald → E 220
Gatzweiler, Hans-Peter Dr. → A 303
Gaube, Marcel → iz I 6
Gaubert, Alain → IZ T 242
Gauch, Peter → s 1 418
– Sigfrid, Dr. → S 1 258
– Theo → k 46
Gauci, Henry → iz t 939
Gaudillère, Jean-Louis → E 469
Gaudlitz, Otto Dr. → S 337
Gauer-Süß, Gertraud → H 277
Gauermann, Roland → U 312
Gauf, Dieter → M 126
– Otto R. → t 3 195
Gauger, Thomas → r 370
Gaugler, Eduard Prof.Dr.Dres.h.c. → T 2 198
Gauglitz, Günter Prof. Dr. → t 1 777
Gaul, Hans-Peter → S 1 369
– L., Prof. Dr.-Ing. → T 1 943
Gause, Lüder → o 637, o 643
Gauselmann, Paul → O 631, iz f 502
Gausen, Stale → iz f 2 318
Gausepohl, Rainer → b 53
Gauster, Karl → iz h 126
Gauterio Gallo, Luis Eduardo → iz s 30
Gauthier, Denis → iz f 1 335
– Jacques → IZ H 271
Gautier, Philippe → IZ V 24
Gavanier, Jean-Michel → IZ A 222
de Gavardo, Paolo → IZ R 239
Gavars, Voldemars → iz e 30
Gavazzi, Luigi → iz f 43
Gawe, Hans Joachim → Q 343
Gawin, Dr. → U 349
– Wolfgang, Dr. → U 90
Gaworski, Harald → u 1 909
Gawrich, Claudia → IZ U 229
Gayer, Hans-Martin → e 37
– Oliver → s 539
Gayssot, Jean-Claude → iz b 77
Gaytan de Ayala, Enrique → IZ U 492
Gazzo, Yves → iz a 139
Gebauer, Helmut → O 444
– Manfred → u 1 307
– Matthias → s 1 103
– Peter → m 97, m 195
Gebbers, Peter → g 464, h 607
Gebel, Thomas → O 322
Gebert, Hermann → r 278
– Lutz, Dr. → s 356
Gebetsroithner, Judith → IZ C 11
Gebhard, Hans-Jörg → iz q 80
– Hans-Jörg, Dr. → q 221
– Torsten → g 300
Gebhardt, Christian Dr. → E 97

– Gerd → T 3 983
– Hans, Prof. Dr. → T 3 739
– Hartmut → K 296
– Karl-Heinz, Dr.med. → T 2 842, T 3 485
– Oskar, Dipl.-Ing. → f 342, f 343, f 347, IZ F 2 033
– Otto → E 91
– Rico → u 2 247
– Ulrich, Dipl.-Ing. → t 2 123
Gebhardt-Euler, Manfred → g 571
Gebhart, Rainer Dir. → T 4 043
Gebler, Herbert Dr. → s 349
Gebrande, Martin → O 363
Gebreselassie, Beraky → C 749
Gebru, Helen → T 2 358
Gebuhr, Klaus Dr. → S 176, s 179
Gechter, Jürgen → U 1 015
Geckeis, Peter → r 917
Gedack, Reinhard → O 237
Gedamke, Jürgen Dipl.-Volksw. → n 16
Geddes, Keith → iz u 37
Gedeon, Wilhelm Dipl.-Ing. → e 689
Gedik, Suleyman Dr. → iz h 354
Gediz, Ayla Dipl.oec.troph. → E 712
Gee, Derek → iz g 135
Geelhoed, Leendert A. → IZ A 219
Geenemans, Jan → iz n 20
Geenen, Heinz Dr. → f 879, F 887
Geerdes, Alfons → P 4, P 39
Geerißen, Werner Dipl.-Verwaltungsw. → U 351
Geerkens, Nicole → IZ M 224
Geers, Theo → O 288
– Volker J., Dr. → T 738
Geets, Alex → iz p 3
Geffken, Detlef Prof. Dr. → t 1 912
Geffroy, Guy → iz f 1 787
Gege, Maximilian Dr. → Q 645
– Maximilian, Prof. Dr. → Q 643
Gegenbauer, Werner → c 983, E 2, E 67, T 3 835
Gegenwart, Martin Dr. → E 108
Geggus, Roland → u 2 477
Geginat, Volker Dr. → A 35
Gehl, Armin → b 143
– Irmentraud → r 953
Gehle → T 2 909
– Silke, Dr. → t 2 280
Gehlen → A 31
– Gerd → O 322
– Heinz → E 139
– Walter, Prof. Dr. med. → t 3 099
Gehler, Matthias → O 356
Gehlhar, Matthias Dipl.-Betriebsw. → R 449
Gehlsen, Jan → T 530
Gehm, Monika → U 220
Gehnen, Ernst Hermann → E 151
Gehrcke, Wolfgang → A 75
Gehrenkemper, Kirsten Dr. → T 1 119
Gehrer, Elisabeth → iz b 209
Gehri, K. Dr. → iz f 202
Gehricke, Klaus-Peter → U 1 104
Gehrig, Harald → c 412
– Klaus, Dr. → T 671
– Paul, Dipl.-Betriebsw. → U 340
– Sabine → E 67
Gehring, Annelie → IZ F 1 082, IZ H 62, iz h 212
– Walter, Dr. → o 620
– Werner → q 15
Gehrke, Anette → E 82, H 566
– Dieter → U 2 585, u 2 587
– Wilhelm, Dipl.-Volksw. → u 508
Gehrling, Volker Dipl.-Phys. → T 3 751
Gehrmann, Birgit → E 233
– Gottfried, Dipl.-Ing. → S 997, T 880
– Wolf D. → IZ M 37
Gehron, Werner → m 24, m 164
Gehrung, Rainer Dipl.-Ing. (FH) → t 1 418, t 1 420, T 1 727
Geibel, Christoph → u 2 635
– Karl → s 1 323
Geicke, Horst F. → E 258
Geier, Bernward → IZ Q 73
– Dr. → A 31
Geierhos, Alfred → u 2 481
Geiger, Andreas Prof. Dr. → T 595
– Anke → u 1 307
– Françoise → U 2 041
– Hansjörg, Dr. → A 12
– Helmut → t 3 090
– Jürgen → E 258
– Klaus → O 88
– Klaus M. → S 729
– Michael, Dipl.-Oec. → E 16
– Peter → F 896
Geil, Henner Dipl.-Volksw. → e 104
Geilhausen, Horst F. → Q 580
Geiling, Ralf E. → Q 488

Geilsdörfer, R. Prof. Dipl.-Ing. → T 3 794
– Reinhold, Prof. Dipl.-Ing. → t 1 630
Geipel, Tobias → h 740
Geirnaert, A. → iz t 376
Geis, Claus → U 1 175
– Peter, Dr.Ing. → S 943
Geischer, Alexander Dipl.-Kfm. → h 743
Geise, Julius → b 99
Geisel, Elisabeth → U 1 188
– Rainer → N 135
– Theo, Prof. Dr. → t 169
Geiselhart, Utz → h 510
Geisen, Norbert → iz g 47
Geisendorf, Hartmut Dipl.-Ing. → t 360
Geiser, Klaus → r 654
– Ludwig → b 145
Geisert, Maria → g 476
Geisler, Artur → U 1 998
– Hans, Dr. A 39, b 159
– Hans-Joachim, Dr. → T 2 438
– Joachim, Dr.-Ing. → F 122, F 139
– Ladislav → s 1 297
– Michael → g 638, Q 589
– Rainer-M. → u 505
– Sabine → r 929
Geismann, Mechthild → s 468
Geismar, Inse → U 2 041
Geiß, Bernd → A 20
– Uwe → s 361
Geiss-Wittmann, Maria → u 1 198
Geißdörfer, Hans Georg Dr. → g 406
Geißenhöner, Ursula → u 1 431
Geißinger, Silvia → u 1 280
Geißler, Alfred → r 325
Geissler, Detlef → T 971
– Dieter → IZ O 35
Geißler, Erhard Prof. Dr. → T 4 154
– Hartmut → t 3 820
– J. → m 62, M 167
– Manfred → e 10
– Sabine → T 3 810
Geißler-Kuß, Christiane → c 259
Geißler-Piltz, Brigitte Prof. Dr. → T 411
Geissmann, Thomas Dr. → T 2 838
Geist, Karsten → s 299
Geisthardt, Günter → u 1 267
Geistlich, Martin Dr. → iz f 2 080
Geith, Bernd → t 3 962
Gekeler, Walter Dr. → F 202
Gekiere, Roger → iz f 2 456
Gelberg, Hans-Jochen Dr. → s 346
Gelbrich, Reinhard → u 2 414
Gelderblom, C. G. → iz s 688
Geldermann, Sabine → H 116
von Geldern, Wolfgang → L 31
– Wolfgang, Dr. → Q 516
Geldmacher, Jan Dr. med. → s 157
Gelès, Alain → IZ U 318
Gella, Eckhard Dipl.-Volksw. → E 107
Geller, Josef Dr. → f 166
– Ursula → u 9
Gellert, Otto Prof. Dr. → A 202
– Roland, Dr. rer. nat. → t 366, T 1 979
Gellner, Walter → T 2 992
Gellrich, Karin → U 914
Geltinger, Jakob → A 348
Gelvan de Veinsten, Silvia Prof. → IZ T 979
Gelzleichter, Eberhard → s 501
Gembler, Jürgen → E 151
Gemein, Franz-Josef → U 2 133
Gemeiner, Sylvia → r 935
Gemeinhardt, Erna → t 2 919
Gemmel, Erich → U 774
van Gemmeren, Hedwig → k 216
Gennis, Willi → o 37
Genova, T. → iz t 230
– Tommaso → iz f 1 891
Genovese, Stefano → iz f 2 332
Genrich, Karin → h 532
– Hans → h 192
Gensch, Frowin → T 2 300
Genscher, Hans-Dietrich Dr.h.c. → E 604, U 2 200
Gensert, Rolf → u 2 241
Gensow, Hans-Jürgen → T 3 488
Gensthaler, Gerhard Dr. → s 342
Gentgen, Klaus-Peter Dipl.-Ing. → s 700
Genth, Peter Dipl.-Ing. → U 31, U 37
Gentile, Adolfo → IZ S 638
Gentsch, Michael → U 3 120
– Silvio → s 609
Gentz, Manfred Dr. → E 67, T 786
– Manfred, Dr.Dr.h.c. → R 1
Gentzel, Heiko → a 98
Genvo, Gertrud → T 2 993, U 1 619
Genzel, Reinhard Prof. Dr. → t 153
Geoerg, Andreas → u 1 760
Geoghegan, Tom F. → iz f 2 467

Gläser

Geoghegan-Quinn, Máire → IZ A 222
Georg, Edgar Dipl.-Ing. → r 113
– Magdalene → t 3 235
– Rolf C. → T 3 685
George, C. Dr. → IZ T 230
– Eckhard, Dr. → F 436
– Käthe → t 3 170, T 3 244
– Peter J. → T 1 872
Georges, Yannick → IZ U 375
Georgi, Barbara → u 1 322
– Hanspeter, Dr. → b 143, l 43, t 2 167, U 186
– Martin → U 1 816
– Ullrich, Dipl.-Pol. → T 673
– Wolfgang, Prof. Dipl.-Math. → t 1 810
Georgiades, A. → IZ S 568
Georgieva, Violeta → iz f 153
Georgiou, Theodossis → iz u 357
Georis, Raymond → IZ U 819
Gephart, Hella Dr. → T 2 879
Geppert, Cornelia Dipl.-Kfm. → r 228
– Reinhard, Dipl.-Kfm. → E 47
Gepperth, Friedrich → U 2 585, u 2 586
Gerads, Hans-Günther → H 444, h 483
Geralavicius, Vaidievutis Prof. Dr. habil. → C 975
Geraldy, Andreas → s 153
Gérard, Bernard → iz o 79
Gerard, Erich → r 106, iz r 37
Gérard, Jean-Claude → iz f 825
Gerard-Varet, L. A. → iz t 590
Gerardi, Françoise → IZ F 1 245
Gerbaudo, Giovenale → iz p 11
Gerber, Dietrich Dr. → U 2 450
– Hans Peter → iz m 169
– Hildegard → T 3 493
– Johannes, Dipl.-Kfm. Dr.rer.pol. → T 1 870
– Michael C. → T 799
– Otti → u 1 374
– Thomas, Dr. → T 3 717
– Ulrich, Ing. Ök. → F 1 005
– Wolfgang, Dr. → r 934
Gerberding, A. → E 312
– Horst Otto → F 227
Gerberich, Claus W. Prof. Dr. → t 1 599
Gerbes, Jürgen → k 137
Gerbeth, Armin Dipl.-Ing. → E 97
Gerboth-Sahm, Silke → d 34
Gerbrand, Kurt Dipl.-Ing. → f 795
Gerckens, Pierre → IZ O 105
Gerdau, Andreas → S 738
– Uwe → o 656
Gerdes, Hans-Hermann Privatdoz. Dr. → t 1 706
– Herta, Dr. → T 989
– Hilko → p 7
– Jürgen → U 2 441
– Ole → O 358
– Peter → s 1 248
Gerdes-Röben, Michael → F 68
Gerding, Dieter → c 64
– Rainer, Dr. → U 2 152
Gerdsen, Birthe → u 1 256
Gerdts → A 8
Gerecht, Gonhild → r 343
Gerersdorfer, Ewald → h 546
Gerfertz, Friedrich → M 267
Gergen, Ralf → r 556
Gerhäuser, H. Prof. Dr.-Ing. → t 192
– Prof. → T 1 162
Gerhahn, Rainer → r 249
Gerhard, Dr. → T 1 371
– Joachim, Dr. → T 3 826
– Peter → K 16, u 1 060
Gerhards, Wolfgang → b 165
Gerhardt, Günter Dr. med. → s 152
– Hans-Peter → K 15, T 4 039
– Heike → k 75
– Horst, Dr. → u 2 165
– Jacqueline → G 58
– Johann, Dr. → T 498
– Rudolf, Prof. Dr. → t 3 700
– Uta, Prof. Dr. → T 2 359, t 2 393
– Ute, Prof. Dr. → u 2 703
– Walter → Q 587
– Wolfgang → iz u 440
– Wolfgang, Dr. → A 69
Gerhardy, P. Roger → T 3 922
Gerhartz, Olaf → Q 304
Gerhold, Hartmut → O 127
Gericke → A 21
– Axel → q 28
– Richard → t 3 819
– Wilhelm → m 116, M 194
Gerike, Jörg → K 281, K 282
Gerisch, Horst → u 465
Gerke, Gunthart → A 6
Gerken, Lüder Dr.habil. → t 2 281, T 2 318
– Ulrich → F 402

Gerkens, Gerlinde → t 3 062, T 3 164, t 3 180
Gerl, Andreas Dr. → c 1 072
Gerlach → b 493
– Andreas → u 2 457
– Axel, Dr. → A 16
– Brigitte → U 850
– Carsten → H 683
– Ekkehart → O 395
– Ernst → b 119
– Günter, Dipl.-Betriebsw. → S 283
– Hartmut → S 438
– Helmut → U 1 363, u 1 379
– Horst, Dr. med. → T 3 376
– Iris, Dr. phil. → a 130
– Lory → u 1 356
– Lutz → s 1 293
– Michael Edmund → c 571
– Peter, Dipl.-Ing. → B 259
– Richard, Dr. → T 2 583
– Rolf, Dr. → I 71
– Tilo, Dr. → S 1 168
– Udo, Dr. rer.nat.habil → t 226
– Wilhelm, Dipl.-Betriebsw. → E 192
Gerlich, Dieter → s 1 584
Gerling, Michael Dipl.-Kfm. → T 2 342
Gerlinghoff, Peter Dr. → U 2 723
Germann, Günter Prof. Dr. → T 3 428
– Helga → s 1 584
– Klaus, Dr. → S 1 580
Germano, Elio → iz a 91
Germanos, Athos → iz u 66
Germer, Hans-Michael → U 1 864
– Ulrich → u 2 195
Germond, Jean-François Dr. → iz t 771
Gern, Wolfgang Dr. → u 1 836, U 1 869
Gernay, Robert → C 642
Gerner, Hans Jürgen Prof. Dr. → U 2 020
– Willi → M 227, R 83, r 86
Gerner Nielsen, Elsebeth → iz b 49
Gerneth, Fritz → u 2 825
Gerngroß, Heinz Prof. Dr.med. → T 3 432
Gerock, Christine → U 1 447
Gerold, Sabine → r 351
Gerosa, Klaus → Q 592
– Libero, Prof. Dr. → T 643
Gerresheim, Wolfgang → k 85
Gerritsen, Jan → e 486
Gerritz, Kurt Dr. → S 296
Gersching, Christine Dipl.-Kffr. → IZ S 165
Gerschler, Barbara → B 548
von Gersdorff, Mathias → U 2 788
Gershenzon, Jonathan Prof. Dr. → t 146
Gersonde, Klaus Prof. Dr. → t 247
Gerspacher, Hubert Dipl.-Ing. (BA) → t 1 605
Gerstenberg, Karl-Heinz Dr. → u 2 110
Gerstenberger-Zange, Bärbel → g 396
Gerstendorff, Klaus → A 391
Gerstengarbe, Johannes → S 1 313
Gerstenkorn, Petra → R 398
Gerstenschläger, Frank → I 96
Gerster, Florian → A 39, b 134
– Jürg, Dr. → U 647, IZ T 313
Gerstner, Peter → Q 243
– Ulrich → t 4 121
Gertenbach, Dietrich Dr. → E 74
– Peter → D 70
Gerth, Joachim Dr. → O 371
Gertis, Karl Univ.-Prof. Dr.-Ing. Dr. h.c. mult. → t 239
Gertjejanssen, Karl-Fritz → g 405
Gertler, Dieter Dipl.-Ing. → S 736
– Karl → d 30
Gertz, Bernhard → R 496, U 1 039
Gertz-Rotermund, Ingrid → D 200
Gertzmann, Dirk → Q 132
Geruak, Daniel → IZ U 117
Gerull, Peter Dr. → d 226
Gerversmann, Bernd J. → T 3 704
Gerz, Hans → t 3 551
– Wolfgang → c 88
Gerzer, R. Prof. Dr. → T 1 266
– R., Prof. Dr. med. → T 2 802
Gesau, Jan → A 350
Geschka, Horst Prof. Dr. → S 1 052, T 1 901
– Ottilia → u 2 120
Gesinn, Franz-Josef → I 28
Gesnot, Justin → iz h 127
Gessler, Dr. → B 542
– Hans-Jörg, Dipl.-Phys. → U 750
Gessner, Anja → t 4 165
Gesthüsen, Arthur → H 211, h 218, h 627
Getty, Douglas → c 186
Getzin, Werner → u 1 892
Geus, Renate → T 2 799
de Geus, W. → iz m 67
Geusen, Friedrich → S 1 263
Geuter, Werner → I 41
Geuther, Albrecht Dipl.-Pol. → T 1 306

– Gudula → O 288
– Karl-Hillard → c 637
Gewalt, Roland → A 54
Gey, Angela → L 40
Geyer, Axel → f 1 011
– Bernd, Dipl.-Kfm. → N 26, iz n 6
– Brigitte → IZ T 910
– Erhard → R 597
– Erich, Prof. Dipl. rer. pol. (techn.) → T 1 331
– Hans-Herwig, Dr. → S 1 157
– Helmut, Dipl.-Ing. → M 1 000
– Lothar → F 1 054, h 492
– Martin → g 489, h 138
Geys, Danny → IZ O 35
Gezzi, Edgardo → IZ F 2 557
Gfall, Andreas → G 110
Ghanassia, Danielle → IZ U 623
Ghawami, Kambiz Dr. → T 4 178
Ghazzawi, Abbas Faig → C 1 209
Gherardelli, Giuseppe → iz f 699
Ghezzi, Osvaldo → u 2 383
– Waltraud → U 1 242
Ghiotti, Giovanni → iz r 200
Ghorain, P. Fr. → iz s 12
Ghose, A. K. Prof. → IZ T 323
Giacche, Antonio → iz r 176
Giacchetti, I. → IZ F 1 208
Giacomin, Francesco → iz g 43
Giacomuzzi, Mario → IZ F 2 530
Giakoumis, Pantaleon Dr. → u 3 074
Giangrande, Paul → IZ U 320
Giannarakis, Stellios → iz u 35
Giannelou, Chrissi → iz m 88
Giannini, L. → iz q 154
– Luigi → IZ Q 144
Giannopoulos, Evangelos → iz b 106
Giansily, Jean-Antoine → iz u 356
Giarini, Orio Dr. → IZ T 563
Giavarini, C. Prof. Dr. → iz f 1 127
Gibas, Monika Dr. → T 2 220
Gibbon, Julie → E 719
Gibbs, N. → IZ T 963
Gibier, J.F. → iz f 1 861
Gibowski, Wolfgang G. Dipl.-Vw. → T 2 359
Gibson, Theresa → t 2 472
Gidron, Gil → IZ S 244, iz s 264
Giebel, Ulf → O 629
Giede, Ghita → H 457
Giehler, Theo → k 141
Gielen, Jean-Pierre → IZ S 669
Gielisch, Claus → c 905
Gier, Sabine Dipl.-Geogr. → S 1 050
Gieraths, Peter → g 561
Gierden, Gregor → F 71, g 162, g 163, g 164
Giere, H.-H. Dr. → T 1 924
Gierga, Franz → I 40
Giering, Dietrich → O 628
Gierke, Max → c 1 238, R 512
Giernoth, Peter F. → F 995, U 43
Giersberg, Ernst-Jürgen Dr. → E 26
Giersch, Carlo → E 108
– Volker, Dipl.-Volksw. → t 2 167, U 186
– Volker, Dipl.-Vw. → E 196
– Werner, Dr. → c 625, n 207
Gierth, Ulrich → H 619
Gies, Karl-Gustav → S 1 504
– Michael → U 1 608
Giese, Bernd → R 427
– Christa → e 78
– Erich, Dipl.-oec. → T 4 029
– Hans-Georg → H 407
– Herbert, Dr. → f 964, F 978
– Janne → IZ R 306
– Klaus, Dr.-med. → s 13
– P., Prof. Dr. → T 846
– Reinhard, Dr. → s 376
Giesecke, J. Prof. Dr.-Ing. habil., Dr.-Ing. E.h. → T 2 687
Giesel, Ewald → o 546, O 567
Gieseler, Friedel → q 62
– Lutz → B 338
Giesen, Hans-Josef Dr. → O 666
– Karl → Q 266
– Thomas, Dr. → B 353
Giesinger, Alfons → t f 689
Giesler, Hans-Bernd → e 516
– Hermann → U 530
– Jan P., Dr. → U 822
– Rainer → b 471
van der Giessen, P. H. → iz f 772
Gießmann, Claus-D. → S 712
Giessrigl, Johannes Dr. → iz r 48
Giga, Juvenal → iz f 2 309
Giger, Paul → IZ F 1 707
Gigerenzer, Gerd Prof. Dr. → t 103
Gigerich, Ralf → T 906
Gil-Robles, José Maria → IZ U 306
Gilad, Issachar Prof. → iz t 214

Gilady, Yoram → n 269
Gilbeau, Joachim L. → N 166
Gilbers, Sabine → E 220
Gilbert, Gert → h 357
– Hauke → H 355
– Rainer, Dipl.-Ing. → f 304
– Reinhard → g 755
Gilbert-Rolke, Ilka → D 130
Gilberts, Manuel → Q 97
Gilch, Margot → U 1 259
– Marieluise → t 3 091
Gildehaus, Marlies → D 129
Gildemeister, Jan Dipl.-Pol. → U 2 686
Gilg, Hans-Dieter → f 148
– Hans Dieter → f 159
Gilgan, Hans-Günther → s 670
Gilgen, Bernd → IZ O 150
Gilke → B 377
– Claus, Dipl.-Volksw. → E 91
Gill, Ben → IZ Q 1, iz q 16, IZ Q 123
– Bernhard → a 2 465
– C. → iz f 2 598
– Denis, Prof. → IZ S 65
– Michael → IZ O 78, IZ T 873
Gillain, J. → IZ T 555
Gillerman, Dan → iz e 39
Gilles, Claudia → N 64
– Ernst Dieter, Prof. Dr.-Ing. → t 111
– Klaus-Peter, Prof. Dr. → T 1 284
– Manfred → S 296
Gillespie, Ch. → IZ M 230
– M. J., Dr. → IZ T 299
Gilleßen, Reinhard → U 382
Gillet, Jean-Claude → iz s 682
Gilliar, Markus → S 1 373
Gilliatt, Barrie S. Dr. → IZ F 236
Gillich, Stefan → n 81, N 167
Gilligan, Paddy → iz t 758
Gillot, Dominique → iz b 79
Gilmer, Peter → T 3 201
Gilmore, Dominic → IZ T 881
Gilmour, Alistair W. → IZ M 118
Gilot, Pierre → IZ H 83
Gils, Walter → IZ U 299
von Gimborn, Carl Hans → E 151
Gimelli, P. → iz f 1 611
Gimeno, C. → IZ T 238
Gimm, Dagmar → T 3 221
Gimpel-Henning, Stephan Dipl.-Br.-Ing. → t 942
Gindorf, Rolf → T 3 247
Ginella, Carla → iz f 1 714
Ginelli, C. Dr. → iz f 767
– Carla → iz f 1 181
Gingold, Peter → U 1 015
Gingrich, Lothar Dipl.-Ing. Dipl.-Des. → Q 607
Giniger, A.A. Dr. → iz f 195
van Ginkel, E. P. → IZ S 379
– Jan → iz f 1 736
Ginzkey, Bernd Dr.-Ing. → B 376
Giokas, Lena → iz u 606
Giordano, C. → iz f 1 930
Gipser, Michael → g 376
Giraldo Garrón, Maria Francisca → iz u 797
Girardi, Antonio Dr. → iz u 16
Giraudy, Jean-Louis → iz a 44
Girlich, Peter → u 2 674
Girnau, Marcus Dr. → H 391
Girnt, Klaus Dieter → S 726
Girod de l'Ain, Bertrand → E 466
Girod-Quilain, I. Dr. → iz f 1 112
Giroud, Charles Dr. → S 733
Girsig, Achim → N 139
Girst, Dietmar → i 10
Gisbert, Eduard → iz f 1 524
Giscard D'Estaing, Valéry → IZ U 23
Gisch, Heribert Dr. → d 235
Gissmann, Lutz Prof. Dr. rer. nat. → t 1 819
van Gisteren, Roland Dr. → I 66
Giszas, Heinz Prof. Dr. → b 79
– Heinz, Prof. Dr.-Ing. → T 1 151
Gitonas, Kostas → IZ B 88
Gitter, Heidrun Dr. med. → s 64
Giuliani, Giorgio → iz h 456
Giust, Jacques → IZ S 668, IZ T 979
Giwer, Hiltraud → U 1 289
von Gizycki, Rainald Dr. → T 3 110
Gizzatov, Vyacheslav Hamenovich → C 920
Gjellerup, Pia → b 40
Gkiouleka, Athanassia → iz f 2 011
Gladden, Sally Ann → E 722
Gladitsch, Gerhard → o 604
Gläbe, Rüdiger Dr. → E 552
Glaeseker, Heiko Dipl.-Kfm. → E 133
Gläser, Alexander → c 738, H 297
– Fritz, Dr. → L 41
– Irmtrud → R 474
– Kerstin → t 3 078
– Peter M. → s 533

Gläsmann, Hartmut → O 406
Glaesmer, Janny → T 649
Glässel, Hermann → E 38
Glaesser, Dirk → IZ N 61
Gläßer, Ewald Prof. Dr. → T 2 466
Glässgen, Heinz → O 319
Glässing-Deiss, Sibylle → M 243
Glage, Liselotte Prof. Dr. phil. → T 530
Glagow, Hella → T 2 470, t 2 489
Glahn, Harald → b 137
Glanegger, Peter Dr. → B 666
Glante, Norbert → u 3 068
Glapinski, Adam → u 365
Glas, Viljem → iz f 2 629
Glaser, Albrecht → r 284
– Gerhard → E 264, q 6
– Gerhard, Prof. Dr.-Ing. → B 657
– Hans-Georg → e 432
– Hartmut → T 896
– Helmut → U 2 585, u 2 592
– Jörg, Dipl.-Kfm. → P 5
– Karl-Heinz → g 394
– Michael → T 4 125
– Peter, Dipl.-Ing. → s 872
– R., Dr. → iz f 1 193
Glaser-Gallion, Gottfried → k 50, k 54
Glasmann, Susanne → q 325
Glasner, Jörn → E 206
Glass, Harald Dipl.-Finanzwirt → U 1 859
– Winfried → Q 356
Glatt, H. P. → F 1 002
Glattes, G. → T 846
– Gerhard → E 553
– H., Dr. Dpl.-Ing. → IZ T 680
Glattfelder, Gustl → S 1 322
Glatz → A 21
– Harald → iz u 172
– Rainer → f 667
Glatzel, Friedrich Josef Dr.-Ing. → I 11
– Kristine → Q 621
– Thomas → H 36
Glatzl, Hans → S 278
Glauber, Reinhardt → N 105
Glauch, Eva-Maria → E 197
– Lydia, Dipl.-Volksw. → F 181
Glavany, Jean → iz b 84
Glawe, Harry → d 231
Glazovsky, Nikita F. Prof. → IZ T 158
Glees zur Bonsen, Cornelia → T 617
Freiherr von Gleichen, Christoph → S 737
Gleicke, Iris → A 39, A 82
Gleis, Wolfgang → U 1 380
Gleisner, Roland → i 82
Gleitze, Wilfried → K 320, T 3 444
Glembek, Dieter F. → T 3 184
Glenk, Christoph Dr. → E 62
Glenne, Tore → iz f 34
Glenz, Corinna → T 545
Glesius, Ralf → u 2 146
Glienke, Andreas → I 91
Glier, Siegfried → T 3 794
Glimm, Klaus-Peter → r 568
– S. → iz f 682
– Stefan, Dipl.-Volksw. → F 697, f 702, f 703
Glimpel, Doris → k 144
Glinde, Holger → F 229, U 26
von Glisczynski, Götz → G 32
Glitz, Dietmar → b 103
Glitz-Ehringhausen, Manfred → f 456
Globke, Bernd → G 249
Glocker, Jörg → T 1 284
Glockmann, Karin → Q 134
Glodek, Bernd → E 82
Glöckler, Wolfgang → T 2 181
Glöckner, Dietmar → S 726
– Gottfried → T 2 239
– Michael → O 319
– Uwe → s 549
Gloede, Ernst Dr. → U 45
Glötzl, Stephan → T 3 834
Glötzner, Johannes → U 1 924
Glombig, Klaus → T 4 003
Glombitza, Michael → s 600
Gloria, Hans Günther Dr.-Ing. → f 126
Glorieux, Luc → iz n 45
Glos, Michael → A 39, A 52, A 68, U 2 198
Glose, Johannes Dipl.-Betriebsw. → E 140
Gloss, Karl Rudolf → S 1 313
Glover, Christine → iz s 194
Glowacki, Andrzej → iz s 257
Glowalla, Karl-Heinz → E 39
– Peter → s 1 434
Gloy, Wolfgang Dr. → U 737
Glück, Bernfried → S 1 059
– Horst, Dr. → a 83
– Johann → S 256
Glutsch → u 1 679
Gmeiner, Rolf-Dieter → H 672
Gmür, A. → iz f 121

Gnadler, Rolf Prof. Dr.-Ing. → T 388
Gnan, Franz → n 41
Gnanadasikan, R. → IZ T 234
Gnauck, Jürgen → B 184
Gnodtke, Gerhard → F 430, T 2 577, iz f 2 147
Gobrecht, Horst → c 1 071
Goch, Walter → u 880
Gocht, Ulrich → c 390
– Werner, Prof.Dr.Dr. → T 3 697
Gockel, Geert → U 2 608, u 2 609, u 2 617
Gockel-Huntemann, T.A. → H 97
Gockeln, Werner Dipl.-Vw. → m 35
Goczek, Ewa → c 402
Godbersen, Gary L. → iz m 119
Godefroimont, J. → IZ M 227
Godehardt, Monika → r 494
Godehart, Prof. → R 883
Godehus-Meyer, Gerhard → r 602
Godescheit, Werner → g 340
Godet, Xavier → iz u 651
Godin, Yves → iz g 132
Godtmann, Hans-Dieter Dr. → O 282
Godulla, Matthias → r 681
Göbbel, Narciss Dr. → U 2 858
Göbel, Albert Dipl.-Kfm. → k 236
Goebel, Bernd → n 67
Göbel, Birgit → U 3 087
– Burckhard → g 717
– Ernst O., Prof. Dr. → A 357, T 817, IZ T 235
Goebel, Guntram → s 1 581
Göbel, H. Dipl.-Ing. → t 1 301
Goebel, Hans Hilmar Prof. Dr. → T 3 365
– Hartmut, Dipl.-Kfm. → S 1 579
Göbel, Hartmut Prof. Dr. → T 3 356
– Hella → n 253
– Irene → G 44
– J., Dr. → T 1 248
– Johannes → f 239
– Josef → q 74
Goebel, Jürgen W. Prof. Dr. → T 884
Göbel, Karl → u 2 562
– Klaus → F 94
– Manfred → E 179
Goebel, Thomas → H 82
Göbel, Ulf Prof.Dr.Dr. → S 1 179
– Uwe Matthias → T 3 902
Goebel, Wolfgang → B 389
Göbel de Mendez, Anke → E 720
Göbels, Manfred → R 467, r 470
Göcke, Edit → T 3 419
Goecke, Jürgen → k 360, U 3
– Reinhard → f 341
Göckel, Helmut Dr. → c 258
Gödde-Baumanns, Beate Dr. → E 453
Goede, Armin → u 2 833
Göde, Bernd Dr. → T 887
Goede, Edda → t 4 116
Goedecke, Andreas → E 151
Gödecke, Carina → a 92
Goedecke, Manfred Dr. → E 197
– Manfred, Dr.-Ing.habil. → U 190, U 192
Gödecker-Geenen, Norbert → U 1 815
Gödel, Petra → u 1 134
– Reinhard → O 703
Goedert, Emile → iz g 8
Gödert, Erhard → M 245
Goedhart, Mario → U 161
– Mario Peter → e 152
Gögelein, Georg → g 667
– Volker → g 155
Gögge, Wolfhard Dipl.-Ing. → B 526
Goehler, Adrienne → T 519
Göhler, Martin Dipl.-Kfm. → t 427
Goehler, Wolfgang → b 52
Göhmann, Ilse → T 983
Göhner, P. Prof. Dr.-Ing. Dr. h.c. → T 1 356
– Reinhard, Dr. → R 1
– Wolfgang Karl → O 54
Göhring, Wolfram → c 944
Göhringer, A. Prof. → T 3 791
– Hans K., Dr. → E 26
Goehrmann, Klaus E. Prof. Dr. Dr. h.c. → E 2
– Klaus E., Prof. Dr.h.c. → c 1 158, o 608
– Klaus E., Prof. Dr.Dr.h.c. → E 121, S 736
Göke, Christian Dr. → o 599
Göktürk, Safak → c 1 330
Goel, Arun Kumar → c 848
Goeldel, Hans → b 872
Goeldner, Jürgen → F 375
Goelling, Sibylle Dipl.-Ing. → S 966
Göllner, Heinrich → o 655
Göllner de Mejía, Christine → E 318, e 372
Göltl, Wolfgang → iz r 18
Gölz, Heide Dr. → A 23
Goemans, Caroline → iz s 7
– Y. → IZ F 596
Gömmel, Rainer Prof.Dr. → T 2 458
Gönner, Ivo → D 129

– Tanja → U 2 114
Goepel, Heide → K 294
– Peter, Dipl.-Ing. → f 312
Göpfert, Andreas Prof. → O 104
Göpfrich, Peter Dr. → E 240, E 304, E 317
Göppel, Helmut Dr. → B 703
– Josef → Q 135, Q 301
– Rainer, Dipl.-Ing. → t 1 788
Göransson, Jens → iz f 513
Görck, Heinrich → h 190
Görde, Werner Dipl.-Ing. → IZ F 1 243
Goerdeler, Dr. → A 31
Gördes, Gerhard → F 122
– Gerhard, Ass. → f 129
Goerdt, Joachim → G 130
– Jochen → g 91
Goerens, Charles → iz b 166, iz b 172
Goeres, Joachim → A 6
Görg, Axel Dr. → B 862
– Horst, Dr.-Ing. → S 1 050
– Jürgen → k 100, k 118, k 335, Q 170
– Sibylle → S 398
– Werner → T 4 039
– Werner, Dr. → IZ K 38
Goergen, Hans Walter → A 353
Görgen, Peter → A 20
Goergen, Volker Dipl.-Vw. → f 277, T 1 385, T 2 007, U 606
Görgens, Roland → O 591
Görges, Hartmut → H 633
Görgl, Rudolf → F 293
Goericke, Dietmar Dipl.-Ing. → t 326, t 328
Göricke, Karin → E 74
Göring, Armin → Q 303
– Jens, Dr.-Ing. → t 1 439
Göring-Eckardt, Katrin → A 40
Görisch, Ernst Walter → d 42
Goerke, Manfred → s 527
Goerlich, F. Dr. → T 846
– Manfred → iz f 549
Goerlich, Prof. → T 771
– Ute → u 1 235
– Winfried, Dr.-Ing. → t 1 174
– Wolfgang, Dr. → U 438
Görlitz, Erika → b 26
Goerlitz, Rolf → f 810, F 818
Görnandt, Ulrich → U 641
Görner, Martin → Q 406
– Regina, Dr. → A 39, b 146, U 2 114
Görnitz, Siegmar → q 19
Görres, Birgit → T 3 016
– R. Hans-Dieter → S 689
Goersch, Hans-Joachim → S 424
Görtemaker, Gerd → U 2 021
Görtitz, Irene → T 757
Görtz, Jürgen Dipl.-Kfm. → P 18
– Ludwig → H 308, H 315, h 444
Görwitz, Wolfgang Michael → h 339
Gösel, Peter → u 2 469
Gösele, Ulrich M. Prof. Dr. → t 141
Göser, Peter → F 785
Göske, Eckhard Dr. → e 171
Gössel, Annemarie → u 1 280
Gössinger, Lothar → q 518
Gössler, Bernhard Dipl.-Ing. → s 813
Goessler, Ralf → Q 304
Gössling, Christhard Prof. → T 419
Gößner, Dieter → E 62
Goetghebuer, H. → iz s 679
Goette, Eckart Dr. → c 550
Götte, Rose Dr. → b 136
– Siegfried, Dr. med. → S 206
– Thomas Christoph → T 2 788
– Tilman, Dr. → S 531, s 532
Göttel, Johann → iz u 771
– Thomas → S 1 313
Goetting, Ekkehard → E 258, E 259, E 262, E 354
Göttle, Albert Prof. Dr.-Ing. → L 76
Göttlein, A. Prof. Dr. Dr. → T 2 708
Göttlicher, Rudi → U 677
Göttner, Jens Holger Dr. → B 244
Göttsch, Edeltraud → U 1 171
– Silke, Prof. Dr. → T 1 113
Göttsche, Heiner → s 1 447
Götz → b 465
– Andreas → IZ Q 188
– Anthea → t 3 726
– Dieter, Dipl.-Kfm. → S 1 069
– Eberhard, Prof. Dr. med. → T 3 282
Goetz, Gunter Dipl.-Kfm. → T 869
Goetz, Hans-Werner Prof. Dr. → T 2 316
Götz, Heinz-Werner → U 448
– Heinz-Werner, Dipl.-Kfm. → u 451
Goetz, Karl-Heinz → T 2 598
Götz, Karl-Heinz → U 1 403
– Klaus-Dieter → u 2 121

Fortsetzung nächste Spalte

Götz (Fortsetzung)
– Kornelius → S 1 513
– Paul → U 2 822
– Peter → D 224, U 2 114
– Thomas → t 234
– Volkmar, Prof. Dr. → T 3 608, t 4 066
– Walter → iz h 234, iz h 252
– Werner → I 131
– Wolfgang, Dr. → T 3 109
von Goetze, Dr. → A 8
Götze, Heribert → f 252
– Stephan → S 732
Goetze, Uwe → A 54
Götzinger, Hermann Dipl.-Volksw. → U 186
– Hermann, Dipl.-Vw. → E 196
Goetzke, Bernd Prof. → s 1 148
Götzl, Klaus → N 119
– Stephan → f 3, r 105
– Stephan, Dipl.-Kfm. → r 3
Götzrath, Bernd → g 378
Goffaux, Francine → iz a 21
Goffin, R. → IZ F 1 658
– Robert → IZ F 983
Goffings, M. → iz f 2 532
Goga, Marita → B 38
Goger, Erik → iz f 1 808
Gogineni, Babu → IZ U 426
Gogolin, Ingrid Prof. Dr. → T 2 530
– Manfred → T 2 531, T 3 784
Gohde, Gisela → u 1 309
– Jürgen → i 1 136, U 1 616, U 1 690, U 1 743, U 1 820, u 2 331
Gohet, Patrick → IZ U 309
Gohla, Werner → F 189
Gohling, Horst Dipl.-Ök. → h 593
Gohmert, Werner → B 327
Goiny, Thomas → R 801
Goj, Philippe → iz h 168
Gojman, Sonia → IZ S 148
Gojowy, Detlef Dr. → s 1 277
Gola, Gianni Dr. → IZ U 554
– Peter, Prof. → U 690
Golay, Alain → IZ F 1 754
Golbs, Andreas Dr. → R 206
Gold-Beckmann, Elke → T 2 768
Goldammer, J. Frank → f 279
– Johann, PD, Dr. → Q 356
Goldbach, Heiner Prof. Dr. → T 2 670
Goldbecker, Walter → F 504
Goldberg, Andreas → E 714
– Holger → m 44
– Norman → U 1 562
– Werner → O 410
Golde, Sabine → S 1 174
Goldgrabe, Richard → f 368
Goldmann, Margarethe → U 2 815
Goldschmidt, Eckart → B 558
– Ulrich → r 469
Goldsmith → iz o 222
Goldstein, Rubin Prof. Dr. → S 745
Golembiewski, Dieter Prof. Dr.-Ing. → f 851
Golenia, Eberhard → Q 485
Golgert, Lothar → c 831
Golka, Thomas → T 731
Goll, Dietmar Dr. → T 1
– Gerhard → T 3 734
– Joachim, Prof. Dr. rer. nat. → t 1 473, t 1 479
– Roland, Dr. → u 2 883
– Ulrich, Prof. Dr. → b 8
Golla, Joachim Dr. → A 23
Gollan, Thomas → T 2 655
Goller, Jost Prof. → T 586
Gollert, Klaus Dr. → k 166, k 185
Gollhardt, Stefan → r 858
Gollhofer, Albert Prof. Dr. → t 1 489
Gollnik, Peter → s 1 337
Golm, Harry → iz u 707, iz u 708
Golobic, Gregor → iz u 455
Golombek, Klaus Dipl.-Pol. → O 387, T 2 222
Golter, Friedrich Prof. Dr. → q 6
Golubovic, D. → IZ S 568
Golz, Carmen → S 738
– Frank → s 713
Gombai, Károly → E 717
Gomes, Bernadino → iz u 367
– José J. Tomaz → iz f 1 791
– Maria Leonor → iza 210
Gomez, Elena → iz h 434, iz o 148
– Jose Antonio → iz f 2 266
– José Miguel → iz g 204
– M. → iz f 1 413
Gomez Aviles-Casco, F. → iz e 26
Gomez-Castallo, José-Domingo → IZ O 106
– José Domingo → iz o 124
Gomez Cerda, Jose → IZ R 312
Gomez-Reino, Santiago → iz a 26
Gomolka, Alfred Prof. Dr. → N 152, Q 455

Gompelmann, Gerhard → Q 46
Gompf, Thomas → h 329
Gonçalves, A. Escaja → iz f 2 527
Gonçalves Henriques, Rui → iz t 186
Gondesen, Helge Dr. → T 747, T 748
Gonnermann, Adolf → K 12
Gono, Akiko → IZ R 268
Gonser, Rainer → F 990
Gonzales, Melvin → U 1 562
– Ophelia A. → c 1 162
– Ulrike → T 2 220
Gonzales Martinez, Maria José → IZ Q 144
González, José Luis → Q 400
Gonzalez Aleman, Horacio → iz f 2 374
Gonzalez Arribas, J. → iz f 478
Gonzalez de Heredia, César → IZ U 492
Gonzalez-Hervada, F. → iz f 192
Gonzalez Loscertales, Vicente → IZ O 208
Gonzalez Martínez, Maria José → iz q 158
Gonzalez Moledo, Alfredo → IZ K 39
Gonzalez-Quijano, Gustavo → IZ F 2 615
Gonzalez-Schmitz, Irmela → c 458
Good, John Andrew → c 182
Goodwin, Elisabeth Dr. → iz f 624
– Michael → iz f 1 783
Goody, Roger S. Prof. Dr. → t 154
Goos, Joop Dr. → IZ M 117
Goose, Dieter Dr. → l 11
Goossens, Manfred → E 24
Goost, Fritz Dr. → f 20, F 96
Gopalan, Thittai R. → e 281
Goppel, Christoph Dr. → T 3 980
– Michael → iz a 11, IZ T 238
– Thomas, Dr. → U 2 198
Gorbach, Rudolf P. → U 3 098
Gordesch, Johannes Prof. Dr. → t 2 365
Gordon, Andrew → IZ Q 120
– David → IZ F 2 320
– Julie P., Prof. → IZ T 572
– Robert J., Prof. → IZ T 572
Gordona, Julio H. → IZ U 546
Gorenflos, R. → F 378
Goretzky, Uta → O 586
Gorgas, Michael Dr. → Q 511
Gorges, Frank → B 38
Gorgora, Eduardo → iz f 2 432
Gorholt, Martin → b 46
Gorlier, Jacques → iz f 1 780
Gorm Hansen, Peter → iz u 26
Gorman, John R. → IZ H 268
Gormley, S. → iz h 299
Gorn, Wendula → U 1 274
Gornuel, Eric → IZ T 554
Gorny, Dieter → O 406
– Dietrich → T 2 603
Goronzy, Jörg → F 373
Gorreri, G. → iz f 2 303
Gorrias, Madeleine → iz o 223
Gorski, Dietmar Dr. → S 295
– Ralf → f 523
– Yrjö → iz h 408
Gortzig, Anthony → IZ O 155
Gortzis, A. → iz f 2 150
Goschler, Bodo → E 239, T 2 544
Goschmann, Klaus Dipl.-Volksw. → S 1 395
Gosejacob, Karl Dr. → f 667
Gosejacob-Rolf, Hille → r 431, R 560
Gosetti di Sturmeck, Francesco → iz a 122
Gosewisch, Michael → e 541
Gosnell, Jeff → IZ F 126
Gosper, Kevan → IZ U 579
Gossmann, Rainer → E 151, u 2 484
Goßner, Alfred Dr. → K 15, K 44
Gostomzyk, Johannes Prof. Dr.med. → T 3 397
Goth, Raimund → Q 162
Gothe, Christiane Dr. agr. → Q 577
– Christine → u 1 288
– Florian → S 1 587
Gotlewski, Walter → h 569
Gotsche, Hans-Dieter → K 287
Gotschika, Michael → q 146
Gotta, Gerhard → F 712
– Ulrich → g 555
von Gottberg, Joachim → U 1 180
– Wilhelm → U 968
Gottfried, Horst → A 149
– Klaus → G 380
– Michaela → K 160, K 179
Gottgetreu, Sabine → T 3 687
Gotthard, Katriena → t 2 998, u 1 624
Gotthardt, Frank → u 2 141
– Jürgen → c 1 296
– Manfred → S 76
Gottheit, Klaudia → K 274
Gotthelf, Michael Dr. → c 446
Gotthold, Albert → R 445, U 1 385
Gottlieb, Herbert → C 1 033

Gottschalk, Bernd Prof. Dr. → F 1, f 17, F 67, M 13, iz f 2 188, iz f 2 213
– Gerhard, Prof. Dr. → T 858
– Gert, Dipl.-Ing.-Oec. → m 11
– Hans Wolfgang → g 461, h 604
Gottschild, Lothar → e 652
Gottschling, Karl-Heinz → g 326
– Klaus, Dipl.-Ing. (FH) → E 696
Gottsleben, Marcus → T 2 220
Gottsmann, Martin → g 408, g 514
Gottstein, Eva → r 923
Gotz, Josef → U 630
Gotzen, K. → iz f 1 408
– Klaus → F 290
– R., Prof. Dr. → S 251
– Sylvia → IZ H 223, IZ H 240
Gotzian, Ernst → N 148
Goulding, Jim → iz h 507
Goulet, Pierre A. → IZ T 155
Goulielmou, Helen → iz u 150
Goumas, Georges → iz t 926
Gourdet, Claude → IZ T 155
de Gouveia Ara_újo, Fernando Dr. → c 1 182
Gouverne, Louisette → IZ S 643
Govorov, Vladimir → IZ U 123
Goymann, Gisela → u 1 924
Gozzi, L. → IZ F 271
de Graaf, Thom → iz u 451
Graaff, Jacob → iz u 19
Graap, Rüdiger → H 133, U 592
Grabarek, Volker Dr. med. → T 3 432
Grabbe, Karl H. → c 1 327
Grabendorff, Wolf → IZ T 890
Grabinska, Barbara → IZ S 668
Grabis, Janis Dr. hab. → iz t 525
Grabitzki → u 1 682
Grabkowsky, Georg → u 1 676
Grabmeister, Ingo → H 474
Grabow, Volker → U 2 450
Grabowski, Hans Dipl.-Betriebsw., Dipl.-Forstw. → U 579, U 603
– Klaus H., Dr. → t 38, T 684
– Reinhard, Dr.-Ing. → T 3 866
Grabrucker, Marianne → A 299
Grabski, Reinhard Prof. Dr.rer.nat.habil. → U 854
Grabski-Kieron, Ulrike Prof. Dr. → T 2 696
Graciani, Pedro A. Martin → iz f 1 908
Grade, Renate → t 3 083
Grader, Wolfgang → U 937
Gradincevic-Savic, Dragoslava → S 1 412
Gradmann, Hedwig → Q 361
Gradner → Q 299
Gräbener, Klaus Dipl.-Verw.-wiss. → E 173
Gräbner, Günter → o 40
Graef, Harald → B 852
Gräf, Monika → s 775
Gräfe, Andreas → s 1 484
– Günter → t 3 169
Graefe zu Baringdorf, Friedrich Wilhelm → Q 59
Graeff, Erhard → U 990
– Hagen, Dr.-Ing. → T 1 845
Graen, Michael → Q 607
Gränz, René → T 1 348
Gräsel, Georg Dr. → I 19, I 43
Gräßle, Hermann → M 274
Grätz, K. Reinhold → U 1 818
Graetz, Michael Prof. Dr. → T 533
Grätz, Reinhard → O 323
– Thomas → M 37
von Graevenitz, Gerhart Prof. Dr. phil. → t 45
– Gerhart, Prof. Dr.phil. → T 576
– Hanno → e 541
– Hans-Jörg → q 39
Graf, Barbara → U 1 421
– Christian → E 82
– Dittmar, Dr. → t 914
– Gerd → u 2 482
– Gerhard, Prof. Dr. → t 4 088, u 901
– Hans-Udo, Dr. → t 912
– Hans-Wolff → T 2 226
– Heinz E. → iz o 74
– Karin → s 341
– Klaus P. → E 192
Graf von Pfeil, Bolko → h 758
Graf-Winkler, Annette → u 1 194
Grafe, Ernst-Dieter Dipl.-Vw. → s 638
Grafé, Philippe → iz f 1 324
Grafelmann, Martin Dipl.-Kfm. → F 936, F 937
Grafendorfer, Walter Dr. → IZ T 320
Graff, Andreas → a 79, u 2 247
– Theo → L 34
– Winfried-Illo → U 2 084
Graffweg, Ulrike → O 691
Grage, Thomas Dipl.-Ing. → t 293
Graham, Ian → IZ R 266

– John D. → S 1 567
– L. → IZ H 274
– M. → iz t 482
– Michael → iz a 119
Grahl, Birgit Dr. → S 1 104
Grahn, Lars → iz o 95
Graichen, Hans-Georg Dr. → c 1 012
Grainha do Vale, Manuel Dr. → c 1 180
Grala, Peter → iz h 455
Gramatke, Wolf-D. → T 3 983, IZ F 206
Gramazo, L. → IZ F 2 198
Grambow, Rüdiger → O 115
Grambs, Heike → T 4 155
Gramke, Jürgen Prof. Dr. → c 977, c 979
Gramkow, Angelika → a 78, u 2 242
Gramm-Wauschkuhn, Rita → D 172
Grammatik, R.-C. → O 448
Grammling, Franz Dr. → f 1 028
Grampp, Wilfried → E 65, e 66
Grams, Susanne → O 364
Gramsch, Christian → O 289
– Eberhard → s 147
Gran, Tore → iz f 2 411
Granados Lomas, Felipe → iz h 204
Granat, Jan → c 1 176
Grande, Tirne Skei → iz u 247
Grandi, Bruno → IZ U 571
– Otto, Prof. Dr. → T 537
Grandinarova, Tanja → c 686
Grandjean, Bernard → IZ R 307
– Volker → M 184, iz m 162
Grandke, Gerhard → D 112
Grandmontagne, Eric → o 619
– Mechtild → o 619
Grandy, Nicola Dr. → IZ W 20
Granel, Gertrud → iz f 1 150
Graner, Klaus Dr. → b 854
Granitza, Ursula → u 1 452
Granqvist, S. → iz f 182
Granser, Günther A. Prof. Dr.h.c. → IZ T 889
Grant, Mary Anne → IZ U 228
Grantner, Sigrid → u 1 218
Granvig, Marianne → IZ U 573
Granz, Johannes Dipl.-Ing. → f 302
Grape, Carolin → T 2 433
Graschberger, Christoph → f 146
Grašek, Peter → iz f 2 103
Graser, Lutz Dipl.-Volksw. → H 303
Graß, Gotthard → iz f 2 269
– Gotthard, Dipl.-Wirtsch.-Ing. → F 333
Grass, Roger → IZ A 219
– Rolf-Dieter, Dr. → H 142
Grass-Talbot, Carlita → c 646
Grasse, Wolfgang → h 732
Grasser, Karl-Heinz Mag. → iz b 203
Graßhoff, Klaus-Jürgen → U 2 655
Grassin, Antoine → c 780
– J. → iz f 112
Grasskamp, Walter Prof. Dr. → T 611
Graßl, Hartmut Prof. Dr. → t 138
Grassl, Heinrich W. → K 36, S 1 576
Graßmann, Peter → U 633
– Peter H., Dr.-Ing. → F 506
Gratz, Horst → H 594, h 601
Grau, Dirk → K 38, r 262
– François-Marie → F 396
– Nino, Prof. Dr. → T 1 272
– W. → Q 399
Graubohm, Herbert Dr. → T 3 831
Graue, Jörn Dr. → s 366
Grauel, Holger → U 1 164
– Michael → b 18
Grauer, D. Dr. → iz f 1 193
– Dieter → iz t 804
Grauerholz, Ute → u 2 897
Grauert, Götz → H 572
Graulich, Hans → K 283
– Manfred → U 384
Graumann, D. Dr. → u 2 393
– Ulrich → T 887
Graupe, Klaus Dipl.-Wirtsch.-Ing. → G 548, g 554
Graupner, Jochen Dipl.-Ing. → T 2 715
Grautegein, Uwe Dipl.-Betriebsw. → g 456, h 599
Grauvogl, Josef → H 257, IZ H 22, IZ H 65
de Grave, Frank → iz b 191
Grave, Franz → U 2 073
de Grave, Jacques → iz u 24
Grave, Rolf Dr.-Ing. → S 1 106
Freiherr von Gravenreuth, Marian → q 268
Gravert, Otto → q 78
Graw, Otto → h 583
Grawe, Klaus Prof. Dr. → T 2 878
Gray, C. J. → iz f 582
– Oliver, Dr. → IZ O 106
Greb, Helmut Dr. → T 2 720

Grebe, Annelie → u 2 831
– Uwe → g 387
– Werner, Prof. Dr. → U 3 085
– Wolfgang → s 540
Grebin, Hans-Jürgen → u 1 354
Grech, Louis → iz f 2 106
Grecksch, Wilfried Prof. Dr. → T 514
Gredler, Martina → iz u 453
Green, David C. → IZ M 116
– Mark → c 187
– Rebecca, Dr. → IZ T 159
Green-Paulsen, Ivar → IZ T 268
Greenwood, Antoni → iz u 719
Grefe, Harald Dipl.-Volksw. → E 142
Grefen, Klaus Prof. Dr.-Ing. → T 257, T 1 165, T 1 339
Greger, R. Prof. Dr. → T 3 360
Gregersen, Marquard Dr. → Q 55
Gregg, Günter → T 2 676
Gregoariades, Andreas → iz s 276
Grégoire, Michel → IZ O 150
Gregor, Milan Prof. → iz u 18
– Ulrich → O 182, O 183
Gregorius, H.-R. Prof.Dr. → T 2 710
– Willi → k 91
Gregory, Peter Dr. → IZ T 515
Grehan, D. → iz s 37
Grehn, Klaus Dr. → U 1 639
Greif, Bodo → T 1 078
– Dr. → D 201
– Gerhard, Dr. → Q 58, Q 580
– Josef → R 700, r 704
– Moniko, Prof. Dr.-Ing. → T 1 165
– Theodor J. → E 162, l 135
de Greiff, Dieter → T 3 432
Greiffenberg, Horst Dr. → A 248
Greig, C. G. Dr. → iz f 473
Greilich, Peter → M 276
Greim, Peter → F 398, F 399
Greimel, Peter Dr. → T 3 786
Grein, Kornelia → IZ A 189
– Norbert → M 126
Greineder, Dietmar → C 300
Greiner, Edith → U 1 242
– Friedemann, Dr. → s 776
– Giesela → A 54
– Klaus → K 299
– Kurt → r 266
– Sonja → IZ O 1
– Thomas → T 3 074
Greipl, Erich Prof. Dr. → E 47, H 2, H 308
Greis, Fritz → S 1 303
Greiser, Dietmar Dr. → f 232
Greisler, Peter → E 179, K 1, K 45
Greissl, Ludwig-Alexander → c 1 065
Greitner, Friedrich → g 333
Greitzke, Monika → s 97
Greive, Eva → F 596, IZ F 2 084
– Mechthild → T 3 268
Grella, Rafael → T 989
Gremp, Günther → O 266
Grenacher, Heinz → K 276
Grenc, Karlo → c 292
Greno, Jorge Dr. → iz f 2 429
Grenz, Brigitte → T 3 810
– Franz-Georg, Dr. → E 40
Grenzmann, Christoph Dr. → T 95, T 96
Grépain, François Ir. → iz s 469
Greser, Gertrud → E 688
Greshake, Brunhilde → U 1 240
Gress, Karin Dipl.-Volkswirtin, Dr.rer.pol. → l 36
Gressner, A. Prof. Dr. → T 3 337
Grethen, Henri → iz b 170, iz b 181, iz u 450
Grether, Susanne → T 2 959
Gretschmann, Klaus → IZ A 227
Gretter, Dietmar → q 546
Gretzinger, Axel Dr. → u 899
Greul, Reinhard → O 227
Greule, Roland Prof. Dr.-Ing. → t 1 546
Greulich, Bernd-Lutz → T 2 535
Greve, Franz-Joseph → E 167
– Georg, Dr. → K 330
– Helmut Paul, Prof. Dr. → c 1 358
– Karl → K 280
– Klaus, Prof. Dr. → S 1 454
– Rolf → u 843
– Rolf, Dr. → T 2 328
Grewe-König → T 585
Grewer, Hermann → E 170, M 15, m 28, M 180, m 181
Grey, Dieter Dr. → T 1 052
Griebel, Matthias → u 959, U 2 783
Griebler, W.-D. Dr. → t 338
– Wolf-Dieter, Dr. → E 151, T 1 950
Griefahn, Monika → A 35
Grieger, Thomas → D 120
– Wolfgang → c 1 125
Griem, Heinrich Dr. → f 558

Griep, Helmut → U 2 450
Griepentrog, Klaus → k 112, k 130, k 260, k 347
Gries, Iris Petra → IZ W 41
– Udo → E 42
– Waldemar, Studiendirektor → R 844
Griese, Detlev → k 240
– Kerstin → U 2 251
– Thomas, Dr. → b 126
Griesel, Günther K. → U 2 761
Grieshaber, Kurt → E 24
– Uschi → U 1 388
Griesinger, Christian Prof. Dr. → t 109
Grießmann, Roswitha Dr. → s 354
Griewisch, Günter → S 1 313
Griffini, Alessandro → IZ O 25
Griffith, Phillip A. → IZ T 161
Griffo, Vittorio → IZ A 227
Griggs, Patrick → IZ T 871
Grigo, Dieter → s 432
Grigorita, Julian → C 1 045
Grigutsch, Volker Dr. → A 25
Grikis, C. → iz f 2 602
Grill, Wolf Dr. → S 693
Grille, Dietrich Prof. Dr. phil. → r 885
Grillo, Gabriela → E 151
Grillon, Jean-Pierre → iz f 1 713
Grilo, Rui Dr. → iz b 213
Grilo Silva, Cecilia → IZ F 1 197, iz f 1 205
Grimal, Francis → IZ F 572
Grimaldi, Emanuele → IZ M 172
Grimberg, Herbert Dr. → r 367
– Wolfgang → P 4, P 14
Grimke, Hanspeter → s 521
Grimm, Andrea Dr. → T 1 353
– Christoph → b 139, B 335
– Claus → O 282
– Frank-Dieter, Prof. Dr. → e 591
– Hubert, Dipl.-Ing. → E 82
– Hubert H. → T 552
– Hubertus → U 269
– Klaus → S 384
– Klaus, Dr. → E 258, e 261
– Marga → T 3 106
– Marianne → r 444
– Mathias → E 26, T 397
– Paul → R 679
– Siegfried → u 2 185
– Wilhelm → q 10
Grimme, Günter → U 1 813
– Rolf → S 230
Grimming, Jürgen → s 1 325
Grimrath, Holger Dipl.-Ing. → T 1 376
Grin, John Dr. → U 2 091
Griset, Alain → iz g 36
Gritten, Wilfried → E 413
Gritz, Klaus Dr. → S 164
Griva, Maria-Christina → iz t 547
Grønvaldt, Ib → IZ F 2 062
Grob, Heinz Lothar Prof. Dr. → T 885, t 4 087, t 4 090
– Jacques → iz f 2 431
Grobbin, Jürgen Reinhard → O 384
Grobe, Ulrich → e 226
Grobien, Fritz A. → I 104
– Michael → c 647
Grocholl, Jörg Dipl.-Ing. → g 559
Grochowski, Jürgen Dr. → h 162
Grochtmann, Ulrich Dr. → U 2 062
Grode, Hans-Peter Dipl.-Ing. → T 1 165, T 1 258
Groebel, Eberhard Dr. → G 142
– Jo, Prof. Dr. → IZ T 900
Gräfin von der Groeben, Christiane → E 464
Gröbner, Gerhard Dr. → A 20
Gröger → A 27
– Angelika → g 638
Groeger, Wolfgang → e 539
Gröger, Wolfgang Dr. → h 265
Gröger-Schaffer, Marianne → S 1 171
Grögler, Hanns Dipl.-Kfm. → T 2 313
Gröhl, Cornelia → F 993
Gröhner, Reinhard Dr. → T 4 004
Grömping, Franz → R 199
Groen, Else → IZ S 244
Groenen, Karl → k 255
Groener, Helga → t 3 035
Gröner, Helmut Prof. Dr. → T 2 318
Groeneveld, Cornelis → IZ A 222
Groenewold, Erich → c 1 013
Gröning, Bernd → F 474
– Friedrich → C 93
Gröninger, Matthias → R 16, R 269
Grönke, Jochen → H 577
Groër, Sieghard Dr. → IZ U 90
Grösbrink, Alfons Dipl.-Ing. → k 238
Gröschel, Karl Dr. med. → s 159
Größl, Alfons → O 386

Grötecke, Werner Dipl.-oec. → e 105
Grötsch, Eberhard Prof. → t 1 828
– Renate → t 2 770
Grötschel, Martin Prof. Dr. → T 888, IZ T 161
Grohe, Rainer → M 13
Grohmann, D. → iz f 218
– Hans, Dr. → b 860
– Hans-Peter → f 716
– Heinz-Jörg → f 158
– Helmut, Dipl.-Volksw. → E 43
– Karin → s 1 188
– M. → F 436
Grohmann-Mundschenk, Sylvia → IZ F 1 572
Grojnowski, Abraham David → c 958
Grolimund, Walter → IZ O 53
Groll, Oliver Dipl.-Vw. → E 196
– Rolf-Dieter → O 561
– Ursula, Dipl.-Übers. → e 676
– Uwe → F 577
Grollmann, Rüdiger → s 1 436
Grolman, Detmar → c 758, E 431
Gromball, Jürgen Dr. → S 258
Gromnica-Ihle, Erika Prof. Dr. med. → T 3 392
Gronek, Fridhelm → U 138
Gronemann, Michael Dipl.-Ing. → s 842
Gronemeyer, Gisela → O 94
– Horst, Prof. Dr. → U 3 086
Gronewold, Antje Dipl.-Päd. → T 472
Gronholz, Jürgen → u 869
Groninger, Günther → M 222
Gronpo, Abril → IZ O 102
Groos, Manfred → T 3 784
Groot, André → IZ H 538, iz h 545
de Groot van Embden, M. → IZ H 519
Groothaert → IZ U 593
Groothuis, Meinhard → u 2 035
Groothuizen, Chris → f 598
Gropp, Jürgen Prof. Dr. → T 584
Groppe, Herbert Dipl.-Braum. → t 939
Gropper, Helmut → b 21
Gros, Philippe → E 455
Grosch, Mathieu → iz u 689
Grosche, Erwin → T 2 060
– Günter → iz a 24
Groschopp, Horst Dr. → U 2 786
Groschupf, Volker → r 392
Groscurth, Eberhard Dr. → s 812
Groß → u 1 647
– Bernhard → q 8
– Bodo, Dr. → T 3 867
Gross, Christa → E 210
Groß, Detlev → b 41
Gross, Erwin Prof. → S 1 171
Groß, Gerhard → A 192
Gross, Gerhard Dipl.-Kfm. Dr. → S 630
– Günter → h 476
Groß, Günter Dipl.-Betriebsw. → S 748
Gross, Günter Dipl.-Kfm. → H 312
Groß, Heidi → U 2 780
– Heinz-Ludwig → T 3 790
– Hermann, Dr. → t 2 404
Gross, Karl-Heinz → I 43
Groß, Karl-Heinz → i 55
Gross, Philipp → R 196
Groß, Richard Landrat Dr. → U 322
Gross, Rudolf Prof. Dr. → T 1 978
Groß, Susanne → R 730
Groß-Schoofs, Martina → g 654
Groß-Selbeck, G. Prof. Dr. → T 2 800
Groß-Weege, Klaus → U 1 501
Große, Dieter → G 623
Grosse, Jürgen → S 1 054
Große, Karlheinz → U 918
– Klaus, Dr.-Ing. → S 997
– Steffen → b 156
– Ulrich → g 463, h 606
– Werner → d 227
– Wolfgang → U 1 108
Grosse-Brockhoff, Hans-Heinrich → o 15
Große Hüttmann, Alfred Dipl.-Volksw. → P 40
Große-Leege, Dirk → S 738
Große-Schware, Hermann → s 1 298
Grosse-Wilde, Hans Prof. Dr. med. → T 3 327
Grosser, Alfons → Q 264
– Hubert → t 216
Großert, Hansjörg → T 2 456
Grossetête, Françoise → IZ U 420
Großgott, Peter → T 2 768
Großjohann, Klaus → T 823
– Marianne → U 3 051
Großke, Walter → U 1 864
Grosskopf, Peter → IZ M 75
Großkopff, Martin Dipl.-Ing. → u 525
Großkraumbach, Rainer-Georg → A 346
Großkreutz, Marlene → s 657
Großmann, Achim → A 27
– Bernhard → e 517

Fortsetzung nächste Spalte

Großmann (Fortsetzung)
– G. Ulrich, Dr. → U 3 042
– H., Dr.-Ing. → T 1 319, t 1 320
– Jibben → r 685
– Klaus, Dr. → Q 125
– M., Prof. Dr. → T 2 636
Grossmann, Michael → S 1 552
Großmann, Uwe Prof. Dr.-Ing. → T 444
Großmeier, Birgit → T 1 963
Grosspeter, Horst Dipl.-Kfm. → f 903
Großpietsch, Klaus-Henning Dipl.-Ing. → T 1 000
– Peter → U 988
Grosstück, Karen → R 957
Großweischede, Detlef Dipl.-Kfm. → P 27
Grote, Birgit Dr. → b 112
– Günter → n 50
– Hans-Joachim → U 399
– Hubert → iz f 1 270
– Hubert, Dr. → F 413
– Ingeburg → t 2 815
– Jürgen, Dr. med. → s 142
– Martin, Prof. Dr. rer.pol. → T 432
– Michael → u 793
– Wolfgang → K 269
– Wolfgang, Dr.med. → S 233
Groten, Manfred Dr. → T 3 742
te Grotenhuis, Paul → iz h 413
Groterhorst, Egbert → E 151
Groth, Barbara → O 321
– Dieter → I 63
– Klaus → u 441
– Klaus-Henning → Q 392
– Michael, Dr. → O 288
– Thorsten → b 56, u 3 069
– Uta-Maria, Dipl.-Ing. → F 118
– Wilfried → q 12
Grothaus, Heinrich Dipl.-Ing. → t 1 230
– Johannes, Dipl.-Ing. → s 866
Grothe, Klaus-Dieter → T 4 158
– Manfred, Dr. → T 1 241
Grotheer, Jan Dr. → B 670, e 518, S 618
Grothkopp, Thomas Dipl.-Kfm. → H 336, h 348, H 387
Grotmaack, Annemarie → t 3 094
Gørrissen, Helge → c 369
Grua, Claudio Prof. → iz u 763
Grub, Manfred Dr. → S 267, S 290
Grubauer, Franz Dr. → S 758
Grubb, Louise → iz f 864
Grube → u 1 687
– Peter → m 41
Gruber, Antje → U 3 057
– Boris A., Dipl.-Kfm. → g 170
– Josef, Prof. (em.) Dr.Dr. h.c. → T 1 053
– Sigi → IZ T 970
– Thomas, Dr. → O 276
– Wilfried → C 516
Grubitzsch, Siegfried Prof. Dr. → T 636
Grubwinkler, Wolfgang → t 1 460
Grudke, Angelika → t 3 204
Grübel, Hartmut → T 1 234
Grübler, Bernd → H 288
Grühn, Axel → O 582
Grüll, Erwin → u 2 774
Grüllich, Ursula → T 3 798
Grümer, Karl-Wilhelm Dipl.-Volksw. → t 2 402
Grümmert, Jürgen Dr. → s 146
Grün, Irma → U 1 303
– Oliver → S 1 521
Gruen, Pierre P. Dipl.-Des. → s 886
Grün, Rainer → b 147
Grünbeck, Manfred → u 2 836
von Grünberg, Bernhard → T 728
Grünberg, Michael → H 185, h 189
Gründ, A. → IZ O 99
Gründahl, Walter → u 2 528
Gründer, Monika → R 536
Gründig, Elfi Dr. → U 890, u 906
Gründken, Peter → T 4 002
Gründling, Gerhard → u 2 844
Grüne, Eberhard Dipl.-Kfm. → G 35
– Heinz → T 1 901, t 2 507
– Petra → E 560
Grünebaum, Martin → q 553
– Rolf, Dr. → B 819
Grüner, Angela → E 197
– Dirk → T 589
– Herbert, Prof. Dr.habil. → T 469
– Martin → M 245, T 778
Grünert, Frank → O 35, o 51
– Helmut → t 299
Grünewald, Christopher Dr. → f 742, f 748
– Dirk → E 156
– Stephan → t 2 507
Grünhage, Jochen → IZ C 3
Grüning, Axel → H 594, h 608, H 635

Grüninger, Gunter Prof. Dipl.-Chem. → t 1 677
Grünreich, Dietmar Prof. Dr.-Ing. → A 249
Grünter, K. Dr.-Ing. → T 2 040
Grünthal, Günther Prof. Dr. → T 446
Gruenwald, Ioana → O 436
Grünwald, Norbert → R 276
Grürmann, Harald Dipl.-Kfm. → s 641
Grüschow, Hans-Ludwig → T 827
Grüter, Heinrich Dipl.-Volksw. → h 554, h 556, h 563
– Joachim → F 936, F 937
– Torsten → f 1 031, Q 457
Grütering, Michael → F 800, F 801, R 21, R 82
Grütter, Wolf → c 872
Grütters, Jochen Dr. → E 170
Grüttner, Heidrun → T 820
– Stefan → A 58
Grütz, Michael Prof. Dr. → t 1 588
Grützenbach, Hubert → U 354
Grützke, Horst Dr. → iz u 694
Grützmacher, Heike → r 457
Grützner, Jürgen → T 1 345
– Kurt → u 2 330
– Steffen → t 255
Grufman, Anders → iz s 261
Gruhl, M. Dr. → T 3 882
Gruhler, Gerhard Prof. Dr.-Ing. → t 1 673
Gruhn, Karl-Heinz → U 862
– Wolfgang → h 719
Grujbor, Vladimir → iz l 18
Grumbach, Udo → h 289
Grumblat, Nicole → s 454, t 2 864
Grumme, Thomas Prof. Dr.med → T 3 362
Grun, Felix → K 282
Grunau, Bernhard → E 175
– Wilfried, Dipl.-Ing. → S 890, s 894, S 1 018
Grund, Josef → g 360
– Manfred → A 52
Grunder-Culemann, Alexander → c 1 151
Grundheber, Alfons → r 300
– Horst → O 266
Grundig, Karin Dr. → U 1 940
Grundke, Günter Prof. Dr. Dr. → T 1 137
Grundmann, Ralph Dr.-Ing. → t 4 009
– Traugott → g 257
– Ute → S 1 304
Grundmeier, Heinrich → u 1 851
Grundt, Manfred → IZ F 2 320
Grunert, Uwe Dipl.-Ing. → U 695
Grunewald, Benno → S 1 114
– Eckardt → T 602
– Heinz Rüdiger → T 3 805
– Heinz Rüdiger, Dipl.-Kfm. → T 95, T 2 255
Grunewaldt, Jürgen Dr. → T 2 642
Grunsky, Eberhard Prof. Dr. → B 654
Grunth, Lars → IZ O 16
Grunwald, Jürgen → iz a 34
– Maurice → IZ E 3
– Reinhard → T 2
Grupe, Ommo Prof. Dr. → U 2 450
Grupp, Alexander Dr. → c 1 127
– Alfred, Dr. → O 322
– Walter → IZ R 9
– Winfried → B 325
Gruschwitz, Michael Dr. → Q 490
Gruss, Gerd → S 1 314
– P., Prof. → IZ T 104
– Peter, Prof. Dr. → t 109
Gruß, Werner Dipl.-Kfm. → r 156
Grußendorf, Heinrich Dr. → S 338
Grusser, Gerald → E 231, E 232
Gruyters, J. P. A. → iz f 475
– J.P.A. → iz f 1 349
Gryson, Andre → iz f 2 456
Gryzewski, Tomasz → iz o 187
Grzegorek, Gerd → N 61
Grzelak, Adam → iz f 1 740
Grzenkowitz, Michael → S 1 430
Gschließer, Michael Dr. → U 1 596
Gschrei, Michael Jean Dr. → S 729
Gschrey, Erhard → P 26
Gschwendner, Albert → H 683
Gualano, Renée → E 469
Gualtieri, L. → iz f 102
Guangrui, Liu Prof. Dr. → T 3 487
Guangyao, Liu → c 708
Guardia, Angel → IZ T 246, iz t 260
Guarino, Giovanni Dott. → iz u 757
Guarneri, Giorgio → iz a 25
Guat-Lin, Prof. Dr. → iz t 226
Gube, Dieter → o 9
– Reiner → u 2 575
Gubela, Carl-Heinz → T 3 666
Gubematis → A 21
Gubian, Ulla → IZ A 222
Gubitz, Gerold → f 274, f 278
De Gucht, Karel → iz u 436

Guck, Franz → T 997
Guckert, Hilmar → IZ O 206
Guddat, Hartmut → e 698
Guddorf, Rolf Dr. → g 136
Guder, Gerhard Prof. → s 831
– Günther → Q 391
– Günther, Dipl.-Betriebsw. → h 59
– Günther, Dipl.-Bw. → H 58, h 60
Gudera, Gert → A 21
Gudjons, Bodo → E 382
– Dieter → T 1 376
Gudmundsdóttir, Bjarnheidur Dr. → iz t 339
Gudmundsson, Adolf → c 223
– Gunnar → iz m 113
Güçener, Izettin → c 1 335
Güdemann, Hans-Rudolf Dipl.-Ing. → T 1 873
Guedes, Joao Miguel → iz o 90
Gühring, Hermann → K 45
Gül, Orhan → R 537
Gülcher, Horst-Arno → h 536, H 675
Gülck, Hans-Jürgen → r 651
Güldenberg, Eckart Dr.-Ing. → G 204
Güldenpenning, Axel Dipl.-Ing. → S 1 017
Güldner, Martin Dr. → S 958
Güller, Nimet → S 561
Güllner, Manfred → t 2 483
Gülzow, Harald → Q 640
Gündermann, Gerhard Dr. → A 158
Gündisch, Konrad G. Dr. → T 3 741
Guenee, Jacques → iz u 68
Günster, Heinz → u 2 579
– Karl-Heinz → k 153
Günter, Angelika → T 1 881
– Dirk → U 1 126
– Erwin → e 119
– Sibylle, Dr. → t 156
Günther, Ariane → O 395
– Carl-August, Dr. → s 964
– Carl August, Dipl.-Ing. → iz s 449
– Carsten → q 537
– Christiane, Dr. → u 2 926
– Claudia → u 1 528
– Conrad → S 784, S 785
– Dieter, Dipl.-Ing. → s 897
– Dirk → u 1 130, U 1 179
– Doris → Q 588
– Dr. → A 16
– Eckardt, Dipl.-Kfm. → U 94
– Gunda → u 2 498
– Hans-Jürgen → f 871
– Hans-R. → t 2 491
– Hans-Ulrich, Dr. → E 133
– Herbert, Dr. → Q 362
Guenther, Hubertus P. E. → c 578
Günther, Joachim → b 35
– K. D., Prof. Dr. → T 2 665
– Karl-Heinz, Dipl.-Ing. → S 954
– L. → IZ F 1 603
– Matthias, Prof. Dr. → T 584
– Oliver, Prof. Dr. → t 4 055
– Peter → Q 101, u 2 777
– Prof. Dr. → T 3 796
– Siegfried, Dipl.-Ing. → R 829
– Thomas, Dr. → u 2 566
– Ulrich, Prof. Dr.-Ing. → t 1 455, t 1 820, t 1 823
Günzel, Klaus Dipl.-Kfm. → E 148
– Klaus, Dr. → T 757
– Thomas → u 1 469
Günzler, Rolf Dipl.-Ing. → G 103
Gueorguiev, Vassil → iz m 78
Guercke, Fritz → A 328
Guerin, Véronique → iz p 7
Gürke, Dr. → U 410
Guerra, José Luis → iz n 27
Guerrato, Lucio → iz a 63
Guerrini, Antonio → iz f 1 219
Gürth, Detlef → r 255
Güse, Klaus → T 441
Gütfeld, Rainer → O 524
Güth, Horst → g 260
Güther → A 12
Güthler, Andreas → iz q 189
– Wolfram → Q 135
Guetschow, Bernd C. → c 547
Gueye, Amadou Dr. → iz s 516
Guffroy, Alain → iz u 188
Guggemoos, Brigitte Dipl.-Volksw. → O 704
Guggenbichler, Siegfried → E 380
Guggenbuhl, Alain → iz t 886
Guggenheim, Bernhard Prof. Dr. → IZ S 55, iz s 60, iz s 62
Guggino, Vincenzo Dr. → iz o 116
Guglielmetti, Carlo Prof. → iz t 764
Gugutschkow, Stojan → T 818
Guhde, Edgar Dipl.Pol. → IZ Q 227
Guhl, Manfred → g 457, h 600
– Markus → R 258
– Norbert → H 10, R 197

Guhr, Dr. → T 2 149
– U., Dr. → t 322
Guider, Hervé → IZ I 29
Guigal, Bernard → E 469
Guignard, Jacques → IZ F 250
Guigou, Elisabeth → iz b 79
Guilbaud, Patrick → iz n 17
Guillamet Gonzales de Aguero, Rosa → IZ U 571
Guillau, Francoise → IZ H 47
– Gilbert → IZ V 50
Guillaume, Bernd → H 308
Guillaumont, G. → iz s 25
Guillemot, Éric → IZ F 13, iz f 17
Guillerot, Marc → IZ F 1 837
Guillou, Jean-Pierre → iz f 560
de Guimaraes, M. → IZ U 564
Guimarães, Marlies → E 661
Guimaraes, R. → iz f 219
Guimet Pereña, Jordi → iz t 189
Guinand, Maria → IZ O 2
Guinier, Alfons → IZ M 172
Guion, Philippe → IZ F 86
Guionnet, Bernard → iz f 1 334
Gula, Hans-Ulrich → g 679
Gulde, Christoph → s 361
– Veronika, Dr. → u 1 279
Guldner, Franz-Josef Dipl.-Ing. → f 1 042
van Gulijk, Wolfgang → S 426
Gulmann, Claus Christian → IZ A 219
Gumbel, Gerhard Dr. → E 26
– Marianne → U 1 597
Gumbert, Dagmar → s 435
– Michael → b 43
Gummer, Peter → B 790
Gummert, Detlev → r 851
– Joachim → U 214
Gump, Hans Dr. → O 702
Gumprecht, Detlef Dr. → T 1 953
– G., Dipl.-Ing. → s 1 008
– Gabriele, Dr. → u 1 890
Gumrich, Ernst-Eggert → F 713, F 819
Gumz, Ewald → U 745
Gunaratne, Gerard → IZ R 315
Gundelach, Herlind Dr. → b 93, U 945
– Renée → O 225
Gunder, Manfred → s 421
Gundermann, Knut-Olaf Prof. Dr. → B 612
– Robert, Dipl.-Ing. → B 432
Gundlach, Christian → S 738
– H.C.W., Dr. → iz t 369
Gundling, Alexander → E 43
Gundrum, Andreas → U 987
– Jürgen, Prof. Dr.-Ing. → t 1 554
– Uwe → T 443
Gunkel, Alexander → u 2 230
– Claus, Dr. rer. nat. → t 1 175
– Monika → R 559
– Wolfgang → O 690
Gunn, S. William Prof. → IZ T 829, IZ T 830
Gunnarsson, Eggert → iz s 122
– Jóhannes → iz u 156
– Thorarinn → iz f 1 732
Guns, Thierry → iz g 28
von Gunten, Fredi → IZ U 568
Guntermann, Ernst → f 131, F 143
Gunugur, Haluk Prof. → iz u 801
Guodong, Liu → s 505
Gurk, Wolfgang → U 400
Gurthet, L. → iz f 360
Guschall-Jaik, Birgit → H 300, iz f 1 043
Guse, Gert-Wolfhart Dr. → q 526, Q 647
Gusenbauer, Dieter → S 1 427
Gushurst, Egon → P 4, P 19
Guski, Arnold W. → D 202
Gusner, Reinhard → K 297
Guß, Heinz-Jürgen Dipl.-Volksw. → E 156
Gusseck, Dr. → A 12
Gussgard, Gunnar → iz u 52
Gussoni, Césare Dr. → IZ F 465
Gust, Holger → T 554
Gustafsson, Alf → iz s 365
– Käre → IZ T 268
– Knut, Dr. → b 71
Gustavson, Roger → iz t 184
– Stig → IZ R 64
Gustavsson, Henrik → iz u 250
– Henry → iz f 654
Gustke, Marc-André → S 1 172
Gut, Werner → k 29
Gutberlet, Ingmar Dr. → S 1 269
– Stephen → E 39
– Wolfgang → E 97
Gutenberger, Hans-Jürgen → I 11
Gutenbrunner, C. Prof. Dr.med. → T 3 378
Gutermann, Wolfgang Dr. → S 274
Gutermuth, Stefanie → S 708
de Oliveira Guterres, António Manuel → IZ B 210

Gutfleisch, Ralf Dipl.-Geogr. → s 1 479
Gutgesell, Manfred Dr. → U 3 083
Guth, Manuela Dr. med. → k 67
– Prof. → T 657
Guthmann, Axel → I 78
Guthoff, R. Prof. Dr. → T 3 369
– Rudolf F., Prof. Dr. med. → t 1 692
Gutierrez Aragon, Manuel → IZ R 306, IZ S 639
Gutjahr, Ilse → T 2 764
Gutjahr-Löser, Peter → T 584
Gutle, François → iz f 1 725
Gutman, Yigal → IZ G 152
Gutmann, Dr. → A 8
– Manfred, Dipl.-Volksw. → U 3 116
Gutsch, Dorothea → F 93
Gutsche, Vokmar Dr. → a 160
Gutschick, Dieter → U 1 743
Gutschmidt, Harry → k 239
Gutschow, Dörte → u 1 555
Guttenberger, Peter → F 95
Gutting, Werner → g 581
Guttmann, Peter → u 2 541
– Robert → O 288
Gutwald, Carl-Maria → T 3 682
Gutwasser, Uwe → U 1 598
Gutzeit, Martin → B 282
– Peter → u 2 828
Gutzen, Volker → U 1 564
Gutzler, Hans-Jörg → q 596
– Karl, Dr. → IZ U 804
Gutzmer, Manfred → D 56
– Werner → q 20
Guy, Neil → IZ W 15
Guyau, Luc → iz q 3
Guzman, Enrique → iz f 1 562
Guzmán González, Francisco Javier → iz r 35
Gwinner, Eberhard Prof. Dr. → t 147
Gyarmathy, Catherine → IZ U 259
– György → c 1 356
Gyenes, Istvan → iz q 100
Gygax, H.R. Dr. → iz t 403
Gyldenkaerne, Asger → E 426
György, Károly → IZ U 809
Györy, L. → iz f 479
Gypser, Jürgen → E 69, T 3 668
Gysi, Marshall → IZ S 497
Gysin, Urs → E 684
Gyulai, István → IZ U 465
Gyurkovics, S. Prof. Dr. → iz s 593
Gzuk, R. Dr.rer.pol. → T 1 980

H

Haack, Alfred Prof. Dr.-Ing. → T 1 844
– Dieter, Dr. → U 488, U 2 759
– Karl Hermann → A 20, A 140
– Peter → s 538
– Sabine → A 4
– Wolfgang, Dipl.-Ing. → S 797
– Wulf, Dr. → d 40, D 195, K 281
Haack-Schmahl, Heidemarie → S 509
Haacke, Hassan → U 2 444
Haacker, Prof. Dr. → T 716
Haag → b 461
– G., Prof. Dr. → T 3 355
– Günter, Prof. Dr.rer.nat. → t 1 716
– Gunter, Prof. Dr.med. Dipl.-Psych. → T 3 271
– Thomas → h 193
– Thomas, Dr. → Q 126
– Willy, Dipl.-Wirtsch. → g 747
Haagen, Helmut Dipl.-Chem.Dr. → T 1 255
Haahtela, Kielo Prof. → iz t 335
– Otso, Dr.-Ing. → E 431
Haak, Rüdiger → h 425
Haake, Günter → U 1 933
– Karin → g 316
Haake-Wiese, Elke → t 3 104
Haaker, Wolfgang → O 623
Haakonsen, Bent → C 719
Haakshost, Eduard L. → E 258
de Haan, Gerhard Prof.Dr. → Q 651
– Margret → U 1 243
Haapala, H. Dr. → iz t 699
Haar, Leif → IZ T 977
van Haaren, Kurt → R 294, IZ R 280
von Haaren, Marion → T 3 685
Haarmann, Wilhelm Dr. → S 730
– Wilhelm, Prof. → T 3 580
Haarscher, Guy → IZ U 672
Haarsma, J. N. P. → iz s 482
Haas, Eckart Dr. → O 406
– Erwin → f 98, f 112, f 967, r 51, U 41
– Franz, Dr. → h 558
– Franz Josef → S 563, S 564, T 2 343
de Haas, Frederik → u 3 067

Haas, Georg E. Dr. → s 214
– Gottfried, Dr. → C 216
– Hanns-Stephan, Prof. Dr. → u 1 823
– Hans-Peter → R 921, r 922
– Heinrich → s 1 443
– Hubert, Dipl.-Verw.-wirt. → S 1 417
– Ingrid M. → O 406
– Marius, Dr. → C 336
– Marlène → IZ U 180
– N., Prof. Dr. → T 3 426
de Haas, P.C. → iz f 1 905
Haas, Peter → O 579
– Roland, Dipl.-Ing. (FH) → f 875
– Rudolf, Prof. Dr. → E 683
– Sabine → t 2 506
– Ulrich, Prof. Dr. → U 2 450
– Walter → K 319, r 301
– Willi → U 706
– Wolfgang, Dipl.-Volksw. → o 515
Haasch, Günther Dr. → E 501, e 513
– Torsten → E 112
Haase, Clemens-Peter → u 2 893
– Hans-Peter → IZ F 1 214
– Helmut → g 332
– Herwig, Prof. Dr. → T 412
– Jürgen, Dipl.-Ing. → t 2 088, t 2 099
– K. → iz q 79
– Kai → u 2 613
– Klaus, Dipl.-Landw. Dr. → q 220, Q 224, q 227
– Marion → u 2 975
– Martin → u 2 421
– Martin, Dr. → T 3 753
– Martina → t 2 895
– Prof. Dr.-Ing. → t 2 053
– Ralf, Dr. oec. habil → T 3 630
– Steffen → U 1 473
– Torsten → T 482
– Ulrich, Dr. → A 29
– Wolfgang, Dr. → E 210
– Wolfgang, Dr.oec. → F 122, f 135, R 273
Haasis, Heinrich → I 61
Haaske, Detlef → E 109
Haass, Elmar → M 13
Haaß, Gerhard → T 379
– Roland → G 98
– Wolf-Dieter, Prof. Dipl.-Ing. → T 472
Haavel, Rein → iz s 472
Haavik jun., Sigurd → c 364
Haavisto, Pekka → IZ U 349
Habbe, Rainer Dipl.-Kfm. → f 731, r 155
Habbel, Franz-Reinhard → D 33, u 2 742
– Paul → E 140
Habeck, Roland → g 493, h 141
Habedank, Günther → U 1 940
Habekost, Josef → g 354
Habel, Andreas → h 290, h 292
– Werner, Prof. Dr. paed. → T 468
Haber, Bernhard Prof. Dr.-Ing. → T 432
– Günter, Dr. → U 438
– Wolfgang, Prof.Dr.Dr.h.c. → Q 128
Haberbosch, Thomas Dipl.-Wirtsch.-Ing. (FH) → t 1 430
Haberhauer, Norbert → T 3 484
Haberkorn → u 1 681
– Martin → q 531
– Sabine → s 436
Haberl, Friedrich Karl Eugen → c 1 167
– Fritz → H 594
– Horst Gerhard, Prof. → T 661
Haberland, Detlef Dr. → S 1 208
– Dietrich, Dipl.-Ing. → U 104
– Heike, Dipl.-Päd. → R 866
Haberlandt, Karlheinz Prof. Dr. → t 1 540
Habermann → A 2
– Christoph → A 2
– Martin → B 328
– Walter → K 15
Habermeyer, Willy Dr. → H 648
Habersaat, François → IZ G 185
Habersack, Oskar → g 212
Habersam-Wenghoefer, Herta → IZ S 226
Haberstock, W. Dr. → T 2 696
Haberstroh, Edmund Prof. Dr.-Ing. → T 1 938
Habick, Margrit → T 2 807, t 2 825
Habig, Gutmann Dr. → f 652, f 656, f 669, f 679, T 1 156, IZ F 1 486, IZ F 1 493
– Karl-Heinz, Prof. Dr.-Ing. → A 356, T 1 165, T 1 883
Habisreutinger, Hugo → H 82
Habs, Michael Prof. Dr. → f 209
Hach, Friedrich → s 213
Hachenberg, Manfred → M 151
Hachtkemper, Christoph → T 619
Hack, Christoph Dr.-jur. → t 2 014
– Gerhard, Prof. Dr. → T 626
Hackbusch, Wolfgang Prof. Dr. → t 134
Hacke, W. Prof. Dr. → T 3 363
Hackenberg, Gabriela → iz m 82

- Heide → S 1 219
- Lutz → S 1 219
- Werner, Dr.-Ing. → E 156
Hacker, Klaus-Dieter → G 101
- Paul → g 703
- Rolf → t 2 829
- Uwe → E 74
Hackert, Klaus → G 6, G 7, G 66
Hackett, Teresa → IZ T 301
Hackl, Erich → iz s 500
Hackl-Gruber, Walter Ass.-Prof. Dipl.-Ing. Dr. → iz t 219
Hackler, Dieter → A 23, A 173
- Erhard → T 3 121
Hackmann, Heike → s 1 102
- Werner → u 2 490
- Wilfried, Dr. → B 559
Hacks, Heinz-Jürgen → E 156, I 124
Haddad, Tijani → IZ S 642
Hadding, Ulrich Prof. Dr. med. → T 3 443
Haddon, John R. → iz l 10
de Hadeln, Moritz → O 182
Hader, Wolf-Jürgen Dipl.-Ing. → B 456
Haderer, Hans Dipl.-Ing. → S 952
Hadjidimitriou, Id → iz f 2 620
Hadjiyianni, A. → iz f 2 042
- Alexandra → iz f 2 043, IZ F 2 391
Hadrian, Ulrich → iz g 70
Hadrys, Helmut Dr.-Ing. → T 999
Häber, Frank → P 59
Haeberle, Erwin J. Prof. Dr. Dr. → T 3 247
Häberle, Heinz Prof.Dr. → Q 646
- Waltraud → o 97
Häberli → iz f 690
- Martin → IZ F 517
Häckel, Michael → c 1 145
Häcker, Eberhard → E 196
- Gotthard → c 1 391
Haeckert, Hajo Georg → s 322
Hädener, Konrad Dr. → IZ L 21
Häder, Ute → u 1 430
Hädicke, A. Dr. → U 2 722
Häfele, Franz Dipl.-Kfm. → H 225
Haeffner, Alexander → H 223
Häffner, Anton → u 2 451
Haeffner, Eckhard Dr.-Ing. → L 28
Häfke, Udo Dr.-Ing. → U 200
Häfner, Bernd W. → U 3 108
- Bernhard, Dr. → A 21
- Daniela → N 124
- Gerald → T 818
von Haeften, Ursula → g 470
Häge, Kurt Prof. Dr.-Ing. → F 122, f 125
Hägele, Jürgen → I 44
- Pit → O 399
- Rudolf, Dr. → E 43
Hägerbäumer, Hermann → U 1 951
Haegert, Helmut → E 333
Hägglöf, Wiola → c 431
Hägglund, B. → iz f 120
Häggström, Britt Marie → IZ T 301
Hähle, Bernd Dr. → G 384, T 1 153
- Fritz, Dr. → A 64, U 2 114, u 2 129
Hählen, Peter Dr. → iz l 16
Haehn, Karin → T 3 017
Hähn, Peter → g 592
Hähnel, Jost → S 942
Hähnlein, Jörg → s 639
Häkämies, Kari → iz b 65
Haekel, Wolfgang Dr. rer. nat. → S 1 050
Hämäläinen, Hannu → iz n 59
- Kari → iz t 545
- Pekka → iz f 1 331, iz f 2 363
- Sirkka → IZ I 5
Hämmerle, Gerlinde → B 214
Hämmerlein, Hans Prof. Dr. → T 3 612, U 438
Hämmerling, Klaus-Peter Prof. Dipl.-Ing. → T 472
de Haen, Imme → s 781
Haenchen, Peter → O 580
Händel, Andrea → Q 593, u 2 471
- Heribert, Dr. jur. → U 2 069, U 2 070
Händle, Norbert Dr. → E 27
Händler, Ellen Dr. → A 176
Hänsch, Theodor W. Prof. Dr. → t 162
Hänsel, Alix Dr. → T 2 751
- Bernhard, Prof. Dr. → e 583
Haensel, Eduardo → E 407
- Peter, Dipl.-Ing. → T 1 142
Haensgen, Holger → u 2 250
Hänßler, Bernd → m 16, M 137, m 138
Hänssler, Karl Heinz Prof. Dipl.-Hdl. → t 1 664
Häntschel, Katrin → N 181
Haep, Stefan Dr.-Ing. → t 357, T 987
Haepers, Jan → iz t 855
Haerendel, Gerhard Prof. Dr. → IZ T 1
Härig, Gerd Dipl.-Volksw. → H 391
- Peter → n 11
Haering, Christof → u 1 886

Häring, Max Dr. → I 19, I 90
Haering, Milan → IZ U 476
Härle, Gottfried → Q 390
Haerlin, Uta-Sabine → O 237
Härmälä, Esa → iz q 9, iz q 81
Härtel, Friedhelm → Q 335
- Roland → b 138
- Thomas → b 34
- Volker → U 398
Haerten, Dirk → g 302
Härthe, Dieter → c 1 237, R 270, U 821, IZ R 9
Härtl, Manfred → H 247
Härtling, Peter → U 3 009
Haese, Gerd → s 353
- Jürgen → T 867
Häselbarth, Volker Dr. → T 1 326, iz t 167
Häseler, Jörg Dr. → T 2 605
Haeske, Bernhard → iz a 713
Häßler, Karl → h 586
Häßner, Konrad Dr. → F 208
Hättig, Walter → U 2 090
Häupl, Michael Dr. → IZ U 23, iz u 54
Häusele, Jürgen → t 1 593
Häuser, Franz Prof. Dr. → T 584
- Petra, Dipl.-oec. → E 107
Häusler, Frank → E 206
- Hannelore → U 1 433
Häusser, Volker Dr. → t 291, T 2 556
Häußler, Hans-Reiner Dipl.-Kfm. → F 696, F 706, f 707, f 711, U 13, U 560
- Ingrid → D 79
Häussler, Jürgen → t 2 486
- Karl-Heinz → H 619
Häußler, Reinhold Dipl.-Ing. (FH) → t 1 497, t 1 498
Häußler-Sczepan, Monika Prof. Dr. → T 3 249
van Haeverbeke, André → a 168
Hafenrichter, Niklas → u 2 569
Hafer, Harald → S 679
Haferkamp, Claus → E 132
- Dieter → I 1
- Heinz, Prof.Dr.-Ing.Dr.-Ing.E.h.mult. → t 2 032
Haferkorn, Günter → t 2 168
Hafke, Heinz → T 3 738
Hafner, Alexander → iz f 1 836
- Alexander, Dr. → iz f 105
- Klaus → O 87
- Michael → f 71, g 162, g 163, g 164, r 35
- Wolfgang, Prof. → t 1 458
Hagard, Spencer → IZ T 824
Hagebro, Claus → IZ T 632
Hagedorn, Günter Prof. Dr. → U 2 450
- Horst, Prof. Dr. → T 1 125
- Karl → iz f 1 778
- Karl, Dipl.-Ing. → G 267, T 3 875
- Sven → T 3 434
Hagel, Erich → T 2 180
Hagelstedt, A_Osa → IZ U 183
Hagelstein, Manfred → K 265, K 266
- Rainer → H 7, h 46
Hageman, Jan H. → iz u 486
Hagemann, G. A. → E 342
- Giesela → g 359
- Hermann-Josef → g 153
- Michael → O 541
- Reiner, Dr. → K 1
- Wulf → f 27, F 376
Hagemeier, Rainer Georg → F 88, F 932
- Rainer-Georg → F 934
Hagemeyer, Rainer Dr. → u 2 577
Hagen, Beate → b 168
- Jens, Prof. Dr. → t 1 618
- Johnny → iz r 258
- K.-H. → t 2 217
- Manfred, Dr. → R 273
Gräfin von Hagen, Romana → T 536
Hagen, Uwe → g 726
Hagen-Jahnke, Ursula Dr. → U 3 082
Hagena, Helmut → r 772
Hagenau, Bernd Prof. Dr. → t 964
Hagenkötter, Andreas → S 509
Hagensen, Yngve → iz r 189
Hager, Annegret Dipl.-oec. troph. → Q 670
- Bernd → c 801
- Elisabeth → T 791
- Ferdinand → IZ T 246, iz t 257
Hagg, Hans-Peter → T 3 669
Hagmajer, Marek → IZ U 123
Hagmans, Gaby → U 1 456, U 1 479
Hagn, Ludwig → n 10
Hagwall, Mats Dipl.-Ing. → IZ F 2 066
Hahlbrock, Klaus Prof. Dr. → T 97, t 176
Hahlen, Johann → A 238, t 2 299
Hahmann, P. → t 303
Hahn → A 16

Hahn (Fortsetzung)
- André, Dr. → a 79
- Axel → s 607
- Bernd-Udo → Q 51
- Christoph → u 1 271
- Clemens, Dipl.-Ing. → s 843
- Dieter → f 810, F 818, l 106
- Dietger, Prof. Dr.Dr.h.c. → T 4 145
- Doris → F 594
- E.G., Prof. Dr. → T 2 849
- Erwin, Dipl.-Psych. → U 2 450
- Heinrich → H 58, h 62, h 65
- Heinz → g 644
- Hermann H., Prof. → T 871
- Jörg-Uwe → a 71
- Jürgen → E 179
- Jürgen, Dr. → f 365
- Karl-Eckhard, Dr. → B 340
- Lothar, Dipl.-Phys. → T 1 952
- Michael → d 229, f 814, H 38, U 2 133, IZ U 375
- Michel → c 40
- Otmar → u 1 834
- Otto → H 594, h 595
- Peter → F 145, iz f 2 326
- Peter, Dr. → T 1 890
- Roland → T 473
- Udo → u 2 322
- Ulrich, Dr.-Ing. → F 932, t 334
- Ursula → S 77
- Walter → r 526
- Werner, Dr. → O 301
- Wolfram, Prof. Dr. → T 532
Hahn-Klöckner, Horst → U 1 108
Hahn Klöckner, Horst → IZ U 174
Hahn-Raabe, Claudia → u 2 997
Hahne, Wolfgang → k 239
Hahne-Reulecke, Karin Dr. jur. → s 144
Hahnel, Dieter → r 855
Hahnenfeld, Klaus Dipl.-Ing. Dipl.-Wirtsch.-Ing. Univ. → A 21
Hahner, Gunter → r 664
Hahnewald, Rainer → B 487
Haibach, Marita Dr. → U 1 932
Haibel, Hans → E 43
Haible, Hermann → H 733
- Winfried, Dr. → T 4 160
Haiden, Alfons Dr. → iz e 21
- René Alfons → iz r 7
Haider, Ernst Prof. Dr. → k 207
Haimerl, Gerd Prof. Dr. med. Dipl.-Ing. → t 1 805
Hain, Gottfried → e 640
- Norbert → g 255
- Winfried, Dipl.-Ing. → t 2 158
Hainbach, Uwe → E 92
Hainer, Wolfgang Dipl.-Volksw. → O 538, U 531, iz o 163
Haines, Elisabeth → A 23, T 2 203
Haisler, Kurt Dr. → u 1 355
Haizmann, Werner → H 489
Hajjaj, Aref Dr. → E 385
Hajny, Peter Dr. → S 1 106
Hajsig, Danko → iz t 330
Hakala, Tapio → iz h 227, iz h 244
Håkansson, Leif → IZ R 247
Hakansson, Leif → iz r 263
Hake, Manfred → E 390, E 398
Hakelius, D. → iz h 309
- Olle → iz p 18
Hakenjos, Bernd Dr. → e 564
Haker, Herwig → F 292
- Wilfried, Dr. → S 950
Hakonen, Timo → iz f 470
Hakus, Dietrich → k 154
Hala, B. → iz f 1 137
Halang, Roland → d 237
Halbach, Joh. → F 999
Halberstadt, E. Prof. Dr. → s 242
- Günter, Dipl.-Ing. → s 1 041
Halbig, Ingo → b 481
- Petra, Dipl.-Geogr. → U 246
Halbmeyer, Jürgen → H 133
Hald, Flemming → e 424
- Niels → iz f 2 325
Haldorsen, Sylvi Prof. → IZ T 162
von Halem, Gerhard → O 224
Halfmann, Achim → U 1 927
Halgasch, Günter → U 2 450
Hall, Janet M. → iz s 562
- Nigel → IZ R 273
- Ray → u 1 777
Halldórsson, Thorsteinn Dipl.-Physiker → E 490
Hallensleben, Manfred L. Prof. Dr. → T 1 241
Haller, Frank Prof. Dr. → t 2 278
- Franz → u 1 777
- Gert, Dr. → E 31, I 79

Haller (Fortsetzung)
- Joachim → T 2 226
- Jochen → e 35
- Klaus → f 15
- Konrad → F 66
- M. → iz q 23
- Matthias, Prof. Dr. → IZ T 975
Haller-Laible, Dorothea → R 216
Hallerbach, Achim → H 288, h 294
Hallerbach-Redlin, Marion Dr.med.dent. → IZ Q 227
Hallet, B. Dr. → IZ Q 124
Halleux, P. → iz f 179
- Paulette → iz f 2 067
Halley, Paul-Louis → IZ H 1
Hallier, Bernd Dr. → T 2 342, IZ H 497
Hallmann, Brigitte → s 632
- Dirk → r 688
- Josefine → U 1 304
Hallo, Ralph → IZ Q 193
Hallquist, A. → iz t 431
Graf von Hallwyl → E 374
Halm, Gerhard Dipl.-Ing. → d 141
Halme, Seppo A. → iz h 408
Halonen, Kare → IZ C 4
Halsch → A 14
Halsdorf, Jean-Marie → iz u 47
Halser, Klaus Dr.-Ing. → t 201
Halskov, Erik → iz a 35
van Halteren, Ansgar Dipl.-Kfm. → F 186, IZ F 2 066, iz f 2 069
Haltermann, Clemens August → R 446
Haltmeyer, Heinrich → O 707
Halupczok, Uwe → U 578, U 699, u 700
Halvdanson, Åke → IZ T 268
Hamacher, K. → T 1 266
- Lore → E 575
- Peter, Dr. → S 509
- Rolf-Rüdiger → S 1 355
Hamann, Dietrich → G 130
- R., Dr. → F 378
Hambach, Rudolf Dipl.-Ing. → c 1 152
Hamberger, Sylvia → T 2 683
- Wolfgang, Dr. → T 843, t 844
Hambloch, Christoph → Q 304
Hamburger, Georg → d 29
Hame, Heidi → u 2 621
Hamel, P. Prof. → T 1 266
Hamelin, Hazel → IZ N 39
Hamer, Eilert Prof. Dr. → t 1 809
Hamers, Joachim → m 82
Hames, Hanno Dr.-Ing. → T 1 079
Hamilton, D. J. → IZ T 299
- David → n 213
- Judith → IZ R 282
Hamke, Jürgen → m 25
Hamkens, Jan H. Dr.-Ing. → F 292, f 856
Hamlock, Stefan W. → S 1 087
Hamm, Falko → S 1 176
- Georg, Dr.rer.nat. → B 376
- Hartwig, Dr. → I 78
- Ingrid → U 2 450
- Peter M. → u 824
- W., Prof. Dr. → t 2 291
Hammann, Harald Dr. → O 361
- J. → A 354
- Peter, Prof. Dr. → t 4 076, t 4 080, t 4 082, t 4 083, t 4 085
Hammel, Anton Dieter Prof. Dr. → F 383
- Ludwig → T 3 114
- Manfred, Dr. → T 3 501
Hammelehle, Jürgen → U 2 083
Hammelrath, Reiner → t 4 117
Hammer, Antje Dipl.-Ing. → S 1 106
- Dr. → U 545
- Gerhard, Betriebswirt (VWA) → E 156
- Hans, Dipl.-Ing. → c 1 272
- Jürgen → T 3 761
- Lutz, Dr. → t 1 327
- Marina → U 1 426
- Ralf, Dipl.-Kfm. → S 690
- Thomas → S 1 054
- Thomas, Dipl.-Ing. → U 47
- Ute, Dipl.-Psych. → T 3 659
- Wolfgang, Dipl.-Wirtsch. → T 853
Hammer-Gann, Lo → s 808
Hammerich, Jan → o 166, O 191
Hammerl, Jürgen → f 606
Hammerla, Beate → U 251
Hammermeister, Michael → U 1 014
Hammers-Strizek → A 16
Hammerschlag, Lutz → S 60
Hammerschmidt, Kurt Dr. → T 2 838
- Rudolf, Dr. → U 2 341
- Werner → H 773
Hammerstein, Rolf-H. → O 364
Freiherr von Hammerstein-Loxten, Christoph → E 604
Hammes, Prof. Dr. → T 2 602

Hammond, John P. → iz h 517
Hampe, Peter Dr. → t 3 812
Hampel, Günter → N 133
– Manfred → A 35
– Marlies → S 1 507
Hampf, Werner → t 2 488
Hampl, Ulrich → Q 180
Hanack, Walter Dipl.-Ing. → s 1 024
Hanaoka, Kazuo → IZ S 164
Hanau, Peter Prof. Dr. Dr.h.c. → T 3 592
Hanauer, Gerard L. → IZ F 853
Hancock, Christine → IZ R 289, iz r 296
Hancu, V. → IZ F 175
Handford, Ian L. → iz r 6
Handl, Johann Prof. Dr. → t 2 380
Handlbichler, Bernd → q 547
Handschak, H. Dr.med. → s 196
Handy, Andreas → IZ U 683
– Roger → IZ S 654
Hanebrink, Ludwig → Q 53
Hanebutt-Benz, Eva Dr. → U 3 086
– Eva-Maria, Dr. → U 3 100
Haneke, Burkhard → T 792
Hanel, Ulf → c 206
Hanelt, Jürgen → S 1 313
Hanemann, P. → T 846
Hanewald, Ulrike → N 134
Hanewinckel, Christel → A 35
Hanf, C.-H. Prof. Dr. → T 2 594
– Cornelia → n 68
– Werner → O 384
Hangen, Hermann Otto Dipl.-Geogr. → T 1 369
Hanhart, Walter → s 329
Hanhausen, Juan Carlos → n 272
Hanisch, Angela → Q 400
– Cornelia → U 2 450
– Jörg → F 706
– Jörg, Dr. → E 38
– Peter → u 2 456
– Rudolf, Dr. → I 13
– Werner, Dr. → S 569
Hanitsch, Jutta Dipl.oec. → T 3 734
Hank, Joachim Dr. → E 167
Hanke, Andrea → T 3 687
– Dieter → B 411
– Franz-Josef → U 1 924
– Günther, Dr. → T 2 846
– Michael, Dr. → T 3 954, U 1 870
– Siegfried → R 75
Hankeln, Andrea → o 603
Hanley, Nicholas → IZ A 194
Hann, C. M. → IZ T 713
– Christopher M., Prof. Dr. → t 116
Hanna, William → iz a 158
Hannah, Michael → IZ N 63
Hanne-Behnke, Gabriele → s 396
Hanneken, Mechthild → O 288
Hannemann, Werner Dr. → E 210
Hannequart, Jean-Pierre → IZ T 316
Hannes, Hans Joachim Dr. → h 695
– Metz → U 2 093
Hannick, Christian Prof. Dr. → e 601
Hannig, Hans-Jürgen Dr. → T 2 627
– Karl → f 82, g 260, r 46
– Karl, RA → g 194
Hanning, August Dr. → A 102
– Jack → IZ U 582
Hannmann, Eckart Prof. Dr. → B 649
Hanno-Igels, Gerhard Dipl.-Volksw. → s 642
Hanpft, Reinhard Dr. → s 346
Hanrieder, Dietlind Prof. Dr. → IZ T 295
– Dietlind, Prof. Dr.rer.nat., Dipl.-Chem. → T 1 865
Hans, Hans-Edgar → E 140
– Jan Peter → F 997
– Paul → T 660
– Peter → A 63
Hanschke, Dirk → T 2 353
– Karin → t 2 938
Hansdorfer, Stefan Dipl.-Ing. → S 952
Hansel, Holger Dr. → q 375
Hansemann, Heiner → T 754
Hansen, Birger → iz g 57
– Claus → H 250
– Detlef → o 196
– Eddy → iz h 430
– Ellen, Prof. Dr. rer. nat. → T 550
– F. → iz f 2 212
– H., Dr. → iz f 60
– Hannes → s 1 254
– Hans → U 2 450, U 2 468, IZ F 2 320
– Hans, Dr. → F 418
– Hans Heinrich → U 989, IZ U 432
– Henry → iz f 728
– Ingo → s 463
– Ivar → IZ B 3
– Jochen, Dr. → T 3 420
Fortsetzung nächste Spalte

Hansen (Fortsetzung)
– Kurt → u 2 206
– Kurt, Prof. Dr.-Ing. → F 1
– L. Sunny, Dr. → IZ T 979
– Lars → iz t 187
– Leonhard, Dr. → S 138
– Leonhard, Dr. med. → s 149
– Niels Jorgen → iz f 1 777
– Norbert → R 294, R 330
– Ole Steen → iz f 1 722
– Peter → o 252, IZ V 16
– Peter, Dr. → u 444
– Peter, Prof. Dr. → U 438
– Peter Normann → iz t 174
– Poul → iz m 58
– Sigrid, Dr. → s 1 153
– Sven → n 224
– Udo → G 51
– Ulf, Prof. Dr.-Ing. → t 1 188
– Ursula, Dr. → U 1 278
– Uwe C. → m 207
– Uwe Jes → U 1 595
– Wolfgang, Dipl.-Ing. → s 1 074
Hanser, Hermann → N 58
– Robert → E 274
Hanser-Strecker, Peter Dr. → O 442
Hansford, Mike → IZ K 39
Hansing, Bernd → c 971
Hansky, Sabine → U 3 040
Hansmann, Axel → O 707
– Bernd, Dipl.-Kfm. → E 129
– Harald, Prof. Dr.-Ing. → t 1 825
Hanss, Wilhelm → r 290
Hanssen, Halle Jørn → iz u 338
– Maurice → IZ F 854, iz f 862, iz f 863
Hansson, Lars → iz s 550
Hanstein, Henrik → H 771
von Hantelmann, G. Dr.-Ing. → t 290, T 1 295
Hantsch, E. Dr. → t 2 338
Hantsche, Harald Dr. → T 1 003
Hantschel, Ralf D. Dipl.-Des. → s 838
Hantzsche, Roland → u 2 498
Hantzschmann, Karl Prof. Dr. → T 1 355
Hanusch, Kunibert Dr. → T 1 292
– Rolf, Dr. → S 758, s 762
Hanz, Dieter → A 20
– Martin → IZ A 183
– Melanie → U 22
Hapke, Gerhard → o 686
– Martin, Dipl.-Geogr. → U 261
Happ, Albert → M 126
– Hans-Joachim → u 2 625
– Jürgen → u 830
Happel, Dieter Prof. Dr. → T 446
– Otto, Dr.med. → U 3 090
Happersberger, Günther Prof. Dr.-Ing. → t 1 679
Harbart, Klaus → U 1 015
Harbeck, Dipl.-Ing. → B 624
– Karl-Heinz, Dr. → A 295
Harbers, Carolin → b 24
– V., Dipl.-Wirtsch.-Ing. → T 1 266
Harbo, Karl → iz a 67
v. Harbon, Joachim Dr. → E 578
von Harbou, Joachim → c 1 323
– Joachim, Dr. → I 40
v. Harbou, Joachim Dr. → T 2 532
Harbrecht, Wolfgang Prof. Dr. → T 2 209, T 2 327, t 4 047
Harbs, Klaus Dr. → E 82
Harbusch, Nikolaus → U 1 403
Harden, Ingo → O 150
Graf von Hardenberg, Ernst-Henning → t 2 159
– Gebhard → q 624
Hardenberg, Gerd → u 810
von Harder, Alexander Dipl.-Kfm. → U 347
Harder, Gerhard → F 980
– Günter, Prof. Dr. → t 133
– Jan → q 536
– Olaf, Prof. → T 575
– Wolfgang, Dipl.-Ing. → f 929
– Wolfgang, Dr. → T 3 957
Hardman, David G. → T 897
Hardraht, Klaus → b 153
Hardt → b 500
– Claus → R 512
– Detlev → H 278
– Elisabeth → IZ U 645
– Heinz → A 61
von der Hardt, Horst Prof. Dr.med. → T 528
Hardtke, Hans-Jürgen Prof. Dr. → U 2 783
Harenberg, Bodo → c 1 117
Harenburg, Jan Dr. → s 151
Harendza, Winfried → e 643
Hargarter, Ewald → g 791
Harguth, Horst → O 560
Hariegel, Werner → H 455, T 3 908, IZ H 380
Harig, H. Prof. Dr.-Ing. → T 1 967

– Hans-Dieter → c 1 216
– Hans-Dieter, Dr.-Ing. → F 1, f 51
Haring, Hanfried Dr. → q 230, u 2 510, U 2 608
Harjes, Bernd Prof. Dr. → T 571
Harland, Alfred → g 274
– Detlef → U 1 864
Harle, G. → iz f 61
Harles, Lothar → T 3 807
Harlstang, Cleonore → U 1 346
Harman, Claus → B 492
Harmanen, Pentti → iz s 249
Harmening, Jürgen → M 270
Harmer, G. → iz f 477
Harms → a 47, A 362
– Anton → n 91
– Berend → d 31
– Carsten → s 1 379
– Dirk, Prof. Dr. → T 699
– Doris → U 403
– Dorit → Q 471
– Gerd, Dr. → b 164
– Gerd, Dr.-Ing. → T 1 053
– Gerhard → A 360, T 636
– Ingo → S 1 197
– Jens, Dr. → T 2 250
– Jörg Menno → F 372
– Karl, Dr. → H 308, H 318, h 345, h 399
– Karl Friedrich, Dr. → E 132
– Michael, Dr. → T 754
– Rebecca → U 2 097
– Walter → c 1 388
Harms-Hunold, Annette → O 492
Harmsen, Claus Dr. → IZ U 313
Harnack, Uwe Dipl.-Kfm. → E 297
Harnath, Hans-Dieter → E 69
Harney, Mary → iz b 125, iz u 446
Frhr. von Harnier, Kaspar → E 495
Harnisch, Jürgen Dr. → E 741
– Jürgen, Dr.-Ing. → E 145
Harnischfeger-Ksoll, Magdalena → E 418
Harras, Manfred → IZ O 15
Harrer, Elisabeth → U 1 383
– Klaus → g 608
Harries, Elisabeth → s 1 331
Harrington, M. J. P. → IZ T 299
Harris, Adrian → IZ F 2 267
– Daniel E. → c 618
– Garth → iz f 1 143
– Ronald L. → IZ T 300
Harrison, Anne → IZ T 560
– Les → IZ U 589
– T. A. → iz f 582
– Tom → IZ H 274
Harrmann, Georges Dipl.-Ing. → IZ T 964
Harrower, John → IZ F 1 775
Harrs, Uwe → C 38
Harsch, Wolfgang → F 938, U 608
Harstel, Uwe → Q 240
Harstick, Heike Dr. → H 247
Hart, David → U 3 122
– David M. → IZ F 1 536, iz f 1 540
– Siegfried, Dr. → H 238, H 239, H 240, H 241, H 242, H 243, q 234, iz h 330
– Stephen → n 229
– Wilfried → g 630
Hartberger, Helmut Prof. Dr.-Ing. → t 1 623
Hartel, Rainer → F 690
– Wilhelm, Prof. Dr.med. → T 3 292
Harten, Dirk Dr. → b 866
– Wolf-Rüdiger → c 111
Hartenstein, Dr. → A 21
Hartfiel, Jörg → T 2 715
Hartges, Ingrid → n 3, n 7, n 8
Harth, Volker Dr. → O 389
Harthogh, Prof. Dr. → T 638
Harthun-Kindl, Adelheid → B 705
Hartig, Dieter → u 2 665
– H., Prof. Dr. → T 1 381
– Matthias → u 1 891
– Rainer, Dr. → T 754
– Sandra → T 4 148
– Wolfram → B 668
Harting, A → 27
– D. → iz t 478
– Dietmar → F 1, f 25, iz f 2 269
– Dietmar, Dipl.-Kfm. → F 333, f 334, O 622
Hartinger, Manfred → H 633
Hartje, Michael Dipl.-Kfm. → T 3 219
Hartkemeyer, Franz-Josef → s 430
Hartl, Franz-Ulrich Prof. Dr. → t 104
– Günther B., Prof. Dr. → T 1 359
– Hans → r 365
– Heinz → IZ U 184
Hartlef, Christel → t 3 095
Hartlep, Rainer → T 3 770
Hartlieb, Christine → T 702
von Hartlieb, Holger → O 220
Hartlieb, Wolfgang → O 357

Hartman, Erik → iz f 1 281, iz h 308
Hartmann, Ada → U 1 343
– Axel, Dr. → B 212
– B., Dr. → T 2 323, T 2 568
– Bernd, Dipl.-Ing. → R 31
– Bernd, Dr.med. → n 53
– Christoph → q 140
– Emilia → c 676
– Falk → F 505
– G. → iz l 509
– Gabriele → N 121
– Georg → s 637
– Günter → U 1 351, u 1 358
– Hannelore → U 1 602
– Hans → I 89
– Hans-Jörg → M 188
– Hans-Josef → S 683
– Hans Jürgen → U 234
– Heiner → E 460
– Herbert, Prof. Dr. → U 2 450
– Herta, Dr. → U 855
– Hubertus → c 62
– Idis B., Dr. → U 988
– Joseph, Dipl.-Ing. → f 136
– Jürgen → M 275, q 175
– Jürgen K. → H 90
– Klaus → F 398, Q 242, iz q 147
– Klaus-Dieter → c 660
– Klaus-Dieter, Dr. → s 538
– Klaus Gert → U 920
– Konrad, Dr. → S 275
– Kornelia → T 373
– Kurt → M 231
– Manfred → t 3 186
– Margit → u 1 201
– Martina, Dr. → U 223
– Michael → b 131, O 218
– Peter, Dr. → C 127
– Roswitha → O 707
– Rüdiger, Dr. → U 2 629
– Thomas, Dr. → T 2 599, t 3 700
– Ulrich → c 1 103, F 1, R 1, T 803
– Ulrich, Dipl.-Volksw. → L 41
– Uwe, Dr. → T 1 372
– Volker, Dr. → K 327, u 2 866
– Willi H. → s 1 274
– Winfried → t 961
– Wolfgang → A 297
Hartmann-Börner, Christiane → R 837
Hartmann-Schäfers, Mechthild → R 447
Hartmeier, Peter → iz o 72
Hartmer, Michael Dr. → R 900
Hartnagel → u 1 652
Hartogh, Hans → s 452, t 2 861
Hartopeanu, Mircea → iz t 1 950
Hartstein, Reinhard → O 282
Hartung, Götz → o 12
– Henner → G 103
– Thomas, Dr. Dr. med. → t 1 591
Hartweg, Frédéric → E 466
Hartwich, Andreas → g 264
Hartwig → U 304
– Frank → H 2
– Heinz-Dieter → B 403
– Karl-Hans, Prof. Dr. → T 2 209
– Rudolf, Dr. → S 76
– Thomas → q 230, U 2 608
Hartwig-Bade, Doris Dr.med. → s 131
Hartz, Jürgen → S 1 430
– Karl-August → g 518
– Klaus → u 784
– Kurt → k 91
– O., Dr. → iz t 380
– Rudi, Dipl.-Betriebsw. → l 43
Harus, Michael Prof. → E 578
Harvey, Sue → IZ U 542
Harzer, Steffen → U 404
Harzheim, Johannes Dipl.-Ing. → F 54
Harzmann, Rudolf → T 2 669
Hasan, Humaira → C 1 135
– Jürgen → B 286
Hascoet, Guy → iz b 79
von Hase, Friedrich-Wilhelm Prof. Dr. → T 3 710, U 1 023
Hase, Thomas → U 22
– Ulrich, Dr. → T 3 050
Hasebrink, Uwe Dr. → T 1 957, t 2 390
Haselbeck, Anton → u 2 825
Haseley, Peter → O 119
Haselmayer, Martin → s 597
Haseloff, Dagmar → E 74
Haseloff-Grupp, Heike → B 749
Haselsteiner, Wilfred → g 614
Hasemann, Christine → iz u 633
Hasenbeck, Manfred → O 580
Hasenbein, Ulrich → g 707
Hasenberg, Peter Dr. → U 2 377

Hasenburg

Hasenburg, Karlheinz Dr. Dipl.-Phys. → t 1 537
Hasenfratz, Klaus → A 35
Hasenkamp, Martin → T 3 018
Hasenpflug, Henry Dr. → B 241
Hasenpusch → B 725
Haser, Marion → U 1 562
Hasford, Jörg Prof. Dr. → T 3 288
Hasheider, Jürgen → d 23, N 135
Hasinger, Günther Prof. Dr. → T 1 268
Haslam, G. E. → F 819, F 820
Haslbeck, Manfred Prof. Dr. → t 3 296
Haspel, Jörg Dipl.-Ing. Dr. → B 646
– Jörg, Dr. → U 697
Hasper → A 8
Haß, Ernst-Chr. Dr. → U 757
Hass, Friedrich → u 2 215
– Kirsten → o 26
Haß, Maria → T 3 071
– Marion, Dr. → U 67
– Udo, Dr.-Ing. → T 2 007
Hasse, Ernst-Michael → E 147
– Rolf Manfred → t 961
– Siglinde → R 618
Hassel, Bert → f 571
– Werner → R 577
Hasselfeldt, Gerda → A 39
Hasselkuss, Erich Dipl.-Vw. → U 2 375
Hassell, B. → iz t 788
– William R. B. → c 32
Haßelmann, Britta → u 2 107
Hasselmann, Harald → t 2 493
Hasselwander, Dieter → g 628
– Maxim → S 289
Hasseni, Mohamed-Ziane → c 616
Hassenkam, Henrik → IZ M 4, iz m 8
Hassert, Günter Dipl.-Volksw. → k 232
Hassi, Satu → iz b 71
Hassinen, S. → iz f 559
Haßinger, Stefan → T 3 891
Hassinger, Stefan → t 3 892
Haßkamp, Peter Dr. → l 15, l 76
Hasslacher, Peter → IZ Q.188
Hasslberger, Josef → IZ F 854, iz f 865
Haßler, Michael → T 1 344
Hatakka, Tuula → IZ R 239
Hatchuel, Romain → IZ O 154
Hatrick, Karla → iz u 445
Hatscher, Roland → g 148
Hattemer, Hans H. Prof.Dr. → T 2 710
Hattig, Josef → A 39, b 56
Hatton, Albrecht → E 210
Hatwood Futrell, Mary → IZ T 965
Hatz, Wolfram Dipl.-Kfm. → E 63
Hatzimarkos, Michael → iz f 1 782
Hatzimikes, Tassos → iz u 331
Haub, Helga → t 2 296
Haubensak, Alexander → O 665
Haubold, Bernd → e 234, e 237
– Wolfgang → K 284
Haubrich, Hans-Jürgen Prof. Dr.-Ing. → t 1 008
– Hartmut → E 154
Haubruck, Hans W. → s 670, T 2 345
Hauch, Rolf → u 2 832
Hauck, Barbara → U 1 866
– Friedrich → A 373
– Hans, Dipl.-Ing. → s 904
– Hartwig, Dr. → M 227
– Herbert → U 584
– Oliver → R 538
– Otto, Dr. → T 3 200
Haucke, Peter-Christian → c 459
Hauenherm, Werner Dr.-Ing. → t 297, T 1 079
von Hauenschild, Caspar → I 40
Hauer, Ditmar → IZ S 642
– Johann, Prof. Dr. → T 402
– Matthias → U 3 098
– Rolf, Dr. → T 721
Hauer-Rona, Eleonore → IZ U 225
Hauf, Thomas → t 3 197
Hauff, Eberhard → R 513, U 748
v. Hauff, Michael Prof. Dr. → T 2 250
Hauffe, Ulrike Dipl.-Psych. → T 3 386
Haufler, Volker Dipl.-Volksw. → U 380
Haug, Bernhard Direktor → T 1 932
– Franz → D 127
– Friedeman → IZ O 212
– Friedemann → o 650
– Hans-Joachim → h 174
– Horst → B 287
– Jochem → F 1 001
– Jutta → U 2 251
– Michael → U 3 122
– Peter → I 32
– Peter, Dr. → L 40, T 894, T 895, iz l 7
Hauge, Bjorn → iz o 182
– Kjell O. → IZ F 1 822
Haugen, E. → iz f 117

Eirik → iz f 377
Haugerud, Oyvind → iz f 405
Hauk, Franz → F 516, f 561, iz f 1 606
Hauke, Erhard → g 364
– Ulrich → U 1 563
Haumann, Gereon → U 1 810
– Helmut, Dipl.-Ing. → L 58, T 1 079
Haumer, Heinz → B 288
Haun, Helmut → E 42
Hauner, H. Prof. Dr. → T 3 279
Haunhorst, Eberhard Dr. → S 337
Haunreiter, Helmut → O 288
Haupenthal, Edmund Dipl.-Wirtsch.-Ing. → t 1 515
Haupt, Hans-Georg → U 261
– Hans-Peter → u 2 037
– Herbert, Mag. → iz b 202
– Jens → s 764
– Peter → A 23
– Reinhard, Prof. Dr. rer.pol. habil. → T 551
– Rudolf → T 577
Hauptmann, Christian → O 406
– Harald, Prof. Dr.phil. → a 128
– Harriet, Dipl.-Pol. → T 2 218
– Klaus → f 211
– Markus → U 2 450
Hauptmann-Gerland, Anke Dipl.-Ing. (FH) → t 1 602
Haury, Heinz-Jörg → T 1 832, T 1 868
v. Haus, Gerhard Dipl.-Kfm. → M 223, T 3 667
Haus, Klaus-Ludwig → T 660
Hausamen, J.-E. Prof. Dr.Dr. → T 3 394
Hausbrandt jun., Roberto Dr. → c 240
Hausch, Hellmut → R 241
Hauschild, Adalbert → U 371
– Christoph → IZ T 892
– Christoph, Dr. → T 2 346
Hauschildt, Friedrich Dr. → u 2 322
– Ursel → F 3 632
Hause, Eberhard → u 808
zur Hausen, Harald Prof. Dr.med. Dr. h.c. mult. → T 3 450
Hausen, Peter Prof. Dr. → t 114
Hauser, Christoph Dr. → O 322
– Eugen → g 761
– Eva → G 6, G 7, G 108
– Gerd, Prof. Dr.-Ing. → U 23
– Gerold → iz s 380
– Hansgeorg → A 68
– Hansheinz → G 17, G 49
– Helmut → f 232
– Johannes → E 366
– Karl-Heinz, Dipl.-Volksw. → H 78, H 88, H 110
– Lothar → s 1 100
– Martin, Dipl.-Volkswirt Dr. → S 784
– Monika, Dr. → U 942
– Nicole → T 635
– Wolfhart, Dr. → T 2 021
Hausmann, B. → IZ F 787
– Bernhard → E 147
– Christian, Dr. → C 243
– Dieter → S 972
– Erna → u 895
– Volker → iz u 325
– Volker, Dr. → E 756, U 2 046
– Willi, Dr. → U 2 114
Hauso, Olav → IZ T 266
Hausold, Dieter → u 2 250
Hausser, Alfred → U 1 015, U 1 017
Haussherr, Reiner Prof. Dr. → T 3 745
Haußmann, Anton → b 24
– Dieter → u 1 994
Haussmann, Helmut Dr. → A 69
Haußmann, Peter Prof. Dr. → T 3 322
– Regine → e 506
Haussmann, Ulli → o 34
Haußmann, Werner Prof. Dr. rer. nat. → T 468
Haustein, Klaus-Peter → s 306
Hauswedell, Peter Christian Dr. → c 539
Hauswirth, Rainer → u 2 970
Haut, Lorenz → Q 399
Hautala, Heidi → IZ U 350
Hautau, Heiner Prof. Dr. → T 3 630
– Prof. Dr. → t 2 253
Hauth, Susanne → r 598
Hautmann, Andreas → u 2 032
Hautz, Walter-Dietrich → IZ M 75, iz m 82
Havard, Matthieu → IZ U 669
Havass, Miklós → iz t 190
Havelka, H. → iz h 487
– Jan → IZ U 569
Havelock, Keith → IZ U 91
Haverbeck, Peter Dr. → c 1 083, f 9, r 9
Haverbeck-Wetzel, Ursula → T 4 159
Haverkamp, Christina → U 2 041
– Siegfried → E 147

Haversath, Johann-Bernhard Prof. Dr. → r 928
Havinga, F.A. → IZ T 991
Havrila, Peter Dipl.-Ing. → is 590
Havrilla, Karolina → IZ F 1 758
Hawener, André → E 267, e 368
Hawkins, Juliz → IZ M 239
Hawskworth, Chris → IZ S 642
Hawtin, David → iz f 1 913
Hay, Lothar → a 97
– Werner, Prof. → T 3 983
Hayatou, Issa → IZ U 546
Hayböck, Wolfgang → iz f 1 790
Hayck, Josef → U 1 751
de la Haye, Gaston → IZ R 315
Hayes, A. Dr. → IZ T 165
– Michael A., Prof. → IZ T 168
Haymoz, Armin → iz h 417
Hayn, Werner H. → U 1 910, u 1 916
Hayo, Anne → h 551
Hayot, Bernard → C 152
Hayward, Catherine → IZ S 565
– Rob → iz f 2 330, iz n 14
Haywood, John K. Prof. → IZ T 744
Hazen → iz q 89
Hazewinkel, Bert → iz f 2 074
Healy, J. → iz s 38
– Tom → iz i 176
Heap, Collin → T 1 078
– Ruth, Dipl.-Päd. → T 3 010
Heard, Reiner → S 1 412
Heath, David W. → IZ A 194
Heavey, Michael → iz t 784
Hebbel, Paul → D 98
Hebbeler, Annette → O 707
Hebbelinck, André → O 126
Heber, Rutger-Jan → IZ U 375
Frhr. von Hebenstreit, H. A. Dr. → H 302
Heber, Heinz Dipl.-Ing. → S 922
Heberer, Sven → Q 532
Heberger, J. Frank → T 4 102
Heberl, Wilfried → u 802
Hebert, Gert → m 85
Hebestreit, Helge Dr. → U 2 450
Hebette, Chantal → iz a 18
Hebold, Gustav G. → E 134
Hebsacker, Jörg → R 419, r 432
Hechinger, Walter Dr. → T 1 165
– Walter, Dipl.-Ing. (FH) → t 1 230
Hechler, Günter → Q 228
– Klaus → S 251
– Matthias, Dr. → s 506
Hecht, Angelika → u 1 131
– Günther → Q 393
– Hans, Dr. → U 3 094
– Horst, Dipl.-Met. → T 2 692
– M., Dipl.-Met. → T 846
Heck → A 27
– Alexander, Dipl.-Volksw. → f 324
– André → IZ R 244
Van Heck, Frans → IZ H 223
van Heck, Frans C. → iz h 232, IZ H 240, iz h 249
Heck, Helmut → s 38
– Jürgen, Prof. Dr. → T 1 911
– Wolfgang → F 187
Hecke, Ludwig → u 2 614
Heckel, Rolf Dipl.-Ing. → t 1 180
Heckeler, Wolfgang D. → s 1 498
Heckelmann, Sieglinde → c 1 138
Heckemann, Klaus Dr. med. → s 154
Hecken, Josef → b 146
Heckens, Manfred → g 790
Hecker → U 269
– Ilka → U 3 011
– Martin, Dr. → C 519
– P. J. → iz f 1 566
– Rainer, Dipl.-Wirtsch.-Ing. Dr. → E 44
– Ulrich, Dr. → T 2 649
– Wolfgang, Dr. → T 1 161
Heckeroth, Vera Dipl.-Ing. (FH) → t 1 874
Heckl, Albert → U 805
Heckle, Willi → m 234, T 3 669
Heckmann, Gerhard → F 1 016
– Hermann, Prof. Dr. Dr. → T 831
– Sepp D. → o 608
– Sepp Dieter, Dr. → c 678
– Wolfgang → K 8
Heckmanns, Alexander → q 629
Heckner, Wolfgang Dr. → I 37
Heckroth, Klaus → I 65
Heckschen, Heribert Dr. → c 985
Heddenhausen, Karl → T 397
– Karsten → U 3 110
Hedderich, Juliane Dipl.-Volksw. → F 120
– Wilfried, Dipl.-Phys. → t 2 166, T 4 024
Hederman O'Brien, Miriam Dr. → IZ U 599
Hedi Driss, Mohamed → iz s 694
Hedley, Douglas R. → IZ S 392

Hedorfer, Petra → N 56
Hedrich, Klaus-Jürgen → E 384
Hedtkamp, G. Prof. Dr. → t 2 294
Hee, Hans → S 1 157
Heeg, Franz-Josef Prof. Dr.-Ing. → t 1 433
Heege, H. Prof. Dr. → H 224
Heegn, H. Prof. Dr. → T 1 840
Heene, D.L. Prof. Dr. → T 3 423
– Helmut, Dipl.-Kfm. → E 64
Heer, Ewald Dr. → iz r 26
– Lutz → U 2 095
– Wolf, Dr. → t 1 877
Heerd, Arnold Dr. → Q 486
Heerde, Eckhard Dipl.-Ing. → S 958
von Heereman, Alexandra → U 1 178
Freiherr Heereman von Zuydtwyck, Constantin → Q 583, U 2 608
– Johannes → U 1 752
Heerklotz, Peter Dr. → s 355
Heermann, Lisa → R 216, iz r 61
Hees, Wolfgang → G 523, IZ F 1 147, iz f 1 150, iz f 1 982
– Wolfgang, Dipl.-Volksw. → F 434, F 482, F 493, iz f 2 549
Heesch, Heinke → s 769, s 770
Heese, Lutz Dipl.-Ing. → s 834
Heesemann, Jürgen Dipl.-Ing. → T 386
Heesen, Peter → R 597, R 803, R 835
Heeß, Wolfgang Dipl.-Ing. → S 1 051
Hefekäuser, Hans-Willi → E 239, O 96
Heffner, Alfred → Q 397
Hefft, Gesine Dr. → u 1 252
Hefter, Peter → t 366, T 1 979
Hege, H.-U. Dr.h.c. → ap 206
– Hans, Dr. → O 364
– Hans, Dr.med. → U 2 022
Hegedus, Emile Alexandrov → IZ S 642
Hegelbach, J. Dr. → Q 514
Hegemann, Detlef → c 677
– Reinhold → D 118
Hegen, Bernd → T 600
Hegenbarth, Carolin → U 438
Heger, Christoph Dr. → T 1 370
– Hans-Jakob, Dipl.-Ing. → r 112
– Horst → T 260
– Norbert → k 143
– Roland, Prof. PhD → t 1 681
– Winfried → U 1 399
– Wolfgang → T 682
Hegering, H.-G. Prof. Dr. → T 373
Hegerl, Rudolf Dr. → S 287
Hegewald, Reinhard Dipl.-Kfm. → E 120
Hegmann, Sabine → h 475
Hegner, A.R. Dr. → ih 352
– Elvira M., Dr. → H 733
Hegyi, Attila → ih 438
Hehemann, Rolf → S 286
Heher, Harald → O 416
Hehl, Rüdiger → B 768
Hehtke, Norbert → s 422
Heib, Rudolf → u 727
Heibach, Horst → T 3 828
– Markus, Dr. → IZ F 2 186
Heibel, Rudolf → E 195
Heibel-Dietrich, Anne-Rose → T 3 630
Heiber, R. Dr. → s 26
Heiberg, Astrid → IZ T 818
– R. → IZ F 271
Heibrock, Friedhelm → u 1 464
Heichler, Monika Dipl.-Wirtsch. → I 12
Heid, Manfred Dr. → u 2 998
– Siegfried → o 667
Heide, Ulrich Dr. → T 2 744
– Wolfgang, Dipl.-Ing. → s 1 031
Heidebreck, Günther → E 457
Heidebroek, Henri → IZ F 1 406
Heidel, Heinrich → q 11
Heidelauf, Dietrich → s 1 492
Heidemann, Horst → I 114
– Jürgen, Dr. → c 1 000
Heidemeyer, K. → E 284
Heidenheim, Maria → t 1 876
Heidenreich, Andreas → o 187
– Fedor, Dr. med. → t 3 098
– Hartmut → T 3 953
– Karl → I 12
– Karl, Bankdirektor Dr. → E 26
– Karl, Dr. → T 4 179
Heider, Elke → U 2 194
– Engelbert → B 685
– Eveline → a 98
– Gerhard → F 2 530
– Gerhard, Dipl.-Volkswirt → f 33, F 787, T 2 723
– Ortgies → R 662
Heiderich, Herbert Prof. Dr. → T 455
Heidhues, Franz J. Prof. Dr. → E 756
Heidl, Michael → S 1 069
– Peter → g 781

Heidorn, Dr. → A 8
Heidrich, Rudolf → R 640
Heidt, Roger → n 65
Heidtmann, Jürgen → U 144
Heiduschka, Eckehard → r 257
Heienbrock, Klaus → s 768
Heier, Hans J. → iz f 2 306
– Ulrich → A 215
Heierberg, Heino → E 747
Heiermann, Heinrich Dr.-Ing. → F 122
– Wolfgang, Prof. → U 856
Heift, Karl-Heinz → h 695
Heigl, Franz-Josef → B 756
– Peter → m 91, m 111
– Peter, Dipl.-Betriebsw. (FH) → m 170, m 171
van der Heijden, Han → IZ U 587
Heijnen, Dionne → IZ F 1 260, IZ F 1 286, IZ F 2 040, iz f 2 044, iz f 2 046, IZ F 2 185
Heijnis, I. J. → IZ H 275
Heik, Axel → M 151
Heikkilä, Risto → iz g 35
Heil, Gitta Dr. → U 3 039
– Hans B., Dr. → c 996
– Solweig → T 2 317
– Walfried → f 440
Heilala, Antti-Jussi → E 451
Heilemann, Ullrich Prof. Dr. → t 2 280
Heiler, Heinz → g 167
Heilgeist, Klaus Dipl.-Volksw. Dr. → s 642
Heiligenthal, Roman Prof. Dr. → T 600
Heiling, Fritz → G 526, g 529
Heilinger, Emmerich Dipl.-Ing. → I 118
Heilmann, Andrea Prof. Dr. → Q 660
– Bernd → f 665
– Friedrich → U 2 053
– Günter, Dr. → U 848
– Joachim, Prof. Dr. → T 594
– Johanna → q 408, Q 425
– Paul-Willi, Dr.-Ing. → U 190
– Peter → s 351
Heilwagen, Sylvia Dipl.-Ing. → r 224
Heim, Günther Dipl.-Kfm. → T 382
– Hans-Albert → G 729, g 732, U 677
– N., Dr. → iz q 77
– Norbert, Dr. → Q 218
Heimann, Harald → f 457
– Heidelinde → g 637
– Manfred, Dipl.-Betriebsw. → E 146
– Peter, Dr. → E 210
– Udo → H 439
– Ursula → o 511, o 516
Heimath, Annette → U 1 340
Heimbach, Hans Dr. → U 538
von Heimendahl, Klaus → U 698
– Leopold, Dr. → f 31, F 533
Heimer, Thomas Prof. Dr. → T 485
Heimerl, Gerhard Prof. Dr.-Ing. Dr.-Ing. E.h. → T 3 638
– Gerhard, Univ.-Prof. Dr.-Ing. Dr.-Ing. E.h. → T 3 630
Heimlich, Stefan → k 238
Heimpel, Guillermo → c 323
Heimrich, Erika → E 65
Heimsath, Jürgen F 318, U 649
Hein, Corinna → U 2 778
– Diana, Dr. → B 381
– Elmar → T 553
– Gerhard → f 681
– Gerhard, Dr. → T 3 932
– Helga → s 668
– Klaus → h 721, H 750
– Klaus R.G., Prof. Dr.-Ing. → t 1 725
– Martin, Dr. → u 2 303
– Roland → s 394
– Rosemarie, Dr. → u 2 248
– Werner → S 615
– Werner, Prof. Dr. med. → T 3 370
Heinau, Vera → T 3 698
Heinbücher, Silke → E 42
Heindorf, Wolf-E. → f 974
Heine, Adam → iz s 542
– Burckhard, Prof. Dr. → t 1 395
– Hans Peter → l 112
– Hans-Peter → l 119
– Hartmut, Prof.Dr.med.rer.nat.habil. → IZ S 68
– Joachim → iz a 18
– Sabine, Dipl.-Biol. → T 2 719
– Wolfgang, Dr. → E 38
Heine-Wirkner, Isolde → U 1 866
Heinecke, Edwin → E 108
Heinek, Otto → E 718
Heineke, Hinrich → E 134
– Rolf → h 342, H 566
Heinemann, Dieter → q 77
– Dieter, Prof. Dr. → u 958
– Diethard → s 537

Fortsetzung nächste Spalte

Heinemann (Fortsetzung)
– Gunnar → H 253
– Hermann → O 336
– Ingo → U 1 606
– Ingo, Dr. → T 189
– Rosemarie → U 410
Heinemeyer, Ernst-August Dr.rer.nat. → B 601
Heinen, Ewald → t 2 338
– Helmut → O 449, R 1, T 819
– Manfred → I 133
– Norbert, Dr. → Q 620, u 956
– Romain → iz t 182
Heinen-Schütz, Ruth → S 479
Heinevetter, Alois → k 142
Heinicke, Olaf Dipl.-Ing. → t 2 124
Heinicker, Eberhard → s 1 235
Heinig, Klaus E. → O 197
Heinisch, Prof. Dr. → T 2 602
– Roland, Dipl.-Ing. → S 1 017
Heinke, Eberhard → i 8
– Harald → E 661
– Steffen → O 188
Heinle, Ilse → u 2 909
Heinlein, Georg Dipl.-Kfm. → F 614
Heinloth, Stefan Dipl.-Ing. → T 2 133
Heinonen, Olli-Pekka → iz b 68
Heinrich, Christian → u 2 148
– Christian, Dipl.-Ing. → E 151
– Christine, Dr. → s 353
– Frank, Dr.med. → s 202
– Harald → R 577
– Johannes → u 1 457
– Monika → R 938
– Peter, Prof. Dr. → T 415
– Ralf, Dipl.-Volksw. → T 3 670
– Ruth → s 599
– Siegfried → O 120
– Ulf-Rüdiger, Dr. → T 1 002
– Ulrich → A 69
– Uwe, Prof.Dr. → t 248
Heinrichs, Andreas → S 729
– Friedrich Wilhelm → d 41
– Hans, Dipl.-Ing. → k 240
– Helmut → T 3 661
– Ralf → U 2 599
Heinrichsen, Dieter → T 618
Heins, Detlef → S 553
– Peter, Dipl.-Betriebsw. → T 2 527
Heinser, Wolfgang → s 546
Heinsohn, Rainer → L 31
Heinßen, Peter → U 1 574
Heinström, Peter → iz u 443
Heintz, Berit → e 5
Heintzeler, Frank Dr. → I 42, I 46, i 47, iz i 9
Heinz → q 90
von Heinz, Angelika → A 23
Heinz, Cornelia → U 1 447
– Dr. → q 71
– Günther → u 817
– Hans-Günther → B 335
– Hanspeter, Prof. Dr. → T 405
– Helmut → k 106, k 124, k 254, k 341
– Michael → T 3 757
– Michael H. → K 22
– Walter R., Prof. Dr. → t 2 404
Heinz-Fazelian, Schiwa → t 2 917
Heinze, Dirk Prof. Dr.-Ing. → t 1 558
– Gerhard → s 543
– Harald → n 80
– Konrad → N 183
– Manfred → E 258
– Martin, Prof. Dr. → Q 545
– Meinhard, Prof. Dr. → B 815
– Norbert → C 36
– Peter → q 30
– Renate → R 539, U 1 747, U 1 748
– Rolf → S 1 238
– Walter → q 184
Heipp, Günther → Q 648
Heisch, Willy → U 1 438
Heise, Arne Dr. → t 2 279
– Bernd → A 21
– Hermann S. → E 263
– Michael, Dr. → T 2 209, T 2 532
– Petra → S 804
– Rolf → s 628
– Wilhelm, Dipl.-Volksw. → m 84, m 104
Heiser, Jens → U 448

Heising, Norbert → U 362
Heiskanen, Seppo → iz f 2 540
Heiß, Manfred → O 698
– Manfred, Dr. → h 725
Heiss, Wolf-Dieter Prof. Dr. → t 144
Heißenhuber, Alois Prof. Dr. → T 2 595, T 2 600
Heissler-Remy, Reinald → O 121
Heister, Matthias Dr.rer.pol. → T 1 901
Heitefuß, Gerhard Dipl.-Ing. Dipl.-Kfm. → f 1 038
Heitel, Kurt Prof. Dr.-Ing. → t 1 571
Heitfeld, K.-H. Prof. Dr. → T 846
Heitkamp, Engelbert Prof. Dr.rer.pol. Dr.-Ing. → E 145
Heitland, Volker → c 1 015
Heitmann, Klaus Dipl.-Volksw. → M 212
– Klemens, Dipl.-Ing. agr. → H 243
– Steffen → U 484
Heitmeier, Rainer Dr.-Ing. → E 46
Heitmüller, Walter → G 65
Heitsch, Bernhard → B 843
Heitz, André J. → IZ R 307
– Lydia → g 478
– Manfred → u 2 519
– Otmar → g 513, g 519
Heitzer, Bernd Dipl.-Ing. → T 2 212
– Dr. → A 16
Heitzmann, Johann Dipl.-Ing. (FH) → t 1 199
Heizer, Peter → o 634
Heizmann, Gerhard Dipl.-Ing. → U 2 096
– Steffen → A 31
Heker, Harald Dr. → o 606, iz o 86
Hekking, Klaus → T 840
Helander, Bo Prof. → IZ U 552
Helas, Irene → T 3 492
Helau, Bernd → g 769
Helb, Hans-Wolfgang Dr. → Q 129, Q 514
Helbeck, Iris → g 335
Helbedel, Wolfgang → U 281
Helberg, Margrit → Q 655
Helberg-Manke, Ulrike → q 61
Helbich, Horst → E 43
Helbig, Christian → c 1 119
– Werner → h 122
Helbing → A 133, K 329
– Bernhard → U 570
– Kurt W., Prof. Dr.-Ing. habil. → T 1 052
– Swantje → A 18
Helbrich, Alfred → N 117, U 3 126
Held, Friedrich Wilhelm → t 4 088
– Manfred → f 542
– Thoralf, Dr. → T 456
– Wilfried, Dipl.-oec. → F 713
– Wilhelm, Dr. → T 885
– Wolfgang → b 18, U 3 018
Heldmann, Eva → o 160
– Hans-Bernhard → s 302
– K. D. → o 620
Heldrich, Andreas Prof. Dr.jur. → T 617, T 746
Heldt, Knut Dr. → T 2 334
– Madeleine → E 67
– Sven → E 351
Hele, Jacques → IZ U 564
Helfer, Andreas → h 555
– Detlef, Dipl.-Betriebsw. → T 4 149
Helfrich, Johanna Diplom-Bibliothekarin → T 2 358
– Rudolf → T 4 157, IZ U 809
Helfst, Tobias → u 2 239
Helgason, Sigurdur → iz f 2 119
Helgerth, Roland Dr. → B 815
Helgesson, Lennart → iz h 435
Helisch, Volker → U 822
Hell, Ralf → u 716
– Theo → U 1 196
Hellbrügge, Theodor Prof. Dr. Dr.h.c. mult. → T 3 884
Helle, Rolf → F 848
Hellebrandt, Holger → T 4 125
Hellekant, Anna → iz f 166
Helleputte, Marielle → IZ U 177
Heller, Berndt → f 673
– Berndt, Dipl.-Ing. → F 687
– G., Dr. → E 494
– Gabriel, Dr. → E 288
– Gabriele → U 1 866
– Gudrun → T 537
– Joachim → I 70
– Klaus J., Dipl.-Kfm. → F 69, R 33
– Robert, Dr. → b 30
– Stephan, Dr. → O 539
– Wolfgang → A 20
Hellerforth, Michaela Prof. Dr. → U 438
Hellfritsch, Lothar J. Dipl.-Psych. → S 1 506
Hellich, Peter Dr. → F 161
Helliesen, Tore → c 367

Helling, Dietrich Dipl.-Chem. → T 1 911
– Franz → M 60
Hellmann, Andreas Dr. med. → S 169
– Antje → U 2 784
– Brigitte → t 3 105
– Eike → U 24, iz u 632
– Jost → c 664
– Lothar, Dipl.-Ing. → g 275
Hellmann-Schmitz, Lioba → o 140
Hellmert, Rolf → b 41
Hellmo, H. → iz f 1 280
Hellmuth, Heinz → g 181
– Jörg → U 318
– Peter H. → E 551
Hellström, Mats → C 1 211
Hellthaler, Bernd → IZ O 20
Hellwege, J. D. Prof. → IZ H 376
– Johann D., Prof. Dr. → H 549, iz h 377
Hellwig, E. Prof. Dr. → T 3 272
– Martin, Prof. → A 248, T 2 225
– Siegfried → k 221
– Tina → q 612
Hellwig-Raub, Regine → S 738
Helm, Christoph Prof. Dr. → b 47
– Erich Alexander → s 656
– Thomas → U 1 425
Helmensdorfer, Thomas → U 1 168
Helmer, Svend → iz f 1 325
Helmerking, Delia → u 1 467
Helmes, Jürgen Dr. → E 133
– Manfred → O 372
Helmig, R. Prof. Dr.-Ing. → T 2 687
– Rainer, Dr. paed. → T 3 866
Helming, Hans-Joachim Dr. med. → s 141
Helmke, André → U 1 495
– Christa, Prof. Dr. → U 2 450
– Hans Joachim → A 23
– Heinrich-Hubertus → iz q 78
– Heinrich-Hubertus, Dr. → q 219
– Manfred → p 784
– Sabine → l 121
Helmprobst → T 2 074
Helmrich, Hans Joachim → c 474
– Herbert → T 2 211
Helms, Andreas → m 90
– Peter → s 302, T 3 273
– Siegmund, Prof. Dr. → O 129
– Ursula → u 1 879
– Volker, Dr. → U 160
Helms-Rick, Werner → I 70
Helmschrott, Robert M. Prof. → T 613
Helmstädter, Hans Georg Dr. → T 580
Helpman, Elhanan Prof. → IZ T 572
Helten, Elmar Prof. Dr. → T 2 547
Helwerth, Ulrike → S 1 340, U 1 278
Hémard, Christophe → IZ Q 123
Hemberg, Eskil → IZ O 2
Hemberger, Karl → U 2 450
Hemetsberger, Matthias Mag. → D 223
Hemfort, E. → T 740
Hemilä, Kalevi → iz b 69
Hemker, Reinhold → E 685
Hemme, Horst Dr. → O 304
– Peter → iz i 91
Hemmer, Claus Dr. → s 1 071
– Hans-Rimbert, Prof. Dr. → T 2 231
Hemmerling, Jürgen → G 93
– Klaus → H 578
Hemmers, Rosa Dipl.-Geogr. → D 193
Hemmert, Paul → t 3 067
Hemming, Jost → u 877
Hemmis, Heinz → g 420
Hempel, Ewald Dipl.-Kfm. Ing. → t 2 170
– F., Dipl.-Ing. → S 844
– Gerald → b 540
– Heinz-Werner → H 169
– Holger, Dipl.-Ing. → s 881
– Ingrid → E 24
– Manfred → f 1 035
– Marion, Dr. → s 506
– Rolf, Prof. → S 1 139, s 1 140
Hempelmann, Gunter Prof. → IZ S 164
– Louis-Dieter → H 508
de Hemptinne, D. → iz f 2 242
Henatsch, Ruprecht → c 545
Hencke, Ernst-Günter Dr.-Ing. → T 1 047, T 1 165
– Rainer → h 534
Graf Henckel Fürst von Donnersmarck, Guidotto Dr.jur. → T 731
Henco, Karsten Dr. → T 173
Henderieckx, Frans → IZ F 1 708
Henderson, Dave → IZ U 307
– Paul → IZ U 555
Hendrich, Edeltraud → T 2 990
Hendricks, Barbara Dr. → A 14
– Claus, Dr.-Ing. → R 1, R 78
– Renate → U 1 176
– Rolf → t 2 999, u 1 625

Hendrickx, Lieve → IZ T 969
– Luc → iz g 26
Hendriks, Ad → IZ F 1 628
– L., Prof. Dr. → T 2 636
– Nico, Prof. → iz f 1 811
Hendrix, A. Dr. → iz f 525
– Maria Theresia → t 2 968
Heneghan, Nigel → iz s 278
Hengelhaupt → B 748
Hengen, Antoine → iz u 11
Hengge-Aronis, Regine Prof. Dr. → T 2 571
Hengl, Angelika → U 1 866
Hengstberger, Klaus-Georg Dr. → E 31, e 32
Hengstenberg, Edwart → H 2, H 24, iz h 226, iz h 243
– Helmut, Dr. → T 446, L 33, T 2 700
Hengster, Rupert Dr. → IZ I 25
Hengstermann, Peter → H 635, o 19, U 315
Hengstmann, Manfred → h 742
Henigman, S. → iz f 1 135
Henin, Pierre → IZ S 617
Henke, Andreas → T 725
– Gerd → u 2 467
– Guido, Dipl.-Jur. → g 199
– Karl-Heinz → S 176
– Karl-Wilhelm → S 1 554
– Klaus-Dietmar, Prof. Dr. → T 2 454
– Lutz → U 139
– Martin, Dr. jur. → M 1
– Martina → u 2 637
– Rudolf → S 60, s 69
– Udo W. → S 509
– Ulrich → u 2 252
Henke-Berndt, Helga Dr. → T 2 869
Henkel, Gerd Jürgen → A 230
– Hans-Olaf → F 1
– Hans-Olaf, Prof. Dr.-Ing. E.h. → T 265
– Heinrich, Prof. Dr. → T 2 229
– Heinz → S 671
– Hermann → D 75
– Joachim, Dr. → A 10
– Klaus-Joachim → U 848
– Matthias, Dr. → U 3 042
Henkenborg, Peter → T 3 810, t 3 822
Henkes, Andreas → A 20
Henkler, Rolf-Dieter Dr. → T 1 255
Henle, J. A. → T 741
– Victor, Dr. → O 377
– Walter, Dr. → I 88
Henn, Fritz A. Prof.Dr.Dr. → T 2 881
– Karlheinz → T 3 049
– Ulrich, Dr. → T 1 063, T 3 881
Hennart, Jean-Pierre → IZ R 244
Henne, Thomas → IZ O 98
Hennebil, M. J. → IZ F 433
Henneböhle, Udo → T 863
Hennecke, Bernhard → U 1 870
– Hans-Peter, Dr.-Ing. → R 96
– Manfred, Prof. Dr.rer.nat. → A 356
– Matthias, Dipl.-Ing. → F 292
Hennecke-Schneider, Katharina → T 3 106
Hennekam, B. M. J. Drs. → IZ W 11
Henneke, Joachim Dr. → o 597, o 603
Hennemann, Andreas Dipl.-Ing. → t 1 847
– Dietlind → A 347
– Klaus → h 292
– Otto-Diedrich, Prof. Dr. → t 221, t 222
Henner → A 27
Hennerici, Michael Prof. → T 756
Hennerkes, Jörg → b 122
Hennes, F. → iz f 468, iz f 1 328
– Franz → f 461
– Rolf Peter → t 1 878
Henni, G. → IZ F 596
Hennicke, Martin → U 234
Hennicot-Schoepes, Erna → iz b 169, iz b 183
Hennies, Godehard → k 105, k 123, k 253, k 340
– Jürgen, Dr.-Ing. → f 126
Hennig → B 562
– Dieter → k 230
– Dieter, Prof. Dr.phil. → a 123
– Dietmar → S 1 523
– Erlfried → u 2 624
– Gerhard → E 63
– Hans-Jürgen → u 2 572
– Jan, Dr. → T 2 884
– Katrin → K 298
– Klaus-Peter → E 220
– Udo-Jürgen, Dipl.-Ing. → E 151
Hennighausen, R. Dr.med. → T 3 634
Henning, Ch. Prof. Dr. Dr. → T 2 594
– Dietmar → E 115
– Eckart, Prof. Dr. → t 177
– J. Karsten → O 267, U 2 377
– Kai → U 943
– Klaus, Dr. → F 189

Fortsetzung nächste Spalte

Henning (Fortsetzung)
– Klaus, Prof. Dr.-Ing. → t 358, T 1 165
– Rolf → T 1 332
– Volker → H 288
Henninger, Dieter → A 343
– Gerhard → q 5
Hennings, Hans-Joachim → U 310
– Ronny → u 2 678
Henningsen, Franziska Dr. phil. → T 2 876
Henningsmeyer, Ralf → U 3 022
Henrich, Carl Dr. → iz f 761, iz f 2 428
– Michael → u 2 153
Henrich, Bettina → S 115
– Elke → U 1 349
– Horst → T 2 191
Henrichmann, Bernd → T 2 991
Henrichs, Bernard → T 2 463
– Helmut R., Prof. Dr. med. → T 2 755
– Klaus, Dr. → T 1 955
– Nikolaus → B 571
Henrichsmeyer, Wilhelm Prof.Dr. → T 2 592
Henrici, Dieter Dipl.-Ing. → E 2, E 140
Henriksen, Kaj → IZ U 91
Henriot, A. → iz t 585
Henriquez, Evelina Cohen → c 354
Henrix, Hans Hermann Dr. phil. h.c. → T 3 804
Henry, Colette → IZ T 246, iz t 254
Henrykowski, W. → iz t 395
Hens, Christian → s 155
Hensche, Detlef → R 294, S 1 260
Henschel, Franz → e 20
– Michael, Dr. med. → T 3 375
– Wilfried → U 280
Henschen, Richard → K 22
Hensel, A. → U 2 093
– Frank → U 2 450, u 2 501
– Harald, Dipl.-Geogr. → N 121
– Joachim, Dr.med. → S 254
– Karl → U 416
– Siegfried → k 248
Henseleit, Rainer Dr.-Ing. → F 179, iz f 1 805
Henseler, Erich → u 2 574
Henseler-Trinkaus, Sylvia → S 1 360
Henseling, Eckhard Dipl.-Geograph → N 164
Hensen, Birgit → T 2 188
– Jürgen, Dr. → A 228, A 245
Hensmann, Jan Prof. Dr. → Q 645
Henssler, Martin Prof. Dr. → T 3 592
– Sabine → IZ T 817
Hentschel, Bernd → U 690
– Christa → t 3 207
– Dagmar, Prof. Dr.-Ing. habil. → t 1 181
– Günter, Dipl.-Ing. → B 457
– Günther, Prof. Dr. → T 692
Hentschke, Wolfgang Dr.-Ing. → f 941
Henty, John → iz s 35
– John Michael → iz s 34, IZ T 612
Hentzsch, Sabine → u 2 961
Hentzschel, Hans-Jürgen → U 3 090
Henze, Dirk Dr. → A 229
– Heiner → U 2 450, U 2 552
– Knut → s 648
Henzler, Herbert Prof. Dr. → I 143
– Ingeborg, Prof. Dipl.-Vw. → S 736
Hepf, Rudi → r 335
Heppelmann, Gerlinde → s 448, t 2 857
Hepple, Volker Dipl.-Ing. Dipl.-Wirtsch.-Ing. → E 139
Heptulla, Najma Akbarali Dr. → IZ W 36
Heraeus, Jürgen Dr.oec.publ. → F 1
– Wilhelm Ernst → T 787
Herb, Armin Dr. → S 1 427
Herbach, Klaus-Peter → U 3 009
Herbartz, Dieter → U 1 576
Herber, Franz-Rudolf Dr. → T 543
– Rolf, Prof. Dr. → T 3 579
Herberg, Axel → iz f 1 925
Herberger, Bernd Dipl.-Ing. → S 947
– Wolfgang → k 209
Herberholz, Peter Prof. Dr.-Ing. → T 1 060
Herbers, Alfred → E 151
– Karsten → u 1 270
Herbert, Jürgen → S 259
– Karl Heinz, Dipl.-Kfm. → F 516, f 561, F 691, U 568, U 569, U 570, IZ F 1 604, iz f 1 606
– Karl-Heinz, Dipl.-Kfm. → IZ F 2 404
– Karl Heinz, Dipl.-Kfm. → iz f 2 407
– K.H. → iz f 2 590
– R. A., Dr. → iz t 338
d'Herbez de la Tour, S. → IZ S 567
Herbig, Peter → g 601
Herbison, Douglas → IZ F 2 547
Herbolzheimer, Peter → O 123
Herborn, Heidi → U 1 242
Herbrik, Richard Prof. Dr. → T 552
Herbst, Bruno → S 1 568

Fortsetzung nächste Spalte

Herbst (Fortsetzung)
– Dietrich → C 1 207, E 291, E 496
– Ernst, Dr. → t 3 823
– Gerhard → r 368
– Haakon → IZ N 38
– Hilmar, Dr. med. → s 197
– Joachim → D 204
– Michael → M 155
– Reimer, Dr. → k 354
– Ute → R 539
– Wolfgang, Prof. Dr. → IZ U 805
Herbstritt, Norbert Dipl.-Volksw. → P 49
Herdan, Thorsten → f 658, f 686
Herde, Eberhard → u 2 523
Herdegen, M. Prof.Dr. → T 3 607
Herden, Carl-Heinrich → H 304, U 2 065
Herdlein, Hans → S 1 196, S 1 197
Herer, Elke → U 1 339
Herfkens, Eveline → iz b 187
Herfs, John → s 81, U 3 121
Hergarten, Wolfgang Dr. → t 267
Hergenhan, Volker → s 780
Herget, Mette → iz g 190
– Michael, Dr. → s 307
Hergett, Philipp → c 218
Hergl, Walter → U 675
– Wolfgang, Dipl.-Ing. (FH) → T 1 146
Herholz, Sabine → S 1 240, S 1 260
Hering, Axel → o 695
– Ekbert, Prof. Dr. Dr. → T 401
– Gerald → H 272
– Klaus → F 1, f 8, R 1, r 8
– Kurt Georg, Dr. → S 229
Heringer, Rolf-Robert → U 1 185
Herion, Lieselotte → s 662
Héris, G. → iz f 1 665
Héritier, Adrienne Prof. Dr. → t 164
Herkel, Eberhard → u 1 908
Herkelmann, Friedrich-Wilhelm → T 2 891, IZ U 316
Herkenrath, Klaus → T 569
Herkert-Möldner, Barbara → u 1 189
Herkommer, Wilfried B. → u 2 611
Herl, Alexandra → E 262
Herlan, Thomas Dr.-Ing. → F 840, t 351
Herlt-Wolff, Claudia Dr. → U 2 046
Herm → B 237
Herman, Guido → iz u 681
Hermani, Ulrich P. → T 742
– Ulrich P., Dipl.-Volksw. → f 633
Hermann, Bernd Dipl.-Ing. → u 508
– Bernhard → O 322, T 3 922
– Christopher, Dr. → k 79
– Franz → S 738
– Friedrich R. → iz f 99
– Gerhard → u 150
– Günter → g 270
– Hans Hendrik, Dr.-Ing. → T 3 633
– Ingolf → g 479
– Jasper, Dipl.-Ing. → s 815
– Jutta → s 456, t 2 865
– K.-J. → t 303
– Winfried → A 35
– Wolf-Dieter → q 556
– Wolfgang → G 68
– Wulf → E 221, E 229
Hermanns, Fritz → E 553
– Harry, Prof. Dr. → T 647
– Hermann-Josef → C 35
– Marc, Dr. → s 546
– Rita → b 34
Hermans, Jan → IZ F 69
– Loek → iz b 189
Hermansen, Finn Dyrby → iz f 856
– Katrine → iz u 234
Hermansson, B. → iz t 491
Hermeier, Burghard Prof. Dr. → T 476
Hermel, Waldemar Prof. Dr.rer.nat.habil → t 226
– Wolf-Rainer → T 3 758
Hermelingmeier → A 18
Hermer, Asnate → u 2 397
Hermes, Liesel Prof. Dr. → r 916
– Ludger → R 807
– Ralf → k 158
– Sigurd → o 185
Hermet, Gérard dr. → t 2 484
Hermey, Bettina → S 1 551
Hermle, Reinhard Dr. → U 2 046
Herms, G. → IZ F 1 978
Hermsen, Jean → O 268
Hermus, R. → IZ T 629
Hernandes de Alba Alonso → iz f 1 206
Hernandez, G. → iz g 71
Hernández, Manuel Lao → iz f 515
Hernandez, Thais → iz o 201
Hernandez Callejas, A. → iz f 2 556
Hernando, Marisol → iz u 640
Hernaut, Kruno Dr.-Ing. → T 1 165

Hernfeld, Hans-Holger → IZ U 271
Hero, Jürgen → E 46
Herok, Erich → u 2 192
Herold, Alfred → U 968, u 975, u 998
– Claus-Dieter → S 1 450
– Hans Joachim → S 1 450
– Heidrun → T 3 762
– Thomas, Dipl.-Volksw. → E 142, e 143, I 109
– W. → t 2 944
Herold-Lange, Heidi → s 428
Herold-Witzel, Ellen → O 192
Herpel, Dietrich → A 165
Herpertz, U. Dr.med. → T 2 754
Herr, Volkmar → e 84
Herra Rodriguez, Rafael Ángel Prof.Dr. → C 709
Herrada, Morillo → C 1 153
Herranz Fernandez, M. → iz h 292
Herrbach-Schmitt, Brigitte Dr. → T 3 743
Herreman, I. → IZ F 1 757, IZ F 2 144
Herrenbrück, Walter → u 2 310
Herrera Ricoy, T. → iz h 491
Herrero, Raúl → u 795
Herrero Ugarte, Jose Miguel → iz q 98
Herres, Roland → U 1 542
Herresthal, Albert → U 2 652
– Manfred → U 771
Herret, Rainer Dr. → E 307
Herrfeld, Rolf Dr. → S 594
Herrgen, Erich Dr. → K 15
Herrlich, Michael Dr.-Ing. → T 2 741, T 3 874
Herrmann, Alexandra → E 703
– Anni → U 2 854
– Birgitt → U 133
– Bodo J., Dr. → L 22
– Dieter → T 856
– Dietmar → N 108
– Ekkehard → R 449
– Elke → O 320
– Frank → g 281
– Frank, Dr. → E 210
– Friedrich R. → F 988
– Fritz-Rudolf, Dr. → B 650
– Gerald → Q 173
– Gerald A. → Q 192
– Gerd → G 347, g 351
– Gottfried → O 85
– Günter → E 703
– Hans-Georg → i 5
– Harald → A 303
– Harald, Prof. Dr. → T 2 542
– Hartmut, Dipl.-Ing. → S 976
– Heinz-Joachim → O 202
– Horst, Prof. Dr. → S 952
– Karl, Prof. Dr. → Q 162
– Klaus → u 2 835
– Klaus, Dr. → Q 306, T 2 652
– Lutz → o 17
– Martin → S 1 093
– Michael → k 68, r 676
– Otto → t 2 957
– R., Prof. Dr. → T 2 593
– Renate, Dipl.-Hdl. → E 47
– Roland → C 294
– Susanne, Lic. rer.pol. → E 156
– Thomas, Prof. Dr. → T 3 390
– Volker → S 1 516
– Wolfgang → g 498, g 564, h 146, u 930
– Wolfgang A., Prof. Dr.rer.nat. Dr.h.c.mult. → T 618
– Wolfgang A., Prof. Dr.rer.nat.Dres.h.c. → T 746
Herrmanns, Heinrich → U 1 244, u 2 314
Herrnfeld, Hans-Holger Dr. → E 734
Herrnkind, Renée → Q 181
Herrtwich, Rolf-Guido Dr. → E 735
Herschelmann, Bodo Dr.-Ing. → U 127
Herschmann, Frank → u 2 264
Hertel, Bernhard Dr. → t 180
– Günther → c 1 321
– Joisten, Dipl.-Psych. Drs. → S 163
– Matthias → u 2 248
– P., Prof. Dr. → T 3 426
– Peter, Prof. Dr. → T 639
Herter → b 498
Herting, Andreas Dr. → E 188
– Cornelia → T 722
Hertle, Lothar Prof. Dr.med. → T 3 427
Hertlein, Jürgen → T 3 870
– Heinz → h 517
Hertling, Cornelius Dipl.-Ing. → S 793
Hertrich, Helmut → f 55
– Roland, Prof. Dr. → t 1 468
Hertweck, Günter → B 813
Hertwig, Peter → u 2 420
Hertz, Thomas Dr. → E 67, E 239
Hertz-Eichenrode, Albrecht → I 88
Hertzberg, Hans-Jürgen → H 220, IZ H 48

Hertzfeldt, Eva → A 202
Hervieu, Jean-François → iz q 11
Herweck, Rudolf → A 23
Herweg, Eberhard → T 2 174
Herwig, Frank → t 2 831
– Friedhelm → M 78
– Rudolf, Dipl.-Volksw. → G 8, G 9, G 109, G 110
van Herwijnen, Elmert → IZ U 461
Herz, Dieter → U 2 602
– Dieter, Dr. → b 157
– Hanns-Peter → t 3 092
– Josef, Prof. Dr. Dr. h.c. → T 497
– Prof. Dr. → S 1 035
– Wolfgang, Dr. med. → s 148
Herzau, Harry → U 2 602
Herzberg, Hans Georg → IZ F 2 416
– Peter → E 466
Herzer, Andreas → h 433
– Frank → m 114
Herzig, Claus-O. → m 24, m 164
– Horst → g 713
Herzinger, Silvia → s 148
Herzog, A. Prof. Dr. → T 2 727
– Alexander, Prof. Dr. → s 325
– Bertram, Dr. → t 210
– Christiane → T 3 225
– H., Prof. Dr. → T 2 629
– Hans-Jürgen → G 44
– Jürgen, Dr. → T 713
– Peter → B 837, S 279
– Pnina → IZ U 225
– Roman, Prof. Dr. → T 889, T 2 222
– Sven, Dr. → T 2 710
– Werner, Dr. → t 1 104
– Wolfgang → g 718
– Wolfram → T 3 440
Herzverg, Gerd → R 398
Hes, F. E. → iz f 566
Hesch, Rolf-Dieter Prof. Dr. med. → t 1 589
– Susanne → O 59
Hesla, Per Egil Dr. → IZ U 302
von Hesler, Friedrich-Wilhelm Dr. → u 1 756
Hespel, Evelyne → iz t 576
Hespeler, Ulrike → s 23
Hespers, Winfried → f 523, f 529
Hess, Christoph → q 230
– Dieter, Dr. → B 878
– Elizabeth → IZ T 905
– Eva-Maria, Dr. → t 2 502
– Frank, Prof. → T 670
– Gerhard → f 73, r 37
– Hans → g 169
– Hans-Jürgen → H 507
Heß, Hans-Jürgen Dr. → S 890
– Jürgen, Dr. → T. 398
– Klaus A. → E 572
Hess, Klaus-Peter Ra → iz s 229
Heß, Marga → U 1 018
– Martin, Dr. → k 358
Hess, Peter Prof. Dr. → t 1 525
Heß, Prof. → T 3 796
Hess, Rainer Dr. jur. → S 138
– Thomas, Dr. → U 2 450
– Volker, Dr.med. → T 3 348
– W., Prof. Dr. → T 3 674
Hesse → u 1 666, u 1 670
– Albrecht, Dr. → O 276
– Andrea → t 2 980
– Ariane, Dr. med. dent. → U 2 049
– Beate → A 23
– Detlef → c 1 113
– H., Dipl.-Ing. → T 2 134
– Hannes, Dr. → F 629, U 763
– Hartmut → K 15
– Helga → m 26, m 169
– Karlfried → g 776
– Kurt, Dr. → E 62
– Manuela → t 2 159
– Marlies → S 1 340
– Peter, Dipl.-Kfm. → U 2 049
– Peter J. → c 869
– Peter J., Dipl.-Kfm. → R 17
– Reinhard, Dr. → t 1 214
– Robert → E 121
– Rüdiger, Dr. → t 178
– Thierry → IZ O 210
– Uwe → IZ A 227
– Werner → U 386, U 407
– Willy → G 30
– Wolfgang → A 23, g 152, S 1 066
Hesse-Großmann, Petra → u 1 204
Hessel, Christoph → u 2 841
– Rainer → T 3 613
Hesselbach, Jürgen Prof. Dr.-Ing. → t 1 171
von Hessen, Moritz → T 1 927
Hessenauer, Wolfgang → u 877
Hession, P. → t 483
Hesske, Frank → iz a 114

Heßland, F. Dr. → q 222, q 225
Hesslinger, Siegmar Prof. Dr.-Ing. → t 1 645
Hestehave, G. → iz f 71, iz f 436, iz f 2 168
Hestermann, Malte → r 608
Hetényi, Peter → E 350
Hetke, Erhard Dipl.-Ing. → f 926, f 958
Hetsch, Jörg → E 364
Hett, Hans-Jürgen Dr. → U 348, U 377
Hetterich, Volker Dr. → P 32
Hettich, Hugo Dr.-Ing.-Kfm. → R 268
– Peter → T 1 049
– Rolf → f 534
Hettinger, Eckhard → T 2 989
– Jürgen → i 7
– Ulrich → R 452
Hettler, Wendelin → U 633
Hettmer, Oliver Dr. → t 1 821
Hettrich, Albert → b 143
Hetvey, Sándor → iz s 266
Hetz, Hartmut → K 271, K 272
– Thomas → F 69, R 33
Hetzner, Eberhard Dipl.-Volksw. → Q 326, IZ Q 127
Heubaum, Horst Dr. → C 518
Heubeck, K. → iz s 24
– Klaus, Prof. Dr. → K 373
Heubel, Eleonore → U 1 019
Heuberger, Anton Prof. Dr. → t 199
– Wolfgang → s 467
Heubisch, Wolfgang Dr. → S 257
Heubl, Walter → c 691
Heublein, Max → h 165
Heuboth, Peter Dipl.-Vw. → U 153
Heubuch, Maria → Q 59
Heuck, Dr. → B 395
Heuel, Markus → T 95
Heuer, Andreas Prof. Dr. → t 1 693
– Kerstin → T 1 239
– Klaus, Dr. → T 3 579
– Michaela → e 633
Heuft, Gereon Prof. Dr. med. → T 3 388
van Heugstum, J.A.M. Drs. → iz s 582
Heukäufer, Norbert → r 945
Heuke, Joachim → f 731, r 155
Heukeroth, Uwe Dr. → U 103
Heuking, Werner → s 370
Heumann, Dieter G. → K 43
– Lucas, Dr. → f 557, f 570, f 572, f 575
Heunisch, Michael Dr.-Ing. → s 985
– Wolfgang, Dipl.-Ing. → f 528
Heusel, Volkmar → K 321
– Wolfgang, Dr. → IZ T 844
Heuser, Eckhard Dipl.-Ing. agr. → Q 326, Q 332
– Edith, Dipl.-Ing. → s 883
– Hans-U. → s 1 329
– Joachim, Dr. → t 2 510
– M. P., Prof. Dr. → T 3 343
– Michael → H 670, IZ G 186
– Siegbert → R 637
Heusler, Dagmar-Lara → u 3 004
Heusmann, Hansdieter → E 661
Heuss, Beat → c 1 226
Heußen, Hermann H. → T 2 958
Heuvelmans, Henk → IZ O 7
Heuwing, Magdalena Dr. → S 60
Hevemeyer, Petra → S 789
Hew, F. Dr. oec. → iz n 33
Hewel, Brigitte Prof. Dr. → T 2 356
Hewig, Dirk Dr. → U 3 010
Hewlett, P. → iz t 415
Hexemer, Hans-Peter → b 139
Hey, Axel Dipl.-Ing. → L 29
– Otto → f 472
– Wolfgang → U 345
Heyd, Alexander → Q 513
– Irmgard → O 585
– Ulli → S 1 175
Meyer auf der Heyde, Achim → T 4 180
Heydebreck, Peter → IZ T 246, iz t 249
von Heydebreck, Tessen Dr. → R 1, R 32, T 752
Heyden, Helmut Dr. h.c. (TR) → A 20
von Heyden, Wedig → A 29
Heyden, Wolfgang → T 2 852
von der Heydt, Volker → o 274
Heye, Horst-Dieter → B 757
– Uwe-Karsten → A 6, U 2 685
Heyer, Gerhard → H 115
– Horst → B 711
– Jürgen, Dr. → b 170
– Jutta → H 576, H 577
– Thorsten → S 1 451
Heyer-Stuffer, Till → u 2 100
Heyerick, Marc → t IZ Q 48
Heyl, Karin → T 747, T 748
von Heyl, Ludwig C. Dr. → q 38, Q 44
Heymann, Barbara → A 170
– Thomas → T 884

Heymans, J. → iz f 435, IZ F 1 448
Heymer, Guido → C 340
Heyn, Hartmut Dr. → T 2 145
– Horst → T 379
– Klaus → U 3 049
– Thomas → S 1 302
– Wolfgang, Dipl.-Forstw. → q 279
Heyne, Christa → s 396
– Jürgen → G 13, G 14, G 97
– Kristin → A 39, A 40
– Lothar, Prof. Dipl.-Ing. → F 294
– Wolfram → T 3 833, T 3 834
Heynen, Clemens Dr. → t 1 430
– Dr. → A 18
Heyser, Sylvia Dr. → s 14
Hialtason, Haraldur A. → iz t 387
Hibben, Fritz → g 246
Hicke, Martin Dr.med. → T 3 941
Hickman, Alan → IZ H 125
Hicko, Michael → IZ M 193
van der Hidde, Roeland → iz s 45
Hieber, Günther → U 805
– Uwe → T 2 582
Hiebert, Bryan Dr. → IZ T 979
Hieckmann, Klaus Dr. → E 2, E 220
Hiedl, Florian → o 651
Hiegl, Georg → k 108, k 126, k 343
Hieke, Magdalene → N 283
Hielscher, Günter Dr. → E 205
– Peter → T 1 864
Hielscher-Witte, Barbara → u 1 449
Hien, Uwe → S 1 452
Hiene, Stefan → O 584
Hienstorfer, Erik Dr. → U 1 612
Hierl, Karl Ludwig → B 715
Hiermeier, Susanne → l 142
Hiernaux, Claire → IZ F 2 292
Hierneis, Günter → E 254
Hierner, Volkmar Dr. → IZ F 1 177
Hieronimi, Hans-Hermann → U 694
Hiersemann, Dietmar → U 2 450
Hiestand, Werner → Q 281, U 627
Hieta-Wilkman, Sinikka → iz f 1 779
Hietanen, Tauno → iz f 581
Hietler, W. → t 3 012
Hietzig, Joachim Dr.-Ing. → c 1 023
Higelin, Gerald Prof. Dr. → T 501
Higgins, John → iz u 446
Higgs, Fred → IZ R 266
Higueras, A. → iz h 492
Hiksch, Uwe → u 2 236
Hilberath, Rainer → g 735
Hilbers, Ferdinand → E 133
Hilbert, Erich → H 223
– Katrin → G 42
– Klaus-Dieter → Q 466
– Rainer → R 276
– Wulf → s 1 190
Hilbig, Gerhard → u 2 667
Hilbing, Federico Werner → c 13
Hild, Jochen Dr.rer.nat. → U 865
– Jürgen, Dr. → B 565
Hildebert, Pascal → IZ U 645
Hildebrand, Alexander → O 543
– André, Dipl.-Volkswirt → t 872
– Gero, Dr. → h 429
– Günther → H 578
– Helmut → c 908
– Inge → U 488
– Norbert → F 596, f 600
Hildebrandt, Emanuel → r 633
– Gero, Dr. → H 324, h 352, H 385, h 403, h 421, h 453, h 469, h 487, h 504
– Holger, Dr. → H 682
– Johannes K. → s 1 301
– Regine → U 2 251
– Ulrich, Dr. → T 3 441
– Walter, Prof. Dr. → T 818
Hilden, Joachim Prof. Dr. → T 1 962
Hildenbrand, Gerhard → b 174
– Werner, Prof.Dr. → T 2 457
Hildenbrandt, Erich → H 733
Hildenhagen, Günter → S 1 520
Hildmann, Jürgen → g 627
– Martina → h 424
Hildner, Rolf → E 110
Hilf, Klaus → H 58, h 64
– Rainer, Dipl.-Kfm. → S 877
Hilgenfeld, Hartmut → H 66
Hilger, Dr. → A 8
– Jürgen-Günther → g 175
– Renate → T 3 955
Hilgers → A 36
– Andrea → a 88
– Heinz → U 1 577
– Rolf → U 600
Hilgert, Heinz → I 26, p 20, p 35

Fortsetzung nächste Spalte

Hilgert (Fortsetzung)
– Ingeborg → T 3 685
– Ronald → R 616
Hilgert-Becker, Brigitte → t 3 194
Hill, A. R. C. → IZ T 299
– Andreas, Dr. → T 3 246
– Günter → F 1 055, IZ F 1 175
– Hans-Kurt → u 2 246
– Heinz, Dipl.-Met. → A 334
– Hermann, Prof. Dr. → T 675
– Rainer → F 993
– Renate, Dr. → u 1 285, U 1 295
Hillebrand, Bernd → H 58, h 59, h 60
– Christoph → b 26
– Dieter → u 2 483
– Josef, Dipl.-Kfm. → g 275
– Klaus-Peter → u 452
– Norbert → T 1 272
– Rudolf → T 1 861
Hillebrandt, Gerd → E 134
– Jochen → s 551
– Wolfgang, Prof. Dr. → t 101
Hillen, Eugene J.C. → iz s 534
– Karl-Bernh., Dr. → T 816
– Norbert → s 645
– Wolfgang, Prof. Dr. → T 2 571
Hillenbrand, Christoph → b 17
– Karlheinz, Dr. → E 14
Hillengass, Eugen → U 2 087
Hillenius, Hans → IZ U 673
Hillenkamp, Ulrich → IZ T 966
Hilleprandt, Bernd → u 2 487
Hiller, Armin Dr. → C 357
– Erich → Q 133
– Heinz → h 129
– Michael → s 1 335
– Ursula → s 1 532
– Wolfgang → E 233, H 288
Hillers, Andrea → T 1 308
Hillerstroem, Karsten → iz s 247
Hillert, Siegfried Dr. → U 2 021
Hillgärtner, Rainer → u 1 104
Hilling, David Dr. → IZ M 193
Hillmann, Georg → g 145
Hillmer → A 2
– Holger, Dr.rer.pol. → T 1 165
– Sabine → S 738
Hillmoth, Hans-Dieter → O 406, IZ O 36, iz o 37
Hilmer, Detlef → h 330
– Ernst → U 2 093
– Ralf, Dipl.-Ing. → t 876
Hilpert, Ditmar Prof. Dr. → t 1 406
– Hugo P. → iz f 978
– Jürgen, Prof. Dr.-Ing. → t 1 572
– Rainer, Dipl.-Oec. → S 1 157, S 1 169, S 1 170
– Rainer, Dipl. Oec. → T 759
– Thomas → M 1
Hils, Alfred Dipl.-Ing. → S 943
Hilsberg, Stephan → A 27
Hilscher, Anton → IZ O 78
– Tony, Dr. → iz o 91
Hilse, Werner → F 454, q 13, T 2 576
Hilt, Marie-Luise → T 4 031
Hiltl, Heinrich → k 228
Hiltner, C.M. → F 581
– Manfred, Dr. → b 102
Hilz, Hans → E 63
Himmel, Hans → F 402
Himmelreich, Fritz-Heinz Dr. → R 1
Himmels, Heinz → U 1 752
Himmelsbach, Helmut → D 84
Himmelseher, Erwin → u 2 551
– Volker, Dr. → U 2 450
Himmelstoß, Franz Michael → k 148
Himmer, Bernd → u 2 532
– Volker → u 2 514
Himmler, Heiko → Q 386
Himpel, Rainer → g 421
Himpel-Ommer, Beduja Dr. med. → IZ S 68
Hinchliffe, Stephen → iz u 745
Hindenburg, Manfred → B 707, B 726
Hinder, Lukas → IZ U 565
Hinderer, Henning Dipl.-Ing. → t 204
– W. → IZ H 557
– Walter → E 383
– Wolfgang → H 684
Hinderling, Hans Georg Dr. → iz h 466
Hindrichs, Jochen → U 3 108
Hingst, Volker Prof. Dr.med.habil. → B 584, S 205
Hink, Robert Dr. → iz u 53
Hinke, Volker → s 1 045
Hinkel, A. → T 4 040
– Ortrud → t 200
– Ulrich, Dr. → R 263
Hinkelmann, Franz-Josef → E 140
Hinne, Klaus → K 198

Hinojora, Jorge → iz u 173
Hinrichs → A 31
- Christiane → IZ T 983
- Dieter → f 718
- Eberhard W., Prof. Dr. → t 1 766
- Hans-Friedrich, Dr.-Ing. → T 1 165
- Volker → q 110
- Walter → Q 102
- Wilfried, Dr.-Ing. → t 2 037
- Wolfgang → H 308
Hinrichs-Rahlwes → A 33
Hinrichsen, Irene Dr. → C 54
Hinrikus, Hiie Prof. → iz f 752
Hinsch, Ralf → K 274
- Rolf → K 274
Hinsenhofen, Helmut → R 377
Hinsken, Ernst → A 35, R 241
Hinte, Holger → t 2 274
Hinterberger, Rainer → s 152
Hinterdobler, Toni → G 95
Hintloglou, Marion → T 516
Hintze, Gerhard Prof. Dr. → t 3 308
- Manfred → k 94
- Petra → E 112
Hintzen, Sigrid → U 760
- T. → iz f 759
Hintzke, Annerose → U 2 018
Hinz, Bärbel → A 23
- Bernd → U 968
- Hans-Martin, Dr. → b 37, U 3 099
- Olaf, Dr.-Ing. → S 915
- Rolf → u 2 189
- Susanne, Dr. → T 1 079
- Theo → O 172
- Ulrich → R 337
Hinze, H.-J. → U 1 855
- Lothar → s 1 376
Hinzen, Heribert Dr. → t 4 104
Hinzmann, Jürgen H. → S 1 585
- Jürgen H., Dipl.-Kfm. → S 748
Hipp, Claus Dr. → E 2, E 41, E 47
- Rainer → U 2 450, u 2 451
Hippe, Uwe → U 231
Hippel, Kunibert Dr.med. → s 119
Hippelein, Ernst → F 932
Hippen, Klaus → G 32
Hippenmeyer, E. → iz f 770
Hippert, Paul → e 246, iz e 19
Hippler, Frank → k 157
Hippmann, Gerhard Dr. → IZ G 112
Hirche, Christina Dr.rer.nat. → T 991
- Walter → A 69, E 754, T 2 238, u 2 209
Hirdina, Christine → T 840
Hirmer, Albert → O 433
Hirner, Jörg → f 807, F 816
Hirnstein, Günter → U 163
Hirrig, Helmut → h 75, q 95, q 96
Hirrlinger, Walter → T 2 891, U 1 041, U 2 028, IZ U 300
Hirsbrunner, Gerd → u 725
Hirsch, Christian → f 588
- Christian G. → o 574
- Dr. → B 453
- Eberhard, Dr. → M 228
- Frank → u 2 845
- Günter, Prof. Dr. → A 362
- H. → t f 661
- Hartmut → R 700
- Helmut → F 609
- Joachim → U 2 055
Hirsch, Karl-Georg Prof. → S 1 174
Hirsch, Matthias Dipl.-Kfm. → g 787
- Rainer → o 347
- Rolf D., Prof. Dr.med. Dipl.-Psych. → T 3 318
- Wolfgang → U 1 160
- Wolfgang, Dr. → T 551, T 3 871
Hirschberg, Rainer Prof. Dr. → t 1 216
Hirschbold, Wolfgang → F 885
- Wolfgang, Dipl.-Kfm. → E 117
Hirschel, Thomas → R 577
Hirschle, E. → T 2 583
- Thomas, Dr. → O 362
Hirschler, Herbert Dr. → b 92
Hirschmann, Erwin Dr.med. → S 40
- Peter → B 832
- Richard S. → t 2 157
Hirschvogel, Manfred Dr.-Ing. → f 270
Hirsemann, Bernd Dipl.-Ing. → T 2 681
Hirt, Claus-Dieter → E 463
- Peter, Dr.-Ing. → e 55, U 3 114
- Prof. → IZ F 1 415
Hirte, Christian Dr. → U 3 034
- Heribert, Prof. Dr. → S 615
Hirth, J. → U 2 629
Hirtschulz, Peter → F 724
Hirtz → A 21
Hirvikallio, Matti → iz s 473
Hischebeth, Wulfhard Dr. → E 154, e 155

Hischer, Heinrich-Dieter Dipl.-Ing. → e 445
Hitchcock, N. → iz f 186
Hitchins, Stephen → IZ S 619
Hitschler, Walter Dr. → u 839
Hitter, Norbert Dipl.-Betriebsw. → T 3 904, T 3 905
Hitz, Friedrich → r 586
Hitzbleck, Karl-Eduard Dipl.-Kfm. → E 151
Hjelm-Wallén, Lena → IZ B 230
Hjelm Wallen, Lena → IZ U 423
Hjertaas, K. E. → IZ F 812
Hjorth, Klas-Eric → IZ S 653
Højsholt, E. → iz f 2 519
Hlasny, Sigrid → u 1 251
Hlawatsch, Hubertus → Q 545
Hlubek, Werner Prof. Dr.-Ing. → T 2 007
Hnátek, J. → iz f 379
Hobbeling, Ulrich → H 573
Hobbelstad Simpson, Liv → IZ T 560
Hober, David Dr. → U 2 377
Hoberg, Rolf Dr. → K 78
- Rudolf, Prof. Dr. → T 3 752
Hobler, Uwe → U 2 234
Hobrock, Johannes → r 585
Hobusch, Manfred → t 3 189
Hoch, Bernhard → G 74, g 75
- Brunhilde → Q 389
- Jürgen → K 314
- Uwe → O 509, S 736
- Uwe, Dipl.-Pol. → T 3 765
Hochenauer, Walter → T 3 761
Hochenegg, Michael → iz f 1 739
Hocher, Jean-Yves → iz i 33
Hochgeschurz, Bernd → O 288
Hochhaus, Harald → r 588
Hochleitner, Albert → iz f 2 272
- Josef, Dipl.-Kfm. → E 63
- Walter → iz f 245, iz f 1 048
Hochtritt, Horst Dr. → s 537
Hocke, Norbert → R 337
Hockel, Dieter Dr. → A 202
Hockemeyer, Bernd → E 80
Hockenberger, Gerd → q 6
Hocker, Ulrich → U 709
Hockl, Ulrike → g 127
Hocquart de Turtot, Bruno → iz o 61
Hodac, Ivan → IZ O 135
Hoderlein, Wolfgang → u 2 253
Hodes, Thomas → E 233
Hodler, B. → iz f 2 160
Höbel, Günter → e 436
Höber, Gisa → S 1 211
Höbermann, Hans-Georg → O 591
Höbig → A 2
- Karl-Heinz → r 686
Höch, Andreas Dr. → t 196, t 197
- Renate → h 488
Höcherl, Eduard Dr. → U 965
Hoeck, Werner A. → H 274
Höcker, Hartwig Prof. Dr. → T 1 968
- Reinhold → U 598
Hoedt, Thea Dr. → S 103, s 107
Höfer, Bernd-Georg → k 397
- Bertram → f 974, T 3 866
- Hans-Jürgen → U 1 360
- Oswald → g 259
- Rita → H 699
- Wilhelm → T 2 679
Höferlin, Werner → S 1 090
Höffken, K. Prof. Dr. → T 3 342
Höffler, Dietrich Prof. Dr. med. → S 75
Höfflinger, Bernd Prof.Dr.rer.nat. → T 1 160
Höfken, Ulrike → A 35
Höfkens, Alexander Dipl.-Ök. → E 151
Höflich, Isa → U 1 400
- O., Dr. → T 846
Höfliger, Harro → E 31
Höfling, Siegfried → U 1 421
Höflinger, Peter Dr. rer.pol. → m 4
Höft, Gisela → u 1 148
- Ingrid → U 1 971
Högel-Knoop, Rita → H 633
Högerl, Ernst Martin → U 1 863
Högermann, Christiane Dr. → f 916
Höhenleitner, Georg → T 1 861
Höhfeld, Renate → S 438
- Tilmann, Dipl.-Kfm. Dr. → t 2 403, T 2 529, u 1 140
Höhl, Gudrun Prof. Dr. → S 1 208
Höhler, Gertrud Prof. Dr. → T 791
Höhlig, Reinhard → r 942
Höhmann, Bernd → T 606
- Bernd-Robert, Prof. Dr.-Ing. → T 1 165, T 1 249
- Charlotte, Prof. Dr. → A 243
- Falk, Prof. Dr.-Ing. → T 525
- Frank, Dipl.-Wirtsch.-Ing. → E 110

Höhn (Fortsetzung)
- Heidrun → U 3 084
- Michael → O 264
- Petra → R 274
Höhne → u 1 548
- Bernd G. → E 297
- Dieter → E 173
- Klaus Dieter → U 571
- Peter → E 348
- Siegfried → F 832
Höhnen, Heinz-Anton Prof. → o 84
Höhner-Kayser, Gitta → S 1 415
Höhr, Hans-Peter Dipl.-Ing. (FH) → F 931
Hoekema, Jan → iz u 363
Hoekzema, J. → iz h 486
Hoel, Jens → iz r 259
Hölker, Michael Dipl.-Kfm. → F 946
Höll, Hans → f 411
Höllein → B 760, T 2 074
Hoellenriegel, Wolfgang → U 682
Höller, K. P. Prof. Dr. → S 975
Höllhuber, Walter → IZ G 148
Höllstern, Bernd → q 561
Hölscheidt, Frank → U 176
Hölscher, Angelika → k 207
- Horst → U 2 063
Höltei, Henning B. → E 319
Hölter, Jörg → H 284
Höltken, Günter Dipl.-Ing. → F 377
Höltring, Ivana Dipl.-Math. → K 3
- Wolfgang → K 3
Hölxle, E. Prof. Dr. → T 2 801
Hölz, Adelheid → IZ T 743
- Hanns Michael → T 752
Hölzel, Dr. → A 18
- Klaus → T 1 977
- Wieland, Prof. → IZ T 827
Hölzer, Arnim → h 328
- Stefan → U 1 015
Hölzl, Helga → T 2 236
- Joachim, Dr. → E 380
Hölzlein, Manfred → d 165
Hoem, Jan M. Prof. → t 110
Hömme, Frank Dipl.-Geogr. → s 1 481
Hönemann, Wolfgang Dr. → R 164
Hoenen, Rolf-Peter → E 45, K 1, K 6
Hönes, Hannegret → Q 459
Höng, Franz → R 580
Hönig, Myriam → t 87, T 859
Hönlinger, H. Dr. → T 1 266
Hönnighausen, Lothar Prof.Dr. → E 553
Hönninger, Ina → Q 646
Höper, Dietrich → U 2 052
- Friedhelm → u 813
- Gerhard → k 226
- Hermann-Josef, Dr. → A 115
Höpfl, Reinhard Prof. Dr. → T 453
Hoepfner, Friedrich Georg Dr. → T 2 582
Höpfner, Ulrich Dr. Dipl.-Chem. → Q 616
Höpken, Heinrich → S 922
- Wolfgang, Prof. Dr. → T 1 959
Höpker, Wolf Dr.med. → s 17
Höppner, Klaus Dr. → Q 545
- Michael, Dipl.-Volksw. → E 93
- Reinhard → U 2 251
- Reinhard, Dr. → A 39, B 161
Hoeppner, Rolf-Roger Dipl.-Vw. → iz s 229
Höptner, Norbert Prof. Dr.-Ing. → T 646, t 1 658
Hörauf, Harold → I 100
Hörbelt, Franz-Josef → P 49
Höreth, Jürgen → N 37
Hörhammer, Karlheinz → O 406
Höring, Dieter → g 771
Hörl, Eduard → h 590
- Henner, Dr. → H 507, T 2 075
- W. H., Prof. Dr. med. Dr. rer. nat. → T 3 360
Hörmann, Axel Dipl.-Kfm. → t 186
- Georg, Prof. Dr. Dr.med. Dipl.-Psych. → IZ T 776
- Günter, Dr. → u 1 149
- Joachim, Dipl.-Betriebsw. → u 576
- Karl, Prof. Dr. Dr. → U 2 855
- Karlheinz → m 63
- Thomas → U 596
Hörner, Bernd → H 185, h 193
- Dieter → N 171
- Fritz → S 230
- Volker → s 772
Hoernes, Stephan Prof. Dr. → T 1 303
Hörnig, Ralf → b 90
Hörning, Karl H. Prof. Dr. → t 2 361
- Mathias, Dipl.-oec. → m 66
- Mathias, Dipl. oec. → m 162
- Mathias, Dipl.-Ökonom → m 51, m 163
Hörnlein, Siegfried Dr. → g 413
Hörpel, Norbert → T 623
Hörrmann, Joachim Dipl.-Betriebsw. → F 92, g 166, S 1 512, U 577

- Siegfried → u 1 364
Hoersch, Eberhard → U 1 562
Hörsch, Elisabeth → U 1 176
Hoerschelmann, Werner Dr. → U 1 185
Hörschgen, Hans Prof. Dr. → t 1 728
Hörster, Franz → g 189, g 190, g 191, g 265
- Gerhard → O 379
- Joachim → E 385, U 2 653
Hörtelmann, Horst J. → c 1 147
Hörter, Fritz → O 91
- Michael → u 1 068
Hörterer → B 762
Hörtig, W. Dr. → B 543
- Wilmar, Dr. → B 545
Hörtler, Otto → u 1 007
Hörtreiter → u 1 666
- Frank → U 1 931
Hoesch, Heidegert → u 2 872
Hösel, Gerhard → g 458, h 601
Höser, Ralf Dr. → I 60
Hösly, Balz → E 684
Höss, Quirin → I 72
von Hoessle → A 8
Hötker, Hermann Dr. → Q 512
Höttler, Rainer Dr. → U 2 555
Hövelbernd, Erhard Dipl.-Volksw. → E 120
Hövelmann, Lothar Dr. → Q 545
van der Hoeven, P. → IZ F 1 357, IZ F 1 588, IZ F 2 141, IZ F 2 165
van den Hoeven, Pieter → IZ F 464
Höver, Ekkehard → u 1 838
- Ulrich, Dr. → D 66
Hof, H. Prof. Dr. → T 3 358
- Kerstin → U 3 022
- Susanne, Dr. → is s 188
Hofäcker, W. Dr. → T 2 635
von Hofe, Detlef Prof. Dr.-Ing. → T 1 361, t 2 062, iz g 58
vom Hofe, Mark → Q 384, Q 615
von Hofen, Florian → S 1 314
Hofer, Ch. → K 2
- Daniela → Q 485
- Franz-Joachim → s 497
- Fritz → T 3 806
- Michael T. → o 599
- Urs → iz f 551
Hoferer, Dirk → U 644
Hoferichter, Horst → U 966, U 968
Hoff, Axel Dr. → t 1 491
- Dieter, Dr. → O 177, O 323
- Magdalene → T 2 317, U 2 682, IZ U 624
von Hoff, Siegfried Dr. → H 2, H 21, h 49
Hoffacker, Wolfgang Dr. → H 594
Hofferberth, Ina → s 361
Hoffman, George C. Dr. → IZ T 842
Hoffmann → U 1 688
- Alfred, Dr. → s 512
- Andreas → s 148
- Barbara → T 2 220
- Bernd → Q 356
- Bernhard → h 725, T 2 733
- Christine → U 343
- D., Prof. Dr. → T 2 636
- Dieter → r 680
- E. → IZ F 541
- E., Dipl.-Ing. → T 395
- Eberhard → f 708
- Eberhard, Dipl.-Betriebsw. → F 229
- Elisabeth, Dr. → T 439
- Gabriele → K 1
- Gerd → E 604, e 620, r 649
- Gerlinde → Q 361
- Günter → U 774
- Günther H. → c 572
- Hajo → D 2, D 123, D 240, U 309, u 1 888, iz u 29
- Hans A. → U 540
- Hans-Detlef, Dr. → U 1 423
- Hans-Dieter, Dr. → u 1 956
- Hans-Joachim → u 840
- Hans-Josef, Dipl.-Kfm. → u 902
- Harald, Dipl.-Ing. (FH) → t 1 432
- Harald, Prof. Dr.rer.nat. → T 602
- Hartmut, Dr. → U 1 347
- Hartmut, Prof. → T 669
- Heike, Dr. → iz u 698
- Heinz → G 69, g 125, g 426, g 541, g 610, g 642
- Helmut → E 69
- Helmut, Dr. → E 748
- Herbert → N 159, U 83, U 103
- Hermann, Prof.Dr.med. → S 167
- Hilmar → S 1 202
- Hilmar, Prof. Dr.h.c. → T 819
- Hilmar, Prof.Dr.h.c.mult. → U 2 859
- Horst → G 585, k 216
- Horst, Dr. → E 148, K 45
- J.-P. → iz t 486

Hoffmann (Fortsetzung)
- Jörg → k 141
- J.P. → iz t 506
- Jürgen → r 695, U 677
- Jürgen, Dr.-Ing. → t 220
- Jürgen, Prof. → T 670
- Karl-Friedrich, Dr. → T 1 281
- Karl-Heinz, Prof. Dr. Dr. h.c. → T 865
- Klaus → O 55, O 565, O 588, IZ S 148
- Klaus, Dipl.-Ing. → U 250
- Klaus-Dieter → t 3 053
- M. → U 2 082
- Manfred → E 309
- Matthias → F 596, f 597, IZ F 1 586
- Michaela → T 2 868
- Peter, Dipl.-Betriebsw. → m 7
- Rainer, Dr. → T 1 968
- Reiner, Dir. → IZ R 242
- Reinhard, Prof. Dr. → B 49
- Robert → iz i 99
- Roland → u 2 316
- Roland J., Dr. → u 1 013
- Romana → q 43, R 92
- Silke → S 738
- Sonja → S 971, T 1 137
- Torsten → S 1 361
- Ulrich, Dr. → m 100, m 120, M 203
- Ulrich, Dr.-Ing. → t 2 160
- Volker, Prof. Dr. → T 2 623
- Walter, Prof. Dr. → T 665
- Wolfgang → U 920
- Wolfram → E 411

Hoffmann-Bayer, Michael → U 1 950
Hoffmann-Goldmayer, Achim Dr. med. → s 158
Hoffmann-Loß, Herbert Heinz W. Dr. → c 503
Hoffmann-Müller, Eva → E 468
Hoffmann-Pilgrim, Christel → U 371
Hoffmann-Riem, Ulrike → B 330
Hoffmeister, Jürgen → O 704
- Ulrich, Dr. → E 112
Hoffmeyer, Dieter Dr. med. → s 72
Hoffmüller, Joachim → S 800
Hoffschulte, Heinrich Dr. → u 3 074, IZ U 23, iz u 28
Hoffstädt, Angelika → N 153
Hoffstetter, Helmuth → T 585
Hofinger, Hans Dr. → iz i 38
Hofius, Prof. Dr. → A 320
Hofkens, Frans → iz q 3
Hofland, E. → c 1 074
Hofman Laursen, Niels → iz e 5
Hofmann, Albrecht W. Prof. Dr. → t 108
- Andreas → g 325
- Anja → A 67
- Dietrich, Prof. Dr.-Ing. → t 1 564
- Dr. → A 31
- Elfriede → u 982
- Frank → Q 663
- Friedrich-Wilhelm, Dr. → c 765
- Fritz, Dr. → T 2 317
- Gerd Guido, Dr. med. → S 135
- Gertrud → u 2 838
- Hanns, Dr. → h 435, T 3 943, U 636
- Hans → q 104
- Heinrich, Prof. → iz t 531
- Heinz → M 223
- Hermann → F 208
- Jan Eric → U 1 480
- Klaus → s 345
- Manfred, Dr. → E 188
- Michael, Dr. → Q 486
- Mischa → R 512
- Norbert → N 138
- Norbert, Dr. → t 1 766
- Olaf, Dr. → g 171, g 172
- Rafael → D 105
- Rainer, Prof. Dr. Dr. → T 3 597
- Regina → s 1 565
- Reiner, Dr. → T 2 715
- Rolf → E 173, u 1 753
- Samy → c 776
- Soenke → u 1 529
- Thomas, Dr. rer.nat. habil → T 2 555
- Ulrich, Dr. → T 3 428
- Ulrike → g 593
- Werner, Prof. Dr. → t 128
- Wilfried → S 409, s 418

Hofmann-Göttig, Joachim Dr. → b 136
Hofmann-Weiß, Claudia → U 1 476
Hofmeister, Adolf Dr. → B 633
- K.D. → f 605
Hofner, Lothar → B 299
Hofrichter, Hartmut Prof. Dr. → T 553
Hofschlaeger, Stephanie → U 1 479
Hofschulte, Benno → U 2 788
Hofsommer, Hans-Jürgen → T 2 603
Hofstätter, Andrea Dipl.-Ing. → Q 457
Hofstede, Manfred → s 662, s 667

Hofvander, Bodil → iz s 158
Hogeforster, Jürgen Dr. → G 12, G 59, T 1 051
Hogen, Kensaku → IZ V 1
Hoggett, Ken → IZ M 231
Hogrefe → A 21
Monforts von Hohe, Clemens-August → E 167
Hoheisel, Detlev → K 280
- Wolfgang, Prof. Dr.-Ing. → t 1 576
Hohendorf, Ulrich → R 429
von Hohenhau, Rolf → u 893
Hohenleitner, Isolde → U 821
zu Hohenlohe → T 988
Fürst zu Hohenlohe-Bartenstein, Ferdinand → u 1 778
Prinz zu Hohenlohe-Oehringen, Kraft-Alexander → e 638
Hohenstein, Helmut Dr. → T 1 899
Hohenwarter, Rainer Dipl.-Kfm. → f 921, f 952, t 2 109, t 2 118
Prinz von Hohenzollern, Johann Georg Dr. → T 753
Hohl, Hermann → Q 281
Hohlfeld, Ralf → O 408
Hohlin, Detlef → U 2 028
Hohlmeier, Monika → b 19, T 736, t 3 091, U 2 198
Hohloch, Gerhard Prof. Dr. → T 3 526
- Winfried, Dipl.-Kfm. → T 2 313
Hohmann, Beate → E 74
- Dietrich → d 244
- Eckart → B 315
- Elmar → F 784
- H.S. → IZ F 1 244
- Michael → A 306
von Hohnhorst, Martin → b 147
Hohrath, Frank C. → n 21
Hoidn, Barbara Dipl.-Ing. → U 1 182
Hoikkala, V. → IZ F 787
Hoischen, Engelbert → s 419
Holatka, Sonja → T 257
Holbach, Hans → T 607
Holbe, Klaus → f 353
Holbein, Reinhold Prof. Dr.-Ing. → t 1 398
Holder, Burkhard → IZ L 129
Holderbaum, Klaus → C 513
Holderried, Hansjörg → E 46, f 265
- Siegbert, Dipl.-Ing. → S 966
Holdmann, Jochen → b 21
Hole, Günter Prof. Dr. med. → T 2 882
Holemanns, Christoph → T 2 084, t 2 092
Holfeld, Bernhard → O 288
Holik, Wiltrud → C 371
Holinski-Wegerich, Karin Dr. → t 3 001, u 1 627
van Holk, Bart → IZ Q 224
Holke, Jörg → T 2 872
Holl, Edeltraud → m 46
- Helmut, Dr. → b 106, B 205
- Peter, Dipl.-Betriebsw. (FH) → B 257
- Thomas, Dr. → s 488
- Uwe → E 396
Holland, Gerhard Dr. → c 969
- Helga → s 82
- Ingo, Dr. → e 171
Holland-Letz, Klaus Dr. → T 2 139
- Klaus, Dr.rer.nat. → T 382
Holland-Moritz, Thomas → o 81
Hollas, David → IZ K 39
Hollemann, Hartmut → q 61
Holler, Christine → IZ U 211
- Ika → U 1 542
- Wolfgang → e 543
Holley, Wolfgang Dr.-Ing. → t 244
Hollinger, Christoph Dr. → S 316
- Roswitha → B 336, q 527
Hollingsworth, Anthony → IZ T 678
Hollmann, Herbert → Q 651
- Jörg → p 238
- Otto-Kurt → F 119
- Wildor, Prof. Dr. med. Dr. h.c. → T 3 398
Hollrotter, Rosemarie → S 1 001
Hollunder, Gerda → O 288
Hollweg, Jürgen Dr. → IZ T 692
- Klaus → c 1 212
Holly, F. H. o. Prof. → IZ T 230
Holm, Birger → M 135
- Gisela → t 3 206
- Håvard → iz a 208
- Kai → IZ U 583
- Peter H., Dipl.-Ing. → E 129
Holmberg, Jimmie → IZ G 148
Holmblad, J.E. → iz t 477, iz t 497
Holme, Ernst Dipl.-Ing. → E 43
Holmes, Anthony S. → IZ T 540
- Frances → IZ F 541
- Kenneth C., Prof. Dr. → t 136
- Leslie, Prof. → IZ T 891

Holmquist, Jörgen → iz a 33
Holmqvist, L. → iz f 2 219
Holsaae, Lars → s 110
- Lars, Dr. → IZ T 840
Holsboer, Florian Prof. Dr. Dr. → t 159
Holst, Bertil → U 1 952
- Klaus Ewald, Dr. → c 1 110
- M. → iz t 364
- Sven → B 345
Holstein, Christian → g 200, k 209
- Sabine → U 654
- Stefan → u 2 594
Holstein Campilho, Manuel → iz q 93
Holt, D. Tim → IZ T 234
- Elizabeth → iz a 60
Holtappels, Klaus → h 104
Holter, Helmut → b 97, T 2 234, u 2 242
gr. Holthaus, Günter → u 1 773
Holthaus, Walter → U 42
Holthausen, Hans-Jochen → F 383
- Hubert → T 4 102
Holthe, Christian → iz g 66
Holthoff-Pförtner, Stephan J. Dr. → c 1 302
- Stephan J., Dr. → U 2 557
- Stephan J., Dr. → IZ U 463
Holthusen, Kurt → H 196, h 197
Holtkamp, Fredrick → B 296
- Hans-Rudolf → U 344
- Marion → E 448
- Claus-Friedrich → l 66
- Everhard, Prof. Dr. → T 2 221
- Heinz → H 617
- Wilhelm → E 148
Holtmannspötter, Heinrich Dipl.-Soz. → U 1 867
Holtmeyer, Günther Dr.rer.nat. → t 357
Holton, Donald → IZ I 87
Holtschmidt, Ralf Dr. → k 204, k 219
- Walther, Dipl.-Ing. → s 1 040
Holtschneider, Rainer Dr. → b 166
Holtz, Axel Dr. → s 7
- Hans Dieter → k 431
- Heino → T 3 075, t 3 082
- Kay → R 577
Holtz-Bacha, Christina Prof. Dr. → T 3 699
Holuscha, Hanne → N 138
Holz, Achim → b 538
- Helmut K. → c 870
- Klaus, Dr. habil. → U 1 423
- Wolfgang → U 201, U 258
- Wolfgang, Dr.med. → s 187
Holzapfel, Ernst-Albert → F 832, f 971
von Holzapfel, Hans-Edgar → P 4
Holzapfel, J. Dipl.-Ing. → t 325
- Jean-Eric → iz a 113
- Jürgen → F 607
- Kirsten → U 22
- Winfried, Dr. → T 2 438
Holzbaur, Ulrich Prof. Dr. → T 1 387
Holze, Constanze → O 74
- Dietrich, Dr.-Ing. → I 46
Holzer, Harald Dr. → s 306
- Jerzy → iz u 366
- Norbert, Dr. → O 320
Holzgraefe, Gisela Dr.rer.nat. → B 443
Holzgreve, Berthold → U 1 041
- W., Prof. Dr. Dr.h.c. → T 2 844
Holzhausen, Bernd Dipl.-Ing. → t 1 846
- Ullrich → F 503
Holzheid, Hildegund → B 792, B 884
Holzhey, Georg → f 43
- Georg, Dr. → F 727
Holzhüter, Hermann Dr. med. → s 6
Holzinger, Hugo → b 30
- Ivo, Dr. → d 242
Holzmann, Dr. → A 300
- Georg S. → U 2 767
- Jörn → U 758
- Markus → S 1 367
Holznagel, Renate → B 332
Holzschuh, Erwin Dipl.-Kfm. → P 52
Holzwarth, Dr. → A 33
Homann, B. → I 138
- Dr. → A 16
- Heide → h 199
- Peter, Dr. → s 367
- Wolfdieter → T 2 447
Hombach, Annette → u 1 535
Homberger, H.P. → iz t 512
Homburg, Christian Prof. Dr. → T 2 520
Home, Philip Prof. → IZ U 315
Homes, Rainer → g 454, h 597, H 634
Homeyer, Dierk → A 55
von Homeyer, Friedrich → Q 574
Homeyer, Josef Dr. → u 2 359
Hommel, Hans-Jürgen Dr.med.habil. → s 154
- Manfred → f 648

Hommelhoff, Peter Prof. Dr. → T 3 600
Hommer, Willy → Q 198, q 201
Hommes, Klaus-Peter → t 962
- Klaus Peter → T 973
Homolka, Erich → U 3 062
- Johann → U 3 062
- Walter, Dr. → T 752
Homoth, Hans-Udo Dr. med. → s 121
- Hans-Udo, Dr.med. → S 116
ten Hompel, Michael Prof. Dr. → t 213
Homrighausen, R. Dr. → T 846
Homuth, Iris Dr. → L 67
- Iris, Dr. agr. → I 73
Hondelink, Des. H. Ph. → iz f 805
Hone, Trevor → iz f 1 749
Honecker, Martin Prof. Dr. → T 863
Honer, Rainer → g 570
Honert, Reinhard Dr. → s 926
Hong, Zhong Dr. → E 418
Hongler, Georg → IZ T 495
Hongskul, Veravat → IZ W 1
Honig, Rosalind → U 2 094
Honikel, Franz Dr. → P 4, P 47
- Karl Otto, Dir. u. Prof. Dr. → A 154
Honisch, Heinz → c 132
van Honk, C.G.J. Dr. → c 1 078
Honnef, Klaus Prof. → IZ S 644
Honnen, Wolfgang Prof. Dr. → t 1 667
Honold, Hans-Heiner → E 43
Honsbein, Dagmar → C 1 061
Honschopp, Waltraud → s 446, t 2 855
Honsel, Hans-Dieter Dipl.-Wirtsch.-Ing. → f 701, F 714
Honsowitz, Herbert → C 3
Hontelez, John → IZ Q 193
Hood, T. → iz f 1 433
van Hoof, A. → iz g 100
- Henk → iz b 191
Hoog, Michael Dr. → m 43
Hoogduin, J. G. Drs. → IZ T 895
Hooge, Dieter → O 289, r 298
Hoogervorst, Hans → iz b 196
Hook, Roy → iz m 87
Hool, Max → iz t 865
Hoon, Geoffrey → iz b 111
Hoope-Bender, Petra → IZ R 284
Hooper, John → IZ O 149
Hoopmann, Christoph → N 173
van Hoorebeke, Franz → IZ H 356
Hopf, Andreas → q 183
- Hans, Dipl.-Volksw. → g 131
- Heinrich → A 364
- Norbert → E 93
Hopfe, Hans-Peter → E 233
Hopkins, C. C. E. Prof. → IZ T 686
Hoppe, Achim Dipl.-Ing. → t 1 096
- Birgit, Dr. → T 758
- Christine → s 1 536
- Claus → g 438
- Detlef → S 738
- Harald → U 859
- Heinrich → U 866
- Jörg-Dietrich, Prof. Dr. med. → s 32
- Jörg-Dietrich, Prof. Dr.med → S 22
- Karl, Dipl.rer.pol. → T 882
- Klaus, Prof. Dr.-Ing. → S 942, S 956, t 1 222
- Mark → g 543
- Michael, Dipl.-Kfm. Dr. → U 276
- Michael, Dr. → t 2 493
- Ulrich → E 274
- Werner, Dr. → U 3 011
Hoppe-Tichy, Torsten Dr. → S 383
Hoppen, Dieter Prof. Dr. → t 1 614
- Ewald A. → f 138, F 935
Hoppenrath, Martin Dipl.-Math. → K 40
Hoppenstedt, Dietrich Dr. → I 76
- Dietrich, Dr. → h 622, l 58, T 821
Hoppenthaller, Wolfgang Dr. → s 209
- Wolfgang, Dr. med. → s 139
Hoppert, Claus-Peter → f 598
Hopt, Klaus J. Prof. Dr. Dr. → t 158
Horáčiková, Valéria Dr. jur.* → E 710
Horak, Roberto → u 2 246
Horan, John → iz s 121
Horbelt, Klaus P. → S 974
Horch, Jürgen → G 86
Hordijk, Gerrit Hendrik → IZ F 1 828
Horejs, Irene → iza 133
Horelli, J. → iz t 382
Horenburg, Stefan → T 3 758
Horlacher, Michael → S 737
Horlemann, Heinz-Gerd → A 391
Hormel, Harald → U 2 606
Hormuth, S. Prof. Dr. → T 505, T 2 570
Horn, Antje → U 1 480

Fortsetzung nächste Seite

Horn (Fortsetzung)
- Dietmar → A 4
- Donald, Dipl.-Volksw. → s 28
- Elvira, Dipl.-Ing. oec. → E 239
- Elvira-Maria → E 205
- Frank, Dr.-Ing. → S 798
- Frank, Prof. Dr. → t 915
- Géza-Richard → g 477
- Günter → U 311
- Günter, Dipl.-Ing. Dr. → IZ S 227
- Henning → S 1 068
- Ingrid, Dr. → T 692
- Jürgen → O 529
- Karl-Heinz → q 106, t 3 824
- Karlheinz → c 1 393
- Michael → I 61
- Michel → IZ F 854, iz f 855
- Prof. Dr. → t 2 030
- Rainer, Prof. Dr. → T 2 645
- Stephan → U 349
- Theodor → U 3 089
- Wieland, Dr. → s 498
- Wilfried → D 78
- Willi → U 3 111
- Wolfgang, Dr.-Ing. habil → T 382
Hornbach, Otmar → E 188
Hornberger, Wolfgang Dr.med. → s 128
Horndasch, Detlef → H 572
Hornecker, Eva → T 1 358
Horner, Heinz Prof. Dr.rer.nat. → T 536
Hornhues, Karl-Heinz Prof. Dr. → T 729
- Karl-Heinz, Prof.Dr. → E 572
Hornig, R. → T 395
- Steffen → r 778
Hornik, Helmut → T 1 111
Horník, Jan → d 212
Hornischer, Rainer Dr. → T 2 132
Hornung, Dieter Dipl.-Kfm. → U 945
- Ernst → k 140
- Karl, Dr.-Ing. → u 519
- Siegfried → F 466, f 467
- Wolfgang → I 71
Horoba, Martin Dipl.-Volksw. → T 3 887
Horras, Heiner → Q 181
Horrez, C.M. → iz f 376
Horrighs, Wolfgang Dr. → T 1 060
Horsch*), Christiane Wirtschaftsdezernentin → U 322
Horsch, Heiner → K 319
Horskjaer, Jan → iz s 272
Horský, Ivan → C 1 248
Horsky, Ivan → c 1 249
ter Horst, Gunter → q 254
Horst, Herbert Dipl.-Ing. → s 1 023
- Matthias, Prof. Dr. → f 28, F 379
- Matthias, Prof.Dr. → T 2 560, iz f 2 362
van der Horst, Michel → IZ F 1 505, iz f 1 517
Horst, W. J. Prof. Dr. → T 2 644
Horsthemke, Egon → h 738
Horstig, Wolfgang → K 327
Horstmann, Berthold → u 1 885
- Hannelore, Dipl.-Med. → t 3 209
- Hans-Henning → A 6
- Jürgen, Dipl.-Ing. → S 976
- Karl-H → M 270
- Peter → U 265
- Uwe, Dipl.-Volksw. → E 132
Horvath, Erika → iz h 438
Horwitz, Alfred E. Dr. → T 3 372
Horyna, Karel → M 193
Horz, Hans Walter Dipl.-Ing. → t 353, t 3 656, T 3 657
Hosch, Raimund → o 599
Hoschke, Wolfram Dr. → E 197, e 198
Hoskins, Dalmer D. → IZ K 37
- T. → iz f 1 922
Hosp, B. → IZ U 432
Hossein, Yazdan moghadam → c 862
Hossfeld, Friedel Prof. Dr. → T 373
Hossmann, Konstantin-Alexander Prof. Dr. → t 144
Hossu, Bogdan Illiu → iz r 199
Hostadt, Johannes → f 957
Hoste, L. → IZ M 3
Hoster, Stefanie → O 288
Hoth → A 33
- Dietrich → u 974
- K., Dr. → T 846
Hotop, Jochen Dipl.-Kfm. → E 117
Hottum, Klaus → g 147
Houben, Berndt → a 310
Houben-Bertrand, Hilde → D 219
Houdaer, J.P. → IZ T 326
Houellemont, Eduardo → n 222
Houfek, Kurt-Werner → iz h 233, iz h 251
Hough, Courtney → IZ U 141
Houitte de la Chesnais, Dominique → c 142
Houliston, Robert → iz a 165
Houssine Bartali, El Prof. → IZ T 681

Houston, Malcolm → iz u 746
van Houte, F. → iz f 1 921
van Houwe, Jean-Marie → IZ T 543
van Hove, Willy → IZ H 162
Hovemann, Mechthild → t 2 810
Hover, Richard Dipl.-Volksw. → e 184
Hovers-van Lierop, Bertha → iz f 2 288
Howard, Greg → iz h 231, iz h 248
- John → iz s 369
- Jonathon, Prof. Dr. → t 175
- Juliet → if 2 151
Howe, Jonathan → IZ M 221
- Jürgen, Prof. Dr. → T 696
Howell, Noel → IZ R 280
Howes, W. → IZ F 1 826
Howest, Sigrid → U 985
Howland, Marc → S 737
Hoyer, Dieter → q 171
- Helmut, Prof. Dr.-Ing. → T 511
- Thomas → M 151
- Werner → IZ U 434
Hoyer-Sinell → g 589
v. Hoyningen-Huene, Dietmar Prof. Dr.h.c. Dipl.-Ing. → T 602
Hoyos, Hans → iz f 21
Hrabac, Peter → IZ N 44
Hrbek, Rudolf Prof. Dr. → T 2 352, t 2 431
Hriberski, Michaela → U 968
Hristov, Jelijasko → iz r 154
Hrivik, Martin → ie 35
Hronek, Frantisek Dr. → iz t 535
Hruschka, Erhard Prof. Dr. → U 3 016
Hruška, Silvia → IZ U 210
Hub, Hanns Prof. Dr. → T 3 933
Huba, Hermann Dr. → t 4 108
Hubbard, John → iz q 203
Huben, Andreas → q 103
Huber, Berthold → r 362
- Dietmar → A 40
- Dr.-Ing. → A 27
- Erwin → A 39, B 14
- Felix, Dr.-Ing. → t 1 501
- Georg → O 148
- Gerd → s 1 558
- Gerhard → h 491
- Gustav → O 708
- Hans → u 2 565
- Hans Jörg, Dr. → iz I 16
- Hermann → iz h 336
- J. → IZ T 238
- Josef → IZ F 1 207
- Jürg, Dr. → a 161
- Ludwig → K 179
- Max G., Prof. Dr. → T 3 780
- Patricia → U 126
- Peter M., Prof. Dr. jur. → T 3 513
- René → iz f 1 815
- Richard → b 477
- Robert → u 2 472
- Robert, Prof. Dr. → t 104
- Rudolf → e 648
- Th. → iz f 770
- W. → T 1 077
- Wolfgang, Prof. Dr. → u 2 298
Hubert, Anthony C. → IZ U 2
- Helmut, Dipl.-Ing. (FH) → G 109
- Wilfried → IZ U 121
Hubertus, Peter → T 2 988
Hubig, Christoph Prof. Dr. → T 1 165
Hubing, Hermann → G 743, g 754
Hubl, Walter → IZ A 222
Hubloher, Andreas → F 474
Hubner, Horst Dipl.-Braum. → t 943
Hubrich, Peter Dr. → u 2 943
- Werner → u 981
Huchet, Jacques → iz a 45
Huchler, Max Dipl.-Ing. (FH) → t 1 549
Huck, Alexander Dipl.-Ing. (FH) → s 825
- Fred → U 3 016
- Horst, Dipl.-Ing. → f 906
- Willi → T 3 164, t 3 165
- Winfried, em. Prof. Dr. jur. → T 710
Hucke, Dietrich → s 1 411
Hucko, Dr. → A 12
Hudák, Pavol → iz m 100
Hudelmaier, Margit → T 2 924
- Ulrike, Dipl.-Kffr. → U 1 569
Hudewenz, Evelyn → o 652
Hue → IZ F 572
Hübbe, Hans-Heinrich → s 451, t 2 860
Hübener, Matthias → F 217
Hübenthal, Klaus → n 19
Hueber, Alfons Dr. → s 548
Hübl, Horst Dr. → s 1 534
Hübler, Hans-Ekkehardt → r 570
- Hartmut → l 85, l 86, l 88
Hübner, Andreas → U 1 910
- Beate → u 1 199

Fortsetzung nächste Spalte

Hübner (Fortsetzung)
- Bernd Rupert → a 309
- Danuta → IZ V 11
- Hans-Jörg → c 1 282
- Heinz, Prof. Dr. → t 4 077
- Henning, Dr. → s 486, s 536
- Isolde → E 162, e 164
- Jörg → c 874
- Johannes → u 2 505
- Klaus → Q 361, Q 510
- Lutz → r 67
- Matthias → s 1 152
- Reinhard → T 4 147
- Stephan → q 432
- Ulrich, Prof. Dr.jur. → T 2 540, IZ T 875
- Walter → U 2 025
Huebner, Werner → iz f 16
Hübner-Blos, Gwendolin → S 732
Hübsch, Norbert → T 3 706
Hübscher, Johanna Prof. Dr. med. → U 2 450
Hueck, Walter Dr.-Ing. → F 697
Hüffer, Paul Dr. → c 1 088
Hüffmeier, Wilhelm Dr. → u 2 323
Hüffner, Michael → f 231, f 756, R 183
Hüfken, Hartmut → K 321
Hüfner, Klaus Prof. Dr. → E 754
- Stefan, Prof. Dr. → T 665
Hügenell, Inge → U 1 363, u 1 365
Hüggelmeier, Josef Dipl.-Ing. → f 657, f 664, f 670, iz f 727
Hügle, Bernd Dipl.-Volksw. Dr. → S 42
von Huehbenet, Renate → U 1 171
Hühn, Roland → N 131, U 339
- Wolfgang, Dr.med.habil. → B 614
Hühne, Hans-Jürgen Dr. → R 808
Hühnerbein, Hartmut → U 1 399
Hüllemann, Klaus-D. Prof. Dr. → T 3 441
Hüllen, Jürgen → M 14
- Volker, Dipl.-Ing. → T 1 384
Hüllinghorst, Rolf → T 3 489, u 1 856
Hüllmantel, Wilhelm → K 268
Hülphers, Arne → iz f 1 434
Hüls, Karl → f 557
Hülsdonk, Wilhelm → H 594
von Hülsen, D. → iz f 361, IZ F 874
Hülsen, Wolfgang → A 330
Hülsenbeck, Frank-W. → s 516
Hülsmann, Elke → r 301
- Manfred, Dipl.-Verwaltungsw. → T 677
- Rita → s 91
- Uwe → U 226
Hülße, Christel Prof. Dr.med. → B 599
Hülzer, Peter → H 632
Hümer, Bernd-Michael → S 751
Hümmler, J. Dipl.-Ing. → T 374
Hümmling, Michael → r 558
Hünecke, Erich → U 1 941
- Hans, Dr. → S 292
Hüneke, Andreas → IZ S 644
Hüni, Peter → E 40
Hünnefeld, Dietmar → T 660
Hünnekens, Theo → E 132
Hüper, Ernst-H. → A 4
- Jens → E 154
Hürlimann, Martin Dipl.-Br.-Ing. → T 2 582
Hürmer, Alfred → O 224
Huerta Dana, M. → iz f 2 314
Hürttlen, Bruno → u 2 602
Hüsch, Gilbert → U 774
Hüsecken, Barbara → s 432
Hüser, Uwe → Q 492
Hüsgen, Uwe Dipl.-Math. → s 370
Hüsing, Dieter → g 402
Huesmann, Georg → q 21
Hueß, Ralf A. Dipl.-Volksw. Dr. → E 140
Hüster, Martin → F 787
Hütig, Klaus → f 165, f 209, r 64
Hüttebräuker, Peter Dr. Dipl.-Ing. → t 1 710
Hüttelmaier, Klaus → F 1 026
Hüttemann, Thomas → S 1
Hüttenberger, Anton → E 63
Hüttenhölscher, Norbert Dr.-Ing. Dipl.-Phys. → T 1 842
Hüttenmeister, Peter → r 324
Hütter, Bernhard Prof. → T 678
- Dr. → iz f 233
Hüttinger, Gisela → T 414
Hüttl, Karl → U 599
- Reinhard F., Prof. Dr. → Q 342
Hüvelmeyer, Josef → T 4 027
Hüwel, Haydée → c 15

Hüweler, Dieter → u 2 677
Huey, Robert J. Dr. → IZ S 104
Huf, Christoph Dipl.-Ing. → S 997
Hufeland, Christina → U 342
Hufenbach, C. Prof. Dr. → T 867
Huff, Martin W. → b 89
Huffener, G.L.C. → iz m 165
Hug, Alfons → u 2 972
- Felix → iz f 870
- Gerold → O 322
- Heinz → U 438, u 439, U 447
- Ingeborg → u 1 143, U 1 344
- K., Dr. → iz h 379
- Karl → b 475
- Otto → U 2 450
Hugé, Pierre → IZ A 222
Hugenberg, Dietrich → F 949
Hugendubel, Heinrich → T 819
Hugenroth, Peter Dr. → T 2 646, T 2 693
Hugentobler, Huldreich → O 112
Hughes, Aneurin → iz a 68
- J.W. → IZ Q 197
- Peter → iz a 106, if 1 784
Hugot, Axel-Günther → T 2 549
- Hedwig → T 2 549
Huhardeaux, Francine → IZ U 822
Huhn, Carl-Ulrich → O 227
- Günter → G 266
- Harald → K 321
- Thomas → f 106, r 59
Huiskens, L.F.M. → IZ F 517
Hujer, Friedrich → F 799
Huland, Peter Dr. → U 2 096
Hulas, Daniel → iz u 735
Hulbert, Alastair → IZ U 433
Huldarson, Sigvardur Ari → iz u 241
Hulpke, Herwig Prof. Dr. → S 1 070, T 1 165
Hulshof, M.H.M. Dr. → IZ F 2 615, iz f 2 624
Hulsmann, Gerd W. Dr. → c 1 079
- W. → iz t 600
Hulst, Marc → IZ S 656
Hultman, A. → iz f 992
Hulton, Tom → IZ O 207
Humar, Gorazd → iz s 462
Humbert, Gustav Dr.-Ing. → F 1, f 39, F 628
Frhr. von Humboldt, Alexander → S 1 208
Hume, David → c 184
Humeny, Volker → s 659
Humer, Margot → E 728
Humm, Gerhard → E 197
Humme, Jürgen → r 525
Hummel, Dietbert Dipl.-Betriebsw. → P 27
von Hummel, Dieter Dipl.-Wirtsch.-Ing. → E 43
Hummel, Hans-Ulrich → T 2 230
- Jörg-Dieter, Dr. → U 760
- Michael → U 2 095
- Rainer → T 3 776
- Ulrich, Prof. → t 1 536
- Volker → S 1 322
- Werner → g 643
Hummell, H. J. Prof. Dr. → T 2 359
- Hans J., Prof. Dr. → t 2 360
Hummels, Thomas Dipl.-Volksw. → F 994
Hummelsheim, Edgar → G 101
Hummelt, Heinz → f 572
- Juliane → u 2 488
Humpal, Heinz Dr.-Ing. → S 947
Humpert, Paul-Peter Dr. → d 22
Humphreys, Anthony → IZ A 189
- Michael → iz a 109
Humphries, Brian → IZ M 219
- Chris → e 14
Hunault, Jean-Louis → iz t 796
Hunck, Gisela → E 151
Hund, Helmut Dipl.-Ing. → E 109
- Thomas → S 631
Hundebøll, Vagn → iz f 15
v. Hundelshausen, Wolf → E 267, e 368
Hundertmark, Dieter → e 662
- Horst → k 55
- Karl-Ernst → F 378
Hundrieser, Frank → R 577
Hundseder, Franziska → S 1 343
Hundt, Dieter Dr. sc.techn. → r 2
- Dieter, Dr.sc.techn. → R 1
- Ulrich A. → IZ R 66
Hunecke Altenscheid, Hans → O 175
Huneke, Klaus → k 239
Hung, Fok Tai → iz f 2 576
- Frieda C. → E 700
Hungar, Kristian Prof. Dr. → T 2 449
Hungenberg, Harald Prof. Dr. → T 4 145
Hunger, Joachim Dipl.-Ing. → E 44
Hunn, M. → IZ T 820
Hunsicker, Günter → r 422
Hunsteger-Petermann, Thomas → D 81
Hunstiege, Udo → o 674
Hunter, Barry → IZ F 173

- Dennis → Q 355
- Ian → iz s 33
- Robert E. → IZ U 352
Hunting, Karl-Ernst Dipl.-Ing. → e 144
Huntington, Jeff → IZ A 194
Huntley, Peter → iz f 521, iz f 1 696
Hunziker-Ebneter, Antoinette → iz i 184
Hunzinger, Edith → N 205, n 263
- Maximilian → c 1 240
- Moritz → T 2 752
Huober, Armin → g 504
Huot, Guy → IZ O 14, IZ O 16
Hupbauer, Werner → P 61
Hupfer, Gottlieb → f 679
- Peter, Dr.-Ing. → T 2 021
Huppert, Jens → O 322
- Jürgen, Dipl.-Ökonom Dr. → E 140
- Karl-Heinz → t 3 648
- Paul-Werner, Dipl.-Volksw. → E 117
Hupperts → U 761
Hurban, Martin → iz m 100
Hurd of Westwell, Douglas Lord → E 480
Hurford, Neil → iz t 669
Hurkuk, Frank → U 1 495
Hurlebaus, Horst-Dieter Dr. → E 175
Hurlen, John → iz t 946
Hurley, Charles A. → IZ T 836
Hurlin, Ingo → S 575
- Uwe → T 896
Hurnaus, Nadira → T 791
Hurrelmann, Bettina Prof. Dr. → T 3 755
Hurst, Bernard → IZ U 554
- Gerhard → o 610, U 626
- Gerhard, Dipl.-Betriebsw. → O 625
- Mathilde → T 2 578
- Wilfried → R 902
Hurt, Frank → IZ R 247
- Jürgen → Q 162
- Pierre → iz s 528
Hurth, Gisbert → m 58, m 71, m 96, M 188
Hurtig, Serge → IZ T 193
Huschert, Wolfgang Jo → O 222
Huschke, Wolfram Prof. Dr. → T 702
Huschner, Manfred → U 1 401
Huse, Hanno → U 552
- Morten → iz g 200
Husemann, Friedrich → U 410
- Günther, Dipl.-Ing. → r 498
- Hans → F 545, F 578
- Ingo → U 326
- Jörg-Peter, Dr. → S 279
Hushagen, Susanne → IZ S 642
Husin, Dato Khalid Bin HJ. → iz w 24
Husler Thibault, Philippe → IZ F 940
Husmann, Jürgen Dipl.-Volksw. → K 304
- Klaus, Dr.-Ing. → L 80
Huß, Horst → r 66
Husser, Gerda → u 2 824
Hussla, Ingo Dr. → U 157
Hussmann, Gerd-Hermann → E 151
Hussock, Peter Alexander → U 1 022
Hussong, Werner → K 31
Huster, Ernst-Ulrich Prof. Dr. → T 431
- Sibylla → H 302
Husung, Hans-Gerhard Dr. → T 516
Hutengs, Brigitte → U 1 894
Huth, Hans-Volker Prof. Dr.-Ing. habil → t 1 423
- Heinz → O 539
- Petra → IZ T 233
- Ulrich → T 1 234
- Werner, Prof. → R 532
Huthmacher, Dr. → A 33
Huthmann, Carla → u 2 526
Huttanus, Barbara → T 2 577
Huttelmaier, Klaus Dipl.-Ing. → T 1 317
Hutter, Claus-Peter → T 798
- Dorothee → T 3 799
- Jörg, Dr. → T 3 245
- Ulrich → A 372
Hutterer, Werner → t 4 122
Huttner, Karltheodor → b 159
- Wieland B., Prof. Dr. → t 175
Huvendick, Karl Hermann → T 429
Huwart, François → iz b 81
Huxley, Brian → iz f 736
Huyberechts, Gilbert → IZ U 317
Hvilsted-Olsen, Claes → e 425
Hygum, Ove → iz b 47
van Hylckama Vlieg, Elsbeth E. → IZ U 89
Hyldtoft, Peder → iz f 2 457
Hyman, Anthony A. Dr. → t 175
Hyna, Viktor Dr. → f 192
Hyun Kwon, Wook → IZ T 309

I

Ibach, Eckhart Dipl.-Ing. → B 405
Ibel, Matthias → T 997
Ibielski, Dieter Dipl.-Kfm. → S 687
Ibrahim, Abdul Hamid → IZ U 123
Ibraimov, Ermek → c 931
Ibrügger, Gerhard → m 26, m 169
Ickas, Robert → U 580
Icken, Angela → A 23
Icking, Hermann → IZ U 298
Iddriss, Atef → iz o 178
Ide, Heidrun → b 54
Idel, Peter Dr. → r 747
Idelfelt, P.O. → iz t 402
Idris, Kamil Dr. → IZ V 47
Iffert, Werner → U 217
Iffland, Heinz → R 163
Ifland, Wolfgang → k 48
Iglesias, Enildo → iz r 256
Iglhaut, Gerhard → t 2 998, u 1 624
Ignaczak, Jürgen → t 2 481
Ignatieff, Paul → IZ W 38
Ignatov, Vladimir V. Dr. → iz t 354
Ignatova, Ekaterina → iz s 246
Ihalainen, Lauri → iz r 163
Iharos, Sándor → iz h 258
Ihde, Manfred-Paul → E 157
Ihl, Karlheinz → S 788
- Robert → U 78
Ihle, Götz Prof. Dr.-Ing. → T 1 317
- Werner, Dr. med. → U 1 564
Ihlenfeld, Günter → IZ O 203
Ihmels, Karl Ludwig → U 1 477
Ihnen, Arthur Prof. Dr. → T 635
Ihns, Jan → S 1 588
Ihrig, Elvira → IZ T 268
Ihsen, Susanne Dr. → T 1 165
Ijcrsky, Alexander → iz t 551
Ilaender, Hermann → q 274, Q 544, Q 545
Ilbertz, Wilhelm Dr. → R 803
Ilboudo, Jean-Baptiste → C 687
Ilchmann, Peter → q 35
Iletmiss, Gulé → U 2 819
Ilg, Alois → F 1 003, u 2 965
- Tony → R 459
Ilgemann, Uwe → Q 459
Ilgner, Rainer Dr. → U 2 341
Ilieski, Vlatko → iz s 130
Iliff, Elspeth → IZ O 4
Iliopoulos, Constantin Dr. → S 617
Ilisch, Peter Dr. → U 3 082
Illert, Michael Prof. Dr. → T 3 379
- Stephan → A 202, b 193
Illgen, Ramona → t 3 728
Illik, J. Anton Prof. Dipl.-Inform. → t 1 495
Illing, Claus → Q 58
- Helmut → I 40
- Jürgen → E 350
Illner, Eberhard Dr. → M 249, U 3 026
Illukowicz, Nicolai → iz s 257
Ilomäki, T. → iz t 479
Ilse, Thomas → s 399
Iltgen, Erich → B 337, n 83
Imbeni, Renzo → IZ A 183
Imbert, Patrick → E 456
Imeyer, Gerd-Winand Dr. → c 685, K 20, K 45, T 2 544
Imfeld, Frank → m 77
Imhof-Gildein, Beate → S 1 501
Imhoff, Hans → c 1 307
- Manfred → U 261
Imig, Rainer Dipl.-Volksw. → I 67
Immenkötter, Mechthild → U 1 278, U 1 395
Imo, Hans → K 292
Imola, Mario → c 239
In-Albon, Hans-Peter → iz f 1 793
Incesu, Metin Dipl.-Ing. → E 560
Inden-Heinrich, Helga → Q 361
Indruch, Lothar → U 194
Ineichen, Urs-Viktor Dr. → iz r 53
Van Ingen, Ruud → IZ O 204
Ingenkamp, Hans Gerhard → B 874
Ingianni, Giulio Prof. Dr. med. → T 3 380
Ingold, Wolfgang Dr. → f 409
Ingwersen, Jens Dr. → q 232
- Lorenz → h 499
Inhofer, Karl → B 220, T 926
Inhoffen, Matthias → O 150
Inhülsen, Burkhard → O 194
Inkmann, Manfred Dr. → F 218
Inmann, Hans Dr. → u 1 739
de Inocencio, Roberto → IZ T 821
Inomata, H. → IZ W 32
Inselkammer, Hans Dr. → c 711
Inzelmann, Ralf → Q 84
Ioannidis, Foivos → iz b 91
Ioannis, Kallifetides → iz g 194

Ioannou, Michael → iz r 222
- Theodoros → iz u 15
Ionesco Quintus, Mircea → iz u 454
Ionescu, Florin Prof. Dr.-Ing. → t 1 592
- Mihai, Dr. → ih 351
Ip, Victor → E 258
Ipfling, Heinz-Jürgen Prof. Dr. → T 2 191
Ipsen, Knut Prof. Dr.Dr.h.c.mult. → U 1 874
Iracki, Leszlek → iz f 1 278
de Irala, Xabier → iz f 2 118
Irastorza-Barbet, D. → iz f 1 125
Iraundegui, José → IZ U 492
Iriarte, Raul → IZ S 642
Irimia, Alexander → C 1 190
Irlenkaeuser, Rainer → A 20
Irmen, Detlef Dr. → I 100
Irmer, Harald Dr.-Ing. → Q 487, s 1 043
- Ulrich → A 38, T 729
Irmscher, M. Dipl.-Ing. → S 832
Irmschler, Michael → O 707
Iro, Addo → iz v 7
- Georg → u 1 003
Irrgang, Christoph → u 922
Irsfeld, Franz → O 71
Irslinger, Roland Prof. → T 658
Irwin, Fred B. → E 365
- Jeremy → iz o 180
Isaksson, Lars → iz u 58
Isali, Andrea → iz u 251
de Iscar, Julio del Valle → iz u 255
Ischinger, Wolfgang → A 8
Isenberg, Gabriele Dr. → T 3 714
- P. → IZ G 153
- Wolfgang, Dr. → T 3 948
Isengard, Prof. Dr. → T 2 602
Isenhardt, Udo Dr. → B 695, T 3 521
Isenmann, Gerhard Dipl.-Ing. → t 1 203, t 1 211
Isensee, Prof.Dr. → T 2 675
Isep, Gilbert → F 931
Iser, Bernd → o 681
Isermann, Jürgen → T 3 837
- Maike, Dr. → T 1 368
- Rolf → IZ T 309
- Tim → G 383
Ismail, Salim → IZ F 1 774
Ismard, Jacques → IZ S 210
Israel, Dagmar → q 613
van Issem, Renate → IZ G 149
Issen, Roland → A 202
Issing, Otmar → IZ I 5
- Otmar, Prof. Dr.h.c.mult. → T 2 358
Ißleib, Frank → b 135
Iten, Walter → IZ O 19
Itkonen, Reijo → IZ T 246, iz t 250
Itschert, P. → IZ R 268
- Patrick → IZ R 99
Ittner, Johanna → U 1 338
Ivacenco, Ioana → IZ U 258
Ivancevic, Zeljko → iz f 1 734
Ivanek, Tomislav → IZ M 75, iz m 90
Ivanenko, Sergey → IZ F 2 320
Ivarsson, D. → IZ H 46
- Th. → iz u 217
Iven, H. Dipl.-Ing. → I 70
- Peter → U 3 101
Iversen, Heiner → q 60
Ivory, Pat → iz f 2 013
Iwainsky, Alfred → t 311
Iwersen, Peter → O 623
Iyidirli, Ahmet → R 537
Izeboud, E. Dr. → IZ F 1 893, iz f 2 055

J

Ja Yang, Dong Dr. → IZ T 832
Ja Yung Olesen, Marlene → iz u 214
Jaakkola, Risto → iz m 160
Jabaudon, Annie → IZ S 497
Jabcke, Dr. → A 14
Jabs, Anja → O 192
Jachwitz, I. → iz t 508
Jack, Samba → IZ V 2
Jacke, H. Prof. Dr. → T 2 716
Jacki, Günter Prof. → T 682
Jackowski, Jens → q 435
Jacksch, Manfred Prof. Dr. → T 1 070
Jackson, Gerda → E 342
- Tim → iz f 1 354
Jackwerth, Lothar → K 273
Jacob, Achim Dr. → T 2 731
- Alex → c 1 194
- Andrea → u 2 940
- Anette → F 243
- François → IZ T 692
- Friedrich L. → s 12

Fortsetzung nächste Spalte

Jacob (Fortsetzung)
- Joachim-W., Dr. → A 237
- Jörg, Dr. → s 356
- Jürgen → E 74, o 38
- Knut, Dipl.-Ing. (TU) → U 213
- Konstanze Kristina → T 686
- Martina → u 1 220
Jacob-Wiemann, Eva → s 405
Jacobi, Alfred → g 756
- Andrea-Sabine, Dr. → u 1 284
- Hans Joachim → c 1 092
- Helmut → f 942
- Klaus, Dipl.-Kfm. → F 946
- Peter → U 2 823, u 2 827
- Reinhold, Dr. → T 3 922, u 2 344, U 2 376, U 2 377
- Rolf → h 538
Jacobius, Hanna → U 1 394
Jacobs, A. W. M. → iz f 2 410
- An Jo → u 232
- Bernhard, Dipl.-Soz. Wiss. → S 1 019
- Francis G. → IZ A 219
- Georges → IZ F 1 949
- Hans → r 675
- Hans-Henning → E 222
- Howard → iz h 427
- Jean-Pierre → iz f 2 418
- M. → iz h 475
- Marie-Josée → iz b 173, iz b 178
- Rainer → q 260
- Sarah → iz f 2 012
- T. → iz f 2 605
- Werner H. → S 1 592
- Wilfried → k 89
- Wolfgang → S 693
Jacobsen, Frank → K 273
- Hans-Jörg, Prof. Dr. → T 907
- Niels → IZ F 1 589, iz f 1 591
- Propst Viggo → E 426
- Uwe-Jens → s 414
Jacobson, Asa áDul → c 103
Jacobus, Peter → S 1 452
Jacoby, Peter → A 39, b 141, l 43
Jacov, B. → iz f 2 523
Jacquemin, Pierre → IZ M 36
Jacques, G. → iz f 2 205
- Gérard → iz f 2 260
- Guy → IZ T 361
- Pierre → iz f 152
Jacquier, B. → iz f 1 595
Jacubowsky, Kurt → g 698
Jäckel, Günther Dipl.-oec. → H 587
- Jens → T 4 147
- Joachim → H 506
- Peter, Dr. → u 2 431
Jaeckel, Ralf → T 3 725, t 3 733
- Roger → k 161, k 180
Jäcker, Andreas Dr. → F 994
Jäckle, Ernst → s 414
- Ernst A., Dipl.-Betriebsw. → h 337, h 392
- Ernst A., Dipl.-Betriebswirt → H 311
- Herbert, Prof. → IZ T 243
- Herbert, Prof. Dr. → t 109
- Thomas, Dr. → s 67
Jägeler, H. → E 726
Jägemann, Hans Dr. → U 2 450
Jäger, Bernd → T 2 872
- Bernhard, Dr. → s 297
- Bettina → s 159
- Cl. → M 211
- Claus → u 2 205
- Edgar, Prof. Dr. → t 1 801
De Jaeger, Filip → IZ T 325
Jaeger, Fritz Dipl.-Kfm. → E 148
Jäger, Gerd Dr. → t 304, T 1 148
- Gottfried, Prof. → T 1 325
- Hans, Dr. → K 1, K 36
- Hans-Jürgen, Prof. Dr. → T 929
- Helmut → F 838
- Herbert → H 17
- Hubert → g 340
- Josef → iz s 133
- Kerstin, Dr. med. → s 189
Jaeger, Knut → U 534
- Marc → iz a 220
Jäger, Michael → R 103, r 111, R 119
- Michael, Dipl.-Pysiker → T 2 177
- Reinhold → U 408, u 510
- Rudolf → g 456, H 594, h 599
- Torsten → D 69
- Traute → R 581
- Uwe, Dipl.Med. → s 204
- Uwe, Prof. Dr. → t 1 541
- W., Prof. Dr. → T 2 129
- Walter, Prof. Dr. → S 1 053
- Wilfried, Dipl.-Kfm., Dipl.-Ing. → T 2 142
- Willi, Prof. Dr. → T 860
Jaeger, Winfried → U 1 562
- Wolfgang → q 12, q 26, r 407, R 415

Jäger, Wolfgang Prof. Dr. Dr.h.c. → T 492
Jägering, Marlies → U 1 810
Jägers, Volker Dipl.-Ing. → e 440
de Jaegher, Jean → IZ F 387
Jägle, Karl → e 53
Jaehne, Günter Dr. → E 418
Jähne, Hans-Joachim Dr. → f 348
Jähner, Ute Dr. → E 210
Jähnichen, Rolf Dr. → u 2 194
Jähnig, Bernhart Dr. → U 2 659
– Birgit, Dr. → T 2 698
Jähning, Janna → E 679
Jähnke, Burkhard Dr. → A 362
– Dr. → A 362
Jaekel, August → c 1 281
Jäkel, Burkhard → Q 611, q 613
– Dieter → g 656
– Hans Karl, Dr. → T 2 744
– Matthias → K 324
Jaeken, Rik → iz g 31
Jämsä, H. → iz f 1 124
Jänicke, Karl-Ludwig → S 712
– Martin, Prof. Dr. → T 2 218
Jänisch, Günther → U 2 608
Jänschke, Hans-Josef → G 104
Jäpel, Ulrich → r 854
Järvenpää, Olavi → iz s 383
Järventaus, Jussi → iz g 35
Järventausta, Marja Prof. Dr. → E 452
Järvinen, Oula → iz s 664
Jaeschke, Burkhardt Dr. → R 732
Jäschke, Meinhard → k 222
Jaeschke, Reinhard → o 50
Jäschke, Sandra → u 2 230
Jässing, Andreas Dr.med. → U 2 554
Jaffke, Susanne → U 1 014
Jagdt, Reinhard L. → c 679
Jagemann, Hans-Ulrich → g 388
Jagenlauf, Arnulf Pr. → r 104
Jagenow, Angela → u 1 231
Jagersbacher, Klaus → iz m 112
Jagla, Beate → T 3 018
Jagoda, Bernhard → K 349
Jagodzinski, Wolfgang Prof. Dr. → t 2 402, t 2 408, T 2 439
von Jagow, Gebhard Prof. Dr. med. → T 3 274
– Peter → C 276
Jagsch, Karl Dipl.-Ing. → s 936
– Rudolf → B 367
Jagst, Peter → R 615
van der Jagt, J. J. → iz f 588
Jahn, Arnold → F 394
– Beatrice, Dr. → f 362
– Bernd-Uwe, Dr. → T 1 239
– Detlef → T 686
– Friedrich-Adolf, Dr. → U 823
– Gerd → g 532
– Gerhard → H 223
– Hans-Peter → O 322
– Jochen → c 437
– Karin, Dr. → t 312
– Klaus, Dipl.-Braum. → t 934
– Rainer → H 255
– Rainer H. → E 295
– Ralf, Dr. → E 65
– Reinhard, Prof. Dr. → t 109
– Rudolf → g 137
– Wolfgang → E 205
Jahn-Zöhrens, Ursula → s 86
Jahncke, Friedrich → U 2 608
Jahner, Rolf Dipl.-Ing. → s 830
Jahnke, Hans-Peter → U 933
– Joachim → M 196
Jahns, Gerhard Dr.-Ing. → IZ T 693
Jahr, Torsten → U 1 480
Jahreiß, Hans Dr. → T 1 832
Jaintsch, Gudrun → S 972
Jaissle, Jürgen → O 261
Jaitner, Siegfried → s 157
Jakel, Detlef → IZ U 90
Jakesch, Rüdiger → b 32
– Ulrich → q 539
Jakob, Bernd Dr. → U 211
– Carl → h 560
– Christine, Dr. → T 3 111
– Geribert E., Prof. Dipl.-Vw. → t 1 448, t 1 550
– Karl Friedrich, Dr. → E 151
– Karl Friedrich, Prof. Dr. → F 139
– Karl Friedrich, Prof. Dr. rer. nat. → T 2 007
– Karl Friedrich, Prof. Dr. Dr.rer.nat. → F 122
– Reinhard → q 251
– W. → U 2 093
Jakobeit, Cord Prof. Dr. → t 2 308
Jakobi, Hans-Walter → f 367
– Ingolf → G 294
Jakobiak, Günter → k 241, r 188
Jakobitz, Volker Dipl.-Kfm. → E 64

Jakobowicz, Jean Michel → IZ V 11
Jakobs, Erhard → T 504
– Franz → Q 263
– Helmut → T 1 342
– Jann → D 117
Jakobson, Hans-Peter → U 3 039
Jakoby, Manfred → B 321
– Richard, Prof. Dr. → T 760
Jaksch, Ralf → T 763
Jakubiak, Michael → U 1 897
Jakubowski, Klaus → S 619
Jakwerth, Erwin C. Dipl.-Ing. → S 573
Jaldeland, Jan → c 437
Jallade, Jean-Pierre → IZ T 973
de Jamblinne, Bénédicte → IZ U 306
James, Brian → IZ F 573
– Meril → IZ T 558
– Terrence → IZ A 222
Jamet, Joël → IZ U 809
Jamieson, Ian → iz f 1 353
Jammers, Heinz Dipl.-Betriebsw. → E 151
Jan, Françoise → IZ U 309
Janatuinen, Aila → iz f 275
Jancik, Erich → iz s 380
Janco, Ferenc → iz f 2 317
Jandečka, M. → iz f 1 284
Jander, André → r 666
Janecek, Peter → s 552
Janecsko, Maria → IZ S 164
Janeczek, Renate → u 1 157
Janert, Wolf-Rüdiger Dr. → r 470
Janetzki, Heinz → U 130
Janezic, Günther → IZ O 214
Jani, Lutz Prof. Dr. med. → T 3 370
Janicki → A 27
Janik, Hans-Joachim Dipl.-Päd. → T 3 661
– Jan → iz m 24
– Stefan → IZ U 584
Janisch, Günther Dipl.-Ing. → B 424
– Rainer, Prof. Dr. rer. pol. → T 437
– Wolfgang, Dr. → O 523
Janiurek, Ingeburg → q 489, h 138
Jank, Dagmar Prof. Dr. → T 647
Janka, Hans-Uwe Prof. Dr. → t 3 302
Janke, Dorothea → t 4 171
– Jens, Dipl.-Ing. → F 688
Janknecht, Hans Dr. → B 820
Jankowski, Michael → p 8
Jann, Peter → IZ A 219
Janning, Thomas Dr. → H 244
Jannoni-Sebastianini, Riccardo → IZ Q 101
Jannott, Edgar Dr. → R 184
Jannsen, Karl-Heinz → G 121, G 294, g 308, k 158
– Klaus → h 186
– Sigrid, Prof. → iz l 130
– Sigrid, Prof. Dr. → T 1 372
Janocha, Peter Dr. → e 537
Janofsky, A. → IZ T 1
Janoschek, Werner R. Dr. → IZ T 169
Janowski, Hans Norbert → O 469, u 2 332
Jans, Didier → IZ F 1 184
Janschek, Klaus H. Dipl.-Kfm. → c 1 129
Jansen, Albert Walter Otto → c 348
– Andrea → T 4 035
– Bernd → K 45, T 4 041
– Burkhard, Dipl.-Geogr. → s 1 471
– Christoph → F 284, H 793
– H.-D., Dr.-Ing. → T 2 563
– Herbert, Dr.-Ing. → T 1 158
– Holger → u 1 141
– Jan → IZ U 810
– Jens-Uwe → H 407
– Jürgen → B 780
– M. → iz f 475
– Martin, Prof. Dr. → t 117
– Michael → U 943
– Monika → T 424
– Rainer → T 2 649
– Reinhard → O 20, o 21, o 52
– Rolf, Prof. → t 363
– Rolf, Prof. Dr.-Ing. → T 3 633
– Thomas → E 466
– Werner → c 434
– Wolfgang → t 3 229
Jansen-Tang, Doris Dr. → A 23
Jansing, Jürgen → H 229
Jansky, Ines → t 217
Janson, Walter → O 322
– Wendelin, Dr. → S 337
Jansons, Harald Prof. → iz t 762
Janssen, Albert Prof. Dr. → B 333
Janßen, Antje Dipl.-Ing. → s 1 107
Janssen, Arnold → S 737
– Bernd, Dipl.-Kfm. → s 636
Janßen, Bernhard → k 84
– Dieter → s 517
– Enno → T 2 738
Janssen, F. Prof. Dr. → T 2 464

Janßen, Folker → U 2 441
Janssen, Friedrich Dr. → T 2 209
Janßen, Georg → Q 59
Janssen, Georg → s 1 078
Janßen, Gerd → T 2 715
– Gregor, Dipl.-Ing. → s 893, S 968
Janssen, Gregor Dipl.-Ing. → iz s 574
Janßen, Heinz-Josef → U 1 751
Janssen, Horst Werner → M 209
– Jann-Peter → A 35
– Oswald → u 2 671
– Paul L., Prof. Dr. med. → T 3 388
– Sabina, Dipl.-Vw. → E 162
– Tony → IZ R 223
– Wilhelm, Prof. Dr. → T 3 742
Janssen-Bennynck, Pierre → iz f 814
Janssens, Léopold → IZ L 85
– Marc → iz s 108
– Marc, Dr. → IZ T 840
– Paul → IZ U 476
– Peter → iz s 435
– William → IZ T 837
Jansson, Lasse → iz f 155
Jantzen, Karl-Heinz → T 3 670
– Reinhold → c 212
Jantzer, Michael → IZ F 2 390
Jany, Peter Prof. Dr.-Ing. → T 703
Janz, Ilse → A 82
– Karsten → K 294
– Reinhard → R 474
– Ute → u 2 437
Janzen, Dietrich Dipl.-Volksw. → e 230
– Wolf-Rüdiger → E 225
Janzen-Jolly, Marie-France → K 22
Janzen-Verhoek, Anneke → iz m 95
Janzer, Hartmut → K 327
Japisson, Teemu → iz u 236
Jaquemod, Gerd → h 107
Jaques-Zurner, Richard D. → IZ O 230
Jarchow, Gerd → iz a 102
Jarefors, Bengt G. → iz f 144
Jarke, Matthias Prof. Dr. → T 1 353
Jarlsson, H. → iz t 2 609
Jarmatz, Heinz Dr. → S 207, s 216
Jarosch, Hans Werner → A 21
– Herbert → T 692
Jaroschka, Walter Prof. Dr. → u 1 011
Jarren, Otfried Prof. Dr. → T 1 957, t 2 390
Jarry, Bruno → IZ F 86
– Louis → IZ F 1 464
Jarzembowski, Georg → u 3 070
Jaschek, Christamaria → T 3 596
Jaschinski, Siegfried Dr. → c 1 044, E 239, l 12
Jaschke, Dieter Prof. Dr. → T 1 123
Jaschkowski, Frank → s 355
v. Jasienicki, Erast → s 1 191
Jasiowka, Elisabeth → O 234
Jaskulsky, Hans Prof. Dr. → IZ O 15
Jasper, G. Prof. Dr. → T 544
– Gotthard, Prof. Dr.phil. → T 475
– Ute, Dipl.-Kffr. → T 4 028
– Uwe Jens, Dr.jur. → E 30
Jaspers, Andreas → U 690
– Hans F. → r 943
Jaspersen, Karsten Dr. → f 358
Jaspert, Dieter → S 1 341
Jass-Teichmann, Marietta Dr. → f 730, r 154
Jassogne, C. → IZ F 1 244, IZ F 1 258, IZ F 1 435, IZ F 1 585
Jaster, K. Prof. Dr. → T 2 587
Jaszcur, Zenon → iz f 2 419
Jaszkuti, Laszlo → iz f 1 748
Jauch, Erhard Dr. → T 805
– Rolf, Dr. → s 551
Jaudzims, Arno Prof. Dr. → T 472
Jauer, Joachim → o 339
Jaufmann, Walter → k 147
Jauker, Fritz Prof. → Q 447
Jaumann, Michael Peter Dr.med. → s 134
Jaunsleinis, Andris → iz u 46
Jaura, Ramesh → U 2 084
Jautzen, Olaf → U 1 497
Jaworek, Gabriela S. Dr. → E 323
Jayhoon, Amanullah → C 612
Jaynes, N. B. → iz f 1 058
Jazbec, Branko → iz f 1 734
Jean, Benedikt Prof. Dr.med. → t 1 775
Jeanmart, Pierre → IZ H 473
Jeanniot, Pierre J. → IZ M 220
Jeanroy, A. → iz g 82
Jebe, Peter Dr. → E 210
Jeblick, Roman → iz o 83
Jedamus, Leander → T 711
Jedan, Dirk → U 376
zu Jeddeloh, Werner → T 1 972
Jeder, Michael → N 289
Jedrzejewska, Sidonia → IZ U 375

Jędrzejewski, Jerzy → c 1 175
Jehlaff, Wolf-Thomas → F 292
Jehle, Erika → U 1 866
– Ingo, Dipl.-Ing. → S 1 106
Jehmlich, Rainer → R 843
Jehn, Hermann Dr. → T 4 030
Jehring, Klaus Dipl.-Volksw. → T 1 929
– Stephan → g 617
von Jeinsen, Ulrich Dr. → c 1 042
Jekewitz, Dr. → A 12
Jelencik, J. D. → iz f 1 035
Jelercic, Ivan → iz m 99
Jelitto, Frank → U 1 495
Jellonnek, Burkhard Dr. → A 292
Jelved, Marianne → iz b 39
Jena, Wolfram → b 155
Jenart, C. → IZ O 24
Jenčič, Igor Dr. → iz l 35
Jenckel, Horst Dipl.-Volksw. → E 225
Jendrasik, Klaus-Peter → g 146
Jendritza, Georg → Q 101
Jendritzky, Gerd Prof. Dr. → A 335
Jene, Lothar Dr. → O 367
Jenichen, Dietmar → f 905
Jenisch, Ronald → H 371
– Wolfgang → T 3 869
Jenke, Hans-Stephan Prof. Dr. → A 153
– Manfred → T 3 686
Jenkel, Rolf Dipl.-Volksw. → E 82
Jenkins, Keith → IZ U 348
– Nigel T. → IZ K 47
– Stephen → IZ T 560
Jenne, Lothar-Joachim → H 96
Jennerjahn, Marten → U 1 544
Jennes, Monika Dr.rer.nat. → t 1 896
Jennings, Dianne → IZ F 614
– Pat → IZ S 569
– Philip J. → IZ R 280
Jenny, Hermann → S 785
Jens, W. → T 3 494
Jenschke, Bernhard Dr. → IZ T 979
Jensen, B. → IZ F 1 051, IZ F 1 065, IZ F 2 454
– Bent → IZ F 995, IZ F 1 603, IZ F 2 060, iz h 225, iz h 242, IZ T 267
– Carsten → G 51
– Dieter → K 310
– Frank → iz b 42
– Hans → iz r 158
– H.B. → iz f 1 186
– Henrik W. → iz s 436
– J. → f 414
– Jens → h 360, H 680
– Jürgen F. → h 767
– Klaus, Dipl.-Ing. → U 539, U 585
– Leif → iz f 1 777
– Peter → o 274
– Thorkild Juul → iz f 2 419
Jenssen, Hans Georg Dr. → T 3 760
Jentsch, Heike → U 282
– Peter → u 2 329
– Stefan, Prof. Dr. → t 104
Jentzsch, Joachim Prof. Dr.-Ing. → t 1 443
– Klaus → S 1 269
– Uwe → S 1 373, s 1 394
Jeppener, Otto → F 1 003
Jepsen, Maria → U 1 301, u 2 306
Jepsen-Föge, Dieter → O 288
Jermey B.Sc., W.J. → iz f 2 300
Jeromin, Hans-Dieter → f 537
– Peter → B 334
Jerschke, Klaus → f 553, f 574, f 791
Jerusalem, Benedikt Dipl.-Ökon. → S 973
Jesberger, Hans-Jürgen → s 70
Jeschag, Klaus → T 2 807
Jeschke, Günther → b 474
– Hartmut, Dr.-Ing. → S 958
Jesenberger, Rainer Prof. Dr.rer.comm. → T 609
Jeske, J. Jürgen → T 819
– Kurt → T 2 078
Jeslínková, Jaroslava → c 1 317
Jesorsky, R. Dipl.-Ing. → T 1 165
– Reinhold, Dipl.-Ing. → T 897
Jesper, Carl Dr. → iz t 751
Jespersen, Karen → jz b 45
Jess, Herbert E. → C 394
Jesse, Dr. → A 8
– Gerhard, Dr.rer.nat. → t 1 008
Jessen, E. Prof. Dr. → T 373
– Gerhard → u 1 038
– J. → iz f 1 019
– Karl-Arne, Dr. → IZ T 744
Jester, Michael → t 2 111
de Jesus Salvador, Willians → c 735
Jeswein, Jürgen → R 98
Jetschke, Berthold → N 111
Jetschmanegg, Dieter → u 3 068
Jetschmann, Joachim → r 600

- Jost → m 27, m 175
- Jetter, Christoph → U 1 017
- K., Prof. Dr. → T 684
- Jetz, Klaus → U 1 608
- de Jeu, M. J. Dr. → IZ T 631
- Jeuillard, Michel → IZ U 623
- Jeukenne, Carine → IZ F 889, IZ F 2 137
- le Jeune, J.E.G. Dr. → IZ F 679, iz f 688
- Jeurissen, Harrie → iz u 49
- Jianfu, Chen → c 707
- Jikeli, Oliver → A 18
- Jimenez, J.A. → iz f 2 474
- J.M. → iz t 666
- Jiménez, Trinidad → IZ U 423
- Jimenez Davila, Vicente → iz q 98
- Jimenez Landi Martinez, Don Pedro → IZ T 971
- Jinadu, L. Adele → IZ T 193
- Jipp, Arnold → h 784
- Jira-Dietz, Birgit → r 443
- Jitoko, Filimone → C 755
- Joachim, Philippe → iz u 687
- Job, Hubert Univ.-Prof. Dr. → T 2 324
- Jobatey, Francine Dr. → b 44
- Jobin, Jacques → IZ W 21
- Jobke, Klaus → G 249
- Klaus, Dipl.-Volksw. → IZ G 150
- Jochem, Berend → r 681
- Hans-Otto, Dr.-Ing. → f 652
- Reiner → s 404
- Jochems, Alfons → o 603
- Jochen, Karl-Josef → u 2 212
- Jochim, Gerd Dipl.-Volksw. → E 134
- Jochims, Wilfrid Prof. → s 1 147, T 655
- Jochimsen, Hanno Dr. → E 604
- Luc, Dr. → O 289
- Jochum, Erhard → O 690
- Herbert, Dr. → U 645
- Jochums, Peter Dipl.-Ing. → f 646
- Jochumsen, Hans-Ole → iz i 169
- Jockwitz, Meinhard → f 598
- Jöckel, Gustav → U 677
- Jöhnk, Peter Dipl.-Des. → S 877
- Wulf → b 175
- Jörder, Ludwig Dr. → O 323, o 596, o 600
- Joeres, Dieter Dipl.-Betr.-Wirt → K 41
- Joeressen, Uta Dr. → s 817
- Jörg, Barbara Dr. → U 378
- Ernst → IZ M 229
- Gerhard → F 372
- Magnus → g 544
- Jörgens, E. → S 424
- Marion → h 59
- Jörger, Michael Dipl.-Pol. → IZ U 683
- Jöris, Heribert → P 5, p 6, p 11
- Jörk, Oliver → E 320
- Jörn, Andreas → o 682
- Joest, Reinhold → c 1 016
- Johann, Hubert-Peter Prof. Dr.-Ing. → S 1 070
- Manfred, Dr. → s 1 550
- Johannes → A 18
- Christian → t 2 950
- Dieter, Dr.rer.nat. → F 122, f 134
- Johannesen, Tom → IZ R 273
- Johannesson, Daniel → iz m 28
- Jóhannesson, Thorsteinn Dr. → c 222
- Johanning, Heinrich → U 1 025
- Johannink, Geerd → f 598
- Johannknecht, Bernd → E 121
- Johanns, Christel → s 348
- Johannsen, Hans-Markus Dr. → U 2 152
- Jutta → U 2 793
- Martin → E 81
- Peter Iver → U 989
- Johannson, Detlef → D 77
- Hans → F 293
- Jóhannsson, Kjartan → IZ W 2
- Johannsson, Lennart → IZ U 546
- Johansen, Bjorn Richard → iz s 282
- Finn → IZ F 2 530
- Karl Malfred → c 368
- Roger → iz f 587
- Solfrid → iz r 259
- Johansson → iz q 156
- Adolf → H 172
- Catarina → iz a 211
- Ernst → c 1 217
- Lars → iz g 69
- Lars-Gunnar → iz m 168
- John, Bruno → u 819
- Burkhard, Dr. med. → s 155
- Peter, Dr. → s 309
- Rainer → k 400, k 425
- Volker → t 4 100
- John von Freyend, Eckart Dr. → R 1
- Johne, Helmut → u 816
- Johnen, Heinz-Gregor → F 435, f 437
- Johnigk, Frank → S 840

- Johns, Martina → O 508
- Johnson, Allen → iz f 906
- D. → iz f 445
- M.T.L. → iz s 46
- P.D. → iz t 416
- Johnson-Ohla, Raymond → O 530, t 1 227
- Johnsson, Anders B. → IZ W 36
- Johnston, Donald → IZ W 6
- Rosemary → IZ T 157
- Joisten, Hartmut → O 484
- Jokinen, Raija → IZ F 1 573
- Jokisch, Gustav F. → E 728
- Jokivartio, K. → iz f 1 188
- Jokl, Stefan Dr. → U 419
- Jolitz, Ernst → s 140
- Jolivet, Jean-Pierre → IZ S 647
- Jonas, Achim → e 203
- Hermann → K 275
- Manfred → u 879, u 1 150
- Niels → B 161
- Ulrich, Dipl.-Ing. → t 1 176
- Jonasson, Ögmundur → iz r 173
- Jonathal, Hans-Jürgen → o 679
- Jonczyk, Leon Prof. → U 3 094
- Jonda, Bodo Dipl.-Kfm. → f 812, f 813, H 388
- Jones, Alun → IZ A 190
- Colin L. → iz u 40
- David → iz u 239
- Digby → E 477
- Euros → IZ Q 68
- Hywel Ceri → IZ T 973
- Keith, Dr. → IZ A 189
- Peter → IZ A 189
- Philip → iz s 441
- Richard → IZ T 679
- Robert W. → IZ T 902
- Tom → IZ T 541
- de Jong, A.A.F.M. → izh 203
- I. M. → IZ C 10
- Jan Willem → IZ H 521
- Martin Jan → IZ U 309
- Marynke → IZ U 596
- R.I. → iz f 216
- de Jonge, D. A. → iz f 1 116
- Jongebreur, A. A. → iz t 706
- Jongejan, Bert → IZ F 56
- Jonitz, Günther Dr.med. → s 25
- Jonker Roelants, H. E. → iz f 2 334
- Jonnson, Hans → iz q 27
- Jonsson, Hans → iz p 18
- Jooß, Erich Dr. → O 363
- Jooss, Gerhard Dr. → M 13
- Joost, Guido → u 1 888
- Jopp, Klaus → I 77
- Mathias, Dr. → T 3 581
- Joras, Erwin → U 1 160
- Jorch, Gerhard Prof. Dr. → T 3 359
- Jordan → B 722
- Alex, Prof. → s 1 217
- Bill → IZ R 277
- D. D. → IZ L 142
- Erwin, Dr. → t 2 424
- Hanna, Dr. → S 1 208
- Horst-Dieter → k 228
- Jörg L. → E 101
- Margit → u 1 432
- Paddy → iz f 2 331
- Reinhard → iz f 2 271
- Wolfgang → u 1 432
- Jørgensen, M.H. Dr. → iz f 696
- Peter Stub → iz a 39
- Jorgensen, Torben → iz f 499
- Jorgs, Andreas → S 680
- Günter → U 910
- Jorio, Faical → n 271
- Jorkisch, Bernd → E 229
- Jorna, Marc → iz a 8
- Jorritsma, Annemarie → iz b 194
- Joselyn, JoAnn Dr. → IZ T 171
- Josephides, Christos → iz f 867
- Josiah, Frost Otieno → C 926
- Josopait, Siegfried → e 438
- Jospin, Lionel → IZ B 72
- Josselin, Charles → iz b 78
- Jost, Beat → IZ F 2 582
- Ernst-August → S 1 569
- Friedhelm → c 1 134, E 576
- Gunther → T 860
- Gustav → U 755
- Hans → u 791
- Hans Peter → o 636
- Jürgen → H 253
- Jürgen, Prof. Dr. → t 134
- Steffen → h 539
- Walter → B 678
- Josten, Angelika → s 95
- Jostkleigrewe, F. Dr. → T 3 428
- Joswig, Detlef Dr. → s 72

- Walter, Dr. → T 3 980
- Joubert, Patrick → iz h 228, iz h 245
- Jourdain, Anne → iz f 429
- Anne B., Dr. → IZ F 1 066, IZ F 2 198
- Jourdan, G. → iz f 367
- Horst → h 657
- Jouret, Jacques → IZ F 1 819
- Jouslin de Noray, Bertrand → IZ T 374
- Jovin, Thomas M. Dr. → t 109
- Joye, Murielle → IZ S 564
- József, Éhn → iz s 517
- Jozwiak, Janina → IZ T 878
- Jørgensen, A.S. → IZ Q 101
- Bo Barker, Prof. Dr. → t 139
- Ju-Whan, Kim Prof. → iz s 59
- Jubelius, Werner Dr. → T 619
- Jubičić, Vinko → c 949
- Juchelka, P. Dipl.-Ing. → iz f 356
- Rudolf → s 1 466
- Juchem, Franz Josef → E 196
- Norbert, Dr. → I 92
- Juchheim, Ralph → M 151
- Juchnewitsch, Parbo → iz m 10
- Juchum → A 14
- Juckel, Hilmar → h 309
- Lothar, Dipl.-Ing. → T 3 766
- Petra-Sisko → S 426
- Jucker, Willy Dr. → iz f 910
- Jud, Siegfried Dipl.-Ing. → T 1 165, T 1 258
- Judek, Engelhard → R 200
- Jückstock, Dieter Prof. Dr. → T 4 154
- Jühling, Peter Dipl.-Ing. → E 45
- Jülich, Anni → U 1 750
- Urban-Josef → q 74
- Jülicher, Christine → E 154
- Jülkenbeck, Agnes Prof. → T 678
- Jünemann, Dieter → U 2 681
- Heinrich → g 145
- Peter → U 589
- Ralf, Dipl.-Ing. → S 845
- Jünger, Thomas → F 576
- Jürgens de Hermoza, Maria-Sophia → c 391
- Jürgens-Pieper, Renate → b 111
- Jürgensen → B 717
- Dagmar → T 2 992
- Erika Maria → f 717
- Hans Peter → T 2 910
- Sven, Dr. → D 114
- Tycho, Dr. → S 270
- Jürging, Axel → R 145
- Hans-Peter, Dr. → Q 605
- Reiner → h 286
- Jürgs, Dietmar Dipl.-Ing. Dipl.-Kfm. → s 698
- Jürß, Gudrun → t 1 795
- Jüsten, Karl Dr. → U 2 075
- Jüstich, Marcel → iz h 466
- Jütte, Heiko Dipl.-Volksw. Dr. → f 12, r 114
- Heiko, Dr. → r 12
- Jüttner, Eberhard Dr. → Q 362
- Frank → g 606
- Uwe → R 483, r 487
- Wolfgang → A 39, b 116
- Jüttner-Kramny, Lioba Dipl.-Vw. → T 2 248
- Jugel, Albert Prof. Dr. → E 545
- Dr. → u 1 659
- Juhre, Gerd Dipl.-Ing. (FH) → S 953
- Juillot, Dominique → IZ F 2 530
- Jukkenekke, Herman → IZ F 1 172
- Juli, Rudolf Dr. → S 958
- Julian, Ronald → IZ S 646
- Julien, Pierre → IZ S 647
- Juliens, A. → iz f 1 426
- Pierre → iz f 902, IZ F 1 402
- Julitz, Ines → T 3 202
- Julius, Leonore → T 2 925
- Jun-Ichiro, Tanaka → IZ H 574
- Juna, Alena Dr. → U 2 629
- Juncker, Armin → F 383, K 133
- Jean-Claude → IZ B 165, iz b 174
- Jung → H 671
- Alfred, Dipl.-oec. → E 107
- Christian → T 828
- Dieter → t 3 528
- Eberhard, Prof. Dr. → t 3 817
- Eckhard, Dr. → s 305
- Frank → K 264
- Franz-Josef, Dr. → U 2 114
- Georg → K 322
- Gerd-Walter → s 550
- Günther, Prof. Dr. → t 1 761
- Hans → h 711, iz a 220
- Hans Peter → o 636
- Jörg, Dipl.-Ing. → s 897
- Jürgen, Dipl.-Ökon. → I 101
- Karl → T 2 745
- Katja → T 663
- Matthias, Dipl.-Volksw. → t 2 412
- Michael, Dipl.-Kfm. → K 381

Fortsetzung nächste Spalte

Jung (Fortsetzung)
- Paul, Prof. → t 1 519
- Peter H. → E 175
- Rainer H., Dr. → T 1 598
- R.G., Dr.-Ing. → S 967
- Rüdiger, Dipl.-Hdl. → T 4 033
- Susanne → E 91
- Thomas → g 676
- Volker → D 178
- Volker, Dr. → E 47, E 578, F 1, f 35, F 372
- Werner → O 88
- Jung-Stadie, Paul-Werner → h 706
- Jungbeck, Karlheinz → O 406
- Jungblut, Peter Dr. med. → s 145
- Jungbluth, Wolfgang → R 534
- Jungck, Dietrich Dr. → S 174
- Dietrich, Dr.med. → T 3 437, T 3 438
- Jungclaus, Gunnar Dipl.-Kfm. → e 130
- Junge, Adolf → k 236
- Dieter → U 2 603
- Hartmut, Dipl.-Ing. → t 1 305
- Karsten, Dr.-Ing. → T 1 984
- Sören → U 3 016
- Thomas, Dipl.-Ök. → U 376
- Junge-Bethke, Susanne → U 2 761
- Junge-Reyer, Ingeborg → b 31
- Jungehülsing → A 18
- Jungen, Peter Dipl.-Volksw. → R 241
- Jungermann, Hartmut → K 276
- Jungersen, Anders → IZ F 238
- Jungeryd, Christer → iz o 46
- Jungfleisch, Norbert → B 274
- Roswitha → IZ U 685
- Junghänel, Dagmar → u 2 912
- Junghanns, K. Prof. Dr. med. → H 679, T 3 292
- K., Prof. Dr.med. → S 234
- Junghans, Dunja → S 972
- Johannes → E 206
- Junghanß, Michael → U 87
- Jungjohann, Hans Dipl.-Ing. → s 16
- Jungk, A. Prof. Dr. → T 2 671
- Jungmann, Ingolf → T 3 783
- Jörg-Bernd → U 2 015
- Jungmeier, Gabriele → s 499
- Jungmichel, Peter → M 245
- Jungnickel, Christa → r 491
- Jungnitsch, Michael Dipl.-Ing. → t 2 017
- Jungwirth, Franz → d 164
- Willy → h 582
- Juniel, Herbert → k 236, m 216
- Junk, Götz → s 1 472
- Günther → E 14
- Hans-Henning, Dipl.-Ing. → f 741
- Ulrich, Dipl.-Ing. → s 823
- Junker, Horst → f 251
- Horst, Dipl.-Ing. → F 285
- Karin → U 2 251, U 2 269
- Martin, Dr. → s 192
- Martin, Dr.med. → S 176
- Peter → U 1 868
- Reinhard → A 29, A 147
- Junkers, Günter Dr. → U 1 175
- Marie Therese → T 3 925
- Junkersdorf, Eberhard → O 224
- Junkersfeld, Lydia Dr. → t 279
- Junkert, Manfred → F 807, F 816, U 660
- Junkes-Kirchen, Klaus Dr. → T 2 355
- Junnilainen, Paula → iz s 113
- Juraschek, Hubert → m 128
- Jurbrant, Arne → izf 749
- Jurc, France Dr. → iz f 168
- Jurenz, Bernd Dipl.-Ing. → F 294
- Jurga, Andrzej → iz f 36
- Jurgeleit, Wolf-Dieter Dr. → E 151
- Juričić, Mladen → c 947
- Jurk, Thomas → a 95
- Jussenhoven, Gerhard Dr. → s 1 298
- Just, Aribert → T 2 177
- Erhard → F 503
- Volkher → O 288
- Wolf-Dieter, Dr. → s 768
- Wolfgang → k 238
- Justander, Kalle → IZ H 537
- Juste Pérez, F. Prof. → iz t 711
- Justen, Rudi → u 1 990
- Justesen → iz m 105
- Justfelder, Benno → S 738
- Justus, Heinz Joachim → U 1 783
- v. Jutrczenki, Joachim → F 65
- Jutsch, Sandra → G 36
- Jutz, Hildegard → IZ Q 187
- Juul, Kurt → a 136
- Ole Linnet → iz f 2 361
- Juul Joørgensen, Ove → iz a 103
- Juvan, Gabriele → S 59
- Juvonen, Jarmo → iz f 696

K

Kaacksteen, Dieter → t 3 094
Kaaden, Oskar-Rüger Prof. Dr. → T 3 505
Kaaf, Kathy → s 1 138, S 1 177
van Kaam, Matthieu → IZ U 91
Kaapke, Andreas → t 2 288
Kaartama, K. → iz t 499
Käas-Andersen, Børge → IZ U 583
Kaase, Max → IZ T 193
– Max, Prof. → IZ T 36
– Max, Prof. Dr. → T 2 221
Kababgi, Inge → E 731
Kabariti, Abdulaziz → c 252
Kabashima, Ikuo → IZ T 193
Kabbe, Siegfried → H 635
Kabisch, Ursula → g 334
Kablitz, Jürgen → O 288
Kaboth, Dieter Dr. → T 1 143
Kacerovsky, Robert Dipl.-Ing. → S 1 049
Kache, Ulrich Dipl.-Ing. → s 869
Kachel, Bianka → N 193
Kacki, Anne → iz o 40
Kaczmarek, Alexander → A 54
– Armin → k 421
– Jerzy → iz u 780
– Markus → u 1 912
– Norbert → d 5
– Thomas → F 864
Kaczor, Dagmar → O 153
Kadelbach, Hans Dietrich → r 247
Kaden, Gerd Prof. Dipl.-Designer (FH) → T 719
Kadic, Rasim → iz u 437
Kadir, A Aziz b S A Dr. → IZ T 306
– Ali Abdul → IZ I 166
Kador, Fritz-Jürgen Dr. → T 2 447
Kääb, Georg Dr. → T 907
Käb, Harald Dr. → F 625
Kächele, Horst Prof. Dr.med. → T 2 883
Kaechele, Wally → S 1 319, S 1 320
Kaeding, H. P. Dipl.-Ing. → T 2 351
Käfer, Günter → O 539
Kaefer, Hildegard → E 179
Kägi, Walter → c 1 225
Kähler, Burkhard → G 239
– Kerstin → h 496
Kähne, Volker → B 27, U 2 721
Kälberer, Heinz → L 51
Källkvist, Anna Dr. → IZ S 103
Källman, Hans-Erik → iz t 770
Kämäri, Juha → iz a 198
Kämmer, Gunnar Dipl.-Ing. → s 1 048
Kämmerer, Horst Dr. → T 645
Kaemmerer, Klaus → I 133, I 137
Kämper, Hartmut Dipl.-Ing. agr. → L 20
Kaemper, Jürgen Dr. rer.nat. → T 2 887
Kämpf, Andreas → U 3 023
Kaempf, Jörg Dr. → A 21
Kämpf, Martin C. → K 22, K 36
– Ulrich → s 605
Kämpfe, Frank → H 635
– Hansgerd, Dr.habil. → T 3 866
Kämpfen, Hansruedi → IZ O 1
Kämpfer, Hans-Peter Dipl.-Betriebsw. → T 382
– P., Prof. Dr. Dr.-Ing. → T 2 570
– Reinhard → U 314
Kaempffe-Sikora, Gisela → C 298
Kämtner, Heinz → N 169
Känzig, Rudolf → IZ S 650
Käppler, Andreas Dr. → f 555
– H., Dr. → F 378
Kärcher, Albert → S 1 530
Kärgel, Uwe → s 515
Kaerkes, Wolfgang Dr. → T 1 332
Kärkkäinnen, Tuija → iz u 604
Kaesbach, Guido → U 1 420
Käseberg, Günter → G 52
Käser, Adolf → T 712
Kaesler, R. Prof. → IZ T 231
Käßmann, Margot Dr. → u 2 301, u 2 325
Kästel, Willi → T 589
Kästingschäfer, Dorothea → H 237
Kästner, Friedrich Dr. → k 81
Kaestner, Jürgen Dr. → T 978
– Kurt Uwe, Dr. → C 244
Kästner, Otto → t 3 547
Kaetsch, Werner → k 422
Kätzel, Peter → U 1 347
Kafatos, Fotis Prof. Dr. → IZ T 104
Kafveström, Thomas → g 377, g 532, g 726, g 794
Kage, Knut Dr. → A 174
– Stephanie → A 353
Kahiu, I.G. Dr. → IZ T 840
Kahl, Andersen Christian → iz f 390
– Theo → E 42

Kahl-Jordan, Ulrike → u 1 289
Kahlcke, Wolfgang → T 830
Kahle, Dieter → u 1 269
– Egbert, Prof. Dr. → t 4 064
– Henning → S 1 579
– Jens → O 631
Kahlert, Christina → S 738
Kahles, Wolfgang → C 656
Kahmann, Irene → IZ F 1 573
– Jan → R 398
– Regine, Prof. Dr. → t 140
Kahn, Peter Dr. → I 13
Kahn-Ackermann, Michael → u 2 932
Kahnert, Fritz → u 976
Kahsnitz, Rainer Prof. Dr. → S 1 183
Kaht, Hilmar Dr. → e 344
Kahy, George → IZ S 642
Kaifler, Josef → q 68
Kail, Richard → L 55
Kailich, Norbert Dr. → r 190
Kaimer, Marianne → E 156
Kaindl, Christina → T 2 220
– Rupert → h 440
Kainz, Reinhard Dr. → iz f 2 308
Kaiser, A 33, u 1 655
– Anita → U 2 779
– Annette → q 42, R 91, R 101
– Bastian, Prof. Dr. → T 658
– Beate → T 652
– Bruno → E 725
– Christian → T 607
– Claus-Jürgen → H 95
– D., Prof. Dr. → T 3 421
– Eberhard → I 128
– Ehrengard, Prof. Dr. → T 2 660
– Elke, Dipl.-Ing. → S 877
– Franz → T 2 145
– Gernt → d 23
– Gert, Prof. Dr. Dr. h.c. → T 2 433
– Gert, Prof. Dr.phil. Dr.h.c. → T 465
– Gisela → g 481
– H. J. → D 220
– Hans → B 184, B 212
– Harald, Dr.-Ing. → T 1 237
– Hasso → T 4 030
– Heinz Jürgen, Prof. Dr. → T 3 317
– Josef → G 742
– Karl, Prof. Dr. → E 604
– Karola, Dipl.-Med. → r 736
– Klaus → U 232
– Klaus-Peter → N 289
– Lothar → o 328
– Mathias → h 681
– Peter → g 439, T 453
– Sibylle → T 1 127
– Walter → E 140
– Walter, Dipl.-Ing. → f 346
– Walter, Dr. → E 2
– Werner → g 168
Kaiser-Bauer, Ingeborg → A 6
Kaiser-Burkart, Bärbel → T 3 017
Kaiser-Derenthal, Brigitte Dr. → u 2 861
Kaisers, Uwe → T 3 882
Kaisinger, Horst → Q 239
Kaißling, Karl-Ernst Prof. Dr. → t 170
Kaitatzidis, Michael → c 165
Kakabadse, Sra Yolanda N. → IZ Q 223
Kakarot-Handtke, Egmont → I 29
Kaklamanis, Apostolos → IZ B 8
Kalb, Bartholomäus A 68, e 706
– Dr. → T 3 521
Kalbfleisch, Horst D. → h 688
Kalbhen, Peter → g 652
Kalbitzer, Isabelle → b 32
Kaldas, A. → iz f 1 123
Kaldirimtzis, Joannis → c 167
Kaleck, Wolfgang → S 560
Kaletsch, Otto → K 301
Kaleve, Christina → S 103
Kalex, Klaus → u 2 238
Kalff, Norbert → q 565
Kalhöfer, Eckhart → q 549
Kalinna, Hermann → E 756
– Hermann E.J. → IZ R 27
Kalinowski, Gerhard → U 579
– Ivar, Dr. → T 1 246
Kalischer, Christian → H 754
Kalk, Klaus-Rainer → B 354
Kalka, Marion → U 2 762
Kalkbrenner, Karlernst Dipl.-Kfm. → S 1 526, T 746
Kalkhoven, Rogier → IZ U 257
Kalkkuhl, Rolf → Q 385, T 2 680
Kalkmann, Hans-Oiseau → IZ U 824
– Henning → U 438
– Ulf → h 378, h 480, h 516, h 517
– Ulf, Dipl.-Kfm. → h 496, H 566, h 653, S 1 528
Kallab, Marwan → c 967

Kallas, Siim → iz u 441
Kalle, Piet → IZ G 1, iz g 9
Kalleja, Hartmut Dr.-Ing. → s 981
Kallen, Hermann Josef Dr. → i 57
Kallenbach, Eberhard Prof. Dr.-Ing. → t 1 557
– Horst → A 382
Kallenberger, W. E. Dr.-Ing. → t 372, U 14, u 15, U 546
Kallfass, Sigrid Prof. Dr. → t 1 812
Kallias, Ch. → iz f 1 608
– P. → IZ F 1 604
– S. → iz f 1 608
Kallinowsky, Hans → E 179
Kallio, Jorma → IZ R 247
Kallmeyer, Dirk Dr. rer. nat. → T 2 007
– Ulrich → f 148
Kallweit, Barbara → U 361
– Bernd → r 927
– Cornelia → E 206
Kalm, Ernst Prof. Dr. Dr.h.c. → T 2 662
Kalmaru, Ain → iz u 32
Kalmas, G. → IZ T 105
Kalnik, Svetlana → IZ S 642
Kalofonos, Dionysis → iz f 2 124
Kals, Johannes Prof. Dr. → T 589
Kalsbeek, Ella → iz b 188
Kalsi, Kirin → c 176
Kaltchev, Dimitar → iz u 25
Kalteis, Günter Dr. → U 1 595
Kaltenberg, Uwe → H 680
Kaltenborn, Wilhelm → P 54, p 55
Kaltenbrunner, Robert Dr. → A 303
Kaltenstadler, Hildegard → T 2 916
Kalthoff-Mahnke, Michael → T 3 725
Kaltz, Birgit → T 3 075
Kaluza, Ingrid → IZ U 266
Kalveram, Winfried → K 38
Kalwait, Rainer Prof. Dr. → t 1 817
Kalyta, P. Ya. → iz t 405
de Kam, Leo → u 1 655
Kam Kok, Tang → iz s 529
Kamber, Markus → iz s 551
Kamberović, Refit → U 2 554
von Kameke, Kartz Dr. → Q 204
Kamenicky, Peter → iz o 193
Kamin, Volker → u 2 535
Kaminski, Claudia → U 1 637
– Hans, Prof. Dr. → t 4 068
– Heiner → g 277
– Heinz, Prof. → T 2 349
– Maria → T 2 974
– Peter → D 97
– Ralf, Dr. → k 435
– Willi → T 902
Kaminsky, W. Prof. Dr. → t 1 914
Kamke, Kerstin Dr. → T 2 745
Kamm, Hellwig Dr. → IZ U 90
Kammal, Horst → s 70
Kammann, Hans-Werner Dr. → A 23
– Uwe → O 471
Kammer, Werner → T 3 672
Kammerbauer, Andreas → T 2 913, T 3 050, t 3 054
Kammerer, Gerhard → E 21
– Gerhard, Dipl.-Volksw. → H 2
Kammerer-Röckl, Marina → g 348
Kammerinke, Ernst → F 385, f 386, f 388, f 389, f 390, f 391, f 392
Kammermeier, Heinrich Dipl.-Ing. agr. → Q 214
Kammerscheid, Günter Dr. → E 45
Kammeyer, Hans-Ulrich Dipl.-Ing. → s 987
Kammholz, Andreas → H 84
Kamolz, Volker → k 432
Kamp, Alexander → P 39
van de Kamp, Dörte → s 397
Kamp, Hajo → U 3 106
– Peter → U 2 794
Kampe, Hans-Joachim → h 294
Kamper, Wolfgang → o 8
Kamphaus, Franz Dr. → u 2 361
Kamphöner, Ralph → H 307
Kampichler, Christian Dr. → Q 461
Kampik, Georg Johannes → c 61
Kampmann, Andreas → A 14
– M. Willi → iz q 8
Kampmeyer, Eva → U 2 251
Kamps, Hans Prof. Dr. jur. → s 158
Kampshoff, Joachim → H 679
Kamzelak, Roland → S 1 201, S 1 204
Kandelhart, M. → iz h 487
Kandora, Helga → T 3 221
Kane, TP → iz f 1 752
Kanehl, Franz Prof. Dr. (EC) → S 1 084
– Jürgen → d 248
Kaneko, Hironaga → S 618
Kanis, Wolfram → S 1 286
Kanitzer, Theodor Dr. → IZ O 9

Kankaanpää, Veli-Matti → iz f 394
Kann, Achim Dr. → T 746, U 853
– Michael, Dr. med. → s 145
Kannegiesser, Martin Dipl.-Kfm. → F 1, f 672, R 1, R 103
Kannenberg, Dieter → h 660
Kannewurf, Bernd → g 344
Kanngießer, Burkhard → U 299, u 300
Kansy, Dietmar Dr.-Ing. → T 729
Kant, A. → T 1 319
– Rolf → h 689
Kantel, Dietrich → E 384
Kantelberg, Ernst-Otto Dipl.-Volksw. → H 259
Kantian, Raffi Dr. → E 387
Kantin, G.L. → IZ T 977
Kantner, Alexander Dr. → T 1 901
Kantouris, K. → iz h 480
Kantsperger, Roland Dipl.-Kfm. → T 2 525
Kantzenbach, Erhard Prof. Dr. → T 848
Kanz, Jürgen R. A. Dr. h.c. → U 1 894
Kapahnke, Bettina → T 2 195
Kapella, Fred → h 28
Kapeller, J. → iz f 1 277
Kapérn, Peter → O 288
Kapferer, Stefan → iz u 440
von Kapff, Cornelia Dipl.-Volksw. → f 850
Kapinos, Norbert → U 1 495
Kapitza, Rüdiger → S 736
Kaplanis, Prodromos → iz t 750
Kaplanow, Carmen → N 149
Kapp, A. Prof. Dr. med. → T 3 280
– Gerd, Dipl.-Kfm. → H 34
Kappe, Dietmar → U 1 497
Kappel, Horst → s 525
Kappelmann, Karl-Heinz Prof. Dr. → T 632
Kappen, Nikolaus Prof. Dr.-Ing. → t 1 472
Kappenberg, Franz Dr. → T 996
Kappert, Michael Prof. Dr.-Ing. → t 1 467
Kappius, Gerhard → R 277
Kappl, Gerhard → N 108
– Thomas → R 639, s 612
– Willibald → o 229
Kappmeier, Walter Dr. → t 3 821
Kappmeyer, Horst → G 236
Kapraun, Frank → f 112
Kaps, Dieter → I 45
Kapur, R. D. → IZ W 32
Kapustin, Peter Prof. Dr. → U 2 450, u 2 455
Kara, Hiren → IZ U 806
Karabassis, Ioannis → IZ T 246, iz t 252
Karabinis, M. → iz f 397
Karaca, Raci → n 243
Karadi, Eva → u 621
Karagiannis, A. → iz f 213
Karakhanjan, Vladimir → iz f 725
Karakule, Ferruh → iz f 593
Karalus, Raven → H 307
Karamanlis, Kostantinos → IZ U 374
Karamercan, Erdal Dr. → iz o 127, iz o 198
Karantinos, Napoleon → iz s 251
Karantonis, P. → iz h 298
Karas, Othmar → IZ U 420
Karau, Ellen → u 1 983
Karb, Wolfgang → r 708
Karbaum, Michael Prof. Dr. → T 759
Karbenk, Alfred → g 718
Karck, Sigrid → D 99
Kardaetz, Hartmut → IZ U 556
Kardashevsky, Victor V. → iz u 17
Kardinal, Burkhard → S 918
Kards, Edith → iz o 86
Karelse, Jan Peter Dr. → IZ P 41
Karema, Holger → iz s 450
Karen, Jana → O 218
Kares, Jaroslav → IZ H 65
– Martin, Dr. → S 1 093
Karg, Detlef Prof. Dr. → B 647
– Werner → K 297
Karge, Eberhard Prof. Dr. habil. → T 2 141
– Frank → U 1 608
– Wolf, Dr. → U 3 030, U 3 036
Karger, Martin → T 3 934
– Wilfried, Dr. → s 1 217, s 1 311, s 1 312
Kari, Jalas → iz e 8
Kariger, Albert Dr. → I 119
Karl, Helmut Prof. Dr. → D 176
– Joseph → B 224
– Jürgen, Dipl.-Volksw. → E 63
– Peter, Dr.med.habil. → S 170
– Reinhold → U 97
– Wolf, Dr. → U 555
Karla, Marion → U 2 450
Karle, Jürgen Dipl.-Kfm. → H 300, iz f 1 043
Karlé, Manfred Dipl.-Ing. → F 69, R 33
Karlheinz, Hörmann → m 157
Karlson, Lars → IZ F 141
Karlsson, Berit → iz t 803
– Jan O. → IZ A 222
– Thorbergur → iz s 518

Karmann, Gerhard Dr. → T 3 493
Karmino, Triwoko → U 707
Karnatz, Annemarie Prof. Dr. → u 1 262
Karnbach, Bodo Dr. → T 1 944
Karney, Detlef → G 52
Karolewicz, Klaus → m 134
Karos, Edith → O 433, O 435
Karow, Michael → s 376
Karpeles, Jean-Claude → iz f 226, IZ F 1 601
Karpelès, Jean-Claude → iz f 2 279
Karpen, Ulrich Prof. Dr. → T 3 523, IZ T 843
Karr, Werner Dr. → t 2 297
Karrais, Berthold Dipl.-Ing. → t 1 714
Karras, Martin → T 1 347
Karrasch, Anja → T 418
Karren, Martin → E 2, e 5
Karrer, Tilo → E 151
Karsch, Hans F. → f 552
Karschies → A 2
Karst, Jürgen → S 567
Karsten, Uwe Dipl.-Ing. → u 898
– Wolfgang F. → I 80
Karstens, Dirk Dr. → E 229
– Ties, Dr. rer. nat → T 1 932
Karte, Birko → h 334
Karten, Walter Prof. Dr. → T 2 544
Karthäuser, Marcel → T 3 184
– Michael → t 3 057
– Peter → R 148
Karthe, Wolfgang Prof. Dr. → t 203
Kartheuser, Gert → n 251
Kartmann, Dipl.-Ing. → T 2 074
– Norbert → A 58
Karwel, Anneliese → T 3 321
Karwowski, Waldemar Prof. → IZ T 194
Kary, Artur → U 312
Karydakis, Stephan → iz f 1 727
Kasan, Hans Günter → t 2 901
Kascha, Lothar → K 293
Kaschade, Hans-J. Prof. → T 676
Kaschul, Ernst-Dieter Dr. → m 218
Kasel, Jörg → o 603
– Werner → r 690
Kaselitz, Mara → n 237
Kaselow, Dieter → s 1 496
Kasner Bonza, Alfredo → iz s 239
Kaspar, August W. → u 2 563
– Wilhelm, Dr. → S 278
Kasper, Ab → iz f 310
– Georg → O 444
– Gian Franco → IZ U 560
– Jürgen → N 34
Kasperbauer, Reiner → k 148
Kaspereit, Sabine → A 39, A 82
Kaspers, Rüdiger Dr. → r 26
Kasperzik, Ulrich → U 860
Kasprzyk, Klaus → A 158
Kasrawi, Farouk Ahmad → C 904
Kass, Rüdiger Dr. → A 10
Kassatzoglou, A. → iz f 213
Kasselmann, Horst Dr. → T 4 125
Kassenbrock, Gabriele → T 972
Kassev, T. → iz g 189
Kassimatis, G.N. → iz e 12
Kassinga, Kossi Kamanwé → E 703
Kassner, Kerstin → B 332
Kast, Verena Prof. Dr. phil. → T 2 882
– Werner → O 711
Kasten, Dieter Dr.-Ing. → F 893, t 314, U 529
– Günter → k 93
– Jürgen, Dr. → O 233
Kastenbauer, Joseph Dr. Dr. → c 1 309, S 257
Kastermans, M.W.J. → iz f 447
Kastin, Dieter Dipl.-Kfm. Dr.rer.pol. → T 4 033
Kastinen, Aimo → iz f 818
Kastner, Christian → f 98, f 967, r 51
– Lothar → M 145
– Norbert → U 349
– Susanne → A 82
Kastrup, Dieter Dr. → c 537, C 594, U 943
– Jens → G 208, g 214
Kastura-Koch, Birgit Dr. → u 1 755
Katainen, Jyrki → IZ U 375
Katara, Klaus → iz h 227, iz h 244
Katemann, Andrea → T 3 200
Katenkamp, Hans-Joachim → u 867
Kath, Joachim → R 270
Kath-Drengenberg, Erika → E 225
Kathke, Hans-Herbert → iz h 310
Kathmann, Hans Dipl.-Ing. → g 178
– Maria → U 1 278
Kathmeyer, Werner → N 32
Kathol, Günter → Q 545
– Paul → u 1 755
Kathrein, Anton Prof. Dr. → E 47, F 1, f 364
Katiza, Charles → iz w 23
Katoh, Masanobu → IZ T 903
Katori, Yoshinori → c 901

Katritzki, Bernhard → s 1 435
Katschke, Andreas → G 84
Katt, Katharina → U 1 304
– Klaus → R 60
Kattenbeck, Dieter → r 599
Kattenstroh, Erika → q 62
Katz, Joachim → s 584
Katzenbach, Alfred → T 3 891
Katzensteiner, F. Dipl.-Volksw. → t 316, T 1 240
Katzer, Josef → g 338
Kaub, Erich Dr. → N 1, N 56, N 57, O 117, iz n 5
Kauch, Michael Dipl.-Volksw. → R 196
Kauczor, Karl-Heinz → S 972
Kauder, Volker → u 2 115
Kauertz, Lothar → e 666
Kaufeld, Michael Prof. Dr. → U 87
– Michael, Prof. Dr.-Ing. → t 1 555
Kauffmann, Markus → A 54
– Roland → O 471
Kauffold, Peter Prof. Dr. → b 102
Kaufhold, Gabriele → t 2 973
– Hansjürgen, Dipl.-Ing. → T 397
– Norbert → k 83
Kaufmann, Christoph Dipl.-Ing. → S 1 106
– Hans-Adolf → O 462
– Hans-Bernd → n 45
– Henrik → iz h 406
– Jutta → iz f 2 335
– Karl-Friedrich → q 20
– Michael, Prof. Dr. → t 156
– Michael, Prof. Dr.rer.nat. → t 1 774
– O., Prof. Dr. → T 2 660
– Peter, Prof. Dr. Dipl.-Math. → t 1 425
– Sabine → o 50
– Stefan H.E., Prof. Dr. → t 126
– Sylvia-Yvonne, Dr. → U 2 234
Kaufmann-Bühler, Ruth → IZ A 227
Kaulbach, Barbara Dr. → u 2 978
– Detlef → A 205
Kaulich, Gerd → E 109
Kaup, Peter Prof. Dipl.-Ing. → S 792
Kaupa, Heinz → IZ Q 198
Kauppi, Lea → iz a 198
Kaus, Angelika → b 20
Kausch, Joachim Merten → C 47
– Peter → f 134
Kaut, Hans-Alfred → E 175
Kautsch → u 1 679
Kautz, Achim → T 3 073
– Michael, Landrat → t 4 115
Kautzmann, Theo → N 171
Kavadias → iz q 150
Kavetvuo, Matti → iz p 6
Kavouropoulos, Panayiotis → iz i 95
Kawaja, Reginald L. → C 477
Kawlath, Arnold Dr. → F 1
Kay, Andrew → IZ T 790
– Ariane, Dipl.-Volksw. → K 22
– Hans-Joachim, Dr. jur. → u 503
Kaye, Anthony → iz f 1 550
Kayenburg, Martin Dipl.-Kaufm. → A 66
Kaymakçalan, Ömer → IZ T 324
Kaysen, J. → iz h 485
Kayser, Ferdinand → O 406
– Georg, Dr. → T 4 041
– Gunter → t 2 276
– Gunter, Dr. → T 2 461
– Hans Josef, Prof. Dipl.-Ing. → T 3 652
– Hans-Josef, Dipl.-Ing. → IZ M 118
– Jörg → K 316
– Roland → iz o 117
– Siegfried, Dipl.-Volksw. → e 131
Kayser-Eichberg, Jobst Dr. → f 157, F 161
Kayßer, Hayo → t 3 237
Kayßer, Wolfgang A. Prof. Dr. → T 1 266
Kazadi Nduba, J. → iz r 45
Kazemzadeh, Foad → U 2 445
Kazmeier, Karl-Heinz → U 149
Kazmin, Andrei → IZ I 28
Kearney, Neil → IZ R 268
Kearsley, Eric E. Dr. → IZ T 538
Kechrid, Faouzi Dr. → IZ T 840
Keck, Elmar Prof. Dr. Dr.med. → T 3 371
– Hans-Peter → t 2 897
– Jörn → iz a 22
– Ulrich, Dr. → s 305
Kecskes, Robert Dr. → t 2 399
Keddi, Barbara Dipl.-Soz. → t 2 420
Kedenburg, Fred → m 240
Kedzia, Boleslaw Prof. → iz g 103
Keeling, Anthony → IZ Q 121
Keenaghan, Kieran → e 1 585
Keerl, Kurt → O 403
Keersmaekers, Jozef → IZ H 47
Kees, Manfred → K 323
Kegel, Gunther Dr. → f 349

– Karl-Ernst → E 239, f 21, F 122
– Peter → k 409
– Reiner → F 1 045
– Reiner, Dipl.-Ing. → f 360, F 1 045
Kegelmann, Gerald → o 76
– Gerald, Prof. → O 93
Kegler, Frank → u 2 544
– Rolando, Dr. → c 14
Keguewe, Sogoyou K. → C 1 304
Kehl, Axel Dipl.-Volksw. → T 3 887
– Joachim → o 606
– Peter → E 71, u 2 231
– Rainer → f 344
Kehlenbach, Frank → F 69, R 33, IZ F 318
– Jochen → B 318
Kehm, Wolfgang → A 172
Kehr, Jutta Dipl.-Ing. → s 889
– Reinhold → O 322
– Walter → O 336
Kehrbach, Antje → s 90
Kehrer, Bernd Dr. → T 3 891
– P., Prof. Dr.rer.nat. → t 1 299
Kehres, Bertram Dr. → U 625
Kehrl, Hans-Rudolf Prof. → f 77, r 41
Kehrstephan, Anna Dorita → U 2 823, u 2 829
– Reiner → u 2 827
Keidel → A 27
– Hannemor, Dr. → T 618
– Helmut, Dr. → s 532
– Marianne → g 740
– Thomas → g 636
Keiditsch, Dr. → s 245
Keijer, Harm Jan → iz f 2 288
Keil, André → s 1 390
– Christoph, Dr. → K 34, K 36
– Dietmar → h 368
– Franz → s 641
– Hilger → B 690
– Jürgen → u 2 895
– Siegfried, Prof. Dr. → U 1 245
Keil-Slawik, Reinhard Prof. Dr. → T 1 358
Keilbach, T. → T 3 791
Keilbart, Walter → E 63
Keilen, Wilfried → U 2 585, u 2 590
Keim, Christian → I 115
Keim-Meermann, Bärbel → S 477
Keimel-Metz, Ingrid-Maria → u 2 918
Keimer, Bernhard Prof. Dr. → t 117
Keinath, Walter → u 2 838
Keinemann, Gustav Dipl.-Ing. → T 3 453, T 3 454, T 3 455, T 3 456
Keipp, Heinrich → u 2 439
Keiser, Beat → IZ M 75
– Hans → iz f 519
Keita, Mouhamadou → C 1 232
Keitel, Horst → G 122
– Reinhild, Dipl.-Handelslehrerin → U 721
– Wilhelm → IZ O 11
Keith, Michael → f 391
von Keitz, Beate Dr. → t 2 495
– Wolfgang, Prof. Dr. → T 678
– Wolfgang, Prof. Dr. rer. oec. → t 1 736
Kekkonen, Jani → s 249
Kekonen, Ahti → iz f 1 807
Kelenyi, Akos → iz f 1 748
Keler, Sigrid → b 99
Kelle, Gunta → iz u 243
Kelleher, Tom → iz u 41
Kellenberger, Jakob D. → IZ T 835
Keller, Andreas → T 773, T 2 220
– Ansgar, Dipl.-Kfm. → t 1 415
– Bernhard, Dr. → T 3 845
– Elmo → H 92
– Franz → E 703
– Georg → Q 397
– Gerhard → r 125, r 379
– Gregor → r 464
– Hans → iz n 33
– Hans Joachim → u 1 135
– Hans Jürg → f 827
– Hans-Ulrich, Prof. Dr. → T 1 280
– Heribert → h 348
– Ingrid → U 46
– Johann Konrad → b 169
– Klaus-Dieter → h 537
– Lothar → f 34, F 582, f 806
– M., Dr. → F 398
– Matthias → S 1 317
– Matthias, Dr. → F 399, iz f 2 458
– Norbert → E 2, E 21
– Otto → S 689
– P. → IZ F 1 083
– Peter → R 455
– Sandra → iz u 661
– Ulrich → E 749
Keller-Drobek, Gudrun → g 211

Kellermann, Claudia Dipl.-Ing. (FH) → g 567
– Karl → u 2 519
– Karl-Heinz → s 456, t 2 865
Kellermeier, Jürgen Dr. → o 274, O 301
Kellerwessel, Paul → H 651
Kelling, Norbert → R 200
Kellinghusen, Jens → c 894
Kellings, Monika → O 20
Kellner, Andreas → R 270
– Ehrhard, Dr. → s 211
– Helmut, Prof. Dr. → t 1 600
– Herbert → IZ P 2, IZ Q 1
– Margret → IZ U 561
Kelly, Anthony → iz f 1 153
– Edith → U 1 394
– M. E. → iz f 185
– Patrício Jorge, Dr. → IZ S 164
– Paul → iz f 2 424
– Ron → IZ U 809
Kelm-Kläger, Ronald → F 68
Kelter, Rosemarie → O 320
Kelterborn, Ulf → f 600
Kelting, Wolfgang → h 522
Kelz, Gerald → e 66
van Kemenade, Jos → iz u 51
Kemény, Tamás Dr. → IZ F 1 758
Kemler, Rolf Prof. Dr. → t 125
Kemmann, Ute → s 2, s 655
Kemme, Hans-Martin → u 2 960
Kemmer, Otto → G 430
Kemmerling, Ralf Kaspar → h 31
Kemmet, Claus Dr. → f 6, F 508, T 3 838, T 4 180
Kemminer, Karlheinz Dipl.-Kfm. → D 201, f 269, t 345, T 2 135, U 601, iz f 27
de Kemp, Arnoud → O 435
Kemp, Günter → s 1 583
Kempa, Klaus-Volker → n 77
– Volker, Dipl.-Wirtsch. → t 2 160
Kempe, Bärbel → R 807
– Dianna → IZ S 209
– Hans-Jürgen → U 3 103
– Marga → t 3 823
– Renate → t 920
Kempen, Dr. → s 247
– Otto Ernst, Prof. Dr. → T 3 767
van Kempen, Simon → c 1 053
Kempen, Yvonne Dr. → U 2 114
Kempeneers-Foulon, Thérèse → IZ U 309
Kempenich, Inge → O 152
– Robert, Dr. → IZ S 68
Kemper, Bernard → f 26, R 195
– Bernd → f 20, F 96, F 626, R 49
– Bernd, Dr. → A 23
– Dr. → A 12
– Gerd-Heinrich, Dr. → B 850, B 895
– Hans-Joachim → U 660
– Heinrich → h 192
– Karl-Heinz → U 2 602
– Kurt, Dipl.-Betriebsw. → E 151
Kempermann, Lothar → H 209
Kempf → A 21
– Dieter, Dipl.-Kfm. → S 682
– Herwig, Dr. → u 2 939
Kempfer, Gerlinde Dr. → r 231
Kempff, Andreas Dipl.-Volksw. → E 12
Kempgen, H. → T 2 134
Kempkens, Ernst → R 516
Kempler, Manfred → H 185
Kempter, Manfred → H 185, h 193
Kempthorne, Peter → IZ S 164
Gräfin Kendeffy, Eva Alexandra → C 105
Kendelbacher, Joachim R. → U 1 709
Kendziur, Dietmar Dr. → F 483
Kenel, Fernand → iz u 480
Kennedy, Annette → iz r 297
– Charles → iz u 445
– J. → iz f 1 929
– M. → iz h 300
Kennerknecht, Ingo Prof. Dr. med. → T 3 323
Kenneweg, Hartmut Prof. Dr. → q 519
Kenny, Liam → iz u 41
Kentmann, Konrad Dr. → I 16
Kentner, Bernd → T 2 136
– Bernd, Dipl.-Ing. (FH) → t 1 422, t 1 780, t 1 791
– Michael, Prof. Dr. → T 882
Kentzler, Otto Dipl.-Ing. → G 45
Kepenne, Pascale → iz f 1 148
Keppeler, Alfred → u 2 485
Keppenne, P. → IZ F 450
– Pascale → IZ F 433, izf 435, IZ F 2 478
Keppler, Viktor → O 591
Kepplinger, Hans Mathias Prof. Dr. → T 3 699
Keppner, Robert → T 2 991
Kerak, Wolfgang → U 2 655
Kerbach, Ralf Prof. → T 459
Kerber, Axel → u 2 619

Fortsetzung nächste Seite

Kerber (Fortsetzung)
– Dieter, Dr. → A 113
– Martin → Q 344
Kerbus, Roswitha Dr. → S 738
Kercher, Roger → iz u 744
Van de Kerckhove, Dominique → E 459
Kerker, Richard → F 1 026
Kerkhoff, Alois-Bernhard Dr. → f 746, t 336
– Hans Jürgen → f 325
Kerkmann, Uwe → E 545
Kerle, Hanfried Dr.-Ing. → T 1 290
Kerlen, Horst W. Dipl.-Ing. → f 658
Kern, Axel Dr. → u 2 523
– Bernd → Q 301
– Dieter → c 375
– Dr. → A 16
– Georg → H 438
– Gerhard → S 442
– Günter → u 1 889
– Hans F., Prof., Dipl.-Math. → t 1 100
– Hanspeter → k 214, r 308
– Heinrich → T 546
– Heinz → I 43
– Horst, Prof. Dr. → T 506
– Horst-Franz, Prof. Dr. → T 606
– Jan → U 2 450
– Klaus, Prof. Dr. → t 117
– Mechthild → U 705
– Otto → H 684
– Thomas, Prof. Dr.rer.nat → T 437
– Tyll Dietrich, Dipl.-Volksw. Dr. jur. → I 103
– Urs → IZ G 53
– Walter, Prof. Dr. → T 587
– Wilhelm-Dieter, Dipl.-Ing. → F 932
Kern-Bechtold, Margret → R 450
Kern-Nelle, Manfred Dr. → E 67
Kerner, Hans-Jürgen Prof. Dr. → T 796
– Hans Jürgen, Prof. Dr. → T 3 527
– Jürgen G. → T 2 136
– Jürgen G., Dipl.-Ing. → t 1 780
– Jürgen G., Dipl.-Ing. (FH) → T 1 422, t 1 791
Kerpal, Marlene → A 232
Kerr, A. → iz f 277
Kerres, Michael Prof. Dr. → t 1 807, T 3 738
Kerry, P.J. → IZ W 30
Kerscher, Gerhard → h 687
Kersjes, Franz → F 243
– Jürgen → t 2 494
Gräfin Kerssenbrock, Dagmar → O 301
Kerst, Hans-Michael Dipl.-Ing. → B 625
Kerstan, Dieter → U 2 762
Kersten, Charles → E 413
– Dieter → K 301
– Jons, Prof. Dr. → t 4 063
– Klaus Ulrich, Dr. → A 234
– Rainer, Dipl.-Volksw. → u 905
Kerstiens, Tilman Dipl.-Ing. → E 179
Kerstin, Renate → D 199
Kersting, Annette → T 3 467, u 2 540
– Edmund, Dipl.-Ing. → T 1 952
– Edward, Dipl.-Ing. → E 140, F 1 045
– Friedrich, Dr. → I 97
– Hans Udo → G 586
– Henry → S 1 397
– Karl-Otto → T 2 201
König gen. Kersting, Rudolf → E 173
Kerth, Cornelia → U 1 015
– Hans-Steffen, Dipl.-Soz. → M 1
Kertscher, Klaus Dipl.-Ing. → t 1 852
Kerzel, Thomas → N 50
Kesel, Frank Prof. Dr.-Ing. → t 1 658
Kesper, Heinz Jürgen → u 1 265
Kespohl, Dieter Prof. → u 2 474
Kessel, Horst Dipl. Betriebsw. → P 32
– Martin → IZ U 305
– R., Prof. Dr. Dr. → T 3 287
– Sibylle → t 2 985
– Werner, Dr. → B 194
Kesseler, Bruno → T 2 534
Kesselheim, Wolfgang → G 117, g 193
Kessener, Michael → H 150
Kessler, Hansjörg Dr. → F 727, f 747
– Helmut, Dipl.-Volksw. Dr. → E 18
– Herbert, Prof. Dr. → S 1 208
Keßler, Ina → T 3 696
Kessler, Jörn Dr. → s 308
Keßler, Joseph → U 2 628
– Jürgen → t 3
Kessler, Klaus → r 347
– Rita → IZ K 34
– Rolf, Prof. → T 484
– Rudolf, Prof. Dr. → t 1 685
– Waltraud, Dipl.-Phys. → t 1 685
Kessow, Julius → E 112
Kesteloot, Roger → IZ M 225
Kestens, P. → iz t 574
Kester Brown, T. C. Dr. → IZ S 164
Kesting, T 2 909
Ketelhodt, Carola → q 188

Ketsch, Peter → A 29
Ketscher, Niels Dr.-Ing. → T 1 142, U 31
Kettenbeil, Lutz → K 275, K 278
de Kettenis, Pierre → IZ F 2 140
Kettenmann, Helmut Prof. → T 3 361
Kettermann, Rose A. Prof. Dr.Dr.med. → E 736
Kettler, G. → K 36
– Gerd → K 43
– Heinz → F 832
– Peter → H 317, h 382, h 448, h 484, h 522
Kettner, Friedrich → e 36
Keudel, Karl-Heinz → U 1 819
Keul, Hans-Jürgen → h 612
Keulemans, Leonard → T 1 266
Keulig, Rolf → u 2 597
Keune, Heinz → F 184
Keuning, Steven Jan → IZ T 560
Keussen, Christof Dr. → S 572
Keuther, Dieter → u 2 478
Kevenhörster, Paul Prof. Dr. → T 2 423
Keweloh, Hans-Walter → U 3 037
Kewlitsch, Sabine → S 615
Keydel, W. Dr. → T 1 266
Keymolen, Paul → IZ F 813
Keyser, Milly → U 3 019
von Keyserlingk, Ulrike → A 23
Kgoboko, K. → iz s 503
Khabirpour, Saba Dr. → U 2 445
Khadjavi, Christiane → U 1 594
Khaïat, Leyla → IZ R 60
Khaleel, Abdulla → n 252
Kherif, Rhachid → iz s 678
Khoshrou, Mahmoud → c 861
Khurana, Biki S. → m 277
Kiank, Rainer R. → U 390
Kibat, Klaus-Dieter Dr. → f 749, f 750, f 751
Kick, Werner → T 1 966
Kidd, Stewart → iz f 1 478
Kiderlen, Joachim Konsistorialpräsident → u 2 703
Kidner, Tim → iz f 524
Kieckhöfel, Stefan Dipl.-Ing. → G 361
Kiedaisch, Harald Dr. → u 2 546
Kiefer, Andrea → E 26
– Gabriele → Q 166
– Gernot → K 146
– Günther, Dipl.-Volksw. → E 195
– Heinz → R 377
– Horst, Dr. → s 352
– Karl-Heinz, Dr. → K 374
– Lothar → M 280
– Rolf, Dr. → I 72, P 2
– Zita → O 288
Kieferle, Georg → c 703
Kieffer, Alexander → iz u 158
– Dagi → T 770
– Martin → F 474, iz f 1 326
– Peter, Dipl.-Kfm. → T 770
Kiefl, Tassilo → G 524
Kiehl, Stephan → s 1 491
Kieker, Joachim Dipl-Geol. → F 90
Kiel, Jörg Dipl.-Ing. → s 1 075
– Sabine → T 2 220
Kielbassa, A. M. Prof. Dr. → T 3 272
Kielholz, Walter → IZ T 563
Kielmann, Dietmar → U 2 602
Graf Kielmansegg, Peter Prof. Dr. → T 803, T 860
Kielstein, Olaf → T 2 130
– Volker, Dr. → u 1 957
Kienast, Franz → IZ F 2 320
– Hermann, Dr.-Ing. → a 126
– Walter → E 112
Kiendl, Elvira → E 387
Kiene → u 1 672
– Dipl.-Ing. → T 1 136
Kieninger, Werner → f 662
Kienle, Adalbert Dipl.agr.oec. → Q 4
– Frank, Dipl.-Ing. → f 360, F 1 045
– Friedrich, Dr. → f 51
– Ralph-Peter → O 406
Kienscherf, Harald → q 12
Kientzle, Klaus Herbert → c 321
Kienzl, Heinzpeter Dr. → T 2 732
Kienzle, D. → T 658
Kiersch, Jochen → u 886
Kiesel, Herbert → u 1 782
– Wolfgang → s 1 327
Kieselack, Heinz Dipl.-Ing. → S 846
Kieselbach, Kerstin → U 405
Kieser, Harro → T 831
von Kieseritzky, Wolther Dr. → N 36
Kiesewalter, Klaus → F 95
Kiesewetter, Hartmut → s 1 297
– Theo → E 45, O 631
Kieslich, Reinhard Dipl.-Volksw. → t 2 088, t 2 099, t 2 110, t 2 119

Kiesling, Bernhard → u 1 155
Kießler, Kerstin Dr. → A 1, A 2
Kießling, Andrea → U 3 045
Kiessling, Werner → U 1 027, IZ U 122
Kießling-Sonntag, Jochem Dr. → T 3 934
Kietzmann, Brigitte → s 65
Kieven, Elisabeth Prof. Dr. → t 102
Kiewiet, Bart → IZ A 218
Kiewitt, Peter → C 4
Kihlman, Erik → IZ F 1 195
Kiiskinen, Asta → iz f 2 460
Kijek, Barbara → S 1 554
Kikillus, Manuela → Q 407
Kikongi, F. → IZ R 313
Kilali, Elisabeth → T 3 245
Kilbride, Catherine → iz f 1 549
Kilches, Kurt Rainer → S 554
Kildahl, Lars → f 312
Kilday, Alan → IZ U 674
Kildemoes, N.E. → iz f 2 257
Kilders, Hermann → E 151
Kilian, Alfred → E 151
– Michael, Prof. Dr. → t 4 098
– Walter, Dr. jur. → u 503
Kilkelly, Fergus → iz n 52
Killeen, James F. → iz f 1 345, iz f 1 346
Killian, George E. → IZ U 501
Killias, Rudolf → U 2 557, IZ U 463
Killiner, Roger → iz g 197
Kilman, Larry → IZ O 101
Kilmartin, Patrick → IZ L 95
Kilz, Elmar → r 665
Kim, Freda → IZ U 671
– Un Yong, Dr. → IZ U 462
Kim Chung, Okkyung Prof. Dr. → IZ T 680
Kimm, Lothar → O 689
Kimmich, Reinhard Prof. Dr. → t 1 401
Kimura, Hiroshi → IZ T 891
– Keizo → E 500
Kind, Anny → H 326
– Hermann → H 84
– Joachim → U 133
– Joachim, Dr. → O 372
– Peter, Dr. → S 296
Kinder, Herbert → u 1 353
Kindermann → u 1 070
– Dieter → c 923
– Harald, Dr. → C 425
– Jörg-Peter → f 1 008
– P., Dipl.-Ing. → F 608, T 2 077
– Rotger → U 1 918
– Rotger H. → S 1 353
– Wilfried, Prof. Dr. → U 2 450
Kindervater, Karl-Heinz → IZ O 203
Kindinger, Wolfgang → U 2 450
Kindl-Feil, Franziska → r 562
Kindle, Ulrike → O 405
Kindler, Gabriele Dr. → U 3 044
Kindsmüller, Werner → B 117
Kindt, Hans → t 252
– Lutz, Dr. → s 185
– Michael → T 3 738
King, David → IZ Q 103
– J.M., Prof. Dr. → T 2 622
Kingma, Renate → T 3 249
Kingsdown → IZ W 13
Kingston, David → iz i 176
Kinkel, Klaus Dr. → A 69
Kinnander, Göran → c 430
Kinne, Rolf K. H. Prof. Dr. → t 154
Kinnefors, Torsten → iz f 22
Kinnemann, Stephan Dr. → E 239, U 2 043
Kinner, Manfred Dr. → S 278
Kinnock, Neil → IZ A 1
Kinnunen, Paula → IZ F 977
Kinoshita, Sayoko → IZ O 32
Kins, Wilhelm → k 104, k 122, k 252, k 339
Graf Kinsky, Ferdinand → IZ T 883
Kinstler, Günther → Q 662
Kintrup, Thomas → k 213
Kinz, Ullrich → r 789
Kinze, Michael Prof. Dr.-Ing. → s 1 045
Kinzelbach, Ragnar Prof. Dr. → T 1 457
Kinzer, Claus-Michael Dipl.-Ing. → s 699
Kinzinger, Werner → T 3 803
Kinzl, L. Prof. Dr. → T 3 426
Kiock, Ernstgünter Dr. → IZ P 41
– Hartmut, Dr. → T 2 488, T 3 478
Kioschis, Knut Dipl.-Ing. → f 81, r 45
von Kiparski, Rainer Dr.-Ing. → S 997
Kipp, August → h 790
– Hans-Peter → T 620
Kippenberg, Hans G. Prof. Dr. → U 22
Kippenberger, Hanns Dr. → E 389, t 2 306
Kippenhan, Ulrike → Q 481
Kipper, Edgar → E 21
– Walter → u 1 370
Kipphan, Helmut Prof. Dr.-Ing. habil. → t 328

Kipphardt, Henner Dipl.-Kfm. → E 151
Kippig, Bernd → H 308, H 323, h 351, h 470
Kirbach, Thomas → e 373
Kirch, Peter → K 78
– Ralf → k 138
von Kirchbach, Eckart Dr. → O 621
Kirchberger, Franz → u 1 992
Kircheis, Kerstin → u 875
Kirchgässner, Helmut Prof. Dr. → T 584
Kirchhelle, Ute → U 2 999
Kirchhof, Paul Prof. Dr. → T 2 343
– Roland, Dr. → D 174
Kirchhoff, Günter Prof. Dipl.-Kfm. Dr.oec.publ. → T 1 870
– Hans → F 180
– Jochen, Dr.-Ing. → c 753
– Jochen F., Dr.-Ing. → R 1, r 10
– Jürgen, Dipl.-Ing. → L 36
– Ulrich, Dr. jur. → K 381, s 31
– Volker, Dr. → t 225
Kirchhübel, Horst → r 501
– Klaus, Dipl.-Ing. (FH) → g 197
Kirchmair, Dieter R. → E 43
Kirchner, Christoph-Johannes Dipl.-Ing. → T 1 370
– Erich → f 336, F 690
– Gabriele → S 76
– Günter → f 699, F 834, IZ F 1 894
– Hagen, Dipl.-Kfm. → E 98
– Helmut, Dipl.-Ing. → e 66, F 69, f 77, R 33, r 41
– Jürgen → m 89, m 166
– Otto, Dipl.-Ing. → E 65
– Peter, Dr. → f 758
– Petra → o 552
– Regina, Dipl.-Ökonom → U 315
– Reinhard → t 2 894
– Steffi → T 649
– Th., Prof. Dr. → T 3 374
– Ulrike → T 1 971
– Uwe → I 28
Kirchwitz, Michael Dipl.-Volksw. → u 827
Kire, Naotake → iz o 174
Kirjas, Emil → IZ U 429
Kirk, M. Prof. Dr. → T 2 330
Kirkegaard, Niels → iz u 439
Kirkenes, Arnfinn → iz i 100
Kirkman, H. → iz q 86
Kirmes, Kerstin → D 97
Kirmse, Constanze → u 2 870
– Karsten → R 577
Kirnberger, Michael → N 59
Kirrwald, Heinrich Dipl.-Ing. → T 2 682
Kirs, Kaia → u 2 450
Kirsch, Dieter Dr. → u 2 904
– Dieter, Prof. → T 714
– Gerhard → S 1 395
– Henning → B 689
– Jan → Q 218, q 220, q 227, IZ Q 74, iz q 77, iz q 79
– Karsten, Prof. Dr. → t 4 065
– Léon → IZ A 222
– Ottfried C., Dr. → T 2 586
– Peter → g 665
– Pierre → iz f 2 051
– Raymond → IZ I 27
– Wolfgang, Studienrat Dipl.-Biol. → t 919
Kirschbaum, Hans-Dieter Prof. Dr.-Ing. → T 565
– Peter → B 338
– Stanislav J., Prof. → IZ T 891
Kirschfeld, Kuno Prof. Dr. → t 131
Kirschke, Ute → g 140
Kirschnek, Renate → U 1 361
Kirschner, Achim → H 36
– Claudia → U 1 950
– Gerhard → t 2 484
– Hans-Peter, Dr. → B 323
– Jürgen, Prof. Dr. → t 141
– Klaus → A 35
– Rudolf → g 257, g 262
Kirst, Rolf Gerhard → H 683
Kirstein, Gabriela → K 275, K 278
Kirsten, Hennig → T 2 886
Kisacik, Teyfik Dr. → c 506
Kisgen, Herbert Dipl.-Kfm. → r 23
Kisielski, Jürgen → F 88
Kisker, Wilken → F 979
Kismir, Güray → E 713
Kiso, Evelyn → f 104, f 965, h 565, H 650, r 57
Kiss, Andras → IZ M 193
– Csada → iz t 537
– Endre, Dr. → iz i 43
Kissel, Friedhelm → T 2 604
Kisseler, Marcel Dr. → U 766
Kissinger, Artur Dipl.-Volksw. → F 861
Kißro, Reinhard → N 182
Kistenberger, Hans-Peter → g 250

Kistenfeger, Gerd → G 102
Kistermann, Ralf → T 1 165
Kistner, Bernd → h 120
– Christoph → Q 238
– Klaus → s 431
Kiszka, Ralf → I 65
Kitain, Tamara → c 1 039
Kitsche, Adalbert Dr. → T 4 155, IZ T 968
Kittel, Frank → K 377
– Wilhelm, Dr. → T 4 143
Kittelberger, Rolf Dipl.-Ing. → S 953
Kittelmann, Peter → u 3 067
Kitterer, Wolfgang Prof. Dr. → U 890
Kittke, Horst-Dieter Dr. → A 176
Kittmann, Anne Katrin Dipl.-Ing. agr. → s 1 542
Kitzig, Wolfgang → B 282
Kitzmantel, Edith → iz a 31
Kiudulas, Eimantas → iz e 31
Kiupel, Hartmut Dr. → B 554
Kivelip, Falk Dipl.-Volksw. → u 445
Kivimäki, K. → iz f 2 521
– Mikko → iz f 2 276
Kiwitt, Nicola → U 1 561
Kiwus, R. Dr. → T 1 931
Kiznis, Mindaugas → iz u 244
Kjaer, John → iz a 87
Kjellgren, Erik → iz s 139
Kjelsen, Carl Ludvig → iz t 527
Kjær, P. → iz h 476
Kjer Hansen, Eva → iz u 354
Kjærgaard, Aage → iz f 1 777
Kjolstad, Britt S.M. → IZ T 874
Kjulbassanhoff, Peter → S 972
Klaas, Dirk-Uwe → f 32, F 91, F 547, f 562, f 568, U 571, U 575
– Helmut, Dipl.-Kfm. Dr. → S 681
Klaassen → A 101
von Klaeden, Dietrich Dr. → O 322
– Eckehard → A 39
– Eckart → A 52
Klaeger, Andreas → G 107
Klähn, Daniela → s 429
– Dieter, Dipl.-Ing. → s 1 043
Klämbt, Richard Dr. → s 345
Klär, Karl-Heinz Dr. → b 129, B 207
Klaeren, Herbert Prof. Dr. rer. nat. → t 1 767
– Michael → s 650
Klärle, Dieter → f 447
Klaes, Reiner → U 1 749
Kläsle, Matthias → u 1 762
Kläuschen, Gerhard → F 88
Klaff, René Dr. → E 749
Klages, Andreas → u 2 476
– Heiko → g 146, g 148, g 154
– Helmut, Prof. Dr. → T 818
Klam, Peter → E 254
Klamert, Gerhart → T 739
Klamm, Peter Friedrich → g 428
Klammer, Ute Dr. → T 2 203
zu Klampen, Sabine → T 540
Klamroth, Jörn → o 274, O 323
Klandt, Heinz Prof. Dr. → T 2 514
Klang, Ortwin Dr. → F 430, T 2 577
Klap, Phillip → c 1 068
Klapdor, Wolfgang Dr.-Ing. → t 1 450
Klapper, Jürgen Dipl.-Betriebsw. (FH) → e 434
Klappert, Friedhelm → a 314
– Thomas → S 1 452
Klapproth, Klaus-Dieter → r 281
Klapschuweit, Dieter → Q 393
Klapwyk, Gerry → IZ G 170, iz g 174
Klar → u 1 664
– Rüdiger, Prof. Dr. → T 3 349
Klarmann, Johann → u 1 882
Klarner, Günter → U 1 565
Klas, Wolfgang Prof. Dr. → t 1 792
Klaschik, E. Prof. Dr. med. → T 3 373
Klaß, Hans-Uwe → S 1 579
Klass, Johannes → t 2 497
Klassen, Artur → I 70
Klaßen, Iris Dr. → T 542
Klassohn, Helge → u 2 295, u 2 323
Klasz, Markus → IZ G 149
Klatt, Eberhard Dipl.-Ing. → F 917, g 203
– Helmut, Dr. → R 202
– Peter → c 49
Klauber, Jürgen → T 868
Klaubert, Birgit Dr. → B 340
Klauck, Ulrich Prof. Dr. → t 1 397
Klauer, Rolf → U 768
Klaukien, Olaf → u 2 145
Klaus, Cornelia → T 678
– Erich → O 698
– Helmut → Q 516
– Helmut → q 523
– Oliver Christoph → g 517
– Peter, Dr. → I 35

Klausch, Peter → U 1 572
Klausing, Michael Prof. Dr.rer.pol. → T 719
Klauß, Jochen → u 2 414
– Michael → s 364
Klebe, Giselher Prof. Dr. → S 1 287
– Werner → I 64
Klebingat, Klaus-Jürgen Prof.Dr.med. → T 3 427
Klecha, Christine → r 436
Klecker, Peter M. Dr. → S 1 454
Klee, Günther → t 2 298
– Jan-Uwe → Q 179
– Manfred → t 2 786
– Rainer, Prof. Dr. → T 907
Kleebauer, Margit → t 3 108
Kleeberg, Friederike → u 1 451
Kleeblatt, Georg → g 296
Kleefisch, Marcus Dipl.-Volksw. → E 195
Kleeman, Gary → E 731
Kleemann, Andreas → R 200
– Dieter → I 34
Kleemann-Strehlow, Karin → S 1 268
Kleen, Tebbe Harms Dr. → o 13
Kleer, Christoph Dipl.-Betriebsw. → h 524
Klees, Hans Dr. → s 490
Kleespies, Franz Josef → G 107
Kleffel, Konstantin Dipl.-Ing. → S 796
– Werner → g 725
Klefl, Tassilo → g 534
Klehm, Michael → S 1 339
Klehn, Uwe → g 263
Klehr, Ludwig → T 1 372
Kleier, Ulrich F. Dr. → E 151
Kleijne, Sonja → IZ S 269
Kleim, Uwe G.F. Dipl.-Ing. (FH) → T 1 091
Kleimann, Hans-Jürgen → k 103, k 121, k 251, k 338, q 15
Klein → u 1 670
– A., Prof. Dr. → T 2 447
– A. W., Prof. → T 4 040
– Albert, Prof. Dr. Dr. h.c. → T 457
– Alexander → T 791
– Andreas → r 280, S 509
– Arnulf → s 351
– Benedikta → U 1 242
– Bernhard → t 2 285
– Carmen → T 3 712
– Christopher, Dr. → O 322
– Dieter → O 322, q 72
– Dietrich, Dipl.-Ing. → T 3 928
– Dipl.-Ing. → b 517
– Ernst-Joachim → r 178
– Erwin → r 914
– Frank → g 701, U 181
– Friedrich, Prof. Dr. → t 1 388
– Fritz Michael, Dipl.-Ing. Betriebsw. → T 930
– Gabriele, Dr. → O 62
– Gerd → k 401, T 827, U 2 450
– Gisela → s 401
– Günter → u 730
– Gunther → n 245
– H., Dr. → T 1 266, IZ Q 190
– Hans-B., Dr. → g 397
– Hans-Dieter, Dr. → S 729
– Hans-Georg → s 1 334, S 1 339
– Hans-Jürgen → B 378, h 571
– Hansjörg → U 657
– Hanspeter, Dipl.-Ing. → S 942
– Heijo, Prof. Dr. → U 3 102
– Heinz-Walter → u 2 776
– Hemjö → T 827
– Herbert → t 1 742
– Horst → S 567
– Hubert, Dr. → E 26
– Hugo, Dipl.-Ing. → s 858
– Ilona K., Dr. → G 161
– Irma → t 2 936
– J., Prof. Dr.rer.nat. → T 947
– Jan, Prof. Dr. → t 106
– Jean-Pierre → iz u 47
– Jochen, Dr. → E 91
– Jörg, Dr. → T 768
– Josef → G 623
– Josef, Prof. Dr. → T 600
– Klaus → I 69
– Klaus, Dr. → u 902
– Kurt → g 285
– Lutz → U 1 741
– Marion, Dipl.-Volksw. → n 54
– Markward → u 726
– Martin → T 3 500
– Michael → q 275
– Michael, Dr. → O 177
– Norbert → t 2 904, IZ R 311
– Oliver → O 573
– Peter → E 74
– Rainer, Prof. Dr. → t 1 632
– Reinhard, Dr. → E 604

Fortsetzung nächste Spalte

Klein (Fortsetzung)
– Rudi → g 563
– Rüdiger, Dr. → t 143
– Rupert, Prof. Dr. → T 1 239
– Thomas, Prof. Dr. → t 2 393
– Tina → u 2 229
– Uwe → U 866, U 1 618
– Volker → E 500
– W. → E 374
– Werner → u 2 835
– Werner, Prof. Dr. → t 249
– Wolfgang → a 86, S 1 554, s 1 557
– Wolfgang, Prof. Dr. → t 160
– Wolfram → E 80, h 42
Klein-Langer, Wolfgang → e 512
Kleinau, Hans-Joachim Dr. → B 555
Kleinau-Michaelis, Sabine → U 1 447
Kleinbauer, Gerhard → S 726
– Günther, Dipl.-Kfm. → I 69
Kleine, Arnold → h 590
– Gotthard, Dr. → U 1 186
– Helene, Prof. Dr. → T 647
– Michael → U 2 075, U 2 085
– Werner → T 2 249
Kleine-Borgmann, Angela Dipl.Soz.Päd. → T 2 747
Kleinemas, Peter → H 355
Kleiner, Adolf → h 665
– Günter W. → H 682
– Hartmann, Dr. → f 4, O 321, r 4, r 106, T 3 835
– Helga → u 2 196
– P.W., Dr.-Ing. → iz t 492
– Ulrich → T 704
– Werner → S 292
Kleinert, Hubert Dr. → u 2 104
– Ursula → T 2 886
Kleinertz, Everhard Dr. → T 3 742
Kleinfeld, Klaus Dipl.-Ing. → s 906
Kleinfeldt, Carsten Dipl.-Ing. → t 1 851
Kleinhenz, Gerhard Prof. Dr. → K 361, t 2 297, t 2 425
– Ralf, Dr. → N 58
Kleinherbers, Klaus Dr.rer.nat. → T 1 988, T 1 995
Kleinherne, Herbert Dipl.-Berging. → K 198
Kleinheyer, Gerd Prof. Dr. → t 4 079
– Norbert, Dr. → I 64
Kleininger, Pál → n 280
Kleinkauf, H. → IZ T 34
Kleinmann, Eberhard Dipl.-Ing. → T 3 803
Kleinschmidt, Georg Prof. Dr. → T 264, T 846
– Waldemar → d 6, d 36, D 63
Kleinschneider, Heiner Dr. → U 335
Kleinsteuber, F. Dr. → E 284
Kleinwächter, Roswitha → O 1
Kleist, Horst → m 107, M 149, m 214
– Ingo → Q 162
– Peter → e 441
– Thomas → O 320, IZ T 846
Klemann, Hartmut Dipl.-Volksw. → k 66
Klemenčič, Manja → IZ T 982
Klement, Adolf → c 1 119
Klementz, Paul → k 205, k 229
Klemenz, Heino → o 138
Klemm, Bernd → H 66
– Eckehart, Dipl.-Ing. → f 734
– Günther, Dr. → E 82
– Hans-Heinrich → H 566
– Michael → t 2 827
– Peter, Dipl.-Volksw. → f 24
– Peter, Dipl.-Volkswirt → F 230, iz f 1 723
– Peter, Dr. → T 1 291
Klemme, Reinhard → M 232
Klemmer, Paul Prof. Dr. → D 176, T 2 269, t 2 280
Klempin, Ulrich → u 886
Klempnow, Karl-Heinz → O 442
Klengel, Andreas Dr.-Ing. → S 955
Klenk, Fritz → U 677
– Hans-Dieter → c 1 143
– Hans-Dieter, Prof. Dr.med. → T 3 431
– Jürgen → r 793
– Klaus → h 26
– Martin → F 787
Klenke, Klaus Staatssekretär Dr. → b 118
– Martin → c 66
Klenner → A 300
– Josef → u 2 471
– Josef, Dipl.-Ing. → Q 593
– Karsten → iz a 197
– Mathias → q 275
Klenz, Gebhard Dr. → B 282
Klepatsky, Lev N. Dr. → c 1 202
Klepp, Volker Dr. → A 20
Klepper, Dieter → I 69
– Gernot, Prof. → t 2 285
Klepsch, Egon A. Dr. → T 3 581
Kler, Adolf Dr. → F 443

Klesen, Yolanda Dr. → U 3 094
Klesl, Niki → IZ U 431
Klett, Carlo → U 1 462
– Eckhard, Prof. → t 1 426
– Hans-Jürgen → F 384
– Michael → c 1 222
– Roland → E 31
Kleuser, Alwin → h 785
Klewer, Michael → H 610, h 611
Klewitz, Martin → U 1 941
Kley, Gisbert Dr. → F 173
– Manfred → g 216, g 444, g 707
– Max Dietrich → I 141
– Wilfried → r 292
Kleyboldt, Claas → E 162
– Claus → IZ O 203
Klie, Thomas Prof. Dr. → T 3 317
– Thomas, Prof. Dr. jur. → t 1 490
Kliem, Klaus Dr. → q 22, Q 671, T 2 742
Klieme, Rolf-Burkhard Dr. → u 2 867
Klier, Vera → T 2 220
Kliesch, Christel E. → U 1 562
– Sebastian → u 1 773
Kliesow, Dr. → A 8
Klietz, Uwe → g 499, h 147
Kliewer, Werner → u 2 491
Kligler, Eli → T 4 156
Klimach, Klaus → g 762
Klimeczek, Wolfgang → r 693
Klimitz, Jan → c 792
Klimke, Birgit → u 1 454
– Dr. → A 27
– Ruth → U 2 608
Klimmt, Reinhard → t 964, U 2 251
Klimpel, Jürgen Dr. → t 3 644
Kling, Andreas → s 1 387
– Günter → P 32
– Karl, Prof. Dipl.-Ing. → S 945
Klingauf, Fred Prof. Dr. → A 158, a 159
Klingberg, Walter → o 670
Klingbiel, Peter → u 2 477
Klinge, Gabriele Dr. → G 663
– Günther → T 1 270
– Ludwig → h 781
Klingebiel, Karl-Heinz → T 2 975
Klingel, Norbert Dr. → U 820
Klingelhöller, Harald Prof. → S 1 171
Klingemann, Detlef → B 366
Klingen, Heino Dr. → E 196
– Reinhard → k 145
Klingenthal, Ferdinand → E 142
Klinger, G. → iz f 767
– Roland → U 1 742
– Theodor → R 474
– Ursula → U 2 450
Klingert, Georg Dipl.-Kfm. → N 168
Klinghardt, Jürgen → S 572
– Stephan → R 239, iz r 36
Klingl, Josef → N 111
Klingler, Norbert Dr. → C 599
– Walter, Dr. → O 322
Klingner, Karl Heinz → E 562, e 570
Klingsporn, Johannes → O 172
– Margot → s 1 218
Klingvall, Maj-Inger → iz b 231
Klink, Dieter Dr. → u 3 069
– Rainer → U 654
Klinke, Peter → B 705, B 724
Klinkhammer, Gritt Maria Dr. → U 22
– Manfred, Dipl.-Kfm. → P 50
Klinkicht de Tamariz, Eva → c 110
Klinsman, U. → IZ F 889
Klinz, Wolf Dr. → E 2, E 87, E 93
Klippel, K. F. Prof. Dr. → T 2 789
Klisa, Thomas → g 278, g 323
Klischan, Thomas Dr. → f 8, R 8, r 108
Klischke, Ralf → q 141
von Klitzing, Klaus Prof. Dr. → t 117
Klitzke, Klaus → U 736
Klitzsch, Wolfgang Dr.rer.pol. → s 32
Kliver, Helmut → k 254
Klocke, Fritz Prof. Dr.-Ing. → t 230
– Wilhelm, Dipl.-Ing. → S 1 069
Klockner, Clemens Prof. Dr.h.c. → T 706
Klockow, Bernhard Dipl.-Ing. → B 398
Kloczko, Marek → iz e 32
Klodt, Henning Prof. Dr. → t 2 285
Klöber, Marie Christine → S 1 501
Klöcker, Willi → H 509
Klöckner → A 8
Klöckner-Scherfeld, Martina E. → n 221
Klönne, Werner Dr. → F 144
Klöppel, Rita → u 1 440
Klöpping, Till-Torsten → S 1 262
Klöss, Cornelia → u 1 321
Klötzer, Anne-Katrin → G 99
– Gottfried → m 132
Klötzl, Karl-Heinz → f 796
Klöver, Bernd → T 708

Klomann, Udo R. → F 994
- Uwe → r 933
Kloninger, Hendrik → u 2 976
Klonnek, Karsten → h 266
Kloos, Hans Dipl.-Ing. → U 88
- R., Dr. → A 18
Klooster, Hans H.H. → iz s 281
van der Kloot, Rhede → iz f 1 931
Klopf, Irmgard → iz h 350
Klopfer, Heinz Prof. Dr.-Ing. → S 1 091
Kloppenborg, Anders → iz u 438
Klopper, Philip → IZ K 35
Klopsch, Wolfgang → Q 299
Klose → A 329
- Andreas → q 200
- Edgar, Prof. Dr. → U 113
- Gerd, Dipl.-Ing. → T 2 690
- H.-D. → Q 460
- Hans Jürgen, Dr.med.dent. → T 2 767
- Hans-Ulrich → A 35, T 803
- Horst-Dieter → Q 460
- Jürgen → r 295
- R., Prof. Dr. → T 3 428
- Thomas → N 58
- Ute → T 3 440
- Wolfgang → d 142
Kloß, Dieter Dr. → S 278
- Edelgard → f 746
- Hans → O 631
Kloster, Marita Dipl.-Kfm. → H 24
Klosterkamp, Heinrich → T 2 349
Klosterkemper, Horst → o 601
Klostermann, J. Dr. → T 1 131
- Josef, Prof. Dr. → T 1 128
- Peter, Dipl.-Betriebsw. → F 865, f 872, iz f 1 841
- Tim → T 3 917
Klostermeyer, Henning Prof. Dr. → T 2 580
- Horst, Dipl.-Ing. → F 949
von Klot-Trautvetter, Petra → r 225
Klotz, Brigitte Dipl.-Jur. → T 672
- Christian → E 47, h 356
- Erhard, Dr. → d 3
- Erich → g 492
- Heinrich → f 589, f 873, f 901, f 924, f 943, f 955, t 2 091, u 526
- Marie-Louise, Prof. Dr. → T 1 962
- Peter → S 1 314
- Sibyll → a 43
Klotzke, Georg → r 493
Kloubert, Bruno → T 2 179
Kluck, Dieter Prof. Dr.-Ing. → t 1 476
Klüber, Wolfram Dr. → P 60
Klügge, Gerhard → f 701, F 714, f 715, F 719, F 720, G 381, U 617
Klümpen, Gerd → H 33
Klüßendorf, Ingolf Dr. → G 773
Klueting, Edeltraud Dr. → u 963
Kluft, Markus → G 30
Klug, Annelies-Ilona → A 25
- Bernd → m 17, m 46, M 136
- Ekkehard, Dr. → u 1 072
- Helmut, Dipl.-Volksw. → E 120
- M. → iz f 1 277
- Manfred → iz f 1 989, iz f 2 016
- Rudi → N 60
- Thomas, Prof. → T 441
Kluge, Christian → K 15
- Dieter → E 233
- Dieter, Prof. Dipl.-In. → t 1 399
- Dietrich → S 1 569
- Fritz → B 832
- Gesine → T 1 902
v. Kluge, Hubertus → t 3 100
Kluge, Rüdiger Dr.-Ing. habil. → t 1 611
- Thomas → U 299
- Wolfram → U 3 045
Klump, Else → r 565
Klumpp, Dieter Dr. → T 794, IZ T 320
- Dieter, Dr.-Ing. → f 855, S 1 017
- Elisabeth → T 2 762
- Gerhard → F 723
- Hans-Jürgen → I 20
- Kurt → E 27
- Werner, Dr. → u 2 212
Klusendick, Marina → t 2 478
Klute, Hans → E 133
Kluth, Axel → g 222
- Theda → O 413
Klutke, Helmar Dipl.-Volksw. → G 774
Klutzny, Hans-Jürgen Dipl.-Ing. → s 874
Kluwe, Rainer H. Prof. Dr. → T 2 878
Klyscz, Thomas Dr.med. → T 2 753
Knaack, Hartmut → m 49, m 64, m 172, m 173, T 4 036
- Klaus, Dr.-Ing. → t 1 186
Knaak, Thomas → D 94
- Thomas, Dr. → c 827
Knab, Annelie → S 953

- Jürgen, Dipl.-Ing. → t 1 850
- Marianne → Q 202
- Stefan → U 1 494
Knabe, Claus-Peter Dipl.-Volksw. → U 310
Knabenschuh, Martin Dipl.-Ing. → T 378, iz t 175
Knaepkens, Ludo → IZ T 969
Knäsel, Karola → E 74
Knake-Werner, Heidi Dr. → A 35, A 75
Knapcikova, Maria → iz u 252
Knapp, Hedy → u 1 148
- Martin → E 273
- Otto Dietrich, Dipl.-Vw. → E 62
- Ursula → O 523
- Wolfgang, Prof. Dr. → d 14, d 44, K 293, r 289
- Wolfram, Prof. Dr. → T 528
Knappe → T 2 074
- Antje-Maren → T 3 668
- Eckhard, Prof. Dr. → t 4 094
- Wolfgang → o 167
Knappmann, Birgit → f 387, K 379
Knauer, Christian → u 970
- Erhard → u 2 327
- Wolfram, Dr. → O 122
Knauerhase, Ines → U 2 450
Knauf, Albrecht Dr.-Ing. → E 148
- Baldwin → IZ F 1
- Baldwin, Dipl.-Kfm. → E 65
- Nikolaus W. → f 136
- Nikolaus Wilhelm → c 1 203
- Norbert, Dipl.-Kfm. → F 333
Knaus → B 782
Knauß → K 363
Knauth, Christian → IZ U 560
- Klaus-Wilhelm, Dr. → K 1
Knebel, Erwin → u 1 147
- Franz → u 2 830
- Günter → U 1 864
Knecht, Hans Werner Dipl.-Kfm. → E 154
- Petra, Dipl.-Journalistin → T 1 972, T 1 974, T 1 976, U 677, iz t 283
Knechtel, Ernst → u 1 001
Kneer, Martin → P 706
- Martin, Ass. jur. → iz f 365
- Martin, Ass.jur. → f.41, F 696, F 697
Knees, G. → T 2 175
Kneffel, Tanja → u 2 144
Kneflowski, Markus → h 497
Kneib, Gerhard → I 71
- Uwe → g 327, g 423
Kneifel, Johannes Dr. → c 1 034
Kneile, Bärbel → b 61, B 797, B 888
Kneisel, Fritz-Bernd → t 3 187
Knemeyer, Franz-Ludwig Prof. Dr.jur. → t 4 046
Knepper, Herbert Dr. → T 3 810
- Jürgen, Dr. → S 268
Knerr, Rudolf → N 117
Knetemann, Rolf Dipl.-Kfm. → h 409
Kneuss, Pascal → IZ G 25
Kneutinger, Peter Dipl.-Betriebsw. → h 410
Kneuttinger, Peter → h 468
- Peter, Dipl.-Betriebsw. → h 425, h 537
Knez, Stanislav Dr. → IZ T 840
Knezović, Jure → IZ U 124
Knick, Norbert → U 2 450
Knickenberg, Eva → E 289
Knie-Andersen, Bent → IZ K 38
Kniebaum, Sabine → U 2 649
Kniebel, Rainer Dr. → S 252
Kniel, Bärbel Prof. Dr. → T 2 561
- Franz → U 2 020
Kniep, Rüdiger Prof. Dr. → t 152
Kniepert, Andreas Dr. → u 2 216
Knieps, Franz → T 2 203
- Franz-Josef → G 24, G 73, G 116
Knieps-Vaupel, Sabine → P 28
Knieriem, Michael Dr. → U 1 175
Knieriemen, Helmut → g 215, g 428, G 467
Knierim, Anke → U 1 897, u 1 901
- Herbert → M 263, T 1 270, U 861
Kniesburges, Maria Dr. → s 781
Kniesel, Manfred → u 2 928
Knieß, Hans Gerhard Dr.-Ing. → A 323
Kniewasser, Andrew G. → E 553
Knigge, Arnold Dr. → b 54
Knight, John Michael → c 190
Knippel, Wolfgang Dr. → B 886
Knipper, Michael → f 18, F 69, h 126, R 33
Knippers, Rolf Prof. Dr. med. → t 1 589
Knips, Achim Dr. → E 100
Knischewski, Manfred Dipl.-Ing. → T 3 800
Knischka, Herbert → N 198
Knittel, Hannelore → T 3 018
- Hartmut, Dr. → U 3 089
- Michel → IZ F 854

Knittel (Fortsetzung)
- Reinhold → k 110, k 128, k 258, k 345
- Stefan → T 1 925
Knitter, Matthias → u 1 936
Knittl, Herbert → U 646
Knobel, Enno Dr. → t 4 114
Knoblauch, Christa Dipl.-Oek. → G 86
- Jens-Peter → I 80
Knoblich, Bernhard → A 20
- Herbert, Dr. → B 328, t 4 111, u 1 061
- Rudolf → q 602
Knobloch, Charlotte → U 2 387, u 2 400
- Gisela → B 794
- Jörg, Dr. → S 1 398
- Klaus → u 727
- Thomas, Prof. Dr. → t 1 653
- Wolfgang → E 418
Knoche, Christian Prof. Dipl.-Ing. → T 719
- Michael → R 307
- Thomas, Dipl.-Ing. → S 687
Knocke, Erich → h 780
Knodt, Michèle Dr. → T 2 221, T 2 352
Knöll, Brigitte → IZ U 113
Knöpfle, Franz Prof. Dr. → T 615, t 4 049
Knoerich, Volker → T 1 234
Knörr, Bernd Dipl.-Ing. → f 653, IZ F 1 506
- Elisabeth → H 633
Knörzer, Guido Dr. → Q 587
Knötzele, Jürgen → F 65
Knof, Siegward Dr. → T 2 750
Knoke, Karl-Heinz → f 248, f 265, F 545
- Tanja → T 2 913
Knoll, Hans → s 354
- Leonhard, Dr.rer.pol. → T 2 358
- Manfred → S 1 369
- Martin → u 2 417
- Peter, Prof. Dr.-Ing. → T 1 165
- Peter M., Prof. Dr.-Ing. → t 1 009, T 1 163
- Reinhard → t 3 970
- Susan E. → O 300
- Ulrich → F 517
- Wolfgang → S 1 505
- Wolfgang, Prof. Dr. → t 157
Knolle, Niels Prof. Dr. → O 145
Knom, Alfred → t 4 018
von Knoop, Andrea Dr. → E 327, E 680
Knoop, Gerard → iz e 20
- Joachim, Dr.-Ing. → t 1 185, t 1 215
- Jürgen, Dr. → F 514
- Uwe → g 327, g 423
Knopf, Franz Dipl.-Ing. (FH) → t 1 646
- Günter → U 1 074
- Ulrich, Dr.-Ing. → T 1 841
Knopp, Bernd → iz g 201
- Gisbert, Prof. Dr. → T 3 705
- Michael → U 384
- Torsten → S 945
Knoppe, Klaus → S 1 399
Knorn, Alfred → T 4 006
Knorpp, Dieter → U 86
Knorr, Gerhard Dr. → I 37
- Jürgen, Prof. Dr. → T 894
Knorr-Cetina, Karin Prof. Dr. → T 2 234
von Knorre, Erik Dr. → E 430
Knorre, Susanne Dr. → b 112, S 738
Knorz, Gerhard Prof. Dr. → t 2 360
Knotek, Bohumil → d 209
Knoth, Eugen → u 121
Knothe, Gudrun → E 69
Knott, Bernd → Q 87
- Ludwig → K 379
Knox-Peebles, Patrick → IZ F 2 267
Knudsen, Frank → IZ T 246, iz t 248
- Holger → IZ T 874
- Nils → iz f 2 024
- Volkert → c 761, H 757, h 765
- Walter → IZ U 174
Knüpfer, Andreas Dipl.-Ing. (TH) → e 191
Knüpfing, Wolfgang → K 310
Knüpling, Stefan → S 1 592
Knueppel, Ulrich → iz a 182
Knüpper, Peter → S 257
Knull, Christian → E 11
Knupfer, Wolfgang Dr. → S 277
Knust, Franz-Josef Dr. med. → T 2 848
Knuth, Eckhard Dr. → T 4 152
- Hans Christian → u 2 321
- Hans-Christian, Dr. → u 2 306
- Peter, Prof. Dr.med. → S 135
Knutsdottir, Sigrun → IZ T 841
Knutsson, Kjetil → I 102
Knuyt, Erwin → IZ F 1 172
Kny, Anton → B 406
zu Knyphausen, Gerko → Q 302
Koal, Detlev → S 1 314
Kobale, Barbara → iz u 792
Koban, Dr. jur. → T 2 189
- Hans, Dr. → I 30

Kobasa, Miroslav → iz u 70
Kober, Heinrich → U 681
- Ingo → IZ A 214
Koberski, Wolfgang → A 20
Kobielski, Heinz → u 783
Kobitsch-Meyer, Michael → s 1 073
Kobler → A 8, B 772
Koblitz, Axel Dr. → O 447, U 759
Kobold, Michael → T 3 960
Kobori, Sachihiko → t 1 757
Kobudzinski, Thomas → H 24
- H., Prof. Dr.h.c. → T 2 687
Kobusch, Hans-Dieter → F 604
- Thomas → U 3 112
von Kobylinski, Klaus → I 142
Kobza, Kazimierz → iz q 92
- Miroslav → iz s 265
Kocas, Yasar → U 2 819
Kocear, Marijan Prof. Dr. → iz t 26
Kocere, Venta → iz u 636
Koch → A 8, B 714, u 1 654
- Albrecht → O 489
- Andrea, Dipl.-Ing. → E 82
- Barbara, Prof. Dr. → t 1 486
- Benno → M 272
- Bernhard, Dr. → T 3 342
- Carsten → p 7
- Christian → b 175
- Christoph → S 832
- Detlef → f 966
- Dieter → s 375
- Diethard → s 550
- Egmont R. → Q 645
- Elfi, Dipl.-Ing. → S 946
- Eva → S 575, U 3 047
- Gerhard → f 792, f 793, l 43
- Hagen → e 123
- Hans, Prof. Dipl.-Ing. → T 746
- Hans Georg → B 1
- Hans Hellmut, Dr.med. → s 24
- Hans Martin → u 1 927
- Hans-Peter → s 1 424
- Harald, Dr.-Ing. → F 88
- Harald, Prof. Dr. → S 615
- Heiner → U 2 599
- Helmut Peter → B 778
- Horst-Dieter → s 765
- Ingo → K 325
- Ira → U 3 036
- Joachim → u 2 437
- K. H., Prof. Dr. → T 1 381
- Karl H., Prof. Dr. → U 1 638
- Klaus-Michael → T 2 096
- Konrad, Dr. → s 313
- Lothar → r 281, U 229
- Manfred → n 3
- Marianne, Dr. med. → T 3 326, T 3 439
- Martin, Dr. → U 185
- Matthias → S 738
- Michael → G 15, G 16
- Mogens S. → IZ G 149
- Monika → s 373
- Peter → E 197, H 753, t 3 090
- Ralf → u 2 460
- Remmert-Ludwig, Dr. → f 639
- Renate → U 288
- René → T 3 382
- Rita → E 222
- Roland → A 39, B 82, U 2 114, u 2 120
- Roland, Prof. Dr.-Ing. → t 1 455
- Rudolf → H 733
- Thomas, Dr. → T 2 579
- Tobias → t 1 402
- Tonia → O 288
- Ulrich, Prof. Dr. → T 3 321
- Uwe, Prof. Dr. med. Dr. phil. → T 3 351
- Volker → q 572
- Walter → m 52, m 67, m 198, m 199
- Walter, Dr. → f 12
- Walter, Dr.-Ing. → E 196, R 1, r 12, r 114
- Werner → F 435
- Wolfgang → D 220
- Wolfgang H., Dr. → T 3 273
Koch-Bodes, Peter → F 398
Koch-Scheinpflug, Regine → T 681
Koch-Weser, Caio → A 14
- Caio K. → T 725
Kochan, Fritz Prof. Dr.rer.nat. → A 135
Kochanek, Ulrich → u 1 897
Kochann, Heinz-Jürgen → T 2 195
Kochendörfer, R. Prof. → T 1 266
Kocher, Richard Dr. → IZ O 48
Kochta, Werner → s 1 042
Kock, Manfred → U 2 286, u 2 311
de Kock, Robin → IZ U 564
Kocks, Günter Dr. → c 267
- Hans-Hermann → G 104

Kocks (Fortsetzung)
- Manfred → t 3 774, t 3 775
- Peter → O 300
Kodonas, Dimitri → iz u 9
Köbberling, Thomas → U 124
Köberich, Heiner → IZ U 551
Köberle, Rudolf → b 2, b 3, B 195
Koebke, Harro → O 631
Köble, Siegfried → B 738
Koebnick, Hans-Jürgen → i 9
Köcher, Renate Dr. → t 2 490
Köchl, Erwin → H 234
Köchy, Udo → s 716
Köckert, Christian → b 188
von Köckritz, Nicolaus → q 273
Koeckstadt, Wolfgang → T 725
Koed, K. → iz f 209
Koedijk, Arnoud → iz m 66
Kögel, Friedrich Dipl.-Kfm. → E 31
- Jürgen, Dr. → s 344
- Karlheinz → c 854
- Kerstin → e 215
- Martin → T 3 478
Kögler, Brigitta → U 2 759
- R. Dieter → f 778
Köhl, Mechthild → s 470
Köhle, Sabine → t 1 795
Köhlein, Norbert → O 665
Köhler → b 509
- Anna → O 153, o 163, O 221
- Bernd → Q 654
- Burkhard, Dr. → T 3 364
- Christian, Dr.med.habil. → T 3 281
- Detlef → q 281
- Dieter, Dr. → T 405
Koehler, Dietmar → o 663
Köhler, Eberhard → T 818
- Eberhard, Prof. Dr. → t 1 438
- Eberhard, Prof. Dr.-Ing. → t 1 641
- Elisabeth → a 42
- Erhard → B 895
- Friedrich → o 29
- Gerald → T 3 687
- Gerhard → g 269
- Gisela → k 149
- Günter, Prof. Dr.-Ing. → t 1 563
- Hans, Dr. med. → s 156
- Hartmut → q 80
- Heinz Wolfgang → T 1 861
- Horst → IZ I 26
- Joachim, Dr. → B 339
- Jochen → L 57
Koehler, Jürgen Dipl.-Ing. → t 223
Köhler, K. → T 1 323
- Lutz → R 577
- Markus → r 940
- Martina → G 85
- Peter → r 937, IZ A 222
- Reinhard, Dr. → T 3 930
- Sabine, Dr. → O 543
- Stefan, Dr. → iz q 189
- Thomas → k 217
- Traute → s 366
- Volkmar, Dr. → E 389, T 729
- Werner → R 731
- Wilfried J. → o 514
Köhler-Offierski, Alexa Prof. Dr. → T 450
Köhlmoos, Gerd → F 546
Köhn, Friedrich-Wilhelm → k 87
Koehn, Hans-Günther Dr. → B 275
Köhne, Anne-Lore → iz u 144
- F.G. → iz f 2 294
- Fritz → F 403
- Heinz → T 2 851
Koehne, Hermann-Dieter Prof. Dr.-Ing. → M 13
Köhne, Rolf → u 2 243
Köhnemann, Klaus → G 84
Koehnen, Patrick → iz f 700
Köhnlein, Prof. Dr. → T 1 953
Köhnsen, Wolfgang → S 1 313
Köhrle, Josef Prof. Dr.rer.nat. → T 3 310
Kölch, Ralph → F 317
Kölking, Heinz → S 76
Kölle, Christian → O 689
- Heinz → H 619
von Köller, Karsten Dr. → I 46, I 74, iz i 9
Köllhofer, Jakob J. → E 732
Kölling, Werner-Georg Dipl.-Betriebsw. → E 145
Köllmann, Winfried → T 3 959, iz f 1 315
Köllner, Ferenc Dr. → iz u 64
- I.-M. → T 3 952
Költzsch, Georg W. Dr. → U 3 046
Kölz, Werner → O 322
Koemm, Ulrich → F 206
Kömpel-Quick, Ilse → s 1 274
Könecke, Gerhard → R 921
Koenen, Anna Prof. Dr. → E 724

- Dieter → T 735
- Karl Ludwig, Dr. → c 1 107
- Patrick → iz m 65
Könicke, Heiko → o 596, o 598
König, Daniel → T 1 901
- Dieter → iz a 36, iz a 83
Frhr. von König, Dominik Dr. → T 821
König, Doris Dipl.-Kfm., Dr. → E 151
- Friedrich Wilhelm → c 262
- Georg → g 173, g 174
- Gerald, Dipl.-Volksw. → U 965
- Günther, Dr. → c 536
- Hans, Dr. → u 2 582
Koenig, Hans Gernot → U 862
König, Herwin Dipl.-Kfm. → I 63
- Ingrid, Dr. → E 146
- Joachim → IZ O 203
- Joachim, Dipl.-Ing. → s 817
- Josef, Dr. → T 433, t 2 819
- Karl-Fritz → S 388
- Karl Fritz → T 3 440
- K.W., Dipl.-Ing. → Q 457
- Mario → A 3 115
- Michael G. → E 93
- Monika → O 271
- Nicolaus, Dr. med. → t 3 091
- P., Dr. → t 2 095
- Peter, Dr. → t 2 115, t 2 124
- Pia → O 54
- Reimar, Dr. → S 572
- Rolf → g 709, H 439
- Rolf-Eugen, Dr. → H 79
- Ute → U 1 249
- W., Prof. Dr. → t 2 336
- Wolfgang → G 96
- Wolfram → A 301
Königs, Erwin Dr. → T 3 891
Erbgraf Königsegg, Max → O 389
Königshof, Peter Dr. → T 1 364, T 1 975
Königshofen, Norbert → M 265
von Koenigswald, Wighart Prof. Dr. → U 3 055
Köning, Hans-Werner → R 577
Königer, Hans-Jörg → U 2 648
Könitz, Barbara → E 401, iz u 355
Koenitz, Michael → M 272
Könitzer, Burkhard Dr. → U 2 721
Könning, Ulrich → o 697
Könninger, Klaus → E 18
Koep, Werner → Q 357, Q 584, T 793, U 2 654
Köpcke, Erich → q 252
- Peter, Dipl.-Ing. → s 897
Koepe, Gerd → S 572
Köpf, G. → U 1 478
Köpke, Andreas → G 205, U 368
Koepke, Karsten-Uwe → C 833
Köpke, U. Prof. Dr. → T 2 617
- Ulrich, Prof. Dr. → Q 480
Köpnick, K.D. → f 591
Koeppe, Ulrike → T 1 865
Köppel, Johann Prof. Dr. → Q 371
Koeppen, Arndt → b 194
Köppen, Bernd Dr. rer. nat. → F 514
- Jörg → U 151
Köppert, Wolfgang → U 820
Köpping, Peter Prof. Dr. → T 1 115
Koepsell, Jürgen → g 465, h 608
Körber, Fritz → D 163
- Hans-Reinhold → t 268
- Joachim, Dipl.-Ing. → f 855
- Roland, Dr. → B 579
- Roland, Dr. habil. → B 580
- Stefan → g 147
- Stefan, Dr.-Ing. → g 745
- Ulrich → K 311
Körfer, Fritz-Werner → t 4 088
- Hans-Gerd, Dipl.-Ing. → S 844
Körner, Erich → I 43
- H., Prof. Dr. → T 1 266
- Hans-Jürgen, Prof. → T 404
- Harald → 3 177
- Heinz-Gerd → T 901
- Helmut → s 1 556
- Herbert → H 619
- Joachim, Dr.oec.habil. → T 719
- Jürgen, Prof. Dr. disc. pol. → T 2 875
- Karlheinz → S 1 488, s 1 494
- Klaus W. → F 228
- Martin, Dr. → T 402
- Sabine → T 719
Körnig, Gerd → F 375
Körper, Fritz Rudolf → A 10
Körtel, Käthe Dipl. Soz. Päd. → T 3 491
Körtge, Ralf Dipl.-Verwaltungsw. → S 795, S 948
Körting → B 709
Körver, Günther → c 86
Kössl, Anton → N 58

Kößling, Birgit → U 3 064
Köster, Burkhard → U 167
- Franz-Bernd, Dipl.-Kfm. → F 932, F 933
- Fritz → I 109
- Gerwig, Dr.-Ing. → t 1 201
- Heide, Dr. → s 348
- Klaus, Dipl.-Volksw. → M 204
- Marliese → t 3 119
- Thomas, Dipl.-Volksw. Dr. → G 17
Koester, U. Prof. Dr. → T 2 594
Köster, Ulrich → Q 362
Köster-Loßack, Angelika Dr. → T 2 449
Köstering, Friedel → u 953
Köstermann, Dr. → T 2 134
Köstermenke, Helmut Dipl.-Vw.Wirt (FH) → T 501
Kösters, Christoph Dr. → m 28, m 181
- Curt → t 2 776
- Jürgen → I 22, I 97, i 99
- Wim, Prof. Dr. → T 2 535
Köstin, Udo → f 674
Köstler, Friedrich → IZ S 669
Köstlin, Udo → f 675
- Udo, Dipl.-Volksw. → f 644, f 646
Köth, Sabine Dipl.-Bw. → E 110
Köthe, Rovena → u 1 288
Koether, Ralf → IZ Q 120
- Raoul → O 710
Köthner, Konrad Ben → T 2 669
Kötter, Andreas Dipl.-Ing. → t 1 627
- Fritz → r 175, R 181
- Harald, Dipl.-Volksw. → O 595, o 596
Köttgen, Rainer → b 53
Kötting, Rebekka → A 29
Koetz, Kajus → u 2 842
Kötzle, Alfred Prof. Dr. → t 4 057
Koeune, Jean-Claude → IZ U 1
van Koevringe, Hendrik Johannes → c 353
Koffler, Klaus-Joachim Dr. med. → S 232
- Theo, Dipl. rer. pol. Dr.-Ing. → e 190
Kofler, Andreas Dipl.-oec. → g 158, g 578
- Dr. → b 857
Kogi, Kazutaka → IZ T 194
Koglin, Olaf Dr. → T 445
Kohfeldt, Ralf → E 132
Kohl → A 27
- Brigitte → h 784
- Dieter → O 470
- Hannelore → B 844
- Hans-Helmut → O 489
- Hermann → q 600
- Jörg → b 142
- Jürgen, Prof. Dr. → t 2 393
- Karl-Heinz, Prof. Dr. → T 3 709
- Wolfgang, Dr. → K 326
Kohlase, Dieter → T 411
Kohlbrenner, Urs Dipl.-Ing. → S 1 106
Kohler, Guntram Dr.-Ing. → F 907
- L. R. → IZ T 34
- Wolfgang, Dr. → f 331
- Wolfgang, Dr.rer.pol. → U 10
Kohler Peeples, Frank → c 577
Kohlhaas, Edgar E. Dipl.-Oec. → T 2 468
- Irene → c 89
- Manfred → S 1 118
- Michael → B 881
- Rainer → T 3 810
Kohlhaase, Peter → A 212
Kohlhammer, Axel → E 27
Kohlhaupt, Inge → s 96
Kohlhaussen, Martin → I 46, iz i 9
Kohlmann, Monika Dr. → t 966
- Petra → r 422
Kohlmetz, Hans → N 192
Kohlmeyer, Swantje → Q 174
Kohls, Helmut → R 505, r 506
Kohlschutter, Claudia → iz u 457
Kohlwage, Karl Ludwig → u 1 822
Kohm, Andreas Dipl.-Kfm. → E 27
- Baldur → s 341
- Joachim → H 677
Kohn, Erhard Prof. Dr.-Ing. → t 1 782
- Karl-Heinz → M 15, m 33, m 200
- Kurt, Prof. Dr. → t 1 773
Kohnen, Thomas Prof. Dr. → T 468
Kohnhäuser, Erich Prof. Dr. → T 650
Kohnke, Hans-Heinrich Prof. Dr. → s 1 542
- Jürgen, Dr. → F 494, R 187, t 291, T 2 556
Kohns, Werner Dipl.-Ing. → s 937
Kohorst, Erwin Dr. → E 65
Kohr, Werner → m 115, M 188
Kok, B. C. → iz t 183
- Chris → IZ A 222
- W. → IZ B 184
- Wilhelm O. → IZ T 268
- Wim → iz b 185
Kokalli, Eleni → iz o 43

Kokemoor, Gisela → D 200, q 75
Kokk, Peeter → iz s 510
Kokkola, Matti → iz f 1 900
Kolarov, Luka Dipl.-Ing. → iz s 572
Kolatkowski, Andrzej → iz i 102
Kolb, Christian → S 1 200
- Dieter → q 64
- Dr. → Q 299
- Franz, Prof. Dipl.-Ing. → t 1 647
- Henry → S 1 530
- Hubert → C 113
- Johannes, Prof. Dr. → T 540
- Jürgen, Dr. → f 327
- Jürgen, Dr.rer.oec. → f 332, T 1 001
- Ludwig, Prof. Dipl.-Ing. → t 1 503
- Margarete, Dipl.-Ing. → s 879
- Peter → q 39
- Stephan → Q 360
Kolb-Specht, Irene → t 2 893
Kolb-Wachtel, Susanne → T 1 321
Kolbe, Gerd → D 65
- Karl-Heinz, Dipl.-Ing. → f 366
- Laura, Dr. → iz u 604
- Manfred → b 155
- Peter, Prof. Dr. → r 886
Kolberg, Ferdinand Dipl.-Ing. → f 526, f 530
Kolbitz, Friedrich → B 243
Kolbmüller, Burkhard Dr. → u 962
Kolbow, Walter → A 21
Kolck, Reinhold → D 215
- Reinhold, Dipl.-Volksw. Dr.rer.pol. → E 120
Kolder, Dr. → B 412
Kolec, Monika → T 3 948
Kolehmainen, Heikki → iz I 8
Kolesch, Friedrich Dipl.-Kfm. → E 38
- Horst → U 628
Koletzko, Berthold Prof. Dr. → T 3 884
Kolf, Günter Dr. → O 96
Koliandris, Takis → iz s 146
Koliopanos, Theodoros → iz b 95
van de Kolk, John → iz f 2 175
Kolkmann, Friedrich-Wilhelm Prof.Dr.med. → s 23
Koll, Dr. → A 14
- Eckhard → c 998, f 156
- Heinrich → R 476
- Hubert → U 822
Kollar, J. → iz f 1 035
Kollár, Ján → iz t 956
Kollatsch, Dirk-Th. Dr.-Ing. → T 2 691
Kollatz-Ahnen, Matthias → I 45
Kolle, Oswalt → T 3 245
Kollenberg, Udo → A 23
Koller, Gerhard → Q 510
- Klaus-Peter, Prof. Dr. → T 2 571
- Mathilde → b 32
- Thomas → G 33
Kollia, Vasso → IZ U 179
Kollmann, Dipl.-Ing. → b 522
Kollmannsberger, Josef → G 526
- Lorenz → N 116
Kollmer-v. Oheimb-Loup, G. Prof. Dr. → T 3 734
Kollorz, Fritz → k 215, K 330
Kolls, Heinrich → g 154
Kollwitz, Jochen → h 429, h 504
Kolmar, Michael → U 353
Koloczek, Heinz-Jürgen → r 278
Kolodziej, Günter → a 76, u 2 237
Kolonko, Britta Dr. → T 3 519
- Holger → Q 152
Kolossa, Heinz → H 196
Kolozar, G. → iz f 1 619
Kolsteeg, Ed → iz g 199
Kolthammer, Niels-Peter → E 129
Kolyvas, Ioannis → iz p 8, iz q 14
Kolzen, Hans Peter → E 134
Kometsiameo, Kossi Félix → E 703
Komischke, Klemens → s 2 525
Kommer, Hans Philipp Dipl.-Volksw. → E 162
Kommescher, Klaus-Peter → h 724
Komnick, Franz → U 986
Komp, Klaus → T 95
- Klaus-Ulrich, Dr. → T 1 324
Kompa, Karl-Ludwig Prof. Dr. → t 1 162
Kompernaß, Jochen → D 131
Komstedt, W. → iz h 490
Koncsek, Albert → E 718
Kondritz, Ute → u 1 314
Kondruweit, Simone Dr. → t 231
Kondziela, Andreas → u 2 147
Konen, Georg → T 2 464
Konermann, Peter → m 520
- Peter H. → h 464, T 3 910
Kongehl, Gerhard Prof. Dr. → S 1 427
Konhäuser, Christian → H 682
Koniarski, Karl → S 1 515
Konicek, Jochen → S 711
- Roshslav, Dipl.-Ing. → iz s 592

Konietzko, Dieter → k 94
Konitzer-Haars, Manfred → u 2 468
Konjevod, Vedran → c 950
Konken, Michael → s 1 331
Konkolewsky, Hans-Horst → IZ A 190
Konle, Hans Dr. → F 373
Konold, Werner Prof. Dr. → T 2 703
Konrad → A 36
– Christian → iz p 16
– Christian, Dr. → IZ I 45
– Ernst → I 128
– Fred Reiner → u 2 108
Konrád, György → U 3 009
Konrad, Heinz → g 329
– Helmut → q 67
– Herbert → IZ M 75
– Jo → M 273
– Kurt → E 407
– Reinhard, Prof. Dr. → t 1 447
– Romuald → g 757
– Ulrich, Prof. Dr. → U 3 012
Konschak, Rosemarie Dr.-Ing. → T 718
Konstanzer, Ralf → k 92
Konstas, Nikos → iz u 742
Konstroffer, Peter → R 399
Kontic, B. → iz t 675
Kontny, Henning Prof. Dr. rer. pol. → t 1 598
Kontturi, Pekka → iz f 131
Kontz, Ludwig-Udo Dipl.-Ing. → T 2 249
Konuloglou, Önder → iz r 215, iz r 218
Kooijman, Bastiaan → c 355
Kook, Franz → f 586, U 76
Koole, Arjen → iz f 33
Koolmann, Günther Dipl.-Ing. → u 1 130, U 1 179
Koonert, Heinrich → u 2 625
Koop, Jürgen → g 256, g 720
Koopman, G. J. → iz f 116
Koopmann, Klaus Dr. → T 3 810
– Lutz → I 33
– Peter → c 1 139
– Peter W. → h 760
– Werner, Dipl.-Oec. → U 380
– Werner, Dipl.-Ökonom → E 225
Koos, Janos → iz h 472
Kooy, Leo → IZ U 91
Kopatschek, Frank → D 68
– Hubertus, Dipl.-Ing. → t 1 195
Kopeček, Jan → U 3 092
Kopei, Dr. → B 661
Kopf, Adolf → h 202
– Heike → r 935
– Jürgen, Prof. Dr. apl. → T 2 358
– Rudolf, Prof. Dr. → T 2 744
Kopilow, Michael → h 786
Kopka, Klaus → O 363
Kopmann, Jobst → k 150
Kopp, Brigitte Prof. Dr. → T 2 625
– H.-J., Dipl.-Ing. → U 11
– Holger → g 724
– Horst, Prof. Dr. → T 1 122
– Karl → S 922
– Matthias → U 2 377
– Norbert F. L., Dr. → k 434
– Reinhold → IZ T 846
– Stephan → s 498
– Ulla-Christiane, Dr. → T 709
– Wilfried, Dr. → S 284
Koppe, Karl-Heinz Dr. h.c. → E 604, T 3 951
– Karsten → k 355
– Rolf, Dr.h.c. → u 2 288
Koppel, Helle → iz f 2 296
Koppelin, Jürgen → A 69, u 2 215
Koppelmann, Udo Prof. Dr. → o 555, O 568, T 3 939
Koppenhöfer, Gerd → U 438, u 446
– Jörg, Dr. → T 784
Kopper, Ch. → n 92
– Hilmar → E 402
– Jörgen, Dipl.-Ing. → S 954
Kopra, Ville → iz f 2 070
Kopriwa, Heinrich → u 1 458
Kopsch, Günter → T 2 235
– Karin → T 3 810
Kopschitz, Hans → F 185
Korb, Dinah → T 3 769
Korbel, Hans Dipl.-Ing. → E 709
Korber, José Dr. → iz f 2 414
– Joze, Dr. → iz f 2 612
Korbun, Thomas → t 2 777
Korczak, Dieter Dr.rer.pol. Dipl.-Volksw. → T 2 885
Kordes, Bernd → S 958
– Gert, Dipl.-Ing. → S 943
– Jürgen → o 481
Korell, Hans Georg → e 106
– Hans-Georg → N 135
– Hans-Georg → N 135
– Hans-Georg → U 271

Korenyi, Michael → c 326
Korf, Willy Dipl.-Kfm. → m 109, m 110, m 165
Korff, Florian Dr. → O 581
Freiherr von Korff, Klemens A. → u 1 770
Korfkamp, Gunter Dipl.-Ing. → I 7
Korfmacher, Hans Werner Dr. → s 676
– Heribert → o 285
Korhonen, Matti → iz b 65, iz f 2 595
Kori-Lindner, Claus Dr.med. → T 3 375
Korinek, László → c 517
Koring, Fritz Gerd → E 308
Korinková, K. Dr.-Ing. → iz s 591
Korkman, Sixten → IZ A 227
Kormann, Albrecht → f 10, F 46, F 323, f 327
– Joachim, Dr. → b 22
– Joachim, Dr. jur. → t 2 340
Korn, Günther → U 2 661
– Hartmut G. → U 2 095
– Klaus, Dr. → f 52, F 494, R.187
– Peter, Dipl.-Volksw. → e 8, iz e 7
– S., Dr. → u 2 393
Kornbichler, Thomas Dr. → T 2 194
Kornblum, Peter → m 88, m 155
– Wolfgang, Dipl.-Kfm. → f 752
Kornemann, Hasso → c 1 195
Korning, J. → iz f 2 519
Kornke, Paul → g 690
Kornwolf, Silvia → A 23
Korosec, Vekoslav → iz s 545
Kors, Eva-Maria → U 2 114
– Johannes → O 363
Korsager, Keld → iz f 2 024
Korschewsky, Knut → u 2 250
Korsmeier, T. J. → F 378
Korsten, Harald → t 1 586
Kort, Wolfgang Dr. → u 2 915
Korte, Bernd → E 431, e 446
– Bernhard, Prof. Dr.Dr.h.c. → T 1 944, T 2 457
– Dieter → k 150
– Harald → E 157
– Herbert → h 553
– Hermann, Prof. Dr. → T 3 584
– Martin, Dr. → S 426
– Rolf-Jürgen, Dr. → u 1 862
– Rolf-Jürgen, Dr. rer. pol. → U 1 860, u 1 861
– Susanne → Q 575
Korte-Termöllen, Willfried → h 520
Korth, Hans Michael Dipl.-Kfm. Prof. Dr. → s 10, s 664
– Irmgard → o 663
Korthaase, Helga → u 1 281
Korthals, Benk → iz b 188
– Gernot, Dr. → B 278
Korthals Altes, F. → IZ B 16
Korthauer, Reiner Dr. → f 351, f 352, IZ F 1 436
Korting, H.C. Prof. Dr. → T 3 358
Kortland, Kees → iz g 99
Kortum, Gerhard Prof. Dr. → T 3 463
von Kortzfleisch, Gert Prof. Dr. → T 1 901
Korutürk, Osman → C 1 324
Korward, Hansjörg → t 3 961
Kos, Claus-Peter Dr. → T 2 990
Kosak, Georg Dipl.-Ing. → T 1 369
Kosanke, Bodo Dr. phil. → s 156
Kosch, Günter → T 2 925
Koschel, Wolfgang Prof.Dr. → T 1 266
Koschik, Harald Dr. → U 3 054
Koschitzky, H.-P. Dr.-Ing. → t 2 688
Koschnick, Hans → E 604, E 653, O 336
Koschwitz, Ute → U 2 051
Koschyk, Hartmut → U 2 821
Koshis, Luisa → iz u 803
Koshofer, Gert → T 1 325
Kosiniak-Kamysz, Zenon → c 1 171
Kosin_1ski, Leszek A. → IZ T 565
Koskiala, Sinikka Dr. → IZ T 302
Koskinen, Johannes → iz b 63
Kosler, Barbara → T 2 207
Koslitz, Reinhard → f 560, T 3 769
Koslowski, Gerd → S 1 261
– Günter → s 635, s 659
– Paul → U 986
Koß, Jürgen → U 270
Kossan, Roger → S 1 510
Kossem, R. Jan → IZ O 215
Kossendey, Thomas → A 35
Kossenjans, Jasmin → IZ S 55
Kossmann, Silvia → u 811
Kossow, Klaus-Dieter Prof. Dr. → S 207
Kost, Christine → T 3 447
– Hans-Rainer, Dipl.-Kfm. → T 900
– Hubertus → S 1 356
– Hubertus, Dipl.-Volksw. → G 90
– Klaus, Prof. Dr. → S 1 454
Kostecka, Alicjia → IZ S 642
Kostecki, Norbert → u 794

Kostka, Beate → T 468
– Peter, Dr. → t 1 532
Kostylev, V. A. Dr. → iz t 767
Kosykh, Georgii → c 1 353
Kosyna, Günter Prof. Dr.-Ing. → T 390
Koszytorz, Elly → S 1 237
Kothe, Joachim Dipl.-Geogr. → s 1 474
– Jürgen → E 2, E 69
Kothé, Martin → A 69, U 2 200
Kothe, Peter Dr. → s 513
Kothmann, Gerhard Josef Dr. → IZ A 189
– Prof. Dr. → A 18
Kotmann, Georg → iz 2 901, u 1 903
Kotov, S. Dr.-Ing. → iz s 573
Kotsakis, Elias → iz s 219
Kotschwar, Edith → iz s 500
Kotsonis, Theodoros → iz b 96
Kotte, Ulrich → U 2 607
Kotter, Klaus → T 2 450, u 2 480
Kotthoff, Hermann Dr. → t 2 427
Kottkamp, Rüdiger → F 688
Kottke, Manfred → B 281
– Prof. Dr. → T 2 602
Kottmann, Dieter → o 12
– Hans-Jürgen, Prof. Dr. → T 455
– Heinz → t 2 272
Kottmayr, Fritz → g 433
Kotwas, Jochen → IZ S 102
Kotyrba, Hartmut → T 2 852
Kotz, Christian Peter → E 162
– Hans-Helmut → i 6
– Ulrich → O 234
Kotzia-Vyzantiou, Georgette → iz u 741
Kotzorek, Andreas Dr. → E 69
Kotzsch, Silke → s 773
Kouame, Assémian → C 714
Kouamé, Edouard → IZ F 1 691
Kouchner, Bernard → iz b 79
Koukakis, Michalis → c 809
Koukoulópoulos, Páris → iz u 35
Koundouno, Faya → iz s 515
Kourim, Heinz → Q 578
Kouris, Kypros Dr. → iz t 750
Kourkoulas, Dimitri → iz a 118
Kourniakos, Stelios → iz q 84
Kouros, Dimitrios Th. → E 474
Kourousis, Christos → iz u 238
Kováč, Igor → iz u 662
Kovacevic, Radovan → iz t 598
Kovacik, Ivan → iz f 1 746
Kovac_3ik, P. → iz t 399
Koval, Ivan → c 1 253
Kovár_7, Lubomír Dipl.-Ing. → d 212
Kovero, Jouko → iz h 424
Kowald, Jens → N 87
– Rainer → n 43
Kowark, H. Dr. → T 1 366
Kowarschik, Richard Prof. Dr. → T 1 314
Kownatka, Wolfgang → M 81, iz m 106
Kownatzki, Jürgen → e 649
– Werner → g 551
Koynova, Iskra → IZ S 642
Koziol, Jacek Prof. Dr. → IZ T 295
– Stephan → G 468
Kozlowska, Jolanta Róza → c 1 178
Kraaijenbrink, Hans → IZ T 903
Kraaijeveld, A. drs. → iz f 376
– Arie → iz f 2 287
Kraakman, Ted → r 300
van der Kraats, Marion → b 167
Kraatz, Günther → u 2 827
– Klaus-Jürgen, Dr. → F 975
– Klaus-Jürgen, RA Dr. → F 990
Krabbe, Diderick J. → O 625
Kracht, Monika → T 2 958
Kracke, Bernd Prof. → S 737
Krää, Gernot → O 233
Kraehe, Graham J. → E 242
Kraemer, Harold D. → S 731
Krämer, Andreas → U 641
– Bernd → k 76
– Bernhard, Prof. Dipl.-Kfm. → T 403
Kraemer, Christian → C 7
Krämer, Christoph → R 270
– D. V. → T 1 150
– Erich → T 2 173
– Ernst A., Dr. → iz f 1 187
– Ernst-Otto, Dr.-Ing. → F 1
– Friedhelm → H 225
– Gerhard, Dipl.-Volksw. → H 52
– Hans-Peter, Dipl.-Kfm. → U 724, u 730
Kraemer, Harold D. → S 731
Krämer, Heinrich → Q 672
– Heinz-Josef → F 289
– Helga A. → E 741
– Herbert, Dr. → D 174
– Hermann, Dr. → T 1 234
– Horst D. → t 3 172
Fortsetzung nächste Spalte

Krämer (Fortsetzung)
– Irene, Dr. → S 383
– Irmgard → S 176
– J., Prof. Dr. → T 2 657
– Karl Horst → E 31
– Manfred → I 39, U 345
– Matthias → G 287
– Michael → T 2 496
Kraemer, Paul R. → c 1 020
– Rudolf-Dieter, Prof. Dr. → O 145
– Thomas → I 103
Krämer, Thomas → s 1 250
– Thomas, Prof. → T 662
– Ulrich → s 148
Kränke, Sylvia → t 4 123
Känzlein, Jürgen → g 528
Krätzschmar, Christine Prof. Dr. → s 435
– Frank → u 514
– Wilfried, Prof. → s 1 299, T 461
Kräusche, Kerstin → S 1 095
Kräutter, Thomas → K 1
Kraffel, Uwe Dr.med. → S 77
Krafft, B. Dr. → iz f 1 613
– Dietrich Th. A. → E 553
– Hildegard → u 3 070
– Jürgen → Q 209
Krafft von Dellmensingen, Monika Dr. → u 2 950
Kraft, Albert → M 230
– Bernhard, Dipl.-Hdl. → E 26
– Gisela, Dipl.-Ing. → S 1 106
– Hannelore → B 117
– Helmut → r 530
– Holger → IZ S 675, IZ S 676
– Karl-Heinrich, Dipl.-Ing. agr. → F 465
– Lena → N 35
– Lothar, Dipl.-Verww. → A 153
– Norbert → c 2 591
– Werner → T 3 761
Krah, Uwe-Jens → B 766
Krahl, Gerhard Dr. → U 1 863
– Götz → f 942
– Joachim F. → E 91
– Jürgen, Prof. Dr. → t 1 446
Krahn, Wilhelm H. → t 1 875
Krahwinkel, Wilfried → u 892
Kraiboon, Pholachart → iz r 57
Krakeš, František Ing. → iz f 938
Krakow, Peter → E 206
Krall, Anne → r 229
Kralupper, Inge Dr. → iz o 91
Kram, Torsten → B 138, Q 486
Kramarz, Joachim Dr. → IZ O 3
Kramer, Axel Prof. Dr. → T 3 341
– Barbara → U 1 871
– Bernard → iz f 1 781
– Friedrich-Wilhelm → O 301
– Fritz → M 272, r 284
– Günter → B 790
– H.-J., Dr. iur. Dr. med. → T 3 354
– Hans-Peter → E 132
– Helmut, Prof. Dr.-Ing. → U 2 425
– Hermann, Dr. → D 177
– Hubertus → D 78
– Inge, Dipl.-Wirtsch. → s 669
– Ingo, Dipl.-Wirtsch.-Ing. → E 81, r 107
– Kirsten → O 377
– Klaus, Prof. Dr. → O 69
– Peter → O 630
– R. → iz f 691
– Stephan J. → U 2 387
– Susanne → D 74
Krameyer, Hermann → H 793
Kramlinger, Franz Xaver → c 456
Kramp, Detlef → U 1 096, u 2 503, U 2 603
Kramp-Karrenbauer, Annegret → b 142
Krampe, Eva-Maria → R 540, iz r 292
Krampen, Martin Prof. Dr. → D 257
Krampitz, Sigrid → A 3, A 4
Kran, Detlev Dipl.-Päd. → T 3 831
Krane, Dieter → T 1 257
Kranenberg, Manfred Dipl.-Kfm. → E 175, e 177
Kranendonk, A. → iz e 20
– H.C. → iz t 600
Kranidiotis, Giannos → iz b 98
Kranjc, Viktor → iz f 147
Krankenhagen, Gernot Prof. → U 3 030
Kranker, O. → iz f 128
Krannich, Reiner Dr. → k 92
Krantz, Harald → H 13, T 3 900
Kranz, Hanslothar → D 145
– Jerzy → C 1 169
– Jürgen, Ass. Dr. jur. → f 899, f 922
– Jürgen, Dr. jur. → f 953
– Michael → E 146
– Peter → o 342
Kranzbühler, P.M. → S 844
Krapp, Clemens-August → E 132

– Michael, Dr. → b 192
Krappmann, Carsten → N 128
Krappweis, Jutta Dr. → T 3 288
Kraseman, K. → IZ H 314
Kraske, Konrad Dr. → O 336
Krastev, Ventzeslav → iz t 920
Krastl, Bernhard → u 980
Kratt, Heinz → p 45
– Roland → f 326
Kratz, Alfons → g 305
– Günter → O 647
– Hans-Jürgen → O 406
– Karlheinz, Dipl.-Ing. → U 3 104
– Lothar → T 3 481
– Manfred → e 369
– Manfred E.G. → E 276
– Wilhelm → U 354
Kratz-Trutti, Sibylle → u 1 258
Kratzenberg-Annies, Dr. → T 1 266
Kratzenberger, Thomas → E 67
Kratzert, Hans → O 483
Kraul, Margret Prof. Dr. → T 2 530
Kraupe, Thomas W. → T 1 277
Kraus, Alexander → g 297
– Alfons → b 23
– Daniel → iz f 2 283
– Friedrich Wilhelm → E 157
– Guntram → IZ S 617
– Hans-Georg → T 3 779
– Hasso → g 312
– Inge → R 550
– Ingrid → o 250
– Josef → R 838
– Ludwig → g 579
– Manuela → S 614
– Reinhart → C 297
– Rudolf → A 35, E 385
– Rüdiger, Dipl.-Kfm. lic.oec. → t 1 726
– Susanne → D 90
Kraus-Vobbe, Mariette → U 1 242
Krausch, Reiner → S 1 577
Krause → A 27
– Arno → IZ U 597, IZ U 685, iz u 701
– Christian → T 3 917, u 2 299
– Christian L., Prof. Dr. → Q 368
– Claus-Dieter → g 442
– Cordelia → U 1 568
– Elisabeth → f 605
– Ernst-Günther → T 3 497
– Ernst-Walter → E 98, f 251, iz f 2 025
– Gerd → u 1 059
– Gerhard, Dipl.-Kfm. → s 675
– Günter → A 10, U 3 089
– Hans → T 2 942
– Hans-Ullrich → U 1 607
– Helmut → F 989
– Ingeborg → O 124
– Jens, Dipl.-Ing. → T 892
– Jürgen, Prof. Dr. → t 2 360, T 2 439
– Juliane, Dipl.-Ing. → s 1 107
– Ludwig, Dipl.-Ing. → T 3 766
– Marion → q 269, T 1 345
– Matthias → u 2 453
– Michael → o 80, T 1 907
– Nicole → U 1 475
– Olof → M 212
– Peter → u 2 651
– Peter, Dipl.-Wirtschafts-Ing. → f 276
– Peter-Jörg → g 365
– Reinhard → r 245
– S., Dr. → U 125
– Siegmar → S 1 369
– T., Dr. → T 3 367
– Thomas → T 485, T 3 783, U 515
– Ulrike → U 1 305
– Wilfried, Dipl.-Ing. → f 301
– Wolfgang → u 1 153
– Wolfram, Dr. → F 292, f 573, f 856, F 1 027, U 590, iz f 1 475
Krause-Behrens, Daniela Dipl.-Pol. → T 444
Krause-Döring, Regine Dr. → r 745
Krause-Pichler, Adelheid Dr. → s 1 142
Krause-Trapp, Ina → T 3 226
Krause-Wichert, Hannelore → O 125
Krause-Wichmann, Jost → h 415
Krauspe, Sven → C 9
– Wilhelm → t 2 926
Krauss, A. Dr. → IZ T 312
Krauß, Dieter → h 159
– Erich → L 52
– H., Dr.-Ing. → T 1 324
– Hans-Joachim → k 60
– Hans-Joachim, Direktor → k 51
Krauss, Harald → IZ K 48
Krauß, Hermann → h 449
– Lothar → R 330
Krauss, Peter → g 317
Krauß, Stefan → u 2 480
Kraußlach, Rainer Dr.med. → s 132

Kraut, Martin → U 2 651
Krauth, Andreas → f 789
Krauthahn, Albert → S 1 089
Krautheim, Gunter Prof. Dr. rer.nat.habil. → T 719
Krautkrämer-Wagner, Uta Dr. → T 835
Krautmann, José → c 19
– Prof. Dr. → A 27
Krautzberger, Maria → b 35
Krawinkel, M. Prof. Dr. → T 2 565
– Moritz, Dipl.-Kfm. WP/StB → P 40
Krawitz, Norbert Prof. Dr. → S 712
Krawutschke, Peter → IZ S 638
Kray, Andreas → S 439
– Peter → O 564
Krayl, Heinrich Prof. Dipl.-Ing. → t 1 539
Krebaum, Jürgen Dipl.-Volksw. → E 100, R 97
Krebs, Bernd → Q 516
– Frank W. → I 132
– H. → D 222
– Hans Dieter → U 2 450
– Hartmut → b 124
– Jochen → iz a 145
– Michael → H 157, h 158
– Peter → H 305
– Reneé → u 2 106
– Richard → r 546
– Rüdiger, Dr. → S 266
– Walter, Prof. Dr. → t 4 089
– Werner → C 294
– Wolf-Dieter, Dr. → T 894
Krecek, R. C. → IZ T 840
Krech, Dr. → T 1 371
Kreck, Arno → T 565
– Martin → E 92
– Matthias, Prof. Dr. → T 1 941
Kreckel, Reinhard Prof. Dr. → T 4 181
Krefeld, Thomas Prof. Dr. → T 3 753
Kreft, Dr. → A 362
– Jens-Peter → r 117
Krefting, E.-R. Dr. → T 1 003
Kregel, Bernd Dr. → d 16, d 46
Kreger, Klaus → m 162
Krehein, Peter → u 1 879
Kreher, Hans → u 2 208
Krehl, Constanze → U 2 251, u 2 264
– Rose, Dr. → T 2 720
Kreibich, Heinrich → S 1 199, T 819
– Rolf, Prof. Dr.phil.Dipl.-Phys. → T 1 352, T 2 348
Kreidler-Pleus, Daniela Dr.jur. → e 670
Kreienberg, R. Prof. Dr. → T 3 342
Kreienhop, Rolf → A 306
Kreikebohm, Ralf Dr. → K 317
Kreile, Johannes Prof. Dr. → O 270, R 512
– Michael, Prof. Dr. → T 3 581
– Reinhold, Prof. Dr. → O 126, S 1 157, S 1 169, S 1 170, T 759, IZ T 868
Kreilinger, Josef → Q 265
Kreilkamp, Edgar Prof. Dr. → T 594
Kreis, Fritz → h 173
Kreiselmeyer, Michael → u 1 779
Kreiß, Friedhelm → U 2 450
Kreitinger, Klaus → b 221
Kreitlow, Horst Prof. Dr. → t 1 463
Kreizberg, Kurt Dr. jur. → Q 560
Krejci, M. → iz f 1 037
Krejcik, Wolfgang → iz h 173
Kreke, Jörn Dr. → E 157
Krekeler, Thomas → S 1 139
Kreklau, Carsten Dr. → M 13, Q 480
Krell, Ulrich Prof. Dr. → f 409
Krelle, Wilhelm Prof.Dr.Dres.h.c. → T 2 457
Krellmann, Hanspeter Dr. → O 150
Kremaier, Franz Dr. → iz u 774
Kremar, H. Prof. Dr. → t 38
Kremendahl, Hans Dr. → D 134
Kremenjas-Danicic, Adriana → iz u 749
Kremer, Alfred → F 615
– Bernd → M 135
– Corinna → F 223
– Erhard, Dipl.-Volksw. → u 1 144
– H., Prof.Dr.-Ing. → T 1 980
– Kurt, Prof. Dr. → t 157
– Remy → iz i 178
– Robert → iz a 172
Kremers, Jürgen Dipl.-Ing. → B 624
Kremin, Michael → T 1 276
Kremm, Emil → t 1 748, t 1 749
Kremmler, Berthold → O 235
Krempien, Knut Dipl.-Kfm. → F 285
– Marianne, Dipl.-Ing. → u 70
Krempl, Werner → K 309
Krems, Martin → b 170
Krengel, Martin → r 151
– Volker → t 2 811
Krenn, Matthias → iz e 21
Krenzler, Michael Dr. → s 490
Krepp, Hans-Peter Dr.med. → S 162

Kreppmeier, Karlheinz → T 650
Kresling, Andreas Dipl.-Phys. → A 334
Kress, Christian → H 15, H 16
– H. Wilhelm → U 2 657
Kress jr., Karl Dipl.-Ing. → g 363
Kreß, Volker → U 2 286, u 2 313
Kress, Walter → q 194
Kresse, Hermann Dr. → O 595, o 596
Kreßel, Eckard Prof. Dr. → K 367
Kressin, Manfred → U 205
Kressl, Nicolette → N 60
Kreßmann, Carl → h 556
– Hans-Rüdiger → U 1 895
Krestel, Dipl.-Ing. → T 2 074
– Heidrun, Dipl.-Ing. → T 1 902, u 68
Kreten-Lenz, Heike → R 483
Krethe, Helmut → U 1 618
Kretschermer, Dorothea Professorin → T 2 517
Kretschmann, Bodo → h 516, U 758
Kretschmar, Andreas → A 228
Kretschmer, Dieter → K 321, r 302
– Friedrich, Dr. → T 2 248
– Hansjörg → iz a 74
– Joachim → U 405
– Karl Jochem, Dipl.-Betriebsw. → E 145
– Regina → T 3 484
– Thomas → r 257
– Vera, Dr. → b 154
– Wolf-Dieter, Dr. → T 894
Kretzschmar, Heinz Prof. Dr. → u 2 673
– Robert, Dr. → B 630
Kreuch, Bernd → n 25
Kreuer, Dieter → K 37
Kreul, Hans-Georg → F 189
Kreusch, Erich → c 843
Kreusel, Dietmar J. Dr. → C 510
Kreuser, Kurt → T 846
Kreutel, Manfred Dipl.-Ing. → r 115
– Wolfgang → r 362
Kreuter, Burkhard Dipl.-Ing. → s 894, S 1 018
– Hannelore → s 3
Kreutz, Anke → u 1 328
– Elisabeth → U 2 092
– Enrico → k 149
Kreutzberger, Peter → C 602
Kreutzenbach, Uta → b 110
Kreutzer, Heidi → D 105
– Jochem → T 1 291
Kreuz, Janine → E 244
Kreuzaler, Ernst Dr. → E 759, iz v 18
Kreuzer, Christa → U 2 450
Kreuzinger-Janik → A 21
Kreuzpaintner, Peter Dr. → f 146
Krey, Norbert Dr. → H 355
Kreye, Helmut → m 91, m 171
Kreyes, Thomas → O 405
Kreysa, Gerhard Prof. Dr.rer.nat. → T 992, IZ T 29, IZ T 30, IZ T 239
– Gerhard, Prof. Dr.rer.nat. Dr.-Ing. E.h. → T 991
Kricke, Dr. → A 8
Krickhahn, Wolfgang Dr. → T 4 125
Krickow, Dieter → u 2 550
Krieb, Anna → T 2 884
Kriebel, Irene Kornelia → B 719
Krieg, Gisela → T 424
– Gunther, Prof. Dr.-Ing. → t 1 574
– J.-C., Prof. Dr. → T 3 291
de Krieg, J. D. → iz f 1 426
Krieg, Michael → e 360
– Ortwin → T 3 228
– Sebastian → Q 485
Kriege, Peter → u 1 913
Kriegel, Rüdiger → T 3 018
Krieger → L 76
– Dr. → T 2 074
– Gerd-Achim → H 684
– Gerd-Dieter → f 684
– Gerd Dieter, Dipl.-Wirtsch.-Ing. → iz f 1 888
– Heinz-Josef → U 669
– Lutz → O 522
– Peter → E 69
– Roland → k 403, k 427
– Wilhelm, Dr. → e 533
Kriegeskorte, Karl → h 691
Kriegeskotte, Uwe → s 746
Krien, Fritz Prof. Dipl.-Ing. → T 692
Krier, Stephan Alexander Dr. → C 314
Kriesel, Werner Prof. Dr. → t 1 601
Krietemeijer, C.G. → iz f 1 061, iz f 2 488
Kriett, Peter Dr. → S 293
Kriha, Walter → g 592
Krija, Petra-Christiane Dipl.-Ing. → s 869
Krimm, Konrad Prof. Dr. → T 3 743
Kring, Herbert → u 2 602, U 2 603
Kringe, Otto → A 23
Kringen, K. → iz f 567
Kripp, Peter → s 608

Krips, Maximilian → H 617
Krisa, Petra → k 214
Krisam, Herbert H. → U 3 127
Krischek, Manfred → e 538
Krischok, Siegfried → T 4 154
Krissmanek, A. → iz f 1 932
Krist, Thomas → O 644
Kristel, Rita → g 615
Kristensen, Henrik Dam → iz b 51
– Per → iz f 558
Kristensson, J. → iz h 340
Kristiansen, Arild N → IZ R 239
– Dorthe → iz f 856
Kristjánsdóttir, Kristín Björg → iz t 931
Kristjánsson, Logi → iz s 478
Kriszun, Peter Dipl.-Volksw. → E 120
Kritzmann, Bärbel → G 50
Kroath, Hans → iz t 673
Krobaek, Lars → iz e 5
Kroboth, K. Dr. → T 1 887
Kroch, Howard → C 1 312
– Howard M.S. → C 1 313
Krockauer, Dieter → O 59
Kroders, Waldemar → c 380
Kröber, Heinz Dr. → E 146
von Kröcher, Udo → A 169
Kröckert, Gerd-Heinrich → q 12
Kröger, Achim Prof. Dr. → T 2 571
– Bernd → N 126
– Bernd, Dr. jur. → M 204
– Burkhard, Dr. → T 2 571
– Franz → U 2 815
– Gisela, Dr. → B 311
– Helge, Dr. → U 595
– Hermann → E 120
– Horst, Dr. → B 677
– Klaus → c 260
– Peter → O 321
– Wolfgang → F 383
Krökel, Walter Prof. Dipl.-Ing. → t 1 813
Kroeker, Ulrich → U 2 450
Kröll, Anton → h 366
– Joachim, Dipl.-Kfm. → U 341
– Walter, Prof.Dr. → T 1 266
Krömer → u 1 660
Kroemer, Michael → s 1 332, T 715
Krömer, Ulrich → U 242
Krömer-Butz, Sabine → Q 516
Krömmelbein, Friedrich → U 774
Kröncke, Dietrich → f 588, f 760, G 634, R 97, r 110, r 188
Kröner, G. Dr. → T 2 572
Krönert-Stolting, Heide → s 519
Kröning, Christian → u 2 266
– Michael, Prof. Dr. → t 237, IZ T 261
– Volker → t 957
Kröpelin, Günter → N 156
Kroës, Günter → T 887
de Kroes, J.L. → iz t 507
Kröse, Heinz → R 270
Kröselberg, Franz → g 186, k 212
Kroesen, Nils → N 58, N 96
Krößin, Ulrich → q 421
Krössinger, Peter → N 29
Kröter, Hannelore → S 738
Krötsch, Ulrich Dr. → s 342
Krogemann, Jürgen Dipl.-Ing. → u 522
Krogmann, Arnd Dipl.-Kfm. → E 67
– Hubert → k 211
– Jürgen → D 113
– Ralf → u 870
Krogstrup, Erik → IZ S 379
Krogvig, Axel → iz f 2 307
Kroh, Wolfgang → I 35
Krohe, Manfred → B 38
Krohm, Hartmut Prof. Dr. → T 3 745
Krohn, Brigitte Dr. → T 3 787
– Günter → h 768
– Wolfgang → c 1 300
Kroker, Werner Dr. phil. → T 905
Krol, Werner Dr. rer.nat. → F 706
– Werner, Dr.rer.nat. → F 696, f 708, f 709
– Werner, Dr.rer.nat → f 710
Kroll, Björn → S 1 366
– Gerhardt → k 149
– Harry, Dipl-Kfm. → g 37
– Herzryk → E 657
– Jens M., Dr. → S 1 366
– Manfred → g 377
– Norbert → h 214
– Wilfried, Dipl.-Volksw. → T 710
Krollmann, Hans → T 394
Krombach, Walter → N 283
Kromik → F 93
Kromka, Franz Prof. Dr.Dr.habil. → t 2 430
Kromm, Norbert → g 299
Krommer, Gottfried Dr. → S 337
Kromphardt, Jürgen Prof. Dr. → T 2 181
Krompholz-Roehl, Brigitte → T 952

Kronberg

Kronberg, Kirsten → E 134
Kronbergs, Talivalois → iz u 243
Kronen, Manfred → E 154, o 602
Kronenberger, Franz-Rudolf → O 373
– Franz-Rudolph → t 3 005, u 1 631
– Herbert → g 766
Kronfeldt, Heinz-Detlef Dr. → t 1 328
Kronibus, Klaus → u 2 834
Kronke, Herbert Prof. Dr. → IZ T 876
Kronseder, Volker Dipl.-Wirtsch.-Ing. → f 634
Kronthaler, Ludwig Dr. → T 618
Kroog, Vera Dipl.-Ing. → s 867
Kroop, Torsten → O 282
Kroos, Michael → I 65
Kropholler, Fritz Dipl. oectroph. → T 2 701
Kropp, Hartmut → U 416
– Helmut, Dr. med. → t 3 104
Kroppel, Olaf → q 528
Kropsch, Werner → IZ U 556
von Krosigk, Klaus Dipl.-Ing. → Q 621
Kroß, Eberhard Prof. Dr. → T 1 112
Kroth, Elmar Dr. → t 1 269, T 396
– Rolf → T 4 035
Krotz, Friedrich → T 1 957
Krousky, J. → iz q 99
Kroymann, Albrecht Dr. → U 1 742
Krsynowski, Bert → E 74
Kruber, Klaus-Peter Prof. Dr. → t 3 824
Kruckow, Connie → iz r 291
Krückel, Peter Dipl.-Geogr. → T 846
Krückels, Heiner Dipl.-Volksw. → u 1 847
Krückemeyer, Reinhard → E 691
– Reinhard, Dipl.-Kfm. → H 2
Krüdewagen, Guido → E 170
Krüger → A 14
– Anke → o 43
– Arnd, Prof. Dr. → U 2 450
Krüger, Arne → S 1 509
Krüger, Arne → S 1 515
– Beate → B 211
– Bodo → c 1 063
– Christiane → t 3 968
– Dieter, Dipl.-Ing. → S 946
– Dipl.-Ing. → b 520
– Eckhard → B 759
– Ernst-Otto → k 83
– Frank → I 130
– Fried → N 147
– Friedrich, Dr. → U 2 450
– G., Dr. → E 278
– Gert, Dipl.-Geogr. → D 136
– Günter → s 909, u 521
– Hannelore → T 2 991
– Hans Dieter, Dipl.-Wirtschafts.-Ing. → g 250
– Helmut → U 1 248
– Herbert, Dr. → r 907
– Hilmar, Prof. Dr. → S 621
– Horst, Dipl.-Vw. → H 308, IZ H 530
– Inge, Dr. → E 278
– Jens, Dr. → E 694
– Johannes → F 374
– Jürgen → E 67, F 596
– Klaus, Prof. Dr.-Ing. → t 1 590
– Marianne → N 141
– Martin Maria → O 127
– Mia-Elisabeth → u 1 376
– Monika, Prof. Dr. → T 584
Krueger, Otto-Gert → u 926
Krüger, Paul Dr. → A 35
– Rolf → h 729, q 69, r 936
– Thomas → A 278, U 1 180, u 2 259, U 2 286
– Thomas, Dipl.-Ing. → E 18
– Ulrich → T 2 872
– Wilfried, Prof. Dr. → T 4 145
– Winfried → f 80, O 461, r 44
– Wolfgang, Dr. → O 282, o 283
Krueger, Wolfgang Prof. Dr. → T 678, IZ T 910
Krümmel, Hans-Jacob Prof.Dr.Dr.h.c. → T 2 457
Krüpfer, Wolfgang Dr. → c 1 166
Krüßmann, Günther Dipl.-Ing. → R 93
Krütt, Norbert → F 690
Krützen, Michaela Dr. → T 3 687
Kruft, Alfred → T 2 191
Krug → u 1 654
– Günther, Dipl.-Ing., Dipl.-Jour. → f 855
– Hermann, Dr.-Ing. → S 1 105
– Jürgen, Prof. Dr. → U 2 450
– Klaus, Prof. Dr. → t 1 966
– Klaus-Dieter → u 1 955
– Norbert, Dipl.-Ing. → L 37
– Peter → u 2 307
– Prof. Dr. → O 120
– Thomas → s 1 146
– Ulrich, Dr. → U 41
– Wolfgang → A 202

Kruiper, Henry Dr. → iz h 130
– Henry J. → iz h 510
Krull, Wilhelm Dr. → T 828
Krumhoff, Joachim Dr. → c 1 095, c 1 097
Krummacher, Christoph Prof. Dr. → T 582
– Friedhelm, Prof. Dr. → T 3 978
– Jo → s 760
Krummel, Werner → g 491, h 140
Krumnack, Heinz → K 319
Krumpen, Horst → u 2 202
Krumpholz, Horst Dipl.-Ing. (FH) → b 482, R 731
Krumrey, Klaus → IZ O 203
Krumsiek, Lothar Prof. Dr. → T 541
Krupp, Hans-Jürgen Prof. Dr. → i 5
– Klaus-Peter → U 3 122
– Mario → O 690
– Paul, Prof. → t 4 049
Kruppa, Christoph Dipl.-Ing. → S 844
– Ingrid → u 1 224
– Jozef, Dr.-Ing. → E 337
– Oliver → t 1 636
Kruschel, Karsten Dr. → U 3 015
– Manfred → T 2 145
Kruschewski, Walter → s 1 570
Kruschinski, Uwe → I 16
Kruse → A 14
– Bernd-O. → F 604
– Dr. → A 8
– Eberhard, Univ.-Prof. Dr. → T 3 377
– Gerhard → q 117
– Gertraude → B 228
– Griseldis → g 656
– Hans Jakob → N 56
– Hans-Joachim → O 716
– Helmut → E 147
– Hermann → h 178
– Herrmann, Dr. → Q 645
– Holger W., Dipl.-Ing. → S 844
– Horst → g 518, K 273
– Joachim → k 209
– Karl-Friedrich → E 115
– Karl-Heinz, Dr. → B 435
– Klaus → N 29
– Martin, Dr. → E 225
– Matthias → E 21
– Michael → U 1 180
– Nadine → Q 349
– Peter D. → c 264
– Rüdiger → q 521
– Wilfried → F 997, U 551
– Wolfgang → s 1 490
Kruskop, Inga → T 835
Kruspe, Heike → q 185
– Werner → T 822
Krutmann, J. Prof. Dr. → T 2 801
Kruttschnitt, Jörg A. Dr. → u 1 829
Kruuse → IZ T 319
Krylow, Sergej B. → C 1 198
Krystek, Jens → u 2 809
Krzaklewski, Marian → iz u 365
Krzynski, Udo → i 3 963
Ksinsik, Jürgen → q 563
Kubach, Rudolf Dr.iur. → E 39
Kube, Christian Dr. → O 176
– Dirk → iz h 539
– Harald → E 263
Kubecka, Jaroslav → iz f 413
Kubenz, Michael → M 101
Kuberka, Bettina → E 74
Kubicki, Wolfgang → a 74
Kubis, Hermann → r 524
Kubisch, Jürgen Prof. Dr.-Ing. → t 1 405
Kublitz, Dieter → U 1 161
Kubny-Lüke, Beate → T 2 872
Kubon, Alfred → k 100, k 118, k 248, k 335
Kubosch, Paul-Joachim → iz a 42
Kucera, G. Prof. Dr. → t 2 336
– Vladimir → IZ T 309
Kucharski, Dieter → F 891
– Regina → T 3 017
Kuchejda, Mathis → f 685
Kuchenbaur, Sebastian → Q 215
Kuchenbecker, Axel → A 319
Kuchenreuther, Hans → O 390, O 393, O 407
– Steffen, Dipl.-Kfm. → O 151, O 175
Kuchert, Leonhard → U 2 182
Kuck, Wilfried → S 972
Kuckartz, Fritz → H 594
– Michael, Dr. → E 82, T 1 902
Kuckuck-Brackmann, Erika → R 865
Kuczmierczyk, Gabriele → q 474
Kuczora, Peter → r 336
Kudaschev, Alexander Dr. → o 285
Kudela, Gitta Dr. med. → s 221
Kudell, Detlev → g 626
Kuder, Manfred Prof.Dr.phil. → E 381
– Prof. Dr. h.c. → E 661
Kudielka, R. A. Dr. → T 3 342

Kudlich, Hansjörg → u 1 009
Kudritzki, Rolf-Peter Prof. Dr. → t 101
Kudsk, Torben → iz p 4
Kübel, Eberhard Dipl.-Wirt.-Ing. → U 158
– Klaus, Dr. → T 551
Kübler, Andreas → A 303
– Hartmut, Prof. → t 1 582
– Volkmar W. → T 2 249
– Walter → E 31
Küch, Volker Dipl.-Ing. → T 710
Kücha, Georg → IZ F 1 177
Küchen, Christian Dr. → T 1 311
Küchenhoff, J. Prof. Dr. → T 3 387
Küchenmeister, Hans-Peter → S 270
Küchler, Thomas Dr. → T 757
Küchlin, Wolfgang Prof. Dr. Dipl.-Inform. → t 1 770
Kück, Dieter Prof. → T 517
Küçükay, Ferit Univ.-Prof. Dr.-Ing. → T 1 069
Küffner, Karl Dipl.-Ing. → F 857, F 859
– Rudi → O 276
Kügler, Jost Ulrich Dipl.-Ing. → T 1 835
Kühbacher, Klaus-Dieter → i 4
Kühl, Hans-Joachim → u 2 210
– Juan Cristobal → c 16
– Manfred → E 426
– Rainer, Prof. Dr. → T 2 331
– Thomas → T 3 762
– Uve, Dipl.-Ing. → s 855
Kühl-Meyer, Beatrix → A 35
Kühlbrandt, Werner Prof. Dr. → t 107
Kühler, Hannemarie Dr. → O 336
Kühn → A 14
– Alfons → E 2
– Bruno, Dr. → T 904
– Burkhard, Dipl.-Ing. → B 249
– Claus → O 176
– Dirk, Dr. med. → S 78
– Frithjof → n 79
– Hans A., Dr. → o 551, O 560
– Hans-Joachim, Dr. → u 957
– Helmut → O 707
– K., Prof. Dr.med. → T 3 338
– Lothar → g 686
– Manfred, Dr. → f 43, F 727, f 736, f 737, f 738, f 739, iz f 110
– Michael, Dipl.-Ing. → F 891
– Peter → m 163
– Rainer → N 177
– Thomas, Dr. → B 592
– Wolfgang → G 219, g 227
– Wulf → U 860
Kühn-Sehn, Thomas → a 94
Kühnau → A 14
Kühne, F. Dr. → T 1 266
– Frank → I 27, p 41
– Gabriel → A 4
– Helmut → E 220
– Ingenborg → u 1 352
– K. Michael → S 1 211, s 1 213
– Lothar → S 691, IZ S 294
– Manfred, Prof. Dipl.-Ing. → t 1 493, t 1 496
– Max → c 444
– Michael → e 49, f 867, g 646
– R., Prof. Dr. → T 1 266
– Siegfried → U 321
– Winrich, Dr. → T 803
Kühne-Henrichs, Achim → S 738
Kühnel, Kay → u 2 225
– Klaus-Detlef → Q 491
– Wolfgang, Dr. → f 641, f 677, f 678, F 689, IZ F 204
– Wolfgang, Prof. Dr.med. Dr.h.c. → T 3 283
Kühnen, Volker → s 1 538
– Wolfgang, Dr.med. → IZ S 68
Kühner, Harald Dipl.-Landw. → T 1 260
– Jochen, Dr.-Ing. → E 148
– Nora → S 1 210
Kühnhenrich, Paul H. → IZ T 292
Kühnl, Reinhard Prof. Dr. → T 2 220
Kühnle → A 18
– Hermann, o. Prof. Dr.-Ing. → t 205
Kühr, Stefan → U 1 564
Külow, Kathrin → S 1 397
Kümmel, Wolfram → g 168
Kümmell, Renate → S 1 486
Kuen, Friedrich Dipl.-Kfm. → c 1 130
Künast, Renate → A 18, U 2 097
Kündgen, Werner → U 2 554
von Kuenheim, Eberhard Dr.-Ing. E.h. → H 302
Künne, Marga → s 643
Künnecke, Otto → g 558
Künnemann, Ingo → U 299, u 300
Künnemeyer, K.-O. → IZ F 271
Künz, Bernd → T 4 001
Kuenzel, Jens Dipl.-Kfm. → g 283
Künzel, Monika Dr. → O 288

Fortsetzung nächste Spalte

Künzel (Fortsetzung)
– M.R. → iz h 282
– Rainer, Prof. Dr. → T 639
– Robert → h 69, h 72, h 201, H 715
– Robert, Dipl.-Ing. agr. → H 37, H 66, h 71, h 73, H 620, h 621, h 624, h 626, h 628
Künzer, Heinz Dipl.-Ing. → s 848
Künzler, Ingrid Dr. → K 313
Künzli, Thérèse → E 684
Küper, Norbert → S 976
– Ute → f 1 010
Küpers, Ger → iz l 12
Küpferle, Dieter → g 312
Küpke, Ulrich Dr. → Q 645
Küpper, H.-U. Prof. Dr. → t 2 340, IZ T 237
– Hans-Dieter → E 18
– K.-U., Prof. Dr. → t 2 341
Küppers, Brigitte Dipl.-Biol., Dr.rer.nat. → T 1 968
– Georg → E 151
– Hubert → R 640
– Jürgen, Prof. Dr. → t 156
– Kurt → E 151
Kürbisch, Fritz → IZ F 204
Kürn, Peter → E 2, E 46, K 378
Kürner, Thomas → s 649
Kürsten, M. Prof. Dr. → T 846
– Ralf → O 585
Kürzinger, Karl Dipl.-Volksw. → E 47
Kürzl, Eva → iz r 301
Küsel, Ottmar C. → f 585
Kuessner, Hinrich → B 332, n 76, u 1 988, U 2 251
Küßner, Wolfgang Dipl.-Ing. → S 1 087
Küssner, Wolfgang Dipl.-Ing. → T 2 975, iz s 680
Küster, Jutta Dr. → T 2 838
– Susanne → U 1 443
– Uwe, Dr. → A 39, A 82
Küstermann, Falk-Dietmar Prof. Dr.-Ing. → t 1 404
Küsters, Werner → Q 137, R 258, IZ S 379, iz s 384
– Werner, Prof. Dr. → F 173
Kütbach, Hans-Jürgen → U 2 450
Küter, Eckhard Dr. → S 530
Küthe, Erich Dr. → T 3 939
Kütten, Edmund → k 106, k 124, k 341
Kützemeier, Thomas Dipl.-Ing.agr. → Q 308
Kuffer, Claude → iz r 299
Kufferath-Kassner, Stephan Dr. → f 253
Kufferath-Kaßner, Stephan A. Dr. → E 139
Kuffner, Walter → H 228
– Waltraud → S 696
Kugelmeier, Michael → S 1 585
Kugelstadt, Rolf → s 661, T 4 005
Kugler, Lieselotte Dr. → U 3 030
– Martin → G 240
– Robert, Dr.-techn. → t 1 168
Kuhbier, Heinrich → T 1 368
Kuhl, Wolf-Eberhard → b 160
Kuhlemann, Erika → g 703
Kuhlen, R. Prof. Dr. → T 1 919
– Rainer, Prof. Dr. → t 1 596
Kuhlgatz, Wilhelm Dipl.-Ing. → F 184, T 1 142
Kuhlmann, Bernd → F 578
– F., Prof. Dr. Dr.h.c. → T 2 601
– Friedrich, Prof. Dr. Dr.h.c. → Q 3
– Friedrich W. → e 358
– Herbert → T 3 891
– Paul, Dr. → q 11
– Ralph-Heiner, Dr. → F 221
– Reinhard → IZ R 223
– Robert P. → H 733, iz h 539
– Sabina → T 732
– Udo, Dr. → K 280
– Verena → s 822
– Wolfgang → H 587, Q 403
Kuhlmey, Astrid → O 288
Kuhlo, Karl-Ulrich → O 406
Kuhls, Clemens → S 638
Kuhn → A 21
– A., Prof. Dr. → t 38
– Albert → iz h 554
– Axel, Prof. Dr.-Ing. → t 213
– Berthold → P 47
– Erwin → U 2 097
– Fritz → U 2 097
– H., Dr.-Ing. → T 846
– Helmut → o 36
– Hermann, Dr. → B 329
– Michael, Dr. → I 96
– Prof. Dr. → T 2 602
– Reiner → U 2 604
– Reinhard, Prof. Dr. → t 1 668
– Reinhold → B 222
– Werner → a 73, T 729
– Wilhelm → k 90

Fortsetzung nächste Seite

Kuhn (Fortsetzung)
- Wolfgang, Dr. → E 742
- Wolfgang, Dr. jur. → c 741
Kuhna, Karl Heinz Dr. → C 163
Kuhne, Ingeborg → E 210
Kuhnert, Dieter → G 331, g 345
- Gerd → k 93
- Hartwig → A 345
- Jan → T 2 329
Kuhnhen, Claudia Dr. → r 739
Kuhnke, Günter Dr. → s 368
Kuhnt, Dietmar Dr. jur. → E 156, F 1
Kuhr, Christian → U 3 110
- Hans-Achim, Dr.-Ing. → t 206
- Manfred → m 214
Kuhrmeier, Bernd → q 13
Kuhrt, Cornel → H 85
- Jürgen → u 2 826
Kuhse, Dieter → M 249
Kuipers, W.L.R. → iz s 95
Kuitunen, Henri → iz m 12
Kujala, Jaakko → iz f 322
- Stina → iz f 2 070
Kujat, Harald → A 21
Kujawski, a → T 3 952
Kukely, Màrton → iz m 34
Kuklau, Christlieb G. → e 612
Kuklinski, Rudolf → h 764
Kula, Miroslav → iz f 2 115
Kulartz, Hans Jürgen → I 14
Kulbergs, Viktors → iz e 30
Kulcsar, Ernst → U 1 564
- Istvan → IZ F 2 453
Kuldschun, Ingrid Dipl.-Ing. → S 793
Kulenkampff, Verena → o 274
Kuligk, Andreas M. → C 203
Kulik, Hans-Jürgen → R 809, r 828
Kulkova, Natalia → IZ U 265
Kull, Hermann → t 1 477
- Hermann, Prof. Dr.-Ing. → t 1 474
- Volker → k 71
Kulla, Prof. Dr. → R 883
Kulle, Ingo → s 1 425
- Volker → K 312
Kullman, Conny → IZ T 901
Kullmann, Ulrich Dr. → T 898
Kulmala, Kari → iz h 505
Kulozik, Ulrich Prof. Dr. → T 2 580
Kulpe, Waldemar → u 1 068
Kulpok, Alexander → s 1 325
- Karin → O 288
- Michael → T 3 675
Kumagai, Hiroshi → iz f 2 566
Kume, Kunisada → C 896
Kuminek, Martin → s 353
Kumlehn, Rainer → r 323
Kummer, Beate Dr. → h 291, h 295
- Dietmar G., Prof. Dr. h.c. → T 3 487
- Gerhard, Dr. → E 148
- Hubert → R 330
- Matthias → s 1 227
- Peter → g 328
- Roland, Dipl.-Ing. → s 843
- Willi → r 691
Kummerländer, Wolfgang → u 1 995
Kummetat, Jürgen → T 2 353
Kumwong, Suwat → n 274
Kun, Vincent → c 42
Kunath, Bernhard Prof. Dr.med.habil. → t 3 102
- Gerhard, Dr. → T 2 890
- Harald → r 881
- Manfred → F 690
Kunc → iz t 494
- Irene → E 709
- O. → iz t 514
Kunczik, Michael Prof. Dr. → T 3 699
Kunde, F. Dr. → F 507
Kundt, Wolfgang → H 372
Kuner, Peter → U 1 814
Kunert, Heinz Dr. phil. → T 3 658
- Horst → U 965
- Jiří → E 346
- Tino → q 535
Kunikata, Toshio → c 897
Kunisch, Rolf Dr. → F 508
Kunitzsch, Ines Dr. → iz u 712
Kunkel, Klaus Dipl.-Volksw. → f 774, f 775, r 160, U 610
- Klaus, Dr.-Ing. → S 978, T 2 082
- Sigurd, Dipl.-Kfm. → m 237
Kunkel-Weber, Isolde → R 398
Kunkle, Gary M. → E 739
Kunold, Ingo Prof. Dr. → T 455
von Kunow, Jürgen Prof. Dr. → U 3 054
Kunrath, Karl → U 774, IZ R 10
Kunsch, Rolf → M 37
Kunst, H.-G. → F 979

Kunstmann, Bernd Prof. → T 420
Kunth, Bernd Dr. → c 1 049, E 464
- Werner, Prof. Dr. habil → T 4 139
Kuntz, Bernhard → S 267, S 290
- Walter, Prof. Dr.-Ing. → t 1 492, t 1 494
Kuntze, O. → iz t 581
- Werner, Prof. → s 902
Kuntzsch, Heinz R. → t 2 471
Kunz, André F. → h 389, h 416, h 459, h 529
- Andreas, Dipl.-Ing. → E 100
- Dieter, Prof. Dr.-Ing. → t 1 679
- Dr. → u 1 651
- Gerhard → C 310
- Hans-Detlev → T 3 183
- Johann, Prof. → t 2 048
- Norbert → U 2 786
- Petra → IZ F 172
Kunz-Ott, Hannelore Dr. → U 3 044
Kunze, Andreas Dr. → H 157, h 162
- Detlef, Prof. Dr. med. → s 62
- Dieter → s 647
- Frank → r 316
- Friedrich R. → T 3 457, T 3 461
- Georg → k 200, k 230, k 233
- Gerd F., Dr. → IZ U 116
- Gerhard, Dipl.-Ing. → F 88
- Hans-Dieter, Univ.-Prof. Dr.-Ing. → t 221
- Heinrich, Prof. Dr. → T 2 872
- Henning → O 396
- Herbert → U 2 450
- Martin → t 3 060
- Michael → H 635
- Thilo → E 71
- Ulrich → D 122
- Wilhelm K. → I 127
- Wolf-Ingo → L 18
Kunzi, Hugo → U 805
Kunzmann, Wolfgang → t 4 106
Kuo Su, Tsan-Yang → n 273
Kupas, Malte → B 328
Kuperion, Stephan → t 3 013
Kupetz, Andrej → t 1 076
Kupfahl, Wolfgang → B 310
Kupfer, Frank → u 2 129
Kupferschmid, Peter → A 23
Kuphal, Frank → IZ T 232
Kupka, Angelika → IZ M 218
Kupke, Reinhard → U 2 072
- Wolfgang → T 513
Kuppe, Gerlinde Dr.rer.nat.habil. → A 39, b 163
- Rainer → IZ F 55
Kupper, Wolfgang → T 698
Kuppinger-Beck, Patricia Dipl.-Soz.Päd. (BA) → t 1 424, t 1 730
Kupsch-Loh, Margarete → O 470
Kurbjuhn, Albrecht → N 142
Kurdziel, Markus → A 40
Kurek-Bender, Ines → U 1 233
Kuri, Christoph → S 1 066, s 1 212
- Rolf, Dipl.Ing. → g 163
Kurosaki, Isamu → c 249
Kurowsky, Siegfried → f 869
Kurras, Hannelore → U 1 615
Kurrle, Hans → g 527
Kursar, Aldo → s 125
Kurschat, Harro → F 117
Kurtenbach, Hatto → O 237
Kurth, Detlef Dipl.-Ing. → S 1 106
- Hermann, Dr. → Q 133, IZ S 379
- Hermann J., Dr. → Q 137, iz s 384
- Matthias → A 360
- Peter → b 30
- Reinhard, Prof. Dr.med. → A 213
- Undine → U 2 097
Kurtze, Karola → S 1 585
Kurucz, E. Dr. → iz f 2 163
Kurz → U 1 342
- Antje → T 1 271
- Claudia → F 183, F 205
- Erich → U 1 951
- Ingfried → Q 238
- Josef, Dipl.-Ing. → T 1 976
- Josef, Prof. → U 677
- Martin → s 776
- Rainer → T 1 354
- Rolf → U 805, u 806, iz g 33
- Wolfgang → IZ T 896
- Wolfgang C.-O. → T 926
Kurzbuch, Claudia → U 1
Kurze, Ulrich J. Dr.-Ing. → T 1 165, T 1 258
Kurzeck, Matthias → u 2 637
Kurzhals, Andreas → u 2 221
- Hans-Albert, Prof. Dr.-Ing. → T 444
- Jürgen → c 406
Kurzwart, Robert → U 3 062
Kus, Stanislaw → iz s 458
Kusada, Zenichiro → IZ F 1 853
Kusche, Katrin → Q 473

- Ludger → t 2 995, u 1 621
Kuschinsky, Wolfgang Prof. Dr. med. → T 3 466
Kuschke, Wolfram → B 235
Kusian, Rainer → h 423
Kuske, Matthias → U 1 609
Kuss, Adolf → t 3 178
von Kusserow, Ulrich → T 3 931
Kussin, Christiane → U 3 013
Kussmann, Michael → T 1 165
Kußmaul, Heinz Prof. Dr. → t 4 092
Kusters, Florence → IZ K 36
Kusumo, Irawan B. → iz s 520
Kuter, Seyfettin Prof.Dr. → iz t 773
Kuth, Robert → o 15
Kuthe-Behrens, Barbara → R 517
Kutin, Breda → u 166
- Helmut → U 1 596
Kutschke, Rainer → Q 589
Kutter, Adrian → O 217
- Michael → u 1 263
Kutteroff, Albrecht → O 362
Kuttruff, Peter Dr. → S 273, S 276
Kutz, Karl-Heinz Dr. → T 656
Kutz-Bauer, Helga Dr. → A 286
Kutzbach, H. D. Prof. Dr.-Ing. → iz t 697
Kutzer → A 362
- Eckhard → T 731
Kutzler, Kurt Prof. Dr. → T 398
Kutzli, Arnold → O 65
Kutzner, Gerhard Dr. → A 6
Kuusisto, O. → iz t 479
de Kuyper, R. P.M. → iz f 475
- R.P.M. → iz f 1 349
Kuypers, Robert → u 2 615
Kuznik, Christian → U 988
Kvarud, Tore → iz h 430
Kwaschik, Johannes → D 125
Kwauka, Gerd-Georg Dr.-Ing. → T 2 146
Kwiecinska, Barbara K. Prof. Dr. → IZ T 298
Kwiring, Wolfgang → r 697
Kyd, David → IZ V 20
Kyle, Sean → iz h 199
Kyncl, Antonín → iz f 1 462
Kyong, Sang-Hyon → IZ T 903
Kypke, Ulrich Dr. → Q 645
Kyriacopoulos, Paris → iz e 12
Kyriakides, Christos → iz f 2 116
Kyrieleis, Helmut Prof. Dr. phil. Dr.h.c. → A 118
Kyu-il, NA → E 559

L

La Pergola, Antonio Mario → IZ A 219
Laabs, Hartmut → Q 656
Laack, Christian Dr. → R 122
v. Laack, Dr. → T 3 420
Laackmann, Kirsten Dr. → T 1 056
- Peter → K 284
van Laak, Claudia → O 288
- Erich → H 667
Laaksonen, Katriina → iz r 293
van der Laan, Hans J. H. → D 215
Laan, Jan → iz s 444
Laar, Friederike → u 1 256
Laaser, Barbara Dr. → T 502
- Erich → S 1 373
Labahn, Rüdiger → T 591
Labala, Luis Rodulfo → iz f 2 432
Labatut, Denis → IZ P 42
Labbé, André → iz u 726
Labbeke, Daniël → IZ O 77
Labbow, Ernst → u 2 583
Labidi, Mohamed → n 228
Labisch, Alfons Prof.Dr.med. Dr.phil. → T 3 446
Labischinski, Harald Prof. Dr. → T 2 571
Labonde, Heiner Dipl.-Psych. → e 435
Labonté, Claus → E 67
Labonte, Peter → K 292
Labonté-Roset, Christine Prof. Dr. → T 411
Labowsky, Hans-Joachim Dr. → t 1 262
Labrenz, Katharina → q 538
Labrosse, Daniel → c 772
- Yves → IZ F 318
Labrot, Christian → IZ M 121
- Christian, Dipl.-Volksw. → M 80
Labs, Burkhard → S 269
Labsch, Klaus Dr. → T 2 220
Labudde, Dieter → t 3 007, u 1 633
Labuhn, Klaus → s 31
Labusga, Hans-Jörg → f 232, f 764
Lacaci Vazquez, Nuria → iz f 1 816
Lacarrière, Jean-Pierre → iz f 1 334, iz f 1 338

Lach, Klaus → T 887
Lachapelle, Guy → IZ T 193
Lachmann, Raimar → U 2 450, u 2 518
- Tina-Alexa, Dipl. oec. troph. → T 3 313
- Wingolf R. → U 762
Lachner, Rolf Dr. med. → S 1 259
Laci, Hira → IZ U 176
Lack, Johannes → k 86
Lackhoff, Hans-Peter → T 1 862
Lackmann, Johannes → L 39
Lackner, Evelyn → T 3 918
- Franz, Dipl.-Ing. → f 346
- Karl, Prof. Dr. → t 156
- Sabine → F 2 077
- Udo, Dr. → U 618
Lacombe, Jean → iz f 2 465
Lacoste, Jean-Pierre Dr. → E 175
- Marie Christine → IZ T 882
Lacroix, Jaqueline Dipl.-Geographin → T 3 659
- Sébastien → iz f 1 332
Lacube, Jean-Louis → iza 72
Lacunza, Julio B. Cano → iz f 148
Ladehoff, Peter → k 158
Lademann, Jutta → T 1 971
Ladwig, Peter Dr. → I 91
Laedtke, Volker → s 602
Lämmer, Gunda → r 613
Lämmert, Eberhard Prof. Dr. → S 1 201
Lämmle, Christian → iz h 255
Lämpe, Siegfried → g 760
Länger, Horst → U 1 502
Länsiö, Jussi → iz f 2 327
Laepple, Klaus → N 283, iz n 47
Laesicke, Hans-Joachim → d 244
Lässing, Rose → c 129
Läufer, Thomas Dr. → C 395
Läuger, Ernst → h 417
Lafargue, Marie-Christine → IZ U 225
Lafferty, William M. → IZ T 193
Laffitte, Pierre → E 468
- Pierre, Prof. → t 1 235
Laffuge, Jacques → IZ F 317
Lafontaine, Horst → R 505
Lagae, Patrick → IZ F 362
Lagaly, Arno Dipl.-Ing. → T 554
Lagemann, Dr. → s 415
Lagendijk, Joost → IZ U 350
Láger, József → iz u 65
Lagerstedt, Göran → iz l 15
Lagerweij, Evert Prof. Dr. → IZ F 1 600
Lages, Arnaldo → iz r 34
Lageu, Faye → IZ K 36
Lahache, Didier → IZ H 420
Lahm, Hermann → r 631
Lahnstein, Manfred → E 491
Lahousse, Marcel → iz s 4, iz s 434
Lahr, Volker → U 1 239
Lahrmann, Markus → O 494
- Willi → P 57
Lahti, Pirkko → IZ T 838
Lai, R. → IZ R 288
Laible, Eckhard → I 20, l 102
Laich, Angela → U 2 762
Laicher, Arnim Dr. → T 2 846
Laidre, Margus → C 751
Laimer, A. → iz t 218
of Lairg, Irvine → IZ B 10
Lais, Harald → S 789
- Klaus-Jürgen → O 372
Lajolo, Giovanni Dr. → C 840
Lajous, Roberta → IZ T 890
Lakatos, Krisztina → iz t 211, iz t 229
- Z. → iz h 311
Lake, Michael → iz a 169
- P. → IZ F 1 267
Lakin, William → IZ F 387
Lakota-Hansen → t 2 388
Lal, Kishori → IZ T 560
Lala, Mansourou → IZ R 315
Lalic, Mato → iz r 253
Lalière, Marc → iz f 1 144
Laliotis, Konstantinos → iz b 95
Lallement, Bernard → E 453
Lamarre, M. C. → IZ T 824
Lambach, Frank Dr. → C 452
Lambart, Jens-Henrik → E 454
Lambert, Alain → iz s 217
- Charles → IZ S 433, iz s 438
- Francine → IZ T 902
- Hans → O 322
- J. → iz f 101
- J.M. → iz f 1 870
- Klaus → P 1, P 4, P 32
- Monique → U 672
- Odette → IZ U 425
Lamberth, Bodo Dipl.-Ing. → U 581
- Werner, Dipl.-Ing. → t 1 606
Lambertin, Heinz Erich → h 381

Lamberts, Erwin → U 2 152
Lambertus, Heike → s 1 332
Lamberty, Jürgen → U 2 603
– Thomas, Dr. → r 744
Lambertz, Johannes Dr. → H 259
– Karl-Heinz → D 219
– Rolf → u 2 125
– Wolfgang P. → Q 389
Lambinus, Uwe → u 2 543
Lamborghini, Bruno Dr. → IZ F 1 067
Lambour, Rodolfo Dr. → iz f 2 572
Lambrecht, Tobias → O 507
Lambris, Iorgos → iz h 441
Graf Lambsdorff, Otto Dr. → T 745, U 2 200
Lamby, Werner Dr. → E 553
Lamers, Erika → E 151
– Harry, Dr.med. → IZ S 68
– Karl → U 2 682, IZ U 374
Lamicq, Hélène → IZ T 878
Lamm, Martin → G 53
Lammerding, Dieter → o 21
Lammers, Eckhard Dipl.-Volksw. → E 133
– Jochen Peter → u 2 459
Lammersdorf, Christoph → I 96
Lammert, Norbert Dr. → T 763
– Ulf, Dipl.-Ing. → s 1 039
Lammertz, Michael → U 544
Lamort de Gail, Bruno → IZ F 1 463
Lamoureux, François → iza a 10
Lamp, Erich Dr. → T 3 699
– Rainer → g 437
Lamparter, Uwe Dipl.-Ing. → S 922
Lampasiak, Bruno K. → IZ Q 198
Lampe, Albrecht → T 640
– Hans-Dieter → H 97
– Hermann, Dr. med. → T 3 380
– Joachim → o 274, O 301
– Lothar → k 99, k 117, k 247, k 334, q 29
– Reinhold → u 2 385
Lampen, Georg → u 900
Lampert, Claudia → T 1 957
– Winfried, Prof. Dr. → t 132
Lamperti, M. → iz f 664
Lampinen, Paavo → c 119
Lampke, Peter → c 1 040
Lampkin, Samuel → IZ R 271
Lamprecht, Peter → U 2 823
Lamti, Mahjoub → c 1 344
Lamy, Pascal → IZ A 1
Lancelle, Eike → b 40
Lancesseur, Bruno → IZ S 647
Lancini, G. Dr. → iz t 344
Lancrenon, Dominique → iz s 438
Land, Rainer Dr. → T 2 366
Landaburu, Eneko → iz a 28
Landau, Herbert → b 89
– Malcolm → iz h 426
– Marc → E 347
– Peter, Prof. Dr. Dr.h.c.mult. → t 87
Landauer, Bernd Prof. Dr. med. → S 41
– Monika → e 316
Landeau-Constantin, Jocelyne → IZ T 106
Landefeld, Klaus → T 3 677
Landekarl, Anders → iz u 234
Landenberger, Horst → U 2 767
Lander, Heinz-Jürgen → s 34
Lander Laszig, Annie → E 421
Landerer, Christoph Dr. → D 202
Landers, Siegfried Dr. h.c. → E 151
Landes, Artus → f 448
Landfermann, Hans-Georg Dr. → U 47
Landfried, Klaus Prof. Dr. → T 398
– Werner → g 710
Landgraf, Gerhard → U 2 821
– Günther, Prof. Dr.rer.nat.habil. Dr.-Ing.E.h. → IZ T 974
– H., Prof. Dr. med. → T 2 802
– Rüdiger, Dr. med. → T 3 294
Landkammer, Renate → o 219
Landless, Peter N. → IZ U 308
Landmann, Peter → h 721
Landmark, Carlos A.C. → T 2 309
Landmesser, Paul → g 243
Landowski, Manfred → E 147
Landquist, Bengt → IZ H 176
Landrock, Stephan Dr. → IZ G 130, iz g 131
Freiherr von Landsberg, Dietmar Dipl.-Volksw. → F 221, F 932, R 96
Landsberg, Gerd Dr. → D 33, iz u 30
Landsberg-Becher, Johann-Wolfgang Dr. → T 820
Graf von Landsberg-Velen, Dieter → q 230
Graf von Landsberg-Velen, Dieter → U 2 450
Graf von Landsberg-Velen, Dieter → U 2 510, U 2 552, U 2 608, u 2 609
Landsiedel, U. Dr. → S 319
– Uwe, Dr. → s 336
Landwehr, Jan-Dirk Dipl.-Kfm. → F 318
Landwehrs, Klaus Prof. → T 647

Lane, A. → IZ Q 140
Laneus, Horst Dipl.-Ing. Oec. → H 298, H 299
Lanfer, H.G. Dr. → N 175
Lang, Armin → k 172, k 191
– August R. → E 579
– Bernd → T 4 179
– Dieter → b 139, B 335
– Florian, Prof. Dr. med. → t 1 765, T 3 360
– Franz Peter, Prof. Dr. → t 4 065, t 4 073
– Gabriele, Dr. → t 878
– Gerhard → f 113
– Gertrud → u 2 830
– Günter → S 919
– Günther → U 2 060
– Hansgünter → b 145
– Ingrid → f 554
– Jack → iz b 74
– Joachim → e 202
– Karl, Dr. → u 825
– Klaus, Prof. Dr.-Ing. → T 430
– Martin → iz f 1 673
– Rainhart, Prof. Dr. → T 446
– Richard → u 2 957
– Tristan → E 406, T 3 590
– Wilhelm F., Dipl.-Kfm. → t 4 109
– Wolf-Dieter → T 3 761
Langanke, Annemarie Prof. Dr. → h 561, h 562, h 564
– Harriet → T 2 744
Langbehn, C. Prof. Dr. → T 2 594
Langbein, Birte → A 25
Lange → A 21
– Andreas → u 2 142
– Anett → u 2 236
– Anja → t 3 086
– Annelie, Dipl.-Med. → t 3 297
– Antje → g 510
– Beate → s 396
– Bernhard → F 504
– Carola → t 3 103
– Cornelia → t 812
– Dietmar → g 490, h 139, q 94
– Dietmar, Dr. → T 1 272
– Ditmar, Dipl.-Ing. → F 1 033
– Ernst F., Dr. jur. → F 837, U 600
– Frank → E 197
– Fritz → g 300
– Gerhard → M 270, r 791
– Günter → S 728, S 1 207
– H.-W. → G 237
– Hans-Gert, Dr. → A 244
– Hans-Jörg → U 2 762
– Hans-Peter → g 454, h 597
– Harald, Dipl.-Ing. → s 697
– Hartwig → S 176
– Heiko, Dr. → R 1
– Herbert → Q 576
– Hermann → b 76
– Hubert-H., Dipl.-Kfm. → o 608
– Josef, Dr. → b 37
– Jürgen → I 102, u 2 612
– Jutta → U 3 056
– Karl-Wilhelm → U 1 057
– Klaus, Prof. Dr. → B 889
– Klaus-Jürgen → G 52
– Manfred, Dr. → O 532, O 535
– Paul, Dr. → S 1 221
– Peter, Dr. → B 740
– Rolf → g 226
– Rolf-Peter, Dr. → G 236
– Rudolf → D 221
– Siegfried, Dr. → q 555
– Thomas → f 107
– Ulf → R 83
– Ulf, Dr. → r 88
– Ulf, Dr.jur. → c 752
– Ulrike → r 930
– Volker → H 273
– Willi → e 637, k 237
Lange-Ernst, Maria-E. → S 1 361, T 3 486
Lange-Klein, Dr. → A 12
Lange-Tetzlaff, Gisela → U 1 178
Langefeld, Horst → i 6
Langeland Marthinsen, Anne Beate Dr. → iz t 763
Langelüddecke, Rainer → f 280, iz f 753
Langemaack, Hans-Eberhard → H 716, T 391, IZ S 654
Langemack, Jan-Ole → d 20
Langemeyer, Andreas → IZ T 897
– Gerhard, Dr. → D 65, d 250, o 15
van Langen, H. → iz t 772
Langenbach, Hilmar → K 178
– Peter, Dr. → E 151
Langenberg, Stephan → iz u 216
Langenberger, Wolfgang → m 18, M 140, R 183
Langenbucher, Hans → K 62
Langendörfer, Hans Dr. → U 2 341

Langendorf, Dieter Dr. → f 52, F 494, F 495, R 187
– Robert → U 855
Langenhan, Holger → k 207
Langenhorst, Berthold → u 1 531
– Wilhelm → T 2 910
Langenstein, Gottfried Dr. → O 336
Langer, Berthold → B 373
– Günter, Dr. → c 1 299
– Johannes → f 927
– Susanne, Dipl.-Phys. → t 223
– Wolfgang → u 1 428
Langerak, Nico → IZ T 272
Langerfeldt, Carl Peter → E 117
Langes, Horst → c 993
Langfeld, Uwe → f 647
Langguth, Hans-H. → U 2 097
– Heide → r 296
Langhammer, Rolf J. Prof. Dr. → t 2 285
Langhoff, Hans-Jürgen → r 285
– Manfred → r 623
– Thomas → U 3 009
– Ullrich → E 151
Langkau, Jochem Dr. → t 2 273
Langlais, R. Dr. → IZ F 1 260
Langlet, Jürgen → T 907
Langlotz, Volker Dr. → B 447
Langlume, Patrice-Michel → IZ K 35
Langmack, Cornelia → T 3 950
Langman, Lucien David → iz s 672
Langmann-Keller, Klaus → M 127, m 128, m 129, m 130, m 131, m 133, m 134, iz m 59
Langner, Andreas → T 2 257
– Annelies → e 622
– Helmut, Dipl.-Ing. → u 527
– Ludwig M. → U 2 767, u 2 771
Langowski, Jörg Prof. Dr. Dr. rer. nat. → t 1 530
Langschwager, Hans-Jürgen → f 78, r 42
Langsdorf, Albert → T 771
Langstraat → iz q 155
– Dick J. → iz p 22
Languin, Philippe → IZ U 573
Langvad, Niels → iz t 517
Langwiesner, Gertraud → IZ U 201
Lanitis, Costas → c 593
Lankau, Helmut → B 429
Lankia, Eero → iz u 442
Lannhagen, P.-E. → iz f 1 280
Lannoye, Paul → IZ U 350
van Lanschot, W.Ch.J.M. → IZ U 123
Lánsky, M. o.Prof. Dr. → R 860
Lante, Manfred → S 230
Lantermann, Manfred → R 159
Lantra, Nizam → n 218
Lanwehr, Werner Dipl.-Ing. → E 170
Lanz, Christoph → O 282, o 283
– Hubert, Dr. → U 3 084
– Peter, Dipl.-Ing. → s 3, T 2 444
– Reinhold, Dr. → U 1 865
Lanzer, Wolf → T 1 000
– Wolf, Dr. → E 151
Lanzl, F. Prof.Dr.rer.nat. → T 1 312
Laponce, Jean → IZ T 193
Laporta, Jorge → IZ M 229
Laporte, G. → iz h 347
Lapp, Andreas → c 849
Lappe, Ernst Ulrich → h 694
Laquai, Ingrid → N 32
Larcher, Walter Dr. → c 1 131
Lardier, Christian → IZ S 647
Lardillon, J.P. → IZ F 285, IZ F 1 826
Larfaoui, Mustapha → IZ U 559
Laroque, Guy Prof. → IZ T 572
de Larramendi, Luis H. → IZ U 91
Larsen, Dan → c 730
– Otto → iz u 27
– S., Prof. → IZ T 163
– Steen Brogaard → E 422
Larson, Ole → iz g 90
Larssen, Rüdiger → F 491
– S. → iz f 2 427
Larsson, Göran → iz f 2 078
– Hákan → M 13
– Kjell → iz b 239
– Maria → iz q 27
Laruelle, Sabine → iz q 2
Larusdottir, Dagny → iz u 359
de Lary, J. P. → iz f 2 308
Lasalle, Heinz → u 1 036
Lasch, Bernd → s 412
– Gundula → s 1 352
– Hanns-Gotthard, Prof. Dr. h.c.mult. → T 3 329
Laschet, Ulrich → U 1 041, IZ U 300
Laschka, Wolfgang → U 1 480
Laschke, Henrik → n 75, N 140
Lasi, Thomas → u 2 437
Laske, Rüdiger → R 515

Laskowski, Harald → U 260
– Jörg → O 449
Lasnia, Claudia → t 4 164
Lassen, Niels Julius → c 726
Lasserre, J. A. → IZ M 3
Lassmann, Christian Dr. → c 1 124
Laßmann, Stefan → g 665
Lassotta, Edeltrud → Q 394
– Martina → r 130
Last, Helmut → k 202
Lastikka, Lea → iz f 2 170, iz f 2 297, iz h 331
Laszkiewicz, E. → iz i 40
Latasch, L. Dr. → u 2 393
Latha, Budunku → C 787
Lather, Karl-Heinz → A 342
Latiff, Abdul Rasip → IZ F 1 692
Latorre Carvajal, Juan Manuel → IZ R 273
Latsch, H. Dipl.-Ing. → S 967
Latta, Antonia → U 1 568
Lattaro, Elisabeth Dr. → u 3 003
Lattemann, Wolf → r 499
Latten, Reiner Dipl.-Landw. → q 220, q 227
Latteur, J.P. → iz f 2 418
Lattke, Joachim → F 68
Lattner, Ralf Dipl.-Geogr. → s 1 485
Latuske, Horst → u 1 662
Latussek, Paul Dr. habil. → U 968, u 984
Latvalahti, Hillevi → iz f 1 634
Latz, Geert → t 3 969
– Hermann → U 2 450
– Karl-Heinz, Dipl.-Betriebsw. → f 587
Latzel, Peter → O 322
Latzer, Jean-Claude → n 233
Latzko, F. Dr. → iz f 189
Lau, Artur → K 273
– Dieter, Dipl.-Volksw. → U 890, u 897
– G., Prof. Dr. → U 1 566
Laub, Günter → h 734
– Jakob → U 968
– Peter → t 2 982
Laubach, Birgit → A 40
Laube, E. → T 1 077
Laubenheimer, Jürgen → L 24
– Ulrich → b 871
Lauber, Jürgen Dipl.-Bw. → t 2 162
Laubmann, Dieter → F 975
Laubstein, Iris Dipl.-Designerin → S 1 220
Lauche, Bernd → N 204
Lauda, Rudolf Dr. → s 489
Laudi, Wiebke → q 256
Laudon, Gregor → U 933
Laue, Birgit → Q 370
– Dietmar, Dr. → R 732
– Horst → h 495
– Jürgen → u 1 884, u 2 621
– Sascha, Dipl.-Ing. → T 1 928
Lauer, Bernd → T 1 938
– Hans, Dipl.-Ing. agr. → q 18, g 37
– Michael → U 2 648
Lauerbach, Erwin → T 1 270
Lauermann, Heinz → t 2 112, t 2 121
Lauf-Immesberger, Karin → t 964
Laufer, Wolfgang Dr. → B 640
Lauffer, Friedrich Herwig → O 544
– Jürgen → O 260, S 1 512
Laufs, Horst-Dieter → U 1 401
Lauk, Joachim → A 281
– Kurt J., Dr. → E 462, U 2 114, U 2 152
Laumann, Karl-Josef → A 39, U 2 114
Laumanns, Hans-Wilhelm → E 167
– Reinhard, Dr. → f 240
Laumans, Stephan Dipl.-Ing. → F 946
Laumer, Helmut Dr. → e 510, E 545
Launay, Michèle → iz f 241, iz f 1 044
Launsky-Tieffenthal, R. → iz f 118
Laupichler, Klaus → T 3 017
Lauran, G. → iz r 14
Laurent, Dominique → iz u 24
– R. → iz f 2 418
de Laurentiis, Aurelio → IZ O 30
Laurerxe, Camillo → IZ H 538
Laurich, Frank Dr. → S 738
Laurien, Hanna-Renate Dr. → t 3 092
Laurig, Wolfgang Prof. Dr. → T 2 317
Laurikainen, Raimo → iz f 1 434
Lauristin, Marju Prof. → u 603
Lauritzen → iz e 46
– Ebbe → iz f 1 224
Laursen, Poul → c 723
– Vagn → iz f 1 174
Lausberg, Winfried Dr. → e 25
Lausch, Harry → H 249, I 110
– Kurt → U 205
– Wolfgang, Prof. Dr.sc.nat. → t 1 416
Lause, Karl-Heinz → r 287
Laut, Ulrich → s 347
– Willi → u 2 570
Laute, Hansjörg → D 127
Lautenbach, Rolf → S 1 322

Lautenschläger-Peiter, Sabine → A 204
Lauterbach, Christel → T 505
– Joachim → I 45
Lauterwasser, Erwin → U 2 450
– Ralf → U 96
Lauth, Arno → m 16
– Arno, Dipl.-Betriebsw. → m 42, M 137, m 138, m 139
Lautz, Heinz → g 677
von Lauvenberg, Siegfried Dipl.-Volksw. → F 119, f 564, f 571
Laux, Christian Dr. → T 2 225
– Erika → q 64
– Ernst-Ludwig → R 307, r 311
– Günter, Dipl.-Ing. → B 376
– Hans Dieter, Prof. Dr. → T 1 121.
– Ingrid → t 3 084
– Joachim → a 93
– Manfred, Dr. → I 87, iz i 92
– Wolfrudolf, Prof. Dr. → Q 307
Lavaggi, Ottavio → iz u 448
Lavagne, Sophie → IZ F 205
Lavarde, P. Dr. → iz t 700
Lavaux, Jean-Michel → iz u 233
Lavelle, John → iz s 277
Lavery, Michael J. → IZ U 115
Lavetzis, Iannis → iz s 276
Lavino, Paolo → iz h 428
Lavrador, Rodolfo Dr. → IZ B 210
Lavric, Dominik → iz u 253
Law, John → iz h 464
– Philip → iz f 311
Lawatsch, Karl-Heinz Dipl.-Ing. → f 898, f 919, t 2 085, t 2 086
Lawerentz, Rainer → k 202
Lawo, Thomas Dr. → U 2 044
Lawrence, David Grant → IZ A 194
– Vanessa → iz t 179
Lawrenz, Rita → T 3 227
Lay, Johannes → U 628
– Richard → iz s 602
– Rolf → h 562
– William → IZ U 175
Laye, Ousmane → IZ V 2
Layer, P. Prof. Dr. → T 3 429
Lazaridis, Sokratis → iz i 173
Lázaro Cuenca, Jesús → IZ A 222
Lazenby, D. → iz t 502
Lazzaroni, Luigi Dr. → IZ F 1 822
Lødrup, Hans → E 314
Le Buanec, Bernard → IZ H 272, IZ T 688
Le Courtois, Patrick → IZ A 189
Le Dore, L. → IZ F 84, IZ F 2 136
Le Gouïs, Brigitte → IZ U 177
Le Malfa, Giorgio → IZ U 434
Le Tyrant, Gérard → iz f 2 298
Leanza, Umberto → IZ T 880
Leardini, Pascal → iz a 9
Leavey, T. E. → IZ W 40
Lebbink, Olivier → IZ U 668
Lebeau, Helmut Dipl.-Ing. → T 378
Lebech, Johannes → iz b 46, iz u 438
Leben, Norbert → q 270
– Reinhard → k 48
Leber, Manfred Dr. → T 665
Leblanc, Dominique → iz i 172
– H. → IZ F 84
Lebranchu, Marylise → iz b 73
Lebreiro, Paulo → iz f 2 017
Lebrero, Angel → iz f 1 330
Leca, Jean → IZ T 193
Leces, Marta → iz u 634
Lechlein, Helmut Dipl.-Ing. → I 10
Lechler, Brigitte → T 4 037
Lechner, Daniela → E 703
– Klaus → h 56
– Manfred → T 2 852
– Matthias → T 1 267
– Sebastian → m 19, M 144
– Walter, Dir. → T 4 043
– Walter, Prof. Dr.med. → T 3 376, T 3 462
Lechte, Ulrich → u 2 219
Lechtenböhmer, Norbert → E 151
Leckel → A 21
– Wilfried → q 597
Leckelt → B 694
Leclair, Alain → iz i 94
– Gilles → IZ U 113
Leclerc, Françoise → iz f 1 563
Leclère, Gérard → IZ F 13
Leclere, Gérard → iz f 17
Leclerque, Johannes Dr. → U 1 403
Lecocq, Nathalie → IZ F 2 359
– Y. → IZ Q 160
von Ledebur, Jan Dipl.-Ing. agr. → Q 173
Leder, Dieter → A 338
– Matthias, Dr. → E 175
– Stefan, Prof. Dr. → E 390
– Walter, Dr. → T 1 951

Lederer, Anno → p 45
– Elmar → K 267, K 268
Lederitz, Andreas → O 271
Ledermann, Thomas Dr. → I 97
Leding, Peter → B 386
Ledolter, Martin → IZ U 375
Ledouble, Christine → iz r 40
– Philippe → IZ R 27, iz r 40
Ledwoch, Brigitte → m 97, m 192, m 195
Lee, Chia Hsien Dipl.-Ing. → E 700
– D. → IZ T 32
– Gale → C 834
– Joyce → iz f 2 578
– Maxwell G. → IZ U 806
Leeb, Hermann → T 1 956
Leemans, Tom → iza a 144
Leemhuis, Uwe → S 317
Leemreijze, Garrit → M 209
Leendertz, Niko → F 986
Leenknecht, M. Carlos → iz m 77
Leerling, Anton → iz p 22
van Leersum, Antonie Gijsbertus → c 350
Leesch, Hermine → t 3 198
Leese, Wolfgang → E 117
Leesland, Aslak → IZ U 809
Leestmans, Jef → IZ U 349
Leeswadtrakul, Somsak → IZ R 27
Leetz, Wolf Dipl.-Volksw. → T 2 241
de Leeuw, Hanneke → IZ M 200
van der Leeuw-Roord, Joke → IZ U 826
van Leeuwen, Henk → iz u 51
Lefarth, Ute → U 3 044
Lefeber, Rita → r 685
Lefebvre, Christian → c 145
– Marie-Christine → IZ F 1 197
– Olivier → iz i 168
– Philippe → iz s 504
Lefèbvre, Pierre Prof. → IZ U 315
Lefers, Heinz → R 584
Lefeuvre, Jean-Claude → iza a 199
Leffler, Johan → iz f 1 916
Leforban, Yves Dr. → IZ Q 124
Legakis, N. J. Dr. → iz t 337
Legall, Wolf-Dieter Dr. → A 293
LeGans, Marianne Dipl.-Volksw. → S 846, s 891
Lege, Klaus-Wilhelm Dr. → E 249, E 250
Legendre, K. H. → iz f 2 147
– Karl-Heinz, Dipl.-Betriebsw. → F 430
Leger, Cedric → iz f 384
– Lothar → T 1 313
Léger, Philippe → IZ A 219
Legerstee, Peter L. → iz s 44
Legge, Elmar Dr. → T 2 007
Leggewie, Ulrich → f 711
Leglise, Michel Dr. → IZ U 571
Legowski, Alexander → G 1
Legrand, Aline → IZ O 202
– Charles → iz f 860
Legras, Guy → iza a 26
Legros, Nathalie → iz u 728
Leguay, François → iz f 1 144
Lehane, Michael → iza a 202
Lehari jun., Valdo → O 394
Lehde, Reinhold Johannes → u 525
Lehmacher, Michael → U 1 897, u 1 905
Lehmann, Alfred Dr.rer.pol. → U 375
– Axel → r 626
– Burkhard, Dr. → A 204
– C. → A 12
– Claudia → u 2 204
– Detlev, Dipl.-Kfm. → E 196
– Dieter → U 1 426, u 1 469
– Dietrich, Prof. Dr. → S 1 516
– Dietrich, Prof. Dr.sc.agr. → T 585
– Dirk → r 924
– Dorit → U 1 615
– E., Dr. → T 1 073
– E., Prof. Dr.mult. → T 1 360
– Eike, Prof. Dr.-Ing. Dr.-Ing. E.h. Dr. h.c. → t 2 063
– Frank → n 22
– Günter → O 690
– Günter, Prof. Dr. → t 1 456
– Günter, Prof.Dr.paed.habil. → IZ T 974
– Gustav Adolf, Prof. Dr. → T 3 711
– H.-D. → A 31
– Hans Friedrich, Dr. Dr. → u 1 884
– Harald → E 206
– Hartmut, Prof. Dr. → t 121
– Heinz → T 752
– Hilde → U 1 032
– Ina → h 173, h 174, h 177
– Jürgen → f 102, f 552, r 55, R 60
– Karl, Dr. Dr. → U 2 341
– Karl, Dr. → u 2 363
– Karl-Heinz, Dr.-Ing. → T 1 968
– Klaus → F 841

Fortsetzung nächste Spalte

Lehmann (Fortsetzung)
– Klaus, Prof. → t 1 874
– Klaus A., Univ.-Prof. Dr.med. Dr.rer.nat. → T 3 418
– Klaus-Christian → f 250
– Klaus-Dieter, Prof. Dr. h.c. → T 830
– Konstantin, Dr. → T 3 665
– Manfred, Dipl.-Ing. → t 2 107, t 2 117
– Martin, Dipl.-Ing. → T 2 134
– Martina, Dr.-Ing. → U 646
– Mathias → F 374
– Monika → S 1 513
– Norbert, Dr. → o 345
– Rolf → IZ R 265
– Rolf G. → O 400, O 401, O 706
– Sylvia, Dipl.-Ing. → T 1 834
– Ulrich → m 2
– Ulrich, Dipl.-Oek. → m 11
– Walter, Prof. Dr.-Ing. → T 382
Lehmann-Ehlert, Klaus → U 2 757
Lehmann-Märzke, Gerald Dipl.-Ing. → f 556
Lehmeier, Peter J. Prof. → t 1 621
Lehment, Harmen Prof. Dr. → t 2 285
Lehmkuhl, Ulrike Prof. Dr.med. → T 3 336
– Ursula, Prof. Dr. → T 2 221
Lehmkul, Raimund Dipl.-Hdl. → T 3 611, T 3 612
Lehn, Horst J. → E 258
Lehndorfer, Peter → S 438
Lehnecke, Wolfgang → T 596
Lehnen, Hans-Dieter → R 241
– Marietta → U 2 823
Lehner, Alfred → I 76, I 3 102
– Alfred H. → E 47, I 13, I 77
– Fritz → S 922, S 924
– Kurt → F 92, u 576, U 577
– Ulrich, Dr. → E 154, E 411
– Wolfgang → T 4 031
Lehnert, H. Prof. Dr. → t 3 306
– Sonja → S 1 067
Lehnguth, Gerold Dr. → A 10
Lehnhoff, Dirk → P 50
– Jochen → I 42, I 72, P 2, R 101, iz i 31
Lehning, Hermann Dipl.-Kfm. → f 163
Lehr, Andreas → S 737
– Dieter → R 637
– Gottlieb → S 737
– Reiner, Dipl.-Ing. → T 2 212
Lehrach, Hans Prof. Dr. → t 120, t 179
Lehrer, Abraham → U 2 040
Lehtola, Markku → c 120, c 124
Lehtomäki, V. → iz t 382
Leibbrandt, C. C. Dr. → IZ S 83
– G. J., Dr. → IZ U 599
– Gottfried J., Dr. → iz u 611
Leibfried, Bernd → R 320, iz r 107
Leibig, Wolfgang → O 707
Leibing → g 535
– Eberhard, Dr. → B 309
Leibinger, Berthold Prof. Dr. → F 1
– Berthold, Prof. Dr.-Ing. E.h. → T 773
– Berthold, Senator Prof. Dr.-Ing. E.h. → E 31
Leiblein, Joachim Dipl.-Betriebsw. → T 3 326
Leibrecht, Thomas → u 622
Leibrock, Claudia → Q 168
Leichert, Arne → s 1 231
Leichnitz, Wolfhard Dr.-Ing. → M 13
Leichsenring, Peter → s 1 540
Leicht, Christoph A. → E 229
Leidekat, Bernd → g 653
Leidel, Jan Dr. → r 742
Leidert, Hans-Georg → U 256
Leidholdt, Karl-Heinz → L 24
Leidicke, Jan → O 528
Leidig, Edgar → U 2 854
Leidinger, Andrea → u 2 193
Leidner, Michael → u 815
Leienbach, Volker Dr. → T 2 538
Leifeld, Peter Prof. Dipl.-Ing. → t 1 787, t 1 790
– Siegfried → R 263
Leifer, Ralf → s 1 338
Leifert, Albert → d 41
Leigh, P. → iz g 95
Leijonborg, Lars → iz u 456
Leikop, Franz-Josef → d 26
Leimbach, Frank → F 68
– Hans Hermann → N 165
Leimer, Hannelore → E 43, e 508
Leimgruber, Thomas Dr. → IZ M 54
Lein, Peter Dipl.-Ing. → T 869
– Sylke → D 97
Leinberger, Detlef → I 35
Leinen, Jo → T 3 581, IZ U 459
– Simon → M 246
– Werner → H 271, h 661
Leinenbach, Irmgard → o 47
Leinenweber, Thilo → u 2 212

Leino, A. → iz f 1 271
– Antero → iz f 1 152
Leinonen, Jaakko → iz g 134
– Kimmo → IZ U 543
Leinos, Markku → iz f 2 408
Leinweber, Arnold → F 896
– Peter, Prof. Dr. → t 1 690
Leipold, Gerd Dr. → IZ Q 195
– Martin → O 541
Leirer, H. → g 80
Leischner, Wolfgang → S 282
Leisinger, Immo Dipl.-Volksw. → e 25
Leismann, Oliver → S 1 200
Leist, Manfred → t 339, IZ F 2 061
Leistenschneider, Martina → u 2 188
Leister, Hans-Joachim → O 629
– Klaus Dieter, Dr. → T 3 951, U 2 721
Leistner, Steffi Dr. → T 719
Leitao, Eileen → iz f 868
Leitermann, Walter → iz u 28
Leitis, Karl-Heinz → B 895
Leitl, August Dr. → r 734
– Christoph, Dr. → iz e 21, iz g 49, IZ T 889
Leitner, Dr. → iz g 49
– H., Dr. → iz t 746
– K. P. → T 2 833
– Werner → E 693
– Werner-Georg, Dr. phil. → U 908
Leitz, Ingeborg → U 1 866
Lejeune → B 763
– Alain → iz u 330
– J.H.M., Dr. → IZ F 1 761, IZ F 2 379
Lejeune-Welter, Isabelle → iz 450
Lejon, Britta → iz b 236
Lekeu, Jean → c 643
Lekies, Klaus → U 123
Lelanz, Jürgen → S 1 530
Lelieveld, Johannes Prof. Dr. → t 108
Lello Ribeiro de Almeida, José Manuel Ing. → iz b 227
Lemaire, Jacques → IZ O 8
– Lionel → IZ F 1 414
Lemass, Grace → IZ F 2 632
Lemb, Norbert → Q 447
Lembach, Wolfgang K. → b 128
Lemberg, Rolf → F 504
Lemcke, Klaus Dr. → u 2 616
Lemda, Nonna → IZ U 182
Lemerle, Olivier → iz e 11
Lemeunier, Daniel → IZ G 73
Lemhöfer, Wolfgang → O 67
Lemierre, Jean → IZ I 3
Lemke, Claudia → T 2 530
– Dorothea → u 1 131
– Frank-Johannes → S 426
– Harald → H 314, h 340, h 376, h 443, h 472, h 478, h 494, h 514
– Regine → o 429
– Steffi → A 40
– Ute, Dr. → E 100
– Wilfried → A 39
– Willi → b 53, B 280
Lemken, Viktor → E 151
Lemm, Hans-Peter → T 1 321
Lemme, Klaus-Henning Dr. → b 109
Lemmer, Jürgen → I 143
Lemmermeier, Doris Dr. → E 655
Lemmert, Wolfgang → T 470
Lemoine, Christian → iz f 1 454, iz f 1 549
– Guy → IZ T 879
Lemor, Ulf → K 1
Lemor-Kjonenwerta, Margret → U 1 340
de Lemos da Costa, Jorge → iz f 410
Lemoussu, Jean-Henri → iz s 575
Lemp, Rüdiger → C 339
Lempke, Hans-Werner → R 640
Lemppenau, Joachim Dr. → T 3 757
Lemppenau-Krüger, Angela → B 693
Lemus, Carmen Carinas → IZ S 642
Lenaerts, Koenraad → iza a 220
Lenarduzzi, Domenico → iza a 8
Lencer, Gunter Dipl.-Ing. → S 1 019
Lench, Robert H. → IZ F 1 405
Lenders, Joachim → r 685
– W., Prof. Dr. → T 3 674
Lenemann, Philipp → g 736, g 737
Lenger, Jörg → e 180
von Lengerken, G. Prof. Dr. → T 2 662
Lengert, Walter → A 391
Lengger, Susanne → N 118
Lengyel, Susanne → S 1 063
– Zoltán → iz l 30
Lenhart, Andreas → T 1 321
Lenk, Claudia Dipl.-Ing. → S 1 106
– Hans-Jürgen → g 346
– Harald, Dr.med. → T 3 423
– Horst → E 27
– Ingrid → s 668

Fortsetzung nächste Seite

Lenk

Lenk (Fortsetzung)
- Jörg, Dr.-Ing. → h 591
- Sabine, Dr. → O 180
- Sybille → S 426
- Tassilo, Dr. → d 211
- Ulrike → T 95
- Werner → S 679
Lenke, Udo Dr. → S 256
Lennartz, Michael → S 296
- Stephan → T 3 948
Lennarz, Georg Dipl.-Verw.-Betriebsw. → M 1
- Michael → U 3 107
Lennertz, Heinz-Eckhard Dr. → f 535, f 536
Lennings, Manfred Dipl.-Ing. Dr.-Ing. Dr.-Ing. E.h. → T 2 184, t 2 287, t 2 401
Lennon, Charlie → IZ T 965
Lensch, Birgit → B 368
- Dieter → k 94
Lensdorf, Benno → E 151
Lenssen, Jürgen Dr. → U 2 374
Lentner, Wilhelm → u 1 991
Lenton, Chris → iz t 548
Lentz, Roland Dr. → E 91
- Rüdiger → o 286
Lentzen-Deis, Wolfgang Prof. Dr. → T 687
Lentzner, Eckhard → s 714
Lenz, Aloys → t 959
- Arnher E. → u 2 430
- Erika → Q 164
- Ernst → I 43
- Ernst, Dipl.-Kfm. → E 196
- Franz-Christian, Dr. → B 551, s 323
- Hansrudi, Prof. Dr.rer.pol. → T 2 358
- Hansrudi, Univ.-Prof. Dr. → T 2 358
- Joachim → O 282
- Karl-Heinz, Dr.-Ing. → A 319
- Lothar → o 332
- Monika → s 611
- Renate → U 1 931
- Thomas → d 18, d 49
- Ursula → U 1 361
- Wolfgang → g 701
Lenze, Bernd → G 8, G 9, G 89, T 2 334
- Ulrich → R 512
Lenzen, Klaus → s 1 561
De Leo, Sigrid → IZ U 825
León, Jorge → n 257
Leonard, Michel → IZ F 720
Leonardi, Francesco → iz s 604
- Rosario → iz s 442
Leonberger, Kurt → c 90
Leonhard, Elke Dr. → A 38, U 2 654
- Joachim-Felix, Prof. Dr. → O 381
- Lothar S. → O 539
Leonhards, Hans Christian Dipl.-Ing. → E 175
Leonhardt, Dieter → u 804
- Edgar, Dipl.-Volksw. → G 238, U 567
- Frank → C 928, M 204, M 209
- Jochen, Dr. → R 270
- Rainer → S 1 588
Leonhardt-Langhammer, Heike → U 2 554
Leonhart, Michael → k 80
Leopardi, G. → iz s 199
Leopold, Bolko → i 9
- Heinrich Otto → d 229
Lepenies, Siegfried Dr.-Ing. → s 938
- Wolf, Prof. Dr. → T 262
Lepeule, A. → iz h 332
Lepicard, A. → iz h 295
Leplat, François → iz f 1 198
Lepoivre, Marc → IZ A 227
Lepp, Claudia Dr. → T 3 716
Leppävuori, E. → iz t 411
Lepper, Horst → m 131
Leppig, Ursula Dr. → T 1 366
Lepsch, Ulrich → E 69
Leptien, Hans → A 35
Lequime, Guy → IZ A 219
Lerang, Khek → C 909
Lerat, Anne → IZ O 77
Lerch, Günter → T 2 180
- Peter → U 3 112
- Wolfgang, Dr. → T 1 901
Lerche, Lothar → e 171
Graf von Lerchenfeld, Philipp → u 1 777
Lerchenmüller, Michael Prof. Dr. → T 632
Lerchner, Andreas → U 2 781
- Gotthard, Prof. Dr. → T 861
Leretour, A. → iz t 383
Leroff, Klaus → A 64
Leroudier, J. P. → iz f 472
Leroux, F. → iz f 2 293
Lersch, Edgar Dr. → O 408
- Willy → E 64
Freiherr von Lersner, Heinrich Prof. Dr. → U 2 659
Lertes, E. Prof. Dr. → T 2 196
Lesaar, Bernhard F. → U 1 175
Lesbats, Roger → iz f 2 596

Lesch, Harald → P 39
Lescher, Jürgen → T 3 790
Leschik-Berndt, Monika → T 1 971
Leschke, Matthias → T 3 184
Lescow, Manfred → H 113
Lescure, R. → iz t 586
Leske, Heiko → S 738
Leskien, Hermann Dr. → T 952
Lesnik, Ivan → iz s 491
Lessenthin, Martin → U 1 167
Lesser, Joachim Dr. → I 30
Leßner, Jürgen Dipl.-Volksw. → I 48
Leßwing, Günter Dipl.-Ing. → B 458
Lester, Jeremy → iz a 141
- Nick → IZ O 214
Letourneux, François → iz a 199
Letsch, Karin → h 386, h 404, h 471, h 527
Lettgen, Wilhelm → G 249, G 584
Lettmann, Reinhard Dr. → u 2 365
Leu, Walter → IZ N 41
- Wolfgang → U 933
Leube, Erika → u 1 271
- Kirsten, Dr. med. → S 206
- Konrad, Dr. → u 1 579
- Meike → T 2 352
Leuchert, Thomas → r 285
Leuchs, Hans-Jürgen Dr. → T 983
Leuchtenberger, R. → iz h 477
- Rolf → H 594, U 758
Leuchter, Ruth → S 1 181
Leuchtgens, Heinz Dr.med. → S 166
von Leuckart → A 31
Freiherr von Leuckart, Hans Dietrich → F 946
Leuckel, Jens → S 951
Leuer, Hans Prof. Dr. → t 4 084
Leufen, Frithjof → E 756
Leukens, Udo → f 267
- Udo, Dr. → f 566, U 602, iz 274, iz f 2 406
Leukers, Hans → I 14, I 93
Leukert, Bernd Dr. → T 3 979
Leunda, José Miguel → iz r 210
Leune, Jost → T 3 489, U 1 950
Leunig, Ragnar → iz u 705
Leuninger, Helen Prof. Dr. → t 3 066, T 3 244
Leupelt, Hans-Jochen Dr. jur. → m 33, m 118, m 200, m 201
- Maren → Q 174
Leupin, Hans-Ulrich → iz f 2 340
Leupold, Dagmar Dr. → S 1 396
- Günter, Dipl.-Päd. → T 4 026
Leuschner, Albrecht Dr. → f 352
- Christian → S 1 313
- Jochen → T 3 983
- Martin → u 2 136
- Sigrid → u 1 199
Leußler, Günter → E 472
Leut, Ulrike Dipl.-oec. → E 42
Leuthäuser, Klaus-Dieter Dr. habil. → t 250
Leutheußer-Holz, Sabine Dr. → B 645
Leutheusser-Schnarrenberger, Sabine → u 2 202
Leuthold, Gottfried Prof. Dr. → T 2 660
Leutholf, Antje → B 312
Leutner, Bernhard → U 1 105
Graf Leutrum von Ertingen, Karl Magnus Dipl.-Landw. → q 234
Leveling, Hans → d 232
Levelt, Willem J. M. Prof. Dr. → t 160
Leven, Franz-Josef Dr. → I 141
Leventon, Patrick → IZ H 498
Lever, Paul → C 813
LeVere, Richards → iz r 255
Levermann, Frank → D 145
Levien, Frank → T 789
Levinson, Stephen C. Prof. Dr. → t 160
Levit, Chaim → u 2 401
Levoni, Paolo → iz f 2 303
Levora, Jan → iz o 197
Levorsen, Robert I. → IZ U 574
Levy, Claude → IZ G 130, iz g 136
Lewalder, Jochen → T 2 249
Lewalter, Karl Walter → C 595
Lewandowski, Georg → d 9, d 38, D 92
- I.. → iz g 101
- Jürgen → S 1 365
- Marion → T 2 578
- Pawel → n 258
Lewandrowski, Peter Dr. → D 63
Lewe, Sieglinde → u 1 317
Lewentz, Roger → u 2 262
Lewerenz, Wolf-Dieter → B 862
Lewerich, Bernhard → T 3 393
Lewering, Dagmar → K 324
Lewis, Andrew D.F. → c 175
- Jack → U 1 562
- John → iz m 63
- Sarah → IZ U 560
Lewy, Horst Dr.-Ing. → t 1 182

Lex, Peter Dr. → T 721, T 727
Lexau, Rüdiger Dipl.-Ing. → S 890
Lexow, Jürgen Dr.-Ing. → A 356, t 2 029
Ley, Hans → B 336
- Nikolaus → B 862
- Wolfgang → U 40
Leyendecker, Ludwig Dr. → S 615
- Manfred → u 839
Leyhausen, Wilfried → R 782, r 841
Leyk, Wolfgang Dr. → T 2 736
Leykauf, Willy → u 443
Leymann, Gerhard → A 21
de Leymarie, B. → iz f 1 698
- Bernard → iz f 523
- Frederik → IZ Q 70
Leys, E. → iz f 2 518
Lezius, Michael Dipl.-Kfm. → U 3 060
Lhafi, Abdeladim → C 1 025
Lhermitte, Sylvain → iz I 359
Lheureux, Christian → IZ F 2 530
L'Hiver, Lothar → o 685
Lhota, Adalbert → c 1 118, U 1 093, u 2 505
Lhuillier, Michel → IZ S 677
Li, Jakov → u 2 406
Libal, Michael Dr. → C 271
Liberale, Adriano Dr. → IZ T 320
Libert, Stéphane → iz u 729
Libonati, Berardino → IZ T 876
Libor, Ullrich → u 2 492
Libowitzky, Hans → B 319
Libuda, Sabine → r 707
Liche, A 21
Licht, Klaus-Dieter → I 34
Lichtblau, Gunther Dr. → S 296
Lichtel, Rudolf → U 1 024
Lichtenberg, Karl-Heinz → U 1 565
- Lizzie → IZ U 179
- Werner → b 108
Lichtenheld, Rolf → f 214
Lichtenthäler, Paul-Gerhard → S 797
Lichter, Gilbert → IZ I 1
Lichtner, Burkhard Dipl.-Ing. → t 2 119
- Rolf, Dr. → G 219
Lichy, Johanna → b 12
Lickorish, L.J. → IZ N 42
Lickteig, Klaus E. Dipl.-Kfm. → f 647, f 651
Lidbrink, Marianne → iz r 303
Liddell, Helen → iz b 119
- Judith → IZ S 378
Lidonnici, Fernando → iz f 1 430
Liebau, Karl → S 386
Liebaug, Silvia → B 356
Liebel, Franz → t 2 478
Lieben, Gisela → U 849
Liebenrodt, Günter → u 1 359
Lieber, Winfried Prof. Dr. → T 635
Lieberei, Reinhard Prof. Dr. → T 929
Lieberherr, Ruedi → iz f 870
Lieberknecht, Christine → B 340, T 818
Liebermann, Helmut → r 613
Liebermeister, Hermann Prof. Dr. → T 2 755
Lieberoth-Leden, Hans-Jörg → S 568
Liebert, Dieter → B 840
- F., Prof. Dr. → T 2 665
Lieberwirth, Otto → U 580
Liebetrau, Alfred → E 39
Liebhardt, Michael Dipl.-Kfm. → IZ F 1 586
Liebhart, Manfred → F 226, iz f 857
Liebig, H.-P. Prof. Dr. → T 684
- Karl → h 68
- Wolfgang → h 167
Liebing, Werner → H 114
Liebisch, Peggi → U 1 217
Liebl, Heimo → u 1 829
- Markus → iz f 2 335
Liebmann, Werner → f 265
Liebold, Friedwolf → T 3 878
Liebot, A. → iz f 1 607
Liebsch, Helfried → b 97
Liebscher, Wolfgang → H 507
- Wolfram → T 2 023
Liebthal, Eckehard → B 536
Lieby, Günther → U 2 096
Liechti, Hans R. → IZ F 24
von der Lieck, Johannes → a 317
Lieder, Silke → u 2 239
Liedermann, Helmut Dr. → IZ T 889
Liedke, Klaus → f 14, f 1 043
- Klaus, Dipl.-Ing. ÖK. → r 14
Liedl, Elisabeth → u 2 827
- Florian, Dr. → s 875
Liedmann, Eckehard → s 363
Liedtke, Axel Ralf → Q 133
- Klaus → O 582
- Ulrike, Dr. → O 130
Liegl, Alexander Dr. → c 1 052
- Gerald, Dipl.-Ing. → T 2 025
- Uwe → H 633

Liekweg, Dieter Prof. Dipl.-Ing. → t 1 400
Lielje, Hartmut → k 70, k 75
Lien, Torger → I 102
Lienau, Cay Prof. Dr. → e 596
Lieneke-Berns, Jutta → N 57
Lienemann, Marie-Noëlle → IZ A 183
Lienenkämper, Ralf → c 1 244
Lienhart, Josef → IZ U 815
Lienke, Lutz → u 2 797
Liepe, Hans-Hermann Dr. → S 285
Liepelt, Volker → A 202, b 36
Liersch, Wolfgang Dr.-Ing. → B 303
Liesberg, Hansheinrich → E 115
Liesen, Klaus Dr. Dr. h.c. → T 803
Liesenfeld, Bodo → M 151
Lieser, Erika Dr. → A 35
- Heinrich → E 314
Liesering, Hans-Dieter Dr. → O 538
Lieske, Manfred → K 287
Liesmann, Oliver → u 2 155
Liess, E. → T 1 307
- E., Dipl.-Ing. → iz f 478
Lieth, Edgar → U 172
Lietti, Véronique → IZ S 497
Lietz, Ursula → Q 516
Lietzau, Wolfgang → T 3 932
Lietze, Klaus → g 745
Lieven, Wilhelm → Q 53, g 220, q 227
Lieverse, G.J.J. → iz f 1 612
Liikanen, Erkki → IZ A 1
van Lil, Paul → iz h 421
Van Lil, Paul → iz o 136
Lilie, Barbara Dr. → s 454
Liljeberg, Holger Dr. → S 732, t 2 512
Liljelund, Lars-Erik → iz a 211
Liljenberg, Christer → iz h 236, iz h 254
Lill, Christina → U 1 349
Lima, M. → iz h 337
Limbach, Editha → T 728
- Jutta, Prof. Dr. → A 361
- R. Dieter → H 716
- Rolf → I 12
Limberg, Alfred → O 364
- Klaus, Prof. → T 646
- Klaus, Prof. Dipl.-Ing. → t 1 656
Limburg, Patricia → E 365
Limmer, Joseph → U 2 601
Limmeroth, Hardi → N 87, n 89
Linack, Klaus → f 328, H 260
Linard, André → IZ R 313
Linck, Joachim Dr. → B 340
Lincke, Gusti → u 3 071
Linckelmann, Wolfgang Dr. → A 23
Lind → B 677
- Lone → iz f 694
- Peter → H 101, h 102, h 103, h 104, h 105, h 106, h 107, h 108, IZ H 152
- Thomas, Dipl.-Min. → T 1 063
- Thomas, Dipl. Min. → T 1 064
Lindackers, Annette → T 1 985, t 2 058
Lindahl, Matti J. → f 738
- T. → iz f 1 133
Lindau, Joachim → IZ U 347
Lindberg, Per Folke → c 435
- Tuula → IZ O 207
Linde, Erdmann → o 330
- Jürgen, Dr. → N 56, N 64
- Klaus → g 521
- Ulf → iz f 513
- Volker, Dipl.-Volksw. → E 129
von Lindeiner, Andreas Dr. → Q 510
- Klaus → u 2 202
von Lindelner-Wildau, Klaus Dr. → T 2 202
Lindeløv, Flemming → iz f 2 325
Lindemann, Beate Dr. → E 402
- Clemens → U 1 690
- Dierk, Dr. jur. → M 204
- E., Prof. Dr. → T 2 660
- Frank → U 1 614
- Jörg → f 810, F 817, F 818, I 106
- Norbert → T 3 493
- R. → t 2 832
- Udo, Prof. Dr.-Ing. → T 1 165
Linden, Gerhard S. Dr. → T 735
- Johannes → iz h 451
- Jürgen, Dr. → D 51
- Manfred → g 342
- Stefan → E 192
- Suvi → iz b 64
- Ursula → u 844
Lindenau, Gerd → s 602
- Hans A. → m 205
- Joachim W. → h 766
Lindenbaum, Walter → r 948
Lindenberg, Johann C. → U 531
- Johann C., Dr. → E 239
- Ulrich, Dr. → f 328, H 260
- Werner, Dipl.-Ing. → s 897
Lindenbergh, Dirk → IZ F 497, iz f 508

– Ir. J. H. M. → E 312
Lindenbuß, Bernhard → S 1 527
Lindenlaub, Bernd-Axel → K 265
– Karl G. → T 822
Lindenmann, Heinz → iz t 188
Linder, A. ChA Dr. → T 3 421
– Jürgen → c 17
Lindewald, Carl-Gustaf → iz g 59
Lindgens, Hans-Werner → E 26
Lindgren, Erik → iz o 81
– Lars Olof → IZ C 13
Lindh, Anna → iz b 231
– Pernilla → iz a 220
Lindhauer, Meinolf G. Prof. Dr. → A 151
Lindhof, Norbert → O 539
Lindholm, Evert → iz u 57
Lindinger, Herbert Prof. → T 1 882
Lindmann, Margaretha → iz s 159
Lindner → A 8, A 21
– Angela, Dr. → T 95
– Bernd → O 226
– Ekkehard → T 2 228
– Franz-Karl → U 2 661
– Gerhard, Dr.rer.nat.habil. → T 448
– Hans → E 63
– Jana → G 42
– Jochen → u 2 506, U 2 602
– Klaus, Dipl.-Ing. → L 58
– Margrit → U 1 177
– Peter → U 1 177
– Thomas, Dr. → E 30
– Volker, Dr. → T 2 839
van der Lindon, H. → iz f 1 665
Lindqvist, Marja → IZ S 148
Lindstadt, Hans-Joachim Dr. → E 62
Lindstaedt, Wolfgang Dr. → E 87, e 90, E 93, E 239
Lindståhl, Kajsa → IZ I 89
Lindstedt, Hans-Dietrich → s 1 280
Lindström, Birgitta → IZ K 36, iz k 40
– Maria → iz a 198
– Mårten → iz s 550
Lingel, Siegfried Anton → c 1 059
Lingelbach, Bernd Prof. Dr. → t 1 389
– H. → T 395
Lingener, Adolf Prof. Dr.-Ing. habil. → t 1 222
Lingenthal, Michael → T 818
– Rainer → A 10
Lingg, Peter → k 74
Lingk, Thomas → U 277
Lingler, Brunhilde → s 666
Lingnau, Gerold Dr. → S 1 371
Lingrün, Ralf → U 534
Lingua, Davide → IZ A 222
Linhardt, Werner → e 61
Link, Andrea → u 2 245
– Asmus, Dipl.-Kfm. → E 431
– Axel → O 271
– Günter, Dr. → T 1 932
– Hans K. → I 115
– Peter → h 70
– Peter, Dipl.-Ing.agr. → T 2 575
– Rainer, Dr. → T 866, t 2 072
– Rainer, Dr.rer.nat. → T 2 154
– Regina → B 592
– Sabine → h 589
Linke, Dietmar → T 1 322
– Ernst-Heribert, Dipl.-Des. → S 844
– Jürgen → O 364
– Rainer → S 280
– Wilfried → IZ F 287
– Wilfried, Dipl.-Ing. → F 694
– Wolfgang → k 141
Linkersdörfer, Michael → B 105
Linkohr, Rolf → IZ T 890
Linn, Ewald → r 609
– Gottfried, Dr. → R 581
– Ulrich, Dipl.-Ökonom. → T 3 845
– Ulrike → o 655
Linnardi, Michael → f 234
Linnebach, Liselotte → c 865
Linnekogel, Wolfgang → H 315, h 342, h 426, h 444, h 536, H 566, H 675, o 512, o 513, U 758
Linnenbach, Erwin → O 406
Linnenkamp, Dr. → A 21
Linnepe, Ulrich → H 257
Linner, Gerhard → G 537, G 547
Linnes, Peter → u 2 235
Linning, Richard → IZ S 269
Linsal, Esraf → R 240
Linß, Gerhard Prof. Dr.-Ing. habil. → t 1 831
Linss, Hans-Peter Dr. → E 582
Linssen, Bernd → E 151, H 66
– Helmut, Dr. → B 334, U 2 114
– Hubert → IZ M 121
Linstädt, Bernd → B 723
Linstedt, Joachim Dr. → E 69, e 70
Linszbauer, Walter → iz t 2 264

Linten, Peter Dipl.-Kfm. → f 919
Linti → u 1 655
Lintner, Eduard → T 729
– Peter, Dr. → E 43
Lintula, R. → iz t 382
Linz, Magdalene → s 349
– Oliver, Dr. → O 288
Linzbach, Christoph → A 23
– Kurt, Dipl.-Betriebsw. → H 66, h 621, h 626
– Moritz, Dr. → u 1 846
Lioba, Friedrich → u 809
Liolios, Nikos → iz p 8, iz q 14, iz q 85
Lion, Catherine → iz p 7
– Walter → c 644
Liouni, Cleopatre → c 811
Lioy, Felice → iz o 173
Lipinski, Brigitte Dipl.-Vw. → E 62
Lipka, Anne → U 1 234
– Susanne, Dipl.-Päd. → U 1 304
Lipke, Gert-Albert Prof. Dr. → B 692
Lipman, J.C. → iz f 2 470
Lipowsky, Reinhard Prof. Dr. → t 130
Lipp, Dieter → T 2 178
– Hans-Peter, Prof. Dr.-Ing. → t 1 818
Lipp Fläxl, Angela → O 175
Lippe, Günter Dipl.-Kfm. → f 260, F 283, F 1 051, U 632
– Stefan, Dr. → T 3 757, T 4 143
– Wolfram-Manfred, Prof. Dr. → T 885
Prinz zur Lippe-Weissenfeld, G. Dr. → c 1 077
Lippelt, Helmut → A 40
– Helmut, → iz b 257
Lippert, Gerhard Dr. → T 3 950, U 1 595
– H.-D., Dr. iur. → T 3 354
– Jörg, Dr. → T 522
– Michael, Dr. → T 2 249
– Peter, Dr. → b 70
– Werner → T 2 519
– Wolfgang, Dr. → T 928
Lipphardt, Peter → b 869
– Peter, Dipl.-Ing. Dr. → R 209, R 214
Lippmann, Eberhard Dr. → q 528
– Thomas → r 352
– Ulrich → U 2 652
Lippmann-Grob, Bernhard Dr. → t 3 295
Lippok, Jürgen Dipl.-Ing. → F 54
Lippold, Klaus Dr. → A 52
– Klaus W., Dr. → f 7, F 607, r 248
Lipponen, Paavo → IZ B 59
Lipps, Heinr. J. → I 108
Lips, Peter Dr. → U 532
Lipski, Vladimí → d 214
Liptau, Gert-Robert → U 2 059
Liria Franch → iz q 157
Lischek, Erich → u 2 409
Lischinski, Felix → g 609
Lischka, Burkhard → s 549
Lischke, Andreas Dr. → u 1 827
Lisewitzki, Georg → s 1 445
Liska, J. → iz t 125
– Zdenek → iz t 553
Liske, Bernd → T 1 313
– Bruno → T 3 469, T 3 525, U 2 408, u 2 410, u 2 420, u 2 421
Lison, Barbara → t 957, IZ T 301
– Eberhard → r 931
– Heinz → R 205
– Heinz, Dipl.-Betriebsw. → E 156
Lissek, Manfred → r 874
– Ralf → E 287
van der List, Jürgen Prof. Dr.-Ing. → T 480, t 1 511
List, Thomas → k 58
Lista, Patricia → t 3 057
Listl, Helmuth → g 505
Listner, Bernd → C 1 312
Liszka, Joachim Dr. → iz u 781
Litsch, Martin → T 868
Litschko, Hans-Georg → u 812
Litsos, Fotios → iz p 8, iz q 14
Litten, Rainer Dr. → b 114
Litterst, Jochen Prof. Dr.rer.nat. → T 439
Littger, Peter → O 508
Littke, Wulf Dr. → r 291
Littorin, C. → iz h 340
Litvinov, Grigoriy S. Dr. sci. → iz t 774
Litvinova, Nina Prof. → iz u 785
Litz, J. Prof. Dr.-Ing. → T 590
– Markus, Dr. → u 2 884
Litzel, Susanne Dr. → F 53, U 2 791
Litzenberger, Gerd → B 258
Litzenburger, Gernot Dr. → f 827
Litzenroth, Heinrich → t 2 484
– Wolfgang → G 236
Litzlbauer, Peter Prof. → T 682
Litzner, Hans-Ulrich Dr.-Ing. → T 906, iz f 1 756
Liu, Changming → IZ T 158

Livaditis, M. → iz g 139
Livanos Cattaui, Maria → IZ E 1
Liven, G. Dr. → IZ Q 124
Lix, Bruno Dr. → T 373
Lizana, Mario → c 698
Ljubas, Marija → E 732
Ljung, L. → iz t 491
Ljunggren, C. → iz f 569
Llonch, F. → iz f 106
Lloveras, Josep → iz a 176
Lloyd, Alan → W 21
– S. → IZ T 806
– Stephen → E 263
Llwellyn, Chris → iz t 120
Lob, Reinhold E. Prof. Dr. → Q 650
Lob-Hüdepohl, Andreas Prof. Dr. → T 422
Lobadowsky, Alexis → c 137
von Lobenstein, Hubertus → O 539
Lobin, Günter Dipl.-Päd. → R 863
Prinz von Lobkowicz, Erich Dr. → u 1 771
Lobo, Ronny O. → iz s 535
Lobov, Oleg → iz s 461
Lobowsky, Hans-Joachim Dr. → T 1 251
Locatelli, Carlo → IZ I 109
– Rinaldo → IZ B 258
Locatin, Daniel → IZ Q 71
Loch, Werner → G 503, U 755
Lochbihler, Barbara → U 1 816
Locher, Bernhard Dr. → Q 161
– R. → iz f 1 616
Lochmann, Gerhard → c 1 231
– Hans, Dipl.-Geogr. → U 3 037
– Ulrich → A 53
Lochner, Gerd D. → I 8
– M. → U 1 345
Lochrie, Robert → IZ U 809
Lochs, H. Prof. Dr. → T 3 312
Lock, Birte → O 288
Lockemann, Monika → H 670
– P., Prof. Dr. → T 1 357
Lockenvitz, Dieter → S 1 265
Locker, Wolfgang → iz f 2 271
Lodde, Rolf → U 1 807
Loddenkemper, R. Prof. Dr. → T 3 266
Lodder, C. A. → IZ F 1 659
Lodiers, C. → IZ F 1 857, iz f 1 864
– Cees → iz f 403, iz f 419
Frhr. von Loé, Raphael → Q 97
Löbach → A 14
Löbbering → A 340
Löbbert, Reinhard Dipl.-Hdl. → T 1 865
Loebe, Herbert → K 307, T 3 833, T 3 902
Loebel, Oliver → IZ F 884, IZ G 154
Löbel, Peter → t 2 963
Loeben, Christine → B 250
Löbl, Karlheinz → T 1 351
Löblein, Albrecht → Q 46
Löbus, Peter → S 76
Löchelt, Ernst → D 58, U 144
Löcherbach, Konrad Dipl.-Volksw. → R 258
– Konrad, WP StB Dipl.-Volksw. → S 1 573
Löcherer, Hans-Peter → T 1 872
Loechner jr., Andrew S. → IZ U 475
Löchter, Dieter → U 3 109
Löckenhoff, Elmar Dr. → F 612, U 587
Löder, Brigitte → U 3 012
Löderbusch, Silvio Dipl.-Ing. → U 646
Lödermann, Tessy → Q 361
Lödige, Rudolf Dr. → E 142
Freiherr von Loeffelholz, Friedrich Prof. Dr.-Ing. → t 1 587
Frhr. Loeffelholz von Colberg, Bernhard Dr. → F 53
Löffler, Alf Dr.rer.nat. → T 1 165, T 1 252
– Bruno → N 158
– E., Dipl.-Ing. → U 245
– Friedrich-Wilhelm → k 231
– Gerd → A 303
– Gudrun → U 2 450
– Günter → u 2 825
– Guntram → a 143
– Hans, Dr. → K 45, T 4 040
– Heinz → K 323
– Herbert → K 36
– Herbert, Dir. → K 35
– Jonathan Dr. → t 1 556, t 1 580
– Klaus Dr. → iz a 185
– Rolf-Jürgen, Dr. → S 278
– Siegfried, Dr. → E 431
Löher, Michael → U 1 690
Löhl, Heiner → I 43
Löhle, Ekkehard → q 5
Löhlein-Mader, Maria → u 2 824
Löhn, Johann Prof. Dr. → T 1 386, t 1 413, t 1 414, t 1 737, t 1 745, t 1 746
– Albert → g 363
Löhnertz, O. Prof. Dr. → T 2 636
Löhr, Barbara → o 135

– Dirk, Prof. Dr. → T 2 228
– Mechthild E. → iz r 37
– Rolf-Peter, Dr. jur. → T 994
– Wolfgang, Dr. → U 2 375
Löhrs, Udo Prof. Dr. → T 784
Löhlhöffel, Helmut → B 27
Loellgen, Herbert Prof. Dr. med. → T 3 398
Lönne, Berthold → F 504
Lönneker, Jens → t 2 507
Lönngren, Thomas → IZ A 189
Löns → B 732
– Martin → B 752
von Loeper, Eisenhart Dr.jur. → Q 586
Löper, Maria-Luise → S 561
– Marie-Luise → B 199
Loeper, Sabine → A 35
Lörcher, Heike Dr. → S 480
– Michael → q 378
Lörcks, Jürgen → F 625
Loerke, Stephan → IZ O 155
Loers, Maria → U 1 746
Lörzel, Maximilian → G 575
Lösch, Manfred Dipl.-Ing. → u 526
Lösche, Anne → T 1 369
Loeschner, Harald Dr.Dr. → C 255
Löseke, Alfons → U 467
Lösekrug, Ulrich → k 420
Löser, Eberhard Prof. Dr.-Ing. → t 1 443
– Franz → o 672
Lößl, Hans Georg Dr. theol. → T 623
– Hans Georg, Prof. Dr. → t 4 109
Lößner, Ulrich Dipl.-Wirtsch.-Ing. → U 683
– Ulrich, Dipl.-Wirtschafts-Ing. → U 688
Löst, Claus Prof. Dr. med. dent. → t 1 763
Lösto, Angelika → s 1 274
Löttge, Mathias → n 44, N 147
Löttgen, Ralf-Michael → U 805, iz g 33
Lötzer, Martin → C 272
– Ulla → u 2 244
Lövdén, Lars-Erik → iz b 233
Lövenich, Monika → q 62
Löw → A 27
Loew, Friedrich W. → IZ N 38
Loewe, Burghard Dipl.-Betriebsw. → E 92
Löwe, Carsten R. → T 4 140
– Hartmut, Dr. → u 2 326
– Kerstin, Dr. → s 300
Loewe, Werner → u 2 257
Loewenheim, Ulrich Prof. → IZ U 592
– Ulrich, Prof.Dr. → IZ U 592
Löwenstein, Wilhelm Dr. → T 2 251
von Löwenstern, Lisa → U 2 778
Löwenthal, Gerhard → U 1 167
– Kurt → E 156
Löwer, Johannes Prof. Dr. → A 217
– Martin → T 507
– Reinhard, Dipl.-Volksw. → u 1 837
Löytönen, Markku Prof. → IZ T 158
Logan, Eric → iz f 823
Logemann, Fritz → b 55
Loges, Frank Dr. → U 1 616, U 1 893
– Hartmut → U 2 607
Logman, Marc → iz t 544
Logothetis, Nikos K. Prof. Dr. → t 131
Lohaus, Ludger Prof. Dr.-Ing. → t 2 033
Lohberg, Rolf → S 1 370
Lohenstein, Birgit → t 2 289
Lohkamp → A 8
– Christiane → T 3 070
Lohmann → A 21
– Birgit → S 1 417
– Dirk → M 211
– Dr. → A 18
– Ernst, Dipl.-Landw. Dr. → q 33
– Georg → t 3 730
– Hans → B 318
– Hans-Christian → S 738
– Heinrich → b 868
– Klaus → P 3
– Ludger, Prof. Dr. → O 93
– Margret, Dr. → U 1 423
– Otto → U 272
– Stephan, Dipl.-Kfm. → g 562
– Ulf, Dipl.-Betriebswirt (FH) → T 3 886
– Werner, Prof. Dr. → o 139, T 568
– Wolfgang → k 49, k 58, k 59, k 61
Lohmann-Hütte, Günter → L 54
Lohmar → b 510
– Stephan → U 632
Lohmeier, Walter Dr. → E 101
Lohmeyer, Till R. → T 2 621
Lohmüller, Reiner Prof. Dr. → t 1 464
Lohnert, G. Prof. → T 1 248
Lohnes, Hanns Dieter → s 542
Lohr, Eleonore → S 553
– Rita → T 1 882
Lohrberg → A 27
Lohre, Günther → u 2 034
– Wilfried → E 679

Lohrengel, Burkhard Prof. Dr. → T 537
– Hajo → M 250
Lohrlein, Dr. → u 2 588
Lohrmann, Ursula → t 3 645
– Wilhelm → H 619
Lohse, Anita → h 178
– Eva → D 99
– Kristina → g 480
– Michael → E 2, E 197, M 15, m 32, M 189, m 193
– Reiner, Dipl.-Ing. (FH) → t 1 734
Lohsträter, Jürgen → U 666
Lohwasser, Gerd → d 168
Loix, René Dr. → c 41
Loizides, Haris → iz f 2 116
– Panayiotis → iz e 44
von Lojewski, Günther Prof. Dr. → U 2 450
Lojka, Klaus Dr. → iz s 283
Lok, Martina → O 665
Lokk, Peter → T 3 691
Lomba, Niombo → U 2 097
Lombardini, Siro → iz i 37
Lomberg, Ingrid → t 2 964
Lombosi, Gabor → iz n 35
Lona, Horacio E. Prof. P. Dr. → T 409
Londner-Kujath, Monika Dr. → t 4 110
Long, David Dr. → iz f 2 330, iz n 14
– Robert → IZ F 2 063
Longerich, Sabine → K 276
Longhi, Danilo → IZ E 3, iz e 17
– Guido → iz h 202
Longin, Franz → s 2, s 649
Longrée, Arnd → S 425
de Longueville, Hans-Peter Dipl.-Kfm. → g 295
– Yves → T 1 236
Lonnroth, Karl-Johann → iz a 7
van der Loo, Harry → IZ F 981
van Loo, Robin → IZ T 985
Loock, Peter → O 123
Looft, Volkher → Q 350
Looghe, Herman → iz f 1 887
Look, E.-R. Prof.Dr. → T 1 131
Loomans, P. → IZ H 357
van Loon, J.H.A. → IZ V 15
Loontjens, Louis → iz t 793
Loos, Dorit Prof.Dr. → r 884
– Iris → o 241
– Jan F.H. → IZ U 123
– Uwe, Dr.-Ing. → E 65
– Uwe, Prof. Dr.-Ing. → T 1 067, T 1 165
Loose, Britta → R 864
– Dirk A., Prof. Dr.med. → T 2 753
Loosen, Robert → R 615
Loosli, Bernard → iz h 255
de Looz-Corswarem, Rodolphe → IZ F 2 323
Loparelli, S. → iz a 31
Lopau, Rainer → F 1 001
Lopes, Antonio → IZ T 841
– Rogério, Dr. → c 1 184
Lopes Barata, Eduardo → iz f 1 431
Lopes da Silva, Gabriela → iz u 641
López, Daniela Dipl.-Ing. → iz t 233
– Mariano José → iz z 23
Lopez, Piluca Núñez → iz l 17
– Valdemar → iz t 490
López Blanco, Manuel → iz a 127
López Blanco, Pablo → IZ B 241
López-Ebri, Enrique → s 1 403
López-Frank, Ulla → T 3 268
Lopez G., Clara → iz f 1 856
Lopez-Sendon, J.L. → IZ T 820
López Veiga, Enrique → iz a 184
van Lopik, Teunis → iz u 638
Loppe, Siegmund → e 609
Lorange, Peter Prof. → IZ T 570
Lorberg, Renate → s 461
Lorch, Hans-Gotthard → T 2 126
– Wolfgang, Dipl.-Ing. → s 819
Lorentz, Jon J. → iz s 536
Lorenz, Andrea Dr. → s 364
– Brunhilde → l 101
– Christian → b 98
– Dieter → T 3 760
– Egon, Prof. Dr. → T 2 541, T 4 041
– Egon, Prof.Dr. → T 2 541
– Friedrich, Dipl.-Ing. → B 379
– Hans-Dieter → E 757
– Hans-Peter, Dr. → T 2 733
– Hartmut → u 728
– Helge → S 1 186
– Herbert → g 500, h 148
– Joachim → Q 400
– Johannes → g 797
– Jürgen → c 957, S 1 517
– Kristin, Dipl.-Soz.wirtin → U 250
– Manfred → q 146
– Markus → T 802

Fortsetzung nächste Spalte

Lorenz (Fortsetzung)
– Rudi → U 1 030
– Steffen, Dr. → E 121
– Wilfried, Prof. Dr. med. → T 3 278
Lorenz-Meyer, Dieter Dr. → c 1 247, H 2
Lorenzen, Dr. → A 16
– Heinz-Jürgen, Dr. → t 967
– Karl-Dieter → S 1 553
– Uwe → D 146, e 615
Lorenzo Zamorano, G. → iz h 291
Loreth, Hans Dr. → B 309
Lori, Friedhelm → E 157
Loridan, J.M. → IZ H 66
Lorig, Werner Prof. Dr. → S 1 516
Lorimer → iz s 157
Lorite Almansa, M.D. → iz f 449
Loriz-Hoffmann, Josefine → iz a 18
Lorkeers, Aloysius → iz a 156
Lorscheid, Ingo → h 691
Lorscheider, Adolf → F 444, F 445, h 219
– Harald → s 1 294
Lorz, Herbert Dipl.-Ing. → S 19, S 20, S 915, s 916
Losacker, Wolfgang Dr. → C 92
Losch, Ch. → U 1 478
– Erich → T 1 899
Loscha, Bernhard Dipl.-Betriebsw. → R 120
Loschelder, Michael Dr. → U 737
– Wolfgang, Prof. Dr. jur. → T 649
Lose, Jürgen Dr. jur. → F 1, f 19, F 861, F 939, iz f 2 420
Loskamp, Maria Britta → A 20
Loske, Reinhard → U 2 097
Loskill, Hannelore → T 3 011
Lossau, Norbert Dr. → O 432
Losse, Thomas Dipl.-Sozialw. → T 669
Lossen, Wolfgang → h 405, h 415, h 467, h 540, h 560, T 3 913
– Wolfgang → H 322
Lossin-Weimer, Kerstin → S 570
Lostelius, Carl Bertil → iz a 86
Lotsch, Rita Dipl.-Bibl. → u 67
Lotter, Lando Dr. → E 65
Lottermoser, A. → A 33
– Lilo → u 2 240
Lotti, Leila → IZ T 558
Lotz, Klaus → IZ U 571
– Roland → k 137
– Ulrich, Dipl. oec. → t 866
Lotze, Clemens → F 1 002
– Manfred → O 690
Loughhead-Turland, Betty → IZ U 260
Louis, C. → iz o 226
– Hartmut, Prof. Dr. → T 1 241
– Peter → K 257
Loukas, Dimitris → IZ S 642
Louko, Ossi → IZ A 222
Loup, J.P. → IZ F 56
Lourenço, Manuela → iz s 258, iz s 543
Louterman-Hubeau, Denise → IZ A 219
Loutzakis, Christos → iz f 1 344
Louvet, Thierry → IZ T 990
Lovett, John M. → IZ U 177
Lovón Ruiz-Caro, Mario → c 1 157
Low, Lip-Ping → IZ T 820
Lowag, Jutta → O 276
Lowe, Rebekah → IZ S 651
Lowen, Susanne → iz r 257
Lowi, Theodore J. → IZ T 193
Lowitzsch, Klaus Prof. Dr.med. → t 3 100
Lowther, W. → IZ F 1 856
Lox, Frans Prof. Dr. → IZ T 303
Lozano Irazábal, José Alfonso → IZ R 27, iz r 46, iz f 59
Lu, Yong-Zai → IZ T 309
Lubbi, Greetje → iz u 337
Lubchenko, A. → IZ T 34
Lubeseder, Dieter → u 3 078
Lubezyk, Jürgen → c 462
Lubisse, Manuel Tomás → C 1 058
Lubitz, Wolfgang Prof. Dr. → t 168
Lubkowitz, Andreas → U 866
Lubomierski, Hartmut → d 8
Lubon, Miroslaw → iz h 463
Luca, Dan → T 1 986
de Luca, Stefano → iz u 448
Lucas, Bernard → iz h 448, iz h 457
– Christian → O 708
– Eberhard → H 323, h 351, h 402, h 452, h 470, h 503
– Eberhard, Dipl.-Ökonom. → h 384, h 437
– Gert → U 2 817
– Helga → u 2 196
– Juan José → IZ B 241
Lucassen, Hanjo → r 304
Lucchesi, Andreas → f 303
Luchaninov, Sergiy → iz u 20
Luchie, Annie → iz f 2 256
Lucht, Carsten → u 776

– Carsten, Dipl.-Verwaltungswirt → S 712
Luchtmeier, Liese → e 642
Luciolli, Fabrizio W. → IZ U 352
– Fabrizio W., Dr. → iz u 360
Lucius, Eckhard R. Dr. → t 922
– Irene → Q 662
Luck → h 198
– Pascale → IZ T 570
– Reinhard → f 249
– Werner, Prof. Dr.Dr.h.c. → T 854
Luckas, Martin → d 28
Lucke, Günter Dr. → IZ S 676
– Horst-Günter, Dipl.-Kfm. → I 15, T 2 309
– Michael, Dr. → f 280
Luckhaupt, Ralf → s 152
Luckmann, Herbert Dipl.-Vw. → R 846
– Klaus-Dieter, Dipl.-Ing. → T 1 891
Luckner-Bien, Renate Dr. → T 512
Lucks, Hubert → S 996
Luczak, Holger Prof. Dr.-Ing. Dipl.-Wirt.-Ing. → t 342, T 2 179
– Jürgen M. → o 427
Ludes, Arnold Dr. → s 330
Ludewig, Erwin M. → c 1 311
– Karl-Heinz → Q 658
– Peter → S 692
Ludewigs, Ingeborg Dr. → A 6
Ludl, Heinz → H 474
Ludlow, Peter → IZ T 881
Ludolph, Andrea → k 155
Ludovice-Moreira, Francisco → s 1 401
Ludwig, Andrea Dr. → s 1 101
– Barbara → a 95
– Bernd O. → C 1 275
– Dieter, Dr.-Ing. E.h. → M 1
– Gebhard, Dipl.-Ing. → t 933
– Gerd → k 155
– Gerd, Prof. Dr. med. → T 3 427
– Gerhard → H 632
– Gunther → G 105
– Heike, Prof. Dr. → s 591
– Herbert H., Dipl.-Ing. → T 4 006, t 4 018
– Hildegard → H 42
– Jürgen → o 696
– Kathleen → U 2 450
– Klaus, Dr. → T 775
– Klemens → U 937
– Michael → H 629, U 566
– Monika → S 1 289
– Niels-Erik → iz f 1 546
– Petra → U 129
– Richard → g 177
– Rudi → K 301
– Stefan → u 2 238
– Wilhelm → M 270
Ludwigs, Walter → O 388
Lübbe → H 754
– Dieter, Prof. Dr.med. → u 1 158
– Günther → E 80
Lübbe-Wolf, Gerlinde Prof. Dr. → Q 480
Lübbe-Wolff, Gertrude Prof.'in Dr. → T 4 177
Lübberstedt, Karin → S 444, T 2 853
Luebbert, Hartmut Dr. → c 775
Lübbert, Horst → g 557
Lüben, Dietrich Dipl.-Wirtschaftsing. (FH) → S 1 522
Lübke, Helmut → f 32, F 547, f 568, R 1, iz f 2 594
– Rolf → s 69
– S. Oliver → O 649
Lüchau, Klaus → h 30, T 3 897
Lück, Georg Dr.med. → IZ S 68
– Thomas → U 3 058
– Waldemar → e 644
Lücke, Andreas → F 1 026, U 574, IZ F 287, iz f 291
– Horst → u 1 989
– Michael → n 78
– W., Prof. Dr. → T 2 673
– Wolfgang, Prof. Dr. Dr.h.c. → t 4 066
Lückemeyer, Dr. → A 18
Lücker, Hellmuth E. → c 282
– Uwe → O 632, o 639
Lückgen, Uwe Dr. → S 274
Lücking, Arne → k 219
Lüdde, Sigrun Dipl.-Ing. → U 3 018
Lüddecke, Joachim Dr. → S 268
Lüddemann, Rainer → F 373
– Thomas → u 2 808
Lüdecke, Elke → O 300
Luedecke, Gunther A. → c 1 236
Lüdeking, Karlheinz Prof. Dr. → T 628
Lüdemann, Eberhard → T 2 798
– Ernst-August → U 1 301
Lüder, Karsten → s 304
– Wolfgang → E 409, U 2 786
– Wolfgang, Dr. rer. nat. → T 3 313
Lüderitz, Edeltraut → g 177
Lüders, Christian → q 30

Lüdge, Anke Dr. → T 261
Lüdigk, Rainer Dr. → T 2 333
Lüdkemeier, Bernd → A 294
Lüdtke, Hannelore → t 3 001, u 1 627
– Hartwig, Dr. → U 3 030
– Rüdiger → f 1 038
Lüer, Christine → k 87
Lüers, Dr. → A 27
Lüft, Dieter → T 2 207
Lüghausen, Albert → T 2 723
von der Lühe, Oskar Prof. Dr. → T 1 947
Lühl, Veronika Dipl.-Kfm. → E 156
Lühmann, Ferdinand → E 134
– Harald → k 236
– Karlheinz → E 63
– Klaus → h 30
– Rolf, Dipl.-Volksw. → E 134
Lührmann, Andrea → F 474
– Reinhard, Prof. Dr. → t 109
Lüke, Bernhardine → u 1 753
– Wolfgang, Prof. Dr. → S 615
Lueken, Djoeke → Q 573
Lüken, Wolfgang Deter Dipl.-Kfm. → t 2 161
Lüllwitz, Thomas Dr. → A 320
Lümkemann, Dirk Dr. → U 2 450
– Dirk, Dr. med. → T 3 398
Lüneburg, O. → F 581
Lünendonk, Alois → E 151
Lünkemann, Dirk Dr. → u 2 547
Lünne, Franz-Josef → k 82
Lünterbusch, Armin Dr. → B 805
Lünz, Willi → D 115
Lünzer, Immo → Q 574
– Immo, Dipl.-Ing. agr. → T 770
Lüpertz, Markus Prof. → T 466
Lüpfert, Th. Dr.-Ing. → T 2 660
von Lüpke, Beatrix → u 1 886
Lüpken, Erich → iz h 69
– Erich A. → h 77
– Erich A., Dipl.-Ing. agr. → H 196, h 200, h 623
Lürssen, Christian → Q 99
– Friedrich → c 855
Lürßen, Peter → E 80
Luerssen, Udo → iz f 1 199
Lüßmann, Friedhelm → s 447, t 2 856
Lüssow, Hans → A 21
Lüst, Reimar Prof. Dr. → T 803
Lütgert, Gert → O 289
Lüth, Friedrich Dr. → U 3 054
– Hans-Jörg → q 423
– Heidemarie → A 35
– Johann Peter, Dipl.-Ing. → B 656
– Jürgen → u 1 984
Lüthje, Bernd Dr. → I 76
– Jürgen, Dr. → T 522
– Sven, Dipl.-Ing. → L 77
Lütje, Peter → t 1 110
Lütjens, Vera → U 1 610
– Wolfgang → U 1 610
Luetjohann, Eberhard Dr. → T 2 249
Lütke, Dieter → N 55
Lütke-Uhlenbrock, Fritz → I 15, U 347
Lütkemeyer, Claus → U 274
Lütkes, Anne → b 175
Lütkestratkötter, Herbert Dr.-Ing. → L 82
Lüttgen, Hans → T 1 269
Lüttjohann → A 27
Lüttke, Hansjörg → T 4 180
– Manfred → L 53
– Ragnar Harald → u 2 249
Lütz, Walter → k 154
Lützner, Klaus Prof. Dr.-Ing. → t 878
Luft, Christa Prof. Dr. → A 75
– Wolfgang, Dr. → s 329
Lugmair, Günter W. Prof. Dr. → t 108
Lugt, Marieke → iz f 2 015
Luhmann, Thomas Prof. Dr. → T 1 324
Luhn, Rolf Dr. → U 3 035
Luhrman, Deborah → IZ N 61
Luik-Pani, Mare Dipl.-Soz. → m 6
de Luisi, Angela → IZ R 306
Luithle, Hans → f 812, H 388
Luithlen, Christoph → E 179
– Eberhard → A 25
Lukacin, Bernad → t 209, T 3 891
Lukas, Eduard → U 486
– Wolfgang, Prof. Dr. → U 202
Lukassowitz, Irene Dr. → A 214
Luks, Heinz → g 256
Luksch, P. Dr. → U 24
Lulay, Walter W. → S 732
Luley, Björn → z 2 985
Lulli, Andrea → iz u 69
Lullies, Eckard → T 2 348
Lum, Markus → n 264
Luman, Toomas → iz e 29
Lumbe, Hans-Joachim → H 682
Lumma, Dagmar → S 442

Lummaux, Jean Claude → iz t 177
Lunacek, Thomas → u 2 117
Lund, Gerhard Dr. → b 882
– Gunnar → IZ C 13
– Ronald S. → iz o 175
Lund-Hermansen, Ole → c 101
Lundberg, Leif → iz t 372
– Peter → iz h 309
Lundby-Wedin, Wanja → iz r 202
Lundin, S. → iz t 511
Lundstedt, Hakan → iz f 1 991
Lundstrøm, Carl-Henrik → IZ M 4
Lundström, Herbert → iz s 138
– Herbert, Dr. → IZ R 241
– Lauri → iz i 93
Lungershausen, Helmut Dipl.-Hdl. Dr. → T 1 865
Lungu, Mihai → iz f 2 310
Lungwitz, Ralph-Elmar Dr. → e 636
Lunk, Rainer → g 303, g 407
Lunkwitz, Klaus Prof.Dr.rer.nat.habil. → T 1 916
Lunt, I. → iz s 36
Luoma, Marju → iz u 722
Luoni, S. → iz f 2 469
Lupi, Josko → c 669
Frhr. von Lupin, Reinhold → k 109, k 127, k 257, k 344
Luplow, Ingo → T 2 303
Lupp, Thomas → E 98
Lupus, G. → iz s 190
Luqui, José M. → iz p 19
Lusser-Brady, Sylvia Dr.med. → T 2 781
Lust, Karl-Heinz Dipl.-Phys. → E 109
Lustac, Serge → iz a 16
Luszcz, Mary Prof. → IZ T 826
Luthardt, Peter Dipl.-Stom. → S 296
Luthe, Hubert Dr. → u 2 354
– Markus → q 376
– Markus, Dipl.-Volksw. → n 2
Luther, Fritz-Hermann → U 1 362
– Gerhard, Dr.rer.nat. → B 609
– Joachim, Prof. Dr. → t 245
– Peter, Dr. → B 327
– Ralf → N 204
– S., Dr. → T 4 145
– Ulla, Dipl.-Ing. → u 504
Lutje, Nikolaus → E 490
Lutsch, Werner Dipl.-Ing. (FH) → T 1 060
Lutscher, Manfred → q 529
Lutter, Christiane → s 365
– Uwe → h 741
Luttermann, Heiner → h 544, H 674
Lutterotti, Markus Dr. → C 1 114
Lutz → A 12, T 3 793
– Georg → U 2 082
– Gerd → G 70
– Jürgen, Dipl.-Volksw. → E 134
– Peter → Q 397
– Rudolf → R 581
– Ulrich, Dr.-Ing. → t 1 637
– Wilhelm H., Dr. → R 193
Lutze, Anne-Dore → T 887
– Thomas → u 2 246
Lutzebäck, Lisa → b 51
Lutzny, Dietmar Dipl.-Ökonom → U 287
Lux, Andreas → E 157
– Claudia, Dr. → T 952
– Jan → g 372
– Ruth → u 1 291, U 1 295
Luxenburger, Bernd Dr. → s 524
Luy, Julius-Georg → C 200
Luzar, Heribert → M 14
Luzius, Franz J. Prof. Dr. → E 26, T 4 179
Lwowski, Walter → e 504
Lycke, Robert → IZ U 548
Lykketoft, Mogens → iz b 41
Lyman, Howard → IZ U 806
Lynch, Christopher F. → c 620
– Frank → iz i 35
Lysakowski, Piotr Dr. → E 655
Lysgaard, T. → IZ H 327
Lyssand, Mons Tore → IZ F 2 404
Lytras, Pericles → IZ S 642

M

Ma Fluxa Ceva, José → iz s 463
Maack, Christian → G 84
Maag, Ulrich → F 1 002
Maahs → A 36
Maalen-Johansen, Ivar → iz t 184
Maar, Henri → iz u 362
v. Maarshalkerweerd, Ingrid M.L. → iz f 2 030
Maarsingh, A. → iz q 89
Maas, Christoph Prof. Dr. → r 889
Fortsetzung nächste Spalte

Maas (Fortsetzung)
– Heiko → u 2 263
– Ingo → S 1 178
– Jörg, Dipl.-Pol. → T 1 353
– Jürgen J. → H 39
– Manfred → A 202, b 168
– Michael Ludger → U 1 175
– Regina → T 570
– Rolf, Dipl.-Ing. → S 997
– Roswitha, Dr. → h 685
– Sabine → T 566
Maaß, Gisela → r 544
Maass, Heiko → a 94
Maaß, Jürgen Dr. → r 70
Maass, K.-E. Dr. → T 373
Maaß, Klaus-Dieter → E 151
– Kurt-Jürgen, Dr. → T 2 314
Maass, Peter → U 2 602
Maaß, Reinhard Dr.-Ing. → f 47, F 852, f 853, iz f 1 427
– Rüdiger → T 3 940
– Werner → E 151
– Wolfgang, Dr. → E 98
Maassen, Dieter → g 258
Maaßen, Hans-Georg Dr. → A 10
– Hans Joachim → A 20
– Heinz-Günter → u 1 997
– Heinz-Günther → b 191
– Rita → S 1 319
– Uwe, Dipl.-Volksw. → f 125, F 141, T 1 310
– Wolfgang, Dr. → s 1 218
Maaten, Jules → IZ U 434
Maatz, Ekhart → B 306
Mac Cárthaigh, Donnchadh → T 497
Mac Guire, K. → IZ F 2 198
Mac Mahon, Fiona → iz f 2 367
Mac-Nack, R.A. → iz h 305
Macdonald, Brian S. → iz u 361
– Donald S. → iz u 361
MacDonald, Richard → iz q 16
Macek, Mateja → iz r 55
Macey, David C. → IZ F 2 582
Mach, H. Dr. → T 1 925
– Rudolf, Dr. → T 1 369
Machaczek, Bettina → u 1 200
Machado, Hugo M. E. → iz s 48
Machado Macedo, M. E. → iz s 48
Machado Santos, Filipe → iz n 56
Machander, Bärbel → t 3 092
Macharzina, Klaus Prof. Dr. → t 38, T 684
Machata, Walter → B 399
Machel, Günther → u 2 422
Machenheimer, Martin → h 358
Machens, Kurt → D 86
– Ulrich → A 327
Macher, Hermann → U 2 599
– Marilen, Dr. → T 95
Macherey, Heinz-Günter → k 153
Machiels, Michel → IZ T 321
Machin, Tom → iz f 1 728
Machleit, Kurt → g 621
Machner, Tilla → S 292
Machnig, Matthias → U 2 251
Machnik, Georg Prof. → e 624
– Hannelore, Dr. → s 73
Machowski, Heinrich Dr. → E 604
Machulla, Hans-Jürgen Prof. Dr. rer. nat. → t 1 772
Machunsky, Jürgen Dr. → U 701
Maciejok, Ute → G 96
Macintosh, Duncan Ian → IZ T 314
Maciulskis, Petras → iz s 128
Mack, Cornelia Dipl.Übers. → T 480
– Dietrich, Dr. → O 322
– Edmund → u 1 033
– Reiner → u 1 250
– Ulrich → T 864
– Wolfgang, Dr. → f 19, F 861, R 165, iz f 2 420
Mackay, G.R. Dr. → IZ T 631
– Irene C I → IZ S 378
Macke, Peter Dr. → B 795, B 886
– Wilfried → R 618
Mackellar, Landis → IZ T 561
Macken, Fidelma O'Kelly → IZ A 219
Mackenroth, Geert → S 566
Mackenthun, Thomas Dr. → i 51
Mackewitsch, Reinhard → t 2 429
Mackholt, Walter Dipl.-Volksw. → H 100
Mackie, James → IZ U 347
Mackowiack, Peter → F 92, g 166, S 1 512, U 577
Mackscheidt, Klaus Prof. Dr. → T 3 612
MacLachlan, Norman → IZ U 91
MacLaughlin, Alasdair → u 4
Maclean, Uisdean → iz o 114
MacLennan, Murdoch → IZ T 268
MacMillan, Rory → IZ F 178

Macodawa, G. → iz s 526
Mactavish, Stuart → iz h 463
Madaus, Andreas Dr. → f 214
Maddalone, R. → IZ M 227
Madden, Vince → IZ L 49
Maddison, John → iz a 180
Maddock → iz u 445
– J. V. → iz q 153
Made, Peter → g 564
Madeira, G. → IZ T 232
Madelung, Otto W. Dr.rer.nat. → T 1 159
Mader, Hans Martin Dipl.-Ing. → S 1 106
– Heinz → g 763
– Helmut → u 1 010
– Reine-Claude → iz u 148
– Ute → O 184
Madern, Jan → IZ G 73
Maderner, S. → iz u 248
Maderuelo, Jose Mata → iz h 135
Madete, Richard Dipl.-Ing. → e 697
Madlener, Sigmar Dipl.-Ing. → k 213
Madrid, A. Eng. → IZ F 1 759
Madsen, F. → iz f 1 111, iz f 2 146
Madsen-Mygdal, Johannes → iz f 521
Mächler, Anita → R 867, r 870
– Bernd → g 284
Maechler, René → IZ F 2 530
Mäck, Walter → b 6
Mäckel, R. Prof. Dr. → T 1 366
Mäckler, Franz-Josef → r 113
Mäder, Rudolf → R 700, r 701
– W. → IZ F 1 817
Mädge, Ulrich → d 11, d 249
Mäding, Heinrich Prof. Dr. → T 994, T 2 242
Mädler, Frank → t 2 954
Mäenpää, Mikko → iz r 161
Mägdefrau, Friedel → k 68, k 72
Mägerle, P. → IZ M 230
Mählck, Günter → e 435
Mähnert, Thomas → u 2 036
Mähr, Helke → s 658
Mäki, Satu → iz u 442
– Timo → iz o 228
Mäkinen, Paavo → iz q 9, iz q 81
Mälck, Uwe → s 604
Mälzer, Dirk → U 13
Mändle, Eduard Prof. Dr. → T 632
Mängel, Annett → U 1 546
Männel, Wolfram Dipl.-Phys. → T 1 161
Männich, Henry Dr.-Ing. → s 837
Maennig, Wolfgang Prof. Dr. → T 2 252, t 2 253, u 2 513
Männle, Thomas → T 2 762
Märja, Talvi → IZ T 970
Märker, Oliver Dipl.-Geogr. → s 1 457
Märkl, Klaus → t 3 084
– Wolfgang → b 478
Märländer, B. Prof. Dr. → T 2 643
Märländer, B. Prof. Dr. → IZ T 690
Märtens, Dieter F. → K 178
Maertens, M. → iz h 287
Märtin, Harald Dipl.-Kfm. → E 64
Märtins, Günter → K 300
März, Fritz Dr. → IZ U 568
– Wolfgang → E 220
Maes, Henric → u 1 756
Mäsker, Mechthild Dr. → s 1 337
Maeß, Gerhard Prof. Dr. → e 522
von Mäßenhausen, Hans-Ulrich → f 133
Maestrini, Emilio Dr.-Ing. → iz s 579
Maestro, Josè M. → IZ K 32
Maetzig, Dr. → q 80
Mätzold, Klaus Dipl.-Ing. → S 958
Mäule, Dieter → u 892
Mäurer, Ulrich → b 51
Mäurers, Klaus → F 394
Mäusbacher, Roland Prof. Dr. rer. nat. habil. → T 551
Mäusle, Rudolf Dipl.-Betriebsw. → E 87, E 93
Maeyaert, G. → iz f 1 919
Mafael → A 8
Magadan, Josè Antonio → IZ H 65
Magarian, Albert → IZ U 208
Magarin, Klaus-Jürgen Dipl.-Ing. → t 1 609
Magariños, Carlos Alfredo → IZ V 42
Magda, Gábor → iz u 64
Magdanz, Peter Dr. → U 128
Magdowski, Iris Dr. → U 2 815
Magee, Sybille → E 740
Mager, Georg → IZ F 1 505
– Gerd → H 89
– Günther → U 562
– Guido → T 2 202
– Heino → g 554
– Roland → E 466
– Thomas → s 1 107
Magerkohl, Astrid Dipl.-Sozialw. → P 5
Maget, Christian → T 3 937
– Franz → a 84

Magg, Wolfgang → d 21
Maggioni, Luigia → IZ A 219
Magi, Lindisizwe M. Prof. → IZ T 158
– Ramon → IZ U 211
Magin, Th. Dr. → S 229
Maglione, Julio O. → IZ T 559
Maglorie, L. Dipl.-Phys. Prof. Dr. → T 2 526
Magnan, Michel → iz f 820
Magnant, Claire → iz a 17
Magndal, Ove → iz h 172
Magnus, Eric → iz f 388
– Klaus → H 308, H 528, iz h 407
Magnusson, Joen → c 436
– Jon Hakon → iz u 359
Magopoulos, S. → iz h 480
Magriotis, Ioannis → iz b 107
Maguire, John → iz f 585
– T. A. → iz s 196
Magyar, Balint → iz u 458
Mahan, Pascal → c 715, n 212
Mahendra, K.L. → IZ R 278
Mahl, Andrea → e 194, h 501
Mahlburg, Fred Dr. → s 767
Mahle, Walter A. → T 3 678
Mahler, Günter → F 69, R 33
– Robert → IZ F 1 601
Mahlert, Siegfried → h 526
– Ulrich, Prof. Dr. → O 143
Mahling, Christoph-Hellmut Prof. Dr. → O 147
Mahlmann, Dr. → A 33
– H., Dr. → IZ F 1 260
– Holger, Dr. → IZ F 2 040
Mahlow, Herbert → g 137
Mahn, Antje → E 154
– Erwin → K 306
Mahncke, Carola → b 44
Mahne, Ulrich → T 1 862
Mahnke, Christiane → k 154
– Harald → b 502
– Wolfgang → S 1 265
Mahnken, Gerhard → S 738, T 1 893
– Karl-Uwe, Dr. → s 305
Mahnken-Brandhorst, Brigitte → T 3 632
Mahorcic Spolar, Vida A. → IZ T 970
Mahrenholz, Ernst Gottfried Prof. Dr. → T 2 223, T 3 514
Mahro, Annette → T 3 792
Mai, Angela Dipl.-Ing. → u 895
– Helmut, Dipl.-Ing. → T 1 122
– Klaus, Dipl.-Ing. → s 822
Maia, José → iz i 103
Maiani, L. Prof. → IZ T 105
Maibach-Nagel, Egbert → S 273
Maibaum, Eberhard → s 1 193
– Thomas → S 790
Maichel, Gert Dr. → T 895, iz I 7
Maicher, Peter → B 326
Maidl, F. X. Dr. → T 2 734
– Markus → N 103
Maier, Carl-Friedrich → h 591
– Dieter, Dipl.-Ing. → t 220
– Ernst → f 573
– Erwin Otto → T 3 901
– Ferdinand → iz p 16
– Friedhelm → A 35
– Friedrich, Prof. Dr. → R 845
– Gerhard, Dr. → u 2 318
– Hanns, Dr. → c 990
– Hans Dieter, Dipl.-Volksw. → o 548
– Joachim, Prof. Dr. → t 117
– Jürgen → E 560
– K., Prof. Dr. → T 1 949
– Karl → o 162, O 396
– Karl, Prof. Dr. → T 4 102
– Karl Heinrich → T 1 060
– Karl-Heinz, Dipl.-Ing. → u 1 913
– Kirsten → O 174
– Klaus → u 732
– Michaela → G 66, U 940
– Otto Julius → E 40
– P. Otto → U 1 187
– Peter → O 57
– R. → g 81
– Rudolf → u 893
– Ute, Dr. → S 277
– Willfried, Dr. → A 39, b 65, b 69, b 77, B 202
Maier-Reimer, Barbara → b 77
Maier-Stein, Renate Dr. rer.pol. → r 219
de Maigret, Bertrand → IZ I 88
Maihöfer, Kurt → g 488, h 137
Maijgaard, Jens → iz h 212
Maikranz, Frank Dipl.-Kfm., Dipl.-Volksw. → iz s 229
Mailath-Pokorny, D. → iz h 378
Mailliet, Christophe → IZ T 839
Mainz, Lothar → F 383
– Walter → F 383
– Wolfgang → IZ U 812

Mainzer, Udo Prof. Dr. → B 653
Maiocchi, Donella → iz f 2 409
Mair, A. → iz f 1 928
– Alfred → iz a 220
– Thomas, Dipl.-Kfm. → t 1 476
Maire, Eric → IZ T 152
du Maire, Ernst Dipl.-Ing. → f 521, U 407
Maire, Henri-Michel → iz h 452
Maisack → M 141
Maisch, Georg → q 534
Maiser, Eric Dr. → f 676
Maissen, Leena → IZ U 811
Maiwald, Detlef Dipl.-Ing. (FH) → t 1 097
Maiworm, Reinhard → u 2 864
– Robert → A 306
de Maizière, Andreas → E 578, T 2 532
– Thomas → b 154
de Maizière, Thomas Dr. → A 39
Majborn, Benny → iz l 28
Majer, Wolfgang Dr. → U 532
Majerus, André → iz t 182
Majewski, Otto Dr. → L 40
Majid, Ibrahim → E 386
Majó i Cruzate, Joan → IZ T 900
Majunke, Curt Prof. Dr. → q 548
Majura, Isack Dr. → e 699
Mak, Xaver → g 560
Makay, George → iz h 311
Makela, Timo → iz a 43
Makies, Herbert → t 2 947
Makins, Christopher J. → iz u 372
Makris, Ion → S 617
Malago, V. → iz h 483
Malandra, Aldo → iz f 2 216
Malangré, Heinz Dr. → E 244
– Heinz, Dr.jur. → T 2 012
Malchaire, Jacques Prof. → iz t 197
Malcharek, Volker → T 95
Malcher, Wilfried Dipl.-Vw. → H 308
Malcherek, Maria → T 711
Malchow, Oliver → r 394
Malcorps, H. Dr. → IZ T 245
Malcovati, Enrico → iz f 2 284
Graf Maldeghem, Wolfgang → u 1 754
Malegarie, Alain → IZ I 2
Malek, Baher → n 206
Maleki, Nader Dr. → IZ I 25
Malenke, Thomas → T 2 807
Malentacchi, Marcello → IZ R 285
La Malfa, Giorgio → iz u 447
Malhaise → IZ H 521
Malikoff, Tamara → IZ U 475
Malina, A. → iz f 197
– Dr. → A 21
Malina-Altzinger, C. → iz f 218
Malinowski, Klaus → g 622
Malis, Frank Dipl.-Volksw. → E 139
Malitz, Hans-Georg → U 1 032, u 1 037
Mall, Georg Dr.rer.pol. Dr.med. → t 1 655
Malla, Jutta → u 973
Mallach, Martin Dipl.-Volksw. Dipl.-Landw. → Q 23, U 1 388
Mallaev, Machtumkuli → c 1 372
van Malland, Henk Dr. → IZ T 682
Mallard, M. → iz f 1 477
Mallener, Helmut Dipl.-Ing. → T 1 150
Malliaris, Peter → t 547
Mallick, Karla → R 483
Mallikat, Jürgen Dipl.-Ing. → M 1
Mallin, Tony → IZ O 213
von Mallinckrodt, Goswin Dr. → U 2 080
Malling, Eike F. → C 624
Malloum, Bintou → C 1 314
Malmberg, Harri → iz f 2 276
Malmedé, Dirk → E 162
Malmström, Bernd Dr. → M 13
Malone, Peter → IZ O 27
Malowaniec, Krzysztof → IZ F 1 356
Malsch, Dipl.-Ing. → t 2 054
von Malsen-Tilborch, Dr. → A 8
Malt, Friedbert Dr. → E 239, I 25
Malter, Armin Dr.med. → S 84
– Stefan → r 691
Frhr. von Maltzahn, Lothar → Q 585
Freifrau von Maltzahn, Nicole Dr. → T 3 324
Freiherr von Maltzahn, Paul → C 1
von Maltzan, Marco → F 503
Frhr. von Maltzan, Marco → IZ F 2 164
Maluquer, Salvador → iz f 415
Malvcheva, Nadejda → iz u 198
Malyshev, Y. N. Dr. → IZ T 323
Malz, O. → iz f 2 413
Malzacher, Robert Dipl.-Volksw. → e 99
Malzahn, Klaus-Dieter Prof. Dr. → U 2 450
Malzkorn, Peter → A 291
Mamberto, Giorgio → iz a 131
Mambretti, Franco → E 30
– Marco → iz s 686

Mammen, Heike → u 962
Mammernes, O. → IZ F 2 198
Mampaey, Joris → if 127
Manahan, Tony → iz s 441
Manai, Carlo → a 108
Mañana, R. Prof. → IZ T 323
Mancel, Claude P. → IZ F 1 764
Mancino, Nicola → IZ B 14
Mand, Peter → U 2 020
Mandel, Klaus → D 196
Mandelartz, Herbert Dr. → A 6
Mandeli, M. → iz f 976, iz f 1 455
Mandelkow, Eckhard Prof. Dr. → t 136, t 142
Mandenoff, U. → iz f 2 619
Manderscheid, Albrecht → F 596, f 602
Mandl, H. Dipl.-Ing. → iz t 746
Mandla, Karl-Heinz Dipl.-Ing. → B 438
Mandler, Rhoda Anette → iz a 26
Manfredini, P. A. → iz f 1 568
Mang, Thomas → h 622, l 58
– Wolf Matthias → E 108
Mangeart, G. → iz f 472
Mangel, Max → u 1 058
Mangenot, Benoît → iz f 2 364
Mangin, Noël → IZ F 1 263
– Philippe → iz p 7
Mangold, Estelle → IZ S 1
– Joachim → IZ T 894
– Klaus, Dr. → E 578, S 736
– Martin, Dr.-Ing. → U 662
Mangold-Wegner, Sigrid → U 2 057
von Mangoldt, Burkhard → f 351
Manguyu, Florence Dr. → IZ S 149
Maniku, Ibrahim U. Dr. → C 308
Manin, Yuri I. Prof. Dr. → t 133
Maninger, Peter → N 107
Manke, Dietmar → U 438, u 442
– Klaus, Dr. → A 387
Mankel, Werner Dr. → E 205
Mankowski, Dieter → E 337, E 346
Mann, Bärbel → n 42, N 123
– Barbara → iz s 283
– Bodo → S 737
– Carola → IZ S 148
– Hanns F. → H 235
– Hansjörg → H 528, h 535, h 557
– Helmut, Prof. Dr. med. → T 3 313
– Kurt → m 68, M 185
– Thomas → u 3 071
– Ulrike → U 1 297
Manner, Satu → iz u 443
Mannerkosi, Markku Prof. Dr. → IZ T 240
Mannes, Astrid Luise → T 3 769
Mannetstätter, Egon Dr. → s 356
Mannhalter, Christine Prof. Dr.med → T 3 423
Mannhardt, Christine → T 689
Mannheim, Dieter Dr.rer.pol. → f 137, F 888
Mannheims, Adolf → q 233
– Annett, Dr. → g 309
Mannherz → A 16
Manniegel, Heinz Prof. → U 2 853
Mannigel, Christian Dipl.-Volksw. → F 333
Manning, Anita → IZ U 548
Mannino, Giovanna → iz m 91
– Mario → iz m 91
Mannl, V. Dr. → t 2 046
Manns, Horst Dr.rer.nat. → Q 487
Mannsfeld, Sven-Peter Dr. → c 566
Manoliu, I. Prof. → iz s 460
Manologlou, Ioannis → iz s 684
Manoogian, Antran → IZ O 32
Mans, Jan H. Drs. → iz u 49
Mansala, Arto Olavi → C 756
Manschke, Marion → u 1 313
Manser, Hanna → u 1 329
Manshard, Kiku → e 503
Mansjur, Maddolangeng → C 851
Mantarkova, Gergana → iz s 246
Mantel, Juval Dr.-Ing. → t 1 517, t 1 584
– Rolf → u 2 831
Mantelis, Anastasios → iz b 97
Manteuffel, Evelin → T 95
– Helmut → u 2 439
Manthe, Christine → T 624
Mantik, Erwin → u 832
Manuth, Peter-Georg Dipl.-Ing. → s 897
Manz, Hans-Henning → h 592
– Joachim → k 77
Manzanares Japón, José Luis → iz s 547
Manzel, Christine → g 652
Manzke, Eberhard Dipl.-Volksw. → E 129, T 2 097
– Klaus, Dipl.-Wirtsch.-Ing. (FH) → t 1 662
Mappus, Stefan → b 13
Maquenhen, Eric → iz s 230
Maquet, Jean → IZ H 439
Maquil, Michel → iz i 178
Maquinay, J.C. → iz l 86, iz t 664
– Jean-Claude → IZ T 663

Marabelli, R. Dr. → IZ Q 124
Maraldo, Klaus Jürgen → C 609
Maran, Otto Dr. → t 2 482
Maranhão, M.F.C. → IZ T 820
Marani, Luciano → IZ M 75, iz m 91
Marañón, J. Dr.-Ing. → if 40
Maraun, Georg Dr. → t 2 899
Marbach, Heinz Dipl.-Ing. → S 965
– Hubert, Dipl.-Kfm. → E 69
– Jürgen → N 283
Marberg, Jürgen Dipl.-Ing. → F 229, t 364, T 1 860, U 26, iz f 543
Marburg, Fritz Prof. → T 631
Marc-Lipiansky, Arnaud → IZ T 883
Marchal, Ph. Dr. → iz t 700
– Philippe → iz u 185
– Xavier → iz a 154
Marchand, Jürgen → R 803
– S. → IZ K 43
Marchart, Horst → t 360
Marchesani, Michael J. → IZ K 33
Marchesi, Gualtiero → IZ S 362, iz s 370
Marchi, Francesco → iz f 422
Marchio, Hans-Joachim → T 3 953
Marchwat, Werner → g 133
Marciniak, Heinz → u 2 467
Marcinkowski, Burkhard J. → R 212
van Marcke, Carl → iz f 2 023
Marcks, Manfred → s 660
Marco-Chover, Antonio Dr.med. → IZ S 68
Marcos Sánchez, José A. → IZ U 809
Marcouly, Laurence → IZ S 404
Marculescu, Cornel → IZ U 559
Marczewski, K. → iz t 603
Marczoch, Klaus → U 3 080
Marczy, Oskar → e 705
Marczyk, Ireneusz → iz r 51
Marek, Andreas Dr. → E 341
Maresch, W. Prof. Dr. → T 1 303
Maret → iz s 50
Mareth, Cornelia → u 2 233
de Marez Oyens, Gerrit H. → IZ I 165
Marg, Eckhard Dr. med. → t 3 093
Margani, Franco Dr.-Ing. → IZ L 96
Margaretha, Paul Prof. Dr. → T 1 911
Margarido, Fernanda Prof. → iz t 529
Margeit, Klaus → c 524
Margets, Juan → IZ U 567
Margou, Sylvain → iz f 2 171
Marhold, Hartmut Dr. → T 3 581, U 2 682, U 3 064
Marholdt, Klaus → h 359
María Eugenia, Martín Mendizabal → IZ B 21
Marian, Hans-Gerd → U 1 504
Maric, Walburg Dr. med. → IZ S 68
Maricchiolo, Claudio → iz a 204
Marichal, Jo → iz r 31
Mariconda, Gennaro → iz s 220
Marievoet, Anita → IZ F 2 135
Marin, José → IZ F 1 662
– Jutta → E 285
– R. → iz f 2 474
Marinello, Mirko → U 707
– Stefano → U 707
Maringer, A. Dr. → T 2 236
Marinho, Luis → IZ A 183
Marino, Patrizia → iz s 253
Marinos, George → iz f 504
Marinow, Slaweyko Prof. Dr.-Ing. habil. Dr.h.c. → T 1 939
Mariscal Torroella, José Ignacio → IZ R 27
Marjan, Marie-Luise → Q 645
Mark, Hans-August → G 381
Markard, Morus Dr. → T 2 220
Markert, Bernd Univ.-Prof. Dr.rer.nat.habil. → T 718
Markert-Wizisla, Christiane Dr. → u 1 318
Markewitsch, Robert → m 34, M 36
Markgraf, Helmut → g 603, g 606
Markl, Hubert Prof. Dr. → T 97, T 803
Markmann, Karl → k 95
– Klaus → E 222
Markmeyer, Friedel → u 2 833
Marko, Winfried Dr.-Ing. → m 2
Marks, Erich → T 796, T 3 527
– Joachim → h 426, H 566
– Peter, Dipl.-Kfm. → S 630
Markula, Klaus Dr. → S 318
Marlow, Dieter Dipl.-Phys. → T 1 836
Marmann, Gerd → e 245
Marmor, Lutz → O 301
Marmy, Martin → M 116
Marnette, Werner Dr. → F 1, f 41, F 508, F 696, iz f 365
Marohl, Hans-Georg → U 1 023
Marohn, Bernhard → O 708
Marongiu, Andrea → m 83

Maros, K. → iz f 316
Marotta, Emanuele → IZ U 113
– Roberto, Dr. → IZ U 500
Marotzke, Stefan → b 165
Marotzki, Winfried Prof. Dr. → T 2 530
Marquard, Jürgen Dr. → H 682
Marquardt, Christian → i 50
– Gerd → O 707
– Gerda → IZ O 211
– Horst → O 470
– P. → T 981
– Peter → T 678
– Regine → B 95
– Rüdiger → T 95
– Rüdiger, Dr. → T 907
– Sabine, Dr. → T 882
– Walter-V. → S 1 504
Marquardt-Kuron, Arnulf Dipl.-Geogr. → S 1 454
Marquart, Lutz → B 383
Marques, F. → iz f 2 309
– J. → iz f 1 213
– L. → iz f 1 279
Marquis, Günter → L 18
– Günter, Dipl.-Ing → L 1
– Ralf M., Dipl.-Kfm. WP/StB → P 33, u 460
Marr, Hans-Peter → k 173, k 192
– Wolfgang → s 1 338
Marre, Heinz-Joachim Dipl.-Braum. → t 941
– Reinhard, Prof. Dr. med. → T 3 324
Marrish, R. → iz f 2 423
Marro, Dominique-Georges → IZ A 219
Marsal, P. → IZ F 1 120
Marsch, Erwin W. Dipl.-Ing. → T 2 172, T 2 173, T 2 176
– Klaus → k 234
Marschall, Horst-Werner Dipl.-Pol. → T 1 308
– Marion, Dr. → U 2 759
Marschelke, Herbert Dr. → E 101
Marschewski, Erwin → A 39
Marschner, Bernd Prof. Dr. → t 2 646, T 2 693
– Erwin → K 320
Marsh, David → E 480
Marshall, Peter → iz r 29
Marshall-Kasties, Cecile Ann → n 268
Marsky, Harald → U 2 769
Marsman, Gerard → iz h 429
Marson, Birgit → h 693
du Marteau, Vilma → iz a 181
Martela, Matti T. → iz f 2 026
Martell, Helmut → F 383, T 3 932, IZ F 1 822, IZ F 1 823
Martem, Holger Dr. → T 2 437
Marten, Günter → c 1 362
– Hans-Peter → g 540
Martens, A. → IZ M 55
– Achim → O 384
– Axel, Dipl.-Vw. → E 147
– Hauke → E 263
– Ir. A. → IZ M 36
– Jean → T 2 582
– Jens Uwe → T 3 770
– Johannes, Dr. → T 822
– Jürgen → u 2 589
– Peter, Dr.-Ing. → S 951
– Uwe → u 1 465
– Uwe, Dr. → E 151
– Volker → O 582
– Wilfried → IZ U 374
Martensen, Detlev → n 79
– Uwe → B 823
Marterbauer, M. → iz t 602
Martes, Sergio → c 882
Marti, Beatrice → iz s 52
– Hanspeter, Dr. → iz o 131
– R. → iz f 1 283
Martienß, Rüdiger Prof. Dr. → u 2 664
Martijn, A. Drs. → IZ T 299
Martin, A. → iz f 462, iz f 2 158, iz f 2 479
– Bernd → K 22, K 36
– Bernd, Prof. Dr. → T 3 792
– Carrick → IZ T 305
– Clarisse → IZ S 214
– Claude → C 767
– David W. → IZ A 183
– Eugen → E 14
– Francisco → IZ U 806
– Frank → U 772
– Geoffrey → iz a 57
– Guntram, Dr. → B 641
– H., Dipl.-Ing. → iz f 1 427
– H. Jochen, Dr. → iz n 47
– Hans-Joachim, P. → T 3 807
– Hans-Peter, Dr.rer.pol. → M 179, M 241
– January → iz s 488
– Jean-Marie → IZ A 194
– Jean-Pierre → IZ G 25

Fortsetzung nächste Seite

Martin (Fortsetzung)
- Jim → iz h 426
- Jochen, Dr. → N 283
- John → IZ Q 68
- John R.F. → iz h 196
- Jürgen, Dr. → s 182
- K. P., Dr. med. → T 3 345
- Kurt → R 398
- Markus → N 60
- Michael → IZ B 9
- Micheál → iz b 137
- Orla → io o 82
- P. → iz h 321
- Raymond → iz f 2 333
- Rudolf → U 774, u 775
- Siegbert → r 250
- Thomas → t 4 119
- Volker F.A. → f 871
Martin Castellá, Isabel → IZ A 226
Martin Sanz, Beatriz → iz f 2 415
Martin Serrano, D. Angel Luis → iz i 42
Martinand, Claude → iz m 13
Martinelli, Alberto → IZ T 566
Martinello, Paolo → iz u 157
Martinez, C. Prof. → IZ T 104
Martínez, Heike María → U 2 789
Martinez, Immaculada → IZ S 668
- Joaquin → iz s 376
- Jose → iz f 522
- Tamara → IZ R 63
Martinez de Eulate, F. J. → iz f 579
Martinez-Duart, José Manuel Prof. → iz t 534
Martinez-Esparza, Jaime → iz u 663
Martinez Lezcano, José Lic. → C 1 148
Martínez Sánchez, Juan → iz a 212
Martinez Toledo, Francisca → IZ Q 144
Martini, Jörg Dr. → T 3 999
- Klaudia → b 138
- Marina, Dr. → T 2 881
Martinius, Joest Prof. Dr. → U 1 594
Martins, Américo → iz f 2 336
d'Oliveira Martins, Guilherme Dr. → iz b 213
Martins, Jose Eduardo → IZ U 375
Martins-Cruz, Julio → IZ T 976
Martius, Hansgeorg Dipl.-Kfm. → U 721
Martlmüller, Gustl → f 564
Martmann, Bernd Dipl.-Geogr. → U 230
Martuscelli → IZ T 319
- Marinora → iz f 733
Marty, Jean-Louis → iz s 599
Marty-Gauquié, Henry → IZ A 226
Marutzky, Rainer Prof. Dr. → t 243
Marwede, Jan Dr. → I 83
Marwitz, Volker → u 2 862
Marx, Adolf → u 2 532
- Christa → h 337
- Dirk → h 776
- Dr. → A 16
- Franz Peter → f 779, F 1 055, IZ F 1 175
- Friedrich, Dipl.-Kfm. → S 915
- Hans, Dr.med.vet. → T 2 550
- Julia → T 3 480
- Paul → T 3 870
- Peter → m 214, m 215, m 216
- Rudolf → A 306
- Ulrich → G 636
Marynissen, Jozef → IZ F 1 172
Marzari, Silvio Dr. → e 290
Marzin, Wolfgang → o 614
Marzloff, Stanislas → c 141
Marzoa Dopico, Antonio → iz p 23
Marzocca, Bianca → T 611
Mas, Olivier → IZ I 1
de Mas, Sissy → s 1 391
Masa Godoy, Antonio → iz g 52
Masberg, U. Prof. Dr. → t 316, T 1 240
Mascaro-Miralles, Maite → IZ S 211
Mascher, Günter → N 202
- J., Dipl.-Ing. → N 203
- Jürgen → n 86, r 293
- Ulrike → A 20
Maschke, Harry → c 29
- Joachim, Dr. → T 2 324
- Peter → f 598
- Thomas, Dipl.-Hdl. → T 3 897
Mascia, Sandro → iz q 21
Masellis, Michele Prof. → IZ T 829, IZ T 830
Maser, Ralf → t 2 505
- Thorsten → u 2 228
Masi, Marcello → iz f 243, iz f 1 046, iz h 508
Masinger, Günther Prof. Dr. → t 153
Masjosthusmann, Thomas → U 1 496
Maske, Fritz → U 261
Maske-Dernand, Birgit → b 91
Maskin, Eric Prof. → IZ T 572
Maslinski, Ingrid → T 1 287, iz t 518
Maslow, Marion → r 464
- Wladimir, Dr. → iz r 22
Maspanov, Peeter → iz f 2 296

Maß, Ernst → t 2 939
Massa, Davide → iz f 507
de Massa, Rosa → IZ U 548
Massalsky, Edwin → u 874
Massaro, Gianni → IZ O 22
- Raymond → IZ G 184
Massarski, Gisela → f 58, f 60
Massau, Carsten → u 3 078
Maßberg, Dieter Dipl.-Kfm. → T 746
Massenberg, Joachim Dr. → E 397
Massenkeil, Ursula Dr. med. → B 606
Masser, Ian → IZ T 172
Masseret, Jean-Pierre → iz b 76
Massing, Adalbert → R 272
- Peter, Dr. → t 3 813
- Wolfgang, Dr. → C 588
Massoletti, Carlo → IZ H 404
Massolle, Marlore → T 3 203
Masson, Michelle → iz f 191
Mastall, Heinz Dr. → T 2 789
Masterson, Patrick → IZ T 972
Mastrobuono, Luigi → iz e 17
Masud, Kazi Anwarul → C 636
Masuhr, Henry-Hartwig → IZ H 114
Masur, Paul-Philipp → R 30
Masuth, Michael → T 881
de la Mata, Pelayo → iz f 1 329
Matache, Gheorge Dr. → iz t 766
Matarrese, Antonio Dr. → IZ U 546
Matas Palou, Jaume → iz b 255
Mateika, G. → T 1 916
Matejka, Anke → u 884
- Rainer, Dr.med. → T 3 484
Matejovski, Dirk Dr. → T 2 433
Mateos, J. M. → iz f 221
Matern, Norbert Dr. → O 491
- Wolf-Dieter → U 338
Materna, Anita → U 910
- Eckart → s 1 187
- Winfried → E 148, T 2 239
Matešić, Josip Prof. Dr. → e 593
Mateta, Marjan → iz f 2 079
Mateus Paula, Raul → iz a 29
Mathais, Oliver Dipl.-Volksw. → K 37, r 472
Mathein, G. → B 787
Matheis, Christoph Dipl.-Betriebsw. → G 380
- Rainer → O 322
Mathens, Michael Prof. Dr. → Q 203
Mathes, Horst Dipl.-Bw. → P 38
- Horst, Dipl.-Kfm. → R 98
- Manfred → I 87
Mathews, Henry → U 722
Mathias, Gérard → iz f 1 338
- Gerd, Prof. → T 1 342
- Gisbert → U 2 077
- Hans-Joachim → D 96
- Wolfgang, Dipl.-Rechtspfleger → S 596
Mathiasch → B 787
Mathieu, Patrick → U 566
Mathis, Helmut → K 293
- Klaus → H 753, H 755
Matiasek, Hellmuth Prof. Dr. → O 54
Matikainen, Yrjö → iz s 451
Matissek, Reinhard J. → s 523
Matko, Karl → N 176
de Matos, José Dr. → iz f 2 429
Matschie, Christoph → A 35
- Christoph, Dr. → u 2 267
Matschke, Dipl.-Ing. → b 523
- Wolfgang, Dr. → B 867
Matsoukis, Efthimios → iz f 1 727
Matsunaga, Kazunari Dr. → iz s 525
Matsushima-Fritz, Teruko → e 505
Matsuura, Koichiro → IZ V 40
Matsuyama, Shigeru Dr. → IZ T 840
Matt, Bernd J. Prof. → o 556
- Edwin → C 1 285
Mattar-Heger, Beatrix → t 3 729
Matteman, J. L. → iz I 33
Mattenklotz, Karl-Rudolf → E 151, s 350
Matter, Dirk → e 283
- Winfried → u 2 604
Mattern, Hans Günther → C 511
- R., Prof. Dr.med. → T 3 634
- Werner → U 2 823, U 2 850
- Wolfgang → s 1 497
Mattes, Dirk → i 51
- Leo, Dipl.-Betriebsw. (FH) → s 160
Matthäus-Maier, Ingrid → I 35
Matthei, Renate → O 74
- Wolfgang → O 443
Matthes, Heide-Dörte Prof. Dr. → Q 173
- Kerstin → u 2 249
- Klaus-Jürgen, Prof. Dr. → T 446
Matthews, Pat → IZ U 317
Matthey, Brigitte → t 2 896
Matthias, Steffen → IZ I 89
- Ulrich, Dr. → R 859
Matthiensen, Claus-Peter → U 355

Matthies, Helmut → O 482
- J. D. → Q 489
- Jürgen → g 135, G 383
Matthiesen, Hans-Heinrich → S 1 354
- Jutta → F 474
- Klaus, Dipl.-Wirtsch.-Ing. Dr. → U 356
- Sabine → O 188
Matthiessen, Detlef → T 1 380
Matthis, Dieter Dipl.-Ing. (FH) → t 1 816
Matthiß, Hans → g 416
Mattik, Dierk Dr. → S 509
Matting, A. Dr. → T 1 246
- Dr. → A 33
Mattis, Dr. → s 243
- Hans-Werner → S 1 066
Mattoug, Michel Ph. Prof. → t 1 583, t 1 713
Mattson, Peter → iz f 2 337
- Stig Arne → IZ M 224
Mattsson, C. → iz f 1 191
- Christina → iz f 831, iz f 2 078
- Stefan → c 440
Mattulat, Manfred Dipl.-Kfm. → t 1 740
Matusch, Antony → IZ F 1 172
Matuschak, Holger Dr. → S 796, S 949
Matuschewski, Anke Dr. → S 1 454, s 1 482
- Barbara → e 609
von Matuschka, Victor → U 1 023
Matuschka-Gablenz, Karl → f 574
Matussek → A 8
Matyassy, Johannes → iz u 457
Matz, Cathy → S 712
- Cathy J. → U 3 122
- Ernst-Ulrich → E 578
- Wolfgang → g 673
Matzeder → u 1 651
Matzen, Christiane → T 1 957
- Dieter → E 263
Matzke-Hajek, G. Dr. → T 1 363
Matzner, Egbert Prof. Dr. → T 2 655
Mau, Günter Prof. Dr.med. → T 3 335
- H., Prof. Dr. med. → T 3 334
- Harald, Prof. Dr. → s 180
- Jürgen, Dr. → k 76
Mauch → A 8
- Christof, Dr. → A 146
- Peter → U 754
- Wolfgang, Dr.-Ing. → T 1 058
Mauckner, Alexander Dr.med. → S 254
Maucq, Serge → iz u 142
Mauderer, Ulf → N 152
Mauduit, François → iz f 2 279
Maue, Martin → S 972
Mauel, Herbert → O 627
Mauer, Günter → K 319
- Karl Wilhelm, Dr. → T 3 901
- Uwe → g 659
Mauersberger, Axel → R 181
- Konrad, Prof. Dr. → t 128
Maugé, Michel → N 58
Maur, Hans Dr. → U 2 782
Maurenbrecher, Jan Wellem → E 167, F 981
Maurer, Annette Eva Dipl.-Phys. → t 247
- Dunja → U 302
- François → IZ T 315
- Hans → A 349, T 723
- Hans-Joachim → E 269
- Hans-Martin, Prof. Dr. → T 3 712
- Harald, Dr. → k 224
- H.D. → T 1 318
- Johannes → T 640
- K. → iz f 769
- Katja → U 2 055
- Klaus → g 538, h 201
- Lothar → U 1 096
- Matthias J. → T 3 590
- Maximilian H. → t 2 539
- Michael, Dr.-Ing. → t 90, T 266
- Peter → U 231
- Ulrich → a 83, U 2 251
von Maurich, Erich → d 7
Maurin, Raymund → U 2 853
Maurischat, Ingrid-Ellen → T 3 203
Maurus, Heinz → A 66
Maus, Friedrich → r 561
- Manfred → E 162, H 666, H 683, IZ H 473
Mausbach, Florian Dipl.-Ing. → A 303
Mauser, Heinz Dipl.-Kfm. → F 721
Maushart, R. Dr. → T 1 955
Mauss, Gisela → O 124
Mauthner → u 1 657
Maves, Michael Dr. → IZ F 557, iz f 2 580
Mawson, Emma → E 310
Max, Gudrun → t 3 233
Maxeiner, Klaus → B 319
Maxheim, Ralf → T 887
Maxl, Peter → S 622
Maxwell, Diana → IZ S 447, iz s 455
May, Arne Dr. → T 3 355

Fortsetzung nächste Spalte

May (Fortsetzung)
- Ditmar → IZ S 394
- Marianne → T 3 515
- Martina, Dr. → U 618
- Peter → c 1 370
- Regina → Q 455
- Richard → t 3 038
- S. R. → IZ F 1 824
- Shirley → IZ O 151
- Walter, Dipl.-Vw. → U 395
May-Didion, Helga Dipl.-Biologin → Q 347
v. Maydell, Arthur Dr. → S 337
Baron von Maydell, Bernd Prof. Dr. → t 166
Mayence, Serge → IZ T 555
Mayer, Adalbert → F 582
- Andreas, Dr. → t 118
- B. → iz f 477
- Brunhilde → U 1 813
- Bruni → D 216
- Bruno → iz f 1 351
- Bruno, Dipl.-Ing. → f 531
- Edgar, Dr. → M 249, U 3 026
- Edmund → g 749, r 366
- Egon → O 322
- Ernst G. → i 31
- Felix, Dr. → S 1 567
- Francis → IZ A 226
- Franz Xaver → q 67
- Geert → T 3 395
- Geert, PD Dr. habil. → T 3 106
- Günter → U 2 450
- Hans → E 188
- Hans V. → H 50
- Harald, Dr. → R 732
- Hartmut, Dr. → IZ F 55
- Heinz → R 581
- Hermann → u 522
- I., Dr. → iz s 176
- Ingo → E 108
- Johannes → iz a 209
- Karl Ulrich, Prof. Dr. → t 103, T 2 234
- Kurt-Ulrich → O 374
- Lothar → Q 467
- Manfred → U 3 009
- Martin, Dr. → A 68
- Oliver → e 531
- Otto G., Dr. → t 2 283
- Peter → B 684
- Thomas → f 24, F 230
- Thomas, RA → iz f 1 723
- Wolfgang, Dipl.-Ing. → S 877
Mayer Beck, Anne → c 576
Mayer-Schalburg, Uta-Maria → c 228
Mayer-Schwinkendorf, M. → e 707
Mayer-Tasch, Peter Cornelius Prof. Dr. → T 615
Mayer-Vorfelder, Gerhard → u 2 490
Mayerbacher, Stephan → O 584
Mayerhofer, Georg → B 413
Mayers, Marita → t 3 101
Maynard, Colin → IZ A 222
Mayo, Michael → IZ F 2 320
Mayr, Heinrich C. o.Univ.-Prof. Dr. → T 1 353
- Monika → O 125
- Peter, Prof. Dr.-Ing.habil. → T 1 928, t 2 031
- Thomas → O 125
Maystadt, Philippe → IZ A 226
Maywald, Jörg Dr. → T 2 782
Maywald-Pitellos, Claus Dr. → U 3 100
Mazais, J. Dr.sc. Ing. → iz t 390
Mazé, Geneviève → c 139
Mazet, Tobias → T 3 937
Mazroui, Hamad Ali Al → iz m 170
Mazur, Jay → IZ R 268
Mazurek, Dieter → g 493, h 141
Mazzini, F. → iz t 420
Mazzucato, Doris → iz f 511
Mbanya, Jean-Claude Dr. → IZ U 315
Mbaye, Keba → IZ U 579
Mbonayo, Aloys → C 693
Mbuyamba, Lupwishi → IZ O 2
Mc Andrew, Tom → iz f 2 301
Mc Cullen, Stephen → IZ U 375
Mc Donnel, I. → iz f 2 424
Mc Finlay, Marion → IZ M 231
Mc Williams, B. → IZ T 245
McAdam, Douglas B. → c 818
McAllister, Peter E. → iz f 756
McCabe, Laurence → IZ H 574
- Peter → iz g 175
McCaffrey, Frank → iz f 1 785
McCall, Hamish → iz h 197
McCann, Jim → iz f 506
McClain, Paula → IZ T 193
McClatchey, Kenneth D. Prof. → IZ T 842
McCleary, Boyd → c 816, E 476
McClusky, Brian → c a 37
McConnell, Patricia → IZ T 541
McCormick, Richard D. → IZ E 1

McCreevy

- McCreevy, Charlie → iz b 130
- McCue, Mary → IZ F 1 837
- McCullough, Bob → IZ U 563
- McCumiskey, Edward → iz o 115
- McDaniel, Wayne → izm 119
- McDonald, Aidan → iz f 1 092
- McDonnel, E. → iz t 503
- McDonnell, Michael → iz m 17
- McEvoy, Martin → iz t 549
- – Terry → iz f 1 785
- McEwan, Evelyn → IZ T 2
- McFerson, Dimon → IZ K 39
- McGill, Colin → iz s 440
- McGilvray, Garth Dr. → IZ T 840
- McGinity, Bryan → iz f 2 215
- McGowan, Paul → iz i 97
- McGown, H.S. → iz f 1 783
- McGrath, Declan → iz f 2 282
- – John B. → iz f 1 354
- McGuinness, Tom → iz u 10
- McGuire, John → IZ R 283
- McIntee, G. G. → IZ T 300
- McKay, Raymond → iz u 39
- McKechnie, Sheila → IZ U 141
- McKeen, Claudia → T 2 843
- McKendrick, C. → IZ F 1 435
- McKenzie, A. R. → IZ F 2 186
- McKeown, Pat → iz h 442
- McKinley, Brunson → IZ W 17
- McLaren, Moray → IZ S 209
- McLean, Flora → iz f 1 159
- – I. → F 819
- McMahon, Ciaran → iz g 41
- McMaster, Jeffrey → IZ T 916
- McMillan, Moira → iz f 822
- McNairnay, Harold → c 915
- McNamara, M. → iz t 213
- McNaught-Davis, Ian → IZ U 568
- McNeil, Malcolm → IZ S 211
- McPhail, Mary → IZ U 178
- McQueen, Matthew J. Prof. → IZ T 827
- McSeán, Tony → IZ T 791
- McShannon, G. → IZ F 972
- Mecha, Edward → iz t 185
- Mecheele, Stefan Dr. → T 1 972
- Mecheels, Stefan Dr. → T 1 974, T 1 976
- Mechnich, Gerald → O 414
- Mechtenberg, Theo Dr. → E 604
- Mechura, Petr Dr.-Ing. → iz f 265
- Mecke, Heide Dr. → T 3 115
- – Hubert, Prof. Dr.-Ing. habil. → t 1 608
- Meckel, Marion → g 389
- – Markus → T 803
- – Miriam, Prof. Dr. → B 117, T 3 748
- Mecking, Christoph Dr. → T 721, T 722, T 727
- – Dirk, Dr. → s 217
- Mecklenbeck, Franz → T 3 479
- Medau, H. J. Prof. Dr. → u 2 544
- Meder, Angela Dr. → T 2 838
- – Axel → K 45
- – Dieter → u 520
- – Heinz → c 106
- – Klaus, Dipl.-Betriebsw. (FH) → E 43
- Medgyessy, P. → iz f 479
- Mediger, Jost Dr. → b 99
- Medina Gonzáles, Marcelino → C 951
- Medina Munoz, Jose Javier → iz s 492
- Medioni, Jean-Louis → iz f 1 339
- Medvesek, Lucka → iz m 99
- Medwed, Heimo → IZ H 537
- Meenke, Detlef → m 205
- van der Meer, D. → IZ L 100
- Meergans, Jürgen Dr. → t 4 007
- Frhr. von Meerheimb, Hans Thomas → Q 576
- Meerman, Jan J. → iz h 413
- Meermann, Oliver → S 475
- Meershoek, C. → iz t 2 525
- Meerwein, Gerhard Prof. → IZ S 649
- Mees, Anne → iz u 646
- – Bärbel → T 1 890
- – Heinrich → f 794
- – Jan, Dr. → IZ U 476
- Meessen, Benoît → IZ R 27
- – Karl Matthias, Prof. Dr. → S 615
- de Meester, A.C.F. → IZ M 191
- – Jacques → IZ G 154
- Meffert, Erich Prof. Dr. → c 493
- Meggendorfer, Bernd → s 640
- Meggle, Toni → U 618
- Mehdorn, H. Maximilian → T 3 362
- – Hartmut → M 13, IZ M 4, iz m 9
- – Margarete → E 461
- Meheux, Patrice → iz r 40
- Mehissou, Corneille → C 657
- Mehl, Georg → K 1
- – Horst → t 2 893
- – Horst, Dipl.-Ing. → T 3 219

Fortsetzung nächste Spalte

- Mehl, Georg (Fortsetzung)
- – Regine, Dr. → u 2 684
- – Ulrike → A 39
- Mehlfeldt, Jan Henning → S 751
- – Jürgen → G 112, g 541
- Mehlfort, Gerd → H 407
- Mehlhop, Heinrich → o 44
- Mehlhorn, Achim Prof. Dr.rer.nat.habil. → T 463
- – Birgit, Dr. med. → s 159
- – Dieter-J., Prof. Dr.-Ing. → S 1 106
- – H., Prof. Dr.-Ing. → IZ Q 190
- – Heinz, Prof. Dr. → T 924
- – Kurt, Prof. Dr. → t 127
- Mehlhorn-Puff, Monika → s 811
- Mehlig, Rainer → T 3 960
- Mehlmann, Rosemarie → u 1 353
- Mehlum, Jan → IZ U 809
- Mehmke, Norbert → o 248, O 257
- Mehner, Fritz Prof. Dr.-Ing. → t 1 194
- Mehr, Manfred → c 1 003
- Mehrens, Klaus → r 358
- Mehrhoff, F.-W. → T 3 109
- Mehring, Artur → T 2 942
- Mehrkens, Hein → S 1 111
- Mehrländer, Horst Dr. → b 10, U 696
- Mehrle, G. Dr. med. → S 77
- Mehrtens, Gerhard Dr. → U 1 894
- – Gerhard, Dr. jur. → k 227
- – Uwe, Dr. → H 2, H 10, R 197
- Mehta, Devendra Raj → IZ I 166
- – Suraj → E 278
- von Meibom, Wolfgang Ch. → c 1 365
- Meichsner, Georg Prof. Dr. → t 1 512
- Meidt, Harald → S 1 314
- Meier → b 514
- – Alfons → iz f 1 793
- – Angelika, Dipl.-Kffr. → t 1 639
- – Angelika, Dipl.-Kffr. → t 1 701
- – Axel → U 2 558
- – Bernd → h 131
- – Bernd, Dr.rer.pol. → E 117, t 2 401
- – Brigitte → iz f 519
- – Christian, Prof. Dr. → T 3 754
- – Christoph → s 776, iz f 1 555
- – Eduard → h 460
- – Elke → h 204
- – G. E. A., Prof. Dr. → T 1 266
- – Gerd → s 746
- – H. Mark → iz h 436
- – Hans H. → f 941
- – Hans-Joachim, Dipl.-Ing. → s 1 041
- – Hans-Jürgen → r 796
- – Hans-Peter → g 296
- – Heike → a 96
- – Helga → u 1 880
- – Hubert, Dipl.-Ing. → U 3 113
- – Joachim F. → c 970
- – Jürgen, Dr. → D 147
- – Karl-Heinz → K 284
- – Lothar → E 206
- – Manfred → h 590
- – Margit → R 583
- – Michael → A 25
- – R., Dipl.-Ing. → t 288
- – Rainald, Dipl.-Volksw. → R 258
- – Reimer → q 150
- – Richard → iz i 184
- – Siglinde → T 719
- – Thomas → U 501
- – Ulf, Dr. → l 89
- – Volkhard, Dipl.-Kfm. → f 45, F 802, iz f 2 223
- – W., Prof. Dr. → iz t 710
- – Wilfried → e 75
- – Wilhelm → c 769
- – Winfried, Dipl.-Ing. → Q 326
- – Wolfgang → u 2 623, u 2 624
- Meier-Ewert, Hans W. → E 374
- Meier-Preschany, Manfred Prof. Dr. → c 963
- Meier-Scupin, J. P. Dipl.-Ing. → s 809
- Meier-Siren, Michael → O 644
- Meierewert, Achim → q 150
- Meiers, Marianne → T 3 496
- Meiertöns, Hermann → s 544
- Meigel, Ingrid → t 3 212
- Meij, Arjen W. H. → iz a 220
- Meijer, Wim → IZ I 29, IZ I 45
- Meik, Frank → IZ T 268
- Meil, Gerhard → F 581
- Meimann, Detlef → U 2 682
- Meimberg, Reinhold → U 1 524
- Meinardus, Dirk → h 179
- – Heiko, Dr. → U 2 608
- Meinberg, Herbert → E 120
- Meincke, Jens-Peter Prof. Dr. → T 572
- – Jens Peter, Prof. Dr. → T 3 612

Fortsetzung nächste Spalte

- Meincke (Fortsetzung)
- – Matthias → o 460
- – Wolfgang → A 23
- Meine, Hartmut → r 360
- Meineke, Christian → O 628
- – Jürgen → f 15, K 314, r 6, r 67
- Meinel, Gerhard → s 1 555
- – Werner, Prof. Dr. → u 2 522, U 2 559
- Meiners, Dieter Dr. → f 264, F 319, U 543
- – H. Georg, Dr. → Q 342
- – Michael → S 1 572
- – Reinhard → c 867
- – Uta → F 454, T 2 576
- Meinert, Georg Dr. → T 2 740
- – Soren → IZ U 230
- Meinhard, F. → iz u 248
- Meinhardt, Hans Dr. → E 110
- – Peter, Dr. → S 683
- – Peter C., Dipl.-Ing. → s 836
- – Thomas → h 659
- – Werner → O 691
- Meinhold, Hermann Dipl.-Ing. → L 26
- – Marianne, Prof. Dr. → T 413
- Meiniche, A. → iz h 476
- Meinke, Rolf → h 462
- Meinl, Gerhard A. → F 725
- Meins, Wilfried → U 2 766
- Meinung, Adolf → N 167
- – Adolf, Dipl.-Kfm. → n 47, n 81
- Meinz, Theo → T 2 532
- Meinzer, Hans-Peter Prof. Dr. → t 1 526
- – Rolf → g 363
- Meiresonne, Fien → IZ U 467
- Meis, Karl → F 1 046
- – Manfred → E 167
- – Peter, Prof. Dr. → T 610
- Meise, Karl → Q 57, IZ Q 72
- Meisel, Karl-Heinz Prof. Dr. → t 1 567
- – Karl-Heinz, Prof. Dr.rer.nat. → T 554
- – Klaus → t 4 106
- Meisen, Michael → T 1 284
- – Wolfgang → O 71
- Meisenberg, Achim Manfred → c 286
- Meiser, Alfred Prof. Dr. → T 402
- – Thomas → K 293
- Meisl, Annette → S 1 289
- Meisner, Joachim → u 2 360
- – Norbert, Dr. → T 820
- Meisser, Andrea → iz s 140
- Meißl, Winfried → f 1 037
- Meissner, Carlos Enrique → c 18
- – Claus, Prof. Dr. → B 837
- – D., Prof. Dr. → U 2 722
- – Elke → c 98
- Meißner, Eva-Marie → r 221
- von Meissner, Frank → T 3 640
- Meißner, Hans → M 37, m 56
- – Heinz-Rudolf, Dr. → T 2 332
- – Herbert → M 265, U 1 301, u 2 333
- – Jörg → q 551
- – Johann → M 143
- Meissner, Martin → s 1 253
- – Otto → c 1 233
- – Otto, Prof. → R 512
- Meißner, R. Prof. Dr. → T 846
- – Ronald → u 463
- Meissner, Rudolf Prof. Dr. → T 704
- Meißner, Sigrid → s 1 349
- – Stephan → f 728, F 784, r 149, T 4 160, T 4 161
- Meissner, Thomas → O 58
- – Wolfgang → u 2 994
- Meister, Adi → u 2 428
- – Christian, Dipl.-Kfm. → f 768
- – Edgar → I 1, I 42
- – Georg, Dr. → R 211
- – Horst → o 46
- – Ralf → U 1 183
- – Rudolf, Prof. → T 603
- – Thomas → c 56
- – Urban → F 527
- – Urs → IZ G 151
- – Ursula → T 3 951
- Meister-Scheufelen, Gisela Dr. → b 36, I 102
- Meisterjahn, Reinhold Dr. → D 200, T 3 956
- Meistermann, Claude → T 3 667
- Meixner, Angelika → T 3 902
- Mejia, Jose Vicente Nisizaka → IZ S 642
- Mejlaender-Larsen, Jan B. → iz m 94
- Melaga, Jean → C 910
- Melanko, Waldemar → IZ T 891
- Melcer, Charles → iz h 409
- Melcher, Siegfried Dr. → g 363
- – Theodor → N 164
- Melchers, Henning → c 1 055
- Melchin, Rainer → S 1 576
- Melchinger, Otto → F 617
- Melchior, Jochen Dr. → D 173
- – Jost, Dr.-Ing. → B 376

Fortsetzung nächste Spalte

- Melenchon, Jean-Luc → iz b 74
- Melenk, Hartmut Prof. Dr. → T 587
- Melezinek, Adolf Prof.Dipl.-Ing.Dr. → IZ T 974
- Meli, Luigi → IZ F 1 214, iz f 2 283
- Melichar, Ferdinand Prof. Dr. → U 746
- Melis, M. → iz s 254
- Mellander, Carl-Einar → iz s 237
- Mellano, Hannelore → C 148
- Mellar, Winfried Dipl.-Pädagoge → E 64
- Meller, Eberhard Dr. → L 1
- – Manfred → F 515, IZ F 2 132
- Mellert, Arne → n 40
- Mellikov, Enn Prof. → iz t 520
- Mellinghoff, F. Dr. → U 3 046
- Melloh, Heinrich-Friedrich → E 134
- Mellwig, Klaus-Peter Dipl.-Ing. → t 1 166
- e Melo, Castro Dr. → iz f 2 471
- Meloh, Gerhard → P 4
- Melsa, Armin K. Prof. Dipl.-Ing. → L 64
- Melson, Udo → f 1 009
- Melzer, Arnulf Prof. Dr. → T 618
- – Christian → F 544
- – Uwe → u 2 237
- – Werner → k 112, k 130, k 260, k 347
- – Wolfram, Dr.-Ing. → T 719
- Memmel, Carlos → c 386
- – Edith → Q 390
- Memmert, Albrecht Dipl.-Ing. → S 920
- – Thomas → iz p 5
- Memminger, Christopher G. → E 728
- Mena, A. → iz f 82
- Menacher, Peter Dr. → D 52
- Menard, Michael → o 425
- Menczel, Edit → iz f 2 317
- Mende, Bernhard → T 1 871
- – Dirk-Ulrich → a 91
- – Gerhard → g 751
- Mendel, Ulrike → s 528
- Menden, Stefan → T 2 257
- Mendes de Almeida, Joao → iz e 23
- Mendez, Antonio → iz h 469
- – Candido → iz r 208
- Mendham, Stan → iz g 40
- Mendicutti, Eduardo → iz s 264
- Mendieta de Badaroux, Sonia → IZ V 40
- Mendonca, F. → iz f 80
- Mendoza Avila, Gustavo → iz r 46
- Mendt, Andreas → Q 490
- de Menezes, António → iz a 69
- Menezes, Cecilia → C 209
- de Menezes, D. → iz f 457
- – David → iz f 1 057, iz f 1 158
- Meng, Walter → U 2 029
- – Werner, Prof. Dr. → T 2 319
- Menge, Rainer Dr. → f 709
- – Ralf → T 3 900
- Mengedoht, Horst → E 147
- Mengele, Hans-Peter → E 21, U 82
- Menger, Kaija → e 437
- – Martin, Dipl.-Kfm. → k 70
- – Reinhard, Dr.-Ing. → T 1 901
- von Menges, Klaus Dr. → E 578
- Menghin, Wilfried Prof. Dr. → U 3 054
- Mengozzi, Paolo → iz a 220
- Mengu, Moses → IZ T 324
- Mengus, Bruno → IZ G 25
- Menini, Bruno → IZ G 25
- Menke, Christoph Prof. → Q 575
- – Dieter, Dr. → iz w 7
- – Ernst-Theodor → A 209
- – Josef → U 2 603
- – Karl H. → S 1 364
- – Markus → s 1 144
- – Wolfgang, Dr. → S 281
- Menkhaus, Norbert → B 754
- Mennander, Kari → c 121
- Menne, Klaus Dipl.-Soz. → U 1 444
- Menne-Haritz, Angelika Dr. → T 605
- Mennemeier, Jürgen → A 29
- Mennicken, Dorothee → U 1 473, U 1 876
- Menninger, Oswald → u 1 694
- Menold, Christof → u 1 506
- Menoyo, José Manuel → iz f 1 556
- Menrad, Andreas → S 1 514
- Menrath, Dirk → U 418
- Mens, Annelieke → iz u 246
- Mensching, Rita → U 1 382
- Mensendiek, Jürgen → n 80
- Mensing, Klaus Dipl.-Geogr. → S 1 454
- Menten, Karl M. Dr. → t 163
- Mentz, Hildegund → g 227
- Mentzel, H. E. Dr. → T 3 428
- – Joachim → s 145
- Meny → A 14
- Menz, Frank → s 325
- – Lorenz, Dr. → O 322, u 2 839
- – Molto → O 192
- Menzel, Eberhard → h 592
- – Sonja, Dr. → T 2 329
- Menzner, Dorothée → u 2 243

Meoni, Graziano → iz m 164
Meral, Bayram → iz r 217
– Guy → iz u 356
Merav, Yigal → iz f 159
Meraviglia, Angelo Dr. → iz u 754
Merbach, Wolfgang Prof. Dr. → T 2 637
Mercado Segoviano, José Luis Dr. → iz t 196
Mercan, Levent Dipl.-Ing. → iz r 24
Mercier, Guy → iz f 421
– Jacques → iz g 193
– Jean-Pierre → IZ O 210
Merck, Peter → c 1 164
Mercogliano, Salvatore Dr. → IZ F 2 615, iz f 2 623
Merfeld, Karl-Heinz → D 95
– Mechthild → T 3 809, U 1 400
Mergell, A. → iz f 2 517
Mergen, Hans-Joachim → s 1 493
Merhof, Klaus → o 476
Meriaux, J.-L. → IZ H 138
Merino, Jorge → iz o 186
– Luis Calvo → c 1 263
Merk, Erich → F 226
– Hans-Joachim, Prof. Dr. → t 1 533
– Hans Werner, Dr. → b 24
Merkel, Angela Dr. → U 2 114
– Gunder, Dr. → s 312
– Herbert, Dipl.-Volksw. → f 550, f 789
– Hubert, Prof. Dr. → T 540
– Jochen, Dr. jur. → T 2 344
– Jörg, Dr. → A 6
– Petra → a 85
– Stefan, Dr. → r 740
Merkens, Hans Prof. Dr. → T 2 530
Merker, Regina → q 27
– Thomas → K 294
– Ulrich, Dr. → f 355, f 356, f 361, U 75
Merkert, Gert Dr. → q 148
Merkl, Gerhard Dr. → T 746
Merkle, Fritz Dr. → T 1 314
– Gerhard → M 125
– Hans → IZ O 155
Merkt, Irmgard Prof. Dr. → U 1 565
Merkx, Bernard → IZ Q 194
Merl, Günther → I 45
– Günther, Dr. → I 17
Merle, Werner Prof. Dr. → T 3 516
Merloni, Francesco → IZ R 27
– Francesco, On. Ing. → iz r 42
Meroni, Flavio → iz f 187
Merory, Angelika → r 485
Mersch, Hubert → F 984
– Jens → O 389
Mersch-Sundermann, Volker Prof. Dr. → T 3 325
Merschieve, Norbert → t 3 193
Merse, Kurt Dr. → H 14, P 5
Mertelmeyer, Dieter → e 102, U 339
Mertelsmann, Anja → R 20
Merten, Dietmar → O 518
– Hannes → u 1 066
– Utz P., Dr. → IZ T 842
Mertens → A 21
– Angelika → A 27
– Curt → E 175
– Dieter, Dr.-Ing. → a 125
– Dieter, Prof.Dr. → T 3 740
– Eberhard, Dr. → o 424
– Gabriele → U 1 783
– Gerald → S 1 184
– Hans → k 208
– Rüdiger → q 630
– Thomas, Prof. Dr. med. → T 3 431
– Volker, Dr. → T 2 744
– Werner, Dipl.-Ing. → g 486, g 501, h 149
– Wilhelm → U 2 630
Mertes, Dieter → u 2 521
– Joachim → a 93, t 4 118
– Josef Peter, Dr. → B 238
– K. → IZ T 470
Mertin, Herbert → b 133
– R., Dipl.-Ing. → t 2 087
– Ray-Güde, Dr. → S 1 202
Mertins, Ekkehart Dr.-Ing. → T 1 000
– Lutz, Dipl.-Ing. → t 1 482
Mertl, Anton → s 514
– Christoph → iz u 212
Mertner, Michael Dr. → t 2 775
Mertz, Günther → U 44
– Jürgen → q 43, R 92
– Peter → r 794
Merx, Volker Dr. → e 90, E 91
Merz → A 384
– Albrecht → I 26, p 20
– Bernd → u 2 293
– Ernst → B 751
– Friedrich → A 39, A 52, T 2 238, U 2 114
– Hans-Peter, Dr. → E 145

Merz (Fortsetzung)
– Joachim, Prof. Dr. → t 2 411
– Manfred → B 225
– Markus → T 681
– Rainer → T 652
– Volker → I 112
Meschak, Franz → u 798
Meschenmoser, Rainer → U 84
Meschke, Gerhard → c 1 132
Mesike, Doris → g 425
du Mesnil de Rochemont, Rudolf → S 615
Mesny → IZ T 319
Meßenzehl, Klaus → S 1 322
Messer, Ralf → T 2 269
– T., Dr. med. → T 3 384
Messerknecht, Walter Dipl.-Kfm. → h 341
Messerschmidt, Hans Dipl.-Kfm. → L 66
– Heiko → O 257
– Wolfgang → f 792
Messersmith, Lanny D. → c 546
Messing, Alf → iz f 1 160
– Helmut → s 652
– Ulrike → iz b 235
Messmer, Karlheinz Dr. → R 467
Meßner, Georg → b 476
Messner, Heinz → g 169
Meßner, Helmut Dr. → Q 212
Messner, Howard M. → iz s 558
– W. → T 2 589
Mester, Frauke → E 356
del Mestre, Ulrich → O 233
Mestres, Pedro Prof. Dr. med. → t 1 553
Mészáros, F. → iz f 150
Metelmann, Bernd → H 208
– Hans-Robert, Prof. Dr. → T 508
Methe, Rolf → S 409, s 417
Methfessel, Karl-Heinz → e 51
Methling, Wolfgang Prof. Dr. → b 103
Metke, Norbert Dr. med. → s 150
Metker, Thomas Dr. → A 23
Metschke, Dipl.-Volksw. → U 264
Metschurat, Wolfgang → k 81
Metselaar, R. Prof. Dr. → IZ F 336
Mett, Dietrich → B 811
von Mettenheim → A 2
Mettenleiter, Thomas C. Prof. Dr. → A 165
Metternich, Hans-Dieter → S 783
– Hans-Joachim, Dipl.-Kfm. → I 39
– Heribert → q 16
Metz, Dirk → B 82
– Erhard → O 272
– Hans, Dipl.-Ing. (FH) → T 746
– Hans Dieter → u 3 076
– Josef → T 746
– Karin → Q 165
– Reiner → M 1, m 9
– Reinhard → b 50
– Reinhard, Staatsrat → A 39
Metz-Rolshausen, Bettina → U 1 340
Metze-Mangold, Verena Dr. → E 754
Metzeroth, Christian → S 1 588
Metzger, Alfons → B 264
– Günter, Dr. → e 672, U 350
– Hartmut → o 478
– Heinrich → E 18
– Heinz, Dr. → T 3 290
– Helmut → P 5
– Johannes → S 340, s 342
– Jürgen, Dipl.-Volksw. → O 259
– Peter → C 360
– Rudolf, Dipl.-Ing. → F 719
Metzing, Horst → u 2 515
Metzke, Hermann Dr. → U 1 174
Metzker, Herbert → s 1 496
Metzler, Arno → S 1, iz s 21
– Claudia → f 468
von Metzler, Friedrich → I 143
– Renate → t 3 096
Metzner, Christine Privatdozentin Dr. med. Dr. med. sc. → T 3 313
– Joachim, Prof. Dr.phil. → T 567
– Rainer, Dr. → T 1 260
Meuche-Mäker, Meinhard → u 2 240
Meulemann, Heiner Prof. Dr. → T 2 234, T 2 359, t 2 402
van der Meulen, Henk → IZ O 20
– Piet R. H. → IZ M 212
ter Meulen, U. Dr. → T 2 622
Meunier, Wolfgang → s 153, S 207
Meunler, Wolfgang → s 153
Meurer, Anne Dr. → A 133, K 329, T 2 203
– Bernd → O 627
– Jörg → H 23, iz f 501
– Manfred, Prof. Dr. → R 899, T 1 112
– Mathias → Q 162
Meurers, Theo → s 638
Meursing, A. E. E. Dr. → IZ S 164
Meuschel, Günter → T 776

Meuschel (Fortsetzung)
– Hans-Christian, Dipl.-Kfm. → e 66
– Stefan → R 513
Meusel, Florian → Q 135
Meuser, Friedrich Prof. Dr. Dr.e.h. → T 2 581
Meuthen, Elke → T 3 313
– Erich, Prof. Dr. → U 3 091
Meuthien, Karl-Heinz → f 1 039
Meves, Klaus Dr. → M 204
Mewes, Hans Dr. → H 755
Mewis, Horst Wilhelm → U 159
– Peter → U 2 450
Mews, Rudi Dr. → O 525
Mey, Reinhard → U 2 060
– Werner, Dipl.-Volkswirt → I 13
von Meyenn, Alexander → t 3 171
Meyer → A 33
– André → IZ U 469
– Andrea → s 606
– Andreas → R 616
– Anne → e 605
– Anton, Univ.-Prof. Dr. → T 2 525
– B. H. → IZ I 113
– Bernd → T 3 679, u 457
– Bernd, Dr.-Ing. → T 2 080
– Bernd J. → O 587
– Bernhard → f 1 007, K 15, K 44, Q 246
– Bettina → g 135
– Diedrich → q 10
– Dieter → H 770
– Dieter, Dipl.-Volksw. → K 22
– Dietrich L., Dr. → P 1, P 5
– Dirk → T 3 018
– Edmund → F 609
– Evelyn → T 710
– Franz → S 1 203
– Friedhelm → R 836
– Friedrich August → c 766
– Gerd → U 2 450
– Gerda → s 417
– Gerhard → E 154
– Günter → k 402, k 426
– Hans → k 407
– Hans Dieter → U 913
– Hans Joachim, Prof. Dr. → b 157, u 1 070, U 2 379
– Hans-Jürgen → T 3 184
– Hans-Jürgen, Dr.-Ing. → S 978, S 995, T 2 082
– Hartmut → A 39, b 48, t 3 107
– Heinrich → q 108
– Heinrich H. D., Prof. Dr. → T 2 580
– Helmut → T 2 798
– Hendrik → o 635
– Horst, Dr. → E 80
– Hubert, Dr. → d 24
– Ingo → T 843
– Irmgard → r 315
– Joachim → u 1 881
– Jörg, Dr. → k 232, k 235, k 241
– Johannes → e 675
– Jürgen → f 1 035
– Jürgen, Dr. → A 35
– Jürgen, Prof. Dr. → T 1 044
– Jürgen, Prof. Dr. med. → T 3 329
– K.-F. → q 226
– K. W. → iz f 354
– Karl-Friedrich, Prof. Dr. → B 847, B 892
– Karl-Heinz → e 635, k 398, s 658, t 3 052
– Karl-Heinz, Prof. Dipl.-Ing. → t 1 720
– Karla → s 344
– Klaus, Dr. → T 2 616
– Klaus Dieter → S 283
– Klaus-J. → m 3, IZ M 225
– Kurt → g 375
– Laurenz → U 2 114
– Lothar, Dr. → K 1
– Lüder → M 232
– Marcel A. → iz s 549
– Margit, Prof. Dr.rer.pol. → T 2 358
– Margit, Univ.-Prof. Dr. → T 2 358
– Matthias → C 480, U 1 614
– Matthias, Dr. → u 2 346
– Max, Dr. → IZ G 154
– Michel → IZ G 182
– Norbert → T 774
– Peter → B 140, b 142, U 1 074, u 1 266, u 2 504
– Peter, Dr. → A 379
– R. A. Norbert → T 750
– Renate → u 819
– Rolf → U 318
– Rolf, Dipl.-Ing. → T 3 985
– Rolf, Dr. → P 4, Q 153, iz p 5
– Rudolf → T 3 950
– Rudolf, Dipl.-Ing. (FH), Dipl.-Bw. (FH) → E 44
– S. → s 246

Meyer (Fortsetzung)
– Siegfried → U 578, u 700
– Stefan → S 620
– Susanne → U 1 393
– Susanne, Dipl.-Geogr. → s 1 483
– T. R. → U 934
– Thomas → u 903, u 2 472, IZ F 1 207
– Thomas F., Prof. Dr. → t 126
– Till → c 136
– U. → iz f 220
– Ursula → T 3 955, IZ O 4
– Volker → G 123
– Waldemar → G 54
– Werner → h 801, U 669
– Wolfgang → f 536
– Wolfgang, Prof. → T 557
Meyer-Boye, Joachim → o 688
Meyer-Buchtien, Ute → S 339
Meyer-Bukow, Barbara Dr. → F 693
Meyer-Fujara, Josef Prof. Dr.math. → T 677
Meyer-Goßner, Prof. Dr. → A 362
Meyer-Guckel, Volker Dr. → T 95, T 3 805
Meyer-Hamme, C. → iz f 468
– Christoph, Dipl.-Ing. agr. → f 458
Meyer zu Hartum, G. → q 223, Q 224, q 226
Meyer-Hentschel, Karl → E 196
Meyer-Hesemann, Wolfgang Dr. → b 124
Meyer-Heye, Hans-Heinrich → G 11, G 41
Meyer-Höper, Eckart → A 344
Meyer-Keller, Dieter Dr.-Ing. → E 31
Meyer-Krahmer, Frieder Prof. Dr.rer.pol. → t 251, t 2 396
Meyer-Landrut, Andreas Dr. → q 230, U 2 608
Meyer-Lüerßen, Dierk → F 513
Meyer-Marroth, Barbara → u 2 876
Meyer-Mertel, Lothar → IZ O 203
Meyer-Olden, Rolf → C 272
Meyer-Riekenberg, Jenny → U 1 929
Meyer-Scharenberg, Dirk Prof. Dr. → s 673
Meyer-Schwickerath, Andreas → t 187
Meyer-Sebastian → A 14
Meyer-Waarden, Ursula → c 1 251
Meyer-Wachsmuth, Horst Prof. Dr. → T 593
Meyerfreund, Helmut → c 73
Meyers, F. → iz h 74
– Paul → iz e 19
– Werner → O 322
Meyhoff, Hartmut → q 76
Meyke, Frank → c 415
Meyl, Konstantin Prof. Dr. → T 1 053
– Konstantin, Prof. Dr.-Ing. → t 1 699
Meylan, Jean → iz u 59
Meyn, Hermann Dr. → U 2 028
– Karl-Ulrich, Prof. Dr. jur. habil. → T 551
– Klaus, Dr. → Q 229, Q 231, Q 328
Meyrat, Pierre Dr. → O 406
Meyring, Marlies → N 171
Meyyappan, Lakshmanan → IZ K 39
Mez, Lutz Dr. → T 2 218
Meza, Beltran → IZ S 642
Mezei, Gábor Prof. Dr.oec. → IZ M 75
Mialki, Horst → R 454
Miano-Bünger, Aurora Angelina → T 437
Micallef, Ian Dr. → iz u 48
Miccio, Mauro → iz s 279
Micha, Josef → K 290
Michael, Friedhelm Dr. → q 374
– Gerhard P. → O 112
– Klaus, Dipl.Pol. → U 595
– Manfred, Dr. → I 61
Michaeli, Walter Prof. Dr.-Ing. Dr.-Ing. E.h. → t 2 335
– Walter, Prof. DR.-Ing. Dr.-Ing.E.h. → T 1 938
Michaelides, Chris → iz s 267
– Dimitris, Dr. → iz u 622
– Renos A., Dr.-Ing. → is s 524
Michaelis → A 8
– Angelika → D 135
– Anke → q 70
– Cord, Dr. → s 313
– Dietrich, Prof. Dr. → t 3 301
von Michaelis, Ernst-Hubert Dipl.-Volksw. → u 506
Michaelis, Hilke Dipl.-Verwaltungswirtin (FH) → T 579
– Klaus → A 133, K 329
– Thorsten, Dipl.-Ing. agr. → T 2 331
Michaels, Axel Prof. Dr. → E 398
– Bernd, Dr. → K 1, K 288, T 4 039
– Horst, Dipl.-Kfm. → E 42
Michaelsen, Hans → E 156
– Michael → f 550, f 551
Michalczir, Karl-Heiz → U 943
Michalik, Regina → u 2 112
Michalk, Maria → u 1 206, U 2 114
Michalke, Detlev → G 88
– Regina, Dr. → S 530

Michalowski, Andrzej → iz s 542
Michalski, Barbara → q 432, s 455, t 2 863
Michaud, Oliver → IZ M 120
Michaut, Bernard → iz g 193
Michaux, M. → IZ F 1 259, IZ F 1 266
Micheelis, Wolfgang Dr. → S 273, S 314
Michel, Albert → R 476
– Bernd, Prof. Dr. → t 202
– Christian → E 205
– Claus-Uwe → u 883
– Dominique → iz f 364
– Doris → T 2 975
– Elisabeth → U 2 017
– Eva-Maria → O 323
– Frank, Dipl.-Betriebsw. → H 666
– Hans-Adam → t 3 090
– Hartmut, Prof. → t 107
– Henry L. → iz s 558
– Herbert, Dipl.-Ing. → S 908, s 913
– Jean-François → IZ O 18
– Jean-Paul → iz s 589
– Kurt → T 1 323
– Louis → iz b 31
– Mara → S 1 210
– Peter → u 2 516
– Peter S. → N 205
– Pierre → IZ T 246, iz t 251
– Richard, Dipl.-Volksw. → e 172
Michelbach, Hans → H 308, r 243
– Hans Georg → R 1
Michelfelder, Sigfrid Dr.-Ing. → F 1, f 47, F 852, T 1 061
Michelmann, Holger Dipl.-Ing. → m 8
Michelon, Ladair Pedro → iz m 101
– Yves → iz f 439, iz f 452, iz f 2 480
Michels, Carmen Dipl.-Ing. → U 646
– Harald, Dr. → r 743
– Klaus, Dr. → s 377
– Madeleine → U 1 612
– Martin → R 496
– Ulrich, Prof. Dr. → U 3 029
– Winfried, Dr. → T 2 441
Michelson, Martin Prof. Dr. → T 678
Michiels, Willy → iz f 498
Michielsen, Aloys → IZ F 2 084
Michils, Mark → iz t 544
Michl, Ernst → T 739
Michow, Jens → S 1 289
Mickan, Rolf → u 2 845
Mickley, Jürgen Dipl.-Ing. → s 929
Micklich, Dietmar Dipl.-Ing. → G 44
Micros, Jannis → iz u 740
Middeke, M. Prof. Dr.med → T 3 326
Middel, Rainer → u 1 854
Middeldorf, Heinz → U 305
Middelhoff, Thomas Dr. → T 725
Middelhurst, Tom → iz u 40
Middelschulte, Achim Dr. → r 87
Middenhoft, Michael → F 712, U 538, U 675, U 679
– Werner → U 2 823
Middendorff, Jürgen → c 1 108
Mieck, Ingrid → U 1 949
Miedler, Dr.-techn. → t 2 050
Miegel, Meinhard Prof. Dr. → U 2 275
– Meinhard, Prof.Dr. → t 2 373
Miehe, Hans-Joachim Dipl.-Ing. → b 490
– Holger → g 422
– Kurt → T 3 758
Miehle, Wolfgang Dipl.-Kfm. → G 115, g 157
Miehler, Horst Dipl.-Ing. → U 586
Mieke, Torsten → O 390
Mielchen, Stefan → U 1 609
Miele, Hans-Peter Dipl.-Ing. → T 3 928
– Rudolf → E 142, R 202
Mielenhausen, Erhard Prof. Dr. → T 398, T 637
Mielenz-Pariso, Michaela → iz b 257
Mielke, Andrea → T 3 917
– Friederich, Dr. → T 3 686
– Gudrun → s 401
– Jana → G 45
– Karl-Friedrich → r 947
– Uwe → g 753
– W., Dr. → T 1 305
– Wolfgang → f 330
Mier, Peter → F 474
Miera, Ewald → k 212
Miermeister, Uwe → s 544
Miesala-Edel, Dorle → T 2 746
Miesen, Maria → S 425
Miesner, Klaus → q 230, U 2 608
Miesterfeldt, Gerhard → B 245
Mieth, Konrad → u 1 071
– Stephan, Dipl.-Holzw. → f 251
– Stephan, Dipl.-Holzwirt → f 559, iz f 2 025
Miethe, Horst Dr. habil → t 2 379
Miethke, Wolfgang → U 242
Mietschke, Ulrich → g 283

Miettinnen, J. → IZ S 568
Mietzen, Hans → D 109
Miggel, Georg → B 862
Mighiorini, Franco → iz s 443
Migliaccio, Giovanni Dr. → iz u 761
Mignon, R. → iz f 1 407
Migulla, Gerd → t 3 231
Mihailova, Nadezhda → IZ U 374
Mihalcea, Radu Prof. Dr. Dr. → t 1 431
Mihatsch, Michael Dr. → o 13
Mihm, Bernhard → U 2 375
Mihok, Peter → iz e 35
Mihut, Florian Ing. → iz m 98
Mika, Dieter → u 1 158
Mikat, Paul Prof. Dr. Dr.h.c.mult. → T 863
– Paul, Prof. Dr.Dr.h.c.mult. → T 847
Mikeska, Rüdiger → U 1 639
Mikfeld, Benjamin → U 2 251, U 2 268
Miki, A. → iz f 358
Miklaw, Martin Dipl.-Ing. → S 958
Miklody, Zoltan → IZ S 642
Miklos, Anett → u 667
Mikota, Ulla Dr. → U 2 046
Miksch, Hartmut Dipl.-Ing. → S 846, s 856
– Nils → H 223
Mikulits, Rainer Dipl.-Ing. Dr. → IZ T 407, iz t 432
Mikulla, Harald → q 145
Mikus, Tibor → iz l 18
Milani, Adriana Dr. → E 291
Milbradt, Georg → I 44
– Georg, Prof. Dr. → U 2 114
Milbrodt, Hartmut Prof. Dr.phil. → T 2 540
Milburn, Alan → iz b 115
– Anthony → IZ T 684
Milde, Carsten → t 2 450
– Gottfried → Q 124, T 3 089
Mildner, Raimund Dr. → U 207
Miles-Paul, Ottmar → U 2 019
Milev, Rossen Dr. → iz u 601
Milhahn, Heinz → b 504
Milinski, Manfred Prof. Dr. → t 132
Milisenda, Claudio C. Dr. → T 1 064
Mill, Hannelore → IZ H 114, IZ H 357
Millar, Jim Prof. Dr. → IZ T 891
Miller, Clemens Dr. → f 535
– Franz → T 189
– Gerhard → k 27
– Hans-Jürgen → s 579
– Heinz, Prof. Dr. → T 264
– Hubert, Prof. Dr. → T 846
– Israel, Dr. → U 1 016
– Josef → b 23
– Leif → Q 361
– Martin → u 2 476
– Peter → t 2 474
– Rudolf, Dipl.-Ing. (FH) → S 846
– Stefan → O 220
– Steven F. → U 1 562
– Tony → iz f 2 573
Millet, Jean → iz s 390
Mills, Marjut → iz s 162
Milne, R.H. → iz f 2 477
Milojcic, George Dipl.-Ing. → f 125
– George, Dr.-Ing. → F 140, F 141
Milow, Christian Dr. → i 10
Milse, Louis → m 87
Miltner, Erich Prof. Dr.med. → T 3 634
– Harald, Dipl.-Ing. → S 958
– Wolfgang H. R., Prof. Dr. → S 3 269
Milton, Guy → IZ A 227
Mimouni, Abdelhamid → iz o 179
Minarovic, Roman → E 687
Minárovits, János Dr. → iz t 360
Minas, Günter → o 164
Minasi, Renato → iz f 865
von Minckwitz, Louisa → U 2 780
Minderhoud, Adriaan → iz a 207
Minehane, Brendan → t 2 467
Minet, Noël → IZ O 1
– Wolfgang → E 62
Minett, Simon → IZ L 132
Minetti, E. → iz f 1 275
Mingasson, Jean-Paul → iza 33
Minhoff, Christoph → o 338
Mink, F.J. → IZ M 191
– Georges → IZ T 891
Minke, Hans-Ulrich Dr. → u 1 843
Minkel, Gerlinde → N 130
Minkley, Christine → h 395
Minne, Jean-Pierre → IZ F 126
Minning, Wulf → T 2 079
Minovsky, E. → U 245
Minsel, Ursula → o 10
Minter, Hubert → g 399
Minto, David → IZ U 91
Miodek, Wolfgang Dr. → U 285
Mir, C. Dr. → IZ S 105
Mira, Luis → iz u 26

Mirabel, Jacqueline → t 1 235
Miranda Relvas, José → iz p 17
Miras, Fuat → iz e 42
Miro, Salvador → iz f 1 917
Mirow, Thomas Dr. → b 79, n 72
Mirring, Oliver → u 1 761
Mirschel, Veronika → s 1 345
Mirtchev, Angel Dr. → iz s 241
Mirwald, Walter → s 1 378, U 2 450
Mirza, Zaheer → iz s 539
Mirzoev, Akbar → C 1 289
Misato, Tomoji → iz r 250, iz r 262
Misch, Eckart → F 100, r 53
Mischke, Reinhard → r 879
Mischler, Tino → Q 515
Mischo, Jean → IZ A 219
Mischon, Claudia Dipl.-Volksw. → H 684
Misetic, Ivan → iz f 2 114
Misgeld, Ulrich → U 100
Miskova → iz u 481
Misonne, J. Fr. → IZ T 690
Missante, Luc → iz h 224, iz h 241
Misseghers, Carl → IZ S 379
Missel, Ute → T 475
Misselbrook, P. → IZ Q 160
Mißfelder, Philipp → U 2 114
Mistakidis, M. → iz f 2 551
Mistríková, Zuzana → iz u 618
Mitchell, E.P. → iz s 503
Mitchell-Olds, Thomas Prof. Dr. → t 146
Mitrovic, Emilija → T 2 220
Mitsakakis, T. → iz f 184
Mitschang, B. Prof. Dr.-Ing. → T 1 356
Mitschke, Martin Dr. → O 543
Mitsopoulou, Eva → IZ U 375
Mitsos, Achilleas → iz a 13
Mittag, Martin Prof.Dipl.-Ing. → IZ T 974
Mittelmark, M. → IZ T 824
Mittelstädt, Eckhard → IZ O 13
Mittelstaedt, Ekkehard → R 274
von Mittelstaedt, Gert Dr.med. → S 225
Mittelstädt, Thomas → U 2 450
Mittelsten Scheid, Jörg Dr. jur. → IZ E 3
Mittelstraß, Jürgen Prof. Dr. → T 794
Mittemeijer, Eric Jan Prof. Dr. → t 137
Mitter, Karl → F 95
Mitterer, Alfred → u 1 959
Mitterlehner, Reinhold Dr. → iz e 21, iz g 49
Mittermeier, Adolf → R 712
– Dirk, Dr. → S 281
Mittler, E. Prof. Dr. → T 3 749
– Gernot → A 39, b 132
Mitz, Jürgen Dipl.-Ing. → s 1 006
Mix, Horst → R 699
– Markus, Dipl.-Ing. (FH) → S 1 427
Mixa, Walter Dr. → u 2 352
– Wilhelm → S 1 139
Mixner, Hans P. → IZ O 203
Mjør Grimsrud, Torgeir → iz f 2 031
Mladen, Vrtar → iz t 749
Mlody, Bruno → U 761
Mlynarczyk, Jozef → E 656
Mlynek, Jürgen Prof. Dr. → T 2, T 421
Mønsson, Lars Gunnar Dr. → iz t 770
Mønsted, Peter → c 100
Moalla, Moncef → u 666
Moares, John → iz l 50
Mocarelli, Paolo Prof. → IZ T 827
Moch, Thomas Dr. → m 117, M 196, u 2 163
Mochmann, Ekkehard Dipl.-Kfm. → t 2 408, T 2 439
Mochtar Pedju, Ary → iz s 520
Mock, Birgit → U 1 196
– Klaus → s 533
Mocken, Wilfried → F 474
Mockenhaupt, Franz J. → D 204
– Franz-J., Dipl.-Kfm. → E 173
– P. Gerhard → u 2 345
Mocker, Klaus → H 36, F 583, iz f 2 244
– Rüdiger → c 1 322
Mockprang, Dieter → T 754
Moder, Franz → S 1 552
Modis, Harald Dipl.-Ing. → e 298
Modrow, Hans Dr. → U 2 234
Modrow-Artus, Agnes → O 125
Moe, Thorvald → IZ W 6
Möbbeck, Susi → u 2 265
Möbes, Hartwig → A 23
Möbius, Gerhard → H 733
– Regine → S 1 240, s 1 252
Möbus, Ingrid Christine → c 1 018
– Jelena, Dr. → E 26
Möck, Wolfgang Dr. → S 1 057
Möckel, Hans-Georg Dr. → s 334
– Reinhart, Prof. Dr. → t 1 633
Möcsenyi, M. → iz f 2 614
Mödden, Franz-Josef → R 635
Mödder, Ulrich Prof. Dr.med. → T 3 393
Mödlhammer, Helmut → iz u 53

Mögelin, Rolf Dipl.-Ing. → F 800
Möginger, Otto → u 2 825
Möhle, Hans-Joachim Dr. → T 755, T 2 787
– Klaus → u 2 102
Möhlenbrock, Hans-Werner → U 3 095
Möhlenkamp, Walter → k 201
Möhler, Ernst → u 1 035
– Michael → Q 463
Möhlig-Doetsch, Monika → k 56
Möhrer, Frank → r 115
Möhring, B. Prof. Dr. → T 2 707
– D., Dr. → T 2 729
– Gunnar, Dr. → r 882
Möhrle, Alfred Dr.med. → s 29, T 3 346
– Hubert, Dipl.-Ing. → s 864
– Joachim, Dipl.-Betriebsw. (FH) → G 98
Möhrmann, Dieter → a 91
– Renate, Prof. Dr. → T 3 687
Möhrstedt, Udo Dipl.-Phys. → L 38
Möhwald, Helmuth Prof. Dr. → t 130
Möllegaard, Jörgen → M 266, IZ M 216
Möllemann, Jürgen W. → a 72, F 385, U 2 200, u 2 210
Möllenberg, Franz-Josef → R 294, R 363, IZ R 247
Möllenkamp, Hugo → U 1 350
Möller → T 528
Moeller, Achim → T 2 243
– Achim, Dipl.-Sozialw. → d 247
von Moeller, Andrea → E 297
Möller, Antje → a 45
– Björn, Dr. → U 2 091
– Claus → A 39, b 178
– Dietrich → I 64
– Doris → U 1 164
– Dr. → A 16
– Eike → u 2 427, U 2 448
– Erwin, Dr. → c 989
– Franz, Dr. → U 419
– Fritz → t 2 102
– George → IZ I 167, iz i 179
– Gerhard → T 433, U 227
– Gudrun → T 3 075
– Günther E. W. → IZ F 1 067
– Hans → S 380
– Heinz → R 474
Moeller, Henning → H 33
Möller, Horst Prof. Dr. Dr. h.c. → T 3 715
– Horst Werner, Dipl.-Ing. → t 1 193
– Jörn-Helge, Dipl.-Ing.(FH) → I 47
– Karl-Hans, Dr. → o 18
– Klaus Peter → B 331
– Knut → E 734
– M. → U 544
– Martin, Dipl.-Kfm. → f 389
– Monika → T 924, T 2 448
– Niklas → U 3 058
– Peter → E 63
von Möller, Peter Dr. → E 142, T 4 149
Möller, Rüdiger → g 619
– Thomas → f 70, r 34
– Walter → t 4 117
Möller-Fiedler, Sybille → U 369
Moeller-Freile, Werner Dr. h. c. → C 739
Möller-Peetz, Daniela Dipl.-Geogr. → N 166
Möllering, Jürgen Dr. → E 2, T 2 224, U 763
Möllers, Franz-Josef → P 4, q 15
– Franz Josef → Q 58
– Stefan → s 143
– Thomas M. J., Prof. Dr. → S 615
Moen, Nils J. → iz h 460
Mönch, Marianne → e 535
– Marlies → M 245
– Ronald, Prof. Dr. h.c. → T 398
– Ronald, Prof. Dr.h.c. → T 440
Möndel, Roland Joh. → H 211, h 214
Mönig, Michael W. → u 835
– Winfried → R 372
Mönig-Raane, Margret → R 294, R 398
Mönkäre, Sinikka → iz b 67
Mönkemeier, Wolfgang → E 120
Moenn, Elfinn → m 111
Mönnich, Uwe Prof. Dr. → t 1 766
Moennig, Volker Prof. Dr. → T 529
Mönsters, Rosemarie → S 1 171
Mörbe, Heinz-Wolfgang → u 2 454
Mörchen, Walter → E 383
Moeremans, A. → iz s 10
Moericke, Klaus → IZ M 103
Moeris, Joseph → iz f 1 695
Mörl, Gunther → M 60
Moerler, Christian Dr. → T 1 834
– Klaus → U 968, U 1 014
Moerman, Fientje → iz u 436
Mörs, Manfred → IZ U 300
von Moers, Wilhelm Dr. → H 2
Mörsdorf, Axel W. → F 422
– Renate → o 53
– Stefan → b 147

Mörth, Hans → H 100
Mörtter, Georg → R 538
Mösch, Hans-Jörg → s 333
– Joachim → S 947
– Siegfried, Dipl.-Ing., Dipl-Wirtsch.-Ing. → U 1 594
Möschel, Wernhard Prof. Dr. → T 2 318
Möseler, B. M. Dr. → T 1 363
Möser, Sigrid → U 1 607
Moesgaard, Arne → iz f 2 295
Mössinger → A 21
Mössner → u 1 649
– Joachim, Prof. Dr. → T 584
Mößner, Wolfgang → g 143
Mogg, John → iz a 9
Mogge, Winfried Dr. → U 1 573
Mogwitz, Hansjörg → s 349
Mohamad, Issa Dr. → C 966
Mohammed, Shamil A. → C 859
Mohl, Hans F. Prof. Dr. → t 1 753
Mohler, Peter Ph. Prof. Dr. → t 2 414, T 2 439
Mohn, Carel → U 1 126
– Klaus → m 18, m 59, M 140
– Liz → T 725, T 756
– Reinhard → T 725
Mohne, Rolf → o 607
Mohnen, Elmar → Q 243
– Heinz, Prof. Dr. → T 3 612
Mohnike, Ernst → u 2 432, U 2 449
Mohns, Peter → A 23
Mohos, Ferenc Dr. → iz f 2 184
Mohr, Bernhard Dipl.-Betriebsw. → f 563, U 549
– Bernhard, Dr. → E 108
– Detlev, Dr. → B 437
– Gerhard → E 134
– Helmut → u 2 482
– Jørgen → IZ A 222
– Karl-Heinz, Prof. Dr.-Ing. → t 1 797
– Klaus-Jürgen → H 308, H 317
– Manfred → U 2 767
– Peter C., Dr. → Q 645
– Rolf, Dr. → f 862
– Tillmann, Dr. → IZ T 245
– Uwe → n 42
Mohringer, Andreas → H 278
Moik, Hans-Ullrich → r 410
Le Moine, Pierre → IZ U 432
Moinier, Bernard → IZ F 1 295
Moisson, P. Dr. → IZ T 840
Mojto, Jan → IZ O 52
Van Mol, Pierre → iz f 765
Moldenhauer, Gerhard Isa → U 2 446
– Hans-Georg, Dr. → U 2 450, u 2 490
– Hans-Georg, Dr. Ing. → U 2 450
Mole, Trevor → IZ S 404
Molekane, Rapulane Sydney → c 1 279
Molewijk, Lourens → IZ F 1 082
Molhant, Robert → IZ O 27
Molholm, Kurt → IZ T 308
Molin, Anneliese → iz u 354
Molina, Jorge Luis → n 219
Molke, Christian → u 2 413
Molkentin, Thomas Dr. → K 300
– Wolfhard → U 254
Moll, Carl-Friedrich → f 970
– Carl-Friedrich, Dipl.-Kfm. → f 969
– Hermann → f 675
– Karl-Heinz → I 27
– Leo → g 301
Mollatt, E. → iz f 117
Mollenhauer, Hans Werner Dr. med. → s 127
– Wilfried, Dr. → s 850, S 947
– Wilfried, Dr.-Ing. → S 846
Mollenkopf, Dieter → g 139
Moller, J.H. → IZ T 820
Mollo, Jean-Michel → iz f 1 179
Molloy, Colm → IZ O 150
– M.G. → IZ F 1 630
Mollwitz, Joachim → g 436
Molnár, P.J. Prof. → iz t 386
Molnar, S. Prof. Dr. → T 2 665
Molsberger, Udo → D 50, D 199
Molsen, Barbara → O 300
Molt, Günter → T 2 152
– Peter, Prof. Dr. → U 1 818, U 2 046
Molterer, Wilhelm Mag. → iz b 208
von Moltke, Gebhard → C 603
– Werner → U 2 450, u 2 531
Moltmann, Undine → s 663
Molto, Ana → o 89
Moltó Calvo, Miguel → iz a 55
Molzahn, S.W. → IZ F 917
Mombelli, Gerardo → iz a 48
Momberger, Eckhard → k 395
– Eckhard, Dr. → k 417
Momburg, Claus → I 38
Momm, Klaus E. → c 702
Mommer, Eric → S 1 525

Mommertz, Dirk → G 205
– Ernst → iz r 37
Momper, Walter → B 327
Monari, Abramo → iz f 907
Monasse, Daniel → iz a 11, IZ T 238
Mondorf, Hans → c 174
Mondry, Jens → R 577
Mones, Bernd → u 1 460
Monge, Miguel Martinez → IZ S 642
Della Monica, Sabato → iz a 100
Monissen, Hans G. Prof. Dr.rer.pol. → T 2 358
– Hans Georg, Univ.-Prof. Dr. → T 2 358
Monjardino, Carlos A. → IZ U 673
Monka, Gerd → h 126
Monks, John → iz r 171
Monnerjahn, Heinz Dipl.-Ing. → g 193
Monnot, Jacques → IZ S 163
Monot, Didier → iz f 2 071
Monreal, Josep Lluis → iz o 89
von Monschaw, Helmut → f 673, F 687, iz f 1 451
Monßen, Norbert → F 502
Monssen-Engberding, Elke → A 171
Monster-Schoemaker, Antonia → E 739
Montag, Jerzy → u 2 099
Montaigne, R. → IZ F 2 065
D'Monte, Darryl → IZ S 643
Monteagudo, Lucio → iz q 29
Monteiro, António → iz f 2 077
– Jorge Libano → iz r 52
Monteiro de Barros Roxo, Eduardo → c 675
Monteiro Dinis, Antero Alves → iz b 229
di Montelera, L. Rossi → iz f 1 347
Montemayor, Leonardo → IZ Q 103
Montgomery, Brian F. → IZ F 1 109
– Frank Ulrich, Dr. med. → S 60
Montgomery, Frank Ulrich Dr. med. → s 65
Montgomery, Frank Ulrich Dr.med. → s 28
Monti, Dr. → iz f 1 570
– Mario → IZ A 1
Montoro Romero, Cristobal Ricardo → iz b 242
Monzani, P. → iz f 2 528
Monzer, Frieder → u 2 635
Moog, M. Prof. Dr. → T 2 712
– Peter, Dr. → U 627
– Wilfried E. → o 601
Mooij, Ronald → IZ U 120
Mook, Michael → t 3 045
– Veronika, Dipl.-Ökol. → S 1 106
Mooney, H. A. → IZ T 34
Moore, Anthony Prof. → T 570
– Mike → IZ W 12
Moormann, G. Dr. → iz f 60
– Joachim, Dr. → R 211
– Peter, Dr. → s 369
Moors, Bernhard → S 438
– Sim, Dr. → iz u 3
Moos, Karl-Heinz Dr. → t 1 629
Moos-Hofius, Birgit → T 818
Moosbauer, Christoph → E 385
Moosmann, Peter → r 462
Moow, Kag → iz t 430
Mor, Danilo → iz h 202
de Moraes, Anamaria → iz t 198
Moraing, Dorothe → S 576, iz s 20
Morais-Cardoso, L. → iz f 1 350
Morak, Franz → IZ B 198
Moral, José → U 2 789
Moraleda Quiles, Fernando → iz q 30
Morales, Alfredo → IZ O 214
– Encarna Luque → U 2 789
Moran, James → iz a 104
– M. → iz f 1 025
Morancho, José → iz f 1 993
Morass, Andrea → IZ L 132
Morast, Bernd Dr. → c 164
Morat, Joachim → T 2 715
Morath, Konrad Dr. → f 630
– Michael, Dr. → T 597
Moratzky, Uwe → o 83
Morawietz, Michael → Q 198
Morawitz, Nikolaus → iz q 25
Morch, Henrik → iz a 23
Morche, Walter → n 95
Morck, Hartmut Dr. → T 2 846
de Morcourt, A. → iz h 347
Mordhorst, Eckard → u 1 985
Mordkorst, Eckhard → B 291
Moreau, Nicole → IZ I 28
Moreau de Balasy, François → IZ U 352
Moreira Ribeiro, Silvino Dr. → c 1 181
Morel, B. → iz t 590
Morel Journel, Christian → IZ F 1 707
Morell, Frank W. Dr.-Ing. → U 2 657
Morelli, P. → iz t 505
Morello, Augusto → IZ S 566

Morenz, Arno Dr. → U 709
Morfill, Gregor Eugen Prof. Dr. → t 153
Morgado, E. → iz f 2 555
– Franco → iz f 37
Morgan, Frank → IZ T 908
Morgen, Karl Dr.-Ing. → s 984
Morgenbrod, Heidede → r 441
Morgeneier, Karl-Dietrich Prof. Dr.-Ing. → t 1 565
Morgenroth, Bernd-Peter → I 14, I 32
Morgenroth-Branczyk, Christoph Dr. forest. → U 865
Morgenschweis, Theo → E 661, e 665
Morgenstern, Manfred → b 125
– Monika → s 1 326
– Rolf, Dipl.-Ing. → f 650, IZ F 526
Morgenthal, Patricia → S 102
Morgenthaler, Norbert → R 577
Morhard, Heinz Dipl.-Ing. (FH) → t 1 107
Mori, Mikio Prof. → IZ T 842
– Shigefumi → IZ T 161
Moriarty, Michael → E 485
Morin, René → IZ T 244
Moring, Tom → IZ U 112
Moris, Chris → iz f 2 360
Morison, Hugh → iz f 1 354
Morisse, Marlies → U 1 298
Morisset, Gérard → iz s 377
Moritz, Herbert → s 500
– Karl Heinz → T 1 054
– Karl-Heinz, Dr. jur. → s 30
– Maritta → u 2 242
– Peter, Dr. → B 586
– Rainer, Dr. → g 157
– Reiner → IZ O 20
– Torsten → IZ U 258
– Wilfried → D 61
– Wolfgang → Q 228
Moritz de Irazola, Jutta → c 393
Morizet, Jacques → E 468
Mork, Nelle → iz f 510
Morkevicius, A. → iz f 2 603
Morlock, Alfred → S 791
– Wolfgang → S 726
Morneweg, Kurt Prof. → O 300
Moroder, Helmuth → IZ Q 188
Moro, Claudio → iz g 140
Moron, Edgar → a 92
Morosow, Katrin → E 580
Morozow, Rita → n 208
Morr → u 1 649, u 1 650
von Morr, Hubertus Dr. → C 288
Morrell, Alan → IZ T 515
Morris, D. → IZ F 1 856
– J. R. → iz s 685
– Steven → IZ U 548
Morrison, Ann → IZ T 874
– Hamish R. → iz q 152
Morrissey, G. → iz f 2 622
Morrogh, Peter → IZ T 320
Morsbach, Günter Dr. → R 191
Morsch, Sigrid → r 289
Morszeck, Dieter → f 622
Mortensen, Per R. → IZ O 102
Morton, John → IZ R 267
Morton-Stone, Sara → iz o 157
Morvilliers, Nicolas → c 147
de Mos, J.C. → iz f 2 030
Mosblech, Bernd → F 127
Mosch, Horst Peter Prof. Dr.-Ing. habil. → s 859
Moscherosch, Evelyn → Q 164
Moschetti, Louis → IZ T 971
Moschini, Alberto → c 628
Moscovici, Pierre → iz b 78
Mosdorf, Siegmar → A 16, U 2 251
Moseler, Günther → S 1 589
– Hans → g 512
Mosen, Günter → T 2 908
Moser, Adolf → k 52, iz e 21
– B., Dr. → iz f 1 032
– Beate → A 23
– Bernd → T 2 023
– Dirk Roman → O 485
– E., Prof. Dr. Dr. → T 3 367
– Hans-Christoph → e 200
– Hans-Werner → N 169
– Heide → b 181
– Karl, Dipl.-Ing. → t 309
– Karl-Heinz → Q 217
– Klaus, Dipl.-Volksw. → E 16
– Marianne → s 494, s 541
– Peter → E 339, e 340
– Wolfgang → c 130
– Wolfgang, Dipl.-Volksw. → E 109
Moser-Starrach, Sonja → IZ U 179
Moses, Oliver → u 1 457
Mosiek-Urbahn, Marlies → A 39, b 94, I 45
Mosimann, Emil → IZ F 2 530, iz f 2 584

Mosler, Heinrich → G 92
Mosley, Max → IZ U 491
Mosner, Peter → h 588
Moss, David → iz m 5
Moßandl, Siegfried → E 63
– Siegfried, Dipl.-Ing. → t 2 087
Mossler, Claus Peter Prof. Dr. → P 1, P 28, R 101
Mossop, Tony → IZ F 1 690
Most, Edgar → i 52
– Peter → Q 299
Mosthaf, Axel → IZ G 73
Mota, José → IZ T 238
– L., Dr. → iz f 2 626
Motel, Hans-Beat → U 1 301
Mothes, Jörn → B 283
Motschmann, Elisabeth → b 52
Motsos, George → iz g 39
Mott, S. → IZ F 596
Motta, Federico → iz o 87
de la Motte, Hans Dr. → t 3 095
de la Motte-Haber, Helga Prof. Dr. → T 3 979
Motulsky, Manon → H 474
Motz, Heribert Dr.-Ing. → F 890, U 565
– Johannes → g 596
– Riekie, Dr. → IZ T 979
– W., Prof. Dr.med. → T 3 326
Mouclier, I. → iz f 1 927
Moulinier, Alain → iz q 11
Moulon, Isabelle → IZA 189
Mountford, Sandy → iz h 454
Moura, José Luis → iz f 703
de Andrade Moura, Josélio Prof. Dr. → IZ T 840
Moura, L. → iz f 165
– Madela → iz u 197
Moura Campos, Ivan → IZ T 903
de Moura Ramos, Rui Manuel Gens → iz a 220
Silva Mourato, José Manuel → iz b 214
Mouravieff-Apostol, Andrew → IZ R 273
Mourmouris, Ioannis → m 15
Mous, Marijke → iz u 451
Moutarlier, Valère → iz a 33
Moutinho, Serafim Dr. → iz f 2 471
Moyers, John → IZ S 164
Mraz, Hanners Dr. → iz h 285
Mreschar, Renate I. Dr. → O 432
Mrohs, Angelika → T 2 560
Mrozek, Fedor E. → R 578
Mruczek, Günther → g 458
Mshana, R. N. Dr. → IZ W 5
Muamba, Muepu → E 376
Mubarak, Mahmoud → C 606
Mucha, Rainer → A 150
Muche → b 511
– Joachim, Dr. → T 3 337
Mucke, Peter → U 1 184, iz u 326
Muder, Winfried Dr. → B 38
Mudra, Wolfgang → k 170, k 189
– Wolfgang, Dipl.-Volksw. → T 2 229
Müchler, Günter Dr. → O 288
Mück, Franz → t 3 239
Mücke, Gottfried Dipl.-Ing. → C 1 010, n 276
– Hubert, Dr. → R 883, s 902
Mückler, Jörg → u 1 061
Müffelmann, Herbert Dr. → B 863
Mügge, Bernhard Dr. → Q 240
Müggenburg, Hartwig → H 272
Mühe-Martin, Marlene → B 140
Mühl, Dr. → A 16
Mühl-Jäckel, Margarete Dr. → S 615
Mühlbach, Hans-Peter Prof. Dr. → t 913
– Peter → r 659
Mühlbauer, Werner Prof. Dr.-Ing. → t 1 715
Mühlbeck, Manuel → H 635
Mühlberg, Andreas Dipl.-Betriebsw. → H 22
– Andreas, Dipl.Betriebsw. → h 45
Mühlbrandt, Heinrich Prof. h.c. → t 1 659
Mühle, Peter → u 1 004
Mühleck, Bernd Dipl.-Verw. (FH) → g 713
– Bernd M., Dipl.-Verw. (FH) → g 289
– Michael → o 633
Mühlemann, Catherine → O 406
Mühlen → A 36
– Alexander, Dr. → C 525
von zur Mühlen, Rainer A. H. → S 998
Mühlenbeck, Frank Dipl.-Biologe Dr. → t 1 743
Mühlenberg, Friedrich Prof.Dr. → t 2 308
– Thomas → u 1 470
von Mühlendahl, Alexander → IZ H 2
Mühlfried, Robert H. Dipl.-Kfm. → G 123, g 124, g 126, g 128
Mühlhaus, Birgit → u 2 963
Mühlhausen, Hans-Peter → h 498
Mühling, J. Prof. Dr. Dr. → T 3 357
Mühlinghaus, Rainer Dipl.-Ing. → s 868
Mühlmann, Alexander → u 2 642

Mühlstädt-Grimm → B 214
Mühring, Gerhard → U 769
Mülhaupt, Bernd → t 2 279
– R., Prof. Dr. → T 1 915
Müllegger, Ulrich → D 52
Müllejans, Peter → E 553
Müllen, Klaus Prof. Dr. → t 157
Müllenbach, Gerd → b 142
– Gerhard → u 1 993
– Ralf → f 457, U 550
Müllenbeck, Heinz → E 43
Mülleneisen, Berthold A. → S 390
Müller → A 33
– A. T., Dr. → IZ G 72
– Adolf → N 106
– Alexander → A 18
– Alexander, Dr. → C 1 310
– Alfred → b 24
– Alfred, Dipl.-Ing. → k 208
– Alfred C. → N 182
– Andreas, Dipl.-Ing. → G 395
– Anette → E 113
– Anneliese → U 1 340
– Anton → iz m 76
– Arnt, Dr. → A 354, t 2 069
– Axel, Dr. Dipl.-Phys. → t 1 488
– Barbara → I 48
– Beat → iz f 1 484
– Benoit → IZ O 99
– Bernd → N 87, T 887
– Bernd, Dipl.-Volksw. → G 311, o 612
– Bernd Joachim, Dr. → t 2 015
– Bernhard, Univ.-Prof. Dr.rer.nat. Dr.rer.hort.habil → T 2 681
– Birgit → D 117
– Carl-Heinz, Dr. med. → s 160
– Christian → A 35
– Christian, Dipl.-Ing. → S 890
– Christine → g 421
– Christophe → iz f 2 125
– Claudius, Dr. → T 2 751
– Dierk, Dr. → E 365
– Dieter → G 88, g 407, r 849
– Dieter, Dipl.-Kfm. → s 635, s 659
– Dieter K. → T 2 518
– Dietrich → u 2 410
– Doris → T 1 157
– Dorothea → R 398
– Dorothee → q 416
– Dr. → A 33, T 1 162
– Eckard → U 1 420
– Eckart, Prof. Dr.-Ing. → T 2 027
– Edda, Prof. Dr. → U 1 126
– Edith → B 334
– Ekkehard, Dr. → o 19
– Elke G. → O 648
– Erhard → T 3 164, t 3 181
– Erich, Dr. → h 213, H 619
– Erich-Lüdger → o 578
– Erwin, Dr. → T 2 232
– Eugen, Dipl.-Volksw. → T 2 203
– Frank → E 581, Q 162, T 949
– Frank, Dipl.-Volksw. → E 418
– Frank-Michael, Dr. → T 1 867
– Friedmar → s 1 543
– Fritz → k 85
– G. → R 192
– G., Dr. → A 362
– G., Prof. Dr. → T 846
– Gerd → D 93
– Gerd, Dipl.-Kfm. → L 60
– Gerd, Prof. Dr. → t 232, T 4 139
– Gerd, Prof. Dr. E.h. → t 224
– Gerd, Prof. Dr.rer.nat. → T 1 143
– Gerd Jürgen, Prof. Dr. → T 481
– Gerhard → g 766, U 862, U 1 564, U 2 821
– Gerhard, Prof. Dr. → T 853, t 1 824
– Gerold → T 679
– Gertrud → F 983
– Gisbert → q 73, S 230
– Gisela → A 218
– Gosbert → u 1 980
– Gottfried, Dr. → u 1 073
– H., Prof. Dr.-Ing. habil. → T 1 052
– H. S., Prof. Dr.-Ing. → t 2 043
– Hans → g 404, q 7
– Hans-Friedrich → o 78
– Hans-Georg → H 85
– Hans-Helmut → e 614
– Hans-Horst → h 779
– Hans-Joachim → R 204
– Hans-Jürgen → k 156
– Hans-Jürgen, Dipl.-Volksw. → H 40, h 43
– Hans-Peter → h 379, m 22, M 148
– Hans-Peter, Dipl.-Ing. → S 958
– Hans R. → N 30
– Hans-Rudolf → F 518
– Hans W. → IZ U 807
Fortsetzung nächste Spalte

Müller (Fortsetzung)
– Hans-Werner → IZ G 25
– Hans-Willi → H 649
– Harald → E 133
Mueller, Harald → IZ T 874
Müller, Harald Prof. Dr. → U 2 683
– Hedwig, Dr. → T 3 687
– Heike → u 3 006
– Heiko → H 548
– Heinz → d 248
– Heinz-Egon → r 601
– Heinz-Jürgen → g 485, H 136
– Heinz-Jürgen, Dipl.-Ing. → G 484, g 486, g 494, h 142, IZ H 518
– Heinz-Willi, Dipl.-Ing. → g 285
– Hella → r 857
– Helmut → K 292
– Helmut, Dipl.-Ing. → t 2 168
– Helmut, Dr. → A 205
– Henning → U 761
– Herbert → a 84
– Herbert, Dr. → r 108
– Herbert R., Dr. → U 2 608
– Hildegard → U 2 114, U 2 133
– H.J. → iz h 346
– Horst, Dr. → a 279
– Horst-Lothar, Dr. → s 377
– Hugo → R 377, r 391
– Ingo → T 1 833
– Ingrid → U 1 384
– Iris → O 573
– J., Dr. → F 378
– Joachim → g 438, U 3 061
– Joachim, Dr. → a 162
– Jochen → n 4
– Jörg → E 26
– Jörg, Dipl.-Ing. → s 1 042
– Jürgen → m 76, T 1 066
– Jürgen, Prof. Dr. → T 669
– Jutta, Dipl.-Ing.-Ökonom → h 420
– K. → IZ H 403
– Karl → E 39
– Karl-Ernst, Dr. → S 572
– Karl Heinz → T 569
– Karl-Rainer → R 460
– Kerstin → A 39, A 40, U 2 097
– Klaus → A 39, b 182, D 88, Q 607, U 2 097
– Klaus, Prof. Dr. → t 2 613
– Klaus Walter → O 202
– Kurt → B 326
– Leonhard → R 199
– Lothar → E 21, H 25
Mueller, Lothar → k 83
Müller, Lothar → N 115
– Luise → U 3 061
– M. → A 16
– Manfred → u 2 369
– Marianne → T 719
– Marie-Luise → R 533
– Marita, Dr. → T 449
– Martin → o 657, S 972, u 1 558
– Martina, Prof. Dr.-Ing. → T 1 091
– Mathias M., Prof. → IZ T 827
– Matthias → D 112
– Matthias, Dr. → s 300
– Meinrad → T 1 157
– Michael → A 39, A 82, N 60, Q 361, s 1 214, S 1 221, s 1 232, U 2 450
– Michael, Dipl.-Betriebswirt → E 107
– Michael, Dr.-Ing. → T 1 152
– N., Prof. Dr. → T 3 291
– Niels D. → B 844
– Norbert → q 116
– Norbert, Dr. → E 62
– Otto W., Dr. → S 266
– P.A., Prof. Dr. → T 3 368
– Paulus, Dipl.-Kfm. (FH) → S 976
– Peter → A 39, B 140, g 415, h 193, r 523, u 1 824, U 2 114, u 2 128
– Peter, Dr. → F 625, u 2 908
– R., Dr.rer.nat. → t 1 302
– R. A. E., Prof. Dr. → T 2 594
– R. Klaus, Prof. Dr. → U 2 450
– Rainer → E 192, g 517
– Rainer, Dr. → F 504
– Rainer, Dr.rer.nat. → m 5
– Ralf → r 64
– Ralf Peter → F 450, H 220
– Reinhard → M 81, m 199
– Reinhold → u 2 534
– Renate → K 298, R 446
Mueller, Robert Dr. → F 69, R 33
Müller, Rolf → K 277
– Rolf, Dr. → U 2 450, u 2 460
– Rolf D. → k 81
– Rollf Dieter, Dipl.-Ing. → c 918
– Rudolf → d 44, u 2 357
Fortsetzung nächste Spalte

Müller (Fortsetzung)
– Siegfried, Dr.-Ing. → t 1 192
– Silke → u 2 118
– Stefan, Dipl.-Kfm.Ing. (grad.) → f 660
– Stefan, Prof. Dr. → t 134
– Stefan C., Prof. Dr.med. → T 3 427
– Stephan, Dipl.-Ing. → S 952
– Sven-David → T 2 549, T 3 313
– Sylvia → u 2 237
– Theo, Prof. Dr. → Q 393
– Thomas, Dipl.-Phys. Dipl.-Wirtsch.-Ing. → t 1 484
– Thomas, Dr. → U 330
– Udo → L 57
– Ulrich → b 13, f 770
Mueller, Ulrich Prof. Dr. Dr. → t 2 415
Müller, Ulrich S. → S 691, IZ S 294
– Ulrike, Dr. → t 2 900
– Ursula → O 96, o 101, S 1 177, U 1 296
– Ute → t 3 047
– Volker → E 324
– Volker, Dr. → f 9, r 9
Mueller, Volker Dr. phil. → U 2 425
Müller, Volker, Dr.phil. → u 2 434
– Volkmar Dipl.-Ing.(FH) → S 943
– W., Prof. Dr. → S 229
– Waltraud → t 3 076
– Werner → A 10, N 31
– Werner, Dr. → A 16
– Wilfried → g 305
– Wilhelm → u 1 466, U 1 876
– Willi → t 2 948
– Winfried → u 2 768
– Winfried, Dipl.-Ing. → U 3 104
– Wolf-Dieter → E 488
– Wolfgang → F 497, H 288, q 113, t 2 420, T 3 278
– Wolfgang, Dipl.-Ing. → t 1 188
– Wolfgang, Dipl.-Ing. (FH) → t 1 802
– Wolfgang, Dr. → s 1 195, T 3 882
– Wolfgang H., Dr.-Ing. → S 977
– Wolfram → T 1 338
– Wolfram, Dipl.-Vw. → S 757
Müller-Baron, Ingo → T 2 886
Müller-Beck, H. Prof. Dr. → T 846
– Klaus, Dr. → T 2 656
Müller-Becker, Marlies → T 2 448
Müller-Bertram, Helga → D 132
Müller-Biebel, Uwe → g 475
Müller-Böling, Detlef Prof.Dr. → T 2 514
Müller-Donges, Rainer Dipl.-Ing. → E 91, F 849, iz f 341
Müller-Freienfels, Andrea Dr. → s 489
Müller-Glaser, K. Prof. Dr.-Ing. → T 1 357
Müller-Graff, Peter-Christian Prof. Dr. → T 2 352, T 3 600, IZ T 294
Müller-Greven, Helmut → T 1 078
– I. → T 1 078
Müller-Hagedorn, Lothar Prof. Dr. → t 2 288
Müller-Heidelberg; Till Dr. → U 1 924
Müller-Hellmann, Adolf Prof. Dr.-Ing. → M 1
– Adolf, Prof.Dr.-Ing. → F 839
Müller-Helmbrecht, Arnulf → IZ V 44
Müller-Heuser, Franz → IZ O 16
– Franz, Prof. Dr. → O 86, U 2 857
Müller-Hirtz, Helmut Dipl.-Volksw. → E 188
Müller-van Ißem, Gerd Dr. → t 257, F 518, F 519
Müller-Kaldenberg, Rieke → O 322
Müller-Kaulen, Brigitte Dr.med.vet. → T 2 753
Müller-Kinet, Hartmut Dr. → b 90
Müller-Klepper, Petra → b 94
Müller-Kunsmann, Margreth → u 1 205
Müller-Leiendecker, Klaus → c 934
Müller-Litz, Walter Dr.rer.nat. → T 1 966
Müller-Lotter, Karl-Friedrich → T 3 834
Müller-Maguhn, Andy → IZ T 903
Müller-Oerlinghausen, Bruno Prof. Dr. med. → S 75
Müller-Röske, Detlef → G 114, g 419, g 647
Müller-Rostin, Wolf Dr. → T 3 579
Müller-Rückert, Gabriele Dr. → U 1 866
Müller-Ruhnau, Jörn → T 519
Müller Schmied, Martin → r 954
Müller-Schorp, Hansi → S 1 520
Müller-Schwefe, Gerhard Dr. med. → T 3 436
– Gerhard, Dr.med. → T 3 437
Müller-Siebers, Karl Prof. Dr. → T 527
Müller-Solger, Hermann Dr. → A 29
Müller-Stein, Jörg Dr. → R 184
Müller-Steinhagen, H. Prof. Dr.-Ing. → T 389
– Hans, Prof. → T 1 266
Müller-Storz, Hans Prof. Dr.-Ing. → t 1 651
Müller-Syring, Rolf Dr. → U 343
Müller-Thomkins, Gerd → U 39
Müller von Blumencron, Herbert Dr. → r 189
Müller-Windisch, Manuela Dr. → t 45
Müller-Zurek, Christiane → t 2 996, u 1 622
Müllerleile, Christoph Dr. → U 1 932

Müllner, Manfred Dr. → iz f 1 223
Münch, Albrecht → u 2 824
– Eugen → E 65
– Helmut → g 155, g 156
– Jean-Bernard, Dr. → IZ O 47
– Michael → T 752
– Thomas → g 598
Münchau, Mathias Dr. → f 45, F 802
– Mathias, RA Dr. → iz f 2 223
Münchbach, Werner Dr. → B 788
Münchberg, Hans-Helmut → N 197
Frhr. von Münchhausen, M.-Werner → i 53
Münchow, Horst Prof. Dr. → T 2 660
Mündemann, Friedhelm Prof. Dr. → r 887
Münder, Johann-Georg Dipl.-Ing. → H 301
– Johannes, Prof. Dr. → T 1 595
Münk, Dieter Dipl.-Wirt.-Ing. → t 1 177
Münker, Reiner Dr. → U 756, iz o 110
Muenstedt → s 237
Münstedt, H. Prof. Dr. → T 1 305
Münster, Hans P. Dipl.-Volksw. → H 90, H 91, iz f 240
– Hubertus → K 22
– Nikolaus → O 489
Münstermann, Martin → T 3 725
Müntefering, Franz → U 2 251, u 2 261
Müntz, Dieter Dr. → u 2 238
Müntze, Thomas → U 865
Münz, Albert → K 243, S 922, S 924
– Rainer → O 58
– Rolf → Q 210
– U. V., Dipl.-Ing. (FH) → T 1 885
Münzberg, Peter Dr. → t 2 905
Münzel, Manfred → E 404
Münzer, Christoph Dr. → S 790
Münzhuber, Georg → T 1 125
Münzner → A 21
– Horst, Dr.-Ing. e.h. → E 117
Mürau, H.-J. Dr. → iz f 60, iz f 451
– Hans-Joachim, Dr. jur. → iz f 2 496, iz f 2 497
– Hans-Joachim, Dr.jur. → F 396, F 397, F 418, F 492, IZ F 1 629, IZ F 1 935
– Hans-Joachim, RA Dr. jur. → F 417
Muermann, Bettina → T 2 560
– Hanns-Erwin, Dipl.-Kfm. → F 227, F 481, iz f 1 113
Müsch, Jürgen → I 19
Müssenich, Josef → U 1 041
Müssig, Michael Prof. → t 1 829
– Stefan, Dr. → S 1 095
Mütschele, Anja → T 3 782
– Thomas, Dr. → S 572
Muff, Claudia → t 2 477
Mugaas, Olav Martin → IZ T 268
Mugele, Klaus → q 6
Muhl, Peter → f 762
– Werner → g 422
Muhle, George C. → K 37
Muijser, Martijn P.J.A. → iz f 1 227
– M.P.J.A. → IZ P 41
Mukashev, Yerlan → c 923
Mukhin, Vasil → iz t 960
Mukundan, Pottengal → IZ M 198
Mulack, Gunter Dr. → C 489
de Mulder, Ed F. J. Prof. → IZ T 169
Mulhaney, Frances → iz f 2 152
Mull, Rolf Prof. Dr.-Ing. → T 2 689
Muller, André → IZ F 287
– Edmond → iz f 1 652
– Jean-Paul → S 426
Mullin, Mary V. → IZ S 645
Mullooly, Brian → IZ B 12
Mulot, Gernot → U 2 076
Multhaup, Hans-Theo → S 1 585
– Roland, Prof. Dr. → U 772
Mulvehill, P. → iz h 333
Mume, Jürgen Dipl.-Ing. → R 638
Mumm, Carsten → q 21
Munack, Axel Prof. Dr.-Ing. → IZ T 693, iz t 698
Munch, J. C. Prof. Dr. → T 1 868
de Munck, Andre → IZ H 368, iz h 369
Munck, Charlotte → IZ T 305
Mund, Heidrun → H 255
– Hermann, Dipl.-Volksw. → T 2 021
Mundlos, Heidemarie → U 1 604
Mundolf, Sabine → U 1 245
Mundt, Dietmar → O 541
– Hans-Werner, Dr. → u 7
– Hans Werner, Dr. → U 2 054
– Jürgen → c 467, E 115
– Robert → U 372
– Siegfried H. → t 636, f 683
Mundy, Simon → iz u 607
Mundzeck, Heike → O 367
Munhofen, Werner → K 321
Muñiz Guardado → iz q 159
Munkes, Hermann J. Dipl.-Volksw. → E 196

Munkwitz, Claus → G 102
Munn, Alan → IZ F 1 909
– Pamela → IZ T 679
Muñoz, A. Muñoz → iz t 371
Muñoz-Alonso Lledo, Alejandro → iz u 368
Munsch, Norbert → N 283
– Willi → q 36, Q 45
Munske, Barbara Dr. → iz u 699
Munte, Axel Dr. med. → s 139
– Michael, Dipl.- Ing. → r 43
– Michael, Dipl.-Ing. → f 79
Munz, Rudi → O 463, S 1 343
– Thomas → H 753
Muolo, Antonio → iz u 752
Mura, S. Dr.-Ing. → iz f 345
Murai, Jun → IZ T 903
Murali, Narasimhan → IZ T 268
Muranyi, Istvan → iz f 201
Murati → IZ T 319
– Noël → IZ T 319
Muraz, Jean-Max → iz f 1 889
Murd, Raivo → iz u 32
Murga Ulibarri, Pedro → iz r 56
Murken, Axel H. Prof. Dr. → T 3 483
Murko, Matthias Dipl.-Sozialw. → U 3 027
Murmann, Dieter Dr.-Ing. → c 857, E 225, E 315
– Hans-Peter → H 635, U 805, u 814, iz r 3
– Klaus, Dr. → K 40, R 1, t 3 104
Muro Olle, Marian → i n 48
Murphy, B. → iz f 76
– E.A. → IZ R 272
– M.J. → iz f 1 346
– Paul → iz b 123
– P.D. → IZ T 820
Murr, Hans → Q 85
– J., Dr. → T 1 319, t 1 320
Murray, F.M. → IZ F 2 454
– Martin → iz f 864
Murrenhoff, Hubertus Prof. Dr.-Ing. → t 1 205
Musaeus, Cato → iz s 255
Musahl, Hans-Peter Dr.rer.nat. → T 1 370
Musall, Peter → U 1 275
– Peter, Prof. → t 4 096
Muscat, Richard → iz u 767
Musch, Andreas → r 592
Muschallik, Thomas Dr. → S 273
Muscheid, Dietmar → K 292
Muschner, Burkhard Dr. → B 202
Mushardt, Ute → N 63
Musicco, Lorenzo → iz f 507
Musignisarkorn, Charnchai → IZ I 28
Musil, Stefan Dipl.-Ing. → s 818
Mußdorf, Torsten → F 997, U 551, U 552
Mussinghoff, Heinrich Dr. → u 2 347
Mußmann, Frank → T 634
Musso, Giovanni Prof. → E 498
Mustel, Kerstin → IZ T 970
Mustonen, Irmeli → iz f 470, iz f 1 331, iz f 2 459
Muth, Hans-Jürgen → I 40, I 42
– Hermann → S 1 115
– Monika → k 427
– Reinhard, Dr. → Q 281
Muthesius, Thomas Dr. jur. → M 1
Mutke, Uller → F 393
Mutschlechner, Christian → IZ O 202
Mutschler, Wolfram Prof. → u 449
Mutter, Félix → iz f 832
– Gerhard → O 539
Mutti, M. → IZ F 450
Muttke, Uller → F 385
Mutz, Jürgen → T 796
Muxfeldt, Ellen → R 539, U 1 859
– Hannelore → U 1 602
Muzquiz, G. → iz s 54
Mwene Mushanga, Tibamanya Dr. → C 1 347
Mydlo, Tamás → c 1 357
Myers, Gary → IZ U 684
– Morley → IZ S 636
– Tony → IZ R 272
Myhre, Tom → iz f 867
Myllorup, F. → iz h 68
Myllys, Timo → iz s 511

N

Naasan, Akram → U 941
Naassan, Alexis → E 304
Naber, Conrad Dipl.-Ökon., Dipl.-Ing. → E 134
Naberžnik, Alfonz → C 1 254
Nabuda, Werner → q 94
Naccarelli, Sandro → iz g 44
Nachama, Andreas → u 2 388
Nachbauer, Klaus Dipl.-Kfm. → G 347, g 356

Nachtigäller, Christoph → T 2 892
Nachtigal, Gert → K 62, K 78
Nachtwei, Gerhard Dr. → e 626
Naci Koru, Ali → c 1 336
Nacke, Wolfgang → o 653
Nacken, Winfried Dr. → T 818
Nadalini, Luigi → iz h 456
Nadjmabadi, Shahnaz Dr. → T 1 115
Nadler, Andreas Dr. → T 3 512
Nadolny, Fred → k 88
Nadorf, Andreas → q 151
Naef, P. → IZ U 305
Nägeli, Otto E. Eidgen. Dipl.-Bankfachmann → I 95
Näkel, Werner → Q 300
Naendrup, Gerhard → q 525
– Peter-Hubert, Prof. Dr. → t 4 080, t 4 082
– Peter Hubert, Prof. Dr. → t 4 083, t 4 085
– Prof. Dr. → T 3 604
Näther, Volkbert Dr. → u 2 946
Nätscher, Ludwig Dr. → s 1 533
Nagarvala, S. J. → IZ M 230
Nagel, Alfred → R 580
– Alwin, Dr. → t 1 396
– Andrea → N 143
– Bernd → S 230
– Eugen → G 294, g 295, IZ G 182
– Friedrich → iz a 80
– Götz → k 219
– Günter → U 3 009
– Hans Jörg → U 2 601
– Hans-Jürgen → u 2 927
– Hermann → E 31
– Hilke → Q 302
– Jens, Dipl.-Volksw. → H 40
– Karl → k 165, k 184
– Kurt, Prof. Dr.rer.pol. → T 2 358
– Linda → iz o 129
– Martin → G 361, g 372
– Paul → S 690
– Peter → E 196
– Ralf → A 27
– Robert → Q 152
Nagele, Wolfgang → U 1 021
Nagelschmidt, Detlef → h 525
Nagler, Georg Prof. Dr. → T 543
Naglia, Luigi → IZ F 13, iz f 19
Nagorni, Klaus → s 761
Nahles, Andrea → U 2 251
Nahm, Bernd-Günther → O 191
Nahrstedt, Wolfgang Prof. Dr. → U 2 787
Naim, Normah → iz f 2 570
Nakano, Tomoo → c 248
Nakielski, Hans Dipl.-Volksw. → T 823
Nakonz, Christian → C 161
Nalazek, Rainer → E 604, e 609
Nallet, Henri → IZ U 423
Nanavaty, Reemaben → IZ R 268
Nanke, Dirk-Michael → s 557
Nantke, Prof. Dr. → A 300
Napier, J.B. → IZ T 820
– Lorraine → iz u 245
Napp, Herbert → D 109
Naqvi, Amir → k 73
de Nardis, S. → iz t 597
Nareyke, Norbert → u 465, u 466
Nargang, Dorothea → U 2 386
– Walter → U 2 386
Narisada, Katsuhiko → n 247
Narjes, Karl-Heinz Dr. → T 2 352
Nárovcová, Alena → IZ R 268
Nascimento, H. → iz g 104
do Nascimento Cabrita, Eduardo Arménio Dr. → iz b 218
Naser, Siegfried Dr. → d 21, l 62
Nasri, Hani → c 1 288
Naß, Rudolf → I 74
Nassar, Gamal Prof. Dr.-Ing. → iz s 509
Nassauer, Gerd → F 182
– Hartmut → U 2 114
– Otfried → E 403
Nastasi, Mirjam Prof. Dr. → T 496
Natek, Andrei → IZ H 65
Natelberg → b 513
Natera Muro, M. → iz h 292
Nath-Esser, Max → IZ Q 31
Natucci, Sergio → IZ O 36, iz o 44
Natus, Wolfgang → E 2, E 178, E 195
Natusch, Dieter Dr. → S 291
Natvig, T. → iz u 219
Nau, Hans → U 1 815
Nauck, Bernhard Prof. Dr. → t 2 375
Naudy, Suzanne Dr. → iz t 754
Nauert, Frank → H 278
Nauheimer, Anton → M 231
Naujokat, Dirk → m 23
– Dirk, Dipl.-Volksw. → m 63, M 152, m 153, m 157, M 160
– Ulrich, Dr. → T 2 239

Naujoks, Jürgen → R 505, r 511
Naumann, Armin Dipl.-Ing. agr. → K 8
– Bettina → H 683
– Britta, Prof. → T 819
– Clas M., Prof. Dr. → T 2 719
– Frank, Dipl.-Phys. → f 272
– Gunter, Dr. → U 193
– Hartmut → k 95
– Heinz → S 915, T 746
– Heinz-Peter → H 751
– Joachim → d 231
– Karl Peter → T 3 640
– Karl-Peter → u 1 141
– Klaus-Peter, Prof. Dr. → S 630
– Martin → s 545
– Mathias, Dipl.-Kfm. → H 119
Naumer, Hans Dipl.-Volksw. → q 38, Q 44
Naundorf, Klaus-Dieter → U 210
– Stephan → S 738
Naunin, Dietrich Prof. Dr.-Ing. → M 79
– Gisela, Dr. → u 1 131
Nauschütt, Jürgen Prof. Dr. → U 822
Nava, J. → iz f 1 033
Navara, Miroslav → IZ S 642
Navarete, Eva → IZ U 179
Navarro González, Alberto → IZ A 227
Navarro Machado, Arnoldo → iz f 2 336
Navarro Portera, Miguel Ángel → IZ C 14
Nave, Klaus-Armin Prof. Dr. → t 135
Nawaz Khan, Rab → c 1 136
Nawrath, Barbara → K 271, K 272
– Dr. → A 14
Nax, Wilfried → T 546
Naz, R. → iz t 493
Naz Pajares, R. → iz t 513
Ncozana, S. S. Dr. → C 1 001
Ndlovu, Sandiso → IZ U 809
Ndoye, M. Dr. → IZ W 5
Ndrecaj, Krist → iz u 449
Nebe, Monika Dipl.-Ing. → T 3 829
Nebeker, Gary → IZ R 247
Nebel, Jürgen Prof. Dr. → T 555
– Klaus Günter, Dipl.-Ing. → s 1 033
– Werner → K 37
Nebelung, Waltraut → u 1 327
Neckermann, Anita → U 3 121
Nedden, Burckhard → B 349
Neddermeyer-Wienhöfer, Prof. → T 3 952
Nedelcu, Jon N. → S 1 524
Nedele, Manfred → u 3 065
Nedeß, Christian Prof. Dr.-Ing. → T 521, t 1 228, T 3 915
Nedkov, Plamen → IZ T 907
Neeb, Gustav-Adolf → M 184
– Thomas → H 280
Neefe, Götz Dipl.-Kfm. → h 29
Nees, Albin Dr. → b 159
– Roswitha → t 1 875
Neese, Hans-Joachim → A 23
Neesen, T. → IZ F 1 885
Neeson, Sean → iz u 444
Neeteson, Paul R. → F 533
Neetz, Norbert → O 471
Neff, Fritz J. Prof. → t 1 579
Neffgen, Bernd Dipl.-Geograph → E 167
Negendank, J.F.W. Prof. Dr. → T 846
Negre i Villavecchia, Antoni → IZ E 3
Negri, Guglielmo → iz u 447
– Jean-Francois → IZ R 289
– Jean-François → iz r 294
Neher, Bernd → k 436
– Erwin, Prof. Dr. → t 109
– Peter → s 1 002
Nehls, H. → iz t 578
– Sabine → T 766, T 2 206
Nehm, Kay → A 364
Nehmer, Russell → IZ U 468
Nehnen, Josef → U 2 450
Nehrhoff, Uwe Dipl.-Kfm. → G 73
Nehring, U. P. Dr. → IZ T 300
– Ute → T 1 971
Nehrkorn, Bernd → f 441
Neiboe, Leif → iz m 68
Neidhardt, Astrid → U 405
– Friedhelm, Prof. Dr. → t 2 369
Neidhart, Volker Dr. → Q 342
Neidhart-Keitel, Beate → IZ O 11
Neidlinger, Edith Dipl.-Volksw. → E 192
– Toni → N 107
Neifer, Hans → B 454
Neil, John → iz h 197
Neill, Bruce → IZ F 2 320
Neinhaus, Tillmann → t 4 080, t 4 085
– Tillmann, Dipl.-Kfm. → E 145
Neipp, Günter → U 677
Neira, Victor → iz u 233
Neise, Rita Dipl.-Volksw. → E 67
Neiser, Inge Dipl.-Psych. → S 1 506

Neises, Mechthild Prof. Dr. Dr. med. → T 3 386
Neiss, Karl Heinz → P 4
Neisser, Hans-Joachim → D 67
Neißer, Horst Dr. → T 1 918
Neitmann, Klaus Dr. → B 632
– Carsten → O 406
– Werner → r 104
Neitzer, Günter → S 710
Neizert, Berthold Dr. → t 183
Nekola, Manfred Dr. → F 173, T 2 560
Nekouvi, Kurosh → s 1 407
Neligan, David M. → IZ A 227
Nelissen, Piet → IZ F 1 819
Nelius, Klaus → k 218
Nelke, Gerd → c 1 305
Nell, Martin Prof. Dr. → T 4 038
– Thomas → o 331
Nelle, Engelbert → u 2 490
Nelles, Klaus Peter → g 778
– Ursula, Dr. → S 561
– Wilfried → u 2 038
Nellesen, Bernd → f 386
Nellessen, Bernhard → O 322
Nelson, Audrey → E 477
– L., Dr. → iz t 709
– L. Dolliver M. → IZ V 24
– R. → IZ T 540
Nemec, Dieter → E 499
Nemeth, Johanna → iz u 657
Nemitz, Barbara Dr.med. → T 3 942
– Carmen → S 103
Nendel, Wolfgang Dr.-Ing. → t 1 641
Nentwich, Michael Dr. → u 2 996
– Vera → S 21
Nepentini, Enea → iz f 2 207, iz f 2 262
Nerbe, Wulf → f 115
Nerger, Anke → e 707
– Hanns Peter → n 68
– Hans → u 816
Nerlich, Günter Karl Willi → c 856
– Hans → T 1 918
van Nes Ziegler, John → E 704
Neseker, Herbert → T 772
Nesemann, Thomas Dr. → s 539
Neskovic, Wolfgang → S 575
Neslund, Thomas R. → IZ U 308
Ness, Klaus → u 2 255
Neß, Wolfgang Dipl.-Ing. → U 889
Nesselhauf, Roland → h 686
Graf von Nesselrode, Dietrich → q 273
Nessheim, Jan → iz h 26
Neßlang, Norbert Dipl.-Volksw. → E 107
Neßler, Roland → r 606
Nestle, Siegfried → T 1 864
Nestler, Ingolf → s 471
Nestroy, Harald-Norbert → C 337
Neswadba, R. Dipl.-Volksw. → U 275
Netelenbos, Tineke → iz b 193
Neteler, Peter → g 405
Netlitz, Ernst Friedrich → F 293
Netsch, Friedrich → F 1 004
Netschajew, Sergej J. → c 1 199
Nett, Walter → U 2 086
Nettehoven, Manfred → T 433
Nettekoven, Gerd → T 755, T 2 787
Nettelbeck, Joachim Dr. → T 262
Nettelmann, Lothar Dr. → e 621
Nettersheim → A 12
Nettlau, Eveline → U 413
Nettmann, Hans-Konrad Dr. → T 1 368
Netto, Getulio Ursulino → IZ H 274
Netzel, Brigitte → r 875
– Werner → I 62
Netzer → A 12
– Hans → r 289
von Netzer, Jörg → F 976
Neu, Michael → f 411
– Nicolas-Paul, Dipl.-Ing. → E 151
– Werner, Dr. → T 3 680
Neubäumer, Renate Prof. Dr. → T 3 767
Neubauer, Bernd → H 233, iz g 191
– Dr. → A 18
– Erika, Dr. → U 1 361
– Frank → u 896
– Gerd → B 251
– Gesine → u 1 845
– Jost, Dr. → B 865
– Martin, Dr. → A 23
– Michael, Dr. → R 515
– Werner, Dr. → f 655, T 386, iz f 1 547
Neuber, Friedel Dr. h.c. → I 76, T 580
Neuberger, Jochen → u 2 901
– Oswald, Prof. Dr. → T 4 023
– Robert → O 384
– Siegfried → iz f 2 203, iz f 2 258
Neubert → A 8

Neubert

- Angelika → e 204
- Arnulf → H 633
- Günter → s 1 299
- Hannspeter, Dr. → T 2 197
- Jürgen, Dr. rer. nat. habil. → B 376
- Wolfgang, Dipl.-Ing. → f 525
- Neubrand, Jürgen → S 338
- von Neubronner, Georg Heinrich → C 382
- Neubürger, Heinz-Joachim → h 143
- Neubüser, Bernd Dr.-Ing. → s 933
- Manuela → s 89
- Neuburger, Manfred Dr. → A 21
- Neudecker, Martin Dipl.-Kfm. → E 179
- Neudenberger, Petra → E 139
- Neudert, Christiane → a 81
- Neuen, Wolfgang → C 491
- Neuendorf, Günter → H 225
- Manuel → S 1 290
- Neuenfels, Benedict → R 515
- Neuerburg, Joachim Dipl.-Oec. Dipl.-Ing. → t 1 228, T 3 915
- Michael, Dipl.-Volksw. → E 26
- te Neues, Jan Dipl.-Ing. → T 1 146
- Neufang, Detlef → M 80
- Neufert, Klaus → u 1 836
- Neuffer, Hans Dipl.-Ing. → L 36
- Neugebauer, Rainer Prof. Dr. med. → T 2 839
- Reimund, Prof. Dr.-Ing. habil. → t 233
- Roland, Dipl.-Geograph → E 117
- Werner → r 361
- Neuhäuser, Franz → s 1 374
- Gerd → s 606
- Karl, Dr. → U 720
- Neuhalfen, Walter → f 732, r 151
- Neuhardt, Birgit → E 188
- Peter → r 176
- Neuhaus, Annette → S 1 059
- Carl-Friedrich → T 468
- Egbert → E 140
- Friedrich, Dr. → f 48, F 244, f 261, f 266, F 285
- Fritz → U 2 849
- Günter → F 281, f 854, U 564, U 573, U 589, U 596, U 612
- Horst, Prof. Dr. → T 3 311
- Jürgen, Dr. → t 3
- Karl-Joachim → D 136, T 2 155
- Peter → k 221
- Neuhaus-Wever, Klaus → U 27
- Neuhauser, Walter Dr. → T 2 518
- Neuhöfer, Manfred → U 448
- Neujahr, Kerstin → E 5
- Neukirchen, Vera → U 3 030
- Werner → m 30
- Neukomm, Ernst → S 1 313
- Neukum, Gerhard Prof. Dr. → T 1 266
- Neumann → U 304
- Angelika → e 705
- Bernd → K 311, U 2 114, u 2 118
- Christiane → T 265, t 2 369
- Christine → O 255
- Claudia → O 376
- Dieter → B 818, f 242
- Dörte → u 3 077
- Ekkehard → o 232, IZ U 476
- Günter → E 47, e 56
- Guido → N 166
- Hanka → F 1 000
- Hannes, Prof. Dr. → T 505
- Helma, Dr. → O 628
- Herbert → f 462, k 79
- Holger, Dr.-Ing. → u 842
- Jan-Oliver → M 228
- Jens, Dr. → E 129
- Jürgen, Dipl.-Volksw. → T 695
- K. → iz f 468
- Karl-Heinz → O 707
- Klaus, Prof. Dr. → T 4 175
- Kurt → u 1 208
- Lothar F., Prof. Dr. → T 2 229, t 2 406
- Manfred, Prof. Dr. → A 168
- Manfred J. M., Prof.Dr. → T 2 457
- Michael, Dr. → B 776
- Moritz → T 4 156, u 2 392
- P., Dr. → IZ F 1 506
- Peter → r 668
- Peter, Prof. → t 112
- Pirjo-Liisa → E 431
- Prof. Dr. → T 3 604
- R., Dr. → T 3 322
- Rainer → U 723
- Rolf H. → M 245
- Siegfried → T 640
- Ulrich → h 32, T 509
- Uwe → E 205, N 123
- Uwe Jens → O 582
- Uwe Jens, Dipl.-Kfm. → U 368
- Volker → O 431

Fortsetzung nächste Spalte

Neumann (Fortsetzung)
- Walter O. → u 2 827
- Werner, Dr. → T 2 749
- Wolfgang → F 1 000, k 241, n 90, U 3 063
- Wolfgang, Dipl.-Ökon. → T 2 190
- Wolfgang, Dr. → T 3 652
- Neumann-Schniedewind, Volker Dr. → c 988
- Neumann-Wedekindt, Jochen Dr. jur. → S 272
- Neumark, Sylvio → S 737
- Neumayer, Burkard Prof. Dipl.-Math. → t 1 735
- Neumeier, John → Q 645
- Kurt, Prof. → T 552
- Neumeister, Karl-Heinz → IZ F 2 102
- Rudolf → c 907
- Neumerkel, Klaus Dipl.-Phys. → B 459
- Neumeyer, Martin → B 14
- Neumeyr, Martina → k 148
- Neun, J. Dipl.-Ing. → iz t 366
- Jürgen, Dipl.-Ing. → t 2 065
- Neunast, Armin Dipl.-Ing. → F 90, f 873, f 879, F 887, t 2 101, t 2 112, t 2 121, u 526, U 547
- Karl W., Prof. Dr. → T 666
- Neuner, Peter → T 461
- Raphael → S 1 368
- Neuner-Duttenhofer, Bernd → S 1 359
- Neuneyer, Ulrike → O 201
- Neupel, Christian J. → s 29
- Joachim → I 38
- Neupert, Anita Dr.-Ing. → t 1 093
- Neuschaefer, Adolf → g 437
- Neuscheler, Kurt → g 488, h 137, H 619
- Neuser, Rolf → Q 162
- Neusigl, Hans → K 178
- Neusinger, Heinz → B 793
- Neuss, Beate Prof. Dr. → T 763
- Neusüß, Claudia Dr. → T 744
- Dr. → A 27
- Neuviale, P. → iz h 295
- Neuweiler, G. Prof. Dr. → T 2 717
- Neuwerth, Sigrun → A 18
- Neuwirth, Fritz → IZ T 244
- Gertrud → B 810
- Michael → g 309
- Nicolas H. → h 263
- Neveling, Ulrich → T 3 679
- Neven, Josche → T 3 652
- Klaus, Dipl.-Ing. → A 337
- Peter, Dr. → O 595
- Neven DuMont, Alfred → E 162
- Neverla, Irene Prof. Dr. → O 404
- Nevermann, Knut Dr. → T 949
- Sylvia → s 451, t 2 860
- Newby, Ann → c 177
- Newe, Berndt → r 780
- Newell, David Richard → iz o 63
- Newels, Karl-Heinz → O 649
- Newinger, Norbert → k 434
- Newman, Graham → IZ I 26
- John E. → iz f 2 179
- Paul K. → IZ F 1 799, iz f 1 809
- Newrzella, Manfred → f 157, F 160
- Newson, Brian → IZ T 560
- Ney, Andreas → Q 388
- Neyer, Wilhelm → g 488, h 137, H 619
- Neyrinck, Laurent → iz f 1 776
- Neyses, Heidi → T 688
- Neyt, G. → iz f 2 592
- Neytcheff, S → iz t 329
- Neyts, Annemie → IZ U 427
- Nezeritis, Dimitrios → C 802
- Ngah, Azizi Meor → IZ T 268
- Ngcobo, Jabu → IZ R 268
- Ngirabanzi, Laurien → C 1 186
- Nibbeling-Wrießnig → A 8
- Nibel, Theo A. → h 686
- Niblaeus, Kerstin → IZA 227
- Nič, M. Generaldir. Dr.-Ing. → t 2 067
- Nicanor, Manolo S. → E 321
- Nichelmann, Rainer → U 2 018
- Nicholls, Maureen → IZ U 574
- Nicht, Wolfgang Dr. → e 613
- Nichtitz, Frank → R 577
- Nichtweiss, Lisette → D 64
- Nick, Gernot Dr.med. → s 218
- Willy → H 567, h 570
- Nickel, Bernhard E. Dipl.-Ing. → M 1
- Dietmar → iza 184
- Franz, Dr. → T 3 771
- Hartmut → U 1 927
- Helmut → U 2 450
- Karl-Georg → f 233
- Rita → T 498
- Roland, Dipl. f. Wirtsch. → T 498
- Ulrich, Prof. Dr. → T 1 325
- Veronika → O 509

Fortsetzung nächste Spalte

Nickel (Fortsetzung)
- Volker → O 532
- Wolfgang → B 397
- Nickel-Mayer, Christel → M 249
- Nickel-Waninger, Hartmut Dr. → T 4 038
- Nickelsen, Armin → IZ U 432
- Frank → IZ U 432
- Jytte → E 426
- Nickenig, Rudolf Dr. → H 221, Q 281
- Nickol, Andrea Dipl.-Ing. → t 1 179, t 1 221
- Nickolaus, Gerhard Dr. → T 2 146
- Niclas, Manfred Dr. → P 4, p 42
- Nicodemi, Walter Prof. → iz t 524
- Nicola, Loredana → if 32, iz f 1 430
- Nicolai, Hermann Prof. Dr. → t 123
- Thomas, Dr. → T 3 122
- Nicolaisen, Dirk → E 222
- Nicolaou, D. → IZ F 2 531, iz f 2 536
- Nicolas, Alain → IZ H 496
- Alrich, Dr. → C 835
- Nicolaus, Jürgen W. Dipl.-Ing. → t 1 177
- Matthias → S 1 527
- Uta → N 171
- Nicolausen, Carsten Prof. Dr. → T 3 716
- Nicolay, Udo → g 779, g 783, g 786
- Nicolaysen, Gert Prof. Dr. → S 617, T 733
- Holger → IZ O 205
- Nicolet, Francois Louis → IZ T 320
- Nicoletti, F. Dr. → IZ T 297
- Nicoli, Marie-José → iz u 147
- Nicoll, Sheila → iz i 96
- Nida-Rümelin, Julian Prof. Dr. → A 4
- Julian, Staatsminister Prof. Dr. → A 103
- Niebe, Heinz H. → h 327
- Niebel, Ingrid → S 77
- Niebergall, Ralf Prof. → S 804
- Niebuhr, G. → E 312
- K., Dipl.-Volksw. → T 2 572, T 2 574
- Wolfgang → k 82
- Niebur, Guido → t 3 040
- Nied, Veit → iz a 161
- Nieddu, Gonario → iz g 45
- Nieder, Babette Dr. → U 1 567
- Helmut, Dr. → Q 58, r 471, S 1 531
- Klaus-Ulrich → iz u 718
- Niederbremer, Günter → d 228
- Niederdräing, Hans → H 196, h 200
- Niederdrenk, Klaus Prof. Dr.rer.nat. → T 619
- Niederehe, Wilhelm Dipl.-Ing. → f 877, F 881
- Niederfranke, Annette Dr. → A 23
- Niedergöker, Wilhelm Dipl.-Kfm. → o 611
- Niederländer, Marianne → T 3 810, t 3 821
- Niederland, Bernd Dr. → U 1 347
- Niederleitner, Stephan Dr. → b 23
- Niedermark, Wolfgang → E 391, E 397, E 399, E 545
- Niedermeyer, Dr. → t 2 073
- Niederschelp, Heinz-Jochen → h 707
- Niederste-Ostholt, Michael → U 2 681
- Niedner, Christa → t 3 009, u 1 635
- Niedobitek, Matthias Dr. → T 393
- Niedzwetzki, Werner → u 785
- Niegel, Lorenz → E 383
- Sabine → R 434
- Niehardt, Frank → E 67
- Niehaus, Manfred → s 1 298
- Niehaves, Heinrich → d 233
- Niehoff, Gerd Dr. → b 875
- Jörg, Dr. → t 1 233
- Thomas F., Dipl.-Soz. → E 142
- Niehues, Hermann Dr. → R 195
- Niehuis, Edith Dr. → A 23
- Niehus, Frank-Michael → g 758
- Niehuus, Kirsten → O 190
- Niejahr, Horstdieter Dr. → S 460
- Niekisch, Manfred Dr. → Q 361
- Nielsen, Bent R. → iz s 154
- Henning → iz u 438
- Lars → iz m 83
- Lars Jørgen → iz g 32
- Leif Erland → iz p 4
- Niels → iz f 578
- Poul → IZ A 1
- R. → iz f 436
- S.M., Dr. → iz t 696
- Thomas → iz f 1 560
- Torben → iz f 1 560
- Torben Østergaard → c 99
- Nielsky, Klaus → d 48
- Nielson → A 21
- Niemand, Klaus → g 692
- Niemann, Dietmar → T 581
- Harald → F 220, H 231
- Harry, Dr. → R 479
- Heidrun, Dr. habil. → T 1 865
- Heino → H 594, h 600
- Heinz G. → M 221
- Joachim Gerhard, Dipl.-Ing. → E 657

Fortsetzung nächste Spalte

Niemann (Fortsetzung)
- Jörg → k 169, k 188
- John H. → h 762
- Michael → E 500
- Wolfgang → F 804
- Niemax, Kay Prof. Dr. → T 1 382
- Niemczyk, Heinz → D 145
- Niemelä, Ilkka → iz f 1 453
- Juha → IZ F 107
- Matti → E 450
- Niemeyer, Wilhelm → H 246, Q 4, q 13
- Niemi, Pekka → c 122
- Pekka Juhani → c 125
- V. → iz f 211
- Veijo → iz f 2 204, iz f 2 259
- Niemimuukko, Ossi → iz m 11
- Niemöller, Hans → S 965
- Lodewyk G. → iz f 1 812
- Nienaber, Rolf H. Dipl.-Kfm. → E 156
- Nienhaus, Franz → E 39
- Karl-Heinz, Dipl.-Volksw. → U 487
- Volker, Prof. Dr. → T 433
- Nienhoff, Hermann-J. Dr. → T 2 557
- Nienstedt, Corinna Dipl.-Pol. → E 82
- Heinz-Werner, Dr. → O 530, t 1 227
- Nieper, Franz → T 3 603
- Niephagen, Rainer Dr. → u 2 844
- Niepokulczycka, Malgorzata → iz u 162
- Niere, Peter Dipl.-Kfm. → E 93
- Nierentz, Hansjoachim → T 1 325
- Nierlich, Gerald Dr. → I 43
- Nierobisch, Bernd → M 244
- Nies, Gerd → R 398
- Nieschke, Heinz-Dieter → L 20, q 8
- Niese, Holger Dr. → U 2 450
- Niesen, Bernd → R 767
- Nieß, Anna → F 992, T 1 976
- Niess, Peter Prof.-Dr.-Ing. → t 1 556
- Peter, Prof. Dr.-Ing. → t 1 580
- Nieß, Peter S. Prof. Dr.-Ing. → t 1 739
- Nießen, Christof → u 2 805
- Niessen, Knut Dipl.-Ing. → N 202
- Peter → c 278
- Niessner, Reinhard Prof. Dr. → T 1 982
- Niestroy, Hubert Dipl.-Ing. → R 829
- Nieswaag-Alsbach, M.E.R. → IZ G 167
- Nietfeld, Annette Dr. → Q 480
- Niethammer, Frank Dr. → E 93
- Hellmut → c 692
- Nietner, Manfred Prof. Dr.-Ing. → T 583
- van Nieuwenhoven, J. → IZ B 17
- Nieuwenhuis, Drewin → IZ F 2 032
- van Nieuwland, Herwig Dr. → B 845
- Nievelstein, Petra → U 1 815
- von Nievenheim, Rainer → S 783
- Niewodniczanska, Marie Luise Prof. → Q 620
- Niewöhner, Annette → A 23
- Nigg, Erich A. Prof. Dr. → t 104
- Niggeler, Sissel → IZ F 1 754
- Niggemann, Elisabeth Dr. → T 949
- Sieghart → k 177, k 196
- Niggestich, Kajo Dr. → u 2 929
- Niggli, Peter → iz 342
- Nigliorati, Giovanni → IZ Q 68
- Nigoul, Claude → IZ T 884
- Nigro → iz f 1 480
- Niinistö, Sauli → IZ B 59, iz b 61
- Nijsen, Cees G. → IZ U 476
- Niju, M. W. → iz s 552
- Nikas, P.G. → iz f 2 299
- Nikkola, A. → iz f 665
- Niklanovic, Saša Dr. → IZ T 979
- Nikles, Bruno W. Prof. Dr. → U 1 575
- Nikolai, Angelika → g 797
- Nikolaou, Kalliopi → IZA A 222
- Nikolaras, Panagiotis → iz m 88
- Nikolaus, Helmut F. Dipl.-Ing. → s 1 011
- Ralph, S → S 291
- Nikolay, A. → A 16
- Nikrandt, Wolfgang → H 576
- Nikui, Manfred → u 826
- Niland, M. → iz f 1 274
- Nilius, Klaus → T 563
- Nilkhamhang, Aran → E 701
- Nill, Axel → K 36
- Axel, Dipl.-Betriebsw. → K 37
- Bernd → E 43
- Nilles, Jean-Jacques → iz g 98
- Nilsen, Anthon B. → iz s 483
- K. → IZ F 2 454
- Nilsson, H. → iz f 2 529
- Leif → IZ S 636
- Lennart → iz f 2 290
- Pia → iz i 104
- Ragnar → S 785
- Torsten → T 2 559
- Nimsch, Hubertus Dipl.-Ing. → T 2 649
- Nimz, Reinhard → u 2 495
- Nind, Fred → iz s 119

Ninnig, Gerd → U 2 758
Ninow, Claudia → R 921
Niopek, Wolfgang Dr. → E 26
Niotis, Grigoris → iz b 98
Nipah, George Robert → C 796
Nipp-Diersch, Ingrid → e 667
Nippa, J. Dr.-Ing. → T 1 164
Nipper, Burkhard → U 1 057
Nippert, Ilona → t 3 092
Nishimura, Hiroyuki → IZ K 39
Nissen, Ove → iz u 27
Nissle, Alexander → B 244
Nitsch, Waltraud → h 381, h 400
– Wolfgang, Prof. Dr. → T 2 220
Nitsche, Konrad Dr. → T 2 125
– Wolfgang M. → S 745, s 746, S 747, IZ R 309
Nitschke, Axel Dipl.-Vw. → E 2
– Raimund → T 3 873
– Uwe, Dr. → u 2 937
Nitzpon, Cornelia → a 81
Nitzsche, Eberhard → H 387
– Knut, Dipl.-Ing. → g 195
Nitzschke, Ulrich → C 499
Nitzschner, Max → U 2 602
Nix, Norbert → r 464
Nixdorff, K. Prof. Dr. → U 2 722
Nizze, H. Prof. Dr. med. → T 3 374
Njagi, D. G. → iz s 526
N.N. → A 14, A 33, e 114, f 268, f 330, f 674, t 161, U 1 446, U 1 874, iz a 27, IZ F 1 764
Noa, Elvira → u 2 389
Noack, Axel → u 2 312
– Bernd, Dipl.-Ing. → T 1 841
– Claus → T 3 695
– Eckhard → b 157
– Harald, Dr. jur. → b 119
– Karl-Heinz → F 512
– Martin → N 177
– Peter, Dr. → s 141
Nobbe → A 362
– Stephan, Dr. → u 3 000
Nobeleri, Johannes → T 1 415
Nobili, Franco → IZ F 2 021
Nobis-Wicherding, Heiner Dipl.-Ing. → T 1 866
Noble, Estela Vera → IZ S 619
Noblot, Thierry → iz f 395
de Nóbrega Gonçalves, João Henrique → iz u 779
Nociti, Jose Dr. → IZ S 164
Nockemann, Klaus → F 294, f 309
Nocker, Kirsten → F 287, F 509, F 510, F 511, IZ F 678
Nodé-Langlois, Patrick → iz f 2 422
Nodes, Wilfried → R 560
Noe-Nordberg, K. → iz f 476
Noebel, Thomas → S 942
Nödl, Michael → q 40
Nöhring, Bärbel → s 1 426
Noël, Gérard → iz o 165
Nölke, Christian → N 156
– Klaus → c 219
Noelke, Peter Prof. Dr. → U 3 102
Nölke, Rudolf → T 3 220
Nöll, Erich → S 679
Nölle, Thomas → F 544, f 809
– Ulrich → M 211
Noelle-Neumann, Elisabeth Prof. Dr. Dr.h.c. → T 3 699
– Elisabeth, Prof.Dr.Dr.h.c → t 2 490
Nölting, Benjamin → U 2 058
Noeren, Kaspar H. → O 544
Noeske-Heisinger, Steffen → s 364
Nößner, Regina → A 208
Nöth, Heinrich Prof. Dr. Dr.h.c.mult. → t 87
– Heinrich, Prof. Dr.rer.nat., Dr.h.c.mult. → T 859
Nöthling, Roswitha → T 1 288
Nötzel, Bruno Prof. Dr. → u 838
Noetzel, Roman → s 1 456
– Uwe, Dipl.-Geogr. → s 1 476
Növer, Rainer Dipl.-Volksw. → E 167
Noftz, Wolfgang Dr. → B 717
Noga, G. Prof. Dr. → T 2 654
Noghes, Gilles → IZ O 208
Nogueira, Rui Manuel Simoès → iz f 1 791
Noguero, Antonio → iz s 288
Nohr, Barbara → T 2 220
Nokkala, J. → iz f 211
Nol, Benjamin → iz s 391
Nolan, Barbara → iz a 7
Nolde, E. Dipl.-Ing. → Q 457
– Joachim → E 110
Nolden-Temke, Hans-Günther → R 211
Noll, Eberhard → e 186
– Hartmut → r 170
– Lothar, Dipl.-Kfm. → F 219

Fortsetzung nächste Spalte

Noll (Fortsetzung)
– Rainer → T 3 586
– Robert → N 175
– Sabine → U 202
– Wilfried → U 397
Noll-Berchthold, Michael → S 922
Nolle, Karl → f 242
– Monika → Q 403
Nollet, Michel → iz r 153
– Walter → iz m 57
Nolte, Anke → u 818
– Georg, Prof. Dr. → T 3 608
– Hans-Joachim → o 325
– Jürgen, Dr. → A 388
– Lothar → u 2 847
– Otto, Dipl.-Landw. → s 1 544
– Thomas, Dr. med. → T 3 436
Nolte-Wacker, Gudrun → B 408
Noltenius, Johann Daniel Dr. → u 2 300
Noltensmeier, Gerrit → u 2 304
Nolting, Erich-H. Dr.-Ing. → T 397
Noltze, Karl → B 240
Nonchev, Andrei → iz s 271
Nonnen, Susanne Dr. → U 1 360
Nonnenberg, Reiner → T 3 010
Nonnenmacher, Herbert → F 837
Nooij, S. → IZ F 596
Nooitgedagt → iz q 155
– Johann K. → iz p 22
Nooke, Günter → A 39, A 52
Noordervliet, P. F. Dr. → iz f 1 027
Noormann-Wachs, Diethild Dipl.-Ing. → S 1 019
van Noortwijk, G. J. → iz h 45
Nooteboom, H. → IZ F 2 186
Noppel, Manfred C. Dipl.-Kfm. → h 491
Jouslin de Noray, B. → iz f 1 383
Norberg, K-A. → IZ T 828
Norberger, Irene → T 2 925, t 2 940
Nordbrink, Manfred → s 446, t 2 855
Norden, Gerd Dipl.-Volksw. → S 167
Nordenö, Börje → c 438
von Nordenskjöld, Fritjof → C 227
Nordfors, Laila → iz u 786
Nordh, Sture → iz r 203
Nordhaus, Werner → U 657
Nordhausen, Bernhard → g 342
Nordhofen, Eckhard Dr. → u 2 343
Nording, Werner → O 288
Nordmann, Christoph → iz a 12
– Ed. E. → IZ H 84
– Edgar E. → c 1 007, H 276
Noret, G. → iz s 27
Norgaard, Jens → iz 2 419
Norgren, Mari Dr. → iz t 356
Norheimer, Cornelia → u 1 228
Norman, Robert A. → c 194
Norov, Vladimir Imanowitsch → C 1 371
Norris, J. → iz f 2 538
Norten, Ellen Dr. → O 432
North, A.C.T. Prof. → IZ T 164
Northoff, Robert Prof. Dr. jur. Dipl.-Psych. → T 624
– Volker → S 738
Norweg, Thomas → T 3 891
Nosch, Thomas → G 130
Noske, Ingrid Dr. → U 1 390
Nospers, Richard → d 252
Noss, Friedhelm Dipl.-Volksw. → F 89
Nossek, Raimund → k 142
Nossen, Wolfgang M. → u 2 403
Nossinske, Günter Dipl.-Ing. → s 827
Nostheide, Werner → F 786
Notari, Aldo → IZ U 471
Notat, Nicole → iz r 165
Nothdurft, Dieter Dr. → T 3 328
Nothelfer, Georg → H 617
Nothelle, Andreas → iz b 257
Nothof, Karl → R 451
Nothum, Thierry → iz m 92
Nottbeck, Bernhard Dr. → T 3 891
Notte, Dina → iz t 225
Nottelmann, Peter → R 119, R 157
– Wolf → s 541
Nottrott, Wolfgang → k 26
von Notz, Friedhelm → S 1 396
Notz, Klaus → R 549
Nouailhas, D. Dr. → IZ T 152
Nougera, Montserrat Dr. med. → IZ S 68
Nouh-Chaia, Nagib → C 487
Noury, Jean-Paul → iz e 10
Novais de Paula, João → iz h 432
– Joao → iz o 145
Novák, J. → iz h 82
Novak, Katarina → iz f 704
– P. → IZ F 126
– Sabine, Dipl.-oec. → E 31
Novak-Istok, Marija → iz h 458
Nováková, Helena → IZ U 476

Nover, Ulrike → S 257
Sampaio da Nóvoa, Alberto Manuel → iz b 228
Novotny, Jiri → iz f 592
Nowack, Klaus → H 91
– Olaf → I 69
Nowak, André → A 75
– Andreas → O 544
– Anton → T 2 852
– Christian → E 62
– D., Prof. Dr.med. → T 3 941
– Daniela → U 1 278
– Dorothea → t 2 510
– Godehard → IZ A 214
– Horst → A 331
– Leopold → u 2 362
– Marcus → S 737
– Walter, Dr. → U 2 059
– Werner, Dr. → u 992
– Wolfgang → A 4
Nowakiewitsch, Christa → U 1 747
Nowald, Inken Dr. → S 1 179
Nowotny, Burkhard Dr. → O 282
– Ewald → IZ A 226
Nowottny, Friedrich → O 364
Noyer, Christian → IZ I 5
Nørgaard, H. → iz f 209
– Nina → iz u 691
Ntrakwah, A. Grant → c 797
Nts'Inyi, Lebohang → C 956
Ntuli, Amon → IZ R 268
Nübler, Wilfried Dr. → r 922
Nücken, Willi → A 23
Nüdling, Peter Dipl.-Ing. → F 932, u 522
Nührenberg, Jürgen Prof. Dr. → t 156
Nülle, Thomas → E 133
Nümann-Seidewinkel, Ingrid Dr. → b 72
Nüser, Karl → E 110
Nüsse, Christof Dr. → t 809
– Franz-Josef → E 156
Nüssel, Manfred → P 1, P 4, Q 58, Q 281, U 618, IZ I 45, iz p 5
Nüßlein, Alrun → u 2 238
Nüsslein-Volhard, Christiane Prof. Dr. → t 114
Nüsslin, Fridtjof Prof. Dr. → IZ T 744
Nützel, Klaus → G 54
Nugent, Simon → iz e 15
Nuissl, Ekkehard Prof. Dr. → t 4 106
Nuissl von Rein, Ekkehard Prof. Dr. → T 265
Nullmeyer, Uwe A. → E 80
Nunes, A. Ferreira → iz h 489
Nuray, Haluk → iz e 43
Nurdin, M.A.B. → F 819, F 820
Nurkoviz, Nias → iz u 437
Nurminen, Markku → e 439
Nuscheler, Franz Prof. Dr. → U 2 721
Nuss-Troles, Clea → S 102
Nussbaum, Michael → E 553
– Peter, Dr. → S 615
Nußbaumer, Manfred Prof. → E 578
– Manfred, Prof. Dr.-Ing. E.h. → T 897, T 1 165
Nußberger, W. → g 79
Nusser, Jürgen → H 151
Nustede, Hans-Peter Dipl.-Volksw. → U 415
Nutbeam, D. → IZ T 824
Nuttall, Frances → IZ A 189
Nutz, Manfred Dr. → T 1 120
Nuvoloni, Pietro → K 146
Nuy, Anke → Q 583
Nuygaard, Niels → IZ N 1
Nxumalo, James → IZ V 2
Nyberg, Lars → IZ Q 31
Nycz, Czeslaw → iz l 37
Nykänen, H. → iz h 478
Nykvist, Kurt → iz t 2 311
Nylander, Mikaela → iz u 443
Nysterud, Karl → iz f 2 286

O

Oakes, Lester → IZ T 979
Obasi, Godwin O. P. → IZ W 39
Obenauer, Volker → k 217
Obenauf, Dieter Dipl.-Ing. (FH) → T 1 966
Ober, Anton → D 216
– Steffi → u 2 108
Oberdorfer, Ralf Dr. → U 404
Oberer, Hans-Dieter Dipl.-Math. → S 1 578
Oberheidt, Thomas → h 500
Oberholz, Andreas → Q 661
Oberlack, M. Prof. Dr.-Ing. habil. → T 2 686
Obermann, Joel → IZ F 1 147
Obermeier, Franz → e 48
– Werner → Q 240
Obermeier, Werner → g 398
Obermüller, Alfred → d 208

Oberndorfer, Wolfgang → U 2 823
von Obernitz, Sybille → E 67
Oberrecht, Wolfgang → f 23
Oberreuter, Heinrich Prof. Dr. → T 2 221
Oberritter, Helmut Dr. → T 2 548
Oberst, Dragana → t 1 663
Obersteiner, Erich → iz i 181
Obert, Klaus Dr. → U 2 023
– Peter, Prof. Dipl.-Ing → t 1 779
Oberthür, Adolf → U 2 601
Obertin, Michel → c 991
Obes, Otto → O 632, o 637
Obieglo, Georg Prof. Dr.-Ing. → T 653
– Peter J. → H 288
Obieray, Monika → u 2 112
Obländer, Frauke → u 1 130, U 1 179
Oblath, G. → iz t 610
Obler, Rolf → E 579
Obradovic, Dragojlo → iz t 345
O'Brien, Basil G. → C 633
– Declan → iz f 564, iz t 799
Obst, Andreas Dipl.-Geogr. → s 1 483
– Gisela → S 1 319, S 1 320, T 3 480
– Joachim → F 513
– Sven-Olaf, Dr. → A 23
Occhetto, Achille → IZ U 423
Ochmann, Cornelius → E 604
Ochs, Brigitte → u 1 265
– Wolfram → U 2 450
Ocken, R. Dipl.-Ing. → t 1 320
Ockenfels, Andreas → h 604
– Wolfgang, Prof. Dr. → T 687
O'Connor, Vanessa → IZ T 897
Odemann-Nöring, Günther → S 1 262
Odenbach, Volker → T 3 481
Odendaal, P. E. → IZ T 684
Odendahl, Doris → T 4 103
Odenkirchen, Bernhard Dr. → S 1 523
Odenthal, Klaus → N 163
– Reiner → E 2
Oder, Hermann → IZ H 281
Odewald, Jens Dr. → T 2 238
Odille, Daniel → IZ F 1 558, iz f 1 563
O'Donnel, Liam → H 538
O'Donnell, Edward → c 619
– Jim → iz u 608
O'Donoghue, John → iz b 135
Odqvist, Joakim → iz t 530
Odvarka, Jir_7i → iz f 1 557
O'Dwyer, J. → iz t 483
– Michael → iz h 201
Odzocki, Serge-Michel → C 940
OE Ofili, Valentine → iz f 2 574
Oechsle, Carlos → c 10
– Gerhard → f 237
Oechsler, Reinhard → O 322
– Walter A., Prof. Dr. → T 604, T 4 179
Oechslin, Thomas → g 86
Oechsner, Hans Prof. Dr. → T 1 238
Öchsner, W. Ph. Dr. → t 338, T 1 950
Ødegård, B.I. → iz t 488
Oedekoven, Hellevi → E 431
Oeding, Volker Dr. → F 513
Oeding-Blumenberg, Frauke → f 238
Öffing, Manfred → I 64
Oeffner, Waltraud → T 3 228
Öfverholm, Ivan → IZ T 242
Oegerli, Klaus → n 262
Oehler → A 31
– Jochen, Prof. Dr. → T 907
– Karin → N 143
– Wolfgang, Dipl.-Ing. → S 1 106
Oehlschläger, Dieter → r 382
Oehme, Kathrin → o 41
– Olaf → T 2 779
– Renate → T 3 960
Oehmen, Rudolf → T 573
Oehrens, Eva-Maria Dr. phil. → U 1 565
Öhring, Gerhard Dipl.-Kfm. → E 65
Öijvall, Gunnar → iz f 762
Oekonomidis, D. Prof.Dr. → IZ S 227, iz s 231
Oelberger, Günter → T 682
Oelkers, Hans-Dieter Dipl.-Phys. → f 48, F 244, f 267, F 846, iz f 2 270
Oellerich, Rainer → B 329
Oellers, Horst → Q 387
Oelmeier, Hanspeter → A 21
Oelrich, Edgar Dipl.-Kfm. → S 261
– Fritz → I 111
Oelschläger, Angela → n 210
Oelschlegel, Marcus → I 139
Oelßner, Ralf Dipl.-Volksw. → U 911
Oelze, Karl-Heinz → g 367
– Stefan → O 508
Oepen, Thomas → R 538
Oeqvist, Hans → iz f 2 412
Oerding, Jan → A 342
Oertel, Detlef Dr. → H 288
– Dr. → u 1 660

Oertwig

Oertwig, Gertrud → u 904
von Oertzen, Viktor → O 322
Oeschger, Gerold → S 478
– M. → IZ M 230
Oeser, Friedrich W. Dr.-Ing. → F 69, f 76, R 33, r 40
– Kurt, Prof. Dr.-Ing. E.h. → Q 645, T 1 256
Oesingmann, Ulrich Dr. med. → S 165
– Ulrich, Dr.med. → S 1, T 801
Oesselke, Alois Dipl.-Ing. → u 519
Oestemer, Andreas → U 628
Oesten, Gerhard Prof. Dr. → T 492
Österberg, Tommy → iz s 611
Östergren, Anders → iz f 38
Oesterheld, Joachim Dr. → E 482
Österheld, Thomas → U 2 817
Oesterhelt, Dieter Prof. Dr. → t 104
Oesterreich, Dietmar Dr. → S 255, S 263
Oesterreicher, Wulf Prof. Dr. → T 3 753
Östinge, Rolf → iz s 388
Oestreich, Edgar → U 3 107
– Reiner → H 490, h 497
Oestreicher, Norbert Dipl.-Päd. → E 107
Östrem, I. → iz f 760
Öström, Catharina → IZ T 742
Östros, Thomas → iz b 232
Oeter, Stefan Prof. Dr. → T 3 609
Oetinger, Erich → f 699, F 834
Oetjen, Jan-Christoph → u 2 226
Oetken, Cornelia → s 431
– Gerda, Dipl.-Bibl. → T 1 911
– Gert → Q 454
Oetker, Arend Dr. → E 239, E 402, F 1, R 1, T 2, T 95, T 760
– August → E 142, U 531
– Roland → U 709
Oetterer, Dietmar Chem.-Ing. → F 122
Oettgen, Hans Jürgen Dipl.-Kfm. → s 153
Oettinger, Barbara Dr. → u 533
– Günther H. → A 53
– Michael → T 3 917
– Wilma → s 1 334
Oettle, Wolfgang → e 33
Oexle, Otto Gerhard Prof. Dr. → t 121
Özdamar, Tuncay → U 2 819
Özdemir, Cem → A 40
Özdogan, Hasan → U 2 442
Offenhäuser, Stefan Dr. → E 80
Offenhäußer, Dieter → E 754, iv 41
Offergeld, Dieter Dr. → D 205
– G. → T 2 192
– Karl-Günther → g 582
Offermann, Helmut Prof. Dr.-Ing. → r 896
Offermann-Burckart, Susanne Dr. → s 496
Offermanns, Bernd Dipl.-Kfm. → k 218
Offner, Hans Michael Dipl.-Ing. → IZ F 2 530
O'Flaherty, Susan → IZ U 645
Ofteringer, Stefan → U 940
Oge, B. → iz s 32
Ogunbayo, Ibikunle S. → iz s 537
O'Hanlon, Willie → iz f 1 730
O'Hare, Adrian → E 483
– Neil, Dr. → iz t 758
Ohder, Claudius Prof. Dr. → T 415
Ohl, K. → IZ M 230
– Uwe, Dipl.-Ing. → I 9
Ohlbaum, Gerald → I 37
Ohle, Carsten D. Dr. → O 629, IZ O 215, iz o 219
Ohlemann, Klaus-Dieter Dipl.-Ing. → F 932
Ohlenforst, Erwin Dipl.-Ök. → o 658
Ohlgart, Dietrich → IZ U 91
Ohlhauser, Petra → t 1 514
Ohliger, Lothar → F 464
Ohlmann, Rudolf → f 682
Ohlraun, Helmut Dr. → C 284
Ohlson, R. J. → IZ H 274
Ohlsson, Leif → IZ R 268
Ohm, Ludger Dr. → f 715
– Michael → u 2 187
Ohme → A 31
Ohnaka → IZ T 319
Ohndorf, Wolfgang Dr. → A 20
Ohneis, Gerhard Dr. → f 146
Ohnesorg, Franz-Xaver → O 126
Ohnesorge, Gebhard → o 455, T 734
Ohnmacht, Dieter → T 4 031
O'Hobain, Lorcan → iz f 1 731
Ohoven, Mario → R 270
– Ute Henriette → c 1 234
Ohr, Peter Dr. → c 398
Ohrablová, Edita → iz f 2 313
Ohrner, Hermann Dipl.-Kfm. → IZ V 127
Ohse, Eckart → O 369
Oidtmann, Angelika → U 2 026
– Udo → U 2 026
Oing, Alfons → k 98, k 116, k 246, k 333
Ojuland, Kristiina → iz u 441
– Kristina → IZ U 434

Oke, Sheran → IZ U 269
O'Keefe, Anne → iz u 67
Okello, Robert M. → iz v 5
Oker-Blom, Max → IZ U 91
Okon, Günter Dr. → E 151
Okorn, Hans → a 132
Okun, Volker Dipl.-Kfm. → g 338
Okunoren, Ibikunle A.A. → iz s 537
Okurer, Hazim Gürsu → c 1 334
Olafsson, H. → iz t 418
Olalla-Marañon, Jacobo → iz f 2 338
Olano, A. → IZ T 573, iz t 607
Perez de Bricio Olaragia, Carlos → iz f 2 275
Olaru, Horatiu → iz s 137
– Horatiu, Dr. → IZ T 840
Olberding, Hermann → U 2 850
Olbert, Ferdi → T 1 269
Olbertz, Jan-Hendrik Prof. Dr. → T 2 530
Olbrechts, Paul → IZ T 573, iz t 575
Olbrich → u 1 653
– Anne-Katrin, Dr. → u 2 110
– Gerold → t 1 103
Olbrisch, Arne Dipl.-VW → E 100
Oldekopf, Friedrich → h 67, H 206, l 105
– Peter → U 173
Oldemeyer, Hermann → q 12
Oldenbruch, Günter Dr. → U 2 044
Oldenburg, Katja → N 196
Frhr. von Oldershausen, Ludolf → Q 545
Freiherr von Oldershausen, Ludolf → U 1 020
Oldiges, Franz Josef Dr. → T 2 203
O'Leary, Barry → E 484
– Denis → IZ C 7
Olejnik, Rainer Dipl.-Ing. → F 889, U 572
Oles, Berthold Dr. med. → S 232
Olesch, Günter Prof.Dr. → IZ P 41
Olesen, Bent → iz f 2 295
– Frede, Dr. → IZ T 324
– Kristian → IZ T 324
Oliart i Pons, Joan → IZ B 22
Olie → iz s 155
Oliva, Roberto Martin → iz t 769
– Thomas, Dr. → iz o 183
Olivas, S. → iz t 401
Aquiles de Oliveira, Emílio Ing. → iz b 211
Oliveira, Francisco Jose → iz o 41
– I. → iz t 396
– M.C., Dr. → iz t 765
de Oliveira Guia, José → iz f 2 289
Oliveira Sá, M. L. → IZ F 942
Oliver, Xavier → IZ O 151
Oliveras, Isidro → IZ U 500
Oliversen, Aril → iz r 258
Olk, Ewald → h 540
– Jürgen, Dr. → B 784
Ollech, Hans-Jürgen → u 2 833
Olliff, Liam → iz m 87
Ollikainen, Veli Juhani → iza 134
Ollila, Matti → iz s 511
Ollinger, Norbert → u 1 877
Ollivere, Gordon → IZ T 246, iz t 253
Olmo Agorreta, C. V. → iz h 492
Olofsson, L. → iz f 2 485
Olschewski, Wilhelm → U 2 096
Olschner → u 1 661
Olschok, Harald Dr. → R 167, R 181
Olschowsky, Heinrich Prof. Dr. → E 604
Olsen, Jens → IZ F 1 896, iz f 1 898
– Leif → iz h 386, iz h 414
– Ralf, Dipl.-Volkswirt → f 597
Olsowsky-Klein, Gerd → T 3 891
Olsson, Ib Tub → iz o 81
– Kjell → iz u 1 640
Olszewski, Tomasz → IZ O 9
Oltersdorf, Horst Dipl.-Ing. → s 1 012
Oltuski, E. → IZ Q 142
O'Mahony, Brian → IZ U 320
O'Malley, Gerard → IZ A 189
Omlor, Karl-Heinz → u 2 836
von Ondarza, Antonio → IZ U 548
Ondracek, D. → IZ S 695
– Dieter → R 642
O'Neill, Dick → iz g 137
– Henry → iz n 17, iz s 369
– P.A. → iz t 388
– Todd → IZ O 50
Onesta, Gérard → IZ A 183
Oneto, M.G.P. → iz t 596
Onkelinx, Laurette → iz b 32
Oomen-Welke, Ingelore Prof.'in Dr. → T 495
Oorthuis, Anna → s 113
– Annie → S 103
Oosterlinck, André → IZ T 878
Oostlander, C. → iz s 386
Opalka, Hubertus Prof. Dr. → Q 644
Opaschowski, Horst W. Prof. Dr. → U 2 755
Opdenhoff, Hans-Eckart → T 652
von Opel, Carlo → u 2 550

Fortsetzung nächste Spalte

von Opel (Fortsetzung)
– Gregor → U 2 765
– Heinz, Dr. → Q 302
– Sophia → U 2 765
Opferkuch, Rainer Dr. → E 108
Opfermann, Wilhelm Dr. → A 39
Opgenoorth, Werner Dr. → k 217
Opherk, Ulrich → H 683
Opitz, Bernd Dipl.-Ing. → T 4 006, t 4 015
– Eckardt, Prof. Dr. → T 1 371
– Eckardt, Prof. Dr. phil. → T 523
– Gerd-Rüdiger → E 148
– M. → T 3 903
– P., Dr. → U 197
Opladen, Maria Theresia → D 53
Opolka, Bernd → U 1 094
Opower, H. Prof. Dr. → T 1 266
Opp, Dieter → T 3 668
– Karl Dieter, Prof. Dr. → t 2 409
Oppel, Falk Prof. Dr.med. → T 3 362
Oppelland, Reiner → S 1 313
von Oppen, M. Prof. Dr. → T 2 591
Oppenberg, Hermann-Josef → r 252
Oppenborn, Frank-Peter → IZ O 77
Freiherr v. Oppenheim, Alfred → E 2
Freiherr von Oppenheim, Alfred → E 162, E 270, R 480
Oppenheimer, Klaus → I 113
Oppenhoff, Michael RA → E 553
Oppenländer, Bernd → P 5
Opper → B 762
Oppermann, Adolf → E 18
– B. → T 4 040
– Bernhard, Dr.-Ing. → R 96, IZ F 983
– Detlef → t 4 119
– H. H., Dr. → s 1 080
– Heinz → T 789
– Hermann H., Dr.-Ing. → t 1 174, U 1 564
– Karl Uwe → d 228
– Kerstin, Dipl.-Kfm. → T 2 525
– Marianne → E 74
– Sophia → U 2 685
– Thomas → b 115
– Wolfram, Dr. → T 2 012
– Wolfram, Dr.-Ing. → t 2 015
Oppers, Rüdiger → O 323
Van Opstal, Marcel → iza 71
Orantek, Sonja → u 1 227
Orbach, Reinald → E 661, e 668
Orben, Hans → IZ O 34
– Roswitha → U 1 380
Ordegel, Rainer → T 1 862
Ordemann, Herbert C. → o 453
– Uta → M 212
O'Reilly, Arthur Dr. → IZ U 307
– P. → IZ I 50
– Philip → ie 15
Orekhoff, M. D. → iz f 97
Orel, Valeri E. → iz t 774
Orfus, Marthe → IZ T 308
Orgler → B 763
Orlandi, Rinaldo Dr. → IZ U 549
Orle, Manfred → S 1 367
Orlemann, Jörg Dipl.-Ing. → E 21, U 82
Orlob, Heinz → E 121
Orlova, Elena Dr. → iz s 236
Orlowske, Marion → q 144
Orlowski, Ulrich Dr. → A 25
Ormond, Thomas Dr. → T 3 519
O'Rourke, Declan → iz s 106
– Mary → b 127
Orozco, Francisco → iz s 143
Orre, K. → IZ F 466
– Kyösti → iz f 470
Orschmann → B 418
Orsi, Giovanni Battista → iz f 1 914
– N., Dr. → iz t 343
Ort, Alexander Dr. → iz u 799
Orth, Eva → U 1 393
– H. W., Prof. Dr.-Ing. → T 590
– Peter, Dr. → F 203
Ortig, Albert → d 247
Ortín, Miquel → IZ U 471
Ortiz de Zuñiga, Francisco → iza 129
Ortkemper, Erika → G 208, g 214
Ortlieb, Doris → g 313
Ortmann, Rainer Dr.-Ing. → f 273
– Sebastian → T 3 917
Ortmeyer, August Dr. → E 2
Ortner, Gerhard E. Prof. Dr. Dr. → R 862
Ortola, Roger → h 128
Ortolani, François → iz g 64
Ortseifen, Stefan → I 38, U 687
Ortueta, Alberto → iz f 1 452
Oruaas, Jaan → IZ T 320
Ory, Stephan Dr. → O 407
Orzessek, Dieter Prof. Dr.habil. → T 574
Osberg, Lars → IZ T 560
Osburg, Helmut → N 201

Oschatz, Georg-Berndt → T 2 211
– Georg-Berndt, Prof. → A 39
– Martina → T 2 211
Osche, Stefan → U 1 617
Oschmann, Antje Dr. → U 3 091
– Günter, Direktor → D 147
– Reiner → A 75
Oschwald, Manfred → R 921
O'Shea → iz s 197
– Aidan → IZ S 183
Osiewacz, Monika → H 325
Óskarsdóttir, Greta → iz s 161
Osken, Ralph → N 283, IZ N 44
Osman, Ismail Dr. → E 240
Ossberger, Karl-Friedrich Dr. → E 62
Ossenberg-Engels, Dorothea → R 216
Ossenbühl, Fritz Prof. Dr. → t 4 078
Ossenkamp, Heinz Dipl.-Verwaltungswirt → R 597, R 643
Ossenkopp, Guido → g 748
Ossing, Franz → T 380
Ossoinig, Kurt → s 62
von der Osten, Erimar → U 1 020
Osten, Manfred Dr. → U 3 123
v. der Osten, Wolf → A 338
Ostendorf, David Dipl.-Wirtschaftsing. (FH) → f 869
– Dieter → M 208
– Hermann, Prof. Dr. → T 577
– Susanne → S 339
Ostendorff, Ulrike → q 62
Oster, Herbert Dipl.-Kfm. → T 1 090
– Manfred, Dipl.-Ing. → t 1 101
– Uwe → U 1 603
Ostergren, Anders → iz f 301
Osterheider, Felix Dr. → S 738
Osterhoff, Frank → s 1 465
Osterkorn, Thomas → O 490
Osterloh, Detlef → E 93
– Eilert, Dr. → s 481
– Heinz → h 179
Ostermann, Fritz R. → f 236
– Günter → R 330
– Hans-Jürgen → N 187
– Hartmut → U 3 049
– Manja → u 1 532
– Rolf → E 145, G 50, g 424
Ostermeier, Wolfgang → R 496
Ostermeyer, Hans-Conrad → F 1 053
– John C. → IZ U 471
Osteroth, Olaf → U 2 450
Osterwinter, Norbert → T 756
Osthoff, Horst → u 2 840
Ostholt, Heinrich Prof. Dr.h.c.rer.nat. Dipl.-Phys. → T 427
Osthues-Albrecht, Henning Dr. → E 156
Ostmo, Trygve → iz f 827
Ostrop, Markus H. Dr. → f 969, f 970
Ostrowski, M. Prof. Dr. → T 2 686
– Rüdiger, Dipl.-Kfm. → m 112, m 176
Ostwald, Erhard → r 38
– Gerhard → m 224
– Gerhard, Dipl.-Volksw. → m 85, m 105, M 147
O'Sullivan, David → iza 4
– Helen → IZ F 2 341
O'Sullivan, Helen → IZ F 2 505
O'Sullivan, Paul → C 631
Osvald, Marjan → iz t 955
Oswald, Denis → IZ U 558, IZ U 586
– Edgar → s 1 489, u 847
– Eduard → A 35
– Gerhard → S 1 590
– Ron → IZ R 247
– Wolf-Dieter, Prof. Dr. → T 3 317
Oterdoom, Harm → Q 639
O´Toole, C. → IZ T 679
Otremba, Dr. → A 14
Ott, Erhard → R 398
– Gerhard, Dr. → L 81
– Günter, Dr. → I 63
– Hansjörg → O 591
– Helmut → H 489
– Johannes → q 277
– Manfred, Dipl.-Verwaltungsw. → m 6
– Manfred, Dr. → u 2 935, u 2 936
– Meinhard, Dr. → u 520
– Peter → U 2 450
– Prof. Dr. → T 3 604
– Rainer → T 3 719
– Stephan → T 1 076
– Telsche → E 222
– Telsche, Dipl.-Geogr. → e 224
– Thomas → E 205
– Ulrich, Prof. Dr. → S 1 201, S 1 204
– Werner → u 3 002
Ottavianelli, Anna → IZ M 4
Otte, A. Prof. Dr. Dr. → Q 461

Fortsetzung nächste Seite

Otte (Fortsetzung)
- Hansjochen → q 96
- Horst, Dr. → T 3 884
- Karsten, Dr. → S 615
- M. → iz h 286
- Rita → U 2 052
Otten, Gilbert → IZ S 268
- Prof. Dr. → T 854
- Thomas, Dr. → Q 620, u 956
Ottenbreit, Ulrich → u 782
Otteneder, Herbert Dr. → B 577
Ottenottebrock-Völker, Ulrike → Q 574
Otterbach, Ernst-J. Dr. → s 303
Otterstein, Wolfgang → O 268
Ottey-Hall, Winston → E 499
Ottillinger, Andreas → H 172
Ottke, Rainer → R 640
Ottmann, Hans Paul Dr. → U 438
Ottmann, Peter → o 615
- Roland, Dipl.-Betrw. → T 1 272
Ottmar, Eberhard → K 291
Ottner, Gerda → U 2 450
Otto → A 21
- Andreas, Dr. → E 80, M 220, t 2 161
- Angelika → N 59
- Christian → N 185
- Christopher, Dipl.-Biol. → A 149
- Detlev → u 696
- Ekkehard → u 2 845
- Ewald → q 564
- Friedrich → O 562
- Gerd → u 1 366
- Günter, Dipl.-Hdl. → T 1 865
- Günther, Dr. → P 5, p 11
- Günther, Prof. Dr.-Ing. Dr. h.c. → T 462
- Hans-Joachim → S 922
- Hans-Joachim, Dr. → E 93
- Hans-Peter → Q 132
- Heinrich F. → O 437
- Heinz, Dr. → S 380, S 381, U 919
- Helmut → n 2, n 19
- Henner → F 787
- Hermann → u 2 832
- Ingolf, Dipl.-Med. → s 146
- Johannes, Dr. → T 3 584
- Jürgen, Dr. med. → S 137
- Jürgen, Dr.med. → B 376
- Jutta → E 44
- Michael → F 53
- Michael, Dr. → E 82, Q 392
- Rainer → T 3 763
- Regina, Dipl.-oec. → U 109
- Rüdiger → K 37
- Uta → h 542
- Volker, Dr. → T 4 103
- Yorck → c 666
Otto-Rieke, Gerd → N 59
Ottow, Silke → T 1 245
Ottway, Joy → iz f 2 563
Otzen, Jürgen → Q 56
- Katharina, Dr. → C 123
- Uwe → m 207
Ouedraogo, Josephine → IZ V 2
Ould Ely, Hamoud → C 1 030
Oumarou, Adamou → C 1 094
Oumeraci, Hocine Prof. Dr.-Ing. → T 2 685
Ourth-Bresle, M. J. → iz s 28
Oussoren, Margriet Dr.med. → IZ S 68
Out, H. Dr. → IZ H 84
Outaleb, Larbi → iz s 687
Outters, Gérard → IZ K 38
Ouvrard, Ghislaine → IZ U 496
Ovenden → IZ F 572
Over, Wolfgang → u 2 497
Overath, Daniele → IZ M 56
- Dieter → U 2 083
- Peter, Prof. Dr. → t 106
Overgard, Terje → iz f 1 737
Overhaus, Manfred Dr. → A 14
Overlach, Rudolf → B 779
Overmann, Marc → U 1 473
Owen, Jonathan → IZ Q 228
Owen-Ward, P. → iz f 443
Oøyhovden, Harald → iz f 2 286
Oyna, K. → iz f 2 176
Ozier, Michael C. → IZ F 2 066
Ozman, H. → iz f 1 934

P

Paar, Gerhard H. Dr.med. → T 3 388
- Marion → U 1 750
Paare-Renkhoff, Inge → T 2 989
Paarmann, Michael Dr. → B 659
- Rolf → E 113
Paas, Rainer → P 5
Pabel, Hermann Dr. → A 25

Pabst, Franz J. Dipl.-Verwaltungsw. → u 1 982
- Gerhard → f 99, r 52
- Jürgen, Dr. → U 708, U 3 120
- Michael → d 18, d 49
- R., Dr. → T 528
- Rainer → p 9
- Rüdiger, Dipl.-Volksw. → f 900, f 923, f 954, t 2 090, t 2 111, t 2 120
- Siegfried → T 3 930
- W., Dr. → Q 239
Pabst-Weinschenk, Marita Dr. → R 955
Paccioni, Jean-Pierre → IZ S 63
Pacetti, Massimo → iz q 22
Pacheco Pereira, José → IZ A 183
Pachmayr, Friedrich Dr. → f 387
Pachtas, Christos → iz b 102
Pacifico, F. → IZ M 121
Pacilli, Mattia Prof. → iz u 751
Pack, Doris → IZ U 597
- Hans-Joachim → u 2 128
Packalen, Matti → iz f 1 724
Packeiser, Manfred Dr. → T 2 300
of Paddington, Jay → IZ B 10
Pade, Dieter → M 246
Padilla Tercero, Suyapa Indiana → C 1 069
Padoa-Schioppa, Tommaso → IZ I 5
Padovani, Ivano → iz f 1 786
Paduch, Tilo → i 51
Pääbo, Svante Prof. Dr. → t 99
Paech, Holger → b 163
Päffgen, Dieter → T 3 868
- Gottfried, Dr. → T 3 868
Paepcke, Wilfried → H 567
Paesler, Holger Dr. → o 451
Päsler, Rüdiger → iz i 92
- Rüdiger H. → I 87
- Siegfried, Dipl.-oec. → F 317
- Siegfried, Dipl.-Ök. → F 316
Pätz, Reinhard → f 685
- Reinhard, Dipl.-Wirtsch.-Ing. → f 637, f 640, f 842
Pätzke, Hartmut → S 1 305
Pätzold, Elke Dipl.-Chem. → T 881
- Martin, Dr. → T 1 132
Paetzold, Ulrich → IZ F 2 021
Pätzold, Ulrich Prof. Dr. → T 3 921
Paff, Ulrich → u 2 543
Paffhausen, Andreas Dipl.-Kfm. Dr. → H 684, T 2 205
Paga, Peter → h 774
Pagakis, Evagelos → iz f 1 902
Pagano, Sergio → c 888
Page, David M. → IZ M 197
- Lloyd → IZ U 309
- Timothy → iz s 504
van Pagée, J.W. → iz f 991
Pagel, Herbert Dipl.-Kfm. → U 336
Pagels, Alexander → E 277, e 370
Pagenstecher, Ernst-Joachim → u 2 310
- Ulrich → h 692
Pages, J. → IZ F 2 210
- Wolfgang → Q 516, q 521
Pagezy, Roger → t 1 235
Pagh Kohl, Henriette → t 794
Pagliettini, Gianfranco → iz s 443
Pagnan, P. → iz h 302
Pago, Ulrich Wilhelm → E 146
Pagrotsky, Leif → iz b 231
Pahde → b 518
Pahl, Ekkehard → U 236
- Fritz-Wilhelm, Dipl.-Ing. → E 142
- Roland → u 2 256
- Uwe → t 2 949
- Veronika → A 29
- Werner → E 82
Pahlen, Dieter → T 885
Pahlitzsch, Silke → Q 582
Pahlke, Eckard Dr. → u 876
- Peter → I 21
Pahne, Norbert → T 4 002
- Norbert, Dipl.-Ing. → F 226, iz f 857
Paintner, Josef → S 594
Pairott, Hans-Peter → IZ O 5
de Paiva, J.A.V. → iz t 433
Pajas, Petr → iz u 620
Pajunen, E. → IZ F 917
Pakowski, Horst → C 303
Pál, Tibor → iz u 747
Palacio, Ana → IZ T 844
de Palacio del Valle-Lersundi, Loyola → IZ A 1
Palacio-González, José → iza a 220
Palacio-Prieto, José L. Prof. → IZ T 158
Paland, Ingeborg → S 863
- Norbert → A 20
Palapies, Rainer → o 603
Palas, Nearchos → c 1 392
Palecki, Krzysztof → IZ T 193
Paleologue, Marie-Irene → izu u 262

Pálffy, Kinga → iz i 108
Palicka, Jadwiga → f 201
Palis, Jacob → IZ T 161
Palko, Tadeusz Prof. Dr.hab.inz. → iz f 764
Palkovics, Imre → iz r 220
Pallach, Ulrich-Christian Dr. → T 737
Pallentin, Joachim → h 791
Palli-Petralia, Fanny → IZU 179
Pallmann, Hans-Dietrich Dr. → U 2 067
Pallme König, Ulf → T 465
Pallua, Norbert Prof. Dr. → T 3 428
Palm, Hans Jürgen Dr.-Ing. → IZ S 496
- Jürgen, Dr. → IZ U 585
- Jürgen, Prof. Dr. → U 2 450
- Klaus, Prof. → T 1 254
- Siegfried → O 94
- Siegfried, Prof. → E 468, IZ O 4
- Willy → IZ K 34
Palmer, Christoph-E. Dr. → b 2
- Gary → iz i 97
- Gerhard → u 2 854
Palmes, Günther → r 930
Paloma, Roselu → e 322
Palombo, Patrick → S 737
Palomino, José Maria Muriel → c 1 265
Paloranta, Paula → iz o 108
Palsbröker, Bernd → k 207
Pálsson, Tryggvi → iz i 175
Palt, Beatrix → T 2 353
Palubinskas, Aidas F. → IZ U 375
Pampuch, Gerhard → O 462
Pampus, Werner → f 254, f 275
Panagiotatos, D. Dr. → IZ Q 124
Panagopoulos, Panos → iz s 514
Pander, Manfred → T 509
Panerai, Francesco → iz h 170
Panes, Peter → u 2 886
Panhans, Brigitte → E 197
- Lutz → o 346
Panhofer, Franz → T 2 146
Paniguian, R.L. → IZ Q 197
Panitz, Manfred → L 32
Pankau, Klaus → r 310
Pankow, Michael Dr. → T 3 694
- Hans-Joachim → E 145
- Klaus → H 387
Pannenbecker, Günther → M 178
Panner, Bedo → I 25, I 40
Pannier, Klaus Dipl.-Kfm. → h 687
von Pannwitz, Wolf → E 40
Panossian, Jacques → iz i 9, iz i 43
Panoussopoulos, Nikos → IZ T 543, iz t 547
Panse, Jens → T 474
- Michael → u 2 151
Panskus, Gero → t 1 191
Pantelaras, P. J. → iz f 2 620
Panteleskos, Dimitri → iz o 85
Panter, Wolfgang Dr. → S 231
Pantförder, Wolfgang → D 118, t 4 086, U 2 655
Panthel, Wolfgang → h 431
Panther, Matthias → f 297
Pantos, Regina → S 1 398
Pantze, Bernd Dipl.-Ing. → H 302
Pany, Franz N. → U 991
Panza di Biumo, E. → IZ F 466
- Ernesto → iz f 474
Panzer, Karl → K 1
Panzner, Klaus-Dieter Dipl.-Stom. → S 294
Paoli, Pascal → IZ A 193
Paonessa, Anna → iz f 1 155
Papaconstatopoulos, Takis → IZ U 562
Papadakis, Vassilios → iz m 88
Papadantonaki, Aspasia → iz r 295
Papadimas, Lambros → iz b 96
Papadimitriou, Vasso → iz f 1 984, iz f 2 365
Papadopoulos, Andreas → iz m 80
Papadopoulou → iz q 150
Papaioannou, Miltiadis → iz b 91
Papaioanou, M. → iz h 298
Papakyriakopoulos, Panos → IZ R 306
Papaluca Amati, Marisa → IZ A 189
Papanastasiou, G. → iz h 320
Papandreou, Georgios → iz b 98
- Vassiliki → iz b 105
Papanek, G. → iz t 609
Papantoniou, Giannos → iz b 102, iz b 104
Papaschinopoulou, Mary → E 741
Papazoglou, Lia → iz g 194
Papazoi, Elissabeth → iz b 93
Pape, Hans Christian → iz f 469, iz f 1 325
von Pape, Lutz → E 146
Pape, Stefan → g 138
- Udo → E 67
- Ute → b 76
Papelorey, Maurice → iz f 1 332
Papen, Hans Dr. → t 246

Papenberg, Rolf → c 400
Papendieck, Andreas Prof. → T 981
Papenfuß, Dieter Dr. → C 496
- Gabriele → g 786
Papier, Hans-Jürgen Prof. Dr. → A 361
- J. → iz t 476
Papies, Udo Dr. → T 1 906
Papmahl, Knut → h 395
Papolczy, Peter Dr. → iz m 89
Papp, Helmut Prof. Dr. → T 584
- J.G. → IZ T 820
Pappai, Friedrich Dr. → T 3 277
Pappas, Kostas → E 473
Pappe, Michael → c 225
Pappelau, Josef → q 232
Pappenheim, Hans → R 446
Paprotta, Ralf → S 1 284
Paquet, Robert Dr. → T 2 203
Parages, Luis Roy → iz f 568
Parajón Collada, Vicente → iz a 16
Paramonov, Sergei → iz u 71
Parareda, Clemente → iz f 771
Parascandolo, N. → iz f 974
Paravicini, D. Prof. Dr. → s 200
- Werner, Prof. Dr. → A 143
Pareidt, Holger Dipl.-Ing. → t 293
Parensen, Maria Dr. → B 403
Parent, Anne-Sophie → IZ U 317
Pares i Maicas, Manuel → IZ T 908
Paret, Daniel → c 773, E 467
Parey, Jürgen Dr.-Ing. → F 322
Paridaens, Herman → IZ F 432
Parikka, Lauri → IZ A 227
Paris, Uwe → h 569
Parjanne, Risto → iz u 33
Park, Hyo-Shin → iz o 177
Parker, Fred → iz f 1 145
- Garry → IZ G 25
- Keith → iz l 10
- Richard → iz t 217
Parkinson, Michael → IZ F 882
- Roger → IZ O 101, IZ T 268
Parlon, Tom → iz q 19
Parly, Florence → iz b 81
Parniewski, Gerd → T 1 245
Parow, Nils → F 424
Parpart, Karl-Heinz → u 840
Parplies, Hans-Günther → U 968, u 978
Parr, Andrew D. → iz t 209
- Christel → e 218
Parres, Alain → IZ Q 144
Parrinello, Michele Prof. Dr. → t 117
Parrot, Jean-Claude → IZ U 809
Parry, John → IZ U 459
Parsons, Nick → IZ V 14
Parteina, Manfred → O 532
Partel, Daniel → IZ U 468
Partsch, Wolfgang M. Dr. → T 4 006
Paruszewski, Ryszard → iz f 141
Pârvan, C. → iz t 397
Parviainen, E. → iz t 365
Parzany, Ulrich → U 1 406
Parzinger, Hermann Prof. Dr. phil. → a 119
Pascal, Francis → IZ F 1 172
Pasch, H. Dr. → T 1 931
Pascha, Johanna → B 693
Paschalidis, Georgios → IZ B 88
Paschaliedes, Christiana → iz o 112
Paschalis, Piotr Prof. → IZ Q 122
Pasche, Jean-Daniel → IZ G 185
Paschek, Günter Franz → T 980
Paschen, Joachim Dr. → A 109
Paschke → A 8
Paschke Freiherr von Senden, Manfred Dr. → o 639
Paschkes, Ch. Alexander → N 283
Paschold, Ulrich → A 23
Paschoud, Prof. → IZ T 980
Pascielli, Ariel → iz f 2 558
Pasciuto, Antonio Maria Dr.med. → IZ S 68
Pascual, Fernando → iz f 2 315
Pascual Quirós, Carlos → iz m 84
Pasdzierny, Rolf → O 75, O 104
Pasquali, Franco → iz q 20
- Giampiero → IZ I 28
Pasquarelli, R. → iz h 334
Passanha, Marta → iz i 103
Passelecq, Olivier → iz u 732
Paßlick → A 31
Passuti, Luciano → iz h 544
Pasterkamp, Bernd Dipl.-Ing. → T 1 165, T 1 837
Pasternack, Toni K. → u 1 438
Pastoor, Berend → iz q 24
Pastor, Blanca → iz a 220
- Helmut → U 535
Pastor Benet, R. → iz f 478
Pastorelli, Jean → iz t 942
Pataky, T. Dr. → iz f 1 867

– Tibor S. → iz f 1 718
– T.S., Dr. → iz f 412
Patay, Franz → IZ O 20
Pate, Christopher → IZ U 598
– Zack T. → IZ L 49
Patel, Meena → iz r 251
Patenotre, J. → iz q 83
Paternoga → U 248, u 249
Paterson, Neil Carlton → c 823
– Owen, Dr. → IZ F 2 615
– Willie, Prof. → E 480
Pathe, Brigitte → U 1 278
Pato, Jorge → iz f 590
Patri, Wilhelm → d 208
Patriat, François → iz b 81
Patrick, C. → iz f 1 211
– Charlotte → iz f 1 985
Patscheke, H. Prof. Dr. → T 3 337
– H., Prof. Dr.med. → T 3 423
Patt, Peter → U 354
Patten, Chris → IZ A 1
– Russell → IZ M 223
Pattison, Séamus → IZ B 11
Paturle, Emmanuel → IZ F 2 084
Patzina, Andrea → t 3 104
Patzke, Richard → E 192
Patzschke, Herbert Dr.-Ing. → t 2 064
Pau, Petra → A 75, U 2 234, u 2 237
Pauck, Udo → F 373
Pauge, Hendrik Dipl.-Volksw. → E 139
Paukens, Hans Dr. → t 4 105
Paul, Alfred Dipl.-Ing. → U 2 657
– Carola, Dr. med. → s 188
– Christian → iz b 80
– Christoph C., Dr. → E 654
– Dieter → F 68
– Gernot, Dipl.-Ing. → T 1 135
– Gregor, Prof Dr. phil. → E 410
– Hans-Adolf, Dr. med. → t 3 104
– Hartmut → E 205
– Helmut, Dipl.-Kfm. → F 978
– Joachim, Dr. → s 248
– Klaus → U 2 450
– Knut → R 636
– Konrad → f 438
– Manfred, Prof. Dr. → T 373
– Michael → e 442
– Michael, Dr. → T 803
– Stephan, Prof. Dr. → T 2 535
– Wolfgang, Dipl.-Ing. → A 330
– Wolfgang, Dr. → U 2 450
Paula, Karl-Heinz → u 2 848
Paulat, Klaus Prof. Dr. → t 1 783
– Monika → B 711
Pauldrach, Andreas Dr. → u 2 873
Pauler, Ingo Dipl.-Ing. → Q 490
– Karl, Dipl.-Kfm. → T 3 747
Paulert, Rüdiger → o 334
Pauli, Annette → t 2 904
– Helmuth → u 2 511
– Klaus → K 308
Paulic, Rainer Prof. Dr. → t 4 167
Paulik, Helmut Dipl.- Kfm. → E 47
Paulischin, Herbert → IZ R 273
Pauls → A 8
– Gerd → n 13
– Margarete, Dipl.-Ing. → T 263
– Stefan → u 1 767
Paulsen, Klaus → g 308, h 182, h 194
– Klaus-Peter → g 233
– Matthias → t 2 864
– Matthias T. → s 454
– Olaf, Prof. Dr. → T 540
– Peter → q 21, q 24
Pauluis, G. → IZ T 238
Paulus, Hans-Georg → q 109
– Kurt-Helge → t 3 034
– Manfred, Dr.-Ing. → t 253
– Sebastian, Dipl.-Ing. → F 294, f 295
Pauly, Pia → U 2 450
– Rose, Dipl.-Kfm. → n 14
Pauly-Mundegar, Dagmar → B 567
Paus, Heinz → D 115
– Ingo → T 3 115
Pauschert, Jürgen → g 739
Paust, Dieter → h 602
Pautz, Dietmar Dipl.-Phys. → I 5
Pautzke, Klaus → f 76, r 40
Pauw, Reinhard Dr. → T 3 499
Pauwels, B. → iz h 475
– Willy → iz f 1 776, iz h 163
Pauwelyn, Koenraad → iz f 14
Pavard, Dominique → iz a 125
Pavel, Klaus Peter → c 676
Pavilonis, Alvydas Dr. → iz t 347
Pavlov, Leonid → iz u 644
Pawelczyk, Udo → U 231
Pawelka, Rudi → U 988
Pawellek, Hans Dipl.-Volksw. → E 156

Pawelzik, Elke Prof. Dr. → T 2 671
Pawlick, Fritz → T 3 786
Pawlicki, Grzegorz Prof.Dr.hab.inz. → t 764
Pawlik, Kurt → IZ T 565
– Kurt, Prof. Dr. → T 848
Pawlita, Michael Dr. med. → t 1 819
Pawlitzki, Hartmut → U 96
Pawlowski, Ludwig Dipl.-Ing. → T 1 866
Payenberg, Dieter Dipl.-Kfm., Dipl.-Vw. → e 168
Payer, Hans-D. Dr. → T 1 868
– Hans G., Dr.tech. → t 2 063
– Peter, Dr. → E 653
Payne, Arthur → T 2 K 47
– Clive R. → IZ O 153
Payrhuber, Albert Dipl.-Volksw. → g 561
Payton, S. N. → iz f 372
Pearson, Paul → IZ F 1 690
Peça, J.O. Prof. → iz t 704
Pech, Uta → k 144
Pechatscheck, Karl → u 2 869
von Pechmann, Edmund Dr. → T 508
Peckedrath, Peter Dipl.-Ing., Dipl.-Wirtschaftsing. → E 117
Pedagna-Leccese, Alessandra Dr. → iz u 762
Pedenaud → IZ F 489
Pedersen, Anne Margrethe → IZ R 268
– Dorthe → iz f 1 149
– Eigil → iz r 261
– H. S. → IZ F 596
– Jannick → iz s 247
– P. → iz h 329
– Thorsten → iz s 272
– Tilde S. → iz r 259
– Tina → IZ M 199
Pedreira, Manuel → IZ R 268
Pedro, Helder → iz h 488
Peege, Friedrich-Karl Dr. → I 68
Peel, Jonathan → iz f 2 366
Peemöller, Horst → S 727
Peereboom, Marianne → IZ U 299
Peeters, Fons → IZ F 2 417
– Kris → IZ G 25, iz g 26, iz g 31
Peetz, Hannelore → N 186
Peffermann, Thomas → u 1 763
Pegler, Wolfgang → T 780
Peglow, Dieter → U 757
– Olaf → U 757
Pehle, Rüdiger Dipl.-Betriebsw. → O 704
Peiffer, Yves → iz f 518
Peil, Horst → K 36, K.37, r 472
Peilnsteiner, Jan → H 163
Pein, Joachim → Q 217
Peine, Franz Josef → U 1 175
– Hans-Peter → U 908
– Sibylle → T 1 340
Peinelt, Jürgen Dipl.-Ing. → B 262
– Klaus → t 2 511
Peiner, Wolfgang Dr. → K 1, K 6, T 763
Peiniger, Anke → S 787
– Hans-Werner → T 1 908
Peintinger, Markus Dr. → q 612
Peiris, Manuja → IZ W 31
Peiß, Franz-Karl → U 2 608
Peitscher, Stefan → s 492
Peitz, Siegfried Dipl.-Ing. → f 311
Pekkinen, Pasi → iz t 176
Pelayo Moreno, M.D. → iz h 290
Pelegrin, Emiliano Alonso → iz e 27
Peleman, Guido → iz e 4
Pelenc, Frederic → iz f 1 336
Pelin, J. → iz f 1 022
Pelizzatti, Giorgio Dipl.-Ing. → IZ F 1 710
Pelka, Rainer Dr. → iz u 702
Pelke, Birgit → u 1 892
Pellegata, Federico → iz f 1 521
Pellegrini, Fabio → iz u 45, IZ U 460
Pellengahr, Hubertus → H 1, H 308, T 3 692
Pellens, Bernhard Prof. Dr. → T 2 209
Peller, Stefan → IZ K 47
Pellerin, J. → IZ F 2 142
Pellin, Ingrid → S 85
Pelling, Lisa → IZ U 210
Pellnitz, Karsten → T 2 742
Pelmer, Andreas → g 355
Peltier, Jacqueline → IZ H 23
Peltola, M. → iz f 2 148
Peltonen, Raija → IZ A 222
Pelzer, Gerd → H 2
– H., Prof. Dr. → T 846
– Heinz → E 151
– Marei → u 1 547
– Raymond → iz t 888
Pemán Gavin, Ignacio → iz s 446
Pempelfort, Eleodoro → C 696
Pena, J. → iz f 313
Peñalosa, Antonio → IZ R 62
Penanhoat, N. → iz f 440
Peñaranda Castañeda, Jorge → iz s 540

Pencereci, Turgut → L 67, I 73
Penedo, L. → iz f 1 030
Penk, Anja → B 229
Penka, Wolfgang → H 635
Pennacchioni, Renzo → c 884
Penne, Katrien → iz s 9
Penner, Willfried Dr. → A 36
Penno, Wolfgang → k 151
Le Pensec, Louis → iz u 34
Pentelow, B. → IZ F 596
Pentzlin, Klaus Dipl.-Ing. → Q 87, q 88
Penzel, Reinhard → O 406
Penzlin, Heinz Prof. Dr. → T 861
Pepels, Werner Prof. → t 4 074
Peper, Arne → S 737
– Frido → Q 240
Pepper, Renate → O 372
Peraita, Manuel → IZ T 612
Perazzo, Alberto Augusto → IZ R 27, iz r 34
Perdazzini, Vincenzo M. → IZ U 116
Perdelwitz, D. Dipl.-Volkswirt Dr. → I 45
Pereira, José → iz u 242
– M. → iz f 219
Pereira da Costa, Osvaldo → iz m 96
Pereira da Cruz, João → IZ U 91
Perelli Cippo, Marco → iz f 1 347
Perera, T. G. → iz s 548
Peressin, Alexander → H 134
Peretti, G. Walter → iz f 2 623
– Giuseppe Walter, Dr. → IZ F 2 615
– Michel → iz a 62
Perez, Cyrille → iz u 727
Pérez, José Esteban → IZ F 2 221
Pérez Bordó, Ramòn → iz g 204
Pérez Bravo, José Francisco → c 470
Perez Diez, I. → IZ F 433
Pérez I Martin, David → iz u 254
Pérez Vidal, Jaime → iz m 115
Perez Villar, J. → iz m 115
Freiherr von Perfall, Eberhard Dr. → u 2 038
Pergande, Eckhard → H 66
Perho, Maija → iz b 70
Perille, Jean-Michel → iz a 138
Perissat, Frédéric → E 456
Perlakiova, Daniela → iz o 122
Perlick, Wolfram → s 1 192
Permutti, Bruno Dr. → c 242
Pernet, Pierre → IZ N 37
Pernsteiner, Rainer → U 37
Perolo, Alessandro Dr. → IZ Q 141
Peron, Franca → iz f 1 060, iz f 1 638, iz f 2 500
Peroni, Carlo → IZ F 1 406, iz f 1 411
– Rodolfo, Dr. → iz f 2 332
Perramon, I. → iz f 771
Perrin, Bénédicte → iz t 754
– Claude → iz f 156
Perris, Antonis Prof. → iz t 756
Perry, Greg → IZ T 790
– Stuart D.M. → iz s 562
Persch, Karl-Heinz → h 524
– Ulrike → k 415
Perschau, Hartmut → b 50
Persi, Aldo → iz f 474
Persiel, Heinz Werner → Q 368
Persson, E. → iz u 223
– Göran → IZ B 230
– P. B., Prof. Dr. med. → T 3 379
– Swen → iz f 1 615
Perthen, Helmuth → o 571
de Perthuis, C. → iz t 584
Perurena Lopez, José → IZ U 473
Pery, Nicole → iz b 79
Pescante, Mario → IZ U 464
Pescarolo, Leo → IZ O 35
Pesch, Hannelore → iz b 257
– Hans-Jürgen, Prof. Dr. → Q 636
– Lothar, Dipl.-Ing. → IZ K 518
Peschel, Wolfgang → U 1 456
Peschel-Gutzeit, Lore Maria Dr. → A 39, b 68, b 74
Peschen, Friedrich Dipl.-Kfm. → f 101, f 111, r 54
Pescher, Michael Dr. → F 932, F 933
– Michael → G 430
Peschke, H. Prof. Dr. → T 2 630
Peschkes, Dagobert → k 109, k 127, k 257, k 344
Pescia, Livio → IZ T 966
Pesonen, Pekka → iz p 6
– R. → iz f 1 842
Pester, G. → n 93
– Gottfried → n 93
Pestke, Axel → IZ S 653
– Axel, Dr. → S 653, s 654
Petatz, Anett Dipl.-Sozialarb. → s 593
Peteghem, Kris Van → iz f 1 179
Petel, Francis → iz f 546
Peter → u 1 662

– Brigitte → Q 405
– Burkhard, Dr. → U 3 117
– Claus → q 543
– Gerd, Dr. → t 2 377
– Gerhard → P 5, T 870
– Gerhard, Prof. Dr. → T 373, t 1 545
– Günther → Q 405
– Hans → t 2 086
– Hans-Detlef → U 1 244
– Hans-Jürgen → F 544
– Hans-Karl → U 406
– Klaus → u 2 458
– Klaus, Dr. → A 168
– Maria, Dr. → iz u 695
– Michael → g 750
– Rainer → E 21
– Thomas, Dipl.-Ing. (FH) → g 78
Peter Davis, Esther → Q 645
Peter-Röcher, Heidi Dr. → T 2 751
Peterbroek, Jean → iz i 168
Peterk, Klaus → u 1 156
Peterl, Wolfgang → IZ U 460
Petermann, Anke → O 288
– Hans → E 93, l 107, l 121
– Martina → T 407
– Olaf → k 224
Peters, Anna-Margareta → C 481
– Aribert, Dr. → L 34
– Dirk → k 200, k 230
– Dr. → A 14
– Erich → u 1 881
– Frank → iz f 542
– Franz H., Dr. → T 3 633
– Friedhelm, Prof. Dr. → U 1 607
– Gerd, Dipl.-Pol. → K 361
– Gudrun → u 1 331
– Hans-Joachim → M 244
– Hans Peter, Dr. → t 2 395
– Helmut → Q 136
– Horst, Dipl.-Ing. → S 973
– Jean-Claude → IZ H 140
– Jens, Dipl.-Ing. → L 75
– Joachim → g 625, R 270
– Joachim, Dr. rer. pol. → E 132
– Jochen → C 52
– Jürgen → M 211, R 355, R 451
– Jürgen, Dipl.-Kfm. → E 101
– Katharina → O 71
– K.J., Prof. Dr. → T 2 660
– Manfred, Prof. → IZ F 1 758
– Michael, Dr. → o 604
– N., Prof. Dr. → T 1 367
– Norbert → U 671
– Olaf H., Prof. Dr.-Ing. → T 3 662
– Ralph Jürgen, Dr. → t 1 226, t 1 231
– R.C. → t 1 507
– Reinhardt → N 197
– Rolf, Dr. → t 1 261
– Rudolf → g 406
– Sandra → G 31
– Siegwart, Dr. → T 3 434
– Ulf → K 10
– Ursula, Prof. Dr. → T 2
– Werner → F 690
– Wilfried, Dr.-Ing. → f 84
– Wolfgang → f 80, r 44
Peters-Messer, Jakob → r 29
Peters-Rohse, Gisela → U 2 853
Petersen, Brita Dr. → S 260
– Christian → S 737
– Erik → S 254
– Gerd Wilhelm → E 352
– Günther → R 459
– Hans-Joachim → u 1 062
– Harald → U 721
– Jann → c 820
– Jann Uwe → k 97, k 115, k 245, k 332
– Jens → u 454
– Jens, Dipl.-Volksw. → E 129
– Jens I. → iz m 83
– Neville → IZ F 813
– Nicolai → u 2 889
– S. → iz f 1 474
– Silke → N 195
– Soren Holm → iz f 766, iz f 1 859
– Uwe → k 218
– Volker, Dr. → P 58
Petersilie, Frank → g 139
Petersmann, Hans → C 244
– Mick → U 2 817, iz u 649
Peterson, Jan Peter → c 347
– Klaus-Dieter → M 204
– Tobias → q 141
Petit, E. Dr.-Ing. → B 515
Petit-Laurent, Philippe → iz a 24
Petitpierre, Anne Prof. → IZ T 835
– Guy → iz a 97
Petö, György Dr. → iz s 289
Petracchi, Luciano → iz g 43

Petrach, Friedrich → E 657
Petrãs, D. → iz f 146
Petras, Dusan → IZ F 126
– Harald → H 633
Petraschek, E. → IZ T 317
Petri, Andreas Dipl. Med. → s 155
– Eleonore → u 2 502
– Helmut, Ing.(grad.) → T 1 165
– Karlheinz → h 697
– Nicole → T 948
– Wilfried → g 321
Petrick, Günther → t 3 190
– Klaus, Dr. → T 2 133
Petrikis, S.R. → iz e 31
Petroni, Alexandra → iz s 199
Petropoulos, Basile → iz u 739
Petropoulou, Katy → iz o 166
Petrosson, Anne → s 764
Petrov, R. → iz t 392
Petrow, Seppo → iz f 581
Petrowas, Anastassios Dr. → c 810
Petrusek, Roman → U 502
Petrut, Victor → iz m 98
Petry, Detlev → A 350
– Hans-Theo → E 562
– Ilse → A 23
– Karl → O 117
– Norbert → U 2 450
– Rolf, Dr.-Ing. → T 901
– Thomas → g 705
Petschke, Matthias → iz a 30
Pett, Alexander Dr. → f 337, f 354
Petter, Bruce → iz s 252
Pettersson, Torbjörn → iz u 456
Pettinger, Josef Dr. → U 2 017
Pettman, Simon → IZ F 854
Pettolaz, Bernard → iz g 144
Petutschnig, K. Dipl.-Ing. → T 2 574
Petz, Siegfried Dipl.-Ing. → B 413
Petzina, Dietmar Prof. Dr. → T 433
Petzinger, Volker → t 3 155
Petzold, Franz → T 3 761
– Hans → m 76, m 116, M 189, m 194
– Martin → s 110
– Uwe → o 693
Petzoldt, Frank Dr.-Ing. → t 1 184
– Jürgen, Prof. Dr. → T 1 144
– Martin, Prof. Dr. → U 3 010
Peugeot, Patrick → IZ K 38
– Pierre → IZ O 210
Peuker, Dieter → U 1 350
Peuker-Kiefl, Renate → S 918
Peukert, Reinhard Prof. Dr. → t 2 931
Peveretos, Panayiotis → iz q 15
Peycke, Joachim H. → F 474
Pezaire, Jean-François → iz n 50
Pezold, Karl-Hans → U 2 450
Pezzi, Giulio → iz f 474
Pezzini, Enzo → iz p 11
– Marco → IZ U 812
Pfadenhauer, J. Prof. Dr. → Q 461
Pfadt, Franz → T 597
Pfaff, Hans-Joachim → B 200
– Heike → E 67
– Jürgen, Dipl.-Ing. → s 864
– Martin, Prof. Dr. → S 1 519
– Martin, Prof.Dr. → t 2 428
– Rolf-Peter → IZ T 559
Pfaffenbach, Bernd Dr. → A 4
Pfaffenberger, Wolfgang Prof. Dr. → D 158, T 1 059
Pfander, Gerhard → G 66
Pfanger, Hermann → Q 228
Pfannenberg, Andreas → R 264
Pfannkuchen, Siegfried Dr. → T 2 699
Pfarr, Heide Prof. Dr. → T 766, T 2 206, t 2 279
Pfau, Bernhard Dipl.-Ing. (FH) → t 1 725
Pfaue, Jürgen → Q 102
Pfaus, Manfred → S 943
Pfeffer, Bernhard Dipl.-Ing. → g 551
– Ernst, Prof.Dr. → T 2 664
– Friedrich → I 87
– Georg, Prof. Dr. → T 2 751
– Gerhard A. → O 573
– Heinrich, Dipl.-Ing. → S 807
– Helmut, Dr. → S 261
– Josef → T 1 386
– Martin, Prof. Dr. → T 477
– Martin, Prof.Dr. → O 144
– Rolf, Dipl.-Ing. → f 57
– Thomas → k 409
Pfefferle, Walter Dr. → T 2 571
Pfeifer, Anton → T 763
– Christel, Dr. → S 317
– Dietmar, Prof. Dr. → T 2 544
– Frank-Georg → u 838
– Franz-Josef → T 3 223
Fortsetzung nächste Spalte

Pfeifer (Fortsetzung)
– Hans → I 27, u 2 847
– Hans-Wolfgang → s 8
– Hartmut → s 547
– Jürgen → T 2 837, IZ T 743
– M., Dr. → iz h 352
– W. → iz f 188
Pfeiffer, B. Ed. Prof. Dr. → E 380
– Bärbel, Dr. → s 374
– Brigitte, Dipl. oec. → S 736
– Christian, Prof. Dr. → b 114, T 818
– Claudia → u 1 158
– Cornelia → T 3 786
– Doris, Dr. → T 2 203
– Eberhard → c 33
– Friedel → U 1 927
– Friedhard → k 107, k 125, k 255, k 342
– Fritz → U 2 088
– Hannsgörg → f 233
– Joachim, Dr. → U 319
– Michael → E 397, H 170
– Michael, Dipl.-Volksw. → E 2
– Otto → T 3 610
– Peter → T 2 807
– Reinhard → b 22
– Rudolf → M 124
– Thomas, Dipl.-Volksw. → f 44, F 755, f 776, U 651, IZ F 1 694, iz f 1 697
– Thomas, Dr. → B 679, B 894
– Waldemar → g 746
– Werner, Dipl.-Bw. (FH) → E 65
Pfeil, Detlef → g 400
– Dirk → c 1 056
– Hans-Jürgen → f 925
– Hermann Hubert → H 684
Pfeil-Kammerer, Christa Dr. → S 615
Diaz de Pfennich, Maria Eugenia → IZ U 268
Pfennig, Gerhard → U 748
– Werner → U 1 015
Pferdekemper, Peter → u 901
Pfetsch, Helga → s 1 256
Pfeuffer, Eberhard Dr. → Q 511
– Hermann-Ulrich → T 3 202
Pfister, Albrecht → A 381
– Ernst → a 70, O 65
– Hans, Dr. → s 1 533
– Waltraud Marianne → U 1 562
Pfisterer, Dieter → I 21
– Dieter, Dipl.-Kfm. → E 225
– Volker, Dr. med. → U 914
Pfitzer, Helmut → Q 393
Pflaum, Hartmut Dr.-Ing. → t 254
Pfleger, Heidi Dipl.-Ing. Oek. → f 763
Pfleghar, Maria → r 373
Pfleiderer, Kurt → M 269
Pfliegel, Michael Dipl.-Betriebsw. → g 251
Pfliegensdörfer, Dieter Dr. → E 113
Pflimlin, Etienne → IZ I 29, iz i 32, IZ I 45
Pflüger, Ernst Otto → c 72
– Friedbert, Dr. → A 35, U 2 114
– Hans-Joachim, Prof. → T 3 361
– Markus → u 2 690
Pflugbeil DSc, Sebastian → T 1 954
Pfluger, Peter → iz f 1 598
Pflughoefft, H.-D. → u 729
Pflugstaedt, Gerd Dipl.-Ing. → T 2 007
Pföhler, Wolfgang → D 196
Pfohl, Hans-Christian Prof. Dr. Dr. h.c. → IZ M 224
Pfotenhauer, Jürgen Prof. Dr. → T 1 841
Pfoth, Ralf → E 112
Pfrang, Wolfgang → h 212
Pfrengle, Rolf Dipl.-Finw. → T 1 917
Pfreundschuh, Gerhard Dr. → t 1 524
Pfüller, Matthias Prof. Dr. phil. → T 609
– Thomas → U 2 450
Pfuhl, Wolfgang → Q 162
Pfundstein, Andrea → S 21
Phedonos, George → iz s 267
Pheiffer, Annette → Q 388
Philibin, Jean-Claude → iz m 161
Philip, V. Dr. → iz f 2 161
Philipp, Dieter → E 1, G 1, G 3, G 5, G 25, R 1, IZ G 25, iz g 34
– Dietmar → IZ O 203
– Edeltraud → N 98
– Hannes → U 2 078
– Hugo → S 919
– Marion → U 308
– Stefan → U 1 871
Philippart, H. → iz s 201
Philippe, Alain → iz f 1 334
– Pierre → iz a 85
Philippi, Claus Dipl.-Psych. → s 735
– Hans → h 405
– Karl → U 774, IZ R 10
– Lothar, Dipl.-Volksw. → E 195
Philipps, Bruno Dipl.-Hdl. → I 65

– Peter → T 3 920
Philippsen, Gerd Dr. → E 188
Philipsen, Barbara → g 216
– Kresten → iz u 27
Phillips, Michael → IZ T 245
– Phil → iz f 1 201
Phommahaxay, Phanthong → C 955
Piana, Catherine → IZ N 37
Piaskowski, Friedrich → I 28
Piatyszek, Karin → r 564
Piatzer, Claudia → b 19
Picard, Betrand → F 2 464
– Jean-Jacques → iz i 99
– Thomas → f 621
Picca, Giancarlo → IZ N 1
Piccard, Jaques Dr. → T 1 270
Piccialuti, M. → iz f 2 539
Picco, Renato Dr. → IZ F 1 358
Pichardo Pagaza, Ignacio → IZ T 892
Pichler, Helmut → g 666
– R. → iz u 248
Pichon, François → iz s 390
Picht, Thomas → K 286
Pick, Clemens → L 63, U 1 361
– Eckhart, Prof. Dr. → A 12
– Hartmut, Dr. → F 376
– Klaus-Dieter → g 273
– Peter, Dr. → K 62
Pickaert, Marie-Claire → IZ F 834
Pickel, H.-J. Prof. Dr. → T 846
Picken, Udo → H 567, h 571
Picker, Arnd → F 186, iz f 2 069
– Günther, Prof. Dr. → i 48
– Sven → T 2 891
Pickert, A. PD Dr. med. Dr. rer. nat. → S 136
Pickhard, Karl Dipl.-Ing. → Q 481
Picot, Arnold Prof. Dr.Dr.h.c. → T 3 751
Picqué, Charles → iz b 24
Pidde, Werner Dr. → a 98
Piechullek, Dipl.-Ing. → b 516
Pieck, Johannes Dr.iur. → S 340, S 358, S 360
Piedmont, Claus → T 2 638
Piekarski, C. Prof. Dr.med. → T 3 287
Piekka, Risto → iz r 160
Piel, Monika → O 323
– Winfried → T 599
Pielarz, Andrzej → e 628
Pielemeier, Martin → h 353, h 430, h 454, h 488
Pielenz, Hanns A. → T 1 972
Pielkenrood, A. P. → iz f 1 847
Pieloth, Volker Dipl.-Ing. → s 703
Pien, P. → iz f 668
Pienkny, Dieter → r 297
Piens, Karine → iz f 498
Pientka, Werner → H 567, O 587
Piepenbrock, Hartwig → T 2 246
– Hartwig, Prof. → c 634
Piepenbrock-Führer, Ellinore → g 336
Piepenschneider, Melanie Dr. → t 764
Pieper, Alfons → B 694
– Bärbel → n 84
– Bernd → Q 492
– Christoph, Dipl.-Volksw. → e 171
– Cornelia A 69, E 604, U 2 200, u 2 214
– Dr. → A 16
– Gerd → H 308
– Gerd, Dipl.-Kfm. → E 2, E 138, E 145
– Harald → U 2 450
– Kathrin, Dipl.-Ing. → T 1 165
– Markus, Dr. → E 133
– Michael → e 153
– Rolf-Andreas → T 3 488
– Sven → T 696
– Theodor, Dr.jur. → M 179
– Vera → H 355
– Wieland → E 573, T 885
– Wieland, Dipl.-Volksw. → E 170
Piepke, Joachim Prof. Dr. → T 668
Pieplow, Gert → G 330
– Haiko, Dr. → U 1 818
von Pierer, Heinrich Dr. → E 397, F 1
Pierini, Marc → iza 157
Piermattei, Fabrizio → iz f 2 425
Pieroth, Elmar → E 604, U 100
– Elmar, Dipl.-Volksw. → R 241
Pierre, Daniel → IZ T 542
Pierret, Christian → iz b 81
Piessen, Philippe → iz f 544
Piessens, Marleen → iz t 747
Pieterse, W. → iz f 1 128
Pietrek, Elisabeth → IZ O 203
Piétri, Jean → iz f 2 027
Pietruska, Franz → O 441
Pietrusky, Marion → s 483
Pietsch, Andreas → U 1 495
– Dieter, Dipl.-Volksw. → I 69
Fortsetzung nächste Spalte

Pietsch (Fortsetzung)
– Dieter, Dr. → E 170
– Dr. → U 1 617
– Heinz → U 2 849
– Prof. Dr. → S 1 035
– Steffen → R 864
– Volker, Dr. → n 78
Piette, D. → IZ T 824
Pietz, Hans-Wilhelm Dr. → s 763
– Petra-Edith → u 1 330
Pietzsch, Frank-Michael Dr. → b 191, t 4 123
– Rainer → T 1 146
– Roswitha → s 73
Piezonka, Winfried → T 887
Pifflová, Lena Dr. → I 19
Pignataro, Francesco → c 231
Pignatelli, Salvatore Dr. → iz u 756
Pigot, Alex → iz o 142
Piispanen, Pertti → IZ T 891
Pilar, Norberto → iz f 2 130
Pilar de Borbón, Doña → IZ U 552
Pilegaard, Asgar → iz a 149
Pilgrimowski, Bodo Dipl.-Bauing. → g 176
Pilhofer, Hans-Werner → f 921
Pilla, Nicola → IZ G 112
Pille, Hermann → q 261
Pillen, Peter → iz s 434
Pilling, Eckart → g 757
Pilnitz, Karin → O 131
Pils, Manfred → Q 663, IZ Q 198
Pilters, Michaela → S 1 358
Piltz, Hartmut → h 533
Pilz, Detlef Dipl. oec. → s 15
– Detlef, Dipl.-oec. → s 665
– Jürgen, Prof. Dr. → t 1 459
– Peter, Dipl.-Ökonom → F 451, F 455, f 460, U 550
– Peter, Dipl.oec. → iz f 468, iz f 1 328
– Reiner → U 1 605
– Winfried → U 1 186
Pimentel E., Luis A. → IZ S 642
Pin, Ma Wei → iz r 249
Nunes de Pina Moura, Joaquim Augusto Dr. → iz b 216
Pincham, Don → IZ U 302
Pinchon, Jean → iz f 1 333
Pinel, J. A. → iz t 930
Pingali, Prabhu L. → IZ S 392
Pingel, Klaus-Albert → a 307
– Raimund → E 574
Pinger, Siegbert → r 113
Pinheiro, Luiz L. F. → IZ W 40
Pink, Gudrun → n 21
Pinkenburg, Dagmar → H 625
Pinkl, Josef → q 91
Pinkwart, Wolfgang Dr. → T 1 125
Pinn, Gudrun → s 1 099
Pinne, Jürgen → S 653, s 654
Pino Garcia, F. → iz f 2 520
Pinte, J. → iz f 1 449
Pinter, Janos → iz f 41
– Zsolt → iz s 145
– Zsuzsa → iz f 915
Pinto, Fernando → iz f 2 130
Pinto Basto, João Alberto → iz r 52
Pinto-Basto Bobone, Bruno Carlos → IZ R 27
Carvalho Pinto de Sousa, José Sócrates Ing. → iz b 223
Pintye, Éva → iz t 757
Piontek → U 1 476
– Harald, Dipl.-Ing. → S 1 105
Piontkowski, Arno Dr. → S 337
– Ursula, Prof. Dr. → T 2 878
Piorkowsky, Michael-Burkhard Prof. Dr. → T 2 701
Piosek, Elisabeth Dipl.-Lw. → Q 589
Piotrowski, Erich → E 67
Piotrowsky, Manfred → e 213
Piovano, Jader → iz g 176
Piovoda, Otakar → iz t 553
Piqué i Camps, Josep → iz b 244
Pires, A. → iz f 1 614
Pires Pombo, João António → iz n 56
Pirie, Graham → iz s 546
Piris, Jean-Claude → IZ A 227
Pirl, Ewald → E 210
– Hartmut → N 126
Piromya, Kasit → C 1 297
Piron, E. → iz f 1 185
Pirothon, André → IZ F 2 530
Pirrung, Bernd Dr. → u 2 878, u 2 879
– Jörg → iz a 270
Pirsch, Peter Prof. Dr.-Ing. → T 530
Pirvola, Ilkca → IZ L 131
Pisano, Richard → IZ H 239
Pisanty, Alejandro → IZ T 903
Pischinger, Franz Prof. Dr. Dr. e.h. → E 139
Piso, Manfred Dr. → IZ F 1 600
Pissas, Michael Dr. → u 802

Pissulla, Petra Dipl.-Vw. → T 839
Pistauer, Stefan → iz e 22
Pistikos, Ursula → s 320
Pistohl, Ingeborg → T 3 809
Pistor, Bernd → S 712
– Hans-Henning, Dr. → E 714, T 735
Pistorius, Harald → s 1 385
Piter, Hans Dipl.-Ing. → S 996
Pitkänen, E. → iz f 1 188
Pitkanen, Maunu Dr. → iz t 753
Pitlinski, Jürgen Dr. → S 732
Pitnik, Franz J. → iz f 407
Pitsch, Rolf → T 435, T 819, T 974
Pitschel, Albrecht → f 159
Pitschnau, Dorothea → T 3 089
Pitsika, M. → iz t 367
Pittaro, Pietro → IZ S 393
Pittel → u 1 668
Pittelkow, Ingo → S 230
Pittermann, Dörthe Dr. → S 339
Pitum, Andreas Dr. → c 1 057
Pitzer, Friedemann Dr.jur. → E 109
– Jürgen → I 18, S 738
Piwnica, C. → IZ F 2 134
Piwowarsky, Ekkehard Prof. Dipl.-Ing. → T 3 923
Pixa, Ralf Prof. → t 1 583, t 1 713
Piyadasa, W. M. S. C. → iz s 548
Pizarro, Manuel → IZ I 28
Pizarro Moreno, Manuel → iz i 185
Place, John → IZ F 1 141
Plachetka, Gerd → Q 346
Pläcking, Jochen → O 539, O 573
Pläsken, Andreas → d 58
Plage, Heinz → r 291
Plagemann, Hans Dr.-Ing. → T 4 139
Plamadeala, Radu → c 1 046
Plambeck, Helmut Dr. → S 616
– Vibeke → iz f 815, iz f 2 068
Plamböck, Wilfried → O 462
Plan, Siegfried → k 145
Plana, Juan → o 195
Planck, Dieter Prof. Dr. → B 645, T 3 713, U 3 054
– Heinrich, Prof. Dr.-Ing. → T 1 969
Planeda, Arthur → T 3 675
Planeix, Jacques → IZ G 170
Planès, Brigitte → c 144
Edler von der Planitz, Bernhard → c 544
Plank, Hans-Peter Dipl.-Ing. → s 1 038
Planner, Günter → K 265, K 266
Planque, Bernard → iz f 1 225
Plant, Peter Dr. → IZ T 979
Plantikow, Anita Dr.rer → R 216
Plaschke, Jürgen Prof. Dr. Dr. → t 1 793
Plasschaert, Jean → iz u 353
Plaßmann, Jochen Dr. → r 74
Plaszczek, Klaus → U 987
Plate, Heiko Dr. → i 56
– Joachim, Dipl.-Ing. → F 517, U 682
– Klaus → IZ T 305
– Klaus, Dr. → U 79
Plath, Günter → g 292, H 232, U 541
– Hartwig, Dipl.-Volksw. → E 82
– Peter, Prof. Dr. → T 738
– Peter, Prof.Dr.med. → T 2 942
Platon, B. → iz f 456
Platte, Dirk → O 509
Plattenteich, Adalbert W. → U 159
Plattner, Wally → u 444
Platz, Albert Direktor Dr. jur. → k 203, k 222
– Horst → E 93, H 1, H 684, h 690
– Klaus → IZ T 305
– Klaus, Dr. → c 57
Platz-Waury, Elke Prof. Dr. → R 749
Platzeck, Matthias → D 117, U 2 251, u 2 255
Platzek, Rainer → T 95
– Rainer, Dipl.-Ök. → f 124
– Rainer, Dipl.-Ök. → F 141
– Rainer, Dipl.-Ök. → T 904
Platzer, Helmut Dr. → k 80
– Michael, Dr. jur. → s 342
– Peter → IZ G 53
Platzhoff, A. Prof. Dr. → T 1 052
Plaue, Axel → a 91
Plebani, D. → iz f 278
Plée, Jo → S 1 156
Plehwe, Dieter → T 2 220
– Kerstin → S 737
Pleil, Thomas Dr. → T 471
Pleines, Jochen Dr. → E 562, e 569
Pleister, Christhoper → IZ I 29
– Christopher, Dipl.-Volksw. → iz i 31
– Christopher, Dipl.-Volksw. Dr. → i 72
– Christopher, Dipl.-Vw. Dr. → P 2
– Christopher, Dr. → I 25, P 1, P 4, T 3 887
Pleitgen, Fritz → O 272, O 323, T 818
Pleitz, Anne Christel → u 1 193
Plemper, Thomas → K 291
Plenikowski, Martin → K 295

Plenker, Peter → f 654
Plenzler, Anna → IZ S 642
Plesoianu, George → iz s 259
Plessmann, Gregor → U 2 556
– Ralph → f 569
Plet, Rosy → IZ T 242
Pleticha, Heinrich Prof. Dr. → S 1 207
Pletschacher, Peter → S 1 360
Plettau, Ronald → t 3 081
– Ulrike → t 3 087
Plette, R. Dipl.-Soz. → t 2 473
Gräfin von Plettenberg, Gertrud → T 3 798
Graf Plettenberg, Hubertus → U 2 043
Plettner, Rolf → i 49
Pleuger, Gunter Dr. → A 8
Pleuss, Jürgen → h 347
Plevnik, Zarko → C 945
Plewa, Siegfried → o 45
Pleyer, Peter Prof. Dr.phil. → O 193
Plička, Jiri → iz s 464
Plicka, Reinhard → r 795
Pließ, Elmar → r 492
Plinke, Wolfgang G. Dr. → c 778
– Wulff, Prof. Dr. → R 898, T 4 153
Plischek, Andreas → t 2 971
Plitt, Hans → s 1 449
Plitz, Volker Dr. → S 296
Ploch, Wolfgang → IZ A 227
van der Ploeg, Rick Dr. → iz b 189
Ploeger → A 21
Plöger, Christel → IZ U 115
– Ingo → E 249, E 250
– Irmela → E 748
– Klaus → d 255
Ploenes, Hajo → f 111
Plönes, Johannes → K 288
Plößl, Alois Dr. → E 64
– Josef, Dipl.-Holzw. → H 82
von Ploetz, Hans-Friedrich DR. → C 173
Plog, Jobst → O 301
– Jobst, Prof. → T 760
Plogmaker, Jörg C. → U 1 401
Plogmann, Friedhelm Dr. → I 18
– Volker, Dipl.-Ing. → T 2 025
Plohmann, Michael Dr. → g 782
Plonz, Sabine → s 782
Ploog, Hans Jürgen → I 36
– Rainer → h 124
– Sybille → U 1 028
Ploß, Günter → k 175, k 194
Plotini, Paolo → IZ O 205
Plotz, Manuela → q 542
Plücker, Helmut → B 674
Plümer, Egon Dr. → D 147
– Hartmut, Dipl.-Ök. → H 81, IZ H 61
– Markus → S 729
von Plüskow, Friedrich → o 333
– Rüdiger → b 180
Pluge, Wolf Dr. → L 41
Pluim, Anton W. → IZ G 167
Plum, Helmut → T 2 807
– Karl-Heinz → u 1 141
– Otto, Dipl.-Kfm. → f 101, r 24, r 54
Plump, Dirk Dr. → E 2, E 80
Pluschke, Peter Dr. → B 547
Pluta, Hans-Jürgen → Q 48
van der Pluym, Eddy → IZ F 2 292, iz f 2 293
Pobanz, Udo → s 326
Pobbig, Karin → s 1 409
Pobel, Hildegund → u 994
Pobell, Frank Prof. Dr. → T 1 245
Pober, Arthur → iz o 134
Poças, Paulo → c 1 183
Pocha, Andreas → R 101
Pochert, Thomas → G 633
Pocus, Hocus → iz s 365
Podestà, Guido → IZ A 183
Podkonicky, Juraj → iz o 126
Podleschny, Ralf Dr.-Ing. → F 282, U 557
Podszun, Christoph → s 492
Podzun, Hans-Jürgen → E 179, T 4 150
Poech, Dieter Dipl.-Kfm. → F 178
Pöhl, Hans-Heinrich → c 760
– Klaus-Dieter → k 215
Pöhle, Klaus → A 10, U 2 450
Pöhlein, Heinrich → O 570, O 590
Pöhler, Stephan → t 3 058
Pöhlmann, Ernst Jürgen Dr. → C 257
Pöhner, Werner M. → S 276
Pöker, Arno → D 122
Poel, Gerrit Dipl.-Volksw. → m 5
van de Poel, M. W. → iz f 434
Poelke, Gisela → u 1 293
Poenicke, Cornelia Dr. → D 101
Pöppel, Wolfgang → M 232
Pöppelmann, Benno H. → S 1 339
Pöppinghaus, Alfons → S 460
Pöpsel, Gregor → q 195

Pörhö, M. → iz h 478
Pörschmann, Frank → U 253
– Thorsten → S 692
Pörtner, Nina → G 711
Poeschel, Jürgen Dr. → D 113
Pöschl, Wolfgang → S 792
Poese, Thomas → E 604
Pöss, Ondrej Dr.rer.nat. → E 688, e 690
Pößl, Florian → u 2 524
Pößnecker, Rosemarie → U 2 062
Poetis, Phytos Dr. → c 592
Pötschke, Elke → T 2 807, t 2 814
– J., Prof. Dr. → t 2 071
Poetschke, Jacqueline → R 434, r 435
Pöttering, Hans-Gert → IZ U 420
– Hans-Gert, Prof. Dr. → U 2 114
Pöttinger jun., H. → iz f 218
Pötz, Bruno → U 640
Pötzl, Horst → u 1 467
Poetzsch, Albrecht → U 919
Pofferi, Leonardo → iz p 11
Poggensee, Manfred → M 280
Pogoda, Ulrich → s 1 294
Pogrzeba, Klaus D. → g 798
Poh Kuan, Tham → iz s 544
Pohl → u 1 667
– Friedrich, Dipl.-Kfm. → T 3 788
– Hans, Prof.Dr. → T 2 532
– Hans Jürgen, Dipl.-Volksw. → E 98
– Hans-Peter → Q 50, s 1 535
– Karl-Heinz, Dipl.-Wirt.-Ing. → U 158
– Kay-Thomas → s 483
– L., Dipl.-Ing. → T 2 526
– Martha, Dr. → t 2 278
– Reinfried, Dr. → K 31
– Richard → O 384
– Rüdiger, Prof. Dr. → T 2 269, t 2 282, T 2 300
– Stephanie → U 1 812
– Walfried, Dr. → S 1 182
– Willy → k 155
– Wolf J., Dipl.-Ing. → U 143
– Wolf Jürgen, Dipl.-Ing. → U 142
– Wolfgang → O 322, t 2 997, u 1 623
Pohl-Laukamp, Dagmar → R 473
Pohle, Albrecht → T 3 930
– Alexander → R 263
– Dagmar → U 2 234
– Gerd, Dipl.-Ing. → O 289
– Horst → s 1 392
– Konrad → q 22
Pohlen, E. Dr. → T 1 070, U 642
Pohlenz, Angelika → iz e 2
Pohlheim, Edelgard Dr. → t 911
Pohlig, Horst → K 19
Pohlkötter, Hans-Dieter → S 1 592
Pohlman, A. → A 326
Pohlmann → A 383
– Eva-Maria → F 455, iz f 468
– Jan Mark, Dr. → Q 125
– Sigrid → u 1 141
– Theo → h 192
Pohto, Kaarina → IZ S 566
Poirier d'Angé d'Orsay, Philippe → IZ M 199
Poiron, Pascale → iz h 195
Pokolm, Klaus-Peter Dipl.-Verw. → U 1 895
Pokowietz, Udo → U 1 922
Polat, Duray → c 1 340
Pöld, Kaja → IZ O 8
Poldrack, Horst Dr. habil. → T 3 866
Polenk, Thomas → U 3 045
Polenz, Ruprecht → E 401, iz u 355
Polese, Sergio → iz s 457
Polfer, Lydie → jz b 166, iz b 175, iz u 450
Poli, Mario → u 1 kh 131
Politi, C. → IZ F 433
Politz, Frank → O 288
Pollak, Bernard → IZ M 56
– Ernest → iz f 2 308
– Stefan, Prof. Dr.h.c. → T 492
Pollehn, Armin → S 738
– Joachim, Dipl.-Ing.agr. → F 221
Pollhammer, Peter → I 80
Pollirer, Hans-Jürgen → iz s 256
Pollmann, Franz-Josef → U 2 054
– Klaus Erich, Prof. Dr. → T 596
– Lutz → g 185, g 186, g 187, g 188
– Michael → b 78
Pollock, Alex J. → IZ I 87
– David → iz f 1 784
Pollok, Joachim → U 2 782
Pollow, Rainer → h 660
Polly, Hans → iz s 609
Polman, M. → IZ F 883
Polmann, Erwin Dipl.-Ing. → T 1 319
Polonovski Vauclair, Brigitte → IZ U 225
Polt, Christian → q 604
Polte, Wilhelm Dr. → D 101
– Willi, Dr. → d 16, d 46

Polten, Michael → S 1 314
Polter, Dirk Meints Dr. jur. → T 189
Polydorides, Nicos Prof. → iz t 178
Polz, Daniel Dr. phil. → a 127
Polzehl, Jürgen Dipl.-Ing. → U 112, U 411
Pomaron, José Manuel → iz i 106
Pombo, Javier → iz f 1 428
Pommerening, Dieter → T 2 915
Pommerenke, Alfred → h 262
Pommies, Bernard → IZ A 219
Pomplitz, Hans-Jürgen → O 544
Poncelet, Christian → IZ B 6
Pongratz, H. Dipl.-Ing. Dr. med → T 2 802
Ponocny, Christian → R 372
Ponomarenko, Anatolij D. → C 1 351
Pons, F. → iz f 2 613
– Jean-François → iz a 23
– Pierre → IZ S 642
Ponseille, Max Dr. → iz t 780
Ponte, Uta → c 241
Pontenagel, Irm → IZ L 101
Ponteviane Homem Da Trindade, Artur Jose → iz u 56
Ponthier, Patrick → iz f 2 422
Pontoppidan, Knud → IZ M 172
Ponzelet, Rolf → S 1 553
Ponzellini, Massimo → IZ A 226
Ponzoni, Laura → iz f 2 029
Pooch, Klaus-Michael → T 3 725
Pook, Sigrid → H 506, H 648
Poole, B. → IZ F 658
Poole-Wilson, Ph. → IZ T 820
Pools, Freddy → IZ R 240, IZ R 287
Poortinga, Y. H. Dr. → iz s 41
Poos, Hartmut → G 32
Poos-Kuhn, Christiane → iz h 412
Popien, Ralf Dipl.-Geogr. Dr. → s 1 475
Popitz, Heinrich Prof. Dr. → t 2 382
Poplutz, Willibald Dipl.-Kfm. → h 309
Popović, Michael F.R. Dr. med. → e 29
Popp, Andreas → G 311, g 313
– Barbara → s 407
– Dr. → A 31
– Michael A., Dr. → R 211
– Raimund → q 117
– Sabine → T 2 923
Poppe, Brigitta → Q 574
– Gerd → A 8
– Gerhard → T 3 928
– Gero F., Dipl.-Betrw. → T 2 152
– Ulrike → T 818
Poppek, Jürgen Dipl.-Verwaltungsw. → E 157
Poppelbaum, Wolfgang → K 275, T 2 544
Poppen, Christoph → O 124
– Udo, Dipl.-Volksw. → E 229
Poppendieck, H.-H. Dr. → Q 352
Poppinga, Elke → s 100
– Jan Dirk, Dipl.-Geogr. → s 1 455
Poppitz, Peter Dipl.-Ing. → s 834
Poprawe, Reinhart Prof. Dr. rer. nat. → t 229
Poranen, T. → iz f 111
Porath, Horst → d 243
Porawski, Andrzej → iz u 55
Porep, Hans-Georg Dr. → T 1 052
Porger, Karl-Wilhelm Dr. → t 4 093
Porsch, Peter Prof. Dr. → a 79, u 2 247
– Peter, Prof. Dr. sc. → U 2 234
Porsche, Heiko → u 2 433
– Siegfried, Dr. → E 581
Porschen, Dieter Dr.rer.pol. → E 167
Porschke, Alexander → b 78
Porta, F. → IZ L 102
Porter, Don → IZ U 462, IZ U 475
– James R. → c 26
Porto, Delfina Ing. → iz b 222
Portune, Günther → b 156
Portz, Evelin Dr.jur. → S 797
– Frank Edgar → b 91
– Willi → u 2 806
Posada Moreno, Jesús Mariq → iz b 253
Posadsky, Alexander → iz s 260
Posch, Dieter → b 92, I 45
Poschen, Ursula → U 553
Poser, Burkhart E. → E 431
Posorski, Jutta → f 194
Poß, Joachim → A 39, A 82, U 2 251
Poss, Rudolf → f 329
Possardt, Claudia Dr. → B 549
Posselt, Bernd → U 991
– Johann-Wolfgang → i 31
Possingham, J. Dr. → IZ T 689
Possmann, Günther → U 720
Poßmann, Helmut → O 151, O 178
Posso, Patrick → IZ F 317
Post, Alfred Prof. Dr. → A 156
– Gloria → T 260
– Torsten → r 344
– Ulrich → E 756
Postelt, Ilse-Maria → E 488

Postleb, Peter Dipl.-Ing. → s 1 040
Postlep, Rolf-Dieter Prof. Dr. → T 559
Pot, Frank Prof. Dr. → iz u 12
Pota, Laszlo Dipl.-Psych. → S 1 506
Poth, Hans → D 51
– Ingo, Prof. → T 472
Pothet, Jean-Paul → IZ F 872
Potocki, André → iz a 220
Potocnik, Cveta → IZ S 642
Potschka, Georg → U 2 072
– Volker, Dr. → F 88, T 258, t 270
Pott, Andreas → IZ A 189
– Elisabeth, Dr.med. → A 216
– Karl Heinrich → U 2 763
– Martin, Dr. → B 280
– Rainer → g 572, Q 391
Potter, Anne → IZ S 405, iz s 522
Potthast, Karl Heinz → T 818
– V., Dr. → T 2 728
Potthoff, Kim Dipl.-Geogr. → s 1 462
– Peter, Dr. med. → s 149
– Volker → I 96
Pottschmidt, Günter Prof. → B 841, B 887
Poulkaris, Marion → U 2 450
Poullain, Guy → IZ F 884, iz f 1 781
Poullet, Amiral Vicomte Edmond → iz u 353
Poulsen, Erik Kjaer → iz f 1 722
– Peter → iz s 17, iz s 18, IZ S 653
– Poul Jan → IZ H 496
Pouplier, Marcel → u 2 799
Pourzal, Ali-Akbar Dr. → T 1 903
Pouw, Marc → IZ T 916
Pouzin, H. → iz h 70
Powell, Len → IZ R 285
Power, Eddie → iz f 2 302
Powilleit, Hanshenning Dr. → t 2 918
Poxleitner, Josef Dipl.-Ing. → S 945
Poyser, Kenneth E. → IZ U 320
Poznanski, Daniel → O 256, O 557
del Pozo Vindel, Luis → iz s 547
Praast, Gundolf → H 95
Prado, Marta → iz m 101
Präfke, Kay-Uwe → f 531
Praël, Christoph Dr. → I 15, r 86
Prändl, Bruno → T 3 930
Prätzel-Wolters, Dieter Prof. Dr. → t 255
Prager, Armin → h 735
– Lutz, Dr. → T 1 836
– Tobias R. → S 1 313
Pragnell, M. → IZ F 555
Prahl, Hans-Werner Prof. Dr. → U 2 785
Prahm, Günter Gerhard → E 120
Prahst, Joachim Dipl.-Kfm. → P 38
Pralle, Tobias → u 2 638
Pramböck, Erich Dr. → iz u 54
Prandner, Heckart → IZ F 1 505
Prang, Ernst-Günther → S 1 590
– Jürgen, Dr. → iz u 704
Prang-Andersen, Finn → c 97
Prangenberg, Dipl.-Ing. → T 1 162
– Wolfgang → D 178
Prante, G. → IZ F 1 683
– Gerhard, Dr. → F 173, Q 58
Prantner, Gert → E 683
Prasch, Gerhard Dr. → A 353
Prassel, Heike → S 1 284
Pratje, Jürgen Dr.Dr. → u 905
Pratt Mcjt, Geoffrey G. → iz m 42
Pratz, Friedrich A. → S 1 354
Praxmayer, Claudia → F 994
Prayon, Hans → c 62 e, 253
Prebeck, Franz Dipl.-Ing. (FH) → G 95
Prebensen, Chris → iz u 364
Prechelt, Klaus Dr. → h 569
Prechtl, Andreas Dr. → f 150
– Manfred, Dr. → c 1 093
Predovic, Ana → iz o 123, iz o 194
Preetz, Michael → S 1 587
Pregitzer, Roland → q 426
Prehn, Angelika Dr. med. → s 140
– Hans-Jürgen, Dr. → B 556
– Ole → IZ T 908
Preis, Franz-Jürgen → E 2
– Thomas → s 370
Preising, Andreas → U 171
Preisinger, Johannes Dr. → c 245
Preiß, Joachim J. → U 1 920
– Nicola → u 2 798
– Renate → U 554
Preiss, Sebastian → e 632
Preiss-Kelch, Susanne → t 3 095
Preißinger, Eugen → U 628
Preißler, Holger Prof. Dr. → T 584
Preker, Walter → D 73
Prellwitz, Wolf Hartmut Dr. → F 1, f 2
Prem, Horst → U 2 425
– Klaus P. → T 405
Prendergast, A. M. → IZ S 594
– Paddy → iz f 2 331

Prenner, Franz → IZ O 150
Prentice, Colin Prof. Dr. → t 105
Presber, Peter Dr. → E 248
Prescott, John → iz b 113
Presenzini, Anna → E 497
Presern, N. → IZ T 573, iz t 606
Presselt, N. Prof. Dr. → T 3 421
Presser, Jürgen R → R 241, r 253
Prestin, Elke Dr. → o 481
– Rainer → k 209
Presto, Hans-Christian → h 554, h 556, h 563
Preston, Jeremy → IZ F 1 147
Preto da Silva, José António → n 259
Pretschner, D.P. Prof. Dr. → S 379
Pretzsch, Cornelia → E 205
– Hans, Prof. Dr. → T 2 704
Preuschoff, Klaus-Jürgen Dr. → T 3 837
– Susanne → E 396
Preuschoft, Signe Dr. → T 2 838
Preuß, Andreas Dipl.-Kaufm. → I 95
– Angela → E 115
– Axel, Dr. → B 569
– Dieter, Dr. → T 462
– Egon, Dr. → e 218
– Gernot → K 316
– H.-J. → T 1 315
– Hans Joachim, Dipl.-Kfm. → g 301, g 307
– Hermann → g 546
Preuß, Karl-Heinz → T 829
– Klaus-Jürgen, Dr. → k 55
– Petra, Dipl.-Ing. → s 1 108
Preuss, Ulrich → i 4
– Wolfgang → H 51
Preuß, Wolfgang → U 2 854
Preußcher, Christian → D 213
Preuße, Axel Univ. Prof. Dr.-Ing. → IZ S 496
Preußinger, Hans-Heinrich → B 297
Preußner, Alfred → G 311, g 329
Preve, Cesare → IZ F 2 547
Prewo, Wilfried Dr. → E 116, E 121, E 239
Prey, Dieter → T 2 852
Pri-Gal, Ya'acov → c 226
Pribilla, Peter Prof. → R 1
Pribnow, Ulrich → c 80
Pribyl, Wilhelm → r 848
Price, John → IZ F 1 621
Priddle, Robert → IZ L 141
Pridöhl, Eckhard Dr. → t 238
Priebe, Ilona → N 36
– Martin → B 247
Priebs, Axel Prof. Dr. → T 3 801
Priefler, Andreas Dr. → T 3 481, iz t 722
– Andreas, Dr.med. → S 1 363
Priemer, Andreas → S 1 313
Priescu, Constantin → IZ S 642
Prieser, Dieter Dipl.-Ing. → S 958
Priesner, Günter → O 116
Priesnitz, Birgit Dipl.-Kffr. → U 3 114
– Walter, Dr. → T 781
Prieß, Harald → g 775
Prießnitz, Horst → H 87, U 531
Priester, Hans-Joachim Prof. Dr. → s 539
– Irmgard, Prof. → T 689
Priestley, Julian → iz a 184
Prieto, Balbino → iz h 353
Prietzsch, Hermann → t 2 812
Priewe, Marco → O 716
Prigge, Jürgen R. → q 139
Prignitz, Jan → r 673
Prigogine, Ilya Prof. Dr. Dr. h.c. mult. → T 1 901
Prill, Egmond → O 470
– Wolfgang → b 67, b 73
Priller, Regine Dr. → t 3 093
– Sebastian, Dr. → E 43
Prime, Brian A. → iz r 6
Primendas, A. → iz f 2 299
Primor, Avi → U 943
Printzen, Corinna → F 831, iz f 1 910
Prinz, Georg → U 1 023
– Helmuth → o 658
– Karl → C 309
– Norbert → S 972
– Tillman, Dr. jur. → S 807
– Wolfgang, Prof. Dr. → t 161
Prinzen, Joachim → c 465
Prinzing, Günter Prof. Dr. → e 592
Prinzinger, R. Prof. Dr. → Q 514
Prinzler, Hans Helmut → O 181, O 413, U 3 009
Priss, Oliver → U 1 498
Prisse, Albert F. → IZ F 1 178
– Edouard → IZ O 77
Pritschow, G. o. Prof. Dr.-Ing. Dr.h.c.mult. → T 1 074
Pritzkoleit, Friedrich → d 250
Pritzkuleit, Klauss → u 1 826
Pritzl, Karl-Heinz → f 146
Pritzsche, Frank → h 424

Prnka, Tasilo Dr. → iz t 535
Proba, Martin Dipl.-Kfm. → E 91
Probst, H.-J. → E 258
– Karl Michael → N 285
– Klaus, Dipl.-Ing. → s 1 037
– Runald, Dipl.-Volksw. → IZ T 896
– Simone → A 33
– Ulrich, Dr. → ò 614
– Walter → u 2 463
Prochnow, Wiebke → u 1 550
Prodi, Romano → IZ A 1
Prödel, Dieter → m 114
Pröhl → B 770
Pröhle, Gergely → C 1 354
Pröller, Albert → G 294
Prölß, Reiner → U 1 572
Prömel, Hans Jürgen Prof. Dr. → T 421
Proenca, João → iz r 195
Proença, João → IZ U 809
Pröpping, Karlheinz Dipl.-Ing. → T 1 151
Pröpsting, Wolf H. Dr. → F 450
Pröschel, U. Univ.-Prof. → T 3 377
Prött, Monika → S 738
Pröve, Bernhard Dipl.-Kfm. → G 607
Proietti, Bruno → F 500
– Fabrizio → iz g 140
Projahn, Horst-Dieter Dr. → k 88
Prokop, Clemens → U 2 450
– Ernst, Prof. Dr. → T 3 947
– Heinz → K 45
– Liese → IZ U 822
– Peter → E 69
Proksch, Roland Prof. Dr.jur. → T 629
Prolingheuer, Ulrich → Q 173, Q 182
Pronk, Jan → iz b 192
Proost, Alwin → A 23
Propfen, Siegfried → H 155
Proppe, Helmut Dr. → E 573
Proppert, Yvonne → t 269, T 396
Propson, Helmut → u 882
Proschwitz, Angela → S 438
Proske, Reinhard Dr. → F 596, f 599
Prossliner, Michael → K 381
Prosteder, Hela → t 2 474
Protar, Pierre → iz a 120
Proteau, Thierry → IZ F 176
Proton de la Chapelle, Robert → IZ F 721
Protopapas, Christos → iz b 91, iz r 169
Protsenco, Oleg Prof.Dr. → iz s 236
Protze, Ingrid Dr. → s 1 244
– Manfred → O 463
Protzner, Bernd Dr. → A 68
– Wolfgang, Prof. Dr. → T 3 693
Provan, James L. C. → IZ A 183
Proyer → B 828
Pruckner, Ewald Prof. Dr.-Ing. → t 1 520, t 1 544
Prüfer, Johannes → u 778
Prüfert, Andreas → E 691
Prüm, Jost Dr. → E 2, E 196
Prümel-Philippsen, Uwe Dr. → T 3 465
Prümers, Johann → P 40
Prümm, Joachim → u 2 161
Prütting, Hanns Prof. Dr. → T 3 595
Prull, Sabine → U 1 171
Pruski, Karl-Heinz → O 402
Prusas, Carlo Dipl.-Betriebsw. → t 4 012
Pruvost, Günter → r 693
Prymusala, Manfred Dr. → U 1 019
Przemeck, E. Prof. Dr. → T 2 671
Przybilla, Theodor → S 1 313
Przybisch, Wolfgang → M 151
Przybyla, Horst → T 1 958
Przybylski, Hartmut Dr. → T 2 233
Przytulla, Christine → U 1 608
Pschorn, Günter Prof. Dr. → S 319
– Günter, Prof.Dr. → s 321
Psczolla, M. Dr. med. → T 2 805
Psilogenis, Christos N. Dr. → C 1 390
Ptak, Andreas → u 1 156
Ptasinska, Malgorzata → iz t 948
Ptok, M. Univ.-Prof. Dr. → T 3 377
Puchan, Grit → B 216
Pucher, Helmut Prof. Dr.-Ing. → T 385
Puchert, Bärbel → u 2 493
– Helmut → E 74
– Sylvia → u 1 323
– Wilfried, Dr.rer.nat. → B 600
Puchta, Josef Dr.rer.pol. → T 3 450
Puck, Claudia → r 625
Pudel, Volker Prof. Dr. rer. nat. → U 620
Pudell, Heinz → S 1 587
Pudzich, Norbert → E 301
Puech, Veronique → iz g 173
Puech d'Alissac, Arnold → IZ Q 68
Püchel, Gerald Dr. → E 162
– Manfred → b 166
Pühler, A. Prof. Dr.rer.nat. → T 992

Puell, Karsten Dipl.-Ing. → T 2 021
Pülz, Jochen → E 692
– Rudolf, Dipl.-Volksw. → G 525
Pürer, Heinz Prof. Dr. → T 3 747
Puerta, Alonso José → IZ A 183
Püschel, Kristina Dipl.-Ing. → U 663
– Wolfram → T 2 329
Püthe, Michael Dipl.-Ing. → S 952
Pütter, Sigurd Dr. → E 157, R 211
Püttmann, Joachim → m 48, m 156
Püttner, Günter Prof. Dr. → T 2 438
Pütz, Alexandra Dr. → S 273
– Brunhild → E 727
– Helmut, Dr. → t 2 364
– Helmut, Prof. Dr. → A 141
– Jean → O 432
– Karl-Josef → T 3 736
– Rudolf, Dipl.-Volksw. → F 1 046, f 1 047
– Wolfgang, Dr. → f 239, R 1
Pützhofen, Dieter → d 12, D 96
Puglie, Ginetto → IZ U 676, iz u 679
Puhl, Carlo → Q 54
– Detlef, Dr. → A 21
Puhle, Hans-Jürgen Prof. Dr. → E 723
Puhlmann, Arno Dr. → H 302
Puille, Philippe → IZ F 335
Puissochet, Jean-Pierre → IZ A 219
Pujol, J. M. → iz f 2 220
Pullem, Peter → N 283
Pultz, Niels → IZ C 2
Pulverich, Gerd → K 22, iz s 19
Pung, Paul-Heinz → R 417
Pung-Jakobsen → A 27
Punke, Marc → g 350
Punungwe, Gift → C 1 245
Punzi, Franco → iz u 45
Puppel, Henner Dr. → D 173
Purasmaa, Reijo → iz s 189
Purbs, Barbara Dr. → i 959
Purcell, Jim → iz u 484
– P. → iz s 477
– Peter → iz s 456
Purdue, Miriam → IZ U 298
Purohit, Umraomal → IZ R 269
Purr, Utz → IZ S 652
Pursals, Jordi → IZ F 1 172
Purucker, Edmund Dr: med. → T 3 313
Purves, Brian → iz f 1 729
– John → IZ A 189
Purvis, Colin → iz f 418, iz f 427
– Colin M. → IZ F 1 178
Pusa, Aimo → iz f 904
Pusch, Hans-Georg → O 364
Puschke, Dieter → u 1 677
– Martina → U 2 019
Puschmann, Hellmut → U 1 745, U 1 747, U 1 748
von Puskás, Géza → K 386, k 391, K 410
Pust, Anke → R 192
– Rainer → g 352
Puth, Eric → g 734
Frhr. zu Putlitz, Gisbert Prof. Dr. → T 768, T 860
Freiherr zu Putlitz, Gisbert Prof. Dr. Dr. h.c. mult. → T 803
Putman, Didier → iz g 188
von Puttkamer, Eberhard → C 345
v. Puttkamer, Georg-Jesko → I 38
Puttke, Martin Prof. → S 1 321
Puttnam, David → IZ O 35
Putu Djendra, Ida Bagus → c 852
Putz, Dieter M. → E 47, h 687
– Reinhard, Prof. Dr.med. → T 3 283
Putzer, Siegfried Dr. → U 773
Putzhammer, Günter → Q 480, R 294
Putzier, W. → iz h 346
– Wolfhart → H 40, h 43
Putzler, Wolfhart → H 2
Puyol Piñuela, Javier → iz a 128
Puyuelo, M. → iz f 2 503
Pyrgos, Mary → iz s 290
Pytelka → iz f 164

Q

Qiutian, LU → C 705
Quack, Anton Prof. Dr. → T 668
– Norbert → c 1 273
Quadbeck-Seeger, Hans-Jürgen Prof. Dr. → T 97
Quade, Dieter → T 4 125
– Karl, Dr. → U 2 450
– Karl-Ludwig → u 954
Quadt, Hans-Peter Dr. → T 3 891
– Karl-Stephan → K 266
Quaedvlieg-Mihailovic, Sneska → IZ U 596
Qualmann, Dieter → s 771

Quasch, Christoph Dr. → s 778
Quast, Günter → U 2 450
– Heinz-Diedrich → E 206
– Joachim, Prof. Dr. → t 2 610
Quax, Horst → o 425
Quaynor, Nii → IZ T 903
Queinec, Philippe → iz f 1 726
Queiroz do Vale, Ana → iz s 445
Queißer, Manfred → o 428
– W., Dipl.-Ing. → U 765
Quell, Michael Dr. → IZ N 36
Quennet-Thielen → A 33
Quentel, Ulrike → U 1 295
Querbach, Jürgen → s 403
Quesada, Orlando → IZ U 809
Quessel, Karin-Renate → A 23
Quester, Heinz → E 14
– Roland → Q 450
Quevy, Jean-Yves → IZ U 118
Queyranne, Jean-Jack → iz b 82
Quick, Manfred Dipl.-Ing. → u 527
– Reinhard, Dr. → f 164
Quidde, Gunther Dr. → E 26
Quidousse, Vincent → iz f 239, iz f 1 041
Quigley, Michael → iz p 10
Quilling, Adolf Paul → U 516, U 1 175
Quince, Gary → iz a 110
Quink, Ute → E 262
Quinkler, André → IZ F 432
Quinn, B. → iz s 197
– Fergal → iz t 549
– Larry → iz g 137
– Ruairi → IZ U 423
– T. J. → IZ W 33
Quint, Wolfgang Dr. → b 20
Quintin, Odile → iz a 7
Quintino, Luisa Dr. → IZ G 55
Quirey, Mathieu → IZ S 647
Quirin, Jürgen → h 570
– Peter → T 1 316
Quirini, Helga → O 146, S 1 428
– Klaus → O 146, S 1 428, S 1 429
Quiske, Max Udo → S 783
Quisthoudt-Rowohl, Godelieve Dr. → U 2 114
Quix, J.-F. → iz f 1 179
– Jean-François → iz f 389
– J.F. → iz f 1 858
Qureshi, Zahid → IZ K 39
Qusenburger, Fritz → I 90

R

Raab, Bernd → Q 510
– Ron → IZ U 315
– Rosemarie → t 4 113
– Ulrike → N 120
Raabe, Dierk Dr.-Ing. → t 112
– Fritz, Dr. → g 727
– Thomas, Dr. → U 2 114
Raabe-Keitler, Evelyn → U 89
Raach, Gerd Jürgen → U 2 823, u 2 829
Raacke-Kottlorz, Bastienne → s 1 422
Raamat, Rein → iz t 752
Raasch, Lothar → E 222
Rabadan, Mariano → iz i 106
Rabau, Kurt → c 1 368
Rabbe, Horst → s 1 492
Rabbel, K. → iz f 2 544
Rabben, Otto → R 577
Rabbow, Gert → E 336
– Thomas → IZ O 2
Rabe, Eberhard Dr.med. → T 3 376
– Günter → u 512
– K.-H. → E 452
– Petra, Dr. → S 923
– Stephan, Dr. → I 76
Rabenhorst, Michael → H 258
Rabesa, Zafera A. → C 994
Rabinovitch, Avi → iz u 44
Rabu, R. → iz f 198
Rabus, G. Adolf → o 77
Racine, Hervé → IZ G 54
Rack, Theo Dipl.-Ing. → U 3 049
Rackelmann, Günter Dipl.-Kfm. → T 1 272
Rackowski, Chil → u 2 400
Rackwitz, Dieter Dr. → S 1 069
– Rainer → S 972
Radam, Martina Dr. → s 312
Radandt, Siegfried Prof. Dipl.-Ing. → T 1 370
Radau, Dieter Dr. → U 968, u 977
Radcke, Antje → u 2 103
Radde, Gerlinde Dr. → U 2 450
Radeck, Bernd → O 320
Radecke, Hans-Jürgen → T 759
Radek, Erwin Direktor Dr. jur. → k 204
– Erwin, Dr. jur. → k 217
Radeke, Uwe → H 754

Rademacher, Horst F. Dipl.-Ing. → S 976
– Imke → u 1 441
– Jens → E 113
– Lars → S 738
– Ludwig → b 60, D 80
Rademeier, Detlef → T 4 154
Raden, Hans-Joachim → t 3 102
– Michael → B 849
Radermacher, Berthold Dipl.-Ing. → M 1
– Birgitta → u 1 203
– D. → iz f 60
– Dirk → F 417, F 418, F 492
– F.J., Prof. Dr. Dr. → T 850
– Norbert → O 35
Raderschall, Ulrich → A 39
Rades, Rainer → B 501
Radestock, Jörg → o 683
von Radetzky, Eberhard → K 385
Radewahn, Peter → F 413
Radhauer, Hildegard → E 491
Rading, Herbert F. → B 450
Radke, Gudrun → h 696
– Heiner → U 1 894
– Roger → iz f 1 593
Radlanski, Heide Dr. → T 95
Radloff, Rainer Dr. → u 875, u 1 155
– W. → u 1 902
– Wolfgang → U 1 897
Radmann, Wolfgang → b 859
Radmer, Marianne → g 417
Radò, Àkos → iz o 225
Radonde, M.C. → iz t 480
Radonjic, V.B. → iz f 161
Radt, Wolfgang Dr. → a 128
Radtke, Detlef → s 649
– Marius, Dr. → s 299
– Peter, Dr. → U 2 017
– Udo → A 21
– Udo, Dipl.-Ing. → F 517
Radünz, Ekkehard → U 174
Radzinski, Oskar → U 2 849
Räbel, Dr. → B 396
Raeber, R. → IZ F 2 359
Raeburn, Jim → iz t 1 729
Räcker, Burkhard → g 341
Raedel, Torsten → U 1 503
Räder, Bertram → t 1 429
Raeder, Werner Dr. → A 29
Rädler, P. → T 2 583
Rähse, Gabriele → k 81
Räpple, Eugen → t 2 943
– Werner → q 5
Raese, Hans-Ulrich Dipl.-Chem. → U 107
Räth, Martin Dipl.-Betriebsw. → E 97
Raettig, Lutz Dr. → I 46, iz i 9
Raetz, Gerhard Dr. → U 99
Raetzell, Hans-Egon → K 325
Räuchle, M. → iz f 2 617
– Max → F 616
De Raeve, Paul → iz r 290
Raevuori, Markku → iz f 2 297
Raeymaeckers, Jacques → IZ F 818
Rafael, Armando Dr. → iz b 218
Raff, Albert → U 3 083
– Fritz → O 320
– Wilfried → Q 132
– Wolfgang → A 306
Raffel, Jutta → O 707
Rafikov, Alischer → c 1 373
Rafolt, Blaz → iz f 1 697
Ragaglini, Raffaello → IZ F 1 980, izf 1 986
Ragati, Manfred Dr. → U 1 616
– Manfred, Dr.jur. → u 1 128, U 1 709, IZ U 319
Raghunathan, Madabasi S. → IZ T 161
Ragno, Gino Dr.jur. → E 497
Rahe, Detlef Prof. Dipl.-Des. → t 1 434
– Horst → c 764
Rahimi-Laridjani, Eleonore Dr. → u 2 919
Rahlfs, Wilhelm → N 129
Rahm, Jürgen Dipl.-Verwaltungswirt (FH) → g 789
Rahman Khan, Jujibur → iz s 501
Rahmede, Manfred Dipl.-Ing. → E 157, e 159
Rahmen, Josef → O 624
Rahn, Axel C. Prof. Dipl.-Ing. → S 946
– K. H., Prof. Dr. → T 3 360
Rahoma, Mohamed → U 2 723
Raible, Manfred → r 420
Raimund, Paul → g 497, h 145
– Peter, Dipl.-Ing. → T 1 057
Rain, Bruno → iz f 1 329
Rainoff, Alexander M. → h 736
Rains, Colin → U 2 450
Raisch, Dieter → q 138
Raiser, Bernhard Dr. → T 373, T 380
– Brunhilde → U 1 278, U 1 316
– Thomas → IZ H 22, IZ H 65
Raithel, Hans Ulrich → Q 451

Raizner, Jürgen Dipl.-Betriebsw. (FH) → t 1 451
Rajar, Karl-Jürgen → u 4
Rajk, Judit → iz u 621
Rajki, Eva → iz h 472
Rajoy, Mariano → IZ B 241, iz b 247
Raka, Peter → C 1 146
Rakers, Heiner → f 307
Rakidzija, Branko → k 226
Raleigh, Kathryn → iz f 1 345
– Melle K. → iz f 445
Rall, Hans-Peter → k 214
Ralle, Christoph Dr. → R 191
Rallis, Dimitrios → IZ C 6
Rallo, Daniele → iz s 442
Ralston, Joseph W. → IZ W 3, IZ W 8
São Pedro Ramalhete, Manuel Dr. → iz b 219
Pinto Ramalho, José Luís → iz b 214
Rambacher, Richard H. → o 576
Rambousek, Heinz → IZ O 230
Rambow, Gunter Prof. → T 556
Rameau, Daniel → iz s 371
Ramekers, J. J. Drs. → IZ H 327, iz h 335
Ramel, Hans-Henrik → iz h 465
Ramelow, Bodo → a 81
Ramet, José Prof. → IZ S 65
Ramière, S. → iz f 2 619
Ramirez, Ariel → IZ U 120
– José → IZ R 268
Ramisch, Anett → S 1 286
Ramjoué, Heinz → h 725
Ramm, Hans-Christoph Dr. → r 911
– Hans-Jürgen → E 140
– Jürgen → N 187, U 318
– Walter → U 1 187
Ramme, Ludger → R 467, IZ R 224
Rammelsberg, Jürgen Dr.-Ing. → F 1 050
Ramms, Egon → A 21
– Kriemhild → U 1 241
Ramos, Carlos Matias → iz s 459
– Maura Mercedes → iz o 185
Ramos Lopez, Elba Dr. → IZ T 979
Ramos Pires, A. → iz t 490
Ramsauer, Kurt Dr. → T 3 831
– Peter, Dr. → A 52, A 68, E 556, U 2 198
Ramsay, Andrew V. → iz f 133
– David → IZ A 222
– Tuulikki → IZ U 302
– William → IZ L 141
Ramser, Klaus B. → H 699
Ramsey, A. → iz s 476
Ramthun, Gudrun Dr. → T 3 846
Ranc, F. → iz h 332
Randa, Gerhard Dipl.-Kfm. → IZ T 889
Randall, Frank → IZ K 35
– J. → IZ F 175
Randel, Burkhard → F 316
Randjic, Milivoj → IZ U 265
von Randow, A. 27
Randow, Anja → t 3 081
Rands, Michael Dr. → IZ Q 225
Randzio-Plath, Christa → U 2 057
Rang, Helene → E 388
van Rangelrooij, Pieter → iz s 534
Rangnitt, Cajsa Dr. → IZ S 149
Rangol, Dieter C. → F 835
Raninger, M. → IZ F 679
Rank → B 702
Ranke, Gunther → h 764
Ranker, Fred → h 502
Rankl, Harald → iz f 722
Ranner, Klaus → c 208
Ranson, Florence → IZ O 149
van Ranst, Leo → iz g 74
Ranta-aho, Pentti → E 269
Rantala, Eero Dr. → E 602
Rantalaiho, T. → iz f 2 245
Rantanen, J. → iz f 111
Graf zu Rantzau, Breido → U 2 608
– Johann → q 278
Ranze, Helmut → U 2 450
Rapaille, Roger → iz g 171
Rapazzini, Piero → iz f 2 561
Raphael, Detlef → D 240
Rapin, Eric → IZ M 75
Rapior, Birgit → I 33
Rapoport, Alexander → iz t 346
Rapp, Harald Dipl.-Wirt.-Ing. → L 36
– Norbert → t 3 055
– Werner → F 373
– Wilhelm → b 61, B 797, B 888
Rapp-Frick, Hans-Peter → E 157
Rappelt, Birgit → B 222
Rappert, Dieter Dipl.-Ing. → F 69, R 33, T 906, T 2 127, U 695
Rappolder, Marianne → T 1 834
Raps, Eva → Q 302
Raptopoulou, Marina → iz f 2 172
Raquet, Georg Dipl.-Ing. → T 2 638

Råsäter, Klas → iz s 285
Rasch, Adelheid → r 936
– Alois → U 81
– Georg → F 88
– Gerrit → f 774, f 775, U 3 101
– Hans-Jürgen → G 241, g 246
– Hansgeorg → i 31
– Joachim → I 124
– Karl, Dr. → U 102
– Margrith → Q 401
– Martin → O 583
– Thomas → f 109, f 115, F 988
– Walter → T 3 805
– Wolf, Dr.rer.nat. → T 1 061
Raschdorf, Heinz → S 681
Rasche, Elke → S 951
– Harald, Dipl.-Ing. → S 1 086
– Wolf-G., Dipl.-Verwaltungswirt → T 574
Raschka, Heinz Dr. → iz f 2 272
Rasen → B 773
Rasenberger, Dr. → h 216
– Herbert, Dr. → H 211
Rasimowitz, Walter → A 21
Rask, Maija → iz b 64
Raske, Heinz-Werner Dr. → k 92
Raskob, Simone Dipl.-Ing. → U 250
Rasmus, Hugo → U 985
Rasmussen, Anders Fogh → iz u 439
– J. Maltha → iz f 2 533
– Lisbeth → IZ T 874
– P. → IZ F 126
– Poul Nyrup → IZ B 38
Rasner, Carsten Dipl.-Betriebswirt (BA) → t 1 419
Raspe, Hans-Heinrich Prof. Dr.Dr.med. → T 3 397
Raspor, Peter → IZ T 327
– Peter, Dr. → iz t 355
Raßbach, Peter → U 1 175
Rastädter, Simeon → U 2 554
Rat, Hans → IZ M 232
Ratcliffe → iz f 2 057
Rateau, Jean-Jacques → iz a 15
Rath, Hans → G 90, g 688
– Heinrich → g 131
– Peter Dietrich → U 1 105
– Robert, Dr. → B 363
Rathert, Klaus → I 65
– Peter, Prof. Dr.med. → T 3 427
Rathery, A. → IZ A 213
Rathje, Michael Dipl.-Volksw. → F 604, U 640
Rathjen, Klaus H. Dipl.-Betriebsw. → h 5, U 911
Rathke, Karl-Heinz → F 787
Rathmann, Hans-Peter → T 2 637
Raths, Hermann Josef → C 1 286
Ratier, Alain → IZ T 245
Ratjen, Christian → I 46, i 51, I 143, iz i 9
de Rato y Figaredo, Rodrigo → IZ B 241, iz b 243
Ratschow, Karl-Werner Dr. med. → s 37
Ratschow, Jens-Peter Dr. → T 1 165, T 1 259
Ratso, S. → iz t 381
Rattia, Lauri → iz f 2 421
Rattinger, Hans Prof. Dr. → T 2 221
Ratz, Manfred → iz o 217
Ratzlaff, Marga → T 3 075
Ratzmann, Volker Rechtsanwalt → S 529
Rau, Christina → U 1 272
– Fritz H. → S 729, IZ S 293
– Hans-Hugo → S 269
– Helmut → b 6
– Helmut, Dr. → C 76
– Irmgard → R 901
– Johannes → A 1, A 2
– Johannes, Dr.h.c. → T 819
– Karin → E 349
– Peter → S 1 510
Rau-Bredow, Hans-Erich Dr.oec.publ. → T 2 358
Raub, Susi → iz g 219
Rauber, Helmut → R 502
– K. → T 2 244
– Karl → B 140
Rauch, Barbara → M 102
von Rauch, Burkhart → f 631
Rauch, Ernst Peter Dipl.-Volksw. → E 142
von Rauch, Friedrich-W. → I 66
Rauch, Jürgen Dr.-Ing. → S 832
– Ralf → D 76
– Volker → E 456
Rauchfuß, Martina Dr. med. → T 3 386
Raue, Ursula → o 14
– Wolfgang → h 745
Raueiser, Stefan Dr. → U 1 424
Rauen, Dipl.-Ing. → T 1 162
– Hartmut → F 629, f 642
– Hartmut, Dipl.-Ing. → f 649

Fortsetzung nächste Seite

Rauen (Fortsetzung)
- Peter → A 39, A 52, U 2 114
- Peter, Dipl.-Ing. → R 241
Rauert, Constanze C. → D 105
Rauffus, Christian → E 132, f 407
Rauh, Horst → D 146
Rauhe, Hermann Prof. Dr. → IZ T 776
Rauhöft, Uwe → S 680
Rauhut, Burkhard Prof. Dr. → T 1 968
- Nicole → A 23
- Stephan → r 243
Raulf, Michael → F 225
Rault, André Dr. → IZ T 263
Raum, Claudia → R 843
- Georg, Dipl.-Volkswirt → E 64
Raumolin, Heikki → iz l 8
Raun, Vagn T. → iz i 30
von Rauner, Gaby → T 484
Rauner, Gert → f 439
Raunitschke, Christa → K 298
Raupach, Christian → q 271
- M., Prof. Dr.-Ing. → t 2 060
- Thomas → O 528
Raus, Carlo → iz p 14, iz q 23
Rausch, P. → iz t 489
- Willi → F 443, IZ F 1 162
Rauschelbach, Burghard → s 1 463
Rauschenbach, Dirk → T 2 078
Rauscher, Bert Dr. → E 493
- Klaus, Dr. → I 13
- Thomas, Prof. Dr. → S 615
Rauschnabel, Johannes Dr. → U 1 502
Rausis, Jean-Pierre → iz u 789
Rauskolb, Diethard → b 33
Rautenberg, Erardo Cristoforo Dr. → B 819
- Erika → r 569
- Hans Günter, Prof. Dr. → T 584
Rautenkranz, Heinz → T 3 676
Rautenschlein, Peter → h 70, H 207
von Rautenstrauch, Ludwig Theodor → T 1 116
Rautenstrauch, Roland Dr. → Q 644
Rauter, Henry → E 24, F 512
- Marianne, Dipl.-Kauffr. → T 2 884
Rauterberg, E. Prof. Dr. → B 594
Rautert, J. → B 784
Rautmann, Peter Prof. Dr. → T 441
Ravaioli, L. → IZ F 1 604
Ravara, Artur → iz s 543
Ravasio, Giovanni → iz a 24
Rave, Horst → S 1 182
- Karl-Jochen → q 272
- Klaus, Dr. → I 33
Raven, Marianne M. → U 2 076
Ravené, Hans-Jörg Dipl.-Kfm. → f 172, r 72
Ravens, Bernd → B 329
- Karl → U 418
Ravenstein, Marianne Dr. → O 408
Ravior, Wolfgang → Q 133
Rawcliffe, Ian → u 2 514
Rawe, Reinhard → u 2 462
Rawlings, Carl → iz f 863
Ray, Tapash → IZ S 617
Rayagra, José → IZ S 405
Raymond, Iris → c 28
- Petra, Dr. → u 2 910
Raynaud, Joel → IZ U 585
Read, Tony → IZ F 1 829
del Real Martin, J. → iz u 168
Reale, Clemente → iz o 224
- Maurizio → iz q 20
Rebbe, Gabriele → Q 469
Rebbelmund, Bruno → U 3 090
Rebbert, Katrin → U 2 450
Rebens, Bernd → t 4 116
Rebensburg, Thomas → s 1 292
Rebhan, Erdmute Dipl.-Politologin → A 35
Rebholz, Horst → f 370
- Reiner, Dipl.-Vw. → g 167
Rebscher, Herbert → K 160, K 179
Rebscher-Seitz, Horst Dr. med. → s 144
Rech, Bernhard → G 93
- Detlef → g 229
- Helmut, Prof. Dr.-Ing. → T 1 147
- Heribert → b 5
Rechentin, Uwe → IZ F 2 082
Recht, Georg → A 20
Rechten, Claudia → S 958
Reck, Angelika → U 1 445
- Heinrich, Dr. → T 2 690
v. der Recke, Adalbert → u 1 066
Recke, Peter → O 645
Recker, Heinz-Josef → M 228
Reckers, Carl → H 387
- Hans, Dr. → i 7, l 143
Reckinger, Paul → iz g 46
Reckleben, Karsten → T 1 940
Recklies, Karin → s 399
Reckmann, Hiltraud Dr. → o 140

Recknagel, Carsten Dipl.-Geogr. → T 1 091
Recktenwald, Helmut → r 933
- Udo → B 140
Recq, R. A. Jean-Gabriel → E 457
Recreo-Jimenez, Fernando → iz t 676
Reddig, K.-H. → U 352
Reddmann, Lutz → t 4 015
Reddy, Liam C. → IZ O 96
Redeker, Hanns-Jürgen → q 142
- Kurt, Dr.-Ing. → T 1 165, T 1 286, T 1 330
Redel, Martin Christoph Prof. → O 72, T 454
Redelbach, Ernst → b 529
Redemann, Ilse → u 1 287
Reding, Kurt Prof. Dr. → t 4 060
- Viviane → IZ A 1
Redley, Rémi → S 685, iz s 248
Redlich, Jens → Q 348
Redman, Andrey Dr. → iz t 222
Redmann, Detlef → r 908
Redmer, Axel → t 963
Redmond, Paul → iz h 231, iz h 248
Reeb, Leonhard → N 283
Reed, A.H. → iz g 195
- J. → iz h 307
- J. W. → iz f 1 273
Reeh, Willi → U 2 602
Reeken, Michael Prof. Dr. → U 1 181
Reeker, Carlo → L 39
- Detlef, Dr. → E 170
Reelfs, Dirk → b 160
Reelmann, Petra → m 132
Reents, Heinrich Prof. Dr. → U 177
Reepalu, Ilmar → iz u 57
van Rees, C. J. Drs. → IZ I 44
Rees, DL → IZ F 2 136
Reese, Eckard Dipl.-Ing. → q 88
- Martin → b 539
- Sigrun → H 288
- Steffen → q 193
Reetz, Christian Dipl.-Ing. → U 332
- Hartmut E., Dipl.-Ing. → F 991, iz f 1 860
- Ingo, Prof. Dr. → Q 582
- Manfred T., Prof. Dr. → t 129
Refisch, Bruno Prof. Dr. → T 899
Regd, Dick → IZ F 1 313
Regel, Manfred → m 34
van Regenmortel, M. H. V. Dr. → IZ T 170
Regensburger, Hermann → b 17
Regli, Barbara → iz h 379
Regniers, G. → iz h 344
Regtmeier, Bernd → o 677
Reh, Herbert → E 195, H 221
- Jochen, Dipl.-Chem. → t 1 826, t 1 827
Rehaag, Regine → Q 635
Rehahn, M. Prof. Dr. → T 1 931
Rehbein, Heinrich → U 251
Rehberg, Eckhardt → A 59, U 2 114
- Günter, Dipl.-Ing. → L 17
- Karl-Siegbert, Prof. Dr. → T 2 234
- Peter H. → F 68
Rehbinder, Manfred Prof. Dr. → T 3 594
Rehder, Helga Prof. Dr.med. → T 3 323
- Stefan → U 1 637
Rehders, Hartmut → K 16
Reher, Rüdiger → q 276
Rehfeld, K. Heinrich Dipl.-Volkswirt → K 63
Rehfeldt → g 335
Rehkopf, Kurt → G 15, G 114
Rehlinger, Constantin Dipl.-Volksw. → g 270
Rehm, Carla → O 219
- Gebhard → S 615
- Hannes, Dr. → I 22
- Hannes, Prof. Dr. → A 202
- Monika → t 3 091
- Roland, Dr. → IZ S 227
- Simone, Dr. → O 322
Rehmann, Gerhard Dr.Dr. → S 269
- Jürgen → K 10
Rehmenklau-Bremer, Christl → T 757
Rehnelt, José-Volker → E 257
Rehnig, Jens-Uwe → O 384
Rehnström, Peter → IZ U 2, iz u 7
Rehora, Jan → iz q 97
Rehren, Olaf → U 1 301
Rehrmann, Ulrich → E 170
Rehulka, Elisabeth → iz n 58
- Mario → iz f 2 108
Reiblich, Dietrich Prof. Dr.-Ing. → U 102
Reibstein, Astrid → O 59
Reich, Erich Dipl.-Ing. (FH) → g 488, g 491, g 492, h 137, h 140, h 202, h 203, h 213, H 619, q 92, q 93
- Frank → o 31
- Hanns, Dipl.-Ing. → c 1 004
- Hans W. → I 35
- Helmut → H 224
- Marianne → s 353
- Siegfried → B 849

Fortsetzung nächste Spalte

Reich (Fortsetzung)
- Utz-Peter → IZ T 560
- Wolfgang → Q 772
- Wolfgang, Dipl.-Kfm. → T 3 768
Reichardt, Bernd → g 346, g 378
- Claus, Prof. → T 467
- Gerd → h 593
- Hans-Jürgen, Dr. → E 31
- Jens → Q 46
Reichart, Götz → k 47
Reiche, Johannes → s 1 300
- Katherina → U 2 114
- Steffen → b 46
- Thomas → f 742
Reiche-Kurz, Katrin → N 122
Reichel, Christina → t 3 213
- Dietmar, Prof. Dr.-Ing. → T 717
- Günter → I 108, O 593
- Hans Peter, Dr. → A 23
- Jürgen → g 198
- Monika → O 413
- Roland → T 1 377
- Udo → g 516
- Wolfgang, Dipl.-Volksw. → f 21, F 122, f 124, F 139, T 904
Reichelt, Dr. → A 319
- Johannes, Prof. Dr. → t 1 568
- Rudolf, Prof. Dr. → T 1 002
Reichenbach, Horst → iz a 35
- Klaus → T 846
Reichenberger, Klaus Dipl.-Ing. → s 940
Reicherl, Patrizia → T 647
Reichert, Arne Dipl.-Ing. → R 267
- Dieter → F 293
- Friedrich → U 3 038
- Gerhard → b 100, s 362
- Hans-Joachim → I 11
- Ilona → K 315
- Irene → T 1 237
- Karlheinz → K 315
- Peter → T 2 991
- Renate → s 816
- Uwe → h 777
- Werner → F 66
Reichert-Garschhammer, Eva → U 1 575
Reichhardt, Bernd → E 82
Reichhart, Robert Dr. → u 72
Reichhold, Hartmut → U 965
Reichl, Hans → o 676
- Herbert, Prof. Dr. Ing. Dr.-Ing. E.h. → t 200
- Udo, Prof. Dr.-Ing. → t 111
Reichle → b 464
- Hans-Walter → g 323
- Helmut → g 166
Reichling, Ursula → B 831
Reichmann, Hans-Peter → O 174
- Michael → O 367
- Thomas, Prof. Dr. → T 2 462
Reichmuth, Christoph Dr. → a 159
- Gerd → g 487
Reichstein, Bernd → O 543
- Hans-Joachim → s 328
- Volker → H 594
Reichwald, Ralf Prof. Dr. Dr.h.c. → T 1 165
- Ralf, Prof.Dr. Dr.h.c. → t 4 045
Reid, James E. → T IZ 978
- John, Dr. → iz b 118
- Margaret → IZ U 310
- N. → IZ T 234
- Tom → IZ M 3
Reidenbach, Erich → o 680
- Ulrich → o 247
Reiderman, Paul → IZ A 227
Reif, Adelbert → T 791
- Jürgen, Dipl.-Phys. → B 365
Reifel, Klaus → S 974
Reifenberg, Alfred → E 151
- Wolfgang, Dr. → u 2 539
Reifenhäuser, Uwe Dipl.-Ing., Dipl.-Wirt.-Ing. → T 4 150
- Uwe, Dipl.-Ing., Dipl.-Wirtsch.-Ing. → E 179
Reiff, Eberhard → E 2, E 30
- Eberhard, Dr.-Ing. → E 151
- Herbert → u 2 824
Reifgerste, Birgit → IZ T 916
Reifig, Jürgen → F 88, T 258, t 270, iz f 1 122
Reifner, Udo Prof. Dr. → U 767
Reijnders, Fred → iz m 95
Reijzer, Hans → IZ T 821
Reil, Emma Margarete → T 3 221
- Peter → T 2 621
Reiland, Wolfgang Dipl.-Ing. (FH) → t 1 208
Reilemann, Helmut → N 154
Reiling jun., Bernhard → h 290
Reiling, Norman → U 2 780
Reim, Dagmar → O 301
- Erich → u 1 878
- Grita → s 774
- Hartmut → B 676

Reimann, Aribert → T 2 960, t 2 972
- Axel, Dr. → K 304
- Gerald → n 51
- Gerd, Dipl.-Psych. Dr. → T 2 845
- Manfred → H 208
- Norbert, Dr. → R 478
- Rainer → U 1 273
Reime, Roland → K 36, K 278
Reimen, Marcel → IZ A 191
Reimer → s 331
- Bernd → o 246
- Holger → r 501
Reimerink, Gerard → iz f 547
Reimers, Dirk → b 72
- F., Dr. → T 1 366
- Gerhard, Dr. → R 732
- Josef → O 1
- Peter, Dipl.-Volkswirt → P 17
- Rolf → u 1 062
- Sönke → N 146
- Stephan, Dr. → u 2 290
- Ulrich, Prof. Dr.-Ing. → T 1 958
- Walter, Prof. Dr. → T 563
Reimert, R. Prof. Dr.-Ing. → T 1 923
Reimherr, P. → Q 299
Reiml, Hans-Joachim → G 54
Rein, Bernd Dipl.-Sozialpädagoge → s 580
- Dirk, Dr. → T 1 291
- Udo → s 66
Reina Martin, Antonio → IZ H 538, iz h 548
Reinartz, Burkhard → U 2 631
Reinauer, Hans Prof. Dr. → T 3 278
- Hans, Prof. Dr.med. → t 2 070, T 3 417
Reinbold, Klaus-Jürgen → U 2 378
Reincke, Horst Dipl.-Ing. → s 839
- Wilhelm → U 2 602
Reinders, Wolfgang → g 512
Reindl, Walter Dr. → K 10
Reindorf, Bernd → U 354
Reineck, H. → S 136
Reinecke, Dieter → o 657
- Karl Heinz, Dipl.-Ing. → IZ S 394
- Thomas → IZ U 580
Reinefeld, Arnd Dr.rer.nat. → T 1 888
Reineke, Wolfgang → O 573, S 742, U 1 167
Reinel, Helmut Dr. → N 108
Reinelt, Joachim → u 2 351
Reinemann, Rolf → U 2 182, u 2 190
Reiner, August Prof. Dr. → T 3 923
- Gerhard, Dipl.-Sozialw. → f 733, r 153
- Thomas → T 1 137
Reiners, Andreas Dr. → f 404, h 175, u 440
- Klaus → S 685, iz s 248
von Reinersdorff, Wolfgang Dr. → O 384
Reinert, Adrian Dr. Dipl.-Sozialw. → T 818
- Bernd → T 3 949
- Emmanuel → IZ K 1
- Uwe, Prof. Dr.-Ing. → t 1 756
Reingen, Klaus → F 483
- Klaus, Dr. → iz f 2 169
Reingruber, Hannes → E 62
Reinhard, Dieter Dipl.-Volksw. → S 622
- Elisabeth → S 574
- Marcel → R 504
- Michael → S 555
Reinhardt, Charima → A 6
- Erich R., Prof. Dr. Ing. → IZ F 984
- Erika → U 2 182, u 2 183
- Frank → r 290
- Gert J. → T 1 313
- H.-J., Dipl.-Betriebsw. → E 93
- H.-W., Univ.-Prof. Dr.-Ing. → t 2 041, T 2 083
- Holger → S 1 511
- Jakob, Dr. → U 3 016
- Klaus-Peter → r 624
- Lothar → E 39
- Matthias → S 692
- Michael → T 4 179
- Reiner → E 62
- Uwe, Dr. → b 115, u 879
Reinhart, Jürg → I 104
- Petra → O 121
Reinheimer, Karl-Heinz → U 438
Reinhold, Arno → u 996
- Dieter, Prof. Dr. med.habil. → N 28
- Dieter, Prof. Dr.med. habil. → n 48
- Friedemann → u 2 242
- Ingrid, Dipl.-Lehrerin → t 1 508
- Peter, Dr.-Ing. → T 717
Reinholz, Dieter Dr. → d 32
Reiniger, Wolfgang Dr. → D 71
Reining, Robert Dr. med. → T 3 436
- Robert, Dr.med. → T 3 437
Reinke, Wilfried Prof. Dr. → T 670
Reinking, Jürgen → U 414
Reinknecht, Gottfried Dr. → T 2 303
Reinl, Werner Dipl.-Ing. → f 279
Reinoso, C. → iz f 122

Reinstein

Reinstein, Jerome A. → IZ F 2 557
Reinstorf, Peter → u 2 614
Reintke, Christina → e 209
Reinwald, Manfred → H 288
Reinwand, Monika → IZ F 2 530
Reis, João → iz f 2 289
– Karl Eugen, Dr. → S 729
– Sieglinde → U 1 278
Reisbeck, Franz Dipl.-Volksw. → o 614
Reisch, Ludwig Prof. Dr. → T 3 724
– Peter → e 54
Reischauer, Karin Dr. → U 180
Reischauer-Kirchner, Erika → b 133
Reischl, Hans → H 308, P 5
– Hans, Dipl.-Kfm. → P 1
Reise, Karsten Dr. → A 148
Reisen, Wolfgang Dipl.-Ing. → d 144
Reisener, Bernd → u 2 130
Reiser, Bernd Dipl.-Ing. → g 357
Reisert, Philipp Dr. → F 582
Reiss, Gerhard → h 744
Reiß, Günter Dr. → O 322
Reiss, Hans-Christoph Prof. Dr. → O 628
Reiß, Horst → U 850
– Peter → n 89
– Rüdiger, Prof. Dr.-Ing. → t 1 661
Reiß-Jung, Vera → b 137
Reissenberger, Michael → O 322
Reissert, Bernd Prof.Dr. → T 414
Reißig, Robby → s 1 548
Reißmann, Uwe Dipl. Soz. Päd. (FH), Betriebsw. → T 629
Reissner, Helmut Dr. → H 234
– Hilmar → r 284
Reitemeier, Dirk → b 43
Reiter, Josef Prof. Dr.phil. → T 598
– Peter O. → T 1 065
– Robert → u 799
– Roger → T 3 106
– Thomas P. → S 738
– Udo, Prof. Dr. → O 288, O 300
– Werner → u 1 676
Reith, Barbara → N 64
– Gerold → u 2 512
– Richard → T 2 884
Reither, B. → T 3 372
Reitis, Dirk Dipl.-Ing. → L 59
Reitter, Elmar Dipl.-Ing. → L 53
Reittinger, Wolfgang J. Dr. → S 728
Reitz, Brigitta → U 1 615
– Eva-Maria → iz u 693
– Oliver, Dipl.-Geogr. → s 1 465, s 1 480
– Sonja, Dr.med. → T 2 781
Reitzel, Michael → d 251
Reitzig, Hans-Jürgen Dipl.-Volksw. → E 151, T 2 245
Rekewitz, Torsten → u 2 228
von Rekowski, Anja → U 2 450
Rektorik, Ralf → u 1 470
Rekus, Jürgen Prof. Dr. → T 2 191
Relander-Heinonen, Siv → iz m 86
Rellsve, Tom → iz s 538
Remaklus, Hermann M. → I 28
Rembges, Wolfgang Dr. → f 524
Remé, Thomas M. Dr. → T 3 578
Remer, Wolfgang → u 2 461
Remes, Friedrich W. Dr. → F 222, g 202
Remetey-Fülöpp, Gábor → IZ T 172, iz t 190
Remkes, Johan → iz b 192
Remlein, Johann → B 491
Remm, H. → T 2 568
Remmel, Friedhelm → U 858
– Helve → iz f 2 375
– Ulrich → s 1 333
Remmers, Walter → u 1 774
Remmerssen, Peter → O 528
Remmert, Meinolf → U 2 086
van Remoortere, Francis → IZ H 85
Rempe, Franz → T 3 725
– Gerhard, Prof. Dr. → t 162
Rempel, Gerhard → u 2 417
– Wolfgang F. → E 188
Rempke, Volker → r 798
Remsperger, Hermann Prof. Dr. → I 1, T 2 225
Remy, Alfred → h 30
Renard, Jacques → E 459
– Jochen, Dipl.-Volksw. → E 157
Renatus, Gabriele → S 1 505
Rendenbach, Hanns → IZ F 1 064
Renders, R. S. → iz f 109
Rendke, Christian Dipl.-Lw. → Q 589
Rendle, Bernd → G 48
Rendlen, Michael → F 417
Rendler-Bernhardt, Volker → s 760
Renelt, Michael → T 1 552
Renfert, Cornelius Dr. → c 768
Renger, Annemarie Dr. → T 2 222, U 1 876
Rengers, Guido → F 835

Rengsdorf, Karlheinz → q 61
Renka, Michael → c 611
Renken, Karl-Heinz → u 950
Renken-Röhrs, Gabriele → S 615
Renn, Herbert → n 53, T 2 323
– Jürgen, Prof. Dr. → t 173
– Ortwin, Prof. Dr. → T 864
– Stefan → u 1 840
Rennebaum, Horst → H 773, h 775
Renneberg → A 33
– Wolfgang → T 1 247
Rennefeld, Dirk-Jens → O 321
Rennenkampff, Key → iz u 251
Renner, Andreas → U 2 114
– Anja → q 533
– Eberhard, Dr. → Q 243
– Karl N., Prof. Dr. → t 3 700
– Maria → s 493
– Matthias → T 3 113
– Thomas, Dr. → s 552
– Ulrich → O 95
Renner-Helfmann, Ulrike → K 267, K 268
Rennert, Jörg → S 1 589
Renninger, Ernst → e 89
Renoldner, Thomas → IZ O 32
Rens, Jos → iz o 80
Renschler, Melanie Dipl.-Kff. → F 182
Rentel, Dirk → s 1 536
Rentmeister, Ute → T 3 479
Rentner, Heinz Dr. → IZ M 193
Rentrop, Gert-Heinz Dipl.-Kfm. → f 744
Rentsch, Christian Dr. → U 194
– Florian → u 2 224
– Harald → d 17, d 48
Rentschler, Lothar → O 543
Rentzmann, Klaus → r 878
Rentzsch, Frank → Q 4, q 19
Renz, Jonas → IZ U 429
– Klaus, Dr. → k 224
– Rodolfo → E 257
– Stefan, Dipl.-Ing. → F 945
Renze, Christian → U 772
Renzow, Torsten → n 17
Repansek, Janez → n 265
Repetto Talaverra, Elvira Prof. Dr. → IZ T 979
Repgen, Konrad Prof. Dr. → U 3 091
Repnik, Ewald → H 666
– Friedhelm, Dr. → b 12
– Hans-Peter → A 39, A 52, U 2 114
Repp, Gerhard → G 71
– Ludwig → g 374
– Roland → E 91
Reppas, Dimitrios → iz b 92
Reppelmund, Hildegard → I 113
Repplinger, Paul H. → E 196, H 308, H 322
Resch, Franz Prof. → T 2 782
– Jürgen → Q 361, Q 611
– Karl-Heinz → k 163, k 182
– Karl-Ludwig, Prof. Dr. → T 2 322
– Thomas → g 670
Reschke, Hans Hermann → E 239, IZ R 27
– Karl → E 112
Resemann, Bernhard → s 61
Reske, Jöran → F 625
– Rüdiger → U 239
Ress, Stefan → E 110
Reß, Wolfgang → R 119, R 157, r 189
Ressel, Willi → U 612
Ressos, Alexander → S 615
Restoy, Emilio → iz f 1 329
Rethemaier, Claudia → u 1 222
Rett, Rosemarie → t 3 079
Rettberg, Christian → k 69
Rettemeier, Josef → IZ F 2 530
Rettenberger, Gerhard Prof. → T 1 369
Rettenmeier, Hermann Dr. → T 3 669
Rettenmeier, Josef Dr. → f 33, F 787
Retterath, Marion → U 266
Rettich, Günther → k 92
Rettig → A 27
– Günter → u 1 430
– Guido, Dr.-Ing. → T 1 988, T 1 995
– Karl-Heinz → g 490, h 139
– Ralph → N 59
– Rolf, Prof. Dr. → t 4 075
Reubelt, Reimund Dipl.-Ing. → U 2 096
Reuderink, Maarten → h 429
Reul, Herbert → u 2 126
Reumann, Peter → K 178
Reuning, Jürgen → IZ F 1 064
Reusch, Jürgen → F 617, H 80
Reuschlein, Christa → E 484
Reuß, Johannes Dr. → G 110
Reuss, Sabine → U 2 450
Reuße, Michael Dipl.-Phys. → t 1 178, t 1 224
Reuter → T 657
– Alfons → u 1 071
– Bernd → U 2 095

Fortsetzung nächste Spalte

Reuter (Fortsetzung)
– Diana, Dr. → T 4 044
– Gert-Dietrich → f 906, f 928, f 960, t 2 095, t 2 115, t 2 124
– Hans-M. → f 1 041
– Hans-Reinhard, Dr.-Ing. → s 1 005
– Hermann, Dr. → IZ I 25
– Jürgen → R 158, T 2 993, U 1 619
– Konrad, Dr. → A 39
– Peter → g 271
– Peter, Dipl.-Ing. → S 1 001, s 1 007
– Uwe, Dr. med. → t 2 777
– Uwe H. → T 3 757
– Wolfgang → T 3 770
– Wulf H., Dr. → D 220
Reuters, Hermann → U 307
Reuterskiöld, Marianne → iz t 552
Reuther, Carl-Friedrich → f 1 029
– Eberhard → F 1, f 40, F 629, iz f 2 268
– Hans J., Dr.jur. → E 26
– Paul, Dr. med. → T 2 836
– Wolfgang → u 2 560
Reutner, Friedrich Prof. Dr. → E 26
Révah, I. Dr. → IZ T 1
Revell, Brian → R 247
Revermann, Christa → T 95
Revilla, C. Hernandez → IZ F 873
Graf von Rex, Caspar → T 420
Rex, Erhard → B 835
Rex-Strater, Regina Dipl.-Betriebsw. → T 741
Rexer, Günter Prof. Dr.-Ing. → T 674
– Karl-Heinz → T 2 621
Rexin, Manfred Dr. → O 364
Rexing, Eva-Maria → L 78
Rexrodt, Günter Dr. → u 2 203
Rey, Jean → IZ M 233
Rey Salgado, Juan Carlos → iz a 126
van der Reýd, Joël E. → iz h 545
Reyels, Rüdiger Dr. → C 125
Reymann, Wolfgang → t 2 513
Reymond, Eric Dr.med. → IZ S 68
Reynders, Didier → iz b 27
– Robert → IZ A 222
Reyners, Patrick → IZ L 48
Rezig, Abdelouahab → iz v 3
Rheborg, Carl Axel → IZ N 44
Rhein, Axel → T 2 184, t 2 287, t 2 401
– Irmtraud → U 1 234
von Rheinbaben, F. Dr. → T 3 341
Rheinbay, Paul Prof. Dr.theol. → T 694
Rheinberger, Hans-Jörg Prof. Dr. → t 173
Rheindorf, Horst Joachim Prof. Dr.med. → S 1 259
Rheinheimer, Stefan → u 1 887
Rheinländer, Achim → U 3 048
Rhode, Wolfgang → k 229
Rhodes, G. → IZ F 271
Rhomberg, Walter Heinz → c 374
Rhys, Martin → o 158
Riabov, S.N. Prof. Dr. → iz t 398
Ribas, J. → iz f 2 415
– Jaime → IZ F 2 404
Ribault → iz f 2 053
– J. → iz f 1 189
Ribe-Pons, Josep → IZ T 971
Ribeiro da Fonseca, João → IZ M 222
Ribeiro Neto, Durvalino → iz f 1 741
Ribera d'Alcala, Ricardo → IZ A 183
Ribeyron-Montmartin, A. → iz f 454, iz f 1 056, iz f 2 498
Ribitzki, Dieter → B 443
Ricci, Renato Angelo Prof. → iz I 11
Ricci Bitti, Francesco → IZ U 567
Ricciolino, Carmine → iz f 546
Ricco, G. → iz g 97
Rice, B. → iz t 703
Richard, Alain → iz b 76
– Charles-Hervé → iz f 2 298
– Heinrich, Dr.-Ing. → T 818
– Jörg → u 1 466
Richards, Bill → IZ N 42
– Mary Dean Turner → c 551
Richardson, David → iz e 14
– Hugh → iz a 14
– John → IZ U 673
Richardsson, David → IZ A 222
Richardt, Gertraud Dipl.-Psych. → S 1 506
– Hans Dieter → A 133, k 89, K 329
Richarts, Erhard → Q 304
Richler, Werner Dr. jur. → U 375
Richmann, Alfred Dipl.-Volksw. Dr. → L 35
– Friedrich → h 698
Richter → U 324
– Alexander → U 1 031
– Andrea → u 1 331
– Andreas → E 239, o 661
– Andreas, Dipl.-Volksw. → E 31
– Bernd → u 829

Fortsetzung nächste Spalte

Richter (Fortsetzung)
– Birgit → m 191
– Bodo, Dr. → b 164
– C. M. I. → iz t 423
– Dieter, Dr. → R 921
– Eberhard → T 887
– Eckart, Prof. Dr. → T 3 390
– Edgar → k 210, u 1 943
– Elke → IZ U 183
– Ernst-Joachim, Dr. → R 832
– Frank → R 377, t 2 929
– Georg, Dipl.-Volksw. → s 652
– Gerd → S 393, s 408
– Gerhard → F 453, m 159, t 348, T 2 640, u 2 197
– Gerhard, Dr. → t 2 417
– Gert, Dr. → O 226
– Gudrun → o 103
– Gunter → O 269
– Ha.-Jo., Dipl.-Ing. → T 1 264
– Hans-Juergen, RA Dr. → H 2
– Hans K. → U 1 921
– Hans-Peter, Prof. Dr.med. → T 3 362
– Hans-Roland → U 637
– Hans Wilfried, Dipl.-Betriebsw. → m 53, m 68, M 185
– Harry → u 1 354
– Hartmut, Dr. → G 6, G 7, G 108
– Heidrun → E 553
– Heidrun, Prof. → T 461
– Heimo → C 205
– Heinz → g 600
– Hermann, Dr. → T 2 462
– Horst → D 86, s 1 446
– Horst, Dr. → E 581
– Horst-Eberhard, Prof. Dr. Dr. → T 2 874
– Ingo, Prof. Dr. → t 2 420
– Jens → h 746
– Jochen → h 766
– Katja → U 1 600
– Klaus, Dr.-Ing. → t 1 610
– Klaus, Prof. Dr. → T 1 254
– Kurt-Wolfgang → o 609
– Manfred → t 3 094
– Marlies → u 1 326
– Monika → s 105
– Norbert → U 111
– Oswald → u 2 634
– Pim → T 1 863
– Reinhard, Dipl.-Volksw. → G 121
– Robert → IZ O 33
– Rolf → K 44
– Siegmar → M 325
– Stefan → Q 473
– Sybille → U 1 176
– Thomas → O 584, t 3 006, u 1 632
– Torsten → U 2 041
– Wilfried → C 405
– Willibald → iz u 772
– Winfried, Dr. → t 3 975
– Wolfgang → S 1 369
– Wolfgang, Prof. Dr. → t 1 328
Richter-Appelt, Hertha Prof. Dr. → T 3 246
Richter-Reichhelm, Manfred Dr. med. → S 138, s 140
Richthammer, Herbert → S 1 576
von Richthofen, Dieprand Dr. → T 503
Frhr. von Richthofen, Hermann Dr. → E 479
von Richthofen, Manfred → U 2 450
Richwien, Roland → b 189
Rick, Heidi Dipl.-Ing. (FH) → t 1 106
– Matthias, Dr. → u 2 984
– Oskar, Dr. → h 126
– Thomas → H 631
Rickard, Hugh → iz u 445
Ricken, Thomas → U 3 024
Ricker, Reinhart Prof. Dr. → T 3 699
Rickertsen, Reinhard → R 958
Rickheit, Gert Prof. Dr. → T 429
Rickinson, Bernhard Dr. → iz t 523
Rico, Gloria → IZ T 971
Ricupero, Rubens → IZ V 28
Rid, Jens H. → h 530
De Ridder, Pim → IZ F 940
de Ridder, Pim → iz f 941
Ridderbusch, Gerhard → u 1 835
Ridsdale-Saw, Julia → IZ T 543
Riebe, Konrad Wilhelm → K 324
– Martin → iz q 229
Riebel, Jochen → B 82
Riechers, Albrecht → E 604
Riechey, Gunter Dr. → S 757
Rieck, Michael → Q 661
– Peter → l 16
– Wolf, Prof. Dr. → T 669
Riecke, Jost → u 464, U 2 072
– Norbert → U 552
Rieckmann, Hans Georg → E 2
– Hans Georg, Dipl.-Kfm. → E 221, E 229

Ried, Elke → O 240
Riede, Peter → R 475
– Rudolf → B 410
Riedel, Angelika → R 453
– Bernhard → H 625, m 82, m 103
– Eibe, Prof. Dr. → T 604
– Elke → q 277
– Gert, Dipl.-Ing. → E 65
– Helga, Dipl.-Math. → K 45
– Ingo, Dr. → E 62
– Konrad → k 155, s 374
– Manfred → t 2 809
– Siegfried → s 588
– Thomas, Dipl.-Kfm. → h 27
– Werner → U 1 426, u 1 427
– Wolfgang → s 1 227
Rieder, Hans-Joachim → K 44
– Ignaz → f 105, r 58
– Norbert, Prof. Dr. → Q 399
von Riederer, Josef → H 151, IZ H 85
Riederer, Mercedes → T 3 919
– P., Prof. Dr. → T 3 291
Freiherr Riederer von Paar, Josef → H 2
Riediger, Eckart → Q 242
Riedinger, Rudolf Dr. → U 455, u 456
Riedl, B. Dipl.-Ing. → U 765
– Ernst → iz f 511
– Georg → N 115
– Herbert, Dipl.-Volksw. → f 334, f 364
– Michael, Dipl.-Braum. → t 931
– Rainer → B 220
Riedlbauer, Jörg Dr. → O 114
Riedlinger, Jürgen m 55
– Raoul, Dr. → s 650
Riedmaier, Theresia → N 171
Riedmüller, B.-R. Dipl.-Kfm. → T 2 182
Riefenstahl, Peter → S 1 064, s 1 216
Rieffel, Nicolas-Pierre → iz a 184
Riefler, Heiderose → O 65
Rieg, Mona → Q 587
– Siegfried → K 265
Riege, Carsten → T 590
Riegel, Christian → t 3 238
Riegelmeyer, Hermann → E 129
Rieger, Andreas → S 738
– Dietrich, Dr. → Q 3, T 2 652, U 621
– Erich, Dr. → T 2 959
– Franz → U 2 602
– Franz Herbert, Prof. Dr. → T 416
– Gregor, Dr. → S 531
– Hansjörg, Dr. → E 16
– Josef → T 668
– Jürgen → T 2 750
– Reinhard, Dr. → E 64
– Siegmund → L 55
Riegermann, Jürgen → k 399
Riegert, Bernd → o 286
– Carsten → U 1 238
– Christof → U 773
Riegger, Georg → u 2 561
Riegraf, G. Prof. → T 3 797
Rieh, Wolf Dr. → T 3 398
– Wolf, Dr. med. → T 3 398
Riehl, Berthold → B 889
– Herbert, Dipl.-Ing. → S 1 000
– Josef → O 690
Riehle, Harald → R 191
– Wolfgang, Dipl.-Ing. → S 791
Riehm, Gerald Dipl.-Ing. → B 451
– Hans-Joachim, Dipl.-Hdl. → I 65
Riehmer, Erhard → M 208
Riek, Werner → R 103
Rieke, Jörg → Q 326
Rieker, Ralph → f 822, T 2 146
Riekötter, Hermann → t 3 175
Rieks, Annette → U 1 243
Riel, Hans-Peter → o 335
Riemann, Gerhard → H 2
– Hans, Dr. → E 188
– Klaus → t 2 383
Riemel, Udo → S 230
Riemer, Bernd → S 387
– Horst → o 638
– Ingo → r 602
– Klaus-Dieter → K 37
– Pierce, Dr. → IZ L 100
Riempp, Dieter → A 394
Rienäcker, Peter → IZ O 214
van Rienen, Wolfgang Dr. → I 44
Riener, Heinz → I 17
Rienermann, Reiner Dipl.-Volksw. → H 89, H 117, H 272
Rienhardt, Friedrich → A 99
Rienstra, Bruce E. → IZ R 309
Riepe, Hans-Ludwig Dipl.-Ing. → u 836
Riepl, Günther Dipl.-Ing. → S 1 049
– Werner → K 308
– Werner Josef, Dipl.-Ing. → E 64
Riepma, Johannes → c 1 080

Ries, Ernst Dipl.-Vw. → e 96
– Walter → h 187
Ries-Augustin, Ulrike → O 323
Riesbeck, Andrea → N 169
Riese, Gundolf Prof. Dr. → t 1 649
– Marlene → o 664
van Riesen, Sigurd Dr.-Ing. → T 871, IZ T 632
Riesler → u 1 656
Riess, Erich Prof. → t 1 578
– Hanno, Prof. Dr. med. → T 3 423
Rieß, Karl-Heinz → F 504
– Waltraud → T 596
Riess-Passer, Susanne Dr. → IZ B 198, iz b 199
Riessner, David → T 4 147
Riester, Walter → A 20, U 2 251
Riesterer, Dieter Dr. → E 62, U 3 059
Riesthuis, Gerhard Dr. → IZ T 159
Rietbrock, Gerd → u 2 614
Rieth, Erica → t 3 076, t 3 077
– Klaus → U 2 074
– Wilhelm Wolfgang → C 315
Riethmüller, Helmut Dr. → T 3 781
– Karl → k 219
Rietkerk, E. → IZ F 1 585
Rietmann, Welmar Dipl.-Ing. agr. → q 112
Rietschel, Christian Dipl.-Ing. → u 841
– E. Th., Prof. Dr.rer.nat. → T 376
– Ernst-Theodor, Prof. Dr.rer.nat. → T 376
– Thomas → O 72
Rietz, Ulrike → T 818
Rieutord, Maurice → iz u 724
Rieux, H.G. → iz f 2 522
Riewenherm, Sabine → T 2 554
Riexinger, Gotthilf → u 2 610
Rigal, Daniel → m 61
Rigby, Bryan → E 478
Riggert, Michael → K 283
Righi, Giovanni → iz s 475
Rigo, Michel → iz f 1 335, iz f 1 339, iz f 1 343
Rigopoulou, Maria → iz s 276
Riguet, Jean-Claude → IZ S 565
Ríha, Bohumil → iz f 2 316
Rihm, Wolfgang Prof. Dr. → S 1 290
de Rijk, Jacqueline → IZ M 75
– J.G.M. → iz m 95
van Rijn, Marie-Christine → iz f 1 915
Rijnhout → iz f 78
Rijnierse, Hans → IZ F 1 197
Rillaerts, F. → IZ L 102
Rilling, Helmuth Prof. Dr.h.c. mult. → T 773
Rimbach, Dorothea → b 132
– Steffan → g 732
von Rimscha, Hans Jürgen → k 205
von Rimscha, Hans Jürgen → k 229
Rímsová, Ludmila Prof. → iz l 201
de Rincquesen, Arnaud → IZ K 46
Rind, Hermann → T 776
Rindfleisch, Rainer → S 737
Rinehart, Nana → U 228
Ring, Franz → C 305
– J., Univ.-Prof. Dr. med., Dr. phil. → T 3 280
– Klaus, Prof. Dr. → T 819
– Reinhard, Prof. → IZ O 19
– Wolf-Dieter, Prof. Dr. → O 363
Ringel, Karl-Heinz → F 492
– Peter, Dipl.-Ing. → s 1 194
Ringelmann, Helmut → R 512
Ringena, Jan-Beekman → Q 328
Ringenaldus, Hermann Dipl.-Volksw. → H 96
Ringhand, Heide → S 1 353
Ringhoffer, Franz → U 284
Ringholm, Bosse → iz b 233
Ringler, Wolfgang → u 786
Ringmaier, Manfred → u 2 160
Ringstorff, Harald Dr. → B 95, u 2 259
Ringwald, Klaus → c 461
Rinik, V. → iz f 1 134
Rink, Bernd → G 44
– Christine → T 581
– Claus, Dr. rer. nat. → T 3 462
– Harriet-Angelika, Dipl.-Psych. → t 3 099
– Karl → r 464
– Manfred → E 175, e 176
– Steffen, Dipl.-Pol. → U 22
Rinke, Hans-Werner → F 292
– Wilfried → K 133
– Wilfried, Dr. → T 2 582
Rinkenburger, Klaus Dr. → g 399
Rinkens, Hans-Dieter Prof. Dr.rer.nat. → U 2 679
Rinn, Friedel → T 2 892, t 3 000, u 1 626
Rinne, Dr. → A 362
Rinnert, Inge → g 215
– Werner → U 3 014
Rinsche, Günther Prof. Dr. → U 2 114
Rinscheid, Michael → S 1 303
Rintzner, Otto → H 228

Riotte, Wolfgang → b 120
Riou, Yvon → IZ F 670
Ripken, Peter → S 1 202
Ripp, Bernd Willi → f 810, F 818
Ripper, Walter → t 2 816
Rippien, Horst → t 4 112
Rips, Franz-Georg → U 871, U 1 126, u 1 133
Ripsas, Sven Dr. → U 100
Risby, Björn → iz f 187
Risch, Bodo Prof. Dr. → E 170
– Manfred → U 693
Rischard, Jean-Francois → iz v 22
Rischbieter, Ina → T 3 115
Rische, Herbert Dr. → A 133, K 329, T 2 538
Rischke, Carl Gottfried → O 525
Rising, Agneta → IZ L 21
Riske, Helfried Egon → e 677
Risopatrón, Daniel → IZ R 27, iz r 35
Risse, Horst Dr. → A 39, T 2 183
– J. → IZ H 327
– Johannes, Dr. → U 2 680
Rissmann, Gabi → U 1 242
– Jochen → q 253
Risso, Giovanni → IZ H 439, iz h 443
Ristau, Armin → R 662
Ristedt, Heinrich Prof. Dr. → T 846
– Klaus H. → h 533
Ristuccia, Sergio → iz u 610
Ritchie, Cyril → IZ U 821
– Pierre L.-J., Prof. → IZ T 825
Ritschel, Walter → U 1 106
Rittberger, Marc Dr. → t 1 596, T 1 919
– Volker, Prof. Dr. → t 2 431
Ritter, Albert → H 793
– Christian, Dipl.-Bw. → E 110
– Ernst Hasso, Dr. → b 121
– Ernst-Hasso, Dr. → T 3 801
– Franz → E 205
– Martin → S 475
– Matthias, Dipl.-Kfm. → e 6
– Paul-Gerhard → f 392
– Peter → S 1 219
– Peter, Dr. → g 460, H 594, h 603, u 2 618
– Pia → A 4
– Ulrike → O 625
– Waldemar, Dr. → T 2 222
Ritterpusch, Ludwig → IZ T 153
Rittger, Thomas → f 97, r 50
Rittich, Dr. → T 1 351
Rittinger, Rosemarie → U 908
Rittinghaus, Dirk Dr.-Ing. → f 340
Rittmann, Wolfgang → u 2 479
Rittmüller, Adalbert → C 158
Ritz, Axel Prof. Dipl.-Phys. → t 1 721
– Burkhard, Dr. → T 3 613
– Volker, Dr.-Ing. → T 1 000
Ritzer, Joachim → IZ U 257
– Stefan, Dipl.-Ing. → iz s 449
Ritzert, Barbara → T 3 436, T 3 439
Ritzheimer, Hartmut → u 2 245
Ritzke, Hubertus → m 213, M 226
Riva, Alberto → iz f 871
– Luis → IZ R 27
Rivadeneira V., Patricio → iz r 38
Rivero, Angel → iz s 614
Rivers, Vera → iz u 227
Riviere, Bruno → IZ S 647
Rivière, Josiane → IZ A 194
Rivoire, J. → iz f 440
Rix, Hans-Walter Prof. Dr. → t 100
– Rainer, Prof. Dr. → S 176
Rixecker, Friedrich → E 108
– Roland, Prof. Dr. → B 893
– Roland, Prof.Dr. → B 807
Rizkallah, Victor Prof. Dr.-Ing. → S 951
Rizor, Hans-Georg → m 172
Rizzi, Paul W. Dr. → t 336, T 1 319, t 1 320
Rømer, Harald → IZ A 183, iz a 184
Robbers, Jörg RA → T 3 481
– Thomas, Dr. → U 388
Robejsek, Peter Dr. habil. → T 4 151
Robeke, Marlene → Q 404
Robert, Bernard → IZ S 648
– Guy → iz s 31
– Hansjoachim → o 673
– Paul → IZ U 476, iz u 483
Roberts, David → iz a 18
– John → IZ T 437
– Michael → IZ T 903
– Pennaut → IZ S 639
Robertson, George → IZ W 8
– John D.M. → c 185
Robertsson, Göran → IZ F 1 505
Robillard, Line → IZ U 320
Robinet, Karin → A 40
Robinson, Christine → IZ T 246
– E., Dr. → IZ U 314
– Emerson Barney → c 561
– Paul → IZ R 271

Robl, Karl Prof. Dr. → G 160, G 161, T 2 128
– Volker, Dr. → s 322
Robleda, Manuel → IZ I 165
Robra, Bernt-Peter Prof. Dr.med. → T 3 397
Robutu, Radu → n 260
Rocca, Gianfranco → iz a 23
– Michael → b 179
Rocens, Karlis Prof. → iz t 525
Roch, René → IZ U 545
Rocha, David → IZ G 169
– Júlio → iz f 512
Rocha de Matos, Jorge → iz g 50
Rochel, Walter → iz a 150
Rocher, Etienne → IZ S 211
Rochlus, Alfred → U 180
Rochow, Frank Dipl.-Ing. → T 1 253
Rock, Frieder → Q 390
Rocke, Burghard Dr. → r 292
Rockel-Sicheneder, Heike → O 541
von Rockenthien, Renate Dipl.-Volksw. → E 129
Rockmann, Heiko → g 435
Rockwell, Keith → IZ W 12
Rodatz, Walter Prof. Dr.-Ing. → T 1 844
Rodda, John Dr. → IZ T 191
Roddewig, Bernd Dipl.-Volksw. → e 125
– Wolfgang → c 70
Rode, Bernd → o 230
– Christian, Dipl.-Volksw., Dipl.-Kfm. → f 371
– Friedrich → q 13
– Gerhard → u 1 372
– Klaus → s 716
– P., Dipl.-Ing. → U 11
– Reinhard → Q 327
Rodeck-Madsen, Bettina Dr. → IZ S 649
Rodekirchen, Dirk Friedrich Dr. → U 1 175
Rodenberg, Volker → U 563
Rodenstock, Randolf → f 3
– Randolf, Dipl.-Phys. → F 1, f 29, F 506, R 1, r 3, r 105
Roder, Charlotte → T 2 915
– Marina → g 217
Roderburg, Katharina → O 626
Rodermann, Walter → r 655
Rodesch, Jean → iz f 1 346
Rodewald, Bernd Dipl.-Kfm. Dr. → I 72, P 2, iz i 31
Rodier, J.-P. → IZ F 363
Rodino, Camil → iz f 871, iz f 2 019
Rodotá, Antonio → IZ T 33
Rodrigues, Fernando Gomes → iz s 691
– Iramar → IZ O 19
– Javert → IZ S 148
– José Conde → IZ U 460
– Nelson → e 669
– Rui → iz h 462
Rodrigues Gonçalves, A. M. → iz f 2 077
Rodriguez, Adolfo Garcia → iz l 17
– Ana-Llanos → E 341
– Javier → iz p 19
– Maria → iz u 167
– Miguel → iz h 504
Rodriguez-Araque, Alí Dr. → IZ W 37
Rodríguez Docavo, José Antonio Dr. → IZ T 979
Rodríguez Iglesias, Gil Carlos → IZ A 219
Rodríguez Maroto, Cándido → iz a 111
Rodriquez, R. → iz f 2 601
Rodt, H. Prof. Dr. med. → S 136
Roe Iversen, Bjarne → iz f 246, iz f 1 042
Röbbecke → U 266
Roecke, Kurt Dr. → g 632
Röcker, Winfried → u 2 507
Roeckl, Kurt Dr. → G 8, G 109, G 288, g 290, g 293, g 333, g 364, g 416, g 674
– Kurt, Dr.jur. → g 714
Röckmann, W. Dr. → IZ M 121
Rödder, Gerd → H 270
Rödel, Meinrat → q 64
Roeder, A. Prof. Dr. → T 2 702
Röder, Bernd Dipl.-Ing. → K 16
– Berndt → o 454, o 459
– Christa → u 1 286
– Hans-Jürgen → u 477
– Hermann → T 3 770
– Martin → E 238
– Mirko → s 515
– Petra → s 499
– Robert → E 87
Roeder-Zerndt, Martin Dr. → IZ O 21
Röders, Hinrich Dipl.-Ing. → G 522
– Jasper, Dipl.-Ing. → F 596
Roedig, Guido Dr. → P 5
Rödig, Prof. Dr. → Q 217
Rödiger, Horst → T 1 372
– Klaus Jürgen → g 434
– Wolfgang, Dr. → t 923
Rödl, Bernd Dr. → E 62

Fortsetzung nächste Seite

Rödl (Fortsetzung)
- Helmut, Dipl.-Kfm. Dr. → H 2
- Helmut, Dipl.-Kfm. Dr. jur. → H 36
- Thomas → T 720
- Rödler, Elgar → t 38, T 684
- Rögge, Karin → g 2
- Monika → T 478
- Röglin, Hartmut Dipl.-Ing. → t 2 169
- Rögner, Stephan → S 1 316
- Rögner-Francke, René → B 327
- Rögnvaldardottir, G → iz t 504
- Röh, Jens Dr. → s 539
- Röhl, Dietmar Dr. → s 1 470
- Henning → O 300
- Prof. Dr. → T 3 604
- Wilhelm, Dr.Dr. → t 2 305
- Röhle, Eberhard → g 133
- Röhling, Dr. → A 16
- Eike, Dr. → A 202
- Röhlinger, Peter Dr. habil. → D 2, D 89
- Roehm, Ulrich → O 70, S 1 321
- Röhm, Werner → f 756
- Röhr, Christian J. → e 359
- Johannes → m 93, m 183
- Kersten → t 3 002, u 1 628
- Rainer → G 311
- Röhrbein, Waldemar Dr. → u 955
- Röhreich, Jürgen → r 353
- Röhricht, Dr. h.c. → A 362
- Röhrig, Elvira → u 1 260
- Heinrich W. → R 767
- Peter → A 6
- Thomas, Dr. med. → T 2 768
- Wilfried, Dipl.-Volksw. → g 271
- Röhring, Hans-Helmut Dipl.-Politologe → Q 401
- Röhrs → A 21
- Hans Joachim → Q 398
- Hans-Joachim → S 1 313
- Röhrs-Günther, Pamela → I 45
- Röker, Klaus-D. Dr. → T 1 995
- Klaus-D., Dr.rer.nat. → T 1 988
- Röll, Thomas A. → M 161
- Röllecke, Renate → O 260
- Röller, Oliver → Q 129
- Wolfgang, Dr. → T 748
- Rölli, Lukas Dr. → T 3 807
- Röllke, Gerd → Q 208
- Römer, Christof Dr. → T 831
- Detlef, Dr. → Q 304
- Horst → U 2 602
- Johann Wilhelm → Q 356
- Karl → U 2 060
- Karl Heinz, Dipl.-Kfm. → L 53
- Karlheinz → R 532
- Michael → q 568
- Michael, Dr. → E 91, f 167
- W., Prof. Dr. → T 2 671
- Werner → g 647
- Wolfgang → t 3 051
- Wolfgang, Dr. → k 221
- Römhild, Angelika → K 22
- Inge-Susann, Prof. → T 592
- Röminger-Czako, Ritva → E 431
- Römmen, Markus → F 688
- Rönck, Rüdiger Dr. → E 693
- Rönick, Burkhard Dipl.-Geogr. → s 1 473
- Rönnberg, Barbro → IZ U 542
- Rönnfeld, Heike → r 929
- Rönninger, Max → K 295
- Rönsch, Barbara → L 62
- Röpcke, Andreas Dr. → B 636
- Röper, Helmut → g 596
- Mareike → S 1 397
- Röpke, Karin → a 87, d 245
- Rörig, Johannes-Wilhelm → A 23
- Roes, Kirsten → R 640
- Rösch, Anton → f 549, G 585, k 229
- Joachim → Q 157
- Roesch, Laurence → IZ I 164
- Rösch, Michael → s 15
- Röscheisen, Helmut → Q 361
- Röschert, Karlheinz → s 482
- Roese, Dietrich → g 413
- Rösel, Heinz → U 1 363, u 1 371
- Henning → A 301
- Röseler, Markus → H 756
- Rösemann, Reinhold → T 1 291
- Rösener, Eberhardt → S 319, iz s 111
- Röser, Hans-Peter Prof. Dr. → T 1 266
- Rudolf → E 98
- Sabine, Dr. → E 21
- Rösekau → A 14
- Benedikt → O 233
- Röskes, Klaus Peter → k 223
- Klaus-Peter → M 15
- Klaus Peter → m 27, m 35
- Klaus-Peter → m 175
- Rösler, E. Prof. Dr. → U 2 722

- Gerhard, Dr. → T 1 253
- Peter → E 46, E 741
- Roesmann, Hans-Jörg → U 169
- Rösmann, Manfred → E 263
- Rösner, Ernst Dr. → T 2 191
- Helmut, Dr. → T 2 301
- Lutz → U 2 450
- Röss, Dieter Prof. Dr. → T 787
- Rössel, Arne → E 178, E 195
- Arne, Dipl.-Volksw. → E 82
- Rössing, Peter → u 2 573
- Rössle, Gottfried Dipl.-Ing. → L 26, T 1 149
- Prof. Dr. → T 3 796
- Rößler, Iris → u 2 825
- Matthias → T 2 454
- Matthias, Dr. → b 156
- Röstel, Gunda → U 2 097
- Röth, Fritz → F 504
- Jürgen → Q 208
- Rötharmel, Hubert → F 801
- Röthel, Kurt → F 754
- Röthemeier, Karlheinz → o 458
- Röther, Winfried → h 349, h 401, h 413
- Röthig, Harald Dr. → U 350
- Röttele, Antoinette Dr. → S 256
- Bruno → h 529
- Rötting, Fritz → E 139
- Marlis → E 258
- Röttsches, Wolfgang → S 442
- Rötzel, Helmut → A 212
- Rövekamp, Waltraud → S 555
- Roever jr., Hans → c 463
- Röver, Paul Ruprecht → c 789
- Röwenstrunk, Horst → h 269
- Roewer, Heinz-Lubbo → U 1 617
- Rözel, Konstantin → U 2 850
- Roffeni, Vittorio Dr. → iz f 375
- Roffmann, Dietrich Dipl.-Ing. → t 1 190
- Rogard, Pascal → IZ O 22
- Rogatty, Wolfgang Dipl.-Ing. → T 3 876
- Rogel, Erich Prof. → U 158
- Rogge → A 362
- Dirk, Dipl.-Ing. → E 42
- Heiner → M 102
- Jacques → IZ U 464
- Rogge-Meißner, Monika → s 1 420
- Roggemann, Gerhard → E 239
- Gerhard B. → I 143
- Jürgen → E 80, H 2
- Roggenhofer, Johannes Dr. → T 4 177
- Rogmans, W.H.J. Dr. → IZ U 140
- Rogowski, Michael Dr. → F 1
- Rohan, Albert Dr. → iz b 200
- Rohardt, Michael Dipl.-Ing. → S 1 019, s 1 027
- Rohde, Bernd Dr.-Ing. → S 1 001, s 1 013
- Hans-Otto → G 93
- Hans-Ulrich, Dr. → E 43
- Hartmut → s 160
- Hartwig → E 100
- Heinz-Dieter → g 247, g 544
- Hubert, Prof. Dr. → E 468
- Mathias → I 69
- Nicole → s 610
- Norbert → M 60, m 198
- Peter, Dipl.-Ing. → F 1 044
- Wolfgang → O 622
- Rohder, Klaus → N 109
- Rohe, Ernst-Heinrich Dr. → t 2 166
- Rohkamm, Eckhard Dr. → E 399
- Rohland, Peter → U 488
- Rohleder, Bernhard Dr. → f 35, F 372
- Wolfram → u 2 038
- Rohlfs, Eckart Dr. → IZ O 5
- Rohloff, Adalbert Dipl.-Volksw. → O 265
- Ronald → R G 774, iz g 115
- Rohm, Horst Dipl.-Wirtsch. → f 135
- Julius, Dr. → E 38
- Martin → T 3 759
- Rohmer, Hans Jürgen → E 62
- Rohn, Jürgen → h 163
- Rohner, Christof Dr. → U 3 105
- Rohof, M.F.Th. → iz g 177
- von Rohr, Hans-Christoph Dr. → E 545
- Rohr, Hans-Jürgen → Q 584
- Joachim → i 56
- Jürgen → F 1 016
- Rohrbach, Günter Prof. Dr. → R 512
- Jürgen, Dipl.-Ing. agr. → T 2 668
- Rohrbacher, Christian → M 81
- Rohrberg, Karl → r 180
- Rohrer, Franz → H 716
- Rohrseitz, Gert → E 62, f 704
- Rohwedder, Joachim → E 40
- Klaus, Dipl.-Ing. → E 82
- Rohwer, Bernd Dr. → b 179
- Rohwohl, Jürgen → r 589
- Roig, D. → iz f 2 546
- Roig Pacheco, Guillermo → iz r 33

- Roik, Olaf Dipl.-Volksw. → T 3 692
- Roiret, Xavier → iz s 512
- Rojan, Svea → U 2 450
- Rojas, Gudrun → S 316
- van Roje, Ullrich → f 793
- Rojo, A. → iz h 79
- Rokasi, Anton → iz f 413
- Roland, Detlef → A 193
- Peter, Dipl.-Ing. → t 1 109
- Roldán Alegre, José Maria → IZ W 14
- Rolf, Erwin → R 577
- Rolfs, Arndt Prof. Dr. → t 1 694
- Rolighed, Arne → iz b 52
- Rolin, Fernando → iz s 258
- Rolinski, Susanne Dr. → u 2 637
- Rolinson, Catharina → IZ T 898
- Rolke, Lothar Prof. Dr. → T 818
- Roll, Elisabeth → u 1 355
- Reidar → IZ T 989
- Rolle, Dr. → A 14
- Eberhardt, Dr. → A 202
- Rollenhagen, Klaus Dipl.-Ing. → S 925, iz s 513
- Roller, Carsten Dr. → T 907
- Helmut, Dipl.-Ing. → F 54
- Rollett, Gerald → f 868
- Rolli, Rudolf → U 2 850
- Rollier, Jean-Léon → IZ S 677
- Rollmann, Dietrich → T 378, IZ S 675
- Dietrich W. → S 693
- Hans, Prof. Dipl.-Des. → S 790, S 802
- Rollmann-Borretty, Barbara Dr. → U 2 374
- Roloff, Achim → s 1 494
- Andreas, Prof. Dr. → T 2 709
- Antje → s 1 681
- Rologis, Vassilis → iz e 44
- Rolvering, Heinrich → iza 184
- Romagna, Salvatore → IZ U 211
- Romahn, Goetz Dr. → O 288
- Romain, Lothar Prof. → T 418, T 1 147
- Roman, Jacques → iz a 155
- Romann, Gernot → O 301
- Romano, E. → iz f 281
- von Romatowski, Arnd → t 2 501
- Rombach, Dieter Prof. Dr. → t 1 219
- Michael, Dr. → O 322
- Romberg, Gabriele → n 214
- Rombouts, T. → IZ T 561
- Romeike, Volker → B 261
- Romero, A. → iz h 326
- Rometsch, Sieghardt Dr. → E 239
- Romeyer, Pierre → IZ S 362
- Rommeiß, Roul → S 294
- Rommel, Dietrich → h 130
- Helga E. → T 2 578
- Karl-Friedrich, Dr. med. → S 294
- Rommelspacher, Birgit Prof. Dr. → T 411
- Rommerskirchen, Jörg → A 202
- Rommerts, Eric → iz f 2 217, iz h 232, iz h 249
- Romören, Rolf → IZ T 157
- Rompcik, Horst → p 6
- Rompe, Klaus Prof. Dr.-Ing. → T 3 664
- Romstad, Svein → IZ U 556
- Ron, E. Dr. → iz t 341
- Ronan, P. → iz f 2 622
- Rondeau, Christian → iz s 115
- Christian, Dr. → iz s 29
- Rong, Martin Dipl.-Ing. → U 602
- Ronge, Karlheinz Dipl.-Ing. → t 194
- Sabine, Dipl.-Bibl. → T 948
- Volker, Prof. Dr.rer.pol. → T 715
- Ronji, Ankica → n 249
- Ronnebaum, Hermann → U 237
- Ronneberger, Uwe → s 646
- Ronneburger, Uwe → u 960
- Ronnefeld, Renate → IZ U 573
- Ronning, Gerd Prof. → t 2 298
- Ronsöhr, Heinrich-Wilhelm → U 2 114, u 2 123
- de Rooij, Peter G. M. → IZ T 966
- van Rooij, Theo → iz f 866
- Roolf, Hans-Benno Dipl.-Phys. → U 125
- van Roon, Paul → iz f 2 287
- Roos, E. Prof. Dr.-Ing. habil. → T 1 356, t 2 042
- Helga → U 281
- Herbert, Dr. → s 367
- Jannie, Dr. → T 799
- Klaus → S 555
- Volker → T 2 144
- Werner, Dr. → I 16
- Roosen, Gérad-Norbert → IZ T 971
- Jean-Paul → IZ T 971
- Roots, Ivar Prof. Dr. → T 3 340
- De Roovere, Willy → iz I 50
- Roper, Ray → iz f 1 751
- Ropers, Hans-Hilger Prof. → t 120

- Ropertz, Joachim → T 818
- Ulrich → T 3 074
- Frhr. von der Ropp, Klaus Dr. → E 572
- Roppe, Annemie → iz i 90
- Roppel, Christoph → O 483
- Hans-Peter, Dipl.-Ing. → q 627
- Ulrich, Dr. → K 330
- Roque, A. → iz f 2 503
- Mateus, Dr. → iz b 212
- Rosa, Josef → IZ T 292
- Rosas, Allan → iz a 34
- Rosberg → A 21
- Rosch, Gerfried → K 312
- Hermann → T 2 638
- Michael → r 599
- Rosche, Thomas → A 21
- Roscher, Falk Prof. Dr. → T 479
- K. M. → T 2 246
- Volker, Dipl.-Ing. → s 813
- Roschig → A 14
- Roschkowski, Franz → S 1 115
- Roschmann, Rainer → S 958
- Rose, B. Dipl.-Ing. → I 50
- Barbara, Prof. → T 515
- Christof → S 800
- Felicitas → T 1 276
- Harald, Prof. Dr. → T 1 002
- Jochen, Dipl.-Phys. → T 1 281
- John → IZ F 2 058
- Klaus, Dr. → A 35
- Peter → u 2 848
- Uwe → Q 712
- Rose-Anderson, Erik → iz m 159
- Rose-Möhring, Kristin → A 23
- Rosemann, Kurt → s 598
- Uwe, Dipl.-Math. → T 948
- Rosemeier, Karsten Dr. → H 133
- Rosén, Bengt → iz f 1 281, iz h 308
- Rosen, Dieter Dipl.-Ing. → F 940, F 949
- Klaus-Henning → A 10
- Michael → IZ S 164
- Michael, Prof. → IZ S 164
- von Rosen, Rüdiger Prof. Dr. → I 141, I 143
- Rosenbach, Detlev → h 613
- Rosenbauer, Dagmar → R 512
- Ferdinand, Dipl.-Hdl. → E 91
- Helmut, Dr.-Ing. → u 98
- Rosenbaum, Andrea → H 306
- Caspar → iz f 1 788
- Petra, Dr. → A 23
- Uwe, Dr. → O 322
- Rosenberg, Manfred → k 216, k 223
- Per → IZ S 164
- Peter, Dr. → A 20, T 2 203
- Regina, Dipl.-Oec. → E 179
- Rosenberger, Bernd Prof. Dr. → u 1 204
- Fritz, Dr. → U 944, U 1 019
- Klaus → O 594
- Volker → g 777
- Rosenbrock, Jens → k 83
- Rosendahl, Hans-Josef → g 214
- Rosendorfer, Herbert Prof. → S 1 208
- Rosenfeld, Bernd Dr. → U 156
- Rosengarten, Gideon → O 288
- Rosengren, Björn → B 235
- Kars-Göran → IZ T 262
- Rosenke, Werena → U 1 867
- Rosenkötter, Ingelore → u 2 458
- Rosenkranz, Wilfried → r 293
- Rosenmejer, Mikael → IZ T 873
- Rosenow, Marita → K 313
- Rosenstok, V. → iz f 1 614
- Rosenstrøm, J. → iz f 2 159
- Rosenström, Jan → iz f 2 180, iz f 2 373, iz f 2 545
- Rosenthal, Bernd → T 989
- Carmen → O 374
- Daniel, Dr.med. → T 3 433
- Gebhard → e 135
- Giora → iz u 44
- Lucas → R 957
- Michael, Dipl.-Phil. → U 3 010
- Rüdiger → Q 407
- Ruth → S 738
- Wolf-D. → P 48
- Rosenwald, Hans Joachim Dipl.-Ing. → u 521
- Rosenzweig, Hans → O 631, iz f 502
- Rosewick, Karl → M 37
- Rosin-Lampértius → g 589
- Roskam, Frieder Prof. → U 2 450, U 2 557, IZ U 463
- Rosner, Peter Dipl.-Päd. → T 4 173
- Rosolski, Tanja Prof. Dr.med. → s 198
- Ross, Gerd → U 3 121
- Jo Ann → iz o 192
- Shelley, Dr. → IZ S 149
- Roß, Wolfgang → s 1 233
- Rossa, Hans Horst → T 570
- Roßbach, Thomas → r 674

Roßberg, Henry → m 54
Rossberg, Jürgen → E 148
Rosset, Christoph Dr. → s 157
Rossi, Daniele → iz f 2 368
– Jean-Yves → iz g 36
Rossi-Broy, Cornelia Dr. → S 337
Rossie, Jos → iz f 1 721
Rossitto → iz r 235
Roßkopf → b 495
Rossman, Peter → IZ R 247
Rossmanith, Kurt J. → M 265
Roßmann, Detlef Dr. → O 188
Rossmann, Mares → iz b 201
– Siegfried → h 658
van Rossum, Dimam → IZ T 327
Roßwog, Gerhard → P 19
Rost, Brigitte → r 557
– Jan-Michael, Prof. Dr. → t 151
– Karl-Heinz → u 522
Rosteck, Lothar → U 2 758
Rotaru, Joan → iz l 14
Rotbøll, Jens → IZ R 66
Rotermund, Christoph → iz h 515
Roters, Jürgen → B 232, D 219
– Matthias → c 468
Rotert, Michael Prof. → T 3 677
Roth → B 546
– Adolf → A 35
– Albert → r 260
– Alexander → E 679
– Alfred → U 28
– Andrea → a 79
– Barbara → O 288
– Bernhard → u 1 888
– Christian E. → IZ S 208
– Claudia → A 35, U 2 097
– Dieter, Dipl.-Volksw.Dr. → t 2 412
– Edgar → U 2 450
– Eugen → q 22, r 303
– Georg, Dr. → E 100
– Gerhard → s 152, u 3 079
– H., Dipl.-Ing. → T 1 362
– Hans → h 331, u 947
– Hans-Georg → s 139
– Harald, Dr. → T 3 741
– Hermann → N 116
– Hermann-Josef, Dr. → q 381
– Hubert, Prof. Dr.-Ing. → t 1 808
– Ilona → E 197
– Karin → b 70
– Klaus, Prof. Dr. → U 2 450
– Manfred → u 1 264
– Manfred, Dipl.-Vw. → E 92
– Markus → O 151
– Martin → F 940, F 946, F 949, t 371, T 1 983
– Martin, Dr. → U 3 030
– Petra → D 2, D 72, I 143, t 3 096
– Siegfried, Dipl.-Ing. → T 1 932
– Ursula → r 555
– Wilhelm → O 471
– Wolfgang → E 704, IZ A 226
Rothe → u 1 680
– A., Dr. → T 3 952
– Andreas → Q 486
– Anne-Katrin → u 2 213
– Astrid → U 2 097, u 2 113
– Jens-Christian, Dipl.-Ing. → L 63
– Klaus, Dipl.-Ing. → S 958
– Klaus-Michael → E 115
– Marga, Prof. Dr. → U 1 276
– Mechthild → U 2 251
Rothehüser, Bernd → E 222
Rothemund, Peter → k 65
Rothenberger, Karl → c 978
Graf von Rothenburg-Kellermann, Hans Gottfried Ernst Dr. → c 1 389
Rothenhöfer, Susanne → b 88
Rother, Karl-Heinz Dr. → Q 346
– Karl-Heinz, Dr.-Ing. → Q 356
– Wolfgang, Prof. Dr. → T 459
Rother-Simmonds, Helga → c 178
Rothert, Hermann → c 1 144
Rothfos, Jan Beernd → F 421
Rothfuß → A 12
Rothkegel, Michael → q 415
Graf von Rothkirch und Trach, Leopold → u 2 626
Rothkopf, Manfred Dr. → E 47
Rothmann, Heinrich Peter → c 538
Rothmeier, Jutta → s 1 421
Rothstein, Ernst Dr.-Ing. → f 657
– Knut, Dipl.-Ing. → f 350
Rothweiler, Wilfried → iz a 130
Rotstein, Siegmund → u 2 402
Rott, Ulrich Prof. Dr.-Ing. → s 1 037
von Rottenburg, Fritz → c 543
Rottensteiner, Franz Dr. → U 3 015
Rotter, Harald → U 1 019

– Klaus → h 763
Rotteveel, J. B. M. Drs. → IZ Q 102
Rotthaus, Peter → H 211, h 627
Rotti, C. → iz h 348
Rottke, Andreas → P 57
Rottler, Alfred Dr.med. → S 1 259
Rottmann, Heinz → k 65
– Uwe, Dipl.-Ing. → B 433
– Wolf, Dr. med. → B 607
Rottstock, Michael → U 2 764
Rotzal, Helmut → u 2 605
Rotzoll, Frieder Dr. → H 85
Rougé, Michel → IZ H 205, iz h 294
Rouilleault, Henri → iz u 8
Roulet, Jean-François Prof. Dr. → S 315, iz s 57
– Lydie → IZ S 497
Roumeguère, Philippe → IZ M 53
Round, Fred → iz h 175
Rousseau, Gilles → IZ H 191, iz h 195
– M. → iz g 60
Rousseaux, J. → iz s 16
Roussel, Albert → IZ T 232
Rousset → IZ T 319
– Gérard → iz u 730
Roussille, B. → IZ T 824
Roux, François → IZ S 642
– Gérard → IZ M 224
– Ingrid → U 1 562
Rouzbeh, Taheri → U 2 234
Rovan, Joseph Prof.Dr. → E 466
Rovanas, Leonidas → c 808
Rovara, Marco → IZ U 476, iz u 485
Rovers, H. → IZ F 1 176
Rowe, D. → iz g 18
Roweck, Hartmut Prof. Dr. → T 2 690
Rowedder, Klaus → T 3 048
Rowold, Andreas Dr. → IZ F 1 642
Roxburgh, Alison → IZ U 225
Roxlau, Dieter Dipl.-Oec. → g 756
Roy, B.G. → e 280
– Christine → IZ H 2
Royal, Malcolm → IZ S 212
– Ségolène → iz b 79
Royeck, Cornelia → T 3 659
Royer, Jérôme → iz f 1 338
– Pierre → IZ S 670
Rozema, Harm → IZA 222
Rozlucki, Wieslaw → iz i 186
Røstad, Halvor → iz f 140
Rubach, Steffen Dipl.-Kfm. → D 223
Rubbert, Hermann → S 286
Rubehn, Ulrich Dr. → s 311
Ruberg, Karl-Heinz → T 2 135
Rubiani Yanho, Pascual → iz r 49
Rubin, Karl-Rainer → g 578
Rubini, Pier Attilio → iz h 428
Rubinstein, Herbert → u 2 391
Rubio, B. → iz f 2 252
– Juan Cantó → iz u 794
Ruch, Heinz → iz f 1 596
– Otto → h 26
Ruchay, Dietrich Dr.-Ing. E.h. → s 892, S 1 036
– Dr.-Ing. E.h. → A 33
Ruchenna, François → IZ F 2 530
Ruckdeschel, Hans-Albert Dipl.-Kfm. → f 425
von Ruckteschell-Katte, Katharina Dr. → u 2 986
Rudat, Brigitta → o 142
– Ursula → T 3 217
Rudel, Drago Dr. → iz r 55
– Erika → T 711
– Manfred → G 31
Rudi Úbeda, Luisa Fernanda → IZ B 22
Ruding, H. Onno Dr. → IZ R 27
Rudnitzki, Johannes → F 320
Rudolf, Barbara → U 2 285
– Herbert, Dr. → F 1 034
– Joachim → S 1 289
– Lorenzo → o 606, S 1 202
– Walter, Prof. Dr. → B 351
Rudolph, Gerhard → Q 399
– Gernot → k 86
– Günther → U 1 028
– H., Dr. med. → T 3 381
– Hartmut, Dr.-Ing. → O 239
– Helmut → R 517
– Ingeborg → S 1 486
– Jörg-Meinhard, Dr. → E 258, e 260
– Jürgen → m 109, m 110, M 161, m 165
– Jürgen R. → k 56
– Klaus → K 264
– Martin, Dr. → E 121
– Peter → r 403
– S. → A 8
– Siegbert, Dipl.-Betriebsw. (FH) → S 682
– Sonja, Dipl.-Volksw. → U 91
Fortsetzung nächste Spalte

Rudolph (Fortsetzung)
– Stefan, Dr. → T 509
– Walter → U 2 650
– Wilfried → F 380
– Wolfgang → c 542
Rudorf, Jochen → S 844
– Olaf, Dipl.-Ing. → f 62
Rudtke, Harry → IZ U 476
Rüb, Bernhard → Q 53
– Otmar → I 116
Rüb-Hering, Brigitte → R 448
Rübben, Herbert Prof. Dr.med. → T 3 427
Rübel, Dieter Dipl.-Ing. → s 928
Rüberg, Werner Dipl.-oec. → F 94, F 864
Ruebesam, Hella Dr. → T 3 876
Rübesamen, Karl-Heinz → u 2 201
Rück, Dorothee M. Dr. → t 1 471
– Wolfgang → H 755
Rückel, Roland Dr. → E 82, O 367
Rücker, Johannes K. → T 3 953
Rückert, Barbara → U 411
– Bernd → E 67, H 308, H 313, h 442
– Gerald → h 74
– Rudolf → D 124
– Wolfgang → b 9
Rückwarth, Ingrid → IZ S 646
Rueda Garcia, Oscar → IZ N 63
Rüdel, Hans-Jochen Dr. → c 653
Rüdiger, Frank S. → iz u 717
– Jörg → O 715
Rüdinger, Helmut → O 569
– Joachim E. → I 116
Rüdisser, Herbert → iz t 936
Rüdisühli, Manfred Dipl.-Kfm. → E 457
Frhr. von Ruedorffer, Axel → I 40
Rüger, Claus Prof. Dr. → F 1
– Wolfgang, Dipl.-Ing. → G 206
Rüggeberg, Bernadette → u 1 203
– Dr. → S 83
– Jörg-Andreas, Dr. med. → S 83, s 142, iz s 86
Rühe, Henning → U 258
– Volker → A 52, T 803, U 2 114
Rühl, K. Dr. → T 2 632
– Lothar → r 648
– Ludwig → h 125
– Manfred → F 373
– Manfred, Prof. Dr. → T 3 684
– Paul, Dr. → T 544
Rühland, Horst-Martin → I 122
Rühle, Heidi → U 2 097, IZ U 350
– Manfred, Prof. → iz t 519
– Manfred, Prof. Dr. → t 137, T 1 293
– Uwe → O 629
– Wolfram, Dr. → k 261, q 19
Rühlig, Wolfgang → G 42
Rühling, Frank Dr. → D 76
– Rainer → B 703
Rühmann, Sven → u 2 232
Rühmkorf, Eva → T 3 249
Rühwald, Gerhard → t 2 951
Rümker, Dietrich Dr. → I 21
Rümpelein, Robert → H 635
Rüppel-Bartneck, Stephanie → u 1 195
Rürup, Bert Prof. Dr. → T 2 181
– Ingeborg → U 1 924
– Klaus → IZ S 594
Rüsch, Hugo → iz f 2 269
– Ingo, Dipl.-Ing. → F 333
Rüschenbeck, Gerhard → E 148
Rüskamp, Helmut → q 118
Rüsken, Reinhart → A 372
Rüssmann, Th. → F 397
Rüster, Helmut K. → U 1 961
Rüstow, Angelika → S 509
Rüter, A. Prof. Dr. → T 3 426
– Claus, Dr.-Ing. → t 2 094
– Franz → Q 481
– Horst, Prof. Dr. → T 381
– Klaus → B 127
– Ulrich → N 57
Rüting, Torsten → Q 84
Rütten, Johannes → q 32
– Manfred → G 115, G 576, G 695, g 704
– Raimund → U 2 055
Rütterswörden, Paul-Heinz → O 227, iz u 482
– Renate → O 227
Rüttgers, Jürgen → A 61
– Jürgen, Dr. → U 2 114, u 2 126
Rütting, Barbara → Q 645
Ruetz, Hermann → H 308
– Ulrich, Dipl.-Ing. → E 31, e 35
Rütze, Dirk → E 326
Ruf, Bernd → t 3 033
– Bernhard → S 1 056
– Bernhard, Prof. Dr. → T 3 328
– Christa-Maria, Dr. → r 738
– Georg → Q 312
Fortsetzung nächste Spalte

Ruf (Fortsetzung)
– Hans-Ulrich, Dipl.-Ing. → S 800
– Manfred → H 716
– Matthias → U 1 406
– Wendelin → q 5, Q 304, U 618
Rufer, Annemarie → T 3 249
Ruff → B 770
– Ernst-Rüdiger → P 26
– Thomas, Dr.med.dent. → S 270
Ruffing, Eric Dr. → c 1 000
Ruffino, Roberto Dr. → iz u 654
Ruge, Ingolf Prof. Dr. → t 191
– Manfred O. → D 69
Rugge, Alexander → c 1 126
Ruh, Andreas → U 1 860, u 1 861, u 1 862
– Hans, Prof. Dr. → U 1 337
– Hansjörg → iz l 16
Ruhemann, Heinrich Dr. → U 1 404
Ruhenstroth-Bauer, Peter → A 6
Ruhl, Andreas → D 125
– Marion → B 862
Ruhland, J. M. Prof. Dr. → T 2 236
– Walter, Dr. → t 2 504
Ruhm, Torsten → M 135
Ruhmann, Ingo → T 1 358
Ruhnke, Peter → Q 136
Ruhrmann, Helmut Dr. → F 431
Rui Costa, M. → iz h 488
Ruig → IZ H 521
Ruijgrok, C. J. Prof. Drs. → IZ M 3
Ruiner, Peter → iz f 2 076
Ruisch, Lydia → U 1 242
de Ruiter, Frans → IZ O 14, IZ O 16
Ruiter, Hein → M 250
Ruiz, Alberto → c 699
– Angel Mártin → iz h 339
– José → iz f 552
– L., Dr. → iz f 1 194
Ruiz Altisent, M. Prof. → iz t 712
Ruiz de Assin, A. → iz o 38
Ruíz-Jarabo Colomer, Dámaso → IZ A 219
Rukmo, Endi → iz w 25
Ruks, Giselher → f 234
Ruland, Franz Prof. Dr. → K 304, T 2 203
Rulle, B. → iz q 146
Rulon-Miller, Robert → IZ H 496
Ruminski, Lutz → O 288
Rumm, Ulrich Dr. → K 45
Rummel, Achim Dipl.-oec. → E 27
– Barbara → U 937
– Florian → u 2 507
– Georg → T 2 798
– Reinhardt, Dr. → T 803
– Rudolf → Q 355
Rummler, H. → F 507
Rumpel, Udo → Q 180
Rumpf, Christian Dr. → S 621
– Edeltraud, Dipl.-Bw. (FH) → E 188
– Wolfgang, Prof.Dr. → E 572
Rumpler, Franz → T 3 228
van Run, Roef → iz f 2 624
Runde, Ortwin → A 39, B 59, b 64, D 80
Rundqvist, H.E. → iz t 491
Runge, Christian Michael → r 244
– Eberhard → T 2 205
– Eckhard → IZ F 1 229
– H. → T 1 319
– Jan-Volkmar → IZ F 751
– Matthias → g 562
– Peter, Dipl.-Vw. Dr. → s 4
– U., Prof. Dr.med. → T 2 800
Runia, H. E. → iz m 95
Runkel, Dr. → A 27
– Hans-Joachim → A 303
– Martin, Dr.-Ing. → m 2, m 10
– Udo → g 531
Runow, Klaus-Dietrich Dr. → Q 359
Runte, Claudia → H 509
– Hans-Dieter → S 729
– Klaus, Dipl.-Ing. → B 364
Ruof, Hans-Martin → T 2 679
Ruoss, Werner Prof. Dipl.-Ing. → T 501
Rupalla, Armin Dipl.-Inform. → t 1 436
Rupf, K. Min. Dirig. Dr. → U 24
– Klaus, Dr. → A 29
– Thomas, Dipl.-Päd. → R 866
– Wolfgang, Dr. → E 67
Rupp, Bernd → IZ R 67
– Gerd, Dipl.-Betriebsw. → U 409
– Ingrid → N 161
– Reinhard → U 1 744, U 2 408, u 2 411, u 2 420, u 2 421
– Sonja → S 103
– Werner, Dipl.-Ing. → E 44
– Werner, Dr. → K 45
Ruppe, H. Prof. Dr. → T 1 270
Ruppel, Fritz Dr.rer.pol. → IZ F 1 243
Ruppelt, Georg Dr. → T 819, T 969
– Werner → U 1 351, u 1 358

Ruppert, Edouard → IZ A 222
- Godehard, Prof. Dr. Dr. → T 407
- Heinrich W. → f 779
- Helmut, Prof. Dr. → T 3 693
- Helmut, Prof. Dr.Dr.h.c. → T 408
- Jürgen, Dr.-Ing. → L 79
- Rüdiger → T 1 967
- W., Dr. → T 2 732
Rupprecht, Anja → U 3 029
- Gerhard, Dr. → K 1
- Kurt, Dr. → S 337
Ruprecht, Manfred → E 2, E 112
- Ulrich → T 3 890
Rusch, Waltraud Dr. → T 1 971
- Waltraud, Prof. Dr. → T 1 971
Rusche, Brigitte Dr. → Q 578
- Dr.-Ing. → U 603
Ruscher, Klaus Dr. → T 4 102
- M. → IZ M 192
Ruscheweyh, Sabine → U 939
Ruschmeier, Christa → t 3 095
Ruschmeyer, Thomic → T 1 377
Rushton, Kenneth → iz r 41
Rusin, Helga → E 113
Rusizcka, Jerry → iz f 1 599
Ruskin, Hillel → IZ U 467
Rusnak, Josef Dr. → C 385
Rusnok, Artur → H 509
Russ, Christian Dr. → H 576
- Dieter, Dr. → U 346
- Eugen A. → IZ T 268
- Michael → O 68
Ruß, Peter Dr. oec. habil. → t 2 169
Russ, Willi → R 615
Ruß, Wolfgang → E 225
Russegger, Harald Dipl.-Kfm. → f 29, F 506, F 512
Russel, Leon Prof. → IZ T 840
Russell-Johnston → IZ B 256
Russon, David → IZ T 308
Russotto, Nancy → IZ F 2 322
Russy, L. → G 382
Rust, Dieter → g 785
- Heiner → U 2 450
Rustomjee, Sabar → IZ T 821
Rutegard, Åke → IZ F 2 292, iz f 2 312
Rutenbeck, Harald → f 369
Rutenhofer, Dirk → h 655
Ruthmann, Hubert → E 170
Ruths, Friedhelm → s 1 541
Rutkowski, Karl-Heinz → u 2 770
Rutten, Dirk → IZ H 162, iz h 164
Ruttgers van der Loeff, Bram → iz r 47
Rutz, R. → iz f 467
- Richard → F 464
Ruud, Lasse → iz i 100
- O. E. → iz f 1 129
Ruuska, Jukka → iz i 171
Ruuti, Birgitta → iz f 1 409
Ruwe, Jürgen → A 340
Ruys, J.E.M. → IZ Q 127
Ruzicka, Thomas Prof. Dr. med. → T 3 443
Ryan, Andrew → IZ U 539
- John → IZ T 970
- Miriam → iz s 13
- Rory → IZ F 69
Rycken, Manfred → g 302
Rydén, L. → IZ T 820
Rydzewski, Sieghardt → U 219
Rydzy-Götz, Marlies → U 2 450
Rydzy-Seifert, Edda → U 2 234
Ryeland, David C. → c 179
Ryelandt, Bernard → iz a 167
Rygaard Andersen, Peter → IZ M 199
Ryge, Erik → iz h 422
Rygol, Michael Dipl.-Ing. → t 354
Ryklief, Sahra → IZ U 809
Ryman, Gunnar → iz h 435
Rymarczyk, Christof → T 2 259
Rymkim, Dimitry → IZ U 562
von Rymon Lipinski, G.-W. Prof. Dr. → F 205
Rynski, Werner Prof. → e 619
Ryšánek, P. → iz t 379
Rysgaard, Hans → IZ F 2 166
Ryssel, Christian → t 2 505
- Heiner, Prof. Dr.-Ing. → t 195
Rywelski, Günter → k 30

S

Saage, Horst → q 20
Saager, Hans → E 151
Saake, Gunter Prof. Dr. → T 596
Saal, Prof. Dr.-Ing. → t 2 044
Saalbaum, Johann Dipl.-Verww. → T 1 870
Saalfeld, Klaus → O 562
Saalfrank, Peter → E 43

- Peter, Dr. → E 43
Saar, Andres → iz s 510
Saarentaus, Juha → iz t 176
Saarinen, Hannes Prof. Dr. → E 448
- K.B. → iz t 479
- Risto → iz f 2 327
Saathoff, Günter → A 40
- Johann → N 194
Saathoff-Schiche, Gesche Dipl.-Ing. → B 434
Saati, Miriam → A 23
Sabahnur, Erdemli → iz f 417
Sabatakou, Olga Dr. → IZ T 840
Sabathil, Gerhard → iz a 135
Sabatino, Michele Dott. → iz u 755
Sabatka, T. → iz f 123
Sabel, Hermann Prof. Dr. → T 2 457
- Peter, Dr. → t 918
Saberschinsky, Hagen → R 830
Sabeta, Fuad → c 668
Sabin, Jean-Claude → iz q 11
Sabinarz-Otte, Sabine → U 1 176, U 2 450
Sabitzer, Mathilde → iz t 773
Sablik, Jerzy → IZ S 653
- Jozef, Doc.Ing. → iz t 223
Sabrowsky, Uwe → N 148
Sach, Torsten → Q 327
Sacher, Astrid → o 28
- Peter, Dr. → e 103
Sachkov, Leonid → IZ R 315
Sachon, Werner → O 434
Sachs, Andrea → U 404
Sachse, Detlev Dipl.-Volksw. → E 162
- Siegfried → O 492
- Uwe → O 384
Sachse-Toussaint, Rita → u 2 863, u 2 875
Sack, Fritz Prof. Dr. → T 3 245, U 1 924
- Rudi → t 2 994, u 1 620
- Werner → S 575
- Wolf-Michael, Dr.-Ing. → F 69, R 33, U 663, iz f 1 804
Sacker, Ulrich Dr. → u 2 914
Sackmann, Ernst → R 199
Sadaoui, Mohamad Zafer → c 490
Sadi, A. → iz f 1 845
Sadigov, Hüssein-aga → C 630
Sadler, Paul Dr. → IZ T 692
Sadowski, Fritz Dr. → T 1 255
- Ulf, Prof. Dr. → E 197
- Wolfram, Dr. → s 300
Saebetzki, Anke Dr. → B 323
Saedler, Heinz Prof. Dr. → t 176
Saegebarth, Christian → r 880
Säilä, Pekka → c 757
Sälmark, Marie → iz u 164
Sälzle, Otto → E 38
- Uwe → T 2 147
Saemundsdottir, Sigurlaug Dipl.-Ing. → E 490
Sänger, Björn → u 2 224
- Ilona, Dr. → S 339
Saenger, Otto Dr. → U 967
Särchen, Günter → E 604
Säuberlich, Elke → T 3 106
- Hans, Dipl.-Ing. oec. → h 47
- Hans, Dipl.-Ing.oec. → H 18
Säynätkari, Tapani → iz a 198
Safarik, Alexandre → iz e 37
Safavian, Reza M. → iz s 521
Saffer, Philipp Dipl.-Ing. Agr. Dr. → E 44
Saffert, Reinhard Dr. → T 1 895
Saga, Markus → S 786
Sagar, David → iz t 548
Sagarra, Miguel → IZ U 580
Sagasser, Peter → H 58
Sagebiel-Hannich, Ute → g 431
Sagemüller, Hans → F 281, f 854
Sager, Krista → B 59, b 66, b 80
Sager-Krauss, Brigitte → T 4 002
Sageth, Klaus-Dieter → h 723
Sagne, Alain → iz s 5, iz s 39, IZ S 652
Sagolla, Dieter → D 82
Sagrak, Hrvoje → c 946
Sagurna, Michael → B 151
von der Sahl, Ulrich-Bernd → q 531
- Ulrich-Bernd Wolff → K 299
Sahlin, Mona → iz b 235
Sahlmann, Uwe → E 206
Sahlrie, Dietrich → I 41
Sahm, Ralf-Dieter → B 832
- W., Dr. → u 1 020
- Wilfried → f 22, F 162
Sahmer, Sybille → K 45
Sahner, Heinz Prof. Dr. → T 2 359, t 2 360, t 2 387
Saib, Paul → E 220
SAID → S 1 258
Saier, Heino W. → k 223
- Oskar, Dr. → u 2 355
Saijonkivi, A. → iz f 1 409
- Anita → iz f 28, iz f 1 548

Saile, Peter Dr. → e 34
Sailer, Christian Dr. → U 2 424
- Michael, Dr. med. → it 3 103
- Rudi → T 3 164
- Till → S 1 240
- Wolfram, Dr. → u 2 102
Sailler, Jürgen H.L. → t 1 092
Saint-Hubert, Geneviève → iz u 733
de Saint-Maurice, Thierry → iz a 147
de Saint-Phalle, Guillaume → iz r 39
Sainz de Vicuña, José Antonio → IZ O 35
Saipa, Axel Dr. → B 230
Sairally, Mahmood Dipl.-Arch. → s 852
Saito, Yutaka → E 296
Sak, Barbara → IZ T 568
Sakai, Kazuhiro → iz t 227
Sakkas, Andreas → N 205, n 231
Sakmann, Bert Prof. Dr. → t 136
Sakornrattanagul, Sirigul → E 345
Sakowski, Bodo → s 1 468
Saksa, Leena → iz t 545
Saktor, Ivan → iz r 207
Sakurabayashi, Ikonosuke Prof. → IZ T 842
Salagiannis, Nikos → iz b 97
Salama, Ali → T 3 164
Salamanca, Juan Barrera → IZ S 642
Salameh, Sibylle → U 1 611
Salamini, Francesco Prof. Dr. → t 176
Salanczyk, Rochus → e 609
Salbach, Christiane Dipl.-Ing. → T 1 845
Salcher, Norbert → E 746
Salchow, Michael → U 908
Salemi, Andreas → O 35
Sales, Martine → IZ O 6
Salev, V. → iz f 199
Salewski, Barbara → S 594
Salgarelli Mortani, Serenella → iz s 279
de Salins, J. L. → iz h 479
Salkin, R. → IZ F 338
Sallinen, Pekka → iz f 1 779
Sallowsky, Detlef → O 593
Salm, Andreas → G 73
- Archibald → S 266
- Hans-Peter → r 464
Prinz zu Salm-Salm, Michael → Q 266, Q 302, U 698, U 851
Salmi, Aunus → IZ A 222
Salmon, Henry → iz s 30
- Jack → IZ F 362, iz f 428
- Yves → iz q 13
Salomaa, Eila → iz u 145
Salomon, Dieter → a 41
Salonaho, Harry → f 781
Salonen, Jarmo → iz f 1 779
Saltalamacchia → iz f 2 248
Salvesen, Lars Birger → iz u 247
Salvetti, Carlo Prof. → iz l 11
Salvisberg, Peter → IZ N 40
Salwey, Wolf-Dietrich → q 40
Salzar Zuñiga, Luis → iz s 530
Salzberg-Ludwig, Karin Dr. → t 3 232
Salzer, Wolfram E. → F 594
Salzmann, Gerd → k 420
- Heinrich, Ober-Ing. → IZ S 569
- Jorg Christian, Prof. Dr. → T 633
Salzwedel, Dietrich Dipl.-Ing. → u 924
Samani, R. → iz f 2 552
Samaranch, Juan Antonio → IZ T 823, IZ U 499, IZ U 579
Samel, A. Dr. med. → T 2 802
Samii, Madjid Prof. Dr.med.h.cDr.. → T 3 394
Samland, Detlev → B 206
Samlowski, Michael → IZ T 970
Sammel, Bernhard Dr. → E 107
Sammer, Kaspar → D 207
Sammet, Matthias → Q 165
Sampaio, Rafael → iz o 159
Samson, Mathias → A 33
v. Samson-Himmelstjerna, Carmen → s 1 402
Samstag, Klaus → H 89
Samuels, Uwe Dr. → E 82
Samuelson, Andrea → iz s 117
Samulat, Gerhard → t 2 396
- Gerhard, Dipl.-Phys. → t 251
Samworth, P. R. → iz f 344
Samyn, Bart → IZ R 223
San Antonio, Santiago → iz l 17
Sanches, Julietta → IZ U 309
- Miguel → O 518
Sanchez, Hector → iz q 30
Sánchez, José Povedano → U 2 789
Sánchez de Apellániz, Andrés → iz f 2 275
Sánchez Bocanegra, Ricardo → iz u 796
Sanchez Brunete, J. → iz q 28
Sanchez Bustamante, Diego Maria → c 1 267
Sánchez-Fayos Calabuig, José → iz f 514, iz f 515
Sanchez Monjo, Eduardo → iz f 888
Sánchez Quiroz, Alejandro → iz s 530

Sánchez Rau, Fernando → c 1 264
Sanchez Reyes, Carlos → iz u 168
Sancho Marco, Maria Pilar → iz s 446
Sanco, Alice → iz h 422
Sand, Hans-Peter Dipl.-Kfm. → U 179
- Katherine → IZ R 286
Sandahl, Christer → IZ T 821
- E. → iz f 591
Sandberg, P. → iz f 342
- Svante → iz u 339
Sandbrook, Richard → IZ Q 196
Vander Sande, Pierre-Paul → IZ O 150
Sandeman, George → IZ H 139
Sandemann, George → IZ H 4
Sandén, Olof → E 681
Sander, A. → iz f 353
- Axel, Dr. → F 208
- Günter → F 890
- H. → H 671
- Hans, Dipl.-Ing. → F 917, g 203, U 598
- Hans-Georg, Dipl.-Ing. → G 36
- Hans-Peter → S 785
- Hartmut, Dr. → u 2 334
- Hedda, Dr. → U 2 450
- Jörg, Dr. → A 360
- John → iz f 509
- Karlheinz → m 94
- Reinhard → r 775
- Reinhard, Prof. → U 2 450
- Ulrich → U 1 015
- Wilfried → g 402
Sanders, Bernd → A 66
- Cameron → IZ O 50
- Hans-Christian → IZ F 1 871
von Sandersleben, Rudolf → c 1 218
Sandfort, Theo Dr. → T 3 245
Sandhorst, Gerhard Harms → q 77
Sandig, Armin Prof. → S 1 172
- Marianne → k 82
Sandklef, S. → IZ T 238
Sandkühler, Christoph → s 540
- Thomas → T 3 981
Sandleben, Rolf → h 759
Sandner, Siegfried Prof. Dr. → S 922
Sandor, László → iz r 221
Sandqvist, Bo → iz t 552
Sandrock, Klaus Dr. → s 1 079
- Werner → R 454
Sandstede, Gerd Dr. phil. nat. → T 1 946
Sandstedt, Inge → IZ R 216, iz r 61
Sandström, Mikael → IZ H 404, iz h 416
Sandvoß, Friedrich → F 1 046
Sanfilippo, Mario Ciancio → IZ T 268
Sanft, Ralph W. → C 498
Sanftleben, Peter → g 767
Sang-Kowan, Kim → E 557
Sangaletti, Marco A. → IZ M 230
Sangalli, Gian Carlo → iz g 45
Sangiovanni, Jorge → iz r 59
Sani, Massimo → IZ S 639
Sanio, Jochen → A 204
Sann, Gerd → T 3 075
- Guenter K. → c 268
Sanna, Salvatore A. → E 496
Sanner, Burkhard Dr. → T 381
Sannig, Lutz → R 75
Sannwald, Peter → I 61
Santamaria Remesal, Carmen → iz h 338
Santambrogio, Silvio → IZ F 2 404
Sante, Brigitte → o 44
van Santén, T. → IZ K 43
Santer, Jacques → IZ T 844
Santiago, Diogo → iz q 26
- Salvador → IZ T 232
Santic, Ante Prof. Dr. → iz t 749
De Santoli, L. → IZ F 126
de Santoli, L. → iz f 134
Santonja, Rafael → IZ U 541
Santos, Abel → iz h 547
- Carlos → E 660
de Santos, Elisa → IZ T 911
Santos, Gradim → iz f 409
- José F. Oliveira, Dr. → iz g 68
Dumont dos Santos, Ricardo → c 408
Santos Almeida, A.J. → iz f 1 906
Santos Araújo de Campos, A. J. → iz f 1 279
Santos da Costa, António Luis Dr. → iz b 218
Santos Silva, Augusto Ernesto Prof. Dr. → iz b 222
Sanz, Enrique → IZ U 494
- Luis → IZ T 305
Sapin, Michel → iz b 86
Sappa, Rüdiger-Gerd → K 308
Saraceno, P. → iz f 1 595
Sarantopoulos, C. → iz h 297
Sarantos, Nikos → iz s 367
Sareika, Rüdiger Dr. → s 765
Saridse, Wladimir Dr. → iz r 14
Sarkozi Zagoni, Zsuzsanna → iz s 494

Sarmento, Isabel → iz f 2 372
Sarno, Alberto → N 286
Sarrazin → A 14
Sarsen jr., John → iz o 200
Sartingen, Gunhild → U 261
– Thomas → T 3 953
Sartoris, Friedhelm Dipl. pol. → f 108
– Friedhelm N., Dipl.-pol. → f 20, F 96
– Friedhelm N., Dipl.-Pol. → iz f 392
Sartorius, Tad. → e 630
Sartory, Gudrun Prof. Dr. → T 3 269
Sarysz-Wolski, Jacek Dr. → iz u 366
Sarzana, Jean → iz o 94
Sasaki, Takeshi → iz f 1 689
Sasamoto, Masaki → IZ K 47
Sasi, Kimmo → iz b 60
Sasportes, José Estêvão Dr. → iz b 224
Saß, Christiane → T 3 605
Sass, Klaus Dipl.-Ing. → T 609
Sasse, Werner Prof. Dr. → E 556
Sassen, Manfred → F 423, iz f 1 633
Sassenrath, Werner → f 210
Sassenscheidt, Karl Dipl.-Ing. → U 555
Sassi, Abderrahim → c 1 027
– G. → iz h 334
Sassik, Horst → O 90
Saßmannshausen, Detlef → s 1 145
Saterdag, Hermann Prof. Dr. → t 2 360
Satoh, Yozo → IZ O 2
Satory, Reinhard → s 633
Sattel, W. Dipl.-Kfm. → G 468
Sattelmacher, Bettina → U 2 794, u 2 803
Sattelmair, Kay E. → o 454
v. Sattern, Matthias Prof. Dr. → T 594
Sattler, Florian → D 107
– Hugo → E 175
– Joachim, Dr. → s 503
– Peter → T 2 249
– Rüdiger → T 1 984
Satuli, Antti → IZ C 4
Satz, Bernd → E 229
Satzger, Ludwig Dipl.-Ing. (FH) → E 45
Saublens, C. → IZ U 344
Sauda, Manuel → U 2 628
Saude, Joad → IZ F 1 662
Saue, Eva Margarethe → c 365
Sauer, Adolf → F 288
– Bernd, Dr. → G 33
– Dietmar, Dr. → c 1 197
– Eberhard → h 214
– Günter, Dipl.-Ing. → F 932, t 334
– Günter, Dr. → S 1 186
– Hans Dietmar → I 12, I 76, S 1 201
– Hans-Georg → R 577
– Harry → S 972
– Hartmut, Dipl.-Sozialarb. → u 1 840
– Heike, Dr. → T 568
– Heinz, Dipl.-Ing. → L 32
– Heinz-Peter → u 1 780
– Helmut → U 968, U 2 114
Sauer jun., Hermann → h 161
Sauer, Jutta → S 1 240
– Leo → T 720
– Manfred → T 1 901
– Otto → F 616
– Reinhold, Dipl.-Betriebsw. → E 121
– Rüdiger → m 214
– Wolfgang → H 2, H 20
Sauerburger, Heinz Prof. Dr.-Ing. → t 1 497, t 1 498
Sauerland, Claudia Dr. → S 316
– Petra → U 940
Sauermann, Peter → S 207
Sauerteig, Hans-Burkhard → C 45
Sauerwald, Horst → u 2 848
– Josef, Dipl.-Kfm. → S 671, s 677
Sauerwein, Hermann → r 784
– Kurt-Wilhelm → U 1 741
– Peter, Dr. → H 82, iz h 317
Sauerzapf-Poser, Petra → E 431
Saugy, Catalina → IZ T 552
Saunters, Richard → iz i 96
Saupe, Christian → h 700
– Dr. → A 14
– Uwe → H 699
Saupp, Martin → S 1 115
– Norbert, Dr. → U 1 752
Saur, Klaus Gerhard Prof. Dr.h.c.mult. → T 949, U 1 570
– Thomas → U 1 024
Saure, Hans-Friedrich → c 980
Saurwein, V. Dr. → s 62
Sausen, Theo → E 151
Saussele, Günther → g 629
Sautel, Alain → iz o 75
Sauter, Bernd → h 374
– Manfred A. → M 277
von Sauter, Sebastian Dr. phil. → U 1 921
Sauter, Werner Prof. Dr. → t 1 793

Sauthier, Pierre-Alain → iz h 446
Sautmann, Jürgen → g 777
Sautory, Claude → IZ U 91
Sautter, Hermann Prof. Dr. → E 744
– Wolfgang → g 158
Sauty, Gerard → iz r 164
Sauzay, Brigitte → A 4
Savage, George → IZ U 305
– Terry → IZ O 152
Savickas, Mark L. Dr. → IZ T 979
Savikko, Markku → iz i 93
Savkovic, Miroslava → iz l 46
Savle, Boris → iz u 793
Savu, Mihaela → IZ F 678
Savy, M. Prof. → IZ M 3
Prinz zu Sayn-Wittgenstein, Hubertus → U 2 599
Prinz zu Sayn-Wittgenstein-Hohenstein, Botho → O 336
Fürst zu Sayn-Wittgenstein-Sayn, Alexander → Q 621, U 698, u 964
Scalvini, Felice → U 2 251
Scaramuzza, E. → iz f 2 553
Scaramuzzino, Agostino Prof. → E 497
Scarbata, Gerd Prof. Dr. → T 1 161
Scarlatos, P. → iz f 1 023
Scasso, M. → iz g 63
Schaab, Christel → Q 66, q 73
Schaad, Urs B. Prof. Dr.med. → IZ T 834
Schaadt, Renate → e 524
Schaaf, Hans Joachim → iz u 697
– Michael → Q 450
– Peter → U 384
Schaaff, Ulrich Dr. → T 3 710
Schaal → A 16
– Gerd, Dr.-Ing. → t 326
– Klaus-Dieter → g 452, h 595
– Werner, Prof. Dr. → T 398
Schaar, Lothar Dipl.-Ing. → U 134
– Manfred → T 3 632
– Miguel-Pascal → T 843, t 844
Schabanoski, Ronald → u 1 769
Schaber, Siegfried → N 35
Schaberg, Werner → K 270
Schabert, C. → iz f 2 585
– Christian → f 559
– Hans-Peter → U 752
– Peter, Dr. → u 2 917
Schabow, Olaf Dipl.-Ing. → T 1 079
Schacht, Günther → u 2 193
Schacke, Michael → S 1 289
Schacker, Klaus → o 678
– Melanie → N 283
Schackmann-Fallis, Klaus-Peter Dr. → b 42
Schad, Susanne → U 1 541
Schade, Carl Albrecht Dr. → I 27
– Diethard, Dipl.-Ing. → T 768, T 864
– Dr. → T 2 909
– Günter, Dipl.-Ing. → t 2 107, t 2 117
– Jürgen, Dipl.-Volksw. → E 175
– Kai Friedrich → O 471
– Klaus → K 297
– Margit → R 504
– Otto-Werner → k 350
– Richard Erich → c 552
– Wolfgang, Dr. → t 311
Schadek, Gisbert → K 378
Schadler, Reinhold O. → k 235, r 150
Schadlinger, Irmgard → U 630
Schadow, Ernst Prof. Dr. → T 1 975
Schadt, Dieter Dr. → E 151
Schäble, Maria → T 926
Schächter, Heinz-Norbert Dr. → r 469
– Markus → O 336
– Norbert, Dr. → R 467
Schaeder, Andreas → U 387
Schädiger, Dieter Dipl.-Volksw. → S 749
Schädler, Anna → t 2 903, t 3 004, u 1 630
Schädlich, Günter → h 786
– Heidi → T 95
– Michael, Dr. → T 2 333
– Sylvia, Dr.-Ing. → L 37
Schäfer → B 696
– Axel → iz u 709
– Benjamin → s 1 460
– Bruno → r 499
– Charlotte → U 1 032
– Christoph → T 819
– Dieter → B 750, f 592, F 894, T 1 127
– Dr. → A 362, B 734
– Eberhard → E 301
– Ekkehart → s 507

Fortsetzung nächste Spalte

Schäfer (Fortsetzung)
– Ernst Wolfgang, Dr. → s 538
– Erwin H., Dipl.-Wirtsch.-Ing. → T 1 349, T 1 350
Schaefer, Felix → t 2 509
Schäfer, Friedrich → f 766
– Gerhard → E 110
Schäfer, Gerhard → O 366
Schaefer, Gernot Dipl.-Ing. → IZ F 983
Schäfer, Gisela → D 121
– Günter, Dipl.-Ing. → T 2 175
– Günter, Dr. → T 3 758
Schaefer, H. D. → U 774
– Hans → c 79
Schäfer, Hans-Dieter Betriebsw. (VWA) → K 22
– Harald → U 1 495
– Hartmut Dr. → T 949
Schäfer, Herbert → I 136
– Hermann, Prof. Dr. → T 825
– Horst → O 193
– Hubert, Prof. Dr. → T 410
– Joachim → u 814
– Jochen-Michael, Dr. → S 227
– Klaus → b 392
Schaefer, Klaus → R 96
Schäfer, Klaus Dr. → U 1 301
– Liesel → U 2 251
– Manfred → R 476
– Martin → M 1
Schaefer, Martin Dr. → F 798, IZ F 206
Schäfer, Maximilian → H 90
– Michael → F 838
Schaefer, Niels → R 938
Schäfer, Otto Dr. h.c. → E 65
– Peter, Dipl.-Kfm. → P 5
Schaefer, Ragnar Q → 350
Schäfer, Reinhard → U 915
– Robert → F 1, f 36, F 583
– Robert D., Dr. med. → s 32
– Roland → D 33
Schaefer, Roland → g 151
Schäfer, Rolf Dr. → E 315, H 109, H 283
– Ronald → F 375
– Rüdiger, Prof. Dr. → t 1 575
– S. → f 440
– Siegfried → U 2 849
Schaefer, Stefan Dr. → d 42
Schäfer, Udo Dr. → B 634
– Volker Dr. → f 21
– Volker, Dr. rer. pol. → F 122
– Volker, Dr. rer.pol. → R 1
– Volker, Dr.rer.pol. → F 1
– Walter → I 17, I 42, I 45, I 76
Schaefer, Walter → q 17
Schäfer, Wieland Prof. Dr. → t 1 518
– Wilfried → Q 305
Schaefer, Wolfgang → B 338
Schäfer, Wolfgang → D 175, s 396
Schaefer, Wolfgang → t 3 103
– Wolfgang → IZ G 12, IZ G 147
– Yann → N 284
Schäfer-Lichtenberger, Christa Prof. Dr. → T 428
Schäfer-Preuss, Dr. → A 31
Schaefer-Rehfeld, Ursula → U 173
Schaefer-Wildenberg, Bernd → Q 100
Schäferbarthold, Dieter → U 2 679
Schäfers, Horst → F 373
– Reinhard → C 605
Schaeffer, Doris → S 172
– Egbert → T 2 925
– H. A., Prof. → IZ T 297
– Helmut A., Prof. → T 1 143
– Helmut A., Prof.Dr. → T 1 144
Schäffer, Hermann Prof. → T 534
Schäffler, Günter Dr.-Ing. → S 1 069
Schaeffler, Maria-Elisabeth → E 62
Schäffner, Friedrich-Wilhelm → s 160
Schäflein, Karl-Heinz → E 65
– Karljörg, Prof. → T 616
Schaefler, Christoph → O 357, O 358
Schälzky, Heribert Dr. → T 3 689
Schänzer, Wilhelm Prof. Dr. → U 2 450
Schäper, Prof. Dr. → t 2 057
Schäpers, Erwin → f 678
Schaepers, Wolfgang → s 147
Schäplitz, Erika → f 442
Schäpsmeier, Karin → F 65
– Manfred → F 65
Schär, Beat Dr. → iz f 2 128
Schätter, Alfred Prof. → T 646
Schättle, Horst → O 321
Schätzel, Otto → T 2 634
– Thomas → Q 301
Schätzl, Ludwig Prof. Dr. oec. publ. → t 2 284
– Ludwig, Prof. Dr. oec. publ. → T 530

Schätzle, Hans-Jürgen → H 682
– Ortrun → U 1 810
Schäuble, Gerald → F 284
– Ingeborg → E 756
– Thomas, Dr. → b 5
– Wolfgang, Dr. → U 2 114
Schaff, Angela → A 238, t 2 299
Schaffartzik, Bernhard Dr. → t 3 098
– Karl-Heinz, Dr. → u 1 147
Schaffeld, Burkhard → O 449
Schaffelhofer, Walter → iz k 2
Schaffert, Peter Dipl.-Volksw. → e 19
Schaffmann, Christa → S 1 506
Schaffner, Werner Dipl.-Ing. → S 1 106
Schaffranietz, Adrian → S 738
Schaffrath, Klaus → E 151
Schafft-Stegemann, Anke Dr. → B 708
Schafhausen, Karl-Heinz → g 715
Schaft, Gerhard → U 850
Schahbaz, Christa → O 181
Schaich, Eberhard Prof. Dr. → T 690
Schaich-Walch, Gudrun → A 25, A 82
Schaidinger, Hans → D 119, T 3 457
van Schaijk, Hans → iz f 1 736
van Schaik, G. → IZ T 554
– Ge → iz t 550
von Schaik, J. → IZ F 1 184
Schalaster, Martin → E 420
Schalck, Fin → IZ U 302
– Rainer → u 2 509
Schale, Reinhard → h 760
Schales, Walter → S 1 313
Schalkhäuser, Klaus Dr. → S 83
Schall, Peter Heinrich → c 559
Schallbruch, Martin → A 10
Schallenberg, Manfred → U 2 779
Schallenmüller, Rudolf → c 68
Schaller, Dieter Dipl.-Arch. → s 888
– E., Prof. Dr. → T 3 428
– Gerhard, Dipl.-Ing. → s 990
– Hans W. → T 3 313
– Heidrun → s 1 283
– Helmut, Prof. Dr. → e 595
– Klaus, Prof. Dr. → T 2 636
– K.O. → iz h 78
– Marion → N 116
– P. Ulrich → H 12
– Peter → C 270
Schallhorn, Eberhard Dr. → R 921
– Eberhard, Prof. Dr. → T 1 112
Schallmeyer, Manfred → T 2 156, IZ R 268
– Michael → O 535
Schaltenberg, Karl-Josef Dr. → S 1 199
Schalück, Hermann → U 3 118
Schalwig, Hans Dr. → t 3 236
Schambier, Peter G. → E 13
Schanck, Jean-Marie → iz t 938
Schando, Horst Dr. → T 2 699
Schantz, Peter → u 2 220
Schanz, Heinrich Prof. Dr. → T 1 865
– Volker, Dr.-Ing. → t 1 007, T 1 046
Schanze, Bernhard → N 204, U 308
Schanzen, Birgit → O 490
Schapals, Angela Dipl.-Pol. → T 3 949
Schaper, Ralf Dipl.-Ing. → E 552
– Wolfgang, Prof. Dr. → t 155
Schaper-Thoma, K. Dipl.-Kffr. → U 204
Schapper, Claus Henning → A 10
Scharbatke, Christian → H 185, h 192
Schardt, Andreas → O 413
– Günter → I 87
– Stefan → G 801
Schareck, B. Dr. → T 4 040
– Bernhard, Dr. → K 36, K 39
Scharenberg, Heinz Dieter Dipl.-Ing. → s 1 044
Scharf, Albert Prof. Dr. → T 3 594
– Albert, Prof. Dr. h.c. → O 201, O 276
– Edda → U 2 448
– Heiner → G 347
– Jürgen → A 65
– Kurt → u 2 969
– Peter, Prof. Dr.-Ing. → t 1 210
– Ulrich, Dr. → s 487
– Werner → g 403
– Wolfgang, Univ.-Prof. Dr. → T 1 091
Scharff → u 1 685
– Horst → F 723
Scharinger, Ludwig Dr. → IZ T 889
Scharioth, Barbara Dr. → U 1 570
– Klaus, Dr. → A 8
Scharlo, Rüdiger → h 692
Scharlowski, Werner Dr.jur. → f 624
Scharmer, Hartmut → s 491
Scharnick, Ekkehard S. → S 392
Scharpenzck-Bingel, Stephanie → O 538
Scharpf, Fritz W. Prof. Dr. → t 122, t 2 405
– Peter, Dr. → P 49

Scharping

Scharping, Gerd Dipl.-Btw. → H 651, iz h 503
- Rudolf → A 21, U 2 251
Scharr, Michael → T 4 041
Scharrer, Eva-Maria → I 21
- Hans-Eckhart, Prof. Dr. → t 2 283
Schartau, Harald → b 123
- W., Prof. Dr. → T 2 717
Schartz, Günther → Q 52
Scharwächter, Dieter Dipl.-Ing. → U 587
Schaschl, Erhard Dr. → iz f 2 428
Schassberger, Ernst Ulrich → iz s 364
Schatt, Franz Dipl.-Ing. agr. → q 17
- Hans-Jürgen → P 5
Schattner, Klaus Dipl.-Bw. → E 121
- Thomas, Dr. phil. → a 129
Schatz, Klaus-Werner Prof. Dr. → t 2 185
- Manfred, Dipl.-Ing. → t 1 010
- Manfred, Dipl.-Ing. (FH) → T 1 165, T 1 289
- Ute → IZ N 38
- Wolfgang → K 15
Schaub, Alexander → iz a 23
- Clemens → O 67
- G. Hinrich → R 580
- Hans-Ulrich → iz s 286
- Klaus-Peter → U 3 092
- Manfred → a 89
- Werner → S 1 118
Schaubmayr, Klaus → iz f 829
Schauer, Manuel → u 2 643
- Winfried, Prof. Dr. → T 1 052
Schauerte, Hartmut → R 241, r 251
- Werner, Dr. → I 88, S 730
Schaufelberger, Dieter Dipl.-Kfm. → m 118
Schaufelberger, Dieter Dipl.-Kfm. → m 201
- Walter → IZ T 309
Schaufenberg, Kurt → g 217
Schauff, Frank → iz u 235
- Michael → Q 308
Schauffele, Michael → U 438
Schauinger-Horne, V. M. → IZ T 36
Schaum, Michael → e 189
Schaumann, Alfred → s 752
- Gerd K., Dipl.-Betriebsw. → P 59, P 60
- Gunter, Prof. Dr.-Ing. → t 1 219
- Klaus → u 1 833
- Thorsten → O 238
Schaumberger, Peter Dr. → Q 181
Schaumburg, Dr. → B 675
zu Schaumburg-Lippe, Marie-Luise → t 3 098
Schauwecker, B. → iz h 312
Schavan, Annette Dr. → A 39, b 6, B 280, U 2 114
Scheben, Mathias → S 738
Schech, Hans-Werner → G 113, g 685
Scheder-Wedekind, Gisela → u 2 247
Schediwy, Robert Dr. → iz r 7
Schedl, Albert → g 631
- Ilse → R 597
Schedlbauer, Christin → T 3 884
Scheede, Carlos Ross → c 325
Scheeff, Siegfried Dipl.-Ing. → E 43
Scheel, Christine → A 35
- Dierk, Prof. Dr. → T 2 551
- Hans-Dieter → C 311
- Herbert → E 43
- Jürgen, Dipl.-Betriebsw. → K 33
- Walter → T 790, T 818, T 1 145, U 2 200
- Wolfgang → U 3 127
Scheel-Krieg → B 237
Scheele, Burkhard Dr. med. → S 84
- Joachim F. → K 34
- Jochen → K 36
- Paul-Werner, Dr. → u 2 373
Scheelje, Reinhard Dr. → Q 264
Scheer, Bernhard Dipl.-Volksw. → U 2 680
- Hermann → U 2 251
- Hermann, Dr. → IZ L 101
- Klaus J. → U 3 049
- Luc → iz s 280
- Matthias K., Prof. Dr. → S 618
- Olaf, Dr. → u 731
- Udo, Dipl.-Kfm. → T 901
Scheerbarth, Nikolaus → U 2 650
Scheerer, Hans Georg Dr.-Ing. → t 1 202
Scheffbuch, Winrich → U 1 405
Scheffel, Franz Dipl.-Ing. → f 1 043
- Günter → c 172
Scheffer, J.J.C. Prof. Dr. → T 2 625
Scheffers, W. A. Dr. → iz t 349
Scheffler, Armin Dr. → T 2 788
- Hartmut → O 543, t 2 480
- Heike → S 409, s 420
- Matthias, Prof. Dr. → t 119
- Werner → U 1 636
- Wilfried → u 2 966
Scheffter, Hansjochen Dr. → e 77
Schega, Gottfried G. → t 2 014
Schegk, Ingrid Prof. Dr. → T 497
Scheib, Michael Dr. → T 1 238

Scheibe, H.-J. Prof. Dr. → T 855
- Ines, Dr. → U 2 786
- K., Prof. Dr. → T 855
- Monika → O 707, u 887
- Peter, Dr. → h 32
Scheibel, Gabriele → T 3 984
- Hans-Peter → o 479
- Michael → H 222
Scheibelhuber, Oda → B 225
Scheible, Peter → E 704
Scheibler, Christian → K 294
Scheibner, Annelies → T 3 484
- Dr. → u 1 669, u 1 671
- Herbert → iz b 207
- P. → t 2 534
- Renate → G 568
- Ulrich → T 2 908
Scheich, Henning Prof. Dr. → T 265
Scheid, Karin → T 2 358
- Volker, Prof. Dr. → U 2 450
Scheide, Ingo → g 318
- J. → iz t 580
- Joachim, Prof. Dr. → t 2 285
Scheideck, Andreas → S 1 510
Scheidel, Daniel M. → E 241
Scheidemann, Petra Dr.Biol. → T 3 445
Scheider, Ica → s 395
Scheidler, Dietmar Dipl.-Ing. → B 359
Scheidt, Wilhelm → K 73
Scheier, Martin H. → h 558
Scheifler, Klaus-Uwe → B 254
- Klaus Uwe → E 115
Scheinert, Martin → t 2 158
Scheinpflug, Thomas → g 720
Scheithauer, Rainer Prof. Dr. → T 501
Schek, Mathias → E 167
Schekerletova, Elena → c 684
Schekulin, Dirk Dr.-Ing. → t 1 676
- Karl, Prof. Dipl.-Ing. → t 1 678
- Ulrich, Dr. rer. nat. → t 1 675
Schelberg, Thomas → s 1 323
Schelfhout, Bart → IZ F 981
Schell → iz f 234
- Beatrice → IZ Q 192
- Fred, Dr. → O 258
- Johann → U 487
- Manfred → R 198, R 617
- Manfred, Dipl.-Kfm. → e 182, T 4 150
- Stefan → b 22
Schellander, K. Prof. Dr. → T 3 507
Schelle, Johann → T 547
Schelleis, Norbert → u 1 058
Schellekens, Evelyne → IZ F 1 775, iz f 1 776
Schellenberger, Herbert Dipl.-Volksw. → h 310, T 3 898
Scheller, Frieder Prof. Dr. → T 3 290
- Peter → U 773
Schellerer, Wolf Prof. Dr. → U 862
Schellhammer, Eduard → h 510
Schellhase, Thomas → s 24
Schellhorn, Kai Dr. → T 804
Schellin, Siegfried Dr. → s 356
Schelling, Gerhard → H 83
- Günther → H 115, IZ H 114
Schellkes, Wolfgang Dipl.-Volksw. → O 595
Schellnhuber, Hans Joachim Prof. Dr. → T 1 239
Schellong, Sebastian Dr.med. → T 3 286
Schellschmidt, Maren → e 5
Schelm, Berndt → T 3 985
Schelnberger, Franz-Josef → T 2 232
Schelp, Horst-Sigurd Dipl.-Ing. → s 892, S 1 036
Schelsky, Wilhelm → R 581
Schelter, Christian Dr. Dr. h.c. → T 784
- Kurt, Prof. Dr. → A 39, b 41
Schelzke, Erhard Prof. Dr. → U 162
- Karl-Christian → d 37
Schemann, Rolf Dipl.-Kfm. → E 170
Schemberger, Dieter → U 679
Schemeil, Yves → IZ T 193
Schemel, Hans → U 1 910
- Wilhelm → H 793, h 799
Schemken, Heinz → U 1 870
Schemme, Dorothea Dr. → Q 369
Schempp, Dieter Prof. → D 257
- Gerhard → f 339
- Ulrich, Prof. Dr. oec. → T 677
Freiherr von Schenck, Guntram Dr. → C 600
Freiherr Schenck zu Schweinsberg, Hauprecht → K 32
Schendel, Dorothea → U 2 723
Schenk, Bodo → s 634
- C. → iz t 373
- Dieter → Q 608
- Dietmar, Dipl.-Ing. → t 1 856
- Emil, Dipl.-Ing. → B 625
- Ernst-Wilhelm, Prof. Dr. → T 2 650

Fortsetzung nächste Spalte

Schenk (Fortsetzung)
- H., Prof. → IZ T 163
- Inge, Dr. → T 2 647
- Karl-Ernst, Prof. Dr. → T 733
- M., Prof. Dr. → T 2 648
- Manfred → u 2 618
- Michael, Prof. Dr.-Ing. habil. → t 205, T 1 071
- Rudolf → t 3 188
- Sylvia → U 2 450
- Volker, Dipl.-Ing. → B 385
- Volker, Prof. Dr.-Ing. → t 1 449
Schenke, Bernd → E 74
- Klaus → K 319
Schenkel, Hans Prof. Dr. → T 2 739
- Michael → E 151
- Prof. → A 300
- Roland, Dr. → IZ L 140
Schennach, Gerda → IZ S 594
Schenz, Richard Dr. → iz e 21
Schepelmann, Thomas → S 751
Schepens, Hugo → IZ Q 191
Schepers, Heiner → U 3 028
- Uwe → H 548
Schepp, Martin → E 197
- Peter Paul, Dr. → T 1 293, IZ T 515, iz t 519
- Winfried → Q 386
Scheppelmann, Rainer → b 60
Scher, Carmen → u 2 887
Scherbaum, Werner Prof. Dr. → t 3 303
Scherber, Bettina → u 2 810
- Heinrich → T 661
Scherdel, Peter Dipl.-Brau-Ing. → E 44
Scherer, B. → iz f 210
- B., Dr. → iz f 1 476
- Bernd, Dr. → F 291, F 629, f 648, f 659, f 680
- Bernd-M., Dr. → u 2 958
- Edgar, Dr. → c 836
- Frank → O 362
- Günter → k 81
- Hanno → H 17, H 321, h 450, h 485, h 523, h 539, h 559, T 3 911
- Johannes, Dipl.-Kfm. → o 419
- Manfred → b 188
- Michael → f 152, f 153, f 154, f 155, U 753
- Peter → O 621
- Peter A. → U 1 813
- Reinhold → g 461, h 604
- Siegfried, Prof. Dr. → T 2 580
- Theo, Prof. Dr. → T 3 761
- Werner, Dr. → k 85
Scheres, H. → IZ F 2 139
Scherf, Henning Dr. → B 49, B 51, D 60
Scherhag, Karl-Heinz → G 72
Scherhorn, Gerhard Prof. Dr. → u 1 140
- Gerhard, Prof.Dr. → t 2 403, T 2 529
Scherini, Fulvia → IZ F 1 545
Schermele, Sabine → U 2 786
Schermer, Detlef Dr. → F 754
Scherpereel, Philippe → IZ S 164
Scherr, Adelheid → U 2 028
- Mark → T 1 165
- Roland, Prof. Dr. → t 1 465
Scherreiks, Sandra → T 1 113
Scherrer, Burkhard → s 537
- Gudrun → u 2 834
- Günter → iz s 364
- Martin, Dipl.-Ing. → F 294
Scherschel, Karl-Heinz → g 279
- Karl Heinz → g 374
- Karl-Heinz → g 429
- Karl-Heinz → g 441
- Karl-Heinz → g 602, g 670, g 792, R 272
Scherschinski, Manfred → B 322
Scherz, Heinrich → U 2 447
Scherzer, Landolf → s 1 255
- Wolfgang → U 2 608
Schettler, Uwe → U 642
Scheu, Hans-Reinhard → S 1 373, s 1 375
- Paul-Friedhelm → E 107
- Ursula → T 800
Scheublein, Michael → H 771
Scheuch, Erwin K. Prof. Dr. → T 2 359, T 2 438
Scheuer, Alexander → IZ T 846
- Lothar, Dr.-Ing. → L 75
- Udo, Dr. → T 666
- Werner → O 384
- Wolfgang, Dr. → u 2 492
Scheuerer, Gerhard → B 324, b 480
- Sabina → u 1 220
Scheuerle, Thomas → H 2, H 7, h 46
Scheuerle-Wagner, Brigitte → e 94, e 95, e 96
Scheuermann, Klaus Dr.-Ing. → T 880
- Reimund, Dr. → A 29
Scheuerpflug, Egon → g 789

Scheufele, Karl Michael → B 14
- Karl-Michael → b 26
Scheunemann, Albrecht → h 749
- Helmut, Prof. Dr. → S 337
- Lothar → u 2 837
Scheuren, Guido → R 831
- Joachim, Dr. → T 1 044
Scheurer, Hans-Walter → k 142
Scheuring, Josef → r 383
Scheurkogel, M. Drs. → IZ T 895
Scheurmann, Konrad Dr. → U 2 814
Scheve, Volker → T 3 931
von Scheven, Werner → U 1 074
Schewe, Carola → U 1 217
- Detlev → k 250, k 259
- Dieter → T 2 203
Scheytt, Oliver Dr. → T 3 960, U 2 815
Schiaffino, Concepcion → IZ S 642
Schialer Salcedo, Elmer → c 1 156
Schiatti → iz f 758
Schiavi, Alberto → IZ F 2 084
Schiavo, Leonardo → IZ A 227
Schiavone, Giuseppe → IZ T 880
Schibel, Roland Dr. → b 855
Schich, Heike → f 441
Schicha, Christian Dr. → Q 470
Schick, Dipl.-Ing. → T 1 318
- Iris → q 258
- Marion, Prof. Dr. → T 612, T 746
- R., Dr.-Ing. → IZ Q 190
- Werner → l 41
Schicke, Ulrich Dipl.-Ing. → S 1 019, s 1 025
Schickedanz, Elisabeth Christa Madeleine → c 812
Schickler, Wilhelm → k 353
Schickling, Wilma → O 120
Schieb, Iris → h 511
Schieber, Helmut → i 2
- Thomas → T 3 789
Schieberle, Peter Prof. Dr. → T 2 555
Schiecke, Elmar R. → T 615
- Karl-Heinz → g 727
Schiedek, Valentin → r 603
Schieder, Wolfgang Prof. Dr.h.c. → T 2 459
Schiedermair, Hartmut Prof. Dr. → R 900
Schieders, Willy → R 424
Schiefer, Karl-Heinz Dr. → E 14
- Rolf → k 408, k 433
Schieferstein, E. Dr. → q 236
- Erich → IZ Q 101
Schiefler, Hasso → q 625
Schiehlen, Werner Prof. → IZ T 168
Schiek, Joachim → D 108
Schieke, Heike → s 823
Schiele, Ferdinand → G 483
- Gustav → H 66, h 67, H 206
- Volker, Dr. → u 2 623
Schielicke, Reinhard E. Dr. → T 893
Schielke, Joachim → I 2
Schiemann, Peter → E 69
Schier, Sanders → H 229
- Uwe → H 110
Schierbecker, Thomas Dipl.-Volksw. → E 82
Schieren, Rainer Dr. → S 337
Schierer, Max → H 2, H 25
Schierholz, Reiner → h 552
Schiering, Wulf-Peter Dr. → I 75
Schierle, Otwin → k 79
Schierloh, Günther → U 2 041
Schiermann, Sebastian → E 552
Schieroni, Massimo → iz f 1 810
Schiersmann, Christiane Prof. Dr. → T 4 179
- Klaus → I 22
Schierstedt, Siegfried → Q 559
- Siegfried H.W. → S 390
Schießer, Anja → t 2 900
Schiessl, Carl-Georg → F 1 048, F 1 049
Schießl, P. Prof. Dr.-Ing. → t 2 045, t 2 047
- Ulrich, Prof. Dipl.-Rest. Dr. → T 459
Schiessl, Werner → H 34
Schießl, Wolf-Dieter Dipl.-Kfm. → H 2
Schiff, Hans-Peter → C 5
Schiffarth, Bernd → E 561
Schifferer, Günter → G 69
Schiffers, Carl Albert → k 220
- Hubert, Dipl.-Kfm. → u 457, u 458
Schiffmann, Hermann → F 293
Schiffner, Hans-Michael Dr.rer.nat. → U 558
- Roland → B 683
Schifter, Dan Dr. → iz t 759
- Trudi → U 3 122
Schigulski, Günter → S 76
Schikorr, Wolfgang Prof. Dr.-Ing. → T 677
von Schilcher, Dietram → c 475
Schild, Christoph → S 846
- Eduardo → c 85
- Gregor, Dr. → M 101
- Wolfgang → b 144
- Wolfgang, Dipl.-Ing. → T 2 127

Schildberg, Friedrich W. Prof. Dr. med. Dr. h.c. → T 3 330
Schilden, Susanne → T 398
Schilder, Manfred → E 43
– Sandro → u 2 206
Schildhauer, Wolfgang → n 23
Schildknecht, Bernd → k 233
– Christa → T 3 203
– Jeanette → u 1 472
Schildmann, Christoph → T 2 557
– Lutz → S 738
Schildt, Dierk → T 2 606
– H. → U 765
– Holger → T 3 385
– Werner → I 22
Schioler-Andersen, J. → iz f 1 450
Schilg, Alexander → U 1 026
Schilgen, Hans Joachim → F 989, IZ F 432
Schill, Martina → U 1 597
– Wolf-Bernhard, Prof. Dr. → T 3 284
Schillak, Gerhard Prof. Dr. → U 2 450
Schillen, Ida → U 1 608
Schiller, Christiane → U 1 389
– Etta, Dr. → U 406
– Rainer → u 2 567
– Ralph → N 283
– Reinhardt → R 414
– Rolf → g 442
– Theo, Prof. Dr. → T 606
– Thomas, Dr. → O 471
– Willi → H 261
Schillert, Ulrich Dr. → H 549, h 555
Schilli, Werner → E 71
Schilling, Alexander → O 507, S 1 200
– Anne → U 1 272
– Brigitte, Dr. → s 354
– Detlev → T 3 184
– Ernesto, Dr. → C 662
– Georg → k 393, k 414
– Horst → m 70
– K., Prof. Dr. → t 1 808
– Klausjürgen → t 4 083
– Rainer, Dipl.-Ing. → f 341
– Rolf → m 77
– Sigrid → S 975
– Viola → S 102
– Wolf-Dietrich, Dr. → C 411
Schillow, Werner → S 1 110
Schilp, Ulrich Dr. → F 202
Schiltz, Anny K. → IZ T 437
– B. → iz q 145
Schily, Otto → A 10
Schimanke, Dieter Prof. Dr. → b 163
Schimankowitz, Winfried Dipl.-Ing. → S 1 086
Schimanski, Norbert → r 962
Schimel, David Prof. Dr. → t 105
Schimko, Richard Prof. Dr. → F 1
Schimmel, Braunschweig → f 567
– Dieter → E 2
– Gabriele → T 903, T 2 007
– Klaus → T 708
– Nikolaus → F 726
Schimmele, Bernd → Q 83
von Schimmelmann, Wulf Prof. Dr. → I 76
Schimmelpfeng, Kurt-Jürgen → m 108, m 154, M 219
Schimmelpfennig, Helmut → B 378
– Lutz, Dr. med. → T 3 376
– Marion → O 544
Schimming-Chase, Nora → E 572
Schimpf, Dorothee Dr. → T 3 453
Schimpff, Frithjof Dipl.-Ing. → f 880
Schimpgen, Hans-Peter → r 671
Schimrigk, Klaus Prof. Dr. med. → t 3 101
Schinck, Klaus-Jürgen → U 888
Schindehütte, Konrad → Q 87, q 91
Schindelasch, Hannelore → s 1 559
Schindler, Alfred Dipl.-Ing. → f 308
– Ambros, Dr. → T 95, T 795
– Bettina → s 535
– Brigitte → O 55
– Ernst, Dipl.-Ing. → S 1 522
– Fred → T 2 990
– Herbert → P 19
– Hubert, Dr. → k 167, k 186
– Klaus → u 2 902
– Norbert → Q 4, q 17
– O. H., Dr. → U 3 096
– Paul → F 805
– Peter A. → G 633
– Volker, Prof. Dr. rer. nat. → T 1 068
Schingen, Helmut → q 144
Schink, Alexander Dr. → d 26
– Bernhard, Prof. Dr. → T 2 571
– Helmut → IZ T 903
Schinke, Johannes Prof. Dipl.-Ing. → T 3 868
Schinkel, Manfred-Carl Prof. → B 890
Schinko, Roland → U 1 499
Schinner, Hans → g 569

Schinnerling, Heinz → h 190
Schintgen, Romain → IZ A 219
von Schintling-Horny, Regula → E 732
Schintlmeister, Inge → IZ U 259
Schinz, Ingrid → F 1 054
Schinzel, Britta Prof. Dr. → T 1 358
– P., Dr. → iz f 1 866
Schinzler, Hans-Jürgen Dr. → K 1, T 97
Schipanski, Dagmar Prof. → b 190
– Dagmar, Prof. Dr. → A 39, B 280, T 2 787, U 2 114
– Tigran → U 221
Schippers, Reiner H. → I 134
– Reiner Herbert → E 151
Schipplick, Sabine → U 1 875
Schippmann, Andrea → t 2 977
Schips, Bernd Prof. Dr.rer.pol. → IZ T 233
Schipulle, Dr. → A 31
Schirber, Max → o 642
Schirbort, Karl Horst Dr. → S 273, S 285, S 314
Schirmacher, Martina Dipl.-Verwaltungswirtin → T 4 155
Schirmbeck, Hans-Jörg Dipl.-Kuwi → S 1 305
Schirmer, Bodo Dr. → R 273
– Manfred → h 513
– Peter → s 611
– Ulrich, Dr.-Ing. → t 1 439
– Walter → F 705
– Wolfgang, Prof. Dr. → T 1 131
Schirop, Thea Dr. → t 3 298
Schirren, Reinhold → U 2 094
Schirrmeister, Rolf → t 3 243
Schisler, David → IZ F 1 172
Schissler → IZ T 319
Schittek, Lothar → g 599
Schittenhelm, Adolf → E 258
– Dieter → o 633, o 641
Schittges, Winfried → D 199
Schitthelm, Jürgen → o 14
Schiweck, Ludwig Dr.-Ing. → U 165
Schlaak, Michael Prof. Dr. → t 1 464
Schlachter, Christoph Dr. → s 303
Schladerer-Ulmann, Nicolaus → F 474, F 480, H 222, iz f 1 327
Schlaefer, Alexander → T 998
Schlaegel, Stefan → u 2 454
Schlaeger, Michael Dr.med. → s 199
Schlaffke, Winfried Prof. Dr. → T 456
Schlag, Bodo → S 393
– P. M., Prof. Dr.Dr.h.c. → T 3 342
Schlaga, Rüdeger Dr. → b 136
Schlagenhauf, Manfred Prof. Dr.-Ing. → T 2 021
Schlagheck, Hermann Dr. → Q 516
– Prof. Dr. → A 18
Schlagintweit, Reinhard → E 753
Schlagk, Bernd → U 1 382
Schlake, Werner Prof. Dr. → S 83
Schlamp, Johann Ulrich → C 1 277
Schlansky, Angelika → U 1 382
Schlarp, Karl-Heinz Prof. Dr. → e 584
Schlatterer, Bert Prof. Dr. → B 550
Schlau, Gerhard → g 497, h 145
Schlauch, Rezzo → A 40, U 2 097
Schlautmann, Erich → A 387
Schlebusch, Gernot Dr. → d 25
Schlecht, Dieter → E 2, E 116, E 132
– Otto, Prof. Dr. → T 778
Schlechter, Martin → r 114
Schlechtweg, Klaus Dipl.-Kfm. → S 255
Schledt, Werner → g 509
Schlee, Günther Prof. Dr. → t 116
Schleef, Katharina → T 970
– Marcus → U 1 494
– Wilfried → K 146
Schlegel → A 101
– Bernd, Dr.rer.nat. → B 610
– Dietrich → O 282
– Eduard → H 185
– Gerhard, Dr.-Ing. → T 3 926
– Jörg → E 604
– Jörg, Dipl.-Volksw. → B 249, E 67
– Jürgen → T 952, T 1 901
– Martin, Prof. Dr. → T 584
– Rainer, Prof. Dr. → T 887, t 1 425
– Uwe, Prof. Dr. → T 679, t 1 719
– Volker → C 451
– Werner → R 449
– Wolfram → g 332, T 2 843
Schlegel-Friedrich, Daniela → b 143
Schleicher, Eduard → F 939
– Michael → h 389
– Thomas → F 69, f 70, R 33, r 34
– Ursula → U 2 682, IZ A 192
Schleichert, Gerd → t 2 159
Schleifenbaum, Henning Dr. → E 173
Schleifer, Eckhard → O 184
Schleinitz, Jörg → U 414
Schleisiek, Hans-Walter → h 585

Schlembach, Anton Dr. → u 2 371
– Claudia, Dr. → R 194
– Hans-Günther, Dipl.-Kfm. Dipl.-Hdl. → R 194
Schlemmer, Franz → g 795
– Horst → f 548
Schlempp, Dieter → d 9, d 38
Schlenker, Alfons → A 306
– Mark Frederick → c 558
– Rolf-Ulrich, Dr. jur. → k 135
Schlenkermann, Heinz-Gert Dr. → G 94
Schlensog, Bodo → E 113
Schlenter, Siegfried → t 966
Schlenzig, Gabriele → o 141
– Hans-Werner → U 2 380
Schlephorst, Hubert Dr. → u 897
Schlereth, Thomas → c 743
Schlerff, Roland → u 1 841
Schlesser, Gilles → IZ T 246, iz t 255
Schlettwein, Rolf → c 1 038
Schleucher, Kurt → U 2 792
Schleusing, Michael Dr. → s 191
Schley, Anett → t 875
Schleyer, Hanns-Eberhard → E 1, E 572, G 1, G 3, G 5, T 2 334, U 2 043, iz g 34
Schlicht, Barbara → r 374
– Günter → U 911
– Walter → t 705
Schlichtenbrede, Benno → k 154
Schlichting, Peter Dr. → e 99
Schlick, Egon → c 266
– Helmut → F 595
Schlicke, Frithjof → h 737
Schlie, Ulrich Dr. → T 2 539
Schliebeck, Peter → T 4 024
Schliebener, Gudrun → t 2 934
Schliebener, Bernhard → r 595
Schlieckmann, Otto Dipl.-Kfm. → G 36
Schliedermann, Elke → s 458, t 2 867
Graf von Schlieffen, Albrecht → U 1 020
Schliefke, Bruno → G 395, g 410
Schliephake, Konrad Dr. → s 1 477
Schlier, Christel → S 1 207
Schließmann, Alois W. Dipl.-Ing. → s 911
Schlieter, J. → iz s 398
Schlimbach, Markus → r 304
Schlimgen, W. → L 54
Schlindwein, Bernhard Dr. → q 15
– Birgid, Dr. → Q 307
Schlink, Walter Dr. → U 3 108
Schlirf, Hans Dr. → U 1 953
Schlocker, Stephan → h 722
Schloderer, Peter Dr. → H 134
Schlöder, Johannes P. Dr. → t 1 531
Schlögel, Jürgen → U 862
Schlögl, Herwig → IZ W 6
– Robert, Prof. Dr. → t 119
Schlömilch, Eike Prof. → S 799
Schloenbach, Knut Dr. → A 350
Schlösser, Anne-Marie Dipl.-Psych. → T 3 385
– Gernot → K 45
– Jürgen → u 2 636
Schloesser, Klaus → B 49, D 60
– Klaus, Dipl.-Kfm. → G 24
Schlösser, Peter → D 53, U 230
Schlomach, Eckart Dr. → t 1 172
Schloßarek, Gerd → k 231
Schloßbauer → b 499
Schlosser, Hans → S 1 313
– Heinz → Q 481
– Werner → H 52
Schloßmacher, Ute → T 1 968
Schlote, Werner Prof. Dr. → T 2 660
Schlotfeldt, Walter Dr. → k 203, k 222
Schlotmann, Bernhard Dipl.-Jur. → s 71
– Gerhard → f 131, f 137, F 143, F 888
– Jochem → u 843
– Volker → a 90
Schlotte, Dorothea → T 3 182
Schloz, Hans-W. Dr. → f 602
– Hans W., Dr. → F 614
– Walter, Dipl.-Ing. (FH) → e 37
– Walter, Dipl.-Ing.(FH) → E 31
Schluchter, Wolfgang Prof. Dr. → t 2 393
Schlünz, Marina Prof. Dr.-Ing. → t 1 172
Schlüßler, Herbert → H 52
Schlüter, Alfred Dipl.-Ing. → S 790
– Barbara → U 1 298
– Bernd → u 1 836
– Dirk → P 5
– Heinz-Peter → H 90
– Horst → I 125
– Ingo → u 1 464
– Karl → g 401
– Klaus → Q 473, Q 663, R 577
– Manfred → P 1, P 4, P 27

Schlüter (Fortsetzung)
– Margret → b 44
– Peter, Dr. → f 42, F 693
– Rainer → IZ P 24
– Theo → O 488
– Thomas → n 13
– Wilfried, Prof. Dr.Dr.h.c. → t 4 081
– Wolfgang, Dipl.-Ing. → t 1 108
– Wolfram, Dipl.-Ing. → S 952
Schlumberger, Friedrich Claudius → u 2 127
Schlun, Hubert → g 185
Schlund, Heidemarie → u 2 830
Schlusnus, Martin Dipl.-Ing. (FH) → t 1 628
Schlutter, Jürgen → r 395
Schmachtenberg, Hans-Dieter Dr. → A 375
Schmädicke, Gerhard → g 417
Schmalenbach, Katharina → S 1 567
Schmalisch, Peter Dr. → c 1 367
Schmalkoke, Hans → U 394
Schmall, Hartmut Dr. → s 351
Schmallenbach, K.-H. → U 175
– Klauspeter → iz a 159
Schmalriede, Manfred Prof. → S 1 520
Schmalstieg, Herbert → D 2, D 82
Schmalz, Hans-Joachim → B 851
– Klaus, Dr. → s 489
Schmalz-Bruns, Rainer Prof. Dr. → T 2 221
Schmalz-Jacobsen, Cornelia → T 818
Schmalzl, Johann Dipl.-Betriebsw. (FH) → E 64
Schmarje, Udo → B 851
Schmatz → u 1 657
Schmaus, Franz → Q 120
Schmauser, Harald R. → E 62
Schmauß, M. Prof. Dr. med. → T 3 384
Schmechel, Harald Prof. Dr. → t 3 309
Schmed, Christian → c 1 227
Schmeer, Ernst Prof. Dr. → t 1 660
– Martin → Q 54
– Werner → f 904
Schmehr, Werner M. Dipl.-Ing. → S 954
Schmeidler, Felix Prof. Dr. → T 1 270
Schmeil, Wolfgang → Q 217
Schmeinck, Wolfgang → K 134
Schmeink, Bernd → N 37
Schmeißer, Christa → U 3 127
Schmekel, Jörg → U 2 020
Schmeller, Franz → D 146
Schmelter, Gerlind → G 623
– Uwe, Dr. → u 2 947
Schmelzer, Ernst → N 190
Schmenk, Janine → U 1 637
– Ulrich → s 599
Schmelzle, Norbert → f 641
Schmerler, Peter J. → T 1 313
Schmick, Henner Dr. → U 2 681
Schmickler, Heinz-Gert → F 224
Schmid → A 8
– Achim → o 472
– Adolf → u 946
– Albert, Dr. → A 232
– Alfred → Q 87, IZ U 544
– Andreas → S 1 135
– Axel → H 133
– Bernhard, Dipl.-Ing. → t 1 494
– Brigitte → T 2 882
– Carlo, Dr. → T 3 493
– Christof, Dr. → o 274, O 322
– Claudia → B 343
– Dieter, Dr. → Q 646
– Dietmar, Prof. Dr. → t 1 469
– Dr. → E 67, f 814
– Erich, Dr. → iz u 788
– F. → iz f 2 181
– Frieder → u 2 413
– Georg → b 24, H 619, q 93
– Gerhard → g 459, H 594, h 602, IZ A 183
– Günter, Dr. → i 2
– Herbert → IZ F 1 774
– Hermann-Josef → U 485, IZ U 90
– Josef → f 27, F 376
– Jürgen, Dr. → T 1 311
– Jürgen, Prof. Dr.-Ing. → T 1 378
– Karl-Heinz → o 168, T 3 889
– Lioba → o 156
– Lothar → A 391
– Lothar M., Dipl.-Volksw. Dr. → H 38, H 284
– Ludwig → B 223
– M., Dr. → s 208
– Peter → O 690, IZ N 38
– Petra, Dr. → b 244
– Roland, Dr. → b 856
– Rolf → H 678, m 72, M 142, T 4 037
– Rolf, Dr. → K 362, k 369
– Ronald, Prof. Dr. → T 3 586
– Rupert → d 166
– S. → iz f 1 283
– Toni → b 20

Fortsetzung nächste Spalte | Fortsetzung nächste Seite

Schmid

Schmid (Fortsetzung)
- Uwe, Dipl.-Ing. (FH) → b 472
- Volker, Dr. → F 722, F 831, F 860, H 670, U 582, U 607, U 614, U 2 760
- Walter → I 44
- Walter Jürgen, Dr. → A 8
- Werner → N 119
- Wolf-Michael, Dr. → E 117

Schmid-Dwertmann → A 12
Schmid-Preissler, Franz Maximilian → c 1 188
Schmidbauer, Bernhard → s 150
- F. → iz t 605
- Sepp → u 1 463

Schmiderer, Claudia → O 258
Schmidgall, Paul → U 2 447
Schmidhuber, Christine → R 559
- Peter → T 2 238
- Peter M. → T 803

Schmidinger, Kurt-Christian → IZ Q 227
Schmidkonz, Erich → u 780
Schmidt → A 27
- Achim → A 23
- Albert, Dipl.-Ing. Prof. → T 2 668
- Albrecht, Dr. → I 46, i 48, iz i 9
- Alfons → O 96, o 102
- Ali → A 40
- Andreas → A 52, I 92, k 89, N 179, u 513
- Ansgar → U 1 872
- Beate → A 39
- Bernd → E 320, u 2 829
- Bernd, Dr. → U 204
- Bernd R. → S 391
- Bernhard → A 23, T 1 271
- Burkhardt → t 3 241
- Christian → A 68
- Christian, Dr. → U 366
- Christian Martin, Prof. Dr. → T 3 737
- Claudia → O 384
- Claudia, Dr. → O 323
- D., Prof. → U 1 566
- Dagmar → U 213
- Detlef → p 56, g 60, t 2 930, u 2 184
- Detlef, WP/StB → P 54
- Dieter → h 802
- Dörte → S 1 289
- Dr. → c 1 029
- Elmar, Dr. Dr. → T 1 135
- Erhard, Dr. → A 25
- Erich, Prof. Dr. → T 2 650
- Ernst Gottfried, Prof. Dipl.-Ing. → t 1 189, t 1 223
- Ewald → R 731
- Ewald, Dipl.-Ing. → b 489
- F.-J. → g 657
- Franziska → Q 652
- Friedemann → s 373
- Friedrich → T 754
- Frithjof → u 2 107
- Fritz → T 1 337
- Fritz, Prof. Dr. → T 713
- G., Dr. → s 323, T 4 040
- Gerd, Dipl.-Kfm. → U 3 090
- Gernot → a 86, G 16, G 85
- Gerold → q 178
- Gert, Prof. Dr. → t 2 380, t 2 426
- Gertraude → A 23
- Gisela → s 36
- Grethe → IZ S 150
- Günter → g 689

Schmidt sen., Günter → U 2 602
Schmidt, Günter Dr. → E 121, E 233, K 283
- Günther → E 107
- H., Dipl.-Ing. → T 1 360
- H., Prof. Dr. → T 3 329
- Hanjörg → u 1 844
- Hannelore „Loki" → Q 645
- Hannelore „Loki", Prof. Dr. h. c. → T 822
- Hans-Dieter, Prof. Dr. → U 1 183
- Hans-Georg → T 1 278
- Hans-Jürgen → F 68, r 328
- Hans-Peter → E 24, E 62
- Hans-Peter, Dr. → E 206
- Hans Ulrich, Dr. → T 3 479
- Hanspeter → T 2 848
- Harald → E 43
- Heinz → E 167
- Heinz, Dipl.-Wirtsch.-Ing. → U 556
- Heinz Werner → I 37
- Helmut → G 122, g 148, s 145, T 737
- Helmut, Prof.Dr.-Ing. → T 414
- Helmut-Horst, Dipl.-Ing. → s 836
- Helmut J., Prof. Dr. → T 553
- Herbert → D 72
- Herbert, Dr. → T 4 043
- Holger → R 577
- Horst → H 288
- Horst-Friedrich → t 3 234
- Horst R. → u 2 490

Fortsetzung nächste Spalte

Schmidt (Fortsetzung)
- Joachim → C 253, I 45, S 1 488, s 1 491
- Joachim, Dipl.-Volksw. → t 2 280
- Joachim, Dr. → A 39, O 485
- Jochen, Dr. → s 310
- Jörg → T 4 030
- Jörg, Dipl.-Ing. → F 294
- Jörg, Dr. → M 276
- Jürgen → E 40, m 120, M 203, N 172, T 3 439, u 1 673, u 2 598
- Jürgen, Prof. Dr.-Ing. → t 1 759
- Jürgen, Prof. Dr.jur. → T 622
- K.-H., Dr.rer.pol. → T 1 843
- Karl → g 660, u 2 490
- Karl-Heinz → R 621, T 2 342
- Karlheinz, Prof. Dr. → M 15
- Karsten → r 393, T 3 891
- Katja → u 1 191
- Kay → s 558
- K.G., Prof. Dr.-Ing. → T 987
- Klaus → U 1 031
- Klaus, Dipl.-Kfm. → T 2 024
- Klaus, Dr. → f 49, F961, r 85, R 182
- Klaus, Prof. Dr. → B 696
- Klaus-Dieter → IZ R 27
- Klaus-Dietmar → s 552
- Kunibert, Dr. → f 17, F 67
- Kurt → E 39, U 338
- Kurt, Dr. → A 300, iz a 197
- Lotar → f 16
- Lotar, Dipl.-Volksw. → r 15
- Lotar, Dipl.-Vw. → r 116
- Lothar → IZ U 308
- Manfred → e 625, g 339, K 290
- Manfred, Dr. → t 2 895
- Manfred, Prof. Dr.-Ing. habil. → T 717
- Mario → q 79
- Martin → d 236
- Martin, Dipl.-Ing. → M 1
- Martin, Prof.Dr.Dr. → T 2 881
- Matthias → u 1 775
- Michael → U 1 608
- Norbert, Dipl.-Ing. (FH) → t 1 802, t 1 803
- Paul → U 2 450
- Peter → g 764, I 61, O 587, r 172, r 174, r 484, S 295, U 410, U 517, u 2 846
- Peter, Direktor Dr. → k 208
- Peter, Dr. → R 270, S 292
- R. → iz f 476
- Rainer → E 98, G 383, iz f 476
- Rainer, Dipl.-Ing. → s 871
- Rainer, Dipl.-Volksw. → F 217, F 799
- Rainer, Dr. → Q 342
- Reinhard, Prof. → B 308
- Reinhard, Prof. Dr. → t 1 477
- Renate → T 818, u 1 315, U 1 871, U 2 251
- Robert, Dr. → E 62
- Roderich, Prof. Dr. → T 3 718
- Roland → g 218, T 593
- Rolf → T 3 491
- Rosemarie → u 1 311
- Rudi, Prof. Dr. → t 2 394
- Rudolf → I 61
- Rudolf, Dr. → C 502
- Sabine → k 212
- Sebastian → iz f 520
- Sebastian, Dipl.-Kfm. → f 767, R 1
- Siegfried → s 551
- Simone → u 2 804
- St., Dipl.-Ing. → F 116
- Stefan → c 1 346
- Stefan, Dipl.-Ing. → f 930, t 213
- Thomas → A 4, B 862, r 683, s 5, s 146, S 230, S 280
- Thomas, Dr. → S 684
- Tobias → r 255
- Torsten → f 235
- U., Dr. → T 1 365
- Udo → Q 481
- Uli → R 515
- Ulla → A 25, A 82
- Ulrich → B 334, k 237, t 3 003, u 1 629
- Ulrich, Prof. Dr. → T 3 636
- Uwe → U 2 767
- Uwe, Prof. Dr. sc.techn. → t 1 552
- Valentin → O 282, u 2 288
- Vera → u 2 848
- Volker, Dipl.-Ing. → F 294, f 313
- W., Dr. → IZ T 307
- Walter → f 335
- Walter, Dipl.-Ing. → m 236
- Werner → c 902, E 31, h 295, I 12, o 694
- Werner, Prof. Dr. → u 2 549
- Wilhelm → A 39, A 82
- Willi → N 159
- Wolf, Dr. → T 782
- Wolfgang → f 99, f 973, g 520, r 52
- Wolfram → u 1 072

Schmidt-Berger, Ute Dr. → R 845

Schmidt (Fortsetzung)
Schmidt-Broscheit, Manfred → k 98, k 116, k 246, k 333
Schmidt-Friderichs, Bertram → S 1 239
Schmidt-Garrecht, Elfi Dipl.-Vw. → S 273
Schmidt-Gebauer, René Ernesto → c 83
Schmidt-Jaag, Christa-Maria → U 1 259
Schmidt-Jortzig, Edzard Prof. Dr. → A 69
Schmidt-Koddenberg, Angelika Prof. Dr. → T 569
Schmidt-Küster, Wolf-J. Dr. → IZ L 5
Schmidt-Liebig, Axel Dr. → B 678
Schmidt-Neke, Michael Dr. → E 382
Schmidt-Parzefall, W. Prof. Dr. → T 1 948
Schmidt-Staudinger, Renate → T 1 898
Schmidt-Steingraeber, Udo → G 482
Schmidt-Thomsen, Helga → T 1 881
Schmidt-Tobler, Reinhard → K 384
Schmidt-Trenz, Hans-Jörg Dr. → E 82
- Hans-Jörg, Prof. Dr. → E 239, S 1 529
Schmidt-Troje, Jürgen Dr. → B 675
Schmidt-Wahl, Gerhard → k 220
Schmidt-Zadel, Regina → A 39, T 2 807, T 2 872
Schmidtchen, Ulrich Dr. → T 1 374
- Volker → H 10, R 197
Schmidtgen, Hans Joachim → c 1 105
Schmidthals, Malte → Q 617
Schmidthaus, Jürgen → f 258
Schmidtke, Armin Prof. Dr. Dipl.-Psych. → T 3 267
- Hilka → k 84
- Kurt-Karl → c 289
- Paul, Dipl.-Ing. → s 895
Schmidtmann, Margarete → r 246
Schmidtpott, Reimer Dipl.-Hdl. → T 1 865
Schmidts, Rolf Dr.med. → T 2 880
Schmied, A. Dr. → iz f 280
- Roland, Dipl.-Ing. → L 35
- Wilfried → B 227
Schmiede, Rudi Prof. Dr. → t 2 376
Schmieder, Dieter → S 745
- Edgar → q 64
- Jürgen, Dr. → U 1 348
- Tilman → u 1 937
Schmiegel, W. Prof. Dr. → T 3 429
Schmiegelow → A 2
Schmiemann, Daniela → Q 652
Schmierer, Richard J. Dr. → U 1 402
Schmies, Beate → o 326
Schmiing, Karl-Ludwig → D 194
Schmillen → A 8
- Joachim → T 803
Schminke, Michael → F 504
- Paul K. → I 18
Schmit, Marc Mathias → iz s 480
- Nicolas → IZ C 9
- R. → iz g 98
- Romain → iz g 47
Schmitt → K 389
- Adolf → Q 281
- Alfred → t 2 486
- Armin → K 386, k 390, K 410, k 411, O 372
- August → m 71, M 188
- Baldur → t 4 114
- Burghard, Prof. → t 322
- Burghard, Prof. Dr. → t 2 059
- Christian → S 1 313
- Christoph, Dipl.-Ing. → t 1 754
- Claude → O 406
- Claus → t 3 967
- Diane → iz a 35
- Diether, Dr.-Ing. → T 257
- Dr. → A 8, Q 299
- Edgar J. → S 383
- Edwin → b 531
- Eva-Maria → s 372
- Frank → h 190
- Frederic, Dr. med. → IZ S 68
- Friedrich W. → f 825
- Gerald → U 2 047
- Gerhard → S 1 451
- Günter → E 561
- Günter, Prof. Dr.rer.nat.habil. → T 995
- Helmut, Dipl.-Ing. → U 120
- Holger → S 707
- Ingo → u 2 116
- Joachim M., Dipl.-Volksw. → F 993
- Johannes, Dr. → c 822
- Jürgen → u 1 781
- Karl Heinz → U 2 823
- Kurt, Dipl.-Volksw. → e 99
- Leo Stefan → a 95
- Manfred → U 628, u 2 669
- Maria M., Dr. → B 608
- Marie-José → IZ U 300
- Markus → m 31, M 188
- Patrice → E 465
- Peter, Prof. Dr. → T 3 688

Fortsetzung nächste Spalte

Schmitt (Fortsetzung)
- Rainer, Dr. → U 3 029
- Raymund → d 169
- Reinhart, Dr. jur. → T 2 533
- Robert, Dipl.-Ing. → T 2 149
- Rudolf W. → I 37, I 76
- R.W., Dr.-Ing. → T 1 838
- Sibylle → U 1 562
- Stefan → s 450, t 2 859
- Stefanie, Dipl.-Volksw. → E 418
- Thomas, Dr. → o 455
- Ursula → F 450, H 220
- Viktoria → s 400
- Volker, Dr. → s 342
- Werner → U 1 921
- Wolfgang → U 40, U 2 067
- Wolfram, Dr. → I 142

Schmitt-Bosslet, Günter Dipl.-Ing. → R 258, S 824, S 915, T 746
Schmitt-Korte, Karl Dr.h.c. Dipl.-Ing. → E 552
Schmitt-Nilson, Gerhard Dr. → S 572
Schmitt-Rink, Gerhard Prof. Dr. Dr. h.c. mult. → t 4 061
Schmitt-Walter, Michael → S 679
Schmitt-Wellbrock, Dr. → A 12
Schmitt-Wenkebach, R. → B 771
Schmitt-Wollschläger, Susanne → E 67
Schmitter, Jürgen Dr. → r 345
Schmitter-Wallenhorst, Brigitte → O 125
Schmittgen, Joachim → U 2 680
Schmittmann, H.B. Prof. Dr. → F 293
Schmittner, Stefan → s 551
Schmitz → A 2
- Aloyse → iz u 158
- Barthel → g 188
- Birgit → U 1 180
- Carl-Hinderich → E 170
- Claudia → IZ R 243
- Claus Walter → S 689
- Doris → F 287, F 509, F 510, F 511, IZ F 678
- Dr. → A 362
- Egmont → h 296
- Elke, Dr. → c 484
- Erwin → D 221
- Ferdinand, Dr. → Q 204
- Georg, Dr. → E 553
- Gero → T 729
- Guido → A 4
- Hans Joachim → c 82
- Hans-Martin → h 615
- Hans-Richard → I 142
- Harald → F 504, s 350
- Heinz Michael → E 179, m 113
- Heinz-Michael → M 187
- Helmut → s 662
- Holger, Dipl.-Geogr. → S 1 454
- Jean-Claude → iz f 2 285
- Jean-Paul → iz f 1 735
- Justus → f 964
- Karl → Q 153
- Kim Caroline, Dr.med. → S 116, s 118
- Klaus → A 20
- Klaus-Dirk, Prof. Dr. → S 1 567
- Michel → IZ K 34
- Norbert, Prof. Dr. → t 150
- P. M., Prof. Dr. → T 2 593
- Renate → s 449, t 2 858
- Richard → E 21
- Rudolf, Prof. Dr. rer. nat. → T 3 313
- Theo J. J. → IZ N 41
- Thomas → G 249, IZ G 150
- Ulrich → u 1 257
- Uschi → U 2 450, u 2 494

Schmitz jun., Walter → I 129
Schmitz, Walter Dr. → R 597
Schmitz-Borchert, Heinz-Peter Dr. → U 150
Schmitz-Bünder, Ursula → T 564
Schmitz-Feuerhake, Inge Prof. Dr. → T 1 954
Schmitz-Harbauer, Wolfgang Dr. → IZ S 68
Schmitz-Hübsch, Brita → r 256
Schmitz-Jersch, Friedhelm → b 45
Schmitz-Mertens, Angelika → g 285
- Thomas, Dipl.-Verw.-Wiss. → E 26
Schmitz-Simonis, Karl-Ernst → K 320
Schmitz-Temming, Kurt → E 146
Schmitz-Valckenberg, Walter Dr. → s 546
Schmiz, Michael Dr. → s 298
Schmohl, Hans-Peter Dr. → f 650
- Reinhard, Dipl.-Betriebsw. (FH) → f 811, H 98, H 113, H 667

Schmoldt, Gisela → s 1 333
- Hubertus → R 294, R 320
Schmolke, Bruno Dr. med. → s 122
Schmollinger, Heinz → I 80
- Martin, Dipl.-Volksw. → T 2 889
Schmorleiz, Klaus → s 754
Schmuck, Andreas → H 66

Fortsetzung nächste Seite

Schmuck (Fortsetzung)
- Bernd → u 1 764
- Franziska → q 427
- Martin → o 348

Schmucker, Fritz-Ludwig Dr. → T 2 628
Schmude, Jürgen Dr. → U 2 286
Schmudlach, Hans-Jürgen → g 624
Schmücker, Gerhard → T 632
Schmüser, Jan → P 5
Schmütz, W. Dr. → q 206
Schmunk, Michael → c 254
Schmutzenhofer, Heinrich → IZ T 687
Schmutzer, Bernhard → o 22
- Klaus → O 153, o 157
- Oleander, Dr. → E 711
Schmutzler, Bernhard → O 20, o 22, o 52
- Ernst-Arno → E 117
Schnabel, Alfons → Q 52
- Dierk → c 277
- Dieter → S 1 304
- Frank → IZ U 320
- Heinz-Hermann → d 234
- Helmut → I 143
- Hermann, Prof Dr.h.c. → c 1 137
- Karl → U 2 051
- Klaus → U 3 029
- R., Prof. Dr. → T 1 305
- Wolfgang → F 544
Schnabel-Schüle, Helga Prof. Dr. → T 688
Schnack, Dietrich Prof. Dr. → A 156
Schnaitmann, Monika → u 2 098
Schnake, Ulrich → m 238
Schnapauff, Klaus-Dieter Dr. → A 10
Schnapka, Markus → U 1 571
Schnapp, Prof. Dr. → T 3 604
Schnappauf, Werner Dr. → b 25
Schnarrenberger, Günter → h 686
Schnaubelt, Lothar → K 303
Schnebelt, Günter Dr. → B 837
Schneberger, Dieter Dr. → o 473
Schneck, Johann → k 201, k 211
- Ottmar, Prof. Dr. → t 1 683
Schneckenburger, Manfred Prof. Dr. → T 620
Schneckmann, Heinz → U 2 757
Schnee, Eberhard → g 755
Schneeberger, Frank Prof. Dr.-Ing. → T 432
Schneemann, Ingo → H 591
Schneggenburger, Claus → O 322
Schnehagen, Peter → O 529
Schneid, Monika → U 1 783
Schneider → A 16, b 462
- Alfons → c 376
- Alfred, Dr. → f 34, F 582, F 805, f 806, T 834
- Alois → Q 46
- Astrid → D 126
- Barbara → T 2 536, t 2 537
- Bernhard → A 20, u 2 666
- Bernhard, Dr. → I 14
- Birgit → f 168
- Burghard → u 458
- Carola → U 100
- Christian → U 196
- Claus → q 147
- Claus, Dr. → t 195
- Cornelia, Dr. → U 3 100
- Detlef → u 2 845
- Dieter → O 444
- Ekkehard, Dipl.-Kfm. → f 130, f 132
- Ekkehard, Dir. → T 3 669
- Elmar → U 314
- Erich → U 1 399, U 2 447
- Friedhelm → q 11, U 1 864
- Gerd → O 301
- Gerhard, Prof. → t 181, T 373, T 401, t 1 396
- Gregor, Dipl.-Braum. → T 930
- Günter Ludwig → K 322
- Günther → h 188
- Hans → H 567
- Hans Hermann → b 17
- Hans-Joachim → u 1 204
- Hartmut, Dr. → U 735
- Hartmut, MinR → T 898
- Heike, Dipl.-Ing. agr. → Q 575
- Heiner → IZ S 648
- Heinrich, Dr.Dr. → s 297
- Heinrich, Prof. Dr. → T 3 581
- Heinz-Georg → n 22
- Helga → m 95
- Herbert → K 85, s 450, t 2 859
- Herbert, Dr. → IZ T 840
- Hermann, Prof. Dr. → U 1 930
- Horst → N 165, t 4 111
- Horst, Dipl.-Ing. (FH) → B 424
- Horst, Dr. → T 1 247
- Iris, Dr. → U 1 816
- Irmela, Prof. Dr. → T 3 687

Fortsetzung nächste Spalte

Schneider (Fortsetzung)
- Jens, Dr. → s 342
- Jens-Holger → u 2 142
- Jochen → m 96, M 188
- Jörg → o 472
- Jörg, Dr. → T 265
- Johannes, Dipl.-Kfm. → h 718
- Josef → r 378, t 3 641
- Jürgen → s 367, T 4 031
- Jürgen, Dr. → r 632
- Jürgen, Prof. Dr. → T 2 458, U 2 722
- K. T. M., Prof.Dr. → T 2 844
- Karin → t 245
- Karl → c 211, Q 395, U 395, IZ U 569
- Karl-Heinz → g 264, K 307
- Kerstin → b 37
- Klaus → e 443, K 291, U 721
- Klaus, Dipl.-Ing. → f 960
- Klaus, Dr. → h 162
- Klaus B., Dipl.-Betriebsw. → g 455, h 598
- Klaus-Peter → t 2 371
- Kornelia → G 48
- Manfred → E 195
- Manfred, Dr. → F 1, f 22, F 162, T 1 122
- Martin → g 343
- Martin, Dr.rer.nat. → T 1 887
- Michael → I 37, T 1 927
- Monika → U 2 811
- Norbert, Dr. → O 371, O 378, T 3 799
- Paul Georg, Dr. → B 273
- Peter → h 803, U 2 651
- Peter, Dr. → P 5
- Peter-Jürgen → B 105
- R. → iz f 2 617
- Rainer → u 2 637
- Ralf → T 441
- Regina → IZ Q 193
- Reimund → u 2 527
- Reinhard, Dipl.-Volksw. → F 616
- Reinhard, Prof. Dr. → O 129
- Reinhart, Dr. → t 2 413
- Rembert → I 11
- Renate → t 2 404
- Robert → B 25, U 93
- Roland → A 21
- Rolf → f 172, f 215
- Rolf, Dipl.-Finanzw. → E 196
- Roswitha → S 1 359
- Sabine → e 299
- Stefan → H 308, U 560
- Susanne → S 738
- Theo → H 25
- Thomas → S 1 546
- Ulrich, Dr. → U 1 015, U 1 691
- Ulrich Felix → S 738
- Ulrich G. → f 35, F 372
- Ulrike → s 868
- Uta → T 797
- Uta, Dipl.-Ing. → S 1 106
- Uwe → h 720
- Volker → r 431, R 560
- Volkmar, Prof. Dr.med.Dr.h.c. → T 3 391
- W., Prof., Dr. → T 3 796
- Walter → g 613, S 384
- Walter, Prof. Dr.rer.nat. → T 3 660
- Werner → B 341
- Wiebke → U 1 618
- Wilhelm → h 190
- Winfried → U 2 450
- Wolfgang → O 366, U 2 763
- Wolfgang, Dipl.-Ing. → s 816
- Wolfgang, Dr. → T 1 342
- Wolfgang, Prof. Dr. → IZ O 13
- Wolfgang H. → S 922
Schneider-Ammann, Johann N. → iz f 1 432, iz f 2 291
Schneider-Borgmann, Eva → u 1 131
Schneider-Fuchs, Siglinde → A 231
Schneider-Zugowski, Doris → U 1 146
Schneidereit, Martin Dr. → Q 580, iz t 795
Schneiderhan, Wolfgang → A 21
Schneiders-Adams, Lucia → R 447
Schneiderwind, Beate → U 1 479
Schneidewind, Uwe Prof. Dr. → T 2 312
Schnell, Albrecht → q 119
- Dieter, Dr. med. → T 3 398
- Dietrich → u 8
- G., Prof. Dr. → T 3 924
- Harald, Dr. → T 1 904
- Helmut → E 40, T 3 734
- Manfred Hans → c 1 168
- Michael, Dipl.-Ing. → U 854
- Peter → D 87, M 229, U 375
- Sylvia, Prof. Dr. → T 2 570
- Werner, Dipl.-Ing. → T 1 897
Schnellbach, Dietrich Dr. → B 331
Schnelle, Sigrid → H 83, H 115
- Wolfram → E 205
Schnelle-Schneyder, Marlene Dr. → T 1 325

Schnellecke, Rolf → D 132
Schnellen, Peter → iz o 220
Schneller, Martin Dr. → C 251
Schnellhardt, Kurt → g 501
Schnepel, Burkhard → T 1 115
Schnepper, Peter Dipl.-Geogr. → E 170
Schnetz, Dietmut Dr. → T 818
Schnetzke, Michael → E 151
Schnieber-Jastram, Birgit → A 52
Schnieders, Heinz-Wilhelm → iz u 710
- Dieter → E 132
Schnitger, Artur → c 1 155
Schnitker, Paul → T 2 334
Schnittger, Werner → H 80
Schnittler, Bernd → H 93, IZ L 52
Schnitzer, Sylvia Dr.med. → s 124
- Tobias, Dipl.-Kfm. → T 2 525
Schnitzler, Jürgen → T 1 973
- Karl Heinz → M 168, T 4 036
- Wilfried H., Prof. Dr. → T 2 653
Schnitzmeier, Jürgen → u 509
Schnoor, Egon → g 145
- Steffi → u 2 121
Schnorbach, Manfred → Q 156
Schnorr, Stefan → b 133
Schnotale, Peter → d 256
Schnürch, Kurt → u 2 838
Schnur, Günter Dipl.-Ing. → s 840, S 844
- Horst → n 75, N 138, N 140
- Karl-Friedrich → T 758
Schnura, Christiane → U 1 188
Frhr. von Schnurbein, Hans-Markus Dipl.-Ing.agr. → q 41
Freiherr von Schnurbein, Siegmar Prof. Dr.phil. → a 121
Schnurer, Dr. → A 33
Schnurry, Horst → G 105
- Joachim, Dr. → T 3 611
Schnurre, Gisela → T 3 944
Schob, Ulrike → t 2 932
Schober, Karlheinz → H 17, h 466, o 659
- Manfred, Dr. → A 350
- Walter, Prof. Dr. → T 547
Schobert, Kurt F. Dr. phil. → U 1 929
- Manfred → K 44
- Walter, Prof. → O 174
Schobries-Wilhelm, Astrid → S 832
Schock, Gerlinde Dr. med. → t 3 105
- Klaus → U 2 762
- Steffen, Dr. → u 259
Schock-Werner, Barbara Prof. Dr.phil. Dipl.-Ing. (FH) → Q 621
Schockart, Guy-A. → IZ S 645
Schodde, Eberhard → f 5, f 235, K 313, r 5, r 73, r 107
- Helgard → s 402
Schoder, Jean → IZ F 813
Schoeb, Hannes → U 2 286
Schöbel, Dieter → u 461
- Hans → t 2 962
Schöberl, Hartmut Betriebsw. → E 129
Schöck, Heinz Prof. Dr.jur. → T 2 450
Schöck, Wolfram → E 470
Schödl, Gottfried → IZ U 547
Schöefeld, Christian Doz. Dr. rer. nat. habil. → t 1 502
Schoefer-Timpe, Gudrun → t 3 097
Schöffel, Reinhold T. → O 240
Schöffling, Klaus → o 423
Schöfthaler, Traugott Dr. → E 754
Schoelen, Harald Dipl.-Vw. → T 2 245
Schöler, Ulrich Dr. → A 35
Schöler-Macher, Barbara Dr. → Q 468
Schölermann, Editha → t 4 166
Schoeller, Georg → u 2 033
- Heinrich August, Dipl.-Kfm. → f 732, R 148, r 152
- Wolfgang → c 858
Schöltzel → u 1 678
Schoeltzke, Werner → E 388
Schoemaker, Erwin → iz f 1 481
Schömer, Lilo → c 137
Schön, Günther → K 294
- Hans, Prof. Dr. Dr.h.c.(AE) → T 1 260, T 2 672
- Helmut → g 719
- Lilo → Q 164
- Max → R 196
- Otmar, Dipl.-Ing. → E 196, U 186
- Peter → q 250, T 2 849
- Uwe, Dipl.-Kfm. → E 101
- Volkmar, Dr. → A 57
- Walter, Dr. → B 14
- Werner, Dr. → U 626
Schoenauer, Hermann → U 1 865
Schönauer, Sebastian → Q 407
Schoenball, Peter Dr. → IZ T 974
Schönberger, Angela Dr. → S 1 060

- Christoph → E 139
- Thomas → U 3 125
Schoenberner, Gerhard → O 183
Schönbohm, Jörg → b 40, U 2 114, u 2 117
Schönborn, Werner → B 211
Schöndorfer jr., Georg Dipl.-Ing. → f 56
Schöndube, Rainer → c 651, t 2 063
Schöne, Ingeborg Dipl.-Jur. → G 42
- Karl-Otto → g 320
- Klaus → t 2 920
- Rainer → E 67
- Ralf → O 96
- Roselotte → s 420
- Ulrich → h 563
- Wulf, Dr. → U 678
von Schoenebeck, Ludger → U 677
- Mechthild, Prof. Dr. → O 145
Schöneberger, Joachim → O 176
- Petra, Dipl.-Psych. → t 2 471
Schoeneck, Nina → o 82
Schöneich, Michael → D 178, T 2 241
Schönell, Hartmut → F 931
- Hartmut, Dr. rer. pol. → F 228
Schönemann, Heinz, Dr. → T 831
- Holger → IZ U 90
- Karlheinz → T 3 221
- Karlheinz, Dipl.-Ing. → t 1 217
- Ulrich, Dr. → f 555
Schoenen, Kurt → B 336
Schönenberg, Erika → g 334
Schoenenberg, Thomas → E 258
Schönenberger, Karl Dipl.-Volksw. → S 275
- Peter → IZ Q 187
Schoenenburg, Arnold Dr. → a 78
Schöner, Helmut Dipl.-Kfm. → I 118
Schönershoven, Torben → U 1 563
Schönert, Th. Dr. → T 1 363
Schoenes, Lothar → s 547
Schöneseiffen, Helmut → iz u 703
- Peter → U 761
Schönfeld, Christian → K 38
- Friedbert → A 353
Schoenfeld, Heinz-Dieter → h 445, h 463
- Heinz-Dieter, Dipl.-Kfm. → H 316, h 344, h 414, h 432, h 481, h 518, h 534
Schönfeld, Peter Prof.Dr. → T 2 457
- Ralf → u 926
Schönfelder, Bruno Prof. Dr. → e 586
- Frank, Dipl.-Ing. → S 1 106
- Wilhelm, Dr. → C 604, IZ C 3
Schoenfeldt, Gerd-Peter → k 223
Schönfeldt, Klaus → m 90
Schöngart → u 1 661
Schönhals, Claudia → U 2 778
Schönhofer, Julius Dr. → R 834
Schönhoff, Dietmar → u 2 542
Schönhoff-Bauer, Ursula Dr. med. → IZ S 68
Schoenholz, Michael → U 3 009
Schöni, M. → IZ M 230
Schoenicke, Werner → T 819
Schöninck, Josef → r 498
Schöning, Barbara Dr. → s 324
- Brigitte, Dr. → T 773
- Joachim → u 1 986
- Jürgen, Dr. → B 339
- Ulrich → c 417
von Schöning, Wichard → F 498
Schönke, Peter → r 667
Schönknecht, Dieter Prof. Dr. → t 4 056
- Peter → T 3 048
Schönle, Paul W. Prof. Dr. Dr. → T 2 889
Schönlein, Rolf → g 247
Schönmackers, Bernd → T 2 155
Schönstädt, Dirk → B 889
Schönstedt, Rolf Prof. → T 539
Schönung, Martin Dipl.-Bw. → s 151
Schönwälder, Horst → F 1 006, f 1 014
Schönwald, Bernd Dr. → U 168
Schönwandt, Martin → U 2 450
Schönweiß, B. → M 279
Schönwitz, Dietrich Dr. → T 510
Schöpe, Monika → t 2 937
- Uwe → R 199
Schöpf, Erwin Prof.Dr.med. → T 3 293
- Udo, Dr. → k 220
Schöpp, Robert → U 321
- Ulrich, Dipl.-Volksw. → N 121
Schöppe, Günter Dipl.-Volksw. → t 357, T 987
Schoeppe, Wilhelm Prof. Dr. med. → T 2 887
Schöpper, Bernd → r 500
Schöpperle, Horst E. → E 551
Schöppner, Klaus-Peter → t 2 480
Schoeps, Julius H. Prof. Dr. → T 3 717
Schöps, Teja G. J. → T 2 204
Schörcher, Ursula → N 56, N 58
Schörghuber, Stefan → n 73
Schörner, Peter Dr. → f 124, F 139, T 904
Schösser, Fritz → K 306, r 296
Schöter, Arno → g 660

Schöttelndreyer

Schöttelndreyer, Werner Dr.-Ing. → f 45, F 802, iz f 2 223
Schöttke-Range, Christoph → m 89, m 166
Schöttle, Robert Dipl.-Wirtsch.-Ing. → f 363
– Ventur → Q 516, q 517
Schöttler, Gabriele → b 31
– Horst, Dr. → Q 356
Schöwe, Axel Dr. → s 497
Schoewe, Jürgen → E 115
Schofield, John → c 914
Schoknecht, Klaus Dipl.-Braum. → t 937
Scholich, Dietmar Dr.-Ing. → T 3 801
Scholl → A 27, B 702
– Georg → T 2 314
– Hans Hermann → G 41
– Josef → U 187
– Robert → O 461
Scholle, Manfred Dr. → u 963, U 2 656
– Ute → B 272
Scholler, Heinrich Prof. Dr. → T 3 200
Scholles, Frank Dr. → q 379
Schollmeyer, Eckhard Prof. Dr. → S 1 057, T 1 960, T 1 961, T 1 963
– Günter → h 748
Scholten, Alfons → T 2 464
– Bernhard → T 3 268
– Friedrich → Q 56
Scholtholt, Heinz Dr.-Ing. → T 2 007
Scholtis, L.H.A. Dr. → IZ T 300
Scholtyseck, Rolf → q 433
Scholtz, Johann → G 584
Scholvien, Hildegund → U 3 125
Scholz → u 1 682
– Andreas → S 260, S 281
– Anke → o 28
– Barbara → G 71
– Carsten → T 728
– Christian → F 1 046, f 1 047
– Claudia → U 1 249
– Dieter → K 311, r 297
– Frank → T 3 698
– Friedgart, Dr. → s 353
– Günter → S 1 318
– Hartmut, Dipl.-Kfm. → E 67
– Heidemarie → T 3 439
– Heike → s 457, t 2 866
– Henning → r 909
– Jürgen → T 3 934
– Jutta → U 1 381
– Klaus-Dieter → k 234
– Ludwig → D 110
– Manfred, Dr. → c 1 043, T 3 834
– Manfred, Senator Eh. Dr. → f 729
– Matthias → u 1 767
– O., Dipl.-Kfm. Dr. → I 42
– Olaf → A 39, u 2 257
– Peter → M 251
– Robby, Dipl.-Ing. → S 914
– Roland → R 581
– Rupert, Dr. → A 35
– Rupert, Prof. → T 791
– Rupert, Prof. Dr. → T 3 601
– Siegfried, Dr. → Q 130
– Vait → u 1 460
– Volker, Dr. → U 696
– Werner → f 357, f 359, iz f 1 228
– Werner, Dipl.-Ing. → f 358
– Werner K. → U 1 381
Scholze, Dennis → u 2 138
– Holger → T 3 917
– Manfred → iz q 212
– Rainer → T 2 519
Scholze-Irrlitz, Leonore Dr. → U 3 034
Schomacker, Jürgen → U 2 021
Schomann, Rolf → K 278
Schomburg, Reiner → O 375, u 2 844
Schommer, Kajo → I 44
– Kajo, Dr. → b 158
Schommertz, Christel → t 2 405
Schonbrodt, Alain → iz s 107
Schonckert, Marc → U 1 175
Schoof, Manfred Prof. → S 1 290
Schoofs, Thomas → g 654
Schoonmann, J. Prof. Dr. → t 1 771
Schoop, Eric Prof. Dr. → t 1 454
– H.-G., Dipl.-Kfm. → t 2 283, T 2 311
Schopen, Dr. → A 18
– Margret → U 1 175
Schopf, Oswald → IZ G 150
– P., Prof. Dr. → T 3 333
– R., Prof. Dr. → T 2 718
– Roland, Prof. Dr. → T 499
Schophaus, Friedrich → T 2 759
Schopka, Sverrir Dr. → E 488
Schoppa, Frank Dr. → q 115
Schoppe, Manfred → E 63
Schoppmann, Edzard → o 27
Schorb, Bernd Prof. Dr. → O 258

Schorcht, Hans-Jürgen Prof. Dr.-Ing. habil. → t 1 560
– Manfred, Dr. → Q 545
Schorer, Hans Gerhard → c 63, e 251
Freiherr von Schorlemer, Reinhard → A 38
Schorlemmer, Friedrich → s 773
Schorlies, Walter-J. Dr. → u 2 945
Schormann, Conrad W. → g 228
– Klaus → u 2 502, IZ U 489
Schorn, Bernhard → T 569
– H., Dr. → I 138
– Heinz, Dipl.-Volksw. → f 247
Schornack → A 36
Schorr, Gerhard → p 10
– Gerhard, Verb.-Dir. Dipl.-Kfm. WP StB → P 47
– Heinz, Dipl.-Volksw. → E 26
Schorsch, Alexander → f 24, F 230, iz f 1 723
– Reinhard → E 489
Schoser, Franz → iz e 6
– Franz, Dr. → E 2, e 4, E 239, E 466, O 282, T 724, T 3 777, T 3 831, T 4 004, U 1 164, U 1 360
Schostack, Dirk → t 2 818
Schote, Heiner Dipl.-Geogr. → s 1 461
– Lothar, Dipl.-Verw.-Betriebsw. → R 466
Schott, Erich → u 2 828
– Heinz, Dipl.-Kfm. → O 714
– Holker, Dr. → U 198
– Norbert → O 630, O 701, S 690, U 820
– Rudolf → T 4 182
– Rüdiger → s 298
– Silvia → u 1 934
– Thomas, Dr. → t 1 379
– Thomas, Dr.rer.nat → T 1 373
Schotte, Julia → U 1 546, u 1 553
Schotthöfer, Peter → S 737
Schotzko, Karl Stefan → U 1 689, u 927
Schouppe, Etienne → IZ M 1, iz m 6, IZ M 36
Schouvey, J. M. → IZ F 1 196
Schouw, D. A. → IZ H 390
– Gerard → iz u 451
Schowtka, Peter → d 236
Schrader, Detlef → u 2 537
– Dieter, Dipl.-Kfm. Dipl.-Hdl. → o 553, O 566
– G., Dipl.-Ing. → T 2 175
– H. J. → O 222
– Hans-Hermann, Dr. → b 63, B 346
– Hansjochem → Q 301, U 337
– J., Prof. Dr.med → T 3 326
– J.-V. → iz t 580
– Jost-Heinrich → H 207
– Jürgen → O 533, s 601
– Jürgen, Dr. → H 82
– Peter → e 671
Schradin, Heinrich R. Prof.Dr. → T 2 540
Schräder, Manfred → F 413, iz f 1 270
– Thomas, Dr. → iz f 1 561
Schränkler, Wolfgang → S 425
Schraft, Rolf Dieter Prof. Dr.-Ing. Dr. h.c. mult. → t 216
Schraft-Huber, Gudrun → B 837
Schrag, Josef → Q 160
Schrage, Horst Dr. → E 121
Schragl, Alfred Dr. → C 1 128
Schram, Gunnar G. Prof. → iz u 609
Schraml, Helmut → q 67
– R. → iz f 1 932
Schramm, Andreas Dr. → d 29
– Christian, Dr.-Ing. → s 840
– Georg Wolfgang, Dr. → M 267
– Jürgen, Dipl.-Psych. → T 3 267
– Marianne, Dr. → H 302
– Reinhard, Dipl.-Ing. → F 885, IZ F 2 061
– Reinhard, Prof. Dr.-Ing. habil. → u 62
– Uwe → C 37
– Werner → k 97, k 115, k 245, k 332
– Wolfgang → g 528, g 553, k 149
– Wolfgang, Prof. Dr.med. → T 3 423
Schramma, Fritz → D 95
Schrank, Edwin → Q 281
Schrapers, Hans → k 102, k 120, k 337
Schrappe, Max → iz f 1 750
Schratzenstaller, Nikolaus → t 2 995, u 1 621
Schraube, Conrad → O 289
Schrauth, Kurt-Dieter → I 17, l 45
– Rainer → u 2 437
Schraven, Jacques → IZ R 27
– Jacques, Drs. → iz r 47
Schreck, Hermann → M 15
Schreckenbach, Thomas Prof. Dr. → E 239
Schreckenberg, Werner → C 422
Schreek, Reinhard → n 15
Schreiber, Antje → H 672
– Arno → r 286
– Arnold → A 25
– Bernd → b 21
– Bernd Otto → E 318, E 366, e 372

Schreiber (Fortsetzung)
– Christiane → u 1 290
– Christine → u 1 431
– Claus → T 2 887
– Dipl.-Ing. → A 21
– Erhard, Dipl.-Ing. → U 2 048
– Friedrich, Dr. jur. → E 156
– Gerald → S 737
– Hans → K 1, K 36, R 1, R 184, T 4 041
– Hans-Jürgen → k 228
– Henning → u 2 538
– Ingrid → s 1 408
– Jürgen → g 562
– Jürgen, Dr. → R 503
– Klaus, Prof. Dr. → t 4 088
– Lothar, Dr. → f 167, F 180, iz f 752
– Robby → IZ F 1 323
– Roland, Dipl.-Kfm. → f 113
– Stefan, Dipl.-Betriebsw. → U 145
– Steve → U 1 924
– Theo → U 1 162
– T.U., Dr. med. → T 3 378
– Willi → G 379
– Wolfgang → U 1 233
Schreier, Jürgen → b 145
Schreiner, Claudia Dr. → O 319
– Frank → n 4, n 5
– Frank, Dipl.-Volksw. → N 33
– Helmut → f 782
– Hermann-Josef → A 35
– Johann, Prof. → T 3 981
– Reinhold → I 12
– Willi → O 390
Schreiter, Hans Dr. → U 438
Schreitmüller, Konrad Dr. → T 1 372
Schrempp, Jürgen E. Dipl.-Ing. → c 1 280, F 1
Schreur → iz s 156
Schrey-Dern, Dietlinde → R 957
Schreyer, Claudia → b 104
– Georg → IZ H 496
– Henning, Prof. Dr.-Ing. → T 1 147
Schrickel, Wolfgang → S 1 087
Schricker, Gerhard Prof. Dr. → t 148
– Gerhard, Prof. Dr. Dr.h.c.mult. → T 3 593
– Rudolf, Prof. Dipl.-Ing. S 877, s 878
Schridde, Gerhard Dipl.-Volksw. → h 431
Schrieber, Reinhard Dipl.-Ing. → F 183
– Udo → h 739
Schriefers, Ruth Annette → O 368
Schriever, Uwe → U 1 939
Schrijver, A.M. → iz f 1 701
Schrimpff, Ernst Prof. Dr. → Q 467
Schrock, Jack → an 171
Schrod, Alfred → u 2 475
Schroeckh, Wolfgang → K 22
Schröder, Alois → U 1 870
– Anke, Dipl.-Ing. → s 1 108
– Axel W. H. → U 438
– Frhr. von Schröder, Carl Dr. → u 899
– Schroeder, Carl Horst → T 3 736
– Schröder, Carsten → O 288
– Christian → T 3 779
– Christian Mathias, Dr. → Q 209
– Christoph → b 143
– Detlef → B 680
– Dierk → A 344
– Dierk, Prof. Dipl.-Ing. → A 325, M 225
– Dieter → F 378
– Dieter, Dr. → b 864
– Dirk → h 565, H 650
– Erich → r 596
– Ernst, Dr. → T 1 977
– Ernst F., Dr. → R 210
– Erwin → f 795
– Eva → F 117, F 121
– Schroeder, Florent → iz s 528
– Schröder, Frank → T 1 911
– Schroeder, Gerd → c 549
– Schröder, Gerhard → A 3, A 4, T 889, U 2 251
– Helmut, Dipl.-Kfm. → U 285
– Helmuth → C 420
– Hermann-Dieter → T 1 957
– Hinnerk → u 2 310
– Horst → B 276
– Jens, Dr. → B 251, E 80
– Jürgen, Prof. Dr. → t 4 053, t 4 091, U 2 450
– Klaus → C 334
– Klaus D. → T 3 668
– Klaus Theo, Dr. → A 25
– Konrad, Prof. Dr. → R 904
– Manfred → G 249, iz f 1 806
– Schroeder, Manfred O. → c 798
– Martin → G 84

Schröder, Michaela → R 801
– Pablo, Dr. → c 469
– Prof. → T 3 793
– Ruth → s 311
– Sabine, Dr. → T 3 327
– Sebastian → T 655
– Silvia → T 2 230
– Susanne → K 330
– Ulf-Peter → g 254
– Ute → E 313
– Uwe → H 307, k 156
– Volker, Dr. → F 216
– Schroeder, Walter → U 706
– Schröder, Werner Prof. Dr. → t 1 480
– Wolf-Dietrich → U 1 014
– Wolfgang → R 710
– Wolfram, Dr. → s 504
Schroeder-Hohenwarth, Hans Hinrich → A 202
Schröder-Kamprad, Thomas → K 274, U 1 391
Schröder-Metz, Peter → s 1 350
Schrödter, Christian Prof. Dr. → T 537
– Gunnar → u 1 462
– Wolfgang → T 731
– Wolfgang, Dr. → d 11
Schröer, Rainer Carsten → u 3 073
– Th., Dr. → F 616
Schröfel, Hans-Günter → A 21
– Wolfgang → U 2 849
Schröfel-Gatzmann, Gudrun Prof. → T 526
Schröfelbauer, Herbert Dipl.-Ing. → iz f 1 489
Schrömbgens, Gerhard-Enver Dr. → C 114
– Joachim → H 684, h 686
Schröpf, Franz → T 3 015
Schroer, Bernt Dr. → f 845
Schrör, K. Prof. Dr.med. → T 3 423
Schroeren → A 33
Schroers → B 822
Schröter, Albert → I 40
– Armin → H 336
– Christian → E 604, e 606
– Dietmar → u 930
– Eberhard, Dr. → S 296
– Frank → T 2 766
– von Schroeter, Gerhard → B 853
– Schröter, Gisela → T 3 806, U 2 251
– Helmut → iz a 23
– Hiltrud → T 3 071
– Horst, Dipl.-Phys. → B 431
– Jürgen, Dr. → U 228
– Karl-Heinz → d 22
– Klaus → T 3 071
– Klaus, Dipl.-Volksw. Dr. → E 110
– Klaus, Dr. → u 1 141
– Manfred, Dr. → k 406, k 429
– Manfred-Ulrich → k 55
– Norbert, Dipl.-Ing. → F 178
– Reinhard → E 210
– Roland → u 2 237
– Werner → G 44
– Wolfgang → g 641, S 709, t 1 229, T 2 546
– von Schroetter, Eckart → H 699, h 701
Schroiff, Michael → M 150, m 206
Schroko, Imken → IZ T 894
Schroll, Markus → T 1 907
Schrop, Heiner → U 1 475
Schropp, Franz Dipl.-Ing. (FH) → E 47
Schroth, Arno Prof. Dr.-Ing. → T 1 905
– Olaf → D 89
Schrottmaier, J. D. → iz t 708
Schrul, Marco → Q 652
Schrumpf, Richard → N 179
de Schrynmakers, P. → IZ F 248
Schryver, A.M. Drs. → IZ F 1 827
Schtscherbakow, Sergej W. → c 1 200
Schu, Peter → h 181
Schubach, Georg → Q 545
Schubart, André → e 542
Schube, Peter Dipl.-Ing. → s 821
Schubert, A. → L 59
– Amadeus → S 230
– Bruno H. → c 701
– Dipl.-Ing. → b 521
– Dr. → T 2 074
– Erich, Dr. med. → S 79
– Frank, Dr. → IZ T 868
– Frank, Dr.-Ing. → f 683
– Gabriella, Prof. Dr. → e 590
– Hans → c 737
– von Schubert, Hartwig Dr. → u 1 840
– Schubert, Heinz → u 1 367
– Hiltmar, Prof. Dr. → T 257
– Horst → u 1 005
– Inge, Dr. → r 116
– K. → IZ T 151
– Karin → A 39, b 167
– Ludwig → iz a 24

Schubert (Fortsetzung)
- Manfred → Q 348
- Michael → S 729
- Petra → T 416
- Ralph-Detlef → B 294
- Reinhard → T 820
- Rudolf → q 20
- Sven, Prof. Dr. → T 2 637
- Uwe, Dr. → E 98
- Winfried → B 836

Schubert-Zsilavecz, Manfred Prof. Dr. → T 1 323
Schuberth, Klaus Dr. → E 117
Schublin, M. → IZ I 4
Schuch, Hans-Jürgen → U 985, U 986
- Walter → S 474

Schuchardt, Christian Prof. Dr. → S 1 052
- Günter → U 3 039
- Helga → T 828

Schucher, Günter Dr. → E 395
Schuchert, Christoph → M 203
- Kati → s 876

Schuchhardt, Klaus Dipl.-Volksw. → G 71
Schucht, Carola → s 485
- Karl → g 285

Schuck, Thomas → U 408, u 510
Schuck-Zöller, Susanne → T 562
Schuckart, Marion → U 1 605
Schückhaus, Ulrich Dr. → U 291
Schücking, Ildiko → Q 404
Schües, Nikolaus W. → E 2, E 82
Schüffler, Willy → h 547
Schühle, Rudi → I 26, P 4, p 20
Schüle, Dieter Dr. → u 2 611
- Uwe, Dipl.-Ing. (FH) → G 102

Schülen, Werner Prof. Dr. → S 671, s 678
Schüler, Antje → E 210
- D. → IZ F 1 120
- Dieter → F 88
- Klaus → u 801
- Manfred, Dr. → A 202
- R., Dipl.-Ing. → I 49
- Reinhard → T 1 050
- Rolf, Dipl.-Ing. → t 1 217

Schülke, Gert → s 1 223
- Gundolf → E 71
- Heiner → R 274

Schüllenbach, Georg → h 653
Schüller → A 27
- Alfred, Prof. Dr. → T 2 318
- Henk → IZ R 239
- Johann → A 389
- Manfred → O 539
- Sabine, Dr. → iz t 714

Schünemann, Klaus-Dieter → F 453
- Manfred → T 3 610
- Stefan → q 36, Q 45
- Uwe → A 60

Schüngel, Hans → T 2 152, IZ K 44
- Karl-Heinz → E 197

Schürch, Joachim → s 962
Schüren, Reinhard → T 3 075
Schürer, Hansjörg → g 499, h 147, k 93
Schürger, Ansgar → H 185, h 187
- Klaus, Prof. Dr. → T 2 457

Schürgers, Dr. → A 16
Schürholt, Heinz Dr. → a 315
Schürholz, Franz-Hellmut → B 287
Schüring, Hans-Wilhelm → g 591, g 593, g 605
Schürk, W. R. → T 3 342
Schürken, Johannes Dipl.-Ing. → u 846, U 852
Schürmann, Eberhard Dr. → T 822
- Heinz → q 569
- Jürgen, Dir. Ass. Dr.jur. → k 212
- Karl, Dr. → q 151
- Klaus, Dipl.-Ing. → G 525
- W. → U 1 478
- Wolfram → T 2 025

Schürmann-Arends, Barbara → S 1 365
Schuerr, Marc → N 1
Schüssel, Wolfgang Dr. → IZ B 198
Schüßler, Berthold → o 139
Schüssler, Eduard → iz u 193
- Heinz A., Dipl.-Ing. → F 69, R 33
- Heinz August, Dipl.-Ing. → E 139
- Schüßler, Jörn Dipl.-Volksw. → E 82
- Norbert, Dipl.-Ing. → t 1 209

Schüth, Ferdi Prof. Dr. → t 129
Schütt, Broder → c 201
- Dieter, Prof. Dr. → E 735
- Dipl.-Volksw. → g 619
- Falk, Dipl.-Volksw. → g 753
- Hugo → g 412, K 325
- Hugo, Dipl.-Volksw. → g 500, g 557, g 566, h 148
- Peter → t 3 097
- Wolfgang → E 74

Schütte → B 758
- Andreas, Dr. → T 2 742
- Bernhard → F 454
- Christoph-Hubert → T 952
- F., Dipl.-Kfm. → G 586, IZ G 168
- Georg, Dr. → U 1 402
- Götz → s 349
- Heinz → K 44
- Jochen → U 2 450
- Jörg, Prof. Dr. → t 207
- Martha, Dr. → t 2 773
- Reiner, Dr. → H 771
- Reinhard, Dipl.-Ing. → A 21

Schüttemeyer, Suzanne S. Prof. Dr. → T 2 221
Schüttler, Gertrud → u 2 828
Schütz, Annett → b 169
- Dieter → B 320
- Giso → A 245
- Günter → g 304
- Matthias → H 619
- Peter → T 2 680
- Roland, Dr. → K 349
- Sabine, Dr. → IZ S 644
- Walter → k 104, k 122, k 252, k 339
- Wolfgang, Dr. → U 967
- Wolfgang, Dr. habil. → T 2 690

Schütze, Diethard RA/ Notar → iz s 229
- Gundolf, Dr. → u 2 991
- Manfred → E 82
- Sebastian → u 2 137

Schuff, Claus-Jürgen → K 38
Schuffelhauer, Götz → E 454
Schuffner, Florian → E 2, E 302, E 397
Schuh, Gerhard Dr. → E 151, M 241
- Wolfgang, Dr. → q 274

Schuhbauer, Josef → f 606
Schuhe, Peter E. → U 29
Schuhmann, R. Dr.-Ing. → T 1 315
- Walter, Dr. → U 907

Schuhr, Frank → b 873
Schukai, Olaf → u 2 219
Schukalla, Kajo → U 2 041
Schuldt, Anke → E 69
Schulenberg, Franz Dr.-Ing. → E 145
Gräfin von der Schulenburg, Constanze → S 273
Graf von der Schulenburg, Hubertus → u 2 034
Schulenburg, Michael Dr. → f 170
Schuler, Elmar → B 682
- Gerhard → U 3 060
- Heinz J. → u 898
- Peter → B 335, S 290
- Peter, Dipl.-Ing. → S 1 088
- Thomas, Dr. → U 3 030

Schulien, S. Prof. → T 2 196
Schullan, Robert → f 642
Schulle, W. → T 1 244
- Wolfgang, Prof. Dr. → T 1 242, T 1 243

Schuller, Uwe Dipl.-Ing.agr. → u 2 522, U 2 559
Schulna, Harald → O 594
Schulschenk, Axel Dipl.-Ing. → S 877
Schult, Gert → a 235
- Heinz-Werner → iz f 1 778
- Heinz-Werner, Dipl.-Kfm. → G 267, T 3 875

Schulte → B 694
- Alfred → U 2 424
- Astrid, Dipl.-Ök. → E 151
- Bernt, Dr. → b 52
- Brigitte → A 21
- Christiane → Q 370
- Christoph → f 262
- Dieter → R 294, s 535, T 766, T 2 206, iz r 159
- Esther → T 760
- Georg → E 148
- Gerd → F 512
- Gerhard → k 136
- Günther, Dr. → P 5
- Hans, Prof. Dr. → T 1 165
- Harald → R 578
- Helmut, Prof. Dipl. rer.pol.techn. → t 358
- Hilde → T 3 203
- Hubert → b 64, b 69
- Katja → U 1 175
- Klaus → K 320
- Maria → q 90
- Markus, Dr. → S 266
- Otto → K 10
- Peter, Prof. Dr. → T 502
- R. → K 36
- Reinhard → k 420
- Reinhold → K 45

Fortsetzung nächste Spalte

Schulte (Fortsetzung)
- Rudolf → f 357
- Thorolf → R 619
- Volker → T 584
- Wilhelm → G 607, g 611
- Wilm, Dr. → h 500

Schulte-Beckhausen, Thomas Dr. → U 694
Schulte-Hillen, Gerd → F 1, T 725, T 760
- Irene → T 760

Schulte-Hülsmann, Ludger → U 2 450, u 2 500
Schulte-Löbbert, Franz-Josef Dr. → s 350
Schulte Strathaus, Dirk → O 464
- Stefanie → O 184

Schulte-Uebbing, Karl-Friedrich Dipl.-Oec. → e 171
Schulte-Wissermann, Eberhard Dr. → D 94
Schulte-Zurhausen, Manfred Prof. Dr.-Ing. → T 399

Schulten, Hans Walter Dr. → A 290
- Karl-Heinz → O 666
- Ludwig → s 1 538
- Marie-Luise, Prof.Dr. → O 144
- Rudolf, Dr. → T 2 440

Schultes, Herbert H. → S 1 061
- Stefan, Dr. → D 121

Schultetus, Wolfgang Dipl.-Ing. → T 2 193
Schultheis, Stefan-Karl Dr. → u 2 539
Schultheiß, Bodo Dr. rer. pol. → T 1 351
Schultheiss, Dieter Dipl.-Ing. → F 940, f 944
Schultheiß, P. → A 8
Schultheiss, Eberhard Dr. → t 1 329
Schultheiß, Georg Friedrich Prof. Dr.-Ing. → U 24
Schultheiß, Hannetraud → c 1 022, T 2 344, U 3 093
Schultuer, Renate → T 3 029
Schultz, Brigitte → S 595
- Ellen → u 885
- Gert → r 285
- Heinrich → E 427
- Henning → r 286
- Michael → H 617
- Tilman, Dr. → f 1 030
- Udo → IZ U 813
- Willi → m 74
- Wolfgang, Dipl.-Ing. → s 1 022

Schultz-Gerstein, Hans-Georg Dr.jur. → T 523
Schultz-Tornau, Joachim → e 530
Schultze, Hanspeter → S 296
- Harald, Prof. Dr. → T 3 716
- Monika → s 1 490
- Wilhelm → m 215
- Wolfgang, Dr. → k 201

Schultze-Kraft, Rainer Prof. Dr. → T 2 624
Schultze-Petzold, Axel F. Dr. → c 1 359
Schulz → u 1 656
- Andrea → s 142
- Bernd → c 1 014
- Carl-Heinz → H 326
- Dieter, Prof. Dr. → T 584
- Dietmar → b 113
- Dietrich, Dr. → c 1 219
- Eckhard → S 1 287
- Ekkehard, Dr.-Ing. → IZ F 874
- Ekkehard, Prof. Dr. → F 1, T 3 497
- Ekkehard, Dr.-Ing. → E 151
- Erhard → Q 162
- Erika → u 1 254
- Ewald → g 293
- Fred → D 120
- Gerhard → r 254
- H., Dr. → T 2 605
- Harald, Dr.-Ing. → T 1 899
- Hartmut → T 772
- Helmut → e 52
- Hermann → S 1 202
- Horst → O 647
- Horst-Günther → O 703
- Jörg → D 61, r 282
- Jürgen, Dipl.-Ing. → s 835
- Juliane → E 112
- Klaus → K 314
- Klaus, Dipl.-Ing. → S 1 106
- Lothar → U 706
- Manfred → O 707, t 3 036, u 1 771
- Marianna → c 1 381
- Martin → U 2 251
- Meike → s 1 193
- Michael → F 897, f 902, U 1 998
- Norbert, Prof. → T 2 358
- Norbert, Univ.-Prof. Ph.D. → T 2 358
- Peter → g 651
- Rainer → U 1 601
- Regina → a 79
- Reinhard, Dipl.-Volksw. → E 148
- Reinhold, Dipl.-Kfm. → h 338
- Roland, Dipl.-Volksw. → E 129

Fortsetzung nächste Spalte

Schulz (Fortsetzung)
- Roland, Dr. → c 1 213, T 2 213, T 3 912
- Rolf, Dr. → s 304
- Rüdiger, Dipl.-Ing. → u 511
- Sibylle → R 802
- Steffen → o 32
- Thomas → r 109
- Udo, Dir. Dr. → k 228
- Ursula → r 253
- Walter, Prof. Dr. → t 2 286
- Winfried, Prof. Dr. → T 3 750
- Wolfgang → U 1 897, u 1 907
- Wolfgang, Dr. → T 1 957
- Wolfgang E., Dipl.-Ing. → E 43

Schulz aus dem Kahmen, Margrit → S 1 177
Schulz-Dornburg, Julia → T 740
Schulz-Dusenschön, Bernd → s 156
Schulz-Freywald, Giesbert Dr. → S 262
Schulz-Kämpfer, Katrin → S 631
Schulz-Knappe, Carlos Dr. → T 3 520
Schulz-Nieswandt, Frank Prof. Dr. → T 2 203
Schulz-Reese, Marion Dr. → t 255
Schulz-Schottler, Johannes-M. → u 2 035
Schulz-Streeck, Wolfram → u 3 077
Schulz-Strelow, Monika → B 249
Schulze, Dieter → c 327
- Dietmar → b 45
- Egon → S 1 487
- Erich, Prof. Dr. jur.h.c. → IZ T 868
- Ernst-Detlef, Prof. Dr. → t 105
- Frank → A 231, u 2 267
- Fritz, Dr. → c 962
- Hagen, Prof. Dr. → A 142
- Hans-Erich → g 307
- Hans-Jürgen → f 791
- Harald → t 3 095
- Harald, Prof. Dr.med. → T 3 427
- Hartmut, Dr. → r 928
- Heinrich → H 83
- Horst, Dr. → s 484
- Jan, Prof. Dr.med. → s 35
- Jens-Thilo → B 230
- Jürgen → g 618, T 3 960, t 3 973
- Karin → g 211
- Karsten, Dr. → Q 545
- Klaus G. → Q 510
- Manfred, Prof. Dr.-Ing. habil. → T 719
- Marianne → B 744
- Martin → T 3 685
- Oliver → u 2 143
- Peter → n 45
- Peter, Dr. → O 540
- Rainer → g 658
- Ralf → g 765
- Rudolf → u 2 837
- Rüdiger → R 398
- Ulf → s 484
- Ullrich D. → O 631
- Volker → iz o 58
- Volker, Dr. → O 449
- Wolfgang → u 2 638

Schulze-Anné, Christian → B 681
Schulze-Bergmann, Karen Dr. → T 2 148
Schulze-Borges, Bernd Dr. → U 890, u 899
Schulze-Grönda, Petra → s 486, s 536
Schulze-Hennigs, K. Dr. → T 2 526
Schulze-Kölln, Margret → u 1 324
Schulze Lammers, P. Prof. Dr. → IZ T 681
Schulze-Lefert, Paul Prof. Dr. → t 176
Schulze-Weslarn → A 18
- K.-W. → T 2 698, U 911

Schulzezur Wiesch, Karl-Heinz → q 15
Schum, Rainer Dipl.-Kfm. Dr. → E 65
Schumacher, Alfred → U 292
- Carl-Ludwig → g 183
- Carl-Ludwig, Dipl.-Ing. → g 182
- Dirk, Dipl.-Ing. → u 506
- Dr. → A 8
- Friedrich → Q 240
- Gerd → S 228
- Günter → U 2 450
- Hans, Prof. Dr. jur. → h 127
- Hans Günter → Q 615
- Henri → IZ O 6
- Henry J. → E 321
- Hermann, Prof. Dr.-Ing. → t 1 782
- Horst → s 32
- Ingrid → T 3 071
- Johannes → V 399
- M., Prof. Dr. → T 3 366
- Martin → O 301, Q 350, U 2 859
- R., Dr. → iz f 1 921
- Reiner → g 610
- Renate, Dr. → T 1 303
- S. → U 2 649
- Ulrich → IZ F 1 229
- W., Prof. Dr. → T 1 363
- Walter → b 128

Schumann, Anton → F 413, iz f 1 270

Schumann
- Bernd → M 127, m 129, U 1 176
- Bertram, Dipl.-Ing. → u 528
- Christian A., Prof. Dr.-Ing. habil. → t 1 183
- Christian A., Prof. Dr.-Ing. habil. → t 1 221
- Christian-Andreas, Prof. Dr.Ing.habil. → T 719
- Christoph → S 1 373
- Detlev → f 955
- Dieter → g 448
- Eva-Maria → U 1 024
- Franz-Josef → d 28
- Fritz, Dr. → Q 203, T 2 733
- Gernot → O 376
- Hans-Günter → g 262
- Johannes, Dr. → u 2 934
- Louise → s 406
- Thomas → O 528
- U., Prof. Dr. → T 1 266
Schumel, Klaus Dr. → F 609
Schunack, Hans-Joachim → Q 462
- Hermann Dr. → A 29
- Stefan, Dipl.-Volksw. → E 97
Schunk, Klaus → O 405, O 406
Schupp, Jean-Claude → IZ U 462
- Peter, Dipl.-Ing. (FH) → t 1 755
Schuppe, Matthias Dr. → b 166
Schuppisser, Santiago → iz s 489
Schur, Fritz Dr. → T 3 872, T 3 873
- Heike → F 431
- Norbert → M 275
Schurawitzki, Werner Prof. Dr. → T 482
Schurian, Walter Prof. Dr. Dipl.-Psych. → IZ T 776
Schurich, Bernd Prof. Dr. → r 894
Schurig, Christian → O 375, O 408
Schurk, Hans-Eberhard Prof. → T 404
Schurman, Susan → IZ U 809
Schurr, Horst → H 594, k 147
- Marc O., Dr. → t 1 769
Schurwanz, Hans-Otto → k 140
Schurz, Claudia → T 526
Schuschke, Giselher Prof. Dr.med. → q 449
Schuseil, Dr. → A 16
Schusser, Walter Dr. → T 2 442, T 3 834
Schuster, Andreas → R 377, r 381
- Bernd → c 732, l 22
- Bernhard, Dipl.-Ing. → S 794
- Bettina → S 738
- Christoph M., Dr. → t 118
- Claus, Prof. Dr.-Ing. → t 1 625
- Dr. → A 33
- Franz → b 189
- Günter → E 302
- Günter, Dr.rer.nat. → T 1 901
- Hannes → U 990
- Heinz, Prof. Dr.-Ing.habil. → B 376
- Hildegard → d 225
- Horst, Dipl.-Volksw. → E 157
- Klaus, Dipl.-Wirtsch.-Ing. → t 364, T 1 860
- Klaus-Peter → m 30
- Klaus Peter → m 95
- Michael, Dr. → T 556
- Peter → U 2 450
- Peter-Klaus, Prof. Dr. → S 1 183
- Reinhold → K 308
- Robert H., Prof. Dr. → T 1 241
- S. → T 2 526
- Sebastian → N 31
- Susanne → A 23
- Walter → T 3 071
- Wolfgang → g 536
- Wolfgang, Dr. → D 128
Schutte, Hans-Martin Dipl.-Ing. → T 892
Schutyser, Kris Prof. → IZ T 715
Schutz, Bernard Frederick Prof. Dr. → t 123
- Karin → IZ U 176
Schuurman, Klaus Volker → E 342
Schuy, Barbara → U 1 443
- Dr. → A 14
Schwaab, Birger Dipl.-Kfm. → E 192
Schwaan, Axel → C 287
Schwaar, Ingrid → R 843
Schwaarz, Axel Dr.med. → T 2 877
Schwab, Andreas Dr. → t 3 064
- Annie → iz s 368
- Bernhard, Dr. → B 14
- Claus-Dieter → u 2 036
- Claus W. → h 695
- Detlev, Dr. → f 212
- Dieter, Dipl.-Kfm. → E 93
- Fredi → iz o 191
- Hans → u 1 465
- Thomas, Dipl.-Betriebsw. → T 995
- Werner → S 1 524
Schwabe, H. → iz h 284
- Hans-Dieter, Dipl.-Ing. → E 101, U 122
- Helmut → H 230
Schwaben, Winfried → s 1 444
Schwaderer, Gabriel → T 798

Schwadt, Jens-Hagen → o 247
Schwädt, Ulrich → E 65, e 66
Schwägerl, Hans → U 3 111
- Max → b 483
Schwärzer, Elisabeth → s 498
Schwaetzer, Irmgard Dr. → A 69
Schwaezer, Irmgard Dr. → A 39
Schwager, Dieter Dipl.-Ing. → E 42
- Ute → s 433
Schwaiger, Heinz Johann Dipl.-Betriebsw. → T 2 081
- Manfred, Univ.-Prof. Dr. → T 2 324
- Norbert → IZ A 227
Schwake, Wolfgang → U 140
Schwalb, Ulrich Dipl.-Betriebsw. → T 3 927
Schwalbach, Reinhold → h 712
Schwalbe, Diana Dipl.-Betriebsw. → T 1 283
- Wolfgang, Prof. Dr.-Ing. → t 1 403
Schwalen, Wolfgang → g 136
Schwall-Düren, Angelica Dr. → A 82, E 604
Schwalm, Dirk Prof. Dr. → t 128
- Jörg, Dr. → B 833
- Reiner → s 1 236
Schwamberger, Jörg → g 752
Schwamborn-Kolibius, Hans → T 3 736
Schwampe, Herbert Dr. → U 888
Schwan → B 738
- Gesine, Prof. Dr. → T 490
- Heiner, Prof. Dr. → T 1 283
- Klaus → n 7
- Konrad, Dr. → IZ S 227
- Rudolf → U 1 175
Schwandner, Ernst-Ludwig Dr.-Ing. → A 118
- Gerd, Dr. → T 1 340
Schwandt, Ernst-Albrecht → A 369
- Hans-Michael → c 24
Schwanebeck, Wolfgang Prof. Dr.-Ing. → T 444
Schwanecke, Hans-Hermann → U 25
Schwanhold, Ernst → A 39, b 122
Schwanitz, Rolf → A 4
Schwank, Bernhard → U 26
- Günter, Prof. Dr. → t 118
- Günter → f 38, F 596, f 598, T 2 156, t 2 164
Schwappach, Jürgen Dr. → G 97
Schwark, Reinhold → k 220
- Wolfgang, Prof. Dr. → T 495
Schwarmann, Hermann → n 104
Schwartges, Matthias → K 288
Schwarting, Gunnar Dr. → d 13, d 43
- Uwe, Dr. → H 79
Schwartz, Bodo → O 200, O 268
- Horst Jürgen, Prof. Dr. → T 2 660
- Ulrike → T 2 766
Schwartze, Eberhard → u 1 073
- Peter → IZ F 432
Schwartzenberg, Roger-Gérard → iz b 75
Schwarz → T 2 074
- Bertram → O 405
- Carsten → U 1 425, U 2 114
- Claudia → N 174
- Dieter → u 983
- Diethard → U 2 386
- Eberhard, Dr. → f 11, r 11
- Eberhard, Dr.rer.nat. → t 2 014
- Friedrich Nikolaus → c 875
- Günter → E 31, e 34, T 419
- Günther, Dipl.-Ing. Dipl.-Volksw. → T 2 028
- Hans Egon → E 151
- Hansjürgen → B 678
- Harti, Dr. → T 2 250
- Heiner → R 622
- Heinz → f 565, O 173
- Helmut, Prof. Dr. → T 857
- Horst → F E 98
- Ingo → R 637
- Jürgen, Dr.-Ing. → f 50, L 21, T 1 045
- Karlheinz → U 1 346
- Katrin, Dipl.-Chem. → t 226
- Leo → U 2 087
- Manfred W. → c 579
- Matthias, Prof. Dr. oec. → T 719
- Michael → T 536
- Michael, Prof. Dr. → T 438, t 1 776
- Paul Otto → f 405
- Peter → U 2 450
- Peter, Dr.-Ing. → S 1 000
- Peter, Prof. Dr. → S 733
- Rainer → t 2 513
- Ralf → r 25
- Richard → c 1 124
- Roger → iz m 82
- Rolf → f 237
- Rüdiger → k 202
- Stefan → K 35
- Uli, Prof. Dr. → t 114
- Ullrich, Dr. → S 796

Fortsetzung nächste Spalte

Schwarz (Fortsetzung)
- Volker, Dr.h.c. → o 419
- Walter → k 80, u 2 525
- Wolfgang, Dr. → g 398
- Wolfgang F., Prof. Dr. → T 584
Schwarz-Kaske, Reiner Dr. → T 985
Schwarz-Schilling, Christian Dr. → A 35, E 395
Schwarz-Schütte, Patrick → F 225
- Rolf, Dr. h.c. → E 154
Schwarzbach, Christine → u 1 294, U 1 295
- Klaus → u 1 135
- Klaus, Dipl.-Betriebsw. → E 736, U 2 553, IZ S 150
Schwarzböck, Rudolf → iz q 25
Schwarze, Birgit → U 2 554
- Detlef, Dipl.-Ing. (FH) → S 997
- Gerhard, Prof. Dr. → t 1 708
- Renate → d 253
- Ulrich → P 5
Schwarze-Neuß, Elisabeth Dr. → q 632
Schwarzenau, Michael Dr. → s 39
Schwarzenberg, Bodo → A 331
von Schwarzenberg, K. → iz o 613
Schwarzenberger, Rolf → R 200
Schwarzenböck, Martin → U 223
Schwarzenholz, Christian → U 2 234
Schwarzer, Alice → T 800
- B. → s 238
- Gudrun, Dr. → t 118
- Helga → u 2 242
- Jutta → G 68
- R., Dr. → A 6
- Reinhard, Dr. → A 6
- Wolfgang → T 3 759
Schwarzhoff, Regine → U 1 604
Schwarzkopf, Birgit Dipl.-Ing. → s 885
- Wolfgang → u 2 874
Schwebel, Horst Prof.Dr. → u 2 338
Schwebke, Hans-Jürgen → U 1 568
Schweckendiek, Elek → U 1 818
Schwedes, Erika → s 1 571
- Ulrich, Prof. Dr. → t 3 299
Schwedler, Jürgen Dipl.-Kfm. → g 551
Schwegmann, Alfons → k 235
Schweickart, Nikolaus → T 95, U 2 152
Schweickhardt, Dieter → U 2 759
- Udo → e 95
Schweiger, A. Dr. → T 2 236
- Ellen → G 103
- Gunter, Prof. Dr.-Ing. → T 547
- Hans, Prof. Dr.med. → T 3 315
- P., Dr. → T 2 631
Schweigler, Berthold → U 689, u 927
Schweikart, Hans → s 29
Schweiker, Peter Dipl.-Ing. (FH) → E 18
- Theo Rudolf → E 553
Schweikhardt, Jörg Dr. → T 2 025
Schweim, Harald G. Prof. Dr. → T 3 276
- Harald G., Prof. Dr. rer. nat. habil. → A 215
Schweimler, Helmut W. → c 919
Schweinsberg, Hans-Jürgen → D 92
- Ralf → A 304
Schweitzer, Bernd → h 608
- Carl-Christoph, Prof. em. Dr. → U 2 759
- Claus-Peter → g 230
- Daniela → T 554
- Dr. → T 528
- Harald → d 251
- Michael, Prof. Dr. → T 645
- Stephan → u 2 263
- Walter, Prof. Dr. → T 645
Schweitzer-Nacken, Katt → G 576
Schweizer, Fritz → T 1 136
- Otto → iz u 13
- Romana → T 1 971
- Urs, Prof.Dr. → T 2 457
- Wolfram → O 508
Schweizer-Berberich, Markus Dr. → t 1 771
Schwemin, Karin → k 84
Schwendel, Volker Dipl.-Ing. → F 294
Schwendemann, G. Prof. Dr.med. → t 3 094
Schwendimann, Werner → iz q 96
Schwendtner, Alfred Dipl.-Ing. → s 901
Schwengber, Siegrid → E 173
Schwenk, Jörg → U 2 450
- Walter, Dr.-Ing. → S 1 019
Schwenkglenks, Peter → u 1 672
Schwenkmezger, Peter Prof. Dr. → T 688
Schwennesen, Thomas → T 3 182
Schwenson, B. → iz g 92
Schwerdtfeger, Michael → T 1 862
Schwerdtmann, Peter → S 1 364
Schwerdtner, Hans E. → U 148
Schweres, Michael → IZ S 643
Schwerger, Horst → T 3 110
Graf von Schwerin, Jochen → H 1, H 308, P 5
Graf v. Schwerin, Wilhelm → U 2 030

Schwerm, Dieter Dipl.-Ing. → F 865, f 876, iz f 1 841
Schwermann, Joachim Dr. → B 564
Schwertfeger, Sabine → u 1 230
Schwertl, Ursula Dipl.-Ing. → s 865
Schwesinger, Hartmut → U 357
Schwetz, Sonja → U 34
Schwichtenberg, Jürgen → IZ G 112
Schwickert, Jürgen → g 268
Schwiedel, Peter-Klaus Dr. → O 114
Schwiefert, Horst → R 577
Schwier, Samone Dipl.-Betriebsw. → N 195
Schwierczinski, Rainer → R 620
- Ulrich, Dipl.-Ing. → A 332
Schwieren, Gerd → G 130
Schwiering, Kerstin → u 1 291, U 1 295
Schwierkus, Dr. → A 21
Schwietert, Bernd → q 552
Schwiezer, Jürgen → F 173
Schwimmer, Walter → IZ B 256, IZ U 582
Schwind → b 469
- Hans-Dieter → M 145
- Hans-Dieter, Prof. Dr. → T 796
- Joachim → k 366
Schwindling, Robert Dipl.-Ing. → B 532
Schwing, Ewald → E 151
- Gerhard, Dipl.-Kfm. → E 145
Schwingenheuer, Winfried → U 2 378
Schwinger, Ludwig Prof. Dr. → T 535
Schwinghammer, Helmut Dr. → d 4
Schwinn, Bernd → U 1 543
- Karl H., Dr.-Ing. → S 949
- Karl Heinrich, Dr.-Ing. → S 942
Schwinne → A 18
Schwipper, Elisabeth → T 3 357
- Elisabeth, Dr.Dr. → S 170
Schwörbel, Silke → B 256
Schwoob, Yves → IZ F 1 822
Schwörer, Rita → T 3 200
Schyrbock, Harald → O 393
Sciacchi, Alberta → IZ T 777
Sciachi → t 785
Sciuto, Salvatore → c 890
Scott, Jon → c 916
- P. S. → iz f 113
- Pat, Prof. → iz t 206
Scriven, Julia → iz t 202
Scurei, Luminita → iz s 487
Sdrenka, Heinz H. → s 674
Seabra Lopes, J. → iz s 224
Sealy, Ulric → IZ U 809
Searle, Chris → IZ H 48
Searles, Robert A. → IZ T 628
Sebaï, Jutta → T 3 877
Sebald, Manfred → r 628
Sebald-Ganzmann, Ingrid → E 93
Sebastian, Günther Prof. Dr. → T 3 368
- Lidia → iz f 912
Sebastián de Erice, José-Pedro → C 1 260
Secca, Mario → IZ G 25, iz g 50, IZ U 114
Secci, Fabio → u 242
Seckendorf, Ute → U 3 023
von Seckendorff, Ilona → g 470
Freiherr von Seckendorff, Jochen → I 44
Secker, G. → iz f 2 528
Seckler, Karlheinz → U 1 040
Securs, Claus C. → c 1 035
Sedaghat, Parviz Dr.med. → IZ S 68
Sedgwick, Peter → IZ A 226
Sedlák, Tomáš Dipl.-Ing. → iz u 800
Sedlák, Vladimir Dr. → iz s 613
Sedlarik, Christian → g 629
Sedlmayr, Erwin Prof. Dr. → T 893
Sedlmeier, Josef → o 47
Seeba, Ewold Dr. → A 4
Seebach, Wolfgang → t 3 240
Seebacher, C. Prof. Dr. → T 3 358
Seebauer, Herbert → U 936
- Martin, Dipl.-Ing. → s 866
- Wolfgang → F 118
Seeber, Andreas Prof. Dr. → iz t 207
- Barbara → t 3 208
Seeberg, Harald → T 4 174
Seeböck, Hans-Georg → A 306
Seeburg, Peter H. Prof. Dr. → t 136
Seedorf, Rolf Dipl.-Ing. → u 829
Seefeldt, Jürgen → T 952, t 963
Seeger, Claudia → U 1 383
- Hans-Joachim → Q 608
- Jörg, Dr. → S 296, s 311
- Klaus → U 2 450
- M., Dr. → IZ F 1 658
- Siegbert F., Prof. Dr. → B 673
- Volker, Dipl.-Volksw. → E 222
- W., Prof. Dr. → T 3 383
- Werner, Prof. Dr. → T 3 331
Seeger-Glaser, Sabine → I 130
Seegers, Dr. → A 18

Seegmüller, M. → IZ H 84
Seeh, Hansjörg → D 73
Seehafer, Gerd → h 531
– Klaus → S 1 267
– Wolfgang, Dipl.-Ing. → IZ S 569
Seehase, Karl Dipl.-Ing. → s 986
Seehausen, Karl-R. Dipl.-Ing. → u 952
Seehawer, Ulrich → m 23, m 153, m 159
Seehofer, Horst → A 52, A 68, U 2 198
Seekamp, Brigitte → g 316
Seel, Barbara Prof. Dr. → T 2 701
– Christian → b 144
– Renate → U 155
Seeland, G. Prof. Dr. → T 2 660
Seelbinder, Birgit Dr. → D 210
Seele, August → q 62
– Hans-Jürgen → Q 155
Cahn von Seelen, Udo → R 83, r 84
Seelenmeyer, Ole → O 118
Seelentag, Wolf W. Dr. → iz t 771
Seeler, Hans-Joachim Dr. → T 732
Seelhorst, Rose-Marie → t 2 933
Seelig, Horst Dr. → A 391
Seeliger, Arne → u 2 249
– Christa → U 1 278
Seeling, Erck-Rüdiger → h 602
– Roland, Dipl.-Vw. → E 239
Seelmann, Kurt Dipl.-Ing. (FH) → G 33
Seelmann-Eggebert, Rolf → E 479
Seemann, Hans → iz h 513
– Hans Robert → H 66, h 72
– Horst → h 761
Seeringer, Winfried Dr. → E 121
Seesing, Kurt → R 833
Seewald, Alois → r 528
Seffel, Jörn → r 375
Seffen, Achim Dipl.-Kfm. → T 2 203
Sefrin, Peter Prof. Dr. med. → S 1 362, T 3 442
– Peter, Prof. Dr.med. → s 194
Segergren, Ingemar → iza 31
Segers, L. Dr. → iz t 516
Segers-Glocke, Christiane Dr.-Ing. → B 652
Segler, Jochen → R 181
Segnana, Remo → IZ K 38
Segovia, O. → iz s 53
Seher, Gerald → f 85, r 48
– Gernot, Dr. → S 293
Sehling, Hans Prof. Dr. → U 968
– Matthias → k 162, k 181
Sehr, Rüdiger Dipl.-Chem. → B 430
Sehrbrock, Ingrid → R 294
Sehring, Rudolf → f 901
Sehrt, Dieter → T 902
Seibel, Michaela → O 195
Seibel jr., Wilhelm → f 271
Seibel, Wolfgang → R 807
– Wolfgang, Prof. Dr. → T 2 221
Seibert, Gerda → R 617
– Günther, Dr. → C 596
– Marianne → t 3 093
– Otmar, Prof. Dr. → T 2 597
– Reinhold → O 486
Seiberth, Klaus-Peter → s 545
Seibold, Brigitte → o 245
– Josef → u 1 776
Seibt, Bernd Dipl.-Ing. → f 338
– Ferdinand, Prof. Dr. → u 1 012
Seide, Horst → q 61
Seidel → u 1 671
– A., Dipl.-Volksw. → S 1 089
– Bernd → E 74
– Bernhard, Dr. → T 2 310
– Christian, Prof. Dr. → c 1 112
– Dr. → A 36, R 203
– Günter → U 888
– H. J., Prof. Dr.med. → T 4 031
– Hans-Peter, Prof. Dr. → t 127
– Harald, Dr. → A 35
– Horst → T 2 191
– Klaus, Prof. Dr.-Ing. → T 561
– Manfred → g 213
– Norbert, Prof.Dr. → O 323
– Peter, Dr. → u 2 157
– Raimund, Prof. Dr. → T 665
– Regina → r 220
– Siegfried → g 590, g 594
– Thomas → D 257
– Thomas A. → s 775
– Udo → S 738
– Ulrich, Dipl.-Volksw. → L 30
– Wolfram → q 8
Seidel-Kalmutzki, Karin → d 243
Seidelmann, Christoph → IZ M 233
– Christoph, Dr.rer.pol. → T 1 843
– Wolf-Ingo, Dr. → E 45
Seidenstücker, Klaus → T 2 910
Seidl, Florian Dr. → H 272

Seidl (Fortsetzung)
– Josef → b 484
– M., Dr.-Ing. → T 1 264
– Martin → D 223
– Peter → k 107, k 125
– Renate → t 3 196
Seidler, Christian Ing. → IZ H 61
– Harald, Dr. → T 3 050
– Harald, Dr.med. → T 3 184
– Sabine → U 3
Seidner, Walter → iz s 232
Seidscheck, Mark Dr. → F 224
Seif, Karl-Winfried → b 94
Seifarth, Hans-Georg → U 212
Seifert, Albert → q 22
– Christel → S 1 369
– Edeltraut → r 573
– Egbert → r 913
– Gero → e 540
– Hans-Jürgen → b 404
– Harald → E 38
– Juliet → iz f 2 559
– Michael → T 690
– Olaf → s 396
– Peter, Dr. → D 62
– Philipp → s 636
– Ronald → c 235
– Werner G. → iz i 170
– Werner G., Dr. → I 95, I 96, I 143
– Wolfgang → g 463, H 594, h 606, k 203
Seiff, Florian → U 99
– W. → T 2 219
Seiffert, Wiltrud → r 931
Seifried, E. Prof. Dr.med. → T 3 423
Seiichikondo → IZ W 6
Seikel, Karl Dietrich → O 509
Seiler, Ekkehard → F 422
– Harald, Dr. → U 2 450
– Peter → s 1 291
– Ursula → U 636
– Wolfgang, Prof.Dr. → t 246
Seiler-Albring, Ursula → C 75
Seils, Hermann Dr. habil. → s 333
Seipel, Thilo → u 2 225
Seipp, Horst → E 24
Seippel, Alf Dr. → U 1 864
Seisler, Jeff → IZ F 1 142
Seißer, Peter Dr. → N 108
Seitanidis, P. → iz t 385
Seite, Annemarie Dr. → t 3 097
Seiter, Harald → R 277, r 288
Seiters, Rudolf → A 35
– Rudolf, Dr. rer. pol. h.c. → U 2 114
Seithel, Rolf Dr. → t 4 052
Seitschek, V. → iz t 375
Seitter, Bernhard Dipl.-Ing. → s 833
Seitz, Alfons → g 433
– Dieter, Dipl.-Ing. → S 1 019, s 1 020
– Edelgard → T 2 522
– Franz → B 827
– Gangolf, Dr. → U 2 051
– H. M., Prof.Dr.med. → T 2 840
– Harald → T 2 698
– Joachim → q 413
– Michael → g 179
– Volker → C 21
– Werner, Dr.rer.nat. → U 46
– Winfried, Dipl.-Kfm. → E 43
Seiverth, Andreas → T 3 952
Seiwert, Wolfgang Dr. → c 207
Seiz, Dieter → H 308
Seizinger, Kurt Dr. jur. → s 23
– Robert → A 389
Séjean-Carabelli, Jacqueline → c 783
Sekeris, Evangelos → c 803
Sekulow, Eugene A. Dr. → E 356
Selent, Ursel Dr. rer.nat. → T 3 444
Seligmann, Jürgen Dr. → S 279
Seljavaara, Seppo → iz f 859
Selk, D. Dipl.-Ing. → G 204
Selka, Margit → O 434
Selke, Frank Dr. → T 1 834
– Oswald → o 687
Sell, Annette → T 550
– Barbara → m 75
– Michael → s 1 295
– Stefan, Prof. Dr. → T 2 203
Sella, Maurizio → IZ I 6
Sellering, Erwin → b 96
Sellier, Arthur L. Dr. → T 1 871
Sellitsch, Siegfried Dr. → IZ K 36, IZ K 39
Sellke, Allmut → U 2 450
Sellmann, Heiner → s 368
Selmair, Gottfried → E 43
Selmer, N. → iz f 2 212
– Nils → iz h 225, iz h 242
Selnes, Vera → iz u 769
Sels, Ludwig Dr. → I 113
Selten, Reinhard Prof.Dr. → T 2 457

Fortsetzung nächste Spalte

Seltenreich, Markus → e 193
Selva, Cesare → IZ T 880
Selz → A 14
– Sigrid → T 803
Selzer, Hans-Joachim Dipl.-Wirtschafts-Ing. → E 92
– Heinz-Wilhelm, Dr. → Q 579
– Klaus Peter → u 2 773
– Manfred → r 591
Semadeni, B. U. → iz f 121
Sembritzki, Erich → s 719
Semidei, Pierre → T 456
Semisch, Maren → B 252
Semler, Leonore → U 2 080
Semmel, Christian → q 595
Semmelrock, Peter → iz s 689
Semmelrogge, Lutz → O 320
Semmerow, Günter Dr. → o 459
Semmler, Harro → A 35
– Helga → T 3 221
Sempé, Jean-Paul → iz f 1 332
Semper, Lothar Dr. → G 9
Semrau, Britta → G 204
– Gerhard, Dipl.-Volksw. → F 141
Sen, Faruk Prof. Dr. → E 714
– Ronen → C 845
Sena, Joao → iz s 284
Senan Llarena, Raffael → iz a 65
Senault, R. → IZ T 824
Senave, Jacques → IZ F 643
Send, Matthias W. → E 93
Freiherr von Senden, Hasso → q 628
Sendler, Hans Dr. → F 208
Sendner, Helmut → T 1 060
Senf, Ralf M. Dr. → g 736, g 737
Senff, Bettina → u 2 974
– Wolfgang → A 39, B 105
Senft, Arnold → H 308, H 325, h 353, h 404, h 430, h 471, h 505
Seng Lan, Shi → iz h 501
von Sengbusch, Johannes Nicolai → U 3 021
– Volker, Dipl. oec. Prof. → IZ T 611
– Volker, Prof. → U 3 021
Sengebusch, Wolfgang Dr. → f 662, iz t 472
Senger, Hans Günter Dipl.-Kfm. → s 637
– Ingo → B 867
Sengera, Jürgen → I 40
Senghaas, Dieter Prof. Dr. → U 2 721
Senghor, Jeggan C. → iz v 4
Senglaub, Lutz-Rainer Dr. → U 221
Sengle, Alfred Dr. h. c. → u 2 490
Sengonça, C. Prof. Dr. → T 2 657
Senkbeil, Dirk → m 55
Sennekamp, Winfried Prof. Dr. → t 1 804
Sennewald, K. → iz f 72
– Karsten → F 437, F 444
– Rolf, Dipl.-Ing. → S 945
Sennlaub, Gerhard → A 39
Senst, Irmentraud → u 1 327
Sent → B 827
Senti, Marianne → iz s 262
Senzig, Stephan → s 1 556
Seoudy, Mona → c 608
Sepp, Cornelia Dipl.-Forstw. → s 1 549
Seppälä, Risto Prof. → IZ T 687
Seppänen, Jorma → iz u 33
– O. A., Prof. → IZ F 126
Sequaris, M. → IZ N 1
Serafin, Wolfgang → R 505, r 510
Serajnik Sraka, Nada → iz s 287
Serebriakoff, Victor → IZ U 813
Sereghyova, J. Dr. → iz t 608
Serek, Margrethe Univ.-Prof. Dr. → T 2 641
Seren, Cengiz → IZ O 53
Serfling, Thomas → q 148
Serger, Dr. → s 240
Sering, Agathe → U 1 173
Seriot, Geneviève → IZ S 640
Sernetz, Herbert Dr. → B 858
Serra, Jordi → IZ U 466
– Xavier → iz f 1 329
Serra Caracciolo, F. → iz q 22
Serre, Jean-Marie → iz f 1 336
Seršič, D. Maslić → iz t 200
Sertons, Jan → iz t 943
Servaes, Theo → iz f 575
Servais, Nelly → iz h 409
Servas, Reinhard → u 922
Servatius, Bernhard Prof. → U 1 596
– Norbert → iz t 1 871
Setlov, Nikola → iz t 940
van Setten, Dirk Dipl.-Kfm. → P 53
Setterwall-Wranne, Monica Dr. → iz u 616
Setz, Burkhardt → F 932
Setzer, Sieghardt → U 2 060
– Ursula → S 1 258
Setzler, Wolfgang → f 929
Seuß, Hanns Dipl.-Volksw. Dr.jur.h.c. → U 484
Seuß-Heß, Ursula → U 1 023

Sevenich, Peter → U 39
Sever, Bozidar → iz t 934
Severa, Borek Dr. → e 708
Severiano Teixeira, Maria Luísa Dr. → iz b 217
Sevil Olle', Jesus → iz f 1 218
Sevink, Kathrin Dipl.-Ing. → T 1 165
– Ruud → IZ F 386
Sevis, Nadir → U 936
Sevón, Leif → IZ A 219
Sevsek, France → iz t 768
Sewczyk, Jürgen → O 177, O 406
Sewing, Karl-Friedrich Prof. Dr. med. → T 3 278
Seybold, Bernd → F 983
– Rudolf → t 1 510
Seyboldt, Kurt → f 826
Seyd, Endrik → f 953
Seydel, Dietrich → T 803
– Sabine → T 1 971
– Wolfgang → U 1 896
Seye Moreau, Abdoulaye → IZ U 540
Seyfart, Peter-Klaus → k 47, k 61
Seyfarth, Wolfgang Dr. sc. → t 2 614
Seyl, Stephan → Q 397
Seyrig, Antoine → IZ F 594
Seyss, Michael → T 2 178
Sferraza-Papa, G. Dr. → IZ T 829
Sgoutas, Vassilis → IZ S 565
Shabi, Eytan → IZ S 642
Shackleton, Nicholas J. Prof. → IZ T 162
Shaheedullah, S.M. → iz s 501
Shaked, Aver Prof. → T 2 457
Sham, Wing → E 419
Shamir, Avner → IZ T 324
– Pinchas → E 288
Shamseldin, Ashraf → IZ I 166
Shamsudin, Samira → iz f 2 077
Shannan, Ghassan Dr. → IZ T 827
Shapcott, William → IZ A 227
Sharara, Adham → IZ U 466
Sharma, Dinkar → iz o 168
Shaw, Christopher → IZ U 313
– Fred → IZ F 2 453
Shea, Gerald P. → iz m 119
– Jamie → IZ W 8
Sheehan, Terry → IZ A 193
Sheikh, S.A. → IZ T 820
Shekarchi, E. Dr. → IZ T 323
Sheldon, Jürgen → Q 162
Shelton-Colby, Sally → IZ W 6
Shemenski, Robert M. → IZ F 1 824
Sheng Yu, Hu → iz f 2 562
Shengrong, Lu → IZ U 539
Shepherd, Lesley → IZ M 222
Sheref Ün, S. → E 560
Sheridan, Bryan → iz t 857
Sherman, Heidemarie Dr. → t 2 293
Sherwood, David → IZ F 614
Shestopal, Helen → IZ T 193
Sheta, Ahmed Reda Mohamed Dr. → C 606
Shetty, Salil → iz u 340
Shevtsova, Lilia Dr. → IZ T 891
Shezi, Musa → IZ R 315
Shi, Jiuyong → IZ V 50
Shigenobu, Hisashi → e 502
Shilo, Arie → iz s 523
Shima, Tayo → IZ U 811
Shimanuki, Hachiro Dr. → IZ T 679
Shimmon, Ross → IZ T 913
Shimron, Giora → C 878
Shimshoni, N. → iz f 586
Shioiri, K. → iz k 42
Shipoh, Peingeondjabi Dr. → E 572
Shlykov, Vladimir N. Dr. → iz u 17
Shone, Colin C. → IZ F 764
Short, Clare → iz b 117
Shoyama, E. → IZ F 2 143
Shu Leong, Wong → iz s 529
Shui Lai, Ng → IZ R 273
Shuiqing, Chen → n 226
Shukry, Zainab → iz u 607
Shunusalijera, Galia Dr. → E 300
Sibamba, Francis Gershom → C 1 205
Sibeth, Uwe Dr. → T 3 740
Sibinièiè, Slobodan → IZ O 105
Sichelschmidt, Peter → u 2 493
Sichler, Hans-Joachim → a 308
Sick, G. → S 1 090
– Hans-Jürgen → T 762
Sickinger, Silke → d 217
Sickmüller, Barbara Dr. → F 208
Siderides, Constantinos → iz f 732
Siderowa, Filipina → IZ S 675
Sidiropoulos, Ioannis → iz u 151
Siebach, Herbert → t 3 811
Siebe, Jürgen → T 2 991
Siebeck, Christian → C 22
– Otto, Prof. Dr. → T 2 721

Siebel

Siebel, Hartmut W. → H 567, h 571
Siebelts, Johann Dipl.-Ing. → U 608
Sieben, Gerda → U 2 816
Siebens, Siegfried Dipl.-Ing. → q 365
Sieber, Horst Dr. → d 197
– Jürgen → a 210
– Kurt → u 2 202
– Michael → b 7
Sieberath, Ulrich Dipl.-Ing. (FH) → T 1 899
Sieberger, Bernd-Ulrich → f 28, F 379
Siebers, Jutta → Q 579
Siebert, Burkhardt → E 691
– Hannelore → u 1 158
– Hans → U 1 404
– Horst, Prof. Dr. → T 2 181, T 2 269
– Horst, Prof. Dr. Dr. h.c. → t 2 285
– M. → iz f 212
– Manfred → R 474
– Peter → g 639
– Rainer, Dipl.-Ing. (FH) → S 996
– Stefan → A 351
– Walter → d 230
Siebertz, Klaus → t 1 232
– Paul, Dr. → R 32
Siebke, Jürgen Prof. Dr.rer.pol. → T 536, T 4 179
Siebold, Herbert → E 679
– Michael → S 1 527
– Michael, RA → E 553
Siebrasse, Brigitte → T 3 017
Siechau, Rüdiger Dr. → d 140
Sieckmann, Götz → s 366
Siedenberg, Angela → u 2 485
Siedhoff, Thomas Dr. → O 54
Siefert, Karl-Heinz → u 3 066
– Marlene → u 1 308
Siefke, Klaus → F 498
Sieg, Franz-Josef → Q 133
– Giselher, Dipl.-Ing. → U 601
– Siegfried → U 985
Siegberg, Jürgen → U 859
Siegel, Hannelore → Q 164
– Louis, Dipl.-Ing. → IZ S 394
– Prof. Dr. → R 883
– Theodor, Prof. Dr. → R 898
– Wolfgang, Dipl. oec. → g 505
Siegemund, Lothar Dipl.-Landwirt → E 238
Siegenführ, Thea Dr. → T 837
Siegenthaler, Ralph → IZ Q 198
Sieger, Alfred → k 402, k 426
Siegert, A. Prof. Dr. → T 1 365
– Alfred → Q 593, u 2 471
– Bernd → t 2 486
– Rolf → f 169, f 211, r 66
– Werner, Dr. → T 2 190
Siegismund → A 12
Siegl, Alfred Dipl.-Volksw. → E 93
– Armin → h 568
Siegle, Manfred G. Prof. Dipl.-Ing. → t 1 187
– Thomas → H 619
Sieglin, Tilman W. → o 422
Siegmann, Loretta → B 316
Siegmund, Hans-Jürgen → i 5
– Karin → n 230
Siegrist, Ottmar K. Prof. → r 905
Siegwart-Bierbrauer, Irene → s 1 279
Siehr, Kurt Prof. Dr. → S 621
Sieler, Peter → U 572
Sieling, Carsten → u 1 146
– Hajo → E 263
Sielmann, Heinz → Q 645
Siemer, Eckart → T 509
– J. → T 4 145
Siemering, Peter → n 71
Siemers, Ulrike → Q 463
Siemons, Wilhelm → E 139
Siemonsen, Birte → U 1 815
Siempelkamp, Dieter → r 655
Siemsen, Fritz Prof. Dr. → T 1 946
Siepelmeyer, Karl-August → g 511
Siepelt, Andreas → H 288
Siepmann, Ralf Dr. → O 282
– Udo, Dr. → E 154, T 2 209
– Walter → f 643
Sierbertz, Hartmut Dr. → A 21
Siering, Manfred → Q 515
Sierke, Bernt R. A. Prof. Dr. → T 507
Siermann, Brigitte → S 1 399
Sierra-Amor, Rosa Dr. → T 827
Siessegger, Alfred → F 546
Sievernich, Horst Dr. → iz f 99
Sievers → A 14
– Günter → K 296
– Hans → k 159
– Hermann, Dipl.-Ing. → f 900
– Holger W., Dipl.-Kfm. → T 1 988, T 1 995
– Jochen → f 155
– Jochen, Dipl.-Kfm. → F 496

Fortsetzung nächste Spalte

Sievers (Fortsetzung)
– Norbert, Dr. → U 2 815
– Rolf → T 509
– Susanne, Dr.phil. → a 121
– Uwe → m 88, m 158
Sievert, Frank → t 3 649
– Hans-Wolf, Prof.Dr. → c 713
– Heiner → T 2 191
– J., Dr. → T 3 701
Sieweke, Rolf → h 688
Siewert, Dr. → A 14
– Wolfgang → f 310
Sigal, Everard → s 1 151
Sigfridson, Thomas → iz g 51
Sigfússon, Ingimundur → C 866
Sigga, Sandro Maria → c 881
Sigl, Kerstin → S 738
– Lydia → U 2 450
Sigley, P. M. → IZ H 275
Sigloch, Herbert Prof. Dipl.-Ing. → t 1 672
– Michael → H 297
Sigmund, A. M. → iz s 47
– Ernst, Prof. Dr. → T 449
– Werner → U 1 933
– Wilfried, Dipl.-Ing. → f 1 041
Sigogne, P. → iz t 588
Sigrimis, N. Prof. → iz t 701
Sigrist, Lukas Dr. → iz f 1 523
Sigulla, Stefan Dr. → U 911
Sihn, Axel → t 337
Siimes, Suvi-Anne → iz b 61
Siirola, Heini → iz u 215
van der Sijde, Peter → IZ T 246, iz t 256
Sikkens Ahlquist, Margareth → IZ U 571
Sikora, Bernd → t 1 879
– Heinrich → IZ M 37
– Joachim → T 2 463
– R., Prof. Dr. → T 2 657
Sikorski, Hans Prof. Dr. → IZ U 120
– Hans W., Prof. Dr. → S 1 157, T 760
Sikorski-Großmann, Dagmar → O 60
Silahtaroğlu, Burhan → E 347
Silbereisen, Rainer K. Prof. Dr. → T 2 878
Silberhorn, Karl Dipl.-Volksw. → U 284
Silbernagel, H. → T 3 666
Silink, Martin Prof. → IZ U 315
Silinsky, Christian M. → T 2 753, U 1 863
Silkeit, Michael → r 387
Siller, Gerta → U 1 608
– Herbert → c 81
da Silva, Cândido Marciano Prof. Dr. → iz b 225
Neves da Silva, J. → iz h 489
Silva, P. → iz f 2 555
da Silva Caldeira, Vitor Manuel → IZ A 222
da Silva Diogo, Diamantino → iz p 17
da Silva e Santos, Vitor Manuel Prof. Dr. → iz b 219
da Silva Mendonca, Fernando → iz p 17
Silva Rodriguez, José Manuel → iza a 18
da Silva-Suniaga, Guillermina → c 1 376
Silveira, João → iz s 205
– Lilian → C 1 363
Silvi, Cesare Dr. → IZ L 129
Silvin, Joan-Christi → iz s 235
Sima → IZ H 521
Simak, Roger → h 777
Simbürger, Armin Dr.-Ing. → T 1 067, T 1 165, T 1 259
Simcock, Susie → IZ U 588
Simeonov, Tzvetan → ize 28
Siminerio, Linda Dr. → IZ U 315
Simitis, Konstantinos → IZ B 88
– Spiros, Prof. Dr. → S 617
Simm, Erika → A 35
Simmen, Burckhard Prof. Dr.-Ing. → T 708
Simmer, Jürgen → O 525
Simmerlein, Robert → b 479
Simmes, Regina → s 1 404
Simmons, Christopher → IZ O 1
Simms-Protz, Alfred → c 589
Simnacher, Georg Dr. → D 163, d 170
Simo, Jan Ing. → z r 54
Simočič, L. Dipl.-Ing. → iz s 490
Simões, Manuel Barata → iz o 188
Simoes, Miguel Barata → iz f 2 178
Simola, Markku → E 449
Simon, Arndt Prof. Dr. → t 117
– Axel Th., Dr. → t 278
– Axel Th., Dr.-Ing. → T 2 582
– Bernd → h 776
– Dieter, Prof. Dr. → t 165, T 857
– Dietrich → o 421
– Dominique → c 786
– Elke → u 1 310
– Helmut, Dr. h.c. → T 818
– Herbert, Dipl.-Ing. → t 1 855
– Horst Friedrich → m 113, M 187

Fortsetzung nächste Spalte

Simon (Fortsetzung)
– Hubertus, Dr. → s 332
– Ingrid Barbara → A 23
– Jens, Dr. Dr. → A 357, IZ T 235
– Jörg → T 2 440
– K., Dr. → IZ S 105
– Karlheinz, Dr. → S 338
– Manfred, Dipl.-Ing. → s 1 046
– Martin → T 4 000
– Martine → IZ T 542
– Maximilian → T 626
– Monika → R 582
– Nikolaus → T 766, T 2 206
– Ruth → r 567
– Sascha → T 1 271
– Thomas → t 3 820
– Werner → f 11, r 11, r 112, T 3 847
– Wolfgang, Dr. → R 194
Simone, José Luis → iz o 199
– José Maria, Ing. → iz r 28
Simoneit, Dietmar → T 2 755
– Frank, Dipl.-Geogr. → s 1 462
Simonet, Jean → IZ K 39
Simonis, Heide → B 172, O 336, U 2 251
Simonot, Jean-Noël → iz f 819, iz f 2 071
Simons, Barbara → U 2 048
– Hilarius → u 2 626
– Kai L., Prof. Dr. → t 175
– Kurt W., Dr.-Ing. → Q 586
– P. C. M., Dr. Ir. → IZ T 713
– Paul → iz f 863
– W. → IZ F 1 838, iz f 1 839
Simonsen, Ove → s 491
Simor, Andras → iz i 188
Simpson, E.T.S. → iz f 444
– John → IZ A 225
– Rufus Webster → C 968
Simsheuser, Karl-Heinz Dipl.-Ing. → T 1 165, T 3 914
Simson, Wilhelm Prof. Dr. → F 1, f 166, r 65
– Wilhelm, Prof. Dr. → F 162
Sinanis, Christos → iz s 475
– Polichronis → iz s 683
Sincke, Gerd → t 2 956
Sinclair, D. → IZ F 174
– Douglas → iz u 37
– Roy → IZ U 589
Sindler, Michelle → IZ S 211
Sing, Elmar → Q A 390
– Roland → k 79
Singer, Diethelm → f 809
– Hans, Dr. → E 156
– Ruth → b 48
– Wolf, Prof. Dr. → t 124
Singha, A. → e 279
Singhammer, Johannes → A 68
Siniscalchi, Sabina → iz u 334
Sinn, Hans-Werner Prof. Dr. Dr.h.c. → T 2 269, t 2 293
Sinner, Eberhard → b 26
– Kornelia → s 434
Sinterhauf, Ursula Dr.med. → T 3 340
Sinz → A 27
Siouffi, Bernard → iz h 425, iz o 139
Siountas, Tasos Dr. → iz t 756
Sippel, Heiko → t 337
Sippell-Amon, Birgit → E 421
Sirdesai, Vinayak → IZ R 315
Siregar, Arifin M. Dr. → E 284
Širek, Jaromir → U 3 092
Siri, G. → iz s 200
Sirota, Nikolaj R. → c 1 201
Sisilo, Robert → C 1 204
Sißmeier, Silke Dipl.Päd. → IZ Q 227
Sistig, Helmut → U 592
Sit'ko, Sergei P. Prof. → iz t 774
Sitte, Petra Dr. → a 80, U 2 234, u 2 248
Sitterberg, Hermann Dipl.-Ing. → T 1 236
Sittig, Walter → IZ U 569
Sittinger, Alfons Dr. → D 216
Sitzler, Margret Dipl.-Geographin → E 82
Sitzmann, Edgar → D 163, d 167
Siver, Tania → IZ O 16
Siversten, Tarald → IZ Q 141
Six, Jean-Louis → IZ C 1
– Pascal → iz f 697
Sixt, Barbara Dr. → f 114, T 1 322
– Dietlinde, Dr. → u 3 001
– Gerhard → r 645
– Werner → d 241
Sixtus, Norbert → B 862
Sjöberg, Åke → c 441
– Margaretha → iz s 285
Sjöblom, Gunnar → IZ T 193
Sjöhult, P. → iz f 1 615
Sjöstrand, S. Wiking → iz f 2 337
Sjöström, Leit H. → c 1 215
Sjoli, Sonja → IZ U 179
Ska, Pierre → iz q 2

Skadhauge, Niels → iz p 4
Skala, Helmut → IZ R 315
Skalecki, Georg Dr. → B 656
Skalicky, Hartmut Dipl.-Ing. → F 218
Skalla, Stefan Dr. → L 23
Škaloud, Jan → IZ T 193
Skard, Halvdan → iz u 52
Skármeta, Antonio → C 696
Skarpelis-Sperk, Sigrid → U 2 251
Skelding, M. P. → iz f 31
Skibowski, Klaus → O 531
Skinner, Andrew Dr. → IZ T 154
– David → iz f 2 567
Skirl, Stefan Dipl.-Kfm. → T 3 927
Skjell, Arne → iz f 1 813
Skjelle, A. → iz f 1 848
– Arne → iz f 279, iz f 2 427
Skjernov, C. → iz t 409
Sklenar, Volker Dr. → b 193
Skoddow, Waltraud → s 1 273
Skoecz, Sabine → S 1 068
Skoff, Gerhard → U 3 126
Skorny, Paul → r 690
Skorwider, Bruno → h 463
Skotner, K. → iz f 217
Skouris, Vassilios → IZ A 219
Skoutaris, N. → iz g 94
Skov, Peter → iz f 660
Skowronek, Norbert → U 2 450, u 2 456
Skowronnek-Schaer, Wolfram → O 238
Skree, Jostein → iz f 1 789
Skrodzki, Bernhard → E 67
Skulason, Gustaf → iz r 8
– Thordur → iz u 43
Skurnik, Samuli → iz p 6
Skworzow, Wladimir → C 640
Skyba, Peter → IZ G 54
Slaby, Wolfgang Dr. → T 373
Slagmulder, P.M. → iz h 349
Slama, R. → iz t 412
Slapio, Elisabeth → E 162
Slater, Lloyd → IZ L 97
Slavicek, Antonin Ing. → iz f 913
Slenczka, Martin → u 1 837
Sliben, Niels Henrik → IZ A 227
Slink, Torsten Adam Dr. → E 80
Sliwka, Reinhard → N 153
Slonek, Dietmar → E 64
de Sloovere, P. → iz f 1 631, iz f 2 494
Slot, H. P. → iz f 768
– Henk H. → IZ F 764
Slotta, Rainer Prof. Dr. → U 3 047, U 3 053
Slørdal, Kristin C. → iz o 92
van der Sluijs, Hans → IZ U 23
Sluiter, Ubbo → IZ F 1 174
Smadja, Daniéle → iz a 107
Smart, Brian → IZ H 473
Smatrala, Marek → iz u 199
Smazik, Pavel → iz g 205
Smeeding, Timothy M. → IZ T 560
Smeets, Johannes → r 522
Smeetz, Karl Dipl.-Ing. → B 357
Smekens → iz s 153
Smend, Rudolf Prof. Dr. → T 856, T 858
Smets, Roeland → IZ F 772
Smid, Menno → t 2 487
– Udo → S 1 208
Smidt, Steffen → iz a 12
Smieja, Dieter → g 178
Smigielski, Edwin Dr. → A 25
Smit, Bart A. → E 719
– C. CH. → iz t 507
– Ed → IZ Q 198
– Johannes → K 19
de Smit, Peer Prof. → T 640
Smith, A. → iz q 152
– Andrew → IZ A 190, iz u 639
– Chris → iz b 110
– Clive → IZ F 1 197
– Damien P., Dr. → IZ G 152
– David → IZ G 112
– Jeremy → iz u 36
– Jill Ashley → IZ A 189
– John → iz f 2 301
– John H. → iz h 541
– Julie → iz p 9, iz q 16
– Laurence John → c 188
– Lucy → IZ T 878
– Luissa → IZ U 555
– Matt → IZ U 558
– Michael → iz b 128
– Roger → IZ H 520
– Russell → IZ F 497, iz f 505
Smith-Simsonsen → iz o 92
Smither, Roger → IZ T 904
Smits, Otto → iz s 444
Smojver, D. → iz t 378
Smolders, W. → IZ M 121
Smole, Joze → iz f 414

– Jože → iz f 2 629
Smolenski, Christoph Dr. → k 72, S 226
– Ulrich, Prof. Dr. med. → T 3 378
– Ulrich, Prof. Dr.med. → T 2 804
Smolka, Hans-Peter → T 403
– Klaus → iz f 448
Smolsky, Sirpa → iz f 366
Smuda, Karl-Heinz → O 288
Smulders, P.R.M. → IZ O 209
Smurfit, D. → iz f 114
Snauwaert, P. → IZ F 207, iz f 208
Sneessens, J. F. → iz q 75
Snell, Herbert → h 291
– Terry A. → C 617
Sniadek, Janusz → iz r 194
Snippe, Rudy → IZ U 467
Snoeck, Laurent → IZ F 1 014
Snopkowski, Simon Dr.Dr. → u 2 399
Snyder, Willard B. → c 562
Soares, João → IZ U 23
Sobczale → A 16
Sobek, Otto Prof. Dipl.-Ing. → E 688
– Werner, Prof. Dr.-Ing. → S 943
Sobiech, Reinhard → s 1 330
Sobirey, Horst → c 839
– Wolfhagen → t 3 966
Sobota, Udo → E 74
Sobotta, Andreas → r 250
– Johannes, Dr. → T 1 270
– Siegfried, Dr. → M 270
Sobral, Henrique → iz f 868
Sobrero, Enrico Professor → iz l 42
Socha, Ines → s 364
Sochacki, Myriam → IZ W 9
– Peter → T 2 203
Sochan_1ski, Bartolomiej → c 404
Socher, Heinz Dr. → T 2 608
Sodan, Helge Prof. Dr. → B 885
Soddemann, Wilfried → B 358
Sodeik, Eva → U 2 047
Soderberg, Per → iz g 105
Sodeur, Wolfgang Prof. Dr. → t 2 360
Sodtke, Martin → q 603
Söbbeler, Christoph → B 235
Soechting, Dirk Dr. → U 3 052
Söderman, Henrik → IZ U 231
– Jacob → IZ A 186
Söffing, Jan → B 334
Soeffner, Hans-Georg Prof. Dr. → T 2 234
Söfker → A 27
Söhnges, Carl-Peter → c 844
Soehnle, Armin → f 671
Söller, Wolfgang → r 282
Sölter, Karl-Heinz → T 2 548
Soemer, Paul → T 3 249
Söndermann, Michael → U 2 858
Soenens, Renaat → IZ H 404
Soénius, Heinz → u 881
– Ulrich S., Dr. → e 166, R 480
Sönnert, Michael → T 3 585
Söräs, Anders → IZ T 303
Sörensen, Jessie → IZ U 425
Soergel, Gudrun → U 2 052
Sörgel, Hermann → U 1 406
Soerjoesing, George D. → iz s 549
Sörries, Reiner Prof. Dr. → U 3 056
Soers, E. Dr. → IZ T 300
Soetaert, R. → IZ H 474
Soete, Paul → IZ R 64
Sötje, Peter → U 2 859
Sohler, Annerose → Q 448
Sohn → A 14
– Gerhard, Dr. → F 139
– H. J. → h 398
– Walter, Dr. → T 2 449
– Wolfgang, Dr. → q 13
Sohn de Maradiaga, Doris → E 277, e 370
Sohr, Eberhard → R 203
– Karl-Heinz → g 722
Sohst → A 21
Soiron, R. → IZ F 1 357
Soisson, Nicolas → iz f 2 249, iz f 2 285, iz f 2 333
– Patrick → iz q 149
Sojka, Klaus Prof.Dr.Dr.Dr.h.c. → Q 581
Sokol, Bettina → B 350
Sokoll, Günther Dr. → K 198
Sokolowski, Mieczyslaw → c 1 175
Solana, Javier Dr. → IZ W 9
Solana Madriaga, Javier Prof. Dr. → IZ A 227
Solanilla, Pau → IZ U 231
Solanki, Sami K. Prof. Dr. → t 98
Solans, Eugenio Domingo → IZ I 5
Solari, Jorge F.J. → iz s 498
Solbach, Kai-Uwe → U 2 629
– Petra → U 1 304
– Werner, Prof. Dr.med. → B 613
– Wolfgang → u 443
Solberg, Inger → iz f 2 318
Solbes Mira, Pedro → IZ A 1

Sold, Alvin → iz o 66
Soldansky, Rainer → T 3 833
Soler, J. → IZ F 450
Soler Amor, Antonio → iz f 2 081
Solja, Erkki → iz f 2 070
Sollbach, Walter → u 2 576
Solms, Hermann Otto Dr. → A 35, T 803
Fürst zu Solms, Philipp R. → T 2 616
Solms, Wilhelm Prof. Dr. → U 3 013
Fürst zu Solms-Lich, Philipp Dr. h.c. → Q 229, q 231
Solondz, Detlef Dr. rer.nat. → T 719
Solotych, Stefanie Dr. → T 3 588
Soltau, Wilhelm → s 348
– Fany, Prof. → T 557
Soltmann, Dieter Dr.-Ing. → E 47
Soltwedel, Rüdiger Prof. Dr. → t 2 285
Solvik, Britt → IZ R 243
Solya, Alexander F. → S 725
Solzbacher, Knut → O 525
Somarriello, Italo Dr. → n 270
Somavia, Juan → IZ V 17
Sombroek, Jan Dr. → R 207
Somesan, Ioan → S 619
Sommer, Claus Prof. PD Dr.-Ing. → A 149
– Dr. → A 8
– Elmar → O 63
– Erwin, Prof. Dr. → t 234
– Friedbert → S 1 204
– Georg, Dipl.-Betriebsw. → T 3 933
– Günter, Prof. → T 461
– Hans-Peter → U 282
– Harald → f 866
– Heinz-Dieter, Dr. → O 289
– Herbert → E 142
– Holger → u 1 538
– Joachim → P 61
– Josef → h 361
– Jürgen → O 384, O 406
– Klaus → T 3 200
– Klaus-Dieter, Dr.-Ing. → B 541
– Marcus, Dr. → s 548
– Michael → R 398
– Michael, Dr. → T 4 182
– Michael, Prof. Dipl.-Kfm. → f 79, r 43
– Michael, Prof.Dipl.-Kfm. → T 3 800
– Michael P. → U 2 073
– Monika → u 2 824
– Ralf J., Dr. → t 114
– Ron, Dr. → F 1, R 1
– Roswitha, Dr. → u 955
– Rudolf, Dr. → T 2 470, t 2 492
– Sigrid → c 563
– Susanna → u 959
– Theo, Dr. → T 756
– U., Prof. Dr. → T 3 797
– Wieland, Dipl.-Wirtsch., Dipl.-Ing. (FH) → S 947
– Wolfgang → h 347
Sommerer, Gerhard Prof. Dr. oec.habil. → T 719
Sommereyns, André → iz m 158
Sommerkamp-Homann, Sabine Dr. → c 964
Sommerlatt, Rudolf Dr. → E 206
Sommerlatte, Tom Dr. → T 1 901
Sommermann, Karl-Peter Univ.-Prof. Dr. → T 393
Sommermeier, Franz → q 171
Sommerschuh, Ria → N 125
Somogyi, Andrew → IZ F 916, iz f 1 920
– Ferenc, Dr. → IZ U 352, iz u 371
Somr, Zdenzk → iz e 37
Somville, Claudia → c 285
Son, Eu-Nam → IZ K 39
Sonderkötter, Friedrich → A 135
Sondermann, Dieter Prof.Dr. → T 2 457
– Karl-Heinz → g 722
– Peter-Alexander → IZ F 1 628
Sondhauß, Klaus Dipl.-Ökonom → F 437, Q 121, iz f 72
Sonn, Ralf → U 2 450
Sonnabend, Michael → T 95, T 722
Sonnek, Wolfgang Dipl.-Ing. → E 110
Sonnen, Bernd-Rüdeger Prof. Dr. → S 577
Sonnenberg, Barbara → I 71
– Heiko → h 652
– Sabine → q 529
Sonnenberger, Rolf → r 788
Sonnentag, Dieter → s 777
Sonney, René → iz s 612
Sonnier, Heinrich → h 789
Sonninen, Veikko → iz o 93
Sonnleitner, Gerd → H 305, I 36, P 4, P 58, Q 1, Q 4, q 7, Q 58, R 1, iz q 8
Sonntag, B. Prof. Dr. → T 1 948
– Dieter → H 587
– Edith → R 865

Fortsetzung nächste Spalte

Sonntag (Fortsetzung)
– Gerd, Dr. → B 879
– H.-G., Prof. Dr. Dr. h.c. → T 3 324
– Jürgen → T 3 682
Sonntag-Wolgast, Cornelie Dr. → A 10
Sonto Corrêa, Thomaz → IZ O 102
Soontornsiri, Anan → iz s 553
Soos, Laszlo → iz u 21
Soost, Harrald → U 551
Soranna, G. → iz h 483
Soremsky, Heinz → U 936
Sorensen, Bärbel Dr.rer.pol. → T 430
Soørensen, Egon → iz m 83
Sorensen, Ivan → IZ M 228
– Klaus → iz q 76
– Soren E. → iz h 450
Sorg, Helmut Dipl.-Kfm. → E 97
– Herbert → f 973
– Hermann → U 2 850
– Manfred → u 2 317
Sorgatz, Holger Dipl.-Sozw. → T 3 282
Sorge, Christian Dipl.-Geogr. → s 1 476
– Martyn → U 2 762
– Sarah → u 2 104
– Wilfried → O 406
Sorger, Eckhard → U 405
Sors, Rüdiger Dr.rer.pol. → E 117
Sortino, Sebastiano → iz o 65
Sosalla, Werner → O 373
Soßna, Winfried → u 2 204
Sossong, Michael → B 320, u 2 619
Sostmann, August → H 633
Soth, Heinz → u 2 191
Sothmann, Ludwig → Q 510
Sotirov, Stoil → IZ U 575
Sotrop, Hans Wilhelm → S 1 118
– Hans-Wilhelm → U 748
Sotty, Christian → IZ S 647
Soubry, Michel → iz f 1 981
Souchon, Dominique → IZ P 2, IZ Q 1
– Johanna → U 888
Soultanian, Birgita Dr. → T 535
Soumakis, Stavros → iz b 100
Soumare, Aminata Sidibe → C 1 011
Sousa, Conceiçao → iz f 2 251
de Sousa, J. Germano Prof. Dr. → IZ S 69
Cristina de Sousa, Mário Dr. → iz b 219
Sousa Campos, E. → iz f 2 626
de Sousa-Duarte, H. → iz f 1 131
de Sousa Martins, Alberto Dr. → iz b 226
de Sousa Ribeiro, Jose Alberto → iz f 2 218
Souter, Linda Dr. → IZ S 564
Souwerbren, C. → iz t 427
Sovgné, A. → IZ U 73
Sovik, Jostein H. → iz t 527
Sowa, B. → U 2 093
– Peter → iz u 692
– Wolfgang, Dipl.-Ing. → s 1 043
Sowka, Hans-Harald → r 152
de Soye, Michel → iz f 1 339
Soyez, Dietrich Prof. Dr. → E 553
Soyka, D. Prof. Dr. → T 3 396
Spaan-Cordes, Martina → T 95
Spaar, R.E. → iz t 492
Späte, Margarete → A 35
Spaeth, Andreas Dr. → S 1 454
Späth, Friedrich → E 156, F 1, f 133, L 41
– Georg → U 1 611
– Gino, Dipl.-Br.-Ing. → T 2 582
– Günter → c 1 361
– Günther → H 35
Spaeth, Karin → o 17
Späth, Lothar Dr. h.c. → E 233, T 1 901
– Lothar, Dr.h.c. → c 1 104
– Michael, Dr. med. → s 143
– Ursula → t 3 090
Spaethe, Dieter Dr. → C 333
Spätling, Georg → n 88
Spahic, Ibrahim → iz u 690
Spahn, Bodo → H 19, h 48
Spaho, Mehmed → iz t 919
Spahr, Erich → iz f 1 597
Spaic, Rajko → iz t 761
Spale, Jiri Dr. → t 1 500
Spallek, Oswald → k 48, k 49
Spalthoff, Karl-Ernst Dipl.-Ing. → f 522
Spang, Anne Dr. → t 118
Spangenberg, Christa → U 1 570
– Jan Erik → u 2 223
– Manfred → Q 2 450
Spanger, Hans-Joachim Dr. → U 2 683
Spanghero, L. → IZ H 138
Spanier, Günter WP/StB Dipl.-Kfm. → P 1
Spaniol, Lothar → K 303
Spanner, Reiner → E 233
Spanos, Christos → iz i 95
Spanuth, Hans-Günter Dipl.-Vw. → s 155
Sparenberg, Ingo → T 2 807
Spark, Ursula → R 536

Sparmann, Heinz Michael → U 501
– J., Dr.-Ing. → t 353
– Jürg, Dr.-Ing. Ph.D./USA → t 3 656
Sparr, Jürgen Dr. → S 617
Sparschuh, Detlef → q 79
– Rita → E 206
Sparwasser → A 8
Spary, P. Dr. → iz h 345
– Peter, Dr. → E 239, E 397, E 691, E 716, H 2, h 4
Spataru, Cristina → E 554
Spatz, Rosemarie → t 956
– Wilhelm → q 147
Spautz, Jean → IZ B 15
Specht, Christian Dir. → D 196, d 197, d 198
– Didier → c 1 106
– Hans → c 1 106
– Hermann, Dr. → H 610, h 614
– Klaus-Dieter → g 370
– Otto → U 1 868
– Reinhold → k 232, k 235
– Rüdiger → Q 481
– Walther, Prof. Dr. → U 1 820
– Werner → q 68
– Wilfried → s 1 326
Specht-Kittler, Thomas Dr. → U 1 867
Speck, Susanne Prof. → t 1 736
Specker, Charles → iz h 136
Speed, John → IZ A 222
Speeleveld, Theo → IZ F 658
Speen, Wolfgang → D 104
Speer, Christian Dipl.-Ing. → U 3 090
– Rainer → B 38
Speicher, Michael Dr. med. Dipl.-Ing. → t 1 686
Speidel, Alfred Dr. → T 2 925
– Volker, Prof. Dr. → T 3 673
Speiser, Robert → f 132
Spekat, Arne → IZ T 244
Spellmeyer, Walter → U 2 090
Spelsberg, Peter → F 283
Spelthahn, Dieter Dr. → U 2 073
Spencer, Kate → IZ H 273
– Stuart → IZ H 274
Spengel, Floretin Prof. Dr. → T 3 286
Spengemann, Peter → s 1 484
Spengler, Erich → H 101, IZ H 152
– Gregor, Dipl.-Volksw. → IZ F 465, IZ F 628
– Jochen → O 288
– Torsten → g 276
– Ulrich, Dipl.-Geogr. → E 101
Spenkuch, Rolf Dipl.-Ing. → U 3 116
Spephan, Klaus → N 205
Speranza, Monica → IZ H 439
Sperber, Christian Dipl.-Ing. → F 1 033, IZ L 1
– Jürgen → D 59, U 235
Sperlich, Jürgen → E 206
Sperling, Andreas → t 2 503
– Dieter, Prof. Dr.-Ing. habil. → T 719
– Edwin → E 210
– Hanna → u 2 390
– Hans-Jürgen, Prof. → T 560
– Karl, Prof. Dr.rer.nat. → T 3 323
– Ronald → P 59, P 60
Sperlink, Karel Dr. → iz t 535
Spermann, Jürgen → G 800
Spernbauer, Maria → IZ R 284
Sperr, Bernhard → E 47
– Claus, Dipl.-Geogr. → S 1 106
Speth, Jörg E. → s 39
Spethmann, Dieter Prof. Dr.jur. Dr.-Ing. E.h. → E 464, T 2 209
– Jochen → N 252
Spettmann, Theo Dr. → R 1, r 190
Spetz, Joachim → iz i 104
v. Speyart, Hieronyma Dipl.-Phys. → U 1 387
Spezia, Ugo → iz l 11, iz l 47
Spichale, Klaus Dr. → q 520
Spicher, Ulrich Prof. Dr.-Ing. → T 4 025
Spiegel, Burkard → k 225
– David Brian → E 736
– Dr. → A 8
Frhr. v. Spiegel, Hanns Ulrich Dr.jur. → O 239
Spiegel, Heinz-Rudi Dr. → T 95
– Ingrid → k 136
– Paul → U 2 387, u 2 391, U 2 685
– Petra → u 1 225
– Volker → S 712
Spiegelberg, Volker Dipl.-Ing. → f 637
Spiegelstein → IZ F 995
Spieker, Erich → U 1 107
– Hubertus → c 1 032
Spiekermann, Hubertus Prof. Dr. Dr. → G 799
Spielhoff, Lothar → B 267
Spielmann, Peter → f 147
– Klaus → f 743, IZ F 1 262, IZ F 1 263
– Michael → Q 611
Spielvogel, Damian Dipl.-Ing. → U 988
– Siegfried → u 1 754

Spiertz, P. Dipl.-Betriebsw. → T 850
Spies, Hans Friedrich Dr. med. → s 144
– Uta → O 370
Spiesecke, Hartmut Dr. → b 52
Spiess, H. Prof. Dr.med. → IZ T 834
– Hans Wolfgang, Prof. Dr. → t 157
– Iris, Dr. → t 1 214
– Joachim, Dr. Dr. → t 135
Spieß, Walter → r 604
– Wolfgang → E 74
Spiess, Wolfgang → E 74
Spiessl, Irene → N 117
Spieth, Frank → k 95, r 306
– H. → F 1 032
Spilger, Andreas Dr. → B 698
Spilke, Joachim Prof. Dr. → T 2 558
Spilker, Eva Isabel → s 511
Spiller, Bernhard Dipl.-Kfm. → u 507
– Jörg-Otto → A 39
Spillmann, Jürg Dipl.-Math. → I 95
Spinczyk-Rauch → A 33
Spindeldreier, Uwe → B 184
Spindler, Eugen → T 791
– Gerald, Prof. Dr. → T 884
– Gerhard → c 269
– Manfred, Dr. → F 207
– Ralf → q 550
– Susanne → U 308
– Wolfgang → A 372
Spinetta, Jean-Cyril → IZ F 2 102, iz f 2 105
Spintge, Ralph Dr. → IZ T 822
Spisla, Peter → N 204
Spital, Hermann Josef Dr. → u 2 372
Spitalsky, Hannes Dipl.-Ing. → iz u 161
Spiteri, W. C. → C 1 017
Spitthöver, Bernhard Dipl.-Ing. → s 935
Spitz, Norbert Dr. → u 2 941
Spitze, Werner-Wolfgang Dipl.-Ing. → g 179
Spitzer, Gabriele → o 324
– Hans-Hermann → u 2 831
– K.-H. → Q 399
– Ulrich → g 445
– Ulrich, Dipl.-Volksw. → E 222
Spitzner, Hans → b 22
– Joachim, Dr.-Ing. → F 886
Spitzweg, Benno → r 500
Splinter, Egon → G 311, g 327
Splittgerber, Karin → u 1 352
Spöhrer, Erwin → B 421
Spönemann, Heiner → T 3 838
Spoerer, Edgar Dr. rer. nat. → T 3 658, T 3 787
Spoerhase-Eisel, Inge → A 39
– Ingeborg → b 144
Spörri, Julia M. → IZ U 568
Spohn, Cornelia Dipl.-Pädagogin → U 1 443
– Hanns-Helmuth → U 854
– Hans Ulrich, Dr. → C 9
– Walter H. → T 1 864
Spohr, Dietburg → O 74
Sponer, Wolf-Dieter Dr. → R 275
Sponza, F. → IZ F 2 493
Sporbert, Reinhard Prof. Dr.-Ing. habil. → T 609
Sporleder, Klaus-Peter Dipl.-Ing. → s 903
Spradau → u 1 664
Sprandel, Wolfgang → k 234
Spranger, Carl-Dieter → A 35
Spratt, Brian → iz h 229, iz h 246
Spreemann, Bernd → U 914
Sprekels, Wolfgang Dr. → S 255, S 261
Sprengeler, Hans-Thomas Dr. med. → T 3 388
Sprengelmeier, Meinolf E. Dr. → R 119, R 157
Sprenker, Hugo → h 717
Sprick, P. → iz f 2 517
– Petra → F 433
Sprick-Schütte, Peter Dipl.-Kfm. → f 765
Spriet, Michele → iz f 723
Springborn, Helmut → K 178
– Roland → u 1 845
– Wolfgang → U 1 169, iz u 170
Springe, Gerd Dr. → F 697
Springensguth, Jost → R 210
Springer, Björn → U 1 501
– Guenter → T 373
Springfeld, Jürgen → U 2 786
Sprinzl, Robert → U 1 546
Sprocatti, Carlo → IZ O 212
Sprockamp, Bernhard Dipl.-Volksw. → f 766
Sprockamp, Bernhard Dipl.-Volksw. → f 770, iz f 681
Sproha, John → IZ K 33
Sprondel, W. M. Prof. Dr. → t 2 432
Sprotte, Christian → k 218
Sprungala, Hiltrud → u 441
Spühler, H. → iz f 220
Spurzem, Anne → t 3 971

Squire, Terry → IZ K 39
Sørensen, Bent Juul → iz p 4
– Gerda → IZ F 854, iz f 856
– Klaus → iz f 15
Srubar, Ilja Prof. Dr. → t 2 380
St. Jean, J. P. → iz f 1 665
Sta. Maria, Melita S. → c 1 161
Staab, Achim Dipl.-Geograph → U 227
– D. → IZ F 1 259
– Günter, Dipl.-Kfm. → E 93
– Helmut B., Dr. → O 568
Staak, Michael Prof. Dr.med. → T 3 634
Staake, Erich → M 233
van der Staay, A. Prof. Drs. → IZ T 556
Stabe, Knut Hans Dipl.-Ing. → t 1 099
Stabel-Franz, Martina → b 146
Stabenow, Kerstin → k 418
– Klaus → g 390
Stabernack, Gustav Dipl.-Ing. → f 759, f 763
Stabreit, Immo Dr. → T 3 582
Staby, Ludger W. → E 239
Stachelhaus, Achim → r 318
Stachorra, Ruth → u 1 292, U 1 295
Stacke, Theodor → f 651
von Stackelberg, Hans H. Dr. → T 2 763
Stadelbauer, Christoph → q 255
Stadelhofer, Jürgen W. Dr.rer.nat. → F 139
Stadelmaier, Martin → B 207
Stadelmann, Bärbel Dr.-Ing. habil. → u 528
Stadelmann Kohler, Ruth → iz s 286
Stadermann, Gerd Dr. → t 1 379
– Rudolf → A 390
Stadié, Rolf Dir. → K 330
Stadle, Jens-Peter → s 1 547
Stadler, Dieter → T 3 382
– Fridolin → E 42
– Gerhard → IZ M 217
– Gisela Gabriele → e 99
– Ilona → b 103
– Peter J. W., Prof. Dr. → F 173
– Winfried → U 1 922
Stadter, Siegfried → S 679
Stadtländer, Ewald Dipl.-Ing. → f 298
Stächele, Willi → A 39, b 11
Stäcker, Gerd → E 134
Städing, Claus → H 225
Städtler, Katharina Dr. → u 1 261
Staeglin, Reiner Prof. Dr. → T 2 235
Staehelin, Martin Prof. Dr. → T 3 978
Stähle, Manfred → Q 329, Q 333
Stähli, Maya → iz s 286
Stähr → A 14
Staehr, Christian → S 1 362
Staemmler, Bernd → t 4 120
– Thomas, Prof. → S 1 511
Stänner, Franz → b 162
Stärk, Monika → E 399
– Monika, Dr. → E 391
Stärker, H. Dr.-Ing. → iz t 489
Stättmayer, Peter → T 1 278
Staffe, Adolf Dr. phil. → T 1 370
Stahl, Christine → a 42
– Erwin → E 604
– Hans-Peter → H 6
– Hans-Werner, Prof. Dr. → t 1 671
– Jochen, Dipl.-Volksw. → s 357
– Matthias, Dipl.-Volksw. → T 2 359
– Peter → T 490
– Rolf → U 734
Stahlberg, Udo Dipl.-Ing. → M 1
Stahlberger, Gerald → u 2 412
Stahlkopf, Helma → S 137
Stahlmann, Marga → u 1 253
Stahlschmidt, Dirk Dr. → f 355, f 361, U 75
Stahmann, Dieter Dipl.-Volksw. → E 151
– Marina → u 1 461, U 2 234
Stahmer, Klaus Hinrich → O 94
Stahr, K. Prof. Dr. → t 38
– Karl, Prof. Dr. → t 2 646, T 2 693
Stahrenberg, Peter Dipl.-Ing. → S 799
Staisch, Axel Dipl.-Ing. → s 704
Staks, Jürgen A.R. → C 306
Stalberg, Lars → IZ F 2 062
Stalbold, Walter → S 683
Stalder, Martin → iz g 180
Stalfort, Gisbert Dr. → S 619
Staljonic, Nebojsa → iz s 124
Staller, Peter → E 39
Stallforth, Harald Dr. → t 305
Stallmann, Gert → R 515
Stalp, Doris Dr. → T 3 490
Stambaugh, Stephen E. → e 363
Stamer, Joachim-Heinrich Dr. → I 14
– Jörg → k 51
– Wilfried → M 278
Stamm → A 27
– Barbara → I 37, U 2 198
– Karl-Heinz, Dr. → O 288

Fortsetzung nächste Spalte

Stamm (Fortsetzung)
– Randolf → u 2 129
– Ute → A 383
Stammen, Klaus Dr. → E 146
Stammler, Dieter Dr. → O 288
Stammnitz, Christa → s 1 224
Stammwitz, Gerhard → g 513
– Wilfried → u 817
Stampehl, Hans Joachim → O 226
Stampfl, Inka Prof. Dr. → S 1 139
Stampler, Hubert Dr. → S 1 524
Stan, Cornel Prof. Dr.-Ing. habil. → T 719
Standal, I. → iz f 196
– Kjell → c 163
Standfest, Erich Dr. → K 304, T 2 203
Standop, Ernst-Dieter → u 2 542
Stanek, Gerold Dr. → iz t 351
Stanescu, Doru Adrian Dipl.-Ing. → iz s 586
Stang, Fred → r 110
Stange, Bodo Dr. phil → E 134
– Detlef → g 339
– Eva Maria, Dr. → R 294
– Eva-Maria, Dr. → R 337
– Gunter → u 2 420
– Gustav-Adolf → b 41
– Hans-Dieter → g 747
– Volker → N 184
Stanger, David H. → IZ T 300
Stanghellini, Stefano → iz s 443
Stangier, Hermann → G 105
Stangl, Thomas → q 41
– Ulrich, Prof. Dr. → o 555, O 568
Stanglmeier, Anton → f 404
Stanieda, Eva Dr. → u 1 197
Staniek, Sabine Prof. Dr.-Ing. → T 464
Stanitzek, Reinhold → u 516
Stankovic, Borislav → IZ U 540
Stankowitz, Welf Dipl.-Ökonom → T 3 659
Stanley, Larry → iz f 2 104
Stapel, Eduard → U 1 608
– Sigrid → u 1 466
Stapelfeldt, Dorothee Dr. → B 330
– Hans → m 23, m 153
Stapelmann, Jan → U 573
Stapf, Bernd K. → H 272
Staplton, Larry → iz a 202
Stapmanns, Rolf → U 2 629
van der Stappen, José Louis → IZ F 1 064
– L. A. → IZ F 917
Starbatty, Joachim Prof. Dr. Dr.h.c. → T 2 210
– Jürgen → O 233
von Starck, Axel Prof. Dr.-Ing. → f 669
Starcke, Carl E. → F 883
Starev, Plamen → IZ S 642
Starischka, Stephan Prof. Dr. → U 2 450
Stark, Erwin Prof. Dr. med. → t 3 096
– Hans → G 95
– J. → IZ F 677
– Johannes, Dipl.-Betriebs. → f 776
– Johannes, Dipl.-Betriebsw. → U 651
– Jürgen, Dr. → I 1, I 42
– Michael → E 81
– Reinhard → u 2 452
– Thomas → f 733, r 153
Starke → B 237
– Dieter → t 3 814
– Elke → B 237
– Klaus, Dipl.-Ing. → f 168
– Klaus-Peter, Dr. → f 962
– René → M 203
– Timm, Dr. → S 531
– Timm, Notar a.D. Dr. → iz s 216
Starnitzky, Erwin → c 128
Starowicz, W. Dr.-Ing. → iz s 585
Starzacher, Karl → F 1, F 122, F 139, u 1 064
Starzinger, Hans-Dieter → O 92, O 96, O 104
Stasinoupoulo, S. → iz f 2 299
Stasse, M. → iz h 287
Stassen, Normann → E 26
Staszak, Karla → B 95
Stather, Erich → A 31, U 2 067
Staub, F. → IZ F 271
– Jürgen → m 268
Staubach, Wolfgang Dipl.-Ing. → R 31, S 917
Stauber, Horstmar Dr. → c 638
– Rudolf, Dr. → f 199
– Wolfgang → Q 514
Stauch, Detlef Dipl.-Ing. → G 249
– Harald → A 67
Staudacher, Walter Dr. → T 2 663
– Wilhelm → U 2 114
– Wilhelm Karl → T 763
Staudemayer, Dirk → iz a 15
Staudenmann, Peter → iz n 33
Stauder, Fred → IZ H 274
Staudigl, Fritz Dr. → IZ Q 187
Staudinger, F. Dipl.-Ing. → U 765
– Heinz, Dr. → u 1 761

Fortsetzung nächste Spalte

Staudinger (Fortsetzung)
– Helmut → t 1 102
– Johann, Oberstudienrat → t 909
– Max W. → R 93
Staudt, Erwin → T 889
– Günter → E 42
– Karl-Heinz → g 324
– Michael, Dipl.-Ing. → S 693
– Michael, Dipl.-Ing. (FH) → s 695
Stauff, Ditmar Dr. → B 572
Stauffer, Robert → s 1 242
Staun, Wolfgang → S 1 576
Stauner, Otto → U 1 165
Stauning, René → IZ F 305
Stausberg → D 201
Stauske, Dieter → H 283
Stauth, Hella → T 3 946
Stava, Nils Olav → c 1 102
Stavad, Ole → iz b 55
Stavrakis, Meletios → IZ A 222
Stavrou, P. → iz h 80
Stawicki, Michael Prof. Dr. → T 706
Staykov, Y. Dr. → IZ Q 140
Stead, Sharon L. → E 719
Steadward, Robert D. Dr. → IZ U 580
Østebø, O. → iz h 76
Stech, Jürgen Dr. → L 41
Stechert, Werner Dipl.-Ing. → s 1 026
von Stechow → A 8
Frhr. von Stechow, Friedrich-Leopold Dr. → I 25, T 2 238
Steck, Rainald Dr. → C 270, C 447
– Walter, Dipl.-Kfm. → E 44
Steckeweh, Carl Dipl.-Volksw. → S 807
– Carl, Dipl.-Volkswirt → U 1 182
Steckler, Wolfgang → h 703
Stede, Frieder → T 813
Steden, Karl-Josef → k 88
Steding, Jörg → r 486
Steeb, Michael → U 2 056
Steed, Ernest H.J. → IZ U 308
Steege, Rudolf → U 2 852
Steegmüller, Fritz → q 17
Steel, Gareth → c 814
Steele, Anne → IZ U 498
Steen, A. → iz f 2 155
van den Steen, F. → iz h 328
Steenberghen, Pierre → IZ H 141, iz h 142
Steenbock, Reimer → d 42
Steenbrecker, Andrea → iz b 257
Steenbuck, Helmut → r 587
Steenken, Arend → B 312
Steensen, Otto-Dietrich → q 21, q 24, Q 308
Steer, Frank → iz t 406
Van Steertegem, Guy Dr. → iz f 272, IZ F 2 583
Stefani, Jacques → iz i 33
Steffek, Karlheinz → T 1 905
Steffel, Frank → A 54
Steffen, Angelika → q 115
– Erich → r 607
– Friedrich-Wilhelm → IZ S 635
– Gabriele → S 1 106
– Günter → E 18
– Helena → c 60
– Herbert → IZ F 2 032
– Herbert H. → M 13
– Jens-Peter, Dr. → Q 360
– Lothar, Dipl.-Ing. → s 867
– Sabine → R 583
Steffenhagen, Ute → S 689
Steffens, Georg → F 1 015
– Klaus → B 875
– P., Dr. → Q 213
– Udo, Prof. Dr. → T 485, T 3 783
– Werner → D 59
– Wolfgang → g 640
Steffin, Ulrich Dr.sc. → T 2 699
Steffl, Doris → U 1 605
Stefflbauer, Dr. → T 3 786
Stegehuis, M. S. → IZ H 39, iz h 45, iz h 304
Stegemann, Albrecht → H 89
– Gerhard → T 2 699
– Ruth → o 161
Stegen, Fritz → Q 51
Stegenwallner, Eckhard Dr. → c 658
Steger, Almut Dr. → T 2 235
– Christian O., Dr. → d 34
– Hanns-Albert, Prof. Dr. → IZ T 882
– Helmut → O 75
– Karl, Dipl.-Betriebsw. (FH) → o 692
– Robert → U 1 931
Steglich, Eberhard Dr. → S 259
– Frank, Prof. Dr. → t 152
Stegmann, Carl Ulfert Dr.jur. → E 120
– Hans-Heinrich → K 299
– Wolfgang, Dipl.-Kfm. → S 682
Stegmeyer, Jürgen → T 488
Stegner, Ralf Dr. → b 176, T 376

Stehle, Peter Prof. Dr.rer.nat. → T 2 548
Stehle-Sand, Ulrike → U 645
Stehr, G. C. Dr.-Ing. → T 1 884, T 1 885
– K., Prof. Dr.med. → IZ T 834
Steichele, Eugen → G 678, IZ G 24
– Hanneliese, Prof. Dr. → U 1 240, U 1 241
Steidl, Hubert → n 49
Steidle, Volker → T 803
Steig, Joachim → A 10
Steige → u 1 686
Steiger, Friedrich Dr.-Ing. → S 958
– Irene → o 661
– Siegfried → U 2 025
– Ute → U 2 025
Steil, Nicolas → IZ O 35
Steila, Alberto → iz f 2 029
Steimel, Christof Dr. → F 506
Steimer, Fritz Prof. Dr. → t 1 700
Steimle, F. Prof. Dr.-Ing. → U 44
– Günther → o 574
– Petra, Dr. → F 608
Stein → A 12, S 1 261
– A. Friedrich → t 2 165
– Detlef W. → IZ U 124
– Dieter → K 38
– Dipl.-Ing. → A 21
– Erika → h 782
– Erwin, Dipl.-Volksw. → s 640
– Günter, Dr. → h 782
– H. W. → h 792
– Hannah → U 890
– Hans H. → R 191
– Hans-Joachim → e 650
– Hartmut W. → S 1 585
– Helmut, Dr. → f 354, O 177, S 288
– Herbert, Prof. Dr. → u 2 564
– Jörg → r 386
– Jürgen, Dipl.-Volksw. → i 57
– Jürgen, Dr. → u 1 833
– Karl-Heinz → g 259
– Karl-Ulrich, Dr. → T 373
– Markus → T 3 275
– Martin, Dipl.-Ing. → S 1 106
– Matthias → Q 657
– Otto → M 243
– Peter Michael, Dipl.-Volksw. → E 222
– Robert → IZ H 238
– Shimon → C 878
– Stephan → e 85, I 86
– Stephan, Dr. → e 328, e 329
– Thomas M. → F 995, S 614
– Thomas M. → F 798, T 3 983
– Torsten, Prof. Dr. → T 3 587
– Torsten, Prof.Dr. → T 2 319
– Udo → G 20, G 100, g 478
– Ursula, Dipl.-Ing. → S 1 106
– Uwe Axel → U 501
Stein Kroser, Lila Dr. → IZ S 149
Steinacker, Dieter → F 596
– Peter, Prof. Dr. → u 2 302
Freiherr von Steinaecker, Hans-Christian → L 67
Frhr. v. Steinaecker, Hans-Christian → I 68
Steinau, Hans-Jürgen → k 87
– Hans-Ulrich, Prof. Dr. med. → T 3 380
Steinauer, B. Dr.-Ing. habil. → T 3 651
Steinbach, Bernd Prof. Dr.-Ing. → t 1 441
– Erika → U 968, U 2 114
– Gudrun → U 2 450
– Hans-Dieter → C 410
– Jochen → h 731
– Klaus, Dr. → U 2 450
– Kurt-P. → G 294
– Manfred, Prof. Dr.med. → N 39
– Peter → H 35
– Udo, Prof. Dr. → t 2 306
– Walter Christian → B 242, T 2 455
– Wulf D., Dipl.-Betriebsw. → f 240
Steinbacher, Gernot → R 93
Steinbauer, Dieter Dr. → O 411
– Friedrich, Dr. Dr. → T 3 585
– Wolfgang → IZ U 351
Steinberg, C. E. W. Prof. Dr. → T 1 141
– Friedhelm, Dr. jur. → I 63
– Rudolf, Prof. Dr. → T 487
– Volker → E 14
– Werner → u 2 186
Steinberger, Helga → iz p 16
– Yvonne → IZ H 493
Steinbock, Klaus Prof. Dr.-Ing. → T 583
Steinborn, Anne-Katrin Dipl.-Ökonomin Dipl.-Sozialtherapeutin → U 1 163
– K. → t 2 952
– Wolfgang, Dr. rer.nat. → T 378
Steinbrecher, W. Dipl.-Verw.-Wirt (FH) → T 430
Steinbring, Wilhelm → H 172, h 180
Steinbronn, Rolf → k 92
Steinbruck, Wolfgang → m 73
Steinbrück, Peer → A 39, b 119
Steindorfner, Michael → b 8
Steinebach, Bertold → G 678, IZ G 24
– Christoph, Prof. Dr. → T 494
– Mario, Dipl.-Ing. → T 446
Steinegger, Franz → u 457
Steineke, Heinz-Jürgen → h 493
– Manfred → G 83
– Rudolf, Dr. → U 3 080
Steiner, Achim → IZ Q 223
– Beate → iz s 283
– Ekkehart → U 1 603
– Erich, Prof. Dr. → T 679
– Franz J. → IZ F 1 825
– Gerhard → T 3 106
– H. Jochen → t 2 494
– Hermann → q 18
– Joachim, Dr. → U 372
– Josef, Dipl.-Ing. → s 979
– Liane → iz u 453
– Michael → A 4, T 803
– Pamela, Dr. → T 419
– Peter, Dipl.-Ing. → s 1 047
– Ruth → iz q 117
– Ulrich → O 61
– Volker → IZ T 897
– W. → iz f 35
– W., Prof. Dr. med. → T 3 311
– Walter → T 3 216
Steinert, Jürgen → U 2 072
Steinfeld, Dörte → s 401
Steinforth, Heinz → Q 481
– Heinz W. → Q 481
Steingräber, Wolfgang → U 2 655
Steingrube, Wilhelm Prof. Dr. → T 2 321
Steinhaeuser, Eckhard → u 1 831
Steinhage, Manfred Dipl.-oec. → f 123
Steinhagen, Günter → L 56
Steinhanses, Hans → R 521
Steinhardt, Götz → f 345
Steinhart, Hans Prof. Dr. Dr. → T 1 911
– Hans, Prof.Dr.Dr. → T 1 911
Steinhauer, Doris → u 1 255
– Günther → N 287
– Helmut → u 834
– N., Dipl.-Ing. → iz s 576
Steinhaus, Annette → T 4 174
– Karl-Ullrich → f 408
Steinhauser, Ladislav → iz f 2 316
Steinhilper, Gernot Dr. jur. → s 161
Steinhoff, Gisela Dr. med. → T 2 768
Steinhusen, Peter → g 444
Steinigen, Dietmar → U 3 115
Steininger, Fritz F. Prof. Dr. → T 1 364, T 1 975
– Helmut → q 410
– Rudolf → iz f 574
Steinitz, Bernard → iz f 2 466
Steinjan, Rolf → U 1 175
– Werner → T 2 203
Steinkamp, Thomas Prof. Dr. → T 3 790
Steinke, Bernd → T 2 886
– Egbert, Dipl.-Volksw. → S 1 341
– Jürgen → T 1 834
– Klaus → T 818
– Klaus, Prof. Dr. → e 587
– Patrick → H 172, H 185, h 187, h 189, h 190, h 192, h 193
Steinkemper → A 33
– Bärbel, Dr. → IZ U 179
Steinle, Barbara → c 1 301
– Holger, Prof. Dr. → U 3 026
Steinleger, Ernst-Walter → O 666
Steinlein, Helmut Dr.-Ing. → s 1 038
Steinmann, Brigitte → q 64
– Hans-Jürgen → A 20
– Joachim → O 369
– Martin → q 62
– R. → IZ F 719
Steinmark, Thomas → iz h 423
– Thomas, Dr. → H 677
Steinmeier, Frank-Walter Dr. → A 4, O 336, T 803
Steinmetz → B 760
– Bernhard, Dr. → I 11
– Eberhard, Prof. Dr.-Ing. → T 4 024, T 4 028
– Helmut, Dipl.-Volksw. → S 293
– Robert → iz a 35
– Rüdiger → T 3 461
– Rüdiger, Prof. Dr. → O 408
– Ulrike → B 327
– Ursula → T 1 346
– Wolfgang → t 3 096
Steinmetzger, Waltraud → u 995
Steinmeyer, E. → T 1 124
– Heinz-Dietrich, Prof. Dr. → S 615
Steinmüller, Angela → U 3 015
– Karlheinz, Dr. → U 3 015
Steins, Herbert → s 1 351
Steinschen, Yan C. → S 727
Steinsdörfer, Erich → T 95, T 722
Steinwachs, Bernhard → g 209
Steinwedel, Dr. → A 374
Steitz, Ingo → q 17
Stekelenburg, Cornelis → IZ A 227
Steler, Jan → IZ U 556
Stelle, Wolf-Dieter → U 252
Stelling, Jörg → u 2 243
– Ralf → S 230
Stellmacher, Gisela → T 3 719
Stelse, Burkhard → g 132
Stelter, Irmgard → k 392, k 413
Steltner, Bärbel → t 3 081
Steltzer → A 8
Stelzer, Fritz → E 134
Stelzl, Hans-Joachim Dr. → A 35
– Joachim → T 2 025
Stelzmann-Liebert, Cornelia → T 2 669
Stelzner, Gundula → E 74
Stemmann, Hartmut → g 783
Stemmer, Axel B. RA Dr.jur. → f 147, f 439, T 2 740
– H. → U 583
Stemmler, Johannes Dr. → T 2 232
– Karin → S 1 322
Stempel, Karl Günther → T 783, U 3 008
Stemper, Theodor Dr. → U 2 554
Stemplewski, Jochen Dr.jur. → L 61
Stenberg, Jan → iz f 2 127
Stendardi, Uliano → IZ R 98
Stender, Alex → k 145
– Hans → T 666
– Miranda → F 838
Stender-Vorwachs, Jutta Dr. → S 615
Stenders, Brigitte → s 1 489, u 847
Stenermark, Charlotte → IZ U 183
Steng, Wolfgang → r 598
Stengel, Axel → f 728, r 149, T 4 160, T 4 161
Stenger, Henning → g 734
– Ulrich → k 46
Stengert, Jens → Q 516
Stenglein, Norbert → g 489, h 138
Stengler, Ella Dr. → O 715
Stenlund, Anders → iz o 125
Stenmans, Pit → H 575, O 466
Stenneken, Rolf → I 70
Stenner, Frank Dr. → I 80
– R., Dr. rer.nat. → t 2 066
Stenning, Keith → IZ F 594
Stenschke → A 27
Stenz → u 1 652
– Karl, Dipl.-Kfm. → F 88
Stenzel, Gerald → c 31
– Gertrud → u 1 002
– H. D., Dr.-Ing. → t 277
– Jürgen → G 330
Šte_7pánek, Miroslav Dr. → IZ U 476
Stepanovsky, Jiri Dr. → iz u 369
Stephan, Andreas H. → O 704
– Bodo, Dr. → c 1 011
– Bruno, Dr. → H 35
– Christian, Dipl.-Ing., Dipl.-Wirtschaftsing. → F 141
– Dieter → u 2 184
– Frank, Ing. → f 875
– Friedhelm → R 699
– Hannelore → r 541
– Heinz → E 146
– Horst → e 664
– Klaus → n 256, r 785
– Klaus-Michael, Prof. → T 459
– Reingard → N 186
– Richard → G 633
– Rüdiger → IZ U 819
– Rüdiger, Dr. → IZ U 599
– Wolfgang → B 832
Stephan-Kühn, Freya Dr. → R 867, r 876
Stephani, U. Prof. Dr.med → T 2 800
– Ulrich, Prof. Dr. → T 3 364
Stephanis, John → IZ Q 141
Stephenson, Katharine → IZ T 318
van Stephoudt, Herbert → U 247
Stepic, Herbert Gen. Dr. Stv. Komm. Rat Dkfm. → IZ T 889
Steppacher, Burkard Dr. → E 604, e 608
Stepping, Kurt → F 203
Steppuhn, Andreas → r 317
østerbech, Torben → iz f 589
Stergioulis, Evangelos → IZ U 113
Sterk, Beatrijs → IZ F 1 573
Stern, Andy → IZ I 109
– C., Dr. med. → T 2 802
– Daphna → IZ U 373
– Klaus, Prof. Dr. Dr. h.c.mult. → T 3 595
– Klaus, Prof. Dr. Dres. h.c. → t 4 072
Sternal, Bernd Dipl.-Ing. → t 1 506
Sternberg, Andreas → u 2 221
– Hans-Karl → F 724, IZ F 177
– Rolf, Prof. Dr. → T 2 466
Sterneberg, R. G. J. → c 1 082
Sterner, Kerstin → iz a 10
Sternstein, Wolfgang Dr. → Q 465
Sterry, W. Prof.Dr.med. → T 3 293
Sterz, Brigitte → S 80, IZ S 64
Sterzel, Rolf → G 206
Sterzenbach, Horst Werner Dr. → E 154
– Rüdiger, Dr. → u 2 464
Sterzik, Klaus-Henning → s 156
Sterzing, Christian → A 40
Sterzinsky, Georg Kardinal → u 2 350
Stete, Gisela Dipl.-Ing. → S 1 106
Stettbacher, Marie-Anne Dr.med. → IZ S 68
Freiherr von Stetten, Wolfgang Dr. → A 35
Stettner jun., Franz → h 211, h 212
Steuber, Werner → u 845, U 857
Steuck, Jens-Peter → t 2 038, T 2 144
Steudel, Jochen Prof. Dr.-Ing. → T 846
Steudle, Mirko Dr. jur. → S 287
– Volker, Dr. → T 2 549
Steuer, Kurt → S 1 112
– Stephan → T 3 784
– Ulrich → E 352
Steuernagel → b 496
– K.-W. → t 2 772
– Klaus → F 985
Steukers, V. → IZ F 2 065
Steul, Willi Dr. → O 322
Steusloff, Hartwig U. Prof. Dr. → t 206
Steven, Prof. Dr. → t 100
Stevenson, Gregory → IZ O 102
Stewart, Hilda → IZ Q 125
Stewart-Smith, Christopher → IZ E 3
Stewens, Christa → A 39, b 24, T 3 980
Steyaert, Luc → IZ R 27
Steyer, R. → g 770
Steyn, P.S. Prof. → IZ T 165
Sthamer, Oswald → F 292
Stich, Max → U 1 074
– Volker → r 598
– Volker, Dr.-Ing. → t 342, T 2 179
– Walter → u 953
Stichele, Hilde Vander → IZ F 480
Stichmann, Wilfried Prof. Dr. → Q 384
Stickel, Erika → u 1 143, U 1 344
– Gerhard, Prof. Dr. → T 2 315
Stiebel, Lothar → U 933
Stieber, Ralf → s 761
Stiebert, Klaus Dr. → T 748
Stiebler, Ernstalbrecht → O 94
Stiefel, H. → IZ F 1 761
– Klaus-Peter, Dipl.-Kfm. → U 36
Stiefermann, Klaus → K 365
Stiegler, E.-Michael Dr. → T 706
– Ludwig → A 39, A 82, U 2 251
Stieglitz, Oliver → t 3 647
– Reinhard → k 416, P 4
Stiehl, Ulrich → H 708, H 709, H 752
Stiekel, Gudrun → U 2 450
Stiel, Siglinde Dr. → D 163
Stielstra, Hans → IZ A 194
Stiepelmann, Heiko Dr. → F 69, R 33
Stier, Axel Dr. → i 8
– Jürgen → k 89
Stiering, Reinhold → e 609
Stifani, Elda → IZ A 227
Stift, Wilhelm → iz h 415
Stigenberg, Margareta → iz l 29
Stiglic, Marija → IZ U 316
Stihl, Hans Peter → E 2
– Hans Peter, Dipl.-Ing. → E 31, T 3 777
Stijnen, Daniella → IZ T 662
Stilcken, Rudolf → S 1 060
Still, Roswitha → N 165
Stille, Wolfgang Prof. Dr.med. → T 2 747
Stiller, Axel-Bernd → H 733
– Axel Bernd → IZ H 538, iz h 539
– H. → r 910
– Hans → Q 489
– Michael → T 3 675
Stilwell, M. → iz f 461
Stilz, Eberhard → B 789
– Manfred, Prof. Dr.-Ing. → T 480, t 1 478
Stimm, Hermann → T 3 069
Stimmann, Hans Dr. → b 35
Stimmel, Franz → f 749
Stimming, Victor Dr.-Ing. → E 68, E 74
Stindt, Jürgen → U 2 217
Stingl, Josef → iz r 2
– Josef, Dipl.-Pol. → P 16, R 269
– Josef, Prof. Dr. → U 2 114
Stinnes, Mathias → r 249
Stiopol, Mihaela → iz I 38
Stippler, Dietmar Dr. oec. troph. → T 3 313
Stirnberg, Gustav → H 572
Stiska, Rolf → o 18
Stitt, Mark Prof. Dr. → t 149

Stix, M. Prof. Dr. → T 1 947
Stix-Hacki, Christine → IZ A 219
Østmo, Trygve → iz f 2 075
Stobinski, Peter → U 2 050
Stock, Christian → U 2 082
– Christiane → iz u 631
– Gerd, Prof. Dr. → T 563
– Günter, Prof. Dr. → T 97
– Günther → h 374, h 436
– Hanno → b 861
– Hartwig, Dr. → U 2 450
– Jan Holger → K 297
– Johannes → t 2 382
– Josef → N 153
– Manfred, Dr. → T 1 239
– Marianne → T 2 909
– Richard → iz u 725
– Rudi → u 873
– Stef → iz f 2 208, iz f 2 263
– Walter → o 242
– Wolfgang, Dr. → U 1 422
– Wolfram, Dipl.-Ing. → s 876
Stockebrand, Johannes → S 531, s 540
Stocker, Simon → IZ U 321
Stockhausen, Ute → r 570
Stockheim, Karl-Heinz → c 1 163
– Ralf → r 321
Stockhorst, Siegfried Dipl.-Volksw. → B 253, e 89
von Stocki, Sybille → A 23
Stockmann, Doris → IZ H 375
– Kurt, Dr. → A 351
– Manfred → T 1 346
Stockmeier, Johannes → u 1 828
Stocksmeier, Uwe Prof. Dr. Dr.med. → T 2 761
Stodolsky, Leo Dr. → t 150
Stöben, Otto → h 730, T 391
Stöbener, Joachim → S 288
Stöber, Harald → T 1 345
– Werner, Dr. → T 3 276
Stöbich, Gerlinde Dr. → s 734
Stöckel, Heinz Prof. Dr. → B 817
– Rolf → U 2 786
– Wolfgang, Dr. → D 110, s 1 324
Stöckelmaier, Horst → F 786
Stöcker, Gertrud → R 550
– Ludwig → U 278
– Susanne, Dr. → A 217
– Thomas, Dr. → c 1 019
Stöckigt, Andreas Dipl.-Math. → T 1 353
– Heinz → T 2 076
Stöckl, Jakob Peter Prof. Dr. → P 4
Stöckle, Joachim → D 171
– Joachim, Prof. Dr.-Ing. → t 1 570
Stödter, Helga Dr. → T 824
Stoecklin, Iris → t 3 085
Stoehr, Achim K. → E 501, e 520
Stöhr, Andreas → H 168
– Andreas, Dr. → k 351
– Frank → R 429, R 597
– Horst → h 367
– Jochen → T 3 761, T 4 038
– Jürgen → H 168
Stoehr, Klaus K. → E 729
Stöhr, Max Dipl.-Verwaltungsw. (FH) → N 99
– Michael → U 3 117
– Werner → U 224
Stoelk, Wilhelm → E 151
Stölken, Hans-Peter → K 274
Stoellger, Norbert Prof. → T 3 228
Stölting, Hans-Markus → Q 85
Stölzl, Christoph Dr. → b 37
Stöppler, Heinrich Dr. → T 3 504
Störmer, Jürgen Dr. → t 4 111
Stoermer, Kurt → S 922
– Monika → t 87, T 859
Stößel, Ulrich Dr. → T 3 353
Stößer, Hans-Jürgen → e 216
– Kurt → O 707
Stöttner, Andreas → T 3 872
Stötzel, Bertram → T 2 076
– Hans → U 1 181
– Ulf → D 126
Stoeva, Lilia → iz I 25
Stöver, Krimhild → s 1 276
Stövesand, Sabine → U 3 022
Stoevesandt, Hermann Dipl.-Kfm. → E 121
Stöwe, Ralf m 57
Stöwer, Ruth → U 1 605
Stoffel, Hans Gerd Dipl.-Ing. → t 1 854
Stoffels, Elfriede → T 831
– Gerd P. → g 778, g 785
Stoffenberger, W. → g 434
Stoffers, E. Prof. Dr. → T 855
Stoffregen, Karin → T 3 452
Stohrer, Martin Prof. Dr. → T 680
Stohschen, Dietrich → P 39

Stoiber, Edmund Dr. → A 39, B 14, O 336, U 2 198
Stoisa, Max → iz f 1 987
Stojan-Rayer, Susanne → t 3 008, u 1 634
Stokes, Robert I. → IZ S 668
Stokke, Hild → iz t 945
Stokkmo, Olav → IZ U 117
Stokreef, Gerrit Jan → iz f 2 208, iz f 2 263
Stolfa, Roswitha → B 338
Stoll, Günter → E 26
– Gunter, Dr. → t 3 046
– Horst → U 1 162
– K. → U 1 345
– Peter → Q 393
– Peter Michael → c 1 141
– Uwe → O 707
Stollberg, Karin → g 445
– Ralf, Dipl.-Kfm. → M 1
Stolle → A 27
– Christa → U 1 297
– Klaus F. → u 2 429
– Reinhard → U 2 052
– Thomas → q 633
Stolleis, Michael Prof. Dr. → t 165
Stollenberg, Elmar → k 82
Stollenwerk, Franz Prof. Dr. → T 3 696
– Josef → M 80
Stoller, Detlef Dipl.-Ing. → Q 469
Stollfuß, Wolfgang → O 517
Stollhof, Bernhard → B 336
Stollreiter, Reinhard Prof. → U 2 823, u 2 826
Stolp → A 21
Stolpe, Manfred Dr. → A 39, B 38, t 3 093, U 2 721
Stolte, Dieter → O 288
– Dieter, Prof. Dr. h.c. → T 725
– Dieter, Prof. Dr. h.c. → O 336, U 1 743
– Matthias → S 1 313
– Wolfgang → K 300
Stoltenberg → A 12
– Annegrethe → u 1 840
– Sönke → G 623
Stoltenhoff, Axel → s 321
Stolz, Ernst → H 733
– Gerd E., Prof. Dr. → T 629
– Hans Georg → T 2 518
– Peter A. → T 1 268
– Silvia → T 2 848
– Simone → U 848
Stolze, Robert Dr. → N 58
– Wilfried → R 496
Stolzenberg, Till → S 707
Stomberg, Heinrich → c 830
Stommel, Heinrich → U 159
Stomp, R. → iz f 1 062
Stone, Christine → iz t 203
– June → IZ U 123
– Martha B. → IZ T 914
Stopp, Brigitte → r 608
de Stoppani, Marco E. → IZ T 268
Stoppel, Heinrich → g 212
Stoppelkamp, Berthold Dr. → s 646
Stoppok, Christoph → f 335, f 336, F 690
– Christoph, Dipl.-Ing. (TU), Dipl.-Soz. → f 334
Storb, Barbara → o 651
– Matthias → H 255
– Susanne → o 660
Storbeck, Ingeborg Dr. → U 1 347
– Jürgen → IZ U 113
– Lutz Jochen → D 202
– Stefan → E 80
Storch, Dieter → u 1 883
Storch de Gracia, Mercedes → iz f 1 485
Storck, Henning → U 502, u 508
Storey, Robert H. → IZ U 472
Storjohann, Horst Dipl.-Volksw. → G 59
Stork, Walter → M 151, m 154, M 219
– Walter W. → m 108
– Winfried → U 395
Storm, Manfred Dipl.-Wirtschaftsing. → U 94, u 95
– Michael → c 942
– Peter K. → IZ F 1 760
– Wolfgang, Prof. Dr. → T 473
Storsberg, Karl-Heinz Dr. → E 447
Storz, Axel Dipl.-Wirt.-Ing. (FH) → t 220
– Egon → U 1 928
Storzum, Ernst J. Dipl.-Ing. → s 857
Stosberg, Manfred Prof. Dr. → t 2 426
von Stosch, Emanuel → U 573, U 596, U 612
Stosic → iz t 599
Stosser, J.F. → iz f 685
Stothfang, Ernst W. Dipl.-Betriebsw. → IZ T 968
– Ernst W., Dipl.-Betriebswirt → T 4 155
Stotmeister, Jochen → E 725
Stottele, Christoph → O 471
Stotz, J. → IZ L 4

– Wilhelm, Dipl.-Ing. (FH) → G 105
Stoumpis, George → iz f 1 344
Stow, Bill → IZ C 15
Stoy, Walter → G 5, G 8, G 107, G 451, g 453, H 594, h 596
Stoye, Wilfried Dipl.-Ing. → g 285
Stoytcheva, N.G. → iz t 377
Gräfin Strachwitz, Dr. → A 8
Graf Strachwitz, Rupert → T 726
Strack, H. → T 3 952
– Hans → U 1 175
– Helmut → T 3 952
Stracke, Reiner → s 856
– Stephan → f 370
Sträßner, Heinrich → u 1 899
– Matthias, Dr. → O 288
Sträter, Friederike → T 3 349
– Friedhelm → E 175
– Gisela → U 1 748
Strahl, Alexander → IZ M 221
– Erwin, Dr. → T 3 714
– Fedor, Dr. → T 798
– Rotraut → T 3 736
Strahlendorf, Peter → O 543
Strahlmann, Friedr. Rudolf → F 88
Strait, Holger → U 693
Strake, W. Dr.med. → T 3 347
Strakeljahn, Jürgen Dr. → s 306
Straller, Christoph → H 89
Stramer, Peter → U 77
Stramm, Susanne → T 1 864
Stranak, Christa → s 462
Strand, Harald → s 538
– Richard → iz f 158
Strang, Rainer → T 2 012
– Riitta → iz f 731
Strange, Maura → IZ U 563
Stransky, Jan → iz h 470
Strascheg, Falk → U 93
– Falk F. → S 730
Strasen, Christian → D 81
Strassacker, Dirk Dr. → F 720
Straßburger, Horst Dr. → s 1 016
Straßenburg, Fabian → U 1 474
Strasser, Ernst Dr. → iz b 204
– Johano → U 1 258
– Walter → IZ F 2 132
Straßer, Wolfgang Prof. Dr.-Ing. → t 1 764
Stratär, Detlev Dr. → t 2 417
Strate, Jochem → O 219
van der Straten Waillet, Paul → IZ F 1 063
Strathmann, Detlef Dr. → c 790
Stratling, Thomas → t 2 507
Stratmann, Dieter Dr.med. → S 193
– Heinrich → B 764
– Karl-Rudolf, Dr. → T 3 434
– Klaus → s 142
– Martin, Prof. Dr. → t 112
– Rainer → Q 304
– Reinhold → I 30
– Walter → U 968
Stratthaus, Gerhard → A 39, b 9, t 953
Straub, Elgar → f 634, f 645
– Eva → t 2 927
– Gerhard H., Dipl.-Kfm. → F 1 034, f 1 036
– Hans D., Dipl.-Ing. → F 287
– Johann → r 259
– Johann, Dipl.-Ing. (FH) → R 268, S 1 085, S 1 092
– Laurens → O 224
– Markus, Dipl.-Volksw. → U 721
– Michael → S 915, T 1 746
– O.C., Prof. Dr. Dr.h.c. → s 320
– Peter → B 325, T 3 734
– Stefan → N 60
– Wilfried → u 2 490
Straube, Dietmar Dr. → O 259
Straubhaar, Thomas Prof. Dr. → T 733, T 2 269, t 2 283, T 2 311
Strauch, F. Prof. Dr. → T 846
– Hans-Joachim, Dr. → B 852
– Matthias → F 65
– Rudi → T 3 687
– Volkmar → E 67
Straudi, Alrun Dr. → t 253
Strauf, Günter → G 379
Strauß, B. Prof. Dr. → T 3 387
– Bettina → T 1 834
Strauss, Dieter Dr. → u 2 907
Strauß, Hartmut → I 16
– Jürgen, Dipl.-Math. → T 4 143
– Rolf, Dr. → U 1 615
– Sabine → U 1 348
Strauss, Ulrike → T 1 357
Strauß, Wolfgang → g 173, g 174
Straw, Jack → b 116
Strazda, Agita → iz u 46
Streck, Michael Dr. → S 509
Strecker, Achim K. → h 63

– Achim R., Dr. → H 58, h 65, Q 391
Streeck, Wolfgang Prof. → t 122, t 2 405
Streff, René → iz m 19
Streffer → A 21
Strehl, Dietmar → U 2 097
Strehle, Paul → F 420
Strehlow, Dieter → U 1 940
Streib, Harry Dr. → I 61
Streibl, Ralf E. → T 1 358
– Rolf → O 125
– Wolfgang, Dr. med. → s 148
Streich, Alois Dr. → k 359
– Bernd, Prof. Dr.-Ing. → T 2 697
Streichan, Peter → A 23
Streidt, Christian → g 220
Streier, Eva-Maria Dr. → T 2
Streiff, Hansruedi → IZ F 2 530
– Helmut, Dipl.-Ing. → E 117
Streim, Richard → u 831
Streit, Helmut → S 1 059
– Jochen → u 2 415
– Jürgen → T 4 000
– Michael → U 395
– Petra → T 744
Streitenberger, Wolfgang → iz a 52
Streithofen, Heinrich B. Dr. → T 2 453
Strelow, Bernhard Dr. → E 233
Strempel, Reinald → s 1 071
Stremplat, Manfred → B 671
Streng, Dieter Dipl.-Kfm. → E 62
– Franz, Prof.Dr. → s 585
– Gerhard → K 270
– Otto → q 205
Strenge, Hans-Peter → b 68, b 74
Stresemann, E. Prof. Dr. → T 2 748
Streuber, Hans Otto → I 68
Streuf, Nikolas → T 3 949
Strey, Dietmar → T 523
Stricher, Arnd → S 1 591
Strick, Erich → O 467
Stricker, Joachim → H 109
– Jutta → h 747
Stricker-Berghoff, Undine Dipl.-Ing. → T 1 165, T 1 837, iz f 129
Stridde, Reinhard → t 965
Striebeck, Peter → S 1 172
Striebich, Matthias → u 2 633
Strieder, Peter → b 35, O 621, u 2 254
Striegan, Theodor → G 68
Striehl, Wolfgang Dipl.-Volksw. → E 26
Striepecke, Mathias → h 664
Striewski, S. → U 2 722
Stritter, Hans-Georg → k 57
Strittmatter, René → S 1 568
Stritzke, Wolfgang → G 123, g 126
Strøm, Palle → u F 180
Strobbe, Geert → IZ F 1 264
Strobel, Christel → O 195
– Eva → k 356
– Gerhard, Dr. → q 517
– Hans → O 195
– Herbert → O 384
– Herbert, Dipl.-Kfm. → f 337
– Peter, Dipl.-Ing. (FH) → t 1 393
– Th., Dipl.-Ing. → T 1 356
Štrobl, Jaromír → iz f 2 316
Strobl, Karl Heinz → r 309
– Theodor, Prof. Dr.-Ing. → T 1 981
Ströbel, Günter → g 487
– Hermann → b 192
– Jürgen → q 7
– Peter → s 505
Ströh, Johannes Dr. → H 620
Ströhle, Michael → t 2 494
Ströhmberg, Hermann Dimitri → R 83, r 84, r 87, r 88, r 89
Stroemer, Bernd Dr. → F 188, iz f 181
Stroetmann, Lutz → E 170
Strötzel, Ernst → S 680
Stroh, Dr. → G 482
– Heinz, Dr. → f 567, F 726, H 438, O 442
Strohbeck, Sabine → g 415
Strohfeldt, Peter Prof. Dr. → t 3 305
Strohm, Helmut Dipl.-Volksw. → G 729
Strohmaier, Hans → H 209
Strohmann, Heinz-Jürgen → h 778
Strohmar, W. Dr. → T 2 583
Strohmayer, Michael → D 116
Strohmayr, Werner → I 13
Strohschen, Norbert → E 553
Stroisch, Klaus → G 58
Strokarck, M. Ulrich → H 750
Strolka, Egbert Prof. → S 1 321
Strombach, Manfred Dipl.-Ing. → U 365
– Ulrich → u 2 493
Strombeck, Hans-Herbert → I 85
Stronczek, Jörg → s 488
Stros, Christa Dr. → E 709
Stroscher, Norbert Dr. → n 12

Stroth, Gernot Prof. Dr. → T 1 942
Strothe, Wolfgang → S 653, s 654
Strother, Lynn → iz t 210
Strothmann, K.-H. → q 324
– Lena → G 35, T 4 149
Strothotte, Hans-Wilhelm → T 1 976
Strotmeier, Rainer Dipl.-Volksw. → U 389
Strub, Hermann Dr.-Ing. → M 245
Strube, Hartmut Dipl.-Ing. → S 806
– Jürgen, Dr. → F 162
Strubel, Werner → U 1 811
– Wolfgang → U 690
Strubell i Trueta, Miguel → IZ U 674
Strubelt, Wendelin Prof. Dr. → A 303
Struck, Annett → g 134
– Joachim, Dipl.-Kfm. → S 1 580
– Jutta → A 23
– Norbert → U 1 572
– Peter, Dr. → A 82
– Thomas → s 1 582
Struckmeier, Wilhelm Dr. → IZ T 154
Strüver, K.-H. → T 3 680
Strüwing, Heinz → t 2 896, t 3 044
Struhkamp, Theo → b 162
Strumann, Edith → F 612
– Werner → T 3 945
Strunk, Klaus Albert Prof. Dr. → t 87
– Paul R., Dr. → E 345
Strunkeit, Joachim → u 948
Strunz, Christian Dr. → s 538
– Dietmar → s 1 495
– Harald → U 1 031
– Werner → o 634
– Willibert, Dr. → t 2 902
Strupf, Manfred → o 684
Strutz, Wolfgang → T 1 975
Struve, Günter Dr. → o 274
– Reimer → d 238
Struwe, Gerd → T 1 342
– Karl-Helmut → a 311
– Wolfgang, Dr. → iz a 209
Struwe-Juhl, Bernd → Q 350
Struye de Swielande, Dominicus → C 642
Strydom, J.F.S. → iz s 546
Stryga, Klaus → u 834
Stryi-Hipp, Gerhard → F 838
Strysch, Christian Dipl.-Ing. → f 61
Stubbe, Christian → g 223
– H. D. → o 636
– Wolfgang → F 431
Stubbs, John → iz t 548
Stubenvoll, Rainer Dipl.-Volksw. → U 2 755
Stuber, Sabine → U 1 295
Stuchly, Horst Dipl.-Ing. → A 304
Stucke, Lutz → s 647
Stucken, Philip → c 486
Stucky, Wolffried Prof. Dr. → IZ T 320
Studerus, Konrad → iz f 2 340
von Studnitz, Ernst-Jörg Dr. → C 414
Studte, Hans-Jürgen → Q 170
Stübbe, Andreas Dipl.-Ing. → F 1 044
Stüben, Andreas Dipl.-Ing. → AG 347
Stüber, Ernst-Otto → D 56, R 277, r 287
– Frank → U 2 762
– Peter, Dr. → E 335
Stübler → Q 557
– Dr. → IZ H 46
– Helga, Dr. → IZ H 403
Stübner, Dr. → T 3 883
– Hans → N 112
Stück, Burghard Prof. Dr.med. → T 2 763
– Wolfgang, Dr. med. → S 254
Stücke, Andreas Dr. → F 385, F 393
Stückler, Alexander Dipl.-Ing. → t 1 702
Stücky, Prof. Dr.rer.nat. → T 1 357
Stüdemann, Dietmar → C 514
Stühmer, Axel Dipl.-Vw. → T 2 210
– Walter, Prof. Dr. → t 135
Stührwoldt, Matthias → q 60
Stüke, Gert → H 244
Stülcken, Manfred → H 157, h 158
Stümpfig, Gerhard Dipl.-Kfm. → t 2 371
Stürmer, Albert → B 735
Stürner, Rolf Prof. Dr. → S 615
Stürz, Henning Prof.med. → T 3 433
Stütz, Bernhard Prof. Dr. rer. nat. → t 1 712
– Hubert A., Dipl.-Kfm. Dipl.-Ing. → U 172
Stützle, Walther Dr. → T 803
– Walther, Dr. rer. nat. → A 21
Stüven, Heinrich → u 830
Stüwe, Eckhart → K 132
Stuhlmann, Alexander → I 16
– Gerhard → K 286
Stuhr, Margrit Dipl.-Ing. (FH) → S 997
Stuhrmann, Dr. → A 14
Stuiber, Heinz-Werner Prof.Dr. → T 3 684
Stuke, Volker Dr. → L 32
Stulgies → B 412
Stulier, Werner → T 772

Stuller, Paulus Dr. → IZ G 183
Stulz, Bernd Dipl.-Ing.Dipl.-Wirtsch.-Ing. → T 2 523
Stumme, Gert → u 2 615
Stummeyer, Sabine → R 482
Stump, Werner → U 359
Stumpe, Bianka → T 2 259
Stumpf, Hans → k 58
– Hans-Peter → S 712
– Karl → K 9
– Klaus → t 2 500
– Marcus → U 2 450
– Matthias → g 723
– Peter → e 674
– Rudolf → s 507
– Theodor → T 3 943
– Thomas → U 543
– Thomas, Dr. → U 558
Stumpp, Klaus Dipl.-Ing. → f 72, g 165, r 36
– Ulrich, Dipl.-Volksw. → I 85
Stuntebeck, Hubert → T 3 953
Stuppardt, Rolf → K 146
Stupperich, Reinhard Prof. Dr. → R 477
Sture, Ilze → IZ U 72
– Lundin → u 174
Sturhan, Rüdiger → g 141
Sturm, Bettina → s 548
– Birgit Maria → S 1 181
– Diethard, Dr. → S 207, s 220
– Dietrich, Dr. → u 2 903
– Gabriele, Dr. → t 2 416
– Hans-Dieter → U 258
– Hans-Günter → F 787
– Helmut, Dr. → f 349, iz f 224
– Hermann → H 306
– Hermann, Dipl.-Ing. → R 268, S 19, S 20, S 915, S 959, T 746
– Paul → IZ S 226
Sturmfels, Klaus → e 616
Stursberg, Rüdiger Dr. → E 39
Sturz, Wolfgang Dr.-Ing. → t 1 684
Stut, Dieter → u 2 622
– Wolfgang → I 70
Stutenbäumer, Paul → O 269
Stuth-Timm, Joachim Robert August → c 71
Stutz, Manfred → R 767, r 769
Stutzmann, Helmut → U 761
Stuyt, Robert B.M. → iz f 163
Styczynski, Zbigniew Antoni Prof. Dr.-Ing. habil. → t 1 613
Stylianou, Nicos Dr. → iz s 466
Styllianos, Kourniakos → iz q 15
Styrer, Harald → IZ U 556
Suárez Mallagray, Edgardo Carlos Dipl.-Ing → C 744
Suarez Villa → iz q 158
Such, Wolfram → L 75
Suchan, Hans Joachim → O 336
Sucherowa, Stanislawa → iz t 185
Sucka, Jürgen Prof. → T 541
Suckau, D. → U 1 345
– Manuela → u 2 488
Suckfüll, Elmar H. → U 594
– Gerhard → g 221
Suda, Michael Prof. Dr. → T 2 713
Sudendorf, Bernard → U 586
Sudhoff, Birgit → G 68
– Claus → E 321
– Heinke, Dr. → A 38
Suding, Christoph → u 523
Sudkamp, Norbert Dipl.-Ing. → F 294
Sudmann, Heinrich → A 23
Sudmeyer, Bas → T 985
Sué, Léon → IZ T 682
Süchting, Joachim Prof. Dr. → T 3 783
Südekum, Karl Dr. → T 1 918
Südhofer, Klaus → R 320
Sühl, Boy F. → H 505
Sühr, Thomas → m 217
Süllau, Walter → F 690
Sülzbrück, Jürgen R. → S 1 373
Süme, Oliver J. → T 3 677
Sümpelmann, Ina → g 661
Sümper, Ulrich → S 389
Sündermann, Hermann → Q 49
Süphke, Elvira Dr. → F 416, iz f 1 187
Süß, Gerhard Philipp → U 2 450
– Heinz Werner → g 303
Süss, Marie-José → E 457
Süß-Gebhard, Christine Prof. Dr. → T 650
von Süsskind, Johann-G. → IZ I 29
Süsskind, Lala → U 1 302
Süssmuth, Rita Prof. Dr.phil. → E 577, E 604, T 725, U 2 114
– Rita, Prof. Dr.phil. → T 2 744, T 4 103, U 2 166, U 2 682
Süverkrüp, Fritz Dr. → c 1 121, E 225
Suffel, Martin Dipl.-Betriebsw. → E 42
Sugge, Reinhard → h 662

Sugisaki, Shigemitsu → IZ I 26
Sugranyes, Domingo → IZ R 27
Suhai, Sándor Dr. → t 1 522
Suhonen, Kristiina → iz o 164
Suhr, Christian → R 532
– Giselher → o 352
– Jürgen → iz 2 105
– Klaus → U 759
– Knut, Dr. → S 616
– Walter → s 411
Suhrcke, Eckart Dipl.-Volksw. → e 185
Suhre, Richard → T 2 868
Suila, Keijo → iz f 2 117
Suk Kin, Gong → IZ F 1 692
Sukalac, Kristen → IZ F 1 683
Sukegawa → IZ H 274
Sukrow, Joachim → F 937, G 711
Sulger, Isabella → S 1 054
Suliman, Yousif A. → IZ V 2
Sulka, Frantisek JUDr. → iz r 54
Sullivan, Scott → IZ L 141
Sultan, Christina Dr.med.vet. → IZ Q 227
Sulz, S.K.D. Dr. med. Dr. phil. → T 3 430
Sulzmann, Thomas → h 61, h 62, h 63, h 65
– Thomas Rainer → H 58
Sumarlidason, Heraldur → iz f 1 732
Summ, Claudia → q 429
Summa, Harald A. → T 3 677
Sumner, Eleanor → IZ U 225
Šumski, Alexander Prof. Dr. → s 1 291
Sund, Horst Prof. Dr. → E 412
Sundar Malla, Bal → iz s 533
Sundarp, Peter → O 172
Sundberg, Viktor → iz f 1 220
Sundeby, Göran Dr. → IZ N 36
Sundermann, Christian Dr. → b 171, B 210
– Franz → Q 559
– Heinz-Georg, Dr. → T 373
Sundheim, Arve → IZ U 555
Sundmacher, Karl-Heinz Dr. → S 296
Sundmann, Folke → iz u 328
Sundnes, Knut Ole → IZ T 828
Sung, Baik June → iz s 527
Suni, P. → iz t 583
Sunnus, Irene → E 748
van Suntum, Ulrich Dir. Prof. Dr. → T 2 441
Sunyaev, Rashid Prof. Dr. → t 101
Suojanen, M. → iz q 9
Suomalainen, Sari → iz a 162
Suominen, Ilkka → IZ U 420
– Risto → iz g 35
Supachanya, Saksinee → c 1 298
Supper, Gerd → f 359
Supritz, Sieglinde → U 165
Sura, Rainer → O 406
Surdi, Marco Dr. → iz f 824, iz f 2 073
Sure, Reinfried Dipl.-Ing. → F 294
Surmann, Falk → F 1 005
Surrell, Valeri → IZ U 308
Sussmann, Manfred → F 1 045
Suter, Peter → iz f 1 814
Sutinen, Matti → iz f 1 724
Sutor, Gerd → T 540
– Thomas → h 177
Sutterluti, Wolfgang → T 2 190
Suttmiller, R.I. → F 820
Suyetin, Sergey → iz u 659
Svasta, Mihai → iz s 259
Sveinbjornsson, Finnur → iz i 175
Sveinsson, Einar → iz e 45
Svenkerud, Sille → n 255
Svensson, Bo → iz h 236, iz h 254
– Göran → E 334
– Leif → iz r 8
Svetek, Milan Ing. → iz m 99
Svirezhev, Juri Prof. Dr. → T 1 239
Swalef, Gijsbert → IZ K 1
Swallow, Paul → iz a 201
Swan, C. → IZ F 718
Swane, Peter → u 2 112
Swanson, Gary → IZ U 308
Swarovski, Manfred → IZ M 118
Swart, Marco → iz u 452
Swartz, Bertil → iz f 1 352
Sweeney, Lorraine → iz g 42
Sweeny, John → IZ R 275
Swienty, Werner → r 389
Swift, James Dr. → N 286
– Jonathan → IZ H 498, iz h 516
Swinnen, Stef → IZ P 2, IZ Q 1
Swoboda, Beate → s 106
– Dieter, Dipl.-Kfm. → U 772
– Michael → E 146
– Peter Joseph → f 198
Sword, Greg → iz r 260
Swyter, Heino → u 2 207
von Sydow, Björn → b 240
Syers, Robert → iz m 108
Sykes, Chris → iz f 1 752

Sykora, Michal → iz u 60
Sylvester, Elke → t 3 098
Symeonides, Klitos → IZ T 970
Synowitz, Jutta Dr. → s 36
Syrbe, Barbara Dr. → B 95
Syrbius, Gerhard Dr. → c 1 283
Syren, Ruth → U 1 597
Syrtsov, Igor A. → iz t 951
Syz, David → E 684
Szablewski, Ulrich → S 1 360
Szabo, Janos Dr. → iz r 25
– Michael → IZ Q 225
– Zsolt → iz u 452
Szajak, S. Dipl.-Kfm. → u 2 393
Szalai, Werner Prof. Dr. → U 2 759
Szamosi, Katalin Dr. → iz s 243
De Szeged, A. P. R. Jacobovits → Q 639
Szekely, Levenk → iz u 21
Szepanik, Kai → O 647
Szerencsés, Karoly → iz f 563
Szerer, Jacek → iz u 782
Szewczyk, Dieter Dr.-Ing. → S 997
Sziburies, Reinhard Dr. → e 673
Szidat, Burckhard → s 158
Sziegoleit, Winfried Dipl.-Ing. → S 790
Szikla, Zoldan → f 124
Szmukler, Daniel → IZ I 1
Szodruch, J. Dr.-Ing. → T 1 269
Szöke, Gesa → iz q 100
Szolnoki, Tibor Werner → T 644
Szopinski, Erna → U 1 041
Szternberg, Claude → iz f 1 834
Sztraka, Martin Dr. → s 301
Szupicka, Marta → iz m 97
Szwillus, Klaus → g 371
Sych, Lothar → K 262, K 290
Szymanski, Frank → b 46
Szymczak, Marian → T 376
Szynka, Andrzej → c 1 172, c 1 173

T

Taake, Hans-Helmut Dr. → U 2 068
Tabacaru, Nicolae → C 1 045
Tabachnikow, Eugenij Dr. → iz u 784
Tabatabai, Zohreh → IZ V 17
Tabillion, Rainer Dr. → a 94
Tabken, Manfred Dipl.-Ing. → s 1 047
Taborda, Jose → iz f 512
Táborsky, Petr → iz g 111
Tack, Eduard → A 23
– Hans-Dieter → M 248
Tacke, Alfred Dr. → A 16
– Wilhelm → u 950
Tackenberg, Wolfgang → H 288
Taddey, Gerhard Dr. → T 3 740
Tadeusz, Helmut → s 448, t 2 857
Tadsen, Holger → S 273
Tägder, K. Dr. → F 593
Täuber, Ulrich → s 759, u 2 616
Täubert, Ulrich Dr.-Ing. → L 79
Tafertshofer, Frank → D 175
Tag, Manfred W. Dipl.-Kfm. → E 134, Q 326
– Manfred W., Direktor Dr. → P 4
Tahvanainen, Jukka → iz u 236
Tai, Le Kinh → C 1 385
Taisbak, P. → F 1 596
Taivalkoski, Raimo → iz f 2 421
Taj, Zaheer Ahmad → IZ R 268
Takagi, Tsuyoshi → IZ R 268
Takahashi, Makoto → iz r 262
Takas, Dimitrios → i 1 636
Take, Annick → E 461
Takeshita, Kohki → IZ R 247
Takizawa, Koji → U 571
Takrouri, MSM → IZ S 164
de Talavera, Sara C. → iz r 49
Talent, J.A. → IZ T 231
Taleski, Vaso Dr. → iz t 348
Talka, Teijo → iz h 167
Talkowski, Marion → e 79
Talmudi, Yaacov → iz s 523
Talpe, F. → iz h 288
Tambroni, Rodolfo → E 497
Tambuyzer, E. Dr. → IZ Q 191
Tamke, Dietrich → M 204
Tamm, Jaan → iz u 603
Tampe, Peter Dipl.-Ing. (FH) → T 1 375
– Werner → K 263, K 264
Tams, Hans Niko → H 715
Tan, Aylwin → E 686
– Evelyn → iz t 226
Tan Van, Nguyen → iz s 560
Tanabe, Hiroshi Prof. → IZ T 158
Tanaka, Akio → c 899

Fortsetzung nächste Seite

Tanaka (Fortsetzung)
- Kenji → c 898
- M., Prof. → IZ T 163
Tanas, Karl-Josef → u 2 490
Tandel, Alain → iz u 766
Tanemura, Sakae Prof. Dr. → IZ L 129
Tanes, Minas → iz f 2 329
Tangermann, S. Prof. Dr. → T 2 601
Tanhäuser, Holger → O 300
Tani, Renzo → iz f 2 283
von der Tann, Hartmann → o 274
Freiherr von der Tann, Michael → q 271
Tanneberg, Uwe → B 270
Tanneberger, Dieter → k 113, k 131, k 348
- Maria → T 2 989
Tannenhauer, Jörg Prof. Dr.-Ing.habil. → B 369
Tanner, Hanspeter → iz m 79
Tanneur, J.-F. → iz f 183
Tantazzi, A. → iz t 594
Tapernoux, Guy → iz f 1 324
Tapp, Patrick → U 1 932
Tappe, Joachim → T 729
Taranto, R. → iz f 115
Tarbuck, Shaun → IZ K 39
Tardy, C. A. → IZ F 1 401
- Pál, Dr. → iz t 537
Tarlet, Alain → iz f 580
Tarneden, Rudi → E 753
Tarner, Hedwig → Q 404
Tarnowski, Robert → r 682
Tarte, Daryl Valentine → C 115
Tartter, Günther Dipl.-Volksw. → G 18, G 19, G 87
Tasca, Cathe_rine → iz b 83
Tasch, Bärbel → iz o 119
Tasche, Erwin → u 2 459
- Günter R. → U 2 649
- Wilhelm, Dr. → t 2 774
Taschenbrecker, Thomas Dipl.-Ing. → s 1 009
Tascher, Hans-Joachim Dr. → s 308
Tash, Brian → iz s 252
Tassinari, A. → iz f 215
Taßler, Rolf → r 682
Tastet, Claude → iz f 503
Tatara, Zygmunt → iz f 909
Tatham, Ken → IZ T 543
Tati, J. → iz s 570
Taub, A. → IZ T 824
Tauber, Richard → g 552
Taubert, Heike → d 256
Tauc, J. → iz f 123
Tauchert, Lutz → s 489, s 538
Tauchhammer, Harald → e 659
Tauffenbach, Walter → c 1 315
Taurisson, Jacques → iz u 736
Tayart de Borms, Luc → IZ U 673
Taylor, Angie → iz t 927
- Bruce → IZ R 239
- Linda → IZ T 979
- Mike → IZ F 174
- P. → IZ L 102
- R.N., Prof. → IZ T 293
- Wendy → iz u 652
Tchavdarova, Ginka → iz u 25
Tchogovadze → IZ T 319
Tebart, Wolfgang → U 666
Tebbe, Joachim Dipl.-Ing. → t 309, T 1 155
- Petra → U 2 061
Tebiro, Martin-Gérard → C 1 387
Tecardi, Maurizio → IZ U 499
Tech, Karsten Dr. → f 552, f 797
Techau, Otto → c 1 021
Tecklenburg, Dieter → o 13
Tedeschi, Vittorio → C 879
Teegler, Jürgen → t 3 173
Teeling, Deirdre → IZ T 979
Teenck, Guido → u 1 530
Teerenstra, Nico → u 1 525
Teetzmann, Volkmar Dipl.-Ing. → S 1 019, iz s 597
Teeuwen, Floortje → iz h 459
- Stefanie → U 2 450
Tegen, Cordula → T 259
Tegnér, Christer → iz f 1 352
Tegtmeier, Hans-Joachim → T 3 900
- Werner, Dr. → A 20
Teich, Hannelore → O 226
- Jörg → E 74
Teicher, Stéphane → iz f 684, IZ F 720

Teichert, Reiner Dipl.-Kfm. → M 1
- Rudolf, Dipl.-Ing. → g 273
- Will, Dr. → T 3 686
- Wolfgang → s 769, s 770
Teichmann, Barbara → s 408
- Jürgen, Prof. Dr. → U 3 041
- Knud M., Dr. → K 45, k 52
Teichmüller, Frank → r 359
Teichner, Kurt → A 192
Teifke, Jürgen Prof. Dr.-Ing. → T 531
Teige, Tor → c 362
Teikmanis, Andris → C 960
von Tein, Volker Professor → T 1 266
Teising, M. Prof. Dr. → T 3 318
Teixeira, A. → iz h 337
- António Crisóstomo, Dr. → iz m 25
- N., Dr. → iz t 765
Severiano Teixeira, Nuno Prof. Dr. → iz b 215
Teixeira, Olga → IZ G 55
Teixeira dos Santos, Fernando Prof. → IZ I 166
Tejero de la Cuesta, José Mª → iz t 189
Tekeux, P. → IZ F 1 173
Tekock, Ralph M. → E 661
Telakivi, Heikki → iz u 33
Telges, Klaus Dr. → T 1 050
Teller, Kurt → e 527
Tellkamp, Kai → r 658
Telöken, Stefan → IZ V 12
Telsche Ott, Dipl.-Geogr. → e 223
Teltschik, Horst Dr. → T 804
Temirtai, Isbastin → c 924
Temizgil, Asim → c 1 326
Temmel, Richard → S 712
Temmen, Eliese → s 64
Temmes, Herbert → t 3 101
Temming, Marianne → H 407
Tempest, Alastair → IZ O 135
Temple Lang, John → iz a 23
Templin, Ernst → s 1 440
Temporale, Gerd → N 117
Tengler, Gaby Dipl.-Ing. (FH) → T 1 899
- Hermann, Dr. → U 313
- Wolfgang → h 518
Tenhunen, Mikko Dr. → iz t 753
Tenné, Meinhard M. → u 2 404
Tenner, Haide → IZ O 20
Tenorth, Heinz-Elmar Prof. Dr. → T 421
Tent, Hendrik → iz a 13
Tentrop → B 372
Tentschert, Martin → g 768
Tenzer, Gerd → M 13
- Gerd, Dipl.-Ing. → T 1 006
- Harald → E 117, H 2, H 13
- Ulrich → r 279
Teodorescu, George Prof. Dipl.-Ing. Architekt → t 1 750
Teodoru, T. → iz t 397
Tepasse, Rainer Prof. → T 2 440
Teppe, Karl Prof. Dr. → U 2 656
Tepperwien, Fritz → U 1 876
Teppich, Andreas → U 1 176
Teppola, Kari → IZ F 2 084
ter Meulen, U. Prof. Dr. → T 2 665
Ter-Nedden, Dr. → A 16
Terblanche, Morkel Prof. → IZ T 840
Terbuyken, Gregor Prof. Dr. → T 524
Terhag, Jürgen Prof. Dr. → O 131
Terhardt, Manfred → t 3 646
Terhorst, Annegret → u 1 203
Terjung, Knut → o 344
Terkildsen, Chr. → iz h 329
Ternes, Brigitte → t 2 820
Terpstra, Doekle → iz r 185
- Martin → iz f 826
Terrat, Bernard → IZ F 1 516
Terstiege, Heinz Prof. Dr.-Ing. → T 1 253
Tervaskari, Kalle → IZ U 313
Terzidis, Herta → S 688
Tesarczyk, Walter Dr. → K 15
Tesch, Jürgen → M 135
Tesch-Ségol, Bernadette → iz r 281
Tesche, Bernd Dr. → T 1 002
Teschke, Ernst → U 2 450
Teschler, Arthur → T 1 348
Teschner, Birgit → q 443
Tesdorpf, P.-H. → iz h 312
Tesic, Dusan → s 140
Teske, Wolfgang Dr. → T 730, U 1 820
Tessendorff, Heinz Dr.-Ing. → O 621
Teßmer, Gisa Dr. → t 290, T 387, T 1 295
Tessmer, Johannes → T 4 032
Tetreau, F. → iz I 9
Tettamanti, Guido → iz f 1 835
Tetzel, Ulrich → k 219
Tetzlaff, G. Prof. Dr. → T 846, T 1 134
- Gerd, Prof. Dr. → T 584
Teuber, Wilhelm → A 23
Teubner, Georg Dipl.-Ing. → t 2 095

- Günter → g 702
Teufel, Dieter → E 39, Q 464
- Erwin → B 1, U 2 114, u 2 115
- Gerhard, Dr. → T 826
- Karl-Werner → U 2 762
- Klaus-Dieter, Dipl.-Kfm. → T 3 835, t 3 836
- P., Prof. Dr. → A 157
- Paul, Prof. Dr. → T 840
- Wolfgang, Dr. → B 889
Teufers, Hans Peter → M 122
- Hans-Peter → m 123
Frhr. v. Teuffel, Prof. → T 2 714
Teupen, Mechthild Dipl.-Pädagogin → E 154
Teuscher, Horst → g 716
Teusner, Michael Prof. Dr.rer.nat. → T 548
Teutloff, Jürgen → H 288
Tewes, Joachim Dipl.-Ing. → g 562
- Renate → B 322
- Sabine → u 1 284
Tews, Bernd → O 627
Teyssier, Jacques → U 1 608
Tezmen-Siegel, Jutta Dr. → T 611
Thackersey, Sudhir → IZ F 1 774
von Thadden, Johannes Dr. → E 2, E 604
- Rudolf, Prof. Dr. Dr. h.c. mult. → A 8
Thadewald, Wolfgang → U 3 015
Thämert, Wolfgang → s 1 543
Thaenert, Wolfgang → O 368
Thage, Bent → IZ T 560
Thal, Wilfried → h 776
Thalén, Ingela → iz b 234
Thaler, Ruediger → g 252
- Zoran → iz u 455
Thalhammer, Georg → q 199
Thalheim, Gerald Dr. → A 18
Thallmair, Heribert → D 33, d 35, iz u 30
Thalmann, Rolf → iz m 79
Thamer, Helmut Dr. → U 119
- Ulrich, Dr. med. → s 161
Thamm, Hans Dr. → O 714
- Rolf → s 1 072
Thannasoulias, Andreas → iz e 13
Thanner, Rudolf → N 106
Thannheiser, Dietbert Prof. Dr. → T 1 123
Thapa, Rajesh → iz s 533
Thatam, Ken → izt 546
Thater, J. → U 616
- Paul → s 605
Thau, Werner → h 451
- Werner, Dipl.-Vw. → H 271, h 502, h 661
Thauer, Helmut → T 3 049
- Hugo → G 43
- Rudolf, Prof. Dr. → T 2 571
- Rudolf K., Prof. Dr. → t 140
Thaumüller, Gertrud → s 1 562
Thauront, Barbara → IZ U 822
Thaysen, Uwe Prof. Dr. → T 818
Theen-Theuerkauff, Christine → u 1 448
Theerawong, Sompong Dr. → IZ T 269
Thees, J. Martin → T 2 890
Theessen, Wilfried → U 2 450
Theias, Amilcar → IZ A 227
Theile, Günter → u 2 676
- Günther, Dr. → S 1 313
Theilen, Bernd → B 231
- Ernst, Dr. → b 131
- Udo, Dr. → T 1 833
Theilig, Holger Prof. Dr. habil. → r 895
Theilmeier, Ludger → K 22, K 36, R 258
Thein, U San → C 1 060
- Xavier → IZ U 469
Theinert, Rudolf → S 285
Theis, Jürgen → F 1, f 44, F 755
- Karl A., Dr. → T 1 148
- Karl A., Dr.-Ing. → t 304, T 3 926
- Werner, Dipl.-Ing. → t 2 110
Theise, Richard → IZ F 2 320
Theisen, Alois → o 337
- Werner → S 1 156, s 1 292
Theiß, Joachim Dr. → Q 458
Theiss, Konrad A. → o 450
Theissing, Gottfried Dr. → U 1 399
Thelen, Peter Dr. → r 105, S 738
- Peter J., Dr. → S 738, T 3 829, T 3 830
- Volker, Dr. → U 1 595
Theobald, Dirk → IZ A 218
- Erhard → h 783
- H. → t 2 953
- Rainer, Dipl.-Ing. → t 1 009, T 1 163, T 1 165
- Theresia → Q 162
- Udo → B 275
Theodorakis, Athanassios → iz a 27
Theodorakopoulos, Yiannis → IZ S 636
Théodore, Jean-François → iz i 172
Theofanopoulos, P. → iz t 481
Theré, Frank → IZ M 226

Thessinga, Rainer → A 381
Thestrup → iz f 2 049
Theuer, Erich Prof. Dr.-Ing. → t 1 427
- Horst → s 411
Theuerkauf, Walter → U 225
Theunert, Helga Dr. → O 258
Theurer, Martin → E 335
Theurl, Theresia Prof. Dr. → T 2 328
Thevenin, Nicole → c 770
Thewes, Hanno → b 141, u 3 076
Theye, Joachim Dr. → c 984
Theysohn, Frieder → u 1 844
Thibault, Bernard → iz r 166
Thibes, Roswitha → U 2 557, IZ U 463
Thiec, Yvon → IZ O 22, IZ O 23
Thiede, Hans-Georg → g 591
- Jörn, Prof. Dr. → T 263
Thieken, Hermann → O 188
Thiel, Carl Dipl.-Verw.-Wiss. → E 26
- Christa, Dr. → U 2 450, u 2 517
- Guido, Dipl.-Ing. → S 953
- Horst-Dieter → I 29
- Knuth, Dr. → u 922
- Reinhardt, Dr. → f 43, F 727, f 745, f 747, f 748, iz f 110
- Rudolf → A 23
- Walther, Prof. Dr. → t 129
- Wolfgang → U 1 938
Thielcke, Gerhard Prof. Dr. → Q 611
Thiele, Bernd → K 318
- Carl-Ludwig → A 35, A 39, U 2 200
- Dipl.-Ing. → t 2 035
- Dirk → u 1 067
- Gerhard → E 63
- Günter, Dipl.-Ing. → S 958
- Harry → E 195
- Karin → d 253
- Michael, Dr. → O 177
- Paul, Dipl.-Verwaltungsw. → E 156
- Rainer → E 210
- Rolf, Dr. → T 1 133
- Ulrich → O 410
- Werner → g 306
- Wolfgang → R 192
- Wolfram, Dr.-Ing. → s 1 048
Thielemann, Edgar → O 489
- Regina → D 117
Thielen, Alfred → h 383
- Gerd, Prof. Dr.-Ing. → T 1 887
- Gunter, Dr. → T 725
- Hans → R 730, r 840
- Klaus, Dipl.-Volksw. → t 3 631
- Toni → u 2 229
- Walter, Dr.-Ing. → t 297, T 1 079
- Werner → g 409
Thielenhaus, Marion Dr. → A 23
Thielke, Helmut → u 1 368
Thielmann, Jörg → r 672
Thiem, Fred → r 937
- Gerhard, Prof. Dr.-Ing. habil. → T 609
Thiem-Schräder, Brigitte Dr. → T 415
Thiemann, Bernd → I 42
- Bernd, Dr. → I 25, I 28, P 1, P 4
- Heidi → U 2 066
- Ralf → I 71
- Rudolf, Dr. → O 509
- Ullrich → E 121
- Ulrich → I 84
Thieme, Christian Dr. → B 280, s 139
- Manfred → R 846
- Rolf L., Dipl.-Betriebsw. → U 772
- Werner → F 321
Thien, Gerhard → E 71
Thienen, Thomas → h 447, h 483, h 521
Thier, Roland → G 83
Thierfelder, Gottfried → R 145
- Rudolf → h 390
Thiergen, Peter Prof. Dr. → e 588
Thierling, Ulrich Dipl.-Ing. Arch./Design → t 1 411
Thierse, Wolfgang → A 35, A 39, U 2 251
Thies, Alexander → R 512
- Erich → f 668
- Erich, Prof. Dr. → B 280
- Jürgen → f 6, f 366, F 508
- St. → O 222
Thiesen, E. → iz q 76
- Hans-Jürgen, Prof. Dr. → t 1 688
Thieß, Hannelore Dr.med. → n 49
Thießen → A 21
Thietz-Bartram, Antje → S 1 268
Thihatmer, Jörg Dr.sc. → q 269
Thillaye, Sabine → iz u 734
Thilo, Klaus → E 43
Thimgren, Bengt → iz m 71
Thimm, Heiko → U 3 015
Thimmig, Diana Marie → c 553
Thiran, G. → IZ F 363
Thireau, Herve → IZ U 91

Thiry, Bernard Prof. Dr. → IZ T 568
Thobaben, Petra → u 1 841
Thoben, Hans-Friedrich Dipl.-Kfm. → H 508
Thöle, Wolfgang Dr.rer.pol. → s 38
Thoelen, Jacques → f 169
– Jacques, Dipl.-Ing. → c 652
Thöne, Ulrich → r 340
Thönebe, Walter → H 207
Thönes, Angelika → T 655
Thönges, Hans-Georg → u 2 971
Thönnes, Franz → A 39, u 2 266
Thörnblom, Jonas → IZ S 656
Thole, Franz Dipl.-Math. → K 285
– Peter, Prof. Dr.-Ing. → t 1 798
Tholen, Helmuth Dipl.-Des. → T 1 342
Thom, Falk → K 309
Thoma, Alfons Dr.-Ing. → T 3 672
– Dieter, Dr. → Q 387
– Hans → iz o 218
– Hans, Prof. → T 586
– Heiko → n 90
– Helmut, Prof. Dr. → U 2 450
– Klaus, Prof. Dr.rer.nat. → t 227
– Maria Elisabeth → U 1 240
Thomadakis, Stavros → IZ I 166
Thomalla, Anne → O 432
– Michael → d 10, d 39
Thoman, Ernst → S 1 587
Thomaneck, Detlef → c 877
Thomann, Dieter → r 663
– Sighard → E 46
Thomann-Stahl, Marianne → a 72
Thomas, D. E. → IZ F 1 587
– Eckhart → S 971
– Erhard → B 38
– G.. → iz f 591
– Gundula → S 1 059
– Hans-Jürgen, Dr. → U 2 028
– Hans-Jürgen, Dr.med. → S 42
– Heimo, Dipl.-Wirtsch.-Ing. → T 1 165, T 1 286
– Helga → U 2 069
– James R. → iz s 558
– Jimmie → U 1 562
– Konstantin → f 703
– M. → IZ F 721
– Robert A. → IZ S 643
– Simon → iz f 505
– Stefan, Dr. → t 3 819
– Ulrich → f 558
– Uwe, Dr.-Ing. E.h. → A 29
– Werner, Prof. Dr. → T 1 075
– Weymar → IZ O 51
Thomaß, Bärbel → R 270
Thome, Rainer Prof. Dr.rer.pol. → T 2 358
Thomé, Rainer Prof. Dr.-Ing. → T 3 677
Thome, Rainer Univ.-Prof. Dr. → T 2 358
Thomer, Klaus Werner Dr.-Ing. → t 335, T 925
– Thomas → A 23
Thommel, Wulf Dr. → S 1 208, T 862
Thommes, Nic. → iz h 484
Thompson, D.P. Dr. → IZ F 336
– Joyce E., Dr. → IZ R 284
– Robin → IZ S 433, iz s 440
Thoms, Diedrich Dipl.-Volksw. → h 399, h 535, T 3 906, t 3 907
Thomsen, Dagmar → T 525
– Erik, Dr. → K 327
– Gernot W. → E 222
– Herbert → u 2 239
– Holger, Dipl.-Ing. → U 3 103
– Horst → t 2 285
– Ingrid → U 2 608, u 2 622
– Johannes → S 922
– Lars → T 1 901
– Peder → iz q 7
– Peter, Dr. → f 17, F 67, iz f 2 213
– Peter K. → g 794
– Troels → iz t 921
Thomson, Mike → IZ U 589
Thonig, Frank → S 1 527
Thonon, Carine → IZ H 473
Thorey, Volker → U 1 175
Thorhang, Rolf → IZ O 212
Thormählen, Axel → s 1 257
Thormann, Ch. → f 429
– Jutta, Dipl.-Kfm. → E 82
Thormeier, Lothar → q 114
Thorn, David → S 622
Thornton, D. → IZ F 1 146
– Paul N. → iz f 1 624
– Roger V. → c 193
Thorsteinsson, Gretar → iz r 174
– Johannes → iz t 484
Thorup, Per Dr. → IZ T 840
Thorwarth, Alfred → Q 356
– Toni → F 293
Thoß, Elke → T 3 249

– Gunter → H 87
– Heidemarie → N 185
Thouet, Hans-Josef → c 1 325
Thrap-Meyer, Herman → iz e 46
Threde, Christoph Dr. → F 416
Thriene, Bernd Dr.med.habil. → B 611
Thümer, Reinhard Prof. Dr.-Ing. → T 424
Thümmel, Peter Dr. → s 496
Thümmes, Othmar → G 662
Thümmler, Sabine Dr. → U 3 101
Thüne, Wolfgang Dr. → u 979
Thünnesen, Willy → E 151
Thürmer, Bernd → S 554
– Robert → S 426
Thüsing, Rolf → IZ R 62
Thul, Hans Peter → q 72
van Thull, Arnold → IZ M 193
Thull, Josef → r 950
Thum, Volker → o 132
Thumann, Jürgen → U 2 608
– Jürgen R. → F 1, f 48, F 244
– Peter → m 104
Thume, Karl-Heinz Dr. → T 3 579
Thun, Beate → U 1 495
– Hans-Peter → T 970
von Thun-Blaul, Gudrun Dr. med. → s 186
Thuneke, Heinz-Josef → q 189
Thurm, Gundolf → Q 425
– Manuela → S 1 577
Thurmann, Stefan → u 2 231
– Ulrich → b 93
Thurn → B 723
– Rudi → r 644
– Wolfgang → T 2 621
Thurner, Cecile → b 145
– Reinhard → c 59
Thurow, Matthias → IZ O 11
Thybo, Knud → c 102
Thymian, C.-F. Dipl.-Ing. Dipl.-Kfm. → U 664
Thyroff, Frank Dipl.-Kfm. → U 297
– Thomas → s 298
Thys, J. R. → iz s 6
– W. → IZ R 313
Thyssen, Heiner → T 2 851
Thywissen, W.F. → iz f 2 517
– Wilhelm F. → F 433
Tiaden, Joerg David → S 75
Tichmann, Karl Dr.-Ing. → t 156
Tichy-Schreder, Ingrid → IZ E 3
Tiddens, Lisette → iz s 15
Tiddens-Engwirda, Lisette → IZ S 183
Tidick, Frank Dr. → B 95, b 101
Tiebout, Joris → iz h 192
Tiedtke, Frank → B 422
– Hagen, Dr. → t 311
Tiefel, Karl-Heinz → G 266, g 697
Tiefensee, Wolfgang → D 97, l 102
Tielen, M. → iz f 1 276
Tielke, Joachim → O 200
Tielmann, Andreas Dipl.-Wirtsch.-Ing. → E 92, E 109
Tiemann, Birger → U 2 450
– Burkhard, Prof. Dr. → S 273, S 314
– Dietmar J. → U 575
– Dr. → B 895
– Hans Peter → I 65
– Heinrich → A 4
– Rudolf → H 11, H 118
Tiemeyer, Clauss → n 15
Tiepner, Margitta → u 1 900, u 1 906
Tierok, Wolfgang → g 516
Tiersch, Helmut → I 45
von Tiesenhausen, Wolter → o 284
Tiesinga, I. → iz f 2 154, iz f 2 502
Tiessen, Gisela → c 322
Tietge, Lothar → H 308, h 352
Tietjen, Anja → r 684
– Joachim → h 199
– Wolfgang → H 683
Tietmeyer, Hans Pro. Dr. Dr. h.c. → U 2 656
– Hans, Prof. Dr. Dr.h.c.mult. → T 769
Tietz, Stephan Dipl.-Ing. → s 870
Tietze, Johannes → O 235
– Lutz F., Prof. Dr. Dr.h.c. → T 986
Tiffe, Rita → S 1 576
Tiggemann, Theodor → u 2 612
Tigges, Winfried → F 421, iz f 2 484
Tihkan, A. → iz t 381
Tiili, Virpi E. → iz a 220
Tiitinen, Seppo → IZ B 5
Tikkakoski, Malti → IZ F 1 172
Tilemann, Monika → M 245
Tilgert, Herbert → k 200
Tilgner, Stefan → S 227
– Ulrich-Johannes, Dipl.-Ing. → s 812
Till, Gerhard Dr. jur. → s 139
Baron van Till, J. W. B. → IZ H 557
Till, John G. → IZ F 972, iz f 975
Tillbrook, Andrew → iz I 24

Tille, Jürgen → o 132
Tillema, Anne → IZ U 429
Tillich, Stanislaw → A 39, B 151, b 152, B 209
Tillkorn, Hubertus → h 106
Tillmann → IZ F 642
– Berthold, Dr. → D 108
– Ferdi → M 264
– Friedrich → d 211
– Friedrich, Dr.-Ing. → F 509, F 510, F 511, T 1 089
– Herbert → O 276
– Klaus Yongden → g 521
– Rudolf → E 154
– Uwe → R 835
Tillmanns, Dieter → r 376
– Lutz → O 463
– Hans Peter → q 72
– Klaus-Peter → T 3 586
– Rudolf → T 473
– Ulrich → A 20
Tilmann, Brigitte → B 798
Tilp, Horst → h 193
Timans, Rolf → iz a 76
Timizar, Larbi → IZ S 642
Timm, Dietmar → O 288
– Gerhard, Dr. → Q 407
– Gerhard L. → S 712
– Gottfried, Dr. → A 39, b 98, u 1 065
– Günter, Dr.-Ing. → S 978, T 2 082
– Hauke → T 2 259
– Holger → H 755
– Jens → u 1 854
– Jürgen, Prof. Dr.rer.nat. → T 443
– Klaus → B 293
– Manfred, Dr. → f 51
Timmann, Heinz → H 407
Timmerbeil, Helmut Dipl.-Ing. → S 1 069
Timmermann, F. Prof. Dr. → T 2 730
– Jan F. → IZ L 99
Timmermans, Christiaan W. A. → IZ A 219
– Jacques → IZ A 222
– Patrick → iz h 127
Timoney, Peter J. Prof. → IZ T 840
Timpl, Rupert Dr. → t 104
Ting, David → iz a 98
Tingley, Steve → IZ O 50
Tintelott, Hubert → U 2 056
Tinz, Heinz → g 191
Tippach, Steffen → a 79
von Tippelskirch, Alexander Dr. → E 154, l 38, l 46, l 49
Tippelt, Rudolf Prof. Dr. → T 2 530
– Ulf, Dr. → u 2 466
Tirosh, Zvi → E 494
Tirouflet, Jean-Pierre → IZ F 1 017
Tirschler, Hans-Dieter Dr.-Ing. → U 203
Tischendorf, D. Prof. Dr.-Ing.habil. → U 192
– Dieter, Prof. Dr. → E 197
– Wilhelm → m 99, m 202
Tischer, Claudia → T 3 764
– Horst → U 231
– Ralph-Georg → E 268, E 303, E 305
Tischmann, Heidi → u 2 106
Tisné, J. → IZ F 266, iz f 2 591
Tissinier, Michel → iz f 1 337
Tissot, Jean Louis → IZ F 1 425, iz f 1 429
Titcombe, D.G. → F 820
Titgemeyer, Gerd-Christian Dipl.-Kfm. → c 1 090, E 133
Titley, Francis → IZ T 906
Tittel, Renate → T 3 761
– Rüdiger → u 1 063
Tittmann, Klaus Dipl.-Ing. → u 1 158
– Ulrich → g 671
Titz, Christoph Dr. med. → s 147
Titze, Andreas Dipl.-Ing. → u 522
– Hans-Christian, Dr. → K 267, K 268
Titze-Stecher, Uta → A 231
Tizzano, Antonio → IZ A 219
Tjingaete, Fanuel Prof. Dr. → E 572
Tjiok, Dave → O 255
Tjokrosetio, Harjanto Dipl.-Ing. → c 213
Tobben, Sven → O 631
Tobiassen, Peter → U 1 871
Tobien, Rainer → U 2 450
Tobisch, Jürgen → O 255
Tochtrop, Martin → Q 516, Q 532
Tockuss, Michael → E 331
Todd, Christopher → iz a 19
Todenhöfer, Tilman → E 31, E 239
Todeschini, Pierre → IZ O 28
Todisco, F. → iz f 1 930
Todorov, V. Prof. → iz t 748
Todorovic, Branislav Prof. Dr. → iz f 135
Todt, Hans-Jörg Dr. → I 40, I 42
Töbel, Helmut Dipl.-Ing. → IZ G 12
Toebelmann, Peter Dr. → E 244
Tödt, Wolfgang Dipl.-Betriebsw. → g 320

Tödt-Lorenzen, Stefan → g 719
Tödter, Rico → u 2 140
Toeleid, Tarmo-Jaan → iz t 923
Tölg, Arnold → u 969
Tölle, Hartmut → r 299
– Heinrich-Wilhelm → k 101, k 119, k 249, k 336
Töngi, Ferdinand → U 87
Tönjes, Bernd → f 263
– Bernd, Dipl.-Ing. → f 124, F 139
Tönnesmann, J. C. → t 739
Tönnies, Sven Dr. → T 2 761
Tönnis, Eugen → Q 513
Tönsfeldt, Björn → u 2 232
Tönsmeier, Jürgen → R 195
Töpfer, Bernd → n 95
Toepfer, Birte → T 721, T 727, T 737
Töpfer, Klaus → IZ V 43
Töppel, Joachim → A 202
Törnquist, Lars → E 334
– Lars-Olov → I 40
Török, Imre → s 1 241
Toetemeyer, Hans Günther → E 384
– Hans-Günther → E 572, T 729
Töx, Johannes → R 531
Toft, Jürgen Dr.med. → T 2 752
Togba, Aboubakary → E 376
van der Togt, Peter → IZ S 497
Tohver, Eero → iz u 441
Toikka-Steudle, Anneli → e 435
Toivonen, Reijo → iz s 274
Tokarski, Walter Prof. Dr.rer.pol. → T 566
Tokat, Sefik → iz e 42
Tokman, B. → iz f 1 852
Tokuda, Tarao → IZ U 571
Tolckmitt, Jens → l 74
Toledano, Pierre → iz f 293
Tolioù, Georgia → IZ G 88
Tolle, Arnold Dr.-Ing. → T 1 060
– Fritz, Dipl.-Ing. → t 876
– Marcus → U 393
Tollemer, Rêné Dr. → IZ S 648
Tollkamp-Schierjott, Cornelia Dr. → S 1 502
Tollkühn-Prott, Birgit → T 2 549
Tolls, Peter Dipl.-Ing. → t 2 015
Tolnay, Alexander Dr. → S 1 179
– Lajos → iz e 38
Tolpenkivs, Juris → iz s 127
Tolppanen, Ari → IZ I 111
Tolsma, C.M. → iz f 216
Tomaschewski, Heinz Dipl.-Ing. → s 927
Tomasello, Mario → iz a 146
– Michael, Prof. Dr. → t 99
Tomasi, Franz → K 263, K 264
Tomaszewska, Dominika → iz u 614
Tombrägel, Ludwig → K 285
Tomczyk, Hermann → U 1 074, u 2 504, U 2 603
– Roland → k 430
Tomelli, Franco → iz h 411
Tomic, Anja → A 209
– Lazo → o 670
Tomkuljaková, Eva → iz q 97
Tomlin, Daniel → c 556
Tompert, Hella Dr. → U 2 377
Tomuschat, Christian Prof. Dr. → T 803
Tondera, Hartwig → H 408, h 412
Tonge, Ian → IZ H 538, iz h 541
Tongue, Carole → iz u 68
Toønjun, Tone Dr. → t 350
Tonkin, Humphrey Prof. → IZ T 151
Tonnaer, Bas → IZ F 1 174
Tonnelier, Alejandro Ing. → iz r 28
Tonnemacher, Gerd → U 2 606
Tonner, Klaus Prof. Dr. → T 3 586, u 1 149
Tonnier → b 468
Tonscheidt, Falk → h 400
– Friedrich → E 151
– Siegfried, Dr. med. → T 3 430
Tontodonati, P. → iz f 687
Tontsch, Günther H. Dr. → T 3 741
– Ulrike, Dr. → u 2 979
Top, Yücel → iz r 216
Topden, Tsewang → c 847
Topf, Rickmer-Johannes → E 222
– Wolfgang → E 206, R 206
Toplak, Ludvik → IZ T 878
Topoll, Theresa → Q 131
Topp, Barbara Dr. → r 233
– Dörte → t 2 983
– G.A. → IZ S 467
Tordo, J. → iz f 1 350
Torgerson, Susann → iz u 456
Torkar, Matjaz Dr. → iz t 533
Torlage → b 512
Torley, Carl Heinz Dr. jur. → E 140
Torner, Kurt → g 298
Tornow, Jan Dipl.-Volksw. → E 157, e 160
Torrão Fiadeiro, Paulo → IZ T 971

van der Torren, H. J. Ing. → iz t 526
Torrents, Juan → iz h 418
Torres, Hanne → s 399
– Juan Antonio Sanchez → iz h 491
– William → IZ U 571
Torres Lara, Jaime → iz w 22
Torronteoni → IZ F 335
Tortorici, Filippo Prof. Dr. → c 238
Toscani, Stephan → A 63
Tosch, Herbert → O 444
Toschka, Dagmar → n 79, N 157
Tošenovský, Evzen → iz u 63
Tost, Katharina Dr.med. → t 2 779
Tostmann, Karl-Helmut Prof. Dr.-Ing. → t 1 391
Totakhyl, Ghulam-D. → U 2 442
Tóth, Ferenc Prof. Dr. → T 1 239
– J. → iz h 355
Tóth, Janos Sz. → IZ T 970
Totten, G. Dr. → IZ F 1 825
Totzauer, Werner Prof. Dr.-Ing. habil. → T 609
Toubartz, Winfried → H 233, H 457, H 458, H 678, S 474, U 77, iz g 191
Toumazis, Yiannis → iz u 622
de la Tour, François → IZ F 670
– Vincent → O 172
Touré, Britta Dipl.-Päd. → T 3 659
– Hamadoun → IZ T 902
Toure, Kerfalla → iz s 515
Tourrette, Pierre → iz f 2 328
Toussaint, André → IZ R 310
– Anne → iz f 1 348
– Marcel → IZ T 242
Townsend → iz q 151
– David, Dr. → IZ T 692
– Terry, Dr. → IZ F 1 818
Toyka, Klaus V. Prof. Dr.med. → T 3 089
Tozzi, Antonio → iz n 53
Trabandt, Christian Dr. med. Dipl.-Psych. → T 3 388
Trabert, Harald → Q 169
Trabitzsch, Joachim Dipl.-Ing. → Q 481
Trabold, Annette Dr. → T 2 315
Trace, Mike → IZ A 191
Tracey, Ciarán → IZ S 433, iz s 441
Tracht, Jürgen Dipl.-Oec. → F 804, U 2 558
Trachte, Herbert → T 2 078
Tränkle, Hans → o 12
Tragbar, Klaus Dr.-Ing. → u 964
Traichel, Peter Dr. → S 946
Trakas, Dimitris → iz s 116
Tralongo, Susy → iz f 2 073
Tramacere, Daniela → iz a 29
Tramp → U 304
Trams, Ines → o 350
Tranby, Steinar → iz s 387
Trapp, Christoph → T 2 768
– Ernst J., Dr.-Ing. → E 151
– Ernst Joachim, Dr.-Ing. → E 385
Trappe, Magdalena Dr. → u 1 269
Trappmann, W. Prof. Dr. → T 3 507
Trasch, Heinz Prof. Dr. → t 1 617
Traub, Johannes → T 3 937
– Peter, Prof. Dr. → t 1 047
Traublinger, Heinrich → G 9, G 89, g 144
Traue, Herbert Carl → s 1 229
Trauernicht, Walter → U 2 852
Trauernicht-Jordan, Gitta Dr. → b 110
Traulsen, Hardwin Dr. → T 2 174
Traumann, Henning → M 14
– Peter, Dr. → F 1, f 28, F 379
Trausch, Pierre → IZ T 893
Traut, Andreas → H 282
Traute, Armin Dipl.-Psych. → S 1 506
– Otto, Dipl.-Ing. → S 958, S 999
Trautmann, Karl-Heinz → I 43, I 69
– Rosemarie → U 3 010
– Wolfgang → B 862
Trauttmansdorff, Alexander → O 389
Trautvetter, Andreas → A 39, B 187
Trautwein, Eugen Dr. → P 5
– Hermann, Prof. Dr. → S 337
– Wolfgang → h 215
Travis, M. → IZ T 238
Traxel, Klaus → E 100
Treacy, Michael → iz q 19
Treanor, Patsy → iz u 42
Trebitsch, Gyula Prof. → R 512
Treckentrup, Sabine → R 865
Trede, Wolfgang → U 1 607
van Treeck, Ernst → U 1 918
– Klaus-J. → u 2 418
Treffer, Gerd Dr. → D 87
Treffert, Jürgen Prof. Dr. → t 1 604
Treib, Hans-Günter → k 57
Treiber, Annemarie Dr. → T 3 511
Treichel, Klaus Dipl.-Vw. → H 318
– Klaus W. → h 380, h 446
– Klaus W., Dipl.-Volksw. → T 3 904, T 3 905

Trelenberg, Horst → S 409
Trelle, Boris Dr. → E 69
Treml, Manfred Dr. → t 3 707, T 3 744
Tremmel, Dietmar → U 1 646
Trenczek, Thomas Prof. Dr. → s 583
Trendelenburg, Ingo → A 376
– Michael, Prof. Dr. → t 1 453
Trenkamnn, Heidemarie → t 968
Trenner, Wolf-Dietrich → t 3 065, T 3 202
Trentchev, Konstantin Dr. → iz r 155
Trenz, Joachim → O 631
Trepkau, Alfons → k 151
Trepping, Bernd → U 939
Trepte, Peter → iz f 425
– Peter, Dipl.rer.pol.techn. → F 989, iz f 1 711, IZ F 1 828
Tress, Wolfgang Prof. Dr.med. Dr.phil. → T 3 389
Tresselt, Ruthart → O 491
Trester, Wolfgang → S 1 263
Treu, Otto → h 121
Graf von Treuberg, Hubert Dipl.-Kfm. → S 622
von Treuenfels, Adrian → c 69
– Carl-Albrecht → Q 392
Treusch, Joachim → T 852
– Joachim, Prof. Dr. → T 787
Treutenaere, Philippe → iz f 1 340
Treutler, Rolf → k 64
– Rüdiger → O 541
Treutter, Dieter Dr. → T 2 559
Trewin, D. → IZ T 234
Tribowski, Jürgen → S 712
Trickl, Walter → T 884
Tricot, Christian → IZ U 179
Triebel, Armin Dr. → IZ T 894
– Frank → f 356, f 361, U 75
– Jürgen → g 242
– Klaus → g 245
– Kurt → U 1 249
Triebold, Josten Dipl.-Ing. → s 851
Triebskorn, Rita Dr. → t 1 695
Trieflinger, Horst → U 745
Triems, Brigitte → U 1 339
Triesch, Wolf-G. → U 239
Trieschmann, Rainer → U 535
Trifterer, Katharina → S 1 399
Trigoso, J.-M. → IZ M 117
Trillenberg, Hella → T 717
Trillmich, Walter Dr. phil. → A 118
Trillo-Figueroa Martinez Conde, Federico → iz b 246
Trim, Donald R. → iz s 558
Trimborn → T 3 666
– Winfrid, Dr.med. → T 2 876
Trinczek, Rainer Prof. Dr. → t 2 419
Trinder, John Prof. → IZ T 294
Triner, Rolf → iz s 692
Trinkhaus, Mario Dipl.-Ing. → T 869
Trinogga, Jörg → k 82
de la Trinxeria, Xavier → iz f 1 329
Trionfi, Barbara → IZ O 103
Trippe, Christian Dr. → o 287
Trippen, Norbert Prof. Dr. → T 3 705
– Norbert, Prof.Dr. → T 974
Trippner, Margarete → e 214
Trischer, René → iz h 173
Trischler, Jürgen Dr.rer.nat. → S 958
Tritschler, Eva → T 666
Trittermann, Jörg → s 485
Trittin, Jürgen → A 33, U 2 097
Tritto, M. → iz f 583
Trivier, Léon → iz s 381
Trixl, Michael → IZ S 227, iz s 238
Troaca, Christian → iz u 454
Trochimczuk, Grzegorz → iz f 2 376
Troe, Jürgen Prof. Dr. → t 109
Tröger, Jochen Prof. Dr.med. → T 536
– Manfred, Dr. → T 3 701
– Walther → U 2 450
– Walther, Prof. → T 827, U 2 450, U 2 552
Tröndle, Herbert Dr. → S 562
– Ralph → h 685
Tröscher, Adelheid → U 2 042
Trofimenko, A. → iz t 405
Trofleau, Robert → IZ S 648
Troge, Andreas Prof. Dr. → A 300, iz a 197
Trogisch, Achim Prof. Dr. → t 3 006, u 1 632
Troitzsch, Helmut → t 690
Trojan, Carlo → iz a 178
– Ivo, Ing. → iz f 938
Troßborg, Jan → iz b 48
Trojok, Ludwig → q 601
Trommsdorff, Volker Prof. Dr. → T 2 247
Trommsdorff-Gerlich, Gerburg → A 35
Tromnau, Gernot Dr. → T 3 724
Tromp, Hans → iz s 222
– Mathias → iz m 29
– Stephan, Dipl.-Kfm. → H 308
Trompeter, Brigitte → u 1 334

Trompetter, Heinz → H 319, h 465
Tronche, Elke → o 618
Troncoso, F. → IZ F 466, iz f 478
Tronnier, Uwe → u 2 534
Trooboff, Stevan Dr. → IZ T 983
Troost, Robert Jan → T 3 048
Troppens, Dieter Prof. Dr.-Ing. → T 1 317
von Troschke, Jürgen Prof. Dr. → T 3 278
Frhr. v. Troschke, Jürgen Prof. Dr. med. → U 2 450
von Troschke, Jürgen Prof. Dr.med. → T 3 353
Trosien, Gerhard Dr. → U 2 450
Troska, Ellen Dr. → IZ M 103
Troßmann, Ernst Prof. Dr. → t 4 050
Trost, Benedikt → O 389
– Bernd → u 1 768
– Willy → O 389
Trost-Heutmekers, Gerhard → O 646, IZ O 214
Trostorf, Wolfgang → o 186
von Trotha, Thilo Dr. → S 1 261
Trott, Gerhard Dr. → T 429
von Trott zu Solz, Thilo → U 379
Trottzusolz, Wilhelm R. → Q 585
Trotzenko, Roman V. → IZ M 193
Troue, Heike → E 756, Q 164
Trowell, P. → IZ T 824
Trox, Heinz Dipl.-Ing., Dipl.-Wirtsch.-Ing. → E 151
Trube, Anke Dr. → Q 351
Freiherr Truchseß, Michael → R 239, iz r 36
Truedson, G. → iz f 2 627
Truelle, V. → iz f 439, iz f 452
Trümper, Gisela → u 1 359
– Joachim E., Prof. Dr. → t 153
– Lutz → b 169
Trüper, H. G. Dr. → IZ T 327
– Teja → S 863
von Trützschler, Werner Dr. → B 660
Truhn, Patrick → c 621
Trujillo, Ivan → IZ T 904
– Tony → IZ T 901
Trulsen, Yvonne → c 721
Trumpa, Vytautas Stasys Dipl.-Ing. → iz s 581
Trumpf, Jürgen Dr. → T 3 581
Trumpp, Eberhard → d 20
Trunk, Rudolf Dipl.-Kfm. → E 65
Trunshoej, S. → iz f 1 269, iz h 289
Trunz, Christiane → T 1 971
Trunzer, Hans F. Dr. → E 44, T 1 351
– Mario → E 43
Truong, Jozef → IZ U 823
Truthän, Hermann → F 882, f 959
Truyen, An → iz h 328
Tryc, Slawonir Dr. → E 603
Tsantalis, George → iz f 1 344
Tsapanos, Georgios → A 10
Tschense, Holger → D 97
Tschentke → A 14
Tschiedel, Robert Prof. Dr. → U 173
Tschiene, Peter Dr. h.c. → U 2 450
Tschirch, Volker → H 2, h 3, iz h 345
Tschirdewahn, Bertram Dr. → T 3 398
Tschöke, Helmut Prof. Dr.-Ing. → t 1 612
– Thomas → q 167
Tschöpe, Bernhard → U 855
– Peter → s 1 432
Tschorn, Klaus → s 1 098
Tschumi, Urs → IZ R 305
Tse, T.-F. → IZ T 820
Tselepou, Skevi → IZ S 642
Tsimboukis, D. → iz f 821
Tsimogiannis, Michael → t 504
Tschatzopoulos, Apostolos → iz b 101
Tsochatzopulos, Akis → IZ U 423
Tsongas, Kyra Carola → t 1 481
Tsukuda, Naoki Prof. → IZ T 979
Tubino, Manoel Gomes Prof. Dr. → IZ U 496
Tuchel, Doris → s 455, t 2 863
Freiherr von Tucher, Hermann Dr. → F 160
Tuckfeld, Manon → I 45
Tuengerthal, Dietrich → h 195
– Hansjürgen → H 185
Tünkers, Josef Gerhard → R 212
Tuercke, Peter → T 2 074
Türk, Wolf-Dietrich → iz f 556
Türmer → A 14
Tüxsen, Klaus → t 3 000, u 1 626
Tufte, Eva → iz o 130, iz o 162
Tuglular, Taskin → iz f 2 162
Tuil, Harry B. → IZ F 1 525
Tumbrinck, Oswald → Q 380, q 382
Tumm, Günter W. Prof. Dr.-Ing. → M 13
Tunbratt, Bertil → iz g 179
Tuncag, Muzaffer → iz s 465
Tundisi, J. G. → IZ T 34
Tunnacliffe, Jeremy → iz a 148
Tuominen, Raymond → iz f 2 297

Tuomioja, Erkki Sakari → iz b 60
Tuppa, R. Dr. → iz f 1 218, iz f 1 457
Turek, Michael Dr. → IZ M 193
Turiaco, Paolo Dr. → c 237
Turk, Wilfried Dipl.-Ing. → S 795
Turlay, R. → IZ T 166
Turley, Ralf Dr. → B 560
Turner, Sebastian → S 1 237
Turnheim, Fred → IZ S 642
Turobin-Ort, Rainer → h 551
Turowski → IZ T 319
– Roland, Dr.-Ing. → I 43
Turpain, Michel → IZ F 901, iz f 905
Turre, Reinhard Dr.habil. → u 1 850
Turrek, Angelika → g 449
Turró, Juan → iz h 469
Turski, Jan → c 1 170
Turunen, Jorma → IZ T 970, IZ U 809
– Sinikka → iz u 146
Tutmann, Theodor L. → f 48
– Theodor L., Dr. → T 244, f 270, IZ F 2 380
Tutty, Michael G. → IZ A 226
Tuxhorn, I. Dr. → T 2 800
Tuytens, Patric → IZ F 1 830
Tvedt Breivik, Ranveig → iz s 160
Twardowski, Krzysztof → c 403
Twardy, M. Prof. Dr. → t 2 339
– Susanne → s 1 423
Tweedie, David → IZ T 541
Twele, Jochen Dr.-Ing. → L 39
Twelenkamp, Elsbeth → t 3 083
Twenhöven, Jörg Dr. → B 234
Freiherr von Twickel, Degenhard → R 807
Twidale, M. E. → iz q 86
Twohig, Liam → E 287
Twomey, C. Dr. → IZ S 83
Tyagi, Krishna G. → IZ T 564
Tybring-Gjedde, Carl → iz h 133
Tydeman, A. → iz f 1 844
Tyrrell, John → iz p 10
Tzanis, Leonidas → iz b 105
Tzilalis, Anastasios → iz f 262
Tzkov, M. → iz t 377
Tscherlich, Siegfried Dr. → IZ U 25
Tschiesche, K. → T 1 318
Tzschucke, Hans-Peter → iz m 196

U

Ubbelohde, Baldur Dipl.-Ing. → s 696
Ubbens, Ubbo → iz f 1 522, iz f 1 542
Uber, Thomas → b 92
Uchatius, Nicole → s 597
Freiherr v. Uckermann, Eckart Dr. → K 6
Ude, Christian → D 107
Uding, Nils Frithjof → g 793
Udo, A. Dr. → IZ S 105
Udovicic, Ivan → iz s 126
Udsching, Peter Dr. → T 3 605
Udvarvölgyi, Zsolt → iz u 458
Uebbing, Michael → F 1 016
Uebel, Joachim Dr. → T 1 244
Übele, Gerhard → q 64
Übelherr, Hermann → S 1 199
Ueberfeldt, Anne → s 644
Ueberschaer, Hans-Christian Dr. → C 87
Uebner, Reinhold → r 552
Uecker, Gerd → s 518
Ueffing, Hans-Hermann Dipl.-Wirtsch.-Ing. → T 2 074
– Hermann, Dipl.-Wirtsch. Ing. → S 1 220
Uehara, Akira → IZ F 2 557
Ueland, Osmund → iz m 21, iz m 22
Uellenberg-van Dawen, Wolfgang Dr. → A 202
Uelner, Adalbert Dr. → T 2 326
– Hanns → t 1 876
Ünver, Oryal O. → iz g 146
Uetz, Siegfried → IZ H 404, iz h 417
van Uffel, R. A. → iz f 1 897
Uffmann, Dieter Dipl.-Kaufm. → H 298
Uguzzoni, Massimo → iz f 77, iz f 458, iz f 2 482, iz f 2 500
Uhde, Bernd → s 535
– Michael, Prof. → T 557
– Norbert → D 124
– Peter E. → E 396, O 690
Uhe, F. → Q 360
Uhl, Gerhard → t 2 109, t 2 118
– Harald, Dr. → U 1 259
– Klaus → F 832, IZ F 1 602
– Reinhold → R 241
Uhle, Carlhans → I 102
– Hans-Martin → t 3 974
– Roger, Dr. → T 399
– Wolfgang → T 2 526
Uhlenberg, Jochen Dipl.-Ing. → S 952

Uhlenwinkel, Anke → r 926
Uhlhorn, Christian D. Dr. → A 29
– Jens-Michael → s 601
Uhlig, Dieter Dr.-Ing. → a 137
– Karl-Heinz → H 682
– Klaus, Dipl.-Philosoph → S 478
– Peter → O 152
– Petra → r 610
– Stefan, Dr. → T 376
– Uwe-Dirk → r 169, R 181
– Volkhard, Dr. → f 169
Uhlitzsch, Christian → u 2 578
Uhlmann, Dieter → G 483
– Eckart, Prof. Dr.-Ing. → t 214
– Hans-Jürgen, Dipl.-Ing. → U 199
– Hans-Werner, Dr.-Ing. → s 1 046
– Manfred → t 3 964
– Theo, Prof. → D 145, T 2 317
Uhrbrock, Helga → s 464
Uhrhan, Klaus Dieter → b 147
Uhri, Laszlo → IZ L 131
Uhrich, Stephanie → s 1 459
Uhrlau, Ernst → A 4
Uihlein, Kurt → c 906, E 552, IZ U 121
Uimonen, Mikko → iz s 598
Uka, Dietrich → U 1 611
Uka-Blaschke, Annegret → U 3 057
Ukas, Raimund Dipl.-Soz. → T 2 527
Uken, Meinhard Dr. → E 694
– U. → s 249
– Ulfert → S 235
Ukena, Folkmar Dipl.-Ing. Dipl.-Wirtsch.-Ing. → E 120
Ulbert, Tilo Prof. Dr.phil. → a 129
Ulbrich, Maren → U 3 034
Ulbricht, Dieter → F 420
– Hartmut → b 153
– R. → U 245
– V., Prof. Dr.-Ing. → T 1 943
Uldal, Henrik → iz g 133
Uldall Pedersen, Jens → iz f 499
Ule, Wolfgang Dr. → u 2 938
Uleer, Christoph Dr. → K 45
Ulitzka, Norbert → k 215
Ulitzsch, Thomas → U 644
Ulken, Arnold → q 69
Ullenbrand, Thomas → S 594
Ullmann, Jens → E 74
– K. → T 373
– N. → IZ F 1 918
– Norbert → f 31, F 533, f 539, iz f 1 925
– Prof. Dr. → A 362
– Uwe, Prof. Dr. → B 612
– Wolfgang, Dr. → T 818
Ullmer, Heinz Dipl.-Ing. → F 509
Ullrich, Axel Prof. Dr. → t 104
– Carl Friedrich → G 86
– Carla, Dr. → O 145
– Carsten → T 2 156, iz u 6
– Dieter, Dr. → B 506
– Herbert, Dr. → T 2 751
– Hermann, Prof. Dr. → t 128
– Karl V., Dr. → F 521
– Katja, Dr. → E 210
– Rainer, Dr. → r 598
– Renate → N 128
– Thomas → l 27
– Viola, Dipl.-Oec. → g 788
Ullrich-Pohl, Claudia Dipl.-Ing. agr. → q 10
– Claudia, Dipl.-Ing.agr. → q 25
Ulmer, Margarethe → U 1 235
– Peter, Prof. Dr. Dres.h.c. → T 3 600
– Roland → O 416, iz o 86
– Sonja, Dr. → t 4 163, t 4 169
– Svend → Q 635
Ulmke, Friedrich → I 34
Ulonska, Dietmar Dipl.-Ing. → f 878
Uloth, Hagen → h 769
Ulreich, Barbara → E 87
Ulrich → B 743
– Alfred → s 488
– Claus → M 268
– Fritz Hartmut, Dipl.-Kfm. → E 98
– Gerd → K 276
– Gerhard → R 502
– Hans-Peter, Dr. Dr. → T 3 357
– Joachim F.W. → c 710
– Jürgen, Prof. → S 1 139, s 1 149
– Sabine → l 44
– Stefan → T 3 937
– Walter → h 198, H 620
– Wolfgang, Dr. → e 534
Ulrici, Beate Dr. → q 372
Ulrych, Ivo → iz s 265
Ulsamer, Marianne Dr. → l 67
Ulsøe, Poul → iz g 32
Ulshoefer, Helgard → U 1 278
Ulshöfer, Klaus → u 2 642
Ulte, Jörg E. → c 794

Ulukan, Osman → c 1 329
Ulvskog, Marita → iz b 237
Umbach, Claus → R 901, u 2 473, u 2 548
– Wolf-Rüdiger, Prof. Dr. → u 2 682
– Wolf-Rüdiger, Prof.Dr.rer.nat. → T 710
Umfug, Peter Dr. → f 166, f 210, r 65
Umhau, German Dipl.-Kfm. → H 237
Underberg, Barbara → U 374
Undeutsch, Udo Prof. Dr.rer.nat. → T 3 658
Undrum, Per → iz f 2 339
Ungeheuer, Marc → IZ C 9
Ungemach, Josef Dr. → s 61
Unger, Bernd Dr. → q 22
– Claude → iz f 1 911
– Dietrich, Dr. → u 1 935
– Gerald → u 2 245
– Hans-Jürgen → S 1 528
– Kerstin, Dipl.-Ing. → g 358
– Manfred → c 504
– Norbert → A 234
– Peter → U 1 349
– Rolf D. → h 711
– Th., Prof. Dr.med. → T 3 326
– Ulrich → E 115
– Wilhelmine → s 1 153
Unger-Soyka, Brigitte → A 23
Ungerer-Röhrich, Ulrike Prof. Dr. → U 2 450
von Ungern-Sternberg, Sven Dr. → B 215
Ungvári, László Prof. Dr. → T 707
Unkel, Bernhard → S 76
– Manfred → g 569, G 574
– Manfred, Dipl.-Ing. → u 1 938
Unland, Georg Prof. Dr.-Ing. → T 491
– Jürgen → U 1 920
Unnerstall, Ludwig → u 1 774
Unruh, Alwina → s 1 225
– Trude → U 1 350
von Unruh, Werner Prof. Dr. → A 331
Unser, Jürgen Dr.-Ing. → T 1 317
Unshelm, Karl → S 680
Unterlehberg, Hartmut → r 292
Untermöhle, Klaus → O 539
Unterseher, Cornelia → T 1 971
Unwin, M.I.H. → iz f 686
Unzeitig, Andrea Mag. → iz e 21
– Roland → g 793
Uosukainen, Riitta → IZ B 5
Uphaus, Uwe → f 765, f 771
Uplegger, K. → h 166
Upmeier, Werner Dr. → U 438
Upton, Robert → iz s 440
Urano, Hiroshi → IZ F 1 760
Urbach, Lutz → U 373
Urbahn, Rolf → B 786
Urban, Alfons → D 207
– Berndt → U 3 023
– Bodo, Prof. Dr. → t 211
– Dieter, Prof. Dr. → t 1 747
– Heinz → U 3 050
– Ingrid → S 555, s 944
– Norbert → g 280
– Paul → S 1 590
– Philipp → F 619, f 620, f 621, f 622, f 623, F 821, f 822, f 825, f 826, f 828, F 829
– Reinhold R., Dipl.-Ing. → S 1 069
– Roland, Dr. med. → T 2 836
– Ulrich → u 2 439
– Uve → r 944
Urbanek, Axel → T 1 049
– Hermann → U 3 015
– Rudolf → u 993
Urbat, Klaus Dr. → f 30, F 520, f 529, f 530, f 532, IZ F 2 433
Urbatsch, René-Claude Prof. Dr.rer.pol. → T 609
Urbinger, Winfried → u 2 503, U 2 603
Urbisch, Johannes → u 2 384
Urech, P. A. → IZ F 555, iz f 1 685, IZ M 2
Uremovic, Angelika → Q 390
Ureña, Belén → IZ U 375
von Urff, Burkhard → T 497
– Winfried, Prof. Dr. → T 2 597
Urhammer, Ernst → h 182
Urhausen, Heiner → O 444
de Uribe-Salazar, Agustin → iz s 288
Urizio, Sergio → f 160
Urtecho, Félix Calderón Dr. → c 1 154
Usadel, K.-H. Univ.-Prof. Dr. → t 3 300
Uschkoreit, Klaus R. → c 728
Uschner, Lothar → o 669
Uschtrin, Heribert Dr. → u 2 933
Usinger, Thomas → m 23, m 153
von Uslar, Gesine → U 1 595
Freiherr von Uslar-Gleichen, Hans → E 747
Uslaub, Thomas → b 153
Uszok, Piotr → iz u 55
Utech, Ulf Dr. → S 283
Utecht, Hans-H. → H 422

– Hans H. → h 427
Utermann, Viktor → E 258
Utermöhlen, Elke → O 59
Uterwedde, Henrik Dr. → E 462
Utesch, Bernd → T 1 050
Utsumi, Yoshio → IZ T 902
Utterström, Carl → iz p 18
Utz, Dieter → U 539, U 584, U 585
– Rolf, Dipl.-Betriebsw. → S 688
Utzinger, Paul → g 560
Uusitalo, Ilkka → iz a 152
Uyterlinde, Rob → IZ T 107
Uzunova, Veronica → iz f 200

V

Vaak, Gisela → r 548
Vaandrager, Jan → IZ F 1 574
Vaas, Fietje → iz u 12
– Walter → E 31, e 32
Vaasen, Hans-Dieter Dr. → S 531, s 546, IZ S 214, iz s 216
Vaatz, Arnold → E 604
Vacca, Paolo → IZ U 431
Vader, Maie → iz f 393
Vaessen, J.A.J.R. → IZ F 737, IZ H 3
Väth, Erhard → U 761
Vagia, E. → iz t 501
Vagionas, D. → iz s 193
Vagt, Uwe → o 6
Vahrenhold, Fritz Prof. Dr. → Q 480
Vahrenholt, Fritz Prof. Dr. → T 1 061
Vahrson, Wilhelm-Günther Prof. Dr. habil. → T 469
Vaillant, Daniel → iz b 80
Vainio, Vesa → iz e 8
Vaisberg, Vladimir → u 2 398
Vajna, Sándor Prof. Dr.-Ing. → t 1 607
Vakkilainen, Sanna → iz g 134
Valancius, Gintaras → iz f 2 304
Valaskova, Magda → iz h 433
Valassi, V. → iz f 583
Valder, Manfred → H 666
Valen, Harald → iz f 763
Valencia Jaén, Francisco → iz f 1 330
Valentas, Aleksandras → iz u 244
Valente, Vasco → IZ C 12
Valentien, Anja → N 152
Valentin, A. → iz f 97
– Horst → f 813, G 759
Valentino, Peter → O 390
Valenzuela Marzo, Fernando-Martin → iz a 26
Valet, Johanna → E 746
Valitchek, Michel → IZ L 96
Valkeniers, P. → IZ M 200
Valks, Christine → R 583
Vallance, Iain → E 477
Vallega, Adalberto Prof. → IZ T 158
Vallejo, Juan → iz g 143
Vallender, Heinz Dr. → U 764
Vallentin, Bernd → K 287
– Thomas, Prof. → T 655
Valles, Fdo Miguel → iz f 729
Vallesteros, Xiomara → E 311, e 371
Vallin, Jacques → IZ T 561
Valls-Russell, David Lawrence → IZ U 113
Vallvé i Ribera, Joan → D 206, IZ U 594
Vallverdu, Jordi → IZ G 54
Valtna, J. → iz f 1 123
Van Assche, Enée → IZ R 60
Van Baal, P. W. → iz h 305
Van Belle, Pieter → n 275
Van Beneden, Louis → IZ R 315
Van Biesebroeck, Anne → IZ K 35
Van Breda Vriesman, Els → IZ U 548
Van Broekhoven, Norbert → iz r 30, iz r 32
Van Coppenolle, J. → IZ T 548
Van de Berg, J. J. → IZ T 817
Van de Ven, A. J. Dr. → IZ F 386, IZ F 996
Van de Voorde, Willem → C 642
Van de Wetering, F. → iz f 1 212
Van den Berghe, Roland → iz s 245
Van den Broecke, M.P.R. → IZ T 234
Van Den Eede, E. → IZ M 195
Van der Does, Ton → IZ L 132
Van der Goot, Wiepke → iz a 121
Van der Linden, Eric → iz a 151
Van der Pas, Nikolaus → iz a 8
%van der %Velden, A. → iz f 2 410
Van der Woude, J. → iz f 1 931
Van Dessel, Vincent → iz i 168
Van Dijck, Hugo → c 645
van Dijk, Bart → iz h 459
Van Dijk, Vincent → IZ H 83
Van Dongen, Gust → IZ R 315
Van Doorn, Peter → IZ F 854
Van Esbroeck, Raoul Prof. Dr. → IZ T 979

Van Espen, Daniel → IZ O 27
Van Eycken, Ann → IZ S 616
Van Eyken, F. → IZ F 1 604
Van Hecke, A. → IZ F 1 994
Van der Hoek, Kees → iz r 188
Van Hoof, Rene → IZ S 642
Van Houte, F. → IZ F 1 918, iz f 1 922
Van Houten, Ferry → s 372
Van Hoydonck, E. → IZ T 470
Van Ingen, Jan → IZ F 1 295
Van Leeuwen, Fred → IZ T 965
Van Mol, Pierre → iz f 423, iz f 430, IZ F 1 830, iz f 1 831
Van Noortwijk, G.J. → iz h 304
Van Os, J.P.N. → IZ M 228
Van Overbeek, Cees → IZ R 315
Van Parys, G.-Bernard → IZ S 211
Van Peski, A. C. H. → IZ F 2 060
Van Remoortel, Josee → IZ T 838
Van Schel, L. → IZ M 195
Van Staa, Herwig Dr. Dr. → IZ U 351
Van Steertegem, Guy Dr. → IZ F 271
Van Velzen, Wim → IZ U 374
Vana, Petr → iz h 437
Vanbriel, Bart → iz t 376
Vancuyck, Stijn → iz f 2 201
Vande Lanotte, Johan → iz b 26
Vandebon, Guy → iz a 38
Vandekerckhove, Régine → IZ U 488
Vandemeulebroeke, Claudine → iz f 43
Vanden Abeele, Michel → iz a 20
Vanden Bloock, Jan Robert Dr. → iz u 600
Vandenabeele, R. Dr. → IZ P 41
Vandenberghe, F. → IZ L 4
Vandenbroucke, Frank → iz b 33
Vandendoel, Hans → IZ F 2 084
Vandenhende, Donaat → IZ T 971
Vandepitte, Walter → iz p 3
Vandeputte, Dirk → iz s 8
– H. → iz f 1 268
Vander Elst, Marie-Andrée → IZ H 447, IZ H 522
Vander Sloten → IZ T 319
Vander Stichele, H. → iz f 481
Vanderhagen-Goossens, Monique → iz r 30
Vanderheiden, Elisabeth → u 1 467
Vanderheyden, Jan → iz o 80
Vanderkaaij, P. T. → iz n 55
Vanderschaf, Enne → iz u 256
Vandeveld, Jean → IZ O 78, iz o 79
Vandeweyer, M. → IZ O 24
Vandorpe, Martine → iz u 681
Vandraas, Kirsti → iz t 218
Vandrey, Jörg-Peter Dr. → s 67
Vangoidsenhoven, Koen → iz f 2 293
Vanhaeren, Roger → iz a 184
VanHemelrijck, Johan Dr. → IZ T 792
Vanhoorde, Robert → iz a 15
Vanhove, R. → IZ F 178
Vanhuffel → t 223
Vanicek, T. → F 378
Vannela, Sari → iz f 2 618
Vanselow, Horst → U 1 363, u 1 378
– Jürgen → U 859
– Peter → s 362
Vantieghem, J. → IZ F 1 709
Vardalas, Stavros → iz u 743
Varell, Bert → O 632
Vargas, Antonio → IZ S 642
– Ignacio Orella → IZ S 642
Varnhoft, Norbert Prof. Dr. → T 711
Varpasuo, Pirkko → iz u 171
Várszgi, Árpád → iz f 2 631
Vartia, P. → IZ T 573, iz f 1 583
Varvesi, Gianfranco → IZ T 972
Varwig, Freyr Roland Dr.habil. → R 955
Vaselli, Giuliano → iz g 198
Vasilache, Niculae Dipl. Eng. → iz f 1 742
Vasili, Ilia → iz u 686
– Revecca → iz u 686
Vasiliev, Sergey → iz s 260
Vasiliu, Vlad DR. → iz l 192
Vaskovics, Laszlo A. Prof. Dr. → t 2 362
Vassilaki, Irini Dr. → T 884
Vassilew, Mitko Dr. → IZ E 256
Vassilicos, Marina → iz i 95
Vassiliou, Jannis → E 474
Vastchenko, Svetlana V. → iz l 22
Vasváry, Jozef Ph. Dr. → IZ U 476
Vasyliunas, Vytenis M. Prof. Dr. → t 98
Vater, Klaus → A 20
Vatsis, Panos → iz o 140
Vatter, Rudolf → S 917
– Rudolf, Dipl.-Ing. → R 31
Vaughan, Stan E. → iz f 2 281
Vaupel, James W. Prof. Dr. → t 110
Vauth → t 3 015
– Werner, Dipl.-Volkswirt → U 238
Vaz, Miguel Morais → iz o 120

- Paolo, Dr. → iz f 1 717
Vaz Cariano, Joaquim Maj. → iz b 228
Vaz Lopes, Joao → iz s 486
Vázquez Higueruela, Juan Carlos → iz h 204
Vázquez-Vaamonde, A. J. → iz t 534
Vedder, G.J. → IZ F 2 082
- Lothar, Dr. → F 982
Védrine, Hubert → iz b 78
van Veen, Ben → IZ U 302
Veenstra, Kees → IZ F 2 102
Veenvliet, H. Dr. → IZ T 326
van't Veer, Anne → IZ I 114
van der Veer, Astrid → IZ W 21
van de Veer, M. → iz s 3
- M. D. → iz s 40
de Veer, Ulrich → O 322
Vef, Edwin → Q 237
de Vegt, Holger → U 333
Vehrenkamp, Karin → T 526
Vehring, Silke → U 388
Vehse, Wolfgang Dr. → A 202, b 158, l 102
Veidt, Reiner J. Dr. → S 622
Veieroed, Tom → iz u 52
Veiga, Mota J. → iz f 104
de Veirman, Georges → IZ U 593
Veit, Reinhardt → f 645
Veith, Michaela → b 129
- Thomas, Dipl.-Betriebswirt (FH) → t 1 409
Vejsada, Karel Prof. → t 1 516
Velasco, Fabrizio → E 247
Velásquez U., Sandra → E 263
Veldscholten, Rudolf → T 887
Veldwijk, Roel → IZ K 32
Velez, Maria Elena → IZ S 643
Velten, Rainer Dr. → S 615
- Roland → o 480
Veltmann, Ludwig Dr. → P 5
Veltzè, Suzanne A. → IZ F 1 753
van Velzen, Wim → IZ U 420
Venables, Tony → IZ U 591
Venece, Antonio → iz u 758
Veneman, Reinhard Dipl.-oec. → T 2 079
Venhaus, Heinz → O 402
Veniselos, Evangelos → iz b 90
Venne, Wolfgang → U 217
Vennegerts, Christa → B 236
Vennekens, Robert → iz g 56
Vennemann, Michael → T 2 244
Venske, Sabine → T 3 781
Venturini, G. Dr. → iz f 1 026
Venus, Kirsten → S 555
Venuti, Guiseppe → u 2 481
Venzke, Gunter → u 884
Verbeek → Q 557
Verberg, George H.B. → IZ F 1 760
Verborgh, Eric → IZ A 193
Verbunt, Johannes M. W. → I 80
Vercauteren, J. → iz f 2 548
Vercic, Dejan → iz s 287
Vercken, B. → iz h 296
Verclas, Peter → S 738
Vercruysse, Bernd → r 686
Verdes, Marieta → iz f 2 310
Verdonck, Paul → iz g 29
Verelis, Christos → iz b 95
Verger, Christine → IZ U 424
Verhaag, Bertram → O 225
Verhack, Etienne → IZ U 419
Verhaegen, Chris → IZ I 44
Verhaeghe, Jean → iz h 194
Verhaeren, J. → iz f 1 185
Verhasselt, Y. → IZ T 34
Verhaven, Johan → iz a 24
Verhees, Hans Günter → k 92
Verheij, Jan → IZ K 36
Verheugen, B. Dipl.-Kfm. → l 80, i 81
- Günter → IZ A 1
Verheyen, Hubert Dr.-Ing. → S 953, s 989
Verhille, M. → IZ F 1 051
Verhoek, J. M. → iz f 475
- Jack → iz f 1 349
Verhoeven, A. H. → iz r 187
- Pé → IZ I 4
Verhofstadt, Guy → IZ B 23
Verholt, M.C. → iz f 477
Verhülsdonk, Roswitha → U 1 361, U 2 182, u 2 192
Verlet, Niclas → iz a 18
Verleysen, Kristel → IZ F 271
Verlinde, A. → IZ R 288
Vermeend, Willem → iz b 196
- Wouter → iz b 190
Vermeeren, C. → iz h 335
Vermeire, R. → IZ F 1 401
Vernaeve, Guy → IZ Q 343
Verneret, Pierre → IZ F 2 530
Vernooij, Eric → iz g 192
Véron, Paul → IZ M 53

Veron, Paul K. → iz t 928
Veron-Reville, Claude → iz q 13
Veronesi, G. → iz f 1 275
Verpoorten, William → F 474, iz f 1 326
Verrue, Robert → iz a 16
von Verschuer, Wolf-Dietrich → O 175
Verschueren, C. → IZ F 1 683
Verse, F. → F 120
Verst, Wolfgang Dipl.-Volksw. → E 170
- Wolfgang, Dipl.-Volkswirt → t 4 087
Verstand, Annelies → iz b 196
Versteege, Adelbert → iz o 181
Versteegh, A.M. → iz l 12
- K. → IZ F 795
Verstraeten, Johan → IZ K 37
Verstrynge, Jean-François → iza 21
Vertes, A. → iz t 609
Vervaecke, Harald Dr. → IZ U 495
Vervaeke, Mark → iz f 1 179
Vervaet, Louise-Anne → IZ F 1 110
Verweyen-Emmrich, Susanne → u 2 115
Verwilghen, Marc → iz b 36
Verzetnitsch, Fritz → IZ R 151
Veselinovic, Drasko → iz i 187
Vesely, J. → IZ F 917
Vesely, Jan Ing → iz f 938
Vesely, Jaroslav Dr. → IZ T 361
- Vladimír → iz s 507
Vesikkala, E. → iz f 1 188
Vesper, Emil Dr. → T 287
- H., Dipl.-Ing. → t 335, T 925
- Michael, Dr. → A 39, b 125
- Stefan, Dr. → U 2 379
Vesperini, J.P. → iz t 587
Vest, Knud → iz p 4
- Knud J. → IZ P 2
Vestager, Margrethe → iz b 44
Vester, Annegret Dr. → L 23
Vesterdorf, Bo → iz a 220
- Peter → iz g 32
Vestereng, Soren → iz h 502
Vestergaard-Poulsen, N.O. → iz f 766
Vesterinen, Reino → iz g 78
Vestring, Jutta → H 213
Vestweber, Dietmar Prof. Dr. → t 155
- Martin → T 2 799
Vesunienė, Regina → iz t 937
Vetter → u 1 667
- Dieter → E 319
- Erwin, Dr. → u 3 065
- Hartmann → u 874
- Joachim, Dr. → r 280
- K., Prof. Dr. med. → T 3 319
- Klaus, Dr. → u 2 890
- Klaus M. → N 286
- Maria → o 27
- Peter → H 157
- Reinhard → B 342
- Richard → T 1 901
- Rudi, Dr. → k 144
- Wolfdietrich, Dr. → E 210
Vetterlein, Uwe Dr. → E 162
Vetzberger, Klaus → d 32
Vey, Matthias Dr. → IZ T 833
Veys, C. → IZ F 1 264
- Francis → IZ F 173, IZ F 238, IZ F 1 040
Viana Remis, Enrique → iz u 619
Viatore, Massimiliano → iz u 218
Vicente, Fernando Martin → IZ U 562
Vick, Heinz-Dietrich → H 308, H 314, h 443, h 494
Vickermann, Gabriele Dr. → T 3 753
Victor, Mario → f 554
Vidal, Pierre E. → IZ F 1 762
Vidal-Quadras Roca, Alejo → IZ A 183
Vidmar, Jasmina → iz u 61
Vidović, Mirjana → c 948
Viebeg, Enrico → g 529
Viedt, Hans-Henning → S 972
Viefhues, Prof. Dr. → T 3 604
Viehmann, Prof. → A 12
Viehof, Eugen → H 1, H 548
Viehoff, Reinhold Prof. Dr. → O 408
Viehweger, Manfred → T 598
Vieillefosse, Michel → IZ T 361
Vieira da Fonseca, Vasco → iz f 1 431
Vieites Baptista de Sousa, Juan M. → iz f 2 473
Viek, Anna → T 2 888
Viel, Volker → E 100
Vielhaber, Thomas → A 20
Viénet, Denis → IZ U 298
Viere, Christiane → A 23
Vieregge, Hans Dr. → I 22
von Vieregge, Henning Dr. → O 539, T 818
Vieregge, Kaspar Dr.-Ing. → E 157
- Rudolf, MinDir a.D. Dr. → T 2 189
Vierig, Fritz → U 850

Vierkotten, Ursula Dr. → S 378
Vierks, Giesela → U 133
Viertel, Matthias Dr. → s 764
Vieru, Nicolae → IZ U 571
Viessmann, Martin Dr. → E 101
Vieten, Sonja → S 1 454
Vieten-Gross, Dagmar → s 592
Vieth, Hans Uwe → t 2 285
Vietinghoff, Eberhard → r 111
von Vietinghoff, Eckhart Dr. → T 972
Baronin v. Vietinghoff-Scheel, Johanna-Elisabeth → T 3 955
Rocabado de Viets, Hortensia → c 663
Vietz, Hans-Jürgen → H 308, H 311
Vietze, Heinz → a 77
- Wolfgang → O 300
Vietzke, Burkhart → o 475
Vieweg, Barbara → U 2 019
Vigalondo, Francisco → iz f 23
Vigoureux, Thierry → IZ S 647
Vigverberg, Birgit → iz u 256
Vijverman, V. → iz f 1 117
Vikas, Anastassios → IZ A 227
Vilar, Eva Marianne → c 50
Vilaras, Mihalis → iza 220
Vilella, Giancarlo → IZ T 892
Vilgertshofer, Rainer Dr. → A 112
Vilgis, Alois Dipl.-Verwaltungsw. → t 2 162, t 2 164, t 2 165, t 2 171
Vilhjalmsson, V. Th. → iz u 43
Viljanen, Kaija → t 3 580
Vilks, Arnis Prof. Dr. → T 580
Villagrán de Léon, José Francisco → C 824
Villalba-Ripol, José → IZ S 677, iz s 693
Villalobos, Edgar Wenzel → c 329
Villalobos Talero, Celia → iz b 254
Villate de Garcia, Margarita → iz f 2 568
Villena, J. → iz f 122
Villeneuve de Janti, Philippe → iz t 667
Villiger, Armin → IZ R 27
- Heinrich → F 1 054, IZ F 1 175
Villikka, Markku → IZ S 563
Villinger, Georg Dipl.-Wirt.-Ing. → t 1 551
- Georg, Dipl.-Wirt.-Ing. (FH) → t 1 408
Villmeter, Horst → G 113, G 523, g 555
Villodre Miranda, Juan A. → iz f 1 794
Villoro, Juan → S 1 202
Villwock, Karl → u 1 885
- Regina → o 30
- Ute → U 2 450, u 2 512
Vilmar, Karsten Dr. → U 3 021, U 2 028
Vilsmeier, Gerhard Dr. → t 3 727
- Johann → K 308
- Katharina → K 302
Vimont, Pierre → IZ C 5
du Vinage, K. → s 1 307
Vinay, Gianni → IZ A 225
Vincent, Ed → IZ U 813
- Gérard → IZ F 715
- Jean → IZ R 267
Vincente, Jose Francisco → IZ U 302
Vincentz, Lothar Dr. → o 513
Vincke, Monique → iz r 31
Vindevogel, Patrick → iz f 523
Viner, Penny → iz f 862
Vinge, Frederik → c 429
Vingiani, L. Dr. → iz f 1 191
- Leonardo → iz t 800
Vingron, Martin Dr. → t 120
Viniczai, Tibor → iz f 516
Vink, Enrico V. M. → iz s 536
Vinken, Horst Dipl.-Kfm. Dr. → s 11, s 635
Vinnen, Christel → M 211
Vinois, Thierry → iza 20
Vintevogel, Piet → iz n 45
Vinther, Per → iz a 171
Viola, Alfred M. → U 1 923
Viré, S. → iz g 60
Virgens, Manfred → q 139
Virgolici, Eugen → iz f 142
Virin, O. → iz t 604
Virtaala, Matti → IZ F 24
Virtanen, Sakari → iz h 424, iz h 451, iz o 138
Visan, Mihai → iz f 2 310
De Visscher, Vincent → iza 96
Visse, L. H. → T 1 257
de Visser, C. Dr. → iz t 487
Visser, C. L. → IZ F 1 978
- Guus → F 1 055, IZ F 1 175
Vitali, Fabrizio → IZ F 1 979
- Francesco → iz q 88
Vitorino, Antonio → IZ A 1
Vits, Hans-Joachim Dr. → U 2 030
Vitt, Walter → S 1 182, IZ S 644
Vitze, Wolfgang → Q 343
Viviani, Bernadette → iz o 131
von Vivis, Gudrun → E 737
Vizenetz, Peter A. → T 1 291

Vlach, Eckhard → g 490, h 139
- Miroslav → iz f 726
Vlada, Denic Dipl.-Ing. → iz f 1 102
Vladimirov, Karin Dr. → R 363
Vlcek, Frantisek Ing. → d 209
Vleeschouwers, F. → IZ F 596
Vleeshouwers, Th. → iz s 535
Vliegenthart, Margo → iz b 197
Vllela, Josée-Luis → iz u 220
Vlnas, Jan → iz m 81
Vobbe, Joachim → U 2 380
Vobruba, Georg Prof. Dr. → T 584
Vocke, Enno Prof. Dr.-Ing. → E 714
- Knut → s 374
Vodopivec, Franc Prof. → iz t 533
Vodosek, Peter Prof. Dr. → T 678
Vöcking, Knud → u 2 244
Vöge, Manfred → g 683
Voegele, Arno Dipl.-Wirtsch.-Ing. → t 1 729
Vögele, Karl Erhard → U 3 105, U 3 108
Voegele, Wolfgang Dipl.-Ing. → S 1 106
Voegle, Andreas R. Dr. → H 682
Völringer, Klaus-Dieter Prof. Dipl.-Ing. → t 1 203, t 1 211
Völcker, Hans Eberhard Prof.Dr. → T 3 369
Völckers, U. Dr. → T 1 266
Völger, E. R. → f 100, r 53
- Gisela, Prof. Dr. → T 1 116
Völk, Hans → F 423
- Heinrich J., Prof. Dr. → T 128
Völker, Ingrid → t 2 999, u 1 625
- Jürgen, Dipl.-Volksw. → E 229
- Klaus → h 112
- Klaus, Prof. → T 420
- Kristin, Dr. → u 2 989
- Udo → H 22, h 45
Völker-Albert, Marita Dr. → A 216
Völkert, Frank → O 190
Völkl, G. → iz f 1 613
- Robert → m 107, M 149, M 150, m 206
- Wolfgang, Dr. → T 1 055
Völl, Stefan Dr. → q 233, g 235
Völsch, Thomas → a 88
Völsen, Klaus → k 24
Völxen, Hans-Dieter → f 390
Völzing, Eberhard → U 2 051
Völzow, Michael → IZ T 438
Vömel, Edwin → H 610
Vörsmann, Dr.-Ing. → T 1 318
Vogel → A 27, b 466
- Angela, Dr. → T 2 749
- Annette → U 1 866
- Bernhard → E 151
- Bernhard, Dr. → A 39, B 184, O 336, T 763, T 791, T 812, t 3 105, U 2 114
- C. Wolfgang, Dr. → b 43
- Christian → T 504
- Eveline → U 229
- Franz J., Dr. jur. → E 375, T 2 553
- Friedrich → c 1 229
- Friedrich, Prof. Dr. Dr.h.c. → T 860
- Georg → u 1 468
- Gerhard, Prof. → IZ T 295
- Günter, Dr.-Ing. → u 523
- H. → iz f 283, iz f 2 611
- Hans-Jürgen → g 466, h 609
- Hanspeter, Dr. → E 82
- Hedwig → B 739
- Heiner → T 3 268
- Heinrich, Prof. Dr. → T 803
- Hildegard → u 2 626
- Klaus R., Dipl.-Kfm. → R 271
- Kurt G., Dipl.-Ing. → S 951
- Martin, Dr. → IZ T 868
- Oswin, Ass.jur. → l 13
- Peter → s 774
- Peter, Dr.-Ing. → t 1 224
- Peter, Prof. Dr. → T 3 363
- R. → IZ F 2 039
- Richard J. → N 283
- Robert → c 1 320
- Ruth → T 2 868
- Ursula → IZ T 193
- Wolfdietrich → C 160
- Wolfgang → g 19
- Wolfgang, Dr. → T 2 327
- Wolfgang C. → t 1 732
Vogelbacher, Walter → U 699
Vogeler, Burkhard Dr. jur. → M 209
Vogeley, Hans-Wilhelm → F 382
Vogelij, Jan → IZ S 433, iz s 444
Vogelreuther, Karl Theodor Dr. → o 98
Vogelsänger, Dietmar Dr. → g 198
- Manfred → O 237
Vogelsang, Harmen → l 130
- Thomas → F 403, f 408
Vogelsberger, Gunter → s 371
Voges, Roland → O 63
Vogiatzis, Moschos → t 2 976

Vogler, Albert → g 412
- Gerhard → R 679
- Herbert → U 391
- Kathrin → U 1 872
- Michael, Dr. → t 2 274
- Michael, Prof. → T 419
- Reinfried → k 231
- Wilhelm → g 225
- Willi → S 1 261
Vogt, Anton Dr. → E 578
- Anton, RA Dr. → E 578
- Barbara → R 191
- Bernhard → A 6
- Burkhard, Dr. → a 124
- Christian, Dipl.-Ing. → T 2 212
- Dieter → IZ F 251
- Eberhard P., Prof. Dr.-Ing. → f 84
- Eckehart → u 2 992
- Felicitas → T 2 843
- Franz → E 98
- Fritz → IZ S 653
- Fritz, Dipl.-Kfm. Dr. → s 666
- Günther → U 2 051
- Hans → u 2 381
- Hans-Günter, Dr. → u 2 292
- Herbert → o 601
- Hermann → E 97
- Joachim, Dr. → R 899, T 1 112
- Jörgen → E 693
- Jürgen → u 815
- Karl-Heinz → U 3 103
- Kevin → IZ K 39
- Klaus, Dr. → o 709
- Lutz P. → N 58
- Lutz Rüdiger → U 1 421
- Manfred → s 466
- Martin → iz f 2 202
- Michael, Dr. → U 2 657
- P. M., Prof. Dr. → T 3 428
- Peter → U 1 363
- Peter, Dr. → U 774
- Rainer → s 1 189
- Roland → u 2 101
- Sandra → U 187
- Sigbert, Dipl.-Ing. Arch. → u 507
- Ute → A 35, u 2 252
- Victor, Dipl.-Volksw. → E 162
- Wolfgang → S 710
Vogt-Jordan, Wolfgang → T 1 967
Vogtmann, Hartmut Prof. Dr. → A 302
- Horst → H 594
Vohl, Jürgen → q 13
Vohn, Herbert → F 786
Vohrer, Manfred Dr. → IZ R 9
- Thomas → q 119
Vohs, Manfred Dipl.-Ing. → F 895
Voigt → B 237
- Barbara → Q 401
- Carl, Dr. → E 93
- Christian, Dipl.-Ing. → S 1 106
- Franz → E 197, e 201, F 88
- Gabriele Maria → r 235
- H. H., Prof. Dr. → T 1 945
- Hans-Jürgen → h 570
- Heinz → u 1 034
- Joachim, Prof. Dr.jur. → T 565
- Juergen-Peter, Dr.-Ing. → t 1 198
- K., Prof. Dr. → T 3 310
- Karsten D. → A 8
von Voigt, Klaus Dr. → U 370
Voigt, Lutz → g 535
- Marek → U 1 546, u 1 549
- Norbert → m 25
- Rainer → l 66
- Roswitha, Dr. → A 25
- Thomas → IZ O 203
- Ursula → U 2 450
- Wilfried → b 178
Voigtländer, Andreas → h 546
- Bernd → f 718
- Dietrich → I 26, p 20, p 35
- Helmut → A 25
- Lothar → S 1 290
- R., Dr. → U 915
- Roswitha → O 288
Voisin, Jacques → iz r 164
Voit-Nitschmann, Rudolf Prof. Dipl.-Ing. → t 1 714
Vojtassak, Marc → iz g 1 228
Vokovic, Ljiljana → s 1 228
Volanen, Risto → IZ P 2, IZ Q 1
Volb, Fritz → H 80
Volck → A 21
- Gerd-Rudolf, Dipl.-Kfm. → s 676
Vold, P. T. → iz f 1 028
Volger, Eberhard Prof. Dr.Dr. → T 3 468
Volk → B 460
- B., Prof. Dr. → T 3 365

Volkert, Bernd Dipl.-Volksw. → t 1 724, T 2 347
- Werner → N 288
Volkhardt, Rolf Dipl.-Ing. → f 63
Volkholz, M. Dr. → T 1 925
Volkmann, Bodo Prof. Dr. → U 1 399
- Gerhard → U 606
- Peter → E 113
- Peter H. → s 190
Volkmar-Clark, Claudia → u 2 871
Volkmer → S 1 514
Volks, Wilhelm → U 2 053
Vollath, Hans-Peter → T 628
Vollbracht, Ernst → S 786
Volle, Hans → r 278
Vollenbröker, Klaus Dipl.-Ing. → E 170
Vollert, Hans-Christian Dr. → q 366
- K.-Peter → M 372
- Peter → h 379
Vollhardt, Jürgen Dr. → s 532
Vollherbst, Franz-Josef Dr. → T 3 776
Vollmann, Axel → f 772
- Kerstin → u 1 229
Vollmar, Heiner → B 439
Vollmer, Antje Dr. → A 35, A 40
- Joachim → D 195
- Karl-Heinz, Prof. Dr. → p 35
- Rudolf, Dr. → A 25
Vollmer-Verheyen, Hans Günther → R 157
Vollnhals, Clemens Dr. → T 2 454
Vollrath, Hans-Joachim Dr. → s 532
- L., Dr.-Ing. → T 1 252
- Ludwig, Dr.-Ing. → T 1 165, T 1 883
- Sven → A 35
- Wolfgang, Dr. → T 1 314
Vollstädt, Uwe → O 691
Vollstedt, Dieter J. → IZ F 1 796
- Josef → T 3 779
Volmer, Christina → U 3 105
- Ludger, Dr. → A 8
- Ralf → F 491
Volpert, Michael Dipl.-Ing. → S 1 106
Volquartz, Angelika → U 2 114
Voltz, Gabriele → s 7
Volz, Gisela Dr. → m 72, M 142, T 4 037
- Günther, Dipl.-Ing.(FH) → S 943
- J. → IZ T 573, iz t 577
- Ludwig, Dr. → A 20
- Ute → u 1 434
Graf Hahn von Burgsdorff, Eckhard → q 626
Von Felten, O. → IZ F 2 478
Von Holstein, Henrik → IZ A 219
Freiherr von Leuckart, Hans Dietrich → f 943
von Schlieffen, Gabriele → O 201
Vondenbusch, Bernhard Prof. Dr.-Ing. → t 1 452
Vondran, Ruprecht Dr. → E 545
Vondung, Peter → f 339
Vonkeman, Bert → iz f 1 456
Vonnahme, Peter → S 575
Vonscheidt, Wolfgang Dr. → R 99, R 101
Voorhamme, Bernd → H 438
Voorspoels, Patrick Ing. → E 413
Baron van Voorst tot Voorst, Berend-Jan → D 219
Voos, Rudolf Dipl.-Wirtsch.-Ing. → U 662
von Vopelius, Dirk → E 62
Vorbeck, Claudia Dr. → t 242
Vorberg, Uwe → u 2 244
Vorderwülbecke, Ulrich Dr. → F 225
Vorher, Wilhelm Dr. → f 750
Vorholz, Reiner Dipl.-Ing. → M 267
Vormittag, Hans Dieter → T 1 347
Vornamen, H. → iz f 1 021
Vornweg, Hans-Michael → e 171
Voronin, G.P. Prof. Dr. → iz t 398
Vorpahl, Klaus → O 430
Vorpeil, Konrad → R 93
Vorrath, Ernst → A 306
- Maria → T 3 075
Vorster, Friedrich Prof. Dr. → T 3 789
Vorwallner, Renate → u 1 280
Vorwerk, Mirco A. → S 1 452
Vorwig, Franz → g 583
Vorwohlt, Erich → H 308, H 312
Vos, Robert → IZ G 1
Voscherau, Eggert → E 239
- Henning → U 2 251
Vosen, Hans-Dieter → S 1 585
Voshage, Stephan → T 3 917
Voskamp, H. Dr. → iz f 1 047
- H. A., Dr. → IZ F 677
- Herman, Dr. → iz f 244
- Herman A., Dr. → iz f 1 700
Voß, A. Prof. Dr.-Ing. → L 30
Voss, Erich Dr. → T 1 930
- Everhard A. → A 35
- Friedrich → I 41
Voß, Gotthard Dipl.-Ing. → B 658

Voss, Günter → h 31
Voß, Hans-Ulrich → B 290
- K.-Dieter → K 134
Voss, Karin → T 1 971
Voß, Ludwig → G 240
Voss, Michael → U 2 450
Voß, Peter → u 2 242
- Peter, Prof. → O 322
von Voss, Rüdiger → U 2 152
Voß, Sönke → g 200
- Wolfgang → o 643
- Wolfgang, Dr. → b 154
Voss-Fels, Peter → Q 124
Voß-Gundlach, Christiane → A 20
Voßbein, Reinhard Prof. Dr. → U 690
Vossebürger, Albert → s 496
Vosseler, Klaus → K 96, K 114, K 243, K 331, q 14
Voßkötter, Günther Dr. → F 322, IZ F 2 392
Vossmann, Heinz Dipl.-Volksw. → E 134
Voßmerbäumer, H. Prof. Dr. → T 846
Voßschulte, Alfred Dr. Dr. h.c. → T 2 189
- Alfred, Dr. Dr.h.c. → E 148
Voßschulte jr., Alfred → H 288
Vosteen, Jens → g 605
- Karl-Heinz, Prof. Dr. → T 3 278
Voswinckel, Jochen → T 3 949
- Ulrich → T 721
- Ulrich, Dipl.-Volksw. → T 727
Voswinkel, Manfred → B 851
Votápek, V. → iz t 379
Voth, Klaus → U 236
Vothknecht, Ewald → g 140
Voûte, Janet → IZ T 820
Vowles, J. → iz f 214
Voynet, Dominique → iz b 85
van de Vrande, Simon → iz f 1 424
Vratislavsky, Harald Dipl.-Ing. → u 521
Vreden, Claus → U 1 603
- Norbert → B 563
Vredevoort, Raymond → f 197
Vrestal, Jan Prof. → iz t 536
Vrettos, Konstantinos → iz b 89
de Vries, Gijs → iz b 186
- Helmer, Dr. → t 4 070
- J. → IZ S 395
- Klaas → iz b 186
- Monique → iz b 193
- Ralph → iz u 451
- Roel → IZ R 274
- Rolf → T 1 051
Vrij, Robbert M. → iz o 88
Vrijlandt, Aart-Ian → IZ T 838
von der Vring, Thomas Prof. Dr. → O 319
Vroom, J.J. → iz f 1 684
- Peter V. M. → iz s 281
Vuidar, Christiane → IZ H 375, IZ H 493
Vujnovic, Mibailo → iz f 2 120
Vuković, Stevan → IZ T 986
van Vuure, Dirk → IZ G 54
Vygen, Dr. → A 33

W

Waag, Ute → U 1 300
Waage, Leif → IZ G 73, iz g 83
de Waal, Lodewijk → iz r 186
Waas, Franz S. → I 21
- Joseph, Dipl.-Ing. → B 440
Waasner, Christian Dipl.-Wirtsch.-Ing. (FH) → E 44
Waayer, Marieke → IZ S 646
Wabbel, Dietmar → T 563
- Hans W. → O 355
Wache, Jürgen → h 176
- Peter → t 1 639
- S. → M 279
Wachi, Goro → c 246
Wachinger, Lorenz → m 2
Wachnitz, Renate Elisabeth → c 11
Wachter, Anton → E 43
- Bernd → t 2 505
- Jürgen → h 579
- Peter → Q 51
- Ralf → s 718
Wachtmeister, Märta → c 433
Wack, Gerhard → b 141, I 43
- Siegfried → e 647
Wacker, Lothar → R 458
- Wilfried, Dipl.-Kfm. → l 15
- Willibald → O 632, o 641
Wackerbeck, Lothar → I 40
Wackerhagen, Björn → r 179
- Rolf → R 167, iz g 138
Wackermann, Peter → u 2 499
Wackernagel, Ernst → U 1 014

Wacket, Peter → l 80
Wackwitz, Stephan Dr. → u 2 967
Wadenbach, Peter → g 536, k 156
Wadephul, Johann Dr. → U 2 114, u 2 131
Wadle, Elmar Prof. Dr. → B 893
Wäber, R. Dr. → T 1 931
Wächter, Joachim Dr. rer. nat. → T 378, iz t 175
- Klaus → I 60
- Matthias → g 748
Wächtershäuser, Manfred Dr. → I 26, P 4, p 20, p 35
Wähling, Bernhard → E 112
Wähnert, Sibylle → O 113
Wälde, Martin Dr. → u 2 952
Wärk, Hans-Joachim Dipl.-Ing. → O 385
Wärnersson, Ingegerd → iz b 232
Waernier-Gut, B. → iz f 724
Wäsche, Manfred Dr. → e 76
Wässle, Heinz Prof. Dr. → t 124
Wätzmann, Kurt → u 2 536
Waffenschmidt, Siw Dipl.-Sportlehrerin → U 656
Wagelaar, Rainer Prof. → t 1 696
Wagemakers, E.G. → iz f 1 612
Wagenblast, Brigitte → E 16
Wagener, Gerhard → F 121
- R. → IZ I 4
Wagener-Pollmann → u 1 686
Wagenfeld, Wolfgang → u 1 842
Wagenknecht, Petra → IZ T 910
- Sahra → U 2 234
- Tilman → m 73
Waggershauser, Mathias → F 88
Waginger, Eva Dr. → IZ T 295
Wagner → b 467
- Adolf, Prof. Dr. → T 584
- Albert → u 2 465
- Andreas, Dr. → O 322, S 271
- Axel → B 710, U 1 030
- Benno N. J. → U 2 085
- Bernd → U 2 815
- Bernd, Prof. Dr. → T 4 023
- Birgitt → b 93
- Brigitte → s 533
- Carlo → iz b 179, iz b 180
- Christean, Dr. → A 39, b 89, d 230
- Daniel → u 1 829
- Dieter → U 1 496
- Dieter, Prof. Dr. → t 4 058
- Elmar, Prof. Dr. → t 1 215
- Eugen → A 39, b 71
- Franz → u 1 779
- Franz, Prof. Dr. → T 642
- Franz-Josef → T 3 017
- Franz M. → U 2 849
- Friedhelm → p 45
- Friedrich, Prof. Dr. → t 156
- Friedrich-Wilhelm → s 363
- Friedrich Wilhelm → T 870
- G. → H 238, iz h 330
- Gerd → s 651
- Gerhard → Q 621
- Gerhard, Prof. Dr. → S 615
- Gerhard, Prof. Dr.-Ing. → T 433
- Gert, Prof. Dr. → T 2 203
- Gottfried → g 306
- Günter, Dr. → O 147, S 795, S 948
- H. → IZ F 1 266, IZ F 2 141
- H.-J., Prof. Dr.med. → T 3 634
- Hanns-Peter → t 333
- Hans → L 33
- Hans, Dr. → K 262, K 267
- Hans Georg, Dip.-Ing. → s 891
- Hans Georg, Dipl.-Ing. → S 846
- Hans Jürgen → t 3 003, u 1 629
- Harald, Dr. → T 3 805
- Heinrich → h 108
- Heinrich, Dipl.-Ing. → f 71, g 162, r 35
- Heinz Georg, Prof. Dr. Dr.h.c. → T 858
- Hellmut, Prof. Dr. → T 1 341
- Herbert, Dr. → D 2, d 15, d 45
- Hermann-Josef, Prof. Dr.-Ing. → T 1 059, T 1 165
- Herrmann-Josef, Prof. Dr.-Ing. → T 1 047
- Ingrid, Dr. → T 1 865
- Joachim, Dipl.-Kfm. → T 2 240
- Jörg → b 135
- Johannes, Dipl.-Volksw. Dipl.-Ing. → E 93
- Josef → g 782
- Jutta → b 57, B 862
- Kathrin → O 377
- Kerstin → t 2 979
- Klaus → U 774, U 1 576
- Klaus-Peter → B 724
- Klaus-R., Dr. → s 538
- Leo, Dr. → E 556
- M. H., Prof. Dr. → T 1 305

Fortsetzung nächste Seite

Wagner

Wagner (Fortsetzung)
- Marita → S 459
- Martin, Dipl.-Kfm. → S 711
- Maurice → IZ F 1 110
- Maurice, Dr. → IZ F 1 821, IZ T 833
- Mayke, Dr. phil. → a 119
- Michael → T 376
- N. → F 615
- Rainer → H 185
- Ralf → S 286, T 2 807, U 1 160
- Reinhold → A 202
- Roland → Q 169
- Rolf → IZ F 1 261
- Rolf, Dr.oec. Ing. → T 1 870
- Ruth → b 91, u 2 207
- S., Dipl.oec.troph. → T 395
- Sabine → s 508
- Stefan, Dr. → r 678
- Tanja → E 44
- Thomas, Dr.-Ing. → T 1 089
- Ulrich, Dipl. oec. → G 31
- Ulrich, Prof. Dr.-Ing. → T 1 058
- Ursula → f 863
- Uwe → z 979
- Velten → U 1 864
- Wilfried, Prof. Dr. Dr. → T 3 434
- Willy H. → k 171, k 190
- Wolfgang, Dr. → E 2, E 44
- Wolfgang, Dr.rer.nat. → f 138, F 935
- Wolfgang M. → r 773
- Wagner-Wieduwilt, Klaus → i 52
- Wagnerberger, Fritz → u 2 520, U 2 552
- Wagnon, Raymond → F 1 050
- Wahl, Adalbert Dr. → S 622
- Andreas → Q 97
- Karin → s 341
- Klaus → Q 299
- Norbert → I 68
- Stefanie → t 2 275, t 2 373
- Stephan → T 2 130
- Volker, Dr. → B 644
- Wahl-Schneiders, Kornelia → H 576
- Wahlen, Hans Jürgen → h 243
- Hans Jürgen, Dipl.-Kfm. → H 24, iz h 226
- Wahler, Andreas → O 149
- von Wahlert, Christiane → O 151
- Wahlich, Alfons → T 3 661
- Wahlig, Winfried → r 384
- Wahlscheidt, Dirk → T 3 940
- Wahnsiedler, Fred → H 53
- Wahren, Karl Heinz → S 1 290
- Wahrmann, Uwe Dipl.-Ing. → s 854
- Wahser, Richard → t 2 786
- Waibel, Harald → k 390
- Hermann, Prof. Dr. → T 2 650
- Waibel jun., Reinhard → u 2 091
- Wainstock, Marcel → u 2 401
- Wais, Edgar Dr. → d 20
- Wakabayashi, Akira → c 900
- van der Wal, H. → IZ F 596
- Walbrecq, R. → iz s 399
- Walbröl, Hans-Peter Dipl.-oec.-troph. → S 1 516
- Werner → E 356
- Walch, Christof → iz f 1 715
- Heinrich → f 598
- Heinrich, Dipl.-Kfm. → F 596
- Max → e 51
- Walchshöfer, Herbert → U 3 126
- von Walcke-Wulffen, Dirk Dr. → I 43
- Wald, Axel → k 137
- Theodor → q 567
- Graf von Waldburg-Zeil, Alois → T 2 314
- Graf Waldburg-Zeil, Joseph Dr. → k 64
- Waldburger, Rudolf → iz o 147
- vorm Walde, Rüdiger Dipl.-Betriebsw. → m 10
- Waldecker, Gerd Georg Dr. → E 26
- Waldenberger, Franz Prof. Dr. → t 1 652
- Freiherr von Waldenfels, Georg Dr. → u 2 527
- Graf von Walderdorff, Emanuel → u 1 768
- Philipp → E 2, E 3 777
- Waldmann, Herbert Prof. Dr. → t 154
- K.-H., Prof. Dr. → T 3 510
- Kai K. → S 1 585
- Norbert → O 322
- Thomas, Dipl.-Wirtsch.-Ing. → f 668, f 672, T 1 963, iz f 1 518
- Waldraff, Tilmann → u 2 920
- Walenta, Albert H. Prof.Dr.rer.nat. → T 673
- Walentowski, Swen → S 509
- Walgenbach, Willi H 509, h 521
- Walgraef, Annick → IZ O 151
- Walia, Susanne → T 3 111
- Walid Hezbor, Mohamed → C 1 287
- Walke, Marion → S 443
- Walker, George → IZ U 582
- Heinz → A 391
- Heinz, Ing. grad. → T 1 159

Fortsetzung nächste Spalte

Walker (Fortsetzung)
- Jim → iz q 17
- Lawrence A. → e 361
- Walker of Worcester → E 274
- Walkó, Miklós Dr. → N 205, n 279, n 281
- Wall, Björn → IZ U 809
- Hiltrud → a 89
- de Wall, Meindert → k 419
- Wall, R. Desmond → IZ F 1 525
- Stephen → IZ C 15
- Walla, Wolfgang → f 998
- Wallace Baibas, Athena → iz s 439
- Wallander, Sture → t 953
- Wallast Groenewoud, R. J. B. → IZ H 48
- Wallau, Theodor → C 202
- Wallauch, Norbert → IZ U 551
- Wallbutton, Edward J. → IZ U 588
- Wallen, Nils-Göran → IZ S 636
- Wallenwein, Gerhard Dr. → T 2 516
- Waller, Jürgen Prof. → T 441
- Wallerath, Maximilian Prof. Dr. → t 4 062
- Wallheinke, Bernd Dipl.-Ing. → s 895
- Wallin, Marie → IZ T 308
- Wallis, Norman Edward → IZ U 228
- Wallisch, Christian N. → U 1 863
- Walliser, Gerhard Prof. Dipl.-Ing. → t 1 470
- Wallmann, Rainer Dr. → T 1 369
- Walter, Dr. → R 198
- Wilhelm, Dr. → f 781, u 901
- Wallmark, Björn Prof. Dr. → F 173
- Wallmeyer, Michael Dr. → F 173
- Wallner, Elisabeth → U 1 386
- Ingo → c 999
- Ute → t 3 096
- Walloschke, Renate → U 1 295
- Wallossek, B. → U 588
- Wallrafen, Andrea → T 3 116
- Wallström, Margot → IZ A 1
- Walon, Alain → IZ O 97
- Walsch, Gottfried → S 1 370
- Walser, Helmut → iz f 1 351
- Walsh, Joe → iz b 129
- Malachy → iz s 522
- Milja → iz l 8
- R., Dr. → IZ S 164
- Waltenberger-Klimesch, Brigitte → b 19
- Walter, Andreas → n 77
- Andreas, Dr. → s 357
- Anne-Karin → F 607
- Axel, Dr. → B 375
- Bernd → k 28
- Bernhard → I 46, r 853, iz i 9
- Detlef, Dr.med. → S 116, s 130
- Dirk → u 2 037
- Eduard → f 470
- Frank H. → u 2 663
- Gerhard Franz, Prof. Dr.med. Dr.phil. → T 3 394
- Hans, Dr.-Ing. → c 911
- Hans-Anton → g 127
- Hans-Otto → U 1 740
- Helmut → N 162
- Ignaz, Prof. Dr.h.c. → F 1, f 18, F 69, R 33
- J. M. → B 711
- Joachim, Prof. Dr. → T 493
- Jochen → I 88
- Jörg, Dr. → I 93
- Johann → Q 454
- John → iz f 1 355
- Jürgen → u 2 258
- Jürgen, Prof. → t 1 573
- K. → T 2 175
- Klaus, Dr.jur. → c 731
- Klaus R., Dr. → r 733
- Martin → n 217
- Martina → T 524
- Maximilian, Prof. Dr. → T 543
- Michael → t 1 652
- Michael, Dr. → izu 714
- Michael, Prof. Dr. → s 586
- Norbert, Prof. Dr. → T 2 209
- Otto, Dr. → s 307
- Robert, Dr. → IZ S 165
- Roland, Prof. Dr. → t 3
- Roland, Univ.-Prof. Dr. → T 400
- Rolf, Prof. Dr. → T 2 458
- Siegfried, Dipl.-Ing. → t 1 603
- Siegfried, Dipl.-Ing. (FH) → t 1 738
- Volker → b 392
- Walters, F.J. → iz f 108
- John → IZ U 817
- Walther, Andreas → K 326
- Carl, Prof. Dr. → T 1 284
- Dorothee, Dr. → O 517
- Gabriele → D 161
- Herbert, Prof. Dr. → t 162
- Horst → F 946
- Irene, Dipl.-Betriebsw. → g 790

Fortsetzung nächste Spalte

Walther (Fortsetzung)
- Jörg → S 1 580
- Klaus, Dr. → o 429
- Olaf → U 2 784
- Peter Christian → U 1 015
- R. → iz f 440
- Roland → r 500
- Rudolf → U 2 095
- Thomas, Dr. → s 297
- Volker → r 687
- Waltner, Georg Dr. → b 17
- Walusimbi, J.B. → iz s 556
- Walz, Dr. → A 384
- Johann B., Dr. → Q 162
- Loretta → O 269
- Peter H., Prof. Dr.med. → T 3 427
- Regina → t 244
- Walzer, Hans Georg Dipl.-Volksw. → g 579
- Hans-Jürgen, Dipl.-Ing. → E 151
- Wambach, Matthias → u 2 116
- Wambersie, André Prof. → IZ T 538
- Wambsganz, Wolfgang Dipl.-Ing. → U 518, u 520
- Wanasek, Barbara → IZ U 228
- Wanat, Jürgen → u 2 031
- Wanckel, Thomas → R 532
- Wand, Peter → O 288
- Wandel, Albrecht → E 30
- Hans-Ulrich, Dr. → U 1 569
- Wandelt, Werner Dr. → q 149
- Wanderer, Hans J. Dipl.-Ing. → S 946
- Wanderscheid, Emile → IZ U 810
- Wandke, Hartmut Prof. Dr. → T 2 878
- J., Dipl.-Ing. → I 73
- Wandt, Adalbert → E 117, M 15, m 26, m 169
- Wanduch, V. Dipl.-Ing. → T 1 249
- Volker, Dipl.-Ing. → T 1 165
- Waneck, Reinhart Dr. → iz b 202
- von Wangenheim, Anette Dr. → O 61
- Wanghofer, Emmi Dr. → s 359
- Wanhoff, Irene → f 808, G 385, H 668, T 4 034
- Waning, Norbert → S 1 065
- Waninger, Karl J. Prof. Eur. Ing. → T 597
- Wanitschek, Rainer → u 2 415
- Wanjura, Joachim Dipl.-Ing. → S 946
- Wank, Prof. Dr. → T 3 604
- Wanka, Johanna Prof. Dr. → b 47
- Richard, Dr. → k 351
- Wanke, Dietrich → T 1 284
- Joachim, Dr. → u 2 353
- Klaus, Prof. Dr. med. → u 1 856
- Klaus, Prof.Dr.med. → T 3 489
- Rolf → g 630
- Rüdiger → U 767
- Wanner → iz t 787
- Helmut → E 151
- Hubert → H 756
- Ulrich, Dr. → IZ G 187, iz g 203
- Wannhoff, Waltraut → u 2 123
- Wanninger, Florian → IZ U 540
- Rita, Dipl.-Kffr. → T 3 439
- Wanschka, Siglind → U 805
- Wansleben, Martin Dr. → f 40, F 629, iz f 2 268
- Rudolf, Dr. → N 159
- Wantz, Rodolfo Luciano → c 20
- Wapener, J.P. → IZ S 616
- Wapler, Hans-Jürgen → S 1 488
- Warburg, Justus R.G. Dr. → E 683
- Max M. → E 402, i 50
- Michael → F 384, iz f 2 009
- Warburton, Ivor → iz m 16
- Ward, D. → IZ F 466, iz f 473
- David → IZ U 491
- Martin, Dr. → IZ T 692
- Michael → IZ T 560
- Wargnies, F. → IZ S 404
- Warin, R. → iz h 306
- Warken, Sebastian → U 2 114
- Warkentin, Eugen → c 924
- Warkotsch, W. Prof.Dr. → T 2 705
- Warmbold, Dieter → s 418
- Warmenhoven, Helmut → IZ U 430
- Warminski, Dieter → U 849
- Warmuth, Gernot A. → U 3 122
- Ulrich, Dr. → B 534
- Warnatz, Jürgen Prof. Dr. → t 1 528
- Warncke, Rolf Dipl.-Ing. → l 6
- Warndorf, Peter K. Prof. Dr. → t 1 535
- Warnecke, Friedrich-Wilhelm → u 833
- Günter, Prof. Dr.-Ing. → T 553
- Hans-Jürgen, o. Prof. Dr.-Ing. Dr.h.c.mult. Dr.-Ing. E.h. → T 189
- Hans-Jürgen, Prof. Dr. → T 1 901
- Hans-Jürgen, Prof. Dr. Dr. h.c. mult. → T 725

Fortsetzung nächste Spalte

Warnecke (Fortsetzung)
- Hans-Jürgen, Prof. Dr.-Ing. Dr.h.c.mult. → T 3 891
- Jürgen → u 2 523
- Peter, Dr. → s 301
- Warner, Hermann → r 605
- Jack A. → IZ U 546
- Peter, Dipl.-Ing. → f 306
- Warner Bass, Edwin → c 567
- Warnholz, Rainer Dipl.-Ing. → S 908, s 910
- Warnke, Karsten → T 3 200
- Warnken, Jürgen → A 20
- Warnking, Gerhard Dr. → T 3 888
- Warnon, Jacques → IZ F 813
- Warpakowski, Rainer Dipl.-Ing. → t 1 857
- Warren, Chris → IZ S 637
- Warsitzki, Bernhard → k 94
- Wartenberg, Gerd → B 199, U 2 786
- Gerd, Staatssekretär → b 28
- Günther, Prof. Dr. Dr. → T 584
- von Wartenberg, Ludolf Dr. → E 239, F 1, T 2 238, T 2 248, T 4 004, U 687
- Ludolf-Georg, Dr. → E 604
- Marion → u 1 279
- Wartenberg, Marlene Dr. → O 86, IZ O 17
- Wartenberg-Potter, Bärbel → u 2 306
- Wartiovaara, Suvi → E 448
- Warwel, Siegfried Prof. Prof. Dr. → A 151
- Waschbüsch, Rita → U 1 196, U 2 028
- Waschkau, Anja → U 168
- Waschke, Rainer → S 1 586
- Waschkowski, Hans → I 12
- Hans, Prof. Dr. → u 732
- Waschuelewski, Wolfgang → r 168
- Wasem, Jürgen Prof. Dr. → T 2 203
- Washausen-Richter, Elke → A 205
- Washio, Etsuya → T 2 R 275
- Wasikowski, Wilhelm → E 44
- Wasilewski, Rainer Dr. → T 2 442, T 2 443, T 2 444
- Waskönig, Peter → E 132
- Waskow, Frank → Q 635
- Wasmuth, Dieter → s 1 081
- Kirsten → K 270
- Wasner, U. Dr. → T 1 363
- Wassermann, Gerhard → m 139
- O., Prof. Dr. → Q 645
- Wassermeyer, Ferdi Jürgen → U 2 608
- Wassmann, Cord-Friedrich → U 2 608, u 2 625
- Günther, Dipl.-Vw. → H 308
- Hans-Joachim → U 2 450
- Jörg, Prof. Dr. → T 1 115
- Wassmer jr., Leo P. → iz f 2 575
- Waßmuth, Reinhold Dipl.-Ing. → S 923
- Rosemarie, Dipl.-Ing. → S 923
- Wassner, Petra → U 353
- Watelet, C. → iz f 1 607
- Waters, Norbert → g 554
- Wathelet, Melchior → IZ A 219
- Wathion, Noël → IZ A 189
- Watrin, Christian Prof. Dr. → T 778
- Watson, Charles D. → IZ U 308
- Gary L. → IZ T 268
- J. → IZ T 906
- Jim F. → izh 196
- K. → iz f 582
- Watzawczik, Gerd-Uwe Dipl.Soz. → T 2 445
- Watzke, Hubert Dr. → u 1 357
- Watzlaw, Jürgen → G 52
- Wauters, Philippe → IZ S 468
- Wawrsich, Christine → U 1 336
- Wawrzyn, Lienhard Dr. → O 233
- Wawrzyniak, Jan → c 1 174
- K.C. → iz s 485
- Weale, M. → iz t 592
- Weber → A 323, b 507
- A. → iz s 23
- Achim, Dipl.-Betriebsw. → t 1 461
- Anja → K 133
- Anke → T 2 469
- Anna → E 315
- Axel → I 11
- Axel, Prof. Dr. → T 2 457
- Beate → D 83, d 241, N 96, T 818, T 2 346
- Birgit → U 2 811
- Carina → H 277
- Christian → B 329, K 45
- Christine → B 151
- Christoph → U 110
- Cornelia → S 789
- Dierk → e 678
- Dietlinde → T 3 908
- Dirk → h 186
- Dr. → A 12, T 2 140
- Edmund → c 712
- Elisabeth → e 610
- Erika → E 429

Fortsetzung nächste Seite

Weber (Fortsetzung)
- Frank → R 531
- Fritz → g 373
- G., Dipl.-Volksw. → iz f 451, iz f 2 496
- G., Dr. → u 2 716
- Gerd → u 1 064
- Gerd, Dr. → o 611
- Gerd, Dr.-Ing. → T 1 306
- Gerhard → IZ A 219
- Gerhard, Dipl.-Volksw. → T 397, iz f 2 497
- Günter, Dipl.-Ing. → u 524
- H., Prof. Dr. → T 544
- Hans → F 91, f 562, u 882
- Hans, Dr. → IZ T 977
- Hans-Jürgen, Dr. → T 510
- Hansjörg, Dr. → Q 86
- Harald, Dr. → g 192
- Heiner, Prof. Dr. med. dent. → t 1 762
- Heinz-Joachim → O 323
- Helmut → E 63, IZ U 476, iz u 479
- Herbert → u 872
- Herbert, Prof. Dr. → t 217, t 218
- Heribert, Prof. Dr. → T 713
- Hildegard → U 1 018
- Holger → E 82
- Hubert → IZ A 222
- Ingolf → s 1 560
- Ivan → IZ U 571
- Jean-Louis → iz a 199
- Joachim → r 768
- Jochen → O 592
- Johann → r 400
- Jürgen → D 133, iz f 2 122
- Jürgen, Dr.-Ing. E.h. → M 13
- Karlheinz, Dipl.-Ing. → O 391
- Karsten, Dr. → E 453
- Klaus → r 593, u 1 778
- Klaus, Prof. Dr. → t 109
- Klaus-Jürgen → T 3 960
- Konrad → S 1 554, s 1 564
- Manfred, Dr. → E 239, I 46, I 143, iz i 9
- Marlis → T 4 001
- Martin → T 3 227, IZ F 1 572
- Martin, Dr.-Ing. → s 931
- Mathias, Dipl.-Kfm. → IZ S 227
- Michael → N 114
- Michael, Dr. → S 273
- Michael, Prof. Dr. → t 1 792
- Monika → k 431
- Norbert → Q 281, Q 303
- Peter → O 336
- Peter, Dr. → E 21, R 467
- Raymund → g 587
- Reinhold → U 2 852
- Richard, Dr. → E 2, E 196, f 150
- Richard A., Dr.-Ing. → f 332
- Robert → iz r 181
- Roland → k 57
- Stefan → I 44
- Stefan, Dr. jur. → s 362
- Thomas → N 55
- Thomas, Dr. → S 572
- Ulrich → E 345, F 139
- Ursula → IZ S 569
- Walter, Dr. → I 28
- Werner → u 779, u 2 034
- Wilfried → H 51
- Winfried → U 1 812
- Wolf, Dr. → U 1 961
- Wolfgang → A 230, g 38
- Wolfgang, Dipl.-Ing. → u 507
- Wolfgang, Dipl.-Volksw. → E 173
- Wolfgang, Dr. → E 93, T 402
- Wolfgang, Prof. Dr.-Ing. Dr. h.c. Dr. h.c. → S 1 208
- Wolfgang, Prof. Dr.rer.pol. → T 644
- Weber-Braun, Elke → R 216
- Weber-Falkensammer, Hartmut Prof. Dr. → K 262
- Weber-Grellet, Heinrich Dr. → S 554
- Weber Kusztra, Deisi Noeli Dr. → IZ U 209
- Weber-Picard, Frank → E 260, F 290
- Weber-Stöber, Christianne Dr. → f 815, T 1 145
- Weber-Wassertheurer, Grete → S 1 266
- Webers, Wigor Dr. → T 1 132
- Webersinke, Sabine Dipl.-Ing. → S 613
- von Websky, Dr. → A 33
- von Wecheln, Hans → Q 453
- Wechsler, J.G. Prof. Dr. → T 3 279
- Wolfgang, Dr. → H 81
- Wechtenbruch, Ralf E. → D 174
- Weck, M. Prof. Dr.-Ing. → T 374
- Martin → IZ F 318
- Matthias, Dr. → t 3 307
- de Weck, Philippe → IZ R 27
- Wecker, Sven-Erik → R 679
- Weckerling, Matthias → T 724
- Weckherlin, Horst → h 787

Weckmann, Hubertus W. Dipl.-Ing. → IZ S 394
- Weddige, Volker Dr. → T 3 896
- Weddigen von Knapp, Dirk → H 594
- Wede, Peter Dr.-Ing. → T 4 139
- Wedekind, Bernd → h 584
- Sabine, Dr. → U 2 450
- Sabine, Dr. phil. → U 2 450
- von Wedel, Hedda Dr. → A 99, T 812
- Wedel, Karl-Wilhelm Dr. med. → T 3 432
- Lothar → O 238
- von Wedel, Siegfried → S 253
- Wedel, Ursula → O 152
- von Wedemeyer, Hans-Georg Dr. → f 740
- Wedemeyer, Harald → q 270
- Wedén, Lars → iz f 2 311
- Wedepohl, Jörg J. → g 472
- Weder, M → iz f 2 431
- Martin → iz f 576
- Wedermann, Heino → P 39
- Weeber, Max-Rudi → h 794
- van Weele, Leun → iz f 20
- Weening, Aad Dr. → IZ H 420
- Weerdmeester, Bernard → IZ U 174
- Weerth, Jürgen → C 273
- Weerts, Christophe → iz s 270
- Wefelmeyer, Bernd Prof. → S 1 156
- Weg, Fritz Dipl.-Wi. → E 92
- Wegat, Heide → U 1 600
- Wege, Franz Dr.-Ing. → t 1 180
- Joachim, Dr. → u 454
- Klaus D. → u 2 568
- Wegeler, Rolf → T 743
- Wegelt, Hermann → f 565, f 569, f 790
- Wegener, Andreas Dipl.-Stom. → S 263
- Ankristin → B 245
- Bernd, Dr. → F 173, F 208
- Bernd, Prof. Dr. → t 2 363
- Dirk → F 932
- Dirk, Dipl.-Ing. → F 933
- Franz, Dr.-Ing. habil. → U 256
- Gerhard → T 865
- Hartmut → b 177
- Hildburg, Dr. → U 1 304
- Holger → u 2 149
- Michael → s 1 306, U 3 023
- Reinhard → u 1 065
- Roland, Dr. → IZ W 9
- Rolf-Jürgen, Dr. → t 960
- Uwe, Dr.rer.nat. → q 449
- Werner → U 373
- Wolf, Dr. → c 1 048
- Wolfgang → S 230
- Wegerdt, Christian Prof. Dr.rer.nat. → T 2 301
- Wegmann, Reinhold → g 420, g 728
- Wegner, Annette Dr. → T 529
- Fritz, Dr. → E 74
- Fritz, Prof. → T 646
- Gerhard, Prof. Dr. → T 97, t 157
- Hans-Joachim → K 294
- Hans-Jochen → E 220
- Helwig → O 485
- Horst, Dr. → O 359
- Manfred, Dipl.-Kfm. Dr. → U 359
- Micharl, Dr. → E 67
- Rodger, Dr. → f 156, h 43, H 251, H 281, T 3 895
- Thomas → U 1 921
- Ulrike → T 3 519
- Wegnez, Léon F. → IZ H 269
- Wegrad, Joachim Dr. → b 97
- Wegst, Markus → IZ O 230
- Wegwerth, Peter Ing. → F 517
- Weh, Friedrich → K 281
- Wehage, Claus → F 612, U 587
- Wehde, Gerald → q 186
- Wehinger, Rainer Prof. → T 683
- Wehle, Ernst-Heinrich → s 355
- Wehlmann, Klaus → H 92
- Wehmann, Wolfgang → u 2 846
- Wehmeier, Klaus Dr. → T 782
- Wolfgang, Dipl.-Kfm. → s 4, s 657
- Wehner, Günther Dr. → U 2 782
- Gustav → s 1 544
- Stephan → B 708, B 744
- Wolfgang → E 97
- Wehnert, Fabian → T 2 186
- Wehr, Peter → U 908
- Wehrhahn, Lutz → B 783
- Wehrhan, Walter Dr. → U 485
- Wehrle, Hans Peter → S 738
- Wehrmann → A 27
- Wehrum, Volker Dipl.-Kfm. → T 3 880
- Wehry, Werner Prof. Dr. → T 1 294
- Wehser, Eckart Dr. → T 509
- Wei, Runbai Prof. → iz t 199
- Weibel, Benedikt Dr. → iz m 30, IZ M 54

Weibel (Fortsetzung)
- Erik Olaf → h 441
- Peter → T 1 340
- Weibert, Claus-Dieter Dipl.-Volksw. → E 148
- Weichardt, Jürgen → e 639
- Weichbrodt, Bjorn → IZ T 271
- Hans-Georg → U 569
- Weichel, Klaus Dr. → B 239
- Weichelt, Gerd → s 1 071
- Weichenhain, Peter Dipl.-Ing. → t 932
- Weicher, Ulrike → s 453, t 2 862
- Weichert, Thilo Dr. → U 691
- Weichhold, Manfred Dipl.rer.pol. (techn.) → R 750, r 842
- Weichlein, Emil → t 3 004, u 1 630
- Weichler, Olaf → u 2 241
- Weichtmann, K. Dr. → iz f 482
- Klaus, Dr. → G 414
- in der Weide, Norbert Dipl.-Betriebsw. → g 562
- Weidelener, Helmut Dr. → N 177
- Weidemaier, Annemarie → O 322
- Weidemann, Anneli → U 1 611
- Dieter, Prof. → f 7
- Dieter, Prof. Dipl.-Ing. → R 1, r 7, R 103, r 109
- Hubert → f 108
- Konrad, Dr. → T 3 710
- Volker, Dipl.-Ing. → T 378
- Weidenbach, Marina → T 2 579
- Weidenbörner, M. Doz. Dr. → T 2 570
- Weidenfeld, Dieter → S 1 289
- Walter → f 773
- Werner, Prof. Dr. Dr. h.c. → T 725
- Werner, Prof. Dr.Dr.h.c. → T 725
- Weidenhaus → u 1 668
- Weidenhöfer, Gert → q 280
- Weidenmüller, Hans A. Prof. Dr. → t 128
- Weider, Ben → IZ U 541
- Eckhard → r 563
- Eric → IZ U 541
- Weidhaas, Hans-Jochen Dipl.-Psych. → S 163
- Ingrid → E 233
- Peter → S 1 202
- Weidinger, Dorothea → t 3 812
- Wilhelm, Dr. → B 224
- Weidlich, Christoph A. → U 2 647
- Weidmann, Dieter → P 61
- Jens, Dr. → T 2 181
- Michael → u 951, U 2 757
- Weidner, Dagmar → t 3 080
- Heiner → Q 395
- Lutz E. → O 573, T 2 247
- Michael, Dipl.-Ing. → T 2 582
- W., Prof. Dr. → T 3 284
- Wolfgang, Prof. Dr.med. → T 3 427
- Weidner-Theisen, Gerlinde → K 292
- Weidringer, Joh. Wilh. Dr. → s 24
- Weiers, Klaus → t 1 643
- Weigand, Erna-Maria → r 218
- Hilde, Dr. → b 392
- Jörg, Dr. → T 3 015
- Nestor → IZ H 574
- Roland → T 713
- Weigang, Norbert Dr. → H 793
- Weigel → A 8
- Hans-Georg → T 2 869
- Weigeldt, U. → s 212
- Ulrich → S 207
- Weigelin-Schwiedrzik, Susanne Prof. Dr.phil. → T 536
- Weigelt, Gerd Prof. Dr. → t 163
- Hartmut → U 554
- Horst → Q 210
- Jörg → r 925
- Michael → F 596
- Weigert, D. Prof. → T 3 791
- Klaus → b 15, b 26, B 198
- Ursula → T 3 469
- Weigler, Manfred Dipl.-Ing. (FH) → t 1 631
- Weigt, Helmut → S 727
- P., Dr. rer. nat. → T 3 660
- Stefan → T 2 762
- Weigt-Blätgen, Angelika → u 1 258, u 1 332
- Weihe, Manfred → F 503
- Weihrauch, Matthias Dr. → s 508
- Weijers, G.J. → iz f 216
- Jan → IZ U 427
- de Weijert, A. J. → iz f 139
- Weikert, Klaus → g 124, g 128
- Weil, Kurt → k 152
- Weiland, Harald → B 298
- Paul → A 23
- Weilbach, Erich A. Dr. → U 3 124
- Weilbächer, Roland → g 627
- Weiler, Edgar Dr. → K 31, O 399

Weiler (Fortsetzung)
- H., Dr. → iz s 22
- Heinrich, Dipl.-Vw. Dr. → IZ S 295
- Heinrich, StB Dipl.-Volksw. Dr. → S 631
- Helmut → g 531
- Herbert Anton → c 307
- Hermann F. → E 62
- Michel → iz s 502
- Peter → A 231
- Ralf → G 633
- Roland → f 548
- Thomas → f 81, r 45
- Wolfgang → R 641
- Weimann, Alfred Dipl.-Volksw. → f 951
- Günter, Prof. Dr. → t 190
- Joachim, Prof. Dr. → t 4 099
- Manfred → A 23
- Werner → i 50
- Weimar, Karlheinz → b 88, I 45
- Udo, Dr. → t 1 566
- Weimeister, Margrit → Q 46
- Weimer, Jürgen Prof. → T 689
- Weiming, Zhang → IZ F 1 707
- Wein, Fiona → iz u 152
- Weinandy, René Dr. → t 921
- Weinbach, Heike → T 2 220
- Weinberger, Rudolf → n 41
- Weinbrenner, Karl-Heinz → T 2 178
- Markus → E 108
- Ulrike → T 884
- Weinbrod, Elke → u 2 835
- Weinbuch, Helmut → u 2 520
- Weindlmaier, Hannes Prof. Dr. → T 2 580
- Weinel, Olaf → U 1 126
- Weinert, Arno Dr. → B 821
- Dieter → E 74
- G., Dr. → iz t 579
- Matthias → t 2 897
- Reinhard → P 36
- Werner, Prof. Dr.-Ing. → t 1 615
- Weinerth, H. Prof.Dr.-Ing. → T 3 914
- Weingärtner, Daniela → t 2 493
- Dr. → A 12
- Weingarten, Frank → r 918
- Otmar → Q 159, Q 160
- Weingarth, Edgar → I 71
- Weinges, Heinz-Peter → U 914
- Weinhold, Armin → f 702
- Klaus-Peter → U 1 337, u 2 294
- Weinig, Johannes Prof. Dr.-Ing. → t 1 626
- Oskar G. → S 230
- Weiniger, Harald → K 309
- Weinkamm, Max → u 1 198
- Weinkauf, Walter Dipl.-Betriebsw. → P 32
- Weinlig-Hagenbeck, Joachim F. → Q 585
- Weinmann, Claude-Eliane → C 155
- Eberhard, Dipl.-Kfm. → t 278
- Joachim, → O 289
- Oliver, Dr. → T 1 374
- Peter → R 93
- Reinhold → S 1 576
- Weinmiller, Lothar Dipl.-Kfm. → H 422
- Weinreich, Wolfgang → IZ U 497
- Weinrich, Hans-Jürgen → H 594
- Heidi → O 628
- Klaus R. → T 3 935
- Winfried → u 1 760
- Wolfgang, Dr. → B 390
- Wolfgang, Prof. Dr.med. → t 3 098
- Weins, Werner Dr. → O 628
- Weinschenk, Günther → T 3 803
- Weinspach, Friedrich Karl Dr. → f 170, r 70
- Weinssen, Ursula Dr. → S 137
- Weintraub, Karina → IZ T 971
- Weinzierl, Hubert → Q 361
- Weipert, Helmut → H 699, h 705
- Weippert, Andrea → T 459
- Weirich, Bertram → E 179
- Detlef → t 3 099
- Dieter → O 282, T 3 951
- Ellen → H 273
- Malou → IZ Q 104
- Weis, Barbara → c 265
- C. → iz f 1 327
- Dr. → A 12
- Lothar → U 322
- Norbert → k 234
- Ralph → iz f 1 652, iz f 1 735, iz g 8, iz h 484
- Rüdiger → S 1 171
- Thomas → S 1 135
- Udo, Dr. rer. nat. → S 997
- Wolfgang, Dr. → S 267
- Weisbach, Wolfgang → G 122, g 286
- Weischede, Udo → E 170
- Weischenberg, Siegfried Prof. Dr. → S 1 322
- Weise, Bernd → O 528
- Christian, Dr. Dr. → K 282

Weise (Fortsetzung)
- Eberhard, Prof. Dr. → T 772
- Günter → S 1 373
- Hans-Heinrich, Dr. → A 21
- Norbert → B 830
- Peter → u 1 472
- Thomas, Prof. Dr. → T 517

Weisenburger, Rainer Dipl.-Ing. → f 71, g 162, r 35
Weiser, Gerhard Dr. h.c. → O 90
- Reinhard, Dipl.-Kfm. → S 671, s 672
Weisgerber, Martin → g 409
- Martin, Dipl.-Volksw. → R 272
Weishäupl, Franz M. Dipl.-Finanzwirt → F 465
- Gabriele, Dr. → N 113
Weishaupt, Dr. → A 8
- Jürgen → Q 161
- Siegfried, Dipl.-Ing. → E 38, F 694
Weiskirchen, Rainer → T 2 074
Weiskorn, Richard → U 1 403
Weisner, Eckhard Dr. med. → s 37
- Ulf H. → F 423
Weisrock, Katharina Dr. → T 856
Weiß → A 36
- Alfons, Dr. → K 15
Weiss, Alfred L. → t 1 349
- Andreas → o 274
- Birte → iz b 54
- Christina, Dr. → b 75, o 16
- Dieter G., Prof. Dr. → t 1 691
Weiß, Dietmar Dr. → Q 304
- Dietrich, Dr.-Ing. → B 452
- Erich, Prof. Dr.-Ing. → T 2 697
- Erwin, Dipl.-Braumeister, Dipl.-Kfm. → E 43
- Gerd, Dr. → B 650
Weiss, Gerhard → u 2 668
- Gertrud → T 2 989
- Günter → iz a 117
- Hans Georg → O 444
- Harald → O 322
- Heinrich → u 928
Weiß, Heinz Dr. → s 368
- Heinz-Leo → g 714
Weiss, Henri → E 74
Weiß, Horst → e 651
- Jochen, Dr. → e 519
- Johannes, Dr. → O 322
- Johannes, Prof. Dr. → T 2 234
- Jost-Peter → Q 396, Q 653
Weiss, M. → iz q 91
Weiß, Magdalene → S 85
- Manfred → b 18
- Manfred, Dr. → A 39
- Mathias, Prof. Dr.-Ing. habil. → t 1 560
- Michael → f 146
Weiss, Michael → I 44
- Michael, Dr. → I 20
Weiß, Norbert → S 1 286
- Ralph, Dr. → T 1 957
Weiss, Robert → U 2 602
Weiß, Siegfried Dr. → q 205, Q 214, Q 215, Q 216
- Ulrich → F 89
- Ute → Q 460
Weiss, Walter → IZ U 476, iz u 477
Weiß, Wolfgang → g 708
Weiß-Söllner, Elisabeth → T 3 771
Weißbach, Jürgen Dr. → r 305
Weißbrich, Timo → N 148
Weiße, Michael → U 2 386
Weissen, Andreas → IZ Q 188
Weißenborn, Erwin → T 2 891, U 1 636
Weißenborn, Karl → n 11
- Michael, Dr. → F 939
Weissenfeldt, Christa → s 809
Weißenfels, Eike → S 575
Weisser, Hellmuth → H 93, IZ L 52
Weißer, Ulfried Dipl.-Volksw. → E 134
Weissert, Isolde → O 288
Weißgerber, Lothar → h 580
Weissgerber, Sigrid → G 384, T 1 153
- Wolfgang → o 473
Weißig, Holger Dr. → S 291
Weissig, Walter → R 16
Weissinger, Volker Dr. → T 3 495
Weisskirchen, Gert Prof. → e 705
Weissleder, H. Prof. Dr.med. → T 2 754
Weißleder, Wolfgang M. Dr. → f 410
Weissmann, Georg → iz s 223
Weißmann, Nikolaus → O 288
Weißmantel, Dr. → T 2 074
Weitang, Fan Prof. → IZ T 323
Weitbrecht, Hansjörg Prof. Dr. → t 2 393
Weitemeier, Ingmar → B 294
Weitendorf, Claus → E 113
- Gabriele → r 912
Weiterer, Ulrich Dipl.-Kfm. → R 20
Weitkamp, Jürgen Dr. → S 255

Weitkamp (Fortsetzung)
- Jürgen, Dr. Dr. → S 272, S 314
- Jürgen, Prof. Dr. → T 412
- Rolf, Dr. → T 2 220
Weitmann, Walter → H 773, h 774, IZ U 676, iz u 682
Weitz, Robert Dipl.-Vw. → H 308
Weitzel, Jochen → A 23
Weitzmann, H. → IZ F 2 403
- Horst, Dipl.-Ing. → T 4 144
Weizbauer, Manfred Dipl.-Volksw. → F 432, G 577
von Weizsäcker, Carl Christian Prof. Dr. → t 2 286
- Richard, Dr. → T 818, U 2 028
Wekerle, Hartmut Prof. Dr. → t 143
von Welck, Frauke Dr. → A 35
de Weldige, Kai Dr. → T 95
Welge, Gerd → s 365
Welhaven, Kristian → iz f 828
Welke, Wolfgang → h 188
Welker, Walter → O 509
Welkerling, Ute → T 3 946
Welle, Klaus → IZ U 420
Wellenbeck, Manfred T. Dr. → H 308
Wellensiek, Jobst Dr. → s 493
Weller, Dietrich Dipl.-Kfm. → c 733
- Erwin → g 397
- Horst, Prof. Dr. → t 1 913
- Stephen → IZ F 555
- Ulrich → d 233
- W.P., Dr. → IZ F 1 083
Wellerdiek, Hans Georg → F 519
Wellhoener, Axel Dipl.-Soz. → T 2 467
Welling, Elmar → E 151
Wellmann, Gisela → O 322
- Hans-Dieter → f 575
- Helmut → U 530
- Jan B. → I 104
Wellmer, Friedrich Wilhelm Prof. Dr.-Ing. → T 846
- Friedrich-Wilhelm, Prof. Dr.-Ing. Dr.h.c. → A 354, t 2 069
Wellner, Christian Dipl.-Volksw. → F 696, F 697, f 698, f 700
Wells, James W. → O 406
Wellßow, Wolfram H. Dr.-Ing. → T 1 152
Welsch → u 1 680
- Michael → T 2 560
- Patrick → s 109
- Veit, Dr. → t 788
Welsink, Dieter → S 393
Welske, Angelika → s 399
Welt, Jochen → A 10
Welte, E. Prof. Dr. → T 2 671
Welteke, Ernst → E 493, I 143
- Ernst, Dipl.-Volkswirt → I 1
Welter, Alfred → IZ M 52
- Heinz → E 167
- Theo → E 192
- Ulrich, Dipl.-Vw. → S 958, iz s 410
Weltersbach, Peter Dipl.-Volksw. → E 225
von Weltzien Høivik, Heidi Dr. → IZ U 22
Welz, Dieter → R 505
- Rainer → E 67
Welzel, Peter Prof. Dr. → T 584
Welzer, Olaf → t 2 823
Wempe, Karin → T 3 244
Wemyss, Duncan → iz f 242
Wencke, Claus Hermann → r 73
Wend, E. F. Prof. Dr.-Ing. → t 277
Wende, Burkhard Prof. Dr. → a 359
- Ulf → S 559
Wendehorst, Alfred Prof. Dr. → T 3 746
Wendel, Albrecht Prof. Dr. → t 1 591, T 3 314
- Bernd → h 420
- Harald → A 209
Wendelstorf, Jochen → A 199
Wendenburg, Albrecht → U 1 020
Wendenkampf, Oliver → q 422
Wenderoth, Gert → u 2 571
Wendisch, Dr. → A 18
- Karlheinz, Dr.-Ing. → s 880
- Patrick, Dr. → E 80
Wendl, Erich → c 555
- Erich, Dr. → iz u 770
Wendland, Jens → O 321
- Joachim → g 682
- Rüdiger → O 256
Wendler, Walter → T 3 706
Wendler-Jóhannsson, Dieter → N 205
Wendorf, Alexandra → S 1 178
- Rudi, Dr.-Ing. → T 677
Wendt, Carl-Friedrich → B 862
- Detlef, Dr.-Ing. → f 640
- Eva → h 704
- Friedrich → M 151, M 152, M 160

Fortsetzung nächste Spalte

Wendt (Fortsetzung)
- Peter → iz i 91
- Prof. Dr. → T 3 796
- Rainer → r 689
- Reinhard → q 230
Wendzinski, Gerd → q 525
Weng, Reinhard → S 943
Wenge, Michael → E 98
von der Wenge Graf Lambsdorff, Hagen → C 501
Wengenroth, Ulrich Prof. Dr. → T 1 165
Wenger, Anita → IZ U 207
- Ekkehard, Prof. Dr.rer.pol. → T 2 358
- Ekkehard, Univ.-Prof. Dr. → T 2 358
- Heinz → H 196
- Johann → H 196, h 203
Wenger, Klaus Dr. → o 274
Wenger, Larry B. → IZ F 874
- Robert → c 1 228
Wenig, Alois Prof. Dr. → t 4 098
- Karl-Heinz → f 232, f 764, f 768
- Richard, Dipl.-Ing. → t 944
Wenjie, Lu → c 706
Wenk, Harald → o 659
- Karin → s 1 346
- Klaus, Dipl.-Kfm. → E 418
- Kurt → iz h 136
Wenke-Thiem, Sybille → T 2 242
Wenkel, Karl-Otto Dr. → t 2 611
- Wolf Burkhard → G 206
Wennegren, Dan → iz f 1 704
Wennekamp, Elmar Dipl.-Ing. → S 952
Wenner, M. Dr. → IZ F 1 817
- Norbert → I 2
Wenning, Rainer → IZ U 113
- Werner → E 162, I 143
- Wilhelm → D 74
Wenninger, Marianne → s 753
- Peter → t 3 815
Wennmark, Christina → iz n 60
Wentlandt, Lutz Dr. → u 439, u 443, U 447
Wentorf, Ruth → O 113
von Wentzel, Bogislav → U 2 857
Wentzel, Christoph Prof. Dr.rer.pol. → T 451
- Matthias, Dr. → c 25
Wentzke, Heinz-Michael Dipl.-Ing. → q 28, Q 48
Wentzler, H. → F 378
Wenz, Hans → U 1 930
Wenzel, Dr. → A 362
- Friedemann, Prof. Dr. → Q 356
- G., Prof. Dr. → IZ T 630
- Gerd → s 27
- Grit → N 146
- Hans J. → S 1 302
- Holger → H 1
- Holger, Dipl.-Volksw. → H 308, T 3 692
- Holger, Dipl.-Vw. → E 239
- Irmgard → S 391
- Lutz, Dipl.-Volksw. → m 99, M 197, m 202
- Stefan → u 1 534
- Werner → u 2 508
Wenzelburger-Mack, Liselotte → U 1 606
Wenzl, Dieter Dr. → S 683
Wenzler, Christian Dr. → g 744
- Hariolf, Dr. → E 82
von der Weppen, Wolfgang Dr. → U 3 124
Werbeck, Walter Privatdozent Dr. → IZ U 805
Werber, Manfred Prof. Dr. → T 2 543, T 2 544, T 2 545
- Otto → R 867
- Siegfried, Dipl.-Ing. → T 3 659
Werdermann, Bernd → g 353
- Ernst, Dr. → u 2 156
Wergeman, G. → I 2 253
Werhahn, Johann Andreas → R 146
- Wilhelm → E 167
Weritz-Hanf, Petra → A 23
Werk, Klaus → O 368
Werkentin, Falco Dr. → B 282
Werle, Gertrud → r 571
- Rolf → u 787
- Rolf, Dipl.-Ing. → F 865, iz f 1 841
- Stefan → T 3 496
Wermann → A 18
Werminghaus, Heinz-Peter Dipl.-Ing. → T 1 973
Wermuth, Elisabeth → Q 208
- Harry → t 3 099
Werndl, Fritz Dr. → f 549
Werneke, Frank → R 398
Werner, A. Dr. → T 2 696
- Amin → F 380, T 2 561
- Ansgar → e 939
- Armin, Dr. → t 2 612
- Christina → t 3 094
- Daniel → u 1 540
- Dietrich → U 853

Fortsetzung nächste Spalte

Werner (Fortsetzung)
- E., Prof. Dr.mont. → t 2 046
- Eckhard, Dr. phil. nat. → T 3 371
- Elvira → h 419, h 543
- Frank → G 310
- Frank, Prof. Dr.sc.techn. → s 941
- Georg-Wilhelm, Prof. Dr. → T 1 317
- Gerard → n 254
- Gernot → Q 323, q 324, Q 326
- Hanns G. → F 491
- Harald → E 735
- Harald, Dr. → U 2 234
- Heidemarie → U 1 295
- Heike → u 1 557
- Heinrich, Dr. → T 750
- Helmut → m 215, m 216
- Herbert, Dipl.-Ing. → f 525
- Ingo → k 139
- Joachim, Dr. → c 12
- Johannes, Dipl.-Ing. (FH) → s 1 044
- Josef → q 142
- Jürgen H., Prof. Dr. habil. → t 1 744
- Klaus → k 394, k 416, IZ A 222
- Klaus, Dipl.-Päd. → T 2 701
- Klaus, Dr. → c 1 220, f 591, F 883, iz f 754
- Klaus, Prof. Dr. → T 581
- Matthias → t 3 825
- Michael → F 69, R 33, S 294
- Michael, Dr. → M 101
- Olaf, Prof. Dr. → t 4 100
- Reinhard → N 283
- Reinhard, Dipl.-Psych. → T 774
- Rita → r 925
- Robert → G 106
- Stefan Michael → E 151
- Thomas → N 162
- Walter → IZ F 883
- Wilfried → k 147
- Wilfried, Prof.Dr.Dr.h.c. → T 2 607
- Winfried → q 526
- Wolfgang → IZ G 147
- Wolfgang, Dipl.-Volksw. → T 2 200
- Wolfgang, Dr.-Ing. → B 370
Wernéry, Steffen → O 716
Wernhard, Markus → u 2 896
Wernicke, Eckart Prof. Dr. med. → S 235
- Horst, Prof. Dr. → u 954
- Ingolf, Dr. → u 1 060
- Ottmar H. → u 825
Werning, Konrad → T 3 694
Wernitz, Axel Dr. → T 3 806
Wernstedt, Jürgen Prof. Dr. → t 208
- Rolf, Prof. → B 333
- Rolf, Prof. Dr. → E 604
Werny, Volker Dipl.-Ing. → s 1 030
Wershoven, Theo → E 182
Wersich, Rüdiger B. Dr. → E 723
Werter, Siegfried Dipl.-Ing. → E 65
Werth, Jürgen → O 379, O 470
- Klaus, Dr. → E 192
- Klaus, Dr.-Ing. → I 9
- Ulrich → R 801
- Wolf → O 288
Werthebach, Eckart Dr. → A 39, B 27, b 32
- Eckhart, Dr. → r 280
Werthschützky, Roland Prof. Dr. → T 1 291
Werwath, Jochen Dipl.-Wirt.-Ing. → e 136
Werz, Gerhard → U 2 850
- Peter → r 248
Wesch, Kurt → g 712
- M. W., Dr. → U 645
Wesche, Bernd Prof. → T 442
- Horst → T 1 325
- Rüdiger, Dr. → S 683
van Wesemael, Hugo → IZ M 225
Wesenberg, Martin Dr. → q 91
Weser, Sven → O 188
Wesiack, Wolfgang Dr. med. → s 143
Weskott, Patrick → o 133
Wesle, Berthold → o 510
Wesner, Heinz → S 387
- Ingrid → S 1 576
Wesnigk, C. Cay → O 225
Wesp, Karlheinz Prof. Dipl.-Ing. → u 2 535
- Uwe, Dipl.-Met. → A 333
Wess, Julius Prof. Dr. → t 150
Weß, Martin → e 325
Wessberg, Arne → IZ O 47
Wessel, Dorothea → Q 661
- Frank-Ulrich → u 2 261
- H. → T 1 948
- Klaus-Peter → T 1 348
Wessel-Terharn, Andreas → A 4
Wesselink, Ad. → IZ H 315
Wessels, B.-A. Prof. → T 3 896
- Bernd-Artin → c 740, E 80
- R. H. A., Dr. → IZ U 628
- Wilhelm → t 2 484
- Wolfgang, Prof. Dr. → T 3 581

Fortsetzung nächste Spalte

Wessely, Lutz K. Dr. jur. → t 2 058
– Lutz K., Dr.jur. → T 1 985
– Rainer, Dr. → R 18
Wessely-Steiner, Senta Dr. → c 1 115
Wesser, Constantin → h 553
– Dietmar, Dipl.-Ing. → U 518, u 528
Wessing, Claus → C 1 206
Weßling, Georg → G 94
Wessling, Hiltrud → u 1 373
– Martin → H 285
West, M. → IZ T 323
– Richard M., Dr. → IZ T 31
Westbunk-Spatzier, Konstanze → S 789
Westdickenberg, Dr. → A 8
Weste, Dagmar → S 1 182
Westedt, Hans Hermann → R 205
Westen, Ingo Dr. → E 562
Westenberger, Norbert Dr. → s 495
Westenhoff, Insa Marié → H 772
– Insa Marié → H 3 910
Wester, Hildegard → A 39
Westerfeld, Regina Dipl.-Betriebsw. → T 4 149
Westerfellhaus, Andreas → R 549
Westergaard, Henrik → iz h 193
Westerhagen, Ullrich Dr. → u 924
Westerhausen, Christian Dr. → S 615
Westerhold, Wulf → h 569
Westerholt, Hans-Helge → M 278
Westerhorstmann-Bachhausen, Frank → K 133
Westerhuis, W. → IZ M 118
Westerman, J. → iz g 199
Westermann, Frank K. → E 741
– Hans-Hermann, Dr. → O 323
– Harald → U 3 106
– Jens → S 1 268
– Martin → U 141
– Martin, Dipl.-Geogr. → U 230
– Tom → iz f 1 592
Westermann-Krieg, Liesel → U 2 450
Westermeier, Andreas Dipl.-Volksw. → E 82
Westermeyr, Laurent → IZ F 1 682
Westerwelle, Guido → iz u 440
– Guido, Dr. → U 2 200
Westheide, Dr. → A 33
Westin, Mikael → IZ F 2 530, iz f 2 610
Westing, Franz → T 3 918
Westkämper, Engelbert Prof. Dr.-Ing. Dr.h.c. → t 216
Westkamp, Helmut → u 6
Westpfahl, Ulrich Dr. → s 332
Westphal → A 14
– Fred → g 149
– Hans-Jürgen → g 739
– Jürgen, Dr. → T 4 151
– Udo → n 17
– Wolf-Ekkehard → U 1 382
Graf von Westphalen-Fürstenberg, Eduard → T 813
Westra, G. → iz f 2 426
Westram, Lothar → u 2 464
Westrich, B. Prof. Dr.-Ing. habil. → T 2 687
Westrick, Beate Dr. → c 232
Weststrate, J. A. → IZ T 629
Wetcke, Hans Hermann → S 1 061
van de Wetering, F. → iz f 447, iz f 1 988, iz f 2 481, iz f 2 501
– F. H. J. → iz f 1 639
– Fred → iz f 1 156
– Roger → iz u 452
Wetland, Morten → C 1 101
Wetter, Friedrich → u 2 364
Wetterich, Susanne → D 128
Wetterling, Joachim Dr. → T 3 738
Wettermann, Peter → U 516
Wettig-Danielmeier, Inge → U 2 251
Wettler, M. o.Prof. Dr. → R 860
Wetzel, Egon → l 126
– Frank → G 21
– Jürgen → U 754
– Margrit, Dr. → U 1 894
– Robert G., Prof. → IZ T 192
– Siegfried → e 544
– Theo, Prof. Dr. rer.nat.habil. → t 1 654
– V., Prof. Dipl.-Ing. → A 320
Wetzstein, Josef → q 184
Weusten, Sylvia M. → E 733
Wewer, Göttrik Dr. → b 111
Wewiasinski, Michael → o 4
Weyand, Arno H. → O 463
Weychert, Andreas → T 3 943
Weydert, Marc → IZ H 537
– R. → iz f 2 541
Weyel, Frank Dipl.-Pädagoge → s 581
– Herman-Hartmut → U 3 093
Weyer, H. Prof. Dr. → T 1 266
– Hans-Jürgen, Dr. → T 1 126
Weyerke, Ulrike → H 632

Weyers, Helmut → m 92, m 177
– Markus, Dr. → T 2 155
Weygandt, Nicole → U 2 054
Weyland, Burghard → U 733
– Dag, Dr. → s 492
Weyler, Åke → iz h 416
Weymann, Ansgar Prof. Dr. → t 2 374
Weyn, L. → iz h 286
Weyrather, Christoph → S 685, iz s 248
Weyrauch, Peter M. Dipl.-Volksw. → E 229
Weyrauther, Gerd → t 1 216
– Gerd, Dipl.-Ing. → t 1 219
Wheadon, Robert → iz f 1 890
– Robert A. → IZ F 1 886
Whelan, David → f 639, U 564
Whelpton Am, Allan → IZ U 495
Whippy, Peter → IZ F 236
Whitaker, B. → iz f 101
Whitby, Brian → iz g 195
White, Aidan → IZ S 637
– Amanda → IZ T 684
– Bertie → iz u 42
– Geoff → IZ F 1 110
– M.J. → iz f 1 126
– Simon D. M., Prof. Dr. → t 101
– Tim → iz f 1 592
Whittaker, Paul → IZ F 597
Whitwell, John → IZ S 447
Whitworth, James → iz a 3
Whyte, Nicolas → iz u 444
Wibaux, Etienne → IZ R 27, iz r 39
Wibel, Detlef Dipl.-Ing. → M 245
Wibelitz, Jürgen → u 846, U 852
Wiblishauser, Hans → q 248
Wichart, Klaus Dr. → iz g 67
Wicharz, Wilhelm Dipl.-Volksw. → F 884
Wicher, Uwe → s 1 393
Wichert, Hans Benno → IZ Q 68
– Manfred → F 95
von Wichert, Peter Prof. Dr. → T 3 278
Wichmann, Gregor → q 262
– H.-Erich → T 3 325
– Jukka → IZ G 112
– Karlheinz → U 1 929
– Manfred, Dr. → Q 799
– N. → iz q 146
Wichtendahl, Mario → c 319
Wichter, Dr. → A 21
Wichtmann, Norbert Dr. → f 521, f 522, f 524, f 526
Wick, Oliver → u 2 796
Wicke, Lutz Prof. Dr. → Q 645
Wickenhäuser, Fritz Dr. → u 807
Wickenhagen, Ernst Dr. → U 888
Wickenheiser, Othmar Prof. → T 612
Wicker, Hubert → B 216
Wickler, Wolfgang Prof. Dr. → t 170
Wickstrand, Kjell → iz f 1 705
Wicky, Maurice → iz f 1 745
Widany-Erhardt, Susanne → u 797
Widdel, Friedrich Prof. Dr. → t 139
Widder, Gerhard → D 103, D 178, r 278
Widdermann, Sabine Dipl.-Math. → F 840, t 351
Wider, Elmar → E 400
Widlok, Peter Dr. → O 371, O 378
Widmaier, W. Dr. → S 386
Widmann, Hans Joachim Dr. Dr. → g 224
– Max → L 28
– Robert → g 432, IZ G 183
Widmann-Rapp, Ursula → S 744
Widmayer, Gerd → U 914
– Peter → U 438
Widmer, Francis → c 771, E 456
– Johannes → S 1 313
Widtmann, Georg → iz s 484
Wieandt, Paul Dr. → c 650
Wiebe, Andreas Dr. → T 884
– Burckhard → t 2 369
Wiebecke, Diederich → f 369
Wiebel, Adolf → U 1 032
– Friedrich J., Prof. Dr. med. → T 3 498
– Fritz → M 246
Wiebelskircher, Alfons → H 594
Wiebenga, Jan → IZ A 183
Wieber, Benzion → u 2 398
Wiebusch, Monika Dipl.-Ing. → S 1 106
Wiecha, Thomas → O 288
Wiechers, Rüdiger Dipl.-Kfm. → S 736
Wieck, Hans-Georg Dr. → E 482
– Oliver → E 578
Wiecker, Michael → g 443
Wieczorek, Dieter Dipl.-Komm. → E 145
– Helmut → A 35, T 1 871
– Norbert, Dr. → A 39, A 82
Wieczorek-Zeul, Heidemarie → A 31, U 2 251
Wiede, Björn O. → s 1 143
Wiedefeldt, Petra Dr. → S 630
Wiedeler, Josef H. → c 1 165

Wiedemann → u 1 653
– Alois → H 7
– Brigitte, Dipl.-Biol. → t 1 417
– Christoph → T 525
– Dieter → O 260
– Dieter, Prof. Dr. → T 648
– Friederike → s 429
– Gerd, Dr. rer. pol. → T 2 007
– Hans-Georg, Dr. → T 3 245
– Herbert, Prof. Dr. → H 3 592
– Michael → o 163, O 221
– Peter M., Dr. → t 2 395
– Rainer → u 1 148
– Renate → U 2 028
– Wolfgang → A 306
Wiedemer, Thomas → T 635
Wiedenau, Matthias → Q 58
Wiedenfeld, Steffen Dr.-Ing. → F 882, f 905, f 927, f 959, f 2 094, t 2 114, t 2 123
Wiedenhofer, Harald → IZ R 98, iz r 252
Wiedenhues, Heribert J. → IZ F 1 402
Wiedenmann, Claudia → U 1 929
Wiedenroth, Henning Dr. → q 221, iz q 80
Wiederhold, Georg → P 4
Wiedfeld, Klaus W. → T 3 693
Wiedkamp, Marc → n 248
Wiedler, H. → iz f 482
– Heinz → G 414
Wiedmann, Rainer → O 581
– Wolfgang, Dr. → c 1 350
Wiedmeier, Carl → c 1 096
Wiedner, Rudolf → g 671
Wiedrich, Rene → r 934
Wiefelspütz, Dieter → A 39
Wiegand, Bernd → B 709
– Cornelia → U 677
– Elly → t 3 210
– Erich → T 2 470
– Günther, Dr. → O 527
– Hermann → n 54
– Jürgen → T 2 518
– Klaus → U 686
– Marion → t 2 272
Wiegand-Nehab, Ute → U 2 631
Wiegandt, Stefan → U 1 742
Wiegard, Wolfgang Prof. Dr. → T 2 181
Wiegel, Hans → iz f 2 334
– Kurt → N 130
Wiegels, Jan → T 756
Wiegeraadt, W. → iz f 1 276
Wiegerinck, Jan → IZ R 27, iz r 59
Wiegers, Ben → IZ L 1
Wieghardt, Karl Prof. Dr. → t 168
Wiegleb, Hans-J. → g 391
– Hans-Jürgen → t 808, G 385
Wiegmann, Gudrun → A 390
– Rudolf → F 282
– Theo, Dipl.-Ing. → U 3 090
Wiegner, J. D. → iz f 2 294
– Joachim, Dr. → F 403
– Matthias, Dr. → t 3 642
– Peter, Prof. Dr.-Ing. → t 1 207
Wiegratz, Simone → U 936
Wiegreffe, Wilhelm Dr. → O 288
Wiek, Anke → r 232
Wieland, Beate Dr. → T 644
– Bettina → h 702
– Ralf → u 2 254
– Rudolf, Dipl.-Ing. → T 1 952
Wiele, Björn → U 1 503
Wielebinski, Richard Prof. Dr. → t 163
Wielen, Roland Prof. Dr. → T 1 283
Wielunski, Janusz → e 611
Wiemann, Jürgen Dr. → U 2 068
Wiemer, Anke → s 92
– Karl Peter, Dr. → Q 620, o 956
– Wolfgang → A 35
Wiemeyer, Prof. Dr. → T 3 604
Wien → A 27
Wienand, Peter Dr. → C 274
Wienberg, Klaus Dr. → l 71
Wienecke, Wilhelm-Reinhard Dr. → r 741
Wieneke, Frank → U 2 450
– Gerd, Dipl.-Volksw. → G 49
– Herbert, Dr. → S 736
– Herbert, Dr.rer.pol. → u 726
Wieneke-Tautaoui, Burghilde Prof. Dr.-Ing. → T 1 165
Wiener, Bernd Dr.rer.nat. → B 401
– Eberhard → s 722, s 723
Wiengarten, Heinz-Dieter → A 343
Wienholt, Eberhard → H 245
Wienke, A. Dr. iur. → T 3 354
Wienkenhöver, Martin → IZ F 236
Wienkenjohann, Martin → B 731
Wientjens, Wim Dr. → IZ U 315
Wierig → A 16
Wiering, Frauke → U 267
Wieringa, Jon → IZ T 244

Wierk, Heiner → g 486
– Heinrich → g 500, h 148
Wiersbinski, Helmut → r 656
Wiersma, Jan Marinus → IZ U 423
Wierz, Rainer → s 501
Wierzchón, Tadeusz Dr. → iz t 528
Wiese, Adalbert → H 254
– Dieter → S 1 058
– Dorothy, Dr. → IZ T 977
– Hans-Ulrich, Dr.rer.pol. → T 189
– Heino → u 2 260
– Jochen → f 760
– Jürgen, Prof. Dr. → r 890
– Karl Ludwig, Dipl.-Ing. → s 849
– Manfred → N 33
– Michael, Dipl.-Kfm. → f 428
– Thomas → f 1 039
– Wilfried → e 668
Wiese-von Ofen, Irene Dr.-Ing. → IZ U 89
Wiesehöfer, Philipp Dr. → T 4 032
Wiesehügel, Klaus → R 294, R 307, IZ R 274
Wieseler, Thomas → A 23
Wiesemann, Wolfgang → t 4 113
Wiesen, Hans → u 2 837
Wiesenbach, Hans-Jürgen → u 1 833
Wiesend, Ingrid → T 2 721
– Peter, Dr. → T 2 721
Wiesenhütter, Axel Dr. → E 188
– Christian, Dipl.-Volksw. → E 67
Wiesgen-Pick, Angelika → iz f 1 326
– Angelika, Dipl.-Vw. → F 474
Wiesheu, Otto Dr. → A 39, b 22, l 37, N 56
Wieske, Martin → O 464
Wieskötter, Willi → E 170
Wiesmaier, Georg → r 339
Wiesmann, Claudia → t 2 986
– Gerd → U 335
– H.-P., Dr. → T 1 003
Wiesner, E. Dr. → t 1 2 607
– Harald, Betriebswirt Grad. → t 1 600
– Reinhard, Dr. → A 23
– Reinhard W. → h 64
– Siegfried, Dr. → B 710
Wiesner-Balcke, Waltraud R. → r 735
Wiesniewski → u 1 663
Wießler, Manfred Prof. Dr. → t 1 523
Wießner, Irina → U 2 041
– Waltraut → t 3 037
Wietbrock, Karsten Dipl.-Volksw. → E 146
von Wietersheim, Almuth → T 3 203
– Anton → E 572
Wiethaup, Ulrich → T 2 187
Wiethe, Dieter → u 1 202
Wietold, Franziska → R 398
Wietler, Haidrun Dr. → r 217
Wieynk, R. Dr. → T 1 266
Wigboldus, R. → iz t 425
Wigge, Bärbel → U 620
– Georg → t 2 824
Wiggen, Bjorn → iz f 2 339
Wiggenhagen, Manfred Dr.-Ing. → T 1 324
– Wilhelm → U 147
Wiggering, Hubert Prof. Dr. → T 2 608
Wiggers, Ingo → e 565
Wiggert, Gerda → t 3 094
Wiggerthale, Marita → IZ Q 71
Wiggin, Charles E. → c 569
Wiggins, John → IZ A 222
Wiggs, Glen → iz o 133
Wiik, Marit → iz f 2 075
Wijgaerts, D. → IZ T 556
Wijkström, Anitha → iz t 813
van Wijk, Leo → iz f 2 121
Wijn, Annemieke → H 85
van Wijnbergen, G. C. → iz t 183
van Wijngaarden, M. → IZ F 917
Wijsen, Cateleine → iz m 95
Wilbert, Hans-Peter Dr. → U 16, U 536, U 657
– Karl-Jürgen → G 72
– Peter → T 607
– Peter, Dr. → S 1 221
– Prof. Dr. → T 642
Wilbois, Klaus Dr. → Q 173
Wilbourne, Sarah → iz o 82
Wilbricht, Hans-Gert Dipl.-Ing. → S 794
Wilcke, Gerhard → B 448
– Michael → f 249, f 253
Wilcken, Gerd → T 3 946
– Rosemarie, Dr. → D 2
Wilcox, Rick → f 1 045
Wild, Ada → IZ U 581
– Christoph, Dr. → o 420, t 976
– Eberhard → IZ L 5
– Helen → T 95
van der Wild, J. → iz f 2 525
Wild, Joachim Prof. Dr. → B 631
– Robert → u 1 008
– Thomas, Dipl.-Kfm. → e 183
– Wolfgang → u 2 289

Wilde, Axel → O 585
– Bärbel S. → O 470
– Christopher → u 2 416
– Franz-Josef, Dr. → S 296
– Hans-Rudolf, Dr. → T 2 144
– Michael → D 98
– Thomas → U 1 609
Wildenhain, Günther Prof. Dr. → T 656
– Günther, Prof. Dr. rer.nat.habil. → T 3 891
Wildenhaus, Werner → F 975
Wilder, Norbert → U 382
Wilderer, Heinz → c 748, IZ I 49
Wildfeuer, Helene → R 802
Wildgrube, Klaus Dr. → T 3 351
Wildhagen, Harald → f 152, L 32, U 753
Wildner, Raimund Dr. → t 2 296
Wilfert, H. H. → u 2 409
– Ingeborg, Univ.-Prof. Dr.-Ing. → t 1 095
Wilfinger, Wilhelm → iz g 178
Wilfling, Gerd A. → s 720
Wilhelm, Albert → T 4 003
– Bernd → F 434
– Catharina → S 738
– Edgar, Dipl.-Ing. (FH) → T 382
– Hubert → u 2 491
– Klaus-Dieter → H 58, h 61
– Lothar → u 2 419
– Michael, Prof. Dr. → T 3 325
– Rolf, Prof. Dr. → t 156
– Ulrich → B 14
Wilhelms, Jürgen → G 92
Wilisch, Wolf-Christian Dr. → E 62
Wilk, Christian → h 550
– Edgar, Dipl.-Volksw. → s 644
– Herbert, Dipl.-Kfm. → t 112
Wilke → A 36
– Andrea → B 889
– Annemarie → u 2 832
– B.-M., Prof. Dr. Dr. → T 2 667
– Burkhard → T 2 451
– Erich → U 3 043
– Heinz Joachim → F 692
Wilke, Jürgen → I 45
Wilke, Jürgen Prof. Dr. → T 3 699
– Kai, Dr. rer. pol. → f 261
– Karl Heinrich → G 635, H 14, R 17, R 18, R 19, R 81, R 146, R 158
– Karlheinz → q 78
– Lore → E 692
– Manfred, Dipl.-Ing. → F 281, f 854
– Martin → M 3 122
– Otto → Q 447
– Rainer-Eckhard → f 406
– Volker → D 259
– Werner, Dr. → t 1 225, T 1 859
Wilke-Budde, Brigitte → U 1 875
Wilken, Bernd → R 532
– Bernd A. → i 50
– Dirk → b 873
– R., Dr. rer. nat. → T 1 319
– Thomas → U 2 450
– Walter → U 1 577
Wilkening, Bernd → r 286
Wilkens, Georg → g 423
– Heiner → iz f 2 113
– Jean-Claude → IZ O 2
– Jochen, Dr. → f 168, f 213, r 69
– Klaus → U 2 686
– Klaus, Dr. → u 2 500
– Kornelius → S 1 176
– Ursula → T 2 701
Wilkes, Annette → S 738
– D. → IZ F 42
Wilkesmann, Elke → t 2 492
Wilkinson, David → IZ S 164
– Endymion → iza 82
– Jack → IZ Q 103
Wilkitzki → A 12
Will → A 27
– David H. → IZ U 546
– Doreen → h 724
– Hartmut → T 1 372
– Rainer, Dr. → k 80, K 306
– Rosemarie, Prof. Dr. → U 1 924
Will-Brinkmann, Monika → s 634
Willaert, Roland → U 271
Willame, L. → iz f 1 924
Willamowski, Gerd Dr. → D 145
Willax, Hans → f 107
Willbold, Hubert → h 102
Wille, Gabriele → Q 304
– Gert → Q 660
– Karola, Dr. → O 300
– L. → IZ U 73
– Mark → A 304
– Martin, Dr. → A 18
– Peter C., Prof. Dr. → T 1 133
– Rolf → k 153
– Volker, Dr. → S 613

Willecke, Hans-Werner → g 595, g 599
– Jörg Valentin → U 2 094
Willeke, Bernward → r 423
– Rolf, Dipl.-Kfm. → H 300, R 120, iz f 1 043
Willems, Horst → S 172
– Ulrich, Dr. → T 2 221
Willen, Gert → U 1 868
– Jutta → t 3 092
Willer → A 18
Willers, Hans Georg Prof. Dr. → E 151
– Wolfgang → K 285
Willett, John → IZ U 476
Willhalm, Martin → f 473
Willhardt, Rolf → T 465
Williams, Alan Lee → IZ U 352, iz u 358
– Allan G. → c 342
– Bernard → IZ F 597
– David → iz f 2 072
– Jonathan C. → IZ H 575
– Mark → IZ H 63
– Rhys, Prof. → IZ U 315
– Ronnie → iz o 84
– W. J. → iz h 341
Williamson, Jerry → iz f 1 751
– Nancy, Dr. → IZ T 159
– Neville → o 474
– Martin, Dr. → E 82, E 137
Willich-Michaelis, Klaus → I 45
Willig, Peter → S 682
Willige, Alexander → IZ S 150
– Andreas, Prof. Dr.-Ing. → t 1 594
Willige-Witte, Nina → s 104
Willikens, Ben Prof. → T 611
Willim, Bernhard → U 155
Williman, Reto → iz f 576
Willimzik, Hans-Friedrich Dr. → q 257
– Werner → g 602
Willis, Guy → IZ M 116
Willmann, Wolfgang Dr. → E 157, e 158
Willmerding, Günter Prof. Dr.-Ing. → t 1 785
– Hans-Hermann, Dipl.-Kfm. → g 658
Willmes, Bernd Prof. Dr. theol. Dr. phil. → T 500
Willmitzer, Lothar Prof. Dr. → t 149
Willms → g 598
– Hanskarl → R 195
Willnat, Reinhold → H 895
Willner, Wolfgang → K 306
Willoweit, Dietmar Prof. Dr. → T 377
Willweber, Gertraud → U 1 570
Wilmers, Dr. → A 21
Wilmerstadt, Rainer → A 20
Wilms, Christian → S 388
– Dorothee, Dr. → A 37
– Ernst Helmut, Dipl.-Volksw. Dr. → E 173
– Hans-Joachim → K 132, R 307
– Hans-Werner → I 87
– Philip → u 2 222
Wilms-Kegel, Heike → N 39
Wilms-Posen, Peter → g 758
Wilmsmeyer, Horst Dipl.-Ing. → T 1 988, T 1 995
Wilp, Sabine Dr. → G 65
Wilrich, Peter-Theodor Prof. Dr. → T 2 235
Wilsdorff, Arne → O 288
Wilser, Detlef → E 21
Wilske, Hermann Dr. → r 939
Wilski, Eberhard → g 542
Wilsky, Hans-Jörg Dr. → s 141
Wilson, Barry → iz a 184
– Christian → T 895
– E. → IZ T 820
– J. L., Dr. → IZ T 300
– John → iz f 398
– Linda S. → IZ T 903
– Mike → IZ T 271
Wiltberger, Thomas → B 206
Wimmen, Regina → T 3 713
Wimmenauer, Jochen Dr.med. → s 33
Wimmer, Dieter → O 707
– Frank, Prof. Dr. → t 2 296, T 3 765
– Johann → F 66
– Josef, Dipl.-Ing. → U 94
– Ruprecht, Prof. Dr. → T 471
– Sabine → S 737
– Thomas, Dr. → T 3 632
– Toni → t 3
– Wilhelm, Prof. Dr. → O 276
Winand, Jochen → U 369
Winberg, Margareta → iz b 238
Winchenbach, Klaus → S 594
Winckel, Klaus → g 392
Winckler, Bernd → u 1 150
Wind, Gerhard → S 1 303
– Stefan, Dr. → s 343
Windeck, Klaus → G 96
Windecker, Wilfried → U 2 757
Windel, Prof. → T 3 793

Windelschmidt, Thomas Dipl.-Phys. → U 772
Winden, Dorothee → A 40
Windfuhr, Michael → T 1 114
– Wolfgang → f 212
Windhagen, Klaus → f 43, F 727, f 735, f 740, f 741, iz f 110
Windisch, Dieter Dr. → a 313
– Heinz → U 914
– Rupert, Prof. Dr. → t 4 101
Windler, Annedore → u 1 283
– Gerhard → Q 330
Windmöller, Rolf Dr.-Ing. → f 50, L 21, T 1 006
Windorfer, Adolf Prof. Dr.med. → B 602
Windthorst, Hubertus → K 266
Windus, Thorsten → S 738
Wingen, Max Prof. Dr. → T 2 203
Wingenfeld, Dieter → IZ F 1 323
Winger, Brigitte → t 4 115
Winiarski, Dr. → a 321
Winicker, Jens → t 2 485
– Martina → t 2 485
Winiecki, Bartosz → iz s 134
Winiger, Ursula → U 3 121
Winje, Dietmar Prof. Dr. → L 1, T 1 061
Wink, Michael Prof. Dr. → t 1 529
Winkel, Gerd Dipl.-Ökonom → K 372
– Harald, Prof. Dr. → T 3 734
– Helmut, Prof. Dr.-Ing. → r 892
– Prof. Dr. → R 883
Winkelbrandt, Arnd → AO 368
Winkelgrund, Reinhard Dr. → f 331, f 332, U 10
Winkelkötter, Christoph Dipl.-Geogr. → S 1 454
Winkelmann, Horst → C 590
– Jürgen → q 118
– Martina → E 100
– Rainer → t 2 822
– Robert → iz q 96
– Ulrike → N 63
– W., Dr. → S 1 055
Winkelmeier, Wilhelm → U 2 019
Winkels, Klaus → F 186, F 187
– Richard → u 2 463
Winkes-Glüsenkamp, Karin → K 290
Winkgens, Meinhard Prof. Dr. → T 604
Winkhardt, Andrea → F 1 052
Winkhaus, Hans-Dietrich Dr. → F 1, R 1, T 2 184, T 2 248
Winkhoff, Jochen Dipl.-Ing. → Q 120
Winkle, Rainer Dipl.-Kfm. → F 580
Winkler → B 716
– Adalbert, Dr.rer.pol. → T 2 358
– Andreas, Dr. → f 13, r 13, r 115
– Claus, Dipl.-Braumeister → Q 154, Q 158
– Diana → F 628
– Egon, Dr. → iz e 21, iz g 49
– Gunnar, Prof. Dr. → U 1 347, U 1 380
– Heiko, Dr. → E 170, K 10
– Heinrich → s 642
– Heinz → iz s 364
– Helmut, Dipl.-Ing. → T 1 317
– Hermann → u 2 466
– Horst F. → c 560
– Ilse → U 1 277
– Karl, Notar Dr. iur. → S 1 573
– Katrin → T 557
– Klaus → g 742
– Klaus, Dipl.-Betriebsw. → g 791
– Marie Christin → u 1 463
– Norbert, Prof. Dr.-Ing. → T 399
– Paul, Dr. → T 2 838
– Peter Michael → f 751
– Rolf M., Dr. → S 615
– Uwe, Dr. → S 738
– Walter, Dipl.-Volksw. → T 774
– Wolfgang → A 306, E 210, T 3 706
Winklhofer, Gerhard Dipl.-Ing. → E 47, E 239
Winklmann, Fritz → U 616
Winn, John Philip → c 183
Winnacker, Ernst-Ludwig Prof. Dr. → F 173, T 2, iz t 35
Winneke, Gerhard Prof. → T 3 443
Winnen, Curt Johann → U 93
Winnes, Ralf Prof. Dr. → E 21
von Winning, Hans-Henning Prof. Dr.-Ing. → s 1 107
Winning, Kurt → U 643
Winnsjö, B. → iz t 402
Winselmann, Dieter Dr.-Ing. → S 978
– Dieter, Dripl.-Ing. → T 2 082
Winskowski, Friedrich Wilhelm → t 2 018, t 2 019
Winter, Armin Dr. → T 805
– Carl-Jochen, Prof. Dr.-Ing. → T 1 061
– Cornelia → T 1 353
– Detlef, Dr. → M 242

Fortsetzung nächste Spalte

Winter (Fortsetzung)
– Ekkehard, Dr. → T 95
– Elvira → S 1 592
– Elvira, Dr.med. → s 120
– F. Stefan → E 397
– Fred → G 52
– Friedrich-Wilhelm, Prof. Dr.-Ing. → t 1 466
– Georg, Dr. → Q 643, Q 645
– Gerhard, Dr. → U 3 030
– Gerrit, Prof. Dr. → T 2 543, T 2 544
– Helmut → E 188
– Joachim → Q 204, IZ Q 121
– Martin → S 1 316
– Michael Olaf → g 77
– Peter → H 221
– Peter, Dr. → Q 394, u 1 069
– Prof. Dr. → T 3 789
– Reinhard → e 127
– Stefan, Dr. → A 25
– Stefan, Prof. Dr.rer.pol. → T 2 358
– Stefan, Univ.-Prof. Dr. → T 2 358
– Wilhelm, Dipl.-Volksw. → g 459, g 495, h 143, h 602
– Wolfgang → H 355, U 855
Winter-Schulze, Madeleine → U 2 608
Winterberg, Anna Dr. → u 2 925
– Inge Anna → u 2 924
von Winterfeld, Dethard Prof. Dr. → Q 620
Winterhalter, Prof. Dr. → E 40
Wintermantel, Margret Prof. Dr. rer.nat. → T 665
Winters, Karl-Peter → O 517, T 2 343, U 692
– Pieter Gaele → IZ T 106
– Theo, Dipl.-Ing. → S 1 106
Winterscheidt, Friedrich Dr. → u 3 005
Winterstein, Georg Prof. Dr.rer.nat. → T 602
– Veronika → B 331
– Volker, Dipl.-Betriebswirt → F 54
Winterton, Jules → IZ T 874
Wintges, Theodor Prof. Dr. → T 846, T 1 091
Winther, Sibylle → b 56
Winther Olesen, Aage → iz h 193
Wintrich, Wendel → s 587
Wintz, Leigh → iz u 261
Wintzer, Peter Dr.-Ing. → IZ S 394
Winz, Ulrich → u 2 185
Winz-Völkert, Christiane → T 1 971
Winzen, Olaf Dr. → s 303
Winzenried, Hans → IZ U 808
Winzker, Dieter → I 65
Wippenbeck, Peter Prof. Dipl.-Ing. → t 1 390
Wipper, Wolfgang → u 928
Wippermann, Eveline → O 690
Wippert, Bernd → q 631
Wippler, Michael → g 152
Wiprecht von Barby, Hans → c 557
Wirbser, Stefan → U 3 114
Wirges, Karl Josef → G 19, G 87
Wirichs, Jochen P. → r 27
Wirner, Heinrich → h 103
Wirsam, Friedrich Dr. → g 157
Wirsich, Dieter → U 1 074
Wirsing, Bernd Dr. → T 97
Wirth, Hans-Peter → O 64
– Klaus → iz h 423
– Klaus, Dipl.-Kfm. → H 677
– Peter, Dr. → t 1 469
– Roland → H 270
– Rüdiger, Dr. → A 20
– Sibylle → t 206
– Siegfried, Prof. Dr. Dr.-Ing. → t 1 440
– Volker → I 61
– Volkmar, Prof. Dr. → T 2 722
Wirthensohn, Martin → U 1 398
– Otto → N 28
Wirthgen, Gert → u 1 357
Wirtz, Bernhard → H 594
– Bernhard, Dipl.-Wirtsch.-Ing. → T 2 007
– Markus → t 3 099
– Michael, Dipl.-Kfm. → E 139
– Ulrich → T 2 130
Wirtz-Knapstein, Ursula → T 568
Wirwahn, Wolfgang Dr. → O 288
Wirxel, Christian → q 33
Wirz, Thomas → k 113, k 131, k 261, k 348
– Wolfgang → h 561
Wischenbart, Rüdiger → o 606
Wischer, Christine → b 55
– D. → IZ F 1 587
Wischermann, Dieter Dr. → s 545
– Joachim → E 270
Wischmann, Jens J. → U 76
Wischmeier, Jessika → U 2 268
Wischmeyer, Klaus → T 574
Wischnewski, Brigitte → H 458
– Hans-Jürgen → E 388
Wise, M. → u 1 780
Graf Wiser, Adalbert → u 1 780
Wismann, Heinz Prof. Dr. → u 2 703

Wismer, Karlheinz → o 601
Wismeth, Maria → O 153
Wisniewski, Horst → r 630
von Wissel, A. → iz f 2 517
Wisser, Michael Dr. → A 39
Wissing, Franz-Josef → iz f 2 269
– Franz-Josef, Dr. rer. pol. → F 333
– Franz-Josef, Dr.rer.pol. → f 25
Wissink, Joppy → IZ S 646
Wißkirchen, Martin → U 1 691
Wißler, Dieter H. Dr. → F 173
Wißmann, Hartmut → h 332
– Hellmut, Dr. → A 373
Wissmann, Mathias → U 2 114
– Matthias → A 35
– Wilhelm, Dr.-Ing. → t 252
Wißner, Bernd Dr. → T 884
Wißuwa, Eckhard Prof. Dr.-Ing. → T 609
von Wistinghausen, Henning → C 116
Wiswede, Günter Prof. Dr. → t 2 407
Wisweh, Rainer → r 465
Witkowski → B 234
Witschel, Andreas → r 613
Witschke, Reinhard Dr. → u 1 846
Witt, Ann-Malen → O 190
– Dr. → A 16
– Gabriele → b 106, B 205
– Jochen → o 611
– Jürgen → f 151
– Karsten, Prof. Dr. → T 3 515
– Regina → q 176
– Reimer, Prof. Dr. → B 643
– Thomas → H 223
– Ulrich, Prof. Dr. → t 172
Witt-Barthel, Annegret Dr. → s 1 328
Wittbrodt, Edmund K. Prof. Dr. → E 655
Wittchow, Wolfgang → F 294, f 314
Witte, Barthold C. Dr. → U 2 814
– Dieter → A 6
– Frank → f 761
– Friederike → b 116
– Friedrich → U 2 608
– Hans-Heinrich, Prof. Dr.-Ing. → A 322
– Heinz-Hermann → b 110
– Joachim, Dr. → h 205
– Kirsten, Dr. → U 293
– Klaus → U 2 450
– Michael, Dipl.-Soz. → T 3 267
– Winfried, Dipl.-Ing. → E 65, f 649
Wittek, Lothar Dr. → S 207
– Wolfgang → U 2 628
Wittekind, Michael → O 468
Witteler, Reinhard Dr. → I 80
Witten, Peer Dr. → T 3 632
– Willibert → T 3 778
Wittenbecher, Rainer Dr.-Ing. → T 1 370
Wittenberg, Klaus → F 495
– Reimer → T 3 847
Wittenburg, Jan-Peter Dr. med. → S 41
Wittenstein, Manfred → E 18
– Ulrich → Q 133
Wittern, Joachim → T 656
– Renate, Prof. Dr. phil. → T 3 348
Wittevrongel, Donald → IZ R 268
Witthaut, Bernhard → R 377, r 388
Wittich, Dietmar Dr. → t 2 367
– Georg → A 208
von Wittich, Günther A. → U 967
Wittich, Holger Dipl.-Kfm. → f 632
Wittig, Helmut Dr. → s 376
– Ines → q 614
– Peter, Dr. → C 591
– Sigmar, Prof. Dr.-Ing. → T 558
– Willi → R 532
Wittig-Koppe, Holger → u 1 706
Witting, Franz-Josef → O 35, o 45
– Werner → H 548
Wittinghofer, Alfred Prof. Dr. → t 154
Wittke, Jürgen Dipl.-Vw. → g 506
– Manfred → K 311
– Oliver → D 75
– Siegfried → r 771
– W., Prof. Dr.-Ing. Dr.-Ing.E.h. → T 1 056
Wittkop, Dietmar → U 260
Wittkopp, Lothar → g 494, g 558, h 142
Wittl, Anton Dir. → T 4 043
Wittlich, Klaus → U 2 608
Wittling → A 27
Wittmaack, Rita → r 348
Wittmann, Alois Dr. → E 188
– Dieter, Dr. → D 192
– Dieter, Prof. Dr. → T 588
– Ernst → N 103
– Franz → m 29
– Johann, Prof. Dr. → B 838
– Josef → Q 159
– K., Prof. → T 1 266
– Kurt, Dipl.-Ing. → t 873

Wittmann (Fortsetzung)
– Lutz, Dr.-Ing. → F 939
– Peter, Dipl.-Ing. (FH) → t 1 741
– Ralf, Dipl.-Geol. → l 42
– Wolfgang → U 1 926
Wittmann-Zimmer, Gerda → s 1 270
Wittmer, Dieter Dipl.-Ing. → S 922
– Jürgen → T 3 782
– Norbert, Dr. → T 4 143
Wittmeyer, Dietrich Dipl.-Volksw. → F 207
Wittmüß, Ines → B 403
Wittorf, Reiner → R 363
– Wolfgang, Dipl.-Betriebsw. → g 465, h 608
Wittrin, Günther → O 87
Wittrock, Achim → A 20
– Josef, Dipl.-Kfm. → E 120
– W., Dr. → T 3 952
Wittrodt, Helge Dipl.-Oeconom → S 478
Wittstock, Horst → h 461
– Wolf → N 122
Wittstruck, Prof. Dr. → T 638
– Wilfried, Prof. Dr. → T 697
Wittum, Gabriel Prof. Dr. → t 1 642
Witty, Stefan → U 2 450
Witzel, Friedhelm → g 615
– Heinz → M 272
– Henry → O 189
– Michael Georg → u 1 781
– Rainer → u 509
– Ralf → u 2 227
Witzenhausen, Christian Dipl.-Ökon. → s 74
– Wolfgang, Dr. → S 287
Witzens, Udo Dipl.-Ing. → f 252, f 254, f 273, f 275, iz f 943
von Witzke, H. Prof. Dr. → T 2 587
Witzlau, Gernot → T 2 450
Witzschel, Eberhard → E 197, e 198
Wklam, Christopher Prof. → IZ T 827
Wlls, P.N.T. Prof. → iz t 775
Wloka, Manfred → t 3 061
Wnuck, Bernd → D 91
Wobbe, Karl Dieter → f 698
Wobst, Frank G. → c 554
Wobus, Ulrich Prof. Dr. → T 2 573
Wocker, Ewald → h 726
Wodarz, S. Dr. → Q 645
Wodausch, Martin → I 65
Woddow, Heinz → U 518
Wöbbekind, Yasmina → r 341
Wöbbeking, Hans-Joachim → T 2 989
Wöbke, Thomas → O 224
– Uwe → F 88
Woeckner, Horst → U 10
Wöhe, Günter Prof. Dr. Dr.h.c.mult. → t 4 095
– Jürgen, Dipl.-Ing. → U 243
Wöhl, Alfred Dr. → a 893
– Hubertus, Dr. → T 1 947
Wöhner, Bernd → T 3 469
– Klaus → u 2 775
Wöhrbach, Otto → T 1 279
Wöhrl, Dagmar → A 68, H 549, h 551
– Gerhard → c 654
Wöhrle, Erwin → q 5
Wölfer, Uwe → U 531
Wölffer, Ingo → h 348
Woelk, Susanne Dr. → U 1 391
Wölke, Ernst → G 45
Wölker, Sepp → C 112
Wölper, Bianca → R 616
Woempner, Andreas → u 1 851
Wömpner, Joachim Dr. → S 264
Wönne, Roland Priv.-Doz. Dr. → s 66
– Geesken → t 2 902
Woermann, Reiner → M 1
Wörmbke, Herbert → q 10, q 25
Wörner, Hubertus → b 23
– Johann-Dietrich, Prof. Dr.-Ing. → T 452, T 3 891
– Ludwig → f 590
Woernle, Matthias Dr. → T 2 788
Wörrle, Michael Dr. phil. → a 123
Wörsdorfer, Rainer → T 3 764
Woertel, Gerhard → u 1 842
Wörth, Hartwin → k 225
Wörthmann, Jürgen → g 289
Wößner, Dieter → I 26, p 20
Wössner, Frank → T 819
Woeste, Albrecht Dipl.-Ing. → E 154
Wöstheinrich, Claudia Dipl.-Phys. → T 3 445
Wöstmann, Hermann → r 777
Wogatzki, Gerald Dr. → E 82
Wohlers, E. → iz t 579
– Wohlert, Dr. → A 158
Wohlert, Manuela → G 522
– Volkert → f 954
– Walter, Dipl.-Kfm. → g 254
Wohlfahrt, C. → T 3 952

Wohlfahrt (Fortsetzung)
– Christina → T 3 952
– Hedwig → e 165, I 117, l 135
– Jürgen → IZ A 219
Wohlfart, Hans Dipl.-Ing. → t 90, T 266, T 1 968
Wohlfarth, Frank Dipl.-Kfm. → E 151
Wohlfeil, Joachim → U 72
Wohlgehagen, Hans-Peter → n 43
Wohlgemuth, André Dr. → iz s 262
– Christoph → U 1 864
– Helga → N 176
Wohlhüter, Cornelia → O 491
– Karl Jörg → U 1 041
Wohlleben, Hermann Peter Dr. → K 40
Wohlmutheder, Gerhard → T 2 990
Wohlrabe, Michael → G 53
Wohlschlegel, Gerd Dipl.-Betriebsw. → g 151
Wohn, Hans-Peter → T 2 958
– Herbert, Dr. → S 337
Woida, Frank → S 738
Woidt, Hans → r 868
von Woikowsky, Rüdiger → R 429, R 597
Woischwill, Rainer → H 635
Woitscheck, Mischa → d 15, d 45
Wojtek, Ralf Dr. → M 122
Wokalek, Karl-Albrecht → c 416
Wold, Ingvild S. → iz t 601
Woldesenbet, Berhane Tensay Dr. → C 610
Woldseth, O. M. → iz f 587
Woldt, Runar → IZ T 900
Wolf → A 21
– Alexander → b 264
– Andreas → U 1 922
– Axel, Dipl.-Ing. → U 586
– Bernd, Dr. → t 2 217
– Bernhard, Prof. Dr. → t 1 635
– Daniel → T 2 257
– Dietmar → D 111
– Dietrich, Dr. → c 965, l 13
– Franz → U 2 756
– Frieder Otto, Dr. → U 2 786
– Friedrich → U 618
– G. → T 395
– Georg → G 287
– Gerd → I 12
– Gerhard K., Prof. → t 1 527
– Gerhard R. → Q 123
– Günter → h 480
– Hans-Dieter, Dr. → K 315
– Hans-Peter, Dr. → r 952
– Harald → a 76, u 2 237
– Heinrich, Dipl.-Ing. (FH) → S 997
– Heinz-Günter → s 369
– Helmut → B 844
– Herbert → U 1 030
– Horst R., Dipl.-Kfm. → L 35
– Karl → Q 132
– Katharina → t 2 921
– Klaus, Dipl.-Betriebsw. → T 3 788
– Klaus, Prof. Dr. → t 917
– Klaus Dieter → c 689, f 277
– Lothar, Dr. phil. → T 719
– Lutz → G 774, g 788
– Margareta → A 16, A 40
– Martin → R 483
– Matthias, Dr. → T 1 836
– Michael, Dr. → B 664
– Monika, Prof. Dr. → IZ T 298
– Peter → IZ F 1 175
– Peter Manfred, Prof. → s 1 296
– Reinhard → E 82
– Reinhard-Dieter → H 455
– Reinhard Dieter → IZ H 380
– Roland → IZ T 321
– Rudi → F 1 016
– Rüdiger → U 734
– Steffen → H 372, O 196
– Thomas → u 449
– Ulrike → O 300, s 405
– Wilhelm → O 647
– Wolfgang, Dipl.-Volksw. → f 2, f 363, f 527
Wolf-Almansreh, Rosi → T 818
Wolf-Götz, Renate → S 1 322
Wolfart, János → c 1 355
Wolfensohn, James D. → IZ V 21
Wolfensperger, Manfred → G 74, g 75
Wolfers, Marion → IZ H 139, IZ H 205
Wolfertz, Rüdiger Dipl.-Ing. → T 1 165
Wolff, Achim → s 1 329
– Christof, Dr. → d 13, N 171
– Claus, Dr.-Ing. → T 2 007
– Dagmar → S 477
– Dieter, Dr.sc.nat. → a 136
– Dietmar → IZ O 54
– Eberhard → u 808
– Gesa, Dipl.-Ing. (FH) → t 1 094
– Hans, Prof. Dr.rer.nat. → T 693

Wolff (Fortsetzung)
– Hans-Joachim, Dr.-Ing. → k 240
– Hartmut → O 573
– Hartmut, Prof. Dr. → e 597
– Heinz → IZ U 304
– Hinrich → H 135
– Ingo, Prof. Dr.-Ing. → T 468
– Jörg, Dipl.-Betriebsw. → F 847
– Karin → b 90, B 280, U 2 114
– Karl-Heinz → N 143
– Norbert, Dr. → T 409
– Otto → O 563
– Peter, Dr. → iz n 35
– Reiner → f 928
– Reinhart, Prof. Dr. → U 1 919
– Rupert → IZ S 213
– Ulrich → T 1 272
– Volker, Prof. Dr. → t 3 700
Graf Wolff-Metternich, Peter → u 1 766
Wolff von Amerongen, Otto → E 162
– Otto, Prof. Dr.h.c. → E 2
Wolffheim, Elsbeth → S 1 258
– Wolfgang, Karlheinz → c 746
Wolfgart, Ludger Dr. → h 152
Wolfinger, Christel → u 1 306
Wolfkamp, Anton → IZ T 172
Wolfmeyer, Peter Dipl.-Kfm. → U 168
Wolfram, Günther Prof. Dr.med. → T 2 548
– Günther, Prof.Dr.med. → T 2 550
Wolfrum, Rüdiger Prof. Dr. → T 2, t 171
Wolfshohl, Ernst-Otto Prof. (RP) Dr. → U 1 350
Wolfson-Heye, Barbara → G 635
Wolfsteiner, Hans Dr. → S 553
Wolgast, Eike Prof. Dr. → T 860
– Thomas → O 288
Wolk, Ulrike → O 235
Wolkenhauer → A 18
– Erwin → g 455, H 594, h 598, k 151
Wolkow, Wjatscheslaw → IZ S 675
Woll, Carsten → S 845
– Gerd → h 467
– Ludwig → U 2 602
– Susanne → O 594
Wollenberg, Barbara → O 69
– Walter → IZ S 696
Wollenhaupt, Michael → o 638
Wollenschläger, Harry → c 995, IZ H 537
Wollenweber, Klaus → u 2 315
– Peter, Dr. → t 3 818
Wollermann-Windgasse, Reinhard Dr. → f 681
Wollersheim, Regina Dr. → T 2 698
– Silvia → T 3 111
Wollert, Artur Dr. → T 3 837
Wollin, Gunter Dr. → H 164
Wollrath, Ulf → E 148
– Ulf, Dipl.-Ing. → e 149
Wollschläger, Frank → H 89, H 117
Wolper, Ph. → IZ F 2 039
Wolpert, Bernd → O 263
– Franz-Georg → U 1 096
Wolpert-Kilian, Gabriele → B 761
Wolsing, Theo Dr. → u 1 147
Wolski, Emil → iz s 690
– Rafal → c 1 178
– Reinhard → M 270
Wolter, Albrecht Prof. → t 2 037
– Andrea, Dr. → G 83
– Gerrit → f 760, k 87, r 188
– Hans-Joachim → f 823
– Heinz, Dr. → e 627
– Katrin, Dipl.-Geogr. → s 1 483
– Michel → iz b 176
– Peter → T 2 220
– Rosemarie → u.1 221
– Thomas → T 662
– Udo, Dr. → s 63
– Udo, Dr. med. → s 26
Wolters, Anne-Marie → IZ F 1 589
– Burkhardt, Dipl.-Ing. → T 3 666
– Hans, Dipl.-Kfm. → E 151
– Jürgen → Q 403
– Leo, Dipl.-Ing. → t 2 335
– Sabine → q 432
Woltman, Toon → IZ E 3
Wolz, Ivo Dipl.-Volksw. → S 1 017
Won-Tak, Hwang → C 941
Wondracek, Hans → I 44
Wong, Kent → IZ U 809
Wonnay, Marianne → u 1 877
Wonneberg, Holger → T 820
Wonneberger, Edgar → k 86
Wonnemann, H. J. → G 801
Wood, David Dr. → IZ U 628
– Laurie → iz t 548
– Robert → IZ F 1 825
Woodrow, Hugh → iz s 557
Woods, J. → iz f 194

- Michael, Dr. → iz b 126
- Woon, Walter Prof. → C 1 246
- Woonink, R. → iz t 424
- Woortman, C. F. → iz f 588
- Woortmann, Geerd → T 3 785
- Geerd, Dipl.-Volksw. → E 2, e 4
- Woost, Thea → u 1 369
- Worg, Brigitte → s 503
- Workel, H. A. → iz f 1 192
- Wormald, Maria Teresa → iz o 160
- Worms, Bernhard Dr. → U 2 114, U 2 182
- Hans-Joachim → C 1 239
- Patrick → IZ U 645
- Wormser, Hans → M 15, m 19, M 144
- Wormuth, Lothar → T 1 370
- Rüdiger, Prof. Dipl.-Ing. → U 889
- Woronowicz, Oskar → S 1 371
- Worrall-Thompson, Antony → iz s 368
- Worschech, Thomas → O 174
- Udo, Prof. Dr. → T 498
- Worswick, Richard Dr. → IZ T 361
- Wortmann, Michael → T 2 332
- Woschnagg, Gregor → IZ C 11
- Wottawa, Heinrich Prof. Dr. → t 2 370
- Wourgaft, Serge → IZ U 123
- de Wouters, Guy → IZ R 27
- Wowereit, Klaus → a 85
- Woweries, Gerd → E 67
- Woytinas, Uwe Dr. → s 310
- Woywod, Anne C. → s 518
- Wozniak, Klaus → U 255
- Peter → A 342
- Woźniakowski, Jacek Prof. → iz u 614
- Wraight, Ross → IZ T 539
- von Wrangel, Thomas → g 274
- Wratschgo, Max → iz u 775
- Freiherr von Wrede, Georg → u 1 775
- Wrede, Martin Dipl.-Volkswirt → E 116
- Wreh, Jörg → r 646
- Wriedt, Christian → T 782
- Wright, Delain → iz f 1 594
- Hazel → IZ O 20
- Richard → iz a 143
- Wrischnig, Walter → H 261
- Wroblewski, Josef → s 678
- Wrocklage, Hartmut → b 67, b 73, r 283
- Wronka, Georg Dr. → O 532, O 535, iz o 109
- Wruck, Wolfgang → m 39, M 146
- Wucherer, Klaus Dr.-Ing. → T 1 006
- Michael, Dr. → T 3 350, iz t 755
- Wucherpfennig, Ludwig → q 598
- Margot, Dr.sc.oec. → d 254
- Wudtke, Joachim → T 95
- Wübben, Horst Dipl.-Ing. → F 69, f 75, R 33, r 39
- Wübbenhorst, Klaus L. Dr. → E 62, T 2 470, t 2 484
- Wühr, Erich Dr. → T 3 273
- Wühst, Werner → q 22
- von Wülfing, G. → Q 583
- Wülfing, Thomas → C 290
- Wülker, Hans-Detlef Dr. → P 1, IZ I 45
- Wüllner, Klaus Dipl.-Ökonom → E 145
- Wünnenberg, Manfred Dipl.-Ing. → T 1 317
- Wünsch, Steffen → T 3 590
- Thomas → T 3 590
- Kai → c 1 256
- Klaus → T 3 502
- Rainer → T 2 455
- Wünschenmeyer, Jürgen → N 104
- Wünschmann, Bernd → G 586
- Würfel, Günther → E 115
- Herbert → g 493, h 141
- Würker, Herbert → f 114, T 1 322
- Würth, Bettina → E 18
- Holger → U 2 851
- Othmar → U 2 060
- Reinhold, Prof. Dr.h.c. → F 1
- Thomas M. → g 696
- Herzog von Württemberg, Carl → U 696
- Würtz, Günther Dr.-Ing. → t 1 752
- Jochen, Dr. → F 189
- Würz, Roland Dr. → U 312
- Wüst, Eberhard Prof. → t 1 718
- Klaus, Dipl.-Ing. → t 1 501
- Manfried, Dr. → u 3 007
- Wüstenberg, Klaus → IZ F 1 415
- Reinhard → k 56
- Wüster, Ulrich Dr. → T 3 960
- Wüsthof, Harald Dipl.-Ing. → T 1 884
- Wüthrich, Brunello Prof. → IZ T 742
- Wütz, Bernhard Dr. → U 1 740
- Wukasch, Konrad → f 828
- Wulf, Claus-Dieter → g 224
- Herbert → G 547
- Klaus → E 120

Fortsetzung nächste Spalte

Wulf (Fortsetzung)
- Oehme → U 2 200
- Peter → M 245
- Wulf-Mathies, Monika Dr. → U 2 682
- Wulfetange, Jan → K 4
- Wulff, Christian → A 60, U 2 114, u 2 122, u 2 124
- Harald, Dr. → F 173
- Jochen, Dr. → F 177, Q 58
- Otto, Prof. Dr. → U 2 114, u 2 191
- Wulffen, Bernd Dr. → C 293
- von Wulffen, Matthias → A 374
- Wulfhorst, Burkhard Prof. Dr.-Ing. → T 1 970
- Wulfmeier-Pötzsch, Birgit → u 1 325
- Wulleman, Gerard → IZ S 668
- Wullenweber, Hans-Peter → u 2 530
- Wullkopf, Uwe Dr. → Q 609
- Wunder, Hans → M 250
- Wunderatsch, Hartmut Prof. Dr. → T 543
- Wunderle, Günter → h 795
- Wunderlich, Christa → T 3 271
- Dieter → T 2 312
- Hans-Joachim → e 201, U 405
- Joachim → A 202
- Johanna → s 1 441
- Theresia → U 1 814
- Winfried, Dr. → T 1 250
- Wolfgang, Dr. → U 701
- Wunderlich-Stempel, Gisela → T 783, U 3 008
- Wundschock, Manfred Dr. med. → B 588
- Wundt, Herrmann Dr. → E 30
- Wunenburger, Jacques → iz a 77
- Wunschel, Axel → f 74, r 38
- Wunschik, Christine → u 1 331
- Wupperfeld, Udo Prof. Dr. → t 1 620
- Wurie, Umaru Bundu Dr. → C 1 242
- Wurm, Felix W. Dipl.-Soz. Wiss. → T 2 221
- Friedrich → C 287
- Helmut → i 81
- von Wurmb, Alexe → IZ R 224
- Wurms, Fritz → U 2 763
- Wurst, Gabriele → B 785
- Wurster, Bernd Prof. Dr. → T 1 595
- Hans-Emil → f 106, r 59
- Hartmut, Dr. techn. → T 1 886
- Jörg, Prof. Dr. → t 1 674
- Klaus → IZ F 901
- Reinhold → T 1 374
- Wurtz, André → I 84
- Wurzbacher, Hartmut Dipl.-Med. → r 746
- Wurzel, Angelika → Q 368
- Eckard → m 111
- Eckhard → m 170
- Hans-Jürgen → Q 249
- Thomas, Dr. → U 3 035
- Wurzschmitt, Rolf → I 47
- Wustmann, Hans-Günter → N 31
- Wustrack, Kerstin → T 1 916
- Wuth, Marianne → t 3 731
- Wuthe, Wolfgang → S 1 371
- Wutschel-Monka, Brigitte Dr. → k 154
- Wuttke, Jörg → E 258
- Petra → T 3 704
- Wutzlhofer, Manfred → H 302, o 596, o 613, o 614
- Wyatt, Andy → IZ O 32
- Keir → iz f 18
- Wyder, Peter R. Prof. Dr. → t 117
- Wyler, H. → iz s 389
- Wymar, Arnold → s 1 441
- Wynands, Frank → r 314, r 319
- Robert, Dr. → iz f 2 426
- Wynen, Andre Dr. → IZ T 777
- Wyrobisch, Anton → e 646
- Wyrwoll, Sigrid → B 761
- Wyss, Felix → iz f 39
- Fred K. → IZ U 303
- Wyszomirski, Reiner → U 2 661

X

- Xalabarder → iz f 2 050
- Xiying, Jin → iz s 505
- Xizhong, Li → IZ F 2 320

Y

- Yajima, Kazuyoshi Prof. → iz t 215
- Yakital, Ali → c 1 337
- Yamada, T. Prof. → iz s 58
- Yamaguchi, R. Dr. → iz f 2 052
- Yamamoto, Michiaki → iz h 509
- Yamani, Mohamed → IZ U 571

- Yannacopoulos, Yannis → iz h 453
- Yavus, Seyfettin Dipl.-Betriebsw. → U 2 446
- Ybema, Gerrit → iz b 194
- Ydraiou, F. → iz f 562
- Yebboa, Malika → iz h 128
- Yerocostopoulou-Theodoracopoulos, Helene → c 806
- Yerolimpos, George → IZ U 470
- Yin → c 1 292
- Yokoi, Yaheita → IZ F 2 143
- Yoldas, Mustafa → U 2 443
- Yonath, Ada E. Prof. Dr. → t 142
- Yondran, Ruprecht Dr. → e 532
- Yoshikawa, H. → IZ T 34
- Young, Gordon J. Dr. → IZ T 191
- K. → iz f 1 190
- El Yousfi, Ahmed → iz m 93
- Fürst zu Ysenburg und Büdingen, S.D. Wolfgang-Ernst → U 1 093, u 2 505
- Ytre-Eide, Kare → c 370
- Yu, S.P. Dr. → IZ F 2 557
- Yu-Dembski, Dagmar → E 416
- Yue Choong, Kog → iz s 544
- Yung-Soo, Park → n 248
- Yurdakul, Dogan Dipl.-Ing. → S 1 106
- Yurdatap, Nil → K 287
- Yurtözü, Ertan → iz f 1 217
- Yzer, Cornelia → F 225

Z

- Zaadhof, J. → c 1 087
- Zabawa, Georg → s 449, t 2 858
- Zabel, Peter → T 376, U 46
- von Zabeltitz, Christian Prof. Dr. → T 1 251
- Zabka-Stolch, Peter → T 3 788
- Zaby, Gottfried Dr. → F 203
- Zaccaria, Roberto → IZ O 47
- Zacesta, Ligita → iz u 46
- Zach, Gerhard Dipl.-Ing. → s 826
- Zacharias, Franzjosef Dr. → s 540
- Hans-Jürgen → U 2 450, IZ U 571
- Ulrich → g 261
- Wolfgang, Dr. → U 2 794
- Zachcial, Manfred Prof. Dr. → T 3 673
- Zacher, Josef Dr. → S 206
- Julius → T 2 836
- R., Dr. → H 21
- Rudolf, Dr. → h 49
- Zachow, Ernst-Wilhelm Dr. → K 6, K 45
- Ernst Wilhelm, Dr. → K 45
- Ernst-Wilhelm, Dr. → k 50, k 54
- Zaddach, Helga → U 1 295
- Zademack, Lothar Dipl.-Ing. → k 223
- Zähringer, Markus → U 1 504
- Zaengler, Rolf → s 8
- Zänker, Dietmar → S 950
- Norbert → S 1 399
- Zäschke, Wolfgang Dr. Ing. → t 2 092, T 2 097, t 2 102, t 2 113
- Wolfgang, Dr.-Ing. → t 2 122
- Zaeyen-Kuyken, Lieke → IZ U 300
- Zafiropoulos, Ioannis → iz b 90
- Zagaglia, Felice → c 892
- Zagatta, Martin Dr. → O 288
- Zagier, Don B. Prof. Dr. → t 133
- Zahalka, Peter → K 16, M 211
- Zaheg, Hedi → IZ S 642
- Zahlmann, Karl → o 675
- Zahn, Christian → A 133, R 398
- v. Zahn, Hans-Joachim → u 2 039
- Zahn, Inge → s 1 274
- Joachim, Prof. Dr. → F 1
- Karlheinz → I 45
- Peter, Dr. → f 729, f 757, r 150
- Stefan → g 298
- Wolfgang, Dr. → T 1 835, U 111
- Zahner, H. Prof. Dr. → T 2 841
- Zahradil, Jan → iz u 369
- Zahrnt, Angelika Dr. → Q 407
- Ingeborg → O 364
- Zahumensky, Ladislas Dr. → iz f 911
- Zaide, José Abeto → C 1 160
- Zajic, Prof. Dipl.-Ing. → iz s 584
- Zakrzewski, Rüdiger → R 475
- Zalewski, Jerzy → IZ S 569
- Thomas, Dr.rer.pol. → s 150
- von Zallinger, Ursula → T 736
- Zalm, Gerrit → iz b 190
- Zalud, Rochus → S 998
- Zamboni, Burkhard → r 613
- Zametzer, Wilhelm Dipl.-Betriebsw. → h 356, h 393
- Zander, Dieter Dipl.-Ing. → B 651
- Peter → M 37

Fortsetzung nächste Spalte

Zander (Fortsetzung)
- Siegfried → E 220
- Ulrich → k 23
- Zandstra, F.A. → iz t 429
- Zang, Hans Prof. Dr. → T 654
- Zanger, Heinz → F 946
- Zanibon, Paolo → IZ F 1 545, iz f 1 551
- Zanini, Peter → q 29
- Zanke, U. Prof. Dr.-Ing. habil. → T 2 686
- Zanker, Guntram Dipl.-Ing. → f 863, f 880, f 920, t 2 108
- Paul, Prof. Dr.phil. → a 125
- Zankova, Iskra → O 61
- Zanoth, Reinhold → O 406
- Zantop, Dieter H. A. → K 384
- Zanzig, Klauspeter → g 4
- Zapf, Herbert-Michael → iz t 922
- Zapfe, Wolfgang → U 2 450
- Zapletal, Petr → iz i 107
- Zappe, Heike → T 421
- Zappel, Kristiane Dr. → u 2 995
- Zaragoza, François → iz u 34
- Zárand, Pál Prof. → iz t 757
- Zarandí, Pál → iz l 20
- de Zarate, R. → iz f 1 618
- Zarb, Tony → iz r 184
- Zarbock, Walter H. → U 1 276
- Zaremba, Volker Dr. → B 449
- Zarralugui Ortiwsa, Luis → iz s 446
- Zasec, Igor → iz m 31
- Zaske, Prof. Dr.-Ing. → T 2 674
- Zastrow, Hans-Joachim → r 697
- Heinz → k 139
- Holger → u 2 213
- Zaudig, Michael Dr. med. → T 3 388
- Zauft, Dieter Dr.-Ing. → s 982
- Zaunbrecher, Andreas → E 156
- Zauner, Wolfgang Dipl.-Ing. (FH) → f 867
- Zawar, Rolf Dieter Prof. Dr. → s 547
- Zdzislaw, Gregorczyk → iz s 234
- Zebisch, Hans-Jürgen Prof. DDr. → t 1 569
- Zec, Peter Prof. Dr. → S 1 063, S 1 067, S 1 209, iz s 623
- Zec-Philipovic, Bojan → iz u 437
- Zech, Jürgen Dr. → F 53, K 1, U 2 791
- Leslie P.C. → IZ O 205
- Zedelmaier, Jutta → N 284
- Zeder, Werner → s 588
- Zedler, Renate → N 101
- Zedlitz, Jesper → T 1 348
- van der Zee, Pieter Eeltje → c 351
- Zeelen, Jochem → I 14
- Zeevenhooven, Cees → IZ M 229
- Zeferer, Bert → E 575
- Zegers de Beyl, H. → iz f 2 145
- Zeghari, Ahmed → IZ S 642
- Zegula, Hans-Jürgen → R 213
- Zeh, Detlef Dipl.-Ing. → t 2 090, t 2 111, t 2 120
- Klaus → M 243
- Klaus, Dr. → u 2 132
- Wolfgang, Prof. Dr. → A 35
- Zehe, Manfred D. → f 944, F 945
- Zehetmair, Hans → b 20, B 280, O 570, U 3 042
- Zehle, Andreas Prof. Dr. → T 3 315
- Zehnder, Andreas J. → I 79, IZ I 49
- Zehner, Bernd Prof. Dr.-Ing. → t 1 712
- Jeanette → u 796
- Zehnle, Jörg → E 247
- Zeidler, Eberhard Prof. Dr. → t 134
- Eberhard H., Prof. → E 553
- Gerhard, Prof. Dr.-Ing. → M 13, T 2 024
- Zeidler-Finsel, Anke → t 224
- Zeilmayr, Alfred Dr. iur. → IZ T 315
- Zeimentz, Hans Prof. Dr. → T 599
- Zeinecke, Herrat → E 742
- Zeiner, Herbert → s 139
- Zeinert, Michael Dipl.-Volksw. → E 225
- Zeischler, Burkhard → b 158
- Zeiser, Wilhelm → r 288
- Zeisig, E. → s 394
- Wolfgang → A 369
- Zeising, Sylvia → b 41
- Ulrike → k 84
- Zeisler, Dieter Hubedrtus Dr. → c 58
- Zeiß, Michael Dr. → O 322
- Zeit, Dr. med. → T 3 604
- Zeitler, Alexander → g 304
- Franz-Christoph, Dr. → i 3
- Herbert, Dr. → u 1 059
- Peter, Dr. → iz f 415
- Zeitlmann, Wolfgang → A 68
- Zeitz, Gottfried Dr. → c 397
- Zekorn, Lucia Dr. med. → T 2 768
- Zeleny, Dalibor → iz m 33
- Zelfel, Rudolf C. Dipl.-Psych. → T 3 218
- Zelger, Siegfried → h 158

Zelinsky, Norbert → h 338
Zell, Wolfgang → r 331
Zeller, Elmar Dipl.-Ing. (FH) → t 1 794
– Gerhard, Dr. → A 383
– Heino → T 1 895
– Joachim → d 226
– Ronny → Q 652
– Wilhelm → c 819
– Wolfgang, Dr. → b 158
– Wolfram, Dipl.-Ing. → T 2 176
Zellerer, Rudolf → r 333
Zellner, Dietmar → f 44, F 286, F 755, f 759, f 772, f 780, R 159, r 161, iz f 1 697
– Klaus, Prof. Dr.-Ing. → r 893
– Thomas → H 288
Zemanovic, Frantisek Dipl.-Ing. → c 1 250
Zemlin, Hermann Prof. Dr.-Ing. → m 9
Zemljic, Borut → iz s 142
Zen-Ruffinen, Michael → IZ U 546
Zender, Paul Peter → g 616
– Rafael → R 642
Zeneli, Bashkim → C 614
Zenetti, Markus → e 332
Zengebusch, W. Dr. → iz f 973
Zeni, Karin Dr. → E 93
Zenke, Gerhard Prof. Dr.-Ing. → t 1 197
– Karl G., Prof. Dr. → T 2 191
– Thomas → R 806
Zenkel, Klaus → r 629
Zenker, Heike → C 453
– Helmut, Dipl.-Ing. (FH) → S 846, S 890
– Helmut, Dipl.-Ing.(FH) → S 943
Zenner → A 8
– Hans Peter, Prof. Dr. → T 3 321
Zensus, J. Anton Dr. → t 163
Zentel, Karl-Otto → Q 356
Zentgraf, Heiko Dr. → T 2 528
Zenthöfer, Jörg → S 409
Zenz, M. Prof. Dr. → T 3 396
Zepke, Klaus P. → E 731
Zepnek, Jörg → s 502
Zepnik, Karl → U 2 850
Zeppenfeld, Werner Dr. → o 329
Zepter, Bernhard → iz a 4
Zerbe, Hannes → s 1 293
Zerche, Jürgen Prof. Dr.Dr.h.c. → t 2 398
Zerdick, Thomas → s 510
Zerges, Kristina Dr. → T 425
Zerial, Marino Dr. → t 175
Zernack, Nanna → S 1 177
Zerres, Birgit → s 504
– Karl Stefan, Dr. → s 355
Zervos, Dimitrios → c 168
Zervoudaki, Styliani → iz a 170
Zerweck, Daniel Dr. → S 1 106
Zethof → iz s 43
Zetsche, Dieter Dr. → M 13
Zettel, Günther Dr. → B 810
Zetterberg, Lars → iz t 677
– Leif → iz p 18, iz q 27
Zettler, Carl-Heinz → G 101
Zetzl, Uta → s 458, t 2 867
Zetzmann → u 1 689
Zeuch, Michael Prof. Dr. → H 682
– Sibylle → N 283
Zeuch-Wiese, Ilona Dr. → A 141, t 2 364
Zeuschner, Wolfgang → E 74
Zeutschal, Bernd Dipl.-Ing., Dipl.-Expw. → t 1 768
Zeyn, Peter → q 89
Zeyringer, Wolfgang → iz f 406, IZ F 1 710, iz f 1 716
– Wolfgang, Dr. → iz f 431
von Zezschwitz, Friedrich Prof. Dr. → B 347
Zezulle, Michael → N 137
Zgaga, Christel → Q 404
Zhang, Jian → IZ U 571
– Qiaoqiao, Dr. → IZ R 270
– Yanning → iz o 161
Zhao, Houlin → IZ T 902
Zharikov, Alexander → IZ R 278
Zhelnin, Vadim → iz o 189
Zhixiang, Shen Prof. Dr. → T 3 487
Zhou, Yanjun → n 226
Ziani, Moncef → iz s 531
Zibell, Gerhard → r 327
Zibert, Alenka → iz u 253
Zichner, L. Prof. Dr. med. → T 3 381
Zick, Andreas → n 88
Zickel, Jürgen Dr. → E 742
Zickerick, Michael Dr. → C 332
Zickler, Manfred → U 1 348
Zidek, W. Prof.Dr.med. → T 3 326
Ziefer → A 8
Ziegahn, Karl-Friedrich Dr.-Ing. → T 257
Ziegelhöfer, Bernhard → H 439
Ziegelmeier, Werner → f 592, F 894
Ziegenfeuter, Gerd → c 143
Ziegenhain, Horst → Q 323, q 325

Ziegler, Andreas → A 10, r 509
– Britta → T 2 698
– Burckhard → B 382
– Christiane, Prof. Dr. → t 1 566, t 1 771
– Dagmar → b 42
– Ernst-Andreas, Dr. h.c. (SK) → D 134
– Franz, Prof. Dr. techn. → T 1 943
– G., Prof. Dr. → IZ F 336
– Hannes → R 518
– Hans-Peter, Dr. → T 979
– Hansvolker → A 29, T 803
– Hubert, Prof. Dr.Dr.h.c.mult. → t 87
– Jörg → U 2 450
– K., Prof. Dr.-Ing. → t 2 055
– Karsten → b 33
– Kurt, Dr.Ing. habil. → T 2 028
– Markus → R 515
– Michael → b 17
– Regina → R 512
– Ronald, Prof. → t 1 428
– Ronald, Prof. Dipl.-Informatiker → t 1 562
– Susanne → B 403
– Susanne, Dr. phil. → T 3 979
– Ulrich, Prof. Dr.rer.nat. → T 583
– W., Prof. Dr. → T 846
– Werner, Prof. Dr. → t 1 504
– Wiltrud, Dr. → U 1 390
– Wolfgang, Dr. → T 1 901
Zieglmeier, Walter → B 755
Ziegner, Jürgen → H 635
Ziehe, Martin Dr. → T 2 710
Ziehl, Heinz → E 18
Ziehm, Stefan Dipl.-Ing. → T 2 148
Ziel, Alwin → b 44
van der Ziel, Laurens J.C. → IZ F 1 896
Zielasko, Michael → R 377
Zielina, Werner → R 520
Zieling, Bärbel → D 68
Zielinski, Daniel → iz u 723
– Raimund → B 753
Zielke, Krzysztof → iz u 365
– Thomas → U 1 495
Zielonka, Andreas Dr.-Ing. → T 1 922
Ziem, Eberhard Dipl.-Ing. → T 846
Ziemann, Hans-Jürgen → B 669
– Werner → S 1 430
Ziemer, Albrecht Prof. Dr. → O 336
– Frank M. → E 87
– Klaus, Prof. Dr. → A 145
Zien, Günter Obering. → f 734
Zierau, Joachim → U 1 864
Zierdt, Holger → U 1 174
Zierer, Erwin Dr. → Q 265
Zierl, Gerhard → b 18
Zierow, Wolfgang → g 796
Zieschank, G. Dr. → iz f 1 849
Ziesemer, Michael Dipl.-Ing. → f 350
Ziesseniß, Manfred → S 679
Ziesing, Hans-Joachim Dr. → T 1 310
Ziesler, Michael Dipl.-Kfm. → E 196, F 122
– Michael G., Dipl.-Kfm. → f 124, F 139
Ziethen, Joachim → k 138
Ziffzer, Stefan Dr. → U 2 450
Zifreund, Walter Prof. Dr. Dipl.-Psych. → IZ T 776
Zigahn, Karl-Friedrich Dr. → U 2 604
Zikmund, Jitka → n 278
Zilch, K. Prof. Dr.-Ing. → t 2 045
Ziliene, Ina → iz f 162
Zilk, Wolfram → N 114
Zilkens, Norbert Dipl.-Volksw. → F 696, U 588
Zill, Karsten Dipl.-Ing. → S 948, S 976
Zillén, P.A. Dr. → IZ S 163
Zillenbiller, Hans → T 3 663
– Hans, Dipl.-Ing. → s 1 003
Ziller, Christiane → U 3 023
Zilles, Karl Prof. Dr.med. → T 3 448
– Renatus → O 716
Zilleßen, Horst Prof. Dr. → T 818
Zillessen, Sophie-Caroline → E 409
Zillgens, Hermann → c 575
Zilli, R. Dr. → IZ S 105
Zillich, Petra → s 810
Zillmann, Dieter → M 37
Zillner, Marc → T 4 147
Zimmer, Andreas → R 808
– Annette, Prof. Dr. → T 2 221
– Daniel, Prof. Dr. → S 615
– Daniela → S 737
– Elke → T 3 182
– Gabriele → U 2 234
– Günter, Prof. Dr. → U 146
– Günter, Prof. Dr. rer. nat. habil. → t 196, t 197, t 198
– Klaus → g 180, g 201, k 210
– Nicolas → A 54
– Uwe → E 385

Fortsetzung nächste Spalte

Zimmer (Fortsetzung)
– Walter → R 799
– Werner → O 320, O 493
Zimmerer, Hans-Peter Dr. → S 276
– Wilhelm → F 918, F 930
Zimmerli, Walther Ch. Prof. Dr. → T 709
Zimmerman, Jane → IZ U 260
– R. H., Dr. → IZ T 689
Zimmermann, Albrecht Dipl.-Ing. → u 2 670
– Alois → E 62
– Andrea → S 972
– Christian → U 704
– Cordula → S 440
– D., Dipl.-Ing. → U 664
– Dietrich → T 829
– Doris → u 878
– Eberhard, Dr. → r 737
– Edith → T 1 343
– Edwin → z 2 457
– Egon → E 40
– Elke, Prof. Dr. → T 2 838
– Friedrich, Dr. → O 336
– Gerd → T 398, u 2 486
– Gerd, Prof. Dr.-Ing. → T 701
– Gerd W., Dr. → S 207
– Gertrud, Dr. → A 23
– Gesa → S 738
– Gunther → M 168
– Hans-H., Dipl.-Ing. → S 920
– Hans-Peter → H 733
– Hartmut → c 117, c 118
– Heinrich → E 242, k 232
– Hella → t 3 120
– Herbert → iz s 437
– Herbert, Dipl.-Volksw. → f 344
– Herbert, Prof. → T 3 361
– Horst, Dipl.-Phys. → u 520
– Horst, Prof. Dr. → T 3 801
– Horst-Günther, Dr. → S 1 578
– J. → U 245
– Joachim, Dr. → U 1 810
– Jochen → S 1 591
– Jörg, Dr.med. → s 68
– Karl → T 2 557
– Karl Johann, Dipl.-Kfm. Dipl.-Ing. → E 43
– Klaus → E 154
– Klaus F., Prof. Dr. → T 2 269, t 2 270, t 2 274, T 2 310, T 2 350
– Kurt → h 616
– Kurt, Dr. → T 2 762
– Lothar → O 336
– Ludwig, Dipl.-Kfm. Dipl.-Brmstr. → f 426
– Margarete, Prof. Dr. → T 3 753
– Martin → iz l 39
– Mathias → Q 398
– Michael → R 713
– Norbert → T 830
– Olaf → U 2 857
– Rainer, Dr. → O 539
– Ralf-Bruno, Prof. Dr. → T 422
– Rolf, Prof. Dr. sc. techn. EUR ING → f 83
– Rolf, Prof. Dr.sc.techn. EUR ING → r 47
– Sigrid → G 83
– Stefan, Dr. → S 553
– Tom → o 327
– Udo, Prof. → O 128
– Uwe → E 685
– Wolfgang → T 884
Zimmermann-Buder, Anita → G 105
Zimmermeyer, Gunter Prof. Dr. → f 17, F 67
Zimpel, Ulrich → I 40, I 42
Zimpelmann, Uwe Dipl.-Kfm. → I 36
Zimper, Wolfgang → u 1 153
Zimprich, Franz → u 2 460
– Werner, Dr. → C 250
Zindorf, Monika → t 2 935
Zingler, Bernhard → g 427
– Ursula → T 3 017
Zingraf, Heidrun → t 3 205
Zingraff, Kurt Dipl.-Ing. Dr. → S 1 105
Zink, Franz → S 476
– Hans Erwin → f 753
– Karl Friedrich, Dr. → Q 362
– Klaus. J., Prof. Dr.habil. → T 2 192
– Otto → A 20
– Richard → iz a 116
– Ulrich → T 2 128
– Werner → B 810
Zinke, Marion → b 101
Zinn, Eberhard → I 40
– Eberhard, Dr. → I 13
Zins, Georg → IZ S 394
Zinser, Urban → U 2 375
Zinsmeister, Rainer Prof. Dipl.-Ing. → s 808
Zintl, Reinhard Prof. Dr. → T 2 221
Zintzen, Clemens Prof. Dr. → t 86, T 856, T 862
Zintzsch, Andreas → E 71
Zipp, Klaus Dipl.-Ing. → U 586

Zippan, Claudia → U 3 013
Zippe, Dieter → H 773
Zippel, Wulfdiether Prof. Dr. → T 2 352
Zipper, Ilse → r 437
Zipperer, Martin → i 47
Zirden, Heike → U 1 743
Zirener, Horst → l 87, l 143, iz i 92
Zirkelbach, Manfred → o 53
Zirpel, Rolf-Rüdiger → C 335
Ziscka, Rudolf → T 1 689
Zisi, Rodoula → iz b 102
Zitkus, Louise → iz f 311
Zito, Ubaldo → iz a 35
Zitscher, Bertram Dr. → u 2 164
Zitzelsberger, Heribert Prof. Dr. → A 14
– Siegfried → S 630
– Walter, Dr. → B 218
von Zitzewitz, Michael → o 604
Zitzler, Ursula → T 685
Zizlsperger, Eberhard Dr. → E 63
Zizmann, Peter A. → S 388
Zle, Franc → iz s 545
Zloch, Bernhard Dr. → T 4 038
Zmajević, Mario → U 3 126
Zobel, Adolf Dipl.-Vw. Dr. → M 15
– Dietmar, Dr. → Q 644
– Dietmar, Dr. habil. → T 1 901
Zocher, Michael Dr. Ing. → t 2 114
– Peter → h 796
– Wolfgang H. → G 219, IZ G 54
Zodtner, Gerhard → A 303
Zölitz-Möller, Reinhard Prof. Dr. rer. nat. → t 1 689
Zöller, Alexander Dr. → U 98
– Hugo → u 1 069
Zöller, Jürgen Dipl.-Betriebsw. → l 43
Zöller, Wolfgang → A 35
Zöllner, Detlev Prof. Dr. → T 2 203
– E. Jürgen, Prof. Dr. → b 137
– Jörg, Dipl.-Ing. → L 17
– Jürgen, Prof. Dr. → B 280
– Oliver, Dr. → O 408
Zoels, Siegfried → U 1 600
Zönnchen, Andreas Dr. → s 667
Zöpel, Christoph Dr. → A 8, T 2 329
– Ursula → U 1 606
Zörb, Christoph A. → O 470
Zoeteman, Kees → IZ A 194
Zoeteweij, Pim → iz s 254
Zogelmann, Peter → G 48
Zohlnhöfer, Werner Prof. Dr. → T 2 209, t 2 291
Zohm, Hartmut Prof. Dr. → t 156
Zoido, Antonio → iz i 185
Zoller, Elfriede → S 439
– Hermann → S 1 343
Zollner, Maximilian Dr. med. → s 177
– Maximilian, Dr.med. → S 176
Zombik, Hans-Peter Dipl.-Volksw. → S 1 168
– Peter → F 798, IZ F 206
Zondler, Hermann → I 12
Zopfy, Ilsedore → r 542
Zopp, E. Frederick → c 564
Zoppke, Hartmut Prof. Dr. → T 686
Zorbach, Heinz → h 414
Zorbas-Karkala, Katarina → IZ U 259
Zorn → B 427
– Barbara → o 42
– Bernhold → E 179
– Helmut → H 308, h 310, H 320, h 396, h 449, T 3 898
– Karl → c 1 303
– Manfred → F 596, f 598
– Peter → G 330
– Wolfgang → F 832
Zornik, Peter → h 76
das Dores Zorrinho, José Carlos → iz b 215
Zósimo, Roberto → C 1 153
Zott, Axel Dipl.-Hdl. → t 1 507
– Herbert, Prof. Dr. → t 1 507
Zotter, Eduard → iz f 21
de Zotti, Giovanni Dr. → E 291
Zottmann, Siegfried → E 62
Zotz, Martin → H 211
Zourek, Heinz → iz a 9
Zouridaki, Marianna → c 166
Zouridakis, Michael → IZ A 189
Zovrnatzidis, Ioannis → E 473
Zrenner, Eberhart Prof. Dr. med. → t 1 760
Zschernack, Peter Dipl.-Ing. → t 1 206
Zschiesche, Michael → Q 617
Zschoch, Hans-Peter → g 196
Zschocher, Hartmut Dr. → U 189
Zschocke, Christoph Dr. → R 196
Zsebedits, Paul Dipl.-Betrw. (FH) → E 18
Zuber, Walter → B 131
Zuberbier, Ingo Dr. → E 726
Zuchold, Gerd-H. Dr. → u 949
Zuckschwerdt → u 1 648

Züchner, Christian Dr. → T 3 724
Züfle, Andreas → u 2 134
Zühlke, Klaus-Dieter → U 1 234
Zühlsdorf, Theodor → u 2 478
Zühlsdorff, Henning → T 594
– Kerstin → O 35, o 43
– Peter → t 2 296, U 756
von Zühlsdorff, Volkmar Dr. jur. → U 1 023
Zülch, Tilman → U 2 041
Zündorf, Konrad → u 1 148
– Kurt → g 597
– Lutz, Prof.Dr. → t 2 410
Zünkeler, Martin → O 534
Žukas, Nerijus → c 976
Zulauf, Petra → u 1 335, u 1 336
– Reinhard, Prof. Dr. → T 1 901
Zulu, Levy → iz s 561
Zumpe → u 1 681

– Dr. → A 27
Zumpfort, Wolf-Dieter Dr. → A 37
Zumwinkel, Klaus Dr. → R 1
Zundel, Manfred → U 668
van Zundert, J. C. → iz f 1 204
Zunftmeister, Jürgen → q 533
Zunker, Albrecht Dr. → T 803
Zupp, Gerhard → R 956
Zurawski, Ursula → U 1 433
Zurborn, Wolfgang → S 1 520
Zurmühl, Ute → U 2 090
Zurnieden, Johannes → N 283
Zuromskis, Vilis → IZ S 675
Zurstrassen, Patrick → iz i 99
Zuschneid-Bertram, Dr. → B 363
Zuther, Frank → U 932
– Ruth → E 604, e 645
de Zutter, Raf → IZ T 969

Kleiweg de Zwaan, Marteen → IZ F 85
Zwanzig, Reinhard → f 158, r 130
Zwanziger, Heinz W. Prof. Dr. habil. → T 608
– Theo, Dr. → u 2 490
von Zwehl, Wolfgang Prof. Dr. → t 4 087
– Wolfgang, Prof.Dr. → T 2 354
Zweifel, Françoise → IZ U 579
Zweigel, Frank → n 261
Zwerg, Dietmar → u 2 802
Zwermann, Karl → Q 130
Zwernemann, Dieter → E 31
Zwick, Werner → U 1 168
Zwickel, Klaus → R 294, R 355, IZ R 285
Zwicker, Otto Prof. → O 625
Zwiebelhofer, Otmar → R 103
– Otmar, Dr. → r 104
Zwiener, G. Dipl.-Chem. Dr. → T 2 526
Zwingenberger, Arthur → E 553

Zwingmann, Bruno → T 883
– Hans-Joachim → S 1 373, s 1 383
– Prof. Dr. → A 18
– W., Dr. → IZ Q 124
– Wilhelm → s 154
Zwissler, Ulrich Dr. → F 995
Zwitserlood, Toine → IZ Q 212
van Zwol, Cornelis → IZ U 805
Zwolinski, Stefan Dipl.-Ing. → u 525
Zychski, Holger → s 1 497
von Zydowitz, Hans-Günther → T 1 325
van Zyl, André → iz f 2 577
Zypries, Brigitte → A 10
Zywietz, Tassilo Dipl.-Betriebswirt (FH) → E 31
Zyzik, Magdalena → E 97

Was möchten Sie noch wissen?

Wie ein Puzzle ergänzen sich die einzelnen Hoppenstedt-Handbücher sowie die elektronischen Medien von Hoppenstedt zu einem umfassenden und fundierten Informationspool. Wenn Sie in diesem Handbuch trotz seiner Informationsvielfalt nicht alles finden, was Sie gerne wissen möchten, nutzen Sie die ergänzenden Angebote aus unserem Verlagsprogramm. Ein Beispiel stellen wir Ihnen hier kurz vor.

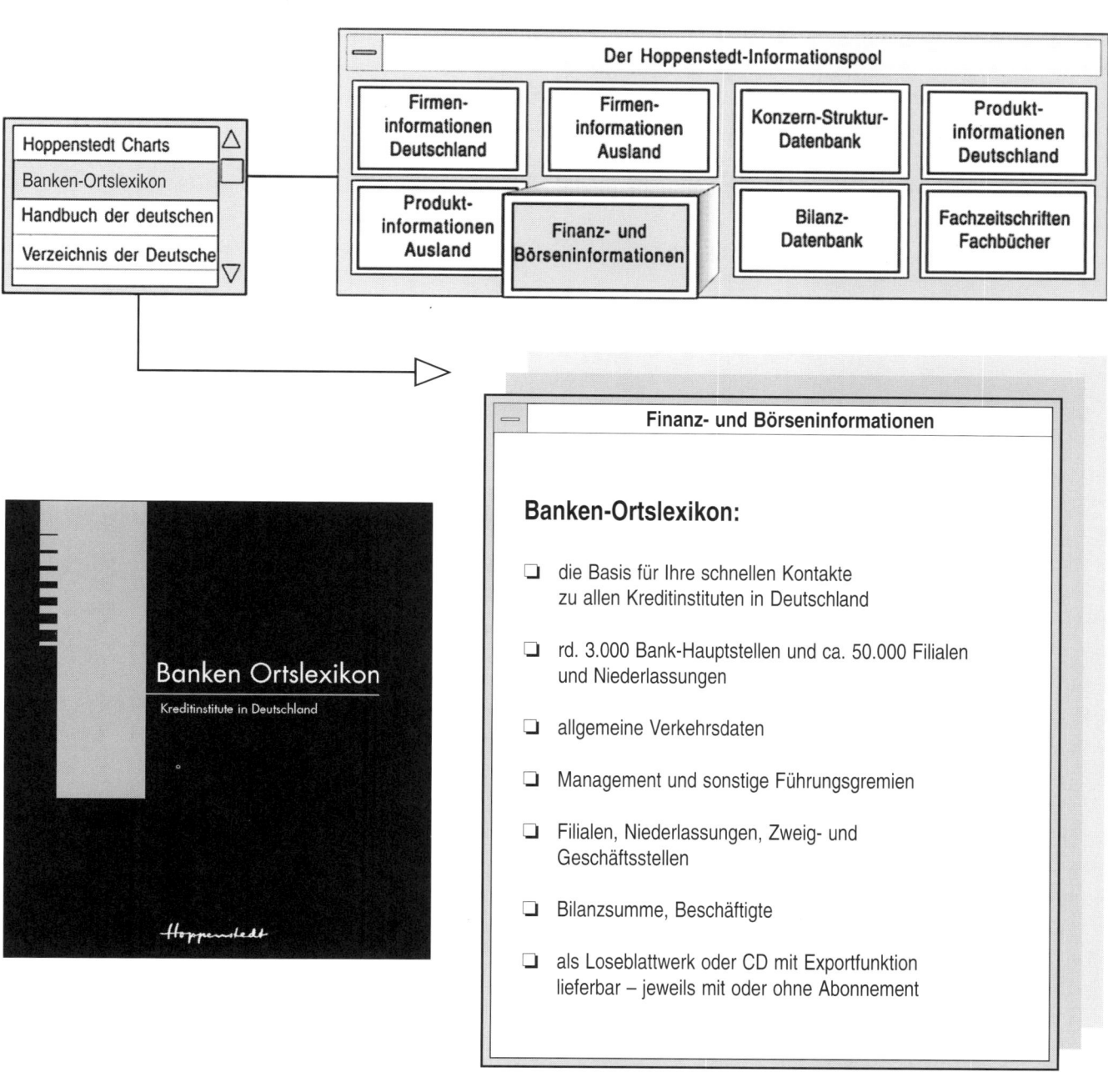

Banken-Ortslexikon:

- die Basis für Ihre schnellen Kontakte zu allen Kreditinstituten in Deutschland
- rd. 3.000 Bank-Hauptstellen und ca. 50.000 Filialen und Niederlassungen
- allgemeine Verkehrsdaten
- Management und sonstige Führungsgremien
- Filialen, Niederlassungen, Zweig- und Geschäftsstellen
- Bilanzsumme, Beschäftigte
- als Loseblattwerk oder CD mit Exportfunktion lieferbar – jeweils mit oder ohne Abonnement

Fordern Sie telefonisch unter 06151/380-269 oder unter Fax 06151/380-372 weitere Informationen oder ein Angebot an.